ENCYCLOPÉDIE
CATHOLIQUE.

SAINT-CLOUD. — IMPRIMERIE DE BELIN-MANDAR.

ENCYCLOPÉDIE
CATHOLIQUE,

RÉPERTOIRE UNIVERSEL ET RAISONNÉ

DES SCIENCES, DES LETTRES, DES ARTS ET DES MÉTIERS,

FORMANT

UNE BIBLIOTHÈQUE UNIVERSELLE,

Publiée sous la Direction

DE M. L'ABBÉ GLAIRE,

DOYEN DE LA FACULTÉ,

DE M. LE V.te WALSH,

ET D'UN COMITÉ D'ORTHODOXIE.

Tome Cinquième.

CAIT-BEY.--CATHERINE.

PARIS,

PARENT-DESBARRES, ÉDITEUR,

RUE CASSETTE, 23, PRÈS SAINT-SULPICE.

M DCCC XLIII.

ENCYCLOPÉDIE

CATHOLIQUE.

C

CAIT-BEY, vingt-sixième sultan des Mameluks circassiens ou bordjytes, était, comme tous les princes de sa dynastie, un esclave acheté en Circassie et amené en Egypte, où les révolutions qui déchiraient ce pays lui fournirent les occasions de déployer son mérite, et l'élevèrent enfin au trône. Il servit successivement Mahmoud Djaly-Bey et Thaher Djacmac, ce qui lui fit donner les surnoms de Mahmoudy et *Thahery*. Lors de la déposition de Timur-Boghâ, qui n'avait régné que deux mois, les Mameluks lui déférèrent le sceptre le 6 de redjeb 872 (31 janvier 1468). Caït-Bey se montra digne de leur choix pendant vingt-neuf années qu'il occupa le trône. Par sa valeur, il triompha des armées de Bajazet II, d'Assembeh, prince de Mésopotamie, et des esclaves éthiopiens qui s'étaient révoltés. La modération de sa conduite et une politique adroite apaisèrent et réunirent sous sa puissance les différents partis des Mameluks, tandis que sa piété et ses vertus lui gagnèrent le cœur de ses sujets. Les historiens arabes du temps ne tarissent point sur les éloges qu'ils lui donnent. Mariy l'appelle la *broderie d'or*, la *pierre précieuse du collier de la dynastie des Mameluks bordjytes*. Pietro Martire Anghiera, qui voyageait en Egypte peu de temps après la mort de ce prince, n'en parle qu'avec admiration, et il faut convenir qu'aucun sultan de sa dynastie n'a eu un règne aussi long, aussi brillant. — Les voyages qu'il faisait dans son empire ressemblaient au cours de ces fleuves qui répandent partout la fertilité et l'abondance. On ne saurait déterminer le nombre des édifices qu'il fit construire, et qui tous étaient consacrés à la religion et à la bienfaisance. Caït-Bey mourut le 27 de dzou'l-caadah 901 (7 août 1496 de J.-C.).

CAITHNESS (*géogr.*), province située à l'extrémité nord-est de l'Ecosse. Elle s'étend des 58° 10' jusqu'aux 58° 45' de latitude nord, et des 13° 30' jusqu'aux 14° 29' de longitude est, et elle est limitée au nord et à l'est par la mer du Nord, au sud et à l'ouest par le Sutherland. Sa superficie est, d'après Arrowsmith, de 32 milles carrés; d'après la Gazette d'Edimbourg, cette superficie est de 395,680 acres, sur lesquels il y a 50,000 acres de champs cultivés, 2,500 acres de prairies, 77,500 acres de pâturages, 1,062 acres de forêts, 3,760 acres de sables sur les bords de la mer, 103,451 acres de marais, 734 acres de rivières, 7,680 acres de lacs, 89,000 acres de collines et de montagnes. C'est un pays sauvage et montagneux, qui ne possède que quelques espaces de terrain cultivé; la côte est sablonneuse et unie, mais échancrée par un grand nombre de baies et de promontoires, parmi lesquels se trouvent l'*Ord of Caithness* qui a 1,250' et le *Pap of Caithness* qui a 1,929' de hauteur, le *Sandside*, le *Holbern*, le *Dunnet* et le *Dungsby*, entre lesquels le Mon ou Main of May est situé au milieu d'écueils dangereux, et le Hoss-Head. Les montagnes de l'intérieur font partie de la chaîne du Grampian, mais elles ne sont pas aussi hautes que dans l'Aberdeen, et elles s'abaissent insensiblement vers la mer : elles sont cependant couvertes de neige qui dure longtemps. Le Pentland Frith, large de deux milles trois cinquièmes, sépare la province des îles Orkneys. Les baies les plus considérables sont celle de Sinclair, située sur la côte orientale, celles de Markle et de Sandwich sur la côte septentrionale. Le Thurso, qui est la rivière principale, vient du Lochmore et a son embouchure dans le Pentland Frith, le Wick se jette aussi dans la mer du Nord; il y a plus de trente lacs intérieurs, dont les plus considérables sont le Wattin, le Brualvel, le Shurrevic et l'Aliarvel; mais cependant il n'en est aucun qui ait plus d'un demi-mille de longueur. Près de Thurso il y a des eaux minérales. Le climat est rude à la vérité, mais l'année n'a pas de nuit, mais seulement une espèce de crépuscule, et les nuits d'hiver sont éclairées par la lumière boréale. Les vents d'ouest et de nord-ouest règnent pendant les trois quarts de l'année : il tombe des pluies extrêmement abondantes, sans toutefois que cette humidité soit funeste à la santé, quoique le pays tout entier ressemble alors à un vaste marais. A une époque reculée, toute la province était couverte de forêts; mais, à l'exception de quelques faibles restes, elles ont entièrement diparu. Par contre l'agriculture s'est étendue : Playfayr estime la récolte annuelle d'avoine à 120,000 bolls, de froment à 70,000 bolls, d'orge à 27,000 bolls, de légumes à 80,000 bolls, de pommes de terre à 10,000 bolls. L'élève des bestiaux est assez considérable; on entretient jusqu'à 15,000 vaches et 13,000 moutons. Il y a des lièvres, des oiseaux sauvages et des oiseaux de rivage, en très-grande quantité, et on tue des phoques sur la côte. La pêche est un des principaux moyens d'existence de la population : 160 canots de pêcheurs prennent par an 40,000 barriques de harengs et autant de homards, sans compter les autres espèces de poissons, qui se composent surtout de saumons, d'anguilles de mer et de stockfischs. Il y a des filatures de coton, des blanchisseries, des tanneries, des tissages de laine, des brasseries, des vanneries, des manufactures dont le célèbre Sinclair a doté sa patrie. Le pays fournit pour l'exportation des bêtes à cornes, du poisson, de l'huile de baleine, des plumes, des foies d'oie, de la laine et des ouvrages en paille. Le chiffre de la population s'élevait en 1821 à 30,238 individus, dont 14,196 hommes et 16,042 femmes, répartis en 5,944 familles. En 1811 on ne comptait que 25,629 individus répartis dans 4,714 familles, parmi lesquelles il y en avait 3,270 qui s'adonnaient à l'agriculture, 838 aux arts et métiers, et 606 à d'autres occupations. Il y a 10 paroisses et à peu près 4,301 maisons. Playfayr estime les impôts des villes à 372,560 florins, ceux des campagnes à 310,000 florins. La province tout entière est la propriété de trente-quatre propriétaires fonciers, et les fardeaux pénibles qui pèsent sur les fermiers sont la cause principale qui retarde le bien-être du pays. La capitale est Wick.

CAIUMARAT (*V.* CAYOUMARATH).

CAIUS, CAIA (*jurispr. romaine*). Ces deux mots, chez les Romains, formaient un nom propre de famille; mais ils les employaient aussi, en général et sans additions, pour signifier un homme et une femme. On s'en servait particulièrement dans les fêtes nuptiales : ceux qui conduisaient la nouvelle épouse dans la maison de son mari, lui faisaient prononcer ces mots : *Ubi tu Caius, et ego Caia*, ou, *Tu seras Caius, je serai Caia*. Cette expression, ainsi que le remarque Plutarque, signifiait que la femme participait aux biens civils et religieux de son mari, ainsi qu'au gouvernement de sa famille, et que *Caius* étant maître, *Caia* devait être également maîtresse. On voit que dans cette cérémonie les mots de *Caius* et de *Caia* correspondent à ceux de *pater* et de *mater familias*, père et mère de famille.

CAIUS et CAIA, prénoms très-communs à Rome (*V.* les noms). — Quelques personnages ne sont cependant bien connus que sous ce nom.

CAIUS-MUTIUS, architecte romain, bâtit, environ cent ans avant l'ère chrétienne, le temple de l'Honneur et de la Vertu, dont on croit qu'il existe encore quelques ruines dans l'ancienne enceinte de Rome, près de l'église de Saint-Eusèbe.

CAIUS, Asiatique, qui, après la mort de Mithridate, s'empara de son diadème et le donna à Faustus, fils de Sylla.

CAIUS POSTHUMIUS, affranchi d'Auguste, se fit un nom dans l'architecture, et fut chargé, avec Cocceius, son élève, qui le surpassa, des travaux souterrains de la route de Naples à Pouzzoles, ainsi que de celle qui est connue sous le nom de grotte de Pausilype.

CAIUS-VALGIUS, médecin de l'empereur Auguste, est cité par Pline comme auteur d'un traité qui ne nous est point parvenu, *Des propriétés et de l'usage des plantes en médecine.*

CAIUS (JULIUS LUCERUS), habile architecte romain, vivait sous Trajan. Parmi ses nombreuses constructions, on cite un temple à Alcantara en Espagne, un pont sur le Tage, surmonté d'un arc de triomphe en l'honneur de ce prince.

CAIUS, fils de Marcus Agrippa et de Julie, fille d'Auguste, naquit l'an de Rome 754. Il fut adopté à l'âge de trois ans par Auguste, qui le nomma César, ainsi que son frère Lucius, aussitôt après la naissance de ce dernier. A quatorze ans, il fut désigné consul, et créé prince de la jeunesse l'année suivante. Il partit ensuite avec Tibère pour l'Allemagne, où il fit ses premières armes. Envoyé en qualité de proconsul en Asie, il se mit en route pour faire la guerre à Phraate, roi des Parthes, qui était entré en Arménie pour soutenir les prétentions de Tigrane en faveur duquel cette province s'était révoltée, et qu'elle avait placé sur le trône de ses ancêtres ; mais il paraît, par un fragment de Dion, nouvellement connu et publié par l'abbé Morelli, que dans cet intervalle Phraate mourut, qu'il fut remplacé sur le trône par Phratace son fils, et que ce fut celui-ci qui, apprenant l'arrivée de Caius en Syrie, vint lui proposer la paix, aux conditions qu'il évacuerait l'Arménie, et que ses frères resteraient en otage à Rome (1). Cette époque est remarquable par la mort des deux concurrents au trône d'Arménie. Ariobarzane, qui y avait été placé par Caius, mourut peu de temps après son élévation ; Tigrane fut tué dans une guerre qu'il eut à soutenir contre les barbares, voisins de ses États, et qui lui avait sans doute été suscitée par les Romains. Quoique les Arméniens fussent abandonnés par le roi parthe, qui avait conclu la paix avec Caius, et que les Romains leur eussent donné un nouveau roi (Artabaze, fils d'Ariobarzane), ce peuple fier et mécontent se maintint dans sa révolte. Ce fut alors que Caius fit entrer ses troupes en Arménie, qu'il y obtint de grands succès, et qu'il soumit de nouveau une grande partie de cette province ; mais s'étant engagé imprudemment dans une conférence près de la ville d'Artagère, il fut blessé par Addon, gouverneur de cette place, qui lui avait demandé un entretien secret. Depuis ce moment, la santé de Caius s'affaiblit tous les jours. Auguste l'engagea plusieurs fois à revenir à Rome ; mais il aimait mieux, dit Velleius Paterculus, vieillir dans le coin le plus éloigné de la terre que d'y retourner. Il en prit néanmoins le chemin après s'en être longtemps défendu, et il mourut à Lymire, ville de Lycie, à l'âge de vingt-trois ans. Son corps fut transporté à Rome, où il fut inhumé avec pompe. Suivant Tacite et Dion, on soupçonna Livie et Tibère d'avoir hâté sa mort. Il avait été fait consul l'an 754 de Rome, pendant son séjour en Syrie. Il fut marié à Livie ou Livilla, fille d'Antonia et de Drusus, qui épousa, après sa mort, Drusus, fils de Tibère. On a de Caius des médailles latines, grecques et des colonies. Sa tête ne se trouve que sur les grecques et les coloniales (*V.* LUCIUS). On peut consulter, pour l'histoire de Caius et de Lucius, le savant ouvrage du cardinal Noris, intitulé : *Cenotaphia Pisana Caii et Lucii Cæsarum dissertationibus illustrata*, Venise, 1681, in-fol.

(1) Il est bon d'observer que le texte de Velleius Paterculus, qui servait alors dans l'armée de Caius, est conforme à celui de Dion, et qu'il a été mal à propos corrigé par Juste-Lipse. (*V.* les éditions de Velleius Paterculus *cum notis variorum.*)

CAIUS, nom de l'empereur Caligula (*V.* CALIGULA).

CAIUS, jurisconsulte. Quoiqu'on trouve très-fréquemment le nom de Caius dans l'histoire romaine comme prénom (1), on ne trouve cependant qu'un seul exemple où ce nom est employé comme nom de famille : c'est dans le nom du jurisconsulte Caius, qu'il ne faut pas confondre, comme on l'a fait, avec Caius Cassius Longinus. — Caius a été jusqu'aux temps modernes au nombre des écrivains les plus connus et en même temps les plus inconnus. Son nom était universellement connu, parce que cet auteur était cité avec Papinien, Ulpien, Paulus et Modestinus, parmi les jurisconsultes dont les écrits avaient excité l'attention sous le règne de Valentinien III ; et il était encore universellement connu, parce que nous savons que c'est un ouvrage de cet auteur qui, rédigé à neuf par ordre de l'empereur Justinien, forme encore aujourd'hui la base de l'enseignement de la jurisprudence. Par contre, la vie de ce jurisconsulte, dont il n'est fait mention par aucun écrivain jusqu'au règne d'Alexandre Sévère, et même par aucun écrivain postérieur, est entièrement inconnue. Les données sur la période à laquelle il appartient sont même tellement vagues, qu'on le fait vivre tantôt sous la république et on lui donne alors pour maîtres Q. Mucius et Serv. Sulpitius (2), tantôt sous le règne de Caracalla, de Théodose, d'Arcadius (3) et même de Justinien (4). La première opinion, qui se fonde sur une leçon erronée et une fausse interprétation de Pomponius, *De origine juris*, § 42 et § 44, ne mérite pas plus une réfutation sérieuse que les deux dernières, qui ne s'appuient que sur des passages interpolés de la *Lex Romana Visigothorum*, ou sur cette expression « *noster Caius*, » par laquelle Justinien le désigne à plusieurs reprises. Par contre, les raisons qui déterminèrent principalement Charles Conradi (5), et avant lui Hugo (6), à faire vivre Caius sous le règne de Caracalla, ne sont nullement à dédaigner. Si l'on ajoute les preuves anciennes (7) à celles que fournissent les *Institutions* de Caius, nouvellement découvertes, il en résulte que, parmi les cinq jurisconsultes de la loi de citation, Caius est chronologiquement le plus ancien, mais que cependant il vécut encore sous le règne d'Adrien, mais que cependant il vécut encore sous le règne de Marc Aurèle (8). Ce que nous disons de sa jeunesse est prouvé par ce passage du Fr. 7, pr. *de rebus dubiis* (XXXIV, 5) : « *Nostra ætate*, raconte Caius, *Serapias*, *Alexandrina mulier ad divum Hadrianum perducta est, cum quinque liberis, quos uno fœtu enixa est.* » Ce fait, qui à la vérité a eu lieu, d'après Capitolinus (9), sous le règne d'Antonin le Pieux, est expressément confirmé par Paulus (10) et par Phlégon Trallianus (11). Quant à ce que nous avons dit, qu'il vécut sous le règne de Marc Aurèle, cette assertion est élevée à l'état de certitude par les Institutions de Caius, du moins par l'édition qui les donne véritables. En effet, on n'y trouve aucune de ces propositions de droit qu'on voit paraître plus tard en si grand nombre, et qui ne commencent qu'au milieu du règne de l'empereur Marc Aurèle et sous celui de Septime Sévère. De plus, les derniers jurisconsultes cités sont Priscus Javolenus (11) et Salvius Julianus (12), tous deux de l'époque de Trajan et d'Adrien. Mais ce qui prouve positivement que Caius a réellement vécu du temps de Marc Aurèle, c'est le Fr. 9, ad Jct. Orfitianum (XXXVII, 17), où il est question

(1) J. Glandorp., *Onomast. histor. Roman.*, p. 184, a énuméré tous les personnages qui portent ce prénom.

(2) P. ex. Hieron. Cagnolus, *ad Fr.* 2, de O. J.

(3) Comp. Hieron. Alexander, *in Præf. ad Caii institutiones ap. Schultingium post ipsius præf. typ. expressa.*

(4) Comp. Hotomannus, *ad Proem. instit.*, § 6, et § 4 *De nuptiis.*

(5) *Obs. de vera ætate Caii, Jct.*, dans les *Acta eruditor.*, 1727, februar., p. 59-67. — *Vindiciæ observationum de vera Caii ætate*, dans les *Parerga*, lib. II, p. 279-292.

(6) Caius, contemporain de Caracalla, dans le *Civil. Magazin*, t. II, part. III, p. 358-378.

(7) G.-Ant.-Henr. Dittmar, *De nomine, ætate, studiis ac scriptis Caii Jcti romani.* Spec. I (Lipsiæ, 1820, in-4º), p. 124 et seq.

(8) *Note sur l'époque où Caius a vécu*, par M. Lauth, inséré dans la *Thémis* ou *Bibliothèque du Jurisconsulte*, t. I, liv. 3, p. 294-295.

(9) *Vita Pii*, c. 9. — « Uno partu mulieris quinque pueri editi sunt. »

(10) Fr. 5. Si pars hereditatis petatur (v, 4). — « Lælius scribit, se vidisse in palatio mulierem liberam, quæ ab Alexandria perducta est, ut Hadriano ostenderetur, cum quinque liberis, ex quibus quatuor eodem tempore enixa, inquit, dicebatur, quintum post diem quadragesimum. »

(11) *De mirabilibus*, c. 29, p. 105, Franz.

(12) III, § 70. — II, § 218, § 280.

d'une harangue prononcée par l'empereur alors régnant (1), et qui, d'après Capitolinus (2), doit être attribuée à Marc Aurèle. — Il est encore plus difficile de dire quelque chose de précis sur la patrie de Caius, sur le prénom qu'il pouvait avoir, sur sa *gens*. Le pronom *noster* que Justinien ajoute à son nom ne prouve aucunement qu'il fût compatriote de cet empereur (3), pas plus que la connaissance qu'il avait de la langue grecque, comme cela ressort des fragments de ses écrits, ne permet de lui donner la Grèce pour patrie (4). Il est assurément contraire aux usages romains qu'il n'ait eu que le nom de Caius : mais les diverses opinions, d'après lesquelles on le nomme tantôt Cneius Caius (5), tantôt Titius Caius (6), tantôt Caius Bassus (7), tantôt, et c'est encore ce qu'il y a de plus vraisemblable, Caius Cassius (8), n'ont pour elles rien qui les justifie et les élève au-dessus du grand nombre des suppositions de cette nature. — Nous avons des renseignements plus certains sur les ouvrages de notre jurisconsulte, qui sont parvenus jusqu'à nous, soit en entier, soit par fragments. Pour ce qui concerne ces derniers, l'*Index Florentinus* nous donne la liste suivante des ouvrages dont la commission législatrice instituée par Justinien a pris et employé cinq cent trente-cinq fragments (9). Voici la liste des ouvrages : 1° *Ad edictum provinciale* (10), *libri XXXII*; 2° *Ad leges seu ad legem Juliam et Papiam Poppæam libri XV*; 3° *Ad edictum urbicum seu ad edictum prætoris urbani*, *libri X*; 4° *Aureorum seu rerum quotidianarum libri VII* (11); 5° Δωδεκαδέλτων βίβλια ξξ, *seu ad legem duodecim tabularum libri VI* (12); 6° *Institutionum libri quatuor*; 7° *De verborum obligationibus, libri III*; 8° *De manumissionibus libri III*; 9° *Fideicommissorum libri II*; 10° *De casibus liber singularis*; 11° *Regularum liber singularis*; 12° *Dotalitiorum liber singularis*; 13° *De formula hypothecaria* (aussi : *Ad formulam hypothesariam*) *liber singularis*. — Il faut encore ajouter : 14° *Ad edictum ædilium curulium libri*; 15° *Ad legem Gliciam liber singularis* (13); 16° *Ad Jct. Orfitianum liber singularis*; 17° *Ad Jct. Tertullianum liber singularis*; 18° *Regularum libri III*. Parmi tous ces ouvrages il faut distinguer surtout les *Institutionum commentarii quatuor*, qui font époque, sans doute pour des raisons très-diverses, dans l'histoire du droit romain, et occupent une grande place dans l'étude même du droit moderne. — Ces Institutions de Caius nous donnent un coup d'œil scientifique sur le droit privé des Romains, travail qui très-vraisemblablement appartient en propre à cet auteur, et où il est peu probable qu'il ait suivi le même système qui est attribué déjà à Servius Sulpitius (Cicero, *Brut.* c. 41). L'ouvrage de Caius est partagé en quatre livres, dont le premier traite des rapports de famille, le second et le troisième de ce qui concerne les fortunes (*Res et obligationes*), le quatrième enfin traite des actions. Cet ouvrage fut adopté, avant d'autres ouvrages de même nature, pour l'enseignement de la jurisprudence, et forma, dans les écoles de droit chez les Romains, la base des leçons qui se faisaient à Constantinople et à Béryte pour la première année de l'étude du droit. Il est à croire cependant que d'autres ouvrages servirent de complément à celui-ci. C'est

par l'usage qu'on faisait généralement de ces *Institutions* pour l'étude de la jurisprudence que s'explique la refonte qui fut faite de cet ouvrage sous la domination des Wisigoths, ainsi que la nouvelle rédaction qu'en fit faire l'empereur Justinien, par Tribonien, Théophile et Dorothée, qui cependant ne se servirent pas seulement pour leur travail des *Res quotidianæ* de Caius, mais aussi des *Institutions* de Marcien et de plusieurs nouvelles lois impériales. — Jusqu'en 1816, on ne connaissait, de ces Institutions de Caius, que le travail fait sur cet ouvrage à l'époque des Wisigoths, et quelques fragments qui se trouvent soit dans la *Legum Mosaïcarum et Romanarum collatio* et dans les *Pandectes*, soit dans le commentaire de Boethius sur la topique de Cicéron, et dans Priscien. L'ouvrage original était perdu pour nous et avait été certainement inconnu à tout le moyen âge, quoique Cynus cite un passage du véritable Caius dans son commentaire sur le *Codex* (1), passage que cet auteur prétend tenir de son maître Jac. à Ravanis, mais que ce dernier paraît incontestablement avoir puisé dans Boethius (2). Il était réservé à l'heureux destin de Niebuhr de retrouver les véritables Institutions du jurisconsulte romain, et cela à une époque où venait de s'éveiller une vive ardeur pour l'étude des sources du droit (3). En effet, lorsque le célèbre auteur de l'*Histoire romaine* se rendit en 1816 à Rome pour s'acquitter de la mission qui lui avait été confiée auprès du saint-siège, il trouva, en visitant la bibliothèque du chapitre de Vérone, lors de son passage dans cette ville, un Codex désigné par le n° XIII, sur parchemin, renfermant des écrits de saint Jérôme, et principalement sous les caractères de ce manuscrit l'ouvrage d'un ancien jurisconsulte. Malgré les difficultés qu'offrait cette lecture, Niebuhr, à l'aide d'une teinture de noix de galle, réussit non-seulement à déchiffrer une feuille du *Codex* (fol. XLVII), mais encore à copier deux pièces de parchemin où on traitait *De jure fisci* (*V. Fragmentum veteris Jcti de jure fisci*), ainsi qu'une feuille isolée qui n'était pas couverte d'une seconde écriture, et où on traitait des prescriptions et des interdits (5), restes de vieux *Codex* que Scipio Maffei (6) avait en partie déjà fait connaître précédemment, et que Haubold était en partie sur le point d'éditer précisément au moment où ils furent retrouvés (7). Savigny, à qui on envoya l'ouvrage qu'on venait de découvrir, le reconnut, à l'exception des feuilles *De jure fisci*, comme étant des restes des Institutions de Caius, et il soutint en outre, ce qui se vérifia complètement plus tard, qu'il y avait connexion entre les feuilles du n° XIII, couvertes d'une seconde écriture, et les feuilles traitant *De interdictis*, et non couvertes d'une seconde écriture. Ce fut particulièrement au sujet de Savigny que l'académie des sciences de Berlin se décida à envoyer les professeurs Goeschen et Becker à Vérone en mai

---

(1) Sacratissimi principis nostri oratione cavetur, ut matris intestatæ hæreditas ad liberos, tametsi in aliena potestate erunt, pertineant.

(2) *Vita M. Antonini philosophi*, c. II. — *Leges addidit de bonis maternis, et item de filiorum successionibus pro parte materna*.

(3) Ant. Augustinus, *De nominibus propriis τοῦ πανδέκτου Florentini*; in opp. I, p. 231 (not. a); ap. Otton. I, p. 104.

(4) Fr. Connanus, *Comment. jur. civil.*, t. I, p. 23, ed. Neap. 1724.

(5) Dittmar, loc. cit., p. 45.

(6) P. ex. Menagius, *Amœnitt. jur. civ.*, c. 43, p. 430, ed. nov. — Mianisus, lib. IV, epistolar. II, p. 185 et seq., ed. Lips.

(7) Cette opinion a pour fondement une leçon erronée sur Aulu-Gelle, II, 4, où il faut lire : Gavius Barsus. — Comp. Macrob., I, 9.

(8) Puchta, sur le nom du jurisconsulte Caius, *Dissertationes civ.* (Berlin, 1823, in-8°), p. 167 et seq.— Cette opinion n'est pas nouvelle : on la trouve déjà dans Guido Paucirollus, *De claris leg. interpr.*, p. 40, et dans le *Thesaur. var. lect.* II, c. 23. — Comp. Eberlinus, *De origine juris*, p. 424.

(9) Comp. Wieling, *Jurisprudentia restituta*, p. 8 et seq.

(10) Ce titre ne paraît pas ailleurs.

(11) Comp. Goeschen, sur les *Res quotidianæ* de Caius, dans la *Revue de l'histoire du droit* (*Zeitschrift für geschichtliche Rechswissenschaft*), t. I, p. 54-77; Hugo, *Neuvième Histoire du droit*, p. 728.

(12) Ant. Crabreras de Avendano, *Interpretatio ad Jctum Caium*, lib. I, ad leges XII tabb. Madriti, 1638, in-4°.

(13) Ce titre est douteux : il se trouve dans la *Fr.* 4, *De inofficioso testamento* (v, 5). Comp. Bynkershoeck, *Observat.* II, 12.

(1) Ad L. un. Cod. *De usucapione transformanda*, opp. p. 439, ed. Francof., a. 1578.

(2) Comp. Schulting, *Jurisprudentia vetus antejustinianea*, p. 54; Hugo, *Deuxième Histoire du droit romain depuis Justinien*, p. 107.

(3) La littérature complète sur l'histoire de cette découverte est celle-ci : de Savigny, *Sources nouvellement découvertes de l'empire romain*, dans la *Revue* (déjà citée) *de l'histoire du droit*, t. III, p. 129-140. — Hugo, hist. citée, p. 202, p. 2009 et suiv. — Goeschen, renseignements insérés dans les *Dissertations de la classe historico-philologique de l'académie royale des sciences à Berlin*, années 1816-17 (Berlin, 1819, in-4°), p. 307 et suiv. — Traduction de ce renseignement par le D. Lauth, dans *la Thémis*, t. I, liv. III, p. 287-293. — Haubold et Goeschen, dans le *G. L.*, 1816, p. 2529 et suiv.; 1817, p. 2641 et suiv. — *Goeschenii præfatio ad Caii institutionum commentarios* (Berol., 1820, in-8°), p. VIII-XVII. — Hugo, hist. cit., 1817, p. 61 p. 601 et suiv. — (Inazio, conte Bivilaqua Lazise) *Notizia d'alcuni fragmenti di antica giurisprudenza romana, scoperti nell' anno MDCCCXVII, fra i Codici della biblioteca de capitolo canonicale in Verona*, Vicenza, 1817, in-8°. — Comp. Hugo, hist. cit., 1818, p. 186, p. 1849.

(4) Maffei connut déjà ce Code comme palimpseste; mais le contenu effacé lui était entièrement inconnu. Comp. *Goeschenii præfatio*, p. XI.

(5) Ces feuilles se trouvent à la Bibliothèque, dans un rouleau renfermant différents restes d'anciens manuscrits, avec cette suscription : *Vetera Paralipomena Mss. Codicum capituli Veronensis a Joh. Jacobo de Dionysiis Veronensi canonico in unum collecta*, 1758.

(6) Il cite les deux ouvrages : *Verona illustrata*, parte terza, Verona, 1732, in-8°, c. 7, p. 464; et il a copié et livré à l'impression la plus grande partie de leur contenu dans ses *Opusculi ecclesiastici*, Trento, 1742, fol. p. 56-94.

(7) *Notitia fragmenti Veronensis de interdictis*, Lipsiæ, 1816, in-4°. — Comp. *Revue de l'histoire du droit*, t. III, p. 358-388.

1817, pour déchiffrer plus complétement les manuscrits qui venaient d'être découverts, travail auquel, après le départ de Becker, M. Bethmann Hollweg, professeur à Berlin, collabora surtout d'une manière très-fructueuse. Telle était la disposition propre du *Codex*, que ce travail devait présenter les difficultés les plus variées. En effet, l'écriture nouvelle et apparente du manuscrit (1), lequel se compose de 127 feuilles in-4°, est double en plusieurs endroits; l'ancienne écriture effacée, qui appartient à l'époque antérieure à Justinien (2), onciale et remplie de sigles, est, sinon grattée, comme le pense Goeschen, cependant partout lavée, et les derniers caractères recouvrent souvent les premiers. Cependant on réussit à déchiffrer entièrement ce qu'on avait sous la main, à l'exception d'un neuvième du *Codex*, sur on vit, après qu'Holweg eut combiné ces matériaux avec une grande sagacité, qu'il ne manquait que trois feuilles pour compléter l'ouvrage (3). Une nouvelle révision du *Codex*, entreprise par le professeur Blume (4), pendant les années 1821 et 1822, n'a apporté un secours de quelque importance que pour peu de passages, malgré le plus grand soin et la plus grande exactitude (5). Chargé d'éditer ce qu'on avait trouvé, Goeschen s'est acquitté de ce soin de telle façon qu'on peut dire avec raison qu'aucun autre écrivain de l'antiquité n'a eu une pareille édition *princeps* (6), et que ce travail, qui est un modèle pour tous les autres travaux de ce genre, fait honneur, aux yeux de toute l'Europe, à l'érudition germanique et particulièrement à tous les savants jurisconsultes de l'Allemagne. Les solutions qu'a fournies l'ouvrage de Caius offrent un résultat plus fécond que tout ce que le zèle de l'école française nous a conservé de fragments de ce genre, et il ne peut y avoir de doute là-dessus que chez ceux, ou qui avaient conçu des espérances exagérées, ou qui ne trouvaient pas dans cette source nouvelle une solution depuis longtemps désirée par eux sur quelque sujet particulier dont ils avaient fait l'objet de leurs prédilections. Schrader a donné un coup d'œil des résultats et des solutions fournies par la connaissance de cet ouvrage (7). Les Histoires du droit de Hugo (8), l'excellente monographie de Hollweg *De caussæ probatione* (9), et de nombreux passages des écrits publiés par les jurisconsultes allemands depuis vingt ans, témoignent de la richesse du butin critique et des trésors d'érudition que la publication de ce travail a livrés au monde savant. Brinckmann (10), Unterholzner (11), et Dirksen (12) ont indiqué, dans des dissertations spéciales, les corrections qu'il faut introduire dans le texte, et leurs indications ont été en partie mises à profit pour la deuxième édition de Caius, publiée en 1825. Une publication française avait promis un commentaire suivi, qui devait épuiser la matière (13); mais elle n'a guère donné autre chose qu'une réimpression excessivement fautive du texte (14), et une édition des *Institutions* de Justinien comparées à celles de Caius (15). Par contre, le doc-

teur Gans a donné à l'Allemagne des *Scolies* sur les matières principales (1), et la Hollande a fourni un *Commentaire* sur le quatrième livre de Dupont (2), deux ouvrages qui, quoique n'étant pas entièrement dénués de suffisance, n'ont pas élevé leurs prétentions jusqu'à dire de leur travail qu'il était « la première et complète mise à profit de Caius. » — Un dictionnaire très-riche, donnant une indication des termes employés et du sens qui y est attaché, a été publié par Elvers (3). — Il nous reste à parler de la refonte de Caius pendant la domination des Wisigoths. Le travail de cet auteur, en passant dans la *Lex Romana Wisigothorum*, fut entièrement refondu. En effet, tandis que, dans les autres morceaux qui composent cet abrégé, il n'est question que d'un extrait et d'une interprétation, et non pas d'un changement du texte tel qu'il existait auparavant, on a introduit, pour les Institutions de Caius, dans le texte même tous les changements nécessaires, en sorte qu'on n'a ajouté, pour cet ouvrage, aucune interprétation particulière (4). De cette façon, l'original a subi naturellement une très-grande altération : ainsi, par exemple, on n'aurait jamais pu tirer du Caius résumé cette conclusion qui résulte de plusieurs passages de l'ouvrage original, à savoir : que Caius appartenait à l'école des Cassiens, ainsi qu'il l'avoue ouvertement (5), et que par conséquent il n'était pas ce qu'on appelait un Herciscundus (6). Presque tous les manuscrits de l'ouvrage abrégé (7), tels que celui de Munich, de Savigny, d'Ottoboni, de Leyde, de Gotha, ont fait un seul livre des *Commentarii quatuor* de Caius, tandis que les éditions qui se sont enrichies peu à peu de soixante-sept fragments tirés de Boethius, Priscien, de la *Collatio* et des *Pandectes*, distinguent ordinairement deux livres, mais cependant divisent quelquefois le texte en trois ou quatre livres, comme l'ont fait Jérôme Aleander (Venet., 1600, in-4°) et Jacques Oisel (Lugd. Batav.), 1658, in-8°) (8). L'édition *princeps* de ce Caius abrégé a été publiée par Alm. Bouchard, à Paris, en 1525, in-4°, avec les *Pauli sententiæ recepta* (9). Ce n'est que depuis 1529 qu'on mit Caius à la suite de toute la *Lex Romana Wisigothorum* de Sichard, Bâle, 1528, in-fol. (10). Parmi les éditions postérieures, celles qui méritent d'être citées sont : l'édition de 1586 qui se trouve dans la collection de François Pithœus (11), celle de Schulting en 1717 (12), et celle de Haubold en 1815 (13). Enfin, parmi les commentateurs, nous nommerons, outre Aleander et Oisel dont les notes ont été mises à profit par Schulting et que nous avons déjà mentionnés plus haut, Meerman (14) et Clifford (15). — Il est du reste encore à remarquer que, dans les *Summæ Legum* de *Petrus Ægidius*, Anvers, 1517, in-folio (16), conformément à la manière qui domine dans cet ouvrage, le Caius abrégé par les Wisigoths est encore une fois abrégé.

CAIUS (SAINT), martyr sous Marc Aurèle ou sous Sévère, de la ville d'Eumènie, dans la grande Phrygie, aussi bien que

(1) *Goeschenii præfatio*, p. XXXIII.
(2) Kopp, sur l'âge du manuscrit de Gaius à Vérone, inséré dans la *Revue de l'histoire du droit*, t. III, p. 473-481. — *Goeschenii præfatio*, p. XXXIII.
(3) *Goeschenii præfatio*, p. XXXIII.
(4) Fr. Blume, *Iter italicum*, t. I (Berol., 1824, in-8°), p. 261 et suiv.
(5) Comp. *Goeschenii præfatio ad secundam Gaii editionem*.
(6) *Gaii institutionum commentarii IV, e codice rescripto bibliothecæ capitularis Veronensis auspiciis regiæ scientiarum academiæ Borussicæ nunc primum editi. Accedit fragmentum veteris Jeti de jure fisci ex aliis ejusdem bibliothecæ membranis transcriptum*, Berolini, apud G. Reimer, mpcccxx. in-8°. — Comp. Dupont, 1821, p. 202. — Ruga, *Giornale Arcadio*, t. XIII (Roma, 1820, in-8°), p. 1-15.
(7) *Quelles solutions fournissent à l'histoire du droit romain les Institutions de Caius?* Heidelberg, 1823, in-8°.
(8) Depuis la sixième (1818) jusqu'à la neuvième édition (1824).
(9) Berolini, 1820, in-8°.
(10) *Notæ subitaneæ ad Caii institutionum commentarios*, Slesvici, 1821, in-8°.
(11) *Conjecturæ de supplendis lacunis quæ in Gaii instit. comment. IV occurrunt*, Vratislaviæ, 1823, in-8°. — Comp. Dupont, *Restitutions de quelques passages corrompus du IVᵉ livre des Commentaires de Gaius*, dans la *Thémis*, t. VI, liv. II, p. 86-100.
(12) *Matériaux pour la critique de quelques passages isolés des Institutions de Caius*, insérés dans les *Essais de critique et d'interprétation des sources du droit romain* (Leipzig, 1823, in-8°), p. 104-136.
(13) *Thémis*, t. IV, liv. 6, p. 83; t. III, liv. 14, p. 372.
(14) *Juris civilis ecloga*, Parisiis, 1822, in-8°, p. 19-217.
(15) *D. Justiniani institutiones cum novissime repertis Gaii institutionibus collatæ*, Parisiis, 1822, in-8°.

(1) *Scolies sur Gaius*, Berlin, 1821, in-8°.
(2) *Disquisitiones in commentarium quartum institutionum Gaii recenter repertarum*, Lugd. Batav., 1822, in-8°.
(3) *Promptuarium Gaianum, sive doctrina et latinitas quas Gaii institutiones et Ulpiani fragmenta exhibent, in alphabeti ordinem redactæ*, Gottingæ, 1824, in-8°.
(4) De Savigny, *Histoire du droit romain dans le moyen âge*, t. II, p. 52.
(5) Par ex. II, § 244, § 231, § 195, § 88.
(6) Mascou, *De sectis* (Lipsiæ, 1728, in-8°), p. 127. — Bach, *Historia juris romani*, p. 478, ed. VI.
(7) Ant. Zirardinus, Impp. *Theodosii Junioris et Valentiniani III novellæ leges, cœteris antejustinianeis addendis*, Faventiæ, 1766, p. 425-428.
(8) Comp. *Hauboldi Institutiones litterariæ*, t. I (Lipsiæ, 1809, in-8°), p. 278 et seq.
(9) Hugo, *Index fontium*, p. 128. — *Magasin. civ.*, t. II, p. 252-236.
(10) Dans cette édition, p. 121-129.
(11) Avec le *Codex théodosien*, in-fol., t. II, p. 1-14. — Comp. Hugo, *Index fontium*, p. 162-169, p. 178 et suiv.
(12) Dans la *Jurisprudentia vetus antejustinianea*, p. 1-186.
(13) Dans Hugo, *Jus antejustinianeum*, t. I, p. 186-246.
(14) *Specimen animadversionum criticarum in Caii instit.* Mantuæ, Carpel., 1743, in-8°, auct. Paris., 1747, in-8°. — Dans le *Thesaurus Meermani*, t. VII, p. 669-686, publié par Haubold. Lipsiæ, 1792.
(15) *Specimen exhibens varietatem lectionum et animadversiones ad Caii instit.* Lugd. Batav., 1822, in-8°.
(16) De Savigny, loc. cit., p. 57, not. 52. — Comp. Ferd. Kaemmerer, *Matériaux pour l'histoire et la théorie du droit romain* (Rostock et Schwerin, 1817, in-8°), t. I, p. 227-235.

saint Alexandre, son compagnon. Ils souffrirent le martyre dans la ville d'Apamée, sur le Méandre, de la même province, vers l'an 179, lorsque la persécution se renouvela en Asie sous Marc Aurèle, ou vers le commencement du IIIᵉ siècle sous Sévère. C'est tout ce qu'on en peut tirer du chapitre 16 du vᵉ livre d'Astère Urbain, qui écrivait contre les montanistes, sous Alexandre Sévère au plus tard, et peut-être aussi vers la fin du règne de Commode. C'est l'extrait que Eusèbe a fait de cet endroit du livre d'Astère, qui nous a donné la connaissance de ces deux saints, dont la plupart des martyrologes mettent la fête au 10 mars, et quelques-uns au lendemain (*Baillet*, t. 1, 10 mars).

CAIUS, prêtre de l'Eglise de Rome, vivait du temps des papes Zéphirin et Victor, c'est-à-dire sous les empereurs Sévère et Antonin. Il écrivit un *Traité* en forme de dialogue contre un fameux montaniste appelé Procle ou Procule, dans lequel il reprenait et accusait cet hérétique de croire témérairement les nouvelles prophéties, et réfutait ses raisons. Eusèbe parle de ce *Traité* en trois endroits : le premier est au chapitre 2 du livre II de son *Histoire*, où il en rapporte un fragment touchant les sépultures de saint Pierre, qu'on voyait à Rome du temps de cet auteur ; le second est au chapitre 28 du même livre, où il parle de l'hérétique Cérinthe en ces termes : « Cérinthe nous débite, dans des révélations qu'il a écrites comme s'il était un grand apôtre, des prodiges qu'il dit avoir appris des anges, nous assurant qu'après la résurrection le règne de Jésus-Christ sera terrestre, et que les hommes habiteront dans Jérusalem, où ils jouiront des plaisirs et des voluptés charnelles, et y passeront mille ans dans des noces continuelles. » Le troisième endroit dans lequel Eusèbe parle de Caius est au livre II, chapitre 20, où il dit que Caius, en condamnant la hardiesse avec laquelle les ennemis de l'Eglise supposaient des livres de l'Ecriture, ne compte que treize épîtres de saint Paul, ne mettant pas celle qui est écrite aux Hébreux au nombre de celles de cet apôtre ; enfin, le même Eusèbe, au livre III, chapitre 21, rapporte quelques paroles touchant les filles du diacre Philippe, tirées du dialogue de cet auteur. Eusèbe et saint Jérôme ne font aucune mention des autres ouvrages de Caius ; mais le savant Photius nous apprend qu'il avait aussi composé un *Traité* contre l'hérésie d'Arténion, qui croyait que Jésus-Christ était un pur homme, et qu'il était auteur d'un livre intitulé : *le Petit Labyrinthe*, dont Eusèbe a tiré le passage de la pénitence de Natalis. Enfin Photius lui attribue encore un *Traité de l'univers*, ou *des causes de l'univers*, qui était de son temps sous le nom de Josèphe. Voici ce qu'il en dit. Cet ouvrage contient deux petits livres dans lesquels il montre que Platon se contredit ; il convainc le philosophe Alcinoüs de plusieurs faussetés et de plusieurs absurdités touchant la résurrection ; il oppose ses sentiments à ceux de ce philosophe, et il montre que la nation des Juifs est beaucoup plus ancienne que celle des Grecs ; il croit que l'homme est composé de feu, de terre et d'eau, et d'un esprit qu'il appelle âme, de laquelle il parle en ces termes : « Dieu a formé cet esprit avec le corps, en ayant pris la principale partie ; il fait pénétrer et remplir tous ses membres ; en sorte que, s'étendant partout le corps, il en a pris la forme, mais il est d'une nature plus froide que la matière dont le corps est composé. » Ce sentiment, qui suppose que l'âme est corporelle (si toutefois il n'a point reconnu d'autre âme dans l'homme que cet esprit) ; ce sentiment, dis-je, est éloigné de la doctrine des Hébreux, et ne convient pas à la grandeur de ses autres sentiments. Au reste, ajoute le même Photius, dont on traduit ici les paroles, il parle de Jésus-Christ d'une manière très-catholique ; car il l'appelle Christ, et il parle de sa génération ineffable du Père d'une manière qu'on ne peut reprendre : ce qui fait douter si cet ouvrage est de Josèphe, quoique le style ressemble assez à celui de cet historien. Il ajoute encore qu'il a trouvé et remarqué que ce livre était de Caius, auteur du *Labyrinthe* ; mais que, ne portant point le nom de son auteur, les uns l'avaient attribué à saint Justin, d'autres à saint Irénée, quoiqu'il fût véritablement de Caius. La preuve qu'il en rapporte est que l'auteur du *Labyrinthe*, qu'il croit être Caius, dit vers la fin qu'il est auteur du livre de la Nature de l'univers ; mais cette preuve n'est pas entièrement convaincante ; car il n'est pas certain que Caius soit auteur du livre du *Labyrinthe*, que d'autres attribuaient à Origène ; et il se peut faire qu'il y avait deux ouvrages de différents auteurs qui avaient à peu près le même titre (Eusèbe, Phot., col. 48 ; Tillem., Cave., Dupin, *Biblioth. ecclés.*, trois premiers siècles ; dom Ceillier, *Hist. des aut. sacr. et ecclés.*, t. II, p. 239 et suiv.).

CAIUS (SAINT), pape, était originaire de Dalmatie. Il servit très-utilement l'Eglise de Rome, lorsque le pape saint Eutychien mourut, le 8 décembre de l'an 283. Le clergé et les fidèles de Rome mirent saint Caius sur le siège apostolique le 16 du même mois. Il eut beaucoup de part aux travaux et aux combats de l'illustre saint Sébastien ; la prudence l'obligea de se retirer de la ville pour servir les fidèles avec plus de sûreté pendant la persécution qui fut excitée à Rome après la mort de l'empereur Carin, et qui dura deux ans. On ignore ce que fit saint Caius pendant sa retraite, et depuis qu'il fut de retour à Rome, ce qui en est dit dans les *Actes de sainte Suzanne*, sa nièce, ne paraissant pas avoir une assez grande autorité pour qu'on soit obligé d'y ajouter foi. On sait seulement qu'il mourut le 27 d'avril de l'an 295, après avoir gouverné onze ans quatre mois douze jours. Il fut enterré dans le cimetière de Calliste, sur le chemin d'Appius. L'ancien calendrier romain, dressé du temps du pape Libère, le met au nombre des saints évêques de Rome qui n'ont point souffert le martyre ; et cependant l'Eglise lui en décerne le culte comme à tous les autres saints papes qui ont vécu sous les empereurs païens, quoique morts en paix, parce qu'ils ont toujours été à la tête de ceux qui ont combattu et souffert pour la foi. La plupart des martyrologes font mention de saint Caius au 22 d'avril. On croit que son corps fut retrouvé l'an 1622 dans le lieu qu'on appelait autrefois *le cimetière de Calliste*, et que le pape Grégoire XV le donna à Alphonse de Gonzague, archevêque de Rhodes, qui le fit transporter à Novellara, ville et comté de la basse Lombardie. Il y a de ses reliques à Rome, dans l'église de l'Oratoire, à Bologne, à Bamberg en Allemagne, à Munich, à Andeck, monastère de Bavière, et ailleurs. L'église qui avait été bâtie sur son tombeau fut réparée l'an 1631 par le pape Urbain VIII. Le pontifical porte que le pape Caius fit quatre ordinations au mois de décembre, et qu'il ordonna vingt-cinq prêtres, huit diacres et cinq évêques. On lui attribue une *Epître* écrite à un prélat nommé Félix ; mais elle est fausse (le P. Pagi, *sur Baronius ;* Papebroch, *Hist. des papes ;* Henschenius ; Baillet, t. I, 22 avril).

CAIUS ou KAYE (JEAN), né à Norwich en 1510, fut un des plus savants hommes de son siècle. Il se fit recevoir docteur en médecine à Cambridge, et passa ensuite à Padoue, où il suivit les leçons de Jean-Baptiste Monti, célèbre professeur de l'université de cette ville. A son retour en Angleterre, il fut successivement médecin du roi Edouard VI, et des reines Marie et Elisabeth. Son goût pour les lettres lui inspira le dessein d'en faciliter l'étude ; il fit rebâtir, presque à ses frais, l'ancien collège de Gonvil à Cambridge, nommé depuis ce temps-là le collège de Gonvil et de Caius, et il y fonda vingt-trois places d'étudiants. Mais ce médecin ne se borna pas à favoriser les amateurs des sciences, il leur procura encore de nouvelles richesses par son travail ; et comme il s'appliqua presque toute sa vie à la recherche des anciens manuscrits qui pouvaient être de quelque utilité à la médecine, il fut assez heureux pour tirer de l'oubli le premier livre *De decretis Hippocratis et Platonis*, le livre d'Hippocrate qui traite de pharmacie, un fragment du septième livre de Galien, intitulé : *De usu partium*, et un autre fragment qui manquait au livre *De ptisanna*. — Cet homme laborieux mourut en 1573, âgé de soixante-trois ans, et fut enterré dans la chapelle de son collège, sous une tombe unie, avec cette seule inscription : *Fui Caius*. Il a non-seulement publié les ouvrages dont il avait fait la recherche, et donné quelques traductions de grec en latin, mais il a encore fait imprimer des traités de sa façon dans lesquels il soutient vivement la doctrine de Galien, et suit les principes de Monti. On a les éditions suivantes des uns et des autres : *De methodo medendi ex Galeni Pergameni et Joannis Baptistæ Montani Veronensis principiorum medicorum sententia libri duo*, Basileæ, 1544, in-8° ; ibid., 1558, in-8°, avec différents opuscules de Monti. — *Cl. Galeni Pergameni libri aliquot græci, partim hactenus non visi, partim a mendis expurgati annotationibusque illustrati*, Basileæ, 1544, in-8° ; 1574, in-4°. — *Opera aliquot et versiones, videlicet de methodo medendi, libri duo. De ephemera britannica, liber unus. Versio librorum Galeni. De ordine librorum suorum. De ratione victus secundum Hippocratem in morbis acutis. De placitis Hippocratis et Platonis*, Lovanii, 1556, in-8°. — *De antiquitate Cantabrigiensis academiæ, libri duo*, Londini, 1568, in-8° ; 1574, in-4°. — *De libris propriis, liber unus in quo singularum rationem reddit. De canibus britannicis, liber unus. De rariorum animalium et stirpium historia, liber unus*, Londini, 1570, in-4° ; 1724, in-4° ; ibid., 1729, in-12, par les soins de S. Jebb. Cet ouvrage contient plusieurs traits intéressants sur l'histoire de la médecine, et répand beaucoup de lumière sur les anciens manuscrits. — Son traité de la suette anglaise est intitulé : *De ephemera britannica*, parce que cette maladie ne durait qu'un jour. Il a paru avec d'autres ouvrages, ainsi qu'on vient de le voir ; mais l'édition de Londres de 1721, in-8°, passe pour la meilleure. La description que Caius donne de cette maladie est fort exacte ; il en suit la marche en bon observateur, et il remarque qu'elle se fit sentir pour la première fois en Angleterre l'an 1483. L'armée du roi Henri VII en souffrit beaucoup dès le moment qu'elle prit terre au port de Milford ; mais ce mal destructeur ne se borna pas là : il passa rapidement à Londres, où il fit d'affreux ravages depuis le 21 de septembre jusqu'à la fin d'octobre. La suette reparut depuis jusqu'à six fois dans ce royaume, et toujours durant l'été : en 1485, en 1506, en 1518, et cette fois avec tant de fureur que la plupart des malades étaient emportés au bout de trois heures ; en 1528, et pour la cinquième fois en 1529, époque où elle passa en Allemagne et dans les Pays-Bas. Elle fit de nouveaux ravages en 1551 ; en un seul jour elle enleva cent vingt personnes à Westminster. Caius, qui parle fort au long de la désolation que cette maladie porta dans sa patrie, la compare à la peste d'Athènes.

CAIUS (JEAN), Anglais, a donné, entre autres ouvrages, une traduction du latin de l'*Histoire du siége de l'île de Rhodes*, dédiée au roi Edouard IV, dont il était poëte lauréat.

CAIUS (THOMAS), théologien, né dans le comté de Lincoln, et élevé à Oxford, mort en 1572 dans le collége de l'université, dont il avait été nommé principal en 1561, a donné : 1° *Assertio antiquitatis Oxoniensis academiæ*, 1566 ; 2° la traduction en anglais de la *Paraphrase d'Erasme sur saint Marc* ; 3° la traduction du grec en latin du livre d'Aristote *De mirabilibus mundi ;* celle des tragédies d'Euripide, du *Nicoclès* d'Isocrate, etc. ; 4° les *Sermons de Longland*, évêque de Lincoln, traduits de l'anglais en latin.

CAIUS (BERNARDIN), médecin vénitien du XVIIe siècle, a publié : 1° *De vesicanium usu*, Venise, 1606, in-4° ; 2° *De sanguinis effusione*, 1607 ; 3° *De alimentis, etc.*, 1608 et 1610, in-4°.

CAJACE, s. f. (*marine*), petite barque dont on se sert à Rosette pour remonter le Nil.

CAJACS (LES), corps de 200 gentilshommes créé en 1668 pour le service de la marine, et ainsi nommé d'un monsieur de Cajac, seigneur de Ham, qui en fut le fondateur. On leur donna aussi le nom de *Vermandois*, le duc de Vermandois étant alors amiral. Ce corps fut du reste licencié peu de temps après sa formation.

CAJADO (CHERMICUS), ou plutôt HENRI (suivant Erasme), poëte latin, fils d'Alvarez Cajado, naquit en Portugal vers le milieu du XVIe siècle. Il étudia d'abord la jurisprudence, d'après la volonté exprimée par le roi Jean ou Emmanuel, son successeur, et sous la direction de Nonius Cajado, son parent ; mais il joignit à l'étude des lois celle des auteurs classiques, et il paraît que les muses l'occupèrent plus que le droit. Il adressa ces beaux vers à Nonius Cajado. La grande réputation dont jouissait alors Ange Politien lui inspira un si vif désir de le connaître, qu'il quitta sa famille, ses amis, sa patrie, pour se rendre à Florence ; mais Politien était mort quand il y arriva. Il se lia bientôt d'une amitié vive et durable avec Philippe Béroaldo, et se fit connaître par des poésies latines où l'on remarque un tour heureux, de l'élégance et de la facilité. C'est l'éloge que leur donnent Erasme et Béroaldo. Il mourut en 1508 d'un excès de vin, s'il faut en croire Monteiro qui a écrit sa vie. La première édition de ses poésies parut à Bologne sous ce titre : *Eclogæ et silvæ et epigrammata*, 1501, in-4°. Elles furent réimprimées en 1745 dans le *Corpus poetarum Lusitanorum*.

CAJAN ou KAYAN (*botan.*), arbre des Indes, d'une grandeur médiocre, dont les feuilles sont rondes et attachées trois à trois comme des trèfles à l'arbre. Il porte des fleurs d'une odeur agréable, et conserve sa verdure l'hiver et l'été. Il produit une graine ou semence qui ressemble à des pois chiches.

CAJAN-SCARABOIDE, s. m. (*hist. nat.*), espèce de dolic qui se rapproche beaucoup du cajan.

CAJARCS, petite ville de l'ancien Quercy, à 22 kilomètres de Figeac, département du Lot. C'était autrefois une ville forte ; et dans les guerres contre les Anglais elle opposa aux ennemis une vigoureuse résistance. Louis XIII en fit démolir les fortifications en 1622. La population de cette ville est aujourd'hui de 1,900 habitants.

CAJATIA, s. m. (*botan.*), plante des Indes qui peut servir de nourriture aux hommes.

CAJAVAS, s. m. pl. (*term. de relation*), berceaux couverts de tapis, où l'on met les malades des caravanes.

CAJEPUT (HUILE DE). Cette huile est fournie par plusieurs espèces de *melaleuca*, genre de la famille des myrtinées, et principalement par le *melaleuca leucadendron*, arbre des Moluques qui s'élève jusqu'à 50 à 60 pieds. On l'obtient par la distillation des feuilles et des rameaux avec une quantité convenable d'eau, et on la rectifie par une nouvelle distillation. — *Caractères.* Huile volatile, très-fluide, claire, transparente, verdâtre, d'une odeur pénétrante et suave, ayant quelque analogie avec celle des térébinthacées et du camphre, saveur très-âcre. Celle du commerce offre une couleur plus prononcée, qui, selon Hellwig, vient du cuivre des vases dans lesquels on la prépare. Westrumb et Trommsdorf assurent y avoir trouvé du cuivre, ce qui doit engager, selon le conseil de M. Soubeiran (*Dict. de méd.*, VI, p. 175), à s'assurer de sa pureté. On falsifie l'huile de cajeput avec d'autres essences, mais son odeur est toujours assez altérée alors pour faire reconnaître la fraude. Très-usitée comme médicament chez les Malais et les habitants de l'archipel Indien, l'huile de cajeput est par contre presque inusitée chez nous. Ses propriétés thérapeutiques paraissent participer de celles des autres huiles essentielles. J.-A. Adam indique une diaphorèse abondante à la tête parmi les effets qu'elle produit sur l'organisme ; toutes les autres sécrétions sont augmentées (J.-A. Adam, *Thèse inaugurale*, Gœttingue, 1783). Aussi a-t-on, avant tout, tenu compte de cette propriété, dans l'emploi que l'on a fait de cette huile dans le rhumatisme, l'hydropisie, la goutte, certaines paralysies, etc. Stromayer en a reconnu l'efficacité dans la première de ces maladies ; et Thunberg, dans celle-ci ainsi que dans la goutte. Comme carminatif et antispasmodique, elle a été employée avec succès par Martini, Lange, Trewius, Wherloff et Meibom dans l'hystérie, l'épilepsie et surtout dans la chorée. Valentin (l'avoir donnée avec autant de succès que le quinquina, pour favoriser l'éruption retardataire de la variole ; et selon Martini et Adam, l'huile de cajeput, seule ou alliée au quinquina, est un moyen des plus précieux dans les fièvres intermittentes pernicieuses. Le plus ordinairement, cette huile s'administre sur du sucre ou par gouttes dans une tasse de boisson chaude, s'associant d'ailleurs aux liquides appropriés à la maladie, sans perdre de vue qu'elle est entièrement soluble dans l'alcool et en partie dans l'eau. Mélangée à l'huile animale de Dippel, elle constitue les *gouttes excitantes*, ainsi composées : huile de Dippel, 4 grammes (1 gros), huile de cajeput 2 grammes (un demi-gros), gouttes qui se donnent au nombre de 5, 10 et 15. L'huile de cajeput peut être unie aux poudres ; souvent on la donne avec le quinquina et plus souvent encore avec le sucre (sucre blanc, 4 grammes (1 gros) ; huile de cajeput, 2 gouttes, broyez). La dose est de 1, 2 ou 6 gouttes jusqu'à 12 à 20 au plus.

CAJÉTAN (THOMAS DE VIO) naquit le 20 février 1469 à Gaète, ville du royaume de Naples, dont il prit le nom ou plutôt le surnom ; et ce surnom a prévalu dans l'histoire sur son véritable nom (1), plus généralement connu. Fort jeune encore, en 1484, il entra dans l'ordre de Saint-Dominique, et s'y fit remarquer par son esprit et son érudition ; bientôt il devint docteur en théologie, et après avoir professé cette science avec beaucoup de succès à Brescia et à Pavie, il devint en 1500 procureur général de son ordre, puis général en 1508. On sait quelle était alors la puissance de l'ordre des dominicains, et son chef devenait nécessairement un des personnages les plus importants de la chrétienté. Cajétan se rendit très-utile par son zèle et son habileté au pape Jules II, lorsque ses démêlés avec le roi de France Louis XII et l'empereur Maximilien Ier amenèrent ces deux princes à convoquer le concile de Pise. Cajétan réussit par ses démarches et son crédit à faire avorter ce concile, et fut des premiers à persuader à Jules II d'opposer concile à concile, en convoquant celui de Saint-Jean de Latran. Il composa aussi, pour la défense du pontife, un livre où il entreprit de prouver qu'un concile général ne pouvait être assemblé que par l'autorité du pape. De tels services rendus au saint-siége ne restèrent pas sans récompense ; et, après la mort de Jules II, il trouva un protecteur non moins bienveillant dans la personne de Léon X, qui se voyant entouré d'ennemis, le comprit en 1517 dans sa

(1) Cependant dans le *Dictionnaire de Moreri*, son article, très-sec d'ailleurs et très-insuffisant, se trouve sous le nom de VIO (Thomas de). Par une erreur singulière, et qui tient à ce que le traducteur français de la *Vie de Léon X*, par Roscoe, a fait un contre-sens dans la phrase où il est parlé pour la première fois du cardinal Cajétan, ce prélat est dans tout le cours de l'ouvrage confondu avec le cardinal Numalio (Christophe), et cette erreur se retrouve même dans la table des matières. Nous croyons qu'il peut être utile d'en avertir les lecteurs.

fameuse promotion de trente et un cardinaux, pour se former une nouvelle cour ; « chose alors sans exemple, » est-il dit dans l'*Abrégé chronologique de l'histoire ecclésiastique.* Au surplus, le pontife fut heureux dans ses choix, et presque tous ceux qu'il nomma n'étaient pas moins dignes de la pourpre que Cajétan, qui eut bientôt lieu de se distinguer dans les graves controverses dont le monde chrétien était agité. Cajétan fut envoyé l'année suivante en Allemagne, comme légat. — C'était le moment où Luther, soutenu par l'électeur de Saxe Frédéric, commençait à troubler l'empire par ses violentes attaques contre le saint-siége. Ses doctrines hardies attirèrent l'attention de l'empereur Maximilien, qui les improuva fortement dans une diète tenue à Augsbourg, et qui ensuite ne s'empressa pas pour le prier d'intervenir. Léon X manda d'abord au cardinal Cajétan de faire comparaître *Luther par-devant lui*; et au cas où il persisterait dans son hérésie, de s'assurer de sa personne ; mais dans le cas où le pontife, voyant Luther appuyé par l'université de Wittenberg et par l'électeur, autorisa son légat à écouter la défense de Luther, et à le réconcilier avec l'Eglise, s'il rétractait de bonne foi ses erreurs. Cajétan possédait toute la science et tout le talent nécessaires pour réussir dans une pareille mission. Les protestants reconnaissent qu'il y montra beaucoup de modération, fait d'autant plus honorable que le légat n'admettait aucune limite à l'autorité du pape. On le regarde en effet comme le premier qui ait affirmé sans détour l'infaillibilité papale dont il avait été le champion lors du concile de Pise. La querelle tirant son origine d'une rivalité entre les dominicains et les augustins, Cajétan, qui appartenait au premier de ces deux ordres, devait nécessairement éprouver plus de résistance de la part de Luther, qui, comme on sait, appartenait au second. Soit cette cause ou toute autre, Luther, quoiqu'il eût été reçu par le légat non-seulement avec bonté, mais encore avec une sorte de considération, ne voulut faire aucune rétractation. De son côté, Cajétan ne voulut entrer dans aucune discussion, se bornant à le requérir de rétracter les propositions erronées qu'il avait avancées, et à promettre qu'il ne soutiendrait plus d'opinion contraire à l'autorité de l'Eglise. Enfin les choses restèrent exactement au même point. Ceux qui ont blâmé Cajétan de n'avoir voulu entrer dans aucune discussion, ont perdu de vue qu'il avait été envoyé vers Luther non comme antagoniste mais comme juge, et que toute discussion de sa part, quel qu'en eût été le résultat, eût été un démenti donné à l'autorité de l'Eglise. On peut s'étonner que dans un livre aussi sérieux que la *Biographie universelle*, un écrivain ait présenté cet incident comme la chose la plus légère. « Des disputes d'étiquette, dit-il, firent naître d'autres obstacles. » Le cardinal Cajétan assista le 28 juin 1519 à la diète de Francfort, qui élut Charles-Quint. Deux mois auparavant (15 avril), le pape Léon X l'avait nommé évêque de Gaëte, sa ville natale. L'an 1523, il fut envoyé par le pape Clément VII comme légat en Hongrie; il en revint l'année suivante, et se trouvait à Rome en 1527, lorsque cette ville fut prise par les troupes de Charles-Quint. Fait prisonnier lui-même en cette occurrence, il ne put recouvrer sa liberté qu'en payant une rançon de 5,000 écus romains; et, afin de pouvoir rembourser cette somme qu'il avait empruntée, il alla vivre très-économiquement dans son diocèse. Rappelé par Clément VII, il revint à Rome, où il mourut le 9 août 1534, âgé d'environ soixante-six ans et demi. Quoique souvent occupé dans les affaires politiques de la plus haute importance, et mêlé dans les discussions brûlantes soulevées par Luther et ses adhérents, le cardinal Cajétan, qui s'était fait une règle de donner chaque jour quelques heures à l'étude, a trouvé le temps d'écrire un grand nombre d'ouvrages. Les principaux sont : 1° un *Commentaire de la Bible*, en 5 vol. in-fol., Lyon, 1639. L'auteur s'y attache au sens littéral, fait peu d'usage des SS. PP., et s'exprime avec une certaine liberté sur la Vulgate. Ne connaissant pas les langues originales, il se faisait assister par des rabbins qui l'ont quelquefois induit en erreur. Enfin, à l'égard du *Nouveau Testament*, on lui reproche d'avoir suivi trop servilement la version et les notes d'Erasme. Quant à la forme de cette partie de son ouvrage, elle lui appartient entièrement. Par une idée bizarre, il donne aux douze chapitres qui le composent le titre de *Déjeuners du Nouveau Testament.* Sous le rapport de la doctrine, le *Commentaire* de Cajétan fut vivement attaqué par Catharin, et censuré par la faculté de théologie de Paris. 2° Un *Commentaire sur la Somme de saint Thomas*, qui, bien que très-court, subit quelques retranchements dans l'édition générale des *OEuvres de Cajétan*, imprimée à Rome en 1570, par les ordres de Pie V. 3° Des *Opuscules* sur divers sujets, Lyon, 1562, entre autres le traité dont nous avons déjà parlé sur l'autorité du pape comparée à celle des conciles, qui valut à son auteur le chapeau de

cardinal, et les *censures de la faculté de théologie de Paris*, à laquelle Louis XII avait dénoncé cet écrit. La vie de Cajétan a été écrite par Fonséca et par Echard ; mais, comme il arrive à tous les hommes engagés dans les débats religieux ou politiques, il a été bien diversement jugé par ses contemporains. « C'était, dit Bossuet, un esprit ardent et impétueux, plus habile dans les subtilités de la dialectique que profond dans l'antiquité ecclésiastique. » On voit que Bossuet ne le considère pas comme profondément et solidement érudit. Il l'était cependant, mais il écrivait trop vite pour pouvoir toujours le faire avec discernement.
CH. DU ROZOIR.

CAJÉTAN, ou GAJÉTAN, ou même CAÉTAN (HENRI), fils de Boniface Cajetan, duc de Sermoneta ou Sermonetta, issu d'une illustre famille espagnole qui vint s'établir à Gaëte, en Italie, et produisit un pape, Boniface VIII, et plusieurs cardinaux. Il naquit le 6 août 1550, fut créé cardinal par le pape Sixte V le 18 décembre 1585, patriarche d'Alexandrie, et successivement légat à Bologne en Italie, en France. Ce fut au mois de décembre 1589 qu'il fut envoyé en France par SIXTE V en qualité de légat *à latere*. — Ce pontife venait d'apprendre l'assassinat de Henri III par une ambassade de ligueurs, qui lui dirent que tout le royaume, les villes, les campagnes, la magistrature, le clergé et la plus grande partie de la noblesse reconnaissaient pour roi le cardinal de Bourbon; que le Navarrois était presque abandonné et hors d'état de résister aux forces qui l'investissaient. Sur ce rapport, Sixte V crut qu'il n'était plus question que de munir de son autorité l'élection déjà faite du cardinal de Bourbon, et tout au plus de pourvoir à sa succession, car ce roi de la Ligue était vieux et infirme. Il choisit donc le cardinal Cajétan; mais, avant même que ce légat fût parti, les dispositions du pontife étaient déjà changées. Les députés des catholiques royalistes de France l'avaient détrompé sur les impostures avancées par les envoyés de la Ligue, et l'avaient prié de suspendre le départ de Cajétan. Sixte V fut sur le point de révoquer la mission de celui-ci ; néanmoins, vaincu par les instances des agents de la Ligue, il le laissa partir; mais, au lieu de lui prescrire comme auparavant d'employer tous ses efforts à affermir le cardinal de Bourbon sur le trône, il lui donna pour instruction expresse de réunir tous les Français dans la religion romaine, et de contribuer à l'élection d'un roi catholique sans faire aucune mention du cardinal de Bourbon. Il lui recommanda de ne point se déclarer ennemi du roi de Navarre, tant qu'il y aurait espérance de le ramener à la foi; de rester neutre entre toutes les prétentions temporelles des princes ; de ne songer qu'aux intérêts de la religion; de ne faire acception de personne, et de consentir à tout, pourvu que le roi qu'on élevait fût Français, obéissant à l'Eglise et obéissant à la nation. De telles instructions ne peuvent que faire honneur au pape qui les avait données; mais exécutées, elles auraient pu rétablir la paix en France, au lieu que l'infidélité du légat à faire ce qui lui était prescrit perpétua le trouble et l'augmenta. Loin de rester neutre comme le pape l'avait recommandé, il montra dès le commencement une partialité entière pour la Ligue et pour les Espagnols. — Il amenait à sa suite le jésuite Bellarmin, qui fut depuis cardinal, et le cordelier Panigarole, évêque d'Ast, prédicateur fougueux, et Bouffor, « qui, dit l'historien de Thou, après avoir en sa jeunesse prêché les massacres à la cour du roi Charles IX, était revenu en France pour prêcher la rébellion. » — Morosini, nonce pacifique et modéré, qui venait de cesser ses fonctions de légat en France, conseillait à son successeur de ne point aller droit à Paris, où l'on était trop ouvertement déclaré contre Henri IV, mais de se tenir dans quelque ville de France agréable aux deux partis; d'observer de là la tournure que prendraient les affaires; de ne se déterminer que selon les circonstances, et de rendre sa résidence le sanctuaire de la paix. Pareil conseil lui était donné par le duc de Nevers, qui, retiré dans ses terres, avait pour le roi tous les égards compatibles avec une exacte neutralité. Cajétan, loin de se conformer à ces sages avis, n'écouta que sa présomptueuse ambition. Elevé dans les principes ultramontains, il s'imaginait que tout allait plier en France sous son autorité, et que sa volonté ferait un roi. Mais il ne tarda à être détrompé, sans en devenir plus circonspect et plus modéré. Il arriva à Lyon le 9 novembre 1589. Son voyage ne fut pas sans désagréments ni sans dangers; sa hauteur lui attira des répliques dures, des bravades, et jusqu'à des affronts de la part des catholiques mêmes, qu'il prétendait commander trop despotiquement. Henri IV se conduisit à l'égard du légat avec son bon sens ordinaire; il fit publier que s'il venait à sa cour, on eût à le recevoir avec honneur et distinction; que si, au contraire, il allait vers les rebelles, on ne le regardât point comme légat, mais comme son ennemi. Les ordres donnés en conséquence de cette déclaration s'exécutèrent à la lettre. Henri envoya des partis sur la route. Ils battirent et dispersèrent l'escorte destinée à l'amener à Paris ; « et Cajétan, qui avait compté traverser la France en conquérant, dit un historien (1), se vit réduit à gagner la capitale en fugitif. » — Pour le dédommager, les Parisiens lui firent une réception royale. A la porte Saint-Jacques, par où il entra, le 5 janvier 1590, les seize vinrent à sa rencontre avec le prévôt des marchands, les échevins, le clergé et huit ou dix mille mousquetaires et arquebusiers. Il fut amplement harangué par tous les corps de la ville, et l'on fit, en son honneur, une décharge de mousqueterie dont il ne fut pas médiocrement effrayé, « craignant, dit un contemporain, que quelque lourdaud ou quelque politique, s'étant glissé parmi les mousquetaires, n'eût chargé son arme à plomb. Il faisait perpétuellement signe de la main que l'on cessât ; mais eux, pensant que ce fussent bénédictions qu'il leur donnât, rechargeaient toujours, et le tinrent une bonne heure en certaine alarme. » — Le 11 du même mois, Cajétan, suivi des principaux membres de l'université, se rendit au palais, où siégeait le parlement de la Ligue. Le parlement royaliste siégeait alors à Tours. Les bulles et les pouvoirs du légat furent lus, enregistrés et publiés sans aucune protestation ni restriction, bien qu'elles lui conférassent une juridiction entière sur les laïques, dans presque tous les cas qui étaient essentiellement de la juridiction royale. Cet enregistrement, au reste, n'eut lieu que le 20 février. Mézeray (*Abrégé chronol.*, an 1590) rapporte que le légat, marchant d'un pas délibéré, montait droit au dais destiné pour le roi ; mais que le président Brisson, sous prétexte de lui faire honneur, le prit respectueusement par la main, et le fit asseoir, selon l'usage, sur un banc au-dessous de lui. Dissimulant son dépit, Cajétan prononça une harangue latine dans laquelle il exalta la puissance du pape, et anima le zèle des Français pour le maintien de la religion catholique. — Cependant plusieurs compétiteurs se disputaient la couronne de France : Henri IV, héritier légitime du dernier roi qui venait d'être assassiné à Saint-Cloud ; le roi d'Espagne, Philippe II, qui voulait faire couronner l'infante Isabelle, sa fille, qui aurait épousé soit l'archiduc Ernest, soit (ce qui fut proposé plus tard) le duc de Guise, et recevoir pour lui-même le titre de protecteur du royaume ; le duc de Lorraine briguait aussi le trône de France pour son fils ; enfin, Mayenne qui, par des motifs plus sages et mieux entendus, cherchait à gagner du temps et à conserver l'autorité de lieutenant général sous le nom du vieux cardinal de Bourbon. Cajétan, survenant parmi ces intérêts divers, au lieu d'observer la neutralité se joignit d'abord à la Ligue, aux *seize* et au parti espagnol ; on l'a même accusé d'être vendu à Philippe II. En agissant ainsi, il mérita d'être désavoué par Sixte V. Cependant lorsqu'on parlait alors très-librement dans Paris de faire au moins une trêve avec le Béarnais, tant on était las de la guerre, Cajétan s'opposa à toute espèce d'accommodement. Le parlement royaliste de Tours déclarait crime de lèse-majesté toute correspondance avec le légat, et faisait brûler par la main du bourreau la bulle qui lui avait été adressée, le 1er mars 1590, pour procéder à l'élection d'un roi. De son côté, le parlement de Paris, cassant cet arrêt, rendu le 7 août 1590, enjoignit de rendre au légat *révérence et respect*, et décréta, le 5 mars, qu'on eût à reconnaître Charles X comme roi de France. On tint aux Augustins une assemblée solennelle pour renouveler le serment de l'union. Là se rendirent le légat avec le conseil de l'union dont il était membre, le parlement et les cours souveraines, les ambassadeurs d'Espagne et d'Ecosse, la bourgeoisie ayant à sa tête le prévôt des marchands et les échevins, les colonels et capitaines de quartiers. Cajétan, revêtu de ses habits pontificaux, assis dans un fauteuil, et tenant sur ses genoux le livre des saints Evangiles, fit prêter serment de mourir pour la conservation de la religion catholique, et de rester soumis à Charles X et au duc de Mayenne, lieutenant général du royaume. La victoire que Henri IV remporta peu de jours après dans les plaines d'Ivry contraria les projets de Cajétan. Il se rendit à Saint-Denis, où Mayenne était arrivé trois jours après sa défaite, et où, ne voulant pas entrer lui-même dans Paris, il appela sa sœur la duchesse de Montpensier, d'Espinac, archevêque de Lyon, Villeroi, les deux ambassadeurs d'Espagne, Bernardin de Mendoza et le commandeur Morréo, enfin le cardinal Cajétan. Celui-ci lui donna des consolations et lui promit l'appui du pape et les secours de Philippe, secours tardifs et désormais inutiles.

(1) Anquetil, *Esprit de la Ligue.*

Il eut ensuite, avec un sauf-conduit de Henri IV, une conférence au château de Noisy avec le maréchal de Biron ; il le pria d'obtenir du roi une suspension d'armes, mais Biron lui répondit dans son langage militaire, que le roi *voulait ou une paix absolue ou une guerre guerroyable*. En effet, sans perdre un instant, Henri marche sur Paris ; on tient conseil chez le légat, et l'on y résout d'expédier aussitôt les prédicateurs de la Ligue pour préparer par leurs discours le peuple à cet événement. Ils y réussirent très-bien ; et, sur ces entrefaites, on apprit que le *roi de la sainte union* était mort, le 9 mai, dans sa prison de Fontenai-le-Comte ; autre contre-temps fâcheux pour Mayenne et pour Cajétan, qui ne savaient plus qui mettre à la place du défunt. Cependant le siége commence ; le légat, l'ambassadeur d'Espagne et le duc de Nemours offrent, de concert, les fonds nécessaires pour la paye des soldats ; Cajétan donna, de plus, 50,000 écus pour le pain des pauvres ; mais bientôt le pain manqua, et, s'il faut en croire quelques écrivains, ce fut le légat qui conseilla d'en faire avec les os tirés des cimetières. Mais l'horrible famine allait toujours croissant ; quelques cris séditieux furent punis de mort, et l'on imagina, pour ranimer les courages, de faire cette monstrueuse procession dont la *satire Ménippée* retrace si plaisamment la burlesque peinture. Elle eut lieu le 5 juin 1590, et fut commandée par Guillaume Rose, évêque de Senlis. « On y vit, dit Maimbourg, plus de douze cents ecclésiastiques, tant séculiers que religieux, des capucins, des minimes, et même des chartreux, armés de pertuisanes et d'arquebuses, portant des cuirasses sur leurs robes retroussées, et des casques sur leurs capuchons, chantant des psaumes, des hymnes, et faisant de fréquentes décharges. » Comme la procession s'avançait du pont Notre-Dame vers le Petit-Pont, un coup maladroitement tiré tua l'aumônier du légat. — Effrayé de cet accident, Cajétan s'en retourna au plus vite au palais épiscopal où il logeait chez le cardinal de Gondy. Quant à l'aumônier, on lui fit des funérailles magnifiques ; et le peuple ne douta point qu'ayant été tué dans une cérémonie si sainte, son âme s'était envolée au ciel, « et qu'il fallait le croire, parce que monseigneur le légat, qui savait bien ce qui en était, l'assurait ainsi. » — Cependant la misère devenait chaque jour plus intense ; et, quoique le parlement eût rendu, le 15 juin, un arrêt portant défense de parler de paix *avec l'hérétique* sous peine de la vie, il fallut songer à un accommodement. Cajétan eut deux conférences avec le marquis de Pisany, ancien ambassadeur à Rome, autorisé par le maréchal de Biron. Le légat mit pour première condition, que le roi se ferait catholique ; Pisany n'ayant voulu rien promettre à cet égard, les conférences demeurèrent sans résultat. Les affaires de la Ligue devenaient de plus en plus désespérées ; le siège de de Paris était poussé avec vigueur, et Cajétan recevait des réprimandes sévères de Sixte V, qui lui reprochait d'exciter l'incendie au lieu de travailler à l'éteindre. Dans ces circonstances, Cajétan consentit à avoir une conférence avec Pisany ; cette conférence eut lieu en effet au faubourg Saint-Germain. Enfin, les chefs de la Ligue, sentant la nécessité de négocier la paix, consultèrent le légat, qui, assisté de Panigarole et de Tyrius, recteur du collège des Jésuites, décida, le 4 août, 1° que les Parisiens, contraints par la famine, n'encouraient point l'excommunication en se rendant à un prince hérétique ; 2° que les députés qui seraient envoyés à ce dernier pour le convertir ou soutenir les droits de l'Eglise, n'étaient pas compris dans l'excommunication du pape Sixte V. — On voit combien le légat avait rabattu de ses prétentions ; peu de temps auparavant, il s'était opposé par lettres circulaires au départ de plusieurs évêques, invités à se réunir à Tours pour y travailler à la conversion de Henri, en les menaçant d'excommunication s'ils désobéissaient. — En conséquence, une députation dont faisaient partie le cardinal de Gondy, évêque de Paris, et l'archevêque de Lyon, d'Espinac, alla le lendemain trouver le roi, qui leur fit les reproches les plus amers. — Alors Sixte V, irrité, ou feignant de l'être, rappela son légat, et mourut peu de jours après (27 août 1590), « bien à point pour Cajétan, dit l'Estoile, car il lui eût fait trancher la tête pour avoir, par son exprès commandement, allumé le feu de la sédition au lieu de l'éteindre. » — Cajétan laissa pour le remplacer à Paris, son ami Philippe Séga, depuis cardinal de Plaisance, qui marcha dans la même voie. Quatre pontifes, Urbain VII, Grégoire XIV, Innocent IX et Clément VIII, se succédèrent dans l'espace de dix-huit mois sur le trône de saint Pierre. En 1591, Cajétan fut envoyé à Varsovie, afin de déterminer Sigismond à se joindre aux impériaux pour faire la guerre aux Turcs. Selon de Thou, il parla fort éloquemment dans la diète ; mais il n'eut pas plus de succès en Pologne qu'il n'en avait eu en France. Il mourut en 1599, âgé de quarante-neuf ans. Pendant son séjour à Paris, il avait fait imprimer : 1° *Lettre à la noblesse de France* (1590); 2° *Lettre aux archevêques, évêques et abbés du royaume* (1590); 3° *Missive envoyée à la faculté de théologie* (1591), et quelques autres ouvrages du même genre. En somme, on peut dire que Cajétan était un homme de talent et d'énergie; mais c'était aussi un homme de parti, et conséquemment peu propre au rôle conciliant dont il avait été chargé par Sixte V, qui, il faut l'avouer, ne montra pas, en faisant un pareil choix, sa loyauté ordinaire.

CH. DU ROZOIR.

CAJÉTAN (BENOIT) (*V.* BONIFACE VIII).

CAJÉTAN (ALPHONSE), frère de Constantin, également recommandable par son savoir, et membre de la société de Jésus, a publié la vie de François Cajétan, de la même société. -- CAJÉTAN (Sébastien) fut provincial des mineurs observantins dans la province de Labour, à la fin du XVIe et au commencement du XVIIe siècle. On a de lui un commentaire latin des décrets de la congrégation des rites, sur la célébration de la messe.

CAJÉTAN (PALMA) (*V.* CAYET).

CAJÉTAN (OCTAVIO), de l'illustre maison des marquis de Sortino, né le 22 avril 1560 à Saragosse en Sicile, se fit jésuite en 1582, et mourut à Palerme en 1600, âgé de trente-quatre ans. On publia à Palerme en 1707 un ouvrage posthume in-4° de sa façon, sous le titre d'*Isagoge ad historiam sacram Siculam*. On a encore de lui : 1° *Vitæ sanctorum Siculorum*, Palerme, 1652, in-fol. Ces vies sont puisées dans les monuments authentiques tant grecs que latins, et rédigées sur des manuscrits précieux par leur antiquité ; 2° *Animadversiones in Epist. Theodisii monachi ; de Syracusanæ urbis expugnatione*, dans la collection de Muratori.

CAJÉTAN (CONSTANTIN), de Syracuse, abbé bénédictin de Saint-Barante, fleurit depuis le commencement du XVIIe siècle, jusqu'à l'an 1650, qu'il mourut âgé de quatre-vingt-cinq ans. Le zèle de la gloire de son ordre lui a fait mettre parmi les religieux bénédictins quantité de grands hommes que l'on croit communément n'en avoir point été, comme Amalarius Fortunatus, saint Grégoire le Grand et même saint Ignace de Loyola ; ce qu'il prétend conclure pour ce dernier d'un martyrologe monastique dont voici les termes : « La veille des calendes d'août à Rome, la déposition de saint Ignace ou de saint Ennecon, confesseur, qui voulant entrer dans la milice de Jésus-Christ, se revêtit du nouvel homme, et prit l'habit dans le monastère de la bienheureuse Vierge Marie de Montferrat, ordre de Saint-Benoît, et fut mis au nombre des oblats que les Espagnols appellent *donnés*, où il commença à mener une vie plus parfaite, sous la conduite de Jean Chianones, grand serviteur de Dieu, moine de ce monastère, sous lui l'exercice de la vie spirituelle du grand et très-saint homme Garcias Cisneros, moine et abbé du même ordre, qui lui servit à faire de grands progrès dans la vie spirituelle, et d'où il tira, quelques années après, ses exercices spirituels. Cet admirable fondateur de la société de Jésus fit ses vœux particuliers dans l'église de Sainte-Marie de Montmartre, proche de {Paris ; les solennels dans l'église de Sainte-Marie, à Saint-Paul, proche de Rome, entre les mains des moines bénédictins ; et de là, étant allé à l'abbaye du Mont-Cassin, il y fit tous les exercices de sa nouvelle société chez les moines bénédictins, et y dressa dans l'oratoire de Sainte-Marie d'Albane, avec le secours des Pères du Mont-Cassin, les règles de sa société, et enfin fait Père bénédictin, tout convers qu'il était, il vit les heureux accroissements de sa société, et mourut dans le Seigneur la veille des calendes d'août, l'an 1556. Il a été canonisé par le pape Grégoire XV. » A la fin de cet extrait, Cajétan met ce passage d'Isaïe, chap. 51. *Attendite ad petram unde excisi estis, et ad cavernam laci de qua præcisi estis; attendite ad Abraham (Benedictinum) patrem vestrum, et ad Sara (benedictinam religionem) quæ peperit vos.* C'est le sentiment de Cajétan, dans un livre qu'il publia sur ce sujet à Rome en 1641, et qu'il intitula : *De l'institution religieuse de saint Ignace, ou Ennecon, fondateur de la société de Jésus, par les Pères bénédictins, et de son livre des Exercices*, tirés en partie des Exercices du vénérable serviteur de Dieu Garcias de Cisneros, abbé de Montferrat. Cajétan faisait encore de saint François d'Assise, de saint Thomas d'Aquin et de plusieurs autres, autant de bénédictins, ce qui fit dire au cardinal Scipion Cobelluccio, qu'il craignait que bientôt Cajétan ne transformât saint Pierre en bénédictin. Cet auteur a encore donné une édition des œuvres de saint Pierre Damien, en quatre volumes in-folio, imprimées à Rome en diverses années, et ré-

imprimées à Paris en 1642 et 1663 (Théophile Rainaud, *De bonis et malis libris*, Num., 230 ; Dupin, *Biblioth.*, XVIIe siècle, tom. I).

CAJOL, s. m. (*écon. rust.*), nom que l'on donne, dans la Brie, à une petite natte de jonc sur laquelle on fait égoutter les fromages.

CAJOLABLE, adj. des deux genres (*gramm.*), doux, aimable, qui peut être cajolé (J.-J. Rousseau).

CAJOLER, v. a. (*gramm.*), flatter, louer, entretenir quelqu'un de choses qui lui plaisent et qui le touchent. Il signifie aussi tâcher de séduire une femme ou une fille par de belles paroles. Il est familier dans les deux sens.

CAJOLER, v. a. (*marine*), mener un navire contre le vent, à la faveur du courant de la marée.

CAJOLER, se dit neutralement, *en term. de fauconnerie*, du cri des geais.

CAJOLERIE, s. f. (*gramm.*), louange où il y a quelque affectation ou qui sent la flatterie. Il se dit aussi du langage flatteur dont on se sert pour tâcher de séduire une femme ou une fille.

CAJOLEUR, EUSE, s. (*gramm.*), celui, celle qui cajole.

CAJOT (DON JEAN-JOSEPH), bénédictin de la congrégation de Vannes, naquit à Verdun en 1726, et mourut en 1779. On a de lui : *les Antiquités de Metz, ou Recherches sur l'origine des médiomatriciens*, Metz, 1760, in-8° ; *Histoire critique des coqueluchons*, Cologne (Metz), 1762, in-12 ; *Plagiats de J.-J. Rousseau sur l'éducation*, Paris, 1776, in-12 ; ouvrage où l'auteur s'efforce de prouver que les idées qui ont fait la fortune de l'*Emile* sont empruntées à Plutarque et à Montaigne.

CAJOT (DOM CHARLES), frère du précédent, naquit à Verdun le 17 août 1731. Il entra aussi dans l'ordre des bénédictins de la congrégation de Saint-Vannes, où il se distingua par la piété et ses lumières. Il fut professeur de philosophie et de théologie dans cette abbaye, ainsi que dans celle de Saint-Arnould de Metz. Il mourut le 6 décembre 1807, laissant quelques ouvrages dont le seul curieux est intitulé : *Recherches historiques sur l'esprit primitif et les anciens collèges de l'ordre de Saint-Benoît, d'où résultent les droits de la société sur les biens qu'il possède*, Paris, 1787, 2 vol. in-8°. Cajot veut prouver dans cet ouvrage que les sociétés religieuses et les ordres de Saint-Benoît ne sont point faits pour se livrer à la contemplation ; et en remontant aux temps antérieurs, il fait voir que la société de Saint-Benoît, particulièrement, dirigeait autrefois des écoles d'enseignement gratuit, des séminaires d'où sortaient des évêques et des prêtres, et s'occupait en grande partie du ministère ecclésiastique sorti des religieux qui avaient porté dans le Nord la foi et la civilisation ; et il en conclut que, pour pouvoir jouir des avantages que la société leur a continués depuis ce temps, il faut qu'ils reviennent aussi à leur institution primitive.

CAJOT, s. m. (*technol.*), espèce de cuve où l'on met les foies de morue pour en extraire l'huile.

CAJU-BARAÉDAN, s. m. (*botan.*), arbre des Indes, dont le fruit, garni de pointes, est propre à râper les racines qui servent de nourriture aux Indiens.

CAJU-BOBA, s. m. (*botan.*), arbre du Malabar dont le fruit contient une amande très-amère.

CAJU-FANGA, s. m. (*botan.*), sorte d'arbre à suc laiteux, qu'on peut employer comme vernis.

CAJU-HOLLANDA, s. m. (*botan.*), genre de plantes de la famille des lauracées.

CAJU-ITAM, s. m. (*botan.*), sorte d'arbre à bois noir, qui paraît se rapporter au canang.

CAJU-JAPAN, s. m. (*botan.*), espèce de plante qui est voisine du genre des poincillades.

CAJU-LAPIA, s. m. (*botan.*), espèce d'arbre d'Amboine, à fleurs en grappes terminales.

CAJU-LOBÉ, s. m. (*botan.*), sorte d'arbre d'Amboine, dont le bois est employé à faire des torches.

CAJUNAMI, s. m. (*botan.*), espèce de cannelier sauvage des Indes orientales.

CAJU-MÉRA, s. m. (*botan.*), espèce d'arbre à bois rouge, du genre des jambosiers.

CAJU-PALACA, s. m. (*botan.*), espèce d'arbre d'Amboine, dont le bois, trop tendre et trop léger, ne peut être employé pour les constructions.

CAJU-RADJA, s. m. (*botan.*), sorte d'arbre d'Amboine, dont le bois est très-léger.

CAJUTES, s. f. pl. (*marine*), lits qui, dans les vaisseaux, sont pratiqués autour des chambres comme des armoires. — Sorte de cabanes emboîtées autour des navires.

CAJU-TOLA, s. m. (*botan.*), espèce d'arbuste de Java, qui a beaucoup de rapport avec le genre des aquilites et celui des achites.

CAJU-ULA, s. m. (*botan.*), vomique de Java, qui se rapproche beaucoup de celle des boutiques.

CAKILE, s. f. (*botan.*), genre de plante à fleur en croix; le pistil sort d'un calice, et devient dans la suite un fruit semblable en quelque façon à la pointe d'une pique, et composé de deux parties qui sont jointes ensemble par une sorte d'articulation, et qui renferment une semence singulière et ordinairement oblongue.

CAL (*callus*) (*méd.*), tissu organique qui sert à la réunion des os et des cartilages fracturés, et qu'on peut regarder comme l'équivalent de la cicatrice des parties molles. Lobstein a donné le nom d'*ostéotylose* au travail formateur du cal (de ὀστέον, os, et τύλωσις, formation d'un calus). — § 1. *Remarques anatomiques et physiologiques.* Les anciens n'avaient que des idées fausses sur le cal. Ils le regardaient comme le produit d'une matière inorganique sécrétée par les surfaces de la fracture. A. Paré le compare au ciment dont on se sert pour coller les pots de porcelaine (liv. XV, ch. XXVII, p. 347, édition de Lyon, 1664). D'autres le considèrent comme l'analogue de la gomme qui coule de certains arbres, et la réunion des fragments de la fracture comme celle de deux planches collées réciproquement à l'aide d'une couche de colle forte. Ces idées avaient dû faire naître des idées bizarres sur les moyens propres à favoriser ou à troubler la formation du cal; aussi voyons-nous Paré se prescrire lui-même, dans une fracture de la jambe qu'il a essuyée, des aliments glutineux, comme les panades, les châtaignes, et éviter soigneusement les aliments aqueux, etc. Le cal complet se présente sous la forme d'une tumeur plus ou moins semblable aux exostoses. Lorsque la réduction de la fracture a été totalement négligée, comme cela a souvent lieu chez les animaux, les fragments plus ou moins distants l'un de l'autre sont réunis latéralement par des traverses osseuses. Sa substance offre quelques différences avec celle des os : d'abord sa structure fibreuse n'est pas aussi apparente, ensuite sa consistance est plus considérable; elle approche à la longue de celle de l'ivoire, ce qui dépend évidemment d'une sur-saturation de matière calcaire. L'analyse suivante de M. Henri Gauthier de Claubry ne laisse pas le moindre doute à cet égard :

	Os primitif.	Cal.
Matière animale	56,284	43,793
Carbonate de chaux	3,846	9,785
Phosphate de chaux	38,075	44,894
Phosphate de magnésie	1,012	1,526

(*Théorie sur la formation du cal*, de M. Bizet de Brest, ancien élève interne des hôpitaux de Paris, p. 15). On voit par cette analyse que les différences sont très-considérables, la substance du cal contenant non-seulement une fois autant de matière calcaire que la substance de l'os normal, mais encore une moindre proportion de matière animale. Ces conditions sont analogues à celles des exostoses éburnées, qui sont également en origine le résultat d'un travail semblable à celui de la formation du cal; elles expliquent parfaitement sa différence de structure avec l'os et sa grande résistance. On se tromperait cependant si l'on croyait que le cal s'offre toujours dans cet état; ses différences sont considérables, non-seulement selon l'époque de sa formation, l'âge de l'individu, les conditions particulières de l'organisme, mais aussi selon une foule d'autres circonstances. Lobstein dit à ce sujet : « Le cal n'offre pas la même structure ni la même composition chimique que nous venons d'indiquer. Diverses circonstances influent sur sa formation d'une manière plus ou moins fâcheuse; quelquefois le cal n'est qu'un noyau demi-cartilagineux et flexible; d'autres fois il est remplacé par une fausse articulation. Il arrive aussi qu'il se développe autour des fragments osseux des *ostéophytes*, soit verruqueux, soit *mycodes* (en forme de champignons), d'une structure plus ou moins poreuse, mais qui ne peuvent être confondus avec le cal véritable. Quelquefois, il est vrai, ces végétations le remplacent en formant autour des extrémités fracturées une espèce de virole plus ou moins solide; mais alors ces extrémités elles-mêmes, loin d'être

soudées, sont dans le même état qu'au premier jour de la fracture. Ces résultats s'observent lorsque le travail de l'ossification a été troublé, soit par des causes externes, soit par l'influence de quelque maladie interne, telle que le rachitis, les scrofules, la syphilis, le scorbut, maladies toutes capables d'altérer la composition élémentaire des os. » (*Anat. path.*, t. II, p. 231.) Nous reviendrons tout à l'heure sur ces remarques. Disons en attendant que toutes les fois que le cal est orthodoxe, je veux dire de bon aloi, sa substance est très-vascularisée; elle peut être injectée, il est même des auteurs dignes de foi qui l'ont trouvé plus riche en vaisseaux que le reste de l'os. « Le cal, dit S. Cooper, est plus vasculaire que l'os primitif. » John Bell rapporte un cas dans lequel l'os ayant été fracturé près de douze ans avant la mort, il trouva que l'injection pénétra en beaucoup plus grande quantité dans le cal que dans le reste de l'os. Quand un cal récemment formé est brisé, beaucoup de ses vaisseaux sont lacérés, mais quelques-uns sont seulement allongés, et il n'arrive que très-rarement que toute sa substance soit déchirée. On comprend aisément pourquoi la continuité des vaisseaux se rétablit si facilement lorsque le cal est déchiré ; à cause du grand développement du système vasculaire de cette partie et de l'activité que cet accident produit dans la circulation de ces vaisseaux déjà accoutumés à la sécrétion osseuse. Ces faits nous expliquent pourquoi le cal brisé ou ployé est rétabli dans son intégrité plus rapidement que l'os fracturé. » (*Dict. de chir.*, t. I, p. 263, édition de Paris.) Haller connaissait parfaitement le fait en question, puisqu'il fait remarquer que le cal des os fracturés, chez les animaux auxquels on fait manger de la garance, se colore en rouge comme le reste de l'os (*Elementa physiol.*, t. VIII, p. 334). Là où ces vaisseaux sont peu nombreux, le cal *définitif* se formera. Dans les circonstances opposées, il marchera rapidement; alors, si les fragments sont maintenus dans de bons rapports, il peut se faire que les vaisseaux contenus dans la substance osseuse même fassent tous les frais de la consolidation, et qu'il ne se forme point de virole aux dépens du périoste interne ou externe. M. Velpeau dit avoir vu cela un grand nombre de fois à la suite des fractures du tibia, du péroné, du radius, du cubitus (Velpeau, *Anat. chir.*, t. I). De nombreuses expériences ont été entreprises pour connaître la structure et la formation de ce tissu nouveau. Les anciens, avons-nous dit, croyaient que la réunion se faisait par l'exsudation d'un cal osseux suintant des bouts de l'os. Haller et Dethlées furent conduits par leurs expériences à admettre ce suc gélatineux; il suintait des bouts de la moelle, s'échappait autour de la fracture, s'organisait, passait par l'état cartilagineux, puis devenait osseux. Duhamel expliqua autrement la formation du cal; d'après lui, le périoste rompu se réunissant, s'ossifiait autour de la fracture, y formait une virole osseuse; la membrane médullaire s'unissait à ce même périoste et s'ossifiait au point de contact. Burdenave assimila le cal à la réunion des parties molles, et adopta pour la consolidation la théorie régnante sur la cicatrisation en général. J. Hunter fit jouer un rôle au sang extravasé entre les fragments et autour d'eux ; ce liquide se coagulait, s'organisait et devenait la base du cal. Camper décrivit un double cal : l'un, sous-périostal, résultait de l'ossification d'une matière gélatiniforme; l'autre, interne, provenait d'une raréfaction du tissu osseux, dont l'expansion était quelquefois assez considérable pour oblitérer le canal médullaire (Fréd. Miescher, *De inflammatione ossium*, Berolini, 1836). Grâce cependant aux travaux exacts de Hunter, de Troja, de Howship, de Dupuytren, de Breschet et de Villermé, les dissidences ont presque complétement disparu, et l'on s'accorde aujourd'hui à regarder les recherches de Dupuytren et de Howship comme l'expression rigoureuse du véritable état des choses. Nous devons faire remarquer que les travaux de ces observateurs sur le cal n'offrent en réalité dans leurs résultats que des différences très-légères, bien que dans plusieurs ouvrages ces différences paraissent très-grandes, faute d'une exacte reproduction des faits et des opinions de chacun d'eux. Voyez par exemple les absurdités qu'on a fait dire à Hunter ! On verra pourtant qu'il n'en est rien, si l'on veut se donner la peine de lire attentivement ce qui se trouve consigné en son nom dans le mémoire de Howship. La même remarque s'applique au beau travail de ce dernier, qui a été fort imparfaitement reproduit. Avant de rapporter, cependant, la conclusion du mémoire de Howship, disons 1° que les travaux de Dupuytren sur ce sujet datent de fort loin ; 2° que le mémoire de Howship a été communiqué à la société royale de Londres, en mars 1817 (*Experiments and observations on the union of the fractured bones*; *Medico-chirurgical Transactions*, t. IX, part. 1ʳᵉ); 3° que M. Breschet n'a publié son mémoire sur le même sujet qu'en 1819 (*Recherches hist. et expérim. sur le cal*).

Voici le résumé pratique des belles recherches de Dupuytren, consigné dans ses *Leçons orales*. «Convaincu par nos expériences, dit-il, que la nature n'opère jamais la réunion immédiate des fragments d'une fracture que par la formation de deux cals successifs, nous avons nommé l'un *provisoire* et l'autre *définitif*. Le premier, constitué ordinairement dans l'espace de trente à quarante jours par la réunion de l'ossification en virole du périoste, du tissu cellulaire, quelquefois même des muscles, et par celle du tissu médullaire, n'a pas toujours assez de force, surtout dans les fractures *obliques*, après la levée des appareils contentifs, pour résister à l'action musculaire, à de légers efforts, à la moindre chute, au poids des parties et à celui du corps. Ce cal provisoire, par sa fragilité, peut aussi se rompre plus facilement qu'aucun autre point de la longueur de l'os. Le second cal, formé par la réunion des surfaces de la fracture, est d'une solidité tellement supérieure à celle de l'os, que celui-ci se briserait partout ailleurs qu'en cet endroit. Le travail de ce cal définitif n'est jamais terminé avant huit ou dix mois, époque remarquable par la disparition du cal provisoire et le rétablissement de la continuité du canal médullaire. Voici du reste les principaux phénomènes qu'on observe pendant le temps qui s'écoule depuis le moment de la fracture jusqu'à ce que les parties soient aussi solidement et aussi exactement réunies qu'il est possible. Leur succession est si régulière et si constante qu'on peut les rapporter à cinq périodes. La *première*, qui s'étend depuis l'*instant* de la fracture jusqu'au huitième ou dixième jour, offre les caractères suivants. *Au* moment de la fracture des os, la membrane médullaire, la moelle, le périoste, le tissu cellulaire, et quelquefois même les muscles sont déchirés; le sang s'échappe des vaisseaux rompus, il entoure les fragments, se répand dans le canal médullaire, s'infiltre dans le tissu cellulaire ambiant. Bientôt les vaisseaux se resserrent, le sang cesse de s'en écouler; une inflammation légère se développe dans toutes ces parties. Le tissu cellulaire, rougi par l'injection d'une multitude de petits vaisseaux, s'engorge, se condense, s'épaissit, perd son élasticité et acquiert une consistance remarquable; il envoie des prolongements irréguliers dans les interstices des muscles, altère leur organisation, le fait participer en totalité ou en partie aux changements qu'il éprouve, les *transforme* en un tissu analogue à celui qu'il présente, les unit et les confond avec le périoste qui, de son côté, s'est épaissi en se pénétrant d'un lacis assez considérable de vaisseaux rougeâtres très-déliés. La moelle rompue, ecchymosée, s'enflamme aussi, se boursoufle, se durcit, puis devient grisâtre et blanchâtre. Le canal médullaire se rétrécit par l'épaississement de sa membrane, qui prend un aspect rougeâtre et comme charnu, par suite d'une sorte d'infiltration gélatineuse. Le caillot, résultat de l'épanchement primitif, est absorbé et disparaît. Une matière filante et visqueuse, quelquefois d'apparence gélatineuse, s'épanche entre les fragments; quelquefois aussi il se développe entre eux une substance rougeâtre et comme tomenteuse, qui prend naissance entre les inégalités qu'*ils présentent* par des points rosés qui s'élèvent, se développent, se rencontrent et se confondent en s'entrelaçant. Cette production, dont la nature est peu connue, n'acquiert jamais une épaisseur et une consistance considérables; elle *s'unit* en dedans avec la membrane médullaire, en dehors avec les parties molles engorgées. Elle n'existe pas toujours, et alors on ne trouve que la matière visqueuse ou gélatineuse dont nous avons parlé. Toutes deux, soit qu'elles existent isolément, soit qu'elles existent simultanément, paraissent jouer un rôle assez important dans la production du cal, mais du cal définitif seulement. Les fragments plongent au milieu de l'engorgement des parties molles, qui sont transformées en un tissu homogène, de consistance lardacée, et d'une couleur rougeâtre qui varie d'intensité. — La *deuxième période* commence alors : elle est comprise entre le douzième, le vingtième et le vingt-cinquième jour. L'engorgement des parties molles environnantes diminue, le tissu des muscles reprend ses caractères distinctifs, leur corps une partie de sa liberté; mais le tissu cellulaire reste condensé. La tuméfaction se concentre autour de la fracture; elle prend des limites à mesure qu'elle perd de son étendue, et bientôt il existe une tumeur distinctement séparée de tout ce qui l'entoure, sans même excepter les tendons, qu'elle embrasse en partie ou en totalité, en leur présentant des gouttières ou même des canaux, dans lesquels ils peuvent exécuter des mouvements. C'est la tumeur du cal. Plus épaisse au niveau de la fracture que partout ailleurs, elle se perd en diminuant insensiblement d'épaisseur sur chacun des fragments. Son tissu est homogène, sa couleur blanche ou blanchâtre, sa consistance ferme, sa résistance analogue à celle des fibro-cartilages; elle crie comme eux sous l'instrument qui la divise. Ses couches les plus profondes, for-

mées par le périoste du fragment avec lequel son tissu est confondu, sont d'autant plus adhérentes aux os qu'on approche davantage de la fracture, où il est difficile de les en séparer. Si néanmoins on opère cette séparation à l'aide du manche d'un scalpel, on trouve qu'elles sont formées de fibres longitudinales parallèles à celles de l'os, et qui sont analogues à celles des tendons, ou bien se présentent sous forme de stries cartilagineuses ou osseuses, suivant que le travail du cal provisoire est plus ou moins avancé. Vers les extrémités de la tumeur du cal, le périoste redevient distinct et facile à détacher de l'os. La membrane médullaire gonflée, tuméfiée, et combinée avec la matière dont elle est infiltrée, oblitère quelquefois le canal, non-seulement au niveau de la fracture, mais encore à quelque distance de ce point. Elle envahit aussi la place occupée par la moelle, qui diminue en proportion; le bouchon ou le cylindre qu'elle forme passe rapidement à l'état cartilagineux, plus rapidement encore à l'état osseux, et se confond au niveau de la fracture avec la substance blanchâtre, rosée, rouge ou violacée, visqueuse, gélatineuse ou tomenteuse, interposée entre les fragments, et qui se prend d'autre part dans le cal extérieur. Le membre peut encore céder à l'endroit de la fracture, mais il est rare que l'on puisse reproduire la crépitation. — La *troisième période* s'étend du vingtième au vingt-cinquième jour, au trentième, quarantième ou soixantième, suivant la rapidité du travail, l'âge, la constitution et la santé des malades. La cartilaginification procède du centre de la tumeur vers sa circonférence; l'ossification la suit rapidement; peu à peu toute la tumeur devient osseuse au dehors et au dedans. Le périoste, plus épais que dans l'état naturel, reparaît et ne présente aucune trace de la solution de continuité qu'il a éprouvée. Les muscles et les tendons sont libres, mais encore peu mobiles, à cause de l'induration du tissu cellulaire. Si, à cette époque, on fend le cal en deux moitiés, on trouve les fragments encore mobiles l'un sur l'autre, la substance qui leur est intermédiaire n'ayant pas sensiblement changé d'état; le tissu du cal présente tous les caractères de la substance spongieuse des os. — La *quatrième période* est renfermée entre le cinquantième ou soixantième jour, et le cinquième ou sixième mois. La substance du cal provisoire se condense et passe de l'état de tissu spongieux à celui du tissu compacte. Le canal médullaire est oblitéré par une matière osseuse plus ou moins dense. La substance intermédiaire aux fragments ne se présente plus sous la forme d'une ligne interposée entre eux et d'une couleur différente; enfin, elle prend de la consistance, pâlit, blanchit et s'ossifie vers la fin de cette époque. — La *cinquième et dernière période* embrasse tout l'espace qui s'écoule entre le quatrième, le sixième, le huitième, le dixième et le douzième mois. Le cal provisoire diminue par degrés d'épaisseur et finit par disparaître; le périoste reprend sa texture et son épaisseur, les muscles et les tendons leur liberté entière; l'ossification intérieure est détruite; le canal de l'os se rétablit insensiblement; la membrane médullaire, la moelle est reproduite. Le travail de la consolidation est alors terminé (t. II, pag. 49).» Une légère réflexion fera comprendre que les cinq périodes décrites si savamment par Dupuytren peuvent à la rigueur se réduire à trois. — *Première période* (durée de quinze à vingt jours) : épanchement de sang autour de la fracture et entre les fragments, formant kyste, bouchant le canal médullaire. — *Deuxième période* (du vingtième au soixantième jour) : absorption d'une grande partie de ce sang, inflammation de toutes les parties environnantes (tissu cellulaire, muscles, tendons, ligaments, périoste, etc.) du tissu osseux et de la moelle elle-même; sécrétion de lymphe plastique, par suite de cette inflammation, dans tout l'intérieur du kyste et entre les fragments. C'est ce qui constitue le *cal provisoire*. — *Troisième période :* perfectionnement progressif de cette espèce de *gâchis organique* (expression de Boyer), diminution de son volume, augmentation de sa consistance et de sa solidité, pénétration de matières calcaires. C'est le *cal définitif*. On lit dans les œuvres de Hunter : « L'augmentation de solidité de la substance de nouvelle formation est due soit à une nouvelle matière qui s'ajoute à celle qui existait déjà, soit à l'*absorption de la matière primitive qui est remplacée par une matière nouvelle*. La dernière explication est la plus probable.» (T. I, pag. 558, trad. de Richelet.) Hunter connaissait, comme on le voit, le double cal dont nous venons de parler, mais il paraît moins convaincu sur la source du phénomène que l'est Dupuytren d'après ses propres recherches. Howship était arrivé à des conclusions peu différentes de celles de Dupuytren. Son travail cependant n'avait été basé que sur des expériences chez les animaux, et manquait de la contre-épreuve directe chez l'homme. L'observation dominante dans ses conclusions est conforme aux trois périodes que nous venons d'exposer. Dans l'origine, on ne trouve autour de la fracture qu'une ecchymose plus ou moins étendue; une sorte de foyer sanguin se forme autour des fragments; le tissu cellulaire environnant, pressé de toute part, se convertit en une sorte de kyste autour de ce foyer. L'ecchymose est résorbée peu à peu, puis l'époque de l'inflammation sécrétoire survient, et le kyste se trouve progressivement rempli de la matière plastique qui doit former le cal provisoire. Une autre observation propre à cet auteur, c'est d'avoir établi que la matière du cal est versée par toutes les parties molles et dures environnantes de la fracture; de sorte que, tissu cellulaire, muscles, tendons, ligaments, périoste, membrane médullaire, parenchyme osseux, etc., tout concourt à l'œuvre de la sécrétion de la matière plastique du cal provisoire, qui doit plus tard se confectionner et se convertir en cal définitif. La quantité de cette matière est en raison du degré de contusion de la région fracturée; aussi est-elle toujours plus abondante dans les fractures obliques et dans les fractures comminutives, etc. (*Mém. cité*, pag. 171 et suiv.). Ajoutons une dernière remarque. Dupuytren pensait que la matière du cal définitif se convertissait en cartilage avant de devenir osseuse. Il est possible que cela ait lieu quelquefois, puisqu'on l'avait toujours dit depuis Bichat; cependant le fait est contesté par plusieurs observateurs. Hunter avait déjà établi que la matière du cal passait directement de l'état de lymphe plastique à l'état osseux, sans subir la cartilaginisation. Howship a confirmé la même observation par des expériences directes, et Béclard a adopté cette manière de voir. « La matière osseuse, dit J. Hunter, se dépose d'abord à l'extrémité des fragments osseux, puis s'étend jusque dans le cal; en même temps, plusieurs points du cal lui-même forment de la matière osseuse. Les jeunes sujets semblent avoir une plus grande disposition à la formation de la matière osseuse que les sujets avancés en âge; mais on observe des différences même chez ceux du même âge. Cette nouvelle substance est semblable à l'os primitif, et par conséquent il est probable qu'elle est plus vivace que celle qui est produite par les granulations; toutefois, elle n'a pas autant de durée d'existence que les os primitifs. Le travail de cicatrisation doit nécessairement être plus long dans les os que dans les parties molles, à cause du second travail ou travail d'ossification, qui a lieu dans les premiers. » (*l. c.*) — « L'ostéotylose est donc, à ce qu'il dit Lobstein, pour la fracture des os, ce que le travail de l'agglutination est pour les plaies des parties molles. Dans celles-ci il se forme, à la suite d'une épiphlogose, et par exsudation d'une lymphe plastique, une sorte de fausse membrane qui établit l'union des deux bords de la plaie : dans l'os, c'est une substance rouge et intermédiaire qui se forme, laquelle prend différents degrés de consistance et finit par devenir osseuse. Dans l'un et l'autre cas, la substance intermédiaire s'organise et se vivifie. Les vaisseaux qui se développent sous la tumeur du cal peuvent être injectés et sont très-nombreux; dans le premier temps, leur direction est d'un fragment à l'autre.» (*Ouv. c.*, pag. 235.) Les conséquences pratiques que l'on peut tirer de toutes ces recherches expérimentales sur le cal sont, dit M. Breschet, que la consolidation de la fracture n'est réelle qu'après la formation du cal définitif; qu'alors l'organe peut remplir ses fonctions sans crainte de lui voir prendre des directions ou des courbures vicieuses. Le cal provisoire, situé principalement entre le périoste et l'os, n'est qu'un appareil de contention pour favoriser la formation du cal définitif. Le premier cal une fois formé, on peut ôter toutes les pièces de l'appareil; mais l'immobilité est nécessaire, et, lorsque le second cal est terminé, l'organe a recouvré sa solidité et peut remplir toutes ses fonctions. Dans le traitement des fractures, on doit donc admettre deux temps : le premier est consacré à l'emploi des moyens de réduction et de contention; il correspond à la formation du cal provisoire; le second est celui du simple repos de la partie affectée, que les appareils des fractures n'enveloppent pas; il coïncide avec le cal définitif.» (*Dict. de méd.*, VI, pag. 188.) On dit généralement que la résistance du cal est plus grande que celle du tissu osseux lui-même, et qu'une fracture n'arrive jamais deux fois dans le même point. Cette proposition peut être vraie pour le cal *définitif*, mais elle ne l'est pas pour le cal *provisoire*. Nous avons vu plusieurs fois une fracture se reproduire six ou sept fois après le premier accident, dans le lieu même où elle avait existé. Nous avons encore aujourd'hui, dans une des salles de l'Hôtel-Dieu, une femme adulte, d'une bonne et forte constitution, qui, en tombant de sa hauteur, s'est cassé la jambe, avec déplacement des fragments, dans l'endroit même où, sept mois auparavant, elle avait déjà eu ce membre fracturé. La consolidation s'était opérée régulièrement, le cal était solide, et le premier séjour de la malade à l'Hôtel-Dieu avait été de trois mois (Breschet,

Dict. de méd., t. VI, pag. 190). — § II. MALADIES DU CAL. Le cal est sans doute sujet à des maladies, mais ces maladies ont été à peine étudiées jusqu'à ce jour, et par une raison facile à concevoir : c'est qu'on n'avait que des idées fort imparfaites sur le cal lui-même. L'état actuel de la science ne nous permet de décrire que trois conditions différentes du cal, qu'on peut regarder comme des maladies ou des infirmités, savoir : l'absence de consolidation ou ostéomalacie du cal, l'atrophie ou l'état abortif, la réunion vicieuse. — 1° *Ostéomalacie du cal.* « Le scorbut, dit Samuel Cooper, exerce une influence très-puissante sur la formation du cal; cette affection retarde la consolidation et peut même occasionner l'absorption du cal plusieurs années après sa formation, de manière à rendre encore une fois l'os flexible et mou dans le lieu où il avait été cassé. On rapporte un phénomène de ce genre dans le voyage de lord Anson. Langenbeck parle de plusieurs cas dans lesquels, au bout de huit semaines, le cal redevint mou et l'os flexible par suite d'une fièvre ou d'un érysipèle dont les malades furent affectés à cette époque (*Neue Bibl.*, t. I, pag. 90). Dans un cas d'érysipèle affectant le membre fracturé, M. Malgaigne a vu le cal se détruire (*Lanc. franc.*, t. III, pag. 218). M. Vidal a observé un cas de ce genre à l'hôpital Necker en 1837 (*Traité de pathol. chirurg.*, t. II, pag. 14). Le cancer, la syphilis et le rachitis sont également regardés comme pouvant retarder ou même quelquefois empêcher entièrement la formation du cal. Fabrice de Hilden rapporte deux cas qui tendent à prouver que la réunion des fractures est retardée par la grossesse (*Cent.* V, *obs.* 87; *Cent.* VI, *obs.* 68). Alausan cite aussi un cas de fracture dont la consolidation, qui avait été retardée pendant la grossesse, eut lieu après l'accouchement (*Medic. obs. and inquiries*, vol. VI, n° 37). Werner a publié l'observation d'une femme enceinte qui s'était cassé le radius, chez laquelle la guérison parut être longtemps retardée par cette cause, quoique la formation du cal eût lieu avant l'accouchement; mais il ne prit de la solidité qu'après cette époque (Richter, *Bibl. b.*, t. II, pag. 591). Mais, d'après les faits que nous avons déjà rapportés dans cet article, il ne peut pas y avoir de doute; souvent la grossesse n'empêche pas la formation du cal dans l'espace de temps ordinaire, quoique l'observation de M. Wardrop, qui constate qu'on a vu plusieurs fois des os fracturés pendant la grossesse ne montrer aucune tendance à la consolidation jusqu'à ce que l'accouchement eût eu lieu, soit vraie (S. Cooper, *Dict. de chir.*, t. I, pag. 475, édit. de Paris). Un peu plus loin, le même auteur ajoute : « Il est hors de doute que l'état général de l'économie exerce une influence sur le travail par lequel se fait la consolidation d'une fracture. Schmucker a trouvé que la formation du cal, même dans les fractures les plus simples, est quelquefois retardée de huit mois; dans un cas, elle était de plus d'un an; mais tous ces malades avaient une mauvaise santé (pag. 479).» Tous ces faits peuvent se rapporter à deux lésions très-distinctes : dans l'une, il s'agit d'un cal déjà définitif, déjà consolidé, et qui se serait ramolli par une sorte de travail rétrograde, à l'occasion d'une maladie constitutionnelle; dans l'autre, d'un cal déjà formé, mais qui n'a pas atteint le travail de consolidation ou qui est resté à l'état provisoire. La première espèce est fort rare; elle constitue une véritable ostéomalacie, analogue à celle qui attrint du système osseux; elle sera étudiée ailleurs (*V.* OSTÉOMALACIE). La seconde est moins une maladie véritable qu'une sorte de langueur de la force plastique, occasionnée par des causes diverses, soit générales, soit locales, et qu'on parvient presque toujours à dissiper à l'aide du repos prolongé, d'une coaptation convenable, et de quelques mesures hygiéniques appropriées à l'état du sujet. Il est sans doute des circonstances locales particulières qui sont au-dessus de l'influence de ces mesures, telles qu'une contusion profonde comme dans les fractures par des coups de feu, l'interposition inaperçue d'une portion de muscle entre les fragments, etc.; mais, dans ces circonstances, il y a absence du cal, et la lésion rentre dans l'étude générale des fractures (*V.* ce dernier mot). «Lorsqu'il y a un *calus*, mais qui n'est point encore assez solide, on doit, dit Boyer, persister dans l'emploi des moyens contentifs et redoubler d'attention pour tenir le membre fracturé dans l'immobilité. Ce second traitement durera d'autant moins que le sujet est plus jeune, d'une bonne constitution, et qu'il s'est écoulé moins de temps depuis la fracture. Si la cause de la non réunion est le grand âge du malade, on soutiendra les forces par l'usage du vin généreux et d'un régime analeptique. A l'aide de ces moyens, on pourra obtenir la guérison de la fracture; mais souvent elle ne sera parfaite qu'au bout de cinq ou six mois. Si le défaut de consolidation tient à quelque vice interne, cancéreux, scorbutique, vénérien, etc., on le combattra par des remèdes appropriés, en continuant d'ailleurs l'application exacte de l'appareil contentif.» (*Malad. chir.*, t. III, p. 96.) Quoi qu'il en soit, quand on examine de près ces questions, et qu'on cherche dans les annales de la science les faits sur lesquels se basent les auteurs qui ont émis ces propositions, on est étonné de leur rareté et du peu de valeur de la plupart de ces observations. On concevra facilement que la friabilité des os, c'est-à-dire cet état qui les fait se briser au moindre effort, que la carie, la nécrose sont des causes spéciales de non consolidation que personne ne peut contester (*V.* la *Thèse* de M. A. Bérard, sur ce sujet; Vidal , *loco cit.* , p. 18). Hippocrate avait remarqué que le froid était peu favorable à la consolidation des fractures. Pendant l'hiver de 1830, qui fut très-rigoureux, M. Goyrand a recueilli des faits qui s'accordent avec cette remarque. 2° *État atropique du cal.* Il est des cas où la formation du cal ne peut avoir lieu, ou du moins, s'il se forme, il est tellement imparfait et faible qu'il ne peut remplir le but de la réunion des fragments. Telles sont par exemple la plupart des fractures transverses de la base du crâne, certaines fractures comminutives, quelques-unes de celles qui sont compliquées de plaies et suivies de suppuration, etc. Au lieu d'un cal régulier il se forme dans ces circonstances un appareil de tissus accidentels digne de la méditation du praticien. « Tantôt on observe, dit Lobstein, que des fragments, après s'être arrondis, donnent naissance à des brides ligamenteuses qui les unissent entre eux; ce qui établit une articulation par synévrose (pour me servir du langage des anciens). Ni les os ni les parties molles n'ont éprouvé de changement, si ce n'est que dans les premiers la cavité médullaire est fermée, soit par un bouchon fibreux, soit par une lame osseuse. Tantôt les extrémités des fragments sont seulement arrondies, mais elles sont aussi revêtues d'une couche qui ressemble à un cartilage, mais qui n'en a que l'apparence, sans en avoir la structure, et qui n'est réellement que la substance calleuse. Un ligament formé de fibres celluleuses et denses se porte d'un fragment à l'autre, et fait fonction de capsule articulaire, dont l'intérieur est humecté d'un liquide onctueux. Souvent une membrane fine et rougeâtre tapisse le pourtour des fragments, et constitue aussi un véritable appareil synovial. Tantôt enfin , tandis que les fragments sont réunis par un appareil fibreux, on trouve enchâssées dans ce tissu nouvellement développé des pièces osseuses , qui ne sont point des esquilles, détachées des os fracturés , mais des productions nouvelles de figure irrégulière, et conséquemment des *ostéophytes amorphes.* Le plus ordinairement, les extrémités des os présentent des surfaces presque planes ; cependant quelquefois on a vu que l'une d'elles était légèrement excavée à la manière de la cavité glénoïde , et l'autre convexe et arrondie en forme de tête. On a même observé autour de la pièce concave un rebord osseux plus ou moins saillant , qui servait à borner les mouvements que le malade pouvait exécuter au moyen de cette articulation surnuméraire. » (*Ouv. cit.*, p. 545.) On conçoit que ce sujet , que nous n'avons pu qu'effleurer ici d'une manière générale , est susceptible d'autres développements que nous avons dû renvoyer à l'article FRACTURE. — 3° *Cal vicieux ou difforme.* « Si les rapports entre les fragments ne sont pas très-parfaits, le cal provisoire est beaucoup plus volumineux, la consolidation se fait attendre longtemps, et l'union définitive des surfaces osseuses exige un temps plus ou moins long. Alors les bouts se ramollissent , deviennent coniques, et la solidité reparaît sans que le lieu de la fracture, elle dépend de ce mode de existe sur le lieu de la fracture; elle dépend de ce mode de consolidation des fragments, et l'on appelle cet état cal *difforme* ou vicieux ; beaucoup de fractures de la clavicule sont dans cette condition. Il faut que tous les fragments puissent concourir convenablement par leur vitalité à la consolidation , car si le fragment est complètement ou presque complètement détaché des parties molles , il constitue une véritable *esquille,* un corps étranger qui exigera un travail éliminatoire. » (Breschet, *loco cit.*, p. 191) (*V.* FRACTURES COMPLIQUÉES). « Lorsque le callus est trop gros et tortu , et d'autre mauvaise figure, et que la partie est grandement difforme, et son action dépravée, il faut, dit Paré, user de linimens et emplâtres relaxans ; le callus estant assez amolly, faut le rompre et redresser les os en leur figure naturelle, et pratiquer les choses de nouveau nécessaires à la fracture, pour parfaire la curation. Si le callus estoit trop enduroy et vieil , il vaut mieux ne s'efforcer à le rompre , ains le laisser de peur de faire pis au malade, car il peut advenir, le voulant rompre , que l'os se rompe plutôt en un autre endroit qu'au lieu du callus. » (Liv. XV, chap. XXIX, p. 548, édit. de Lyon , 1664.) On voit bien par ce passage que Paré croyait à la possibilité de corriger mécaniquement le cal

difforme , mais il n'en a point fixé la dernière limite. Une foule d'auteurs se sont occupés de cet important problème , c'est-à-dire de déterminer la limite extrême de la possibilité de redresser un cal vicieux. On l'avait si diversement résolu, que jusqu'à Dupuytren personne n'osait plus y toucher après le trentième ou quarantième jour de la fracture, si formidables étaient les accidents dont on était menacé, et pourtant les faits manquaient à l'appui d'une pareille manière de voir. Dupuytren, qui avait envisagé autrement cette importante matière, termine par cette phrase remarquable l'étude du cal normal. « Une des conséquences les plus curieuses et les plus utiles de cette doctrine, dit-il, est le redressement des cals difformes avant l'époque du cal définitif. » (*Leçons orales*, vol. II, p. 53, 2ᵉ édit.) On voit bien par cet énoncé que la détermination de l'époque en question dépend de l'état même du cal, ou pour mieux dire, des circonstances particulières , de l'âge , de la constitution du malade et de la maladie. On peut cependant admettre en principe que le redressement est possible, tant qu'il s'agit d'un cal provisoire, ce qui éloigne singulièrement le terme de cette possibilité. Après avoir rapporté plusieurs faits accompagnés d'autopsie, dans lesquels l'état du cal se trouve étudié à différentes époques de son existence, Dupuytren ajoute : « Il n'est peut-être pas sans intérêt de faire ici la remarque qu'il existe beaucoup d'analogie entre les difformités qui sont le résultat de fractures et celles qui surviennent sans solution de continuité aux os. Or, on sait avec quels avantages l'orthopédie combat ces dernières. Si donc on peut sans inconvénient opérer le redressement des courbures vicieuses , consolidées par plusieurs années d'existence , comment , par l'emploi de procédés analogues , ne pourrait-on pas obtenir les mêmes effets sur des os dont la difformité ne date que de quelques semaines et n'est maintenue que par une substance de nouvelle formation, dont la consistance n'égale qu'au bout d'un temps fort long celle du tissu osseux lui-même ? » (*Ibid.*) M. Jacquemin, qui s'est occupé sous les yeux de Dupuytren de recherches expérimentales sur cet important sujet, a essayé de représenter par des valeurs numériques la force nécessaire pour vaincre la résistance du cal aux différentes époques de son existence, ainsi que Troja l'avait déjà fait sur les os de jeunes chiens. Dans une première expérience, M. Jacquemin a agi sur le fémur d'un homme de cinquante ans, mort le quarante-cinquième jour de la fracture, d'une double pleuro-pneumonie qui ne dura que quelques jours. « Après avoir, dit-il, enlevé les parties molles de manière à ne laisser que le périoste et la tumeur du cal , je reconnus que la fracture avait eu lieu au tiers inférieur de l'os, que les fragments étaient maintenus dans un rapport exact par un cal peu volumineux. J'entrepris alors d'exercer une traction, non pas comme l'avait fait Troja, parallèle à l'axe de l'os, mais perpendiculaire à cet axe. Pour cela, je fixai l'os horizontalement sur une table, de manière à laisser dépasser le cal et le plus long fragment à l'extrémité duquel je suspendis un plateau de balance, que je chargeai successivement de poids. A la cinquante-sixième livre , j'observai que l'os fléchissait et qu'il se courbait sans qu'il se fût encore opéré dans le cal aucune rupture apparente : à la soixantième livre , les fragments se séparèrent. Le cal, qui était formé de substance fibro-cartilagineuse et de quelques lames osseuses, s'était rompu en formant des espèces de franges : il s'était en grande partie détaché de dessus le fragment maintenu immobile. » Dans la seconde expérience, il a opéré sur l'humérus d'un homme de cinquante-six ans, ayant succombé le cinquante-neuvième jour de la fracture à une inflammation abdominale qui dura près de douze jours. « Il y avait , dit l'auteur, un léger chevauchement tenant à l'obliquité de la fracture. Comme elle avait lieu à la partie moyenne, il était indifférent d'exercer la traction sur l'un ou l'autre fragment. L'os était disposé de la même manière que dans l'expérience précédente ; il fléchit et se courba légèrement avant de se rompre, ce qui s'effectua à la cinquante-cinquième livre. Si les essais de ce genre étaient multipliés, on pourrait probablement tirer de leur comparaison des conséquences utiles et des lumières pour décider la question que nous nous sommes proposée. » (*Sur la possibilité et les moyens de faire céder le cal*, p. 14, Paris, 1822.) M. Jacquemin ne s'est pas arrêté à ces simples faits isolés ; il passe en revue ce qui est relatif à l'âge, à l'état de maladie du sujet, à l'espèce d'os sur lequel le cal difforme existe, au genre de déplacement de la fracture , et il arrive à cette conclusion : « D'après toutes ces considérations, nous pouvons conclure, dit-il , que jusqu'au soixantième jour il est généralement possible de faire céder le cal ; telle est l'opinion professée par M. Dupuytren. Mais la connaissance que j'ai de la structure du cal, les faits dont j'ai été témoin, l'innocuité des moyens que j'ai vu employer, m'ont donné la conviction qu'on peut obtenir des succès à une époque bien plus éloignée, et je n'hésiterai pas en mon particulier à faire des tentatives après le troisième, peut-être même après le quatrième mois, si le sujet se trouvait dans une des circonstances favorables que j'ai indiquées (p. 19). » Suivent l'indication des moyens propres à faire céder le cal, et les détails de plusieurs faits intéressants dans lesquels cette pratique a été mise en usage avec succès. L'exposition et la discussion de ces détails seraient ici déplacées, elles se trouveront à l'article FRACTURE. Ce qu'il nous importait d'établir c'était l'indication générale. Ajoutons, en attendant, que M. Jacquemin ne s'est point trompé dans ses prévisions, car nous trouvons au nombre des cas publiés par Dupuytren, celui d'une femme dont le cal vicieux au radius a été redressé *quatre mois* après la fracture, et par un traitement dont la durée n'a été que de trente jours, et celui d'un homme dont le cal vicieux à la jambe a été redressé *six mois* après la fracture, par un traitement mécanique de trois mois. Nous reviendrons sur ces faits. Le mode de formation du cal dans les fractures du col du fémur, de la rotule, de l'olécrâne, etc., ne ressemble pas en tout point à celui des autres fractures. La manière dont se ferment les ouvertures faites après l'application des couronnes de trépan demande des détails particuliers, ainsi que le mode de consolidation des cartilages (*V.* CARTILAGE, FRACTURES, FÉMUR, ROTULE, TRÉPAN, etc.).

CAL, s. m. (*gramm.*), durillon qui vient aux pieds, aux mains, aux genoux.

CAL (VAHAN), prince arménien de la famille des Mamgoniens (*V.* MAMGON)', dans les VIe et VIIe siècles, fit la guerre à Khosrou II (Chosroès), roi de Perse, battit ses troupes, et mourut empoisonné vers l'an 606.

CALA (FERNAND LE SCOCCO, plus connu sous le nom de), né à Cosenza en Calabre, est cité dans un *Dictionnaire historique italien*, comme l'auteur d'une *Histoire de Souabe*, devenue fort rare, parce que, s'il fallait en croire ce dictionnaire, elle aurait été condamnée par l'inquisition de Rome, dans le XVIIe siècle.

CALAA (*géogr. anc.*), aujourd'hui *Calaat-el-Wed* ; forteresse de l'Afrique, dans la Mauritanie Césarienne, au nord-ouest, près de la mer et de la Mauritanie Tingitane, sur le Molochat.

CALABA, s. m. (*botan.*), genre de plante à fleur en rose, composée de plusieurs pétales disposés en rond ; il s'élève du fond du calice un pistil qui devient dans la suite un fruit sphérique, charnu, qui renferme un noyau ou une semence de la même forme, dans laquelle il y a une amande aussi de la même figure. Il sort de son tronc et de ses branches une gomme claire, à peu près semblable au mastic, dont elle porte le nom, et auquel on la substitue quelquefois.

CALABAR (COTE DE) (*géogr.*), nom donné à cette partie des côtes occidentales d'Afrique, s'étend à l'embouchure du Kouara, du cap Formose à l'entrée du vieux Calabar, sur une étendue de 90 lieues. Cette contrée, formée par les alluvions du Kouara, possède un sol fertile, où l'on recueille des jams en abondance, des cannes à sucre, du poivre et d'autres produits des tropiques. On trouve dans les rivières le manati ou lamentin. Les habitants du Calabar sont très-bien faits. Les enfants sont un des principaux objets du commerce. Parmi les Etats qui se partagent cette contrée, on cite à l'ouest Ouari, sur la côte de Calabar, au nord-ouest Boring et Hoouat.

CALABAR (NOUVEAU ET VIEUX), noms donnés à deux des embouchures du Kouara, d'après deux villes qui les portent aussi. *Nouveau Calabar*, bâti dans une île du fleuve, compte environ 300 maisons, et est très-fréquenté par les Hollandais, qui viennent y échanger du cuivre contre de l'ivoire et quelques autres articles. Latitude nord, 4° 3'; longitude est, 4° 10'. *Vieux Calabar* est situé à l'embouchure du nouveau Calabar, et est à peu près abandonné.

CALABE (*géogr. anc.*), aujourd'hui *Giallah*, forteresse de Mésopotamie, vers l'ouest, dans l'Osrhoène, au milieu des montagnes, au sud-est d'Edesse.

CALABER (Q.) (*V.* QUINTUS DE SMYRNE).

CALABIS (*musiq. anc.*). Meursius, dans son traité intitulé *Orchestra*, dit que c'était une chanson et une danse des Laconiens dont ils se servaient dans le temple de Diane Dearhéatide : ne serait-ce point la danse inconnue des anciens, dont il est parlé à l'article CALABRISME (*V.* ce mot)?

CALABOZO (*géogr.*), ville de Colombie (Venezuela), avec une

église assez belle. Elle fait un commerce assez actif. 5,000 habitants. A 51 lieues sud-sud-ouest de Caracas.

CALABRACURIE, s. f. (*archéol.*), lieu où le pontife, chez les anciens, convoquait le peuple pour lui annoncer les fêtes, etc.

CALABRACURIONS, s. m. pl. (*archéol.*), chez les anciens, crieurs qui servaient dans les Calabracuries.

CALABRE (*art milit.*), machine de guerre qui servait au moyen âge pour assiéger les places.

CALABRE (*géogr. anc.*). L'espace géographique désigné sous ce nom n'est pas constant. Dans un sens étendu, les Romains donnaient ce nom à la partie orientale de la presqu'île Iapygique, l'une des trois parties dans lesquelles était divisée l'ancienne Iapygie, celle enfin qui portait le nom de Messapie, d'après le nom de la troisième branche des Iapyges. Sous cette signification, la Calabre embrasse une superficie d'environ 90 milles carrés, et renferme toute la pointe que forme la presqu'île du sud-est, et qui est la partie la plus reculée vers l'est, ainsi que tout le pays qui s'étend entre la mer Adriatique et le golfe de Tarente, pays dont le point le plus méridional est le promontoire d'Iapygium (*promontor. Salentinum*), et dont le point le plus oriental est Hydrunte. Cette partie de l'Iapygie, dont la dénomination plus particulière, ainsi que nous l'avons déjà vu, était Messapie, fut plus particulièrement désignée par les Grecs sous le nom d'*Iapygie*. Dans un sens plus restreint, les Romains n'entendent par Calabre que la côte du pays que nous venons de décrire, et la partie seulement de cette côte qui s'étend le long de la mer Adriatique : les contrées situées sur le golfe de Tarente reçoivent, avec la pointe méridionale couverte de montagnes, le nom de *Salentinorum regio*. — Pour ce qui concerne la plus ancienne population de la Calabre, ce furent les Ausoniens qui, dans les premiers temps, possédèrent ce pays, ainsi que tout le midi de l'Italie. Suivant la tradition, l'Arcadien Peucetius vint s'établir dans la partie moyenne de l'Iapygie, dix-sept âges d'homme avant la guerre de Troie, et le pays reçut de lui le nom de Peucétie. Cette tradition est bien quelque peu contredite par les recherches qui ont été faites sur ce sujet dans ces derniers temps. Les mythologues grecs se servent ici, comme à l'ordinaire, de noms et de généalogies pour expliquer l'origine et la descendance des peuples : ils ont cette fois un Iapyx, un Daunus et un Messapus, dont ils font les fils de Lycaon, ou les frères d'OEnotrus et de Peucetius, et c'est de cette façon qu'ils font dériver de l'Arcadie les noms de tous les pays Iapygiques. Mannert n'attribue point une origine arcadienne aux Iapyges, mais il voit en eux des Illyriens, se fondant sur le témoignage de Nicandre, qui raconte que la plus grande partie de la population, conduite en Italie par les trois fils de Lycaon, Iapyx, Daunus et Peucetius, se composait d'Illyriens et de Messapiens. Ainsi les Dauniens, les Peucétiens et les Messapiens seraient trois branches d'une souche illyrienne, les Iapyges, et il est remarquable qu'Etienne de Byzance cite deux villes du nom d'Iapygia, situées l'une en Italie et l'autre en Illyrie, ce qui prouve au moins combien était répandue la tradition de l'origine illyrienne des Iapyges : car cet auteur cite Hécatée comme son autorité. — Peu de temps après l'arrivée de ces premiers colons, des Crétois qui, pour venger la mort du roi Minos, resté en Sicile, firent voile pour cette île, mais qui furent jetés sur les côtes de l'Iapygie, fondèrent, dit-on, la ville d'Hyria (Uria) dans l'intérieur du pays de Messapie ou de Calabre. On a rattaché aussi cette dernière tradition à l'établissement des premiers colons, et en conséquence on a fait d'Iapyx un fils de Dédale. Ce qui est certain, c'est que les nouveaux colons devinrent bientôt le peuple dominant de la péninsule et les fondateurs des villes les plus importantes de cette contrée, telles que Taras, Brendesion, Hydrus. Mais ils n'étaient pas de race grecque ; car, si cela était, pourquoi les Tarentins venus plus tard les auraient-ils nommés des barbares? D'après cela, il est possible qu'il faille voir dans cette tradition mythique une figure altérée d'une seconde immigration illyrienne. C'est ce que semble indiquer aussi l'histoire d'un troisième établissement dans l'Iapygie. Le roi Idoménée, au récit des mythologues, fut chassé de l'île de Crète par une faction, peu de temps après son retour de la guerre de Troie, et se réfugia chez Clinicus, roi d'Illyrie. Ce prince lui accorda sa protection, et Idoménée, à la tête d'une colonie d'Illyriens et de Locriens qui s'étaient rattachés à lui en chemin, fit voile vers l'extrémité sud-est de l'Italie, pays des Salentins, où il fonda douze villes, dont la plus importante était Castra-Minerva. Les mythologues, au moyen de fictions étymologiques, font dériver le nom de Salentins d'une alliance conclue sur mer entre Idoménée et les Locriens. Les colonies qui s'établirent postérieurement n'apportèrent aucun changement essentiel à l'état de la péninsule Iapygique. Les Spartiates de Phalante se rendirent maîtres, il est vrai, de la ville de Tarente et des côtes voisines, après en avoir chassé les anciens habitants : mais leurs efforts pour soumettre le pays tout entier échouèrent complétement. La domination romaine s'établit dans la Calabre d'une manière assez paisible. Les Romains étaient maîtres de toutes les contrées environnantes, et lorsque leur attention commença à se porter sur la Grèce, la possession de Brundusium devint pour eux assez importante pour les décider à s'emparer de cette place. Ils prirent pour prétexte que la ville avait favorisé les entreprises de Pyrrhus, et ils s'en rendirent maîtres sans résistance, l'an 509 après la fondation de Rome. Le reste du pays suivit ce bon exemple. — On fait dériver le nom de *Calabria* du nom de peuples *Calabri*, nom qui doit avoir été celui des premiers habitants du pays. Si toutefois on veut creuser plus avant dans les profondeurs de l'étymologie, on trouve le mot *calab*, qui signifie *poix*, et le mot *zelad*, qui signifie *vent*. Ce dernier mot doit avoir donné son nom aux Salentins. Il suffit ici de savoir que les Romains appellent *Calabri* les habitants originairement italiens de la presqu'île Iapygique, et l'espace géographique qu'embrasse ce nom de peuple s'étend quelquefois si loin, que la Calabre vient à avoisiner immédiatement la Lucanie, et que les bergers conduisaient alternativement leurs troupeaux d'un de ces deux pays dans l'autre. Dans ce cas la Calabre ne se borne pas à la Messapie, mais elle empiète jusque sur la Peucétie, et Ennius, natif de la petite ville de Rudiac, est appelé un Calabre. Il y a là une preuve frappante que les Calabrois parlaient la même langue que le reste des habitants de l'Italie méridionale. — Il est remarquable que le nom de Calabre, qui, dans l'antiquité, désignait la péninsule du sud-est de l'Italie, a passé plus tard à la presqu'île du sud-ouest. L'ancienne Calabria répond à peu près à la province actuelle de *Terra di Otranto*, et la Calabre actuelle embrasse l'ancien Bruttium et la partie méridionale de l'ancienne Lucanie. Suivant la dernière division politique de ce pays, la Calabre ultérieure comprend à peu près l'*Ager Brutius*, et la Calabre citérieure comprend la partie méridionale de la Lucanie. Il n'est guère possible de déterminer dans quelle année et à quelle occasion a eu lieu cette transposition de nom. Tout ce que nous savons, c'est que ce changement de noms et de signification attribuée aux noms, s'est opéré après la chute de la domination des Ostrogoths, à l'époque où les empereurs d'Orient étaient parvenus à se rendre maîtres du sud de l'Italie, mais où ils étaient sans cesse troublés dans cette possession par les Sarrasins. Il est possible qu'à cette époque les nouveaux possesseurs du pays aient transplanté beaucoup d'habitants de l'ancienne Calabre dans le pays où s'étendit ensuite ce nom. Paul Diacre au VIIIe siècle parle encore de la, Lucanie et de la Bruttie selon l'ancienne circonscription ; mais chez Zonaras et Constantin Porphyrogénète, au IXe siècle, les deux contrées portent déjà le nom de Calabre. Antérieurement déjà le nom d'Apulie, qui, dans la péninsule du sud-est, n'avait originairement appartenu qu'à la Daunie, et, dans un sens encore plus restreint, aux plaines qui s'étendent au sud du *Garganus Mons*, s'était étendu sur toute l'ancienne Iapygie. — Ainsi, pendant tout le moyen âge jusqu'à nos jours, la presqu'île du sud-est porte le nom d'Apulie, de Puglie, et la côte du sud-ouest porte le nom de Calabre, sans que pour cela on ait observé une délimitation exacte dans cette nouvelle division de provinces.

CALABRE (géog. m.), nom que porte depuis le VIII-IXe siècle la presqu'île du sud-ouest de l'Italie, pays qui avait reçu de ses plus anciens habitants le nom d'OEnotrie, et qui plus tard fut nommé *Ager Brutius* par les Bruttiens, mais qui comprenait en outre la partie méridionale du territoire lucanien. —La délimitation naturelle de la Calabre est la suivante. A l'endroit où les Apennins, pour former les deux péninsules de l'Italie méridionale, se divise en deux chaînes, l'une plus basse qui se dirige au sud-est dans l'Apulie, l'autre plus haute et plus considérable qui se dirige au sud jusqu'au détroit de Sicile et passe sous la mer jusque dans cette île, naissent deux rivières qui prennent leur source au sommet de la chaîne principale, et qui, suivant des directions opposées, vont se déverser dans les deux mers qui enferment l'Italie : c'est le Nerino, qui va se jeter d'abord dans le Lao, et qui se dirige ainsi avec lui à l'ouest pour se jeter dans la mer de Tyrrhénie, et le Calandro qui se dirige à l'est et se déverse dans le golfe de Tarente. Ces deux rivières, entre les sources desquelles il ne reste plus qu'à tirer une ligne très-courte, forment la limite qui sépare la Calabre de la Basilicate.

Les limites latérales sont formées par les deux mers ; et ainsi le pays, se rétrécissant incessamment à partir de sa première largeur jusqu'à former la pointe la plus méridionale de l'Italie, et ne s'élargissant qu'une seule fois, à peu près dans son milieu, vers l'est, s'étend dans la direction du nord au sud, entre les 40° 7′ et les 37° 51′ de latitude nord. Son extrémité méridionale est formée par le cap de Spartivento (*Promont. Herculis*), qui est un peu détourné de la Sicile, et l'extrémité que la Calabre présente vers l'ouest à l'île de Sicile se nomme le cap Cenide (*Cænys Prom.*). Entre ces deux points se trouve le cap dell' Armi (*Prom. Leucopetra*), où la chaîne des Apennins paraît descendre dans la mer. La longueur de la Calabre, le long de la mer Ionienne, à partir de l'embouchure du Calandro jusqu'au cap de Spartivento, est à peu près de 160 milles italiens ; de l'autre côté, le long de la mer de Tyrrhénie, à partir de l'embouchure du Lao jusqu'au cap Cenide, cette longueur est à peu près de 150 milles italiens. La plus grande largeur du pays se trouve entre les 33° 22′ et les 34° 57′ de longitude orientale. Sa superficie est indiquée d'une manière diverse et peu fixe. Hagemann donne 320 milles et demi géographiques, ou 5,192 milles italiens carrés ; Rehfues donne 317 milles cinq huitièmes géographiques ou 5,130 milles italiens carrés. Antérieurement on se contentait d'estimer le pourtour du pays par des pas, et on en comptait 750,000. Mais aussi il n'est pas possible de donner une mesure superficielle de la Calabre qui soit valable pour longtemps, car la mer de Tyrrhénie ronge constamment la côte occidentale et semble travailler incessamment à dévorer le pays, qui à son tour semble vouloir regagner du côté de l'est, sur la mer Ionienne, ce qu'il perd du côté de l'ouest. Il n'y a qu'un point où les deux mers semblent réunir leurs forces pour attaquer des deux côtés la terre ferme et pour s'efforcer de séparer du continent italien l'extrémité du pays, par une révolution semblable à celle qui paraît avoir fait de la Sicile une île : ce point se trouve entre le golfe de Squillace et celui de S. Eufémie, où la largeur du pays est rétrécie jusqu'à n'être plus que de 18 milles italiens. Mais plus loin les deux mers semblent reculer et céder en même proportion, et rendent au pays, dans son étendue vers l'est et l'ouest, une surface à peu près égale à celle qu'elles lui avaient enlevée, en pénétrant dans son intérieur, près de S. Eufémie et de Squillace. La Calabre continue ainsi à s'élargir et à se rétrécir alternativement jusqu'au point où elle se sépare de la Sicile par le détroit et se termine en une pointe à laquelle les deux mers, réunissant des deux côtés leurs flots impétueux, ne cèdent que l'espace de terrain qu'occupe la base des Apennins. Cette forte chaîne forme la charpente solide de toute la Calabre, et selon qu'elle s'étend en avant ou qu'elle retire à elle sa base et ses ramifications, le pays s'élargit en plaines ou se resserre en vallées : caprice romanesque et bizarre, qui tantôt vous offre une nature âpre, sauvage, rocailleuse, et tantôt déploie sous vos yeux, comme un riche tapis, des campagnes d'une exubérante fertilité.—L'Apennin, sortant de la Basilicate, s'avance dans la Calabre avec sa physionomie rude, abrupte et grotesque. La plupart des montagnes qui composent cette chaîne ne sont ni pointues ni coniques, mais arrondies à leur sommet, et plus la chaîne s'approche de son extrémité méridionale, plus elle s'abaisse. Ses plus hautes montagnes sont celles qui séparent la Basilicate de la Calabre, le M. Malaspina, le M. Cilisterno, le M. della Provizia, le M. Pollino, et un peu plus avant dans le pays le M. Caritore. Il faut citer encore le M. Coccuzzo, entre Cosenza et la mer Adriatique ; un peu plus haut le M. Isauro et le M. Mula, et enfin les monts Sila, portion importante de la chaîne, qui est toute couverte de forêts. Vers le milieu du pays, au point où est leur plus grande largeur, ils recouvrent au delà de 10 milles géographiques de terrain, et ils ont un grand nombre de sommets élevés, tels que ceux du M. della Porcina, du M. Januario, du M. Negro, du M. del Calabrese, du M. dell'Ortica, du M. Pettinella, du M. di Nerbo, du M. Clibano, du M. Fumiero, du M. del Gigante, du M. Calaferna, du M. Macalla, et, au point le plus avancé dans la mer Ionienne, au nord et au-dessus du golfe de Squillace, ceux du M. Corvaro et du M. della Sibilla. La chaîne se resserre ensuite, devient très-étroite, et s'avance vers l'extrémité méridionale, en conservant une hauteur à peu près la même et qui n'est presque jamais interrompue. Les cimes les plus élevées dans cette direction sont celles du M. Iégo, du M. Sagra, du M. Caulone, de l'Aspromonte, du M. Esope, du M. Zeferio, et celles du M. Sacro, du M. Saggittario et du M. Pittaro, montagnes qui s'avancent vers le Capo dell' Armi.—Les promontoires les plus considérables que l'Apennin envoie dans la mer Ionienne sont, en commençant par en haut, le cap de Boseto, situé à l'embouchure du Calandro et formant par conséquent la limite de la Calabre, le C. Trionto, le C. d'Alice, le C. delle Colonne, le C. Rizzuto, le C. di Stilo, le C. di Bruzzano, après lequel nous arrivons au cap di Spartivento. Si nous nous transportons de cette côte sur l'autre et que nous commencions de nouveau par en haut, nous rencontrerons les caps suivants : celui de Punta della Saetta, Capo dell' Armi, Capo Cenide, Capo Vaticano, C. Zambrone, C. Suvero, C. di Cetraro, Capo Fella, C. di Cirella. — La chaîne principale de l'Apennin est d'abord, dans une grande partie de son étendue, plus rapprochée de la mer de Tyrrhénie que de la mer Ionienne, de telle sorte que les grandes plaines de Cassano, de Bisignano et de Cosenza, situées au nord et en deçà des monts Sila, occupent, à partir de la mer Ionienne, près des trois quarts de la largeur du pays. Mais à partir des monts Sila, la croupe des montagnes commence à se rapprocher de la mer Ionienne, et les plaines les plus considérables, celles de Palmi et de Monteleone, s'étendent dès lors du côté de la mer de Tyrrhénie ; mais la mer Ionienne laisse encore quelque espace de plat pays. Outre les plaines, que nous venons d'indiquer, les ramifications de la chaîne principale forment encore un grand nombre de vallées plus ou moins étendues, qui rivalisent de fertilité avec le plat pays proprement dit, et qui font varier à l'infini, par leurs différences de température et de climat, la végétation de la Calabre. — Un grand nombre de fleuves prennent leurs sources au haut de l'Apennin, se répandent sur ses deux versants, et forment, dans les plaines de quelque étendue, beaucoup de lacs et de marais, dont les émanations corrompent l'air ; la plus grande partie de ces eaux stagnantes se trouvaient sur la côte de l'est et particulièrement dans la contrée où le Crati se déverse dans la mer. Cette rivière, la plus grande de la Calabre, le Cratis des anciens, arrose les plaines fertiles de Cosenza et de Bisignano, et se jette dans la mer Ionienne, entre Cassano et Rossano, après avoir reçu un grand nombre de petites rivières et de ruisseaux qui lui apportent le tribut de leurs eaux. Un peu plus haut que l'embouchure du Crati se trouve celle de Coscile, et, outre ces deux rivières, il faut citer, parmi celles qui arrosent la côte orientale, les suivantes : le Trionto, le Nieto, la Tacina, l'Alli, le Corace, l'Alaro. Le Lao, le Diamante, le Savuto, le Metramo, le Metauro, se jettent dans la mer de Tyrrhénie. Il n'y a pas de grands lacs dans la Calabre, mais quelques eaux sulfureuses et d'autres sources médicinales, dont cependant on fait peu d'usage.—Le terrain de la Calabre est formé par un mélange de chaux et de craie ; cependant la chaux prédomine, et même la couche supérieure des montagnes est presque partout composée de ces deux parties intégrantes. Dans les plaines le terrain calcaire est, par-ci par-là, mélangé d'une quantité considérable de sable. Mais sous cette croûte fermentent, constamment entretenus par les eaux souterraines, des matériaux volcaniques, du soufre, de l'ambre, et d'autres terres ou liquides d'origine ignée. Aussi la Calabre a-t-elle été, dès les temps les plus reculés, le théâtre de révolutions terrestres d'une nature terrible et destructrice, et depuis le commencement du XVIIᵉ siècle jusqu'en 1783, année pendant laquelle toute la partie de la Calabre située au sud des monts Sila fut désolée par des ravages qui sont sans exemple, on cite dans ce pays près de vingt-cinq tremblements de terre plus ou moins forts, plus ou moins longs. — Le dernier grand tremblement de terre éclata le 5 février 1783, et se continua, avec une énergie qui, loin de s'affaiblir, s'accroissait encore par intervalles, jusqu'au 28 mars. Les époques les plus désastreuses de ce tremblement de terre furent le jour où il éclata, la nuit entre le 6 et le 7 février, le 27 et le 28 du même mois, le 1ᵉʳ, le 27 et le 28 mars. Après ces affreuses catastrophes, la terre sembla se calmer un peu, mais si insensiblement, qu'après l'écoulement de plusieurs années il survenait encore des chocs et des secousses isolées et moins violentes qui pouvaient être considérées comme les derniers accès de cette épouvantable crise volcanique. Ce tremblement de terre éclata d'une manière inopinée, car les signes qui annonçaient ordinairement l'approche du désastre étaient en partie trop incertains pour donner lieu à des mesures sérieuses de sûreté, et en partie ils précédèrent d'une manière trop immédiate le fléau dont ils étaient les avant-coureurs, pour qu'on eût le temps de songer à prendre ses précautions. L'atmosphère était remplie d'un brouillard lourd et épais ; un vent continuel de sud-est et de sud-ouest (scirocco et libecchio), accompagné de violents orages, effrayait le pays de sa voix furieuse ; la croûte calcaire du sol s'était fendue, et la chaux se répandait comme une lave à travers les campagnes ; les poissons, les oiseaux et les animaux terrestres donnaient des signes d'inquiétude et d'épouvante, et on voyait les poissons se précipiter confusément dans les filets, les oiseaux s'agiter à travers les airs avec des cris sinistres ou tomber par terre ; une pluie chaude tombait du ciel ; la mer déchaînait ses vagues écumantes ; l'orage

grondait, et on entendait les roulements d'un tonnerre souterrain. La terre tremblait dans ses fondements, s'ouvrait pour former des gouffres, se soulevait pour former des montagnes, se rouvrait, se refermait, se soulevait de nouveau ; des montagnes se détachaient de leurs bases, des lacs et des fleuves se formaient là où se trouvaient auparavant des rochers, et les hommes, avec leurs habitations et leurs propriétés, tombaient par masses dans les gouffres béants, ou bien étaient enterrés sous les montagnes qui se formaient. Des villes et des villages tout entiers disparurent sans laisser de traces ; plus de 40,000 hommes devinrent la proie de la mort dans ces jours de destruction, et plus de 20,000 périrent pendant les deux années suivantes, par suite d'épidémies contagieuses, nées des miasmes pestilentiels qui s'exhalaient des cadavres et des marais. — Le théâtre de cette révolution, qui s'étendit tout ensemble à la terre, à la mer et à l'air, fut le sud de la Calabre, depuis les monts Sila jusqu'au détroit de Sicile ; et même l'Etna et le Stromboli témoignèrent, par un redoublement de fracas, de fumée et d'éruption de lave, que l'action s'était continuée jusque sous la mer. Les belles plaines qui sont situées sur le bord de la mer de Tyrrhénie furent le lieu où s'exercèrent les ravages les plus terribles et les plus longs. La partie la plus septentrionale de la Calabre, qui porte le nom de Calabre citérieure, eut à subir peu de dévastations en comparaison du sud : la moitié occidentale de cette province resta presque entièrement à l'abri du fléau ; la moitié orientale souffrit davantage des secousses souterraines. Le tremblement de terre se fit sentir cependant à travers une grande partie de la Sicile et dans une autre direction jusqu'à Naples, mais il ne se manifesta avec assez de force pour effrayer les habitants que sur un espace d'à peu près 500 milles carrés. La chaîne des Apennins, et particulièrement le Monte Aspro ou l'Aspromonte, semblait être le point central et le foyer des secousses ; et c'est pourquoi les plaines situées sur les bords de la mer de Tyrrhénie souffrirent plus que les régions plus rapprochées des montagnes, parce que la mer soulevée et débordée vint promptement les ensevelir et engloutit dans ses flots les hommes pêle-mêle avec leurs maisons et leurs biens. — La Calabre appartient en majeure partie à la quatrième région du climat italien, où le mercure du thermomètre ne descend pas au-dessous de 3°. Il tombe, à la vérité, de la neige sur les monts Sila, mais elle y reste rarement toute l'année et seulement sur les monts les plus élevés. Le libecchio et le scirocco sont très-funestes aux côtes, mais la végétation n'en est pas moins d'une beauté et d'une puissance qui au-dessus de toute expression. La culture des céréales ne s'est établie et généralement répandue dans le pays que dans les derniers temps. Sur les plaines de la côte on cultive particulièrement une variété de froment qu'on nomme *majorica*; dans les vallées on cultive surtout le *grano germano*, mais aussi d'autres blés, et parmi les légumes surtout les haricots en grande quantité. Dans les plaines en général, on cultive du riz, du lin, du coton, du safran, du sésame, du bois de réglisse et de mauvais tabac. Le vin de la Calabre est fort spiritueux : les meilleurs crus sont ceux de Cirella, de Castrovillari, Rogliano, S. Biase, S. Eufémia, Donnia, Diamante, Belvedere, et dans la province du sud ceux de Geraci, surtout le *vino greco*, de Villa S. Giovanni, Monteleone, Borgia, S. Elia, Montano, Nicastro, Castiglione, Nicotera, Rosarno, Laureano ; le vin de Sciglio a tant de feu qu'on ne se hasarde pas à en boire sans eau. On fait aussi d'excellents raisins secs, particulièrement à Cirella, Belvedere, Diamante et S. Agata. L'huile est très-abondante, puisque toutes les vallées sont couvertes d'oliviers, et la récolte des fruits précieux particuliers au Midi n'est pas moins copieuse. Les fruits et les graines sont de moindre qualité dans les forêts des monts Sila. La soie est un des principaux produits du pays : c'est Reggio qui en fournit la meilleure qualité, et la Calabre tout entière envoie par an plus de 8,000 quintaux de soie dévidée à Naples. L'immense forêt de pins du Sila fournit du bois. Outre les pins à résine, qui servent en partie à la construction des vaisseaux et en partie à faire de l'huile de térébenthine, cette forêt renferme encore d'autres arbres forestiers, par exemple le frêne, dont on fait une manne qui est un régal délicieux. — La Calabre du sud pourrait être appelée véritablement la serre chaude de l'Italie : toute plante s'y développe rapidement et arrive en peu de temps à la plénitude de sa force et de sa beauté, comme si elle était exposée à l'action d'un foyer de chaleur. Les fruits du Midi s'y montrent dans toute leur magnificence ; l'aloès et le dattier y croissent en plein champ ; jamais le mercure du thermomètre ne descend au-dessous du point de congélation. On n'y connaît pas d'hiver : le temps de pluie qui remplace cette saison ressemble aux journées pluvieuses du mois de septembre dans nos climats, et la neige et la glace sont enlièrement étrangères à ce sol. Mais en été, à partir du mois de juin jusqu'au mois de septembre, le soleil dessèche les campagnes florissantes, pas une goutte de pluie ne vient rafraîchir la terre languissante, et une atmosphère de feu pèse lourdement sur toute la contrée qui semble morte. A ces causes de désolation s'ajoutent le libecchio et le scirocco, qui semblent apporter de la Sicile et de l'Afrique des vapeurs ardentes, et à la suite desquels arrivent des nuées de moucherons et de sauterelles. Ainsi la végétation est en réalité bornée à un espace de peu d'étendue, mais aussi elle s'y développe avec une énergie merveilleuse et avec une fécondité qui rend presque entièrement inutiles les soins de l'homme; car l'agriculture y est exercée avec une négligence extrême, et on pourrait dire que tout y croît naturellement. Quoique le pays ne reçoive presque pas d'engrais, le froment y rend cependant jusqu'à quinze pour un, et jamais moins de cinq pour un. La plupart des produits d'horticulture, tels que les melons, les concombres, les asperges, les artichauts, etc., y croissent pour ainsi dire naturellement, ou du moins sans soins particuliers. Les plus belles fleurs, entremêlées de plantes aromatiques, couvrent les collines, et près de Bivongi il est une montagne qui produit les meilleures sauges de toute l'Europe. — L'élève des bestiaux est très-considérable dans le pays. Les chevaux ne sont pas grands, mais courageux et infatigables. On élève plus de moutons que de bêtes à cornes, mais on n'y perfectionne pas la laine. Il y a beaucoup de chèvres et de porcs, mais peu de volaille de basse-cour. Par contre, il y a beaucoup d'oiseaux non privés, et la chasse aux oiseaux est une des occupations favorites des Calabrois. On fait de grandes chasses, surtout dans les forêts des monts Sila. On néglige la culture du miel, quoique le pays soit très-propice pour y élever des abeilles. La pêche est l'occupation et le moyen d'existence de tous les habitants des côtes. On prend des sardines et des anchois en très-grande quantité aux mois de mai et de septembre, et on les sale pour les expédier au dehors; mais malheureusement le sel est à haut prix en Calabre. On prend aussi, dans le détroit de Sicile, de petits thons, qu'on nomme des palamides, ainsi que des esturgeons et des anguilles. Sur plusieurs points de la côte où longe la mer de Tyrrhénie, on s'adonne à la pêche au corail. — Le règne minéral serait plus productif, si on recherchait avec plus de soins les trésors qu'il offre avec assez d'abondance. On ne poursuit qu'avec négligence les indications qui annoncent la présence de l'or, de l'argent, du plomb, du cuivre et de l'antimoine. On retire cependant du fer près de Stilo; du sel gemme près de Cotrone, d'Altomonte, de Manca del Vescovo et de Paluti; enfin on retire de la mine de plomb, de l'ocre bleue, de la marcanite, du charbon de terre, de la terre de porcelaine, du granit, de la chaux, du gypse, du marbre, de la craie et de très-belle argile. — La population de la Calabre s'élevait, suivant une estimation faite en 1793, au chiffre de 770,449 habitants. Rehfues donne un chiffre un peu moindre, et la dernière énumération donne 760,702. Les Calabrois, semblables en cela à leur pays, sont doués de beaucoup de vigueur et pourvus d'excellentes dispositions; mais ces qualités sont chez eux presque entièrement incultes et sauvages, comme leur pays. Il faut sans doute en accuser en partie leur propre paresse, mais aussi leur gouvernement: l'oppression et la nonchalance à tolérer de vieux abus et de nouveaux dévergondages paralyse et comprime toute activité libre et joyeuse du peuple. Et ainsi la Calabre, qui dans l'antiquité avait jeté quelque éclat, est aujourd'hui, malgré l'influence si salutaire, si bienfaisante, si féconde de la foi catholique, un pays où pullulent les mendiants et les brigands, et où le peuple est exploité par la cupidité sans frein des fermiers, des douaniers, des juges et des nobles. Une partie de la population de la Calabre se compose d'Arnautes qui appartiennent à l'Eglise grecque unie et qui habitent des villages propres. Les Calabrois proprement dits sont dépeints par Bartels comme étant une race d'hommes vigoureux, bien bâtis, ayant des manières affables et amicales et une bonté cordiale, mais rude. La chasse est leur occupation favorite, et le fusil est leur compagnon le plus chéri. Le sexe féminin est opprimé et condamné aux plus pénibles travaux: aussi y voit-on rarement, du moins dans les basses classes, les femmes arriver à la fleur de leur beauté. Malgré toute leur rudesse et leur ignorance, les Calabrois ne manquent pas d'un certain bon sens et d'une certaine vivacité d'intelligence, et malgré le joug pesant qui les accable, ils n'ont pas entièrement perdu leur audace naturelle ni leur loyale franchise. Parmi tous les Italiens, ce sont peut-être ceux qui ont le plus de penchant à la curiosité; mais ils sont aussi extrêmement communicatifs, et quand l'étranger a su leur inspirer de la confiance, ils sont envers lui d'une sincérité sans réserve. Leur principale passion consiste à jouer aux cartes.

Lorsque leur colère s'enflamme, ils sont aussi prompts à donner un coup de poignard que les Italiens du nord, dont la fougue, dans un climat plus tempéré, s'apaise même plus facilement que celle des Calabrois, qui vivent sous un ciel brûlant et sur une terre brûlante. — Malgré la fécondité du pays, l'industrie y est très-bornée. Il n'y a nulle part des fabriques ni des manufactures proprement dites, dans le sens étendu de ces mots. Outre l'agriculture, l'élève des bestiaux et la pêche, la filature de la soie occupe un grand nombre de mains; les arts les plus indispensables et de première nécessité sont exercés avec nonchalance et en petit. Si quelqu'un de ces arts mérite d'être cité, ce sont les tissages d'étoffes de laine, de coton et de soie grossière, les tanneries et les poteries. Le commerce est presque entièrement borné à l'intérieur du pays, et là encore il est rendu difficile par le manque ou le mauvais état des routes; car le pays n'est traversé que par une route principale, dont les embranchements secondaires ne sont souvent pas même praticables pour les mulets. Les produits que la Calabre livre à l'exportation sont principalement la soie, l'huile, les fruits précieux, le vin, les résines, la térébenthine, le marbre, le bois de construction pour les vaisseaux, le sel gemme, le fer; les plaines du sud fournissent aussi des céréales, et, en moindre quantité et qualité, de la laine, du goudron, du mastic, des noix de galle, des cantharides, de l'huile de bergamotte, et quelques autres essences, des tonneaux goudronnés, du corail, de la chair de porc et des poissons salés. Il n'y a pas dans tout le pays un seul port sûr et bien disposé: aussi, quelque porté que soit le Calabrois au commerce maritime, il ne peut s'adonner qu'au cabotage dans de petites felouques. Les navigateurs marchands de Parghelia visitent seuls les côtes de Sardaigne, de France et d'Espagne, où ils vendent leurs produits et achètent en échange des objets fabriqués. Sur les côtes de la Sardaigne, ils s'occupent surtout de la pêche du corail. Cosenza est le marché principal pour les produits indigènes; mais ce lieu est trop éloigné du sud de la péninsule italienne pour apporter quelque dommage au petit commerce maritime de la Calabre méridionale. — La Calabre est divisée en trois provinces: le nord du pays, à partir des limites de la Basilicate jusqu'à la rivière de Nieto, et du côté de l'ouest jusqu'au cap Suvero (espace qui comprend ainsi la majeure partie de la forêt qui couvre les monts Sila), porte le nom de Calabre citérieure: elle est située entre les 35° 38' jusqu'aux 34° 56' de longitude orientale, et entre les 39° 4' jusqu'aux 40° 7' de latitude septentrionale. Sa superficie est, suivant Hagemann, de 166 milles géographiques un huitième, ou 2,674 milles italiens; d'après Rehfues, de 162 milles géographiques trois seizièmes, ou de 2,595 milles italiens carrés. La population était en 1793 de 345,532 âmes; ainsi elle est, terme moyen, de 2,080 âmes par mille carré. Rehfues donne le chiffre de 344,713 habitants; une nouvelle estimation donne le chiffre de 341,248. Cette province se divise en quatre districts, qui sont: Cosenza, Rossano, Amantea et Castrovillari. — La Calabre du sud, à partir des limites que nous venons de déterminer jusqu'au détroit de Sicile, porte le nom de Calabre ultérieure, et se subdivise en deux provinces: la Calabre ultérieure seconde et la Calabre ultérieure première. Elles sont situées ensemble entre les 35° 22' jusqu'aux 34° 57' de longitude orientale et les 37° 51' jusqu'aux 39° 12' de latitude nord. Leur superficie totale est évaluée par Hagemann à 154 milles géographiques trois huitièmes, ou 2,518 milles italiens; par Rehfues, à 155 milles géographiques un seizième, ou 2,535 milles italiens carrés. La population s'élevait en 1793 à 433,917 habitants; ainsi, terme moyen, à 2,811 individus par mille carré; d'après Rehfues, elle est de 408,922 habitants et d'après une nouvelle estimation, de 419,454. — La Calabre ultérieure seconde embrasse tout le nord de la Calabre méridionale jusqu'aux rivières de Petrace et de Metrano, et comprend les districts de Catanzaro et de Monteleone. L'extrémité méridionale de la presqu'île jusqu'au détroit de Sicile forme la Calabre ultérieure première, qui se subdivise en deux districts: celui de Reggio et celui de Palmi.

CALABRE (*hist.*). L'histoire ancienne de ce pays, qui a pris au moyen âge seulement le nom de Calabre, se trouvera aux articles ŒNOTIE, GRÈCE (Grande-), etc. D'après la division établie dans l'empire romain par Constantin, la Calabre fut comptée parmi les provinces *suburbicaires*, et gouvernée par des *correcteurs*, qui relevaient immédiatement du *vicaire* de Rome. Au commencement du Ve siècle, l'invasion des Wisigoths sous la conduite d'Alaric enflamma de nouveau le vieil esprit militaire des Lucaniens et des Bruttiens; mais après une courageuse résistance ils furent renversés par ce torrent qui entraînait tout, et le sort de cette guerre destructive fit tomber Cosenza au pouvoir des barbares. C'est dans cette ville qu'Alaric termina en

110 sa grande carrière, et avec lui finit l'empire des Goths dans le midi de l'Italie. L'empereur Honorius, qui était alors à Ravenne, reconnut, après que l'ordre eut été rétabli, les efforts héroïques des Calabrois, leur témoigna sa reconnaissance par des faveurs extraordinaires, et, entre autres récompenses, les exempta de presque tout impôt. Les années suivantes sont pour la Calabre une époque de misère et de terreur, et la nature rivalise avec les hommes pour ravager ce beau pays. Des tremblements de terre, des pestes, des armées qui inondent le pays ; tout cela se succède avec fureur : Goths et Lombards, princes et seigneurs indigènes, Grecs et Arabes, font de la Calabre le théâtre continuel de leurs guerres sanglantes et de leurs luttes acharnées. Les Arabes étaient venus d'Afrique par mer, et les parties belligérantes les prirent d'abord à leur service ; mais par la suite ils se fixèrent par eux-mêmes et donnèrent beaucoup à faire aux Grecs. Ceux-ci gardèrent cependant, quoique souvent de nom seulement, la domination de la Calabre jusqu'au XIe siècle, époque où les Normands leur succédèrent. Les expéditions heureuses de Bélisaire et de Narsès contribuèrent surtout à renverser la domination des Goths et à assurer celle des Grecs dans le milieu du VIe siècle. Mais, peu de temps après, les Lombards du nord de l'Italie fondirent sur la péninsule calabrique, et leur roi Flavius Antharis, semblable à un ouragan, traversa tout le pays jusqu'à Reggio, où il frappa de sa lance la vieille colonne qui s'élevait sur le rivage du détroit de Sicile, pour indiquer que c'était là qu'il voulait fixer les bornes de son empire. Un ennemi moins audacieux, mais non moins dangereux de la domination grecque en Italie, qui peu à peu se concentra dans l'exarchat de Ravenne, fut le duc de Bénévent, dont les possessions s'étendaient aussi jusque dans la Calabre. Le cruel Constant, ayant pris la résolution de reconquérir l'Italie, se mit en 660 à la tête d'une grande armée, avec laquelle il débarqua à Tarente et pénétra jusqu'à Rome. Mais honteusement battu par les Lombards, il se retira dans la Calabre, et pilla, incendia et dévasta cette portion de son propre empire avec plus de fureur que ne l'avait fait jusqu'alors aucun ennemi. Par le traité qui fut conclu en 802 entre l'empereur Nicéphore et Charlemagne, et par lequel furent fixées les limites des deux empires, la possession de la Sicile et de la Calabre fut assurée aux Grecs, mais ceux-ci manquaient des forces nécessaires pour s'y soutenir ; car, peu de temps après, les Sarrasins de l'Afrique et de la Sicile inondèrent tout le sud de la péninsule, où ils exercèrent des ravages épouvantables, frappant et égorgeant les populations abruties comme des troupeaux dociles. Les Francs, que le duc de Bénévent appela au secours de ce malheureux pays, ne purent arrêter ces atrocités sauvages, et l'effusion du sang qui fumait sans cesse sur ce champ de désolation fut entretenue et ravivée encore, jusqu'à la fin du Xe siècle, par les armées de deux empereurs, Otton II et Nicéphore Phocas. Par les conseils de son épouse Théophanie, sœur de l'empereur grec, Otton avait conçu le projet de mettre entièrement fin à la faible domination byzantine en Italie ; mais il fut battu à Barentello, près de Rossano, et n'échappa à la captivité que par son audace et sa présence d'esprit. Sa mort, qui s'ensuivit bientôt, rendit aux Grecs toute leur indépendance dans la Calabre, et alors commença une des périodes les plus brillantes de la domination byzantine dans le midi de l'Italie, mais elle fut de courte durée. L'administration fut réorganisée ; un catapan fut mis à la tête du gouvernement, comme chef suprême de l'État, et il fut revêtu d'un pouvoir presque illimité ; sous ses ordres se trouvaient les stratèges. Mais l'oppression et les dévergondages des Byzantins rendirent bientôt leur domination odieuse, et ressuscitèrent dans l'intérieur même du pays des ennemis dangereux, tels que les Arabes de Sicile, dont les excursions inquiétaient toujours la Calabre. Il éclata une insurrection à la tête de laquelle se mirent Melus et Dattus, qui prirent pour alliés des aventuriers normands. Ceux-ci, revenant de la terre sainte, s'étaient d'abord mesurés avec une vaillance héroïque contre les Sarrasins près de Salerne, et par là ils s'étaient acquis la confiance et l'estime des habitants du pays. Dans la suite ils conquirent de nouvelles demeures dans ce beau pays, et la perspective brillante qui s'ouvrait devant eux attirait sans cesse de nouveaux essaims de Normands dans le midi de l'Italie. Ces immigrations commencèrent avec le XIe siècle, et à partir de cette époque la puissance des nouveaux venus s'accrut chaque jour, tant par leurs propres efforts que par l'affluence continuelle d'Italiens mécontents. Les Grecs continuaient cependant à se maintenir, mais l'effervescence s'accroissait et s'étendait incessamment. Enfin leur propre perfidie fit crouler l'édifice chancelant de leur domination en Italie. Ils avaient pris à leur service une bande de Normands, et ils se

servaient de ces mains valeureuses pour combattre les Sarrasins en Sicile. Mais après le combat ils voulurent tromper ces braves guerriers, et refusèrent de leur payer la solde qu'ils leur avaient promise. Cette injustice souleva l'indignation des Normands, qui se précipitèrent sur la Calabre et combattirent partout avec succès contre les Grecs et contre la puissance papale. Cette guerre fut terminée par les dix fils du comte Tancrède d'Hauteville, dont l'un, Robert Guiscard, s'empara de Cosenza et de Bisignano, et pénétra jusqu'à Reggio. Les Normands le proclamèrent duc d'Apulie et de Calabre, et l'année suivante, en 1060, le pape le confirma dans cette dignité. A partir de cette époque, l'histoire de la Calabre se lie à celle de la domination des Normands dans le midi de l'Italie, puis à celle de la maison de Hohenstauffen, et enfin elle reste définitivement liée à l'histoire de l'État de Naples. Sous le règne de l'empereur Frédéric II, la Calabre fut partagée en deux provinces. La partie septentrionale reçut le nom de *Val di Crati*, d'après le nom du fleuve que nous avons mentionné plus haut ; la partie méridionale reçut le nom de *Terra Jordana*. Comme chacune de ces deux provinces était administrée par un *justiciaire*, c'est-à-dire un magistrat supérieur, elles commencèrent à paraître sous le nom de justiciariats. Un grand justiciaire était chargé de la surveillance générale sur les justiciaires, et ce dignitaire était habituellement à côté de l'empereur, lorsque celui-ci visitait et parcourait le pays. L'empereur Frédéric décréta aussi que le 1er mai et le 1er novembre de chaque année seraient consacrés aux séances d'un tribunal public qu'il créa pour chaque province, afin que le peuple pût faire entendre ses plaintes et ses vœux par des juges impartiaux, et que les abus et les dérèglements qu'on aurait à reprocher aux autorités fussent mis au jour et punis selon la justice. Le siège de ces deux tribunaux fut établi à Cosenza pour les deux provinces, et la durée des séances fut fixée de huit à quinze jours. Ce grand monarque favorisa aussi beaucoup les relations commerciales de la Calabre, et deux des sept marchés principaux de tout l'empire furent établis dans la Calabre, l'un à Cosenza, l'autre à Reggio. — Pendant les guerres qui suivirent la domination de la maison de Hohenstauffen, et qui séparèrent la Sicile et Naples en deux États distincts, les côtes de la Calabre eurent beaucoup à souffrir de la part des flottes espagnoles qui croisaient sans cesse dans les environs, et la paix qui s'ensuivit livra le pays, déjà épuisé par les souffrances de la guerre, aux luttes acharnées et aux révoltes incessantes des puissants barons que lui avait laissés la constitution féodale des Normands. La période des vice-rois espagnols fut tout aussi funeste pour la Calabre que pour les autres États napolitains. Sous le règne de Charles-Quint et de son vice-roi, le duc d'Accala, les dissensions religieuses vinrent apporter à ce pays un nouveau fléau ; l'acharnement des hérétiques, et aussi les persécutions trop cruelles que provoqua leur audace, changèrent des districts tout entiers en vastes solitudes, et ce fut surtout particulièrement aux environs de Cosenza. Peu de temps après, les Turcs, excités apparemment par les Français, vinrent se livrer au pillage et au massacre sur les côtes de la Calabre, et tentèrent audacieusement de remonter jusqu'au golfe de Naples. Ensuite, de grandes bandes de brigands, auxquels on ne put pas résister davantage, parcouraient tout l'intérieur du pays, et un certain Marius, l'un de leurs principaux chefs, se fit proclamer roi et fit porter devant lui le sceptre et la couronne. Sous Philippe III, au commencement du XVIIe siècle, la conjuration de Thomas Campanella de Stilo, rêveur fougueux, et de Ponzio de Nicastro, aussi enthousiaste que lui, tous deux dominicains, livra le pays aux fureurs et aux désordres d'une insurrection populaire, qui, bien loin d'adoucir le sort de cette malheureuse contrée, n'aboutit qu'à rendre plus lourd le joug qui l'opprimait, et plus cruels les fléaux qui l'accablaient. Aux tortures et aux exécutions succédèrent des impôts excessifs, et, malgré toutes les exactions, les caisses de l'État se trouvèrent tellement appauvries sous le règne de Philippe IV, qu'il fallut vendre plusieurs domaines de la couronne dans les États napolitains, et particulièrement dans la Calabre. — Vers le milieu du XVIIe siècle, la France fit une tentative pour s'emparer de la Sicile et de la Calabre, en appuyant de ses flottes les troubles excités par Masaniello et étendus plus au loin par le duc de Guise, comme elle avait appuyé l'insurrection de Messine. Les projets de la politique française et les espérances des patriotes italiens échouèrent, il est vrai, par suite de la lâcheté et de l'inconstance du peuple napolitain et sicilien ; mais ces troubles eurent du moins une seule conséquence heureuse pour la Calabre ; ce fut l'extirpation des bandits dont les Espagnols avaient pris un grand nombre à leur service, pour les employer à combattre leurs propres camarades. Les changements qu'amena dans les États napolitains la guerre de la succession d'Espagne n'exercèrent aucune influence immédiate et particulière sur le sort de la Calabre, et quant au tremblement de terre de 1783, nous en avons parlé dans l'article géographique que nous avons consacré à ce pays.

CALABRE (*numism. anc.*). Les villes anciennes de la Calabre dont il nous reste des médailles sont : Brundusium, Butuntum, Hydruntum, Leuca, Pitanatæ, Salentini, Tarentum. La ville de Brundusium fut fondée par des Crétois qui passèrent en Italie avec Thésée. La ville et le port ressemblaient à une tête de cerf, ce qui la fit appeler Brenterium, du mot grec *brention*, tête de cerf. On voit sur ses médailles la tête de Neptune, et au revers Arion sur un dauphin; elles sont toutes de bronze, et ont été frappées par la colonie romaine, qui s'y établit l'an 510 de Rome, 243 avant J.-C. — La ville de la Calabre la plus riche en médailles est Tarente, dont le type principal est presque toujours le héros *Taras* porté sur un dauphin. Taras, fils de Neptune, passait pour le fondateur de cette ville. Les lettres rétrogrades des légendes annoncent sur les médailles de Tarente une époque très-ancienne; les médailles d'une époque postérieure sont du plus beau style. Elles portent des types et des symboles très-curieux, sur lesquels M. Raoul-Rochette a donné un mémoire savant et très-intéressant dans le quatorzième volume du *Journal des Savants*, 1841. **D. M.**

CALABRE (EDME), né à Troyes en Champagne, entra fort jeune dans la congrégation de l'Oratoire, où il enseigna les humanités avec beaucoup d'éclat. Ses supérieurs l'ayant envoyé à Soissons en qualité de directeur du séminaire, il y travailla pendant quinze ans avec un zèle infatigable à former de dignes ministres des autels. Il mourut à Soissons le 13 juin 1710, âgé de quarante et un ou quarante-cinq ans. Il est auteur d'une *Paraphrase sur le psaume cinquième*, dont la dernière édition est de 1748. On y a joint les règles de la société de Jésus-Christ expirant, instituée par le P. Calabre, pour honorer l'Homme-Dieu mourant, et approuvée par une bulle du pape Clément XI, en date du 12 août 1706.

CALABRÈSE (*V.* PRETI [Mattia], GRECO et GONSALVE).

CALABRIA, s. f. (*hist. nat.*), nom que les Catalans donnent à une espèce de grèbe huppée, *colymbus*. Les Italiens nomment cet oiseau *sperga* et *lurur*; les Savoyards *loere*, selon Belon; les Anglais *great sea loon*, et *great diver*, selon Albin. Cet oiseau a à peu près la grosseur du canard sauvage : sa longueur, depuis le bout du bec jusqu'au bout du croupion, est d'un pied sept pouces et demi, et jusqu'à celui des ongles de vingt-cinq pouces : ses ailes étendues ont deux pieds et demi de vol; et, lorsqu'elles sont pliées, elles s'étendent jusqu'au croupion : il n'a point de queue, ou au moins elle est si courte, qu'elle est confondue avec les plumes duvetées qui la recouvrent, tant en dessus qu'en dessous; son bec est droit, conique, pointu, long de deux pouces et demi, depuis sa pointe jusqu'aux coins de la bouche; son pied a deux pouces et demi de longueur; le doigt du milieu des trois doigts antérieurs, joint avec son ongle, a deux pouces trois quarts, l'intérieur deux pouces un tiers, et le postérieur huit lignes de longueur. La seconde des plumes de l'aile est la plus longue de toutes les trente-six qui la composent; les plumes scapulaires supérieures sont fort longues, terminées en pointe, et s'étendent jusqu'au bout du croupion; celles du sommet de la tête sont un peu plus longues que les autres, et forment une petite houppe; de chaque côté de la gorge est aussi un petit paquet de plumes un peu plus longues que les autres; l'espace compris de chaque côté, depuis les coins de la bouche jusqu'aux yeux, est nu ou dégarni de plumes; ses pieds sont très-comprimés ou aplatis par les côtés, et si tranchants par derrière, que les écailles dont ils sont couverts forment une double denture comparable à celle d'une scie; ses jambes sont placées tout à fait derrière, et cachées dans l'abdomen; ses doigts sont au nombre de quatre, dont trois antérieurs joints ensemble par des membranes demi-fendues, le postérieur est séparé, leurs ongles sont plats, larges et comparables à ceux de l'homme. Le dessus du corps de cet oiseau est brun, sombre, mais brillant en dessus; il est d'un très-beau blanc argenté, varié de grandes taches brunes sur les côtés; le blanc des côtés de la tête s'étend jusque vers l'occiput, de manière à ne laisser qu'un seul endroit qu'une bande brune assez étroite, qui joint ensemble le brun du dessus de la tête et celui de la partie supérieure du cou. Depuis les narines jusqu'aux yeux s'étend de chaque côté une petite bande blanchâtre; les plumes du menton sont d'un blanc mêlé de gris, et d'un peu de roussâtre très-clair; chaque aile est composée de trente-six plumes, dont les douze premières sont brunes, excepté à leur

origine qui est blanche du côté intérieur seulement; la treizième est brune du côté extérieur, et blanche du côté intérieur; la quatorzième est pareillement brune du côté extérieur, mais seulement depuis son origine jusque vers les deux tiers de sa longueur; le reste est blanc ainsi que tout le côté intérieur. Les dix suivantes, depuis la quinzième jusqu'à la vingt-quatrième inclusivement, sont entièrement blanches, ainsi que la vingt-cinquième et la vingt-sixième; mais ces deux premières sont marquées chacune sur le côté extérieur, vers leur extrémité, d'une tache brune, qui est fort petite sur la vingt-cinquième, et beaucoup plus grande sur la vingt-sixième; les trois suivantes, savoir, la vingt-septième jusqu'à la vingt-neuvième inclusivement, sont brunes du côté extérieur, excepté leur origine qui est blanche, et blanches du côté intérieur, excepté leur extrémité qui est brune : cette dernière couleur s'étend d'autant plus loin sur le côté intérieur que la plume est plus proche du corps; enfin les sept plumes les plus voisines du corps sont entièrement brunes. L'iris des yeux est jaune; le demi-bec supérieur est brun noir en dessus, et rouge sur les côtés; le demi-bec inférieur est rouge, excepté à son bout qui est blanchâtre; les pieds, les doigts et leurs membranes sont d'un brun tirant un peu sur le rougeâtre; les ongles sont noirâtres et bordés de blanchâtre à leur extrémité. — La *calabria* passe sa vie à nager sur les rivières, les lacs et les bords mêmes de la mer dans toute l'Europe, et vraisemblablement au Mexique, autant qu'on en peut juger par la description d'Hernandez. Il nage ainsi pour découvrir les poissons qui lui servent de nourriture; et, dès qu'il en aperçoit à sa portée, il plonge aussitôt pour les attraper.

CALABRIEN ou **CALABRIN** (*art milit.*), carabin, sorte de troupe légère employée au moyen âge.

CALABRISME, s. m. (*hist. anc.*), nom d'une danse des anciens, dont nous ne connaissons rien de plus.

CALABURE, s. f. (*botan.*), genre de plantes de la famille des tiliacées.

CALAC, s. m. (*botan.*), genre de plantes de la famille des apocynées.

CALACINE (*Caronia*) (*géogr. anc.*), contrée d'Assyrie vers le centre. Elle était limitrophe de l'Adiabène.

CALACTA ou **CALACTE** (*V.* CALÉ-ACTÉ).

CALADARIS, s. f. (*comm.*), toile de coton rayée de rouge ou de noir, qu'on apporte des Indes orientales, surtout de Bengale. La pièce a huit aunes de long sur sept huitièmes d'une aune de large.

CALADE, s. f. (*term. de manége*), pente d'un terrain élevé par où l'on fait descendre plusieurs fois un cheval au petit galop, pour lui apprendre à plier les hanches et à former son arrêt.

CALADE, peintre grec qui florissait vers la CVIe olympiade (356 ans avant J.-C.), composa pour les théâtres de petits tableaux sur les sujets des comédies qu'on y représentait.

CALADÉNIE, s. f. (*botan.*), genre de plantes de la famille des orchidées.

CALADION, s. m. (*V.* CALLADION).

CALADRE, s. f. (*botan.*), genre de plantes de la famille des aroïdes.

CALADRIO (*caladrius*) (*vieux mot*), espèce d'oiseau qu'un poëte décrit ainsi :

> *Caladrius* est un oisiax,
> Sor toz autres corteis et beaus,
> Autresi blanc com la neis,
> Moult par est cist oiseaus corteis.
> Aucune feis le trove l'an
> El pais de Jerusalem.
> Quant hom est en grant maladie,
> Que l'en desespeir de sa vie,
> Donc est cist oisel aportés;
> Si il doit estre conforté,
> Et trespasse de cel malage,
> L'oisel li torne le visage
> Et treit à sei l'enfer noté;
> Et s'il ne dit avoir santé,
> L'oisel se torne d'autre part
> Ja ne fera vers lui regard,
> Il signifie sans error
> Jesus Criz nostre Sauveor
> Qui onques neires pelmes n'ot,
> Eins fu tout blanc, si com li plot,
> Qui nous a guéris par sa mort.
> *Le Bestiaire.*

CALADUNUM (*géogr. anc.*), ville de l'Espagne dans la Galice, vers le sud, entre Bracara Augusta et Asturica.

CALÆT (*géogr. anc.*), petite île du golfe Persique, au midi, vers le détroit qui unit ce golfe à la mer Erythrée.

CALÆNO (*mythol.*), fille de Danaüs, de laquelle Neptune eut Calénus.

CALAF, s. m. (*botan.*), saule d'Egypte. On distille de sa fleur une eau qui, dit-on, apaise les désirs de l'amour, et se nomme *macahalef*.

CALAGERI, s. m. (*botan.*), nom brame d'un arbrisseau du Malabar. Le *calageri* est un arbrisseau qui s'élève à la hauteur de cinq à six pieds. Sa racine est courte, épaisse d'un pouce environ et couronnée d'un faisceau de fibres blanches, très-ramifiées et glanduleuses, c'est-à-dire couvertes de tubercules. Sa tige, qui s'élève droit au-dessus de cette racine, est cylindrique, simple, d'un pouce environ de diamètre, haute de trois à quatre pieds, couronnée par une cime conique, de moitié plus longue que large, médiocrement épaisse, formée par nombre de branches alternes, cylindriques, médiocrement serrées, écartées sous un angle de quarante degrés au plus d'ouverture, à bois blanc verdâtre, tendre, humide, dont le centre est rempli d'une moelle blanchâtre, assez épaisse, et recouvert d'une écorce vert clair extérieurement, et rougeâtre au dedans. Les feuilles sont alternes, disposées circulairement le long des branches elliptiques, pointues aux deux extrémités, longues de quatre à cinq pouces, deux fois moins larges, marquées sur chaque côté de leurs bords de quinze à vingt dentelures minces, molles, semées de poils rares, menus, un peu rudes au toucher, vert brun dessus, plus clair dessous, attachées aux branches sans pédicule sous un angle de quarante-cinq degrés d'abord, ensuite horizontalement ou pendantes, et relevées en dessous, d'une côte ramifiée en six à huit paires de nervures alternes. Les branches sont terminées par un corymbe de deux à trois enveloppes de fleurs purpurines, longues d'un pouce, portées droites sur un pédoncule une à deux fois plus long qu'elles, et qui sort quelquefois des aisselles des feuilles supérieures. Chaque enveloppe est hémisphérique, de moitié plus longue que large, composée de vingt-cinq à trente folioles elliptiques, étroites, longues d'un pouce environ, quatre à cinq fois moins larges, imbriquées, disposées sur deux ou trois rangs, mais lâches, écartées, ondées et ouvertes sous un angle de quarante-cinq degrés, persistantes. Le centre de cette enveloppe est occupé par douze à quinze fleurons purpurins, hermaphrodites, portés chacun sur un ovaire. Ces fleurons sont un peu courbés, comme ceux de l'artichaut, et découpés à leur extrémité en cinq divisions ou denticules triangulaires, au-dessous desquelles sont placées cinq étamines courtes, alternes avec elles, à filets séparés et à anthères réunies par leurs côtés, de manière à former un tube renfermé dans celui de la corolle. Cette corolle est posée sur un ovaire blanchâtre, ovoïde, allongé, couronné par un calice d'une trentaine de poils fins, aussi longs que lui, enveloppant le tube de la corolle dont ils égalent à peine la longueur. Cet ovaire est surmonté par un style blanc qui enfile le tube de la corolle et des anthères, et qui s'élève un peu au-dessus en montrant ses deux stigmates blanchâtres, demi-cylindriques, veloutés sur leur face intérieure. Ces ovaires sont posés verticalement côte à côte, contigus, sans aucune écaille ni filet sur le réceptacle ou le fond du calice qui est plat ou même légèrement creusé en hémisphère. Chacun d'eux, en mûrissant, devient une graine ovoïde, pointue en bas, plus grosse en haut, longue de deux lignes, une fois moins large, d'abord verte, ensuite rougeâtre, enfin brune, striée longitudinalement et couronnée par son calice qui est une aigrette de poils simples ou dentés, simplement jaunâtres, fort peu plus longs qu'elle. Dans leur maturité, ils sont, avec leurs aigrettes, une fois plus courts que le calice commun ou l'enveloppe qui les renferme. Le *calageri* croît communément sur la côte du Malabar, dans des terrains sablonneux. Il est vivace et fleurit une fois tous les ans pendant la saison des pluies. Toutes ses parties ont une amertume assez grande, quoique sans odeur. On l'emploie pilée dans l'huile ou en décoction dans l'eau, pour frotter les pustules du corps, et pour dissiper les rhumatismes et les douleurs de la goutte. Son suc tiré par expression et employé en bains sur la tête, guérit les fièvres causées par la colère. La poudre de ses grains se boit dans l'eau chaude, pour la toux, les coliques venteuses, les vers des enfants, et pour pousser les urines. — *Deuxième espèce.* Elle diffère du calageri par les caractères suivants : 1° ce n'est point un arbrisseau, mais une plante herbacée à tige striée; 2° ses feuilles n'ont guère que trois pouces de longueur sur une largeur une fois moindre dans les inférieures, et trois fois moindre dans les supérieures : elles sont vertes partout, dentées de chaque côté de douze à quinze dents aiguës, et portées sur un pédicule demi-cylindrique quatre ou cinq fois plus court qu'elles; 3° les calices communs des fleurs ont à peine huit lignes de longueur, et leurs folioles sont moins ondées; 4° ils contiennent chacun au moins vingt fleurons; 5° les ovaires ou les graines avec leur aigrette sont de moitié plus longs que l'enveloppe ou le calice commun qui les contient. Cette plante est particulière à l'île de Ceylan. — *Troisième espèce.* Plukenet en a fait graver en 1691, au n° 4 de la planche CLIV de sa *Phytographie*, sous le nom de *carduo-cirsium minus angustifolium, capitulis plurimis amplioribus sparsis è Maderaspatan*, une troisième espèce de *calageri*, qui ne diffère presque de la précédente qu'en ce que : 1° ses feuilles sont beaucoup plus étroites, au moins quatre fois plus longues que larges, entières, sans dentelures, et portées sur un pédicule à peine deux à trois fois plus court qu'elles; 2° les enveloppes des fleurs ont leurs folioles moins divergentes, plus courtes, plus pointues, assez semblables à celles de l'immortelle, *xeranthemum*, et une fois plus courtes que les aigrettes des graines qu'elles contiennent. Cette plante se trouve particulièrement sur la côte de Coromandel, autour de Madras. Ces trois espèces sont, comme l'on voit, fort différentes, quoique confondues par Burmann, et forment un genre particulier voisin de la conyze dans la famille des plantes composées.

CALAGES (Mlle MARIE DE PECH DE) vivait à Toulouse dans les premières années du XVIIe siècle. Son nom et ses talents ont été ignorés jusqu'ici. Elle cultiva la poésie avec succès, et remporta plusieurs fois le prix à l'académie des jeux floraux; mais le plus important de ses ouvrages est le poème de *Judith*, ou *la Délivrance de Béthulie*, en huit livres, qu'elle composa dans sa jeunesse, et qui ne fut cependant publié qu'après sa mort. L'éditeur (Mlle Lhéritier de Villandon) le dédia à la reine Anne d'Autriche, alors régente, Toulouse, 1660, in-4°. Mademoiselle de Calages, contemporaine de Corneille, avait terminé son travail avant que le *Cid* eût paru, avant que la langue poétique eût été formée par les chefs-d'œuvre de ce grand homme, lorsque les poèmes de *Saint Louis*, d'*Alaric*, de *Clovis*, etc., écrits dans un style si barbare, faisaient pourtant une réputation à leurs auteurs, et sa *Judith* contient des morceaux dignes d'une autre époque, tels que les passages suivants (Judith passe dans l'appartement nuptial pour quitter ses vêtements de deuil, et y reprendre ceux qu'elle portait le jour de son union avec Manassès) :

> Elle touche, et cent fois elle arrose de larmes
> L'habit dont son époux voulut parer ses charmes,
> Quand, aux yeux des Hébreux, s'avançant à l'autel,
> Tous deux se sont juré un amour éternel.
> Qu'un soin bien différent l'agite et la dévore!
> Ah! ce n'est pas pour plaire à l'objet qu'elle adore
> Que Judith a recours à ces vains ornements.
> Elle entend tout à coup de longs gémissements;
> Son bras avec effroi comme enchaîné s'arrête;
> Elle frémit, soupire, et détourne la tête;
> D'un nuage confus son œil est obscurci,
> D'un tremblement soudain tout son corps est saisi.
> A la pâle lueur d'une sombre lumière,
> Un fantôme effrayant vient frapper sa paupière :
> C'est Manassès qui s'offre à son cœur attendri,
> Tel que ses yeux l'ont vu, quand cet époux chéri
> Exhala dans ses bras son âme fugitive, etc.

Enfin Judith est au moment d'exécuter son dessein :

> Son courage redouble, un feu divin l'embrase;
> Ce n'est plus cet objet dont le charme vainqueur
> Du farouche Holopherne avait séduit le cœur;
> Sa démarche et ses traits n'ont rien d'une mortelle,
> Une sombre fureur en ses yeux étincelle,
> Ses cheveux sur son front semblent se hérisser,
> Un pouvoir inconnu la force d'avancer.
> Elle voit sur le lit la redoutable épée
> Qui dans le sang hébreu devait être trempée;
> Elle hâte ses pas, et prend entre ses mains
> Ce fer victorieux, la terreur des humains,
> Observe avec horreur ce conquérant du monde,
> S'applaudit en voyant son ivresse profonde,
> Puis soulève le fer, l'arrache du fourreau,
> Et, le cœur enflammé par un transport nouveau,

Croit entendre la voix du ciel qui l'encourage :
« Tu le veux, Dieu puissant! achève ton ouvrage. »
Elle dit, et d'un bras par Dieu même affermi,
Frappe d'un fer tranchant son superbe ennemi...

Il n'y a rien là du style ridicule des poëtes épiques de la même époque. L'apparition de Manassès et d'autres passages prouvent que Mlle de Calages savait faire une heureuse étude des anciens. Son poëme, comme on le pense bien, n'est pas constamment écrit de cette manière, mais les vers que nous avons cités suffisent pour donner une idée avantageuse du talent de l'auteur. On doit penser que Racine les avait connus et appréciés, car il serait étonnant que le hasard seul lui en eût fait répéter deux dans la tragédie de *Phèdre*. L'un d'eux se trouve dans une des tirades qu'on vient de lire :

Qu'un soin bien différent l'agite et la dévore!

et Phèdre dit, acte II, scène v :

Qu'un soin bien différent me trouble et me dévore!

L'autre, dans celle où l'auteur de *Judith* peint Holopherne s'étonnant du trouble et de l'agitation qu'excite dans son âme sa passion nouvelle :

Il se cherche lui-même et ne se trouve plus;

et Racine a fait dire à Hippolyte, dans sa déclaration à Aricie :

Moi-même, pour tout fruit de mes soins superflus,
Maintenant je me cherche, et ne me trouve plus.

CALAGON (*V.* CALAGUM).

CALAGORRIS (*géogr. anc.*), aujourd'hui Cazères, ville des Gaules, dans la Narbonnaise première, chez les Volces Tectosages, au sud-ouest, sur la Garumna, non loin de sa source.

CALAGUALA, s. m. (*botan.*), racine d'aspidie, que les Espagnols emploient au Mexique. Suivant les observations de Vauquelin, cette racine a une couleur brune, une surface ridée, effet de la dessiccation; elle est garnie, dans certains endroits, d'écailles semblables à celles qui se trouvent sur les racines de fougères ordinaires; elle est dure, coriace, et difficile à réduire en poudre; il paraît que cette racine est une espèce de polypode. Trente grammes de cette racine pulvérisée grossièrement ayant été mis en digestion dans trois cents grammes d'eau distillée pendant quarante-huit heures, le liquide n'avait acquis que très-peu de couleur, et cependant il avait de la consistance et de l'onctuosité, de manière qu'il ne passait que difficilement à travers le papier joseph. Sa saveur était légèrement sucrée. La liqueur provenant de cette infusion ayant été mêlée à différents réactifs, a produit les effets suivants : 1° elle a été précipitée en flocons blancs jaunâtres, par l'alcool ; 2° elle a pris une couleur vert bleuâtre par le sulfate de fer, mais sans produire de précipité sensible; 3° elle a précipité l'acétite de plomb fort abondamment en blanc laiteux; 4° l'oxalate d'ammoniaque y a occasionné un très-léger précipité; 5° elle n'est précipitée ni par le nitrate de baryte, ni par l'infusion de noix de galle, ni par la solution de gélatine animale; 6° elle rougit légèrement la teinture de tournesol. L'effet qu'a produit l'alcool sur cette infusion fait connaître qu'elle contient une substance muqueuse; celui du sulfate de fer prouve qu'elle recèle une résine semblable à celle du quinquina, de la rhubarbe, etc.; celui de l'acétite de plomb dégage un acide qui pourrait être l'acide malique; celui de l'oxalate d'ammoniaque montre qu'il y existe un peu de sel calcaire; le nitrate de baryte démontre qu'il n'y a point de sel sulfurique; la noix de galle, qu'elle ne contient point de substance animalisée; la solution de colle forte, que le tanin ne s'y trouve pas; enfin, la teinture de tournesol annonce qu'il y existe un acide quelconque. D'autres expériences, auxquelles les premiers essais ont conduit, ont démontré par leurs résultats l'existence de la plupart des principes annoncés plus haut; et en résumant tous les produits obtenus par les différentes opérations, on a trouvé que la racine de calaguala est formée 1° d'une grande quantité de matière ligneuse; 2° d'une substance gommeuse qui y tient le second rang pour la

quantité; 3° d'une résine rouge, amère et âcre, qui tient le troisième rang; 4° d'une matière sucrée encore abondante; 5° d'une partie amylacée dont la quantité n'est pas déterminée; 6° d'une matière colorante, soluble dans l'acide nitrique, et qui tourne au violet par les alcalis; 7° d'une petite partie d'acide que l'on n'a pu connaître, faute d'une quantité suffisante, mais que l'on soupçonne être de l'acide malique; 8° d'une assez grande quantité de muriate de potasse; 9° enfin de chaux et de silice. De toutes ces substances, il n'y a que celles qui sont solubles dans l'eau et dans l'alcool qui peuvent produire des effets sur l'économie animale : ces substances sont le sucre, le mucilage, le muriate de potasse et la résine. En somme, les vertus médicinales de la racine de calaguala doivent être semblables à celles des autres fougères.

CALAGUM (*géogr. anc.*), aujourd'hui Chailly, ville de la Lyonnaise quatrième, chez les Meldes, au sud-est de la ville de Melde.

CALAGURRIS (*géogr. anc.*) (*V.* CALAHORRA).

CALAGURRIS (*géogr. anc.*), aujourd'hui Loharre, ville d'Espagne, dans la Tarraconaise, chez les Pelengones, au nord-est de Clunia.

CALAHORRA (*géogr. anc.*), ville d'Espagne sur les frontières de Castille et de Navarre, sur l'Ebre, au confluent du Chicados de Castilla, en latin *Calagurris*, si illustre par le séjour, le choix des troupes et les belles actions de Sertorius. Les habitants s'appelaient *Calaguritani* ; elle devint municipe. Auguste avait à Rome pour sa garde trois cohortes, dont une était des soldats de Calahorra. On y trouva en 1707 sur une pierre cette inscription d'un officier habitant de Calahorra, qui se crut obligé, par un devoir d'amitié et de religion, de mourir et se sacrifier aux mânes du grand Sertorius :

Diis manibus
Quinti Sertorii,
Me Brebiccius Calaguritanus devovi
Arbitratus religionem esse
Eo sublato
Qui omnia
Cum diis immortalibus
Communia habebat,
Me incolumem
Retinere animam.
Vale viator qui hæc legis,
Et mœo disce exemplo
Fidem servare.
Ipsa fides
Etiam mortuis placet
Corpore humano exutis.

« Je, Brebicius, natif de Calahorra (qui suis inhumé ici), me suis immolé aux dieux mânes de Quintus Sertorius, m'étant fait un scrupule de religion de vivre encore après la mort de ce grand homme, qui était semblable en toutes choses aux dieux immortels. Adieu, passant qui lis ceci ; apprends à mon exemple à garder la foi : les morts, quelque dépouillés qu'ils soient de leurs corps, ne laissent pas d'être touchés de cette vertu. » Telle est la traduction qu'en donna Mahudet, médecin de Langres, à Baville, intendant du Languedoc, à qui l'inscription avait été envoyée d'Espagne. Aulu-Gelle nous apprend que quelques désavantages qu'ait eus Sertorius, jamais Espagnol n'avait déserté de son armée; au lieu que les Romains l'avaient souvent abandonné : Perpenna même, son faux ami, jaloux de sa gloire et de son crédit, le fit assassiner dans un festin, l'an de Rome 677. — Quintilien et Prudence étaient de cette ville : ce dernier en parle dans l'hymne quatrième, verset 31 : *Nostra gustabis Calagurris ambos quos veneramur.* — SS. Émétère et Chélidoine y souffrirent le martyre, et y furent inhumés (*V.* de Marca, *Hist. du Béarn*, et Merula).

CALAIS et **ZÉTHÈS** (*mythol.*), enfants de Borée et d'Orithye. Ces deux jumeaux furent du nombre des Argonautes (*V.* ce mot). En passant à Salmydesse, ville de Thrace, ils chassèrent les Harpies, qui tourmentaient Phinée leur beau-frère, et qui infectaient tous les mets qu'on servait sur sa table, et à l'aide de leurs ailes ils les poursuivirent jusqu'aux îles Strophades, où les dieux leur ordonnèrent de ne point leur donner la mort. Selon Hygin, ils avaient des ailes à la tête et aux pieds; selon Apollonius, aux pieds seulement. C'est un symbole de la rapidité de leur course. Ces deux héros ayant été honorés comme les vents qui précèdent la canicule, on explique cette fable en disant que ces vents purifient l'air, et chassent les malignes influences. Leurs noms signifient, *qui souffle fort*, et *qui souffle doucement*. Calaïs et Zéthès furent tués dans l'île de Ténos par Hercule, aux obsèques du roi Pélias, parce qu'ils avaient pris le parti de Typhis, pilote du navire Argo, contre Télamon qui voulait qu'on attendît le retour d'Hercule qui était resté à terre à la recherche d'Hylas. Les uns disent qu'ils furent transformés en vents, d'autres qu'ils furent inhumés dans l'île, où leur tombeau s'ébranlait, agité par le souffle de Borée leur père. — Sur un miroir étrusque, en bronze, on voit au revers une composition gravée qui représente Phinée aveugle, assis entre Calaïs et Zéthès, selon l'explication de M. Ch. Lenormant. Il leur enseigne la manière dont les Argonautes doivent passer à travers les roches *Symplegades*. Ce miroir a été acheté de la collection Durand pour le cabinet des médailles et antiques de France. DUMERSAN.

CALAIS, s. m. (*technol.*), plaque de tôle qui sert à fixer les lisses d'un ouvrage de tapisserie.

CALAIS (*géogr. hist.*), ville et port de France, sur le détroit dit PAS DE CALAIS, est le siège d'une sous-préfecture, dans le départ. du même nom (*V.* ce nom). La ville est fortifiée, assez bien bâtie, et consiste dans la ville haute, qui pourtant n'a pas *plus d'élévation que la plage*; dans la ville basse, traversée par une longue rue, précisément comme le faubourg de l'autre quartier; enfin dans le faubourg Courgain, habité par les marins. La plupart des maisons de Calais sont bâties en briques jaunes. Faute de sources, la ville est obligée de se contenter d'eau de citerne. Sur la place d'armes est bâti l'hôtel de ville, un des principaux édifices d'une cité peu remarquable par ses monuments; on remarque le beffroi de cet hôtel, à cause de sa construction légère. L'ancienne auberge Dessain, célébrée par Sterne, passe ou passait pour la plus grande maison de Calais; elle était très-fréquentée par les Anglais. L'église paroissiale n'a de remarquable que les colonnes et statues de son maître-autel. Plantés d'arbres, les remparts offrent une promenade agréable; on se promène aussi sur l'une des deux jetées qui s'avancent dans la mer sans former un port. On voit de là la côte de Douvres, qui n'est éloignée de Calais que de 7 lieues: aussi le trajet entre Calais et Douvres, étant le plus court pour se rendre en Angleterre, est celui que préfèrent la plupart des voyageurs. Les Anglais débarquent en foule à Calais, et il en part des paquebots tant pour Douvres que pour Londres. Lorsque les vents ne sont pas contraires, on peut faire le trajet de France en Angleterre, et réciproquement, en trois ou quatre heures; dans les mauvais temps on emploie quelquefois de dix à quinze heures et même davantage. Le passage des étrangers est ce qui contribue le plus à la prospérité de la population de Calais, qui est de près de 8,000 âmes; cependant la ville fait aussi le commerce de sels, de vins, eaux-de-vie, et autres denrées; elle a quelques raffineries, quelques tanneries et fabriques d'huile et de savon. Ses habitants se livrent aussi à la pêche du hareng et du maquereau. On trouve à Calais une petite salle de spectacle, un hôpital et une bibliothèque publique.

CALAIS (SIÉGE DE), en 1346-1347. Victorieux à la fameuse bataille de Crécy (*V.* ce mot), le roi d'Angleterre Édouard III arriva le 3 septembre devant Calais. Comme il reconnut bientôt qu'il ne pourrait faire de brèche aux murailles, il résolut de se rendre maître de la ville par famine. Il fit tracer autour mois un camp qu'une ville nouvelle, où les Anglais étaient logés dans des maisons de bois distribuées dans des rues régulières; leur flotte les approvisionnait journellement. Les bourgeois de Calais se décidèrent à une opiniâtre défense. Jean de Vienne, brave chevalier de Bourgogne, était leur capitaine; avant tout il s'assura si chaque famille bourgeoise avait une suffisante provision de vivres, et renvoya celles qui n'avaient pas le moyen de subsister : 1,700 personnes furent mises ainsi hors des portes. Selon Froissart, Édouard les laissa passer et leur accorda même une aumône; selon Knyghton, historien anglais contemporain, il les retint entre le camp et les fossés, où ces malheureux périrent de faim et de misère. Puis il continua tout l'hiver à bloquer Calais; les vivres ne tardèrent pas à manquer dans cette ville, où l'on ne pouvait plus en introduire du dehors qu'avec des dangers infinis. Jean de Vienne écrivit au roi de France Philippe de Valois, et lui demanda avec instance des secours, sans lesquels il ne lui restait d'autre espoir que de périr les armes à la main dans une sortie. Sa lettre tomba entre les mains des Anglais. En attendant, Philippe parvint à grand'peine à réunir une armée; il se montra sur la vue de Calais, dont souffrait toujours plus cruellement de la famine, mais se retira après quelques démonstrations insignifiantes. Le désespoir des habitants de Calais, quand ils virent partir sans avoir rien fait pour eux

l'armée dont ils avaient attendu leur délivrance, fut déchirant; toutes leurs provisions étaient épuisées. Jean de Vienne demanda une conférence à Gaultier de Mauny, chevalier du parti anglais, et lui offrit de livrer Calais avec tout ce qui y était contenu, pourvu qu'Édouard accordât la vie sauve à tous les habitants, et aux chevaliers la liberté de se retirer où ils voudraient. Mais Édouard était irrité contre les habitants de Calais pour leur longue résistance; « il vouloit donc que tous se missent en sa pure volonté, pour rançonner ceux qu'il lui plairoit ou pour les faire mourir. » Toutefois, lorsqu'il eut donné cette réponse à Gaultier de Mauny, celui-ci reprit avec courage: « Monseigneur, vous pourriez bien avoir tort, car vous nous donnez mauvais exemple. Si vous nous vouliez envoyer en aucune de vos forteresses, nous n'irions mie si volontiers, si vous faites ces gens mettre à mort; car ainsi feroit-on de nous en pareil cas. Cet exemple amollia grandement le courage du roy d'Angleterre, car le plus des barons l'aidèrent à soutenir : Donc, dit le roy, je ne veux mie être tout seul contre vous tous. Gaultier, vous en irez à ceux de Calais, et dire au capitaine que le plus grand grâce qu'ils pourront trouver ni avoir en moi, c'est qu'ils se partent de la ville de Calais six des plus notables bourgeois, en pur leurs chefs, et tous déchaux, les harts au col, les clefs de la ville et du châtel en leurs mains, et de ceux je ferai ma volonté, et le demeurent, je prendrai à merci.» Jean de Vienne, de retour à Calais avec cette réponse, a fit sonner les cloches pour assembler toutes manières de gens à la halle. Au son de la cloche vinrent hommes et femmes; car moult désiroient à ouïr nouvelles, ainsi que gens si astreints de famine que plus n'en pouvoient porter.... Quand ils ouïrent le rapport, ils commencèrent tous à crier et à pleurer tellement et si amèrement qu'il n'est si dur cœur au monde, s'il le eust vus ou ouïs démener, qu'il n'en eust eu pitié, et n'eurent pour l'heure pouvoir de répondre ni de parler.... Un espace après se leva en pied le plus riche bourgeois de la ville, qu'on appeloit sire Eustache de Saint-Pierre, et dit devant tous ainsi : Seigneurs, grand pitié et grand meschef seroit de laisser mourir un tel peuple que ici a, par famine ou autrement, quand on y peut trouver aucun moyen; et si seroit grand aumône et grand grâce envers Notre-Seigneur, à qui de tel meschef le pourroit garder. Je, endroit moi, ai si grand espérance d'avoir grâce et pardon envers Notre-Seigneur, si je meurs, ce peuple sauver, que je veux être le premier, et me mettrai volontiers en pur ma chemise, à nu-pied, et la hart au col, en la merci du roy d'Angleterre. Quand sire Eustache de Saint-Pierre eut dit cette parole, chacun l'alla adorer de pitié, et plusieurs hommes et femmes se jetoient à ses pieds, pleurant tendrement. Secondement, un autre très-honnête bourgeois et de grand affaire, et qui avoit deux belles demoiselles à filles, se leva, et dit tout ainsi qu'il feroit compagnie à son compère sire Eustache de Saint-Pierre, et appeloit-on celui-ci sire Jean d'Aire. Après se leva le tiers, qui s'appeloit sire Jacques de Vissant, qui étoit riche homme de meubles ou héritages, et dit qu'il feroit à ses deux cousins compagnie; aussi fit Pierre de Vissant, son frère, et puis le cinquième, et puis le sixième.» — Jean de Vienne remit à Gaultier de Mauny les six bourgeois qui s'étaient offerts volontairement; il rendit témoignage de leur honorable caractère, et le pria de les recommander au roi; Édouard, entouré de sa cour, les attendait sur la place devant son logement. « Sire, lui dit Mauny, voici la représentation de la ville de Calais à votre ordonnance. Le roi se tint tout coi, et les regarda moult sellement, car moult haïssait les habitants de Calais pour les grands dommages et contraires que, au temps passé, sur mer lui avoient faits. Ces six bourgeois se mirent tantôt à genoux par-devant le roi, et dirent ainsi, en joignant leurs mains : Gentil sire et gentil roy, voyez-nous ci six, qui avons été d'ancienneté bourgeois de Calais, et grands marchands; si vous apportons les clefs de la ville et du châtel de Calais, et les vous rendons à votre bon plaisir; et nous mettons, en tel point que vous nous voyez, en votre pure volonté, pour sauver le demeurant du peuple de Calais, qui a souffert moult de grièvetés. Si veuillez avoir pitié de nous et merci par votre très-haute noblesse. Certes il n'y eut adonc en la place seigneur chevalier ni vaillant homme qui se pût abstenir de pleurer de droite pitié, ni qui pût de grande pièce parler.... Le roi les regarda très-ireusement : car il avoit le cœur si dur et si épris de grand courroux, qu'il ne put parler; et quand il parla, il commanda qu'on leur coupât tantôt les têtes. Tous les barons et chevaliers qui là étoient en pleurant, prioient au roy, qu'il en voulut avoir pitié et acortes que faire pouvoient au roy, qu'il n'y vouloit entendre. Sire Gaultier de Mauny parla à son tour pour eux; mais Édouard répondit, en grinçant des dents, qu'il n'en seroit pas autrement. Adonc fit la reine d'Angleterre grand humilité, qui étoit durement enceinte, et pleuroit si tendrement de pitié que elle ne se pouvoit soutenir. Si se jeta à genoux par devant le roi son seigneur, et dit : Ha! gentil sire, depuis que je repassai la mer, en grand péril, si, comme vous savez, je ne vous ai rien requis ni demandé. Or, vous prié-je humblement, et requiers en propre don que, pour le fils de sainte Marie et pour l'amour de moi, vous veuillez avoir de ces six hommes merci. Le roi attendit un petit à parler, et regarda la bonne dame sa femme, qui pleuroit à genoux moult tendrement ; si lui amollia le cœur, car ennui leust courroucée au point où elle était ; si dit : Ha! dame, j'aimasse trop mieux que vous fussiez autre part que ci. Vous me priez si acortes que je ne vous le ose refuser, et combien que je le fasse avec peine, tenez, je vous les donne, si en faites votre plaisir. La bonne dame dit : Monseigneur, très-grand merci. Lors se leva la reine, et fit lever les six bourgeois, et leur ôter les cordes d'entour le col, et les emmena avec elle en sa chambre, et les fit revêtir et donner à dîner tout aise, et puis donna à chacun six nobles, et les fit conduire hors de l'ost à sauveté, et s'en allèrent habiter et demeurer en plusieurs villes de Picardie. » (*V.* Froissart, ch. 321.) — La condition des habitants de Calais, auxquels Edouard avait fait grâce, était encore bien dure. Il retint en prison Jean de Vienne et les chevaliers qu'il voulait mettre à rançon, et il donna à tout le reste des habitants l'ordre d'évacuer la ville, à la réserve d'un prêtre et de deux vieillards qu'il y retint pour indiquer les bornes des héritages. Il voulait les distribuer à une colonie anglaise qu'il y établissait pour en renouveler absolument la population ; il ne donnait même de maisons à des Anglais que sous condition qu'ils ne pourraient les vendre qu'à d'autres Anglais. Toutefois, il s'aperçut bientôt qu'il n'aurait de cette manière qu'une population d'aventuriers et de misérables, sur laquelle il pourrait moins compter que sur les anciens bourgeois de Calais. Ceux-ci, en effet, étaient attachés à leur ville, à leur sol natal, à leurs concitoyens, mais nullement à Philippe de Valois, et assez peu à la France. C'était pour les bourgeois de Calais, pour lesquels il avait vécu, pour lesquels il avait combattu, qu'Eustache de Saint-Pierre avait généreusement offert sa vie, non pour la race des Valois. Il en donna la preuve ; car, deux mois après la prise de Calais, il profita de la trêve pour rentrer dans cette ville et faire serment de fidélité à Edouard, qui lui rendit presque toutes les propriétés qu'il avait confisquées sur lui. Plusieurs autres Français rentrèrent de même dans Calais, et recouvrèrent leurs héritages aux mêmes conditions.

CALAIS (REPRISE DE). En 1558, Calais resta au pouvoir des Anglais pendant plus de deux siècles ; sous le règne de Henri II, roi de France, divers projets furent communiqués à Coligny, gouverneur de la province de Picardie, pour s'emparer de Calais. Pierre Strozzi, maréchal de France, et l'ingénieur Massimo del Bene, entrèrent déguisés dans cette ville, et s'assurèrent que les Anglais, malgré l'importance qu'ils attachaient à sa conservation, n'avaient point pourvu suffisamment à sa défense. On prit toutes les mesures pour ne donner aucune alarme aux Anglais. Tout à coup le duc de Guise parut de ce côté à la tête des troupes françaises, et, le 1er janvier 1558, il se présenta inopinément au pont de Nieullay, à mille pas de Calais. Un petit fort le défendit ; 5,000 arquebusiers français s'en emparèrent d'emblée. Dandelot, frère de Coligny, vint attaquer le fort Risbank, à gauche de la petite rivière qui forme le port, et s'en rendit maître dès le 2 janvier. Ainsi l'entrée du port, ou l'abord à Calais par mer, et le pont de Nieullay, seule entrée de Calais par terre, se trouvaient dès les premières vingt-quatre heures entre les mains des Français. Tout le reste de la ville est entouré de marais impraticables ; des batteries furent cependant montées aussitôt, soit du côté de Risbank, soit de celui de la vieille citadelle. Le 4, une large brèche fut ouverte du côté de la porte de la rivière ; le 5, la vieille citadelle fut emportée d'assaut. Lord Wentworth, qui commandait à Calais, n'avait que huit ou neuf cents hommes de garnison : il perdit courage, et proposa de capituler. Guise, qui craignait sans cesse de voir arriver une flotte anglaise, n'hésita point à lui accorder les conditions les plus avantageuses. Tous les Anglais habitant Calais eurent la faculté de se retirer en emportant leurs meubles. Wentworth consigna aux Français toute son artillerie et ses munitions, en s'engageant à ne commettre aucun dommage dans les propriétés publiques tandis qu'il les occupait encore. La capitulation fut signée le 8 janvier 1558 ; la ville fut livrée le lendemain aux Français. Lord Grey, qui commandait dans Guines, se rendit le 20 janvier. La garnison anglaise qui occupait le petit fort de Ham s'enfuit de nuit, et les Anglais ne conservèrent plus un seul pied de terrain sur le continent de France. A. S-R.

CALAIS (MONNAIE DE). La ville de Calais ne frappa jamais monnaie tant qu'elle fut soumise à l'autorité du roi de France ; aucune charte du moins ne prouve qu'elle ait alors joui de ce privilège, et nous ne connaissons aucune pièce française que l'on puisse lui attribuer. Il en fut autrement lorsqu'elle fut soumise aux Anglais ; Edouard III, Henri IV, Henri V, Henri VI y firent fabriquer des *groats*, des *half-groats* et des *sterling*, qui ne différaient de ceux qui avaient cours dans la Grande-Bretagne que parce que le mot VILLA CALESIS y était substitué à ceux de LONDON CIVITAS, CANTEUR CIVITAS, etc. — Le nom de Calais se lit sur la première médaille peut-être qui ait été frappée en France. Cette médaille, dont le cabinet des antiques de la bibliothèque du roi possède un exemplaire, est une large pièce d'or fin, et pesant trois carats, ainsi que le prouve sa légende du revers :

D'or fin suis extrait de ducas,
Et fu fait pesant trois caras
En l'an que verras moi tournant
Les lettres de nombre prenant.

Si l'on tourne en effet la médaille, on trouve sur le droit le quatrain suivant, dont les lettres majuscules, additionnées suivant leur valeur numérique, donnent le millésime de 1451 :

qVant Ie fVs faIt sans d'Iférance
aV prVdeunt roI aMI de dIeV
on obeIssoIt parto Vl en franCe
fors à CalaIs qVi est fort LieV.

Cette médaille présente d'ailleurs d'un côté l'écu de France entouré de branches de rosier et orné d'une couronne royale, et de l'autre une croix fleuronnée et cantonnée de fleurs de lis et de couronnes ; une riche rosace entoure le champ du droit et celui du revers.

CALAIS (SAINT-) (*sanctus Carilefus*), abbaye de l'ordre de Saint-Benoît, était située dans une ville du même nom, au diocèse du Mans. Elle fut fondée au sixième siècle, et appartenait à la congrégation de Saint-Maur (*V.* CALAIS ou CALÈS [Saint]).

CALAIS ou CALÈS (SAINT), premier abbé d'Anille au pays du Maine, *Carilefus* ou *Carilephus*, était d'Auvergne. Il fut mis en pension par ses parents, également nobles et pieux, dans le monastère de Ménat, sur la rivière de Siaule, au diocèse de Clermont, et il y prit ensuite l'habit religieux. Rien n'était ni plus humble, ni plus docile, ni plus fervent que lui ; mais, peu content des exercices de son monastère, il prit la résolution, avec saint Avit, qui en était le cellérier, de se retirer dans la solitude ; ce qu'ils exécutèrent en allant à Micy, monastère situé à deux lieues d'Orléans, dont saint Maximin ou Mesmin était alors abbé. Ayant été faits prêtres par l'évêque d'Orléans, ils quittèrent Micy, et se retirèrent en Sologne pour y vivre anachorètes. Ils allèrent ensuite dans le Perche, puis se séparèrent. Calais ayant pris deux religieux d'Aumer et Gal, alla au Maine, et se fixa dans un lieu appelé la *Casa-Gayan*, de la paroisse de Lavocine, où passait la petite rivière d'Anille. Il y vécut d'abord avec ses compagnons à la manière des anachorètes ; mais le roi Childebert leur ayant donné un fonds voisin nommé Madval ou Bonneval, ils y bâtirent un monastère qui fut appelé Anisole ou Anille, du nom de la petite rivière qui l'arrosait, et reprirent ainsi la vie cénobitique, dans laquelle saint Calais fut un modèle de perfection à tous ses frères. Il priait continuellement pour eux, et il se mortifiait sans relâche. Il refusa de voir la reine Ultrogothe, femme de Childebert, pour garder le premier règlement qu'il avait fait, que les religieux de son monastère ne verraient jamais de femmes, et qu'ils n'en laisseraient pas même entrer dans leur église. Saint Calais mourut saintement comme il avait vécu, le 1er juillet de l'an 540 ou 542, ou un peu plus tard ; car les auteurs ne s'accordent pas là-dessus. Son corps fut enterré dans l'église de son monastère, où il demeura jusqu'à ce que la crainte des Normands l'eût fait transporter à Blois sur la Loire, où on le conservait encore, avant nos troubles, dans la chapelle du château, qui a ensuite porté son nom. L'an 1171, Guillaume, archevêque de Sens, qui le fut depuis de Reims, et qui était alors légat du pape en France, ôta une partie des ossements du corps de saint Calais, dont il fit la translation le 25 août de la même année. L'an 1653, Jacques Lescot, évêque de Chartres, ouvrit la châsse de saint Calais, en présence de Gaston, duc d'Orléans, frère du roi Louis XIII ; il en tira une partie de son crâne et quelques vertèbres, qui furent transportés le dimanche 21 septembre dans l'abbaye d'Anille, que l'on ne connaissait plus depuis longtemps que sous le nom de Saint-Calais, de même que la petite ville qui s'y est formée (*V.* la *Vie de saint Calais*, écrite par le B. Seviart ou Sivard, cinquième abbé d'Anille après lui, et rapportée dans le *Recueil* du P. Mabillon. *V.* aussi Baillet, *Vie des saints*, t. II, 1er juillet).

CALAISE, s. m. (*term. de lapidaire*), sorte de saphir, pierre précieuse.

CALAISIEN, ENNE, s. m. et f. (*gramm.*), celui, celle qui est de Calais. Il est aussi adjectif dans certains cas.

CALAISIS, ou pays reconquis (*Tractus Calesius*), nom que l'on donnait, avant la révolution, à la partie de la basse Picardie dont Calais était la capitale. A l'époque où la domination romaine s'établit dans les Gaules, ce pays était habité par les *Aromanci*, qui faisaient partie de la confédération des *Morini*. Il suivit, en général, les destinées du territoire de cette confédération jusqu'à l'établissement de l'empire carlovingien. Il reçut alors la dénomination de comté de *Guines* (*V.* ce mot), sous laquelle il fut désigné jusqu'en 1558, époque où Calais ayant été reconquis sur les Anglais, le comté de Guines, agrandi du territoire de cette ville, prit le nom de *Calaisis* ou de pays reconquis.

CALAISON, s. f. (*marine*), état d'un bâtiment dont la carène est plus ou moins enfoncée dans l'eau, selon le chargement qu'il porte.

CALAL ou CHALAL, Israélite qui quitta sa femme au retour de Babylone, parce qu'il l'avait épousée contre la loi (1 *Esdr.*, 10, 30).

CALALOU (*hist. mod.*), ragoût que préparent les dames créoles en Amérique ; c'est un composé d'herbes potagères du pays, comme choux caraïbes, goment, gombaut, et force piment : le tout soigneusement cuit avec une bonne volaille, un peu de bœuf salé ou de jambon. Si c'est en maigre, on y met des crabes, du poisson et quelquefois de la morue salée. Le *calalou* passe pour un mets fort sain et très-nourrissant ; on le mange avec une pâte nommée *oüangou*, qui tient lieu de pain.

CALALTI, s. m. (*hist. nat.*), espèce d'oiseau d'Amboine.

CALAMA, siége épiscopal d'Afrique dans la province de Numidie (*Not.*, n. 3). Saint Augustin parle souvent de cette ville et de son primat, nommé Mégolius, qui eut pour successeurs Crescentien, et Possidius, qui assista à la conférence de Carthage, et qui composa la vie de ce saint docteur. La ville de Calame est placée la première entre les villes de Numidie, sous le règne de Léon le Sage, dans la notice imprimée par le père Goar (*Not. in lib. S. Apt. 44*).

CALAMAC, s. m. (*botan.*), nom qu'on donne, à Madagascar, aux dolics et aux haricots.

CALAMAGROSTE, s. m. (*botan.*), plante qui tient son type des roseaux plumeux des sables et des bois.

CALAMANSAY, s. m. (*botan.*), grand arbre des Philippines, bon pour la construction.

CALAMAR (*vieux mot*), écritoire, étui à mettre des plumes (*calamaria theca*).

CALAMARIA, s. m. (*botan.*), l'isoète des marais.

CALAMATA (*Calamæ*) (*géogr. anc.*), ancienne ville du Péloponèse, dans l'enfoncement du golfe Messénien, était composée de trois parties, d'une forteresse d'abord appelée *Thyré* ou *Thyria*, qui put être le *Thyros* d'Homère; ensuite d'une ville nommée *Thalamei*, et enfin d'un faubourg connu sous le nom de *Calames*, sans doute des roseaux qui y croissent en abondance. C'est le dernier nom qui lui est resté, quoiqu'il n'y ait plus aujourd'hui de port à Calamata. L'abbé Fourmont, qui visita cette place en 1730, y trouva des inscriptions précieuses, des épitaphes des rois et des reines de Messénie des premiers temps, et un marbre de trois pieds et demi de long, sur deux pieds de large, tout couvert de caractères : il y a dessus trois colonnes d'écriture.

CALAMATUS (ALEXANDRE), prêtre de Messine en Sicile, où il mourut l'an 1648, fut un habile prédicateur qui laissa plusieurs traités de piété, presque tous composés en italien, et fort estimés (Mongitor:, *Biblioth. Sicula*).

CALAMAY, nom que l'on donnait au moyen âge à la fête de la Chandeleur.

CALAMBA, CALAMBÆ et CALAMPART, s. m. (*botan.*), espèce d'agalloche, bois odoriférant dont la couleur tire un peu sur le vert, qu'on apporte des Indes, et qu'on emploie dans la tabletterie.

CALAMBAN , s. m. (*botan.*), nom malais d'une espèce de poivre.

CALAMBOUC (*V.* ALOÈS.)

CALAMBOUR (*comm.*), bois odoriférant dont la couleur tire sur le vert ; il diffère du calambouc, qui vient de la Chine, et qu'on substitue au bois d'aloès. On l'apporte des Indes en bûches. On l'emploie en ouvrages de tabletterie et dans les bains de propreté.

CALAME (*géogr. anc.*), ville de Perse dans la Gédrosie, au sud-est, sur la frontière du petit pays de Pasira.

CALAME (*géogr. anc.*), aujourd'hui *Calamat*, petite rivière méridionale de la Gédrosie. Elle se jette dans la mer Erythrée, auprès de la ville de même nom.

CALAME, s. m. (*comm.*), mesure de longueur usitée en Perse (4 mètres de France).

CALAMÉDON, s. m. (*chir.*), sorte de fracture transversale d'un os, dont le bout se termine en bec de flûte. Peu usité.

CALAMÉES (*archéol.*) (de κάλαμος, épi de blé), fêtes que les habitants de Cyzique célébraient en l'honneur de Cérès, pour obtenir de cette déesse d'abondantes moissons.

CALAMENDRIER, s. m. (*botan.*), sorte de petit arbre du genre des chênes.

CALAMENT, s. m. (*botan.*), *calamintha*, genre de plante à fleur monopétale labiée, dont la lèvre supérieure est échancrée, arrondie et relevée ; et l'inférieure est divisée en trois parties. Il sort du calice un pistil qui est attaché comme un clou à la partie supérieure de la fleur, et qui est environné de quatre embryons qui deviennent dans la suite autant de semences arrondies et renfermées dans la capsule qui a servi de calice à la fleur. Ajoutez aux caractères de ce genre, que les fleurs naissent dans les aisselles des feuilles, et tiennent à des pédicules branchus. — Le *calamintha vulgaris officinarum* est plein d'un sel aromatique, volatil, huileux ; il est stomachique, diurétique, apéritif, et provoque les règles : on peut s'en servir comme du thé; sa décoction en clystère calme les douleurs de la colique, résout les tumeurs œdémateuses et fortifie les parties.

CALAMÉON, s. m. (*archéol.*), l'un des mois d'un ancien calendrier grec, qui commençait le 24 d'avril ; c'était le mois où l'on célébrait les calamées.

CALAMES (*géogr. anc.*), petite ville de Messénie, vers l'est, au sud-est de Messine, vers Thuria.

CALAMES (*géogr. anc.*), marais de l'île de Samos, près duquel on éleva un temple à Vénus.

CALAMIANES (*géogr.*), groupe d'îles de l'archipel des Philippines, au sud de Mindoro, par 12° de latitude nord, et 118° de longitude sud ; l'approche en est très-difficile, à cause des écueils. On y compte environ 16,000 habitants. Leurs principales productions consistent en riz, miel, beaucoup de cire et bois de teinture ; l'éducation des chevaux y est suivie; il y a beaucoup de gibier et de nids d'hirondelles. Les Espagnols ne possèdent que la côte des *Calamianes*.

CALAMINAIRE (*V.* CALAMINE).

CALAMINE, s. f. (*chim.*), carbonate de zinc natif, déposé par l'eau, soit en cristaux, soit en concrétions ou en stalactites. Elle sert à fabriquer le cuivre jaune et le laiton (*V.* CUIVRE et LAITON).

CALAMINE, s. f. (*minéral.*), oxyde de zinc naturel, particulièrement oxyde de zinc, mêlé de fer et de chaux carbonatée (*V.* ZINC).

CALAMINE, s. f. (*botan.*), nom d'un genre de graminées qui comprend l'apludée de Linné, et dont les espèces sont originaires des Indes.

CALAMINE (*géogr. anc.*), lac de la Lydie. — CALAMINES, petites îles de ce lac.

CALAMINUS (GEORGES), savant helléniste du XVIe siècle, était fils d'un pauvre journalier de Silberberg en Silésie, et naquit en 1547. Son nom de famille était *Rorich*, mot dérivé de l'allemand *rohr* (roseau), qu'il latinisa, suivant la coutume des érudits de son siècle. Après avoir étudié à Breslau, à Heidelberg et à Strasbourg, il fut fait gouverneur du comte d'Andelot, et nommé en 1578 professeur de langue grecque à Lintz, en Autriche. Il traduisit en vers latins les *Phéniciennes* d'Euripide, Strasbourg, 1577, in-8°, et d'autres tragédies grecques; composa lui-même en latin *Héli*, tragédie sacrée; *Rodolph-Ottocare*, tragédie autrichienne; un recueil d'anagrammes, etc. On a aussi de lui : *Vita Guntherii carmine*, Strasbourg, 1574, in-4°. Il mourut le 1er décembre 1595.

CALAMIS, ciseleur et sculpteur né à Athènes. D'après Cicéron, ses ouvrages étaient inférieurs à ceux de Praxitèle et de Myron, mais ils jouissaient aussi d'une grande réputation. Pausanias, dans le premier livre de sa description de la Grèce, cite avec éloge une statue d'Apollon faite par Calamis et placée devant le portique d'un temple d'Athènes. Cette ville posséda encore de cet artiste un *Apollon colossal* que Lucullus fit transporter à Rome. Calamis jeta en bronze un char à quatre coursiers avec son conducteur, plusieurs chevaux et des figures d'Esculape.

CALAMISA (*géogr. anc.*), bourg de l'île de Samos.

CALAMISSE (*géogr. anc.*), ville de la Locride, chez les Ozoles, à l'entrée de la mer de Crissa, à l'ouest de Naupacte.

CALAMISTRER, v. a. (*gramm.*), friser les cheveux et les mettre en boucles.

CALAMISTRES, s. m. pl. (*gramm.*), ornements affectés. Il est vieux et inusité.

CALAMISTREUR, s. m. (*gramm.*), coiffeur. Il est vieux et inusité.

CALAMITE. Ce nom paraît avoir été originairement celui d'une espèce particulière de grenouille (*rana calamita, diophyta*), qui l'aurait reçu de son habitation parmi les roseaux (*calamus*); puis on l'a donné par analogie à la pierre d'aimant et à la boussole, ou plutôt à l'aiguille aimantée de la boussole, parce qu'avant d'avoir trouvé le moyen de la suspendre sur un pivot, on l'enfermait dans une fiole de verre à moitié remplie d'eau, sur laquelle on la faisait flotter par le moyen de deux fétus. — Plus récemment, on a donné le nom de CALAMITE, en matière médicale, à une espèce de *styrax* (*V.* ce mot) de l'Asie-Mineure, la moins estimée de toutes, que l'on n'emploie guère à l'intérieur, excepté quelquefois en pilules, mais dont on se sert dans la composition de plusieurs parfums, et que l'on enferme dans des tiges de roseaux pour la transporter et la conserver. — On appelle aussi CALAMITE BLANCHE, en minéralogie (*calamita bianca* des Italiens, c'est-à-dire *aimant blanc*), une espèce de marne ou d'argile blanche qui happe fortement à la langue et qui attire la salive dont cet organe est humecté, comme l'aimant attire le fer, à laquelle on attribuait autrefois des vertus aphrodisiaques et antivénéneuses extraordinaires, qu'elle ne possède point à un plus haut degré que les autres terres bolaires.

CALAMITÉ, s. f. (*gramm.*), grand malheur, malheur public qui se répand sur une contrée, sur une ville. Il se dit quelquefois des grands malheurs qui *frappent* les particuliers.

CALAMITÉ, s. f. (*mythol.*), figure allégorique qui est représentée avec les attributs du malheur et de l'adversité.

CALAMITEUX, EUSE, adj. (*gramm.*), qui abonde en calamités. Il ne se dit que des choses.

CALAMONA (*géogr. anc.*), ville épiscopale de l'île et de la province de Crète, sous les six évêques latins.

CALAMOS ou **CALAMON** (*géogr. anc.*), ville située sur la côte de la Phénicie, à l'extrémité méridionale du mont Carmel. Elle fut brûlée par Antiochus le Grand.

CALAMPÉLIS, s. m. (*botan.*), nouveau genre de plantes de la famille des bignoniacées.

CALAMUS (*mythol.*), fils du fleuve Méandre et amant de Carpo.

CALAMUS (*archéol.*), sorte de mesure qui avait six coudées hébraïques et six palmes. La coudée hébraïque avait vingt-quatre doigts ou six palmes, ou environ vingt pouces et demi, en prenant le pouce à douze lignes (*Ezéchiel*, 40, 3; *Apoc.*, 11, 1).

CALAMUS (*V.* PLUME et ROSEAU).

CALAMUS AROMATICUS (*botan.*). On désigne sous ce nom dans les pharmacies la racine de l'*acorus calamus* (famille des aroïdées), plante qui croît sur le bord des fossés et des étangs de l'Europe septentrionale. On la trouve en France dans les Vosges, et dans les départements qui comprennent les anciennes provinces de la Bretagne et de la Normandie. La racine du calamus aromaticus (c'est réellement un *rhizome*) est vivace, située horizontalement, un peu plus grosse que le doigt; elle présente de distance en distance des nœuds qui donnent naissance à de nombreuses radicelles et à une touffe de feuilles uniformes, striées et engaînantes à la base. La tige est dressée, simple, comprimée; elle s'ouvre à sa partie moyenne et laisse sortir un spadice sessile de conique allongé, assemblage de petites fleurs jaunâtres, hermaphrodites, serrées les unes contre les autres. Le rhizome desséché de cette plante, vulgairement appelé ra-

cine, est employé sous le nom de calamus aromaticus. Son odeur aromatique est très-agréable et se conserve longtemps. La consistance de ce rhizome est spongieuse, sa cassure résinoïde et parsemée de points luisants; sa couleur est fauve clair; il se vend dans un état de siccité variable suivant que l'air est plus ou moins humide. Les petites crines dont il est garni sont encore plus aromatiques que le corps même du rhizome, qui est très-sujet à la piqûre des vers. Moins employé aujourd'hui qu'il ne l'était autrefois, le calamus aromaticus est un agent thérapeutique très-stimulant qui entre dans la composition de plusieurs préparations pharmaceutiques. En Prusse, où cette plante est fort commune, on la mêle avec les grains destinés à la fermentation; elle donne à l'eau-de-vie de Dantzick ce parfum d'iris tirant sur la cannelle et qui la caractérise parmi les liqueurs analogues.

CALAMUS SCRIPTORIUS (*anat.*), ou *la plume à écrire*. On a nommé ainsi une fossette angulaire située à la partie antérieure du quatrième ventricule du cerveau, à cause de sa ressemblance avec une plume taillée pour écrire.

CALAMY (EDMOND), théologien éminent parmi les non-conformistes anglais, né à Londres en l'an 1600, avait fait ses études à Pembrock-Hall dans l'université de Cambridge, où il prit ses degrés de bachelier ès arts et de bachelier en théologie; mais ayant été soupçonné de tenir pour la doctrine d'Arminius, il ne put être reçu membre de cette société, place à laquelle ses capacités, ses talents et ses connaissances littéraires lui donnaient d'ailleurs des titres incontestables. Toutefois, ses goûts studieux et ses dispositions religieuses lui firent avoir les bonnes grâces du docteur Felton, évêque d'Ely, qui l'établit son chapelain particulier et lui donna le vicariat de Swaffham, prieuré des environs. Dans cette nouvelle position, on vit Calamy, étudiant jusqu'à seize heures par jour, acquérir bientôt ces vastes et utiles connaissances qui le rendirent si propre à s'acquitter avec une grande habileté des emplois qui lui furent confiés dans la suite. Après la mort de l'évêque, en 1626, il fut choisi pour un des lecteurs à la cathédrale de Saint-Edmond, et résigna son vicariat. Pendant les dix années qu'il occupa cette place, il s'était distingué parmi les plus sévères conformistes; mais quand l'évêque de Wien eut fait sa profession de foi, quand la lecture du livre de Sports eut été défendue, il avoua ses principes dissidents, prononça en chaire une apologie publique de sa conduite, et fut dès lors regardé comme un des non-conformistes les plus avérés et les plus actifs. La faveur dont il jouissait auprès du comte d'Essex lui fit obtenir des ce seigneurie le rectorat de Rochefort en Essex, avancement avantageux, mais où il ne put continuer sa résidence, l'insalubrité du climat étant d'un effet très-pernicieux à sa santé. En 1639, il fut choisi pour ministre de Sainte-Marie d'Aldermanbury, et revint à Londres où il prit une part active dans la controverse au sujet du gouvernement de l'Eglise, alors fortement en question. En 1640, il contribua avec quelques autres écrivains à la composition d'un livre qui fit beaucoup de bruit, intitulé *Smectymnuus*, mot formé avec les initiales des noms des auteurs, qui étaient Stephen Marshall, Edmond Calamy, Thomas Young, Matthew Newcomen et William Spurstow. Ce traité, quoique écrit avec beaucoup d'aigreur, a été considéré, non-seulement par les non-conformistes mais encore par le célèbre Wilkins, évêque de Chester, comme un livre capital contre les partisans de l'épiscopat. Calamy lui-même disait de cet ouvrage, qu'il portait le coup de mort au système du gouvernement par l'Eglise. — En 1644, Calamy fut créé par la chambre des lords membre du sous-comité qui essaya vainement d'aplanir les difficultés qui s'étaient élevées au sujet de la religion. Plus tard, il se fit remarquer par son talent et sa modération dans l'assemblée des théologiens. Il obtenait en même temps la réputation d'un des plus grands prédicateurs de Londres, surtout parmi les presbytériens, qui exaltaient chaudement son mérite. Appuyé par ce parti, il fit une énergique résistance aux indépendants et aux sectaires, surtout en témoignant sa désapprobation des mesures violentes déployées après la mort du roi, événement qu'il avait cependant désiré avec ardeur. Pendant l'usurpation de Cromwell, il ne se mêla d'aucune affaire publique, mais ne se fit point faute de se montrer adversaire constant de ce gouvernement arbitraire qu'il s'efforçait de démontrer à la fois comme illégal et impraticable. Dès que l'occasion favorable se présenta, il se fit provoquer activement le rétablissement de Charles II, auprès duquel il fit partie de la députation des théologiens chargés d'aller complimenter ce monarque en Hollande à l'occasion de son rappel. En 1665, le roi le nomma un de ses chapelains, et lui offrit l'évêché de Litchfield et Coventry, qu'il refusa d'accepter après des réflexions préalables. A peine l'acte d'uniformité fut-il passé, que Calamy discontinua consciencieusement ses sermons publics à la métropole, et prêcha son sermon d'adieu à Aldermanbury en août 1662. Il se joignit à quelques-uns de ses frères en croyance pour adresser au roi la demande du libre exercice de leurs fonctions publiques, il prononça même à ce sujet un discours long et pathétique ; mais il ne put rien obtenir. Quoiqu'il eût cessé ses fonctions dans l'Eglise, il ne suivit pas moins assidûment le service public, et un jour, en décembre 1662, celui qui devait prêcher ne paraissant pas, il fut pressé par les principaux paroissiens de monter en chaire à sa place. Mais comme il en prit occasion de parler avec une grande liberté sur la situation de la religion et sur la sienne propre, le lord-maire le fit arrêter et conduire à Newgate. Cependant, des doutes s'étant élevés sur la légalité de cette détention, et la rigueur de ce traitement ayant été dûment examinée, il fut rendu à la liberté quelques jours après, sur l'ordre exprès du roi. Après l'incendie de Londres, d'où il avait été tiré de dessous les décombres pour être emmené à Enfield, le spectacle de ce sinistre l'avait tellement affecté qu'il mourut dans ce lieu deux mois après, le 29 octobre 1666. — Calamy était très-versé dans la connaissance des choses qui tenaient à sa profession. Comme prédicateur, il était clair et méthodique, et il professait sans réserve ses opinions toutes les fois qu'il le jugeait nécessaire. Quelques-uns de ses sermons, pour certaines circonstances exceptionnelles des temps orageux où il vécut, ont un grand mérite. On a un recueil traduit dans différentes langues de cinq sermons, intitulé : *la Piété du bonhomme Ark, ou la Cité du refuge dans les jours de détresse*. Ces cinq sermons offrent de grandes beautés sous le rapport de l'éloquence évangélique.

CALAMY (BENJAMIN), son fils, fut élevé à l'université de Cambridge, et se montra zélé partisan de la religion établie. Nommé en 1677 ministre de Sainte-Marie Aldermanbury et chapelain ordinaire du roi, il prêcha en 1683 un *Sermon sur les consciences scrupuleuses*, qui, dirigé contre les sectaires, produisit un très-grand effet pour et contre le docteur Calamy. Il y poussa le zèle jusqu'à montrer, d'après un sermon de son père, que les non-conformistes les plus ardents avaient eu soin de prêcher la conformité à l'Eglise établie, lorsqu'ils étaient à la tête de l'Eglise. Un Thomas Delaune, emprisonné pour avoir écrit une critique très-violente de ce discours et quelques autres ouvrages dans le même esprit, mourut à Newgate avec sa femme et ses enfants, accusant de ses malheurs le docteur Calamy, qui paraît cependant n'y avoir eu d'autre part que de ne les avoir pas empêchés. Il fallait que sa probité fût bien établie, pour que sa réputation eût survécu à de pareils faits, et les temps de parti demandent quelquefois d'étranges choses d'un honnête homme! Calamy était doux, ennemi de la persécution. On prétend que sa mort fut avancée par le chagrin que lui causèrent les mesures imprudentes prises par le parti auquel il était attaché et qui était alors celui du gouvernement. Il mourut en 1686, après avoir possédé un grand nombre de bénéfices, et ne laissant que quelques sermons, assez estimés pour le fond et pour le style.

CALAMY (EDMOND), fils du précédent, célèbre théologien dissident, naquit à Londres en 1671. Après des études préliminaires dans des écoles privées et publiques, il fut placé sous la direction d'excellents maîtres de logique, de métaphysique et de philosophie. En 1688, il alla à l'université d'Utrecht, où il se distingua par ses progrès dans l'étude des sciences et des lois professées par Devries, Wander Muyden et Grævius, les plus savants de leur époque dans ces matières. Pendant ces différentes phases de son éducation, Calamy se recommandait près de ses maîtres par sa diligence et son application au travail, et près de ses condisciples par son affabilité non moins que par l'urbanité de ses manières. Ayant décliné l'honneur d'un professorat au collège d'Edimbourg, il retourna de Hollande à Londres, en passant par Oxford où il se fit recevoir membre de cette université sous le patronage de quelques docteurs dans la fréquentation desquels il puisait de nouvelles connaissances. Déterminé à se consacrer à la profession de théologien, il dirigea ses études vers ce but, et après avoir mûrement approfondi la matière de controverse entre l'Eglise établie et la secte des dissidents, il se rangea dans le parti de ces derniers. En 1692, il commença l'exercice régulier de son ministère à la maison d'assemblée de Black-Friars à Londres. En 1694, il fut ordonné, et ce fut la première cérémonie de ce genre qui ait eu lieu parmi les dissidents depuis l'adoption de l'acte d'uniformité. En 1703, il fut élu pasteur de la grande et imposante congrégation de Westminster. Il rendit à ses co-religionnaires un service signalé en publiant l'*Histoire de Baxter, de sa vie et de son temps*, qu'il abrégea ensuite, quoiqu'en y annexant quelques détails sur plusieurs ministres disgraciés et une apologie des non-conformistes. L'histoire de Baxter fut terminée en 1684, mais la continuation qu'en fit Calamy s'étendit jusqu'en 1691, et a été publiée avec un immense succès en 1702, 8 vol. En 1703, il en parut une autre édition où l'histoire des non-conformistes se prolonge jusqu'après les règnes du roi Guillaume et de la reine Anne. L'apparition de ce livre qui, comme on doit le penser, avait été accueilli bien diversement suivant les différentes opinions des lecteurs, avait procuré une grande réputation à son auteur. Dans un voyage que Calamy fit en Ecosse pendant l'année 1709, il y fut accueilli avec des marques de considération extraordinaires. Les trois universités d'Aberdeen, de Glascow et d'Edimbourg rivalisèrent d'empressement pour lui offrir chacune dans son sein le titre de docteur en théologie. En 1718, il écrivit la justification de son grand-père et de quelques autres personnages honorables, en opposition aux réflexions de l'archidiacre Eachart dans son Histoire d'Angleterre. Sur ces entrefaites, la question de souscription au premier article de l'Eglise d'Angleterre relatif à la sainte Trinité commença à être agitée par les dissidents ; mais le docteur Calamy resta neutre, ce qui lui fit encourir pour le moment les reproches de ses confrères du clergé dissident. Selon ses croyances, il était orthodoxe comme plusieurs autres, et il publia sa profession de foi dans une série de sermons qu'il dédia et présenta au roi. Le monarque lui témoigna sa satisfaction en lui faisant remettre une gratification de 50 livres sterling. Il reçut aussi à cette occasion des remercîments de plusieurs dignitaires de l'Eglise. En 1727, il compléta son Histoire des ministres et autres membres du clergé non-conformiste depuis la restauration, en publiant un livre intitulé : *Continuation de la relation des ministres, lecteurs, maîtres et agrégés des collèges ainsi que des écolâtres disgraciés et silencieux après la restauration de 1660, et auparavant et depuis l'acte d'uniformité, etc.*, Londres, 1727. Ce livre est des plus recommandables par le grand travail qui y a présidé et la méthode qui y règne, outre qu'il contient une collection de mémoires précieux dont il a empêché la perte. En un mot, ses ouvrages sur les non-conformistes sont une précieuse acquisition pour la science de l'histoire de ces temps. Calamy s'est distingué par une foule d'autres écrits savants et importants, dont la plupart consistent en sermons et en pamphlets de controverse. On y remarque particulièrement quatorze sermons intitulés : *Inspirations des saintes Ecritures du Vieux et du Nouveau Testament*, et sa *Défense des non-conformistes modérés*. L'introduction à ce traité, représentant le véritable état de la controverse entre l'Eglise d'Angleterre et les non-conformistes, fut si fort du goût de Locke, qu'il envoya à l'auteur une lettre où il lui disait que la défense des non-conformistes était si complète qu'elle resterait sans réponse, et qu'en adhérant à des principes ainsi posés il n'y avait pas lieu de craindre un antagoniste. — Après s'être acquis l'estime publique dans ses différentes charges de professorat, et avoir soutenu par toute circonstance un caractère respectable, non-seulement parmi les non-conformistes, mais encore parmi les membres modérés de l'Eglise constituée, tant clercs que laïques, avec lesquels il n'avait cessé de vivre en grande intimité, Calamy termina sa carrière le 3 juin 1732 à l'âge de soixante ans. Son portrait est parfaitement tracé dans cette phrase de l'oraison funèbre que lui consacra le docteur Mayo : « *Il avait un jugement solide, d'immenses connaissances, une piété sincère, un caractère ouvert et bienveillant, et excellait par sa modération dans les discussions en matières religieuses.* »　　　　　ED. GIROD.

CALANDE (on dit aussi *kalande*). Ce mot désignait autrefois, 1° une confrérie de personnes pieuses et bienfaisantes ; 2° la réunion de ces personnes à des époques fixes ; 3° la maison où elles se réunissaient, nommée habituellement maison des Calandes, ou cour des Calandes lorsqu'elle avait quelque étendue ; et enfin, 4° les prébendes des frères de la Calande (*ipsa præbenda ecclesiastica, fratribus Calandis dicata*). Les membres d'une Calande se nommaient en effet *fratres calendarii* ou *calendaries*, et aussi *fratres calendarum*, frères des Calandes ou de la Calande, ou encore maîtres de la Calande (1). Il y a beaucoup de versions sur l'origine du mot *calande*. Adelung cite l'opinion

(1) On dit généralement que ce dernier nom était donné aux ecclésiastiques qui faisaient partie de l'association des frères de la Calande. Mais il paraîtrait qu'il n'appartenait qu'aux membres les plus distingués de ce qu'on nommait la *grande Calande*, dans laquelle, suivant la règle, les personnes les plus notables de la ville ou du pays auraient été seules admises à se faire recevoir. Nous donnons toutes ces hypothèses sous la forme du doute.

de Frisch, qui fait dériver ce mot du bas saxon *kalant*, un chaland, un ami de commerce, un ami (1). D'après quelques-uns, il dérive du mot grec καλεῖν, appeler, inviter. David Franck (dans son *Ancien et Nouveau Mecklembourg*, lib. IV, cap. XXIII, pag. 170) le fait dériver d'un ancien mot teuton, encore usité en Danemarck, *kahle*, réunir, et il ajoute : la terminaison *land* se trouve dans un grand nombre de mots et indique une pluralité, comme dans les mots *heiland*, *weiland*, etc. Ainsi *calande* signifierait, d'après lui, rassemblement, réunion de plusieurs en un seul lieu. Mais comme, d'après le *Glossaire de du Fresne*, on trouve en France, dès l'an 1087, le mot *kalenda* employé dans des pièces authentiques pour désigner la réunion des ecclésiastiques d'un diocèse, on est fondé à revenir à l'opinion la plus commune, qui fait dériver le mot Calandes du latin *calenda*, et qui explique cette origine par l'habitude qu'auraient eu primitivement les frères de la Calande de se réunir tous les premiers du mois. Cependant il faut convenir que les documents originaux qui nous ont été conservés sur cette association religieuse contredisent entièrement cette dernière donnée, puisque, d'après ces documents, la réunion des frères n'aurait eu lieu que deux ou quatre fois par an (2). Il est donc assez vraisemblable que les congrégations des frères de la Calande, qui ne reçurent leur nom qu'au XIIIe siècle (3), et qui apparemment ne datent que de cette époque, furent désignées par le nom même qu'on donnait aux réunions des ecclésiastiques d'un diocèse. Si dans ces réunions mensuelles du clergé on s'occupait de fixer pour le mois suivant les jours où devaient se célébrer les fêtes pour les vivants, les frères de la Calande s'occupaient d'un autre côté de toutes les dispositions concernant les fêtes pour les morts, c'est-à-dire des prières et des messes que l'Eglise offre à Dieu pour le salut des âmes qui souffrent dans le purgatoire (4). Tel fut en effet le premier but de l'association des frères de la Calande : car beaucoup de personnes mouraient à cette époque sans laisser de quoi faire célébrer des commémorations, des vigiles et des messes pour le salut de leur âme. Bientôt les frères de la Calande se firent aussi un devoir de soulager des pauvres en vie. Des prêtres aussi bien que des laïques des deux sexes (5) furent reçus parmi les membres de cette pieuse

(1) Comp. aussi : Matth., Joan., Bechr. Rerum Mecleburg. libri octo (Lipsiæ, 1741, in-fol.), p. 540.
(2) A Nordstrand (voy. Chronique de la Frise septentrionale, par Heimreich, p. 79, passage qui se trouve aussi dans l'ouvrage qui a pour titre : Amœnit. historico-jurid., par G.-F. de Pistorius, Francfort et Leipzig, 1737, in-4o, vre partie, p. 44-60), d'après le règlement de la Calande de cette île, § 37 et 38, les frères se réunissaient deux fois : 1o le dimanche après la Pentecôte ; 2o le dimanche après la Saint-Barthélemy. A Kiel, d'après l'acte original de fondation de l'an 1334 (voy. Westphal, Monum. ined. rer. Germ., tom. III, p. 560), les frères de la Calande se réunissaient deux fois par an, et les deux jours de réunion étaient des lundis. A Bergen, dans l'île de Rugen (voy. Usages du pays des Wendes et de Rugen, par Normann, p. 246), deux dimanches de l'année étaient les jours de réunion. A Stargard en Poméranie (voy. Ancienne et Nouvelle Poméranie, par Chrétien Schoettgen, Stargard et Stettin, 1721, petit in-8o. — Histoire de la Calande à Stargard, p. 190 et 226), il y avait quatre jours de l'année fixés pour les réunions, ainsi qu'à Mitweida (voy. Monument de Mitweida, par Chr. Herman, 1698, p. 176); à Grœningen, dans le Halberstadt (voy. Jean-George Lenkfelb, Antiquit. Grœning., 1710, p. 108); à Anklam (voy. C.-F. Stavenhagen, Description topogr. et chronol. d'Anklam, ville commerciale, Greifswald, 1773, in-4o, p. 418).
(3) Le plus ancien document qu'on ait sur cette confrérie est un acte de la Calande d'Ottberg, de l'an 1226 (voy. Chr. Fr. Paullini, Syntagma rerum Germanicarum (Francf. ad M. 1698), p. 174. — Dans le Mecklembourg, le document le plus ancien qu'on ait trouvé est une lettre relative à la Calande du pays de Bresen, et écrite par Ulrich, évêque de Ratzebourg, de l'an 1282. — En Poméranie, c'est une lettre de Jean, évêque de Cammin, de l'an 1346. — Dans l'île de Rugen, c'est le matricule de Roskild, de l'an 1294, sous le titre de Parochia veere, avec ces mots : Patroni sunt fratres Kalendarum terræ Ruye. — A.-G. Schwartz, dans sa Courte Introduction à la Géogr. du nord de l'Allemagne, p. 228, parle d'une association de frères de la Calande dans le pays de Tribusce, qui est une partie de la Poméranie actuelle, en 1316. — Stavenhagen, dans sa Description d'Anklam, donne, sous le no 89 des Documents, p. 419, un bulletin des commémorations à célébrer pendant le dernier quart du XIIIe siècle.
(4) Dans ce but, ils tenaient eux-mêmes des registres mortuaires particuliers, comme l'attestent Leukfeld, Stavenhagen, et Feller, dans son Oratio de fratribus Calendariis (Leipzig, 1691), et autres.
(5) Antonius Bonumbra, légat du pape, au commencement de l'acte par lequel il confirme la Calande de Stargard, en 1473, s'exprime en ces termes : Dilectis nobis in Christo Christi fidelibus utriusque sexus ecclesiasticis et secularibus confratribus fraternitatis Calendarum,

et charitable confraternité. Les prêtres qui faisaient partie de l'association offraient à Dieu le saint sacrifice pour le repos des âmes des défunts; les laïques faisaient les quêtes que nécessitait l'insuffisance des ressources de la communauté pour faire face aux dépenses nécessaires, et de plus ils s'occupaient des affaires économiques et civiles de la société. Quoique la Calande ne formât pas positivement un ordre religieux lié par une règle et confirmé par le pape, les frères avaient cependant leurs règlements et leurs statuts propres, que confirmaient les évêques de chaque diocèse et même quelquefois les princes du pays, ce qui cependant n'eut lieu que plus tard et rarement. Les associations des frères de la Calande avaient aussi leurs fonctionnaires particuliers, parmi lesquels le plus élevé portait presque partout le nom de *doyen* (decanus), quelquefois celui de *prieur* (præpositus), ou, plus rarement, de *provisor generalis*. A celui-ci était adjoint un chambellan, portant le nom tantôt de *proviseur*, tantôt de *testamentaire*, tantôt de *trésorier*. Dans quelques endroits, comme par exemple à Bergen dans l'île de Rugen (1), il y avait, outre ces deux fonctionnaires, un troisième, l'*éléémosynaire*, chargé de distribuer avec équité et sagesse, aux personnes privées de secours, les aumônes destinées à ce but par la confraternité. Le règlement de la Calande de Nordstrand (*V. de Pistorius*, loc. cit.), lequel s'accorde avec les règlements cités par Staphorst dans son *Histoire de l'Eglise d'Hambourg* (1re part. 2e vol. pag. 707 et suiv.), fait, dans son § 31, la prescription suivante : *Nous avons résolu qu'il y aurait quatre* DÉFINITEURS, *ou orateurs dans notre confrérie, pour aider le doyen*. — Plus la Calande s'acquérait d'estime par une obéissance consciencieuse à ses statuts, et aussi de considération extérieure et pour ainsi dire mondaine par les fonds qu'elle amassa insensiblement, plus son cercle d'action devenait large et puissant. La Calande de Bergen, par exemple, que nous avons déjà mentionnée plusieurs fois, et qui ne se composait que de personnes nobles et des membres les plus distingués et les plus expérimentés du clergé, formait comme un ordre distinct entre le souverain et le reste de la noblesse. Le duc renvoyait à cette corporation les *capita deliberanda*, ou chefs de délibération, qui devaient être soumis aux états du pays. Lorsque les états avaient quelque chose à écrire ou à envoyer au souverain, ils se servaient de l'intermédiaire du doyen et de la personnage de la confrérie. La Calande de Bergen était aussi occupée constamment à concilier et à arranger à l'amiable les malentendus et les différends qui pouvaient survenir entre les habitants, et cette conduite généreuse, ainsi que l'atteste Normann, loc. cit., prévint beaucoup de procès et de frais juridiques. Des efforts aussi louables, qui produisaient des fruits si heureux, devaient attirer aux Calandes des dons abondants, d'autant plus que les évêques accordaient pour ces dons une indulgence de quarante jours (à laquelle les lettres épiscopales relatives à la Calande de Poméranie et d'Hablerstadt ajoutaient encore d'autres grâces), et menaçaient de l'excommunication quiconque résisterait à la Calande, ou s'efforcerait soit de diminuer, soit de s'approprier les biens et les revenus de ces pieuses confréries. Aussi se répandirent-elles rapidement et devinrent-elles nombreuses en peu de temps. Du Fresne nous apprend qu'il y en avait en France, en Suisse et en Hongrie. Il faudrait presque conclure des données de Loccenius (2), que ces associations, ou d'autres associations de nature semblable, se trouvaient en grand nombre jusque dans la Suède. Elles étaient surtout très-nombreuses dans le nord de l'Allemagne; et même dans plusieurs villes, par exemple à Zwickau, à Wismar, etc., il y avait deux Calandes, une grande et une petite. L'homme abuse de tout, même des meilleures choses, et souvent l'imperfection de notre nature convertit en poison ce qui devait être pour nous une source de

etc., et plus loin il dit : Etiam et prædictis utriusque sexus ecclesiasticis et secularibus, etc. Schoettgen, loc. cit., p. 232-4. — La lettre des seigneurs de Plesse, de l'an 1347, citée par Diederich Schroeder, dans ses Primeurs de Wismar, ou Quelques Documents et Renseignements pour servir à l'histoire de l'Eglise mecklembourgeoise, etc. (Wismar, 1732, in-4o), III, p. 141, dit explicitement : que des prêtres, des hommes, des femmes, des écoliers (c'est-à-dire de jeunes gens) et des vierges, faisaient partie de la Calande de Wismar. — Le règlement de la Calande de Nordstrand dit, § 1 : On reçoit dans ladite confrérie non-seulement des rois, des vice-rois, des serviteurs de l'autel, des prêtres et des laïques, mais encore des dames honorables, etc.

(1) De Normann, Usages du pays des Wendes et de Rugen, loc. cit.
(2) Jo. Louenii Rerum Suecicarum historia, etc., ou Antiquitates Sveo-Gothica, Holmiæ, 1654, in-8o. — Consultez ces Antiquitates, lib. II, cap. 22, p. 117.

grâces. Peut-on accuser la religion de ce que les institutions salutaires que son esprit a inspirées sont quelquefois obscurcies et dénaturées par le souffle corrompu de l'homme, ces hommes fussent-ils même d'indignes ministres de Dieu? On ne peut en accuser que la nature mauvaise, que la religion combat de toutes ses forces, et contre laquelle l'Église seule peut nous donner des armes efficaces et puissantes. Cependant ces abus donnent quelquefois une apparence de raison aux déclamations perfides des ennemis de la religion et de l'Église, qui confondent et enveloppent dans une même réprobation les œuvres de Dieu et celles de l'homme. Les confréries de la Calande subirent le sort de toutes les choses d'ici-bas : l'abus s'y introduisit et pervertit l'esprit primitif de l'institution, en sorte que la prétendue réformation du xvie siècle eut beau jeu contre elle. Ces associations se survivaient, pour ainsi dire, à elles-mêmes. Les dîners, d'abord modestes, qu'on faisait après l'accomplissement des *peractions* (1), et les conférences qui avaient lieu au sortir de ces dîners, commencèrent, vers le xve et le xvie siècle, à dégénérer très-souvent en orgies et en bacchanales. Des ecclésiastiques allèrent jusqu'à transformer quelques maisons de la Calande en cabarets où ils vendaient leur bière (2). Ces abominations, jointes à la corruption d'une partie du clergé qui administrait la Calande, devinrent un grand sujet de scandale pour toutes les âmes pieuses, et firent entièrement tomber cette institution dans l'estime des populations (3). Lorsque la parole de Luther, trompant et égarant les peuples, arracha du sein de l'Eglise des millions d'hommes, la Calande disparut dans le naufrage universel. L'arbre fut coupé par sa base, sous prétexte d'en émonder les branches parasites. Ceci arriva dans la première moitié du xvie siècle, suivant des données unanimes. Les capitaux résultant des confiscations par lesquelles les pouvoirs temporels s'approprièrent les biens des Calandes, furent réunis à ceux qui résultaient de la spoliation par laquelle on dépouillait d'autres confréries et fondations pieuses, et on désigna ces fonds par le nom de *grandes caisses* ou *caisses riches*. Les maisons ou cours de la Calande furent en partie vendues, en partie employées comme édifices publics, et même comme prisons, comme cela eut lieu à Berlin, où aujourd'hui encore la principale prison de la ville porte le nom de cour de la Calande (4).

CALANCARDS (comm.), toile peinte des Indes de quatre quarts à six quarts d'aune de Brabant de large et vingt-quatre aunes de long. On l'imprime et on achève de la peindre dans les fabriques de coton de l'Angleterre et de la Hollande, de l'Allemagne et de la Suisse. On imprime aussi beaucoup de calancards en Italie, à Pise et à Lucques, et on l'expédie ensuite au Levant par Senigaglia, Ancône et Livourne.

CALANDAR. Le cheilkh Charaf-Bou-Ali-Calandar naquit à Panipat, ville près de laquelle se donna, en 1761, entre les Musulmans et les Mahrattes, une bataille qui a été célébrée dans un poëme en langue hindoustani, intitulé : *Jang-Namah*, c'est-à-dire *le Livre du combat*. A l'âge de quarante ans, Calandar vint à Dehli et eut l'avantage d'être introduit auprès du Khadja-Couth-Ouddin; mais il ne s'occupa pendant vingt ans que de sciences extérieures. Enfin la lumière divine (pour nous servir de ses propres expressions) vint éclairer le miroir de son cœur; il jeta tous ses livres dans le fleuve Jemna, et se mit à voyager pour achever son instruction religieuse. Arrivé dans l'Asie-Mineure, il y retira de grands avantages de la société de Chams-Tabriz, célèbre poëte persan, et de Maulavi-Roum, philosophe spiritualiste musulman, fondateur de l'ordre des Maulavi, et auteur d'un poëme très-renommé, connu sous le titre de *Mas-*

(1) C'est-à-dire les messes, les cérémonies, les ablutions de pieds, les sépultures, etc. (Voy. Schoettgen, loc. cit., p. 173, Rem. H.).

(2) D. Cramer, Chronique de l'Eglise de Poméranie, liv. ii, ch. 48, p. 125. — Et *Sacrificulorum in Potzwalk Tabernæ Cerevisiariæ S. domus Calendarum dominorum et fratrum collationis statuta. De anno 1514. Cum notis nunc* (an xviie siècle), edita Stettin, 2 feuilles in-4°. Ce petit écrit est aussi littéralement et textuellement reproduit dans la Bibliothèque poméranienne de Dachnert, t. i, p. 137-144, à l'exception du *post-scriptum*, qui se compose d'une citation de Cramer, longue de seize lignes.

(3) De là cette expression populaire en Allemagne, et qui peut se traduire ainsi : *ils ont calandé*, ce qui voulait dire : ils ont bu et mangé d'une manière immodérée. Quand on voulait parler d'un homme qui se livrait pendant toute la semaine à l'intempérance, on employait cette locution qui était alors universellement usitée et proverbiale : *Il calande toute la semaine.*

(4) Chrétien Gotthulf Blumberg, Courte Description de la Calande ou de la confrérie dite de la Calande. Chemnitz, 1721.

navi. Calandar revint ensuite dans sa patrie, et vécut constamment dans la retraite jusqu'au moment où Dieu l'appela à lui. Un grand nombre de gens prétendirent avoir été les témoins oculaires de ses miracles, et de nos jours encore son tombeau est un lieu de pèlerinage très-fréquenté. Ce personnage, le plus célèbre de l'Inde musulmane, mourut, s'il faut en croire W. Hamilton (*East India Gazetteer*, t. ii, pag. 367), l'an 724 de l'hégire (1323-24 de l'ère chrétienne); mais si à l'âge de quarante ans il fut effectivement en relation avec Couth-Ouddin, qui mourut en 630 (1232-33), la date donnée par M. Hamilton ne doit pas être exacte, car elle supposerait que Calandar avait plus de cent trente ans lorsqu'il cessa de vivre. On trouve la fatiha (éloge avec invocation) de ce saint dans l'*Eucologe musulman*, imprimé à Calcutta (*Hidayatul-Jolam*, pag. 269).

CALANDO, terme musical italien dont les compositeurs se servent pour indiquer qu'il faut adoucir peu à peu les sons et ralentir en même temps le mouvement. Il équivaut donc aux deux mots *diminuendo e ritardando*, pris ensemble, ou à leurs synonymes *decrescendo e rallentando*, et s'écrit ordinairement par son abrégé *cal.*

CALANDOLA, s. m. (*myth.*), grand prêtre de la secte des giagas en Afrique, et qui est en même temps leur général.

CALANDRA (JEAN-BAPTISTE), peintre en mosaïque et élève du Provenzale, naquit à Verceil en 1586, et mourut en 1644, suivant Pascoli. Passeri assure, au contraire, qu'il mourut en 1648, âgé de soixante-douze ans. Il fut chargé de plusieurs ouvrages pour l'église de Saint-Pierre. On ne pouvait pas conserver longtemps des tableaux à l'huile dans cette basilique, à cause de son humidité; aussi on commença sous Urbain VIII à y substituer des mosaïques. Le premier tableau d'autel de ce genre qui y fut placé était de la main de Calandra; il représente un *Saint Michel*, d'après le cavalier d'Arpine. Le même artiste orna ensuite cette église de semblables ouvrages, sur les cartons de Romanelli, de Lanfranc, de Sacchi et de Pellegrini. Bientôt, se voyant mal payé, il travailla pour des particuliers, et fit des portraits ou des copies des premiers maîtres. Pascoli donne beaucoup d'éloges à une petite madone de Calandra, copiée d'après Raphaël, et qui passa dans le cabinet de la reine de Suède.

CALANDRAGE, s. m. (*technol.*), opération que subissent les étoffes avant d'être mises en vente, et qui est exécutée par un ouvrier nommé *apprêteur* et *calandreur*.

CALANDRE (*hist. anc.*), roi des Illyriens, qui entra dans la Macédoine avec une nombreuse armée. Les Macédoniens, se voyant en trop petit nombre pour lui résister, firent prendre à leurs femmes des cothurnes et des thyrses. Calandre, s'imaginant voir des forces supérieures, prit la fuite.

CALANDRE (*calandra*) (*hist. nat.*), genre d'insectes coléoptères de la famille des rhinocères ou rostricornes. *Caractères de ce genre :* tête en forme de trompe, antennes brisées en massues, cuisses impropres à faire sauter l'animal, quatre articles à tous les tarses; corps oblong, déprimé; élytres striées et plus courtes que l'abdomen; antennes de la longueur de la trompe; trompe aussi longue que le corselet; corselet échancré, arrondi à la partie supérieure pour faire place à la tête; pattes assez courtes, tarses courts; les jambes de devant, principalement chez les mâles, sont pointues, courbées à l'extrémité, et font l'office d'un ongle. Les calandres, surtout à l'état de larves, sont un fléau pour les semences des végétaux; ensuite, elles dévastent les jeunes pousses des graminées. Il est des espèces qui causent des ravages affreux dans les récoltes de nos laboureurs. Nous allons indiquer les diverses espèces de calandres : c'est dans les Indes et en Amérique qu'on trouve les plus grandes. — CALANDRE DES PALMIERS (*calandra palmarum*) : couleur noire, élytres cannelées, trompe droite. Cette espèce est la plus grosse du genre; elle se rencontre en Amérique et aux Indes. Les larves vivent en société sur le tronc des palmiers, et les naturels la regardent comme un mets des plus savoureux. C'est probablement la même espèce dont parle Pline, et dont les Romains étaient si friands, qu'ils la faisaient nourrir avec de la farine, et l'engraissaient, pour ainsi dire, afin d'en augmenter le luxe de leur table.] — CALANDRE BEC EN SCIE (*calandra serrirostris*) : couleur brune, à trompe comprimée et doublée; quelquefois les jambes et les cuisses sont garnies d'un duvet jaune d'un brillant doré. — CALANDRE A CRIBLE (*calandra cribraria*) : couleur noire, corselets et élytres rouge ponceau, semés de points noirs. Cette espèce est assez répandue en Amérique. — CALANDRE DU RIZ (*calandra oryzæ*), à teinte brune, corselet extérieurement recouvert de petits points noirs, et élytres à deux points ferrugineux. Cette espèce s'attaque principalement aux grains dont l'enveloppe foliacée ne s'est point encore séparée de la surface : c'est au riz qu'elle donne la préférence ; on la trouve même dans les sacs de riz que le commerce tire du Levant. Un fait constaté, c'est que, jusqu'à ce jour, les riz provenant de la Caroline en sont exempts. Parmi ces espèces de calandres, celle qu'il nous importe le plus de connaître est la CALANDRE DE BLÉ (calandra granuaria) : couleur brune, tirant sur le fer ; corselet marqué de petits points de la longueur des élytres. Cette espèce de calandre est malheureusement trop connue dans nos climats, où elle cause dans nos récoltes de graves dégâts : c'est à l'état de larve qu'elle est aussi redoutable. Cette larve est blanche, molle, allongée, d'abord très-petite ; elle vit en société dans les greniers ; elle s'attache aux grains, y pratique une ouverture imperceptible, pénètre dans l'intérieur, s'y fixe, et là elle se nourrit jusqu'à ce qu'elle ait atteint son entier développement. Alors elle brise l'enveloppe de la graine, sort à l'état de nymphe, cherche à s'accoupler ; elle demeure dix à douze jours dans cet état ; pendant ce temps, elle pond sur les grains, ou dans les interstices des murs, des œufs qui servent à perpétuer son espèce. On a calculé que, dans une année, une seule paire de calandre du blé pouvait produire conjointement avec leurs générations, qui se multiplient rapidement, vingt-deux mille individus. Les agriculteurs ont jusqu'à ce jour tenté tous les moyens imaginables pour parer à ce fléau qui, année commune, dévaste un huitième de leur récolte. Le chaulage a eu pour but de détruire les larves de calandres, mais ce moyen est imparfait, et n'est efficace que pour le moment présent ; les larves qui sont placées dans les interstices des murailles ne tardent pas à se répandre de nouveau dans les blés. La chimie a été vainement appelée à l'aide de nos agriculteurs, et problème est encore à résoudre. Il y a quelques années, un homme que l'on croit mort avec son secret s'est présenté au ministère de l'intérieur, se disant possesseur d'un moyen infaillible. La société d'agriculture assista à ses expériences en petit, et fit un rapport favorable sur son procédé. Le ministre, sur l'avis qui lui en fut ouvert, passa avec cet homme un marché dans lequel la ferme de Rambouillet fut mise à sa disposition, pour faire ses expériences en grand. Une somme fixée devait être le prix de la réussite. Les expériences eurent lieu devant des commissaires nommés à cet effet ; le succès fut complet. Soit intrigue, soit mauvaise foi, la somme promise ne fut pas donnée, et le dégoût s'empara de l'inventeur, qui fut courant dans les campagnes, exploitant les fermes qui se trouvaient sur son passage, et où tantôt il était reçu comme un envoyé de Dieu, et le plus souvent traité de charlatan. Depuis lors, on n'entendit plus parler de cet homme, dont le nom obscur et la mine bizarre ont sans doute paralysé l'importance découverte. Voici, du reste, ce que nous transmet un témoin oculaire de ses expériences : il se servait d'un appareil qui consistait en un tube de cuivre assez long, de grosseur moyenne ; il était monté sur deux roues, et avait l'apparence d'une charrue ; l'extrémité était percée d'une infinité de petits trous, comme la gerbe d'un arrosoir. Ce tube, il le chargeait de matières dont le mélange et les proportions étaient son secret. A l'aide d'un acide, il en faisait dégager un gaz ou vapeur qu'il conduisait avec le tube sous le tas de blé, et, au bout d'un court espace de temps, les larves des calandres pouvaient se ramasser avec les mains ; vues au microscope, elles ne donnaient aucun signe de vie ; broyées dans les doigts, elles étaient desséchées, et le grain n'avait souffert aucune altération. A part le peu de charlatanisme par lequel cet homme préludait en opérant, le témoin qui nous donne ces renseignements assure qu'il croit fermement que l'on pouvait de ce procédé tirer un parti immense dans l'intérêt du cultivateur, et il ajoute que les greniers qui ont servi à faire cette opération ont été pour longtemps débarrassés des larves des calandres.

CALANDRELLI (L'ABBÉ JOSEPH), astronome, né à Zagarola dans l'État romain en 1749, fut élevé à Rome, embrassa l'état ecclésiastique, fut professeur de philosophie au séminaire de Magliano dans la Sabine, et s'appliqua surtout à l'étude des sciences naturelles et de l'astronomie. Après la suppression des jésuites, il revint à Rome en 1774, y fut nommé professeur de mathématiques, et publia ses intéressants ouvrages : 1° Saggio analitico sulla induzione degli archi cirrolari ed logaritmi immaginari ; 2° Sulla fallacia della demostrazione del Galileo del moto accelerato in ragione degli spazii ; 3° La demostrazione dell' equilibrio ; 4° L'Opera sul moto e sulla forza impellente i penduli da una fune su i piani inclinati. Il s'occupa en même temps de physique expérimentale. Ce fut lui qui le premier fit poser des paratonnerres au palais pontifical. Le savant cardinal de Zélada fit construire un observatoire pour Calandrelli. En 1804, Pie VII, de retour de Paris, le nomma pro-

fesseur d'astronomie. De concert avec l'abbé Conti, ce savant publia en 1812 ses observations météorologiques et astronomiques sous ce titre : Opusculi astronomici, Rome, in-fol., continuées et imprimées en 1824, 8 vol., contenant tous les ouvrages des savants sur la matière. C'est en 1819 que parut son Calendario gregoriano e dell'astronomia romana notizie istoriche, Rome, in-8°, et une formule analytique della Pasqua, ibid., 1822, in-8°. En 1824, il rentra au collège de Saint-Apollinaire, rendu aux jésuites, et l'année suivante il fut nommé chanoine de Saint-Jean de Latran par Léon XII. Il était membre de l'académie des sciences de Turin, de l'institut de Bologne, de Naples, etc., lorsqu'il mourut à Rome le 27 décembre 1827. Il a laissé un grand nombre de manuscrits entre les mains de l'abbé Conti : Delle formule de la longitudine del magnetismo ; — Del modo per regolar la decima quarta pasquale di dotto da un nuovo ciclo che ricondurrà stabilmente al 21 di marzo, etc., etc.

CALANDRER, v. a. (technol.), faire passer par la calandre. Calandrer une étoffe.

CALANDRETTE (hist. nat.), petite grive qui se tient particulièrement dans la vigne.

CALANDREUR et **CALANDRE** (technol.). On donne le nom de calandreur à l'ouvrier chargé de passer et de comprimer entre plusieurs cylindres différentes étoffes, soit pour lustrer, soit pour leur donner un aspect tantôt glacé et uni, tantôt ondoyant ou gaufré. On appelle calandres les machines employées par le calandreur. — Lustrage. Pour faire cette opération, on emploie des machines composées d'un nombre plus ou moins considérable de rouleaux, destinés à faire circuler l'étoffe, que des ensouples ou rouleaux garnis de manivelles enveloppent par les deux bouts. On imbibe l'étoffe d'une eau gommée ou amidonnée qui, remplissant l'interstice des fils, tend à lui donner une apparence plus ferme, plus pleine et plus nourrie. Lorsque l'ouvrier fait tourner un des ensouples, la pièce s'enveloppe progressivement et se développe en même proportion de dessus l'autre. — On chauffe l'un des cylindres, pendant l'opération, soit par un courant de vapeur qu'on amène à l'aide de tuyaux dans l'intérieur, soit par des barres de fer rougies que l'on y introduit. Lorsqu'il faut que le tissu soit apprêté des deux côtés, on exécute le lustrage en même temps sur les faces pour abréger l'opération. A cet effet, on chauffe, par l'un des moyens ci-dessus indiqués, tous les cylindres entre lesquels passe la pièce. — Moirage. Une étoffe moirée est celle dont la surface présente des reflets ondulés, différemment contournés. On ne moire que les étoffes à grain saillant ou à cannelures. Les ondes qui paraissent sur le tissu sont l'effet de l'aplatissement de ce grain ou des cannelures couchées par parties. — Pour moirer les étoffes, comme pour les lustrer, on se sert de la calandre ou des machines à cylindres, avec cette différence pourtant que, pour le moirage, l'étoffe est pliée en double et en zigzag, afin que les cannelures et les grains se croisent et s'aplatissent réciproquement dans certaines parties du tissu ; ce qui produit le moiré. On doit au célèbre Vaucanson une calandre à moirer plus parfaite que celle dont on se servait de son temps, et qui avait été inventée en Angleterre. — Laminage des étoffes de soie, d'or et d'argent. Les premières machines à laminer ont été employées par les Vénitiens dans la fabrication des damasquètes (étoffes riches de dorure), dont ils faisaient des ventes considérables dans le Levant en 1744. Les fabricants de Lyon, secondés par le génie de Vaucanson, qui leur en facilita les moyens, parvinrent à s'approprier ce genre d'industrie. L'inégalité de résistance de l'étoffe, qui semblait s'opposer à l'action régulière d'une compression puissante et continue, ainsi que toutes les autres difficultés du laminage, furent surmontées à l'aide d'une machine inventée par notre célèbre mécanicien. — Gaufrage. On donne ce nom à l'impression en creux qui fait ressortir le dessin, non par les couleurs différentes, mais par un relief plus ou moins saillant. On se sert, pour cette opération, de deux planches gravées, entre lesquelles on place la pièce à gaufrer, et que l'on soumet à l'action d'une presse. — On gaufre de préférence les étoffes entre deux cylindres, l'un de bois, ayant une enveloppe molle et souple, l'autre de métal, portant les dessins gravés et ciselés qu'on veut imprimer sur l'étoffe. Il faut avoir le soin, pendant le gaufrage, d'entretenir chaud le cylindre de métal, pour que son action se fasse plus facilement sentir. Lorsqu'on retire le tissu des deux cylindres, l'empreinte qu'il porte du dessin est si forte, qu'il ne la perd presque jamais, à moins qu'il ne le mouille. Il n'y a guère que les étoffes épaisses et velues, comme le velours d'Utrecht, que l'on soumet ordinairement au gaufrage.

CALANDRINI (JEAN-LOUIS), né en 1703 à Genève, où il mourut en 1758, fut professeur de philosophie et de mathématiques à l'académie de cette ville, ensuite conseiller d'Etat et trésorier de la république. C'était un savant profond dans les sciences exactes, studieux observateur de la nature, et que ses connaissances ont placé à côté des Bernoulli et des Bonnet. Il a publié un ouvrage sous le titre de *Theses de vegetatione et generatione plantarum*, Genève, 1734, in-4°. Il y traite avec beaucoup de sagacité de la végétation et de la génération des plantes. Bonnet le cite souvent avec éloge dans son *Traité de l'usage des feuilles dans les plantes*, et il dit même qu'il lui doit les bases de son travail, et qu'il n'a fait que développer ses idées. Calandrini a soigné la première édition des *Principes mathématiques* de Newton, commentés par les PP. Lesueur et Jacquier, Genève, 1739, 3 vol. in-4°. Il l'a enrichi d'un *Traité élémentaire des sections coniques*, et de plusieurs notes. En 1750, il se démit de sa place de professeur de philosophie en faveur de son ami Cramer. C'est alors qu'il fut nommé conseiller d'Etat et trésorier, places dans lesquelles il ne mérita pas moins bien de sa patrie que dans l'enseignement. — Un autre CALANDRINI, appelé par quelques-uns *Calendrini*, aussi Genèvois, a publié une description en vers latins d'un orage arrivé à Genève le 19 janvier 1645. On la trouve dans les œuvres du baron de Zulichen.

CALANDRONE (*mus.*). C'est le nom d'un instrument à vent très-imparfait et en usage parmi les gens de campagnes en Italie. Ce mot dérive peut-être de *calandra*, *calandro* ou *calandrino*, expressions qui désignent un oiseau, un oiselet, et, au figuré, un homme bavard. Ce sens est en harmonie avec le caractère de l'instrument.

CALANE ou CALANNÉ (*géogr. anc.*), ville de la terre de Sennaar, où régna autrefois Nemrod. On croit que c'est la même que Kalano, marquée dans *Isaïe*, et Channé, dans *Ezéchiel*, qui la joignent à Haran, à Eden, à l'Assyrie. On croit aussi que Calanné fut nommée dans la suite Ctésiphon, qui était la capitale d'une province appelée Chalonite (*Gen.*, 10, 10 ; *Isaïe*, 10, 9 ; *Ezéch.*, 27, 23).

CALANE ou CLARIANE, ancienne abbaye de l'ordre de Citeaux, au diocèse de Perpignan. Elle était de la filiation d'Ardorel, et existait dès l'an 1162. Elle est entièrement ruinée, et il n'y a plus ni moines ni édifices (*Gallia Christ.*, t. 6).

CALANGAGE, CALANGE, CALENGE, CALONGE (*vieux mots*), contradiction, dispute, contestation, concurrence, opposition, empêchement. — *Aller en calangage*, aller en maraude; aller chasser ou dérober sur les terres d'autrui.

CALANGER, CALENGER, CALENGIER, CALONGER, CALONGIER (*vieux mots*), calomnier, accuser, disputer, blâmer, contredire, demander, assigner, s'opposer, être en concurrence (du latin *calumniari*). Ces mots n'ont jamais été employés dans la signification de louer, faire plaisir, ainsi que l'ont dit Borel et l'auteur du *Glossaire du roman de la Rose*.

CALANGUE, CALE, s. f. (*mar.*). C'est un abri le long d'une côte, derrière une hauteur ou dans quelque petit enfoncement, où des bâtiments médiocres peuvent se mettre à couvert du mauvais temps.

CALANNA (*géogr.*), Etat de la partie occidentale du Takrour, qui a pour capitale une ville du même nom, située à 90 lieues sud-sud-ouest des Ten-Boktou, au pied d'une montagne riche en fer, et qui a fait de la plupart de ses habitants des forgerons.

CALANNA (PIERRE), religieux, né à Termini en Sicile dans le XVIe siècle, cultiva les lettres et la philosophie, et se fit connaître par un savant ouvrage intitulé : *Philosophia seniorum sacerdotia et platonica*, *a junioribus et laicis neglecta philosophis*, Palerme, 1599, in-4°. L'auteur, partisan déclaré de la doctrine de Platon, se plaint de la partialité que les jeunes gens accordaient à Aristote. On n'a pas encore remarqué qu'il y avait un très-grand courage à attaquer alors Aristote, suivi dans toutes les écoles, et que la même hardiesse avait été la première cause de la mort funeste de Ramus (*V.* RAMUS). David Clément fait mention de l'ouvrage de Calanna dans sa *Bibliothèque*, curieuse à cause de sa grande rareté, mais seulement d'après Seelen, zélé défenseur d'Aristote, qui nomme Calanna un *platonicien* à brûler. Dans le fond, il est plutôt syncrétiste que platonicien déterminé, et Seelen exagère en disant que Calanna est souvent paradoxal, et qu'il a puisé dans des sources impures.

CALANS (*vieux mot*), sorte de bateau chaland.

CALANSON (GIRAUD DE), jongleur gascon, mort à la fin du XIIIe siècle, a composé des chants d'amour et des sirventes. Il nous reste de lui une quinzaine de pièces.

CALANTICA (*archéol.*), coiffure des dames romaines du temps de Clodia. Cicéron seul en a parlé (*In Clodium*).

CALANTIGAS (*géogr.*), nom que l'on donne à trois petites îles, sur la côte orientale de l'île de Sumatra.

CALANUS était l'un de ces philosophes des bords du Gange que les Grecs appelaient *gymnosophistes*, parce qu'ils ne portaient pas de vêtements. Selon Plutarque, son véritable nom était *Sphines*. Alexandre désira s'attacher quelques gymnosophistes : Calanus, âgé de quatre-vingt-six ans, fut le seul qui consentit à le suivre, et il l'accompagna en Perse. Son langage était presque toujours métaphysique, et souvent il employait des figures, ou plutôt la pantomime, pour répondre aux questions qu'on lui faisait. Le changement de climat lui fit connaître pour la première fois, dans un âge si avancé, les maladies et les infirmités. Suivant la doctrine de la secte à laquelle il appartenait, il voulut prévenir sa dernière heure par une mort volontaire. Il pria le roi de Macédoine, qui était alors à Pasargade, de commander qu'on lui dressât un bûcher. Alexandre chercha en vain à le détourner de ce dessein ; il voulut au moins honorer le philosophe d'une pompe funèbre digne de la magnificence d'un grand monarque. Au milieu d'un entourage vraiment théâtral, Calanus prit congé des Macédoniens, et dit : « Après avoir vu Alexandre et perdu la santé, la vie n'a plus rien qui me touche. Le feu va brûler les liens de ma captivité ; je vais remonter au ciel et revoir ma patrie. Vous devez ce jour vous réjouir et faire bonne chair avec le roi. Je ne lui dis point adieu, parce que je le reverrai dans peu à Babylone. » Ces dernières paroles furent regardées comme une prédiction, parce qu'Alexandre mourut trois mois après. Ensuite, le philosophe distribua quelques présents à ses amis, monta sur le bûcher, se coucha et se couvrit le visage. Il mourut avec une admirable constance. Alexandre, ayant fait recueillir dans une urne les cendres de Calanus, donna un souper, et, pour honorer le gymnosophiste, il proposa pour prix une couronne d'or à celui des convives qui boirait le plus de vin. Beaucoup de convives moururent par suite des excès qu'ils commirent. Promachus remporta le prix, et mourut trois jours après. Il avait avalé quatre mesures (dix-huit à vingt pintes).

CALANUS (JUVENCUS-COELIUS), né en Dalmatie, évêque de Cinq-Eglises, en Hongrie, vivait dans le XIIe siècle. Il est connu par un petit ouvrage : *Attila Hunnorum*, Venise, 1502, in-fol. On le trouve dans l'*Apparat ecclésiastique* du P. Canisius, et dans l'*Apparat à l'histoire de Hongrie*, avec des notes de J. Tomka, Presbourg, 1736, in-fol.

CALAO, *buceros* (*hist. nat.*), oiseau de l'ancien monde, répandus plus particulièrement en Afrique, dans la Nouvelle-Hollande et dans l'Inde. — *Caractères généraux.* Protubérance en forme de casque sur le bec, qui est presque simple chez cet oiseau à sa naissance; bec gros, long, léger, poreux, arqué ; front nu dans sa partie antérieure, narines placées à la naissance du bec, cils autour des yeux, pieds courts, quatre doigts dont trois devant, un derrière, couverts d'écailles et réunis à leur base; plante du pied recouverte d'une peau rude et chagrinée, marche lourde et peu facile, courent par bonds de deux pieds : les calaos se perchent sur les arbres élevés, préfèrent ceux qui sont morts, parce qu'ils trouvent à placer leurs nids dans les cavités du tronc; ils sont fort carnassiers. On compte plusieurs espèce de calaos, que l'on divise en calaos casqués et en calaos non casqués. — CALAO-RHINOCÉROS, *buceros-rhinoceros*, Linn., long de trois pieds, de la tête aux extrémités de la queue, bec long d'un pied, six pouces de hauteur y compris le casque : ce casque recourbé à son extrémité, assez semblable à la corne que l'on attribue porte sur le nez, a fait donner le nom à l'oiseau de calao-rhinocéros. Casque d'un rouge vif à sa partie suprême, et jaune mat jusqu'à l'extrémité, qui est arrondie, sillonnée par deux lignes noires, dont une au milieu, l'autre du côté de la tête; le casque et le bec courbés, noirs à la racine et jaunâtres jusqu'à l'extrémité; yeux bordés de cils, plumage noir à reflets bleuâtres, plus longue que la queue; queue arrondie; pieds noirs, vigoureux et couverts d'écailles. Cet oiseau habite plus particulièrement les climats chauds des Indes. — CALAO BICORNE, *buceros bicornis*, Linn., oiseau de la grosseur d'un dindon; casque à deux pointes surmontant le bec, qui a neuf pouces de longueur; mandibules et casque d'une couleur rouge, bec noir à la racine, tête garnie de plumes longues et flottantes, plumage noir, pennes secondaires de l'aile ayant à leur extrémité une tache blanche, pennes extérieures de la queue d'un blanc grisâtre. Cet oiseau vit sur les hauteurs; sa chair, dit-on, est assez savoureuse, circonstance attribuée à ce que ce calao se nourrit aussi de bêtes sauvages et de muscades. — CALAO-BRAC, *buceros-brac*, Buff.; *calao-abyssinicus*, Linn. Longueur de la pointe du bec à l'extrémité de la queue, trois pieds six pouces ; hauteur de la tête à l'extrémité des pattes, deux pieds et demi ; la queue a un pied à elle seule ; le bec a neuf pouces, ce qui fait à peu près deux pieds pour la longueur du corps. Le bec, y compris le casque, a quatre pouces et demi de hauteur ; il est noir à sa naissance, arqué et déprimé ; le casque est séparé par une ouverture longitudinale en forme de fer de lance, au milieu de laquelle se trouve une membrane noire destinée à protéger l'entrée de cette espèce de corne qui communique directement avec l'intérieur de la tête ; la base de la mandibule supérieure porte une plaque de forme bizarre, et striée de noir longitudinalement ; paupières à longs cils, yeux gros et saillants : le mâle a la gorge garnie d'une peau rouge qui remonte vers les paupières ; plumage noir, luisant, les dix grandes pennes de l'aile blanches, pieds et ongles noirs, démarche embarrassée, son vol lourd et pénible ; il est presque toujours accouplé, se nourrit d'insectes. Ce calao est un sujet de superstition pour les nègres, qui le croient doué d'un pouvoir surnaturel. Suivant Geoffroi, tuer un *calao-brac*, serait exposer tout un canton à des maléfices sans nombre.—CALAO A CASQUE EN CROISSANT (*buceros diadematus* (*V.* CASQUE), qui occupe les trois quarts du bec, se lève au-dessus du front, s'arrondit, puis descend en s'amincissant, et se relève ensuite par une courbure légère, et forme une espèce de croissant sur la longueur du bec de l'animal ; bec fort et arqué, long d'un pied ; il est, ainsi que le casque, d'un jaune terne, et bordés l'un et l'autre à leur partie extérieure d'une ligne noire ; cils noirs aux paupières, poils roides, d'un noir luisant sur les narines ; plumage noir, nuancé brun et bleu ; plumes abdominales et anales d'un blanc roux ; pieds robustes, garnis d'écailles noires, griffes noires à pointes émaillées. Cette espèce est essentiellement carnivore. Il est particulièrement répandu à Java et aux Moluques, vit en troupe, fréquente les bois.—CALAO A CASQUE ROND, *buceros galeatus*, Linn., porte sur la mandibule supérieure une loupe assez forte en forme de casque. Longueur à partir de l'extrémité du bec jusqu'à celle de la queue, trois pieds et demi ; hauteur du bec, y compris le casque, trois pouces ; longueur, cinq pouces ; deux grandes plumes à la queue ; tête, gorge, dos et ailes noirs ; ventre, cuisses, anus blancs ; queue blanche, dont chaque plume porte une large bande noire à l'extrémité ; pieds noirs, vigoureux et garnis d'écailles. — CALAO DU MALABAR, *buceros Malabaricus*, Linn. Casque non adhérent au crâne, plat par derrière, où il est recouvert d'une peau vive et noire ; longueur de l'extrémité du bec à celle de la queue, deux pieds six pouces ; bec plat sur les côtés, mandibules arquées ; sa longueur est de huit pouces ; d'un blanc sale, noir à la racine ; le bec est ferme, le casque est flexible ; paupières garnies de cils noirs, plumage noir à reflets bleuâtres, à l'exception des premières pennes de l'aile et des trois extrémités de la queue qui sont blanches ; dessous du corps blanc, tarses et pieds à écailles et d'une couleur noire. Cet oiseau se rencontre au Malabar, à Ceyland et sur la côte de Coromandel ; il a un cri sourd, habite les grands bois, recherche les arbres creux où il fait son nid, et dans lequel il pond quatre œufs d'un blanc gris. — CALAO DE GINGI, *buceros Gingintanus*, Lath. Casque à une corne très-pointue, lequel suit la courbure du bec ; longueur de l'extrémité du bec à celle de la queue, deux pieds ; bec long de trois pouces et demi, courbe ; mandibules noires à leurs bases, et blanches à leurs pointes et sur les arêtes ; une huppe sur la tête, formée par les longues plumes de l'occiput ; plumage gris cendré sur toutes les parties supérieures, d'un blanc pur sur les parties inférieures ; plumes latérales de la queue seulement bordées d'une bande noire, pieds et ongles bruns. Cette espèce se rencontre plus particulièrement sur la côte de Coromandel. — CALAO DE MANILLE, *buceros Manillensis*, Linn. Ce calao a pour casque un léger feston de plumes, et de plus une plaque noire aux oreilles ; sa longueur est de vingt pouces ; bec tranchant ; tête, cou d'un blanc jaunâtre, mêlé de teintes brunes ; dessus du corps d'un brun sombre, le dessous d'un blanc gris, les pennes de la queue coupées transversalement par une bande roussâtre. Ce calao se rencontre à Manille.—CALAO A BEC CISELÉ, *buceros panyensis*, Linn. Casque plat sur les côtés et tranchant sur son arête ; bec relevé en bosses à ciselures transversales et profondes ; les parties saillantes sont noires, les parties creuses jaune d'ocre, le reste brun. La taille de cet oiseau est à peu près celle de notre corbeau d'Europe ; les cils qui bordent les paupières sont longs et noirs, narines garnies de poils, plumage noir pour le mâle ; la femelle n'en diffère qu'en ce que la tête, le cou et la poitrine sont d'un blanc jaunâtre, et ont sur les oreilles une tache noire ; pieds et ongles d'un brun jaunâtre. — CALAO A CASQUE FESTONNÉ, *buceros annulatus*, Levail. Casque peu élevé et ne formant qu'une légère protubérance sur le front, coupé transversalement en festons, dont les parties saillantes sont blanches et les parties rentrantes brunes ; longueur de l'oiseau, un pied et demi environ ; une peau nue et ridée entoure les yeux ainsi que les mandibules et la gorge ; plumage noir, à reflets bleuâtres seulement sur les parties supérieures ; queue d'un blanc sale, pieds grisâtres ; le mâle seul porte entre les épaules une plaque d'un brun roux. Cet oiseau se rencontre plus particulièrement à Batavia. — CALAO DE CÉRAM, *buceros plicatus*, Lath. Casque de couleur jaunâtre, cannelé et légèrement déprimé, de la taille de notre corbeau ; plumage noir, excepté le cou qui est d'une couleur jaune, et la queue blanche ; pieds forts, bec arqué ; se nourrit de baies, recherche les grands arbres ; sa chair, au dire des voyageurs, est assez bonne. — CALAO ROUGE, *buceros ruber*, Lath. Casque à peu près le même que le précédent ; tête surmontée d'une huppe ; plumage d'un rouge vif, séparé par une bande transversale blanche entre les épaules ; queue très-longue ; bec entouré de blanc à la racine, noirâtre dans toute son étendue. La taille de ce calao est la même que celle du calao de Céram.— CALAO VIOLET, *buceros violaceus*, Levail. Casque aplati, analogue aux deux précédents, à l'exception de deux rainures longitudinales, d'une teinte jaune vif et rouge, mandibules des mêmes couleurs, et la mandibule inférieure a sa base marquée par deux bandes noires transversales. Il n'a pas de huppe, et les trois dernières pennes de la queue sont entièrement blanches. Même taille, mêmes mœurs que les deux précédents. Se rencontre à l'île de Ceylan et à la côte de Coromandel.—CALAO DE LA NOUVELLE-HOLLANDE, *buceros orientalis*, Lath. Casque creusé en gouttières dans le milieu de sa longueur, taille de notre geai ordinaire, yeux entourés d'une peau nue, ridée et d'une couleur grise ; plumage d'un noir terne.—CALAOGRIS, *buceraa griseus*, Lath., à casque tronqué par derrière ; taille des précédents, bec jaunâtre, base de la mandibule inférieure ayant une place nue blanche et bleue ; corps noir, ailes verdâtres, excepté les pennes extérieures qui sont blanches ; ventre blanc, pieds bleus. — CALAOS SANS CASQUES, CALAO TOCK, *buceros nasutus*, Linn. Cette espèce a la taille de notre pie. Linné la divise en deux variétés, mais c'est à tort ; le calao tock à bec noir et le calao à bec rouge sont de la même espèce, seulement d'âges différents ; ainsi le premier est adulte, le second est à son point de perfection. Tous deux, à part cette différence, ont les mêmes caractères : dessous du corps d'un blanc sale, cou et tête gris. Cet oiseau se trouve au Sénégal et dans les contrées chaudes de l'Afrique et de l'Arabie. On peut le prendre facilement quand ils sont jeunes ; leur vol est lourd ; il est difficile de les apprivoiser. — CALAO GINGOLA, *buceros gingola*, Levail. De la taille de la pie ordinaire ; huppé ; bec très-courbé, long de trois pouces ; mandibules partagées en quatre bandes longitudinales, deux sur la mandibule supérieure noirâtres, deux sur la mandibule inférieure blanches ; narines cachées par des poils roides ; dessus de la tête huppé ; derrière du cou, dos et couvertures supérieures de la queue d'un brun foncé mélangé de bleuâtre ; gorge, dessous du cou blancs ; ventre gris cendré, plumes anales brunes, queue étagée. Se trouve à l'île de Ceylan. — CALAO YAVAN, *buceros yavanus*, Levail. Longueur totale de deux pieds et demi ; bec long de quatre pouces, brun à sa racine et jaunâtre vers la pointe ; dessus des yeux et bas des joues couverts d'une peau nue plissée, qui descend en forme de poche sous la gorge ; paupières bordées de grands cils courbés ; front et occiput d'un brun roux ; huppe pendante, formée par les grandes plumes brunes de la tête ; cou et queue blancs, le reste du plumage noir à reflets verdâtres ; pieds bruns, ongles d'un blanc jaunâtre.

CALAOIDIES, s. f. pl. (*hist. anc.*), fêtes instituées en l'honneur de Junon. On n'en sait autre chose, sinon qu'elles se célébraient dans la Laconie.

CALAON (*géogr. anc.*), petite rivière de la Lydie, à l'ouest. Elle se jette dans la mer Egée, entre l'Anesus et le Caïstre, un peu au-dessus de Colophon.

CALAPAN (*géogr.*), ville, chef-lieu de l'île de Mindoro, l'une des Philippines, sur la côte nord-ouest, résidence d'un alcade. Latitude nord, 13° 25' ; longitude est, 118° 52'.

CALAPATE (*géogr.*), ville d'Asie dans l'Inde, en deçà du Gange, sur la côte de Coromandel, dans le royaume de Bisnagar.

CALAPITE, s. f. (*hist. des superst.*), concrétion pierreuse que l'on trouve dans l'intérieur des cocos, et que l'on enchâsse, aux Moluques, pour la porter sur soi, comme préservatif ou amulette.

CALAPPE, *calappa* (*hist. nat.*), genre établi par Fabricius aux dépens du grand genre crabe, et rapporté par Latreille (*Cours d'Entomologie*, première année) à l'ordre des décapodes, famille des brachyures, section des homochèles, cinquième tribu, les cryptopodes. Les caractères que lui assigne cet auteur sont d'avoir tous les pieds, à l'exception des serres, pouvant se retirer sous deux voûtes formées, une de chaque côté, par les dilatations latérales et postérieures du test, de sorte que, lorsqu'on considère l'animal par le dos dans ce moment de contraction, on ne voit aucun de ces organes ; car il applique aussi ses serres sur la face antérieure du corps, et peut d'autant mieux cacher cette face que la tranche supérieure des pinces forme, par son élévation, sa compression et les dentelures de son bord, une crête. Aussi a-t-on nommé ce crustacé coq de mer, crabe honteux. Le deuxième article des pieds-mâchoires est terminé en pointe. Les calappes, qu'on nomme aussi migranes, diffèrent donc de tous les autres genres de la famille des brachyures par le développement considérable de leur carapace, particularité qui caractérise la section des cryptopodes. Cette tribu se compose de deux genres, celui de calappe, *calappa*, Fab., que la forme bombée du test, le rétrécissement et la division biloculaire de l'extrémité supérieure de la cavité buccale, l'espèce de crochet que forme en se terminant le troisième article des pieds-mâchoires, séparent nettement du genre ÉTHRE (*V.* ce mot). Plusieurs espèces composent ce genre ; celle qui lui sert de type est le calappe granulé, *calappa granulata* de Fabricius. C'est le crabe honteux ou le coq de mer, le migrane ou le migraine des Provençaux et des Languedociens. Selon Rondelet, cette espèce serait le crabe ours d'Aristote et d'Athénée. Risso (*Hist. nat. des Crust. des environs de Nice*, pag. 18) dit que cette espèce se tient ordinairement dans les fentes des rochers des côtes, et en sort vers le crépuscule pour chercher sa nourriture. Ces crustacés s'accouplent au printemps, et la femelle pond ses œufs en été. Leur chair est fort bonne à manger. M. Guérin, dans son *Iconographie du règne animal de Cuvier*, crustacés, pl. XII, fig. 2, en a représenté une autre espèce sous le nom de *calappa tuberculata* ; enfin les autres crabes désignés sous les noms de *lophos, circonspectus, gallus*, etc., figurés par Herbst, appartiennent aussi au genre calappe.

CALAS (JEAN), victime de la législation vicieuse du dernier siècle, non moins que du fanatisme religieux, naquit le 19 mars 1698 au bourg de la Claparède, diocèse de Castres en Languedoc. Il épousa en 1731 une Anglaise, Anne-Rose Cibibel, dont la famille était d'origine française, et calviniste comme lui. Il exerçait à Toulouse la profession de négociant. Il eut quatre fils (Marc-Antoine, Louis, Jean-Pierre et Donat), et trois filles dont il soigna lui-même l'éducation. Considéré dans le commerce, il avait atteint la vieillesse et obtenu l'aisance au milieu des occupations d'une vie laborieuse et paisible, lorsqu'à soixante-trois ans il se vit l'objet de la plus terrible accusation. Le 15 octobre 1761, après le souper, Marc-Antoine Calas, son fils aîné, âgé de 28 ans, fut trouvé suspendu à une corde au-dessus de la porte du magasin de son père. On pouvait croire que ce jeune homme, d'un esprit sombre, ardent, inquiet, et de plus adonné au jeu, s'était donné la mort ; mais le peuple s'attroupa aux cris de la famille, et dans cette foule le bruit se répandit soudain que le défunt ayant voulu se faire catholique à l'exemple de Louis son jeune frère, le vieux Calas avait prévenu cette abjuration par un meurtre. Marc-Antoine Calas, doué d'un esprit distingué, sollicitait le titre d'avocat ; mais le barreau était alors interdit aux réformés ; et le jeune homme, sans renoncer à sa croyance, fréquentait les églises pour obtenir un titre dont ses talents le rendaient digne. On impliqua dans l'accusation non-seulement la famille Calas, mais le jeune Lavaysse qui avait assisté au souper. C'était le fils d'un riche avocat au parlement de Toulouse. Il revenait alors de Bordeaux où il était allé passer quelques années pour apprendre le commerce, et se rendait chez son père, à Caraman. Il traversait Toulouse lorsqu'il aperçut dans le magasin de Calas des personnes de Caraman ; il leur demanda des nouvelles de sa famille, et convient de partir le lendemain avec elles. Les deux fils de Calas, liés d'amitié avec Lavaysse, avaient profité de cette rencontre pour l'inviter à souper avec eux, et le père avait joint ses instances à celles de ses enfants. De là l'accusation contre le jeune Lavaysse, d'avoir été envoyé par les protestants de la Guyenne pour prendre part au meurtre. Marc-Antoine Calas fut donc, grâce à ces bruits populaires, regardé comme un martyr du fanatisme de ses parents ; et avec d'autant plus de probabilité, que par une délicatesse honorable mais qui lui fut bien funeste, la famille Calas, entourée dans le premier moment par la foule curieuse, avait pris soin au milieu de son désespoir d'écarter tout soupçon de suicide. On sait qu'alors ceux qui terminaient volontairement leur vie étaient jugés indignes de la sépulture chrétienne, et leur cadavre ignominieusement traîné sur la claie. Les pénitents blancs de Toulouse lui firent de splendides funérailles. Les dominicains érigèrent un catafalque au-dessus duquel ils placèrent un sque-

lette représentant la victime, tenant d'une main une palme de martyr, et de l'autre un acte d'abjuration. Cependant la rumeur populaire qui représentait le suicide comme un meurtre avait été accueillie dans ce sens par David Baudrigue, un des capitouls (échevins) de la ville, que la famille Calas avait appelé sur les lieux au moment où le jeune homme avait été trouvé étranglé. Il avait fait transférer à l'hôtel de ville M. et Mme Calas, leur servante qui était catholique, et le jeune Lavaysse. Au lieu d'accueillir leurs réponses si claires comme l'expression de la vérité, il s'obstina à les trouver coupables. Ni la probité connue du vieux Calas, ni le bon accord qui avait toujours régné dans cette famille, et qui n'avait point été troublé par la démarche d'un fils qui avait abjuré le calvinisme pour se faire catholique, ne furent capables de détruire la prévention des juges. Condamné en première instance par le tribunal des capitouls, sur la déposition de nombreux témoins qui se présentaient plutôt comme les échos d'une accusation que comme des accusateurs directs, Calas le fut encore par la chambre criminelle du parlement de Toulouse. Sur les huit capitouls, un seul, l'assesseur Carbonnel, avait déclaré les prévenus non coupables. Au parlement, sur treize conseillers, deux seulement opinèrent pour l'absolution. Tous les mémoires du temps s'accordent à dire que le calme de l'innocence n'abandonna pas un seul instant le vieux Calas pendant les procédures et au milieu des angoisses de la torture. Le 9 mars 1762, il subit l'affreuse sentence et expira sur la roue en protestant de son innocence. Par une inconséquence à laquelle l'humanité applaudit sans doute, mais qui semblerait prouver que les juges eurent eux-mêmes horreur de leur sentence, la femme de Jean Calas et le jeune Lavaysse, qui assuraient n'avoir pas quitté l'accusé au moment où son fils était mort, furent renvoyés absous ainsi que la servante catholique. Le plus jeune des fils de Calas fut condamné au bannissement ; mais au moment où il sortait de la ville, il fut arrêté et enfermé pendant quatre ans dans un cloître. Il s'évada enfin pour traîner ses malheurs en pays étrangers. La veuve Calas s'était réfugiée à Genève, et elle trouva un protecteur aussi puissant que zélé dans Voltaire, qui résidait alors à Ferney. Alors la sanglante tragédie que le fanatisme avait jouée à Toulouse produisit tous ses résultats. Les protestants atterrés n'osaient élever la voix ; mais les vrais catholiques gémissaient en silence et se voilaient le visage ; mais l'incrédulité s'empara de cette affaire, l'exploita jusqu'au bout et s'en fit une arme funeste contre la religion ; car, il faut bien le dire, deux fanatismes furent alors en présence, le fanatisme sanguinaire des bourreaux de Toulouse, tout honteux d'eux-mêmes, et les passions non moins intolérantes du philosophisme incrédule, trop heureux ici d'avoir le beau rôle. Combien l'homme qui avait pris pour devise *Écrasons l'infâme*, se donna carrière ! Combien il put à bon marché afficher l'indignation vertueuse, la générosité, le courage ! Quoi qu'il en soit, le public s'intéressa comme il le devait à la cause d'une famille malheureuse. Il avait paru d'abord à Genève un mémoire de Donat Calas et de Pierre Calas. Voltaire ne cessa de donner tout l'éclat possible à cette affaire, soit par ses démarches auprès des grands, soit par des écrits empreints d'une véhémente éloquence. Il parvint enfin à en porter la connaissance au conseil du roi. On lui demandait alors où il en était de sa tragédie d'*Olympie*. « N'espérez point, répondit-il, tirer de moi une tragédie, que celle de Toulouse ne soit finie. » — Au commencement de 1763, on recueillit en un gros volume tout ce qui avait paru sur ce procès. On trouvait dans ce recueil les mémoires de trois célèbres avocats : l'un d'Elie de Beaumont, le second de Mariette, le troisième de Loyseau de Mauléon. Ce dernier produisit le plus d'effet, parce que l'auteur y traitait la cause d'une manière moins savante que populaire. Quant au mémoire d'Elie de Beaumont, il offrait au milieu de quelques déclamations un lumineux examen de la législation relative aux protestants depuis la révocation de l'édit de Nantes. Le 4 juin 1764, le conseil d'État cassa l'arrêt du parlement de Toulouse ; et en effet il paraîtrait que la procédure qui avait été instruite contre Calas fourmillait de nullités. On aurait peine à concevoir un tel entraînement de la part de graves magistrats, si trop d'exemples ne prouvaient combien la prévention et le fanatisme rendent aveugles même les hommes consciencieux. On citait alors cette anecdote : Un conseiller du parlement de Toulouse qui se trouvait à Paris se vit dans un cercle, ainsi que ses confrères, en butte aux reproches : « Il n'est si bon cheval qui ne bronche, dit-il. — Oui ! mais toute une écurie! lui répliqua-t-on. » — Le procès fut instruit de nouveau aux requêtes de l'hôtel du roi, et le 9 mars 1765 fut rendu au souverain dans cette cause un arrêt définitif qui réhabilitait la mémoire de Calas, déchargeait sa veuve, un de ses fils, le jeune Lavaysse et la servante de l'accusation intentée contre eux, ordonnait que l'amende et les dépens fussent rendus, et l'arrêt affiché, etc. Il fut en outre arrêté de demander au roi de défendre par une déclaration expresse la procession qui se faisait tous les ans à Toulouse en mémoire du massacre de 4,000 huguenots. Enfin, il fut également décidé qu'il serait écrit au roi au nom de la compagnie pour recommander la famille Calas aux bontés de sa majesté, et la supplier de supprimer l'usage des *briefs intendits*. Cet usage, conservé au parlement de Toulouse contre la disposition de l'ordonnance criminelle de 1670, consistait à faire aux témoins des questions, au lieu de recevoir et d'écouter leurs dépositions : méthode par laquelle un juge inique ou prévenu pouvait faire dire à un témoin tout ce qu'il jugeait à propos. — La famille Calas, qui s'était rendue à Paris, s'était constituée prisonnière avec le jeune Lavaysse et la servante, huit jours avant le jugement. Elle y avait reçu les visites d'un grand nombre de personnes distinguées. Quant au capitoul David Baudrigue, il fut destitué. Le parlement de Toulouse envoya une députation à Versailles ; mais ses excuses furent mal reçues par le roi. Le domaine, en faisant à la famille Calas remise de l'amende et des frais immenses de la procédure, rendit à la veuve une somme de 24,000 livres par forme de douaire ; mais les frais du procès de révision jusqu'au jour du jugement souverain s'étaient montés à plus de 50,000 livres. La générosité publique couvrit une partie de ces dépenses. Toute cette malheureuse famille fut présentée au roi et à la famille royale. Louis XV lui accorda une gratification de 36,000 livres, savoir : 18,000 livres à la veuve, 6,000 livres à chacune des deux filles, 3,000 livres à Pierre Calas, et 3,000 livres à la servante. Une estampe gravée sur le tableau de Carmontelle, lecteur du duc de Chartres, fut publiée par souscription au profit de ces infortunés. Elle fut d'autant plus recherchée du public, que l'autorité, par un reste de ménagement pour le parlement de Toulouse, fit semblant d'en interdire la publication. On voit dans cette gravure la veuve assise dans un fauteuil ; l'altération de ses traits atteste son infortune. Sa fille aînée est assise à côté d'elle. La cadette est debout derrière sa mère et appuyée sur son fauteuil. Rien de plus touchant que la figure de ces deux jeunes personnes. Toutes trois ont les yeux fixés sur le jeune Lavaysse qui leur lit le mémoire d'Elie de Beaumont ; derrière lui est Pierre Calas. Entre ce groupe et celui de la mère et des filles, on voit la vieille servante debout, écoutant cette lecture. Les deux jeunes filles n'avaient pas été oubliées dans la persécution ; elles avaient été arrachées à leur mère et mises dans deux couvents différents. L'aînée y avait éprouvé beaucoup de duretés ; la cadette, par une douceur angélique, avait conquis l'affection des religieuses, qui la traitèrent avec la plus grande bonté. Lors de la révision du procès, elles avaient été rendues à leur mère. Quant au jeune Lavaysse, il n'avait point eu part aux bienfaits du roi, son père étant fort riche. Cette affaire, qui pendant quatre ans occupa le public en France et en Europe, a donné lieu à bien des publications, indépendamment des factums et des mémoires des avocats, ainsi que des nombreux écrits de Voltaire. Blin de Sainmore a rimé une héroïde intitulée : *Jean Calas à sa femme et à ses enfants* (Paris, 1765, in-8°). Un autre fait parler *Calas sur l'échafaud à ses juges* (Bayonne et Paris, 1765, in-12). Un troisième a publié : *l'Ombre de Calas le suicidé à sa famille et à son ami* (Amsterdam et Paris, 1765, in-8°). — Un tel procès, qui figure dans tous les recueils de *Causes célèbres*, ne pouvait manquer de fournir matière à des pièces de théâtre. Au mois de décembre 1790, les comédiens du Théâtre-Français donnèrent successivement deux drames sur ce sujet : le premier intitulé : *Calas ou le Fanatisme*, drame en quatre actes et en prose par Th. Lemierre, le second ayant pour titre : *Jean Calas*, drame en cinq actes et en vers par Laya. Quelques mois après (6 juillet 1791), Chénier donna au théâtre de la rue de Richelieu *Calas ou l'Ecole des juges*, tragédie en cinq actes et en vers. Enfin on a vu, après la révolution de 1830, un nouveau drame intitulé : *Jean Calas*, obtenir un succès populaire sur un des théâtres des boulevards. — La mémoire de Jean Calas a été réhabilitée par décret de la convention nationale (février 1793), et une pétition en faveur de Louis Calas, seul rejeton de cette famille, avait été présentée l'année précédente à l'assemblée législative. **Ch. Durozoir.**

CALASASTRES, s. m. pl. (*archéol.*). Chez les anciens, jeunes garçons dont on se servait dans certaines cérémonies religieuses, à cause de leur belle voix.

CALASIE (*V.* **Chalasie**).

CALASINI, s. f. (*hist. anc.*), tunique de lin, frangée par le bas, que les Egyptiens portaient sous un habit de laine blanche. Quand ils entraient dans les temples, ils quittaient l'habit

de laine, et ne conservaient que celui de lin. La *calasini* paraît leur avoir servi d'habit et de chemise. Elle a aussi été en usage chez les Grecs : il en est parlé dans *les Nuées* d'Aristophane, et Hésychius l'appelle *la tunique au clou large* (*V.* **Clou large**).

CALASIO (**Marius de**), franciscain, ainsi nommé du lieu de sa naissance, qui n'est pas loin d'Aquila, ville de l'Abruzze, dans le royaume de Naples, s'appliqua tout entier à l'étude de la langue hébraïque, et s'y rendit si habile, que le pape Paul V le créa professeur de cette langue à Rome. Il mena toujours une vie très-pauvre et très-laborieuse, et mourut âgé de plus de soixante-dix ans, en chantant les Psaumes en hébreu, le 14 janvier 1620. Il a laissé : 1° une *Grammaire hébraïque*; 2° *Canones generales linguæ sanctæ*, à Rome, chez Etienne Paulin, in-4°; 3° un *Dictionnaire hébraïque*, ibid., 1617, in-4°; 4° une *Concordance hébraïque de la Bible*, imprimée à Rome en 1621 et 1622, en quatre grands volumes in-folio, et depuis à Londres avec augmentation. Nous avions cru d'abord que le fond de cette concordance avait été pris du juif rabbin Nathan ; mais le révérend P. Fabrici, savant dominicain de la Minerve à Rome, nous apprend que non-seulement le fond de cette concordance, mais encore tout le texte, ont été pris mot pour mot de celle du rabbin Nathan. Calasio a retenu encore le même ordre et la même méthode. Ce savant franciscain, outre les additions qui regardent les langues orientales, y a ajouté une version latine qu'il a prise, à ce que l'on conjecture, de la traduction généralement fautive qu'Antoine Reuchlin donna en cette langue des concordances hébraïques du R. Nathan, et qu'il fit imprimer à Bâle en 1556, chez Henri Pierre, in-fol., par les soins du P. Michel-Ange de Saint-Romule, du même ordre. Le même P. Fabrici nous fait observer que, dans le même article de Calasio, nous distinguons le rabbin Nathan du rabbin Mardochée, comme si c'étaient deux auteurs différents, tandis qu'ils n'en sont qu'un ; erreur, ajoute-t-il, qui nous est commune avec le P. Ange de Saint-Romule, dans sa préface sur les concordances de Calasio ; avec le P. Wadingue, dans son Discours sur l'origine de la langue hébraïque, qui est à la tête des mêmes concordances ; avec le fameux hébraïsant M. Richard Simon, dans sa *Bibliothèque choisie*, t. I, p. 253, et avec plusieurs autres qui s'en sont laissé imposer par ces deux noms de Nathan et de Mardochée, que le même rabbin prend dans le frontispice et dans la préface de ses concordances, selon un usage assez ordinaire aux juifs de changer leur premier nom, et d'en prendre un second, si le Seigneur leur fait la grâce de guérir de grande maladie. Ils veulent protester par là, qu'en changeant leur nom comme en signe de pénitence, ils tiendront désormais une conduite de vie plus pure et plus sainte. Or, que les rabbins Mardochée et Nathan se soient trouvés dans un semblable péril, c'est ce qu'il insinue lui-même dans sa préface, lorsqu'il s'écrie avec un prophète : *Je parlais encore, je priais* (Daniel, 9, 20), *et je rends grâce à mon Dieu qui a envoyé son secours de son sanctuaire* (Psalm. 20, 3), *qui m'a mis à couvert d'une foule d'accidents* (Psalm. 64, 3), *et qui m'a soutenu sur le lit de ma douleur et de ma détresse* (Psalm. 12, 4). Les juifs suivent encore cet usage dans un certain âge ; ceux, entre autres, qui d'Espagne ou de Portugal vont en Italie ou en Allemagne pour avoir le libre exercice de leur religion. Cet usage est appuyé sur les témoignages de Buxtorf le fils, dans sa préface sur les concordances hébraïques de son père ; de dom Bartolocci, *Bibl. magn. rabbin.*, t. III, p. 915; de Wolfius, *Bibl. hebr.*, t. I, p. 683, n° 1247, et de plusieurs autres. Enfin le P. Fabrici nous fait encore remarquer que la concordance du rabbin Nathan-Mardochée, d'abord imprimée à Venise en 1523-1524, chez Daniel Bamberge ; puis en 1564 dans la même ville, et ensuite à Bâle en 1581, n'a point été augmentée dans cette dernière édition par ce rabbin, comme l'assure le P. le Long, *Bibl. sacr.*, t. I, p. 455, qui dit après Buxtorf : *Mendis quibusdam è priori editione sublatis, sed nihil adauctis vel immutatis.* Quant à Calasio, l'utilité et la rareté de sa concordance ont engagé Guillaume Romaine à en donner une nouvelle et magnifique édition, imprimée à Londres en 1747-1749, typis J. Glive, apud Jacobum Hodges, 4 vol. in-fol. Outre quelques fautes typographiques que ce savant Anglais a corrigées, il a jugé à propos de mettre en grec les variantes tirées de la version des Septante, qu'il prend ordinairement de l'édition de Grabe, et qui se trouvaient rendues en latin à la marge de l'édition de Calasio. L'éditeur a inséré de temps en temps une concordance ou dictionnaire des particules hébraïques qu'il a extraites du savant Moldius et d'autres qui avaient travaillé sur la même matière. Il ajoute enfin une explication des racines et des noms propres hébreux, et termine son IVe volume par un discours sur la nature de la langue hébraïque.

CALASIRIES (*hist. anc.*), corps de guerriers égyptiens, ainsi nommés de leurs costumes.

CALASIRIS (*hist. anc.*), tunique de lin que portaient les soldats égyptiens.

CALASSIDE, s. f. (*archéol.*), habillement ancien, qui, enveloppant les épaules, pendait jusqu'au talon.

CALASTIQUE (*V.* CHALASTIQUE).

CALATA (*géogr.*), nom que les Siciliens donnent aujourd'hui au lieu où se trouvent les ruines de l'ancienne Calacta. Elles se composent de beaucoup de murs la plupart méconnaissables, et il n'y a guère que des aqueducs qu'on puisse discerner clairement.

CALATAFIMI (*géogr.*), ville de Sicile ayant un parlement et située dans l'intendance de Trapani. On trouve dans le voisinage de cette ville les ruines de l'ancienne Ségeste. A part ces ruines, elle n'offre rien qui mérite mention, si ce n'est son commerce considérable de fromages de Casciacavollo.

CALATAGIRONE (*Hybla Hœrea*), ville de Sicile (Catane), sur la pente d'une montagne. Evêché, collège royal. Ses habitants sont regardés comme les plus industrieux de la Sicile. On porte leur nombre à près de 20,000. Le commerce y est important. A 15 lieues et demie sud-ouest de Catane.

CALATANISETTA (*géogr.*), intendance de Sicile qui comprend le Val di Noto et le Val di Mazzara, et qui se trouve située entre celles de Palerme, de Catane, de Siragosa et de Girgenti. Elle a 155,225 habitants, répartis en trois districts, qui portent les noms de leurs chefs-lieux : ce sont Calatanisetta, Piazza et Terra-Nova. Calatanisetta, qui est en même temps le chef-lieu du district et de l'intendance qui portent son nom, est située dans une plaine vaste et fertile. Ses maisons, d'une bonne structure et bien espacées, sont au nombre de 2,800. Elle a 15,627 habitants, qui font un petit commerce en parcourant les foires. Parmi les villes parlementaires de cette intendance, les plus considérables sont, outre les deux autres chefs-lieux de districts déjà nommés, Calascibetta, Canicatti, Castro Giovanni, Licata (Alicata), Mazzarino, Naro, Niscemi, Pietra Percia; et parmi les moins considérables il convient de citer Azaro, Aidone, Montechiaro et Palma. — Cette contrée est remarquable, en ce que la mythologie y place le théâtre de l'enlèvement de Proserpine. Castro Giovanni est situé sur l'emplacement rocailleux qu'occupait l'ancienne Enna, et dans le voisinage de Piazza les habitants montrent un lac marécageux comme étant le *Palus Pergusa* ou *Pergum* d'Ovide et de Claudien. Le nom d'Aidone rappelle aussi cette fable. En outre, on trouve des traces d'anciennes villes, près de Terra-Nova, où on prétend trouver l'ancienne Callipolis, près de Percia; ou quelques-uns placent la Calaunia d'Étienne de Byzance, et près d'Alicata. Cette dernière ville, située près de l'embouchure du Salso, dispute à Terra-Nova l'honneur d'occuper l'emplacement de l'ancienne Gela. Le Salso devrait donc être la rivière de Gela des anciens. Mais les prétentions de Terra-Nova sont les mieux fondées, et la petite rivière à l'embouchure de laquelle cette ville est située, et qui se nomme aujourd'hui Ghiazzo, la rivière de glace (on la nomme aussi Terra-Nova), répond entièrement par son nom à celui de Gela, qui signifie en dialecte *osque :* qui répand des vapeurs glaciales.

CALATAYUD (*géogr.*), ville d'Aragon en Espagne, chef-lieu du corregimiento de Calatayud. Elle est située sur la rivière de Xalon, qui a un pont dans la ville, et qui reçoit la Xiloca dans le voisinage de la ville. Elle est entourée de murailles; elle a 3 faubourgs, 1,500 maisons, 9,000 habitants, un vieux château bâti sur des rochers, 13 églises paroissiales, 5 couvents, un évêché, 12 savonneries où on fabrique d'excellent savon avec de l'huile, et 3 tanneries. Les habitants cultivent par an 20,000 quintaux de chanvre et font le commerce de céréales, de vin, d'huile, de chanvre, et de superbes melons que produit la contrée environnante qui est très-fertile. C'est le lieu de naissance de Gratian, homme d'État distingué. Dans le voisinage, on trouve les ruines de la ville de Bilbilis, où naquit Martial.

CALATAYUD (LE PÈRE VINCENT), de la congrégation de Saint-Philippe de Néri, a donné un ouvrage sous ce titre : *Divus Thomas cum Patribus, dissertationes theologicæ scholastico-dogmaticæ et mystico-doctrinales*, 3 vol. in-fol., Valence, 1750, se trouve à Madrid chez Apensio. Cet ouvrage, conforme au pieux ministère de son auteur, est estimé (*Journal des Savants*, 1751, p. 825).

CALATE (*V.* CALÉ-ACTÉ).

CALATE (*vieux mot*), jatte, vase de bois, du latin *calathus*.

CALATHANE (*géogr. anc.*), ville de Thessalie, vers le centre, dans la Thessaliotide, sur une éminence, au nord-est de Ménélaïde.

CALATHE, *calathus* (*hist. nat.*), genre de coléoptères de la famille des carnassiers, tribu des carabiques, créé par Bonelli, adopté par tous les entomologistes, et qui a pour caractères : les trois premiers articles des tarses dilatés dans les mâles; crochets dentelés en dessous, labre presque carré, dernier article des palpes allongé, presque cylindrique; une dent bifide au milieu de l'échancrure du menton. Ces insectes sont tous de taille moyenne, ne dépassant guère six lignes, déprimés; le corselet est carré ou trapézoïdal, et non rétréci en arrière; ils sont aptères; leurs couleurs sont le plus souvent sombres et presque jamais métalliques. On les trouve communément courant à terre ou cachés sous les pierres, les écorces, etc., qui peuvent leur offrir un abri. La plus grande partie de ces insectes habite l'Europe et les localités analogues des autres régions. Je ne crois pas que l'on en connaisse dans les régions intertropicales. — CALATHE CISTÉLOÏDE, *Calathus cisteloïdes*, Iliger, Dey, col. Europ., pl. 110, fig. 4, long de cinq à six lignes, brun noir, quelquefois bleuâtre dans les mâles; antennes, palpes et pattes fauves; la partie postérieure du corselet offre à droite et à gauche un espace très-ponctué, et en outre un très-gros point à chaque angle; les sillons des élytres, qui sont très-prononcés, ont le troisième et le cinquième, en partant de la suture, chargés de points plus gros; l'avant-dernier en est garni aussi, mais ils sont beaucoup plus rapprochés. Commun. — CALATHE A TÊTE NOIRE, *Calathus melanocephalus*, Fab., Dey, col. Europ., pl. 112, fig. 5, long de trois à quatre lignes; noir bleuâtre; antennes, palpes, corselet et pattes fauves. Commun aux environs de Paris.

CALATHIANE, s. f. (*botan.*), sorte de violette jaune et qui n'a point d'odeur.

CALATHIDE (*botan.*), nom grec qui signifie corbeille, proposé par M. Mirbel, et employé par M. Cassini pour désigner les groupes partiels de fleurs dans la famille des composées. L'élégance de ce mot l'a fait passer dans le langage de plusieurs botanistes; mais la science a conservé les mots de *capitule* et d'*involucre*, auxquels nous vous renvoyons.

CALATHION (*géogr. anc.*), montagne de la Messénie, à l'est de Gernia.

CALATHRA (*géogr. anc.*), île méridionale du golfe du Gange, située auprès de celle de Taprobane, au nord de la côte orientale.

CALATHUS (*myth.*), fils de Jupiter et d'Antiope.

CALATHUS (*archéol.*). C'est une sorte de coiffure que Proserpine porte sur la tête, et qui a la forme d'un boisseau. Ce vase ou panier, semblable à ceux dont se servaient les Grecs lorsqu'ils cueillaient des fleurs, était le symbole de celui que portait Proserpine quand elle fut enlevée par Pluton dans les prairies de la Sicile. Les Grecs le nommaient *kalon*, d'où les Romains formèrent *calathus*.   D. M.

CALATIE (*V.* CALÉ-ACTÉ).

CALATIENS (*géogr. anc.*), peuples de l'Inde, chez qui les enfants mangeaient, dit-on, les corps de leurs pères dès qu'ils étaient morts. — CALATIENS, habitants de Calatie (*V.* CALÉ-ACTÉ).

CALATINUS (*V.* les noms dont ce mot est le surnom).

CALATIS (*V.* CALÉ-ACTÉ).

CALATISME, s. m. (*hist. anc.*), danse ancienne dont il ne nous est parvenu que le nom (*V.* DANSE).

CALATOR (*hist. anc.*), crieur public chez les Romains. Une de ses principales fonctions était de faire cesser les travaux pendant les sacrifices.

CALATRAVA, l'ancienne *Oretum*, capitale des Orétains, est mentionnée pour la première fois sous sa nouvelle dénomination en 1013, lorsque Suleiman, général rebelle du roi maure de Cordoue, prit cette ville d'assaut. En 1082, Calatrava fut prise de nouveau par Aben Habet, roi de Séville, marchant contre Hiaya, roi de Tolède, et, lorsque Tolède eut été enlevée aux Sarrasins, elle devint peu à peu un des points les plus importants qu'ils occupassent encore au nord de la Sierra Morena, et d'où ils inquiétaient la Manche sans jamais la relâcher. La forteresse, qui était bien conservée, fut confiée à la garde d'un alcayde. Lorsqu'en 1145 les possessions des Almoravides en Espagne se divisèrent en trois parties, Calatrava suivit un instant la destinée de Cordoue, mais en janvier 1146 la ville fut prise par Alphonse VIII qui acheva ainsi la soumission de la Manche. Alphonse confia sa nouvelle conquête à la défense des chevaliers du Temple (1149), qui cependant, après la mort d'Alphonse, et après une possession de huit ans seulement, effrayés par les avantages que les Maures venaient de remporter dans l'Andalousie et par les préparatifs plus grands encore qu'ils faisaient, rendirent ce dangereux présent au roi Sanche III qui venait de monter sur le trône (1157). Là-dessus le roi fit annoncer publiquement que la ville appartiendrait héréditairement à qui en entreprendrait la défense. Parmi tous les chevaliers du pays il ne s'en trouva pas un qui osât tenter ce qui avait paru hasardeux aux chevaliers du Temple : alors un moine du nom de *Diego Velasquez*, qui suivait par hasard la cour, entendit parler des dangers et de la récompense qui attendaient le défenseur de Calatrava. C'était un moine de l'abbaye de Fitero, l'une des abbayes de Cîteaux, et elle fait actuellement partie de la merindad de Tolède en Navarre. Il avait été militaire. Animé par une grande pensée, il importuna son abbé, saint Raimond, jusqu'à ce que celui-ci se décidât à demander pour lui au roi ce poste périlleux, et qu'il eût reçu l'investiture de ce fief en 1158. Saint Raymond obtint en même temps la permission de créer un nouvel ordre militaire pour la défense de la ville qui venait de lui être concédée, et l'archevêque de Tolède lui accorda, outre une grande somme d'argent, toutes sortes de grâces spirituelles pour tous ceux qui contribueraient au succès de cette pieuse colonie. Saint-Raymond et Diego se virent ainsi en mesure de former une petite armée, avec laquelle ils entrèrent à Calatrava en 1158, et de défendre la forteresse d'une manière si efficace que les Arabes ne songèrent plus à l'attaquer. Tranquille sur ce point, saint Raymond put s'occuper des affaires intérieures de l'ordre qu'il venait de fonder. Il demanda au chapitre général de Cîteaux une règle pour cet ordre. En même temps, voulant contribuer au bien-être des possessions qu'il venait d'acquérir (tout le territoire de Calatrava, qui avait 20 lieues de pourtour, était devenu sauvage), il fit venir de Fitero tout ce que les difficultés d'un long trajet permettaient de faire venir, c'est-à-dire des moines, des sujets et des troupeaux. Plus de 20,000 hommes furent transplantés dans la Manche par saint Raymond, qui, après avoir commandé son ordre pendant cinq ans, mourut en 1163, à Ciruelos, près de Tolède. — Après sa mort les chevaliers de Calatrava, qui cependant étaient pour la plupart des couvers de l'ordre de Cîteaux, ne voulurent plus souffrir aucun moine parmi eux, ni obéir à aucun abbé. Ils choisirent un grand maître parmi eux dans la personne de don Garcias. Mais les moines se rendirent à Ciruelos, d'où ils attaquèrent judiciairement les chevaliers pour la propriété de Calatrava. Ce procès fut terminé par un accommodement. Les chevaliers cédèrent aux moines Saint-Pedro de Gumiel dans l'évêché d'Osma ; ces derniers convertirent aussitôt leur nouvelle acquisition en un monastère, et renoncèrent à toute autre prétention. Diego Velasquez termina ses jours dans le nouveau couvent de Gumiel, et don Garcias mourut en 1168 ou 1169. Son successeur Ferdinand Escaça acquit à son ordre Zorita (près de Guadalanara), en récompense du secours qu'il avait prêté au roi lors de la prise de cette forteresse, ainsi que Cogolludo, Almoguera, Maqueda et Aceca, et répandit tellement la gloire de la compagnie qu'il commandait, que le roi d'Aragon le fit prier de vouloir bien lui envoyer un certain nombre de ses chevaliers, qui rendirent effectivement des services très-importants à ce monarque. Après une expédition heureuse qu'il conduisit jusqu'aux bords du Guadalquivir, le grand maître, arrivé à un âge avancé, se démit de sa dignité. Il eut pour successeur Martin Perez de Sionez. Celui-ci inquiéta aussi sans relâche ses voisins, les infidèles, et pendant que d'un côté il pénétrait au cœur du royaume de Jaen, il réussit d'un autre côté à enlever aux Maures la forteresse d'Almodavar del Campo, située au sud de Calatrava, et d'où ils inquiétaient encore toujours la Manche. Toutefois l'importante victoire de Fuencalda, à l'entrée de la Sierra Morena, manqua de lui coûter la vie. En effet, il avait fait massacrer les prisonniers qu'on avait faits pendant le combat, au nombre de 1,200 ; là-dessus il s'éleva un grand murmure parmi les chevaliers, dont un grand nombre pensait qu'on eût mieux fait de les vendre ou de les échanger contre des prisonniers chrétiens. Ces murmures allèrent si loin, que Martin fut déposé et qu'on lui donna un successeur. Les prêtres de l'ordre, qui n'avaient point été appelés à concourir à l'élection, lui donnèrent avis de ce qui s'était passé : aussitôt il quitta Almodavar, qu'il était occupé à fortifier, et se rendit à Calatrava où il se mit hardiment en face de ses ennemis. Trop faibles pour résister, ceux-ci se rendirent avec leur grand maître à Salvatierra, et ils ne tardèrent pas à rentrer dans l'obéissance. En 1179, Martin fit construire à Guadalcrza, dans les montagnes voisines de

Tolède, un hospice pour les chevaliers ou vassaux de l'ordre qui seraient blessés pendant la guerre. L'année suivante, le roi d'Aragon, voulant témoigner à l'ordre sa reconnaissance pour les services importants qu'il en avait reçus, lui fit présent du grand comté d'Alcaniz, situé sur la Guadalope. Martin mourut en 1182 et eut pour successeur Nugno Perez de Quignonez, qui parut en 1187 au chapitre général de Cîteaux, et demanda que son ordre fût rattaché plus directement et plus intimement à celui de Saint-Bernard. Les pères réunis prescrivirent aux chevaliers une nouvelle règle, qui n'était point entièrement différente de celle qui avait été primitivement adoptée, et les soumirent à l'abbé de Morimond en Champagne qui devait être leur visitateur. A la malheureuse bataille d'Alarcos, qui eut lieu le 18 juillet 1195, la plupart des vaillants héros de Calatrava succombèrent, Calatrava tomba même au pouvoir des Maures par capitulation, et le grand maître, suivi du petit nombre de chevaliers qui avaient échappé à la mort, se vit forcé de se réfugier à Ciruelos. A peine le couvent, pour l'entretien duquel le roi donna aux chevaliers Ronda, qui avait été précédemment une possession des chevaliers de Truxillo, eut-il été quelque peu rétabli dans ce lieu, qu'une nouvelle scission éclata dans l'ordre. Les chevaliers aragonais choisirent l'un d'entre eux, Garcias Lopez de Moventa, pour grand maître d'Alcagniz, de l'ordre de Calatrava, et soutenus par le roi d'Aragon, qui était mécontent sans doute de l'influence que les intérêts castillans exerçaient sur le grand maître résidant en Castille, ils se déclarèrent entièrement indépendants du couvent siégeant à Ciruelos. Cependant Moventa reconnut lui-même ce qu'il y avait en d'insensé dans son entreprise ; il fit pénitence et fut reçu de nouveau avec ses chevaliers dans la communauté de l'ordre : il conserva cependant ses possessions dans l'Aragon avec le titre de grand commandeur. En 1198, Martin Martinez, le grand commandeur, qui gouvernait l'ordre au nom du grand maître très-avancé en âge, s'empara par surprise de la forteresse de Salvatierra, où il transporta aussitôt le couvent. A Salvatierra, d'où les chevaliers prirent désormais leur nom, Martinez fut élu grand maître, Nugno Perez s'étant enfin démis de sa dignité. — Rodrigue Diaz, successeur de Martinez, élu en 1206, fit d'abord la guerre avec succès contre les Arabes : après l'expiration de la trêve de 1209, il leur prit les châteaux de Montoro, de Fessira, de Ribafuente et de Viltez : il fit fortifier davantage ce dernier, dont il connaissait l'importance, et fit raser les autres. Mais bientôt la fortune change, et Salvatierra est forcée elle-même, malgré sa défense opiniâtre, à se rendre, vers la fin de septembre 1211, à Mahomed, roi de Maroc. Pour la quatrième fois le siége du couvent est déplacé, et cette fois il est transporté à Zurita. Mais dès l'année suivante le roi Alphonse III prend d'assaut la ville de Calatrava, obtient par capitulation la citadelle, et les rend toutes deux à l'ordre, qui établit de nouveau son siége à Calatrava. Après la mort de Rodrigue Diaz, Rodrigue Garcias est élu grand maître : en 1213 il fait présent aux chevaliers d'Aviz de deux palais que l'ordre possédait à Evora, ainsi que de différentes propriétés, mais en échange ils se soumettent aux statuts et à la visitation de l'ordre de Calatrava. Ducgnas, ville située au pied de la Sierra Morena, est arrachée aux Sarrasins et donnée à l'ordre en février 1213. De nouvelles tentatives faites par les chevaliers aragonais pour conquérir leur indépendance, engagent le grand maître à faire un voyage sur les bords de l'Ebre ; il meurt en Aragon. Martin Fernandez, son successeur, ayant égard à la position très-malsaine de Calatrava, déplace pour la cinquième fois le siége de l'ordre, qu'il transporte en 1217 au lieu qu'il occupe encore aujourd'hui, aux environs de Salvatierra, et donne aux chevaliers de Saint-Julien ou d'Alcantara, comme ils se nommèrent depuis lors, l'investiture de la ville d'Alcantara : ceux-ci s'obligent aussi à se soumettre à la visitation, à la correction et à la réformation du grand maître de l'ordre de Calatrava et des successeurs de ce grand maître. Martin Fernandez, mort en 1218, eut pour successeur Gonsalvo Yanez, ou Ibagnez, qui fonda, pendant la première année de son administration, un couvent pour des nonnes de son ordre à Barrio de San-Felices, non loin d'Amaya. Jusqu'alors il n'y avait pas eu de nonnes de l'ordre de Calatrava. (Ces religieuses furent transportées dans la ville de Burgos en 1558.) En 1227, Gonsalvo fut chargé par saint Ferdinand de la conservation du château de Baeza, que Mahomed, roi de Baeza, avait dû livrer pour gage de sa fidélité. Une sédition terrible éclate dans la ville d'une manière inattendue : Mahomed est assassiné, et Gonsalvo s'enferme dans la forteresse mal défendue, où il est assiégé par une foule immense et furieuse : cependant, sa valeureuse résistance donne au roi de Castille le temps d'accourir à son secours et de prendre la ville, le 30 novembre 1227. L'année 1244 fut moins favorable à l'ordre : le commandeur don Isidore occupait la ville de Martos, que saint Ferdinand avait donnée à l'ordre, ainsi que plusieurs lieux environnants, lorsque le roi de Grenade, Aben Alhama, s'approcha de cette ville à la tête de ses troupes. Au lieu de l'attendre derrière les murailles, le commandant marcha hardiment au-devant de lui : il paya sa témérité de sa vie, et le petit nombre de ses guerriers qui échappèrent au carnage se réfugia avec peine dans la forteresse. — Le vingt-deuxième grand maître, Rodrigue Ponce, défit les Maures dans un combat sanglant qui eut lieu près de Jaen en 1295, mais il mourut le surlendemain de sa victoire par suite de ses blessures. Une grande dissension s'élève au sein du couvent relativement au choix d'un successeur. Les chevaliers se divisent en deux partis, dont l'un élit Garcias Lopez de Padilla, tandis que l'autre élit Gauthier Perez. Aucun des deux partis ne veut céder à l'autre, et on court aux armes. On combat pendant quatre ans, et on convient enfin de séquestrer entre les mains du grand maître des chevaliers d'Alcantara les places occupées par les deux compétiteurs, et de soumettre leurs prétentions à la décision du saint-père. Il était entendu qu'on reconnaîtrait comme grand maître légitime celui qui serait déclaré tel par le pape, et que son adversaire lui céderait volontairement. En 1301, la question fut décidée par Sa Sainteté en faveur de Padilla. Alors les meneurs du parti contraire, et particulièrement le porte-sceptre, s'adressent au roi et dépeignent le grand maître comme un fauteur de troubles, un séditieux. Le roi envoya l'abbé de S. Pedro de Gumiel, en qualité de visitateur de l'ordre, à Calatrava, pour examiner cette accusation : l'abbé, ne prêtant l'oreille qu'au porte-sceptre et à ses amis, dépose le grand maître, et on accorde cette dignité à Alaman, commandeur de Zarita. Padilla se rend personnellement à Rome, pour chercher du secours auprès de Boniface VIII : le pape l'adressa au chapitre général de Cîteaux, qui annula en 1302 les actes de l'abbé de Gumiel, et rétablit le grand maître dans ses droits. En 1316 il fut chargé par le pape d'organiser l'ordre de Montesa nouvellement fondé. Après de longues hésitations, cédant enfin aux sollicitations pressantes du roi d'Aragon, il donna plein pouvoir au grand commandeur d'Alcagniz, Gonzalo Gomez, pour remplir cette mission. Le 22 juillet 1319, celui-ci nomma Guillaume Eril premier grand maître de l'ordre de Montesa, après que deux chevaliers de Calatrava eurent formulé les statuts du nouvel ordre. — Dix chevaliers de Calatrava furent les premiers qui prirent l'habit de cet ordre. Aussi fut-il toujours dépendant de celui de Calatrava et soumis à l'autorité judiciaire, à la visitation et à la correction du grand maître de Calatrava.—Malgré son grand âge, Padilla se crut cependant obligé de combattre encore toujours sans relâche les infidèles. Ayant été enveloppé par des forces supérieures dans une de ses expéditions, il réussit à sauver sa personne, mais presque toute sa troupe fut taillée en pièces après une vigoureuse résistance. Il fut accusé de s'être enfui avec le grand drapeau de l'ordre, lorsque l'issue du combat était encore douteuse, ce qui était une action extrêmement déshonorante et dégradante selon les idées du moyen âge et l'esprit des ordres militaires. Le porte-sceptre, Jean Nugnez de Prado, souleva les chevaliers contre lui, et les habitants de Ciudad-Real, ne voulant pas rester plus longtemps soumis à un seigneur qui était sujet à caution, prirent des mesures pour l'assiéger dans le château fort de Miguelturra où il s'était enfermé. Padilla ne voulut pas attendre l'attaque ; il marcha contre les séditieux, mais fut de nouveau battu, et se vit contraint de chercher son salut dans la fuite. Alors Nugnez l'accusa formellement de haute trahison ; il fut déposé pour la seconde fois, et Nugnez fut élu à sa place en 1328. Le chapitre général de Cîteaux le déclara de nouveau grand maître ; mais Nugnez, en possession des plus importantes forteresses, refusa d'obéir aux pères de Cîteaux, et Padilla renonça enfin à ses droits en 1329, ne se réservant que les revenus d'Aragon et la commanderie de Zorita. En 1329 il arriva qu'un des subordonnés du commandeur Pedro Ruiz de Cordoue, à qui l'ancien grand maître avait confié la défense de la ville de Priego appartenant à la commanderie, vendit cette ville au roi de Grenade, et de même en 1333 un autre chevalier de l'ordre, Pedro Diaz d'Aguayo, livra aux Arabes le château fort de Cabra appartenant à l'ordre. Tant l'exemple du supérieur avait étouffé chez les chevaliers le sentiment du devoir et de l'honneur ! — On rompit bientôt l'accommodement qui avait eu lieu entre Nugnez et Padilla. Le premier avait investi un de ses cousins de la commanderie de Zarita que ce dernier s'était réservée. Padilla, justement indigné, reprit le titre de grand maître, qu'il porta jusqu'à sa mort qui eut lieu en 1336 à Alcagniz. Alors les chevaliers se rassemblèrent des royaumes d'Aragon et de Valence, et, avec

l'approbation du roi et de l'abbé de Morimond, élurent presque coup sur coup deux grands maîtres, d'abord Alphonse Perez de Goro, et après sa mort Jean Fernandez. Celui-ci sut gagner Nugnez et le décida à se démettre de la dignité de grand maître, et à se contenter de la commanderie d'Alcagniz. Enfin Nugnez réussit à se faire reconnaître généralement pour grand maître, mais ce ne fut sans doute qu'afin que la punition finale de tous ses méfaits devînt un exemple plus frappant et plus général. Ses relations avec le roi d'Aragon excitèrent les soupçons de Pierre le Cruel. Mécontent, et ayant en même temps quelques soupçons, le grand maître quitta en 1353 la cour de Castille, sous le prétexte de visiter les possessions de l'ordre dans l'Aragon. Mais, dès l'année suivante, il se laissa décider à retourner en Castille. Pendant ce voyage il fut arrêté à Almagro, et après avoir renoncé à la dignité de grand maître pour sauver sa vie, il fut décapité à Maqueda. Diego Garcias de Padilla, frère de dona Maria, et qui avait pris part à la catastrophe qui termina la vie de Nugnez, fut élu à sa place. Le temps pendant lequel il gouverna l'ordre ne fut pas non plus exempt d'orages. Dans le combat malheureux qui eut lieu près de Cadix le 15 janvier 1362, il fut fait prisonnier par les Maures ; toutefois il fut mis en liberté sans rançon par le roi de Grenade. Henri de Trastamare lui opposa Pierre Estevagnez Carpentero comme grand maître, et lorsque Pierre le Cruel eut tué celui-ci de sa propre main, Padilla se vit enfoncé dans des embarras pressants, par suite de la mobilité des événements et du pouvoir royal. Il avait déjà reconnu le roi Henri, lorsque Pierre lui rappela par une lettre, que lui, Pierre, véritable roi de Castille, était l'époux légitime de Maria de Padilla, et qu'ainsi ses neveux, à lui grand maître, étaient appelés à régner un jour sur la Castille ; que Henri n'était qu'un usurpateur. En outre, afin que d'aussi importantes paroles trouvassent dans l'esprit du grand maître un accès plus efficace, l'ancien roi de Castille offrait à ce dernier, dans le cas où il consentirait à servir de nouveau son royal beau-frère, la propriété d'Andujar, de Talavera et de Villa-Real. Padilla se mit à réfléchir à ces propositions, et il réfléchissait encore lorsque la bataille de Najera, le 3 avril 1367, vint élever de nouveau Pierre le Cruel sur le trône de Castille. Alors Padilla accourut pour offrir au vainqueur ses chevaliers ; mais il fut reçu comme l'avait mérité. Pierre le fit conduire, sous une garde sévère, au château d'Alcala, où il le termina ses jours en 1369. — Le nouveau grand maître, Martin Lopez de Cordoue, guerrier très-expérimenté, devait, suivant les ordres du roi Pierre, signaler son entrée en fonctions par l'exécution des principaux seigneurs de Cordoue. Au lieu de commettre cet acte sanglant, il avertit ceux que menaçait la cruelle perfidie du roi (1367). Le roi, furieux de voir lui arracher sa proie, promet au commandeur de Martos, Pierre Giron, la dignité de grand maître, s'il ôte la vie à Martin. Il arrive que ce dernier, pour échapper à la colère du roi, cherche un refuge à Martos, et Giron s'assure aussitôt de la personne du fugitif désarmé et sans défiance. Pendant qu'on va prendre les ordres de Pierre, Martin trouve occasion de demander assistance au roi de Grenade, et ce fut à l'intercession puissante d'un ennemi et d'un infidèle que le grand maître d'un ordre chrétien, le plus vaillant chevalier de Castille et de Léon, dut la liberté et la vie. Après la mort de Pierre le Cruel, Martin fut le dernier Castillan qui combattit pour les enfants de ce monarque ; après qu'il eut défendu les princes jusqu'à l'extrémité à Carmone, le roi Henri, malgré la parole qu'il lui avait donnée, le fit tuer (1371). Pierre Muguiz de Godoy, que Henri avait déjà opposé à Padilla comme grand maître avant la bataille de Najera, est reconnu tel par l'ordre tout entier, tient un chapitre général, le premier qui eût été tenu depuis très-longtemps, et, après quinze années de commandement, il est élevé à la dignité de grand maître de l'ordre de Sant-Iago. Comme grand maître de l'ordre de Calatrava, il eut pour successeur, en 1384, l'ancien prieur de Crato, Pierre Alvarez Pereyra. Celui-ci ayant été assassiné la même année, fut remplacé par Gonsalvo Nugnez de Guzman, un des six neveux que le roi Jean Ier avait nommés pour toute la durée de la minorité de son fils Henri III. — Sous le règne de ce même Henri III, une nouvelle scission éclata au sein de l'ordre. Après la mort de Guzman, en 1404, Henri de Villena, qui n'était pas un chevalier de l'ordre, fut élu grand maître, grâce à l'appui et aux menées du roi, après s'être fait séparer de sa femme à la hâte, ex capite impotentiæ. Mais comme la séparation ne s'était pas faite entièrement suivant les règles, quelques commandeurs se réunirent et nommèrent un nouveau grand maître, Louis Guzman, fils de Gonsalvo, lequel établit sa résidence dans l'Aragon. Après la mort de Henri III, Villena fut abandonné par tous ses partisans (1406), et Guzman régulièrement réélu. Villena continua cependant à prendre le titre de grand maître et à agir comme tel, jusqu'à ce que le chapitre général de Cîteaux déclara son élection nulle et non avenue en 1414. Louis, devenu seul grand maître, se lie en 1426 avec les rois d'Aragon et de Navarre et avec leurs frères, mais il reconnaît sa faute et sert depuis lors son maître avec une fidélité rare. En récompense de sa noble conduite, il reçoit en 1430, sur les biens confisqués de l'infant Henri, la ville d'Andujar comme propriété personnelle. Il prend la part la plus décisive à l'importante victoire remportée sur les Maures dans la plaine de Grenade, et nommée généralement la victoire de Tigueroas (24 juin 1331). On prétend qu'il obtint du pape une bulle qui lui accordait, ainsi qu'à ses chevaliers, la permission de se marier; mais il paraît cependant avoir seul fait usage de la permission accordée par cette bulle. Pendant sa vieillesse, l'ordre fut régi principalement par le porte-sceptre Ferdinand de Padilla. En 1442, le bruit se répand que le grand maître est mort. Aussitôt son fils, le grand commandeur Jean Ramirez de Guzman, demande des troupes à l'infant Henri, au service duquel il s'était entièrement voué, pour se rendre maître des forteresses de l'ordre. Il obtient ce qu'il demandait, et à la tête de 200 hommes d'infanterie et de 100 cavaliers légers il arrive sur le territoire de Calatrava. Le porte-sceptre marche contre lui, lui assène un coup sur la tête après un combat de trois heures près de Barajas, et le fait prisonnier ainsi que son fils et ses deux frères. D'après les ordres du grand maître, les prisonniers sont enfermés dans l'alcazar de Calatrava. Le roi, sans qu'on s'y soit attendu, fait sommer deux fois le porte-sceptre de mettre le grand commandeur et ses amis en liberté. A chaque fois le porte-sceptre lui répond que cela lui est impossible, attendu que le grand commandeur s'est rendu coupable d'un abominable attentat, en s'efforçant de pénétrer par la force des armes dans les domaines de l'ordre, du vivant du grand maître; que c'était au grand maître seul, par les ordres duquel il le retenait captif, qu'il appartenait de punir le coupable ou de disposer de sa personne. Afin de forcer les chevaliers à l'obéissance, le roi met une armée en campagne; mais la première ville qui se trouve sur sa route, Talavera, lui ferme ses portes, et ce n'est que par un siége très-sérieux qu'il parvient à les faire ouvrir. En poursuivant sa marche, le roi trouve des obstacles qui ne vont pas en décroissant. Sur ces entrefaites, le grand maître Guzman meurt à Almagro en 1443, et les commandeurs choisissent à l'unanimité le porte-sceptre pour son successeur, tandis que le roi a désigné à leur choix don Alphonse, fils naturel de son mortel ennemi, le roi de Navarre. On en vient à de violentes querelles, et le roi s'oublie au point d'envoyer à Padilla son propre père, pour le décider à céder et à se démettre de sa dignité. Mais tout ce que Pierre Lopez de Padilla put obtenir de son fils, fut la mise en liberté de Jean Ramirez de Guzman, qui fut même obligé de reconnaître don Ferdinand pour son grand maître. — Enfin le roi déclare au grand maître et aux commandeurs que toute élection faite sans sa participation est nulle, et qu'il ne reconnaît pas d'autre grand maître que don Alphonse; il défend de considérer don Ferdinand comme grand maître et de mettre à sa disposition la moindre partie des revenus attachés à cette dignité; enfin l'infant Henri reçoit l'ordre de mettre ces paroles à exécution. A l'approche du prince, Padilla s'enferme dans la maison religieuse de Calatrava, décidé à se défendre jusqu'à l'extrémité. L'infant, dont l'armée se compose de plus de 800 lances, se voit forcé d'entreprendre un siége en règle. Plusieurs assauts sont repoussés; dans le dernier la pierre d'une fronde, dont l'écuyer de don Ferdinand se servait contre les assaillants, va frapper le grand maître lui-même à la tête, et il expire quelques heures après. Ses compagnons ouvrent les portes conditionnellement, et don Alphonse est reconnu grand maître. Celui qui le reconnut le dernier fut Jean Ramirez de Guzman, qui s'était rendu maître de toutes les forteresses de l'ordre dans le royaume de Jaen, particulièrement des châteaux forts de Martos, d'Arjona et de Porcuna, et qui fut enfin battu en pleine campagne, à la bataille d'Ardon, entre Andujar et Arjona, par Rodrigue Manrique, commandeur de Segure, chevalier de l'ordre de Sant-Iago, que le roi avait envoyé contre lui (1443).—Après la victoire d'Almedo (1445), le roi ordonne aux commandeurs de se réunir, pour soumettre le grand maître Alphonse à un jugement, comme étant un séditieux, et pour lui choisir un successeur. Ils obéissent, à l'exception du petit nombre de ceux qui se rendent au chapitre convoqué par Alphonse à Alcagniz. Mais ils ne parviennent pas à s'accorder sur le choix d'un successeur, car un parti se prononce pour Jean Ramirez de Guzman, tandis qu'un autre parti, beaucoup plus nombreux, élit Pierre Giron. Guzman prend aussitôt le titre de grand maître et s'empare de différentes forteresses de l'ordre, telles

qu'Ossuna, Martos, etc. Mais Giron ne reste pas non plus dans l'inaction, et il est sur le point d'attaquer vigoureusement son adversaire, lorsque le roi et le prince ordonnent simultanément une trêve de trente jours, pendant laquelle ils négocient l'arrangement suivant. Guzman reconnaît Giron pour grand maître, et conserve toutes les commanderies qu'il possède, soit en son nom, soit au nom de son fils; de plus le grand maître s'oblige à lui payer 150,000 maravédis par an sur les revenus affectés à sa table; le roi s'engage à lui payer aussi une pareille somme annuelle, et enfin il est convenu qu'il aura 300 vassaux en Castille. Alphonse, lorsque ce décret du couvent lui est communiqué, en appelle à Rome, mais inutilement, et après avoir encore échoué dans une tentative pour s'emparer à main armée de la dignité de grand maître, il se voit forcé de renoncer à ses prétentions, dans la convention d'Agreda en 1454. — Parvenu enfin à posséder tout seul la dignité magistrale, Giron ne fait usage de son autorité que pour inquiéter le gouvernement (excepté qu'il prit Archidona aux Maures en 1462), en sorte qu'il est douteux si c'est à lui ou à son frère, l'artificieux margrave de Villena, qu'il faut attribuer la confusion sans bornes qui désola le pays à cette époque. L'Andalousie et la Manche furent les principaux théâtres des cruautés de Giron. En 1465 il aliéna au roi toute l'Andalousie. Le prieur de l'ordre de Saint-Jean était du petit nombre de ceux qui résistaient encore à ses artifices : il l'invite à une conférence, pendant laquelle il le fait prisonnier. Lora et d'autres places du prieuré se rendent sans résistance; Consuegra, principale forteresse de l'ordre de Saint-Jean, tombe en son pouvoir après un siége de courte durée. Il fut cependant contraint de lever le siège de Jaen, et les citoyens de cette ville, encouragés par ce succès, se réunissent à ceux d'Andujar, font une incursion sur le territoire de Calatrava, où ils se livrent au pillage et à la dévastation. Le roi avait cherché précédemment à gagner le grand maître par des bienfaits : ainsi il lui avait donné en toute propriété Moron, non loin de Marchena; Pegnafiel, dans la province de Valladolid; Briones, dans la Rioja, et Santivagnos, au nord de Burgos. Se voyant enfin dans l'impossibilité de réprimer la guerre civile, il recourt aux moyens les plus extrêmes, et promet au grand maître, par le traité de 1466, la main de sa sœur, la princesse Isabelle. Par contre Giron s'engage, avec son frère et l'archevêque de Tolède, à abandonner l'infant Alphonse, à servir le roi contre ses ennemis à la tête de 3,000 lances. En même temps le pape fut prié de délier le grand maître de ses vœux. Pie II, embrassant avec joie l'idée de pacifier la Castille, accorde sans difficulté les dispenses désirées, et permet même à Giron de céder la dignité de grand maître à son fils naturel, Rodrigue Tellez Giron, à peine âgé de huit ans, auquel le margrave de Villena est adjoint en qualité de coadjuteur. En conséquence, Giron rassemble les treize, fait reconnaître son fils grand maître, et, malgré la résistance de la princesse, fait ses préparatifs pour le mariage par lequel il espère régner un jour sur la Castille. Avec une suite nombreuse et brillante, il quitte Almagro pour chercher sa rebelle fiancée, et il était à peine arrivé à Villa-Rubia de los Ojas de la Guadiana, qu'il se sentit attaqué d'une fièvre chaude qui rompit le fil de ses jours et de ses projets ambitieux le 2 mai 1466. — Le nouveau grand maître, qui, vu son extrême jeunesse, resta longtemps sous la tutelle de son oncle Villena, embrassa, comme le reste de sa famille, le parti du roi de Portugal dans la grande lutte pour la succession de Castille, enleva plusieurs places fortes, nommément Ciodad-Real, que cependant il perd bientôt, et fut un des grands qui reçurent à Plasencia le roi de Portugal lors de sa prétendue marche triomphale, tandis que le porte-sceptre, Garcias Lopez de Padilla, et une partie des chevaliers de Calatrava combattaient pour la reine Isabelle. Après que les projets des Portugais eurent échoué, Giron demanda (en 1476) sa grâce, et la lui accorda, en considération de sa jeunesse et de son inexpérience. Il servit ensuite le roi catholique avec fidélité et distinction contre les Maures de Grenade, et fut enfin tué par une flèche au combat de Loja, le 23 juillet 1482, à l'âge de 26 ans. Son successeur, Garcias Lopez de Padilla, jusqu'alors porte-sceptre, mourut en 1486, après avoir commandé l'ordre pendant quatre ans, et il fut le vingt-neuvième et dernier grand maître; car lorsque les commandeurs se réunirent pour procéder à une nouvelle élection, ils reçurent communication d'une bulle papale, par laquelle Innocent VIII se réserve pour cette fois la nomination du grand maître. Cette bulle fut suivie d'une autre, où le pape confiait le gouvernement de l'ordre au roi Ferdinand sa vie durant. Après la mort de Ferdinand, les commandeurs, sans avoir égard à la défense du cardinal Adrien, qui certainement ne s'attendait pas au résultat qui s'ensuivit, procédèrent à l'élection d'un nouveau grand maître : leur choix tomba sur le roi Charles et fut confirmé par Léon X. Le cardinal Adrien, qui s'assit peu de temps après sur le trône de Léon X, attacha pour toujours la dignité de grand maître de Calatrava, de Sant-Iago et d'Alcantara à la couronne d'Espagne. On jugera de l'importance pécuniaire de ce présent, lorsqu'on saura que les revenus magistraux du seul royaume de Jaen rapportaient en 1758 près de 1,700,000 réaux de vellon. — L'ordre n'a pas retiré de grands avantages de son union avec le trône. Après avoir été originairement un ordre religieux et militaire, il est devenu insensiblement un ordre de cour comme tant d'autres, et les rois n'ont pas même respecté ses possessions. Ainsi se perdirent, sous leur administration, les commanderies d'Ossuna et de Maquida, dont on forma immédiatement des duchés, et, si nous ne nous trompons, le duché d'Alcudia érigé en faveur de Godoy, favori de Charles IV, se compose de la partie occidentale du vieux domaine de la maison religieuse de Calatrava. En 1700, l'ordre possédait 74 bourgs et villages paroissiaux, nommément Almagro, Almodavar, Calatrava et Manzanarès dans la Manche, Almonacid de Zorita dans la province de Madrid, Martos, Sant-Iago de Calatrava, Arjonilla, Higuera de Calatrava et Torre Don Himeno dans la province de Jaen, Velmez sur le territoire de Cordoue, Cazalla sur celui de Séville, Alcagniz dans l'Aragon ; de plus, 54 commanderies, 16 prieurés et 5 couvents de nonnes. Tout cela était divisé en cinq circonscriptions, qui sont celles : d'Almagro et de Campo de Calatrava, de Martos, d'Almonacid, de Zorita, d'Almodavar del Campo, et d'Almaden. Les deux premières de ces circonscriptions étaient administrées par de véritables chevaliers de l'ordre (le vicaire général de la circonscription de Martos a encore un revenu annuel de 5,000 ducats) ; les autres sont régies par des grands alcades. Les commanderies rapportaient alors toutes ensemble 110,000 ducats d'argent, ou, d'après une donnée de 1765, 1,073,576 réaux de vellon. Les commanderies les plus importantes sont : celle de Manzaranès, dont les revenus étaient estimés en 1780 à 50,000 ducats ; celle de Zorita ; celle de Martos, qui rapportait en 1758 3,000 pesos; celles d'Herrera, de Castellanos, de Havanilla, de Malagon, de Moral, de Niebla, de Séville. Les grands dignitaires de l'ordre sont : le grand commandeur de Castille, qui a 111,576 réaux de revenus; le porte-sceptre, le grand commandeur d'Alcagniz, le prieur, le grand sacristain, l'architecte. Toutes les commanderies et dignités payent ensemble un impôt de 500 lances ou cavaliers. Les dignités de prieur et de grand sacristain, ainsi que les 16 prieurés, sont destinés exclusivement aux prêtres de l'ordre. Le prieur est un prélat crossé et mitré qui confère à ses subordonnés les ordres mineurs. Deux des prieurés sont de véritables couvents pour les moines de l'ordre, les autres sont presque tous de simples paroisses. Les nonnes de l'ordre de Calatrava ne se distinguent des autres religieuses de Saint-Bernard que par la croix de l'ordre. Nous avons parlé déjà du couvent de nonnes qui se trouvait à Barrio de San-Felices, et qui a été transporté à Burgos. Un second couvent de ces nonnes fut fondé en 1479 à San-Salvador de Pinilla, dans la paroisse de Liguenza ; enfin un troisième couvent, qui est le plus considérable, fut fondé au commencement du XVIᵉ siècle, dans la ville d'Almagro, par le grand commandeur Gauthier de Padilla, en l'honneur de l'Assomption de la sainte Vierge Marie. Les religieuses, ou, comme on les appelle, les commanderesses d'Almagru, sont obligées, comme les chevaliers, de fournir des preuves de noblesse. Depuis que l'antipape Benoît XIII permit, en 1397, aux chevaliers de déposer le scapulaire et la mozette, leur costume de cérémonie se compose d'un manteau blanc avec une croix rouge de lis au côté gauche. La permission de se marier ayant été accordée aux chevaliers en 1540, ils ne font plus que les vœux de pauvreté, d'obéissance et de chasteté conjugale, auxquels ils ajoutèrent en 1652 celui de défendre l'immaculée conception. Dans cette même année 1652, la règle de l'ordre fut révisée pour la dernière fois. D'après les anciens statuts, les chevaliers étaient de véritables moines : ils portaient des chemises en laine, devaient se coucher et dormir entièrement habillés et observer le silence dans l'oratoire, dans le réfectoire et dans la cuisine. Celui qui avait frappé un des chevaliers ses frères, ou désobéi au grand maître, ne pouvait, pendant les six semaines suivantes, ni porter des armes ni monter à cheval, et devait prendre ses repas par terre pendant trois jours. Celui qui s'était rendu coupable d'un manque de chasteté devait prendre ses repas par terre pendant toute une année, jeûner au pain et à l'eau trois fois la semaine, et se donner la discipline tous les vendredis. — Les armoiries de l'ordre se composent d'une croix rouge de lis sur champ d'argent. De même que tous les autres ordres militaires

d'Espagne, celui de Calatrava est placé sous l'autorité du *consejo real de las ordenes*, créé en 1489, et auprès duquel il a son procurateur général et fiscal (*V.* Francesco Caro de Torres, *Historia de las ordenes militares de San Iago, Calatrava y Alcantara, des de su fundacion harta el rey don Phelippe II*, en Madrid, 1629, in-fol. — Fr. Francesco Rades de Andrada, *Coronica de las tres ordenes y cavallerias de San Iago, Calatrava y Alcantara*, en Toledo, 1572, in-folio. — Gabriel Lasa de la Vega, *Discursos de las ordenes militares de Espanna*. — Msp. Hieronymo Mascarenhas, *Apologia historica por la illustrissima religion y inclita cavalleria de Calatrava, su antiguedad, extension y grandezas entre las militares de Espanna*, en Madrid, 1651, in-4º. — Ej. Raymondo Abad de Fitero, *De la orden de Cister, fundador de la sagrada religion y cavalleria de Calatrava*, ib., 1653, in-4º. — Ej. *Definiciones de la orden y cavalleria de Calatrava*, ib., 1661, in-fol. — Ej. *La historia del sacro convento de Calatrava*, msp. — Joseph Miqucli y Marquez, *Teatro de la cavalleria militar*, en Madrid, 1642, in-folio. — Du reste, il résulte de ce que nous avons dit, qu'il y a deux localités distinctes qui portent le nom de Calatrava. La première, Calatrava la Vieja (Oretum), est un bourg situé sur la rive méridionale de la Guadiana, au nord-est de Ciodad-Réal, sur une éminence ; pour contre, la maison religieuse et le véritable siége de l'ordre sont au sud de Ciodad-Réal, sur une montagne, au milieu d'un grand nombre de villages, parmi lesquels Bilbis est le plus considérable. Campo de Calatrava, campagne de Calatrava, est le nom d'un pays de collines qui s'étend sur les plaines de la Manche, et qui les relie à la Sierra Morena. C'est en même temps le domaine primitif de la maison religieuse.

CALAU (BENJAMIN), peintre de la cour et membre de l'académie des beaux-arts à Berlin, né en 1724 à Friedrichsstadt dans le Holstein, bon peintre de portraits, et surtout célèbre pour avoir retrouvé, selon l'avis du moins d'un grand nombre de savants, la cire punique ou *éléodorique*, dont les anciens se servaient, au lieu d'huile, pour la peinture. Calau donna lui-même un exposé de sa découverte dans la *Gazette littéraire de Halle* (1768, p. 740); et, en 1772, Lambert publia la description d'une pyramide des couleurs peintes avec cette cire. Calau obtint de Frédéric II un privilége exclusif pour la vente de son procédé. Il mourut à Berlin le 27 janvier 1785. (*V.* sur ce sujet l'ouvrage d'A. Riem *sur la peinture des anciens*, Berlin, 1787, in-4º.)

CALAURIE (*géogr. anc.*), île de la mer Égée, voisine de Trézène. On y révérait surtout Apollon et Neptune. C'est dans cette île que Démosthène, poursuivi par Antipater, roi de Macédoine, s'empoisonna.

CALAUS (*hist. héroïque*), Phrygien, père d'Atys.

CALAVIENS (*hist. anc.*), famille de Capoue, dont plusieurs membres essayèrent d'incendier Rome, l'an de Rome 542.

CALAVIUS (PACUVIUS) (*V.* PACUVIUS).

CALAWÉE, s. f. (*botan.*), sorte d'arbre de Sumatra, dont on file l'écorce pour faire de la toile.

CALAYA, s. m. (*myth.*). C'est l'un des paradis des Indiens, qui est une montagne en argent, sur laquelle ils adorent leur dieu Ixora monté sur un bœuf.

CALAYCAGAY, s. m. (*botan.*), nom qu'on donne à la poincillade aux Philippines.

CALAYICAGAY, s. m. (*botan.*), espèce de sainfoin qui croît sur les bords du Gange.

CALAZIA, s. f. (*minér.*), sorte de pierre précieuse, marquetée de petites taches, comme des grains de grêle (*V.* CHALASIE).

CALAZZOPHYLACES, s. m. pl. (*hist. anc.*), prêtres ou ministres de la religion chez les anciens Grecs, dont la fonction était d'observer les grêles, les orages et les tempêtes, pour les détourner par le sacrifice d'un agneau ou d'un poulet. Au défaut de ces animaux, ou s'ils n'en tiraient pas un augure favorable, ils se découpaient le doigt avec un canif ou un poinçon, et croyaient ainsi apaiser les dieux par l'effusion de leur propre sang. Ils avaient été institués par Cléon. Leur nom est formé de χάλαζα, grêle, et de φυλάσσω, j'observe, j'épie. Les Éthiopiens ont de semblables charlatans qui se déchiquètent le corps à coups de couteau et de rasoir, pour obtenir la pluie ou le beau temps; et l'on trouve dans l'Écriture un exemple des mêmes pratiques mises en œuvre par les prêtres de Baal que confondit Élie (*V.* BAAL, BELLONAIRES).

CALBARIA (*géogr.*), province peu connue d'Afrique, bordée par le Rio-Réal ou la rivière royale, appelée aussi *Calabar*, dont elle tire son nom. La rivière, quoique large, n'est pas assez profonde pour porter les vaisseaux de charge. Près de la côte, sur le bord ouest du Calabar, est une ville appelée par les Hollandais *Wyndorp*, et par les nègres, à cause de sa grande quantité de vins, *Foke*. Deux branches se détachent à l'est et à l'ouest de cette rivière et coulent vers le nord. Dans le bras droit est un canal de quelques lieues pour le parcours des vaisseaux marchands jusqu'à la ville de Calbaria, qui est située sur sa rive septentrionale. C'est une place de grand commerce pour les Hollandais ; elle est entourée de palissades, défendue au midi par la rivière, et au nord par un bois rempli de fondrières. En face de la ville, dans la branche du Rio qui la baigne, est une grande île de forme ovale, couverte de forêts, et à fleur d'eau, de l'aspect le plus pittoresque. A douze lieues ouest de Calbaria est Belli, gouvernée par un capitaine, et à vingt lieues, près de son embouchure, le Rio-Réal reçoit plusieurs rivières qui lui donnent une étendue imposante, favorable à la navigation. La province de Krike, bordée à l'est par le Moko, est à vingt milles de la côte, et en arrière du Rio-Réal. Au midi de Moco, ville bâtie sur la rivière de ce nom, est la province de Bani, dont le chef-lieu est Culeba, ville principale de cette contrée, qui s'étend vers l'ouest jusqu'à Saugma, et est des trois officiers militaires subalternes appartenant à la Hollande. — Les nègres cannibales, habitant les rives orientales de la province de Calbaria, circoncisent les femmes nubiles, mangent seulement les morts et vendent les prisonniers de guerre. Les canots en usage chez les nègres sont pointus des deux bouts, ont soixante pieds de long et six de large, avec un foyer au milieu pour préparer les repas, et des bancs en travers pour les rameurs. Près de chaque rameur est un carquois plein de flèches, en cas d'attaques, ces nations vivant continuellement en guerre. Ces canots portent quatre-vingts personnes ; les esclaves y sont seulement exposés aux injures de l'air ; les maîtres ont, pour s'abriter pendant la nuit, des nattes de jonc qu'ils étendent sur des perches en guise de tentes. A l'embouchure est de la rivière de Loitomba, appelée par les Portugais *Rio do Santo-Domingo*, est une grande ville habitée par des commerçants nègres, qui font le trafic des esclaves, et les transportent en des contrées éloignées. Près de Loitomba est le vieux Calharia ou la rivière Calboroug. Les contrées interjacentes sont dépourvues d'eau ; la côte, depuis le Rio-Réal jusqu'à l'ancien Calboroug, est de vingt-quatre lieues d'étendue nord-nord-est.

CALBARY (*géogr.*), rivière d'Afrique, au royaume de Benin ; elle se jette dans le golfe de Guinée.

CALBAS ou **CALEBAS**, s. m. (*mar.*), cordage qu'on amarre par un bout à un des pacfis, et par l'autre à l'arganeau qui est au pied du mât.

CALBÈS, s. m. pl. (*archéol.*), bracelets que les anciens Romains donnaient aux soldats qui s'étaient distingués par quelque action d'éclat.

CALBI (ROGER), médecin et poëte, né à Ravenne en 1683, pratiqua son art avec le plus grand succès tant dans sa ville natale qu'à Bologne, Ferrare, etc., fut l'ami des Lancisi, des Valisnieri, des Morgagni, et mourut en 1761, membre de plusieurs académies. Il a publié quelques opuscules de médecine et différentes pièces de vers ; mais il a laissé manuscrit un *Poëme sur la mort*, en douze chants, et plusieurs volumes de *Capitoli giocosi*, etc.

CALBINGOS (*géogr.*), pays situé sur la côte de Benin en Afrique, entre le Rio del Rey et le Rio dos Camaraos. Sa position est très-haute, et au fond de ce pays se trouve une montagne tellement élevée, que souvent le matin on la voit couverte de neige. Monrad nomme cette montagne et la chaîne qui en fait partie les *monts Camaraos*. Du reste, le pays, ainsi que ses habitants, sont entièrement inconnus.

CALBIS (*géogr. anc.*), fleuve de Carie. Il prend sa source dans les montagnes qui forment la frontière orientale de cette province, et se jette dans la Méditerranée, entre Physcus et Caunus, vis-à-vis de l'île de Rhodes. — **CALBIS** ou **INDUS**, ruisseau de Phrygie, au sud-ouest. Il forme, avec le Calaris et le Chæus, le fleuve Lycus.

CALBIUM (*Promontorium*) (*V.* GOBÆUM).

CALBOA (*calboa*) (*botan.*), nom générique qui sert à désigner une plante de la famille des convolvulacées, qui ressemble au liseron, et, par son stigmate en tête, se rapproche du quamoclit. Son caractère distinctif est une capsule à quatre loges monospermes et à quatre valves. La principale espèce est : **CALBOA A FEUILLES DE VIGNE** (*calboa vitis folia*) : feuilles alternes, en cœur, partagées en trois lobes aigus ; fleurs disposées en corymbes axillaires ; corolles longues et semblables à celles du liseron, jaunes à l'extérieur, purpurines à l'intérieur.

CALBOSTAIS (*vieux mot*), petite caisse de bois qui sert à mettre un marteau et des clous ou autres choses semblables.

CALBOTIN, s. m. (*technol.*), est un panier de paille dans lequel les cordonniers mettent le fil.

CALCABLE, adj. des deux genres (*vieux mot*), difficile à faire, à passer, selon Borel. Il n'y a pas réfléchi : c'est le latin *calcabilis*, lieu où l'on peut marcher. Il n'a pas d'autre signification dans la chronique de Hainaut, où, en parlant des rivières, l'auteur dit qu'elles étaient guéables, et que l'on pouvait les traverser à pied ou à cheval.

CALCAGNI (ROGER), dominicain de Florence, fut nommé évêque de Castro et premier inquisiteur de la foi dans toute la Toscane par le pape Grégoire IX, l'an 1240. Il quitta son évêché après trente-quatre ans d'une sainte administration, pour se retirer parmi ses frères dans le couvent d'Arezzo, où il mourut vers l'an 1290. Possevin et plusieurs autres lui attribuent un livre intitulé : *Des vertus et des vices* ; mais il est certain qu'il ne fit que le traduire en langue toscane, et que son véritable auteur est le P. Laurent, de l'ordre des frères prêcheurs, Français de nation et confesseur de Philippe III, roi de France. La traduction de Calcagni est de l'an 1279. Ughelli se trompe, par conséquent, en mettant la mort de ce prélat à l'an 1274. Il paraît en effet qu'il vécut seize ans dans sa retraite d'Arezzo, après son abdication, et qu'il ne mourut que vers l'an 1290. Ce fut un des plus célèbres prédicateurs de son temps en Italie, et l'un des plus zélés défenseurs de la foi contre les hérétiques. (*V.* le P. Touron, dans le tome premier de son *Histoire des hommes illustres de l'ordre de Saint-Dominique*, pag. 415 et suiv.)

CALCAGNI (TIBERIO), sculpteur du XVIIe siècle, né à Florence. Michel-Ange, devenu vieux et ne pouvant plus dessiner fermement, se servit de la main de Calcagni pour terminer plusieurs sculptures. Le choix d'un tel homme prouve le talent de cet artiste. — **CALCAGNI** (le Ferrarais) mourut en 1593, âgé de cinquante-sept ans. Élève de Jérôme Lombardi, a jeté en moule plusieurs statues des papes, et a exécuté en argent, dans la Santa-Casa de Lorette, les douze apôtres.

CALCAGNINI (CELLIO), l'un des plus savants hommes de son siècle, né en 1479 à Ferrare, quitta la carrière des armes pour celle des ambassades, et finit par embrasser l'état ecclésiastique. Chanoine de Ferrare, il fut honoré du titre de protonotaire, et mourut dans sa patrie en 1541, laissant un grand nombre d'opuscules sur des matières de grammaire, de morale, d'anatomie, etc., réunis, Bâle, 1544, in-fol. Par son testament, il demanda d'être enterré dans la bibliothèque des dominicains, à laquelle il légua ses livres et ses instruments de mathématiques, dont il voulut tout ce qu'il possédait. Son vœu fut rempli. C'est Calcagnini qui a rédigé le *Catalogue* des médailles d'or du musée d'Este, conservé manuscrit dans la bibliothèque de Modène.

CALCAGNO, CALCANÆUS (LAURENT), célèbre jurisconsulte de Bresse en Italie dans le XVe siècle, a laissé : *De commendatione studiorum ;* — *De septem peccatis mortalibus ;* — *De conceptione sanctæ Mariæ ;* — *Concilia*, etc. (Trithème, *De script. eccles.*).

CALCAIRE (*minér.*, *géol.*). Sous ce nom, on désigne à la fois une *espèce minérale* et une *roche*. Dans l'une comme dans l'autre, c'est un composé d'oxyde du métal appelé *calcium* par les chimistes, et d'acide carbonique, c'est-à-dire un *carbonate de chaux*. Dans la *Nomenclature minéralogique* d'Haüy, le carbonate de chaux porte le nom de *chaux carbonatée ;* dans la nomenclature nouvelle de M. Beudant, le carbonate de chaux formule la quatrième espèce du genre carbonate, et se divise en deux sous-espèces, le *calcaire* et l'*arragonite* (*V.* ce mot). Si nous considérons le calcaire comme espèce ou sous-espèce minérale, nous dirons qu'à l'état *spathique* ou cristallin il se divise par la percussion en rhomboïdes, tellement que les plus petites parcelles de cette substance, celles même qui ne sont à l'œil nu qu'une sorte de poussière, sont en réalité, vues avec une loupe, de petits fragments rhomboïdaux. Un autre caractère physique que présente le calcaire à l'état cristallin, c'est, lorsqu'il est doué de la transparence, de jouir à un très-haut degré de la double réfraction, c'est-à-dire qu'une ligne ou un point, tracés sur un morceau de papier, paraissent doubles lorsqu'on les regarde à travers une lame ou un cristal de calcaire. Cette substance se reconnaît encore à une propriété qui cependant ne lui est pas propre, puisqu'elle est commune à presque tous les carbonates : c'est de faire effervescence dans l'acide nitrique. Enfin une propriété chimique qui en fait une matière très-utile est celle dont elle jouit, de perdre par l'action du feu l'acide carbonique, et de se convertir en chaux vive, dont l'emploi est si utile dans les constructions. Nous venons de dire que le calcaire à l'état cristallin se divise en rhomboïdes; nous devons ajouter que sa cristallisation la plus simple est aussi rhomboïde; mais cette forme est tellement féconde en décroissements, qu'elle donne lieu à près de 1,400 cristallisations secondaires différentes. Haüy seul en a décrit 154. Mais, nous le répétons, chacun de ces cristaux se divise par le choc en fragments rhomboïdaux. Si à toutes les variétés de forme régulière que présente le calcaire on ajoute toutes les formes irrégulières, toutes les variétés de structure, de couleur, d'éclat et même d'odeur, on pourra dire qu'aucune substance minérale dans la nature n'est aussi riche en variétés. — Considéré comme *roche*, c'est-à-dire comme une masse minérale formant de grands dépôts dans la nature, le calcaire jouit aussi de la faculté d'être extrêmement varié dans sa structure; aussi l'on nomme *calcaire lamellaire* celui qui offre dans sa cassure des lamelles bien distinctes, telles qu'on les remarque dans le marbre de Paros; *calcaire grenu* ou *saccaroïde*, celui dont la texture grenue ressemble à celle du sucre, comme dans le marbre de Carare; *calcaire compacte*, celui qui présente un grain plus ou moins fin et une cassure inégale, conchoïde et écailleuse, comme dans la pierre lithographique; *calcaire sublamellaire*, celui qui tient à la fois du compacte et du lamellaire; c'est la texture de la plupart des marbres colorés; *calcaire ottiohique* ou *globuliforme*, celui qui présente une réunion de grains arrondis plus ou moins gros; *calcaire orageux*, celui qui offre généralement une texture lâche et terreuse, comme dans la craie blanche des environs de Paris; *calcaire marneux*, celui qui, tendre et faible, se désagrége facilement et devient par là propre à l'amendement des terres; *calcaire grossier*, celui dont la texture lâche et le grain irrégulier lui ont mérité ce nom, comme dans la pierre à bâtir des environs de Paris; enfin, *calcaire silicieux*, celui qui renferme une quantité plus ou moins considérable de silice, soit en noyaux, soit disséminée d'une manière invisible dans la pâte. Le calcaire est très-abondant dans la nature : on en trouve dans les terrains les plus anciens et dans les plus modernes; cependant son abondance augmente dans les couches terrestres à mesure qu'on s'éloigne des formations anciennes.

CALCAL ou **CHALCOL**, quatrième fils de Mahol, fils de Jaré (I. *Par.*, 2, 4; et III. *Reg.*, 4, 31).

CALCALANTITE ou **CALCALANTILE**, s. f. (*minéral.*), pierre mêlée de cuivre.

CALCAMAR, s. m. (*hist. nat.*), oiseau du Brésil, espèce de manchot, de la grosseur d'un pigeon.

CALCANÉO-SUS-PHALANGIEN, ENNE, adj. (*anat.*), qui s'étend du calcanéum à la face inférieure de la phalange d'un orteil. On donne ce nom à deux muscles, l'abducteur du gros orteil et l'abducteur du petit orteil. Il est aussi substantif masculin.

CALCANÉO-SUS-PHALANGINIEN, ENNE, adj. (*anat.*), qui va du calcanéum à la face intérieure des secondes phalanges des orteils.— Il désigne un muscle, et est aussi substantif masculin. — On appelle *calcanéo-sous-phalanginien commun* le court fléchisseur commun des orteils.

CALCANÉO-SUS-PHALANGETTIEN, ENNE, adj. (*anat.*). Il se dit du muscle court extenseur de l'orteil. Il est aussi substantif masculin.

CALCANÉUM (*anat.*). C'est un os du tarse, c'est-à-dire de la partie postérieure du pied. C'est lui qui forme la partie saillante du talon. Enfin c'est à lui que s'attache ce tendon connu sous le nom de *tendon d'Achille*. C'est sur le calcanéum que porte principalement la force de pesanteur du corps. Aussi, par son épaisseur et par la solidité de ses attaches, il offre une résistance considérable aux efforts qui tendraient à changer sa position.

CALCANTHE, s. m. (*chim.*), nom que les anciens donnaient au sulfate de cuivre, que l'on nomme vulgairement *vitriol bleu* ou *vitriol de Chypre*, et dont la vraie signification est *fleurs de cuivre*.

CALCAR, s. m. (*anat.*), nom que certains auteurs ont donné au calcanéum. — Nom ancien par lequel on désignait l'ergot du coq.

CALCAR (HENRI) (V. KALCAR).

CALCAR ou **CALKAER** (JEAN DE), né à Calcar dans le duché de Clèves, mort à Naples en 1546. Élève du Titien, il fit de tels progrès dans l'art de peindre, que d'habiles connaisseurs prennent plusieurs de ses tableaux et de ses dessins à la plume pour des œuvres du Titien lui-même. Il étudia aussi avec un incroya-

ble succès à Rome la manière de Raphaël; mais une mort subite l'enleva à la fleur de l'âge et au milieu d'un brillant avenir artistique. C'est lui qui a dessiné les figures anatomiques du livre de Vésale et les portraits des peintres qui sont à la tête de chaque vie des saints écrites par Vasari. Indépendamment de ces deux ouvrages distingués, il a fait plusieurs tableaux, parmi lesquels il en est un admirable, une *Nativité*, accompagnée d'anges, où la lumière vient de l'enfant Jésus. Rubens, auquel il appartint, en faisait les plus grands éloges.

CALCARÉOUS-GRIT, s. m. (*hist. nat.*), coquille fossile.

CALCARIE (*géogr. anc.*), aujourd'hui *Cabières*, ville méridionale des Cavares, au nord-ouest de Massilia, et à l'ouest d'Aquæ Sextiæ, dans la Gaule narbonnaise. — CALCARIE, aujourd'hui *Tad-Castor*, ville de la Bretagne, dans la grande Césarienne, à cinq lieues au nord-est d'Eboracum.

CALCARIFÈRE, adj. des deux genres (*chimie*), mélangé de matières calcaires.

CALCARINE (*calcarina*) (*hist. nat.*), genre de céphalopodes foraminifères, de la famille des héticostègues, établi par M. d'Orbigny sur de petites coquilles microscopiques qui ont des appendices marginaux rayonnant tout autour de la carène; jamais de disque ombilical; le spire souvent masquée, le test rugueux ou épineux et l'ouverture en fente longitudinale contre l'avant-dernier tour de spire. Ce naturaliste réunit aux calcarines les *sidérolites* de Lamarck, et peut-être faut-il réunir encore les *tinopores* et *cortules* de Denis de Montfort.

CALCATON, s. m. (*chirurg. et pharm.*), trochisque d'arsenic.

CALCÉDOINE (V. CHALCÉDOINE).

CALCÉDOINE (*minéral.*), pierre mi-transparente, cornéuse, luisante, couleur de lait ou blanc grisâtre, bleuâtre, brune, grise, offrant divers dessins. Sa pesanteur spécifique est de 2,5-2-6. On en distingue différentes espèces selon la couleur et autres propriétés. Quand les bandes sombres et blanches alternent régulièrement, la pierre porte le nom de *calcédonix*; quand ses dessins sont sombres, en forme d'arbre, on l'appelle pierre de *mocca*, pierre arborisée, pierre de *mocha*; le *plasma* est vert sombre, le *ciragat* ou *micarnéole* est jaune, le *saphirin* est bleu, et la pierre saint-étienne est blanche, à taches fort rouges.

CALCÉDONIEUX, EUSE, adj. (*minéral.*). Il se dit des pierres précieuses qui ont quelque marque, quelque tache blanche.

CALCÉOLAIRE, s. f. (*botan.*), genre de plantes de la famille des scrofulaires ou des rhinanthoïdes.

CALCEOLARI (FRANÇOIS), naturaliste et pharmacien de Vérone dans le xvi° siècle, avait formé un superbe cabinet de curiosités en tous genres, dont son petit-fils publia la description en latin, Vérone, 1622, in-fol., fig. Elle est rare et recherchée. On doit encore à ce naturaliste un *Voyage au mont Baldo*, célèbre par les excursions des plus fameux botanistes, en italien, Venise, 1566, et en latin, 1571, in-4°; un abrégé latin des *Commentaires de Mathiole sur Dioscoride*, Venise, 1586, in-4°, fort rare.

CALCÉOLE (*calceola*) (*mollusq.*), genre de rudistes établi par Lamarck pour des coquilles fossiles de Juliers très-répandues aujourd'hui dans les cabinets. Elles sont épaisses, équilatérales, très-inéquivalves, triangulaires, adhérentes par la face postérieure de leur valve inférieure; celle-ci très-grande, pyramidale, plate en arrière, convexe en avant, à ouverture oblique, demi-circulaire, le bord antérieur étant arrondi et le postérieur droit; celui-ci muni de dents sériales, celle du milieu plus grande que les autres; la valve supérieure operculiforme, aplatie, présentant à son bord postérieur deux petites dents de chaque côté d'une fossette, outre quelques petites dents sériales s'étendant de chaque côté. — Lamarck plaça les calcéoles, comme nous l'avons déjà dit, dans la famille des *rudistes*, entre les *radiolites* et les *birostrites*. Cuvier les mit dans la famille des *ostracés*, entre les *sphérulites* et les *hippurites*, ce qui revient au même, et M. de Blainville à la fin de la famille des *rudistes*, immédiatement après les *birostrites*, et faisant le passage aux *ostracés*. — Depuis lors, un savant naturaliste, M. Charles des Moulins, s'étant particulièrement occupé des rudistes, dont il a fait une classe à part, s'est servi du genre calcéole pour en faire le type de la famille des *calcéolées*, dans laquelle il range ce genre à côté des *sphérulites* et des *hippurites*. Ainsi l'on voit, par ce que nous venons de dire, que c'est avec les sphérulites et les autres rudistes que l'on a généralement cru devoir ranger les calcéoles; et, il faut l'avouer, ce n'a jamais été que d'après des caractères vagues ou peu certains, par une simple analogie dans les formes générales, et peut-être aussi par l'embarras où l'on était de placer convenablement certains genres que l'on s'est décidé à réunir sous le nom *rudiste*, comme pour former un *incertæ sedis*. Aujourd'hui qu'une belle observation de M. Deshayes a prouvé que les sphérulites sont toutes différentes de ce que l'on pensait et qu'elles se rapprochent des *cames*, avec lesquelles on n'avait pas soupçonné leur analogie, la place des calcéoles dans les rudistes devient moins admissible. C'est d'après cela que, considérant les caractères particuliers de cette coquille et même ceux d'ensemble, nous avons, dans notre *Manuel de l'histoire naturelle des coquilles et des mollusques*, rangé les calcéoles dans l'ordre des brachiopodes, famille des térébratules, où elle fait le passage de celles-ci aux cranies. — On ne connaissait que deux espèces de ce genre, la *calcéole hétéroclite* de M. Defrance, remarquable par une côte médiane et élevée qui se trouve sur sa partie postérieure, espèce que M. Charles des Moulins n'admet qu'avec doute, et la *calcéole sandaline (anomia sandalina*, de Linné, qui est du pays de Juliers et de quelques autres parties de l'Allemagne; c'est la plus connue. Aujourd'hui nous en désignons une troisième sous le nom de *calcéole élargie (calceola depressa*), qui est remarquable par la solidité et l'épaisseur de son test, par sa brièveté, sa largeur plus grande que sa longueur, ce qui est le contraire dans la calcéole sandaline, et enfin sa dimension double de l'autre. Elle est également d'Allemagne.

CALCET, s. m. *(marine)*, assemblage de planches élevé et cloué sur le haut des arbres d'une galère, et qui sert à renfermer les poulies de bronze qui sont destinées au mouvement des antennes.

CALCHAS *(mythol.)*. « Cet oracle est plus sûr que celui de Calchas, » s'écrie Achille dans l'*Iphigénie en Aulide* de Racine. Ce devin, fils de Thestor, et l'un des Argonautes, avait été choisi pour conduire à Troie les vaisseaux des Grecs, selon l'usage des anciens, qui ne faisaient aucune expédition sans avoir à leur tête des devins qui réglaient leurs entreprises et exerçaient une grande autorité. — Calchas, favorisé d'Apollon, savait le passé, le présent et l'avenir. C'est lui qui, en Aulide, prédit que le siège de Troie durerait dix ans, et qui annonça que le calme par lequel les vaisseaux étaient retenus dans le port ne cesserait que quand le sang d'Iphigénie aurait apaisé les dieux. Ses oracles ne satisfaisaient pas toujours les chefs; mais il était toujours d'accord avec le prudent Ulysse. — Calchas déclara que la peste qui retenait les Grecs devant Troie ne cesserait que quand Agamemnon aurait rendu à Chrysès, prêtre d'Apollon, sa fille Chryséis. — Il défendit qu'on rendît les honneurs du bûcher à Ajax, parce qu'il s'était tué lui-même: protestation bien ancienne contre le suicide. — Il ordonna que Polyxène fût immolée aux mânes d'Achille (*V.* SACRIFICES HUMAINS). — Ce fut par ses conseils que l'on construisit le cheval de bois qui fit entrer les Grecs dans Troie. — Il prédit à Énée, dont il sauva la vie, qu'il fonderait un jour un nouveau royaume en Italie. Calchas avait lu dans les destinées qu'il mourrait quand on aurait trouvé un devin plus habile que lui : c'est ce qui lui arriva à Colophon, ville d'Ionie, où le devin Mopsus le surpassa dans son art. Les uns racontent qu'il s'agissait du nombre de fruits que portait un figuier sauvage, et du nombre de petits que mettrait bas une truie. D'autres attribuent à ce combat de divination une cause moins vulgaire. Mopsus voulut détourner Amphimachus, roi de Lycie, d'une guerre qu'il prévoyait devoir être malheureuse. Calchas, au contraire, l'engagea à l'entreprendre, et la guerre ayant eu une issue funeste, Calchas se tua de chagrin. Il eut, dans la suite, un oracle sur la colline *Drium*, dans la Daunie. Ceux qui le consultaient lui sacrifiaient un bélier noir, et s'endormaient couchés sur la peau de la victime. Ils recevaient en songe les avis de l'oracle. — La sibylle *Lampura* était fille de Calchas. — L'étymologie du nom de Calchas, dérivé de χαλχαίνω, *je médite*, paraît indiquer qu'Homère l'a forgé, ainsi que son histoire fabuleuse. — Les monuments qui représentent Calchas sont rares. On le voit sur la table Isiaque, annonçant aux Grecs que la peste ne cessera que lorsque Agamemnon aura rendu Chryséis à son père. Son nom est écrit au-dessous de sa figure, ΧΑΛΧΑΣ. Il est vêtu comme les autres guerriers grecs. — On le voit encore sur un vase grec, prêt à sacrifier Iphigénie : il est derrière un autel carré, élevé sur deux gradins; il est debout, vêtu d'un ample manteau qui laisse à découvert la partie supérieure de son corps. Il est barbu, tient de la main gauche un sceptre, et de la droite un large couteau qu'il dirige vers Iphigénie placée à côté de l'autel, et qui semble

Tendre au fer de Calchas une tête innocente.

Ce vase, haut de vingt-cinq pouces, a passé de la collection Durand dans celle de M. le vicomte Beugnot : il a été payé 800 francs. Il est gravé dans l'*Orestéide* de M. Raoul Rochette, pl. XXVI, B.
DUMERSAN.

CALCHI (TRISTAN), historien, que l'Argellati appelle le Tite Live de Milan, était né dans cette ville vers 1462. Élève de Georges Merula, il fit sous cet habile maître de rapides progrès dans les lettres. Ses talents autant que la protection de Barthélemy Calchi, son parent, lui ouvrirent le chemin des honneurs. Nommé secrétaire du duc François Sforza, il remplit les mêmes fonctions auprès des successeurs de ce prince. La ville de Milan le créa son historiographe en 1502; et l'année suivante, après la conquête des Français, Louis XII le confina dans sa place de secrétaire, et y ajouta celle d'architrésorier (*proto-scriniarius*). Après avoir rassemblé les documents les plus rares et les plus précieux sur les Visconti et le Milanais, il fit son Histoire de Milan, qu'il conduisit jusqu'à l'année 1523. On ignore à quelle époque il mourut; mais il est certain qu'il ne vivait plus en 1517. Cette histoire resta cachée pendant plus d'un siècle. La première partie fut mise au jour avec les notes de Guill. Calaveroni, sous ce titre : *Historiæ patriæ libri XX*, Milan , 1628 , in-folio. Ce volume finit avec l'année 1513. La suite, publiée par J.-P. Puricelli (*V.* ce nom), est intitulée : *Calchi residua , hoc est Historiæ patriæ libri XXI et XXII*, ibid., 1644, in-fol. L'auteur y a réuni trois opuscules de Tristan sur autant de mariages des princes de la maison de Sforza. Cette histoire a été reproduite par Grævius, dans le tome II du *Thesaurus antiquitat. Italiæ*. Il en existe un *Abrégé* , Milan , sans date, in-8°; elle a été continuée par Ripamonti Joseph, jusqu'à la mort de Charles-Quint, sous ce titre : *Historiæ patria decades, ab anno 1314, quo Calchus decessit, ad excessum Caroli Quinti*, Milan , 1648, 5 vol. in-fol. L'ouvrage de Tristan est le meilleur qu'on puisse consulter pour tout ce qui concerne le Milanais. Le style, élégant et pur, a la gravité convenable. L'auteur s'y montre meilleur critique qu'on n'aurait le droit de l'exiger d'un écrivain de cette époque. On doit encore à Calchi des éditions avec des *préfaces de l'Historia vice-comitum* de Merula, Milan , 1500, in-8°, et du livre de Censorius, *De die natali*, ibid., 1503. Il a laissé également divers manuscrits dont on trouve les titres dans les *Scriptores Mediolanenses* de l'Argellati, I, p. 427.

CALCHINIE *(hist. héroïque)*, fille de Leucippe, roi de Sicyone. Elle fut mariée à Messapus , commandant d'un navire, dont elle eut un fils qui régna à Sicyone après la mort de son aïeul.

CALCHIS, s. m. (*hist. nat.*), espèce d'oiseau des anciens, qu'on croit être l'oiseau saint-martin.

CALCHUS, roi des Dauniens. Ce prince étant venu faire sa cour à Circé lorsque Ulysse était avec elle, la magicienne lui servit un repas splendide, l'enivra et l'enferma dans une étable. Circé lui rendit la liberté, mais sous la condition qu'il ne reviendrait jamais dans son île.

CALCHUT, ou **CALCHYT**, ou **CELCHYTH** (*Calchutum*) *(géogr.)*, lieu d'Angleterre où il s'est tenu deux conciles (*V.* CELCHYTH).

CALCIAGE, s. m. *(jurispr. du moyen âge)*, droit pour l'entretien des chaussées.

CALCIDIS *(géogr. anc.)*, montagne de Sicile, située près de l'Etna.

CALCILE, s. m. *(botan.)*, nom d'une espèce de raisin.

CALCILITHE, s. f. *(minéral.)*, sorte de pierre qui contient de la chaux. Quelques-uns écrivent *calcilite*.

CALCIN, s. m. *(technol.)*, morceau de glace ou de verre réduit en petites parties par le moyen du feu ou de l'eau froide; rognures, fragments ou débris de verre.

CALCINATION *(chimie)*. On désigne ainsi la réduction des pierres calcaires en chaux par l'action du feu (*V.* CHAUX).

CALCINATO (BATAILLE DE). Le duc de Vendôme, profitant de l'absence d'Eugène, parut inopinément le 19 avril 1706 devant 15,000 Autrichiens retranchés sur la Chiesa, entre Monte-Chiaro et Calcinato, dans le Bressan. Vendôme donna ordre à ses troupes d'essuyer, sans tirer, une décharge générale, et de marcher ensuite à la baïonnette contre l'ennemi en tirant sur lui à brûle-pourpoint. Le comte de Reventlau, général des Autrichiens, leur avait ordonné, de son côté, de laisser avancer les Français à vingt pas, espérant détruire ainsi leur infanterie par le feu de toute sa mousqueterie; mais ils furent rompus avant que la fumée fût dissipée. 3,000 hommes demeurèrent sur le champ de bataille, autant furent faits prisonniers. Six pièces de canon, mille chevaux, et presque tout le bagage demeurèrent au pouvoir des vainqueurs, qui ne perdirent pas 800 soldats.

CALCINER, v. a. Il signifie proprement, *en term. de chimie*, transformer du carbonate calcaire en chaux vive, à l'aide d'une forte chaleur; et par extension, soumettre des matières solides quelconques à l'action du feu. — Il se dit souvent, dans le langage ordinaire, en parlant de tout ce qui éprouve une violente action du feu. Il se met quelquefois avec le pronom personnel. *Cette pierre s'est calcinée dans le feu.*

CALCIO (JEU), *il giuoco del calcio*. C'est une espèce de jeu de ballon fort usité en Italie, surtout dans les environs de Florence : on y joue avec bien des formalités et solennités pendant l'hiver. Les jeunes gens qui y jouent se partagent en deux bandes, qui pour se distinguer portent les uns des rubans rouges, les autres des rubans verts. Chaque bande élit un chef qu'on nomme *principe del calcio*. Ce prince ou chef se choisit des officiers, et se forme une cour parmi ceux de sa bande ou de son parti; il envoie des ambassadeurs au chef qui lui est opposé, et en use comme feraient de vrais souverains. Comme il ne manque jamais d'arriver une rupture, il lui déclare la guerre et va lui livrer bataille, qui n'est point sanglante; c'est une partie au ballon qui décide de la victoire, et le vainqueur marche la tête haute, aussi content de lui que s'il avait remporté des lauriers plus sanglants. Cette bataille se livre ordinairement dans la ville de Florence, et ci-devant se donnait sous les fenêtres du grand-duc.

CALCIPHYRE (*géol.*), nom proposé par M. Al. Brongniart pour désigner une roche calcaire, empâteuse, de cristaux de feldspath, de pyroxène, d'amphibole et de granit : ce qui lui fait donner les surnoms de *feldspathique, pyroxénique, amphibolique, mélanique* ou *pyropienne*, selon que ce sont des grenats mélanites ou des grenats pyropes qu'elle renferme. Cette espèce de roche n'a pas été admise dans la nomenclature par tous les géognostes.

CALCIS, s. m. (*hist. nat.*), espèce de faucon de nuit.

CALCITE (*V.* CHALCITE).

CALCITRAPE, *calcitrapa* (*botan.*). Voici un genre qui ressemble à bien des choses de notre époque : établi, supprimé, rétabli, reconnu des uns, méconnu des autres.... Faut-il l'admettre avec Jussieu? faut-il le confondre dans les *centaurea* avec de Candolle? Le lecteur jugera. Selon M. Bory de Saint-Vincent, la chausse-trape (*centaurea calcitrapa*) est le type de ce genre, et, comme telle, lui a donné son nom. Il appartient à la famille des carduacées, J., et à la syngénésie polygamie frustranée de L. On le reconnaît à l'épine qui termine les folioles des involucres. Ce genre, qui n'est autre chose que la cinquième section des centaurées, renferme onze espèces indigènes : 1° la CHAUSSE-TRAPE ou CHARDON ÉTOILÉ, *calcitrapa stellata*, dont la tige est rameuse, étalée, les feuilles pinnatifides, linéaires, dentées; les fleurs axillaires et terminales, et de couleur de pourpre; les écailles calicinales, terminées par une épine digitée très-longue; les semences nues. Ses feuilles, infusées dans du vin blanc, ont souvent bien réussi dans les fièvres intermittentes. M. Laterrade assure qu'il les a employées ainsi avec succès. — Nous nous bornerons à indiquer les noms des autres espèces de *calcitrapes* indigènes; 2° la FAUSSE CHAUSSE-TRAPE, *calcitrapa calcitrapoïdes*; 5° la CENTAURÉE A DENTS, *centaurea myacantha*; 4° la CALCITRAPE HYBRIDE, *C. hybrida*; 5° la CALCITRAPE BÉNITE, *C. benedicta*; 6° la CALCITRAPE LAINEUSE, *C. lanata*; 7° la CALCITRAPE SOLSTICIALE, *C. solstitialis*; 8° la CALCITRAPE POUILLEUSE, *C. apula*; 9° la CALCITRAPE DE MALTE, *C. Melitensis*; 10° la CALCITRAPE DES COLLINES, *C. collina*; 11° la CALCITRAPE CENTAUROIDE, *C. centauroïdes*.

CALCIUM (*chimie*). La découverte du calcium, comme celle de tous les métaux alcalins, est due à Davy qui l'isola en 1808. Il tire son nom du mot *calx*, nom latin de la chaux d'où on l'extrait. Il est solide, d'un blanc d'argent brillant; chauffé au contact de l'air, il s'enflamme et se transforme en protoxyde de calcium ou chaux. Mis en contact avec l'eau, il fait effervescence avec elle en s'emparant de son oxygène. — On le prépare de la manière suivante. On forme avec de l'hydrate de chaux une capsule dont on remplit la cavité de mercure. On fait plonger dans le mercure le pôle négatif d'une forte pile; le pôle positif communique avec une plaque métallique, sur laquelle repose la capsule. L'oxygène de l'hydrate se porte au pôle positif; l'hydrogène et le métal se portent au pôle négatif, l'hydrogène pour se dégager sous forme de gaz, et le métal pour s'unir au mercure. Pour avoir un alliage un peu riche en calcium, il faut continuer l'expérience pendant longtemps; après quoi

l'on introduit cet alliage dans une petite cornue avec de l'huile de naphte; l'on adapte au col de cette cornue un petit récipient; l'on bouche la tubulure de ce récipient avec un bouchon à peine troué, et l'on procède à la distillation. L'huile se vaporise, chasse l'air; bientôt après le mercure se vaporise lui-même, et l'on obtient dans la cornue du calcium et près du pur. — On pourrait encore préparer le calcium en chauffant au rouge la chaux dans un tube de fer, et faisant passer un courant de potassium en vapeur; il se formerait de la potasse, et le calcium serait mis en liberté. On le recueillerait au moyen du mercure, et l'amalgame serait soumis ensuite à la distillation. Un troisième procédé consisterait à décomposer le chlorure de calcium par le potassium; c'est le procédé qu'on suit [pour obtenir le magnésium. Quel que soit le procédé qu'on ait adopté, les chimistes n'ont pu obtenir le calcium que difficilement, et en très-petite quantité; encore n'était-il pas pur.

BUTILLON (de l'école normale).

CALCOGRAPHE et CALCOGRAPHIE (*V.* CHALCOGRAPHE, CHALCOGRAPHIE).

CALCOIDIEN, ENNE, adj. (*anat.*). Il se dit des os du tarse. Il est aussi substantif masculin. Aujourd'hui l'on dit CUNÉIFORME (*V.* ce mot).

CALCONDYLE (*V.* CHALCONDYLE).

CALCSCHISTE, s. m. (*géol.*), schiste argileux à nodules, veines ou lamelles calcaires.

CALCUL, s. m. (*gramm.*), supputation, compte (*V.* ci-après). — *L'erreur de calcul ne se couvre point :* on peut toujours revenir contre l'erreur de calcul. — *De calcul fait*, tout bien compté, en comptant bien. — CALCUL se dit figurément des moyens que l'on combine, des mesures que l'on prend pour le succès de quelque affaire.

CALCUL (*mathémat.*). Si l'on conçoit que l'arithmétique soit divisée en deux parties, l'une théorique, l'autre pratique, le *calcul* comprendra tout ce qui se rapporte à l'application, c'est-à-dire la dernière partie. A proprement parler, le calcul n'est donc que l'art d'effectuer la composition et la décomposition des nombres, ou en d'autres termes, c'est l'art de trouver l'expression d'un rapport unique, qui résulte de la combinaison de plusieurs rapports. — Le mot *calcul* vient du latin *calculus*, pierre, parce que les anciens se servaient de petits cailloux plats pour exécuter leurs diverses supputations. — Le calcul a dû assister à la naissance de toutes les aggrégations sociales. Les doigts, les jetons, ou des petits cailloux ensuite, suffirent aux premiers besoins. Plus tard, lorsqu'il fut nécessaire de représenter les nombres par des signes écrits, presque toutes les nations anciennes qui nous sont connues s'accordèrent à y employer les caractères de leur alphabet. C'étaient, en effet, les signes les plus naturels, soit parce que la forme de chacun d'eux était déjà familière, soit parce que leur ordre dans la suite de l'alphabet les rendait tout à fait propres à exciter sur-le-champ l'idée d'un nombre plus ou moins grand. Les Orientaux ont eu les premiers cet usage, et les Grecs semblent l'avoir emprunté d'eux; car on remarque dans la suite de leurs caractères numériques une imitation de ceux des Hébreux. Ces derniers, et probablement les Phéniciens qui parlaient à peu près la même langue, employaient les neuf premières lettres de leur alphabet à exprimer les neuf premiers nombres, les neuf suivantes pour les dizaines, et le reste de l'alphabet avec quelques signes particuliers pour les centaines. Les Grecs ne firent que traduire fidèlement lettre pour lettre, quand ils en eurent de semblables ou d'analogues dans leur langue; et quand ils manquaient, au lieu d'en employer deux suivant, ils aimaient mieux y substituer un signe particulier. Ainsi, n'ayant point de *vau* parmi eux, ils mirent en sa place un signe auquel ils donnèrent un nom qui signifie celui qui tient la place du *vau*. Il est vrai qu'à l'égard des nombres suivants, le texte de leur alphabet étant fort différent de celui des Hébreux, ils prirent le parti de l'employer tel qu'il était, afin de ne point causer trop d'embarras. Mais au reste, et à part cette différence, tout semble désigner qu'ils ont d'abord été de simples imitateurs. Les Romains, comme chacun le sait, employaient aussi leurs lettres pour écrire les nombres (*V.* CARACTÈRES). — Comme on le voit, l'arithmétique chez les anciens était toute différente de ce qu'elle est aujourd'hui. On n'y trouve presque aucune trace des opérations dont les modernes composent la plus grande partie de la leur; et il y a apparence que ces opérations se faisaient presque à force de tête; du moins nous avons perdu tous les livres où elles étaient expliquées. Pour parler ici que des Romains, plus voisins de nous, et auxquels nous avons presque tout emprunté, nous ignorons complètement de quelle manière ils faisaient leurs calculs par le moyen de leurs lettres. Ils avaient à coup sûr une arithmétique comme nous , mais elle nous est restée totalement inconnue jusqu'à ce jour. — Plusieurs peuples de l'Afrique, de l'Amérique et de l'Asie calculent avec de petites cordes auxquelles ils font des nœuds. Les récits des voyageurs et les relations des missionnaires nous apprennent en outre que les Indiens sont très-habiles à calculer sur leurs doigts, sans se servir d'aucune espèce d'écriture. Ajoutez à cela que les naturels de Pérou , qui font tous leurs calculs par le différent arrangement des graines de maïs , l'emportent beaucoup, tant par la justesse que par la célérité de leur compte , sur quelque Européen que ce soit avec toutes ses règles. — Nous employons pour nos calculs les caractères arabes, auxquels les Arabes eux-mêmes donnent le nom de caractères indiens, ce qui semble indiquer qu'ils sont originaires de l'Inde. Cette opinion, que nous établirons plus tard d'une manière incontestable (*V.* CARACTÈRES), est celle des plus savants mathématiciens. Nous allons exposer en peu de mots la manière dont notre ingénieux système de numération est parvenu jusqu'à nous. — Il est incontestable que les Indiens sont en possession de notre arithmétique depuis un temps immémorial. Or, ces peuples sont si attachés à leurs usages, ils montrent tant d'éloignement à adopter ceux des étrangers, qu'il faut nécessairement les en regarder comme les inventeurs. Après être nés dans l'Inde, nos caractères auront pu passer de proche en proche aux Arabes et aux autres peuples de l'Orient, avec lesquels les Grecs étaient en commerce , dans les premiers siècles après la fondation de Constantinople. Ce fut peut-être alors que ces derniers les connurent ; mais comme les sciences commençaient à décliner beaucoup chez eux, ce ne fut pour eux qu'une connaissance stérile, renfermée tout au plus dans quelques livres savants , et dont ils ne tirèrent pas tout l'avantage que leurs ancêtres en auraient tiré. Boëce, qui écrivait au commencement du VIe siècle, et qui avait puisé chez les Grecs tout son savoir, reçut d'eux cette arithmétique, et l'inséra dans sa géométrie, en l'attribuant à Pythagore, soit que ceux de qui il la tenait le lui eussent dit ainsi, soit qu'il ait lui-même conjecturé et hasardé ce fait. Enfin, dans le Xe siècle, Gerbert, que son mérite et son savoir élevèrent dans la suite au pontificat sous le nom de *Silvestre II*, apporta d'Espagne les caractères arabes qui depuis ont été usités dans l'Europe. Ce savant moine suivit pendant quelques années les célèbres écoles que les Maures avaient établies à Grenade et à Corfou , et de retour en France, il y réveilla l'amour des sciences oubliées depuis long-temps. — Examinons maintenant dans une esquisse rapide quelles sont les diverses méthodes de calcul introduites par la science moderne , soit dans l'arithmétique , soit en algèbre. — Notre projet n'est point d'exposer ici les procédés que l'on doit suivre pour exécuter chacune des règles que l'on emploie, soit dans le calcul arithmétique, soit dans le calcul algébrique. Ils trouveront naturellement leur place dans les diverses parties de cet ouvrage. Mais il nous a semblé nécessaire de présenter un tableau complet quoique abrégé de la manière dont on est parvenu à découvrir les méthodes simples et expéditives que nous employons aujourd'hui sans nous douter des travaux qu'elles ont coûtés à nos devanciers. — La première chose qu'il a fallu faire pour calculer, a été de pouvoir exprimer d'une manière simple tous les nombres possibles. Si , en effet , pour chaque idée il avait fallu un signe particulier , la mémoire aurait été bientôt surchargée de ce grand nombre de signes, et les sciences seraient restées très-imparfaites, parce que les connaissances ne peuvent se perfectionner que par le rapprochement des idées que les signes fixent dans la mémoire ; mais on a observé, en général, que toutes les idées complexes étaient composées d'idées simples, combinées entre elles suivant des modes généraux. — En conséquence on a cherché à exprimer les idées simples et ces modes par des mots particuliers ; et ainsi l'immense variété des idées complexes a pu s'exprimer par un petit nombre de mots. C'est sur ce principe si simple et si fécond qu'est fondé le mécanisme des langues. On conçoit que la langue philosophiquement la plus parfaite serait celle où l'on pourrait exprimer le plus grand nombre d'idées par le plus petit nombre de mots possible. — L'arithmétique et le calcul qui s'applique , étant une langue particulière dont les nombres sont l'objet, voyons comment, avec un petit nombre de mots et de caractères , on est parvenu à exprimer tous les nombres. On a d'abord commencé par exprimer avec des signes particuliers les neuf premiers nombres. Une fois parvenu là , on a eu l'idée très-heureuse de donner à ces caractères, outre leur valeur absolue, une valeur dépendante de leur position. Le caractère 1, qui représente l'unité, exprime , en l'avançant d'un rang vers la gauche, une unité du second ordre ou une

dizaine ; et pour lui donner ce rang, on a imaginé un caractère qui n'a pas de valeur et qui ne sert qu'à fixer les positions des autres caractères. Ainsi l'unité suivie d'un zéro exprime alors une collection de dix unités , ou une dizaine. Le caractère 2, suivi de zéro , exprime deux dizaines ou deux unités du second ordre. — De la même manière , on concevra facilement qu'on a pu exprimer des unités du troisième ordre, ou des dizaines de dizaines ; il a suffi de mettre deux zéros à la suite des chiffres significatifs. Des dizaines de centaines ou des mille ont été exprimés avec trois zéros placés à la droite des mêmes caractères, et ainsi de suite. De cette manière, on a pu exprimer tous les nombres ; car tout nombre en général peut être décomposé en un certain nombre d'unités de l'ordre le plus grand, qui contient plus zéro , ou un certain nombre d'unités d'un ordre inférieur, plus zéro , ou un certain nombre d'unités de l'ordre immédiatement inférieur à celui-ci , plus..... — Pour écrire ce nombre , il a suffi d'écrire successivement, à la droite les uns des autres, tous les caractères qui expriment les nombres d'unités de chaque ordre que renferme le nombre proposé, ou zéro , lorsque ces nombres partiels manquent. — Par cette idée aussi simple qu'ingénieuse , de donner aux caractères deux valeurs, l'une absolue, l'autre dépendante de leur position, on est parvenu, avec dix caractères, dont le dixième sert uniquement à marquer le rang, à écrire tous les nombres possibles. Voilà pour ce qui concerne l'arithmétique écrite, la seule dont nous ayons à nous occuper en ce moment (*V.* NUMÉRATION). Ces choses paraissent simples , et elles le sont effectivement ; mais c'est dans leur simplicité même que consiste leur difficulté et leur fécondité. Voyez, en effet , avec quelle facilité on peut , au moyen de cet arrangement , faire toutes les opérations du calcul , et admirez de quelle manière les procédés sortent les uns des autres , et comment de l'addition la plus élémentaire on arrive à ce qu'il y a de plus abstrait dans les applications des logarithmes. — Veut-on ajouter ensemble plusieurs nombres? on les écrit les uns au-dessus des autres, en plaçant dans une même colonne verticale les unités du même ordre ; on fait l'addition du nombre d'une même colonne , en commençant par la droite ; on ne place sous la colonne que l'excédant de la somme sur un nombre d'unités d'un ordre supérieur, ou zéro quand il n'y a pas d'excédant ; on retient ce nombre pour l'ajouter à la colonne suivante , et l'on continue ainsi jusqu'à la dernière colonne à gauche , sous laquelle on écrit la somme telle qu'on la trouve. — Veut-on faire la soustraction ? rien n'est plus simple : on écrit le nombre à soustraire au-dessous du nombre dont on veut le soustraire , de manière que les unités correspondantes soient dans une même colonne verticale. On commence la soustraction par la droite, en retranchant le chiffre inférieur de la première colonne verticale du correspondant supérieur. Quand cette soustraction ne peut pas se faire , on ajoute dix au chiffre supérieur ; mais, quand on passe à la colonne suivante, on diminue d'une unité le chiffre du nombre supérieur, ou l'on augmente d'une unité le chiffre du nombre inférieur ; ce qui donne deux méthodes de faire la soustraction. — Quant à la multiplication par un seul chiffre, on commence par multiplier les unités du multiplicande , par le multiplicateur , et l'on n'écrit que l'excédant du produit , sur un nombre d'unités de l'ordre supérieur au premier : on ajoute ce nombre au produit des dizaines du multiplicande par le multiplicateur ; on écrit à la gauche du premier excédant l'excédant de cette somme, sur un nombre de centaines ; on continue ainsi jusqu'au dernier chiffre du multiplicande , et l'on écrit en entier la dernière somme trouvée, à la gauche de tous les excédants précédemment écrits. — Si l'on a plusieurs chiffres au multiplicateur, ce qui est le cas le plus ordinaire , on multiplie d'abord le multiplicande par les unités du multiplicateur, puis par les dizaines, et l'on avance d'un rang vers la gauche les unités du produit. On opère de même pour les centaines, en avançant d'un rang vers la gauche les unités de ce nouveau produit, et ainsi de suite. On additionne ensuite tous les produits partiels pour avoir le produit total. — Pour la division, on prend à la gauche du dividende le nombre de chiffres nécessaire pour contenir le diviseur ; on cherche combien de fois il est contenu dans le dividende partiel ; on écrit ce nombre , qui forme le premier chiffre à gauche du quotient. On multiplie ce quotient partiel par le diviseur ; on retranche le produit du dividende partiel ; à côté du reste on abaisse le chiffre suivant du dividende, et l'on forme un nouveau dividende partiel, que l'on divise de nouveau par le diviseur ; on écrit le quotient à la droite du premier ; on continue ainsi jusqu'à ce que tous les chiffres du dividende soient abaissés. Ainsi, la division est encore une opération très-simple , qui résulte du système de numération. —

La facilité des opérations que nous venons de décrire rapidement et qui contiennent tout le calcul, cette facilité dépend de la loi que suivent les unités des nombres en allant de gauche à droite. Les unités deviennent de dix en dix fois plus petites; mais rien ne force de s'arrêter aux unités simples. De même que l'unité simple est la dixième partie des dizaines, de même on peut imaginer des unités fractionnaires qui soient la dixième partie des unités simples; et par la même raison, chacun pourra concevoir des dixièmes de dixième, ou des centièmes parties de l'unité principale, des millièmes, des dix-millièmes..... Alors on forme ce que l'on appelle *nombre décimal*, et pour distinguer dans un nombre composé de décimales les nombres décimaux, on met une virgule après le nombre qui exprime les unités simples. — Comme la loi de décroissement de ces nombres est la même que pour les nombres entiers, on peut les ajouter, les soustraire, les multiplier et les diviser de la même manière. Il n'y a d'attention à faire que dans la position de la virgule. — Dans la multiplication, la seule règle qu'il faut suivre est de mettre dans le produit autant de chiffres décimaux qu'il y en a dans le multiplicande et le multiplicateur. — Dans la division, il ne faut mettre après la virgule que l'excédant du nombre des chiffres décimaux du dividende sur le nombre des chiffres décimaux du diviseur. Avec cette seule attention, les mêmes règles qui ont lieu pour les entiers s'appliquent aux décimales (*V.* Décimale, Mètre, Métrique). — D'après les principes métaphysiques sur lesquels est fondé notre système de numération, il est clair que rien n'obligeait à s'en tenir à dix caractères; on pouvait en employer plus ou moins. — Comme nous l'avons déjà observé dans cet article, il paraît très-probable que le nombre des doigts est ce qui a déterminé l'arithmétique ou le calcul décimal. Les hommes primitivement ont compté sur leurs doigts jusqu'à dix; mais de ce que cette arithmétique était bonne dans l'enfance des sociétés, est-elle maintenant la meilleure? C'est ce qu'il ne sera pas hors de propos d'examiner brièvement ici. — D'abord elle n'est pas la plus simple; la plus simple est celle qui n'admet que deux caractères, le *zéro* et l'*unité*. Cette arithmétique s'appelle arithmétique binaire. Il paraît, d'après plusieurs savants, qu'elle a été employée très-anciennement par les Chinois; mais dans ces derniers temps elle a été renouvelée par le fameux Leibnitz. — On peut également, au moyen de cette arithmétique, exprimer tous les nombres. Les unités du second ordre, comme chacun le comprendra aisément, contiennent deux unités du premier ordre; les unités du troisième ordre en contiennent deux du second, et ainsi de suite. Ainsi, pour exprimer une unité du second ordre, on place un zéro à la droite de l'unité; on place deux zéros à la droite de l'unité, pour exprimer une unité du troisième ordre..... — Ce système nous offre une propriété remarquable; c'est la possibilité de peser tous les poids entiers avec un certain nombre de poids, d'une, de deux, de quatre, de huit, de seize livres..... Ces poids représentent les unités des différents ordres de l'arithmétique binaire. Quand un nombre est écrit dans ce système de numération, alors il suffit de prendre les poids qui correspondent aux diverses unités de ce nombre. — Cette arithmétique a de plus un avantage, c'est de réduire toutes les multiplications à de simples additions, et par conséquent toutes les divisions à de simples soustractions; mais elle a un inconvénient qui ne permet pas de l'employer dans l'usage civil, c'est la multiplicité des caractères, pour exprimer des nombres fort simples : le nombre mille vingt-quatre, par exemple, exigerait onze caractères. Aussi Leibnitz n'a présenté cette arithmétique que comme une chose curieuse, et qui pouvait conduire à des découvertes intéressantes sur les propriétés des nombres. — Ce grand penseur crut y voir l'image de la création. Il imagina que l'unité pouvait représenter Dieu, et zéro, le néant; et que l'Etre suprême avait tiré du néant tous les êtres de cet univers, de même que l'unité avec le zéro exprime tous les nombres de ce système de numération. Cette idée plut tellement au philosophe allemand, qu'il en fit part au P. Grimaldi, jésuite, président du tribunal des mathématiques à la Chine, dans l'espérance que cet emblème de la création convertirait au christianisme l'empereur d'alors, qui aimait et favorisait particulièrement les mathématiques. Ce trait rappelle involontairement le Commentaire de Newton sur l'Apocalypse. — Avec trois, quatre caractères, on composera successivement l'arithmétique *ternaire*, *quaternaire*, et ainsi de suite. Ce que nous avons dit suffit pour faire comprendre de quelle manière les chiffres croîtraient en avançant de la droite vers la gauche. Mais une remarque très-importante, c'est que le zéro est nécessaire dans tous les systèmes, parce qu'il faut nécessairement un signe qui,

en remplaçant les unités qui manquent, recule les chiffres au rang qu'ils doivent occuper par leur valeur relative. — De tous les systèmes de numération, le meilleur serait celui qui, n'employant pas un trop grand nombre de caractères, renfermerait dans son échelle le plus grand nombre de diviseurs; et à cet égard, de l'aveu même de tous les savants, le système *duodécimal* mérite incontestablement la préférence. Il suffirait d'ajouter deux caractères aux nôtres; on aurait ainsi l'avantage d'exprimer le tiers, le quart de l'unité principale, au moyen des divisions de ce système, ce qui serait très-commode, comme on le reconnaîtra aisément. C'est pour cela que les divisions de presque toutes nos mesures anciennes étaient duodécimales. — La commission nommée par la convention nationale pour les poids et mesures balança ces avantages qu'offre le système duodécimal, avec l'inconvénient de changer totalement et l'arithmétique écrite et l'arithmétique parlée, et nos livres et nos tables formées sur le système décimal. Elle craignit qu'en proposant le système duodécimal, les obstacles qu'éprouverait l'introduction de ce système ne se joignissent à ceux que présentait déjà l'institution du nouveau système de poids et mesures. Elle jugea donc à propos de conserver l'arithmétique décimale. — Voici comment on pourrait s'y prendre pour traduire un nombre écrit dans un système de numération, dans un autre système. Pour traduire un nombre écrit dans le système décimal, dans le système duodécimal, par exemple, divisez le nombre proposé par l'échelle du nouveau système, par douze; écrivez le reste, ou zéro, s'il ne reste rien. Divisez le premier quotient par le même nombre douze; écrivez le reste à gauche du premier reste que vous avez trouvé. Divisez le second quotient par douze : écrivez le reste à la gauche du second reste, ainsi de suite. En continuant l'opération, vous parviendrez à écrire dans le système duodécimal le nombre écrit dans le système décimal (*V.* Numération). — Dans la société on a continuellement besoin d'employer des parties d'unité. Or, si l'on conçoit l'unité divisée en un certain nombre de parties égales, on formera ce qu'on appelle une *fraction* en prenant quelques-unes de ces parties. Pour exprimer une fraction, on place au-dessous d'une petite ligne horizontale le nombre qui désigne en combien de parties l'unité a été divisée, et que l'on nomme *dénominateur*. On place au-dessus le nombre qui exprime combien l'on prend de ces parties, et que l'on nomme *numérateur* (*V.* Fraction). — De là il est aisé de conclure qu'une fraction est égale au quotient de la division du numérateur par le dénominateur, et qu'ainsi elle ne change point de valeur en multipliant ou en divisant ses deux termes par un même nombre. La réduction de plusieurs fractions au même dénominateur est fondée sur ce principe; on leur donne pour dénominateur commun un nombre divisible à la fois par chacun de leurs dénominateurs, et l'on multiplie le numérateur de chacune d'elles par le nombre qui exprime combien de fois son dénominateur est contenu dans le dénominateur commun. — Les fractions étant ainsi amenées au même dénominateur, il suffit, pour les ajouter ou pour les soustraire les unes des autres, d'ajouter ou de soustraire leurs numérateurs, en conservant à leur somme ou à leur différence le commun dénominateur. Le produit de deux fractions est une nouvelle fraction, dont le numérateur est le produit des numérateurs de ces fractions, et dont le dénominateur est le produit de leurs dénominateurs. Pour diviser une fraction par une autre, il faut multiplier la fraction dividende par la fraction diviseur renversée. — Pour réduire une fraction à sa plus simple expression, il faut diviser chacun de ses deux termes par le plus grand commun diviseur (*V.* Diviseur). En examinant avec soin la suite de divisions que donne cette opération, il est facile de voir que si le numérateur de la fraction est moindre que son dénominateur, on peut lui donner la forme d'une fraction dont le numérateur est l'unité, et dont le dénominateur est le quotient de la première division, augmenté d'une fraction dont le numérateur est l'unité, et dont le dénominateur est le quotient de la seconde division, augmenté d'une fraction dont le numérateur est l'unité, et dont le dénominateur est le quotient de la troisième division; plus..... Cette suite de fractions ainsi enchaînées les unes aux autres se nomme *fraction continue*. On peut donner cette forme aux nombres décimaux qui ne sont que des fractions dont le dénominateur est dix, ou cent, ou mille... Si le nombre des décimales est infini, la fraction continue se prolonge à l'infini, à moins que le nombre décimal ne soit une fraction ordinaire réduite par la division en parties décimales, auquel cas la fraction continue se termine; et cela a généralement lieu toutes les fois que la fraction continue est l'expression du rapport de deux nombres entiers (*V.* Fractions continues).

— La théorie de ces fractions n'est point un pur jeu de l'esprit ; elle est importante dans l'analyse, et elle a conduit à plusieurs vérités curieuses, telles que l'impossibilité d'exprimer, par le rapport de deux nombres entiers, celui du diamètre à la circonférence. L'un de ces principaux avantages est de donner la valeur des fractions exprimées par de très-grands nombres, les plus approchées que l'on puisse obtenir par de très-petits nombres. Il suffit pour cela de réduire la fraction proposée en fraction continue, d'arrêter cette fraction à l'un de ses termes, et de mettre la fraction continue ainsi tronquée sous la forme d'une fraction ordinaire. Par exemple, on a déterminé le rapport du diamètre à la circonférence, au moyen d'un très-grand nombre de décimales ; mais il est souvent utile d'avoir ce rapport exprimé d'une manière fort approchée par de petits nombres. En réduisant en fraction continue la valeur de ce rapport exprimé en décimales, on trouve que le rapport de 7 à 22, trouvé par Archimède, est fort approché, et le plus exact qu'on puisse obtenir, en n'employant pas de plus grands nombres que 22. Si l'on réduit pareillement la longueur de l'année en jours et en décimales de jour, et ensuite en fraction continue, on parvient à l'intercalation persane de huit années bissextiles sur trente-trois ans. — Considérons maintenant les nombres eu égard à leurs puissances. Le produit d'un nombre par lui-même forme le *carré* de ce nombre ; le produit du carré par le nombre forme le *cube ;* le produit du cube par le nombre forme le *carré-carré* ou *quatrième puissance ;* et ainsi de suite. Pour exprimer ces divers produits, on nomme *première puissance* d'un nombre ce nombre lui-même ; son carré, *seconde puissance ;* son cube, *troisième puissance...* et, pour écrire ces puissances, on écrit à la droite du nombre et vers sa partie supérieure les nombres 1, 2, 3,... qui marquent le degré de la puissance. Ces nombres, imaginés par Descartes, s'appellent *exposants.* — La *racine carrée* d'un nombre est le nombre dont il est la seconde puissance ; sa *racine cubique* est le nombre dont il est la troisième puissance... Et comme, pour former les exposants des puissances, on multiplie l'unité par 2, 3... pour former les exposants des racines, on doit diviser l'unité par les mêmes nombres, en sorte que la racine d'un nombre en est une puissance fractionnaire ; on peut même donner à l'exposant une valeur quelconque fractionnaire. En le supposant, par exemple, égal à deux tiers, il indique la racine cubique du carré du nombre. Ces notions très-simples sont de la plus grande fécondité ; elles sont la base d'une branche importante d'analyse que l'on nomme *calcul exponentiel* (V. EXPONENTIEL). D'après ce que nous avons dit, il est clair que la formation des puissances est toujours facile ; l'extraction des racines présente plus de difficultés. On peut généralement y parvenir par la règle suivante, dont on expliquera ailleurs les cas particuliers (V. CARRÉ, CUBE, RACINE). Partagez le nombre proposé de droite à gauche en tranches d'autant de chiffres qu'il y a d'unités dans l'exposant de la puissance dont on cherche la racine, la première tranche à gauche pouvant en renfermer moins ; extrayez la racine proposée de cette tranche, racine qui ne peut être que d'un seul chiffre, vous aurez le premier chiffre à gauche de la racine. Retranchez la puissance de ce chiffre de la même tranche, et, à la droite du reste, abaissez le premier chiffre de la seconde tranche ; divisez ce reste ainsi augmenté par l'exposant de la puissance, multiplié par le premier chiffre trouvé, élevé à une puissance moindre d'une unité ; le second chiffre de la racine sera égal ou moindre que le quotient de cette division ; il lui sera égal si le nombre formé de ce quotient écrit à la droite du premier chiffre de la racine, et élevé à sa puissance, peut être soustrait des deux premières tranches. Si cela n'est pas, il faudra, pour avoir le second chiffre de la racine, qui doit satisfaire à la condition précédente, diminuer le quotient d'une ou de plusieurs unités. On aura le troisième chiffre de la racine en opérant sur les deux premiers chiffres trouvés, et sur les trois premières tranches, comme on vient de le faire sur le premier chiffre et sur les deux premières tranches. — Si le nombre dont on veut extraire la racine est décimal, il faut, en mettant un nombre convenable de zéros à sa suite, rendre le nombre des décimales un multiple de l'exposant de la puissance ; on extrait ensuite la racine de ce nombre, comme s'il était entier, et l'on sépare, sur la droite de cette racine, autant de chiffres par la virgule qu'il y a d'unités dans le quotient du nombre de décimales de la quantité proposée, divisé par l'exposant de la puissance. — Pour extraire la racine d'une fraction, il suffit d'extraire la racine de son numérateur et celle de son dénominateur. — La puissance de tout nombre entier ou fractionnaire est un nombre entier ou une fraction ; mais il n'en est pas ainsi des racines. Par exemple, la racine carrée de deux n'a aucune mesure commune avec l'u-

nité. Quel que soit le nombre des parties égales dans lesquelles l'unité est divisée, aucune de ces parties n'est exactement contenue dans la racine carrée de deux, que l'on nomme, par cette raison, *irrationnelle* ou *incommensurable.* Ainsi, l'examen des propriétés des nombres étend successivement nos idées. Les nombres entiers se sont présentés d'abord, ensuite les nombres fractionnaires, et enfin nous sommes arrivés à la considération des nombres irrationnels. Le nombre n'est plus simplement une collection d'unités comme nous l'avons conçu d'abord ; il est généralement le rapport d'une quantité à une autre quantité prise pour unité. Ceci nous conduit naturellement à examiner les rapports. — La différence de deux nombres est leur *rapport arithmétique ;* la manière dont ils se contiennent forme le *rapport géométrique,* qui n'est ainsi que le quotient de l'un des nombres divisé par l'autre (V. RAPPORT, RAISON). — La *proportion* consiste dans l'égalité de deux rapports. Si quatre grandeurs forment une proportion arithmétique ou *équidifférence,* c'est-à-dire si la différence de la première à la seconde est la même que celle de la troisième à la quatrième, la somme des moyens est égale à celle des extrêmes. — Réciproquement, si la somme des moyens est égale à celle des extrêmes, les quatre grandeurs sont en proportion arithmétique (V. ÉQUIDIFFÉRENCE, PROPORTION). — Si quatre grandeurs sont en proportion géométrique ou par quotients, le produit des extrêmes est égal à celui des moyens ; et réciproquement, si le produit des extrêmes est égal à celui des moyens, les quatre grandeurs sont en proportion géométrique (V. GÉOMÉTRIQUE, PROPORTION). — De là résulte la règle de trois et toutes les règles qui s'y rapportent. — Une suite de termes, tels que le premier est surpassé par le second, comme le second est surpassé par le troisième, comme le troisième est surpassé par le quatrième... forme une *progression arithmétique.* La *raison* de la progression est l'excès d'un des termes sur celui qui le précède (V. PROGRESSION). — Une suite de termes tels que le premier est contenu dans le second, comme le second est contenu dans le troisième, comme le troisième est contenu dans le quatrième... forme une *progression géométrique.* La *raison* de la progression est la manière dont un terme contient celui qui le précède (V. PROGRESSION). — Les deux suites que nous venons de considérer sont les germes de la théorie des suites ou séries, l'une des branches les plus étendues de l'analyse, et qui a particulièrement fixé l'attention des géomètres modernes. — La loi d'une série est la manière dont ses termes se forment successivement ; ainsi la loi de la progression arithmétique consiste en ce que chaque terme est égal à celui qui le précède, plus la raison ; la loi de la progression géométrique consiste, en ce que chaque terme est égal à celui qui le précède multiplié par la raison. La valeur du terme général de la série, c'est-à-dire d'un quelconque de ses termes, peut toujours être exprimée au moyen du nombre qui marque le rang de ce terme, et c'est une recherche intéressante et souvent difficile, que d'exprimer ainsi les termes d'une série d'après la loi de sa formation (V. SÉRIES, SOMMATIONS). — Dans la progression arithmétique, un terme quelconque est égal au premier, plus la raison multipliée par le nombre qui indique le rang du terme, diminué de l'unité. — Dans la progression géométrique, un terme quelconque est égal au premier multiplié par la raison élevée à une puissance moindre d'une unité que le nombre qui indique le rang. — En examinant avec attention ces divers résultats, on observe entre eux une analogie remarquable. Tout ce qui, dans les rapports, les proportions et les progressions arithmétiques, se rapporte aux *sommes* ou aux différences, se rapporte aux produits ou aux quotients, dans les rapports, les proportions et les progressions géométriques (V. PROGRESSION). — Cette analogie a conduit l'Écossais Niéper à la découverte des *logarithmes,* admirable instrument qui, en réduisant à quelques heures le travail de plusieurs mois, double, si l'on peut ainsi dire, la vie des astronomes, et leur épargne les erreurs et les dégoûts inséparables des longs calculs : invention d'autant plus satisfaisante pour l'esprit humain, qu'il l'a tirée en entier de son propre fonds. Dans les arts, l'homme emploie les forces et les matériaux de la nature pour accroître sa puissance ; mais ici, tout est son ouvrage (V. NIÉPER, LOGARITHMES). — Pour rendre l'analogie dont nous venons de parler plus sensible et pour en voir naître les logarithmes, concevons que l'on écrive l'une au-dessous de l'autre deux progressions : la première géométrique, et commençant par l'unité ; la seconde arithmétique, et commençant par zéro. Il est aisé de voir qu'au produit de deux termes quelconques de la progression géométrique répond la somme des deux termes correspondants de la progression arithmétique, et qu'à une puissance quelconque d'un des termes de la première progression répond le produit du terme correspondant de la seconde par l'exposant de la puissance. — Il suit de là, que si l'on renfermait dans une progression géométrique tous les nombres 1, 2, 3..., en lui faisant correspondre une progression arithmétique commençant par zéro, la somme des deux termes de la progression arithmétique indiquerait le produit des deux nombres correspondants dans la progression géométrique, et par conséquent leur différence indiquerait le quotient de ces mêmes nombres.—Pareillement, le produit d'un terme de la progression arithmétique par 2, 3... indiquerait la puissance seconde, troisième... du nombre correspondant de la progression géométrique ; et par conséquent, la division d'un terme de la progression arithmétique par 2, 3... indiquerait la racine seconde, troisième... du nombre correspondant. Une table qui renfermerait les deux progressions précédentes réduirait donc les multiplications à des additions, les divisions à des soustractions, les élévations de puissances à des multiplications, et les extractions de racines à des divisions. Cette table est celle des logarithmes ; on nomme ainsi les nombres de la progression arithmétique correspondants aux nombres naturels qui sont censés appartenir à une progression géométrique (*V.* LOGARITHMES, TABLES). — A la vérité, les nombres naturels, 1, 2, 3... n'entrent point rigoureusement dans une même progression géométrique ; mais on conçoit que si, entre un et cent mille, par exemple, on insère un très-grand nombre de moyens géométriques, ils croîtront par degrés insensibles, et les nombres naturels pourront se confondre avec eux. Si en prenant zéro pour le premier terme de la progression arithmétique, et cinq, par exemple, pour le terme correspondant à cent mille dans la progression géométrique, on insère entre un et cinq le même nombre de moyens arithmétiques, ils seront les logarithmes des moyens géométriques correspondants (*V.* MOYENS PROPORTIONNELS). — On peut à la progression arithmétique 0, 1, 2... faire correspondre telle progression géométrique que l'on veut, ce qui donne une infinité de systèmes de logarithmes ; mais le plus commode est le système dans lequel on lui fait correspondre la progression décimale 1, 10, 100, 1,000... Alors, dans chaque logarithme, le nombre qui précède les décimales, et que l'on nomme sa *caractéristique*, indique l'ordre des unités les plus considérables du nombre auquel il appartient ; et pour multiplier ou diviser un nombre par dix, cent, mille..., il suffit d'augmenter ou de diminuer sa caractéristique, d'une, de deux, ou de trois unités. C'est sur ce principe que sont fondées nos tables de logarithmes, devenues d'un usage général en astronomie, en mécanique, en navigation, partout en un mot où il se rencontre des calculs compliqués (*V.* CARACTÉRISTIQUE). — Dix, cent, mille... étant les puissances successives de dix, leurs logarithmes sont les exposants de ces puissances. Ainsi l'on peut généralement considérer les logarithmes comme les exposants des puissances entières ou fractionnaires, auxquelles le nombre dix doit être élevé pour former successivement tous les nombres. Cette manière d'envisager les logarithmes est plus analytique que la précédente ; elle conduit à des séries très-convergentes, au moyen desquelles on peut obtenir aisément les logarithmes dans tous les systèmes possible. Mais les tables des logarithmes étaient déjà faites quand ces séries ont été trouvées, et la patience des calculateurs avait suppléé à l'imperfection de leurs méthodes. Telle est l'immense carrière parcourue par l'esprit humain en se livrant au calcul des nombres. Au fond tout se ramène aux quatre premières règles, ou plutôt à la composition et à la décomposition des nombres qui forment toute l'arithmétique. — La considération des nombres, indépendamment de leur valeur et de tout système de numération, a donné naissance à l'arithmétique universelle, que l'on a désignée sous le nom d'*algèbre*. Pour rendre cette filiation sensible, supposons que l'on se soit proposé de partager le nombre treize en deux parties, telles que la première surpasse de cinq la seconde ; on aura pu raisonner ainsi : Puisque la seconde partie est égale à la première diminuée de cinq, les deux parties réunies sont égales au double de la première, moins cinq ; mais la somme de ces parties est égale à treize ; en retranchant donc cinq du double de la première, on aura treize ; et par conséquent, la première, prise deux fois, est égale à treize plus cinq, ou à dix-huit ; cette partie est donc égale à neuf, et la seconde est égale à quatre. — En considérant d'autres nombres que treize et cinq, on trouve, par le même raisonnement, les parties demandées ; mais, pour ne pas recommencer chaque fois que l'on considère de nouveaux nombres, on a cherché à exprimer le résultat final d'une manière indépendante de leur valeur. Pour cela, on a représenté les deux nombres par des caractères généraux, et les plus simples pour nous sont les lettres

de l'alphabet. En appliquant à ces caractères le raisonnement que nous avons fait plus haut, on trouve que le plus grand des deux nombres est égal à la moitié de la somme, plus la moitié de la différence ; et le plus petit, à la moitié de la somme, moins la moitié de la différence (*V.* FORMULE). — Ces formules ou expressions générales, dont nous venons d'indiquer un cas très-simple, sont un des plus grands avantages de l'algèbre, parce que toutes les fois qu'un problème rentre dans ces formules, il est sur-le-champ résolu, et l'on n'a pas besoin de recommencer le raisonnement, souvent très-compliqué, qui les eût fait découvrir. Il importe donc extrêmement d'étendre et de multiplier les formules générales, afin qu'elles puissent embrasser tous les cas qui se présentent dans les applications de l'analyse. — Un second avantage de l'algèbre, avantage qu'elle doit à la simplicité de son langage, est de faire apercevoir très-facilement les rapports des objets. Le résultat que nous venons de trouver en fournit un exemple. Nous avons dit que *le plus grand des deux nombres est égal à la moitié de leur somme, plus à la moitié de leur différence*. Cette égalité ainsi exprimée exige de l'attention pour paraître évidente ; mais traduite en langage algébrique, son évidence devient sensible. En désignant par x le plus grand nombre, par a leur somme et par b leur différence, nous obtenons l'égalité suivante : $x = a + b$, expression qui ne laisse rien à désirer ni à l'esprit ni aux yeux. — On nomme *équation*, toute égalité exprimée algébriquement comme ci-dessus (*V.* CARACTÈRES, ÉQUATION). — Pour résoudre une équation du premier degré à une seule inconnue, faites passer toutes les quantités connues dans un seul membre, et toutes les quantités affectées de l'inconnue dans l'autre membre ; le quotient sera la valeur de l'inconnue. On est parvenu aussi facilement à trouver des règles pour résoudre les problèmes qui renferment plusieurs équations et plusieurs inconnues (*V.* ÉQUATION). — Mais les diverses substitutions employées dans la résolution des équations exigent que l'on sache ajouter, soustraire, multiplier et diviser les quantités algébriques. Nous allons donc indiquer les règles de ces diverses opérations. — Vous ajoutez ensemble plusieurs quantités algébriques ; il suffit de les écrire les unes à la suite des autres avec leurs signes, en observant que les quantités qui n'ont point de signe sont censées avoir le signe +; on réduit ensuite en un seul terme tous les termes semblables, c'est-à-dire ceux qui diffèrent seulement par leurs coefficients numériques. Pour cela, on fait une somme de tous les coefficients positifs, une autre somme de tous les coefficients négatifs ; on retranche la plus petite somme de la plus grande, abstraction faite du signe, et l'on donne à la différence le signe de la plus grande. — Pour soustraire, on écrit la plus petite quantité à la suite de la plus grande, en changeant les signes de la première. — Pour effectuer la multiplication, si les deux facteurs ne renferment qu'un terme, on multiplie leurs coefficients numériques, on ajoute les exposants des lettres semblables ; enfin on écrit les unes à la suite des autres les lettres dissemblables. Si le multiplicande et le multiplicateur sont complexes, on multiplie tous les termes du multiplicande par chaque terme du multiplicateur ; on ajoute ensuite tous les produits, et on fait la réduction des termes semblables. Quant au signe du produit, il doit être positif si les signes des deux facteurs sont les mêmes ; et sont différents, il doit être négatif. — Quant à la division, si le dividende et le diviseur ne renferment qu'un seul terme, on divise le coefficient du dividende par celui du diviseur ; on retranche l'exposant des lettres du diviseur de l'exposant des lettres semblables du dividende, et s'il y a dans le dividende des lettres qui ne soient pas au diviseur, on les écrit au quotient. Si le dividende et le diviseur sont complexes, on ordonne l'un et l'autre par rapport aux puissances d'une même lettre ; ensuite la division se fait à peu près comme celle des nombres. On donne au quotient le signe + ou — suivant que les signes du dividende et du diviseur sont les mêmes ou contraires. — On ajoute, on soustrait, on multiplie, on divise les fractions algébriques, on les réduit à leur plus simple expression, exactement comme les fractions numériques (*V.* FRACTIONS). — La formation des puissances et l'extraction des racines se font encore de la même manière, en algèbre comme en arithmétique ; mais on peut considérablement abréger ces opérations par la formule du binome dont Newton est l'inventeur. Ce qu'elle offre de remarquable, c'est qu'elle s'étend également aux puissances positives, négatives, entières et fractionnaires, en sorte qu'elle a généralement lieu, quelle que soit la valeur de l'exposant. Newton suivit d'abord la loi des coefficients numériques des puissances du binome dans le carré, le cube, la quatrième puissance..., et bientôt la loi générale se manifesta. Cette manière de s'élever aux lois générales, par la considération des cas particuliers, se nomme *induction*. Le géomètre anglais étendit ensuite aux puissances fractionnaires et négatives l'expression analytique qu'il avait trouvée pour les puissances entières et positives. Cette extension nous montre un des grands avantages du calcul algébrique, [qui exprime des vérités beaucoup plus générales que celles qu'on voulait lui faire exprimer; en sorte qu'en lui donnant toute l'étendue qui lui convient, on voit sortir une foule de vérités nouvelles, de formules qui n'avaient été trouvées que pour faire des suppositions particulières. — Pour compléter ce qui pourrait manquer à cet article, nous renvoyons aux mots Différentiel, Équation, Exponentiel, Intégral.   X. X.

CALCUL DES NOMBRES. *En horlogerie et en mécanique*, on nomme ainsi l'art de calculer le nombre des roues et des pignons d'une machine, pour leur faire faire un nombre de révolutions dans un temps donné.

CALCUL (*hist. anc.*), petite pierre ronde et plate, dont les Grecs et les Romains se servaient autrefois pour faire leurs supputations arithmétiques. C'est de là que nous est venu le mot calcul. — Calcul, petites fiches de diverses couleurs que l'on plaçait sur une table carrée, divisée en douze lignes, pour le jeu nommé *duodecim scripta*. — Calcul, petite pierre dont les aréopagistes se servaient pour donner leurs suffrages; lorsque les suffrages étaient en nombre égal, l'accusé était absous par le suffrage imaginaire de Minerve, que l'on supposait voter en faveur de l'accusé.

CALCULABLE, adj. des deux genres (*gramm.*), qui peut se calculer.

CALCULATEUR, s. m. (*gramm.*), celui qui s'occupe de calcul. — Il est aussi adjectif, mais au figuré seulement. *Esprit calculateur.*

CALCULATEUR MARIN. Cet instrument, pour lequel M. Fitch-John de Philadelphie obtint en 1793 un brevet de 15 ans, consiste en une planche faite soit en métal, en bois, en carton ou en peau. Cette planche est divisée en cinq tables particulières. La première a pour objet de marquer l'espace que parcourt un navire sous tel ou tel rumb de vent. Elle est divisée en dix colonnes numérotées de gauche à droite par la suite des nombres naturels, depuis un jusqu'à dix inclusivement. Au-dessus et au-dessous de chacun de ces chiffres sont placés les nombres qui servent à exprimer, en nombres entiers et en fractions décimales, l'espace qu'a parcouru le vaisseau sur chaque aire de vent. La seconde est une table de latitude et de longitude, dont les chiffres peuvent à volonté représenter des nombres entiers ou fractionnaires. Les chiffres placés dans l'une et l'autre table, sur la même ligne que les aires, indiquent l'espace parcouru. Dans la première table, ceux qui se trouvent au-dessus et au-dessous de ces chiffres, dans la même case, marquent la latitude et la longitude qui correspondent à cet espace. La troisième table sert à calculer les latitudes et les longitudes; elle est composée de quatre colonnes, au haut desquelles sont placées les quatre lettres N, S, E, O; chaque rangée de quatre trous doit être placée vis-à-vis les aires qui se trouvent à gauche de la première table de latitudes et de longitudes. Les trois premiers trous sont pour les nombres entiers, et le quatrième pour les décimaux. La quatrième table fait connaître le nombre des milles qui répondent à un degré de longitude, sous une latitude donnée. Enfin, la cinquième table est une table de tangentes, sur laquelle les huit aires de vents sont tracées : elle fait connaître la route que doit tenir un vaisseau quand la latitude et la longitude sont connues. Comme la troisième table, elle est percée de trous pour recevoir des chevilles, depuis une jusqu'à neuf. Dix sont blanches; c'est avec ces dernières qu'on fait tous les calculs.

CALCULATEUR MÉCANIQUE, s. m. instrument au moyen duquel on peut opérer, sans maître, les quatre premières règles de l'arithmétique.

CALCULATEURS, s. m. pl. (*hist. anc.*), nom que les Romains donnaient aux maîtres d'arithmétique, parce qu'ils montraient d'abord aux enfants à calculer ou compter avec des jetons appelés en latin *calculi*. Ce terme se trouve dans les anciens jurisconsultes, et selon d'habiles critiques il servait à désigner les maîtres d'arithmétique de condition libre; au lieu que par le mot *calculones*, qui s'y rencontre aussi, l'on entendait les esclaves ou les affranchis de nouvelle date qui exerçaient la même profession. Tertullien appelle ces maîtres *primi numerorum arenarii*, peut-être parce qu'après avoir enseigné aux enfants la manière de compter aux jetons, ils leur montraient l'arithmétique en traçant sur le sable les figures des chiffres, à la manière des anciens géomètres. Ordinairement, il y avait un

de ces maîtres pour chaque maison considérable, et le titre de sa charge était *a calculis, a rationibus*, c'est-à-dire *officier chargé des comptes, des calculs.*

CALCULATOIRE, adj. des deux genres (*gramm.*), qui tient du calcul, qui concerne le calcul.

CALCULER, v. a. (*gramm.*), supputer, compter. Il s'emploie aussi neutralement. — *Calculer des tables astronomiques*, dresser des tables propres à l'usage des astronomes. — *Calculer une éclipse*, déterminer par le calcul le temps et les circonstances d'une éclipse. — Calculer se dit aussi de toute opération de l'esprit qui a pour objet une combinaison ou une opération quelconque.

CALCULEUX (*vieux mot*), qui est rempli de pierres, graveleux.

CALCULEUX, EUSE, adj. (*médec.*), qui a rapport aux calculs, et spécialement aux calculs de la vessie. — CALCULEUX se dit aussi des personnes qui ont une affection calculeuse, et peut alors s'employer substantivement.

CALCULIFRAGE, adj. des deux genres (*chimie*), qui a la propriété de dissoudre les calculs, la pierre.

CALCULO MINERVÆ (*V.* Calcul).

CALCULS (*concrétions calculeuses*) (*médec.*), nom appliqué en médecine à des concrétions inorganiques, formées accidentellement dans le parenchyme, dans la cavité ou dans les conduits excréteurs de certains organes. On leur a donné aussi le nom de produits lithoïdes (Lobstein). — § I⁰ʳ. VARIÉTÉS. Sous le rapport de leur siége, les concrétions calculeuses offrent une foule de variétés. On en rencontre dans les conduits salivaires, dans les amygdales, dans les poumons, dans les intestins (bézoards), dans la vésicule biliaire, dans la vessie urinaire, dans la prostate, dans les articulations, et même dans les veines (phlébolithes). Nous allons comprendre toutes ces variétés dans un même cadre, nous réservant d'y revenir lorsque nous aurons à traiter des maladies que leur présence produit ou dont elles sont le résultat. — § II. CARACTÈRES. *A. Physiques.* Nous devons à Lobstein un excellent travail sur l'ensemble des concrétions calculeuses considérées sous le point de vue de leurs caractères physiques et de l'anatomie pathologique (*Traité d'anat. path.*, tom. I, pag. 480). 1° *Salivaires.* Il se forme des calculs dans les canaux excréteurs des glandes salivaires. On les rencontre dans le canal de Warthon beaucoup plus souvent que dans ceux de Stenon. La cause de cette différence est inconnue. Beaucoup de faits prouvent que ces calculs se forment promptement. Fourcroy (*Système des connaissances chimiques*, tom. IX, pag. 368) a trouvé un de ces calculs composé de phosphate de chaux et d'une espèce de mucilage animal. Il en conclut que leur source est manifestement dans la salive, qui, comme tous les sucs blancs et plus ou moins visqueux, contient du phosphate de chaux, dont la proportion augmente quelquefois par des causes encore inappréciées. Il est extrêmement rare de trouver des calculs salivaires dans les glandes mêmes de ce nom. — Néanmoins, Wollaston et John ont pu s'en procurer deux qu'ils ont soumis à l'analyse chimique : elle a démontré une identité parfaite entre eux et ceux des conduits excréteurs. Le calcul que John a analysé pesait 120 grains; il avait un pouce et demi de long et trois quarts de pouce de large, était stalactiforme et revêtu d'une membrane mince qui s'enfonçait dans de petites sinuosités, circonstance qui semble indiquer que ce calcul n'était pas contenu dans un rameau du canal excréteur dilaté (Meckel's *Deutsch Archiv. für die phys.*, IV, Baud). 2° *Gutturaux.* Les calculs qu'on rencontre au fond de la gorge sont ordinairement pour siége les sinus et les enfoncements de l'amygdale, où ils donnent quelquefois lieu à une inflammation et à de petits abcès. Leur forme est plus inégale que celle des calculs salivaires; leur couleur est d'un brun foncé (*V.* AMYGDALE). Leur composition est absolument la même que celle des calculs salivaires (Lobstein). Quelques anatomistes disent avoir trouvé de ces concrétions dans la membrane muqueuse qui tapisse la voûte palatine. 3° *Pulmonaires.* Ce sont de petits corps durs et inégaux, de forme irrégulièrement sphérique, semblables à des graviers, de couleur grise ou rougeâtre, et qui blanchissent en séchant à l'air. Quelques personnes les regardent comme d'anciens tubercules guéris. On les rend par la toux, quelquefois même dans l'état de santé, mais le plus souvent dans un accès d'asthme, ou durant le cours d'une espèce de phthisie, dont ces calculs forment le caractère (*Portal*). Les calculs pulmonaires se forment dans les aréoles du tissu interlobulaire; on a trouvé des poumons qui en étaient farcis. D'autres fois, d'après la remarque de Burns (Meckel, *ouv. c.*), ils sont renfermés dans des kystes nés au milieu du parenchyme de cet organe. Lobstein a pu constater l'observation déjà faite par plusieurs auteurs, que sur des personnes bossues dont les poumons sont attachés à l'angle rentrant que forme la colonne épinière, on rencontre de ces concrétions en grande quantité. L'analyse chimique a démontré que les calculs dont il s'agit sont composés de phosphate et de carbonate de chaux, quelquefois aussi de phosphate ammoniaco-magnésien (d'après les recherches de Williams Henri), et enfin d'une substance animale. Celle-ci, suivant les expériences de Prout (Lond. , *Med. Reposit.* , 1818, tom. xii, pag. 551), fait la trame du calcul et conserve sa forme après l'ablation des sels terreux. 4° *Intestinaux* (bézoards). Nous avons déjà dit quelques mots de ces concrétions à l'article BÉZOARD; c'est ici l'endroit d'y revenir. Chez l'homme, on rencontre dans les intestins, particulièrement dans l'iléon et le commencement du gros intestin , des concrétions formées d'un corps étranger encroûté de couches solides et cristallines. Tantôt ce corps étranger est une balle de fusil, un noyau de fruit; tantôt un fragment de bois , des grains de plomb, etc. ; tantôt du sang caillé ou une autre matière animale ou végétale arrêtée dans les intestins. Le plus ordinairement ces concrétions sont libres, mais quelquefois elles adhèrent d'une manière très-intime aux parois du canal intestinal. Leur grosseur varie depuis celle d'un pois jusqu'à celle d'une orange. Le plus souvent elles sont arrondies ou ovalaires; mais quand il y en a plusieurs, elles sont usées, aplaties, éclatées dans plusieurs points et même percées de trous; en général, elles sont peu dures, friables et spongieuses. Chez les animaux, les calculs intestinaux sont fréquents. D'autres analogues se voient dans les cabinets anatomiques de l'école de Paris. Ceux de l'homme, examinés à la loupe, paraissent composés de fibres très-déliées, intimement mêlées et comme feutrées; leurs intervalles sont remplis par une substance terreuse; elles présentent plusieurs couches; il est rare d'en trouver dont la substance soit homogène. Ces couches diffèrent de couleurs, les unes étant d'un brun foncé; leur épaisseur ne dépasse jamais deux lignes. D'après Rubini, les calculs intestinaux, examinés à la loupe, paraissent formés de matières cristallisées (*Pensieri sulle varie origini e natura de' carpi calcolosi che vengono talvolta espulsi del tubo gastrico. Memoria* in-4°, Verona, 1808; et Sam. Cooper, *Dict. de ch.* , tom. i, pag. 279). Meckel pense que la naissance des calculs intestinaux est toujours due à un état morbide de la membrane muqueuse. Quelques auteurs prétendent que le noyau de ces pierres est souvent fourni par des calculs biliaires, ce qui ne paraît pas improbable. «M. Charles White en a extrait deux du rectum qui étaient presque aussi volumineux que le poing. M. Hey trouva dans le colon transverse d'un enfant mort dans un état d'amaigrissement extrême, après avoir continuellement souffert d'une douleur dans l'abdomen , accompagnée fréquemment d'iléus, une de ces concrétions si volumineuse qu'elle obturait complètement l'intestin : elle parut avoir seule déterminé la mort. » (S. Cooper, *loco cit.* , pag. 279). Leur diagnostic ne peut être établi que difficilement, à moins que la concrétion ne puisse être sentie avec le toucher par le rectum. Ordinairement, cependant, les calculs intestinaux exécutent des mouvements lents de progression et sortent d'eux-mêmes par l'anus, ou séjournent dans le rectum et y excitent de vives douleurs. Quelquefois ils ulcèrent le canal intestinal , le perforent et se présentent au dehors dans le centre d'un abcès. Marcet et Panada ont rencontré un cas de cette espèce (Lobstein, *Anat. path.*, tom. i, pag. 485). « Le docteur Henry et M. Brands ont vu qui étaient exclusivement composés de magnésie. Les malades avaient usé de cette substance pendant longtemps et en grande quantité. » (S. Cooper, *Dict. c.* , pag. 282). 5° *Biliaires* (cholélithes). Ces calculs ont leur siège, tantôt dans le foie, et sont alors en contact avec le parenchyme de ce viscère ou renfermés dans un kyste; tantôt dans les pores biliaires, ou dans le canal hépatique et ses ramifications; le plus souvent dans la vésicule du fiel et son conduit excréteur, enfin dans le canal cholédoque. L'élément dominant dans la composition des calculs biliaires est l'*adipocire* , selon Fourcroy. M. Thénard s'est assuré qu'ils sont essentiellement formés de deux substances, de *cholestérine* et d'une matière jaune. D'autres y ont trouvé aussi de la matière grasse. La cholestérine n'étant point un des principes constituants de la bile de l'homme, il faut admettre, suivant M. Thénard, une action particulière de la part des organes, action par laquelle la résine de cette bile passe à l'état de cholestérine. Cette idée est fortifiée par la remarque importante qu'on a faite, savoir, que dans le cas où la vésicule du fiel est remplie de calculs, ses tuniques ont changé de nature, sont devenues plus épaisses; que notamment la tunique interne a perdu son aspect aréolaire et ses villosités, et qu'elle n'offre plus qu'une surface lisse (Lobstein). On

a observé de plus que dans ces circonstances la vésicule contient, au lieu de bile, une humeur blanche et gélatineuse, lors même que le canal cystique n'est ni obstrué ni oblitéré. La formation des calculs dans la vésicule du fiel suppose donc une certaine altération de cette vésicule, en conséquence de laquelle le mode de sécrétion de sa tunique interne est changé; peut-être aussi la bile elle-même subit-elle un changement dans sa composition. Avant tout, il est nécessaire qu'il existe dans l'individu une disposition qui favorise la formation des concrétions dont il s'agit. Ce n'est en effet qu'à un certain âge qu'on rencontre les calculs biliaires. Ceux qui sont formés de cholestérine s'observent plus fréquemment chez la femme (Lobstein, *loco cit.*) (V. BILIAIRES). 6° *Urinaires*. Un des meilleurs travaux que nous possédions sur ce sujet est celui que le docteur Prout publia en 1821 (*An inquiry into the nature and treatment of gravel and calculus, and other diseases connected with a deranged operation of the urinary organs*, London, in-8°, 1821). Des travaux remarquables ont été également publiés en France sur le même sujet par M. Magendie, M. Amussat, M. Civiale, M. Ségalas, M. Leroy d'Etioles, etc. Nous allons mettre toutes ces recherches à contribution. Selon M. Prout, les urines peuvent déposer des matières de trois sortes, savoir : des sédiments pulvérulents amorphes, des sédiments cristallisés appelés *gravelle*, et des calculs proprement dits formés par l'agrégation de ces sédiments. Les deux premières espèces de sédiments seront étudiées à l'article GRAVELLE; la dernière va nous occuper ici. — Les calculs se rencontrent dans toutes les parties du système urinaire, mais le plus souvent dans la vessie. Le plus souvent ils se forment dans les reins ; cette remarque est déjà ancienne. On en trouve cependant aussi entre le gland et le prépuce chez les sujets atteints de phymosis congénital, et qui se forment très-vraisemblablement dans ces parties. Lorsqu'il n'a qu'un petit volume, le calcul reçoit le nom de *gravier*. Le plus ordinairement, lorsqu'ils se rencontrent dans les reins, les calculs n'ont qu'un petit volume, celui d'un petit pois, par exemple, et c'est sous forme de graviers qu'ils descendent dans la vessie. Dans quelques cas néanmoins ils acquièrent plus de volume dans l'organe rénal : on en trouve un grand nombre d'exemples dans presque tous les cabinets d'anatomie : on en voit de nichés dans les reins, ayant le volume d'une fève, d'une noisette, et quelquefois même d'une noix; mais ces derniers exemples sont rares. Ordinairement ils se moulent sur le bassinet et les calices du rein, irritent et enflamment la substance rénale, produisent de la suppuration et même la fonte de tout l'organe. Les concrétions du rein, dit S. Cooper, varient beaucoup en nombre, en volume et en forme; dans quelques cas, un seul petit calcul occupe un des endroits précités; dans d'autres, au contraire, une innombrable quantité de petits corps pierreux remplissent toute la cavité du bassin et de l'infundibulum, distendent leurs parois, gênent le passage de l'urine, et le rein se transforme en une espèce de kyste membraneux; enfin, une seule pierre peut acquérir dans le rein un très-gros volume, ou bien encore un grand nombre de petits calculs peuvent se réunir ensemble de manière à former une masse considérable dont la forme se moule sur ce qui l'entoure. Les calculs rénaux présentent souvent une foule de figures bizarres, irrégulières, à peu près comme le font certaines espèces de corail. » (*Dict. cité*, tom. i, pag. 265.) La plus belle collection connue de calculs rénaux est celle que le professeur Nanula possède dans son cabinet anatomique à Naples. Les graviers, en descendant des reins, s'arrêtent parfois dans l'uretère, prennent de l'accroissement et se moulent pour ainsi dire à la forme de ce conduit. Nous avons vu Dupuytren extraire de la vessie un calcul qui était resté niché en partie dans l'uretère et en partie proéminait dans la vessie ; il avait la forme d'un petit cornichon. Les calculs de la vessie ont une triple origine. Le plus souvent leur nucléon descend des reins tout formé. Quelquefois il provient de l'extérieur, soit qu'il ait été introduit par les voies naturelles, soit qu'il provienne d'une blessure qui a laissé dans la vessie un corps étranger, comme une balle, une épingle, un fragment d'os, un lambeau de vêtements, etc. D'autres fois enfin leur noyau prend naissance dans la vessie même : c'est un caillot de sang, de fibrine, de mucus, un sédiment naturel de l'urine déviée dans une sorte de diverticulum accidentel de l'organe, comme un prolongement herniaire de la vessie, dans une cellule ou à colonnes de cet organe, etc. Nous verrons que c'est ainsi que se forment le plus souvent les pierres dites enkystées de la vessie (Houstal, *Observ. sur les pierres enkystées et adhérentes de la vessie, Mém. de l'acad. de chir.* , tom. i, pag. 273, *édit. citée*). Quelle que soit du reste l'origine du noyau du calcul, une fois dans la vessie, il devient un centre d'attraction et de précipitation de la matière lithique des urines. Van-

Helmont comparait avec assez d'exactitude leur formation à la cristallisation du tartre dans le vin (Berzélius, *Chimie*, tom. VII, pag. 411, éd. de Paris). Considérés d'une manière générale, les calculs vésicaux offrent tantôt une forme sphéroïde ou ovoïde et comprimée sur deux faces, tantôt polyèdre et à surfaces planes, ce qui dépend évidemment de leur contact avec d'autres calculs, car cette disposition ne s'observe que lorsqu'il en existe plusieurs; tantôt enfin irrégulière ou conforme à celle du corps étranger qui a servi de nucléon. On leur donne le nom de *pierres murales*, lorsque leur surface est hérissée de pointes, de crêtes ou de mamelons. Leur volume est variable depuis celui d'une petite fève jusqu'à celui du poing d'un homme adulte, ou même davantage. On regarde cependant comme fort volumineuse une pierre vésicale qui présente les dimensions d'un œuf de poule; M. Souberbielle en a extrait de cette dernière espèce, et même plus volumineuses encore, par la taille hypogastrique; mais ces cas, qui étaient assez fréquents autrefois, se rencontrent rarement de nos jours, grâce à la lithotripsie. Il existe dans le muséum de la faculté de Strasbourg un calcul vésical humain, de la forme d'une orange, et qui pèse 285 grammes (9 onces et demie); il a 3 pouces de diamètre. On en trouve d'analogues dans la collection des cabinets anatomiques de l'école de médecine de Paris. J. Earle a décrit (*Philos. Trans.* 1809) une énorme pierre pesant 1 kilogramme 420 grammes (44 onces), et ayant 6 pouces dans sa circonférence, suivant l'axe le plus long. Lister fait mention d'une pierre pesant encore davantage (51 onces), et Morand en conservait une, dit-on, qui pesait plus de 3 kilogrammes (6 livres 3 onces). Leur pesanteur spécifique est entre 1,200 et 1,900, celle de l'eau étant considérée comme 1,000. Enfin, leur nombre est variable en raison inverse de leur volume; on en trouve un, deux, plusieurs ; il existe des exemples vraiment extraordinaires à ce sujet; la vessie de Buffon en contenait cinquante-neuf ; M. Souberbielle en a retiré plus de quatre-vingts de la vessie d'un homme qu'il a présenté à l'académie. « On en a trouvé plusieurs centaines dans une vessie; ils n'étaient pas plus gros que des pois; dit Sir A. Cooper a observé que lorsqu'il existait un si grand nombre de calculs dans la vessie, il y avait presque toujours un élargissement de la prostate, derrière laquelle il se forme un petit sac. » (S. Cooper, *ouv. c.*, tom. I, pag. 266.) Examinés à l'œil nu , les calculs vésicaux n'offrent de remarquable que quelques particularités de leur forme et leur organisation intérieure; qui est ordinairement stratifiée par couches concentriques; nous disons *ordinairement*, car dans quelques cas ils semblent résulter de l'agrégation irrégulière de graviers. Jusqu'au XVIIIe siècle, on n'avait sur la composition des calculs urinaires que des idées erronées. « Les premières idées exactes sur leur nature furent fournies, dit Berzélius, par l'analyse que Scheele fit en 1776 de quelques calculs vésicaux, où il découvrit l'acide urique, qu'il alla ensuite chercher dans l'urine; mais Scheele n'avait rencontré que des calculs composés d'acide urique, et il conclut de là que toujours ils étaient produits par cet acide. Bergman rencontra ensuite un calcul urinaire qui était formé de phosphates. Dès lors, il fut reconnu que la composition de ces concrétions peut varier. En 1797, Wollaston en décrivit cinq espèces différentes caractérisées par l'acide urique, par le phosphate calcique, par un mélange de sels et de phosphate ammoniaco-magnésien (calculs fusibles), par le phosphate ammoniaco-magnésique pur et par l'oxalate calcique (calculs muraux). Peu de temps après, Fourcroy et Vauquelin invitèrent les médecins à leur remettre des calculs pour une analyse qu'ils se proposaient d'en faire. Ils réunirent de cette manière six cents concrétions, ce qui leur permit d'observer un grand nombre de variétés; ils trouvèrent les mêmes substances que Wollaston, mais en outre de l'urate ammoniaque, et dans deux calculs, de la silicie. On a reproché avec raison au rédacteur de leur travail commun d'avoir ignoré les résultats de Wollaston, qui avaient été publiés plus de trois ans auparavant dans les Actes d'une société savante, qui auraient pu, moins que ceux d'aucune autre, demeurer inconnus à l'académie des sciences de Paris. Prout trouva ensuite des calculs vésicaux humains qui contenaient du carbonate calcique. On révoqua d'abord en doute son assertion, parce que Fourcroy et Vauquelin n'avaient jamais rencontré ce sel; mais les observations recueillies depuis sont venues la confirmer. Wollaston découvrit plus tard, en 1810, un nouveau principe constituant des calculs urinaires, auquel il donna le nom d'acide cystique. A. Marcet a trouvé aussi dans ces concrétions une autre substance qu'il a appelée oxyde xantique, et il en a vu une qui était composée de fibrine et de sang. Enfin Lindbergson a reconnu , en analysant un calcul urinaire, qu'il contenait de l'urate sodique et du carbonate magnésique. » (*Ouv. cit.*, tom.

VII, pag. 412.) En résumé, dans l'état actuel de la science , on peut admettre l'existence d'une dizaine de principes qui, se combinant différemment au nombre de 2, 3, 4 ou 5, forment un assez grand nombre de variétés de calculs. On en compte jusqu'à quinze espèces, savoir : 1° le calcul urique, dont le noyau est ordinairement formé dans les reins. Il est très-fréquent : sur 600 calculs vésicaux analysés par Fourcroy et Vauquelin, il y en avait 150 d'acide urique pur; et parmi 187 calculs examinés par William Henry, 158 étaient de cette espèce; sa couleur est d'un jaune fauve ou de couleur de bois. D'après M. Thénard, sur 4 pierres il y en a une formée d'acide urique, et sur 14 calculs composés, l'acide urique est le noyau de 6. Il est fusible et soluble dans les liqueurs alcalines. 2° Le calcul d'urate d'ammoniaque, mal à propos nié par Brande, mais constaté par William Prout, est très-rare; sa couleur est celle du café au lait; il forme des couches fines qu'on détache facilement les unes des autres. L'eau seule le dissout quand elle est chaude et quand le calcul est divisé en poussière; il est aussi soluble dans les alcalis. Cette espèce est propre à l'enfance et dérange le plus souvent la santé. 3° Le calcul d'oxalate de chaux, que l'on trouve dans la proportion de 1 sur 5 , le plus lourd de tous, de couleur gris foncé et noirâtre, est disposé à l'intérieur en couches ondulées, prend à l'extérieur une forme tuberculeuse, et constitue particulièrement les *pierres murales;* traité par la calcination, il donne un résidu blanc de carbonate de chaux. 4°, 5°, 6° Les calculs d'oxyde cystique, d'oxyde xantique, et les fibrineux, extrêmement rares, ont été observés par Wollaston, Prout et Marcet, et ont les propriétés indiquées plus haut. 7°, 8° Les calculs d'acide urique et de phosphate terreux, tantôt en couches distinctes et tantôt mêlées intimement, sont dans la proportion de 1 sur 12 à 15. 9°, 10° Les calculs d'urate d'ammoniaque, formés les uns de couches distinctes, les autres par agglomération irrégulière, se rencontrent dans la proportion de 1 sur 30 à 40. 11° Ceux de phosphate de chaux, blancs, friables, opaques, en couches fines ou sans couches distinctes, existent dans la proportion de 1 sur 15. Non cristallisés , non vitrifiables, ils ne laissent point dégager d'ammoniaque par leur trituration avec les alcalis; ils sont insolubles dans ces substances, ainsi que dans l'acide sulfurique. 12° Les calculs d'oxalate de chaux et de phosphate terreux en couches distinctes, reconnus par Wollaston, Brande et Henry, sont dans la même proportion que les précédents. 13° Ceux d'oxalate de chaux et d'acide urique, également en couches très-distinctes et analysés par les mêmes chimistes, sont seulement dans la proportion de 1 sur 30. 14° Les calculs résultant du mélange d'oxalate de chaux, d'acide urique, d'urate d'ammoniaque et de phosphate terreux, plus rares encore, ne se trouvent que dans la proportion de 1 sur 60. 15° Enfin les calculs composés de silice, d'acide urique, d'urate ammoniacal et de phosphate terreux, ne se rencontrent que dans la proportion de 1 sur 100. M. Thénard a remarqué (*Traité de chim.*, tom. III, pag. 659, 2e édit.) que dans les pierres urinaires les substances les plus insolubles se trouvent toujours au centre : ainsi, dans un calcul formé de silice, d'oxalate de chaux, d'urate d'ammoniaque, d'acide urique et de phosphates , ces substances seraient disposées de la manière qu'elles viennent d'être énumérées. Les calculs urinaires, du reste, se forment aussi quelquefois en dehors de l'appareil de ce nom, lorsque l'urine s'extravase et séjourne dans certaines régions en dehors de cet appareil. Le célèbre Louis nous a laissé un excellent travail sur ce sujet , intitulé : *Mémoire sur les pierres urinaires formées hors des voies naturelles de l'urine (Mém. de l'acad. de chir.*, tom. II, pag. 308, édit. de l'*Encycl. des sc. méd.*). « Il se forme, dit cet auteur, plus souvent qu'on ne le croit communément, des pierres par l'urine infiltrée d'une manière particulière dans les cellules du tissu qui avoisine les réservoirs et les canaux naturels de cette liqueur. «La première des observations qu'il rapporte est intitulée : *Extraction de six pierres formées dans le tissu graisseux du périnée*. La seconde a pour titre : *Sur une pierre monstrueuse tombée du scrotum*. L'auteur cite plusieurs cas analogues et qui prouvent que des fistules urétrales , occasionnant des épanchements urineux, peuvent donner naissance à des concrétions lapidiformes. 7° *Prostatiques.* Ces calculs se rencontrent ordinairement dans les dix ou douze conduits excréteurs de la prostate; alors ils ont seulement le volume de la tête d'une épingle, et le tissu de l'organe n'est nullement changé ; d'autres fois ils sont de la grosseur d'un pois : dans ce cas ils sont contenus dans un kyste qui s'est développé dans l'un ou l'autre lobe de la prostate, dont la substance est en même temps altérée. D'après les expériences de Wollaston, ces calculs paraissent formés de phosphate de chaux, au même état de saturation que dans les os. Leur couleur brun jaunâtre provient du mucus sécrété dans la glande elle-même; elle leur donne l'apparence extérieure de calculs formés d'acide urique. « Au reste, dit Lobstein, les nombreuses observations qu'on a publiées sur ce genre de concrétions me font présumer qu'elles se rapportent plutôt aux calculs renfermés dans les veines hémorroïdales, spermatiques et vésicales qui entourent la prostate, qu'aux pierres contenues dans cette glande elle-même, car ces dernières sont assez rares. » (*Loc. cit.*, pag. 501.)

8° *Utérins.* On croirait à peine que des pierres puissent se former dans la cavité utérine comme dans la cavité vésicale, et pourtant la chose est hors de doute. La dissertation de Louis, intitulée : *Mémoire sur les concrétions calculeuses de la matrice* (*Mém. de l'acad. de chir.*, tom. I, pag. 500, *édit. cit.*), jette la plus grande clarté sur cette matière. Dix-huit observations positives forment la base de ce travail; nous n'en reproduirons qu'une seule. « Une fille de soixante-deux ans mourut d'une maladie de poitrine à l'hôpital de la Salpêtrière le 16 avril 1744. A l'ouverture de son corps, je trouvai la matrice de la grosseur d'un œuf de poule et fort plongée dans le vagin. L'orifice de l'utérus n'était point dilaté; son corps était exactement rempli d'une substance blanche fort raboteuse et très-dure qui pesait neuf gros et demi, et qui, un mois après, n'en pesait plus que six. Les personnes qui avaient vécu particulièrement avec cette fille m'apprirent qu'elle avait senti depuis longtemps une pesanteur incommode dans la région de la matrice, avec des douleurs aux reins et aux cuisses, et que depuis quelques années elle ne marchait pas aussi librement que par le passé. On me dit aussi que vers les derniers temps de sa vie elle avait été sujette à une démangeaison insupportable à la vulve et à la partie supérieure et antérieure des cuisses. Le prurit qu'elle y sentait l'obligeait à se gratter avec violence jusqu'à produire des excoriations. Les douleurs et les démangeaisons venaient sans doute de l'irritation des nerfs et du tiraillement des ligaments ronds; car il est vraisemblable que les personnes qui ont une pierre dans la matrice peuvent souffrir aux aines et à la partie supérieure des cuisses, par la même raison que les hommes qui ont une pierre dans la vessie ressentent des douleurs qui s'étendent jusqu'à l'extrémité du gland. La continuité des parties rend raison de ce phénomène dans l'un et l'autre de ces deux cas. » Si ce fait ne trouvait pas un grand nombre d'analogues, il pourrait être regardé comme une simple anomalie; mais il n'en est point ainsi, et l'on prévoit déjà que ces sortes de concrétions peuvent offrir différentes variétés sous le double rapport physique et pathologique. Dans la seconde observation de Louis, la pierre utérine était accompagnée de douleurs atroces par la distension mécanique de l'organe; elle était plâtreuse et enduite de beaucoup de mucosité noirâtre; la maladie s'est terminée par la mort, et sa nature n'a été reconnue que sur le cadavre. Dans la troisième, la pierre avait ulcéré la matrice et déterminé un écoulement purulent. Dans plusieurs autres cas, du même auteur, il y avait eu avec les douleurs utérines rétention d'urine; quelquefois cependant la concrétion a existé sans symptômes graves. On lit dans le même recueil des *Mémoires de l'académie* un autre fait analogue communiqué par Winslow (tom. II, pag. 112, *édit. cit.*), et l'on en trouve une foule d'autres ailleurs.

9° *Tufs arthritiques.* Le tuf arthritique se dépose entre les lames des capsules articulaires, s'y cristallise plus ou moins rapidement et fait gonfler les articulations. Ses qualités physiques sont les suivantes : il est d'un blanc jaunâtre, d'un brillant analogue à la graisse, opaque, dense, d'une forme tantôt prismatique, tantôt ronde, tantôt irrégulière et raboteuse à l'extérieur, stalactiforme dans son intérieur; d'une dureté très-notable, d'un toucher gras et paraissant comme recouvert d'une pellicule fine. L'analyse chimique faite par Fourcroy et Guiton-Morveau a montré que les concrétions goutteuses sont composées comme le calcul urique, excepté que la proportion des matières animales y paraît être plus considérable que dans ce dernier. On y a trouvé un mélange d'urate de soude et de matière gélatineuse. De nombreuses observations ont établi un rapport entre la goutte et les maladies des voies urinaires. On voit en effet souvent la gravelle et la pierre succéder à de longues attaques de goutte, et il est fréquent de trouver chez des vieillards goutteux des concrétions calculeuses dans les reins et dans la vessie. « Sir Everard Home extirpa du talon d'un individu tourmenté de la goutte une tumeur pesant quatre onces; l'analyse qu'en fit le docteur Prout fit voir qu'elle était presque entièrement composée d'acide urique. » (S. Cooper, *ouv. cit.*, tom. I, pag. 273 [*V.* GOUTTE]).

Phlébolithes. On doit à Walther la première description des calculs des veines. Une foule d'anatomistes en ont parlé depuis; Béclard en a fait mention dans son anatomie générale. Suivant Tiedemann (*Journ. compl. du dic. des sc. méd.*, tom. III, pag.

38), les calculs des veines ont une demi-ligne à une ligne et demie de diamètre; leur poids est de 2 à 3 centigrammes (deux tiers de grain); leur couleur est d'un blanc jaunâtre, quelquefois même rougeâtre; leur forme ronde ou ovale, et leur surface lisse. Leur nombre varie beaucoup : on en a rencontré trois, quatre, cinq, huit, dix et même davantage. Ils deviennent très-durs en se détachant, mais à l'instant où on les retire des veines, ils ont moins de consistance. Les endroits où on les trouve le plus souvent sont les veines spermatiques internes et externes, les veines vésicales, les hémorroïdales et les spléniques. Les veines hémorroïdales en sont souvent le siége. Lorsqu'une veine hémorroïdale est encombrée par un ou plusieurs calculs, la circulation y est interceptée, le vaisseau s'oblitère au-dessus et au-dessous. Elle peut cependant s'abcéder, tomber dans l'intestin et en sortir avec les matières fécales. On connaît effectivement des exemples de ce cas chez quelques sujets hypocondriaques. Lobstein présumait que l'origine des phlébolithes pouvait être analogue à celle de certaines pierres urinaires, savoir qu'un petit flocon de fibrine adhérant à un point de la paroi d'une veine congestionnée et dans laquelle la circulation éprouve du retard, devient le centre d'une agglomération successive de matière terreuse ou saline; mais c'est là une simple hypothèse. Les calculs du parenchyme de la rate paraissent résider dans les veines de ce viscère (Lobstein). Quand par un trait de scie on partage en deux ces calculs, on aperçoit plusieurs couches minces et blanches, concentriques autour d'un noyau (*Idem*). L'analyse chimique a montré que les phlébolithes étaient composés de phosphate de chaux, de carbonate de chaux et de matière animale. On y trouve aussi des traces d'acides muriatique, sulfurique et phosphorique.

CALCULS (*médecine vétérinaire*). Les animaux domestiques sont ainsi que l'homme sujets, mais plus rarement, à la présence de concrétions pierreuses dans quelques-uns de leurs organes. Ces corps étrangers concrets diffèrent de principes, de couleur, de formes, suivant les organes où ils se sont formés et les humeurs dont ils sont le sédiment rapproché. Nous ferons seulement mention des espèces les plus communes. — *Calculs biliaires.* Ces calculs, jaunâtres, friables, sont rares dans le cheval, l'âne et le mulet, et plus fréquents dans les ruminants. C'est surtout dans les animaux engraissés pour la boucherie qu'ils se développent, surtout lorsque le régime de ces animaux avant d'être mis à l'engrais n'a pas été convenable, soit pour la quantité, soit pour la qualité des aliments. Les signes qui pourraient faire connaître leur existence sont peu patents. — *Calculs du tube intestinal.* C'est surtout dans les intestins des gros animaux que l'on trouve quelquefois des concrétions souvent très-volumineuses, dont on ne soupçonne l'existence que par les coliques qui se renouvellent fréquemment. On a aussi donné le nom de *bézoard* à ces concrétions pierreuses, lorsqu'elles se trouvent dans certains animaux. Longtemps on a attaché des propriétés précieuses aux bézoards (*V.* ce mot). — *Calculs salivaires.* Ces calculs, pesants, durs, grisâtres, peuvent se former dans les différentes glandes salivaires; ils se trouvent plus fréquemment dans le canal parotidien; ayant une saveur de l'urine, différant de formes suivant les parties où ils se sont formés. Ceux des reins ont la forme du bassinet; ils déterminent des accidents graves, surtout dans le cheval; des coliques néphrétiques, des urines sanglantes, sont les signes de leur présence; les chevaux qui ont servi longtemps comme étalons y sont sujets. Ces calculs se trouvent aussi chez les bœufs nourris au sec à l'étable pendant l'hiver; ces calculs sont petits et chassés au dehors, lorsque ces animaux sont remis à la nourriture verte. — *Calculs vésicaux.* Leur siége est dans la vessie où ils se forment, ou souvent aussi ils descendent des uretères. Les calculs vésicaux occasionnent des accidents plus ou moins graves, suivant leur volume, suivant leurs formes polies ou garnies d'aspérités; ils peuvent exister longtemps sans déterminer des signes qui fassent soupçonner leur présence. La station horizontale des animaux ne favorise pas, comme dans la station verticale de l'homme, leur marche vers le col de la vessie, où leur présence excite de l'inflammation, empêche la sortie des urines et détermine de violentes coliques qui annoncent leur présence, que le vétérinaire peut constater en sondant par l'introduction de la main dans le rectum. Ces calculs peuvent, dans les animaux comme dans l'homme, s'extraire par l'opération de la *lithotomie*. — *Calculs urétreux.* Quelquefois les calculs de la vessie, lorsqu'ils sont petits, s'engagent, charriés par les urines, dans le canal de l'urètre; l'émission par gouttes de l'urine, les coliques, décèlent leur présence, qui se confirme par le toucher, et leur extraction est facile en incisant le canal sur le point même où se trouve le calcul. **DELAGUETTE.**

CALCULS et DRAGÉES DE TIVOLI. On appelle ainsi des concrétions calcaires de la grosseur d'un pois, qui se rencontrent dans les eaux des bains de Tivoli.

CALCUTTA (*géogr.*), capitale actuelle du Bengale et des possessions britanniques dans l'Inde, chef-lieu de la première *présidence*. Sa position géographique, prise au fort Williams, est à 86° 0′ 3″ de longitude est du méridien de l'observatoire de Paris, à 22° 33′ 11″ de latitude nord, à trente lieues de la mer, sur la rive orientale de l'Hougly, qui est au bas du Gange, à huit lieues de Chandernagor, à cent cinquante-trois de Bénarès par Byrbhoum, à trois cent vingt-cinq de Dehly par la même ville, à trois cents d'Haïderabad, à dix-neuf cents par terre de Londres, et dix-huit cents de Paris. Le nom de cette grande ville est une corruption de *kalkattâ*, qui s'écrit et se prononce ainsi, selon l'orthographe hindo-persane. Ce mot de *kalkattâ* est lui-même l'altération du sanscrit *kâlikâtâ*, qui veut dire forteresse de *Kâli*. *Kâli* est la même divinité que *Bhawâni*, prise dans sa puissance destructive; elle est femme de Chiva, troisième personne de la trimourty hindoue (triple forme de Brahmâ, Vichnou et Chiva). C'est cette divinité qui a également donné son nom au village de *Kâli-ghât*, où l'on trouve une pagode renommée. Calcutta, qui est aujourd'hui la plus belle, la plus vaste, la plus peuplée et la plus commerçante de l'Inde entière, n'a commencé à se former que vers la fin de l'avant-dernier siècle. Elle s'étend le long de l'Hougly, dans une espace d'à peu près deux lieues; mais sa largeur est bien moins considérable. —Quand un voyageur approche de *Schandpalg'hat*, en remontant le fleuve Sacré, il est frappé d'étonnement à l'aspect de Calcutta, qui se découvre, pour ainsi dire, tout entière à ses yeux. Une vaste citadelle, à la suite de laquelle s'étend une place immense, cernée de deux côtés par de somptueux édifices; un palais, siège du gouvernement, qui réunit le grandiose à l'élégance; une agglomération considérable de maisons, du milieu desquelles s'élèvent les flèches et les aiguilles des temples chrétiens et indigènes; et, en vue de la ville, sur un fleuve de près d'un tiers de lieue de large, une longue file de vaisseaux de toute dimension et de toute espèce, sur lesquels flottent les pavillons de toutes les nations: tout concourt à former le coup d'œil le plus majestueux et le plus imposant. Tout ce qui forme la partie européenne de Calcutta est situé au midi. A l'extrémité du glacis du fort Williams, est à peu de distance de la rive, se trouvent le palais de justice et l'hôtel de ville, devant lequel est érigée une statue de Warren Hastings; plus loin, le palais du gouverneur général et une suite de beaux bâtiments qui forment de ce côté la ligne du quartier européen. A l'est du fort Williams et de l'esplanade, qui est d'une étendue immense, se trouve le quartier qu'on appelle Tchauringhy; il se compose de maisons magnifiques d'architecture grecque, dont la plupart méritent le nom de palais: elles sont habitées par les plus riches Européens. Ces maisons sont éloignées les unes des autres par un grand espace, pour laisser la circulation libre; elles sont entourées de jardins et ont toutes sur le devant de beaux portiques ou galeries ouvertes, supportées par des colonnes, et qu'on appelle *varandahs*. La ligne formée par ces édifices coupe à angle droit les rangées parallèles au palais du gouvernement: ce qui forme peut-être le plus bel aspect qu'on puisse trouver dans aucune ville du monde. La partie indienne de Calcutta (*the native town*) est située le long du fleuve, au nord de la ville européenne. Quelques riches naturels habitent de grandes et belles maisons dans le style européen; d'autres en ont de moins somptueuses, mais vastes et commodes, qui sont bâties en briques et élevées de deux étages: elles sont revêtues de tchoûnam, et, de même que les premières, ont un toit formant terrasse. Les habitations des gens du peuple ne sont, à bien dire, que des cahutes, dont les murs sont en bambous et en bousillage, recouvertes de petites tuiles ou simplement de chaume; la douceur du climat permet de se contenter de ces modestes demeures, qui d'ailleurs sont d'autant plus misérables que celles des gens riches sont plus somptueuses. N'en est-il pas ainsi par toute la terre; et le plus qu'ailleurs, parce que c'est surtout le rendez-vous des léopards de la finance? Un assez grand nombre de rues du quartier populeux sont étroites; mais il en existe aussi de spacieuses et d'une longueur immense, telles que les rues de *Cornwallis*, *Wellington*, *Tchitpour*, etc. — Les naturels se servent ordinairement de palanquins comme moyen de transport; néanmoins, beaucoup de ceux qui sont dans l'aisance ont adopté les équi-

pages à l'européenne, presque aussi bien faits et aussi élégants que s'ils eussent été confectionnés à Londres. — Quant aux Européens, tous ceux à qui leur fortune le permet ont des voitures; les autres se servent de palanquins: les forts marchands, les premiers commis de bureaux, se font porter en palanquins. Dans l'Inde, on ne sait pas, pour ainsi dire, ce que c'est que de marcher; et il est rare qu'on fasse un millier de pas à pied, soit pour vaquer à ses affaires, soit pour se promener. — Les loyers sont généralement assez chers à Calcutta; ceux du faubourg du gouvernement ou de Tchauringhy, qui est bien bâti, et dont l'aspect rappelle, à s'y méprendre, celui de Saint-Pétersbourg, suivant l'aimable et docte évêque de Mheaber, est loué par les Anglais et les Européens, à un prix excessif: à la vérité, ce quartier n'est habité que par des personnes de la plus haute société. On ne peut guère y avoir un hôtel à moins de deux cent cinquante roupies (cinq cent vingt-cinq francs) par mois; beaucoup coûtent de trois à quatre cents roupies (sept cent cinquante à mille francs); les plus splendides enfin vont jusqu'à cinq cent cinquante à six cents roupies (douze cent cinquante à quinze cents francs). La population de Calcutta est considérable; mais elle a presque toujours été portée beaucoup trop haut par la plupart des voyageurs. D'après les meilleurs renseignements qu'on ait pu se procurer, on peut l'estimer à quatre cent mille âmes. Les Hindous forment la plus grande masse de cette population; le nombre des musulmans est porté à quarante mille. On compte environ six mille Anglais et quelques centaines d'Européens de diverses nations; plusieurs milliers d'Indo-Portugais et d'Arméniens, à peu près six cents Chinois et quelques centaines de Juifs. On trouve aussi à Calcutta des Arabes, des Persans, des Arrakaniens, des Malais, des Javanais, etc., etc. Le commerce immense de cette ville y amène des individus de tous les points du globe; aussi peut-on dire qu'elle est le rendez-vous du monde entier. Il existe encore à Calcutta une classe assez nombreuse qui, dans ces derniers temps, a pris une certaine importance. Ce sont les Anglo-Indiens, c'est-à-dire les individus provenant des relations des Anglais avec les femmes du pays. Les Anglais leur donnaient autrefois le nom méprisant de *gens de demi-caste* (half-cast); ils les désignent actuellement sous le nom de *Last-Indians* ou *Indo-British*. On estime que leur nombre au Bengale monte à vingt mille, en comptant hommes, femmes et enfants, et sans y comprendre les Indiens convertis au christianisme; les deux tiers résident à Calcutta. Les individus de cette classe sont exclus du service civil et militaire de la compagnie, bien qu'il y ait parmi eux des gens instruits et bien élevés. La plupart se livrent au commerce et s'exercent dans des professions mécaniques; d'autres sont commis ou caissiers chez des négociants; quelques-uns sont planteurs d'indigo. — Le fort Williams, bâti sur le bord de l'Hougly, au midi de la ville, est la plus belle citadelle du Bengale, et peut-être n'en existe-t-il aucune dans l'Inde, ni en Europe, qui soit entretenue en aussi bon état. Cette forteresse forme un polygone régulier, qui reçoit sur ses bastions plus de trois cents pièces d'artillerie; elle peut contenir quinze mille personnes; mais ses fortifications sont si étendues, qu'il faudrait dix mille hommes pour la défendre avec avantage. On y entre par six portes d'une architecture sévère; au-dessus de chacune de ces portes, un local est disposé pour la demeure d'un major. Le fort contient dans son enceinte l'ancien hôtel des gouverneurs et nombre de bâtiments de la plus grande étendue. Les quartiers pour les troupes sont commodes et d'une excessive propreté. L'arsenal, qui est des mieux fournis, est entretenu avec un soin extrême. — La garnison ordinaire se compose de deux ou trois bataillons européens, dont un d'artillerie, avec le nombre nécessaire d'ouvriers pour l'arsenal. Les troupes indigènes, au nombre de douze cents hommes, sont fournies par la station de *Barrackpour*, à quinze milles au-dessus de Calcutta. On estime à deux millions sterling les dépenses que le fort Williams a occasionnées depuis qu'il existe. Le palais du gouvernement, dont on est redevable au marquis de Wellesley, l'un des gouverneurs généraux de l'Inde anglaise, est l'édifice le plus remarquable de Calcutta. Il est de forme octogone, et d'une architecture noble et élégante; le sommet, qui forme terrasse, est décoré de galeries et de frontons. — La banque, l'hôtel des douanes et le nouvel hôtel des monnaies sont situés près du bord de l'Hougly. De vastes chantiers, où l'on construit des vaisseaux de grande dimension, se trouvent au-dessus et au-dessous du fort Williams. Celui de la compagnie est à Kiderpour; Kiderpour (correctement *Khyr-'Pour*) est un village situé sur le bord du fleuve, à un mille (un tiers de lieue) sud du fort Williams. — C'est à quelque distance de la rive, non loin des bâtiments des employés (*Writers' Buildings*), que se trouve le site du *Black-Hole* (du trou noir), si tristement célèbre dans les annales de Calcutta. Quoique les rues de Calcutta ne soient point pavées, elles sont néanmoins parfaitement entretenues ; on en arrose un grand nombre tous les jours, et principalement le chemin que l'on appelle le *Cours*, qui, traversant l'esplanade, s'étend depuis l'église Saint-André jusqu'au pont de Kiderpour. C'est le rendez-vous du beau monde; on va s'y promener en voiture ou à cheval, tous les jours, après le coucher du soleil et avant le dîner. — La société est nombreuse et du meilleur ton à Calcutta. Le gouverneur général donne souvent des fêtes brillantes. Presque tous les magistrats et les premiers fonctionnaires ont fréquemment des assemblées ; et il ne se passe pas un seul jour, dans la saison où la chaleur a le moins de force, qu'il n'y ait plusieurs dîners de trente à quarante couverts. On aime beaucoup à Calcutta les réunions nombreuses et même bruyantes. On dîne entre sept et huit heures du soir, et on reste à table jusqu'à onze heures et minuit. Il ne suffit pas, dans cette ville, d'offrir un bon dîner à ses convives : il faut que la table soit couverte de tout ce que la saison produit, et qu'elle soit, pour ainsi dire, affaissée sous le poids des mets. Le climat de Calcutta est loin d'être désagréable, quoique fort chaud pour les Européens. Pendant une grande partie de l'année, le thermomètre de Réaumur, placé à l'ombre, indique dans le milieu du jour, de 22 à 24° (81 à 86° de Fahrenheit). Dans les grandes chaleurs il monte jusqu'à 28 et 30° de Réaumur (95 à 100° de Fahrenheit) ; enfin, dans la saison la moins chaude, il marque, dans le milieu du jour, 17 à 18° de Réaumur (70 à 72° et demi de Fahrenheit). On n'est donc jamais obligé de faire du feu pour se chauffer. Lord Valentia, aujourd'hui comte de Mount-Norris, dit, dans la relation de son voyage dans l'Inde, que c'est à Monghyr qu'il vit la première cheminée en venant de Calcutta ; Monghyr est à cent lieues nord-ouest de la capitale du Bengale. Les nuits néanmoins, pendant quelques mois de l'année, sont humides et assez froides. — Calcutta est le siège d'un évêché, et il y existe deux églises de la religion anglicane, dont l'une est fort belle ; l'autre n'offre rien de remarquable. On y voit aussi des églises pour les catholiques ; une pour ceux qui suivent la religion grecque, une autre pour les Arméniens, plusieurs petites pagodes pour les Hindous, et des mosquées pour les disciples de la religion de Mahomet. La prison, l'hôpital général et l'hôpital militaire sont situés au midi de la ville ; la prison, à l'extrémité méridionale de l'esplanade, et les hôpitaux hors des limites de la cité. Il existe dans la capitale du Bengale une haute cour de justice (*supreme court of judicature*), qui se compose d'un président (*chief justice*) et de trois conseillers (*puisne justices*) ; ces magistrats sont nommés à leurs fonctions par le roi d'Angleterre. Cette cour, qui a été établie en 1774, statue sur diverses affaires en matière civile et criminelle. Les procès criminels se jugent par un jury qui se compose exclusivement de sujets anglais. Les avoués (*attornies*) attachés à la cour sont au nombre de soixante, et les avocats (*barristers*) au nombre de quatorze. Les presses de Calcutta sont très-actives : outre sept journaux politiques en langue anglaise, on y publie divers recueils littéraires et scientifiques ; il y paraît aussi, depuis une douzaine d'années, des journaux rédigés par les indigènes, dans divers dialectes de l'Hindoustân. Ces journaux (*native newspapers*) étaient en 1830 au nombre de dix. Chaque année on voit en outre sortir des presses de la même ville un grand nombre des meilleurs ouvrages qui appartiennent à l'Orient ; on y exécute même actuellement des ouvrages de luxe, à l'instar de ceux de la métropole. Depuis 1830, il paraît annuellement à Calcutta un recueil qui, sous tous les rapports, est propre à piquer vivement la curiosité. Il est intitulé : *The Bengal Annual, a literary year, souvenir littéraire), edited by D. L. Richardson*. Ce volume, élégamment imprimé sur papier de soie, contient différents morceaux qui sont dus à des auteurs anglais, hindous et anglo-indiens. On y trouve des pièces de vers *anglais*, composées par des Hindous, et des traductions en bengale de diverses productions européennes. — Les courses de chevaux ont lieu très-brillantes dans la capitale du Bengale ; elles ont lieu dans deux chemins de l'esplanade, près desquels on construit des tribunes, pour qu'on puisse les voir à l'aise. Les Anglais, là comme dans leur pays, font à cette occasion des paris considérables. C'est à une lieue au sud-est de la cité, sur la rive occidentale de l'Hougly, qu'est situé le jardin botanique de la compagnie. C'est le plus riche dépôt des productions végétales ; nul autre ne saurait lui être comparé. Il occupe à peu près trois cents ouvriers, et les dépenses qu'il occasione s'élèvent annuellement à près de deux cent mille francs ; il offre une belle promenade pour les habitants de la ville. Aux alentours, on voit un grand nombre de maisons de campagne des plus élégantes, entourées de jolies

petites plantations. Le jardin botanique donne son nom à cette partie du bord du fleuve ; on l'appelle *Garden-Reach* (rive du jardin). On trouve sur la même rive, au-dessus du jardin, un vaste emplacement couvert d'arbres de teks qui, bien qu'ils ne soient pas originaires de cette partie de l'Inde, y acquièrent une imposante majesté. A Barrackpour, à cinq lieues nord de Calcutta, le gouverneur général possède une maison de plaisance élevée au milieu d'un parc qui offre des sites délicieux et des promenades charmantes. L'habitation est sur le bord du fleuve, en regard de la jolie petite ville de Sérampour. Il y a dans le parc une ménagerie où l'on remarque plusieurs tigres de la plus forte race. Un peu au-dessus de cette résidence, on a établi un cantonnement pour cinq mille cipayes ; les officiers y logent dans des *baugalâ* d'une élégante construction, et qui sont alignés. Une route bien entretenue conduit de ce cantonnement à Calcutta. — Sirampour, qui appartient au Danemarck, est le chef-lieu des missionnaires protestants, dits *baptistes*. Ils y ont établi une imprimerie où leurs saintes Écritures ont été reproduites dans la plupart des dialectes de l'Inde, et dans beaucoup d'autres langues de l'Asie. — On remarque aussi, aux environs de Calcutta, le village de *Kâli-Ghât*, où il existe une pagode très-fréquentée par les Hindous de la ville de Demdem, beau village militaire, et le principal cantonnement de l'artillerie au Bengale ; situé à six milles au nord-est de Calcutta. — La plupart des voyageurs et surtout des géographes ont exagéré sa population. Nous ne pensons pas qu'elle dépasse quatre cent mille habitants. (*Moniteur indien et G. L. D. de Rienzi.*)

CALDANI (LÉOPOLD-MARC-ANTOINE), célèbre anatomiste, né à Bologne en 1725, étudia d'abord le droit, mais son goût l'entraîna vers la médecine. Il s'appliqua d'abord à l'anatomie et à la nosologie ; il comprit que le meilleur moyen d'apprendre est d'enseigner : il fit donc des cours à ses condisciples. Docteur en 1750, il ne tarda pas à être admis dans l'Institut de Bologne, et cinq ans après il fut nommé professeur d'anatomie. C'est alors qu'il vérifia les expériences de Haller à l'égard des parties irritables et sensibles du corps. Le succès qu'il obtint dans cette longue série d'expérimentations lui firent bien des jaloux. Ami de la paix, il se retira à Padoue, où en 1771 il remplaça Morgagni dans la faculté de cette ville, et ne se montra point indigne de son illustre prédécesseur. Il mourut à Padoue en décembre 1813, estimé de ses compatriotes et des savants étrangers par l'étendue de ses talents et la variété de ses connaissances. Parmi ses nombreux écrits nous citerons, dans l'ordre chronologique : 1° *Sull' insensitività ed irritabilità di alcune parti degli animali*, Bologne, 1757, in-4° ; 2° *Lettera sopra l'irritabilità ed insensitivà Halleriana*, Bologne, 1759, in-4° ; 3° *Lettera sull' uso del muschio nella idrofobia*, Venise, 1767, in-8° ; 4° *Esame del capitolo settimo del ult. opera de Ant. de Haen*, Padoue, 1770, in-8° ; 5° *Institutiones pathologicæ*, Padoue, 1772, in-8° ; ibid., 1776, in-8° ; Leyde, 1784, in-8° ; Venise, 1786, in-8° ; Naples, 1787, in-8° ; 6° *Institutiones physiologicæ*, Padoue, 1773, in-8° ; *et iisd. loc. et annis ut supra* ; 7° *Institutiones anatomicæ*, Padoue, 1778 ; 8° *Dialoghi di fisiologia e di patologia*, Padoue, 1795 ; *Icones anatomicæ*, Venise, 1800-1813, 5 tom. en 4 vol. grand in-fol.

CALDANI (PÉTRONE-MARIE), mathématicien, frère du précédent, fut un des élèves les plus distingués du P. Riccati. Après un concours très-brillant, il obtint la chaire de mathématiques à l'université de Bologne, en 1765. Ce fut en 1782 qu'il fit imprimer un mémoire *Della proporzione Bernoulliana frà il diametro e la circonferenza del circolo ;* d'Alembert, après l'avoir lu, dit que l'auteur était *le premier géomètre et algébriste de l'Italie*. Ses profondes connaissances dans toutes les branches des mathématiques le firent désigner pour accompagner le cardinal Conti dans la visite des eaux de la Romagne et du Boulonais ; commission dont il s'acquitta avec autant de zèle que d'intelligence. En récompense, le sénat le nomma secrétaire de l'ambassade que la ville de Bologne entretenait près du saint-siége. Il resta seul chargé des intérêts de sa patrie de 1795 à 99, pendant une maladie de l'ambassadeur. Accablé de fatigues et de travaux, il obtint sa retraite, et se retira à Padoue, auprès de son frère qu'il aimait tendrement. Il y mourut en 1808, âgé de soixante-treize ans. Outre le mémoire déjà cité, Caldani en a publié quelques autres sur plusieurs questions de hautes mathématiques. On lui doit aussi des articles très-remarquables dans l'*Antologia Romana*, de 1785 à 1787. Il a laissé manuscrits ses *Eléments d'algèbre*, en italien. Les *Rime* qu'il composa sur la mort de Ruffina Battoni, Cologne, 1786, et avec des augmentations, 1794, in-8°, prouvent que son goût pour les sciences exactes ne l'empêcha pas de cultiver avec fruit la littérature.

CALDARA (POLIDORE), dit *Caravage*, naquit en 1495 à Caravage dans le Milanais. Il alla à Rome dans sa jeunesse, et il devint peintre en voyant travailler Jean la Udine et les autres artistes qui étaient employés aux loges du Vatican. Il se lia d'une étroite amitié avec Mathurin de Florence, qui l'aida de ses conseils. Caldara le surpassa en peu de temps, et s'attacha à la correction du dessin ; aucun morceau antique ne lui échappa. Il fut occupé par Raphaël aux galeries du Vatican, et se distingua dans les frises qu'il fit au-dessous des grands tableaux de cet artiste, dans les chambres de ce palais, et particulièrement dans celle de Constantin. Il fit à Messine un grand tableau à l'huile, représentant *Jésus-Christ portant sa croix*. Ce morceau rassemble une multitude de très-belles figures, qui prouvent combien il était capable de représenter les grands sujets. Il s'était appliqué à l'architecture, et fit élever dans cette ville des arcs de triomphe à la gloire de Charles-Quint, lorsqu'il y passa après son expédition de Tunis. Les figures de Polidore étaient correctement dessinées et bien ensemble. Il s'est approché plus qu'un autre du style et de la manière antique, mais plus particulièrement encore dans l'imitation des bas-reliefs. Ses dispositions étaient nobles, ses attitudes naturelles, ses airs de tête expressifs et bien caractérisés. Fidèle au costume dans l'ajustement de ses figures, il fit des vases et des trophées dont le style est parfaitement dans le goût des anciens. On reconnaît, dans ses différents ouvrages, que s'il se fût livré à de grandes compositions, elles l'auraient rendu très-célèbre ; son coloris vigoureux en aurait soutenu le caractère. Il prit le parti, avec son ami, de s'attacher au clair-obscur, et particulièrement à celui qu'on nomme *sgraffiato*, dont la couleur grise imite l'estompe. Il avait aussi un talent particulier pour le paysage. Étant sur le point de retourner à Rome, il fut assassiné par son domestique en 1543, à l'âge de quarante-huit ans. Il fut enterré dans la cathédrale de Messine, et on lui fit de magnifiques funérailles. On voyait de lui à Versailles une *Assemblée des Dieux*, et dans la galerie du Palais-Royal, les *Trois Grâces* en pied, peintes sur bois.

CALDARA (ANTOINE), grand compositeur d'harmonie de l'ancienne école, était natif de Venise, et a beaucoup écrit de morceaux tant pour l'Église que pour le théâtre. Son premier opéra, *Argine*, fut composé pour sa ville natale en 1689. Après avoir répandu dans différentes parties de l'Italie, en les parcourant, douze opéras et oratorios, il alla à Vienne, où il fut pourvu de la place de second maître de chapelle, sous Fouchs, à la cour impériale. Le style grave de ses compositions était fort goûté de Charles VI ; et il plut à tel point à ce monarque, que celui-ci ne voulut jamais employer un autre compositeur de musique sacrée ou profane, jusqu'à la mort de Caldara qui arriva en 1736. Non-seulement il mit en musique un grand nombre d'opéras d'Apostolo Zino en peu d'années, mais encore il fit treize oratorios dans le même temps. Il fut encore le premier compositeur des opéras et des oratorios de Métastase, durant les seize ou dix-sept ans de sa résidence à Vienne. Les messes et motets que l'on a de lui sont généralement estimés. La majesté dans le style, la pureté dans l'harmonie, la connaissance de son art, la facilité, la correction dans l'ensemble des parties, s'y font remarquer plus particulièrement. On ne sait pas trop quel jugement porter sur sa musique profane. Métastase, dans ses lettres, semble se plaindre de son manque d'invention, de goût et d'élégance dans la confection de ses drames ; néanmoins sept de ses meilleures compositions eurent du succès au théâtre impérial. — Métastase avait commencé son triomphe à la cour de Vienne en 1731, par l'oratorio *Sant' Elena in Calvario*. Son premier opéra y fut : *Adriano in Syria* ; le second, *Demetrio*. Ensuite, il écrivit successivement : *l'Asilo d'amore*, le *Grazzie*, *Demotconte*, la *Clemenza di Tito*, *Ciroriconosciuto* et *Zenobia*. Toutes ces pièces furent mises en musique par Caldara : mais il faut qu'il y ait eu des défectuosités capitales de style ou d'invention, pour empêcher les compositions de ce musicien de se répandre dans le reste de l'Europe ; car les chefs-d'œuvre admirables de Métastase n'y ont pas été entendus jusqu'à ce que la musique en ait été refaite par d'autres compositeurs.

Ed. Girod.

CALDARIUM (hist. anc.). Ce mot et celui de *laconicum* signifient quelquefois la même chose dans les auteurs anciens ; ils se rendent l'un et l'autre en français par le mot *étuves*. C'était un lieu où l'on échauffait seulement l'air pour faire suer. Cependant Vitruve emploie le mot *caldarium* pour désigner le bain chaud. Il faut, dit-il, faire en sorte que le *caldarium* qui est pour les hommes, et celui des femmes, soient proches l'un de l'autre, parce qu'on pourra échauffer les lieux où sont les vases de l'un et l'autre bain avec le même fourneau. *Item est animadvertendum ut caldaria muliebria viriliaque conjuncta, et in iisdem regionibus sint collocata. Sic enim efficietur ut in vasaria ex hypocausto communis sit usus eorum utrique* (Vitruve), livre v, chap. 10.

CALDARONE (JEAN-JACQUES), botaniste, médecin et chimiste, né à Palerme le 1er janvier 1651, fit une étude particulière et approfondie des lettres sur la botanique dans le recueil de N. Gervasi, intitulé : *Bizzarie botaniche di alcuni simplicisti di Sicilia*, Palerme, 1673, in-4°, réimprimé à Naples chez Novellus de Bonis, en 1674, in-4°. On trouve aussi dans ce recueil des lettres d'Ange-Matthieu Bonfante et de Ange-Marie Bonfante de Casserins. La réputation que s'était acquise Caldarone par ses connaissances sur la botanique et les diverses parties de la médecine, le fit choisir pour surveiller toutes les apothicaireries de la Sicile. Il composa à ce sujet un ouvrage estimé qui parut sous ce titre : *Pretia simplicium ab compositorum medicaminum ac omnibus observanda*, Palerme, 1697, in-4°. Ce savant parvint à un âge très-avancé ; il vivait encore en 1750. On ignore l'époque précise de sa mort.

CALDAS DE PEREIRA (JEAN), jurisconsulte espagnol, natif de Thui dans la Galice, et originaire de Portugal, vivait au commencement du XVIIe siècle. Il est auteur des divers ouvrages de droit que nous avons en quatre volumes : *Quæstiones forenses et Controversiæ civiles; Syntagma de universo jure emphyteutico*, etc. (Nicolas Antonio, *Biblioth. Hispan.*).

CALDENBACH (CHRISTOPHE), professeur d'histoire, d'éloquence et de poésie à l'université de Tubingue, né à Schwibus dans la basse Silésie en 1613, fit ses études à Francfort-sur-l'Oder, et à Kœnigsberg, où il fut quelque temps pro-recteur de l'école publique. C'était un savant très-versé dans la connaissance des écrivains latins, surtout des poëtes, et qui les jugeait avec autant de goût que de saine érudition. Son *Compendium rhetorices* a été longtemps, dans le pays de Wurtemberg, le manuel des écoles. Il a laissé un assez grand nombre d'ouvrages sur la littérature ancienne, entre autres des *Notes sur Horace; Collegium epistolicum, oratorium, analyticum, poeticum, mixtum, in Ciceronem, Ovidium et alios; Commentarius rhetoricus*, etc. Il s'est aussi occupé des progrès de la langue et de la poésie allemande, et il est auteur de deux dissertations, l'une sur l'olivier, *De olea*, Tubingue, 1679, in-4° ; l'autre sur la vigne, *De vite*, 1685, in-4°. Il mourut à Tubingue en 1698.

CALDER (SIR ROBERT), amiral anglais, né à Elgin en juillet 1745, petit-fils par sa mère du contre-amiral Robert Hughes, était fils de sir Thomas Calder, employé à la cour de Londres. Après avoir terminé sa première éducation en Ecosse, il vint en Angleterre, et entra dans la marine royale en qualité d'aspirant (midshipman), et parvint successivement au grade de capitaine de vaisseau. Pendant la guerre d'Amérique, il fut employé dans la Manche sous l'amiral sir Charles Hardy. En 1779, il avait épousé la fille de John Mitchell, ancien membre du parlement. Au commencement de la guerre contre la France, il fut nommé premier capitaine du pavillon de l'amiral Rod. En 1794, il commandait le *Theseus* de 74 canons, l'escadre de lord Howe, et chargé de protéger un convoi important, il ne put prendre part à la bataille du 1er juin. Deux ans après, il prit une part active au combat naval du 13 février, sous les ordres de sir John Jervis. Sa brillante conduite dans cette affaire dont il apporta en Angleterre les détails officiels lui valut le titre de chevalier. Nommé à l'ancienneté contre-amiral, il fut détaché en 1801 à la poursuite de l'amiral français Gantheaume qui allait approvisionner l'armée d'Egypte. Pendant la paix avec la France, il se retira à la campagne ; mais à la reprise des hostilités il fut remis en activité. Vice-amiral de la Blanche en 1804, il fut un an après choisi en cette qualité par l'amiral Cornwallis, qui commandait l'escadre de la Manche, pour bloquer les ports du Ferrol et de la Corogne, dans lesquels se trouvaient cinq vaisseaux de ligne français et trois frégates, avec cinq vaisseaux de ligne espagnols et quatre frégates de la même nation. Malgré les manœuvres de la flotte de Brest et l'infériorité du nombre, Calder conserva sa station, et lorsqu'il eut été joint par le contre-amiral avec cinq vaisseaux, une frégate et un lougre, il se mit en mer pour empêcher les escadres française et espagnole des Antilles qu'on supposait être de seize vaisseaux du premier rang. La flotte combinée, composée de vingt vaisseaux de ligne, de sept frégates et deux bricks, fut signalée le 25 juillet. Quoique Calder n'eût que quinze vaisseaux de ligne, deux frégates, un cutter et un lougre, il donna le signal de l'attaque. Après un combat de quatre heures, auquel la nuit mit fin, deux vaisseaux espagnols, *Rafael* et *Firme*, tombèrent au pouvoir des Anglais, et Calder donna le signal de la retraite. Cette conduite fut approuvée par Cornwallis, qui l'envoya peu de temps après croiser et surveiller l'ennemi devant Cadix. Mais les lords de l'amirauté et la presse anglaise jugèrent autrement les dispositions prises par Calder. Celui-ci demanda en 1805 une enquête sur sa conduite. Une cour martiale le condamna à être *sévèrement réprimandé*, pour n'avoir pas renouvelé l'engagement, et pour n'avoir pas détruit tous les vaisseaux ennemis. Cette cour déclara pourtant que Calder n'avait péché ni par lâcheté ni par désaffection, mais par erreur de jugement. Malgré cette sentence, Calder bientôt après fut nommé amiral de port à Portsmouth. Il est mort à Holt, dans le comté de Hauts, en août 1818, avec la réputation d'un excellent officier.

CALDERA (EDOUARD), jurisconsulte portugais des XVIᵉ et XVIIᵉ siècles, a laissé : *De erroribus pragmaticorum libri quatuor, totidem variarum lectionum*, à Madrid, 1610, in-fol., et d'autres dont on peut voir le catalogue dans le *Conspectus novi Thesauri Juris civilis et canonici*, de Gérard Meerman.

CALDERA DE HEREDIA (GASPARD), médecin espagnol, originaire de Portugal, florissait à Séville dans le XVIIᵉ siècle. Il était ami de Nicolas Antonio, qui dans la *Bibliotheca Hispana* loue son érudition vaste et variée, en disant que l'amitié l'empêche d'ajouter à cet éloge. Caldera est auteur de deux volumes in-folio, dont le premier, qu'il dédia au cardinal François-Marie Brancaccio, son Mécène, a pour titre : *Tribunal medico-magicum cultitorum, pars prima*, Leyde, Elzevir, 1658. Le second, intitulé : *Tribunalis medici illustrationes practicæ*, parut à Anvers en 1663.

CALDERARI (*hist. mod.*), en français, chaudronniers. C'était, en italien, le nom d'une de ces nombreuses sociétés secrètes qui prirent naissance en Italie, au milieu de la fermentation politique des derniers temps. Ils habitaient en grande partie, pendant la dernière époque de leur existence, dans le royaume de Naples, et se trouvaient dans les provinces bien plus que dans la capitale, où ils furent liés pendant quelque temps avec les *carbonari* (*V.* ce mot), mais dont ils se séparèrent par la suite pour former un parti opposé au leur. Si l'on considère le but politique que poursuivaient toutes ces sociétés, elles paraissent avoir eu une idée commune, celle de l'unité politique de l'Italie, le désir de se voir délivrer d'une domination étrangère ; mais on trouvera en même temps que, quant aux moyens d'y parvenir et aux résultats à obtenir, elles différaient à tel point entre elles qu'il en est résulté une position hostile les unes contre les autres. Il serait aussi difficile de déterminer le véritable caractère de chacune des sociétés parmi lesquelles les calderari et les carbonari jouaient le principal rôle, que de raconter exactement leur histoire. Quant aux calderari, le comte Orlof rapporte, dans ses *Mémoires sur le royaume de Naples*, qu'ils ont pris leur origine dans la secte des carbonari vers la fin de l'année 1813. Selon lui, cette société ayant pris un trop vaste accroissement, on voulut lui donner une nouvelle forme ; un grand nombre des anciens membres ayant été exclus, se réunirent plus tard pour former une nouvelle société sous le nom de calderari, qui devinrent alors les antagonistes déclarés de leurs anciens frères. Le même auteur ajoute qu'après le retour du roi Ferdinand à Naples, le prince Canosa, en qualité de ministre de la police, favorisa les calderari, pour combattre par leur moyen, avec d'autant plus d'énergie et de succès, les carbonari qui avaient éveillé sa défiance ; qu'à cet effet il leur donna une nouvelle constitution, les classant en curies, sous la surveillance d'une curie centrale : il y avait une de ces curies dans chaque province, et les calderari portaient le nom de *calderari del contrapeso*; que, d'après ses ordres, vingt mille fusils leur furent distribués, mais que le roi ayant eu connaissance de cette entreprise bizarre, elle fut arrêtée par le bannissement de Canosa, sans toutefois entraîner par là la dissolution de l'association. Plusieurs points de ce récit ont toutefois été contredits. Canosa, dit-on, quitta le 27 juin 1816 le département qu'il avait dirigé pendant six mois, et ce ne fut que trois mois après son bannissement qu'un décret royal fut publié, qui renouvela les poursuites judiciaires, l'interdiction et les peines contre toutes les associations secrètes, et contre les calderari nominativement, quoiqu'ils eussent prouvé autrefois leur attachement au roi et pour la cause de l'ordre et de la dynastie. Canosa lui-même a réfuté, dans un écrit anonyme (*I piffferi di montagna*, Dublin, 1820), les assertions du comte Orlof, en tant qu'elles le concernent, lui et les calderari. Son opinion est qu'ils ont pris naissance non à Naples, mais à Palerme. Lorsque, par l'intervention de lord Bentinck, les maîtrises (*maestranze*) furent dissoutes, il s'éleva un grand mécontentement, et principalement au sein des chaudronniers, qui assurèrent la reine de leur attachement pour sa personne et qu'ils étaient prêts à prendre les armes contre la domination anglaise. La fermentation qui fut occasionnée par cette manifestation était une circonstance heureuse pour les émigrés napolitains, et ils ne manquèrent point de faire preuve d'activité. Quand plus tard ces émigrés furent ramenés à Naples par lord Bentinck, ils entrèrent dans les associations contre Murat, et alors une autre société plus ancienne, qui jusqu'à ce moment était connue sous le nom de *trinitariens*, adopta celui de *calderari*. Lorsqu'au commencement de l'année 1816 il fut question dans le ministère de prendre des mesures énergiques, comme derniers restes des bandes de 1799, le prince Canosa ne les aurait pas pris sous sa protection, tout en pensant qu'on pourrait profiter de leurs services comme d'un contre-poids très-utile contre les carbonari, qui étaient beaucoup plus nombreux et plus dangereux. Canosa soutient encore que cette association n'a jamais adopté le nom de *calderari del contrapeso*, et que jamais une distribution de fusils n'a eu lieu en leur faveur. La plus grande partie des calderari, qui, d'après ces explications, paraissent néanmoins être une continuation des partis enrôlés en 1799 par le cardinal Ruffo, se composaient d'hommes pris dans les basses classes du peuple.

CALDERARI (OTTONE), l'un des plus célèbres architectes du XVIIIᵉ siècle, naquit en 1730 à Vicence d'une famille patricienne. La vue des chefs-d'œuvre de Palladio développa de bonne heure ses dispositions pour l'architecture. A l'étude des ouvrages de ce grand maître il joignit celle des monuments ; et, tout en les imitant dans ses compositions, il se créa une manière qui lui était propre dans ses compositions. Les palais dont il orna le Vicentin ont la richesse et l'élégance de ceux de Palladio. Il cultiva aussi avec succès la littérature ; presque toutes les académies de l'Italie le comptaient au nombre de leurs membres ; et, plus tard, l'Institut de France se l'associa. Il mourut à Vicence en octobre 1803. Diedo, secrétaire de l'académie des beaux-arts à Venise, y prononça son éloge ; mais le célèbre Milizia n'avait pas attendu la mort de Calderari pour rendre une éclatante justice à ses talents (*Memorie degli architetti*, II, 393). Calderari a laissé en italien un *Traité d'architecture* complet. Le recueil de ses plans a été publié par Diedo sous ce titre : *Opere di architettura*, Venise, 1808-1817, 2 vol. in-fol. C'est un ouvrage précieux, dans lequel les nouveaux, architectes italiens ont puisé plus d'une inspiration. On ne connaît de lui qu'un mémoire intitulé : *Discorso sulla copertura da farsi al pulpito del teatro Olimpico.*

CALDERIN (JEAN) composa en 1571 un ouvrage intitulé : *De hæreticis*, où il parle des devoirs d'un inquisiteur de la foi (Lemire, *De script.* XVI *sæc.*).

CALDERINO (DOMIZIO), célèbre critique, né vers l'an 1447 à Torri, dans le territoire de Vérone, près de Caldiero, d'où il prit le nom de Calderinus, fut professeur de belles-lettres à Rome sous Paul II et Sixte IV, et mourut en 1477 d'un excès de travail, ou selon d'autres, de la peste. On a de lui plusieurs éditions d'auteurs anciens, tels que *Martial*, Venise, 1474, in-fol.; *Juvénal*, ibid., 1475, in-fol., très-rare, et plusieurs autres, où ses notes se trouvent complétées avec celles d'autres commentateurs. L'édition des *Commentaires* de Calderino *sur Martial*, Rome, 1474, in-4°, ne contient pas le texte de ce poëte.

CALDERINO (JEAN), de Bologne, jurisconsulte du XIVᵉ siècle, a donné des *Commentaires* sur les Décrétales, et d'autres ouvrages de droit canonique, imprimés plusieurs fois depuis 1470. — CALDERINO (Caspard), fils du précédent, écrivit aussi sur les Décrétales et fit un traité *De interdicto ecclesiastico*, Pavie, 1488, in-fol.

CALDÉRON. s. m. (*hist. nat.*), espèce de poisson de l'ordre des cétacés, selon quelques auteurs.

CALDERON (D. PEDRO CALDERON DE LA BARCA HENAO Y RIANO) descendait d'une famille très-ancienne et naquit à Madrid le 1ᵉʳ janvier 1601. Son père se nommait D. Diego Calderon de la Barca Barreda, et sa mère D. Anna Maria de Henao y Riano. Il resta chez ses parents jusqu'à l'âge de neuf ans : alors on le mit dans un collège des jésuites à Madrid, où il se distingua tellement qu'à l'âge de treize ans il put se rendre à l'université de Salamanque. Les mathématiques, la géographie, l'histoire, la philosophie et l'étude du droit civil et canonique l'occupèrent pendant cinq années, après l'expiration desquelles il s'en retourna à Madrid. Dès une tendre jeunesse, il montra un talent peu ordinaire pour la poésie, et avant d'avoir atteint l'âge de quatorze ans, il écrivit une tragédie intitulée *El Carro del Cielo*. Il était impossible que le talent du jeune Calderon restât inaperçu au milieu d'une cour où les arts et les sciences étaient en si grand honneur et sous un monarque aussi brillant que Philippe IV, qui avait dépensé des sommes énormes pour le théâtre et qui s'était lui-même essayé dans l'art dramatique. Il fut donc bientôt connu de plusieurs grands de la cour, qui devinrent ses protecteurs et qui lui donnèrent plus tard occasion de développer son génie poétique. Mais, peu satisfait des relations qu'il avait nouées et de la perspective qui s'ouvrait à lui de parcourir une carrière glorieuse, il quitta Madrid en 1625 et se voua par une libre inclination à l'état militaire. Pendant dix ans il servit son roi avec honneur, et non sans s'acquérir quelque gloire à Milan et dans les Pays-Bas. En 1636 le roi le rappela, le décora de l'ordre de Saint-Jacques, et le chargea de la disposition des réjouissances et des fêtes à la cour et au théâtre. Lorsqu'en 1640 tous les ordres militaires durent assister à l'expédition de Catalogne, le roi le dispensa du service militaire et le chargea de composer une pièce pour le théâtre. Calderon écrivit la pièce célèbre intitulée : *Certamen de amor y zelos*, qui fut représentée à Buenretiro avec une pompe qu'on n'avait jamais vue. Après avoir terminé son œuvre, il suivit l'armée en Catalogne, où il serait content dans la compagnie du célèbre duc Gasparo de Guzman, comte d'Olivarez. Lorsque la paix fut conclue, il s'en retourna à la cour, et le roi, qui le considérait comme un des plus beaux ornements de cette cour, lui donna de nouvelles preuves de sa faveur qu'il lui conserva sans interruption jusqu'à sa mort. Entre autres démonstrations de grâce qui lui furent accordées, il lui accorda une pension mensuelle de 30 *escudos de oro* sur la caisse de l'artillerie. En 1649 il conçut l'idée des magnifiques arcs de triomphe qui furent élevés à dona Maria Anna d'Autriche, fiancée du roi, lors de son entrée en Espagne. En 1651 le chapitre de l'ordre, conformément à la volonté du roi, lui accorda la permission d'embrasser l'état ecclésiastique, et en 1653 le roi lui accorda une des places de chapelain de la chapelle *de los señores Reges Nuevas* à Tolède. Mais comme cette position l'éloignait trop de la cour, pour laquelle il conservait encore toujours quelque inclination, le roi le nomma chapelain d'honneur à la chapelle royale de la cour, tout en lui laissant sa place de Tolède, et augmenta en même temps son traitement par une pension sur les revenus de la Sicile. Depuis l'instant où il entra dans l'état ecclésiastique, il appliqua sa verve à ses *Autos sacramentales*, ou actes sacramentaux, qui répondaient bien mieux à ses véritables sentiments que les pièces de théâtre mondaines. Sa réputation comme premier poète dans ce genre de pièces religieuses s'était tellement répandue, que les principales villes de l'Espagne, Madrid, Tolède, Séville, Grenade et plusieurs autres le chargèrent d'en composer de semblables et l'en récompensèrent généreusement. Pour Madrid seule il composa pendant trente-sept ans tous les *Autos* qui y furent représentés à l'occasion des fêtes de chaque année. En 1665 la congrégation de l'apôtre saint Pierre, société de prêtres à Madrid, le reçut au nombre de ses membres, et en 1666 il devint chapelain mayor de cette société, à laquelle il légua par reconnaissance toute sa fortune qui était considérable. Il mourut le 25 mai 1687 à l'âge de quatre-vingt-sept ans, jouissant de l'admiration de ses compatriotes et de la faveur non altérée de son roi. Il fut enterré à l'église paroissiale de Saint-Salvador à Madrid, et la société dont il avait été le président lui fit ériger dans cette église un magnifique monument. — Calderon est au nombre des poètes les plus distingués qu'ait produits l'Espagne. Presque aussi fécond que Lope de Vega, il fut plus grand poète que lui, et il mettait bien plus de soin dans l'exécution de ses pièces dont le plan était toujours mûrement médité. Par lui le théâtre romantique de l'Espagne arriva à son plus haut degré de perfection. Comme le dit très-bien Schlegel dans ses Leçons sur la littérature et l'art dramatiques, Calderon était poète dans toute l'acception du mot et autant qu'il est possible de mériter ce nom. Sa sensibilité est profonde, son imagination est audacieuse, son langage est noble, pur et harmonieux, ses images sont saisissantes et peintes avec des couleurs vives et éclatantes. Il embrasse toute la création avec un amour intime et profond, et sa poésie n'est qu'un hymne incessant qui chante perpétuellement les œuvres du Créateur. Il rapproche de ce qui est le plus loin de ce qui est le plus près, ce qu'il y a de plus grand de ce qu'il y a de plus petit, les étoiles des fleurs, les diamants des gouttes de rosée, et lors même que ses images favorites reviennent souvent, elles réjouissent toujours, comme une belle fleur nous réjouit toujours quand nous la retrouvons différemment disposée. Le nombre de ses pièces est de cent vingt-sept, mais dont il n'y a que cent huit qui soient imprimées. Il écrivit à l'âge de quatre-vingt-un ans sa dernière pièce intitulée : *Hado y Divisa*. Les pièces auxquelles il accorda le plus d'attention et de soins sont celles qu'il écrivit à un certain âge, lorsque son esprit eut pris une direction plus religieuse ;

ces pièces sont les *Autos sacramentales*, qui sont au nombre de quatre-vingt-quinze, à ce qu'on prétend, quoique le recueil imprimé n'en renferme que soixante-treize. Ce qui prouve qu'à un âge avancé il devint plus indifférent à l'égard de ses pièces mondaines, c'est sa réponse à une lettre du duc de Veragua, qui lui demandait une liste complète de ses pièces, parce que les libraires faisaient imprimer et vendaient sous le nom de Calderon plusieurs pièces qui étaient l'ouvrage d'autres auteurs. Calderon, qui était alors un vieillard de quatre-vingts ans, n'envoya au duc que la liste de ses *Autos*. « Quant à mes pièces mondaines, ajoutait-il, il est assurément malheureux que, outre mes propres ouvrages, déjà si défectueux, on m'en impute d'autres, et qu'on ait tellement défiguré mes propres pièces que je ne les reconnais plus que par leurs titres. Toutefois je ne veux pas m'opposer à ce que font les libraires, ni traiter mes comédies avec plus d'égards qu'ils n'en ont eux-mêmes. Mais j'attache une plus haute importance à mes *Autos*, et cela dans l'intérêt de la religion [1]. » — Outre ces pièces de longue haleine, Calderon a composé encore deux cents *Loas* (préludes), cent *Sainetes* (*extraits* ou *divertissements*), et un grand nombre de chansons, de sonnets, de romances et d'autres petites poésies, qui pour la plupart n'ont pas été imprimées. On a encore de lui les ouvrages suivants, qui sont en dehors de ses œuvres : *Entrada de la augusta Reyna madre*, 1640. — *Discurso sobre los quatro novisimos*, en octavas. — *Tratado de la nobleza de la pintura*. — *Tratado en defensa de la comedia*. — Ses ouvrages dramatiques ont pour la plupart paru isolément, comme cela était d'usage de son temps. Le premier recueil de ces pièces fut publié par son frère sous le titre de *Comedias de D. Pedro Calderon de la Barca, cavallero de Santiago, recogidas por D. Joseph Calderon, su hermano*, en Madrid, 1640, 1664, 1674. Mais il n'en parut que quatre volumes. L'édition publiée par son ami *D. Juan de Veros Tassis y Villaroel*, est plus complète. Le titre complet de celle-ci est : *Primera-novena parte de comedias del celebre poeta español don Pedro Calderon de la Barca, que nuevamente corregidas publica por Juan de Vero Tassis y Villaroel, su mayor amigo*, en Madrid, anno 1685-1694, 9 vol. in-4°. D'après le catalogue des ouvrages de Calderon, imprimé en tête de chaque volume de cette publication, elle devait se composer de 10 volumes. Mais il n'en parut que 9 volumes, qui renferment 107 pièces. Les 12 pièces qui devaient former le douzième volume ont été en partie imprimées séparément. La première édition des *Autos sacramentales* parut sous le titre : *Autos sacramentales, alegoricos y historiales*, por Pedro Calderon de la Barca, en Madrid ; Jos. Fernan. de Buendia, 1677. Une seconde édition en 6 volumes fut publiée par les soins de D. Pedro de Pando y Mier, aussi à Madrid en 1717, in-4°. Le recueil le plus complet des ouvrages dramatiques de Calderon est le suivant : *Comedias del celebre poeta español* D. Pedro Calderon de la Barca, *que saca á luz* D. Juan Fernandez de Apontes, *y las dodica al mismo* D. Pedro Calderon de la Barca, en Madrid, 1760-1763, en 11 volumes, in-4°, dont le dernier in fine forme qu'un avec le dixième. Cette édition renferme 112 pièces. Le même éditeur a encore publié : *Autos sacramentales alegoricos y historiales del phenix de los poetas, el Español*, don Pedro Calderon de la Barca. *Obras posthumas, que sacra á luz* D. Juan Fernandez de Apontes, en Madrid, 1759-1760, en 6 volumes in-4°. Cette édition renferme 75 *autos* et autant de *loas*. — Les pièces de Calderon ont été longtemps regardées par les Espagnols comme l'expression la plus élevée de l'art dramatique. Mais depuis que le goût national de ce peuple s'est quelque peu perverti, l'enthousiasme qu'il éprouvait pour son poète s'est attiédi : aujourd'hui des imitations et des traductions faites par des auteurs dramatiques français, à qui bien souvent les richesses de Calderon servent à voiler leur propre pauvreté, et qui exploitent à leur profit le sujet et le plan de ses pièces, et cela sans le dire, ont entièrement banni du théâtre espagnol cet illustre poète. Calderon a trouvé aussi en Espagne des détracteurs, comme les poètes du grand siècle de Louis XIV en ont trouvé parmi nous : il y a des critiques qui usèrent toute leur pauvre intelligence à dénigrer les œuvres de ce puissant génie, et à y trouver tous les défauts imaginables. Il faut citer parmi ces infortunés critiques D. Blas Nasare et D. Ignacio Luzan. L'adversaire le plus récent de Calderon, et en général de l'ancien théâtre espagnol, est l'ignorant directeur de la *Cronica científica y litteraria de Madrid*, *alias* Martilo Gaditano.

(1) La lettre du duc et la réponse de Calderon se trouvent dans le *Theatro Hespanol por D. Vicente Garcia de la Huerta*, part. II, tom. III.

Calderon a trouvé un puissant défenseur, et ce Zoïle un rude adversaire, dans la personne d'un Allemand qui habite Cadix depuis un grand nombre d'années et qui est comme naturalisé en Espagne. Son *Apologie*, écrite avec réserve, avec goût et avec esprit, a paru sous le titre suivant : *Pasati empo critico, en que se vetilan los meritos de Calderon, y el talento de su detractor en la Cronica cientifica y litteraria de Madrid. Cadiz: en la imprenta de Carreño.* — L'unique biographe de Calderon est D. Juan de Vera Tassis y Villaroel, que nous avons déjà cité plus haut comme ayant publié ses *Comedias.* Il mit la biographie de Calderon à la tête de la première partie de ses comédies, avec cette souscription : *Fama, vida y escritos de* D. Pedro Calderon, etc., et elle fut plus tard réimprimée dans l'édition publiée par Apontes. La notice que nous venons de donner sur la vie de Calderon est puisée aussi dans cette biographie. Elle est écrite sur un ton très-enflé et avec un grand luxe de mots pompeux. Le biographe, entre autres renseignements qu'il communique, nous apprend que Calderon, suivant le témoignage de sa sœur, religieuse au couvent de Sainte-Claire à Tolède, pleura trois fois dans le sein de sa mère avant sa naissance. Il s'en rapporte au lecteur pour les réflexions que doivent inspirer et ce nombre significatif et le fait en lui-même.

CALDERON. L'Espagne a eu plusieurs écrivains du nom de Calderon. Nous citerons les principaux. — CALDERON DE MONTALVAN, dont on a un recueil intitulé : *Comedias de varios ingenios,* Madrid, 1653, 3 vol. in-4°. — CALDERON (D. Gabriel Diaz Varea), évêque de Cuba, auteur d'un ouvrage qui a pour titre : *Grandezas y maravillas de la inclyta y santa ciudad de Roma,* Madrid, 1677, in-folio. — CALDERON DE ROBLES (Jean) publia le recueil des privilèges de l'ordre d'Alcantara : *Privilegia selectiora militia S. Julianide Pereiro, hodie de Alcantara, a summis pontificibus concessa,* Madrid, 1627-1662, in-folio. — CALDERON (Antoine), né à Bacça, chanoine et professeur de théologie à Salamanque, fut chargé de l'éducation des infants d'Espagne, nommé ensuite à l'archevêché de Grenade, et mourut avant de prendre possession de son diocèse, le 12 janvier 1654. Il composa cinq ouvrages sur l'immaculée conception, et 3 volumes in-folio sur l'histoire de saint Jacques, patron et capitaine général des Espagnes, Madrid, 1657 et 1658. — CALDERON (Jean) fut le premier éditeur des *Fausses Chroniques* de Flavius Lucius Dexter, de saint Braulion et d'Hélécan. Ces ouvrages supposés, qu'on croit avoir été fabriqués par Jérôme-Romain de la Higuera, étant tombés entre les mains de Calderon, il ressentit une joie extrême de les avoir retrouvés, et il les publia de bonne foi à Saragosse en 1619, in-4°, comme des histoires authentiques qui avaient été cachées au monde savant depuis le v°, le vii° et le ix° siècle.

CALDERON (DON RODRIGUE DE), favori du duc de Lerme, né vers la fin du xvi° siècle à Anvers, eut part à la disgrâce de son patron, arrivée en 1618, et fut une des victimes sacrifiées à l'ambition d'Olivarez, ministre de Philippe IV. Faussement accusé de meurtre, et condamné à être décapité, il reçut la mort avec courage en 1621.

CALDERWOOD (DAVID), théologien de l'Eglise d'Ecosse, né en 1575. Dès son enfance, il s'adonna à l'étude des saintes Ecritures, et lut les ouvrages des Pères dans leur langue originale. Il se fit distinguer en 1604 par de violentes prédications contre l'épiscopat, et en faveur du système ecclésiastique d'Ecosse. Il soutint ses doctrines avec une persistance si vive dans les assemblées tenues à Glasgow en 1610, à Aberdeen en 1616, et à Edimbourg en 1617, qu'il fut dénoncé comme séditieux au roi Jacques I°', arrêté et jeté en prison. Sa détention ayant été convertie en exil, il habita la Hollande pendant plusieurs années, et s'y occupa, par des écrits, de la querelle des épiscopaux et des presbytériens. En 1624, on fit circuler en même temps et le bruit de la mort de Calderwood, et sa prétendue rétractation. S'étant empressé de le désavouer, son auteur se rendit en Hollande pour assassiner Calderwood qui déjà était de retour à Edimbourg. Dans les assemblées générales de Glasgow en 1638 et en 1641, il poursuivit sa lutte contre l'épiscopat, et il vit avec joie le triomphe de ses principes en matière ecclésiastique. Calderwood mourut en 1651, âgé de soixante-seize ans. Ses principaux écrits sont : *Altare Damascenum,* in-4°, écrit en Hollande sous le nom d'Edwardus Didoctavius, et réimprimé en 1708, sous ce titre : *Altare Damascenum, seu Ecclesiæ Anglicanæ politia, Ecclesiæ Scoticanæ obtrusa, a formalista quodam delineata, illustrata et examinata sub nomine olim Edwardi Didoctavii, studio et opera Davidis Calderwood.* — *Histoire de l'Eglise d'Ecosse depuis la réformation,* manuscrit en 6 vol. in-folio, se trouve à la bibliothèque de l'université de Glasgow. L'auteur en fit imprimer en 1818, un extrait en trois volumes sous ce titre : *Véritable Histoire de l'Eglise d'Ecosse.*

CALDEY ou CALDY (géogr.), petite île d'Angleterre, dans le canal de Bristol, près de la côte de la principauté de Galles, et qui tient à l'île Sainte-Marguerite. On y trouve une rade excellente pour 200 vaisseaux.

CALDIERA ou CALDERIA (JEAN), médecin, né à Venise, obtint en 1424 une chaire à l'académie de Padoue, la remplit avec succès pendant un grand nombre d'années, et, sur la fin de sa vie, revint à Venise, où il mourut fort âgé, vers 1474, laissant inédit un ouvrage assez curieux, qui ne fut publié que longtemps après sa mort, sous ce titre : *Concordantiæ poetarum, philosophorum et theologorum, opus vere aureum,* Venise, 1547, in-8°, fort rare. Dans ce livre singulier, l'auteur a cherché à prouver que les vérités dogmatiques de la religion chrétienne se retrouvent dans la mythologie grecque et romaine.

CALDIERO (COMBAT DE). Les Autrichiens profitèrent, vers la fin de 1796, de la longue résistance de Mantoue pour former successivement des armées destinées à débloquer cette clef de l'Italie, et à dégager le maréchal Wurmser. Les Impériaux firent de tels efforts, que le général d'Alvinzi posséda bientôt dans le Frioul une armée de 50,000 hommes, tandis que son lieutenant en avait 20,000 dans le Tyrol. Bonaparte, ne pouvant avec les divisions disponibles de son armée résister à des forces aussi considérables, chercha à arrêter les mouvements de l'ennemi sur la Brenta par différents corps d'observation. Alvinzi passe la Piave ; Bonaparte évacue le pays entre la Brenta et l'Adige. Le 12 novembre, les armées française et autrichienne se trouvent en présence. Les Français étaient dans la nécessité de vaincre sans délai leurs ennemis ; ils les attaquèrent avec autant d'intelligence que de bravoure. A la droite était Augereau, à la gauche Masséna. Augereau enlève Caldiéro, et fait 200 prisonniers ; Masséna tourne l'ennemi, prend 5 pièces de canon ; mais une pluie froide et abondante se change subitement en une petite grêle contrariait les mouvements des Français. L'affaire resta indécise. Les deux armées demeurèrent sur le champ de bataille, et Bonaparte se retira, méditant les moyens de vaincre à Arcole. — Tandis que Napoléon s'avançait à grands pas en Allemagne, le maréchal Masséna combattait de nouveau à Caldiéro contre le prince Charles. L'armée française avait pris position à deux milles au-dessus de cette ville. Elle attaqua les Autrichiens le 30 octobre 1805, à deux heures après-midi. Le village de Caldiéro fut emporté de vive force, et les ennemis se virent repoussés jusque sur les hauteurs voisines. L'action se soutint jusqu'à la nuit avec des chances diverses. Enfin l'archiduc rentra dans ses retranchements après avoir perdu 5 à 6,000 hommes, morts, blessés ou prisonniers. Les Français n'avaient perdu que 2 à 3,000 hommes. En même temps une colonne autrichienne, forte de 5,000 hommes, se trouva coupée par une suite de mouvements opérés par la division Seras. Le maréchal Masséna, après une sommation inutile, fit marcher quatre bataillons pour achever de la cerner entièrement. Le général autrichien sentit alors que toute résistance était impossible, et, le 2 novembre, consentit à mettre bas les armes sur les glacis de Vérone.

CALDORA (JACQUES), Napolitain, chef d'aventuriers, vainquit à Aquila en 1424 Braccio de Mantoue, fut élevé aux plus hautes dignités sous Jeanne II, nommé grand connétable du royaume par René d'Anjou, et mourut en 1439.

CALDWALL ou CHALDWELL (RICHARD), médecin anglais, né dans le comté de Stafford en 1513, un des élèves les plus distingués de la faculté du Christ en 1547, reçu docteur en cette faculté, fait ensuite censeur du collège des médecins à Londres en 1570, nommé président de ce collège, et mort en 1585, jouit d'une très-grande réputation pendant sa vie. On dit qu'il a traduit en anglais un ouvrage de chirurgie d'Horatius More, de Florence, ayant pour titre : *Tables de chirurgie,* imprimé à Londres en 1585 ; mais il mérite surtout d'être cité pour avoir fondé dans le collège de médecine de Londres une chaire de chirurgie.

CALE (marine), nom que l'on donne à l'espace compris sous le pont inférieur, ou le faux pont d'un vaisseau ; c'est la partie la plus basse de l'intérieur d'un bâtiment. Le lest, les pompes, les poudres, les boulets, les vivres et l'eau, les câbles, les voiles et cordages de rechange, et autres objets qui ne servent pas immédiatement dans les circonstances ordinaires de la navigation, sont placés dans plusieurs compartiments pratiqués dans la cale d'un vaisseau, ou de tout autre bâtiment de guerre. On a donné des noms particuliers à ces compartiments. On appelle *cale à l'eau*, *grande cale*, ou simplement *cale*, le compartiment qui renferme l'eau destinée à la consommation de l'équipage pendant une partie de la campagne ; c'est le plus grand de tous. Celui où le vin et les autres boissons sont déposés porte le nom de *cale au vin*; on nomme *archipompe*, celui qui entoure les tuyaux, ou corps de pompe. Celui où sont contenus les boulets est appelé *puits aux boulets*; *la fosse aux câbles* est la partie où l'on dépose tous les corbillons destinés aux réparations du gréement et aux amarrages de toute espèce, est celle qui contient les rechanges du maître d'équipage. Les autres compartiments de la *cale* sont connus sous le nom de *soute*; tels que *soute* aux rechanges, *soutes* aux voiles, *soutes* à poudre, *soutes* aux biscuits, etc. La cambuse est un emplacement destiné à mesurer, peser et distribuer les rations de vivres à l'équipage; il se trouve sur le faux pont, au-dessus de la cale au vin; après chaque repas, tous les corbillons, gamelles et bidons sont reportés et replacés en ordre dans cet endroit; les divers préposés de la direction des vivres sont logés dans la cambuse. On ne trouve pas dans la *cale* d'un bâtiment de commerce autant de compartiments que dans celle des bâtiments de guerre, mais la moyenne partie en est destinée à renfermer les marchandises qui composent la cargaison. On désigne quelquefois la *cale* par les mots *fond de cale*, comme dans cette phrase : Nous descendimes à *fond de cale*. On désigne sous le nom de *cale de construction*, ou de *radoub*, un emplacement sur le bord de la mer, disposé en pente, pour que le vaisseau une fois achevé ou réparé puisse glisser à la mer. La grille du vaisseau qu'on met en construction, ou qu'on a remonté de la mer sur la *cale* pour le radouber, doit poser sur les chantiers entiers établis sur ces *cales*.

CALE (*jurispr. mar.*), sorte de châtiment dont on punit, sur les vaisseaux, les hommes de l'équipage qui se sont rendus coupables de vol ou d'excitation à la révolte. Suivant l'art. 22, tit. 1er, liv. II, de l'ordonnance de 1671 sur la marine, le capitaine ou maître d'un navire devait prendre l'avis du pilote et du contre-maître, pour faire donner la cale aux matelots mutins, ivrognes, désobéissants ; à ceux qui maltraitaient leurs camarades, ou qui commettaient d'autres délits semblables dans le cours d'un voyage. — On distingue deux sortes de cales : la *cale ordinaire* et la *cale sèche*. — Dans la *cale ordinaire*, on conduit le condamné vers le plat-bord, au-dessous de la grande vergue, où on le fait asseoir sur un bâton qu'on lui passe entre les jambes : il embrasse un cordage auquel ce bâton est attaché, et qui glisse sur une poulie suspendue à l'un des bouts de la vergue. Trois ou quatre matelots hissent ce cordage avec la plus grande vitesse possible, jusqu'à ce qu'ils aient élevé le patient à la hauteur de la vergue; après quoi ils lâchent le cordage tout à coup et le précipitent dans la mer. Quelquefois on l'attache aux pieds un boulet de canon, pour rendre la chute plus rapide. — Dans la *cale sèche*, on ne plonge pas le patient dans la mer; on le laisse seulement tomber jusqu'à quelques pieds au-dessus de la surface de l'eau. C'est alors une espèce d'estrapade (*V.* ce mot). Le supplice de la cale est encore usité aujourd'hui.

CALE (*technol.*), se dit en outre d'un morceau de bois, de pierre, etc., qu'on place sous un objet quelconque pour le mettre de niveau ou pour lui donner de l'assiette.

CALE, s. f. Parmi les pêcheurs, se dit d'un plomb qu'on attache à l'hameçon, et qui sert à le précipiter au fond de l'eau, lorsque l'on pêche la morue. — On appelle aussi CALE une sorte de bonnet de paysanne, et un bonnet plat que portent les petits laquais et les apprentis ou garçons des artisans.]

CALÉ (*V.* CALES).

CALÉ, ÉE, adj. (*gramm.*), se dit familièrement d'une personne qui a quelque aisance. Se dit aussi de tout objet qui parle agréablement aux yeux.

CALÉ, s. m. quatrième cycle de la durée du monde, selon la mythologie indienne.

CALÉA, s. m. (*botan.*), genre de plantes de la famille des corymbifères.

CALÉ-ACTÉ (*géogr. anc.*) (χαλή, belle, ἀκτή, rive), ou CALACTE, CALATE, CALATIS, CALATIE, ville de l'île d'Eubée, au sud-est, vis-à-vis de la partie orientale de l'île d'Andros. — CALÉ-ACTÉ, ville de l'île de Crète. — CALÉ-ACTÉ, ville de Sicile sur la côte septentrionale, entre Aluntium et l'embouchure du fleuve Alaesias. — CALÉ-ACTÉ, ville de Campanie,

au sud-ouest de Capoue et au nord du Clanis, sur la voie Appienne. César lui accorda le titre de colonie romaine. — CALÉ-ACTÉ, ville de la seconde Mésie, sur le Pont-Euxin, vers le nord, entre Tonos et Odesse, avait été fondée par une colonie de Milésiens.

CALÉAN, s. m. (*art. milit.*), nom que les Turcs donnent à un bouclier fait de bois de figuier.

CALÉANE, s. f. (*botan.*), genre de plantes de la famille des orchidées.

CALEB (*géogr. sac.*), canton de la tribu de Juda, où étaient situées les villes de Cariat-Sepher et d'Hébron, appartenant à la famille de Caleb, fils de Jéphoné (I *Reg.*, 30, 14).

CALEB ou CALUBI, fils d'Hesrom, épousa d'abord Azuba, et ensuite Ephrata (I *Par.*, 2, 9, 18 et 24).

CALEB, fils de Jéphoné, de la tribu de Juda, fut envoyé, avec Josué et dix autres députés des tribus d'Israël, pour aller considérer la terre de Chanaan que Dieu leur avait promise. Le peuple murmurant et se soulevant sur ce que la plupart des envoyés lui disaient qu'il ne pourrait jamais se rendre maître du pays qu'ils avaient parcouru, Caleb et Josué, déchirant leurs vêtements, encourageaient les Israélites en disant : *Le pays que nous avons vu est excellent. Si Dieu est avec nous, nous pouvons aisément en faire la conquête. Ne vous soulevez point contre le Seigneur ; nos ennemis sont sans secours, nous les dévorerons comme le pain.* Mais le peuple en fureur se mit à crier, et prit des pierres pour les lapider. Alors la gloire du Seigneur parut sur le tabernacle, et menaça d'exterminer toute la multitude. Moïse l'ayant apaisé par sa prière, il se contenta de protester avec serment qu'aucun de ceux qui avaient murmuré contre lui ne verrait la terre de Chanaan, et qu'ils mourraient tous dans le désert. *Mais*, ajouta-t-il, *pour mon serviteur Caleb, qui m'a suivi fidèlement, je l'introduirai dans ce pays, et il le possédera lui et ses enfants.* Les Israélites étant donc entrés dans le pays de Chanaan, Caleb avec ceux de sa tribu prit la ville de Cariath-Arbé, autrement Hébron, où il tua trois géants de la race d'Hénoch, savoir : Sesaï, Ahiman et Tholmaï. De là il passa à Dabir, nommée autrement Cariat-Sepher. On croit qu'il survécut à Josué, sans qu'on sache le temps précis de sa mort (*Num.*, 13, 2 et seq.; *Josué*, 14, 6, 15; 13, 14).

CALE-BAS, CARGUEBAS, CALBAS, CARQUE-BAS, s. m. (*marine*). C'est un cordage qui sert à amener les vergues des pacfis, et il est amarré par un bout au racage de l'un de ces pacfis, et par l'autre bout à un argeneau qui est au pied du mât; et ce cordage est un plan simple. — CALEBAS (*marine*) est aussi un petit palan dont on se sert pour le grand étai.

CALEBASSE (*botan.*), nom que l'on donne aux fruits formés en bouteilles, tels que les congourdes ou gourdes des pèlerins. Ces fruits servent aux nègres à fabriquer des ustensiles de ménage; ils n'ont d'autre peine que de les débarrasser de leur pulpe. C'est ordinairement le fruit du calebassier, arbre des Antilles, qui sert à cet usage. — CALEBASSIER, *crescentia*, genre de plante dicotylédone, à grandes feuilles alternes, semblables à nos courges. — *Caractères généraux :* calice à deux découpures égales, concaves et obtuses; corolle grande, monopétale, irrégulière, quasi-campanulée, tube court et renflé au centre; le tube droit à cinq découpures inégales et dentées, quatre étamines, terminées par des anthères vacillantes; un ovaire pédicellé, style dépassant la corolle; un stigmate en tête, à deux lames. Fruit : une grosse baie à écorce dure, une seule loge, pulpe abondante dans laquelle se trouve la semence. Ce genre ne compte que deux variétés. — CALEBASSIER A LONGUES FEUILLES, *crescentia cajete* (Linné, Guinée). Arbre de petite taille; tronc tortueux ; bois blanc et dur; écorce ridée, grisâtre ; branches longues, rameaux étalés ; nœuds garnis de feuilles agglomérées en bouquets, presque sessiles, lancéolées, longues de six à huit pouces; fleurs blanches, solitaires, situées le long des rameaux; odeur nauséabonde ; fruits très-gros, ovales, enveloppés d'une écorce dure, pulpe abondante, blanche, saveur aigre, renfermant les semences. — CALEBASSIER A LARGES FEUILLES, *crescentia cucurbitana* (Linné). Plus petit que le précédent; cime très-étalée ; tronc plus gros; bois très-dur; feuilles larges, ovales; fleurs blanches, solitaires; fruits de la forme d'un citron, mais bien plus gros; écorce mince et fragile, renfermant une pulpe blanche, au milieu de laquelle se trouvent les semences. Les Indiens tirent un parti immense du fruit du calebassier à longues feuilles. Ils en fabriquent tout ce qui peut être utile dans le ménage, comme vases, seaux, assiettes, plats, bouteilles, cuillers, pots, etc. Lorsque cette espèce de calebasse est dépouillée de sa pulpe, ils en mettent l'écorce, mêlée avec la gomme, macérer dans l'eau bouillante, puis la polissent, et avec l'indigo et le rocou la varient de teintes et de couleurs, et l'ornent de figures dont le dessin se ressent de l'enfance de cet art chez ces peuples. Les sauvages font prendre à la calebasse la forme qu'ils veulent, en la comprimant, à l'aide de cordes, avant la maturité. Les Caraïbes attachent à ce fruit des idées d'une superstition des plus grossières, erreurs dans lesquelles leurs prêtres les entretiennent. Ils conservent religieusement dans leurs cabanes deux ou trois de ces calebasses, qu'ils ont eu le soin d'orner; lorsqu'en maniant ces fruits ils rendent un son, ils croient que c'est leur dieu, leur *toupan*, qui leur parle. Le seul rapport que la calebasse puisse avoir avec les émanations divines, c'est que sa pulpe, préparée en sirop, est dans les Antilles un remède excellent contre certaines affections plus ou moins cruelles.

CALEBASSE, s. f. (*botan.*), nom que l'on donne à des prunes qui, au lieu de grossir en mai et de conserver leur vert, deviennent larges et blanchâtres, et tombent enfin sans grossir. — Proverbialement, on dit *Tromper* ou *Frauder la calebasse*, pour dire tromper quelqu'un en ne lui donnant pas son contingent.

CALEBASSIER (*V.* CALEBASSE).

CALEBOTIN, s. m. (*technol.*) (*term. de cordonnier*), espèce de panier ou de fond de chapeau dans lequel les cordonniers mettent leur fil et leurs alènes.

CALECA (MANUEL), moine grec de l'ordre des dominicains, vivait vers le milieu du XIVe siècle. Dans cette époque de querelles théologiques, la procession du Saint-Esprit occupait bien plus l'attention publique que les progrès des Turcs. Manuel Caleca fut du petit nombre de ses compatriotes qui se rangea du côté de la foi orthodoxe. Ses ouvrages de controverse en langue grecque, à peine connus aujourd'hui, ont été fort loués des théologiens catholiques de son temps. Le plus considérable est intitulé : *Quatre livres contre les erreurs des Grecs touchant la procession du Saint-Esprit.* Le P. Pétau dit que c'est un excellent livre, où la matière est discutée avec infiniment d'exactitude et de soin; il ajoute qu'il est impossible de rien écrire de plus savant et de plus subtil. Ambroise le Camaldule le traduisit en latin par ordre du pape Martin V. Cette traduction, publiée par Stewart (Ingolstadt, 1616, in-4°), a reparu dans le tome XXVI de la Bibliothèque lyonnaise des Pères de l'Eglise. On trouve dans ce même tome la traduction latine de deux autres traités de Caleca, *Sur l'essence et l'opération de Dieu, Sur la foi et les principes de la foi catholique.* Caleca mourut à Mitylène en 1410. Il a laissé grand nombre de manuscrits, dont quelques-uns se trouvent dans les bibliothèques d'Italie, d'Allemagne et de Paris. Nous citerons un fort volume sur la sainte Trinité, deux homélies, quelques discours théologiques, quelques lettres et quelques opuscules de grammaire.

CALÈCHE, s. f. (*technol.*), espèce de voiture à ressort et à quatre roues, qui est fort légère et ordinairement découverte.

CALÈCHE, s. f. (*hist. anc.*). L'usage des *calèches* est plus ancien qu'on ne pense. Nous en trouvons trois sur les anciens monuments. La première a été donnée par M. Maffei; la seconde est tirée d'un ancien monument de la ville de Metz; la troisième, qu'on a trouvée dans le royaume de Naples, a été publiée par M. Bulifon. On ne sait quel est l'animal qui tire cette dernière. Les deux autres sont tirées chacune par un cheval. Ces *calèches* ne diffèrent des nôtres qu'en ce que le siége où l'homme est assis est mené. L'on a trouvé dans les peintures d'Herculanum la représentation des *calèches*, que les Romains nommaient *veredum* : elles ressemblaient à nos chaises de poste attachées à deux chevaux. Le conducteur était assis sur le cheval de volée, c'est-à-dire sur le cheval qui ne porte pas le brancard. Le *rhedum* des Romains était une voiture à quatre roues, et le *cestum* n'avait que deux roues; on l'appelait *birota*; il différait du *veredum*.

CALÈCHE (*technol.*), espèce de carrosse léger entouré de mantelets, et dont on se sert pour se promener dans les jardins.

CALÈCHE (*costum.*), se disait autrefois d'une coiffure de femme qui se repliait sur elle-même.

CALÉ-COMÉ (*géogr. anc.*), ville de Mésopotamie, sur le bord de l'Euphrate, au nord-ouest d'Edesse.

CALEÇON, s. m. (*costum.*), vêtement qui couvre le corps depuis la ceinture jusqu'aux genoux en enveloppant séparément chaque cuisse. On fait des *caleçons* de toile, de peau de chamois, de ratine, coton, etc. On dit : *Se mettre en caleçon*,

être en caleçon. — Les termes *caleçon*, *culotte* et *haut-de-chausse* paraissent synonymes; cependant, s'il nous était permis de hasarder une conjecture, nous dirions que les culottes sont des vêtements d'étoffe qui joignent exactement sur le corps depuis la ceinture jusqu'aux genoux; le haut-de-chausse est un vêtement fort ample qui peut descendre jusqu'à la cheville du pied; le *caleçon* est une espèce de doublure que l'on porte sous la culotte ou sur le haut-de-chausse. On donne le nom de *culotte de Suisse* à des hauts-de-chausse fort larges. On dit vulgairement : *Voilà un verre ou un gobelet en culotte de Suisse*, pour désigner la forme de la coupe du verre. — La propreté exige que l'on porte des *caleçons* sous les culottes. Dans tous les pays où les hommes portent des robes longues et fermées, ils se dispensent de porter des *caleçons*. Les anciens Perses, les Scythes et les Gaulois portaient des *caleçons* : ce fait est constaté par les bas-reliefs, par les médailles, par les historiens et par les cariatides et les persiques de l'architecture. Les Grecs et les Romains ne portaient qu'une espèce de jupe ou de *caleçon* qui n'allait que jusqu'à la moitié de la cuisse. - - Cicéron dit que de son temps l'on avait établi une loi pour forcer les acteurs à porter des *caleçons* lorsqu'ils montaient sur le théâtre : *Ut in scenam sine subligaculo prodeat nemo* (Cic., De off. 35). — Du temps de Tite, les Romains qui allaient à la campagne ou qui y demeuraient portaient des *caleçons*, qu'ils appelaient *braccam gallicam*, c'est-à-dire la *brayette gauloise*. En France, bien des femmes portent actuellement des *caleçons* pendant l'hiver pour éviter des maladies, et pendant l'été par propreté. Presque toutes les bourgeoises qui vont souvent à la campagne à cheval portent aussi des *caleçons*. Les missionnaires du Canada ont fait des efforts inutiles pour engager les hommes sauvages, civilisés et convertis à porter des *caleçons*; mais les Canadiens se bornent actuellement à cacher sous un morceau d'étoffe carré de six ou huit pouces ce que la pudeur défend de montrer. Les sauvagesses dociles portent des jupes. — Les *caleçons*, considérés par rapport à la santé, peuvent être quelquefois nuisibles; mais communément ils sont très-utiles. Si l'on a une petite plaie à la cuisse, les *caleçons* en laine ou en coton l'irriteront et l'enflammeront beaucoup, s'ils touchent habituellement la chair blessée. Les *caleçons* en laine sont les plus sains, parce qu'en frottant sur la peau ils excitent beaucoup plus la transpiration; mais si l'on n'a pas la précaution de les laver souvent, ils occasionneront des dartres, et les poux s'y multiplieront très-facilement. — Les *caleçons* en peaux de chamois ou de mouton excitent moins la transpiration, mais on peut les porter pendant une année de suite sans craindre les dartres et la vermine. Cependant la prudence doit engager à ne point les faire coudre à la culotte, et à les faire laver de temps en temps.

CALEÇONNIER, s. m. (*technol.*). Les maîtres *peaussiers*, *teinturiers en cuir* prenaient la qualité de *caleçonniers*, parce que leurs statuts leur donnaient pouvoir de passer les cuirs propres à faire des caleçons, qu'ils pouvaient aussi fabriquer et vendre dans leurs boutiques (*V.* PEAUSSIER).

CALEÇON-ROUGE, s. m. (*hist. nat.*), espèce d'oiseau, le couroucou à ventre rouge de Saint-Domingue.

CALECTASIE, s. f. (*botan.*), genre de plantes de la Nouvelle-Hollande, de la famille des joncacées.

CALED ou **KHALED EBEN ALWALID**, un des plus vaillants, des plus heureux et des plus féroces capitaines de Mahomet. Il était de la tribu de Koreïsh, et commença sa carrière militaire par s'opposer à la prétendue mission du prophète. A la bataille de Ohod, il contribua puissamment à l'aile qu'il commandait à la défaite des musulmans. Converti ensuite, il devint le principal champion de la cause de l'imposteur, et obtint de Mahomet l'honorable titre d'*Un des glaives de Dieu*. Ce surnom lui fut conféré après la bataille de Muta (an 630 de J.-C.), où, après la chute successive de trois généraux mahométans, il saisit l'étendard, et, par sa valeur, culbuta et repoussa les rangs des chrétiens, supérieurs par leur nombre. Après l'avancement d'Aboubèkre, il fut envoyé à la tête d'une petite armée pour réprimer la révolte de quelques tribus arabes qu'il subjugua complètement. Il remporta peu après une victoire plus importante sur l'imposteur Museilama, qui périt dans la bataille; ceux de son parti qui lui survécurent furent contraints d'embrasser la religion de Mahomet. Dans sa subséquente invasion de l'Yrac, ancienne province de Babylone, il fut étonnamment heureux, et termina son expédition par la prise de la ville d'Hira sur l'Euphrate, et par l'extinction du royaume à qui cette capitale donnait son nom. De là il fut envoyé dans la Syrie au secours des musulmans sous le commandement d'Abul Obéidah, qui avait essuyé plusieurs échecs avec les Grecs; s'étant fait donner la place de ce général, il changea bientôt la tournure des affaires. Il rejoignit un détachement de l'armée qui assiégeait Bostra, investit la place, et à l'aide de la trahison il s'en empara rapidement. Il ne fit quartier qu'aux habitants qui le demandèrent à lui-même, le reste fut impitoyablement massacré. Arrivé devant Damas, il vainquit personnellement deux généraux chrétiens, et, sur leur refus d'embrasser l'islamisme, il les fit mourir dans un bain de sang. Ayant rassemblé une puissante armée de musulmans à Ayzaadin en 633, il défit totalement Werdan, général d'Héraclius, et détruisit la plus grande partie de ses troupes. Pendant le siège de Damas, les deux partis firent d'égales preuves de valeur. A la fin, cependant, après soixante-dix jours de blocus, les habitants cherchèrent un refuge dans la douceur et les généreuses dispositions d'Abul Obéidah contre la fureur de Caled, et stipulèrent la reddition de la place à des conditions modérées. Sur ces entrefaites, Caled s'interposa, et, sans égard pour le traité, il entra d'un côté dans la ville, massacrant tout sur son passage, tandis que de l'autre Abul Obéidah y pénétrait paisiblement. A la rencontre des deux chefs, une discussion s'entama : l'un insistait pour le droit des armes, l'autre invoquait la sainteté d'une capitulation. Caled finit par se rendre aux raisons d'équité et d'humanité de son collègue, et remit le glaive dans le fourreau, à condition d'imposer un tribut et la nouvelle religion à ceux des habitants qui consentiraient à rester à Damas. Mais les adhérents de Thomas, le gouverneur de la ville, et ceux qui avaient combattu sous sa bannière, préférèrent l'alternative de l'exil et de la pauvreté. En conséquence, ils formèrent hors des murs une espèce de corps où se rassemblèrent pêle-mêle prêtres et laïques, guerriers et citoyens, femmes et enfants; et, ayant obtenu la permission d'emporter avec eux ce qu'ils avaient de plus précieux, ils se disposaient à s'éloigner des lieux de leur naissance. Mais Caled, dont l'âme inflexible n'était point touchée d'un si douloureux spectacle, non content de mettre des obstacles au départ de ces malheureux, déclara positivement, en consentant enfin à les laisser, qu'après un répit de trois jours il se mettrait à leur poursuite, et les traiterait en ennemis des musulmans. Avide de sang et de vengeance, et excité encore par les sollicitations de Jonas, noble damasquin dont la fiancée avait accompagné les fugitifs, Caled, à la tête de 4,000 chevaux, et ayant fait prendre à ses troupes le déguisement d'Arabes chrétiens, se mit à leur poursuite. Ceux-ci avaient laissé des traces de leur passage à travers les montagnes du Liban, où Caled, avec une incroyable hardiesse, vint les surprendre dans une riante vallée près de Laodicée, au moment où ils déployaient leurs tentes pour le campement. Le farouche musulman, se précipitant comme un torrent sur cette multitude en désordre, mal armée et déjà vaincue par la douleur et la fatigue, en fit une effroyable boucherie, et telle que les Arabes eurent la satisfaction de penser qu'il n'échappa aucun chrétien de l'un ou de l'autre sexe au tranchant de leur cimeterre. Parmi le tumulte du massacre, Jonas, ayant retrouvé l'objet de sa tendresse, se précipitait pour l'enlacer dans ses embrassements; mais le ressentiment allumé par sa trahison devait succéder à l'amour dans le cœur de son amante; elle lui arracha son poignard, et le lui plongea dans le sein. Caled, dans cette occasion, avait pénétré à environ cent cinquante milles dans le territoire romain. Ayant achevé cette sanglante tragédie, qui a fourni de touchants sujets à l'histoire et à la poésie, il retourna à Damas avec le même mystère et la même rapidité. — A l'avénement d'Omar, qui succéda à Aboubèkre dans le califat, le commandement fut retiré à Caled, pour être transféré à Abul Obéidah, de mœurs plus douces et d'un caractère plus conciliateur. L'armée exprima son mécontentement de ce changement; mais Caled, malgré sa férocité naturelle, se soumit à l'ordre du calife avec magnanimité, et ayant engagé Omar à se faire proclamer à Damas, il résigna sans hésitation le commandement entre ses mains, déclarant qu'il serait toujours heureux de servir avec zèle la cause musulmane dans quelque poste qu'il plairait au commandeur des croyants de lui confier. Bientôt après, son activité et son audace furent d'un grand secours pour tirer d'embarras un corps de l'armée qui, étant allé sans précaution piller un fameux monastère dans les environs d'Abyla, avait été entouré par des forces ennemies supérieures. Caled fut à son tour, en semblable circonstance, délivré plus tard par Abul Obéidah, d'une embuscade où il était tombé pendant une reconnaissance. Il se distingua sous ce général en Mésopotamie et en Syrie par des actions d'éclat importantes. Le plus remarquable parmi ses derniers exploits est la victoire qu'il remporta à la bataille de Yermuck en 636. Dans cette grave circonstance, la voix publique et la modestie d'Abul Obéidah avaient restitué le commandement à Caled, qui était reconnu comme le général le plus habile des musulmans. L'action fut chaude et sanglante. Près de 5,000 mahométans restèrent sur le champ de bataille. L'adresse des archers arméniens était telle qu'ils se flattaient d'en avoir abattu 700, tous atteints à l'un des yeux. Les vétérans syriens avouaient que cette journée avait été la plus pénible et la plus incertaine en chances de succès qu'ils eussent vue dans leurs longues campagnes. Plusieurs milliers de Grecs et de Syriens périrent sous le fer des Arabes; plusieurs autres furent massacrés, après la déroute, dans les forêts et dans les montagnes, ou, en grand nombre, égaré par l'effroi, se noya dans les eaux de l'Yermuck. Quoique cette perte ait été exagérée, elle a dû néanmoins être très-considérable. Abul-Obéidah, dans ses lettres au calife, porte le nombre des morts à 150,000, et celui des prisonniers à 40,000. Ce rapport est au-dessus de toute croyance. Tels ont été les succès des Sarrasins dans cette circonstance, que l'armée grecque ne put de longtemps reprendre la campagne, et que la prise de Jérusalem en fut la conséquence immédiate. En 638, Caled prit Alep, et porta ses armes victorieuses jusqu'au delà de l'Euphrate. Il survécut d'environ trois ans à la grande peste de 639, qui se montra si fatale à la plupart des chefs de l'islamisme; mais on ne connaît ni le temps ni le genre de sa mort. On voit sa tombe dans les environs d'Emesa. — La valeur de cet homme de guerre était soutenue par son fanatisme. Il portait toujours un turban béni par Mahomet, avec lequel il se croyait invincible et invulnérable. ÉD. GIROD.

CALEDON (*géogr.*), joli village du cap de Bonne-Espérance, dans la partie sud-ouest du district de Zevellendam, avec une église et des bains thermaux fréquentés.

CALÉDONIE (*géogr. et hist. anc.*). Dans la géographie ancienne, c'est par ce nom qu'était désignée cette partie de la Grande-Bretagne appelée aujourd'hui Écosse (*V.* ÉCOSSE). L'étymologie de ce nom, ainsi que les frontières exactes de ce pays, ont été diversement assignées. Suivant Camden, la dénomination de Calédonie dérive du mot celtique ou breton *caled* ou *kaled*, qui signifie *rude*, car les Calédoniens passaient pour un peuple robuste, courageux, mais sans civilisation et sauvage. Buchanan la fait dériver du vieux mot écossais *calden*, qui veut dire *noisetier*. D'autres (parmi lesquels Macpherson, dans sa préface des *Poésies* d'Ossian) composent ce nom de deux mots bretons, *Cail* et *Dun*, c'est-à-dire Gaulois ou Bretons des montagnes. En se rangeant à cette dernière opinion, ce serait bien le propre nom des véritables Calédoniens de Badenoch, Braidalbin et les clans voisins; mais il ne conviendrait point aussi exactement aux autres nations auxquelles les auteurs romains l'ont appliqué. D'autres encore avancent que *Gael-doch* est la plus juste étymologie, puisque ces mots désignaient le territoire habité par les Écossais parlant la langue gallique; ce nom est composé de *Gael* ou *Cael*, la première colonie des anciens Gaulois qui passèrent en Bretagne, et de *doch*, district ou division de la contrée. Les Romains, par la transposition de la lettre *l* dans *Cael*, et en adoucissant de latin la terminaison *ch* de *doch*, en formèrent ainsi le nom bien connu de *Calédonie*. — L'ancienne Calédonie comprenait tout le pays qui s'étend au nord des rivières du Forth et de la Clyde, ou, suivant d'autres, elle étendait ses frontières à partir de la muraille de Sévère, le long de la côte orientale jusqu'à Fumemouth et à l'embouchure du Solway, à Boulness; la côte ouest la bornait jusqu'au rivage septentrional. Les Calédoniens de Ptolémée possédaient cette vaste partie de terrain qui s'étend depuis la baie de Lélauniniau ou de Loch-Fenu, située à l'ouest, jusqu'à l'embouchure de la Tyne sur la côte occidentale, et renfermait Badenoch, Braidalbin et les cantons intérieurs des comtés de Murray, de Banff, d'Aberdeen et de Perth. Quand les historiens, ainsi que les poëtes grecs et romains qui florissaient dans les trois premiers siècles, avaient occasion de parler des affaires de la Bretagne, ils donnaient en général le nom de Calédoniens à toutes les nations bretonnes en dehors des frontières de la province romaine, et celui de Calédonie à leur pays. La raison est peut-être que les Calédoniens étaient les plus puissants et les plus belliqueux de ces peuples, et exerçaient une certaine supériorité sur les autres, qui se contentaient de marcher sous leur conduite contre les ennemis communs, les Romains et la province des Bretons. De là ce nom de Calédoniens, propre seulement à une nation, est devenu la dénomination générale de plusieurs. — La Calédonie semble avoir été inconnue aux Romains jusqu'à Agricola, qui y fit invasion avec son armée pendant sa troisième campagne en l'an 80 de notre ère. Marchant du sud-ouest vers le nord-est, il traversa le territoire de quelques tribus bretonnes, et pénétra sans opposition jusqu'à la rivière du Tay. Les Calédoniens parurent vouloir battre en retraite, espérant, quand leurs ennemis se seraient retirés, venir reprendre en hiver ce qu'ils avaient perdu pendant l'été. Mais Agricola déconcerta leurs plans en employant le reste de la saison à construire des forts dans les positions les plus avantageuses pour occuper le pays. Dès qu'ils furent construits et approvisionnés, il y mit son armée en quartiers d'hiver, de manière que les troupes étaient toujours prêtes à réprimer les tentatives des habitants de ces contrées pour secouer le joug. Tacite rend compte dans la *Vie d'Agricola* de la manière dont ce général passa cet hiver, soit dans la Calédonie, soit dans les parties plus méridionales de la Bretagne. — Quand Adrien arriva en Bretagne en l'an 121, il s'occupa avec beaucoup d'activité à mettre à l'abri des incursions des ennemis les provinces romaines. Dans cette vue, il fit construire ce fameux mur ou rempart, comme limite des possessions romaines, qui s'étendait depuis l'embouchure de la rivière de Tyne, à l'est, jusqu'à l'embouchure du Solway à l'ouest, non loin de l'emplacement où Agricola avait établi ses premiers forts. Sous le règne d'Antonin le Pieux, Lollius Urbicus vint prendre le gouvernement de la Bretagne, et, afin d'assurer la sécurité de la province romaine, il jugea nécessaire d'en reculer les frontières. En conséquence, il détruisit les Mœates dans plusieurs engagements, et gagna du pays jusqu'à l'isthme entre les bouches du Forth et de la Clyde. Afin d'assurer sa conquête, et pour tenir les Calédoniens à plus grande distance, Urbicus, par ordre de l'empereur, éleva un autre rempart solidement construit, à l'imitation de celui d'Adrien, entre ces deux embouchures, le long de la ligne des forteresses établies par Agricola. Ce rempart, avec son fossé et ses forts, était destiné à servir en même temps d'extrême frontière à l'empire romain en Bretagne. En l'an 180 les Calédoniens, ayant fait une trouée à la muraille d'Antonin, et s'étant joints aux Mœates, qui s'étaient relevés de leurs ruines, firent invasion dans la province romaine. Pour les repousser, le gouvernement de la Bretagne fut confié à Ulpius Marcellus, qui, ayant d'abord rétabli la discipline parmi ses troupes, les mena contre les ennemis, et les défit dans plusieurs combats. Pendant les conflits qui eurent lieu au sujet de l'élévation de Septime Sévère au trône impérial, la Bretagne fut le théâtre de grands embarras. En 198, les Mœates et les Calédoniens, remarquant l'état d'affaiblissement de la province romaine, y firent des incursions et y portèrent le ravage en la pillant. Lupus ayant été envoyé par Sévère pour les en chasser, il jugea qu'il ne réussirait pas à les repousser par la force, et trouva moyen d'engager les pillards à se retirer en leur renvoyant leurs prisonniers avec une certaine somme d'argent. Ces incursions, toutefois, s'étant renouvelées pendant plusieurs années dans la suite avec la plus grande violence, Sévère crut à propos et nécessaire de visiter la Bretagne en personne. La nouvelle de son arrivée (en 207) alarma les Mœates et les Calédoniens, et les engagea à envoyer des ambassadeurs porter des propositions de paix et offrir leur soumission. Mais Sévère renvoya ces députés sans aucune réponse satisfaisante, et s'avança vers le nord à la tête d'une nombreuse armée. Après avoir franchi le mur d'Adrien, il eut à lutter contre des dangers et des difficultés de tout genre. Son armée était harcelée par de continuelles escarmouches; elle était attirée dans de fréquentes embuscades, et, à mesure qu'elle avançait, le général était obligé d'en employer une partie à abattre les forêts, à dessécher des lacs et des marais, à faire des routes et à construire des ponts sur les rivières, tandis que l'autre moitié défendait les travailleurs contre les attaques de l'ennemi. Dans cette expédition, Sévère ne perdit pas moins de 50,000 hommes par la fièvre, sans avoir pu livrer une bataille, ni même voir le gros des ennemis. Enfin il pénétra jusqu'au cœur de la Calédonie, et y porta un effroi si grand que les habitants renouvelèrent leurs supplications de paix : l'empereur la leur accorda sous condition qu'ils abandonneraient une partie de la contrée et livreraient leurs armes. Après cette composition, Sévère ramena son armée en arrière dans les cantons septentrionaux de la province romaine, et employa ses troupes pendant deux ans à la construction de la fameuse muraille qui porte son nom. Sur le déclin de sa vie, si féconde en événements désastreux, en l'an 210, les Mœates et les Calédoniens, profitant de sa faiblesse et de ses préoccupations de famille, rallumèrent la guerre, dans l'espérance de recouvrer cette portion du territoire qu'ils avaient été obligés de concéder. Le vieil empereur, exaspéré par de continuelles souffrances, fut transporté de colère à la nouvelle de cette révolte, et, dans sa fureur, ordonna impitoyablement l'extermination des deux peuples, sans en excepter même les

enfants dans le sein de leurs mères; mais heureusement l'exécution de cet ordre barbare fut prévenue par sa mort. — A peine son plus jeune fils, Caracalla, eut-il appris le trépas de son père, qu'il s'empressa de faire la paix avec les Mœates et les Calédoniens, puis bientôt après évacua la Bretagne. — Lorsque l'empereur Sévère envahit la Calédonie, nous apprenons (Xiphelin, *Ex Dio. Nicæo in Sever.*) que « les Mœates et les Calédoniens, possesseurs de toute l'île au delà du rempart d'Adrien, habitaient des montagnes stériles et sans culture, des plaines désertes et marécageuses; qu'ils n'avaient ni villes fortes, ni maisons, ni terres labourées, ne vivant que du lait et de la chair des troupeaux qu'ils avaient pillés ou des animaux sauvages tués à la chasse, ainsi que des fruits de leurs arbres. » Ayant été obligé par Sévère de livrer aux Romains une partie de la contrée, ce peuple industrieux, dans l'espace de trois cents ans, bâtit quantité de villes, construisit des grands chemins, abattit des forêts, dessécha des marais, et introduisit l'agriculture dans les terrains entre les murailles dont quelques endroits sont très-plats, fertiles et propres au labourage. Quoique les Romains n'aient jamais formé de vastes et durables établissements au nord de la muraille bâtie entre le Forth et la Clyde, néanmoins plusieurs d'entre eux et des Bretons de la province se retirèrent dans la Calédonie à plusieurs époques et dans diverses circonstances, notamment pour échapper à la persécution de Dioclétien. Il est fort probable que c'est de ces réfugiés que le peuple au milieu duquel ils se sont établis a reçu non-seulement des notions de religion, mais encore celles des arts, surtout en agriculture. Les côtes orientales de la Calédonie sont remarquablement propres à la culture, et les Pictes, qui les habitaient, étaient très-anciennement initiés à la connaissance du labourage, que, sans nul doute, ils tenaient des Romains ou des Bretons de la province. Les montagnards de l'ouest leur donnaient le nom de *Cruitnich*, qui signifie gâteaux d'orge et de froment; ce qui prouve qu'ils étaient agriculteurs, et que cette expression n'était qu'un terme de mépris ou d'envie de la part des carnivores habitants des rivages occidentaux. Il y a aussi raison de croire que ceux-ci qui, dans le IVe siècle, commencent à être appelés en langage celtique *Scots* ou vagabonds, à cause de leur humeur errante et aventureuse, quoiqu'ils fussent plus nomades, que leurs régions fussent plus montagneuses et moins susceptibles d'être cultivées que dans l'est, n'étaient pas néanmoins tout à fait étrangers à ces notions du labourage à la même époque. Le voisinage des Hébrides, semées avec profusion le long de la côte ouest de l'Ecosse, dut tenter la curiosité de ces Calédoniens ou Ecossais occidentaux, et développer leurs connaissances. Dès qu'ils acquirent, par des progrès lents et tardifs, l'art ou plutôt l'habitude de diriger leurs bateaux dans ces parages orageux, et de guider leur course pendant la nuit à la lueur des étoiles les plus connues. Les anciens Calédoniens et les autres Bretons, élevés dans le tumulte des armes, et accoutumés dès l'enfance à ne rien admirer ni célébrer au-dessus d'un brave mort en combattant, regardaient comme déshonorante toute profession qui n'était pas celle des armes, et toute occupation que la guerre comme indigne d'un homme de cœur. De là chez eux cet extravagant esprit dont ils étaient animés; de là ces notions absurdes et pernicieuses sur l'honneur qui les portaient au mépris pour tous ceux qui n'étaient pas guerriers, et ne faisaient accorder des larmes qu'à ceux qui tombaient dans les combats. Les âmes des premiers, après le trépas, rampaient en gémissant dans la fange des marais au fond des sombres cavernes, et ne pouvaient jamais, glissant sur les vents, aller se mêler parmi les esprits des héros dans les palais aériens. — Dion et Hérodien semblent avoir insinué que les Calédoniens et les Mœates marchaient nus, quand au IIIe siècle ils furent envahis par l'empereur Sévère. Mais ces auteurs ont voulu entendre seulement que ces peuples étaient très-mal vêtus, ou presque nus. Ils emploient d'ailleurs des expressions qui permettent cette interprétation. Comme les Romains n'ont jamais conquis la Calédonie, ou les Bretons du Nord, on ne peut supposer qu'ils aient introduit quelque changement matériel dans le langage de ces nations; leur postérité dans les highlands ou hautes terres et dans les îles de l'ouest de l'Ecosse (*Scotland*) parlent encore cette langue avec moins d'écarts du celtique, d'où elle dérive, qu'aucune autre partie de l'Europe. C'est du moins le témoignage des juges les plus compétents dans cette matière. — Depuis le règne de Constantin, les habitants de la Calédonie ont été divisés en deux grandes tribus, celle des Ecossais proprement dits (*Scots*) et celle des Pictes, les premiers possédant, comme nous l'avons signalé, les régions de l'ouest, les autres celles de l'est. La nationalité et, pour ainsi dire, la mémoire des Pictes se sont perdues dans celles de leurs heureux rivaux, et l'Ecosse, après avoir maintenu pendant des siècles sa dignité de royaume indépendant, est aujourd'hui réunie à l'Angleterre. ED. GIROD.

CALÉDONIE (CANAL DE) (géogr.). Ce canal s'étend depuis la mer Atlantique, à partir du fort William, dans le comté écossais d'Inverness, en passant par les trois lacs (loch) de Lochy, d'Oich et de Ness jusqu'à Murray-Firth, golfe de la mer du Nord, dans lequel se trouve la ville d'Inverness. Il est coupé par huit grandes écluses, et ses deux embouchures sont protégées par des forts. Ce canal est remarquable par ses gigantesques proportions : il a 20 pieds de profondeur ; dans son fond il est large de 50 pieds, et compte 122 pieds de largeur d'un bord à l'autre. Les écluses ont 172 pieds de long et 40 de large. Des frégates de 32 canons, complètement armées, peuvent y naviguer sans danger. Les deux ports situés à ces embouchures sont si spacieux et si profonds qu'ils peuvent recevoir les flottes les plus considérables. La longueur du canal est de 58 milles trois quarts ; mais, comme on a su tirer parti des trois lacs, on n'a eu besoin de ne creuser qu'un espace de 21 milles et demi. Les frais se montèrent à 1,000,000 de livres sterling. — Le gouvernement, en entreprenant, sous le règne de Georges III, cette colossale construction, voulut d'abord donner de l'occupation à beaucoup d'ouvriers des îles et des montagnes voisines qui commençaient à émigrer faute de moyens d'existence, et ouvrir ensuite une nouvelle route favorable au commerce ; car, malgré toute l'exactitude avec laquelle les cartes indiquaient les écueils cachés dans la haute Écosse, malgré les fanaux et les balises qui avertissaient les navigateurs, chaque gros temps causait cependant de fréquents naufrages, tant sur cette côte que sur celle de Jutland. Depuis l'ouverture du canal, les vaisseaux peuvent éviter ce long et dangereux détour, et quand le vent est contraire, ils le traversent en se faisant remorquer par des bateaux à vapeur. L'utilité de cette vaste entreprise se fait aussi déjà sentir sous le rapport de l'économie rurale ; car beaucoup d'ouvriers, et même de riches agriculteurs, ont trouvé avantageux de s'établir dans le voisinage du canal. De vastes terres, naguère incultes et couvertes de rochers, de marais et de bruyères, sont aujourd'hui exploitées avec avantage, à cause du débouché facile que trouvent ainsi leurs productions. Il devint également d'une grande utilité pour la pêche écossaise. Le canal de Glasgow réunissait auparavant, il est vrai, la mer Atlantique à la mer du Nord ; mais, comme on n'avait pu prévoir le développement si rapide du commerce écossais, on n'avait donné à ce canal ni assez de profondeur ni assez de largeur pour le rendre praticable à de forts navires. Toutefois, le nouveau canal n'a pas été pour le gouvernement une entreprise avantageuse ; car, malgré tout le talent avec lequel il a été exécuté, il rapporte à peine la moitié des frais d'entretien.

CALÉDONIE (NOUVELLE-) (géogr.), île du Grand-Océan, la plus grande après la Nouvelle-Zélande ; elle est située dans la partie équinoxiale de l'Océan, entre 20° 0' et 22° 26' latitude sud et entre 161° et 165° longitude est. Sa direction est oblique du nord-ouest au sud-est. Sa forme est étroite : 10 lieues de large et longue de 56. Une chaîne de montagnes, dont la hauteur est de 400 toises environ au-dessus du niveau de la mer, règne dans toute sa longueur ; ces montagnes renferment du grès, du quartz, du fer, des grenats. La température y est brûlante le jour et glaciale la nuit. Les abords de cette île sont très-dangereux ; elle est entourée de récifs contre lesquels des courants viennent se briser.—Sol. La côte occidentale est d'un aspect triste et désagréable ; ses montagnes sèches et arides, le manque de végétation, donnent à cette île un caractère tout à fait sauvage. La côte orientale est moins aride ; l'intérieur est couvert de vastes et belles forêts. Les habitants se livrent à la culture de la canne à sucre, de l'arbre à pain, des choux caraïbes, de l'igname et des patates. En général, le sol est maigre et pauvre ; quelques vallées seulement donnent des signes de fertilité. Parmi les végétaux de l'île, on observe le melaleuca, le casuarina, les grandes fougères, les leurites et le gingembre ; les coquillages sont très - répandus sur toutes les côtes. — Animaux. Le nombre en est si limité qu'il n'y existe pas même de rats ; la chauve - souris vampire y abonde. Il y a plusieurs espèces d'oiseaux sauvages, quelques poules et coqs ; on y remarque surtout une sorte d'araignée que les insulaires recherchent avec avidité comme aliment ; elle tend ses fils si serrés, que dans les forêts elle intercepte le passage même aux hommes.—Habitants. Ils sont de taille médiocre, ont les cheveux crépus et la peau noire, leurs membres sont grêles ; assez généralement l'usage est de s'arracher la barbe, cependant on voit quelques hommes qui se la laissent croître. Ils sont nus, à l'exception des parties sexuelles, qu'ils cachent avec des feuilles soutenues par une espèce de cordon serré autour du corps ; ils y suspendent aussi toutes les pièces d'étoffes que leur donnent les voyageurs ; ils prennent soin d'orner leur tête de toutes sortes d'objets bizarres ; leur poitrine est tatouée ; ils portent autour du cou un os suspendu à un cordon ; ils ont des bracelets de coquillages, de quartz ou de pierres dures. Leur coiffure est un bonnet cylindrique, cependant il en est qui ont sur la tête un simple filet ; leurs oreilles sont percées d'un très-grand trou qui retombe jusque sur l'épaule. Les femmes ont l'air dur, le regard farouche, portent une ceinture d'écorce qui fait plusieurs fois le tour du corps et retombe en franges sur les cuisses. — Mœurs. Ces insulaires parlent une langue toute différente de celle des autres îles du Grand-Océan ; ils vivent dans des huttes ovoïdes, une natte en compose tout le mobilier ; l'entrée en est très-basse, elle est fermée par des joncs ; elles sont enfumées au point de ne pouvoir y résister ; c'est sans doute pour en bannir l'accès aux moustiques, car rien autre chose ne justifie l'usage du feu dans de pareilles tanières. Les femmes sont plus chastes que dans les autres îles ; cependant chez les filles tout annonce des mœurs dissolues ; la femme est l'esclave de l'homme. Ces peuples sont très-misérables, leur industrie est nulle ; la pêche, et encore les filets y sont très-rares, telle est leur principale occupation et un de leurs grands moyens d'existence. Les femmes vont de leur côté à la pêche des coquillages, qu'elles recherchent dans le sable avec des bâtons pointus. Ils sont anthropophages et d'une férocité sans exemple ; se font une guerre acharnée de canton à canton ; marchent toujours armés ; leurs massues sont de formes variées, leurs zagaies sont de quinze pieds de long ; l'usage de l'arc leur est inconnu ; ils sont très-avides d'avoir du fer. Ils construisent des pirogues doubles qui ne leur permettent pas d'aller au loin, et encore ne peuvent-ils s'en servir que dans les temps très-calmes. On ne remarque aucune trace d'autorité, l'indépendance individuelle paraît régner parmi ces sauvages ; aussi n'y a-t-il sûreté pour personne, et c'est à peine si les bâtiments peuvent se hasarder à faire de l'eau sur cette côte. — La Nouvelle-Calédonie fut découverte par Cook, le 4 septembre 1774, dans son second voyage autour du monde ; ce fut lui qui lui donna son nom, après avoir jeté l'ancre devant cette île. Il s'en éloigna dix-neuf jours après, sans en avoir fait une reconnaissance parfaite. D'Entrecasteaux, envoyé à la recherche de l'Astrolabe, commandé par Lapeyrouse, reconnut, le 19 avril 1792, cette île, et en donna la description la plus exacte. — Les îles situées dans le voisinage de la Nouvelle-Calédonie sont, au nord, Balubea, Bongiouz, nommée par Cook l'île de l'Observatoire ; à l'ouest, les Beaupré, Moulin, Huin, et les récifs d'Entrecasteaux au sud, l'île Botany et l'île des Pins.

CALÉDONIE (NOUVELLE-) (géogr.), en anglais, New-Caledonia, vaste contrée de l'Amérique septentrionale, dans la partie sud-ouest de la Nouvelle-Bretagne, et dont on désigne aujourd'hui la partie maritime sous les noms de Nouvelle-Géorgie, de Nouvel-Hanovre et de Nouveau-Cornouailles (V. ces mots). Les chasseurs désignent sous le nom de Calédonie occidentale (West-Caledon) une partie de la Nouvelle-Bretagne, qui s'étend au pied oriental des monts Rocheux, et où se trouve l'établissement de West-Caledon, fondé en 1818 par la compagnie de Montréal.

CALÉDONIENNE (FORÊT) (géogr. anc.), immense forêt qui, selon les anciens, couvrait toute la Calédonie.

CALÉDONIENNE (MUSIQUE). Musique écossaise ou gaélique. Si on considère combien, parmi les musiciens eux-mêmes, on néglige ce qui concerne l'histoire de la musique, on ne sera pas étonné de voir que les maîtres, même les plus estimés pour la composition, n'ont aucune idée de ce qui fait le caractère propre de la musique d'un peuple sur lequel le nom seul d'Ossian devrait attirer l'attention et l'intérêt de tous les amis éclairés des arts. Même dans des écrits récents et scientifiques sur la musique, on a généralement confondu ce qui a rapport à l'Ecosse ancienne avec ce qui appartient à l'Ecosse moderne. Les recueils de chants écossais par Haydn et les chansons écossaises de Beethoven paraissent avoir beaucoup contribué à cette confusion. L. Beethoven a vu l'Ecosse à travers le prisme d'une illusion tout à fait particulière, créée par son imagination, et dans ses chansons écossaises il a représenté ce pays sous des couleurs qui n'avaient de réalité que dans la riche et brillante fantaisie de l'auteur. Haydn changea des airs primitivement écossais, y fit des additions et des modifications, leur communiqua un caractère plus général, leur donna une physionomie nouvelle par les éléments étrangers qu'il y introduisit, et acheva de les rendre méconnaissables au moyen de la mesure allemande généralement harmonique, et ainsi ces airs ne sont rien moins que véritablement écossais. Lors même que quelques-unes de ces mélodies seraient encore chantées aujourd'hui dans certaines parties de l'Écosse, et cela telles que les donnent et le maître que nous venons de nommer et quelques autres compositeurs, ce serait cependant à tort qu'on les considérerait, même dans ce cas, comme de véritables airs écossais, attendu qu'il est notoire que ces contrées se sont entièrement dépouillées des anciennes mœurs écossaises, et qu'elles sont devenues tout à fait anglaises en toutes choses, même pour le langage. Pour se faire une idée nette du caractère essentiel des anciens chants écossais, il s'agirait moins de consulter les descriptions que nous ont laissées d'anciens auteurs qui ont écrit sur la musique (tels que Burney, *Dissertation sur la musique des anciens;* Rameau, etc.), que d'examiner avec une attention scrupuleuse d'anciennes mélodies calédoniennes dont un assez grand nombre sont heureusement venues jusqu'à nous, et qui, recueillies à une époque récente de la bouche même du peuple, ont été livrées à la critique et à l'érudition. Le caractère national des anciens Écossais, cette fidélité à conserver les mœurs de leurs pères, qui est un trait distinctif qu'on reconnaît bien plus souvent chez les peuples montagnards que parmi les habitants des plaines, serait déjà pour nous une preuve presque suffisante pour nous garantir que ces chants sont réellement d'origine et de nature écossaises, si le fonds propre et le caractère particulier qui se retrouve dans chacun de ces airs calédoniens ne nous fournissait une preuve encore bien plus convaincante de ce que nous avançons. Le monde savant possède un recueil complet et vraiment précieux de chansons populaires et nationales, réellement gaéliques, publiées par M. Macdonald, membre de la société d'Édimbourg. Ce qui augmente encore le mérite de ce recueil, c'est que partout la province ou l'île (parmi les Hébrides) dans laquelle les chansons étaient chantées, se trouve exactement indiquée. Malheureusement cet ouvrage est d'un prix excessivement élevé, et peu de personnes peuvent se le procurer. — Depuis que les chants d'Ossian ont retenti dans le monde littéraire, l'attention a été vivement excitée par ces nobles accents sortis de la bouche d'un barde des anciens jours, et cette attention s'est encore singulièrement accrue, soit par les discussions importantes que soulevèrent ces poésies empreintes d'un caractère si mélancolique, soit par les traductions qui en furent faites en différentes langues. La première traduction française qui en fut donnée est celle de Letourneur, précédée d'une introduction qui a beaucoup de mérite. Sans parler de ce qui a été fait depuis lors sur cette matière, nous dirons cependant quelques mots d'un ouvrage français publié par M. L. A. Necker de Saussure, professeur de minéralogie et de géologie à Genève, ouvrage en trois volumes, et qui a paru à Paris et à Genève. Ce travail a pour objet spécial la géognosie; mais dans le cinquième chapitre du troisième volume, l'auteur, jetant un coup d'œil sur la poésie et la musique des Calédoniens, s'occupe des poésies d'Ossian et appelle de nouveau l'attention des érudits sur cette matière. Quoique les remarques de ce voyageur sur Ossian se trouvassent alors déjà dépassées de beaucoup par les travaux faits en Allemagne par M. Ahlwardt, et quoique ses observations musicales soient quelque peu prolixes et obscures, il faut cependant savoir gré au savant auteur d'avoir accordé tant d'importance à des questions qui ne pouvaient avoir pour lui qu'un intérêt purement secondaire, et il a acquis par là des titres légitimes à la gratitude de tous ceux qui s'occupent de la musique et de la poésie des anciens Écossais. Mais ce ne fut pas en France seulement que les poésies d'Ossian attirèrent l'attention des savants sur la musique des anciens Écossais. En Allemagne, les traductions de MM. Ahlwardt et Rhode contribuèrent surtout à populariser les œuvres poétiques qui sont comme l'écho de l'antique nationalité d'un peuple si remarquable. M. Ahlwardt, qui dans sa préface nous donne des vues si fécondes, non-seulement sur les diverses poésies d'Ossian, mais encore en général sur le caractère propre de la poésie de ce barde, fils des héros, nous avait fait espérer un travail sur les airs nationaux gaéliques : mais appelé à d'autres occupations, il n'a pu remplir la promesse aussitôt qu'il l'aurait désiré. Depuis lors, de nouvelles questions et de nouveaux travaux firent perdre de vue ce sujet si intéressant, et l'Allemagne n'a produit, que nous sachions, sur la question autre chose que le travail de M. G. W. Finck, publié dans la *Gazette musicale de Leipzig,* n° 9 de l'an 1823. De même qu'en France, des préoccupations d'une nature différente ont tué ou fait oublier la musique calédonienne en Allemagne, et on n'a plus fait dans cette direction aucune recherche attentive qui pût édifier suffisamment le public. Voici ce qu'il y a à

dire de plus intéressant et de plus remarquable sur les anciens Écossais. — Ce peuple avait une échelle musicale entièrement différente de la nôtre. Il serait difficile de déterminer l'époque où elle fut créée. Elle était telle, qu'en vertu de sa nature propre elle devait communiquer à la musique des Calédoniens un caractère particulier qui la faisait entièrement différer de la nôtre. Ce qu'il y a de remarquable, c'est que cette échelle est absolument la même que celle qui se retrouve chez un grand nombre de peuples asiatiques de la plus haute antiquité, tels que les Chinois et les Indiens. Ce n'est pas ici le lieu d'examiner quelle est la conclusion qu'il faut tirer de cette singulière coïncidence. Ce serait là une question historique des plus élevées et des plus importantes, qui mériterait de devenir le sujet des méditations, des recherches et des travaux d'un homme dont l'intelligence serait éclairée des lumières de la foi. Assurément il y trouverait des preuves invincibles à l'appui des vérités que l'Église nous enseigne, et des armes puissantes pour combattre les doctrines désolantes de l'erreur et de l'impiété. Mais revenons à l'échelle musicale des anciens Écossais. — Nous avons dit que cette échelle était tout à fait particulière. En effet, dans tous les airs qui appartiennent réellement à l'ancienne Calédonie, la quarte et la septième de notre gamme ordinaire manquent entièrement dans chaque ton. Leur gamme est donc composée de la façon que voici :

$$ut, \ ré, \ mi, \ sol, \ la, \ ut.$$

Comme cette série de tons revient toujours uniformément, et se trouve disposée chez plusieurs peuples absolument de la même façon, on ne peut considérer les tons manquants comme ayant été laissés de côté par mégarde; il faut au contraire voir dans ce manque de la quarte et de la septième une règle très-antique sur la manière de monter et de descendre la gamme, règle qui s'était étendue bien au loin parmi les peuples. Ce qui prouve que cette gamme a été généralement en usage à une époque très-reculée, ce sont les notions que nous avons sur la musique des Chinois, notions que nous devons au zèle du P. Amiot. Nous savons actuellement que les douze demi-tons de notre division par octaves étaient parfaitement connus des Chinois depuis un temps très-long. Malgré cela, ils persistaient dans leur gamme ancienne, défectueuse selon nos idées, et prétendaient même qu'elle donnait à leur musique sacrée une certaine grandiose qu'il n'était pas possible d'écrire. Quoiqu'ils fussent en possession des moyens d'ajouter ce qui manquait à cette gamme qui nous paraissait si singulière, ils considérèrent au contraire ce manque comme un très-grand avantage, et laissèrent aux autres peuples leur gamme plus complète et leur orgueil national. — A cette question : « Comment un peuple quelconque a-t-il découvert une gamme? » on ne répond habituellement que par des suppositions; on dit, par exemple, ceci : « Les hommes sont arrivés à cette découverte peu à peu et à des époques différentes; les choses se sont passées comme lors de la création, où l'ordre se développait insensiblement au sein du chaos. » Telles sont les réponses niaises et banales qu'on fait ordinairement à ces grandes questions. On oublie que, de même que la création ne pouvait pas se faire par elle-même, mais seulement sous l'influence efficace et puissante d'une action supérieure, de même aussi l'homme ne pouvait puiser en lui-même aucune notion des choses dont il n'avait pas même l'idée, et qu'il fallait que les germes qu'il pouvait avoir dans son intelligence, dans son cœur et dans son organisation, fussent fécondés et vivifiés par une révélation venue du dehors et d'en haut. La musique a une origine excessivement ancienne, et comme presque toutes les choses ici-bas, elle s'est altérée dans les mains des hommes. De là sans doute les différences qu'elle présente chez les divers peuples. Quoi qu'il en soit, toujours est-il que la musique de certains peuples, chez lesquels se sont conservés quelques faibles débris de traditions patriarcales, tels que les Chinois et les Calédoniens, paraît être d'origine beaucoup plus ancienne que la nôtre. Plusieurs raisons militent en faveur de cette supposition. Et ici nous ne viendrons pas nous appuyer sur cette excessive antiquité qu'on prétend attribuer au peuple chinois et qui n'a aucun fondement solide : nous ne considérerons la chose qu'en elle-même et dans sa nature propre. Tenons compte d'abord de deux tendances particulières des peuples par rapport à la musique. Quelques peuples, dans leurs premiers essais de musique, se sont portés sur certains instruments de préférence au chant; mais la plupart ont eu le chant en préférence par-dessus toutes choses, et ne sont arrivés que par lui à un certain degré de culture. S'il y avait eu plus de peuples qui n'aient pas dû préférer l'instrument musical le plus naturel, la voix humaine, aux instruments artificiels qui furent d'abord très-pauvres, la différence des gammes dans l'antiquité serait encore plus grande qu'elle ne l'est en réalité. Là où des instruments de musique furent d'abord le plus en usage et donnèrent lieu aux premières données musicales, la première gamme tant soit peu satisfaisante dut nécessairement se proposer d'exprimer ce qu'il est possible de rendre avec quelque pureté au moyen de semblables instruments. Les insulaires d'Otahaïti nous offrent, suivant les renseignements de M. Bank, un exemple de cette sorte. Ces insulaires aimaient de préférence une espèce de flageolet ou de flûte, dont ils jouaient, rarement il est vrai, au moyen du nez. Comme ils ne pouvaient produire sur cet instrument favori que quatre tons purs, toute leur gamme ne se composait que de ces quatre tons, qui formaient ainsi, en ordre ascendant, leur échelle musicale.

fa, fa dièse, sol dièse, la.

— Quelle pauvreté! et cependant on assure, à la louange des ressources qu'offrent à l'homme ses admirables facultés, qu'avec des moyens si médiocres les Otahaïtiens savaient jouer des morceaux très-agréables. Par contre, les peuples, et c'était naturellement le plus grand nombre, qui se servirent d'abord et principalement de leur instrument vocal, jusqu'à ce qu'ils fussent arrivés à un certain degré de perfectionnement, et jusqu'à ce qu'ils eussent appris à exprimer et à produire quelque chose de suivi et qui revînt, ces peuples-là eurent une musique sujette à moins d'inconvénients. Parmi ces peuples il faut compter les Indiens et les Calédoniens, chez lesquels les instruments ne servaient qu'à accompagner le chant, et ne furent employés seuls que plus tard et très-rarement. Dans de pareilles conditions il semble naturel que, dans la formation de l'échelle tonique, les tons se soient suivis de façon à ne jamais s'éloigner l'un de l'autre ni trop ni trop peu, et se soient succédé dans un ordre tel qu'ils revinssent périodiquement, en formant une série où il n'y eût pas d'interruption. Or, les tons les plus élevés de l'instrument naturel, tels que nous pouvons les remarquer chaque jour dans nos enfants, sont précisément ceux qu'on trouve dans l'échelle musicale des Chinois et des Calédoniens. Toute leur gamme n'a pas un seul demi-ton, et ne se compose que de tons entiers et de petites tierces. Et ces dispositions de tons sont précisément celles que nos enfants, ceux du moins qui sont doués de facultés ordinaires pour la musique, et non pas ceux qui ont pour cet art des facultés exceptionnelles et extraordinaires, parviennent à saisir tout d'abord et de la manière la plus précise. Les demi-tons que leur enseigne la règle leur paraissent trop étroits, et il se passe ordinairement un temps assez long jusqu'à ce qu'ils parviennent à saisir convenablement le rapport de l'*e* à l'*f*. Ordinairement ils montent trop haut pour l'*f*; et cependant notre échelle musicale est celle à laquelle les oreilles sont accoutumées par la musique qu'elles ont entendue dès l'enfance. Combien par conséquent les demi-tons durent-ils présenter plus de difficultés à des peuples qui ne connaissaient encore aucun rapport entre les tons, et qui en étaient seulement à chercher ce rapport. Ils ne purent saisir et mettre en ordre que les tons les plus faciles, c'est-à-dire ceux qui n'étaient ni trop rapprochés ni trop éloignés les uns des autres. Ce qui est vrai pour la grande seconde ou seconde naturelle est vrai aussi pour la petite tierce. Quant à la grande tierce, elle exige une certaine fermeté de ton, énergique et ascendante, que nos enfants parviennent rarement à produire avec pureté. Ils manquent à la règle, et se rapprochent de la petite tierce plus que de la grande, parce que la petite est, plus que la grande, en harmonie avec la seconde qu'ils trouvent avec plus de facilité. La grande tierce au contraire leur paraît déjà trop éloignée. Aussi une certaine inertie de l'instrument vocal paraît les empêcher au commencement de rendre avec pureté la grande tierce ascendante. — Si, à ces difficultés naturelles qui empêchent d'exprimer avec pureté et d'une manière sûre des demi-tons et de grandes tierces, nous ajoutons encore cette autre difficulté qui résulte du rapport entre les tons successifs d'une échelle et le ton fondamental, on comprendra facilement pourquoi l'*f* et l'*A* restent d'abord en dehors de l'échelle, et pourquoi ce furent précisément les petites tierces entre *e* et *g* et celles entre *a* et *c* qui furent saisies avec beaucoup plus de facilité que les hauteurs de ton les plus rapprochées et les plus éloignées. Et ainsi cette échelle tonique nous paraît beaucoup plus naturelle et plus en harmonie avec les premiers essais qui furent faits pour créer une échelle musicale de tons vocaux, que beaucoup de personnes ne nous le concéderont peut-être de

prime abord, et nous croyons que ces personnes, séduites par les avantages qu'offre notre échelle actuelle, se figurent trop facilement que cette échelle est la seule possible. — Du reste, lors même qu'on ne serait pas d'accord avec nous sur l'explication du fait, nous ne pensons pas que quelqu'un puisse nier le fait lui-même. En un mot, cette échelle chinoise, indienne et calédonienne est la plus ancienne que nous connaissions; elle a longtemps été en usage chez différents peuples, et elle est restée la seule usitée chez quelques nations particulières, comme par exemple chez les montagnards écossais; elle s'est conservée jusqu'à nos jours dans plusieurs tribus indiennes, et conséquemment elle s'est acquis comme un droit de cité auquel on ne peut opposer que des prétentions purement arbitraires. Que cette gamme, par suite de l'habitude, se soit enracinée dans les prédilections de ceux chez qui elle était en usage; que des peuples fidèlement attachés à leurs anciennes mœurs n'aient pas voulu y renoncer; que leur manière de sentir et de comprendre la musique se soit entièrement identifiée avec le genre de musique qui résultait de cette gamme : c'est ce que tout le monde comprendra facilement et naturellement. L'usage habituel et régulier de cette échelle, et les transitions qu'on découvrit peu à peu pour passer d'un ton à l'autre, sujet dont nous nous occuperons plus loin, supposent un système musical d'une haute antiquité, lequel tomba entièrement dans l'oubli par la suite des temps, mais qui cependant passa pour le meilleur aux yeux des peuples dont nous avons parlé, et cela même à une époque où ils avaient appris à connaître d'autres systèmes de musique. Mais d'un autre côté, d'autres peuples, beaucoup moins cultivés pour tout le reste que ceux-ci, autant du moins que nous pouvons le voir en remontant avec eux la suite des temps, se sont servis dès l'origine de notre gamme ordinaire : c'est ce que nous voyons, par exemple, chez les Lapons et les Cosaques. Et nous voyons aussi que chez quelques-uns c'est notre *majeur*, chez d'autres c'est notre *mineur*, et chez plusieurs c'est une échelle tout à fait particulière qui prédomina et qui devint naturelle parmi eux. Tout cela ne prouve qu'une chose, c'est qu'il y a eu là-dessus une grande diversité, et qu'il devait en être ainsi. De tout l'ensemble des faits que nous avons cités il faut conclure ceci : c'est que ce serait une prétention ridicule que de soutenir que notre échelle tonique est la seule naturelle, attendu que toute autre échelle aurait des titres tout aussi fondés à s'arroger cette qualité. Je ne saurais pas en vérité en quoi la nature nous aurait révélé, plus particulièrement qu'à d'autres, notre échelle musicale. — Seulement il ne faut pas, dans des questions de cette nature, confondre des choses entièrement distinctes. Lorsque vous demandez quelle est la gamme la plus favorable aux combinaisons harmoniques, vous faites une question entièrement différente de celle qui consiste à demander quelle est la gamme la plus ancienne et celle qui, selon toute vraisemblance, dut être la première découverte et conservée? Nous avons développé notre opinion sur cette dernière question. Quant à la première question, les maîtres la résoudront sans doute en faveur de notre système musical à nous, et pour le prouver ils s'en rapporteront aux résultats obtenus. Assurément on a l'expérience pour soi, lorsqu'on donne la préférence à notre échelle sous le rapport de l'harmonie; lorsqu'on étend les règles d'une échelle qu'on veut enrichir de tons harmoniques, jusqu'à lui faire comprendre huit tons depuis le ton fondamental jusqu'à l'octave, et qu'on ne s'arrête pas à notre *majeur* ni à notre *mineur*, mais que bien au contraire on y ajoute les tons dits *grecs*, ou mieux les tons de plain-chant : il n'y a pas assurément d'autre échelle d'après laquelle il soit possible de construire un système d'harmonie, selon le sens que nous attribuons à ce mot. Aussi nos lois harmoniques ne peuvent-elles s'appliquer qu'à nos gammes, et n'ont-elles une signification que par rapport à une gamme fondée sur des séries d'octaves. Mais nos règles harmoniques, qui ne sont applicables qu'à des gammes d'octave, ne prouvent certainement rien contre des gammes auxquelles elles ne sont pas applicables. C'est ce qui est évident par cela même que, lors de la création de ces dernières gammes, on ne pensait pas encore le moins du monde à la nécessité d'une harmonie, dans le sens musical que nous attachons aujourd'hui à ce mot.— Pas un seul peuple, à son début dans l'art musical, ne connut ou ne découvrit nécessairement l'harmonie telle que nous la comprenons de nos jours, et je n'en excepte pas même les Grecs. Rien de tout ce qu'on a voulu produire dans ces derniers temps en faveur des Grecs sous ce rapport n'a pu se soutenir; et les suppositions qu'on a faites sont venues se briser, non-seulement contre la vérité historique, mais contre la nature même des choses. Les Chinois, les Indiens, les Égyptiens, les

Perses, les Calédoniens, et même les Hébreux et les Grecs ne connurent pas de musique harmonique proprement dite, à plusieurs voix ou à plusieurs instruments. Mais que l'échelle tonique dont il est ici question ait pu produire de très-beaux effets de mélodie, c'est ce qui résulte des débris qui nous sont restés de la musique des anciens Écossais en particulier, et cela est tellement incontestable qu'aucun homme de goût ne trouvera rien à objecter à ce que nous avançons. Par contre, le caractère particulier des airs qui ont pour base la gamme calédonienne a quelque chose qui s'oppose d'une manière si irrésistible à tout progrès musical, que la plupart de ces mélodies offrent à peine une faible trace de perfectionnement. Mais cette antique échelle n'est-elle pour cela susceptible d'aucune harmonie? C'est là une autre question, à laquelle nous ne répondrons pas précisément d'une manière négative. Qui pourrait affirmer en toute confiance que nos lois harmoniques sont les seules possibles? Il se peut au contraire très-bien qu'il survienne par la suite des modifications dans notre propre système d'harmonie tel qu'il résulte de notre échelle tonique, et qu'on y adapte un jour des combinaisons que nous repousserions aujourd'hui comme incompatibles avec notre musique actuelle. Il s'est opéré déjà bien des changements, et souvent ce qu'on avait d'abord considéré comme détestable a été plus tard considéré comme beau. La musique ne s'est pas encore élevée à cet apogée où il n'y a plus de perfectionnement possible. Ainsi, que nos lois harmoniques ne soient pas les seules possibles, comme aussi qu'on puisse découvrir un système d'harmonie différent du nôtre et s'adaptant à la gamme des anciens Écossais, c'est ce qui nous paraît tout aussi certain qu'il est incontestable que notre échelle tonique ne doit être considérée ni comme la seule possible ni comme la seule naturelle. Si les peuples dont nous avons parlé n'avaient été empêchés de se développer selon leur nature propre, soit pour avoir été courbés sous un pouvoir despotique, soit pour avoir été entraînés par d'autres vers la route de la civilisation, il est très-vraisemblable qu'ils seraient arrivés avec le temps à se faire leurs lois d'harmonie, lesquelles seraient tout aussi différentes des nôtres que leur gamme est différente de la nôtre. Qui pourrait dire jusqu'où ils auraient poussé ce travail? Mais si nous attribuons à leur musique la possibilité d'une harmonisation propre et suivie, nous devons cependant lui refuser avec pleine assurance toute harmonie réelle selon nos idées. Tous leurs chants étaient chantés à une seule voix ; bien entendu que les femmes s'élevaient d'une octave plus haut. Rarement on trouve une quinte qui s'y ajoute, et la basse monotone de la cornemuse des anciens Écossais n'est pas un son auquel nous puissions attacher l'idée d'harmonie.—Ainsi, on trouve dans les chants calédoniens certaines modulations qui conduisent d'un ton à un autre. Mais ces modulations mêmes dépendent entièrement de toute la suite de la mélodie, et ne consistent nullement dans des changements de tons, car les tons continuent toujours à bourdonner d'une manière uniforme jusqu'au bout. Ces modulations mélodiques doivent être considérées comme un progrès de la musique calédonienne, progrès faible encore, mais cependant assujetti déjà à des règles fixes: car on ne les retrouve pas dans les chants les plus anciens, qui sont entièrement conformes à la règle. Ceux-ci sont exactement uniformes de ton. Il faut compter parmi ces derniers les chants d'Ossian. Or, comme les poésies de ce barde étaient entourées de la plus grande estime et qu'elles furent chantées principalement dans les montagnes de l'Ouest et dans les Hébrides, où elles se sont conservées jusqu'à nos jours, la plupart des chants de cette sorte nous sont tous connus. Plusieurs ne se composent que d'une suite de mélodies toutes semblables, comme les airs et récitatifs de ce genre, et c'est sur ce mode unique que se chantaient la plupart des poésies d'Ossian. D'autres, où il régnait aussi qu'un seul ton, avaient, outre la mélodie que suivait le principal chanteur, une mélodie particulière pour le chœur; telles sont les jorrams ou chansons de marins, qui par conséquent se composent de deux parties. Après l'époque glorieuse où chanta Ossian, on renonça à cette simplicité, et on commença à essayer quelques innovations dans les combinaisons mélodiques. Ces innovations se manifestèrent par des tons qui ne se trouvaient point dans l'échelle alors en vigueur, et d'après laquelle il ne régnait dans les chants qu'un ton fondamental ; ils ne se trouvaient que dans l'échelle où l'on commençait à entrer. Ainsi, pour voir jusqu'où un chant postérieur reste fidèle à l'ancienne gamme, on n'a qu'à regarder si la quarte et la septième y manquent. Si les tons *f* et *h* manquent, le chant est en *C* ; si *g* et *us* manquent, le chant est en *D*. S'il arrive qu'une pareille mélodie aille de *C* en *F*, c'est une preuve que le chant module en *B* ou en *D*. Car les Calédoniens s'é-

taient formé aussi une échelle propre en *mineur* qui provint de ce qu'ils baissèrent d'un demi-ton le troisième et le quatrième ton de leur gamme. Par exemple:

$$ut,\ ut,\ mi\ bémol,\ sol,\ la\ bémol,\ ut.$$

— M. Necker de Saussure dit que cette gamme est extrêmement barbare, et nous ne sommes pas de son avis. Il avoue cependant que plusieurs de ces chants en mineur se sont conservés. Il n'est pas possible de décider d'une manière positive et précise si cette échelle en *mineur* commença à se former dès le temps où vécut Ossian, comme nous le présumons, ou si elle est l'œuvre des temps suivants, où on commença à introduire quelque variété dans les airs jusqu'alors tout à fait simples. Mais ce qui est bien certain, c'est qu'on la trouve bien plus souvent dans les chants des époques postérieures, soumis déjà à quelque modulation. Il paraît donc qu'on l'employa moins toute seule que dans des chants où on mêla les deux genres de musique ; ce qui ne prouve pas qu'elle n'existait pas auparavant et qu'on ne s'en était pas servi exclusivement. Quant à nous, nous n'avons trouvé aucun chant de cette nature où il régnât que cette gamme en *mineur*. Le texte de ceux qui nous restent pourra le mieux nous servir à déterminer s'il faut considérer ces mélodies en mineur comme appartenant à l'époque antérieure à Ossian. — Quoiqu'il y ait beaucoup de liberté et de variété de transition dans les chants dont la musique est composée d'après des échelles diverses, on commence cependant à remarquer déjà une certaine règle dans la plupart de ces chants. Ainsi on passe en général d'un ton principal immédiatement dans le ton fondamental suivant, soit au-dessus, soit au-dessous du premier ton principal et fondamental. Lorsque le chant commence par le *majeur* selon leur gamme, on module généralement dans le ton qui suit immédiatement. Lorsqu'au contraire le chant commence par le *mineur* de leur gamme, on passe habituellement dans le ton plus bas qui suit immédiatement. Très-souvent aussi le *majeur* et le *mineur* se suivent alternativement. Si par exemple le ton principal était *D mineur (d e f a b d)*, la prochaine modulation serait *C majeur;* de même on passerait de *G mineur* à *F majeur.* En passant d'un ton dur à un autre, on monte généralement d'un ton. Ainsi on passerait de *C majeur* à *D majeur.* Ne trouverait-on pas si on faisait sur ce sujet quelques recherches, qu'il aurait mieux valu dans ce cas passer en *D mineur* ? ou bien peut-être mêler *majeur* et *mineur* dans la seconde gamme, de façon que la marche de gamme eût été la suivante : *d e f a h d?*—Au point où ces transitions ont lieu, on ajoute chaque fois, avant de sortir de l'échelle, un ton qui appartient déjà à l'échelle suivante et qu'on pourrait appeler le ton conducteur, celui qui conduit dans une autre série de tons conformément à ce système musical. Il faudra donc se garder de ne pas considérer comme appartenant à l'échelle gaélique ce ton indiquant une transition qui ne vient qu'un après, et de ne pas rejeter sans examen, comme n'étant pas original, un chant où se trouverait une quarte ou une septième apparente. S'il est original, la modulation en fournira la preuve dans la mesure qui suit. Il n'est pas rare non plus que cette modulation commence déjà à la seconde mesure et se répète régulièrement d'une mesure à l'autre. — M. Necker de Saussure, après avoir conclu avec beaucoup de justesse qu'il n'est pas possible de donner à ces sortes de mélodies un accompagnement harmonique avec notre système musical sans détruire ce qu'elles ont de caractéristique, et sans exciter une impression désagréable, prétend que les basses d'accompagnement devaient être dans les tons les plus voisins, par exemple qu'à *C* devait correspondre immédiatement *D* ou *B.* Ceci est une grande erreur. Ces chants mêlés de tons différents n'ont certainement pas commencé à être chantés avant que la cornemuse, avec son bourdonnement monotone, ne fût devenue familière aux anciens Écossais. Comme donc ces chants étaient souvent accompagnés de cet instrument, il fallait bien que la même basse continuât toujours à bourdonner, quelle que fût la modulation, comme s'il n'y avait eu aucun changement de gamme dans la mélodie. Mais nous ignorons complètement de quelle manière les anciens Calédoniens, indépendamment de l'unisson, accompagnaient encore leurs chants de harpes ou d'autres instruments. Il est vraisemblable qu'ils n'avaient pas d'accords, même dans l'accompagnement des harpes, à moins que, au ton fondamental avec son octave, ils n'aient ajouté quelquefois encore une quinte, peut-être même à cause de la disposition de leur cornemuse que nous examinerons tout à l'heure, une grande tierce (en *majeur*) au lieu de la quinte, et qu'ils n'aient ainsi formé un triton incomplet. Il ne faut point chercher chez les Calédoniens une théorie musicale proprement dite , telle qu'on en trouve une chez les Chinois, dont les chants ressemblent beaucoup à ceux des Calédoniens pour la construction des airs sur lesquels on les chante, à moins qu'on ne considère comme une théorie musicale cette disposition et cette exécution un peu plus artistiques dont nous venons de parler, et qui ne sont que de faibles essais de perfectionnement. — On ne peut pas davantage leur attribuer des notes de musique : car, quoique plusieurs auteurs aient pensé, par suite de leurs opinions sur les migrations des peuples, que vraisemblablement les Calédoniens notaient leurs airs au moyen de lettres , comme les anciens Gaulois, il a été impossible de découvrir un seul document qui confirmât cette supposition ; et cependant, si de pareilles notes avaient existé, quelque document de cette sorte aurait dû se rencontrer, d'autant plus qu'il existe plusieurs manuscrits de poésies calédoniennes, manuscrits qui, s'ils ne remontent pas à une très-haute antiquité, sont cependant fort anciens, et dont quelques-uns sont écrits en caractères inconnus ou oubliés depuis longtemps, et qui ressemblent le plus aux anciens caractères saxons. Personne ne nie du reste que les signes qui marquent l'élévation et l'abaissement du ton n'aient été inconnus aux anciens Écossais; ce qui n'empêche pas que les deux échelles de *majeur* et *mineur*, depuis l'époque où l'on commença à les unir toutes deux, recevaient souvent un signe qui servait à marquer la différence des tons, lorsque cela était nécessaire à l'inspiration naissante du poëte qui improvisait en chantant. De pareilles fusions de tons divers sont assez fréquentes parmi les peuples qui n'ont pas encore de règles fixes pour noter leurs airs; dans la musique de ces peuples, les tons se mêlent si singulièrement et flottent d'une manière si particulière, qu'on sait à peine comment les noter à notre façon. Or, comme ceux qui ont noté plus tard ces sortes de mélodies populaires, qui se sont perpétuées de génération en génération, y ont ajouté toutes sortes de signes, il se peut que le caractère propre de ces chants antiques, qui diffèrent si essentiellement des nôtres, ait été quelque peu dénaturé. — Tout le monde sait aujourd'hui par les poésies d'Ossian que les anciens Ires, ou Irlandais actuels, descendaient de la même souche que les Calédoniens , et que les deux peuples étaient unis non-seulement par les liens d'une langue commune et d'un même art, malgré quelques légères différences qu'il n'est pas facile de préciser partout, mais encore par une même mythologie et par cette digue marine construite en colonnes basaltiques par les géants. Nous ne dépeindrons pas ici la longue et pénible oppression que les Anglais ont fait peser sur cette île après l'avoir subjuguée; nous ne dirons pas comment , après des insurrections souvent répétées et quelquefois terribles, l'ancien peuple fut peu à peu entièrement détruit, en sorte qu'il reste à peine une ombre de ce qui composait autrefois sa vie, là où furent les demeures de ses pères. Nous ne nous arrêterons pas à faire ce tableau : il suffit d'indiquer toutes ces choses pour que personne ne soit tenté de chercher quelque chose de véritablement original et antique sur cette île, même parmi le petit nombre d'habitants qui portent le nom d'Ires. Ainsi ce qu'on nomme de nos jours des airs ires, parce qu'on les chante dans ce pays, n'a presque plus rien qui vienne des anciens temps. C'est sur quelques-unes des îles Hébrides qu'on retrouve le plus de traces des mœurs anciennes. — Les instruments en usage parmi les Calédoniens étaient la *harpe*, le *cruth* et la *cornemuse*. — La harpe gaélique se nommait *clairseach* dans la langue de ce peuple. Les cordes de cette harpe n'étaient point faites de boyaux, mais bien d'acier, et c'était en les tirant avec les ongles qu'on les faisait vibrer. Tout le monde sait que cette harpe était l'instrument favori d'Ossian, et que ce barde s'en servait pour accompagner tous ses chants. C'est en général l'instrument dont tous les anciens bardes aimaient à s'accompagner, non-seulement parmi les Calédoniens et les Ires, mais aussi chez les Galls. Tant que les sons de cette harpe embellirent les plus beaux jours de l'existence de ces peuples, elle fit briller sur eux l'âge d'or de leur histoire. Mais dès l'instant où on commença à en faire moins usage et à changer la musique très-simple de cet instrument des bardes, les beaux jours de la gloire et de la valeur guerrière commencèrent à décliner pour ces fils des montagnes et des flots. Le peuple restait bien encore fidèlement et pieusement attaché aux mœurs de ses pères ; longtemps chaque clan eut un barde particulier qui lui composait un chant propre, lequel lui appartenait à lui seul et à ceux qui lui étaient alliés par le sang : mais le temps qui détruit tout, finit par faire insensiblement disparaître aussi cette coutume. Depuis longtemps le prince des bardes, réuni à ceux qui avaient chanté avant lui, dort sous les pierres couvertes de mousse, au sein des montagnes enveloppées de brouillards. Il y a plus de cent ans, le dernier des bardes, Rory ou Roderick Dal, s'en allait avec sa harpe de château en château, et partout on l'accueillait amicalement. Mais lorsque l'ancien gouvernement patriarcal des clans fut enfin descendu entièrement au tombeau , la harpe se tut, comme si elle n'avait pas voulu survivre à ceux dont elle avait chanté les exploits héroïques. Il y eut, il est vrai, dans ces derniers temps quelques joueurs de harpe qu'on vit errer dans l'Irlande et le pays de Galles, et c'est ce qui arrive peut-être encore maintenant : mais ce ne sont plus les anciens bardes ; leurs harpes même sont changées; elles sont plus mélodieuses , plus parfaites si l'on veut ; ou elles ont du moins un plus grand nombre de cordes. Les anciennes harpes des bardes étaient beaucoup plus petites et n'avaient qu'un petit nombre de cordes d'acier, qui étaient accordées suivant l'échelle diatonique (apparemment différente de la nôtre), afin qu'on pût jouer dans différents tons. Il nous est resté quelques morceaux pour l'ancienne harpe véritablement calédonienne ; ce sont des poésies d'un rhythme lent et d'un chant très-plaintif, caractère par lequel elles ressemblent beaucoup aux anciennes poésies chinoises, même pour l'expression. — Le cruth était une sorte de guitare ou de violon informe , ayant un long renflement. Sur le chevalet de cet instrument étaient tendues cinq ou six cordes à boyaux, qu'on faisait vibrer au moyen d'un archet, comme les cordes d'un violon. Le cruth des Calédoniens a quelque ressemblance avec le crooth des Gaulois, et une ressemblance plus éloignée avec une des espèces du kin chinois, dont l'invention fut attribuée à Fou-hi, et sur les effets merveilleux duquel on ne tarissait point. Le cruth est un des instruments tout à fait antiques des Calédoniens, et, de même que la harpe, il est depuis longtemps relégué dans le silence de l'oubli. Il en est fait mention souvent dans les plus anciennes poésies de ce peuple.—La cornemuse (en langue gaélique *piob gaïlich*), quoique anciennement connue parmi les Calédoniens, ne paraît pas cependant avoir joui d'une grande considération parmi les bardes , qui n'en parlent pas dans leurs poésies. Cet instrument a donc dû être apporté dans le pays à une époque peu reculée, et s'être popularisé peu à peu, devenant de plus en plus l'instrument favori de tout le peuple, au point qu'aujourd'hui on entend les sons de cet instrument partout et en toute circonstance parmi les montagnards d'Écosse. Accompagné du tambour, il sert à les enflammer à la guerre et à embellir leurs fêtes domestiques. La disposition que lui donnent les Écossais est différente de celle qu'il a habituellement chez la plupart des autres peuples. La cornemuse calédonienne a trois bourdons, rarement elle n'en a que deux, et un seul chalumeau , qui a sept trous par devant et un seul trou par derrière. Le ton le plus bas est *g* , et les sept trous qui sont le devant donnent les sept tons *a h c d e f g*. Le bourdon qui donne le ton le plus bas fait entendre d'une octave plus bas le ton le plus bas du chalumeau (*g*) ; le bourdon qui donne le ton moyen fait résonner la tierce *h*, et le plus petit bourdon fait résonner l'octave la plus haute du bourdon qui donne le ton le plus bas. Ces trois tons de bourdon donnent un accord incomplet d'accompagnement pour tous les chants gaéliques plus modernes. Quelle que soit la monotonie de leur musique, le son de la cornemuse éveille encore aujourd'hui chez les Écossais des sensations aussi vives que celles qu'excite le *ranz des vaches* chez les Suisses. Assurément l'attachement que ces deux peuples portent à leurs montagnes et à leurs habitudes de leur vie est une cause qui contribue à la vivacité de ces sensations. Les airs écossais ont quelque chose de plaintif, quelque chose qui est comme pénétré d'un singulier sentiment de mélancolie, et la tristesse élégiaque qui en fait le caractère principal est une image fidèle de ce qui caractérise aussi la poésie ossianique. Partout où l'art musical est encore dans l'enfance, comme cela a lieu chez les Écossais, on remarque que le peuple et les poëtes ont un sentiment vivace de la supériorité et des merveilles de leur musique. Il en fut ainsi chez les Chinois et les Indiens, chez les Égyptiens et chez les Grecs, et il en est de même chez les Calédoniens. Les prodiges que les peuples que nous venons de nommer nous racontent dans l'antiquité sur les effets si simples de leur musique ne sont pas au-dessus de ceux que les Écossais racontent de la leur. Les peuples qui sont dans l'enfance se contentent de peu, et tout ce qui embellit leur vie devient pour eux un objet de reconnaissance et d'amour , même quelquefois de culte, qu'ils ornent des plus brillantes couleurs de leur imagination. De cette façon ils revêtent de lumière ce qui n'est qu'ombre, ils enveloppent de beauté ce qui est informe, et donnent à leur idole plus d'éclat que ne pourrait lui en accorder la raison, même la plus indulgente et la plus bienveillante.

v.   9

CALÉDONIENS (Origine des) (*hist.*), habitants de la Calédonie. Si, quand on remonte un peu haut, l'histoire des peuples les plus célèbres ne présente qu'obscurité et incertitude, il ne faut pas s'étonner que l'origine des Calédoniens soit enveloppée des plus épaisses ténèbres. Quelques historiens, trouvant parmi eux les Scots (*Scoti*, d'où le nom moderne, *Écossais*), ont cherché à les rattacher aux Scythes, à cause de la ressemblance du nom ; mais un aussi faible argument, qui n'est du reste appuyé d'aucun témoignage, ne saurait être accepté. Malte-Brun n'hésite pas à avancer que des Teutons ou Germains, partis on ne sait d'où, à une époque qu'il est impossible de déterminer, seront selon toute probabilité, aborder sur ces côtes sauvages, soit qu'ils y fussent attirés par la curiosité, soit qu'ils y eussent été entraînés par une violente tempête. Cette opinion nous paraît peu fondée, bien qu'elle puisse invoquer en sa faveur l'imposante autorité de Tacite ; car ce grave historien a pris soin lui-même d'infirmer son propre témoignage par les termes mêmes du texte ainsi conçu : « *Rutilæ Caledoniam habitantium comæ, magni artus, Germanicam originem asseverant.* » Est-on nécessairement Germain, parce qu'on a les cheveux roux, et qu'on est d'une grande et forte taille ? Ce passage ne prouve donc rien du tout, et il n'est d'aucune utilité pour éclaircir la question ; d'ailleurs, si la Calédonie avait été colonisée par des Germains, on retrouverait encore aujourd'hui en Écosse des traces nombreuses d'un idiome germanique : or rien de cela n'existe dans l'antique Calédonie. On serait porté à croire que Gildas et Bède, nés en Bretagne, auraient dû être mieux instruits sous ce rapport que les Romains, accessibles à tant d'erreurs relativement à l'histoire de peuples qu'ils méprisaient ou redoutaient ; mais ces deux historiens ne sont guère plus explicites que leurs devanciers : rentrés eux-mêmes dans le monde romain (renouvelé, il est vrai, par le christianisme), ils en avaient adopté presque toutes les idées, de telle sorte que pour eux aussi les Calédoniens, alors sans doute fort peu civilisés et fort éloignés de la religion chrétienne professée par leurs ennemis naturels, ne sont que des barbares inquiets et grossiers, des hommes cruels et altérés de sang. Bède nous apprend seulement que la Calédonie était habitée par les Pictes à l'est, et par les Scots à l'ouest ; et il nous donne à entendre que ces derniers venaient d'Irlande, entretenant des relations journalières avec la mère-patrie : telle est l'indication la plus claire que nous ayons trouvée. — Que les Pictes et les Scots soient deux peuples distincts, comme l'a cru Bède, ce qui ne nous paraît nullement probable, ou qu'ils ne soient que deux divisions d'un même peuple connu sous le nom de Calédoniens, il n'est pas douteux que les descendants des Scots, ou Écossais, et les Irlandais ne remontent à une commune origine : car, outre qu'en suivant avec attention les *mouvements de ces peuples*, on remarque, pendant les premiers siècles de notre ère, de continuels passages, d'incessantes migrations, soit d'Hibernie en Calédonie pour attaquer en force les Romains, soit de Calédonie en Hibernie pour se soustraire aux suites d'une défaite, les purs Écossais, les Gaëls parlent encore aujourd'hui la même langue que les Irlandais, à tel point que dans l'oraison dominicale on ne voit que deux mots qui diffèrent. Il y a donc entre les unes et les autres beaucoup moins de dissemblance qu'il n'y en avait autrefois entre les Athéniens et les Spartiates, qui se croyaient Grecs ou Hellènes les uns et les autres. Non-seulement le gaélique possède les mêmes radicaux que la langue erse ou irlandaise, mais les règles de la grammaire sont les mêmes en général, les mots dans la conjugaison et la déclinaison subissent en grande partie des modifications identiques. — On peut penser que les Calédoniens étaient une colonie des Galls ou Gaulois du centre (*V.* l'article CELTES) ; et lorsque ces hommes belliqueux, justement inquiets des progrès des Romains dans la Bretagne, sous la conduite d'Agricola, se disposent à livrer bataille à ces insatiables envahisseurs, tout ce qu'on observe chez eux, la nature des armes et la disposition des troupes, l'audace et l'intrépidité des combattants, la rapidité de l'attaque et la vigueur des charges, la fierté, la noblesse, la hauteur du langage de Caractacus leur chef, tout annonce des Gaulois, et si Tacite y eût plus mûrement réfléchi, il aurait dit des Calédoniens : « *Manent quod Galli fuerunt.* » — On lit partout que non-seulement à cette époque, mais du temps de Sévère, les Calédoniens allaient presque nus, errant dans les bois, sans maisons, sans aucune connaissance de l'agriculture ni des arts les plus nécessaires à l'homme ; ce sont là de ces exagérations inadmissibles pour tout homme sensé. Non-seulement le climat est trop rigoureux pour qu'une telle manière de vivre soit possible, mais la langue des Gaëls, si abondante et si riche pour exprimer toutes les idées d'une civilisation assez avancée, repousse des données d'ailleurs dénuées de toute espèce de fondement. Il ne faut pas croire non plus que les Romains aient jamais subjugué ce peuple, ni même exercé sur les Calédoniens une autorité quelconque (*V.* CALÉDONIE).

LEUDIÈRE.

CALEF (ROBERT), négociant de Boston, mort dans cette ville en 1720, est auteur d'un ouvrage intitulé : *Les Merveilles encore plus étonnantes du monde invisible*, contre un livre sous le même titre du docteur Cotton, Londres, 1700.

CALÉFACTEUR (*écon. dom.*), ustensile de cuisine dont on fait un grand usage depuis plusieurs années et que l'inventeur Lemarc a nommé ainsi. On le construit en fer-blanc ou en cuivre étamé. Il est surtout commode pour préparer le bouillon sans qu'on en prenne aucun soin pendant cinq ou six heures.

CALÉFACTION, s. f. (*term. didactique*), chaleur causée par l'action du feu.

CALÉFACTION, s. f. en *term. de pharmacie*, se dit de l'impulsion des particules d'un corps chaud sur d'autres corps à la ronde. Ce mot est particulièrement employé en pharmacie, où l'on distingue la caléfaction de la coction, la caléfaction proprement dite n'étant en usage que pour exprimer l'action du feu sur quelque liqueur sans qu'on l'ait fait bouillir.

CALEFRETER, v. a. (*gramm.*), prendre, piller, emprunter de quelqu'un (*Rabelais* et *Boiste*).

CALÉGUÉJERS, s. m. pl. quatrième tribu des géants ou génies malfaisants, selon la mythologie indienne. C'est la plus puissante.

CALE-HAUBAN, s. m. cordage qui sert à maintenir le mât de hune (*V.* CALHAUBAN).

CALÉIDOSCOPE (du grec καλος, *beau*, ειδος, *forme*, et σκοπος, qui regarde ; ainsi, mot à mot : qui voit de belles formes), petit instrument d'optique inventé en 1817 par M. Brewster et qui pendant quelque temps a fait fureur à Paris, comme tous les objets de mode, surtout lorsqu'ils nous viennent de chez nos voisins d'outre-mer. Il est formé d'un tube de carton, de fer-blanc ou de cuivre, garni à ses extrémités de deux verres : un petit, formant un oculaire, et un large, dépoli, derrière lequel on place de petits objets différents. Dans son intérieur on place plusieurs lames de verre à miroir, ayant différentes inclinaisons et doublées de papier noir. En remuant cette espèce de lunette, les petits objets placés à l'une des extrémités changent de position, sont reflétés par les lames, et produisent différentes formes et de très-belles couleurs, selon la nature et la position des objets qu'on met à l'extrémité du tube opposée à l'œil. On n'a pas tiré parti de cet instrument, et, dans beaucoup d'occasions, il peut cependant être utile aux dessinateurs, aux architectes et surtout aux brodeurs, à ceux qui, dans les manufactures, sont obligés de varier à l'infini la composition de leurs dessins. Quelque riche que soit leur imagination, elle ne peut jamais varier les formes et les couleurs autant que peut le faire un caléidoscope. Il suffit, pour s'en servir commodément, de le placer sur un petit pied, de le fixer avec une vis lorsqu'on a sous les yeux le dessin qu'on veut copier. A travers la lunette on voit parfaitement les contours et les couleurs, et on peut trouver ainsi des milliers de combinaisons pour les indiennes, les papiers de tenture, les dessins de broderie, le décor des appartements.

CALÉIE, s. f. (*archéol.*), espèce de massue dont on se servait pour écraser les ennemis de son poids énorme en la lançant au milieu d'eux.

CALEL, CALEN, CALÉON (*vieux mot*), lampe carrée et à queue.

CALEL (TROU DU), grotte fort curieuse, que l'on trouve dans le département du Tarn, aux environs de Sorèze. L'ouverture est sur le versant de la montagne Noire ; elle a deux mètres à deux mètres et demi en tous sens ; on parcourt une galerie tortueuse, dont la voûte plus ou moins élevée présente quelques obstacles ; on parvient dans une vaste salle circulaire dont les parois sont recouvertes de stalactites ; du milieu de la voûte descend une colonne dont l'extrémité inférieure ne repose pas sur le sol ; elle est d'un albâtre un peu roussâtre. A la suite de cette salle on en trouve plusieurs, qui toutes renferment des stalagmites, des albâtres et des marbres statuaires du plus beau grain. Le plateau extérieur de la montagne, qui recèle dans son sein la grotte du Calel, s'affaisse dans son centre, et présente les restes et les marques d'un ancien cratère.   C.-L.

CALEM, s. m. (*term. de relation*), première division du gouvernement du defterdar en Turquie; c'est ce qu'est en France la première division d'un ministère.

CALEMAR, s. m. vase de plomb ou de verre, placé au milieu d'une éponge dans un plateau de bois ou de faïence , et qui sert d'encrier. — Vaisseau de cristal, fait en forme d'alambic, excepté que le bec tend en haut. On le nomme vulgairement *cornet à lampe.*

CALEMARD DE LA FAYETTE, président de la cour royale de Lyon, député de la Haute-Loire, siégeait au côté droit de la chambre. Le 2 mai 1829, comme il passait sur la place Louis XV, il reçut un coup de pistolet d'un ancien officier nommé Guenestin-Plaignol, qui se brûla la cervelle du même coup. Calemard mourut le même jour de sa blessure.

CALEMBOUR, jeu de mots fondé sur une équivoque, à l'aide des homonymes, et qui consiste à détourner le vrai sens d'une phrase. On a appelé le calembour *l'abus de l'esprit*, et l'on a dit avec plus de raison que c'est *l'esprit de ceux qui n'en ont pas.* La langue française prête plus que toute autre à ce genre de plaisanterie, en raison de la prononciation semblable de mots qui ont un sens différent, et par l'amalgame de plusieurs mots qui semblent n'en former qu'un seul. — Dans le siècle dernier, un homme de beaucoup d'esprit, le marquis de Bièvre (*V.* ce mot), mit en vogue ce genre de bouffonnerie dans lequel il obtint des succès qui lui donnèrent beaucoup d'imitateurs.—Toutefois le calembour , ce *tyran si bête*, comme le disait Voltaire, qui voulait usurper l'empire du monde, et surtout du beau monde, est tout à fait détrôné dans la bonne société. Il s'est réfugié dans les parades sur les théâtres secondaires, et fait les délices des grisettes et des commis voyageurs. Il a encore trouvé un refuge dans les petits journaux satiriques, où il sert de passe-port à des épigrammes plus ou moins piquantes. L'usage des calembours est fort ancien, et on en trouve des exemples dans nos bons auteurs, dans Rabelais, dans le *Moyen de parvenir*. Molière le fait dire dans l'*Etourdi*, par Mascarille à Anselme (acte 1er, scène 6):

> Ce visage est encor fort mettable :
> S'il n'est pas des plus beaux, il est des agréables.
> (Désagréable). •

Le calembour est tantôt louangeur, tantôt épigrammatique. M. de Bièvre s'en est servi spirituellement de cette dernière façon, lorsque apprenant que Molé était malade et ne pouvait pas jouer le *Séducteur*, il s'écria : *Quelle fatalité! (quel fat alité.)* Lorsque la pièce de Sauvigny, intitulée *le Persifleur*, fut sifflée, il dit plaisamment : Le Persifleur avait mis ses enfants dans le parterre (*le père Sifleur*). Au contraire, lorsque l'on joua la jolie comédie de Duval, intitulée *Maison à vendre*, Carle Vernet dit : Je n'ai vu qu'une *pièce à louer*. Ce peintre célèbre avait hérité du goût de M. de Bièvre pour les calembours. On lui attribue le suivant, qui est très-compliqué : Quel est le moyen de n'avoir pas froid l'hiver ? — C'est de prendre une statuette de Bonaparte, et de lui casser un bras : parce qu'alors on a un *bon appartement chaud* (*un Bonaparte manchot*). — Les enseignes de l'ancien Paris abondaient en calembours ou *rébus* , et tout le monde a vu l'enseigne du *signe de la croix*, où l'on représentait un *cigne* portant une croix. — Une autre : au *Saint Jean-Baptiste* , où l'on avait peint un *singe en batiste*. — A *l'épi scié* , où l'on moissonner scie un épi. L'enseigne d'un tailleur représentait une culotte surmontée d'une oie, avec cette inscription : *Prenez votre culotte, et laissez là mon oie* (la monnoie), selon l'ancienne prononciation. Presque tous les marchands de vin dont la boutique est au coin des rues, mettent pour enseigne: *Au bon coing*. — Dernièrement , près des Invalides, un cabaretier a fait peindre sur sa porte le tombeau de Napoléon à Sainte-Hélène, avec ces mots : *A la Bierre de Mars!* — Nous nous sommes peut-être trop étendu sur ce genre futile, qui toutefois a eu des moments de vogue, et qui reparaît de temps en temps, comme pour narguer le bon goût. Il n'est pas jusqu'à la chaire qui, oubliant sa dignité, n'ait retenti de calembours, mais à une époque où elle se permit bien d'autres licences. Le fameux père Garasse , attaquant le poète *Théophile Viaud* , jouait sur son nom et le comparait à un veau ; mais, ajoutait-il , *d'un veau la chair est bonne à bouillir et à rôtir, et la sienne n'est bonne qu'à brûler au feu de l'enfer.*—Il n'est pas besoin de dire que le calembour fait sans prétention, et amenant une allusion fine, peut se tolérer et faire sourire; mais qu'il devient fatigant comme toutes les plaisanteries trop prolongées, lorsqu'on en fait un roman comme celui de la *Fée lure* et de l'*Ange lure*, ou une tragédie burlesque tout entière de style, comme celle de *Vercingentorix*, qui finit par ces vers :

> Je vais me retirer dans ma *tente* ou ma nièce,
> Et j'attendrai la mort de la *faim* de la pièce.

Boileau a fait le procès du *calembour* dans sa satire sur l'équivoque. Quant à l'étymologie de ce mot, on prétend qu'elle vient de l'italien *calamajo*, écritoire, et *burlare*, badiner; comme on dirait , badiner en écrivant, et jouer sur les mots. Les écoliers s'amusent aussi quelquefois à faire des calembours latins.
DUMERSAN.

CALEMBOURDIER , s. m. (*gramm.*), faiseur de calembours. Il est familier. — Selon les personnes qui écrivent *calembour*, on en dérive *calembourgistes; mais il est de mauvais goût et peu usité.

CALEMBREDAINE, s. f. (*gramm.*), bourde, vains propos, faux-fuyants. Il est familier.

CALEMENT (*V.* CALAMENT).

CALEMGO, s. m. (*hist. nat.*), bête à corne qui a quelque ressemblance avec le cochon , dont la peau est une comme celle des chiens turcs, et qu'on trouve dans les Cordilières.

CALÉMIS, s. m. (*term. de relation*), droit de sceau ou de plume à Constantinople.

CALEN ou **VENTURON** , s. m. (*marine*), grand carreau qu'on place sur l'avant d'un petit vaisseau, et qui peut se relever par un contre-poids.

CALENDAIRE, s. m. registre d'église.

CALENDARIO (PHILIPPE) vivait à Venise en 1354. Ce fut lui qui exécuta dans la place de Saint-Marc à Venise ces beaux portiques soutenus par une colonnade de marbre, qui font le circuit de cette place et supportent de superbes bâtiments ornés de bas-reliefs, Cet ouvrage, généralement admiré, lui procura de grandes récompenses de la république vénitienne, et le doge l'honora de son alliance.

CALENDAOU (*vieux mot*), grosse bûche destinée à être brûlée la veille de Noël, et qui était pour le peuple une occasion de superstition.

CALENDARIS (*mythol.*), surnom de Junon , parce que les calendes de chaque mois lui étaient consacrées.

CALENDERS (*hist. des relig.*). Un Arabe d'Andalousie, appelé Youssouf, qui avait pris le nom de *Calender* (or pur), pour désigner la pureté de son âme , institua une secte religieuse dont les disciples , espèce de moines , adoptèrent le surnom de leur fondateur. Cette secte, dans son origine, s'imposait l'obligation de mener la vie la plus simple et la plus austère, de ne se nourrir que du produit des aumônes, de voyager continuellement, le corps à peine couvert de haillons, les pieds nus, sans jamais établir de demeure dans aucun pays, et en outre de vouer une haine éternelle aux autres ordres de derviches. Tels étaient les préceptes de Youssouf. Cette institution dégénéra bientôt comme les ordres monastiques enfantés par l'austérité chrétienne; les calenders ne furent plus la suite que des moines vagabonds, dont les pratiques religieuses se résumèrent dans les grimaces plus ou moins ridicules, dans l'intempérance et l'abrutissement. Aussi les calenders, quoique décorés encore par les Persans du nom de serviteurs de Dieu (*abdallahs*), sont en général peu estimés des mahométans, qui préfèrent les autres derviches dont les mœurs sont plus pures et plus pieuses. Personne n'ose accueillir un calender dans sa maison. Obligés de vivre isolés ou dans des oratoires situés hors des villes, ils n'ont d'autres meubles qu'une peau de mouton ou une natte de feuilles de palmier, et un tas de chiffons pour leur servir de lit. Ils ne possèdent d'autre ornement que des plumes de toutes les couleurs, dont ils tapissent les poutres et les fenêtres de leur taudis. — La plupart des calenders turcs et persans sont presque nus; quelques-uns ont un vêtement d'une seule couleur, plus court que celui des Turcs; d'autres n'ont pour habit qu'un manteau ou une écharpe composée de lambeaux de drap. Ceux-ci ne portent qu'un simple caleçon; ceux-là se couvrent de plumes ramassées dans les ruisseaux ou portent une camisole sans manches, faite de laine ou de crin. En général ils se rasent la barbe et la tête qu'ils décorent de longs bonnets sales et rapiécés, et couvrent à peine leur nudité avec leurs plumes. Ces religieux nomades se livrent régulièrement à l'ivrognerie, et préfèrent une taverne à une mosquée. Sans chef et par conséquent sans frein , sans famille , sans patrie , ils vivent selon leurs caprices et leurs passions : oublieux de la veille, insoucieux du lendemain , ils se livrent à tous les excès, et principalement à ceux de l'opium et des plus infâmes débauches, et ensuite ils prétendent se *purifier* physiquement et moralement au moyen d'une ablution. Ils inventent mille expédients , mille grimaces, pour obtenir des aumônes : tantôt ils parent leur front de plumes pour faire croire à une sorte d'illumination ; tantôt ils se font un séton au ventre avec un sabre ; quelquefois ils se marquent la figure avec un fer brûlant ou se traversent les bras avec une lardoire ; quelquefois ils feignent l'idiotisme ou la folie, et exercent enfin toute sorte de charlatanisme. Assurés de l'impunité, ils se présentent hardiment chez les grands, et après leur avoir soufflé quelques paroles mystiques aux oreilles, ils prennent part sans façon à leur repas. Nous citerons quelques phrases tirées du *Goulistan* de Saadi, qui esquissent à grands traits le caractère et le genre de vie de ces dangereux sectaires. — « Les sages, dit-il, prennent leur repas à des intervalles éloignés ; les honnêtes gens vivent sobrement ; les dévots mangent seulement pour ne pas mourir ; mais les jeunes gens ont coutume de manger jusqu'à ce qu'on leur ôte les plats, et les vieillards jusqu'à ce que la sueur leur monte au visage : quant aux calenders, ils ne sortent de table que lorsqu'ils perdent la respiration ou qu'il ne reste plus rien à manger. » L'illustre poëte persan dit encore, dans un autre endroit du *Goulistan*, que deux personnes ne doivent pas être sans souci, à savoir : un marchand dont le vaisseau s'est perdu, et un riche héritier qui est tombé entre les mains des calenders. Un tel dévergondage d'immoralité, une telle licence dans les habitudes et les plaisirs, et le désir de l'indépendance, attirèrent bientôt dans cette secte un grand nombre d'hommes corrompus, qui s'accrut considérablement. Alors les calenders et leurs partisans commencèrent à se réunir par bandes et à parcourir les grands chemins, assassinant, volant et pillant les voyageurs. Quelques princes ne dédaignèrent pas d'adopter leur vie insouciante, ainsi qu'on le voit dans le joli conte des *Trois Calenders fils de rois*, dans les *Mille et une Nuits*. Ces moines vagabonds, si misérables dans l'origine, devinrent une puissance dans l'État. Une sorte de crosse en fer ou une demi-pique surmontée d'un croissant et de quelques plumes, qu'ils ne quittent jamais, leur sert à la fois d'arme offensive et défensive, et de signe de ralliement. On les a vus prendre part aux révolutions politiques, et il leur suffisait de planter leur arme sur le lieu le plus élevé d'un village pour que les habitants accoururent se ranger à leurs côtés. L'an 898 de l'hégire (1493 de l'ère chrétienne), un calender conçut le projet d'assassiner Bajazet II, qui retournait d'Albanie à Andrinople ; s'étant approché de lui, il avait déjà mis la main sur un sabre qu'il tenait caché sous son manteau de feutre, lorsque Iskander-Pacha s'en étant aperçu, le prévint en lui assenant sur la tête un coup de hache d'armes. L'an 1526 de l'ère vulgaire, Calender-Tchelebi, ayant réuni sous ses ordres une troupe de bandits, se souleva dans la Natolie contre Soliman Iᵉʳ, et se fit proclamer souverain. Soliman envoya Ibrahim-Pacha contre lui. Ce calender, qui avait peu de troupes, fut entièrement défait près de Césarée. L'an 1603, le fils d'un calender, voleur fameux par ses exploits, dont le nom était devenu populaire, ayant livré plusieurs batailles au sultan Ahmed Iᵉʳ, contre lequel il avait osé lever l'étendard de la révolte, fut battu complétement à Marach, sur l'Euphrate, et ne dut son salut qu'à la fuite.

CALENDES (*chronol.*), que, l'on écrit aussi *kalendes*, étaient chez les Romains le premier jour du mois, jour de l'apparition de la nouvelle lune. Ce nom semble venir du mot grec καλῶ, ou de l'ancien verbe latin *calo*, signifiant l'un et l'autre *j'appelle*, parce que, aux calendes, le petit pontife, chargé d'observer le retour de la nouvelle lune, appelait le peuple au Capitole, et lui annonçait combien de jours devaient s'écouler entre les calendes et les nones : il y en avait sept dans les mois de mars, mai, juillet et octobre, et cinq dans tous les autres. Cet avis, si simple en apparence, il le donnait au moyen d'une de ces formules pompeuses qui accompagnaient tous les actes religieux ou politiques des Romains, en disant : *Je t'invoque* (*calo te*), *Junon Novella*, cinq ou sept fois, suivant le nombre de jours qu'il fallait compter jusqu'aux nones ; car les calendes étaient placées sous la protection spéciale de Junon. — Les plus célèbres étaient celles de janvier ; avec elles commençait l'année nouvelle. Dans ce jour, consacré à Janus, les consuls désignés prenaient possession de leur charge ; on échangeait des souhaits de bonheur, on se faisait des présents, usage qui s'est perpétué dans nos vœux et nos cadeaux du premier jour de l'an (*V.* ÉTRENNES). Mais si elles ramenaient des joies plus ou moins vives, des manifestations de sentiments plus ou moins vrais, les calendes de janvier n'apparaissaient que comme un jour redoutable au débiteur peu favorisé de la fortune ; car c'était généralement à cette époque que tombaient les échéances de paiements, et la loi était cruellement sévère, à Rome, dans le principe pour celui qui avait le tort, si grand encore de nos jours, d'être pauvre. — Après celles-ci, les calendes de mars étaient les plus remar-

quables, parce qu'avant la réforme du calendrier par Numa, elles marquaient le commencement de l'année. Ce jour-là on allumait le feu nouveau sur l'autel de Vesta ; on changeait les lauriers dans les curies, les maisons des flamines, ceux des faisceaux consulaires ; la fête des Saliens commençait, et enfin les matrones célébraient, en l'honneur de Mars, une fête qui, suivant l'origine la plus probable, semble avoir été un souvenir de la fin de la guerre avec les Sabins, terminée en ce jour. — La chancellerie de Rome se sert encore de la supputation en calendes, nones et ides, pour indiquer la date des bulles pontificales.

CALENDES. Proverbialement et figurément, *Renvoyer aux calendes grecques*, remettre une chose à un temps qui ne viendra jamais. Cela se dit parce que les Grecs n'avaient point de calendes.

CALENDES, nom par lequel on désignait quelquefois, au moyen âge, la fête de Noël.

CALENDES se dit aussi de certaines assemblées des curés de campagne, convoqués par l'ordre de l'évêque.

CALENDES (LES FRÈRES DE) (*V.* CALAND).

CALENDE, CALANDRE (*vieux mot*), oiseau , espèce d'alouette plus grosse que l'alouette commune, et dont le chant, beaucoup plus fort, diffère de celui de l'alouette simple : cette espèce est très-commune aux environs de Lyon. Barbazan dit qu'il croit que la *calendre* n'est autre chose que la cigale, à cause de son chant ; mais nous pensons qu'il se trompe , parce que la cigale n'imite pas les oiseaux , tandis qu'on apprend à la *calendre*, et même à l'alouette simple, à les imiter.

CALENDRIER (*calendarium*, *calender*, *calendar*, *almanach*), vient de *calendes* (*V.* ce mot), et désigne un catalogue de tous les jours de l'année, partagés en semaines et en mois qui en sont les principales divisions. Ceci est la moindre des choses que doit renfermer un calendrier : nous verrons dans la suite de cet article ce qu'un calendrier doit renfermer de plus et ce qu'il renferme ordinairement. Comme chacun sait, on divise maintenant le jour en 24 parties que nous nommons des *heures*. La division la plus naturelle du jour était incontestablement celle qui était basée sur le lever et le coucher du soleil, puisque ainsi tout l'intervalle d'un lever du soleil à l'autre se trouvait partagé en deux moitiés : le jour proprement dit, depuis le lever jusqu'au coucher du soleil, et la nuit, depuis le coucher jusqu'au lever. Dès la plus haute antiquité nous trouvons, non-seulement trois divisions du jour, le matin, le midi et le soir, mais même des divisions de la nuit, réglées d'après la position des astres : Homère en compte trois (Il. 10, 251, et Odyss. 14, 483). Pour déterminer les heures on se servait des *horloges d'eau* et des *gnomons* (4 à 500 ans avant J.-C.) ; ces deux méthodes avaient l'une et l'autre de grandes imperfections. Même jusqu'à 300 avant J.-C. on ne connaissait pas encore exactement les divisions du jour ; on mesurait l'ombre d'un gnomon par des pas, et on déterminait à peu près l'heure par ce moyen. Les divisions du jour généralement en usage chez les Grecs étaient : l'aube, l'aurore, le plein jour, le midi, l'après-midi, le crépuscule, le soir (ἑσπέρα), le commencement de la nuit (πρώτη νὺξ), la seconde vigile de la nuit, la troisième et quatrième vigile (δευτέρα, τρίτη, τετάρτη φυλακή). Après qu'on eut introduit les heures, elles furent divisées aussi en grandes et petites parties. On croit que Samuël Jarhinai introduisit, au IIIᵉ siècle après J.-C., la division juive des heures en 1080 scrupules, dont 18 faisaient une minute. Cependant la mesure des heures restait toujours incertaine, et longtemps on se servit d'horloges d'eau et de sable, ainsi que de cadrans solaires, jusqu'à ce qu'enfin l'invention des pendules et des montres, invention dont il n'est pas plus possible de déterminer l'époque précise qu'on ne connaît le nom de l'inventeur, vint fixer d'une manière plus certaine les 24 heures du jour et apprit à les mesurer d'une manière plus rigoureuse. Dès lors il fut donc possible, non-seulement de partager régulièrement le jour (jour astronomique) en ses 24 heures, d'un midi à l'autre, c'est-à-dire d'un apogée du soleil à l'autre, mais on peut encore exactement distribuer 12 heures de minuit à midi, et 12 autres heures de midi à minuit, et observer ainsi les jours fériés généralement admis. — Les divisions du mois chez les anciens Grecs étaient au nombre de trois, chacune de 10 jours, ce qui formait une *décade*. Mais les divisions en semaines de 7 jours paraissent remonter à une plus haute antiquité que ces décades. Les témoignages les plus anciens de l'histoire sainte attestent ce fait et on trouve cet usage établi chez tous les peuples de l'antique Orient, et lors de la découverte de l'Amérique, on le trouva même chez les habitants du Pérou. Une autre raison peut avoir contribué à maintenir un usage aussi général : c'est que les phases de la lune se suivent assez régulièrement de 7 en 7 jours. Cette division était donc naturelle, et ce qui semble confirmer le sentiment que nous émettons, c'est que les navigateurs trouvèrent l'usage de diviser le temps selon les phases de la lune chez plusieurs peuples de l'Amérique et même chez un grand nombre d'habitants des îles de la mer du Sud, entre autres dans l'île d'Otahiti. La dénomination latine des jours de la semaine se rapporte aux 7 planètes qu'on admettait généralement, le soleil, la lune, Mars, Mercure, etc., en sorte que ces jours s'appellent : *dies solis* (☉), *d. lunæ* (☽), *d. Martis* (♂), *d. Mercurii* (☿), *d. Jovis* (♃), *d. Veneris* (♀) et *d. Saturni* (♄). En effet, on assignait à chacune de ces planètes une heure, en les rangeant dans l'ordre suivant : le soleil, Vénus, Mercure, la lune, Saturne, Jupiter, Mars; on commença la semaine par le soleil, et le premier jour fut en conséquence nommé *dies solis*; puis on comptait trois fois le nombre des planètes, et la 22e heure tombait de nouveau sur le soleil, la 23e sur Vénus, la 24e sur Mercure, et la 25e, qui était la première heure du jour suivant, sur la lune, en sorte qu'on nommait ce jour *dies lunæ*. Puis on recommençait à compter tout le système à partir de ce nouveau point fixe, la 22e heure retombait sur la lune, la 23e sur Saturne, la 24e Jupiter, et la première heure du troisième jour sur Mars, en sorte qu'on donnait à ce jour le nom de *dies Martis*, et ainsi de suite pour les autres jours. Chez les anciens peuples les jours de la semaine portaient différents noms ; chez les Hébreux et chez les Romains ils n'en avaient aucun. Les noms modernes qui leur ont été donnés, tels que les noms français, se rapportent aux dénominations latines, à l'exception du dimanche, dérivé de *Dominica*, sous-entendu *dies*, c'est-à-dire jour du Seigneur. Les noms allemands se rapportent en partie aux noms latins, tels que le dimanche, *sonntag*, le lundi, *montag*, le donnerstag, jour du tonnerre, c'est-à-dire de Jupiter. Les noms des autres jours ont été créés d'après d'autres considérations : ainsi le mardi, *dienstag*, de *ding*, chose, affaire, jugement, parce que c'était chez les anciens le jour où l'on rendait habituellement la justice, le jour des affaires; *mittwoch*, de *mitten*, milieu, et de *woche*, semaine : milieu de la semaine ; *freitag*, vendredi, d'après les uns de l'ancienne déesse *Freia*, d'après d'autres de *frei*, libre, parce que c'était un jour libre d'affaires publiques; *sonnabend*, samedi, de *sonne*, soleil, et *abend*, soir : le soir de la semaine, la veille du dimanche qui est le jour du soleil. On trouve aussi chez les Romains, à une époque déjà avancée, le mois divisé en parties de huit jours, mais ces divisions n'eurent aucune influence sur la formation du calendrier romain. — La division de l'année du mois est aussi très-ancienne et tout aussi naturelle. Avant de connaître le cours apparent du soleil, on connaissait le cours et les phases de la lune, son cours du moins d'une manière générale. On vit que la même phase revenait au bout de 29 jours, et l'on forma ainsi des divisions alternatives de 29 et de 30 jours, dont on prenait un nombre ici plus grand, là plus petit, pour composer l'année. Les plus anciens peuples de la terre, et nommément les Hébreux, avaient de pareils mois; les Babyloniens, les Syriens, les Egyptiens, les Perses et les Grecs avaient, aux époques les plus reculées où remonte l'histoire, des mois de 30 jours, qui nécessairement ne pouvaient former ni une année solaire ni une année exacte et régulière. Chez les anciens Latins on ne trouve aucune distribution déterminée de l'année. Avant Numa Pompilius, sous Romulus, les Romains avaient 6 mois de 30 jours et 4 mois de 31 jours, auxquels se trouvaient joints deux mois intercalaires, l'un de 33 et l'autre de 23 jours. Numa, ce remarquable réformateur du calendrier, qui partagea l'année en 12 mois, fit 7 mois de 29 jours, 4 mois de 31 et 1 mois de 28 jours : ce qui donnait une année lunaire de 355 jours, qu'on chercha à mettre d'accord avec l'année solaire en créant un mois intercalaire de 22 ou 23 jours. — Avant Cécrops, les Grecs n'avaient que des mois de 30 jours; après Cécrops, on introduisit 5 jours intercalaires, afin de former une année solaire, qui cependant était constamment de 365 jours. Les choses restèrent en cet état jusqu'à ce que Solon établit une année lunaire de 354 jours, et des mois lunaires alternativement de 30 et de 29 jours. Nous verrons un peu plus loin de quelle manière on fut obligé de mettre cette année d'accord avec le cours du soleil par toutes sortes d'intercalations. Depuis Numa, le calendrier romain fut corrigé par Jules César, qui, parmi les 12 mois de l'année, en fit 7 de 31 jours, 4 de 30 jours, et un, le mois de février, de 28 jours pendant trois ans, et de 29 jours la quatrième année; il obtint ainsi assez exactement une année solaire de 365-366 jours. Le mois de février, dont Numa avait fait le dernier mois de l'année, s'était glissé, dès le ve siècle avant

J.-C., au-devant du mois de mars qui devait être le premier; mais les mois n'en portèrent pas moins jusqu'à César les noms suivants, d'après leur ordre de succession : *Januarius*, *Februarius*, *Martius*, *Aprilis*, *Maius*, *Junius*, *Quintilis* (nommé après César, *Julius*), *Sextilis* (nommé plus tard *Augustus*), *September*, *October*, *November*, *December*. Le premier jour de chacun de ces mois s'appelait les *calendes* ; les *nones* tombaient sur le 7 dans les mois de mars, mai, juillet et octobre, et sur le 5 dans les autres mois. La veille des *nones* était nommée *pridie nonarum* : les autres jours entre celui-ci et le premier du mois se comptaient en arrière, et on disait : *tertio, quarto, etc. nonarum*. Huit jours après les nones venaient les ides, qui tombaient par conséquent sur le 15 dans les quatre mois susnommés, et sur le 13 dans les autres mois. La veille des ides se nommait aussi *pridie iduum*, et on comptait de même les jours en arrière jusqu'aux nones, en disant : *tertio, quarto, etc. iduum*. De même le dernier jour du mois était appelé : *pridie calendarum*, et cela par rapport au mois suivant ; ainsi, par exemple, le dernier janvier s'appelait : *pridie calendarum februarii*, et ainsi de suite. — En Grèce, en Egypte, à Babylone, en Syrie, en Perse, etc., les mois avaient aussi des noms particuliers. Chez les Grecs, ces noms étaient les suivants : *Hecatombaion* (commençant au milieu de juillet), *Metageitnion*, *Boedromion*, *Mæmaktesion*, *Pyænepsion*, *Poseideon*, *Gamelion*, *Anthesterion*, *Elaphebolion*, *Munychion*, *Thargelion*, *Skirophorion*. Il reste cependant des incertitudes sur la place qu'ils occupaient et sur l'ordre dans lequel ils se suivaient. Les mois macédoniens portaient les noms de : *Dios*, *Apellaios*, *Audynaios*, *Peritios*, *Dystros*, *Xantikos*, *Artemisios*, *Daisios*, *Panemos*, *Loos*, *Gorpinios*, *Hyperberetaios*. Chez les Egyptiens on les nommait : *Thot*, *Paophi*, *Athyr*, *Xojak*, *Tybi*, *Mecheir*, *Phamenoth*, *Pharmouthi*, *Pachon* (παχων), *Payni*, *Epiphi*, *Mesori*. Du reste, les Grecs comptaient les jours du mois soit d'après l'ordre de leur suite depuis le commencement jusqu'à la fin du mois, soit d'après les trois décades de chaque mois. Aussi la première décade du mois s'appelait : δεκὰς μηνὸς ἱσταμένου, et l'on disait : πρώτη, δευτέρα, etc., ἱσταμένου ; la seconde décade était celle du milieu du mois, μηνὸς μεσοῦντος, et l'on comptait les jours de la même manière que nous venons de l'indiquer pour la première décade; enfin dans la troisième décade, celle de la fin du mois, μηνὸς φθίνοντος, on comptait les jours en arrière en partant du jour qu'on appelait Δημήτριας (de *Demetrius Poliorcetes*), et ἔνη καὶ νέα depuis Solon, parce que la lune arrivait à sa plénitude pour ce jour, et qu'ainsi il appartenait moitié à l'ancien, moitié au nouveau mois : il s'appelait encore Τριακας (le trentième). Ainsi l'avant-dernier jour se nommait δευτέρα φθίνοντος, le suivant en arrière τρίτη, et ainsi de suite. — Les mois n'avaient pas de nom chez les Hébreux, à cause de l'idolâtrie, et on désignait les mois par leurs noms de nombre. Les livres de Moïse ne parlent que du mois d'Abib (II Mos. 13, 4), par lequel les Israélites, d'après Moïse, devaient commencer l'année (II Mos. 12, 2); c'était le mois dans le milieu duquel on trouvait des épis d'orge mûrs dans les champs. Ce ne fut que sous les rois que trois autres mois reçurent des noms : c'étaient le second, le septième et le huitième; les Israélites prirent les noms des autres mois chez les Chaldéens pendant la captivité de Babylone. Et ainsi les noms juifs des mois sont jusqu'à ce jour : *Tisri*, *Mapchisvan*, *Cisleu*, *Tebeth*, *Sheat*, *Adar*, *Veadar*, *Nisan*, *Ijar*, *Sivan*, *Lamuz*, *Al Elul*. — Les Turcs désignent les mois de leurs années lunaires, lesquels sont alternativement de 29 et de 30 jours, par les noms : *Muharram*, *Saphar*, *Rabia I*, *Rabia II*, *Iomada I*, *Iomada II*, *Rajab*, *Shaban*, *Ramadan*, *Shwall*, *Dulkaodah*, *Dulheggia*. — Les nations de l'Europe moderne forment les noms de leurs mois d'après les anciens noms latins. Ainsi nous disons en Français nous disons : *janvier*, *février*, *mars*, *avril*, *mai*, *juin*, *juillet*, *août*, *septembre*, *octobre*, *novembre*, *décembre*. Les noms allemands sont les suivants : *Januar*, *Februar*, *Maerz*, *April*, *Mai*, *Junius*, *Julius*, *Augustus*, *September*, *October*, *November*, *December*. Ces noms ont persisté dans l'usage habituel, malgré la nouvelle nomenclature que Charlemagne voulut introduire, et qui désignait les mois par des circonstances extérieures prises dans la nature, ou dans la culture de la terre, ou même dans les solennités de la religion. Voici ces noms, que nous donnons pour l'édification de ceux qui entendent la langue allemande : *Wintermonat*, *Hornung*, *Lenzmonat*, *Ostermonat*, *Wonne-* (*Blumen-*) *monat* , *Heumonat*, *Erndtemonat*, *Herbstmonat*, *Weinmonat*, *Windmonat*, et *Heiliger* ou *Christmonat*. — Enfin la révolution française amena le dernier changement qu'ait subi le calendrier. Un décret rendu par la convention nationale le 24 novembre 1793 établit un nouveau calendrier, d'après lequel l'année commençait à l'équinoxe d'automne et se trouvait partagée en 12 mois qui reçurent les noms suivants : *vendémiaire* (mois des vendanges), *brumaire* (mois des brumes), *frimaire* (mois des frimas), *nivôse* (mois des neiges), *ventôse* (mois des vents), *pluviôse* (mois des pluies), *germinal* (mois des germes ou semailles), *floréal* (mois des fleurs), *prairial* (mois des prairies), *messidor* (mois des moissons), *thermidor* (mois de la chaleur), *fructidor* (mois des fruits). Ainsi le mois de vendémiaire se comptait du 22 septembre au 22 octobre, le mois de brumaire du 22 octobre au 22 novembre, et ainsi de suite. Le mois était divisé en trois décades, et les noms des jours de la décade étaient les suivants : *primidi, duodi, tridi, quartidi, quintidi, sextidi, septidi, octidi, nonidi, decadi.* Mais l'empereur Napoléon, par un décret du 9 septembre 1805, abolit le calendrier républicain, et rétablit le calendrier grégorien généralement usité. — Arrivons à l'estimation de l'année. Quelle a été l'étendue de l'année dans les temps primitifs et dans la plus haute antiquité? c'est ce qui est enveloppé de profondes ténèbres. Lors même que, pour se rendre compte du grand âge des patriarches, ou plutôt pour le ramener à un âge d'homme ordinaire, on voudrait admettre que leurs années n'ont été que des mois lunaires, et qu'ainsi un âge de 900 ans fût réduit à 75 ans, ce seraient là évidemment des suppositions purement arbitraires qui ne nous donneraient pas même de vraisemblance. — Chez les Grecs les plus anciens, on ne trouve rien de certain sur la durée et la détermination de l'année. Le lever des Pléiades, le coucher de l'Arcture, l'époque du solstice d'été, et ainsi de suite, servaient à déterminer la suite de l'année, aussi bien que le passage des grues, l'arrivée des hirondelles, le cri des sauterelles et autres circonstances semblables, ainsi que cela résulte d'Hésiode. Souvent une saison reçoit la dénomination d'année, et c'est ainsi que nous trouvons dans l'antiquité des années de 3 et de 6 mois (Plin., *Hist. nat.*, I, 7, 48). Mais lorsqu'on vit plus tard que chaque saison revenait au bout d'à peu près 12 mois, et qu'il en était de même de certaines apparitions célestes, on fit des années de 12 mois, parmi lesquels il faut compter cependant des mois lunaires. Une pareille année renfermait 360 jours, auxquels les Égyptiens, pour les mettre en harmonie avec le cours du soleil, ajoutaient constamment 5 jours. Mais cette année des Égyptiens était une année stellaire, puisqu'elle se réglait sur l'étoile caniculaire, Thot (Sirius), de laquelle leur premier mois avait même reçu son nom. Non-seulement l'année des Grecs manquait de 5 jours avant Cécrops, et en partie encore plus tard; mais même après Cécrops, lorsqu'on la fit de 365 jours, elle manquait de près de 6 heures (5 heures 49 minutes). Solon surtout remarqua cette différence de l'année avec le véritable cours du soleil, et on chercha à remédier à cet état de choses par des intercalations après un cycle qui fut d'abord de 2 ans, puis de 4 et de 8 ans, et enfin de 16 ans (de la les dénominations de *dietéris*, de *tetraëtéris*, *octaëtéris* et *hexkaidekaëtéris*), jusqu'à ce que Euctemon, Philippe et Meton inventèrent le cycle de 19 ans. En général, c'était le solstice d'été qui commençait l'année chez les anciens peuples, et aussi chez les Grecs, jusqu'à ce que Solon fit commencer l'année par le solstice d'hiver. — Les Romains avaient, sous Romulus, une année de 10 mois, ou de 304 jours, qui commençait au mois de mars. Numa Pompilius, second roi de Rome, ajouta 2 mois à ces 10 mois, à savoir, le mois de janvier de 29 et le mois de février de 28 jours, et mit le premier au commencement, le second à la fin de l'année; mais, dans le Ve siècle après J.-C., comme nous l'avons déjà remarqué, on plaça le mois de février immédiatement après le mois de janvier. Ainsi Numa avait formé une année lunaire de 355 jours, ayant en même temps abrégé les autres mois, en sorte que cette année différait de l'année solaire de 10 jours et un quart. En conséquence, on fit non-seulement un mois intercalaire tous les 2 ans, le mercedonius, qui était de 22 jours, mais on recourut encore à toutes sortes d'intercalations, dont la détermination était habituellement abandonnée à l'arbitraire de prêtres ignorants. Au temps de Jules César, le calendrier était déjà dérangé de 3 mois. En qualité de dictateur et de souverain pontife, il résolut de remédier à ce désordre, et il consulta l'astronome Sosygène d'Alexandrie sur une meilleure disposition du calendrier. Celui-ci mit entièrement de côté le cours de la lune dans la détermination de l'année, et bientôt il forma, d'après le cours du soleil, une année de 365 jours et un quart. Mais, pour ne pas commencer l'année tantôt à minuit, tantôt le matin, tantôt à midi, tantôt le soir; pour avoir, au contraire, le commencement de l'année qui fût constamment le même, les 6 heures de surplus, qui au bout de 4 ans composaient un jour entier de 24 heures, furent complétées tous les 4 ans par

un jour intercalaire qui fut placé à la fin de février, de sorte que ce mois fut tous les 4 ans de 29 jours. Alors César fit commencer l'année au 1er janvier, qui tombait très-près du commencement de l'hiver, c'est-à-dire du solstice d'hiver ou de l'entrée du soleil dans le Capricorne ; et (afin d'exposer ici d'une manière complète la nouvelle règlementation du calendrier), de la 708e année après la fondation de Rome, qui est la 45e avant l'ère chrétienne, au moyen d'une intercalation de 90 jours, il fit une année de 15 mois ou de 445 jours, qu'il disposa de telle façon que le mercedonius de 23 jours venait après le mois de février, et qu'il y avait en outre 2 mois, ensemble de 67 jours, intercalés entre le mois de novembre et de décembre. C'est pourquoi cette année fut nommée l'*année de la confusion* (annus confusionis). C'est ainsi qu'était disposé le calendrier julien, qui, après 3 années de 365 jours, faisait suivre une 4e année de 366 jours, et qui fut adopté presque partout, même par les Grecs, et conservé aussi par les chrétiens. Mais cette addition d'un jour entier de 24 heures était trop grande, puisque, comme le soleil n'emploie que 365 jours 5 heures 48 minutes 48 secondes pour accomplir sa révolution apparente autour de la terre, ce jour intercalaire ne devrait être que de 23 heures 15 minutes 12 secondes : il devait donc encore y avoir erreur d'un jour au bout de 128 ans. En 1577, sous le règne du pape Grégoire XIII, cette erreur aurait dù se monter déjà à 13 jours; mais on ne la trouve réellement que de 10 jours, parce que déjà, sous Auguste, on avait corrigé une erreur dont on s'était aperçu, et qu'on s'était un peu éloigné, par une certaine négligence dans les intercalations, de l'ordre établi par le calendrier julien. — Le pape ayant exposé ce fait aux puissances chrétiennes, une importante réforme du calendrier fut entreprise en 1582. On admit : 1° que, conformément au décret du concile de Nicée en 325, l'équinoxe du printemps tombait constamment au 21 mars, et que la fête de Pâques devait être célébrée le dimanche après la pleine lune qui suivait immédiatement ce jour fixé; 2° qu'après le 4 octobre de l'an 1582 on omettrait 10 jours, et qu'on sauterait du 4 jusqu'au 15 de ce mois, de sorte que cette année ne fût que de 355 jours; 3° que, afin de remédier à l'erreur qui aurait encore lieu en continuant à suivre le calendrier julien, les 11 minutes 12 secondes qu'on comptait de trop au bout de l'année, donnant, après 100 ans, 18 heures 40 minutes, on retrancherait un jour à la fin de chaque siècle, et qu'ainsi la dernière année de chaque siècle, laquelle, d'après le calendrier julien, devrait être une année bissextile, serait comptée comme une année ordinaire de 365 jours. Mais, comme on retranchait ainsi 5 heures 20 minutes de trop, qui au bout de quatre siècles formeraient de nouveau un jour moins 2 heures 40 minutes, la dernière année du IVe siècle, c'est-à-dire l'an 2000, devient, non pas une année ordinaire, mais une année bissextile. Enfin, comme les 2 heures 40 minutes comptées de trop après chaque période de 400 ans forment au bout de 3,600 ans un jour plein de 24 heures, l'an 5200, au lieu de devenir une année bissextile, redevient une année ordinaire, et ainsi le calendrier grégorien a terminé son cycle. — Le calendrier grégorien fut introduit dans tous les pays catholiques. Mais, comme on s'aperçut que ce calendrier présentait encore quelques défauts, et comme d'ailleurs le pape n'avait pas consulté les princes protestants au sujet de cette affaire, les pays protestants restèrent encore attachés au calendrier julien pendant plus d'un siècle. Cependant les désagréments de toute sorte qu'occasionnait cette différence, engagèrent les États protestants d'Allemagne à introduire aussi le calendrier grégorien en 1700. La différence s'était élevée à 11 jours, qu'on retrancha de cette année, en terminant le mois de février par le 18, qui fut immédiatement suivi du 1er mars. Ce calendrier, adopté en Allemagne, en Suisse, en Hollande, en Danemarck, ainsi qu'en Angleterre en 1752, et en Suède en 1753, reçut le nom de *calendrier réformé.* — Mais, comme les catholiques, dans le nouveau calendrier, déterminèrent la pleine lune de Pâques d'après les épactes ecclésiastiques, dont nous parlerons plus loin, tandis que les protestants la déterminaient astronomiquement, il pouvait arriver que la fête de Pâques ne fût pas célébrée le même jour chez les uns et chez les autres. C'est ce qui arriva en 1724, année où, d'après le compte astronomique, la pleine lune de Pâques tombait sur le 8 avril, qui était un samedi, tandis que, d'après le compte ecclésiastique, elle tombait le 9, qui était le dimanche, de sorte que les protestants commencèrent les fêtes de Pâques 8 jours plus tôt que les catholiques. La même chose eut encore lieu en 1744, et se serait renouvelée en 1778, si en 1776 on n'avait pas pris la décision, afin de prévenir cette confusion d'une nouvelle espèce, d'accéder entièrement au calendrier grégorien, et de déterminer la fête de Pâques, comme les catholiques, d'après le compte des épactes. Le calendrier grégorien, ayant été ainsi universellement adopté, reçut en Allemagne le nom de *calendrier général de l'empire*. — Si le calendrier devait se borner à indiquer les jours de l'année et leur division en semaines et en mois, il ne nous resterait plus rien à ajouter. Mais il faut encore observer ce qui suit. — 1° *Le cycle solaire et la lettre dominicale*. Cette dernière dénomination désigne la lettre qui tombe sur le dimanche, lorsqu'on désigne le jour du nouvel an par A, et qu'on continue à compter par ordre alphabétique, B, C, etc. Ainsi, par exemple, si le jour du nouvel an est un jeudi, D sera la lettre dominicale. On voit que, dans une année bissextile, il doit y avoir une double lettre dominicale, si les jours du mois doivent rester désignés par des lettres de même espèce. Si, par exemple, la lettre du 24 février, qui est le jour intercalaire, est F, et si, par conséquent, la lettre du jour suivant est G, on désigne le 25 par GF, le 26 par AG, le 27 par BA, le 28 par CB, le 29 par C, et on continue le 1er mars par D. La lettre dominicale d'une pareille année serait CB. — On a remarqué qu'au bout de 28 ans les jours de la semaine retombent de nouveau sur les mêmes quantièmes du mois, et que, par conséquent, les dimanches et les autres jours de la semaine sont de nouveau désignés par la même lettre. On nomme cette période le *cycle solaire*; et elle ne serait que de 7 ans s'il n'y avait pas d'années bissextiles. Comme la série de ces périodes, en rétrogradant, se compte à partir de la 9e année avant la naissance de J.-C., on trouve le cycle solaire, ou plutôt l'année du cycle solaire, en ajoutant 9 au millésime donné, et en divisant la somme par 28. Pour 1842, on aurait :

```
1842
   9  | 28
----------
1851 | 66
 171
   3
```

Le reste 3 est le *cycle solaire cherché*, et ainsi l'année 1842 est la 3e du cycle solaire qui s'est renouvelé 66 fois depuis la 9e année avant la naissance de N.-S. Jésus-Christ. Si la division n'a pas de reste, c'est 28 qui est le cycle solaire. D'après ces données, il est facile de former un tableau au moyen duquel on peut trouver sur-le-champ la lettre dominicale quand on connaît le cycle solaire. Ce tableau reste toujours le même pour le calendrier julien; mais, pour le calendrier grégorien, il a besoin d'être renouvelé tous les 100 ans, à cause du jour intercalaire qui se trouve supprimé après ce laps de temps. Le tableau que nous donnons ici est valable pour toute la durée du XIXe siècle.

CYCLE SOLAIRE.	LETTRE DOMINICALE pour le calendrier julien.	LETTRE DOMINICALE pour le calendrier grégorien.	CYCLE SOLAIRE.	LETTRE dominicale pour le calendrier julien.	LETTRE dominicale pour le calendrier grégorien.
1	G F	E D	15	C	A
2	E	C	16	B	G
3	D	B	17	A G	F E
4	C	A	18	F	D
5	B A	G F	19	E	C
6	G	E	20	D	B
7	F	D	21	C B	A G
8	E	C	22	A	F
9	D C	B A	23	G	E
10	B	G	24	F	D
11	A	F	25	E D	C B
12	G	E	26	C	A
13	F E	D C	27	B	G
14	D	B	28	A	F

2° *Le cycle lunaire et le nombre d'or*. — Le cycle lunaire embrasse une série d'années, après l'écoulement desquelles la nouvelle et la pleine lune tombent de nouveau sur le même jour de l'année julienne. Cette série se compose de 19 années solaires du calendrier julien, chacune de 365 jours et un quart, et le nombre qui indique la place qu'une année donnée occupe par

ordre numéraire dans un cycle lunaire se nomme le *nombre d'or*, qui tire son nom des chiffres d'or par lesquels on chercha à éterniser cette découverte, à cause de son importance, lorsqu'elle fut faite par Meton, 430 avant J.-C. D'après cela, comme l'année de N.-S. Jésus-Christ se trouve être, suivant le calcul qui a été fait, la seconde du cycle lunaire de ce temps-là; par conséquent, le nombre d'or était 2, et qu'ainsi la série de ces cycles lunaires commence pour l'ère chrétienne un an avant J.-C., on trouve le nombre d'or d'un millésime donné en ajoutant 1 à ce millésime, et en divisant la somme par 19. Le reste qu'on obtient donne le chiffre du nombre d'or, et si la division ne donne pas de reste, c'est 19 qui est le nombre d'or. Ainsi pour 1842 le nombre d'or serait :

```
1842
   1  | 19
----------
1843 | 97
 133
   0
```

Ainsi le nombre d'or serait 19, et le *cycle lunaire* se serait écoulé 97 fois depuis J.-C. — 3° Les *indictions* ou le *chiffre romain*, embrassant un espace de 15 ans, qui a pris son origine dans la notification (indiction) qui se faisait publiquement pour le payement de certains impôts depuis Constantin le Grand. En comptant à partir de l'an 313 avant J.-C., on trouve que l'année de la naissance de N.-S. Jésus-Christ était la quatrième des indictions, et ce cycle commence par conséquent 3 ans avant J.-C. Ainsi on trouve ce cycle de la même manière que les précédents, en ajoutant 3 au millésime donné et en divisant la somme par 15. Le reste qu'on trouve est le chiffre des indictions, et quand il n'y a pas de reste, c'est 15 qui est le chiffre romain. On aurait donc pour 1842 :

```
1842
   3  | 15
----------
1845 | 123
  34
  45
  00
```

Le chiffre des indictions romaines pour 1842 serait donc 15, et ce cycle se serait écoulé 123 fois. — 4° Les *épactes* donnent la différence entre l'année lunaire astronomique et l'année solaire civile : ils donnent donc 11 jours en une année, lesquels donnent en 2 ans 22 jours, en 3 ans 33 jours, et ainsi de suite. Quand on exprime cette différence en jours entiers, les épactes sont nommées *épactes ecclésiastiques*, parce qu'elles servent à déterminer les fêtes de l'Eglise; mais quand on exprime cette différence astronomiquement, telle qu'elle existe dans la réalité, c'est-à-dire comme se composant de 10 jours 15 heures 11 minutes 25 secondes, les épactes sont nommées *épactes astronomiques*, lesquelles, d'après ce qu'on vient de voir, ne peuvent pas s'accorder entièrement avec les épactes ecclésiastiques. On évalue les épactes en comptant la première année comme 11, la seconde année 22, la troisième année 3 au lieu de 33, puis en ajoutant de nouveau 11 à ces 3 pour la quatrième année, ce qui donne 14, et ainsi de suite. En continuant ainsi, on trouve que les épactes, ainsi que le cycle lunaire, forment un cercle de 19 ans, après lesquels elles reviennent régulièrement à leur point de départ. Ainsi on trouve les épactes pour chaque millésime donné du calendrier julien, en multipliant le nombre d'or par 11 : si on trouve un chiffre plus petit que 30, ce chiffre est celui des épactes; si au contraire ce chiffre est plus fort que 30, il faut le diviser par 30, et le reste qu'on trouve est le chiffre des épactes. Si, par exemple, 19 est le nombre d'or pour 1842, 209, divisé par 30, donnera pour épactes XXIX. Dans le calendrier julien, ces épactes se continuent sans interruption à travers tous les siècles; mais, dans le calendrier grégorien, elles sont interrompues chaque fois après un espace de 3 siècles, ce qui donne une différence entre les épactes des deux calendriers. Dans le XIXe siècle où nous vivons, on n'a qu'à retrancher 11 du chiffre des épactes juliennes pour trouver les épactes du calendrier grégorien : ainsi, si en 1842 les épactes selon le calendrier julien sont XXIX, les épactes grégoriennes seront XVIII. La table suivante donne les épactes juliennes et grégoriennes d'après le nombre d'or jusqu'à l'an 1900.

NOM-BRE D'OR.	ÉPACTES JULIENNES.	ÉPACTES GRÉGORIENNES.	NOM-BRE D'OR.	ÉPACTES JULIENNES.	ÉPACTES GRÉGORIENNES.
1	XI	XXX	11	I	XX
2	XXII	XI	12	XII	I
3	III	XXII	13	XXIII	XII
4	XIV	III	14	IV	XXIII
5	XXV	XIV	15	XV	IV
6	VI	XXV	16	XXVI	XV
7	XVII	VI	17	VII	XXVI
8	XXVIII	XVII	18	XVIII	VII
9	IX	XXVIII	19	XXIX	XVIII
10	XX	IX			

NOMBRE D'OR.	PLEINE LUNE DE PAQUES suivant le calendrier julien.	ÉPACTES du calendrier grégorien.	PLEINE LUNE DE PAQUES suivant le calendrier grégorien.
6	10 avril. B	XXV	18 avril. C
7	30 mars. E	VI	7 avril. F
8	18 avril. C	XVII	27 mars. B
9	7 avril. F	XXVIII	15 avril. G
10	27 mars. B	IX	4 avril. C
11	15 avril. G	XX	24 mars. F
12	4 avril. C	I	12 avril. D
13	24 mars. F	XII	1 avril. G
14	12 avril. D	XXIII	21 mars. C
15	1 avril. G	IV	9 avril. A
16	21 mars. C	XV	29 mars. D
17	9 avril. A	XXVI	17 avril. B
18	29 mars. B	VII	6 avril. C
19	17 avril. B	XVIII	26 mars. A

C'est d'après ces épactes qu'on fixe, dans l'Eglise chrétienne, les fêtes mobiles pour chaque année, ce qui constitue une partie essentielle de notre calendrier. Car il est des fêtes non mobiles, qui sont : le Nouvel An, au 1er janvier ; l'Epiphanie ou la fête des trois Rois, au 6 janvier ; la Purification de Marie, ou la Chandeleur, au 2 février ; l'Annonciation, au 25 mars ; la fête de Saint-Jean, au 24 juin ; la Visitation de Marie, au 2 juillet ; la Saint-Michel, au 29 septembre, et la fête de Noël, au 25 décembre. — Les fêtes mobiles de chaque année dépendent de la fixation du jour de Pâques, lequel se règle d'après les épactes de la manière suivante. — D'après le décret du concile de Nicée en 325, la fête de Pâques doit être célébrée le lundi après la pleine lune qui suit l'équinoxe du printemps ; si la pleine lune tombe sur un dimanche, la fête de Pâques doit être remise au dimanche suivant, ce qui doit avoir lieu aussi lorsque le premier jour de la fête de Pâques se rencontre avec la Pâque juive. Et quoique en 1700 les Etats protestants eussent décidé que la pleine lune de Pâques devait se déterminer d'après le compte astronomique, ils cédèrent sur ce point en 1776, afin d'éviter la confusion, et décidèrent qu'à l'avenir la fête de Pâques serait fixée d'après les épactes ecclésiastiques, et qu'ainsi on en ferait coïncider la célébration avec le jour adopté par les catholiques. — Il ne s'agit donc plus que de fixer la pleine lune de Pâques d'après les épactes ecclésiastiques. Quand on a trouvé les épactes, le tableau ci-dessous indique le jour de la pleine lune, et la lettre qui se trouve jointe à ce jour, comparée à la lettre dominicale, montre en même temps sur quel jour de la semaine tombe cette pleine lune. En 1842, B est la lettre dominicale, XVIII sont les épactes grégoriennes, et par conséquent le 26 mars est le jour de la pleine lune de Pâques. La lettre A, qui s'y trouve jointe, indique que ce jour est le septième de la semaine, c'est-à-dire un samedi. Le dimanche de Pâques tombera donc sur le dimanche suivant, c'est-à-dire sur le 27 mars. Dans le calendrier julien, on trouve de la même manière le jour de Pâques d'après le nombre d'or : quand on a ce nombre, il est possible de déterminer d'après le même tableau le jour de la pleine lune de Pâques ; et la lettre jointe à ce jour indique, par rapport à la lettre dominicale, quelle est la place de ce jour dans la semaine. Ainsi, comme le nombre d'or pour 1842 est 19, la pleine lune tombe sur le 17 avril, et comme la lettre dominicale du calendrier julien est D, la lettre B jointe à ce jour désigne un vendredi : le premier jour de la fête de Pâques pour 1842, d'après le calendrier julien, tombera donc sur le dimanche qui suivra ce vendredi, c'est-à-dire sur le deuxième jour après, ainsi sur le 19 avril. De cette manière on peut déterminer le jour de Pâques pour chaque année du XIXe siècle, soit d'après le calendrier julien soit d'après le calendrier grégorien, et il suffit pour cela de chercher d'abord le nombre d'or et les épactes ecclésiastiques.

NOMBRE D'OR.	PLEINE LUNE DE PAQUES suivant le calendrier julien.	ÉPACTES du calendrier grégorien.	PLEINE LUNE DE PAQUES suivant le calendrier grégorien.
1	5 avril. D	XXX	13 avril. E
2	25 mars. G	XI	2 avril. A
3	13 avril. E	XXII	22 mars. D
4	2 avril. A	III	10 avril. B
5	22 mars. D	XIV	30 mars. E

Le jour de Pâques sert à fixer toutes les autres fêtes de l'année, soit en rétrogradant, soit en avançant. Ainsi le dimanche qui précède de neuf semaines la fête de Pâques est le dimanche de la Septuagésime. Le dimanche le plus prochain après le 6 janvier est le premier dimanche de l'Epiphanie : il est suivi du 2e, du 3e, du 4e dimanche de l'Epiphanie, jusqu'à la Septuagésime ; il peut y avoir tout au plus six de ces dimanches, ce qui arrive même rarement, et ce qui dans ce siècle n'a eu lieu qu'en 1810, 1821 et 1832, et n'aura lieu qu'en 1848, 1859, 1867, 1878 et 1886. Les dimanches depuis la Septuagésime jusqu'à Pâques se nomment Sexagésime, Quinquagésime (ou *Esto mihi*), *Invocavit* ou Quadragésime, *Reminiscere*, *Oculi*, *Lætare*, *Judica* ou de la Passion, *Palmarum* ou des Rameaux ; le jeudi qui suit ce dernier dimanche se nomme le jeudi saint, le vendredi suivant est le vendredi saint. Le mardi qui suit le dimanche de Quinquagésime est le mardi gras, et le mercredi suivant est le mercredi des cendres. Le dimanche de Quadragésime est le premier dimanche de carême. Le mercredi de la semaine qui s'écoule entre le dimanche d'*Oculi* et celui de *Lætare* se nomme la mi-carême. Le 40e jour après Pâques, se célèbre la fête de l'Ascension, et le 50e la fête de Pentecôte. Entre Pâques et la Pentecôte les dimanches se nomment : *Quasimodo geniti*, *Misericordias Domini*, *Jubilate*, *Cantate*, *Rogate* et *Exaudi*. Tous ces dimanches sauf *Invocavit* tirent leurs noms des mots latins par lesquels commence le service divin dans l'Eglise catholique. Le premier dimanche après la Pentecôte est la fête de la Trinité, et à partir de ce dimanche les dimanches suivants se nomment : le premier, le second, le troisième, etc., dimanche après la Trinité. Cette série se compte à partir du premier dimanche de l'Avent, c'est-à-dire du quatrième dimanche depuis Noël, et le dimanche qui précède le premier de l'Avent est le dernier des dimanches de la Trinité. Il ne peut y avoir ni moins de 23 ni plus de 27 dimanches de la Trinité, parce que la fête de Pâques ne peut avoir lieu ni avant le 22 mars, jour qui suit l'équinoxe du printemps, ni après le 25 avril, jour qui forme la limite extrême déterminée par la pleine lune. C'est pourquoi ces deux jours sont nommés les limites de la fête de Pâques. — Le premier dimanche de l'Avent est suivi du 2e, du 3e et du 4e dimanche de l'Avent ; puis vient le premier et le second jour de Noël ; enfin le dimanche après Noël, qui cependant se trouve supprimé lorsque la fête de Noël tombe sur un samedi ou sur un dimanche. Le septième jour après Noël est toujours le Nouvel An ou la fête de la Circoncision. — Quant aux quatre-temps, qui dans l'Eglise catholique sont des jours de jeûne, et qui dans différents pays sont des termes de payement, les deux premiers, celui de *Reminiscere* et de la Trinité, se règlent d'après le jour de Pâques, puisque le premier est fixé au mercredi qui suit le dimanche d'*Invocavit*, et le second au mercredi qui suit la Pentecôte ; les deux autres sont fixés invariablement, le premier au mercredi qui suit le 14 septembre, et le second au mercredi qui suit le 13 décembre, et ceux-ci sont nommés celui de *Crucis* pour le premier de ces deux, car le 14 septembre on célèbre l'Exaltation de la sainte Croix, et celui de *Luciæ* pour le second, attendu que le 13 décembre on célèbre la fête de Ste Lucie. — Nous aurions encore plusieurs autres fêtes importantes à indiquer, mais qui sont faciles à fixer d'après les règles essentielles et fondamentales que nous venons de donner. Nous avons exposé tout ce qui constitue essentiellement un calendrier dans tous les pays chrétiens à l'époque où nous vivons, et ce qui ne doit manquer dans aucun calendrier. Cependant la plupart des calendriers renferment encore bien d'autres choses plus secondaires, qui sont quelquefois utiles et salutaires, mais qui sont quelquefois aussi inutiles et même nuisibles. — Outre les fêtes que nous avons omises, le calendrier donne encore pour chaque jour le nom d'un saint dont l'Église célèbre la fête en ce jour. Ces fêtes se sont introduites dans le calendrier peu à peu dès les temps les plus anciens. Nous donnons ici les plus importantes. *Janvier.* Le 17, S. Antoine; le 20, S. Sébastien; le 25, la Conversion de S. Paul. — *Février.* Le 6, Ste Dorothée; le 14, S. Valentin; le 22, la Chaire de S. Pierre; le 24, S. Matthieu, apôtre. — *Mars.* Le 12, S. Grégoire; le 17, Ste Gertrude; le 19, S. Joseph. — *Avril.* Le 4, S. Ambroise; le 29, S. Georges; le 25, S. Marc. — *Mai.* Le 1er, S. Philippe et S. Jacques; le 3, l'Invention de la sainte Croix; le 25, S. Urbain. — *Juin.* Le 8, S. Médard; le 11, S. Barnabé; le 15, S. Gui; le 25, S. Pierre et S. Paul. — *Juillet.* Le 13, Ste Marguerite; le 15, la Dispersion des Apôtres; le 22, Ste Marie-Magdeleine; le 25, S. Jacques; le 26, Ste Anne. — *Août.* Le 1er, S. Pierre aux Liens; le 6, la Transfiguration de J.-C.; le 10, S. Laurent; le 15, l'Assomption de la Vierge; le 24, S. Barthélemy; le 29, la Décollation de S. Jean. — *Septembre.* Le 1er, S. Ægide; le 8, Nativité de Marie; le 14, Exaltation de la sainte Croix; le 21, S. Matthieu, évangéliste; le 24, Conception de S. Jean. — *Octobre.* Le 4, S. François; le 16, S. Gall; le 18, S. Luc, évangéliste; le 21, Ste Ursule; le 28, S. Simon et S. Jude.—*Novembre.* Le 1er, Toussaint; le 2, Trépassés; le 11, S. Martin; le 19, Ste Elisabeth; le 21, Présentation de N. D. — *Décembre.* Le 4, Ste Barbe; le 6, S. Nicolas; le 8, Conception de Marie; le 13, Ste Lucie; le 21, S. Thomas, apôtre; le 26, S. Etienne; le 27, S. Jean Evangéliste; le 28, les Innocents. — Dans un grand nombre d'almanachs populaires, on trouve à côté du calendrier grégorien, et dans une colonne particulière, la suite du calendrier julien; vient ensuite l'indication journalière de l'heure où le soleil se lève et se couche; de plus on donne pour chaque mois l'entrée du soleil dans un des signes de l'écliptique, entrée qui se fait entre le 20 et le 23 du mois. Ces signes sont les suivants: en janvier, le soleil entre dans le Verseau, au mois de février dans les Poissons, au mois de mars dans le Bélier, au mois d'avril dans le Taureau, en mai dans les Jumeaux, en juin dans le Cancer, en juillet dans le Lion, au mois d'août dans la Vierge, en septembre dans la Balance, en octobre dans le Scorpion, en novembre dans le Sagittaire, en décembre dans le Capricorne. Aux équinoxes, qui ont lieu le 21 mars et le 23 septembre, le soleil se lève à 6 heures du matin et se couche à 6 heures du soir. La plus longue durée du jour en France est de 16 heures et demie, et ainsi le soleil se lève généralement à 3 heures 45 minutes du matin, pour se coucher à 8 heures 15 minutes du soir. La plus courte durée du jour est de 7 heures et demie, et à un pareil jour le soleil se lève à 8 heures 15 minutes et se couche à 3 heures 45 minutes. — Une autre colonne donne le cours de la lune dans les signes de l'écliptique, et la succession de ses phases, ainsi que son lever et son coucher journalier. Un grand nombre d'almanachs, peut-être même la plupart des almanachs populaires, renferment encore une partie spéciale où l'on indique l'apparition et la visibilité des planètes, leur position réciproque entre eux, ainsi que par rapport à la lune et au soleil, l'éloignement et le rapprochement de la terre à l'égard du soleil et de la lune, et ainsi de suite. Ordinairement on y trouve en outre des indications sur la température, lesquelles sont assurément fort absurdes et même nuisibles, mais ne le sont pas encore autant que les conseils sur la manière de bien saigner ou ventouser, de se couper les cheveux, etc. Ces dernières absurdités ont fini par disparaître d'un grand nombre d'almanachs; mais comme le monde tient absolument à être trompé, on n'a pas encore osé laisser de côté les indications sur la température. — Ordinairement on trouve adjointe au calendrier une indication des différentes ères ou époques d'après lesquelles on compte les années, et que nous avons déjà données dans le cours de cet article. Afin qu'on puisse les embrasser par un seul coup d'œil, nous allons donner encore une fois les principales et les plus importantes, qui sont: L'ère de la création, qui, d'après Pétau, donne 3983 ans jusqu'à J.-C., d'après Calvisius 4017, d'après le calcul des Juifs 4006. Ainsi, selon Pétau, l'année 1842 serait la 5825e, selon Calvisius elle serait la 5859e, et selon les Juifs la 5848e.—L'ère des olympiades, qui se compte à partir de l'établissement des jeux olympiques parmi les Grecs. Une olympiade embrassait un espace de quatre ans. Elles commencent l'an 776 avant J.-C., et ainsi l'année

1842 est la 2618e de l'ère des olympiades. — L'ère de la fondation de Rome, qui commence 753 avant J.-C.; en sorte que l'année 1842 serait la 2595e de la fondation de Rome. — L'ère de Nabonassar, qui commence 747 ans avant J.-C.; en sorte que l'année 1842 serait la 2589e de cette ère. — L'hégire (liedschra) des Turcs, qui se compte à partir de la fuite de Mahomet de la Mecque à Médine, laquelle eut lieu le 16 juillet de notre ère vulgaire; en sorte que, comme les Turcs comptent par années lunaires de 354-355 jours, 1842 serait la 1257e de l'hégire. — Cependant les calendriers populaires donnent encore des époques plus récentes, par exemple, le couronnement de Charlemagne, l'invention de l'imprimerie, la découverte de l'Amérique, la prétendue réforme du XVIe siècle, le règne de différents rois, etc., etc. — Quelques-uns de ces calendriers sont suivis du calendrier général des juifs : on y donne les noms de leurs mois, tels que nous les avons indiqués, ainsi que l'indication de leurs jours de fêtes. Leur fête d'Haman tombe sur le 14 adar, leur Pâque sur le 15 nisa, leur Pentecôte sur le 6 sivan, leur nouvel an sur le 1er tisri, leur longue nuit sur le 10 tisri, leur fête des tabernacles sur le 15 tisri. — On y trouve encore l'indication des principaux événements célestes qui doivent avoir lieu dans le cours de l'année, tels que éclipses de soleil ou de lune, passages de Mercure ou de Vénus devant le disque solaire, etc. — Enfin ils renferment des renseignements et des indications sur les foires et les marchés les plus importants, avec désignation de la distance à laquelle se trouve le lieu où ces foires et marchés se tiennent et du jour où ils commencent; de plus, des tableaux généalogiques, ainsi que plusieurs autres indications utiles, selon les coutumes et les usages des différents pays. — C'est ainsi que sont disposés la plupart des calendriers populaires de notre époque. Dans la plupart des pays ils sont publiés sous la surveillance de l'Etat, qui confère à des libraires ou à d'autres personnes le droit de débiter ces calendriers dans les campagnes. Dans les Etats prussiens, une grande partie des revenus qui proviennent des privilèges accordés pour la vente des calendriers appartiennent à l'académie royale des sciences de Berlin. — Les calendriers reçoivent différents noms selon leur forme et leur disposition. Il y a des almanachs-tableaux, donnant sur une seule page et offrant pour ainsi dire en un seul coup d'œil tout ce qu'un calendrier renferme de plus indispensable; des almanachs de bureau et de cabinet; des almanachs d'administration, disposés surtout pour l'usage des fonctionnaires publics, et il a paru dans ces derniers temps en Allemagne des calendriers spéciaux pour les prédicateurs et les instituteurs; des almanachs de poche, d'un petit format, qu'on peut commodément porter sur soi, et qui sont cependant pourvus encore de différentes menues notions, comme par exemple l'almanach de Gotha et de Berlin. — De même, beaucoup d'almanachs sont pourvus de renseignements qui sont d'une nature essentiellement scientifique et spéciale, et d'où ils tirent leurs noms. Ainsi il y a par exemple des calendriers astronomiques qui paraissent annuellement. — De ce nombre sont : *la Connaissance des temps*, qui se publie à Paris, le *Nautical Almanack* de Londres, les *Ephémérides de Vienne* (*Ephemerides Vindobon.*), qui se sont terminées en 1806; l'*Annuaire astronomique* du professeur Bode à Berlin, publication qui fêta son jubilé en 1822 et qui continue toujours à paraître. D'autres calendriers, et c'est ce qui a lieu surtout en Allemagne, fournissent des renseignements historiques, et particulièrement des travaux sur quelque partie de l'histoire. Il faut compter parmi ces dernières publications, le *Calendrier historique de Berlin* et l'*Almanach de poche de Saint-Pétersbourg*, qui se continuent jusqu'à ce jour. Enfin il y a encore des calendriers généalogiques, des calendriers forestiers, des calendriers d'horticulture, de chasse, etc., etc. — Un calendrier très-utile pour des usages nombreux, c'est le *Manuel quotidien de Gotha pour les personnes de toutes les classes*, lequel, outre bien des choses d'un usage fort utile, renferme un tableau général des postes, qui est d'une grande utilité pratique, surtout en Allemagne, où la diversité des postes selon les divers Etats présente tant de confusion. — On a donné le nom de calendrier normal, de calendrier perpétuel et universel, à un tableau qui fournit les indications générales nécessaires pour combiner un calendrier à volonté et très-facilement, et pour résoudre à l'instant même et sans erreur toute difficulté relative à la connaissance des temps, ou en général toute difficulté relative au calendrier.— Les calendriers séculaires fournissent sur le calendrier des renseignements qui embrassent un espace de 100 ans. Mais lorsque ces calendriers ne sont, comme autrefois, que des recueils qui propagent les superstitions les plus stupides et les plus ridicules, ils ne méritent pas même d'être mentionnés.

CALENDRIER (*droit franç.*). C'est le tableau contenant l'indication des mois et des jours. Le calendrier grégorien, qu'on suit aujourd'hui, tire son nom du pape Grégoire XIII qui l'établit en 1582. La loi du 5 octobre 1793 abolit le calendrier grégorien, et lui substitua une nouvelle distribution de l'année en douze mois de trente jours chacun, à la suite desquels on avait mis cinq jours pour les années ordinaires, et six jours pour les années bissextiles. Ces jours étaient appelés *complémentaires*; l'année commençait le 22 septembre de l'an vulgaire. Les noms des mois étaient : 1° pour l'automne, vendémiaire, brumaire, frimaire; 2° pour l'hiver, nivôse, pluviôse, ventôse; 3° pour le printemps, germinal, floréal, prairial; 4° pour l'été, messidor, thermidor, fructidor. Mais un sénatus-consulte, du 22 fructidor an XIII, a ordonné qu'à compter du 11 nivôse an XIV, ou 1er janvier 1806, le calendrier grégorien serait remis en usage dans tout l'empire français. Les officiers ministériels qui contreviennent aux lois concernant l'annuaire français sont passibles d'une amende de 20 francs (loi du 16 juin 1824, art. 10). A l'aide du tableau suivant, qui présente, pour chaque premier du mois du calendrier républicain, la date correspondante du calendrier grégorien, il sera facile de faire concorder, au moyen du plus simple calcul, les dates diverses de ces deux calendriers.

VENDÉMIAIRE correspondant à septembre.	AN II. 1793.	AN III. 1794.	AN IV. 1795.	AN V. 1796.	AN VI. 1797.	AN VII. 1798.	AN VIII. 1799.	AN IX. 1800.	AN X. 1801.	AN XI. 1802.	AN XII. 1803.	AN XIII. 1804.	AN XIV. 1805.
Vendémiaire, 1er.	22 sept.	22 sept.	23 sept.	22 sept.	22 sept.	22 sept.	23 sept.	23 sept.	23 sept.	23 sept.	24 sept.	23 sept.	23 sept.
Brumaire, 1er.	22 oct.	22 oct.	23 oct.	22 oct.	22 oct.	22 oct.	23 oct.	23 oct.	23 oct.	23 oct.	24 oct.	23 oct.	28 oct.
Frimaire, 1er.	21 nov.	21 nov.	22 nov.	22 nov.	21 nov.	21 nov.	22 nov.	22 nov.	22 nov.	22 nov.	23 nov.	22 nov.	22 nov.
Nivôse, 1er.	21 déc.	21 déc.	22 déc.	22 déc.	21 déc.	22 déc.	22 déc.	22 déc.	22 déc.	22 déc.	23 déc.	22 déc.	22 déc.

PLUVIOSE correspondant à janvier.	AN II. 1794.	AN III. 1795.	AN IV. 1796.	AN V. 1797.	AN VI. 1798.	AN VII. 1799.	AN VIII. 1800.	AN IX. 1801.	AN X. 1802.	AN XI. 1803.	AN XII. 1804.	AN XIII. 1805.
Pluviôse, 1er.	20 janv.	20 janv.	21 janv.	30 janv.	20 janv.	20 janv.	21 janv.	22 janv.	21 janv.	21 janv.	22 janv.	21 janv.
Ventôse, 1er.	19 févr.	19 févr.	20 févr.	19 févr.	19 févr.	19 févr.	22 févr.	22 févr.	21 févr.	20 févr.	21 févr.	20 févr.
Germinal, 1er.	21 mars.	21 mars.	21 mars.	21 mars.	21 mars.	21 mars.	22 mars.	22 mars.	22 mars.	22 mars.	22 mars.	22 mars.
Floréal, 1er.	20 avril.	20 avril.	20 avril.	20 avril.	20 avril.	20 avril.	21 avril.	22 avril.	21 avril.	21 avril.	21 avril.	21 avril.
Prairial, 1er.	20 mai.	20 mai.	20 mai.	20 mai.	20 mai.	20 mai.	21 mai.	21 mai.	21 mai.	21 mai.	21 mai.	21 mai.
Messidor, 1er.	19 juin.	19 juin.	19 juin.	19 juin.	19 juin.	19 juin.	20 juin.	20 juin.	20 juin.	20 juin.	20 juin.	20 juin.
Thermidor, 1er.	19 juill.	19 juill.	19 juill.	19 juill.	19 juill.	19 juill.	20 juill.	20 juill.	20 juill.	20 juill.	20 juill.	20 juill.
Fructidor, 1er.	18 août.	18 août.	18 août.	18 août.	18 août.	18 août.	19 août.	19 août.	19 août.	19 août.	19 août.	19 août.

CALENDRIER DE FLORE. M. de Lamarck ayant observé que l'intensité de la chaleur et sa durée ont une influence marquée sur l'épanouissement des fleurs aussi bien que sur le développement du bouton, est parti de cette observation pour composer un calendrier de Flore, propre au climat de Paris, et que nous allons reproduire ici. — *Janvier*, l'ellébore noir. — *Février*, l'aulne, le saule-marseau, le noisetier, le *daphne mezereum*, le *galanthus nivalis*, etc. — *Mars*, le cornouiller mâle, l'anémone hépathique, le buis, le thuya, l'if, l'amandier, le pêcher, l'abricotier, le groseillier épineux, la giroflée jaune, la primevère, l'alaterne, etc. — *Avril*, le prunier épineux, la tulipe, la jacinthe, l'orobe printanier, la petite pervenche, le frêne commun, le charme, le bouleau, l'orme, la fritillaire impériale, les érables, les poiriers, etc. — *Mai*, les pommiers, le lilas, le marronnier, le bois de Judée, le merisier à grappes, le cerisier, le frêne à fleur, le faux ébénier, la pivoine, le muguet, la bourrache, le fraisier, le chêne, etc. — *Juin*, les sauges, la coquelicot, la ciguë, le tilleul, la vigne, les nénuphars, le lin, le seigle, l'avoine, l'orge, le froment, les digitales, les pieds d'alouette, les *hypericum*, etc. — *Juillet*, l'hysope, les menthes, l'origan, la carotte, la tanaisie, les œillets, les laitues, le houblon, le chanvre, la salicaire, la chicorée sauvage, le *biguona catalpa*, etc. — *Août*, la *scabiosa succisa*, la *parnassia*, la gratiole, la balsamine des jardins, l'euphrasie jaune, plusieurs *actaa*, les *rudbeckia*, les *silphium*, les *coreopsis*, le *viburnum tinus*, etc. — *Septembre*, le *ruscus racemosus*, l'*aralia spinosa*, le lierre, le cyclamen, l'*amaryllis lutea*, le colchique, le safran. — *Octobre*, l'*aster grandiflorus*, l'*helianthus tuberosus*, l'*aster miser*, l'*anthemis grandiflora*, etc.

CALENDRIER RUSTIQUE. C'est le nom que l'on donne à un calendrier propre aux gens de campagne, dans lequel ils apprennent le temps où il faut semer, planter, tailler la vigne, etc. Ces sortes de calendriers sont ordinairement remplis de beaucoup de règles fausses, et fondées la plupart sur les influences et les aspects de la lune et des planètes. C'est pourquoi il est bon de distinguer avec soin les règles qui sont fondées sur des expériences exactes et réitérées, d'avec celles qui n'ont que le préjugé pour principe.

CALENDUS, Romain qui, dans les premiers temps de Rome, nourrit la ville, suivant Tzetzès, pendant dix-huit mois à ses frais; en mémoire de ce fait, dix-huit jours du mois prirent le nom de *calendes*.

CALENES (*vieux mot*), nom qu'on donnait en Provence au 15 de décembre.

CALENGE (*vieux mot*), débat, contestation, plainte au - minel (*V.* CALANGAGE).

CALENGÉ (*vieux mot*), prisonnier, détenu (*V.* CHALONGEANT, CHALENGEON).

CALENGER, CALENGIER, CALOIGNER, CHALENGER, CHALONGER (*vieux mots*), blâmer, censurer, reprendre, quereller; en Normandie, ce mot signifiait barguigner (*V.* CALANGER).

CALENGIE, CHALANGE, CHALONGE (*vieux mots*), débat, contestation, querelle.

CALENTE (*géogr. anc.*), ville d'Espagne où l'on fabriquait des briques si légères, qu'elles se soutenaient sur la surface de l'eau (Plin., 35, col. 14).

CALENTER, s. m. (*hist. nat.*). Les Perses nomment ainsi le trésorier et receveur des finances d'une province; il a la direction du domaine, fait la recette des deniers, et en rend compte au conseil ou au chan de la province (*V.* CHAN).

CALENTURAS, s. m. (*médec.*), bois très-amer des Philippines, employé contre la calenture.

CALENTURE (*médec.*), du latin *caleo*, de l'espagnol *calentura*; mot générique qui, dans cette langue, signifie *fièvre*. C'est un délire dont le caractère particulier est d'inspirer au malade le désir irrésistible de se jeter à la mer. C'est dans les *Transactions philosophiques* qu'il faut chercher les premières descriptions de cette maladie. Stubber y rapporte (année 1668, n° 36) que deux individus étant pris de calenture, l'un voyait des feuilles vertes étendues sur les flots, illusion due sans doute à la couleur des eaux (celles de la mer, dit Stubber, étaient en effet verdâtres); l'autre malade apercevait des bosquets d'orangers et de citronniers : aucun ne présenta de mouvement fébrile, et tous deux furent promptement guéris par l'émétique. En 1693, le docteur Olivier observa sur le vaisseau l'*Albemarle*, dans la baie de Biscaye, un cas de calenture chez un matelot qui tomba malade durant la nuit : il avait la vue furieuse comme un lion, tout son corps était dans une chaleur ardente; il s'écriait de temps en temps qu'il voulait aller dans les champs, et faisait pour s'échapper des efforts surnaturels, à peine maîtrisés par quatre de ses camarades. Le mouvement du sang dans l'artère parut fort déréglé ; on n'y remarqua aucune vibration distincte, et on fut obligé d'ouvrir trois veines, tellement le sang était visqueux. Cependant on parvint à en tirer 1,500 grammes (50 onces), et on remarqua que le sang coulait plus librement à mesure que les vaisseaux se vidaient. A midi, le délire avait complétement cessé, et le malade restait seulement brisé, comme après une attaque d'épilepsie (*Philosoph. Transact.*, Abr., vol. IV). M. Fournier (*Dictionnaire des sciences médicales*, art. CALENTURE) a puisé à ces sources les matériaux de son excellent article ; en outre, il a rapporté, d'après M. Gauthier, l'observation très-remarquable d'une épidémie de calenture ; mais c'est à M. Beisser, chirurgien de marine, qui, après avoir observé de nombreux exemples de cette maladie, en fit l'objet de sa *Thèse* (25 avril 1852), qu'on doit la première monographie sur ce sujet. Le séjour à bord dans une région chaude est la condition indispensable d'existence de la calenture (Beisser) ; aussi frappe-t-elle les marins dans les voyages de long cours, principalement dans le voisinage de la ligne équinoxiale, et avec d'autant plus de violence que la chaleur est permanente et rendue plus intense par la diminution des vents, en un mot par cet état tranquille de l'atmosphère qu'on nomme *calme plat*. MM. Fournier et Beisser ne considèrent pas la calenture comme le résultat de l'insolation directe, mais bien de la chaleur concentrée dans l'entrepont des vaisseaux, et devenue excessive pendant la nuit, parce que les écoutilles presque toujours fermées s'opposent au renouvellement de l'air, qui se corrompt et s'échauffe davantage par l'effet des émanations animales. La première fois que M. Beisser observa cette maladie, le brick qu'il montait était depuis près d'un mois en croisière en face de la rade de Cadix. Le thermomètre centigrade marquait 33 à 37° : chaleur d'autant plus étouffante que les calmes étaient fréquents, le bâtiment très-petit, et qu'on manquait de tentes. Dans une autre occasion, il servait sur le vaisseau *le Duquesne*, en station depuis quelques jours devant Rio-Janeiro ; le thermomètre centigrade variait habituellement de 34 à 39° ; les calmes étaient fréquents, la chaleur suffocante, et toute communication avec la terre étant interdite, l'équipage éprouvait beaucoup d'ennui. La calenture atteint de préférence, et le plus souvent épidémiquement, les marins jeunes, robustes, adonnés aux boissons spiritueuses, et qui naviguent pour la première fois. Pendant son séjour au Sénégal, M. Gauthier (*Dict. des sciences médicales*, art. CALENTURE) fut témoin d'une épidémie de calenture. Trente hommes s'étant embarqués pour pénétrer dans la rivière du Sénégal, furent frappés de cet insidieux délire qui n'épargna pas même le chirurgien du bord, et se précipitèrent tous dans les flots. Sur 75 hommes d'équipage du brick *le Lynx*, 18 furent atteints de calenture. Sur le vaisseau *le Duquesne*, il y eut jusqu'à 20 individus affectés à la fois, et, sur un équipage de 600 et quelques hommes, près de 100 en furent successivement atteints. L'invasion n'a jamais eu lieu vers le milieu du jour (Beisser) ; elle se montre le matin, le soir, et surtout la nuit. Le plus souvent elle est instantanée ; quelquefois, ce qui est rare, on observe pendant une, deux et même quinze heures, des prodromes, tels que : malaises, agitations, vertiges, tintements d'oreilles, douleurs vagues dans la tête, frissons irréguliers, alternant avec des bouffées de chaleur à la face. Dans tous les cas, les symptômes caractéristiques se déclarent avec une promptitude extraordinaire et très-souvent pendant le sommeil ; réveil en sursaut avec délire, cris, incohérence, efforts pour se jeter à la mer afin d'atteindre des arbres, des prairies qu'une illusion singulière leur fait apercevoir en dehors du navire (Olivier), « ou pour se soustraire, selon leurs expressions, à la poursuite d'êtres fantastiques qui semblent les menacer. » (Beisser.) Sans doute, c'est à la calenture qu'il faut attribuer la perte des marins qui disparaissent la nuit des vaisseaux faisant voile dans les mers équatoriales (Fournier), et surtout à bord des navires du commerce, où la police de nuit était négligée ; mais aujourd'hui que le service est partout régularisé, ces accidents n'ont plus lieu, et les hommes de *quart* ou les autres matelots, prévenus par les cris et les gestes du malade, ont le temps de s'opposer à son projet et de s'emparer de lui. Alors délire furieux, injures, menaces, tentatives de violence et de morsure sur ses compagnons et sur lui-même, insomnie, attitudes diverses, distorsion des membres, force musculaire très-exaltée. Quelquefois on pince ou on pique le malade sans qu'il en ait la conscience ; « le plus souvent, au contraire, la sensibilité est telle que le moindre bruit ou attouchement suffit pour déterminer des convulsions. Il y a, à ce qu'il paraît, céphalalgie intense, si l'on en juge par les cris qu'on arrache au malade en appuyant le doigt sur le cuir chevelu, qui est rouge et gonflé, et par sa tendance à porter ses mains à la tête. »

(Beisser.) Physionomie exprimant la surprise, la terreur, et le plus souvent la fureur ; commissure tiraillée en arrière, et laissant apercevoir les arcades dentaires convulsivement appliquées l'une contre l'autre ; mouvements convulsifs apparaissant à courts intervalles dans les muscles de la face, et principalement dans ceux de la mâchoire inférieure, de manière à simuler assez souvent la mastication. Langue parfois épaisse, rouge et sèche, d'autres fois blanche et couverte d'un enduit muqueux ; soif intense, anorexie, constipation opiniâtre ; urines le plus souvent nulles, d'autres fois peu copieuses, rouges et émises avec douleur ; respiration précipitée, irrégulière et convulsivement saccadée, avec menace de suffocation ; veines superficielles distendues et soulevant les téguments. « La circulation présente le phénomène très-remarquable d'artères difficiles à déprimer, et s'offrant aux doigts sous la forme de cordes tendues. Les pulsations sont nulles et se trouvent remplacées par une sorte de frémissement tel que celui d'une verge métallique mise en vibration ; le cœur présente les mêmes phénomènes, et si l'on applique l'oreille ou le stéthoscope sur la région précordiale et sur l'origine des gros troncs artériels, on entend un bruit de souffle précipité, bien distinct, comparable à celui que produiraient des tuyaux d'orgue d'une trop grande dimension. Ce mouvement vibratoire, qui s'aperçoit à travers les téguments, sur le trajet des artères superficielles, est assez énergique, dans quelques cas, pour se transmettre aux membres et simuler les tremblements du frisson. » (Beisser, p. 15.) Le sang est tellement visqueux que ce n'est qu'avec difficulté qu'on parvient à le faire couler par les ouvertures les plus larges ; mais à mesure qu'il s'échappe des vaisseaux, sa viscosité diminue (Olivier et Beisser) ; et lorsque l'écoulement est devenu facile, les artères perdent de leur tension, leurs battements deviennent plus manifestes, et le pouls tend à reprendre son rhythme (Beisser). Le sang tiré des veines est dépourvu de sérosité, et se recouvre par le repos d'une couenne inflammatoire très-épaisse et criant sous le couteau (*ib.*). Ces différents symptômes se manifestent à la fois, et persistent jusqu'à la fin de la maladie sans présenter d'augmentation sensible dans leur intensité. Ordinairement le type est continu, et la guérison s'annonce par des sueurs critiques et un écoulement d'urines claires et abondantes ; le plus rarement, il y a intermittence avec cessation subite des accidents. M. Beisser en a observé un cas remarquable sur la corvette *le Diadème*, au fond du golfe du Mexique. Chez le sujet affecté, pendant trois jours les symptômes se manifestèrent brusquement à minuit, et durèrent jusqu'à quatre heures du matin. Durant ces intermittences, le malade reste faible, brisé et sans souvenir de ce qu'il a éprouvé. Bientôt le sommeil survient, et dure jusqu'à l'apparition d'une nouvelle crise. En général les symptômes caractéristiques durent de douze heures à deux jours, et font place à un besoin insurmontable de dormir, à des sueurs abondantes et à une grande faiblesse, qui marquent le début d'une convalescence habituellement longue : on lit dans la thèse de M. Beisser que l'un des malades ne put reprendre son service que trente et un jours après l'invasion de la maladie. Comme tous les sujets qui succombèrent à la calenture ont trouvé la mort dans les flots, il en résulte que les lésions anatomiques auxquelles se rattache cette affection sont complétement inconnues, et que sa nature soulève des opinions variées et incertaines. Sauvages a distingué deux formes de calenture : l'une fébrile, qu'il nomme *phrenitis calentura* (*Nosol. méthod.*, t. 1, p. 249, 1772) ; l'autre *apyrétique*, liée à un état saburral, et classée parmi les vésanies sous le nom de *paraphrosyne calentura*. M. Coutenceau (*Dictionn. de médecine*, première édit., art. CALENTURE) pense qu'on a fait gratuitement de la calenture une espèce de fièvre propre aux mers équatoriales ; pour lui, «la calenture rentre dans la classe des affections cérébrales produites par une chaleur excessive ; en un mot, c'est une encéphalite et une méningite, et rien de plus. » M. Beisser admet comme très-probable que cette affection se manifeste plus communément qu'on ne pense à bord des bâtiments qui séjournent dans les pays chauds, mais y est inconnue à cause de son analogie avec les phénomènes pathologiques déterminés par une forte insolation, tels que la phrénésie, la fièvre cérébrale, et surtout la fièvre inflammatoire avec délire. « Cependant, ajoute-t-il, elle diffère de ces maladies par plusieurs caractères qui lui sont propres, et il y a certainement ici quelque chose de plus qu'une inflammation des méninges ou du cerveau ; ne pourrait-on pas admettre qu'il y ait en même temps phlegmasie du cerveau ou de ses membranes, et inflammation des vaisseaux sanguins et du cœur ? » (p. 15.) M. Raige (*Dictionn. de médecine*, deuxième édit., art. CALENTURE) doute avec raison de l'existence d'altérations aussi graves dans une maladie qui n'a jamais déterminé la mort par elle-même. « Il est vrai, dit-il, que M. Beisser affirme que telle serait la terminaison si l'on n'y opposait des soins convenables ; mais la valeur de cette assertion sera facilement jugée si l'on considère combien il s'en faut qu'on obtienne un semblable succès du traitement le plus actif dans les cas ordinaires de méningite. » Selon M. Falret (*Dictionn. des études méd. pratiq.*, art. DÉLIRE), la calenture n'est autre chose que l'arachnitis ou l'encéphalite des navigateurs ; c'est un délire aigu, auquel les circonstances nautiques peuvent bien imprimer quelques particularités, mais qui rentre directement dans le tableau des affections cérébrales fébriles qu'on trouve décrites sous différents noms. Nous sommes porté à croire, avec les auteurs du *Compendium de médecine pratique* (art. CALENTURE, p. 32), que cette maladie est due à une variété d'hypérémie passagère du cerveau, déterminée par une température élevée, cause influente de congestion cérébrale, ainsi que l'a établi M. Andral (t. v, p. 251 de la troisième édition). Mais nous ne pensons pas que la calenture puisse être comparée au délire observé par le docteur Payen lors de l'expédition de Tlemcen (*Journal des connais. méd. chir.*, juin 1837), et nous ne connaissons aucune description de calenture observée chez des individus exposés sur la terre ferme aux rayons d'un soleil brûlant. Selon M. Beisser, cette maladie, abandonnée à elle-même, se terminerait certainement par la mort ; mais on est constamment parvenu, à l'aide d'un traitement rapide et convenable, à déterminer la cessation des symptômes et à opérer une guérison complète. Le moyen le plus héroïque consiste dans la saignée (Olivier, Shaw, Beisser), qu'on pratique une ou plusieurs fois, suivant l'intensité et la durée des symptômes, et de manière à obtenir 30 à 50 onces de sang (1,000 à 1,500 grammes environ). Comme le sang est très-visqueux et s'écoule difficilement, on est obligé d'ouvrir plusieurs veines à la fois (Olivier, Beisser), surtout la jugulaire externe (Shaw), et même de les couper dans toute leur épaisseur, d'exercer la succion sur les plaies, ou mieux de placer sur chaque ouverture deux sangsues grosses et vivaces qui se remplissent très-vite, et dont la chute est suivie d'un écoulement en nappe assez abondant (Beisser). Ordinairement la saignée met fin au délire et aux convulsions, le malade ne cherche plus à s'échapper, le pouls devient plus souple, et ses pulsations distinctes varient de 180 à 240 par minute. Si les premières saignées étaient insuffisantes, on rétablirait l'écoulement du sang, à moins que le malade ne fût très-faible, car on devrait alors insister sur les dérivatifs externes et internes, tels que pédiluves, sinapismes, vésicatoires. « Peut-être, dit M. Fournier (*op. cit.*), la saignée pourrait être pratiquée plus favorablement à l'artère temporale, à cause de son voisinage du cerveau et de la nature plus fluide du sang. M. Beisser se montre l'adversaire de l'artériotomie, parce que, dans la calenture, la sensibilité des téguments du crâne rendrait insupportable la compression nécessaire pour arrêter l'hémorragie ; il rejette en outre les applications de sangsues aux tempes, et fait observer que ce moyen employé une fois a donné lieu à la reproduction des symptômes cérébraux, tandis que, dans un autre cas, une application de quelques sangsues au niveau des malléoles, précédée et suivie de pédiluves chauds, et aidée de sinapismes aux mollets et de compresses froides sur la tête, a été suivie de la disparition totale du délire. Dans l'observation déjà citée de calenture intermittente, les accès furent combattus d'abord par les saignées et les dérivatifs, puis par le sulfate de quinine administré à haute dose dans l'intervalle des accès. Le docteur Shaw conseille de donner successivement, huit à dix heures après la saignée, un émétique et un purgatif, et de terminer par les diaphorétiques doux et le quinquina. Olivier fit succéder aux émissions sanguines un verre d'eau d'orge avec sirop diacode 1 once (30 grammes). M. Beisser conseille aussi les sédatifs et antispasmodiques, une diète sévère et des boissons abondantes et délayantes. Après l'entrée en convalescence, si les sueurs se prolongent trop et entretiennent la faiblesse, on leur opposera les toniques ; on devra aussi surveiller le régime, car le moindre écart peut être funeste (Beisser). Quant au traitement préservatif, il semble avoir peu d'efficacité ; car lors de l'épidémie observée sur le vaisseau *le Duquesne* en station à Rio-Janeiro (Beisser, *loco cit.*), les précautions hygiéniques indiquées par la nature des causes furent inutilement employées, jusqu'à ce que la chaleur ayant diminué sous l'influence des pluies et des coups de vent, la calenture cessa pour ne plus reparaître.

CALENTYN (PIERRE), auteur du XVIᵉ siècle, natif, ou tout au moins habitant de Louvain, mort vers 1563, a donné une édition en flamand de l'ouvrage de Paschasius, intitulé : *Mé-*thode pour faire un pèlerinage spirituel dans la terre sainte, avec une indication exacte de la situation des lieux saints, Louvain, 1563, in-12. Paschasius, né à Bruxelles dans le XVᵉ siècle, mort après 1532, n'avait jamais mis le pied dans la terre sainte, quoi qu'en dise Adrichomius, et ce n'est pas une relation de son voyage qu'il nous a donnée, mais un livre de dévotion. Il suppose un pèlerin qui, ne pouvant se rendre personnellement à Jérusalem, veut du moins y aller en esprit. La route et le retour sont divisés en autant de stations qu'il y a de jours dans l'année. Le voyageur imaginaire, parti de Tirlemont, arrivé en cent cinq jours à la terre sainte, est rendu à Tirlemont le 31 décembre. On a de Calentyn : 1° *Via crucis a domo Pilati usque ad montem Calvariæ*, Louvain, 1568. Ce pourrait bien aussi être un voyage imaginaire ; 2° les *Sept heures de la Sagesse éternelle*, composées, il y a plus de deux cents ans, par Henri Suzo, nouvellement traduites en flamand, Louvain, 1572, in-12 ; 3° *Petite Crèche pour recevoir l'enfant Jésus*, imprimé à la suite du *Lit jonché de fleurs*, de V. Hensberch, en flamand, Louvain, 1649, in-16.

CALENUM ou CALES (*géogr. anc.*), ville ancienne du royaume de Naples, entre Theano et Capoue, dont parle Virgile (liv. VII, Æneid.). Les Romains y établirent une colonie l'an de Rome 420. Il n'en reste plus que les ruines, qu'on voit encore à deux milles de Carinola.

CALENUS (OLENUS) (*antiq.*). L'art des augures était fort accrédité dans l'Etrurie. Le nom de Calenus doit être tiré de la foule, parce qu'il se rattache aux destinées de Rome, et qu'il donne une idée des superstitions des anciens, et des supercheries des devins et des interprètes des oracles. Pline (liv. 28, ch. 2) raconte ainsi le fait : On trouva dans la terre que l'on fouillait pour jeter les fondements du Capitole, une tête d'homme encore saignante ; on y vit un présage, et on alla consulter Calenus, Etrurien et le plus fameux devin de son temps. Il prévit que ce prodige annonçait un grand bonheur, et chercha à en faire tomber les effets sur l'Etrurie. Le fils de Calenus, moins jaloux apparemment du bonheur de sa patrie, prévint les Romains de l'intention de son père, et leur conseilla de ne nommer, quand il les interrogerait, aucun pays avant Rome et le mont Tarpeius. Quand les envoyés furent en présence du devin, celui-ci traça un cercle dans lequel il indiqua les principaux quartiers de Rome, et leur dit de désigner l'endroit où avait été trouvée la tête, espérant qu'ils prononceraient le mot *ici*, qu'il aurait appliqué à l'Etrurie, qui au lieu de Rome eût été la maîtresse de l'univers. Les envoyés, prévenant ce subterfuge, répondirent en montrant le cercle : « Ce n'est point *ici*, c'est sur le mont Tarpeius, à Rome. » Ils fixèrent ainsi sur Rome l'intention du destin, qui avait résolu de donner l'empire universel au pays où la tête d'homme avait été trouvée. — Il faut donc supposer que l'équivoque du devin et la réponse qu'il attendait auraient pu changer le lieu où l'on avait trouvé la tête qui donna son nom au Capitole, et faire varier l'intention des dieux qui avaient envoyé ce présage aux Romains.
DUMERSAN.

CALENUS (Q. FUSIUS), tribun du peuple à Rome, l'an 61 avant J.-C., embrassa le parti de César, fit la guerre aux lieutenants de Pompée, et voulut pénétrer dans le Péloponèse ; mais l'isthme ayant été muré par les soins de Rutilius Lupus, Calenus alla mettre le siège devant Athènes, s'empara d'abord du Pyrée, dont Sylla avait ruiné les fortifications. La ville résista. Les Athéniens, qui suivaient le parti de Pompée, ne se rendirent qu'après avoir reçu la nouvelle de la bataille de Pharsale. Ils envoyèrent alors des députés à César, qui leur fit grâce en disant : « Faudra-t-il donc toujours que, dignes de périr par vous-mêmes, vous deviez votre salut à la gloire de vos ancêtres. » Mégare, loin d'implorer la clémence du vainqueur, osa soutenir un siège contre Calenus. Après une assez longue résistance, près de succomber, les habitants s'avisèrent de lâcher contre les assiégeants des lions que Cassius avait déposés dans leur ville, et qui devaient être envoyés à Rome pour les jeux de son édilité ; mais ces animaux, se jetant sur les Mégariens eux-mêmes, en déchirèrent plusieurs. La ville ouvrit ses portes, et les vaincus furent réduits en esclavage. Cependant Calenus les vendit pour un prix très-modique, afin qu'ils pussent facilement se racheter. La victoire de Pharsale lui ayant ouvert le Péloponèse, il marcha vers Patras où Caton s'était réfugié avec la plus grande partie de la flotte de Pompée. Caton se retira, et la Grèce entière fut soumise à César. Pour prix des services qu'il avait rendus, Q. Fusius Calenus fut fait consul l'an 47 avant J.-C. Après la mort de César, Calenus suivit le parti de Marc-Antoine. Varron, le plus savant des Romains, qui s'était distingué dans les armes comme dans les lettres, devint odieux aux triumvirs. Il avait été partisan de Pompée, et Marc-Antoine, du vivant même de César, s'était emparé d'une partie de ses biens. Varron fut inscrit sur les listes fatales. Ses amis se disputèrent l'honneur de le recueillir dans sa disgrâce, et Calenus obtint la préférence. Il le cacha dans une maison de campagne où Marc-Antoine allait souvent, sans se douter qu'un proscrit de cette importance logeât avec lui sous le même toit. Lorsque Octave acheva de ruiner le parti de Marc-Antoine, Calenus se trouvait du côté des Alpes avec une armée forte de plusieurs légions. Il mourut à cette époque, et son fils remit lui-même à Octave ces légions privées de leur commandant (*V.* César, *De bell. Gall.*, liv. VIII, et *De bell. civil.*, liv. III).

CALÉNUS (*V.* KAHLE).

CALENZIO (ELISÉE), en latin, *Elisius Calentius*, né dans la Pouille, fut compté parmi les bons poëtes latins du xve siècle. Lié d'amitié avec Pontanus, l'Altilio et Sannazar, il joignit à la poésie des études philosophiques. Il fut nommé précepteur du prince Frédéric, fils de Ferdinand II, roi de Naples, et lui donna d'excellents principes de politique et de morale. Il mourut vers l'an 1503, en recommandant à son frère Lucio Calenzio de placer sur son tombeau l'épitaphe qu'il s'était composée lui-même. Ses ouvrages latins furent publiés à Rome en 1503, in-fol., l'année même de sa mort, et ont été réimprimés plusieurs fois; ils contiennent des élégies, des épigrammes, des épîtres, l'apparition d'Hector, la satire contre les poëtes, etc.; l'édition originale est la plus recherchée, parce qu'elle contient plusieurs pièces trop libres, qui ont été supprimées dans les réimpressions. Dans un *Recueil de Fables choisies de la Fontaine*, mises en vers latins et publiées à Rouen par l'abbé Saas en 1738 (un vol. in-12), on trouve le Combat des rats et des grenouilles, imité du poëme de la *Bactrachomyomachie* d'Homère, par Calenzio, qui le composa étant à peine âgé de dix-huit ans, et le termina en sept jours. Ce poëte était doué de plusieurs belles qualités, mais sa passion déréglée pour les femmes, à laquelle il sacrifiait tout, le fit toujours vivre d'une manière voisine du besoin.

CALEPIN (AMBROISE), né à Bergame le 6 juin 1645, de l'ancienne famille des comtes de Calepio , bourg voisin de cette ville, entra en 1451 dans l'ordre des religieux augustins, où son savoir et sa vertu le firent beaucoup estimer. Il consacra toute sa vie à la composition d'un *Dictionnaire des langues latine, italienne*, etc. , qu'il publia à Reggio en 1503 en un volume in-fol., et dont il fit deux autres éditions en 1505 et 1510. Il mourut le 30 novembre 1511, privé de la vue par suite de l'âge et de son application à l'étude. Il avait dédié sa troisième édition à Gilles de Viterbe, général de son ordre. Plusieurs savants distingués ont travaillé depuis à perfectionner ce dictionnaire, qui dans son origine était assez défectueux, comme il arrive presque toujours à la première apparition d'une publication de cette espèce. On cite parmi ceux qui ont le plus contribué à perfectionner ce dictionnaire, Jean Passerat, Jean-Louis de Lacerda et Pierre-François Chifflet , tous deux jésuites. Passerat a publié un abrégé de ce dictionnaire en huit langues, Leyde, 1654, 1 vol. in-4°. L'édition la plus complète du dictionnaire de Calepin est celle de Bâle, 1590 et 1627, in-fol. Elle est en onze langues, y compris le polonais et le hongrois. Facciolati a donné une édition en huit langues, Padoue, 1758 , 2 vol. in-fol. Une dernière édition en sept langues a été imprimée en cette même ville, 1772, 2 vol. in-fol.

CALEPIN, s. m. Le succès du dictionnaire de Calepin a fait que le nom de son auteur est resté à l'ouvrage, et que même dans le langage habituel on a fini par dire *calepin* pour *dictionnaire*. C'est dans ce sens qu'on dit : *Consultez votre calepin. Il ne compose rien qu'il n'ait son calepin devant les yeux.* On voit un exemple piquant dans ce passage de la *satire Ménippée*, à propos du cardinal Pellevé :

> Son éloquence il n'a pu faire voir,
> Faute d'un livre où est tout son savoir.
> Seigneurs Etats, excusez ce bonhomme ;
> Il a laissé son *calepin* à Rome.

Boileau a dit aussi dans sa satire 1re :

> Que Jaquin vive ici, dont l'adresse funeste
> A causé plus de maux que la guerre et la peste ;
> Qui de ses revenus écrits par alphabet
> Peut fournir aisément un *calepin* complet.

— Aujourd'hui on applique cette dénomination aux agendas et aux carnets qu'on porte sur soi pour y inscrire ses rendez-vous d'affaires, ses échéances de payement, etc. Un avoué, un notaire a son *calepin*. CH. DU ROZOIR.

CALEPINE, s. f. (*botan.*), genre de plantes qui comprend plusieurs espèces de myagus.

CALÉQUÉJERS (*V.* CALÉGUÉJERS).

CALER (*archilec.*). C'est arrêter la pose d'une pierre, mettre une cale de bois mince qui détermine la largeur du joint, pour la ficher ensuite avec facilité. — CALER, v. n. (*marine*). C'est enfoncer dans l'eau ; lorsqu'un vaisseau est trop chargé, cela le peut faire caler si bas dans l'eau , que sa batterie d'entre deux ponts est noyée. — CALER LES VOILES (*marine*). C'est amener ou abaisser les voiles avec les vergues, en les faisant glisser et descendre le long du mât. On dit à présent *amener les voiles*, et très-rarement *caler les voiles*. — CALER, v. a. (*plomberie*). On dit caler des tuyaux, quand on en arrête la pose avec des pierres pour qu'ils ne s'affaissent pas, ce qui les ferait crever.— CALER UN QUART DE CERCLE (*astronom.*). C'est mettre son plan dans une situation exactement verticale par le moyen du fil à plomb, qui doit raser le limbe, sans appuyer et sans être trop en l'air, et qui doit battre légèrement sur le milieu du point de la division auquel on veut qu'il réponde. C'est ordinairement par le moyen des vis du pied que l'on cale un quart de cercle, et pour que le mouvement ne le fasse pas charrier, on fait porter chacune des quatre vis sur une coquille dont la surface inférieure a des aspérités qui se grippent sur le pavé. Quelquefois aussi on se sert du niveau pour caler les quarts de cercle; tels sont ceux dans lesquels la lunette tourne autour du centre, le fil vertical restant toujours sur le premier point de la division.

CALER signifie aussi mettre de niveau ou assujettir au moyen d'une cale.

CALER (*gramm.*), se taire, se cacher, se modérer, s'apaiser. Il est trivial. — En languedocien, *se cala*, se taire.

CALER, v. n. (*technol.*) (*term. d'imprimerie*), ne pas travailler, n'avoir pas d'ouvrage. Il est familier.

CALÈRES, s. pl. (*hist. mod.*), brigands indiens, peuple libre qui habite des lieux inaccessibles et les épaisses forêts du Tundeman, province située entre le Tanjaour et la Maduré. On les distingue aisément des autres Indiens à leur air farouche; leur peau paraît grisâtre , parce que la poussière s'y est incorporée. Ils sont les plus malpropres des Indiens; presque nus , ils se lavent rarement; leurs armes ordinaires sont de longues piques, des bâtons ou de mauvais sabres. Lorsqu'ils veulent voler avec adresse , souvent ils vont sans aveux. Comme on ne leur fait point de grâce lorsqu'ils sont pris, ils massacrent toujours ceux qui tombent entre leurs mains, surtout les Européens.

CALERS, *Calerium* (*géogr. ecclés.*), abbaye de l'ordre de Citeaux , située en Languedoc , au diocèse de Nieux. Elle était de la filiation de Grande-Selve , et fut fondée l'an 1148.

CALÈS (*géogr. anc.*), ville de Campanie, entre Téanum et Casiline, avait, dit-on, été bâtie par Calaïs, fils de Borée et frère de Zéthès. Les environs de cette ville produisaient des vins excellents. — CALÈS, ville de Bithynie, au nord , sur le Pont-Euxin. — CALÈS, fleuve d'Espagne, dans la Bétique, auprès d'un lac de même nom.

CALESEROS fut un des quatre architectes choisis par Pisistrate pour bâtir à Athènes le fameux temple de Jupiter Olympien (*V.* AUTISTATES).

CALES FLOTTANTES (*marine*). L'an XI, M. Ducrest inventa les cales flottantes. Monge et Forfait, rapporteurs nommés par l'Institut, s'expriment ainsi en rendant compte de la mission ordonnée par le ministre de l'intérieur au sujet de l'invention dont il s'agit. « Le commerce réclamait depuis longtemps des établissements propres au carénage et au radoub des bâtiments. Les moyens employés jusqu'à ce jour étaient reconnus insuffisants et d'un emploi extrêmement dispendieux, quelquefois même nuisibles à la solidité de l'ensemble des bâtiments. M. Ducrest a proposé un nouveau procédé : il consiste à submerger un ponton, à établir le navire dessus et à faire flotter le tout. Voilà ce que l'auteur du projet entend par cales flottantes , et cette expression paraît juste. Un parallélipipède de trente-deux mètres de longueur, dix de largeur et deux de profondeur, étant totalement submergé, déplace six cent quarante stères d'eau, répondant en nombre rond à une masse pesant six cent quatre-vingt-onze mille kilogrammes , ou six cent quatre-vingt-onze tonneaux de mer. En construisant cette machine en sapin du Nord, son poids effectif serait de soixante-quatre tonneaux ; elle pourrait donc flotter quand on l'aurait chargée d'un poids de six cent vingt-sept tonneaux, et la coque des grands navires de commerce n'a pas cette pesanteur. On conçoit qu'en faisant couler ce ponton par des poids additionnels, en posant ensuite un navire dessus, en l'y assujettissant avec soin et en supprimant les poids additionnels, tout le système s'élèvera, le ponton se démergera en raison inverse du poids du navire dont il sera chargé; qu'enfin ce navire se trouvera monté sur une cale flottante, et entouré d'une grande plate-forme de trois cent vingt mètres superficiels, où les ouvriers seront parfaitement placés pour procéder à sa visite et à son radoub. Plusieurs difficultés se présentèrent d'abord aux commissaires; mais étant faciles à résoudre, ils ne se sont fixés qu'à une principale : celle de la stabilité du système, et sa résistance à l'inclinaison. Il s'agissait de prévenir les malheurs incalculables qui pouvaient résulter d'un défaut de calcul, de prévoyance; cette opération se faisant dans un port, on avait à garantir et la vie d'un grand nombre d'ouvriers, et une infinité de barques et de bâtiments avoisinant l'appareil. Avant que le ponton allégé soulève le navire, celui-ci jouit de toute la stabilité qui lui est propre; mais à proportion que le plan de flottaison diminue, la stabilité décroît comme le cube des ordonnées de ses plans. Le navire n'est pas encore démergé au tiers de son tirant d'eau propre, que la stabilité est nulle ou indifférente; et quand il a dépassé ce point elle devient négative. Enfin le vaisseau de 400 tonneaux fixé sur la cale flottante, parvenu au moment où la quille serait à fleur d'eau, serait si puissamment sollicité à se renverser, qu'il faudrait un effort de cent dix à cent vingt milliers pour s'y opposer. Qu'au lieu de poulies, de cordages, de crampons, de flotteurs additionnels, on ajoute au ponton deux chalans (ou pontons ouverts et sans pont) faisant corps avec la charpente, de même longueur que le ponton, ayant le fond recourbé pour donner lieu au moins de déplacement possible, et on tiendra leurs murailles assez élevées pour que, lors de l'émersion, elles surmontent la surface de l'eau d'un décimètre. On conçoit alors que si, pendant l'émersion, les murailles s'élèvent, on les videra à mesure. Ainsi on obtiendra un point de solidité tellement satisfaisant, que le bénéfice étant centuple de la perte, il n'y aura plus lieu à la moindre inquiétude. Ajoutant aux deux bouts du ponton un rebord pour garantir les ouvriers des vagues, tout concourt dans l'ensemble du système pour en prescrire l'adoption. L'estimation de la dépense pour l'établissement de ce ponton peut être portée à une mise de fonds de 35,000 francs. Il faudrait donc, pour faire un produit raisonnable, louer cette machine à raison de 14 francs 40 centimes par jour, ce qui ferait à peu près 5 centimes par tonneau pour un bâtiment de 300 tonneaux. Or, à répartitions égales, on ferait pour 10 centimes ce qui, par les méthodes ordinaires, revient à 25 centimes, et on épargnerait encore les réparations à l'œuvre morte et dans les chambres du vaisseau, résultant du virement en quille. Pour dernier avantage, les commissaires-rapporteurs observent que, par l'usage de cette nouvelle machine, les navires sont beaucoup moins fatigués; et ils pensent que la classe ne peut que donner son approbation à l'invention des cales flottantes. » (Moniteur, an XI, pag. 341. — Mémoires de l'Institut, classe des sciences physiques et mathématiques, an XI.)

CALÉSIAM (botan.), arbre qui croît dans les contrées du Malabar. Il est grand; son bois est de couleur de pourpre obscur, uni et flexible; ses fleurs croissent en grappes à l'extrémité de ses branches; elles ressemblent assez à celles de la vigne; ses baies sont oblongues, rondes, plates, vertes, couvertes d'une écorce mince, pleines d'une pulpe insipide, contenant un noyau vert, oblong, plat, et portant une amande blanche et insipide. Outre ce fruit, qui est le vrai, il en porte un second à la chute des feuilles, qui croît au tronc et aux branches; il est plus gros que le fruit vrai, ridé, en forme de rein, couvert d'une écorce de couleur de vert d'eau sous laquelle on trouve une pulpe dense. Ray croit que ce fruit bâtard n'est qu'une grosseur produite par la piqûre des insectes qui cherchent dans cet arbre une retraite et de la nourriture. Il donne du fruit une fois l'an, depuis dix ans jusqu'à cinquante. Son écorce, pulvérisée et réduite en onguent avec le beurre, guérit le spasme cynique et les convulsions causées par les grandes douleurs; le même remède s'emploie avec succès dans les ulcères malins, et calme les douleurs de la goutte; le suc de l'écorce dissipe les aphthes et arrête la dyssenterie; sa poudre, avec celle de compulli, purge et chasse les humeurs pituiteuses et atrabilaires. On fait prendre une tasse de la décoction de l'écorce et des feuilles dans de l'eau, pour hâter l'accouchement.

CALETES ou CALETI (géogr. anc.), peuplade celtique dont le territoire était borné au nord par l'Océan, au sud par les Velocasses, au nord-est par les Ambiani, et au sud-ouest par

les Lexovii. Juliabona, aujourd'hui Lillebonne, en était la capitale.

CALETOR (myth.), prince troyen tué par Ajax au moment où il mettait le feu au vaisseau de Protésilas (Iliade, v, v. 419).

CALETRA (géogr. anc.), ville d'Étrurie (V. SATURNIA).

CALETRIC, ou CALTRY (SAINT), évêque de Chartres, Caletricus et Chalacterius, naquit l'an 529, de famille noble. Saint Lubin, évêque de Chartres, le fit prêtre et le guérit miraculeusement, quelque temps après son ordination, d'une maladie mortelle, en priant pour lui et en l'oignant d'huile bénite. Saint Lubin étant mort peu de temps après, le clergé et le peuple de Chartres jugèrent saint Caltry digne de lui succéder, et le choisirent pour évêque quoiqu'il ne fût âgé que de vingt-sept ans. Sa bonté, sa douceur, sa charité envers les pauvres, dont il était le père et le protecteur, montrèrent bien qu'ils ne s'étaient pas trompés. Saint Caltry assista au troisième concile de Paris, tenu l'an 557, dix neuf ans après, au onzième de Tours, assemblé par les soins de saint Euphrone, évêque du lieu, l'an 566. Il mourut l'année suivante, 567. Il n'est point fait mention de lui dans les anciens martyrologes, ni dans le romain moderne. L'église de Chartres fait sa fête le 8 d'octobre, qui est le lendemain de celle de saint Serge, patron de l'église où il fut inhumé. On voit son chef dans la cathédrale, avec celui de saint Lubin (Fortunat, évêque de Poitiers, 1, 4, carm. 7; Baillet, t. III, 8 octobre).

CALETTE (vieux mot), sorte de bonnet.

CALEUR, s. m. (technol.), nom qu'on donne dans les imprimeries aux ouvriers paresseux, flâneurs.

CALEX (géogr. anc.), fleuve de Bithynie, se jette dans le Pont-Euxin, près d'Héraclée.

CALEYE, s. f. (botan.), espèce de plante de la Nouvelle-Hollande, qui est voisine du genre aréthuse.

CALEZAN ou CALESAN, s. m. (botan.), arbre du Malabar, dont les feuilles sont quelquefois employées en médecine.

CALFAIT, s. m. (marine), nom de l'instrument qui sert à calfater : il est fait en forme de ciseau. — On nomme calfait à écart, celui dont le tranchant est taillé en biseau. Les calfaits à clous ont le tranchant peu large. Les calfaits tors sont propres à des calfatages particuliers. Les calfaits doublés sont semblables aux premiers, à l'exception qu'au lieu de tranchant ils ont un bord épais sur le milieu duquel est pratiquée une rainure semi-circulaire.

CALFAT(marine). C'est sous ce nom que l'on désigne l'ouvrier qui a pour tout accès à l'eau qui tend continuellement à pénétrer dans l'intérieur des navires en traversée. La partie principale de son travail, celle d'où lui vient son nom, c'est le calfatage : calfater, c'est chasser avec force, au moyen d'un maillet et d'un calfait ou ciseau de sept à huit pouces de long, de l'étoupe provenant de vieux cordages goudronnés dont on remplit hermétiquement les joints ouverts du bordé, des ponts ou des écarts du vaisseau. Cette étoupe de remplissage se nomme aussi du calfat. C'est encore au calfat que l'on confie tout le service des pompes; c'est lui qui, à la suite d'un combat, doit réparer les avaries causées par les boulets ou autres projectiles, à la carcasse du bâtiment. Les calfats employés sur les ports doivent, outre le calfatage, chauffer la carène des vaisseaux et en sonder les piqûres à l'aide de gros fils de fer. On voit que le calfatage est une partie importante du radoub, et que dans maintes occasions la sûreté de l'équipage est confiée à la prévoyance ou à l'exactitude du calfat. — Les apprentis et les aides attachés au calfat se nomment calfatins. L.

CALFATAGE, s. m. (marine). C'est l'étoupe qui a été mise à force dans la couture du vaisseau.

CALFATER, CALFADER, CALFEUTRER, v. a. (marine). C'est boucher les fentes des jointures du bordage ou des membres du vaisseau avec ce qui peut être propre à le tenir sain et étanché, en sorte qu'il ne puisse y entrer d'eau. On se sert pour cela de planches, de plaques de plomb, d'étoupes et d'autres matières. — CALFATER, c'est pousser l'étoupe dans les coutures. — CALFATER LES SABORDS, c'est emplir d'étoupe le vide du tour des sabords ainsi que les coutures du vaisseau. On ne fait ce calfatage que très-rarement et lorsqu'on est obligé de tenir longtemps la mer.

CALFATIN, s. m. (marine). C'est le mousse qui sert de valet au calfateur.

CALFEUTRAGE, s. m. (technol.), action de calfeutrer une porte, une fenêtre, ou l'ouvrage même qui en résulte.

CALFEUTRER, v. a. (technol.), boucher les fentes d'une

porte, d'une fenêtre, avec du papier, du parchemin collé, ou des lisières, etc., pour empêcher que le vent n'entre dans une chambre. — Avec le pronom personnel, se calfeutrer, s'enfermer bien chaudement.

CALHETA (géogr.), petite ville de l'île de Madère, dans l'océan Atlantique ; c'était la troisième de la capitainerie de Funchal, et elle appartenait, à titre de comté, à la maison de Vasconcellos et Sousa. — CALHETA est aussi le nom du port de Santa-Cruz dans l'île Gracieuse, l'une des Açores.

CALI (mythol.), divinité indienne (le Temps), à laquelle on offrait en sacrifice des victimes humaines.

CALI-APOCARO, s. m. (botan.), nom donné à deux arbres des Inde, dont le genre ne sont pas encore connus.

CALI ou **CHALI** (géogr. sacr.), ville de la tribu d'Aser. On n'en sait pas la situation (Josué, 19, 25).

CALI (géogr.), jolie ville de Colombie (équateur), qui est le centre de communication du Popayan avec le grand Océan. Elle s'élève sur le versant occidental des Andes, près du Samondi, et est très-peuplée. A 25 lieues nord de Popayan.

CALIADNÉ (hist. héroïque), femme d'Egyptus.

CALIARI (PAUL), dit Paul Véronèse, peintre de Vérone, naquit en 1530, suivant Ridolfi, et en 1528, suivant un nécrologe cité par Zannetti. Son père, qui était sculpteur, voulut lui faire embrasser sa profession. On lui apprit à dessiner et à modeler en terre, mais il aima mieux s'adonner à la peinture : alors son père l'envoya étudier chez Badile, son oncle, célèbre pour avoir présenté le premier des tableaux réguliers, où il s'était affranchi du vieux style, connu sous le nom d'ancienne manière. Paul fit bientôt des progrès rapides ; mais l'école véronaise comptant déjà d'illustres artistes, tels que Forbicini, Gioffino, Ligozzi, Brusasorci et Farinato, il eut peu de réputation dans ses premières années. Il gagna cependant un prix à un concours de peinture à Mantoue. Le public de Vérone ne lui étant pas favorable, Paul partit pour Vicence, ensuite il se rendit à Venise. Le talent de ce maître avait quelque chose de noble et d'élevé, qui ne pouvait être dignement inspiré que dans une ville aussi belle, aussi féconde en grands hommes et en grands souvenirs. Il chercha d'abord à marcher sur les traces du Titien et du Tintoret, mais en même temps il parut s'étudier à les surpasser par une élégance plus recherchée et une variété d'ornements plus abondante. On reconnut bientôt à ses ouvrages que Paul avait étudié les plâtres moulés sur les statues antiques, les gravures à l'eau-forte du Parmesan et celles d'Albert Durer. Il faut cependant convenir que, dans ses premières compositions d'une grande dimension, qui sont à Saint-Sébastien de Venise, son pinceau est encore timide ; plus tard, une de ses fresques, représentant dans la même église l'histoire d'Esther, commença à exciter l'admiration publique, et le sénat crut devoir confier à ce maître d'importants travaux. Paul eut le désir d'aller à Rome ; il y fut conduit par l'ambassadeur de Venise, Grimani, prit avec enthousiasme les beaux modèles laissés par Raphaël et par Michel-Ange. A son retour, il peignit sa belle Apothéose de Venise. Toutefois ce travail ne fit pas autant d'honneur à Paul que les différentes Cènes (ou repas) qu'on doit à son pinceau, et qu'il a répétées plus de dix fois. Il y en a à Venise au moins six, dans différents réfectoires de religieux ; la plus célèbre est celle qu'on appelle les Noces de Cana. Elle fut faite pour le réfectoire de Saint-Georges-Majeur, au palais de Saint-Marc ; elle est aujourd'hui au musée Napoléon. On a fait un grand nombre de copies de cette composition. Elle contient au moins cent trente figures, des portraits de princes et d'hommes illustres du temps. On ne paya ce tableau que 400 francs de notre monnaie. Taillasson, après avoir fait un bel éloge de ce tableau, ajoute des réflexions critiques très-judicieuses : « Quoi de plus invraisemblable en effet que de voir toute la pompe asiatique déployée aux noces d'un simple particulier de la Galilée ! Quelle inconséquence dans les costumes de tous les pays ! Quel singulier assemblage que celui de Jésus-Christ, de la Vierge, des apôtres placés à côté des Cènes, de musiciens du temps de Paul Véronèse ! » Nous voyons au musée Napoléon un autre tableau de Paul qui est aussi d'une grande dimension. Il représente le Repas de Jésus-Christ chez Simon. Louis XIV fit demander ce tableau aux servites de Venise, et, sur leur refus de s'en dessaisir, la magnificence lui fit enlever pour en faire présent au monarque. L'attitude de Jésus-Christ est, au premier coup d'œil, pleine de noblesse ; mais, en l'étudiant avec quelque attention, on y découvre de la fierté. On voit que l'hommage de la pécheresse qui a parfumé les pieds de l'Homme-Dieu excite chez lui un mouvement d'orgueil peut-être trop prononcé. On

observe aussi avec peine que le personnage principal est dans un coin du tableau, et que le blanc des nappes commence à se confondre trop avec l'architecture du fond. Dans ses Pèlerins d'Emmaüs, qui sont à la même galerie, Paul Véronèse blesse toutes les unités de temps, de lieu et d'action. Perrault (Parallèle des anciens et des modernes) établit les principes qui condamnent cette composition. « Un tableau, dit Perrault, est un poème muet, où l'unité de lieu, de temps et d'action doit être encore plus religieusement observée que dans un poème véritable, parce que le lieu est immuable, le temps indivisible et l'action momentanée. » Mais, à côté de tous ces défauts de Paul, que de beautés ! que d'esprit dans les physionomies ! que d'habileté dans les portraits et de justesse dans la couleur ! Le musée, indépendamment des tableaux que nous venons de citer, en a treize autres de ce maître, parmi lesquels quelques-uns ont beaucoup de mérite. Le climat de Vérone étant plus favorable à la conservation des peintures, c'est dans cette ville que se trouvent les ouvrages de Caliari qui ont le moins souffert des injures du temps. Ceux qui restent à Venise ont été en partie restaurés. L'air de Venise détruit facilement les fresques. — Paul eut pour élèves Charles et Gabriel, ses fils, et Benoît son frère, dont nous allons parler, Michel Parrasio, Naudi, Maffei Verona, François Montemezzano. Il avait une imagination d'une fécondité admirable, des idées neuves et piquantes ; mais, comme nous l'avons dit, il ne respecta pas assez certaines convenances dont un maître ne doit jamais s'écarter. Il ne voulut jamais s'asservir aux lois de la chronologie, et en cela ses ouvrages méritent de graves reproches. Le caractère de Paul était doux, aimable et libéral. On l'accueillit un jour avec bonté dans une villa près de Venise ; en partant, il laissa un tableau représentant la Famille de Darius, et cet ouvrage, quoique fait à la hâte, plein de charme et de talent. Paul Véronèse mourut en 1588. Ses productions sont d'autant plus précieuses, que, depuis la mort de ce maître, aucun autre n'a peint avec tant de facilité, sans éviter, comme lui, le reproche d'avoir composé trop d'ouvrages. On estime les dessins de Paul, qui sont, en général, arrêtés à la plume et lavés au bistre. Ils sont souvent sur papier très-fin, collé sur un papier plus épais et d'une nuance différente, et quelquefois signés d'un P et d'un V.

CALIARI (BENOIT), peintre, mort en 1598, âgé de soixante ans. Il était frère du célèbre Paul Véronèse qu'il aidait dans ses ouvrages pour toutes les parties d'architecture. On lui attribue les belles fabriques qui ornent le fond de certains tableaux de ce maître ; au reste, sa manière, semblable à celle de son frère, faisait souvent confondre leurs ouvrages ; mais, éloigné de toute ambition, il le laissait jouir en entier d'une gloire dont il aurait pu revendiquer une juste part. Il réunissait le talent de la sculpture à celui de la peinture. — CALIARI (Charles), fils de Paul Véronèse, mort en 1596, âgé de vingt-six ans, annonçait les plus grands talents pour la peinture, et dès l'âge de dix-huit ans il avait produit des ouvrages remarquables ; malheureusement sa trop grande application au travail, jointe à une santé extrêmement délicate, l'enleva à sa gloire naissante. — CALIARI (Gabriel), autre fils de Paul Véronèse, mort de la peste en 1631 à l'âge de soixante-trois ans. De concert avec Benoît Caliari, son oncle, il travailla à divers tableaux de son illustre père ; mais ne pouvant réussir seul à soutenir dans la peinture l'éclat de son nom, il l'abandonna pour le commerce.

CALIAS, s. m. (marine), nom qu'on donne, en certains endroits, à ceux qui calfatent les vaisseaux.

CALIBÉ (V. CHALIBÉ).

CALIBIE (géogr.), forteresse maritime d'Afrique, entre Tunis et Hamamet, au haut d'un roc qu'on appelle Cap-Bon, autrefois Cap de Mercure.

CALIBRE (artill.), mot dérivé, ainsi que les termes calibrage, décalibrement, etc., de l'italien qualibro, ou plutôt du latin equilibrare; aussi a-t-on d'abord écrit qualibre. — Le calibre de toute espèce de canons peut se définir : dimension comparative du diamètre du tube de l'arme à feu et du diamètre du projectile de cette arme : ce rapport de l'un à l'autre est ce qu'on appelle être de calibre. Le calibre du tube est sa partie vide ; c'est la mesure à la bouche de l'arme à feu. — Le calibre du projectile se mesure à son extérieur : c'est son diamètre, si le projectile est sphérique ; s'il est ovoïde, c'est le moindre diamètre de son milieu. — Les calibres diffèrent à raison du vent du projectile ; ainsi, Être de calibre, a un sens également applicable au récipient et à l'objet qui s'y insère, mais il ne signifie pas, être exactement de même diamètre. — On supputait autrefois la longueur du canon d'une arme à feu portative par le nombre des calibres : ainsi, l'on disait, l'arquebuse à mèche a quarante calibres, ce qui signifiait que la longueur intérieure du tube égalait quarante fois l'épaisseur du projectile. — On appelle aussi *calibre*, l'instrument propre à *calibrer*; de là cette locution : *passer au calibre.* — Le calibre des pièces d'artillerie a varié depuis une livre de balles jusqu'à cinq cents, quelques auteurs disent même douze cents. — Sous Henri IV, il y avait en 1610, comme le témoigne Sully, quatre espèces de calibres. L'ordonnance de 1732 (7 octobre) en reconnaissait cinq espèces. Les règlements de l'armée prussienne sont les premiers qui aient déterminé quel calibre devait être donné aux canons de campagne. — Le boulet de six est actuellement le plus faible des calibres français, si l'on en excepte les pièces de montagnes; ce calibre cependant est trop fort s'il s'agit de l'artillerie attachée à l'infanterie. Le calibre de canon de carabine se mesure à partir du fond des raies ; il admet la balle de fusil et n'a point de vent. Le calibre du canon de fusil se mesure à raison d'un espace qui en est le vent, et qui égale un millimètre cinq dixièmes. — Le calibre du canon de mousqueton ne comporte pas autant de vent que le fusil , afin que le mousqueton étant souvent porté la bouche basse, il retienne plus solidement sa cartouche.

CALIBRE , s. m. (art mécan.). Ce mot a deux acceptions différentes : il se prend ou pour le diamètre d'un corps ; en ce sens on dit : *Ces colonnes, ces fusils,* etc., sont de même calibre; ou pour l'instrument qui sert à en mesurer les dimensions, et en ce sens les serruriers et presque tous les ouvriers ont des calibres. — CALIBRE, pris dans le second sens, est un instrument de fer ou de bois, dont l'usage est différent selon les différents ouvriers. Les maçons ont leur calibre; c'est une planche sur le champ de laquelle on a découpé les différents membres d'architecture qu'ils veulent exécuter en plâtre aux entablements des maisons, corniches des plafonds des appartements, plintes et ouvrages de maçonnerie qui se traînent. Le calibre se monte sur un morceau de bois qu'ils appellent sabot. On a pratiqué sur le sabot, à sa partie du devant qui se doit traîner sur les règles, une rainure pour servir de guide au calibre. — CALIBRE DES SERRURIERS. Les uns sont faits de fer plat battu en lame, et découpés comme ceux des maçons , suivant la forme et la figure que l'on se propose de donner à la pièce que l'on veut ou forger ou limer. Ce calibre a une queue, que le forgeron tient à sa main , pour le présenter sur le fer rouge quand il forge. Pour ceux dont on se sert en limant, ils sont figurés et terminés fort exactement ; on les applique sur la pièce à limer, et avec une pointe d'acier on trace la figure et les contours du calibre , pour enlever avec la lime ce qui est au-dessus du trait. D'autres servent à mettre les fers droits ou contournés de largeur et d'épaisseur égales dans toute la longueur. Ces sortes de calibres sont les lames de fer battu mince, dans lesquelles on a fait des entailles suivant la largeur et l'épaisseur que l'on veut donner au fer. On fait glisser ce calibre sur le fer, et l'on forge jusqu'à ce qu'il puisse s'appliquer successivement sur toute la barre. Il est évident que ces sortes de calibres ne peuvent servir que pour un seul et même ouvrage. — Il y a d'autres calibres qu'on appelle *calibres brisés* ou à coulisse. Il y en a de plusieurs figures : les uns sont composés de quatre parties ; savoir, de la tige retournée en une équerre par une de ses extrémités qui forme une des ailes du calibre , et ouverte dans son milieu et dans toute sa longueur d'une entaille qui reçoit un bouton à vis , et à collet carré , qui glisse exactement dans l'entaille; il est garni d'un écrou à oreille, et il traverse une coulisse qui embrasse entièrement et exactement la largeur de la tige , la partie de cette coulisse qui regarde l'aile de la tige pareillement conduite en équerre , forme une autre aile parallèle en tout sens à l'aile de la tige ; de sorte que ces deux ailes peuvent s'écarter plus ou moins l'une de l'autre, à la volonté de l'ouvrier, sans perdre leur parallélisme par le moyen de l'entaille et de la coulisse , et sont fixées à la distance que l'ouvrier veut par le moyen de l'écrou. On se sert de ce calibre pour dresser des pièces, et s'assurer si elles sont partout de grosseur et de largeur égales. Il y en a d'autres qui ont le même usage, et dont la construction ne diffère de la précédente qu'en ce qu'une des deux ailes peut s'éloigner de l'autre par le moyen d'une vis de la longueur de la tige, qui traverse le talon de la tige et passe dans un talon en écrou pratiqué au derrière de la coulisse mobile dans laquelle passe la tige que cette coulisse embrasse entièrement; quant à l'extrémité de la vis , elle est fixée au talon de l'autre aile, qui est pareillement à coulisse, mais immobile, par deux goupilles qui l'arrêtent sur le haut de la vis : le bout de la vis est reçu dans un petit chapeau fixé d'une manière immobile sur le talon de l'aile supérieure, de sorte que cette vis , sans

baisser ni descendre, tourne toujours sur elle-même , et fait seulement monter et descendre la coulisse avec l'aile inférieure. Un calibre portatif, d'une troisième construction , est composé d'une tige sur laquelle se meuvent deux coulisses en ailes qui l'embrassent entièrement , mais qu'on fixe à la distance qu'on veut de l'aile fixe , par le moyen de deux petites vis qui traversent la coulisse : par ce moyen on peut prendre deux mesures à la fois. Le second, qui est à vis en dessous, est divisé pardessus en pouces, lignes et demi-lignes ; ainsi on donne à la distance des ailes tel accroissement ou diminution qu'on veut, ce qui montre encore l'excès de dimension d'une pièce sur une autre. Mais au premier calibre on met entre l'écrou et la coulisse une rondelle de cuivre, pour empêcher les deux fers de se ronger, et pour rendre le mouvement plus doux. — CALIBRE (*term. d'arquebusier*). Les arquebusiers se servent de diverses sortes d'outils, auxquels ils donnent le nom de calibre, dont les uns sont de bois , les autres d'acier. Les calibres de bois sont proprement les modèles d'après lesquels ils font débiter ou débitent eux-mêmes les pièces de bois de noyer, de frêne et d'érable dont ils font les fûts sur lesquels ils montent les canons et les platines des armes qu'ils fabriquent. Ce ne sont que de simples planches très-minces, taillées de la figure du fût qu'on veut faire, de sorte qu'il y en a autant que de différentes espèces d'armes, comme calibres de *fusil*, de *mousquet*, de *pistolet*, etc. Les calibres d'acier pour l'arquebusier sont de deux sortes : les uns doubles et les autres simples. Les simples sont des espèces de limes sans manche ni queue, percées de distance en distance par des trous de différents diamètres. Ils servent à dresser et limer le dessous des vis. Les calibres doubles ne diffèrent des simples que parce qu'ils sont composés de deux limes posées l'une sur l'autre , et jointes par deux vis qui sont aux deux bouts, et avec lesquelles on les éloigne et on les approche à discrétion. La lime de dessous a de plus un manche, aussi d'acier, un peu recourbé en dedans. Ces derniers calibres servent à roder, c'est-à-dire à tourner comme on fait autour les noix des platines que l'on met entre deux. — CALIBRE, signifie, dans les manufactures d'armes à feu, l'ouverture d'un fusil , d'une carabine, d'un pistolet, etc., par où entre et sort la balle : ainsi on dit : *Cette arme a trop de calibre* (V. CANON DE FUSIL). — CALIBRE, chez les fontainiers , se dit de l'ouverture du tuyau d'un corps de pompe, exprimée par leur diamètre : ainsi on dit : *Tel tuyau a un demi-pied de calibre*, c'est-à-dire de diamètre. — CALIBRE, dans l'horlogerie ; les horlogers en ont de plusieurs espèces : mais celui dont ils font le plus d'usage est le calibre à pignon. Il est composé d'une vis et de deux branches , dont le ressort tendent toujours à s'éloigner l'une de l'autre ; au moyen de cette vis on les approche à volonté. Les horlogers s'en servent pour prendre la grosseur des pignons , et pour égaler leurs ailes (V. ÉGALER). — CALIBRE, chez les horlogers, signifie encore une *plaque de laiton* ou *de carteron* , sur laquelle les grandeurs des roues et leurs situations respectives sont marquées. C'est en fait de machine la même chose qu'un plan en fait d'architecture. C'est pourquoi l'horloger, dans la construction d'un calibre, doit avoir la même intention qu'un architecte dans celle d'un plan : celui-ci doit bien profiter du terrain, selon les lois de convenance et de la belle architecture ; de même l'autre doit profiter du peu d'espace qu'il a , pour disposer tout selon les lois de la mécanique. — Il serait fort difficile de donner des règles générales pour la construction d'un calibre , parce que l'impossibilité où l'on est souvent de le faire de manière qu'il réunisse tous les avantages possible , fait que l'on est contraint d'en sacrifier certains d'autres plus importants. Nous donnerons cependant ici le détail des règles que l'on doit observer ; et comme c'est particulièrement dans les montres que se rencontrent les plus grandes difficultés, nous nous bornerons à parler que de leurs calibres, parce que l'application de nos principes aux calibres des pendules sera facile à faire. Une des premières règles et des plus essentielles à observer, c'est que la disposition des roues les unes par rapport aux autres soit telle que les engrenages changent le moins qu'il est possible par l'usure des trous , c'est-à-dire que la distance du centre d'une roue au centre du pignon dans lequel elle engrène , soit, autant que faire se peut, toujours la même. On en concevra facilement la nécessité , si l'on fait attention que l'action d'une roue sur un pignon pour le faire tourner ne se fait point sans qu'il y ait du frottement sur les pivots de ce pignon : mais ce frottement ne peut se faire sans qu'il en résulte une usure dans les trous , qui se fait toujours dans le sens de la pression de la roue , et qui augmentant par conséquent sa distance au centre d'un pignon , diminue l'engrenage , et produit des inconvénients dont il est parlé à l'article ENGRENAGE. Pour remédier à cet inconvénient, il faut que les roues, depuis le barillet jusqu'au balancier, agissent, autant qu'il est possible, les unes sur les autres. La seconde règle, c'est que les roues et les pignons soient encore, autant qu'il est possible, dans le milieu de leurs tiges, ou à une égale distance de leurs pivots : par ce moyen on est plus à portée de mettre en usage la règle que nous venons de donner, et on évite un grand défaut; c'est que lorsqu'un pignon est à l'extrémité de sa tige, il se fait un très-grand frottement sur le pivot qui est du même côté, ce qui occasionne l'usure, de même que celle de son trou, et diminue beaucoup de la liberté du pignon. Il est même bon de remarquer que lorsqu'un pignon est à une des extrémités de sa tige, et que la roue qui est adaptée sur la même tige, est à l'autre, la première règle ne peut avoir lieu ; car quoique le pignon soit poussé par la roue qui le mène dans la direction nécessaire pour que l'engrenage de la roue qui est sur la même tige se conserve toujours la même avec le pignon dans lequel elle engrène, cette roue ne fait qu'éprouver une espèce de bercement, à cause que la distance où elle se trouve du pignon fait que, quelque mouvement de transport que celui-ci ait, la roue n'en éprouve qu'un très-petit. La troisième règle, mais qu'on ne peut guère mettre parfaitement en usage que dans les pendules et les horloges, est celle dont nous parlerons à l'article HORLOGE DE CLOCHER. Elle consiste à situer les roues, les unes par rapport aux autres, de façon que les pignons dans lesquels elles engrènent soient placés dans des points de leur circonférence tels qu'il en résulte le moins de frottement possible sur les pignons de ces roues. Tout ceci étant développé à l'article HORLOGE DE CLOCHER, nous y renvoyons. Enfin, la force motrice dans les montres étant presque toujours trop petite, on doit s'efforcer d'avoir de grands barillets, pour avoir par là de plus grands ressorts. De plus, comme il y a toujours beaucoup de frottement sur les pivots, on doit avoir pour principe de rendre toutes les roues, autant qu'il est possible, fort grandes, afin par là de le diminuer. Une chose qui n'est pas moins importante, c'est de disposer le calibre de façon que le balancier puisse avoir une certaine grandeur. On en trouve la raison à l'article BALANCIER. Pour terminer, il faut que le calibre d'une montre, d'une pendule, etc., soit tel, qu'il en résulte tous les avantages qui peuvent naître de la disposition respective des roues; tel, que la montre en général éprouve le moins de frottement qu'il est possible dans le même état (V. ROUE, PIGNON, ENGRENAGE, TIGE, TIGERON, BALANCIER). — CALIBRE se dit, en marine, d'un modèle qu'on fait pour la construction d'un vaisseau, et sur lequel on prend sa longueur, sa largeur et toutes ses proportions : c'est la même chose que gabarit (V. GABARIT). — CALIBRE, en term. d'orfévre en tabatières, c'est un morceau de fer plat, large par un bout, et percé d'un seul trou. Il sert à dresser les charnons, après les y avoir fait entrer à force. Il faut que le calibre soit bien trempé, afin que la lime ne morde pas sur le charnon (V. TABATIÈRE).

CALIBRE, se dit figurément de la qualité, de l'état, etc., d'une personne. Ce sens est très-familier et peu usité.

CALIBRER (horlog.). C'est prendre avec un calibre la grandeur ou l'épaisseur de quelque chose (V. CALIBRE).

CALIBURNE, nom de l'épée du roi Artus (V. ESCALIBOR).

CALICA (myth.), divinité indienne qui semble avoir possédé les attributs de l'Hécate grecque. Un voyageur anglais, M. Blacquiere, pour s'assurer du fait qu'on lui affirmait, à savoir qu'on offrait des sacrifices humains à cette idole, consulta le livre des Pouranas en ce qui la concerne. Des oiseaux, des tortues, des alligators, des poissons, neuf espèces d'animaux sauvages, les buffles, les bisons, les cerfs, les rhinocéros, les tigres, les panthères, les lions et les hommes, ainsi que le propre sang tiré du corps de celui qui fait l'oblation, sont des offrandes agréables à la déesse Calica. Les prescriptions qu'on va lire suivent cette énumération : Quand le sacrifice des lions, des tigres, ou d'une victime humaine est exigé, il faut que les trois premières castes de la contrée s'assemblent : elles forment, à défaut des individus, une image de lion ou de tigre, ou une figure humaine avec du beurre ou du mastic ou de la pâte de farine d'orge; puis, pour consommer le sacrifice comme si la victime était vivante, après avoir d'abord invoqué la hache qu'on tient sur sa tête en prononçant le mot Romo, on continue, en frappant, de réciter la formule qui suit : « O Cali! Cali! O déesse effrayante et horrible, aux longues dents! mange, coupe, détruis les méchants, tous les méchants. Coupe avec la hache; frappe, frappe, prends, prends, bois le sang, mange, mange et avale. Salutations à Cali! » Et la victime dépecée est laissée aux pieds de l'idole.

Celle-ci en fait son repas pendant la nuit. — Parmi les observations annexées à cette Pourana, concernant les victimes humaines, toutes celles qui ne sont pas volontaires sont expressément interdites. ED. GIROD.

CALIC-CALIC, s. m. (hist. nat.), nom qu'on donne à la petite pie-grièche de Madagascar.

CALICE (théol.). On désigne ordinairement par ce mot, une coupe, un vase à boire, et plus particulièrement la coupe ou le vase dans lequel on consacre le vin de l'eucharistie. « Nos calices, dit l'auteur du Génie du christianisme, ont cherché leurs noms parmi les plantes, et ils les leur a prêté sa forme : gracieuse concordance entre l'agneau et les fleurs. » Dans le Ier siècle de l'Eglise, la persécution et la pauvreté des fidèles ne permettaient aucun luxe dans nos cérémonies saintes, on se servait de calices de bois ou même de verre. Mais dès que l'épouse de Jésus-Christ commença à s'organiser dans la paix, on les fit en métaux précieux, et Léon IV défendit d'employer désormais ceux qui étaient en bois ou en verre. Enfin, vers l'an 787 les décisions d'un concile anglais montrent que l'usage de n'employer pour le saint sacrifice que des vases d'or ou d'argent avait prévalu dans toute la chrétienté. De nos jours, on fait ordinairement les calices en argent, et dore l'intérieur de la coupe. — Les monuments de l'histoire ecclésiastique établissent que de tout temps on a eu la plus grande vénération pour les vases employés dans l'auguste sacrifice de nos autels. On les renfermait précieusement, sans permettre qu'ils servissent jamais à aucun usage profane, et on avait soin surtout de les soustraire à la vue et au contact des infidèles. Avant de les employer, on les consacrait par des prières et des cérémonies particulières. Sous ce rapport, point de différence entre les Eglises orientale et occidentale : les liturgies de toutes les communions chrétiennes renferment des bénédictions pour la consécration des vases, etc., comme l'ont prouvé tous les auteurs qui se sont occupés de cette matière. — Ils en ont tiré une conséquence très-juste, à notre avis, et qui condamne hautement ceux qui ont osé nier la présence réelle. Pourquoi, en effet, des vases particuliers, des bénédictions, des soins, et respect, s'il ne s'était agi que de la cène calviniste, et si le Fils de Dieu n'existait pas sous les apparences du pain et du vin ? Des ustensiles ordinaires auraient suffi pour un repas qui n'a d'autre but que de nous rappeler celui que le Sauveur fit avec ses apôtres la veille de sa mort. De quelque côté qu'ils se retournent, les dissidents trouvent partout leur condamnation. — Nous devons dire un mot ici de l'importante controverse qui a eu lieu entre les théologiens catholiques et protestants sur la question de la communion sous les deux espèces (V. COMMUNION). Il est certain que la discipline de l'Eglise a varié sur ce point. Autrefois les fidèles communiaient ordinairement sous les deux espèces, et cet usage a subsisté fort longtemps. Mais, à moins de nier les monuments les plus authentiques, il faut convenir aussi que dans une foule de circonstances la communion n'avait lieu que sous une seule espèce. Dans aucun temps l'Eglise ne regarda comme commandement de Jésus-Christ, ces paroles qu'il adressa à ses apôtres après avoir consacré la coupe : Buvez-en tous! Jamais elle ne crut qu'il y avait pour les fidèles obligation de participer à la fois et au pain et au vin eucharistique. Elle a toujours pensé que le corps du Sauveur, après sa résurrection, ne pouvant être réellement séparé de son sang, Jésus-Christ est renfermé tout entier sous l'une et sous l'autre; qu'ainsi, en recevant l'une ou l'autre, on reçoit tout à la fois son corps et son sang. Au reste l'Eglise, toujours indulgente pour la faiblesse humaine, a permis l'usage de la coupe lorsqu'elle a cru que son rétablissement pourrait contribuer à la paix des fidèles. Elle en avait supprimé l'usage pour remédier à plusieurs graves abus et pour empêcher la profanation du sang de Jésus-Christ. Mais, au concile de Constance et à celui de Trente, elle prouva, comme elle l'a fait dans mille autres circonstances, que si elle était inflexible dans ce qui tient à la foi, elle savait à propos se relâcher de sa rigueur dans les choses qui ne touchent qu'à la discipline (V. ESPÈCES). — Avant de terminer cet article, nous ferons remarquer que le mot calice à diverses acceptions dans nos livres sacrés. Dans quelques endroits, il désigne le sort ou plutôt ce que le sort assigne à quelqu'un. « Le Seigneur est la part de mon héritage et de mon calice, » c'est-à-dire la part d'héritage qui m'est échue par le sort. Cette métamorphose vient sans doute de ce que l'on plaçait dans une coupe les pédictes pierres ou les billets dont on se servait pour tirer au sort. C'est encore dans ce sens que le prophète royal a dit : « Le fer, le soufre, la tempête seront la part du calice des impies. » — D'autres fois calice désigne un breuvage bon ou mauvais. Ainsi : Les bienfaits de Dieu sont un calice agréable, et ses châtiments une coupe amère. « Le Seigneur tient dans ses mains un calice de vin mêlé d'amertume, il le répand de côté et d'autre, et les pécheurs l'épuisent jusqu'à la lie. » C'est dans ce sens que le Sauveur demanda aux deux fils de Zébédée : « Devez-vous boire le calice qui m'est préparé? » — A la fin du repas, chez les Hébreux, comme chez tous les anciens peuples et chez beaucoup de peuples modernes encore, on ne manquait pas de boire les uns aux autres et de vider alternativement la coupe *d'actions de grâce, la coupe de satiété, calix inebrians, la coupe de santé, calix salutaris.* Dans les cérémonies qui avaient lieu après des obsèques, c'était la *coupe de consolation.* Après la dernière cène, notre divin maître nous rappela tous ces divers moyens à la fois : « Il prit une coupe pleine de vin, la bénit, rendit grâce à Dieu, en fit boire à tous ses apôtres, et leur dit : Ceci est la coupe de mon sang et d'une nouvelle alliance; faites ceci en mémoire de moi. » Ainsi, selon les admirables intentions du Sauveur, la sainte et divine communion est à la fois un symbole de reconnaissance envers Dieu, d'actions de grâce, d'alliance, de participation au sacrifice de la croix, de fraternité entre les hommes, de santé pour nos âmes.

F. D.

CALICE DE SOUPÇON, superstition des anciens chrétiens d'Egypte. Quand ils soupçonnaient leurs femmes d'infidélité, ils leur faisaient avaler de l'eau soufrée, dans laquelle ils mettaient de la poussière et de l'huile de la lampe de l'église, prétendant que si elles étaient coupables, ce breuvage leur ferait souffrir des douleurs insupportables.

CALICE, *calix* (*botan.*). Dans toute fleur, les organes sexuels, le pistil et les étamines sont placés au milieu des deux enveloppes, l'une intérieure qui est formée par la réunion des pétales colorés, et dont l'ensemble se nomme corolle; l'autre, qui est extérieure, et que l'on appelle calice. Le calice est de la même nature que le pédoncule, dont du reste il est le prolongement; c'est à proprement parler une feuille florale, car ainsi il offre tous les caractères de la feuille de la plante. La situation du calice par rapport au pistil présente des divergences remarquables; tantôt il est adhérent à l'ovaire (partie inférieure du pistil), tantôt il ne contracte aucune adhérence avec cette partie. Dans les mêmes familles de plantes, ces dispositions du calice et du pistil sont assez généralement uniformes, à quelques exceptions près, comme dans les aspéraginées, les éricées, les narcisses, les saxofragées et les ficoïdes. On exprime la durée du calice de diverses manières : *Calice caduc,* quand il tombe au moment de l'épanouissement de la fleur; — *tombant,* quand il disparaît après la floraison; — *persistant,* s'il reste jusqu'à la maturité du fruit; — *marcescent,* s'il se dessèche et reste sur la fleur. — Le calice est dit monophylle quand il est d'une seule pièce; s'il est formé de plusieurs feuilles et si ces feuilles sont au deux, trois, quatre, cinq, six rangs, etc., on l'appelle diphylle, triphylle, tétraphylle, pentaphylle, hexaphylle, etc., et polyphylle quand le nombre excède douze rangs. Il existe encore aux calices divers termes qu'il est bon d'expliquer ici pour l'intelligence des descriptions botaniques: *Calice ventral,* quand il se rétrécit de la base au sommet; — *urcéolaire* ou *en godet,* si au contraire cette base s'élargit par le haut; — *turbiné* ou *conique,* si cette base se renfle en forme de cône; — *cylindrique,* si elle présente un tube dans toutes ses dimensions; — *infundibuliforme* ou *en entonnoir,* si après un tube allongé paraît un limbe en cône évasé.—Dans les plantes qui n'ont pas les deux enveloppes, celle qui subsiste prend le nom de calice si elle est verte, et de corolle si elle est colorée.

CALICE (*gramm.*). Proverbialement et figurément, *Boire le calice, Avaler le calice,* souffrir quelque chose de fâcheux, d'humiliant. On dit aussi, *Boire le calice jusqu'à la lie,* souffrir une humiliation complète, une douleur longue et cruelle, un malheur dans toute son étendue. — Proverbialement, *Il est doré comme un calice,* il a des habits chargés de galon ou de broderie d'or.

CALICE (*anatom.*), se dit de certains conduits dont chacun embrasse, par une de ses extrémités, un ou plusieurs des mamelons glanduleux du rein, et aboutit de l'autre au bassinet dans lequel se transmet l'urine.

CALICE (*myth.*), fille d'Eole, épousa Ethlius, duquel elle eut Endymion.

CALICÉ, ÉE, adj. (*botan.*), entouré d'un calice. *Les fleurs de cette plante sont calicées.*

CALICENIENS (*géogr. anc.*), peuples de Macédoine, voisins de la Thrace.

CALICÈRE, s. f. (*botan.*), espèce de plante vivace du Chili, dont la tige est fistuleuse.

CALICÉRÉES, s. f. pl. (*botan.*), famille de plantes dont le calice est en pointe. On écrit aussi *calicériées.*

CALICHIRON, s. m. (*botan.*), nom donné à deux plantes, la solandre et l'indigo ordinaire.

CALICINAL, ALE, adj. (*botan.*), qui appartient, qui tient au calice.

CALICINIEN, ENNE, adj. (*botan.*), qui a les caractères, l'apparence d'un calice. — On appelle *enveloppe caliciniennne,* celle que le calice forme autour de certains péricarpes qui proviennent d'un ovaire libre.

CALICION ou **CALICIUM**, s. m. (*botan.*), espèce de plante de la famille des lichens.

CALICOT (*comm.*), terme dont on se sert en France depuis plus de trente années pour désigner un tissu de coton lissé, plus serré, et fabriqué avec des cotons de numéros plus bas que les mousselines et les jaconas.

CALICULE, *caliculus* (*botan.*), espèce de collerette formée de petites écailles, qui semble être un second calice; elle se trouve en dehors du calice proprement dit. Les mauves, *malva,* ont la calicule triphylle; la guimauve, *althæa,* l'a pentaphylle, tandis que dans la passe-rose, *alcæa,* elle est polyphylle. Les fleurs de la cacalie, *cacalia,* de la lampsane, *lampsania communis,* du séneçon, *senecio,* sont caliculées.

CALICULÉ, ÉE, adj. (*botan.*), qui a un calicule.

CALICUT, ou plus exactement **KALICATA** (*géogr.*), ville de l'Indoustan, chef-lieu de la province de Malabar, dans un terrain bas, sur la côte de l'océan Indien. Elle fut presque entièrement détruite par Tippou-Sahib, mais rebâtie par les Anglais, et en 1810 on y comptait 5,000 maisons. Son port est à demi comblé, mais fréquenté par les navires arabes qui viennent y charger du bois et quelques épices; il est célèbre comme étant le premier de l'Inde où toucha Vasco de Gama. Calicut était alors la résidence du zamorin ou souverain, qui dominait sur tous les Etats du Malabar. On compte 25,000 habitants. Latitude nord, 11° 18'; longitude est, 73° 20'.

CALIDASA, poëte dramatique indien, florissait, suivant l'opinion de MM. Wilkins et Jones, dans le 1er siècle avant J.-C. Il est unanimement reconnu pour le premier des neuf poëtes désignés sous le nom des *Neuf Perles,* que le radjah Vicramaditthya, nommé vulgairement *Bicker-Madjit,* entretenait à sa sœur. Outre le drame de *Sacontala* ou *l'Anneau fatal,* traduit en anglais par M. Jones, Londres, in-4° et in-8°, 1792, on connaît de lui différentes pièces, entre autres une en six actes, intitulée : *Ourvasi;* un poëme épique, ou plutôt une suite de poëmes en un livre sur les enfants du Soleil ; un autre, dans lequel on trouve une parfaite unité d'action, sur la naissance de Coumara, le dieu de la guerre; deux ou trois contes d'amour, en vers, et un excellent petit traité de la prosodie samskrite, précisément dans le genre de *Terentianus.* Il passe pour avoir revu les ouvrages de Vyâsa et de Vâlinski ; il a corrigé les textes qui ont cours maintenant. Personne ne lui conteste la première place après ces deux anciens poëtes. Un savant académicien de Calcutta, M. Bentley (tom. VIII, n° 6 des *Asiatic Researches*), a élevé des doutes qui paraissent assez fondés sur l'antiquité que l'on attribue à notre auteur, et prétend qu'il ne peut remonter au delà du Xe siècle de l'ère vulgaire. Les arguments de M. Bentley nous paraîtraient concluants si les noms des savants cités au commencement de cet article n'étaient pas d'un grand poids en faveur de leur opinion.

CALIDIA, famille plébéienne de Rome. Marcus Calidius fut, avec Metellus et Fulvius, triumvir monétaire; il était fils de Q. Calidius. Cicéron et Quintilien parlent de lui avec éloge comme orateur. Il suivit le parti de César, et mourut à Plaisance, après avoir gouverné la Gaule togée. D. M.

CALIDIUS, tribun du peuple, proposa la loi qui rappela Metellus Numidicus, exilé par la faction de Marius.

CALIDIUS (CN.), illustre chevalier romain, à qui Verrès enleva de superbes chevaux.

CALIDIUS (M.), orateur romain tué dans la guerre civile de César et de Pompée.

CALIDIUS (L. JULIUS), Romain recommandable par ses richesses, la noblesse de son âme, ses connaissances et ses talents pour la poésie. Il fut proscrit par Volumnius, officier d'Antoine, et sauvé par Atticus.

CALIDUCS, s. m. (*physiq.*). C'était une sorte de canaux disposés autrefois le long des murailles des maisons et des appartements, et dont les anciens se servaient pour porter de la chaleur aux parties de leurs maisons les plus éloignées; chaleur qui était fournie par un foyer ou par un fourneau commun (*V.* POÊLE, FEU).

CALIENDRUM (*hist. anc.*), tour de cheveux que les femmes romaines ajoutaient à leur chevelure naturelle, afin de donner plus de longueur à leurs tresses.

CALIER, s. m. (*marine*), maître ou chef de la cale d'un bâtiment.

CALIETTE, s. f. (*botan.*), espèce de champignon jaune qui croît au pied du genévrier.

CALIFAT (*V.* KHALIFAT).

CALIFE (*V.* KHALIFE).

CALIFORNIE (*géogr.*), contrée de la partie septentrionale du Mexique, qui se partage en deux parties, la haute ou Nouvelle-Californie, la Vieille ou la basse Californie. Celle-ci se compose d'une longue péninsule située entre les 22° et 32° de latitude nord, et les 111° et 119° de longitude sud. Elle a plus de 300 lieues de long, sur 12 à 38 de large, et 6,900 lieues carrées. La haute Californie s'étend le long du Grand-Océan, depuis la Vieille-Californie jusqu'aux limites septentrionales du Mexique, par 40° de latitude nord. Sa largeur est de 15 à 20 lieues, et sa superficie de 10,400 lieues carrées. Parallèlement à la côte, court une chaîne de montagnes élevées d'où descendent plusieurs rivières, et qui est coupée par d'autres venant de l'intérieur. Le climat y est doux, mais sujet à de fréquents brouillards qui donnent à la végétation une vigueur singulière; aussi est-il pays aussi pittoresques. De tous les établissements formés par les Espagnols en Amérique, celui de la haute Californie est sans contredit celui qui a le mieux réussi. Les missionnaires y ont formé des missions pour la conversion des Indiens, qui ont eu beaucoup de succès, et il y a quelques années on y comptait plus de 20,000 néophytes qui s'adonnent à l'agriculture et à divers genres de fabrication. Ils cultivent des grains, des plantes potagères, des arbres à fruits, des oliviers, récoltent un vin de bonne qualité, et élèvent beaucoup de bestiaux. Les exportations consistent en graisse, légumes, viandes sèches ou salées, sel, peaux de bœufs, de loutres et de phoques. La péninsule de la Vieille-Californie est parcourue dans toute sa longueur par une chaîne de montagnes de 7 à 800 toises, qui paraît être d'origine volcanique. Le sol y est sablonneux et pierreux, et arrosé seulement par un petit nombre de sources. Le climat y est plus beau et plus chaud que dans la haute Californie, mais ses productions sont peu différentes; seulement elles est loin d'être dans un état aussi prospère. Les jésuites y fondèrent des missions que leur inépuisable activité rendit bientôt florissantes, mais qui furent loin de prospérer autant après leur expulsion et leur remplacement par les dominicains de Mexico. D'ailleurs les indigènes ont moins de dispositions que ceux de la Nouvelle-Californie. En 1803 on évaluait la population à 9,000 habitants, et il y a huit ou dix ans, le nombre des colons, militaires, etc., à 4,000 habitants. Pendant fort longtemps les Européens furent attirés dans cette contrée par l'abondante pêche des perles que l'on y faisait; elle a cessé aujourd'hui. — La haute et la Vieille-Californie ne sont encore que des territoires non constitués de la république; elles sont divisées chacune en quatre districts. La première a pour chef-lieu Monterey.

CALIFORNIE (GOLFE DE), appelé jadis *Mer Vermeille* et *Mer de Cortès*, vaste golfe du Grand-Océan septentrional, formé par la longue presqu'île de la Vieille-Californie et la côte des États de Sonora et de Sinaloa, entre 23° et 32°30′ de latitude nord, et les 109° 40′ et 117° 27′ de longitude ouest. Sa longueur est de 290 lieues, sa largeur moyenne de 35. Il reçoit à l'est un assez grand nombre de rivières assez importantes, telles que le Rio-Hiaqui, le Rio-Mago et le Rio-del-Fierte, et dans sa partie la plus reculée, le Rio-Colorado. On y voit aussi plusieurs grandes îles, telles que Sant-Ignacio, Santa-Inès, Tiburon, etc.

CALIFORNIEN, ENNE, adj. (*géogr.*), de la Californie, ou qui est originaire de la Californie. — Il est aussi substantif.

CALIFOURCHON (A) (*gramm.*), loc. adv. et fam. Jambe deçà, jambe delà, comme quand on est à cheval. — CALIFOURCHON s'emploie substantivement dans cette phrase familière et figurée: *C'est son califourchon*, c'est sa manie.

CALIGA (*antiq.*), chaussure des soldats romains, dont *caligula*, petite caliga, est le diminutif. Les simples soldats étaient désignés par l'épithète de *caligati*. La *caliga* ressemblait à nos sandales; c'était une simple semelle liée sur le pied avec des courroies, et qui différait du *calceus cavus*, qui ressemblait à notre soulier. On peut voir sur la colonne Trajane la forme de la *caliga* des simples soldats, et celle du *campagus* qui recouvre en partie le pied des officiers. — La *caliga* était garnie

de clous de bronze, avec une pointe qui aidait les soldats à marcher sur un terrain glissant. Justin dit (58-10) qu'après avoir pillé des camps ou des villes très-riches, les soldats ornaient leur caliga de clous d'or. — Les soldats qui servaient d'espions, ou que l'on envoyait à la découverte, portaient une caliga sans clous, et qu'on nommait *speculatoria*. — L'empereur Maximin étant monté des derniers rangs de l'armée au trône de l'empire, sa *caliga* était passée en proverbe, et on disait aussi *caliga Maximini*, pour désigner un homme grand et sot, parce que la caliga de Maximin était proportionnée à sa grande taille.

D. M.

CALIGE, *caligus* (*crust.*). Ce genre, établi par Othon-Frédéric Muller, est rangé par Latreille dans la tribu des pinnodactyles, famille des caligides. Les caractères assignés à ce genre sont : deux soies ou deux filets articulés et saillants à l'extrémité postérieure de la queue, qui pourraient être des ovaires; deux sortes de pieds, les uns à crochets, les autres en nageoires. Leach y a fait une étude minutieuse des animaux de cet ordre, les caractérise ainsi : quatorze pattes, six de devant unguiculées; cinquième paire bifide; le dernier article garni de poils en forme de cils; soies de la queue allongées, cylindriques et simples. Nous pensons qu'à l'aide de ces caractères on ne confondra plus les caliges avec aucun des genres qui les avoisinent. De plus leur corps est allongé, déprimé et formé de deux pièces principales, dont l'antérieure plus grande, recouverte par un bouclier membraneux, présente deux antennes très-petites, sétacées; les yeux écartés, situés sur le bord du bouclier, et supportés latéralement par une petite saillie; une bouche en suçoir ou en bec, placée inférieurement; enfin toutes les pattes ou seulement un certain nombre. La pièce abdominale, moins étendue que la précédente, varie singulièrement dans sa forme; elle est carrée, ovale ou oblongue; nue ou imbriquée d'écailles membraneuses de diverses formes, et terminée ordinairement par deux longs filets que Muller a considérés comme des ovaires, et que des auteurs plus anciens avaient crus être les antennes de l'animal. Ce sont les appendices analogues aux filets abdominaux des apus. — Les pattes, au nombre de dix à quatorze, sont de deux sortes; les premières se terminent par un crochet, et les autres ont ou bien la forme de lames natatoires plus ou moins larges, ou bien celle d'appendices digitées et pectinées. Ces deux espèces de pattes, fixées en partie au bouclier et en partie à la pièce abdominale, sont toujours branchiales, et se rencontrent quelquefois sur une même espèce. Ces crustacés sont connus depuis fort longtemps; on les désignait vulgairement sous le nom de pou de poissons. Linné les a rangés parmi les lernées et les monocles, et dans les ouvrages de Fabricius ils appartiennent encore à ce dernier genre. Leurs habitudes sont de vivre fixés sur divers poissons cartilagineux. Plusieurs espèces composent ce genre; celle qui lui sert de type est le CALIGE DES POISSONS, *caligus piscinus*, Latr., Dam., *caligus curvus*, Mull., *monoculus piscinus*, Linn.; il est long de quatre à cinq lignes, sans compter les filets de la queue, qui ont à peu près la même grandeur; couleur d'un blanc jaunâtre, avec quelques points d'un jaune obscur sur le test. Cette espèce habite l'Océan et se rencontre sur le merlan commun et le saumon. Une autre espèce est le CALIGE DE MULLER, *caligus Mulleri*, Leach. Cette espèce diffère de la précédente en ce qu'elle n'a pas d'appendice bifurqué en forme de queue à la suite de son abdomen. Sa couleur est pâle et sans taches. On l'a trouvée sur la morue.

CALIGINEUX, EUSE, adj. (*gramm.*), qui est sombre, obscur, louche. Il est peu usité.

CALIGNI, s. m. (*botan.*), espèce d'arbre de la Guiane, qui produit des baies bonnes à manger.

CALIGNON (SOFFREY DE), né à Saint-Jean-de-Voiron, près de Grenoble, en 1650, fut d'abord secrétaire de Lesdiguières, puis chancelier de Navarre sous Henri IV, qui l'employa souvent dans les négociations les plus difficiles. Il travailla avec de Thou à l'édit de Nantes. «Soffrey de Calignon, dit le *Journal de Henri IV*, excellent en tout, mourut protestant à cinquante-six ans et quelques mois, à Paris, au mois de septembre, en 1606. » On a de lui : *Journal des guerres faites par François de Bonne, duc de Lesdiguières, depuis l'an 1585 jusqu'en 1597*, manuscrit in-folio conservé à la bibliothèque royale; le *Mépris des Dames*, satire imprimée dans la *Bibliothèque de Duverdière*. On a attribué à Calignon l'*Histoire des choses remarquables et admirables advenues en ce royaume de France, ces années dernières*, 1587, 1588, 1589, 1590, in-4o.

CALIGNON (PIERRE-ANTOINE D'AMBESIEUX DE), descendant du précédent par les femmes, naquit au village de Greenwich, près Londres, en octobre 1729, dans la religion protestante, sa famille ayant été obligée de fuir après la révocation de l'édit de Nantes. Rentré en France en 1745 avec Suzanne, sa sœur aînée, il fut élevé ainsi qu'elle aux dépens de l'Etat, sous le titre de *nouveau catholique*. Il montra les plus heureuses dispositions, remporta le premier prix de grec à l'université, fut reçu bachelier de Sorbonne, ordonné prêtre, puis nommé aumônier du roi à Genève, où il officiait pour les catholiques, chez le résident de France : ce qui étonna tellement Voltaire, qui ne concevait pas que la foi et la science pussent marcher ensemble, que ce poëte lui dit souvent : « Avec l'esprit que vous avez vous chantez Dieu ! » paroles qui prouvent combien la science de Voltaire était inféconde et pauvre, la sienne qui ne comprenait pas Dieu, la base et le couronnement de toutes sciences. — Calignon professa ensuite la rhétorique à Lyon pendant dix ans, après lesquels on lui donna un canonicat à Crépy en Valais, où sa sœur était abbesse de Saint-Michel. Il se livra à la prédication à Paris, à Lyon, et dans plusieurs autres villes, où le choix de ses sujets et l'élégance de sa diction lui attirèrent de nombreux auditeurs. On regrette qu'il n'ait pas fait imprimer ses sermons. La chaire ne fut pas son seul genre de littérature; on a de lui, outre beaucoup de cantates et de vers de société : 1° l'*Aveu sincère*, ou *Lettres à une mère sur les dangers que court la jeunesse en se livrant à un goût trop vif pour la littérature*, in-12, 1768; 2° *Tableau des grandeurs de Dieu dans l'économie de la religion, dans l'ordre de la société, et dans les merveilles de la nature*, in-12, 1769; 3° *Dictionnaire de l'élocution française*, 2 vol. in-8°; 4° *la Distance des savants*, in-8°, 1769; *l'Homme consolé par la religion*, ode couronnée à Rouen, par l'académie de l'immaculée Conception, en 1775. On lui attribue *l'Amitié philosophique et politique*, ouvrage où l'on trouve l'essence, les espèces, les principes, les signes caractéristiques, les avantages et les devoirs de l'amitié; l'art d'acquérir, de conserver, de regagner le cœur des hommes, 1776. Calignon, qui était depuis quelques années grand vicaire de l'archevêché d'Embrun, cultiva avec succès la musique, l'italien, l'anglais, et particulièrement l'hébreu, dans lequel il eut pour maître l'abbé Ladvocat. La révolution étant survenue, il se rendit à Paris, avec sa sœur l'abbesse (morte en avril 1803), puis ils se retirèrent à Saint-Maur, d'où ils sortirent encore après le 10 août 1792, pour se rendre à Ponthierry, près de Melun, où ils vécurent inconnus. Calignon s'y occupa avec M. Matan de la Varenne à traduire en vers français le poëme de Claudien, intitulé *Rufin*. Cette traduction n'a pas été imprimée. L'abbé de Calignon mourut le 25 décembre 1795, privé des secours de cette religion dont il avait si éloquemment développé les vérités sublimes, et fut inhumé à Pringy, village voisin de Ponthierry.

CALIGO (*mythol.*), déesse des ténèbres, qui donna naissance au Chaos, dont elle eut ensuite la Nuit, le Jour, l'Erèbe et l'Ether.

CALIGO, s. m. (*méd.*), mot latin qui signifie obscurité, brouillard, et par lequel quelques auteurs ont désigné l'obscurcissement de la vue par une tache de la cornée, ou cette tache elle-même (*V.* TAIE, LEUCOME, ALBUGO).

CALIGULA (*hist. rom.*). Caius, troisième et dernier fils de Germanicus et d'Agrippine, naquit le 31 août de la douzième année de l'ère chrétienne. Elevé dans les armées que son père commandait sur les frontières de la Germanie, les soldats le surnommèrent *Caligula*, parce qu'il portait la même chaussure qu'eux. Mais, devenu empereur, il punit sévèrement un primipile qui lui avait donné ce surnom si cher à l'armée, ce qui explique pourquoi on ne le trouve sur aucun monument public. Les anciens historiens se servent ordinairement du seul nom de Caius. Lorsque Germanicus eut péri victime du poison que lui donna Pison, par l'ordre de Tibère et de Livie, Caius revint à Rome avec sa mère, qui rapportait les cendres de cette noble victime; et, lorsque Tibère eut relégué Agrippine dans l'île Pandatavia, il fut recueilli par sa bisaïeule Livie, veuve d'Auguste, et, après la mort de sa mère, par son aïeule Antonia. Il n'avait que dix-neuf ans, lorsque Tibère le créa pontife, et, deux ans après, la mort de ses frères, Nero et Drusus, et celle de Séjan lui assurèrent la succession à l'empire. Il fut fait questeur. Tibère l'appela dans sa retraite de Caprée, où il prit la toge virile. Il est probable qu'élevé près d'un tel prince il dut y prendre le germe des vices qu'il développa plus tard. Il sut se contraindre et réprimer devant Tibère son caractère railleur et emporté; ce qui fit dire de lui, *qu'il n'y avait jamais eu de plus méchant maître ni de meilleur valet* (Tacite, *Ann.*, VI, c. 20). Il était avec Tibère à l'école de la dissimula-

tion. Il se plia constamment aux caprices de ce prince. La mort de sa mère et de ses frères ne lui arracha aucune plainte, quoiqu'on eût mis près de lui des personnes qui affectaient de s'apitoyer sur le sort de ses parents (*Suéton.*, c. X). Tibère lui fit épouser Junia Claudia, fille de Silanus. Il préférait Caligula, son petit-neveu, à son petit-fils, qui portait son nom, parce qu'on lui avait prédit que Caligula devait survivre à l'autre, et même lui ôter la vie. Sa prédilection fut mal récompensée, car Caligula fit étouffer le 16 mars de l'an 37, après avoir été choisi par lui pour son successeur; il avait alors vingt-cinq ans. La mémoire de son père était tellement chère aux Romains, que son élévation causa une joie universelle, et les historiens assurent qu'à cette occasion on immola aux dieux cent soixante mille victimes (*Suéton.*, XIV). Les premières années du règne de Caligula justifièrent l'attente des Romains. Le jeune prince, qui avait un esprit vif, une élocution noble et facile, et qui excellait dans tous les exercices du corps, tint l'empire dans l'état où il avait été sous le règne d'Auguste, et fit oublier les persécutions de Tibère. — Caligula s'appliqua d'abord à gagner la faveur populaire. Après avoir fait à l'empereur de superbes funérailles, et avoir déposé dans le mausolée d'Auguste les restes de sa mère et de ses frères, il étendit ses soins et ses faveurs sur tout ce qui restait de sa famille. — Il ouvrit les prisons, abolit les impôts, rendit publics les comptes de l'empire, restitua au peuple le droit d'élire les magistrats, répandit sur le peuple et les armées des largesses sans bornes, prodigua les jeux et les spectacles. Mais on ne vit dans toutes ces actions qu'une prodigalité insensée, car, avant la première année de son règne, il avait dépensé plus de 25,000 sesterces (460,000,000 de francs) qu'il avait trouvés dans le trésor public. — Mais ses vices et sa cruauté, qu'il avait su déguiser, parurent dès qu'il se crut bien établi sur le trône; il devint l'horreur de l'univers, et il surpassa Tibère par ses excès en tous genres, et par sa barbarie qui ne pouvait se rassasier de sang. Le rejeton d'un héros, dit Sénèque, devint assez méchant et assez cruel pour faire regretter Tibère lui-même ! (*Consol. ad Helv.*, cap. 9.) — Il eut un commerce incestueux avec ses trois sœurs. — Il enleva et déshonora les dames romaines les plus respectables. On prétend qu'il exerça les violences de son libertinage en présence même de leurs maris. Cruel jusque dans les caresses de l'amour, il disait à Césonie, toutes les fois qu'il lui baisait le cou : *Cette belle tête sera pourtant coupée dès que je l'aurai commandé*. Il lui disait aussi qu'il avait envie de la faire mettre à la question, afin de savoir d'elle pourquoi il l'aimait tant. — Ses débauches outrageaient la nature de toutes les manières. Il étendit ses cruautés jusque sur sa famille, obligea Tibère Drusus à se tuer, ainsi qu'Antonia, son aïeule, et Silanus, son beau-père, et il n'épargna pas Macron, qui l'avait aidé dans le meurtre de Tibère, à qui il devait l'empire, et qui lui avait cédé sa femme. Suétone peint d'un trait Caligula, en disant : *Jusqu'ici j'ai tracé le portrait d'un prince; c'est maintenant celui d'un monstre que je dois exposer*. En effet, les deux dernières années de ce règne, qui dura quatre ans, présentent une succession de crimes aussi atroces qu'extravagants. La fureur pour les spectacles transportait Caligula à un tel point, qu'il y faisait périr des armées de gladiateurs, et même des chevaliers. — Sa jalousie contre toutes les réputations lui fit renverser les statues des grands hommes dont les Romains révéraient la vertu. — Cependant la vile adulation des Romains, qui jusqu'alors n'avait déifié les empereurs qu'après leur mort, souffrit que Caligula se déifiât lui-même. — Il avait voulu prendre le diadème royal; mais ceux qui craignaient l'indignation du peuple l'en détournèrent en lui disant qu'il était au-dessus des rois (*Philon. leg.*). Alors il s'assimila aux dieux, et se montra en public avec les attributs d'Hercule, de Bacchus, de Mercure et d'Apollon. Il prit la barbe et la foudre de Jupiter. Enfin il poussa la folie jusqu'à se déguiser en déesse, et se faire adorer comme Vénus. Il se fit bâtir un temple, élever une statue d'or, et créa un collége de prêtres, dont Claude, son oncle, Césonia, son épouse, et lui-même firent partie. Ce cheval, nommé *Incitatus*, était l'objet de ses plus chères affections; il assistait aux repas de son maître, où on lui présentait de l'orge dorée et du vin dans des coupes d'or. L'écurie d'Incitatus était de marbre, et le râtelier d'ivoire, les housses de pourpre, la bride enrichie de perles. On y recevait avec magnificence ceux qu'on invitait en son nom à manger en sa compagnie. L'empereur jurait par la vie de ce cheval, et assurait qu'il le nommerait consul. Etait-ce une dérision de la bassesse des Romains, qui eussent sans doute été assez vils pour se soumettre à cette insulte. L'historien Victor (cap. III) fait à ce sujet la réflexion, qu'il eût peut-être dû s'abstenir de rapporter d'aussi abominables folies, s'il n'était utile de faire connaître les actions blâmables des grands, pour qu'elles apprennent aux princes à ne pas les imiter. — Cependant le peuple ne pouvait pas toujours retenir l'explosion de ses sentiments de haine et de mépris, il s'exprimait par des cris et des gestes insultants. L'empereur se vengeait en faisant massacrer un grand nombre de personnes au milieu ou à la sortie des spectacles. C'est alors qu'on l'entendit s'écrier : *Je voudrais que le peuple romain n'eût qu'une seule tête.* Afin de la trancher d'un seul coup, dit Sénèque (*Ira*, cap. 19). — Le sénat, plus avili que le peuple, tremblait devant Caligula, l'accablait de flatteries, et lui décerna l'ovation, quoiqu'il n'eût pas vu l'ennemi depuis son enfance. Alors il voulut aussi avoir les honneurs du triomphe, et, comme il désirait surtout ce qui paraissait impossible, il voulut triompher de la mer. Il fit construire, depuis Baïes jusqu'à Pouzzoles, un pont de bateaux d'environ cinq quarts de lieue, traversa ce pont comme s'il avait eu des ennemis à combattre, monta sur un trône, harangua et récompensa les soldats; puis il fit rompre le pont, afin qu'il ne pût servir à nul autre mortel. Tous les vaisseaux employés à ce pont, n'ayant pu transporter les blés de l'Egypte et de la Sicile, qui approvisionnaient Rome, le ridicule triomphe de Caligula y causa une horrible famine. — Sénèque ayant plaidé avec succès une cause dans le sénat, en présence de Caligula, ce prince, jaloux du sceptre de l'éloquence, voulait s'en venger par la mort de l'orateur, si une de ses concubines ne lui eût assuré que Sénèque portait le germe d'une maladie mortelle. Domitius, accusé par ce prince, eut la présence d'esprit, au lieu de se défendre, de louer avec exagération le discours de son accusateur, qui lui pardonna en faveur de sa flatterie. — Aussi lâche qu'il était cruel, Caligula feignit de vouloir faire la guerre aux Germains, passa le Rhin, et se borna à une attaque simulée de quelques Germains de sa garde qu'il avait fait cacher dans une forêt. Il marqua son séjour dans les Gaules par des exactions et des assassinats. Il forma aussi le projet d'asservir la Grande-Bretagne ; mais, aussi prompt à renoncer à ses projets qu'à les concevoir, après avoir disposé ses troupes sur la côte comme pour une descente, avoir fait préparer les machines et fait donner par les trompettes le signal du combat, il ordonna aux soldats de ramasser les coquilles du rivage, en leur disant : *Voilà les dépouilles de l'Océan qui vont décorer le Capitole, et servir d'ornement à votre triomphe* (Sueton., cap. 46). Il fit paraître à son triomphe ridicule des Gaulois d'une haute stature dont on avait teint les cheveux, et qu'il fit passer pour des Germains vaincus. — Il se fit pourtant nommer sept fois *Imperator* ; mais les médailles de coin romain ne portent point ce titre, qu'on ne retrouve que sur les médailles des colonies. — Enfin l'an 41, le 24 janvier (794 de Rome), et le quatrième de son règne, le tribun Cassius Chereas mit un terme aux extravagances cruelles de Caligula, en le frappant au sortir du théâtre ; il l'abattit du premier coup, et les autres conjurés achevèrent ce monstre, âgé seulement de vingt-huit ans quatre mois et quelques jours. On dit que quelques conjurés mangèrent de sa chair. Il avait régné trois ans huit mois et dix jours. — Ses statues furent brisées, et le sénat ordonna de fondre toutes ses monnaies de bronze. — Suétone fait ainsi le portrait de Caligula. Il était d'une taille élevée, avait le corps énorme, la tête et les cuisses très-maigres, les yeux creux, ainsi que les temps, le front large et menaçant. Il était pâle et avait peu de cheveux, surtout sur le sommet de la tête. Il s'étudiait devant un miroir à rendre plus effrayante sa physionomie déjà sombre et funeste. Comme il avait le corps garni de poils, ceux qui avaient le malheur de le regarder d'un lieu élevé, ou de parler en sa présence d'une chèvre ou d'un animal velu, étaient condamnés à mort. — En supposant qu'il y ait eu de l'exagération dans les récits des historiens, elle est peut-être motivée par la haine que Caligula avait inspirée, et il eût été difficile de mentir complètement devant un peuple qui avait été témoin de ses excès. — Caligula avait épousé cinq femmes, Claudia, fille de Silanus : elle mourut en couche ; Ennia Nævia, que Macron lui abandonna ; Livia Orestilla, qu'il enleva à Calpurnius Pison le jour même de ses noces, et qu'il répudia peu de jours après ; Lollia Paulina, qu'il ravit à Memmius Regulus, et qu'il renvoya au bout d'un an ; elle fut tuée sous Claude par l'ordre d'Agrippine. Sa dernière femme fut Césonia. — Les portraits connus de Caligula sont un buste de bronze du musée royal, il est gravé dans l'*Iconographie* de Mongèz, pl. 25, nos 1 et 2. Une tête en marbre, également au musée, n° 29, et que l'on a placée sur une statue découverte en 1792 dans les ruines de Gabies. — Mongèz attribue à Caligula et Drusille un camée du cabinet des médailles et antiques de France, n° 186, gravé dans l'*Iconographie*, pl. 25, n° 8. Le cabinet possède encore un camée (n° 187), représentant la tête de Caligula, et au-dessous ses trois sœurs, et un autre de sardonyx à sept couches, n° 188. Ce prince, encore enfant, est représenté debout, près de Germanicus, de sa mère Agrippine et de son aïeule Antonia, sur le beau camée de l'Apothéose d'Auguste (*V. Histoire du cabinet des médailles* par Dumersan, p. 37 et 118). — Quant aux médailles qui représentent ce prince, on en possède dans les trois métaux : celles d'or valent de 70 à 120 francs, celles d'argent de 10 à 100 francs, celles de grand bronze de 5 à 72 francs, celles de moyen bronze ne valent que 1 franc. Caligula, qui avait eu soin de rappeler sur les monnaies tous les personnages de sa famille, y est représenté au revers d'Auguste, de son père Germanicus et de sa mère Agrippine. On croirait voir une amère dérision dans la légende *Ob cives servatos* (pour avoir conservé les citoyens), si l'on ne savait que cette formule banale a servi aux empereurs les plus cruels. On trouve pour la première fois sur les médailles de Caligula le type, devenu depuis si commun, de l'*allocution aux cohortes*, et on y remarque l'absence des lettres S. C. qui indiquent que la monnaie de bronze ne se frappait que d'après un *sénatus-consulte*. D'autres médailles de bronze représentent, au revers de Caligula, ses trois sœurs, Agrippine, Drusille et Julie, sous les emblèmes de la Sécurité, de la Piété et de la Fortune. Une médaille d'or présente la tête nue de Caligula avec celle d'une femme que l'on croit être Drusille, celle de ses sœurs qu'il préféra, qu'il avait enlevée à son époux, et à la mort de laquelle sa douleur ordonna un deuil universel. Toutefois, comme il lui fit rendre les honneurs divins, de même que l'on était puni si l'on ne pleurait pas, on l'était aussi si l'on pleurait ; ce qui a fait dire à Montesquieu (*Grandeur et Décadence des Romains*) que Caligula était un sophiste dans sa cruauté. Un sénateur avait été assez lâche pour jurer qu'il l'avait vu monter au ciel, et converser avec les dieux. Le génie tire parti de tout, et la Fontaine s'est inspiré de ce trait dans sa fable des *Obsèques de la lionne* (VIII, 14), où le cerf qui ne pleure pas la lionne déclare qu'elle lui est apparue et qu'elle lui a dit :

> . . . . Garde que ce convoi,
> Quand je vais chez les dieux, ne t'oblige à des larmes.
> Aux champs élyséens j'ai goûté mille charmes,
> Conversant avec ceux qui sont saints comme moi.

Dans la fable de *la Cour du lion* (VII, 7), la Fontaine met encore le roi des animaux, punissant le dégoût de l'ours, et la flatterie excessive du singe, et il ajoute:

> Ce monseigneur du lion-là,
> Fut parent de Caligula.

Le théâtre ne semblait pas pouvoir admettre un tel héros de tragédie ; cependant M. Alexandre Dumas a donné aux Français un *Caligula*, qui a été joué en 1838, mais sans succès. Caligula avait déjà été le sujet d'une tragédie burlesque qui a réussi, et qu'on a jouée plus de cent fois au théâtre des Variétés. —
DUMERSAN.

CALIMANDE, s. m. (*hist. nat.*), espèce de poisson du genre des pleuronectes.

CALIMBE, s. m. (*comm.*), ceinture de toile ou de toute autre étoffe, d'environ trois doigts de largeur, qui est le seul vêtement des nègres mâles de la Guiane.

CALIN, INE, s. (*gramm.*), niais et indolent. Dans ce sens on ne l'emploie guère qu'au masculin. Il est familier. Il signifie aussi cajoleur. Il est quelquefois adjectif.

CALIN, s. m. (*monnaie*), composition de plomb et d'étain, dont l'alliage et l'usage vient de la Chine. C'est de cette espèce de métal que plusieurs faux-monnayeurs ont fabriqué des écus, en y ajoutant ce qu'ils ont cru le plus propre à remplir leur dessein. En Chine, en Cochinchine, au Japon, à Siam, on couvre les maisons de *calin* bas ou commun. On fait avec le *calin* moyen des boîtes de thé et autres vaisseaux semblables ; et du *calin* qu'ils appellent *fin*, on en fabrique des espèces.

CALINDA (*hist.*), danse des nègres créoles en Amérique, dans laquelle les danseurs et danseuses sont rangés sur deux lignes en face les uns des autres ; ils ne font qu'avancer et reculer en cadence, sans s'élever de terre, en faisant des contorsions du corps fort singulières et des gestes fort lascifs, au son d'une espèce de guitare et de quelques tambours sans timbre, que les nègres frappent du plat de la main.

CALINDE (*V.* CALYNDE).

CALINDES (*géogr. anc.*), ville épiscopale de la Carie, au diocèse d'Asie, sous la métropole de Myre. Ptolémée la met dans la Lycie. On ne la trouve point dans les Notices; cependant on voit un évêque nommé Léontius, souscrit à la lettre de la province de Myre à l'empereur Léon, qui se dit évêque de Calindes. C'est tout ce que nous savons de cette ville.

CALINÉE, s. f. (*botan.*), genre de plantes qui diffère peu de celui des soramies.

CALINER (SE), v. pron. (*gramm.*), demeurer dans l'inaction, dans l'indolence. Il est familier.

CALINERIE, s. f. (*gramm.*), cajolerie. Il est familier.

CALINGA ou **PARTHALIS** (*géogr. anc.*), ville de l'Inde dans la presqu'île en deçà du Gange, vers le centre de la côte occidentale, à l'embouchure du petit Gange ou Tyndis.

CALINGES (*géogr. anc.*), nation gangaride dans la presqu'île en deçà du Gange, sur la côte orientale. Calinge était leur capitale.

CALINGON PROMONTORIUM (*géogr. anc.*), aujourd'hui Segogora ou Porta de Palmeiras, promontoire de l'Inde au sud-ouest de l'embouchure la plus occidentale du Gange, à l'extrémité du pays des Calinges.

CALINGUE, CARLINGUE, CONTRE-QUILLE (*V.* CARLINGUE).

CALINI (CÉSAR), jésuite italien, né à Brescia, mort à Bologne en 1749 à soixante-dix-neuf ans, a laissé plusieurs ouvrages sur la théologie, la morale, l'Écriture sainte, et des *Dissertations* très-étendues sur le gouvernement des Hébreux.

CALINIER, s. m. (*botan.*), sorte d'arbuste ou d'arbrisseau qui croît à la Guiane.

CALINIPAXA (*géogr. anc.*), aujourd'hui *Calini*, rivière de l'Inde septentrionale, qui prend sa source dans les montagnes de la Sérique, coule au sud-est, et se jette dans le Gange à Sambalaca. — CALINIPAXA, ville de l'Inde (*V.* PACALÆ).

CALINS, s. m. pl. (*term. de pêche*), piquets de l'entrée de la tour de la paradière.

CALIORNE, s. f. (*marine*). La caliorne est un gros cordage passé dans deux moufles à trois poulies, dont on se sert pour guinder et lever de gros fardeaux. On l'attache quelquefois à une poulie sous la hune de misène, et quelquefois au grand étai au-dessus de la grande écoutille.

CALIPOS (*géogr. anc.*), aujourd'hui Salao, fleuve des Celtici, vers le midi de la Lusitanie. Il se jetait dans la mer Atlantique, à Cetobriga, auprès de l'embouchure du Tage.

CALIPPE, astronome grec, qui vivait dans les premières années du IVe siècle avant J.-C. Il est célèbre par l'invention d'un nouveau cycle, dont la durée était de soixante-seize ans, et qui fut substitué au cycle de Méton. On a donné à cette période, qui commença à être employée en l'année 331 avant notre ère, le nom de *Calippique* (*V.* ASTRONOMIE).

CALIPPIQUE (*période calippique en chronologie*). C'est une période de soixante-seize ans, après laquelle les nouvelles et pleines lunes moyennes revenaient au même jour de l'année solaire, selon Calippe, Athénien, inventeur de cette période (*V.* PÉRIODE). Cent ans auparavant, Méton avait inventé une période ou un cycle de dix-neuf ans (*V.* CYCLE). Il avait formé ce cycle en prenant pour la quantité de l'année solaire 365 jours 6 heures 18′ 56″ 50‴ 31‴ 34‴‴, et le mois lunaire de 29 jours 12 heures 45′ 47″ 26‴ 48‴ 30‴. Mais Calippe, considérant que la quantité métonique de l'année solaire n'était pas exacte, multiplia par 4 la période de Méton, ce qui produisit une période de soixante-six ans, appelée *calippique*: c'est pourquoi la *période calippique* contient 27750 jours; et comme le cycle lunaire contient 235 lunaisons, et que la période calippique est quadruple de ce cycle, il s'ensuit qu'elle contient 940 lunaisons. Il est démontré cependant que la période calippique elle-même n'est point exacte; qu'elle ne met point les nouvelles et pleines lunes précisément à leur place, mais qu'elle les fait retarder de tout un jour dans l'espace de 225 ans. En effet, l'année solaire étant de 365 jours 6 heures 49′, et la période calippique de 76 ans, cette même période sera par conséquent de 27758 jours 10 heures 4′. Or, la grandeur du mois lunaire étant de 29 jours 12 heures 44′ 3″ 11‴, 940 mois lunaires font 27758 jours 19 heures 9′ 52″ 20‴, et par conséquent surpassent 76 ans années solaires de 8 heures 5′ 52″ 20‴; ainsi à chaque

révolution de la période les pleines lunes et les nouvelles lunes anticipent de cet intervalle. Donc, comme cet espace de temps fait environ un jour entier en 225 ans, il s'ensuit que les pleines et nouvelles lunes moyennes anticipent d'un jour dans cette période au bout de 225 ans, et qu'ainsi la période calippique n'étant bonne que pour cet espace, est encore plus bornée que le cycle métonique de 19 ans, qui peut servir pendant un peu plus de 300 ans. Au reste, Ptolémée se sert quelquefois de cette période. Calippe avait supposé l'année solaire de 365 jours 6 heures, et le mois lunaire de 29 jours 12 heures 44′ 12″ 48‴, et par conséquent il avait fait l'un et l'autre trop grand.

CALIQUE (*musiq. des anc.*). Athénée rapporte que de son temps il existait encore des vers de Stésichore, dans lesquels il était parlé d'une chanson nommée *calique*.

CALIS (*mythol.*), divinité protectrice des villes dans l'Inde. Elle est peinte de taille gigantesque, avec plusieurs bras, et la tête entourée de flammes; on représente aussi quelques animaux féroces à ses pieds. Chaque ville a sa divinité tutélaire.

CALIS, soldat de l'armée d'Alexandre, mis à mort pour avoir conspiré contre ce prince.

CALISAGA, s. m. (*botan.*), variété de quinquina.

CALISCH (*géogr.*), ville du diocèse de Gnesne en Pologne. On y tint un concile l'an 1420, le 25 septembre, sous le pontificat de Martin IV, dans le chœur de la collégiale, touchant l'élection de l'évêque de Strigonie en Hongrie. On y fit plusieurs canons selon l'ordre et la forme des Décrétales; sur la permutation des bénéfices, les clercs étrangers, les archidiacres, les vicaires, les jugements, les jours de fête, les évêchés vacants, les testaments, etc. (Labb., 12; Hard., 8).

CALISPERME, s. m. (*botan.*), espèce d'arbrisseau grimpant qui croît dans la Cochinchine.

CALISSOIRE, s. f. (*term. de manufacture*), poêle remplie de feu qui sert à lustrer les draps ou autres étoffes.

CALISTE (*géogr. anc.*), aujourd'hui Santorin, une des îles les plus méridionales de la mer Egée.

CALISTO (*mythol.*), fille de Lycaon, était une des compagnes favorites de Diane. Un jour, fatiguée de la chasse, elle se reposait seule dans un bocage. Jupiter, pour la séduire, prit la figure et l'habit de Diane, et ne se fit connaître à la nymphe que par la violence qu'il lui fit en la rendant mère d'Arcas. Elle était dans son neuvième mois, lorsque Diane invita ses nymphes à se baigner avec elle. Le refus qu'en fit Calisto manifesta son crime. La déesse la chassa de sa compagnie : mais Junon poussa plus loin sa vengeance, car elle la métamorphosa en ourse. Jupiter, pour l'en dédommager, l'enleva dans le ciel avec son fils Arcas, où ils forment les deux constellations de la grande et de la petite Ourse. Junon, à la vue de ces nouveaux astres, entra dans une nouvelle fureur, et pria les dieux de la mer de ne pas permettre qu'ils se couchent jamais dans l'Océan. Calisto aimait fort la chasse, et portait pour habillement la dépouille de quelques animaux, peut-être d'une ourse. Un roi d'Arcadie en devint amoureux. Voilà tout le fondement de la fable et de la métamorphose ; ce qu'on ajoute qu'elle ne se couche jamais dans l'Océan, signifie que la grande Ourse, ainsi que les autres étoiles du cercle polaire, n'est jamais sous notre horizon.

CALISTO (*astron.*), nom que les poëtes ont donné à la constellation de la grande Ourse (*V.* ci-dessus.)

CALITOR, s. m. (*botan.*), espèce de raisin noir, très-productif, des environs de la Loire.

CALITRI (*géogr.*), ville du royaume de Naples (Principauté ultérieure), sur une haute colline baignée par l'Ofanto, avec une belle église paroissiale. 4,600 habitants. A 5 lieues est de San-Angelo de Lombardie.

CALIX-ELF (LE) (*géogr.*), une des plus grandes rivières de la Laponie suédoise, prend sa source dans plusieurs grands lacs communiquant les uns avec les autres, au pied des Alpes norwégiennes, assez loin et à l'ouest de l'église de Jukkasjervi. Elle sert elle-même de frontière entre le pays des Lapons Gellivares et celui des Lapons Jukkasjervi, s'avance dans le pastoral d'Oefver Torneå, reçoit près du village de Taerende, le Taerende-Elf, qui est un bras de la rivière de Torneå, puis enfin, traversant le milieu des pastorats d'Oefver-Calix et de Neder-Calix, va se jeter dans la mer. Jusqu'à Taerende, le Calix suit, dans son cours, pendant l'espace de quatorze ou quinze milles, une ligne parallèle à celle de la rivière de Torneå, se dirige ensuite pendant l'espace de dix milles et un quart vers le sud jusqu'à l'église d'Oefver-Calix, qui se trouve à la distance de six milles et demi de son embouchure, laquelle est à un demi-mille au sud de l'église de Neder-Calix. La rivière de Calix a beaucoup de chutes d'eau, dont un grand nombre ne sont pas navigables; ses bords sont en général unis et pierreux, mais cependant fertiles et bien cultivés par intervalles. — Dans le pastorat d'Oefver-Calix, qui a neuf milles de long et quatre milles de large, et même à quelque distance en dehors de ce pastorat, il n'y a pas de routes voiturables : la rivière de Calix est la seule route de communication. Le pastorat d'Oefver-Calix est couvert de montagnes. Vis-à-vis de l'église se trouve la montagne nommée le Lappberg, qui, aux environs de la Saint-Jean, offre un point de vue très-favorable pour observer le soleil à minuit; il est vrai qu'à l'époque de Noël c'est tout au plus si on peut lire deux heures de la journée. L'église est entourée de vastes terrains fertiles; toutefois c'est en faisant du goudron que la plupart des habitants gagnent leur vie. Sur les bords des rivières l'herbe atteint quelquefois à une hauteur de près de deux mètres, sans cesser d'être excellente. Le nombre des habitants était en 1815 de 1,609; le nombre des naissances était en 1816 de 62, celui des morts de 27. — Le pastorat de Neder-Calix a 6 milles de longueur et 6 milles de largeur; le nombre des habitants était en 1815 de 3,653, car on y cultive beaucoup de blé, et on s'y adonne beaucoup à l'élève des bestiaux et à la pêche. On y tue des phoques et des oiseaux marins. On y construit aussi des vaisseaux, car une partie du pastorat est limitrophe du golfe de Bothnie. Le village assez considérable de Toere a un excellent port, des moulins à vent et des fonderies. En 1816, on compta dans le pastorat 127 naissances et 66 morts. Dans le nord, le pays est montagneux. Sur « le déjeuner de M. Boerga, » ou le don fait par Charles IX à la paroisse de Neder-Calix, V. Voyage en Suède, etc., par M. de Schubert, 2 vol., Leipzig 1823, p. 167, 168. — Les habitants d'Oefver-Calix sont la plupart Suédois, un petit nombre sont Finnois; dans le Neder-Calix, tous les habitants sont d'origine suédoise.

CALIXÈNE, s. f. (botan.), espèce de plante de la famille des asparagoïdes.

CALIXHYMÈNE, s. f. (botan.), plante du Pérou, qui a du rapport avec les nyctages.

CALIXTE Ier, ou CALLISTE (SAINT), Romain de naissance, succéda au pape Zéphirin le 2 août 217 ou 218. Il gouverna l'Eglise pendant cinq ans et deux mois, et mourut martyr le 12 octobre 222. Ce pontife fut estimé d'Alexandre Sévère, qui, suivant Lampride, dans la Vie de cet empereur, proposait son exemple aux officiers et au peuple. Les plus anciens pontificaux écrits d'après les registres de l'Eglise romaine, les anciens sacramentaires et d'autres monuments attribuent à saint Calixte l'institution du jeûne des Quatre-Temps. Ce fut sous son pontificat que les chrétiens commencèrent à bâtir des églises sous la tolérance des magistrats; mais le nom de Calixte est surtout célèbre par le cimetière placé sur le chemin d'Ardée, et qui s'étend jusqu'à la voie Appienne. Ce cimetière porta d'abord le nom de Saint-Calliste, et reçut, dans le IVe siècle, celui de Catacombe, du mot cumba (couche pour se reposer), et d'une préposition grecque qui signifie auprès. Ce lieu sacré est aujourd'hui connu sous le nom de Catacombe de Saint-Sébastien, parce que ce saint y fut enterré primitivement, et qu'il est patron d'une des sept principales églises de Rome, située à l'entrée de la Catacombe. On lit sur une inscription placée dans l'église : « C'est ici le cimetière du célèbre pape Calliste, martyr... Cent soixante-quatorze mille martyrs ont été enterrés là, avec quarante-six évêques illustres, etc. » Plusieurs auteurs entendent, par ces quarante-six évêques, quarante-six papes. Les historiens en citent au moins dix-sept (V. ANASTASE, etc.). Ce cimetière, le plus renommé de tous ceux qu'on voit autour de Rome, est plus ancien que Calixte, qui ne fit que l'agrandir et l'orner. On y voit un ancien autel de pierre, que le peuple dit être celui qui servait au saint pontife, mais que Fonsera croit postérieur au temps de saint Sylvestre. Quelques calendriers ne donnent à Calixte que le titre de confesseur; mais celui de Libère le met au nombre des martyrs. Il paraît que ses Actes qu'il fut tué dans une émeute populaire. Une partie de ses reliques est conservée, dit-on, dans l'église de Sainte-Marie-Transtévère à Rome. Pierre Moretto a composé un grand ouvrage intitulé De sancto Callisto, ejusque basilica, S. Mariæ Transtiberim nuncupata, disquisitiones duæ cirtico-historicæ, Rome, 1752, 2 vol. in-fol.

CALIXTE II (GUI DE BOURGOGNE), fils de Guillaume Tête-Hardie, surnommé le Grand, comte de Bourgogne, naquit à Quingey, petite ville de ce comté, vers le milieu du XIe siècle. Elu archevêque de Vienne en 1088, il gouverna cette église pendant plus de trente ans avec beaucoup de sagesse. Le pape Gélase II, obligé de quitter Rome, et de chercher un asile en France contre l'empereur Henri V, vit à son passage à Vienne Gui de Bourgogne, et l'engagea à se rendre à l'abbaye de Cluni, où son dessein était de se retirer; mais Gélase mourut avant

l'arrivée de l'archevêque de Vienne, et les cardinaux qui avaient suivi ce pontife se hâtèrent de lui nommer un successeur. Gui de Bourgogne fut élu à Cluni le 1er février 1119. Il était parent de l'empereur et des rois de France et d'Angleterre, oncle d'Adélaïde de Savoie, épouse de Louis le Gros. Ses vertus et ses talents, qui répondaient à sa haute naissance pouvaient servir dans les circonstances difficile où se trouvait la cour de Rome, et il fut jugé propre à terminer les troubles qui désolaient l'Eglise depuis cinquante ans. L'antipape Maurice Bourdin, qui avait pris le nom de Grégoire VIII, s'était emparé de cette ville et du siége pontifical. Après en avoir chassé Gélase II, il y avait couronné l'empereur Henri V. La querelle des investitures, cause de tous les troubles, était dans sa plus grande effervescence. Calixte indiqua Reims pour établir la paix entre l'Eglise et l'empire. Le pape envoya des députés à l'empereur, qui parut disposé à traiter. Le concile s'ouvrit à Reims le 20 octobre; on y condamna les simoniaques, les prêtres concubinaires, et tous ceux qui exigeaient un salaire pour les sépultures et pour les baptêmes. Dès le lendemain de l'ouverture du concile, Calixte se rendit à Mouzon pour conférer avec Henri. Ces démarches furent alors inutiles. Le pape revint à Reims sans avoir rien conclu, et ce ne fut qu'en 1122, le 23 septembre, que cette négociation fut terminée à la diète de Wurtzbourg, par un accord entre les légats du pape et les députés de Henri. L'empereur, par ce traité, conserve le droit de faire faire les élections en sa présence, et d'investir l'élu des régales par le sceptre, et le pape se réserve l'investiture par la crosse et l'anneau. L'empereur restitue tous les domaines confisqués sur l'Eglise depuis le commencement de la discorde, et les deux parties contractantes se promettent mutuellement une paix durable et sincère (V. l'Histoire ecclésiastique de Fleury, et le Tableau des révolutions, par Koch). La réconciliation fut solennelle; l'empereur communia des mains de l'évêque d'Ostie, qui lui donna le baiser de paix. Au concile de Reims, Louis le Gros, roi de France, était venu se plaindre de l'invasion de la Normandie par Henri, roi d'Angleterre, et des mauvais traitements qu'il faisait subir au duc Robert, vassal de la couronne de France; Calixte ne prétendit point interposer son autorité; car les conciles alors, par la présence des ambassadeurs et des souverains, se trouvaient souvent transformés en assemblées politiques, où l'on discutait des intérêts temporels; mais, dans cette occasion, Calixte se contenta d'agir comme médiateur. Il vint à Rome en 1120, pour y rétablir le véritable siége pontifical; il y fut reçu avec les démonstrations les plus sincères de l'allégresse publique. Sa grâce et son affabilité lui gagnèrent l'affection du plus grand nombre. Il alla néanmoins dans la Pouille implorer le secours des Normands contre l'antipape Bourdin, qui fut obligé de quitter la ville (V. BOURDIN). Ce fut pendant son voyage dans la Pouille que Calixte donna l'investiture de ce duché et de celui de Calabre à Guillaume, qui lui en fit l'hommage lige, ainsi que Robert Guiscard, son aïeul, et Roger, son père, l'avaient fait aux pontifes précédents. Le pape tint ensuite un concile général, qui est compté pour le neuvième œcuménique, et comme le premier de Latran, où l'on remarque, parmi plusieurs décrets, celui qui annule toutes les ordinations faites par l'antipape Bourdin, et celui qui défend l'usurpation des biens de l'Eglise romaine, et particulièrement de la ville de Bénévent, sous peine d'anathème. Ce fut dans ce concile qu'on décida d'envoyer des secours aux chrétiens d'Asie. Calixte paya lui-même la rançon de Baudouin II, roi de Jérusalem, et fit une partie des frais pour l'équipement de la flotte que les Vénitiens armèrent pour la défense de ce monarque. Il aida aussi le roi d'Espagne, Alphonse VI, contre les Maures, et fit la guerre à Roger, roi de Sicile, qui s'était ligué avec l'empereur d'Orient contre les Vénitiens; il le vainquit, le fit prisonnier, et lui rendit la liberté peu de temps après. Calixte mourut le 12 décembre 1124. Son pontificat ne fut pas sans gloire. Il rétablit la paix dans l'Eglise et dans la capitale du monde chrétien; il détruisit les tours de Cercio Frangipane et des autres petits tyrans; il soumit quelques comtes qui pillaient les biens de l'Eglise; il rétablit la sûreté au dedans et au dehors; il répara quelques monuments, et donna des aqueducs à la ville de Rome; il orna et enrichit l'église de Saint-Pierre, en empêchant des gens puissants de piller les offrandes qui lui étaient destinées. Plusieurs lettres, sermons, bulles, etc., de Calixte II ont été imprimés dans les Miscellanea de Baluze, le Spicilegium d'Achery, la Collection des conciles de Labbe, la Floriacensis Bibliotheca de J. du Bosco, la Bibliothèque des Pères, édition de Lyon, l'Italia sacra d'Ughelli, le Bullarium Cassinense de Margarini, la Marca Hispanica, et dans le De re diplomatica de Mabillon. Deux des lettres de Calixte II à Othon, évêque de

Bamberg, ont été imprimées à *Ingolstadt*, en 1602, in-4°, et quatre de ces sermons (sur saint Jacques, apôtre), qu'il avait prononcés en Gallice, ont été publiés à Cologne en 1618. On lui attribue une *Vie de Charlemagne* et un traité *De obitu et vita sanctorum*. Sa Vie a été écrite par Pandulphe Alatrin, et par Nic. de Rosellis. On trouve ces deux Vies dans Muratori.

CALIXTE III, élu pape le 8 avril 1455, s'appelait *Alphonse Borgia*, et était né à Valence d'une famille illustre. Devenu archevêque de cette ville et cardinal, il ne voulut recevoir aucun bénéfice en commende, en disant « qu'il se contentait d'une épouse qui était vierge. » Il voulait parler de cette église de Valence. Le pontificat de Calixte III est remarquable par un acte de justice bien cher aux Français : ce fut lui qui donna des pouvoirs à une commission ecclésiastique pour réviser le procès de l'infortunée Jeanne d'Arc. Le jugement solennel qui intervint le 7 juillet 1456 déclara qu'elle était morte martyre pour la défense de sa religion, de sa patrie et de son roi (*V.* Fleury. *Hist. ecclés.*, liv. 105). Calixte ne la canonisa point ; mais il autorisa les expiations religieuses qui eurent lieu à Rouen sur le tombeau de cette héroïne (*V.* l'*Histoire de France* par Velly). Il fit la guerre aux Turks ; ce fut le principal soin de son administration ; mais il n'obtint que de faibles succès. Il appela auprès de lui son neveu, fils de sa sœur, Roderic Lenzuoli, qui prit le nom de *Borgia*, et fut depuis pape sous celui d'Alexandre VI. Il mourut le 6 août 1458. Il avait montré des vertus et quelque habileté dans sa politique. Cependant quelques écrivains l'accusent d'avoir thésaurisé. Ils prétendent que l'on trouva dans ses coffres 50,000 écus d'or. Peut-être ces sommes faisaient-elles partie des dons gratuits qu'il s'était fait attribuer pour le succès de sa croisade. On lui attribue l'*Office de la Transfiguration*.

CALIXTE (GEORGES), théologien luthérien, né à Medelburg dans le Holstein en 1586, fut professeur de théologie à Helmstaedt en 1614, et mourut en 1656. On a de lui un traité latin contre le célibat des clercs, 1751, in-4°, et d'autres ouvrages fanatiques, quoique au beaucoup d'endroits il soit plus raisonnable et plus réservé que la plupart des chefs des nouvelles sectes. Il a mérité que Bossuet dit de lui dans le traité de la Communion sous les deux espèces : « Le fameux Georges Calixte, le plus habile des luthériens de notre temps, qui a écrit le plus doctement contre nous. » On trouve une liste complète de ses nombreux écrits dans sa *Consultatio de tolerantia reformatorum*, Helmstaedt, 1658, in-4°, réimprimée dans la même ville en 1697. On appelle de son nom, Calixtins, les luthériens qui reçoivent les calvinistes à leur communion (Bossuet, *Histoire des variations*, liv. 2).

CALIXTE (FRÉDÉRIC-ULRIC), fils du précédent, naquit à Helmstaedt le 8 mars 1652, et fut destiné d'abord à la médecine, pour laquelle il avait montré de grandes dispositions. En 1640, il alla en Suède ; mais, rappelé par son père, il quitta la médecine, et se livra à l'étude de la théologie, où il fit de rapides progrès. Il assista en 1645 au colloque de Thorn, alla ensuite à Dantzig et à Kœnigsberg, où il s'arrêta pour soutenir une thèse contre le docteur Myslenta en l'honneur des opinions de son père. Il revint à Helmstaedt, et publia un petit traité *De purgatorio*, où il défendit plusieurs propositions qu'il avait avancées dans ses *Disputationes* avec le jésuite Mulmann. En 1650, il lut en pleine académie une dissertation intitulée *De baptismo et antiquis circa illum ritibus*, qui eut beaucoup de succès, et lui valut l'honneur de professer la théologie positive. Peu de temps après, il parcourut la Saxe, l'Autriche, la Hongrie, passa en Italie, séjourna quelque temps à Rome, où il vit plusieurs cardinaux et le pape Innocent X, dont il sut gagner l'estime, et de là il passa en France. Rentré dans ses foyers, il fut docteur en théologie. En 1664, Auguste, duc de Wolffenbuttel, le nomma conseiller de l'église consistoriale. En 1681, il succéda au docteur Titius dans la chaire de professeur de controverse, et en 1684 les ducs Rodolphe-Auguste et Antoine-Ulric créèrent abbé de Kœnigslutter. Il s'occupa beaucoup des travaux de son père, et de ces querelles avec plusieurs docteurs sur divers points de théologie. La plus longue fut celle qu'il soutint contre Gilles Strauch, au sujet d'une petite brochure intitulée *Demonstratio liquidissima*, qu'il avait écrite en réponse à un ouvrage imprimé dans les *Consilia Wirtembergensia*, sous le titre de *Consensus repetitus*. Strauch répondit à cette brochure par une autre brochure en quatre-vingt-huit articles. La querelle s'engagea et se prolongea ; mais toute l'université de Helmstaedt finit par se déclarer en faveur de Calixte. Il écrivit un grand nombre de traités, dont on trouve la liste dans l'ouvrage de son père, intitulé : *Consultatio de tolerantia reformatorum*. On lit avec surprise dans sa Vie qu'il ne sut jamais le latin par

principes ; l'usage habituel qu'il en faisait dans ses lectures le lui avait seul enseigné ; aussi se défiait-il de lui-même, et, lorsqu'il faisait imprimer un ouvrage en latin, il avait soin de soumettre son travail à la révision de quelque professeur. Il mourut le 13 janvier 1701.

CALIXTINS, ou UTRAQUISTES, secte hussite de la Bohème, qui se distinguait principalement des catholiques, en ce qu'elle permettait aux laïques la communion sous les deux espèces (*V.* HUSSITES). Sous Georges de Podiebrad (1450-71), qui s'était déclaré pour leur parti, les nobles calixtins eurent le pas sur les autres ; sous Wladislas, ils se maintinrent en possession de leurs libertés religieuses, et depuis la réforme du XVIᵉ siècle ils partagèrent la foi et le sort des protestants en Bohème. Leur refus de prendre les armes contre leur coreligionnaires dans la guerre de Schmalkalde leur attira d'abord de cruelles persécutions. Cependant Ferdinand Iᵉʳ, quoiqu'il ne leur fût pas favorable, les laissa profiter des avantages de la paix religieuse de 1556, ainsi que ses autres sujets évangélistes, et l'excellent Maximilien II leur laissa pleine liberté pour l'exercice de leur religion. Leur sort fut beaucoup moins heureux sous Rodolphe II, et ils eurent beaucoup de peine à lui faire reconnaître, par la lettre royale publiée le 9 juillet 1609, la confession bohème, produite par eux conjointement avec les frères bohèmes et les évangélistes, et à obtenir la confirmation de leur règlement religieux, en vertu duquel ils avaient eu jusqu'alors des églises, des écoles et des professeurs particuliers, ainsi qu'un consistoire spécial à Prague. Cependant, Matthias ayant souffert quelques violations des libertés garanties par la lettre royale, les protestants coalisés coururent aux armes sous la conduite du comte de Thurn en 1617, pour se faire justice à eux-mêmes, et produisirent ainsi l'étincelle qui alluma la guerre de trente ans. Après un triomphe de courte durée, obtenu sous un roi de leur choix, nommé Frédéric, du Palatinat, ce prince mal conseillé, fut complétement défait à Prague en 1620, ce qui amena l'oppression du protestantisme. Ferdinand II fit exécuter comme rebelles un grand nombre de calixtins, de luthériens et de réformés, et contraignit les autres à s'expatrier ; Ferdinand n'étendit pas les bienfaits de la paix de Westphalie aux protestants de la Bohème. Ses successeurs ne leur furent pas plus favorables, et ce ne fut qu'en 1782 que l'édit de tolérance de Joseph II leur rendit une liberté dont ils étaient privés depuis cent soixante-deux ans. Les restes des anciens calixtins se sont fondus dans les sectes luthérienne et réformée.

CALL (JEAN VAN), dessinateur et graveur, né à Nimègue en 1655, était fils d'un horloger qui, ayant trouvé le secret d'augmenter considérablement le son des cloches en mélangeant divers métaux, voulait lui transmettre ses talents. Le goût du jeune van Call se prononça pour le dessin, et son père ne s'opposa point à son penchant. Ses premiers essais furent des copies bien faites des paysages de Breughel, de Paul Bril, etc. On remarque d'autant plus ses succès qu'il n'avait point de maîtres. Ce fut également seul qu'il apprit, avec le secours des livres, l'anatomie et la perspective. Il prit ensuite le sage parti de voir la nature par ses propres yeux, et fit aux environs de Nimègue des dessins à l'encre de la Chine, qui lui valurent les suffrages des connaisseurs et furent chèrement achetés. Il voyagea ensuite en Italie, et vint à Rome, où, dit Descamps, il recueillit une moisson plus abondante que jamais de dessins de toute espèce. Toujours bien récompensé de ses travaux, il revint dans son pays natal par l'Allemagne et la Suisse, dessinant partout les vues les plus pittoresques. Un de ses plus beaux ouvrages représente en soixante-douze feuilles les vues les plus intéressantes du cours du Rhin, depuis la chute de Schaffhouse jusqu'à Scheveningen. P. Schenck l'a publié sous ce titre : *Admirandorum quadruplex spectaculum*. Van Call s'étant fixé à la Haye, il y grava à l'eau-forte plusieurs de ses dessins, et vit ses gravures aussi recherchées que les originaux. Il peignit aussi en miniature, et mourut à la Haye en 1705, à l'âge de quarante-huit ans, laissant quatre enfants, dont deux furent artistes. — CALL (Pierre van), fils du précédent, s'adonna comme son père au paysage. Resté orphelin à l'âge de quinze ans, il ne laissa pas de se former à force de travail et par son goût naturel, au point d'acquérir une grande réputation. S'étant aussi appliqué à l'architecture civile et militaire, il fut beaucoup employé dans sa patrie, et ensuite par le roi de Prusse, qui lui fit dessiner à l'aquarelle toutes les forteresses et les champs de bataille de la guerre de Flandre, sous Louis XV.

CALLA, s. m. nom que l'on a donné en certains endroits, au brou de noix.

CALLABIDE, s. f. (*archéol.*), danse ridicule qui était en usage chez les anciens. — Air de cette danse.

CALLADIUM, s. m. (*botan.*), genre de plantes du Brésil, de la famille des gouets. On dit aussi *caladion*.

CALLADOÉ, s. f. (*botan.*), genre de plantes de la famille des graminées, voisin des méoschies.

CALLÆAS, s. m. (*hist. nat.*), espèce de pie; nom générique du glaucope, oiseau sylvain.

CALLÆCHERUS, père de Critias, un des trente tyrans d'Athènes (*Plut.*, *Alc.*).

CALLAF, s. m. (*botan.*), arbrisseau fort bas, dont le bois est uni, et qui croît en Afrique.

CALLAIS, s. m. (*minéral.*), sorte de pierre gemme; aiguemarine, ou turquoise de couleur verte.

CALLAIQUES (*V.* **CALLÈCES**).

CALLALLUH, s. m. (*botan.*), amarante des Indes, qui s'accommode en guise d'épinards.

CALLAMARD (CHARLES-ANTOINE), sculpteur, né à Paris, fut élève de Pajou, et obtint en 1797 le premier grand prix de sculpture sur le sujet d'*Ulysse enlevant à Philoctète les flèches d'Hercule*. Il envoya de Rome à l'exposition, en 1810, une statue de marbre représentant *l'Innocence réchauffant un serpent*. Une jeune fille, assise sur un rocher, enveloppe dans sa draperie et réchauffe un serpent engourdi sur son sein. L'expression de tristesse qu'elle éprouve en voyant la douleur de cet animal est très-belle; l'exécution des pieds et des mains est pleine de délicatesse. Sa statue en marbre représentant *Hyacinthe blessé*. Cette belle figure, dont les formes sont si élégantes et si pures, a été mise, par quelques personnes, en parallèle avec ce que l'antiquité a produit de plus parfait. Ces deux statues sont au musée du Louvre. La mort qui frappa Callamard, vers l'an 1821, lorsque, jeune encore, il allait donner à son talent tout l'essor dont il était susceptible, a privé la France d'un grand sculpteur. Callamard a sculpté à l'attique de l'arc du Carrousel les armes d'Italie, soutenues par la Force et par la Sagesse.

CALLANDER (JACQUES), historien, né en Ecosse, mort dans l'Etat de Virginie en 1805, s'est fait connaître par un ouvrage sur les abus du gouvernement anglais en Europe, en Asie et en Amérique, depuis 1688 jusqu'à 1800, publié en anglais sous ce titre: *Political progress of Britain, or an impartial history of abuses on the government*, etc.; et par des *Recherches sur l'histoire d'Amérique*, Philadelphie, 1798, in-8°.

CALLANTIE (*géogr. anc.*), ville de la Mésie inférieure, sur le Pont-Euxin.

CALLANTII (*géogr. anc.*), peuple de la Scythie méridionale, vers l'embouchure du Danube, dans le pays qui depuis reçut le nom de *Mésie inférieure* ou *Nouvelle-Mésie*.

CALLAO DE LIMA, SAN-FELIPE DE CALLAO ou simplement **CALLAO** (*géogr.*), le port de Lima, la capitale du Pérou, dont il est à 2 lieues ouest. Le Rimac se jette près de la ville dans le Grand-Océan. Depuis le tremblement de terre de 1746, qui le détruisit et fit périr 4,000 âmes, Callao n'est plus qu'un village de 200 maisons. Cependant, comme entrepôt du Pérou, il s'y fait toujours un grand commerce, et c'est toujours le point de relâche de la plupart des marins qui parcourent le Grand-Océan. L'arrivage y est sûr, abrité des vents du sud; le Castello de San-Felipe et le fort San-Rafael le défendant.

CALLAPATIS, s. m. (*comm.*), sorte de toile de coton que l'on fabrique dans les Indes orientales.

CALLARD DE LA DUQUERIE (JEAN-BAPTISTE), professeur de médecine à l'université de Caen, et membre de l'académie de cette ville, où il est mort en 1718, âgé de quatre-vingt-huit ans, avait le goût des sciences et beaucoup d'érudition. On a de lui: *Lexicon medicum etymologicum, sive tria etymologiarum millia quas in scholis publicis medicinæ alumnos ita postulantes edocuit*, Caen, 1675-1692, in-12; Paris, 1693, in-12; cette édition fort augmentée. Cet ouvrage fort estimé ne contient cependant que les étymologies des termes de médecine. Il en a donné une édition in-folio, considérablement augmentée, contenant onze mille étymologies des termes de médecine, chirurgie, pharmacie, botanique, chimie et physique, imprimée à Caen, 1715, in-fol. C'est à Callard que l'on doit le premier établissement d'un jardin de botanique à Caen. Il s'était beaucoup appliqué à connaître les plantes de la Normandie, et il a donné le résultat de ses recherches dans un petit ouvrage fort peu connu, intitulé: *Catalogus plantarum in locis paludosis pratensibus, maritimis, arenosis et sylvestribus, propè Cadomum in Normannia nascentium*, Paris, 1714.

V.

CALLARIAS, s. m. (*hist. nat.*), nom donné par les ichthyologistes au dorsch, morue de la mer Baltique.

CALLAS (*hist.*), général d'Alexandre, de Cassandre. Ce n'est peut-être qu'un seul personnage.

CALLAS (*géogr. anc.*), petite rivière de la Béotie. Elle coule au nord, et se jette dans la mer Egée, vis-à-vis de l'île d'Eubée.

CALLATÈBE (*géogr. anc.*), ville de l'Asie-Mineure dans la Carie auprès du Méandre (*Hérod.*, 7, c. 52).

CALLE, *calla* (*botan.*), plante de la famille des aroïdées, monœcie polyandrie, à fleurs monoïques, placées sur un spadice cylindrique, et environnée d'une spathe monophyle et roulée en cornet. Aucun périanthe ne les distingue individuellement; les étamines se trouvent presque toujours mêlées avec les ovaires; dans une espèce elles occupent le sommet du spadice. On peut considérer chaque étamine comme une fleur mâle; la fleur femelle se compose d'un ovaire portant un stigmate sessile. Le fruit est une baie à plusieurs loges, renfermant chacune une ou plusieurs graines. Les espèces de calles, au nombre de quatre ou cinq, sont des plantes herbacées à tiges rampantes, à feuilles entières et alternes, vivant dans les marécages de l'ancien et du nouveau continent. En général, leur aspect est triste, leur odeur fétide, leur suc âcre et vénéneux. Hâtons-nous d'excepter de cet anathème la CALLE D'ÉTHIOPIE (*calla œthiopica*), plante élégante et parfumée, qui orne nos serres à la fin de l'hiver. Ses feuilles sagittées, grandes, d'un beau vert, entourent la base d'une hampe de deux à trois pieds, au sommet de laquelle une spathe blanche, qu'on appelle vulgairement la fleur, embrasse les organes de la fructification; les étamines sont placées au-dessus des ovaires. M. Kunth a fait de cette espèce le genre *richardia*. Une autre espèce, devenue intéressante dans les pays très-pauvres, est la CALLE DES MARAIS (*calla palustris*), commune dans le nord de l'Europe; sa racine épaisse et charnue contient une fécule abondante et nutritive lorsque le lavage lui a enlevé son âcreté naturelle. Cette plante se trouve jusque dans les Vosges, où son usage est connu. M. Kunth a rapporté au genre *calla* le *dracuntium pertusum* de Linné, qui en effet y appartient par la disposition de ses fleurs et le manque de calice. Cette plante, indigène de l'Amérique méridionale, est assez singulière, en ce que ses feuilles, percées de plusieurs trous, offrent l'aspect d'un treillage.

CALLE, s. f. (*technol.*) (*term. de charpentier*), pièce de bois qui en soutient une autre qu'on travaille.

CALLE (*marine*), machine qui sert à retirer de l'eau les vaisseaux pour les radouber.

CALLE (Porto) (*géogr anc.*), ville des Callèces Braccari, au nord, à l'embouchure du Durius.

CALLE (LA) (*géogr.*), établissement fortifié de la régence d'Alger (Constantine), sur une péninsule, avec un port qui est le point de réunion des bâtiments occupés à la pêche du corail sur la côte voisine. C'est à cette branche d'industrie qu'elle doit toute son existence. Sa population est de 5 à 400 habitants. On en exporte encore ses grains, de la laine, de la cire, des peaux. Durant la révolution, les Anglais tentèrent vainement de l'occuper. Peu de temps avant la prise d'Alger, il fut détruit par les ordres du dey. Mais il a repris une nouvelle vie. A 50 lieues est nord-est de Constantine.

CALLÈCES (*géogr. anc.*), peuple d'Espagne situé à l'extrémité nord-est de la Tarraconaise, dans le pays nommé aujourd'hui Galice. On les divisait en Braccari au sud et Lucenses au nord. Leur territoire était borné au nord et à l'ouest par la mer, au sud par le Durius, et à l'est par les Astures et les Vaccéens (*Ptol.*, 12, c. 6. — *Just.*, 45, c. 5).

CALLÉE, s. m. (*comm.*). On nomme *cuirs de callée*, des cuirs de Barbarie, première qualité.

CALLEJA (DON FELIX DEL REY), comte de Caldéron, général, né en Espagne vers 1750, passa de bonne heure en Amérique, et y devint fiscal du conseil des Indes, emploi qui était fort considérable. Parvenu successivement au grade de maréchal de camp, il commandait une brigade à San-Luiz de Potozi dans le Mexique, en 1810, lorsque le prêtre Hidalgo conçut le projet de révolutionner les provinces de la Nouvelle-Espagne. Dès qu'il apprit les succès que avaient déjà signalé les opérations d'Hidalgo, Calleja se réunit au comte de la Cadena et marcha au secours de Mexico. Ayant rencontré les insurgés sur une montagne voisine d'Aculeo, il leur livra bataille le 7 novembre 1810, et les tailla en pièces. D'après son rapport officiel, il n'y eut pas moins de 10,000 indépendants tués, blessés ou faits prisonniers dans cette journée. Hidalgo opéra sa retraite sur Goanaxoato ; Calleja le suivit de près, détruisit les batteries de la place le 24 du même mois, et s'empara de 24 canons, parmi lesquels était le *libertador americano*. Les soldats d'Hidalgo, furieux contre les Espagnols, en assassinèrent plus de 200, renfermés dans l'Haloudiga ; le jour suivant les troupes royales prirent la ville d'assaut, et le soldat eut la permission de piller et de tuer pendant deux heures ! 14,000 personnes, vieillards, femmes et enfants, périrent en un jour. Le général en chef publia une proclamation par laquelle il ordonnait que dans 24 heures les armes et les munitions de toute espèce fussent livrées au gouvernement, sous peine de mort. La même peine attendait ceux qui manifesteraient une opinion favorable à la révolution ; enfin l'ordre fut publié de tirer sur tout rassemblement de plus de trois personnes. Calleja marcha ensuite sur Guadalaxera où Hidalgo s'était retiré. Celui-ci eut la fermeté de l'attendre, et lui présenta la bataille le 17 janvier 1811, à *el Puente de Calderon* ; mais il fut complétement battu, et obligé de prendre la fuite, abandonnant toute son artillerie et un grand nombre de prisonniers qui tous subirent la dure loi du vainqueur. Hidalgo lui-même, fait prisonnier le 21 mars, fut impitoyablement fusillé. Calleja tourna ensuite ses armes contre Rayou, qui avait formé une junte à Zitaquaro. Il pénétra dans cette ville le 2 janvier 1812, la fit raser et ordonna de passer au fil de l'épée tous les habitants. Plus tard il livra un assaut à Quantila-Amilpas où commandait Morelos ; mais il fut forcé de le suspendre, après un engagement de 6 heures, et ne s'empara de la ville que le 2 mai. « L'enthousiasme des insurgés tient son exemple, écrivait Calleja à un ami le 15 mars ; Morelos donne ses ordres d'un air prophétique, et quels qu'ils soient, ils sont toujours ponctuellement exécutés. Nous entendons continuellement les habitants jurer qu'ils s'enterreront sous les ruines plutôt que de nous livrer la ville ; ils dansent autour des bombes qui tombent, pour prouver qu'ils ne craignent pas le danger. » Après la prise de Quantila-Amilpas, Calleja se mit à poursuivre les indépendants en rase campagne, et il en tua plus de 4,000 ; mais ce fut son dernier exploit dans le nouveau monde. Nommé par la régence pour succéder au vice-roi Vénégas, il montra dans ces nouvelles fonctions un dévouement qui serait digne d'éloges, s'il ne se fût pas porté à des actes de cruauté inouïs et inconcevables au XIXᵉ siècle. On croit que ces excès furent la principale cause de son rappel qui eut lieu en 1817. Il revint en Espagne, où il fut très-bien accueilli par Ferdinand VII, qui le nomma en 1818 comte de Calderon, en mémoire de la victoire qu'il avait remportée au pont de ce nom. En 1819, malgré ses soixante-dix ans, Calderon fut nommé pour commander en chef les troupes qui devaient s'embarquer pour aller soumettre les indépendants du Paraguay, alors rassemblés à Cadix et à l'île de Léon. Le 8 septembre, il adressa à son armée une proclamation remarquable par les principes de modération et de sagesse qui y étaient exprimés. Il s'occupa ensuite d'y rétablir l'ordre et la discipline, et de compléter les corps décimés par la désertion et par une épidémie qui venait de désoler Cadix. Il avait obtenu des résultats satisfaisants sous tous les rapports, lorsque le 1ᵉʳ janvier 1820, toute l'armée s'insurgea ; et le colonel Riego (*V.* ce nom) commandant le bataillon des Asturies, ayant proclamé la constitution des cortez à las Cabezas, lieu de son cantonnement, marcha pendant la nuit vers Arcos de la Frontera, quartier général du comte de Calderon, et le fit arrêter avec quelques autres chefs et administrateurs de l'armée. Il fut retenu prisonnier à l'île de Léon pendant plusieurs mois. Rendu à la liberté après que l'armée française eut replacé Ferdinand sur son trône, Calleja reçut un accueil bienveillant du souverain, mais il n'obtint aucun emploi, et mourut peu de temps après dans la retraite, aussi mal vu des constitutionnels, qu'il était peu satisfait de la reconnaissance royale.

CALLEMANDE ou CALLEMANDRE, s. f. (*V.* CALMANDE).

CALLENBERG (GÉRARD), amiral hollandais, né à Willemstadt en 1642, mort à Wlaerdengul en 1722, était capitaine à bord du vaisseau que montait Ruyter dans le fatal combat à la suite duquel ce grand marin fut enlevé à la république en 1676. Il eut en 1702 une très-grande part au succès glorieux des armes hollandaises dans le port de Vigo. En 1704, il commandait la flotte qui, réunie à celle des Anglais, sous l'amiral Cooke, attaqua et prit Gibraltar.

CALLENBERG (GASPAR), jésuite, né dans le comté de la Marck en 1678, mort à Cosfeld en 1742, fut professeur de théologie dans plusieurs villes d'Allemagne, et a laissé quelques livres de droit canonique écrits en latin, mais auxquels il n'a pas mis son nom. On en trouve la liste dans la *Bibliot. colon.* de Martzheim. — CALLENBERG (G. M. HERMANN, comte de), né

en 1744, mort en 1795, conseiller intime de l'électeur de Saxe, a traduit en allemand quelques ouvrages suédois et en français l'ouvrage allemand de Muller, intitulé : *la Ligue des princes*, etc.

CALLENBERG (JEAN-HENRI), savant orientaliste, né en 1694, dans le pays de Saxe-Gotha, professa la théologie à Hall, et consacra son temps et sa fortune à fournir aux missionnaires de sa communion les livres dont ils avaient besoin pour leurs travaux apostoliques. L'alphabet arabe étant assez généralement employé dans les différentes langues de l'Inde, il établit chez lui et à ses frais une imprimerie arabe et une hébraïque ; car son zèle s'étendait aussi à la conversion des Juifs répandus dans tout le Levant. Il y fit imprimer sous ses yeux des traductions de la *Bible*, des livres ascétiques, et beaucoup d'autres, dont quelques-uns ne sont pas sans intérêt pour les Européens. Il mourut en 1766. L'institut qu'il avait fondé continua de faire imprimer la traduction des livres religieux et de les distribuer aux Juifs et aux musulmans ; mais le zèle de ces nouveaux apôtres se refroidit peu à peu, et vers 1792 l'entreprise fut tout à fait abandonnée.

CALLESCHROS, architecte grec, vivait à Athènes dans la LIXᵉ olympiade, 544 ans avant J.-C. Il fut un des quatre architectes que Pisistrate chargea de construire le temple de Jupiter Olympien, qui ne fut fini que sept siècles plus tard, sous le règne de l'empereur Adrien.

CALLESIS, s. m. (*botan.*), plante des anciens, que l'on croit être la verveine. On écrit aussi *Calesis*.

CALLET (JEAN-FRANÇOIS), savant mathématicien, né à Versailles en 1741, vint s'établir à Paris en 1768, et y forma pour l'école du génie un grand nombre d'élèves distingués. Il remporta en 1779 le prix proposé par la société des arts de Genève sur les échappements. Il termina en 1785 son édition des *Tables* de Gardiner, in-8°, où l'on trouve les logarithmes des nombres jusqu'à 102,950. Il fut nommé professeur d'hydrographie à Vannes en 1788, et, peu de temps après, à Dunkerque. Revenu ensuite à Paris, il fut professeur des ingénieurs-géographes, au dépôt de la guerre, pendant quatre ans. Il publia en 1795 la nouvelle édition stéréotype des *Tables de* logarithmes des sinus pour la division décimale du cercle, et présenta à l'Institut, vers la fin de 1797, l'idée d'un nouveau télégraphe et d'une langue télégraphique dont les signes s'adaptaient, par une combinaison mathématique, à douze mille mots français dont il proposait de faire un dictionnaire. Ce savant mourut à Paris en 1799.

CALLET (ANTOINE-FRANÇOIS), peintre d'histoire, né à Paris en 1741, reçu à l'académie en 1780. Dans l'histoire de la peinture française, il se place à côté de Suvée, de Brenet, de le Barbier, de Vincent et de Peyron, c'est-à-dire parmi les élèves de cette école dont Vien est le représentant le plus célèbre, et qui, en retirant l'art de la fausse voie où Boucher l'entraînait, préparèrent l'époque de David. Callet dessinait assez correctement, mais compose lourdement : son coloris n'est pas faux, mais il n'a aucune qualité supérieure. Tels sont, au reste, les caractères de l'école à laquelle il appartenait. Cependant quelque faibles que soient les œuvres de ces artistes, comparées à celles de David, de Gros et de Gérard, on les trouvera remarquables à côté de celles de Lancret, de Watteau et de Loutherbourg. C'est en effet une gloire pour Callet et ceux que nous avons cités avec lui, d'avoir vu le mal et essayé de bien faire. Les principales productions de Callet sont : *Curtius se dévouant pour sa patrie ; Venus blessée par Diomède ; l'Automne et les Saturnales ; Achille traînant le corps d'Hector autour de Troie ; la France sauvée*, allégorie sur le vaisseau de l'Etat, sauvé, suivant Callet, au 18 brumaire ; *la Bataille de Marengo ; l'Entrée du premier consul à Lyon ; le Mariage de Napoléon et de Marie-Louise ; le Traité de Presbourg ; Erigone ; un Ganymède ; une Allégorie sur la naissance du roi de Rome ; la Reddition d'Ulm* (1812), à *Versailles ; l'Entrée de Napoléon à Varsovie ; Achille à la cour de Nicomède* ; enfin les portraits de *Louis XVIII et du comte d'Artois*. Callet est mort en 1825 (1).

CALLEUX, EUSE, adj. (*gramm.*), où il y a des callosités. En anatomie, *corps calleux*, longue et large bande de substance médullaire qui réunit les deux hémisphères du cerveau.

CALLEVA (*Alton*) (*géogr.*), ville des Atrébates, dans la Bretagne 1ʳᵉ, au nord-est de Venda Belgarum.

CALLIACHI (NICOLAS), né à Candie en 1645, en sortit à l'âge de dix ans, vint étudier à Rome, et après dix années d'études fut reçu docteur en philosophie et en théologie. En 1666,

(1) Callet a peint en outre au Luxembourg un plafond représentant le *Lever de l'Aurore*. C'est par erreur que les biographes disent que cet artiste remporta en 1759 le premier grand prix de peinture.

il fut appelé à Venise pour y professer les langues grecque et latine, et la philosophie d'Aristote ; en 1677 , il alla à Padoue, où il professa successivement la logique d'Aristote , la philosophie, la rhétorique. Il garda cette dernière chaire jusqu'à sa mort, arrivée le 8 mai 1707. On a de lui quelques discours qu'il prononça en diverses circonstances. Il avait composé plusieurs autres ouvrages, dont il n'a été publié que les suivants : 1° *De ludis scenicis mimorum et pantomimorum, edente M. A. Madero*, Padoue, 1713, in-4°, et dans le second tome du *Novus Thesaurus antiquitatum Romanarum*, de Sallengre. Ce traité, qui fait connaître le théâtre grec et romain mieux qu'on ne l'avait connu jusque-là, était resté dispersé parmi les papiers de l'auteur, qui était mort sans y avoir mis la dernière main ; le dernier chapitre est même demeuré imparfait. L'ouvrage est curieux, et mérite d'être lu ; 2° *De gladiatoribus ; De suppliciis servorum; De Osiride; De sacris Eleusiniis eorumque mysteriis*. Ces quatres dissertations ont été publiées par le marquis Poleni, dans le 5e volume de son Supplément au *Thesaurus antiquitatum.*

CALLIANASSE et **CALLIANIRE**, nymphes qui présidaient aux bonnes mœurs. — *Callianasse*, une des néréides.

CALLIANIRE, *Callianira* (*hist. nat.*). Péron a établi sous ce nom un genre de l'ordre des acalèphes libres , composé d'animaux gélatineux, mollasses , transparents dans toutes leurs parties. Leur corps est vertical dans l'eau, presque cylindrique, comme tubuleux obtus aux deux extrémités. Il est muni, sur les côtés , de deux espèces de nageoires opposées, qui se subdivisent chacune de deux ou trois feuillets membraneux , gélatineux, verticaux et fort simples. Ces feuillets sont contractiles et bordés de cils. On connaît deux espèces de ce genre ; on les rencontre dans les mers des pays chauds par troupes nombreuses, qui se tiennent à la surface de la mer ou à une profondeur d'un ou deux pieds au plus. La CALLIANIRE TRIPLOTÈRE (*C. triplotera*, Lamarck) est lumineuse la nuit, et on la rencontre dans la mer de Madagascar. L'autre espèce (*C. diplotera*, Péron) a été trouvée dans les parages de la Nouvelle-Hollande.

CALLIANY (*géogr.*), ville de l'Indoustan (Aureng-Abad), entourée de murailles, et qui est grande et assez jolie. Presque tous ses habitants sont musulmans. On y fabrique des toiles de coton , de la poterie, des objets en cuivre ; et le commerce y consiste surtout en huile et noix de cocos. A 11 lieues nord-est de Bombay.

CALLIARE (*géogr. anc.*), ville de Phocide, située sur la frontière des Locriens Epicnémidiens. Elle fut ainsi nommée de Calliare, fille de Laonome (*Il.*, 2, v. 58. *Strab.*).

CALLIAS, Athénien, riche propriétaire de mines dans l'Attique, remporta le prix de la course des chevaux et le second prix de la course des chars, l'an 564 avant J.-C. (LIVe olympiade). Chef de l'ambassade que les Athéniens envoyèrent au roi Artaxerxe, il conclut avec ce prince le traité qui assura l'indépendance des colonies grecques en Asie. On doit à Callias la découverte du minéral appelé *cinabre*, qu'il fit en cherchant à séparer l'or qu'il supposait exister dans le sable rouge du minerai d'argent.

CALLIAS, poëte dramatique grec, composa plusieurs tragédies et comédies, parmi lesquelles on cite *les Cyclopes*, *Atalante*, etc. — Un autre CALLIAS, de Syracuse, a écrit une *Histoire des guerres de Sicile*, dont on ne connaît que quelques fragments.

CALLIAS. Vitruve nous apprend que les Rhodiens, pour reconnaître les services que leur avait rendus, pendant le siège de Démétrius, un architecte nommé Diognetus, augmentèrent de beaucoup une pension que la ville lui avait assignée, mais que par la suite on avait cessé de lui payer pour un architecte d'Arados nommé Callias. — Ce Callias s'était acquis l'estime du peuple de Rhodes, par l'expérience qu'il fit d'une machine avec laquelle il enlevait une hélépole par-dessus une muraille; mais il perdit bientôt son crédit quand on lui proposa d'enlever celle d'Epimachus; car pour lors il fut obligé d'avouer que les forces de sa machine étaient bornées, et qu'elle ne pouvait pas enlever également tous les fardeaux.

CALLIBIOS, s. m. (*hist. nat.*), nom d'une espèce de poisson que l'on dit bon à manger.

CALLIBIUS, Spartiate, un des trente tyrans d'Athènes, obtint de Lysandre le commandement de la citadelle de cette ville. *Xén.*

CALLIBLÉPHARON, s. m. (*toilette*), sorte de pommade propre à embellir les paupières.

CALLICA (*géogr. anc.*), ville de Bithynie, près du Pont-Euxin.

CALLICARPA ou **CALLICARPE**, s. m. (*botan.*), plante de la famille des pyrénacées.

CALLICHROME, *callichroma* (*hist. nat.*), genre de coléoptères de la famille des longicornes, tribu des cérambycins, établi par Latreille, ayant pour caractères : antennes un peu dentées en scie, palpes maxillaires plus petits que les labiaux; corps déprimé, avec le devant de la tête pointu. Les callichromes sont des insectes à couleurs métalliques très-brillantes, de taille souvent assez grande, et dont plusieurs répandent une odeur musquée assez prononcée pour les faire découvrir sur les arbres où ils se tiennent habituellement; leurs larves vivent dans l'intérieur du bois, et leurs mœurs n'offrent rien de bien remarquable; tout leur mérite gît donc dans leurs couleurs qui sont souvent très-belles, ce qu'exprime le nom qu'on leur a donné. Notre pays en produit peu d'espèces; mais les pays chauds des autres contrées en offrent une très-grande quantité. — C. DES ALPES, *C. Alpina*, Fab. Long de 15 à 18 lignes, d'un gris laqueux, avec des taches veloutées noires, une sur le corselet vis-à-vis le vertex, et trois à la suite l'une de l'autre sur chaque élytre, celle intermédiaire formant une bande qui tient toute la largeur des élytres; ses antennes sont en outre annelées de noir et velues à chaque articulation. Cette jolie espèce, ainsi que l'indique son nom , nous vient des montagnes des Alpes, où elle n'est pas très-rare. — C. MUSQUÉ, *C. moschatus*, Linn., col. IV, 17, XVII, 7. Long de 15 à 18 lignes, entièrement d'un vert bronzé brillant, tournant quelquefois au bleu. Cette espèce est très-commune sur les saules aux environs de Paris. — C. AMBROISIEN, *C. ambrosiacus*, Chap. De même taille et de même couleur que le précédent , mais avec une large tache cramoisie occupant chaque côté du corselet. Cette espèce se trouve en Espagne, dans le midi de l'Allemagne, en Italie, etc.

CALLICHTE, *callichthys* (*poiss.*). Linné réunissait sous le nom générique de silure, *silurus*, un grand nombre de poissons malacoptérygiens abdominaux, dont les mœurs et surtout l'organisation sont assez différentes. Depuis lui, plusieurs naturalistes ont subdivisé ce groupe, et Cuvier, dans le Règne animal.(édit. 2e), en a fait une grande famille sous le nom de siluroïdes ou d'ophlophores de Duméril. Mais nous ne pouvons partager l'opinion de Bloch qui, dans son traité d'ichthyologie, réunit au genre callichte de Cuvier le genre doras de Lacépède. Ces deux genres nous paraissent avoir des caractères suffisants pour rester séparés. Voici ceux que nous avons observés dans ce genre : les callichtes ont le corps presque entièrement cuirassé sur ses côtés par quatre rangées de pièces écailleuses, et il y a aussi sur la tête un compartiment de ces pièces; mais le bout du museau est nu , ainsi que le dessous du corps. Leur deuxième dorsale n'a qu'un seul rayon, mais la première est faible et courte. La bouche est peu fendue, et les dents presque insensibles; les barbillons sont au nombre de quatre ; les yeux sont petits et sur les côtés de la tête. Ce genre comprend plusieurs espèces, parmi lesquelles nous citerons particulièrement le *cataphracte*. — CALLICHTE (cataphractes callichthys, Lacép.), *silurus callichthys*, Bloch, pag. 377, tom. I. Qui a la tête revêtue d'une couverture osseuse, dure. La mâchoire supérieure avance plus que l'inférieure ; la langue est lisse. Presque tous les rayons des nageoires sont garnis de trois petits piquants. Les lames dentelées qui revêtent chacun des côtés du callichte sont ordinairement en nombre assez considérable, et ils présentent assez de largeur pour que les quatre rangs qu'elles offrent continuent de manière à produire un sillon longitudinal sur chaque côté du poisson. Cet abdominal est originaire des Indes; il aime les eaux courantes et limpides. Plusieurs auteurs ont écrit qu'il pouvait, comme l'anguille et quelques autres poissons, s'éloigner en rampant ou en sautillant jusqu'à une distance assez grande des fleuves qu'il habite, et se creuser dans la vase et dans la terre humide des trous assez profonds. Il ne parvient que rarement à la longueur de trois ou quatre décimètres. Sa couleur générale paraît brune; on voit des taches brunâtres et des nuances jaunes sur la nageoire de la queue. Sa chair est agréable au goût.

CALLICLÈS, sculpteur grec, né à Mégare. Les talents en sculpture furent héréditaires dans sa famille. Thiocosme, son père, avait exécuté une statue de Jupiter, le plus bel ornement de la ville de Mégare. Celle de Diagoras, vainqueur dans les jeux du ceste, n'était pas moins remarquable et admirée. Pausanias, qui était un excellent juge en matière d'arts, la cite avec de grands éloges dans sa description de la Grèce.

CALLICOOTONE (*géogr. anc.*), bourg de l'Asie-Mineure, dans la Troade, auprès du Simoïs.

CALLICRATE et mieux **CALLICRATES**. Plusieurs personnages plus ou moins célèbres de l'antiquité ont porté ce nom.

Nous trouvons d'abord un architecte grec qui florissait à Athènes dans la LXXXIV° olympiade, 444 ans avant J.-C., et dont la construction du PARTHÉNON (*V.* ce mot) a illustré le nom, ainsi que celui de son collègue Ictinus. Plutarque, dans la Vie de Périclès, sous le gouvernement duquel eut lieu cette belle construction, dit aussi que Callicrate entreprit une longue muraille, dont Socrate parle dans le Gorgias de Platon, qu'il appelle la muraille du milieu, et dont Cratinus se moque dans une de ses comédies, où il dit : « Il y a longtemps que Périclès avance fort cette muraille en paroles ; mais, en effet, il n'y touche point. » M. Dacier, dans sa traduction de cette même Vie de Périclès, a commis une erreur en écrivant Callicratides au lieu de Callicrates. Élien, Pline et Plutarque parlent d'un autre CALLICRATES, auquel ils donnent, un peu gratuitement peut-être, le titre d'habile sculpteur, mais qui s'était fait une grande réputation par son adresse à sculpter des ouvrages d'ivoire d'une délicatesse et d'une petitesse excessive. On rapporte qu'il avait gravé des vers d'Homère sur des grains de millet, et qu'il avait fait un char attelé de quatre chevaux qu'on pouvait cacher sous une aile de mouche, et des fourmis dont on distinguait tous les membres. Ce que nous connaissons de la patience et de l'habileté de quelques artistes modernes doit rendre moins improbable aujourd'hui ce qui a dû paraître une fable à de certaines époques de l'art, et ce qu'il faut d'ailleurs renvoyer à l'article de ces curiosités et de ces futilités auxquelles il y a peu à gagner pour ses véritables progrès. — L'histoire cite encore comme ayant porté le nom de CALLICRATES un des officiers les plus braves de Sparte, qui fut tué à la bataille de Platée (Plutarque, tom. I, p. 329). — Un Athénien auquel on donne aussi le nom de Callipe, et qui assassina Dion (Corn. Nep. in Dion., c. 8, 9). — Un lieutenant d'Alexandre, auquel ce prince confia la garde des trésors qu'il avait trouvés à Suze (Q. Curce, l. v, c. 2). — Un des confidents de Ptolémée, envoyé par ce prince, l'an 510 avant J.-C., dans l'île de Chypre, avec un nommé Argée, et chargé d'y faire périr Nicoclès, dont ce prince voulait punir la défection (Diod. Sicul., pag. 745). — Un Achéen, qui se rendit fameux par ses trahisons envers sa patrie (Pausanias, pag. 416, Tit.-Liv., l. XLI, et Rollin, *Hist. anc.*, tom. IV, pag. 627).—Un Spartiate, descendant d'Anticratès, qui, près de 500 ans après la mort de ce dernier, jouissait encore des privilèges qu'on avait accordés à son ancêtre pour avoir tué l'illustre capitaine thébain Epaminondas (Pline, tom. I, pag. 586). — Un historien grec, natif de Tyr, qui vivait dans le III° siècle de l'ère chrétienne (vers l'an 280), et qui composa une Vie de l'empereur Aurélien. — Enfin, un athlète de Magnésie, sur le Léthée, qui fut couronné deux fois pour avoir remporté le prix de la course avec le bouclier, et dont on voyait la statue à Olympie (Pausanias, pag. 375).

CALLICRATE, général de cavalerie de Syracuse, contre Nicias, général athénien.

CALLICRATE, tyran de Syracuse.

CALLICRATIDAS fut un des derniers généraux de Lacédémone qui conservèrent l'ancien caractère spartiate, altéré pendant la guerre du Péloponèse par le contact des Lacédémoniens avec les Grecs d'Ionie et les satrapes du grand roi. Il fut envoyé l'an 407 avant J.-C., la seconde année de la XCIII° olympiade, pour prendre le commandement de la flotte, à la place de Lysandre dont l'année venait d'expirer. Il était difficile de trouver deux hommes plus différents. Lysandre était ambitieux, intrigant, peu scrupuleux sur le choix des moyens ; s'attachant les matelots et les soldats par ses libéralités, ses promesses et la grande licence qu'il leur permettait. Callicratidas au contraire, sans être dépourvu de talent et d'activité, était invinciblement attaché à son devoir, aux vieilles lois de Sparte, et tout à fait étranger à cette politique artificielle qui avait ménagé tant de succès à son prédécesseur. On s'attendait généralement à Ephèse, où était réunie la flotte des alliés, que le gouvernement de Sparte dérogerait à l'ancienne coutume pour prolonger le commandement de Lysandre. Aussi ce fut une clameur universelle quand Callicratidas déploya sa commission dans le conseil des chefs. Les amis de Lysandre disaient hautement qu'il était aussi imprudent que peu généreux d'arrêter la carrière victorieuse d'un chef aussi heureux qu'habile ; que la conduite importante d'une flotte ne devait pas être confiée à des hommes dénués d'expérience et peut-être d'habileté ; et qu'enfin il serait injuste de sacrifier à l'observation minutieuse des lois de Lacédémone les intérêts d'une confédération si puissante et si nombreuse. « Lysandre, sans se permettre la remarque la plus légère contre le caractère de son successeur, se contenta de dire qu'il lui remettait une flotte maîtresse de la mer. L'assemblée confirma cette assertion par ses acclamations. Callicratidas, dont l'âme était inaccessible à la crainte, ne se laissa point dé-

concerter par ces clameurs ; il répliqua qu'il ne pourrait croire à la supériorité si vantée de la flotte du Péloponèse , tant que Lysandre ne pourrait, en sortant d'Ephèse , côtoyer l'île de Samos, où [étaient alors les Athéniens, et conduire ses escadres victorieuses dans le port de Milet. L'orgueil de Lysandre put être choqué de cette judicieuse observation ; mais il eut la présence d'esprit de répondre seulement , « qu'il n'était plus amiral. » S'adressant alors à l'assemblée avec la simplicité mâle d'un cœur honnête et sans détour : « Lacédémoniens et alliés, dit-il, je serais resté avec joie à Sparte, et ce n'est pas un grand déplaisir pour moi de me voir préférer Lysandre ou tout autre, en qualité d'homme de mer. Mes concitoyens m'envoient ici pour commander la flotte, et mon principal objet est d'exécuter leurs ordres et de remplir mon devoir. Mon désir le plus vif est de soutenir dignement la cause commune ; mais c'est à vous à me faire connaître si je dois rester ici ou retourner à Sparte. » Ce langage à la fois modeste et ferme ramena l'assemblée ; les partisans de Lysandre furent réduits au silence , et tous les chefs reconnurent qu'ils devaient obéir aux ordres de Sparte, comme avait fait Callicratidas. Lysandre, très-mortifié, ne songea plus qu'à rendre le commandement désagréable et difficile à son successeur. Il retourna à Sardes et remit à Cyrus (*V.* ce nom), dont il avait acheté la protection par tant de bassesses , une somme d'argent considérable qu'il n'avait pas encore employée au service de la flotte grecque ; puis , il saisit cette occasion de représenter à ce jeune prince la franchise et l'austérité du vertueux Callicratidas comme des marques de rusticité et d'ignorance. Callicratidas en effet se trouva tout à fait dépourvu d'argent pour payer ses matelots. Ce fut alors que des amis de Lysandre le sollicitèrent de leur accorder la mort d'un de leurs ennemis , moyennant une somme de 50 talents (environ 250,000 fr.) qu'ils lui donneraient. Il ne voulut point y consentir. « Je l'aurais accordé, si j'eusse été Callicratidas, lui dit Cléandre, un de ses officiers. — Et moi aussi, si j'eusse été Cléandre. » Cédant enfin à la nécessité, il alla à Sardes, pour demander des subsides à Cyrus. Sur-le-champ il se présente à la porte du palais , et prie un des gardes d'aller dire à ce prince que Callicratidas, amiral de la flotte lacédémonienne, est venu pour lui parler. « Etranger, lui dit cet officier, Cyrus n'a pas le temps de vous recevoir ; il est à boire. — Eh bien , reprit avec simplicité Callicratidas , j'attendrai qu'il ait bu. » A cette réponse, les barbares, le prenant pour un homme sans usage et sans éducation, se moquèrent de lui, et il se retira. Il se présenta chez Cyrus une seconde fois et fut encore refusé. Trop fier pour supporter cet affront , il s'en retourne à Ephèse, en maudissant ceux qui les premiers s'étaient avilis au point de se laisser insulter par des barbares, et les avaient autorisés à s'enorgueillir de leurs richesses. Il jura devant ceux qui l'accompagnaient, que son premier soin , en arrivant à Sparte, serait de mettre tout en œuvre pour terminer les différends des Grecs, afin que, devenus redoutables aux barbares , ils n'allassent plus mendier leurs secours pour se détruire les uns les autres. Mais le sort ne réservait à Callicratidas qu'une mort prompte et glorieuse, après un court et pénible commandement. Ne pouvant rentrer avec honneur dans Ephèse , sans avoir rassemblé l'argent nécessaire pour subvenir aux besoins pressants de la flotte, il se rendit à Milet et dans les autres villes d'Ionie , ses alliées ; puis après avoir exposé aux principaux citoyens la basse jalousie de Lysandre et l'arrogance dédaigneuse de Cyrus : « C'est, ajouta-t-il, l'injustice de tous deux qui me force à demander aux villes alliées déjà trop surchargées l'argent nécessaire pour soutenir la guerre. Vous pouvez compter sur ma reconnaissance, si le succès couronne mes armes. Il est de votre propre intérêt d'appuyer ma demande, puisque cette expédition n'a été entreprise en grande partie que pour venger votre liberté. J'ai dépêché des courriers à Sparte pour demander de prompts secours ; mais, avant qu'ils arrivent, il convient à tous les Grecs et particulièrement aux Ioniens , de prouver au monde, qu'en dépit des cruelles injures qu'ils ont reçues de l'orgueil et de la tyrannie du grand roi, ils peuvent, sans recourir à ses trésors si vantés, poursuivre leurs justes desseins et tirer vengeance de leurs ennemis. » Par ces moyens judicieux et honorables, Callicratidas obtint sans fraude et sans violence des subsides considérables, à l'aide desquels il put revenir avec honneur à Ephèse, satisfaire aux réclamations de ses matelots et se préparer à agir contre l'ennemi. Si l'on en croit Plutarque (*Apophthegmes*), Cyrus, soit qu'il fût revenu sur le compte de ce général , soit qu'il voulût ménager les Lacédémoniens, finit par lui envoyer de l'argent pour ses troupes et des présents pour lui personnellement. Callicratidas refusa les présents, et fit dire à Cyrus qu'il ne devait y avoir entre eux d'autre liaison que celle qui lui était commune avec Sparte. Ses premières opérations furent dirigées contre les villes fortes et peuplées de Méthymne et de Mitylène, qui commandaient, l'une la partie septentrionale, l'autre la partie méridionale de l'île de Lesbos. Méthymne, défendue par tous les habitants en état de porter les armes et par une garnison athénienne, fut prise d'assaut après une rigoureuse résistance, et livrée au pillage. La garnison et les esclaves furent traités comme faisant partie du butin. Les alliés auraient voulu que les Méthymniens fussent également vendus à l'encan; mais Callicratidas s'y opposa, et déclara que tant qu'il aurait le commandement, aucun citoyen de la Grèce ne serait réduit à la condition d'esclave à moins qu'il n'eût pris les armes contre la liberté publique. Il avait pour adversaire Conon, général actif, entreprenant, et dont il disait : « C'est un adultère de la mer, » exprimant par là que cet amiral cherchait par des menées secrètes à se rendre maître de la mer. Conon s'était mis en mer avec une escadre de soixante-dix voiles pour protéger l'île de Lesbos; mais il s'y était pris trop tard, et ses forces n'étaient pas assez considérables pour se mesurer avec la flotte de Callicratidas. Celui-ci, après avoir observé ses mouvements, lui coupa la retraite vers le port de Samos. Les Athéniens se réfugièrent vers la côte de Mitylène; mais les habitants de cette ville leur refusèrent l'entrée du port. Ce refus devint fatal à l'escadre athénienne, à qui Callicratidas enleva trente vaisseaux après une action très-vive. Les quarante qui restaient se retirèrent sous les murs de Mitylène; là Callicratidas les tint bloqués par terre et par mer. Les Athéniens, à qui Conon trouve moyen de faire connaître sa détresse, font les plus grands efforts; et bientôt une flotte de cent cinquante voiles, bien équipée, part de Samos avec la résolution bien arrêtée de combattre l'ennemi : Callicratidas n'évita point leur rencontre. Laissant cinquante vaisseaux au blocus de Mitylène, il s'approcha avec cent vingt autres vers le cap Malée, la pointe la plus méridionale de Lesbos. Les Athéniens s'avancèrent la même nuit vers les flots des Arginuses. La nuit se passa de part et d'autre en stratagèmes hardis pour se surprendre mutuellement; mais ils furent déconcertés par une violente tempête. Au point du jour, les deux flottes étaient en présence, attendant avec impatience le signal du combat; mais Hermon son pilote, et Mégare, marin expérimenté, en qui Callicratidas avait la plus grande confiance, l'exhortèrent à se retirer, parce que la flotte des Athéniens était beaucoup plus nombreuse que la sienne. « N'importe, répondit-il, ma fuite couvrirait Sparte de honte, et pourrait lui être funeste; mais il sera toujours glorieux de rester pour mourir ou pour vaincre. » Avant la bataille on vint lui dire que le prêtre, à l'inspection des victimes, présageait la victoire et la mort du général. Alors sans témoigner aucun effroi : « Le salut de Sparte ne tient pas à la vie d'un seul homme, dit-il; ma mort ne fera rien perdre à ma patrie; mais si je fuyais devant les ennemis, je ferais tort à sa gloire. » Il désigna Cléandre pour lui succéder dans le commandement de la flotte, livra la bataille et fut tué. Cicéron, dans le *Traité des devoirs*, et Plutarque après lui, blâment la réponse de Callicratidas, et disent que, par un point d'honneur mal entendu, il manqua en cette occasion au devoir essentiel d'un général, qui est de ménager autant qu'il peut ne pas compromettre le salut de son armée. Malgré ces autorités si respectables, si l'on considère attentivement l'esprit des lois de Lycurgue et le caractère de Callicratidas, on découvrira le motif sublime de ce Spartiate accompli. Il ne craignit point de compromettre sa gloire, mais il ne voulut pas s'écarter de ce qu'il regardait comme son devoir. Malheureusement pour lui, il vivait dans un temps où cette austérité de vertu commençait non-seulement à n'être plus de mode, mais même à être en politique plus nuisible qu'utile. Tel devait être plus tard à Rome le rôle de Caton d'Utique, qui, ainsi que Callicratidas, fit le sacrifice volontaire de sa vie aux lois et à la liberté. Plutarque d'ailleurs fait un grand éloge de Callicratidas, et il l'égale pour sa justice, sa grandeur d'âme et son courage, aux plus grands hommes de la Grèce (*Vie de Lysandre*). Tous les mots qu'il cite de lui indiquent la hauteur d'une âme républicaine. C'est Callicratidas qui jugeait ainsi les Grecs d'Ionie. « Ils ne savent pas être libres; mais ils sont d'excellents esclaves. » Plutarque, dans un de ses traités, dit encore au sujet de ce vrai disciple de Lycurgue : « Si votre fierté naturelle vous rend peu propre à traiter avec une multitude, comme était le Spartiate Callicratidas, prenez un homme adroit, et qui sache s'insinuer dans les esprits. » Diodore de Sicile (liv. XIII) fait également l'éloge de ce vertueux Spartiate, dont il raconte avec beaucoup de détails les opérations militaires.

　　　　　　　　　　　　　　　Ch. DU ROZOIR.

CALLICRÈTE de Cyane, femme savante dans la politique,

enseignait cette science; Anacréon l'a célébrée dans ses vers.

CALLICRITE, magistrat thébain, mis à mort par Persée, dernier roi de Macédoine, comme partisan des Romains. *T. Liv.*, 47, col. 13.

CALLICULE (*géogr. anc.*), montagne de Campanie. Elle terminait la campagne de Falerne au nord.

CALLIDIE (*hist. nat.*), *callidium*, genre de coléoptères, section des tétramères, famille des longicornes, tribu des cérambycins, créé par Olivier, et ayant pour caractères : antennes guère plus longues que le corps, filiformes; palpes très-courts, terminés par un article en forme de triangle renversé. Ce genre a été depuis divisé en trois d'après des considérations peu importantes; aussi nous croyons devoir les réunir sous leur type primitif. Ce sont les genres *certallum*, où la tête est aussi large que le corselet, et où celui-ci est presque cylindrique; les *clytes* de Fabricius, où la tête est plus étroite, et le corselet élevé et presque globuleux; enfin les *callidies* véritables, où la tête est aussi plus étroite que le corselet, et où celui-ci est un peu déprimé. On ne connaît rien des mœurs de ces insectes; on sait que leurs larves vivent dans le bois, et on les trouve habituellement dessus; quelques petites espèces se trouvent aussi sur les fleurs ou ombelles. Ils volent avec beaucoup de facilité.

CALLIDOME (*géogr. anc.*), chaîne de montagnes qui s'étendait au nord de l'Étolie et de l'Acarnanie, depuis Ambracie jusqu'au passage des Thermopyles, *T. Liv.*, 56, c. 15.

CALLIE (*géogr. anc.*), ville du Péloponèse dans l'Arcadie. Ses habitants ayant été transportés à Mégalopolis, elle ne fut plus qu'un village.

CALLIENA (*géogr. anc.*), ville maritime de l'Inde, dans la presqu'île en deçà du Gange, sur la côte occidentale.

CALLIER (RAOUL), poëte français de la fin du XVIe siècle, né à Poitiers, était neveu de Nicolas Rapig, dans les œuvres duquel on trouve diverses poésies de sa composition, quelques-unes en vers français, mesurés à l'exemple des anciens. On lui attribue *les Infidèles fidèles*, fable bocagère qui parut en 1605, sous le nom supposé de *Callianthe*. — CALLIER (Suzanne), fille ou sœur du précédent, composa sur la mort de Nicolas Rapig des vers imprimés dans les œuvres de ce dernier.

CALLIÈRES (JACQUES DE), maréchal de bataille des armées du roi, est auteur d'une *Histoire de Jacques de Matignon, maréchal de France*, ouvrage curieux mais inexact, qui fut publié à Paris en 1661, in-folio. Il mourut commandant à Cherbourg en 1697. — CALLIÈRES (François de), fils du précédent, né en 1645 à Thorigny, membre de l'académie française, fut plénipotentiaire de France au congrès de Riswick, où il soutint avec honneur les intérêts de son pays, reçut, à son retour, de Louis XIV, une gratification de 40,000 livres, avec une place de secrétaire du cabinet, et mourut en 1717. — Il nous reste de lui plusieurs ouvrages, entre autres, *Des mots et la mode, et des nouvelles façons de parler*, Paris, 1692, 2 vol. in-12, ouvrage curieux et instructif. — Le *Traité de la manière de négocier avec les souverains*, 1716, in-12. La forme du livre a fait tort au fond; le style n'en est ni précis ni élégant. Il a été traduit en anglais et en italien, et réimprimé à Paris en 1750, sous le titre de Londres, 2 vol. in-12. — *De la science du monde*, 1717, in-12, où l'on trouve des réflexions utiles, mais présentées avec trop peu d'agrément. Le livre a été traduit en allemand et en hollandais.

CALLIÈRES DE L'ÉTANG (P.-J.-G.), avocat au parlement de Paris à l'époque de la révolution, quoique septuagénaire, embrassa la cause de la liberté avec la chaleur d'un jeune homme; donna l'idée d'un bataillon de vieillards, dont il fut nommé commandant; remplit ensuite divers emplois civils, fut un des jurés du tribunal révolutionnaire du 10 août, commissaire de la commune dans la Vendée en 1793, et mourut à Paris en 1795.

CALLIERGI ou **CALLOERGI** (ZACHARIE), imprimeur célèbre, né dans l'île de Crète, publia à Venise en 1499, en société avec Musuru, le grand *Dictionnaire étymologique de la langue grecque*, in-fol., et s'établit ensuite à Rome où il fit paraître des éditions très-recherchées des curieux, de *Pindare*, 1515, et de *Théocrite*, 1516, in-4°. — CALLIERGI, contemporain du précédent, professa le grec à Venise.

CALLIETTE (L.-P.), curé de Grécourt, près de Ham, département de la Somme, mourut vers la fin du XVIIIe siècle. Il a publié *Histoire de la vie, du martyre et des miracles de saint Quentin*, Saint-Quentin, 1767, in-15; et des *Mémoires pour servir à l'histoire ecclésiastique, civile et militaire de la province de Vermandois*, Cambrai, 1771-72, 3 vol. in-4°.

CALLIFES (*géogr. anc.*), ville du Samnium, chez les Hirpini, au sud-ouest, au milieu des montagnes.

CALLIGAN, s. m. (*comm.*), sorte de toile de coton que l'on fabrique dans les Indes.

CALLIGÈNE, médecin de Philippe V, roi de Macédoine, cacha la mort de ce prince pendant quelques jours, et donna par là à Persée, son fils, le moyen de s'emparer de la couronne.

CALLIGÉNIE, nourrice de Cérès. D'autres croient que c'est un surnom de la déesse.

CALLIGÈTE, exilé de Mégare, accueilli par Pharnabaze. *Thuc.*, 8, c. 6.

CALLIGNOTE fut le premier qui fit connaître aux Mégalopolitains les mystères d'Eleusis. On lui éleva une statue dans la principale place de Mégalopolis.

CALLIGON, s. m. (*botan.*), espèce d'arbrisseau d'Asie, de la famille des polygonées.

CALLIGRAPHE, adj., pris substantivement (*belles-lettres*); écrivain copiste, qui mettait autrefois au net ce qui avait été écrit en notes par les notaires ; ce qui revient à peu près à ce que nous exprimerions maintenant ainsi, *Celui qui fait la grosse d'une minute*. Ce mot est grec, καλλιγράφος, composé de κάλλος, *beauté*, et γράφω, j'écris, et signifie par conséquent *scriptor elegans*, *écrivain qui a une belle main*. Autrefois on écrivait la minute d'un acte, le brouillon ou le premier exemplaire d'un ouvrage, en notes, c'est-à-dire en abréviations, qui étaient une espèce de chiffres. Telles sont les notes de Tiron dans Gruter ; c'était afin d'écrire plus vite, et de pouvoir suivre celui qui dictait. Ceux qui écrivaient ainsi en notes s'appelaient en latin *notaires*, et en grec σημειογράφοι et ταχυγράφοι, c'est-à-dire *écrivains en notes*, et *gens qui écrivaient vite*. Mais parce que peu de gens connaissaient ces notes ou ces abréviations, d'autres écrivains, qui avaient la main bonne, et qui écrivaient bien et proprement, les copiaient pour ceux qui en avaient besoin, ou pour les vendre ; et ceux-ci s'appelaient *calligraphes*, comme on le voit dans plusieurs auteurs anciens (*V.* SCRIBE, LIBRAIRE, NOTAIRE.)

CALLIGRAPHIE, s. f. art de former de beaux caractères d'écriture (*V.* ECRITURE).

CALLIMACHUS, fameux sculpteur et architecte de Corinthe, vivait peu de temps après la LXᵉ olympiade, environ cinq cent quarante ans avant J.-C. Les Athéniens le surnommèrent *Catalechos*, c'est-à-dire le premier artiste dans son genre. Il est l'inventeur du *chapiteau corinthien orné de feuilles d'acanthe*, dont voici l'origine. Une jeune fille mourut à Corinthe au moment de ses noces, et sa nourrice porta sur son tombeau, suivant l'usage, un panier rempli de vivres et de bagatelles qui avaient amusé son jeune âge. Elle couvrit le panier avec une grande brique pour que ce qu'il contenait se conservât plus longtemps. Ayant posé ce panier sur la racine d'une acanthe, espèce de chardon appelé *branca ursina* (brancursine) par les Italiens, les rejetons de cette racine couvrirent, au printemps suivant, les côtés du panier d'une manière si élégante que Callimachus, venu par hasard en cet endroit, en fut surpris, le dessina et en forma le chapiteau corinthien, après en avoir déterminé les proportions et celles même de l'ordre entier. Cet artiste fit aussi, pour le temple de Minerve à Athènes, une lampe d'or qu'on emplissait d'huile au commencement de chaque année sans qu'il fût besoin d'y toucher davantage quoiqu'elle fût allumée nuit et jour. La mèche était composée, selon Pausanias, de lin de Carpasie, ville de l'île de Chypre, qu'on a nommé aussi amiante. Callimachus fut le premier sculpteur, dit-on, qui trépana le marbre pour creuser les plis et les fonds.

CALLIMAQUE, général athénien, fit des prodiges de valeur à Marathon (l'an 490 avant J.-C.), et fut trouvé debout percé de flèches sur le champ de bataille.

CALLIMAQUE, architecte, peintre et sculpteur de Corinthe, passe pour avoir inventé le chapiteau corinthien, dont il prit, dit-on, l'idée d'une plante d'acanthe poussée autour d'un panier recouvert d'une tuile.

CALLIMAQUE, poëte et grammairien sous les Ptolémées, florissait vers 260 ans avant notre ère. Il était né à Cyrène, célèbre colonie grecque sur la côte d'Afrique ; et c'est pour cette raison que, dans les historiens et surtout dans les poëtes, on le trouve fréquemment désigné sous le nom de Battiade, à cause de Battus, fondateur de sa ville natale ; d'autres prétendent néanmoins que ce surnom lui venait de son père, qui aurait aussi porté le nom de Battus ; du nombre de ces derniers est Suidas, qui en outre lui donne pour mère Mésarma. — Callimaque en-

seigna quelque temps avec un grand succès dans un quartier d'Alexandrie appelé Eleusis. Apollonius de Rhodes, Ératosthène, Aristophane de Byzance, sortis de cette école, en ont fait la gloire. La réputation de ce grammairien lui fit trouver accès auprès des rois d'Alexandrie, qui le placèrent au musée et le comblèrent d'honneurs. Callimaque profita de sa faveur et des nobles loisirs qu'elle lui procurait, pour composer un très-grand nombre d'ouvrages tant en prose qu'en vers ; et Suidas assure qu'on en comptait plus de huit cents : malheureusement ils ne sont pas parvenus jusqu'à nous. Si l'on regrette avec juste raison ses *Mémoires* ou *Commentaires*, les *Origines des îles et des villes*, les *Merveilles du monde*, on ne saurait se consoler de la perte de l'*Histoire et Description du musée d'Alexandrie*, vaste tableau qui comprenait tous ceux qui s'étaient illustrés dans les sciences et les lettres : c'était la première tentative d'une histoire littéraire. Cette intéressante composition était distribuée méthodiquement, et ne renfermait pas moins de cent vingt livres. Sans doute dans cet ouvrage fait avec un soin extrême, Callimaque, après avoir énuméré et justement apprécié les titres de gloire de chacun, s'était livré à un examen approfondi des livres apocryphes, que l'on avait vu paraître en si grand nombre à l'époque où les rois de Pergame et d'Egypte, excités par une généreuse émulation, achetaient les livres au poids de l'or, pour former leurs bibliothèques : sous ce dernier rapport surtout, rien ne peut aujourd'hui suppléer à l'absence de l'histoire littéraire de notre auteur. — Il écrivait à une époque de plénitude et d'épuisement ; et l'on ne peut s'attendre à trouver chez lui cet ardent enthousiasme, cette haute inspiration, que l'on n'admire qu'aux âges primitifs ; si, en lisant ses compositions, on sent le travail et l'effort, on y remarque aussi beaucoup d'habileté et un grand art ; ce qui a fait dire à un poëte spirituel, qui s'était fait honneur d'imiter le Battiade :

> Battiades semper toto cantabitur orbe :
> Quamvis ingenio non valet, arte valet.

éloge que tout le monde a répété : mais ce qu'on n'a pas remarqué, et qui y donne un nouveau prix, c'est qu'en cet endroit-là même Ovide place Callimaque entre Hésiode et Sophocle. Les modernes souscriraient difficilement à ce jugement ainsi compris ; car, bien que les épigrammes de ce poëte soient comptées parmi les meilleures de l'Anthologie grecque, elles ne sont certes pas de nature à exciter l'admiration ; et les *Hymnes* qui nous sont parvenues au nombre de six, pièces remplies d'érudition et de détails mythologiques, paraissent froids et péniblement enfantés, si l'on en excepte un seul, celui qui a pour titre le *Bain de la statue de Pallas*, composé, à ce qu'on croit, pour une fête, qui se célébrait à Argos ; il y a dans ce dernier du mouvement et de la verve, et je ne sais quelle mâle harmonie à laquelle ne contribue pas peu le dialecte dorien, dans lequel il est écrit. Nous admettrons volontiers que les anciens sont meilleurs juges que nous en pareille matière ; et ce savant attirail d'érudition mythologique, qui ne nous plaît que médiocrement et que nous trouvons même déplacé dans les poëmes de Callimaque, était fort goûté au siècle d'Auguste ; d'ailleurs il est à croire que les poésies perdues de notre auteur étaient supérieures à ce qui nous est resté. Ses *élégies* par exemple adressées à Lydé, qui est devenue Lydie chez les poëtes latins, généralement admirées des Romains, imitées par Catulle et par Ovide, devaient se recommander par quelques qualités brillantes : rien de plus ingénieux non plus ni de plus habile que l'*Apothéose de la chevelure de Bérénice*, dont nous pouvons jusqu'à un certain point apprécier le mérite, à travers l'élégante traduction de Catulle. Enfin dans son *Ibis*, poëme satirique où sous un nom emprunté il poursuivait un ennemi mortel, il s'était montré incisif et mordant ; on peut s'en faire une idée par la lecture de l'*Ibis* d'Ovide, qui n'en est que l'imitation. Les érudits pensent que celui contre lequel le cœur de Callimaque était à ce point ulcéré, n'était autre que son ancien disciple Apollonius de Rhodes, qu'il accusait de la plus noire ingratitude. — *Callimaque* a eu un grand nombre d'éditions ; il a été commenté par d'illustres érudits, tels que Benthley et Spanheim, qui ont fait briller la perspicacité de leur esprit en élucidant les obscurités assez nombreuses qui se trouvent dans les hymnes de notre poëte. La meilleure édition est celle d'Ernesti qui parut à Leyde en 1662, 2 vol. in-8°, édition que le savant Blomfield a reproduite dans le dernier siècle avec quelques améliorations. La Porte du Theil l'a traduit en français, Paris, 1775, et M. Petit-Radel l'a mis en vers latins, en suivant la traduction de plus près que le texte.

LEUDIÈRE.

CALLIMORPHE, *callimorpho* (*insect.*), genre de l'ordre des lépidoptères établi par Latreille, qui le place dans la section des faux bombyces, avec ces caractères : langue allongée, et dont les deux filets sont réunis en un seul ; palpes unis et ne paraissant pas hérissés ; antennes simples ou seulement ciliées. Ces insectes avaient été confondus avec les bombyces par Fabricius, mais ils en diffèrent par la présence d'une trompe assez allongée. On joint à ce caractère celui des antennes qui sont plus ou moins ciliées dans les mâles, et à celui des palpes inférieurs couverts seulement de petites écailles. Ces caractères empêcheront sans doute de les confondre avec les noctuelles, parce que leurs palpes sont cylindriques ; les chenilles des callimorphes présentent seize pattes, ce qui les éloigne beaucoup des phalènes. Les insectes parfaits qui naissent de ces chenilles portent leurs ailes en toit ; leurs habitudes sont analogues à celles des bombyces. Ce genre est composé d'un assez grand nombre d'espèces ; celle qui lui sert de type est la CALLIMORPHE DU SÉNEÇON (*call. jacobea*, Fab., Hoesel.). Elle est noire, ses ailes supérieures ont une ligne et deux points d'un rouge carmin ; les inférieures sont de cette couleur et bordées de noir. Sa chenille est noir annelé de jaune. La CALLIMORPHE HERO (*call. hero*, Fabr., Linn.), dont les ailes supérieures sont d'un noir glacé de vert, avec deux lances obliques d'un jaune pâle, et dont les inférieures sont d'un rouge écarlate avec quatre taches noires. Ces deux espèces se trouvent à Paris.

CALLIMUS, s. m. (*litholog.*), pierre ou caillou qui se trouve dans la pierre d'aigle. Sa couleur et sa dureté varient ; elle est quelquefois aussi transparente que le cristal ; on trouve près de l'Elbe une sorte de pierre d'aigle, qui contient un caillou blanc très-dur, dont la superficie est pleine de capsules, comme un rayon de miel. On lui attribue les mêmes qualités qu'à la pierre d'aigle (*V.* PIERRE D'AIGLE).

CALLINICUS, sophiste et rhéteur grec, enseigna l'éloquence à Rome sous le règne de Gallien, vers 260 de J.-C. Au rapport de Suidas, il avait composé dix livres de l'*Histoire d'Alexandrie*.

CALLINICUS, second fils d'Antiochus, dernier roi de Comagène, ne pouvant résister aux Romains, abandonna ses Etats et fut ensuite bien accueilli à Rome avec ses fils, qui cependant avaient fait une plus longue résistance.

CALLINIQUE (*géogr. anc.*), ville de Mésopotamie en Osroëne, sur le bord de l'Euphrate, au diocèse jacobite d'Antioche, a eu pour évêques de cette communion : 1° Thomas, vers l'an 701 ; 2° Jean Ier, en 759, usurpa le patriarcat en 765 ; 3° Théodose, en 818 ; 4° N....., déposé...... auquel succéda............; 5° N....., dans une grande dispute qui survint en 857 entre Jean III, patriarche, et Basile-Lazare, stylite maphrien : celui-ci ordonna trois évêques aux Tagrites, irrités contre le patriarche, et en mit un à Callinique, l'autre à Haron, et le troisième à Rhésine, après avoir déposé ceux que le patriarche y avait placés. Nous ignorons les noms du déposé, et de celui qui lui fut substitué à Callinique ; 6° Cyriaque, en 858 ; 7° Jacques ordonna en 954 le patriarche Jean VI ; 8° Jean II, déposé par le patriarche Athanase dans un concile tenu à Ananie en l'an 1159 (*Oriens christ.*, tom. II, pag. 1480).

CALLINIQUE (*géogr. anc.*), ville épiscopale de la province d'Osroëne, au diocèse d'Antioche, dans la métropole d'Edesse, bâtie sur l'Euphrate par Séleucus Callinicus. C'était une place très-forte au temps de Julien l'Apostat. Chosroës Ier, roi des Perses, l'attaqua et la ruina, au rapport de Procope, qui ajoute que l'empereur Justinien la fit rebatir (Procop., lib. 2, *De bello Pers.*, tom. XXI). Hiéracle prétend que c'est la même ville que Léontopole, et la Chronique d'Edesse porte que ce fut l'empereur Léon qui en 777 fit bâtir Callinique, qu'il appela de son nom, et qu'il y mit un évêque ; mais il est certain que, longtemps avant cet empereur, il y avait des évêques à Callinique : 1° N...... qui fit mettre le feu à la synagogue des Juifs. L'empereur Théodose, qui voulait qu'on la rebâtit, en fut empêché par saint Ambroise (Vid. *Ambr. Epist.* 40, 1 *Class.*) ; 2° Damien assista au concile de Calcédoine ; 3° Paul siégeait en 518. Il était partisan de Sévère d'Antioche, et fut pour cela exilé par l'empereur Justin ; 4° Jean, en 546, hérétique sévérien (*Oriens christ.*, tom. 2, pag. 970).

CALLINIQUE (*musiq. des anc.*), nom d'un air de danse des anciens, qui s'exécutait sur des flûtes, au rapport d'Athénée.

CALLINIQUE ou **CALLINICUS**, né à Héliopolis, en Syrie, vivait dans le VIIe siècle de l'ère chrétienne. Il est l'inventeur, au dire des anciens, du *feu grec* ou *grégeois*, au moyen duquel l'empereur Constantin Pogonat, ou le Barbu, incendia la flotte des Sarrasins.

CALLIODON (*poiss.*). Ce genre, formé par Gronou et adopté par Schneider qui le plaçait entre les holocentres et les lutjans, était désigné par Linné sous le nom de scare ; Cuvier a retiré ces poissons de ce genre pour en former un particulier sous le nom de calliodon, qu'il place dans la famille des labroïdes, parmi les poissons acanthoptérygiens. — Ce genre se distingue des scares proprement dits par les dents latérales de sa mâchoire supérieure, pointues et écartées, et parce que cette mâchoire en a un rang intérieur de beaucoup plus petites ; le corps de ces poissons est oblong et recouvert, ainsi que la tête, de grandes écailles. — L'espèce servant de type au genre est le calliodon à dents épineuses, *scarus spinidens*, recueilli à l'Ile de Waigiou, décrit par Quoy et Gaimard, *Zool. du voyage de Frécinet*, pl. 289. Ce calliodon, dont la tête est grosse mais peu élevée, ressemble beaucoup aux scares proprement dits. Son museau est obtus, sa mâchoire supérieure se dirige un peu en haut, et l'inférieure s'arrondit pour aller à sa rencontre ; elles sont égales entre elles, armées de dents pointues, dont les supérieures sont en crochet et rayonnantes ; les lèvres sont rétractiles ; le front aplati ; les yeux grands, rapprochés et placés au sommet de la tête ; les joues sont écailleuses ; la courbure du dos est à peine sensible, tandis que le ventre forme au contraire une saillie très-remarquable. Les nageoires dorsales, pectorales et ventrales se correspondent à leur origine ; les écailles sont arrondies, grandes, assez serrées et membraneuses ; plusieurs d'entre elles sont très-longues et recouvrent la base des rayons de la queue, qui est arrondie. La couleur de ce calliodon est verdâtre, avec des taches rougeâtres sur les écailles ; le sommet de la tête est brun, la caudale et les pectorales sont ponctuées d'un brun pâle. — La longueur de ce poisson est de trois pouces dix lignes environ ; sa hauteur est de quatorze lignes, et son épaisseur de cinq.

CALLIOMORE, s. m. (*hist. nat.*), genre de poissons de la division des jugulaires.

CALLIONGIS, s. m. (*hist. mod.*), soldat de marine turque.

CALLIONYME NAIN, *callionymus pusillus* (*zoologie*). Parmi les poissons que ce savant a remarqués pendant son séjour à Iviça, il a observé le *callionyme nain*, dont la deuxième nageoire du dos a six rayons, et est trois fois plus grande que la première. « Je ne puis rapporter ce petit poisson à aucune espèce, dit M. Delaroche ; cependant il est possible que ce soit celui que Rondelet a nommé belenus. » Ce poisson est très-rare, et les plus grands individus de cette espèce ne dépassent pas sept centimètres de long. Sa forme ressemble à celle du callionyme dragonneau. Sa tête est grosse, très-aplatie de haut en bas, et terminée en avant par un museau un peu pointu ; son corps se rétrécit graduellement en arrière, sans s'abaisser beaucoup, de manière que la queue est arrondie près de son extrémité. Les ouvertures branchiales sont situées en dessus, derrière l'occiput ; il n'y en a qu'une de chaque côté. L'opercule se termine en arrière par une forte épine recourbée vers le haut, et dentelée sur son côté concave. La couleur de ce poisson est un gris brun, parsemé de taches blanchâtres, irrégulières et nombreuses. Le dessous du corps est d'un gris clair, et les côtés sont marqués de bandes transversales de la même couleur. L'anus est situé auprès de la tête ; les nageoires pectorales le dépassent. Les nageoires ventrales naissent sous la gorge. La première nageoire dorsale est formée de quatre rayons simples, mais non épineux, dont les deux premiers sont les plus longs ; elle est peu élevée, et marquée de bandes noires et blanches irrégulières. La deuxième naît immédiatement derrière ; elle est assez étroite, mais fort haute (environ trois fois autant que la première) ; elle est formée de six rayons, dont le premier, un peu plus long que les autres, paraît libre au sommet ; elle est également noirâtre. Toutes deux se couchent dans un sillon qui règne le long du dos. La nageoire anale est peu élevée, mais allongée d'avant en arrière ; la caudale est longue et entière ; l'ouverture de la bouche est petite ; la mâchoire supérieure dépasse l'inférieure ; les dents sont fines et pointues ; les yeux sont situés au-dessus de la tête, près l'un de l'autre ; la longueur totale du callionyme est de six centimètres, sans la caudale ; la largeur de la tête est de douze millimètres ; distance de l'extrémité du museau à l'anus, vingt et un millimètres ; longueur du premier rayon de la deuxième nageoire, vingt-trois millimètres.

CALLIPATIRA, Athénienne, fille de Diagoras de Rhodes, dans le Ve siècle avant J.-C., s'était déguisée en maître d'escrime pour accompagner son fils Pisidorus aux jeux olympiques, dont l'entrée était interdite aux femmes sous peine de mort ; les juges lui firent grâce, mais ordonnèrent qu'à l'avenir les maîtres seraient nus comme les athlètes.

CALLIPÉDIE, vient de deux mots grecs, et signifie *l'art de faire des beaux enfants*. Les anciens avaient fait sur ce sujet des ouvrages qui ne nous sont point parvenus. Dans le XVIIe siècle, un abbé français, qui avait d'abord été médecin, composa un poëme latin intitulé : *Callipædia*. Cet abbé, nommé Claude Quillet, était né à Château-Chinon, et mourut en 1661, à l'âge de cinquante-neuf ans. Dans la première édition de son poëme, imprimé à Leyde en 1655, il avait dirigé plusieurs traits fort satiriques contre le cardinal Mazarin. Celui-ci découvrit l'auteur, quoiqu'il se fût caché sous un pseudonyme, et il ne se vengea de lui que par des bienfaits. Quillet dès lors substitua l'éloge à la satire, et dédia au ministre la seconde édition de son œuvre. C'est une chose assez singulière qu'un tel livre ait été composé par un abbé et dédié à un cardinal. Sans s'arrêter à l'impossibilité de pénétrer les mystères de la génération, et de donner des règles à cet acte si important de la vie humaine, plusieurs médecins ont publié des ouvrages plus ou moins bizarres, dans lesquels ils prétendent enseigner, tantôt le moyen de procréer des enfants de l'un ou de l'autre sexe, d'une beauté parfaite, tantôt le moyen de n'avoir que des garçons. Le dernier écrit de ce genre que nous connaissions, et qui n'est pas le moins plaisant, est l'œuvre du docteur Morel de Rubempré, orné de gravures ; c'est évidemment un livre composé dans un but mercantile, qui n'offre rien de scientifique, et qui paraît uniquement destiné aux niais et aux dupes.

CALLIPÉDIQUE, adj. des deux genres (*gramm.*), qui concerne la callipédie.

CALLIPIDAS ou **CALLIPIDÈS**, acteur tragique, contemporain de Sophocle, quoique beaucoup plus jeune, jouit d'une très-grande réputation. Myniscus, son devancier dans la même carrière, trouvait cependant son jeu trop affecté, et lui donna le surnom de *Singe*. On prétendait aussi que ses mouvements n'étaient pas assez nobles ; il se croyait néanmoins un grand personnage, et se vantait de pouvoir, à volonté, faire pleurer les spectateurs. Se trouvant un jour avec Agésilas, qui ne faisait pas grande attention à lui, il lui demanda s'il ne le connaissait pas. « Sans doute, dit Agésilas, n'es-tu pas Callipidès l'histrion ? » Lorsque Alcibiade revint à Athènes, il amena avec lui Callipidès, qui, revêtu de ses habits tragiques, donnait l'ordre aux rameurs. — Il ne faut pas le confondre avec un autre CALLIPIDÈS, bouffon de profession, qui s'était exercé à ne pas sortir de sa place tout en ayant l'air de courir. Son nom avait passé en proverbe pour désigner ceux qui se donnent beaucoup de mouvement pour ne rien faire.

CALLIPOLIS (*géogr.*), ville épiscopale de la province d'Europe, au diocèse de Thrace, sous la métropole d'Héraclée. Elle est sur l'Hellespont, dans la Chersonèse de Thrace, vis-à-vis de Lampas, à cinq milles de l'Asie-Mineure, et à cent de Constantinople. Cette ville est fort peuplée, et peut bien avoir 1,000 familles chrétiennes.

CALLIPTÈRE, s. f. (*botan.*), genre de plantes de la famille des fougères.

CALLIPUS, Athénien, disciple de Platon, seconda Dion, son ami, dans le projet de rendre la liberté à Syracuse ; mais, oubliant bientôt les leçons de son maître, il fit assassiner lâchement le vertueux citoyen qu'il avait aidé dans sa noble entreprise. Il en fut puni la même année par deux soldats qui lui avaient servi à s'emparer de l'autorité, et qui le tuèrent avec les mêmes armes dont ils avaient frappé Dion. Cet événement eut lieu en l'an 351 avant J.-C. — Un autre CALLIPUS, Athénien, sauva ses compatriotes attaqués par les Gaulois aux Thermopyles, l'an 279 avant J.-C., en les faisant embarquer sur les vaisseaux qu'il avait amenés à cet effet dans le golfe maliaque.

CALLIQUE, s. m. (*hist. nat.*), espèce de poisson, qu'on croit être la clupée de la Méditerranée.

CALLIRHIPIS, *callirhipis* (*insect.*), genre de coléoptères de la section des pentamères, famille des serricornes, tribu des cébrionites ; ce genre a été fondé par Latreille, qui lui donne pour caractères : præsternum ne se prolongeant point en pointe ; articles de tarses entiers ; antennes très-rapprochées à leur naissance, insérées sur une éminence formant, à compter du troisième article, un éventail ; ces antennes n'ont que onze articles et par là diffèrent de celles des rhypicères, qui en ont un plus grand nombre dans les individus du même sexe. M. Delaporte a publié une monographie de ce genre, dans les *Annales de la société entomologique ;* il en décrit plusieurs espèces, toutes fort rares dans les collections. L'espèce qui a servi de type

à ce genre est le C. DE DEJEAN , *C. Dejeanii*, Latr., Guérin (*Voyage autour du monde, du capitaine Duperrey*).

CALLIRHOÉ (*zooph. acal.*). Ce genre appartient à l'ordre des acalèphes libres ; il a été fondé par Péron et Lesueur, et diffère peu des méduses ordinaires et des cyanées, dont il est très-voisin. Son corps est orbiculaire, transparent, garni de bras en dessous, mais privé de pédoncules et le plus souvent de tentacules au pourtour. Ces animaux se trouvent dans toutes les mers, et nagent à la surface de l'eau.—On en connaît deux ou trois espèces, parmi lesquelles nous citerons la CALLIRHOÉ BASTÉRIENNE, *C. basteriana*, Péron et Lesueur. On la trouve dans la mer du Nord.

CALLIRHOÉ. C'est le nom d'une fontaine de Grèce dans l'Étolie. Elle était dans le voisinage du port de la ville de Calydon. M. de Lisle en met la source au nord de cette ville, et la fait serpenter vers le sud-ouest jusqu'à la mer, indépendamment de l'Evenus, qui est plus à l'occident, au lieu que le P. Briet et Cellarius placent la fontaine de Calydon au delà et au couchant de l'Evenus. — Cette fontaine est célèbre chez les mythologues par l'aventure de la princesse Callirhoé, qui lui donna son nom, ou plutôt qui l'aurait reçu d'elle, s'il faut s'en rapporter à l'étymologie du mot, qui signifie en grec *coulant agréablement*, et qui est, par conséquent, une épithète parfaitement appropriée à une fontaine. Quoi qu'il en soit, voici ce que rapporte la fable imaginée, sans doute après coup, par l'esprit poétique des Grecs anciens, selon leur usage, pour embellir l'étymologie de ce nom. Callirhoé, princesse du sang royal de Calydon, ayant inspiré une violente passion à un prêtre de Bacchus, nommé Corésus, dont elle s'obstinait à repousser les vœux, celui-ci eut recours au dieu, et embrassa sa statue en le priant de lui être favorable. Bacchus ayant exaucé son ministre, les Calydoniens furent soudain frappés d'une espèce d'ivresse qui les mettait hors d'eux-mêmes, et qui, dit Pausanias, en fit mourir plusieurs. L'oracle de Dodone consulté répondit que le malheur des Calydoniens ne devait être attribué qu'à la colère de Bacchus, et que, pour la faire cesser, il fallait que Corésus immolât à son autel Callirhoé, ou quelqu'un qui voulût accomplir le sacrifice pour elle. Déjà la victime était parée, déjà ses parents et ses amis, qui venaient de la conduire en pleurs à l'autel, mais dont pas un cependant n'avait pensé à se dévouer pour la sauver, venaient de la remettre aux mains de Corésus, lorsque celui-ci, touché de tant d'innocence et de tant de beauté, oubliant tout ressentiment pour n'écouter que son amour, tourna contre lui-même le fer qui devait ensanglanter son amante, et mourut pour elle, laissant aux hommes, dit Pausanias, un exemple mémorable de l'amour le plus constant et le plus infortuné que l'on eût encore vu parmi eux. Callirhoé, ajoute la fable, honteuse d'avoir si mal payé tant d'amour, alla se tuer au bord d'une fontaine à laquelle elle donna son nom. — Il est certain que ce nom n'appartient pas à cette seule fontaine ; il y en avait une autre dans la province de l'Attique, que l'on a confondue à tort, dit Fourmont, avec celle qui est connue sous le nom d'Ennéacrunos. Une troisième, au rapport de Plutarque et de Pline, était située dans la Palestine, à l'orient du Jourdain, ou plutôt de la mer Morte, auprès d'une ville de même nom, et avait des vertus médicinales telles, que l'historien Josèphe en fait mention en plusieurs endroits. « Hérode, dit-il entre autres choses (*De antiq. Judaïc.*, p. 597), étant allé au delà du Jourdain, prit les eaux de Callirhoé, qui sont médicinales et agréables à boire, et qui se déchargent dans le lac Asphaltite. » Enfin Pline nous apprend (tom. I, p. 268) que c'était également le nom d'un étang de la Mésopotamie, auprès duquel était située une ville appelée Antioche selon Étienne de Byzance, la même qu'Edesse suivant le P. Hardouin. — Le nom de Callirhoé a été porté aussi par d'autres femmes que la princesse de Calydon : c'était celui, 1° d'une fille du fleuve Scamandre, qui épousa Tros, troisième roi de Dardanie, et lui donna trois fils : Ilus, qui donna son nom (*Ileum*) à la ville de son père (Troie) ; Ganymède, qui fut enlevé par Jupiter ; et Assaracus, père de Capys et grand-père d'Anchise. — 2° D'une fille du fleuve Méandre. — 3° D'une fille de l'Océan, laquelle eut pour fils l'affreux Géryon, dont le corps supportait trois têtes, et un autre monstre plus horrible encore, Échidna, qui avait la moitié du corps d'une belle nymphe et l'autre moitié d'un serpent. — 4° D'une fille de Lycus, tyran de Libye, qui, après avoir délivré Diomède, qu'elle avait épousé, des embûches dressées par son père, se vit abandonnée de cet ingrat, et se pendit de désespoir. — 5° Enfin, d'une fille du fleuve Achéloüs, dont l'histoire demande quelques développements. Cette princesse, dit Pausanias, ayant été mariée à Alcméon, qui avait tué sa propre mère Eriphyle, et qui avait déjà une autre femme, conçut de la jalousie moins de ce partage offensant pour toutes deux que du présent qu'Alcméon avait fait à la première du fameux collier d'or d'Hermione, qui l'avait reçu jadis pour prix de sa trahison envers son époux Amphiaraüs, lequel se cachait pour ne point faire partie de l'expédition de Thèbes, et dont elle découvrit la retraite. Ce funeste collier, ou plutôt la funeste passion de la coquetterie qu'il excitait, et les manœuvres qu'on mit en jeu pour en obtenir la possession, amenèrent les désastres et la perte de la famille de Phégée, après avoir causé précédemment celle d'Amphiaraüs. Callirhoé jura qu'elle ne laisserait Alcméon user de ses droits d'époux qu'après qu'il aurait repris ce collier à sa première femme, Alphésibea, pour venir en faire hommage à celle dont les titres à son amour étaient d'autant plus forts qu'ils étaient plus récents. Celui-ci, qu'une passion toujours excitée et jamais satisfaite avait mis entièrement aux ordres de sa nouvelle femme, alla trouver Phegeus, et lui persuada que l'oracle, consulté sur l'espèce de fureur dont il était attaqué, avait répondu qu'il ne guérirait point s'il ne faisait offrande du fameux collier au temple de Delphes : ce dernier consentit à le lui livrer; mais ayant appris ensuite qu'Alcméon ne le lui avait redemandé que pour le donner à sa nouvelle épouse, il ordonna à ses deux fils de courir après lui, et de l'assassiner, ce qu'ils ne purent exécuter que longtemps après. Callirhoé, voulant honorer la mémoire de son époux, pria Jupiter de faire en sorte que les fils qu'elle avait eus de son union avec Alcméon, et qui étaient encore enfants, devinssent hommes en un moment, afin de pouvoir venger la mort de leur père. Jupiter lui accorda sa demande, et aussitôt Amphoterus et Acarnas ou Acarnan partirent pour aller exécuter cet ordre. Ils rencontrèrent sur leur route les assassins d'Alcméon, qui allaient offrir à Delphes le collier et la robe d'Eriphyle, les tuèrent, et consacrèrent eux-mêmes ces objets funestes, sujet de tant de discordes et de tant de maux. Ils allèrent ensuite dans l'Epire, et y fondèrent une colonie qui prit le nom de l'un d'eux (l'Acarnanie), et fut la souche d'un peuple fort adonné au plaisir, ce qui avait donné lieu au proverbe ancien : *Porcus Acarnas.*

CALLIRION, s. m. (*botan.*), espèce de lis.

CALLISE, s. f. (*botan.*), sorte de petite plante rampante, voisine des éphémères.

CALLISTACHIS ou CALLYSTACHIS, s. m. (*botan.*), genre de plantes de la famille des légumineuses.

CALLISTE, s. f. (*botan.*), plante parasite qui croît sur les troncs des vieux arbres.

CALLISTE (*hist. nat.*), genre de vers mollusques.

CALLISTE, *callistus* (*insect.*), genre de l'ordre des coléoptères, section des pentamères, établi par Bonnelli dans ses observations entomologiques, et rangé par Latreille dans la famille des carnassiers, tribu des carabiques, section des patellimanes. Les insectes qui composent ce genre ont les palpes antérieurs filiformes, avec le dernier article ovalaire, et le prothorax en forme de cœur tronqué. La forme des articles de leurs palpes antérieures empêche de les confondre avec les éponies, les dinodes, les chlænies, et leur est commune au contraire avec les codes; mais ils diffèrent de ceux-ci par leur corselet, qui est en forme de cœur tronqué. Les callistes mâles sont surtout remarquables par les articles dilatés de leurs tarses garnis en dessous d'une brosse très-serrée et sans vide. Ce genre est composé de plusieurs espèces; la plus connue est le *callistus lunatus*. La tête est d'un bleu noirâtre, avec le corselet entièrement d'un rouge ferrugineux, tant en dessus qu'en dessous; les étuis sont jaunâtres, ayant chacun trois taches noires. Les cuisses et les jambes sont jaunâtres à la base et noirâtres à l'extrémité; les tarses sont brunâtres. On trouve communément cette espèce sous les parties, dans diverses parties de la France, en Allemagne, en Russie, en Espagne et en Portugal; assez rare aux environs de Paris.

CALLISTE ou CALLIXTE était un affranchi en grande faveur sous Caligula. On a dit que, craignant pour ses jours et ses trésors, il entra dans la conspiration qui fit périr cet empereur. Sous Claude, il fut une puissance par son crédit et ses richesses. C'était lui qui protégeait Lollia Paulina, l'une des rivales d'Agrippine auprès de son oncle. « Adroit et fin, il croyait, dit Tacite, qu'il était plus sûr, pour se conserver, d'user de précautions sage et de mesures violentes. » Il mourut la huitième année du règne de Claude.

CALLISTEMA, s. m. (*botan.*), genre de plantes de la famille des synanthérées.

CALLISTHÈNES, philosophe et historiographe, né à Olynthe,

ville de Thrace, vers la 365e année avant J.-C. Disciple d'Aristote, il devint, par sa protection, sous-gouverneur d'Alexandre, dont son célèbre maître était gouverneur. Il fut le constant et servile adulateur de ce prince dans les écrits nombreux qu'il composa touchant sa jeunesse et son règne; et, par une contradiction bizarre et dangereuse, il le décriait impitoyablement dans ses discours. Malgré la haine qu'il inspira peu à peu à Alexandre, ce prince le garda auprès de lui, à cause peut-être du service éminent que Callisthènes lui avait rendu lorsque, inconsolable du meurtre de son ami Clytus, il avait résolu de se laisser mourir de faim, et qu'il fut ramené à la raison par les conseils du philosophe. Toutefois, ce dernier ayant été compromis dans la conspiration d'Hermolaüs, Alexandre condamna à mort et fit exécuter son ancien gouverneur. Le récit que certains auteurs anciens ont laissé des cruautés inouïes d'Alexandre contre Callisthènes, lors de sa condamnation, doit être considéré comme des fables issues d'une vénale partialité. La seule vengeance personnelle de ce prince, après avoir laissé périr le conspirateur, fut de faire graver ces mots sur sa tombe : *Je hais un sophiste qui ne sait être sage.* — Les ouvrages de Callisthènes sont tous perdus. Il avait écrit : *Récit de la guerre de Troie*, selon Cicéron. — *Dix livres des Helléniques*, à partir de la paix des Grecs avec Artaxerxès, roi de Perse, jusqu'à l'époque où le temple de Delphes fut pillé par Philomelus, à la tête des Phocidiens. — *Histoire de la guerre sacrée.* — *Les Persiques*, au rapport de Suidas. — *Un livre d'Apophthegmes*, d'après Julius Pollux, et *Un livre sur les plantes*, selon saint Epiphane. — *Traité de la nature de l'œil.* — *Vie d'Alexandre le Grand*, perdue aussi, et qu'on ne doit pas confondre avec le manuscrit sous ce titre, et attribué à Callisthènes, qui se trouve à la bibliothèque royale.

CALLISTHÈNES, orateur distingué chez les Grecs, vivant du temps de Démosthènes, se fit remarquer par ses combats oratoires contre Philippe, roi de Macédoine. On rapporte qu'Alexandre le Grand, redoutant autant son éloquence que celle de Démosthènes, rattacha par de magnifiques présents ces deux orateurs à son parti. — Un général athénien, nommé CALLISTHÈNES, après avoir vaincu Perdiccas, roi de Macédoine, conclut avec lui une paix avantageuse à Athènes, et fut, pour ce fait, mis à mort par ses ingrats compatriotes. — Un autre CALLISTHÈNES, insensé imitateur de l'incendiaire Erostrate, mit le feu aux portes du temple de Jérusalem, lorsque Judas Machabée, au milieu d'une fête solennelle, y rendait grâces à Dieu de la victoire qu'il venait de remporter sur Nicanor. Il tarda peu à être arrêté, et on le jeta dans les flammes qu'il avait allumées.

CALLISTRATE, orateur athénien, fils de Callicratès, eut la gloire de développer, par son exemple et ses succès, chez Démosthènes jeune encore l'instinct et le goût de l'art oratoire. Thémison, tyran d'Erétrie, s'étant emparé à l'improviste de la ville d'Orope, sur les confins de l'Attique et de la Béotie, les Athéniens firent un procès aux généraux qui l'avaient laissé surprendre, et notamment à Chabrias, qui fut défendu par Callistrate. Son plaidoyer et les applaudissements qu'il accueillirent firent une vive impression sur Démosthènes qui était venu l'entendre, et lui inspirèrent ces généreux efforts à la faveur desquels il devait conquérir plus d'une fois les belles palmes de l'éloquence antique. Il convenait lui-même que Callistrate lui était supérieur dans l'art de la déclamation. Le crédit et la réputation de cet orateur le firent élever à des emplois importants. Il commanda les armées de la république avec Timothée et Chabrias. Lorsque les Thébains, par les victoires de Leuctres et de Mantinée eurent mis Lacédémone à deux doigts de sa perte, Callistrate exhorta ses concitoyens à venir au secours de cet Etat; mais Epaminondas déconcerta ses efforts. Il fit admettre plusieurs accusations capitales contre des dilapidateurs des deniers publics. Accusé lui-même de malversation, il s'exila pendant quelque temps; mais, cédant au plaisir de revoir sa patrie, il revint à Athènes, fut condamné et mis à mort.

CALLISURA (*géogr. ecclés.*), ville épiscopale, au diocèse jacobite d'Antioche, une des sept qui furent ravagées et détruites au XIIIe siècle, suivant le rapport de Grégoire Barhebreus (*Assem.*, t. II; *Biblioth. or.*, p. 260).

CALLITHRICHES, *callithrix* (*mammif.*). Ces quadrumanes forment, parmi les sagouins ou géopithèques, un genre dont l'espèce type est le saimiri de Buffon; voici leurs caractères généraux tels qu'on les trouve *dans* les auteurs : tête petite, arrondie; museau court; angle facial de 60°; les canines médiocres; les incisives inférieures verticales et contiguës aux canines; les oreilles grandes et déformées; la queue un peu plus longue que le corps et couverte de poils courts; le corps assez grêle; leur pelage agréablement coloré leur a mérité le nom de *callithrix*, qui veut dire beau poil. — Les mœurs de ces animaux sont peu connues : on sait seulement que quelques espèces ont beaucoup d'intelligence, qu'elles se nourrissent d'insectes, et vivent réunies par troupes considérables dans les forêts équatoriales du nouveau monde. — Le saïmiri (*callithrix sciureus*, Geoff.). Ce joli petit singe a reçu une foule de noms vulgaires; on l'appelle *sapajou-aurore*, *singe-écureuil*, etc. Le nom de *saïmiri* lui est donné par les Galibis de la Guyane, *titi* est celui qu'il porte sur les bords de l'Orénoque; Schreiber, dans sa planche 33, l'a nommé, ainsi que Linné, *simia sciurea*, c'est-à-dire singe-écureuil. — Le saïmiri n'a guère plus de dix ou onze pouces de longueur, depuis le bout du museau jusqu'à l'origine de la queue, qui en a un peu davantage. Son pelage est généralement d'un gris olivâtre; les bras et les jambes sont d'un roux vif, le museau est noirâtre. Cet intéressant animal est certainement le plus intelligent en même temps que le plus élégant de tous les singes : « Sa physionomie, dit M. Geoffroy, est celle d'un enfant; c'est la même expression d'innocence, quelquefois même le sourire malin, et constamment la même rapidité dans le passage de la joie à la tristesse : il ressent aussi vivement le chagrin, et le témoigne de même en pleurant. Ses yeux se mouillent de larmes lorsqu'il est inquiet ou effrayé. Il est recherché par les habitants pour sa beauté, ses manières aimables et la douceur de ses mœurs. Il étonne par son agitation continuelle; cependant ses mouvements sont pleins de grâce. On le trouve occupé sans cesse à jouer, à sauter, et à prendre des insectes, surtout des araignées qu'il préfère à tous les aliments végétaux. » M. de Humboldt a souvent remarqué que le saïmiri reconnaissait visiblement des portraits d'insectes, qu'il distinguait même sur des gravures en noir, et qu'il cherchait à les saisir avec ses petites mains. — Ces preuves de discernement ne sont pas les seules que ces intéressants animaux aient fournies aux observateurs; on en a vu que nos discours suivis prononcés devant eux occupaient au point qu'ils suivaient des yeux les gestes de l'orateur, et qu'ils s'approchaient souvent de sa tête pour toucher sa langue ou ses lèvres. — Ils habitent par petites troupes au Brésil et à la Guyane; ils recherchent les insectes, et savent les prendre avec beaucoup d'adresse. On en distingue plusieurs variétés. — Sagouin veuve (*callithrix lugens*). Cette espèce, qui a le pelage noirâtre, avec la gorge et les mains antérieures blanchâtres, habite les forêts qui bordent les rivières de San-Fernando d'Atapabo, et les montagnes granitiques de Santa-Barba. M. de Humboldt l'a décrite dans ses *Mélanges zoologiques* sous le nom de *la Viduita*. — Sagouin à *masque* (*callithrix personatus*); il a le pelage gris fauve, la tête et les quatre mains noirâtres; queue rousse. Il vit au Brésil sur le bord des rivières qui arrosent cette portion de l'Amérique. — Sagouin à *fraise* (*callithrix amistus*). On pense que cette espèce vient du Brésil. — Sagouin à collier (*callithrix torquatus*), décrit dans le tome X des *Mémoires des Curieux de la nature*, de Schœffer; ce singe habite le Brésil. — Sagouin *moloch* (*callithrix moloch*). Ce singe habite le Para, mais il y est rare. — Sagouin *aux mains noires* (*callithrix melanochir*) et *sagouin mitré* (*callithrix infulatus*), qui sont du Brésil, composent avec quelques autres espèces moins bien connues le genre *callithrix* de M. Geoffroy. — Buffon a nommé *callithriche* un singe du Sénégal, le *simia sabæa* de Linné, figuré dans le tome XIV de son *Histoire naturelle*, planche 37; et dans la livraison XIX de l'*Histoire des mammifères* de M. F. Cuvier. Ce singe est d'un beau vert sur le corps, avec la gorge et le ventre blancs, et la face noire. Les anciens, et Pline entre autres, se sont servis du mot *callithriche* pour indiquer une espèce de singe qui paraît être l'cuandarou.

CALLITRIC, CALLITRICHE (*botan.*), genre de plantes à feuilles ovales, d'un beau vert, disposées en rosette, les unes nageant à la surface des eaux douces et courantes, les autres spatulées, quelquefois même arrondies, habituellement submergées. Selon Jussieu, il fait partie de la famille des naïades; d'après de nouvelles observations, il doit en être détaché, et former un groupe séparé parmi les dicotylédonées; il occupe deux places dans le système sexuel; certains individus, étant hermaphrodites ou monoïques, appartiennent à la monandrie digynie; tous les autres rentrent dans la monœcie monandrique, puisque le même pied porte les fleurs mâles et des fleurs femelles séparées. Son nom lui vient du mot grec καλλιθρίξ, belle chevelure, de la forme de ses longues racines vermiculaires, de ses tiges délicates et flottantes, de ses feuilles supérieures nombreuses, linéaires. — Tous les callitrics ne sont véritablement

que des variétés de l'espèce que Linné appelait CALLITRIC PRINTANIER (*callitrix verna*) : tous végètent pendant huit ou dix mois de l'année, et meurent au bout de ce laps de temps. Il est de l'intérêt du cultivateur de les arracher au commencement de l'automne avec des râteaux à dents de fer, et de les porter sur des fumiers dont ils augmenteront et bonifieront la masse. Dans les localités voisines des eaux stagnantes où les callitrics abondent, on fera bien de les déposer au bord de l'étang; là ils se décomposeront et produiront un excellent terreau. Jusqu'ici les botanistes ont donné de ce genre une description vicieuse; il faut lui substituer désormais celle-ci, révélée par une suite d'études et d'analyses scrupuleuses : fleurs monoïques; les mâles ont un calice à deux sépales, une étamine à anthère réniforme, s'ouvrant sur son bord convexe, et présentant dans toute sa longueur une légère rainure, un rudiment d'ovaire; les fleurs femelles offrent un calice à deux sépales, un ovaire supère tétragone, surmonté de deux styles filiformes, donnant quatre graines nues légèrement ailées, si étroitement unies par un tissu cellulaire jusqu'à l'époque de la maturité qu'elles paraissent ne former qu'un seul corps; elles se séparent alors. Après la fécondation, la fleur s'immerge. La germination de la graine a lieu de dix à quinze jours; elle commence par deux feuilles séminales opposées, attachées à une tige frêle portant deux racines filiformes assez longues.

CALLIXÈNE, orateur athénien, fit condamner à mort, par le peuple, les généraux qui avaient vaincu aux îles Arginuses, parce qu'ils avaient laissé les morts sans sépulture. Bientôt le peuple, revenu de son erreur, força Callixène de fuir. Cet orateur mourut misérablement.

CALLIXÈNE, célèbre courtisane de Thessalie, fit un vain essai de ses charmes sur Alexandre le Grand, qui fut assez maître de lui pour résister à ses séductions par lesquelles la reine Olympias voulait éprouver la vertu de son fils.

CALLOET (GABRIEL QUERBRAT), agronome estimable, mais qui n'est pas aussi connu qu'il mériterait de l'être, était né dans le XVIIe siècle, d'une famille honorable, à Lannion, petite ville de la basse Bretagne. Admis en 1642 avocat général à la chambre des comptes de Nantes, il se démit de cette charge au bout de quelques années, et fut nommé conseiller d'État. Dans ses loisirs il s'était occupé des moyens d'améliorer les différentes espèces d'animaux domestiques. Voulant faire participer les agriculteurs aux résultats de ses expériences, il publia successivement les opuscules suivants : 1° *Advis : on peut en France élever des chevaux aussi grands et aussi beaux qu'en Allemagne et royaumes voisins*, Paris, 1666, in-4° de seize feuillets, avec deux planches. Il en existe un exemplaire sur vélin à la bibliothèque royale. Les observations que ce livre contient ne sont sans doute point neuves aujourd'hui, mais il est à regretter qu'on ait été aussi lent à en profiter en France. 2° *Moyen pour augmenter les revenus du royaume de plusieurs millions....; on peut faire que le bestial produise deux fois plus qu'il ne fait*, ibid., 1666, in-4° de 56 pages et 5 feuillets préliminaires, avec cinq planches. Cet opuscule est dédié à Colbert. L'auteur trouve dans une meilleure méthode de culture la véritable source des richesses de la France. Il parle d'une race de bêtes à laine, remarquable par la grandeur et la beauté de ses formes et par ses grands produits en laine, en lait et en agneaux. Les Hollandais l'avaient tirée des Indes, et quelques agronomes l'avaient récemment introduite en France, où elle prospérait dans les marais de la Charente, de l'Aunis et du Poitou. 3° *Pour tirer des brebis et des chevaux plus de profits qu'on n'en tire*, ibid., sans date, in-4° de 52 pages et 5 feuillets préliminaires, avec une planche. 4° *Beaux chevaux qu'on peut avoir en France aussi beaux qu'en Espagne, Angleterre*, etc., ibid., sans date aussi, in-4° de 45 pages. Ces quatre opuscules sont rares et recherchés.

CALLOMPE, s. m. (*hist. nat.*), genre d'insectes de la famille des dolichopodes.

CALLON, sculpteur grec, vivait dans la LXXXVIIe olympiade, 432 ans avant J.-C. Il était de l'île d'Égine, et disciple de Tectée et d'Angélion, sculpteurs célèbres qui firent à Délos la statue d'Apollon. Callon avait sculpté en bois dans la citadelle de Corinthe une statue de *Minerve Sténiades*. On voyait aussi dans la ville d'Amyclée la statue de *Proserpine*, avec un trépied de bronze, œuvre de la main de Callon. On croit que ce trépied était un de ceux que les Lacédémoniens envoyèrent en présent au temple d'Apollon Amycléen, après la victoire d'Ægos Potamos. Il s'ensuivrait que Callon a vécu fort âgé, la bataille d'Ægos Potamos ayant eu lieu dans la XCIIIe olympiade. Pline et Pausanias comptent parmi les sculpteurs contemporains de Callon,

Agelades, Phragmon, Gorgias, Lacon, Myron, Pythagoras, Scopas, Percias, Mœnechme et Soïdas de Naupacte. — Peu de temps avant, un autre statuaire du même nom, né à Élis, s'illustra en jetant en bronze les statues de trente jeunes Siciliens qui se noyèrent dans le détroit, en passant de Messine à Reggio. On voyait à Élis une statue de *Mercure portant un caducée*, de la main de ce même Callon, qui cependant fut moins célèbre que le sculpteur d'Égine.

CALLON DE SAINT-REMI (SIMON-REMI), ancien secrétaire de l'ambassade du marquis de Senneterre à la cour de Turin, né à Reims en 1712, mort à Paris le 10 septembre 1756, est auteur d'*Angelina ou Histoire de don Matthéo*, Milan (Paris), 1752, 2 vol. petit in-8°. Ce roman, bien écrit et bien dialogué, dépeint au naturel le caractère des Milanais. On y trouve une candeur de sentiments et une droiture de cœur qui fait l'éloge de l'auteur. Il est dommage que cette production ait été imprimée avec si peu de correction. Remi Gallon était neveu de Jacques Callon, chanoine théologal de l'église de Reims, et directeur du séminaire de cette ville, né à Reims en 1626, mort le 2 juin 1714, âgé de quatre-vingt-huit ans. C'était un homme d'une grande piété, qui remplit avec distinction le ministère de la chaire, et qui prêchait avec une action que ne déparait pas la cécité dont il avait été frappé dans un âge peu avancé.

CALLORHINQUE, *callorhincus* (*potss*.). Gronovius a le premier appliqué ce nom à un genre de poissons de l'ordre des chondroptérygiens à branchies libres, famille des sturioniens, que Linné réunissait sous le nom de chimère, *chimæra*. Cuvier l'en a séparé et l'a placé à la suite des sélaciens (plagiostomes, Dumér.), avec lesquels, ainsi que les chimères proprement dites, les callorhinques offrent de grands rapports. Les caractères du genre consistent dans la disposition des branchies, qui s'ouvrent à l'extérieur par un seul trou apparent du côté du cou; ils ont cependant un vestige d'opercule caché sous la peau; le museau est terminé par un lambeau charnu comparable pour la forme à une houe. Il y a deux dorsales, dont la deuxième commence sur les ventrales et finit vis-à-vis le commencement de celle qui garnit le dessous de la queue. La première est armée d'un fort rayon osseux. Les mâles portent en outre sur la tête, au-dessus du prolongement singulier dont nous avons parlé plus haut, une autre sorte de tubercule allongé, terminé en boule et tuberculeux. On n'en connaît qu'une espèce des mers méridionales, la CHIMÈRE ANTARCTIQUE (*chimæra callorhincus*, Linn., Lacép., t. I, pl. XII. Dans cet individu, la seconde dorsale est à une égale distance de la première et de la caudale. Entre les nageoires, sur le dos, règnent un ou deux rangs d'aiguillons tournés vers la queue; la caudale présente une autre petite nageoire antérieure, et les pectorales, beaucoup plus grandes, sont marquées à leur base d'une tache particulière; enfin le rayon antérieur de la dorsale est muni de dents en arrière.

CALLOSITÉ (*zool*.), endurcissement de l'épiderme ou de quelque autre partie qui prend une consistance cornée; induration qui survient sur les bords des ulcères par suite de l'irritation et de l'engorgement continuels des tissus. Chez les animaux, on donne ce nom à certaines parties recouvertes d'une peau plus épaisse, souvent rugueuse, raboteuse, dépourvue de poils et quelquefois colorée; on remarque surtout ces callosités sur la poitrine et les genoux des chameaux, aux fesses des singes. La peau de la plante des pieds, qui chez l'homme est d'un tissu plus serré que celle des autres parties du corps, devient encore plus dure avec l'âge, et peut être considérée comme véritablement calleuse chez certains individus qui marchent pieds nus et font chaque jour de longues courses avec d'épaisses chaussures. Quelquefois aussi, celle qui recouvre la partie postérieure des cuisses prend également une consistance cornée chez les postillons ou les hommes qui voyagent continuellement à cheval. Le nom de callosités a été donné aussi, dans les Mollusques, à certaines protubérances placées sur diverses parties des coquilles, et qui diffèrent des varices en ce que celles-ci sont plus allongées dans le sens de la longueur du test.

CALLOSITÉ (*botan*.). Il se dit de certains renflements arides et raboteux, qui se développent à plusieurs parties des plantes ou aux plantes mêmes.

CALLOSITÉ (*jardin*.), se dit d'une matière calleuse qui se forme, chaque année, à la jointure ou à la reprise d'une jeune branche, ou aux insertions des racines.

CALLOT (JACQUES), né à Nancy en 1592, fut à la fois peintre, dessinateur et graveur; son nom est devenu le prototype d'un style à la fois facile et burlesque; témoin ces vers de Gresset, dans le *Lutrin vivant* :

A livre ouvert, le chapier en lunettes
Vient entonner : un groupe de mazettes
Très-gravement poursuit ce chant fallot,
Concert grotesque et digne de *Callot*.

La vie de Callot fut celle d'un véritable artiste : aventureuse et courte, accompagnée de misère et de joie. Fils d'un gentilhomme de Nancy, Jean Callot, héraut d'armes de Lorraine, il lui fallut, pour se livrer à la vocation invincible qui l'entraînait vers les beaux-arts, combattre les répugnances d'une famille d'autant plus entichée de sa noblesse qu'elle était récente. En effet elle ne remontait qu'à son grand-père, Claude Callot, exempt des gardes du corps du duc de Lorraine, et conservateur des titres et registres des nobles du pays : le duc Charles II l'avait anobli en récompense des services qu'il lui avait rendus dans les armées. Enfin dès l'an 1417, les membres de la famille Callot avaient possédé les premières charges sous les derniers ducs de Bourgogne. Toutefois, selon la remarque de Moréri, le jeune Claude Callot ne se flatta point d'une sotte vanité, et il ne crut point déroger en s'adonnant au travail où son inclination le portait. Dès l'âge de douze ans il s'échappa de la maison paternelle et prit le chemin de l'Italie, cette terre promise de l'artiste prédestiné. L'argent lui manquait ; il se mit avec une troupe de Bohémiens, qui traitèrent avec une grande bonté le pauvre enfant, et ce fut dans leur compagnie qu'il arriva à Florence. Là un officier du grand-duc le prit sous sa protection et l'envoya dessiner chez un peintre en réputation appelé Canta Gallina, et qui s'appliquait à la gravure. Cet habile artiste reconnut, développa les heureuses dispositions du jeune Lorrain, et lui apprit à connaître et à imiter les grands maîtres. Au bout de quelques mois Jacques Callot continua son voyage jusqu'à Rome, où il fut reconnu par des marchands de Nancy qui le ramenèrent à ses parents. Il s'échappa de nouveau et repartit pour l'Italie ; il était alors âgé de quatorze ans ; mais en passant à Turin, il rencontra son frère aîné, qui le ramena une seconde fois dans sa famille. Ces obstacles ne purent vaincre sa vocation, et son père, cédant enfin à ses instances, le laissa partir à la suite d'un gentilhomme que le duc de Lorraine envoyait au pape. Arrivé à Rome, Callot se fit l'élève de Julio Parigi, chez lequel il se perfectionna pour le dessin. Il passa ensuite à l'école de Philippe Thomassin, qui lui apprit à graver au burin; mais il finit par se brouiller avec ce maître qui, s'apercevant que sa femme s'intéressait beaucoup trop à la jolie figure et à l'esprit du jeune artiste, le chassa de son atelier. Alors il retourna à Florence, où le grand-duc Côme II, protecteur éclairé des arts, employa ses talents. C'est à cette époque que Callot, renonçant aux grandes figures lentement travaillées, commença à dessiner en petit ; il quitta le burin pour graver à l'eau-forte, procédé plus expéditif, plus expressif, et mieux approprié à la facilité de sa main, à la fougue et à la vivacité de son génie. Après la mort de Côme, Callot se vit à la fois sollicité par le pape Urbain VIII qui l'appelait à Rome et par l'empereur Ferdinand II qui l'appelait à Vienne, enfin par son souverain le duc de Lorraine, Henri, qui dans un voyage qu'il fit à Florence avait eu occasion d'admirer ses œuvres. Callot n'hésita point : il préféra sa patrie, où son prince lui donna une pension considérable ; et Callot, désormais fixé à Nancy, y épousa en 1625 Catherine Kuttinger, d'une famille noble et ancienne de Marsal. A Florence, Callot avait observé que le vernis des faiseurs de luths, qui sèche et durcit promptement, était beaucoup plus convenable que le vernis mou pour les ouvrages qu'il faisait; aussi en apporta-t-il une grande quantité à son retour à Nancy, et fut le premier qui le mit en usage pour la gravure à l'eau-forte. Ce procédé trouva peu d'imitateurs ; car si par la traits de sa pointe gagnaient plus de couleur et de fermeté, ils perdaient en retour cette légèreté, cette richesse, ce *flou*, comme disent les peintres, qui font le charme des œuvres d'Étienne de la Belle, ce graveur florentin qui s'amusait dans ses loisirs à copier les estampes de Callot, et dont le faire lui est bien supérieur sous ce rapport, du moins au jugement des artistes. Callot se proposa aussi de ne faire souvent qu'un seul trait plus ou moins prononcé pour graver les figures, sans se servir de hachures, en quoi il a été imité depuis dans de petites figures par les graveurs à l'eau-forte, et dans de grandes ordonnances par des graveurs au burin. Callot avait alors vingt-cinq ans; son titre de gentilhomme auquel il n'était pas insensible (il signait le plus souvent ses œuvres, *Noble Lorrain*), la faveur dont il jouissait à la cour de Lorraine, enfin l'aménité, la noblesse de son caractère, lui facilitèrent la route vers une réputation qu'il aurait obtenue moins rapidement s'il n'eût pas été si bien posé dans le monde. Les princes se disputaient les productions de son talent facile. La gouvernante des

Pays-Bas, Elisabeth-Claire-Eugénie, le fit venir à Bruxelles pour dessiner et graver le siége et la prise de Bréda par le marquis de Spinola. Il composa cette œuvre en six grandes feuilles. En 1628, Louis XIII l'appela à Paris pour graver le siége de la Rochelle et la prise de l'île de Ré ; chacun de ces siéges est également composé de six grandes feuilles. Il exécuta vers la même époque le combat de Viellaune près de Turin ; puis deux lointains représentant le même combat, l'un pour le portrait du duc de la Valette, à cheval, l'autre pour celui de Louis XIII. Ces deux portraits sont exécutés au burin : le premier est de Callot lui-même, le second de Michel Lasne. Pendant son séjour à Paris, Callot, dont l'activité prodigieuse ne trouvait de délassement à de grands travaux que par d'autres travaux moins sérieux, fit le portrait de Delorme, premier médecin du Louis XIII, dessina et grava deux vues de Paris, prises du Pont-Neuf, l'une représentant la tour de Nesle, où est maintenant l'Institut ; l'autre le Louvre avec cette même tour. On voit dans ces deux estampes combien cette partie de la Seine était alors pittoresque. Il retourna bientôt à Nancy, où il continua de travailler avec tant d'application que peu de graveurs ont produit autant que lui, et cela dans l'espace d'une vie si courte ; car son œuvre est au moins de seize cents pièces. Il est vrai que Tempeste, dessinateur et graveur florentin, a gravé plus de dix-huit cents pièces, mais il a vécu beaucoup plus longtemps, et tout ce qu'il a fait n'est pas d'une exécution aussi bonne que ce qu'on voit de Callot. On a encore comparé pour la fécondité et la facilité à notre artiste lorrain, Duplessis Bertaux, qui fut même surnommé le Callot français et dont l'œuvre est pour ainsi dire innombrable ; mais si comme celui qu'il avait pris pour modèle, Bertaux était essentiellement dessinateur et tirait un plus grand parti de l'eau-forte que du burin, il lui fut bien inférieur dans l'art de la composition, et aussi pour l'expression piquante des figures. Lorsque le duc d'Orléans Gaston, frère de Louis XIII, se retira en Lorraine, il chargea Callot de lui graver plusieurs planches de monnaies. Ce sont dix feuilles chiffrées sur les monnaies d'or et d'argent d'Allemagne, d'Italie, etc., et elles sont connues sous le nom de médailles. Gaston voulut même apprendre de Callot à dessiner, et chaque jour, accompagné du comte de Maulevrier, il se rendait au logis de cet artiste pour prendre une leçon de deux heures. Louis XIII ayant assiégé et réduit sous son obéissance la ville de Nancy en 1631, envoya chercher Callot, et lui proposa de peindre cette nouvelle conquête, comme il avait fait la prise de la Rochelle ; mais l'artiste supplia le roi de vouloir bien l'en dispenser, attendu qu'il était Lorrain et qu'il croyait ne devoir rien faire contre l'honneur du son prince et de son pays. Louis XIII reçut son excuse, et dit que le duc de Lorraine était bien heureux d'avoir des sujets si fidèles et si affectionnés. Et comme quelques courtisans disaient assez haut qu'il fallait l'obliger d'obéir à S. M., Callot répondit avec fermeté qu'il se couperait plutôt le pouce que de rien faire contre son honneur. La peinture n'a pas manqué de consacrer ce trait si honorable pour l'art. M. Laurent en a fait le sujet d'un tableau que le public remarqua parmi les meilleurs au salon de 1817. Louis XIII, loin de vouloir qu'on lui fît aucune violence, insista pour l'attirer à son service et lui offrit même une pension de 3,000 liv. Callot n'accepta point ; il tenait à ne plus quitter sa patrie, où il avait trouvé le bonheur dans le plus heureux ménage, et dans la bienveillance toujours croissante des princes de Lorraine. Néanmoins l'état déplorable où il vit réduite la Lorraine depuis la prise de Nancy, lui inspira le dessein de revoir cette belle Italie qui avait si bien inspiré sa jeunesse, et d'aller finir ses jours à Florence avec sa femme ; mais la mort le surprit le 28 mars 1638 ; il avait à peine quarante-trois ans. Il fut enterré dans le cloître des cordeliers de Nancy, à l'endroit où sa famille avait sa sépulture. Il était représenté à demi-corps sur une table de marbre noir. Au-dessus de son portrait on lisait une épitaphe latine, à la suite de laquelle, selon le Chevreanu, une main inconnue avait tracé ces quatre vers :

> En vain tu ferais des volumes
> Sur les louanges de Callot ;
> Pour moi je n'en dirai qu'un mot,
> Son burin vaut mieux que nos plumes.

— Son œuvre se vendait fort cher dans le siècle dernier ; elle est moins recherchée aujourd'hui. On en trouve la description : 1° dans le *Cabinet des singularités d'architecture, peinture et gravure*, ou *Introduction à la connaissance des plus beaux-arts figurés sous les tableaux, les statues et les estampes*, etc., par Florent Lecomte, sculpteur et peintre (Paris, 1699, 3 vol. in-12) ; 2° dans le *Catalogue des estampes* de M. de Lorangère

par Gersaint, Paris, 1744, in-12 ; 3° enfin, par extrait dans le *Dictionnaire des gravures anciennes et modernes* de Bussau (Paris, 1789, 2 vol. in-8°). La bibliothèque royale et celle de Sainte-Geneviève possèdent chacune une belle collection de cette œuvre, où figurent : sujets de dévotion, fantaisies, paysages, caprices, grotesques et ballets, sujets de guerre, livres et titres de livres, portraits, etc. ; en un mot, presque tous les objets que peut concevoir et traiter l'imagination la plus riche et la plus active. A la tête des sujets de dévotion, on place les *Images de tous les saints et saintes de l'année suivant le martyrologe romain*, dédiées en 1636 au cardinal de Richelieu, dont les armes sont au bas du titre. Ces figures de saints sont représentées à quatre sur la feuille in-4°, chacune dans un ovale ; elles sont au nombre de 476. — *La petite Passion*, en 12 pièces, très-difficiles à trouver en belles épreuves. — *La grande Passion*, en 7 pièces. — *Les Mystères de Notre-Seigneur et de la sainte Vierge Marie.* — *Les quatre Banquets*, savoir : la Noce de Cana, le Souper chez le Pharisien, la Cène et le Souper d'Emaüs. — *Les sept Péchés mortels.* — *La Vie de la sainte Vierge*, par petits emblèmes au nombre de 27. Cette suite d'estampes a été publiée en 1646 en un volume in-4°, avec des devises et explications en vers latins et français. — *Lux claustri* ; ce sont 27 sujets différents sur les douceurs de la vie religieuse, formant un recueil également in-4°, publié la même année. — *Le Massacre des Innocents*, gravé à Florence. Callot a regravé le même sujet à Nancy, avec quelque différence dans les figures du fond. Celui de Florence est le plus rare. — *Trois Tentations de saint Antoine*, savoir : la petite, sujet burlesque, où le saint paraît en l'air, renversé dans des nuages ; le diable est à cheval sur lui et le tient par la barbe ; une moyenne, avec dédicace à M. Phelippeaux de la Vrillière, et ses armes ; enfin, la grande, que Callot avait gravée à Florence, et dédiée au prince Ferdinand, grand-duc de Toscane, est dans un style plus sérieux. — *Le Purgatoire*, grande pièce en quatre grandes feuilles, rare. — *La Vie de l'enfant prodigue*, onze pièces, y compris le titre. — *La Terre sainte*, gravée à Florence par Callot, pour un sien ami cordelier qui en avait fait le voyage (1628, petit in-fol.). Il y a le titre et 47 pièces qui sont des plans et élévations. Toutes ces compositions ont le mérite de l'originalité, plusieurs charment par la naïveté des détails, mais trop souvent elles manquent de noblesse, et sont plutôt faites pour provoquer le rire que la ferveur. — Parmi les *Paysages et Vues* de Callot, on distingue les *Douze Mois de l'année*, les *Quatre Saisons*, d'après le Bassan, *Dix Paysages* ou *Vues de Florence.* — Une *Grande Chasse.* — *Le Parterre de Nancy.* Sur le devant on voit une terrasse où des jeunes gens jouent au ballon. — *La Carrière*, ou *la Rue Neuve de Nancy.* C'est la représentation d'un carrousel et de divers autres exercices. Cette gravure donne une grande idée de son prodigieux talent à représenter en petit des sujets très-grands et très-compliqués. — Entre les différents *Sujets, Fantaisies, Caprices, Grotesques et Ballets*, on n'a que l'embarras du choix ; contentons-nous d'indiquer : *les Égyptiens*, en quatre pièces. — *Les Fantaisies de noble Jacques Callot*, en 13 morceaux chacun à trois figures. — Deux pièces appelées *les Foires de Florence* ; la première appelée *la Grande Foire*, fut gravée à Florence. Callot ayant fait en très-peu de temps un grand débit de cette pièce, il la regrava à Nancy sans aucun changement ; mais cette dernière est d'un ton moins agréable et moins harmonieux que l'autre. — *La Petite Foire*, autrement dit *les Joueurs de boule*, représentant une foire de village où se voient des joueurs de boule, un grand nombre de paysans, des petits figures. C'est encore un des morceaux les plus estimés de Callot. — Les *Caprices*, représentant des pantalons, des comédiens, des gueux contrefaits. On a donné le nom de *Postures de Callot*, à toutes celles que l'on voit représentées dans ces sortes d'estampes qu'on nomme aussi les *Gueux de Callot*. Ce sont les premiers ouvrages qu'il fit après son établissement à Nancy. C'était le plus souvent à la lumière de la lampe qu'il composait ces fantaisies, choisissant des sujets à la fois burlesques et bizarres pour se divertir. — On lui doit plusieurs portraits au burin, entre autres ceux des grands-ducs de Florence François et Côme II, et ceux de Charles III et de Charles IV, ducs de Lorraine ; ces deux derniers sont très-rares. Nous avons déjà fait mention de ses *Siéges* et de deux de ses *Batailles* ; nous ne devons point passer sous silence les *Batailles des Médicis*, seize pièces, avec le titre. — Mais les sujets de guerre dans lesquels l'imagination de cet artiste si fécond s'est le plus donné carrière, sont : les *Exercices militaires*, quinze petites pièces, dont les deux dernières représentent des combats. — Les *Grandes misères de la guerre*, en dix-huit pièces. — Les mêmes *Misères*, en petit, 1636. — Les

Supplices, etc. — Callot excellait à faire la charge du soldat, du reître insolent et tapageur ; il possédait une finesse exquise à saisir le côté plaisant des objets même les plus sérieux. Enfin, parmi celles de ses compositions qui se rapprochent le plus du style de la caricature, et qu'on doit qualifier de débauches d'esprit, ce sont du moins les joyeux ébats d'un talent supérieur, toujours original, toujours plein de vigueur et de verve. Callot fut d'ailleurs, comme aujourd'hui notre Charlet, un grand peintre de mœurs ; et comme l'a dit un critique moderne : « Telle de ses compositions qui passent inaperçues, ont plus d'une fois défrayé d'idées des peintres et des auteurs. » Nul ne l'a surpassé pour la facilité, le feu, l'esprit et la fécondité de l'exécution. Il semble que sa pointe inspirée soit inépuisable dans son essor. — L'on doit encore à Callot plusieurs titres et gravures de livres ; à ceux que nous avons rappelés, ajoutons : la *Comédie de Soliman*, ornée de quatre estampes, outre le portrait qui est au titre historié. — *Les Miracles et Grâces de Notre-Dame de Bon-Secours lez Nancy*, titre historié. — *Les Coutumes de Lorraine*, titre historié. — *Règles de la congrégation de Notre-Dame.* — *La Sainte Apocatastaze*, titre historié. — *Fiexole distributata*, etc., autrement nommée *Catakasta*, ou les *Poëmes de Jovan Domenico Pery*, titre historié, plus le portrait de Pery, entouré d'attributs de labourage. — *Statuti de l'ordine de' Cavalieri di Santo-Stefano*, etc., titre historié. — *La Généalogie de la royale maison de Lorraine*, en trois grandes feuilles d'aigle, etc. — Callot a encore produit de nombreux dessins étincelants de tout son esprit. Il n'a fait qu'un petit nombre de tableaux. La galerie du palais Corsini à Rome en possède une suite de douze, représentant la *Vie du soldat* ou les *Misères de la guerre*, sujets reproduits dans les eaux-fortes du même maître. On cite encore de lui : les *Géants foudroyés par Jupiter*, un *Couronnement d'épines*, etc. Ces tableaux sont peints sur cuivre, et d'une dimension qui ne passe pas douze à treize pouces. La touche en est élégante et légère, et le ton général, quoique un peu faible, est constamment fin et délicat. Callot n'avait pas besoin d'emprunter une plume étrangère pour les devises latines ou françaises qui figurent sur ses productions. Nous allons en citer un exemple qui sera en même temps ressortir toute la noblesse de son caractère. Il avait beaucoup à se plaindre de Dervet, peintre médiocre, anobli par le grand-duc de Toscane, auprès duquel il était dans la plus haute faveur. Callot se vengea de ses mauvais procédés en gravant le portrait de Dervet et de son fils, avec ces vers louangeurs :

> Ce fameux créateur de tant de beaux visages
> S'était assez tiré (peint) dans ses rares ouvrages,
> Où la nature et l'art admirent leurs efforts :
> Il tenait le dessus du Temps et de l'Envie ;
> Et lui qui de ses mains ressuscitait les morts
> Pourrait bien par soi-même éterniser sa vie.

— Ce portrait est catalogué dans l'œuvre de Callot, *Portrait de Claude Dervet, chevalier de l'ordre de Portugal.* Il est en pied, et l'on voit auprès de lui son .fils à qui il fait faire l'exercice. — Le portrait de Callot a été peint par Van Dyck et gravé par Vostermann et par Bonlonais. Son *Éloge historique* a été fait par le P. Husson, cordelier (Bruxelles, 1766, in-8°). On peut consulter sur lui Félébien, *Entretiens sur les vies des peintres* ; Perrault, *Hommes illustres.* CH. DU ROZOIR.

CALLOT (FRANÇOIS), médecin, né à Nancy en 1690, est auteur d'un traité intitulé : *l'Idée et le Triomphe de la vraie médecine*, Commercy, 1742, in-8°. Il a aussi publié quelques pièces de vers qui prouvent son zèle pour l'honneur de sa patrie.

CALLOTS ou CALOTS, s. m. pl. (*technol.*), masses de pierres qu'on tire brutes des ardoisières.

CALLOTS, sorte de mendiants valides fort répandus à Paris, surtout dans la première moitié du XVIIe siècle. Ils faisaient partie de la grande société des *gueux*, se retiraient, comme les *cagoux*, les *marcandiers*, les *capons*, les *rifodés*, etc., dans les repaires connus sous le nom de *cours des miracles* (V.). Les callots feignaient d'être guéris de la teigne, et de venir de Sainte-Reine, où ils avaient été délivrés de ce mal ; car, dans cette vaste association de filous et de mendiants qui, pendant tant de siècles ont pesé sur Paris, et dont la cour de Louis XIV elle-même faisait un objet de plaisanterie, chacun avait son rôle et comme son département. A. S-R.

CALLYNTERIES, s. f. pl. (*hist. anc.*), fêtes célébrées par les Athéniens, dont il ne nous est parvenu que le nom.

CALLYRINCHE, s. m. (*hist. nat.*), sorte de poisson.

CALLYSTACHIS (*V.* CALLISTACHIS).

CALMANDE ou LASTING (*comm.*). C'est une étoffe de laine croisée et solide, qui est fabriquée en Angleterre, en France et en Allemagne, lustrée comme le satin, unie, blanche, et en général de toutes les couleurs réclamées par la mode ; tantôt mélangée, rayée, ornée de fleurs et façonnée. On en distingue de deux sortes, savoir : 1° le lasting croisé, uni et d'une seule couleur, ou le lasting rayé et de plusieurs couleurs. Cette sorte se subdivise encore selon la qualité en deux espèces, dont l'une appelée grosse est forte de 12 à 1600 fils, fins ou forts, à simple trame ; l'autre qu'on nomme légère, qui ne diffère de la première qu'en ce qu'elle n'a que 1050 fils, par conséquent 1 onzième moins que celle-ci. Les deux dernières espèces sont tissues de fil de couleur ; quelquefois elles ne sont imprimées qu'après la confection ; on leur donne alors un certain lustre qui leur mérite le nom de damas de laine. On s'en sert souvent pour robes de chambre, robes d'été et pantalons. Le lasting rayé ne se distingue de l'uni que par ses raies, qui ne sont faites qu'après le tissage. Généralement on fait un croisé qui coupe toutes les lignes longitudinales à angle droit ; d'autres fois on fait pour chaque raie un croisé particulier formant une série de petits carrés. — 2° Le lasting fleuri est un damas de laine dont le fond reçoit un fort croisé sur lequel les dessins, comme dans le satin, s'aperçoivent d'un côté, tandis que de l'autre on ne voit que la chaîne. Ces lastings fleuris ne sont employés que pour meubles et moins souvent que les lastings unis. L'endroit des calmandes doit être roide et brillant ; on obtient cet éclat au moyen de l'eau de gomme et en tendant les fils aussi fortement que possible. Dans quelques manufactures, on entremêle le fil, la laine et même de la soie ; par ce moyen on donne à l'étoffe un brillant qui la fait ressembler à la soie. Les Anglais se distinguent particulièrement sous ce rapport ; aussi en fournissent-ils la plus grande quantité. Ils les rendent par pièces de 32 yards de longueur sur 1 demi-yard de largeur ; le lasting fleuri ou damassé est à 22 pouces anglais de largeur, et la pièce à 40 yards de longueur. En France, ce sont Amiens, Reims, Châlons, Lille et Tournay qui fournissent les meilleures calmandes ; elles ont 1 demi-aune de large sur 25 à 27 aunes de longueur. Parmi celles d'Allemagne on donne la préférence aux calmandes saxonnes que l'on met presque au même niveau que les calmandes anglaises ; elles ont de 3 quarts à 7 huitièmes d'aune de large (mesure de Leipzig) : et les pièces ont 40, 50, 60, 70 et jusqu'à 100 aunes de long ; mais la première sorte n'a que 30 aunes de longueur, sur 7 huitièmes de largeur. Les lastings fabriqués en Prusse, mais surtout ceux de Magdebourg et de Berlin, ne sont guère estimés. A Linz, dans la haute Autriche, on fait des calmandes de fil (n° 54) : la pièce pèse 6 livres un huitième ; elle a 34 aunes de Vienne et 5 huitièmes en largeur ; les façonnées ou à fleurs sont de 8 livres et de 36 aunes, même largeur que les précédentes. On donne le nom de *durants* aux lastings rouges et fleuris. La Bohème fabrique aussi beaucoup de cette étoffe.

CALMANTS (*thérapeutique, hygiène médicale*). On appelle *calmants*, en médecine, les moyens qu'on emploie à l'extérieur ou à l'intérieur pour combattre les douleurs que déterminent certaines maladies. Dans l'acception la plus générale du mot, tout ce qui tend à guérir est un calmant. Ainsi les sangsues, la saignée dans un cas d'inflammation calment ou la suffocation si c'est une inflammation de poitrine, ou une douleur aiguë si c'est un phlegmon. On pourrait multiplier les exemples. Dans une acception plus circonscrite, le mot calmant s'applique à des médicaments d'une classe particulière auxquels la médecine attribue la propriété de diminuer l'intensité des douleurs et de les faire disparaître. Ces médicaments sont les antispasmodiques, les anodins, etc. Ils sont pris dans les trois règnes. La morphine, qui est la partie la plus active de l'opium, est considérée comme l'un des calmants les plus puissants que la médecine connaisse. Comme les causes déterminantes de la douleur sont très-variées, le mode d'action des médicaments est aussi très-différent. Suivant les tempéraments, suivant les maladies, suivant les circonstances, il faut donner des calmants qui, administrés dans des conditions opposées, produiraient des effets entièrement contraires. Ainsi tantôt l'opium est un calmant, tantôt le café, tantôt les préparations ferrugineuses. L'opium, en déterminant une congestion sanguine dans les centres nerveux, modifie, éteint pour ainsi dire la sensibilité, et par conséquent affaiblit ou détruit le sentiment de la douleur. Quand le cerveau est énervé, affaibli, qu'après un surcroît d'activité il est tombé dans un affaiblissement tel qu'il ne peut plus laborieusement se prêter aux opérations intellectuelles, le café, en surexcitant la fibre nerveuse, détruit son engourdissement, et ressuscite en quelque sorte cette activité qui était épuisée : le café est un excitant, et dans ce cas pourtant il agit comme un calmant très-énergique. Lorsque le tempérament est affaibli, qu'il y a diminution d'énergie dans les forces, dans les fonctions, que le sang ne paraît pas chimiquement composé comme à l'état de santé, et que cette condition morbide produit des désordres nerveux plus ou moins considérables, les préparations ferrugineuses raniment la puissance organique, un surcroît de vie se manifeste dans toutes les parties, et la douleur qui résultait de l'anarchie des fonctions et de l'état du système nerveux fait bientôt place au calme et au bien-être. Ainsi les calmants arrivent au même but par des voies opposées. Ils font disparaître les douleurs, tantôt en remplissant le rôle de toniques, tantôt celui d'excitants, tantôt celui de narcotiques comme l'opium ou la morphine, et tantôt aussi en paralysant directement l'action du système nerveux comme le font certains médicaments d'une très-grande activité qui sont classés parmi les antispasmodiques. Il y a encore une classe très-importante de calmants que la médecine matérielle n'admet pas, mais que la médecine philosophique doit admettre ; ce sont ceux de l'ordre intellectuel et moral. On sait quels sont les effets de la consolation, de la bienveillance, de la sympathie sur les personnes affectées d'une douleur plus ou moins considérable. Souvent la douleur détermine une contraction nerveuse, un état de spasme qui peuvent conduire aux convulsions ; mais lorsque ces sentiments provoquent une crise d'attendrissement, une effusion de larmes, il y a bientôt amendement dans les phénomènes nerveux. La diversion agit aussi d'une manière très-salutaire sur les affections morales. C'est un des puissants moyens de guérison employés contre l'aliénation mentale. La vue d'objets qui font naître dans l'esprit d'autres idées que celles qui ont produit la folie agit comme un calmant : dans ce cas c'est par l'oubli qu'on arrive à recouvrer cette raison par le moyen de laquelle on peut dominer la douleur, au lieu de la laisser dominer par elle. L'ordre et la continuité du travail intellectuel, et ses tendances vers un but déterminé sont aussi une puissante condition de calme. On sait que les personnes inoccupées finissent, après une classe très-passées par toutes les périodes de l'ennui, par contracter une mobilité si grande que tous les actes de leur vie ont la durée et le caractère du caprice. Cet état, qui constitue une véritable maladie morale, se fait en général remarquer par une irritabilité très-forte, dont les symptômes se manifestent tantôt sur un organe du corps, tantôt sur un autre. Or, il est rare qu'un travail constant, qu'un but à suivre, qu'un intérêt auquel on s'attache ne mettent pas un terme à ce désordre : la suite dans les idées restitue l'harmonie aux fonctions. Les sentiments religieux sont surtout un calmant de la plus grande puissance. Sans entrer dans l'énumération de tous les avantages qu'ils peuvent produire, soit dans les maladies physiques, soit dans les affections morales, y a-t-il un calmant plus efficace que l'espérance en Dieu ? Y a-t-il une force de résistance plus grande à l'action des grandes douleurs, que la résignation dans la pensée d'une expiation nécessaire, ou d'un devoir auquel il faut se soumettre sans murmurer. Ainsi, d'après ce qui précède, les calmants occupent une plus large catégorie que celle qui leur a été assignée par la science de guérir. Les médecins, pour arriver au but qu'ils se proposent, doivent avoir recours aux moyens moraux comme aux moyens physiques. — Pour l'ordinaire même, ces moyens d'action ont besoin de se servir mutuellement d'appui, pour que les résultats puissent être complétement atteints.　　　　　　Dr ED. CARRIÈRE.

CALMAR, s. m. (gramm.), étui où l'on met des plumes à écrire. Il est vieux.

CALMAR ou **KNLMAR-SUND** (géogr.), détroit de la mer Baltique, qui sépare l'île d'Oland du continent. Il a 30 lieues de long sur une lieue et demie à six de large. En hiver, la partie plus resserrée est ordinairement prise par les glaces.

CALMAR ou plutôt **KNLMAR** (géogr.), préfecture de Suède, formée de la partie orientale, Smealand, et qui est située vis-à-vis de l'île d'Oland, entre celles de Kronoborg et de Jœnkœping et le détroit de Calmar. Elle a 466 lieues carrées et 169,700 habitants, et est divisée en neuf cercles chef-lieux.

CALMAR ou **KNLMAR** (géogr.), ville située sur le détroit auquel elle donne son nom ; siège d'un évêché. Elle se compose de 4 parties : la ville, bâtie dans l'île de Quarnholm, et le faubourg placé sur le continent, et qui y communique par un pont de bois. Du côté de la terre, celui-ci est protégé par une double muraille et des fossés ; sur la mer, il est défendu par deux forts. Le port est petit et sûr. On remarque à Calmar la cathédrale, bel édifice, l'hôtel du préfet, l'hôtel de ville et quelques autres bâtiments de pierre, car tout le reste est en bois. Il y a une

académie, un collège, quelques fabriques d'étoffes de laine, de tabac, de potasse, de miroirs, des tanneries et un chantier de construction. Son ancien château, jadis l'une des clefs du royaume, est transformé en maison de correction. Le grand commerce que Calmar faisait au XIVe siècle est bien diminué depuis la grande prospérité de Stockholm. On en exporte cependant encore des planches de chêne et de sapin, du brai, du goudron, du fer, des pierres de taille, de l'alun. — Cette ville, qui est très-ancienne, est célèbre par le fameux traité de 1397, à la suite duquel les royaumes de Suède, de Danemarck et de Norwége furent réunis sous le même sceptre. En 1520, Gustave Wasa y débarqua pour opérer la délivrance de sa patrie, et en 1804 Louis XVIII, qui y résidait, éleva à sa mémoire une tablette de pierre sur laquelle il traça une inscription de sa composition. 5,336 habitants (1833). À 75 lieues sud-sud-ouest de Stockholm. Latitude nord, 56° 40'; longitude est, 14° 5'.

CALMAR (UNION DE). — Les royaumes de Danemarck, de Suède et de Norwége, après avoir été longtemps agités par des troubles intestins, furent réunis en un seul État par la reine Marguerite, surnommée la *Sémiramis du Nord*, et fille du roi de Danemarck Waldemar III. En 1397, désirant fondre les trois royaumes en un seul et même corps politique, elle en convoqua les états à Calmar, et y fit reconnaître et couronner, en qualité de son successeur, son petit-neveu Eric, fils de Vratislas, duc de Poméranie, et de Marie de Mecklembourg, fille d'Ingeburge, sœur de Marguerite. L'acte qui ordonnait l'union perpétuelle et irrévocable des trois royaumes fut approuvé dans cette assemblée. Il portait que les États-Unis n'auraient, à toute perpétuité, qu'un seul et même roi, qui serait élu d'un commun accord par les sénateurs et les députés des trois royaumes ; qu'on ne s'écarterait pas de la descendance du roi Eric, s'il venait à en avoir ; que les trois royaumes s'assisteraient mutuellement de leurs forces contre tous les ennemis du dehors ; que chaque royaume conserverait sa constitution, son sénat et sa législation particulière, et serait gouverné par le roi conformément à ses propres lois. — Cette union, quelque formidable qu'elle semblât être au premier abord, n'était cependant que faiblement cimentée. Un système fédératif de trois monarchies divisées entre elles par des jalousies réciproques, par une diversité de formes, de lois et de coutumes, n'offrait rien de solide ni de bien durable. La prédilection, d'ailleurs, que les rois de l'Union, successeurs de la reine Marguerite, montraient pour les Danois, la préférence qu'ils leur accordaient dans la distribution des grâces et des gouvernements, le ton de supériorité enfin qu'ils affectaient envers les nations alliées, durent servir naturellement à nourrir les animosités et les haines, et à soulever les Suédois contre l'Union. Après plus d'un siècle d'une lutte acharnée, l'union de Calmar fut à jamais rompue, et la Suède redevint indépendante sous Gustave Wasa.　　　　A. S-R.

CALMARET *loligopsis* (hist. nat.), genre de céphalopodes, de l'ordre des décapodes, famille des poulpes, établi par Lamarck pour un mollusque rapporté par Péron des mers australes, et qui ne diffère des calmars que par le nombre des bras. Ses caractères sont d'avoir le sac oblong, pointu à son extrémité, avec une nageoire circulaire qui embrasse sa partie postérieure, ou des nageoires latérales triangulaires et terminales. Lesueur, qui depuis la découverte de l'espèce qui sert de type au genre en a reconnu une seconde, a cru devoir faire pour ces deux mollusques son genre léochie, qui ne saurait être adopté, vu la priorité du travail de Lamarck. Au surplus, M. de Férussac est porté à croire que ces mollusques devaient être portés dans le genre cranchie.

CALMARS (hist. nat.). C'est le nom que l'on donne, sur les bords de la Méditerranée et dans les ouvrages d'histoire naturelle, à des animaux mollusques, placés dans la famille des seiches, parmi les céphalopodes à dix pattes. On prétend que ce nom leur vient du latin *theca calamaria* (écritoire), parce qu'ils répandent autour d'eux, quand on les inquiète, une liqueur noire comme de l'encre. Ils portent, dans le Languedoc, les noms de *calmar* et de *ganglio*, et Lamark, dans ses ouvrages, leur donne celui de *loligo*. — Les calmars ont dans le dos, à la place de coquille, une lame de corne transparente en forme d'épée ou de lancette, et qui a quelquefois jusqu'à un pied de long. Leur sac est muni de deux nageoires, et leur bouche est entourée de huit pieds chargés de petits suçoirs. La tête supporte en outre deux bras plus longs que les pieds, et armés au bout d'un suçoir, qui sert, comme une ancre, à fixer l'animal. On connaît sur nos côtes trois espèces de calmars ; elles se tiennent parmi les plantes sous-marines, et se nourrissent de poissons, d'animaux marins. Les pêcheurs leur font une guerre continuelle et les emploient comme appât dans la pêche de la morue. Les anciens mangeaient les calmars, qui servent encore aujourd'hui à la nourriture des pauvres gens des côtes de la Méditerranée. Ces animaux pondent une grande quantité d'œufs; ils les déposent sous forme de grappes ayant une consistance gélatineuse; on a évalué qu'une de ces grappes contenait jusqu'à 39,760 œufs. Mais un grand nombre de ces œufs, jetés sur la côte par la tempête, y restent desséchés; les poissons, qui en sont très-friands, en font aussi un grand dégât; ce qui est cause que les calmars sont moins nombreux que leur fécondité ne semble l'annoncer.

CALME (morale). On peut considérer le calme comme tirant son origine de deux sources: ou il résulte de l'affaiblissement, de la prostration des organes, ou bien de la parfaite harmonie de ceux-ci. Dans le premier de ces deux cas il ne doit être évidemment regardé que comme une négation, une suite naturelle de l'absence forcée d'action, de mouvement. — Ainsi le vieillard dont les organes sont usés, presque détruits, demeure calme; l'idiot de même. La mort présente le dernier degré, le summum de cet état négatif. Seulement, il y a de plus dans le calme de la mort quelque chose de singulier et de grand qui impressionne vivement l'esprit. Cette tranquillité suprême, immuable, aux portes d'un avenir douteux, inconnu, un avenir dont il n'est donné à nul de sonder les mystères, forme un contraste étrange, immense, qui émeut, commande le respect et surtout fait profondément rêver. — Mais c'est surtout comme expression de l'équilibre parfait des facultés de l'âme que le calme doit être envisagé. Les philosophes de l'antiquité nommaient tranquillité cet état de l'âme dans lequel, confiante en ses forces, dégagée d'inquiétudes et de soucis, elle jouit pleinement d'elle-même. Tous l'ont regardée comme la condition nécessaire de l'étude et de la méditation. Tous aussi ont visé à l'obtenir ou se sont flattés de l'avoir acquise. C'est qu'en effet pour être fructueuse l'étude exige surtout de l'attention, et que l'attention ne peut subsister sans la tranquillité. — Cette tranquillité, désignée encore sous le nom de calme philosophique, embrasse mille ramifications. Le calme scientifique, le calme religieux, le calme politique, etc., sont de son domaine. — La paix intérieure de l'âme compose cependant un calme plus pur, plus complet encore que celui-là. Cette paix est, on le sait, l'indice d'un état moral plus parfait que celui que représente la tranquillité. Outre l'harmonie des facultés physiques et morales, elle exige l'accomplissement du devoir. Ceci posé, que l'on imagine que le devoir pour être accompli ait à surmonter des obstacles puissants, à briser des liens chéris, combien grande n'apparaîtra point l'âme qui saura demeurer sereine dans cette lutte, et sereine encore après la victoire. Il y a une beauté admirable dans le calme stoïque de Brutus sacrifiant ses fils à sa patrie. — Mais le sacrifice du Christ est plus admirable encore, parce qu'en se résignant à périr, Jésus n'obéissait à d'autre loi qu'à celle de la charité. Son sacrifice était purement volontaire, et uniquement le fruit d'une abnégation infiniment supérieure aux forces de la nature humaine. Aussi quelle sublime et ineffable expression de calme et de satisfaction suprême dut s'empreindre sur sa face mourante! Sans doute que les tortures de l'agonie furent impuissantes contre cette sérénité si forte et si grande. La douleur dut se taire, et la chair être vaincue. C'est cette lutte et ce magnifique triomphe que tant de peintres se sont efforcés de reproduire sur la toile, et à la hauteur desquels il était donné au seul génie de Rubens de pouvoir s'élever. — Le calme le plus désirable pour l'homme est celui qui résulte du devoir accompli. Il est le seul parfait.

CALME (marine), état de la mer avant ou après les agitations qu'ont provoquées les vents; état de l'air dans son repos parfait. Le calme plat est remarquable par l'absence presque complète d'air courant: alors la mer unie et plate a l'apparence d'un vaste lac d'huile; les voiles sont détendues et n'ont aucun effet, le navire reste par conséquent stationnaire. De calme les marins ont fait un verbe neutre: Le vent calme. La mer calme, quand les vagues s'abaissent graduellement. Le vent, dans ses violences, a quelquefois des relâches: c'est ce qu'on a caractérisé par le mot calmie ou accalmie. L'accalmie est le calme momentané, passager, auquel succédera encore ou la rafale ou la forte brise. Autrefois on disait souvent bonasse pour calme; le mot a vieilli, et on ne l'emploie plus guère.

CALME, en term. de médecine, se dit de l'intervalle qui sépare les paroxysmes d'une maladie aiguë ou chronique dont la marche est continue.

CALME, adj. des deux genres (gramm.), sans agitation. Il se dit tant au sens physique qu'au sens moral.

CALMELÉE, s. f. (botan.), petit arbrisseau toujours vert

qu'on trouve dans les endroits pierreux des parties méridionales de l'Europe. On le nomme aussi, et plus communément, camelée.

CALMER, v. a. (gramm.), apaiser, rendre calme. Il se dit tant au sens physique qu'au sens moral. Il s'emploie quelquefois absolument. Cela n'est pas propre à calmer. Il s'emploie aussi avec le pronom personnel, et signifie alors devenir calme, s'apaiser. Il s'emploie neutralement dans le même sens, en termes de marine.

CALMET (Dom Augustin), bénédictin de la congrégation de Saint-Vanne, né à Mesnil-la-Horgue, près de Commercy, le 26 février 1672, mort le 25 octobre 1757, fut un des membres les plus savants et les plus laborieux de cette congrégation si féconde en hommes doctes et studieux. Après avoir étudié les humanités au prieuré de Breuil, il alla en 1687 faire sa rhétorique à l'université de Pont-à-Mousson; prit l'habit de Saint-Benoît le 17 octobre 1688, dans l'abbaye de Saint-Mansuy, à Toul, où l'année suivante il prononça ses vœux. Il alla faire ensuite son cours de philosophie à l'abbaye de Saint-Evre, et celui de théologie à l'abbaye de Munster, au val de Saint-Grégoire en Alsace. La grammaire hébraïque de Buxtorf lui étant tombée entre les mains, il se mit à étudier avec tant d'ardeur les éléments de cette langue, que sans maître et presque sans livres, il en avait déjà surmonté les premières difficultés, lorsque, par une tolérance qui prouve à la fois la hauteur d'idées des bénédictins (1) et la confiance qu'inspirait le jeune disciple, ses supérieurs lui permirent de prendre les leçons d'un ministre luthérien nommé Fabre, sous lequel il acquit bientôt l'intelligence du texte sacré. En même temps dom Calmet se perfectionna dans la langue grecque. Ainsi préparé à l'étude des sources divines de notre religion, il y fit des progrès si rapides, qu'en 1696 il fut envoyé avec quelques jeunes bénédictins à l'abbaye de Moyen-Moutier, pour s'y livrer exclusivement à l'étude des textes sacrés. Là, sous la direction du P. Dom Hyacinthe Alliot, ces doctes religieux formèrent une sorte d'académie uniquement consacrée à exploiter cette mine féconde de savoir et de piété. Dom Calmet se distinguait tellement parmi ses jeunes confrères, qu'il fut chargé de leur enseigner la théologie. Ce fut alors que sans autre dessein que de s'instruire avec méthode, il composa en latin des commentaires et des dissertations sur presque tout l'Ancien Testament. De Moyen-Moutier il passa en 1704 à l'abbaye de Munster, en qualité de sous-prieur. Là il devint le chef d'une autre académie composée de huit ou dix religieux, avec lesquels il continua ses profondes élucubrations sur les livres saints, et retoucha ses commentaires sur la Genèse et sur les Psaumes. Incertain si ce travail, qui devenait chaque jour plus considérable, méritait de voir le jour, il se rendit en 1704 à Paris, où il était recommandé particulièrement au P. Mabillon. Cet illustre bénédictin apprécia tout d'abord la science et la vertu de dom Calmet, et le présenta au savant abbé Duguet (V. ce nom). Celui-ci, après avoir lu les Commentaires sur l'Écriture, admira la solidité de cette savante explication des vérités de la foi, et conseilla à dom Calmet de les traduire en français afin d'en faciliter la lecture à un plus grand nombre de personnes. Dom Calmet se mit sur-le-champ à l'œuvre, et le premier volume de ses Commentaires parut en 1707 (in-4°). Les vingt-deux autres suivirent jusqu'en 1716. Ces grands et utiles travaux ne restèrent pas sans récompense: en 1715, il devint prieur de Lay près Paris, par la résignation que lui fit de ce bénéfice l'abbé Morel, aumônier du roi, moyennant une pension de 3,000 livres. En 1718, le chapitre général de son ordre le nomma abbé de Saint-Léopold de Nancy, et l'année suivante il fut élu visiteur de sa congrégation; enfin, en 1728, ayant obtenu, toujours par le suffrage unanime et non sollicité de ses confrères, la riche abbaye de Sénones, il se démit de son prieuré de Lay. Le pape Benoît XIII, sur la proposition des cardinaux, voulut même lui donner le titre d'évêque in partibus; mais dom Calmet, préférant aux honneurs les douceurs de la retraite et les loisirs de l'étude, écrivit au pontife pour refuser l'épiscopat. Dom Calmet lui adressa un bref le 12 septembre 1729, par lequel il agréait ses excuses. Quelque temps après, Benoît XIII (V. ce nom) lui fit présent de tous ses ouvrages en trois volumes in-folio. Au surplus,

<hr>

(1) Cette tolérance éclairée dont les bénédictins donnaient l'exemple à toutes les sectes dès la fin du XVIIe siècle, devrait bien être imitée par les protestants d'aujourd'hui, qui en sont encore à imprimer qu'on ne sais quel dictionnaire moderne: «Il s'y trouve (dans ses ouvrages) moins de traces de préjugés qu'on ne pouvait s'attendre d'un prêtre catholique de cette époque. »

l'abbaye de Sénones équivalait un évêché! C'était une des plus riches terres du royaume, et comme terre d'empire elle ne dépendait que du pape pour le spirituel. Depuis cette époque jusqu'au terme alors encore éloigné de sa vieillesse, dom Calmet, renfermé dans son abbaye, s'appliqua à continuer ses études, et ne cessa point d'y bâtir, d'y amasser des livres et des ornements d'église. Sa bibliothèque se montait à plus de 12,000 volumes. Curieux de tout ce qui pouvait favoriser les progrès de la science, il acheta le riche médaillier qu'avait formé le secrétaire d'État de Corberon, et y ajouta quantité de curiosités naturelles, et en particulier le cabinet du bailli de Ribauviller, dont il fit l'acquisition en 1745. Il serait difficile de citer une existence de savant plus paisible et plus heureuse que le fut la longue vie de dom Calmet. Ses nombreux ouvrages sur les Écritures étaient lus de tous les savants. Son *Dictionnaire historique et critique de la Bible* (Paris, 1730, 4 vol. in-fol., fig.), le meilleur et le plus utile de tous ses livres, avait eu un succès populaire; il avait été traduit en latin, en allemand, en anglais, et avait fourni matière à d'utiles compilations de seconde main, entre autres l'*Abrégé* de Rondet, publié à Paris. Aussi modeste que savant, dom Calmet jouissait doucement d'une gloire que personne ne cherchait encore à lui contester : car ce ne fut qu'après sa mort que ses *Commentaires de l'Écriture* furent attaqués si cruellement par Voltaire. Tant que vécut dom Calmet, Voltaire témoigna respect, déférence et admiration à ce pieux écrivain, que plus tard il qualifia d'*imbécile*. Il alla même le visiter à Sénones, et dans la lettre où il lui en demandait la permission, il s'exprimait ainsi : « Je préfère, monsieur, la retraite à la cour, et *les grands hommes* aux rois.... Je veux m'instruire avec celui dont les livres m'ont formé, et aller puiser à la source... Je serai un de vos moines. Ce sera Paul qui ira visiter Antoine, etc. » (1748). On ne sait pourquoi ce projet ne fut exécuté qu'au mois de juin 1754. Là, Voltaire ne perdit point son temps. Au milieu de la bibliothèque et avec les indications de dom Calmet, il trouva de grands secours pour refaire son *Histoire générale*, dont une édition fautive venait de paraître. *Il gourmanda son imagination*, et lui-même l'a écrit, en lisant les Pères et les conciles, les vieux historiens de France et les capitulaires de Charlemagne. Au bout de six semaines il quitta Sénones pour aller à Plombières. « Je prendrai les eaux, écrivait-il, en n'y croyant pas, comme j'ai lu les Pères. » Il paraît au reste qu'il avait bien soin de dissimuler à son respectable hôte ses dispositions à l'incrédulité; témoin cette lettre qu'il lui écrivait de Plombières le 16 juin 1754. « Je trouvais chez vous bien plus de secours pour mon âme que je n'en trouve à Plombières pour mon corps. Vos ouvrages et votre bibliothèque m'instruisaient plus que les eaux de Plombières ne me soulagent, etc. » Il est certain du moins que pour son *Essai sur les mœurs des nations*, Voltaire doit beaucoup non-seulement aux lectures et aux recherches qu'il put faire à l'abbaye de Sénones, mais encore aux nombreux emprunts qu'il s'est permis, sans aucunement s'en vanter, de commettre envers l'*Histoire universelle, sacrée et profane* de dom Calmet (17 vol. in-4°), dont les premiers volumes se publièrent à Strasbourg depuis 1735. À la mort de ce savant religieux, arrivée le 28 octobre 1757, Voltaire envoya à l'abbé Fangé, neveu et successeur de dom Calmet dans l'abbaye de Sénones, ce quatrain si honorable et si vrai pour être mis au bas du portrait de son oncle :

> Des oracles sacrés que Dieu daigna nous rendre,
> Son travail assidu perça l'obscurité.
> Il fit plus, il les crut avec simplicité,
> Et fut par ses vertus digne de les entendre.

Peu d'années auparavant (1757) Voltaire, cet écrivain si fécond en contradictions, s'était exprimé bien autrement sur dom Calmet, dans un autre quatrain adressé à son ami Cideville :

> Ses antiques fatras ne sont pas inutiles,
> Il faut des passe-temps de toutes les façons,
> Et l'on peut quelquefois supporter les Varrons
> Quoiqu'on adore les Virgiles.

Sans vouloir diminuer en rien le rare mérite des *Commentaires sur la Bible*, on ne saurait dire si, à l'époque où ils parurent, leur publication ne fut pas plus nuisible qu'utile au christianisme. Étienne Fourmont, professeur d'arabe au collège de France, et Richard Simon, fameux controversiste, attaquèrent

d'abord le *Commentaire littéral* dans des écrits sans doute très-orthodoxes, mais dont l'autorité crut devoir arrêter la publication par la raison qu'une semblable controverse entre des catholiques instruits n'était pas sans danger pour les personnes faibles dans la foi et légers de savoir. Étienne Fourmont se proposait de venger l'honneur des rabbins que dom Calmet n'avait pas assez ménagés à son gré. Il lui reprochait son peu de connaissance dans les langues orientales. Richard Simon attaquait le *Commentaire* avec moins d'avantage sur d'autres points. Plus tard, quand Voltaire voulut saper les bases de la religion, il s'empara des phrases et des réflexions de dom Calmet pour les tourner en ridicule et s'en faire des arguments en faveur de ses doctrines impies; mais si les sarcasmes de Voltaire ne pouvaient produire aucun effet sur les hommes en état ou en disposition de lire les graves écrits de dom Calmet, elles n'ont que trop égaré le vulgaire : aussi faut-il voir avec quelle exaltation le philosophe de Ferney se félicite de la publication d'un livre qui devint en quelque sorte pour lui un arsenal où il puisait à loisir ses armes contre le christianisme. « Rien n'est plus utile, dit-il, dans le catalogue qui précède le Siècle de Louis XIV, que la compilation de ses recherches sur la Bible. Les faits y sont exacts, les citations fidèles ; *il ne pense point*, mais en mettant tout dans un grand jour, *il donne beaucoup à penser*. » Ailleurs il dit avec moins de douceur : « Le bon Calmet ou dom Calmet (car les bénédictins veulent qu'on leur donne du dom), ce naïf compilateur de tant de rêveries et d'imbécillités, cet homme que sa simplicité a rendu si utile à qui veut rire des sottises antiques. » Heureusement que ce mal trop réel produit par la publication du *Commentaire littéral* n'a eu qu'un temps, aussi bien que les objections de Voltaire qui sont aujourd'hui appréciées à leur juste valeur. Aujourd'hui, ce pieux et savant ouvrage, placé dans l'opinion au degré qu'il mérite, sera toujours lu et consulté par ceux qui cherchent à fortifier par la science les lumières de la foi. Au reste, le plus utile des livres de dom Calmet est son *Dictionnaire historique, critique et chronologique de la Bible*, qui parut d'abord en deux volumes in-fol. avec figures (Paris, 1722), et qui fut suivi d'un supplément aussi volumineux (1728). Plus tard, le dictionnaire et le supplément, fondus ensemble, ont paru en quatre volumes in-folio. Ce dictionnaire n'est qu'une répétition dans l'ordre alphabétique du *Commentaire littéral* et de l'*Histoire de l'Ancien et du Nouveau Testament*, que dom Calmet avait donnée en deux volumes in-4°, puis en quatre volumes en 1725. « Dans ces trois ouvrages, dit l'auteur des *Trois Siècles*, dom Calmet s'attache moins aux réflexions qu'aux faits, en quoi il faut rendre justice; car tout ce qu'il tire de lui-même est souvent lourd et peu intéressant. » Cette opinion, quoique un peu sévère, est pourtant vraie; car le style de ce savant bénédictin est généralement diffus et incorrect, la marche de son esprit plus méthodique que subtile, son érudition plus étendue que choisie, et sa critique plus minutieuse que profonde; mais il ne faut pas perdre de vue, pour être juste envers les savants laborieux, que les productions érudites exigent, sous le rapport de la forme, plus d'indulgence que les productions purement littéraires. Les mêmes qualités et les mêmes défauts se font remarquer dans son *Histoire universelle, sacrée et profane, depuis le commencement du monde jusqu'à nos jours* (1720), Strasbourg et Nancy, 1735-71, 17 vol. in-8°. Il est à regretter que cet ouvrage soit si peu lu, ou qu'on n'ait pas eu la pensée d'en faire un bon abrégé. Aucun écrivain n'a travaillé avec plus de zèle sur les antiquités et sur l'histoire de la Lorraine; on peut en juger par les ouvrages suivants : 1° *Histoire ecclésiastique et civile de la Lorraine* (3 vol. in-fol., Nancy, 1728), ouvrage fait avec science et méthode. Dom Calmet s'y montre exact et narrateur fidèle. 2° La *Bibliothèque de Lorraine*, ou *Histoire des hommes illustres qui ont fleuri en Lorraine et dans les Trois-Évêchés*, etc., forme le quatrième volume publié en 1751. On a reproché à dom Calmet d'avoir dans cet ouvrage prodigué les qualifications de *célèbre*, d'*illustre*, etc., à des écrivains ignorés jusque dans leur patrie. « Il eût dû, dit l'auteur déjà cité, se borner à donner une notice de leurs ouvrages, et ne pas se croire autorisé à dispenser des couronnes qui, par malheur pour son discernement, tombent presque toutes sur des talents médiocres et souvent sur l'opposé des talents. » 3° *Histoire de Lorraine*, abrégée, à l'usage des princes (in-8°, Nancy, 1734). 4° *Dissertation sur les grands chemins de Lorraine* (Nancy, 1727, in-4°. 5° *Histoire de l'abbaye de Saint-Grégoire de Munster*, de l'abbaye de Saint-Léopold de Nancy, de l'abbaye de Sénones. 6° *Dissertations sur l'ancienne jurisprudence de Lorraine et des Trois-Évêchés; sur la noblesse de Lorraine, sur la suite métallique des ducs et duchesses de Lorraine* (Vienne en Autriche, 1736, in-4°); 7° *Histoire de la maison de Salles* (Nancy, 1716, in-fol.); 8° *Histoire généalogique de la maison du Châtelet* (Nancy, 1747, in-fol.); 9° *Traité historique sur les eaux de Plombières* (Nancy, 1748, in-8°). On lui doit aussi un *Commentaire littéral sur la règle de Saint-Benoît* (2 vol. in-4°, Paris, 1734). C'est avec regret que nous citerons encore deux dissertations de dom Calmet, l'une *sur les Apparitions des esprits*, publiée à Paris en 1746, l'autre *sur les Vampires ou Revenants de Hongrie*, imprimée de nouveau à Einsidlen, augmentée et corrigée, 2 vol. in-12, 1749; enfin réunies toutes deux dans une édition publiée à Paris en 1751. Cet ouvrage, qui fit beaucoup de bruit dans sa nouveauté, est aujourd'hui complétement oublié pour la gloire de son auteur, qui s'y montre aussi crédule que dépourvu de critique. Dom Calmet s'était fait cette épitaphe qui le peint, on peut le dire, avec la même simplicité qu'il a vécu :

Frater Augustinus Calmet
Natione Gallus, religione Catholico-Romanus,
Professione monachus, nomine abbas.
Multum legit, scripsit, oravit,
Utinam bene!

CH. DU ROZOIR.

CALMETTE (FRANÇOIS), né à Rodez, reçu docteur à Montpellier en 1684, fit avec succès des cours dans cette ville, et publia un *Abrégé de médecine thérapeutique*, Lyon, 1690; Genève, 1710.— **CALMETTE** (Louis-Castor-Matthieu de la), né à Nîmes en 1713, chanoine de Cambrai, est auteur de l'*Abrégé du service de campagne*, la Haye, 1752, in-8°. On trouve sous son nom quelques poésies dans les *Etrennes lyriques*.

CALMI, s. m. (*comm.*), sorte de toile peinte qui se fabrique dans le royaume du Mogol.

CALMINA (*géogr.*), ville du Ouankaráh, où le roi de Dalsomey fait sa résidence ordinaire. Elle est à 7 lieues sud-est d'Alomey, et compte 15,000 habitants.

CALMIR, v. n. (*marine*), devenir calme, en parlant des vents. Il n'est usité que dans certains parages.

CALMO (ANDRÉ), poëte vénitien, qui n'écrivit que dans le dialecte de son pays, naquit à Venise vers 1510, et y mourut le 23 janvier 1571. Il avait le talent, non-seulement de composer des comédies pleines de sel et de gaieté, mais de les jouer parfaitement. Il en a laissé six : *la Spagnola*, *il Saltuzza*, *la Pozione*, *la Fiorina*, *il Travaglia*, *la Rhodiana*. Cette dernière lui fut dérobée par des malveillants, et imprimée sous le nom de Ruzzante, son contemporain, et comme lui auteur et acteur comique (V. BEOLCO). Ces pièces, mêlées de padouan, de bergamasque et de vénitien, sont d'un comique bas et fort libre; le prologue de l'une de celles qui le sont le plus, *la Fiorina*, est fait par le curé de la paroisse (*il prete de la pieve*), qui dit qu'il va faire un petit voyage pendant que des choses si contraires au devoir se passeront, afin qu'on puisse dire dans l'avenir qu'il n'y a point voulu y être présent. Calmo a laissé de plus quatre églogues ou pastorales en action, dont les personnages sont des paysans de l'Etat de Venise, du Bergamasque, etc. Elles sont divisées en scènes et même en actes. On a aussi de lui des *Rime pescatorie* ou poésies diverses, sonnets, stances, *canzoni*, *capitoli*, etc., sur des sujets de ce genre que Sannazar avait mis à la mode, et susceptibles, comme la pastorale, de grâce et de naïveté. Enfin, nous avons de cet auteur facétieux et bizarre un recueil de lettres (Venise, 1572, in-8°) intitulées *Piacevoli*, écrites en langue vénitienne, comme ses poésies, et qui ne sont pas toutes aussi plaisantes que le titre le promet.

CALMOUCKS (*géogr.*). (V. KALMOUCKS).

CALMOUCK (*comm.*), étoffe de laine, ou demi-drap uni, rayé ou à dessin, fabriquée à Carcassonne, Toulouse et Castres, et dans l'espèce de laquelle rentrent les castorines communes. On en fabrique aussi à Beauvais et à Lille de sept huitièmes à deux huitièmes de large et de vingt à vingt-quatre aunes de long. Les calmoucks anglais, de Leeds, Halifax, Norwich, etc., sont supérieurs. Ils ont de cinq quarts à six quarts de yard de large et vingt-quatre à vingt-huit yards de long. La Saxe en fournit de huit quarts à neuf quarts de large qui valent ceux d'Angleterre pour la qualité et la durée. On estime aussi les calmoucks de Bohême; ils ont sept huitièmes à deux quarts de large et trente à quarante aunes de long.

CALNE (*géogr.*), ville d'Angleterre (Wilt), sur une branche des canaux de Wilt et Berks, avec une grande église et 4,600 habitants. En 1780, on a sculpté sur le flanc d'une montagne

voisine un cheval trottant qui a 157 pieds de long. A 10 lieues trois quarts nord-nord-ouest de Salisbury. On assembla à Calne un concile l'an de J.-C. 977 ou 978, et la quatrième du règne de saint Édouard, martyr, où se trouvèrent tous les principaux Anglais, sans compter les évêques et les ecclésiastiques. Le sujet du concile fut la plainte que les clercs intentèrent contre saint Dunstan, archevêque de Cantorbéry, de ce qu'il favorisait les moines à leur préjudice. On dit que le plancher de la salle du concile étant tombé tout à coup, le seul saint Dunstan se sauva, tous les autres ayant été tués ou blessés. Ce miracle rendit la paix à saint Dunstan, et remit le clergé dans son devoir. (Matthieu de Westminster, *Addition à l'histoire d'Angleterre* de Rédo, liv. II, ch. 11. Baronius, à l'an 977. Spelman, *Conc. angl.*, p. 494.)

CALO, s. m. (*hist. anc.*), nom que l'on donnait aux valets des armées romaines.

CALO (PIERRE), de Venise, religieux de l'ordre de Saint-Dominique, vivait vers l'an 1300. Il a écrit une *Vie des saints* et d'autres traités.

CALOBATE, *calobates* (*hist. nat.*). Cette coupe nouvelle, établie par M. Temminck dans la famille des grimpeurs, ne comprend encore qu'une seule espèce, le CALOBATE RADIEUX, *C. radiosus*, rapporté par Diard du district de Pontianak, sur la côte orientale de Bornéo. Le mâle et la femelle de cette espèce sont parés des couleurs les plus vives et les plus brillantes.

CALOBATE, *calobata* (*hist. nat.*), genre de l'ordre des diptères, établi par Fabricius aux dépens du genre musca de Linné, adopté par Meigen et Latreille. Ce dernier le place dans la quatrième tribu, les muscides, et la sixième division, les leptidites, *leptidites*; les caractères distinctifs sont : antennes en palette, plus courtes que la tête, dont le troisième article est presque orbiculaire, avec une soie latérale et simple; les balanciers sont à découvert; les yeux sont sessiles; le corps et les pattes sont très-allongés, presque filiformes; la tête est ovoïde ou presque globuleuse; les ailes sont couchées sur le corps. Duméril dans sa *Zoologie analytique* avait désigné les calobates sous le nom générique de ceyx. Ces insectes ont beaucoup de ressemblance avec les microptères et les téphrites qui en ont été séparés par Latreille et Meigen, à cause de leurs ailes vibrantes, et parce qu'ils ont les pattes proportionnellement moins longues qu'aucune des espèces dont est composé le genre calobate. L'espèce qui lui sert de type est la CALOBATE FILIFORME, *C. filiformis*, Fal., noirâtre, avec les anneaux de l'abdomen bordés en dessus d'une couleur blanchâtre; les pieds fauves et ayant un anneau noir aux cuisses postérieures. Il se trouve dans les bois des environs de Paris.

CALOBRE, s. m. On donne, dans quelques dictionnaires, ce substantif comme un mot usité, et auquel on fait signifier, vêtement par-dessus un habit, blouse de charretier. C'est une double erreur : ce mot s'écrivait *calobe* et non *calobre*; il signifiait un vêtement long, sans manches, ou une sorte de manteau qu'on mettait par-dessus un habit. Il n'est plus usité (Laveaux).

CALOCÈRE, intendant des chameaux sous Constantin, s'empara de l'île de Cypre et se fit proclamer empereur. Mais bientôt, abandonné de ses partisans, il fut pris par Constantin, et subit le supplice des esclaves.

CALOCHILE, s. m. (*botan.*), espèce de plante de la famille des orchidées.

CALOCORTE ou **CALOCHORTE**, s. f. (*botan.*), genre de plantes de la famille des colchicacées.

CALODENDRON, s. m. (*botan.*), arbre d'Afrique, de la famille des xanthoxilées. Cet arbre se rapproche tellement des dictames qu'on l'y a réuni.

CALEDION, s. m. (*botan.*), genre de plantes voisines de la cassie de Linné.

CALO DOTIRO, s. m. (*botan.*), nom bramo d'une espèce de *stramonium* appelé *nila hummata* par les Malabares. Cette plante s'élève à la hauteur de six à sept pieds, sous la forme d'un sous-arbrisseau de forme sphérique, dont la racine est blanche, conique, longue de six à neuf pouces, fibreuse, d'un pouce et demi de diamètre, ainsi que sa tige, qui est cylindrique, purpurine ou violet noir, environnée du bas en haut de quelques branches alternes cylindriques, écartées sous un angle de quarante degrés d'ouverture. Ses feuilles sont alternes, taillées en cœur non échancré à son origine; mais plus court d'un côté que de l'autre, pointues à l'extrémité opposée, longues de cinq à six pouces, de moitié moins larges, entières, souples, très-tendres, douces au toucher, vertes dessus, rougeâtres dessous, relevées d'un côté à quatre paires de nervures alternes, et portées d'abord sous un angle de quarante-cinq degrés, ensuite horizontalement, et pendantes sur un pédicule cylindrique violet noir, trois fois plus court qu'elles. De l'aisselle de chacune des feuilles supérieures s'élève une fleur purpurine ou violet-bleuâtre, aussi longue que ces feuilles, c'est-à-dire de cinq à six pouces, portée droite sur un pédoncule douze fois plus court, qui s'écarte des branches à peine sous un angle de trente à quarante degrés. Chaque fleur est hermaphrodite, monopétale, régulière, posée au-dessous de l'ovaire; elle consiste en un calice d'une seule pièce en tube long, cylindrique, vert purpurin, trois fois plus court que la corolle, deux à trois fois plus long que large, partagé jusqu'au tiers de sa longueur en cinq divisions inégales, triangulaires, et en une corolle violet bleuâtre au dehors, blanchâtre au dedans, monopétale, en entonnoir très-allongé, à tube cylindrique, évasé en haut en un pavillon une fois moins large, découpé en cinq divisions triangulaires. Au milieu de la longueur du tube sont attachées à la même hauteur cinq étamines élevées jusqu'à son pavillon, assez égales, purpurines, terminées chacune par une anthère triangulaire, oblongue, aplatie. Du fond du calice s'élève un petit disque orbiculaire, jaunâtre, supportant l'ovaire qui fait corps avec lui, et qui est surmonté d'un style cylindrique purpurin terminé par un stigmate ovoïde formé de deux lames velues sur leur face intérieure. L'ovaire en mûrissant devient une capsule, élevée d'abord en écorce charnue, verte, ovoïde, d'un pouce et demi de longueur, presque une fois moins large, quelquefois chagrinée de légers tubercules, mais ordinairement lisse, ensuite purpurine, puis brune, accompagnée de la base persistante du calice, et portée sous un angle de quarante-cinq degrés d'ouverture sur un pédoncule une fois plus court qu'elle, partagée intérieurement en quatre loges qui s'ouvrent en quatre valves. Chaque loge contient environ cinquante graines en pepins orbiculaires, comme ridés, jaune roussâtre, de deux lignes environ de diamètre, attachées droites autour d'un placenta central ovoïde, charnu d'abord, ensuite fongueux et celluleux. Le *calo dotiro* croît sur la côte du Malabar, dans les terres sablonneuses; il est annuel et fleurit pendant la saison des pluies. Toute la plante a une odeur et une saveur fade et désagréable. Sa décoction soit dans l'eau, soit dans l'huile, se prend en bain ou en liniment, pour les douleurs des membres et les fièvres froides. Ses feuilles, pilées avec la chaux, s'emploient en liniment pour dissiper les démangeaisons. Ses fruits verts, dépouillés de leurs semences et pilés, s'appliquent en cataplasme pour dissiper les tumeurs et les charbons. Ses graines prises intérieurement à petites doses procurent le sommeil; mais à plus grande dose, leur usage est dangereux et même mortel. On cultive au Malabar une monstruosité de cette espèce à corolle double et quelquefois triple, c'est-à-dire composée de deux ou trois tubes semblables emboîtés comme des entonnoirs, les uns dans les autres, et qui semblent formés chacun aux dépens d'une des cinq étamines qui s'est épanouie; car on trouve pour l'ordinaire dans ces fleurs autant d'étamines de moins qu'il y a de corolles de plus qu'à l'ordinaire; et outre les trois corolles, on aperçoit quelquefois une des deux autres étamines qui commencent à se métamorphoser pour former une troisième ou une quatrième corolle de plus qu'à l'ordinaire. Ces fleurs ont toutes leur ovaire fertile, parce qu'il y reste toujours au moins une étamine complète avec son anthère qui féconde. Les brames appellent cette monstruosité *vallo dotiro*, et les Malabares *mudela nila hummata*. Linné paraît n'avoir pas distingué cette espèce, et l'avoir confondue avec celle qu'il appelle, dans son *Systema naturæ*, imprimé en 1767, p. 170, *datura 4 metel, pericarpiis spinosis nutantibus globosis. foliis cordatis subintegris pubescentibus;* mais il y rapporte le *hummata* gravé par Van-Rheede qui est fort différent; et d'ailleurs, le *calo dotiro* n'a pas les fruits épineux ni pendants. Cette plante est du genre du stramonium, et se range naturellement dans la famille des solanons, où nous l'avons placée.

CALODROME, *calodromus* (insect.), genre de coléoptères de la famille des charançonites, tribu des brenthides, établi par MM. Guérin et Gory dans le Magasin de zoologie, sur un insecte de la côte de Coromandel, présentant une anomalie tout à fait singulière dans les tarses. Voici quels sont ses caractères : corps allongé, antennes assez courtes, dont les trois derniers articles forment une masse un peu aplatie, le dernier un peu plus long, arrondi au bout; la tête courte; le corselet aussi long que l'abdomen; les deux premières paires de pattes courtes, dans la première paire le tarse égale le tibia, et ses trois premiers articles sont égaux; dans les intermédiaires le premier article du tarse égale à lui seul le tibia, et le reste du tarse est aussi grand

que lui; dans les pattes postérieures le tibia s'oblitère presque entièrement; le premier article du tarse au contraire acquiert un développement tel qu'il égale ou surpasse même l'animal entier en longueur, c'est ce qui a fait donner à ce genre le nom qu'il porte et qui signifie, qui marche avec des échasses; l'article suivant est aussi un peu plus allongé que le suivant; quant au quatrième, il est simplement rudimentaire dans tous les tarses. —Ce singulier insecte est-il sauteur? Pourquoi alors cet allongement du tarse plutôt que du fémur, comme il arrive dans les autres espèces douées de cette faculté? Cet organe est-il seulement propre au mâle et destiné à saisir la femelle dans l'accouplement? mais alors pour conserver la position habituelle, il replierait ses pattes en dessous de son corps, saisirait peut-être la femelle avec par les côtes; tandis que les autres paires se maintiendraient sur son dos, les crochets de ses tarses parviendraient alors jusqu'auprès de sa tête. Il est probable que cette organisation tient à son *habitus* et à la manière de prendre sa nourriture, que nous ne pouvons deviner faute de renseignements sur ses mœurs.

CALOÉ (*géogr. ecclés.*), ville épiscopale de la province d'Asie au diocèse d'Asie, sous la métropole d'Ephèse. Elle se trouve dans la Notice d'Hiéroclès, après Colophon, et est située sur le lac Caloüs, dans la plaine sardienne de la Lydie, où Strabon nous apprend qu'il y avait autrefois un temple consacré à la Diane Caloïne, qui y était fort honorée; de sorte que ce lieu devint une ville par le nombre des habitants qui y vinrent demeurer.

CALOGATE ou CALOGATHE, s. m. (*hist. nat.*), nom qu'on donnait, à Athènes, à des citoyens distingués par leur naissance et leur savoir.

CALOGER (*V.* CALOYER).

CALOGERA (LE P. ANGE), abbé de l'ordre des camaldules en Italie, était de Padoue en 1699. Son recueil d'*Opuscoli scientifici e filologici* n'a commencé à s'imprimer qu'en 1728, et non en 1727 comme on l'avait dit. C'est ce qui paraît par la préface du tome LI du père dom Joseph-Maria Nini, de Sienne, et chanoine régulier de Saint-Sauveur, qui s'était chargé de l'index des matières qu'on a dans ce dernier tome. Le collecteur entreprit à la vérité de publier ce recueil en 1727, mais il ne parut certainement que l'année suivante 1728, à Venise, chez Christophe Zane; ensuite chez Simon Occhi, jusqu'en 1757. Ce premier recueil renferme cinquante et un volumes in – 12. Le P. Calogera en donna un second qui commence à l'année 1755, et dont le quatrième volume finit en 1758. Il en a paru d'autres depuis. Ce recueil a paru à Venise, chez Simon Occhi, sous ce titre : *Nuova Raccolta d'opuscoli scientifici e filologici.*

CALOGYNE, s. f. (*botan.*), plante de la famille des campanulées, et annuelle, qui croît dans la Nouvelle-Hollande.

CALOIDIES (*V.* CALAOIDIES).

CALOMBRE, s. m. (*botan.*), espèce de plante, la ménisperme palmée.

CALOMEL (*chimie*). Le calomel, calomélas, panacée mercurielle, mercure doux, *aquila alba*, proto-chlorure de mercure, etc., est un sel qui existe dans la nature, où il porte le nom de *plomb corné*, ou mieux celui de *mercure muriaté*, et qui cependant est ordinairement le produit de l'art. Le calomel se présente en masses plus ou moins volumineuses, solides, très-pesantes, circulaires, concaves d'un côté, convexes de l'autre, affectant enfin la forme des vases dans lesquels le sel a été préparé, parfaitement blanches, cristallisées en prismes tétraédriques, terminés par des pyramides; les cristaux existent principalement au centre des pains. Le proto-chlorure de mercure jaunit et brunit à l'air; il est insipide, inodore, insoluble dans l'eau, l'alcool et l'éther; soluble dans le chlore, et décomposable par la potasse et la chaux, qui le réduisent à l'état d'oxyde noir. On l'obtient en sublimant ensemble dans un vase convenable quatre parties de deuto-chlorure de mercure (sublimé corrosif) et trois parties de mercure métallique. Le calomel, préparé à la vapeur d'après la méthode de Josias Jemel, modifiée par M. Ossian Henry, s'obtient en recevant dans un flacon plein de vapeur d'eau les vapeurs blanches sous lesquelles se transforme le proto-chlorure de mercure déjà préparé, placé dans une cornue de grès, et chauffé dans un fourneau à réverbère. Le proto-chlorure de mercure ainsi obtenu est moins exposé à contenir du deuto-chlorure que celui qui a été préparé par la simple sublimation. En effet, la vapeur d'eau condensée dissout le sublimé, et le proto-chlorure insoluble se précipite; il suffit de décanter, laver et faire sécher pour l'avoir pur. Dans tous les cas, il est bon d'essayer le calomel avant de l'employer en médecine; pour cela, on l'agite dans de l'eau, on le laisse déposer, on décante, et dans l'eau de lavage on verse de la potasse ou de la chaux; si la liqueur est pure, c'est-à-dire si elle ne contient pas de sublimé, il n'y a pas de précipité; dans le cas contraire, elle précipite en jaune. Le proto-chlorure de mercure est employé en médecine comme purgatif, contre stimulant, anthelmintique, et quelquefois comme antisyphilitique. Son usage exige des soins et de la prudence.

CALOMÉRIE, s. f. (botan.), sorte de plante herbacée, bisannuelle, de la famille des corymbifères.

CALOMNIATEUR, TRICE, s. (gramm.), celui, celle qui calomnie.

CALOMNIE (morale), du latin calvere, tromper, frustrer, exprime une fausse imputation qui porte atteinte à l'honneur ou à la considération de quelqu'un. Ce mot est usité depuis les temps les plus reculés. D'après la Genèse (ch. XXVI, v. 20), les bergers d'Isaac, voulant perpétuer le souvenir de la violence et de l'injustice exercées contre eux par le roi Abimélech, pour leur enlever un puits qu'ils avaient creusé aux environs de Gérare, l'appelèrent Calumnia, le puits de la Calomnie. — Chez les païens, la Calomnie était tellement redoutée comme une divinité malfaisante, qu'on lui éleva des autels, où l'on venait conjurer son courroux. — Apelles, voulant dévoiler les astucieuses menées d'un de ses rivaux à la cour de Ptolémée, roi d'Egypte, composa une des plus belles allégories que la peinture ait jamais produites. La Crédulité y apparaissait, avec les longues oreilles de Midas, entourée de l'Ignorance, sous la figure d'une femme aveugle, et du Soupçon, sous celle d'un homme tourmenté d'inquiétudes. Elle tendait la main à la Calomnie, qui s'avançait vers elle, agitant une torche de la main gauche, et de la droite traînant par les cheveux l'Innocence, sous la forme d'un bel enfant qui invoquait le ciel. Devant la Calomnie marchait l'Envie au regard fauve, au visage livide, et, à sa suite, on voyait la Fraude et l'Artifice. Dans le lointain arrivait majestueusement la Vérité, conduisant le Repentir tout habillé de deuil. Ce tableau est cité comme un des plus fameux chefs-d'œuvre de l'antiquité. — De tous les vices qui infectent l'espèce humaine, la calomnie est le plus lâche, le plus dangereux, et malheureusement le plus commun. Né de la société elle-même, ce fiel, comme dit Charron, qui empoisonne tout le miel de la vie, provient le plus souvent d'une odieuse jalousie ou d'une haine insensée, et il a résisté constamment à l'action de la civilisation, dont il est l'ennemi le plus dangereux. Combien n'est-il pas déplorable de voir que plus nous progressons dans l'amélioration des rapports sociaux, plus la calomnie accroît, conspire, éclate sans nulle pudeur, frappant indistinctement tous ceux que le scandale de l'imposture peut trouver profit à attacher à son infâme pilori? Ecrite ou parlée, la calomnie est un crime, propre aux âmes basses et viles, qu'on ne saurait trop punir. Le meilleur moyen de rendre inertes ses poisons serait de ne pas ajouter foi à la calomnie, et de la flétrir dès qu'elle apparaît; mais, par malheur, cette peste si pernicieuse porte en elle un attrait irrésistible, et plus la calomnie est grossière et incroyable, plus elle séduit et plus elle se propage. Rappeler ici le célèbre portrait qu'en a tracé Beaumarchais dans sa comédie du Barbier de Séville, c'est en donner à la fois la plus vraie et la plus complète définition. Basile s'exprime ainsi : « La calomnie! vous ne savez guère ce que vous dédaignez : j'ai vu les plus honnêtes gens près d'en être accablés. Croyez qu'il n'y a pas de plate méchanceté, pas d'horreurs, pas de conte absurde qu'on ne fasse adopter aux oisifs d'une grande ville, en s'y prenant bien; et nous avons des gens d'une adresse!... D'abord un bruit léger, rasant le sol comme l'hirondelle avant l'orage, pianissimo murmure, et file, et sème en courant le trait empoisonné. Telle bouche le recueille, et piano, piano, vous le glisse en l'oreille adroitement. Le mal est fait; il germe, il rampe, il chemine, et rinforzando de bouche en bouche, il va le diable; puis, tout à coup, ne sais comment, vous voyez calomnie se dresser, siffler, s'enfler, grandir à vue d'œil. Elle s'élance, étend son vol, tourbillonne, enveloppe, arrache, entraîne, éclate et tonne, et devient, grâce au ciel, un cri général, un crescendo public, un chorus universel de haine et de proscription. Qui diable y résisterait? » — Les hommes illustres sont, plus que les autres, en butte à la calomnie. La vérité qui, tôt ou tard, se fait jour, et anéantit le mensonge, ne parvient pas toujours, de leur vivant, à effacer les souillures de la médisance; mais l'histoire, juge équitable et intègre, est là pour les venger. Socrate fut une victime glorieuse de la calomnie. — Caton en triompha; — César disait s'être vengé de ses calomniateurs par la bataille de Pharsale; — Napoléon, qui suscita trop souvent de graves et justes animosités, répétait après le fameux capitaine romain : « Une victoire, un monument de plus me vengerait de la calomnie. » Ce qu'il appelait calomnie se transforma en un blâme sévère et éternel pour sa désastreuse avidité de conquêtes. Jamais sa gloire immense et ses sublimes œuvres ne pourront en purifier sa mémoire.

CALOMNIE (droit). Les Egyptiens infligeaient aux calomniateurs le châtiment qu'ils auraient fait encourir à ceux qu'ils accusaient si le fait dénoncé par eux eût été prouvé. — Même peine était portée contre eux par les lois de Moïse : « Exigez des calomniateurs, a-t-il dit, âme pour âme, œil pour œil, dent pour dent, main pour main, pied pour pied (Deutér., ch. XIX, v. 20). » — En Grèce, le supplice du talion était aussi en vigueur. — A Rome, sous la république, on imprimait le stigmate indélébile de la calomnie sur le front des coupables avec un fer chaud portant la lettre K. De là cette locution latine pour indiquer un honnête homme : Integræ frontis homo. — « L'Eglise, écrit Pascal, a différé aux calomniateurs, aussi bien qu'aux meurtriers, la communion jusqu'à leur mort. Le concile de Latran a jugé indignes de l'état ecclésiastique ceux qui en ont été convaincus quoiqu'ils s'en fussent corrigés; et les auteurs d'un libelle diffamatoire qui ne peuvent prouver ce qu'ils ont avancé sont condamnés, par le pape Adrien, à être fouettés. » — Nous sommes beaucoup plus indulgents. L'article 367 du Code pénal punissait le calomniateur d'un emprisonnement de deux à cinq ans, et d'une amende de 200 à 5,000 francs si le fait imputé était passible de la peine capitale, ou des travaux forcés à perpétuité, ou de la déportation, et, dans tous les autres cas, de un à six mois de prison et de 50 à 2,000 francs. En outre, le calomniateur était privé, pendant cinq ans au moins et dix au plus, de l'exercice de certains droits civiques, civils et de famille, d'après les articles 371 et 374 du même Code. Mais ces dispositions ont été abrogées par les lois du 17 mai 1819 et du 25 mars 1822, d'après lesquelles le calomniateur est puni d'un emprisonnement de cinq jours à un an, et d'une amende de 16 à 500 francs, châtiment qui peut être réduit d'après l'article 463 du Code pénal si l'on admet des circonstances atténuantes. De plus il faut que la diffamation ait été publique, c'est-à-dire proférée dans les lieux ou réunions publics, et la preuve légale des faits allégués est interdite, excepté toutefois envers les fonctionnaires. Les calomnies lancées par la voie de la presse, ou par tout autre moyen de publication contre eux, sont déférées à la cour d'assises, et passibles de peines plus sévères (V. les lois du 26 mai 1810, art. 13; et du 8 octobre 1830, art. 1).

CALOMNIER, v. a. (gramm.), attaquer, blesser l'honneur de quelqu'un par de fausses imputations. Il se dit aussi en parlant des actions, des intentions, etc. Il se prend quelquefois absolument.

CALOMNIEUSEMENT, adv. (gramm.), avec calomnie.

CALOMNIEUX, EUSE, adj. (gramm.), qui contient une calomnie, des calomnies.

CALOMNIOGRAPHE, s. m. (gramm.), celui qui écrit des calomnies (Voltaire). Il n'est pas usité.

CALON (V. Calou).

CALONDRONIE, s. f. (hist. des superst.), pierre qui, dit-on, avait la propriété de chasser la mélancolie. C'est le calundronius des anciens.

CALONÉS, s. m. pl. (hist. relig.), petits endroits où certains religieux druses se rassemblaient, pendant plusieurs semaines de retraite, pour faire leurs prières.

CALONG, s. m. (hist. nat.), nom qu'on donne, dans les Indes, à l'effraie, oiseau de proie.

CALONICO (géogr.), commune catholique du cercle de Faido dans le district de Leventine. Les maisons de cette commune sont dispersées sur la montagne. Elle fournit aussi sa part des émigrations qui ont lieu du canton de Tessin, et la plupart des habitants mâles de la commune quittent leur patrie, et se rendent en France en qualité de vitriers, d'où ils ne reviennent dans leur pays qu'après s'être fait un petit pécule.

CALONIENNE, s. f. (botan.), nom que l'on donnait autrefois à une espèce de myrrhe.

CALONIÈRE ou **CALONNIÈRE**, s. f. (beaux-arts) (term. de graveur), espèce de tuyau dans lequel on enchâsse plusieurs petits outils que le touret fait marcher.

CALONIÈRE, s. f. jouet d'enfant (V. Canonnière).

CALONNE (CHARLES-ALEXANDRE DE), contrôleur général des finances, né à Douai en 1734, est du nombre trop considérable en France de ces ministres dispensateurs de la fortune publique dont le nom rappelle des souvenirs de désordre, de dilapidation et de ruine. Fils d'un premier président du parlement de Douai, il fut destiné de bonne heure à la même carrière, fut envoyé à Paris où il se distingua dans ses études, et conçut dès lors cette présomption et cette confiance en ses forces, qui dans le cours de sa vie politique furent la source de ses succès et de ses disgrâces. Pourvu d'abord d'une charge d'avocat général au conseil provincial d'Artois, il fut ensuite nommé procureur général au parlement de Douai, puis en 1762 maître des requêtes au conseil d'Etat. Comme il s'était fait un nom dans les démêlés qui avaient alors lieu entre le parlement et le clergé, il fut choisi pour remplir les fonctions de procureur général de la commission nommée dans l'affaire engagée entre le duc d'Aiguillon, gouverneur de la Bretagne, et la Chalotais, procureur général du parlement de Rennes. Ce choix ne laissa pas que d'étonner le public : car après avoir commencé par s'offrir à la Chalotais pour son défenseur officieux, Calonne devenait ainsi son accusateur légal. Tout porte à croire qu'il s'était fait acheter par le ministère : car, tout à la fois ambitieux et débauché, joueur et prodigue, il était toujours obéré. On lui a même reproché dans le temps d'avoir abusé de la confiance de l'accusé, en communiquant au vice-chancelier une lettre dont il n'avait pas le droit de faire un semblable usage. En se rendant en Bretagne pour l'instruction de ce procès, il oublia avec son étourderie habituelle une partie des pièces, et fut obligé de solliciter des commissaires (Sénac de Meilhan et Lenoir) la complaisance irrégulière de s'en rapporter à son attestation sur l'existence de ces pièces, en attendant qu'elles fussent arrivées. Au surplus la gravité du blâme qu'a pu mériter Calonne dans cette affaire disparaît ou du moins s'atténue devant l'indulgence qui présida à l'arrêt de la commission, d'autant plus que cette indulgence, dont la cour et surtout le duc d'Aiguillon furent peu satisfaits, a passé pour être principalement l'ouvrage de Calonne. En effet, son caractère facile et léger était ce qu'il y avait de plus opposé aux calculs de perfidie qu'on lui supposait; mais d'un autre côté cette même légèreté le rendait peu scrupuleux sur le choix des moyens, dès que son intérêt ou son ambition étaient en jeu. Après avoir été durant quinze années intendant à Metz, puis à Lille, il remplaça en 1783 au contrôle général des finances d'Ormesson (V. ce nom), qui n'y avait fait qu'une courte apparition. L'élévation de Calonne fut, dit-on, l'ouvrage d'une puissante cabale, à la tête de laquelle étaient la reine Marie-Antoinette et le comte d'Artois. « En arrivant à Fontainebleau où était la cour, dit Marmontel dans ses Mémoires, on eût dit qu'il tenait en main la corne d'abondance. » Un tel miracle eût été bien nécessaire. Le trésor était dans une situation déplorable : la dernière guerre avait occasionné de fortes dépenses qu'il fallait liquider. Indépendamment des emprunts et des arriérés accumulés sous les ministères précédents, il y avait 176 millions d'anticipations, au remplacement desquels il fallait pourvoir. La nomination de Calonne déplut au parlement et surtout au garde des sceaux Miromesnil : on rappela, en la noircissant, sa conduite tout au moins équivoque dans le procès de la Chalotais; Calonne avait cependant un appui respectable dans le comte de Vergennes, ministre des affaires étrangères, que depuis la mort du comte de Maurepas Louis XVI consultait surtout dans les nominations ministérielles. Calonne, loin d'être effrayé des obstacles, avait pour système de déguiser toujours la détresse, et de prendre l'attitude de la confiance et de la prospérité. C'était le moyen de réussir auprès des courtisans; aussi ne tarda-t-il pas à obtenir le titre de ministre d'Etat. Ce fut avec une pompe extraordinaire, qu'en qualité de contrôleur général il se rendit à la cour des comptes pour y prêter le serment d'usage. Le premier président de Nicolaï lui adressa un discours louangeur, dans lequel il vantait l'esprit, l'aménité, la pénétration, l'adresse de Calonne, et terminait en disant qu'il laissait échapper aussi des éclairs de génie. « Ce portrait très-flatté, dit un contemporain, ne signifie autre chose que M. de Calonne avait l'esprit fin, très-délié, les dehors aimables, le ton de la meilleure compagnie, les mœurs galantes, l'intrigue et l'audace d'un homme de la vieille cour. » Dans sa réponse au premier président on remarqua cette phrase : « J'ai déjà eu occasion de dire au roi, et je le lui dirai dans toutes, que rien ne peut le mettre dans le cas de manquer à sa parole, et qu'il n'y aurait qu'une ignorance coupable qui pût en supposer la nécessité (1). » On fit encore attention à ce passage dirigé contre

Necker. Calonne y parlait d'une amélioration générale qui « éloigne à jamais l'idée de ces remèdes empiriques et violents dont il ne faut pas même rappeler le souvenir. » Il est à remarquer que ce ministre si prompt à dénigrer les opérations de son prédécesseur, devait finir par recourir à ces remèdes pernicieux qu'il critiquait dans sa harangue. Il était très-bien avec ce qu'on appelait les quatre coins de la reine; c'étaient les quatre maisons de la cour qui jouissaient plus particulièrement de la faveur de Marie-Antoinette, les Polignac, les Vaudreuil, les Guiche et les Périgord. MM. de Polignac et de Vaudreuil le tutoyaient familièrement. Il était considéré de la reine, qui aimait singulièrement sa conversation et l'agrément de ses manières. « Ce fut pour son caractère, dit encore Marmontel, qu'on emprunta des arts l'expression de formes élégantes; et l'obligeance, ce mot nouveau, parut nouveau pour lui. » — « C'est le seul homme de robe, dit le duc de Lévis dans ses Souvenirs et portraits, que j'aie vu sans cette gravité empesée qui ne choque point dans les magistrats en fonctions, mais qui déplaît dans la société. » — « Sa physionomie était spirituelle, dit un biographe, sa politesse aisée, ses manières séduisantes; il parlait avec grâce; il savait donner beaucoup de prix à ce qu'il accordait, et mettre beaucoup d'adresse et même d'obligeance dans ses refus. La reine lui demandait un jour une chose à laquelle elle attachait sans doute de l'importance, puisqu'elle ajoutait de ce ton qui annonce qu'on ne veut pas être refusé : « Ce que je vous demande est peut-être bien difficile. — Madame, repartit Calonne, si cela n'est que difficile, c'est fait; si cela est impossible, nous verrons (1). » Ce mot fut applaudi à la cour, mais il produisit dans le public le plus mauvais effet pour Marie-Antoinette comme pour le contrôleur général, que les nombreux ennemis de cette princesse n'appelaient que le caissier de la reine. Tout occupé de plaire aux femmes de la cour, il avait banni de ses audiences la sévère étiquette; les dames y venaient en caraco, en pierrot, c'est-à-dire en déshabillé. La duchesse de Luines, entre autres, y vint en jockey, une petite badine à la main. Cela fit scandale; Calonne sentit enfin qu'il ne convenait pas de se présenter ainsi chez un ministre du roi. En conséquence ses valets de chambre annoncèrent que dorénavant personne, de quelque rang et qualité qu'il fût, ne serait admis dans les salles et cabinets du contrôle général qu'en habit décent. Jusqu'alors les ministres des finances avaient cru de leur devoir d'affecter un langage austère. Lui tout au contraire semblait offrir plutôt qu'accorder des grâces. « On prodigua de l'argent, on multiplia les largesses, on ne se défendit d'aucune facilité, d'aucune complaisance; on fit de l'économie un sujet de dérision; on osa professer que l'immensité des dépenses animait la circulation, était le véritable principe du crédit (2). » Ces paroles sévères du plus mortel ennemi de Calonne sont pourtant l'exacte vérité, et c'est avec raison qu'on le comparait à Alcibiade. Un contemporain a dit de lui, qu'il possédait l'art de préparer avec grâce des opérations odieuses, et de tenir le langage d'une aimable légèreté en les ordonnant : Odiosa multa delicate jocoseque fecit (3). Il eut l'adresse de se faire des partisans par mille moyens et dans toutes les classes. Le roi avait de superbes maisons de plaisance : Calonne lui fit acheter Rambouillet quatorze millions. Saint-Cloud pour la reine en coûta quinze, tandis que le château de la Muette et celui de Choisy étaient abandonnés. L'acquisition du Clermontois à un prix exorbitant, en faveur du prince de Condé, celle de la terre de l'Isle-Adam pour complaire au prince de Conti, et d'autres achats non moins onéreux en faveur de Monsieur (Louis XVIII), du comte d'Artois, du duc de Chartres, du duc de Liancourt, etc., soulevèrent les esprits, d'autant plus qu'on attribuait principalement aux pots-de-vin qu'il se faisait donner la source clandestine du payement de ses dettes personnelles. Un mois après son entrée au ministère, il avait fait consentir le roi à prendre quatorze millions six cent mille livres pour payer celles du comte d'Artois; Monsieur eut aussi part à ses libéralités; il lui fit avoir dans le mois de décembre 1785 la somme de dix-huit millions cent soixante-quatorze mille deux cent onze livres. Calonne, que les Bretons détestaient depuis l'affaire de la Chalotais, cessa de leur être odieux, en leur conservant leurs états que la cour voulait réduire en simple généralité. En rétablissant les fermiers généraux que son prédécesseur avait supprimés, il se fit dans la finance de puissants appuis. L'entreprise du port de Cherbourg doit sans doute lui faire honneur; mais que dire des barrières de Paris, ces fas-

(1) A propos de cette phrase, on lui fait ce juste reproche dans les Mémoires de Condorcet : « Contrôleur général, la première ligne qu'il écrit est pour criminaliser le roi, à la vérité contre son intention. »

(1) Boscheron-Desportes, Biographie universelle.
(2) Necker, De la Révolution française, t. 1, sect. 1.
(3) Cornelius Nepos, Vie d'Alcibiade.

tueuses loges des commis, qui entraînèrent à des dépenses si peu en harmonie avec le triste effet de ces ridicules monuments? A la barrière du Trône on trouve deux colonnes de cent pieds d'élévation, sans autre distinction que deux guérites pratiquées dans les bases. En cela Calonne avait adopté le plan des fermiers généraux, pour circonscrire Paris et ses faubourgs d'une vaste muraille qui s'étendit dans les villages où le peuple allait se régaler de viande et de vin à un prix beaucoup moins élevé que dans la capitale. Par allusion au nom du contrôleur général, on appela *calonades* les colonnes qui servent d'embellissement à ces ridicules barrières. Quelques années après, l'assemblée constituante les rendit inutiles en abolissant les droits d'entrée des villes, que depuis, le génie fiscal de la révolution n'a pas manqué de rétablir. Pour se créer des prôneurs parmi les gens de lettres, il fit des pensions à un grand nombre d'entre eux. De son propre mouvement il augmenta les traitements et jetons de l'académie française. On répandit ce quatrain, où l'on mettait en opposition l'économie de Necker et la prodigalité de son successeur :

> Nargue d'hier! vive aujourd'hui!
> Fi de Necker! honneur à Calonne!
> A droite, il prend à gauche il donne :
> L'honnête homme, il n'a rien pour lui.

Néanmoins il ne s'oublia point; indépendamment de pots-de-vin considérables qu'il reçut en différents temps, il mit en jeu un agiotage indécent, et employa sans succès la ruse qui consiste à faire acheter sous main des créances sur l'État, à vil prix, puis à les porter en compte au prix de leur montant. Il dormait une nuit tranquillement dans son lit; le ciel s'en détacha tout à coup. Calonne se trouva tellement empêtré qu'il ne put ni crier, ni sonner, et que force lui fut d'attendre au matin l'heure où son valet de chambre entrait pour l'éveiller. Effrayé de l'accident, le ministre ordonne à ses gens de visiter s'il n'y avait pas quelque voleur caché; ils lui répondirent, après perquisition faite : « Mais nous ne voyons que vous ici, monseigneur. » Cependant le roi était entièrement dominé par l'esprit aimable et séduisant de Calonne, qui semait tant d'agrément dans son travail avec lui, ne lui présentant rien d'épineux, rien de pénible; nul embarras pour le présent, nulle inquiétude pour l'avenir. Au surplus, quel courtisan fut jamais plus adroit et plus délicat? Lorsque Louis XVI alla à Cherbourg, Calonne fit préparer secrètement pour lui une carte de la route, contenant non-seulement les villages, les châteaux, les fermes et jusqu'aux buissons, mais encore les noms des propriétaires, avec un historique propre à donner une grande idée des lumières du monarque, et du soin qu'il prenait de s'informer des moindres détails. Quoique, pour tromper son maître sur ses intentions ultérieures, Calonne lui répétât sans cesse ces mots graves dans le cœur paternel de Louis XVI : *Point d'emprunts, point d'impôts*, il imposait avec une facilité incroyable, et continuait le fléau des emprunts qu'il avait tant reproché à son prédécesseur. On en évaluait la somme à près de sept cents millions; et cependant on était en pleine paix. Le crédit que Necker avait créé par le prestige attaché à sa réputation, la mauvaise renommée et la légèreté de Calonne l'avaient détruit. Il lui fallut, pour remplir ses emprunts, offrir aux prêteurs les conditions les plus onéreuses à l'État. Bientôt cette ressource manqua tout à fait. Les parlements paraissaient moins disposés que jamais à consentir à de nouveaux impôts. Dans cette extrémité Calonne eut recours à un moyen qui aurait dû sauver une monarchie, si la nation n'avait pas perdu toute confiance dans un gouvernement dont les finances étaient si mal administrées. Il demanda au roi une assemblée de notables où il exposerait la situation des finances, afin d'aviser avec elle aux moyens de remplir le vide qu'il avait trouvé, disait-il. « Cette idée d'assembler les notables, dit le duc de Lévis, d'en faire au roi un appui contre les parlements, pour remédier aux désordres des finances, avait de la grandeur et n'était point chimérique. Henri IV s'en était bien trouvé; mais Louis XVI, qui avait sa bonté, n'avait pas son énergie. » Malgré cette apologie, il restera toujours constant que Calonne commit une grande faute en convoquant une assemblée dont les dispositions ne pouvaient que lui être hostiles. « Voilà ce qui s'appelle, monsieur, être un preux chevalier, lui dit ironiquement un prélat; vous descendez dans l'arène, et vous vous présentez aux coups. — Oui, monseigneur, reprit Calonne, j'ai trouvé qu'il valait mieux être exposé à ceux qu'on me porterait par devant qu'à ceux qu'on m'adresse par derrière. » Il était loin sans doute de s'attendre à ce qu'on lui en

porterait de si rudes. A cette occasion, Brienne, l'ennemi déclaré du contrôleur général dont il fut le successeur, dit confidentiellement à un ami : « Je croyais M. de Calonne homme d'esprit, mais je vois que ce n'est qu'un sot, du moins qu'il n'a pas de jugement, ni de connaissance des hommes; il s'est jeté lui-même dans nos filets, nous le tenons. » — « Le mouvement de la révolution, disait judicieusement Laharpe en 1797, vint de l'assemblée des notables très-étourdiment convoquée par Calonne, qui avec sa légèreté habituelle s'imagina que tous ces gens de cour, charmés de se voir appelés tout à coup à traiter du gouvernement, depuis cent cinquante ans concentré dans le secret du ministère, se tiendraient trop heureux de substituer un moment, dans les papiers publics, leur éloquence académique aux déclamations parlementaires, et, après cette petite jouissance d'amour-propre (le seul amour qui régnât alors en France), se hâteraient d'adopter aveuglément, par complaisance ou par lassitude, ses comptes, ses bordereaux, ses opérations bursales, et l'aideraient à combler le précipice ouvert par sa négligence et ses déprédations. Il se trompa en tout : les jeunes seigneurs apportèrent dans l'assemblée la politique de Rousseau... qui depuis longtemps était l'aliment des esprits et le bon air des sociétés. On entendit pour la première fois dans une assemblée ce qui n'avait été encore que dans les livres. On exigea du ministre des calculs en règle, des résultats clairs, et il demeura tout étonné que des Français voulussent savoir leur compte et se mêler de leurs affaires. C'était une terrible nouveauté qui en présageait bien d'autres. L'assemblée fut dissoute, mais le ministre fut renvoyé (1). » Ici se placent une foule d'anecdotes, qui séparément paraissent sans importance, mais qui le deviennent par leur réunion. A l'ouverture de l'assemblée (22 février 1787), tous les notables étaient en place, attendant que Calonne exposât son plan, et mît sous leurs yeux les objets de leurs délibérations. Il ne paraît point à l'heure indiquée; on est obligé de l'envoyer chercher jusqu'à trois fois. Il arrive enfin et dit qu'il n'a achevé que la veille la mémoire à présenter aux notables; qu'il l'avait remis à quatre commis réunis à la même table pour le copier pendant la nuit; que les quatre commis se sont endormis; qu'une des lumières est tombée sur le manuscrit et l'a brûlé en entier. Il était impossible de témoigner aux notables une plus grande confiance en leur crédulité. Le duc de Lévis atteste que Calonne lui-même avait fait mettre le feu au contrôle général de Versailles, afin d'avoir une excuse pour ce retard causé par sa négligence. « M. de Calonne, dit-il à ce sujet, avait une extrême facilité pour le travail; mais il s'y fiait trop, et donnait aux plaisirs des heures précieuses qui formaient, au bout de la semaine, un *déficit* de temps aussi difficile à combler que celui du trésor et qui contribuait à l'augmenter. » S'il donnait beaucoup de temps aux femmes, il en consacrait encore davantage au jeu, et toujours avec la même inconséquence. Lors de son premier mariage, le repas de noces fut donné dans la maison d'un des parents. Calonne se mit ensuite à une table de jeu; quand l'heure de la retraite fut arrivée, on l'en avertit plusieurs fois d'une manière indirecte, mais inutilement. Ensuite on le lui dit positivement, il demanda un moment de délai; ce délai passé, il en demanda un autre, puis un autre encore. Enfin, la mère de la mariée insistant sur le départ, il la pria de monter dans sa voiture avec sa fille, et l'assura qu'il y serait aussitôt qu'elle; mais il les oublia, et il fallut que les parents réunis le chassassent de la chambre et le portassent dans le carrosse, où il trouva la mariée fondant en larmes. Ce qui est aussi singulier que vrai, c'est que ce fut ce ministre courtisan qui proposa aux notables toutes les innovations révolutionnaires, dans l'acception réelle de ce mot, c'est-à-dire les idées qui changeaient l'organisation de l'État, et qui par conséquent faisaient une révolution. Il demanda le premier la répartition égale et générale de l'impôt, sous le nom d'*impôt territorial*. Il est vrai que, renouvelant en quelque sorte la dîme royale de Vauban, il voulait percevoir cet impôt *en nature*, ce qui était impraticable; mais son but réel était d'établir une imposition générale sur les terres, en abolissant toutes les exemptions, sauf à déterminer ensuite un autre mode de perception : Calonne mit aussi en avant l'impôt du timbre. Ces deux propositions excitèrent contre lui les plus vives clameurs et lui firent perdre sa place; mais comme ces deux taxes se payent depuis près d'un demi-siècle sans difficulté et qu'elles rapportent beaucoup, on peut bien croire qu'il n'était pas si déraisonnable de les proposer alors. Quoi qu'il en soit, des préventions trop méritées s'éle-

(1) *L'Esprit de la révolution* ou *Commentaire sur la langue révolutionnaire.*

vaient contre Calonne ; les plans qu'il présentait avaient pour juges ceux mêmes qu'il condamnait à en faire les frais, et loin que sa moralité offrît aux notables une garantie de leurs sacrifices, ses prodigalités passées leur faisaient craindre qu'une augmentation de recette ne fût entre ses mains une nouvelle source de profusions. Calonne voulut déguiser à l'assemblée les fautes de sa gestion. Dans une conférence générale où tous les bureaux des notables étaient réunis, seul et sans appui il répondit à toutes les objections de ses nombreux adversaires. Mais toute son audace, toutes les ressources de son esprit échouèrent contre les attaques combinées de cette réunion d'hommes éclairés, puissants et passionnés. On finit malgré ses tergiversations par le mettre hors d'état de nier que le déficit s'élevait à dix-sept cents millions, dont douze cents millions dataient de son entrée au ministère. A cet aveu, l'alarme et l'indignation des notables et du public ne connut plus de bornes. Louis XVI entra dans la plus violente colère. Le jour où deux notables vinrent officiellement lui annoncer le montant du déficit, il prit une chaise, la fracassa et s'écria dans un langage vulgairement énergique qui lui était familier : « Quel est mon malheureux sort de n'être environné que de coquins ! Ce coquin de Calonne mériterait que je le fisse pendre. — Je le veux bien, répondit le ministre, si les augustes complices doivent en être. » Cependant le roi hésitait encore à renvoyer un homme qui, ne pouvant lui inspirer de confiance, lui imposait toujours par son audace. Le marquis de Lafayette se montra l'un de ses plus ardents accusateurs. Ils dénoncèrent particulièrement l'échange du comté de Sancerre, appartenant au comte d'Espagnac, opération dans laquelle on prétendait que Calonne avait sacrifié les intérêts du roi pour partager les bénéfices de la transaction. Cependant Necker, qui en sortant du ministère en 1781 avait donné l'exemple, au moins inconvenant dans une monarchie absolue, d'un ministre des finances publiant un compte de ses opérations, ne manqua pas de répondre par un nouveau mémoire aux allégations de Calonne : « Préférant, dit un contemporain, de faire du bruit et de passer pour un homme véridique au devoir et à la générosité du silence, il se hâta de fixer dans l'esprit de la nation et des notables la source du déficit. Il en plaça la date hors de son ministère et postérieurement. » Il mit dans son mémoire d'autant plus d'aigreur qu'il s'était reconnu à un portrait que Calonne, dans son discours d'ouverture adressé aux notables, avait, sans nommer personne, fait d'un ministre « ayant l'art de frapper les yeux par des dehors sévères ; s'annonçant par des refus éclatants, affichant la rigueur dans les petits objets, pour décourager la foule des demandeurs ; ayant le double avantage d'écarter l'importune avidité, et de tranquilliser l'inquiète ignorance. » Attaqué par les réponses de Necker, Calonne et ses partisans répondaient par des mémoires ; mais on ne les publiait point : on se contentait de les mettre sous les yeux du roi et de la reine. Fidèle à leur système, Necker et sa coterie publiaient chaque jour de nouveaux écrits. Il importait peu à cet orgueilleux Genevois de sacrifier les intérêts du monarque, pourvu qu'il se ménageât de nouveaux triomphes dans l'opinion publique. Pour tirer la cour des dangers d'un litige entre le ministère actuel et l'ancien ministère, Calonne fut renvoyé le dimanche 7 avril 1787 par une lettre de cachet. Le vendredi suivant, le lieutenant de police, de Crosne, portait à Necker un ordre du roi qui l'exilait à vingt lieues de Paris. Calonne n'en resta pas moins à Versailles, où il eut la satisfaction de voir renvoyer aussi le garde des sceaux Miromesnil, qui avait puissamment contribué à sa propre disgrâce ; il réunit même dans un grand dîner les nouveaux ministres (Lamoignon et de Fourqueux), ce qui donna lieu de croire que sa prétendue disgrâce n'était qu'un jeu concerté pour mieux faire passer ses projets. Veut-on avoir l'idée de l'incertitude et de l'hésitation qui régnaient dans les conseils de Louis XVI? on n'a besoin que d'énumérer les nombreuses lettres de cachet qui dans l'intervalle de quelques semaines furent adressées à ce ministre disgracié. Après celle de son renvoi, une seconde lettre de cachet l'exile à Bernis avec défense d'écrire, ni de voir personne, pas même sa famille ; une troisième lui permet d'aller à Paris pour arranger ses affaires ; une quatrième l'exile en Lorraine dans sa terre d'Annouville ; une cinquième sur sa demande lui accorde la permission d'aller en Flandre chez sa sœur ; enfin, peu d'heures après, sixième courrier qui lui apporte l'ordre de se rendre définitivement en Lorraine. Tel était le désordre qui régnait dans les affaires personnelles de Calonne, que lorsqu'il sortit du contrôle général, il y avait neuf ou dix mois qu'il ne s'était informé du montant de la dépense qu'il avait faite. Quoique doué de beaucoup d'esprit et peut-être même parce qu'il en avait trop, il n'avait pas celui des calculs

de finance ; et chose assez étrange, c'est que son secrétaire intime, celui même qui fit à cette époque tous ses plans financiers, était le Genevois Clavière, que l'on a vu depuis ministre des finances avant et après le 10 août. La principale des opérations dans laquelle l'avait guidé Clavière était la refonte des monnaies ; et elle fut très-avantageuse à l'État, puisque les monnaies d'or étaient extraites continuellement de France, parce que la proportion entre l'or et l'argent y était plus forte que dans les autres États de l'Europe. On se plaignit, il est vrai, des gains illicites que firent en cette occasion les employés du ministre ; et comme ils étaient couverts de galons, on disait d'eux qu'ils étaient calonnés d'or et d'argent de la nouvelle refonte. On n'épargna au ministre déchu ni reproches ni humiliations. Il fut obligé de se dépouiller de la décoration du Saint-Esprit qu'il portait comme trésorier de l'ordre. Dans les bureaux des notables il y eut des voix pour qu'on lui fît son procès. Tous les parlements prirent des arrêts violents contre lui, à l'exemple de celui de Paris qui commença les procédures. A son passage à Verdun pour se rendre à sa terre d'Annouville, la populace arrêta sa voiture pour le rendre témoin d'une exécution qui se faisait en ce moment, sous prétexte qu'il avait besoin d'apprendre comme on était pendu. Calonne, craignant que cette multitude ne poussât les choses plus loin, demanda main-forte à la maréchaussée, et eut bien de la peine à se mettre en sûreté. Dans la nuit du 1er octobre 1787, les clercs et autres suppôts de la justice brûlèrent son effigie avec toutes les formes juridiques, au milieu de la place Dauphine. Pendant le séjour qu'il fit en Lorraine, tandis que ses amis l'abandonnaient, les femmes de la cour lui restèrent du moins fidèles : plusieurs partirent pour l'aller consoler dans son exil ; et lorsque la dénonciation faite au parlement de Paris l'obligea de s'expatrier, elles demeurèrent dans son château pour cacher sa fuite, et ne retournèrent à Versailles que lorsqu'elles furent bien assurées qu'il était hors du royaume. Il choisit pour asile l'Angleterre, où il ne tarda pas à être présenté à la cour. Là, il publia vers la fin de 1787, sous la forme de requête au roi, un Mémoire justificatif qui fut lu à Londres comme à Paris avec le plus vif intérêt. Les personnages les plus distingués de l'Angleterre désirèrent en connaître l'auteur ; il reçut la visite de tous les ministres, et il fut bientôt de tous les clubs et de toutes les sociétés. L'impératrice Catherine II lui écrivit dans des termes assurément trop flatteurs ; car elle lui disait : J'aime les grandes choses et les grands hommes. Calonne, malgré ses déprédations, ne s'était pas enrichi dans le ministère ; il fut alors trop heureux d'accepter la main de Mme d'Harvelai, veuve d'un riche financier, qui lui fit don de toute sa fortune, qui se montait, dit-on, à sept millions. Au mois de février 1789, il adressa au roi une seconde requête qui n'eut pas auprès de Louis XVI plus de succès que la première, mais qui n'en contenait pas moins une critique souvent juste des opérations de Necker, qui, de nouveau en possession du ministère, dirigeait tout vers ce système révolutionnaire qui eut de si funestes conséquences pour l'autorité royale. Il terminait son Mémoire en annonçant son projet de venir se présenter comme candidat aux états généraux. Il passa en effet sur le continent au mois de mars suivant, et parut à l'assemblée électorale de la noblesse de Bailleul ; mais sa présence excita une telle fermentation, que le prince de Robecque, commandant de la ville, l'engagea à retourner à Dunkerque où un paquebot l'attendait dans la rade. De retour à Londres, Calonne s'occupa de nouveau d'écrits polémiques sur la situation des affaires. Son livre, Etat de la France présent et à venir, qui parut au mois d'octobre 1790, était un manifeste contre la révolution. Il y reprochait avec raison à l'assemblée constituante d'avoir renversé le gouvernement monarchique sans y avoir rien substitué qui pût s'appeler gouvernement. Quelques mois auparavant, rencontrant à Londres la fameuse comtesse de Lamotte, il sut gagner la confiance de cette intrigante, et l'engagea à rédiger sous ses yeux les Mémoires qu'elle a publiés pour sa justification. Il lui prêta de l'argent ainsi qu'à son mari, et se montra à leur égard un ami chaud et zélé. Il voulait vraisemblablement s'emparer de tout ce qui aurait pu compromettre de nouveau la reine, afin de se ménager un puissant appui en France. Mais les conseils de la dame de Lamotte éventèrent la mine ; Calonne en fut pour son argent, et subit encore une fois la honte d'un procès. Dès que les princes émigrèrent, il devint un de leurs agents les plus actifs et les plus dévoués. Il parcourut pour leur service l'Allemagne, l'Italie, la Russie. En 1791, il était auprès d'eux à Coblentz, et administrait leurs finances, sinon avec économie, du moins avec probité, puisqu'en 1793 il n'avait pas de quoi soutenir son fils qui servait comme fantassin dans un des corps nobles de l'armée de Condé. Ce fut alors que Calonne proposa un plan de contre-révolution qui ne fut pas généralement accueilli dans le parti royaliste. De retour à Londres lors de la conjuration de la Rouarce dans les départements de l'Ouest, il fut chargé de correspondre avec les chefs de cette entreprise, et s'en étant indiscrètement ouvert auprès d'un agent du gouvernement français, nommé Chevetel, il contribua par là à faire échouer le complot. Au mois de février 1795, lorsque la guerre fut déclarée à l'Angleterre, l'accueil distingué que Calonne avait reçu à Londres fut présenté à la convention nationale comme un des motifs de cette rupture. Calonne était aussi chargé à Londres d'une fabrication de faux assignats; et pendant le siège de Lyon, ceux dont se servaient les contre-révolutionnaires portaient sa signature. Tant d'efforts et d'intrigues furent inutiles pour une cause malheureuse et mal défendue. Lorsque les moyens politiques furent épuisés, il ne renonça point à la servir de la plume, et composa un écrit intitulé : *Tableau de l'Europe en novembre 1795*. Dans cet ouvrage, remarquable par la chaleur du style, il discutait avec autant de bonne foi que de modération le gouvernement qui convenait le mieux à la France, et les ressources immenses qui lui restaient. Mais quelques passages fournirent matière à de nouvelles attaques de la part des ennemis qu'il avait parmi les royalistes. L'ancien conseiller d'État de Montyon fut chargé par les princes d'y faire une réponse. Désavoué ainsi par le parti auquel il s'était si entièrement dévoué, Calonne sollicita du gouvernement consulaire son retour en France. Il y était à peine rentré depuis un mois, qu'il mourut au mois d'octobre 1802. Sa verve végéta quelques années à Paris dans un état voisin de la misère. Calonne avait composé sur des objets d'art des écrits qui sont restés inédits. — Son frère, l'abbé de Calonne, ne fut pas moins dévoué que lui aux Bourbons dans l'émigration. Il est auteur de quelques pamphlets politiques, et mourut en Allemagne en 1799.

CH. DU ROZOIR.

CALONNÉA, s. f. (*botan.*), espèce de plante que l'on nomme aujourd'hui *galardia* (V.).

CALON OROS (χαλόν, belle; ὅρος, montagne) (*géogr. anc.*), montagne de l'Asie, à l'entrée du golfe Persique.

CALON STOMA (χαλόν, belle; στόμα, bouche) (*géogr. anc.*), nom de l'embouchure méridionale de l'Ister.

CALOPA, s. m. (*hist. nat.*), espèce de cocotier. Quelques-uns écrivent *caloppa*.

CALOPE, *calopus* (*hist. nat.*), genre de l'ordre des coléoptères, seconde section des hétéromères, seconde famille des taxicornes, créé par Fabricius aux dépens du grand genre cerambix de Linné, et ayant, selon lui, pour caractères : quatre palpes, les antérieurs en massue, les postérieurs filiformes; mâchoires bifides; lèvre inférieure membraneuse et bifide; antennes filiformes. Latreille place ce genre dans la famille des sténélytres et dans la quatrième tribu des œdémérites, en lui donnant pour caractères : pénultième article des tarses bilobé; mandibules bifides; dernier article des palpes maxillaires en forme de hache; languette profondément échancrée; antennes fortement en scie; corps étroit et allongé avec la tête et le corselet plus étroits que l'abdomen; les yeux sont allongés et échancrés. Malgré la grande ressemblance qu'ont ces insectes avec les capricornes, ils s'en éloignent cependant par le nombre des articles des tarses : ils ont aussi quelque ressemblance avec les cistèles, mais ils en diffèrent essentiellement par l'échancrure du pénultième article de tous les tarses. Les calopes, outre les caractères désignés ci-dessus, ont les antennes longues, en scie, placées dans une échancrure devant les yeux, et formées de onze articles, dont le premier est gros et en massue, le second petit, les autres un peu comprimés; le labre est entier, l'extrémité des mandibules est bidentée, avec la division interne pointue; les palpes maxillaires sont plus longs que les labiaux, terminés par un article encore ponctué. L'espèce formant le type du genre est le calope serraticorne, *calopus serraticornis*, Fabr.; il est long d'environ neuf lignes, de forme allongée; son corselet en carré long, sans rebords, dilaté en devant, un peu raboteux en dessus; les étuis sont longs, sans rebords, et présentent à leur surface quelques lignes élevées, à peine distinctes; les pattes sont grêles et de longueur moyenne : la couleur de cet insecte est d'un brun clair pubescent. On le trouve dans les bois en Suède.

H. L.

CALOPHYLLE, *calophyllum* (*bot.*). Ce genre, qui appartient à la famille des gallifères de Jussieu et à la polyandrie monogynie de Linné, est caractérisé ainsi qu'il suit : calice coloré, de deux, trois, quatre sépales caducs, manquant quelquefois; corolle de quatre pétales; étamines fort nombreuses à anthères allongées; ovaire libre, style simple, stigmate capitulé; fruit en drupe globuleux ou ovoïde, renfermant un seul noyau dans lequel se trouve une graine de même forme; embryon droit, dépourvu d'endosperme. A ce genre se rapportent environ sept espèces, toutes formant des arbres plus ou moins élevés, à feuilles entières et opposées, dont la structure singulière fait reconnaître aisément le genre; car elles sont partagées en deux moitiés égales par une nervure longitudinale de chaque côté de laquelle naissent quantité de nervures parallèles, très-rapprochées, qui se dirigent vers les bords. Les fleurs sont groupées à l'aisselle des feuilles supérieures, ou elles sont portées sur des pédoncules triflores, qui par leur réunion forment une panicule terminale. L'espèce la plus intéressante de ce genre exotique est le calophylle inophylle, *calophyllum inophyllum* de Linné, ou *calophyllum tacamahaca* de Wildn. C'est un grand arbre qui croît naturellement dans les lieux stériles et sablonneux des Indes orientales et des îles australes de l'Afrique. Son tronc est épais; son écorce, noirâtre et fendillée, laisse découler, quand elle est entamée, une matière visqueuse et résineuse, verte, qui se solidifie et porte le nom de *gomme* ou *résine de tacamahaca*. Les jeunes rameaux de cet arbre sont carrés; les feuilles sont opposées, ovales, obtuses, entières, luisantes, à nervures parallèles et très-serrées. Les fleurs sont blanches, odorantes, placées à l'aisselle des feuilles supérieures, en grappes opposées. Les fruits sont globuleux, jaunâtres et charnus. Du Petit-Thouars assure que le bois de cet arbre est employé, aux îles de France et de Bourbon, pour la charpente, la construction des navires et le charronnage. Cette espèce de calophylle est appelée par Loureiro *balsamaria anophyllum;* ce qui la distingue des autres, c'est le calice qui se compose de deux sépales, la corolle qui est de six pétales, et les étamines qui sont disposées en plusieurs faisceaux, ou polyadelphes.

CALOPS, s. m. (*hist. nat.*), sorte de labre, poisson.

CALOR (*géogr. anc.*), rivière d'Italie, dans le Samnium, chez les Hirpins. Elle prend sa source au midi de cette province, et se jette à Bénévent dans le Vulturne.

CALORICITÉ (*phys.*), en latin *caloricitas*, de *calor*, chaleur. C'est le nom que l'on a donné, en physique, à cette propriété vitale en vertu de laquelle la plupart des êtres organisés conservent une chaleur supérieure à celle du milieu (*V.* ce mot) dans lequel ils vivent. D'autres termes, la caloricité est la faculté qu'ont les organes d'élaborer la quantité de calorique (*V.* ce mot) nécessaire à la vie, et de se maintenir ainsi dans la même température, quelle que soit d'ailleurs celle du milieu dans lequel le corps est plongé. Le calorique, ou le principe de la chaleur, est à la vie ce que l'air est à la respiration : il pénètre, échauffe, dilate, épanouit les organes, facilite le cours des humeurs; en un mot, il anime tout, et sans lui la vie s'éteindrait à l'instant même. D'un autre côté, trop grande abondance de ce fluide serait tout aussi nuisible à l'économie animale : elle réduirait toutes les humeurs en vapeurs, irriterait, enflammerait, et même désorganiserait les tissus vivants. La nature a donc dû établir un juste équilibre entre l'absence et l'excès de ce fluide. — La température dans laquelle l'homme vit habituellement est de 36 à 37° centigrades; quelque climat que l'homme habite, à quelque degré de froid ou de chaud qu'il s'expose, son corps offre toujours cette même température. Les habitants des contrées les plus opposées, ceux, par exemple, de la glaciale Laponie, et ceux de la brûlante Éthiopie, offrent toujours au thermomètre le même nombre de degrés (*V.* CHALEUR ANIMALE).

CALORIE (*phys.*), quantité de chaleur nécessaire pour élever un kilogramme d'eau d'un degré du thermomètre centigrade. C'est l'unité de mesure pour la chaleur, comme le mètre est l'unité de mesure pour les longueurs. On aurait pu choisir un autre horizon, mais celui-ci est commode et assez généralement admis pour l'appréciation de la valeur calorifique des combustibles et des appareils de chauffage.

CALORIFÈRE (*phys., ind.*). On appelle *calorifère*, c'est-à-dire *porte-chaleur*, toute espèce de construction propre à échauffer l'intérieur des appartements, des étuves, les séchoirs, etc. — Les cheminées sont des calorifères dans l'acception générale du mot, quoiqu'on ne leur en donne pas ordinairement le nom (*V.* l'article CAMINOLOGIE); il en est de même des poêles et des moindres réchauds. Mais on restreint ordinairement le nom qui nous occupe à des appareils plus complexes, dont les parties sont combinées de manière à utiliser la plus grande partie possible de la chaleur produite par la combustion. — Le principe général sur lequel repose la construction des calorifères est celui-ci : tout combustible développe en brûlant une certaine quantité de chaleur, dont une partie rayonne, une autre est absorbée par les parois de l'appareil, la troisième est entraînée par le courant que forment l'air affluent et la fumée. La chaleur rayonnante n'étant jamais qu'une très-petite partie de la chaleur totale, il s'agit de reprendre aux parois ou à la colonne de fumée la chaleur dont elles se sont emparées, et pour cela il n'y a qu'un moyen, c'est de faire en sorte que ces parties abandonnent leur excès de température dans les pièces mêmes que l'on veut échauffer : car la température de ces pièces s'augmente de toute celle que perdent les parois du calorifère ou la colonne de vapeur. — On distingue les calorifères à air, les calorifères à eau et les calorifères à la vapeur, cette dernière expression n'est pas employée ordinairement. — 1° *Calorifère à air.* La chaleur spécifique de l'air est, à poids égal, le quart environ de celle de l'eau; et le poids de l'air n'étant guère qu'un huit-centième de celui du liquide, on voit qu'à volume égal sa chaleur spécifique n'est guère que la trois-millième partie de celle de l'eau; il faut donc un très-grand volume d'air pour échauffer convenablement un espace donné; il faut de plus une grande surface chauffante; il faut enfin que cette enveloppe soit faite d'un métal bon conducteur. On conçoit, en effet, que par ces moyens tout l'air échauffé dans le calorifère, en passant dans des conduits en contact avec un air plus froid, perd successivement toute sa chaleur qu'il a de plus; et l'art du constructeur consiste à faire circuler cet air dans des tuyaux qui ne le jettent hors de l'appartement que quand sa température n'est plus supérieure à celle de l'air ambiant que d'un petit nombre de degrés. — Les poêles de Désarnod sont construits sur ce principe; le courant chaud formé par la combustion passe par un grand nombre de tuyaux où il se refroidit successivement avant d'être rejeté dans l'atmosphère; mais il ne peut se refroidir qu'en versant sa chaleur dans l'air qui l'environne, et qui s'échauffe ainsi autant qu'on le veut. — Les calorifères des grands établissements, ou des maisons particulières que l'on veut échauffer en totalité sont placés ordinairement dans une cave construite sous le bâtiment pour cet objet; cette disposition est avantageuse parce que les étages supérieurs ne sont pas embarrassés par le fourneau; mais la chaleur produite par les parois de l'appareil est perdue. — Quand il est utile de renouveler l'air en même temps qu'on l'échauffe constamment, par exemple dans les hôpitaux, les ateliers, les salles de spectacle, et tous les lieux où il se trouve beaucoup de monde assemblé, on dispose des tuyaux qui amènent l'air de l'extérieur, et qui passent d'abord sur les conduits par où passe le courant de fumée; ce courant se dépouille, au profit de l'air extérieur en contact avec lui, d'une partie de sa chaleur; ainsi l'air respirable arrive chaud; et au lieu de refroidir tout l'intérieur, comme le ferait, par exemple, une fenêtre ouverte, il contribue lui-même à élever la température en même temps qu'il fournit à la respiration un aliment fort pur. — 2° *Calorifère d'eau.* On sait que l'eau à mesure qu'elle s'échauffe devient plus légère : l'examen d'une bouilloire placée auprès du feu suffit pour nous en convaincre; il se forme bientôt un courant ascendant sur le devant de la bouilloire, descendant sur le derrière; la partie qui reçoit immédiatement les atteintes du feu, et qui est la plus chaude, obéit à la loi générale des liquides; elle monte à la surface, mais elle ne peut monter sans être remplacée par une eau plus froide, c'est-à-dire naturellement celle qui est plus éloignée du feu. — On comprend que ce mouvement aurait lieu encore et de la même manière, si le vase était séparé en deux parties, l'une antérieure, l'autre postérieure, par une cloison qui laisserait à l'eau un libre passage en bas et en haut : et pareillement un conduit formant un circuit complet, approché du feu dans la même situation que la bouilloire de tout à l'heure, donnerait naissance au même phénomène : il se produirait comme précédemment une *circulation* du liquide, selon sa température plus ou moins élevée. — Supposons maintenant qu'au lieu d'une bouilloire on ait pris une chaudière fermée, ou un cylindre ordinaire; soit adapté à ce cylindre un tuyau qui s'élève à une certaine hauteur et revient ensuite par diverses sinuosités en pente douce aboutir au fond de la chaudière, à la partie qui reçoit le moins l'action du feu; soit enfin cette chaudière et tous ces tuyaux remplis d'eau, et qu'on allume le feu du fourneau : que va-t-il arriver? l'eau en s'échauffant tendra à monter dans le tuyau supérieur; elle sera remplacée par l'eau froide du tuyau sinueux; la circulation s'établira donc aussitôt : or, si le tuyau en question présente une surface assez large, si l'enveloppe est peu épaisse, si elle est composée d'un métal bon conducteur, l'appareil sera dans les conditions mentionnées au commencement de cet article; l'eau chaude qui y passera se dépouillera de sa température au profit de l'air ambiant; c'est donc un calorifère exactement analogue à celui que nous avons décrit tout à l'heure. — Il faut seulement re-

marquer qu'il ne sert pas dans les mêmes circonstances : d'abord il n'est pas propre à produire de grandes masses d'air chaud, parce que l'eau ne doit jamais être échauffée à plus de cent degrés, puisque alors elle se convertirait en vapeurs; parce que d'un autre côté la densité de l'eau ne permet pas d'en mettre en mouvement un très-grand volume; et comme en définitive c'est par les surfaces que se répand la chaleur du liquide circulant, celles-ci sont nécessairement assez restreintes, ce qui réduit d'autant la température produite; mais ce mode de chauffage a de grands avantages lorsqu'il s'agit d'élever la température d'un petit nombre de degrés et d'une manière constante et uniforme. — 3° *Calorifère à la vapeur* (*V.* au mot CHAUFFAGE A LA VAPEUR, c'est l'expression la plus usitée). **B. JULLIEN.**

CALORIFICATION (*phys.*), *calorificatio*, de *calor* et de *facere*, produire. C'est le nom que quelques physiologistes, et principalement M. Chaussier, ont donné à la fonction qui préside à la formation de la chaleur dans les êtres organisés vivants, et qui les maintient à une température propre et toujours la même, quelle que soit celle du milieu dans lequel ils sont plongés. Ordinairement, le degré de cette température est supérieur à celui de la température du fluide ambiant.

CALORIFIQUE, adj. des deux genres (*gramm.*), qui chauffe, qui produit de la chaleur.

CALORIMÈTRE (*phys.*). Le Suédois Wilke a fait en 1772 l'observation très-importante que les corps au même degré de chaleur ne contenaient pas la même quantité de calorique; qu'il y en avait par exemple environ huit fois autant dans une livre d'eau à un certain degré de chaleur que dans une livre de fer dont la température serait exactement la même au thermomètre; les corps n'ont donc pas la même CAPACITÉ (*V.* ce mot) pour le calorique, et dès lors il devenait très-important de créer des instruments et de faire des expériences propres à déterminer la capacité propre de chaque corps.—Le calorimètre est un de ces instruments, inventé par Lavoisier et Laplace : il leur a servi à déterminer la quantité de calorique que pouvaient contenir différents corps. — Voici quelle est sa composition : il se forme de trois boîtes cylindriques placées l'une dans l'autre et d'un couvercle à rebords. La boîte intérieure est en fil de laiton; c'est un simple treillis destiné à recevoir le corps sur lequel on fait l'expérience. La seconde boîte, qui enveloppe la première de toutes parts, est en fer-blanc; elle est remplie de neige ou de glace pilée dont la fusion a déjà commencé, de telle sorte qu'étant déjà mouillée, pour peu que la fusion continue elle laissera échapper, et l'on pourra recueillir toute l'eau qui se formera : c'est à tout ce qu'il faut pour comprendre la théorie de l'instrument. En effet, le corps chaud A étant placé dans la boîte intérieure, et enveloppé de toutes parts de cette glace ou neige fondante, on conçoit que tout le calorique qu'il possède sera employé à fondre une certaine quantité de cette neige ou glace qui l'entoure; et, pour peu qu'il y ait au-dessous de celle-ci un tuyau convenablement disposé, il amènera toute cette eau dans un vase ou réservoir où il sera facile de la peser. Mais il est facile alors de calculer le calorique dépensé pour obtenir ce résultat; car on sait que pour fondre un gramme de glace il faut un gramme d'eau à une température de 75 degrés; donc autant on aura de grammes d'eau dans le réservoir, autant il y aura de grammes de glace fondue, par conséquent autant de fois aura été dépensé en calorique qui se trouve dans un gramme d'eau à 75 degrés.—Toutes ces conditions sont exprimées dans une formule algébrique très-simple, à l'aide de laquelle on calcule tout de suite la capacité pour le calorique du corps en expérience. Soit P le poids de ce corps, et T sa température; du moment que l'équilibre de l'eau à cette température de 75 degrés, il est réduit à 0°. Il a donc perdu sa température T, et en la multipliant par son poids, il a perdu T P. En appelant X sa capacité pour le calorique, la chaleur perdue est bien évidemment TPX. Cette quantité est égale à la température gagnée par la glace; je l'appelle T'; on a donc $TPX = T'$, ou $X = \dfrac{T'}{TP}$. Mais il est facile de déterminer T' par le nombre de grammes d'eau N tombée dans le réservoir; car, d'après ce qui vient d'être dit, chaque gramme de glace absorbe, pour devenir un gramme d'eau, le calorique nécessaire pour élever un gramme à 75 degrés ou 75 grammes à un degré; T' sera donc égal à 75 N; mais alors la formule devient

$$X = \frac{75\,N}{TP}$$

où tout est connu excepté X, la capacité cherchée. — J'ai dit tout à l'heure que la théorie de l'instrument dépendait des deux boîtes intérieures seulement; on voit en effet que le calorimètre est expliqué sans que j'aie parlé de la troisième, de celle qui enveloppe les deux autres; celle-ci cependant est nécessaire dans la pratique. Elle serait inutile si l'air extérieur était constamment ou pouvait être maintenu à la température de la glace fondante; car alors l'atmosphère étant sans action sur la neige de la seconde boîte, l'eau produite par celle-ci viendrait sans exception de la fusion opérée par le corps en expérience, et il n'y aurait aucune erreur à craindre. Mais il serait fort difficile, il serait même impossible de maintenir cette température dans l'air ambiant; il serait d'ailleurs fort désagréable pour l'observateur de faire une expérience assez longue au milieu d'un froid pareil. On enveloppe donc la seconde boîte d'un matelas de neige contenue dans la troisième boîte, ou boîte extérieure; de cette manière si l'atmosphère est assez chaude pour fondre un peu de neige ou de glace, sa chaleur s'épuise tout entière sur cette enveloppe extérieure, et l'eau qui en provient, conduite par un tuyau spécial dans un réservoir séparé, ne peut, en se mêlant avec l'autre, influer sur l'estimation à faire de la quantité fondue par le corps en expérience.　　　　B. JULLIEN.

CALORIMÉTRIE, s. f. (*phys.*), art de connaître la quantité de chaleur contenue dans les corps dans certaines circonstances. —Méthode ou manière de se servir du calorimètre.

CALORIMÉTRIQUE, adj. des deux genres (*phys.*), qui tient, qui est relatif à la calorimétrie.

CALORINÈSES, s. f. pl. (*médec.*), maladies causées par une trop grande caloricité.

CALORIQUE (*phys.*). On] désigne par ce nom un fluide extrêmement subtil qui, obéissant aux lois de l'attraction, pénètre ou abandonne, suivant les circonstances, les pores des corps pour produire l'écartement ou le rapprochement des molécules, et dont la présence nous fait éprouver la sensation de chaleur. «Les corps, dit M. Pouillet, peuvent exciter en nous des sensations particulières, que l'on appelle sensations de chaleur. Ces affections se] produisent au contact immédiat ou à de grandes distances, et elles sont d'une telle nature, que nous ne pouvons pas les attribuer à la substance propre des corps. En présence d'un foyer allumé, nous jugeons facilement que ce n'est pas la matière du charbon qui vient sous forme invisible nous toucher et nous réchauffer; et quand nous recevons les rayons solaires, nous jugeons de même que ce n'est pas la matière pondérable du soleil qui descend sur la terre pour produire sur nos yeux l'impression de la lumière, et sur toutes les parties sensibles de notre organisation l'impression de la chaleur. Il y a donc un *agent* qui est distinct de la substance propre du corps, qui émane de leur masse, qui franchit les plus grandes distances, qui établit une communication continuelle entre eux et nous, et qui est la *cause* des sensations de chaleur que nous éprouvons. Cet agent a reçu différents noms; d'abord, confondant la cause avec l'effet, on l'a appelé *chaleur;* ensuite, par des notions plus justes sur son mode existence, on l'a nommé *fluide igné, matière du feu*.....; enfin, à la réforme de la nomenclature chimique, Lavoisier, Berthollet, Morveau et Fourcroy l'ont appelé *calorique*. Cette dénomination a été adoptée par tous les physiciens, et l'on a conservé le mot *chaleur* pour désigner la science des propriétés, des effets et des lois du calorique. Plus exactement le mot chaleur désigne l'effet produit par le calorique. Les physiciens rangent le calorique au nombre des fluides impondérables (*V*. ce mot). En effet, dans l'état actuel de nos connaissances, nous ne pouvons regarder comme démontrée l'existence d'un corps qui résiste victorieusement aux efforts qu'on fait pour le renfermer dans des vases et le soumettre à l'analyse. Le calorique s'est refusé jusqu'ici avec opiniâtreté à ces sortes d'épreuves; son existence est donc encore équivoque. Bornons-nous à l'admettre comme hypothétique, et si elle se prête avec facilité à l'explication de tous les phénomènes, nous pourrons dire avec confiance, que si le calorique n'en est point la cause réelle, il en est au moins la cause équivalente, ce qui, pour le moment, et dans l'état d'imperfection de nos *sciences*, suffit au physicien. — Un corps quelconque soumis à l'action du calorique augmente en dimensions dans tous les sens; une tige métallique qui éprouve son influence, à la faveur du pyromètre (*V*. ce mot), acquiert plus de longueur, plus de largeur et plus de profondeur; l'alcool présenté dans une fiole à la flamme d'une bougie reçoit presque subitement une augmentation de volume. De semblables expériences répétées avec succès par le célèbre *Buffon*, et après lui par une foule d'autres observateurs sur un grand nombre de substances pierreuses de

différente espèce et de différente dureté, ont fixé sur cet objet l'opinion des physiciens. — Quelques-uns cependant ont essayé de faire souffrir des exceptions à ce principe. Toutes les substances minérales, disent-ils, sont soumises à cette loi; mais il existe des substances végétales et animales qui paraissent refuser de s'y soumettre; une chaleur douce dilate, il est vrai, leurs fibres, les écarte et diminue la densité de leurs tissus; mais par une chaleur brusque et forte, le parchemin, les membranes, les tendons, se retirent, se resserrent sur eux-mêmes. Ces faits, sur lesquels on se fonde pour restreindre la généralité de ce principe, offrent des résultats dans lesquels se compliquent des circonstances qui en imposent d'abord; mais pour peu qu'on y réfléchisse, pour peu qu'on tâche d'isoler les effets et de les rapporter chacun à la cause qui les a produits, on s'aperçoit facilement que cette propriété qu'ont quelques matières animales et végétales de se retirer par une chaleur forte, tient à une cause étrangère, je veux dire à l'irritabilité et à la contractibilité des fibres, qui augmentent par la chaleur tant que l'organisation n'est pas détruite, et que conséquemment la dilatation des corps par la chaleur est une loi constante et générale. — Le refroidissement détruit l'effet que la chaleur avait fait naître. Pour s'en convaincre, qu'on ramène par degrés un corps dont la chaleur a écarté les molécules à la même température qu'il avait avant d'être échauffé, les molécules se rapprocheront insensiblement les unes des autres; le corps passera par les degrés d'extension qu'il avait parcourus, et finira par reprendre le même volume qu'il avait avant d'être échauffé. — Ce principe, fondé sur des faits que l'expérience n'a jamais démentis, nous fait voir que les molécules des corps se rapprochent en raison du refroidissement qu'on leur fait éprouver; d'où il résulte que si l'on pouvait produire le froid absolu, les molécules des corps seraient en contact immédiat, c'est-à-dire qu'elles se toucheraient par autant de points qu'il leur est possible, et réciproquement que leurs molécules ne pourraient être en contact immédiat qu'en leur faisant éprouver le refroidissement le plus grand possible; or, la production du froid absolu serait une entreprise ridicule, puisque à ce degré de froid notre existence serait anéantie. Nous ne pouvons donc rapprocher autant qu'il est possible les molécules d'aucun corps, et conséquemment les molécules d'aucun corps ne sont en contact immédiat, c'est-à-dire qu'elles ne se touchent pas par autant de points qu'il leur est possible. — Lorsque le calorique s'introduit dans un corps, il se partage pour ainsi dire en deux parties bien distinctes, dont l'une sert à vaincre la force de cohésion des molécules du corps, et à satisfaire sa tendance pour ce fluide, tandis que l'autre fait équilibre à la température extérieure. Nous appelons la première *calorique combiné*, et la seconde *calorique interposé*. — Le calorique combiné est donc celui qui est enchaîné dans les corps par la force de combinaison, et qui constitue une partie de leur substance, même de leur solidité.— Le calorique interposé est celui qui, sans être engagé dans aucune combinaison, se trouve entre les molécules des corps. Un exemple familier rendra sensible la différence qui existe entre ces deux portions de calorique. Un morceau de pain plongé dans l'eau contient deux portions d'eau bien distinctes: l'une est dans un état de combinaison et forme une partie constitutive du pain; l'autre est seulement interposée entre ses molécules, et paraît sous forme d'eau et s'échappe par la pression. — Mais comment le calorique se met-il en équilibre avec lui-même dans un système de corps? Pour résoudre cette question, observons (ce que nous prouverons tout à l'heure) que des corps hétérogènes, égaux soit en masse, soit en volume, et réduits à la même température, n'absorbent pas toujours la même quantité de calorique dans leur passage à une même mais plus haute température. Cela posé, voici comment on peut concevoir que l'équilibre s'établit au moyen de la répartition qui se fait entre différents corps du calorique cédé par les uns et absorbé par les autres. A mesure que le calorique s'accumule dans ceux-ci, leur attraction pour ce fluide diminue; c'est en effet une loi bien reconnue de l'attraction, que son action s'affaiblit à mesure que le corps qu'il exerce avance vers son terme de saturation. Les corps qui cèdent leur calorique éprouvent un effet contraire, leur attraction pour le calorique augmente en raison de la perte qu'ils font de ce fluide; c'est au terme où il y a équilibre entre les attractions des différents corps pour le calorique que le système entier parvient lui-même à l'état d'équilibre.—Ainsi tous les corps sont dilatables, et de tout ce qui peut changer en eux, leur volume est la chose la plus changeante. A chaque instant du jour ou de la nuit la chaleur varie, soit par l'action du soleil, soit par une foule d'autres causes; et tous les corps qui sont à la surface de la terre participent à ces variations. Ils sont tour à tour plus dilatés ou plus contractés, et n'ont jamais les dimensions fixes que nous leur supposons. C'est par un mouvement de toutes les parties de l'intérieur et de l'extérieur que se produisent ces alternatives ; d'où nous pouvons conclure que la matière qui nous paraît la plus inerte, a une activité perpétuelle dans toute l'étendue de sa masse, parce que toutes ses molécules, soit au dehors, soit au dedans, sont soumises à des causes qui agissent sans cesse, et qui peuvent sans cesse éprouver des changements d'intensité. — Puisque le volume d'un corps quelconque dépend du degré de chaleur qu'il éprouve, et que, toutes choses égales d'ailleurs, le même degré de chaleur lui donne toujours exactement le même volume, les degrés de dilatation peuvent nous servir à mesurer les degrés de chaleur. C'est sur ce principe qu'est fondée la construction du *thermomètre*. On appelle *température* d'un corps, l'état de volume auquel il se trouve par l'influence du calorique, et c'est le thermomètre qui sert à mesurer cette température (*V.* DILATATION, THERMOMÈTRE). — Le calorique peut être accumulé dans les corps, mais il ne peut pas y être retenu et enfermé, comme l'air, l'eau et les autres fluides pondérables sont enfermés dans les vases ; aucune substance n'est impénétrable au calorique ; c'est un fluide *incoercible* qui est sans cesse en mouvement pour se communiquer de proche en proche dans les corps contigus, ou pour se répandre dans l'espace sous forme rayonnante. Si un corps chaud, tel qu'un boulet, par exemple, était enfoncé à trois mètres sous terre, tout le monde sait que ce boulet communiquerait aux couches environnantes, puis de celles-ci aux suivantes, et ainsi de proche en proche jusqu'à de très-grandes distances ; après un temps assez long, ce boulet serait refroidi, mais aucune portion de sa chaleur ne serait perdue ; elle serait répandue dans les corps voisins, et l'on pourrait à la rigueur la retrouver et la recueillir en totalité. — Lorsqu'un corps se refroidit dans l'air, le phénomène est différent : une portion de sa chaleur passe aux molécules d'air qui le touchent, mais une autre portion s'échappe sous forme rayonnante, à peu près comme la lumière s'échappe de la flamme, et ces rayons de calorique se répandant de toutes parts, les uns vont tomber sur des corps qui les arrêtent et les absorbent en partie, les autres s'élèvent vers le zénith, traversent toute l'épaisseur de l'atmosphère et vont se perdre dans le vide du ciel. Il y en a sans doute qui vont tomber sur le soleil et sur les corps célestes, comme il arrive aussi à la lumière d'une bougie de se répandre jusqu'aux astres. — Ce qui est vrai d'un corps suspendu dans l'air, est vrai pareillement du globe entier de la terre, suspendu au milieu de l'espace. Ainsi la terre se refroidit : à chaque instant l'atmosphère et tous les corps terrestres qui sont exposés à l'aspect du ciel, perdent de leur calorique par le rayonnement. Il faut donc qu'il y ait des sources de chaleur qui réparent à chaque instant les pertes que fait la terre, et qui puissent maintenir sur sa surface cette température moyenne dont l'intensité est une condition nécessaire des phénomènes de la végétation et des fonctions de la vie. Plus tard nous ferons connaître ces sources de chaleur (*V.* CHALEUR). —Tous les corps n'offrent pas au calorique un passage également libre et facile. — Prenez un fil de fer, présentez une de ses extrémités au foyer de la flamme d'une bougie, touchez le fil à un point sensiblement distant de cette extrémité, vous ne tarderez pas à éprouver la sensation de la chaleur. — D'un autre côté, prenez un charbon embrasé à l'une de ses extrémités, placez votre main à une petite distance de cette extrémité, vous n'éprouvez pas la moindre sensation de chaleur. — Ces expériences, que chacun peut facilement répéter, prouvent que le calorique se propage facilement à travers les molécules du fer, tandis que les molécules du charbon se refusent à son passage. — Nous appelons faculté *conductrice* du calorique la faculté qu'ont certains corps de lui offrir un passage facile ; ainsi nous disons que le fer est bon conducteur du calorique, et que le charbon est mauvais conducteur de ce fluide.— Parmi les corps connus, les métaux sont les meilleurs conducteurs du calorique, mais non pas au même degré. Le verre, les résines, le charbon, la soie, la laine, la paille... résistent plus ou moins au passage du calorique, et sont conséquemment plus ou moins mauvais conducteurs de ce fluide. — Voici comment on a pu s'assurer de la *conductibilité* des différents corps en commençant par les solides. Lorsqu'une barre prismatique très-longue est plongée dans un bain de chaleur par une de ses extrémités, toutes ses sections diversement éloignées du bain prennent au-dessus de l'air ambiant des températures différentes ; et quand l'équilibre est établi, chacune ayant la chaleur qu'elle doit conserver, on observe cette loi remarquable, que *pour des distances au bain croissant en progression arithmétique, les excès de température décroissent en progression géométrique.* Cette loi n'a été vérifiée que pour des températures qui n'étaient pas très-hautes.

Pour comparer les conductibilités propres des diverses substances, on a coutume de les revêtir de quelques couches de vernis afin de leur donner la même pénétrabilité ; mais même avec ces précautions on n'atteint le but qu'imparfaitement, en sorte que les rapports de conductibilité propre auxquels on parvient ne sont que des approximations. C'est là l'idée qu'il faut attacher aux nombres contenus dans la table suivante.

Or.	2004
Argent.	1950
Cuivre.	1800
Fer.	750
Zinc.	729
Étain.	609
Plomb.	360
Marbre.	47
Porcelaine.	24
Terre des fourneaux. .	23

— Ces nombres suffisent cependant pour montrer qu'entre les différents corps il y a une prodigieuse diversité de conductibilité propre. Les métaux sont de très-bons conducteurs par rapport aux autres corps, et parmi eux l'or est le premier et le plomb le dernier : parmi les mauvais conducteurs, ceux qui paraissent les plus mauvais sont le verre et surtout le charbon, dont les nombres proportionnels ne sont pas rapportés dans la table. — Les changements de densité, qui accompagnent les changements de température, produisent dans les liquides des mouvements continuels qui en mélangent toutes les parties ; aussitôt que des molécules de la masse deviennent plus denses ou plus légères, elles tombent ou elles s'élèvent, et toutes les molécules qu'elles rencontrent participent plus ou moins à leurs températures ou à leurs mouvements. — Quelques physiciens ont attribué aux liquides une non-conductibilité absolue. Mais des expériences récentes indiquent dans ces corps une conductibilité certaine, et il faut bien qu'il en soit ainsi, car s'ils étaient absolument non-conducteurs, ils ne pourraient pas se réchauffer même par l'agitation et par le mélange de toutes les parties. — Au reste, cette faculté est très-faible en eux, comme on l'établit par l'expérience suivante. On perce la paroi d'un vase en verre à quelques lignes au-dessous du bord, pour y faire passer un petit thermomètre que l'on fixe horizontalement ; ensuite on remplit le vase, et on verse encore au-dessus du liquide une couche d'alcool ou d'éther, à laquelle on met le feu. Pendant toute la combustion, qui dure plusieurs minutes, le thermomètre n'est séparé de la flamme que par une couche très-mince de liquide, et cependant il monte très-peu, son ascension peut même en grande partie être attribuée au calorique qui se communique par les parois du vase. — Les gaz étant plus dilatables encore et plus mobiles que ne le sont les liquides, on conçoit que les changements de température, dans quelques points de leur masse, y produisent des courants plus nombreux et des mouvements plus rapides. Ainsi la conductibilité des gaz est encore plus difficile à observer que celle des liquides : cependant toutes les expériences s'accordent à montrer qu'elle est aussi très-faible, mais on conçoit que les gaz passe très-lentement de molécule en molécule dans les couches qui sont en repos. — La propriété qu'ont certains corps de céder ou de résister au passage du calorique, a donné naissance à un grand nombre d'applications utiles aux arts, aux usages même les plus ordinaires de la société. En voici quelques exemples. — 1° Pour conserver la chaleur dans une enceinte, ou pour l'empêcher d'y pénétrer, il suffit de faire deux enveloppes entre lesquelles on enferme hermétiquement une couche d'air de quatre ou cinq centimètres d'épaisseur, dont on gêne les mouvements par quelques brins de paille, ou par quelque autre substance filamenteuse. — 2° On peut faire un emploi très-avantageux du calorique, en renfermant les corps embrasés dans des vaisseaux qui soient mauvais conducteurs de ce fluide : ainsi on construit des fourneaux économiques avec un mélange d'argile et de charbon, en observant que la première couche intérieure soit entièrement argileuse, pour la garantir des atteintes du calorique ; ainsi on concentre le calorique dans des vases de verre plongés dans un bain de poudre charbonneuse ; ainsi des charbons embrasés conservent plus longtemps leur activité sur des réchauds d'argile que sur des réchauds métalliques. — 3° Pour conserver la glace dans des lieux souterrains, on la fait reposer sur une couche de paille : c'est une espèce de barrière qui met la glace à l'abri des atteintes de la chaleur centrale qui serait plus que suffisante pour la fondre. — 4° Les jardiniers ont soin de couvrir de paille les fleurs et les fruits qu'ils veulent garantir de l'influence d'un froid trop rigoureux ; ils manque-raient leur but, *s'ils faisaient servir à cet objet une enveloppe métallique.* — 5° Pendant les rigueurs de l'hiver, la laine, et particulièrement la soie, conservent à notre corps le calorique que l'air environnant est avide de lui enlever, et qu'il enlèverait en effet en vertu de son attraction supérieure, *si nous ne pre-nions soin de l'envelopper de mauvais conducteurs de calorique.* — 6° *On peut économiser le combustible dans un appartement auquel on veut donner une douce et constante température, en employant,* pour construire le tuyau adapté au poêle qui ren-ferme le combustible, des corps qui propagent difficilement le calorique. *Si l'on voulait jouir d'une chaleur prompte et de peu de durée,* il faudrait faire usage des meilleurs conducteurs de calorique pour la construction du tuyau. — *Pour élever d'un même nombre de degrés la température de deux corps hété-rogènes égaux, soit en masse, soit en volume, il faut presque toujours leur communiquer d'inégales quantités de calorique.* Si, par exemple, il faut communiquer à un demi-kilogramme d'eau une quantité de calorique représentée par le nombre 8, pour élever sa température depuis le 2ᵉ degré du thermomètre à mercure jusqu'au 60ᵉ, il ne faudra pour élever de même sa température d'un demi-kilogramme de limaille de fer depuis le 2ᵉ jusqu'au 60ᵉ degré qu'une quantité de calorique représentée par le *nombre 1.* L'expérience atteste cette vérité ; et il en résulte que, pour produire le même changement de tempéra-ture dans des poids égaux d'eau et de fer, il faut communiquer à l'eau huit fois plus de calorique qu'au fer. — C'est la repré-sentation de ces quantités de calorique qu'il faut communiquer à des poids égaux de substances hétérogènes, pour opérer le même changement dans leur température, qu'on désigne par *capacité* des corps pour le calorique. La capacité des corps est donc une mesure qui nous indique la quantité de calorique qu'il faut leur communiquer pour élever leur température d'un certain nombre de degrés, pourvu cependant que ces corps ne changent point d'état pendant cette augmentation de tempé-rature. Ainsi, dans l'exemple cité ci-dessus, nous disons que la capacité de l'eau est à celle du fer, depuis le 2ᵉ degré du ther-momètre jusqu'au 60ᵉ, comme 8 est à 1. — Des poids égaux de corps hétérogènes qui reçoivent d'égales quantités de calorique, éprouvent un changement de température qui est en raison inverse de leur capacité. Pour établir cette vérité, supposons deux corps A et B dont les capacités soient entre elles comme 4 est à 1; communiquons à des poids égaux de corps hété-rogènes d'égales quantités de calorique ; si cette quantité de calorique augmente la température de A d'un degré, la tem-pérature de B se trouvera augmentée de quatre degrés par cette addition de calorique, et conséquemment l'augmentation de température dans le corps A sera à l'augmentation de tempé-rature dans le corps B, comme 1 est à 4 ; mais la capacité du corps A est à la capacité du corps B, comme 4 est à 1; donc leur changement de température est en raison inverse de leur capacité. — Pour déterminer la capacité de différents corps, il faut les considérer comme ayant des poids égaux et des tempé-ratures semblables, ou comme ayant des volumes égaux et même température, et la différence entre les résultats de ces comparaisons sera comme la différence qui se trouve entre les pesanteurs spécifiques des substances comparées. — Des physi-ciens qui se sont occupés de déterminer la capacité des corps, se sont servis jusqu'ici, dans la fixation de leur rapport, de l'é-galité des poids. Si on voulait l'établir sur l'égalité des volumes, il faudrait absolument l'énoncer ; cette explication est inutile lorsque la détermination des capacités est fondée sur l'égalité des poids. — Deux corps égaux, soit en masse, soit en volume, et réduits à la même température, contiennent presque toujours d'inégales quantités de calorique. On désigne chacune de ces quantité par l'expression *calorique spécifique,* ou *chaleur spécifique,* qui conséquemment comprend le calorique interposé et le calorique combiné, et qui indique la quantité totale de calorique que contient un corps dont la température est déter-minée, relativement à celle que contient un autre corps égal en masse et réduit à la même température. Nous disons donc, lorsque deux corps hétérogènes égaux en masse et ayant la même température contiennent d'inégales quantités de calo-rique, que le calorique spécifique de l'un est à celui de l'autre dans un rapport donné. — Ce que nous avons dit jusqu'ici suffit pour faire sentir que les expressions *capacité* et *calorique spé-cifique* sont des dénominations affectées à des nombres abstraits, qui peuvent servir à établir des rapports, et conséquemment à fixer des mesures ; en second lieu, que les expressions *calorique combiné* et *calorique interposé* sont des expressions employées pour désigner des manières d'être du calorique. — La capacité

d'un corps pour le calorique est dite constante, lorsqu'à poids égal il faut des quantités égales de chaleur pour élever sa tem-pérature de 1° en un point quelconque de l'échelle thermomé-trique, c'est-à-dire pour la faire passer de 0 à 1°, de 1° à 2, de 100 à 101... Ainsi le fer, par exemple, n'a pas une capacité constante, mais une capacité variable et croissante, parce qu'un kilogramme de fer exige une certaine quantité de chaleur pour passer de 0 à 1°; il en exige beaucoup plus pour passer de 200 à 201. Le rapport de ces capacités pour deux points donnés de l'échelle, à 0, par exemple, et à 300°, est le rapport des quan-tités de chaleur qu'il exige en chacun de ces points pour éprouver des changements égaux de température. — On a cou-tume de rapporter toutes les capacités à celle de l'eau prise pour unité ; ainsi, quand on dit que la capacité d'une substance est 2, 3, 4..., cela signifie (à moins qu'on ne prévienne du con-traire) que sa capacité est 2, 3, 4 fois celle de l'eau. On dirait de la même manière et dans le même sens que la chaleur spé-cifique d'un corps est 2, 3, 4... On a employé diverses mé-thodes et divers instruments pour déterminer les capacités ou les chaleurs spécifiques des corps. La première méthode est celle de Lavoisier et Laplace, dont nous parlerons ailleurs (*V.* CALORIMÈTRE). — La seconde est dite méthode de refroidisse-ment, et a été employée avec beaucoup d'habileté et de préci-sion par MM. Dulong et Petit, auxquels les sciences doivent tant de précieuses expériences. Cette méthode repose sur ce principe, que des surfaces égales et également rayonnantes perdent dans le même temps une même quantité de chaleur lorsqu'elles sont à la même température. Supposons donc qu'un vase d'argent poli, ayant un petit volume et les parois très-minces, soit successivement rempli de différentes substances pulvérisées ; en le laissant refroidir, à partir d'une même tem-pérature, les quantités de chaleur perdues au premier instant du refroidissement seront toujours égales entre elles, et si, pour l'une des substances, la vitesse de refroidissement est double de ce qu'elle est pour l'autre, on en pourrait conclure que sa capacité est moitié, si son poids était le même, puisqu'en per-dant une même chaleur, elle se serait abaissée d'un nombre de degrés double. On conçoit qu'il y a des corrections à faire, parce qu'en général les différentes poudres contenues dans le vase d'ar-gent ont des poids différents, et aussi parce qu'il faut tenir compte de la chaleur propre du vase d'argent lui-même. — Dans la troi-sième méthode, dite *des mélanges,* on emploie toujours deux corps : un corps chaud qui se refroidit, et un corps froid qui se ré-chauffe, de telle façon, que toute la chaleur qui sort du premier soit employée à élever la température du second. Supposons, par exemple, que l'on jette un kilogramme de mercure à 100° dans un kilogramme d'eau à 0, le mercure se refroidit et l'eau se réchauffe jusqu'à ce que le mélange ait acquis à la fin une température commune. Si cette température était de 50°, l'eau et le mercure auraient des capacités égales, puisque la même quantité de chaleur produirait dans ces deux substances, à masse égale, des changements égaux de température, d'une part 50° d'abaissement, et de l'autre 50° d'élévation. Mais, en réalité, le mélange ne s'élève qu'à 3° environ, c'est-à-dire que le mercure perd 97°, tandis que l'eau n'en gagne trois : donc la capacité du mercure est beaucoup moindre que celle de l'eau ; on voit qu'elle en est les trois quatre-vingt-dix-septièmes, ou environ les 0,03. En général, pour des masses égales, les capa-cités sont en raison inverse des variations des températures. — Nous ne donnerons point ici les tableaux des capacités déter-minées par ces diverses méthodes. Il nous suffira d'indiquer les principaux résultats qui en découlent, et que l'expérience tend à confirmer de jour en jour. 1° Les capacités vont en croissant d'une manière sensible, à mesure que la température s'élève. 2° Les atomes des corps simples ont tous exactement les mêmes capacités pour la chaleur. Ce résultat se vérifie d'une manière si frappante pour toutes les substances élémentaires rapportées dans le tableau, qu'il est permis d'espérer qu'un jour il sera généralisé par l'expérience, et qu'il constituera une des décou-vertes les plus importantes que nous puissions faire sur la cha-leur. Il paraît résulter aussi de quelques essais de MM. Dulong et Petit sur les corps composés, qu'il existe toujours un rap-port simple entre les capacités des atomes composés et celles des atomes élémentaires. — Ce que nous venons de dire se rapporte également aux solides et aux liquides. Quant aux gaz, il a été très-difficile jusqu'à ce jour de pouvoir apporter de la précision dans les expériences auxquelles on les a soumis. A l'inverse des solides et des liquides, on admet que sous la même pression la capacité d'une masse gazeuse est *indépendante de sa tempé-rature,* c'est-à-dire, en d'autres termes, que, sous la même pression, les dilatations qu'elle éprouve sont proportionnelles aux quantités de chaleur qu'elle reçoit. Laplace admet en outre un second principe fondamental, savoir : qu'il y a un rapport invariable entre la capacité d'un gaz à pression constante et sa capacité, à volume constant. — Le calorique est-il une modification du fluide lumineux, ou bien le fluide lumineux est-il une modification du calorique? Tel est le problème qui exerce depuis longtemps la sagacité des savants, et dont on a jusqu'ici vainement cherché la solution. Ce qu'il y a de certain, c'est que le calorique et le fluide lumineux produisent, dans un grand nombre de cas, des effets très-différents. Le phosphore, le diamant, le bois pourri, les matières animales en putréfaction, les insectes et les vers lumineux répandent souvent une clarté très-vive et très-éclatante, sans exciter sur nos organes aucune sensation qui atteste la présence du calorique. D'un autre côté, presque tous les corps naturels peuvent, sans devenir lumineux, être échauffés au point de nous faire éprouver la sensation de la chaleur. Ces considérations suffisent pour nous faire distinguer soigneusement le fluide lumineux du calorique. Il nous paraît cependant que ces deux fluides ne sont qu'un seul et même élément diversement modifié. Cette opinion est aujourd'hui soutenue par presque tous les physiciens, parce qu'elle est fondée sur des motifs puissants que nous allons développer, ou tout au moins indiquer. — 1° Plusieurs corps chauds répandent de la clarté si la chaleur augmente, et la clarté cesse si la chaleur diminue; du fer incandescent luit, mais la clarté disparaît du moment que la chaleur diminue. — 2° Dans les rayons qui nous viennent du soleil, la chaleur est intimement unie avec la lumière; les corps qui réfléchissent abondamment le fluide lumineux s'échauffent lentement, ceux que ce fluide pénètre en plus grande quantité s'échauffent plus promptement, et le fluide lumineux, en pénétrant un corps, ne lui communique pas toujours la propriété de répandre une clarté sensible avec de la chaleur. Différentes pierres calcinées luisent dans l'obscurité; la clarté qu'elles répandent diminue graduellement, et finit par disparaître entièrement; mais on peut la renouveler plusieurs fois, en exposant ce corps à l'action des rayons solaires. Plusieurs pierres calcinées jouissent de la même propriété sans leur faire éprouver aucune calcination, soit qu'on les soumette à l'action directe des rayons solaires, soit qu'on les expose seulement pendant quelque temps à la clarté du jour dans un lieu que le soleil ne pénètre pas directement. Dans toutes ces substances pierreuses, la lumière ne se communique pas sans chaleur, et dans le cas où la chaleur est faible, la lumière communiquée est aussi faible; mais, dans d'autres cas, des corps soumis à l'action du soleil, si vive qu'elle soit, s'échauffent sans répandre de la clarté. — 3° De ce que nous observons tous les jours des corps qui excitent la sensation de la chaleur sans exciter celle de la lumière, on ne peut pas conclure qu'il n'y a pas réellement de lumière produite; car souvent une clarté faible ne nous est pas visible, tandis qu'elle frappe vivement des yeux mieux organisés; d'où il résulte qu'il peut y avoir de la clarté, quoiqu'on ne l'aperçoive pas, surtout si le fluide qui lui donne naissance, part d'un corps lumineux en trop petite quantité. De même la chaleur peut être tellement affaiblie dans un corps qu'elle ne nous soit pas sensible; car il arrive souvent que nous ne sentons pas dans un temps une chaleur qui, quoique diminuée, fait dans un autre temps une impression sensible sur nos organes : nous ne pouvons donc point assurer qu'il n'y a pas de chaleur, quoiqu'elle ne soit pas sensible. — En vain, pour combattre notre opinion, dirait-on que le fluide lumineux réfléchi par la lune et concentré à la faveur d'une forte lentille n'a jamais produit de la chaleur. La lune ne réfléchit qu'une très-petite quantité du fluide lumineux que lui envoie le soleil, comme le démontre l'obscurité apparente d'une grande partie de la surface de la lune, et cette partie de fluide lumineux réfléchi par la lune s'affaiblit ensuite considérablement avant de parvenir jusqu'à nous; il n'est donc pas étonnant qu'elle ne puisse pas produire une chaleur sensible. Des expériences récentes et plus délicates, d'ailleurs constatent cette chaleur contestée des rayons lunaires. — Rumford a fait sur les effets chimiques du calorique et du fluide lumineux qui nous vient du soleil, des expériences intéressantes qui confirment l'identité de ces substances. D'abord ce physicien a imprégné de dissolution d'or, de la soie blanche, de la toile de lin et de coton, de la magnésie blanche, et en exposant ces substances à l'action des rayons solaires ou à la chaleur d'une bougie allumée, elles ont pris une belle couleur pourpre, mais dans l'obscurité elles n'ont subi aucun changement; lorsqu'elles n'étaient pas humides, le calorique et le fluide lumineux y produisaient peu d'altération; mais en les humectant, l'effet avoit lieu. Avec la dissolution d'argent, les mêmes substances

prenaient une nuance de jaune brun, mais elles n'acquéraient point de couleur dans l'obscurité sans chaleur. — En second lieu, le même auteur a soumis à l'action des rayons solaires un flacon qui renfermait des morceaux de charbon et une dissolution d'or; bientôt l'or a été complétement réduit; la dissolution d'argent a éprouvé une réduction semblable. De pareils flacons furent enfermés dans un cylindre de fer-blanc, et exposés à la chaleur de l'eau bouillante; le résultat fut le même, de manière que la chaleur de l'eau bouillante produisit un effet pareil à celui des rayons solaires. — Berthollet a répété ces expériences sur la dissolution d'argent, en adaptant au flacon un tube pour examiner le gaz qui pourrait se dégager, et il a obtenu dans l'une et l'autre circonstance un mélange de gaz nitreux et d'acide carbonique; il a aussi exposé à l'action des rayons solaires et à celle de l'eau bouillante, de l'acide nitrique dans lequel il avait mis des fragments de charbon, et il s'est également dégagé dans l'une et l'autre épreuve du gaz nitreux et de l'acide carbonique. — Enfin Rumford a soumis à l'action des rayons solaires la dissolution du muriate d'or dans l'éther, et il a observé qu'elle rendait promptement l'or à l'état métallique, tandis que cette dissolution se conservait dans l'obscurité sans éprouver la plus légère altération; la dissolution d'or et celle d'argent, mêlées dans l'huile de térébenthine et l'huile d'olives, exposées ensuite, soit à l'action des rayons solaires, soit à celle de la chaleur, se sont également réduites. — Ces expériences nous présentent des effets pareils produits par le calorique et par le fluide lumineux, en faisant varier l'intensité d'action de l'une et de l'autre de ces substances. Cependant le fluide lumineux dégage le gaz oxygène de l'acide muriatique oxygéné et de l'acide nitrique, et le calorique ne peut produire cet effet que lorsque les acides sont retenus par un alcali qui les met en état d'éprouver l'action d'une haute température. Tâchons de découvrir la raison de cette différence. — Dans l'acide muriatique oxygéné, le fluide lumineux ne pouvant se combiner qu'avec l'oxygène, exerce exclusivement son action sur cette substance, produit sur elle seule les effets d'une haute température, de sorte qu'elle reprend l'état aériforme comme elle l'eût fait à une température élevée. Si l'acide muriatique oxygéné est soumis à l'action du calorique, celui-ci exerce une action égale sur tout le liquide, dont la température, en s'élevant, rend volatiles l'eau et l'acide muriatique : de sorte que le liquide passe dans la distillation sans qu'il se soit établi une différence qui puisse produire la séparation de l'oxygène; mais si l'acide muriatique est enchaîné par une base alcaline, sa température peut devenir assez considérable pour que le dégagement de l'oxygène ait lieu. Si donc le fluide lumineux produit le dégagement du gaz oxygène de l'acide muriatique oxygéné, de l'acide nitrique, d'une plante qui végète, il faut en conclure qu'il est entré en combinaison, qu'il a fourni le calorique qui manquait au gaz qui se dégage, qu'en élevant sa température il a augmenté son élasticité, et si le calorique ne peut produire le même effet, c'est que dans les circonstances données il ne peut former une semblable combinaison. — En s'accumulant dans les corps, le calorique en écarte les molécules, et lorsqu'il les pénètre jusqu'à un certain point, il leur communique des propriétés toutes nouvelles, telles que la liquidité et la fluidité aériforme. La nature nous offre sans cesse des preuves frappantes de cette vérité; mais, pour ne pas multiplier les exemples, bornons-nous à celui que nous offre l'eau, dans son passage de l'état de glace à celui de liquide. Cette espèce de métamorphose a toujours pour cause l'absorption d'une certaine quantité de calorique. Communiquez une nouvelle dose de calorique à l'eau éprouvera une nouvelle transformation; elle perdra la liquidité pour acquérir la fluidité aériforme. De l'eau liquide n'est donc autre chose qu'un composé d'eau solide et d'une dose déterminée de calorique, et de l'eau en vapeur est la même combinaison avec une plus grande quantité de calorique. Cette propriété de l'eau appartient à tous les corps de la nature; ils sont tous susceptibles de passer par ces différents états, à l'aide d'une quantité suffisante de calorique; et s'il existe des corps, tels que le diamant et le cristal de roche, qui aient paru d'abord se refuser à ce passage, cherchons-en la cause dans l'impuissance où nous étions de fournir la quantité de calorique nécessaire à la volatilisation de ces substances. — Telle est la théorie de la formation des fluides aériformes; ils sont tous composés de calorique, et d'une substance avec laquelle le calorique est combiné, et que nous nommons la base. Les fluides aériformes doivent donc porter deux noms, l'un qui exprime leur combinaison aériforme avec le calorique, tel que le mot générique d'air ou de gaz, et le second spécifique, qui désigne la base de chaque gaz (*V.* FLUIDE, GAZ). — Puisque le calorique dilate tous les corps en écartant leurs molécules, nous pouvons considérer son effet sur ces mêmes molécules comme celui d'une force répulsive opposée à la force d'agrégation qui tend sans cesse à les réunir. — Pour mieux suivre le jeu de l'action de ces forces dans la formation des corps tels qu'ils se trouvent dans l'état naturel, c'est-à-dire à la température et à la pression habituelle qu'ils éprouvent, supposons d'abord tous les corps de la nature entièrement dépouillés de calorique ; l'abandon de ce fluide est marqué par le rapprochement de leurs molécules intégrantes ; toutes cèdent à la force d'attraction qui les maîtrise ; les substances gazeuses perdent la fluidité aériforme , les liquides la liquidité ; tous les corps , en un mot, ne présentent aux yeux de l'observateur qu'un amas de molécules qui se trouvent en contact immédiat , c'est-à-dire qui se touchent par autant de points qu'il leur est possible. Faisons reparaître le calorique; supposons tous les corps plongés de nouveau dans un bain de ce fluide , et calculons , s'il est possible, les effets qui doivent résulter de sa présence. — 1° Il est clair, d'après ce que nous avons dit précédemment , que tous les corps prendront une portion du calorique , proportionnelle d'abord à leur attraction pour ce fluide , et ensuite à la capacité qu'ils auront pour le contenir ; d'où il résulte que ceux mêmes qui auront même masse, s'ils sont de différente espèce, n'en prendront pas également. — 2° Le calorique se combinera, suivant les lois de l'attraction , avec les molécules intégrantes des corps, et leur communiquera une force répulsive, opposée à la force d'agrégation ; mais, à mesure que cette combinaison s'effectuera, l'attraction des molécules pour le calorique subira une diminution telle, que lorsque cette attraction sera parvenue à son terme de saturation , les molécules ne pourront plus admettre entre elles que des caloriques libres, tout prêts à s'échapper par le contact des corps dont l'action pour le calorique ne sera pas satisfaite. — 3° La force répulsive que fera naître le calorique combiné sera différente dans ces différents corps; mais dans tous, dans ceux mêmes où elle sera la plus petite possible , l'écartement des molécules intégrantes aura lieu ; car, lorsque tous les corps étaient entièrement privés de calorique, leurs molécules intégrantes se touchaient immédiatement ; la force attractive était parvenue à son terme de saturation ; la moindre force répulsive est donc suffisante pour la vaincre , et conséquemment pour produire l'écartement des molécules. Mais bientôt après la force d'attraction augmente, et si cette augmentation est telle que la force d'attraction parvienne à égaler la force répulsive , c'est le point où s'établit l'équilibre entre ces deux forces qui marque le terme de l'écartement des molécules ; qui détermine l'état permanent de solidité ou de liquidité des corps à la température et à la pression habituelle qu'ils éprouvent. Mais si la force d'attraction ne parvient pas à égaler la force répulsive , les molécules des corps, cédant à l'impulsion de cette dernière force, souffrent un écartement progressif qui les fait bientôt sortir de la sphère d'activité où s'exerce la force d'agrégation, et alors les corps acquièrent la fluidité aériforme. — La plupart des physiciens conçoivent d'une manière différente la formation des corps solides, liquides et aériformes. Les corps, disent-ils, conservent l'état de solidité tant que la force attractive des molécules l'emporte sur la force répulsive communiquée par le calorique ; ils passent à l'état de liquidité au moment où la force attractive égale la force répulsive ; ils acquièrent enfin la fluidité aériforme lorsque la force répulsive l'emporte sur la force attractive. Mais, dans les corps solides, la force attractive domine sur la force répulsive ; pourquoi leurs molécules intégrantes ne cèdent-elles pas à l'impulsion de cette force ? pourquoi ne se rapprochent-elles pas jusqu'à ce que l'équilibre s'établisse entre les forces qui les sollicitent ? La fluidité aériforme est due, il est vrai, à la supériorité de la force répulsive sur la force attractive, quoique les molécules ne souffrent pas un écartement indéfini. Mais nous verrons bientôt que la pression de l'atmosphère , de concert avec la pesanteur de ces fluides, balance l'excès de la force répulsive sur la force attractive, et détermine la limite de l'écartement des molécules ; cela n'a point lieu pour les corps solides. Il n'existe aucune force extérieure qui puisse balancer l'excès de la force attractive sur la force répulsive , et qui conséquemment puisse s'opposer au rapprochement des molécules tant que la force attractive sera victorieuse. — Quoi qu'il en soit de ces différentes manières d'expliquer la formation des corps solides, des liquides et des fluides aériformes, il n'en est pas moins vrai que ces trois états des corps sont l'effet du calorique , qui s'unit à leurs molécules intégrantes plus ou moins étroitement , et en plus ou moins grande quantité , suivant leur plus ou moins d'attraction pour ce fluide , suivant leur plus ou moins grande capacité pour le contenir. — Dans le passage des solides à l'état de liquidité,

il se présente un phénomène qui est une application d'un principe que nous n'avons fait qu'énoncer : il mérite de fixer un instant notre attention. Ce phénomène consiste en ce que les nouvelles quantités de calorique qui surviennent depuis le moment où commence la liquidité , sont absorbées par le corps à mesure qu'il les reçoit , et sont uniquement employées à fondre de nouvelles couches ; de sorte qu'un thermomètre placé dans la glace qui commence à devenir liquide, reste stationnaire au degré zéro, jusqu'à ce que cette glace soit entièrement fondue. — Le même phénomène se présente avec les mêmes circonstances dans le passage des liquides à l'état aériforme. Pendant tout le temps qu'un liquide passe à l'état aériforme, les nouvelles quantités de calorique qu'il reçoit sont uniquement employées à convertir de nouvelles couches en fluide élastique ; de sorte que la température de l'eau, par exemple, se maintient constamment , dans le cas dont il s'agit , à 100°, en supposant que l'on emploie un thermomètre centigrade. — En admettant que les corps ne fussent soumis qu'à la force attractive et à la force répulsive communiquée par le calorique, ils ne seraient liquides que pendant un instant indivisible : au moment même que la force répulsive l'emporterait sur la force attractive des molécules intégrantes, les corps passeraient brusquement à l'état aériforme : l'eau, par exemple, commencerait à bouillir au moment même qu'elle cesse d'être glace, elle se transformerait subitement en un fluide aériforme, et ses molécules souffriraient un écartement indéfini. Une troisième force , la pression de l'atmosphère , s'oppose à cet écartement ; aussi l'eau conserve-t-elle sa liquidité depuis zéro jusqu'à 100° du thermomètre centigrade. La quantité de calorique qu'elle absorbe dans cet intervalle n'est pas suffisante pour vaincre la résistance qu'oppose à sa vaporisation la pression de l'atmosphère. Sans la pression de l'atmosphère, nous n'aurions donc pas de liquide constant, nous ne verrions les corps dans cet état qu'au moment précis où ils se fondent , la plus légère augmentation de calorique en écarterait sur-le-champ les molécules, qui iraient se perdre dans l'immensité de l'espace. L'expérience suivante vient à l'appui de cette vérité. — On remplit d'éther un petit vase de verre d'un diamètre de 25 à 30 millimètres, et d'environ 54 millimètres de hauteur ; on couvre le vase avec une vessie humectée, assujettie au col du vase par un grand nombre de tours de gros fil bien serrés ; pour plus grande sûreté, on remet une seconde vessie par-dessus la première, et on l'assujettit de la même manière. Il faut que le vase soit tout à fait rempli d'éther, afin qu'il ne reste aucune portion d'air entre la liqueur et la vessie ; on le place ensuite sous le récipient de la machine pneumatique, dont le haut est garni d'une boîte à cuir, traversée par une tige dont l'extrémité se termine en une pointe très-aiguë ; à ce même récipient on adapte un thermomètre, et pour rendre l'expérience plus complète, on introduit un petit thermomètre dans le vase qui contient l'éther. Tout étant ainsi disposé , on fait le vide dans le récipient, puis en faisant descendre la tige on crève la vessie. — L'éther commence aussitôt à bouillir avec une étonnante activité, on le voit se vaporiser et se transformer en un fluide aériforme qui occupe bientôt tout le récipient. Si la quantité d'éther est assez considérable pour que , la vaporisation finie , il en reste encore quelques gouttes dans le vase, le fluide aériforme produit par la vaporisation de l'éther, soutient le mercure du baromètre adapté à la machine pneumatique à environ 27 centimètres pendant l'hiver, et à 64 centimètres pendant les ardeurs de l'été. — Avant de faire le vide dans le récipient , l'air atmosphérique pesait sur la surface de l'éther , et opposait à sa vaporisation un obstacle insurmontable. En faisant le vide on a supprimé le poids de l'atmosphère; on a donc levé l'obstacle qui empêchait la volatilisation de l'éther, et ce fluide, cédant à l'impulsion de la force répulsive du calorique qui l'emporte sur la force attractive des molécules , s'est transformé subitement en un fluide aériforme doué d'une élasticité suffisante pour soutenir le mercure du baromètre à une certaine hauteur (V. Fusion, Fluides, Solidification, Ébullition , Évaporation , Vapeurs). — L'éther, qui est liquide au degré de température dans lequel nous vivons, serait constamment à l'état aériforme, sans la pression de l'atmosphère. Il y a plus, si la pesanteur de notre atmosphère n'équivalait qu'à 36 ou 40 centimètres de mercure, au lieu de 76, nous ne pourrions obtenir l'éther à l'état liquide, au moins pendant les ardeurs de l'été : il n'est donc pas surprenant que sur les montagnes élevées, où la pression de l'atmosphère est beaucoup moins considérable, on ne puisse conserver l'éther liquide. Pour l'y conserver dans cet état, il faut employer des ballons très-forts pour le condenser, et joindre le refroidissement à la pression. Sans cette double précaution, l'éther passe subitement à l'état aériforme, parce que la pression de l'atmosphère n'oppose pas un obstacle assez puissant à sa volatilisation. — C'est un fait généralement reconnu que le sang a un degré de chaleur à peu près égal à celui où l'éther passe de l'état liquide à l'état aériforme. L'éther doit se vaporiser dans les premières voies, et c'est probablement à sa vaporisation qu'on doit les effets merveilleux auxquels ce remède donne naissance. — Le succès de l'expérience est le même, si à la place de l'éther on emploie l'alcool, l'eau, le mercure..... Il y a cependant cette différence que la quantité du fluide vaporisé est moindre lorsqu'on opère avec l'alcool que lorsqu'on opère avec l'éther, moins encore avec l'eau et surtout avec le mercure. Cette différence a pour cause le différent degré de volatilité de ces liquides. — En examinant sous le point de vue de la fusion tous les corps solides ; on trouve entre eux de grandes différences ; il y en a qui sont très-*fusibles* et qui ne peuvent soutenir des températures même très-basses sans passer à l'état liquide, tels sont la glace, le phosphore, le soufre, la cire, les corps gras et les résines ; il y en a d'autres qui exigent pour se fondre des températures un peu plus élevées, comme l'étain, le plomb et plusieurs alliages composés de différents métaux ; enfin il y en a qui ne peuvent entrer en fusion que par des feux longtemps soutenus et aux plus hautes températures que nous soyons capables de produire ; le fer, l'acier, l'or et le platine sont dans ce cas. Les corps qui résistent à ces plus hauts degrés de chaleur sont appelés *infusibles*, *fixes* ou *réfractaires* ; et comme nos moyens de développer de la chaleur se perfectionnent de jour en jour, le nombre des substances infusibles a été sans cesse en diminuant. Le charbon paraît être le plus réfractaire de tous les corps : cependant plusieurs physiciens prétendent avoir observé quelques traces de fusion sur les arêtes des diamants qu'ils soumettaient à l'essai. En attendant que ce résultat soit constaté, on peut du moins conclure par analogie qu'il n'y a pas de corps véritablement infusibles. — Les substances organiques sont en général composées de carbone et d'éléments gazeux plus ou moins volatils ; d'où il résulte que ces substances, lorsqu'on les soumet à l'action d'une haute chaleur, se décomposent plutôt que de se liquéfier. Le bois, fortement chauffé, se carbonise et ne se fond pas ; il en est de même des fruits, des fleurs et des autres tissus végétaux ; il en est de même encore des fibres musculaires et de tous les autres tissus des corps vivants. Il se forme dans ces circonstances une foule de combinaisons nouvelles, dont les produits s'exhalent avec plus ou moins de force, et il ne reste en dernier résultat que le charbon et les autres éléments fixes, qui servent de bases à ces composés organiques. — Ainsi que nous l'avons dit, le calorique se propage dans les corps ; mais ce qu'il y a de remarquable, c'est qu'il se propage aussi à distance à peu près comme la lumière (*V.* ce mot). Il traverse le vide avec une grande vitesse, comme le fluide lumineux traverse les espaces célestes : il passe dans certains corps sans s'y arrêter et sans les rendre chauds, à peu près comme la lumière passe dans le verre, sans s'y éteindre et sans le rendre lumineux. Ce mode de propagation est ce que l'on appelle le *rayonnement du calorique*. — La chaleur solaire ne vient frapper la terre qu'après avoir traversé toute la couche atmosphérique, et si l'air s'échauffe pendant un jour serein, tout le monde sait que les corps s'échauffent aussi par les rayons du soleil, et qu'en général leur température est beaucoup plus haute que celle de l'air. Donc une partie de la chaleur du soleil traverse comme la lumière toute l'épaisseur de l'atmosphère, sans être absorbée. De même, le feu d'un foyer nous échauffe à distance, sans que les couches d'air qui nous séparent de lui soient échauffées de proche en proche ; car on s'aperçoit aisément qu'elles restent froides et même qu'elles peuvent être agitées et renouvelées rapidement sans qu'à la même distance on en ressente un moindre effet. Un boulet rouge de feu, suspendu au milieu d'un appartement, est encore plus propre à montrer ce phénomène : de toutes parts autour de lui on reçoit une impression de chaleur, tandis que l'air environnant qui ne le touche pas conserve à peu près son état de repos et sa température primitive. Ainsi les corps qui sont échauffés jusqu'à donner de la lumière, ont en même temps la propriété d'émettre autour d'eux, dans tous les sens, du calorique qui passe à travers l'air comme la lumière passe à travers les milieux diaphanes. C'est d'après cette analogie que l'on dit en parlant de la chaleur, des *rayons calorifiques*, des *rayons de calorique*, comme on dit des *rayons lumineux*... — Mais, dira-t-on peut-être, c'est la lumière de la flamme et des corps rouges qui se propage à distance et qui échauffe les corps qu'elle rencontre ; il n'est donc pas étonnant que cette chaleur rayonnante se comporte comme la lumière.

On découvrira bientôt l'insuffisance de cette explication, si l'on observe que la *chaleur obscure* est rayonnante comme la *chaleur lumineuse*. Quand il s'agit de l'expérience précédente sur le refroidissement du rouge blanc au rouge cerise, puis au rouge et ensuite au rouge obscur, il ne cesse pas pour cela de donner à distance l'impression de la chaleur ; enfin, quand il n'est plus visible, même dans les ténèbres, il ne laisse pas pour cela de lancer des rayons de chaleur, de toutes parts et à de grandes distances ; au défaut d'un thermomètre, on peut s'en assurer avec la main. Ces rayons, il est vrai, sont moins vifs que ceux qui viennent du même corps, tout étincelant de lumière ; mais, comme eux, ils traversent l'air librement et vont frapper au loin et échauffer tous les corps ambiants. Le même phénomène se reproduit sans cesse autour de tous les corps, quelle que soit leur température. Un vase rempli d'eau bouillante rayonne comme un boulet rouge ; le corps humain, qui n'est qu'à 37°, rayonne de la même manière ; la glace elle-même et les corps plus froids que la glace jouissent aussi de cette propriété fondamentale. Ainsi, tout corps, quel qu'il soit, est, par rapport à la chaleur, ce qu'est une bougie enflammée par rapport à la lumière : de tous les points de la flamme partent des rayons lumineux qui se répandent au loin dans l'espace. Pareillement, de tous les points d'un corps quelconque partent des rayons de chaleur qui traversent l'air et se propagent librement, jusqu'à ce qu'ils rencontrent quelques corps qui les arrêtent. — Pour étudier le calorique rayonnant, on se sert avec avantage d'un thermomètre particulier, que l'on appelle *thermoscope* ou *thermomètre différentiel*. — Le *pouvoir absorbant* est la faculté qu'ont les corps de s'approprier une partie plus ou moins grande de la chaleur rayonnante qui vient tomber sur leur surface. Tous les corps ont un pouvoir absorbant, par rapport à la chaleur solaire ; car tous s'échauffent aux rayons du soleil, et ils ont des pouvoirs absorbants différents, car ils s'échauffent inégalement. Ces mêmes propriétés se reproduisent par rapport à la chaleur rayonnante obscure. Un vase un peu grand étant rempli d'eau bouillante, on le place, à quelque distance, le thermoscope, de manière que l'une des boules reçoive le rayonnement, tandis que l'autre en reste abritée par un écran, on observe dans la première un excès de température très-sensible, qui est une preuve de l'absorption. Cet excès de température se manifeste, quel que soit l'état de la boule exposée au rayonnement, soit qu'elle ait sa surface vitrée naturelle, soit qu'on la revête d'une feuille d'or battu, ou d'une feuille de papier, ou d'une couche de noir de fumée, ou d'une autre substance quelconque. Donc toute substance a la propriété d'absorber, au moins en partie, le calorique rayonnant qui la frappe. — La nature des corps et l'état de leur surface ont une grande influence sur leur pouvoir absorbant ; car les deux boules du thermomètre différentiel étant exposées de la même manière au rayonnement, l'une ayant sa surface nue, l'autre noircie ou couverte de diverses enveloppes très-minces, on observe entre elles des différences de température plus ou moins marquées, suivant la nature des enveloppes qui revêtent la seconde boule. En général les surfaces métalliques d'or, d'argent ou d'étain, ont un pouvoir absorbant très-faible et beaucoup moindre que celui de la surface nue, tandis que la surface noircie a un pouvoir absorbant plus grand. — Le *pouvoir réfléchissant* est la faculté qu'ont les corps de renvoyer dans des directions déterminées une partie plus ou moins grande des rayons de chaleur qui viennent tomber sur leur surface. Une expérience frappante met en évidence cette faculté des corps : on dispose deux miroirs paraboliques en face l'un de l'autre, à distance d'environ six mètres ; au foyer du premier on met de l'amadou, de la poudre ou quelque autre substance inflammable ; au foyer du second on met un boulet chauffé au rouge blanc ou des charbons enflammés dont on active le feu par un courant d'air rapide : alors, en peu d'instants on voit l'amadou qui s'échauffe et s'enflamme. Or, ce n'est point la chaleur directe qui peut produire ce phénomène, puisqu'à quelques pouces du boulet, ou à quelques pouces du feu, l'amadou ne s'enflammerait pas. Mais les rayons calorifiques émanés du corps chaud, par le côté qui regarde le miroir où ce corps chaud est placé, tombent sur ce miroir, se réfléchissent parallèlement à l'axe commun, traversent l'air sans s'arrêter et viennent tomber sur le second miroir où ils se réfléchissent de nouveau en se dirigeant pour concourir tous et pour se concentrer au foyer. Cette expérience ne prouve pas seulement que la chaleur se réfléchit, mais elle prouve encore qu'elle se réfléchit comme la lumière, en faisant l'angle de réflexion égal à l'angle d'incidence. L'angle d'*incidence* est celui que le rayon incident fait avec la normale au point d'incidence, et l'angle de *réflexion*, celui que le rayon réfléchi fait avec cette même normale, en se relevant dans le même plan, mais de l'autre côté. — Puisque la chaleur obscure se propage par le rayonnement, comme la chaleur lumineuse, il est probable aussi qu'elle se réfléchit comme elle. En effet, si au boulet rouge de l'expérience précédente on substitue un corps simplement chauffé à la température de l'eau bouillante ou même à une température encore moindre, et si, en même temps, à la place de l'amadou, on met au foyer de l'autre miroir une des boules du thermoscope, on voit cette *boule focale* s'échauffer sensiblement. C'est bien par les rayons réfléchis qu'elle s'échauffe; car l'autre boule est comme elle exposée aux rayons directs et ne s'échauffe pas. — Le pouvoir réfléchissant varie comme le pouvoir absorbant, suivant la nature du corps et suivant l'état de sa surface; si les miroirs n'avaient pas le vif éclat du métal, s'ils étaient mal polis, s'ils étaient enfumés ou seulement ternis, ils ne seraient plus capables d'allumer l'amadou, ni de produire les autres effets que nous venons d'observer. On voit même que ces deux pouvoirs ont entre eux une liaison nécessaire : les rayons qui ne sont pas réfléchis, en tombant sur le corps, sont certainement absorbés par sa surface, à moins que le corps ne soit transparent encore à la chaleur; c'est pourquoi nous disons en général, que le pouvoir absorbant est *en raison inverse* du pouvoir réfléchissant, ou bien encore que le pouvoir absorbant est *complément* du pouvoir réfléchissant. — Le pouvoir rayonnant d'un corps ne dépend que de l'état de sa surface; il est d'autant moindre que la surface est plus nette et plus polie, et au contraire d'autant plus grand qu'elle présente plus d'aspérités. Pour le démontrer on prend un cube creux dont les quatre faces latérales sont de même substance et de même épaisseur : l'une d'elles a le plus haut degré de poli et de netteté, les autres sont diversement dépolies, striées et sillonnées dans des sens différents. Le cube étant mis en présence d'un réflecteur à la distance d'un mètre environ, on ajuste son centre pour qu'il se trouve sur l'axe, et avec une bougie on détermine le foyer où doit se placer la boule focale du thermomètre différentiel. Après cette disposition, le cube étant rempli d'eau chaude, ses quatre faces latérales auront la même température, et l'on pourra successivement, sans le déranger, les tourner en présence du réflecteur. Or, on observe dans cette expérience des résultats fort différents pour les différentes faces. Par exemple, la face polie produisant dans la boule focale une élévation de température de un degré, la face la plus dépolie et la plus striée pourra produire une élévation deux ou trois fois plus grande, et les autres faces des résultats intermédiaires. Donc la même substance, à la même température, peut avoir, suivant l'état de sa surface, des pouvoirs rayonnants très-différents, et *par conséquent perdre par le rayonnement des quantités de chaleur très-différentes dans le même temps.* — Pour comparer les pouvoirs rayonnants des différents corps on peut se servir d'un cube pareil au précédent, ayant ses faces latérales très-minces et successivement recouvertes de substances différentes : de verre, de papier blanc ou de diverses couleurs, de noir de fumée... Toutes ces substances doivent former elles-mêmes des couches peu épaisses, afin que leurs surfaces soient exactement maintenues à la température de l'eau intérieure. En représentant par 100 le pouvoir rayonnant du noir de fumée qui est le plus grand que l'on observe, les pouvoirs rayonnants des autres substances seront proportionnellement représentés par des nombres plus petits, comme on le voit dans le tableau suivant :

Noir de fumée.	100
Eau.	100
Papier à écrire.	98
Crown-glass.	90
Encre de Chine.	88
Eau glacée.	85
Mercure.	20
Plomb brillant.	19
Fer poli.	15
Argent, cuivre, or, étain..	12

— Lorsqu'une surface métallique polie est légèrement humectée de quelque liquide, son pouvoir émissif est à l'instant augmenté dans une grande proportion; une couche extrêmement mince de vernis produit un effet analogue, et, ce qui est fort remarquable, une seconde couche ajoute encore à cet effet, une troisième pareillement, et ainsi de suite jusqu'à une certaine limite d'épaisseur. — Maintenant concevons une enceinte fermée de toutes parts, et pour plus de simplicité, supposons qu'elle ait la forme sphérique, qu'elle soit vide, et que tous ses points aient au même degré le pouvoir de réfléchir, de rayonner et d'absorber le calorique. La surface extérieure de cette enceinte étant maintenue d'une manière quelconque à une température invariable et uniforme pour tous les points, la surface intérieure aura la même température avec la même invariabilité et la même uniformité. L'équilibre aura lieu dans toute l'étendue de l'enceinte, quelle que soit sa grandeur, qu'elle ait cinquante centimètres de diamètre ou qu'elle ait un million de mètres. C'est sur l'explication de ce fait qu'est fondée la théorie savante et difficile de l'*équilibre mobile de la chaleur.* Pour suivre dans tous ses développements cette branche nouvelle et féconde des sciences *physico-mathématiques*, il faut consulter les ouvrages de Fourier, Laplace et Poisson. Nous nous bornerons à indiquer ici quelques-uns des résultats les plus simples. — Dans une enceinte vide dont les parois sont maintenues à une température constante et uniforme pour tous les points, un thermomètre placé en un lieu quelconque se réchauffe ou se refroidit jusqu'à ce qu'il arrive enfin à la température de l'enceinte elle-même. C'est alors seulement que l'équilibre est établi et que le thermomètre reste immobile. — Ce résultat est indépendant de la forme et de la grandeur de l'enceinte, de l'état de sa surface, c'est-à-dire des pouvoirs réfléchissant, absorbant et rayonnant de ses différents points; il est indépendant de sa température : qu'elle soit à 100° au-dessous de 0 ou à 1000° au-dessus, tout se passe de même; enfin, il est indépendant de la surface plus ou moins réfléchissante ou absorbante du thermomètre. Ainsi, quand l'équilibre est établi, le thermomètre s'approprie par l'absorption autant de chaleur qu'il en perd par l'émission; c'est ce qu'on exprime en disant que dans l'état d'équilibre le pouvoir absorbant d'un corps est toujours égal à son pouvoir rayonnant; mais quand le corps se réchauffe, il reçoit plus qu'il ne perd, et au contraire quand il se refroidit, il perd plus qu'il ne gagne. Dans tous les cas il y a échange et compensation plus ou moins complète; c'est ainsi que se résout la question du chaud et du froid, c'est-à-dire la question de savoir s'il y a des rayons frigorifiques, comme il y a des rayons calorifiques. L'expérience suivante se rapporte à la même question et l'explique complètement. — Au foyer d'un des miroirs dont nous avons parlé plus haut, on met au lieu d'amadou un thermoscope ou même un thermomètre ordinaire; au foyer de l'autre miroir, on met un morceau de glace ou un matras rempli d'un mélange réfrigérant, et à l'instant on observe un abaissement de température. Le thermomètre, quel qu'il soit, tombe à plusieurs degrés au-dessous de la température ambiante. Quelques physiciens ont voulu en conclure l'existence de rayons frigorifiques; mais leur raisonnement tombe, quand on considère le phénomène d'une manière complète. Dans le cas dont il s'agit, et dans ceux qui lui sont analogues, les rayons de chaleur émanés du corps froid, en couvrant toute la surface du second miroir et se réfléchissant vers le foyer où se trouve le thermomètre, produisent à peu près le même effet que s'ils étaient envoyés par le miroir lui-même. C'est donc comme si on présentait au thermomètre un corps froid large comme le miroir. Or, il est visible que si une partie d'une enceinte devenait plus froide que le reste des parois, le thermomètre éprouverait un abaissement de température, et un abaissement d'autant plus grand que la partie froide aurait elle-même plus d'étendue. Au lieu de refroidir les parois elles-mêmes, si on place un corps froid entre elles et le thermomètre, le même effet est produit, le thermomètre ne perd pas plus de chaleur qu'il n'en perdait; mais il en reçoit moins, parce que le corps interposé est moins chaud que la surface de l'enceinte qu'il cache au thermomètre, et dont il intercepte les rayons. — Ce n'est pas seulement à travers l'air que passe librement le calorique rayonnant, mais il passe encore de la même manière à travers l'eau, le verre et la plupart des corps diaphanes. Un écran de verre placé entre le corps chaud et le réflecteur ne diminue pas sensiblement l'élévation de température qu'éprouvait la boule focale, et le verre lui-même ne s'échauffe que très-peu; il en est de même d'une feuille mince de mica ou de chaux sulfatée. Cependant la lumière elle-même éprouvant quelque absorption dans les corps les plus transparents, on peut conclure par analogie, et vérifier aussi par expérience, que la chaleur rayonnante est en partie absorbée, quel que soit le milieu qu'elle traverse. Voici sur ce sujet deux résultats importants déduits des plus récentes expériences. — Premièrement, la chaleur rayonnante qui émane des corps chauds, traverse plus facilement les milieux diaphanes, et s'y trouve absorbée en moindre proportion : par exemple, un écran de verre arrêtant les dix-sept dix-huitièmes de la chaleur émise par un corps à 180°, n'arrête que les six septièmes de la chaleur émise par un corps à 400°, et la moitié seulement de la chaleur émise par la flamme d'une lampe. — Secondement, la chaleur rayonnante qui a traversé une première lame de verre est absorbée en moindre proportion lorsqu'elle en traverse une seconde et une troisième. Il est probable que cette propriété singulière s'étend à tous les corps transparents, et qu'elle se manifeste aussi dans les milieux continus. D'après cela les rayons de chaleur qui auraient traversé une couche d'air d'une certaine épaisseur, n'éprouveraient qu'une moindre absorption en traversant les couches suivantes, et pourraient ainsi se propager à des distances beaucoup plus grandes, sans être complétement éteints. — Pour terminer cet article sur le calorique, il nous reste à exposer les lois du refroidissement des corps. Depuis Newton qui, le premier, a posé quelques principes généraux sur cette question, les plus habiles physiciens ont fait des expériences et des recherches mathématiques sur ce sujet. Cependant la théorie du refroidissement des corps restait enveloppée de difficultés insurmontables, et l'on n'avait fait que quelques unes incertaines vers sa solution, quand MM. Dulong et Petit sont parvenus à la résoudre d'une manière complète. Nous allons présenter ici un extrait fort abrégé de leur admirable travail. — Un corps isolé au milieu d'une enceinte vide ne peut se réchauffer ou se refroidir que par l'échange de calorique rayonnant qui se fait entre sa surface et celle de l'enceinte. Si ce corps est solide, sa nature, l'éclat de sa surface, sa grandeur, sa forme et la conductibilité de sa substance auront une influence sur les résultats; s'il est liquide, le mélange qui se fait par les courants maintient toute la masse à la même température, l'influence de la conductibilité disparaît, et il n'y a plus à considérer que la nature du liquide, la surface du vase, sa grandeur et sa forme. Mais, pour distinguer ce qui appartient à chacun de ces éléments, il faut savoir ce qu'on appelle *vitesse de refroidissement* et *loi de refroidissement*. — Lorsqu'un corps est plus chaud que les parois de l'enceinte dans laquelle il est placé, sa température diminue à mesure que le temps s'écoule, et sa vitesse de refroidissement pour un instant donné est le rapport qui existe entre l'abaissement de la température et la durée de cet instant. — Ainsi, lorsqu'un corps est beaucoup plus chaud que l'enceinte, son double abaissement de température est, par exemple, de 10° en une seconde, sa vitesse de refroidissement est double de ce qu'elle sera quand, après s'être refroidi de plus en plus, il arrivera à ne perdre que 5° en une seconde. Depuis le premier jusqu'au dernier instant du refroidissement, la vitesse est donc changeante et toujours décroissante, et l'on appelle *loi de refroidissement* la liaison qui existe entre toutes ces vitesses successives. Il en résulte que, pour deux corps donnés, les vitesses de refroidissement peuvent être fort différentes, tandis que la loi de refroidissement est la même; car il suffit pour cela que les vitesses correspondantes aux mêmes instants aient entre elles les mêmes rapports. MM. Dulong et Petit sont d'abord assurés, par de nombreuses expériences, que la loi de refroidissement des liquides est toujours la même, et qu'elle ne dépend ni de la nature ni du volume du liquide, ni de la forme ni de la surface du vase, ni de la grandeur ni du pouvoir rayonnant de l'enceinte. Cette loi générale de refroidissement repose sur les principes suivants: — 1° Lorsqu'un corps est en équilibre de température dans une enceinte sans pouvoir réfléchissant, dont la température est constante, la vitesse de son refroidissement est égale à la vitesse de réchauffement que l'enceinte tend à lui imprimer. — 2° La vitesse absolue de refroidissement d'un corps (c'est-à-dire celle qu'il aurait s'il ne recevait aucun rayon pour compenser ses pertes) augmente en progression géométrique lorsque la température de ce corps augmente en progression arithmétique. — Ces résultats, auxquels on a été conduit par le calcul et par l'expérience, fournissent un moyen rigoureux de comparer le pouvoir rayonnant des corps à des températures très-élevées; et l'on trouve que le rapport de ces pouvoirs ne varie pas avec la température. Ainsi le rapport du pouvoir rayonnant du verre à celui de l'argent est 5,707 aux températures voisines de 300° comme aux températures voisines de 100. — Supposons maintenant qu'un rayon se refroidisse dans une enceinte remplie de gaz; le refroidissement a lieu alors par deux causes, 1° par le rayonnement, 2° par le contact du gaz. Or, le premier résultat très-remarquable, c'est que la présence du gaz ne modifie en aucune manière les échanges de chaleur qui se font par rayonnement; d'où il résulte que le refroidissement total qu'éprouve un corps plongé dans un gaz, étant connu, il suffit d'en retrancher le refroidissement que ce corps éprouve dans le vide, pour avoir la partie du refroidissement qui est due au contact seul du gaz. — Les fluides élastiques qui ont été soumis à l'expérience sont : l'air, le gaz hydrogène, l'acide carbonique et le gaz oléifiant; voici les lois générales de leurs pouvoirs refroidissants. — 1° Les pertes de chaleur dues au contact

d'un gaz sont, toutes choses égales d'ailleurs, indépendantes de l'état de la surface du corps qui se refroidit. — 2° Les pertes de chaleur dues au contact d'un gaz croissent avec les excès de température, suivant une loi qui reste la même quelle que soit l'élasticité du gaz. — 3° Pour une même différence de température, le pouvoir refroidissant d'un même gaz varie en progression géométrique, lorsque sa force élastique varie elle-même en progression géométrique; et, si l'on suppose le rapport de cette seconde progression égal à 2, le rapport de la première sera 1,366 pour l'air, 1,311 pour l'hydrogène, 1,431 pour l'acide carbonique, et 1,415 pour le gaz oléifiant. — Les propriétés du calorique rayonnant et les lois du refroidissement dans le vide et dans le gaz trouvent leurs applications dans une foule de phénomènes naturels, comme nous le verrons dans une infinité d'articles de cette Encyclopédie, qu'il serait trop long d'indiquer tous ici (*V.* GELÉE, GIVRE, ROSÉE). Nous renvoyons à l'article CHALEUR tout ce que nous avons cru devoir omettre en traitant du calorique. X. X.

CALOSOME, *calosoma* (*ins.*), genre de l'ordre des coléoptères, section des pentamères, créé par Weber (*Observ. entomologicœ*), aux dépens des carabes de Linné et de Fabricius, adopté par ce dernier auteur et par le plus grand nombre des entomologistes. Latreille le place dans la famille des carnassiers et dans la division des grandipalpes, en le caractérisant ainsi : mandibules sans dents notables au côté interne et striées transversalement; tarses antérieurs dilatés dans les mâles; corselet transversal, également dilaté et arrondi latéralement, sans prolongements aux angles postérieurs; abdomen presque carré; palpes extérieurs moins dilatés au bout; mâchoires se courbant brusquement à leur extrémité; second article des antennes court, troisième allongé; les quatre jambes postérieures arquées dans plusieurs mâles. Les caractères que nous venons d'énoncer empêcheront sans doute de confondre les calosomes avec les pimbores, les cychres et les scophinates, qui en diffèrent par l'absence des dents au côté interne des mandibules. La dilatation des tarses antérieurs dans les mâles empêchera aussi de les confondre avec les tefflus et les procères; ils diffèrent des procrustes et des carabes proprement dits, par le peu de développement du second article des antennes. De plus, ils sont caractérisés par leurs habitudes et la forme générale de leur corps, qui est déprimé et oblong : la tête est grande et de forme ovalaire; elle supporte deux yeux globuleux, et des antennes sétacées à articles comprimés, d'inégale longueur, le premier très-gros, le second très-petit, le troisième aussi étendu que les deux précédents réunis, et tous les autres assez courts et à peu près également développés. Ces antennes sont insérées au-devant des yeux. La bouche présente un labre bilobé, des mandibules larges et avancées, des mâchoires donnant insertion à quatre palpes, dont les maxillaires sont découverts dans toute leur longueur; puis une ligne inférieure supportant une paire de palpes très-saillants. Le prothorax est plus large que long, avec ses bords latéraux arrondis et relevés. Il est tronqué antérieurement et postérieurement. Les étuis sont larges et embrassent un peu sur les côtés l'abdomen; celui-ci est fort étendu dans le sens transversal. Les pattes sont ordinairement longues et fortes. Ce genre se compose de plusieurs espèces : celle qui lui sert de type est le CALOSOME SYCOPHANTE, *calosoma sycophanta*, Fabr., ou le *bupreste carré*, couleur d'or, de Geoffroy. Il est long de huit à dix lignes, d'un noir violet, avec les étuis d'un vert doré ou cuivreux très-brillant, très-finement striés, et ayant chacun trois lignes de petits points enfoncés et distants. La larve vit dans le nid des chenilles processionnaires, dont elle se nourrit. Elle en mange plusieurs dans la même journée; d'autres larves de son espèce, encore jeunes et petites, l'attaquent et la dévorent, lorsqu'à force de s'être repue elle a perdu son activité. Ces larves sont noires, et on les trouve quelquefois courant à terre ou sur les arbres, et sur le chêne particulièrement. Le CALOSOME INQUISITEUR, *calosoma inquisitor*, de Fabr., ou le *bupreste carré*, couleur de bronze antique de Geoffroy, vit, ainsi que le précédent, sur le chêne, et y fait la chasse aux insectes, et particulièrement aux chenilles. L'une et l'autre espèce se trouvent aux environs de Paris.

CALOSTEMME, s. f. (*botan.*), genre de plantes de la famille des narcissoïdes.

CALOT, s. m. (*technol.*), fond de chapeau (*Boiste*). Il est peu usité.

CALOTHAMNE, s. m. (*botan.*), genre d'arbustes de la Nouvelle-Hollande, de la famille des mystoïdes.

CALOTHÈQUE, s. m. (*botan.*), espèce de plante de la famille des graminées.

CALOTHYRSE, s. m. (*botan.*), genre de plantes de la famille des chevillées. On trouve, dans quelques nomenclatures botaniques, que c'est une division du genre des grevillées.

CALOTROPIS ou **CALOTHROPIS**, s. m. (*botan.*), genre de plantes de la famille des asclépiadées.

CALOTTE. Il paraît que les calottes sont d'un usage fort ancien. Martial parle sans doute d'une calotte de cuir, lorsqu'il dit à un de ses amis *qu'il lui enverra une peau qui pourra lui servir à cacher ses cheveux, quand ils seront mouillés, de peur que la pommade dont il les a frottés ne les salisse*. Saint Jérôme parle d'une calotte que Paula lui avait donnée. Avant l'an 1377, il y avait des ecclésiastiques qui portaient des calottes à l'office, puisque les statuts synodaux de Poitiers de ce temps-là leur défendent de le faire; cependant ils n'ont commencé, surtout en Italie, à en porter communément que vers la fin du XVIᵉ siècle et au commencement du XVIIᵉ. Le cardinal de Richelieu est le premier qui en ait porté en France, et peut-être même est-ce lui qui en a introduit la mode dans ce pays. Cependant un statut de la faculté de théologie de Paris, du 1ᵉʳ juillet 1561, défendait aux bacheliers de soutenir ou d'argumenter en calotte. Dans l'acception que nous donnons ici au mot *calotte*, il signifie une espèce de petit bonnet de cuir, de laine, de satin ou d'autre étoffe, qu'on porta par nécessité d'abord, et qui par suite est devenue une partie du costume. Destinée avant l'invention des perruques à dédommager les personnes chauves de la perte de leurs cheveux, elle servait par son ampleur à défendre la tête des injures de l'air. Telles étaient les amples calottes qui cachaient jusqu'aux oreilles, et que pour ce service on appelait *calottes à oreilles*. La calotte rouge fut et est encore d'usage parmi les cardinaux. Divers peuples d'Orient adoptèrent une sorte de calotte rouge pour leur coiffure, soit pour la mettre en dessous de leur turban, soit comme ornement principal. Dans ce dernier genre on connaît les bonnets grecs et arnaoutes, le plus souvent de couleur rouge, et la calotte noire des Juifs. La calotte des moines était ordinairement de la couleur de leur froc, souvent elle était blanche. Plus tard, lorsque le clergé séculier l'adopta comme *une marque distinctive du sacerdoce*, on fit de petites calottes de cuir ou de drap noir d'une seule pièce, et on les mettait sur la place tonsurée de l'occiput, où elles étaient retenues par de petites pointes en fil de fer, recourbées, qui s'accrochaient dans les cheveux. Cet usage s'est perpétué jusqu'à nos jours. La plupart des ecclésiastiques les portent en cuir, arrondies et assez larges pour adhérer à la tête sans attaches. — Sous le règne de Louis XIV la calotte était d'un usage presque général pour tous les laïques d'une profession grave; magistrats, avocats, hommes de lettres, bourgeois, en portaient aussi bien que les abbés. Le *bonhomme Corneille*, le chancelier Séguier, Saint-Evremont lui-même, nous sont représentés avec la calotte. — On a appelé au figuré, *calotte*, *brevet de la calotte*, *calottine*, ces pièces de vers satiriques et burlesques par lesquelles on tournait les gens en ridicule. C'est en ce sens que Voltaire a dit dans sa quatre-vingt-septième lettre : « Que dites-vous d'une infâme calotte qu'on a fait contre M. et Mᵐᵉ de la Popelinière, pour prix des fêtes qu'ils nous ont données? » — Au commencement du XVIIIᵉ siècle, quelques beaux esprits du siècle de Louis XIV formèrent une société qui se nomma *le Régiment de la calotte*. Leur but était de réformer les mœurs, et de corriger, en employant l'arme du ridicule, les travers soit dans la conduite, soit dans le langage et dans le style. M. de Forsac, exempt des gardes du corps, M. Aimon, porte-manteau du roi, et divers autres officiers ayant fait un jour mille plaisanteries sur un mal de tête dont l'un d'entre eux souffrait extrêmement, proposèrent une calotte de plomb au malade. La conversation s'étant échauffée, ils s'avisèrent de créer un régiment uniquement composé de personnes distinguées par l'extravagance de leurs discours ou de leurs actions. Ils le nommèrent *le Régiment de la calotte*, et d'un consentement unanime le sieur Aimon en fut aussitôt élu général. Cette saillie fut poussée si loin, que l'on fit faire des étendards et frapper des médailles sur cette burlesque institution, et il se trouva des beaux esprits qui mirent en vers les brevets que le régiment distribuait à tous ceux qui avaient fait quelque sottise éclatante :

D'un brevet de calotte, un autre s'offensant,
Veut intenter procès à tout le régiment.

POISSON, le Procureur arbitre, scène II.

L'académie française, ouverte alors comme de nos jours à la mé-

diocrité et au vrai savoir, grâce à l'intrigue et à l'esprit de coterie, était surtout en butte aux attaques *de la calotte*. Voltaire, qui fut fort maltraité dans la quatrième partie des *Mémoires* de ce régiment, dit avec une humeur et un mépris où perce la raison, « que l'Allemagne et les Etats du Nord n'ont rien qui ressemble à ces recueils, soit de chansons infâmes, soit *de calottes;* vous n'en trouvez pas un seul en Angleterre, ajoute-t-il, malgré la liberté et la licence qui y règnent. Vous n'en trouverez pas même en Italie, malgré le goût des Italiens pour les pasquinades. Je fais exprès cette remarque, afin de faire rougir ceux de nos compatriotes qui, pouvant faire mieux, déshonorent notre nation par des ouvrages si faciles à faire, auxquels la malignité humaine assure toujours un prompt débit, mais qu'enfin la raison, qui prend le dessus et qui domine la saine partie des Français, condamne ensuite à un mépris éternel. » C'est ainsi que l'auteur de la *Henriade* se vengeait des vers de l'*Antimondain*, où il est salué : Cher *calottin* de la première classe. — On a publié en 1725 à Bâle, et depuis en d'autres lieux, des *Mémoires* pour servir à l'*Histoire de la calotte*, libelle quelquefois aussi mordant que spirituel. Il existe encore dans beaucoup de bibliothèques une foule de volumes manuscrits remplis des brevets *de la calotte*. Les *Mémoires de la calotte*, quelque frivoles qu'on les juge, n'en sont pas moins un monument précieux de l'esprit du jour à l'époque de la régence et pendant les premières années du règne de Louis XV. — On a transporté par analogie le nom *calotte* à un grand nombre d'ouvrages d'art. Les horlogers nomment *calotte*, dans une montre, une espèce de couvercle de cuivre doré qui renfermait le mouvement de manière à ce qu'il fût entièrement à l'abri de la poussière. — Dans l'art du fourbisseur, c'est la partie de la garde d'une épée dans laquelle on applique le bouton. — En architecture, la *calotte* est une cavité ronde, ou un enfoncement fait en forme de coupe ou de bonnet, latté et plâtré, qu'on imagine pour diminuer la hauteur ou l'élévation d'un cabinet, d'une alcôve, d'une chapelle, par rapport à leur largeur. — Dans la fonderie, on appelle *calotte de petit plomb*, une forme de chapeau où les fondeurs mettent le plomb à mesure qu'il se sépare de la branche. — Les boutonniers se servent du mot *calotte* pour désigner la couverture d'un bouton orné de tel ou tel dessin, sortie dans le moule. — En chirurgie, c'est un emplâtre agglutinatif dont on enduit la tête d'un teigneux, et qu'on enlève ensuite avec violence pour extirper les bulbes des cheveux, et avec elles le principe qui entretient la teigne. On appelle aussi *calotte du crâne* la partie supérieure de cette cavité; *calotte aponévrotique*, l'aponévrose des muscles frontaux. — Enfin, en pharmacie, on applique le nom de *calotte* à un sachet qu'on mettait sur la tête d'une personne affectée de céphalalgie. Mais ce remède, dont les effets devenaient souvent dangereux et funestes, a été abandonné. — Dans le langage familier, *calotte* exprime encore un coup donné sur la tête avec le plat de la main. — Des *calottes* reçues ou données, sont, chez les écoliers, l'équivalent des *soufflets*. — Au figuré, on dit *calotte du monde*, pour désigner la voûte du firmament.

ED. GIROD.

CALOTTIN. Ce mot, comme celui de *A bas la calotte*, jeté par des bouches irrévérencieuses et grossières sur le passage d'un membre du clergé, nous vient de la première révolution, et est une tradition peu flatteuse à notre époque. Combien de fois cette expression, à laquelle l'intention qui la fait proférer donne le caractère de l'injure, mais que par bonheur on n'entend de nos jours que rarement, accueillit à la tribune en 93 le célèbre abbé Maury !　ED. GIROD.

CALOTTER, v. a. (*gramm.*), frapper, donner des coups de plat de main sur la tête. Il est familier.

CALOTTIER, s. m. (*technol.*), faiseur de calottes.

CALOTTINE, s. f. (*littérat.*), sorte de pièce de vers badine et satirique.

CALOU, s. m. (*écon. dom.*), liqueur du cocotier, qui fait la boisson ordinaire des Parias indiens, et qui a à peu près le goût du cidre nouveau.

CALOUBOULI, s. m. (*botan.*), genre de banistères, d'arbrisseaux exotiques.

CALOUST, savant prélat arménien, mort en 1660, patriarche d'Arménie, a laissé un *Recueil de poésies arméniennes*.

CALOV (ABRAHAM), en latin *Calovius*, théologien luthérien, né en 1612, à Mohrungen, en Prusse, fit ses études à Kœnigsberg et à Rostock, fut professeur et prédicateur à Kœnigsberg, recteur à Dantzig, et professeur de théologie à Wittemberg, où il mourut le 25 février 1686. La plus grande partie de sa vie se passa en querelles avec les théologiens de son temps, tels que Jean Bergius, Henri Nicolaï, Jean Cæsar, Georges Calixte et beaucoup d'autres. Ce fut contre Calixte qu'il s'éleva le plus fortement au colloque de Thorn. Calov y apporta une aigreur et une animosité rares, même dans les querelles théologiques. Les dissertations, les pamphlets qu'il écrivit contre ses adversaires, les thèses qu'il soutint, les accusations, les réfutations qu'il publia, sont innombrables. On ne remarque guère aujourd'hui parmi ses ouvrages que : 1° sa *Biblia illustrata*, où il attaqua les explications de Grotius ; 2° son *Systema LL. theol.* ; 3° son *Tractatus de methodo docendi et disputandi*, Rostock, 1637, in-8° ; 4° ses *Ecrits contre les sociniens* ; 5° ses *Considerationes arminianismi*, seul ouvrage où il ait montré quelque modération.

CALOYER ou CALOGER, moine, religieux grec de la règle de Saint-Basile. Ce nom est donné par les Grecs plus particulièrement aux moines du mont Athos, qui sont vénérables par leur âge, leur retraite et l'austérité de leur vie. On le fait dériver de καλός, beau, et γῆρας, vieillesse. Il est à remarquer que quoique en France on comprenne tous les moines sous le nom de caloyers, il n'en est pas de même en Grèce ; les frères seuls s'appellent ainsi ; car les prêtres sont nommés hiéronomaques, ἱερονομαχοί, sacrificateurs. Les Turcs donnent aussi quelquefois le nom de *caloyers* à leurs derviches. Ces religieux sont divisés en cénobites, anachorètes et reclus. Les premiers s'astreignent, dans des grottes et des cavernes au-dessus des montagnes, à une clôture perpétuelle, ne vivant que des aumônes envoyées par les couvents voisins, et ne mangeant qu'une fois le jour. Ils sont visités par des prêtres qui leur administrent les sacrements. Les anachorètes se retirent aux environs des monastères, dans des ermitages entourés de petits enclos qu'ils cultivent, et suivent de là les pratiques de la maison religieuse à laquelle ils se sont attachés. Les cénobites sont ceux qui ont adopté la vie* claustrale en communauté. Ils ont des offices réglés, depuis celui qu'ils chantent au chœur à partir de minuit jusqu'à complies qui se disent après le soleil couché. Les veilles de fêtes solennelles, ils restent au chœur jusqu'au matin, récitant toute la nuit le psautier et lisant des homélies. Un religieux est préposé pendant ce temps à réveiller ceux qui succombent au sommeil. La pénitence de ceux-ci est d'aller faire trois génuflexions à la porte du sanctuaire. Leur office de chaque jour est si long qu'ils mettent plus de six heures à le lire. Aussi beaucoup se dispensent de sa lecture entière, d'autant plus qu'il est nécessaire d'avoir un grand nombre de livres pour compléter leur bréviaire, et que les moyens pécuniaires manquent souvent. Ils font des vœux comme les moines d'Occident, et gardent avec tant d'exactitude leur premier institut, qu'il n'a pas encore été fait de réforme chez eux. Les cérémonies de la prononciation des vœux ont des particularités curieuses : on leur coupe les cheveux en forme de croix en partant du front à la nuque, et d'une oreille à l'autre, en l'honneur de la sainte Trinité ; le profès, pendant toute la cérémonie de sa prise d'habit, est pieds nus, hors de l'église, jusqu'à ce que les interminables prières au moyen desquelles il doit être admis dans la société des anges soient enfin suspendues. A partir de son entrée au chœur, il doit y rester cinq jours entiers et cinq nuits en prière et en méditation, sans faire de lecture. Plus tard le moine laisse croître ses cheveux et sa barbe. Quelques-uns croient atteindre mieux à la perfection en ne raccommodant jamais leurs habits, ne coupant plus leurs ongles et cessant de se laver les mains. Ils cultivent eux-mêmes leurs terres, et emploient pour les aider autant de frères lais qu'ils sont de religieux. Ces frères travaillent avec ardeur, et, quoique rentrant le soir très-fatigués, ne laissent pas d'assister à une prière de plusieurs heures, pendant lesquelles ils font une foule de génuflexions qu'ils appellent *metanaï*, c'est-à-dire inclinations jusqu'à terre. Ils soupent fort légèrement, et vont se reposer sur un lit qui n'est guère moins dur que du bois. Sur tous ces religieux sont préposés des exarques ou visiteurs, chargés d'imposer des pénitences à ceux qui s'éloignent de leurs devoirs, de maintenir ou rétablir la discipline dans les couvents, de rechercher et faire ramener au monastère les apostats, d'humilier les supérieurs trop arrogants ou qui traiteraient avec mépris leurs inférieurs, enfin de faire reconnaître les nouveaux supérieurs et de veiller à la fortune de la communauté. Les égumènes ou supérieurs jouissent d'une grande considération. Ils doivent gouverner avec beaucoup de circonspection ; car au moindre mécontentement qu'ils causeraient à leurs moines, ceux-ci déclineraient leur autorité en levant seulement la main vers le ciel pour se faire Turcs, ce qui est rare, mais s'est vu quelquefois, plus particulièrement avant l'affranchissement de la Grèce. Leurs couvents sont clair-semés en Europe, et ont diminué considérablement en Asie depuis l'invasion mahométane ; celui du mont Sinaï compte néanmoins encore près de deux cents religieux. Leurs vêtements sont si diversifiés qu'il serait trop long de les décrire. Ils n'offrent du reste rien de curieux.   ED. GIROD.

CALOYÈRES, religieuses grecques, dont il y a peu de couvents, car elles se renferment à volonté dans des monastères, ou vivent séparément chacune dans leur maison. Celles en communauté ont une cellule séparée, et sont soumises à une supérieure ou abbesse. Elles n'observent cependant pas une clôture fort régulière ; car l'entrée de leurs couvents, interdite aux prêtres grecs, ne l'est pas aux Turcs ni aux séculiers grecs, qui y vont acheter de petits ouvrages à l'aiguille faits par ces religieuses. Celles qui vivent sans être en communauté sont pour la plupart des veuves dont l'unique vœu consiste à avoir en tout temps un voile noir sur la tête, et à dire qu'elles ne veulent pas se remarier. Les cloîtrées portent toutes un habit de laine noir et un manteau de même couleur. Elles ont la tête rasée, les bras et les mains couverts jusqu'au bout des doigts. Les unes et les autres vont partout où il leur plaît, et jouissent d'une assez grande liberté, à la faveur de leur costume.   ED. GIROD.

CALP, s. m. (*minér.*), pierre noire et marneuse.

CALPAR, s. m. (*antiq.*). Chez les anciens, premier vin que l'on tirait du tonneau pour en faire des libations aux dieux.

CALPAS ou CALPÉ (*géogr. anc.*), petite rivière de Bithynie. —CALPAS, aujourd'hui Kerpels, port de la Bithynie, sur le Pont-Euxin, à l'embouchure d'une petite rivière du même nom. On prétend que les Argonautes relâchèrent dans ce port.

CALPAT ÉGYPTIEN, s. m. (*term. de relation*), sorte de coiffure dont se sert quelquefois le sultan.

CALPÉ, s. m. (*hist. anc.*), course de juments introduite et peu de temps après proscrite par les Eléens dans leurs jeux. Elle consistait, selon Pausanias, à courir avec deux juments, dont on montait l'une et l'on menait l'autre à la main. Sur la fin de la course on se jetait à terre, on prenait les juments par leurs mors, et l'on achevait ainsi sa carrière. Amasée, dans sa version latine de Pausanias, s'est trompé en rendant κάλπη par *carpentum*, chariot, puisque dans l'auteur grec il ne s'agit nullement d'une course de chars, mais d'une course de juments libres et sans aucun attelage. Budé tire du grec κάλπη, l'étymologie de nos mots français *galop* et *galoper*. En effet, de κάλπη ou κάλπη les Grecs ont fait κάλπαν et κάλπαζειν. Les Latins ont dit *calpare* et *calpere*, d'où nous avons formé *galop*, *galoper*.

CALPÉ (*géogr. anc.*), montagne de la Bétique, chez les Bastuli Pœni, sur le détroit de Gadès, à l'est. Cette montagne formait avec Abyla, qui est vis-à-vis en Afrique, et dont elle n'est éloignée que de quelques milles, les deux Colonnes d'Hercule.

CALPÉ (aujourd'hui GIBRALTAR), ville très-ancienne d'Espagne, située sur la montagne du même nom.

CALPHI, père de Judas, chef d'une partie des troupes de Jonathas Machabée, et qui tint ferme avec trois autres dans le combat que Jonathas donna aux Syriens dans la plaine d'Asar, près du lac de Génésareth, l'an du monde 3860, avant l'ère vulgaire 183 (*I. Mach.*, 11, 70).

CALPHURNIUS (JEAN), savant critique du quinzième siècle, né à Brescia, d'une famille originaire du Bergamasque, fut professeur de langue grecque à Venise, et ensuite à Padoue, depuis l'an 1478 jusque vers 1502. Il a publié : 1° une édition d'*Ovide*, 1474, in-folio. Ce commentaire a été plusieurs fois réimprimé avec ceux que Dorat nous a laissés sur les cinq autres comédies du même poète. Westerhove, qui a joint ces commentaires à la belle édition qu'il a donnée de Térence (la Haye, 1726, 2 vol. in-4° ; ibid., 1732, in-8°), soupçonne Calphurnius d'avoir tiré son commentaire de celui de Donat, qui existait peut-être encore de son temps, et d'en avoir ensuite supprimé le manuscrit ; 2° *Catulle, Tibulle, Properce*, et les *Sylves de Stace*, Vicence, 1481, in-fol. Il y joignit quelques poëmes latins de sa façon, dont un sur le martyre de saint Simon, enfant massacré par les Juifs en 1474 ; 3° un *Dialogue* tenu aux Champs-Ely-sées entre son âme et celle de Lucius Calphurnius Pison, histo-rien romain ; 4° des *Satires* (*V.* la *Litteratura Brixiana* du cardinal Quirini).

CALPIDIE, *calpidies* (*bot. phan.*), arbre de l'Ile de France , famille des nyctaginées. Huit à neuf pieds seulement, sur un dia-mètre de deux ou trois ; il porte des rameaux en tête touffue, des feuilles alternes, entières et charnues, à pétiole court et épais. De leur aisselle partent des ombellules de fleurs roses et parfumées, environnées de plusieurs bractées en forme d'involucre. Cet arbre se rapproche beaucoup du genre *pisania*, comme on le verra par l'énumération de ses caractères génériques : un calice petaloïde campanulé , terminé à son sommet par cinq divisions en étoile; dix étamines insérées à la base du calice ; un style court, sur-monté d'un stigmate un peu à deux lobes ; un ovaire à un seul ovule ; un fruit enveloppé par le calice qui croît avec lui ; il pré-sente une forme allongée et prismatique, à cinq angles visqueux au toucher. Le calpidie a été observé par Aubert du Petit-Thouars, qui l'a figuré dans son *Voyage aux îles australes de l'Afrique*, p. 23, tab. 8.

CALPRENÈDE (GAUTHIER DE COSTES , CHEVALIER , SEI-GNEUR DE LA), naquit au château de Toulgou dans le diocèse de Cahors. Après avoir fait ses études à Toulouse, il vint à Paris vers l'an 1632, et entra dans le régiment des gardes où il fut plus tard officier. Dès lors, et tout en comptant plus sur son épée que sur ses poésies pour faire sa réputation, il cultivait la littérature. Il n'était encore qu'enseigne qu'il avait composé sa tragédie de *Mithridate*, qui fut représentée en 1637 et donna lieu à un bon mot qui lui a survécu. C'était le jour des Rois; au cin-quième acte, Mithridate prend une coupe empoisonnée, et après avoir délibéré quelque temps, il dit en avalant le poison : « Mais c'est trop différer. » Un plaisant acheva le vers en disant : « Le roi boit ! le roi boit! » Et peut-être fut-ce plus à ce mot qu'à la valeur fort contestable de sa pièce que la Calprenède dut le suc-cès qu'elle obtint ; toutefois, comme il était homme d'esprit et Gascon, il fut bientôt recherché à la cour, et la reine, enchantée de lui, le récompensa par une pension. Quelque temps après, il fut nommé gentilhomme ordinaire de la chambre du roi. En 1648, il épousa Madeleine de Lyée, veuve en premières noces de Jean de Vieuxpont , et sur laquelle furent débités mille contes qu'il importe de réduire à leur juste valeur. Guy-Patin dans une de ses lettres (8 décembre 1665) dit « qu'elle venoit d'avoir la tête tranchée en Auvergne après avoir été convaincue d'avoir eu plusieurs maris à la fois et d'avoir empoisonné le dernier, gen-tilhomme gascon qui parloit bien et avoit fait divers romans, entre autres Pharamond. » Or, elle ne mourut qu'en 1668 et à Paris, et elle fut enterrée le 14 mars de cette année dans l'é-glise des frères de la Charité. La Calprenède lui-même au lieu de mourir du poison succomba aux suites d'une blessure au front que lui fit son cheval en relevant brusquement la tête. Cet acci-dent lui arriva en octobre 1663, et il mourut quelques jours après. Au commencement de la même année il avait été défi-guré par un fusil qui lui était crevé dans les mains. — La Cal-prenède avait laissé avec *Mithridate* plusieurs tragédies : *Ra-damanthe, Jeanne d'Angleterre, le Comte d'Essex, Phalante,* et trois romans : *Cassandre, Cléopâtre* et *Pharamond.* Ces deux derniers eurent plusieurs réimpressions ; *Pharamond* fut terminé par M. de la Vaumorière. On peut encore lui attribuer un ro-man paru sous le nom de sa femme, avec ce titre : *les Nouvelles,* ou les *Divertissements de la princesse Aleidiano.* — Tous ces ouvrages eurent assez de célébrité pour qu'après la mort de leur auteur on ait publié un volume, du reste assez mauvais, inti-tulé : *Pompe funèbre de l'auteur de Pharamond ,* Paris, 1663, in-12.　PAULIN PARIS (de l'Institut).

CALPURNE, s. f. (*hist. nat.*), genre de coquilles, établi aux dépens des bulles de Linné.

CALPURNIA, famille romaine, plébéienne, et qui cependant faisait remonter son origine à Calpus, fils de Numa. Elle par-vint au consulat l'an 573 de Rome, 180 avant J.-C., dans la personne de *C. Calpurnius,* qui portait le surnom de *Piso,* ainsi que plusieurs membres de sa famille. — L. CALPURNIUS PISO FRUGI, tribun du peuple l'an 604, et qui fut ensuite préteur, consul et censeur, porta le premier une loi sur la concussion. Il a laissé des *Annales,* écrites avec une simplicité austère. — C. CALPURNIUS PISO, fut auteur d'une loi contre la brigue. — C. PISO FRUGI, épousa en 689 Tullia, fille de Cicéron. — CALPURNIUS PISO fut l'ennemi de Cicéron, qui prononça con-tre lui, dans le sénat, une violente invective qui se trouve dans les œuvres de l'orateur (*In Verrem orat. V,* cap. 25), et qui com-mence par les mots : *O tempora, ô mores!* Il maria sa fille Cal-purnia à Jules César. — Le nom des *Pisons* sera à jamais cé-lèbre par l'épître qu'Horace leur adressa sur l'art poétique. — Un *Pison* fut, sous Tibère, l'implacable ennemi de Germani-cus ; il périt avec Sénèque et Lucain, comme ayant participé à une conspiration contre Néron. — Un autre Pison, qui avait dû ce nom à une adoption, et qui portait avant celui de *Lici-nius,* fut ensuite adopté par l'empereur Galba. — Il y eut un Pison, contemporain de Trajan, qui fut auteur d'un ouvrage de critique intitulé : *De continentia veterum poetarum,* qui est encore inédit. — Enfin L. CALPURNIUS PISO fut un des trente tyrans qui se disputèrent l'empire sous Gallien. Il avait accompagné Valérien à la guerre contre les Perses, l'an de Rome 1011, 258 de J.-C. Il se mit ensuite au service du tyran Macrien. Envoyé par ce dernier en Achaïe pour ôter la vie à Valens, proconsul de cette province, et ne pouvant venir à bout de son entreprise, il se retira en Thessalie, où il se fit revêtir de la pourpre par ses soldats, l'an de Rome 1014, 261 de J.-C. Il fut tué peu après par les émissaires de Valens. Les médailles de la famille Calpurnia sont assez abondantes. L'un des de-niers d'argent de cette famille rappelle l'origine qu'elle se donnait, par la tête de Numa que l'on y voit représentée, por-tant sur le bandeau royal le mot NVMA. Ce bandeau est une anticipation de l'usage qui fut introduit plus tard parmi les rois d'Occident, par Alexandre le Grand et par ses successeurs. Cet ornement ne devait pas exister sur la tête antique de Numa que Pline avait vue au Capitole (l. XXXIII, § 4 et 6). Il est d'ail-leurs vraisemblable que les traits de la figure ont été copiés d'après cet ancien monument. Ce denier a été frappé par Caius Calpurnius Piso, lorsqu'il était *proquesteur* (trésorier de l'armée). Sous l'un des proconsulats de Pompée, la tête de Numa se trouve encore sur une médaille de grand bronze frap-pée sous Auguste, *Cneus Piso* étant triumvir monétaire. Une grande quantité des deniers d'argent de la famille Calpurnia porte d'un côté la tête d'Apollon, et au revers un cheval en pleine course, monté par un cavalier. Ce type a rapport aux jeux apol-linaires, où l'on exécutait des courses, et qu'on s'était longtemps cé-lébrés sans époques déterminées, furent fixés lorsque Calpurnius était préteur (T. Livius, XXVI, 23; XXV, 12. Macrob. Saturn., lib. I, cap. 17). D'autres deniers de la famille Calpurnia ont pour type la Victoire, une proue de vaisseau, divers attributs de marine. Un de ces deniers, frappé Pison et Cæpion étant questeurs, porte une tête de Saturne, et au revers deux figures togées, assises, accompagnées d'épis, avec la légende : AD FRV*mentum* EMV*n-dum* EX S. C. (*Senatusconsulto*). Ces deux questeurs avaient été chargés d'acheter les blés pour l'approvisionnement de Rome (*V.* Morell. famil. rom. p. 66).　DUMERSAN.

CALPURNIÆ LEGES. Les auteurs diffèrent sur le nombre des *leges Calpurniæ.* Antoine Augustin en cite trois ; des écri-vains postérieurs ne veulent en connaître que deux. Nous en donnons ici quatre. — 1° L'an 604 après la fondation de Rome, sur la proposition du tribun L. Calpurnius Piso, il fut porté une loi *de pecuniis repetundis* (*Cic. de Offic.* II, 21). Ce fut la première loi relative au *crimen repetundarum* (Comp. *Cicero in Bruto* 27, *in Verrem,* IV, 36), et elle avait principalement pour but l'avantage des alliés, suivant Cicéron, *in Verrem,* II, 6. — Il n'y a assurément aucun doute que cette loi n'ait porté le nom de *lex Calpurnia,* quoiqu'elle ne soit désignée sous ce nom dans aucun des passages cités. — 2° La *lex Calpurnia de am-bitu* fut créée dans l'année 686 de la fondation de Rome, sous les consuls M. Acilius Glabrio et Q. Calpurnius Piso, et c'est pourquoi on lui donnait habituellement le nom de *lex Acilia Calpurnia.* L'histoire de la création de cette loi est racontée tout au long par Dion Cassius (XXXVI, 21, 22, p. 98 et suiv. *Reimar*). Il résulte de ce récit que les deux consuls proposèrent cette loi par crainte que le tribun C. Cornelius n'en proposât une bien plus sévère sur le même sujet. La teneur de cette loi consistait, selon Dion Cassius, en ce que celui qui était convaincu d'*ambi-tus* ne pouvait plus exercer aucune fonction publique, devenait incapable de remplir la dignité de sénateur, et devait payer une amende pécuniaire. C'est à cela sans doute que se rapporte le passage de Cicéron, *pro Murena,* c. 23 : « Erat severissima scripta lex Calpurnia, et probablement aussi l'épithète de « sæva » donnée par Lucilius à la *Calpurnii lex* (*V. Nonius Marcellus,* c. v, *sub. voc. priores,* p. 724, *Gothofr.*). D'après les passages de Cicéron relatifs à ce sujet, il reste toujours dou-teux si cette loi a été réellement abrogée plus tard par un séna-tus-consulte (*Pro Murena,* c. 32; *pro C. Cornelio,* I, p. 22, tom. XVI, p. 2, Schutz. — Comp. *Ascon.,* p. 193, p. 200, Schutz). — 3° Les Institutions de Caïus nouvellement découvertes nous apprennent, IV, § 18, § 19 : que, par une *lex Calpurnia*, une des cinq *legis actiones*, laquelle, d'après la *lex Silia*, n'était admise que pour des demandes ayant pour but une *certa pecunia*, c'est-à-dire la *condictio* (*V.* ce mot), fut étendue à *omnis certa res*, en sorte que cette forme de procédure fut dès lors la seule usitée pour toutes les plaintes ayant pour sujet un *dare oportet.* — 4° Une quatrième *lex Calpurnia*, qu'on ne cite pas habituellement, est mentionnée par *Nonius Marcellus*, c. II, *sub voc. ergo*, p. 544, Gothofr., dans le quatrième livre de Sisenna : « *Milites, ut lex Calpurnia concesserat, virtutis ergo civitate donati.* » Il ne se trouve nulle part un passage qu'on puisse mettre en parallèle avec celui-ci pour l'expliquer.

CALPURNIE, fille de L. Calpurnius Piso, qui avait été désigné consul, fut la troisième femme de Jules César, qu'elle épousa l'année de son départ pour les Gaules, 695 de Rome, 58 avant J.-C. Elle réunissait les qualités du corps et de l'esprit, digne du grand homme qu'elle avait épousé, et dont elle admirait le génie, elle monta avec lui aux grandeurs, et conserva la même modestie étant femme de César vainqueur et maître de l'univers, qu'elle avait eue étant femme de César citoyen romain. Elle l'avertit des dangers qui le menaçaient le jour des ides de mars. Après l'assassinat de l'empereur, ne se bornant point à verser des larmes stériles, elle eut le courage de monter sur la tribune aux harangues, et d'y prononcer l'oraison funèbre, ou l'éloge de son mari, qu'elle avait composé elle-même. Elle fut trouver Marc Antoine, lui rappela tout ce qu'il devait à César, et lui remit, pour le mettre en état de venger sa mort, ses bijoux et tout ce qu'elle avait de plus précieux. *Dans un temps où les antiquaires expliquaient tous les monuments par l'histoire romaine, on a cru voir Calpurnie consultant un génie sur le sort de César (Mariette, pl. 104), sur une améthyste gravée en creux qui représente Polymnie, et qui est au cabinet des médailles de France (n° 72).* — Deux autres femmes du nom de Calpurnie ont mérité d'être célèbres : une fille de *Calpurnius Bestia*, femme de l'orateur *Antistius*, laquelle, pendant les proscriptions de Marius, se tua sur le corps de son époux assassiné. *L'autre Calpurnie fut la femme de Pline le Jeune, qui a retracé avec reconnaissance son esprit délicat et sa tendresse ingénieuse.* Il raconte que, pour lui plaire, elle cultivait les lettres, apprenait par cœur ses ouvrages; qu'elle savait toujours la première les succès de ses plaidoyers; qu'elle chantait ses vers en s'accompagnant de sa lyre; et que lorsqu'il faisait quelque lecture publique, elle se cachait derrière un rideau, pour jouir du plaisir de l'entendre.　　DUMERSAN.

CALPURNIUS FLAMMA (MARCUS), tribun de Rome, sauva, par son dévouement héroïque, l'armée romaine commandée par Attilius, qui l'avait engagée dans un défilé dangereux. Cet événement eut lieu vers l'an 494 de Rome, pendant la première guerre punique. Calpurnius, après le combat, fut trouvé parmi les morts.

CALPURNIUS FLACCUS fut un rhéteur latin, que l'on croit avoir vécu sous Adrien et sous Antonin le Pieux. Il est auteur d'un recueil intitulé : *Calpurnii Flacci excerptæ decem rhetorum minorum declamationes*, que Pierre Pithou a publié en 1580.　　D. M.

CALPURNIUS TITUS, poëte bucolique latin, aussi nommé par quelques-uns *Julius* ou *Junius*. Presque tout ce que l'on raconte de sa vie et des ouvrages est conjectural ; on croit qu'il naquit en Sicile, et qu'il écrivit vers la fin du IIIe siècle. Quelques critiques ont voulu attribuer ses ouvrages à d'autres auteurs. Quoi qu'il en soit, on y trouve des détails instructifs pour l'histoire des arts et des mœurs, et des faits assez curieux sur l'empereur Carus et ses deux fils, et sur le siècle de Dioclétien. — On trouve dans sa septième églogue, une relation curieuse des jeux donnés en 284, par l'empereur Carinus, dans l'amphithéâtre de Titus. L'historien Gibbon s'est servi dans son grand ouvrage des détails donnés par le poëte sur la magnificence de ces spectacles ; il y a puisé sa description du théâtre orné de colonnes d'ivoire, de la décoration d'une forêt dont les arbres étaient d'or, et des lacs de fil d'or qui protégeaient les spectateurs contre une multitude d'animaux rares et féroces amenés des contrées les plus lointaines, et qui offraient l'image d'une chasse. — Quoique écrites dans un style moins pur que celui des écrivains du temps d'Auguste, quelques-unes de ces églogues ont cependant un tour assez élégant.　　D. M.

CALPUS, un des fils de Numa Pompilius. La famille Calpurnia faisait remonter jusqu'à lui son origine.

CALQUE (*beaux-arts*). A proprement parler, faire un calque, c'est contre-tirer avec un transparent le trait d'un dessin ; mais cette opération se modifie de plusieurs manières : il y a le calque proprement dit, le calque poncif et le calque aux carreaux. — L'opération du calque proprement dit consiste à placer sur un dessin, sur un tableau, sur une gravure, un papier végétal ou verni et à reproduire au crayon sur cette même feuille, à la faveur de sa transparence, les linéaments de la composition. Ce calque doit servir à transporter de nouveau soit sur papier, soit sur cuivre, le dessin original, en un mot à *contre-calquer*. Un autre mode également fort usité consiste à saupoudrer de sanguine ou de mine de plomb le revers du dessin, ou (ce qui vaut mieux encore et laisse ce dernier intact) d'une feuille très-fine de papier végétal ou de papier de soie placée sous le dessin. Quand on a bien égalisé le léger frottis de l'une ou l'autre de ces substances, on fixe le dessin sur la feuille blanche destinée à recevoir le calque ; puis, en appuyant légèrement avec une pointe émoussée, on suit le dessin dans tous ses contours, et comme, bien entendu, c'est le *verso* rougi ou noirci de ce dernier ou de la feuille intermédiaire, qui a été mis en contact avec le papier blanc, ce papier garde une empreinte des lignes ainsi repassées. Voilà un calque ; trait léger ; sorte de rudiment du dessin primitif, et qui est plus ou moins juste, plus ou moins spirituel, suivant que la main qui l'a produit a plus d'habileté dans les arts. — Il en est de même du *calque au poncif*, qui se pratique en piquant tous les traits du dessin, et en ponçant par-dessus avec un tampon rempli de charbon pilé, de manière à laisser une légère trace en noir. Enfin le *calque aux carreaux* s'opère au moyen d'une espèce de grillage de fils tendus sur l'original et sur la copie, et dont les carreaux correspondent sur l'un et sur l'autre en nombre égal. C'est le procédé qui sert à réduire (*craticuler*). Calquer est une opération indispensable pour les peintures à fresques, par exemple. Dans l'impuissance de dessiner sur le mortier frais, l'artiste fait sur plusieurs feuilles de papier un dessin de la même grandeur que son ouvrage, et quand ce carton est bien arrêté, il le fixe sur l'enduit et il le calque à la pointe ou au poncif. Cette dernière méthode est la plus générale aujourd'hui. C'était aussi celle de Raphaël : témoin le carton original que l'on conserve à la bibliothèque ambrosienne de Milan, et qui a servi au calque de *l'Ecole d'Athènes*, peinte au Vatican par ce grand maître. — Le procédé du calque est également d'un indispensable secours au graveur pour préparer sa planche. Le vernis dont s'enduit le cuivre est trop mou, il s'enlève trop facilement de la surface du métal pour que l'artiste se hasarde à y chercher au crayon les traits de son dessin, à s'y mettre à son aise, comme il le ferait sur une feuille de papier où l'on efface à volonté. Tout coup porte sur le vernis ; s'il veut donc y transmettre un trait exact et fidèle de l'œuvre qu'il doit traduire, il trace d'abord un calque sur une feuille de papier huilé ou verni, et ensuite il le contre-calque sur le cuivre avec une pointe légère. Les graveurs emploient surtout aussi le *papier glacé* sur lequel ils tracent ou plutôt ils gravent leur calque avec une pointe acérée, et, dans les sillons creusés par l'instrument, ils introduisent de la poussière de sanguine ou de mine de plomb qu'ils contre-épreuvent ensuite sur le vernis de leur planche, au moyen d'une forte pression. — Calquer est donc une de ces opérations mécaniques, auxiliaires utiles que l'art peut se permettre pour sauver du temps, pour parer aux infirmités des matières dont il fait usage ; mais ce n'est point de l'art, mais ce n'est qu'un moyen mathématique ingrat et stérile qui n'apprend rien, qui ne peut rien apprendre en dessin à qui ne sait pas. A qui ne sait pas dessiner, l'emploi de ce moyen ne permettra pas de se rendre compte des rapports des traits entre eux, de la dégradation des touches, de la suspension des lignes, etc., de tout ce qui constitue l'art, en un mot. Ce sera occuper les yeux sans la pratication de l'intelligence ; ce sera encore en quelque sorte parler au hasard une langue inconnue, en copier servilement et machinalement les caractères sans les comprendre. Aussi un calque tracé par une main inhabile au dessin révèle-t-il sur-le-champ son origine ; et l'auteur eût-il, à force de pratique, acquis une certaine adresse manuelle dans sa bâtarde contrefaçon de l'art, il ne réussira jamais qu'à se faire de misérables procédés de métier, étrangers à tout sentiment d'artiste.

CALQUE, se dit figurément de toute production de l'esprit qui n'est que l'imitation servile d'une autre.

CALQUER, v. a. (*beaux-arts*), prendre le trait d'un dessin en suivant exactement ses contours avec une pointe, une plume ou un crayon. — Il signifie figurément, imiter avec exactitude.

CALQUERON, s. m. partie du métier des étoffes de soie. Le calqueron est un liteau de quatre pieds de long sur un pouce de large et un pouce d'épaisseur. Il sert à attacher les cordes qui répondent aux alerons pour faire jouer les lisses, suivant le besoin, pour la fabrication de l'étoffe. On attache encore au *calqueron* les cordes ou étrivières, qui le sont aussi aux marches, pour donner le mouvement aux lisses.

CALQUIER, s. m. (comm.), sorte de taffetas qui se fabrique dans les Indes orientales.

CALQUOIR, s. m. est une pointe émoussée ou bien un peu arrondie en sorte qu'elle ne puisse ni piquer ni couper, dont on se sert pour calquer : on en fait d'acier, d'ivoire, de buis et de cuivre.

CALSCHISTE (géol.). Les schistes argileux, contenant des nodules, des lamelles ou des veines calcaires, ont été réunis par M. Al. Brongniart sous le nom de calschiste. Lorsque cette roche est remplie de veines calcaires, elle porte le surnom de *veinée*; lorsqu'elle est remplie de grains et de nodules, elle reçoit celui de *granitellin*; enfin, lorsqu'elle offre l'apparence de l'homogénéité, on l'appelle calschiste *sublamellaire*.

CALTHA, s. f. (botan.), nom tiré du grec, qui signifie coupe, corbeille. Pline appelle ainsi une plante qu'un grand nombre de botanistes ne balancent pas à regarder comme notre souci.

CALTHE, *caltha* (botan. phan.). Les anciens Romains donnaient ce nom au SOUCI DES JARDINS (*calendula officinalis*), à cause de la forme de sa fleur radiée, qui représente une petite corbeille dorée, que les Grecs appelaient *calathos*. Linné, d'après C. Bauhin, l'a imposé à une plante des lieux marécageux, vulgairement dite *populage des marais,* dont il a fait un genre de la polyandrie polygynie, appartenant à la famille de renonculacées. Le genre calthe ne contient réellement qu'une seule espèce, très-commune dans les marais, les ruisseaux et les fossés, le CALTHE DES MARAIS (*caltha palustris*), plante vivace, basse, qui vient en touffe arrondie et serrée, dont la tige, haute de trente à trente-deux centimètres, est garnie de belles feuilles d'un vert foncé, et de fleurs éclatantes assez grandes, d'un jaune superbe, qui s'ouvrent en avril et se prolongent jusqu'à la fin de mai. L'espèce *C. dentata*, des botanistes anglais, n'est qu'une simple variété. Les horticulteurs en possèdent une variété à fleurs doubles, beaucoup plus grandes, plus brillantes et aussi doubles que les boutons d'or; elle s'épanouit en mai, et refleurit quelquefois en automne; on la tient en pleine terre, dans un lieu très-frais. On en sépare les racines en automne. Le calthe est employé contre les ulcères comme détersif.

CALTHOIDE, s. f. (botan.), espèce de plante dont les fleurs ressemblent beaucoup à celles du giroflier.

CALTRADIA (géogr. anc.), siège épiscopal d'Afrique, dans la Mauritanie césarienne.

CALTURA (géogr.), forteresse de l'île de Ceylan, à l'embouchure d'une des plus larges branches de la rivière de Mulliwaddi, qui a là une étendue de plus d'un mille. Le fort est baigné de deux côtés par ce canal, qui est navigable pour les bâtiments jusqu'à la mer. L'éminence sur laquelle Caltura est construit domine la rivière et surplombe; cette position est capable d'être un point de fortification imposant. On a de ses hauteurs la vue la plus pittoresque et la plus étendue : l'aspect de la mer, l'esplanade, le village situé au penchant de la montagne sous le fort, et les beautés de la contrée environnante rendent Caltura un séjour délicieux. Quelques vergers de canneliers forment des oasis dans les prairies et sur les légers coteaux des alentours; un petit ruisseau borne à l'horizon, du côté de l'intérieur des terres, ce fertile canton de Colombo qui fournit en si grande quantité du blé à toute l'île de Ceylan. A quelques milles de Caltura, on voit un temple de Bouddha, construit sur un plateau taillé dans une petite colline. C'est un gracieux bâtiment en briques, avec un toit en tuiles bordé d'une galerie. Dans l'intérieur, l'image du dieu, longue de douze pieds, est étendue dans l'attitude du repos, la tête appuyée sur la main droite. Des lampes illuminent continuellement ce lieu dont le parvis est jonché de fleurs, et les murs couverts de peintures de couleurs rouges, blanches et noires. On y remarque quelques inscriptions dans la langue des naturels. Près de ce temple sont les cabanes des prêtres. La contrée environnante Caltura est extrêmement abondante en gibier. Elle renferme aussi plusieurs manufactures. Les cocotiers y sont en plein rapport, les cannes à sucre couvrent la campagne. On y remarque une distillerie de

rhum tenue par les Hollandais, mais ce rhum est très-inférieur en qualité à celui des Indes occidentales. A 6 milles au-dessus de Caltura est Barbareau, petit village avec une espèce d'anse formée par l'embouchure d'une rivière. Là se voit une manufacture considérable de cordages et de câbles de cocotier, dont une grande quantité est expédiée à Colombo et à la Pointe de Galles pour charger les vaisseaux qui trafiquent dans ces ports. A quelques lieues plus loin est *Bentot*, seulement remarquable parce que cette petite place recueille sur la côte qui l'avoisine les meilleures huîtres de l'île. Caltura est à 28 milles de Colombo. Latitude nord, 6° 54'; longitude, 79° 50'.   ED. GIROD.

CALUBI. C'est le fils d'Hesron (*I. Par.*, 2, 9).

CALUMBÉ, s. f. (botan.), racine que les Indiens emploient comme spécifique contre les coliques.

CALUMÈNES (géogr. ecclés.), ville épiscopale du diocèse du Pont, dans la province de la Galatie première, sous la métropole d'Ancyre. C'est tout ce que nous en savons, et qu'elle a eu un évêque au concile où Photius fut rétabli, sous le pape Jean VIII, nommé Nicolas.

CALUMET. Parmi les peuplades de l'Amérique du Nord, le *calumet* est le symbole de la paix ; quelquefois aussi il sert à déclarer la guerre. C'est une grande pipe, soigneusement ornée de plumes de différentes couleurs, et entourée de cheveux nattés autour du tuyau. La superstition lui a donné un pouvoir immense. Sa vue arrête les combattants les plus acharnés, et fait tomber les armes en signe de respect. Lorsqu'on doit faire un traité de paix, un sauvage porte en chantant et en dansant le *calumet* le plus élégant, et l'offre rempli de tabac et tout allumé au *grand chef*; celui-ci fume, et, par cet simple action, il rend l'alliance sacrée. La manière dont il l'accomplit n'est pas moins curieuse; il lance d'abord la fumée vers le ciel, comme pour prendre le *soleil* à témoin de sa foi; il dirige ensuite la vapeur vers la terre pour la purger de toutes traces d'inimitié, et enfin il la répand sur tous les assistants en signe d'union. Chaque matin le *grand chef* pratique cette cérémonie. Toutes les fois qu'il a besoin de faire cette invocation pour obtenir de l'eau ou de la chaleur, il la présente au soleil. Il rend le même hommage aux ambassadeurs qui lui sont députés. Refuser cette marque d'amitié et d'estime, c'est s'exposer à la colère et à la vengeance de la tribu sauvage. J'ai dit que le *calumet* était aussi quelquefois un signe de guerre; dans ce cas, il n'est plus décoré de plumes, et l'intervalle des tresses des cheveux est peint en rouge. Ainsi, la tige du *calumet* est à la fois un signe de concorde ou d'inimitié.

CALUNDRONIUS, s. m. (antiq.). Chez les anciens, et selon la fable, pierre merveilleuse à laquelle on attribuait la vertu de rendre victorieux, de chasser la mélancolie, de résister aux enchantements, et d'écarter les esprits malins.

CALUNIA (géogr. anc.), aujourd'hui Warwick, ville de la Grande-Bretagne, dans la Flavie césarienne, à l'est.

CALUPÈNE (géogr. anc.), contrée d'Asie, limitrophe de la petite Arménie.

CALUS, CALLOSITÉ (pathol.). On appelle calus ou callosité les indurations qui se forment à la peau ou aux parties molles. Ces indurations cessent quelquefois d'elles-mêmes. Il n'y a que d'interrompre l'action de la cause qui les avait fait développer et les entretenait pour la voir disparaître à la suite d'un travail de résorption. Ainsi, par exemple, les callosités qui se forment aux mains par un exercice manuel de chaque jour ne résistent pas à l'influence d'un repos prolongé. D'autres callosités, comme les cors, par exemple, ne disparaissent que par l'excision; et souvent ils se reproduisent malgré cette opération, si on continue à laisser les pieds sous l'influence de la cause déterminante, c'est-à-dire d'une chaussure étroite. Il y a encore des callosités d'une nature particulière qui se forment sur les bords des anciennes fistules, aux alentours des abcès. Il suffit souvent pour les faire cesser de les dissoudre par les émollients, et de les faire résorber par des résolutifs. Il est rare que ces callosités résistent longtemps aux moyens dont nous venons de faire mention.
              Dr ED. C.

CALUS signifie figurément un endurcissement d'esprit et de cœur qui se forme par la longue habitude. Il se prend ordinairement en mauvaise part.

CALUS, s. m. (botan.), gonflement qui se fait aux articulations des plantes.

CALUS (*géogr. anc.*), aujourd'hui *Esbet*, fleuve d'Asie, dans la Lazique. Il se jette dans le Pont-Euxin, au sud-est du Palus-Méotide, et près de Trapezonte.

CALUS. Entre les élèves de Dédale, nous dit l'histoire, ou, si l'on veut, la fable, il ne s'en trouve point qui ait inventé des choses aussi utiles aux arts et à l'architecture que le fils de sa sœur, appelé par Pausanias Calus, par quelques autres Accalus, Talus ou Attalus. On dit que ce jeune élève inventa la scie et le compas. On ajoute encore que Dédale conçut de cette invention une telle jalousie qu'il en tua l'auteur. Ce fut pour ce sujet qu'il sortit d'Athènes, où il avait commis ce meurtre, et qu'il s'enfuit dans l'île de Crète.

CALUSCO (THADÉE), Milanais, religieux de l'ordre de Saint-Augustin, enseigna avec applaudissement la philosophie et la théologie, et fut un des habiles prédicateurs de son temps. Il fut aussi consulteur du saint-office, réviseur des livres, et examinateur synodal sous le cardinal Archricto, archevêque de Milan. Il est mort en 1720, après avoir composé les ouvrages suivants : 1° *Varie Notizie molto utili per facilitare l'intelligenza e lo studio della Sacra scrittura, con una dissertatione dell' ultima pasqua di Gesu-Christo*, Milan, 1708, in-8° ; 2° *Esame della religione protestante, o sia pretesa riformata*, Venise, 1520, in-4° ; *Lettera ad un amico, che contiene una riposta generale à tutte le ragioni, che furono addotte in difesa di riti della cina* (*Bibliotheca script. Mediolan.*).

CALUSIANE (*géogr. anc.*), ville de Sicile, située à peu de distance de la côte occidentale, à l'est du fleuve Himère, au nord-est de Géla.

CALUSIDIUS, soldat de l'armée de Germanicus. Lorsque ce général voulut se percer de son épée, Calusidius lui offrit la sienne en disant qu'elle était meilleure.

CALUSIE (*géogr. anc.*), petite ville d'Arménie.

CALUSO (*V.* VALPERGA).

CALVA (*mythol.*), surnom donné à Vénus par les anciens Romains, qui lui avaient élevé un temple, parce que les femmes avaient donné leurs cheveux pour faire les cordes nécessaires au jeu des machines, lorsque les Gaulois vinrent s'emparer de Rome.

CALVADOS (DÉPARTEMENT DU), formé d'une partie de la basse Normandie, est borné au N. par la Manche, à l'E. par le département de l'Eure, au S. par celui de l'Orne, à l'O. par celui de la Manche, et tire son nom d'un banc de rochers situés sur ses côtes. Il est divisé en six arrondissements, trente-sept cantons, huit cent quatre-vingt-dix-sept communes et quatre arrondissements électoraux nommant sept députés. Sa superficie est de 288 lieues carrées, sa population de 500,956 habitants. Il comprend la quatorzième division militaire, la troisième conservation forestière. A Caen siége une cour royale, à Bayeux un évêché; la préfecture est à Caen.—Le climat de ce département est très-varié; l'air y est pur et sain, mais plus humide que sec, et plus froid que tempéré; l'hiver s'y prolonge souvent la moitié de l'année. Son territoire forme un bassin uni dans sa plus grande étendue, entrecoupé de vallées, de collines et de nombreux courants. Il s'y trouve peu de montagnes; les plus élevées, qui méritent à peine ce nom, bordent les côtes de la mer. Quelques vallées sont remarquables par leur fertilité, particulièrement celles d'Auge et de Trévières : c'est dans les pâturages de ces deux vallées que paissent les vaches qui donnent les beurres si renommés de Trévières et d'Isigny. Le département du Calvados possède sept petits ports sur une étendue de côtes de 28 lieues : Honfleur et Caen sont les plus importants. On pêche sur les rochers du Calvados beaucoup de poissons, de homards et de coquillages. Environ deux cents parcs pratiqués à l'embouchure de la Seule reçoivent annuellement jusqu'à vingt-cinq millions d'huîtres pêchées dans la rade de Cancale. — Le sol, composé en partie de terres de bruyères, est cultivé avec des chevaux; les récoltes y sont abondantes; il y a 32,843 hectares de forêts. — PRODUCTIONS. —*Végétaux.* Céréales, chanvre, légumes, melons de Honfleur et de Lisieux très-estimés, colza, rabette, pastel, gaude, fleurs, plantes marines, cidre : on cite celui d'Auge et de Bayeux. —*Minéraux.* Fer, sulfure de fer le long des côtes, houille, pierres à bâtir et à chaux, marbres, quartz, granit, argile, terre à foulon, marne, fossiles. Plusieurs sources minérales. — *Animaux.* Belle et nombreuse race de chevaux; belle race de bêtes à cornes; bêtes à laine, mérinos, métis, indigènes; grand nombre de porcs; beaucoup de volailles, chapons et poulardes; abeilles; gibier, particulièrement celui à plumes; grande variété de poissons de mer et d'eau douce.—INDUSTRIE. Fabrique de bonneterie, dentelles, draps imperméables et autres, mérinos, frocs, flanelles, molleton, couvertures, toiles de coton, siamoises, retors, reps, chapeaux de paille, cordes et ficelles, porcelaine, filatures de coton, papeteries, tanneries, teintureries, blanchisseries de toiles cretonnes; fabriques d'eaux-de-vie de cidre, huiles, fromages façon de Hollande, biscuit de mer; salaison de viande et de poisson; armements pour la pêche de la morue, de la baleine, du veau marin, du hareng; et pour les colonies. — COMMERCE. — *Exportation.* Bestiaux, chevaux, volaille, beurre, fromage, œufs, cidre, cire blanche, et tous les produits de ses manufactures. — *Importation.* Fer, cuivre, laine, coton, cuirs bruts, fils de dentelles, huile d'olives, vins et eaux-de-vie, draps, soieries, chapeaux, drogues pour la teinture et la médecine, denrées coloniales. — *Foires* ; cent soixante-seize dans soixante et une communes.— PRINCIPALES RIVIÈRES. L'Orne, l'Esques, la Dive, la Touques et la Vie, qui y sont navigables; l'Aure, la Dromme, l'Odon, l'Orbec, la Seule et la Vire. — Grande route de Caen à Rennes, Cherbourg, Alençon, Rouen et Paris.

CALVAIRE ou **GOLGOTHA**, petite montagne de la Palestine, au nord du mont de Sion, primitivement hors de Jérusalem, ainsi appelée à cause de sa figure représentant un crâne chauve, suivant dom Calmet, ou suivant l'opinion du géographe Mentel, parce que, de temps immémorial, on y laissait les têtes des criminels qui y avaient été exécutés. Qui n'est, à ce nom de Calvaire, pénétré des plus religieux sentiments! qui n'éprouve mille émotions, en parcourant par la pensée ce théâtre où s'est accompli le sublime drame de la passion et de la mort du Rédempteur des hommes, du Juste des justes immolé comme un criminel, et jetant avec son dernier soupir des paroles de pardon à ses bourreaux! Lorsque l'empereur Adrien fit rebâtir Jérusalem sous le nom d'*Ælia Capitolina*, le mont Calvaire se trouva presque au centre de la ville. L'impératrice Hélène, mère du grand Constantin, fonda au pied de cette éminence, qui fait partie de la montagne de Moria, une église pour couvrir le saint sépulcre; les princes chrétiens qui vinrent après la firent augmenter, afin d'y comprendre le mont Calvaire lui-même et plusieurs autres lieux saints environnants. Deux escaliers s'ouvraient dans cette église, pour conduire, l'un à la chapelle du Calvaire, l'autre à celle de l'Invention de la sainte croix. Le premier monte à la cime du Calvaire, le second descend sous le Calvaire même; en effet la croix fut élevée sur le sommet du Golgotha, et retrouvée sous cette montagne, qui renferme aussi, à l'honneur du nom français, les tombeaux des deux premiers rois de Jérusalem, conquérants de la terre sainte, Godefroy de Bouillon et Baudoin son frère, inhumés près de la sépulture divine qu'ils avaient arrachée aux profanations des infidèles. L'église du Saint-Sépulcre, dont M. de Châteaubriand donne une si belle description dans l'Itinéraire de Paris à Jérusalem (quatrième partie), après avoir été incendiée de fond en comble depuis le retour de Judée de l'illustre voyageur, vient de renaître de ses cendres, et, sous la garde de religieux cordeliers, conserve le Calvaire à la vénération des pèlerins, qui, de toutes les parties du monde chrétien, affluent vers les saints lieux. — Il est remarquable que le Calvaire est, comme nous l'avons dit, une portion de la montagne de Moria, et que le texte hébreu de la Genèse nomme ainsi celle où Abraham eut ordre de se rendre avec son fils et de l'y sacrifier.

ED. GIROD.

CALVAIRE ou **MONT VALÉRIEN**. L'élévation que l'on a décorée de ce nom pompeux est une butte de 169 mètres au-dessus de la mer, qui domine la rive de la Seine, près de Nanterre, à l'ouest de Paris. Avant la révolution de 1789 on y voyait un couvent, qui fut remplacé sous l'empire par une caserne, dans laquelle la restauration établit les *Pères de la Foi.* Ils en ont été renvoyés lors de la révolution de 1830, et la loi du 3 avril 1841, sur les fortifications de Paris, a compris le mont Valérien dans les travaux de défense extérieure.

CALVAIRE (CONGRÉGATION DE NOTRE-DAME DU). Les religieuses de cet ordre ont été fondées par Antoinette d'Orléans, de la maison de Longueville, qui, veuve à l'âge de vingt-deux ans de Charles de Gondi, marquis de Belle-Isle, son mari, se retira au monastère des Feuillantines de Toulouse, en 1601. Appelée pour porter la réforme dans l'ordre de Fontévrault, elle s'établit au monastère de l'Encloître, aux environs de Poitiers, où elle fut autorisée à recevoir auprès d'elle les filles aspirant à embrasser une vie plus régulière. Elle avait adopté la règle de Saint-Benoît, qui était mise en pratique dans toute sa rigueur. Le 4 octobre 1617, un bref de Rome, accordé avec le consentement de l'abbesse de Fontévrault au P. Antoine, confesseur et agent du cardinal de Richelieu, permit à la mère Antoinette de quitter l'ordre de Fontévrault, et de prendre possession d'un couvent bâti par l'évêque de Poitiers dans l'intérieur de cette ville, et d'y amener les religieuses qui voudraient la suivre. Ce ne fut qu'après la mort de la fondatrice, arrivée le 25 avril 1628, que, pour détacher tout à fait cette institution de ses rapports avec l'ordre de Fontévrault, dont l'abbesse avait vainement essayé de la remettre sous sa dépendance, le P. Joseph donna à ses religieuses le nom de *Filles du Calvaire*. Il engagea la reine mère, Marie de Médicis, à leur faire construire une maison proche du palais du Luxembourg en 1620. Elles eurent un nouveau couvent au Marais en 1638. La place de ce dernier établissement avait été achetée aux frais de la congrégation, et les libéralités du roi, du cardinal de Richelieu et de Mme Combalet, sa nièce, depuis duchesse d'Aiguillon, payèrent les constructions. — Le pape Grégoire XV approuva les constitutions particulières données par le P. Joseph. Les couvents déjà existants de Poitiers, de Paris et d'Angers, ainsi que tous ceux qui seraient fondés par la suite, furent érigés par sa bulle en congrégation de l'ordre de Saint-Benoît, sous le titre de *Notre-Dame du Calvaire*. Le monastère, situé dans la rue des Filles du Calvaire, portait le nom de *Crucifixion*, pour être distingué de celui du Luxembourg. C'était le siège de la direction générale, qui se composait de trois supérieurs majeurs, cardinaux ou prélats, d'ordinaire d'un visiteur, et d'une générale. Les supérieurs majeurs étaient à perpétuité; le visiteur n'était que pour trois ans, mais pouvait être continué. La générale aussi cessait ses fonctions au bout de trois ans, quoique de chapitre en chapitre on pût la continuer jusqu'à douze ans, où nécessairement elle était remplacée. Alors elle devenait la dernière de la communauté pendant un an, et ne pouvait être élue prieure qu'après trois ans. Pendant son généralat elle avait quatre assistantes formant son conseil. L'une d'elles l'accompagnait dans ses visites aux différentes maisons de la congrégation. Lors de la tenue du chapitre général, les prieures des monastères et leur communauté dans la personne élue par chacune d'elles, avaient droit d'envoyer leurs suffrages par écrit. Le visiteur, président de ce chapitre, avec trois scrutatrices élues par la communauté où il se tenait, ouvrait les lettres, comptait les suffrages, et déclarait générale, assistantes et prieures, celles qui avaient le plus de voix. Cette congrégation était exempte de la juridiction des ordinaires. Elle a compté une vingtaine de maisons, tant en Bretagne qu'en Poitou, en Touraine, et à Paris. L'abbaye de la Trinité de Poitiers, et celle des bénédictins de Beaugé s'y étaient réunies. Les religieuses du Calvaire avaient pour habillement une robe de couleur brune, avec un scapulaire noir qu'elles mettaient sur la guimpe, comme les carmélites déchaussées. Au chœur elles portaient un manteau noir, et étaient déchaussées depuis le 1er mai jusqu'à la fête de l'Exaltation de la sainte Croix.　　　**Ed. Girod.**

CALVANIER, s. m. (*agric.*), homme de journée qui entasse les gerbes de blé dans une grange.

CALVARIA, s. m. (*hist. nat.*), espèce de poisson.

CALVART (DENIS), né à Anvers en 1552, mort à Bologne en 1619. Il se distingua de bonne heure dans la peinture, aidé des leçons de Prospero Fontana et de Lorenzo Sabbatini. Après un voyage scientifique à Rome, où il copia les meilleurs ouvrages en peinture et en sculpture, il ouvrit à Bologne une école longtemps célèbre et fréquentée par de nombreux élèves, entre autres par le Guide, l'Albane et le Dominiquin, qu'attiraient surtout les savantes leçons de Calvart sur l'architecture, la perspective et l'anatomie, trois études spéciales si importantes pour un peintre. Lorsque l'école des Carraches supplanta la sienne, Calvart jaloux ne put s'en consoler, et traîna jusqu'à sa mort une vie solitaire et maladive. — Ses principaux tableaux se voient à Bologne, à Rome et à Reggio; quelques-uns ont été gravés par Gilles Sadeler et par Augustin Carrache. On y admire une ordonnance riche, une belle disposition de groupes, une animation vraie des figures, une touche élégante et un excellent ton de couleur. Les dessins de Calvart sont les uns à la sanguine, lavés au bistre ou à l'encre de Chine, les autres à la pierre noire.

CALVERT (GEORGES), plus connu sous le nom de comte de *Baltimore*, né en 1578 à Kiplin, comté d'Yorck, fut le fondateur de la colonie de Maryland. Après un voyage dans lequel il tra-

versa tout le continent de l'Europe, il revint en Angleterre au commencement du règne de Jacques Ier, entra dans les bureaux de sir Robert Cécil, secrétaire d'État, et par le crédit de ce seigneur obtint la place de secrétaire du conseil privé, l'ordre de la Jarretière, ensuite le titre de secrétaire d'État avec une pension de 1,000 liv. st. sur les douanes. Il embrassa la religion catholique en 1624, déclara ce changement au roi, et lui donna sa démission; toutefois, il resta au conseil privé, et fut créé baron de Baltimore. Il occupait encore la place de secrétaire d'État lorsqu'il fut constitué propriétaire de la péninsule méridionale de New-Foundland, qu'il nomma province d'Avalon, et dans laquelle il dépensa 25,000 liv. st. pour une plantation qu'il visita deux fois en personne; mais le voisinage des Français l'incommodait tellement que, quoiqu'il les eût repoussés d'abord, il fut contraint d'abandonner le territoire. Il retourna en Angleterre, et obtint de Charles Ier la concession de vastes terres au nord de la Virginie : mais avant qu'il en reçût les titres de propriété, il mourut à Londres en 1632. Après sa mort, les lettres en furent accordées à son fils aîné Cécil, qui lui succéda. Le pays fut dès lors appelé Maryland, en l'honneur d'Henriette-Marie, femme de Charles Ier. La tolérance religieuse fut respectée par Cécil, qui exécuta tous les projets de son père. — **Calvert** (Léonard), gouverneur du Maryland, frère cadet de Cécil, arrivé dans la Virginie le 24 février 1634, avec ce frère et environ deux cents familles catholiques, avança le 3 mars dans la baie de Chesapeack, au nord, et jeta l'ancre dans une île qu'il appela Saint-Clément, et dont il prit possession au nom du roi d'Angleterre. De là, il poursuivit 16 lieues plus haut, sur la ville de Patawniac, aujourd'hui Marlborough, où il fut reçu en ami par le régent qui gouvernait pour le prince du pays, alors mineur. Il poursuivit encore 12 lieues plus haut, vers la ville de Piscataway, sur la côte de Maryland, où il trouva un Anglais nommé Henri Fleet, qui demeurait depuis plusieurs années avec les naturels du pays, et qui en était fort estimé. Il en tira de grands services comme interprète, fit ses présents au prince, ne négligea rien pour se concilier l'affection des habitants, et le 20 mars prit possession du Maryland. Le gouvernement fut établi sur les bases de la sûreté des propriétés et de la liberté de conscience. Cinquante acres de terre furent concédés à chacun des colons, et tout chrétien fut admis sans aucune prééminence de secte particulière. Cette sage politique fit de cette colonie un asile pour tous les exilés de l'Angleterre. Le gouverneur fut chargé des intérêts de toute la colonie jusqu'au temps des guerres civiles, où le nom de catholique devint si odieux aux Anglais, que le parlement s'empara du gouvernement de la province. On ne sait rien de plus sur Léonard Calvert. A la restauration du roi Charles II, en 1660, Cécil Calvert recouvra ses droits sur le Maryland, dont un an après son fils Charles fut nommé gouverneur.

CALVET (ESPRIT-CLAUDE-FRANÇOIS), médecin, naturaliste et antiquaire, naquit en 1728, à Avignon, d'une famille honorable. Il fit ses études chez les jésuites, dans cette ville d'abord, et puis à Lyon, revint à Avignon étudier la médecine, y fut reçu docteur en 1745, et fut agrégé peu de temps après à la faculté de cette ville. Il alla ensuite étudier un an à Montpellier, et en 1750 il vint à Paris où il passa plusieurs années. De mœurs simples et pures, il fréquentait durant ses soirées les ventes de livres ou la société des personnages distingués qu'il connaissait en grand nombre. De retour dans sa ville natale, il ouvrit un cours de physiologie et d'anatomie comparée, qui fut très-fréquenté. L'histoire naturelle, l'archéologie, la botanique surtout, et même la peinture, se partageaient les loisirs que lui laissaient les devoirs de son état. Sa réputation le faisait souvent appeler en consultation jusque dans le Languedoc et le Dauphiné; et toujours ses excursions tournaient au profit de ses études favorites. Un *Mémoire sur les utriculaires* de Cavaillon, qu'il soumit en 1765 à l'académie des inscriptions, lui valut, avec les éloges de cette compagnie, le titre de son correspondant. Bientôt il fut chargé des deux hôpitaux d'Avignon. Quand vint la révolution, qui fit tant de victimes à Avignon, après avoir erré de Toulon à Marseille, à Avignon, à Agde, dans les campagnes, il fut enfin arrêté en 1792, et jeté dans une prison avec six cents de ses compatriotes. S'il échappa alors à la hache des bourreaux, s'il recouvra sa liberté avant le 9 thermidor, il le dut à son savoir : une épidémie ravageait Avignon, Calvet seul fut jugé capable d'en arrêter les progrès. Le zèle qu'il déploya acheva de ruiner sa santé, et dès 1797 il fut forcé de renoncer à visiter ses malades. L'âge, et plus encore ses infirmités, le décidèrent à se démettre de ses fonctions vers 1801. A partir de ce moment, il vécut au milieu de ses livres et de son musée, n'admettant chez lui que ses anciens amis, et les étrangers attirés par sa réputation, auxquels il faisait toujours l'accueil le plus gracieux. Il mourut à Avignon le 25 juillet 1810, à l'âge de quatre-vingt-deux ans. Par son testament olographe, il légua toutes ses collections à sa ville natale, pour en faire jouir le public. La partie la plus précieuse du *musée Calvet* est celle des antiques. Le médaillier, riche de plus de douze mille pièces très-bien conservées, est, après celui de la bibliothèque royale, le plus nombreux qu'il y ait en France. Calvet eut beaucoup d'amis; sa *Correspondance* avec l'abbé Barthélemi, Caylus, Saint-Vincent, Millin, etc., qui fut publiée à Paris en 1802, sans son aveu, forme 16 vol. in-4°. La traduction de *Florus* par l'abbé Paul est dédiée à Calvet. Indépendamment de ses thèses et *Dissertations médicales* (en latin, Avignon, 1761-62, in-4°), on lui doit : 1° *Dissertation sur un monument singulier des utriculaires de Cavaillon*, Avignon, 1766, in-8°. Calvet en avait préparé une seconde édition très-augmentée. Il en a été fait une traduction peu exacte, Leipzig, 1787 (*Antiquor. monumentor. sylloge*); 2° *Mémoire sur deux inscriptions grecques*, dans le genre érotique (*Magasin encyclopédique*, 1802, I, 154); 3° deux *Lettres à M. de la Tourette sur la jambe du cheval de bronze trouvée dans la Saône en* 1766 (Archives du Rhône, IV, 486-490). On conserve dans son musée six volumes manuscrits in-folio, contenant tous ses ouvrages sur la médecine, l'histoire naturelle, la philosophie, la numismatique et les antiquités. Le gouvernement a souvent fait les frais de publications qui étaient loin de mériter cet honneur autant que les manuscrits de Calvet. Il mourut célibataire. Parmi ses collatéraux nous devons consacrer quelques mots à deux de ses neveux. — CALVET (l'abbé), bibliothécaire d'Avignon, mort en 1824, se distingua principalement par sa connaissance des titres généalogiques et nobiliaires, et par une *Histoire de la république d'Avignon*, insérée dans les *Mémoires de l'Athénée de Vaucluse*. — CALVET (le neveu), médecin, né à Avignon vers 1775, vint de bonne heure à Paris, y étudia sous les plus célèbres professeurs, et y fut secrétaire de la société médicale d'émulation, membre de la société de médecine clinique, d'instruction médicale, de la société galvanique, et de la société académique. Il s'était fait connaître par plusieurs ouvrages, entre autres par un *Traité des maladies vermineuses*, traduit de l'italien de L. Brera, et augmenté de notes, Paris, 1804, in-4°, composé avec Bartholi, et reproduit sous ce titre : *Manuel théorique et pratique des maladies vermineuses*, Paris, 1805, in-8°. Il était correspondant des sociétés de médecine de Montpellier et d'Avignon. Il se disposait à rentrer dans sa ville natale, où l'attendait un mariage avantageux, lorsqu'il mourut à Paris en 1806.

CALVI (*géogr.*), l'un des chefs-lieux de sous-préfecture du département de la Corse, place de guerre de seconde classe. La fondation de cette ville est due aux guerres civiles qui, dès le XIIIᵉ siècle, désolaient la Corse. Vers l'an 1268, Giovaninnello, de Pietra-Cerata, faisant la guerre à Jiudice della Rocca, seigneur de toute l'île, vint se fortifier sur la hauteur où est aujourd'hui Calvi : il se retira ensuite, mais ce lieu continua d'être habité. Postérieurement les Avoghari, seigneurs de Nonza, y furent appelés et continuèrent à y dominer jusqu'au moment où les habitants se soumirent aux Génois, aux mêmes conditions que ceux de Bonifacio. Les troupes d'Alphonse, roi d'Aragon, occupèrent momentanément Calvi. Du temps de Henri II, l'armée combinée des Turcs et des Français en leva le siége, événement regardé alors comme un prodige opéré par un crucifix des miracles. La ville de Calvi ne prit jamais part aux mouvements insurrectionnels de l'intérieur contre les Génois. Pour reconnaître et encourager cette inaction, le gouvernement génois fit placer sur la porte de la citadelle cette inscription : *Civitas Calvi semper fidelis*. — Les Anglais assiégèrent Calvi au commencement de juin 1794. La garnison fut puissamment secondée par les citoyens : les femmes mêmes se firent remarquer par leur courage en portant des munitions sur les remparts et en travaillant aux fortifications dans le moment le plus terrible du bombardement. Après une longue et opiniâtre résistance, qui réduisit la garnison à 260 hommes, et après avoir vu les Anglais occuper le fort Mozello, Calvi se rendit faute de vivres. Les habitants abandonnèrent aux Anglais les restes méconnaissables de leur cité, et s'embarquèrent pour Toulon. En 1795, les conquêtes du général Bonaparte en Italie encouragèrent les Corses à secouer le joug des Anglais; Calvi fut repris, et ses habitants rentrèrent dans leur patrie. — Cette ville, dont la population est aujourd'hui de 3,282 habitants, n'offre d'ailleurs aucun monument remarquable; la caserne, qui est l'ancien palais des gouverneurs génois, et

l'église, où l'on voit le tombeau de l'ancienne famille Baglioni, offrent seules quelque intérêt.

CALVI (COMBAT ET PRISE DE). Une colonne napolitaine, battue le 6 décembre 1798 à Otricoli, se retira sur les hauteurs de Calvi, petite ville de la Terre de Labour, à 12 kilomètres de Capoue. Championnet fut instruit que le général Mack avait pris position à Catalu, pour tenter de couper les communications des divisions françaises. Afin d'arrêter cette entreprise, Championnet donna ordre au général Macdonald de faire porter la brigade du général Mathieu sur Calvi, celle du général polonais Kniazewitz sur le même point par Magliano, tandis que le général Lemoine déboucherait sur Calvi par Contigliano. Ce mouvement, bien combiné, fut exécuté avec une grande précision; toutes les colonnes se mirent en marche dans la nuit du 8 au 9 décembre, et s'avancèrent par des chemins fangeux, au milieu d'une pluie horrible. A la pointe du jour, les troupes de Macdonald arrivèrent devant les hauteurs de Calvi. Après un combat très-vif, l'ennemi fut jeté dans la ville de Cerné. On le somma de se rendre, et après quelques pourparlers, la garnison, forte de 5,000 hommes, se reconnut prisonnière.

CALVI (LAZARE), peintre italien, né à Gênes en 1502, travailla aux fresques du palais d'Antoine Doria et à d'autres édifices de sa patrie, et mourut à l'âge de 105 ans. — Son frère PANTALÉON, également bon peintre, laissa quatre fils, Marc-Antoine, Aurèle, Benoît et Félix, qui suivirent la même carrière.

CALVI (DONAT), vicaire général de la congrégation de Lombardie, de l'ordre de Saint-Augustin, né à Bergame, a publié un ouvrage rare et curieux, intitulé : *Scena litteraria degli scrittori Bergamaschi*, Bergame, 1664, in-4°, divisé en deux parties, dont la première renferme la notice d'environ trois cents littérateurs de Bergame, avec soixante-trois portraits. La deuxième partie, consacrée à l'académie *degli Excitati*, donne la notice de trente-sept académiciens, avec sept portraits (*V.* la *Bibliothèque curieuse* de David Clément). — CALVI (Maximilien), auteur italien du XVIᵉ siècle, a publié : *Trattato de la Hermosura y del Amor*, imprimé à Milan, 1576. — CALVI (Jean), né à Crémone, médecin de l'hôpital de Florence, et professeur de médecine à Pise dans le XVIIIᵉ siècle, a donné en latin : 1° *De l'état actuel de la médecine en Toscane*, Florence, 1748, fort estimé; 2° en italien : *Lettre sur l'efficacité du sublimé corrosif dans le traitement des maladies vénériennes*, Crémone, 1762, etc.

CALVIA, dame romaine qui fut l'instrument des débauches de Néron.

CALVIDAS, roi des Scythes et frère d'Anacharsis, régnait du temps de Solon, vers l'an 588 avant J.-C.

CALVIÈRE (CHARLES-FRANÇOIS, MARQUIS DE), naquit à Avignon en 1693, entra dans la carrière militaire, et parvint au grade de lieutenant général. Il se retira en 1755, après quarante-quatre ans de service, dans son château de Vezenobre, près d'Alais, où il mourut en 1777. Il avait été reçu en 1747 membre honoraire de l'académie royale de peinture. Il a laissé manuscrits plusieurs mémoires sur les antiquités d'Arles, de Nîmes et d'Orange. On a publié de lui, après sa mort, un *Recueil de fables diverses*, 1792, in-18. Il s'était montré zélé partisan de l'inoculation.

CALVIL (*bot. phan.*). On nomme ainsi une variété de pommier dont les pommes portent le nom de calville (*V.* POMMIER).

CALVIN (1). En 1509, le 10 juillet, dans une maison de Noyon, qui fut depuis une hôtellerie, naquit Jean Calvin. Gérard, son père, natif de Pont-l'Evêque, était notaire apostolique, procureur fiscal du comté, scribe en cour d'église, secrétaire de l'évêque, et promoteur du chapitre. Jean fut le second des six enfants de la famille. Son père le destinait à l'étude de la théologie. Gérard Calvin était pauvre, mais la noble maison des Mommor venait à son secours dans les moments de détresse. Un membre distingué de cette famille, Hangest, abbé de Saint-Eloi, prit sous sa protection spéciale le jeune Jean, qui de bonne heure annonça une pénétration d'esprit remarquable et

---

(1) Son véritable nom était Cauvin. Il se servit, pour dérober à ses ennemis ses écrits ou sa personne, des pseudonymes de Caldarius, Happeville, Deparçan, etc. *V.* l'excellente *Histoire de Calvin*, par M. Audin, dont nous avons beaucoup profité pour cet article.

un goût rare pour l'étude. L'écolier profita bien des leçons qu'on lui permettait de venir prendre chaque jour avec les enfants des Mommor ; et, le 15 mai 1521, avec quelques centaines de livres tournois que lui donnèrent ses bienfaiteurs, il acheta la prébende de la chapelle de Notre-Dame de la Gésine. Sur la fin de ses études on l'envoya à Paris, où Mathurin Cordier enseignait les humanités, et Alexandro la langue d'Aristote et d'Homère. Ce fut dans cette ville qu'il lut certains ouvrages de Luther, qui venait de rompre avec le catholicisme, et que les premiers doutes religieux entrèrent dans cette tête fraîchement imbue de syllogismes et de distinctions. Dans une école dont presque tous les maîtres appartenaient déjà secrètement aux nouvelles doctrines religieuses, il était difficile de n'avoir pas des exemples et des liaisons qui conduisissent à de graves erreurs. Farel, entre autres, *âme menteuse, virulente et séditieuse*, comme l'appelait Erasme, devint un des plus assidus compagnons du jeune homme ; si bien que celui-ci, de retour à la maison paternelle et entrant à peine dans sa dix-neuvième année, commençait à se persuader que le pape était l'antechrist. — Mais ces pensées n'avaient pas encore paru au dehors. Une thèse fut soutenue par lui, sans doute d'après des principes catholiques, car il l'obtint, grâce à l'abbé de Saint-Eloi, vue que, par un abus trop commun et d'où naquirent souvent trop de désordres, il occupa sans être prêtre. En effet, il avait reçu la tonsure, et n'alla jamais plus loin dans la hiérarchie cléricale. Peu d'années après, il échangea cette cure pour celle de Pont-l'Evêque, non loin de sa ville natale. C'est vers ce temps qu'il se lia, dit-on, avec Robert Olivetan, son parent, qui travaillait alors à sa traduction française de la Bible ; une de ces âmes toutes pleines de doutes et que le Dante place dans les enfers. — Le repos ne convenait guère à un esprit aussi turbulent : il fallut donc peu d'éloquence à son père pour le porter vers une carrière différente, et Calvin se décida à étudier le droit, qui menait alors sûrement à la fortune et aux honneurs. Ce fut à Orléans qu'il alla écouter le fameux Pierre de l'Etoile, dont il fit la joie par son ardeur et ses progrès. D'Orléans il passa à l'université de Bourges, où ses études furent tout à coup interrompues. Il partit pour aller soigner son père malade, qui mourut bientôt après. Alors Calvin revint à Bourges pour étudier, sous Alciati, Justinien et les *douze tables*. Cependant, à côté du professeur milanais, s'en trouvait un autre pour qui la langue hellénique était un culte, mais qui n'aimait pas moins Luther que Platon : Wolmar sut porter à son disciple des coups sous lesquels celui-ci ne tarda pas à succomber ; et lui fit quitter la littérature grecque pour la Bible, reprendre la théologie, et croire que ce devait être sa science et sa vocation. Dès ce moment Calvin médite les Ecritures, en confère avec tout ce que les nouvelles idées avaient de partisans autour de lui. Il paraît qu'il avait élevé jusqu'au système ses idées sur la prédestination, et qu'il s'effrayait de ses doctrines, car, à cette époque, on le voit travaillé de remords qui troublent son repos intérieur. Puis tout à coup cette lutte intérieure cesse ; la tranquillité s'établit dans son âme : c'est qu'il n'appartient plus au catholicisme. S'il faut l'en croire, un coup de la Providence l'arracha subitement *aux ténèbres du papisme*. Il avait abandonné l'université de Bourges (1532) et était retourné à Paris pour travailler à l'œuvre de la réforme, cherchant des âmes qui lui ressemblassent, faciles aux séductions, amoureuses de changement, et qu'il enivrait bien vite de ce vin des nouveautés, si doux aux lèvres, si funeste au cerveau. Elles venaient se prendre une à une à ses filets. Il prêchait aux jeunes gens le mépris de la confession, l'inutilité des œuvres, le danger des pèlerinages. Il livrait à ses moqueries les moines, les couvents, les prêtres catholiques. Il déclamait contre le luxe des évêques, les richesses des églises, l'ignorance du sacerdoce. Il prêchait contre le faste des successeurs de Léon X, les profusions des indulgences, les redevances de la cour de France envers la papauté. Il annonçait une parole qui devait changer le monde, moraliser la société, détruire la superstition et faire luire la lumière. On l'écoutait, et ses succès étaient plus grands qu'il ne l'avait espéré. A Paris, Calvin avait fait connaissance d'un marchand nommé Etienne de la Forge, luthérien ardent, dont la boutique servait le soir de rendez-vous aux religionnaires, et où Jean prêchait ordinairement. De ces prédications clandestines sortaient des néophytes tout brûlants d'un feu qu'ils nommaient divin. On appelait alors ces hommes nouveaux des luthériens, car le vocable de huguenot n'était pas encore inventé. Il y avait de ces luthériens dans un grand nombre de villes de France ; à Meaux surtout, où ils avaient excité du trouble, l'autorité avait été obligée plus d'une fois de réprimer leur zèle fanatique et leur parole insolente.

Calvin, à Paris, avait fondé une petite église où il prêchait la nuit et à huis clos. Le pouvoir avait eu recours d'abord aux menaces ; les menaces avaient été inutiles. Il employa la prison, la prison ne convertit personne. On en vint à la violence ; on dressa des bûchers où montèrent quelques fanatiques dont le trépas fut transformé en martyre. Calvin essaya une timide protestation en faveur de quelques huguenots qu'on avait brûlés en place publique : *œuvre d'une âme double*, dit Papyre Masson, *catholique dans ses écrits et luthérienne au logis*. C'est son premier livre. Il a pour titre : *De clementia*, paraphrase d'un écrivain latin de la décadence. Du reste, c'est la première fois qu'un commentateur ignore la vie de celui dont il met l'œuvre en lumière. Calvin a confondu les deux Sénèque, le père et le fils, le rhéteur et le philosophe, dont il ne fait qu'un être littéraire, vivant toute une vie de patriarche, plus de cent quinze ans. L'œuvre littéraire cousue par Calvin, en guise de commentaire, au traité de Sénèque, n'est point indigne d'un lettré de la renaissance. Mais à tout prendre, c'est une allégorie manquée ; car quel lecteur avait pu deviner que l'écrivain avait voulu représenter François Ier sous le nom de Néron auquel le Cordouan s'adresse ? Papyre Masson s'est trompé : le *Commentaire sur la clémence* ne parut pas, comme il le pense, sous le titre de *Lucius Calvinus, civis Romanus*, mais sous celui de Calvinus que porta désormais le réformateur. Ce traité fit connaître Calvin du monde savant. Bucer, Capito, Œcolampade félicitèrent l'écrivain. — En 1531, Calvin, décidé à poursuivre son œuvre, donna procuration à ses frères, afin de vendre ce qui lui revenait de son père et de sa mère. Et quelque temps après, il résigna sa chapelle de la Gésine, *mediante pretio conventionis*, dit l'acte de cession, et sa cure de Pont-l'Evêque. — L'orage s'apprêtait ; Calvin voulait exposer une autre tête que la sienne, et il avait choisi celle de Nicolas Cop, Allemand de Bâle, et recteur de la Sorbonne, à Paris. Un discours solennel prononcé par Cop le jour de la Toussaint provoqua des poursuites ; Cop et Calvin furent réduits à s'enfuir de la ville, ce dernier sous le déguisement d'un vigneron. — Le réformateur trouva un refuge chez la reine de Navarre, qui fut assez heureuse pour réconcilier son protégé avec la cour et l'université. Il ne paraît pas que Marguerite ait fait une loi du silence à son hôte de Noyon, car nous le trouvons qui répand ses erreurs en Saintonge, où beaucoup de personnes viennent à lui et quittent le catholicisme pour embrasser la réforme. C'est dans une de ces courses que le missionnaire fit la rencontre de Louis du Tillet, chanoine ou curé de Claix, frère de Jean du Tillet, greffier au parlement de Paris, et de du Tillet, évêque de Meaux. Louis avait à Claix une jolie habitation, où Calvin composa son livre le plus sérieux, l'*Institution chrétienne*. Il employait le temps qu'il ne consacrait pas à cette œuvre à prêcher dans les villes voisines, à Angoulême surtout. Bientôt il quitta Marguerite et reparut à Orléans. La réforme jetait partout où elle se montrait le trouble et le désordre. Les parlements redoublaient de sévérité, Calvin était surveillé, sa liberté pouvait être compromise ou en danger. Il résolut de quitter la France, par crainte ou par dépit, s'il faut en croire un historien ecclésiastique, ne pouvant pardonner à François Ier le choix que ce prince avait fait d'un parent du connétable, d'une *médiocre suffisance*, pour lui conférer un bénéfice que sollicitait l'auteur des *Commentaires sur Sénèque*. Calvin partit après avoir fait paraître à Orléans sa *Psychopannychie* (1534). Il avait envie de visiter Bâle, alors l'Athènes de la Suisse. Il partit d'Orléans emmenant avec lui son ami du Tillet. Près de Metz, leur domestique les dévalisa et s'enfuit avec leurs sacoches et leurs montures, et ils furent obligés de gagner à pied Strasbourg, presque sans vêtements, n'ayant plus que 10 écus pour tout bien. Calvin y passa quelque temps à étudier les diverses transformations qu'y subissait depuis quinze ans la parole réformée. Il se lia étroitement avec quelques-uns des plus célèbres représentants du protestantisme. A Bâle, Calvin trouva Simon Grynæus et Erasme. Le lendemain, du Tillet, le greffier du parlement de Paris, arrivait à Bâle, et à force de larmes, de prières, emmenait son frère Louis, qui se repentit, abjura, et bientôt fut élu archidiacre, dignité que lui disputait la Renaudie, dont la réforme devait se servir pour l'exécution du complot d'Amboise. — La *Psychopannychie*, le premier ouvrage de polémique de Calvin, est un pamphlet dirigé contre la secte des anabaptistes, que la sanglante journée de Frankhausen avait vaincue, mais n'avait pu dompter. Calvin a du reste fort bien jugé la valeur de son livre et de son *Traité contre les anabaptistes* ; il a raison de dire : « J'ai repris la curiosité folle de ceux qui débattoyent ces questions lesquelles de faict ne sont autres que tourments d'esprit. » Dans une épître aux lecteurs, qui sert de préface à *une édition nouvelle de la Psychopannychie*, publiée à Bâle en 1536, Calvin a pris courage. Il n'a plus peur du lieutenant Morin, et insulte grossièrement à la papauté. A l'entendre, la France marche dans de doubles ténèbres : il calomnie l'intelligence et la foi de son pays. — En 1536, au mois de mars, Thomas Platter et Balthazar Lasius terminaient à Bâle l'impression de l'*Institution chrétienne*. Enhardi par les intrigues des dames de la cour de François Ier, dont la plus chaste était difficile à trouver, Calvin lança enfin ce manifeste ardent où le protestantisme est attaqué, mais qui n'en devait pas moins, dans la pensée de l'auteur et de ses amis, changer la face du monde catholique. Cet œuvre d'études mal digérées et de sophismes déjà usés, où l'écrivain s'érige en réformateur et en apôtre, était, quoique bien écrit, une pâle copie des déclamations de Luther, à laquelle on avait ajouté de nouveaux dogmes, et qui damnait impitoyablement les luthériens indociles, pendant que ceux-ci, sous la conduite du docteur Martin, répondaient anathème à quiconque embrasserait ou approuverait seulement le calvinisme. Ce qu'il y aurait de plus remarquable dans la publication de ce livre, ce serait l'audacieux courage de l'auteur, qui le dédia à François Ier, dont il savait la rigoureuse opposition aux allures de l'hérésie : mais cette audace n'était plus que de l'insolence, car l'écrivain était hors des atteintes de l'autorité française. Quoi qu'il en soit des principes hétérodoxes de ces pages, tantôt sèches et arides, tantôt furibondes et passionnées, toujours en contradiction avec la pensée intime de l'écrivain, il faut reconnaître qu'elles sont écrites d'un style clair, facile, remarquable par une netteté châtiée et une étonnante propriété d'expression. La dédicace surtout mérite cet éloge, et les héros de la secte ne manquèrent pas de s'en targuer, quoique en général on puisse dire que ce n'était pas là une production littéraire à signaler parmi celles qui fondèrent notre langue française. En dépit de l'idiome dans lequel elle fut écrite, l'affectation des tournures latines s'y montre à chaque ligne, et l'on y reconnaît une plume qui vient plutôt de Sénèque et de Tacite qu'elle ne veut aller à Montaigne et à Charron. — Après avoir passé quelque temps à Ferrare, où la duchesse Renée, fille de Louis XII, l'avait bien accueilli, en faveur de ses opinions qu'elle partageait, Calvin fut obligé de quitter l'Italie, d'où un édit de Charles-Quint expulsait spécialement les Français, accusés à bon droit de menées secrètes pour la réforme. Il alla à Noyon. Pendant son séjour dans cette ville, où il ne pouvait rester inconnu malgré toutes les précautions, nous ne voyons pas que le pouvoir ait songé à l'inquiéter. On le laisse tranquillement mettre ordre à ses affaires, vendre tout ce qui lui restait et arranger, avec son frère Antoine et sa sœur Marie, des préparatifs de départ pour la Suisse. Les historiens avouent que sa parole ne fut pas stérile à Noyon, qu'il parvint à séduire un sieur de Normandie, juge en cette ville, et sa famille et quelques autres encore qui consentirent à s'exiler avec lui et à fuir à l'étranger. L'apathie de ce pouvoir, que la réforme nous a représenté si cruel, a lieu de nous étonner. — L'itinéraire de la petite colonie avait été tracé par Calvin : elle devait passer par Strasbourg, par Bâle, pour gagner Genève ; mais, pendant que François Ier se jetait à travers les Alpes pour conquérir le Milanais, Charles-Quint envahissait nos provinces ; la Lorraine était pleine de soldats. Calvin crut devoir changer de direction : il prit le chemin de la Savoie. et arriva à Genève. Les protestants ont vu dans cette arrivée de Calvin à Genève une direction providentielle ; ils se plaisent à faire remarquer que Calvin n'avait aucun dessein de s'arrêter dans cette ville ; qu'il n'y *entra* qu'en passant pour entrer plus loin, mais que ce fut juste au moment du triomphe de leur cause, et que Farel, en le retenant avec instances, avec autorité même en quelque sorte, agissait, dit-on, par une inspiration d'en haut. Si en effet le hasard seul fit que Calvin passa par Genève en voulant se rendre à Bâle, s'il eut besoin, pour s'y arrêter, d'être pressé par Farel, il faut avouer que la plus mûre réflexion ne lui aurait pas conseillé un autre parti, ni fait choisir une autre résidence plus conforme à son caractère et à ses projets. Mais il y a lieu de croire que Calvin nourrissait depuis plusieurs années le désir d'étendre la réforme et d'en devenir le chef dans son pays. Sa prudence un peu timide ne lui permettait pas de rester en France, et d'y écrire et d'y prêcher librement, où pouvait-il trouver un établissement plus sûr à la fois et plus favorable au succès de ses vues ? La ville de Genève touchait aux frontières de la France ; on y parlait *notre* langue ; nos habitudes s'y étaient implantées, on pouvait de là répandre toute sorte d'écrits, entretenir des correspondances dans nos diverses provinces, et y envoyer les hommes les plus propres à s'emparer des esprits et de l'opinion. — Genève s'était réformée depuis seulement quelques années, ou plutôt elle était au moment où le parti de la réformation commençait à y dominer tout à fait. Depuis quatre ans une sorte de guerre civile y régnait. Les protestants avaient pour eux l'appui de Berne, déjà réformée ; les catholiques étaient soutenus par Fribourg. Les habitants, pour garder leur ville contre les entreprises de leur évêque et des ducs de Savoie, avaient fait alliance avec Berne, et ce fut cette alliance qui entraîna leur changement de religion. Après bien des désordres excités par les prédicateurs de la réforme, le grand conseil avait accordé en 1535 des églises aux réformés, mais en laissant les paroisses aux catholiques. Enfin le peuple, voyant que le conseil voulait être forcé, prit un des réformateurs nommé Farel qui, chassé de France, était venu introduire la réforme à Genève, et le mena dans la grande église, où il le fit prêcher. Le même jour on abattit partout les images. Farel présenta requête au conseil pour l'abolition légale de la messe, et la messe fut abolie. Farel sortait à peine de ce triomphe que Calvin arriva. « A son retour d'Italie, dit Théodore de Bèze, laquelle il ne fit que voir, il passa à la bonne heure par cette ville de Genève qui, peu de temps auparavant, avait reçu l'Evangile par la prédication de maître Guillaume Farel, et il ne prétendait rien moins que d'y faire sa demeure, mais seulement d'y passer pour tirer à Bâle et peut-être à Strasbourg. Mais le Seigneur, voulant dès lors se préparer chemin à tant de bien qu'il voulait départir à son *Eglise par le moyen d'icelui*, mit au cœur audit Farel de le retenir, ce qui lui fut très-difficile, tellement qu'après les prières il en fallut venir aux adjurations. Adonc il accorda de demeurer, non pas d'abord pour prêcher, mais pour lire en théologie ; et advint tout ceci l'an 1536, au commencement de septembre. Etant ainsi déclaré docteur en cette église, avec légitime élection et approbation, il dressa un bref formulaire de confession et de discipline, pour donner quelque forme à cette église nouvellement établie. » — Voilà donc Calvin à l'œuvre. Ce n'est plus seulement un écrivain, c'est un politique qui va appliquer ses idées. — Rien de plus agité que Genève à cette époque. C'était une triste petite république entourée d'ennemis et sans nationalité. Sa population s'accroissait tous les jours par les étrangers que les rigueurs légales chassaient de France, d'Italie et de tous les pays du monde. Il y eut bientôt le parti des anciens habitants et le parti des nouveaux. Les enfants de la ville, comme on les nommait, voyaient avec jalousie ces nombreux étrangers qui venaient, disaient-ils, dévorer leur subsistance ; de leur côté, ceux-ci accusèrent souvent le parti des anciens habitants d'avoir tenté de les livrer ou de les empoisonner. On craignait à chaque instant que la ville ne fût prise par le duc de Savoie ou par le roi de France ; on redoutait les menées de l'évêque ; on s'accusait mutuellement de trahison ; la torture et le bourreau ne cessaient de faire leur office. Calvin, au milieu de ce petit monde dévoré de tant de haine et de terreur, essaya de faire tout plier sous l'empire de la religion. Il créa ainsi un parti au milieu de tous les partis qui divisaient la ville. Lui et les ministres ses coadjuteurs commencèrent à vouloir tout diriger et tout organiser. Le conseil, craignant que leur empire ne fût bientôt plus grand que ne l'avait été celui même de l'ancien clergé, leur défendit de se mêler de politique. Les ministres eurent recours aux armes spirituelles ; ils déclarèrent qu'ils ne célébreraient pas la cène tant que certains désordres qu'ils avaient attaqués subsisteraient. On leur ordonna de sortir dans deux jours de la ville. Ils furent forcés d'obéir. En quittant Genève, Calvin laissait deux ouvrages qu'il venait de livrer à l'impression, et destinés à jeter le trouble en France. Dans son traité *De idololatria fugienda*, dédié à Nicolas Duchemin, il veut que tout chrétien lavé dans le sang de Jésus-Christ, confesse sa foi, sans crainte du supplice ; qu'il parle haut et ferme, qu'il ne se cache point dans les catacombes, mais qu'il chante la vérité sur les toits ; car, dit-il, « vraie piété engendre vraie confession, et ne faut point tenir pour chose légère et vaine, ce que dit saint Paul : Comme on croit de cœur à justice, ainsi on fait confession à justice. » Et comme si sa parole n'était pas assez puissante, il ouvre le ciel et nous montre dans la gloire éternelle nos saints docteurs conviant la France à recevoir la réforme. Qu'on ne s'y trompe pas ; c'est la révolte ouverte que Calvin prêche dans cet appel à la France, la révolte contre le prince, contre le culte national. Et pour que les chrétiens sachent à quel signe on peut les reconnaître, Calvin veut qu'ils renoncent à l'image, au culte des saints, à l'abstinence, au célibat, aux pratiques extérieures du culte, à l'extrême-onction, à l'eau baptismale, à la messe surtout, cette invention diabolique, comme il la nomme. Pour la flétrir, il se met à décrier le sacrement, le prêtre qui le célèbre, le fidèle qui y participe; puis, mentant à l'histoire et à sa conscience, il nous montre cette Église catholique mangeant le pain des pauvres; faisant liesse et prosternée à Genève devant l'or, son dieu du ciel et de la terre. — Calvin venait de quitter Genève, en proie à une grande exaltation contre l'intolérance de ses ministres, pleine de mécontents qui témoignaient tout haut leur joie d'être affranchis de leur despotisme. Elle avait repris sa physionomie habituelle : on riait, on dansait le dimanche, on oubliait le passé, on rouvrait les tavernes. La guerre contre les images avait cessé; les anciens livres de prières, cachés soigneusement aux regards, reparaissaient dans les ménages; et le titre de catholique n'était plus poursuivi comme un signe de félonie. Sadolet, évêque de Carpentras, crut le moment favorable pour essayer de ramener au catholicisme une cité où la mémoire des prélats qui en avaient occupé le siège n'était pas encore éteinte, où le souvenir de leurs efforts pour assurer l'indépendance nationale vivait dans de nobles cœurs. Sa lettre aux habitants de Genève fit beaucoup de sensation parmi les humanistes de cette ville, et causa un vif chagrin au conseil, qui ne savait où trouver une plume qui pût répondre à l'évêque. Calvin, qui n'avait pas perdu l'espoir de rentrer dans une cité où le sacerdoce réformé n'avait pas une intelligence de quelque valeur, se chargea du soin de réfuter Sadolet. C'est un service dont le conseil lui tint compte plus tard. Comme symbole dogmatique, l'épître de Calvin est sans puissance. Les arguments qu'il emploie sont mesquins. Si nous ne nous attachons qu'à la forme, nous avouerons sans peine que l'épître de Calvin mérite l'estime de l'humaniste. Il a fait de notables progrès depuis l'*Institution*. Sa phrase a moins de sécheresse et d'aridité; mais en général il lui manque ce qui surabonde dans les écrivains italiens de l'époque, la couleur et le mouvement. — Après son exil, Calvin se sauva à Berne, d'où ses manières de maître le firent encore chasser; il repassa à Bâle, n'y resta que quelques jours, et vint à Strasbourg épouser Idelette Stærder, veuve d'un anabaptiste. — Strasbourg, ville jusque-là si studieuse et si calme, véritable entrepôt des sciences entre la France et l'Allemagne du moyen âge, s'était jetée dans le mouvement réformiste; et les historiens du temps nous font le plus triste tableau de l'anarchie qui y tourmentait déjà les intelligences. Chaque jour éclairait de nouvelles disputes théologiques : des chefs ardents s'y partageaient les esprits en partis acharnés; les dissensions et les haines s'y fortifiaient et divisaient les familles, et la vieille liberté si tranquille de la glorieuse cité avait disparu dans les troubles que fomentaient, à l'aide de doctrines opposées, les ministres du culte allemand, c'est-à-dire une demi-douzaine d'apostats expulsés de tous les coins de l'Europe par l'opinion publique ou moins que par les lois. Là donc il ne manquait plus que Calvin pour mettre le désordre à son comble. Aussi les prédications, le catéchisme, les enseignements particuliers du renégat embrouillèrent-ils si bien toutes les idées religieuses, que tour à tour toutes les vérités évangéliques furent niées, affirmées, selon les commentaires en tombaient de la bouche de Capito, de Bucer, d'Hélio, de Sturm, de Castalion, des frères Vaudois ou de Calvin lui-même. Celui-ci n'était, de tous ces docteurs, ni le moins ardent ni le moins entêté : tendant surtout à se faire une doctrine homogène, il ne gardait aucuns ménagements avec les croyances si diverses qui l'entouraient; il couvrait d'imprécations les clefs et la tiare romaines; il ne manquait aucune occasion de déclamer contre la mitre et la crosse épiscopales; et, par une inconséquence familière à ceux qui s'élèvent sur des ruines, il se faisait évêque et pape pour asservir les consciences aux dogmes de son invention. Ce zèle de prosélytisme le portait avec une infatigable activité sur tous les points d'où venait retentir à son oreille une exégèse qui ne fût point la sienne. Francfort, Haguenau, Worms, Ratisbonne le virent successivement multiplier ses efforts contre les *innovations* qui troublaient son sommeil; ce qui ne l'empêchait pas de gouverner avec la même douceur l'*église* de Strasbourg, où il ne revenait que pour donner un nouveau cours à ses indomptables emportements. — Trois ans se passèrent ainsi en luttes continuelles et en colères qui restaient vaines pour fonder solidement l'unité qu'il recherchait. Ce fut dans cet intervalle (en 1540) qu'il composa et publia son *Traité de la sainte Cène*, écrit en français. A ce propos, dans une conférence qu'il eut plus tard avec les ministres de Zurich, il déclara qu'il n'avait sur l'eucharistie d'autre opinion que celle de Zwingle et des sacramentaires, ou partisans du sens figuré. La relation de cette conférence a été imprimée en latin à Zurich en 1549, et à Genève en 1554. — Pendant l'absence du réformateur, que s'était-il passé à Genève? Les divisions semées par Calvin portaient leurs fruits; les magistrats théologiens usaient bien de

ses leçons d'intolérance, et plus leur pouvoir s'appesantissait sur les consciences indociles, plus la guerre devenait opiniâtre et furieuse : les chansons railleuses, les brocards, les injures et souvent les insultes tombaient jusque dans la chaire sur les ministres; les partisans de Calvin, avec lesquels il correspondait par Bullinger, un de ses plus fidèles affidés, profitaient des troubles qui en naissaient, et ne manquaient pas de rappeler son nom et les prétendues injustices dont il subissait le poids. On devine le reste. Bientôt des démarches furent proposées et faites auprès de l'homme que l'anarchie semblait rendre désormais indispensable. Tant il est vrai qu'il en est des tempêtes civiles comme de celles de l'Océan : souvent elles réduisent le pilote à se jeter de lui-même sur un écueil. — On se jeta donc au cou du patriarche. Calvin ne perdit pas de temps : il rentra à Genève le 13 novembre 1541, et dès le 20 du même mois il fit rendre par une assemblée de tout le peuple une loi qui assurait l'exécution de ses desseins. C'était un décret portant adoption d'un *formulaire de discipline* et création d'une *juridiction consistoriale* pour exercer des censures, et des peines canoniques, jusqu'à l'excommunication inclusivement. Cette religion, qu'on a cru être plus favorable à cette liberté qui est l'essence des républiques, eut pour auteur un homme dur jusqu'à la tyrannie. « Calvin, dit un auteur moderne, avait tout l'orgueil *du génie qui croit sentir sa supériorité*, et qui s'indigne qu'on la lui dispute. Quel homme fut jamais plus tranchant, plus impérieux, plus vindicatif, plus divinement infaillible à son gré? La moindre opposition, la moindre objection qu'on osait lui faire, était toujours une œuvre de Satan, un crime digne du feu.» Des réclamations s'élevèrent contre son décret : on cria que c'était faire revivre ce qu'on appelait la tyrannie romaine. Mais Calvin ne s'étonnait de rien, et il maintint en toute occasion les droits de son consistoire avec une sévérité inflexible. Le voilà donc poursuivant de ses censures et de ses excommunications tout ce qui ne se moralise point suivant sa règle. Il recherche avec un zèle ardent tous ceux qui scandalisent le peuple et son église. Il est vraiment le grand prévôt et le grand inquisiteur de Genève. Les dévots lui servent d'appui, et, au besoin, d'espions; le magistrat est le bras séculier auquel il livre les ennemis de sa foi. Sous ses inspirations, l'espionnage et la délation furent organisés, le fouet et la torture établis, les sorciers brûlés; l'austère sévérité du législateur alla jusqu'au scrupule, publia des lois somptuaires, et refusa la cène à des femmes dont les cheveux étaient trop ornés ou la robe trop longue. Ainsi nageait dans le bonheur cette admirable république génevoise, dont toutes les libertés tombaient une à une sous la main du réformateur, et où le droit de bourgeoisie finit par ne se donner plus qu'à ses créatures. Malheur à qui disait du mal de *monsieur Calvin* ! l'amende, la prison, la rétractation en chemise, expiaient ce crime irrémissible; et la mémoire du béat ministre n'oubliait guère, à l'occasion, de compléter la vengeance par la potence ou le bûcher. Voyez dans tous ses écrits comme il traite les hérétiques, *ces pestes mortelles en la chrétienté*; nous ne parlons pas des épithètes injurieuses qu'il leur prodigue; c'était assez le style du temps; mais nous parlons du désir qu'il a de les détruire par toutes les voies possibles. Jamais l'espoir de les ramener et de les convertir ne vint un seul instant à sa pensée; il faut les chasser, les jeter à l'eau, les brûler; les convertir est une chimère; ils sont prédestinés. Nous pourrions citer un curieux passage où il expose qu'il faut punir de mort les hérétiques pour leur intérêt même, et que c'est ne pas comprendre la miséricorde de Dieu pour les damnés que de leur faire grâce. Partout la Bible lui sert de commentaire pour appuyer cette doctrine sanguinaire : « C'est Dieu qui parle, dit-il; ce n'est point sans cause qu'il abat toutes les affections humaines dont les cœurs ont accoutumé d'être amollis. Ce n'est point sans cause qu'il chasse loin l'amour de *son* père envers ses enfants, et tout ce qu'il y a d'amitié entre les frères et prochains; qu'il retire les maris de toutes les flatteries dont ils pourraient être amadoués par leurs femmes; bref, qu'il dépouille quasi les hommes de leur nature, afin que rien ne refroidisse leur zèle. Pourquoi requiert-il un si extrême rigueur et qui ne fléchisse point, sinon pour montrer qu'on ne lui fait point l'honneur qu'on lui doit, si on ne préfère son service à tout regard humain, pour n'épargner ni partage, ni sang, ni rien qui soit, et qu'on mette en oubli toute humanité, quand il est question de combattre pour sa gloire? etc., etc. » — Quel dédain superbe il a pour ces *miséricordieux* lesquels sont assez simples et de bonne sorte pour croire qu'il faut abandonner les condamnations et les supplices, afin de ne pas imiter, disent-ils, la papauté! « afin de ne point les imiter, dit-il, nous retenons en la papauté; » et pour ces autres *miséricordieux* « qui allèguent qu'une telle façon n'est point convenable au règne de Christ (lequel est spirituel) ni à notre temps. » Et, dans ses lettres, comme il parle froidement des procédures qu'il faisait poursuivre à Genève! La rigueur de son consistoire avait déplu à divers citoyens, surtout aux jeunes gens qu'il menaçait de peines temporelles. « Il semble aux jeunes gens, écrit-il à un de ses amis, que je les presse trop; mais si la bride ne leur était tenue roide, ce serait pitié... Il y en a un qui est en danger de payer un écot bien cher; je ne sais si sa vie n'y demeurera point. » Il avait fait emprisonner un homme qui l'avait, disait-il, calomnié; il écrit à Viret : « J'oubliais de vous dire une chose; c'est que Pierre Ameau, cartier, est depuis quinze jours en prison à cause de moi. Il y a des gens qui m'accusent de cruauté parce que je poursuis ma vengeance d'un courage si obstiné. (*Nunc crudelitatis accusor a quibusdam quod ultionem tam obstinato animo prosequar.*) On est venu me prier de m'entremettre en sa faveur et d'intercéder pour lui. Mais j'ai répondu que je n'en ferais rien, tant que je ne connaîtrais pas tous les mauvais propos qu'il a fait courir sur mon compte. » Nous ne nous étendrons pas sur ses persécutions doctrinales. On sait comme il traita tous ceux des réformateurs qui prêchèrent à Genève une doctrine différente de la sienne. Il dénonça successivement au magistrat, comme hérétiques, Castalion, Bolsec, Servet, Gentili, Blandrata, Okin. Castalion était un des plus célèbres lettrés de ce temps et le plus élégant traducteur de la Bible. Il avait connu Calvin à Strasbourg, et l'avait suivi à Genève, où on le fit recteur du collège. Mais il différait de Calvin sur plusieurs questions de théologie et de critique; il regardait, par exemple, le Cantique des cantiques comme un simple épithalame, et il était contraire au dogme de la prédestination : il fut banni de Genève. Bolsec, de moine s'était fait protestant, avait étudié la médecine, et était venu à Genève; les écrivains calvinistes et ses propres ouvrages le montrent comme un homme assez méprisable; mais pourquoi Calvin le chassa-t-il de Genève? parce qu'il s'était permis de critiquer un sermon de Calvin sur la prédestination. Il le fit emprisonner et ensuite bannir comme convaincu de sédition et de pélagianisme; et Bolsec s'étant retiré dans une autre partie de la Suisse, Calvin écrivit aux cantons qu'il fallait délivrer la terre de cet homme pernicieux, de peur qu'il n'allât infecter toutes les contrées voisines. Jacques Gruet eut la tête tranchée pour avoir écrit « des lettres impies et des vers libertins. » Un magistrat fut privé de ses emplois et condamné à deux mois de prison, parce que « sa vie était déréglée et qu'il était lié avec les ennemis de Calvin. » Les sociniens d'Italie avaient cru trouver à Genève un asile plus sûr que leur pays; ils y avaient fondé une église. Calvin les eut bientôt dispersés. Après la mort de Servet, un de ces Italiens, le Napolitain Gentili de Cosence, osa encore professer sur la Trinité des opinions ariennes; il fut mis en prison, et aurait péri comme Servet, s'il ne se fût rétracté. Il sortit de Genève, et passa sur le territoire de Berne. Mais Calvin l'avait signalé par les deux procédures qu'il avait faites contre lui, et Gentili eut la tête coupée à Berne, en 1566. Okin, autre socinien, ne fut pas mieux traité par Calvin, qui le fit également chasser de Genève. Enfin, ce n'est guère la peine de parler de Blandrata, du Piémontais Alciat, et de plusieurs autres, qu'il força de se sauver en Pologne. — Mais la marque éternelle qui restera à Calvin, c'est la mort de Servet. — Servet (*V.* son article), échappé de prison et fuyant de Vienne en Dauphiné, ne songeait qu'à se retirer en Italie ou en Allemagne; il ne voulait ni troubler Genève ni même s'y arrêter. Il lui fallait passer dans cette ville; il y arriva en août 1553. Calvin, averti de son arrivée, envoya à l'instant même son serviteur pour le faire arrêter et se porter partie contre lui, et le lendemain il envoya son frère Antoine se rendre caution de l'accusateur. Dans son traité sur la mort de Servet, il ne nie point qu'il ne soit l'unique auteur de son arrestation. « Je ne veux point nier, dit-il, que ce n'ait été à ma poursuite qu'il fut constitué prisonnier; car d'autant que par les lois de la ville, pour entrer en connaissance de cause, il fallait que quelqu'un se fît partie, je confesse que l'homme qui demanda justice contre lui le fit à mon aveu. » Mais il ajoute, comme un homme bien innocent du reste : « Après qu'il fut convaincu de ses hérésies, chacun sait que je n'ai fait nulle instance pour le faire punir de mort. » En cela il déguise la vérité : il n'eut pas besoin sans doute d'instances auprès de magistrats qui lui étaient complètement asservis; il suffisait qu'ils consentissent sa volonté et qu'ils le laissât faire. Aussi, comme si sa conscience lui reprochait un mensonge, il reprend à l'instant même avec fierté toute la responsabilité de cette mort. « Au surplus, dit-il, cet article, à savoir *jusqu'où j'ai procédé*, n'est pas de telle importance que je travaille à cette accusation par livres imprimés. Il s'agit d'une question plus haute, du droit de punir l'hérésie. » La mort de Servet est

donc bien à lui, et à lui uniquement; et en voici la preuve. Dans une lettre au ministre Viret, qui fut saisie à Lausanne avec les papiers de ce ministre, Calvin lui disait, sept ans avant l'occasion qu'il eut de faire périr Servet : « Servet veut venir ici; seulement il voudrait y être appelé par moi. Mais jamais je ne permettrai qu'il ait ma foi engagée jusqu'à ce point; car j'ai bien résolu, s'il vient à Genève, de ne jamais souffrir qu'il en sorte sain et sauf : *Servetus cupit huc venire, sed a me accersitus. Ego autem nunquam committam ut fidem meam eatenus obstrictam habeat; jam enim constitutum apud me habeo, si veniat, nunquam pati ut salvus exeat.*» Servet était donc jugé et condamné d'avance à Genève. Il y a plus : on dit que Servet n'avait été emprisonné et condamné à Vienne que sur des indices fournis par Calvin. Calvin se serait procuré les feuilles d'un ouvrage que Servet faisait imprimer secrètement, et il les aurait envoyées à Vienne avec les lettres qu'il avait reçues de lui. Mais Calvin s'en défend dans son traité, et il faut le croire; car il déclare qu'il ne reculerait pas devant cette énormité. «Si cela, dit-il, m'était vraiment objecté, que je l'eusse fait connaître *pour le faire punir par qui que ce fût*, je ne le voudrais point nier, et ne pense point que cela me tournât à déshonneur, vu que je ne dissimule point que ç'a été à mon aveu qu'il a été appréhendé pour rendre compte de ses maléfices (1). » Et en effet y avait-il quelque différence entre l'arrêter à Genève, lui étranger et qui, n'étant pas soumis aux lois de cette ville, n'avait en rien blessé ces lois, ou le faire arrêter à Vienne par l'inquisition catholique? C'était la même trahison dans les deux cas. Calvin et le sénat de Genève violèrent si ouvertement le droit des gens dans leur procédure, qu'il est clair qu'ils agissaient uniquement d'après le principe qu'il fallait procurer la mort de cet hérétique partout où on le pourrait atteindre et par tous les moyens possibles. —Les calvinistes ont voulu diminuer l'horreur de cette condamnation, en montrant une sorte d'unanimité de toutes les Eglises pour élever ce bûcher. L'Eglise catholique, disent-ils, avait condamné Servet ; l'Eglise calviniste exécuta l'arrêt, et l'Eglise luthérienne approuva la sentence. Qu'importe cette unanimité? Si l'Eglise catholique avait condamné Servet, elle était dans son droit, parce que seule elle avait la véritable autorité religieuse; et puis elle devait, en face des dangers qui menaçaient la foi, se montrer plus que jamais rigoureuse envers les hérétiques ; enfin, si elle condamna les erreurs de Servet, elle ne l'envoya pas à l'échafaud. La condamnation prononcée par les magistrats de Vienne ne fut exécutée que pour la forme et en effigie, comme on le voit dans la note précédente. Quant à l'Eglise calviniste, ce n'est pas un témoignage, car c'est en grande partie celui de Calvin même, et, quant aux luthériens, s'ils ont approuvé la condamnation de Servet, cela montre seulement que la logique atroce de Calvin était plus forte que la doctrine imparfaite où ils s'étaient arrêtés, indécis entre la liberté de penser et les dogmes dont Calvin tirait de si rudes conséquences. — Il est certain que quelques docteurs protestants telsque Bullinger, vinrent, quand le meurtre eut été commis, donner l'appui de leur approbation aux Eglises suisses, qui elles-mêmes avaient prêté appui à Calvin pendant le procès. Il est triste de savoir que le doux, mais faible Mélanchthon, se laissa arracher quelques courtes pages, comme il le dit, *breves pagellas*, contre les erreurs de Servet, en signe d'approbation de son supplice. Quelque courtes qu'elles soient, ces pages sont trop longues; et j'aime mieux prendre ce mot échappé à l'âme de Grotius, que « l'esprit de l'antechrist n'a pas paru seulement sur les bords du Tibre, mais aussi sur les bords du lac Léman : *Spiritum antichristi non tantum ad Tiberim, sed ad lacum Lemanum apparuisse.* » — Nous avons promis de citer textuellement le récit que Calvin a tracé lui-même de la mort de Servet; le voici : « Au reste, dit-il, afin que les disciples

(1) M. Mignet, dans un *Mémoire sur l'établissement de la reforme à Genève*, lu en 1834 à l'Académie des sciences morales et politiques, adopte pourtant, sur les autorités qui nous paraissent très-respectables, l'opinion qui fait de Calvin le dénonciateur de Servet auprès de l'inquisition de Vienne. « Calvin, dit-il, qui faisait la police des opinions, et qui surveillait de loin celles de Servet, eut connaissance du livre qu'il allait publier (le *Christianismi Restitutio*). Il dénonça Servet aux magistrats de Vienne par l'entremise d'un Lyonnais nommé Guillaume Trie, qui demeurait à Genève, et qui écrivit à Lyon et à Vienne. Servet fut saisi et jeté en prison ; mais, gardé peu étroitement, et s'étant fait beaucoup d'amis dans cette ville comme médecin, il parvint à s'échapper au bout de trois jours. Les magistrats de Vienne le condamnèrent comme hérétique. Il fut brûlé en effigie, et cinq ballots de ses livres furent jetés dans les flammes. » (Page 145.) Calvin aurait donc encore fait un mensonge quand il dit, dans son traité, avec tant d'assurance : « Je sais que Servet m'accuse de l'avoir dénoncé à Vienne; mais il suffit que je le nie pour faire tomber toutes ces rumeurs. »

de Servet, ou des brouillons semblables à lui, ne se glorifient point en son opiniâtreté furieuse, comme si c'était une constance de martyr, il faut que les lecteurs soient avertis qu'il a montré en sa mort une stupidité brutale; dont il a été facile de juger que jamais il n'avait parlé ni écrit à bon escient, comme s'il eût senti de la religion ce qu'il en disait. Car quand on lui eut apporté les nouvelles de mort, il était par intervalles comme ravi; après il jetait des soupirs qui retentissaient en toute la salle; parfois il se mettait à hurler comme un homme hors de sens. Bref il n'avait non plus de contenance qu'un démoniaque. Sur la fin, le cri surmonta tellement, que sans cesse, en frappant sa poitrine, il criait à l'espagnole : *Misericordia! misericordia!* Quand ce vint au lieu du supplice, notre bon frère, M. Guillaume Farel, eut grand'peine à arracher ce mot, qu'il se recommandât aux prières du peuple, afin que chacun priât avec lui. Or, cependant, je ne sais en quelle conscience il le pouvait faire, étant tel qu'il était; car il avait écrit de sa main la foi qui règne ici être diabolique, qu'il n'y a ni Dieu, ni Eglise, ni chrétienté, parce qu'on y baptise les petits enfants. Comment donc est-ce qu'il se conjoignait en prières avec un peuple duquel il devait fuir la communion et l'avoir en horreur? N'est-ce pas profaner la sacrée unité que Dieu nous commande quand on se mêle parmi une synagogue infernale, pour faire profession qu'on tient une même foi? Quant à notre frère Farel, il exhorta bien le peuple de prier pour lui; mais c'était en protestant qu'on suppliât Dieu d'avoir pitié d'une créature perdue et damnée, sinon qu'il se corrigeât de ses erreurs détestables. Servet, de son côté, priait comme au milieu de l'Eglise de Dieu. En quoi il montrait bien que ses opinions ne lui étaient rien. Qui plus est, combien qu'il ne fît jamais signe de se repentir, toutefois il ne s'efforça jamais de dire un seul mot pour maintenir sa doctrine ou pour la faire trouver bonne. Je vous prie, que veut dire cela, qu'ayant liberté de parler comme il eût voulu, il ne fit nulle confession ni d'un côté ni d'autre, non plus qu'une souche de bois? Il ne craignait pas qu'on lui coupât la langue, il n'était point bâillonné, on ne lui avait point défendu de dire ce que bon lui semblerait. Or, étant entre les mains du bourreau, combien qu'il refusa de nommer Jésus-Christ Fils éternel de Dieu, en ce qu'il ne déclara nullement pourquoi il mourait, qui est-ce qui dira que ce soit une mort de martyr, quand il est question de batailler jusques au sang pour une doctrine, non-seulement de la laisser derrière et dissimuler ce qui en est, mais la supprimer comme de son bon gré? Dont je crois que ce que j'ai dit ci-dessus est assez patent ; à savoir qu'il n'a été que trop hardi quand il s'est cuidé jouer sans être puni, mais, comme un incrédule, quand c'est venu à rendre compte, qu'il a été saisi et accablé de tel désespoir, qu'il s'est trouvé éperdu en tout et par tout. » — Que dire de ce récit? Voilà Calvin qui poursuit Servet jusque dans sa mort. Mais que lui reproche-t-il donc à ce malheureux? De n'avoir pas été dans cette mort aussi fanatique que lui, c'est-à-dire de n'avoir pas su mourir avec la même intolérance que lui, Calvin, a mise à le faire mourir. Servet a prié avec nous, dit-il, avec nous qu'il devait regarder comme une synagogue infernale; il n'avait donc pas foi dans ses propres idées; ce n'est donc pas un martyr. Un autre trait remarquable, c'est lorsqu'il raconte que le ministre Farel invita le peuple à prier; avez-vous fait attention à la restriction donnée à cette prière: « Quant à notre frère Farel, dit-il, il exhorta bien le peuple de prier pour lui ; mais c'était en protestant qu'on suppliât Dieu d'avoir pitié d'une créature *perdue et damnée.* » Quelle réserve étrange! On sait que cette prière n'était pas selon la conscience de Calvin, et que, quant à lui, il n'avait ni prié avec Servet ni prié pour lui : car il n'oublie pas ainsi son dogme de la prédestination! On voit quelles étaient la logique et l'équité des premières conquêtes de la réforme. Et Calvin et les ministres protestants, qui avaient établi pour base de la réforme que l'Ecriture était la seule règle de leur foi, que chaque particulier était le juge du sens de l'Ecriture, Calvin et les ministres protestants firent brûler Servet qui voyait dans l'Ecriture un sens autre qu'ils l'y trouvaient; ils firent brûler Servet, qui se trompait à la vérité, mais qui pouvait sans crime ne pas déférer au jugement des ministres et de Calvin, puisque aucun d'eux ni leurs consistoires n'étaient infaillibles. La mort de Servet est le sceau de toute la doctrine de Calvin. Trop d'exemples ont fait connaître quel usage il fit de son influence. Tel fut l'effet du zèle fanatique et aveugle qu'il avait inspiré aux magistrats de Genève pour la conservation de ce qu'il appelait la *saine doctrine.* Après avoir réglé les mœurs par la rigueur des censures et la terreur des supplices, après avoir donné à son Eglise de nouvelles prières et une nouvelle liturgie, il porta

quelque amélioration dans la législation civile et les formes du gouvernement génevois. Il chercha aussi à faire fleurir les bonnes études à Genève, et c'est à lui qu'est dû l'établissement de cette académie dont Théodore de Bèze, son ami et son historien, prit l'habile direction. Elle fut la pépinière des ministres qu'il envoyait de tous côtés pour répandre sa doctrine, car ses nombreuses occupations comme jurisconsulte, comme théologien et comme politique ne l'empêchaient pas d'entretenir dans toute l'Europe, et principalement en France, une correspondance où il ne cessa de travailler à étendre les progrès de la réforme. Il écrivait sans cesse contre Rome, contre les anabaptistes, contre les antitrinitaires. Il n'en publiait pas moins chaque année des ouvrages pour l'intérêt de son parti ou pour la défense de ses opinions, et ces livres de controverse ou de circonstance ne forment pourtant que la moindre partie de ses écrits. Les plus considérables de tous sont ses *Commentaires sur l'Ecriture sainte.* Outre ses *Sermons* imprimés, qui sont en très-grand nombre, la bibliothèque de Genève en possède deux mille vingt-cinq en manuscrits. On y garde aussi plusieurs *Traités de théologie* qui ne sont pas imprimés. D'autres sont conservés de même dans la bibliothèque de Berne. — Calvin a le premier traité les matières théologiques en style pur, et sans employer la forme scolastique. On ne peut nier qu'il ne fût théologien et bon logicien dans les choses où l'esprit de parti ne l'aveuglait pas; ses disputes contre Servet, contre Gentili, contre les antitrinitaires, contre les anabaptistes font regretter l'usage qu'il fit de ses talents. Ce chef d'une partie du protestantisme avait, comme on le voit, une prodigieuse activité dans l'esprit. Il écrivait purement, avec méthode; personne ne saisissait plus finement, et ne présentait mieux les côtés favorables d'un sentiment; en un mot, on ne peut lui refuser un grand talent, un génie supérieur, comme on ne peut méconnaître en lui de grands défauts et des traits d'un caractère odieux. Il était dur, irascible, tyrannique, et d'autant plus orgueilleux qu'il se piquait d'être modeste. Pas un fait de sa vie qui attendrisse l'âme et fasse couler une larme, pas une sympathie qui de lui à nous rayonne, et nous le fasse aimer. Calvin n'a pas mérité sans doute qu'on dît de lui qu'il répandit le sang à plaisir, mais il était sur la limite. Quelques écrivains l'ont fait mourir d'une maladie honteuse; certains prétendent aussi qu'il avait été flétri par la justice pendant son séjour à Lyon; mais ces faits, qui n'ont point eu de consistance, ne peuvent avoir d'écho ni de crédit dans un ouvrage comme celui-ci. Le dernier trait au portrait de Calvin peut se tirer d'une lettre de sa main adressée au marquis de Poët, grand chambellan du roi de Navarre, et datée du 30 septembre 1561. « Honneur, gloire et richesses seront la récompense de vos peines.... Que le roi fasse ses processions tant qu'il voudra, il ne pourra empêcher les progrès de notre foi.... Ne faites faute de défaire le pays de ces zélés faquins qui exhortent les peuples par leurs discours à se roidir contre nous.... Pareils monstres doivent être étouffés, comme fit ici, en l'exécution de Michel Servet, Espagnol. A l'avenir ne pense pas que personne s'avise de faire chose semblable. » — Sa grande activité devait détruire de bonne heure encore la santé constamment faible et chancelante de cet homme extraordinaire. En 1556, à la suite d'une maladie grave, le bruit de sa mort s'était répandu en Europe, et les chanoines de Noyon, sa patrie, en avaient rendu au ciel avec trop d'empressement de solennelles actions de grâces. En 1564, tous ses maux redoublèrent de complication et d'intensité. Il avait le pressentiment de sa fin prochaine, et voulait la cacher. Le 6 février, il monta en chaire pour la dernière fois, déjà oppressé par un asthme violent, et forcé de s'arrêter à diverses reprises dans le cours de son sermon. Le 10 mars, le conseil ordonna pour lui des prières publiques. Il sortit encore trois fois en litière pour se rendre au conseil, à l'assemblée des pasteurs, au temple. Le 25 avril, il fit son testament, distribuant 225 écus qui formaient toute sa fortune, aux collèges, aux pauvres étrangers, et aux enfants de son frère Antoine, qui exerçait à Genève la simple profession de relieur. Enfin, le 27 mai, Calvin expira âgé de cinquante-trois ans au mois et seize jours. Il fut enterré sans appareil ni cérémonie dans le cimetière public, comme il l'avait ordonné. — La douce loi du christianisme annonce que Jésus-Christ est venu pour sauver tous les hommes; mais l'apôtre de Genève dit, au contraire, que Dieu a fait des bons et des méchants, et que les bons doivent, *par le fer et le feu,* gouverner et punir les méchants. — Il existe trois éditions de la collection complète des *OEuvres de Calvin*; les deux premières, en 12 vol. in-fol., sont à Genève; la dernière et la meilleure, en 9 vol. in-fol., a été donnée à Amsterdam, par Schipper, en 1667. Ses nombreux écrits y sont distribués de la manière suivante : TOME I, *Commentaires sur le Pentateuque et le livre de Josué* ; TOME II, *Homélies sur le livre de Samuel, et Sermons sur le livre de Job* ; TOME III, *Commentaires sur les Psaumes et sur Isaïe* ; TOME IV, *Leçons sur Jérémie et sur Ézéchiel* ; TOME V, *Leçons sur Daniel et les grands prophètes* ; TOME VI, *Commentaires sur les Évangiles et les Actes des apôtres* ; TOME VII, *Commentaires sur les Épitres de saint Paul et les autres Épitres canoniques* ; TOME VIII, *Opuscules théologiques* : ils sont au nombre de quarante-trois ; TOME IX, *Institution de la religion chrétienne, Lettres de Calvin*, et divers. On a aussi publié séparément plusieurs *Recueils de Lettres de Calvin*. Celles qui existent dans la bibliothèque du roi sont aux nᵒˢ 8585 et 8586. Les curieux recherchent un traité singulier de Calvin : *Psychopannychie*, ou *Traité de Jean Calvin, par lequel il veut prouver que les âmes veillent et vivent après qu'elles sont sorties des corps; contre les erreurs de quelques ignorants qui pensent qu'elles dorment jusqu'au dernier jugement*, Paris, 1558, in-8º. — On a souvent comparé Luther et Calvin ; nous nous contenterons de rappeler ici les principaux traits du parallèle que Bossuet a fait de ces deux hommes : « Luther eut quelque chose de plus original et de plus vif ; Calvin, inférieur par le génie, semble l'emporter par l'étude. Luther triomphait de vive voix, mais la plume de Calvin était plus correcte ; son style, plus triste, est plus suivi et plus châtié. Ils excellaient tous deux à parler la langue de leur pays ; ils étaient tous deux d'une véhémence extraordinaire. Luther, s'abandonnait à son humeur impétueuse, sans jamais se modérer, se louait lui-même comme un emporté ; les louanges que se donnait Calvin sortaient du fond de son cœur, malgré les lois de modération qu'il s'était prescrites...... Le génie de Calvin eût été moins propre que celui de Luther à échauffer les esprits et à émouvoir les peuples ; mais, après les mouvements excités, il a pu s'élever au-dessus de lui. » Voltaire en porte à peu près le même jugement. — Nous terminerons cet article par une citation de l'*Encyclopédie nouvelle*, dont l'appréciation nous a paru remarquable, et que nos lecteurs liront sans doute avec intérêt. — « Genève et Coppet ont envoyé à la France deux ou trois personnages qui ont pour Calvin un culte secret : c'est leur homme, leur maître, leur idéal. Le théologien du parti, M. Guizot, a publié autrefois sur Calvin, dans le *Musée des protestants célèbres*, une notice..... Croirait-on que dans cette notice, M. Guizot va jusqu'à justifier le meurtre de Servet ? *Il voit bien*, dit-il, *quelque passion dans la conduite de Calvin envers Castalion, Bolsec et Servet ; ...... mais l'idée générale selon laquelle Calvin agit en brûlant Servet, était de son siècle*, ET ON A TORT DE LA LUI IMPUTER (pag. 99). Cette approbation du protestant calviniste, M. Guizot, ne prévaudra pas contre l'anathème du protestant arménien Grotius, que nous aimons à répéter comme un contraste heureux, et qui soulage l'âme : *L'esprit de l'antechrist n'a pas seulement apparu sur les bords du Tibre, mais encore sur les bords du lac Léman*. Grotius écrivait sa désapprobation cinquante ans seulement après Calvin, et vous approuvez, vous, ce que Grotius flétrissait, vous, venu deux siècles après Grotius! Grotius, protestant, sentait que le protestantisme avait été compromis et souillé par Calvin ; car si Calvin avait légitimement élevé des bûchers au nom de la réforme, ce n'était pas une religion d'amour, c'était une religion de haine. Et vous, protestant, vous faites de bon cœur le protestantisme complice de Calvin! *C'était*, dites-vous, *l'idée du siècle*. A ce compte, pourquoi loue-t-on les premiers chrétiens d'avoir subi innocemment le martyre? ils auraient dû se venger en assassinant. Était-ce donc la peine de venir, au XVIᵉ siècle, attaquer l'Église, et réformer le christianisme pour adopter si pleinement *l'idée du siècle*? Nous accusons pleinement Calvin de ne pas s'être élevé au-dessus de son siècle. Les *miséricordieux* dont il se raillait étaient au moins en cela au-dessus de leur siècle. Et nous l'accusons d'avoir fondé son Église sur cette *idée de son siècle* ; et nous remarquons, l'histoire à la main, que ce fut précisément pour cela qu'il ne fonda rien, et que son œuvre se réduisit à porter partout le fanatisme au sein de toutes les communions chrétiennes, sans rien fonder. Mais M. Guizot dit dans Calvin un fondateur. Il lui rapporte toute l'œuvre du protestantisme, il la lui livre, il l'absorbe en lui. Luther n'était qu'un brouillon, suivant M. Guizot, et un destructeur. *Luther*, dit-il, *vint pour détruire, Calvin pour fonder, par des nécessités égales, mais différentes*. Voilà donc le protestantisme réduit à n'être qu'une application de cette *idée du siècle* (l'intolérance, une Église despotique soutenue du bourreau), qu'IL NE FAUT PAS IMPUTER A CALVIN! M. Guizot ne sait pas qu'il est des œuvres de destruction qui, se liant aux véritables constructions que prépare

l'avenir, sont plus durables que de mauvaises constructions, plagiat du passé, qui ne servent qu'à embarrasser le genre humain dans sa route. Il ne sait pas que le nom de fondateur n'est réservé qu'aux hommes qui fondent réellement, suivant l'esprit de l'*époque qui s'avance*, et non pas à ceux qui bâtissent dans l'esprit de l'*époque dont on s'éloigne*........ M. Guizot sacrifie toujours l'*avenir* au présent. On dirait au reste que c'est lui qu'il aime en aimant Calvin, s'il n'était pas plus vrai de dire qu'il s'est formé de bonne heure à l'imitation de Calvin. Laissons-le donc, non pas s'admirer, mais admirer SANS RÉSERVE *cet homme d'une taille médiocre, pâle et maigre, que l'on voyait quelquefois passer la main sur son front, mais dont le visage ne laissait voir aucune trace de profonde fatigue intellectuelle, et qui portait toujours la tête haute*. Calvin était en effet dénué de cette poésie qui dévorait Luther, et de cette métaphysique qui s'effraye des profondeurs qu'elle découvre, de cet esprit d'invention qui tourmente sans relâche ceux qui en sont possédés. Ce qui dévorait Calvin plus que les fatigues intellectuelles, c'était l'ambition de gouverner. Laissons-le s'extasier devant cet homme *qui sut se saisir de l'empire*. Laissons-le l'exalter comme *une de ces hautes supériorités intellectuelles qui se placent en tête d'une époque ou d'un peuple* ; comme l'homme *de cette seconde époque de toutes les grandes révolutions sociales où, après avoir conquis par la guerre le terrain qui doit leur appartenir, elles travaillent à s'y établir* PAR LA PAIX, *selon les principes et sous les formes qui conviennent à leur nature*. Seulement n'oublions pas que, suivant M. Guizot, nous sommes précisément à cette seconde époque, et gardons-nous bien d'entendre la paix comme l'entendait Calvin. »

CALVINISME. On désigne par ce nom la doctrine de Calvin, ce dur et terrible sectaire, le plus actif et le plus ferme des premiers réformateurs. Nous tirerons tout ce que nous allons dire de ses *Institutions chrétiennes*, ouvrage remarquable autant par la pureté de la forme que par la subtilité et quelquefois la force du fond ; il est divisé en quatre livres dont nous allons exposer les principes. — LIVRE Iᵉʳ. La religion suppose la connaissance de Dieu et celle de l'homme. Malgré les preuves innombrables qui attestent l'existence d'un Être suprême, l'humanité, par diverses causes s'était égarée dans l'idolâtrie ; pour la ramener à Dieu, il fallait quelque chose de plus fort que la raison, c'est-à-dire la révélation. Cette révélation est contenue dans les saintes Écritures, dans lesquelles nous trouvons tout ce qui est nécessaire pour connaître Dieu, son essence, ses attributs, le culte que nous lui devons, et les devoirs envers nos semblables. Mais comment interpréter les livres sacrés! comment y trouver le dogme et la morale! Aux yeux de Calvin, l'autorité de l'Église n'est qu'un témoignage humain sujet à erreur. Pour tranquilliser les consciences, il faut que le même esprit qui a parlé par les prophètes entre dans nos cœurs ; en un mot il établit l'Écriture comme la seule règle de notre croyance, rejetant ainsi l'autorité des traditions et celle de l'Église. On sait que c'est là le principe fondamental de toute la réforme. — Calvin cherche ensuite ce que l'Ancien et le Nouveau Testament nous apprennent de Dieu. Il y trouve son unité, ses autres attributs, la proscription de l'idolâtrie dont il accuse l'Église romaine, et enfin la Trinité. Il arrive ensuite à la création, à la chute de l'homme qui, par sa désobéissance, perdit la liberté dont il jouissait dans l'état d'innocence. D'après quelques textes interprétés sans critique et rassemblés sans ordre, il soutient que Dieu est l'auteur de tout ce qui est dans ce monde ; que nos crimes et nos vertus sont également l'ouvrage de sa volonté. — LIVRE II. Calvin examine dans ce livre l'état de l'homme sur la terre, il trouve dans les saintes Écritures le péché du premier homme communiqué à toute sa postérité. Depuis, nous n'avons plus de force pour résister à la concupiscence, et la liberté dont nous nous enorgueillissons, n'est qu'une chimère. Les facultés de l'homme étant corrompues, il s'ensuit qu'il ne peut produire par lui-même que des actions vicieuses et des péchés. Mais Dieu n'a point abandonné l'homme à son malheur ; son Fils est venu sur la terre satisfaire pour nous et nous racheter. Le Verbe est médiateur entre Dieu et nous ; il est en même temps Dieu et homme. Trois caractères principaux le distinguent et nous font connaître sa médiation ; il porte en lui la qualité de prophète, la royauté et le sacerdoce. — LIVRE III. Dans son troisième livre, Calvin traite des moyens de profiter des mérites de Jésus-Christ. Pour participer aux grâces du Rédempteur, il faut, suivant l'Écriture, nous unir à lui et devenir ses membres. Or, c'est surtout par la foi que l'Esprit saint nous conduit à Jésus-Christ et que nous devenons ses membres. Pour être uni à Jésus-Christ, il faut croire, et ce n'est ni la chair ni le sang qui nous fait croire de la manière nécessaire pour être membres du Sauveur : c'est un don du ciel.

La foi par laquelle nous devenons les membres du Rédempteur n'est point un jugement de notre esprit, soit sur la véracité de Dieu, soit sur sa miséricorde, soit sur sa puissance ; c'est une connaissance certaine de la bienveillance de Dieu pour nous, fondée sur la vérité de la promesse gratuite de Jésus-Christ, et produite dans nos âmes par le Saint-Esprit. Il n'y a point de vrai fidèle sans cette ferme persuasion de notre salut appuyée sur les promesses du Sauveur ; il faut que le vrai fidèle, comme saint Paul, soit certain que, ni la mort, ni la vie, ni les puissances ne peuvent le séparer de la charité de Jésus-Christ. Cette certitude de notre salut n'est point incompatible avec des tentations qui attaquent notre foi ; et ces tentations ne sont pas des doutes, mais des embarras naissant de l'obscurité même de la foi. La ferme persuasion du fidèle sur son salut est jointe avec la connaissance et l'usage des moyens par lesquels Dieu a résolu de sauver les hommes ; ainsi le fidèle qui croit qu'il sera sauvé, croit qu'il le sera qu'en faisant pénitence. — La pénitence, aux yeux de notre réformateur, est la conversion du pécheur à Dieu produite par la crainte salutaire de ses jugements ; cette crainte, dont parlent sans cesse les prophètes et les apôtres, produit la mortification de la chair, l'amour de Dieu, la charité envers les hommes. Calvin attaque ensuite l'enseignement de l'Église catholique sur la pénitence ; suivant lui, la contrition jette les hommes dans le désespoir, personne ne pouvant être assuré qu'elle réunit toutes les qualités nécessaires pour obtenir la rémission des péchés. Pour la confession, c'est une invention humaine dont on ne trouve point le fondement dans les Écritures. Enfin, en faisant dépendre la rémission des péchés de la satisfaction, les catholiques donnent aux actions des hommes un mérite capable de satisfaire à la justice divine et détruisent ainsi la gratuité de la grâce et de la miséricorde de Dieu. Il suit de là que les indulgences et le purgatoire sont des inventions humaines qui anéantissent dans l'esprit des chrétiens la rédemption de Jésus-Christ. — Après avoir épuisé le sujet de la justification, le réformateur parle de la liberté chrétienne qui produit trois effets principaux : 1° nous affranchir du joug de la loi et des cérémonies ; 2° de ne pas nous obliger à accomplir la loi, pour obéir à la loi, mais pour accomplir la volonté de Dieu ; 3° de nous permettre d'user à notre gré des choses indifférentes. Quant à la prière, elle ne doit s'adresser qu'à Dieu. L'intercession des saints doit être bannie comme une impiété. — Après avoir examiné les causes et les effets de la justification, Calvin cherche pourquoi tous les hommes n'ont pas cette foi qui justifie ; il en trouve la raison dans le choix que Dieu a fait des élus pour la vie éternelle, et des réprouvés pour l'enfer ; il a voulu qu'il y eût des élus et des réprouvés, afin d'avoir des sujets sur lesquels il pût manifester sa justice et sa miséricorde ; comme il a préparé et donné aux prédestinés la foi qui justifie, il a aussi tout préparé pour empêcher ceux qu'il avait destinés à être les victimes de sa vengeance de profiter des grâces de la rédemption : il les a aveuglés, il les a endurcis, il a fait en sorte que la prédication, qui a converti les élus, a enfoncé dans le crime ceux qu'il voulait punir. —LIVRE IV. Les fidèles unis à Jésus-Christ forment une Église qui renferme tous les élus, tous les prédestinés ; ainsi cette Église est universelle, catholique ; c'est la société de tous les saints hors de laquelle il n'y a point de salut. Mais à quels caractères reconnaîtra-t-on la véritable Église ? Il n'y a que deux caractères ou deux notes ; ce sont l'administration des sacrements et la prédication de la parole de Dieu. L'Église, d'après cette notion, peut donc renfermer des pécheurs, et on peut y enseigner des opinions opposées, pourvu qu'elles ne détruisent pas la doctrine du Sauveur. Mais lorsqu'une société professe des erreurs qui sapent les fondements de la doctrine de Jésus-Christ et des apôtres, lorsqu'elle corrompt le culte établi par notre divin Maître, alors il faut se séparer d'elle, quelque étendue, quelque ancienne qu'elle soit ; parce qu'alors on ne peut s'y sauver, puisqu'on n'y trouve pas les moyens extérieurs établis pour le salut des hommes, savoir le ministère de la parole et l'administration des sacrements. De là Calvin conclut que l'Église romaine n'était pas la véritable Église, parce qu'elle était tombée dans l'idolâtrie, parce que la cène était devenue chez elle un sacrilège, parce qu'elle l'avait étouffé sous un nombre infini de superstitions et le culte établi par le Sauveur et les premiers disciples. — La prédication a lieu par les ministres, dont l'autorité a trois objets : la doctrine, la juridiction et le pouvoir de faire des lois. Quant aux sacrements, voici comment les définit notre hérésiarque. Ce sont des *symboles extérieurs par lesquels Dieu imprime en nos consciences les promesses de sa bienveillance envers nous pour soutenir notre foi, et par lesquels nous rendons, en présence des anges et des hommes, témoignage de notre piété envers Dieu.* Il en admet deux, le baptême et la cène. Par le premier nous sommes justifiés, et les mérites de la rédemption nous sont appliqués. Une fois qu'on a reçu cette justification, on ne peut plus la perdre. Quant à la cène, Calvin rejette le sentiment de Zwingle, et croit que nous mangeons réellement le corps et la chair de Jésus-Christ ; mais ce n'est point dans le pain que réside le corps et la chair de Jésus-Christ ; seulement, en recevant les symboles eucharistiques, la chair de Jésus-Christ s'unit à nous, ou plutôt nous sommes unis à la chair du Sauveur comme à son esprit. De cette manière le corps de Jésus-Christ n'est ni uni au pain et au vin, comme le prétendait Luther, ni existant sous les apparences du pain et du vin par la transsubstantiation, comme l'enseignent les catholiques. Ces derniers ont anéanti la cène par la messe, que Calvin regarde comme un sacrilège. Quant aux cinq autres sacrements admis par toutes les Églises avant la réforme, il prétend que ce ne sont que des cérémonies d'institution humaine, dont on ne retrouve nulle trace dans les Écritures. — Nous venons de soumettre à nos lecteurs l'analyse complète, mais rapide des parties les plus importantes des *Institutions chrétiennes.* Les erreurs que renferme cet ouvrage célèbre peuvent se réduire à six chefs principaux, ainsi que le fait Bergier dans son dictionnaire théologique : 1° Jésus-Christ n'est pas réellement présent dans l'eucharistie, et nous n'y recevons seulement que la foi ; 2° la prédestination et la réprobation sont absolues, indépendantes de la prescience que Dieu a des œuvres bonnes ou mauvaises de chaque particulier ; l'un et l'autre de ces deux décrets dépend de la pure volonté de Dieu, sans égard au mérite ou au démérite des hommes ; 3° Dieu donne aux prédestinés une foi et une justice inamissibles, et ne leur impute point leurs péchés ; 4° en conséquence du péché originel, la volonté de l'homme est tellement affaiblie qu'elle est incapable de faire aucune bonne œuvre méritoire du salut, même aucune action qui ne soit vicieuse et imputable à péché ; 5° il lui est impossible de résister à la concupiscence vicieuse, et tout libre arbitre consiste à être exempt de coaction et non de nécessité ; 6° les hommes sont justifiés par la foi seule ; en conséquence les bonnes œuvres ne contribuent en rien au salut, et les sacrements n'ont pas d'autre efficacité que d'exciter la foi. Calvin n'admet que deux sacrements, le baptême et la cène ; il rejette absolument tout le culte extérieur et la discipline de l'Église catholique. — Ainsi Calvin, d'accord avec Luther dans le principe fondamental de la réforme, c'est-à-dire dans le mépris de toute autorité et l'interprétation individuelle de la Bible, Calvin, dis-je, se sépare en plusieurs points du moine saxon. On peut, d'après Mosheim, réduire à quatre chefs principaux les articles de doctrine qui séparent les calvinistes d'avec les luthériens : 1° par rapport à la cène, ceux-ci disent que le corps et le sang de Jésus-Christ sont véritablement donnés aux justes et aux impies, quoique d'une manière inexplicable ; selon les calvinistes, ce corps et ce sang n'y sont qu'en figure, ou présents seulement par la foi, mais tous ne l'entendent pas de même ; 2° selon les calvinistes, le décret par lequel Dieu, de toute éternité, a prédestiné tel homme au bonheur du ciel, et les autres à la damnation, est absolu, arbitraire, indépendant de la prévision des mérites ou démérites futurs de l'homme ; selon les luthériens, ce décret est conditionnel et dirigé par la prescience ; 3° les calvinistes rejettent toutes les cérémonies comme des superstitions ; les luthériens pensent qu'il y en a d'indifférentes, et que l'on peut conserver comme des peintures dans les églises, des habits sacerdotaux, les hosties pour consacrer l'eucharistie, la confession auriculaire des péchés, les exorcismes dans le baptême et plusieurs fêtes...; 4° ni l'une ni l'autre de ces deux sectes n'a aucun principe certain touchant le gouvernement de l'Église ; dans plusieurs endroits les luthériens ont consacré les évêques sous le nom de surintendants ; ailleurs ils n'ont qu'un simple consistoire comme les calvinistes ; chez les uns et les autres, le pouvoir civil des souverains et des magistrats a plus ou moins d'influence dans les affaires ecclésiastiques, suivant les lieux et les circonstances. — Voici à peu près comment Calvin organisa son Église. Les apôtres, dit-il, ont établi deux ordres, les pasteurs et les diacres ; personne n'entrait dans le ministère sans y être appelé, et la vocation dépendait du suffrage des autres ministres et du consentement du peuple ; c'était par l'imposition des mains que cette vocation se manifestait, et Calvin veut qu'on la conserve, parce qu'il croit que rien de ce que les apôtres ont pratiqué n'est indifférent ou inutile. Le ministère ecclésiastique ne doit enseigner que ce qui est contenu dans les Écritures : les assemblées des conciles ne peuvent donc obliger personne, et ces assemblées prétendent mal à propos être infaillibles dans leurs jugements. Le ministère ecclésiastique peut faire des lois pour la police de l'Église, pour entretenir la paix ;... mais il ne peut faire sur le culte ou sur la discipline aucune loi qui oblige en conscience; la juridiction de l'Eglise n'a donc pour objet que les mœurs et le maintien de l'ordre, et cette juridiction n'a, pour punir, que des peines purement spirituelles. Elle doit retrancher de l'assemblée des fidèles ceux qui, après les avertissements ordinaires, continuent de scandaliser et de corrompre leurs frères. — Ces principes se trouvent dans les *Institutions chrétiennes*. Mais l'ardent réformateur ne tarda pas à les oublier, et, après avoir déclamé longtemps contre la tyrannie romaine, il devint lui-même le plus impitoyable des tyrans. A son arrivée à Genève, il présenta au conseil le projet de ses ordonnances sur la discipline ecclésiastique. Elles ne tardèrent pas à être adoptées et publiées. D'après une de leurs dispositions, un tribunal se forma sous le nom de *consistoire*. C'était une commission mi-partie de laïques et d'ecclésiastiques chargés de veiller à la conservation de la saine doctrine et à la pratique des bonnes mœurs. La censure s'exerçait sur les moindres actions et sur les moindres paroles. Aucun citoyen n'en était exempt par l'importance de ses fonctions; aucun n'était à l'abri des réprimandes de ce tribunal, ni de l'affront de les voir perpétuées sur les registres. Le consistoire n'avait pas, il est vrai, le pouvoir d'infliger des peines corporelles; mais il devait renvoyer au conseil les cas les plus graves avec son avis. Les ministres avaient aussi l'obligation de déférer au magistrat civil les incorrigibles qui méprisent les peines spirituelles et ceux qui professent de nouveaux dogmes. Cette forme nouvelle de police rendit Calvin maître de toutes les habitudes comme de toutes les opinions des Génevois. Son esprit régnait exclusivement dans le conseil comme dans le consistoire, et les juges ne balancèrent jamais à punir quiconque lui était opposé. On sait quel usage il fit de cette énorme puissance. Il donna à son Eglise une nouvelle liturgie et de nouvelles prières, et rejeta toutes les cérémonies comme autant d'actes idolâtriques. Son culte, ainsi nu et dépouillé, parut, aux yeux de plusieurs, avoir élevé la religion au-dessus du vulgaire, en lui ôtant tout ce qui n'a pour objet que de frapper les sens. Ce motif lui concilia un grand nombre d'hommes d'un esprit distingué, tandis qu'une portion considérable des gens du peuple, entraînée par l'amour des nouveautés et l'esprit de parti, trouva précisément dans cette absence de toutes cérémonies le moyen le plus commode de marquer sa séparation d'avec le parti opposé. Il était en effet bien plus facile d'appeler idolâtres ceux qui vont à la messe, ou qui placent des images dans leurs temples, que de disputer avec eux sur la foi *justifiante* ou sur la *présence réelle*. — Par l'exposition que nous venons de faire du système théologique de Calvin, il est clair que les dogmes de l'Eglise catholique, que Calvin attaqua, avaient déjà été niés et combattus par différentes sectes qui avaient été condamnées à mesure qu'elles avaient dogmatisé. Leurs erreurs étaient parvenues jusqu'au XVIᵉ siècle, soit par des restes épars de ces sectes, soit par les monuments de l'histoire ecclésiastique. Le temps, qui rapproche sans cesse les erreurs comme les vérités, avait réuni les hérésies des iconoclastes, des donatistes, de Bérenger, des prédestinatiens, de Vigilance... dans les Albigeois, les Vaudois, les béguards, les fratricelles, dans Wiclef, dans Jean Hus, dans les frères de Bohême, dans Luther, dans les anabaptistes, dans Carlostadt, dans Zwingle... mais elles n'étaient que rapprochées; Luther en enseignait une partie et en rejetait l'autre; elles n'étaient donc ni réunies ni liées: Calvin parut, il entreprit de les lier et d'établir des principes généraux d'où il pût tirer ces erreurs opposées à l'Eglise romaine; il établit pour base de son système, que l'Ecriture est la seule règle de notre foi. — Nous avons vu comment il déduisit toute sa doctrine de ce principe. — Après avoir rassemblé comme en un faisceau les erreurs qui entrent dans son système de réforme, il présenta son œuvre au monde. Mais les catholiques ne tardèrent pas à en attaquer les diverses parties, et de leur côté les disciples de Calvin prirent la défense de leur maître. Chacune des erreurs de Calvin redevint, pour ainsi dire, une erreur à part sur laquelle une foule de controversistes des deux communions s'est exercée, et ces controverses ont absorbé pendant deux siècles une grande partie des efforts de l'esprit humain dans l'Europe. Quelle multitude innombrable d'ouvrages n'a-t-on pas écrits sur la présence réelle, sur l'Eglise, sur le juge des controverses, sur la confession, sur la prière pour les morts, sur les indulgences, sur le pape? — Ces controverses devant trouver leur place ailleurs, nous n'avons pas le dessein de les soulever ici. Nous nous bornerons à quelques réflexions générales sur le système général du second père de la réforme. — Comme nous l'avons dit plus haut, pour former son système, Calvin s'empara des erreurs de tous les sectaires qui l'avaient précédé. Sur l'eucharistie il n'enseigne point, comme Zwingle, que c'est un simple signe du corps et du sang de Jésus-Christ; il dit que nous

y recevons véritablement l'un et l'autre, mais seulement par la foi; le corps et le sang de Jésus-Christ n'y sont cependant point avec le pain et le vin, ou par impanation, comme le veulent les luthériens, ni par transsubstantiation, comme le soutiennent les catholiques. — Ainsi, depuis la naissance de la réforme en 1517 jusqu'en 1532, voilà déjà trois systèmes différents qui s'étaient formés sur ce que l'Ecriture dit du sacrement de l'eucharistie. Selon Zwingle, les paroles de Jésus-Christ: *Ceci est mon corps*, signifient seulement, *Ceci est le signe de mon corps*. Calvin soutient qu'elles expriment quelque chose de plus, puisque Jésus-Christ avait promis de nous donner sa chair à manger, ainsi qu'on le voit en saint Jean, ch. VI, v. 52. Donc, reprend Luther, le corps de Jésus-Christ y est véritablement avec le pain et le vin. Point du tout, dit Calvin; si l'on admettait une présence réelle, il faudrait nécessairement admettre la transsubstantiation comme les catholiques, et par conséquent le sacrifice de la messe. Voilà comment s'accordaient ces docteurs tous suscités de Dieu pour réformer l'Eglise, et tous inspirés par le Saint-Esprit. — Si l'on compare ce qu'enseigne Calvin sur la prédestination, avec ce qu'il dit du défaut de liberté dans l'homme, on sentira que Bolsec avait raison de lui reprocher de faire Dieu auteur du péché, blasphème qui fait horreur. Toute la différence qu'il y a entre les prédestinés et les réprouvés consiste en ce que Dieu n'impute point les péchés aux premiers, au lieu qu'il les impute aux autres: un Dieu juste peut-il imputer aux hommes des péchés qui ne sont pas libres, damner les uns et sauver les autres, précisément parce qu'il lui plaît ainsi. L'abus que faisait Calvin de plusieurs passages de l'Ecriture, pour établir cette doctrine odieuse, était une démonstration de l'absurdité de sa prétention, de vouloir que la Bible seule fût la règle de notre croyance. — Aussi le prétendu décret absolu de prédestination et de réprobation causa-t-il, parmi les protestants, les disputes les plus animées; il donna naissance à deux sectes, l'une des *infra-lapsaires*, l'autre des *supra-lapsaires*, et fournit l'occasion d'une foule d'écrits de part et d'autre. — Pour esquiver le sens des paroles de Jésus-Christ qui nous assurent de sa présence réelle dans l'eucharistie, Calvin opposait d'autres passages où il faut recourir au sens figuré; et pour expliquer les passages qui semblent supposer que Dieu est l'auteur du péché, il ne voulait pas faire usage de ceux dans lesquels il est dit que Dieu hait, déteste, défend le péché, qu'il le permet seulement, mais qu'il n'en est pas l'auteur. — L'inamissibilité de la justice dans les prédestinés, l'inutilité des bonnes œuvres pour le salut', étaient deux autres dogmes qui entraînaient les plus pernicieuses conséquences. Calvin avait beau les pallier par toutes les subtilités possibles, les simples fidèles ne sont pas en état de saisir cette obscure théologie; elle est d'ailleurs opposée aux passages les plus formels de l'Ecriture sainte; elle n'est bonne qu'à nourrir une folle présomption et à détourner le chrétien de faire des bonnes œuvres. — Une nouvelle contradiction était de soutenir que Dieu seul peut instituer des sacrements; que, selon l'Ecriture, il n'en a point institué d'autres que le baptême et la cène, et de prétendre que ces sacrements n'ont point d'autre effet que d'exciter la foi. L'institution de Dieu est-elle nécessaire pour établir un signe capable d'exciter la foi? — C'était évidemment par nécessité de système que Calvin niait la présence réelle de Jésus-Christ dans l'eucharistie. S'il avait avoué qu'en vertu de l'institution du Sauveur les paroles qu'il a prononcées ont le pouvoir de rendre présents son corps et son sang, comment disconvenir qu'en vertu de la même institution d'autres paroles ont la force de produire la grâce dans l'âme d'un fidèle disposé à la recevoir? — Dans la suite, les calvinistes, frappés de ces contradictions, ont senti les inconvénients du système de leur maître, et à peine ont-ils conservé un seul de ces dogmes en son entier; ils ont changé les uns, adouci et modifié les autres. Presque tous ont adopté le système de Zwingle sur l'eucharistie, et ne l'envisagent que comme un signe. Un très-grand nombre ont rejeté les décrets absolus de prédestination, et sont devenus pélagiens. — Résumons en quelques mots tout ce que nous venons de dire. A Bâle en 1535, Calvin démêlant que le mal de la réforme française était de n'avoir encore ni doctrines fixes ni constitution arrêtée, il avait présenté dans ses *Institutiones religionis christianæ* le système de doctrine et le plan de constitution qu'elle devait adopter. A Genève, en 1537, il sentit que la réforme n'était rien tant qu'elle se bornerait à séparer l'homme du culte ancien, tant qu'elle ne le saisissait pas tout entier, ne dominait pas sa vie comme son langage, ses actions comme sa foi. Et toujours guidé par le même instinct, toujours plus occupé des besoins intérieurs de l'Eglise réformée que de ses périls au dehors, toujours fondateur et législateur, il entreprit de réaliser et de régler la réforme sous le point de vue moral, comme il avait essayé naguère de lui imprimer, sous le point de vue théorique, de l'ensemble et de la fixité. C'est là, si je ne me trompe, le caractère dominant du génie et des travaux de Calvin ; c'est par sa constance et son succès dans la poursuite de cette idée que, seul entre les réformateurs, il s'est placé à côté de Luther. Quand il parut, la réforme était faite contre Rome, Luther avait accompli cette œuvre. Mais en elle-même, et comme devant former une société nouvelle, la réforme, du moins en Occident, n'était ni commencée ni fondée ; ce fut l'œuvre de Calvin. En 1535 il l'avait commencée à Bâle, il le reprit à Genève en 1537 ; et malgré quelques échecs, longtemps avant sa mort il avait réussi. — Or, que reste-t-il aujourd'hui de ce laborieux et immense travail ? un squelette décharné d'où la vie a disparu. Pour nous en convaincre, jetons autour de nous un rapide regard. Sans doute, depuis trois siècles il a existé parmi les protestants des hommes d'une vaste érudition et d'une grande force d'esprit, et cependant voyez s'ilsont jamais pu convenir entre eux d'un seul dogme. Qu'est devenue l'œuvre de Luther entre les mains des rationalistes modernes? Pour en finir tout d'un coup avec les objections des incrédules, ils ont rejeté sans façon les prophéties, les miracles, tout ce qui est surnaturel en un mot; ils ont refait le christianisme qui, privé désormais de toute autorité divine, n'est que le plus déhonté et le plus incohérent des systèmes, puisqu'on veut obstinément en rechercher la source dans des livres qui ne sont pas plus respectables que les ouvrages sacrés des autres nations. A Genève nous voyons le même spectacle ; la compagnie des pasteurs, fidèle au principe du protestantisme qui n'admet d'autre règle de foi que la raison ou l'Ecriture interprétée par la raison, s'est vue obligée d'abandonner successivement toute foi précise et de nier tous les dogmes fondamentaux du christianisme : le péché originel et par conséquent la rédemption ; la nécessité de la grâce, les peines éternelles et enfin la divinité de Jésus-Christ. Nous disons qu'elle nie ces dogmes, car défendre de les soutenir, c'est les nier positivement ; et il résulte de là que le centre de la réforme calviniste est devenu le centre du déisme, et qu'il n'existe plus, dans la *Rome protestante*, je ne dis pas aucune foi chrétienne, mais aucune foi quelconque, puisqu'un ministre puissamment soutenu a exprimé publiquement le vœu qu'on renonçât à tout symbole, même à celui des apôtres qui commence par ces mots : *Je crois en Dieu.* Le même scandale s'est renouvelé en Prusse, dans les Pays-Bas, en Ecosse, en Angleterre et en France. L'hérésie calvinienne, morcelée pour ainsi dire en mille sectes qui n'ont d'autre lien d'union que leur haine commune contre Rome, l'hérésie calvinienne, disons-nous, n'a pas même cette unité de doctrines qu'on remarquait dans les écoles philosophiques des anciens. L'orgueil, le fanatisme, la déraison ont enfanté des monstres à la possibilité desquels nous refuserions de croire si nous ne les voyions chaque jour autour de nous. Il n'est point d'absurdité, disait Cicéron, qui n'ait été soutenue par quelque philosophe ; nous dirons à plus juste titre que le calvinisme a donné naissance aux doctrines les plus extravagantes, les plus ridicules, les plus hideuses, les plus antisociales que l'on puisse concevoir. Dans la déplorable histoire des erreurs et des malheurs de l'humanité, il n'est pas de pages plus tristes que celles que le protestantisme a léguées à l'avenir. — Avant de terminer cet article, nous croyons être agréable à nos lecteurs en leur faisant connaître la manière dont le calvinisme est jugé dans l'*Encyclopédie nouvelle*, dont les doctrines, comme chacun le sait, sont tout à fait anticatholiques. Voici donc ce qu'on lit à l'article *Calvin* de cette Encyclopédie. — « Bien que le calvinisme existe encore de nos jours, il n'existe réellement plus que dans l'histoire. Les formes extérieures de l'institution se sont maintenues, mais la doctrine est abandonnée. Déjà au XVIII⁰ siècle, d'Alembert, dans l'article *Genève* de l'Encyclopédie, louait les calvinistes et les ministres de Genève en particulier, comme les plus avancés des protestants ; le déisme pur régnait, suivant lui, dans la ville de Calvin, et il l'en félicitait... Il n'y a donc plus à considérer le calvinisme comme une secte ou religion existant encore et par elle-même, mais seulement comme une phase du protestantisme ; c'est un acte d'une pièce accompli qui commence à Luther, quoiqu'elle ait son prologue bien avant Luther, et qui se poursuit, par diverses péripéties, jusqu'à l'avénement du XVIII⁰ siècle. Après Luther et sa période d'émancipation, vint la phase organisatrice de Calvin. Luther avait voulu détruire l'Eglise plutôt qu'en établir une autre : Calvin n'avait d'autre idée que de renverser la fausse Eglise pour rebâtir l'Eglise véritable. Luther avait argumenté du dogme de la prédestination et de la volonté absolue de Dieu sur ses créatures pour en conclure la liberté chrétienne : Calvin argumenta du même dogme pour en conclure la supériorité des ministres et des consistoires. Puis cette nouvelle Eglise, bientôt battue en brèche, vacille et tombe

en persécutant. Arminius, à son tour, argumente contre la prédestination pour renverser le calvinisme ; et enfin Bayle arrive pour saper par le doute toute cette controverse sur le péché et sur la volonté divine, base d'une doctrine aussi oppressive et aussi inquisitoriale que le catholicisme de Rome. Aussitôt que Bayle s'est emparé de la question, le XVIII⁰ siècle commence et le calvinisme s'ensevelit dans le passé... La destinée du calvinisme, la question de savoir s'il serait ou s'il ne serait pas, tenait à ce problème : détruire l'ancienne Eglise, mais en reconstituer une autre. Or, l'Eglise de Calvin a-t-elle réellement subsisté? A Genève je vois Calvin, et après lui Théodore de Bèze, qu'on peut prendre, si l'on veut, pour son successeur, mais après Théodore de Bèze, personne. Genève, qui n'était rien dans le monde avant Calvin, s'éteint après lui dans l'insignifiance. En France, le calvinisme fait de la guerre civile pendant un demi-siècle; mais cette guerre civile ne fonde pas le calvinisme. Aux Pays-Bas, en Allemagne, même spectacle... Ainsi l'Eglise qu'avait rêvée Calvin a réellement avorté... Calvin fut un grand conquérant en espérance, mais le calvinisme est un empire imaginaire dont les provinces tracées sur la carte n'ont jamais été réunies et n'ont pas cessé d'appartenir à d'autres pays... Calvin est assurément le père de ces sectes de presbytériens, d'indépendants, de puritains, qui de Genève se répandirent en Angleterre et en Ecosse, et dont le fanatisme est si célèbre. Mais en définitive il serait faux de dire que le calvinisme ait triomphé en Angleterre. Le mouvement calviniste des Pays-Bas, après avoir produit aussi une sanglante guerre civile, a également avorté sans rien laisser de vivant et de durable. Enfin, la doctrine même de Calvin, considérée d'une manière abstraite, n'est qu'un point de l'argumentation protestante, puisqu'il est venu après Calvin d'autres argumentateurs dont les théories ont nié consécutivement et effacé la sienne. Tout est donc mort en naissant dans l'œuvre de Calvin. Ce n'est pas un de ces hommes qui ouvrent une carrière et qui laissent un germe que l'avenir développe. C'est un de ces hommes, au contraire qui prétendent clore le temps, et que le temps en un pas de sa marche plonge dans l'ombre de la mort. » — En citant les appréciations qu'on vient de lire, nous n'avons pas besoin de dire que nous n'approuvons pas toutes les opinions de l'auteur; il y a entre lui et nous un abîme. Mais nous accordons dans cette pensée commune que le calvinisme est mort depuis longtemps. A l'article RÉFORME, nous verrons comment cette doctrine se répandit dans les divers Etats de l'Europe.   J. G. C.

CALVINISTES. On appelle ainsi les sectateurs de Calvin, dont nous allons rapidement esquisser l'histoire en France. — Dès le règne de François I⁰ʳ, et lors des premières mesures prises pour détruire l'hérésie, les calvinistes trouvèrent un refuge dans la Navarre et dans le midi de la France, d'où, sortant aux premiers moments de calme, ils se répandirent dans tout l'ouest et jusqu'au cœur du royaume. La sévérité déployée contre eux ne les empêcha pas de dominer bientôt dans une foule de villes. François I⁰ʳ meurt; mais, tout en armant contre le pape, Henri II renouvelle, en 1551, les édits de son père contre les hérétiques, et croit devoir y ajouter l'obligation d'un certificat de catholicisme pour l'admission aux charges publiques. Sous lui, quelques réformés veulent mettre l'espace des mers entre eux et leurs adversaires; et, en 1555, un fort parti d'entre eux, sous la conduite de Durand de Villegagnon, va fonder sur la côte du Brésil, aux environs de Rio-Janeiro, une colonie que ne tarde pas à ruiner la mésintelligence qui se met parmi ses membres. En France cependant, le parti prenait chaque jour de nouvelles forces. L'université était remplie de ses adeptes, et le Pré aux Clercs, où ils se réunissaient le soir pour chanter leurs psaumes, fut maintes fois le théâtre de rixes violentes. L'année suivante, les prétentions des calvinistes étaient devenues telles, que leurs députés, assemblés à Nantes, déclaraient constituer les états du royaume. En Provence, ils guerroyaient sous Paulon de Mouvans; en Dauphiné, ils avaient mis à leur tête du Puy de Montbrun; enfin, sous la protection de Coligny, on faisait publiquement le prêche à Dieppe, au Havre et à Caen. Lors de l'assemblée des notables tenue à Fontainebleau, on vit l'amiral réclamer la liberté du culte au nom de cinquante mille calvinistes de la seule province de Normandie. En 1561, les religionnaires avaient en France plus de deux mille temples; et, dans leur fanatique aveuglement, ils se crurent si forts qu'ils osèrent sommer le jeune roi Charles IX, ou, pour mieux dire, sa mère, de faire disparaître ce qu'ils appelaient les monuments de l'idolâtrie catholique, c'est-à-dire les images et les reliques des églises. Sur le refus qu'ils éprouvèrent, quelques-uns d'entre eux se chargèrent de commencer l'œuvre de destruction, et portèrent leurs outrages jusque sur les hosties consacrées. Si ces sacriléges démonstrations n'empêchèrent pas la régente d'admettre leurs docteurs à la discussion solennelle de leur profession de foi à Poissy, elles contribuèrent sans doute à neutraliser les efforts tentés par les esprits modérés pour opérer une réconciliation, et la sanglante scène de Vassy finit par rendre ce résultat impossible. — Comme toutes les luttes religieuses, celles-ci furent cruelles dans leurs hostilités, perfides dans leurs trèves. Les calvinistes, qui s'élevaient avec tant de violence contre l'emportement des catholiques, se montrèrent atroces. Dans leur retraite, après la bataille de Saint-Denis, ils passèrent au fil de l'épée toute la population de Pont-sur-Yonne, et quand ils eurent pénétré dans Nîmes, après la bataille de Moncontour, ils massacrèrent lâchement le clergé de la cathédrale. Les suspensions d'armes ne servaient qu'à faire prendre aux deux partis de nouvelles forces pour de nouvelles attaques. A peine le traité d'Amboise, du 12 mars 1563, était-il signé, que les conseillers de la cour, à la tête desquels étaient les envoyés du pape et de l'empereur, en attaquèrent la validité. Il n'avait d'ailleurs été enregistré que *par provision, et à cause de la nécessité des temps.* En prenant, dans leur synode général de Lyon, l'initiative d'une nouvelle levée de boucliers, les calvinistes se montrèrent les provocateurs. Les traités qui servirent de dénoûment aux divers actes de cette grande tragédie eurent cela de remarquable, que le parti calviniste qui, surtout dans les derniers temps de la lutte, n'arrivait à des trêves que par des défaites, semblait pourtant avoir la plus grande part au règlement des articles, gagnant de plus en plus dans les transactions diplomatiques à mesure qu'il essuyait plus de pertes sur le champ de bataille, jusqu'au jour où la déplorable nuit de la Saint-Barthélemy rendit aux catholiques les concessions successives que leurs adversaires leur avaient arrachées. Longtemps encore la lutte se prolongea. — Enfin les haines s'assoupirent, et de nouveaux événements rapprochèrent les intérêts. Les calvinistes virent monter sur le trône un des leurs; malheureusement Henri IV passa les bornes d'une généreuse protection, et l'édit même par lequel il croyait assurer la concorde renfermait le germe de nouvelles divisions. Les calvinistes constituèrent dans l'Etat un corps légalement reconnu. Une partie du territoire continua même à être, en leur faveur, soustrait à la juridiction royale; enfin, on sembla avoir opéré le rapprochement de deux peuples plutôt que la fusion de deux partis. Remuants et inquiets, les réformés menacèrent encore, du fond de leurs forteresses, la tranquillité de l'Etat. En 1621, époque à laquelle l'intérêt de leurs consciences ne pouvait plus servir d'excuse à leurs ambitieuses entreprises, ils voulurent, dans une assemblée tenue à la Rochelle, dresser pour la France le plan d'une république divisée en huit cercles, ou plutôt de huit principautés réunies par le seul lien de la communauté de culte, et qu'ils destinaient aux plus influents d'entre eux. On ne sait pas quelles places ils réservaient aux calvinistes dans cette organisation. Quoi qu'il en soit, Richelieu, en renversant leur rempart, rendit vain ce dernier effort du fanatisme enté sur les débris de la féodalité. — C'était une haute politique, et non un zèle inconsidéré, qui avait dicté la conduite du cardinal; aussi, après avoir abattu les forces du parti, respecta-t-il les libertés de la secte. Mazarin suivit son exemple, et la carrière des honneurs fut même ouverte aux réformés. Louis XIV résolut plus tard d'extirper l'hérésie, et il ne fut pas animé seulement par le zèle religieux. Depuis longtemps le patriotisme des calvinistes s'était effacé devant leurs sympathies religieuses; dans la lutte de la France contre la Hollande, leurs vœux n'avaient pas été pour la mère-patrie; ils entretenaient des intelligences coupables avec l'étranger (*V.* CAMISARDS et CÉVENNES), qui comptait sur leur appui, et qui les avait même décidés à se soulever dans plusieurs provinces. A la veille d'une guerre contre l'Europe entière, devait-on laisser dans le pays une secte nombreuse et hostile qui pouvait, riche comme elle l'était, faire une diversion dangereuse, et porter de nouvelles atteintes à l'unité et à l'indépendance nationalité? On se décida donc à frapper un grand coup, et Louis XIV, en 1685, déchira l'édit de son aïeul (*V.* EDIT DE NANTES). La répression des protestants fut sévère jusqu'au moment où, en 1789, l'état civil leur fut rendu. Depuis 1802, le culte calviniste est officiellement reconnu par l'Etat, qui en salarie les ministres. L'Eglise gémit encore sur l'aveuglement de tant d'enfants égarés qui méconnaissent sa légitime et bienfaisante autorité; mais le pays n'aura plus, nous l'espérons du moins, à réprimer les coupables tentatives d'une secte qui a cessé d'être un parti (*V.* pour le complément de cet article : HUGUENOTS, PROTESTANTISME, PROTESTANTS, RÉFORME, RÉFORMÉS, etc., etc.).

CALVINO (JOSEPH-MARC), poëte sicilien, naquit en 1785 à Trapani d'une famille riche, et se livra dès l'enfance à l'étude des belles-lettres, particulièrement à celle de la poésie. Plein de vivacité et de verve, il s'annonça d'abord par quelques morceaux de peu d'importance, et qui furent bientôt oubliés. Plus tard, en 1825, il publia un poëme plus digne d'être remarqué, et qui annonçait un véritable talent, sous ce titre : *Industria Trapanese,* dans lequel il montra de la finesse et du goût. En 1826, il donna encore deux volumes de poésies légères qui furent également bien accueillies; et enfin, l'année suivante, une traduction en patois sicilien de la *Batrachomyomachie* d'Homère, qui eut beaucoup de succès parmi les compatriotes de l'auteur, mais qui essuya cependant quelques critiques. A l'imitation du Dante et de Delille, il composa aussi un poëme intitulé : *Dio nella natura,* qui est très-estimé. Il mourut à la fleur de l'âge, membre des académies de Trapani, de Rome, etc., le 22 avril 1833, au moment où il allait achever un poëme héroï-comique intitulé *Bernardo Capece,* et une version des *Odes d'Anacréon.* Il s'était aussi occupé de revoir le dictionnaire sicilien de Pasqualino. On a encore de Calvino plusieurs compositions dramatiques : *Ifigenia in Aulide,* opéra publié en 1819, et une comédie, *il Calzolajo d'Alessandria della Paglia,* dans laquelle, à l'imitation de Goldoni, il s'est soumis strictement aux règles des grands maîtres, évitant surtout les écarts de l'école romantique.

CALVINUS (F. VETURIUS), consul l'an de Rome 420 et 433 (334 et 321 avant J.-C.). — CALVINUS (Cn. Domitius), consul l'an 332 avant J.-C. — CALVINUS (Cn. Domitius), consul l'an 283 avant J.-C. — CALVINUS (C. Sextius), consul l'an 124 avant J.-C. — CALVINUS (Cn. Domitius), consul l'an 53 et 40 avant J.-C.

CALVINUS (JEAN), dont le vrai nom était *Kalb,* professeur à Heidelberg, a fait un *Lexicon juridicum,* utile et estimé. Il comprend toutes les parties de la jurisprudence, dont il donne des définitions très-claires et très-exactes. La première édition est de Francfort, 1600, in-4°. Il y en a eu un grand nombre dans la suite. Les meilleures sont celles de Genève, 1730, 1734, 1759, 2 vol. in-fol. On doit au même auteur : *Themis Hebrœo-Romana, seu Jurisprudentia Mosaïca et Romana,* Hanau, 1595, in-8°, et quelques autres ouvrages de jurisprudence.

CALVISIUS. Nous trouvons sous ce nom les personnages suivants chez les Romains : 1° C. CALVISIUS SABINUS, consul avec L. Passianus Rufus, l'an 750 de la fondation de Rome. — 2° C. CALVISIUS SABINUS, consul avec Cn. Cornelius Lentulus Getulicus, l'an 779 après la fondation de Rome. Sous le règne de Tibère, en 785, il fut accusé du crime d'attentat à la majesté impériale; mais il fut renvoyé de cette accusation (Tac. *Ann.* 6, 9). C'est à lui que paraît se rapporter le *Calvisianum senatusconsultum* (*V.* ce mot). — 3° C. CALVISIUS TULLUS, consul avec A. Corn. Palma, l'an 862 après la fondation de Rome. Il fut contemporain de Pline le Jeune, auquel il est et Calvisius auquel sont adressées plusieurs lettres de Pline (L. 2, 10, 3, 1, 5, 7, 8, 1), et que celui-ci nomme son *contubernalis.* — 4° CALVISIUS NEPOS était le fils de la sœur du précédent. C'était un jurisconsulte et un orateur. Pline le vante et le propose pour le tribunal (Epp. 4, 4).— 5° Le légat CALVISIUS SABINUS (an de la fondation de Rome 823) est différent de tous ceux-ci. Les historiens racontent de sa femme une histoire assez singulière dont la scène se passe dans un camp (Dio *in reb.* Caii, 59, 18. — Tac. *Hist.* 1, 48). — 6° On est certainement dans l'erreur quand on confond le précédent, comme l'a fait Oberlin lui-même, avec ce Calvisius Sabinus dont Sénèque parle dans sa vingt-septième lettre comme d'un homme riche et bizarre. Les anecdotes qu'il raconte de lui (*qui patrimonium habebat libertini et ingenium*) nous font voir qu'il n'avait ni esprit ni mémoire, et nous n'avons aucune raison pour confondre aucun des précédents avec ce plaisant personnage. — 7° On serait au contraire très-fondé à confondre avec ce dernier un CALVISIUS qui, comme client de Silana, joua un rôle dans le complot tramé par celle-ci contre Agrippine, et qui, ne pouvant se justifier de l'accusation qui s'élevait contre lui, fut exilé, mais rappelé par Néron après l'assassinat d'Agrippine (Tac. *Ann.* 13, 19 et suiv. 14, 12). Il n'y a qu'une seule différence, mais qui s'explique suffisamment par les renseignements que Sénèque nous donne de lui. Si cet auteur dit de lui : *Memoria nostra fuit dives,* Agrippine, par contre, dans la défense où elle repousse l'accusation portée contre elle, dit à Sénèque, envoyé vers elle avec Burrhus par Néron, que Calvisius, ayant dépensé toute sa fortune, cherchait une dernière ressource dans une accusation qu'on soulevait contre elle à l'instigation d'une prostituée. Nous ne doutons point que ces deux Calvisius ne soient un seul et même personnage.— Le nom de Calvisius est encore remarquable sous le rapport juridique par ce qui suit : *Calvisiana actio, Calvisianum judicium.* C'est la plainte que portait le patron d'un émancipé mort *ab intestato*, afin d'annuler toute aliénation même onéreuse qui aurait été faite par lui, en tant que ces aliénations auraient diminué sa part légale d'héritage. L'acheteur accusé payait alors un *justum pretium* en sus, ou rendait l'objet acheté en échange du prix d'achat. La plainte durait pendant trente jours, pouvait être transférée à des héritiers, et sous ce rapport allait plus loin que la *inofficiosæ donationis querela* d'autres personnes qui pouvaient prétendre à une portion obligatoire (Comp. *Tit. Dig. Si quid in fraudem patroni factum sit*, XXXVIII, 5); Fr. 16, § 6 : *De hereditatis petitione* (v, 3); Fr. 16, pr. *De jure patronatus* (XXXVII, 14). — Par analogie, la *Calvisiana actio* était accordée aussi à un mineur arrogé, lorsque le *pater arrogator* lui avait diminué illégalement une partie de ce qu'on nommait *quarta divi Pii* (Fr. 15, *Si quid in fraudem*); et par contre aussi, elle n'était pas accordée au *parens émancipant* (Fr. 2, *Si quis a parente manumissus fuerit*, XXXVII, 12). — L'opinion de quelques jurisconsultes attribue aujourd'hui, mais sans doute à tort, la *Calvisiana actio* comme *quasi Calvisiana actio* aux enfants dont le père aurait diminué la part obligatoire par des aliénations frauduleuses (V. aussi FAVIANA ACTIO). — *Calvisianum senatus-consultum.* L'époque où fut rendu ce sénatus-consulte n'est pas déterminée, quoique généralement on ne fasse dater du règne de Néron, pendant lequel on cite des Calvisius en grand nombre, et de l'an 814 après la fondation de Rome. La teneur de cette loi se rapporte à la *lex Julia et Papia Poppæa.* Si une femme âgée de plus de cinquante ans épouse un homme âgé de moins de soixante ans, cet *impar matrimonium* ne doit apporter aucun avantage au mari, en ce sens que, considéré comme *incapax*, il ne peut recevoir ni héritage, ni legs, ni dot (*Alpiani Fragmenta*, XVI, § 4). Le Cod. Vatican. lit : *Senatus-consultum Calvitianum*; mais Ant. Augustin et Perizonius ont déjà changé la leçon *Calvisianum* et ont rétabli le véritable mot. Schulting et Heineccius ont déjà remarqué que la leçon *Claudianum*, proposée par Cujas, est fausse.

CALVISIUS (SETH), astronome, astrologue, chronologiste, musicien et poëte allemand, naquit le 20 février 1556 à Gorschleben, village qui se trouve près de Sachsenbourg en Thuringe, et où son père, Jacques Kalwitz, était un pauvre journalier. A Frankenhausen ainsi qu'à Magdebourg, où le jeune Kalwitz alla étudier, à l'université de Leipzig où il se rendit en 1579, et plus tard à l'université de Leipzig, il vécut de son talent musical, qui lui valut aussi en 1582 la place de *cantor* à l'école princière de Pforta. A l'aide de la bibliothèque qu'il y trouva, il s'adonna avec ardeur aux études historiques, lut avec beaucoup d'attention l'ouvrage de Scaliger : *De emendatione temporum*, et essaya d'introduire plus d'ordre dans l'histoire par un calcul mathématique des temps. En mai 1594, il fut nommé cantor, directeur de musique et professeur à l'école Saint-Thomas à Leipzig, où il s'occupa, en outre des travaux que nécessitaient ses fonctions, de la publication de plusieurs ouvrages de chronologie et de musique, et aussi de dictionnaires latins. Il refusa plusieurs offres qui lui furent faites, telles que celles qui l'appelèrent à Wittemberg et à Francfort sur l'Oder en qualité de professeur de mathématiques. A peu près douze ans avant sa mort, il se blessa au genou, ce qui l'empêcha de sortir pendant près d'un an. Il employa tout ce temps à l'étude, et assura que sous ce rapport cet accident lui avait été avantageux. Depuis cette époque jusqu'à sa mort, qui eut lieu le 24 novembre 1615, il resta boiteux. On prétend qu'il se prédit à lui-même cet accident au moyen de sa science astrologique. — Ses ouvrages sont les suivants : 1° *Opus chronologicum ex auctoritate potissimum S. S. et historicorum fide dignissimorum, ad motum luminarium cælestium tempora et annos distinguentium*, etc. Lips., 1605, quatrième édition, Francof. ad Mœn, 1685, ouvrage qui reste encore toujours important pour la chronologie; 2° *Elenchus calendarii Gregoriani, et duplex calendarii melioris formula*, Francof., 1612, in-4°; 5° *Formula calendarii novi, calendario Gregoriano expeditior, melior et certior*, Heidelberg, 1613, in-4°. Nous devons ajouter que ces livres ont été mis à l'index. Mais ce n'est pas le saint-siège seulement qui jugea ces livres contraires au christianisme; Calvisius eut à se défendre contre les attaques de plusieurs protestants ses contemporains. Dans une dispute sur ce sujet, il attesta à un professeur de mathématiques à Leipzig qu'il ne connaissait pas le calcul des fractions. Nous citons ce fait comme renseignement et comme témoignage sur l'état des mathématiques à cette époque dans plusieurs universités d'Allemagne. Par contre, Scaliger et Casaubon vantent sa sagacité dans leurs lettres avec un véritable enthousiasme, et nomment son

ouvrage un *opus consummatissimum, eruditissimum, divinum;* 4° *Enodatio duarum quæstionum circa annum nativitatis et tempus ministerii Christi*, Erfordiæ, 1610; 5° *Epistolæ duæ ad. El. Reusnerum et Dav. Pareum, quibus universa fere ratio chronologiæ continetur;* 6° *Examen hypothesium chronologicarum Dav. Parei;* 7° *Thesaurus Latini sermonis ;* 8° *Exercitatio musica*, Lips., 1611.

CALVO (JEAN), médecin espagnol du XVIe siècle, professeur à l'université de Valence, fut un des premiers qui s'efforça d'imprimer aux écoles de médecine de cette nation une bonne direction, et qui dans cette vue traduisit en espagnol la *Chirurgie française* de Gui de Chauliac, Valence, 1696, in-fol. Il a aussi publié quelques ouvrages qui lui sont propres, savoir : 1° *Libro de medicina y chirurgia*, Barcelone, 1592, in-8°; 2° *Primera y segunda parte de la chirurgia universal y particular del cuerpo humano*, Séville, 1580, in-4°; Madrid, 1626, in-fol. traduit en partie dans l'*Epitome des ulcères* de Brice Gay.—Un troubadour provençal du même nom, qui vécut dans le XIIIe siècle à la cour d'Alphonse X, roi de Castille, a fait des *sirventes*, dont il ne reste plus de traces.

CALVO (MARCO-FABIO), médecin, né à Ravenne, vécut à Rome sous le pontificat de Clément VII, et mourut dans cette ville en 1527. C'est à lui que nous devons une des premières versions des ouvrages d'Hippocrate, faite par les ordres du pape Clément XII, sur un manuscrit grec du Vatican, Rome, 1525, in-fol. On lui doit aussi : *Antiquæ urbis Romæ cum regionibus simulacrum*, Bâle, 1558, in-fol. — Un autre CALVUS (Félix), natif de Bergame, docteur en chirurgie de Padoue, mort à l'âge de soixante-treize ans en 1661, est auteur de plusieurs ouvrages de chirurgie sur l'anévrysme, les ulcères cancéreux, les plaies de tête, le squirre, etc.

CALVO (JEAN-SAUVEUR DE), né à Barcelone en 1625, connu sous le nom de *brave Calvo*, était au service d'Espagne, lorsqu'à la soumission des Catalans il passa au service de France en 1641, et se trouva à tous les sièges, à toutes les actions de guerre qui eurent lieu en Catalogne jusqu'en 1655. Il obtint en 1654 un régiment de cavalerie de son nom, et concourut à la conquête de la Franche-Comté en 1668. Il fut nommé l'un des visiteurs généraux de la cavalerie en 1671, et se trouva à tous les sièges que le roi fit alors en personne. Il servit en 1673 sous les ordres du prince de Condé et du duc de Luxembourg, et combattit à Seneff. Employé en Lorraine sous le marquis de Rochefort, il fut créé maréchal de camp en 1675, et nommé pour commander à Maëstricht. Investi dans cette place le 7 juillet 1676 , il dit aux ingénieurs : « Messieurs, je n'entends rien à la défense d'une place; tout ce que je sais , c'est que je ne veux pas me rendre. » Il se défendit pendant cinquante jours avec la plus grande valeur, fit tous les jours des sorties qui étaient autant de combats, et donna le temps au maréchal de Schomberg de le secourir. Le prince d'Orange leva le siège. Calvo eut le gouvernement d'Aire, fut créé lieutenant général, et conserva le commandement de Maëstricht jusqu'en 1679. En 1678, il surprit Leaw, s'empara en 1679 de la ville et du duché de Clèves, et servit la même année à l'armée du Rhin sous le maréchal de Créqui. Employé en Catalogne sous le maréchal de Bellefonds en 1684, il passa le Ter à la nage, chargea les ennemis et contribua à leur défaite. Il était à l'assaut de Girone. Le roi le nomma chevalier de ses ordres en 1688. Il commanda un corps séparé en Flandre sous le maréchal d'Humières en 1689. Destiné d'abord à commander un corps séparé sous le maréchal de Luxembourg en 1690, il mourut à Deinse, peu de jours après, à la tête de ce corps, le 19 mai 1690.

CALVOER (GASPARD), théologien protestant, né à Hildesheim en 1650, fut principal inspecteur des écoles du Clausthal et surintendant de la principauté de Grubenhagen, et mourut le 11 mai 1725, après avoir publié, tant en latin qu'en allemand, un très-grand nombre d'ouvrages théologiques estimés; nous ne citerons que ceux qui sont d'un intérêt plus général : 1° *Saxonia inferior , antiqua , gentilis et christiana*, Gosslar, 1714, in-fol.; 2° *Corona duodecim stellarum, sive anniversarium evangelico-epistolare dodecaglotton;* 5° *De musica et sigillatim ecclesiastica*, Leipzig, 1702, in-4°; 4° *Consultatio de pace ecclesiastica, inter protestantes ineunda, cum mantissa sub tit, Ramus olivæ*, Leipzig et Gosslar, 1708; 5° *Fissura Sionis, hoc est de schismatibus ac controversiis quæ Ecclesiam agitarunt*, Leipzig, 1690. Ce livre est savant et peu connu en France; l'auteur n'avait que vingt ans quand il le publia. Sa vie a été écrite par Jean-Juste Fahsius, sous le titre : *Memoria justi in pace*, 1727, in-4°.—HENNING ou HENRI CALVOER, probablement fils du précédent, lui succéda en 1726 dans la direction des écoles du Clausthal, et fut pasteur à Altenau, où il mourut octogénaire le 10 juillet 1766. On lui doit les trois ouvrages suivants : 1° *Programma de historia recentiori Hercyniæ superioris mechanica*, Clausthal, 1726, in-4°; 2° *De domus Brunsvicensis claritate et potentia ex infelici lapsu restituta*, 1727, in-4° ; 3° *Acta historico-chronologico-mechanica circa metallurgicam in Hercynia superiori*, Brunswick, 1763, 2 part., in-fol., avec quarante-huit planches. C'est la description la plus complète des machines et des procédés employés à l'exploitation des mines dans le Hartz, dont son programme de 1726 ne donnait qu'un léger aperçu. Cet important ouvrage fait comme la suite de celui de Schlüter, sur la fonte des mines, que Hellot a traduit en français en 2 vol. in-4°, 1750-53.

CALVUS (P. LICINIUS), tribun militaire l'an 400 avant J.-C., et tribun du peuple l'an 396. — CALVUS (C. Lic.) STOLO, consul en 364 et 361 avant J.-C. — CALVUS (Corn. Lic.), Romain célèbre par son goût pour la satire et ses talents oratoires. Il disputa à Cicéron la palme de l'éloquence, et amusa les Romains par les traits malins qu'il lançait contre César et Pompée.

CALVY DE LA FONTAINE, traducteur et poëte du XVIᵉ siècle, sur lequel on n'a presque aucun renseignement. Nos anciens bibliothécaires Lacroix du Maine et Duverdier ne nous ont donné que la liste de ses productions : encore est-elle incomplète. Il était de Paris ; l'abbé Goujet dit qu'il se nommait François. Comme il n'a signé que les noms qui sont au commencement de cet article, il ne serait pas étonnant qu'on l'eût confondu avec Charles Fontaine, poëte contemporain (*V. Ch. Fontaine*, t. XV). Ils étaient amis, ainsi qu'on le voit par un quatrain que Charles lui adressa sur la conformité de leurs noms. Savant comme l'étaient alors tous les littérateurs, Calvy possédait les langues grecque et latine. On connaît de lui : 1° *Traité de la félicité humaine*, traduit du latin de Philippe Beroaldo, Paris, 1543, in-16 ; 2° *la Manière de bien et heureusement instituer et composer sa vie, et forme de vivre*, contenant soixante-dix-huit enseignements envoyés par Isocrates à Demonicus, ibid., 1543, in-16 ; 3° *Trois Déclamations*, etc., invention latine de Phil. Beroaldo, poursuivie et amplifiée par le traducteur ; avec le *Dialogue* de Lucien, intitulé : *Mercure et Vertu*, ibid., 1556, in-16 de 99 feuillets, petit volume fort rare (*V. Phil. Beroaldo*, tom. IV) ; 4° *l'Élégie d'Ovide sur la complainte du Noyer*, trad. en vers, Paris, l'Angelier, sans date, in-16 ; 5° *Eglogue sur le retour de Bacchus*, en laquelle sont introduits deux vignerons , à savoir Colinot de Beaulne et Jacquinot d'Orléans, in-8° goth. de 8 feuillets , pièce rare et recherchée.

CALYBÉ, femme de Laomédon et mère de Bucolion. — CALYBÉ, vieille prêtresse du temple de Junon à Ardée. La furie Alecto emprunta ses traits pour exciter la colère de Turnus contre Enée (*Virgile*).

CALYBÉ (*géogr. anc.*), ville de Thrace (*V. DIAMBOLIS*).

CALYBÉ, s. m. (*hist. nat.*), sorte d'oiseau de paradis.

CALYBION, s. m. (*botan.*), nom donné par Mirbel aux fruits couverts, formés d'un ou de plusieurs glands dans une capsule, comme ceux du chêne, du châtaignier, etc.

CALYBITES, *calybitæ*. C'est le surnom des saints qui ont vécu dans les cabanes. Ce mot vient du grec ϰαλύϐη, qui signifie une petite loge ou hutte. (Baronius, Ducange, Chastelain, *Notes*, au 15 janvier).

CALYCADNUS (*géogr. anc.*), fleuve de l'Asie-Mineure, dans la Cilicie, passe à Flaviopolis, à Philadelphie, à Séleucie, et se jette dans le détroit de Cilicie entre le promontoire de Zéphyrium et la ville de Corycus. — CALYCADNUS, promontoire de Cilicie, au delà duquel les Romains défendirent à Antiochus de naviguer.

CALYCANTHÉES (*botan.*), famille d'arbrisseaux exotiques. *Caractères généraux :* rameaux opposés, feuilles opposées, sans stipules, entières, pétiolées ; fleurs solitaires, sessiles, pédonculées ; périanthe simple, coloré, persistant, ventru, polyphylle; étamines nombreuses, adhérentes à un bourrelet qui garnit l'orifice du périanthe; étamines extérieures à filets courts, et anthères allongées, s'ouvrant en dehors; étamines extérieures et sans anthères , et par conséquent stériles; ovaire partagé en plusieurs coques fixées sur la paroi interne du périanthe. Devenues fruit , ces coques sont de petites drupes entourées d'une pulpe légère, ne contenant qu'une graine ; ces graines sont sans périsperme ; l'embryon à deux cotylédons larges , minces, superposés face à face et roulés sur eux-mêmes. — L'enroulement des cotylédons, les feuilles opposées et sans stipules, sont les caractères qui distinguent cette famille de celle des rosacées, avec laquelle du reste elle a

beaucoup de ressemblance. — Cinq espèces de calycanthées constituent le genre *calycanthus*, et sont très-estimées des amateurs de plantes, par rapport à l'élégance du feuillage, à la richesse de la corolle et au parfum qu'elles exhalent ; ce sont : — *Calycanthus de Virginie* (*calycanthus floridus*), icosandrie polygynie de Linné, rosacées de Jussieu). Bel arbrisseau en buisson ; bois aromatique ; écorce gris brun; feuilles opposées, ovales, vert sombre , sans stipules ; fleurs solitaires, sessiles ; calice et corolle à divisions recourbées, colorés en brun pourpre velouté. Fleurit en mai et juin. — *Calycanthus à feuilles lisses* (*calycanthus lævigatus*). Fleurs brun plus clair; anthères blanches. — *Calycanthus du Japon* (*calycanthus præcox*). Pentandrie polygynie de Linné, plus élevé que le précédent ; folioles calicinales blanchâtres, plus longues que les pétales pourprés ; odeur plus suave. Fleurit en décembre et janvier ; les fleurs résistent aux froids ordinaires ; porte graines au printemps. — *Calycanthus du Japon à grandes fleurs* (*calycanthus præcox grandiflorus*). Feuilles très-lisses, lancéolées; division calicinale et pétales très-roulés au dedans; fleurs jaunes, globuleuses. Fleurit en décembre et janvier. — *Calycanthus nain* (*calycanthus nanus*). Plus petit que les précédents ; feuilles très-lisses et allongées ; fleurs plus petites, moins odorantes. — Le calycanthus se multiplie de graines, de marcottes, de boutures, et aime une bonne terre un peu fraîche. Avec le bois du *calycanthus floridus* que l'on laisse longtemps infuser dans l'eau-de-vie, et que l'on distille après, on obtient une liqueur de table très-agréable.

CALYCÉ, fille d'Eole et d'Enarète, épousa Athlius, fils de Jupiter , dont elle eut Endymion, roi d'Elis. — CALYCÉ, jeune Grecque qui, ne pouvant se faire aimer d'un jeune homme nommé Evathlus, se jeta dans un précipice. Stésichore chanta ses malheurs dans un poëme qui existait encore du temps d'Athénée. — CALYCÉ, fille d'Hécaton, épousa Neptune, dont elle eut Cycnus.

CALYCÉRÉES (*botan.*), famille de plantes herbacées des contrées chaudes de l'Amérique. *Caractères généraux :* tiges rameuses; feuilles alternes, tantôt entières, tantôt plus ou moins découpées sur les côtés ; fleurs petites, hermaphrodites, quelquefois mâles ou femelles, par l'avortement de l'un ou de l'autre organe. Chaque fleur est pourvue d'un calice et d'une corolle; calice persistant , adhérent à l'ovaire, infundibuliforme ; cinq étamines attachées sur la corolle; anthères étroites et longues, soudées l'une à l'autre par les côtés jusque vers leur sommet qui devient libre. L'union des étamines forme un tube qui enveloppe un style terminé par un stigmate hémisphérique. L'ovaire n'a qu'une loge du haut de laquelle pend un ovule ; la graine , pendante et renversée, se compose d'une enveloppe membraneuse, d'un périsperme charnu et d'un embryon cylindrique ; dicotylédon placé au milieu des périspermes. — Cette famille a beaucoup de rapprochement avec le genre de scabieuses qui appartient à la famille des dipsacées, et avec la famille des synanthérées , dont elle ne diffère que par son stigmate toujours indivisé , par l'union des étamines et par la graine pendante et renversée.

CALYCIFLORES (VÉGÉTAUX) (*botan. phan.*). C'est, dans la classification de M. de Candolle, la seconde division des végétaux dicotylédonés ; elle comprend ceux dont la corolle est insérée sur le calice.

CALYCIUM (*botan. crypt.*), uridinées. Le genre calycium, que Nees rapporte à ses protomyces, peut être caractérisé ainsi : sporules globuleuses ou ovales, libres, portées sur un réceptacle fibreux en forme de tête ou de cône renversé, pédicellé, et présentant quelquefois à sa base une croûte lichénoïde, croûte qui n'existe pas dans toutes les espèces. Les vingt et quelques espèces de calycium connues croissent presque toutes sur les bois pourris; elles sont très-petites et de couleur brune , plus ou moins foncée ; leur réceptacle est tantôt sessile , tantôt pédiculé et arrondi à son sommet; de là trois sections auxquelles Achar a donné les noms d'*acolium*, *phacolium*, et *strongylium*. L'espèce la plus commune , le *calycium claviculare* d'Achar, croît dans les vieux saules creux.

CALYCOPIS (*hist. héroïque*), fille d'Othrée, roi de Phrygie, épousa Thoas ou Cyniras , roi de Lemnos. Bacchus, surpris dans un commerce de galanterie avec elle , apaisa son mari en le faisant roi de Cypre. On croit que Calycopis est la Vénus mère d'Enée.

CALYCOPTÈRE, s. m. (*botan.*), espèce d'arbrisseau grimpant qui constitue seul un genre.

CALYDERME, s. m. (*botan.*), genre de plantes , la belladone physaloïde de Linné.

CALYDERME (*hist. nat.*), crustacé parasite qui se tient sur quelques poissons.

CALYDNÆ (*géogr. anc.*), petite île de la mer Egée, située au nord de Ténédos.

CALYDON (*mythol.*), fils de Mars. — CALYDON, fils d'Etolus et de Pronoé, donna son nom à une petite ville d'Etolie.

CALYDON (*géogr. anc.*), ville d'Etolie, sur la rive gauche de l'Evénus, à 2 lieues de la mer. Elle reçut son nom de Calydon, fils d'Etolus. OEnée, roi de cette ville, ayant excepté Diane d'un sacrifice qu'il offrait à tous les dieux, la déesse, offensée de ce mépris, fit ravager la contrée par un énorme sanglier qui avait, disent les poëtes, des soies comme des lances, des défenses comme celles d'un éléphant; il vomissait une vapeur empestée. Tous les princes et les héros de la Grèce se rassemblèrent pour détruire ce monstre dans une chasse célèbre. Méléagre, fils d'OEnée, eut la gloire de le tuer, et d'en offrir la hure à Atalante, dont il était épris, et qui avait frappé le monstre la première. Il en consacra la peau dans le temple de Minerve Aléa, où on la voyait encore du temps de Pausanias. Les Arcadiens placèrent ses défenses à Tégée, d'où Auguste les transporta à Rome, pour punir les Tégéates d'avoir embrassé le parti de Pompée. L'une était brisée et l'autre entière. Cette dernière avait près de deux pieds de longueur.

CALYDONIE (*géogr. anc.*), petite portion de l'Etolie, au sud-ouest, tirait son nom de la ville de Calydon, qui en était la capitale.

CALYDONIEN (LE SANGLIER) (*V.* CALYDON).

CALYMÈNE, s. f. (*minéral.*), sorte de pierre schisteuse.

CALYMÉNIE, s. f. (*botan.*), genre de plantes, que l'on nomme aussi *oxibaphe*.

CALYMNE (*géogr. anc.*), île de la mer Egée, sur la côte de la Carie, au nord-ouest de l'île de Cos.

CALYPLECTE, s. m. (*botan.*), sorte d'arbre du Pérou, de la famille des myrtoïdes.

CALYPSO (καλύπτω, cacher, envelopper), fille d'Atlas et déesse du Silence, régnait dans l'île d'Ogygie, où elle reçut Ulysse battu par la tempête, à son retour de Troie. Ce héros resta pendant sept ans dans île, retenu par ses charmes; il la rendit mère de Nausithoüs et de Nausinoüs. La déesse, pour le fixer auprès d'elle, lui offrit l'immortalité s'il voulait l'épouser; mais Ulysse préféra Pénélope et son petit royaume d'Ithaque à ces brillants avantages. Calypso le laissa partir sur l'ordre qu'elle en reçut de Jupiter; mais elle ne put jamais se consoler de son départ. Beaucoup de modernes ont cru voir dans cette fable une allégorie. Calypso, disent-ils, c'est la nature qui nous cache (καλύπτω) tant de mystères; et Ulysse, celui qui l'observe, qui l'étudie, en un mot l'amant de la nature, à qui ces études, cet amour assurent l'immortalité.

CALYPSO, s. f. (*botan.*), espèce de plantes de la famille des orchidées, ne renfermant qu'une espèce qui vient de l'Amérique septentrionale; elle se rapproche beaucoup du genre des malaxis.

CALYPTÉGE, s. m. (*botan.*), espèce de liseron.

CALYPTER, s. m. (*médec.*), nom que certains médecins donnent à une excroissance de chair qui couvre la veine hémorroïdale.

CALYPTRANTE, s. f. (*botan.*), espèce de plante que l'on a confondue avec le myrte.

CALYPTRA, s. f. (*hist. anc.*), vêtement de femmes grecques dont il est fait mention dans Élien, qui parle en même temps d'un grand nombre d'autres. « La femme de Phocion, dit-il, portait le manteau de son mari, et n'avait besoin ni de crocote, ni de robe tarentine, ni d'anabolé, ni d'encyclion, ni de cécryphale, ni de calyptre, ni de tuniques teintes en couleur. Son vêtement était premièrement la modestie, et ensuite tout ce qu'elle pouvait trouver pour se couvrir. » On n'a sur la plupart de ces habits que des conjectures vagues.

CALYPTRE, s. m. (*botan.*), coiffe des semences des mousses.

CALYPTRÉ, ÉE, adj. (*botan.*), coiffé, en parlant des mousses et des champignons.

CALYPTRÉE, *calyptræa* (*hist. nat.*), coquilles univalves, assez singulières par leur forme, dont Lamarck a fait un genre pour quatre espèces seulement, mais dont le nombre s'est considérablement accru dans les derniers voyages autour du monde entrepris pour le compte du gouvernement. Voici les caractères que ce professeur leur assigne : coquille conoïde, à sommet vertical, imperforé et en pointe, à base orbiculaire; cavité munie d'une languette en cornet, ou d'un diaphragme en spirale. A l'époque où Lamarck posait ces caractères, l'animal de la calyptrée était totalement inconnu. M. Deshayes, dans un mémoire inséré aux *Annales des sciences naturelles* (nov. 1824, p. 338), en donna une description détaillée, et le représenta sur toutes les faces. Ce travail, bien fait et consciencieux, fut corroboré par M. Deslonchamps, le 6 décembre même année, ainsi qu'on peut le voir dans la *Revue encyclopédique* de cette époque. D'après la description que donnent ces deux naturalistes, cet animal est pourvu de deux tentacules un peu aplatis, oculés extérieurement dans leur milieu et légèrement coudés à l'insertion de l'œil. Ces tentacules ne paraissent pas rétractiles. Le manteau est dépourvu d'appendices; les branchies consistent en une seule rangée de filets simples, insérés au côté gauche de l'animal, traversant de gauche à droite, et saillant quelquefois à droite du cou. Le pied est petit, ovalaire, et mince sur les bords. Le sac abdominal est en partie jeté à droite, et les branchies à gauche. — La CALYPTRÉE SCABRE, *C. equestris*, Lam., est commune dans les mers de l'Inde. — Dans le nombre des espèces connues, quelques-unes, fort remarquables, présentent à l'intérieur une véritable double coquille en forme de cloche. La *calyptrée tubifère*, dont M. Lesson a fait dans ses *Illustrations zoologiques*, sans qu'on puisse en deviner la cause, son nouveau genre *calypeopsis*, en offre l'image fidèle. Cette intéressante coquille n'est pas munie de son animal, mais M. Lesson nous donne, à la planche 15 du *Voyage autour du monde* sur la corvette *la Coquille*, la figure d'une autre nouvelle espèce qui a quelque chose de pittoresque, car ce savant zoologiste place la tête de l'animal précisément à l'endroit que doit occuper la partie opposée, ce qui prouve d'une manière incontestable qu'on n'est point universel, et qu'il n'est pas donné à l'homme, quel que soit le génie dont la nature l'ait doué, de traiter également bien toutes les sciences.

CALYPTRITE, s. f. (*hist. nat.*), fossile du genre des calyptrées, qui se trouve aux environs de Paris.

CALYS, officier d'Alexandre, entra dans la conjuration de Philotas.

CALYSAGA, s. m. (*pharm.*), l'un des noms que l'on donne au quinquina jaune.

CALYPTRIPLEX, s. m. (*botan.*), genre de plantes de la famille des scrofulaires.

CALYTRIX, s. m. (*botan.*), genre de plantes de la famille des myrtoïdes.

CALZA (ORDRE DE LA) ou DE LA BOTTE. C'est le nom d'un ancien ordre militaire qui fut fondé en Italie vers 1400; il était composé de gentilshommes qui se choisissaient un chef. Cette institution avait pour but l'instruction de la jeunesse dans les exercices de l'art militaire. Les membres de cet ordre, qui n'existe plus depuis longtemps, portaient à l'une des jambes, comme marque distinctive, une botte brodée en or, et ornée quelquefois de matières plus riches encore.

CALZA (ANTOINE), peintre italien, né à Vérone dans le XVIIe siècle, fut élève de Carlo Cignani, dont il a imité avec succès les tableaux de bataille. Il peignait également le paysage.

CALZOLAI (PIERRE), religieux bénédictin de la congrégation du Mont-Cassin, né au commencement du XVIe siècle à Bugiano, petite ville de Toscane, est principalement connu par une histoire des ordres monastiques, ouvrage auquel il travailla pendant vingt années et qui exigea de sa part des recherches infinies. Cet ouvrage, écrit en italien, est intitulé : *Historia monastica in V libri divisa, trattati per modo di dialogo*. Il fut imprimé à Florence en 1561, in-4°, puis à Rome, 1575, même format, et l'auteur en préparait une troisième édition, qui aurait été enrichie d'additions considérables, lorsqu'il mourut avant d'avoir pu mettre à fin son projet, le 11 mai 1581, âgé de quatre-vingts ans. On a encore de lui deux dialogues en italien, concernant l'*Histoire de la ville de Padoue*, dont on conservait le manuscrit original dans la bibliothèque ambrosienne. Il est utile de remarquer que cet auteur a été nommé quelquefois *Petr. Florentinus*, parce qu'il était né dans les environs de Florence, et enfin P. *Ricardatus* (le *Réfléchi*), surnom qui lui avait été donné dans son ordre.

CAMA, s. m. Selon la mythologie, c'est le nom que les Indiens donnent au dieu de l'hymen et de l'amour, qui est armé, comme Cupidon, d'un arc et d'une flèche.

CAMACARI, s. m. (*botan.*), espèce d'arbre du Brésil, qui produit une gomme vermifuge.

CAMACÉES (*hist. nat.*), nom donné par Lamarck à une famille de conchyfères, qui a pour caractères d'avoir la coquille inéquivalve, irrégulière, fixée; une seule dent grossière ou aucune à la charnière; deux impressions musculaires séparées et latérales. Elle se composait, d'après cet auteur, seulement des genres *dicérate*, *came* et *éthérie*. M. de Blainville a fait aussi une famille des camacées d'après Lamarck, et y a rangé, outre les genres de cet auteur, les *tridacnes*, les *isocardes* et les *trigonies*. M. Cuvier, dans la dernière édition du *Règne animal*, a adopté la composition de la famille des camacées telle que nous venions de l'établir, à l'exception cependant du genre éthérie, qu'il en éloigna pour en enrichir la famille des ostracées, et du genre caprine de M. d'Orbigny, dont il ne parle pas. D'après les observations que nous venons de faire sur l'animal de l'éthérie, et qui sont publiées dans les annales du muséum, et d'après quelques renseignements que nous venons d'obtenir sur le dicérate, et qui font suffisamment connaître que ce genre n'est qu'une espèce de came, nous pensons que, dans l'état actuel des choses, la famille des camacées ne doit se composer que des genres *pame*, *C. caprine*, isocarde tridaène, et hippope, si toutefois encore ce dernier ne doit pas être réuni aux *tridaènes*.

CAMACHES (*géogr. ecclés.*), ville de Cilicie, archiépiscopale sous le patriarcat de Constantinople, appelée présentement *Chemach*. Elle est très-petite, sous la puissance des Turcs, aux confins de l'Arménie mineure. Il y a huit suffragants de ce siége qui est situé dans la Tartarie, proche les monts Caspiens.

CAMACHES (*géogr. ecclés.*), ville épiscopale du diocèse de Pont, dans la province de la première Arménie, sous la métropole de Sébaste. Il n'en est fait aucune mention dans les Notices, mais bien dans les Actes du sixième concile général, et dans les souscriptions à ce concile, ou plutôt aux canons *in Trullo*, dans lesquels elle est appelée *Daranalis* et *Analibla*. Cette ville est en deçà de l'Euphrate, et l'empereur Léon le Sage en fit une métropole. Georges, le premier de ses évêques, assista au sixième concile général, et Sisinnius siégeait en 1029.

CAMADU, s. m. (*botan.*), espèce de plante herbacée de Java, du genre des orties.

CAMAGNES (*marine*). Quelques gens de mer appellent ainsi les lits des vaisseaux qui sont emboîtés autour du navire (*V. CABANE* et *CAPITE*).

CAMAGNOC, s. m. (*V. CAMANIOC*).

CAMAGUELA (*géogr.*), province de l'Amérique septentrionale, dans l'île de Cuba.

CAMAIEU ou CAMAYEU (*beaux-arts*). Cet ancien mot désignait une pierre gravée en relief que nous nommons maintenant camée. Sur la monture de la superbe pierre représentant l'apothéose d'Auguste, qui est maintenant au cabinet des médailles et antiques de la bibliothèque royale, on lisait autrefois : *Ce camaïeu bailla à la sainte Chapelle du Palais, Charles, le cinquième de ce nom, roi de France, qui fut fils du roi Jehan l'an 1379* (*V. Histoire du cabinet des médailles*, par Dumersan, p. 38). — La peinture en camaïeu, fut fort en vogue le siècle dernier pour imiter les bas-reliefs, dans les dessus de porte et les ornements. Un peintre nommé Sauvage eut beaucoup de réputation dans ce genre. C'est ce que l'on appelle aujourd'hui, *peinture monochrôme*, ou d'une seule couleur. C'était le mot qu'employaient les Grecs, chez lesquels cette peinture était en usage. On en peut voir un très-bel emploi dans les peintures de la grande salle de la Bourse, et dans la chapelle du Calvaire à Saint-Roch, par M. Abel de Pujol. L'illusion y est poussée au dernier point, par l'habile dégradation des tons et l'effet des ombres. DUMERSAN.

CAMAIL (*hist. ecclés.*), sorte de collet que les évêques et les chanoines portent par-dessus le rochet, et même en habit de ville sous la soutane. Il s'étend depuis le cou jusqu'au coude, et est de la couleur de la robe ecclésiastique. Théophile Rainaud prétend que ce mot vient de *camelaucius*, qui était une couverture de tête faite de camelot. C'est aux capuchons des moines que le camail doit son origine. Les chanoines et autres ecclésiastiques ne commencèrent à s'en servir que vers la fin du XVe siècle ou au commencement du XVIe. Le concile provincial de Saltzbourg, en 1386, prouve cependant qu'on en faisait usage en Allemagne avant ce temps-là, puisqu'il défend aux ecclésiastiques de paraître dans les églises, en public, sans un camail. Le concile de Bâle, en 1435, ne veut pas que les chanoines portent le camail à l'office. Le concile provincial de Reims, tenu à Soissons en 1456, et les conciles provinciaux de Sens, en 1460 et 1485, leur défendent aussi la même chose dans les mêmes termes. Mais enfin un autre concile provincial de Sens, tenu à Paris en 1528, leur permit de le porter; et depuis cette époque, tous

les ecclésiastiques ont porté le camail dans l'église, à la réserve de quelques clercs réguliers. L'histoire ancienne fait mention de chevaliers qui avaient une couverture de tête assez semblable au camail des évêques, que l'on appelait *cap de maille*; serait-ce encore une étymologie du mot *camail*? Jadis les évêques assistaient aux actes et aux cérémonies qui n'avaient aucun caractère religieux, en camail et en rochet. Le camail de ces prélats s'appelle aussi mozette. Les ordres religieux donnaient aussi le nom de camail à un vêtement qui s'étendait jusqu'aux jambes, et auquel était adapté un capuchon. Certains chapitres de chanoines ont conservé ce vêtement au chœur, pendant l'hiver. — L'ordre du *Camail* ou Camaïeu, qui est le même que celui du Porc-épic, institué en 1394 par Louis de France, duc d'Orléans, au baptême de son fils Charles, n'a point de rapport avec le camail ecclésiastique. Il fut appelé ordre du *Camaïeu* ou *Camée*, parce que le duc d'Orléans donnait avec le collier une bague d'or, garnie d'un *camaïeu* ou pierre d'agathe, sur laquelle était gravée la figure d'un porc-épic. ED. GIROD.

CAMAIL (*blason*), espèce de lambrequin qui couvrait les casques et les écus des anciens chevaliers. Quelques-uns dérivent ce mot de *camélanciers*, qui était une petite couverture de tête, faite de camelot; et d'autres le font venir de *cap de maille*, à cause qu'il y avait autrefois des couvertures de tête faites de maille. L'histoire ancienne fait mention de chevaliers armés de *camails*; il y a grande apparence que ces camails étaient à peu près comme les hausse-cols, et que les *camails* des évêques ont été ainsi nommés, à cause qu'ils les leur ressemblent.

CAMAIL (*hist. nat.*), poisson des îles Moluques. Il a le corps cylindrique, assez long, fort peu comprimé, à peu près comme celui de l'anguille; la tête conique, médiocrement grande; les yeux petits sur les côtés de la tête, la bouche petite en dessous. Ses nageoires sont bleues, ainsi que son corps, qui a deux lignes rouges longitudinales de chaque côté, qui s'étendent de la tête à la queue. Sa tête est jaune; ses yeux ont la prunelle noire, entourée d'un iris jaunâtre. Le *camail* est commun dans la mer d'Amboine. On le nomme ainsi, parce que sa tête a l'air d'un *camail* par la situation de sa bouche qui est ouverte en dessous comme un petit trou rond. Ce poisson forme un genre particulier dans la famille des scares.

CAMALANGA, s. f. (*botan.*), sorte de plante à fruits, que l'on confit dans l'île de Sumatra. — Genre de plantes de la famille des cucurbitacées.

CAMALDULES, ordre religieux fondé par saint Romuald, descendant des ducs de Ravenne, qui, s'étant retiré sur l'Apennin, et dans une petite plaine appelée *Camaldoli*, arrosée de sept fontaines, y réunit des disciples environ l'an 1012, dans des cellules séparées les unes des autres, autour d'un oratoire qui fut consacré dans la suite par l'évêque d'Arezzo. L'usage de la viande était interdit à ces ermites ainsi que l'approche des femmes. Ils pratiquaient des jeûnes fréquents, et s'enfermaient dans leurs cellules pendant tout le carême, à l'exception de deux ou quatre au plus qui demeuraient près de l'oratoire, et y récitaient l'office divin tant de jour que de nuit. Ils marchaient pieds nus, étaient pâles, négligés, amaigris par leurs austérités, ne se rasaient ni la tête ni la barbe. Quelques-uns ne vivaient que d'un peu de farine et de légumes, et demeuraient enfermés dans leurs cellules comme dans des tombeaux; ils ne goûtaient jamais de vin. Leurs serviteurs et ceux qui gardaient leurs bestiaux jeûnaient comme eux, observaient le silence, se donnaient la discipline l'un à l'autre, et demandaient pénitence pour les moindres paroles oiseuses. Les protecteurs des ermites de Camaldoli furent les évêques d'Arezzo, qui firent enfin approuver cet ordre par le saint-siége en 1072. Il paraît, par la bulle du pape Alexandre II, que du temps de ce pontife il n'y avait encore que neuf monastères, et celui de *Camaldoli* y est appelé *Campus amabilis*. Le prieur de cette maison était général de l'ordre, dont les premières constitutions furent dressées en 1102. L'ancienne rigueur des camaldules y fut modifiée; ils ne durent plus jeûner que cinq fois la semaine pendant le carême, au pain et à l'eau, mais on leur permit le sel. Ils purent aussi manger du poisson et boire du vin à certaines fêtes. Ils devaient avoir des balances dans leurs cellules pour peser le pain qu'on leur donnait chaque jour. L'insalubrité du climat, couvert d'arbres et continuellement neigeux, avait fait construire, non loin de *Camaldoli*, un hospice pour les religieux à *Fonte-Buono*, au pied de la montagne. Depuis il devint un beau monastère, d'où l'on envoyait aux ermites qui restaient dans les cellules ce qui leur était nécessaire. Ces cellules, au siècle dernier, étaient encore au nombre de quarante. En 1105, cet ordre fit de grands progrès, et les austérités furent encore réduites différentes fois, plus particulièrement quand les ermites formèrent une même congrégation avec les moines de Saint-Michel de Murano, par ordre du pape Léon X, et quand plus tard on leur incorpora ceux du mont de la Couronne, dont ils se séparèrent en 1671, avec l'approbation de Clément X. Ils mangeaient alors en commun *dans* le réfectoire aux principales fêtes de l'année. Lorsqu'ils jeûnaient au pain et à l'eau, ils prenaient leur repas sans serviette ni nappe, sur une planche, à terre, et les pieds nus. Ceux qui, après leur noviciat fait à *Fonte-Nuovo*, et l'année de probation achevée, montaient à l'ermitage avec la permission du général, n'étaient point condamnés à y demeurer. S'ils n'avaient pas le courage d'esprit et le tempérament nécessaire pour supporter les austérités des ermites, ils redescendaient au monastère où on menait la vie purement cénobitique. Cette congrégation a décliné rapidement. Elle ne possédait vers le commencement du siècle dernier que six monastères, y compris celui de *Fonte-Buono*. Le général, ou majeur, était élu tous les deux ans, et officiait en habits pontificaux. L'habillement de ces ermites consistait en une robe et un scapulaire blancs, serrés d'*une ceinture de laine*. Au chœur, ils avaient la coule, mais assez étroite. L'ermitage de *Camaldoli* était devenu très-riche, et possédait, entre autres biens, trois comtés. Il y a eu en France deux congrégations de camaldules : l'une sous le nom de *Notre-Dame du Capet*, au diocèse de Vienne, et l'autre, sous celui de *Notre-Dame de Consolation de Bothéon*, au diocèse de Lyon, fondées toutes deux en 1626 par le P. Boniface Antoine de Lyon, ermite camaldule de la congrégation de Turin; mais la petitesse des lieux et le peu de revenus de ces premiers établissements les firent bientôt abandonner en 1642 pour celui de *Gros-Bois*, appelé alors le *Bourron*, près Paris, où Charles de Valois fonda une maison après avoir obtenu quelques années auparavant l'agrément du roi Louis XIII, sous le titre particulier de *Notre-Dame de Consolation*. Cette congrégation reçut d'Urbain VIII la permission d'avoir un général et d'admettre des novices. Elle jouissait de toutes les grâces et privilèges accordés à celle de Camaldoli, dont elle suivait les institutions mélangées de celles des ermites camaldules du mont de la Couronne. Quelques couvents s'établirent encore en France, mais y firent peu de progrès. Les ermites de Saint-Sever, en basse Normandie, établis par le P. Guillaume, ancien novice des camaldules dont il n'avait pu soutenir les austérités, ne doivent pas être regardés comme ayant compté dans cet ordre.   ED. GIROD.

CAMALDULES, religieuses soumises à la juridiction des supérieurs de la congrégation des moines de Saint-Michel de Murano, ou aux ordinaires des lieux où sont situés leurs couvents. Les premières furent établies par le bienheureux Rodolphe, quatrième général de l'ordre des camaldules, en 1686, aux environs de l'église de Saint-Pierre de *Luco in Mugello*. Il avait doté leur établissement de rentes de l'ermitage de *Camaldoli*, et y avait attiré des femmes de qualité qui rendirent cette congrégation fameuse par leur piété, ainsi que par les richesses qu'elles y apportèrent. Les papes et les empereurs leur avaient accordé d'immenses privilèges. L'ordre des camaldules a compté en tout vingt monastères, dont huit dépendaient de Saint-Michel de Murano. Ces religieuses portaient pour habillement, une robe et un scapulaire de serge blanche, avec une ceinture de laine de même couleur, qui se liait sur le scapulaire; au chœur elles mettaient une grande coule. Les converses n'avaient point de coule, mais un manteau, et un voile blanc pour couvrir leur tête. Celles destinées au service du chœur avaient le même costume, et de plus y ajoutaient un voile noir par-dessus le voile blanc. Les observances des couvents de femmes étaient les mêmes que celles des moines camaldules.   ED. GIROD.

CAMALERS, s. m. pl. secte de philosophes ou de docteurs indiens.

CAMALODUNUM (*géogr. anc.*) (dans Ptol. Καμουδόλανον, dans l'Itin. d'Antonin, *Camudolanum*, leçons qui toutes deux sont inexactes d'après des médailles) fut la première colonie que les Romains fondèrent sous le règne de Claudius, et qui se composa de vétérans (Tac., *Ann.*, 12, 32, 14, 31); suivant quelques-uns, c'est aujourd'hui Colchester, mais Cambden pense avec plus de raison que c'est la ville actuelle de Maldon, où l'on reconnaît d'ailleurs l'ancien nom. Autrefois c'était la résidence des rois de ce district rural.

CAMANCHES (*géogr.*), tribu indienne, appelée aussi *Jetaus*, habitant le territoire de Missury dans le nord de l'Amérique, près des confluents supérieurs de la Plata, et autour des sources du Kanza. Selon Pike, cette tribu se compose de 8,200 individus, parmi lesquels 2,700 guerriers; le nombre de leurs cabanes s'élève à 1,020.

CAMANHAYA (*botan.*), plante du Brésil; elle est capillaire; elle croît sur les arbres les plus hauts, et les couvre quelquefois entièrement; elle est grise et semblable au duvet; elle a une, deux, trois, cinq, six feuilles comme celles du romarin; on la prendrait pour un épilhyme.

CAMANUSALI, aussi appelé *Alcana Mosali*, et *Cenamusali*, Arménien, pratiquait la médecine à Bagdad, lorsque cette ville fut prise par les Turcs en 1258. Il a écrit sur les maladies des yeux, et a recueilli tout ce qu'avaient dit sur cette matière les médecins arabes, chaldéens, juifs et indiens. Son ouvrage, souvent cité par Guy de Chauliac, a été traduit en latin, et imprimé à Venise en 1499, sous ce titre : *De passionibus oculorum liber*, avec la chirurgie de Guy de Chauliac; puis, l'année suivante, avec celle d'Albucasis, sous un autre titre. Il y en a encore une autre édition de 1506 et une de 1513, toutes in-folio.

CAMANDAG ou CAMANDANG, s. m. (*botan.*), arbre des Philippines, dont le suc laiteux est un poison très-actif, et avec lequel on imprègne les flèches.

CAMANE (*Kerrah*) (*géogr. anc.*), ville de l'Inde, dans la presqu'île en deçà du Gange, vers l'ouest, près du golfe de Barygaza.

CAMANIOC ou CAMAGNOC, s. m. (*botan.*), variété de manioc, de Cayenne.

CAMANYAS (PIERRE), médecin, né en Roussillon vers le milieu du XVIe siècle, exerça son art en Espagne. On a de lui un commentaire sur Galien, publié sous ce titre : *In libri II artis curativæ Galeni ad Glauconem commentaria*, Valence, 1625, in-4°.

CAMAPAYES, s. m. pl. (*géogr.*), nation sauvage qui habite une partie de la Nouvelle-Grenade.

CAMARA, s. m. (*term. d'anat.*), selon quelques auteurs, calotte du crâne.

CAMARA (*botan.*), genre de plante à fleur monopétale, faite en forme de masque, irrégulière, dont la lèvre supérieure est relevée, et l'inférieure découpée en trois parties; l'embryon qui porte la fleur devient dans la suite un fruit mou, ou une baie qui renferme un noyau rond. Ajoutez au caractère de ce genre, que plusieurs fruits sont ramassés en une espèce de grappe.

CAMARA-JAPO, CAMAR-AMIRA, CAMARA-TINGA, CAMARA-CUBA, CAMARA-BAJA (*botan.*), plantes qui croissent au Brésil; la première est une espèce de menthe à tige ronde, velue et rougeâtre, haute de deux pieds, à feuilles légèrement découpées, grisâtres en dessous, opposées deux à deux; les grandes environnées de petites, et à fleurs placées sur les branches les plus élevées en forme d'ombelles, semblables à celles de la tanésie, naissant pendant toute l'année, à étamines de couleur d'azur, et de l'odeur du *mentastrum*; toute la plante est aromatique et amère; la semence en est petite, longue et noire; et quand elle est mûre, elle est dispersée par les vents avec son enveloppe cotonneuse. — La seconde est une plante qui s'élève à la hauteur d'une coudée; sa tige est faible et ligneuse, sa fleur petite et jaune, s'ouvrant en tout temps sur le milieu du jour, et se refermant sur les deux heures, en sorte qu'elle suppléerait en partie au défaut de montre (Ray, *Hist. plant.*). — La troisième est une espèce de chèvrefeuille nain, à fleur rouge, et quelquefois jaune, fort odorante; l'herbe même en est suave; aux fleurs succèdent des grappes de baies vertes, grosses comme celles du fuseau. — La quatrième a la feuille âpre, hérissée comme des chardons, la fleur semblable à celle de l'œil de bœuf, jaune, à neuf pétales, avec un ombilic large, jaune dans le milieu, et des étamines noires; elle a l'odeur de l'aminte et de l'ortie; les semences qui succèdent aux fleurs sont longues, noirâtres, semblables à celles de la chicorée; la plante entière est très-glutineuse. La dernière est une espèce de *lysimachia*.

CAMARA (*géogr. anc.*), ville de Crète, sur la côte orientale de l'île.

CAMARADE, s. des deux genres (*gramm.*), compagnon de profession, celui qui vit avec un autre et fait le même métier, les mêmes exercices. Il ne se dit guère qu'entre soldats, comédiens, écoliers, valets, etc. — *Camarades de voyage, de fortune, de malheur*, se dit de gens qui voyagent ensemble, qui éprouvent les mêmes vicissitudes, les mêmes malheurs, etc. — CAMARADE est aussi un terme de familiarité qu'on emploie quelquefois envers des personnes fort inférieures.

CAMARADERIE. Ce terme trivial ou burlesque, qui est indiqué dans les dictionnaires comme inusité, a reçu la sanction de l'usage, depuis que M. Henri de la Touche l'a appliqué, dans un article de la *Revue de Paris*, à ces apologies littéraires que se vendent mutuellement les écrivains de certaines coteries. La chose n'était pas neuve; mais, comme la secte romantique en faisait un abus immodéré, le critique, en signalant ce charlatanisme, y attacha le stigmate du ridicule, et chacun rit de la *camaraderie littéraire*. Molière avait déjà signalé l'esprit exclusif et les proscriptions des sociétés de beaux esprits, par ce vers de la comédie des *Femmes savantes :*

Nul n'aura de l'esprit hors nous et nos amis.

Mais la camaraderie ne se borne pas à la littérature, elle s'étend à toutes les classes qu'inspire l'esprit de parti; elle fait entrer un homme médiocre à l'académie, comme elle le fait placer dans une administration, et arriver aux plus hauts emplois politiques. On a entendu dire à un membre influent d'un corps savant : *Notre candidat n'est pas fort; mais il faut soutenir notre parti.* L'opinion réelle ou factice, ou intéressée, fait prôner un homme que sa médiocrité eût laissé dans l'obscurité, afin d'obtenir de lui un échange de coups d'encensoir, surtout quand cet homme peut disposer de la presse. — La secte philosophique du XVIIIe siècle était une véritable camaraderie, comme l'hôtel de Rambouillet avait été une camaraderie littéraire. L'art de se faire prôner a toujours été en usage. Dorat a donné en 1776 une comédie intitulée *les Prôneurs*, qui offre des détails très-piquants, et entre autres une scène remarquable où le chef du parti endoctrine un nouveau candidat. — Plus récemment, M. Scribe a abordé franchement le sujet, en intitulant *la Camaraderie*, une comédie en cinq actes, jouée avec le plus grand succès au Théâtre-Français, et où il dévoile avec esprit et finesse les manœuvres de toute espèce avec lesquelles on fait d'un *camarade* un grand homme. DUMERSAN.

CAMARAN, s. m. (*botan*.), sorte de raisin noir.

CAMARANA (*géogr*.), île d'Asie dans l'Arabie, sur la mer Rouge; latitude, 15.

CAMARAOS (RIO DOS), rivière des Crevettes (*géogr*.), nom donné par les Portugais à une large rivière de l'Afrique occidentale, dont on ne connaît guère que l'embouchure, placée au fond du golfe de Biafra, au pied des hautes montagnes qui en ont reçu le nom. Dans une île formée par ses deux bras, se trouve la ville *dos Camaraos*, dont l'on exporte de l'huile de palmier, de la gomme, du poivre, des dents d'éléphant, où l'on importe du sel, du fer, de la poudre, de la chapellerie et des tissus.

CAMARA Y MURGA (CHRISTOPHE DE LA), savant prélat espagnol, né à Arciniega, près de Burgos, fut professeur d'Ecriture sainte à Tolède, évêque des îles Canaries, et enfin évêque de Salamanque, où il mourut en 1641, après avoir publié les *Constitutions synodales* de ce diocèse : c'est un ouvrage important, en ce qu'on y trouve la plus ancienne histoire que nous ayons des établissements espagnols dans les Canaries; il est intitulé : *Constituciones sinodales del obispado de Canaria, su primiera fundation y translacion, vidas de sus obispos y breve relation de las islas*, Madrid, 1634, in-4°. Meusel a oublié ce livre curieux dans sa *Bibliothèque historique;* il est vrai que l'ouvrage de Nuñez de la Peña, et surtout celui de Vierza y Clavijo, ont fourni des connaissances plus récentes et plus détaillées.

CAMARA (LUCIUS) est auteur du livre intitulé : *De Teate antiquo Marrucinorum in Italia metropoli libri tres*, Rome, 1651, in-4° : c'est la première histoire de Téate, aujourd'hui Chieti, au royaume de Naples; elle est réimprimée au tome IX du *Thesaurus antiquitatum Italiæ* de Burmann.

CAMARD, ARDE, s. (*gramm*.), camus, qui a le nez plat et écrasé. Il est aussi adjectif. — On ne l'emploie que dans le langage familier.

CAMARDE (LA), s. f. (*gramm*.), nom populaire de la mort quand on la personnifie.

CAMARE, s. m. (*botan*.), péricarpe organisé comme le légume, c'est-à-dire formé de deux valves jointes par deux sutures marginales, dont l'une offre le point d'attache des graines, lorsque ce péricarpe peut s'unir à plusieurs autres qui forment un fruit composé succédant à une fleur.

CAMARE, CAVEÇON CAMARE (*manége*), espèce de caveçon qu'on a banni des académies : il était garni de petites dents ou pointes de fer très-aiguës, qui déchiraient le cheval et le tourmentaient (*V.* CAVEÇON).

CAMARGO (ALPHONSE DE), capitaine espagnol, commandait une flotte de trois vaisseaux que l'évêque de Placentia avait fait équiper à ses frais pour arriver au Pérou par le détroit de Magellan. Quoique cet habile navigateur eût déjà fait connaître ce passage, des marins moins habiles, ou plus malheureux que lui, avaient échoué dans cette entreprise. Cependant, on ne perdait pas entièrement l'espérance de réussir. Camargo partit donc de Séville au mois d'août 1539; le 20 janvier de l'année suivante, il mouilla près du cap des Vierges, fort près de l'embouchure du détroit. Il vit même sur une élévation la croix plantée par Magellan. A peine était-il au second goulet, que le plus grand de ses vaisseaux fut brisé : l'équipage eut heureusement le temps de se sauver à terre. Quelques auteurs ont pensé que c'étaient ces Espagnols qui, établis dans l'intérieur du continent, avaient donné naissance à un peuple appelé *Césaréens*, que l'on trouvait vers les 43 ou 44° degrés de latitude; mais ce fait est d'autant plus douteux, que l'existence de cette colonie d'Européens n'est pas même bien prouvée. Quant à Camargo, ayant enfin passé le détroit, il entra dans la mer du Sud, et vint aborder en très-mauvais équipage au port d'Aréguipa dans le Pérou (*Histoire des voyages aux terres australes*).

CAMARGO (MARIE-ANNE CUPPI, DITE) naquit à Bruxelles le 15 avril 1710, d'un maître de danse et de musique, dont le père avait épousé une Espagnole de la noble famille de Camargo. Mademoiselle Cuppi, après avoir pris trois mois de leçons de la demoiselle Prévots, revint à Bruxelles étonner toute la ville par son talent pour la danse; elle fut bientôt engagée à Rouen, puis appelée à Paris. Elle quitta l'Opéra en 1734, y rentra en 1740, se retira en 1751, avec une pension de 1,500 livres, et mourut le 28 avril 1770. En montant sur le théâtre, elle avait pris le nom de *Camargo*, sa grand'mère. C'est sous ce nom qu'elle et mademoiselle Sallé, célèbre danseuse de son temps, ont été chantées par Voltaire.

CAMARGUE (*géogr*.), île formée par la bifurcation du Rhône, un peu au-dessus d'Arles, jusqu'à son embouchure dans la Méditerranée. Quelques érudits ont cru reconnaître le nom de Marius dans celui de cette île, où l'illustre Romain fit creuser un canal dont on voit encore les vestiges. Mais ces conjectures, qui ne répandent ordinairement que de faibles lumières au milieu des ténèbres de l'histoire, sont absolument inutiles à la géographie physique. Il s'agit de rechercher comment les eaux du fleuve ont pu former cette terre nouvelle, et non des transformations successives du nom qu'elle porte, jusqu'à ce qu'il soit devenu tel qu'on le voit aujourd'hui. — Les deux bras du fleuve qui renferment la Camargue sont le *grand* et le *petit Rhône*. Celui-ci forme une partie des limites entre le département du Gard et celui des Bouches-du-Rhône, dont l'île fait partie. La forme triangulaire et la situation de cette terre l'ont fait comparer au Delta du Nil; mais ces analogies sont les seules qu'on puisse trouver entre deux territoires aussi dissemblables sous tout autre aspect. Le travail du fleuve africain vers son embouchure est terminé depuis longtemps. Avant d'approcher de la mer, il dépose les matières pesantes dont ses eaux s'étaient chargées dans les régions pluvieuses, et ne charrie plus qu'un limon fécondant, source intarissable des richesses qu'il répand sur ses rives. La longueur de son cours et la diminution progressive du volume de ses eaux tendent continuellement à le ralentir; aucun affluent ne lui apporte des galets ou des sables qu'il puisse transporter jusqu'à la mer. Les eaux et la terre sont parvenus dans cette contrée à une lenteur de changement qui, par rapport à nous et même à nos annales, équivaut à la stabilité. Le régime du fleuve européen est tout à fait différent : grossi sur ses deux rives par des courants tributaires, il conserve son impétuosité jusqu'aux approches de la mer, et reçoit à plusieurs intervalles de nouveaux débris qu'il fait rouler jusque dans la Méditerranée, et à plus forte raison, des sables et des graviers dont l'accumulation ne peut former un sol fertile. Une tour construite en 1737 à l'embouchure du grand Rhône en est maintenant éloignée de près d'une lieue, tant les atterrissements ont fait de progrès. Les cailloux, amenés par le fleuve et repoussés par les flots de la mer, s'amoncellent, s'agglutinent au moyen d'un ciment dont les eaux remplissent leurs interstices, et forment un *poudingue* analogue à celui de la *Crau*, plaine qui n'est séparée de la Camargue que par une lisière étroite en deçà du Rhône, et dans laquelle on reconnaît avec certitude les dépôts que la Durance y a laissés à l'époque où cette rivière tombait directement dans la mer, au lieu d'aller se confondre avec le Rhône.

— On évalue la superficie de la Camargue à 55,000 hectares, dont un cinquième seulement est en culture. Des sables peu cultivables, des espaces imprégnés de sel, où les soudes peuvent seules réussir ; des marais et des étangs, des canaux d'irrigation et de dessèchement, des chaussées qu'il a fallu exhausser pour les soustraire aux inondations, occupent tout le reste de cette vaste étendue, plus grande que le dixième de celle du département des Bouches-du-Rhône, quoique sa population soit au-dessous de 4,000 habitants. Il paraît que cette terre, si peu féconde aujourd'hui, jouissait autrefois d'une prospérité qu'elle a perdue, sans que l'on puisse imputer ce dommage à des causes dont l'histoire ait conservé le souvenir. D'anciennes descriptions parlent d'îles boisées et peuplées de *bêtes féroces* à la place couverte maintenant par le vaste étang de Valcarès ; de peuplades industrieuses et commerçantes qui occupaient ce petit archipel, et, dans un temps plus rapproché, les Saintes-Maries, bourg dont la population, jointe à celle du canton, composé de plusieurs communes, ne s'élève guère qu'à 600 habitants, on compta plus que l'on n'en trouve aujourd'hui dans l'île entière. Quelques-uns des étangs de cette île communiquent encore avec la mer, ne sont jamais à sec et nourrissent des poissons ; d'autres, entièrement isolés et peu profonds, ne sont que des espaces inondés, dont les eaux disparaissent pendant l'été. Des marais viennent joindre leurs miasmes à ceux de toutes ces eaux stagnantes, et, dans une contrée dont l'atmosphère serait plus calme, un sol tel que celui de la Camargue serait un foyer de contagion. Heureusement le *mistral* emporte les exhalaisons délétères, et les bergers ne sont pas exposés, non plus que leurs troupeaux, à la funeste influence des marais. Il est cependant certain que l'état de la Camargue a changé au désavantage de ses habitants. Pour arrêter les progrès du mal présent et préparer les améliorations que l'on peut attendre de la nature secondée par l'industrie, il faut remonter jusqu'à un temps très-éloigné, compulser les registres où l'ordre des faits est indiqué avec certitude ; il ne suffit point d'étudier le sol à la surface, il faut des fouilles profondes ; c'est là que l'on peut dire avec justesse que la *vérité est au fond du puits*. En observant selon cette méthode le terrain de la Camargue, on remarque d'abord que l'on n'y trouve point de pierres, à quelque profondeur que l'on pénètre. Le mode de formation n'a pas été le même que celui des atterrissements dont on est témoin aux embouchures du fleuve. Ce sont les eaux de la surface, et non celles du fond qui ont déposé les débris atténués dont les couches superposées révèlent facilement l'origine. Le géologue, dont les observations ont embrassé tout le bassin du Rhône, retrouve dans la Camargue ce qui n'est dû qu'aux débordements de l'une des rivières affluentes. Certaines couches proviennent en entier de la Saône, d'autres de l'Isère, etc. Dans quelques autres, ces diverses origines ne sont pas distinctes, et les débris de diverses régions s'offrent pêle-mêle aux yeux de l'observateur. Au-dessous de ces dépôts des eaux du fleuve, d'épaisses argiles interrompent les recherches, et ne laissent point apercevoir la cause de leur accumulation dans le lieu qu'elles occupent. Mais l'étude fructueuse est terminée pour l'ingénieur et pour l'agronome, quoique le géologue soit encore loin de regarder sa tâche comme remplie. L'inspection des débris de végétaux et d'animaux confirme ce que les observations minéralogiques avaient appris : on est complétement assuré que la Camargue est l'ouvrage du Rhône presque seul, et que si les eaux de la mer y ont mêlé, ce qui les caractérise, du sel et des coquilles, ce n'est qu'en très-petite quantité, accidentellement, lorsque des vents du sud soufflaient avec assez de violence pour que les lames pussent franchir les digues formées le long de la côte par les mouvements opposés des eaux du fleuve et de celles de la mer. Les effets caractéristiques des tempêtes sont facilement reconnus dans les couches de formation marine, mêlées quelquefois à celles d'eau douce dans le terrain de la Camargue ; rien n'y est distinct, nivelé, régulier ; une extrême confusion atteste partout que des mouvements impétueux bouleversèrent les dépôts, intervertirent l'ordre de chaque formation. En ceci le présent vint encore éclairer le passé : les invasions de la mer n'ont pas totalement cessé, et les eaux dont elles couvrent l'île y déposent une grande partie de leur sel. De là les infiltrations et les incrustations salines, les *sansouires*, en langue du pays. On sait aussi que le lit du Rhône se comble de plus en plus, comme celui de presque toutes les rivières vers leur source, l'érosion du sol continue, et le canal s'approfondit. La Camargue serait donc menacée de retomber sous les eaux qui l'ont formée, si l'on n'avait pas soin de l'exhausser à mesure que le fleuve s'élève au-dessus de son ancien niveau. Toutes ces données, dont l'exactitude est incontestable, ont

conduit à un projet dont plusieurs obstacles moraux empêcheront peut-être l'exécution. Il s'agirait de creuser dans l'île une multitude de fossés dont les déblais serviraient à rehausser les chaussées actuelles, et, pour multiplier ces voies de communication, les canaux auraient des écluses pour y faire entrer les eaux du Rhône en temps opportun, et pour les évacuer lorsque les besoins de la culture l'exigeraient. Lorsque ces dispositions seraient faites, on soumettrait l'île à une submersion totale, en profitant des saisons et des circonstances où les eaux seraient bien chargées de terres venues de loin et très-divisées, qu'elles déposeraient sur l'espace qu'elles auraient couvert : on les ferait sortir lorsque le niveau du fleuve le permettrait, ce qui ne tarderait jamais longtemps, comme on le sait par des observations assez prolongées. Il est certain que l'on créerait de la sorte un sol excellent, dont la fertilité toujours croissante égalerait un jour celle des rives du Nil. L'auteur du projet, bien muni de toutes les informations locales, l'a sans doute soumis au calcul ; il n'aura pas manqué de comparer la dépense au bénéfice présumé, d'appuyer ses raisonnements par des faits, ses présomptions par des résultats connus. Il est bien à désirer que ses conceptions ne tombent pas dans l'oubli ; le moyen qu'elles indiquent est peut-être le seul qui nous procurerait cette extension de territoire, cette belle conquête sur le désert. L'entretien de l'état actuel de la Camargue est fort dispendieux, quoiqu'il soit restreint à un strict nécessaire, qui ne suffit pas pour tout conserver. L'entretien des voies de communication y coûte beaucoup, ainsi que celui des canaux. Ce n'est qu'en augmentant le produit des terres, l'aisance des cultivateurs, et, par ce moyen, la population, que l'on peut alléger le fardeau des cotisations que s'imposent aujourd'hui les propriétaires du sol cultivé dans cette île. Si les étangs étaient comblés et les marais desséchés, la vaste plaine de la Camargue n'aurait plus pour ses habitants que les inconvénients d'un sol trop exactement nivelé, tel que celui de la Hollande. Sa population pourrait être décuplée, et ces avantages, s'ils ne sont pas chimériques, méritent bien qu'on s'en occupe.

CAMARICUM, *Cambrai* (*géogr. anc.*), ville des Gaules, dans la Belgique deuxième, chez les Nervii, au sud-ouest, sur le Scaldis, près de sa source.

CAMARILLA (*hist. mod.*), mot d'origine espagnole, diminutif de *camara*, chambre. C'est la petite chambre, le cabinet où le roi d'Espagne admet ses favoris dans une familière intimité. — Par *camarilla* on désigne la tourbe de ces courtisans sans mérite réel qui, par des basses et mercenaires adulations, parviennent à saisir les premières places d'un État pour les exploiter eux-mêmes ou les faire exploiter secrètement. Ils dirigent aussi les actes du monarque selon leurs préjugés, leurs prédilections et leurs intérêts, et sans nul danger personnel, exempts qu'ils sont du fardeau dangereux de la responsabilité qui pèse sur les ministres, contre lesquels ils entretiennent une lutte permanente et trop souvent heureuse sans qu'elle profite en rien au pays.

CAMARINA (*géogr. anc.*) était autrefois une des plus opulentes villes de Sicile. Elle était située entre les rivières Panus et Hipparis, aujourd'hui le Frascolari et la Camarana, près des bords de la mer. Il n'en reste plus aujourd'hui que des ruines, et son nom de Camarina, donné par les habitants du pays à une étang voisin. Camarina avait été fondée dans la XLVe olympiade, détruite par les Syracusins dans la LVIIe, et reconstruite entre la LXXXIIe et la LXXXVe olympiade. Après plusieurs révolutions, elle fut réduite sous la domination romaine, dans la première guerre punique. — Une antique tradition rapporte que Camarina fut bâtie avec l'argile ou le limon charrié dans son cours par l'Hipparis, et déposé dans le lac de même nom. Un passage de Pindare (*Olymp.*, v. 29) semble confirmer ce fait qui est expliqué par Aristarque, et le nom même de Camarina vient en aide à cette opinion ; Bochart le fait dériver du cananéen *chamar* ou *chomar*, qui signifie ciment argileux. Quoi qu'il en soit, les anciens commentateurs de Pindare n'ont point adopté cette explication ; Dydime et d'autres pensant que le poëte a voulu faire allusion aux bois de construction de cette ville apportés par la navigation sur l'Hipparis. — Le *marais de Camarina* était situé près de la ville, qu'aux temps extrêmes des chaleurs il enveloppait d'exhalaisons pestilentielles. C'est pourquoi les habitants consultèrent l'oracle pour savoir s'ils devaient le dessécher. La réponse de l'oracle les en détourna ; mais, ayant méprisé son avis, ils ouvrirent en le mettant à sec un chemin à leurs ennemis qui vinrent piller et saccager leur ville. De là le proverbe des Romains : *Ne moveas Camarina*, pour dire, ne remuez pas ce qui est mauvais, ne touchez pas à un mal, de peur de rencontrer pire.

Ce lac ou étang, appelé de nos jours du nom de *Camarana*, est de forme triangulaire, et s'étend sous les ruines des murs de Camarina. — Ce nom est aussi celui d'une ville d'Espagne, en Aragon. — ED. GIROD.

CAMARIN-BAS ou UMARI (*botan.*), arbre qui s'élève à une hauteur moyenne, et porte de petites fleurs jaunes, suivies d'un fruit ovale semblable à la prune, de la saveur de la pêche, et d'un vert tirant sur le jaune pâle : la pulpe en est petite, douce, jaune, et contient un noyau large, ovale, blanc, dont l'amande est bonne à manger. Le fruit est mûr et tombe en mars. On lui attribue plusieurs propriétés médicinales. On le trouve dans les environs de Rio-Grande.

CAMARINE, s. f. (*botan. et écon. dom.*), genre de plantes de la famille des bruyères. — Limonade qu'on fait en Portugal avec le fruit de l'une de ces plantes, l'*empetrum album*.

CAMARINES (*géogr.*), province de l'île de Manille, appartenant aux Espagnols. Cette province occupe la partie septentrionale de la presqu'île de Camarines, qui se rattache au reste de l'île par un isthme assez large, situé du côté du sud-est. L'intérieur est très-montagneux, mais la côte, qui seule appartient aux Espagnols, est extrêmement fertile, et produit du riz, du tabac, des fruits des tropiques et des bois de teinture ; elle a quelques bons ports et quelques baies assez larges, comme par exemple celle de Saint-Miguel, et on s'y occupe très-activement de pêche. Les habitants, qu'on nomme *Camarines*, et parmi lesquels ceux qui sont soumis aux Espagnols étaient en 1810 au nombre de 165,699, sont des hommes grands, forts et courageux, d'origine malaise, et parlent un dialecte particulier de la langue malaise. Ils sont en lutte continuelle avec les Mingadanohes et les Suluhes, qui souvent surprennent un village à l'improviste et emmènent les habitants en captivité. Ce sont d'habiles tisserands : leurs baftas, leurs calicots, leurs romals, leurs nippis, leurs cabonegros, leurs cordages et leurs chapeaux tissus en fibres de palmier sont estimés dans toute l'île. Les montagnes sont habitées par des Malais sauvages, tels que les Ygocottes, les Ytalons et les Ylongottes, et en partie par des Papuas ; toutes ces populations défendent courageusement leur indépendance, mais elles vivent en paix, et font même le commerce avec les habitants des côtes. C'est dans cette province que se trouve la seule mine d'or qui soit exploitée dans toute l'île : c'est la mine de Mambulao. La province renferme trente-huit villages, et a pour chef-lieu Nuovo-Caures.

CAMARINUM et aussi CAMERINUM (*géogr. anc.*). C'était jadis une république de l'Ombrie : on lui donnait alors le nom de *Camers*, et à ses habitants celui de *Camertes*. Elle était située dans les Apennins, là où une portion de cette chaîne sépare Picenum de l'Ombrie, et où la petite ville de Camerino indique encore aujourd'hui le lieu qu'elle occupait. C'était alors une ville importante, qui conclut avec Rome un traité contre les Etrusques, et qui fournit à la fin de la seconde guerre punique 600 hommes de troupes auxiliaires. Ce ne fut que dans les guerres civiles qu'elle devint une colonie, et il en est encore souvent fait mention pendant le moyen âge.

CAMARIOTA (MATTHIEU), né à Thessalonique, était professeur de philosophie à Constantinople, et comptait le patriarche Georges Scholarius au nombre de ses disciples. Il se trouvait dans cette capitale quand elle fut prise par les Turcs en 1453. Il écrivit sur ce malheureux événement une très-longue lettre qu'on trouve en grec et en latin dans le recueil de Crusius, intitulé : *Turco-Græcia*. On a aussi de lui deux discours sur le traité de Gémistius Pletho, *De fato* ; ils ont été imprimés à Leyde, 1722, in-8°, avec les notes de Reimar et une préface de J.-Alb. Fabricius. Il a aussi composé : *Compendium rhetorices* et *Synopsis Hermogenis*, qui ont été publiés par Hœschel ; mais son *Commentaire sur les lettres de Synésius* est demeuré manuscrit, ainsi que ses autres ouvrages.

CAMARITES (*géogr. anc.*), peuple septentrional de l'Asie connue des anciens, à l'est du Pont-Euxin, et à l'ouest de la mer Caspienne, entre le Callichore et le Phase.

CAMARONES, s. m. pl. (*géogr.*), peuple d'Afrique.

CAMAROSIS, s. f. (*term. de chirurgie*), fracture du crâne, dont les fragments sont disposés de manière à former une voûte qui a sa base sur la dure-mère.

CAMARU (*botan.*), plante du Brésil, qui passe pour diurétique. Son fruit est bon à manger.

CAMARUS, s. m. (*botan.*), variété de goyave, dont l'écorce est fébrifuge.

CAMASSEI (ANDRÉ), peintre italien, élève d'André Sacchi, s'est fait connaître par un tableau de Vénus et les Grâces qui se

trouve en Angleterre, et par quelques autres que l'on voit dans diverses églises de Rome. Il mourut en 1648, à quarante-sept ans.

CAMATALLICI (*géogr. anc.*), peuple gaulois cité par Pline, comme habitant le voisinage de Marseille. On s'accorde maintenant à placer le territoire des Camatallici à Ramatuelle, département du Var.

CAMAYEU (*V.* CAMAIEU).

CAMBACÉRÈS, docteur en Sorbonne, mort en 1758, est auteur d'un *Eloge de Pierre Gayet*, abbé de Villemagne (mort en 1752), inséré dans les registres de l'académie de Béziers.

CAMBACÉRÈS (L'ABBÉ DE) naquit en 1721 à Montpellier, et mourut dans cette ville le 6 novembre 1802. Fils d'un conseiller à la cour des aides, comptes et finances du Languedoc, Cambacérès s'adonna d'abord à la littérature, pour laquelle il se sentait un attrait particulier ; ensuite il fut placé dans un séminaire dirigé par les prêtres de Saint-Sulpice, entra dans les saints ordres, et résolut de se consacrer à la prédication. L'abbé de Cambacérès se prépara à ce ministère si important par une étude approfondie des saints Pères, cette source pure et abondante de la science chrétienne, et il employa à ce travail une partie de ses nuits. En 1757, il prêcha devant le roi, et, dans un discours plein de fermeté et d'une noble énergie, il annonça la décadence de l'Etat dans les progrès effrayants de l'irréligion. Les courtisans voulurent se servir de cette hardiesse pour nuire à l'abbé de Cambacérès ; mais Louis XV eut le courage d'approuver l'auteur, et de déclarer qu'il n'avait fait que son devoir : dès lors on se tut. Cet ecclésiastique s'était déjà fait un rang distingué parmi les prédicateurs, et le panégyrique de saint Louis, qu'il prononça en 1768 devant l'académie française, acheva d'établir sa réputation. Cependant l'abbé de Cambacérès n'est pas tant digne d'éloges pour ses talents que pour ses vertus évangéliques. Il les pratiquait avec ferveur et modestie. Content du modique revenu de son archidiaconat, il refusa plusieurs riches bénéfices qu'on lui offrit. Ses *Sermons* ont été imprimés pour la première fois en 1781, 5 vol. in-12. La deuxième édition qui parut en 1788, aussi 5 vol. in-12, peut être estimée : elle contient un *Discours préliminaire sur la divinité de la religion* : les preuves y sont présentées avec beaucoup de force et de clarté. On a aussi publié séparément le *Panégyrique* de saint Louis, 1768, in-8°. — L.-F. GUÉRIN.

CAMBACÉRÈS (JEAN-JACQUES RÉGIS DE), duc de Parme, premier archichancelier de l'empire, membre et président du sénat, puis du conseil d'Etat, président de la haute cour impériale, titulaire d'une sénatorerie, membre de l'Institut (académie française), grand aigle de la Légion d'honneur, grand commandeur de la Couronne de fer, puis de l'ordre royal de Westphalie, grand-croix de l'ordre de Saint-Etienne de Hongrie, chevalier de l'Aigle-Noir de Prusse, etc., naquit à Montpellier le 18 octobre 1757. Sa famille, d'une noblesse ancienne, avait produit des magistrats et des ecclésiastiques distingués. Son oncle, archidiacre de Montpellier, avait été un célèbre orateur de la chaire. Son père, conseiller à la cour des aides de Montpellier, était en même temps maire de cette ville. Le jeune Cambacérès, qui, simple avocat, avait refusé de plaider devant les tribunaux du chancelier Maupeou, succéda à son père dans la cour de Montpellier. Il se fit remarquer par son assiduité à ses devoirs ; et, comme il était sans fortune, il reçut, sans l'avoir sollicitée, une pension de douze cents livres. L'archevêque de Narbonne (Dillon), président des états de Languedoc, et l'intendant de la province, chargés par le roi Louis XVI de lui indiquer les hommes de mérite du pays qui avaient besoin d'être encouragés, s'accordèrent, sans s'être concertés, à désigner chacun de son côté le jeune conseiller. Lors de la convocation des états généraux en 1789, Cambacérès rédigea les cahiers de la noblesse de la sénéchaussée de Montpellier, qui l'avait nommé par elle son second député ; mais il fut décidé qu'elle n'aurait qu'un représentant. Il en fut bientôt dédommagé en obtenant à l'élection diverses fonctions administratives, entre autres la présidence du tribunal criminel de l'Hérault. Enfin, au mois de septembre 1792, il fut élu député à la convention nationale. Dans cette assemblée orageuse, où l'empire des circonstances commandait à tous ses membres l'exaltation du patriotisme sous les formes les plus prononcées, Cambacérès, plus habile qu'enthousiaste, se tint éloigné des luttes politiques, et, caché en quelque sorte dans les comités, glissa aussi heureusement qu'adroitement entre les partis. Toutefois il ne put se soustraire aux regards du public dans le procès de Louis XVI, où sa conduite fut des plus équivoques. Lui, qui commença par contester à la convention le droit de juger le monarque, n'en fut pas moins un des commissaires qui allèrent retirer du greffe criminel les pièces produites contre Louis XVI, et qui lui annoncèrent le décret par lequel un conseil lui était accordé. Cambacérès demanda ouvertement que la plus grande latitude fût laissée à la défense et aux communications du roi avec ses conseils. Après s'être prononcé pour l'affirmative sur cette question : *Louis est-il coupable?* il vota sur la peine avec tant d'ambiguïté, que l'opinion publique s'est obstinée à le considérer comme régicide, bien que dans le recensement des votes la convention n'ait compté que pour la détention celui de Cambacérès et des trente-sept membres qui déclarèrent se réunir à son avis. Il vota ensuite avec la minorité pour le sursis à l'exécution. Après la proclamation du décret de condamnation sans sursis, en demandant à la convention pour Louis XVI la liberté de voir sa famille et de se choisir un confesseur, il ajouta : « Sans toutefois que l'exécution puisse être retardée au delà de vingt-quatre heures.» Chargé de présider à l'enlèvement des restes de la royale victime, il rendit compte de sa mission avec la plus froide impassibilité. Aussi fut-il élu secrétaire le 24 janvier 1793, trois jours après le supplice de Louis XVI. Trop souvent à cette époque il vota avec les factions tour à tour dominantes. Le 10 mars, il soutint que les pouvoirs législatif et exécutif ne devaient pas être séparés dans la situation des choses; ce vote donna des armes terribles au comité de salut public, qui fut bientôt formé. Ce fut au nom de ce comité que le 26 mars Cambacérès dénonça la trahison de Dumouriez et donna connaissance des pièces qui la constataient. Rappelons que seize jours auparavant il s'était élevé chaudement contre des pétitionnaires qui dénonçaient ce général. Mais ces contradictions étaient, pour sauver sa tête, des sacrifices nécessaires, et il n'en fut jamais avare. Dans la séance de nuit du 11 avril, il provoqua avec Danton le décret portant établissement à Paris d'un tribunal criminel extraordinaire pour juger les conspirateurs et les contre-révolutionnaires. A la journée du 31 mai comme à celle du 2 juin, qui furent marquées par le triomphe de la montagne ou du parti de Robespierre sur les girondins, Cambacérès, forcé dans ses limites de circonspection et de neutralité, proscrivit les vaincus avec la majorité. Il avait été chargé par les comités de gouvernement de revoir conjointement avec Merlin de Douai toutes les lois rendues depuis la révolution en matière de législation civile et de les réunir en un code. Cambacérès, à qui son collègue, occupé de missions plus actives, laissa la principale part dans ce travail, en présenta le résultat dans plusieurs séances des mois d'août et d'octobre 1793. Son rapport et les dispositions qu'il proposa se ressentaient beaucoup des idées révolutionnaires alors en vogue, et toutefois dans d'autres temps nul ne devait les combattre plus puissamment et avec plus de conviction. Le 4 juin, on entendit avec quelque surprise ce froid jurisconsulte débiter une allocution empreinte de la ridicule sensiblerie des écrivains du jour pour faire reconnaître des droits de successibilité aux enfants naturels. Dans la discussion de l'acte constitutionnel présenté par Hérault de Séchelles, Cambacérès demanda en matière civile l'établissement du jury, qu'il devait plus tard faire rayer du Code. Au mois d'octobre suivant, il donna l'ordre d'arrêter les défenseurs de la reine, et exposa son premier projet du Code civil, dont la discussion, plusieurs fois reprise dans le sein de la convention, n'eut cependant aucun résultat. « Ce projet a pris soixante séances, dit Thibaudeau dans ses *Mémoires*, fut attaqué comme sentant *l'homme du palais* et renvoyé à un comité de philosophes. » Cambacérès resta complètement étranger au mouvement du 9 *thermidor* qui renversa Robespierre. On peut supposer qu'il était le partisan secret du farouche dictateur. Le *Mémorial de Sainte-Hélène* renferme à cet égard des particularités piquantes : « Cambacérès, qui doit être une autorité sur cette époque, observait Napoléon, a répondu à l'interpellation qu'il lui adressait un jour sur la condamnation de Robespierre, par ces paroles remarquables : *Sire, cela a été un procès jugé, mais non plaidé*; ajoutant que Robespierre avait plus de suite et de conception qu'on ne pensait; qu'après avoir renversé les factions effrénées qu'il avait eu à combattre, son intention avait été le retour à l'ordre et à la modération. » Appelé à présider la convention le 16 vendémiaire an III (7 octobre 1794), honneur dont il avait été exclu jusqu'alors, ainsi que tous les députés qui n'avaient pas voté la mort du roi, Cambacérès inaugura ses fonctions par une adresse au peuple français empreinte de principes modérés. Il l'avait rédigée au nom des comités de sûreté générale, de salut public et de législation. Cette adresse, envoyée à tous les départements, fit sensation. Les jacobins y virent la condamnation implicite des mesures révolutionnaires; cependant les partisans de la monarchie n'y étaient pas ménagés. Le double caractère de ce manifeste portait le cachet de son rédacteur; et il marqua, au sein de la convention, la naissance de ce

système de bascule, si commode en apparence, mais si funeste aux gouvernants. Cambacérès contribua puissamment alors à la rentrée des soixante-treize conventionnels exclus comme girondins, après le 31 mai. Il ne s'en opposa pas moins au rapport de la fameuse loi des suspects, et d'autres lois révolutionnaires dont il ne se dissimulait pas, disait-il, le caractère odieux, mais qui étaient la seule protection de l'État contre les jacobins et les monarchistes. Ennemi par caractère, comme par principe, de toute réaction, quelque juste qu'elle dût paraître, il fit écarter la proposition de mettre en jugement les membres des comités et des tribunaux révolutionnaires. La direction des affaires reposait alors sur lui, tant par sa grande influence dans la convention que comme président du comité de salut public. Secondé par des collègues bien intentionnés, il sut donner à cette commission, qui était tout le gouvernement, une impulsion aussi sage, aussi modérée que le malheur des temps pouvait le permettre. C'était beaucoup alors que de faire fermer la société des jacobins, que de régulariser les confiscations des biens d'émigrés, que de remplacer par le bannissement la peine de la déportation contre les prêtres réfractaires. Voilà les services que rendit alors le député de l'Hérault. Et cependant, en abordant des questions si périlleuses pour celui qui voulait les résoudre dans le sens de la modération, il savait, grâce à sa faconde de jurisconsulte, ne paraître jamais que l'homme de la loi, et se garantir des discussions de parti. La législation ne l'absorba pas tellement qu'il ne s'occupât activement de diplomatie au comité de salut public, et il eut alors en sa possession sur bien des affaires de l'extérieur plus d'un secret qui n'a pas encore transpiré. Il faudrait consulter dans le *Moniteur* presque toutes les séances de la convention, si l'on voulait indiquer les divers travaux qui occupaient alors Cambacérès; mais y saisirait-on sa véritable pensée politique? Souvent après s'être constitué le promoteur et l'appui d'une mesure de clémence et de sagesse, il soutenait une disposition toute révolutionnaire. Après s'être opposé, au mois de janvier 1795, à la mise en liberté des enfants de Louis XVI, encore détenus au Temple; après avoir pour la seconde fois, le 19 mars suivant, demandé le maintien de la loi des suspects, il ne prit part aux travaux de la commission des onze que pour modifier dans un sens presque contre-révolutionnaire les dispositions si démocratiques de la constitution de l'an III. Lors du mouvement insurrectionnel des sections de Paris contre la convention, au 13 vendémiaire an IV (octobre 1795), un comité de quarante membres sous la présidence de Cambacérès, et composé du comité de salut public et de sûreté générale, dirigeait toutes les affaires. On discutait beaucoup, on ne décidait rien, et le danger devenait chaque jour plus pressant. Toutefois le député de l'Hérault fit bonne contenance. C'était beaucoup pour lui. Cependant la convention touchait au terme de son existence : le directoire allait, avec deux conseils, se partager le gouvernement. Cambacérès, qui espérait être élu directeur, avait cru dans cette vue soutenu chaudement l'opinion de nommer des conventionnels parmi ces nouveaux chefs de l'État. Son avis prévalut malgré l'opposition de Thibaudeau, mais il reconnut bientôt que ce n'était pas pour lui qu'il avait travaillé; une circonstance qui pensa le perdre sans retour dans le parti républicain l'écarta du directoire où, dit Thibaudeau dans ses *Mémoires*, *il était appelé par une masse de suffrages*. Une lettre du comte d'Antraigues, agent de Louis XVIII, trouvée chez Lemaître et lue en pleine assemblée, contenait ces mots : « Je ne suis nullement étonné que Cambacérès soit du nombre de ceux qui veulent le rétablissement de la royauté, je le connais, etc. » Obligé de s'expliquer sur cette inculpation, le député de l'Hérault la repoussa avec une véhémence qui appartenait peu à son caractère : « C'est moi, s'écria-t-il du ton de l'indignation, que l'on soupçonnerait d'être en correspondance avec des conspirateurs! Le génie de Saint-Just va-t-il donc sortir du tombeau pour créer encore de ces délits imaginaires qui opéraient la condamnation des représentants du peuple? » Il fit ensuite un exposé de sa conduite tout à fait dans le sens révolutionnaire. La convention accepta cette justification, elle ordonna l'impression de son discours; mais le coup était porté. Dans tout ce qui a été publié sur la révolution, rien n'est venu jeter le moindre jour sur cette révélation de d'Antraigues, si soudaine, si surprenante, et qui était bien certainement émanée de cet agent des Bourbons. Pour trouver la clef de cette intrigue, il faudrait avoir des pièces qui sont détruites aujourd'hui, ou du moins soustraites à l'histoire. Ces documents se rattacheraient sans doute aussi aux relations angéleuses mystérieuses qui eurent lieu en 1814 et en juillet 1815 entre un ami intime de Cambacérès et quelques agents confidentiels de Louis XVIII. La convention avait décidé que les deux tiers de ses membres désignés par le sort entreraient dans les nouveaux conseils. Le sort favorisa Cambacérès et le porta au conseil des cinq cents, qui en se constituant l'élut secrétaire. Cette assemblée devait dresser une liste de cinquante candidats parmi lesquels le conseil des anciens avait à choisir les cinq directeurs. Le parti de la convention, qui formait la majorité des deux conseils, s'était accordé d'avance en faveur de Sieyès, La Revellière-Lépeaux, Rewbell, Letourneur et Barras; et pour leur éviter toute concurrence, il fut arrêté que sur la liste des candidats on ne mettrait après eux que des noms obscurs ou indignes, et sur lesquels il était impossible que personne portât son suffrage. Toutefois le nom de Cambacérès se glissa parmi ces noms de remplissage. La même chose arriva quelques jours après, lorsque Sieyès eut refusé sa nomination, et que Carnot fut élu en sa place. Réduit ainsi forcément au rôle de législateur, Cambacérès reprit au conseil des cinq cents ses travaux sur le Code civil. Sur sa demande, l'assemblée, par un décret du 11 frimaire an v, régla le mode de discussion. Le 9 pluviôse suivant, il retraça sommairement la théorie du Code et soumit le titre de la paternité. « Ce fut le commencement et la fin, dit Thibaudeau. Aux jour et heure affectés pour la discussion, il se présentait toujours quelque objet plus urgent, et le rapporteur du Code, lassé d'être toujours renvoyé au lendemain, finit par proposer une mesure dilatoire qui équivalait à un ajournement; on le prit au mot, et il ne fut plus question du Code.»—Cambacérès ne se montra pas des derniers à faire de l'opposition contre une autorité dont il n'avait pu être membre. Sur sa proposition, le conseil des cinq cents nomma une commission chargée d'examiner les actes du directoire, lorsqu'ils porteraient atteinte au pouvoir législatif. Il obtint les honneurs de la présidence le 22 octobre 1796. Vers la même époque, et lors de la création de l'Institut national, il fut compris dans la classe des sciences morales et politiques. Plus tard, sous Napoléon, il passa dans la classe de la langue et de la littérature française (académie française), d'où il fut éliminé par l'ordonnance royale de 1816. Le 29 décembre, il discuta le projet de Daunou sur la calomnie, et fit décréter, le 27 février 1797, la contrainte par corps en matière civile. Il sortit du conseil avec le second tiers conventionnel, le 20 mai suivant. Le directoire, qui le considérait comme un chef d'opposition, ne voulut pas l'employer. Cambacérès rentra dans la vie privée et exerça avec beaucoup de succès la profession de jurisconsulte. Il évita ainsi de se mêler aux événements du 18 fructidor an v. Lors des élections de l'an vi, il fut proclamé député par les électeurs de Paris réunis à l'Oratoire; mais sa nomination fut annulée. Élu, au commencement de l'an vii, membre du tribunal de cassation par le collège électoral de la Haute-Vienne, il n'accepta point, et se livra exclusivement aux travaux lucratifs d'un avocat consultant bien occupé. Ce fut dans cette position privée qu'au mois d'août 1799 Sieyès, qui venait d'être appelé au directoire, lui fit confier le ministère de la justice. Cambacérès accepta d'autant plus volontiers que la journée du 30 prairial (18 juin 1799) avait écarté du directoire ceux qu'il pouvait regarder comme ses adversaires. Tout occupé de la réorganisation des tribunaux, il ne prit aucune part aux intrigues qui amenèrent le 18 brumaire. L'avant-veille de ce grand événement, Bonaparte lui fit faire des ouvertures qui ne furent pas accueillies d'une manière positive : « Je ne veux point de tergiversations, répliqua le futur dictateur à l'agent secret de cette mission. Qu'ils ne pensent pas que j'aie besoin d'eux; qu'ils se décident aujourd'hui; sinon, demain il sera trop tard; je me sens assez fort à présent pour être seul. » Le rigorisme de Cambacérès ne tint pas longtemps; car il fut conservé par Bonaparte au ministère de la justice, et signala la nouvelle ère gouvernementale en adressant aux autorités judiciaires une lettre ministérielle pour annoncer que les codes allaient être établis « sur les bases immuables de la liberté, de l'égalité des droits et du respect dû à la propriété. » Peu de jours après, il fit aux consuls un rapport dans lequel il exposa qu'il était inutile, pour le maintien de la tranquillité, de soumettre les proscrits à la déportation, regardant comme suffisant de les placer sous la surveillance de la haute police. La décision prise en conséquence annonça enfin aux émigrés des jours meilleurs. Le 25 décembre (six semaines après le 18 brumaire), Cambacérès devint, comme second consul, collègue de Bonaparte, qui lui laissa la haute main sur la justice. On a dit de Cambacérès et du troisième consul Lebrun, qu'ils ressemblaient plutôt à deux témoins qu'à deux collègues du premier consul. Ce qui est bien certain, c'est que Bonaparte n'eut pas à leur reprocher de faire beaucoup gêné dans sa marche ascendante vers le trône impérial. Toutefois, tandis que Lebrun se tenait à l'écart, Cambacérès se montrait assidu auprès du jeune despote. Tous les jours il travaillait

avec lui. Bourrienne prétend dans ses *Mémoires* que plus d'une fois le premier consul dit à son grave collègue, en lui pinçant légèrement l'oreille : « Mon pauvre Cambacérès, je n'y peux rien; votre affaire est claire : si jamais les Bourbons reviennent, vous serez pendu. » — Un sourire forcé, *un rire jaune*, ajoute l'historien, contractait alors la figure de Cambacérès : ce sourire était habituellement sa seule réponse. Cependant une fois il osa dire : « Allons, laissez là vos mauvaises plaisanteries. » On peut à la rigueur admettre cette anecdote, à laquelle les héritiers de Cambacérès semblent avoir attaché beaucoup d'importance en prenant la peine de la réfuter. Bonaparte ne pouvait ignorer que Cambacérès n'était pas régicide. C'était précisément parce qu'il ne l'était pas, tout en ayant donné d'autres gages à la révolution, même dans le procès de Louis XVI, que le premier consul l'avait choisi pour collègue. On a d'ailleurs vu, lorsque dans le conseil Cambacérès s'opposa au meurtre du duc d'Enghien, Bonaparte lui demanda vivement : « Depuis quand le sang d'un Bourbon vous fait-il peur ? » Bonaparte n'était pas homme à prodiguer de pareils mots : il ne faisait pas de telles gaucheries. Lui, dont la politique fut toujours d'éteindre le feu révolutionnaire et de rapprocher les partis, *n'aurait eu garde*, comme il le dit plus tard à Sainte-Hélène, *de jeter du combustible sur le brasier*. Au reste, on ne sait pas encore toute la vérité sur cette fameuse délibération. Cambacérès, à la proposition faite par le grand juge Regnier d'enlever le prince de vive force sur le territoire de Bade, opposa en effet une grave objection. Il fit observer, si l'on en croit les *Mémoires du duc de Rovigo*, que, puisque le duc d'Enghien venait quelquefois sur le territoire français, ainsi qu'on le disait, il était plus simple de lui tendre un piège et de lui appliquer la loi sur les émigrés; à quoi il lui fut répondu : « Parbleu, vous nous la donnez belle! Après que les journaux ont été remplis des détails de cette affaire, vous croyez qu'il donnera dans un piège? » Dans cette occasion Cambacérès se conduisit comme il le fit constamment depuis : après avoir donné un bon conseil qui ne fut pas suivi, il laissa faire celui qui était devenu son maître. Alors, comme toujours, il se borna au rôle de premier exécuteur des plans de Bonaparte, pour les parties qui furent abandonnées à sa direction. Le Code civil et l'organisation judiciaire sont en particulier son ouvrage. On y reconnaît cet esprit conservateur, cette foi à l'expérience, cette défiance pour toute innovation, enfin cette aversion pour toute démocratie qui faisait le fond de son caractère. On lui doit, pour la composition des tribunaux, les excellents choix que se firent alors d'une foule de magistrats probes, instruits, tenant aux anciennes familles parlementaires, et que la restauration n'eut rien de mieux à faire que de confirmer. Le Code de procédure fut aussi l'ouvrage de Cambacérès. Ce fut sous ses auspices que l'on vit reparaître au palais les robes de juges et d'avocats, qui avaient été proscrites depuis 1792. Il logeait alors sur la place du Carrousel, à l'ancien hôtel d'Elbeuf, qui a été abattu il y a peu d'années. Ensuite il habita l'hôtel Molé, rue Saint-Dominique, faubourg Saint-Germain. Dès le consulat, il donnait des dîners somptueux : il fut l'Apicius de l'époque; et la chère exquise qu'on faisait chez lui prouve que sous la république l'art culinaire avait fait des progrès bien plus réels que la liberté. Cambacérès représentait assez bien ; quoiqu'il ne fût pas beau, sa figure et sa démarche ne manquaient pas d'une sorte de dignité. Malgré le luxe de ses dîners, il passait pour être fort parcimonieux; du reste probe, fut-il pour tout agiotage, et ne connaissait pour s'enrichir que l'économe et habile administration de ses immenses traitements. En cela il fut bien secondé par le notaire Noël, qui était l'un des commensaux les mieux accueillis et les plus assidus de l'hôtel d'Elbeuf. Dès son consulat, Cambacérès prit l'habitude de ces fameuses promenades au Palais-Royal et dans le passage des Panoramas, où il se donnait en spectacle avec ses deux acolytes, les marquis de Villevieille et d'Aigrefeuille, formant entre eux un si plaisant contraste, l'un par son excessive maigreur, l'autre par son incroyable embonpoint. Après l'établissement de l'empire, ces promenades devinrent encore plus curieuses par le costume de *Monseigneur* et de ses suivants, tous trois en grand habit français, l'épée au côté, les cheveux en bourse, le chapeau sous le bras, sans parler des croix et des cordons qui chamarraient *son altesse*. C'était mieux qu'une comédie, car elle se jouait dans le monde réel. Ce ridicule et bien d'autres travers que l'on prêtait à Cambacérès, et qu'il suffit d'indiquer, n'ôtent rien à la réalité des services qu'il a rendus à l'État et à une foule de particuliers qui n'ont pas tous été ingrats. Approbateur zélé des mesures de Napoléon pour relever les autels, il concourut avec joie au concordat. Depuis cette époque, le second consul assistait avec solennité tous les dimanches à la grand'messe à l'église de Saint-

Germain-l'Auxerrois, sa paroisse; il se piquait d'accomplir envers son curé tous les devoirs d'un paroissien zélé et charitable. On dit même qu'il n'aurait pas été éloigné du rappel des jésuites; mais Bonaparte ne voulut jamais en entendre parler. Au mois de janvier 1804, quand Napoléon songea à se faire empereur, ce fut à Cambacérès qu'il s'en ouvrit le premier; et celui-ci ne manqua pas d'applaudir à un projet si bien selon son cœur. La dignité perpétuelle d'archichancelier devait être pour lui un ample dédommagement pour la perte du titre temporaire de second consul. Lorsque le moment parut arrivé, il ne fut pas des derniers à voter l'établissement de l'empire. Quand il fut question du sacre, en homme des vieilles traditions, il dit: « Reims va reprendre son ancienne splendeur. » Mais Napoléon avait bien d'autres pensées; et, quand il les eut révélées à Cambacérès, celui-ci dit à Fouché, en sortant du cabinet impérial: « Cet homme recommence Charlemagne, mais il ne finira pas comme Louis le Débonnaire.» Au sacre, l'ancien conseiller à la cour des aides aurait voulu, en homme parlementaire, la présence des pairs; mais Napoléon rejeta encore cet avis: le mot de *pairs* sonnait mal à son oreille. Sous l'empire, Cambacérès sembla avoir reçu de Napoléon la mission de représenter pour lui. Les cercles n'avaient jamais lieu aux Tuileries, durant les continuelles absences du maître, en sorte que toute la pompe de salon retomba sur l'archichancelier. Naturellement ami du faste et de la représentation, celui-ci se conforma sans peine aux désirs de l'empereur. Le député de l'Hérault avait toujours affecté, même à la convention, un maintien digne, et voulait que ses entours annonçassent la gravité. On ne paraissait devant lui que dans toute la sévérité du costume français. On l'a peint tout entier en lui prêtant ce mot: « Devant le monde, appelez-moi *votre altesse*, et dans l'intimité seulement *monseigneur*.» Les soirées de l'archichancelier avaient lieu le mardi et le samedi. Le samedi était le grand jour: cinquante convives s'asseyaient à sa table. Le mardi, les dîners étaient moins nombreux; il était permis ce jour-là de quitter leur épée. Ceux qui avaient à parler au prince le pouvaient pendant le café sans trop lui déplaire: il causait alors volontiers. Dès que huit heures et demie arrivaient, un valet de chambre entrant dans le salon disait à haute voix: *La voiture de Monseigneur*. Aussitôt le prince faisait à son cercle une gracieuse révérence, passait dans sa chambre, et chacun de partir. On voit par ces détails, qui demanderaient la plume de Saint-Simon, que Louis XIV ne tenait pas plus sévèrement l'étiquette. Cambacérès régnait ainsi à Paris par sa représentation continuelle: ses soirées avaient lieu en toute saison, et il n'allait presque jamais à la campagne. Napoléon se reposait sur lui en toute confiance pour la marche ordinaire du gouvernement. Il avait vu combien il y avait de connaissances, de bon sens, de calme et de raison dans son archichancelier. Économe, rangé, prudent, ennemi des mesures violentes et capricieuses, aimant la loi, Cambacérès, en effet, possédait au suprême degré ces qualités que les despotes habiles aiment surtout à rencontrer dans leurs premiers subalternes. Comme chef de la magistrature, il portait dans ses fonctions, avec une conscience éclairée, une bienveillance qui n'avait pas même besoin d'être provoquée par les sollicitations. Quand Napoléon revenait de ses campagnes, la première personne qu'il voulait voir était l'archichancelier. Cambacérès présidait le conseil d'État en l'absence de l'empereur; et même, quand celui-ci devait y venir, il ouvrait la séance et entamait ce qu'on appelait *le petit ordre du jour*, c'est-à-dire les affaires d'une importance secondaire. Il ne cessa jamais d'avoir la plus grande part à la discussion des lois. Quand les commissions du corps législatif et du tribunat, nommées pour les préparer de concert, ne s'entendaient pas, elles allaient tenir des séances régulières sous la présidence de l'archichancelier, qui réussissait toujours à les mettre d'accord. Dans le conseil privé, sa voix consultative fut constamment pour les mesures de modération et de prudence; et, sans doute, si Napoléon l'eût plus écouté, il ne serait pas mort à Sainte-Hélène. Il n'avait pas approuvé l'arrestation de Moreau. Il s'opposa à l'injuste agression contre l'Espagne. Lors de la disgrâce de Talleyrand, il détourna l'empereur de le faire arrêter; et en cela il rendit, sans le vouloir, un merveilleux service à la cause des Bourbons. Plus tard (en 1811), il approuva fortement le projet qu'eut un instant Napoléon de terminer la malheureuse affaire de la Péninsule; mais il était trop tard. En 1809, lorsque l'empereur lui demanda quel effet avait produit sur l'opinion le décret par lequel il avait dépouillé le pape de ses États, Cambacérès osa encore lui faire entendre la vérité. Dans le conseil tenu à propos de l'excommunication lancée par Pie VII contre Napoléon, l'archichancelier fut d'avis d'éviter toute violence, et de se borner à étouffer l'effet de la

bulle, en prenant toutes les mesures pour empêcher qu'elle ne devint publique en France. La conduite de Cambacérès ne fut pas moins louable dans l'affaire du divorce: il s'y opposa au nom de la religion et des devoirs les plus sacrés; puis il s'éleva contre toute alliance étrangère, surtout avec l'Autriche, et rappela à cette occasion l'exemple de Louis XVI. Sincèrement attaché à l'impératrice Joséphine, il ne voulut point se charger de lui annoncer la résolution de son ingrat époux. « Laissez-moi, dit-il à l'empereur, la mission de la consoler dans son malheur.» Ici, comme toujours, il se rendit encore l'exécuteur ponctuel de ce qu'il n'avait pas approuvé. Le 15 décembre 1809, il reçut, en sa qualité d'officier de l'état civil de la famille impériale, le consentement mutuel de Napoléon et de Joséphine au divorce. Toute la famille de Napoléon était réunie dans la salle du trône aux Tuileries. Cette réunion solennelle se passa tout autrement que ne le porte le procès-verbal du sénat. Il y eut bien des pleurs: Joséphine se refusa d'abord à signer; et, lorsque enfin elle y consentit, elle eut besoin que l'archichancelier dirigeât sa main. Le sénat dut ensuite, en séance extraordinaire, prononcer le divorce sous les rapports civils. « Ce jour-là, est-il dit dans des mémoires du temps, le prince archichancelier jouit de toute la plénitude de sa gloire; car il se montra au-dessus des rois et des princes de la famille impériale, qui siégeaient confondus parmi les simples sénateurs.»Quelques jours après, Cambacérès se pourvut auprès de l'officialité diocésaine pour obtenir la dissolution du mariage religieux. Les cardinaux s'étant abstenus, par égard pour le pape, d'assister au mariage de l'empereur avec Marie-Louise, l'archichancelier combattit le désir que manifestait Napoléon de les mettre en prison, et obtint qu'ils seraient simplement exilés. Cependant Napoléon marchait à grands pas vers sa chute. En 1812, après la défection de la Prusse, Cambacérès lui conseilla vainement de faire la paix. Ce fut alors que le titre de régente fut conféré à Marie-Louise, pendant l'absence de son époux. En même temps, Cambacérès fut nommé président du conseil de régence. En 1813, à l'époque de l'audacieuse tentative de Mallet, il montra plus de calme et de fermeté que certains autres grands fonctionnaires. Bientôt après, quand Napoléon éprouva de la part du corps législatif une résistance inattendue, Cambacérès se prononça contre les mesures violentes. Au moment où les étrangers cernaient la capitale, le conseil de régence eut à discuter s'il convenait que l'impératrice et le roi de Rome s'éloignassent. Cambacérès exprima d'abord un avis contraire; mais, Joseph Bonaparte ayant montré une lettre qui ordonnait à l'impératrice et au gouvernement central de se retirer au delà de la Loire, il dut renoncer à son opinion. Après l'abdication de Napoléon, quand l'impératrice eut été remise entre les mains des commissaires autrichiens, Cambacérès envoya, les 7 et 9 avril, son adhésion aux actes du sénat qui rappelait les Bourbons. Il revint ensuite à Paris, où il vécut très-retiré. Mais, s'il avait eu de grands torts à l'égard des Bourbons, il se les était sans doute fait pardonner par de grands et secrets services. Il eut, en 1814, d'intimes et mystérieuses liaisons avec de puissants personnages fort avant dans la confiance de Louis XVIII. On peut affirmer que dans ces relations les avances n'étaient nullement du côté de l'ex-archichancelier. On eut, dit-on, un instant la pensée de l'appeler au ministère; on lui offrit ensuite la première présidence de la cour de cassation: il refusa, regardant ce titre comme trop au-dessous de ses précédentes fonctions. Il fut alors en butte à ce déluge de libelles et de caricatures qui dans les premiers mois de la restauration déversèrent le ridicule et l'injure sur tous les hommes du gouvernement impérial; il eut le bon esprit de ne pas paraître faire attention à ces attaques. D'ailleurs il semblait s'accommoder volontiers de cette première restauration, qui le laissait jouir en paix de sa fortune et de tous ceux de ses titres qui ne se rattachaient point à des fonctions politiques. Il avait conservé son entourage de vieux gourmands sybarites, et d'Aigrefeuille régnait encore dans la salle à manger de *Monseigneur*. Ajoutons à la louange de Cambacérès que presque tous ses amis lui restèrent fidèles (1), parce que lui-même, au temps de sa grandeur, ne les avait point négligés. Il vit avec chagrin le retour de l'île d'Elbe et ne vint aux Tuileries que sur un ordre réitéré, et fit quelques efforts pour être dispensé de se lancer de nouveau dans les affaires. Cependant il reprit le titre d'archichancelier, et accepta par *intérim* le porte-

(1) Faut-il le dire à la honte de l'humanité ? d'Aigrefeuille était stipendié par la police de la restauration pour donner jour par jour un bulletin de ce qui se disait dans le cercle de Cambacérès. Celui-ci le sut, et voilà pourquoi, dans les derniers temps, il témoigna à cet affidé perfide une indifférence que le public mal informé a taxée d'ingratitude.

feuille de la justice ; mais les fonctions ministérielles furent exercées par le conseiller d'Etat Boulay de la Meurthe, sous le titre de directeur de la correspondance et de la comptabilité. Cambacérès ne s'installa pas même à l'hôtel du ministère ; il ne fit que prêter sa signature : c'était beaucoup, si l'on en juge par le caractère violent de la première lettre ministérielle adressée sous son nom à tous les tribunaux de l'empire. Le 26 mars il présenta, au nom du ministère, une adresse à Napoléon, où l'on remarque l'expression des principes libéraux qui devaient présider au nouveau gouvernement. Il est à noter que le même jour il envoya au congrès de Vienne sa renonciation au titre de duc de Parme. Lors de la pompeuse cérémonie du Champ-de-Mai, il eut, en sa qualité d'archichancelier, à proclamer le résultat des votes sur l'acte additionnel aux constitutions de l'empire. Il présida la chambre des pairs avec autant de sagesse que de gravité, sachant éviter les discussions incendiaires. Après la journée de Waterloo, quelques pairs impériaux, parmi lesquels était un ami intime de Cambacérès (Fabre de l'Aude), entrèrent en pourparlers avec le baron de la Rochefoucauld, pour faciliter le rappel de Louis XVIII. Si, par position, Cambacérès ne put se prêter à ces ouvertures, il en était informé et ne les désapprouvait pas. Le second retour des Bourbons le fit rentrer dans la retraite. Sa conduite modérée dans les cent jours pouvait lui faire espérer que son repos serait respecté : il avait rompu toute relation politique et renoncé à toute représentation extérieure. Il en fut autrement. Par une application inique de la loi d'amnistie, il fut banni comme régicide. Louis XVIII n'osa, malgré ses dispositions secrètes, s'opposer à cette fausse application de la loi. Cambacérès, hors de France, partagea sa résidence entre Bruxelles et Amsterdam. Sa conduite circonspecte dans son exil ne lui fut pas inutile : une décision royale du 23 mai 1818 le rappela en France, et le rétablit avec le titre de duc dans tous ses droits civils et politiques. De retour à Paris, il vécut dans la retraite, mais non dans l'abandon ; il avait conservé des amis. Il prit part aux élections de 1820, et vota ouvertement pour les candidats ministériels. On lui a même prêté à cette occasion des paroles assez peu dignes de sa réserve ordinaire : « Je viens joindre mon vote à celui des fidèles amis de la monarchie.» Déclaration au moins inutile. Quant au vote ministériel, on doit dire que cette adhésion au gouvernement ministériel n'a rien de surprenant de la part de celui qui avait adhéré à tant de régimes divers, et qui, après avoir vécu au milieu des agitations, ne demandait qu'à finir paisiblement sa carrière. Quelque temps auparavant, les tribunaux avaient retenti d'une contestation entre les créanciers de la succession du feu duc d'Orléans et le duc Cambacérès, au sujet de cinquante actions sur les canaux, que celui-ci avait obtenues à titre gratuit au temps de sa puissance, et dont il avait été dépossédé par l'ordonnance de 1816 qui prononçait son bannissement. Cambacérès gagna son procès. Il mourut d'apoplexie le 8 mars 1824. A peine eut-il fermé les yeux, que les commissaires du gouvernement se présentèrent pour mettre la main sur ses papiers, et recueillir cet acte qui jugeraient de la propriété de l'Etat. Ses obsèques eurent lieu à Saint-Thomas d'Aquin le 12 mars, avec une pompe vraiment royale ; les principaux personnages de l'Etat y assistèrent. Il laissait une fortune immense, qu'il partagea entre deux neveux de son nom, sans compter une infinité de legs pieux et autres qui se montent à des sommes considérables. Il avait commencé des *Mémoires* dont les manuscrits auraient, dit-on, formé six volumes. On doit regretter que sa famille n'ait pas encore jugé à propos de publier ces souvenirs, qui, malgré la discrétion connue de leur auteur, renfermeraient sans doute plus d'une curieuse révélation. CH. DU ROZOIR.

CAMBACÉRÈS (ETIENNE-HUBERT DE), frère du précédent, cardinal, archevêque de Rouen, né à Montpellier le 11 septembre 1756, était pourvu d'un canonicat dans cette ville, et le titre de vicaire général d'Alais, lorsque la révolution éclata. Il ne prit aucune part aux dissensions publiques, et parvint à les traverser sans péril. L'élévation de son frère au second consulat, et bientôt après le concordat, furent pour l'abbé de Cambacérès une occasion de monter aux plus hauts degrés de la hiérarchie ecclésiastique. Nommé archevêque de Rouen en 1802, il fut sacré par le cardinal-légat Caprara le 11 avril ; puis, l'année suivante, décoré de la pourpre romaine, et nommé grand-cordon de la Légion d'honneur. Enfin en 1805 il fut appelé au sénat. Tant d'honneurs n'altérèrent pas sa modestie : il continua de vivre en bon prêtre, et administra son diocèse avec autant de zèle que de sagesse. Dans un mandement publié en 1806, il exprimait avec effusion sa reconnaissance et son amour pour l'heureux chef à qui lui et les siens devaient tant ; mais il ne s'en conduisit pas moins en digne cardinal, lorsque Napoléon commença contre Pie VII une persécution aussi impolitique qu'elle était injuste. Il refusa d'assister au mariage de Marie-Louise. Il se conformait d'ailleurs à l'obligation de résider dans son diocèse, ce qui semble indiquer qu'il était peu courtisan. La restauration de 1814, à laquelle il adhéra sans hésiter, lui ôta son titre de sénateur. Pendant les cent jours il fut nommé pair ; mais il s'abstint de siéger, et de paraître au Champ-de-Mai. Il mourut à Rouen le 25 octobre 1821, laissant la réputation d'un prélat pieux et vénérable. CH. DU ROZOIR.

CAMBAGE, s. m. (*vieux mot*), droit qu'autrefois on levait annuellement sur la bière. — Lieu où l'on fabrique la bière.

CAMBAGES (*V.* CAMBAYES).

CAMBALA (*géogr. anc.*), ville septentrionale de la grande Arménie, dans l'Hyspiratide. Son territoire était célèbre par ses mines d'or.

CAMBALIDE (*géogr. anc.*), montagne de la Bactriane. C'est une des branches du Paropamisus.

CAMBAMOA (*géogr.*), fort portugais situé dans la basse Guinée, sur le territoire de Dongo et sur la rivière de Conanza (Bowdich).

CAMBANG, s. m. (*botan.*), sorte d'arbre qui croît à Ternate ; il est de la famille des anones.

CAMBANG-CUNING, s. m. (*botan.*), café dont on mange les feuilles en guise d'épinards.

CAMBANG-TSIULANG, s. m. (*botan.*), espèce d'arbrisseau qui croît à l'île de Ceylan.

CAMBARE, s. m. (*botan.*), espèce d'igname de Madagascar, qu'on cultive à l'île de France.

CAMBAT (*hist. nat.*), espèce de murène des îles Moluques. Ce poisson a, comme la murène, le corps cylindrique allongé, la tête longue, les yeux petits, la bouche très-longue et très-ouverte. Il n'a ni nageoires pectorales ni nageoires ventrales, mais seulement une nageoire allongée sur le dos vers le bout du corps, et une autre en dessous vers l'anus, qui, en s'unissant à celle de la queue, qui est elliptique pointue, ne forment qu'une seule nageoire, qui lui tient lieu de trois. Son corps est brun, à nageoires rouges, et marqué de raies obliques, qui y forment six rangs de mailles en lozanges jaunes ; la prunelle des yeux est blanche, entourée d'un iris rouge. Le cambat se pêche dans la mer d'Amboine.

CAMBAULES, chef gaulois à la solde des rois de Macédoine, entra pour son propre compte dans la Thrace, en ravagea les frontières, comme la firent ensuite Cérétrias, Léonor, Luthar, Comontor ; il rapporta de cette expédition au milieu des Galls du Danube un butin considérable dont la vue décida ses compatriotes à tenter contre la Grèce cette invasion qui vint, en 279, échouer à Delphes et aux Thermopyles.

CAMBAY (*géogr.*), grand golfe qui s'étend au sud de la presqu'île de Guzurate, sur la mer Arabique, entre les promontoires de Dieu et de Saint-Jean, et qui s'avance profondément dans le pays. Il se rétrécit jusqu'à ne plus former qu'une ouverture d'un cinquième de mille, et en cet endroit il est tellement rempli de vase et de sable qu'il n'est pas possible de naviguer jusqu'à Cambay, et que de grands vaisseaux n'osent pas se hasarder de dépasser l'embouchure de la Nerbadda. Outre cette dernière rivière, il y a encore la rivière de Tapti et plusieurs autres rivières qui déversent leurs eaux dans ce golfe.

CAMBAY (*géogr.*), chef-lieu du district de Cherotti, dans la province britannique de Guzurate, dans l'Inde. Cette ville est située sur le golfe qui a reçu d'elle son nom et dont les flots en baignaient autrefois les murs ; mais maintenant ils se sont peu à peu retirés. Les murs de la ville portent cinquante-deux tours, et ont un pourtour de trois cinquièmes de mille ; mais l'espace qu'ils embrassent est en grande partie désert, les rues sont solitaires, et on voit beaucoup de palais et de mosquées en ruine. Il n'y a plus qu'une petite partie de la ville qui soit debout ; les maisons y sont en pierre, et on y voit le palais du nabab qui gouverne la ville, la *Jumma-Musja*, temple indien fort remarquable, et plusieurs tombeaux musulmans ; enfin il s'y trouve à peu près 30,000 habitants qui tissent des étoffes de coton et polissent l'agathe avec beaucoup de perfection. Cette ville, qui était autrefois l'entrepôt du commerce de toute la province de Guzurate, a beaucoup perdu depuis que le niveau de la mer s'est abaissé, et qu'ainsi l'eau est devenue basse dans le port et la navigation plus dangereuse dans le golfe. Elle a cependant encore toujours un petit commerce maritime. Parmi les curiosités de cette ville, il faut encore citer plusieurs temples souterrains, parmi lesquels se trouve un temple des Jaïns, qui renferme deux statues de divinités adorées par cette secte : l'une est taillée en pierre blanche, l'autre en pierre noire. — La ville est d'une haute antiquité, et d'après l'opinion de Wilfort, elle aurait été, sous le *nom* de Tamra Nagara ou de Cambat, la capitale de l'empire indien d'occident ; cependant il y a d'autres auteurs qui prétendent que cette Tamra Nagara aurait été située ailleurs. Les Mongols conquirent Cambay en 1297 et y trouvèrent de grandes richesses. Aujourd'hui la ville avec son territoire est la propriété d'un prince qui prend le titre de nabab, à qui on a rendu son petit pays en 1813, mais qui est soumis à l'autorité supérieure des Anglais. Ceux-ci ont dans cette ville un agent commercial, et ils l'ont placée sous la dépendance de la présidence de Bombay. Les habitants passent pour les meilleurs paveurs et maçons de l'Hindoustan.

CAMBAYES, s. f. pl. (*comm*.), toiles de coton qui se fabriquent à Madras. On dit aussi *cambages*.

CAMBDEN (GUILLAUME) (*V.* CAMDEN).

CAMBE (*géogr. anc.*), fleuve de la Vindélicie, prenait sa source vers le midi de cette province, et se jetait dans l'Ister, après avoir passé à Cambodunum.

CAMBERT, musicien français, mort à Londres en 1677. Son talent d'organiste lui créa d'abord une grande réputation, et lui valut la place de surintendant de la musique de la reine mère Anne d'Autriche. Associé par l'abbé Perrin au privilège que le roi lui avait conféré en 1669 pour former le théâtre de l'Opéra, il a été le premier en France qui ait mis en musique des pièces pour ce théâtre. On cite de lui deux opéras : *Ariane* et *les Peines et les Plaisirs de l'amour*, une pastorale intitulée *Pomone*, et plusieurs divertissements. L'apparition du compositeur Lulli en 1672 et son immense succès déterminèrent Cambert à passer à Londres, où il fut surintendant de la musique de Charles II.

CAMBES (*géogr. anc.*), ville méridionale de la première Germanie, chez les Rauraci.

CAMBIASI ou **CANGIAGE (LUCAS)**, peintre, né à Monéglia dans les Etats de Gênes en 1527, mort à l'Escurial à Madrid en 1585. La nature l'avait fait peintre. A l'âge de quinze ans, il fit des tableaux de sa composition, et à dix-sept on lui confia des travaux publics importants. Doué d'une facilité surprenante, il expédiait lui seul plus d'ouvrages que n'auraient pu faire plusieurs peintres ensemble, et travaillait des deux mains ; aussi trouve-t-on encore beaucoup de ses tableaux et de ses dessins. Il excellait dans les raccourcis, et son imagination, vive et intelligente, rachetait en lui une composition peu gracieuse et une touche trop lourde. — On rapporte qu'après la mort de sa femme, il devint passionnément amoureux de sa belle-sœur, et voulut l'épouser. Afin d'obtenir la dispense nécessaire, il présenta deux suppliques et un placet à Grégoire XIII, qui rejeta sa requête. Une circonstance qu'il crut favorable vint relever ses espérances. Philippe II, roi d'Espagne, ayant témoigné le désir d'avoir Cambiasi à sa cour, cet artiste s'y rendit avec empressement, persuadé que le monarque voudrait bien s'intéresser en sa faveur auprès du pape, mais on lui fit entendre que sa demande lui déplairait. Il fut si peu maître de son désespoir qu'il tomba dans une espèce de délire, et mourut peu de temps après. — Les principaux ouvrages de Lucas Cambiasi sont à Gênes et à l'Escurial ; trois sont en France. Le Guide et plusieurs autres maîtres ont gravé d'après lui, entre autres quelques clairs-obscurs. Il eut pour disciples Gio-Baptista Paggi et Horatio Cambiasi, son fils, qui revint d'Espagne à Gênes, où il ouvrit une école.

CAMBIATORE (THOMAS), jurisconsulte et poëte, né à Parme vers la fin du XIVᵉ siècle, reçut en 1452 la couronne poétique des mains de l'empereur Sigismond. On ignore les autres circonstances de sa vie ; mais sa traduction en vers de l'*Enéide* fut revue et publiée en 1532, à Venise, par Jean-Paul Vasio, qui y fit beaucoup de changements en prévenant qu'elle était de Cambiatore. En outre, il a laissé un traité *De judicio libero et non libero*, qui fait partie des manuscrits de la bibliothèque de Modène.

CAMBIATURE, s. f. (*comm*.), espèce de voiture dont on se servait autrefois pour voyager en Italie.

CAMBIL, s. m. (*géol.*), espèce de terre rouge.

CAMBINE (*géogr.*), île située dans la mer de Java, près de la côte méridionale de l'île de Célèbes, à l'ouest de Pangonsane. Elle est sous l'autorité du raja de Butong, auquel le raja de Cambine paye un tribut. Elle est montagneuse, elle a un pic élevé qui se trouve au milieu de l'île, des forêts le couvrent en grande partie ; elle est fertile en riz, en maïs, en yams, en fruits des tropiques, et elle a une population nombreuse. La culture des girofles, et en général des plantes à épices, a été entièrement anéantie.

CAMBING, s. m. (*hist. nat.*), nom d'un petit poisson d'Amboine. Ce poisson a une forme des plus singulières. Son corps, qui est extrêmement aplati et très-comprimé par les côtés, a un peu plus de profondeur que de longueur, la tête courte, la bouche conique, médiocrement grande, ainsi que les yeux. Ses nageoires sont au nombre de sept, savoir : deux ventrales, menues, une fois plus longues que tout le corps, placées au-dessous des deux pectorales qui sont triangulaires médiocres ; une dorsale et une anale parfaitement semblables, triangulaires, plus hautes ou plus profondes que longues, presque une fois plus longues que le corps ; enfin une à la queue, courte et tronquée. Les rayons de ses nageoires sont peu distincts, fort serrés et très-durs. Ses nageoires sont noires, excepté les pectorales, qui sont brunes comme le dos ; le corps est incarnat, à trois points blancs de chaque côté de la poitrine, et trois cercles noirs très-fins, qui traversent la tête par-dessous les yeux ; la prunelle des yeux est noire, entourée d'un iris blanc, cerclé de rouge. Le *cambing* se pêche communément dans la mer d'Amboine. Il nage avec une vitesse étonnante, et sur tous les sens, presque comme une hirondelle, de manière qu'il plonge ou s'arrête tout court quand il veut embarrasser les autres poissons qui le poursuivent. Il est évident que ce poisson est une espèce du genre du paru du Brésil, qui vient dans la famille des maquereaux, *scombri*.

CAMBIO (*comm*.), terme italien qui signifie changer. Il dérive du latin *cambium* qui a la même signification.

CAMBIOVICENSES (*géogr. anc.*), peuple gaulois inscrit sur la table de Peutinger, entre Aquæ Hisenii (Bourbon-Lancy) et Aquæ Borboniæ (Bourbon-l'Archambault). On s'accorde maintenant à placer le territoire des Cambiovicenses dans l'ancien archidiaconé de Chambon, diocèse de Limoges.

CAMBIS (MAISON DE). Cette ancienne famille, originaire du comtat Venaissin, a produit quelques personnages dignes d'être cités. — JOS.-L.-DOMINIQUE, MARQUIS DE CAMBIS-VELLERON, colonel général de l'infanterie du comtat Venaissin, né à Avignon en 1706, mort dans la même ville en 1772, avait formé une nombreuse bibliothèque qu'il allait rendre publique lorsque la mort le surprit. Il a publié le *Catalogue* des manuscrits de son cabinet, Avignon, 1770, 1 vol. in-4°, rare et recherché. Cambis Velleron avait réuni beaucoup de matériaux pour l'histoire de sa patrie. — R¹CHARD-JOSEPH DE CAMBIS, SEIGNEUR DE FARGUES, est auteur d'un *Recueil des saints qui sont honorés dans Avignon*, in-12, et de *Mémoires sur les troubles et séditions arrivés dans Avignon jusque et inclus l'année* 1665, manuscrits. — MARGUERITE DE CAMBIS, BARONNE D'AIGREMONT, en Languedoc, morte à la fin du XVIᵉ siècle, a traduit une *Lettre de Boccace sur la consolation*, et un ouvrage de Georges Trissino, intitulé : *Devoirs du veuvage*, Lyon, 1554 et 1556. — JOSEPH DE CAMBIS, né en 1760, a été capitaine de vaisseau avant 1793, et inspecteur de marine sous le consulat.

CAMBISTE (*comm*.). C'est le nom que l'on donnait autrefois dans le commerce à ceux qui se mêlent du négoce des lettres et billets de change, qui vont régulièrement sur la place ou à la bourse, pour s'instruire du cours de l'argent, et du sa valeur relativement au change des différentes places étrangères, afin de pouvoir faire à propos des traites et remises, ou des négociations d'argent, de billets, lettres de change, etc. (*V.* PLACE, BOURSE, BILLET, LETTRE DE CHANGE).

CAMBIUM (*physiol. végét.*), substance blanche, limpide, sans odeur, d'une saveur douce, puis visqueuse, tenant également du mucilage et de la gomme, qui est composée d'une foule de grains blancs. Duhamel du Monceau la désigne le premier. C'est la fève dépouillée de toutes ses parties étrangères ; on la trouve à la fin du printemps et de l'été, entre l'aubier et l'écorce des arbres. On regarde maintenant le cambium comme une sorte de matrice où se passent les phénomènes de l'accroissement en diamètre, et on lui attribue la solidification des couches annuelles du bois. Il est fort abondant dans le chêne ; le sophore, le peuplier, le saule en contiennent très-peu ; dans les plantes herbacées annuelles il y en a une très-petite quantité ; et quoiqu'on ne le voie point dans une foule de végétaux, il y aurait plus que de la témérité à dire positivement qu'il n'y existe pas. Le cambium ne coule point dans des vaisseaux particuliers, il transsude à travers les membranes, et se montre partout chez les animaux, il produit par sa surabondance des effets morbifiques ; il remplace par son épaississement les plaques d'écorce enlevées aux arbres ; des filaments ligneux se montrent sur la couche liquide; ils s'anastomosent, se multiplient, et finissent par devenir une sorte de tissu cellulaire.

CAMBLETTE, roi de Lydie, appelé *Camblite* par Nic. de Damas, *Cambasis* par Eustathe, et *Cambète* par Elien régnait à une époque reculée dans la nuit des premiers temps historiques. Xanthus et les écrivains qu'on vient de citer racontent que ce prince était tourmenté d'une faim si horrible, qu'une nuit, en dormant, il dévora la reine sa femme. Surpris à son réveil de ne plus trouver de la princesse adorée qu'un bras, triste reste épargné par sa voracité, il saisit son épée, courut à la place publique, apostropha les dieux, et se donna la mort en présence de ses sujets, qui furent peu touchés sans doute de la fin tragique de ce prince anthropophage. Et c'est ainsi qu'autrefois on écrivait l'histoire! Un roi qui mange, en dormant, tout un corps de femme, moins un bras, dans un seul repas nocturne, et une femme qui, mordue, mâchée, avalée, ne dit rien, et ne jette pas des cris à éveiller le mari qui, sans le vouloir, la dévorait (*V.* les *Recherches sur les rois de Lydie*, par l'abbé Sévin, dans les *Mémoires de l'académie des belles-lettres*, tom. v, pag. 244).

CAMBO, s. m. (*botan.*), variété du thé bou, qui a beaucoup de parfum et une odeur de violette.

CAMBODUNUM (*géogr. anc.*), ville de Vindélicie, située d'après l'*Itin. Ant.* à 20 milles d'Esco, d'après *Ptol.* II, 13, sous 32° 50', 46", ce qui s'accorde avec la *Tab. Peut.* C'est apparemment près de Weilheim sur l'Ammer qu'il faut chercher ce lieu.

CAMBODJE, ou **CAMBOGE**, ou **YOUDRA-SKAN** (*géogr.*), pays de l'Asie qui fait actuellement partie de l'empire d'An-Nam, et est situé entre 8° 47', et 15° de latitude nord, et entre 101° 14' et 105° 45' de longitude est. Le Lao le borne au nord, la Cochinchine ou le Tsiampa à l'est, la mer de Chine au sud-est, et le royaume de Siam à l'ouest. Le Camboge a 160 lieues de long du nord au sud, 100 lieues de large de l'est à l'ouest, et 16,000 lieues à peu près de superficie. Les limites n'en sont pas déterminées avec précision. Du côté de Lao, il est presque formé par des limites naturelles; à l'est s'élèvent de hautes montagnes qui s'étendent au sud jusqu'à la mer. La chaîne des monts Fchampawa, qui s'en détache, s'étend du nord-est au sud-ouest, et se termine aux rives du May-Kang. A l'ouest, du bras le plus occidental de ce fleuve, on voit le groupe du Ling-Kia-Popho. Le May-Khang ou Camboge parcourt le pays du nord au sud, se partage en plusieurs bras, et, en débordant tous les ans à la même époque, y entretient la fertilité. Les plaines qu'il arrose dans la partie supérieure du son cours sont très-abondantes en riz et en denrées de toute nature. Le pays que ce fleuve traverse dans le Nang-Keng en se rapprochant de la mer est coupé d'îles et couvert de forêts avec des clairières, et plus bas encore, de forêts impénétrables qui se prolongent sur toute l'étendue de la côte, au sud-ouest jusqu'à la pointe du Camboge. Toute cette région inférieure est fréquemment inondée et déserte. Le sandal, le bois d'aigle, le teck, le calambac, le bois de fer, le *cambogia guttifera* qui donne la couleur jaune connue en français sous le nom de *gomme-gutte*, et en anglais sous le nom même du pays, *cambogia*, des plantes aromatiques et médicinales, sont les productions végétales. Le bétail est commun. Les îles des bouches du May-Kang sont peuplées d'éléphants, de rhinocéros, de tigres et d'une infinité d'autres animaux; d'immenses troupeaux de buffles remplissent les bois que l'on rencontre plus haut. Le sein de la terre, dans le pays supérieur, renferme des pierres fines, de l'or très-pur et de l'étain. Les exportations consistent en noix de bétel, bois précieux, nacre de perle, soie et toiles grossières. — Plusieurs nations maritimes de l'Europe ont eu des comptoirs au Camboge: toutes ont été forcées de les abandonner, de sorte que ce pays est un de ceux sur lesquels on a le moins de notions précises et récentes. On n'estime sa population qu'à 1,000,000 d'habitants. Les Cambogiens sont de couleur cuivrée, et ressemblent aux Cochinchinois; ils sont généralement d'une taille avantageuse et bien faits; les hommes et les femmes portent des vêtements longs. Ils parlent un dialecte de la langue an-hamitique. La religion dominante est le bouddhisme. Dans les montagnes de l'est habitent des sauvages nommés Moï, Romoï ou Kemoï. Le Camboge était autrefois indépendant et avait ses souverains particuliers. Au milieu du XVIIIe siècle, le roi, après une guerre malheureuse avec Siam, à laquelle les An-Namitains prirent part, fut forcé de les reconnaître tributaire de ces derniers, qui s'emparèrent bientôt de ses États, et les firent administrer par des mandarins. — Le Camboge est appelé Kao-Mieu par les Tonkinois; il a aussi porté le nom de Tchanlap, ce qui est la même chose que le Tchin-La des Chinois. Il est divisé en Camboge septentrional, ou Pékheng, et Camboge méridional ou Nan-Kheng, et Cancao ou Pont-lama, au sud-ouest. — La description du Camboge, traduite du chinois par M. Abel Rémusat, donne sur ces peuples quelques détails qui, par leur étendue, ne peuvent trouver place ici. Beaucoup de Chinois, de Javanais, de Malais se sont établis dans cette contrée, où il se trouve aussi des descendants de Portugais.

ED. GIROD.

CAMBOGÉE, s. m. (*botan.*), espèce d'arbre des Indes, qui produit la gomme-gutte. Quelques-uns lui donnent le nom de *cambogie*. — Genre de plantes de la famille des guttifères.

CAMBOLAS (G. DE), président du parlement de Toulouse. On a de lui : *Décisions notables du parlement de Toulouse*, recueillies par de Cambolas, 1671 et 1681. Ce recueil était très-estimé dans l'ancien barreau.

CAMBOLECTRI (*géogr. anc.*). On connaissait dans l'antiquité deux peuples gaulois de ce nom : le premier, désigné par l'épithète d'*Atlantici*, habitait les environs de Gap; l'autre faisait partie de l'Aquitaine. M. Walckenaer place son territoire à Cambo, arrondissement de Bayonne.

CAMBOLOMAR, roi des Tectosages qui passèrent en Asie et se retranchèrent sur le mont Mugaba, quand le consul Cn. Manlius marcha contre eux.

CAMBON (F.-T.), né à Toulouse en 1716, embrassa l'état ecclésiastique, et fut élevé en 1768 à l'évêché de Mirepoix, où il se fit remarquer par la pratique de toutes les vertus chrétiennes. Malheureusement M. de Cambon ne se renferma pas toujours dans le cercle de ses fonctions pastorales, et voulut se mêler aux débats politiques de la révolution. Il écrivit contre les décrets de l'assemblée constituante, et fut dénoncé, à cette occasion, par les administrateurs du département de la Haute-Garonne, le 20 novembre 1790. Il mourut quatre ans après à Toulouse.

CAMBON (JEAN-LOUIS-AUGUSTE-EMMANUEL DE), premier président du parlement de Toulouse, naquit dans cette ville en 1757, et y mourut en 1807. Il remplissait les fonctions d'avocat général près de ce parlement, lorsqu'il y fit déclarer la validité des mariages protestants. Il acheta en 1779 une charge de président à mortier, et devint en 1786, procureur général. Membre de la première assemblée des notables en 1787, il fut nommé premier président du parlement de Toulouse, et appelé peu après, en 1788, à la seconde chambre des notables. Il émigra ensuite, et ne rentra en France que sous le gouvernement consulaire.

CAMBON (JOSEPH), avocat, né à Montpellier en 1754, député du département de l'Hérault à l'assemblée législative, puis à la convention, vota la mort du roi sans appel ni sursis, organisa le système de confiscation contre les émigrés, en dirigea l'exécution, et fut en quelque sorte le ministre des finances de la convention. C'est à lui qu'on dut la formation du grand-livre de la dette publique. Il perdit toute son influence après le 9 thermidor. Impliqué dans la conspiration de prairial an III (1795), il fut mis hors la loi. L'amnistie du 4 brumaire lui permit de se montrer; il se retira dans ses foyers. Pendant toute la durée du gouvernement impérial, il vécut au sein de sa famille, dans un domaine qu'il avait acquis près de Montpellier. En 1815, nommé membre de la chambre des représentants, il fut, au second retour du roi, forcé de sortir de France, et mourut en 1820 à Saint-Just, près de Bruxelles.

CAMBONUM (*géogr. anc.*), ville de la Narbonnaise deuxième, à l'est, entre Dea et Vapincum.

CAMBORITUM (*géogr. anc.*), ville septentrinale de la Flavie Césarienne, vers le centre, chez les Iceni, dans l'île de Bretagne. C'est aujourd'hui Cambridge.

CAMBOTO, s. m. (*hist. nat.*), poisson des îles Moluques. Il a le corps médiocrement long, extrêmement comprimé ou aplati par les côtés; la tête, les yeux et la bouche grandes, les dents nombreuses et très-fines, les écailles médiocrement grandes sur le corps et les joues. Les nageoires sont au nombre de sept, savoir, deux ventrales, petites, au-dessous des deux pectorales, qui sont petites, triangulaires; une dorsale longue, comme fendue en deux, à rayons plus près devant que derrière; une derrière l'anus, un peu plus profonde que longue, et une à la queue, fourchue jusqu'au milieu de sa longueur. De ces nageoires, deux sont épineuses, savoir, la dorsale, qui a les neuf premiers rayons en épines, et celle de l'anus. Son corps est rouge de chair, tacheté de cendré bleu sur les côtés et sous le ventre; cendré bleu sur le dos, avec une grande tache noire elliptique de chaque côté. Sa tête est bleu cendré, la prunelle de ses yeux est noire, avec un iris rouge. Ses nageoires sont brun clair ou cannelle, excepté les pectorales et les ventrales qui sont vert jaunâtre. Le camboto est commun dans la mer d'Amboine. Les habitants le mangent cuit avec le jus de quelque acide, comme le citron. — *Deuxième espèce.* ALPHOREESE. Son nom hollandais est *byter*, qui veut dire le *mordant*, ou le poisson mordant. Il ne diffère du camboto que par ce qui suit : 1° il a jusqu'à six ou sept pieds de longueur; 2° ses yeux sont petits et ses dents grandes; 3° sa nageoire dorsale n'a que sept rayons épineux ; 4° celle de la queue est échancrée seulement jusqu'au tiers ou au quart de sa longueur; 5° il a le corps jaune à son milieu, marqué de quatre grandes taches rouges, dont deux du milieu sont encadrées comme deux selles bordées de bleu. Sa tête est bleue ; ses nageoires sont vertes, excepté la dorsale, dont la partie antérieure, qui est épineuse, est jaune, avec quatre points bleus. Le poisson se pêche comme le précédent dans la mer d'Amboine, et se mange de même. L'alphoreese a quelques rapports avec le poisson qu'on appelle *capitaine* au Sénégal, et il forme avec le camboto un genre particulier de poisson dans la famille des scates.

CAMBOUIS (*technol.*). C'est une substance grasse qui se forme autour des essieux des roues de voiture, et aux axes des machines, où elle se charge de particules métalliques très-nombreuses. En médecine, on l'employait autrefois pour en faire des emplâtres toniques : aujourd'hui il sert de lut pour fermer des fissures et empêcher les fuites d'eau. Le cambouis adhère fortement aux vêtements, sur lesquels il fait des taches très-persistantes, cependant il ne résiste pas à l'action détersive de l'essence de térébenthine.

CAMBOULAS, s. m. (*comm.*), étoffe de fil et de laine que l'on fabrique en Provence.

CAMBOULI, s. m. (*botan.*), espèce de mûrier qui croît à Pondichéry.

CAMBRA, fille de Belin, un des anciens rois bretons, vivait dans le ve ou vie siècle, et fut célèbre, suivant les chroniques, par son instruction et par sa beauté. Jean Pits (*V.* ce nom) dit qu'elle trouva une nouvelle manière de construire et de fortifier les citadelles.

CAMBRAI ou **CAMBRAY** (*géogr., hist.*), en latin *Camaracum Nerviorum, Cameracum, urbs Cameracensis*, chef-lieu d'arrondissement dans le département du Nord, à 40 lieues de Paris, sur l'un des bras de l'Escaut qui la traverse; mais le fleuve y forme encore ici un faible cours d'eau que sans le canal de Saint-Quentin les fabriques de linon et de batiste y perdraient bientôt leur importance. La fondation de cette ville est antérieure à la monarchie française, car il en est souvent parlé dans l'histoire des Mérovingiens. On a débité sur son origine une foule de fables recueillies par Jean Lecarpentier, dont l'ouvrage offre à côté de beaucoup d'inutilités et de faussetés, particulièrement sur les généalogies de Flandre, une assez bonne histoire de Cambrai et du Cambrésis. Julien de Ligne prétend que cette ville fut bâtie par un ancien duc des Cimbres ou des Danois, nommé *Cambro*, bien avant qu'il existât des ducs et des comtes. Un autre philologue veut que Cambrai soit ainsi nommé du nombre de chambres souterraines que ses habitants y avaient pratiquées pour mettre en sûreté leur avoir, lors des invasions de l'ennemi. De là d'immenses souterrains, arrosés de fontaines, qui se trouvent sous les maisons dans plusieurs quartiers. D'autres enfin, *fameux historiens*, selon Lecarpentier, rapportent que *Servius Hostilius*, roi des Romains, fonda Cambrai un peu après Marseille, et y bâtit un château nommé de son nom *Serbe*, que le vulgaire appelle par corruption *Selles;* seulement il faut remarquer qu'il n'y a jamais existé de roi *Servius Hostilius*, et que Marseille fut fondée par les Phocéens sous le règne de *Tullus Hostilius*. Le même auteur ajoute encore que, « *Jules César et Servius* rendirent Cambrai semblable aux premières villes d'Italie en droits et privilèges, et les proconsuls qui y firent leur résidence pour le gouvernement de cet estat l'embellirent de plusieurs ornements, comme d'un Capitole voisin du chasteau de *Selles.*» Puis il continue ainsi : «Aucuns fabulistes passèrent en Allemagne, en Sicile, en Angleterre, voire jusqu'aux Indes, pour y trouver son fondateur et son parrain.» Le vieil historien Jacques de Guise, récemment réimprimé et traduit sous la direction d'un savant académicien, M. le marquis de Fortia, renferme les mêmes absurdités sur l'origine de Cambrai. D'après ce qui précède, on voit que si cette ville avait atteint la grandeur et la célébrité de Rome, les Tites Lives ne lui auraient pas manqué pour orner et illustrer son berceau. Mais, négligeant toutes ces fables, on trouve l'histoire de Cambrai fort digne d'attention. *Cameracum* est nommé pour la

première fois et sans désignation dans l'*Itinéraire d'Antonin*, comme se trouvant sur la route d'Arras à Bavai, ville réduite aux proportions d'un village, et qui, au dire des Flamands, était la Rome de la Belgique. On ne saurait décider si Cambrai existait déjà lors de la conquête des Romains, César n'en ayant pas parlé. Cette ville n'acquit d'importance qu'après la chute de Bavai. Il ne paraît pas cependant que les Romains y aient érigé aucun monument considérable, ni même qu'ils y aient transféré leurs principaux établissements, puisque après la destruction de Bavai, en 395, par les Huns d'Attila, le préfet militaire et la garnison municipale résidaient à *Famars (fanum Martis)*, qui n'est qu'un village situé près de Valenciennes. L'intendant des manufactures pour le fisc impérial résidait à Tournai. Cependant Cambrai était devenu une ville importante lors de l'irruption des Francs. Selon Adon, Clodion la conquit en 445 et en fit sa capitale. Vers l'an 511, Regnacaire, issu de Clodion, régnait à Cambrai et périt victime de l'ambition de Clovis. Cambrai, sous les successeurs de Clovis, fit partie du royaume d'Austrasie. Sous les Carlovingiens, lors du partage des Etats de Louis le Débonnaire fait entre ses fils, le royaume d'Austrasie étant échu à Lothaire, il eut Cambrai et tout ce qui est à l'orient de l'Escaut. Plus tard cette ville passa sous la domination d'Arnoul, roi de Germanie, l'an 899; puis revint à la France sous Charles le Simple, de 925 à 936; enfin rentra dans les domaines du roi de Germanie, Henri Ier. En 1007, l'empereur Henri II dit *le Saint* donna Cambrai à perpétuité et en souveraineté à ses évêques. L'empereur Maximilien Ier accorda à Jacques de Croy, évêque de Cambrai, le titre de duc de Cambrai et de prince du saint-empire, que ses successeurs avaient conservé jusqu'en 1789. Cambrai demeura sous la puissance de ses évêques jusqu'en 1543, que l'empereur Charles-Quint réunit à son domaine cette ville et le Cambrésis. Cambrai compte soixante-douze évêques tant élus que confirmés depuis l'an 500 jusqu'en 1570. Le diocèse de Cambrai comprenait la ville d'Arras dans sa circonscription ; mais vers l'an 1092 cette dernière ville obtint un évêque particulier. Les évêques de Cambrai les plus célèbres sont saint Waast, saint Géri, saint Aubert ; après eux nous citerons Robert de Genève, Pierre d'Ailly et Guillaume de Croy, qui furent cardinaux. Cambrai érigé en archevêché a eu seize archevêques, parmi lesquels on citera toujours Fénelon et le cardinal Dubois. Heureusement pour Cambrai, Fénelon demeura pendant de longues années dans ses murs ; et Dubois, favori si nécessaire au duc d'Orléans, régent, ne souilla jamais son diocèse de sa présence. Il est un autre archevêque de Cambrai moins connu, mais qui par ses vertus aurait mérité de vivre dans la mémoire des hommes; c'est Van der Burch, qui a laissé dans sa ville épiscopale, où il siégea depuis 1615 jusqu'en 1644, des établissements de bienfaisance monuments de son ardente charité, entre autres l'école dominicale et la maison de Sainte-Agnès destinée à l'éducation de quatre-vingts jeunes filles. Ces établissements subsistent encore aujourd'hui. Van der Burch a également contribué à l'établissement du mont-de-piété de Cambrai. Le chapitre de Cambrai était appelé jadis le *séminaire* des évêques. On compte par centaines les chanoines de cette cathédrale qui sont arrivés aux premières dignités de l'Eglise : il se trouve dans cette liste quatre papes, soixante-cinq cardinaux, deux cent huit archevêques ou évêques. Ce fut le 12 mai 1559 que l'évêché de Cambrai fut soustrait à la juridiction de la métropole de Reims, et érigé en archevêché par Paul IV sur les instances de Philippe II, roi d'Espagne, et alors souverain de Cambrai. Cette érection eut lieu nonobstant les observations de l'ambassadeur du roi de France et du cardinal de Lorraine, archevêque de Reims. Paul IV étant mort peu de temps après, sa bulle d'érection fut confirmée le 7 août 1561 par son successeur Pie IV. Charles-Maurice Letellier, archevêque de Reims, a souvent protesté contre cette érection faite au préjudice de son Eglise; d'abord lorsque la ville de Cambrai fut prise par Louis XIV en 1677, ce prélat, que son titre de frère du ministre Louvois rendait assez puissant, put sans qu'il n'y eût rien dans la capitulation qui autorisât cette érection. L'année suivante il signifia une protestation particulière à l'archevêque de Cambrai, Jacques-Théodore de Brias ; en troisième lieu, on trouve une nouvelle protestation faite par la province de Reims, assemblée à Senlis ; elle est du 20 juillet 1681 et fut signifiée à l'assemblée générale du clergé de France. Enfin le 12 février 1695, il donna procuration à un ecclésiastique pour qu'il s'opposât à ce que l'église de Cambrai, vacante par la mort de M. de Brias, fût pourvue d'un pasteur sous le titre d'archevêque métropolitain. Nonobstant toutes ces oppositions, Fénelon n'en fut pas moins, à la nomination du roi, pourvu de l'archevêché de Cambrai. En 1696, pour dédommager l'Eglise de Reims, on lui donna pour indemnité la mense abbatiale de Saint-Thierri. Depuis ce temps l'archevêque de Reims renonça à ses protestations. Le roi nommait à cet archevêché en vertu d'un concordat fait avec le chapitre de l'Eglise de Cambrai en 1682, par lequel le chapitre céda au roi le droit qu'il avait d'élire son archevêque, et le roi renonça en faveur du chapitre à son droit de régale. L'archevêque avait le domaine utile de Cambrai. L'Eglise de Cambrai était la plus riche des Pays-Bas ; elle jouissait au moins de 150,000 liv. de revenu. Ses suffragants étaient Arras, Saint-Omer, Tournai et Namur. L'archevêque de Cambrai, ni ses suffragants, même ceux d'Arras et de Saint-Omer, n'étaient point des assemblées ordinaires du clergé de France. Le diocèse de Cambrai s'étendait sur tout le Cambrésis, dans une partie du Brabant, dans presque tout le Hainaut, et dans une partie du Tournaisis et de la châtellenie de Lille; ainsi il renfermait plusieurs cantons des Pays-Bas autrichiens. Il était composé de six cent douze paroisses et d'environ quatre-vingts succursales, qui se partageaient sous les archidiaconés de Cambrai, de Valenciennes, du Hainaut et de Brabant. Depuis le concordat de 1802, Cambrai n'était plus qu'un simple évêché, occupé dès l'origine par M. Belmas, qui pendant la révolution avait été coadjuteur de l'évêque constitutionnel de l'Aude. La restauration, lors du nouveau concordat de 1817, ne rendit pas à Cambrai sa métropole; le saint-siège n'avait point pardonné à M. Belmas, qui sut du moins conquérir l'estime de son diocèse par son administration vigilante et par la régularité de sa conduite. En 1830 il refusa un archevêché. Depuis la mort de ce prélat, décédé en 1841, l'Eglise de Cambrai a été de nouveau érigée en archevêché. Le titulaire actuel est M. Giraud, qui a pour suffragant l'évêque d'Arras. Mais si, comme ville épiscopale, Cambrai est riche en souvenirs précieux, c'est surtout comme ville municipale, comme cité de franchise et de liberté, qu'il mérite de fixer l'attention. On peut lire dans les chroniqueurs du Hainaut les persévérants efforts que firent les Cambrésiens pour se soustraire à la *seigneurie temporelle* de leurs évêques. Ce fut en l'an 957 que se forma, en l'absence de Bérangère, leur évêque, une première association des bourgeois de Cambrai, qui se jurèrent les uns aux autres de ne pas le laisser rentrer dans la ville. L'évêque, parent de l'empereur Othon Ier, y rentra à la tête d'une armée d'Allemands. A leur approche, tout reprit l'ordre accoutumé, et l'association parut dissoute d'elle-même. Mais Bérangère, après avoir dissimulé son ressentiment, fit revenir à quelque temps de là des troupes qui surprirent les bourgeois à l'improviste dans les rues et sur les places. Ceux-ci se sauvèrent dans le monastère de Saint-Géry : « Mais, dit un historien cambrésien, le chanoine Dupont, les gens de l'évêque, sans respect pour ce saint lieu, y entront armés, tuent ceux-ci, coupent les mains et les pieds à ceux-là, crèvent les yeux et marquent le front d'un fer rouge à d'autres. » Cette affreuse exécution laissa de profonds ressentiments dans le cœur des bourgeois de Cambrai, et prépara des jours pleins d'amertume aux successeurs immédiats de Bérangère. Mais l'association ne se réveilla qu'en 1024, sous l'évêque Gérard de Florines, prélat érudit et modéré. Tandis qu'il tenait un synode à Arras, les bourgeois, maîtres de Cambrai, chassèrent les chanoines et les prêtres, démolirent leurs maisons, et emprisonnèrent ceux dont ils avaient le plus à se plaindre. Une armée impériale ayant rétabli l'autorité ecclésiastique, la révolution parut assoupie jusqu'en 1064, que les bourgeois en armes firent prisonnier le *bienheureux* Liébert, successeur de Gérard : trois armées envoyées par l'empereur, le comte de Flandre et la comtesse de Hainaut, comprimèrent encore cette tentative de liberté. L'an 1076, sous Gérard, neveu et successeur de Liébert, les bourgeois, profitant de son absence, établirent et formèrent entre eux *une commune*, qu'ils désiraient depuis longtemps, *episcopo absente*, dit Baldéric, *diu desideratam conjurarunt communiam*. L'évêque rentra, feignit d'avoir tout oublié, et peu de temps après une exécution militaire força les bourgeois à renoncer à la commune. A la faveur du schisme qui s'éleva vers l'an 1095 entre Manassès et Gaucher, tous deux prétendants à l'évêché de Cambrai, la commune se reconstitua, mais elle fut encore détruite l'an 1107 par l'intervention de l'empereur Henri V en personne. Dès l'an 1123, les bourgeois reprirent tout leur ascendant, et la commune fut rétablie pour être encore abolie à deux reprises différentes, en 1158 et 1180, sans que les Cambrésiens aient jamais renoncé à la reconstituer, dès qu'ils l'ont pu. L'antique commune de Cambrai était gouvernée par un corps de magistrats, composé de quatre-vingts membres, appelés *jurés*, qui se partageaient l'administration civile et les fonctions judiciaires. Les droits qu'elle avait conquis consistaient en ce que ni l'évêque ni l'empereur ne pouvaient asseoir aucune taxe ni faire sortir la milice, si ce n'est pour la défense de la ville, et seulement pendant un jour. « Elle soutint

jusqu'au milieu du XIVe siècle, dit M. Thierry, une guerre à outrance contre ses évêques et contre leur clergé, qu'elle contraignit plusieurs fois de sortir en masse de la ville. Voilà quelles furent pendant quatre cents ans les relations des habitants de Cambrai avec les prédécesseurs de Fénelon. Tout cela ne rappelle guère le consolant spectacle que présente l'administration de ce vertueux archevêque : mais que nous sommes loin de compte si nous croyons que le moyen âge ressemble à l'ancien régime, et qu'en France les passions populaires sont filles de la révolution ! » En devenant ville française par la conquête qu'en fit Louis XIV en 1677, Cambrai ne perdit pas ses libertés communales. Le *magistrat* (son corps municipal), composé d'un prévôt, de deux conseillers et de quatorze échevins, conserva des attributions administratives et judiciaires assez étendues. Cambrai avait aussi une officialité, un bailliage ressortissant au parlement de Douai. Le lieutenant général gouverneur de la province y résidait. Cette ville, si importante sous le rapport militaire, était le chef-lieu d'un département d'artillerie. La citadelle formait un gouvernement confié à un maréchal de camp. Le roi n'avait qu'un fief à Cambrai pour tout domaine. — Il faudrait des volumes pour énumérer tous les événements militaires dont Cambrai a été le théâtre, depuis le IVe siècle de notre ère jusqu'à l'occupation par les Anglais en 1815. Peu de villes ont été plus souvent frappées des maux de la guerre. Que de sièges Cambrai n'a-t-il pas soutenus ! Au milieu du IVe siècle, on le voit d'abord pris par les Suèves et les Alains ; puis saccagé l'an 370 par le tyran Maxime, qui en fut bientôt chassé par eux ; les Goths s'en rendirent maîtres en 424, six ans avant le règne présumé de Pharamond ; enfin les Romains le reconquirent une seconde fois jusqu'à ce que Clodion le leur enleva après une suite de combats meurtriers, l'an 445. Après lui Childéric Ier chasse, dit-on, de Cambrai, Regnacaire, qui parvint à y rentrer et finit, l'an 509, par périr victime de Clovis. Sous les Mérovingiens, Cambrai est conquis, l'an 680, sur les Austrasiens, par le maire du palais Ebroin ; et après la mort de celui-ci, repris par Pépin d'Héristal. A la suite de la journée de Vinci, l'an 717, Charles Martel s'empare de cette cité, prix éternel de victoires qui l'intéressaient peu. Au temps des Carlovingiens, on voit l'empereur Lothaire, après la mort de son père, Louis le Débonnaire, l'an 840, occuper militairement cette ville pour s'en faire un point d'appui contre ses frères. Sous Louis III, elle est deux fois prise par les Normands, qui saccagent en 880, et se contentent de la rançonner en 882. Plus tard, l'an 960, le fameux Herbert, comte de Vermandois, l'enlève à Raoul, comte de Cambrai. L'an 960, les Huns ou Hongrois, appelés par Conrad, duc de Lorraine, viennent assiéger cette cité, pour les habitants de laquelle aucune génération ne passe sans éprouver les fléaux de la guerre. Cette fois, la valeur et la constance des Cambrésiens triomphent de la fureur des barbares : les Hongrois sont repoussés. Parlerai-je encore de la prise de Cambrai par Charles de Lorraine, l'an 980, puis successivement par deux comtes de Flandre, Baudoin et Robert ? Combien de fois en outre Cambrai ne fut-il pas assiégé par les seigneurs hennuyers, flamands, picards, alliés ou ennemis de ses évêques? Au temps des guerres entre Philippe de Valois et le roi d'Angleterre Edouard III, Cambrai, qui avait été dévolu au roi de France par un traité récent, fut inutilement assiégé, l'an 1339, par l'Anglais qui, si les historiens flamands n'exagèrent point, avait une armée de 80,000 hommes. En récompense de cette courageuse défense, à laquelle avait présidé son fils, depuis roi sous le nom de Jean II, Philippe de Valois accorda à cette ville des plus beaux privilèges. A la mort de Charles le Téméraire, Louis XI occupa militairement Cambrai l'an 1477, et demanda aux habitants 40,000 écus d'or, et des otages, dont la plupart moururent en prison. Le seigneur du Lude, que le roi laissa pour gouverneur à Cambrai, y exerça, au nom de son maître, des cruautés tout à fait semblables à celles que le duc d'Albe commit plus tard dans les Pays-Bas. Il est vrai que trois ans après, Louis XI, ayant peur de la mort, fit deux pèlerinages à Notre-Dame de Cambrai, et selon Lecarpentier, « offrit en expiation des crimes à l'église de Nostre-Dame, une couronne de la valeur de douze cents écus d'or, reconnut au pied du grand autel que la ville était vrayement impériale, et renonça solennellement à toutes les prétentions qu'il pouvait y avoir. » Ce n'était pas la dernière fois que les Cambrésiens devaient entendre parler de Louis XI. Après la journée de Guinegate, où son armée fut défaite par l'archidnc Maximilien, époux de Marie de Bourgogne, et depuis empereur, il envoya, pour je ne sais quelles représailles, son grand prévôt, escorté de huit cents lances, pendre dix prisonniers bourguignons devant les portes de Cambrai ; et cette exécution, tout à fait digne de la barbarie du temps, ne se passa point sans de grands dégâts sous les murs de la ville. En 1553, le roi de France, Henri II, l'assiégea inutilement, grâce à la citadelle que Charles-Quint y avait bâtie treize ans auparavant. Lors du soulèvement des Pays-Bas, Cambrai s'étant donné au duc d'Anjou, frère de Henri III, en 1581, cette place demeura à la France jusqu'en 1595; alors, après un siége assez long, le comte de Fuentès l'enleva au gouverneur Balagny, qui avait reçu d'Henri IV le titre de prince de Cambrai. Enfin cette place fut vainement assiégée en 1649 par le comte d'Harcourt, et en 1657 par Turenne. Ces fréquents et rapides changements ont fait dire à l'historien Lecarpentier, qui écrivait en 1664 : « Que Cambrai ne savait et ne sait encore à qui se donner, ou à l'empire, ou à la France, ou à l'Espagne, ou bien à l'évesque. » — Cette ville a été souvent le théâtre de solennités publiques et de transactions politiques remarquables. Sous Charlemagne, Louis le Débonnaire et Charles le Chauve, plusieurs assemblées générales et synodes y furent tenus, entre autres celui dans lequel Louis le Débonnaire donna de sages, mais inutiles règlements, pour réformer, dit un vieil historien, « le luxe et l'arrogance des évesques, des moines et des chanoines, qui estoit si prodigieuse, qu'ils portoient des diamants jusques sur leurs souliers, et fesoient briller sur leurs espaules la pourpre et la soie, despouilles du temps et du patrimoine des pauvres. » — Si cette ville ou un village des environs a donné naissance à Frédégonde, c'est par Cambrai qu'Isabeau de Bavière, son émule en vices sans l'être en talents, fit son entrée en France pour venir épouser le roi Charles VI. — Le même prince, après la bataille de Rosebecque, fit son entrée triomphale à Cambrai; il enrichit l'église cathédrale en reconnaissance de sa victoire, et y laissa une partie des étendards qu'il avait conquis sur l'ennemi. L'an 1584, pour le mariage de Jean de Nevers, depuis duc de Bourgogne, avec l'héritière de Hainaut, Cambrai fut encore témoin d'une solennité remarquable, dont les récits contemporains existent encore. — L'an 1508, se place la fameuse *ligue de Cambrai*, conclue dans ses murs entre le pape Jules II, l'empereur Maximilien et notre roi Louis XII, contre les Vénitiens (V. ci-après). En 1529, traité signé en cette ville par Louise de Savoie, duchesse d'Angoulême, mère de François Ier, et Marguerite, gouvernante des Pays-Bas, tante de Charles-Quint. De là ce traité de Cambrai est aussi appelé *Paix des Dames* (V. ci-après). Jamais on ne vit si magnifique réunion des grands de l'Église et du monde qu'à cette occasion. Il y avait, outre les deux princesses, huit cardinaux, dix archevêques, trente-trois évêques, quatre princes, soixante-douze comtes, et quatre cents seigneurs; enfin, après le traité, François Ier vint encore ajouter à tout cet éclat avec sa brillante cour. L'an 1543, Charles-Quint, de nouveau en guerre avec ce monarque, se dédommagea d'un échec reçu devant Landrecies, en se saisissant de Cambrai, où il bâtit une citadelle. « Cette ville, dit Lecarpentier, l'ayant reçu à son retour comme cité impériale, il persuada faussement aux trop faibles Cambrésiens, par le moyen de leur évesque, de la maison de Croüy (qui les traitoit comme la torpille fait les poissons, les gelant, les roidissant et les endormant par son haleine pour les manger), que le roy de France s'en vouloit saisir pour l'attribuer à sa couronne, partant qu'il estoit nécessaire d'y bastir une citadelle pour leur seureté, dont ils auroient la garde eux-mêmes. » A quoi ces pauvres bourgeois ayant prêté leur consentement, cette citadelle fut bâtie sur le *Mont-des-Bœufs*, aux dépens de huit cents maisons qui occupaient cet emplacement, et avec les ruines et matériaux de plusieurs châteaux environnants, voire même de la magnifique église des chanoines de Saint-Géry. Cette importante citadelle fut encore perfectionnée en 1595, par le comte de Fuentès, qui bâtit le fort de Cantimpré, et agrandit l'esplanade; enfin, Louis XIV y fit mettre la dernière main par Vauban. Depuis la révolution, les fortifications de Cambrai ont été négligées. Elles étaient en fort mauvais état au moment où les ennemis envahirent la France en 1793, 1814 et 1815. Elles ont été mises depuis quelques années dans l'état le plus satisfaisant de réparation. Ce fut par Cambrai que Louis XVIII fit sa seconde entrée le 26 juin 1815. Ce fut de Cambrai qu'il data une proclamation fameuse; enfin, à Cambrai, en vertu du traité conclu entre ce monarque et la coalition européenne, fut fixé le quartier général de l'armée anglaise d'occupation. Après la bataille de Waterloo, le général anglais sir Georges Colville parut sous les murs de Cambrai, et somma la ville de se rendre; quelques projectiles qu'il lança, en allumant quelques incendies, déterminèrent en même temps un mouvement royaliste : car Louis XVIII avait beaucoup de partisans à Cambrai. La citadelle ne répondit pas au feu de l'ennemi. Le lendemain, grâce à l'intervention des autorités

municipales et des officiers anglais, le général Colville fut reçu dans la ville. Le sous-préfet, M. Zoé Ducros, homme dévoué à l'empereur Napoléon, fut sur le point d'être assassiné sur la place. Arrêté par ordre du général Bourmont, il fut conduit à la citadelle, parvint à s'échapper, et alla chercher un refuge en Angleterre. — Il s'est tenu à Cambrai deux conciles dans le XIVe siècle, l'un en 1505, et l'autre en 1383. — Les lettres et l'histoire surtout ont toujours été cultivées à Cambrai : *Baudri* ou *Baldéric*, *Jean Buzelin*, sont des chroniqueurs très-utiles à consulter. Cette ville a eu deux historiens, Jean Lecarpentier, dont j'ai parlé plus haut, et dont l'histoire est bien supérieure à celle qu'un autre Cambrésien, le chanoine Dupont, a publiée en sept parties (1759-1767). — Cambrai, outre l'archevêché nouvellement rétabli et sa sous-préfecture, possède un tribunal de commerce, un conseil de prud'hommes, et se divise en deux cantons ou justices de paix. Cette ville a deux hôpitaux, l'un civil, l'autre militaire, une maison de charité, un mont-de-piété, un collége communal, une bibliothèque composée d'environ 50,000 volumes, et qui renferme de précieux manuscrits, dont M. le docteur Leglay, ancien bibliothécaire de la ville de Cambrai, et aujourd'hui archiviste du département du Nord, a publié un curieux catalogue. Elle a une société d'émulation fondée en 1804, et dont les mémoires s'enrichissent chaque jour de recherches précieuses sur les antiquités du pays, et d'utiles dissertations agronomiques. — L'hôtel de ville, situé sur une grande place, n'offre aucun caractère monumental. Le pavillon de la grande horloge, qui paraît sous la garde de trois ou quatre statues moresques, annonce que la domination espagnole a passé par là. Cambrai renfermait avant la révolution de 89 une infinité d'églises riches en monuments curieux, entre autres sa cathédrale. Le marteau du vandalisme a tout détruit : il n'a pas même respecté le mausolée de Fénelon. Ainsi cette ville que tant de rois, de princes et d'évêques s'étaient plu à embellir, n'offre plus, à l'exception de quelques maisons gothiques, aucune des constructions du moyen âge. Quelques parties du palais occupé par Fénelon, sur la place Verte, existent encore; on y remarque des sculptures d'assez mauvais goût. Depuis plusieurs années l'administration municipale a fait de grands efforts et de grandes dépenses pour assainir la ville : un nouveau monument a été érigé à Fénelon; on a construit une salle de spectacle; on a restauré l'hôpital civil et la bibliothèque. Ces travaux ont été faits par un jeune architecte né à Valenciennes, M. de Baralle. — Cambrai renfermait, en 1803, une population de 15,010 individus; en 1816, de 15,608; en 1827, de 17,031; en 1833, de 17,646, ce qui prouve une prospérité toujours croissante. — Située sur un terrain marécageux, cette ville est exposée aux brouillards fréquents : aussi les affections de poitrine y sont-elles communes. Il y a quarante ans encore, la petite vérole s'y présentait chaque année comme une épidémie. Un français vicié par une prononciation traînante est le langage du peuple à Cambrai. Les personnes de la classe aisée ont un accent qui, chez les femmes surtout, n'a rien de désagréable. Les habitants de Cambrai n'ont pas encore à l'extérieur ce type flamand qui caractérise la population des environs de Lille et de Valenciennes; mais il n'en est pas ainsi du caractère moral : les Cambrésiens possèdent les qualités qui distinguent la race flamande : le sang-froid, la bonhomie, l'esprit d'ordre et d'économie. — Dieudonné, qui a publié une statistique du département du Nord dont il avait été préfet, remarquait en 1803 qu'à Cambrai la fréquentation du cabaret était moins générale qu'à Lille et dans d'autres villes du département. Les mœurs sont très-pures à Cambrai; les sentiments religieux y sont fort répandus, mais sans fanatisme. Les Cambrésiens sont également étrangers à toute exagération politique : aussi toutes les opinions y vivent assez paisiblement ensemble; et les hommes de tous les partis se sont toujours entendus pour détester et déplorer les horreurs que Lebon d'Arras a commises en 95, durant son proconsulat dans cette ville. Cambrai, qui a vu naître Dumouriez, peut citer parmi les illustrations militaires, législatives et municipales de notre première révolution, Farez, jurisconsulte et publiciste, et Douay, qui se fit aimer et respecter comme maire dans les circonstances les plus difficiles. — Qui ne connaît les toiles fines et les batistes dites *toilettes de Cambrai*, faites avec le lin qu'on récolte dans le pays? Cette ville prétend à l'honneur d'avoir la première fabriqué la batiste : Valenciennes élève la même prétention. Ce procès, qui dure depuis tant de siècles, paraît interminable, et prouve au moins combien est vénérable d'antiquité l'industrie de ces deux cités. — Les linons, les gazes, les fils retors, la bonneterie, les petites draperies, telles que calmandes, turquoises, la tapisserie, la brasserie, la blanchisserie; occupent à

Cambrai un grand nombre de bras. — Industrie nouvelle, la fabrication du sucre de betterave y a pris une prodigieuse extension, grâce à la qualité supérieure de la matière première qu'on attribue à la nature du sol. La filature de coton y est également florissante : les Flamands, sans renoncer à leurs admirables toiles et dentelles nationales, ont enfin ressenti la nécessité de se rejeter sur les tissus d'outre-mer. — On fait à Cambrai un grand commerce de blé, huiles, plantes grasses, lin, beurre, bestiaux, laines, houblon, charbon de terre. Il y a un *franc marché* tous les 24 du mois sur la grande place, et deux foires, chacune de deux jours, en mai et en octobre. La *ducasse* (*V.* ce mot), ou fête communale de Cambrai, conserve le caractère à la fois religieux et chevaleresque de la vieille Flandre. La commune n'épargne rien pour relever par l'éclat et la vérité historique du costume, le cortège qui, à l'occasion de cette fête, parcourt la ville et qui attire à Cambrai les habitants des campagnes de 5 ou 6 lieues à la ronde (*V.* CAMBRÉSIS).

CH. DU ROZOIR.

CAMBRAI (MONNAIE DE). Les triens mérovingiens frappés à Cambrai, et retrouvés de nos jours, sont peu intéressants et fort rares; on n'en connaît que deux, dont les types sont fort ordinaires. *Les monnaies frappées dans cette ville sous la seconde race* sont plus nombreuses; on connaît des deniers frappés au nom de Louis le Débonnaire, de Lothaire, avec le type du temple, de Charles, et enfin de Zuendebold, avec deux croix dans le champ, l'une au droit, l'autre au revers. Dès l'année 862, Charles le Chauve avait accordé à l'évêque de Cambrai Hilduin le droit de battre monnaie. Ce prélat fit en effet frapper des espèces marquées à son nom, et à celui du patron de la ville, saint Gaucher (KAMARACVSCIV, le monogramme de Charles, SCIGAVCHERIL MON). Ce privilège fut renouvelé par Othon Ier, Othon III et Conrad III. Mais nous ne connaissons aucune monnaie cambrésienne de cette période; il faut, pour en retrouver, descendre jusqu'au XIIIe siècle. Alors la monnaie de Cambrai prend, comme celle de tous les prélats et barons de France, une très-grande importance. Pendant les XIe et XIIe siècles, cette monnaie suivit le système flamand, où toutes les pièces étaient alors anonymes. On peut donc espérer que ces monnaies seront un jour reconnues. En attendant, M. Lelewel donne aux évêques de Cambrai des petites pièces flamandes qui portent d'un côté un évêque crossé, et de l'autre une croix tantôt cantonnée de quatre annelets, tantôt de deux petites couronnes de perles et de deux T. L'assertion de M. Lelewel est confirmée par ces lettres; car une remarque qui lui a échappé et qui nous paraît sans réplique, c'est que ces figures sont disposées de telle manière qu'il est impossible d'y méconnaître le monogramme dégénéré d'Othon Ier et d'Othon III, qui avaient concédé le privilége. Nicolas de Fontaines, qui fut évêque de Cambrai entre les années 1243 et 1273, est le premier qui semble avoir abandonné la fabrication des petites espèces : nous avons de lui des demigros sterling qui le représentent de face, mitré, avec la légende NICHOLAVS EPISCHOPVS, et au revers une croix à longues branches, coupant en quatre parties la première légende CAMIE-RA-CV. La deuxième légende porte AVE MARIA GRATIA PLENA. Les successeurs de ce prélat, Engurand, Guillaume et Pierre, l'imitèrent, ne frappèrent que des gros, des demigros, et des deniers calqués sur leur sterling. Les monnaies d'Angleterre étaient alors tellement en vogue dans le nord de la France, que les seigneurs de ces contrées se croyaient obligés de les imiter pour donner cours à leurs. Plus que personne, les évêques de Cambrai suivirent ce système; ils contrefirent toutes les espèces jouissant de quelque crédit, telles que les florins de Florence, les lyons de Flandre, etc., etc. Il serait trop long de décrire ici les innombrables espèces qu'ils fabriquèrent ainsi jusqu'à la réunion de Cambrai à la France. Mais la plus curieuse de toutes ces imitations est celle du franc à cheval de France. Cette monnaie représente un roi armé de pied en cap monté sur un cheval au galop, les rênes d'une main et l'épée de l'autre, avec la légende ROBERTVS DEI GRA. EPS. (*episcopus* ET COMES CAMERA [*censis*]. Au revers, le type ordinaire des francs à cheval. Cette imitation est de Robert de Genève, élu en 1368. Les évêques de Cambrai frappèrent encore monnaie à Lambres et à Cateau-Cambrésis (*V.* ces mots).

CAMBRAI (LIGUE DE). Au commencement du XVIe siècle, Venise était arrivée à l'apogée de sa grandeur. Elle affectait les allures de l'ancienne république romaine, et on ne l'accusait de rien moins que d'aspirer à la domination universelle. Aussi était-elle devenue un objet d'envie pour tous les monarques de l'Europe. En 1508, il se forma contre Venise une ligue générale qui fut signée à Cambrai. Les monarques ligués étaient le pape Jules II, le roi de France Louis XII, l'empereur d'Allemagne Maximilien Ier, le roi d'Espagne et de Naples, Ferdinand le Catholique. Il n'y eut pas jusqu'au petit roi de Hongrie, jusqu'au petit duc de Ferrare, qui ne voulussent concourir à la destruction de l'orgueilleuse république. Les prétentions des princes ligués étaient diverses. Le pape réclamait les villes de la Romagne dont les Vénitiens s'étaient emparés à la mort de César Borgia. Le roi de France revendiquait la partie du Milanais comprise entre l'Adda, le Pô et la mer Adriatique, qu'il avait lui-même cédée aux Vénitiens pour prix de leur alliance contre Louis le Maure. L'empereur d'Allemagne redemandait Padoue et quelques autres villes qui avaient fait partie autrefois de l'empire germanique. Ferdinand le Catholique voulait qu'on lui rendît les villes maritimes du royaume de Naples, dont les Vénitiens s'étaient rendus maîtres après la retraite de Charles VIII. Chose singulière! les Vénitiens auraient pu détourner l'orage, en s'accommodant avec le pape Jules II, qui n'appelait qu'avec répugnance les *barbares* en Italie; mais, aveuglés par une présomption étrange, ils ne firent rien pour l'éviter. Le roi de France, Louis XII, entra le premier en ligne, et défit les Vénitiens à la sanglante journée d'Aignadel (1509). Les boulets des batteries françaises volèrent jusque dans les lagunes, et Venise se crut perdue. Mais, dans cette situation désespérée, le sénat de Venise ne démentit pas sa haute réputation de sagesse et d'habileté. Il permit à ses sujets de terre ferme de traiter avec l'ennemi, promettant de les indemniser à la paix. Ainsi Venise abandonna ce qu'elle ne pouvait défendre, et se renferma dans ses lagunes, comme autrefois au temps d'Attila. En même temps, le sénat traita avec celui de ses ennemis qui lui avait témoigné le plus de haine; et qui, en réalité, en avait le moins : c'était le pape Jules II. Venise lui restitua les villes de la Romagne, et Jules II se sépara de ses confédérés. En même temps, Venise détachait de la ligue de ses ennemis le roi Ferdinand le Catholique, en lui cédant sans combat les ports qu'il réclamait. Elle lassa Maximilien par son héroïque opiniâtreté. L'empereur échoua, avec ses cent mille Allemands, devant Padoue; les paysans des environs de cette ville se laissaient pendre plutôt que de renier saint Marc, et de crier : *Vive l'empereur!* tant cette république avait su se faire aimer de ses sujets. Restait le roi de France, qui se vit bientôt réduit, non-seulement à combattre les Vénitiens, mais à combattre avec eux ses anciens alliés, devenus ses ennemis. Ainsi Venise résista à la confédération formidable qui s'était formée contre elle, et qui l'avait menacée d'une ruine complète.

CAMBRAI (PAIX DE), signée le 5 août 1529, par Louise de Savoie, mère de François Ier, et par Marguerite d'Autriche, gouvernante des Pays-Bas, tante de Charles-Quint, circonstance qui la fit appeler aussi *la Paix des Dames*. — Pour abréger le cours de sa longue captivité, François Ier avait promis, à l'époque du traité de Madrid, beaucoup plus qu'il ne voulait et ne pouvait tenir. A peine en liberté, il déclara qu'il était prêt à exécuter toutes les conditions du traité, *excepté une seule*, *la cession de la Bourgogne*, province qui ne pouvait être démembrée du royaume sans son propre consentement. Une assemblée des députés de la noblesse, du tiers état et du clergé de Bourgogne, ayant été convoquée par lui à cette occasion, la réponse fut unanime : les Bourguignons voulurent rester Français. Fort de ce suffrage, le roi fit proposer 2,000,000 d'écus d'or pour la rançon de ses fils à Charles-Quint, qui refusa, et lui enjoignit sur l'honneur de venir reprendre ses fers. François Ier, tout chevaleresque qu'il était, préféra tenter la voie des armes, et profiter de la réaction qui s'était opérée en Europe contre son rival. Des traités d'alliance furent conclus avec les Vénitiens et les petits princes de l'Italie; le pape Clément VII entra également dans la ligue, ce qui lui fit donner le nom de *ligue sainte;* enfin Henri VIII lui-même s'en déclara le protecteur. Malheureusement, soit négligence, soit qu'il fût hors d'état de faire autrement, François Ier ne prêta qu'une médiocre assistance aux Italiens; et le Milanais, ainsi que les États de l'Église, furent envahis par les mercenaires du connétable de Bourbon, qui s'habituait à son métier de traître. Le roi se décida alors à envoyer en Italie, sous les ordres de Lautrec, une armée qui s'avança jusque sous les murs de Naples. Mais bientôt la défection de Doria, célèbre amiral génois, qu'une brouille fit passer au service de Charles-Quint, et la mort de Lautrec, qui succomba aux atteintes de la peste, ayant changé en revers nos premiers succès, François Ier se montra désireux de la paix. Charles-Quint, inquiet du côté de l'Allemagne, et menacé par l'armée de Soliman, n'en avait pas moins besoin; et les deux princesses qui devaient leur servir d'intermédiaires se rendirent à Cambrai, accompagnées de huit cardinaux, dix archevêques, trente-trois évêques, quatre princes, soixante-douze comtes et quatre cents seigneurs. Le traité de Cambrai eut pour base le traité de Madrid, mais avec des modifications importantes aux articles 3, 4, 11 et 14. Ainsi François Ier fut relevé de l'obligation d'abandonner la Bourgogne, et on accepta la rançon de 2,000,000 d'écus d'or, qu'il avait proposée pour la délivrance de ses fils. Du reste, ce double succès fut acheté au prix de grands sacrifices. Le Charolais fut donné à Marguerite, des mains de laquelle il devait passer sous la domination de Charles-Quint, à la condition qu'à la mort de ce prince, il ferait retour à la France. François Ier renonçait au duché de Milan, au comté d'Asti, au royaume de Naples et à toutes ses possessions en Italie. Abandonnant tous ses alliés, il consentait à ce que la république de Florence fît, avant quatre mois, sa soumission à Charles-Quint, et à ce que la république de Venise restituât tout ce qu'elle avait conquis dans le royaume de Naples, s'engageant à les y contraindre au besoin par les armes. Nul secours ne devait être prêté à Robert de la Marck ou à ses enfants, dans le cas où ils essayeraient de reprendre à l'empereur le duché de Bouillon, réuni par ce dernier à l'évêché de Liège. Charles d'Egmont, duc de Gueldre, qui, depuis 1492, était attaché à notre fortune, dut quitter notre alliance pour celle de l'empereur. Le pape, considéré comme l'allié des deux rivaux, avait prévenu l'abandon de la France en signant, le 20 juin, à Barcelone, un traité particulier avec Charles-Quint. François Ier confirma sa renonciation aux droits de souveraineté de la France sur les comtés de Flandre et d'Artois. L'empereur, qui ne délaissait ses alliés aussi facilement que le roi de France, obtint que le connétable de Bourbon serait amnistié, et que tous leurs biens seraient rendus aux Français qui l'avaient suivi dans sa révolte. Enfin la paix devait être scellée par le mariage de François Ier avec la princesse Éléonore, sœur de Charles-Quint, et reine douairière de Portugal. — Si la guerre avait été dirigée avec plus de suite, la paix aurait dû être moins avantageuse pour l'Espagne et plus honorable pour la France. Elle fut suivie de cinq années de calme, que Charles-Quint, maître de l'Italie, employa à consolider sa puissance en Europe, mais pendant lesquelles François Ier chercha à consoler la France de ses derniers revers, par une foule de sages institutions, et par la protection éclairée qu'il accorda aux sciences, aux lettres et aux arts. Lorsque les hostilités recommencèrent, la France eut à défendre son propre territoire contre les invasions de l'ambitieux qui espérait la démembrer et réaliser sur ses ruines son projet de monarchie universelle. Cette fois, François Ier se montra mieux à la hauteur de son rôle.

CAMBRAI, s. m. (comm.), nom d'une toile blanche qui se fabrique à Cambrai.

CAMBRAI (A.-A.-P.), général de brigade, né dans l'Artois, prit le parti des armes dès que la révolution eut éclaté, fut presque constamment employé dans l'Ouest, et arriva de grade en grade à celui de général. Il se distingua à l'attaque du camp des Naudières, au pont de Chemillé, à Saint-Fiacre. La mésintelligence ayant éclaté entre le général en chef Thureau et Cambrai, celui-ci reçut peu de temps après des lettres de service pour l'armée des Pyrénées. Il fut envoyé en 1797 dans le département de la Manche, fut dénoncé au conseil des cinq-cents par la municipalité de Saint-Hilaire, et révoqué. Il fut ensuite employé à l'armée de Mayence, où il se comporta bravement; puis passa en Italie, et fut tué en 1799 à la sanglante bataille de la Trebia.

CAMBRASINE (V. CAMBRÉSINE).

CAMBRE ou **CAMBRURE**, s. f. (archit.), Ce mot, tiré du latin cameratus, courbé, signifie la courbure d'une pièce de bois ou du cintre d'une voûte.

CAMBRELAGE ou **CHAMBRELAGE** (term. de la coutume de Hainaut). Ce mot est la même chose que celui de chambellage, qui était en usage dans d'autres provinces. Il signifiait le droit que le successeur d'un fief devait à son seigneur pour le rachat de fief; il devait être payé dans l'année, et la coutume le fixait à 60 sous blancs. Ce droit n'était dû que lorsqu'il y avait mutation de la part du vassal : si elle arrivait de la part du seigneur dominant, le vassal, qui avait relevé son fief, ne devait à son nouveau seigneur, après qu'il en était requis et sommé, que la bouche et les mains. C'était la disposition de la coutume de Hainaut, ch. 77 (V. CHAMBELLAGE).

CAMBREMENT, s. m. (technol.). Dans les carrières, on donne ce nom à des éboulements de terre. — État d'une chose cambrée; courbure en arc (V. CAMBRURE).

CAMBRER signifie à peu près la même chose que courber. Seulement ce dernier se dit de toute inflexion curviligne, petite ou grande, tandis que le premier ne s'emploie que pour signifier une courbure peu considérable. — CAMBRER UN LIVRE, en term. de relieur, c'est courber un peu les pointes des cartons en dedans pour lui donner une meilleure forme. Cambrer un livre est la dernière façon qu'on lui donne.

CAMBRER, v. a. C'est courber les membrures, planches et autres pièces de bois de charpente ou de menuiserie, pour quelque ouvrage cintré; ce qui se fait en les mouillant d'un côté, et les exposant au feu, après les avoir ébauchées en dedans. On couvre encore les pièces de bois, en les assujettissant pendant un certain temps avec des outils qu'on appelle sergents (V. ce mot).

CAMBRÉSINE et **CAMBRASINE** (comm.). On donne généralement, en France, ce nom à toutes les fortes étoffes de coton tissues en forme de toile, et qui ont l'apparence des toiles de Cambrai; mais on comprend particulièrement sous cette appellation certaines étoffes de coton blanches que plusieurs contrées de l'Asie, la Perse, l'Egypte, la Natolie, fournissent au commerce par Smyrne, le Caire et Alexandrie. Les cambrésines de Perth, en Écosse, sont fort réputées; elles ont 38 à 54 pouces anglais de large et 12 yards de long. Les cambrésines de Rouen, Saint-Quentin, Troyes, Tarare et Roubaix ont trois quarts à sept huitièmes de large et 24 à 50 aunes de long. En Autriche et en Bohème, on les fait de sept huitièmes de large et de 24 aunes de long; en Suisse, de deux quarts à trois quarts de large et de 12 aunes de long; en Saxe, de six quarts à sept quarts de large.

CAMBRÉSIS (LE) (géogr. hist.). Ce pays, qui forme aujourd'hui un des arrondissements du département du Nord, faisait partie de celui qu'occupaient les Nerviens, peuples de la Belgique. Il était borné au nord par la Flandre et le Hainaut, au midi par la Picardie, et au couchant par l'Artois. Il était peu étendu, et n'a que 10 lieues communes de France du levant au couchant, et 6 du midi au nord; et selon dom Vaissette, ne contenait que 89 villages ou hameaux. D'après l'arpentage général qui fut fait en 1677 par l'ordre de Louis XIV, il résulta que cette province offrait en superficie 128,498 mencandées de terre, ce qui, à raison de 35 ares 46 centiares par mencandée, produit 45,565 hectares 39 ares 8 centiares. L'Escaut et la Selle arrosaient le Cambrésis, qui était bordé par la Sambre, l'Escaillon et la Sensée. Il n'y avait point de montagnes : la hauteur de Bonavis, à 2 lieues au nord de Cambrai, est le point le plus élevé de la contrée; elle est à 145 mètres au-dessus du niveau de la mer. Le Cambrésis fut un des premiers pays qui passèrent de la puissance des Romains sous celle des Francs au ve siècle. Les empereurs d'Allemagne s'en rendirent ensuite les maîtres et y envoyèrent des comtes ou gouverneurs. Ces comtes devinrent héréditaires, et seraient devenus souverains de ce pays, si, à la mort d'Arnoul, comte de Cambrai, l'évêque n'avait demandé à l'empereur S. Henri de supprimer cette dignité ou de l'unir à son Église, ce qu'il obtint facilement en 1007. Les châtelains de Cambrai, vassaux des évêques, s'étant rendus héréditaires, partagèrent la seigneurie avec ces prélats dont ils reconnurent la souveraineté. Le roi Philippe de Valois ayant acquis cette châtellenie en 1340, ses successeurs en jouirent jusqu'en 1435, que Charles VII la donna en engagement à Philippe, duc de Bourgogne. Louis XI la reprit en 1477. L'empereur Charles-Quint la confisqua en 1543, et y fit bâtir une citadelle sur un terrain appelé le Mont-des-Bœufs, que ce prince prétendait lui appartenir comme faisant partie de la châtellenie de Bouchain. Depuis ce temps-là l'archevêque n'exerça plus les droits royaux dans cette ville, et son autorité presque souveraine ne fut plus qu'à Cateau-Cambrésis et dans ses dépendances. Les conquêtes de Louis XIV mirent fin à tous ces différends, l'an 1677; l'archevesseur des anciens souverains de Cambrai reconnut en la personne du roi le successeur des anciens souverains de Cambrai, et lui prêta en cette qualité le serment qu'il lui devait. — Après Cambrai (V.), il n'y a dans le Cambrésis qu'une seule ville, Cateau-Cambrésis (V.). Les principaux lieux étaient ensuite Solesmes, bourg sur la Selle; Crèvecœur, près de la ferme de Vinchi (Vinciacum), près de laquelle Chilpéric II et son maire du palais Rainfroi furent vaincus par Charles Martel; Honnecourt; Thun-l'Evêque, sur l'Escaut; Haussy; Estrun, où se trouvent entre l'Escaut et la Sensée les vestiges d'un camp romain connu sous le nom de cump de César; Escaudœuvres. Il y avait dans le Cambrésis de nombreuses abbayes, entre autres celle de Fémy de l'ordre de Saint-Benoît, et celle de Vaucelles, de l'ordre de Cluny où fut signée en 1556 une trève entre Henri II et Philippe II. Le Cambrésis était un pays d'états. Les assemblées y étaient composées du clergé, représenté par les députés des chapitres et des abbayes; de la noblesse, représentée par les gentilshommes résidents dans la ville de Cambrai, et par huit seigneurs ou barons du plat pays, ceux de Prémont, Thun-Saint-Martin, Ligny, Auvaing, Saint-Olle, Arleux, Clermont et Eonc ; enfin par le magistrat de Cambrai, représentant le tiers état. — Les terres du Cambrésis sont un peu sèches, mais bonnes, produisant toutes sortes de graines et de lins dont le fil est si fin, que cette propriété a donné lieu d'y commencer la manufacture des toiles de batiste. On fixe au XIIIe siècle la naissance de cette industrie, et l'on cite Baptiste Cambrai, tisserand du village de Cantaing, comme en étant l'inventeur. Le lin qui sert à la confection de ce précieux tissu se récolte dans la vallée qu'arrose la Sensée. Il est roui, façonné, filé par les habitants du pays. De nos jours, la fabrication des tissus de coton occupe plus de bras que celle des batistes. On s'y livre beaucoup aussi à l'exploitation du sucre de betterave. Les pâturages y sont excellents, surtout pour les chevaux et pour les moutons, dont la laine est très-fine et très-estimée. Il y avait autrefois des vignes dans le Cambrésis, mais le vin en était si médiocre qu'on a pris le parti de les arracher. L'arrondissement actuel de la sous-préfecture de Cambrai, qui est formé de la province du Cambrésis, moins 4 communes, et d'environ 20 communes de la Picardie, de l'Artois et du Hainaut, présente une superficie de 89,086 hectares. Il contient 7 cantons, 117 communes et 144,742 habitants. CH. DU ROZOIR.

CAMBREUR, s. m. (technol.) (term. de cordonnier), ouvrier qui cambre les cuirs des souliers, des bottes, etc.

CAMBRIDGE (géogr.), comté d'Angleterre, borné au nord par celui de Lincoln, à l'est par ceux de Norfolk, au sud par ceux d'Essex et de Hertford, à l'ouest par ceux de Bedford, Huntingdon et Northampton. On évalue sa superficie à 88 lieues carrées, et sa population à 122,000 individus. Il est divisé en dix-huit cantons (hundreds) et renferme cent soixante paroisses. Il a pour chef-lieu CAMBRIDGE, ville d'Angleterre, sur la Cam, que traversent neuf ponts A l'exception de quelques jolies rues, les autres sont assez mal construites, mais bien pavées. Elle est divisée en quatorze paroisses, renfermant autant d'églises, dont les plus remarquables sont celles de Sainte-Marie et du Saint-Sépulcre, bâtie sur le modèle de l'église de Jérusalem, et qui est l'un des plus beaux monuments de l'architecture saxonne. Mais cette ville doit surtout sa célébrité à son université, la seule de l'Angleterre avec celle d'Oxford. Elle se compose de dix-sept colléges et possède une bibliothèque de 100,000 volumes, un cabinet de minéralogie et un vaste jardin botanique. Parmi ses diverses parties, on doit surtout mentionner les vastes bâtiments du collége Saint-Jean, ceux du collége royal, qui a une chapelle regardée comme un des chefs-d'œuvre de l'art gothique, et le bâtiment du sénat de l'université. Cambridge possède encore quelques établissements, une maison de ville très-vaste et un beau réservoir alimenté par des eaux amenées du voisinage. L'industrie y est nulle ; elle commerce seulement en huile de graines, blé et fer, et il s'y tient tous les samedis de grands marchés. Cette ville occupe l'emplacement de la Camboritum des Romains. 15,000 habitants. A 18 lieues nord de Londres. Latitude nord 52° 12′ 36″ ; longitude ouest 2° 24′ 30″.

CAMBRIDGE (géogr.), ville des Etats-Unis (Massachusetts), sur la Charles-River, à une lieue ouest-nord-ouest de Boston, avec lequel elle communique par un pont. Elle possède, comme son homonyme, une université appelée Harward, la plus ancienne et la plus riche de l'Union, et qui possède des écoles de médecine, de droit et de théologie, une bibliothèque de 30,000 volumes, un cabinet de physique et de chimie, un de minéralogie, un d'anatomie, un musée de curiosités naturelles et un jardin botanique. C'est à Cambridge qu'a été établie la première imprimerie de l'Union. 5,000 habitants.

CAMBRIDGE (MANUSCRIT DE), connu aussi sous le nom de MANUSCRIT DE BÈZE, copie des Evangiles et des Actes des apôtres, en grec et en latin, noté par Wetstein dans la première et la troisième partie de son Testament grec par la lettre D. L'antiquité de ce manuscrit est universellement reconnue par les juges les plus compétents en cette matière, et ne remonterait pas moins qu'au IIe siècle même suivant les uns, mais ne serait point postérieure d'après les autres au ve. Cependant entre ces deux opinions on penche pour la première, qui le fait regarder comme plus ancien que la version d'Alexandrie même, quand on considère qu'il y est entièrement fait omission des canons d'Eusèbe, et que les sections d'Ammon y ont été ajoutées par une main étrangère. Or, Ammon vivait dans le IIIe siècle, et Eusèbe dans le quatrième, et il n'est guère probable que l'écrivain du manuscrit eût négligé d'en faire mention, d'autant plus que les divisions d'Ammon plus particuliè-

rement étaient recommandées et employées par Eusèbe dès la fin du IVe siècle, que vers le même temps saint Jérôme les avait prescrites expressément, et qu'elles étaient d'un usage général. Les voyages, comme l'origine de ce manuscrit ne sont point connus, et l'on n'a pu s'en tenir qu'à des suppositions. En 1581, l'université de Cambridge le reçut en présent de Théodore de Bèze, alors résidant à Genève, qui l'avait en sa possession depuis dix-neuf ans. Il l'avait trouvé dans le monastère de Saint-Irénée à Lyon en 1562 ; depuis cette époque il s'en était servi jusqu'en 1581, et il cite souvent dans son édition du Testament grec, publiée en 1582. Bèze a écrit, au commencement du manuscrit, ces mots de sa propre main : « Est hoc exemplar venerandæ vetustatis ex Græcia, ut apparet, ex barbaris quibusdam Græcis ad marginem notatis, olim exportatum, et in S. Irenæi monasterio Lugdunensi, ita, ut hic cernitur mutilatum postquam ibi in pulvere diu jacuisset, repertum oriente ibi civili bello, anno Domini 1562. » Il rend le même compte dans sa lettre à l'université de Cambridge, ainsi que dans la page qui précède la préface de son édition du Testament grec. Le manuscrit est in-4°, écrit sur vélin ; soixante-six pages en ont été arrachées ou mutilées, six ont été remplacées par un transcripteur des siècles suivants. Dans la version grecque il manque en saint Matthieu les vingt premiers versets du premier chapitre ; dans la latine il manque également du premier chapitre du même apôtre les versets de un à douze ; on trouve encore dans le cours de l'ouvrage les omissions ou suppressions suivantes : en saint Matthieu, chapitre VI, verset 20 ; id. IX, 21 ; id. XXXVII, 1-12 ; en saint Jean, I, 16 ; id. III, 26 ; id. Actes des Apôtres, VIII, 29 ; X, 14 ; XXI, 2-10 ; XXII, 10-20. Quelques pages de saint Matthieu, chap. III, vers. 8-16, de saint Jean, chap. XVIII, 13 ; XX, 13 ; en saint Marc, XVI, 15 jusqu'à la fin, ont été écrites par une main de la même époque que Welstein rapporte au Xe siècle, et Griesbach au XIIe. Les Evangiles y sont arrangés dans l'ordre ordinaire des manuscrits latins, celui de saint Matthieu d'abord, puis ceux des évangélistes Jean, Luc et Marc. On a voulu que ce manuscrit fût le même que le manuscrit B collationné environ six ans avant l'époque où il devint la propriété de Théodore de Bèze, par Etienne au Vatican, et qu'Etienne, qui l'avait apporté de Trente à Rome et de là à Clermont, en eût fait cadeau à l'évêque de cette ville lors du concile qui s'y tint en 1546. Mais Bèze, ami d'Etienne, n'aurait pas manqué de connaître cette particularité et de la signaler. Welstein suppose que le manuscrit de Bèze fut trouvé en France vers l'an 840, et qu'il est le même dont a parlé Druthmar, célèbre interprète de cette époque qui l'attribue à saint Hilaire. On veut encore qu'il ait fait nombre parmi les manuscrits collationnés à Alexandrie pour la nouvelle version syriaque en 616 ; mais ces différentes présomptions sont trop vagues pour permettre de fixer l'opinion à cet égard. — Quant au lieu où il fut écrit, on croit que ce put être à Constantinople, ou dans quelque ville de l'empire grec en Europe, au temps de Constantin, à l'époque de la séparation définitive entre les Églises grecque et latine. Il est probable qu'alors beaucoup de familles latines retirées d'Italie dans les principales villes de Grèce, où elles restèrent attachées à la communion romaine, firent écrire un Evangile dans les deux langues pour leur usage. Cet Evangile aurait été apporté vers la fin de l'empire d'Orient de Grèce en Italie, ou s'il est le même que celui collationné par Etienne, ce que nous ne pensons cependant point, il serait resté jusqu'à son passage en France. En ce qui concerne l'original dont il a été copié, on croit que c'est celui sur lequel on a établi la version d'Alexandrie, et qui naturellement par les rapports qu'il présente avec la version copte et celle des pères d'Ethiopie, d'Arménie et d'Alexandrie, a été écrit en Egypte. — En 1787, l'université de Cambridge résolut d'imprimer tout le manuscrit de Bèze en lettres de même forme et de même grandeur que l'original écrit à la main, et en confia la publication aux soins du docteur Kipling. En conséquence ce fac-simile fut mis au jour à Cambridge, en 1793, en 2 vol. in-fol. sous le titre de Codex Theodori Bezæ, Cantabrigiensis, Evangelia et Acta Apostolorum complectens, quadratis litteris, græco-latinus. Le prix de la souscription à cet ouvrage était de deux guinées par volume. C'est une édition de luxe, d'une belle forme, sur vélin, avec des caractères parfaitement nets, une encre bien noire et une impression des plus minutieusement soignées. Sous tous les rapports elle surpasse le fac-simile de la copie d'Alexandrie sur laquelle nous laissons à décider à des critiques éclairés si elle l'emporte d'autres mérites. Quoi qu'il en soit, c'est un joyau précieux ajouté au trésor du bibliographe. Parmi les Anglais qui ont fait des dissertations ou écrit sur ce manuscrit, on recherche principalement les Prolégomènes de Wetstein dans son édition in-fol. du Nouveau Testament,

vol. 1er, pag. 28; Mill, également, Prolégomènes du saint Testament, pag. 152, édition de Kuster; Amsterdam, 1755; Kippling, dans la préface de la publication dont nous venons de parler plus haut, et Marsh, dans sa préface à l'introduction du Nouveau Testament de Michaëlis, vol. ii et iii. — En France, MM. Mercier de Saint-Léger, Achille Jubinal, dans une dissertation qui ne lui est pas consacrée exclusivement, et M. Francisque Michel qui a parlé du manuscrit de Cambridge, que ce dernier littérateur a vu dernièrement dans une des bibliothèques de l'université anglaise où il a fait des explorations pendant une mission du gouvernement qu'il vient d'accomplir avec succès en rapportant de nouveaux et précieux documents pour l'histoire de France. — Le fac-simile se trouve à la bibliothèque royale.
ED. GIROD.

CAMBRIDGE (RICHARD-OWEN), poëte distingué, né à Londres en 1714, commença ses études au collége d'Eton et les finit à l'université d'Oxford. Il était encore sur les bancs quand le prince de Galles (depuis Georges II) se maria. A cette occasion, il fit des vers qui méritèrent d'être insérés dans la collection des poésies auxquelles cet hymen avait donné lieu. Il étudia la jurisprudence, mais il n'exerça point la profession d'avocat. S'étant marié, il alla s'établir à Westminster dans le comté de Glocester, où il écrivit le poëme qui a pour titre : the Scribleriad. Le succès de cet ouvrage le détermina à revenir à Londres en 1748. Il y vécut depuis dans la société des littérateurs, publia divers morceaux en prose et en vers, entreprit un journal the World (le Monde), qu'il abandonna faute de souscripteurs après le vingt et unième numéro. Il parvint à un âge très-avancé, puisqu'il mourut en 1802. Ses œuvres ont été réunies et publiées en 1803, 2 vol. in-4°, avec sa vie en tête. On y distingue l'Histoire de la guerre de l'Inde, de 1755 à 1761. On en a une traduction française par Eidous, sous le titre de Mémoires du colonel Lawrence, 1766, 2 vol. in-12.

CAMBRILLON, s. m. (technol.) (term. de cordonnier), pièce qui est tirée du talon de l'animal.

CAMBRIQUE, adj. des deux genres (gramm.), nom d'un dialecte qu'on parle dans le pays de Galles (V. GALLES).

CAMBRONNE (LE BARON PIERRE-JACQUES-ÉTIENNE) a laissé comme les la Tour d'Auvergne, les Daumesnil, un nom populaire d'héroïsme militaire. Né le 26 décembre 1770, à Saint-Sébastien, près de Nantes, il fut d'abord destiné au commerce; mais la mort de son père, honnête négociant, le laissant libre dans le choix d'une profession, il embrassa celle des armes, et se fit inscrire au nombre des volontaires nationaux de son département (Loire-Inférieure); il s'enrôla, bientôt après, dans la légion nantaise, qui marcha contre les Vendéens. Il y devint successivement sous-officier, officier et capitaine, et ne montra pas moins de modération après la victoire que de valeur dans le combat. Il laissa échapper plusieurs prisonniers; cacha deux mois, chez sa mère, un curé auquel les lois défendaient de donner asile, et sauva, à la catastrophe de Quiberon, un grand nombre d'émigrés pris les armes à la main. Il s'embarqua avec Hoche pour l'expédition d'Irlande. A son retour, il passa d'abord à l'armée des Alpes, puis à celle d'Helvétie, commandée par Masséna. Il prit part à la campagne de 1799 en Suisse, combattit à Zurich, enleva une batterie russe, et fit avec sa compagnie de grenadiers mettre bas les armes à quinze cents ennemis. Dans cette compagnie servait l'illustre la Tour d'Auvergne, qui fut tué l'année suivante à Oberhausen. Cambronne fut salué du titre de premier grenadier de la république, comme le digne successeur du brave qui venait d'expirer à côté de lui, mais il eut la sagesse de refuser cette distinction. Nommé successivement chef de bataillon et colonel du sixième de ligne, il se distingua particulièrement à Iéna et à Wagram. L'empereur lui donna le commandement du troisième régiment des voltigeurs de la garde, à la tête desquels il fit deux ans, en Espagne, la guerre de montagnes, guerre de ruses et de surprises, à laquelle ses premières campagnes dans la Vendée avaient dû l'exercer. Il conduisit ses soldats en Russie, les ramena en Saxe, et combattit avec eux aux affaires de Lutzen, de Bautzen, de Dresde, de Leipsig et de Hanau. Après cette dernière bataille, il protégea, avec le général Bertrand, la retraite des débris de la grande armée échappés au désastre de Leipzig. Promu au grade de général de brigade, il assista à presque toutes les affaires qui eurent lieu pendant la campagne de 1814. Il venait d'être blessé à Craone, le 10 mai, et se trouvait encore forcé de garder le lit, lorsqu'il apprit l'abdication de Napoléon. Il vint aussitôt s'offrir à l'empereur pour l'accompagner à l'île d'Elbe, et son offre fut acceptée. Pendant son séjour dans cette île, il commanda la place de Porto-Ferrajo. Le 1er mars 1815, en débarquant au golfe Juan, Napoléon lui donna le commandement de son avant-garde, composée de quarante hommes. Cambronne signa en cette qualité la célèbre adresse de la garde impériale aux armées, dictée par Napoléon lui-même; puis, marchant intrépidement en avant, il faisait préparer les logements et les vivres. Il s'empara de Sisteron, de Grasse, de Lyon, et entra le 20 mars à Paris, où Napoléon, pour récompenser son dévouement, le nomma grand officier de la Légion d'honneur, comte de l'empire, pair de France et lieutenant général. Peu de temps après, il suivit l'empereur en Belgique, et combattit à Waterloo avec sa bravoure accoutumée. Accablé par le nombre, épuisé de fatigue, entouré d'ennemis avec les nobles débris de sa division, il fut sommé de se rendre; c'est alors qu'on lui prête cette fameuse réponse : La garde meurt et ne se rend pas. Que cette réponse, dont l'histoire s'est déjà emparée, ait été réellement faite par le général Cambronne, par le colonel Michel Maret qui était auprès de lui, ou même, ce que nous pouvons personnellement certifier, qu'elle ait été fabriquée dans un café au coin de la rue Feydeau, où se réunissaient les journalistes, par feu Rougemont, qui la consigna le soir même dans son journal, peu importe. L'histoire a consacré plusieurs autres mots du même genre, qui ne sont pas plus authentiques. — Quoi qu'il en soit, Cambronne, blessé grièvement, tomba de son cheval, et la perte de son sang lui ôtant la connaissance, il fut laissé pour mort sur le champ de bataille. Revenu à lui, il fut enlevé avec les autres blessés pour être pansé : on le transporta à Bruxelles, puis en Angleterre. Dès qu'il fut rétabli, désirant revoir sa vieille et bonne mère, ce sont ses propres expressions, il fit sa soumission à Louis XVIII dans les termes suivants : « Sire, major au premier régiment de chasseurs à pied de la garde, le traité de Fontainebleau m'imposa le devoir de suivre l'empereur à l'île d'Elbe. Cette garde n'existant plus, j'ai l'honneur de prier V. M. de recevoir ma soumission et mon serment de fidélité. Si ma vie, que je crois sans reproche, me donne des droits à votre confiance, je demande mon régiment. Dans le cas contraire, mes blessures me donnent droit à la retraite que je solliciterai, regrettant d'être privé de servir ma patrie. Je suis, etc. » — Au moment où Cambronne écrivait cette lettre, son ancien compagnon d'armes, Clarke, duc de Feltre, alors ministre de la guerre, inscrivait son nom sur la liste des dix-neuf généraux ou officiers qui, d'après l'ordonnance du 24 juillet, devaient être traduits devant les conseils de guerre, comme complices de la conspiration du 20 mars, et comme ayant attaqué le gouvernement royal à main armée. Cambronne n'hésita pas. Il vint chercher des juges dont il pouvait raisonnablement soupçonner l'impartialité aussi intrépidement qu'il marchait toujours à l'ennemi. Le 25 septembre 1815, il débarqua à Calais. Le commandant de cette place lui donne un officier pour l'accompagner à Paris. Là, il se présenta au général Despinois, qui le fit conduire à l'Abbaye. Il y resta détenu plusieurs mois avec le général Drouot, qui fut péri au mois de décembre suivant l'infortuné prince de la Moskowa. Le 16 avril 1816, Cambronne comparut devant le premier conseil de guerre. Habilement défendu par Me Berryer fils et, sur les conclusions mêmes du capitaine rapporteur Delon, il fut acquitté à l'unanimité. Le procureur général Bellart poursuivit l'avocat Berryer; le commissaire du roi, M. Duthuis, fit destituer le capitaine Delon, et interjeta appel devant un conseil de révision. Mais un second jugement confirma, le 4 mai, la sentence des premiers juges, et le brave Cambronne recouvra sa liberté. Quelques années après, il commanda, sous le règne de Louis XVIII, la place de Lille (Nord); puis, admis à la retraite, il se retira dans son pays natal. Cambronne mourut à Nantes en 1842; et celui qui avait été si fidèle à son empereur et à sa patrie n'oublia point à son heure suprême ce qu'il devait à Dieu. Il reçut de la manière la plus édifiante les derniers sacrements de l'Église. Bien qu'il fût abattu par le mal, ce n'était pas sans attendrissement qu'on le voyait de temps en temps se ranimer, joindre les mains et s'unir aux prières que l'on faisait pour lui. A l'exposé des souffrances du Sauveur que le prêtre rappela à son souvenir, il se sentit ému, et crut devoir faire une profession publique de sa foi, en prononçant de manière à être entendu de toute l'assistance ces courtes mais énergiques paroles : Certum est. Il remercia plusieurs fois Mme Cambronne de lui avoir procuré, malgré la différence de leurs croyances, les secours de la religion catholique; et ses derniers mots à cette digne compagne de sa vie furent ces paroles consolantes : « Courage, ma chère, j'espère que nous nous reverrons au ciel. » Rien donc ne manque à la gloire de Cambronne : après avoir déployé pendant sa vie tout le courage des anciens preux, il est mort avec la foi d'un pieux chevalier. Tels s'étaient montrés à leurs derniers moments les du Guesclin et les Bayard.
CH. DU ROZOIR.

CAMBROUL, s. m. (gramm.), terme usité dans le Languedoc, pour désigner une échauboulure.

CAMBROUZE, s. f. (botan.), sorte de roseau qui devient gros comme le bras, et qui est très-commun sur les rivières de la Guiane.

CAMBRURE, s. f. (technol.), état d'une chose cambrée. La cambrure d'une voûte est la courbure du cintre. On dit, la cambrure ou la courbure d'une place, d'une pièce de bois. La cambrure forme de soulier ou d'un soulier est la courbure de la forme ou du soulier vers l'endroit où commence le talon. Le pli de la cambrure est l'angle que forme le talon de bois avec le haut de la cambrure de la semelle.

CAMBRURE (méd.) (V. LORDOSIS).

CAMBRY, s. m. (hist. nat.), sorte de coquilles, parmi lesquelles se trouve la patelle de Bourbon.

CAMBRY (JEANNE DE), religieuse augustine, née à Tournai, vers la fin du XVIᵉ siècle, renonça de bonne heure au monde, où sa beauté, son esprit et ses rares qualités lui assuraient de grands succès, pour entrer dans un des couvents de la règle de Saint-Augustin, où elle mourut en 1639. Elle y composa plusieurs ouvrages de piété, dont le plus connu a pour titre : Traité de la ruine de l'amour-propre, in-12, qui a eu trois éditions.

CAMBRY (JACQUES), laborieux antiquaire, né à Lorient en 1740, adopta les principes de la révolution, fut en 1795 président du district de Quimperlé, puis en 1799 administrateur du département de Paris, enfin préfet du département de l'Oise, et mourut en 1807, au moment où il venait d'être nommé président du collége électoral du département du Morbihan et candidat au sénat impérial. L'un des fondateurs de l'académie celtique, il en avait été le premier président ; il a publié un assez grand nombre d'ouvrages, mais nous ne devons indiquer que ceux qui méritent d'être recherchés : Voyage dans le département du Finistère, Paris, 1799, 3 vol. in-8°, fig. — Voyage pittoresque en Suisse et en Italie, 1800, 2 vol. in-8°. — Description du département de l'Oise, 1803, 2 vol. in-8°, avec atlas. — Monuments celtiques, ou Recherches sur le culte des pierres, 1805, in-8°, fig.

CAMBUCUNUM (géogr.), ville du district de Tanjore dans la province britannique de Karnatik, dans l'Inde. Elle est située sur un bras de la rivière de Cavery, était autrefois la ville principale des princes de l'ancienne dynastie indienne de Chola, est aujourd'hui le siége d'un hillahkourt, renferme beaucoup de pagodes, et est habitée en majeure partie par des bramines. Il s'y trouve une piscine sacrée qui passe pour avoir la vertu de guérir tous les maux spirituels et corporels : aussi y fait-on de nombreux pèlerinages.

CAMBULIENS (géogr. anc.), monts d'Illyrie situés près de la Macédoine, et contenant la source du fleuve Haliacmon.

CAMBUNII (géogr. anc.), chaîne de montagnes qui séparait la Macédoine de la Thessalie. Elles étaient bornées à l'est par le mont Olympe.

CAMBUSE (mar.), endroit fermé, dans un vaisseau, où est serrée une certaine partie des vivres, et où se fait la distribution des provisions journalières. Le distributeur est un employé comptable appelé cambusier. Il n'y a guère plus d'un siècle que ce mot est usité dans la marine ; ce sont les relations de nos marins avec ceux de la Hollande au XVIIᵉ siècle qui nous ont donné le mot kombuis ou komhuis (la maison à l'écuelle, ou la cuisine). Il n'y avait à bord de nos vaisseaux, sous Louis XIV, qu'une cuisine placée à fond de cale, où se préparait le manger qu'on y distribuait aussi ; on a ménagé plus tard un lieu pour renfermer les vivres journaliers, quand on a monté la cuisine aux étages supérieurs du vaisseau. Alors il a fallu nommer cette succursale de l'ancienne cuisine, et on lui a appliqué le kom-huis, d'où nous avons bientôt fait cambuse. Encore en 1702, la cuisine d'un vaisseau était un espace assez grand pour qu'on pût, les jours de combats, établir, dans l'endroit le plus rapproché de l'écoutille, les tables du chirurgien, ce qu'on appelle aujourd'hui le poste des blessés. On disait d'un homme qu'on envoyait se faire panser : Il va à la cuisine, mais pas pour parler au coq (cuisinier).

CAMBUY, s. m. (botan.), arbrisseau du Brésil, dont les feuilles sont odorantes, comme celles du myrte.

CAMBYSE, prince de la dynastie des Achéménides, vivait vers l'an 610 avant J.-C. Il fut père d'un Cyrus, aïeul du grand Cyrus.— CAMBYSE, père du grand Cyrus, vivait environ 600 ans avant J.-C. Hérodote le donne comme un prince du sang des Achéménides ; mais Justin en fait un homme obscur. Astyage lui donna sa fille Mandane en mariage sur la foi d'un songe qui l'avait averti qu'il serait détrôné par son petit-fils : il crut qu'il n'avait rien à craindre d'un homme sans naissance, et, malgré cette précaution, Cyrus son petit-fils lui ravit la couronne.

CAMBYSE, fils aîné de Cyrus (V. ce nom) et de Cassandane, succéda à son père vers l'an 530 avant J.-C., dans la vaste monarchie fondée par ce prince, qui en détacha seulement la Bactriane et les régions de l'Orient, pour en former l'apanage de Smerdis, nommé aussi Tanyoxarcès, son fils cadet. À peine monté sur le trône, Cambyse, désireux d'ajouter aux conquêtes faites par son père, commença ou continua les préparatifs dirigés par Cyrus contre le roi d'Égypte, Amasis. Les historiens grecs assignent à cette expédition des motifs frivoles et que la gravité de l'histoire peut difficilement accueillir (V. AMASIS). Il est plus rationnel de ne voir dans cette invasion que la suite de ce mouvement qui a constamment porté vers l'ouest les nations nomades de l'Asie orientale. — Un corps d'auxiliaires grecs ioniens était venu grossir les rangs des soldats du roi de Perse ; sa flotte était composée de vaisseaux cypriotes et phéniciens, et l'alliance qu'il avait conclue avec le roi des Arabes lui permettait de franchir sans danger les déserts qui le séparaient de l'Égypte. Ce fut vers l'an 525 qu'il se mit en marche pour aller conquérir un nouveau royaume. La ville de Péluse, la première place forte et la clef de l'Égypte à l'Orient, fut emportée d'assaut par les Perses, grâce à un stratagème que la superstitieuse crédulité des Égyptiens rendit seule possible ; Cambyse avait fait placer devant les rangs de son armée une autre armée de chats, et les Égyptiens préférèrent se rendre sans combattre, plutôt que de risquer à blesser ces animaux, objets de leur pieuse vénération. Maître de cette place importante, le monarque persan pénètre alors dans l'intérieur du pays. Psamménit, fils et successeur d'Amasis, s'avançait pour défendre ses États ; il est défait, et avec les débris de ses troupes court se réfugier dans Memphis. Obligé de se rendre après un siége de quelques semaines, ce prince est dépouillé de sa couronne, et l'Égypte, devenue de ce moment une satrapie de la Perse, est livrée aux sauvages caprices d'un vainqueur sans pitié (V. PSAMMÉNIT). Non content de faire sentir aux vivants tout le poids de ses vengeances, Cambyse voulut même assouvir sa fureur sur les restes inanimés du roi que la mort avait sauvé de sa colère. Il se rendit à Saïs, fit exhumer la momie d'Amasis, la fit fouetter et ensuite jeter dans les flammes. Ce fait, s'il est vrai, devait cruellement blesser les Égyptiens dans leurs croyances, où le respect pour la cendre des morts tenait une place si importante. — Maître d'un peuple qui se courbait tremblant sous son joug de fer, il voulut pousser ses conquêtes vers le sud et vers l'ouest tout à la fois ; conquérir Carthage, les Ammoniens et l'Éthiopie. Mais de ces trois expéditions, l'une, celle qui était projetée contre Carthage, échoua par le refus que lui firent les Phéniciens d'attaquer une ville dont ils regardaient les habitants comme leurs frères ; l'autre, celle qu'il avait dirigée contre l'oasis d'Ammon, eut une funeste issue : l'armée qui la composait périt tout entière dans les sables du désert. Il s'était mis lui-même à la tête des troupes qui devaient subjuguer l'Éthiopie ; mais le manque de vivres le força de rétrograder, et ne ramena en Égypte que les débris d'une armée décimée par la faim et les maladies. A sa rentrée dans Memphis, il trouva les Égyptiens en fête, parce qu'ils venaient de retrouver le bœuf Apis. S'imaginant qu'ils se réjouissaient de ses désastres, ou plutôt heureux d'avoir un prétexte qui pût en apparence justifier sa colère, il fit battre de verges les prêtres du dieu, se fit amener le bœuf divin et le blessa mortellement d'un coup de poignard dans la cuisse. Ensuite, et pour prévenir les rébellions que pouvait amener sa conduite tyrannique, il transplanta à Suze six mille Égyptiens. Les proches, les amis de Cambyse eurent aussi à souffrir de l'humeur farouche de ce prince sanguinaire. Son frère Smerdis avait conquis l'amour des Perses ; il portait ombrage au roi : il est égorgé secrètement. Atosse, sa sœur et son épouse, meurt victime de sa brutalité : il la tue d'un coup de pied dans le ventre. Préxaspe, l'un de ses officiers les plus dévoués, lui ayant adressé quelques observations sur son penchant pour le vin ; pour lui prouver que dans l'ivresse même il conservait la justesse du coup d'œil et la fermeté de la main, le roi, au sortir d'un festin, perce d'une flèche le cœur du fils de ce misérable, qui eut le lâche courage d'exalter l'adresse du royal assassin. Crésus, instruit par l'infortune, importunait Cambyse de ses avis : il ordonne sa mort. Les serviteurs du roi de Perse crurent lui sauver des remords en n'exécutant pas son ordre barbare. Il loua en effet leur désobéissance, mais il les punit en les faisant mourir. Personne ne pouvait espérer échapper à la cruauté d'un prince pour qui rien n'était sacré. Chacun devait trembler pour sa vie. Enfin Potésithès, chef des mages de Perse, trama une conspiration contre le tyran, en cela guidé plus encore par l'ambition que par la crainte. Voulant rendre aux Mèdes la prééminence qu'ils avaient perdue depuis Cyrus, il présenta au peuple un mage nommé Smerdis (*V.* ce nom), qui offrait une grande ressemblance avec le malheureux prince de ce nom, et le fit reconnaître comme roi. Ne respirant que la vengeance, Cambyse, à cette nouvelle, se met en marche pour éteindre la rébellion dans le sang des rebelles; mais il fut arrêté en route par une blessure qu'il se fit à l'aine, et mourut à Agbatane de Syrie, des suites de sa blessure (522), après un règne de sept ans et cinq mois. — Dans ce récit nous avons dû suivre les historiens grecs, et en particulier Hérodote. Cependant, il est juste de remarquer que cet historien ne raconte que d'après les prêtres égyptiens, dont le témoignage devait être peu favorable à un prince qui n'avait respecté ni leurs privilèges politiques, ni leurs croyances religieuses. (Consultez *Hérodote, Diodore de Sicile.*) Victor LÉGÉ.

CAMBYSE (*géogr. anc.*), fleuve de la Cambysène, prend sa source dans les monts Cissiens et se jette dans le Cyrus.

CAMBYSÈNE (*géogr. anc.*), contrée de l'Albanie, au sud-est, située entre le Cyrus et l'Alazon. Elle est traversée par le Cyrus et le Cambyse.

CAMBYSIS ÆRARIUM (*géogr. anc.*), ville d'Éthiopie, fondée par les soldats de Cambyse qui échappèrent de l'expédition de ce prince en Éthiopie. On lui donna ce nom parce qu'ils y portèrent le trésor (*ærarium*) de l'armée.

CAMBYSIS (ἡ Καμβύσεω, sous-entendu πόλις, la ville de Cambyse) (*géogr. anc.*), ville de l'Égypte, à l'est, sur le golfe d'Héliopolis, vers l'endroit où les Israélites passèrent le golfe Arabique (mer Rouge). Son nom fait croire qu'elle fut fondée par Cambyse lors de la conquête de l'Égypte.

CAM-CHAIN (*botan.*), espèce d'orange qui croît au royaume de Tonquin, dont la pelure est fort épaisse et remplie d'inégalités; elle a l'odeur très-agréable et le goût délicieux. On regarde ce fruit comme fort sain, et l'on en permet même l'usage aux malades.

CAMDEN (GUILLAUME, ou plutôt WILLIAM), un des plus célèbres savants du XVIᵉ siècle, naquit à Londres le 2 mai 1551. Selon presque toutes les biographies, ses parents auraient été fort pauvres et de la plus basse extraction : sans doute ils n'étaient pas des plus opulents, mais du moins la mère de Camden appartenait à une ancienne famille, ainsi que ce savant l'a souvent répété, bien qu'il fût loin de partager les préjugés du vulgaire à cet égard. Quant à son père, Samson Camden, tout le monde sait qu'il était né dans le comté de Stafford, et qu'il vint à Londres, où il mourut peu de temps après la naissance de son fils. Camden, qui se serait reproché de rougir de son origine, crut qu'il devait à la mémoire de son père d'en perpétuer le souvenir, et dans cette vue il fit présent à la communauté des peintres de Londres d'une coupe d'or de la valeur de 16 livres sterling, afin qu'ils s'en servissent dans une fête que ces artistes célèbrent tous les ans. De leur côté, les peintres, sensibles à un si généreux procédé, érigèrent dans le lieu ordinaire de leur réunion une statue en l'honneur du savant illustre en quelque sorte sorti de leur sein; cette statue périt avec tant d'autres dans le funeste incendie de 1666. — On croit que Camden fut élevé dans l'hôpital du Saint-Sépulcre, érigé par Édouard VI en faveur des pauvres orphelins; mais c'est une chose impossible à vérifier, parce que les registres de cette maison d'asile disparurent dans l'incendie dont nous avons fait mention. Tout ce qu'on sait d'une manière certaine, c'est qu'à l'âge de douze ans il se trouvait à Islington, au nord de Londres, où, attaqué d'une maladie contagieuse, il fut sauvé par Th. Smith, par la divine Providence, et après son rétablissement il fréquenta pendant trois ans une école renommée (*Scola Coletina*), près de Saint-Paul, où sous d'habiles maîtres il fit de notables progrès. — Ce ne fut qu'après avoir surmonté les difficultés de plus d'un genre qu'il fut admis à l'université d'Oxford, et l'on peut dire que sans la générosité et la bienveillant appui de quelques grands personnages du temps, surtout de Th. Thornton, la république des lettres compterait un savant de moins, et plusieurs points importants d'érudition, aujourd'hui familiers à tout le monde, seraient peut-être encore enveloppés de la plus profonde obscurité. Et malgré sa bonne conduite et ses heureuses dispositions, malgré les éclatants succès qu'il remporta, il ne put obtenir dans un des collèges de l'université une place qui eût mis le comble à ses vœux; si l'on en croit Th. Smith, il n'aurait épouvé cet échec que par l'intrigue de certains professeurs, qui, malgré leurs serments de fidélité pour la religion de l'État, conservaient un secret attachement pour

le catholicisme et ne pouvaient pardonner à Camden le zèle qu'il montrait pour la réforme. — Il quitta donc Oxford, et si précipitamment, qu'il ne prit même pas le grade de maître ès arts (diplôme qu'il n'obtint que plusieurs années après, et lorsque ses ouvrages l'eurent rendu justement célèbre) : du moins il lui restait de puissants amis, dont il avait augmenté le nombre pendant les dernières années qu'il avait passées à Oxford; ils ne contribuèrent pas peu à lui faire obtenir, en 1575, la sous-régence de l'école deWestminster, créée par la reine Élisabeth. Disons dès maintenant que, parmi les hommes qui montrèrent un louable empressement à seconder l'ardeur du jeune homme, se distinguèrent les frères Gabriel et Godefroi Goodman, dont le nom doit être associé à la gloire de Camden. — Alors fut conçu le plan de la *Bretagne*, pour la composition de laquelle il fallut consulter tant de documents épars, et qui ne parut qu'en 1586; pendant ces onze années (1575 à 1586), Camden non-seulement s'enfonça dans les archives et débrouilla toutes les vieilles chartes, mais il exécuta plusieurs voyages, surtout au pays de Galles, où il espérait trouver de vieilles traditions et recueillir des renseignements qu'on eût vainement cherchés dans les autres parties de l'Angleterre (*V.* l'art. BRETONS). — Cette œuvre d'érudition solide et approfondie fit une grande sensation dans le monde savant, et les éditions s'en multiplièrent au point qu'en moins d'un quart de siècle on en compta neuf; la *Bretagne* est écrite en latin, comme tous les ouvrages de cet auteur. Ce prodigieux succès, au lieu de gonfler Camden d'un sot orgueil, lui fit sentir la nécessité de revoir souvent et d'améliorer sans cesse un livre si favorablement accueilli, et lui fit entreprendre de nouveaux voyages qui, comme les premiers, altérèrent souvent sa santé déjà affaiblie par les longues veilles; car il est à remarquer que notre auteur a fait un grand nombre de maladies, occasionnées sans doute par les excès du travail et par la fatigue des voyages. L'admiration des contemporains et des générations suivantes pour l'ouvrage dont nous parlons se justifierait encore de nos jours, quoique l'on ait fait depuis quelques pas en avant. Camden avait appris l'anglo-saxon, le normand, le kymrique (ou langue du pays de Galles), et c'est par la connaissance de ces divers langages qu'il a pu démêler et éclairer un grand nombre de faits historiques faciles à confondre, et qu'il a su distinguer les races; il est donc en quelque sorte le père d'une école historique qui a fait sensation dans ces dernières années : et si M. Augustin Thierry doit beaucoup à l'auteur de la *Bretagne*, M. Amédée Thierry lui est bien plus redevable encore, puisque Camden a parfaitement établi que Belges et Bretons étaient tout un, de même qu'aujourd'hui les Gallois et les Bretons, parlant toujours la même langue, ont nécessairement une origine commune. Il ne faut cependant pas conclure que toutes les preuves données par Camden soient irréfragables; car il se trouve par-ci par-là des méprises et des erreurs, lesquelles abondent lorsqu'il passe à la description de l'Écosse. Camden en effet n'avait point distingué l'idiome des Gaëls de celui des Belges ou Kymris, et c'est le plus souvent par le kymrique qu'il cherche à expliquer les noms de lieux de l'Écosse. — Un succès marqué dans les lettres conduit presque toujours à la fortune. En 1588, Camden, bien qu'il n'eût point été promu aux ordres sacrés, obtint la prébende d'Ilfarcombe, puis sa nomination à la dignité de maître de l'école de Westminster, en 1593, où il succéda à Edward Grant, qui avait été modérateur de l'école de Westminster, et il composa sa grammaire grecque, qui fut adoptée dans cette école et qui fut suivie dans une partie de l'Europe. Enfin il dut renoncer à sa carrière pédagogique, lorsqu'en 1597 vint s'offrir à lui une assez importante dignité, celle de roi d'armes de Clarence; alors le héraut d'armes d'York, Raoul Brook, outré de voir qu'un autre lui eût été préféré, lança contre la *Bretagne* une diatribe des plus virulentes, à laquelle notre auteur répondit dans la préface qu'il mit en tête de la sixième édition, dédiée à la reine Élisabeth (la première l'avait été à lord Cecil, baron de Burley), qui parut en 1600. — Ce travail successivement amélioré rendit européen le nom de Camden, qu'on se plaisait à comparer le Varron, le Strabon, le Pausanias britannique. Les éditions se succédaient rapidement, épuisées à l'instant par l'avidité des lecteurs; et bientôt il parut nécessaire d'en donner l'abrégé et de le traduire en anglais (car un homme du XVIᵉ siècle, Camden a constamment écrit en latin) : et comme la première traduction, celle de Philémon Holland, était remplie de fautes et d'inexactitudes, il en fut publié une autre plus fidèle en 1695, exécutée par Edmond Gibson, du collège de la Reine à Oxford. En 1603, Camden, dont l'ardeur fut couronnée de succès, réunit les anciens historiens de l'Angleterre et les fit imprimer en Allemagne. — Un soin plus important l'occupait depuis quelques années; à la demande de William Cecil, il s'était engagé à écrire l'histoire du règne d'Elisabeth, ce qui l'obligeait à lire et à comparer nombre de mémoires et de documents de toutes espèces ; ces études l'occupèrent jusqu'en 1615, année où parurent les *Annales d'Angleterre et d'Irlande*, depuis le commencement du règne d'Elisabeth jusqu'en 1589, vaste composition qui ne valut à l'auteur guère moins de gloire que sa *Bretagne*. Quant à la seconde partie de ses *Annales*, elle ne fut imprimée qu'après la mort de Camden, qui avait pris la précaution d'en envoyer une copie à Paris, à son ami Pierre du Puy, qui lui avait promis de la publier, et qui l'a fait imprimer à Leyde en 1625. Il paraît que l'auteur craignait que son ouvrage ne fût mutilé ou altéré après sa mort. Le manuscrit gardé par Camden a été déposé dans la bibliothèque Cottonienne. — Absorbé dans l'étude, distrait seulement par les soins de l'amitié, ou par le besoin de quelques recherches, Camden, comme plus tard Newton, ne paraît pas avoir jamais songé au mariage, et il n'eut pas non plus l'idée de voyager hors de sa patrie. Il avait des sentiments élevés et des goûts fort simples ; digne de servir de modèles aux gens de lettres, il refusa le titre de chevalier. Libéral et généreux, il fonda à l'université d'Oxford une chaire d'histoire. Il mourut près de Londres, le 9 novembre 1623, année qui avait vu publier son dernier ouvrage, *De ratione et methodo legendi historias*.   **LEUDIÈRE.**

CAME, *chama* (*hist. nat.*), genre de mollusques établi par Linné, pour réunir une grande quantité de coquilles assez disparates, et parmi lesquelles il y en avait d'équivalves et d'inéquivalves. C'est à Bruguières que l'on doit d'avoir mieux circonscrit ce genre, en ne conservant pour le former que les coquilles inéquivalves et irrégulières. Lamarck et les auteurs qui ont écrit après lui ayant adopté cette manière de voir, les cames se trouvent caractérisées comme il suit : coquille épaisse, solide, souvent adhérente, irrégulière, inéquivalve, inéquilatérale, ayant les sommets inégaux, plus ou moins contournés en spirale et distincts ; charnière composée d'une seule dent lamelleuse, épaisse, oblique, sub-crénelée, s'articulant avec un sillon de la valve opposée ; ligament extérieur et enfoncé ; impressions musculaires assez grandes. — Il est probable que le genre dicérate, que l'on ne connaît encore qu'à l'état fossile, doit se rapporter aux cames, et il doit peut-être en être autant du genre caprine de M. d'Orbigny. On a toujours regardé les cames comme étant des coquilles adhérentes ; il est bien vrai que la plupart d'entre elles le sont, mais on a eu le tort de faire de cette particularité un des caractères du genre, car elles ne le sont pas toutes, comme nous avons eu occasion de le reconnaître à la côte d'Afrique, et comme vient aussi de nous le faire remarquer M. Fontaine, chirurgien de la marine, qui, au nombre des objets qu'il a rapportés des mers du Pérou et du Chili, a une belle espèce de came qui ne se fixe jamais. — L'animal des cames a le manteau très-peu ouvert inférieurement pour le passage du pied, qui est très-petit et coudé ; ses branchies sont formées de deux lames de chaque côté du corps, la lame extérieure étant beaucoup plus courte que l'inférieure ; en arrière il porte deux ouvertures situées l'une au-dessus de l'autre, et ces ouvertures ont quelquefois leurs bords un peu saillants, de manière à former le passage des animaux qui n'ont dans cette partie que des ouvertures simples à ceux qui les ont surmontées d'un tube plus ou moins allongé. L'une de ces ouvertures, celle qui est supérieure, répond au petit tube de l'anus, et sert à l'expulsion des matières excrémentitielles emportées par les eaux qui ont servi à la respiration ; et l'autre, qui répond à la cavité des branchies, sert à l'introduction de l'élément qui doit baigner ces organes. — Les espèces de cames sont assez nombreuses : Lamarck en cite dix-sept vivantes et huit fossiles ; mais le nombre de celles que l'on connaît aujourd'hui est plus grand. Ce naturaliste les divise en deux sections : la première renferme les espèces dont les crochets sont tournés de gauche à droite, et la seconde celles dont les crochets tournent de droite à gauche. — Dans la première se trouve la came crénelée qu'Adanson a trouvée sur la rade de Gorée, et qu'il a nommée *jataron*. Cette espèce, que nous avons aussi recueillie dans la même localité, nous a présenté le fait que nous signalons plus haut ; c'est que, quoique à l'exemple d'Adanson nous en ayons recueilli des individus qui étaient fixés aux rochers, nous en avons cependant rencontré un plus grand nombre qui étaient libres, pêle-mêle avec d'autres coquilles, sur un fond de sable gris mêlé de vase, et à une profondeur de douze à quatorze brasses. L'examen de ces coquilles, dont nous possédions encore plusieurs exemplaires, ne nous a laissé voir aucune trace d'une ancienne adhérence. — Adanson nous apprend qu'on ne fait aucun usage au Sénégal du jataron : cette observation est exacte ; mais les habitants, peu friands d'ail-

leurs de coquillages, ont tort de négliger celui-ci ; car il est d'un goût exquis, et sa chair est aussi délicate au moins que celle de l'huître. — Dans le nombre des espèces de cames qui ornent les cabinets, il y en a de fort curieuses, telles que la CAME FEUILLETÉE : les lames feuilletées ou les pointes dont leurs valves sont hérissées sont surtout fort agréables à l'œil par l'éclat de leurs couleurs. Les cames sont de toutes les mers intertropicales, et quelques-unes même se rencontrent par des latitudes plus élevées ; on en trouve de belles espèces dans l'Inde, au Japon, aux terres australes, dans la mer du Sud, dans celle des Antilles, sur les côtes d'Afrique, et même dans la Méditerranée. Nous n'en connaissons pas des mers d'Europe d'autre que cette dernière.

CAME, s. f. (*technol.*), se dit, chez les tailleurs de limes, d'une espèce de dent qui sort d'une roue à crochet ; et, *en term. de mécanique*, des lames de bois ou de fer saillantes, fixées aux axes tournants d'une machine à pilon.

CAME (*comm.*) est aussi le nom d'une monnaie du Bengale.

CAMÉADE, s. f. (*botan.*), poivre sauvage noir.

CAMÉAN, s. m. (*botan.*), espèce de petit arbre qui paraît avoir quelques rapports avec le croton.

CAMECHIA, (*géogr. anc.*), aujourd'hui *Schamaki*, ville méridionale de l'Albanie, sur une petite rivière qui se jette dans le Chanes.

CAMEELING, s. m. (*botan.*), sorte de fruit de Sumatra, qui renferme une amande bonne à manger, et qui a le goût de la noix.

CAMÉES (*comm.*), petits sujets gravés presque toujours en relief sur pierres dures et sur coquilles, destinés généralement à être montées en bijoux de diverses formes et couleurs, suivant les exigences de la mode. On distingue plusieurs sortes de camées : ceux de pierres dures, onyx, sardoines, agates d'Allemagne et agates orientales ; ceux de coquilles orientales ; et les camées faux, faits avec une composition d'émail fondu pour imiter les pierres dures. — Rome est le centre de la fabrique des camées fins, et ces articles sont sans contredit les premiers de l'Europe. Trente ouvriers y fabriquent annuellement pour 60,000 à 100,000 francs de camées de pierres dures, et quatre-vingts ouvriers spéciaux pour 100,000 à 120,000 francs de camées de coquilles. Paris, qui ne possède qu'une dizaine d'ouvriers, au nombre desquels se trouve M. Michelini, excellent graveur romain, livre annuellement au commerce de fort beaux camées de ses fabriques, pour environ 10,000 francs (pierres dures) et 25,000 francs (coquilles orientales). — Les prix en sont bas ou très-élevés, en raison de la beauté des matières premières, de leur rareté, du fini du travail et surtout du caprice de la mode. Nous ne pouvons donc en donner ici qu'un tableau approximatif :

Camées, pierres dures, depuis 5 f. jusqu'à 1,000 f. et plus			
d°	coquilles	» 50 c.	200 f.
d°	faux	» 50 c.	10 f.

De tous les camées, celui de pierre orientale est préféré et se vend le plus cher. Rome fabrique très-bien, vend à bon compte, et fait les plus fortes exportations pour Londres, Paris et New-York. Les camées les plus propres à l'exportation sont les camées coquilles, que l'on enveloppe avec soin dans du papier de soie.

CAMÉES (*beaux-arts*) (*V.* GLYPTIQUE.)

CAMELÆ, apparemment *Gameliæ* (Γαμηλίαι), nymphes auxquelles les vierges romaines apportaient des offrandes avant de se marier (*Fest. h. v.*).

CAMÉLAIRES, s. m. pl. (*archéol.*), ceux qui avaient soin des chameaux, dans les armées romaines, dans les ménageries, etc.

CAMÉLAN, s. m. (*botan.*), sorte d'arbre d'Amboine, dont les graines anisées bonifient les liqueurs.

CAMÉLÉE, *chamelæa* (*botan.*), genre de plante à fleur monopétale, découpée en trois parties, de façon qu'elle paraît quelquefois composée de trois pétales. Le pistil devient dans la suite un fruit à trois noyaux enveloppés d'une peau mince, et arrondis ; ces noyaux renferment chacun une amande oblongue.

CAMÉLÉON (*hist. nat.*), genre de reptiles appartenant à l'ordre des sauriens, dont il compose, à lui seul, la cinquième famille, celle des *caméléoniens*. Le caméléon est un petit lézard comparé au lion pour sa forme, et nommé petit par Aristote, qui l'a très-bien décrit. Avec les caractères généraux des sauriens, il a le corps comprimé, recouvert d'une peau chagrinée par de petits grains écailleux, le dos tranchant, la queue ronde, prenante et recourbée en dessous; à chaque pied, cinq doigts réunis jusqu'aux ongles, et formant deux faisceaux, l'un de deux doigts, l'autre de trois; la tête anguleuse, sans oreilles visibles à l'extérieur; la langue charnue, très-allongeable et terminée par un petit tubercule gluant qui sert à prendre les insectes; les yeux grands dans l'obscurité de la nuit, mais recouverts dans le jour par une paupière unique, qui ne laisse qu'un petit trou faisant l'office de pupille. Enfin, ce reptile a des poumons si volumineux, qu'une fois gonflés l'animal parait transparent, ce qui a fait dire aux anciens qu'il se nourrissait d'air. Il peut enfler à volonté les différentes parties de son corps jusqu'aux pattes et à la queue; alors il est si gros que son diamètre est doublé. — Un phénomène qui ne lui est commun qu'avec un petit nombre de reptiles, et qui consiste dans la faculté de changer instantanément et plusieurs fois de couleur, a attiré une vive attention sur le caméléon, et l'a fait regarder comme le symbole de l'hypocrisie. Les auteurs ont diversement expliqué ce changement de couleurs : les uns l'ont attribué à l'influence des corps voisins du caméléon, d'autres à celle de la lumière et de la chaleur. G. Cuvier reconnaît ici l'influence des passions; il dit que les poumons étant vastes, le sang peut y séjourner ou en sortir, à la volonté de l'animal, et qu'ainsi ce fluide coloré peu ou beaucoup, suivant qu'il est rappelé dans le poumon ou poussé dans les mailles de la peau. M. Virey ajoute que ce phénomène, entièrement physiologique, est précédé de l'oxygénation du sang, qui de bleuâtre devient rouge, et court plus vite dans les vaisseaux. Enfin, d'après ses dernières recherches, M. Milne Edwards pense que deux matières colorantes existent sous la peau; l'une de ces deux piquants est superficiel et donne la nuance ordinaire grise ou jaunâtre; l'autre, plus profond, donne une teinte rouge, violet ou vert de bouteille intense, quand l'animal éprouve une vive sensation; le dernier piquant rentre ensuite dans des utricules disposées pour le recevoir. Quand le caméléon est malade, il devient jaune ou feuille morte, couleur dont il se tient dans les pays froids; le coloris en est aussi plus vif au soleil et s'affaiblit dans l'obscurité. — Cet animal habite les pays chauds d'Asie et d'Afrique; on le trouve très-fréquemment en Egypte et dans la Barbarie; mais ces dernières contrées sont déjà trop froides pour ce reptile, qui s'y tient dans les pierres, réuni à d'autres individus de la même espèce. Avec la disposition de ses pieds, le caméléon ne peut que marcher difficilement; aussi il est souvent immobile, ou bien il court sur les arbres, où la forme de ses doigts lui aide à passer d'une branche à l'autre, pour prendre des mouches et d'autres insectes, si incommodes dans ces climats brûlants. Il rend donc service aux habitants de ces pays, et ceux-ci l'attirent à eux et lui donnent des insectes à manger; d'ailleurs il est inoffensif et même incapable de se protéger lorsqu'il est attaqué. Au dire des voyageurs, il ne peut crier et pousse un léger sifflement quand on veut le prendre. Si l'on en croit certains écrits, il peut vivre un an sans manger; mais Golberny, d'après ses expériences faites au Sénégal, affirme que le caméléon ne peut vivre au delà de quatre mois sans prendre de la nourriture. La femelle dépose neuf à douze œufs dans le sable, où la chaleur seule suffit pour les faire éclore. — Les principales espèces sont : le *caméléon ordinaire* d'Egypte et de Barbarie, que l'on trouve encore dans le midi de l'Espagne et jusqu'aux Indes. Il atteint jusqu'à dix-huit pouces de long, les grains de sa peau sont égaux et serrés; la crête supérieure est dentelée jusqu'à la moitié du dos, l'inférieure jusqu'à l'anus; les dentelures sont plus petites dans la femelle. — Le *caméléon du Sénégal* habite en Barbarie, en Géorgie, en Guinée, et dans toutes les terres qu'arrosent le Sénégal et le Niger; le corps, qui n'a que peu d'arêtes, est semé irrégulièrement de taches rondes, noires et bordées de blanc. — Le *caméléon nain* a de petites verrues éparses sur tous les membres, sur les flancs et sur la queue; on le voit à l'Ile-de-France et aux îles *Séchelles.*

CAMÉLÉON (*hist. sainte*). Ce petit animal est mis au nombre des animaux impurs selon la loi, dans le onzième chapitre du *Lévitique*, v. 30. Mais Bochart croit que le mot hébreu *hacoah*, que la Vulgate a traduit par *caméléon*, signifie une espèce de lézard très-vigoureux qui se trouve dans l'Arabie et qui tue les serpents. Les Arabes le nomment *alvarlo.*

CAMÉLÉON (*astr.*), nom de l'une des douze constellations méridionales ajoutées durant le XVIᵉ siècle à celles que les anciens avaient reconnues au midi du zodiaque. Elle est sur le colure des équinoxes et au dedans du cercle polaire antarctique.

Le caméléon n'est composé que de neuf étoiles dans l'*Uranometria* de Bayer; mais la Caille en a ajouté un grand nombre d'autres dans son catalogue des étoiles australes dressé au cap de Bonne-Espérance en 1751. Ce savant astronome et le célèbre Halley, qui, avant lui, avait été dans le même but à l'île Sainte-Hélène, ont déterminé la position des étoiles de cette constellation. Celle que la Caille a marquée *a* dans son catalogue, et qu'il a observée avec le plus grand soin, avait, suivant lui, au commencement de 1750, 126° 8′ 58″ d'ascension droite et 76° 7′ 12″ de déclinaison australe.

CAMÉLÉON BLANC, s. m. (*botan.*), la carline sans tige.

CAMÉLÉON MINÉRAL (*chim.*). Le composé auquel on a donné ce nom, parce qu'il prend différentes nuances suivant qu'on le traite par l'eau, les acides, etc., est l'oxymanganate de potasse. Il cristallise en aiguilles d'un beau pourpre; dissous dans l'eau, il lui donne une teinte plus ou moins intense; et, traité par la potasse, il passe au vert, au bleu indigo, au violet, etc.

CAMÉLÉONTROIDE, s. m. (*botan.*), sorte de plante dont les couleurs changent au soleil.

CAMÉLÉOPARD, *camelopardus*, animal dont Moïse permet l'usage aux Hébreux (*Deutéron.*, 14, 5, 6). Bochart croit que le terme hébreu *samer*, que la Vulgate traduit par caméléopard, signifie une chèvre sauvage. D'autres le traduisent par l'*élan* ou le *chamois.*

CAMÉLÉOPARD (*astron.*). Les astronomes ont donné ce nom à une des constellations de la partie septentrionale du ciel qui est située au voisinage du pôle boréal, entre Céphée, Cassiopée, Persée, le Cocher et la grande et la petite Ourse. Cette une des onze nouvelles constellations formées par *Hévélius*. Elle est la même que la Girafe, constellation formée auparavant par *Augustin Royer* (*V.* GIRAFE). — Le Caméléopard demeure toujours sur notre horizon, ce qui fait qu'il nous est toujours visible.

CAMELI (FRANÇOIS), antiquaire du XVIIᵉ siècle, garde des antiques du cabinet de Christine, reine de Suède, à Rome, a publié : *Nummi antiqui et in thesauro Christinæ reginæ asservanti*, Rome, 1690, in-4°, ouvrage rare, mais d'une érudition médiocre.

CAMÉLIDE (*géogr. anc.*), petite île de la mer Egée, sur les côtes de la Carie, près de Milet.

CAMÉLIENS (*hist. nat.*), du latin *camelus*, chameau, ou, si l'on veut, du grec χάμηλος, qui a la même signification. Ce nom n'est guère employé par les auteurs : quand on en fait usage, on entend parler d'une famille de mammifères correspondant au genre *camelus* de Linné, ou bien au genre *chameau* que Cuvier place en tête de l'ordre des ruminants. Cette famille est divisée en deux groupes : les *chameaux* proprement dits et les *lamas* (*V.* ces mots). Les premiers, sortis du centre de l'Asie ou de l'Arabie, se sont beaucoup répandus au nord de l'Afrique, et sont tous à l'état domestiques; les lamas, originaires d'Amérique, où ils vivent sur de hautes montagnes, ont été trouvés en servage au Pérou, lorsqu'on a découvert cette contrée. Ces animaux se distinguent par la forme non fourchue du pied; celui-ci n'est pas divisé en deux doigts distincts, et appuie sur une petite semelle qui laisse voir au-devant d'elle deux sabots. Sa panse a, en outre de ses quatre poches, de petites cellules où il se produit de l'eau, ce qui fait que ces animaux peuvent rester plusieurs jours sans boire, et sont très-utiles dans les pays chauds, où les services qu'ils rendent font bien oublier la difformité de leur corps.

CAMÉLIFORME, adj. des deux genres (*hist. nat.*), qui a la forme d'un chameau.

CAMELINE (*botan.*), *myagram sativum*, plante annuelle du genre de la tétradynamie et de la famille des crucifères; elle croît dans presque toute l'Europe, où on la cultive à cause de la bonne huile que fournit sa graine. C'est principalement dans la Flandre et dans la Picardie, où elle est nommée *camomen* ou *camomille*, que cette graine est recueillie; la culture est à peu près la même que celle du lin, quoiqu'elle demande de moins bons terrains. Lorsque le sol est assez bien préparé par des labours, la semence, mêlée avec du sable, à cause de sa ténuité, est semée à la volée; trois à quatre mois après, on peut récolter la cameline avant que la graine soit parfaitement mûre, parce qu'on en perdrait beaucoup. Cette graine, jaune, un peu oblongue, répand une assez forte odeur d'ail, qu'elle perd quand elle est desséchée. — L'huile que fournit la cameline est moins chère que celle du colza, et brûle tout aussi bien; un boisseau de graines donne deux pintes d'huile, que l'on emploie aussi à la peinture et à la confection du savon. — La cameline, croissant très-vite, peut remplacer le lin, le colza ou l'œillet, lorsque l'intempérie des saisons les a fait périr, et l'on est à temps de la semer dans le mois d'avril. La tige donne de la filasse et peut servir à la fabrication du papier.

CAMÉLIOMAGUS (*géogr. anc.*), ville d'Italie dans la partie septentrionale de la Ligurie, à l'ouest de Plaisance.

CAMELLE, s. m. (*archéol.*), vase de bois courbé en forme de cintre, dont on se servait dans les sacrifices.

CAMELLI ou **KAMEL** (GEORGES-JOSEPH), né à Brünn en Moravie, jésuite, missionnaire aux îles Philippines vers la fin du XVIIᵉ siècle, fit une étude particulière des plantes et de tous les objets d'histoire naturelle de ces différentes îles, et principalement de celle de Luçon, qui est la plus grande. Il est, de tous les voyageurs, celui qui en a le mieux fait connaître les diverses productions des trois règnes. Il les a décrites dans plusieurs mémoires envoyés à la société royale de Londres ; quelques-uns ont été présentés à cette compagnie par Petiver, qui les avait rédigés d'après les notes et les objets qui lui avaient été envoyés par Camelli. Tous ont été insérés dans les *Transactions philosophiques* (tom. XXI à XXVII) ; mais ceux qui concernent les plantes ont été réunis et publiés par Ray, dans le tome III de son histoire universelle des plantes, en forme d'appendice, sous ce titre : *Herbarum aliarumque stirpium in insula Luzoni Philippinarum primaria nascentium Syllabus*. L'auteur y décrit les propriétés économiques et médicinales de ces diverses plantes, et donne tous les noms indiens par lesquels les peuples indigènes les désignent. Linné a dédié à Camelli un genre de plantes sous le nom de *camellia* ; ce sont de beaux arbustes du Japon. Camelli avait joint des figures à ses descriptions de plantes ; mais Ray ne pouvant subvenir aux frais de leur gravure, elles sont restées manuscrites, et il en existe une copie dans le cabinet de M. de Jussieu ; mais leur peu d'exactitude, surtout dans les parties de la fructification, est cause qu'on n'a pu en reconnaître jusqu'à présent qu'un petit nombre.

CAMELLIA (*hortic.*), rose de Chine ou du Japon (famille des orangers de Jussieu, monadelphie polyandrie de Linné), arbre de taille moyenne en Chine, chez nous arbrisseau de dix à douze pieds ; tige rameuse, grisâtre, quelquefois brune ; feuillage vernissé, persistant et d'un vert foncé ; donne en février ou avril, et quelquefois en octobre et décembre, des fleurs terminales nombreuses et d'un effet le plus gracieux. — Les variétés sont nombreuses ; elles diffèrent entre elles par les fleurs, qui sont d'abord ou simples, ou semi-doubles, ou très-doubles, de couleur rouge, blanche, rose, cornée jaunâtre, ou panachée. Les noms de ces divers camellias ne se trouvent que sur les catalogues des amateurs, qui les classent suivant leur goût et leur caprice. Voici ce que dit de cette plante M. Piralle, dans ses *Annales des jardiniers amateurs*, novembre 1832 : « Ce beau genre, que peu d'amateurs connaissent, il y a vingt ans a obtenu de grands succès lors de son début dans le commerce de Paris. C'était alors la plante d'affection de la grande propriété ; on lui a d'abord fait les honneurs du salon, d'où il retournait dans la serre chaude quand les fleurs étaient passées. Un très-petit nombre de variétés, y compris celles à fleurs simples, formait la collection de ce temps. Entre les mains habiles de nos cultivateurs, ce végétal, arbuste et arbrisseau en France, selon la culture qu'il y reçoit, mais grand arbre en Chine et au Japon, est devenu assez rapidement une plante très-docile à la volonté des cultivateurs, même dans les climats froids, lorsqu'ils peuvent l'abriter l'hiver, comme les orangers, les *neriums* ou lauriers-roses, etc. On a espéré de l'amener à passer l'hiver à Paris, dans la pleine terre de nos jardins, comme il le passe ailleurs, notamment à Avranches (Manche) ; mais si cette tentative a réussi certains hivers, elle a été funeste dans les hivers plus rigoureux, ou au moins demande-t-elle des précautions auxquelles on préfère ici généralement substituer celle de l'orangerie. » — Les amateurs de *camellia* sont parvenus non-seulement à multiplier les individus, comme à volonté, par la greffe et la bouture, mais encore à en obtenir, par le semis, des variétés qui bientôt deviendront presque aussi nombreuses que celles du rosier. — Déjà sont regardées comme *vieilles* et trop *communes* ou *répandues*, les variétés qui naguère encore appelaient tous les hommages ; déjà celles à fleurs simples et à fleurs simplement doubles n'inspirent plus qu'un assez faible intérêt, à moins que leurs corolles ne soient panachées ou striées, et qu'en même temps elles ne s'ouvrent et s'arrondissent avec une rare perfection.

CAMÉLOPARDALIS, s. m. (*hist. nat.*), genre de mammifères ruminants (*V.* CAMÉLÉOPARD).

CAMÉLOPODIUM, s. m. (*botan.*), sorte de plante que l'on nomme aussi *pied-de-chameau*.

CAMELOT, s. m. (*comm.*), petit marchand ambulant dont l'assortiment se compose de fil, ruban, rouennerie, etc.

CAMELOT (*comm.*), étoffe pure laine, solide, épaisse, fabriquée originairement dans la Natolie, à Angora et Ystanes avec le poil des chèvres du pays. Aujourd'hui il se fabrique principalement à Amiens (Somme), Roubaix (Nord), à Bruxelles, à Leyde, à Norwich, Exeter, Halifax et Sommerset. Les camelots de qualité supérieure surpassent, pour le lustre, les couleurs et la durée, les meilleures étoffes de soie ; les pièces ont de 35 à 40 aunes de long sur une largeur de 5 huitièmes. Les pièces de camelot ordinaire ont de 21 à 22 aunes de long sur 1 demie à 2 tiers de large.

CAMELOT (*gramm.*). On dit proverbialement : *Il est comme le camelot, il a pris son pli* : il est incorrigible.

CAMELOTER, v. a. (*comm.*), imiter le camelot, façonner, onder une étoffe comme le camelot. — *Faire la camelotte*, fabriquer de mauvaise marchandise.

CAMELOTINE, s. f. (*technol.*), petite étoffe faite de poil et de fleuret, à la manière des camelots. Elle est depuis longtemps passée de mode : il y en avait de différentes largeurs.

CAMELOTIER (*comm.*), sorte de papier très-commun. — Celui qui fait la camelotte·, la contrebande. Il est familier en ce sens.

CAMELOTTE, s. f. (*comm.*), mauvais ou petit ouvrage imprimé ; marchandise dégradée, inférieure, de pacotille. On nomme, parmi les libraires, *Reliures de camelotte*, certaines reliures grossièrement faites ; *Librairie en camelotte*, celle qui ne vend que de petits livres pour les enfants ; *Imprimerie de camelotte*, celle où l'on n'imprime que des chansons publiques, des billets, des avis de charlatans, etc.

CAMÉLUS, chef des Séquanais, peuples des Gaules, vivait quelques années avant J.-C. Après avoir reçu avec toutes les démonstrations de l'amitié D. Brutus poursuivi par Antoine, il le livra au triumvir.

CAMÈNES (*V.* CAMOENÆ).

CAMENZ (*géogr.*), petite ville du royaume de Saxe, sur la rive de l'Ester, à 7 lieues de Dresde, a des manufactures de draps et des fabriques de toiles, connues dans le commerce sous le nom de toiles de Saxe et généralement estimées. — On en tire aussi du lin, que produit son territoire. — Population, 5,000 habitants.

CAMÉPHIS (*mythol.*), nom commun aux trois plus anciennes divinités égyptiennes, c'est-à-dire à Phtha ou Vulcain, à Neith ou Minerve, et au Soleil.

CAMERA, DA CAMERA (*musiq.*), qui signifie *de chambre*, se plaçait anciennement à la suite des mots *sonate, concerti, sonatina* et autres, afin d'indiquer que ces morceaux étaient des pièces composées pour être exécutées dans la chambre. L'Italie mit très en faveur cette épithète. On désignait par là tout ce qui n'avait pas le caractère sacré de la musique d'église. Cette dénomination s'appliqua primitivement à beaucoup de morceaux remarquables par leur style et leur durée, puis on ne la donna plus qu'aux petites pièces propres à faire danser, telles que les allemandes, les pavanes, les courantes, airs qui offrent bien souvent une gravité ridicule. A leur suite venaient les gigues, les passacailles, les gavottes, les menuets, les chaconnes, airs vifs et gais, totalement oubliés de nos jours. — On appelait aussi *musique da camera* toutes les pièces fugitives, les chansons familières, les madrigaux, etc. Parmi ces derniers, on en remarque des plus grands maîtres et d'un rare mérite. Cette locution s'applique aussi aux duos, trios, quatuor, pour les instruments à archet. — Maintenant ce terme est peu en usage.

CAMERA LUCIDA, OBSCURA, etc. (*V.* CHAMBRE).

CAMERA. Selon Servius, ce mot vient de *camerus*, qui signifie *courbé*. Vitruve oppose les *lacunaria* aux planchers voûtés, qu'il appelle *cameras*. *Lacunar* signifie le renfoncement produit par les solives d'un plancher. Quoique ces renfoncements fussent pratiqués également dans les planchers plats et dans les voûtes, néanmoins les anciens appelaient *lacunar* un plafond, et *camera* une voûte.

CAMÉRAL, ALE, adj. (*gramm.*). Il se dit de la dignité, du vêtement et des fonctions d'un camérier.

CAMÉRALES (SCIENCES). On appelle en Allemagne caméralistique ou sciences camérales celles qui se rapportent aux finances d'un Etat ; l'on en a formé une branche d'études particulières et presque une faculté à part. Outre les finances, les sciences camérales embrassent aussi l'exploitation du domaine d'un prince et de ses droits régaliens ; les jouissances et obligations attachées à l'exercice de ces droits constituent ce qu'on appel le droit caméral. Il existait autrefois à Heidelberg une école camérale célèbre.

CAMERARIA, s. f. (*hist. nat., botan.*), genre de plante dont le nom a été dérivé de celui de Joachim Camerarius, médecin de Nuremberg. La fleur des plantes de ce genre est monopétale, faite en forme de tuyau et de soucoupe découpée. Il s'élève du calice un pistil qui est attaché au bas de la fleur comme un clou, et qui devient dans la suite un fruit ordinairement double, siliqueux, bordé, qui s'ouvre longitudinalement, et qui renferme des semences oblongues, ailées et disposées par écailles (*Plumier*).

CAMERARIUS (BARTHÉLEMI), né en 1497 à Bénévent, fut pendant vingt-quatre ans professeur de droit féodal à Naples, et honoré de divers emplois importants. S'étant attiré par ses hauteurs déplacées l'animadversion du vice-roi Pierre de Tolède, il fut obligé de se retirer en France, où le roi Henri II le nomma l'un de ses conseillers. Il ne garda pas longtemps cette place, revint en Italie, obtint du pape Paul IV le titre de commissaire général de l'armée pontificale, et mourut à Rome en 1564. On a de lui un traité *De jejunio*, Paris, 1556 ; *De purgatorio igne*, 1557 ; et quelques *Dissertations* sur des matières féodales.

CAMERARIUS (JOACHIM), un des plus savants hommes de son siècle, naquit le 12 avril 1500 à Bamberg, ville de Franconie, de Jean Camerarius, sénateur de cette ville, qui parvint jusqu'à l'âge de quatre-vingt-deux ans sans avoir jamais été ni saigné ni purgé. L'ancien nom de sa famille était *Liebhard*; mais il fut changé depuis en celui de Cammermeister, en latin *Camerarius*, parce que ses ancêtres avaient possédé, à la cour de Henri le Boiteux, la charge des officiers qu'on appelle en allemand *cammermeister*. Il commença ses études dans sa patrie, sous un maître assez habile pour ce temps-là ; et il fit de si rapides progrès, qu'il n'avait encore que treize ans lorsque son maître déclara qu'il ne pouvait plus lui rien apprendre. Cette déclaration engagea ses parents à l'envoyer à Leipzig étudier sous Georges Heltus, qui, charmé de son heureux naturel, en prit le même soin que si c'eût été son propre fils. Il avait une passion extraordinaire pour la langue grecque, et il s'y rendit si habile en peu de temps, que Richard Crocus, sous lequel il l'apprenait, étant quelquefois obligé de s'absenter, lui commettait le soin de faire la leçon à sa place, quoiqu'il n'eût alors que seize ans. Après cinq années de séjour à Leipzig, Camerarius alla à l'âge de dix-huit ans, c'est-à-dire en 1518, à Erford, où il se fit recevoir maître ès arts en 1521. Les troubles de cette ville et la peste qui s'y faisait sentir l'obligèrent à en sortir. La réputation de Luther et de Mélanchthon le détermina à passer à Wittemberg pour les voir, et il lia avec ce dernier une étroite amitié, qui subsista toujours. Il se procura aussi, à l'âge de vingt-quatre ans, la connaissance d'Erasme. La guerre des paysans qui désola l'Allemagne en 1525 ne le laissant pas jouir à Wittemberg du repos qu'il souhaitait, il se retira en Prusse avec Jacques Fuchs, gentilhomme de Franconie. Il y trouva tout le monde prévenu de son mérite, et il reçut partout de grands honneurs, tant de la part des savants, que de celle des magistrats et des princes. L'année suivante, Mélanchthon ayant été chargé par le sénat de Nuremberg de former un collége dans cette ville et d'y mettre des sujets capables de lui donner de la réputation, engagea Camerarius, qui était revenu depuis peu de Prusse, à y enseigner les langues grecque et latine. Il commença à entrer en exercice avec ses collègues cette même année 1526, et sa réputation lui attira plusieurs disciples de la première qualité. La diète de Spire, qui se tenait alors, jugeant à propos d'envoyer un ambassade à l'empereur Charles-Quint, qui était en ce temps-là en Espagne, nomma pour cela Albert, comte de Mansfeld, et lui donna Camerarius pour interprète en langue latine ; mais les députés n'allèrent pas plus loin qu'Eslingen, parce que l'ambassade fut renvoyée à un autre temps. De retour à Nuremberg, Camerarius épousa en 1527 Anne Truchses de Grunsberg, d'une famille noble et ancienne, avec laquelle il vécut dans une grande union pendant quarante-six ans, et dont il eut neuf enfants. En 1530, le sénat de Nuremberg l'envoya avec quelques autres personnes à la diète d'Augsbourg. Quatre ans après, il le choisit pour son secrétaire ; mais, quoique ce poste fût fort lucratif, il le refusa. Le duc de

Wittemberg, Ulric, le fit venir en 1536 à Tubinge, pour y rétablir l'université que les guerres avaient fort dérangée, et il y demeura cinq ans, pendant lesquels il lui rendit son premier lustre. En 1541 il fut appelé à Leipzig par les ducs de Saxe, pour faire la même chose à l'égard de l'université de cette ville. Il y enseigna jusqu'à la fin de sa vie, mais avec quelque interruption ; car la guerre l'ayant contraint d'en sortir, il fut réduit à errer pendant quelque temps de côté et d'autre, jusqu'à l'an 1547, que, voyant les choses plus tranquilles, il y retourna reprendre ses fonctions. En 1555, il alla à la diète d'Augsbourg, et en 1556 à celle de Ratisbonne. En 1568, l'empereur Maximilien II, curieux de le voir, le fit venir à Vienne, s'entretint avec lui sur plusieurs points de doctrine, et après l'avoir écouté avec bonté, le renvoya chargé de présents. Il mourut le 17 avril 1574, âgé de soixante-quatorze ans. Voici son caractère tel que Melchior Adam nous l'a tracé. — « Camerarius, dit-il, était bien fait de sa personne, d'une santé ferme et fort attentif à la conserver par les exercices du corps. Il était agréable et divertissant avec ses amis ; mais chez lui il était grave et sérieux, sans être chagrin, et il ne parlait presque que par monosyllabes à ses enfants. Amateur de la vérité, il avait une si grande aversion pour le mensonge, qu'il ne pouvait le souffrir, même dans les railleries. Simple et modeste dans ses habits, il ne s'embarrassa jamais des modes, quoique cela l'exposât quelquefois aux railleries de ses amis. Parfaitement désintéressé, il ne chercha point à amasser de richesses, et accoutumait ses enfants à se passer du superflu. Lorsqu'il écrivait des lettres, même à ses enfants, il en gardait toujours une copie. Il était si assidu à l'étude, qu'il ne la discontinuait pas même en voyageant ; ce qu'il avait médité ou de nuit ou étant à cheval, il le mettait ensuite par écrit. Ainsi l'on ne doit pas être surpris du grand nombre d'ouvrages qu'il a composés. Il s'appliqua dans un âge avancé à la langue française et à l'italienne. Il apprit aussi un peu l'hébreu ; mais pour ce qui est des langues grecque et latine, aucun auteur de son temps ne l'a égalé. Il avait lu avec application les historiens, les poëtes, les orateurs, les médecins, les jurisconsultes et les théologiens grecs et latins. Le nombre de ses ouvrages est très-grand, quoique la plupart, comme le remarque M. Baillet, soient devenus plus rares, parce que les connaisseurs s'en saisissent aussitôt qu'ils les rencontrent. Gessner en a donné le catalogue dans sa Bibliothèque ; et le P. Nicéron, dans ses *Mémoires*, indique cent cinquante livres ou composés ou traduits par lui. Il a traduit en latin Hérodote, Démosthène, Théocrite, Sophocle, Lucien, Théodoret, Nicéphore, saint Grégoire de Nysse, etc. Il a publié entre autres : 1° *Præcepta morum ac vitæ, accommodata ætati puerili, prosa, oratione et carmine elegiaco*, etc., Basileæ, 1541, in-8°, et Lipsiæ, 1544, et plusieurs autres fois depuis ; 2° *Oratio de studio bonarum artium atque linguæ græcæ et latinæ*, Lipsiæ, 1541, in-8°; 3° *Oratio senatoria de bello Turcico*, etc., Tubingæ, 1542, in-4°; 4° *Synodica, id est, de Nicæna synodo*, Lipsiæ, 1543, in-8°, et 1561, avec ses *Chronologie*, etc.; 5° *Psalmus 133, de Concordia, elegiaco carmine græco*, Lipsiæ, 1544, in-8°; 6° *Oratio de cultu pietatis ac virtutis, et studiis bonarum artium*, etc., Lipsiæ, 1545, in-8°; 7° *Capita pietatis et religionis christianæ, versibus græcis comprehensa ad institutionem puerilem, cum versione latina*, Lipsiæ, 1547, in-8°; ibid., 1555 et 1569; 8° *Vocabula rei nummariæ, ponderum et mensurarum græca, latina, hebraica, quorum intellectus omnibus necessarius est, collecta ex Budæi, Joach. Camerarii et Philip. Melanchthonis annotationibus*, etc., Wittebergæ, 1649, in-8°; 9° *Hymni* 24 *Georgii Fabricii de historia et meditatione mortis Christi, cum duobus carminibus Camerarii, altero latino ad Christum salvatorem, altero græco de Crucifixione Christi*, 1552; 10° *Querela M. Lutheri, sive Somnium*, Basileæ, 1554, in-4°; 11° *De eorum qui Cometæ appellantur nominibus, natura, causis, significatione, cum historiarum memorabilium illustribus exemplis, disputatio atque narratio*, Lipsiæ, 1559 et 1578, in-8°; 12° *Disputatio de piis et catholicis, atque orthodoxis precibus et invocationibus Numinis divini; et expositæ formulæ harum, tam de sacris Scripturis quam aliarum descriptæ, græce et latine*, Argentorati, 1560, in-8°; 13° *Capita quædam pertinentia ad doctrinam de moribus, et civilis rationis facultatem, quæ est ethica et politica*, Lipsiæ, 1561, in-8°; 14° *Chronologia secundum Græcorum rationem, temporibus expositis, autore Nicephoro Archiep. Constantinopol. conversa in latinam linguam et illustrata a Joach. Camerario. Addita sunt narratio de synodo Nicæna, cum accessione novæ enumerationis synodorum œcumenicorum*, Basileæ, 1561, in-fol., Lipsiæ, 1574 et 1585, in-4°; 15° *Annotatio rerum præcipuarum quæ acciderunt ab anno 1550 usque ad annum 1561*, inséré dans le troisième tome des historiens d'Allemagne de Marquar Freher, page 460; 16° *Capita quædam proposita ad disputandum de felicitate, seu vita beata in terris*, Lipsiæ, 1563, in-8°; 17° *Historiæ de Jesu Christi ad mortem pro genere humano accessione, dierum ante pascha sex, et alia indicata tempora resque præterea quædam narratæ oratione, quam recitatione solemni pronuntiavit M. Martinus Gassarus*, Lipsiæ, 1563, in-8°; 18° *Catechesis, seu initia doctrinæ in Ecclesia Christi, græce et latine*, Lipsiæ, 1563, in-8°; 19° *Vita Philippi Melanchthonis, in qua conspicere licet historiam primæ reformationis Ecclesiæ, multasque alias res memorabiles, scituque dignissimas*, Lipsiæ, 1566 et 1592, in-8°; *Hagæ Comitum*, 1655, in-12, et avec les *Vies* de Georges Anhallinus et d'Eobanus, par les soins de Frédéric-Benoît Carpzovius, Lipsiæ, 1696, in-8°; 20° *Historiæ Jesu Christi, Filii Dei, nati in terris matre sanctissima semper virgine Maria, summatim relata expositio, itemque eorum quæ de Apostolis Jesu Christi singulatim commemorati posse recte et utiliter visa sunt*, Lipsiæ, 1666, in-8°; 21° *De natura et effectionibus dæmonum libelli duo Plutarchi, de defectu oraculorum, ea versione Adriani Turnebi cum ejus notis, et de figura E I, consecrata Delphis ex versione Camerarii, cum ejus explicationibus et prœmio*, Lipsiæ, 1568 et 1576, in-8°; 22° *Libellus novus epistolas et alia monumenta doctorum virorum superioris et hujus ætatis complectens*, Lipsiæ, 1568, in-8°; 23° *Liber continens continuata serie epistolas Phil. Melanchthonis, scriptas annis 38, ad Joach. Camerarium; nunc primum pio studio et accurata consideratione hujus editus*, Lipsiæ, 1569, in-8°: ces lettres sont curieuses pour l'histoire du temps ; 24° *Epistola ad Isaïam Cœpolitam* : cette lettre, qui est de l'année 1569, se voit à la fin du cinquième livre de la Paraphrase des psaumes d'Erasme Rudinger, imprimée à Gorlitz en 1580, in-8°; elle roule sur l'ordre dans lequel les psaumes doivent être placés ; 25° *Notitio figurarum sermonis in libris quatuor Evangeliorum, et indicata verborum significatio, et orationis sententia, ad illorum scriptorum intelligentiam certiorem, studio Joachimi Camerarii*, Lipsiæ, 1552, in-8°, *et cum locuplete indice rerum et verborum*, Lipsiæ, 1556, in-4°; 26° *Notatio figurarum orationis et mutatæ simplicis elocutionis in apostolicis scriptis, ad perspiciendam de intellecto sermone sententiam auctorum*, Lipsiæ, 1572, in-8°, *et accessere in librum Actuum et Apocalypsis similes notationes*, Lipsiæ, 1572, in-4°. Ces deux ouvrages ont été réimprimés ensemble sous ce titre : *Commentarius in novum fœdus, elaboratus studiis Joach. Camerarii, nunc denuo plurimum illustratus et locupletatus*, Cantabrigiæ, 1642, in-fol., avec le *Commentaire* de Théodore de Bèze sur le Nouveau Testament, et sous cet autre titre : *Exegesis Novi Testamenti*, Francofurti, 1712, in-4°. Camerarius explique dans ce commentaire, à la lettre et selon le sens grammatical, les paroles de son texte, sans se jeter, à l'exemple des autres protestants de son temps, dans la théologie et dans des disputes inutiles. L'étude qu'il avait faite des auteurs grecs, tant profanes qu'ecclésiastiques, lui a été utile pour cela ; il aurait été cependant plus exact, s'il avait eu quelque connaissance de la langue hébraïque, et s'il s'était appliqué à la lecture de la version grecque des Septante, qui lui aurait mieux appris le style des évangélistes et des apôtres, que ces poëtes, ces philosophes et ces autres écrivains qu'il cite. Au reste, il est fort modéré et bien éloigné de l'humeur de ces critiques hardis qui n'ignorent rien; il avoue sans peine qu'il n'entend point certaines choses (Simon, *Complémentaire du Nouveau Testament*, pag. 703) ; 27° *Homiliæ, quæ sunt sermones habiti de iis, quæ in christianis Ecclesiis leguntur, congregato populo diebus dominicis et festis, excerptæ ex Scripturis Evangelicis, autore Joach. Camerario, græce et latine*, Lipsiæ, 1573, in-4°; 28° *Commentarius de generibus divinationum ac græcis latinisque eorum vocabulis, autore Joach. Camerario, editus ab ejusdem filio Ludovico, subjunctis Gregorii Bersmanni in funus Camerarii epicediis*, Lipsiæ, 1576, in-8°; 29° *Meditatio in adversis, cum consolatione philosophica Jacobi Sadoleti, et Johannis Sambuci, et Joachimi Camerarii filii epistolis cum carminibus ejusdem argumenti*, Francofurti, 1578, in-4°; 30° *Epistolarum familiarum libri VI a filiis editi*, Francofurti, 1583, in-8°. Ces lettres sont écrites avec beaucoup de politesse, et l'on y peut apprendre bien des choses curieuses sur l'histoire littéraire de l'époque; 31° *Opuscula moralia a filio Joachimo Camerario, medico Novimbergensi edita, in quibus Synesius de regno ad Arcadium, ex versione Camerarii patris, Plutarchi præcepta gerendæ reipublicæ ex Xylandri versione; Camerarii patris præcepta de officio Principis, latino sermone prosario ; ejusdem Parœneses scriptæ sermone familiari ad præcipuæ familiæ adolescentem; Epistolæ duæ ad Ludovicum Huttenum, Gnomæ, versibus latinis senariis*, Francofurti, 1583, in-8°; 32° *Decuriæ 21 problematum de natura, moribus, sermone, græce et latine. Apud Hieron. Commelinum*. 1595, in-8°; et dans le quatrième tome du *Thesaurus criticus* Gruteri; 33° *Epistolarum ad diversos volumen secundum, libros quinque posteriores complectens*, Francofurti, 1595, in-8°; 34° *Appendice problematum* Joach. *Camerarii, varias et diversas quæstiones morales, naturales, mathematicas, poeticas, et mythologicas complectens. Apud Commelinum*, 1596, in-8°; 35° *De dissidio in religione, et collatione veterum rituum cum recentioribus*, Basileæ, 1598, in-8°, sans nom d'auteur. Camerarius composa cet écrit en 1519; 36° *Definitiones capitum doctrinæ christianæ*, Lipsiæ, 1605, in-8°; 37° *Historica narratio de Fratrum orthodoxorum Ecclesiis in Bohemia, Moravia et Polonia, nunc primum edita ex bibliotheca Ludovici Camerarii J. C.; accesserunt et alia quædam*, Heidelbergæ, 1605, in-8°; et Francofurti, 1625, in-8°. Cet ouvrage est très-curieux. Camerarius a aussi publié un catalogue des évêques des principaux sièges, des relations de ses voyages en vers latins, etc. — Voici les jugements qu'on a porté de Camerarius. Adrien Turnèbe, dans ses *Adversaria*, lib. IV, cap. 1, l'appelle la gloire et l'ornement non-seulement de l'Allemagne, mais de toute l'Europe : *Non suæ tantum Germaniæ, sed etiam totius nostræ Europæ decus et ornamentum Joach. Camerarius*. Henri Etienne, dans sa *Préface* sur *Macrobe*, dit qu'il était la lumière et l'appui des belles-lettres en Allemagne. Lipse, dans une lettre au fils de notre auteur (Joachim), assure qu'il n'a point eu son pareil dans toute l'Allemagne. Taubman l'appelle le prince de l'une et de l'autre langue. Théodore de Bèze, dans son *Icon. virorum illustrium*, dit que le sentiment général des savants est que l'Allemagne n'a point eu de plus habile en grec, qu'elle n'en a eu que très-peu en latin de plus élégants, ni aucun de plus exact, comme il paraît par ses ouvrages. Paul Jove, dans ses *Eloges*, dit qu'il possédait si bien les langues grecque et latine, qu'il a heureusement imité Cicéron dans ses écrits. Scioppius, dans son traité *De arte critica*, p. 7, dit que les services qu'il a rendus à la république des lettres sont infinis, et que la malignité de ses ennemis n'a servi qu'à relever l'éclat de sa gloire. Gérard Vossius, *De scient. mathem.*, can. 65, § 14, p. 377, assure qu'il était fort au-dessus des éloges qu'on lui a donnés; qu'il était le phénix de l'Allemagne, non-seulement au jugement de son pays, mais encore des nations étrangères; que Jove, Turnèbe, Lipse, et tous les plus grands et les plus savants hommes ont rendu justice à son mérite; et que ceux qui ne l'estiment point méritent d'être taxés ou d'une ignorance grossière, ou d'une malice noire. Les sentiments des savants, dit M. Baillet, n'ont jamais été partagés sur le mérite des traductions de Camerarius, non plus que sur celui de ses autres ouvrages, où il n'a point inséré de luthéranisme. Il était le premier helléniste de l'Allemagne, et possédait la bonne latinité; et ces deux qualités d'un bon traducteur de l'une de ces deux langues en l'autre, il en avait encore une, qui est la connaissance des matières qui sont traitées par les auteurs qu'on traduit. Huet témoigne que son style est pur et châtié, qu'il y a plaisir de le confronter avec le grec qu'il traduit, pour voir sa sincérité et la fidélité qu'il a gardée à ses auteurs, et dont il ne s'est jamais départi, si ce n'est peut-être lorsqu'il a cru devoir ajouter quelques mots pour servir d'éclaircissements aux endroits les plus obscurs. Mais cela est fort rare et de peu de conséquence. (*V.* Melchior Adam, *Vita philosophorum Germ.*, p. 120, Francfort, 1705, in-fol. ; Freheri *theatrum virorum doctorum*, Gesneri *Bibliotheca*. Les éloges de Thou, et les additions de Teissier. J. Albert, *Fabricii bibliotheca græca*, tom. XIII, p. 495; Huet, *De claris interpretibus;* Baillet, *Jugements des savants*, t. II, part. 2, p. 79 ; édit. de 1725, in-8°; le P. Nicéron, *Mémoires des hommes illustres*, t. XIX, p. 76 et suiv.; Chauffepié, *Nouveau Dictionnaire historique et critique*, part. 2, C., p. 16 et suiv.).

CAMERARIUS (JOACHIM II), fils du précédent, l'un des plus grands médecins de son siècle, né à Nuremberg en 1534, se livra avec une ardeur extraordinaire à l'étude de la chimie et de la botanique, science à laquelle il fit faire d'immenses progrès, refusa les offres de plusieurs princes qui voulaient l'attirer près d'eux, et mourut dans sa patrie en 1598. On a de lui plusieurs ouvrages, surtout de botanique. Les principaux sont : *Symbolor. et emblematum centuriæ IV*, Nuremberg, 1595-97-1605, in-4°, fig., édition très-recherchée. — *Electa georgica, sive opuscula de re rustica*, ibid., 1577, in-4°; 1596, in-8°, rare. — *Epitome Matthioli, nov. iconib. descriptionib. aucta*, Francfort, 1586, in-4°. — **CAMERARIUS** (Philippe), frère du précédent, né à Nuremberg en 1557, mort en 1624 dans cette ville, où il était conseiller, a écrit un ouvrage intitulé : *Horarum subsecivarum centuriæ* III, dont l'édition la plus complète est celle de Francfort, 1658, 3 vol. in-4°. L'ouvrage avait été traduit en français par Goulart, Lyon, 1610, 3 vol. in-4°. — CAMERARIUS (Louis-Joachim), son neveu, né en 1566 à Nuremberg, fut médecin du prince d'Anhalt, puis revint à Nuremberg, où il mourut doyen du collège de médecine en 1642.—CAMERARIUS (Jean-Adolphe), célèbre médecin d'Allemagne, mort vers 1653, est auteur de plusieurs ouvrages, dont les principaux sont : *Disputationum medicarum in acad. Tubingensi habit. decas prima*, Tubinge, 1611, in-8".—*Sylloge memorabilium medicinæ et mirabilium naturæ arcanorum centuriæ*. ibid., 1683, in-8°, édition augmentée de huit centuries, dont quatre posthumes. — CAMERARIUS (Elie-Rodolphe), fils du précédent, médecin, né à Tubinge en 1641, professeur à l'université de cette ville en 1695, est auteur de quelques dissertations académiques, enrichies de remarques intéressantes. — CAMERARIUS (Rodolphe-Jacques), fils d'Elie-Rodolphe, né à Tubinge en 1665, contribua beaucoup à établir la distinction du sexe des plantes, sur lequel Linné a fondé depuis son système. Pour étendre ses connaissances médicales, il voyagea dans une partie de l'Europe, et de retour dans sa patrie en 1687 y reçut le grade de docteur, fut en 1688 nommé professeur et directeur du jardin botanique, et mourut en 1721. Nous avons de lui : *De sexu plantarum epistola*, Tubinge, 1694. C'est surtout à cet ouvrage qu'il dut sa réputation. — *Specimen experimentorum circa generationem hominis et animalium*, ibid., 1715, in-4°, et quelques opuscules de botanique.—CAMERARIUS (Elie), frère du précédent, né à Tubinge en 1672, fut reçu docteur à l'université de cette ville, où il obtint ensuite une chaire, se fit remarquer par la singularité des paradoxes qu'il développa dans ses ouvrages, et mourut en 1734. On citera de lui : *Specimina quædam medicinæ eclecticæ*, Francfort, 1713, in-4°. — *Medicinæ conciliatricis conamina*, ibid., 1714, in-4°. — *Dissertationes Taurinenses epistolicæ , quosdam medicos scripta*, Tubinge, 1712, in-8°. Ces lettres furent écrites pendant son séjour en Italie auprès du prince Louis de Wurtemberg dont il était le médecin. — CAMERARIUS (Alexandre), neveu du précédent, et fils de Rodolphe-Jacques, né en 1695, fut professeur et directeur du jardin de botanique de Tubinge, et mourut en 1736. Il a laissé entre autres ouvrages, *De botanica*, Tubinge, 1717, in-4°.

CAMERARIUS (GUILLAUME) (*V.* CHALMERS).

CAMERATA (*géogr. anc.*), ville d'Italie dans le Picenum, entre le fleuve Æsis et la ville d'Ancône.

CAMERATA (JOSEPH), peintre en miniature et graveur, né à Venise, quitta sa patrie pour l'Allemagne, s'établit à Vienne, puis en Saxe, où il a gravé un grand nombre de planches fort estimées, et mourut à Dresde en 1764, professeur de gravure à l'académie de cette ville. Ses estampes, très-répandues, font partie de la collection du cabinet du roi de Saxe. On remarque principalement les suivantes : *la Drachme perdue; le Père de famille* (d'après le Féti); *le David* (lou Guide); *Saint Roch secourant les pestiférés* (d'après C. Procaccini); *l'Assomption de la Vierge* et *l'Aumône de saint Roch* (d'après Annibal Carrache), etc.

CAMÈRE (*géogr. anc.*), plaine de la Calabre.

CAMERER (JEAN-FRÉDÉRIC), né à Ættingen en 1720, devint auditeur au service de Danemarck, et mourut conseiller de guerre à Wodder près de Hadersleben le 6 novembre 1792. Parmi ses nombreux écrits (*V.* Meusel, lex II, p. 10), voici les plus remarquables : *Six lettres sur quelques curiosités du pays de Holstein*, Leipzig, 1756, in-4°. — *Mélanges de renseignements historiques et politiques sur quelques contrées remarquables du Schleswig et du Holstein*, 2 vol., Flensbourg et Leipzig, 1758 et 62, in-8°. Il combattit aussi dans plusieurs écrits périodiques cette erreur autrefois plus généralement accréditée qu'aujourd'hui, qui veut que les côtes de la Prusse aient été les seules où on soit allé autrefois chercher l'ambre jaune. En effet, il démontra qu'on avait fréquemment cherché cette pierre sur les côtes occidentales du Schleswig; mais il en suppose à cette contrée une plus grande quantité qu'il ne put prouver qu'elle avait fourni.

CAMÉRÉRA (*V.* CAMÉRISTE).

CAMERGO (*mus.*), espèce d'air de danse dont la mesure est à deux temps et le mouvement *allegro assai* ou *poco presto*.

CAMÉRI, s. m. (*botan.*), espèce d'arbre de la famille des euphorbiacées.

CAMERIA (*géogr. anc.*), ville du Latium, chez les Sabins, au nord-est de Rome, sur le Patulus. Cette ville fut fondée longtemps avant Rome par une colonie d'Albe. Elle fut prise par Romulus.

CAMÉRIENS (*hist. nat.*), petites coquilles fossiles de forme lenticulaire ; ce nom leur vient du mot latin *camera*, parce qu'elles sont formées par un canal divisé en plusieurs petites cellules. Ce canal part du centre, et tourne horizontalement pour lui-même pour venir se terminer sur le tranchant de la coquille par une ouverture presque imperceptible. Bruguières a donné le nom de camérine à ce genre; Lamarck l'appelle *numulite*, dans son système des animaux invertébrés. Les camériens étant d'une structure analogue à celle des nautiles, doivent figurer dans le premier ordre de la classe des mollusques; cette coquille a dù appartenir sans nul doute à un animal semblable à ce genre, ou à la sèche ou au calmar, et portait sa coquille dans son manteau. On ne connaît pas les analogues vivantes de cette espèce. Les camérines se rencontrent dans beaucoup de lieux en Egypte, notamment dans les pierres provenant d'une pyramide, et qui ont servi à la construction du château du Caire, en Italie, en Allemagne, en Suisse, en France, à Laon et dans les environs de Paris.

CAMÉRIER (*camerarius*), mot qui , en différents temps ou lieux , a eu différentes significations, et par lequel on désignait tantôt un fonctionnaire proposé au fisc, à la chambre fiscale, tantôt un officier subordonné au chancelier et qui signait les diplômes. On a aussi confondu le camérier avec le camerlingue, et quelquefois on a pris ce mot pour identique avec chambellan. Les camériers des ordres religieux étaient chargés de gérer les biens de leurs couvents.

CAMÉRIES, s. m. (*botan.*), genre de plantes de la famille des apocynées (*V.* CAMBRARIA).

CAMÉRINE (*hist. nat.*), sorte de pierre lenticulaire. — Genre de coquilles fossiles.

CAMÉRINES, s. m. (*botan.*), nom vulgaire d'une espèce de chèvrefeuille.

CAMERINO (*géogr.*), petite légation des Etats de l'Eglise. Elle n'a que 18 milles en carré et à peu près 31,000 habitants. Elle est située entre Macerata, Fermo, Spoleto et Perugia, traversée par la chaîne des Apennins, et arrosée par le Chienti et la Potenza. Le chef-lieu Camerino est le siège du légat, d'un tribunal civil et d'un évêque. Cette ville, située sur une éminence, a plusieurs couvents, et une université, qui a été fondée en 1727, mais qui est plutôt un collège académique qu'une université proprement dite. Les habitants, au nombre d'un peu plus de 7,000, s'adonnent à la filature du coton et à l'économie rurale. La contrée environnante est fertile et fournit la plupart des produits du milieu de l'Eglise.

CAMERINO (FRANÇOIS DE), Italien, entra dans l'ordre des frères prêcheurs, et se distingua dans les missions orientales. Il se rendit à Avignon en 1333, avec un Anglais nommé *Richard* , et fit part au pape Jean XXII du désir que témoignait l'empereur Andronic de se réunir à l'Eglise romaine. Le pape fit ordonner Camerino archevêque de Vospro, ou du Bosphore. Richard fut aussi sacré évêque *in partibus*; l'un et l'autre furent envoyés en qualité de nonces à Constantinople. Le pape leur remit une instruction pour la réunion des Grecs à l'Eglise latine, et des lettres adressées à Andronic, à l'impératrice Jeanne, sœur du duc de Savoie, élevée dans la religion catholique, et qui pouvait contribuer à éteindre le schisme; à un Génois nommé *Jean*, qui était du conseil de l'empereur; au patriarche de Constantinople et à son Eglise. Toutes ces lettres sont datées du 4 août 1333. L'année suivante, les deux nonces arrivèrent à Constantinople. Le patriarche, connaissant l'ignorance de la plupart des évêques grecs qui l'environnaient, et n'étant pas exercé lui-même à l'art de la parole, n'osait ouvrir avec les nonces des conférences que le peuple demandait. Enfin, il se décida à consulter Nicéphore Grégoras, qui fit au patriarche et à ses évêques un long discours qu'il n'a pas oublié d'insérer dans son histoire, et dont la conclusion était que, seuls juges de leur doctrine, les Grecs n'avaient pas besoin de disputer avec les Latins sur la procession du Saint-Esprit. Les conférences ne furent donc point ouvertes, et le voyage de Camerino n'eut aucun résultat.

CAMERINUS, surnom d'une branche de la famille des Sulpicius (*V.* SULPICIUS).

CAMERINUS, auteur d'un poëme latin sur la prise de Troie par Hercule.

CAMERISIER et **CAMECERISIER**, *xylosteum* (*botan. phan.*), arbrisseaux que l'on a souvent confondus avec le genre chèvre-feuille, dont ils sont très-voisins, surtout par la forme de leurs fleurs, et qui font partie de la même famille et de la pentandrie monogynie. On les trouve abondamment dans certaines localités, surtout dans les pays montagneux de l'Europe, où ils fleurissent au milieu du printemps, et amènent leurs baies noires, bleues ou rouges en maturité vers la fin de l'été. Ces arbrisseaux, au bois dur, qui ne sont ni sarmenteux ni grimpants, contribuent d'une manière agréable à la décoration des jardins et des bosquets; ils se plaisent à peu près dans tous les terrains, à toutes les expositions; ils forment des buissons, des masses, des palissades très-pittoresques, qui se courbent, s'étendent ou s'arrondissent au gré de l'amateur; ils se multiplient de semences, par la greffe ou de marcottes. Il est seulement fâcheux de les voir exposés quelquefois à devenir victimes des pucerons, qui se réunissent en innombrable quantité sur leurs rameaux chargés d'un beau feuillage. — Tournefort leur a donné le nom qu'ils portent; celui de camecerisier leur vient de la ressemblance de leurs fruits avec une petite cerise. Des neuf espèces connues, on cultive particulièrement le CAMERISIER DE TARTARIE (xylosteum tartaricum), qui forme un buisson bien garni, s'élevant jusqu'à deux mètres; au premier printemps, il est garni d'un grand nombre de fleurs roses auxquelles succèdent des baies rouges de la grosseur d'une groseille, dont la couleur contraste agréablement avec l'écorce blanchâtre des tiges, le vert léger et bleuâtre des feuilles, et l'élégance du port. Les jardiniers lui donnent d'ordinaire le nom impropre de cerisier nain. On place volontiers près de lui pour former contraste : — 1° le CAMERISIER DES HAIES (xylosteum dumetosum), aux feuilles larges, d'un vert terne, aux fleurs blanches, aux rameaux nombreux; il est susceptible d'améliorer les plus mauvaises terres, d'y fournir en peu de temps un taillis en coupe réglée, et de rapporter un bon revenu à celui qui le plante; — 2° le CAMERISIER DES ALPES (xylosteum alpinum), dont le vert foncé du feuillage, la couleur des fleurs qui est purpurine en dehors et jaune en dedans, et ses baies réunies, lui donnent un aspect remarquable; — 3° le CAMERISIER DES PYRÉNÉES (xylosteum pyrenaicum), petit, ramassé, couvert aux premiers jours d'avril de feuilles très-entières, glabres, d'un vert glauque; en mai, de fleurs blanches, un peu rosées, presque régulières; et en juin, de baies rougeâtres; — 4° le CAMERISIER BLEU (xylosteum cœruleum), aux fruits bleus, et le CAMERISIER NOIR (xylosteum nigrum), qui les a noirs, avec des fleurs blanches.

CAMÉRISTE, de l'italien camerista. La célèbre comédie de Beaumarchais a francisé ce mot, qu'il faut bien se garder de confondre avec cameriza ou chambrière. Ce dernier est le nom de la fille qui fait le service de la chambre. Camériste ne signifie pas femme de chambre, mais bien le nom des dona commises à la garde et à la suite des femmes de qualité; elles ne les servent que rarement dans leur chambre. Il y a des princesses qui ont plusieurs caméristes. En Espagne, en Portugal, on appelle camerista major la première femme de charge du palais. Il y a aussi des camériers; nous en avons parlé.

CAMÉRITES (géogr. anc.), peuple de la Mésopotamie.

CAMERLINGAT, s. m. (term. de relations), dignité de camerlingue.

CAMERLINGUE (camerlengo, de l'allemand kammerling, chambrier). Ce mot désignait dans l'origine, selon Ducange, le trésorier du pape ou de l'empereur; maintenant le titre de camerlingue n'est plus en usage qu'à Rome, où il est donné au cardinal qui gouverne l'État ecclésiastique et administre la justice. C'est l'office le plus éminent de la cour pontificale, parce qu'il est à la tête de la trésorerie. Lorsque le saint-siége est vacant, le cardinal camerlingue publie les édits, fait frapper la monnaie, et exerce toutes les autres prérogatives de la souveraineté. Il a sous ses ordres un trésorier général, un auditeur général, et douze prélats appelés clercs de la chambre. A. S-R.

CAMÉRON (JEAN), fameux théologien protestant, né à Glasgow en Écosse, il enseigna la langue grecque, et vint ensuite en France, où il professa les langues grecque et latine à Bergerac, puis la philosophie à Sedan. Il fut ministre à Bordeaux, et professeur en théologie à Saumur, d'où il passa à Londres, où il enseigna la théologie, de même qu'à Glasgow, lieu de sa naissance. Il revint depuis à Saumur, d'où il fut appelé en 1624 à Montauban pour y professer la théologie. Il mourut l'année suivante dans cette dernière ville, âgé de quarante-six ans. On a de lui plusieurs ouvrages, dans lesquels il se rapproche beaucoup de la doctrine catholique, sur la grâce, le libre arbitre et la prédestination; ce qui lui fit des affaires dans son parti, à cause des adoucissements qu'il apportait aux sentiments trop durs de Calvin sur ces matières. Il avait publié, de son vivant, une conférence avec Tilénus, intitulée : De gratia et voluntatis humanæ concursu in vocatione, Leœdi, anno 1622; et un autre traité, aussi en latin, imprimé en 1624, où il défend son opinion touchant la grâce et le libre arbitre. On a imprimé, après sa mort, ses Prælectiones, ou Leçons de théologie, qui contiennent l'explication de certains passages de l'Écriture, en forme de lieux communs et à la manière des controversistes, 5 vol. in-4°. On a aussi imprimé à Genève, en 1632, des remarques savantes et judicieuses sur le Nouveau Testament, avec le titre de Mirrhothecium evangelicum, et on les a insérées depuis dans les critiques d'Angleterre. On a encore de lui un volume in-folio d'œuvres mêlées. Caméron était persuadé qu'on pouvait se sauver dans l'Église romaine (Moréri, édit. de 1759).

CAMERONES. 1° Grande rivière de la côte occidentale d'Afrique, qui prend sa source dans l'intérieur des terres, s'avance dans la direction du sud-est, forme la limite qui sépare le pays des Calbingos de celui de Biafora, et se déverse dans l'Océan par deux embouchures, dont l'une, celle du sud, porte le nom de Malumoa. Le plus considérable de ces deux bras est navigable par des vaisseaux qui ont besoin de dix-huit pieds d'eau. — 2° Ville du pays des Calbingos sur la côte de Benin. Elle est située sur une île formée par les deux bras du Camerones; elle a un port fluvial et un marché important, où l'on vend beaucoup d'esclaves, qui sont du reste d'une race fort laide, et d'un aspect qui ressemble à celui du singe. On y vend aussi de l'ivoire, de la gomme et du poivre. Les Anglais y cherchent quatre tonnes d'ivoire, cinquante tonnes d'huile, et pour 5,000 florins de gomme, le tout pour le prix de 185,000 florins.

CAMÉRONIENS, secte ou parti en Écosse, qui se sépara des presbytériens en 1666, et continua de tenir dans les champs ses assemblées religieuses. Les caméroniens ont pris leur nom de Richard Caméron, fameux prédicateur, qui fut tué dans une émeute excitée par lui. Ses successeurs ne furent entièrement réduits qu'à l'époque de la révolution, lorsqu'ils firent volontairement leur soumission à Guillaume de Nassau. Les caméroniens adhéraient rigoureusement à la forme de gouvernement établi en 1648. — On appelait aussi, en France, caméroniens ou caméronites un parti de calvinistes qui soutenaient que la volonté de l'homme est uniquement déterminée par le jugement pratique de l'esprit; que la cause des bonnes ou mauvaises actions vient de la connaissance que Dieu lui donne; que Dieu n'excite pas la volonté physiquement, mais moralement, en vertu de la dépendance où est la volonté du jugement de l'esprit. Les caméroniens de France prirent ce nom de Jean Caméron, fameux professeur, d'abord à Glasgow, où il était né en 1580, puis à Bergerac, Sedan et Saumur; c'est dans cette dernière ville qu'il mit au jour sa nouvelle doctrine sur la grâce et le libre arbitre, qui fut développée par Amyrault, Cappel, Bochart, Daillé, et par d'autres ministres des plus instruits parmi les protestants, qui jugeaient que la doctrine de Calvin était trop rigide sur ce point. Les caméroniens étaient donc des calvinistes mitigés dont les opinions se rapprochaient de celles des Arminiens en Hollande. On les appelle aussi universalistes, et quelquefois amyraldistes. Le premier de ces deux noms leur vient de ce qu'ils étendaient la grâce à tout le genre humain. Les adhérents du synode de Dordrecht les accusèrent de pélagianisme et même de manichéisme. La controverse entre les deux partis fut soutenue avec une ardeur et une subtilité qu'on a peine à concevoir. Toute la question se résumait en ces termes : « La volonté de l'homme est-elle déterminée par l'action immédiate de Dieu sur elle, ou par l'intervention d'une connaissance que Dieu imprime à l'esprit ? » Le synode de Dordrecht se prononça pour la première question, Caméron pour l'autre. A. S-R.

CAMEROS (LOS) (géogr.), seigneurie fort étendue dans la province de Rioja en Espagne, sur les frontières de Soria. Elle embrasse un espace de 12 milles de circuit, et renferme un grand nombre de communes, parmi lesquelles on distingue Tonecilla de los Cameros, Nieva, Venta Nuevo, etc. La Sierra de Cameros y est aussi renfermée. Rodrigue Diaz, seigneur de los Cameros, s'opposa courageusement au comte Alvar de Lara, usurpateur de la seigneurie (1216). Quatre ans après, en 1220, il était appelé à se justifier des exactions qu'il avait commises comme lieutenant de la Rioja : au lieu de reconnaître sa faute et d'y renoncer, il arbore audacieusement l'étendard de la révolte. Le roi accourt pour punir le téméraire, mais la reine mère, se souvenant des services importants qu'elle a reçus autrefois de Rodrigue, s'interpose entre eux pour apaiser leur colère. Elle parvient à obtenir un accommodement en vertu duquel Rodrigue rend toutes les forteresses qu'il a conquises contre 14,000 maravédis qu'il reçoit ; puis il entreprend un pèlerinage en terre sainte, s'étant déjà précédemment croisé. Simon Ruiz de Haro, seigneur de los Cameros, se ligue en 1270 avec d'autres seigneurs mécontents contre le roi Alphonse X. En 1271, ils quittent la Castille pour quelque temps, se rendent à Grenade en 1272, mais enfin en 1274 ils se réconcilient avec le roi. Trois ans après, en 1277, Alphonse le Sage fit brûler Simon dans sa maison et avec sa maison, parce qu'on l'accusait d'avoir comploté avec don Frédéric, frère du roi, pour exciter un mouvement en faveur des enfants de Ferdinand de la Cerda. Jean-Alphonse de Haro, seigneur de los Cameros, fut arrêté non loin de Logrogno, dans la commune d'Agoncilla, faisant partie de ses domaines, et fut décapité en 1333 comme coupable de trahison : toutes ses possessions furent confisquées, à l'exception de los Cameros qui resta à ses frères. Henri de Transtamare dépouilla plus tard de cette seigneurie un autre Jean Alphonse de Haro, pour en faire don à un de ses favoris, Jean d'Arellano, qui descendait de Sancho Ramirez, frère du roi Garcias VIII de Navarre. Ce Jean d'Arellano était fils de Ramiro, neuvième seigneur d'Arellano, d'Ayllo, d'Ujue, dans la merindad d'Olite, et de Valtiena dans la merindad de Tudèle. À ce don, fait en 1366, le roi Jean Ier ajouta en 1381 Aguilas d'Inestrillas. Alphonse Ramirez de Arellano, quatrième seigneur de los Cameros, seigneur d'Arellano, d'Aguilas, d'Inestrillas (dans la province de Soria, au nord d'Agreda, et sur la frontière de Navarre), de Cervera près d'Aguilas, et d'Andaluz, reçut en 1743 le titre de comte d'Aguilas, en récompense des services importants qu'il avait rendus à l'État dans la guerre contre le Portugal. Jean Ramirez d'Arellano, comte d'Aguilas, qui reçut en dot, par son mariage avec Anna-Maria de Mendoza, le marquisat de Hinojosa dans la province de Cordoue, le comté de Villamor, et S. Leonardo, fut nommé le 6 janvier 1640 grand d'Espagne par Philippe IV. Sa petite-fille, Maria-Antonia, dixième comtesse d'Aguilas, troisième comtesse de Villamor, troisième marquise de Hinojosa, treizième dame de los Camiros, épousa en 1670 Rodrigue-Emmanuel Manrique de Lara, deuxième comte de Frigiliana dans le royaume de Grenade, vicomte de la Fuente, etc., un des partisans les plus zélés de Philippe V, qu'il servit comme conseiller d'État, comme président du conseil de l'Inde et comme ministre de la marine. Le seul fils qu'il eut de la comtesse d'Aguilas, né en 1675, fut Ignace Manrique de Arellano, Mendoza y Alvarado, onzième comte d'Aguilas, quatrième comte de Villamor, quatrième marquis de Hinojosa, quatorzième seigneur de los Cameros, seigneur d'Andaluz, d'Arellano, de Cervera, de Caşa-Carrillo, de Pinillos, d'Albelda, de Muro, chevalier de la Toison d'or et capitaine des gardes de Philippe V, aussi connu par ses qualités distinguées que par son indomptable fierté. Il épousa Rosalia-Maria Pignatelli, fille du septième duc de Monteleone, et il n'eut pas d'enfants de ce mariage : ainsi les domaines de los Cameros, d'Aguilas, de Hinojosa, etc., passèrent après sa mort aux mains des ducs de Bejas. Le seul majorat de la maison d'Arellano, tel que l'avait possédé Philippe Ramirez de Arellano, père du huitième comte d'Aguilas et vice-roi de Navarre, mort en 1620, se composait de 40 villes, de 112 villages, de 1500 biens nobles, et de 15,000 sujets.

CAMEROTA (*géogr.*), ville de la province napolitaine de Principato-Citeriore, située près du promontoire d'Infreschi, près duquel se trouve un petit port qui fournit beaucoup de corail. Le nombre des habitants est à peine de 2,000.

CAMERS (JEAN), cordelier, est l'un des savants du XVe siècle qui ont le plus contribué au rétablissement des bonnes études. Né à Camerino, en Italie, en 1448, il prit le nom latin de *Camero*, pour désigner sa patrie ; car son nom de famille était *Ricuzzi Vellini*. Il fut professeur de philosophie à Padoue, et provincial de son ordre. Appelé ensuite à l'université de Vienne, il y enseigna pendant vingt-quatre ans la théologie de Scot, et mourut, suivant Locher, en 1556, ou suivant Jacobillus, en 1546, à l'âge de quatre-vingt-dix-huit ans. Il possédait à fond la langue grecque, et correspondait en cette langue avec Marc Musurus, archevêque de Malvasia. On connaît peu les autres circonstances de sa vie ; mais on lui doit un grand nombre d'éditions d'auteurs classiques, à la plupart desquelles il a joint des notes ; les principales sont : Claudien (Vienne, 1510, in-4°) ; Denys le géographe, 1512 ; *Florus et Sextus Rufus*, Bâle, 1518, in-fol. ; Solin, 1520 ; Justin, Eutrope, etc. Il a fait encore des *Tables sur Pline* et *Pomponius Mela*, des Com-

mentaires sur Lucain, sur le *Tableau de Cébès*, et plusieurs autres ouvrages dont Adelung donne le détail dans son *Supplément au Dictionnaire de Jöcher*. Les notes de notes de Camers ont été insérées dans le *Florus variorum* de Blancard, 1690, in-4° ; elles sont historiques en général, quelquefois critiques ; il y a fait preuve d'érudition et d'exactitude. Son édition de Claudien est importante, mais elle n'a point de notes, quoiqu'il en promît dans la préface.

CAMESE, nommée aussi *Camena* et *Camœna*, était, suivant Hygin, l'épouse de Janus, et régna, en commun avec lui, sur toute l'Italie, et de là vient que le Janicule portait aussi le nom de Camesene dans les temps les plus reculés. Plus tard, on en fit la déesse qui présidait au chant et à la poésie, on ne sait par quelle liaison d'idées cela se fit, à moins que ce ne soit par un changement de nom avec celui de Carmenta (*V.* ce mot). Camenæ devint chez les Romains une dénomination par laquelle ils désignaient les muses des Grecs, surtout depuis que Numa avait consacré aux Camènes le bois où il prétendait recevoir d'Egérie, que l'on comptait au nombre des muses, ses lois et ses ordonnances, rédigées probablement en vers.

CAMÉSÈS (*hist. héroïq.*), prince d'Italie, qui partagea son pouvoir avec Saturne.

CAMESPERME, s. m. (*botan.*), genre de plantes de la famille des polygalées.

CAMESTRES (*logiq.*), mot technique destiné à représenter un syllogisme composé, dont la majeure est générale, affirmative, dont la mineure et la conclusion sont négatives ; la lettre C qui commence le mot indique que ce syllogisme se rapporte à celui qu'on désigne sous le nom de *celarent* (*V.* ce mot et BARBARA). **B. JULLIEN.**

CAMETTI, s. m. (*hist. nat., bot.*), arbre du Malabar. Cet arbre s'élève à la hauteur de quarante à cinquante pieds. Sur une racine de bois brun fibreux, couvert d'une écorce jaunâtre, s'élève un tronc cylindrique de huit à dix pieds de hauteur sur trois pieds environ de diamètre, couronné par une tête sphéroïde, assez épaisse, formée par nombre de branches alternes, cylindriques, épaisses, courtes, ouvertes d'abord sous un angle de 45 degrés, ensuite épanouies horizontalement, à bois plus brun à cœur, mais blanc à l'aubier, recouvert d'une écorce cendrée. Les feuilles sont rassemblées au nombre de quatre à huit vers le bout de chaque branche, et fort serrées, elliptiques, arrondies en bas, médiocrement pointues à l'extrémité opposée, longues de deux à trois pouces, une fois moins larges, entières, épaisses, fermes, lisses, vert noires dessus, plus claires dessous, relevées d'une côte longitudinale ramifiée en cinq à six paires de nervures alternes et portées communément pendantes ou inclinées sous un angle de 45 degrés, sur un pédicule cylindrique épais, trois fois plus court qu'elles. Les fleurs mâles sont séparées des femelles sur le même pied et sur des branches différentes, de manière que cet arbre est monoïque ou androgyne. Elles sont disposées en épis solitaires, axillaires, dont les mâles sont d'abord un peu plus courts que les feuilles, ensuite aussi longs qu'elles, cylindriques, sept à huit fois plus longs que larges, et garnis sur toute leur longueur d'environ deux cents fleurs vert blanchâtre, sessiles et contiguës. Les épis femelles occupent d'autres branches, et sont une à deux fois plus courts que leurs feuilles, et garnis de cinq à douze fleurs portées chacune sur un pédoncule une à deux fois plus long qu'elles. Chaque fleur consiste en un calice à trois feuilles et trois étamines dans les mâles. Les femelles, au lieu d'étamines, ont un ovaire sphéroïde, porté sur un petit disque et couronné par trois styles courts, veloutés sur leur face intérieure qui forme le stigmate. L'ovaire, en mûrissant, devient une capsule sphéroïde, à trois lobes de quatre à cinq lignes de diamètre, de moitié moins longue, d'abord verte, ensuite cendrée, à trois loges s'ouvrant élastiquement en six valves, et contenant dans chaque loge une graine sphéroïde de deux lignes de diamètre, blanchâtre, dure. Le *cametti* croît sur la côte du Malabar, dans les terres marécageuses, surtout autour de Raypin et de Paloerti. Il est presque toujours couvert de fleurs et de fruits. En quelque endroit qu'on fasse une incision dans l'écorce de ses racines, de son tronc, de ses branches, de ses feuilles et fruits, il en sort un suc laiteux très-abondant et très-âcre. Ses feuilles en décoction, fournissent un bain très-utile aux goutteux. La même décoction est vermicide et nettoie souverainement les ulcères invétérés et vermineux sur lesquels on l'applique ; avec son suc laiteux et la gomme-gutte, *carcapuli*, on fait des pilules qui sont très-estimées pour l'hydropisie.

CAM-HI (*V.* KANG-HI).

CAMICETA (*géogr. anc.*), siége épiscopal d'Afrique, dont la province est incertaine. Datianus, évêque de Camiceta, assista et souscrivit au concile de Cabarsuse.

CAMICUS, Καμικός (*géogr. anc.*), ville très-antique de Sicile, qui forma plus tard la citadelle d'Akragas ou Agrigente. D'après la mythologie, Dédale, après s'être enfui de l'île de Crète, aurait bâti cette ville pour Kocalus, prince sicanien, sur un rocher à peine accessible par un sentier qui se contournait en différents sens. Au pied de cette hauteur escarpée, les habitants de Géla bâtirent, 108 ans après la fondation de Géla (Ol. 56, 1 ; avant J.-C. 556), leur colonie d'Akragas, qui s'étendait au sud-est, au pied de l'ancienne Camicus, sur des pentes douces et peu élevées.

CAMIGUIN (*géogr.*), une des îles du groupe des Babouyanes. Elle a 6 milles de pourtour et à peu près 800 habitants, auxquels les Espagnols achètent de l'or, de la cire, de la casse et des noix de coco. Ils y ont aussi un poste militaire, et c'est de plus un lieu de résidence pour les missionnaires.

CAMILLA, sœur du pape Sixte-Quint, vint à Rome après l'élection de son frère en 1585. Les cardinaux de Médicis firent habiller cette paysanne en princesse pour faire leur cour au pape, qui ne voulut pas la reconnaître sous ses habits magnifiques. Le lendemain, étant retournée au Vatican vêtue avec plus de simplicité, Sixte-Quint lui dit en l'embrassant : « Vous êtes à présent ma sœur. » Il la logea à Sainte-Marie-Majeure, et lui donna une pension.

CAMILLA (JACOMA–ANTONIA VÉRONÈSE, plus connue sous le nom de) naquit à Venise en 1735, et vint en France avec son père, qui remplit au Théâtre-Italien les rôles de Pantalon. Elle y débuta pour la danse, étant à peine âgée de neuf ans, et eut un succès prodigieux. Ce fut à elle que la comédie italienne dut celui de ses ballets. Le 1er juillet 1747, elle parut comme actrice dans le canevas des *Deux Sœurs rivales*. Son début n'y fut pas moins heureux ; mais c'était surtout dans *l'Enfant d'Arlequin perdu et retrouvé* que Camilla montrait tout le talent d'une actrice consommée dans l'art théâtral. On l'admirait également dans la comédie des *Tableaux* de Panard. Après avoir paru pendant assez longtemps sur le théâtre, elle le quitta, et mourut à Paris en 1768.

CAMILLE (en latin *camillus* ou *casmillus*, au féminin *camilla* ou *casmilla*) était le nom que les anciens donnaient aux jeunes gens de l'un et de l'autre sexe qui servaient aux autels. « Les Romains, dit Macrobe, appellent camilles (*camillos et casmillas*) les jeunes garçons et les jeunes filles nobles qui assistent les prêtres et les prêtresses. » Varron prétend que ce nom vient des mystères de Samothrace ; en effet, l'un des dieux Cabires portait le nom de Casmilus. Servius dit que Mercure, en langue étrusque, se nomme Camillus, c'est-à-dire serviteur des dieux. On donnait aussi ce nom à un jeune garçon impubère, qui, dans les cérémonies du mariage, portait un vase couvert appelé *camera*, dans lequel il y avait des hochets et autres bagatelles pour l'enfant qui devait naître. — Camille était encore le surnom de plusieurs membres de la famille patricienne des Furius, qui occupa des postes importants sous les rois, parvint sous la république au plus haut degré d'illustration, jeta de nouveau quelque éclat sous les premiers empereurs, s'éteignit sous le règne de Claude, comme on le verra dans les articles suivants. — Enfin, Virgile nomme *Casmilla* la mère de Camille, reine des Volsques :

. . . . Matrisque vocavit
  Nomine Casmillæ, mutata parte, Camillam.

(*V.* l'article qui suit), d'où l'on a conjecturé que le mot *camillus* dérivait de l'ancienne langue étrusque. Toutefois Denys d'Halicarnasse dit (liv. II) que les Etrusques appelaient *cadoles* ceux que les Romains de son temps appelaient *camilles*. Dans une médaille de Caligula, en grand bronze, représentant d'un côté la Piété assise qui tient de la main droite une patère, avec l'inscription : C. CÆSAR AUG. GERMANICUS PM. TR. POT., et au revers un sacrifice devant un temple DIVO AUG., la petite figure qui est à gauche, derrière le prêtre, semble être le *camille* du sacrifice.   C. D.

CAMILLE (CAMILLA), fille de Metabus et reine des Volsques,

vint au secours de Turnus, roi des Rutules, dans la guerre contre Enée. C'est un des plus charmants caractères de l'Enéide ; tout le monde connaît ces jolis vers :

> Illa vel intactæ segetis per summa volaret
> Gramina, nec teneras cursu læsisset aristas.

On doit aussi remarquer le passage dans lequel Virgile peint si bien le naturel des femmes en représentant Camille occupée à considérer la brillante parure d'un guerrier troyen, et cherchant à s'en emparer au moment où, négligeant sa propre défense, elle est elle-même percée d'un javelot. C'est de Camille que le Tasse a pris la première idée de sa fière Clorinde ; mais le christianisme a fourni au poëte moderne plusieurs traits qu'on ne peut trouver dans l'original.   C. D.

CAMILLE (HORATIA CAMILLA), sœur des trois Horaces, qui, sous le règne de Tullus Hostilius, troisième roi de Rome, combattirent les trois Curiaces. C'est un des faits les plus célèbres et les mieux avérés de l'ancienne histoire romaine. Il est confirmé par la tradition et par les monuments ; seulement on ne savait plus à Rome, au temps de Tite Live, quels étaient les guerriers romains, quels étaient les albains ; l'opinion la plus commune fait les Horaces Romains ; c'est celle qu'adopte Corneille. Le jeune Horace, après la mort de ses deux frères, ayant par sa ruse et par son courage vaincu les trois Curiaces, revenait triomphant à Rome, lorsqu'il rencontra, près de la porte Capène, sa sœur Camille, fiancée à l'un des Curiaces ; l'infortunée, reconnaissant entre les mains de son frère les dépouilles de son amant, se livre au désespoir et accable son frère d'outrages et d'imprécations, ces imprécations que Corneille a rendues si fameuses :

> Rome, l'unique objet de mon ressentiment,
> Rome, à qui vient ton bras d'immoler mon amant, etc., etc.

Le vainqueur indigné tire son épée encore teinte du *sang* des Curiaces, et la plonge dans le sein de sa sœur. Condamné à mort pour ce meurtre, au tribunal des *duumvirs*, par le conseil de Tullus il en appela au peuple qui mitigea la sentence, ne pouvant se résoudre à faire périr l'homme qui venait de rendre à sa patrie un si éclatant service. Il fut seulement soumis à des sacrifices expiatoires, et contraint de passer, la tête voilée, sous un poteau transversal élevé dans la largeur de la rue, et nommé le *poteau de la sœur* (sororium tigillum), qui, toujours réparé par la suite aux frais de l'Etat, lorsque le temps menaçait de le détruire, subsistait encore au temps d'Auguste. On voyait aussi les tombeaux des deux Horaces, ceux des trois Curiaces, et celui de Camille, tous élevés à l'endroit même où chacun d'eux avait reçu la mort. On montre encore aujourd'hui, hors des murs de Rome et non loin de l'église Saint-Sébastien, quelques ruines informes auxquelles les *ciceroni* donnent le nom de tombeaux des Horaces (*V.* HORACES).   C. D.

CAMILLE (MARCUS FURIUS CAMILLUS), d'une antique famille patricienne, figure sur le premier plan pendant près de quarante ans dans l'histoire romaine, depuis l'année 353 de Rome (avant J.-C. 402) jusqu'à l'année 389 (avant J.-C. 366), date de sa mort. Il fut censeur avec M. Postumius Albinus Regillensis : l'an de Rome 353 , il punit d'une amende ou assujettit à un plus fort impôt les citoyens qui , dans un âge avancé, gardaient le célibat, et ils imposèrent les orphelins qui jusqu'alors avaient été exempts de toute contribution. La première de ces dispositions tendait à augmenter la population de la république, la seconde à en augmenter les revenus. Camillo exerça six fois le tribunal militaire dans les années de Rome 354, 357, 361, 369, 371 et 574, et cinq fois la dictature, en 359, 365 , 366 , 386 et 387 ; quatre fois il triompha, mais il ne fut jamais consul. Depuis dix ans le siége de Véies, ville étrusque, rivale de Rome, occupait sans gloire et sans succès les armées romaines, lorsque les Romains mirent à la tête de leur armée, avec le titre de dictateur, ce général, marqué, dit Tite Live, par les destins pour prendre Véies et sauver sa patrie : *Fatalis dux ad exitium illius urbis servandæque patriæ*. Il nomma pour général de la cavalerie L. Cornelius Scipion. Le changement de chef changea tout à coup la face des affaires. Espérance, courage, fortune même, tout sembla se renouveler en un moment. —On voit ici ce que peut un homme. Le sage Rollin avait déjà observé que dans tous les emplois où Camille avait eu des collègues, sa rare valeur et sa haute capacité lui avaient fait déférer tout l'honneur du commandement, comme s'il eût commandé en chef; et l'on remarqua depuis, que pendant ses dictatures il gouvernait avec tant de douceur et de modération que les officiers qui étaient soumis à ses ordres croyaient partager son autorité. Arrivé au camp, il commença par punir selon toute la rigueur de la discipline ceux qui, dans une occasion récente, saisis d'une terreur subite, avaient abandonné le camp; et par là il apprit au soldat à craindre encore plus la juste sévérité de son général que les coups de l'ennemi. De retour à Rome, il fit de nouvelles levées : le peuple à l'envi s'enrôla sous ses drapeaux. La jeunesse des Latins et des Herniques vint offrir ses services au dictateur qui les accepta avec empressement. Il sortit alors de Rome, après avoir voué aux dieux, s'ils donnaient une heureuse fin à la guerre, la célébration des grands-jeux et la réédification du temple de la déesse Matuta. Camille débute par une victoire signalée sur les Falisques et les Capénates, alliés des Véiens; il s'empare de leur camp, où il fait un butin considérable; puis il conduit à Véies son armée ainsi pleine de confiance et d'ardeur. Toutefois, reconnaissant que contre une ville défendue avec tant de vigilance et de courage la force ouverte était impuissante, il employa contre elle la sape et la mine avec une habileté et un succès qui lui font honneur pour son siècle. Enorgueilli d'une si grande victoire, il entra à Rome en triomphe sur un char magnifique traîné par quatre chevaux blancs. Cet appareil inouï depuis l'établissement de la république déplut au peuple, en lui rappelant ce que les Romains avaient le plus en exécration, la royauté. Le peuple ne lui pardonnait pas en outre d'avoir réservé pour le trésor public l'argent provenant de la vente des captifs faits à Véies, puis d'avoir ensuite exigé de chaque citoyen de rapporter au trésor public la dîme du butin que chacun avait fait, pour en former une offrande en or ou massif vouée par le dictateur à Apollon. Rome avait à se venger des Falisques. Camille, élu tribun militaire pour la troisième fois (an de Rome 361), remporte une victoire sur les Falisques; il prend leur camp, et en fait vendre le butin au profit de la république; ce qui ajoute à la haine que lui porte déjà le peuple. Il vient ensuite mettre le siège devant Faléries. Cette ville était bien approvisionnée, et l'on s'attendait à une longue résistance; mais elle fut conquise par la générosité de Camille. Les enfants des citoyens les plus distingués fréquentaient une même école. Le maître chargé de leur instruction les conduisait à la promenade hors de la ville, malgré la présence des Romains. Le traître un jour conduisit ses élèves jusqu'au camp de Camille. Livrer à ce général ces enfants précieux, c'était remettre Faléries dans ses mains, et il attendait une récompense digne de ce coupable service. Mais Camille indigné lui adressa les plus vifs reproches, le fit dépouiller, lui fit attacher les mains derrière le dos, et, ayant armé de verges les mains de ses jeunes disciples, il leur ordonna de le ramener dans la ville en le frappant sans relâche : « ce qu'ils firent sans doute de bon cœur, observe naïvement Rollin. » Les Falisques, touchés de tant de vertu, demandèrent la paix, et se donnèrent aux Romains; et Camille, cette fois, rentra dans Rome « avec une gloire bien plus solide que celle de ce triomphe superbe et fastueux où il avait semblé prétendre s'égaler aux dieux qu'il adorait. » Depuis la prise de Véies, Rome était livrée à la dissension : les tribuns proposèrent de faire de cette ville une seconde Rome, en y transportant la moitié du peuple, des chevaliers et du sénat. Camille sentit combien serait dangereuse une loi qui priverait l'État d'un point unique de centralisation d'où résultaient l'harmonie et la force, et il s'opposa de tout son pouvoir à la proposition des tribuns qui fut rejetée. Aussi se vit-il sans cesse en butte aux attaques de ces magistrats. L'un d'eux, L. Apuleius, l'accusa d'avoir soustrait une partie du butin de Véies, et d'en avoir fait faire une porte d'airain à sa maison. Victime de l'animosité que lui avaient attirée sa sévère économie dans l'administration publique et sa constance à s'opposer à tous les caprices du peuple, il se vit obligé de prévenir une condamnation par l'exil. Il se retira volontairement à Ardée; mais il n'en fut pas moins condamné à une amende (an de Rome 364). « Que les dieux, s'écria-t-il en partant, me vengent en forçant Rome à me regretter! » Prière bien différente de celle qu'il avait faite après la prise de Véies, lorsque, levant les mains au ciel, il demanda aux dieux « que si son bonheur ou celui de la république leur paraissait trop grand, et qu'il dût être contre-balancé par quelque disgrâce, ils se contentassent de frapper sur sa tête, mais qu'ils épargnassent la république. » Au surplus, le vœu impie que lui arracha le chagrin d'un injuste exil ne fut que trop vite exaucé. Poussés hors de leur pays par une affluence de population, attirés par le beau climat et les riches productions de

l'Italie, et vraisemblablement aussi soudoyés par les Etrusques, les Gaulois Celtes, ayant pour chef Brenn ou Brennus, se ruèrent sur l'Italie centrale, et vinrent camper devant Clusium, la seule ville d'Étrurie qui, avec Céré, fût alliée de Rome. Par suite de l'imprudence des trois Fabius, ses ambassadeurs, Rome s'attira l'animosité de ces dangereux ennemis : Brenn marche contre les Romains, taille en pièces leur armée à Allia, s'empare de Rome après l'avoir mise à feu et à sang, fait le siège du Capitole, dernier refuge du nom romain. Le sénat, sentant alors le besoin qu'il a de Camille, le crée dictateur, et le décret d'élection va le trouver au lieu de son exil : c'était Ardée, ville des Rutules. Le tribun militaire Sulpicius était convenu avec les Gaulois d'une somme d'argent moyennant laquelle ils devaient se retirer; Camille survient avec une armée au moment où se pèse la rançon de Rome : « C'est le fer et non l'or, dit-il, qui doit racheter les Romains » Puis il fait retomber sur les Gaulois le mot de Brennus : Malheur aux vaincus! Ils sont défaits dans ce combat tumultuaire, et après une seconde bataille à 8 milles de Rome, il ne resta pas même un seul Gaulois pour apporter dans leur patrie la nouvelle de leur défaite. Camille reçoit les honneurs du triomphe, avec le titre glorieux de second fondateur de Rome.—Tel est en substance le récit plein d'intérêt que nous offrent Tite Live et Plutarque; mais est-il vraisemblable que, lors de la capitulation faite entre Sulpicius et les Gaulois, Camille soit arrivé tout à coup pour en arrêter l'exécution? Comment surtout les Gaulois, toujours si redoutables aux Romains, se sont-ils laissé égorger comme des troupeaux timides dans deux combats successifs? Les Gaulois ont pris Rome, puis se sont retirés par capitulation, et en recevant une rançon : voilà ce que nous dit Polybe, bien plus voisin de l'événement que Tite Live. Le témoignage de ce grave historien est confirmé par celui de Suétone, d'après lequel, bien des siècles après, Drusus retrouva et reconquit chez les Gaulois la rançon de Rome. Il est évident d'ailleurs que les Gaulois ne furent de longtemps chassés de leur pays. Tite Live lui-même nous les montre toujours campés à Tibur, qu'il appelle le foyer de la guerre des Gaulois (arcem Gallici belli). L'intervention de Camille est donc ici une fable imaginée par les patriciens qui furent longtemps les seuls dépositaires des traditions historiques de Rome : ils voulaient montrer la vengeance céleste armée contre les plébéiens, quand ils auraient l'insolence d'offenser un membre de l'ordre sénatorial. C'était pour venger l'exil de Camille que les dieux avaient amené les Gaulois à Rome, et ils ne devaient permettre qu'à Camille de chasser ces terribles ennemis. Des prodiges avaient précédé sa condamnation : le plus grand avait été une voix qui, dans la rue neuve, pendant la nuit, s'était fait entendre à Marcus Ceditius, homme d'une probité reconnue, et lui avait annoncé la prochaine arrivée des Gaulois.—L'histoire, après la retraite de Brennus, continue de rassembler le merveilleux sur la personne de Camille. Par lui Rome était tout, sans lui Rome n'était plus rien. Après avoir délivré la république par les armes, il la sauva par la prudence. Il calma l'effervescence populaire qu'excitaient les tribuns du peuple en parlant toujours de s'aller établir à Véies, et il engagea le peuple à rebâtir la ville, qui se releva bientôt de ses ruines. Bientôt une ligue formidable des peuples de l'Italie se forma pour écraser Rome, encore saignante de ses récentes blessures. Les Latins mêmes et les Herniques fidèles à la république depuis la bataille de Rhégille, c'est-à-dire depuis plus d'un siècle, sont entrés dans la confédération. Camille est nommé dictateur pour la troisième fois (an de Rome 366), arme jusqu'aux vieillards, et marche au secours des tribuns militaires bloqués dans leur camp par les ennemis. Partageant ses troupes en trois corps, il en envoie un pour tenir en échec les Etrusques; il fait camper l'autre près de Rome. Lui-même conduit le troisième contre les Volsques campés près de Lanuvium. A son arrivée, ceux-ci se tiennent renfermés dans leurs retranchements; mais il met le feu à leur camp, et abandonne à ses soldats le butin qu'ils sont obligés d'arracher aux flammes. Ils furent d'autant plus sensibles à cette libéralité, qu'ils ne l'attendaient pas d'un chef qui jusque-là ne s'était pas montré libéral envers les soldats. Camille prit ensuite la ville de Bole, capitale des Eques, et força les Toscans d'abandonner Sutrium, ville alliée des Romains, dont ils venaient de s'emparer. Il triompha alors pour la troisième fois, vainqueur de trois peuples. Tribun militaire l'année suivante, il se vit déférer le commandement par ses trois collègues, et vainquit les Volsques Antiates, s'empara de Satricum, reprit sur les Toscans Nepete et Sutrium, car pour la seconde fois ils s'étaient emparés de cette dernière ville. L'an 371, Camille, revêtu du tribunat militaire pour la cinquième fois, ne fut pas étranger à la condamnation de Manlius, qui fut précipité de ce même Capitole qu'il avait sauvé. Manlius aspirait-il vraiment à la tyrannie? ou fut-il victime de l'orgueil patricien, qui voyait avec inquiétude sa popularité? Comme il est impossible aujourd'hui de résoudre nettement cette question, il n'est pas aisé non plus à l'historien impartial d'absoudre ou de condamner la conduite de Camille dans ce grand procès politique. L'an 380, dans son sixième tribunat militaire, Camille, dans une nouvelle campagne contre les Volsques, sauva l'armée romaine compromise par la présomptueuse imprudence de son collègue L. Furius Medullinus, qui probablement était aussi son parent. Une troisième fois il reprit Sutrium sur les Etrusques. Parmi les prisonniers faits par les Romains, on avait trouvé plusieurs Tusculans, qui, envoyés à Rome, avouèrent au sénat ce qu'était par l'ordre de leur gouvernement qu'ils avaient combattu pour les Volsques. La guerre contre Tusculum est donc résolue; elle est confiée à Camille, qui choisit pour le seconder ce même L. Furius, qui, en donnant bataille aux Volsques contre son avis, s'était fait vaincre par eux. Cet acte de générosité, en diminuant la honte de son collègue, fit honneur à Camille. Arrivés devant Tusculum, les Romains ne trouvent aucune trace de guerre. Les maisons, les boutiques, les écoles même étaient ouvertes, les ouvriers à leur travail; les habitants circulaient dans les rues comme à l'ordinaire. Camille, surpris d'un tel spectacle, s'abstint de toute démonstration hostile : la paix fut accordée aux Tusculans, pour prix de leur noble confiance en la générosité romaine, et peu de temps après le droit de cité. Cependant une révolution fermentait dans l'intérieur : les plébéiens réagissaient contre le pouvoir et les priviléges du patriciat. Les citoyens de la sixième classe du peuple (les prolétaires), las d'être ainsi pauvres, écrasés et exploités par les riches, voulant enfin une part du bien-être positif, demandèrent l'*existence matérielle* : les plébéiens, plus aisés et plus éclairés, comprenant leurs droits, et sentant qu'ils pouvaient aussi peser dans la balance, demandèrent l'*existence politique*. De là l'origine de cette aristocratie plébéienne, qui finit par se confondre avec l'aristocratie patricienne, dont elle prit les passions et les intérêts, sans que ce qui restait peuple s'en trouvât mieux. Mais alors les patriciens, épouvantés d'entendre proclamer que les dignités et les biens devaient être également la récompense du mérite, sans distinction de naissance et de richesse, craignant en outre de se voir envahis dans ce qu'ils appelaient leurs propriétés et leurs droits politiques, cherchèrent leur salut dans de fréquentes dictatures, et nommèrent pour la quatrième fois Camille à cette dignité (an de Rome 386). Le dictateur, qui veut gagner du temps, convoque tout le peuple en armes au Champ de Mars, pour le suivre à la guerre. Mais les tribuns protestent énergiquement, et Camille, craignant l'irritation des esprits et un nouvel exil, abdique sa dignité sous des prétextes de religion. Cependant une invasion des Gaulois força le peuple et le sénat de se réunir et de proclamer Camille dictateur pour la cinquième fois (an de Rome 387). Il avait alors près de quatre-vingts ans. Les Gaulois eurent le sort de leurs prédécesseurs, si l'on en croit ces mêmes historiens si prodigues du sang ennemi de Rome. Camille, après avoir vaincu au dehors, eut encore la gloire de calmer les troubles intérieurs et de rallier les partis. Mais le peuple avait remporté une double victoire sur les patriciens. Le consulat lui était enfin accordé. Camille, qui avait plaidé la cause du peuple, fut porté en triomphe dans sa maison. Ainsi fut rétablie la paix entre les deux ordres après dix ans de troubles. Le vénérable dictateur, en mémoire de cet événement, jeta les fondements du temple de la Concorde. La victoire qu'il venait de remporter sur les factions vaut bien celle qu'on lui attribue sur les Gaulois, et c'est ici que finit sa carrière politique. Deux ans après (389 de Rome, 365 avant J.-C.), il mourut d'une de ces épidémies qui étaient alors si communes dans Rome, mal bâtie, mal aérée, et dont le sol humide et fangeux était dans le plus mauvais état d'entretien.

CH. DU ROZOIR.

CAMILLE (LUCIUS FURIUS CAMILLUS), fils du précédent, fut nommé dictateur l'an de Rome 404 (avant J.-C. 350). L. Cornelius Scipion, l'un des consuls, était malade, et M. Popilius Lænas son collègue avait été grièvement blessé en remportant une victoire sur les Gaulois. L'un et l'autre étant hors d'état d'agir, le sénat ordonna aux consuls de nommer un dictateur. Le choix tomba sur Furius Camillus, qui prit pour général de la cavalerie P. Cornelius Scipion. La dispute entre les deux ordres pour le consulat n'était pas encore terminée; le but principal du sénat, en recourant à la dictature, avait été de profiter de l'absence du consul plébéien Popilius Lænas pour rétablir les patriciens dans les deux places de consuls. L. Furius Camillus

réussit à faire élire deux patriciens : lui-même d'abord, puis Appius Claudius Crassus, appartenant à cette famille Claudia qui était le type de l'orgueil patricien. — La république était alors menacée au dehors. Outre les Gaulois qui recommençaient leurs hostilités, des pirates venus de la Grèce infestaient les côtes de l'Italie. La défection des Latins, dans une circonstance si critique, jeta Rome dans un extrême embarras. La mort du consul Appius Claudius Crassus fit retomber tout le poids de la guerre sur Furius Camillus (an de Rome 405). Ce consul remporta sur les Gaulois, selon Tite Live, une victoire qui avait été précédée d'un combat singulier entre M. Valerius Corvus (V.), tribun de légion et un Gaulois de taille gigantesque. On ne trouve pourtant pas dans les fastes Capitolins que Furius Camillus ait eu les honneurs du triomphe. Polybe, qui parle de cette guerre, ne marque ni le combat de Valerius Corvus, ni la victoire de Camille; il dit seulement que les Gaulois, étonnés de voir les Romains oser leur résister, et ne s'accordant pas entre eux sur la conduite qu'ils devaient tenir, se retirèrent avec précipitation pendant la nuit pour s'en retourner dans leur patrie. Aulugelle atteste le combat de Valerius et en fixe l'année sous le consulat de Furius Camillus. Délivré des Gaulois, ce consul alla joindre le préteur L. Pinarius qui avait été préposé à la défense des côtes du Latium contre les pirates. Camillus y fut retenu toute l'année, parce qu'il ne pouvait repousser les pirates sur mer, faute d'une flotte, et que ceux-ci se gardaient bien de descendre à terre. Le même motif empêcha Camillus de tenir les comices consulaires; il reçut ordre du sénat de nommer un dictateur, qui fut T. Manlius Torquatus. — Au surplus, la vigilance du consul à tenir en observation les pirates, ne fut point inutile; ils se retirèrent faute d'eau douce et de provisions pour tenir la mer. Quatre ans après, les Aurunces ayant fait une incursion sur le territoire de Rome, l'on craignit qu'ils n'agissent de concert avec les autres peuples latins; et Furius Camillus fut nommé dictateur pour la seconde fois (409 de Rome). Il choisit pour maître de la cavalerie Cn. Manlius Capitolinus Imperiosus. Camillus ne trouvant qu'une troupe de brigands, qui ne soutiennent pas le premier choc, les dissipe et s'empresse d'abdiquer. Le sénat, en exécution d'un vœu de ce dictateur ordonna, la construction sur le Capitole d'un temple dédié à Junon *Moneta*. Dans la suite ce temple devint un atelier où l'on fabriqua la monnaie de Rome; et ce fut de là que les métaux, frappés pour l'usage du commerce, prirent le nom de *moneta*. Depuis cette époque le fils du grand Camille disparaît de l'histoire.

CAMILLE (SPURIUS FURIUS CAMILLUS), frère du précédent, avait été l'an de Rome 387 élevé le premier à la préture instituée sous la cinquième dictature de son père. — CAMILLE (Lucius Furius Camillus), son fils, consul l'an de Rome 416, acheva de concert avec son collègue Mænius la soumission des Latins. L. Furius Camillus, qui faisait le siège de Pedum, se vit assailli tout à coup par une nombreuse armée de Tiburtins. Tandis qu'il était occupé à les combattre, les habitants de Pedum firent une sortie, prirent l'armée romaine en flanc, et y mirent le désordre; Furius, sans s'effrayer, partage ses troupes en deux corps : l'un disperse les Tiburtins, l'autre force les assiégés à rentrer dans leurs murs, et Furius emporte leur ville par escalade le même jour. Mænius avait de son côté vaincu les Volsques et les Antiates. Après ces victoires, les deux consuls parcoururent le Latium, recevant la soumission de tous les peuples. Pour ces heureux résultats on ne trouva pas suffisant d'accorder aux consuls le triomphe; il leur fut décerné à chacun une statue équestre dans le forum. Furius Camillus, consul pour la seconde fois l'an de Rome 429 dans le fort de la guerre contre les Samnites, fut condamné à l'inaction par la maladie, et rappelé à Rome où il nomma pour dictateur Papirius Cursor. Après lui on ne retrouve plus de Camille dans l'histoire romaine que sous les empereurs.

CH. DU ROZOIR.

CAMILLE (FURIUS CAMILLUS), proconsul d'Afrique sous le règne de Tibère. L'an 770 de Rome et 17 de J.-C., le Numide Tacfarinas se révolta contre l'autorité de ce prince et commença une guerre qui ne fut entièrement étouffée que sept ans plus tard, sous le consulat de Sextus Cornelius Cethegus et de L. Visellius Varro. Tacfarinas avait non-seulement entraîné dans sa révolte les tribus de Musulans, mais il avait pour alliés les Maures ses voisins. Mazippa, leur chef, partagea l'armée avec Tacfarinas. Ce dernier eut sous ses ordres les troupes d'élite, armées à la romaine, et les retint dans un camp pour les habituer à la discipline et à l'obéissance. Mazippa, suivi des troupes légères, portait de tous côtés le feu, le carnage et la terreur. Ils avaient déjà contraint les Cinithiens, tribu considérable, d'embrasser leur parti, lorsque le proconsul Camille, rassemblant une légion et les auxiliaires qu'il avait sous la main, marcha contre l'ennemi. Ses forces étaient médiocres en comparaison de la multitude des Numides et des Maures; toutefois le général romain ne craignait rien tant que de voir les ennemis se dérober, par leur tactique ordinaire, aux chances d'un combat régulier pour traîner la guerre en longueur. Heureusement l'espérance de la victoire occasionna leur défaite; Tacfarinas accepta la bataille. Les Numides furent battus, et, après un laps de plusieurs siècles, la gloire militaire vint illustrer le nom de Furius; car, ajoute l'historien auquel j'emprunte ce récit, depuis le célèbre sauveur de Rome et son fils Camillus, la gloire des armes était passée dans d'autres familles. Quant à celui dont il est ici question, il avait jusqu'alors passé pour inhabile dans l'art de la guerre, considération qui détermina Tibère à présenter sa victoire au sénat sous le jour le plus favorable. Les sénateurs décernèrent à Camille les ornements triomphaux; et, grâce à sa modération, cette distinction ne lui devint pas funeste.

CH. DU ROZOIR.

CAMILLE (FURIUS CAMILLUS SCRIBONIANUS) vivait sous le règne de Claude et commandait une armée considérable en Dalmatie. L'an 42 de J.-C. il se révolta ouvertement de concert avec un Vinicien, et aussitôt un grand nombre de sénateurs et de chevaliers romains se déclarèrent pour lui. Ce mouvement fut de courte durée. Selon Suétone, Scribonianus se fit proclamer empereur; suivant Dion Cassius, il s'étaya des noms du sénat et du peuple romain, et promit aux soldats de rétablir l'ancienne forme du gouvernement. Il est fâcheux que nous ayons perdu le passage de Tacite où il était question de cette révolte. Nous savons toutefois que Scribonianus écrivit à Claude une lettre insolente pour lui enjoindre de se démettre de l'empire, en lui promettant d'ailleurs une vie paisible et douce dans la condition privée. Le pusillanime empereur délibéra s'il n'obéirait pas aux ordres de son rival; mais la fortune vint à son secours. Les soldats, depuis si longtemps attachés à la maison des Césars, commençaient à se repentir, et, comme il était arrivé au commencement du règne de Tibère, dans la sédition des légions de Pannonie, un présage fit plus que la prudence des chefs. Le cinquième jour de la révolte, un ordre de départ ayant été donné, les aigles, probablement trop bien fichées en terre, ne purent être aisément arrachées. La crainte est superstitieuse : « Les dieux sont contre nous, s'écrièrent les soldats, rentrons dans le devoir. » Puis aussitôt ils se mettent à tuer leurs officiers, instigateurs de la révolte. Scribonianus s'enfuit dans la petite île d'Issa, mais il ne put échapper à sa destinée; il fut tué entre les bras de sa femme par un simple soldat appelé Volaginius.

CAMILLE (FURIUS CAMILLUS SCRIBONIANUS), fils du précédent, fut jugé innocent de la révolte de son père, et demeura en conséquence exempt de toute peine; mais dans la suite il fut accusé d'avoir consulté les astrologues sur la mort du prince, et conséquemment condamné à l'exil. On sait que l'astrologie judiciaire était alors fort en vogue à Rome. Claude comptait lui faire grâce et se glorifiait beaucoup de la clémence dont il usait pour la seconde fois envers l'héritier d'une famille ennemie; mais une mort soit naturelle, soit causée par le poison, termina bientôt l'exil et les jours de Camillus Scribonianus (an de Rome 803).

CH. DU ROZOIR.

CAMILLE (V. SCRIBONIANUS).

CAMILLE DE LELLIS (SAINT) (V. LELLIS).

CAMILLE (FRANÇOIS), peintre espagnol d'un genre gracieux et bon coloriste, mort en 1671, élève de Pierre las Cuevas, fut choisi par le duc d'Olivarez pour décorer le palais royal de Madrid. C'est de lui que sont, dans la salle de la Comédie, les portraits des rois d'Espagne, et dans la galerie, les belles fresques représentant les *Métamorphoses d'Ovide*. Il excellait aussi dans les tableaux de dévotion. On remarque de cet artiste, à Alcala de Henarez, *Sainte Marie Égyptienne*, dans l'église des Capucins; à Salamanque, *Saint Charles Borromée*; à Ségovie, une *Descente de croix*; à Madrid, *Notre-Dame de Belen*.

CAMILLI (CAMILLO), poëte italien, naquit à Sienne dans le XVIᵉ siècle, et se fit connaître par les ouvrages suivants : 1° un recueil d'épithètes dans la belle édition de l'*Orlando furioso*, de Venise, 1584, in-4°; 2° cinq chants, pour servir de continuation à la *Gerusalemme liberata*, du Tasse, dans l'édition de Ferrare, 1585, in-12, et dans plusieurs éditions subséquentes : ils avaient paru à part à Venise, in-4°; 3° *Imprese illustri, di diversi, con discorsi*, Venise, 1586, 2 tom. in-4°, les figures sont de Porro; 4° le *Epistole di Ovidio tradotte in terza rima*,

Venise, 1587, in-12; 5° une édition augmentée du *Vocabolario dellas dos lenguas Toscana y Castellana*, ibid., 1591, in-8°.

CAMILLIANI (FRANÇOIS), sculpteur, né à Florence, vivait dans le XVIᵉ siècle. Sorti de l'école de Baccio Bandinelli, sous lequel il avait fait de grands progrès, il fut choisi par don Luis de Tolède pour orner les magnifiques jardins de Florence. Ce travail dura quinze ans. Les statues de l'*Arno* et du *Mugnon* sont classées parmi les chefs-d'œuvre.

CAMILLO (JULES), surnommé *Delminio*, du nom d'un village de Frioul où il naquit en 1479, enseigna la logique à Bologne avec succès, et mourut à Milan en 1550. Ses *OEuvres* en prose et en vers ont été recueillies à Venise par Thomas Porcaulis, 1552, 1579, 1581 et 1584. Ses poésies latines se trouvent dans les *Deliciæ poetarum Italorum*. La lecture de ses divers ouvrages fait connaître qu'il était plus propre à enseigner les principes de l'art d'écrire qu'à les pratiquer lui-même.

CAMILLO (FRANÇOIS), né à Madrid d'un Florentin, mort dans la même ville en 1671. Ce peintre, dont le coloris est admirable de vérité et de fraîcheur, excellait dans les sujets de dévotion avec le genre desquels il s'était si parfaitement identifié, que dans des sujets profanes il donnait la même ressemblance aux dieux et aux déesses de l'antiquité qu'aux héros du christianisme. Parmi ses tableaux, répandus dans plusieurs églises de Madrid et d'autres villes espagnoles, on cite principalement : *une Sainte Marie Égyptienne*.

CAMILUS (*mythol.*), fils de Vulcain et de la nymphe Cabira.

CAMIN ou CAMMIN, *Caminum* (*géogr.*), ville d'Allemagne dans la Poméranie ultérieure ou brandebourgeoise, est située sur une des bouches de l'Oder. Les Danois ayant détruit en 1173 l'ancienne ville de Jullin, Camin fut bâtie sur ses ruines, dont on voit encore une partie à 2 lieues de là. L'évêché de Jullin y fut transféré cinq ans après par Boigislas II, duc de Poméranie, qui lui donna de grands biens à condition que ses successeurs seraient reconnus pour fondateurs et protecteurs de cette Église. Cet évêché fut premièrement suffragant de celui de Bamberg, puis de l'archevêché de Magdebourg, ensuite de Gnesne. Il fut exempté par le pape Clément VI l'an 1556, et soumis immédiatement au saint-siége. Sa cathédrale était dédiée à saint Jean Baptiste; il y avait quinze prébendes qui étaient à la collation des ducs de Poméranie. Les dignités étaient la prévôté, le doyenné, la trésorerie ou contrerie, et les cinq archidiacres de Camin, de Dymin, d'Uznan, de Stettin et de Stargard. L'évêché comprenait encore les villes de Colberg, célèbre port sur la mer Baltique, où il y avait une collégiale dédiée à Notre-Dame; Grepswalde, où il y avait une université dont les évêques de Camin étaient les chanceliers; Stettin, où il y avait une collégiale dédiée à saint Othon; Colin, où résident les évêques, etc. -- Le luthéranisme s'étant introduit vers l'an 1530 dans cet évêché, les ducs de Poméranie s'y firent élire pour administrateurs. Boigislas XIV, dernier duc, étant venu à mourir en 1637, sans laisser d'enfants mâles, la famille de Brandebourg devait lui succéder en vertu d'anciennes transactions faites l'an 1338 entre ces deux maisons; mais, comme cette succession survint dans un temps où les Suédois occupaient tout le duché de Poméranie, l'électeur de Brandebourg n'en put prendre possession qu'en 1648, en vertu du traité de Westphalie. Il fut alors réglé que l'évêché de Camin serait érigé en principauté et fief perpétuel de l'empire, et qu'il serait cédé à l'électeur de Brandebourg; comme aussi la partie ultérieure des prébendes de Camin, avec puissance de les éteindre, et de s'appliquer les revenus après le décès des chanoines et autres du chapitre. -- L'autre partie qu'on nomme citérieure a été laissée au roi de Suède, avec Stettin, Stralsund, Golnaw, etc., avec faculté perpétuelle de succéder à tout le reste du duché de Poméranie, au défaut des princes mâles de la maison de Brandebourg.

CAMINATZIN, neveu de Montézuma, empereur du Mexique, était souverain de Texuco, qu'il tenait comme fief de l'empire. Indigné de voir sa patrie sous le joug de Cortez et d'une poignée d'Espagnols, il voulut en devenir le libérateur, et, par là, se rendre encore plus digne d'une couronne à laquelle son rang et son courage lui donnaient des droits depuis la mort de Montézuma. Ayant disposé les esprits à la révolte, il rassembla ses amis et ses vassaux, dans le dessein de prendre les armes et de les mettre tête à tête; mais ce complot fut découvert; Cortez gagna les officiers de Caminatzin, qui fut arrêté et conduit prisonnier au général espagnol. Montézuma, qui était sous l'entière dépendance de Cortez, déclara son neveu coupable de trahison, et le déposa. Les Mexicains, s'étant ensuite révoltés, rendirent la liberté à Caminatzin. Ce jeune prince combattit longtemps avec courage, et périt les armes à la main au siége de Mexico en 1521.

CAMINER (Dominique), historien, né à Venise en 1731, fut un des collaborateurs de Jérôme Zanetti qui publiait alors un journal sous ce titre : *il Nuovo Postiglione*. Bientôt il en établit un autre intitulé : *l'Europa litteraria*, dont il a donné 58 volumes, de 1768 à 1774. A cette époque, il en changea le plan et le fit paraître sous le titre de *Giornale encyclopedico*, mais en abandonna la direction à sa fille Elisabeth Caminer (*V.* l'article suivant) en 1777, s'étant chargé de continuer la publication de la *Storia dell' anos*, résumé des principales feuilles publiques, dont il a rédigé plus de 30 volumes in-8°. Cet infatigable écrivain mourut la même année que sa fille, le 3 novembre 1796, à Saint-Angiolo, où il s'était retiré à l'approche des armées françaises. Caminer a continué le *Tableau de la révolution des colonies anglaises de l'Amérique septentrionale* (*V.* Raynal), et a publié un grand nombre d'opuscules peu recherchés aujourd'hui. Ses principaux ouvrages sont : 1° *Storia della guerra trà la Prussia e la Porta ottomana*; 2° *Storia della guerra per la successione degli stati di Baviera*; 3° *Vida di Frederico II*, 5 vol.; 4° *Storia del regno di Corsica*. L'article de Caminer, dans la *Letteratura Veneziana* du P. Moschini, IV, 121, manque d'ordre et d'ailleurs est très-incomplet.

CAMINER (Elisabeth), fille du précédent, naquit à Venise en 1751. Dès son enfance elle montra le goût le plus vif pour l'étude ; elle employait à la lecture tous les moments qu'elle pouvait dérober aux occupations ordinaires de son sexe. Son père, voyant ses heureuses dispositions, ne négligea rien pour les développer ; et dès qu'elle fut en âge de lui rendre quelques services, il la chargea de mettre au net ses manuscrits et de classer sa correspondance. Dans les loisirs que lui laissait ce travail, elle apprit les langues étrangères. A dix-huit ans, elle traduisit en italien *l'Honnête criminel*, drame de Fenouillot de Falbaire (*V.* Falbaire), qui fut représenté dans les principales villes d'Italie ; c'était son premier ouvrage. L'extrême bienveillance que lui témoigna le public fut pour elle un encouragement ; et depuis il ne parut pas sur les théâtres de Paris, de Londres ou d'Allemagne une seule pièce remarquable qu'elle ne s'empressât d'en offrir la traduction à ses compatriotes. En 1771, elle épousa le docteur Turra de Vicence ; et quoiqu'elle eût suivi son mari dans cette ville, lorsque son père, à raison de ses vastes travaux littéraires (1) fut forcé de quitter la rédaction du *Giornale encyclopedico*, elle le continua du 82° au 253° volume. Malgré ses occupations, Elisabeth s'était chargée de donner des leçons de déclamation à quelques jeunes gens. Elle avait fait construire, pour exercer ses élèves, un petit théâtre qu'il n'était fréquenté que par une société choisie. Un soir que, fatiguée, elle entrait dans une chambre voisine du théâtre pour s'y reposer, un soldat ivre qui ne la connaissait pas voulut l'arrêter, et lui donna un coup de poing dans l'estomac. Cet accident lui occasionna une maladie dont elle mourut en 1796, à quarante-cinq ans, vivement regrettée de tous les amis des lettres. Elle entretenait une correspondance suivie avec la plupart des auteurs dramatiques de l'Europe. Parmi ses compatriotes elle avait pour amis Albergati-Capacelli, avec qui, disait-on, elle avait dû se marier ; les abbés Fortis et Bertola, Fr. Gritti, le célèbre Carl Gozzi, etc. Elle a laissé un grand nombre d'ouvrages. Outre ses *Raccolta di composizioni teatrali*, *tradotte*, Venise, 1772, 74, 76, en 20 vol. in-8°, on lui doit des traductions des *OEuvres de Shakspeare*, en prose ; du *Tableau de l'Histoire moderne de* Mehegan ; des *Contes moraux* de Marmontel, de l'*Ami des enfans* de Berquin, et des *OEuvres pastorales* de Gessner. Cette dernière traduction est excellente ; elle a été réimprimée plusieurs fois. Le P. Moschini promettait en 1818 une biographie spéciale de cette femme distinguée, et il avait déjà recueilli des matériaux pour cet ouvrage (*V.* la *Letteratura Veneziana del secolo XVIII*, tom. IV, pag. 125).

CAMINHA (Pedro-Andreade), poëte, né à Lisbonne, d'une famille illustre, au commencement du XVIe siècle, était à la

---

(1) M. Valini, dans son article *Caminer* de sa *Biografia universale*, IX, 193, dit qu'Elisabeth ne reprit la direction de ce journal qu'après la mort de son père ; mais c'est une erreur, puisque, comme on l'a vu, Dominique Caminer n'est mort qu'en 1796, quelques mois après sa fille.

---

cour de Portugal dans une position élevée, et entretenait des liaisons avec les personnes les plus distinguées. Lorsque le roi Sébastien partit pour l'Afrique, il recommanda ce poëte à celui qui devait lui succéder au trône. L'existence de Caminha finit en 1589, sans avoir rien offert de mémorable. Sa réputation ne demeura longtemps fondée que sur quelques fragments de poésies peu considérables. Il y a peu d'années on a découvert deux manuscrits de ce poëte, l'un chez le duc de Cadaval, l'autre dans un couvent à Lisbonne. C'est d'après ces manuscrits qu'on a publié le recueil complet de ses œuvres sous ce titre : *Poesias de Pedro-Andreade de Caminha*. On y trouve toutes sortes de pièces, des églogues, des pastorales, des épitaphes, etc. De la finesse, de la grâce, de l'élégance, de l'harmonie, voilà les qualités de ces poésies diverses ; mais point d'âme, de chaleur, ni de sensibilité : Caminha est un homme de cour qui loue sans cesse, parce qu'il veut plaire. Voici pourtant un morceau qui ne manque pas d'une certaine sensibilité ; mais l'auteur en a trop peu écrit sur ce ton. Un berger reproche à une bergère son indifférence et son égoïsme. « Les nymphes de ces bocages solitaires te désirent et t'attendent ; leurs mains sont prêtes à t'offrir des présents destinés à toi seule. — Les fontaines et les ruisseaux laissent couler pour toi des ondes plus abondantes ; mais c'est là que, dans la solitude, tu te plais avec toi seule. — Les humides vallées et les collines se couvrent de mille fleurs ; mais tu n'aimes que toi. — C'est pour toi que chantent tant de bergers dont l'amour anime la voix et le chalumeau : mais tes amours à toi, c'est toi-même. » Pour dernière citation, nous offrirons au lecteur cette épitaphe d'un Portugais qui avait fait naufrage : « Toi qui passes, contemple ce tombeau ! il est orné de palmes ; on y voit aussi le lierre et le laurier ; mais il est vide ; ainsi l'a voulu le sort. Le corps de Jean Lopez devait y reposer, et ce corps est dans l'Océan. Son âme fut pure ; elle s'éleva vers les cieux ; elle y attend sa dépouille mortelle. » Les épitaphes de Caminha sont, au jugement d'un homme savant dans la littérature portugaise (M. Ferdinand Denis), le genre d'ouvrages où il a déployé le plus de talent, et il a exprimé ses idées avec le plus de grâce et le plus de bonheur. Il est dit dans la *Bibliothèque lusitanienne* de Diego Barbosa, que Caminha avait composé un poëme burlesque, ayant pour titre *Nigralamio*. On ne sait ce qu'il est devenu.

CAMINO (Biaquin de), souverain de Trévise, d'une famille noble du parti guelfe, et qui avait acquis la souveraineté au commencement du XIIIe siècle. Il était contemporain du féroce Ezzelin da Romano, et combattit contre lui pendant toute la durée du règne de Frédéric II. Albéric, frère d'Ezzelin, lui enleva Trévise, et en conserva la souveraineté jusqu'en 1260 ; mais à la chute de la maison de Romano, celle de Camino recouvra la souveraineté de Trévise. Ghérard de Camino fut choisi en 1294 par le marquis Azzo d'Este, comme le plus distingué parmi les seigneurs lombards du parti guelfe, et c'est de lui qu'il voulut recevoir les ordres de chevalerie. — **Richard de Camino**, qui lui succéda, et qui naissait des seigneuries de Trévise, Feltre et Bellune, fut tué en 1312 par un paysan qui l'attaqua avec une serpe, et qui fut immédiatement mis en pièces par les gardes du seigneur, sans qu'on pût découvrir quel motif l'avait poussé à cet attentat. — **Guccello de Camino** succéda à son frère, et fut le dernier prince de cette maison, dépouillé de sa souveraineté en 1329 par Cane de la Scala. La petite cour des seigneurs de Camino est remarquable pour avoir été de bonne heure l'asile des poëtes et des troubadours provençaux, qui étaient honorés en Lombardie avant que la nation eût elle-même une langue poétique et des hommes capables d'en tirer parti.

CAMINOLOGIE (phys.). Ce mot, tiré du grec, signifie l'art ou l'étude des cheminées ; c'est donc une partie importante de l'art de chauffer les appartements, puisque, de tous les moyens de combattre le froid, les cheminées sont de beaucoup le plus usité chez nous. — Il faut remarquer d'abord, et ceci sera expliqué avec plus de détails à l'article CHAUFFAGE, que la quantité de calorique produite par la combustion d'une masse donnée est estimée en unités qu'on nomme *calories*. Ces unités représentent ce qu'il faut de chaleur pour élever d'un degré un kilogramme d'eau ; on peut donc déterminer par expérience et dire avec certitude combien un poids donné de bois ou de houille doit produire de calories ; et de tous les moyens de chauffage, le meilleur, sous ce rapport, sera sans contredit celui qui utilisera, toutes choses égales d'ailleurs, la plus grande partie de la chaleur produite. — Les cheminées, considérées sous ce point de vue, sont le moyen le plus imparfait, c'est-à-dire celui par lequel on utilise la plus petite partie de cette chaleur, puisqu'on ne jouit guère dans les appartements que de la chaleur rayonnante, et que tout le reste est perdu pour le consommateur. — Malgré ces inconvénients, la présence et la vue du feu sont si agréables pendant l'hiver, qu'on préfère presque partout les cheminées aux poêles, aux calorifères et aux autres appareils; il est donc bon de reconnaître et de combattre les défauts généraux des cheminées. — Ces défauts sont de deux sortes : les cheminées ne chauffent pas assez, et elles fument. L'art du constructeur de cheminées consiste donc en grande partie à combattre et à détruire, autant que possible, ces inconvénients. — 1° *De la fumée.* — Les cheminées fument le plus souvent parce que l'ouverture est trop large, ou que le tuyau est trop court, ou qu'il n'y a pas assez d'air dans l'appartement, ou parce que le vent repousse et renvoie dans la chambre la colonne de fumée contenue dans le tuyau de la cheminée. — Quand l'ouverture de la cheminée est trop grande, il suffit le plus souvent d'en changer la forme ou les dimensions, de tailler le dessous de la cheminée en pente, d'ajouter un plan vertical de plâtre ou de brique, soutenu par une barre de fer au-dessous du manteau : ces divers moyens ont, dans presque tous les cas, d'excellents résultats. Le dernier indiqué est employé d'une manière très-intelligente dans ces cheminées qu'on nomme *prussiennes,* où une plaque de tôle descend ou remonte à volonté, par l'action d'une manivelle, et augmente ainsi ou diminue selon le besoin la rapidité du courant d'air qui passe sur le feu. — Lorsque le tuyau est trop court, la cheminée est sujette à fumer parce qu'il n'y a pas assez de *tirage.* On comprendra nettement l'effet indiqué par ce mot, si l'on réfléchit que l'air contenu dans le canal de la cheminée s'échauffe naturellement : une fois échauffé, il tend à monter, afin de laisser la place à l'air froid, lequel est alors plus lourd que lui. Mais il ne peut monter qu'en vertu de la différence de son poids et de celui d'une colonne d'air froid de même hauteur : or, si cette colonne (qui est toujours représentée par la hauteur verticale du tuyau) est fort petite, la différence en question se réduira à si peu de chose qu'elle ne pourra surmonter les difficultés du mouvement dans le canal de la cheminée : on dit alors que celle-ci ne tire pas assez, ou qu'il n'y a pas de tirage ; le moyen de donner ce tirage c'est donc d'allonger le tuyau, et pour cela on élève le canal au-dessus des toits, ou l'on ajoute à son extrémité des tubes de tôle suffisamment prolongés. — Lorsqu'il n'y a pas assez d'air dans la chambre, comme l'air échauffé ne peut monter dans la cheminée et y établir le tirage qu'à la condition d'être remplacé par un volume d'air équivalent, il faut nécessairement que cet air arrive d'un côté ou de l'autre, sans quoi le feu ne s'allumerait pas. Or, il ne peut venir en général que par les fentes ou les ouvertures des fenêtres ou des portes, ou par un carreau ouvert à la fenêtre, ou enfin par le tuyau même de la cheminée ; les deux premiers moyens empêchent la chambre de s'échauffer ; le dernier, qui a presque toujours lieu dans les cheminées trop larges ou mal construites, est plus désagréable encore ; car il établit dans le tuyau un contre-courant qui ramène dans la chambre une partie de la fumée produite. Dans ce cas, on ouvre la porte, on donne de l'air, et l'on dissipe bien la fumée ; mais on refroidit l'appartement, si bien qu'il est souvent plus avantageux d'éteindre le feu. Le meilleur moyen, dans ce cas, c'est donc d'établir sous le parquet un tuyau communiquant avec l'air extérieur, et ramenant sous le feu, ou près du feu, l'air dont on a besoin. On appelle *ventouses* les conduits destinés à procurer cet effet. — L'action du vent est une des causes les plus fréquentes et les plus désagréables de fumée, parce qu'elle en envoie en un instant des bouffées énormes, et qu'on ne la peut combattre par des moyens aussi immédiats que les premiers indiqués ici. — Le meilleur moyen est, sans contredit, de surmonter la tête du tuyau d'une *gueule de loup* tournante. On appelle *gueule de loup* un tuyau cylindrique courbé ou brisé en coude et soutenu solidement sur une broche de fer qui lui permet de tourner à tous les vents ; ce nouveau tuyau est placé à l'extrémité du canal naturel de la cheminée, de manière à n'en faire qu'un avec lui. On comprend l'avantage de cette disposition. Le vent n'attaquant jamais en face ni même de côté la colonne de fumée contenue dans le tuyau de la cheminée, ne la repousse pas dans l'appartement ; et bien plus, comme l'ouverture de la gueule de loup se trouve toujours dans la même direction que le vent, l'action de celui-ci s'ajoute au tirage propre de la cheminée, et anime le feu. On a imaginé plusieurs formes différentes pour ces appendices ; nous n'avons pas à en parler ici ; ces détails trouveront beaucoup mieux leur place dans des traités spéciaux. — 2° *Des moyens de diminuer la perte de la chaleur dans les appartements.* — Les cheminées ordinaires ne renvoient dans les chambres que la chaleur rayonnante ; c'est une très-faible partie de la chaleur produite, comme on peut s'en assurer en mettant la main auprès de la flamme d'une bougie ; on ne sentira presque rien, tandis qu'il sera impossible de la tenir au-dessus de la flamme, même à une assez grande hauteur. Ainsi la plus grande partie de la chaleur est perdue dans le tuyau même de la cheminée et dans la colonne d'air qui y passe ; une autre partie très-notable s'absorbe en pure perte pour nous dans les parois épaisses de nos cheminées ; enfin, l'air qui nous arrive du dehors, pour fournir à l'alimentation du feu, est presque toujours un air glacé, qui suffirait seul à empêcher une chambre de s'échauffer. Ce sont là les trois causes de refroidissement ; il est assez facile d'y porter remède. — D'abord, si les parois de la cheminée, au lieu d'être lourdement établies en brique, sont composées d'une lame de tôle épaisse, par exemple, comme le métal est très-facilement perméable à la chaleur, le rayonnement, au lieu de se faire seulement en avant, se fera aussi bien sur les côtés ; c'est autant de gagné. — Cette disposition est réalisée dans les cheminées métalliques et portatives qu'on vend aujourd'hui sous différents noms ; elles ont l'avantage de pouvoir se placer au milieu de l'appartement, de rayonner ainsi de tous les côtés et d'échauffer plus également la chambre. — Il se perd par la colonne d'air et de fumée une quantité prodigieuse de chaleur : si, au lieu de la faire passer par un canal formé de briques épaisses et de matières qui conduisent mal le calorique, on l'enveloppait de parois minces et surtout de parois métalliques, ce tuyau prendrait immédiatement la température de la colonne de fumée ; il rayonnerait de tous les côtés dans la chambre et augmenterait de beaucoup la température. C'est là le résultat qu'on obtient des tuyaux de poêles plus ou moins élégants dont on se sert ; l'effet est d'autant plus considérable que le tuyau est plus mince, qu'il est composé d'une substance plus conductrice, et qu'il a dans la chambre un plus grand développement. — Enfin, l'air qui vient du dehors est une cause *constante* de refroidissement ; on éviterait cet inconvénient en ne permettant à l'air d'arriver dans la chambre qu'après l'avoir échauffé ; on comprend qu'il suffit pour cela de diriger le tuyau qui amène cet air dans un endroit très-chaud, par exemple sous le foyer, ou tout le long du tuyau de la cheminée ; dans ces deux cas l'air se répand dans l'appartement avec la température qu'il vient d'acquérir et peut être aussi forte qu'on le veut ; l'orifice par où l'air se répand alors prend le nom de *bouche de chaleur ;* c'est un des moyens les plus énergiques pour élever la température d'une chambre.   **B. JULLIEN.**

CAMINYAN, s. m. (*botan.*), nom d'une espèce de plante du genre des benjoins.

CAMION, chariot très-bas, à quatre roues, sur lequel, dans les chantiers de construction, les ouvriers traînent les pierres de taille. — Le commerce emploie beaucoup, pour transporter ses marchandises dans les villes, des voitures basses à quatre roues qu'on nomme camions. — On appelle ainsi les épingles de la plus petite dimension. — Le vase de terre dans lequel les peintres en bâtiments délayent le badigeon est nommé par eux camion. — Ce mot désigne encore les petites têtes de chardon à carder.

CAMIONEUR et **CAMIONNEUR,** indique la personne qui traîne ou conduit le petit baquet appelé camion.

CAMIRE (*myth.*), fils d'Hercule et d'Iole, donna son nom à une ville de l'île de Rhodes.

CAMIRE (*géogr. anc.*), ville située à l'ouest de l'île de Rhodes. Elle reçut son nom de Camire, fils de Vulcain.

CAMIRO et **CLYTIE,** filles de Pandare de Milet en Crète. Après la mort de leurs parents, Vénus présida à leur éducation. Quand elles eurent atteint l'âge de l'adolescence, cette déesse pria Jupiter de les marier convenablement ; mais ce dieu, voulant punir en elle le crime de Pandare qui avait été complice de Tantale, ordonna aux harpies de les enlever et de les livrer aux furies.

CAMIS ou **CHAMIS.** Dans la théologie japonaise, ce sont les esprits des anciens héros supposés encore intéressés à la gloire, à la prospérité du peuple auquel ils ont autrefois commandé. Les *camis* correspondent aux héros de la mythologie païenne et aux saints de l'Église romaine. Outre ces héros ou saints divinisés ou béatifiés par les vieilles générations japonaises, les *mikaddos,* qui ne sont autres que les prêtres du pays, ont fait plusieurs autres saints et continuent encore de temps en temps à décerner à de nouveaux sages les honneurs de l'apothéose, à tel point que leurs légendes sont remplies de camis. Le principal de ceux-ci est *Fensio-Daï-Sin*, réputé le père commun du Japon, objet de dévotions et de pèlerinages extraordinaires.

ED. GIROD.

CAMISA, mot portugais, adopté depuis peu en français, désignant une pièce d'étoffe que l'on se roule autour du corps, et qui descend ordinairement un peu au-dessous des genoux, seul vêtement des négresses et des femmes de couleur les jours ordinaires.

CAMISADE. Ce vieux terme d'art militaire désigne une attaque brusque et imprévue faite pendant la nuit, et pour laquelle on convenait d'une certaine marque extérieure, apparente, capable de faire distinguer les soldats du même parti au milieu des ténèbres. Un sarrau blanc, ou une espèce de chemise, appelée encore *camise* dans certaines contrées de la France, employé comme plus remarquable dans ces circonstances, a fait donner à ce coup de main le nom de camisade. L'usage en a été abandonné depuis longtemps.

ED. GIROD.

CAMISADE DE BOULOGNE. François Ier venait de conclure à Crépy la paix avec Charles-Quint. Henri VIII, allié de ce prince, forcé d'abandonner la Picardie et de lever le siège de Montreuil, s'était embarqué pour l'Angleterre, après avoir concentré son armée à Calais et à Boulogne, seules places qu'il conservât encore sur le continent (30 septembre 1544). —Plus de 7,000 hommes avaient été laissés à Boulogne, partie dans la ville haute, partie dans la ville basse, qui est à près d'un mille au-dessous. La ville haute est très-forte par sa position, mais ses murailles avaient été ébranlées par un long siège; plusieurs brèches étaient encore ouvertes, et les Anglais n'avaient point eu le temps d'y introduire des munitions. La ville basse était hors d'état de faire aucune résistance. Le dauphin s'était avancé jusqu'à la Marquise, à moitié chemin de Boulogne et de Calais, et ayant fait reconnaître Boulogne par de Taïs et Montluc, il résolut, dans les premiers jours d'octobre, de surprendre la ville basse. De Taïs qui commandait vingt-trois enseignes, moitié de Gascons, moitié d'Italiens, fit revêtir à ses gens leurs chemises par-dessus leurs armes, pour qu'ils pussent se reconnaître dans l'obscurité, et partit de la Marquise au milieu de la nuit : le reste de l'armée devait se mettre en mouvement le matin pour le seconder. Les troupes qui donnaient la camisade, car c'est ainsi qu'on nommait ces expéditions en chemise, n'eurent aucune peine à entrer dans la ville basse, où de grandes brèches étaient ouvertes. Montluc vit dans une prairie au-dessous de la tour d'Ordre, toute l'artillerie de Henri qu'il y avait laissée, trente barriques pleines de corselets qu'il avait fait venir d'Allemagne pour armer ses soldats, et un grand convoi de vivres. Mais les partis français qui entrèrent dans la ville en plusieurs divisions s'y égarèrent et ne surent pas se réunir ; une mêlée effroyable qui tomba au point du jour les déconcerta, et empêcha l'armée du dauphin de s'avancer à leur secours. Les Italiens et les Gascons entrèrent dans les maisons et se mirent à piller. De Taïs, blessé au commencement de l'attaque, ne donna aucun ordre, ni pour placer un corps de troupes entre la ville haute et la ville basse, ni même pour retenir quelques compagnies de piquet sur la place. Les Anglais, s'en apercevant, descendirent de la ville haute avec cinq ou six enseignes seulement, attaquèrent les Français, dont le nombre plus que double, mais qui s'étaient dispersés ; ils en tuèrent un grand nombre, firent les autres prisonniers, et détruisirent presque en entier le corps d'armée qui était entré dans la ville. — Les Anglais n'étaient point en mesure de profiter de cet avantage ; mais le mauvais succès de l'entreprise de Taïs découragea le dauphin, qui se contenta de laisser à Montreuil le maréchal de Biez, avec les bandes qui avaient fait les guerres de Piémont, licencia les Suisses et les Grisons, et partit pour Saint-Germain en Laye, où le roi l'attendait.

CAMISARDS. La révocation de l'édit de Nantes est un fait qui, pendant longtemps, a été envisagé d'une manière inexacte, parce qu'au lieu d'en rechercher les causes déterminantes, l'on s'est attaché plutôt à en considérer les résultats. Pour en donner une appréciation vraie et impartiale, il est nécessaire que l'on se place d'abord au point de vue essentiellement monarchique et religieux de Louis XIV, et que l'on examine ensuite les tendances générales de l'esprit du protestantisme. — La base de la monarchie comme du catholicisme repose sur l'autorité et la foi, celle du protestantisme se fonde sur la liberté d'examen, c'est-à-dire sur l'indépendance raisonnée. Il y a donc non-seulement divergence, mais incompatibilité complète entre ces deux principes. La forme politique du dogme de Calvin est la république. —Lorsque deux éléments de nature contraire se

trouvent en présence, une lutte ne tarde point à s'engager entre eux. En France, dès le XVIe siècle, cette lutte fut entamée avec violence par l'esprit de réforme contre le principe monarchique-religieux. — Pendant de longues années le premier eut constamment le dessous et demeura assujetti à son puissant adversaire. L'avénement de Henri IV au trône fit disparaître cette inégalité. Ayant conscience de leur infériorité de nombre et d'influence, les protestants demandèrent à leur protecteur des garanties pour l'avenir, et l'édit de Nantes fut promulgué. — Forte de ces garanties, et obéissant fatalement aux tendances de l'esprit général de la réforme, la faction protestante, pendant la faible minorité de Louis XIII, essaya d'agrandir la sphère de franchises et de libertés dans laquelle Henri IV lui avait permis de se mouvoir. Possesseurs de nombreuses et importantes *places de sûretés*, les huguenots levèrent une bannière indépendante, organisèrent des *cercles* à l'instar de ceux d'Allemagne, et, pour user de l'expression consacrée, tentèrent d'établir un Etat dans l'Etat. Il fallut toute l'énergie et l'habileté du cardinal de Richelieu, pour détruire le germe de cette nouvelle féodalité qui, se greffant sur quelques-unes des souches de l'ancienne, essayait de s'implanter dans le sol. Richelieu, non toutefois sans de longs et pénibles efforts, dissipa celle-ci comme il avait abattu l'autre, achevant ainsi le grand œuvre de consolidation de l'unité monarchique. — Lorsque Louis XIV monta sur le trône, le souvenir de ces révoltes et des luttes qu'elles avaient produites était encore vivace. La religion protestante comptait à cette époque en France environ deux millions de fidèles. Il était assez naturel que le nouveau roi, se reportant sur le passé, craignît que la faction, momentanément abattue, tôt ou tard ne relevât la tête et ne jetât de nouveau la perturbation dans ses Etats. — Le danger pouvait paraître à ses yeux d'autant plus considérable que le parti protestant, plus dogmatique que national, dans toutes les guerres civiles précédentes, avait cherché des appuis au dehors, tendant la main tantôt à ses frères d'Allemagne, tantôt à l'Angleterre, et parfois même (sous Louis XIII) à l'Espagne catholique. — Un seul remède existait à ce mal, l'unité de foi. Louis XIV, après de longues tergiversations, se décida à en user, et l'édit de Nantes fut révoqué. — L'exécution de cette grande mesure fut malheureusement dirigée d'après un plan vicieux. Au lieu de procéder avec calme et modération, on adopta de prime abord ces formes violentes et exagérées. Et les punitions rigoureuses n'ayant procuré aucun résultat satisfaisant, on ne tarda point à les redoubler. Dans la plus grande partie du royaume, les religionnaires, se sentant trop faibles pour résister ouvertement aux ordonnances, cherchèrent à s'y soustraire par la fuite, et une longue et désastreuse émigration commença. —Cependant, au fond d'une des provinces méridionales, dans cette partie du Languedoc que traverse la chaîne des Cévennes, existait une population nombreuse, presque exclusivement composée de protestants. L'hérésie semblait affectionner ces montagnes, car déjà cinq cents ans auparavant elles avaient été le foyer principal de celle des albigeois. — En nulle partie de la France l'exécution des nouvelles ordonnances ne fut plus rigoureuse. On enleva leurs pasteurs aux montagnards cévenois, on leur défendit toute manifestation extérieure de culte ; leurs temples furent fermés ou détruits. Basville, intendant du Languedoc, assisté de l'archidiacre du Chayla, ne leur épargna aucune sorte de vexations et de violences. —Certes de tels moyens n'étaient point propres à ramener à l'unité de foi une secte dissidente. — Privés de leurs pasteurs, chassés de leurs temples, les Cévenois se réunirent furtivement dans les bois, au milieu des champs de bruyères, dans les gorges de leurs montagnes, afin de se livrer aux pratiques du culte proscrit ; et, peu à peu, les persécutions étant devenues plus violentes, ces assemblées religieuses se transformèrent en conciliabules de révoltés. — Un assassinat donna le signal de la rébellion ; l'inflexible abbé du Chayla, attiré dans une embuscade au pont de Montvert, y succomba frappé de trois balles. — A la suite de ces événements (1702) et des représailles qui en furent la suite, tout le pays se leva en armes, et une guerre acharnée commença. Les révoltés furent nommés *camisards* à cause de la blouse blanche (en languedocien *camise*) qui faisait partie du costume ordinaire des montagnards cévenois, et qu'ils adoptèrent alors pour uniforme. Ils inscrivirent sur leur bannière : *Liberté de conscience*, devise à laquelle quelques-uns ajoutèrent : *Suppression des impôts*, donnant ainsi à la rébellion un caractère à la fois religieux et politique. — La guerre des Cévennes fut une véritable Vendée protestante. — Le fils d'un boulanger, nommé Jean Cavalier, âgé de vingt ans à peine, fut le Charette de cette Vendée. Sans avoir reçu aucune notion de l'art de la guerre, il organisa les bandes indisciplinées des montagnards, et, se mettant à leur tète, il battit complétement à diverses reprises les détachements de troupes royales envoyés contre lui. Sous son intelligente direction la rébellion prit bientôt des proportions formidables. Le maréchal Montrevel ne put parvenir à la réprimer (V. Cévennes [Guerre des]). — Les religionnaires des Cévennes offrirent de nombreux caractères de ressemblance avec cette portion des presbytériens d'Angleterre et d'Ecosse que l'on a désignés sous le nom de puritains. Ils semblèrent avoir hérité de la simplicité de vie, de la sévérité de mœurs, en même temps que de l'esprit ascétique de ces derniers ; comme eux, ils affectèrent des formes bizarres. Non-seulement leurs chefs se disaient inspirés par le Seigneur et leur faisaient de longues allocutions en langage biblique, mais encore il y avait parmi eux des enfants de quinze à seize ans, qui, se prétendant possédés aussi de l'esprit d'en haut, leur prophétisaient le succès de leurs entreprises à l'aide de paroles mystiques et singulières.—Ces enfants, qui avaient fini par obtenir sur eux une grande autorité, avaient été dressés à ce manège par un gentilhomme verrier nommé de Serres, lequel s'était servi pour exalter à un haut degré leurs jeunes imaginations de moyens étranges et mystérieux (V. Magnétisme). — En 1704, la rébellion avait pris un tel accroissement que la cour commença à s'en alarmer sérieusement. On se trouvait alors dans la période la plus désastreuse de la guerre de la succession d'Espagne, et Cavalier avec ses montagnards retenait dans les Cévennes 20,000 hommes de bonnes troupes dont la présence aurait été de grande utilité à la frontière. En outre, des émissaires anglais et hollandais avaient été envoyés à Cavalier avec des promesses d'un secours prochain, et un armement considérable se préparait, assurait-on, dans ce but dans les ports de la Hollande. — Louis XIV, ému du danger qui paraissait le menacer de ce côté, fit rappeler Montrevel et chargea Villars d'aller à tout prix étouffer la révolte. Le nouveau gouverneur ayant, comme son devancier, obtenu peu de résultats de l'emploi de la force, tenta la voie des négociations et se mit en rapport avec Cavalier. Celui-ci, comprenant la nécessité de mettre fin à une guerre dont l'issue violente ne pouvait qu'être fatale à son parti, répondit à ces ouvertures et prêta les mains à un arrangement. Un traité fut conclu entre les deux chefs, et la liberté de conscience fut accordée aux Cévenois, mais sans garanties. De plus Cavalier obtint que ses compagnons seraient enrégimentés et envoyés sous ses ordres à la frontière. — Ce traité n'ayant malheureusement point reçu l'adhésion de la plus grande partie des Cévenois, la guerre fut continuée ; mais, privés de leur chef le plus intelligent, les camisards ne tardèrent point à être entièrement soumis. — Les secours promis par l'Angleterre et la Hollande parurent sur les côtes du Languedoc deux ans après que la rébellion eut été étouffée. — Quant à Cavalier, étant allé à Versailles, il fut présenté à Louis XIV qui, à ce que l'on rapporte, lui tourna le dos avec dédain. Le jeune chef, comprenant par cette réception qu'un plus long séjour en France serait de sa part une imprudence, se réfugia en Suisse, d'où il passa au service de Savoie et ensuite à celui d'Angleterre. Il mourut dans l'île de Jersey en 1740, major général de l'armée anglaise. — On ne doit pas confondre les *camisards* proprement dits avec les *camisards blancs* et les *camisards noirs* ou *cadets de la croix*. Les camisards blancs étaient des voleurs venus par bandes de la Provence, et qui se couvraient de l'habit des religionnaires pour commettre avec plus de facilité leurs déprédations. Leurs homonymes leur firent une rude guerre. Les *camisards noirs* étaient des catholiques fanatisés, enrôlés volontairement dans les troupes du roi. —Ils se livraient contre les révoltés à d'horribles cruautés. Ceux-ci finirent par détruire complétement leurs bandes.　　　　　　　　　　　　　　　　　　De Molinari.

CAMISE (*géogr. anc.*), forteresse de la Camisène, dans la petite Arménie.

CAMISÈNE (*géogr. anc.*), province de la petite Arménie, sur les frontières de la Lanasène.

CAMISOLE, s. f. chemisette.

CAMISOLE, CAMISOLE DE FORCE (*hygiène*). On appelle camisole un vêtement qui descend jusqu'à la moitié de la hauteur du torse, qui croise ou s'agrafe sur la poitrine, et dont les manches sont plus ou moins longues selon l'usage auquel on le consacre. La médecine s'en sert avec beaucoup de succès dans une foule de circonstances. La camisole, suivant l'étoffe dont elle est composée, donne lieu à des résultats très-avantageux, si son usage est adapté d'une manière logique. Tout le monde sait que la camisole de flanelle est précieuse dans beaucoup de maladies. Ces maladies nous ne les énumérerons pas, mais nous allons dire en peu de mots les résultats hygiéniques qui sont la suite de l'usage continué de ce vêtement. Pour que les poitrines délicates et

qui ont été déjà plus ou moins profondément lésées ne contractent pas de nouveau un état morbide, il faut que la température de leur enveloppe extérieure ne soit pas sujette à de trop nombreuses variations, et il faut encore qu'une sorte d'excitation légère favorise et seconde la transpiration insensible qui se fait sur toutes les surfaces cutanées. Ceci est une loi d'hygiène, loi reconnue de tous les temps, et qu'il ne faut pas transgresser, surtout dans l'hypothèse de l'état morbide des organes respiratoires, sous peine d'une aggravation des symptômes assez grande pour donner lieu à des conséquences funestes. Or, la flanelle est d'une nature telle qu'elle excite la peau sur laquelle elle est appliquée, que cette excitation produit une transpiration égale et insensible, et qu'elle absorbe la sueur sans qu'un sentiment de froid se fasse sentir, comme celui que l'on sent, par exemple, lorsqu'on trempe une chemise de fil. Lorsque la flanelle est un peu usée, et qu'elle ne peut plus exciter suffisamment la peau avec laquelle elle est en contact, il n'y a qu'à la renouveler pour que les mêmes avantages hygiéniques se reproduisent et se continuent.—Une camisole d'un autre genre, mais qui n'est pas adoptée si généralement que la camisole de flanelle, est la camisole en toile gommée. On s'en sert pour favoriser outre mesure la transpiration, pour fixer sur la peau la vapeur transpiratoire ; car la toile gommée ou cirée est assez complètement imperméable pour s'opposer au passage, à l'évaporation du produit de l'exhalation cutanée. La médecine habille rarement les malades d'une camisole complète de l'étoffe dont nous parlons. Ce n'est que dans quelques cas rares qu'on y a recours. Toutefois, il nous semble qu'on a tort de ne pas donner à ce moyen plus d'importance, et de ne pas en multiplier d'avantage l'application. Les sudorifiques donnés à l'état liquide inondent par trop l'estomac des malades pour ne pas les décourager, les fatiguer et même les incommoder. Agir par le dehors est un moyen qui leur sourit ordinairement et auquel il est rare qu'ils se refusent, surtout lorsqu'il n'a rien de commun avec les procédés sanglants ou douloureux de la petite chirurgie. Donc, toutes les fois qu'il est nécessaire d'établir une transpiration considérable, ou d'accumuler une masse de vapeur à la périphérie de la poitrine, enfin de provoquer une action vive et continue sur la peau, il sera bon d'employer la camisole de toile cirée. Son usage pourra concourir, avec d'autres moyens thérapeutiques appropriés au caractère spécial de la maladie, à modifier puissamment et à détruire même l'état morbide. — Une troisième et dernière espèce de camisole que la médecine emploie dans beaucoup de circonstances, et surtout contre les maladies qui méritent tout l'intérêt de l'homme de l'art, c'est la camisole de force. L'histoire de la camisole de force a sans doute son premier chapitre dans les annales de la justice criminelle ; elle a dû être un instrument à l'usage des geôliers avant d'être mise au service de la médecine. Toutefois voici en quoi elle consiste. C'est une camisole en toile forte, fermée par le devant, dont les deux manches n'en forment qu'une seule, car les deux extrémités par lesquelles passent les mains se continuent l'une à l'autre, et enfin ouverte par derrière à la manière des corsets. Des cordons cousus sur les deux côtés servent à la fixer solidement. La camisole de force peut aussi être beaucoup plus simplement faite. Au lieu de n'avoir qu'une seule manche, on peut garder les deux manches comme dans une camisole ordinaire. Il n'y a seulement qu'à les conserver plus longues, afin de pouvoir faire un nœud sur les deux mains avec les deux bouts d'étoffe qui se prolongent au delà de la longueur du membre. Ce genre de camisole de force n'est pas sans doute un moyen bien puissant de contention ; aussi ne s'en sert-on guère que sur les enfants qui, dans certaines maladies de la peau, certaines fièvres de mauvais caractère, etc., peuvent se servir de leurs mains ou pour déchirer la peau, ou pour déranger des appareils. Quand on veut obtenir plus de force, quand on veut que le moyen employé présente le plus de sûreté possible, et qu'il s'agit d'ailleurs de lutter contre une volonté puissante et une grande vigueur, il faut évidemment recourir à la camisole qui s'ouvre par derrière et n'a qu'une seule manche pour emprisonner les deux bras. Elle est très-employée dans les établissements où l'on traite l'aliénation mentale. On sait qu'il est extrêmement difficile de traiter convenablement les maladies de l'instrument intellectuel, ou en d'autres termes d'agir avec la facilité qu'on rencontre dans le traitement des maladies d'un autre ordre. Il est rare dans ce dernier cas qu'on ne puisse pas agir avec quelque puissance sur la volonté du malade, qu'un mot du médecin ne décide cette volonté à fléchir devant l'impérieuse nécessité des circonstances. Mais il n'en est pas ainsi en présence d'un aliéné. On ne peut pas parler à sa raison, car elle n'existe pas ; on ne peut réveiller en lui le sentiment de l'intérêt personnel, de la conservation, et faire naître en lui l'espérance de la guérison. Les fous sont inaccessibles à tout ce qui tendrait à modifier leur volonté, leur conviction, excepté la force matérielle. Pour traiter sa maladie, c'est donc à la force matérielle qu'il faut recourir. Le médecin d'aliénés est forcé, dans une foule de circonstances qui se présentent à chaque instant et chaque jour, d'employer la camisole de force. Ainsi, quand l'aliéné veut lutter contre un infirmier ou quelqu'un de ses compagnons, il faut l'enchaîner dans une camisole de force. Quand on veut le soumettre à une douche, à une opération quelquefois de moindre importance, il faut avoir recours encore au même moyen. Maintenant il n'en est plus ainsi, à l'époque où l'aliénation mentale n'était pas comprise comme on la comprend de nos jours, quand on traitait les aliénés comme des parias dont l'intelligence était à jamais détruite, et qui ne méritaient plus, à cause de leur déchéance, ni sympathie ni pitié, alors on abusait des moyens matériels, on se servait avec excès de la camisole de force. Maintenant il n'en est plus ainsi, la camisole de force n'est employée que lorsque l'exigent la nécessité du moment et l'intérêt du malade. Il n'est plus permis d'être brutal ; car, en médecine surtout, la brutalité ne conduit qu'à nuire.

D. Ed. CARRIÈRE.

CAMISSARE, père de Datame, satrape perse, était gouverneur d'une partie de la Cilicie.

CAMMA, femme galate dont Plutarque et Polyen se sont plu à raconter l'énergique chasteté et la mort malheureuse. Le jeune tétrarque Sino-Rix, égaré pour son amour pour la jeune et belle prêtresse de Diane, avait tué par trahison le tétrarque Sinat, son mari, et, fort de ses richesses et de sa puissance, avait renouvelé près d'elle les poursuites qui, du vivant de Sinat, n'avaient obtenu aucun succès. Pressée par sa famille, Camma feint de céder, le conduit avec calme au sanctuaire, et partage avec lui la coupe d'or. Mais le vin était empoisonné..... Quelques heures après, tous deux avaient expiré, Sino-Rix dans sa litière, Camma au pied des autels.

CAMMANÈNE (géogr. anc.), contrée de la Cappadoce, traversée par l'Halys, et bornée à l'ouest par la Garzauritide, et à l'est par la Sargarausène.

CAMMANIE (géogr. anc.), petite contrée de la Thespotie en Épire.

CAMMARATA (PHILIPPE), né à Palerme dans le XVIIe siècle, y fut d'abord juge criminel et conseiller à la cour des appels, ensuite juge royal à la cour suprême du royaume, enfin général de toutes les troupes de Sicile. Il mourut à Palerme le 4 décembre 1675, et laissa : 1° *Juridicum discrimen inter episcopos, abbates et regulares, novissime discussum in causa Mag. D. Dionysii Mujno, ordinis magni Basilii, abbatis ecclesiæ divi Christophori Felicis urbis Panormi*; 2° *Patrocinium D. Berardi ferro XIX, contra D. Jacobum Sieri*; 3° *Propugnaculum veritatis contra monasteriorum successionem in primogeniis aliisque bonis fidei-commisso subjectis*; 4° *Allegationes in causa manutentionis possessionis principatus, Buteræ et Petræ Portiæ, cum dignitate magnatis Hispaniarum, et marchionatus Militelli aliorumque oppidorum*; 5° *Responsa, etc.,* en deux volumes; 6° *Allegationes pro sorore Anna Maria de Jovino nominibus contra venerabilem conventum Sanctæ Mariæ montis Carmeli, civitatis Suteræ.*

CAMMARUS (astr.), nom que l'on a donné quelquefois à la constellation de l'Écrevisse.

CAMMAS (LAMBERT-FRANÇOIS-THÉRÈSE), peintre et architecte, professeur d'architecture à l'académie de Toulouse, naquit dans cette ville en 1743. Son père, architecte estimé, dirigea ses premiers pas dans la carrière des beaux-arts. Cammas alla ensuite à Rome. De retour en France, il fut chargé de l'embellissement de plusieurs églises, entre autres de celle des Chartreux de Toulon. C'est lui qui a construit la façade de l'hôtel de ville de Toulouse. Dans ses restaurations d'églises gothiques, il mélangea l'architecture italienne et l'architecture arabe. Comme peintre, on lui doit, entre autres compositions, l'apparition de la Vierge à saint Bruno, et une allégorie représentant le rappel des parlements sous Louis XVI. Ce dernier ouvrage fut couronné par l'académie de peinture, sculpture et architecture de Toulouse. Il mourut en 1804.

CAMME. C'est ainsi qu'on nomme, dans les grosses forges et dans plusieurs autres usines, des éminences pratiquées à la surface d'un arbre, qui, tournant sur lui-même par le moyen d'une grande roue et d'une chute d'eau, fait lever ou des pilons ou des soufflets, auxquels sont pratiquées d'autres éminences que les *cammes* rencontrent.

CAMMONIA (bot.). C'est une plante des Indes orientales, dont

il y a plusieurs espèces différentes. Elle croît à la hauteur de dix à douze pieds; ses feuilles ressemblent assez à celles du buis, hormis qu'elles sont un peu plus grandes. Elle fleurit quatre fois par année; ses fleurs sont blanches comme la neige, ressemblent à celles du jasmin, et ont une odeur pour le moins aussi agréable que la sienne, et qui se répand au loin; ses branches ou rameaux se remplissent de fleurs qui sont monopétales, et qui se forment en grappes comme des raisins.

CAMMUA, formule de réception des moines birmans dans l'Inde.

CAMMUAZA, cérémonie d'usage lorsqu'il s'agit d'admettre un jeune Birman dans l'ordre des rhabaans, prêtres indiens.

CAMMUAZARA, prêtre qui reçoit un Birman dans l'ordre des rhabaans.

CAMMUS, s. m. (hist. nat., ichthyolog.), poisson des îles Moluques. Il a le corps extrêmement court et presque rond, très-comprimé ou aplati par les côtés; la tête courte, les yeux moyennement grands; la bouche très-petite, conique, montante; les dents peu nombreuses, assez grandes. Ses nageoires sont au nombre de sept, savoir, deux ventrales, petites, triangulaires, placées au-dessous des deux pectorales qui sont médiocres et carrées; une dorsale fort longue, un peu plus basse devant que derrière; une derrière l'anus, plus longue que profonde; enfin une ronde à la queue. De ces nageoires, deux sont épineuses, savoir, la dorsale qui a ses onze premiers rayons épineux, et celle de l'anus qui en a trois seulement. Il a le corps rouge, coupé par dix-sept raies longitudinales bleues, qui s'étendent sur chacun de ses côtés, de la tête à la queue; la tête marquée de chaque côté de deux grandes taches noires, de deux vertes, de deux bleues, d'une rouge et d'une jaune; la nageoire anale gris de lin, celle de la queue rouge à rayons bleuâtres; les pectorales, les ventrales et la moitié antérieure de la dorsale, cendré-bleu; sa partie postérieure étant rouge, rayée de bleu comme le corps. La prunelle de ses yeux est bleue, avec un iris rouge. Ce poisson se pêche abondamment dans la mer d'Amboine autour des rochers. Il est de fort bon goût et se mange. Le *cammus* est une espèce de *douwing* qui forme un genre particulier de poisson dans la famille des scares.

CAMO (PIERRE), marchand, fut l'un des sept troubadours toulousains qui fondèrent l'académie des jeux floraux (*V. JEUX FLORAUX*).

CAMŒNA, divinité qui inspirait aux enfants le goût du chant et de la poésie.

CAMŒNÆ (cantus, chant, amœnus, agréable), dénomination générale des muses. On les nommait ainsi à cause de la douceur et de la mélodie des chants par lesquels elles célébraient les louanges des dieux et les exploits des héros. Elles avaient sous ce nom un temple que Numa leur consacra dans le voisinage de Rome, près de la porte Capène.

CAMŒNARUM LUCUS (géogr. anc.), bois sacré, situé dans les environs de Rome, au nord-est, près de la porte Capène. On y voyait la fontaine de la nymphe Égérie.

CAMOENS (LUIS DE), qui fut non-seulement le poëte le plus distingué qu'ait produit le Portugal, mais encore un des plus grands poëtes qui aient jamais existé, naquit à Lisbonne vraisemblablement en 1524, d'autres disent en 1517. Son père, Simon Vaz de Camoens, était capitaine de vaisseau, et perdit la vie sur la côte de Goa en 1556. Sa mère, D. Anna de Sa, était native de Santarem. On ne sait rien de la jeunesse de Camoens : on sait seulement qu'il étudia à l'université de Coïmbre, qui venait d'être récemment fondée par le roi don Jean III. Il s'adonna principalement à l'étude de la philosophie et des belles-lettres, et acquit surtout beaucoup de connaissances historiques et mythologiques. Après avoir terminé ses études, il retourna à Lisbonne, où ses talents, aussi bien que ses avantages extérieurs, le firent bien accueillir partout. Il était à la fleur de l'âge, son âme était impressionnable et enthousiaste, et son cœur était ouvert à toutes les émotions et à tous les sentiments. Il vint à la cour, où il fit la connaissance d'une dame du palais, dona Catharina de Attayde, avec laquelle il contracta une liaison intime. Cette liaison fut la cause de toutes les infortunes qui accablèrent la vie de ce grand homme et qui l'accompagnèrent jusqu'au tombeau. On ne sait quelles furent les raisons particulières qu'eut le roi pour s'indigner de ce commerce amoureux. Quoi qu'il en soit, Camoens fut exilé à Santarem, lieu de naissance de sa mère. Il y vécut dans la retraite et dans le silence, se livrant aux souffrances d'un amour malheureux, et il y composa plusieurs poésies qui étaient une expression vivante de l'état de son âme. Ce fut à cette époque qu'il écrivit, entre autres pièces, sa troisième élégie. Longtemps son esprit, naturellement doué d'une puissante activité, supporta avec peine cette solitude oisive. Enfin il résolut de changer tout son plan de vie; quitta en conséquence le lieu de son exil, se fit soldat, partit en qualité de volontaire avec la flotte portugaise qui était commandée par son ami et protecteur don Antonio de Noronha, et il eut, comme quelques-uns le prétendent, le plaisir de combattre à côté de son père. Dans un combat naval qui eut lieu dans le détroit de Gibraltar, il eut le malheur de perdre l'œil droit, ayant été atteint par une pièce de mitraille vomie *par un canon ennemi*. Après avoir séjourné longtemps en Afrique, et s'y être acquis une grande réputation de courage et de bravoure, il retourna à Lisbonne, espérant qu'après s'être distingué comme un vaillant guerrier et avoir même été blessé au service de la patrie, il lui serait plus facile de faire valoir ses droits, et d'obtenir la récompense qui lui avait été refusée lorsqu'il n'était qu'un poëte distingué. Mais ses espérances furent de nouveau trompées. On ne fit aucune attention à lui; il fut en butte à de nouvelles persécutions, et résolut de quitter pour toujours son ingrate patrie. Dans une lettre qu'il adressa à un de ses amis et qui se trouve parmi ses œuvres, il s'applique à lui-même cette épitaphe de Scipion l'Africain : *Ingrata patria, non possidebis ossa mea*. Au mois de mars 1553, une flotte de quatre vaisseaux partit pour les Indes orientales sous le commandement de don Fernando-Alvarez Cabral. Il s'y embarqua comme volontaire. Pendant le trajet, trois de ces vaisseaux périrent par suite d'une tempête, et il n'y eut que le vaisseau principal qui fut sauvé. C'est sur celui-ci que se trouvait Camoens. Au mois de septembre de la même année il débarqua à Goa, où il resta moins d'un mois. Ne pouvant supporter une vie inactive et inoccupée, il s'embarqua de nouveau au mois de novembre sur une flotte que le vice-roi des Indes, don Alfonso de Noronha, envoya au secours des rois de Cochim et de Porca, alliés du Portugal, contre le roi de Chembé, qui avait enlevé quelques îles à ces deux souverains. Au commencement de l'année 1555 il était heureusement de retour à Goa, où il reçut deux nouvelles qui étaient de nature à l'émouvoir profondément : celle de la mort du prince don Jean, père du roi don Sebastien, et celle de la mort de son ami don Antonio de Noronha, qui avait succombé en Afrique dans un combat contre les Maures. Il composa sur la mort de ce dernier un sonnet qui est le douzième de son recueil, et dans sa première églogue il parle aussi de la mort du prince don Jean, dont tout le Portugal avait ressenti la perte. Le vice-roi don Affonso de Noronha mourut au mois de juin peu de temps après, et son successeur fut don Pedro Mascarenhas. Celui-ci envoya, au mois de février 1555, sous le commandement de don Manoel de Vasconcellos, une flotte dans la mer Rouge contre les corsaires maures qui troublaient le commerce des Portugais. Camoens, toujours ennemi du repos, saisit cette occasion et partit avec la flotte. Il passa ses quartiers d'hiver dans l'île d'Ormuz, où il eut le loisir de s'adonner à la poésie. Ce qu'il avait vu et appris pendant ce trajet lui fournit la matière de son neuvième cançaô, qui commence par une description du mont Félix. Au mois d'octobre de la même année il fut de retour à Goa. Le vice-roi don Pedro Mascarenhas venait de mourir au mois de juin précédent, et don Francisco Barreto l'avait remplacé. Camoens parut très-mécontent de ce choix, et, pour exhaler sa bile, écrivit quelques poésies satiriques, dont l'une entre autres a pour titre : *Disparates na India* (Folies dans l'Inde). — Dans cet écrit, notre poëte déversait l'ironie et l'insulte sur le nouveau vice-roi et sur plusieurs personnes considérables dans la société et très-près de la personne du vice-roi. Le vice-roi fut tellement indigné de cette audace qu'il fit arrêter le poëte frondeur. L'année suivante (1556), il l'exila en Chine. Camoens avait commencé depuis longtemps son grand poëme, *la Lusiade*. Au milieu des adversités nombreuses dont sa vie avait été si remplie, ce poëme avait été la sublime consolation du grand homme, et maintenant qu'il montait à bord du vaisseau qui devait le conduire à Macao, lieu de son exil, c'était encore ce poëme qui était son fidèle compagnon. Pendant la traversée s'éleva une violente tempête, et le vaisseau échoua à l'embouchure du fleuve Mecon, sur la côte de Camboja. Camoens s'élança dans les flots, d'une main élevant en l'air son plus grand trésor, son poëme, de l'autre se soutenant sur l'eau. C'est ainsi qu'il se sauva comme un nouveau Jules César, et qu'il parvint à se mettre en sûreté sur la côte de Camboja. Il est vraisemblable que ce fut là qu'il écrivit ses *Quintilhas*, si vantées par Lope de Vega et par d'autres esprits distingués, et où il paraphrasait le psaume 130e. Il parle aussi de son naufrage dans la cent vingt-huitième stance du Xe chant de la *Lusiade*. A part son poëme, Camoens n'avait rien

sauvé qu'un esclave qu'il avait amené de l'île de Java, et qui le servit fidèlement jusqu'à la fin de sa vie. Il se rendit avec lui à Macao, où il obtint la fonction d'intendant des fonds des défunts (*provedos mor dor defuntos*). Il resta à Macao pendant cinq ans, et profita de ce séjour pour aller visiter les îles Tidore et Ternate, qu'il décrit dans le Xe chant de son poëme. En 1561 il retourna à Goa. Depuis le 3 septembre 1558, don Constantino de Bragance, frère de don Theodosio, duc de Bragance, y résidait en qualité de vice-roi. Camoens lui adressa ces belles stances qu'on trouve dans ses œuvres sous la suscription : *Epistola III*, et s'acquit ainsi la faveur de ce prince. Malheureusement il ne jouit de cet avantage que pendant fort peu de temps; car dès le mois d'octobre 1561 le protecteur qu'il venait de se faire fut remplacé, comme vice-roi des Indes, par don Francisco Coutinho, comte de Redondo, et un nouvel orage s'amassa sur la tête du malheureux poëte. On l'accusa d'avoir commis différentes infidélités dans l'exercice des fonctions qu'il avait occupées à Macao, et il fut jeté en prison. Camoens se justifia entièrement de l'accusation portée contre lui, et le moment était venu où il allait être mis en liberté, lorsqu'un de ses créanciers, un certain Miguel Rodrigues Coutinho, surnommé Fios-Seccos, le fit arrêter de nouveau. Un poëme comique, commençant par ces termes : *Que Diabo ha tao donado*, etc., qu'il fit présenter au vice-roi, et qui obtint le suffrage de ce haut personnage, lui valut de nouveau une entière liberté. Il rentra aussitôt dans la carrière militaire, sans toutefois négliger les muses, car ce fut à cette époque qu'il composa un grand nombre de ses petites poésies, et qu'il termina en même temps *la Lusiade*, dans l'intention de l'offrir au roi de Portugal. C'est dans ce but qu'il se décida à retourner en Portugal, contrairement aux résolutions qu'il avait antérieurement formées. Mais il manquait d'argent pour accomplir son projet, et il se vit obligé d'accepter l'offre de Francisco Barreto, qui, se rendant de Goa à Sofala comme gouverneur, proposa à Camoens de l'y accompagner, et lui avança 200 crusades pour ses frais de route. Camoens espérait qu'il lui serait plus facile de trouver une occasion pour se rendre de Sofala en Portugal, et il ne fut pas trompé dans son attente. Après un séjour de quelques mois, le vaisseau *Santa-Fé*, qui s'en retournait en Espagne, vint relâcher près de Sofala. Sur ce vaisseau se trouvait Hector da Silveira, Duarte de Abreu, et plusieurs autres amis de Camoens, qui l'engagèrent à les accompagner, et qui lui proposèrent de le exempter de tous frais de transport. Mais Francisco de Barreto, à qui Camoens communiqua son intention, ne voulait pas laisser s'éloigner de lui cet homme si rempli de hautes facultés, et s'opposa à son départ. Il exigea le remboursement de la somme qu'il lui avait avancée, sachant bien que le pauvre poëte serait dans l'impuissance de satisfaire à cette exigence. Mais ses généreux amis se cotisèrent, payèrent sa dette, et lui procurèrent ainsi son entière liberté. Don Diego de Couto, le célèbre historien de l'Inde, se trouvait sur le même vaisseau, et Camoens noua avec lui une intime amitié, en témoignage de laquelle Couto écrivit plus tard un *Commentaire sur la Lusiade*, mais cet écrit ne fut jamais imprimé. Camoens arriva à Lisbonne en 1569, après une absence de seize ans. S'il arrivait sain et sauf, il arrivait aussi entièrement pauvre. Lisbonne venait d'être ravagée par une peste terrible, et la souffrance générale qui était la suite de ce fléau empêcha notre poëte de mettre à exécution le dessein qu'il avait formé de publier la *Lusiade* aussitôt après son arrivée. Il avait travaillé pendant trente ans à ce poëme qui était sa seule richesse, et maintenant il allait manquer des moyens de faire valoir son trésor. La position du malheureux poëte était extrêmement pénible. Enfin il obtint en 1571 la permission de publier son poëme, qui fut imprimé en 1572. Le jeune roi don Sebastiao occupait alors le trône de Portugal. Camoens lui dédia son poëme, et toute la récompense qu'il en obtint fut une pension annuelle de 1500 reis, et on lui imposa la condition d'accompagner la cour partout où elle irait. La misère de Camoens devenait de plus en plus grande, et le grand homme dont le nom retentissait glorieux à travers tout le Portugal et toute l'Espagne n'avait souvent pas de quoi calmer la faim dont il était dévoré. Ce fut alors que son fidèle esclave, dont nous avons déjà parlé plus haut, qui l'avait accompagné son maître jusqu'en Portugal, se mit, à ce qu'on prétend, à mendier pendant la nuit, afin qu'ils ne mourussent pas de faim, et que son malheureux maître pût se montrer à la cour. La mesure était comble, et Camoens ne put supporter plus longtemps cet excès d'infortune et de misère. Abandonné de tout le monde, déçu dans toutes ses espérances, sans cesse tourmenté par la faim et par tous les besoins de la vie, il ne put résister à tant de maux à la fois. Son corps, jusqu'alors puissant, commença à faiblir. Son cœur, plein d'un sincère amour pour sa patrie, eut encore un nouveau chagrin à essuyer par l'issue malheureuse de l'expédition que l'imprudent monarque avait entreprise en Afrique, malgré toutes les prévisions d'insuccès. Malade de corps et de cœur, Camoens se retira dans la solitude. Il avait rompu toute relation avec les personnes qu'il avait précédemment connues, et il ne sortait de temps en temps que pour assister à des leçons de théologie morale qui se faisaient dans un couvent de dominicains, et qui lui procuraient un grand soulagement au milieu de ses souffrances. Il avait aussi des relations avec quelques moines pieux, et il se prépara à sa mort, qui eut lieu en 1579. Le jour et le mois où il mourut sont inconnus comme ceux où il naquit. Quelques-uns de ses biographes prétendent qu'il passa les derniers instants de sa vie dans un hôpital, et qu'il y mourut; d'autres prétendent qu'il trépassa dans une maison petite et misérable, près du couvent de Sainte-Anne, occupé par des religieuses de l'ordre de Saint-François. Il fut inhumé dans l'église de ce couvent, sans désignation de lieu. De là vient que seize ans plus tard on ne trouva qu'avec peine son tombeau, lorsque don Gonzalo Coutinho donna ordre d'enterrer sa dépouille mortelle dans un lieu plus digne de lui. Cette dernière inhumation eut lieu en 1595. On lui érigea un monument sur lequel on grava l'inscription suivante : *Aqui jaz Luiz de Camoens, principe dos poetas de sue tempo : viveo pobre e misera velmente, e ani morreo anno de 1579.* Peu de temps après, un certain don Martin Gonzalves da Camera fit composer au célèbre jésuite Matheos Cardoso une nouvelle épitaphe latine, qui fut aussi gravée sur le même monument. — Camoens partagea le sort d'un grand nombre d'hommes supérieurs, qui, méconnus et persécutés de leur vivant, furent exaltés et presque divinisés après leur mort. De même qu'autrefois pour Homère, plusieurs villes, Lisbonne, Coïmbre et Santarem, se disputèrent après sa mort l'honneur de lui avoir donné le jour. La beauté et la noblesse extérieure de sa personne, ainsi que l'élévation et la grandeur de son caractère, ont reçu de grands éloges de tous les écrivains qui nous ont laissé l'histoire de sa vie. — Camoens est un des plus grands poètes de tous les siècles. Ses compatriotes lui donnent l'épithète de *Grand*, épithète qu'il ne partage qu'avec des souverains. Il excella dans tous les genres de poésie, mais son grand poème épique est son œuvre dominante. Le titre qu'il donna à ce chef-d'œuvre est celui d'*Os Lusiados* (c'est-à-dire les Lusitaniens ou les Portugais); mais des éditeurs postérieurs changèrent ce titre en celui de *Lusiada* (une *Lusiade*). Cet ouvrage se compose de dix chants, qui renferment ensemble mille cent deux stances de huit lignes chacune, et il a pour sujet les découvertes des Portugais dans les Indes orientales, découvertes qui sont un des événements les plus importants de l'histoire moderne, et qui non-seulement élevèrent à leur plus grande hauteur l'héroïsme et la gloire de la nation portugaise, mais encore causèrent une grande révolution dans les constitutions des Etats européens, ainsi que dans le commerce et dans les mœurs de l'Europe. Le poème de Camoens est une véritable épopée nationale. Le plan est très-simple : mais le poète a su broder sur ce canevas d'une manière admirable, et l'a orné des épisodes les plus attrayants, avec un art qui n'appartient qu'à lui et qui défie l'imitation. Une partie de l'histoire de Portugal se trouve rattachée au 111e chant avec beaucoup d'habileté, et la mort d'Inès de Castro est racontée dans le même chant d'une manière si belle, si saisissante, si enchanteresse, qu'aucun autre poète épique ne peut citer un aussi magnifique épisode. La description des îles Fortunées dans le 1xe chant est d'une exécution non moins ravissante. C'est Vasco de Gama qui est le héros du poème, mais il n'est pas plus en saillie que les autres personnages qui ont pris part à l'expédition, afin que leur gloire ne s'en trouve pas éclipsée. Le langage du poète est pur et noble, sa versification est harmonieuse et pour ainsi dire mélodieuse. L'intérêt principal qu'ont les Portugais dans ce poème consiste dans le sentiment patriotique dont il est tout pénétré du commencement jusqu'à la fin, et c'est ce qui lui fit trouver plus facilement de l'accès chez les personnes incultes aussi bien que chez les personnes instruites. On l'apprit par cœur en grande partie, et aujourd'hui encore on entend résonner de la bouche du peuple ces stances admirables. On a fait souvent un reproche à Camoens d'avoir mêlé la mythologie païenne avec l'inspiration chrétienne, et ce défaut, si toutefois c'en est un, a suggéré les jugements les plus injustes et les plus absurdes à plusieurs critiques, entre autres à Rapin, dans ses *Réflexions sur la poésie*, et à Voltaire dans son *Essai sur le poème épique*. Mais si on envisage ce poème au point de vue où se place l'auteur, et où il veut que nous nous placions avec lui, point de vue qu'il faut

adopter pour apprécier l'œuvre selon l'esprit du siècle pour lequel elle fut produite, on verra non-seulement s'évanouir ce prétendu défaut, mais on trouvera même que les divinités de l'Olympe grec sont un véritable ornement pour ce magnifique monument. La propagation du christianisme était, aux yeux du poète, le plus grand mérite que les Portugais eussent acquis dans cette expédition, et c'est là la gloire qu'il exalte et qu'il chante dans son poème au-dessus de toutes les autres : mais les vérités de notre sainte religion étaient pour lui trop relevées et trop vénérables pour qu'il les abaissât jusqu'à en faire des jeux de son esprit. Et cependant Camoens, dont l'imagination était douée du véritable sentiment de la poésie, ne voulait pas laisser manquer à son poème le charme du merveilleux, qui ne s'obtient qu'en mettant sur la scène des personnages qui soient au-dessus de la nature humaine. Il prit donc, pour orner son œuvre, la mythologie grecque, qui lui parut être la plus belle. Si on ajoute à cela cette considération, qu'à cette époque la mythologie était considérée comme un élément indispensable qui devait entrer nécessairement dans tout poème épique; si on songe de plus que c'était alors une idée favorite des Portugais que de vouloir tirer leur origine du plus grand de tous les peuples, des Romains, qui eux-mêmes prétendaient descendre des dieux; que Bacchus est le premier conquérant de l'Inde, et que les Portugais venaient enlever à ce dieu toute sa gloire et le dépouiller pour ainsi dire de son antique auréole : non-seulement on ne fera plus un sujet de reproche à notre poète d'avoir introduit dans son épopée le monde mythologique et fabuleux, mais on lui en fera même un mérite. — La première édition de la *Lusiade* parut, comme nous l'avons déjà dit, en 1572 à Lisbonne chez Antonio Gonzalvez, in-4°, et cette édition fut réimprimée dans la même année. A de courts intervalles, en 1597, en 1607, en 1609, en 1631, en 1633, il parut successivement plusieurs éditions qui ne différaient en rien de la première. En 1613, il parut une édition qui renfermait, outre le texte, une interprétation de ce poème, par Manuel Correa Montenegro, à Lisbonne chez Pedro Crasbeck. En 1669, Joaõ Franco Barreto publia la *Lusiade*, en donnant à la tête de chaque chant un argument formant une stance de huit vers; il y ajouta un dictionnaire de tous les noms propres qui paraissent dans le poème. Camoens trouva un nouvel interprétateur dans Manoel de Faria y Sousa, connu comme historien et comme poète, et qui travailla pendant vingt-cinq ans à son *Commentaire* écrit en langue espagnole; ce *Commentaire* parut en 1659 à Madrid, avec le texte, en deux volumes in-folio. Mais l'original est très-altéré dans cette édition par des variantes tout à fait arbitraires. Plus tard, Ignacio Garuz Ferreira publia la *Lusiade* avec de courtes remarques et avec les arguments sus-mentionnés de Barreto, en deux volumes in-4°, dont le premier parut à Naples en 1731, et le second à Rome en 1732. Nous passons sous silence plusieurs éditions portatives qui n'ont aucune importance. La meilleure et la plus élégante édition parut en 1817 à Paris, chez Didot, en petit in-folio, avec de jolies gravures en cuivre, par les soins de Joze Maria de Souza-Botelho. Le texte y est rétabli dans toute sa pureté, d'après les plus anciennes éditions, avec une critique scrupuleuse; mais cette édition est très-rare, attendu que l'éditeur n'en donna tous les exemplaires en cadeau. C'est d'après cette édition qu'a été imprimé le texte de l'édition qui parut à Paris en 1819, chez Didot, in-8°. En Allemagne il parut une édition propre et correcte, in-12, à Berlin, chez Hitzig, par les soins de C.-D. Winterfeld, sans millésime, mais elle est de 1810. La *Lusiade* a été traduite en un grand nombre de langues. Don Thomé de Faria, évêque de Targa, la traduisit d'abord en hexamètres latins, sous le titre de : *Lusiadum libri decem. Olyssipone, apud Gerardum a Vinea*, 1622, in-8°. Il existe encore trois autres traductions latines qui sont restées en manuscrit : l'une est de don André Bogaõ, la seconde d'Antonio Mendez, la troisième du célèbre Francisco de Santo Agostinho Macedo. La *Lusiade* fut traduite trois fois en langue espagnole, par Luis Gomez de Tapia à Salamanque en 1580; par Benito Caldera, à Alcala de Henarès en 1588, et par Enrique de Garzez, à Madrid en 1591. Elle a été traduite en italien par Carlo-Antonio Paggi : cette traduction parut à Lisbonne en 1659. Une nouvelle traduction italienne parut à Torino en 1772. Il a paru trois traductions françaises de ce poème : la première au xvie siècle, par un traducteur inconnu; la seconde par Perron de Castera, en prose, publiée à Paris en 1735 en trois volumes; et enfin la dernière traduction, de beaucoup meilleure que les précédentes, par d'Hermilly et Laharpe, parut en 1776 à Paris en deux volumes. Les Anglais ont deux traductions, l'une de Richard Fanshaw, Londres, 1655; la seconde, qui est excellente, par G.-J. Mickle, Oxford, 1776, in-4°, et Londres,

1809, en trois volumes in-12, avec gravures en cuivre. La *Lusiade* fut traduite en polonais par Jac. Przybylski, Cracovie, 1790. Le premier essai de traduction allemande fut fait par Meinhard ; cet écrivain ne traduisit que quelques chants, qui furent publiés en 1762. Après lui vint M. Sigm. , baron de Seckendorf, qui traduisit tout le premier chant , qu'il publia dans le second volume du *Magasin de la littérature espagnole et portugaise de Bertuch*. La première traduction de l'ouvrage complet fut faite par le docteur C.-C. Heise , et parut à Hambourg, en deux volumes, sans désignation d'année (1806-1807). Une seconde traduction, de beaucoup meilleure, par Fr.-Adolphe Kuhn et Charles-Théodore Winkler, parut à Leipzig en 1807 en un seul volume. — Outre ce poëme de longue haleine, Camoens a écrit encore un grand nombre d'autres poésies plus petites, dont la plupart sont d'une beauté qui est au-dessus de toute expression. Ce sont des sonnets, des cantates , des odes, des élégies, des épîtres en vers, des églogues et d'autres petites poésies mêlées. Il a composé de plus un poëme didactique et allégorique, intitulé : *Da Crepaô e composicaô do Homem* , en trois chants. Enfin il y a encore de lui trois comédies ; l'une est intitulée : *El Rey Seleuco*, une autre : *Os Anfitrioens*, et une troisième : *Filodemo*. Du reste Camoens paraît avoir attaché peu de prix à ces compositions de moindre étendue, et on ne commença à les recueillir qu'après sa mort. Elles parurent pour la première fois à Lisbonne en 1595 , in-4°, sous le titre de : *Rimas de Luis de Camoens*. Depuis, elles ont été publiées un très-grand nombre de fois avec la *Lusiade*, sous le titre de : *Obras de Luis de Camoens*. La dernière et la plus belle édition qui ait été publiée sous ce titre, parut en 1815 à Paris chez Didot, en cinq volumes. — La vie de Camoens a été décrite et racontée avec beaucoup de détails par plusieurs de ceux qui ont publié ses œuvres, et particulièrement par Man. de Correa Montenegro, Man. de Faria y Sousa, Ignacio Garcez Ferreira, que nous avons déjà mentionnés plus haut. Quant au caractère de ce grand poëte, c'est par ses poésies qu'on peut le mieux apprendre à le connaître, et ce sont elles aussi qui nous fournissent comme un fil conducteur pour nous instruire et nous diriger dans l'histoire de sa vie.

CAMOGHÉ (LE)(*géogr.*). C'est le nom de la plus haute montagne du canton suisse du Tessin. On la nomme aussi *Gamoghera*, *Gamughera* et *Gamogher*. Elle s'élève sous la forme d'une pyramide, à quelques lieues de Bellence. Du haut de son sommet, qui n'est dépouillé de neige que pendant les mois d'août et de septembre, on jouit d'un magnifique coup d'œil. Au pied de cette montagne on voit s'étendre le lac de Lugano, une partie du lac Long et du lac de Come, le val de Calanca, le Tessin et l'Adda, et la vue embrasse la chaîne des Alpes depuis le Piémont jusqu'au Veltlin, et les plaines de la Lombardie jusqu'à Milan. Quoiqu'on puisse se servir de mulets presque jusqu'au haut de la montagne, elle est cependant désagréable à monter, parce que les chalets sont trop pauvres pour qu'on puisse faire autre chose que d'y passer la nuit.

CAMOIARD (*comm.*), sorte d'étoffe faite avec du poil de chèvre sauvage.

CAMOMILLE (*botan.*), *anthemis* (polygamie superflue, Linné ; synanthérées, Juss.). *Caractères généraux :* plantes herbacées ; feuilles très-découpées ; les fleurs qui viennent à l'extrémité des rameaux sont radiées ; calice hémisphérique, composé d'écailles imbriquées ; fleurons hermaphrodites à cinq dents ; demi-fleurons femelles lancéolés ; réceptacle conique ; graines nues. Ce genre comprend quarante espèces dont une grande partie croît en Europe ; les fleurs ont assez généralement des demi-fleurons blancs, jaunes ou pourprés. Nous citerons les plus répandues et les plus importantes. — *Espèces à demi-fleurons blancs*. CAMOMILLE ROMAINE, *anthemis nobilis*, Linné. Tiges rameuses, menues et couchées ; bipennées, à folioles aiguës et velues ; fleurs et feuilles répandant une odeur aromatique très-forte. Cette plante, qui est vivace, croît en France, en Italie et en Espagne : on en connaît deux variétés, l'une à fleurs doubles, et l'autre à fleurs sans rayons ; la première est cultivée comme plante d'ornement, et se multiplie par éclats de racines. — CAMOMILLE FÉTIDE OU MARONTE, *anthemis catula*, Linné. Tiges droites, rameuses ; feuilles glabres, bipennées, à folioles aiguës ; fleurs blanches à disque jaune et conique, graines couvertes d'aspérités. Cette espèce répand une odeur forte et désagréable ; elle croît avec une telle facilité dans les lieux humides, qu'elle étouffe toutes les plantes qui l'avoisinent. — CAMOMILLE DES CHAMPS, *anthemis arvensis*, Linné. A peu de chose près semblable à la précédente ; son odeur est moins pénétrante ; ses graines sont garnies d'un rebord ; les paillettes qui tapissent le réceptacle sont plus larges et moins serrées. — CAMOMILLE PY-RÈTHRE, *anthemis pyrethrum*, Linné. Tiges grêles, simples, garnies de petits rameaux à fleurs solitaires ; feuilles bipentalides ; fleurs belles, grandes, terminales, à demi-fleurons blancs en dessus, pourprés en dessous ; odeur aromatique assez prononcée.—*Espèces à demi-fleurons jaunes ou pourprés*. CAMOMILLE DES TEINTURIERS ou ŒIL-DE-BŒUF, *anthemis tinctoria*, Linné. Tiges hautes de deux pieds, droites, rameuses, assez fortes ; feuilles blanchâtres, velues, tripennatifides ; fleurs terminales, solitaires, jaunes, à pédoncules unis et grisâtres. Cette plante est vivace, croît en Italie, en Allemagne ; se rencontre dans les pâturages secs du midi de la France. Employée dans la teinture, elle donne à la laine une couleur jaune de peu de durée. — CAMOMILLE A FEUILLES D'ARMOISE, *anthemis artemisiæfolia*, Wild. ; *anthemis grandiflora*, Duf.; *chrysanthæmum Indicum*, Curt. Tiges hautes, ligneuses ; feuilles alternes, pétiolées, pennatifides, velues, et d'un vert grisâtre ; fleurs belles, nombreuses, terminales, ordinairement composées toutes de demi-fleurons pourpre foncé en dessus et blanchâtres en dessous. Cette plante, connue vulgairement sous le nom de chrysanthème des Indes, est depuis plusieurs années répandue dans les jardins, dont elle est un des plus beaux ornements dans les mois d'octobre et de novembre; supporte les plus grands froids, se multiplie de boutures ou par éclats de racines. — CAMOMILLE A TROIS LOBES, *anthemis trilobata*, Ortig. Tige ligneuse, striée, pubescente ; feuilles alternes, pétiolées, à trois lobes anguleux : pédoncules axillaires, uniflores ; fleurs jaunes. Même moyen de reproduction que la précédente. — CAMOMILLE GLOBULEUSE, *anthemis globosa*, Ortig. Feuilles bipennatifides, à découpures trilobes, lancéolées ; fleurs d'un jaune vif à réceptacle globuleux. — *Matière médicale*. Les fleurs de la *camomille romaine* prises en décoction sont stomachiques, vermifuges, toniques et antispasmodiques ; employées dans les fièvres intermittentes, elles sont préférables au quinquina ; la décoction peut encore être employée dans la cachexie et les obstructions du bas-ventre. On utilise aussi toute la plante, soit en fomentations, soit en cataplasmes résolutifs et émollients ; soumises à la distillation, ces fleurs produisent une huile d'un bleu verdâtre. La racine de la *camomille pyrèthre* excite, lorsqu'on la mâche, une salivation abondante ; elle est excellente contre les maux de dents, les catarrhes, les engorgements aqueux des amygdales, et généralement dans les maux de la bouche ; elle entre aussi dans la composition de certaines poudres sternutatoires, notamment dans celle connue depuis quelque temps sous le nom d'*antitabac* ; pulvérisée et employée en frictions, elle provoque la transpiration. La *camomille des teinturiers* est employée comme vulnéraire.

CAMON (*géogr. sacrée*), ville au delà du Jourdain, dans le pays de Galaad. Jaïr, juge d'Israël, y fut enterré. (*Judic.*, 10, 5.)

CAMON (*géogr. sacrée*), ville au deçà du Jourdain, dans le Grand-Champ, à 6 milles de Légion, vers le septentrion. (Eusèbe, *in loco*.)

CAMONICA (VAL)(*géogr.*). Cette vallée formait autrefois un district du territoire de Brescia ; aujourd'hui elle est incorporée à la délégation de Bergame. Elle s'étend sur une longueur de 50 milles et sur une largeur de 10 milles, limitée au nord par Lago Iseo, et des autres côtés par le canton des Grisons et par le territoire de la ville de Trente, et elle est arrosée par l'Oglio, qui entretient un grand nombre de moulins et machines industrielles. La population de cette vallée, partagée en cinq petits districts et en cinquante-cinq communes, s'élève à 40,000 habitants, qui gagnent leur vie par l'élève de grands et de petits bestiaux, par le travail des mines et en façonnant les métaux. Ils se considèrent comme les plus anciens et les plus nobles parmi les Bresciens, et ils sont fiers de l'origine qu'ils prétendent tirer des Camuni Rhétiens dont parlent Pline et Strabon. Ils ont conservé longtemps une constitution républicaine d'une forme traditionnelle, et dont les Vénitiens mêmes, lors de leur domination, leur avaient encore laissé une ombre. Les principaux lieux de la vallée sont Breno, Pisogne et Civedate.

CAMORTA (*géogr.*), île de l'océan Indien, faisant partie du groupe des Nicobares. Elle est située sous les 8° 10' de latitude nord, et les 107° 34' de longitude, peut avoir 6 milles de longueur et un mille de largeur, est couverte de hautes et épaisses forêts, a un bon port sur la côte du sud-est, où les Danois voulurent d'abord fonder un établissement qu'ils transportèrent ensuite à Rancowry. Ce fut dans ce lieu aussi que les Autrichiens tentèrent de fonder une colonie en 1778, et qu'ils établirent quelques Européens, mais ils les abandonnèrent ensuite et renoncèrent à la colonie.

CAMOSIO (JEAN-BAPTISTE), Trévisan, né à Azolo, d'une ancienne famille, dans le XVIᵉ siècle. Il professa la philosophie dans l'école espagnole de Bologne, et ensuite de Macerata. Il était, au jugement de de Thou et de Simler, l'un des hommes de son siècle qui entendait le mieux le grec. Ayant été appelé à Rome par Pie IV, il fut chargé d'interpréter les Pères de l'Eglise, et mourut en 1581, âgé de soixante-six ans. Indépendamment de plusieurs discours imprimés séparément et en divers temps, on a encore de Camosio : 1° une *Version latine du Traité de Michel Psellus sur la Physique d'Aristote*, Venise, 1554, in-fol.; 2° des *Commentaires grecs sur la Métaphysique de Théophraste*, intitulés : *In primum Metaphysices Theophrasti græce*, Venise, 1551, in-fol.; 3° une *Traduction latine de la Métaphysique d'Aristote*; 4° une autre des *Commentaires d'Olympiodore sur les météores*; 5° quelques *Poésies grecques*. De Thou dit que les ouvrages manuscrits de Camosio, dont on lui avait envoyé le catalogue d'Italie, étaient plus nombreux que ses ouvrages imprimés.

CAMOUFLET. *En term. de guerre*, on donne ce nom à une opération de mine qui n'est plus en usage aujourd'hui. Elle consistait, au moyen de la contre-mine, à découvrir les travaux souterrains de l'ennemi ; puis, quand on était arrivé à portée, au moyen d'une tarière on creusait une ouverture par laquelle on introduisait dans l'intérieur de ce souterrain de la fumée destinée à chasser ou à asphyxier les travailleurs; on employait à cet usage de longs tubes en fer. Il est bon de dire que ce procédé a dû nécessiter un ventilateur; sans quoi la poudre et le soufre que l'on allumait pour produire la fumée devaient nécessairement, pour la défense, entraîner l'*inconvénient d'une arme à deux tranchants*. L'art de la guerre, si perfectionné de nos jours, a laissé aux enfants le jeu du *camouflet*. A l'article MINE pour l'attaque et la défense des places, nous ferons connaître les moyens que le génie militaire emploie pour éventer les mines, en atténuer les effets et en chasser les travailleurs.

CAMOURLOT (*technol.*), espèce de mastic dont on se sert pour enduire les navires, ou pour jointoyer les dalles et les carreaux de terre cuite.

CAMOURO, s. m. (*hist. nat., ichthyolog.*), nom d'un poisson des îles Moluques. Ce poisson a le corps médiocrement long, médiocrement comprimé ou aplati par les côtés, la tête et les yeux petits, la bouche conique, médiocrement grande. Ses nageoires sont au nombre de sept, dont deux ventrales, menues, petites, placées au-dessous des deux pectorales qui sont petites et presque triangulaires; une dorsale fort longue, plus haute devant que derrière; une derrière l'anus fort longue, et une à la queue un peu plus longue, arrondie légèrement ou comme tronquée à son extrémité. Son corps est marqué sur chaque côté de deux raies longitudinales brunes, de deux bleues, de deux jaunes, d'une verte et d'une rouge qui est au-dessus de toutes les autres. Sa tête et ses nageoires pectorales et ventrales sont vertes; celle de la queue est bleue; celle de l'anus a une raie bleue longitudinale, entre une bleue au-dessus et une jaune qui est au-dessous d'elle; et celle du dos a deux raies de deux rouges différents, entre deux vertes, dont la supérieure est surmontée par une raie jaune longitudinale. La prunelle des yeux est blanche, entourée d'un iris rouge; sa poitrine est jaune au devant, et rouge derrière les nageoires ventrales. Le camouro se pêche autour des rochers dans la mer d'Amboine : il se mange. C'est une espèce de byow, *qui forme un genre particulier*, voisin de la girelle, *iulis*, dans la famille des scares.

CAMOUSSER, *term. de limonadier* qui signifie se moisir.

CAMOUX (ANNIBAL), fameux centenaire, naquit à Nice le 20 mai 1638, et mourut à Marseille le 18 août 1759, âgé de cent vingt et un ans et trois mois. Il avait servi sur les galères comme simple soldat, et dut à la sobriété et à la frugalité de sa vie l'inaltérable santé dont il jouit jusqu'à l'âge de cent ans. Louis XV lui accorda vers cette époque une pension de trois cents francs. Visité sur son lit de mort par le cardinal du Belloy, évêque de Marseille, Annibal lui dit : « Monseigneur, je vous lègue mon grand âge; » et l'évêque, mort presque centenaire, disait en riant, à la fin de sa carrière, qu'il avait accepté le legs d'Annibal. Le portrait de ce dernier a été peint par Vernet dans une vue du port de Marseille, puis par Viali et gravé par Lucas. On a publié sa vie, in-12.

CAMP et **CAMPEMENT** (*art milit.*). Tout emplacement occupé temporairement par une armée ou par un corps d'armée se nomme un camp. Selon les circonstances, il est ou il n'est pas défendu par des retranchements; selon les circonstances aussi, les soldats y sont abrités sous des tentes, ou sous des baraques; souvent ils campent sur la terre nue. — Un camp est destiné à couvrir une place de guerre, un siège, une position avantageuse ou un passage de rivière. Il sert aussi à faire reposer une armée, à attendre et protéger l'arrivée de renforts ou de munitions. On l'emploie encore simplement comme point d'observation des mouvements de l'ennemi, etc., etc. C'est d'après ces divers et nombreux usages que le général en chef choisit l'endroit où il veut asseoir son camp et le fait disposer de telle ou telle manière. — Les deux sortes de campement le plus en usage sont le campement en ordre de marche et celui en ordre de bataille. La première disposition s'emploie lorsqu'on ne redoute pas d'attaques; la seconde s'emploie près ou en face de l'ennemi, alors qu'il est toujours important que les troupes, en prenant les armes, soient au plus tôt rangées dans l'ordre où elles doivent combattre. — Les camps défensifs doivent être établis dans une position où la nature vienne ajouter aux ressources de l'art, de manière à laisser toujours libres les communications avec les dépôts et magasins, et à couvrir les flancs de l'armée. Un chef expérimenté a toujours reconnu à l'avance plusieurs positions favorables à occuper, dans le cas où les manœuvres de l'ennemi parviendraient à tourner sa première position et à le contraindre à en changer. — Quant aux autres camps, sans exiger des positions aussi fortes, ils nécessitent tous une grande prudence dans leur choix et le plus de facilité possible dans leur déplacement, en ayant toujours soin de ménager les communications et de protéger les derrières des corps d'armée. — Les camps passagers ainsi que les camps permanents doivent être, selon l'occasion, retranchés par l'art ou par la nature, et souvent aussi par l'art et par la nature. — En temps de paix on établit aussi, dans certaines localités propres à cet usage, des camps de manœuvres pour l'instruction des troupes. Il s'y fait constamment des exercices, des revues, des simulacres de batailles qui forment le nouveau soldat à la vie des camps, aux hasards de la guerre et aux ressources de la stratégie.

CAMP (*gramm.*). Ce mot se prend aussi pour l'armée campée. Il se dit même quelquefois, au pluriel, des armées en général. —Proverbialement et figurément, *L'alarme est au camp*, se dit en parlant de tout ce qui met tout d'un coup plusieurs personnes dans un grand embarras. — CAMP se dit aussi des lieux où l'on faisait entrer des champions, pour y vider leur différend par les armes. Il ne s'emploie guère que dans ces phrases : *Demander le camp, donner le camp, juge du camp.* — Familièrement, *Prendre le camp*, déguerpir, se retirer.

CAMP DES HÉBREUX. Les Hébreux paraissent avoir emprunté des Egyptiens une partie de la *disposition de leurs camps*. Ce peuple, sortant à flots de l'Egypte et s'étant accru au nombre de 603,550 combattants, sans compter les femmes et les enfants, devait avoir un mode de campement particulier, surtout dans le pays montueux de la terre promise. Aussi Moïse donna-t-il à leurs camps la forme rectangulaire, qui circonscrit un grand espace dans une périphérie peu étendue. Dans le centre était le tabernacle; c'est un rapprochement à faire du camp des Grecs, dans le centre duquel Homère place les statues des dieux. Les lévites, au nombre de 22,000, rangeaient leurs tentes autour du tabernacle, suivant l'ordre de leurs troupes et de leurs divisions. Les détails de la disposition extérieure du camp des Israélites nous sont inconnus; on ne sait s'il était coupé en rues parallèles ou transversales, ou si les tentes y étaient semées sans ordre, à la manière des peuples de l'Orient.

CAMP DES ANCIENS. Le camp des Grecs était ordinairement de forme circulaire, comme la plus facile à défendre; il variait pourtant selon la nature du terrain. Celui des Romains avait toujours, dans l'origine, la forme d'un carré; ce ne fut que vers la fin de la république qu'ils eurent des camps de forme ronde, ou ovale, ou même triangulaire; les uns et les autres entouraient le camp d'un fossé ordinairement profond de neuf pieds et large de douze; ils le fortifiaient ensuite avec la terre enlevée du fossé, et le défendaient par des pieux aigus, garnis de branches qu'ils y enfonçaient. —Quant à la distribution des différentes parties du camp chez les Grecs, elle dépendait de la forme qu'ils lui donnaient, et comme ils variaient souvent, ils ne pouvaient assigner une place fixe à chaque corps; ce qui causait souvent une confusion que ne permettait pas au soldat de connaître à l'instant même son quartier ou celui de son corps. — Celui des Romains conserva longtemps une disposition uniforme. On y trouvait quatre portes, une de chaque côté; celle qui regardait l'ennemi s'appelait *porta prætoria* ou *extraordinaria*; on nommait *decumana* l'entrée opposée à la première, et *porta principalis dextra* et *porta principalis sinistra* les deux autres. (Ce plan n'était abandonné que dans les circonstances assez rares où le camp n'avait point la forme carrée.) Le camp se divisait encore en deux parties, l'une haute, l'autre basse; la partie supérieure aboutissait à la porte prétorienne : on y plaçait la tente du général appelée *prætorium*, et quelquefois *augurale* ou *augustale*, parce qu'on y prenait les auspices. Cet emplacement était suffisant pour sa suite et la cohorte prétorienne. D'un des côtés du *prætorium* étaient placées les tentes des lieutenants, et de l'autre celle du questeur, *quæstorium*. Près de la tente du questeur était le *forum*, appelé aussi *quintana*, où se tenaient le marché et les assemblées. Dans la partie inférieure du camp étaient les soldats; la cavalerie occupait le centre; aux deux côtés de la cavalerie étaient les *triaires*, les princes (*principes*) et les *hastati*; aux deux côtés de ceux-ci, la cavalerie et l'infanterie alliées. On ignore où se plaçaient les vélites et les valets de l'armée. — Un espace libre et vaste, se prolongeant sur toute la longueur du camp, séparait la partie haute de la partie inférieure : on l'appelait *principia*. C'est là que le général plaçait son tribunal, rendait la justice, et haranguait l'armée. C'est là aussi que les tribuns prononçaient leurs jugements, infligeaient les peines. On y plaçait encore les principaux étendards de l'armée, ainsi que les autels des dieux et les images des empereurs, par lesquels juraient les soldats. Outre cette allée principale, les différentes divisions des troupes étaient séparées par des intervalles ou rues qu'on appelait *viæ;* il y en avait cinq dans la longueur, c'est-à-dire dans la direction de la porte *décumane* au prétoire, et trois en travers, savoir une dans la partie inférieure du camp appelée *quintana*, une large appelée *principia* dont on a déjà parlé, et la troisième entre la porte prétorienne et le *prétoire*. Les rangs des tentes qui bordaient chaque rue étaient appelés *strigæ.* — On couvrait les tentes de peaux et de cuirs étendus sur des cordes, d'où vient l'*expression sub pellibus habitare*. Chaque tente, appelée *contubernium* renfermait ordinairement dix soldats avec leur *decanus;* ainsi on disait des jeunes patriciens confiés aux soins particuliers d'un général, qu'ils servaient dans sa tente, *contubernio ejus militare*. — Pendant le jour on exerçait deux fois les légions de nouvelles levées et les anciennes une fois seulement. L'infanterie montait la garde pendant le jour au dedans du camp, et la cavalerie en sortait aux approches de la nuit. Pendant la nuit les sentinelles poussaient par intervalles des cris pour s'avertir et pour prouver qu'elles veillaient.

CAMP NAVAL, *castra navalia* ou *castra nautica*, était celui que les Grecs et les Romains établissaient sur le rivage de la mer lorsque la flotte était à la rade, pour y laire reposer les troupes. Sa forme était demi-circulaire. On le fortifiait du côté de la terre par un fossé, et du côté de la mer par un double rang de pieux, devant lesquels on plaçait les bâtiments de transport sur plusieurs lignes.

CAMP DE CÉSAR. On donne cette dénomination à des camps retranchés qui remontent à une assez grande antiquité. Ces camps sont assis sur des points élevés, ou appuyés d'un côté sur une rivière, ou bien entourés de vallées profondes qui leur servaient de défense. Si quelque côté était inaccessible par sa pente, on n'y faisait aucun travail; sur les autres on élevait des retranchements de plusieurs pieds, défendus par un fossé, et aussi des terrassements en dos d'âne. On y ménageait les issues nécessaires aux communications extérieures. L'état des murs et des travaux servait en général à caractériser ces camps et à en reconnaître. A en croire certains écrivains, il en existe un assez grand nombre en France, mais on ne doit pas donner à tous le nom de camps de César; ce chef militaire ne les a pas fait construire tous; les généraux qui lui succédèrent dans les Gaules se trouvèrent souvent dans la même situation. Il faut aussi distinguer les camps romains de ceux que d'autres peuples construisirent encore dans les Gaules à des époques postérieures. On trouve dans ceux qui sont réellement d'origine romaine des débris d'armes et de médailles; c'est le signe le plus certain de leur véritable époque. On pourra voir par les différentes descriptions de plusieurs camps de César, sur lesquels on a pu recueillir des notions certaines, les dispositions, les formes et les dimensions que l'on employait alors sur les localités. — Le camp de l'Etoile a pris son nom du lieu près duquel il est situé, savoir, le village de l'Etoile, sur la Somme, à trois lieues au-dessous de Pecquigny. Il était placé au milieu d'un marais, sur une éminence escarpée, de 200 pieds du côté de l'occident, de 80 pieds du côté du midi et de 60 à l'orient et au nord. Par cette position il dominait tous les environs, et commandait un des plus importants passages qu'il y ait sur la Somme. La forme de ce camp représente une figure ovale, et sa situation si bien de celles que César choisissait pour asseoir ses camps. Sa longueur est de 1300 pieds, sur une largeur de 800, et en cela il est encore conforme à la dimension des camps romains, qui, selon Végèce, devaient être un tiers plus longs que larges. A l'époque où l'on reconnut la position de ce camp, il fut impossible d'y retrouver les traces des fossés; cependant on ne peut douter qu'il n'en eût, puisque c'était la première occupation du soldat romain en

arrivant dans un lieu pour y camper. Contre les règles de la castramétation de ce peuple, le camp de l'Etoile n'avait qu'une porte, ce qui s'explique du reste par la hauteur où il était placé, et qui n'était accessible que sur le seul côté où l'on avait pratiqué une entrée. Le peu d'étendue de ce camp rappelle l'usage des Romains de ne faire les camps à demeure que d'une étendue médiocre, et pour y loger seulement une légion, et quelquefois même une ou deux cohortes. Aussi ne voit-on pas que César, dans la distribution de ses troupes en quartiers d'hiver dans les provinces de la Gaule, ait mis plus d'une légion dans aucun camp. La construction et la disposition du camp de l'Etoile sont conformes aux règles de la castramétation romaine; on peut donc adopter la tradition constante et unanime du pays, qui en fait un camp romain, et un des trois dans chacun desquels César mit en quartier d'hiver une des trois légions qu'il retint avec lui lorsqu'il vint passer l'hiver à Amiens, au retour de sa seconde expédition en Angleterre, ainsi qu'il nous l'apprend lui-même dans ses *Commentaires*. C'est ce qui paraît confirmer aussi l'importance de la position de ce camp, éloigné seulement de cinq lieues de la ville, et qui commande un passage très-important sur la Somme, d'où la légion qui l'occupait tenait dans le devoir les peuples voisins des deux côtés de la rivière, et assurait le transport des bateaux qui remontaient la Somme pour remplir les magasins établis dans Amiens pour la subsistance de l'armée romaine qui manquait de vivres dans les provinces où la disette avait été presque générale cette année-là. — Le camp près de *Wessan* est aussi attribué à César; son étendue est moins considérable que celle du camp de l'Etoile. Le bourg de Wessan, situé entre Calais et Boulogne, à trois lieues environ de l'une et l'autre ville, a été autrefois une assez grande ville et un port très-fréquenté pour passer de France en Angleterre. Ducauge, Cambden et autres savants ont prétendu que c'était le port Icius, d'où César s'embarqua pour ses deux expéditions en Angleterre. C'est au sortir de ce bourg que l'on aperçoit, situé sur une éminence, ce camp de César, dont la conformité de structure et de situation avec celui de l'Etoile fait présumer qu'il fut établi à la même époque. Ces camps ne diffèrent que par leur étendue; celui de Wessan n'a guère que 50 toises de long sur une largeur proportionnée. Comme celui de l'Etoile, le camp de Wessan domine tous les environs et domine entièrement le bourg et le port de ce nom pour la défense duquel il paraît avoir été construit. La forme en est pareillement ovale, et il n'a qu'une seule entrée. Il est également facile à défendre avec un petit nombre de troupes par le peu de front qu'il présente à l'ennemi. La montagne sur laquelle se trouve ce camp a probablement été autrefois battue par les eaux de la mer pendant les hautes marées. — On a encore donné le nom de camp de César à des travaux de fortifications postérieurs à l'époque de l'invasion romaine, comme l'on attribue aussi quelquefois aux Sarrazins des restes de vieilles murailles que l'on voit encore, parce que ces peuples furent les derniers qui envahirent la France; mais les nombreux ouvrages sur les antiquités départementales, et les travaux des savants archéologues qui ont traité cette matière suffisent pour corriger de semblables erreurs et empêcher qu'elles ne se renouvellent.

CHAMPOLLION-FIGEAC.

CAMP D'ATTILA. On appelle ainsi une étendue de terrain assez considérable qui se trouve entre les villages de Cuperly et de la Cheppe, à quelques lieues de la ville de Châlons-sur-Marne. C'est une vaste enceinte formée par des fossés, des terrasses et d'autres travaux destinés nécessairement à des opérations militaires, mais dans des proportions si énormes que l'on ne peut raisonnablement les considérer que comme l'ouvrage de ces hordes immenses de barbares qui pendant les premiers siècles de l'ère chrétienne ravagèrent les Gaules. En l'absence de conjectures appuyées sur des preuves plus puissantes, on doit accepter la version qui attribue la confection de ces travaux aux troupes d'Attila après leur défaite par Mérovée, Aétius et Théodoric, opinion justifiée du reste jusqu'à un certain point par la dénomination même du lieu, qui depuis un temps immémorial n'est connu que sous le nom de camp d'Attila.

Paulin PARIS (de l'Institut).

CAMP DU DRAP D'OR. C'est le nom qui est resté au terrain situé entre Ardres et Guignes, qui servit de théâtre à l'entrevue de François Ier et de Henri VIII, dans le mois de juin de l'année 1520. Cette entrevue avait été stipulée par le traité de 1518, en vertu duquel Tournai fut restitué à la France. Les deux rois arrivèrent au lieu qui avait été fixé d'avance, au commencement de juin 1520, et tous deux, jaloux de se surpasser en magnificence, y déployèrent un luxe dont on n'avait pas encore eu d'exemple. « Avoit fait le roi de France, dit Fleuranges, les plus belles tentes qui furent jamais vues, et les principales étoient de drap d'or frisé dedans et dehors, et tout plein d'autres draps d'or raz et toiles d'or et d'argent, et y avoit sur celle du roi un saint Michel tout d'or, etc.... » Cette citation suffit pour justifier le nom qui est demeuré au lieu de l'entrevue. Ennuyé de la méfiance qui régnait de part et d'autre, François Ier, *qui n'était pas homme soupçonneux*, alla faire visite au roi d'Angleterre sans être attendu et sans précaution. Dès lors la confiance régna, et trois semaines se passèrent en tournois, joutes et plaisirs de toute espèce, au bout desquels les deux rois se séparèrent après avoir arrêté le mariage du dauphin François avec Marie d'Angleterre. Paulin PARIS (de l'Institut).

CAMPS DE VÉTÉRANS. Dès le mois de vendémiaire an XI, le gouvernement avait fait un appel aux vétérans pour les réunir et en former des camps dans les 26e et 27e divisions militaires. Les dispositions qui furent arrêtées alors reçurent bientôt la sanction du corps législatif, et, par une loi du 1er floréal de la même année, la formation des camps de vétérans fut définitivement décidée. — Cette loi concédait aux militaires des armées de terre et de mer, mutilés ou grièvement blessés dans les combats, âgés de moins de quarante ans, et qui voudraient s'établir dans les 26e et 27e divisions, un nombre d'hectares de terre d'un produit net égal à la solde de retraite dont ils jouissaient, à la condition de résider sur les terres qui leur seraient distribuées, et de les cultiver ou faire cultiver, d'en payer les contributions, et de concourir, quand ils y seraient appelés, à la défense des places frontières faisant partie de ces divisions. — Elle affectait, pour cette concession, 10,000,000 de biens nationaux pour les cinq premiers camps qui seraient établis dans les 26e et 27e divisions militaires, savoir : 4,000,000 dans la 26e division, et de préférence sur les propriétés nationales les plus à portée des places de Mayence et de Juliers ; et 6,000,000 dans la 27e division, et de préférence sur les propriétés nationales les plus à portée des places d'Alexandrie et de Fenestrelles. Ces propriétés ne pouvaient être engagées, cédées ni aliénées pendant l'espace de vingt-cinq ans ; elles n'étaient transmissibles aux enfants des vétérans qu'autant que ceux-ci étaient nés de mariages contractés en France ou aux armées, avant la formation de camps dans lesquels ils auraient été compris, ou de mariages contractés depuis cette époque avec des filles du pays où le camp était établi.—Les enfants mâles des vétérans admis dans les camps ne pouvaient cependant conserver la part héréditaire qui leur serait échue dans le partage de la portion de terre distribuée à leur père, qu'autant qu'ils rempliraient eux-mêmes, jusqu'au laps de vingt-cinq ans depuis la formation du camp, les conditions auxquelles leur père était soumis, en exécution des lois et des arrêtés du gouvernement. — Lorsqu'un vétéran mourait sans enfants, sa veuve conservait pendant sa vie l'usufruit de sa portion de terre ; et si elle épousait un militaire ayant dix ans de service, elle lui apportait cette portion de terre dont elle devenait propriétaire incommutable. — Après la mort de la veuve qui n'avait point été remariée à un militaire, le gouvernement disposait de cette portion en faveur d'un militaire réunissant les conditions exigées pour être admis dans les camps. — Les militaires qui désiraient être admis à jouir de ces divers avantages, adressaient leur demande au préfet de leur département, qui la transmettait au ministre de la guerre. S'ils avaient toutes les qualités requises, ils recevaient l'ordre de se rendre au camp qui leur était désigné. Les vétérans continuaient à recevoir leur solde de retraite. — Un arrêté du 26 prairial an XI régla la formation des camps, la répartition des habitations et des terres, ainsi que les mesures d'ordre qui devaient y être observées. Chaque camp se composait de 405 hommes, savoir :

1	Chef de bataillon, ou capitaine en faisant fonction.
4	Capitaines.
4	Lieutenants.
4	Sous-lieutenants.
16	Caporaux.
376	Soldats.
405	

— Ces 405 hommes étaient divisés en quatre compagnies de 101 hommes. — Chacun des vétérans avait son habitation particulière, soit dans des maisons nationales, soit dans des maisons rurales construites exprès. Des visites annuelles étaient faites pour connaître les réparations qu'il convenait de faire dans les habitations. — Des bornes ou limites indiquaient la propriété de chacun, et un mur élevé et crénelé entourait chaque camp.

— En temps de guerre, les vétérans ne pouvaient s'absenter. - En temps de paix, ils ne pouvaient s'éloigner pendant plus de dix jours sans une permission expresse. Le vétéran qui n'était pas rentré dans ses foyers au jour indiqué était privé de sa solde de retraite pendant le temps qui s'était écoulé depuis l'expiration de sa permission jusqu'à son retour ; si ce laps de temps égalait ou excédait le délai qui lui avait été accordé, il perdait le double de sa solde de retraite pendant tout le temps excédant le terme fixé par sa permission.—Lorsqu'un vétéran s'était absenté sans permission, ou qu'il avait excédé d'un mois le délai fixé par la permission qui lui avait été accordée, il était considéré comme n'ayant pas l'intention de résider sur les terres qui lui avaient été concédées ; et le ministre de la guerre, d'après le compte qui lui en était rendu, en référait à l'empereur, et proposait les mesures qu'il jugeait convenables. — Les militaires admis dans les camps étaient habillés, armés et équipés aux frais de l'État, comme l'infanterie de ligne. Toutefois, l'habillement et l'équipement ne leur étaient fournis que lors de leur admission ; ils étaient ensuite tenus de s'en pourvoir. — Telles étaient les principales dispositions relatives aux camps de vétérans. Elles furent exécutées jusqu'au moment où la restauration, acceptant toutes les conditions imposées par l'étranger, renversa une à une toutes les institutions nationales créées par le génie de Napoléon. Les camps de vétérans furent dissous ; mais, par une ordonnance du 2 décembre 1814, le nouveau gouvernement accorda un doublement de la solde de retraite dont ils jouissaient aux officiers, sous-officiers et soldats dépossédés des terres domaniales qui leur avaient été concédées. Les veuves et les orphelins de ceux qui étaient décédés dans les établissements de Juliers et d'Alexandrie reçurent une pension. On accorda de plus à chaque sous-officier ou soldat, dans le lieu de sa nouvelle résidence, un secours une fois payé de 50 francs, et à chaque homme un secours de 25 francs.

CAMPAGNA (*géogr.*), ville du royaume de Naples, dans la Principauté citérieure. Elle est ainsi appelée parce qu'elle est aux confins de la Campagne. Elle porte le titre de marquisat, et appartenait autrefois à la maison de Grimaldi. Clément VII en fit un siège épiscopal le 19 juillet 1525, et le soumit à Salerne. L'église cathédrale est dédiée à la sainte Vierge, et est desservie par seize chanoines, dont sept sont dignitaires, savoir : l'archidiacre, l'archiprêtre, le doyen, le chantre, le primicier, le trésorier et le sacristain, etc.

CAMPAGNARD, qui s'emploie tantôt comme substantif, tantôt comme adjectif, indique celui qui habite la campagne. On le dit aussi, par allusion et avec une sorte de mépris, d'un homme ou d'une femme qui n'a pas les manières et la politesse qu'on acquiert dans le grand monde : *C'est un campagnard ; c'est une franche campagnarde.* On dit aussi adjectivement : *Gentilhomme campagnard ; Il a l'air campagnard, des manières campagnardes.* On se rappelle ce trait de Boileau :

> Là je trouvai d'abord pour toute connaissance
> Deux *nobles campagnards*, grands lecteurs de romans

et ce vers de Molière, dans *les Fâcheux* :

> C'est un franc *campagnard*, avec longue rapière.

Campagnard, pris en mauvaise part, dit plus que *provincial*. Quand on dit d'un homme : *Il a l'air provincial*, cela indique seulement des manières gênées, embarrassées, tandis que *l'air campagnard* entraîne une idée de grossièreté. Mais, on l'a dit avec raison, la règle n'est point si générale qu'il n'y ait de ces mêmes provinciaux, de ces mêmes *campagnards*, qui ne soient souvent plus civils, plus spirituels et mieux élevés que certaines gens qui se croient en droit de les appeler ainsi.

CAMPAGNE, s. f. du latin *campus*, dont les Italiens ont fait *campagna*, signifie une grande étendue de pays plat et découvert, où il n'y a ni villes, ni forêts, ni montagnes qui bornent la vue. En ce sens, on dit une campagne de deux ou trois lieues ; en *rase campagne*, et ici ce mot est synonyme de *plaine*. Voltaire a dit métaphoriquement :

> Fend d'un vol assuré les *campagnes de l'air*.

Comme aussi J.-B. Rousseau, dans son *Ode au duc de Vendôme* :

Mais vous, aimables néréides,
Songez au sang du grand Henri;
Lorsque vos *campagnes* humides
Porteront ce prince chéri,
Aplanissez l'onde orageuse.

Au surplus, Rousseau n'avait fait qu'emprunter cette expression à Scarron, qui a dit dans *l'Énéide travestie:*

Et puis sur la *campagne* humide
Poussa son char à toute bride.

CAMPAGNE se dit aussi d'une terre qui est propre à être labourée et cultivée, bien que le terrain soit accidenté par quelques hauteurs, ou couvert de quelques bouquets de bois. En ce sens, on dit : *Les campagnes de la Beauce, de la Brie, du pays de Caux, sont fertiles en blé.* On dit : *La campagne est belle,* pour indiquer que la terre est bien couverte, et présente toutes les apparences d'une riche récolte.

CAMPAGNE se dit aussi de tout ce qui est hors des villes, en latin, *rus.* Exemple : *On lui a ordonné de prendre l'air de la campagne. Les travaux de la campagne. Un habit de campagne,* c'est-à-dire un gros habit de fatigue qu'on porte aux champs (*V.* ci-après CAMPAGNE [Maison de]). — CAMPAGNE s'emploie aussi pour désigner différentes provinces. — CAMPAGNE (*Campania*) est un canton du Milanais, formant la partie orientale du territoire de Pavie. — CAMPAGNE (*Campania*) est encore le nom d'une ville du royaume de Naples, dans la Principauté citérieure, à 4 lieues au midi de Couza, dont son évêque est suffragant. — La CAMPAGNE DE ROME (*V.* ci-après) est une province des États du pape. — Il y a encore CAMPAGNE-LÈS-HESDIN et CAMPAGNE-LÈS-WARDREC, qui sont deux bourgs de France, chefs-lieux de canton dans l'arrondissement de Montreuil, département du Pas-de-Calais. — La CAMPAGNE DE CAEN, dans la basse Normandie, contrée d'environ 7 lieues de long sur autant de large, et qui renferme le territoire de Caen. — Enfin le nom de notre province de CHAMPAGNE n'est autre que le mot *campagne* un peu modifié : et il a été donné à tous ces lieux, parce que ce sont des plaines et des *campagnes.* — La CAMPANIE, ancienne province de l'Italie méridionale, aujourd'hui terre de Labour, est encore la même chose; et tous ces mots sont formés du latin *Campania, Campa.*

CH. DU ROZOIR.

CAMPAGNE (*guerre*) se dit du temps de chaque année pendant laquelle on peut tenir sur pied une ou plusieurs armées, ou d'une expédition militaire, considérés sous le rapport des plans, de la conduite, du résultat et de la fin des opérations, ainsi que des années qu'un officier ou un soldat a passées au service. Ce mot, visiblement dérivé de *champ* (*campus*), n'emporte pas ici l'idée d'une contrée parcourue par un militaire ou par une armée, mais il s'applique au temps que durent les opérations stratégiques. C'est dans ce sens que les Romains employaient le mot *æstiva* dans un sens analogue au terme de *campagne.* — Au temps de Henri II, comme nous l'apprend Brantôme, la campagne commençait en mars et finissait en octobre. Sous Louis XIV, la durée des *campagnes* variait à raison du théâtre de la guerre et du climat. Ainsi, en Espagne et en Italie, on ouvrait la campagne plus tôt, et on l'interrompait de la mi-juillet au 1er septembre, par un repos qu'on appelait *quartiers d'été.* Gustave-Adolphe et les généraux suédois formés à son école ont donné l'exemple des *campagnes d'hiver,* puis, après eux, Turenne, le maréchal de Saxe, le grand Frédéric. De tous temps, au reste, les Français ont peu consulté les saisons pour commencer ou finir les campagnes; témoins les prodiges que pendant les guerres de la révolution ont opérés nos armées, soit pendant les glaces de l'hiver, soit durant les chaleurs les plus étouffantes de l'été. Jadis les Allemands commençaient les campagnes tard, et attendaient que les récoltes fussent emmagasinées. Le maréchal de Saxe avait fait de cela une règle qu'approuvait Napoléon, mais qu'il ne suivit pas toujours. Les Turcs commencent tard, et prolongent peu les campagnes. — On se sert du mot *campagne* pour désigner une certaine année où l'on a fait quelque notable exploit de guerre, ou éprouvé quelque grand échec. Dans le premier sens, les Français peuvent dire : *La campagne de Marignan, la campagne de Rocroy, la campagne de Lille, la campagne d'Égypte, la campagne de Marengo,* etc.; dans le second sens, ils déploreront éternellement la *campagne de Russie, la campagne de Waterloo.* — CAMPAGNE signifie aussi les années pendant

lesquelles un officier ou un soldat a servi. *Il compte vingt campagnes, dix campagnes;* mais, d'après les usages et les lois militaires, on ne suppute pas rigoureusement, dans les états de service, les campagnes par les années. Chaque année de service qui comprend une campagne est comptée pour deux ans. Pendant les guerres de la révolution, il s'est trouvé des militaires qui, ayant commencé à servir de bonne heure, et ayant fait toujours campagne, comptaient plus d'années de service que d'années d'âge. Napoléon, pour récompenser l'armée victorieuse à Austerlitz, ordonna que cette *campagne* de trois mois serait comptée pour une année de service. Au surplus, selon l'opinion des hommes du métier, la législation sur cette matière est obscure, contradictoire, et donne trop souvent lieu à l'arbitraire. — On dit : *Mettre des troupes en campagne,* pour indiquer qu'on les fait sortir afin de les mettre en corps d'armée.

Leur roi nommé Ratapon
Mit en campagne une armée,

a dit la Fontaine. — *Tenir la campagne, Être maître de la campagne,* signifie être maître du pays. — *Battre la campagne* se dit des troupes légères qui vont en tirailleurs au-devant de l'ennemi. — *Battre la campagne* indique également des chasseurs qui marchent échelonnés dans la plaine pour faire lever le gibier. — Les *pièces de campagne* sont des canons de médiocre calibre qui peuvent aisément suivre l'armée dans sa marche (*tormentum campestre*). — A combien de proverbes n'a pas donné lieu le mot *campagne* pris figurément dans ces différentes acceptions militaires. — L'auteur de *Manon Lescaut,* l'abbé Prévost, a publié sous le titre de *Campagnes philosophiques,* de prétendus *Mémoires de M. de Montcal* (Amsterdam, 1741). N'avons-nous pas vu de nos jours un avocat distingué, feu Lavaux, raconter ses dangers pendant la terreur dans une brochure intitulée *Campagnes d'un avocat* (Paris, 1814, in-8°)? — On dit figurément : *Battre la campagne,* c'est-à-dire faire de longs discours, de grands préambules, qui ne servent de rien, s'amuser, perdre le temps en paroles inutiles. « On dira des raisons qui ne feront que *battre la campagne,* » a dit Molière dans les *Fourberies de Scapin.*

Quel esprit ne bat *la campagne?*
LA FONTAINE.

— On dit : *Mettre des gens en campagne,* c'est-à-dire les faire agir pour le succès d'une affaire; on met des espions, des gendarmes, des records en campagne, soit pour surveiller les malfaiteurs, soit pour arrêter un débiteur. — On dit aussi d'un homme colère, d'un criminel, etc., qu'il est prompt à se mettre *en campagne,* pour dire qu'il s'emporte. — A la bassette et au pharaon, on disait : *Un paroli de campagne;* on dit encore au trictrac, *Une case de campagne,* pour exprimer une marque faite en fraude ou contre les règles du jeu. CH. DU ROZOIR.

CAMPAGNE (*marine*). Ce mot s'applique, par analogie, à la marine dans le même sens qu'il s'applique à la guerre. Une campagne de mer représente l'ensemble des opérations d'une force navale quelconque pendant l'espace de temps compris entre la sortie du port d'armement et la rentrée dans ce même port ou dans un autre pour y désarmer. Cet espace de temps compte pour une campagne, même lorsqu'il n'y a pas eu d'opérations; et un bâtiment qui, après sa sortie du port, n'a point pris la mer, et n'a rempli aucune mission, est dit avoir fait *une campagne de rade. Les campagnes* de mer prennent, d'après leurs différents objets, les noms suivants : *campagne d'instruction,* s'il s'agit d'exercer les officiers et les équipages; *campagne d'observation,* s'il s'agit d'éclairer les mouvements de l'ennemi; *campagne de découvertes,* dont l'objet est de faire des découvertes, ou des expériences propres à perfectionner une branche quelconque de la science navale; *campagne de croisière* (*V.* CROISIÈRE); *campagne d'évolutions,* qui a pour but de rendre familiers aux capitaines et officiers des vaisseaux tous les mouvements de la tactique navale. Les campagnes de mer prennent en outre le nom de la partie du globe où elles se sont faites; on dit : *Campagne de l'Inde, campagne d'Amérique, campagne du Levant,* etc. Ce mot est exclusivement réservé à la marine militaire; dans la marine marchande, on dit *Faire un voyage,* et non *une campagne.* — Les *campagnes* de mer des chevaliers de Malte s'appelaient *caravanes* (*V.* ce mot).

CH. DU ROZOIR.

CAMPAGNE (Maison de). Le temps n'est plus où Paris tout champêtre, c'est-à-dire arrosé de quelques ruisseaux d'eau vive, coupé d'immenses jardins si fertiles en beaux arbres fruitiers, pouvait faire dire au poëte en parlant du riche :

> Sans sortir de Paris il trouve la campagne.

Paris n'est plus qu'une immense carrière de pierre ; aussi quel bonheur pour un Parisien d'aller à sa *maison de campagne*, *d'acheter une campagne*, comme on le dit familièrement ! — « On ne peut placer ailleurs qu'à la *campagne* la scène d'une vie tranquille, » a dit Fontenelle. En effet, si l'idée qu'on se forme de la vie des champs a pour tous les hommes une ineffable douceur, c'est qu'elle ne tombe pas sur le ménage, sur les travaux de la campagne, mais sur le peu de soins dont on y est chargé, sur la solitude, sur le loisir dont on y jouit, et sur le peu qu'il en coûte pour être heureux. Malheur à celui qui, pour embellir le séjour champêtre dont il est propriétaire, veut forcer la nature par des ornements dispendieux et propres au luxe des villes, au lieu de ne chercher dans la retraite que les simples et pures délices de la *campagne*. Nous applaudissons à Pline le jeune, lorsque, dans une de ses lettres, après avoir rendu compte à son ami de l'emploi de son temps à la campagne, il s'écrie : « O innocente vie ! que cette oisiveté est aimable ! qu'elle est honnête, et préférable aux plus illustres emplois ! Mer, rivages, dont je fais mon cabinet, que ne m'inspirez-vous pas ! Et ne vaut-il pas mieux passer ici sa vie à ne rien faire, que de songer sérieusement dans la ville à faire des riens ? » Lorsque l'habitant d'une grande cité arrive au séjour champêtre qu'il s'est choisi pour passer quelques instants de loisir, il sent d'abord un charme universel se répandre sur tout son être ; sa poitrine se dilate, et il lui semble qu'il respire plus à l'aise. La fraîcheur d'un air embaumé porte l'ivresse dans tous ses sens. Son œil n'est pas moins charmé, reposé par la couleur des plantes et des feuilles, dont les nuances adoucissent la vive lumière qui les pénètre. Le goût pour la campagne est si général, que, même l'habitant des villes qui ne peut en jouir, cherche à cet égard à se créer des illusions. Sa fenêtre, ornée de quelques fleurs qu'il cultive avec soin, lui dérobe la vue et l'odeur de la rue ; c'est là sa *campagne*, l'ouvrier se hâte le dimanche de franchir la barrière, pour aller au moins voir des gazons et des arbres ; enfin, le petit bourgeois, que d'assujettissantes occupations empêchent de s'éloigner des dômes de la capitale, se croit à la campagne si, dans les plaines arides de Vaugirard, de Montrouge ou de Clichy, il se procure en propriété ou en location un modeste vide-bouteille, qu'il ne manque pas d'appeler emphatiquement *ma campagne*, et où il est heureux de réunir sa famille et ses amis. C'est ce goût universel pour la campagne porté jusqu'à la manie qu'un de nos comiques a peint dans ce trait si joli : *Connaissez-vous ma petite maison de Clignancourt ? il n'y a ni jardin, ni cour, mais une vue !* L'auteur de la *Maison rustique* l'a dit avec raison, c'est toujours à la terre, à la campagne que reviennent, *par leur circulation et leur fin*, les arts et tous ceux qui les cultivent : « Le physicien, le géomètre, le conquérant, le voyageur n'en veulent tous qu'à une certaine portion de terre ; l'astronome lui-même ne fouille les cieux que pour en connaître les influences sur la terre. C'est aussi où retournent toutes nos vues et tous nos soins : il n'y a que ce qui est capable de nous élever au-dessus des sens qui n'y revient point. Les familles, les nations entières se divisent pour un morceau de terre ; on n'est puissant, on n'est riche qu'à proportion de ce qu'on en possède, et, hormis quelques habitants des villes que le hasard ou l'infortune a exceptés du grand nombre, la fortune et la vie de tout le monde réside directement dans les *biens.de campagne*. » En France, les grands et les riches sont dans l'habitude d'aller passer la belle saison à la campagne. Avant le règne de Louis XIV, les grands et les gentilshommes vivaient constamment à la campagne, et ce n'était qu'*accidentellement* qu'ils venaient à la ville ou à la cour. Aujourd'hui encore, en Angleterre, la plupart des gentilshommes coulent à la campagne leurs jours paisibles ; ils ne la quittent que pour l'inévitable tour d'Europe ou pour les débats parlementaires. Ainsi, depuis notre premier père Adam, dont le fortuné lot fut d'avoir dans le paradis terrestre à jouir sans travail de la plus belle et de la plus riche campagne, jusqu'aux poëtes de la Grèce, de Rome et de notre France, toutes les âmes d'élite, tous les esprits distingués se réunissent pour dire dans un concert commun, soit avec Horace :

> O Rus, quando ego te aspiciam !....

ou avec Virgile :

> O fortunatos nimium, sua si bona norint,
> Agricolæ !

ou encore avec Boileau :

> O fortuné séjour, ô champs aimés des cieux !
> Que pour jamais, foulant vos prés délicieux,
> Ne puis-je ici fixer ma course vagabonde, etc.

L'amour de la campagne respire encore dans les épîtres de Racan, l'ami et l'émule de Malherbe, dans maintes fables de notre la Fontaine, dans l'*Homme des champs* de Delille, dans la *Maison des champs* de Campenon, un de ses plus aimables disciples, enfin j'oserai dire dans tous nos poëtes.—Toutefois le goût de la campagne ne doit point nous fermer les yeux sur les vices de ses habitants. Laissons J.-J. Rousseau dans son éloquente déclamation s'écrier : « Vous êtes plaisants, vous autres philosophes, quand vous regardez les habitants des villes comme les seuls hommes auxquels vos devoirs vous lient. C'est à la campagne qu'on apprend à aimer, à servir l'humanité ; on n'apprend qu'à la mépriser dans les villes. » Cela n'est pas malheureusement pas vrai : sans doute, l'habitant des campagnes n'est pas encore au fait de certains raffinements de corruption trop répandus dans les grandes villes, mais il est grossier, processif, intéressé, et souvent de fort mauvaise foi. C'est surtout depuis nos révolutions que l'antique simplicité de mœurs ne s'est conservée que dans un bien petit nombre de communes ; témoin la solitude des églises le dimanche, la coquetterie des jeunes filles, la multiplicité des cabarets, des billards, des estaminets et des lieux de danses nocturnes, où les jeunes gens prennent les habitudes d'une dépravation grossièrement impudente. — Je me hâte de quitter ce triste sujet pour présenter quelques vues sur ce que doit être une maison de campagne, en réservant pour d'autres articles ces vastes habitations qu'on appelle *Fermes d'exploitation* (V.), et les *Villas d'Italie* (V.), et ces nobles et fastueuses demeures qui chaque jour deviennent plus rares en France et qu'on appelle *châteaux* (V.). En me bornant ici à parler de la maison de campagne bourgeoise, mes réflexions s'adresseront au grand nombre : car avoir une maison de campagne pour y finir paisiblement ses jours, telle est l'ambition de tout bourgeois qui s'est procuré cette honnête ressource par son travail et son économie. Ici Horace et Boileau seront encore nos législateurs :

> Hoc erat in votis ; modus agri non ita magnus
> Hortus ubi, et recto vicinus jugis aquæ fons,
> Et paulum sylvæ super his foret.....

« Tels sont les vœux auxquels je bornais toute mon ambition : un champ d'une médiocre étendue, et dans son enceinte un jardin ; une source d'eau vive auprès de la maison, puis au-dessus un petit bois. » Je le demande, ne voit-on pas la maison que préconisait Horace, en avouant que la fortune lui avait donné quelque chose de plus. Après lui, dans son *Epître à Lamoignon*, Boileau nous décrit la modeste habitation que possédait à Hautile son neveu l'illustre M. Dongois, greffier en chef du parlement :

> La maison du seigneur, seule un peu plus ornée,
> Se présente au dehors de murs environnée.
> Le soleil en naissant la regarde d'abord,
> Et le mont la défend des outrages du nord.

Voilà pour la contenance et pour la position salubre de la maison de campagne, qu'il faut choisir de préférence à mi-côte, au bord d'un village pittoresque, où tout se trouve, prés, arbres, ruisseaux, accidents de terrain. Située entre cour et jardin, la maison ne doit se composer que de deux étages sans greniers, ou d'un seul étage si les greniers sont au-dessus ; elle doit être isolée de ses dépendances, comme écuries, poulaillers, etc. Partout. Il doit y avoir au-dessous cave et cellier : au rez-de-chaussée, une pièce bien fraîche et non éloignée de la cuisine pour laiterie. La salle à manger, le salon, et les pièces de service, sans oublier la salle de bain, doivent occuper le reste du rez-de-chaussée : le premier offrira, outre les chambres à coucher de la famille, au moins une chambre d'ami, car la pratique de l'hospitalité est aussi un des plaisirs de la campagne. Il ne faut pas oublier non plus la bibliothèque, et, s'il se peut, la salle de billard. Dans le haut je veux, des pièces bien aérées pour conserver les légumes et les fruits. La cour, entourée d'une grille peinte en vert, doit offrir des corbeilles de fleurs, des arbustes odorants, et annoncer par là le luxe tout champêtre de cet heureux séjour. A droite en entrant, j'y veux la maison du concierge ou du jardinier, ayant son entrée particulière sur le jardin et sur la basse-cour. Le jardin, dans lequel on doit pénétrer facilement par un perron pratiqué devant une des principales pièces du rez-de-chaussée, doit être presque entièrement disposé en verger s'il est peu étendu ; planté de bons arbres ; les plates-bandes ne seront pas perdues par la récolte des légumes ; mais il faut savoir concilier ce soin utile avec le goût des fleurs, car un jardin sans fleurs est un corps sans âme. Quelques bosquets peuvent terminer la propriété et dérober à la vue les angles des murs. Heureux le modeste propriétaire qui, dans quelques ares de terrain, peut réunir ces avantages ; mais plus heureux encore si, pour couronner tous ces agréments, une pièce d'eau vive vient rafraîchir son petit bien et fournir à sa table du poisson qui ne lui coûte que la peine de le prendre. Enfin, lorsque, comme Horace, il ne peut. avoir un bois à lui, de quel œil satisfait ne contemplera-t-il pas ce rideau de beaux arbres qui, pour masquer la limite trop rapprochée de son humble *villa*, croissent plantureusement dans la prairie qu'arrose sa petite rivière dont la source limpide offre à sa soif l'onde la plus pure et fournit au service de sa maison ! Que le lecteur ne croie pas qu'ici notre imagination s'est complue à lui faire un tableau de fantaisie ; je ne l'ai tracé que les yeux fixés sur la réalité. Au reste, de petits séjours aussi agréables que celui que je viens de décrire ne sont pas rares dans les campagnes de notre France, qui, selon l'auteur de la *Maison rustique*, qu'on ne saurait trop citer en cette matière, « est le royaume du monde le plus abondant et le plus riant, parce que la belle agriculture y répand l'abondance, et anime les arts, tant ceux qui sont nécessaires ou utiles que les voluptuaires. » CH. DU ROZOIR.

CAMPAGNE DE ROME (géogr.), *Campagna de Roma*, correspond en grande partie à l'ancien Latium et à quelques districts méridionaux de l'Étrurie. Bornée au levant le vaste demi-cercle des Apennins, dit un de nos devanciers, au couchant par la mer, au nord par une série de collines volcaniques, elle forme une espèce de triangle, dont nous placerons le sommet à Terracine, et la base sur une ligne tirée de Civita-Vecchia par Ronciglione sur la rive droite du Tibre. Dans ce district, elle englobe « quelques chétives bourgades, beaucoup de ruines, les marais Pontins (*V.*), Rome (*V.*), et, presque en face de la cité éternelle, un noyau de monts isolés de la grande chaîne des Apennins, d'une autre formation que ces derniers, une oasis privilégiée qui s'élève du milieu de la plaine insalubre et déserte, avec ses délicieuses *villas* d'Albano, Frascati, Castel Gandolfo, avec ses couvents et ses lacs solitaires, ses bosquets de chênes verts et de pins, refuges des poëtes, des artistes et des convalescents (1). » Au reste, la *campagne de Rome* n'est pas l'aspect désert et désolé que la continuation des *Maremmes* (*V.*) d'Étrurie (2). La *campagne de Rome*, d'après la division arrêtée en 1832, comprend : 1° la *comarca di Roma* ; 2° la légation de Velletri, et les délégations de Frosinone, de Civita-Vecchia, de Viterbe. Les places maritimes, en les prenant du nord au midi, sont : Ostie, ville jadis très-florissante, aujourd'hui dépeuplée ; San Lorenzo, Torre di Capo d'Anzio, Nettuno, bourgs ; Terracine (*V.*), ville épiscopale ; dans l'intérieur, Frosinone, Veroli, Anagni, Palestrina, Subiaco, Tivoli, ville épiscopale sur le Teverone ; Sezze ; Velletri, ville épiscopale ; Albano, qui a aussi un évêché, près du lac de ce nom ; Frascati, l'ancienne Tusculum, ville épiscopale, etc. Les fleuves sont le Tibre, le Numicco, l'Astura. Les marais Pontins sont arrosés par une foule de petites rivières qui, dans la saison, deviennent des torrents ; on peut citer : Fossa Antica, Fossa Sisto, Topia, Bandino, Levola, etc. Les lacs sont ceux de Sainte-Praxède, de Castel Gondolfo, de Nemo, d'Albano, etc. ; ces lacs sont incontestablement des cratères d'anciens volcans éteints. Le lac Albano, dont le fond, comme celui du lac de Nemi, est formé d'une lave dure et noire, est remarquable par son canal qui donne à ses eaux un écoulement jusqu'à la mer. Cet ancien et magnifique ouvrage des Romains remonte au temps du siége de Véies ; il fut taillé dans les rochers volcaniques l'an 393 avant J.-C., et achevé dans l'espace d'une année. Le sol de la *campagne de Rome*, aride sur les hauteurs, est généra-

---

lement très-fertile dans la plaine ; mais l'agriculture y est fort négligée. Cette contrée, jadis couverte de maisons charmantes, de jardins, de bocages, offrait de tous côtés un ombrage salutaire ; plusieurs forêts qui ont été abattues tempéraient la chaleur qui aujourd'hui est insupportable, et brisaient le choc des vents du midi ; de vastes aqueducs apportaient de tous côtés le tribut de leurs eaux ; partout coulaient des sources, des ruisseaux, des fontaines : aujourd'hui que ces monuments sont détruits, les eaux croupissantes dans les marais répandent une infection insupportable. Le défaut de culture laisse dans la terre un air fixe dangereux, et on ne voit de tous côtés qu'une plage nue et presque déserte. C'est l'*aria cattiva* qui exerce ses ravages même dans certains quartiers de Rome. Toutes les tentatives des papes depuis Sixte-Quint jusqu'à Pie VI, toutes celles des Français pendant le temps que Rome était comprise dans le grand empire de Napoléon, pour assainir l'air de cette contrée par des desséchements et des plantations sont demeurées infructueuses. On n'y voit ni villages ni hameaux. Quelques huttes appelées *casali* sont les seules habitations de la campagne de Rome. Au milieu de l'été, lorsque les fièvres pernicieuses font de cette contrée un séjour si dangereux, ses malheureux habitants se réfugient dans les villes voisines. Quant aux riches Romains qui ont des maisons de campagne dans le voisinage de cette triste contrée, ils reviennent tous les soirs coucher à Rome. Des troupeaux de moutons, des troupeaux de bœufs à demi sauvages errent toute l'année dans la campagne de Rome, sous la garde de bergers presque aussi sauvages qu'eux, et qui, la plupart originaires des montagnes, se louent pour un médiocre salaire aux propriétaires des troupeaux, et finissent le plus souvent par mourir avant l'âge, frappés par une maladie de langueur qui les mine plus ou moins rapidement. Ces bergers sont entièrement vêtus de peaux de moutons. Les bouviers sont ordinairement à cheval et armés de longues lances avec lesquelles ils gouvernent leurs troupeaux fort adroitement. Outre le mauvais air *mal'aria*, *aria cattiva*, et les inondations du Tibre, on signale comme ayant contribué à dépeupler ce pays autrefois si fertile et si florissant, les invasions successives des Visigoths, des Vandales, des Hérules, des Ostrogoths, puis des Lombards, des Normands et des Sarrazins, et les guerres civiles des XIIe et XIIIe siècles, les empereurs allemands avec leurs hordes slaves et teutones ; enfin les bandes effrénées du connétable de Bourbon au commencement du XVIe siècle (1527). Mais, depuis trois siècles de calme absolu, sous le gouvernement paternel des papes, les plaies faites à ce pays se seraient cicatrisées, sans l'épouvantable et désespérante intensité de ce principe morbide qui exerce incessamment ses ravages dans la campagne de Rome : ce fléau invisible qu'on a appelé la *mort sous les fleurs* augmente chaque jour la dépopulation en dépit des efforts du gouvernement pontifical, et cette dépopulation contribuant encore à augmenter le mauvais air, on peut dire qu'ici la cause et l'effet agissent et réagissent réciproquement l'un sur l'autre. Jamais d'ailleurs le Latium n'a passé pour une contrée salubre ; et déjà Horace avait soin de se retirer en été et en automne dans sa maison du pays des Sabins ; mais alors le mal était moins sensible qu'aujourd'hui : une population active et nombreuse était là pour neutraliser l'influence du mauvais air. — Ce qu'il y a de remarquable c'est que le fléau n'influe nullement sur la santé des bestiaux ; les eaux des rivières sont saines, surtout celles du Tibre. — « C'est du milieu de ce terrain inculte, a dit Châteaubriand, que domine et qu'attriste encore un monument appelé par la voix populaire le *tombeau de Néron*, que s'élève la grande ombre de la ville éternelle. Déchue de sa puissance terrestre, elle semble dans son orgueil avoir voulu s'isoler ; elle s'est séparée des autres cités de la terre, et, comme une reine tombée du trône, elle a noblement caché ses malheurs dans la solitude. » — On a sur la *campagne de Rome* les cartes géographiques de Gell et de Westfal et le *Voyage antiquaire de Nibby dans les environs* ; enfin l'*Encyclopédie des gens du monde* et le *Dictionnaire de la Conversation* contiennent sur ce sujet deux articles que l'on peut consulter avec fruit. CH. D.

CAMPAGNOL (*hist. nat.*), nommé *arvicola* par Cuvier, et *hypudens* par Iliger. Ce genre de mammifères appartient à l'ordre des rongeurs. On en connaît un assez grand nombre d'espèces répandues sur les deux continents ; elles ont toutes la tête grosse, les yeux grands, à prunelles rondes, le museau large, la lèvre supérieure partagée par un sillon ; le corps petit, supporté par des pattes également longues entre elles, mais généralement assez courtes ; quatre doigts aux pieds de devant, cinq à ceux de derrière, y compris le pouce qui, dans les pieds de devant, est remplacé par un tubercule ; les doigts sans pal-

---

(1) M. Louis Spach, *Encyclopédie des gens du monde*, t. IV, 2e part., p. 575.

(2) *V.* l'*Abrégé de géographie* de Balbi, p. 373.

mures et terminés par des ongles allongés et crochus; enfin, ces espèces ont encore le pelage long, épais et moelleux, laissant passer quelques grands poils au-dessus des yeux et sur les côtés du museau. Les campagnols habitent dans les bois, dans les champs et dans les vallées, près des eaux; ils se creusent sous terre de petits trous où ils font des provisions de blé, de glands, de noisettes et d'autres substances végétales qui leur servent d'aliments. Nous ne citerons ici que quelques espèces d'Europe. — Le RAT D'EAU, d'un gris brun foncé, d'une taille un peu plus grande que celle du rat commun, se trouve dans presque toute l'Europe, et se tient près des eaux peu fréquentées. Là, il fouille le sol pour y chercher les racines dont il se nourrit; il mange aussi les petits poissons et le frai de ces animaux. Il se défend et mord quand on le prend, ou bien il fuit dans l'eau, où il nage assez mal, peut-être parce que ses pieds n'ont pas de palmures; sa chair n'est pas estimée partout, on ne le mange que dans quelques pays. — Ce campagnol a deux sortes de poils; les uns, longs, peu serrés, ont une teinte cendrée à la base, noire à l'extrémité; les autres sont plus courts, plus fourrés et gris; cette circonstance, jointe à ce qu'il est toujours dans des lieux humides, donne à cet animal l'apparence hérissée. Avec le printemps commencent ses amours; alors la femelle répand une forte odeur de musc; elle met bas à la fin d'avril. — Le SCHERMANS, ou rat fouisseur des Alsaciens, a été longtemps confondu avec le précédent, dont il ne diffère que par sa taille plus petite et sa queue moins longue. Il est en quantité aux environs de Strasbourg, surtout dans des terrains élevés, où il creuse de petites galeries à la manière des taupes, ayant soin de transporter la terre à certaine distance. Quand son trou est assez grand, et il a quelquefois jusqu'à deux pieds de diamètre, le schermans l'emplit de carottes sauvages coupées en morceaux, et d'autres racines. On le trouve souvent dans les nasses de pêcheurs. Le CAMPAGNOL ou PETIT RAT DES CHAMPS, improprement nommée mulot dans quelques provinces, est long d'environ quatre pouces, y compris la tête et la queue qui ont chacune un pouce de longueur; il a le dessus du corps et la queue jaunâtres. Ce petit animal s'est acquis une bien triste célébrité par sa voracité et les immenses ravages qu'il fait aux campagnes; tantôt c'est dans les prairies qu'il exerce ses dévastations, tantôt c'est dans les champs de blé, où il dévore et le grain qu'on vient de semer, et celui qu'on pense récolter; il coupe l'épi, en mange une partie, emporte l'autre, et cela tant que dure l'été; puis il abandonne son terrier divisé en petites loges, et vient pour l'hiver dans les bois. Deux fois l'année, au printemps et à l'automne, la femelle produit six à dix petits qu'elle dépose dans un creux garni préalablement de mousse ou d'herbes sèches; cette fécondité explique la présence spontanée d'innombrables bandes de campagnols qui ne font qu'apparaître, mais qui laissent souvent après eux une horrible famine... Serait-ce cette espèce que signale Aristote, lorsqu'il parle de la multiplication extraordinaire et des ravages de certains rats que l'on cherchait à détruire en lâchant les cochons dans les champs, et que la pluie faisait subitement disparaître? — On emploie plusieurs moyens pour se délivrer de ces animaux; l'arsenic mêlé au grain que l'on sème offre diverses sortes de dangers; il vaut mieux, à l'époque du labour, faire suivre la charrue par une personne chargée de les tuer à mesure qu'ils sortiront de leurs terriers. Les pièges ne conviennent guère que dans les prairies, car ils entraînent dans les champs presque autant de dommages que l'animal lui-même. Ne pourrait-on pas employer le gaz hydrogène sulfuré, que M. Thénard a conseillé avec succès pour la destruction des souris? — Heureusement pour le cultivateur, quelques animaux font la chasse au rat des champs; tels sont le chat sauvage, le mulot, le renard, les belettes, la martre, etc. — Reste le CAMPAGNOL DES PRÉS, que l'on croit avoir vu en Suisse et dans le midi de la France, dans les champs de pommes de terre, mais qui n'est pas rare en Sibérie; il a la couleur plus foncée et la queue plus courte que le précédent; il se cache sous le gazon dans une petite cellule jointe à une seconde par de petits canaux; celle-ci contient les provisions. La première cellule a aussi d'autres canaux qui vont dans plusieurs directions.

CAMPAGNOLA (DOMINIQUE), peintre, né à Venise, ou, selon d'autres biographes, à Padoue vers 1482, élève de Titien, peignit des paysages dans le goût de ce maître, décora de ses fresques plusieurs églises et palais à Venise et d'autres villes d'Italie, et mourut à Padoue vers 1550. Il a gravé à l'eau-forte et sur bois différentes compositions dont on trouve le catalogue dans le *Manuel* d'Huber (54). — CAMPAGNOLA (Jules), peintre

et graveur, parent du précédent, a laissé quelques tableaux et des planches gravées à l'eau-forte.

CAMPAGUS, s. m. (*archéol.*), sorte de chaussure que portaient les anciens Romains dans les armées. — On a donné également ce nom à des bas particuliers, dont les évêques et les prêtres se servaient autrefois à l'autel. Les diacres de Rome et de quelques autres églises s'en servaient aussi avec la permission du pape.

CAMPAN, marbre veiné de blanc et de vert, sur un fond gris ou brun, nuancé d'un rouge vif, et qui doit son nom à une grande et jolie vallée des Hautes-Pyrénées, semée de fabriques de lainages, tricots, crépons, etc., qui le donne aussi à un bourg ou chef-lieu de canton de 4,000 habitants, situé sur l'Adour, et à une lieue et demie est de Bagnères. On distingue le marbre en *campan vert* et *campan rouge*.

CAMPAN (JEANNE-LOUISE-HENRIETTE GENEST), célèbre institutrice, née à Paris le 6 octobre 1752. Son père, premier commis au département des affaires étrangères, lui donna une haute éducation, qui se compléta brillamment dans la société habituelle de Goldoni, Albanèse, Duclos, Barthe, Thomas, Marmontel. En peu d'années, elle parla familièrement l'italien et l'anglais, elle devint une musicienne distinguée, elle excella dans l'art de la lecture à haute voix et de la déclamation. A quinze ans, elle fut nommée lectrice de Mesdames, filles de Louis XV, qui la marièrent plus tard à M. Campan, dont le père était secrétaire du cabinet de la reine. Louis XV la dota de 5,000 livres de rentes. Le véritable nom du nouvel époux d'Henriette Genest était Berthollet; il eut pour parent le célèbre chimiste ainsi nommé. Le surnom de Campan avait été emprunté à une vallée du Béarn dont sa famille était originaire. Devenue en 1770 première femme de chambre de Marie-Antoinette, qui venait d'épouser le Dauphin, madame Campan ne se sépara d'elle qu'à la catastrophe du 10 août 1792. En vain sollicita-t-elle du maire de Paris, Pétion, de suivre la reine dans la prison du Temple. — C'est à elle que l'infortuné Louis XVI avait remis ses papiers importants, parmi lesquels se trouvaient les négociations de Mirabeau, l'état des pensions et dépenses de la liste civile pour renverser le nouvel ordre de choses, la correspondance avec les princes émigrés, et des projets de contre-révolution. Poursuivie bientôt par l'inquisition de Robespierre, à cause même de son dévouement à la famille royale, madame Campan se réfugia à Coubertin, dans la vallée de Chevreuse, où elle fut assaillie par les chagrins et par la misère. Sa sœur, arrêtée dans la tourmente révolutionnaire, se suicida pour se soustraire à l'échafaud; son beau-frère mourut; son mari, tombé gravement malade, se vit dans l'impossibilité d'acquitter trente mille francs de dettes qu'il avait été forcé de contracter; son fils, âgé de neuf ans, exigeait tous ses soins sans pouvoir lui être utile. Dans cette position critique, ne possédant plus qu'un assignat de cinq cents francs, madame Campan, qui, dès le plus jeune âge, avait eu une vocation pour l'éducation, conçoit l'idée d'établir un pensionnat dans une modeste habitation de Saint-Germain, avec l'aide d'une religieuse de l'Enfant-Jésus. Elle distribue cent prospectus écrits de sa main, faute d'argent pour les faire imprimer, et, en une année, elle compte soixante élèves. Ce nombre s'augmente rapidement, et tous les enfants des familles riches et distinguées sont envoyés à cette institution déjà renommée. Par la suite, madame de Beauharnais, six mois avant de s'unir à Napoléon, confie à madame Campan l'éducation de sa fille Hortense et de sa nièce Émilie, dont l'une devint reine de Hollande, et l'autre fut l'héroïque madame de Lavalette. De cette circonstance datent la prospérité et la réputation du nouveau pensionnat. Sous son consulat, Bonaparte y place sa sœur Caroline, depuis reine de Naples, et sa fille adoptive, Stéphanie Beauharnais, depuis grande-duchesse de Bade. Devenu empereur, il fonde à Écouen une maison d'éducation, où il réunit les filles, sœurs ou nièces de ses compagnons d'armes depuis la campagne d'Égypte jusqu'à la bataille d'Austerlitz. M. le comte de Lacépède en reçoit la surveillance, et madame Campan en est nommée la surintendante. La célébrité de cet établissement fut en peu de temps européenne. Malgré la rigueur du son régime et l'habile mélange d'une instruction solide et d'une éducation distinguée, malgré les exhortations de l'institutrice aux habitudes modestes et aux ouvrages de ménage, les élèves, qui toutes se croyaient destinées à jouer un rôle important dans le drame éblouissant de l'empire, acquéraient plutôt l'ambition et la coquetterie des femmes du monde que les vertus précieuses des mères de famille. — Lors de la restauration, la maison d'Écouen et sa surintendante furent supprimées. On ne pardonna pas à l'ex-femme de chambre de Marie-Antoinette de s'être attachée à la famille impériale. Bien des calomnies furent déversées sur elle. On prétendit que les Bourbons ne pouvaient oublier d'anciennes relations de madame Campan avec les hommes les plus influents du parti constitutionnel et ses idées libérales. — On alla jusqu'à supposer qu'ils avaient la conviction de son ingratitude et de sa perfidie dans ses rapports de confidence et d'intimité avec Marie-Antoinette. — On l'accusa même d'avoir livré au comité révolutionnaire, pour échapper à la proscription, les papiers que Louis XVI lui avait remis en dépôt. La réalité ou la fausseté de ces imputations ne furent jamais parfaitement éclaircies. Madame Campan ne chercha ni à se justifier, ni à reconquérir la faveur dont on la dépossédait ; elle se résigna, et alla vivre modestement à Mantes, où elle eut à supporter de cruelles adversités. Elle perdit son fils unique, ex-auditeur au conseil d'État et commissaire spécial de police à Toulouse, sous l'empire. La première de ses nièces, madame de Broc, périt dans un précipice aux eaux d'Aix en Savoie. Son frère meurt dès le début du procès du maréchal Ney, qui avait épousé sa seconde fille. Enfin l'exécution du *brave des braves* mit le comble à ses chagrins, et développa le germe d'une affreuse maladie dont elle était atteinte. Elle mourut le 16 mars 1822, à soixante-dix ans, après avoir subi avec une courageuse résignation l'opération du cancer au sein. — Madame Campan a publié, dans un style correct et élégant, les *Mémoires sur la vie privée de Marie-Antoinette, suivis de souvenirs et anecdotes historiques sur les règnes de Louis XIV, de Louis XV, de Louis XVI.* — *Lettres de deux jeunes amies.* — *Conversations d'une mère avec ses filles*, en anglais et en français. — *De l'éducation des femmes.* — D'autres ouvrages du même auteur ne méritent pas d'être cités.

CAMPANA (LOI) (*V.* JULIA [Loi]).

CAMPANA (*hist. anc.*), tribu de Rome (*V.* TRIBU).

CAMPANA, légion romaine qui fut envoyée par le sénat en garnison dans la ville de Rhegium. Elle s'empara de cette ville après en avoir égorgé les principaux habitants. Les Romains l'assiégèrent, la reprirent, et tous les soldats eurent la tête tranchée.

CAMPANA (CÉSAR), gentilhomme de la ville d'Aquila, naquit dans le royaume de Naples, mort en 1606 dans un âge avancé, fit de l'histoire sa principale étude. Il a publié en deux volumes : 1° *Istoria del mondo dal* 1570 *al* 1596, Venise, 1591, 1599, in-4°; *ibid.*, 1607. Cette histoire commence à la fondation de Rome. 2° *Alberi delle Famiglie, che hanno signoreggiato in Mantova*, Mantoue, 1590, in-4°; 3° *Delle famiglie di Baviera, e delle Reali di Spagna*, Vérone, 1592, in-4°; 4° *Vita del re Filippo II*, Vicence, 1608, 2 parties, in-4°; et avec un supplément d'Augustin Campana, son fils, 5 parties, Venise, 1609, in-4°; 5° *Storia delle guerre di Fiandra*, Vicence, 1602, in-4°. Cette histoire s'étend de 1559 à 1600 ; elle fut réimprimée en trois parties, Vicence, 1622, in-4°; 6° *Assedio et Rioquisto di Anversa nell'* anno 1584, Vicence, 1595, in-4°; 7° *Compendio istorico delle guerre successe tra christiani et Tarchi e Persiani sin' all'* anno 1597, Venise, 1597, in-4°.—CAMPANA (Albert), dominicain de Florence, mort le 24 septembre 1639, a publié une traduction italienne de la *Pharsale* de Lucain, en vers libres, 1640, in-12.

CAMPANAIO (LORENZO DI LODOVICO), surnommé *Lorenzetto*, sculpteur et architecte florentin, né en 1494, mérita l'amitié de Raphaël, qui l'employa dans divers travaux importants, et lui fit épouser une sœur de Jules Romain, son disciple chéri. Ses ouvrages se trouvent à Pistoie et à Rome. Malgré tous ses travaux, cet artiste habile était sans fortune, et cinq fils en bas âge ajoutaient à ses besoins. C'est alors que San-Gallo, architecte de Saint-Pierre, lui confia une partie des constructions que le pape Paul III avait ordonnées pour l'achèvement de ce monument. Ces travaux enrichirent l'artiste en peu de temps, et il eût fait une fortune considérable, si une mort prématurée ne l'eût frappé en 1541, à l'âge de quarante-sept ans.

CAMPANE, *campana*, en latin, signifie *cloche*. De ce mot est dérivé *campane*, qui sert, pour ainsi dire, à qualifier le corps du chapiteau corinthien et du chapiteau composite. — Selon nous, *campane* est plutôt un adjectif qu'un nom : il ajoute au mot chapiteau l'idée, la forme de cloche. Cependant tous les dictionnaires n'en font qu'un substantif féminin, mais ils lui donnent au moins son genre, tandis que M. Quatremère de Quincy en a fait un nom masculin. Quelle que soit l'autorité de cet auteur, nous ne saurions nous ranger à son opinion. — Les Grecs, qui cherchaient de l'imitation partout, avaient appelé *vase* le corps du chapiteau corinthien, parce qu'un conte populaire en faisait dériver l'invention de la rencontre d'un vase en-

touré de feuilles d'acanthe, qu'un nommé Callimaque s'était empressé de copier pour l'appliquer à l'architecture. Nous croyons, avec une sorte de raison, que ces quasi-ressemblances sont trouvées après coup ; partant, le mot campane est mis par nous sur la même ligne que celui de tambour, qui sert aussi à désigner le corps du chapiteau corinthien ; car tout ce que le hasard a figuré comme ce chapiteau, sans doute, n'a pas servi de modèle à cette belle sommité de colonne. — Suivant l'*Encyclopédie des sciences*, CAMPANE se dit des décorations, des ornements de sculpture en manière de crépine, d'où pendent des houppes en forme de clochette, pour un dais d'hôtel, de trône, de chaire à prêcher, etc. — CAMPANE DE COMBLE. On appelle ainsi certains ornements de plomb chantournés et évidés, qu'on met au bas du faîte et des brisées d'un comble, tels qu'on en voit de dorés au château de Versailles. — CAMPANE, espèce de goutte (*V.* ce mot).

CAMPANE, s. f. (*botan.*), sorte de narcisse sauvage, qu'on nomme aussi *ayau.* — CAMPANE, en term. d'art vétérinaire, se dit d'une tumeur arrondie, située sous la pointe du jarret (*V.* CAPELET). — On appelle aussi CAMPANE, chez les fabricants de savon, une sorte de chaudière à leur usage.

CAMPANELLA (THOMAS). Cet homme remarquable par son génie et par ses malheurs naquit à Stillo, petit village de la Calabre, le 1ᵉʳ septembre 1568. Dès ses plus jeunes années il se distingua par ses connaissances et ses talents ; aussi Baillet le met-il au nombre des enfants célèbres. Il n'avait pas encore quinze ans révolus, lorsqu'il entra dans l'ordre des dominicains : ses progrès en théologie furent si rapides, que le premier couvent où il fut admis fut bientôt un théâtre trop étroit pour un esprit qui cherchait tant à s'étendre. Il parcourut donc toute la Calabre, et dans ses excursions, il rencontra, dit-on, un rabbin qui l'instruisit en quatorze jours dans l'art de Raymond Lulle et lui enseigna les éléments de toutes les sciences. Quoi qu'il en soit, il est certain que dès cette époque il se montra l'adversaire d'Aristote, l'oracle du siècle. C'était là déjà une inclination dangereuse : mais une circonstance particulière contribua à rendre plus dangereuse encore la position du libre penseur. Le moine de son couvent chargé de disputer publiquement à Cosenza était tombé malade ; Campanella fut choisi pour le remplacer, et il plut tellement qu'on déclara d'une voix unanime qu'en lui résidait l'esprit de Télésius. Campanella ne connaissait pas encore les écrits de ce philosophe, que la libre pensée avait conduit sur les traces de Parménide ; il se procura donc son *Traité sur la nature des choses*, et entra bientôt après, pour le défendre, en lice contre Antoine Marta, dans son premier ouvrage philosophique : *Philosophia sensibus demonstrata*, Naples, 1591, qu'il avait écrit à l'âge de vingt-six ans. Cette publication souleva aussitôt contre lui tous les partisans d'Aristote, et l'un de ses adversaires les plus furieux l'accusa de magie. Ici commence l'histoire de ses souffrances. Fuyant la haine de ses ennemis, il vécut quelque temps à Rome, à Florence, à Venise, à Padoue et à Bologne, où on lui enleva ses papiers, qu'il trouva plus tard à l'inquisition de Rome. Revenu enfin dans sa patrie en 1599, on le mena prisonnier à Naples. On donne divers motifs à cet emprisonnement (1) ; mais l'accusation principale élevée contre lui fut qu'il avait médité un crime de lèse-majesté. Voilà le prétexte sous lequel on le tint vingt-cinq ans dans les fers, sans que nulle intervention, quelque puissante qu'elle fût, pût obtenir sa liberté. En vain le pape lui-même avait-il en 1608 envoyé dans ce but à Naples le célèbre Scioppius ; en vain les

(1) Selon quelques-uns on le considérait comme l'auteur du livre infâme de *Tribus Impostoribus*; selon d'autres, il avait voulu se faire roi de la haute Calabre ; il avait pris le titre de Messie et formé une conjuration avec une foule de moines, de prêtres et de bandits, pour égorger tous les Espagnols, et déclarer indépendant et une république. Pour l'exécution de son entreprise, il se serait ligué avec les Turcs. Il dit lui-même : « Composui articulos prophetales quindecim pro defensione dictorum meorum, unde ansam arripuerunt faciendi me reum majestatis, et hoc ex dictis prophetarum, sibyllarum et sanctorum et ex politica et astrologica prædictione. » Dans un autre endroit il dit : « Scriperam Neapoli syntagma, cur sapientia et virtute eximia præditi, Benefactores generis humani, in magis Temporum articulis violentam mortem, *sub prætextu læsæ majestatis divinæ et humanæ* incurrent, ac postmodum cultu et gloria reviviscent, quem tractatum vix bene recordor apud quem reposuerim. » Les expressions hardies d'un homme auquel le machiavélisme était odieux, et qui conçut la *Civitas solis*, idée d'une république supérieure à celle de Platon, suffisaient assurément à ses ennemis pour le faire accuser de haute trahison, si on voulait le trouver coupable : mais son crime ne lui a jamais été prouvé.

Fugger, si influents, avaient-ils agi en sa faveur à la cour d'Espagne ; le pape Urbain VIII seulement réussit à obtenir par l'évêque de Catanea la mise en liberté de cet infortuné ; elle eut lieu le 15 mai 1626. Sept fois on lui avait appliqué à la torture ; mais ni les tourments ni les rigueurs d'une si longue captivité ne purent abattre son héroïque stoïcisme ou étouffer l'énergie et la vigueur de son génie. « Comme on me refusait des livres, écrivait-il à Naudé (1), je composai beaucoup de poésies italiennes et latines : tout fut écrit en secret, lorsque l'occasion s'en présentait, sur la sagesse première, sur la puissance et l'amour, sur le souverain bien, sur la souveraine beauté, etc. C'est ainsi que se formèrent sept livres de poésies, dont Tobie Adami a publié un certain nombre, choisi selon son goût, sous le nom de Squilla Septimontanus (2). Je chantai aussi des élégies sur mes malheurs et sur ceux de mes amis, ainsi que des rimes prophétiques et quatre psalmodies sur Dieu et sur ses œuvres ; par ces poésies je fortifiais le courage de mes amis, afin que leur énergie ne faiblît pas dans les tourments. J'écrivis de plus des aphorismes politiques, la Cité du Soleil (Civitas Solis), etc. » Puis il cite plus de quarante ouvrages divers sur la philosophie, les mathématiques, la physique, la médecine, l'astrologie, la théologie, la politique, et il avait des raisons pour se plaindre de la destinée de ces écrits. Il en avait remis plusieurs à Scioppius, lorsque celui-ci, envoyé par Paul V en 1608, négociait sa mise en liberté ; d'autres lui furent enlevés en 1611 par le notaire apostolique, et il ne put jamais les recouvrer ou même apprendre ce qu'ils étaient devenus. « Enfin, au bout de six ans, continue-t-il, Tobie Adami et Rudoph de Bunau, à leur retour de Jérusalem, vinrent à Naples, et je leur donnai les ouvrages que précédemment j'avais remis à Scioppius, et de plus ma Métaphysique, la Philosophie réelle, la Médecine, l'Astrologie, et beaucoup de petits écrits en forme de lettres. Ils ont été plus zélés que celui-là, puisqu'ils ont publié la Philosophie réelle, les livres De sensu rerum, une partie des poésies, et le Prodrome, qu'ils n'avaient pas reçu de moi. » — Lorsque Campanella eut recouvré sa liberté, il se rendit à Rome, où il fut quelques années prisonnier de l'inquisition, pour la forme toutefois plus qu'en réalité : là, on voulait plutôt le soustraire aux persécutions qu'on en faire subir. La preuve première s'en trouve dans les démarches mêmes faites par le pape pour obtenir sa liberté ; la seconde, dans le dévouement de Campanella au gouvernement pontifical, et dont témoignent tous les écrits qu'il cite comme les œuvres de sa vieillesse. Dans la suite aussi le pape lui donna des marques publiques de sa faveur ; mais comme celle-ci ne suffisait pas pour le mettre à l'abri de la haine des Espagnols, contre laquelle il n'était pas en sûreté à Rome, il se sauva, déguisé en minime, dans la voiture de l'ambassadeur de France, François de Noailles, et arriva en France. Il se tint d'abord à Marseille, puis à Aix, où le célèbre Pelresc lui fit un accueil amical, et lui fournit tous les moyens de se rendre à Paris. Il trouva la réception la plus favorable auprès de Louis XIII et de Richelieu, et ce dernier, qui prit souvent ses conseils pour les affaires d'Italie, lui assura une pension annuelle de 3,000 livres. Fatigué enfin de ses longues infortunes, il se retira dans le couvent de son ordre de la rue Saint-Honoré, où il termina tranquillement sa malheureuse carrière le 21 mai 1639.—Que les jugements sur son caractère et sur son mérite soient divers et souvent tout à fait contraires, cela est facile à comprendre : Campanella était de beaucoup au-dessus de son siècle et se sentait

(1) Thom. Camp., De libris propriis et recta ratione studendi ad Gabr. Naudæum (d'où nous avons extrait les passages que nous citons), Paris, 1642, in-8 ; dans Grotius, De studiis instituendis, Amst., 1645, in-12, et dans Thomas Crenius, De philologia, studiis liberalis doctrinæ, etc., Leyde, 1696, in-4.

(2) Squilla signifie campana piccola, c'est-à-dire petite cloche, par conséquent c'est l'équivalent de campanella. C'est le nom que l'on donne à la petite cloche dans les Sept-Montagnes. Campanella joue lui-même sur son nom, et ses ouvrages imprimés portent symboliquement une cloche sur le titre. Les poésies dont il est question ont paru sous ce titre : Scelta d'alcune poesie filosofiche de Setti-Montano Squilla, (impr. en 1622) ; Herder, dans son Adrastea, en a traduit une partie sous le titre de Prométhée de sa caverne du Caucase. Précédemment Campanella avait aussi écrit une tragédie intitulée Marie Stuart, secundum poeticam nostram non spernendam, dit-il. Cette Poétique, qu'il avait composée à Rome, n'a jamais été imprimée ; mais un Espagnol l'a traduite, publiée comme son propre ouvrage, et à la fin, pour cacher le plagiat, il a donné les raisons pour lesquelles il n'a, comme Espagnol, cité que des exemples de poëtes italiens. Mais, parmi les poétiques espagnoles, quelle est celle de Campanella ?

animé d'un zèle ardent pour la vérité, qu'il ne trouva pas toujours où son siècle la voulait. Du moment où se furent élevés en lui les premiers doutes sur la question de savoir s'il était en possession de la vérité pure, il s'appliqua avec une sorte de crainte à lire les écrits des anciens philosophes, qu'il étudia avec une infatigable ardeur. C'est que faisaient beaucoup d'hommes ; mais il y en avait peu qui, de ce point de départ, suivissent le principe qu'il s'était proposé dès sa jeunesse, et qui consistait à rechercher aussi constamment s'il pouvait lire aussi dans le monde, comme dans l'œuvre vivante de Dieu, ce qu'il trouvait écrit dans leurs livres ; et dans ce but, « à comparer les dogmes de tous les philosophes avec le Codex primarius du monde. » Si Télésius avait pour lui tant d'attraits, c'était « parce qu'il philosophait avec liberté, n'ayant égard qu'à la nature des choses et non aux paroles des hommes. » Un homme ainsi disposé devait se livrer avec un zèle non moins vif à l'étude de la nature, et Campanella ne dédaigna aucune branche des sciences naturelles. S'il ne put s'affranchir entièrement de tous les préjugés et de toutes les superstitions qui de son temps les enchaînaient encore, il se délivra d'un grand nombre ; il en résulta l'antipathie de ses contemporains pour lui, d'autant plus nécessairement qu'ils pouvaient moins se résoudre à s'en tenir aux vérités reconnues. C'est ce qui prouva aussi dans sa prison à l'occasion de la lutte acharnée contre Galilée, qui le porta à rechercher si le système de Copernic au sujet du mouvement de la terre et de l'immobilité du soleil était contraire aux saintes Écritures et aux Pères de l'Église (1). Kœstner remarque au sujet de cette dissertation, « que Campanella appartenait aussi à l'ordre qui, à cette époque, prêchait contre Galilée ; mais on voit, ajoute-t-il, que sa philosophie n'était pas celle de l'ordre. » Elle ne l'était ni sur ce point ni sur d'autres, ce à quoi contribua beaucoup encore une autre circonstance. Comme second guide pour atteindre le but de la philosophie, Campanella fait de l'histoire ; parmi les règles de la véritable méthode philosophique, il va même jusqu'à placer en tête celle-ci : « Sur quelque sujet que tu veuilles rechercher la vérité, son histoire doit être claire à tes yeux, non partiellement, mais complétement. » Puis il recommande l'épreuve de soi-même ; puis il veut qu'on se tienne l'esprit libre de cet attachement servile à tel ou tel philosophe, à telle ou telle secte, qui nous porte trop souvent à les regarder comme exempts de toute erreur ; car l'homme est toujours menteur, par ignorance, par méchanceté, par crainte ; Dieu seul est vrai. Mais il faut lire les livres de toute espèce, et ne pas rejeter aussitôt ce qui ne s'accorde pas avec les connaissances acquises jusqu'à présent ; car il se trouve beaucoup de vérités qu'autrefois on avait rangées parmi les fables, comme par exemple qu'il n'habite point d'hommes sous l'équateur ; que le second hémisphère n'existe point ; choses où il faut plutôt croire Colomb que Lactance et que Procope. Pour d'autres assertions, telles que le mouvement de la terre et l'immobilité du soleil, il faut suspendre son jugement jusqu'à ce que l'on ait démêlé la vérité par l'examen des raisons exposées de part et d'autre. « Sache enfin que toute science est infinie ; ne crois jamais que tu es arrivé au but, et que tu peux cesser d'apprendre ; car la nature nous a organisés de telle sorte que nous sommes forcés d'apprendre durant toute notre vie, par les sens dans les livres de la nature et dans les livres créés, par la parole ce qui ne peut se représenter aux sens. Il sera pour toi très-salutaire d'apprendre à connaître les doctrines de tous les peuples et de toutes les sectes. » — On le voit, Campanella était un génie qui embrassait beaucoup de choses, et en même temps assez fort pour ne pas succomber sous le poids de l'érudition, et pour ne point perdre la libre pensée par de trop riches lectures. Après avoir parcouru d'un regard investigateur presque tous les domaines de la science humaine, il choisit son point central, de telle sorte qu'il pût porter les yeux sur tous, et s'en fit ainsi comme une vue générale et encyclopédique. Se méfiant de tous les systèmes qui n'avaient leur origine que dans la simple connaissance de l'intelligence, il s'en tenait constamment à ce que les sens constatent, et il déclara en conséquence aussi que toute science procède de cette connaissance obtenue par les sens, que les choses sont ce qu'elles apparais-

(1) Campanella cite ce traité dans ses ouvrages, écrit, selon son assertion, en 1616, et imprimé en Allemagne sous ce titre : An sit contra sacram Scripturam et Patres assertio Copernici de motu terræ et quiete solis, et l'on verra sans aucun doute le même au sujet que l'Adami a publié en 1622 (58, p. 4), à Francfort, sous ce titre : Th. Camp. Apologia pro Galileo mathematico florentino, et dont Kœstner a donné un court extrait dans son Histoire des mathématiques, IV, 213.

sent. Le sommaire des choses constatées par les sens forme l'histoire, et celle-ci est par conséquent la base de toute science : mais comme le sens est ou extérieur ou intérieur, l'histoire est également double ; elle est une manifestation humaine et une manifestation divine, une manifestation naturelle et une manifestation surnaturelle. L'objet de celle-ci est l'être éternel ; les phénomènes sont l'objet de celle-là. En conséquence, il établit pour toute science deux classes, la *théologie divine* et la *micrologie humaine ;* il divise la théologie en naturelle et en révélée ; ce qu'il appelle en général micrologie comprend la *philosophie réelle* ou *science de la nature* et l'*éthique.* A la science de la nature il donne la *médecine,* l'*astronomie,* l'*astrologie,* la *magie* (divisée en naturelle, angélique et diabolique) et la *cosmographie ;* elle a pour science auxiliaire les *mathématiques.* A l'*éthique* il attribue la *politique,* la *morale,* l'*économie.* De la philosophie réelle il distingue la *philosophie rationnelle* comme *philosophia universalis,* la métaphysique , qui tient le milieu entre la théologie et la micrologie, car elle expose les principes de l'une et de l'autre. De cette manière elle n'apparaît jusqu'à un certain point que comme une science subsidiaire, qui à son tour trouve une science subsidiaire dans la *logique.* Comme sciences subsidiaires générales , il admettait la *grammaire,* la *rhétorique,* la *poétique* et l'*historiographie.* — Il n'est pas une de ces sciences sur laquelle il n'ait écrit ; mais il se vouait de préférence à la métaphysique , et la refondit en conséquence à plusieurs reprises. Comme problème de celle-ci, il admit l'exploitation des choses, telles et en tant qu'elles sont. Il prouve par diverses raisons la nécessité d'une chose qui donne cette explication ; mais à son regard pénétrant il n'échappe point non plus qu'il devait s'être assuré de sa possibilité, et c'est pour ce motif que l'introduction à sa métaphysique contient une doctrine des sciences qui, bien que défectueuse, témoigne suffisamment néanmoins de la profondeur d'esprit de son auteur. Il y traite de l'acquisition de la science ; si on l'obtient objective (*secundum se*), ou seulement subjective (*secundum nos tantum*), ou à la fois objective et subjective (*utroque modo*) ; il examine les opinions des sceptiques à ce sujet, et cherche à détruire le doute qui règne sur la certitude des connaissances humaines. Il donne pour principes incontestables des connaissances humaines : 1° que nous existons, et pouvons savoir et vouloir ; 2° que nous pouvons, savons et voulons quelque chose, mais non pas *tout* ; et 3° que nous savons, voulons et pouvons des choses hors de nous, parce que nous, nous savons, voulons et pouvons nous-mêmes. Sous chacun de ces rapports, il reconnaît les limites qui nous sont imposées, ainsi que la simple subjectivité de nos connaissances ; mais il déclare que nous savons tout juste autant que nous avons besoin de savoir. Quoiqu'il admette les sens comme la source unique de toutes les connaissances humaines , et l'âme intelligente comme identique avec l'âme sensible , il ne nie pas cependant une activité particulière de l'intelligence, qui consiste dans l'image du général par le particulier ; mais l'un comme l'autre est l'objet de la perception. Plusieurs perceptions particulières répétées donnent la mémoire ; de celle-ci vient une expérience certaine, et des expériences se déduisent les principes généraux. Pour régulariser les expériences il établit des catégories comme destinations générales des choses, et il traite des principes de la science au moyen des catégories. C'est à leur aide qu'on arrive à la science. Il divise les sciences en *doctrinales* et en *inventives ;* par les premières il entend les sciences réelles , par les dernières les sciences rationnelles et en particulier la philosophie spéculative. L'exposition scientifique, dit-il, ne consiste point en recherches , mais elle ramène le résultat des recherches à des principes généraux et à des définitions dont on tire des conséquences ; mais chacune de ces différentes espèces de sciences doit suivre une méthode différente. Pour les sciences doctrinales il propose la méthode synthétique et un procédé dogmatique ; pour les sciences inventives, où l'on ne présuppose rien que l'être le plus général, il propose la méthode analytique et le procédé du doute. Bien que dans sa métaphysique nous le voyions suivre les voies les plus opposées, il est à croire qu'il n'a voulu y exposer que les résultats de ses investigations. — Pour aider la métaphysique , il n'établit que ce seul principe : Les choses sont et nous apparaissent. Leur être et leur non-être se recherchent par le principe des contraires, en vertu duquel une chose ne peut être et ne pas être en même temps , et par les *primalités.* C'est ainsi que Campanella appelle les propriétés fondamentales des choses, et il en indique trois : 1° la *possibilité* ou le pouvoir (*potentia*) ; ce qui peut être et ne peut être ; — 2° la *connaissance* (*sapientia*) ; — toute chose doit percevoir, être perçue et reconnue, car autrement elle n'existerait pas pour l'homme ; — 3° le *penchant* ou l'*amour* (*amor*) ; —

toute chose a l'instinct de sa propre conservation, sans lequel elle ne pourrait ni durer ni produire d'effet. — Chacune de ces primalités a son objet : la possibilité, l'*être ;* la connaissance, la *vérité ;* le penchant, le *bon,* dont le *beau* est le signe extérieur. — C'est de ces bases ontologiques qu'il se sert comme de fils conducteurs en métaphysique. L'être des choses considéré en lui-même conduit au sentiment de l'unité ; mais la plus haute unité et le premier être est *Dieu.* Celui-ci, dans *son être,* est un tout , l'unité infinie : dans son *pouvoir,* il est éternel, présent partout , tout-puissant ; dans sa *connaissance,* il a toute science, toute sagesse, et se suffit à lui-même ; dans son *amour,* il a la bonté qui embrasse tout , la prescience, le bonheur universel. L'action de l'être et de la force de Dieu est la *nécessité ;* celle de sa connaissance est le *destin ;* celle de son amour, l'*harmonie* ou l'*ordre parfait* de l'univers. Le but de l'univers est l'homme ; le but final de l'homme est Dieu. Dans l'univers tout agit comme étant soi-même son but , la *nécessité ;* l'absence de celle-ci est le *hasard,* et celui-ci naît du mélange de l'être et du non-être, que Dieu ne fait que permettre ; de là l'origine du mal. Mais tout agit aussi comme moyen , le *destin,* d'où des recherches sur la conciliation de la liberté humaine avec le destin et la prescience. Le but propre est changé en moyen, *harmonie*, par une puissance supérieure. De là se déduit une *théodicée* où l'auteur traite les thèses du hasard et du bonheur , du péché et de l'imputation , de la prescience, de la prédestination et de la justice de Dieu. — L'univers , de même qu'il ne s'est pas formé du néant , ne tombera point dans le néant. Les principes physiques de toutes choses sont l'espace et la matière, et les forces qui contribuent à les faire sont la chaleur et le froid, dont sont formés les corps opposés , le soleil et la terre. C'est l'action des premiers sur les derniers qui donne naissance à tous les corps terrestres, soit par induration, comme les pierres et les minéraux , soit par atténuation , comme la lumière et les vapeurs , soit par liquéfaction de l'air , comme l'eau ; ou par induration et liquéfaction tout ensemble, comme les plantes, ou par toutes les trois actions à la fois , comme les animaux. Mais quel que soit l'être qui se forme, il a la vie et perception ; ce qui n'est pas déjà dans le simple ne peut être dans le composé. Tous les êtres sont par conséquent analogues les uns aux autres ; car toute vie est la même, comme tous les sens ne sont en réalité qu'un sens. Mais, comme cet *un* se ramifie en divers organes, la vie prend une forme différente selon différents degrés. Mais à tous les degrés se montre dans toutes les créatures le caractère divin en force, connaissance et amour, mêlés toutefois d'impuissance, d'ignorance et de haine, parce que l'être fini est en général borné par le non-être. — Les animaux ont de l'analogie avec l'homme, même par l'intelligence et par leur langage ; mais l'âme humaine a de l'analogie avec les esprits incorporels, qui appartiennent à un monde non sensible , qui existe en dehors du monde sensible , mais non sans se rattacher à l'autre ; d'où Campanella tire une preuve en faveur des miracles. L'âme humaine est un esprit corporel , subtil, chaud et lumineux, borné dans ses propriétés essentielles et par conséquent imparfait, mais ayant une tendance vers la perfection et vers la divinité. C'est là que tendent, il est vrai, tous les êtres finis , comme vers le bien suprême, lequel consiste dans la participation à l'être infini ; mais l'homme y tend à un plus haut degré au moyen de sa disposition propre à la religion ; que si elle est la base de sa moralité et de sa vertu, elle est aussi le seul et véritable gage de l'immortalité de son âme, et l'assure que celle-ci passera du monde sensible dans le monde non sensible, et obtiendra la béatitude qui est une conservation de l'être humain dans l'être divin. — Quant à la religion, Campanella la distingue en *innée* et *acquise, naturelle* et *artificielle, intérieure* et *extérieure.* La religion intérieure consiste dans l'éloignement du monde extérieur et dans la retraite dans le monde intérieur, dans la recherche des choses divines et humaines par un pur amour de la science, dans la direction de toutes nos facultés vers l'adoration de Dieu, et dans l'amour de Dieu préférablement à tout , même à nous-mêmes , et seulement pour lui. Il ne reconnaissait d'erreurs que dans la religion artificielle et extérieure ; mais en même temps il cherchait à prouver par là même la nécessité d'une *révélation*, parce que certainement la prescience de Dieu doit avoir pensé à ce qu'il y a de plus élevé et de plus important pour la connaissance du bon. et à une règle pour l'intelligence. Mais ici même son esprit philosophique ne se trouva pas satisfait de la seule tradition ; mais il poussa ses recherches plus loin , et c'est ainsi qu'il fut amené à établir le critérium d'une véritable révélation. Son ouvrage sur la théologie fut composé après sa métaphysique. Voici ce qu'il en dit lui-même : « J'y ai aussi examiné les doctrines des mahométans, des talmudistes, des Américains et des Indiens, que nos théologiens n'ont même pas abordées; et laissant de côté les recherches vaines, je n'y ai joint que celles qui sont utiles, et qui, je le crois, seront très-favorables à la religion chrétienne. » Là encore il montre combien il était en avant de son siècle. — D'après l'analyse que nous venons de donner sur la philosophie de Campanella, de rechercher s'il fut plutôt sceptique que dogmatique ou éclectique, constatons seulement qu'il se rencontre plus d'une fois avec Bacon, et qu'il serait à désirer qu'une plume habile traçât un parallèle entre ces deux philosophes. Ajoutons que nous n'avons pas cru devoir relever ce que les traités de Campanella renferment de contraire à l'orthodoxie. Un catholique éclairé reconnaîtra sans peine, pour les rejeter, les erreurs de cet homme d'ailleurs si remarquable[1].

CAMPANELLE, s. f. (botan.), nom donné à la fleur de plusieurs plantes, du liseron, etc.

CAMPANETTE, s. f. (botan.), fleur de narcisse.

CAMPANI (JEAN-ANTOINE), fils d'une paysanne de Cavelli, vint au monde en 1427. On dit que sa mère accoucha de lui sous un laurier, et, quant à son nom, il le prit du pays où il était né, Campania. — Campani fut d'abord berger, ensuite un curé qu'il servait, l'ayant pris en affection, lui enseigna la langue latine. De là il se rendit à Naples, où il compléta ses études et se fit précepteur. Campani fit connaissance à Pérouse, où il étudiait avec assez peu de succès la langue grecque sous Chalcondyle, de Jacques Piccolomini, et fut introduit par lui à la cour du pape. — Pie II ayant lu ses deux traités, De regendo magistratu et De dignitate matrimonii, désira le connaître, et même entretint correspondance avec lui. Sous Sixte IV, son ancien professeur, Campani, déjà archevêque de Crotone et de Teramo, fut nommé gouverneur de Todi. Il ne put y apaiser les troubles qui avaient éclaté depuis quelque temps, et ne fut pas plus heureux à Citta de Castello; et, s'étant permis quelques observations envers la manière dont on traitait les révoltés, il tomba en disgrâce et fut banni de l'État ecclésiastique. Campani se retira auprès du roi de Naples, et devint son secrétaire; mais, ennuyé d'attendre la réalisation des promesses que lui avait faites ce prince, il le quitta et se réfugia à Sienne, où il mourut le 15 juillet 1477. On a attaqué ses mœurs, et une partie de ses poésies, que lui-même a appelées Amatoria, sembleraient donner quelque consistance à cette assertion. Cet homme célèbre a donné de 1471 à 72 une édition de Tite Live. On a imprimé ses œuvres à Rome, 1495, in-folio. Elles se composent de harangues, d'oraisons funèbres, de panégyriques, d'épîtres (neuf livres), de la vie de Pie II, de la vie d'André Braccio, et de quelques autres productions peu d'importance. On a réimprimé plus tard, en 1734, un volume choisi des œuvres de Campani, où ne se trouvent que la vie de Pie II, celle de Braccio, trois livres contre l'Ingratitude, et les deux traités dont nous avons parlé plus haut.

CAMPANI (NICOLAS), poète dramatique, surnommé il Strascino, mot dont la décence ne permet pas de donner ici l'équivalent en français, était né vers la fin du XVe siècle à Sienne. D'un caractère facétieux et d'une gaieté intarissable, il fit les délices de ses compatriotes, qui se plaisent à des spectacles dont ne s'accommode pas aussi bien la délicatesse de leurs voisins. Mais on ignore les particularités de la vie de ce personnage. Tout ce qu'on sait, c'est qu'il était membre de l'académie des Rozzi. On connaît de lui quatre comédies rustiques ou églogues, car elles portent aussi ce dernier titre : il Coltellino, il Strascino, il Magrino, et enfin il Berna. Les trois premières sont citées dans la Dramaturgia de l'Allacci, dans l'Histoire du théâtre italien, de Riccoboni, etc.; mais la quatrième n'est indiquée que dans le Catalogue de Pinelli. Quoiqu'elles aient été réimprimées plusieurs fois à Venise et à Florence, séparément ou dans des recueils, les pièces de Campani sont très-rares, même en Italie. On ne les trouvait pas dans la bibliothèque de Floncel, la plus riche collection de livres italiens qu'on ait vue en France, et on les chercherait inutilement à la bibliothèque du roi. La plus connue des pièces de Campani, c'est le Strascino, dont le nom lui est resté. On en compte au moins cinq éditions. La première est de Sienne, 1519, et la plus récente de Venise, 1592, in-8°. On doit encore à cet écrivain facétieux un poëme in ottava rima, dont le sujet n'est autre que la maladie à laquelle les Français

ont donné le nom de mal de Naples. Il est intitulé : Lamento di quel tribulato di Strascino sopra el male incognito, che tratta della patienza ed impatienza, Venise, 1523, in-8° de 28 feuillets. Les bibliographes en citent d'autres éditions de 1529, 1537 et 1621; mais les curieux recherchent surtout l'édition originale. On trouve de notre auteur des Capitoli dans le second livre des Rime de Berni et dans d'autres recueils du même genre.

CAMPANI-ALEMENIS (MATTHIEU), natif du diocèse de Spolète, était curé d'une paroisse de Rome sous le pontificat d'Alexandre VII, et employait ses loisirs aux travaux de l'optique et de l'horlogerie. Il a travaillé à une célèbre horloge de nuit qui fut exécutée à cette époque, au moyen de laquelle l'heure paraît distinctement peinte sur une surface blanche, éclairée par une lumière placée dans l'intérieur de l'horloge. Il est auteur d'un ouvrage latin intitulé : Horologium solo naturæ motu atque ingenio demetiens et numerans momenta temporis constantissime æqualia; accedit circinus sphericus pro lentibus telescopiorum tornandis et poliendis, Rome, 1678, in-4°. Cet artiste, dans un ouvrage dédié à Louis XIV, décrit une invention qu'il croit sûre, pour remédier à l'irrégularité provenant des altérations de l'air dans lequel se font les vibrations du pendule, et qui s'opposent à la précision des horloges. Il prétend aussi remédier à l'inégalité des mêmes vibrations au moyen d'un double pendule. Huyghens avait déjà remédié en partie à cette inégalité, par l'application du cylindre au pendule. Campani est surtout célèbre par son habileté à tailler et à polir les lentilles d'une convexité très-peu sensible, et telles qu'il les fallait pour les lunettes astronomiques de la plus grande longueur. Il surpassa en ce genre tous les artistes de son temps, et de toutes les parties de l'Europe on lui demandait des lunettes. Louis XIV voulut en avoir pour son observatoire; il lui en fit trois, dont la plus grande avait cent trente-six pieds de foyer. C'est par leur secours que Cassini découvrit les deux satellites les plus voisins de Saturne. Ces instruments gigantesques, d'un transport et d'un maniement si peu commodes, ont cessé d'être employés depuis l'invention des télescopes à réflexion. — CAMPANI (Joseph), son frère, s'occupait aussi des instruments d'optique et d'astronomie. Il avait moins de patience et d'adresse que Matthieu pour tailler et polir les verres; mais il montait les lunettes et faisait lui-même des observations. Il a publié : 1° Ragguaglio di due nuove osservazioni, una celeste in ordine alla stella di Saturno, e terrestre l'altra in ordine e gl'instrumenti, Rome, 1664, in-8°; id., 1665, in-4°. Auzout écrivit sur cet ouvrage une lettre à l'abbé Charles, Paris, 1665, in-4° de 62 pages, et on publia, la même année, une réponse de M. Hook aux considérations de M. Auzout, et quelques lettres écrites de part et d'autre au sujet des grandes lunettes, traduites de l'anglais, Paris, in-4° de 56 pages. 2° Lettera di Giuseppo Campani intorno alle ombre delle stelle Medecée nel volto di Giove, ed altri nuovi fenomeni celesti scoperti co' suoi occhiali, Rome, 1665, in-fol.

CAMPANIA ou CASTRIUM, siége épiscopal de la province de Macédoine, au diocèse de l'Illyrie orientale, sous la métropole de Thessalonique, se trouve dans la notice de l'empereur Léon, et dans toutes les nouvelles. Il est situé, selon Cantacuzène, entre Edesse et Berrhæ, dans une petite ville ou bourg.

CAMPANIE, campagne, plat pays, nom que les Romains et qui sert à désigner la plaine peu large qui s'étend le long de la mer de Tyrrhénie, depuis le mont Massicus jusqu'au promontoire de Minerve, au pied de la chaîne latérale des Apennins, où demeuraient les Samnites ou les Sabelles. Ceci nous indique quelles sont les limites de la Campanie : au nord et à l'est, les monts Samnites, qui, au point où saillit le mont Massicus, séparent aussi la Campanie du Latium; au sud le promontoire de Minerve, près de Surrente, promontoire qui forme l'extrémité du golfe de Puteoli. Le diamètre de la Campanie, dans la direction de l'ouest à l'est, est de 10 milles géographiques, et, dans la direction du sud au nord, de 4 milles géographiques; sa superficie est à peu près 40 milles carrés. —On peut considérer toute la Campanie comme une plaine, car le Vésuve et les autres montagnes ou collines qui s'y remarquent sont d'origine volcanique, et n'ont aucune connexion avec les chaînes sur lesquelles s'appuie le plat pays qui forme la côte. Après le Vésuve, le rivage escarpé de Baies forme le point le plus élevé qu'offre le sol de la Campanie. Ce n'est pas sans raison que les Romains donnèrent toujours à cette plaine attrayante et fertile l'épithète de felix, et qu'ils la vantèrent comme étant le plus beau pays de la terre; car encore aujourd'hui, après que la nature et les hommes ont souvent réuni leurs efforts pour y apporter la désolation, et malgré la paresse naturelle aux habi-

(1) Sur la vie de Campanella, voyez E. S. Cypriani, de Vita et philosophia Th. Campanellæ syntagma, Ams., 1722. Schrœckh, Bayle, Chaufepié, Niceron, etc. Ses ouvrages sont rares, et la liste en est trop longue pour être donnée ici.

tants, la Terra di Lavoro est d'une fécondité merveilleuse, offre une admirable richesse de produits, et est habitée par une des plus nombreuses populations de toute l'Europe, proportionnellement à l'étendue du pays. Presque toute la plaine de Campanie est minée par un feu souterrain, et c'est précisément à la composition volcanique du sol qu'est due son excessive fertilité. Là où cesse le terrain noir volcanique, c'est la chaux qui prédomine ; mais même dans les parties ainsi composées, on trouve à une certaine profondeur, sous le terrain pulvérulent, un terrain ferme et solide, mais déchiré de trous et de petits canaux, et plein d'éléments minéraux, ce qui est une suite des fréquents tremblements de terre qui ont agité ce sol. Le pays de Puteoli et les alentours du Vésuve sont aussi particulièrement riches en produits du phénomènes souterrains, des évaporations de soufre, des sources, et des lacs d'eaux minérales, des grottes, des solfatares, etc. — La principale rivière du pays est le Volturne, qui a gardé son ancien nom, et qui va se jeter dans la mer, en se dirigeant du nord vers le sud. Il y a encore à mentionner le Clanis (Clanio), qui prend sa source près d'Abella (Avella), et se perd près de Linterne, en partie dans des marais et en partie dans la mer. Les rivières plus petites servaient aussi à arroser la plaine ; mais les bassins naturels des montagnes qui entourent la plaine étaient beaucoup plus fécondants. Ces bassins, se déversant par des canaux intérieurs et invisibles, abreuvaient tout le pays quand il était sec. Trois fois par an la Campanie produisait du froment et du seigle, souvent encore des légumes en sus, et, parmi les grains d'hiver, il poussait au printemps des roses sauvages d'une forte odeur, et dont on faisait de l'huile et des onguents. Sur le versant du mont Massicus, du mont Gaurus, et d'autres montagnes se détachant de la ceinture des montagnes environnantes ou s'élevant du sein même de la plaine, mûrissaient les raisins qui fournissaient les vins les plus généreux de l'Italie, ceux de Falerne, du Massique, de Calès, du Gaurus, etc., et les pentes rocailleuses des Apennins qui entourent la plaine donnaient les huiles les plus exquises, et particulièrement celle de Venafrum. Qu'on ajoute à tous ces biens les fruits les plus succulents et les légumes les plus délicats que le sol produit en très-grande abondance ; les poissons, les moules et les huîtres dont la mer fourmille ; enfin qu'on songe combien le pays est accessible par terre et par mer, et l'on ne s'étonnera plus sans doute que le séjour de la Campanie ait changé en peu de temps des héros en sybarites. Un climat doux, protégé contre les vents du nord par les montagnes qui environnent tout le territoire, rafraîchi par la molle haleine de la mer ; partout des richesses facilement acquises et un bien-être florissant ; la magnificence pittoresque d'une nature admirable, qui, à côté de l'image des Champs-Élysées, semblait mettre sous les yeux les terreurs du Tartare, par ses champs Phlégréens et son lac d'Averne : tous ces dons d'une terre prodigue et d'un ciel enchanteur portèrent de tout temps les Campaniens, comblés de tant de faveurs naturelles, à se livrer sans frein aux jouissances ; et ainsi ils tombèrent dans la prodigalité, qui amena forcément le relâchement, l'engourdissement et la mollesse. Toutes les populations qui ont successivement conquis les plaines de la Campanie et établi leur domination dans ces heureuses contrées, depuis les Osques jusqu'aux Normands, ont partagé le même sort, et un repos de courte durée dans les champs de Capoue suffit pour énerver les intrépides soldats d'Annibal, qui avaient bravé la neige et la faim sur le sommet des Alpes. — Lorsque les alliances et les conquêtes des Romains commencèrent à s'étendre dans le sud de l'Italie, et que leurs relations avec les Grecs raffinés et les Orientaux luxueux eurent peu à peu changé leur modération et leur constance d'autrefois en un luxe insatiable et une mobilité capricieuse, ils trouvèrent trop rude l'air des montagnes de Tibur et d'Albe, pour le séjour qu'ils faisaient à la campagne pendant les mois dangereux de la fièvre, et ils se construisirent d'éclatants palais d'été sur les côtes de la Campanie. Cicéron parle en plaisantant d'un empire romain situé dans la Campanie, et dont le point central était la charmante Baies, où se trouvait réuni tout ce que l'amour du luxe, le goût, la vanité et la débauche avaient imaginé et expérimenté depuis des siècles dans les trois parties du monde. Depuis Gaëta jusqu'à Naples, les maisons de campagne des Romains formaient comme une seule longue rue le long de la côte, et lorsqu'enfin l'espace commença à manquer pour de nouvelles constructions, la fureur du luxe qui peut tout, et qui, se joignant à la cruauté la plus ingénieuse, atteignit son plus haut degré dans la personne des Caligula et des Néron, recula les limites du vieil et puissant Océan, et établit ses demeures jusque dans les flots. — La côte de Campanie est partagée, par le promontoire de Misène, en deux parties, dont chacune

forme un golfe. La partie septentrionale, qui commence à Sinuessa, se dirige avec une légère courbure vers le sud-est, et forme la plus grande partie du golfe de Caïète. La partie méridionale, qui s'étend entre Misène et le promontoire de Minerve, forme le Sinus Puteolanus ou golfe de Naples. Aux deux extrémités de ce golfe, marquées par la saillie des rochers qui s'avancent dans la mer, s'élèvent de hautes îles, qui semblent être comme une continuation de ces rochers. Près de Misène, c'est l'île de Prochyta et d'Inarime (Procida et Ischia), et, près du promontoire de Minerve, c'est l'île de Capreæ. De Sinuessa à Misène, les rivières de Savo, de Vulturne et de Clanius se déversent dans la mer, et les lieux les plus importants à signaler le long de la côte sont, en suivant l'ordre de leur situation : le château de Vulturne, Linterne ; près de cette ville, la Palus Linternina (Lago di Patria) ; plus bas, la Silva Gallinaria, Cumes (Κύμη), la plus ancienne colonie grecque de l'Italie. C'est dans le voisinage de cette dernière ville que les poëtes anciens plaçaient l'Elysée et le Tartare. Près de la pointe de Misène, on trouve d'abord Bauli et Baies, avec leurs villas et leurs palais. De Baies, une digue, assez large pour qu'une voiture de charge puisse y passer à l'aise, conduit jusqu'à la côte située vis-à-vis, et sépare ainsi du reste de la mer la partie nord-ouest du golfe. La partie du golfe comprise entre la digue et la côte s'appelait Lucrinus Lacus, et continuait sur ses bords la série des villas de Baies. Ensuite vient Puteoli avec ses merveilles volcaniques, et, derrière cette ville, le mont Gaurus élève dans les airs sa cime qui porte le nom de Pausilypon. Cette montagne forme un petit promontoire près duquel se trouve la petite île de Nesis (Nisita). Dans le golfe de Naples proprement dit, que ce promontoire sépare de celui de Puteoli (les anciens ne désignent pas ces deux golfes par des noms différents), était située l'ancienne Naples, et, au pied du Vésuve, Herculanum et Pompéi ; plus loin, au commencement de la courbure qui se dirige vers le promontoire de Minerve, se trouve Stabiæ, et non loin de la pointe est Surrente. Le promontoire de Minerve, autour duquel on voit les écueils des Sirènes, et dont le point le plus saillant se nomme aujourd'hui Punta della Campanella, sépare le golfe de Puteoli de celui de Posidon (Neptune). Parmi les rivières qui ont leur embouchure dans le golfe de Puteoli, il n'y a que le Sebethus, près de Naples, et le Sarnus, près de Pompéi, qui valent la peine d'être mentionnés. Dans l'intérieur de la Campanie, on remarquait Pons Campanus, sur le Savo ; Urbana, Casilinum, qui occupait l'emplacement qu'occupa depuis la nouvelle Capoue ; Capoue, la capitale de la Campanie, Teanum, Cales, Calatia, Caudium et les fourches Caudines, Atella, Acerræ, Suessula, Nola, Abella, Nuceria, Saticula, Tubula. — La grande voie Appienne allait de Sinuessa à Capoue, en traversant l'intérieur du pays et se dirigeant du côté de l'est. Mais, plus tard, l'empereur Domitien fit construire, pour la commodité des baigneurs qui inondaient chaque année Baies et Puteoli, une route qui s'étendait le long de la côte. Mais il y avait encore un bras de la voie Appienne qui conduisait de Minturne (sur le Liris) jusqu'au delà du mont Massicus vers le nord, et la voie Latine ou Laricanienne conduisait au même but. De Capoue, la voie Appienne, se bifurquant en deux bras, s'étendait jusqu'aux deux extrémités méridionales de l'Italie, traversant Caudium dans la direction de Brundisium, et les villes campaniennes de Saticula, Suessula, Nola et Nuceria, dans la direction de Rhegium. — L'histoire de la Campanie se rattache si intimement à l'histoire de toutes les autres populations antiques du midi de l'Italie, que nous sommes obligés de renvoyer à tous les articles qui sont relatifs à ces populations, si on veut avoir sur cette matière des détails quelque peu circonstanciés. Nous ne pouvons dans cet article donner qu'une courte esquisse. A une époque postérieure, l'importance politique de la Campanie se résume dans Capoue, sa capitale ; et, au moyen âge, la Campanie partage le sort des autres provinces que les Normands assujettirent à leur domination. — Dans les temps les plus reculés, sur lesquels l'histoire nous fournit des données, une tribu ausonienne ou aunuce, qu'on nommait les Opici, et que les Romains nommaient les Osci (les Osques), habitait les plaines de la Campanie et les montagnes qui s'élèvent tout à l'entour. Deux siècles après la guerre de Troie, des Grecs de Chalcis s'établirent sur la côte de Campanie, et fondèrent Kyme ou Cumes, et cette colonie donna naissance par la suite à Dicæarchia (Puteoli), à Palæopolis, à Naples et à d'autres villes. Cinquante ans après la fondation de Rome, les Osques perdirent leur domination dans la plaine de Campanie, après avoir été déjà quelque temps auparavant subjugués dans les montagnes par les Sabelles. Les Tyrrhéniens, venus de l'Etrurie et du Latium, se répandirent sur la côte occidentale du midi de l'Italie, et contraignirent les anciens habitants de la Campanie soit à émigrer, soit à se soumettre. C'est pourquoi les mœurs et la langue des Osques restèrent prédominantes dans plusieurs lieux, et particulièrement à Atella. Il est très-vraisemblable que ce fut sur des flottes que les Tyrrhéniens conduisirent leurs colonies dans la Campanie, au moins en partie. Les plus anciennes de ces colonies furent la fabuleuse Larisse, Vulturne ou Capoue et Nola. Insensiblement, toute la côte jusqu'à Silare se trouva soumise à la domination des Tyrrhéniens. Strabon raconte que les Tyrrhéniens formaient douze républiques dans la Campanie, à la tête desquelles se trouvait Capoue. — Les Tyrrhéniens, dominateurs de la Campanie, éloignés de leur mère-patrie et énervés par le luxe et la mollesse, succombèrent sous les coups de la vigoureuse population des montagnes qui entouraient leur pays : ils furent vaincus par les Samnites. La soumission des Tyrrhéniens ne fut pas l'œuvre d'une seule guerre : les rudes habitants des montagnes contraignirent d'abord et peu à peu céder une place et à leur donner droit de cité dans les agréables demeures qu'ils occupaient, on ne fut que l'an 330 après la fondation de Rome que Capoue tomba au pouvoir des Samnites. A partir de cette époque, le nom de Campaniens commence à devenir prédominant, et Diodore de Sicile raconte que le peuple campanien prend son origine vers l'an 516 après la fondation de Rome. Mannert donne d'excellentes raisons pour mettre en doute la conquête de la Campanie par les Samnites, et présume que la prise de Capoue, telle qu'elle est racontée par Tite Live, est l'effet d'une insurrection de ceux des anciens Osques qui étaient restés dans leur patrie, et que, de la fusion de ceux-ci avec les Tyrrhéniens, qui furent admis à partager avec les premiers des droits égaux sous le rapport des fonctions publiques et des possessions territoriales, se forma le peuple des Campaniens. — Ce qui est certain, c'est que cette révolution donna à la Campanie une vigueur nouvelle. Les Campaniens arrivèrent bientôt à un tel degré de puissance et de richesse, surtout par leur commerce, que, dès l'an 333 après la fondation de Rome, ils conquirent la colonie grecque de Cumes; mais aussi, en moins de cent ans, ils se trouvèrent tellement énervés et amollis, qu'après une bataille perdue contre les Samnites, avec lesquels ils étaient en querelle pour la possession de la ville de Sidicinum, ils implorèrent la protection des Romains. (Pour la suite de l'histoire de la Campanie, V. l'article CAPOUE.)

CAMPANIE (numism. anc.). Cette contrée abonde en médailles. Les villes dont on en a conservé sont : Acerra, Atella, Calatia, Cales, Capua (Capoue), Cumæ (Cumes), Neapolis (Naples), Nola, Nuceria, Suessa, Teanum, Venafrum. Toutes les médailles de ces villes sont d'un très-beau style : celles de Naples, anciennement nommée Parthénope, sont très-nombreuses; elles représentent communément une tête de femme entourée de poissons, que les uns ont prise pour Diane, d'autres pour Parthénope, avec plus de raison : et au revers un taureau à face humaine, couronné par la Victoire, et que l'on suppose être Bacchus Hebon, plutôt que le dieu d'un fleuve (V. Eckhel, Doctr. Numis. t. 1, p. 156).   DUMERSAN.

CAMPANIENS, s. m. pl. (archéol.). Il se dit des vases antiques qu'on trouve dans la Sicile et dans la Campanie, et que l'on nomme improprement vases étrusques, puisqu'on ne les trouve jamais en Étrurie.

CAMPANIENS (géogr. anc.), anciens peuples qui habitaient une partie de la terre de Labour.

CAMPANIER, s. m. (gramm.), nom qu'on donne, en certains endroits, à celui qui sonne les cloches.

CAMPANIFORME (botan.), du latin campana, cloche, et forma, forme, figure. On donne cette épithète aux calices et aux corolles de fleurs simples, monopétales et régulières. Le botaniste Tournefort a réuni dans une même classe qu'il nomme campaniforme, ces fleurs dont toutes les parties de la corolle, coupées uniformément et d'une manière symétrique, sont placées à égale distance d'un centre commun, et imitent la figure d'une cloche (V. CAMPANULACÉE, CAMPANULE, RAIPONCE, etc.).

CAMPANILE (archit.), campanile, mot de basse latinité, qui signifie clocher. L'Italie l'a conservé dans la même acception, et chez nous campanile signifie aussi clocher. Cependant nous distinguerons l'espèce qu'il désigne. — Les édifices destinés à recevoir des cloches sont de plusieurs formes. Lorsque du comble des églises gothiques on voit s'élancer dans les airs une espèce de pyramide, on la nomme clocher, et non pas flèche, comme M. Quatremère de Quincy, qui prend, dans cette circonstance, la partie pour le tout, et confond la flèche du clocher avec le clocher lui-même. Si nous relevons son erreur, c'est pour lui

rendre toute justice dans la bonne distinction qu'il a faite des campaniles et des tours. Selon lui, les tours sont ordinairement au nombre de deux, et font partie de la façade de l'église ou la décorent, comme cela se voit à Notre-Dame, tandis que les campaniles sont des édifices de forme ronde ou carrée, s'élevant comme des tours, mais n'étant pas adhérents à l'église. On en trouve beaucoup en Italie, car c'était la mode, pendant un temps, d'y bâtir des campaniles; chaque ville se disputait l'honneur d'avoir le plus magnifique des monuments de ce genre. Les jolies campagnes qui virent naître l'usage des cloches devaient aussi posséder les plus beaux réceptacles de cet assourdissant instrument. — En effet, la campanile de Florence, tout incrustée de marbre noir et blanc, a près de 82 mètres de hauteur sur environ 14 de tour; celle de Crémone, la plus haute d'Europe, a plus de 120 mètres de hauteur; elle est surmontée de deux parties octogones à jour, ornées de colonnes, et dominées par un cône sur lequel s'élève une croix : la manière dont l'aiguille est supportée paraît admirable. — La tour de Pise, dite la Campanile storto, est connue de tout le monde à cause du phénomène d'équilibre qu'elle présente; en tirant une perpendiculaire du sommet à la base de cette tour, on remarque que le hors d'aplomb est de 4 mètres. Nous reviendrons sur cet exemple à l'article ÉQUILIBRE DES ÉDIFICES.

CAMPANILE (PHILIBERT), Napolitain, vivait au commencement du XVIIe siècle. On a de lui : 1° l'Ideo o vere forme d'eloquentia secundo la dottrina di Hermogene e di altri retori antichi, Naples, 1606, in-4°; 2° l'Armi o vero insegni de' nobili, Naples, 1615, 1618 et 1681, in-fol. La troisième édition est la plus ample et la plus recherchée; 3° Historia della famiglia di Sangro, Naples, in-fol., 1615. — CAMPANILE (Jean-Jérôme), de la même famille, docteur en droit, évêque de Lacerdone, puis d'Isernie, mort à Naples en 1626, est auteur du Diversorium juris canonici, Naples, 1620, in-fol., et de quelques autres ouvrages moins importants. — CAMPANILE (Joseph), originaire de Diano, dans la Principauté ultérieure, né à Naples vers 1630, se fit connaître par quelques productions agréables mais satiriques. Les Lettres sur la noblesse, qu'il publia en 1672, ouvrage dans lequel il citait plusieurs faits injurieux aux familles de Naples les plus recommandables, lui attirèrent un grand nombre d'ennemis. Arrêté sur leur demande, il fut convaincu d'avoir falsifié les titres dont il s'était servi pour appuyer ses calomnies, et mourut en prison, après deux années, en 1674. On a de lui : 1° Lettere capriciose, Naples, 1660, in-12; 2° Dialogi morali, 1660, in-12, et enfin la Notizie di nobilita, lettere, Naples, 1672, in-4°.

CAMPANINI, s. m. espèce de marbre très-sonore qui vient des montagnes de Carrare.

CAMPANIQUE, s. m. (archéol.), caleçon des athlètes.

CAMPANIUS (THOMAS), savant suédois, qui, piqué de voir que nul ne faisait mention des efforts de ses compatriotes pour prêcher l'Évangile aux infidèles, résolut de les faire connaître. Il recueillit dans les mémoires de quelques ecclésiastiques suédois qui avaient exercé les fonctions du ministère évangélique auprès des communautés de cette nation établies en Pensylvanie et en Virginie, les documents d'après lesquels il écrivit dans la langue de son pays un ouvrage intitulé : Description abrégée de la province de la Nouvelle-Suède en Amérique, appelée aujourd'hui Pensylvanie, Stockholm, 1702, in-4°, avec figures. Ce livre contient des considérations générales sur l'Amérique et sur la manière dont elle a été peuplée, sur les voyages des Européens y firent au Xe siècle, époque à laquelle ils lui donnèrent le nom de Vinland. On y trouve aussi l'histoire des établissements suédois et le journal d'un voyageur de cette nation qui y séjourna en 1642; les causes qui firent perdre cette colonie à la Suède, et le détail des relations qui continuèrent à exister entre ce pays et la métropole, sous le rapport religieux; enfin, un vocabulaire suédois et virginien. Cet ouvrage donne connaissance de particularités intéressantes, et l'auteur réfute les erreurs d'un certain F.-D. Pastorius, qui en 1700 avait publié en allemand un assez mauvais livre sur la Virginie.

CAMPANO (JEAN). Ce savant naquit à Novare en Milanais, et vivait dans le XIIIe siècle. Il a écrit sur l'astronomie, sur le calendrier, sur les erreurs de Ptolémée dans ses calculs sur le mouvement de la lune et du soleil, sur la sphère, sur les signes du zodiaque et sur la quadrature du cercle. Ce dernier traité se trouve à la fin de l'appendice de l'ouvrage intitulé : Euclidis data, Venise, 1482, in-fol. Il traduisit Euclide d'après la version arabe, le texte grec n'étant pas encore trouvé de son temps; aussi cette version est-elle très-fautive.

CAMPANORUM PROMONTORIUM (*géogr. anc.*), promontoire de la Grande-Bretagne, situé sur la côte occidentale.

CAMPANULACÉES (*botan.*), famille de plantes assez généralement vénéneuses ou au moins suspectes, herbacées, à tiges ligneuses, renfermant un suc laiteux, corrosif et caustique, à feuilles alternes, tirant son nom de la campanule. Les caractères généraux sont : corolle monopétale assise sur le calice, calice adhérent à l'ovaire divisé à son limbe; corolle régulière; étamines alternes fixées au calice au-dessous de la corolle; anthères séparées; ovaire inférieur surmonté d'un disque glanduleux, du milieu duquel part un stigmate tantôt simple, tantôt divisé. Cet ovaire se change souvent en capsule, tantôt recouverte par les divisions du calice, tantôt nue, s'ouvrant sur le côté; elle est divisée en loges renfermant les graines; les graines, dont l'embryon est filiforme, sont fixées à l'angle inférieur des loges au milieu d'un périsperme charnu. La famille des campanulacées a beaucoup de rapport avec les éricinées (ou section des bruyères) et les chicoracées.

CAMPANULAIRE, s. m. (*hist. nat.*), genre de polypes, établi aux dépens des sartulaires.

CAMPANULE (*botan.*), campanula (*pentandrie monogynie, Linné*; campanulacées, *Juss.*), plante dicotylédone à tiges complètes et campanulées, type de la famille des campanulacées. Ses caractères particuliers sont d'être moins dangereuse que la majeure partie des plantes de son espèce; fleurs blanches ou bleues, tantôt solitaires et axillaires, tantôt fasciculées ou paniculées; calice à cinq ou à dix divisions; corolle à cinq lobes; cinq étamines, un style, trois stigmates; capsule ovale à cinq loges, graines fixées à l'angle intérieur de ces loges. Ce genre est très-nombreux en espèces; nous allons citer les principales, notamment celles que la grandeur et l'élégance de leurs fleurs ont fait admettre dans nos jardins comme plantes d'ornement. — CAMPANULE PYRAMIDALE (*campanula pyramidalis, Linné*), la plus belle du genre; fleurs blanches ou bleues, disposées en pyramide d'un effet agréable; pédoncule court; feuilles glabres, lancéolées, radicales; tige de trois à six pieds; fleurit en juillet et septembre; croît naturellement en Savoie et dans la Carniole; semis à la maturité pour repiquer en place; bonne terre et exposition; demande beaucoup d'eau dans les sécheresses. — CAMPANULE DES JARDINS (*campanula medicorum, Linné*) : rosette de fleurs radicales, velues; tige de quinze à dix-huit pouces, très-rameuses; fleurit en mai et juillet; grosses fleurs en cloches, ventrues, bleues ou blanches suivant la variété; même culture que la précédente. — CAMPANULE A FEUILLE DE PÊCHER (*campanula horticifolia, Linné*) : feuilles en touffe; tige droite et simple, haute de quinze à vingt pouces; fleurs blanches ou bleues suivant la variété, grandes et très-jolies, à cloches un peu comprimées. — CAMPANULE RHOMBOIDALE (*campanula rhomboïdalis, Linné*) : tige simple, feuilles éparses, nombreuses, ovales, presque rhomboïdales; fleurs terminales blanches ou bleues, disposées en épi court et lâche; croît dans nos pays méridionaux. — CAMPANULE A LARGES FEUILLES (*campanula latifolia, Linné*) : feuilles rudes, pétiolées, ovales, lancéolées; tige de deux à trois pieds; épi à fleurs grandes et belles d'un blanc très-pur; corolle un peu barbue; fleurit en juin et juillet. — CAMPANULE A FLEUR EN TÊTE (*campanula glomerata*), ou FAUSSE RAIPONCE (*campanula raponculus, Linné*): tige de deux pieds; feuilles alternes; fleurs bleues, disposées en panicule serrée; calice glabre; on la cultive dans les potagers; ses feuilles se mangent en salade, ainsi que ses racines, qui sont blanches, tendres et fusiformes. Cette espèce par semis donne les variétés à fleurs doubles. — CAMPANULE GRANDIFLORE (*campanula grandiflora, Linné*) : feuilles sessiles, aiguës, tige rameuse; fleurs simples, terminales, solitaires, très-grandes, bleues ou blanches; fleurit en juillet; croît naturellement en Sibérie. — CAMPANULE GANTELÉE (*campanula trachelium, Linné*) : vulgairement *gant de Notre-Dame* : feuilles cordiformes et pointues; tige de dix-huit à vingt-quatre pouces; fleurit en juillet; fleurs doubles bleues ou blanches. — CAMPANULE EN THYRSE (*campanula thyrsoïdea, Linné*) : port élégant; fleurs terminales en épi, sessiles, d'un blanc sale; feuilles linéaires, lancéolées; croît dans les montagnes de nos pays méridionaux. — CAMPANULE A FEUILLES RONDES (*campanula rotundifolia, Linné*) : feuilles radicales, petites, arrondies, échancrées en cœur; fleurs grandes, pédonculées; fleurit en juin et juillet; fleurs d'un beau bleu. — CAMPANULE UNIFLORE (*campanula uniflora*, Vill.) : à une seule fleur inclinée, quelquefois deux à trois feuilles linéaires, lancéolées; tige très-petite; fleurs blanches ou bleues; croît dans les prairies des Hautes-Alpes. — CAMPANULE DU MONT CÉNIS (*campanula Cenisia, Linné*): tige de deux à trois pouces; feuilles ovales, allongées; corolle bleue à cinq lobes. — CAMPANULE A FEUILLES DE LIERRE (*campanula hederaria*, Linné) : tige menue, filiforme; feuilles glabres, pétiolées; fleurs petites, d'un bleu pâle; recherche les lieux humides et couverts. — CAMPANULE ÉRIME (*campanula erimus*, Linné) : plante à tige très-grêle; feuilles sessiles; fleurs axillaires, bleuâtres. Se rencontre dans les lieux pierreux des départements de la France. — CAMPANULE FOURCHUE (*campanula dichotoma*, Linné) : tiges grêles, bispides; feuilles sessiles, alternes, petites, ovales; fleurs bleues, peu nombreuses, solitaires, inclinées; croît en Sicile, dans le Levant, la Barbarie. — CAMPANULE BARBUE (*campanula barbata*, Linné) : tiges simples, velues; fleurs rares, oblongues, pédonculées, disposées en panicules, courtes; corolle blanche, garnie de poils blancs à son orifice; croît sur les hautes montagnes du midi de la France. — CAMPANULE EN ÉPI (*campanula spicata*, Linné) : tige simple, droite; feuilles velues, linéaires, oblongues; fleurs en long épi cylindrique, blanches ou bleues; corolle tubuleuse, à cinq lobes. — CAMPANULE DORÉE (*campanula aurea*) : feuilles lancéolées; tige de dix-huit à vingt-quatre pouces; panicule à grandes fleurs jaune orangé, à divisions étroites et réfléchies; fleurit en août et septembre. Originaire des îles Canaries. — *Culture.* Les campanules demandent une terre substantielle et légère, et un demi-soleil, beaucoup d'eau dans les sécheresses; leur multiplication a lieu par leurs œilletons, ou avec précaution par éclat de racines et par semis.

CAMPANULÉ, ÉE, adj. (*botan.*), en forme de cloche. *Corolle campanulée.*

CAMPANULIFORME (*V.* CAMPANIFORME).

CAMPANUS MORBUS. Sarmentus (dans Horace, Sat. I, 5, 62) applique ce nom aux verrues que Cicirrus avait au visage, ce qui était un mal ordinaire chez les Campaniens, à ce que remarque le scoliaste à ce sujet.

CAMPANUS PONS (*géogr. anc.*), petite ville située sur le Savo, et qui avait un pont sur cette rivière. Située à neuf milles au delà de Sinuessa, elle formait l'entrée de la Campanie. Aujourd'hui on trouve le village de Ciamboisco sur l'emplacement qu'elle occupait autrefois.

CAMPANUS (JEAN), natif de Guila ou Julia dans la haute Hongrie, était simple laïque, et luthérien de religion. Il s'unit ensuite aux disciples de Michel Servet, en 1531, dont il suivit l'erreur sur le mystère de la Trinité, et se fit lui-même des disciples qu'on nomma *campanites* (Sponde, *Adan.* 1531).

CAMPANUS (JEAN-ANTOINE), Italien, évêque de Téramo dans l'Abruzze ultérieure, dans le XVe siècle, a laissé quelques ouvrages, qu'on a donnés dans un recueil imprimé à Rome, in-8°, en 1734. Ce recueil contient entre autres : *Pii II pontificis maximi Vita. De ingratitudine fugienda, libri tres. De regendo magistratu. De dignitate matrimonii.* On trouve de plus un grand nombre de lettres de Campanus, adressées à Jacques *Piccolomini*, cardinal de Pavie, parmi les lettres de ce dernier, à Francfort, 1614, in-fol. (Paul Jove, in *Elog. doct.*, c. 22; Vossius, le Mire, Sponde, etc.).

CAMPASPE ou PANCASTE, maîtresse d'Alexandre le Grand, célèbre par sa beauté. Ce prince, voulant la faire peindre par Apelle, l'exposa sans voiles aux regards de l'artiste, qui en devint éperdument amoureux. Le roi consentit à la lui céder.

CAMPATOIS ou CAMPOIS (*hist. ecclés.*). C'est ainsi qu'on nomma quelques hérétiques du IVe siècle, ariens et autres, parce qu'ils couraient les campagnes pour faire des prosélytes. On les nomme aussi *Montois* (Pratéole, tit. *Campates et Campenses*).

CAMPBELL, originairement O'DUINHM, maison illustre d'Écosse, mentionnée dans le vieux chants de bardes qui remontent jusqu'au règne de Fergus II, en 404. Cette famille paraît avoir résidé d'abord dans une petite île du Loch-aw, non loin de la côte méridionale de ce lac, et sur laquelle plus tard se trouva le château de Kilchurn. Sous le règne de Malcolm Kenmure, Duncan O'Duinhm, lord de Lochow, prit le nom de Campbell, après qu'il eut épousé l'héritière de la baronnie de Bellus Campus, ou Beauchamp, près d'Avranches, en Normandie; dans son clan on le nommait Mackcallan More, fils du grand Colin, dénomination qui est restée attachée au chef de cette famille. Lorsque le roi Édouard Ier d'Angleterre vint à Berwick en 1292, afin de terminer la querelle entre Bruce et Baliol, Nigel Campbell de Lochow fut au nombre des barons qui furent invités à accompagner Robert Bruce jusqu'à Berwick; et plus tard il fut un de ceux qui s'obligèrent à défendre les droits du roi Robert envers et contre tous. Robert Ier confirma à son fils Colin la baronnie de Lochow et du pays d'Ardscordyrche, sous la condition de tenir toujours prêt, au service du roi, un vaisseau entièrement équipé, sans préjudice des autres services militaires auxquels il était obligé de même que le reste des barons d'Argyle. Colin le Singulier brûla, vers la fin du XIVᵉ siècle, dans une occasion solennelle, sa vieille résidence d'Inverary, un des nouveaux châteaux du grand chevalier de Lochow, afin de recevoir ses hôtes avec tout l'attirail et l'appareil d'un campement ; il réunit aussi Lorn aux possessions des Campbell par un triple mariage. Un autre Colin fut nommé comte d'Argyle par Jacques II en 1475. Archibald Gilsepec, comte d'Argyle, commanda l'aile gauche de l'armée écossaise à la bataille de Flowden en 1513 : la défaite sanglante qu'essuya cette armée fut en grande partie une suite de sa précipitation; il s'en laissa accuser lui-même, et l'expia de sa vie. Colin fut un des trois régents qui administrèrent le pays pendant la minorité de Jacques V, et il fut le seul homme assez courageux et assez puissant pour oser s'opposer aux Douglas. Archibald, comte d'Argyle, fut grand chancelier sous le règne de la reine Marie. Son fils Colin exerça la même fonction sous le règne de Jacques VI. Les comtes d'Argyle, qui s'étaient acquis les dignités héréditaires de grand juge, et de grand maître de la maison du prince, furent les premiers parmi les grands d'Ecosse qui accédèrent à la prétendue réforme du XVIᵉ siècle ; et cette trahison ne contribua pas peu à l'élévation de leur fortune. Ainsi, par exemple, Colin se fit donner en fief, dans l'année 1614, la propriété de Cantyre, qui appartenait aux Macdonald catholiques. Les Macdonald cherchèrent, il est vrai, à soutenir leurs droits à main armée, et ils excitèrent un soulèvement terrible ; mais ce mouvement fut réprimé, et la possession de ce domaine fut assurée à la maison d'Argyle par un décret du parlement. Les Campbell avaient commencé dès lors à prendre pied sur les îles de la côte occidentale de l'Ecosse, sous le prétexte d'anéantir la piraterie que favorisaient les petits seigneurs, tandis qu'en même temps ils étaient de l'autre côté en guerre continuelle avec les Macauley et les Macdougal d'Argyle, chassaient peu à peu de Glenurchie, de Glenlion et de Breadalbane les Macgregor autrefois si puissants, et faisaient pour le moins équilibre aux Macdonald. — Le crédit et la puissance de cette maison s'éleva au-dessus de toute mesure sous le comte Archibald, ce démagogue artificieux et terrible, si bien dépeint dans le *Montrose* de Walter Scott, et qui savait se montrer aussi souple qu'il était inflexible, et qui, prudent et résolu, possédait toutes les qualités nécessaires pour jouer un rôle dans un temps de désordres et de discordes (Hume). — Le premier acte de sa vie publique fit voir en lui un homme d'une profonde habileté : il consentit en 1630 à renoncer à la dignité héréditaire de grand juge, et se fit donner en échange une juridiction tout à fait indépendante sur tout le comté d'Argyle et sur les Hébrides. Il se dépouilla ainsi, contrairement à l'esprit de son siècle, de son pays et de son rang, d'une dignité purement honoraire, pour s'acquérir une puissance réelle. — Dans les commencements, sa politique ne prit conseil que des circonstances : aujourd'hui il était royaliste, demain c'était un agitateur populaire. Lorsqu'il s'aperçut que le roi, en tentant d'introduire une nouvelle liturgie, s'était fait à lui-même un mal qui ne pouvait plus être réparé, il embrassa le parti du covenant, dont il devint bientôt le chef. Il domina ainsi l'Ecosse avec un pouvoir illimité : car, lorsqu'il arrivait par hasard que quelque seigneur cherchât à rester fidèle à ses devoirs, Argyle venait l'attaquer à la tête de cinq à six cents gentilshommes, et le forçait, par des cruautés révoltantes, à la plus prompte obéissance.—Il dirigea toutes les manœuvres de la guerre que les Ecossais firent à leur roi, et dont le résultat fut de ne laisser au souverain qu'un vain titre, et finit enfin par forcer le roi, non-seulement à lui pardonner tous ses attentats de la manière la plus formelle et la plus obligatoire, mais encore à le décorer du titre de marquis d'Argyle, et à donner à son confident et à son complice, lord Campbell de Loudon, le titre de comte de Loudon (1641). Toutes ces concessions ne purent assouvir la sombre ambition d'Argyle ; une haine peut-être héréditaire dans sa famille lui faisait désirer la perte de la maison des Stuarts, et lorsque la ligue solennelle du covenant eut été proclamée à Edimbourg, 20,000 Ecossais se jetèrent en Angleterre pour achever la ruine du roi qui avait déjà beaucoup de peine à résister au parlement. Ceci se passait au commencement de 1644. Alors les propositions du généreux Montrose trouvèrent enfin accès auprès du roi, et ce courageux guerrier obtint la permission, depuis si longtemps désirée, de combattre les rebelles. Montrose et sa petite armée vainquirent près de Typpu-Moor et d'Aberdeen, en sorte qu'Argyle, qui

jusqu'alors ne lui avait opposé que des ordres et des ruses (ainsi, par exemple, il est vraisemblable qu'Argyle poussa le Stuart d'Ardvorlich à assassiner le jeune comte de Monteith, qui était l'auxiliaire le plus utile de Montrose), se vit forcé, malgré lui, car autant il avait de courage politique et de prudence, autant son courage personnel et ses talents militaires étaient médiocres ; Argyle se vit forcé, disons-nous, à prendre la résolution de marcher en personne à la rencontre du défenseur de la cause royale. A la tête d'une armée de 2,500 fantassins et 1,500 hommes de cavalerie, il réussit, à force de vitesse, à surprendre près de Tyvie son adversaire Montrose, qui comptait tout au plus 1,500 hommes d'infanterie et 50 de cavalerie : mais l'hésitation d'Argyle lui fit perdre cet avantage après quelques escarmouches insignifiantes, et bientôt toute son armée se dispersa, après que Montrose, pour la surprendre, eut fait dans une seule nuit plus de 20 lieues du chemin le plus affreux. Argyle s'enfuit d'abord à Perth, et ensuite à Inverary ; mais Montrose saisit cette occasion pour faire expier aux Campbell tout ce qu'ils avaient exercé d'injustices et de cruautés contre leurs voisins depuis un si grand nombre d'années. Les demeures qu'ils occupaient dans l'Argyleshire semblaient assurées contre toute attaque de l'ennemi, même dans la plus belle saison de l'année, par la nature même du pays, par des montagnes inaccessibles, par des marais sans fond, par une série de lacs : Montrose entreprit de surmonter tous ces obstacles au milieu des rigueurs de l'hiver. Argyle vivait au sein de la sécurité la plus profonde dans son château d'Inverary, lorsque des pâtres effrayés vinrent lui annoncer que l'ennemi avait gravi les montagnes, et venait immédiatement derrière eux. Argyle se jeta dans une barque de pêcheur, qui le transporta au delà du Loch-Tyne, et le mit en sûreté, et ainsi son clan se trouva abandonné à la discrétion d'un ennemi irrité. Montrose abusa de son bonheur : il divisa son armée en trois parties, afin qu'aucune cabane ne pût lui échapper, et fit ensuite ravager le pays avec une méchanceté froide et calculée, depuis le 13 décembre 1644 jusqu'à la fin de janvier 1645. Tous les troupeaux furent ravis, toutes les maisons furent brûlées, tous les hommes qu'on put atteindre furent égorgés; mais, comme la plupart s'enfuirent, cette cruauté eut pour résultat de former à leur chef une nouvelle armée près de Lochaber. La vengeance du vainqueur était enfin assouvie, et Montrose était occupé à faire des levées de troupes près de Loch-Ness, lorsqu'il se vit menacé à l'improviste, d'un côté par le comte de Seaforth, et de l'autre par le marquis d'Argyle. Il prit la résolution d'aller à la rencontre des Campbell, pour les attaquer à Inverlochy-Castle, dans le Lochaber, où ils étaient campés à la tête de 3,000 hommes. Il réussit à les surprendre à l'improviste et en désordre; mais soudain ils se rangent en bataille, et, en voyant leur tenue calme et décidée, Montrose juge à propos d'attendre l'arrivée de son arrière-garde. La nuit survint, et comme elle était très-claire, elle fut employée en continuelles escarmouches par les deux armées prêtes au combat. Le matin du 2 février 1645, Argyle, ne songeant qu'à sa sûreté personnelle, monte sur un vaisseau qui était à l'ancre dans le Loch-Jol, et se contente ainsi de rester spectateur oisif des actions héroïques de son clan : Montrose donne le signal du combat. Les Campbell reçoivent d'abord l'attaque résolument; mais, après la première salve des armes à feu, les royalistes font irruption dans leurs rangs, le glaive à la main : la nouveauté de cette attaque et l'impétuosité de leurs ennemis jettent la confusion parmi eux, et bientôt ils se livrent à une fuite désordonnée. Pendant que leur chieftain s'éloignait à force de rames de cette scène de deuil, ils furent poursuivis jusqu'à 9 milles de distance, et égorgés au nombre de plus de 1,500, jusqu'à ce qu'enfin Montrose mit fin au carnage. La puissance des Campbell se trouva ainsi entièrement brisée, leur domaine devint la proie de leurs anciens ennemis, les Macdonald, et les débris de leur clan errèrent au sein des montagnes, jusqu'à ce que la défaite de Montrose sur la Tweed les engagea à tenter encore une fois la fortune des armes. Les Macgregor et les Macnab essuyèrent leur vengeance; mais lorsque, en commun avec les Mackenzie, ils s'efforcèrent de faire irruption dans Athole, ils essuyèrent de nouveau une défaite considérable près de Calendar.—Argyle ne prit personnellement aucune part à ces derniers événements : il était resté invisible pendant les quelques jours que dura le triomphe de Montrose : maintenant il était retenu à Saint-Andrews par le soin de livrer à l'échafaud les malheureux captifs qui étaient restés de fidèles serviteurs du roi, et il était si acharné à cette sombre et sanglante occupation, que, quand Ogilvy lui échappa par une évasion semblable à celle qui fut renouvelée de nos jours par Lavalette, il voulut faire trancher la tête à sa sœur pour avoir sauvé la vie à son frère, et il fallut tous les efforts les plus extrêmes des Hamilton et des Lindsay pour épargner au covenant cette nouvelle honte. — L'entrée de l'armée à Londres, l'anéantissement du parlement, l'arrestation du roi à Holmby, sa captivité au château de Carisbroke, excitèrent dans toute l'Ecosse un vif sentiment de douleur, de regrets et de compassion, et firent naître dans chaque poitrine le besoin de secourir ce monarque infortuné : Argyle seul resta insensible. Il maintint dans l'inactivité toute sa faction, qui était celle des plus sévères presbytériens; ses artifices neutralisèrent en grande partie l'entreprise tentée par le duc d'Hamilton, et lorsque le comte de Lanerik se chargea de la mission glorieuse de continuer cette entreprise, Argyle n'eut pas honte de lui résister à main armée dans cette guerre sacrée. Il fut surpris à Stirling par l'audacieux Monro ; toute son armée fut anéantie, et lui-même n'échappa que par une espèce de miracle à ceux qui le poursuivaient : mais dans l'intervalle il s'était entendu avec Lanerik ; la volonté, énergiquement exprimée par le peuple, d'empêcher un régicide, fut trompée par des marches sans but, et l'armée, qui s'était rassemblée à l'ordre du roi et du parlement, se vit en butte aux plus indignes traitements pour prix de sa fidélité. Cromwell ne trouva plus d'ennemis en Ecosse (1648), et Argyle le reçut à Edimbourg avec toutes les marques du respect et de l'affection, le salua publiquement du nom de libérateur de la patrie, et le conduisit au château, où, pour la première fois, des honneurs royaux attendaient l'usurpateur. Cromwell resta à Edimbourg jusqu'à ce qu'il fût d'accord avec Argyle et avec les principaux chefs du covenant sur le sort de Charles Ier, et qu'ils eurent convenu entre eux que ce monarque devait périr, et avec lui la royauté dans la Grande-Bretagne. — Argyle, dont les artifices avaient rendu inutiles toutes les victoires de Montrose et neutralisé tous les efforts d'Hamilton, n'était cependant pas toujours assez puissant pour commander à son parti, surtout à ses prédicateurs, qui, après avoir été d'abord les plus violents ennemis des Stuarts, changèrent entièrement leur conduite politique après la mort du roi, par suite de leur hostilité contre les indépendants. Ces hommes pauvres, ignorants, nés dans la poussière, forcèrent l'homme d'Etat, le grand seigneur, le puissant marquis d'Argyle à proclamer le roi Charles II, sous la condition « de se bien comporter, d'observer strictement le covenant, et de ne souffrir autour de lui que des hommes pieux et sincèrement attachés à la sainte ligue. » Charles II consentit à remonter sur le trône de ses pères sous cette condition et sous d'autres plus dures encore, et il ne resta d'autre parti à prendre au marquis d'Argyle que de suivre le torrent, au moins en apparence, et de faire en sorte qu'on ne confiât au roi qu'une ombre de pouvoir. A vrai dire, Charles II n'était qu'un prisonnier, et, quoique le marquis le traitât personnellement avec égard, il était exposé à toute la grossièreté et à toute la pédanterie des zélateurs. Ce fut en vain que le roi, dans l'intention d'alléger son sort, manifesta l'intention d'épouser la fille d'Argyle. Il avait affaire à un homme beaucoup trop fin et trop rusé pour se laisser tromper par un artifice aussi grossier. Ce drame, à la fois sombre et burlesque, arriva bientôt à son dénoûment. Cromwell vainquit près de Dunbar et près de Worcester, Dundée fut prise d'assaut, d'autres villes se rendirent d'elles-mêmes, et Argyle se soumit à la république britannique. — Après la restauration, Argyle fut une des victimes que désignait la politique. Lui-même avait de tristes pressentiments : cependant, ne voulant négliger aucun moyen de salut, il envoya au roi l'expression de ses vœux par écrit, le félicitant d'être remonté sur le trône de ses pères, et justifiant son absence par le mauvais état de sa santé et par l'éloignement. « Quant à ce qui concerne d'autres affaires, disait-il, je m'en rapporte à mon fils Lorn, qui me représente. » Après la réception de cette lettre, le roi parla avec bonté à Lorn. Aussitôt Argyle conçut des espérances, et accourut à Londres pour se jeter aux pieds du roi. Mais, suivant les conseils de Monck, avec lequel il avait vécu dans l'amitié la plus confidentielle pendant la domination du protecteur, il fut mis aussitôt en état d'arrestation et conduit en Ecosse, pour y comparaître devant la justice. Ses crimes véritables, et qui étaient faciles à prouver, furent couverts par les lettres de grâce que le roi lui accorda en 1641 et 1651 : dès lors on n'avait plus d'autre crime à lui reprocher que d'avoir accepté l'usurpation, crime dont la nation tout entière était complice. Afin de démontrer que sa soumission à l'usurpateur avait été particulièrement volontaire et sincère, Monck livra les lettres qu'Argyle lui avait écrites pendant le commandement dont il avait été investi, et qui renfermaient des expressions du plus cordial dévouement. Mais, outre que Monck, par cette

communication d'une correspondance privée, s'attira la haine générale, on pensa aussi que, dans des temps aussi orageux, les protestations les plus énergiques de dévouement de la part d'un homme d'un rang aussi élevé que celui qu'occupait Argyle, devaient être considérées comme des marques nécessaires de complaisance, mais ne pouvaient constituer un crime de haute trahison. Nonobstant toutes ces raisons, le parlement le condamna à mort, irrégularité que justifie jusqu'à un certain point cette considération, qu'Argyle avait été le principal instrument du désordre et de la guerre civile. Il expira sur l'échafaud le 27 mai 1661 (Montrose était mort en 1650) avec une résignation courageuse, après avoir encore recommandé à ses spectateurs la ligue solennelle du covenant, comme étant l'œuvre de Dieu. A la même heure, et à la même minute, son petit-fils, âgé de cinq ans, et qui porta plus tard le nom de comte de Lorn, tomba du haut d'une fenêtre d'un troisième étage, qui était d'une très-grande hauteur, comme le sont généralement les étages des maisons de campagne, et cette chute ne lui fit aucun mal. Les biens du marquis furent confisqués; cependant ils furent rendus de nouveau, à titre de dons et comme fiefs, à son fils Archibald Campbell, lord Lorn, comte d'Argyle. — Celui-ci s'était distingué dès sa plus vive jeunesse par sa fidélité envers le roi et sa famille royale. Peut-être ne fut-ce pas entièrement sans la participation de son père qu'il se détermina à embrasser ce parti, et nous devons considérer ce vieux roué comme l'inventeur de cette maxime écossaise bien connue, suivant laquelle le fils, héritier d'une maison noble, se jetait toujours dans le parti contraire à celui qu'avait embrassé le père, lorsque les guerres civiles désolèrent le pays. Jamais il n'avait accédé aux projets des covenantaires, et ce ne fut qu'avec le consentement formel du roi qu'il accepta le grade de commandant qui lui fut offert par les états. Lorsque Charles II occupa pendant quelques instants le trône d'Ecosse, il se fit beaucoup aimer de lui par sa conduite respectueuse et par d'utiles services, et même après la bataille de Worcester il ne put se décider à abandonner la cause royale. Sous la direction supérieure de Middleton, il ne cessa d'inquiéter les Anglais victorieux, jusqu'à ce que l'ordre de son général le força à capituler. Un attachement aussi constant devait déplaire souverainement au protecteur : il chercha et trouva un prétexte de faire jeter lord Lorn en prison, et sa captivité se prolongea dans toute sa durété jusqu'à la restauration. Charles II se souvint de ses services : et quoiqu'ils ne fussent pas trouvés assez importants pour sauver les jours du père, ils sauvèrent du moins les biens. Le nouveau comte d'Argyle se conduisit en fidèle serviteur du roi : et quoiqu'il ne parût pas disposé à approuver la cour en toutes choses, il se montra cependant dans son opposition un homme équitable et pacifique. Toutefois, ses ennemis, et il en avait beaucoup, tant d'héréditaires que de personnels, ne restaient pas dans l'inaction, et ils réussirent à intercepter une lettre dans laquelle le comte se plaignait violemment, mais avec vérité, auprès de lord Duffus, de ce que ses ennemis s'étaient efforcés de le calomnier auprès du roi; « mais, ajoutait-il, je les ai maintenant démasqués et vaincus, et j'ai gagné celui (il parlait du comte de Clarendon) sur lequel comptait le principal d'entre eux. » Cette lettre fut mise sous les yeux du parlement, et en vertu d'une loi sur la calomnie (loesing making), loi absurde et tombée en désuétude, qui déclare que la tentative de calomnier les sujets auprès du roi ou de leur inspirer d'eux une mauvaise opinion, est une crime de haute trahison, le comte d'Argyle fut accusé et condamné à mort (1668). Cependant Charles II blâma hautement de le prétendu criminel. — En 1674, la moitié de l'île de Mull fut donnée au comte d'Argyle, en compensation d'une créance sur Maclean. En 1681, le servile parlement d'Ecosse émit un test qui devait être signé par tous les fonctionnaires religieux, civils et militaires, où l'autorité supérieure du roi était confirmée, où l'on acceptait l'obéissance passive, et où l'on renonçait à rien changer au covenant ni à aucune des dispositions de l'Etat ou de l'Eglise; à quoi le parti de la campagne ajouta encore cette clause, qu'on resterait attaché à la religion protestante. La pièce tout entière était d'une excessive longueur et rédigée sous forme de serment, et à vrai dire n'était composée que d'absurdités et de contradictions, puisque d'un autre côté la résistance s'y trouvait prescrite. Argyle, qui, en qualité de membre du conseil privé, dut accepter aussi le test, donna, en présence du duc d'Yorck, avec lequel il avait déjà précédemment causé de l'affaire et dont il pensait sans doute avoir l'approbation, l'explication suivante à sa signature : « J'ai examiné le test, et je veux bien m'y soumettre autant que je le pourrai. Je suis convaincu que jamais le parlement n'eut l'intention de nous imposer des serments contradictoires : c'est pourquoi je pense que personne ne peut expliquer le test autrement que par lui-même. Je l'accepte donc en tant qu'il s'accorde avec lui-même et avec la religion protestante. Et je déclare en même temps que je ne me crois pas lié au point de ne pouvoir, suivant mon rang, désirer et même m'efforcer de réaliser tout changement qui serait conforme aux lois, avantageux à l'Etat et à l'Eglise, et n'ayant rien de contraire ni à la religion protestante ni à la fidélité que je dois à mon roi, et je regarde cette déclaration comme une partie de mon serment. » — Le duc écouta ces paroles tranquillement, personne n'en parut surpris ; Argyle resta membre du conseil secret, et il était impossible de supposer qu'il avait commis un crime capital dans une circonstance où il n'avait pas même donné lieu à un geste de colère ou à une remontrance. Il ne dut pas être peu surpris quelques jours après lorsqu'il apprit qu'un mandat d'arrêt était décerné contre lui, qu'il était accusé de haute trahison, de calomnie et de parjure, et que ces innocentes paroles avaient donné lieu à une accusation qui menaçait son honneur, ses biens et sa vie. Cinq juges le déclarèrent coupable de trahison et de calomnie, et les jurés, au nombre de quinze gentilshommes, le condamnèrent à mort, après que le roi, auquel on avait exposé l'affaire, eut ordonné qu'on prononçât provisoirement la sentence, mais qu'on en suspendît l'exécution jusqu'à nouvel ordre. Le duc et ses créatures firent entendre au roi que ni la vie ni la fortune d'Argyle n'étaient menacées, et qu'on ne poussait le procès jusqu'à ce point qu'afin de le faire renoncer à quelques droits héréditaires qui lui donnaient une puissance dangereuse dans le haut pays, et qui entravaient le cours de la justice. Mais Argyle, qui avait éprouvé déjà l'équité de ses ennemis, ne jugea pas à propos d'attendre leur grâce, s'échappa de sa prison, et se cacha pendant quelque temps à Londres jusqu'à ce qu'un vaisseau fût préparé pour le conduire en Hollande. Le roi avait découvert le lieu où il s'était caché, mais il ne voulut pas le faire arrêter. Du reste, le jugement fut exécuté dans toute sa rigueur, ses armoiries furent brisées et ses propriétés confisquées. Deux autres Campbell, le comte de Loudon et le laird de Lessnock, furent condamnés à de fortes amendes. — A Amsterdam, Argyle entra en relation très-particulière avec le duc de Monmouth, et ce fut principalement par lui, par lady Wentworth, par lord Gray, et par le romanesque prédicateur Ferguson, que l'inerte Stuart se trouva entraîné à cette entreprise désespérée, qui devait échouer par cela même que ceux qui y prirent part éparpillèrent leurs forces. Monmouth devait opérer en Angleterre, et son allié, car ce n'était qu'en cette qualité qu'agissait Argyle, en Ecosse : ce qui fait croire à quelques-uns qu'Argyle ambitionna la couronne d'Ecosse, quoique sa conduite puisse s'expliquer par l'orgueil d'un chieftain qui ne voulait pas se montrer aux yeux de son clan à la suite d'un plus grand que lui. Argyle, à qui une riche veuve avait donné 10,000 livres sterling pour son entreprise, se mit en mer le 12 mai 1685, douze jours avant son compagnon d'infortune, avec trois vaisseaux bien pourvus d'armes et de munitions et qu'on croyait destinés pour Venise. Arrivé aux îles Orkneys, il envoya quelques émissaires pour recueillir des renseignements : ils s'arrêtèrent tellement longtemps, que la flottille se vit contrainte par les vents de chercher le large, et que les émissaires débarqués tombèrent entre les mains de l'évêque. De cette façon toute l'entreprise fut connue à l'avance. Favorisé par la température, Argyle débarqua dans ses domaines, sur la côte de Morvern, mais il apprit bientôt quel mal il s'était fait en s'arrêtant aux Orkneys : il fondait ses plus grandes espérances sur les gentilshommes de sa famille ; mais le gouvernement, averti par l'évêque, les avait déjà appelés à Edimbourg. Cependant les hommes de son clan, qui étaient tombés dans un esclavage encore plus profond, si cela était possible, que celui du reste de la nation, se réunirent autour de lui, et bientôt il se vit à la tête de 2,500 et même pour un moment de 3,500 hommes. Mais comme il attendait toujours un concours encore plus nombreux, le conseil secret gagna assez de temps pour mettre sur pied toute la milice du royaume, qui se composait de 22,000 hommes ; ses voisins ennemis armèrent leurs clans ; le marquis d'Athol se mit à l'inquiéter d'un côté, tandis que lord Charles Murray l'inquiétait de l'autre ; le duc de Gordon opéra sur ses derrières, le comte de Dumbarton marcha à sa rencontre par devant. Deux vaisseaux de guerre surveillaient la côte d'Argyle, et les deux fils du comte, après avoir erré pendant quelque temps le pays, furent obligés de s'enfuir dans l'île d'Ilay, où bientôt le père les suivit. — Chaque jour ses partisans l'abandonnaient ; mais Argyle, restant inébranlable dans ses projets, se rendit encore une fois sur la terre ferme, dans l'espérance de se fortifier dans le bas pays par le secours des covenantaires. Il s'empara du château fort d'Ellengrey, où il es-

péra établir sa place d'armes, mais qui bientôt fut perdu avec toutes les provisions qu'il y avait accumulées. Il perdit en même temps sa petite armée de 800 fantassins et de 80 cavaliers : les uns s'échappèrent par une marche longue et pénible à travers les marais de Lenox et les chemins de traverse entre Dumbarton et Hisling : le reste se dispersa pendant qu'on traversait la Clyde. Argyle, ne songeant plus qu'à sauver sa personne, changea d'habits, mais il tomba, avec une troupe de ses officiers à laquelle il s'était attaché, au milieu d'un parti ennemi, non loin de Paisley. La plupart de ses compagnons s'échappèrent ; mais lui, blessé et poursuivi par deux cavaliers, se vit forcé d'abandonner son cheval et de se jeter dans la rivière de Carte. Un paysan le poursuivit sans relâche, le pistolet d'Argyle refusait de faire feu, et le paysan l'atteignit d'une manière d'autant plus certaine, et cela juste sur le devant de la tête, de sorte que le comte tomba en s'écriant : « Ah ! malheureux Argyle ! » Le paysan reconnaissant l'importance de sa capture, appela ses camarades : le malheureux fut conduit immédiatement à Edimbourg en passant par Glasgow. Pendant tout le voyage, le bourreau, dans l'exercice de ses fonctions et la hache levée, le précédait : c'est exactement ainsi que le père d'Argyle avait traité le grand Montrose trente-cinq ans auparavant. Il supporta noblement et avec calme tous les opprobres dont il fut accablé : seulement, dans sa prison il se plaignit de ce que le duc de Monmouth avait si longtemps hésité, et de ce que, contrairement aux conventions qui avaient été faites, il avait pris le titre de roi (Argyle n'était pas resté en arrière envers lui sur ce point, puisqu'il soutenait dans son manifeste que la solennelle ligue du covenant était plus obligatoire que toutes les lois portées depuis la restauration). Dans tous ses interrogatoires il déclara n'avoir pas de complices en Ecosse, ce qui s'accorde non-seulement avec les circonstances, mais aussi avec le caractère d'Argyle, car il était difficile de le persuader et de lui faire accepter des conseils ; qu'il avait été persécuté précédemment d'une façon indigne et chassé du pays, et qu'ainsi il avait été justement porté et s'était même cru obligé à défendre son droit et celui des siens, d'autant plus qu'il ne s'était pas encore engagé au nouveau roi par un serment. Mais on ne se donna pas la peine de lui faire son procès pour ce dernier attentat, on s'en rapporta purement et simplement à sa condamnation à mort de 1681. Il déclara à Charteris, ecclésiastique dont il avait demandé à être assisté dans ses derniers moments, que, suivant sa conviction, il avait le droit de son côté. Lorsque, un instant avant l'exécution, Charteris le visita pour la dernière fois au moment où il finissait de manger, il l'accueillit par cette plaisanterie : « Sero venientibus ossa. » Après s'être préparé religieusement à la mort, il monta sur l'échafaud le 9 juillet 1685 : il mourut avec fermeté, et on le plaignit généralement. Le sort de sa famille fut encore plus triste : le gouvernement autorisa les Macdonald à l'attaquer et à la traiter à leur discrétion. Ils renouvelèrent tous les fléaux de 1644. Dix-sept seigneurs de la race des Campbell furent pendus : une colonne, dont l'inscription fait honneur à la modération du premier duc d'Argyle, indique encore le lieu où ces meurtres furent commis. — Le fils du comte, nommé de même Archibald, lord Lorn, qui s'était converti à la foi catholique, reçut quelques faibles marques de la bonté de Jacques II, dont il supporta longtemps les caprices avec résignation ; mais ne recevant en échange ni biens ni honneurs, et profondément sensible aux malheurs de sa famille, il se rendit en Hollande en 1688. Il faisait partie de la suite du prince d'Orange, lorsque celui-ci mit à la voile pour aller occuper le trône de son beau-père, et il fut envoyé d'Exeter en Ecosse, pour veiller aux intérêts du prince. Il fut ensuite envoyé par la convention à Londres, avec Dalrymple et Montgommery, pour apporter au prince la couronne d'Ecosse et obtenir la confirmation des franchises du pays. A son retour, il fut rétabli dans ses honneurs et ses biens par la convention qui s'était transformée en parlement. Aussitôt le clan des Campbell releva la tête, et la première conséquence en résulta fut l'extirpation du clan de Glencoe, qui, pour avoir différé pendant quelque temps sa soumission au nouvel ordre de choses, fut massacré en masse, par ordre d'un certain capitaine Campbell, qui n'eut lui-même la main à ce carnage. Le comte de Breadalbane fut jeté pour cela en prison dans une forteresse ; le reste des coupables en fut quitte pour une remontrance. Archibald Campbell, devenu par octroi royal duc d'Argyle, commandant de la garde écossaise à cheval, et un des lords de la chambre du trésor d'Ecosse, mourut en 1704. Il s'était distingué par un jugement mûr et une franchise rare, qu'il manifesta dans ses écrits aussi bien que dans sa vie journalière, ce qui faisait dire au prince Guillaume III, qu'il entendait plus de vérités de la bouche d'Argyle que de celle de tout le reste de ses serviteurs en Ecosse, attendu que celui-là avait le courage de dire hautement ce que les autres osaient à peine laisser entrevoir. — Le fils aîné du duc, Jean Campbell, qui eut pour précepteur le célèbre historien Cunningham, se fit un devoir, dès qu'il fut mis en possession de son héritage paternel, de chasser de la maison toutes les maîtresses de son père, et sa propre autorité il s'empara des propriétés qu'elles s'étaient acquises d'une manière indigne, suivant l'usage du haut pays. Il était âgé de vingt-quatre ans, et n'avait encore vécu que pour le plaisir, lorsque le ministère lui fit proposer (1705) la fonction de lord high-commissioner auprès du parlement d'Ecosse. Il l'accepta, à la condition qu'on le nommerait pair d'Angleterre et comte de Greenwich, et qu'il aurait près de lui le comte de Loudon en qualité de secrétaire d'Etat, et, fidèlement soutenu par son frère, le courageux et éloquent comte d'Ilay, il exerça ses fonctions d'une manière qui surpassait tout ce qu'on pouvait attendre de son âge. Il rétablit l'autorité chancelante du parlement, il divisa et brisa les forces de la faction *hamiltonienne*, il gagna à la cause de la reine un grand nombre des plus ardents jacobites, et retourna alors en Angleterre, couvert de gloire et comblé de récompenses, cependant aussi avec la réputation d'avoir eu pour le moins autant de soin pour ses propres intérêts que pour l'intérêt public. A la bataille de Malplaquet il commanda l'infanterie anglaise. Il fut le premier qui rompit les triples retranchements des Français, et il resta intact de blessures, quoique son habit fût percé et déchiré par les balles d'une manière remarquable. Les torys tenant à l'éloigner à tout prix, on lui donna, au printemps de 1711, le commandement des troupes britanniques en Espagne à la place de Stanhope. Il se rendit en Catalogne en passant par Gênes, ne trouva ni argent ni munitions de guerre, et n'eut occasion que de tenter quelques petites entreprises à côté de Starhemberg. Une fièvre violente le força à se faire transporter à l'île de Minorque, et la paix d'Utrecht vint enfin mettre un terme à la guerre et à son commandement. Whig zélé, il appuya de toutes ses forces la succession de la maison de Hanovre au trône d'Angleterre, et rendit entre autres un service signalé au prince en 1715, lorsqu'il empêcha les rebelles de pénétrer en Angleterre en passant par Inverary et Glasgow. En 1719 il vendit l'île de Colonsay et d'Oransay aux Macneil. Ses successeurs se sont occupés surtout de la culture du pays et en général de l'agriculture, à laquelle ils ont rendu de signalés services. — Outre le domaine d'Argyle proprement dit, dont le chef-lieu est Inverary, ville située dans une petite plaine charmante, sur les bords admirables du Loch-Fine, et près de laquelle on trouve le parc de Beauchamp, avec sa vallée romantique, ainsi que le pays de Knapdale et celui de Cantyre, où se trouve la petite ville maritime de Campbelltown, qui est une colonie de Seceders, Bataves écossais qui, pour échapper à l'oppression qu'on voulait faire peser sur leurs consciences, cherchèrent et trouvèrent un asile auprès du comte d'Argyle; dans le duché d'Argyle se trouve encore Lorn, au moins en majeure partie: outre toutes ces propriétés, disons-nous, les ducs d'Argyle possèdent encore des biens considérables dans le Lenoxshire, nommément le château de Roseneath, avec un beau parc, dans lequel on montre le rocher du haut duquel le vaillant Wallace se précipita lorsqu'il s'enfuit et s'échappa heureusement, quoique son cheval restât mort sous lui. Montrose détruisit le château de Castle-Campbell situé sur l'Ochills et à l'entrée de la belle vallée de Devon : il s'appelait originairement le sombre château, et on trouvait dans le voisinage la paroisse de la Douleur, la vallée des Soucis et la rivière des Chagrins. Ils possèdent en outre l'île de Jura, en commun avec les Campbell de Shawfield et les Macneil de Colonsay, ainsi que la moitié de l'île de Mull, etc. Lorsqu'une fille de la maison se marie, chaque vassal doit contribuer à la dot en proportion du nombre de bestiaux qu'il possède. Les ducs ont beaucoup perdu par l'abolition de l'hérédité des magistratures judiciaires : tout l'Argyleshire, avec les îles de Tiry, d'Ulyst, de Coll et de Lismore, leur obéissaient auparavant. Leurs revenus s'élèvent à 50,000 livres sterling; ils sont héréditairement grands maîtres de la maison du roi en Ecosse, et un autre Campbell est aussi par droit d'hérédité maître des cérémonies en Ecosse. Kilmur, ancienne église collégiale, fondée en 1442 par Duncan Campbell sur les bords du Loch-Seat, non loin du Loch-Lomond, est la sépulture héréditaire de la famille des Campbell. — Parmi tous les Campbell, les comtes de Breadalbane sont les plus rapprochés des ducs d'Argyle par leur puissance et par leurs richesses. Leurs ancêtres, les grands chevaliers de Glenurchie, devinrent puissants aux dépens des Macgregor, et le comte actuel est au nombre des plus riches et des plus grands seigneurs de l'Ecosse. Leurs possessions s'étendent sans interruption de Taymouth jusqu'à la côte occidentale de l'Ecosse, sur un espace de plus de 100 milles anglais, et, outre la plus grande partie de Breadalbane, qui était originairement la partie la plus sauvage du haut pays, mais à laquelle les soins opiniâtres et bien entendus de ses propriétaires ont donné une physionomie entièrement différente (la voie militaire construite par le comte vers le milieu du siècle dernier, et qui s'étend le long du Loch-Tay, est, avec ses trente-deux ponts, un véritable ouvrage romain), ils possèdent encore la fertile vallée de Glenurchie, avec les ruines du château de Kilchurn, situées sur une île du Loch-aw, une partie du Lorn, avec le château d'Ard-Makie, et la plus grande partie des îles de Lui et de Luing parmi les Hébrides. Au milieu du domaine des ducs d'Argyle, ils ont près d'Inverary un espace de terrain qui leur rapporte cent et quelques livres sterling, et qui fut assigné à leurs ancêtres afin que les revenus en servissent à défrayer leur suite, lorsque, dans les grands jours de fête, ils venaient à Inverary pour faire leur visite et offrir leurs services au chef de la famille. Les revenus des comtes de Breadalbane, que Meerman évaluait à 15,000 livres sterling, s'élèvent actuellement à plus de 40,000 livres; leur demeure habituelle est à Taymouth, dont le château non encore achevé promet de devenir un des plus beaux palais du nord de la Bretagne : l'ancien château fut construit en 1585 par Colin Campbell. La famille résidait précédemment dans celui de Finlarig, si célèbre par la vaillance et l'hospitalité de ses propriétaires, et qui avait été construit par un Colin plus ancien, entre les années 1513 et 1525. Le comte de Breadalbane est du petit nombre de ces seigneurs de campagne qui ne se sont jamais soumis à l'impôt honteux de la *farine noire*, introduit par les clans voleurs. — Le comte de Loudon devint en 1641 le serviable et complaisant cousin de Jean Campbell, Jean Loudon, marquis d'Argyle, qui plus tard le fit nommer chancelier d'Ecosse. En 1648, il embrassa pour un instant le parti du duc d'Hamilton, mais il s'empressa de l'abandonner, effrayé par les menaces de ses prédicateurs, et fit publiquement pénitence pour son obéissance envers le roi et le parlement, appelant ce crime une satisfaction charnelle de son égoïsme. Il accompagna son repentir apparent de tant de larmes et de prières si touchantes au peuple, qu'il suppliait de prier pour un pécheur repentant et contrit, que toute l'assemblée, trompée par tant d'hypocrisie, pleura et se lamenta avec lui. De nos jours la descendance mâle des comtes de Loudon est éteinte : l'héritière de cette famille est, comme on sait, mariée à lord Moira. Le château de Loudon, qui est une belle et agréable résidence de campagne, est situé dans le Cunninghamshire, sur la rive septentrionale de la rivière d'Irwin; on trouve dans le voisinage les Loudonhills, qui sont historiquement remarquables. Lawers, autre maison de la comtesse, dans le Stratherne, est également un aimable séjour. La famille a dû renoncer à la fonction héréditaire de shériff dans le pays de Kyle. — Il y a encore à remarquer les Campbell d'Ardre (lords), ceux d'Ardkinlars, ceux de Dunstaffnage, ceux de Sundridge (lords), ceux de Glenlion, et particulièrement de Shawfield, propriétaires de l'île d'Ilay, qui en 1779 leur rapportait 2,500 livres sterling de revenu.

CAMPBELL (GEORGES), théologien écossais, né dans le comté d'Argyle en 1696, et élevé à l'université de Saint-André, où il fut nommé en 1728 professeur d'histoire ecclésiastique. On a de lui un discours sur les miracles, célèbre dans son pays et traduit en français par Jean de Castillon (Utrecht, 1765, in-12), un traité sur la vertu morale, et une défense de la religion chrétienne publiée en 1736, et qui, renfermant des opinions contraires au calvinisme, indisposa contre lui le clergé écossais ; en sorte que, malgré son mérite, il n'occupa jamais qu'une petite cure dans les montagnes de l'Ecosse. Il mourut en 1757, âgé de soixante et un ans. — CAMPBELL (Colin), architecte, né dans le nord de l'Angleterre, mort en 1734, fut intendant des bâtiments de l'hôpital de Greenwich; il est auteur d'un ouvrage intitulé : *Vitruvius Britannicus* (Londres, 1715, 3 vol. in-fol.; ibid., 1767-71, 5 vol. in-fol.). On cite plusieurs beaux édifices dans le comté de Kent, élevés d'après ses dessins, mais qui n'étaient que des copies de Palladio.

CAMPBELL (JEAN), écrivain distingué, né à Edimbourg en 1708. Sa mère se glorifiait de descendre du poëte Waller. A cinq ans, il quitta l'Ecosse qu'il ne revit jamais, fut emmené à Windsor, et, étant destiné à suivre la carrière du barreau, fut placé ensuite chez un procureur ; mais un goût exclusif pour la littérature le détourna de l'étude aride du droit. Déjà connu par quelques écrits de son étendue, sa réputation s'accrut considérablement en 1736 par la publication de l'*Histoire militaire du prince Eugène et du duc de Marlborough*, ornée de très-belles cartes et figures gravées. Il s'engagea, peu de temps après, comme coopérateur de l'*Histoire universelle ancienne*, ce qui ne l'empêcha pas de donner au public un assez grand nombre d'ouvrages historiques et politiques, notamment les *Vies des Amiraux et autres célèbres marins anglais*, in-4°, dont les deux premiers volumes parurent en 1742 et les deux autres en 1744. Cet ouvrage eut un grand succès, et fut presque aussitôt traduit en allemand. Il en fut fait trois éditions pendant la vie de l'auteur, et le docteur Berkenhout en a donné depuis une quatrième édition. En 1746 et en 1748 parurent les deux premiers volumes de la *Biographia Britannica*, ouvrage très-estimé, dont les meilleurs articles sont du docteur Campbell, à qui l'on ne peut reprocher qu'une bienveillance de caractère qui prodigue trop généralement l'éloge. Il travailla également aux deux volumes suivants. En 1750, il publia séparément dans *État actuel de l'Europe*, qui avait été imprimé d'abord en 1746 dans le recueil périodique intitulé *Museum*, et dont Dodsley était l'éditeur. Ce nouvel ouvrage de Campbell n'eut pas moins de six éditions; mais celle de ses productions qui fut le plus favorablement accueillie du public, et par laquelle il termina sa carrière littéraire, est son *Tableau politique de la Grande-Bretagne*, 1744, 2 vol. in-4°. Quoique cet ouvrage manque d'exactitude, il le regardait comme un monument qu'il laissait de son amour pour son pays, et, en effet, jamais écrit plus patriotique ne parut dans la langue anglaise et peut-être dans aucune langue. Campbell s'était marié en 1756; sa vie, partagée entre les lettres et la société, offre peu d'événements remarquables. Extrêmement sédentaire, on le voyait rarement hors de chez lui, où il se plaisait à rassembler une société choisie principalement parmi les gens de lettres. Il mourut en 1775 vers sa soixante-huitième année. Il était très-versé dans les mathématiques, la médecine, la littérature sacrée, les langues anciennes, modernes et orientales. Son style, quelquefois un peu diffus, est en général clair, élégant, harmonieux. Voici les titres de quelques-uns de ses ouvrages : 1° *Voyages et Aventures d'Edouard Brown*, 1739, in-8°; 2° *Mémoire du bacha duc de Ripperda*, 1759, in-8°, et 1744 avec des changements; 5° *Précis historique de l'Amérique espagnole*, 1741, in-8°; 4° *Hermippus ressuscité*, 1743, réimprimé avec de nombreuses additions en 1749, sous ce titre : *Hermippus redivivus, ou le Sage triomphant de la vieillesse et du tombeau*; Campbell avait pris l'idée de cet ouvrage dans un livre du docteur Cohausen, publié à Coblentz sous le même titre, 1743; 5° *Voyages and travels*, 1744, 2 vol. in-fol.; recueil fait avec beaucoup de goût, sur le même plan que la collection des voyages publiée par le docteur Harris en 1705; la préface de ce recueil est regardée comme un modèle en son genre; 6° *Histoire des établissements portugais, hollandais, espagnols, français, suédois, danois, d'Ostende, dans les Indes orientales*, et l'*Histoire des royaumes d'Espagne, de Portugal, d'Algarve, de Navarre et du royaume de France, depuis Clovis jusqu'en 1656*. Nous pourrions ajouter les titres de quelques pamphlets de peu d'intérêt aujourd'hui, quoiqu'ils aient presque tous un grand succès dans leur nouveauté. Nous disons presque tous; car on raconte l'anecdote suivante : Quelqu'un vint un jour pour montrer à Campbell un livre allemand supposé traduit du français, et lui demanda s'il ne serait pas à propos d'en donner une traduction anglaise; Campbell, après avoir examiné le livre, ne fut pas peu surpris de reconnaître un pamphlet qu'il avait publié sans succès quelques années auparavant, et dont le traducteur infidèle avait fait sa proie, en le donnant comme son propre ouvrage.

CAMPBELL (Sir Neil), officier anglais, né vers 1770, servit trois ans, de 1797 à 1800, dans les Indes occidentales pour obtenir un grade plus élevé que celui de lieutenant, retourna en Angleterre où il devint capitaine, resta dix-huit mois à l'école militaire, en sortit avec le titre de quartier-maître général dans le district sud; puis, ayant été nommé major en 1805, il passa derechef en Amérique, d'où il fit de temps à autre quelques apparitions dans sa patrie. Il obtint successivement les grades d'adjudant général des forces anglaises dans les Îles du vent et sous le vent, et de lieutenant-colonel. Sa belle conduite dans l'expédition contre la Martinique et contre les Saintes, près de la Guadeloupe, l'avait fait remarquer, lorsque la conquête de ces deux îles et l'expulsion définitive des Français rendirent inutile un plus long séjour des forces britanniques dans ces parages. De retour à Londres, sir Neil Campbell n'y resta que peu de temps, et passant dans la péninsule hispanique, il prit part à la guerre contre Napoléon comme colonel du 16e régiment d'infanterie portugais. La brigade de Pack, dont ce régiment faisait partie, n'appartenait spécialement à aucune division, et se transportait partout où le demandait le bien du service. Le régiment de Neil Campbell fut employé, en 1811 et 1812, au blocus d'Almeida, qui formait la gauche de la position durant la bataille de Fuentes de Oñer, aux sièges de Ciudad-Rodrigo, de Badajoz, de Burgos, enfin à la bataille de Salamanque. Plusieurs fois le duc de Wellington mentionna son nom avec honneur dans ses rapports. Ramené en Angleterre au commencement de 1813 par le mauvais état de sa santé, le colonel Campbell passa bientôt en Suède, sans doute avec une mission pour Bernadotte qu'il fallait unir à la coalition; puis, franchissant la Baltique, il alla joindre le quartier général de l'empereur Alexandre en Pologne, où il trouva l'ambassadeur anglais, lord Cathcart, qui l'employa, concurremment avec le colonel Lowe et sir Robert Wilson, pour se tenir au fait des forces et des opérations militaires des divers corps de l'armée russe. Le colonel Campbell prit même du service dans le corps de Wittgenstein, et il eut part aux deux campagnes de 1813 et 1814 jusqu'à l'entrée des alliés à Paris. En août 1813 il fut détaché au siége de Dantzig, et il y passa les deux mois suivants. En mars 1814, au combat de la Fère champenoise, il chargea impétueusement les Français à la tête de la cavalerie, et fut blessé dans cette rencontre, mais de la main d'un Cosaque qui, dans la mêlée, le prit pour un officier français. Après le triomphe des alliés, Campbell fut un des officiers désignés pour accompagner Bonaparte jusqu'à l'île d'Elbe. Les trois autres commissaires étaient Koller, le comte Schouvalov et le comte Truchsess. Il obtint en même temps de son souverain le titre de chevalier, et des armoiries, avec le brevet de colonel dans l'armée britannique, et de l'empereur de Russie la décoration de l'ordre de Sainte-Anne, avec les croix de Saint-Georges et de Saint-Vladimir. Sir Neil Campbell revint ensuite à l'île d'Elbe, sous le prétexte plausible de préserver, par sa présence, cette éphémère souveraineté de toute insulte extérieure, mais bien évidemment pour y surveiller les mouvements de Bonaparte. On publiait que l'ex-empereur lui-même avait sollicité cette prolongation de séjour. Cela veut dire tout au plus que, parmi les commissaires étrangers que les vainqueurs lui pouvaient imposer, le colonel Campbell était le moins désagréable ou le moins redoutable à ses yeux. Le fait est qu'il parvint sans une peine extrême, sinon à l'endormir complétement, du moins à lui donner le change. Toute l'île et toute la côte italienne, voisine de Porto-Ferrajo, retentissaient des allées et venues des partisans de Bonaparte, et l'on s'attendait à tout instant à le voir débarquer sur Piombino ou Livourne, pour s'y indemniser un peu en pirate de la lenteur qu'on mettait à lui faire payer les arrérages de sa pension. Il y eut un art profond à répandre ainsi la croyance d'une équipée sans importance, équipée souhaitée des puissances, puisqu'elle eût fourni un prétexte pour rompre le pacte signé à Fontainebleau avec Bonaparte, lui reprendre cette île d'où il menaçait encore l'Europe, et le reléguer au delà des mers. Déjà cette décision avait été prise à Vienne, mais, quoique sage, elle contrevenait si nettement aux traités, que l'on désirait un palliatif ou un prétexte de tout rompre. La moindre excursion hors de l'île d'Elbe devait en être un excellent; dans cette hypothèse, le manque de parole venait de Napoléon, et peut-être, dans les escarmouches qui pourraient s'ensuivre, l'homme dont l'existence était si gênante périrait-il. C'est avec de telles pensées que le colonel Campbell, sans doute à demi instruit du prochain départ de l'ex-empereur, se rendit sur le continent de l'Italie au milieu de février. Il était à Florence le 25, lorsque l'événement eut lieu. En revenant le 27; il aperçut du haut du vaisseau qu'il montait la petite flottille qui allait débarquer à Cannes; mais, ajoute-t-il dans la justification qu'il adressa à son gouvernement, sans se douter de ce qu'elle portait. Cette espèce d'évasion, puisque enfin Bonaparte était aux yeux de l'Europe un prisonnier, donna lieu à des débats animés dans les deux chambres : les ministres prirent hautement la défense et de leur escadre dans la Méditerranée et de leur commissaire. En effet, il est palpable que si Neil, en facilitant par son défaut de vigilance la sortie de Bonaparte, ne dut que suivre un plan tracé de haut. Les Anglais, quand une fois ils purent traiter en vrai prisonnier cet homme illustre, et qu'ils n'eurent plus envie qu'il échappât, surent bien trouver un geôlier autrement rigide que le colonel Campbell. Au reste, sir Neil n'en avait pas moins été dupe comme tant d'autres, en s'imaginant que Bonaparte rompant son ban allait jouer un jeu misérable et mesquin, et ne cinglerait pas droit sur la France. Malgré la tournure nouvelle que prirent dès lors les événements, le cabinet ne lui en donna pas moins des missions importantes. En mai, avec le prince Cariati, envoyé par la reine de Naples, femme de Murat, il négocia la capitulation d'après laquelle l'armée anglo-sicilienne occupa la ville de Naples; l'arsenal lui fut livré, ainsi que les vaisseaux qui se trouvaient dans le port. Vers la fin du même mois, il conclut avec cette princesse, qui s'était rendue à bord du navire anglais le *Terrible* (*the Tremendous*), une convention en vertu de laquelle on devait la ramener en France. Mais lord Exmouth déclara que sir Neil avait outrepassé ses pouvoirs, et de nouvelles négociations amenèrent la reine à se mettre avec ses enfants sous la protection de l'empereur d'Autriche. Sir Campbell passa ensuite à l'armée anglaise en Belgique, prit d'assaut, à la tête d'une des colonnes d'attaque, la porte de Valenciennes à Cambrai, enfin reçut le commandement du contingent de 3,000 hommes fourni par les villes anséatiques. Vers la fin de 1815, il fut envoyé, avec le major Peudie et le chirurgien Guillaume Cowday, pour explorer les sources du Niger et continuer les découvertes de Mungo Park. En 1826, il succéda, en qualité de gouverneur général de Sierra-Leone, au major général sir Charles Turner. L'influence délétère de cet horrible climat ne tarda pas à le frapper à son tour. Il mourut le 14 août 1827, avant d'avoir complété un an de résidence.

CAMPDEN ou **CAMPDEN-CHIPPING** (*géogr.*), anciennement *Capedena*, est un bourg formé en corporation du Glocestershire en Angleterre, situé dans une fertile vallée entourée de riants coteaux bien cultivés et gracieusement boisés. Son nom paraît venir de ce que les rois saxons s'assemblèrent sur son emplacement en 687 pour se concerter sur le mode de guerre à suivre contre les Bretons. Ce n'est néanmoins qu'au xive siècle qu'on lui trouva quelque importance comme principal entrepôt et établissement des riches marchands de laine qui exportaient alors cette denrée de la Flandre où toute l'Europe s'approvisionnait. Après que le commerce se fut répandu en Angleterre, Campden dépérit insensiblement, et nous n'en parlons que pour avoir occasion de signaler une particularité remarquable de ses environs. C'est en effet dans le voisinage de Campden qu'était le théâtre des *Jeux de Cotswold*, si célèbres dans toute l'Angleterre sous les règnes de Jacques Ier et de son infortuné successeur. Ces jeux avaient été institués par un attorney animé de l'amour public, du nom de Robert Dover, à l'instar des jeux olympiques de la Grèce. Les jeunes gens venaient s'y livrer aux différents exercices du corps, et les vainqueurs recevaient les prix de leur adresse des mains d'un président qui, pendant plusieurs années, avait la surveillance des jeux, conformément aux statuts dressés par le fondateur. Les revenus de la fortune de ce dernier, affectés par son testament à cet objet, fournissaient aux frais divers de ces solennités, que Ben Johnson, Drayton et d'autres poëtes anglais de l'époque ont célébrées dans leurs vers. La collection des poésies a été faite en un volume et publiée en Angleterre sous le titre latin d'*Annalia Dubrensia*, en 1636. Les dissertations de la guerre civile vinrent interrompre ces réunions, dont la mémoire est cependant perpétuée par l'assemblée annuelle des jeunes gens de la contrée sur la colline appelée Dover-Hill, du nom de l'instituteur de ces jeux qui avaient lieu à son sommet. Elle est située à peu près à une demi-lieue de Campden.   ED. GIROD.

CAMPE, s. m. (*comm.*), espèce de droguet croisé et drapé, qui se fabrique dans le Poitou.

CAMPE (*hist. nat.*), sorte d'insecte du genre des chenilles.

CAMPE (*myth.*), geôlière chargée de garder les Titans dans les enfers. Elle fut tuée par Jupiter, pour avoir refusé de les laisser sortir quand ils voulurent aller au secours de ce dieu.

CAMPE (*myth.*), monstre né de la Terre. Il fut tué par Dionysus ou Bacchus. C'est peut-être le même que le précédent.

CAMPE (JEAN-HENRI), naquit en 1746 à Deensen, dans le duché de Brunswick, reçut sa première éducation à l'école de Holzmin, et étudia ensuite la théologie à Helmstædt et à Halle. En 1773, il fut nommé aumônier dans le régiment du prince Frédéric-Guillaume de Prusse, à Postdam; mais son cœur, vivement ému à l'aspect de la misère humaine, le porta à s'occuper d'éducation, avec l'espoir de soulager cette misère dans sa source par l'amélioration de l'éducation de la jeunesse. Après la mort de Basedow, il fut quelque temps directeur de l'établissement de Dessau, dit Philanthropinum; mais il résigna bientôt ces fonctions et établit une institution d'éducation privée à Hambourg, que l'affaiblissement de sa santé, de sa gaieté naturelle, lui fit abandonner en 1783 au professeur Tropp. Il vécut alors retiré à Hambourg. En 1787, il fut nommé conseiller des écoles dans le duché de Brunswick, et devint propriétaire d'une librairie qui jusque-là avait dépendu de l'hospice des orphelins de la ville de Brunswick, librairie avantageusement connue depuis sous le nom de *Schulbuchhandlung*, et qui devint l'une des plus

considérables de l'Allemagne, grâce à la publication des ouvrages de Campe. Celui-ci abandonna plus tard cette librairie à son gendre Vieweg, qui joignit à une fonderie et une fabrique de cartes à jouer, et dont l'établissement est maintenant un des plus importants d'Allemagne. En 1805, Campe devint doyen de l'ordre de Saint-Cyriac et en 1809 la faculté de théologie de Helmstædt lui accorda le diplôme de docteur en théologie. Des chagrins profonds que lui donnèrent les maux de sa patrie, et la faiblesse, fruit d'une vieillesse anticipée, avaient paralysé son esprit; après une vie si utile, il passa sans occupation ses dernières années. Bien des personnes se rappellent avoir vu alors ce père de la jeunesse dans son jardin de Brunswick. Il mourut en cette ville, âgé de soixante-douze ans, en 1818.— Une philanthropie sincère et le patriotisme le plus noble sont le caractère empreint dans tous les ouvrages philosophiques et pédagogiques de Campe. — L'amélioration des mœurs, la réforme totale de l'éducation et de l'instruction de la jeunesse, tel fut le but constant de ses efforts actifs et éclairés. Il a été généralement reconnu combien l'éducation lui était redevable, quoique tout le monde n'ait pas adopté ses jugements précipités sur l'antiquité et son engouement pour le philanthropisme; mais ses écrits sur l'éducation trouvent toujours des lecteurs et jouissent encore d'une estime méritée. Son style est pur et coulant, à la fois vif et doux, simple et dégagé des artifices de l'école. Dans le genre familier, là où la sensibilité se fait jour, il peut même servir de modèle. Plus que beaucoup d'autres, Campe a su se mettre à la portée de la jeunesse et choisir les formes les plus propres à l'intéresser. — Comme philosophe, il passe facilement des spéculations les plus abstraites à une morale douce, et du sérieux le plus grave à l'enjouement le plus aimable. Ses trente-sept petits volumes, ornés de gravures, de ses *Œuvres complètes à l'usage des enfants et de la jeunesse* (quatrième édition, Brunswick, 1829–1832); son *Robinson le Jeune* a été traduit dans toutes les langues de l'Europe et même en grec moderne; son *Théophron, ou le Sage Conseiller de la jeunesse inexpérimentée*, a eu le même honneur; son *Dictionnaire de la langue allemande* (Brunswick, 1807-11, 5 vol. in-4o) est également très-estimé; toutefois on y trouve quelquefois un purisme un peu bizarre. Il faut y joindre le *Dictionnaire des mots étrangers qui se sont imposés à la langue allemande* (Brunswick, 1801; deuxième édition, 1813, in-4o). S'étant trouvé à Paris en 1789, il laissa un libre cours à son enthousiasme pour la révolution française dans les lettres qu'il fit d'abord paraître dans les journaux de Brunswick, et qui furent réunies en 1 vol., 1790. Ces lettres ont excité la plus grande sensation et attiré des attaques nombreuses à leur auteur. Le style a quelque affectation; toutefois ce défaut, qui n'est pas ordinaire chez Campe, est racheté par un mérite incontestable sur le trouve dans tous ses ouvrages.

CAMPÊCHE (*géogr.*), petite ville de 8,000 habitants, sur la rivière de Saint-François, au bord occidental du golfe du Mexique, dans le climat le plus chaud et cependant le plus sain de l'Amérique équinoxiale. Son port n'est pas sûr, et son défaut de profondeur oblige les gros navires à mouiller loin du rivage; il sert d'écoulement aux produits des États de Yucatan et de Guatimala. Le commerce de la ville consiste en sel, en toiles de coton, et surtout en bois dit de campêche, propre à la teinture. La coupe s'en fait en grand dans les forêts qui s'étendent au sud de cette ville, le long du Rio-Champoton. — Campêche possède un chantier de construction.

CAMPÊCHE (PRISE DE). Pendant une grande partie du XVIIe siècle, l'Amérique espagnole fut ravagée et inondée de sang par un petit nombre de corsaires français et anglais connus sous le nom de flibustiers (*V.* ce mot). Ces hommes formèrent en 1685 le dessein d'aller attaquer Campêche. Commandés par un brave capitaine, gentilhomme français, nommé Grammont, mille d'entre eux battirent huit cents Espagnols, s'emparèrent de la ville et en pillèrent toutes les richesses. Deux flibustiers furent pris; Grammont les redemanda, promettant de rendre tous les prisonniers qu'il avait faits; on le refusa, et, pour se venger, il réduisit toute la ville en cendres, fit sauter la forteresse, et brûla dans un feu de joie, le jour de la Saint-Louis, pour deux cent mille écus de bois de campêche.

CAMPÊCHE (TEINTURE EN BLEU PAR LE BOIS DE) (*chimie*). Le bois de campêche, que l'on appelle aussi *bois d'Inde*, est le tronc de l'*hæmatoxylum campechianum*, qui appartient à la famille des légumineuses, et croît au Mexique et aux Antilles. Il nous est apporté sous la forme de bûches plus ou moins volumineuses. Il est pesant, dur, compacte, susceptible d'un beau poli, presque incorruptible, brun rougeâtre extérieurement, et, quand il est de bonne qualité, d'une couleur orangé rougeâtre dans son intérieur. Sa saveur est douce, amère et astringente; son odeur aromatique. — Suivant M. Chevreul, il est composé de ligneux, d'hématine, d'une matière particulière qui lui est intimement unie, d'une substance azotée, d'une huile volatile, d'une matière résineuse, d'acide acétique et de différents sels et oxydes. — L'eau bouillante dissout environ les trois centièmes du bois de campêche. La décoction est d'un beau rouge tirant au violet ou au pourpre; mais, en l'abandonnant à elle-même, elle acquiert peu à peu une couleur jaunâtre, et finit même par devenir noire. Les alcalis foncent sa couleur et la font passer au pourpre et au violet; les acides, au contraire, la font tourner au jaune : on remarque toutefois que les acides concentrés, tels que l'acide sulfurique, l'acide chlorhydrique, et probablement beaucoup d'autres, lui donnent une teinte rouge. Sous ce rapport, le bois de campêche se rapproche du bois du Brésil; on l'en distingue aisément, parce que sa couleur est plus foncée, et que son infusion aqueuse précipite en violet par les eaux de baryte, de strontiane, de chaux, le proto-chlorure d'étain, l'acétate de plomb, tandis que celle du brésil précipite en cramoisi. L'infusion de campêche donne d'ailleurs des précipités noirs bleuâtres avec le sulfate de fer, et un précipité noir, plus brun et moins éclatant que le précédent, avec le sulfate de cuivre. — On ne teint que la laine en bleu par le bois de campêche. Cette teinture se fait comme le rouge de Brésil, si ce n'est qu'on ajoute au bain une certaine quantité de vert-de-gris ou d'alcali. On peut employer pour une partie de laine alunée un sixième de partie de bois, quinze à vingt parties d'eau, un vingtième de vert-de-gris. — Le campêche ne sert pas seulement à teindre la laine en bleu; on s'en sert encore pour la teindre en violet, ainsi que la soie; alors on se contente d'aluner ces substances sans rien ajouter au bain. La laine se teint au bouillon, et la soie à la température de 50 à 60 degrés. Le campêche entre aussi dans la composition des bains de teinture en noir, comme donnant à cette teinte du lustre et du velouté. Enfin, en le mêlant avec beaucoup d'autres substances colorantes, on en obtient un grand nombre de substances composées.   Baron THÉNARD (de l'Institut).

CAMPÈGE ou plus exactement CAMPEGGI (LAURENT), cardinal, évêque de Bologne, issu d'une ancienne et illustre famille originaire du Dauphiné. Un de ses ancêtres, ayant suivi en 1265 Charles d'Anjou dans le royaume de Naples, s'établit à Bologne, où ses descendants tinrent toujours un rang distingué. — Jean Campège, père du cardinal Laurent, obligé de s'exiler de sa patrie pour éviter de suivre le parti des guelfes, devint professeur de droit à Padoue, s'acquit la réputation d'un plus savants jurisconsultes de son temps, et composa plusieurs ouvrages, entre autres : Consilia, Tractatus de statutis, De immunitate, De dote, etc. Il mourut en 1511, âgé de soixante-trois ans. — LAURENT, aîné de ses cinq fils, né en 1474, lui succéda dans sa chaire, et ne dégénéra pas de sa réputation. Il se maria, eut plusieurs enfants. Devenu veuf, il entra dans l'état ecclésiastique. Jules II le fit auditeur de rote, évêque de Feltri, nonce en Allemagne. Léon X l'éleva à la pourpre romaine, le chargea de plusieurs missions importantes, en Allemagne pour tâcher de ramener Luther, en Angleterre pour lever une décime destinée à faire la guerre aux Turcs : il échoua dans l'une et l'autre, mais il sut tellement s'insinuer dans les bonnes grâces de Henri VIII, que sa dernière mission lui valut l'évêché de Salisbury. Sous Clément VII, il fut envoyé en qualité de légat à la diète de Nuremberg, où, n'ayant pu réunir les princes contre Luther, il publia en 1524 des règlements pour la réforme du clergé; mais ces règlements n'eurent point d'exécution; à celle d'Augsbourg, où fut présentée la fameuse confession de foi qui porte ce nom, et où l'on en Angleterre, pour juger l'affaire du divorce de Henri VIII et de Catherine d'Aragon, conjointement avec Wolsey. Il était porteur d'une bulle qui lui donnait les pouvoirs les plus étendus à cet égard. Ces pouvoirs ayant été révoqués, il fit d'inutiles efforts, d'abord pour engager le monarque à se désister de la poursuite du divorce, puis la reine à s'y prêter de bon gré, et à se retirer dans un couvent, enfin le pape à satisfaire Henri, ce moyen lui paraissant nécessaire pour conserver l'Angleterre à l'Église romaine; mais il ne recueillit de cette mission que la perte de son évêché de Salisbury, dont Henri le dépouilla en 1528. Ce cardinal joignait à une étude très-étendue du droit canon, à une longue expérience des affaires, toute la dextérité d'un Italien. C'était d'ailleurs un caractère ferme, qui, dans l'affaire du divorce, promettait, suivant le rapport de du Bellay, « qu'entièrement il suivrait sa conscience, et que, là où il pourrait connaître le divorce se pouvoir faire, il franchirait le saut, non autrement. » — Aussi déjoua-t-il constamment

tous les piéges que lui tendait Wolsey; il résista même à l'offre du riche évêché de Durham, pour se prêter aux vues de Henri VIII. S'il échoua dans plusieurs de ses missions, ce ne fut point par défaut de talent à les bien conduire, mais par l'effet des circonstances et par la nature des affaires, qui n'étaient guère susceptibles de conciliation. Il n'en conserva pas moins sa haute considération et son influence dans les affaires jusqu'à sa mort, arrivée à Rome le 19 juillet 1539, étant alors archevêque de Bologne, sa patrie. Il avait composé quelques traités de jurisprudence qui n'ont point vu le jour. Ses lettres, qui sont intéressantes pour l'histoire du temps, se trouvent dans le recueil intitulé : Epistolarum miscellanearum ad Fredericum Nauseam libri X, Bâle, 1555, in-fol. — ALEXANDRE CAMPÈGE, son fils, né le 2 avril 1504, se rendit recommandable par l'aménité de ses mœurs et son habileté dans les langues savantes. Paul III le nomma en 1541 le coadjuteur de l'archevêque de Bologne. Ce fut dans son palais que s'assemblèrent les évêques du concile de Trente, que la contagion avait chassés de cette dernière ville. — On y remarquait cinq prélats de sa famille, parmi lesquels on remarquait J.-B. CAMPÈGE, son frère, évêque de Majorque, savant prélat et célèbre orateur, dont on a une harangue prononcée dans le concile, De tuenda religione, Venise, 1561, in-4°. Alexandre, étant vice-légat à Avignon, avait fait échouer les desseins d'un reste de Vaudois, qui, à la faveur de la nouvelle réforme, cherchaient à envahir les terres de l'Eglise et à pervertir les peuples. Jules III le fit cardinal en 1551, et il mourut le 25 septembre 1554. On lui attribue un ouvrage intitulé : De auctoritate pontificis romani, qui est peut-être le même que celui de Thomas Campège sous le même titre.

CAMPÈGE (THOMAS), fils du fameux jurisconsulte de Bologne, Jean Campège, frère du cardinal Laurent Campège, accompagna ce dernier dans diverses légations, et fut chargé avec lui et Léon X du gouvernement des villes de Parme et Plaisance. Il lui succéda dans l'évêché de Feltri, et fut envoyé par Paul III, en qualité de nonce, à la conférence tenue à Worms en 1540. Il fut un des trois premiers évêques qui se trouvèrent à l'ouverture du concile de Trente en 1545, et y assista aux sessions tenues sous le pontificat de Paul III. Il mourut à Rome le onzième jour de janvier 1564, âgé de soixante-quatre ans. Campège a composé plusieurs Traités sur divers points de la doctrine ecclésiastique; le plus considérable et le plus rare est celui de l'autorité des saints conciles, dédié au pape Pie IV, et imprimé à Venise en 1561. Ce Traité est court, mais méthodique, et mérite d'être lu. Il traite des causes qui rendent un concile général nécessaire; il dit que la principale est la condamnation des hérétiques et la réfutation de leurs erreurs, quoiqu'il convienne que toutes les hérésies ne sont pas étouffées dans ces conciles. Il prouve ensuite, par des exemples de l'antiquité, qu'on doit en assembler lorsqu'il y a soupçon que le pape est dans l'hérésie, ou qu'il y a un schisme dans l'Eglise, causé par l'élection de deux papes, quand l'empereur est devenu lui-même hérétique, ou qu'il déclare la guerre à l'Eglise. Il rapporte encore plusieurs autres raisons, comme la réformation de l'Eglise, des mœurs ecclésiastiques et des autres chrétiens; de la paix entre les princes chrétiens, des croisades contre les infidèles, du scandale que donnerait un pape, etc. Sur la convocation du concile général, il dit que c'est au pape de l'assembler, et, en cas que le pape soit dans l'hérésie, ou qu'il s'y refuse, aux cardinaux. Le pape régulièrement préside aux conciles, ou par lui-même ou par ses légats. Il n'approuve pas qu'on y procède par nations, comme dans le concile de Constance. Il établit une autre manière de procéder, par députations ou par commissions, comme cela s'est pratiqué dans les conciles de Bâle et de Latran, et autrefois dans les conciles d'Afrique. Il veut que l'on commence par les matières de la foi, et qu'on traite ensuite de la discipline, parce que Jésus-Christ dit à ses apôtres : Allez et prêchez l'Evangile, et leur enseignez à observer tout ce que je vous ai ordonné. Il veut que les décisions d'un concile soient publiées au nom du pape; il soutient que le concile tire son infaillibilité du pape, et que le pape peut dissoudre, transférer et propager le concile, excepté quand il est assemblé pour une cause qui ne dépend point du pape, et à laquelle il ne peut pas seul apporter remède. Les autres Traités de Campège ont été imprimés à Venise en 1555. Le premier traite de l'autorité et de la puissance du pape, et est écrit à peu près dans le même goût que le précédent. Le second est sur les devoirs des princes chrétiens. Dans le troisième, il prouve qu'il est permis aux prêtres de posséder des biens temporels; mais il blâme la pluralité des bénéfices, et la non-résidence des pasteurs. Le quatrième est sur la simonie. Le cinquième sur l'institution des annates. Le sixième sur les réserves de bénéfices. Le septième sur les pensions, les regrets, les commendes, les unions des églises, les coadjutories, etc. Enfin les autres *Traités* de Campège sont sur le for de la pénitence, sur l'excommunication, sur l'observation des fêtes, sur la validité de l'ordination par les hérétiques et les schismatiques, sur l'indissolubilité du mariage des hérétiques, sur la loi du célibat pour ceux qui sont dans les ordres sacrés, etc. Cet auteur traite les matières brièvement et succinctement, mais avec beaucoup de méthode et de clarté. Il juge assez sainement et avec moins de prévention que la plupart des canonistes ultramontains.

CAMPÈGE (LE COMTE RODOLPHI), de la même famille que les précédents, mort en 1624, était renommé par ses connaissances en jurisprudence. Il a laissé des poésies en deux tomes, parmi lesquelles on distingue un poëme intitulé : *Lacrime di Maria Virgine*, et un épithalame sur le mariage de Christine de France avec Victor-Amédée, duc de Savoie, sous le titre d'*Italia consolata*.

CAMPÈGE (CAMILLE), de l'ordre des frères prêcheurs, était de Pavie, docteur en théologie et très-recommandable par sa science et par la sainteté de ses mœurs. A l'âge de quinze ans, il fut fait inquisiteur de la foi à Pavie, à Ferrare et ensuite à Mantoue. Il se distingua beaucoup dans le concile de Trente, où Pie IV l'avait envoyé comme son théologien. En 1508, Pie V le nomma évêque de Sutri dans l'État ecclésiastique, et il n'y eut pas plutôt pris possession que la mort l'enleva la même année. Nous avons de lui un discours sur les tromperies du monde, qu'il prononça dans le concile de Trente le premier dimanche de l'Avent, et qu'il dédia ensuite au cardinal de Gonzague. Il a été imprimé à Venise en 1562, in-4°, et avec les autres actes du concile de Louvain en 1667. Il se trouve aussi dans l'édition des conciles généraux, tom. XIV, pag. 1217. Il prêcha encore devant les Pères du même concile, en langue latine, le troisième dimanche après Pâques, 19 avril 1562, comme porte l'index des *Sermons* qui furent prêchés dans ce concile, sous Pie IV, imprimé à Bresse en 1562, in-4°. Il donna et dédia au pape Pie V le *Traité d'Ugolin Zanchini*, célèbre jurisconsulte, auquel il avait fait quelques additions, et ajouté des arguments à la tête de chaque chapitre, à Mantoue, 1567, in-4°, et à Rome en 1579. Il composa enfin un *Traité du souverain pontife contre Mathias Flaccus*, qui a été longtemps inconnu dans la bibliothèque du Vatican, mais qui a été imprimé depuis par les soins du P. Thomas Roccaberti, général de l'ordre des frères prêcheurs et archevêque de Valence, et inséré au septième tome de la grande bibliothèque pontificale.

CAMPÈGE ou CAMPEGGI (BENOIT), poëte latin de la même famille que le cardinal de ce nom, naquit à Bologne dans les premières années du XVIe siècle. Ayant terminé ses études, il reçut le bonnet de docteur dans les facultés de philosophie et de médecine, et consacra ses talents à l'enseignement. Il remplit quarante ans les chaires de logique, de philosophie et de médecine à l'académie de Bologne, et mourut le 15 janvier 1560. Ses restes furent ensevelis dans l'église Saint-Colomban. On a de lui : *Ilidis libri X latino carmine conscripti*, Bologne, 1553, in-fol. Ce poëme est très-rare. L'auteur y décrit les principaux évènements dont il avait été le témoin, avec une exactitude et une fidélité remarquable.

CAMPELLO (BERNARDIN DE CONTI), savant littérateur, négociateur habile, naquit à Spolète le 28 mars 1595 d'une illustre famille originaire de Bourgogne, mais établie en Italie depuis la fin du IXe siècle. S'étant rendu à Rome auprès d'Urbain VIII, qu'il avait connu lorsque ce pontife n'était encore qu'évêque de Spolète, il en obtint divers emplois, dont il s'acquitta de la manière la plus habile et la plus honorable. Campello mourut le 24 mars 1676, âgé de quatre-vingt-un ans, dans sa patrie, où il s'était retiré. Malgré les pénibles travaux dont sa laborieuse carrière fut remplie, il trouva encore du temps pour cultiver les lettres, et c'est à son *Esame dell'opere del caval. Marini* qu'on doit la réaction qui s'éleva contre le genre d'écrire de ce poète maniéré et boursouflé. Une partie seulement de ses manuscrits fut publiée, et c'est une perte pour la littérature. On regrette surtout le second volume d'une *Histoire de Spolète*, divisée en 20 livres, dont il avait publié les 10 premiers en 1672, in-4°. Cet écrit était remarquable par de nombreuses recherches et une grande exactitude. La *Teodora*, le *Scozzesi*, la *Gerusolemme cattiva* sont les titres de quelques-unes de ses pièces de théâtre. Il avait composé des poésies, un poëme héroïque, des panégyriques, etc., qui sont restés inédits, comme on l'a vu plus haut.

CAMPELLO (PAUL DE' CONTI) naquit à Spolète le 19 août 1643 de Bernardin de Conti Campello. Dès sa jeunesse il se fit remarquer par son aptitude en toutes sortes de sciences, particulièrement pour les mathématiques. Reçu en 1665 dans l'ordre religieux et militaire à la fois de Saint-Étienne, il y obtint le plus grand crédit, et occupa un emploi élevé lors de l'expédition de Venise contre les Turcs en 1684-85. Il avait soixante-dix ans lorsqu'il succomba à une douloureuse et longue maladie, dans Spolète, où il était retourné après avoir joui de la plus haute faveur auprès des ducs Ferdinand II, Cosme II et Cosme III. Ses ouvrages sont restés manuscrits; ils consistent en tragédies, comédies en prose, discours académiques, sonnets, et un traité sur le cours du Tibre. — CAMPELLO (François), son parent, se distingua par ses talents oratoires. Il était né à Spolète, et mourut à Rome, âgé de quatre-vingt-quatre ans. Ses talents littéraires le firent nommer membre de l'académie arcadienne. — CAMPELLO (Jean), Vénitien, se distingua au XVIIe siècle par ses talents pour la poésie latine. Il a laissé un ouvrage intitulé : *Ibex, seu de Capra montana, carmen venaticum*, Venise, 1695, in-8°; ibid., 1736, in-8°.

CAMPEMENT (*art mil.*), action de camper ou le camp même. — Il se dit aussi d'un détachement qu'on fait partir quelques jours à l'avance pour s'emparer du terrain où doit camper l'armée et pour tracer le camp (*V.* CAMP).

CAMPEN (PRISE DE). Effrayés et démoralisés par les rapides succès de Pichegru en Hollande, les Anglais s'étaient réfugiés derrière l'Yssel, et avaient campé entre Doesbourg et Campen, qu'ils évacuèrent le 5 février 1794, dès qu'ils aperçurent l'avant-garde française. Cette pusillanimité augmenta la confiance des troupes républicaines, et fit tenter aussitôt la conquête des provinces de Groningue, d'Over-Yssel et de Frise.

CAMPEN (HEIMERIC DE), *Heimericus de Campo*, se trouva au concile de Bâle, enseigna la philosophie à Cologne et la théologie à Louvain, et mourut en 1460. On a de lui : *De auctoritate concilii super sentent. libr. quatuor*; *Compendium quæstionum*; *Compendium divinorum*; *Quæstiones variæ*, etc. (Valère André, *Biblioth. Belg.*).

CAMPEN (JEAN), dit vulgairement *Van den Campen*, natif de cette ville, enseigna à Louvain, et mourut de la peste à Fribourg en Brisgaw l'an 1538, en revenant de Rome, où le pape Léon X l'avait fait venir pour lui donner un canonicat. On a de lui une *Grammaire hébraïque*, des *Paraphrases* sur les *Psaumes*, sur l'*Ecclésiaste*, etc. Il ne faut pas le confondre avec Jean Campen, religieux carme, qui était des Pays-Bas, et qui vivait en 1404. On a de ce dernier : *Quodlibetorum opus*; *Summulæ artium*; des commentaires sur les *Sentences*, etc. (Trithème, *De script. eccles.*; Valère André, *Biblioth. Belg.*).

CAMPEN ou KAMPEN (JACOB DE), un des chefs des anabaptistes qui, chassés de la haute Allemagne, allèrent répandre dans les Pays-Bas leurs nombreuses erreurs sur la Trinité et l'Incarnation. En 1534, Becold, dit *Jean de Leyde*, qui venait d'être couronné dans un cimetière de Munster, roi de cette secte turbulente et sanguinaire, créa Jacob de Campen évêque d'Amsterdam, et fit partir avec lui Jean de Geléen, en le chargeant de soumettre cette ville et la Hollande au royaume de Sion. Mais Geléen échoua dans cette périlleuse entreprise; son complot fut découvert; il se retira dans une tour d'Amsterdam, et fut tué d'un coup de mousquet en se défendant. Campen se tenait caché depuis plus de six mois. Les magistrats promirent une somme d'or à qui le livrerait, et de faire pendre ceux qui lui donneraient asile. Le prétendu évêque fut trouvé dans un amas de tourbes. On lui fit son procès, et il fut condamné à mort. On l'exposa d'abord sur un échafaud, pour plus d'une heure, aux railleries et aux insultes de la populace. Il portait sur la tête une mitre de papier. Il eut ensuite la langue coupée, en punition des erreurs qu'il avait enseignées; sa main droite, qui avait baptisé, fut abattue par la hache. Enfin on lui trancha la tête. On brûla son corps, tandis que sa tête et sa main restèrent exposés au fer d'une lance.

CAMPEN (JACQUES VAN), architecte, né à Harlem, mort en 1638. Il était d'une famille illustre, et fut seigneur de Rambrock. S'étant d'abord adonné à la peinture, il alla étudier les grands maîtres en Italie. A son retour de Rome, il eut la gloire de construire le bel édifice de la Hollande, l'hôtel de ville d'Amsterdam, qui venait d'être consumé entièrement. Ce chef-d'œuvre d'architecture coûta, dit-on, soixante-dix-huit millions. Van Campen édifia dans cette même ville le théâtre appelé la *Comédie hollandaise*, et plusieurs mausolées en l'honneur des amiraux les plus illustres de sa patrie. A la Haye, il éleva le palais du prince Maurice de Nassau.

CAMPER, v. n. Il se dit proprement d'une armée qui dresse des tentes ou construit des baraques en quelque lieu, pour s'y loger en ordre ou pour s'y retrancher. — Il signifie figurément, ne faire qu'une courte station dans un lieu. — Familièrement, *Il campe*, se dit d'un homme qui n'a point de logis assuré, qui en change tous les jours. — CAMPER est aussi verbe actif. *Ce général a campé son armée entre la montagne et la rivière.* Avec le pronom personnel, *Il se campe toujours avantageusement.* Cet emploi est maintenant beaucoup plus rare que le premier. — Figurément et familièrement, *Camper là quelqu'un*, le laisser, l'abandonner lorsqu'on l'a mis ou qu'il s'est mis lui-même dans une situation embarrassante. — CAMPER, avec le pronom personnel, signifie aussi, très-familièrement, se placer. Il signifie encore se mettre en certaine posture, se placer sur ses pieds d'une certaine manière.

CAMPER (SE), en *term. d'escrime*, c'est se mettre bien en garde.

CAMPER pour uriner (SE) (*maréchallerie*), est un signe de convalescence dans de certaines maladies où le cheval n'avait pas la force de se mettre dans la situation ordinaire de chevaux qui urinent.

CAMPER (PIERRE), né à Leyde le 11 mai 1722 d'une famille de robe, se destina de bonne heure à la médecine. A la mort de ses parents, il se livra à son goût des voyages. Il parcourut successivement l'Angleterre, la France, l'Allemagne et la Prusse, où il gagna beaucoup dans un fréquent commerce avec les savants célèbres de ces différents pays. De retour dans sa patrie, il fut tour à tour professeur de philosophie, d'anatomie, de chimie et de médecine dans les universités de Francker, d'Amsterdam et de Groningue. Il remporta des prix à l'académie des sciences de Paris en 1772 et 1776, à celle de Dijon en 1779, à celle de Lyon en 1773, à celle de Toulouse en 1774, ainsi que dans les académies d'Harlem et d'Edimbourg. Les sociétés royales de Gottingue, de Londres, l'admirent parmi leurs membres, et l'académie des sciences de Paris le nomma en 1785 l'un de ses correspondants étrangers. Ses travaux scientifiques et littéraires lui permirent toutefois d'entrer au conseil d'État des Provinces-Unies, et de siéger dans l'assemblée des états des provinces de Frise. C'est Camper qui découvrit la présence de l'air dans les cavités intérieures du squelette des oiseaux ; c'est lui qui a signalé le singe est de l'espèce de l'orang-outang, par la raison que cette espèce est la seule où le larynx soit accompagné d'une double poche, dont chaque division y communique par une ouverture séparée ; c'est lui encore qui a observé que la courbure de l'urètre est plus forte chez les enfants que chez les adultes. Il fit faire de notables progrès à l'inoculation, à l'ostéologie comparée, à l'opération de la taille et à celle de la symphyse. Camper mourut le 7 avril 1789, laissant en ouvrages : 1° *Demonstrationum anatomico-pathologicarum libri duo*, Amsterdam, 1760-1762, 2 vol. in-fol; 2° *Dissertatio de fractura patellæ et olecrani*, la Haye, 1789 ; 3° *Icones herniarum*, Francfort-sur-le-Mein, 1810, in-fol.; 4° *Sur l'organe de l'ouïe des poissons*, 1774 ; 5° *De admirabili analogia inter stirpes et animalia*; 6° *De certo in medicina*; 7° *Description anatomique d'un éléphant*, 1801, in-fol.; 8° *Dissertation sur les variétés naturelles qui caractérisent la physionomie des hommes des divers climats et des divers âges*; 9° *Réflexions sur la beauté, particulièrement sur celle de la tête*; 10° *Dissertation sur la meilleure forme de souliers*; 11° *Dissertation physique sur les différences réelles que présentent les traits du visage chez les hommes, et sur le beau qui caractérise les statues antiques*; 12° *Discours sur les moyens de représenter les diverses passions qui se manifestent sur le visage, et sur l'étonnante conformité qui existe entre les quadrupèdes et les hommes*, Utrecht, 1792, in-4°.

CAMPERCHE, s. f. (*tapissier*), barre de bois, ainsi appelée par les basse-lissiers ou ouvriers en tapisseries de basse-lisse, qui traverse leur métier d'une roine à l'autre, et qui soutient les sautriaux où sont attachées les cordes des lames (*V.* BASSE-LISSE).

CAMPESANI (BENVENUTO DE'), né à Vicence vers 1260, était déjà célèbre à dix-neuf ans, et s'était fait connaître par diverses poésies. Il fut un des meilleurs poètes de son temps. L'historien Ferreto, son concitoyen, qui avait été son élève, lui donne les plus grands éloges, et à consacré à sa louange un grand nombre de vers que Muratori a insérés dans sa grande collection historique. Campesani était auteur d'un poëme héroïque en vers hexamètres, dans lequel il célébrait les victoires de l'empereur Henri VIII, qui en 1311 délivra la ville de Vi-

cence du joug des Padouans. Le manuscrit de ce poëme existait encore il y a un peu plus d'un siècle, mais il s'est perdu depuis. Pagliarini en fit beaucoup d'usage dans la *Chronique de Vicence*, et en cite quelques vers. Muratori a mal placé la mort de ce poëte en 1313, il était encore vivant en 1325 ; il est probable qu'il mourut en 1324.

CAMPESANO (ALEXANDRE) naquit à Bassano en 1521, et fit de brillantes études à Padoue, sous la direction du savant Lazare Buonamico. Après avoir pris le grade de docteur, il se rendit à Bologne où il acheva son droit sous le fameux André Alciat. Ayant fini ses études en 1542, et à peine âgé de vingt-un ans, le sénat de Venise le nomma lecteur extraordinaire à une chaire de droit ; cette chaire ayant été supprimée, Campesano se retira dans sa patrie et cultiva en paix les lettres et l'amitié. Ses concitoyens le nommèrent aux premières places de la ville. Il mourut le 12 juin 1572. La notice de ses ouvrages est insérée dans le recueil des *Opusculi scientifici* de Calogera (t. XVIII) ; on y trouve aussi son testament (t. XXII, p. 267). Parmi les productions de Campesano qui ont été publiées, on distingue : 1° des poésies intitulées dans le *Rime scelte de poeti Bassanesi*, Venise, 1576, in-4°, réimprimées en 1769, in-8°; 2° *Carmina*; on trouve aussi des vers latins de lui dans le recueil de ceux qui furent faits à la louange de Jeanne d'Aragon, publié par Ruscelli ; 3° des *Lettres* sur divers sujets, imprimées dans différents recueils. La vie de cet écrivain, par Verci, se trouve dans le tome XXX du nouveau recueil d'opuscules par le P. Mandelli, continuateur de Calogera, et dans les *Rime scelte de poeti Bassanesi*.

CAMPESTRE ou **CAMPESTE**, s. s. (*hist. anc.*). C'était chez les Romains une espèce de culotte ou d'habillement semblable à ce qu'on appelait autrefois parmi nous *tonnelet*, bas de soie tourné en rond, ou *haut-de-chausses*, tels qu'on en voit sur des tableaux du règne de Henri II, Charles IX, Henri III, ou tels qu'en portent encore aujourd'hui les danseurs de corde. Cette partie de l'habillement, que nos ancêtres avaient convertie en parure par sa forme d'étoffe précieuse garnie de galons et de rubans, n'était chez les anciens qu'un tablier destiné à se couvrir dans les exercices du champ de Mars, et qui, prenant depuis le nombril jusqu'au milieu des cuisses, laissait tout le reste du corps à nu. Ou l'on en avait de faits exprès comme des caleçons, ou on les formait au besoin avec la tunique.

CAMPÉTIANE ou **CAMPESCHIANE**, s. f. (*technol.*), en *term. de teinturier*, c'est la criblure de cochenille mestèque, ou la mestèque même qui a servi à la teinture.

CAMPHARI (JACQUES), théologien du XV° siècle, était né vers 1440 à Gênes. Ayant embrassé la vie religieuse dans l'ordre de Saint-Dominique, il fut envoyé par ses supérieurs à l'université d'Oxford pour y terminer ses études ; il y reçut le grade de licencié dans la faculté de philosophie, et de retour en Italie, publia son traité : *De immortalitate animæ opusculum in modum dialogi*. Cet ouvrage est écrit en italien, quoique l'intitulé soit latin. La première édition in-fol., sans date, de vingt-cinq feuillets, est sortie des presses de J.-Phil. Lignamine, à Rome, en 1472. Elle est si rare qu'on ne l'a pas encore vue passer dans les ventes à Paris. On en trouve la description dans le catalogue *Romanarum*, édit. d'Audifredi, p. 110. Quelques bibliographes en citent une autre édition de 1473 ; mais son existence est plus que douteuse, puisque, d'après la souscription qu'ils rapportent, il faudrait que l'impression en eût été terminée le même mois et le même jour que la précédente. On en connaît quatre autres qui, par leur date et par leur rareté, méritent de fixer l'attention des curieux : ce sont celles de Milan, 1475; Vienne, 1477 ; Consenza, 1478, toutes in-4°; et Brescia, 1478, in-fol.

CAMPHORATA (*V.* CAMPHRÉE).

CAMPHORATES (*chim.*). Exposés à l'usage du feu, dans des vaisseaux fermés, les camphorates métalliques sont entièrement détruits, en donnant lieu à de l'eau et de l'huile empyreumatique, etc., qui se vaporisent, et du charbon qui reste dans la cornue. Celui d'ammoniaque n'est qu'en partie décomposé ; l'autre partie se sublime, mais probablement à l'état de camphorate acide. — Chauffés à l'air, ces sels brûlent avec une flamme ordinairement bleue, quelquefois rougeâtre. — Les camphorates de potasse, de soude, d'ammoniaque, de strontiane, de baryte, de chaux, de magnésie, de protoxyde de manganèse, se dissolvent abondamment dans l'eau. Les trois premiers sont même tellement déliquescents qu'ils ne cristallisent que difficilement. Les camphorates de nickel et de bi-oxyde de platine sont peu solubles ; ceux de peroxyde de fer, de zinc, d'étain, de peroxyde d'urane, de plomb, de cuivre, de protoxyde de mercure, d'argent, sont tout à fait insolubles. — Les camphorates solubles ont presque tous une saveur amère légèrement aromatique. Ils sont susceptibles d'être décomposés par un grand nombre d'acides qui en séparent l'acide camphorique. — Aucun camphorate ne se trouve dans la nature. — Les camphorates solubles peuvent s'obtenir directement, ou bien en traitant par le camphorate de baryte les sulfates des bases que l'on veut unir à l'acide camphorique. Quant aux camphorates insolubles, on les prépare soit en précipitant les acétates par l'acide camphorique, soit par la voie des doubles décompositions. — Les camphorates neutres sont tellement composés, que la quantité d'oxygène de l'oxyde est à la quantité d'oxygène de l'acide comme 1 à 5, et à la quantité d'acide même comme 1 à 13,642. — *V*., pour plus de détails sur l'acide camphorique et les camphorates, les recherches de Bucholz, *Ann. de chim.*, t. LXXXIV, p. 304; — celles de R. Brandes, *Journ. de Schweigger*, 38, 267; — celles de Bouillon-Lagrange, *Ann. de chim.*, t. XXIII et XXVII, mais en observant que ce chimiste a confondu avec ces sels ceux que forme l'acide camphorique uni au camphre, et qui offrent une solubilité beaucoup moindre. Baron THÉNARD (de l'Institut).

CAMPHORIQUE (ACIDE) (*chim.*). L'acide camphorique, découvert en 1785 par Kosegarten, a une saveur légèrement amère; il rougit d'une manière très-sensible le tournesol, et cristallise en paillettes ou petites aiguilles. — Projeté sur des charbons ardents, il s'exhale entièrement en une fumée blanche, épaisse, âcre et piquante. Chauffé dans une cornue, il se fond, puis se décompose et se sublime en partie : aussi se forme-t-il une certaine quantité d'huile, d'acide acétique, etc. — L'air n'a point d'action sensible sur l'acide camphorique. L'eau, à la température de 12°, en dissout la quatre-vingt-neuvième partie de son poids, et l'eau bouillante un peu plus de la huitième partie du sien. Il paraît que l'alcool bouillant peut le dissoudre en toutes proportions, mais qu'il faut environ six parties d'alcool à la température ordinaire pour en dissoudre une. Les acides minéraux, les huiles volatiles et fixes, peuvent aussi en opérer la dissolution. Enfin, l'acide camphorique s'unit au camphre, en dissolvant celui-ci dans l'acide fondu à une douce chaleur, et forme un composé qui se produit toujours, lorsque, dans la préparation de l'acide camphorique, l'on n'ajoute point assez d'acide azotique, ou que l'on ne soutient point assez longtemps l'ébullition. M. Liébig a trouvé l'acide camphorique formé de 56,167 de carbone, 6,981 d'hydrogène, et 36,852 d'oxygène, d'où il a déduit pour formule de cet acide $C^{20} H^{15} O^{5}$ (*Ann. de chim. et de phys.*, t. XLVII, p. 98). — M. Dumas y admet un atome d'hydrogène de plus, et arrive à des résultats fort importants sur la composition radicale du camphène ou *radical de camphre*, du camphre lui-même et de l'acide camphorique. Suivant lui :

1 volume de vapeur de camphène $= C^{10} H^{8}$.
2 volumes de vapeur de camphre $= 2 C^{10} H^{8} + O$.
L'acide camphorique $= 2 C^{10} H^{8} + O^{5}$.

Par conséquent, le camphre serait un oxyde, et l'acide camphorique un acide de camphène, correspondants au protoxyde d'acide et à l'acide azotique (*Ann. de chim. et de phys.*, t. L, p. 225). — L'acide camphorique n'existe point dans la nature ; on ne peut l'obtenir qu'en traitant le camphre par une grande quantité d'acide azotique : il faut employer douze parties d'acide à 25° de l'aréomètre de Baumé contre une de camphre. On introduit le tout dans une cornue de verre, au col de laquelle on adapte un récipient; on place la cornue sur un fourneau, et on porte la liqueur à l'ébullition. Lorsque la distillation est à moitié faite, on cohobe; on continue l'opération, et l'on cohobe une seconde fois, lorsque de nouveau la liqueur est à moitié distillée : alors on remet encore l'opération en activité, et on la soutient jusqu'à ce qu'il ne reste plus dans la cornue qu'environ le quart de la quantité d'acide que l'on a employé, ou plutôt qu'il ne se dégage plus de bi-oxyde d'azote. Par le refroidissement, l'acide camphorique prend naissance. Or, comme d'une autre part il est très-probable que l'acide camphorique n'est que du camphre ($C^{20} H^{16} O$) $+$ 4 atomes d'oxygène, il s'ensuit que l'acide azotique n'enlève aucun principe au camphre et ne lui cède que de l'oxygène. Mais si l'on reconnaissait avec M. Liébig que l'acide camphorique a pour formule ($C^{20} H^{15} O^{5}$), il est évident qu'alors l'acide azotique non-seulement céderait de l'oxy-

gène au camphre, mais lui enlèverait en même temps 1 atome d'hydrogène. Baron THÉNARD (de l'Institut).

CAMPHOROSME, s. m. (*botan.*), genre de plantes de la famille des arroches.

CAMPHOU, s. m. (*botan.*), sorte de thé de la Chine.

CAMPHRE, s. m. *camphora*. Le camphre est un principe immédiat des végétaux, ayant beaucoup d'analogie avec les huiles volatiles, les résines. On le rencontre dans plusieurs lauriers, dans un grand nombre de labiées, telles que la lavande, le thym, la marjolaine, ainsi que dans plusieurs plantes de la famille des *ombellifères*. Mais on le retire surtout en grand, au moyen de la décoction et de la sublimation, de différentes parties d'une espèce de laurier que les botanistes distinguent sous le nom de *laurus camphora*. Cet arbre croît à la Chine et au Japon. Pour obtenir le camphre, on brise le tronc et les branches de l'arbre dont on veut le retirer, on les place dans de grandes cucurbites de fer dont l'intérieur est garni de cordes faites avec de la paille de riz; après avoir suffisamment arrosé, on chauffe modérément, et le camphre, entraîné par les vapeurs de l'eau, va se condenser sur la paille de riz, et c'est là qu'on le recueille après l'opération. C'est ainsi qu'il arrive en Europe ; il est à l'état brut, impur, sous forme de poudre grise; aussi doit-il être raffiné avant d'être employé. — Pendant longtemps la France et les autres nations, ignorant comment on obtenait la sublimation du camphre, avaient recours aux Hollandais; mais aujourd'hui chaque pays purifie le camphre qu'il emploie. On le raffine en le sublimant dans des matras avec un trentième ou un cinquantième de chaux vive. Ce procédé nous semble le plus convenable; ainsi purifié, le camphre est bleu, presque transparent, solide, cassant, gras au toucher, cristallin, d'une saveur âcre, chaude et très-aromatique; son odeur est particulière, désagréable, forte et pénétrante. Sa pesanteur spécifique est 0,98. Le camphre est extrêmement volatil, même à la température ordinaire de l'atmosphère; il est très-combustible, il s'enflamme aussitôt qu'il est mis en contact avec un corps en ignition; il brûle en jetant une flamme brillante, et ne laisse point de résidu. De très-petits morceaux de cette substance, placés avec précaution sur un vase plein d'eau, exécutent des tournoiements; c'est au contraire l'eau qui tournoie si les fragments sont très-volumineux. — Quant à ses propriétés chimiques, le camphre est particulièrement soluble dans les acides végétaux et minéraux, surtout s'ils sont concentrés dans les acides sulfurique, nitrique, muriatique, surtout dans l'acide acétique ; il se dissout facilement dans les huiles grasses, dans les huiles essentielles, dans l'alcool, dans le jaune d'œuf; il est au contraire inattaquable par les substances salines : l'eau n'en dissout qu'une très-faible partie. Si le camphre a été dissous par l'alcool, cette dissolution est limpide, très-âcre, décomposée par l'eau; il suffit d'en ajouter quelques gouttes pour obtenir un précipité sous la forme de flocons blanchâtres. Les acides affaiblis dissolvent le camphre, mais ne le décomposent pas. L'acide sulfurique concentré le décompose et le charbonne; il donne, par la distillation avec l'acide nitrique, une acide particulier que l'on appelle *acide camphorique*. — C'est à M. de Saussure que nous devons la plus complète analyse de la substance dont nous nous occupons. D'après ce chimiste, elle se compose de :

Carbone.	74,38
Hydrogène.	10,67
Oxygène.	14,61
Azote.	0,34

Le camphre est une des substances pharmaceutiques les plus employées en médecine, bien que les propriétés médicales de cette substance soient encore si mal déterminées, que M. L. Barbier l'a relégué dans les *incertæ sedis*. Nous ne pouvons décrire ici ni ses divers modes d'administration, ni les nombreux cas dans lesquels il est préconisé; mais nous dirons seulement qu'il est généralement employé comme antispasmodique, comme stimulant diffusible, comme diaphorétique, et surtout comme antiseptique. — De nombreuses expériences faites sur les animaux, et quelquefois même son emploi chez l'homme à trop forte dose, ont déterminé des accidents qui l'ont à juste raison placé dans la classe des poisons.

CAMPHRÉ, ÉE, adj. (*gramm.*), qui contient du camphre.

CAMPHRÉE, *camphorosma* (*botan. phan.*), plante de la famille des chénopodées, tétrandrie monogynie L., dont les quatre ou cinq espèces connues habitent les lieux stériles et sablonneux des contrées méridionales. On la caractérise par un périanthe simple, urcéolé, à quatre dents, dont deux plus grandes; quatre étamines saillantes, et une capsule monosperme recouverte par le calice. — Une espèce de ce genre est remarquable, et a même joui de quelque célébrité parmi les empiriques. C'est la CAMPHRÉE DE MONTPELLIER, *camphorosma monspeliaca*, L., petit arbrisseau d'un pied, à rameaux longs et blanchâtres, à feuilles alternes, petites et nombreuses, à fleurs verdâtres, peu apparentes. On attribuait à cette plante de nombreuses propriétés médicinales, particulièrement contre l'asthme et l'hydropisie : la forte odeur de camphre qu'elle exhale est sa qualité la plus réelle, et il est possible de la mettre à profit dans quelques circonstances. — Le *C. pteranthus* de Linné a été érigé en genre par l'Héritier, sous le nom de LOUICHEA (*V.* ce mot et celui de DRACOCÉPHALE, genre que Morison avait aussi appelé *camphorosma*).

CAMPHRER, v. a. (*gramm.*), mettre du camphre sur..., garnir, remplir de camphre quelque chose.

CAMPHRIER, *laurus camphora* (*botan. phan.*). Comme le genre laurier est nombreux, qu'il demande depuis longtemps une étude particulière, afin d'y introduire plusieurs coupes nécessaires, autant que celles adoptées jusqu'ici, nous avons pensé utile, pour faciliter les recherches, de parler ici du camphrier, sauf à l'inscrire parmi les genres ou sous-genres à créer dans la famille des LAURINÉES (*V.* ce mot). Ce bel arbre a le port élégant du tilleul; il est originaire des contrées montueuses de l'Orient, et se trouve plus particulièrement au Japon, en Chine, aux îles Gotho, Sumatra, et dans l'Inde. Il vient en pleine terre dans le midi de la France, où il a été introduit vers l'année 1760; mais il y est rare, quoique l'on puisse très-aisément l'y multiplier par les marcottes, qui demeurent souvent plus d'une année à prendre racine, et par le moyen des graines qui y parviennent quelquefois à parfaite maturité. Le bois est blanc, ondulé de rouge pâle; en se desséchant, il prend une teinte rousse uniforme. L'odeur propre qu'il exhale, et que l'on retrouve dans toutes les autres parties quand on les froisse, est due à la présence d'une huile volatile, légère, blanche, qui rend le bois inflammable, et que l'on retire en mettant le bois coupé par morceaux, ou ses racines, à bouillir avec de l'eau (*V.* CAMPHRE). — Le camphrier a la tête bien garnie de branches et de rameaux, dont l'écorce est verte, luisante, tandis que celle du tronc est raboteuse et grisâtre; ses feuilles longues, alternes, ovales et terminées en pointe, sont d'un beau vert luisant. A la partie supérieure des rameaux naissent des panicules axillaires de fleurs blanches, petites, qui s'épanouissent pendant l'été, et qui produisent des fruits pourprés noirâtres, monospermes, de la grosseur d'un pois chiche. Sa culture est très-facile; en lui donnant une bonne terre et de fréquents arrosements durant les grandes chaleurs, on le verra réussir promptement. C'est une acquisition importante à faire. Il a fleuri en 1805 au Jardin des Plantes de Paris, et tout annonce qu'il prospérera dans nos départements du centre, puisqu'il supporte, sans en être aucunement affecté, les trois premiers degrés de congélation.

CAMPHRONE (*chimie*), matière pyrogénée à laquelle le camphre peut donner lieu, et que M. Frémy a ainsi nommée. Elle se prépare en faisant passer de la vapeur de camphre sur de la chaux portée à la chaleur rouge obscur, et rectifiant le produit obtenu. C'est une huile légère, d'une odeur forte, toute différente de celle du camphre. Elle est insoluble dans l'eau, et se dissout dans l'éther et l'alcool. Son point d'ébullition est à 75°. Sa formule est :

$$C^{00} H^{14} O = C^{60} H^{48} O^3 - H^4 O^2.$$

Annales de chimie et de physique, LIX, 15).

CAMPHUR (*hist. nat.*), espèce d'âne sauvage qui se trouverait dans les déserts de l'Arabie, et qui, selon le rapport de quelques voyageurs, aurait au milieu du front une corne dont il se servirait pour se défendre contre les taureaux sauvages. On attribuerait des vertus merveilleuses à cette corne, qui serait considérée comme un remède souverain dans plusieurs maladies.

CAMPHUYS, en latin *Camphius* (JEAN), homme de mérite, qui se distingua comme administrateur de Batavia, et comme savant par ses connaissances spéciales sur Java, sur le Japon et sur Amboine. Il naquit à Harlem en 1634. D'abord apprenti chez un orfèvre, il entra à l'âge de vingt ans au service de la compagnie des Indes et s'en alla à Batavia, où, dans l'espace de

trente ans, il s'éleva de degré en degré jusqu'à la dignité de gouverneur général, sans toutefois oublier l'humilité de son origine, que rappelle un marteau dans ses armoiries. Après avoir occupé ce poste avec honneur pendant à peu près sept ans, il se retira dans une magnifique campagne qu'il s'était fait acheter aux environs de Batavia. Il était amateur de botanique, et il cultivait dans son jardin un très-grand nombre d'arbres et de plantes; il chercha aussi à répandre dans ses établissements hollandais le goût de la botanique, surtout pour ce qui concerne la connaissance des plantes qui pouvaient devenir un objet de commerce. Il écrivit l'histoire de la fondation de Batavia, et rassembla beaucoup de matériaux pour une description du Japon, mais il céda ses notes au célèbre chirurgien Kæmpfer, qui les mit en œuvre dans son ouvrage sur le Japon, sans indiquer de qui il les tenait. Il contribua aussi beaucoup à la collection de Rumph, qui parut plus tard sous le titre d'*Herbarium Amboinense*. Il mourut à Batavia en 1695.

CAMPHUYSEN (THÉODORE-RAPHAEL), né en 1586 à Gorcum, et mort en 1627 à Worcum, acquit de la réputation comme peintre et comme théologien. Comme peintre, il fut élève de Théodore Goverlz. Son goût le porta vers le paysage, et il fut le premier qui offrit à ses compatriotes de bons modèles dans ce genre de peinture. Aucun paysagiste n'avait jusqu'alors représenté d'une manière plus parfaite des après-midi, des couchers de soleil et des hivers. Sa composition est simple et pourtant d'un grand effet; son pinceau est vigoureux, son style est vrai et harmonieux. Ses tableaux, qui sont extrêmement parés, n'ont rien de cette sécheresse et de cette dureté que Van der Nen lui-même ne sut pas toujours éviter. Toutefois il renonça à l'art, qui lui promettait une gloire paisible, pour la théologie, par aversion contre lui la haine et l'envie. Il étudia sous Arminius à Leiden : d'abord il se rattacha à la secte des mennonites, puis à celle des sociniens. Il traduisit en flamand deux ouvrages de Socin (*De auctoritate S. Scripturæ* et *Lectiones sacræ*), et publia un *Compendium doctrinæ Socinianorum*, avant de donner son ouvrage *De statu animarum*. Il fut nommé prédicateur, mais il renonça à ses fonctions. Ses ouvrages théologiques ne parurent qu'après sa mort. Ses Paraphrases des Psaumes, rimées en flamand, obtinrent un grand nombre d'éditions, ainsi que ses *Cantilenæ sacræ*, que Buthler a mises en musique.

CAMPI (BERNARDIN), peintre, né à Crémone en 1522, fut un maître du troisième ordre, que l'on estime assez en Italie. Il est auteur d'un ouvrage intitulé : *Parere soprà la pittura*, Crémone, 1580, in-4°; réimprimé dans la même ville, 1584, in-4°. Suivant plusieurs lettres autographes de Bernardin, on sait qu'il vivait en 1590. Ces lettres sont datées de 1588, 1589, 1590. On les trouve dans les *Mémoires* d'Oretti. Le musée Napoléon a de ce maître un tableau représentant la *Vierge qui pleure la mort de son fils étendu à ses pieds.* — Il ne faut pas confondre Bernardin Campi avec d'autres peintres crémonais qui ont porté le même nom : GALEAZZO CAMPI, en 1475, et mort en 1536; JULES, fils de Galeazzo, né en 1500, mort en 1572; le chevalier ANTOINE CAMPI, second fils de Galeazzo, et auteur de la *Cremona fedelissima citta*, etc., et VINCENT CAMPI, troisième fils de Galeazzo, mort en 1591. Les tableaux de Bernardin Campi ne sont pas très-rares.

CAMPI (BALTHAZAR et MICHEL), deux frères, droguistes et parfumeurs à Lucques, vivaient le milieu du XVIᵉ siècle. Ils avaient des connaissances fort étendues sur toutes les substances qui étaient l'objet de leur commerce, et s'appliquèrent surtout à reconnaître les plantes dont les anciens ont fait mention. Ce fut dans les écrits de Dioscoride et dans ceux des auteurs arabes qu'ils cherchèrent à s'instruire à cet égard; mais n'y ayant pas trouvé tout ce qu'ils désiraient, ils parcoururent plusieurs fois la chaîne des Apennins et d'autres contrées de l'Italie pour en observer les plantes. Ils publièrent le peu de découvertes réelles qu'ils firent, dans un ouvrage intitulé : *Spicilegio botanico.* ils en ont produit ensemble, et sous leurs noms réunis, plusieurs, dont voici les titres : 1° *Discorso nel quale si dimostra qual sia il vero Mithridato*, *contra l'opinione di tutti li scrittori et aromatari; con un breve capitolo del vero aspalato*, Lucques, 1625, in-4°; 2° *Sopra il balsamo*, Lucques, 1659, in-4°. C'est un traité sur le vrai baume de Judée ou de la Mecque; 3° *Risposta ad alcune oggezioni fatta al libro suo del balsamo*, Lucques, 1640, in-4°; 1649, in-4°; 4° *Dilucidazione e confirmazione maggiore di alcune cose state da noi nella risposta al S. Gaspari*, etc., Pise, 1641, in-4°. Ce sont des explications et des réponses aux observations critiques qui avaient été faites sur le Traité du baume; 5° *Spicilegio botanico, nel quale si manifesta la conosciuta cinnamoni delli antichi*, Lucques,

1652, in-4°; 1654 et 1669, in-4°. Dans ce livre, ils ont fait connaître les plantes qu'ils avaient observées dans leurs voyages; mais leur objet principal est de prouver que la cannelle des modernes est différente du cinnamome des anciens.

CAMPI (PAUL-EMILE), poëte dramatique, était né vers 1740, à Modène, d'une famille patricienne, et déjà connue dans les lettres (*V.* la *Bibliot. modenere de Tiraboschi*). Il débuta, en 1774, par la tragédie de *Biblio*, pièce conduite avec beaucoup d'art, et dans laquelle on trouve des situations d'un grand effet. Elle fut jouée avec succès sur les principaux théâtres de l'Italie, et valut à l'auteur les encouragements de Voltaire. Une lettre qu'il écrivit au patriarche de Ferney, à l'occasion de son *Dialogue de Pégase et du Vieillard*, lui mérita de sa part de nouveaux compliments (*V.* la Corresp. de Voltaire, ann. 1774). Il donna, quelque temps après, une seconde tragédie : *Woldomir, ou la Conversion de la Russie*; un style pur et plein de convenance en assura le succès. Quelques critiques, en accordant à cet écrivain un génie vraiment tragique, trouvent sa versification un peu lâche. Campi mourut en 1796.

CAMPIAN (EDMOND), célèbre Anglais, mort en martyr pour la religion, sous le règne de la reine Elisabeth, était né à Londres en 1540, et avait été admis au collège de Saint-Jean d'Oxford, après avoir été élevé dans un hôpital. Ayant pris ses degrés pour le doctorat en 1564, il entra dans les ordres et commença par être un éloquent prédicateur protestant. En 1566, lors d'une visite d'Elisabeth à l'université, il lui fit un élégant discours, et récita devant elle une pièce de vers qui lui attirèrent de grands éloges de la part de la reine. En 1568, il passa en Irlande où il fut converti à la foi, et fit un grand nombre de prosélytes. Ses efforts et son zèle le firent découvrir et arrêter; mais il parvint à s'enfuir en Angleterre et de là en France, où il entra au collège anglais de Douai. Plus tard, il alla à Rome, fut admis dans la société de Jésus, envoyé par le général de son ordre en Allemagne, et installé à Prague dans une chaire du collège des jésuites, où il professa avec éclat la rhétorique et la philosophie pendant six ans. Là encore sa réputation s'accrut par le nombre de protestants qu'il ramena au giron de l'Eglise, et Grégoire XIII conçut pour lui tant d'estime, qu'il le chargea en 1580 d'une mission périlleuse en Angleterre. Son ardeur pour les travaux apostoliques ne se démentit pas ni dans ses discours, ni dans ses écrits. Il était parvenu à se procurer une presse secrète, au moyen de laquelle il faisait imprimer à Oxford, et distribuer adroitement dans l'Angleterre des sortes de proclamations, et des appels aux membres du clergé, dont l'un, intitulé : « *Rationes decem oblati certaminis in causa fidei, redditæ academicis Angliæ*, fit ouvrir les yeux sur lui. Il ne put se dérober longtemps aux poursuites; surpris enfin déguisé dans la maison d'un gentilhomme du Berkshire, il fut arrêté et amené en procession jusqu'à la Tour de Londres, avec un écriteau sur son chapeau où on lisait : « Edmond Campian, le plus pernicieux des jésuites. » Son procès fut bientôt instruit; et, condamné comme coupable de haute trahison, il fut pendu et écartelé à Tiburn. « Personne, dit un biographe anglais moderne, n'a mis en question son habileté, son honnêteté et la bonté de son caractère; et il est reconnu que c'était l'homme le plus éminent parmi les savants de son temps et de sa profession. » Au nombre des écrits de Campian, on remarque sa *Chronologie universelle*, une *Narration du divorce de Henri VIII avec la reine Catherine*; ces deux ouvrages sont en latin. On a encore en anglais différentes conférences sur la religion avec des ministres protestants dans la Tour de Londres. Pendant qu'il était en Irlande, en 1570, il avait écrit deux volumes sur l'histoire de ce royaume, qui furent publiés à Dublin en 1633.

Ed. GIROD.

CAMPI DIOMEDIS (*géogr. anc.*), c'est-à-dire *champs de Diomède*, vaste plaine d'Apulie, qui s'étendait entre Salapia à l'est et Asculum à l'ouest.

CAMPIER, v. a. (*vieux mot*), mener paître les bestiaux dans les champs.

CAMPIGÈNE ou CAMPIDOCTEUR, s. m. celui qui instruisait dans les exercices militaires.

CAMPIGLIA (JEAN-DOMINIQUE), dessinateur célèbre, né à Lucques en 1692, reçut les premières leçons de son art d'un oncle qui excellait à travailler en marqueterie. Il alla de bonne heure étudier à Bologne, d'où il rapporta des dispositions pour le dessin qui lui donnèrent un commencement de réputation et le firent appeler à Rome. Chargé de dessiner d'après l'antique, il s'acquitta de ce devoir avec une intelligence remarquable. C'est d'après lui qu'on a gravé une grande partie du musée Capitolin, 4 volumes in-folio. Appelé ensuite à Florence, il

dessina la riche collection de camées et d'incises que possède le cabinet grand-ducal. Depuis, cette tâche honorable a été continuée par le célèbre Jean-Baptiste Wirar, élève de David, et qui s'est inspiré de toute la verve et de la correction de son prédécesseur. Campiglia de temps à autre exécutait quelques tableaux, où l'on admirait la force et la fermeté du dessin. Il a eu l'honneur d'obtenir que son portrait fit partie de la collection de ceux des peintres célèbres qu'on voit à Florence dans le musée. Campiglia mourut vers 1750.

CAMPIGNEULLES (CHARLES-CLAUDE-FLORENT THOREL DE), né à Montreuil-sur-Mer le 5 octobre 1737, trésorier de France à la généralité de Lyon, cultiva les lettres par goût, et s'essaya dans presque tous les genres, sans obtenir de succès décidé dans aucun. Il débuta par un ouvrage intitulé : *le Temps perdu, ou Histoire de M. de C.*, 1756, in-12. C'est un roman tel qu'on peut attendre d'un jeune homme de dix-neuf ans, qui écrit avant de bien connaître les ressources de sa langue, et qui veut peindre le monde avant de l'avoir vu. Aussi a-t-on dit de ce livre, que ce qu'il y avait de meilleur c'était le titre. Quelques années après, il entreprit une feuille périodique intitulée : *le Journal des Dames*, qu'il rédigea depuis le mois de janvier 1759 jusqu'au mois d'avril 1761, ouvrage qui n'a jamais pu s'élever au-dessus du médiocre, bien que la direction en ait été confiée à des écrivains qui lui étaient très-supérieurs. Il a encore publié : 1° *Cléon ou le Petit-Maître esprit fort*, 1757, in-12; 2° *Essais sur différents sujets*, 1758, in-12; 3° *Anecdotes morales de la fatuité, suivies de Recherches et de Réflexions sur les petits-maîtres*, 1760, in-12; 4° *le Nouvel Abailard*, ou *Lettres d'un singe au docteur Abadolf*, 1763, in-8°; 5° *Nouveaux Essais sur différents sujets de littérature*, 1765, in-12; 6° *Dialogues moraux*, 1768, in-12. La *France littéraire* lui attribue une suite du roman de *Candide*. Campigneulles était membre des académies de Lyon, Angers, Villefranche, Caen et des Arcadiens de Rome. Il est mort vers 1809.

CAMPIGNY (CHARLES), né à Orléans en 1569, fit profession chez les célestins en 1589. N'ayant pu rétablir la régularité dans son ordre, il entra dans la congrégation des bénédictins de Saint-Maur, et il y mourut à Paris dans la maison des Blancs-Manteaux en 1633. Lorsqu'il était célestin, il corrigea la *Somme de la foi catholique*, écrite en latin par le P. Crespet, du même ordre; il l'augmenta, l'orna d'épîtres préliminaires, et la fit paraître à Lyon en 1598, in-fol. Il a aussi donné le *Bréviaire des célestins de la congrégation de France*, rétabli conformément aux vues du concile de Trente, à Lyon en 1592. *La vérité du différend qui est entre le P. Placidus et le P. Menalius*, c'est-à-dire entre lui-même et les supérieurs de la congrégation des célestins. *Le Guidon de la vie spirituelle pour les PP. célestins du noviciat de Paris*, en 1615, in-12. L'*Anatypophyle bénédictin*, à Paris, en 1615, in-12. Cet ouvrage a été censuré, comme injurieux à l'ordre de Saint-Benoît, par les docteurs de la faculté de théologie de Paris. On attribue aussi au P. Campigny une apologie latine pour lui-même, sous ce titre : *Apologetica innocentiæ oppressa, et reformationis ablegata propugnatio*. Elle est adressée au pape Paul V, et paraît imprimée à Anvers, sous le nom de Denis de Montaigu, abbé de Valserein (Becquet, *Historia cœlest. Gallic. congregationis*, à la page 192).

CAMPI LAPIDEI (*géogr. anc.*) (*V.* LAPIDEI CAMPI et CHAMPS).

CAMPILLO (DON JOSEPH DEL), l'un des ministres de Philippe V, à qui l'Espagne doit deux écrits pleins de sens et de raison, qu'il composa en 1742, et dont son pays aurait dû profiter plus tôt. L'un est intitulé : *Ce qu'il y a de trop et de trop peu en Espagne*; l'autre, *l'Espagne réveillée*.

CAMPI MACRI(*géogr. anc.*), Κάμποι μακροί, les Champs longs. Tel est le nom que Tite Live et Strabon donnent à la grande plaine située entre Parme et Mutine, dans laquelle, à ce que raconte un dernier historien, une réunion avait lieu chaque année. Etait-ce une réunion populaire des habitants qui étaient Gaulois? Veut-il parler d'un marché qui fut tenu postérieurement? C'est ce qu'il est très-difficile de décider. Peut-être fut-ce d'abord, une réunion populaire qui devint plus tard un marché. Un peu plus à l'ouest, près Piacenza, se trouve la plaine où avaient lieu, pendant le moyen âge, les solennelles assemblées populaires du nord de l'Italie, et qu'on appelait *les Champs roncalois*.

CAMPINE, s. f. (*art culinaire*), espèce de petite poularde fine.

CAMPINE ou CAMPIGNE (*géogr.*), partie des Pays-Bas,

dont une portion dépend du Brabant hollandais, et l'autre du pays de Liége.

CAMPION (*V.* TERSAN).

CAMPION (DE), nom de trois frères, distingués par leur esprit et leurs connaissances, et qui cependant ont été oubliés des biographes, jusqu'au moment où le général Grimoard a attiré sur eux l'attention, par une lettre adressée à Barbier, imprimée dans le *Magasin encyclopédique*, année 1808, tom. IV, pag. 95. — L'aîné, nommé ALEXANDRE, né en 1610, mort à l'âge de soixante ans, publia, en gardant l'anonyme, un volume intitulé : *Recueil de lettres qui pourront servir à l'histoire* (écrites depuis 1634 jusqu'en 1646), et diverses *Poésies*, Rouen, 1657, in-8°. Ce recueil, dédié à Mᵐᵉ de Fiesque, amie de l'auteur, n'ayant été tiré qu'à un petit nombre d'exemplaires, est devenu assez rare. — HENRI, né le 9 février 1613, mort le 11 mai 1665, a composé des *Mémoires* que M. de Grimoard a publiés en 1806, in-8°, avec des notes. — NICOLAS, né le 6 mars 1616, entra dans l'ordre ecclésiastique. On a de lui : *Entretiens sur divers sujets d'histoire, de politique et de morale*, imprimés après la mort de l'auteur, Paris, 1704, in-12, par les soins de Garambourg, chanoine d'Evreux. C'est probablement à l'aîné de ces trois frères que l'on doit la *Vie de plusieurs hommes illustres, tant français qu'étrangers, par de Campion*, Paris, 1657, in-8°.

CAMPIONE (*géogr.*), village formant une paroisse catholique, et situé dans la province de Como en Lombardie, sur le bord sud-est du lac de Lavis, vis-à-vis de Lugano. L'empereur Louis II avait donné ce village à titre de fief au couvent de S. Ambrogio Maggiore, de l'ordre de Citeaux, à Milan, et ce couvent y exerça la justice jusqu'en 1797 : pour tout le reste, le village était considéré comme appartenant au grand bailliage suisse de Lavis. Au mois de février 1797, il fut occupé par les Français, qui l'incorporèrent à la république cisalpine. Depuis lors, comme l'observe Gerold Meyer de Knonau, il est resté séparé de la Suisse « par la négligence des confédérés. » Depuis les temps les plus reculés on cultive dans cette contrée l'olivier, et on y trouve, entre autres phénomènes naturels remarquables, des éruptions d'eau. Bonaventure Castiglioni décrit une de ces éruptions dont il a été témoin oculaire et qui eut lieu en 1528 sur une montagne située près de Campione. Elle se fit avec une telle violence que les habitants craignirent un nouveau déluge. — Ce village est encore remarquable par le grand nombre d'architectes, de sculpteurs et de peintres qu'il a produits, et parmi lesquels nous ne citerons que le chevalier Isidore Bianchi, mort en 1690. Enfin on y a découvert la plupart des documents qui se trouvent rassemblés dans le *Codice diplomatico Sant' Ambrogiano* du savant P. Fumagalli.

CAMPISTRON (JEAN-GALBERT DE) naquit à Toulouse en 1656 ; il descendait d'une famille noble, originaire du pays d'Armagnac, et fixée depuis le XVIᵉ siècle dans la capitale du Languedoc, où elle avait été souvent honorée du capitoulat et de la charge de procureur général près la chambre des eaux et forêts. De très-bonne heure Campistron, de qui l'éducation avait été fort soignée, manifesta du goût pour la poésie ; ayant été blessé dangereusement dans un duel à l'âge de dix-sept ans, il dut s'éloigner de Toulouse, et se rendit à Paris où tout d'abord il fit la connaissance de Racine qui guida ses premiers pas dans la carrière dramatique. Il débuta par la tragédie de *Virginius*, qui obtint quelque succès ; mais Mᵐᵉ la duchesse de Bouillon, qui pendant un certain temps avait eu assez d'influence pour faire préférer Pradon à Racine, s'agita beaucoup pour attirer la faveur du public sur *Téléphonte* qu'elle protégeait. Voulant gagner la protection de cette dame, ou du moins éviter les suites de son inimitié, Campistron lui dédia *Arminius*, qui fut très-bien accueilli sur la scène. Un plus grand succès attendait sa tragédie d'*Andronic* qui, sous des noms supposés, met la reproduction de l'histoire de don Carlos. *Andronic* fut suivi d'*Alcibiade*, tragédie dans laquelle le célèbre Burne créa un rôle avec un talent qui contribua à la grande vogue de cette pièce. — Sur ces entrefaites, M. le duc de Vendôme ayant chargé Racine de la composition des paroles d'un opéra dont Sully devait écrire la musique, consentit à ce que M. de Campistron, par le refus de Racine, exécutât ce travail. *Acis et Galathée* fut représenté au château d'Anet en 1686, devant la plus brillante assemblée, avec le plus grand succès. Encouragé par ces débuts, Campistron écrivit deux nouveaux opéras, *Achille et Alcide*, qui furent assez froidement accueillis. M. le duc de Vendôme, voulant récompenser le poëte, lui avait envoyé une bourse d'or ; Campistron refusa. Charmé de ce désintéressement, le duc l'attacha à sa personne en qualité de secrétaire de ses commande-

ments et le fit nommer plus tard secrétaire général des galères. Ce fut ainsi que Racine, après l'avoir guidé de ses conseils dans l'art dramatique, assura sa fortune en le présentant au duc de Vendôme. — Campistron suivit son maître dans ses campagnes, où il déploya lui-même un courage et un sang-froid qui étonnaient les officiers. Souvent on le rencontrait sur le champ de bataille au moment le plus chaud. A l'affaire de Steinkerque, M. le duc de Vendôme l'ayant aperçu à ses côtés tandis que les boulets tombaient autour d'eux, lui demanda ce qu'il faisait là. « Monseigneur, voulez-vous vous en aller ! » lui répondit Campistron. Ce sang-froid plut au héros, qui ne songea plus à l'éloigner. Le roi d'Espagne, Philippe V, lui donna, sur le champ de bataille de Luzzara, la croix de Saint-Jacques-de-l'Épée et la commanderie de Ximénès ; le duc de Vendôme lui fit encore obtenir du duc de Mantoue le marquisat de Penango dans le Montferrat. — Pendant les loisirs de la paix, Campistron rentrait à Paris avec le duc de Vendôme ; indolent de caractère, il ne prenait pas toujours la peine de répondre aux lettres que recevait le duc et les brûlait parfois sans les ouvrir. Le duc de Vendôme, l'ayant surpris un jour devant un grand feu de papiers, s'écria en souriant : « Voilà Campistron occupé à faire sa correspondance. » — Après trente ans de service, Campistron demanda et obtint sa retraite ; ce fait lui a valu le reproche d'ingratitude ; ce reproche il ne le mérite pas : Campistron était âgé, et après toutes ses fatigues il avait besoin de repos. Nonobstant la charge qu'il occupait auprès du duc de Vendôme, il ne délaissa jamais le théâtre. Après avoir fait jouer *Phocion*, que le public goûta médiocrement, il donna *Phraate* dont le succès fut si grand qu'il en fut épouvanté ; on y voyait des allusions qui lui valaient chaque soir les applaudissements de la foule ; Campistron sollicita la protection de Mᵐᵉ la dauphine, qui la fit retirer. Cette tragédie n'existe pas dans les œuvres du poëte, ayant été perdue ainsi que celle d'*Actius*. *Adrien* n'eut qu'un petit nombre de représentations, mais *Tiridate* au contraire obtint un succès merveilleux. C'est la mise en scène, avec des noms d'emprunt, de l'histoire d'Ammon, fils de David, amoureux de sa sœur Thamar. Campistron s'occupa aussi de l'art comique. Le théâtre lui doit le *Jaloux désabusé* et l'*Amante amant*, comédies qui furent peu suivies. Après avoir composé la tragédie de *Pompéïa*, il s'occupait d'un *Juba* lorsque la mort le surprit. — Après avoir quitté le duc de Vendôme, Campistron s'était retiré à Toulouse ; il avait épousé Mˡˡᵉ de Maniban de Cazaubar, sœur de l'archevêque de Bordeaux et cousine du premier président du parlement de Toulouse ; il n'en eut six enfants. Il mourut presque subitement dans cette ville, le 11 mai 1723, des suites d'un abcès au poumon. Il était mainteneur de l'académie des jeux floraux depuis 1694, et avait été reçu à l'académie française en 1701. — Aucune des pièces de Campistron n'est restée au théâtre ; bien qu'il cherchât toujours à imiter Racine, son maître, jamais il n'a pu égaler le talent de ce beau modèle. Le jugement que la Harpe porte de lui est juste à tous égards ; si les plans de Campistron sont sagement conçus, ils manquent cependant de vigueur ; les situations dramatiques sont rarement attachantes, et la versification, qui décèle une grande facilité et beaucoup d'abondance, manque d'énergie et de coloris. — La meilleure édition que nous ayons de son théâtre est celle de 1750, 3 vol. in-12, Paris.

CAMPITES, *campitæ*. On appela ainsi quelques disciples de Donat, parce qu'ils tenaient leurs assemblées au milieu des champs (Prætole).

CAMPLI ou **CAMPOLI**, petite ville épiscopale dans l'Abruzze ultérieure, qui a été unie à Ortone (*V.* ORTONE).

CAMPMAS (N.), né à Monestiés, département du Tarn, était distingué des autres membres de sa famille et de ses nombreux homonymes par le surnom de *Crime*. Il n'était connu dans son pays que sous le nom de *Campmas-Crime*. Il exerçait la profession de médecin lorsque la révolution éclata ; il en adopta les principes, fut député à la convention, et vota la mort de son roi. Rentré dans son département, il y traîna une vie obscure, et avait cessé de vivre avant 1830.   C. L.

CAMPNER-DALHER (*numism.*), pièces d'argent des Provinces-Unies, valant vingt-huit stuyvers de Hollande, et environ cinquante-sept sous de France.   D. M.

CAMPO, s. m. (*comm.*), sorte de laine d'Espagne, qui se tire de Séville et de Malaga.

CAMPO (ANTONIO) (*V.* CAMPI).

CAMPO DI PIETRI (COMBAT DE). L'armée d'Italie, commandée par le général Kellermann, occupait, en septembre 1795, des positions avantageuses près de Borghetto, sur les bords du Tanaro. Le feld-maréchal Dorwins, commandant l'armée austro-sarde, après être resté plus d'un mois dans l'inaction, résolut de tenter un effort contre les lignes françaises. Le 19, il se présenta à la tête d'une très-forte division devant la droite du général Kellermann. C'était sur ce point qu'il devait diriger sa principale attaque ; mais elle ne devait commencer qu'après l'enlèvement du petit Gibraltar, position très-forte que les Français occupaient en avant de leurs lignes, entre Borghetto et la rive droite du Tanaro. Le général Derwins avait porté un détachement de deux mille hommes d'élite sur la hauteur qui domine Campo di Pietri, et cinq canons et un obusier qu'il avait établis sur le point ouvrirent un feu très-vif contre le petit Gibraltar. Mais cette canonnade ne produisit aucun effet ; les Austro-Sardes se déployèrent pour attaquer ces retranchements avec la plus grande impétuosité. L'adjudant général Saint-Hilaire les attendait de pied ferme ; deux fois les assaillants gravirent la colline au pas de charge ; deux fois ils furent repoussés par un feu meurtrier, et obligés de descendre avec précipitation et en désordre. Le commandant austro-sarde, désespérant d'enlever la position de front, se décida à la tourner ; il porte ses troupes sur les derrières du petit Gibraltar et les ramène à l'assaut. Elles éprouvent, dans cette troisième attaque, les mêmes obstacles et la même résistance que dans les deux précédentes. Un moment d'hésitation se manifeste alors dans les colonnes assaillantes ; Saint-Hilaire s'en aperçoit, il s'élance sur elles avec impétuosité, les culbute et les pousse avec tant de vigueur, que sur ces deux mille hommes qui avaient attaqué, quinze cents hommes restèrent sur le champ de bataille. Découragé par cet échec, le général Derwins ne crut pas devoir donner suite à son plan d'attaque, et profita de la nuit pour ramener ses troupes dans leurs positions.

CAMPODUNUM (géogr. anc.), lieu situé dans la Rhétie, se trouvant, suivant l'*Itin. Ant.*, à 35 milles de Rostrum Nemaviæ ; d'après les traditions, c'est très-vraisemblablement Kempten. Strabon, IV, 6, 8, fait aussi mention de ce lieu ; mais il est vraisemblable qu'il parle de Campodunum dont il est question dans Ptolémée. Au moyen âge, ce lieu se nommait Cambidona : c'était une ville assez belle, mais vide d'habitants. *Vit. Sct. Magni,* c. 8.

CAMPO-FORMIO, nom d'un lieu d'Italie où fut conclu un traité, le 17 octobre 1797, entre le général Bonaparte et le comte de Cobentzel, mandataire de l'Autriche. Les circonstances de ce traité sont assez curieuses pour mériter d'être connues. Bonaparte avait repoussé les ennemis au delà des Alpes Noriques, et de là menaçait Vienne. L'Autriche, comprenant son danger, accepte à Léoben les préliminaires d'une paix dont les conditions devaient être entre autres : la création d'une république en Italie, la cession des provinces belgiques et de la rive gauche du Rhin au bénéfice de la France. Mais, dans l'intervalle des négociations, le directoire, qui avait fait pour soutenir la guerre d'immenses préparatifs, se montra plus exigeant, et voulut complètement rejeter l'Autriche hors de l'Italie, en obtenant la ligne de l'Isonzo. De son côté le cabinet de Vienne, trompé par des rapports faux ou exagérés, espérait une contre-révolution royaliste en France, et devenait moins facile. Il demandait la cession des États vénitiens et celle des légations romaines et lombardes. Mais le 18 fructidor arriva sur ces entrefaites et fit cesser toutes craintes en France, en déjouant les espérances de l'Autriche, qui envoya aussitôt le comte de Cobentzel avec pleins pouvoirs. Bonaparte exigea le Rhin et Mayence, ainsi que les Ioniennes pour la France, et Mantoue avec la ligne de l'Adige pour la république cisalpine, menaçant de recommencer les hostilités le 1er octobre si on n'acceptait ces conditions. Cobentzel refusait, reprochant à Bonaparte de sacrifier à son ambition le repos de sa patrie ; lorsque le général saisit une merveilleuse coupe de porcelaine que Catherine de Russie avait jadis donnée au comte, et la brisant, s'écria : « Avant trois mois j'aurai brisé votre monarchie comme je brise cette porcelaine. » Le jour même, il annonça que les hostilités recommenceraient dans les vingt-quatre heures, et le comte effrayé signa le traité de Campo-Formio, qui fut ainsi appelé du nom d'un village du Frioul.

CAMPOGNE, s. f. flûte du dieu Pan.

CAMPOLONGO (ÉMILE), né à Padoue en 1550, y étudia la médecine, et devint à l'âge de vingt-huit ans professeur de médecine dans l'université de cette ville. Il conserva cette place jusqu'à sa mort, en 1604. Ses principaux ouvrages sont : 1° *De Arthritide liber unus ; De variolis liber unus ; De variolis liber alter,* Venise, 1586 et 1596, in-4° ; 2° *Nova cognoscendi morbos methodus, ad analyseos capivaccinæ normam expressa,* Viterbe, 1601, in-8°, publiée par Jean Jessen ; 3° *De lue venerea libellus,* Venise, 1625, in-fol., avec les Discours de Paul Benius ;

4° *De vermibus ; De uteri affectibus deque morbis cutaneis,* Paris, 1634, in-4°, avec la Médecine pratique de Fabricio d'Aquapendente. Ces deux derniers ouvrages n'ont paru qu'après la mort de l'auteur.

CAMPO-LONGO (EMMANUEL), poëte et archéologue, naquit à Naples le 30 décembre 1732 d'une famille riche qui ne négligea rien pour son éducation. Doué d'un goût prononcé pour la poésie, il ne laissa guère passer l'occasion d'en composer. Appelé à Rome par la mort de son oncle, médecin du pape Benoît XIV, il y fut promptement connu. Dissipateur comme presque tous les poëtes, Campo-Longo vit ses ressources diminuer : il voulut alors s'occuper de droit et de médecine ; mais, ne pouvant abandonner ses habitudes, il accepta une chaire d'humanités au collége de Naples en 1765. Ses talents y attirèrent une foule d'élèves, et, malgré les efforts qu'il était obligé de faire pour soutenir sa réputation, il put encore publier un grand nombre d'ouvrages qui démontrent beaucoup d'imagination. Plus tard l'académie héracléenne l'admit au nombre de ses membres. Occupé de perfectionner plusieurs ouvrages, il se mêla en rien aux troubles que Naples éprouva vers la fin du XVIIIe siècle. Il mourut du typhus au mois de mars 1801. Voici ses principaux ouvrages : 1° *la Polifemendi, sonetti.* Naples, 1759, in-8° ; *Colle parafrasi latine,* ibid., 1765, in-4° ; 2° *la Mergellura, opera pescatoria,* ibid., 1761, in-8° ; 3° *la Galleido,* ibid., 1766, in-8° ; 4° *il Proteo,* ibid., 1768, in-8° ; nouvelle édition, 1819, in-8°, avec la Vie de l'auteur en latin, par Michel Roberti ; 5° *la Volcaneïde,* ibid., 1776, in-8° ; 6° *la Smanie di Pluto,* ibid., 1776, in-8° ; 7° *Polifemo ubbriaco, ditirambo,* ibid., 1778, in-4° ; 8° *il peccatore convinto, quaresimale,* ibid., 1778, 3 vol. in-12 ; 9° *Cursus philologicus,* ibid., 1778, 4 vol. in-12 ; 10° *Sepulcretum amicabile,* ibid., 1781, 2 vol. in-4° ; 11° *Letholexicon intentatum,* ibid., 1782, in-4° ; 12° *Sereno Sevenato, o sia idea scoperta di quinto sumonico,* ibid., 1786, in-8°, édition inconnue en France.

CAMPOMANÈS (DON PEDRO RODRIGUEZ, COMTE DE), diplomate, littérateur et économiste distingué, directeur de l'académie royale fondée en 1758 par Philippe V, et grand'croix de l'ordre de Charles III, naquit dans les Asturies en 1723. Il est un contredit un des hommes les plus distingués dont puisse s'honorer l'Espagne. Ses hautes connaissances et sa vaste érudition le firent bientôt connaître de toute l'Europe. Il fut nommé membre correspondant de l'académie des belles-lettres de Paris, et, sur la présentation de Franklin, membre de la société philosophique de Philadelphie. Tandis qu'Adam Smith en Angleterre, Quesnay et Turgot en France, employaient toutes les ressources de leur esprit à rechercher les véritables causes de la richesse et de la puissance des nations modernes, Campomanès en Espagne se livrait avec non moins d'ardeur à la même étude. Au-dessus de tous les préjugés si profondément enracinés dans l'esprit des Espagnols surtout, il condamna les abus, et chercha à éclairer le peuple sur sa marche progressive. Mais il était trop au-dessus de son siècle, et ses ouvrages ne furent pas compris. Lever les entraves qui pesaient sur l'industrie, asseoir le commerce intérieur et extérieur sur des bases larges et libérales, affranchir l'agriculture des impôts odieux auxquels elle était soumise, telles étaient les vues de Campomanès, tel était le but qu'il s'efforçait d'atteindre dans tous ses ouvrages. Et en lisant ces ouvrages, on ne peut s'empêcher de rester étonné et de se demander comment cet homme, au milieu d'une société peu éclairée, ait pu si bien comprendre les plus hautes questions d'économie politique, et en prévoir avec tant de justesse les conséquences. Il s'occupa de faire établir la liberté du commerce des grains et il eut même le projet de détruire la mendicité si commune en Espagne, en employant utilement les vagabonds et les gens sans aveu dans les différentes branches de l'industrie. On le voit, aucune des grandes questions qui agitent encore notre époque n'avaient échappé aux investigations de ce génie vraiment supérieur. Cependant on doit le blâmer de s'être montré ennemi acharné du clergé si justement respecté en Espagne, et d'avoir cherché à lui faire rendre les biens-fonds qui avaient été légitimement acquis. Après une carrière si bien remplie, il mourut en 1803, après avoir été disgracié et remplacé dans la faveur du roi par Florida Blanca, qui certes était loin de le valoir. Il nous serait presque impossible de faire connaître tous les ouvrages de Campomanès ; voici les principaux. Il commença par un *Essai historique sur l'ordre des chevaliers du Temple* ; il publia ensuite une *Notice biographique du royaume et des routes du Portugal* ; un *Itinéraire des routes de l'Espagne et de plusieurs autres contrées de l'Europe* ; un *Appendice à l'éducation des artisans* ; un *Avis sur la formation des lettres.* Mais les ouvrages les plus remarquables qu'on a de lui sont ceux qui ont pour titre : *Discurso sobre el* *fomento della industria popular ; Mémoire sur les approvisionnements de Madrid*, et *Mémoire relatif aux abus de la Mesta (V.)*. Il publia encore un ouvrage dans lequel il revendiqua les droits de l'infante Marie et de Charles III au trône de Portugal ; un *Discours sur la chronologie des Goths ; une Dissertation sur l'établissement des lois*, plusieurs traductions d'ouvrages arabes, grecs et latins, et termina sa carrière par une Histoire générale de la marine espagnole.

CAMPOMANÈSE, s. m. (*botan.*), sorte d'arbrisseau du Pérou, voisin des myrtes et des goyaviers.

CAMPO-MAYOR (PRISE DE). La ville de Badajoz était tombée, le 11 mars 1811, au pouvoir des Français ; le duc de Trévise, pour achever la conquête de l'Estramadure, pensa que l'armée devait s'emparer sans délai des forteresses de Campo-Mayor, d'Albuquerque et de Valencia, que l'ennemi tenait encore sur la frontière de l'Alentejo. Il voulut aussi détruire ces forteresses, afin de ne laisser aucun point d'appui aux corps anglais qui se préparaient à pénétrer en Estramadure par le Portugal. Dès le 15, tandis qu'il envoyait le général Latour-Maubourg attaquer Albuquerque, et qu'un autre détachement allait surprendre Valencia, il faisait lui-même ouvrir la tranchée devant Campo-Mayor. Cette place n'avait que trois cents hommes de garnison ; cependant le gouverneur fit une telle démonstration de résistance que les Français durent l'assiéger régulièrement. Le 15, deux batteries furent établies contre le bastion San-Joao ; le 17, le bombardement commença ; le 21, la brèche devint praticable, et la place, sommée une seconde fois, se rendit. Le duc de Trévise fit aussitôt sauter les fortifications. Sur cinquante-deux pièces de canon qui étaient dans la ville, trente-sept seulement purent être dirigées sur Badajoz ; on brisa les quinze autres, faute de temps pour effectuer leur transport.

CAMPONÉSIE, s. m. (*botan.*), arbre du Pérou, dont les fruits sont de la grosseur d'une petite pomme, et d'une saveur fort douce et très-agréable.

CAMPONI (*géogr. anc.*), ancien peuple de l'Aquitaine. Il habitait probablement du côté des Pyrénées, la vallée de Campan, qui porte des traces de son nom.

CAMPOS, s. m. (*gramm.*) (on ne fait point sentir l'S), mot pris du latin, qui signifie proprement le congé qu'on donne à des écoliers. — Il se dit, par extension, des heures ou des personnes d'étude et de cabinet qui se donnent quelque relâche. Il est familier dans les deux sens.

CAMPOTE, s. f. (*comm.*), espèce d'étoffe de coton qui se fabrique dans les Grandes-Indes.

CAMPO-TENESE (BATAILLE DE). Le 9 mars 1806, le général Reynier, qui, après la reddition de Naples, poursuivait en Calabre les débris de l'armée napolitaine, déboucha par les gorges du val San-Martino dans la plaine de Campo-Tenese, où il savait que les généraux ennemis s'étaient retranchés pour recevoir bataille. La position des Napolitains était bien combinée : leur droite et leur gauche s'appuyaient à des montagnes couronnées par plusieurs bataillons d'infanterie légère, et devant le centre de leur ligne ils avaient élevé trois fortes redoutes armées de pièces de gros calibre. Le général français n'en résolut pas moins d'attaquer ; il fit former ses troupes à mesure qu'elles débouchaient dans la plaine, puis leur donna ordre de marcher au pas de charge et à la baïonnette. L'ennemi ne les attendit pas ; après quelques décharges, sans grand effet, de l'artillerie des redoutes, les Napolitains lâchèrent pied, abandonnant redoutes et pièces, et se dispersèrent dans les montagnes. Sans la nuit, il eût été possible d'envelopper entièrement cette armée à la débandade ; cependant sa destruction fut presque complète : des 10 à 11,000 hommes que le général en chef, l'émigré français Roger de Damas, avait sous ses ordres, à peine put-il rallier un millier de fantassins et quelques centaines de cavaliers. Deux mille prisonniers, dont grand nombre d'officiers supérieurs, toute l'artillerie, cinq drapeaux et plus de cinq cents chevaux, restèrent au pouvoir des vainqueurs.

CAMPRA (ANDRÉ), compositeur de musique, né à Aix le 4 décembre 1660, devint maître de musique de la cathédrale de Toulon en 1679; il passa ensuite en la même qualité à Arles et à Toulouse, et vint ensuite à Paris en 1694, où il fut d'abord maître de musique de l'église du collège et de la maison professe, et maître de la musique de Notre-Dame. Ses deux premiers opéras parurent en 1697, sous le nom de son frère Joseph. En 1722, il devint maître de la chapelle du roi et directeur de la musique du prince de Conti. Il mourut à Versailles le 29 juillet 1744.— Les ouvrages de Campra sont : *l'Europe galante*, 1697; *le Carnaval de Venise*, 1699; *Hésione*, 1700; *Aréthuse*, 1701;

Tancrède, 1702; *les Muses*, 1703; *Iphigénie en Tauride, Télémaque*, 1704; *Aline*, 1705; *le Triomphe de l'Amour*, 1705; *Hippodamie*, 1708; *les Fêtes vénitiennes*, 1710; *Idoménée, les Amours de Mars et de Vénus*, 1712; *Téléphe*, 1713; *Camille*, 1717; *les Ages*, 1718; *Achille et Déidamie*, 1735, opéras représentés à l'académie de musique; *Vénus*, 1698; *le Destin du nouveau siècle*, 1700; *les Fêtes de Corinthe*, 1717; *la Fête de l'île d'Adam*, 1722; *les Muses rassemblées par l'Amour*, 1723; *le Génie de la Bourgogne*, 1732; *les Noces de Vénus*, 1740; *Divertissements pour la cour*, trois cantates et cinq livres de motets. — Bien supérieur aux autres successeurs de Lulli, dit M. Fétis, Campra entendait bien l'effet de la scène, et savait donner une teinte dramatique à ses ouvrages. Sa musique n'a point le ton uniforme et languissant de celle de Colasse et Destouches ; il y règne une certaine vivacité de rhythme qui est d'un bon effet, et qui manquait souvent à la musique française de son temps ; néanmoins, ce n'était point un homme de génie. Il manquait d'originalité, et son style était fort incorrect ; malgré ces défauts, la musique de Campra fut la seule qui put se maintenir auprès de celle de Lulli, jusqu'au moment où Rameau devint le maître de la scène française.

CAMPREDON (AFFAIRE ET PRISE DE). Le général Dagobert, poursuivant le général espagnol Ricardos, se présente, le 4 novembre 1793, devant la ville de Campredon en Catalogne, et la somme deux fois de se rendre ; l'alcade, qui ne cherche qu'à gagner du temps pour permettre aux habitants d'évacuer la place, demande vingt-quatre heures de suspension d'armes, et cependant il continue son feu. Le lendemain, Dagobert ordonne l'assaut après une nouvelle sommation et un nouveau délai. Quand la ville eut été emportée au bout de deux heures et livrée au pillage, on vit que tous les habitants aisés avaient fui ; il fut impossible de lever aucune contribution. N'ayant pu rallier à lui le reste de son armée, Dagobert fut obligé d'évacuer sa conquête, et même de sortir de la Catalogne. — Le général Doppet, commandant sous les ordres du général Dugommier, s'empara de nouveau de Campredon au mois de juin 1794.

CAMPS (FRANÇOIS DE), prêtre et antiquaire, né à Amiens en 1643, s'appliqua aux études historiques sous la direction de Bouteroue, de du Cange, du P. le Cointe et de dom Mabillon, et se livra ensuite à l'étude des médailles ; il en forma une très-belle collection qui est passée depuis au cabinet des antiques de la bibliothèque du roi. On a de lui, dans *le Mercure* du temps, un grand nombre de *dissertations* sur l'histoire de France. Le P. Daire en a donné la liste complète dans son *Histoire littéraire d'Amiens*. De Camps mourut en 1723.

CAMPSA (*géogr. anc.*), ville de Macédoine, dans la presqu'île de Pallène, sur le golfe Thermaïque.

CAMPSACÈS (*V.* CAB).

CAMPSIS, s. f. (*médec.*), incurvation contre nature. On dit aussi *contracture*.

CAMPULAIE, s. f. (*botan.*), genre de plantes de la famille des pédiculaires.

CAMPULE (*V.* LÉON III).

CAMPULIMORPHE, s. m. (*botan*), famille de plantes.

CAMPULOA, s. m. (*botan.*), genre de plantes de la famille des graminées.

CAMPULOSE, s. f. (*botan.*), sorte de plante graminée qui croît isolément dans les forêts sablonneuses.

CAMPULOTE ou **CAMPULOTTE**, s. f. (*hist. nat.*), espèce de coquille fossile du genre des magiles.

CAMPUS (*V.* CHAMP ou les noms joints à CAMPUS).

CAMPUS LABORINUS (*géogr. anc.*). Tel est le nom que les Italiens donnaient à cette portion de la plaine de Campanie, qui s'étend le long du golfe de Puteoli, de Cumes jusqu'au Vésuve. On trouve aussi le pluriel *Laboriæ*. Les Grecs connaissaient cette contrée sous le nom de τὸ φλεγραῖον πεδίον, nom qui s'emploie aussi au pluriel, et le nom central de la contrée était le marché de Vulcain (ἡ τοῦ Ἡφαίστου ἀγορά). De même que la dénomination grecque dérive du feu souterrain qui, dans ces terres volcaniques, manifeste son action jusqu'à la superficie, d'une manière qui n'est que trop sensible, et rappelle ainsi l'idée du monde inférieur à l'esprit imbu des fables mythologiques, de même le travail intérieur d'un sol si fréquemment ébranlé par des tremblements de terre, a donné naissance peut-être à la dénomination latine. Ou bien est-ce de la force qui féconde et fertilise la terre, et non de celle qui la ravage, qu'il est ici question? Le *Campus Laborinus* était la véritable serre chaude de la bienheureuse Campanie, et c'est de cette contrée qu'il faut surtout entendre tout ce que les anciens nous apprennent en général de la *Campania felix*. La nouvelle dénomination, *Terra di Lavoro*, s'applique à un espace de terre plus étendu, qui embrasse presque toute l'ancienne Campanie.

CAMPUS SERENUS (*géogr. anc.*), plaine de la Thrace s'étendant entre Drusiparc et Tzavulum, et où Maximin fut vaincu par Licinius (Lact., *De mort. pers.* 45).

CAM-PVOLANT, s. m. (*gramm.*), se dit au figuré d'une personne peu stable dans sa conduite, dans sa demeure, qui aime à changer de situation, etc. Il est familier.

CAMPY (*V.* PLANIS CAMPY).

CAMPYLE (*géogr. anc.*), petite rivière de la Grèce, dans l'Etolie, ainsi nommée à cause de ses nombreuses sinuosités (κάμπτω, courber).

CAMPYLE, s. m. (*botan.*), espèce d'arbrisseau grimpant de la Chine.

CAMQUIT (*hist. nat., bot.*), fruit du royaume de Tonquin, semblable à une orange, mais qui n'est pas si grand que le camchain. Sa couleur est d'un rouge foncé : sa pelure est fort mince; elle est aussi rouge en dedans, et ne le cède à aucun fruit en délicatesse ; mais ce fruit est fort malsain, et donne la dyssenterie.

CAMRUP (*géogr.*), une des trois provinces entre lesquelles se partage l'empire d'Anam situé dans la presqu'île de l'Inde ultérieure. Cette province forme la partie occidentale du pays, s'étend de la frontière du Bengale jusqu'au célèbre temple de Middle-Khamakie, est divisée en quatre districts, et a Gohali pour capitale.

CAMUEL, troisième fils de Nachor. Moïse dit qu'il fut père des Syriens, c'est-à-dire père d'*Aram* surnommé le *Syrien*. Camuel a pu donner son nom aux Camilètes, peuples syriens, au couchant de l'Euphrate (*Genèse*, 22, 21).

CAMUEL, fils de Sephtan, de la tribu d'Ephraïm, fut un des députés pour faire le partage de la terre promise aux autres tribus (*Num.*, 34, 24).

CAMUL, s. m. (*botan.*), espèce de poivre dont les côtes sont saillantes.

CAMULÁTUS, lieutenant de M. Brutus, quitta le parti de ce général quelques instants avant la bataille de Philippes.

CAMULE, s. m. (*mythol.*), nom que les Saliens donnaient à Mars. Il est représenté dans les monuments avec la pique et le bouclier.

CAMULIANA (*géogr. ecclés.*), ville épiscopale du diocèse de Pont, dans la première province de Cappadoce, sous la métropole de Césarée ; il en est fait mention dans les actes du cinquième concile général ; et dans les Notices grecques on l'a appelée aussi *Nouvelle-Justinienne*, quoique Procope n'en dise rien.

CAMULOGÈNE, Gaulois dont César parle dans ses *Commentaires* (liv. VII, chap. 57 et suiv.). Il commandait en chef les *Parisii* et les confédérés des cités voisines, lorsque Labienus marcha sur Lutetia. Camulogène, alors chargé d'années, mais doué d'une grande expérience de l'art militaire, disputa au général romain l'approche de la Seine en se couvrant d'un grand marais que formait sur la rive gauche du fleuve la rivière de Bièvre. Labienus, contraint de se retirer, alla surprendre *Melodunum* (Melun), y passa la Seine et remonta vers Lutetia. Camulogène, craignant que l'ennemi ne se rendît maître de ce qu'il fortifiait, y mit le feu, coupa les ponts, et, protégé par le marais, revint camper sur la rive gauche. Cependant Labienus opéra son passage à quatre milles plus bas, et les deux armées en vinrent aux mains dans la plaine d'Issy et de Vaugirard. L'action fut longue et opiniâtre ; enfin les Gaulois furent enveloppés et taillés en pièces. Camulogène, qui avait toujours animé les siens par son exemple, ne survécut pas à sa défaite, et se fit tuer les armes à la main.

CAMUNENG, s. m. (*botan.*), nom que l'on a donné à trois plantes : au calcar panicule, au murrage, et à un nouveau genre de plantes méliacées.

CAMUNI (*géogr. anc.*), ancien peuple de la Rhétie ; il habitait sur les bords de l'Oglio, dans une vallée qui porte encore aujourd'hui le nom de Val di Camonica (*V.* CAMONICA).

CAMURIEN, s. m. (*botan.*), espèce de liane qui croît dans les îles Philippines.

CAMURIUS, soldat de la cinquième légion, meurtrier de Galba.

CAMUS, USE, adj. (*gramm.*), qui a le nez court et plat. *Il est camus, Elle est camuse*. On dit de même, *Un nez camus.* — Il se

dit également de certains animaux. *Un chien camus. Un cheval camus*. — Figurément et familièrement, *Il est bien camus*, se dit d'un homme qui a été trompé dans l'attente de quelque chose. — *Rendre un homme camus*, le réduire à ne savoir que dire. — *Camus* s'emploie aussi substantivement, *Un vilain camus, Une petite camuse.*

CAMUS, s. m. (*hist. nat.*), nom vulgaire du dauphin commun. — Poisson du genre polynème.

CAMUS DE BEAULIEU (N. LE), succéda au seigneur de Giac dans la faveur de Charles VII. Loin d'être effrayé de la fin tragique de son prédécesseur, que le connétable de Richemont avait fait enlever et exécuter sans forme de procès, il abusa de son crédit avec une insolence inouïe, au point que les princes et les courtisans, indignés de l'arrogance du nouveau favori, prièrent le connétable de les en délivrer. Le Camus de Beaulieu fut assassiné près de Poitiers en 1426, et Richemont, servant son souverain malgré lui-même, et le défaisant, dit le président Hénaut, d'une manière à la vérité bien audacieuse, des mauvais sujets dont il se laissait obséder, lui dit pour toute justification, qu'en faisant bonne justice de Giac et de le Camus, il n'avait eu en vue que le bien de l'Etat et la gloire du roi.

CAMUS (BONAVENTURE), cordelier, gardien du couvent de Toul, a composé un traité qui a pour titre : *Eucharistiæ sacramentum explicatum*, à Toul, 1656 (dom Calmet, *Biblioth. lorraine*).

CAMUS (JEAN-PIERRE), évêque du Belley, né à Paris en 1582, n'avait pas vingt-six ans accomplis lorsque le roi Henri IV, touché de son mérite, le nomma à l'évêché du Belley en 1608. Saint François de Sales le sacra le 31 août 1609, et il n'eut pas plutôt reçu l'ordination épiscopale, qu'il s'employa tout entier à la conversion des pécheurs et des hérétiques, à réformer les abus, à soulager et à instruire les peuples, mais surtout à combattre l'oisiveté et les sentiments relâchés de quelques religieux. La guerre qu'il fit aux moines en général parut même si outrée que le cardinal de Richelieu fut obligé de modérer son zèle, et de lui faire promettre qu'il les laisserait en repos. On rapporte à ce sujet que le cardinal lui dit un jour : *Je ne connais en vous d'autre défaut que cet horrible acharnement contre les moines, et sans cela je vous canoniserais.* — *Plût à Dieu*, lui repartit agréablement le zélé prélat, *que cela pût arriver, nous aurions l'un et l'autre ce que nous souhaitons; vous seriez pape, et je serais saint!* La repartie n'était pas sans doute moins sincère qu'ingénieuse; car ce fut pour travailler avec plus de soin à sa propre sanctification, que le Camus se démit de son évêché en 1629, et se retira l'année suivante dans l'abbaye d'Aulnai, que le roi lui donna, en acceptant sa démission. Il travailla cependant encore quelque temps en qualité de vicaire général de François du Harlai, archevêque de Rouen, et se retira ensuite aux Incurables de Paris, où il mourut le 26 avril 1652, dans la soixante-dixième année de son âge, avant d'avoir reçu les bulles de l'évêché d'Arras, où le roi l'avait nommé en 1651. L'abbé le Clerc lui attribue plus de deux cents volumes de sa composition, et les journalistes de Trévoux en comptent cent trente volumes, au mois de janvier 1728 (p. 41). Ils consistent en traités de controverse, de morale, de piété, des sermons, des lettres, des romans pieux. De tous ces ouvrages, dit Feller, on ne lit plus guère que l'*Esprit de saint François de Sales*, en 6 vol. in-8°, réduits en un seul, par Collot, docteur de Sorbonne, ouvrage où la philosophie est aimable autant que la religion s'y fait respecter. Nous citerons de le Camus : 1° les *Diversités*, Paris, 1614, 1618, 10 vol. in-8°. — 2° *Direction à l'oraison mentale*, in-12. — 3° *Méditation sur le mystère de la naissance du Sauveur*, 1617, in-12. — 4° *Homélies eucharistiques, dominicales, festives, mariales, quadragésimales, spirituelles*, sur le Cantique des cantiques, sur la passion de Notre-Seigneur Jésus-Christ : *Homélies diverses, Mélanges d'homélies*, 9 vol. in-8°, imprimés en différentes années. — 5° *Dorothée*, ou *Récit de la pitoyable issue d'une volonté violente*, Paris, 1621. — 6° *L'Alexis*, en trois parties, in-8°, Paris, 1622, 3 vol. — 7° *Acheminement à la dévotion civile*, Toulouse, 1625, in-12. — 8° *Les Evénements singuliers*, Lyon, 1628, in-8°. — 9° *Traité du chef de l'Eglise*, 1630, in-8°. — 10° *Traité de la primauté de saint Pierre*, 1630, in-8°. — 11° *Les Spectacles d'horreur*, Paris, 1630, in-8°. — 12° *Le Directeur désintéressé*, Paris, 1632, in-12. — 13° *Le Directeur désintéressé, selon l'esprit du bienheureux saint François de Sales*, Rouen, 1633, in-12. — 14° *De l'Ouvrage des moines*, Rouen, 1633, in-12. — 15° *De la désappropriation claustrale*, Besançon, 1634. — 16° *Le Rabat-joie du triomphe monacal*, Lille, 1634. — 17° *L'Esprit de* *saint François de Sales*, Paris, 1639, 1640, 1641, 6 vol. in-8°. — 18° *Metaneu Carpie*, ou *Des fruits de la pénitence*, qui sont l'oraison, l'aumône et le jeûne, Paris, 1620, in-8°. — 19° *Traité de la pauvreté évangélique*, Besançon, 1634. — 20° *Hermimne*, ou *les Deux Hermites contraires, le reclus et l'instable*, Rouen, in-8°. — 21° *Daphnide*, ou *l'Intégrité victorieuse*, histoire aragonaise, 1625, in-12. — 22° *Avoisinement des protestants vers l'Église romaine*, Paris, 1640, Rouen, 1648, in-12. — 23° *Instructions catholiques aux néophytes*, Paris, 1642, in-8°. — 24° *Les Fonctions du hiérarque parfait*, 1642, in-8°. — 25° *La Direction pastorale*, in-8°, 1642, in-12. — 26° *Des devoirs du bon pasteur paroissial*, Paris, 1642, in-12. — 27° *Le Noviciat clérical*, 1645, in-8°. — 28° *Spéculations affectives sur les attributs de Dieu*, 1642, in-8°. — 29° *L'Usage de la pénitence et de la communion*, 1645, in-4°. — 30° *Enseignement catéchistique*, ou *Explication de la doctrine chrétienne*, Paris, 1642, 1643, 1644, in-8°. — 31° *Anti-Basilic*, pour répondre à *l'Anti-Camus*, 1643, in-4°. — 32° *Épîtres théologiques sur les matières de la prédestination de la grâce et de la liberté*, Paris, 1652, 2 vol. in-8°. — 33° *Les Devoirs du bon paroissien*, Douai, 1640, in-8°. — 34° *De l'unité de la hiérarchie*, Douai, 1634. — 35° *Apologie pour les réguliers*, Paris, 1657, in-12, etc.

CAMUS (ÉTIENNE LE), cardinal, évêque de Grenoble, né à Paris en 1632 d'une illustre famille de robe, qui a produit un célèbre lieutenant civil, plusieurs procureurs généraux et présidents à la cour des aides, mena une vie galante et dissipée à la cour, où il était attaché par une charge d'aumônier du roi. « On a, remarquait-il dans la suite, dit de moi plus de mal que je n'en avais fait alors, et depuis, plus de bien que je n'en mérite. » En quittant la cour, il se mit sous la direction de M. Pavillon, évêque d'Aleth, et il songeait à aller faire pénitence dans la retraite, lorsqu'il fut nommé à l'évêché de Grenoble en 1671. Son premier mouvement le portait à refuser, mais ses amis lui représentèrent sa promotion comme une faveur de la Providence, qui lui offrait ce moyen de réparer le scandale que sa vie pouvait avoir donné. Il se rendit à leurs conseils. L'arrivée du nouveau prélat dans son diocèse fut marquée par des actes de désintéressement, et il se livra sans réserve au salut du troupeau qui lui était confié, se mit à la tête des missions, visita chaque année, pendant trois mois, environ cent paroisses, sans être rebuté par la difficulté des chemins, dans un pays rempli de montagnes escarpées et de gorges presque impénétrables. Il animait tout par son zèle, pénétrait les cœurs par l'onction de ses sermons, portait la paix dans les familles par un esprit de conciliation qui terminait tous les différends, répandait d'abondantes aumônes qui excédaient souvent le revenu de son évêché. Sa vie domestique retraçait celle des évêques de la primitive Église. Il couchait sur la paille, portait un cilice, jeûnait une grande partie de l'année, faisait une abstinence continuelle, ne vivait que de légumes, quoiqu'il fît servir de la viande pour les autres personnes qui étaient à sa table. Il fallut qu'Innocent XI l'obligeât à manger du poisson, et que les médecins le forçassent de se nourrir avec de la viande pour le besoin de sa santé pendant les cinq dernières années de sa vie. Il fut fait cardinal en 1686. Le chapeau avait été demandé pour M. de Harlay, archevêque de Paris. Innocent XI, qui n'aimait pas ce prélat, l'envoya, de son propre mouvement, à l'évêque de Grenoble; on le manda en cour. M. de Harlay était avec Louis XIV, lorsque le nouveau cardinal parut devant ce prince. Le monarque ayant voulu lui faire des reproches, l'évêque de Grenoble, qui se tirait toujours d'affaire par quelque plaisanterie, lui dit, en montrant son compétiteur : « Sire, voilà le cardinal camus, et voici le cardinal de Camus, » en se montrant lui-même. Cette plaisanterie fit rire Louis XIV, et la chose n'eut pas d'autre suite. Le Camus mourut à Grenoble le 12 septembre 1707 : les pauvres furent ses héritiers. Il avait fondé deux séminaires : l'un, dans sa ville épiscopale, pour les ordinants, l'autre, à Saint-Martin de Miséré, pour les jeunes gens qui se destinaient à la cléricature. La mémoire de ce saint évêque se conserve encore avec vénération dans le diocèse, qu'il édifia par ses vertus et qu'il vivifia par son zèle. Il avait fait imprimer à Grenoble l'ordonnance du cardinal Carpegna, vicaire du pape, contre le luxe des femmes. Ce fut à sa sollicitation que Genest, depuis évêque de Vaison, composa la *Théologie morale de Grenoble*. On a de lui un recueil d'ordonnances synodales estimées, une *Défense de la virginité perpétuelle de la Mère de Dieu*, Lyon, 1680, in-12; un *Traité de l'eucharistie*, pour l'instruction d'une personne de la religion réformée qui pensait à se faire catholique (*V.* CLAUDE). On trouve huit de ses lettres parmi celles du docteur Arnauld. M. Lallouette a

donné l'abrégé de sa vie (Paris, 1760, in-12 de 67 pages). M. Gras-Duvillard, chanoine de Saint-André de Grenoble, a publié : *Discours sur la vie et la mort de M. le cardinal le Camus*, accompagné d'une épître qui contient l'état des fondations et legs du cardinal dans son diocèse, et un extrait de ses lettres, avec des notes critiques et historiques, Lausanne (Grenoble), 1748, in-12. Ce discours est une oraison funèbre du cardinal, prêchée à huis-clos par le P. Molinier de l'Oratoire, dans un couvent de religieuses, parce que le Camus avait défendu qu'on lui décernât aucun éloge public après sa mort. Cette oraison funèbre a été mutilée en divers endroits par l'éditeur.

CAMUS (JEAN LE), frère cadet du cardinal, conseiller de la cour des aides, puis maître des requêtes, intendant en Auvergne, et enfin lieutenant civil au châtelet de Paris, exerça pendant quarante ans cette dernière charge avec la réputation de l'un des plus intègres et des plus habiles magistrats de son siècle. Il mourut le 28 juillet 1710, âgé de soixante-treize ans. Il a fait des notes sur la coutume de Paris, dont Ferrières enrichit la seconde édition de sa compilation de tous les commentateurs de cette coutume, 4 vol. in-fol., 1714. Le Camus publia aussi les *Actes de notoriété du châtelet*, dont Denisart donna une nouvelle édition avec des notes, 1769, in-4°.

CAMUS DE MELSONS (CHARLOTTE LE), de l'académie des Ricovrati de Padoue, est au nombre des femmes qui ont cultivé avec succès la poésie française ; elle mourut le 22 juin 1702. Ses poésies, qui se trouvent éparses dans divers recueils ou dans les journaux du temps, n'ont jamais été réunies ; on en trouve quelques-unes dans l'*Histoire littéraire des femmes françaises*, Paris, 1769, deuxième partie, pag. 122. — ANDRÉ LE CAMUS, son mari, était conseiller d'État.

CAMUS (NICOLAS), docteur et professeur en droit à l'université de Paris, était natif de Troyes en Champagne. On connaît de lui : 1° *Academiæ parisiensis pro assertione juris sui adversus mancipium factionem postulatio*, ad Pomponium Bellevræum ejusdem res gestas carmine panegyrici exponens, Paris, 1658, in-4°. C'est une requête en vers latins qu'il avait adressée au premier président Pompone de Bellièvre, pour soutenir quelques droits de l'université de Paris. 2° *Ad Joan. Bapt. Colbert Elegia*, ibid., in-fol., sans date. 3° Il a été l'éditeur du Térence, *ad usum Dephini*, Paris, 1675, in-4°; Londres, 1688, 1703, in-8°. Les notes et commentaires qu'il y a joints font encore un peu rechercher cette édition.

CAMUS (FRANÇOIS-JOSEPH DES), né le 14 septembre 1672, à Pichomé, village près de Saint-Michel en Lorraine, fit ses premières études sous les jésuites, à Bar-le-Duc, et obtint ensuite, par le crédit de ses parents, une bourse au collège de la Marche, à Paris. Son cours de philosophie achevé, il entra au séminaire de Verdun, et en sortit au bout de deux ans, pour retourner à Paris, où il commença à se livrer à son génie pour la mécanique. Quelques machines de son invention, entre autres un carrosse qui avait ceci de remarquable, qu'il ne pouvait pas verser, et que les cahots y étaient insensibles, furent approuvées par l'académie des sciences, qui ouvrit ses portes à des Camus en 1716. Encouragé par cet honneur, il publia, en 1722, in-8°, Paris, un *Traité des forces mouvantes*, ouvrage rare et curieux, dont on trouvera l'analyse dans la Bibliothèque de Lorraine, pag. 219-223. Le marquis de Serbois attaqua quelques-uns des principes que des Camus y énonce sur le mouvement des corps, par une lettre imprimée dans le *Journal des savants*, février 1723. Il lui répondit dans le même *Journal*, juillet, 1724. Des Camus eut part à la nouvelle édition de la Mécanique de Varignon, donnée par le Beaufort, Paris, 1725, 2 vol. in-4°. On a encore de lui un *Traité du mouvement accéléré par des ressorts et des forces qui résident dans les corps en mouvement*, imprimé dans les *Mémoires de l'académie des sciences*, année 1728. Des Camus, qui n'avait d'autre ressource qu'un bénéfice peu considérable, passa en Hollande, pour y faire l'essai d'une machine propre à soulager les rameurs; il en fut rappelé quelque temps après; mais, ne recevant aucune récompense de ses travaux, il partit pour l'Angleterre en 1732, dans l'espoir d'y trouver un emploi plus utile de ses talents, et y mourut, sans qu'on sache précisément à quelle époque. Il avait été exclu de l'académie, pour cause d'absence, le 4 décembre 1723.

CAMUS (CHARLES-ETIENNE-LOUIS). géomètre distingué du dernier siècle, naquit à Cressy-en-Brie le 25 août 1699. Comme la plupart des hommes qui se sont fait un nom dans les sciences, Camus manifesta dès l'enfance un goût décidé pour les mathématiques. Ses dispositions précoces déterminèrent ses parents à lui ouvrir, malgré la modicité de leur fortune, la carrière dans laquelle il désirait entrer avec tant d'ardeur. Il fit ses études à

Paris, au collége de Navarre, où il ne tarda pas à se faire remarquer par son assiduité au travail et par ses progrès. Deux ans après son entrée au collége, il fut assez fort en mathématiques pour pouvoir en donner des leçons particulières, dont le produit le mit à même de se passer du secours de ses parents. Il fit plus tard son cours de géométrie sous Varignon. Camus se fit connaître dans le monde savant, en 1727, par un mémoire qu'il soumit au concours ouvert par l'académie des sciences pour le prix qu'elle avait proposé *sur la manière la plus avantageuse de mâter les vaisseaux*. Ce fut Bouguer que l'académie couronna ; mais elle s'empressa de recevoir dans son sein Camus, dont le mémoire révélait un talent remarquable. Il fut du nombre des académiciens envoyés, quelques années après, dans le Nord, pour déterminer la figure de la terre. Nommé examinateur des écoles du génie et de l'artillerie, Camus composa pour les élèves de ces corps un *Cours de mathématiques* qui a été longtemps estimé, mais que les progrès toujours croissants de la science ont rendu inférieur aux livres élémentaires publiés depuis. — Ce mathématicien estimable, que son génie appela à des travaux plutôt utiles que brillants, n'a laissé que des manuscrits dont on ignore le sort. Dans le recueil de l'académie des sciences, on trouve à l'année 1728 un mémoire intéressant de Camus, *sur les forces vives*, et à celle de 1735 un autre *sur les dents des roues et les ailes des pignons*. En 1739, il lut à l'académie plusieurs fragments d'un grand travail sur l'*hydraulique*, qui n'a point été imprimé. La meilleure édition de son *Cours de mathématiques* est celle de Paris, 1766, 4 vol. in-8°. Camus, membre de l'académie des sciences et de la société royale de Londres, mourut à Paris le 2 février 1768.

CAMUS DE MÉZIÈRES (NICOLAS LE), né à Paris le 26 mars 1721, architecte, a publié sur son art plusieurs ouvrages utiles, et dont quelques-uns méritent d'être consultés : 1° *Recueil de différents plans et dessins concernant la nouvelle halle aux grains*, Paris, 1769, in-fol. (rare). 2° *Dissertation sur les bois de charpente* (avec Babuty-Desgodets), Paris, 1763, in-12. 3° *Le Génie de l'architecture, ou l'Analogie des arts avec nos sensations*, Paris, 1780, in-8°. 4° *Le Guide de ceux qui veulent bâtir*, Paris, 1781, 2 vol. in-8°. Le but de l'auteur est de mettre les particuliers en garde contre les architectes qui leur font adopter des plans ruineux. 5° *Traité de la force des bois*, Paris, 1782, in-8°. On lui attribue encore l'*Esprit des almanachs*, analyse critique et curieuse des almanachs tant anciens que modernes, publié sous le masque de Wolf d'Orfeuil, Paris, 1782, 2 vol. in-12. Le Camus de Mézières est mort à l'âge de soixante-huit ans, le 27 juillet 1789. La halle au blé de Paris a été construite sur les dessins et sous la direction de le Camus de Mézières. Un ouvrage de cette importance devrait donner à son auteur une grande et durable réputation ; mais on a reconnu qu'il aurait dû lui donner une étendue proportionnée aux besoins d'une ville immense. Alors le milieu du monument serait resté libre pour les voitures. Nous devons ajouter que, sous le rapport de la solidité, l'architecte ne s'y est pas montré assez instruit dans la science de la construction, puisque le gouvernement, ayant été depuis obligé de couvrir le milieu de la halle, et ayant désiré d'y faire exécuter une coupole en pierre, on a constaté les déchirements déjà manifestés dans les voûtes et dans les plates-bandes et les arcades des murs extérieurs. On peut consulter sur cela M. Viel, l'un des architectes nommés pour en faire l'examen, dans son ouvrage, art. *des voûtes*, t. III, p. 73, Paris, 1809, sur la halle au blé.

CAMUS (ANTOINE LE), docteur-régent de la faculté de médecine en l'université de Paris, né dans cette ville en 1722, jouit pendant sa vie d'une assez grande réputation, due à la fois à ses formes aimables, à quelques talents littéraires, au caractère original de quelques-uns de ses ouvrages de médecine, et enfin à son talent pratique. Il fit ses premières études à Clermont, les acheva au collége d'Harcourt, à Paris, et, à dix-sept ans, était déjà maître ès arts à l'université. Étant devenu alors disciple de Ferrein, en 1742 il fut reçu bachelier à la faculté de médecine de Paris. Les épreuves de son baccalauréat eurent cela de remarquable, qu'elles fournirent au jeune le Camus prétexte à satisfaire son goût pour la poésie. Quelques-unes furent remplies en vers français. Reçu docteur, il débuta de même par célébrer à la faculté un petit poëme sur l'amphithéâtre que cette compagnie venait d'élever à ses frais : *Amphitheatrum medicum, poema*, Paris, 1745. Il se chargea ensuite de la partie médicale dans le *Journal œconomique* (de 1753 à 1765), et la traita avec talent. Le Camus devint célèbre ; les académies de la Rochelle, Châlons-sur-Marne, Amiens, etc., le s'associèrent. En 1762, il fut appelé à professer dans les écoles ; il prononça alors un discours latin sur les moyens de faire avec succès la médecine à Paris.

En 1766, chargé de professer la chirurgie française, il ouvrit aussi son cours par un discours français tendant à prouver que la chirurgie n'est pas un art difficile. Il mourut à Paris le 2 janvier 1772, dans sa cinquantième année, après avoir publié, outre les ouvrages que nous avons déjà cités : 1° *la Médecine de l'esprit*, Paris, 1753, 2 vol. in-12 ; ibid., 1769, in-4°, et 2 vol. in-12 ; 2° *Abdeker, ou l'Art de conserver la beauté*, Paris, 1754, 1756, 4 vol. in-12 ; 3° *Mémoires sur différents sujets de médecine*, Paris, 1760, in-12 ; 4° *Projet d'anéantir la petite vérole*, Paris, 1767, in-4° et in-12 ; 5° *Médecine pratique rendue plus simple, plus sûre et plus méthodique*, Paris, 1769, in-12. Il y en a un tome second, avec son éloge par Bourrel, 1772 Il y a aussi une édition in-4° ; 6° *Maladies du district du cœur*, Paris, 1772, 2 vol. in-12 ; ouvrage posthume qui devait être suivi des *Maladies du domaine de l'estomac et de celles des téguments ;* 7° *l'Amour et l'Amitié*, comédie, 1763, in-4°. Il avait publié, en 1757, les *Amours pastorales de Daphnis et Chloé*, traduites du grec de Longus, par Amyot, avec une double traduction, Paris, in-4°. Cette double ou seconde traduction est de le Camus. Il fit, avec Dreux du Radier, Lebeuf et Jamet, l'*Essai historique, critique, philologique, moral, littéraire et galant, sur les lanternes*, Dôle, *Lucnophile*, 1755, in-12. — LOUIS-FLORENT, son frère, né le 4 juillet 1725, publia *le Négociant*, feuille périodique, depuis le 15 novembre 1762 jusqu'au 15 mars 1763, et *la Bergère*, pastorale, 1769, in-12.

CAMUS (ARMAND-GASTON) naquit à Paris le 2 avril 1740. Il fit dans sa jeunesse une étude approfondie des lois ecclésiastiques. Devenu avocat du clergé de France et conseiller de l'électeur de Trèves et du prince de Salm-Salm, il dédaigna l'occasion de faire fortune qui lui était offerte, et n'aspira qu'à se faire une réputation dans les lettres. La traduction de Pline l'Ancien par Poinsinet, l'*Histoire naturelle* de Buffon, qui venait de paraître, et le succès qu'avaient obtenu ces deux productions, donnèrent à Camus l'idée de traduire l'*Histoire des animaux*, d'Aristote, et cette traduction lui ouvrit, en 1785, les portes de l'académie des inscriptions et belles-lettres. Avec un caractère et des dehors sévères, Camus était cependant enthousiaste, et il embrassa avec force les principes de la révolution, et se montra, à l'assemblée constituante, un de ses plus chauds partisans. Quand les travaux de la constituante furent terminés, il se renferma dans sa place d'archiviste, et sut prévenir la dilapidation des parpies et des livres des corporations supprimées. Nommé à la convention député par la Haute-Loire, il fut plusieurs fois envoyé par elle en mission comme commissionnaire, notamment pour l'arrestation de Dumouriez. Arrêté lui-même par le général et livré aux Autrichiens, il passa plus de deux ans dans les cachots d'Olmutz ; puis, rendu à la liberté, il entra au conseil des cinq cents. Il avait quitté la législature depuis le 1er prairial an V, lorsqu'il fit, à titre de simple citoyen, inscrire son nom le registre ouvert à sa municipalité pour recevoir les votes sur la question du consulat à vie. Camus apporta dans toute sa vie politique une grande probité et des intentions droites. D'une piété sévère, il avait toujours dans sa chambre un crucifix de hauteur d'homme. Très-attaché aux principes du jansénisme, il montra dans toutes les occasions son opposition à la cour de Rome, et ce fut lui qui contribua le plus à la réunion du comtat Venaissin à la France. Quelque temps avant sa fin, Camus s'était cassé la jambe ; comme il était d'un grand embonpoint, sa santé souffrit du manque d'exercice auquel le força cet accident. Ce fut la cause de l'apoplexie dont il fut frappé. — Camus a laissé un grand nombre d'ouvrages ; voici les principaux : 1° *Code matrimonial*, Paris, 1770, in-12 ; 2° *Lettres sur la profession d'avocat, et bibliothèque des livres de droit public*, d'abord 1 vol. in-12, 1772 et 1777, qui depuis a reçu des développements qui en font un ouvrage nouveau ; c'est surtout à M. Dupin que la cinquième édition de cet ouvrage a dû son succès ; 3° *Histoire des animaux d'Aristote*, traduite en français, avec le texte en regard, Paris, 1783, 2 vol. in-4° ; 4° *Manuel d'Épictète et tableau de Cébès ; présenté d'un père à ses enfants*, Paris, 1796, 2 vol. in-18 ; deuxième édition, 1803, même format ; 5° *Notice d'un livre imprimé à Bamberg en 1462*, Paris, 1799 (an VII), in-4° ; *Mémoires sur la collection des Voyages de Melchisédech Thevenot*, Paris, 1802 ; 7° *Histoire et procédés du du stéréotypage*, Paris, 1802, in-8° ; 8° *Mémoire sur un livre allemand intitulé : Theuer Donck*, 1 vol. in-4° ; 9° *Voyage dans les départements nouvellement réunis*, Paris, 1803, 2 vol. in-18 ou 1 vol. in-4°. — Camus prit part aussi à la *nouvelle édition de Denizart*, 1783-1790, in-4° ; à celle de la *Bibliothèque historique de France*, et au *Journal des savants*. — On peut consulter le *Moniteur*, qui contient ses rapports et ses discours aux différentes assemblées législatives.

CAMUSAT (NICOLAS), savant chanoine de l'Eglise de Troyes, né dans cette ville en 1575, mort en 1655, est auteur des ouvrages suivants : 1° *Promptuarium sacrarum antiquitatum Tricassinæ diœcesis*, Troyes, 1610, in-8°; 2° une édition de l'*Historia Albigensium* de P. des Vaux de Cernai, 1615, in-8°; 3° *Mélanges historiques, ou Recueil de plusieurs actes, traités, lettres, etc., depuis 1390 jusqu'en 1580*, Troyes, in-8°; 4° enfin une édition des *Mémoires divers touchant les différends entre les maisons de Montmorency et de Châtillon*, écrits par Théa. Richer, ambassadeur de François Ier et de Henri II en Suède et en Danemarck, Troyes, 1625, in-8°. Tous les ouvrages de Camusat, ces deux derniers surtout, sont extrêmement curieux et recherchés.

CAMUSAT (JEAN), célèbre imprimeur du XVIIe siècle. Il avait pour devise la Toison d'or avec ces mots : *Tegit et quos tegit inaurat*. L'académie française le choisit pour son imprimeur lors de la première organisation en 1634, et c'est chez lui que s'assemblaient les membres de ce corps avant d'être reçus au Louvre, et Camusat s'acquittait avec beaucoup d'esprit de la commission délicate que parfois lui confiait l'académie d'adresser pour elle des compliments et des remercîments. C'est le seul imprimeur par l'organe duquel elle a cru pouvoir s'expliquer dignement lorsqu'elle ne le faisait pas elle-même. Camusat mourut en 1639. Il publia le recueil suivant : *Négociations et traité de paix de Cateau-Cambrésis, et ce qui s'est passé en la négociation de ladite paix en 1559*, Paris, 1637, in-4°. On y trouve une *Remontrance faite sur l'injuste occupation de la Navarre par les rois d'Espagne*, ainsi que l'*Instruction et ambassade de Jacques Savary de Lancosme en Turquie par Henri III, en 1585*.

CAMUSAT (DENIS-FR.), né à Besançon en 1695, se fit connaître de bonne heure par une *Histoire des journaux imprimés en France*, publiée en 1716. Retiré plus tard en Hollande, il y passa le reste de sa vie à écrire des ouvrages qui se ressentent, il est vrai, de l'inconstance et de la précipitation naturelles de l'auteur, mais qui décèlent toujours l'homme d'esprit, et renferment une foule de recherches curieuses. Sans compter ses éditions des *Mémoires pour servir à l'histoire de Louis XIV*, par l'abbé Choisy ; des *Mémoires historiques de Mézerai*, qui furent proscrits en France; des *Poésies de Chaulieu et de la Fare*, éditions publiées en Hollande de 1726 à 1731, on lui doit encore une *Bibliothèque française, ou Histoire littéraire de la France*, Amsterdam, 1723 et suiv., 3 vol. in-12; des *Mémoires historiques et critiques*, Amsterdam, 1722, 2 vol. in-12 ; des *Mélanges de littérature, tirés des lettres manuscrites de Chapelain*, Paris, 1726, in-12 ; la *Bibliothèque de Ciacconius*, avec des notes, Paris, 1731, in-fol.; enfin l'*Histoire critique des journaux*, 1734, 2 vol. in-12, publiés par Bernard. — Camusat mourut à Amsterdam en 1732.

CAMUTIUS (ANDRÉ), médecin italien de Lugano, élève de l'école de Pavie, fut quelque temps professeur de physique et de médecine à cette université, pratiqua la médecine à Milan, fut nommé en 1564 médecin de l'empereur Maximilien II, et mourut en 1578. Il est auteur de quelques ouvrages oubliés aujourd'hui, et dont on peut voir la liste dans les bibliothèques de médecine.

CAMUZ ou **CAMUS** (PHILIPPE), un des plus féconds auteurs ou traducteurs de nos anciens romans de chevalerie, florissait en Espagne dans le XVIe siècle. Lenglet-Dufresnoi présume que c'était un Français ou un Wallon qui s'était réfugié en Espagne. Voici les titres de ses ouvrages : 1° *le Roman de Clamades et de la belle Claremonde, livre excellent et piteux, translaté de ryme du roi Adenez*, Lyon, Jean de la Fontaine, 1483, in-4°, gothique. Ce roman fut réimprimé avec quelques changements dans le titre, à Paris et à Troyes, sans dates, in-4°; et à Lyon en 1620, in-8°. Duverdier dit que Camuz translata ce roman de l'espagnol à la requête et commandement de Jean de Crouy, sieur de Chimay. 2° *L'Histoire d'Olivier de Castille et Artus d'Algarbe, son loyal compagnon, et de Héleine, fille au roi d'Angleterre, et de Henry, fils dudit Olivier, qui grands faits d'armes firent en leurs temps*, translaté du latin, édition in-folio, gothique; id., Lyon, 1545, in-4°; id., Paris,1587, in-4°. Quoique le titre annonce, et que la Croix du Maine et Duverdier disent ce roman traduit du latin, la Monnoye observe qu'on a faussement prétendu que les originaux d'Olivier de Lancelot, de Tristan, etc., avaient été écrits en cette langue. 3° *La Historia de la linda Magalona, y el esforzado cavallero Pierro*, Baeça, 1628 in-8°. 4° *Libro del esforzado cavallero D. Tristan de Leonisy, de su grandes hechos in armas*, Séville, 1528, in-fol. Lenglet-Dufresnoy croit que ce roman de Tristan

est une traduction de l'anglais faite par Camuz. 5° *La Coronica de los notables cavalleros Tablante de Ricamonte y Jofre hijo del Conde de Nason, sacada de las coronicas francesas*, Séville, 1629, in-fol. 6° *La Vida de Roberto el Diablo, despues de su conversion llamado hombre de Dios*, Séville, 1629, in-fol. Le roman de Robert le Diable est très-ancien; il fut imprimé en français gothique à Paris dans le XVe siècle, et à Lyon en 1496, in-4°; il fait maintenant partie de la Bibliothèque bleue; la plupart des romans de Camuz ou attribués à Camuz, sont anonymes. M. Barbier parle, dans son dictionnaire, d'un Philippe Camuz Poitevin, qui a traduit de Buchanan *l'Histoire de Marie, reyne d'Ecosse*, Edimbourg, 1572, in-12.

CAN. On nomme ainsi, en Turquie, une sorte d'enclos qui n'a qu'une seule issue. On écrit aussi *kan*.

CAN, en *term.* de charpentier, se dit de la face la moins large d'une pièce de bois.

CANA (*géogr. sacr.*), petite ville de Galilée, entre Séphoris et Nazareth, où Jésus-Christ fit son premier miracle, qui fut de changer l'eau en vin (Joan., 2).

CANA (*géogr. eccl.*), siége épiscopal de la Phrygie Pacatienne, au diocèse d'Asie, sous la métropole d'Hiéraples.

CANA (COMBAT DE). Tandis que Napoléon pressait le siége d'Acre, de nombreux rassemblements d'Arabes, de mameluks et de janissaires furent signalés à Nablous et sur les bords du lac de Tabarich. Le 10 juin 1798, Napoléon envoya d'abord le général Junot en reconnaissance. Un premier combat eut lieu à Nazareth. Junot accourut pour soutenir Junot, et leurs forces réunies rencontrèrent les ennemis à une lieue et demie de Cana. Kléber forme de sa petite armée deux carrés : aussitôt il est enveloppé par 4,000 hommes de cavalerie et 600 d'infanterie, qui commencent à le charger. Mais, bientôt culbutés par le feu de nos carrés et chassés de toutes leurs positions, les musulmans se retirent en désordre vers le Jourdain, où le manque de munitions empêche Kléber de les poursuivre.

CANAAN (*V.* CHANAAN).

CANANÉENS (*V.* CHANANÉENS).

CANABAS, roi des Goths, tué dans un combat contre l'empereur Aurélien.

CANABASSETTE, s. f. (*comm.*), sorte d'étoffe.

CANABIL ou **CANABILE**, s. m. terre médicinale, qu'on employait souvent chez les anciens ; elle tombe, dit-on, du ciel avec la pluie.

CANABOU, CANABÉ, CARBE, CHAMBRIE, KANÈVE, PANTAGRUÉLION et **PANTAGRUÉLIOU**, s. m. vieux mots par lesquels on désignait le chanvre dans divers endroits.

CANACÉ, fille d'Eole et d'Enarète, épousa secrètement son frère Macarée, de qui elle eut un fils qu'elle fit exposer. Les cris de l'enfant ayant dévoilé à Eole le crime de sa fille, ce dieu fit manger aux chiens le fruit de l'inceste, et envoya un poignard à la mère pour qu'elle se punit elle-même. Quelques mythologues la font mère d'Iphiménie et de plusieurs autres enfants nés du commerce qu'elle eut avec Neptune.

CANACOPOLE, s. m. catéchiste des missionnaires chez les Indiens.

CANACHUS, sculpteur grec, frère d'Aristoclès, naquit à Sicyone, et florissait, suivant Pline, dans la XCV^e olympiade, 400 ans avant J.-C. Elève de Polyclète, il n'égala point ce maître célèbre, parce qu'il conserva toujours dans ses ouvrages la roideur et l'âpreté du style qu'on reprochait aux plus anciens sculpteurs. On peut conclure d'un passage de Cicéron, que Canachus avait adopté et conservait cette manière plutôt par système que par imperfection. Les principaux ouvrages de Canachus, dont Pausanias parle fréquemment, étaient : la *statue d'Apollon Didyme*, qu'il fit pour les Milésiens ; celle d'*Apollon Isménien*, pour les Thébains ; une *Vénus assise en or et en ivoire*; *la statue de Bycellus*, qui le premier, montra aux jeunes gens l'art du pugilat ; enfin une des trois muses, dont il est fait mention dans une épigramme de l'Anthologie attribuée à Antipater; les deux autres muses étaient d'Ageladas et d'Aristoclès. Canachus fit encore avec Patrocle trente et une statues de bronze, qui furent érigées dans le temple de Delphes en l'honneur des chefs grecs vainqueurs des Athéniens au combat d'Ægos-Potamos.

CANADA (*géogr.*), appelé d'abord Nouvelle-France, pays de l'Amérique septentrionale, nous appartenait autrefois, et aujourd'hui au pouvoir de l'Angleterre. — POSITION. Entre les 43° et 51° de latitude nord, et les 64° 41' et 94° 40' de longitude ouest. — *Limites*. Au nord, la baie d'Hudson, le Maine oriental et le Labrador; à l'est, le Labrador et le Nouveau-Bruns-wick; au sud, les États-Unis; à l'ouest, le lac Winnipeg et les rivières qui s'y jettent. — *Dimensions*. Le Canada a six cents lieues de long, de l'île d'Anticosti, dans le golfe Saint-Laurent, au lac Winnipeg, et quatre cents environ de large, du lac Erié à la baie de Saint-James, dans la mer d'Hudson. — **MERS ET GOLFES**. Au nord, la mer d'Hudson, qu'entourent la Nouvelle-Galles, le Maine oriental, la presqu'île Melville, la grande île Southampton et celle de Mansfield, la baie de Saint-James; au sud-est, sur les frontières du Canada, est le golfe le plus remar-quable de cette mer; à l'est, le golfe Saint-Laurent, où se jette l'immense fleuve de ce nom; son contour est formé par le Labrador, le Canada, le Nouveau-Brunswick et la Nouvelle-Ecosse; son entrée est resserrée par les îles de Terre-Neuve et de Cap-Breton, devant lesquelles s'étend le banc de Terre-Neuve, cé-lèbre par la pêche de la morue. Ce sont les Etats-Unis, l'An-gleterre et la France qui s'y livrent principalement; ils y em-ploient près de 2,500 navires, plus de 34,000 hommes, et créent ainsi une valeur de plus de 35,000,000 de francs. Parmi les au-tres enfoncements de la mer Atlantique, nous citerons la baie Fundy, autrefois baie Française, dans laquelle les marées attei-gnent leur plus grande hauteur, 70 pieds, tandis qu'à Saint-Malo elles n'en dépassent pas 50. — *Fleuves*. Le golfe Saint-Laurent reçoit le fleuve du même nom, le plus grand de ce pays, non par la longueur de son cours, mais par le volume de ses eaux, sa profondeur et son embouchure. Le *Kaministiquia*, un des principaux affluents du lac Supérieur, est sa plus haute source. Du lac Supérieur il se décharge, par le saut de Sainte-Marie, de 20 pieds, dans le lac Huron, puis dans le lac de Saint-Clair et dans le lac Erié, et, enfin, par la fameuse cascade de Niagara, dans le lac Ontario, au haut Canada; de là, il se di-rige vers le nord-nord-est, et, séparant le haut Canada des Etats-Unis, il traverse le bas Canada jusqu'à ce qu'il se jette dans le golfe auquel il donne son nom. Depuis sa sortie de l'Ontario, il forme le lac des Mille-Iles, passe par Brackville, Johnston, Cornwall, forme le lac Saint-François, baigne Mont-réal, forme le lac Saint-Pierre, arrose les villes des Trois-Riviè-res, de Québec, et d'autres moins importantes, et arrive à une embouchure qui ressemble à un bras de mer. — Les affluents sont à droite : 1° le *Richelieu*, *Chambly* ou *Sorel*, plus large près de sa source qu'au voisinage de son embouchure; sorti du lac Champlain, il passe par l'île aux Noix, Saint-John et le fort William Henri, autrefois Sorel; 2° la *Chaudière*, renommée pour sa belle cascade. — Les affluents à gauche sont : 1° l'*Otta-wa* ou Grande-Rivière, qui prend ses environs du lac Abbitibbe, il traverse le lac *Tesuiscurming*, forme ceux du Chat, de la Chaudière, et plusieurs autres, sépare le haut et le bas Canada et se jette dans le Saint-Laurent, près l'île Montréal; le *Ma-dawasea*, le Mississipi, le Rideau et la Petite-Nation joignent leurs eaux à ses siennes; 2° le *Maurice*, qui traverse le lac Saint-Thomas et baigne la ville des Trois-Rivières; 3° le *Montmo-rency*, remarquable par sa belle cascade; 4° le *Saguenay*, qui traverse le lac Saint-John pendant 60 milles; sa profondeur varie de 600 à 900 pieds. Des montagnes de 2,000 pieds bordent sa magnifique vallée (A. BALBI). — La vaste baieFundy, autrefois baie Française, reçoit le Saint-John qui vient de la frontière du Maine, traverse le bas Canada et le Nouveau-Brunswick, et arrose Frédéric-Town et Saint-John. Parmi ses nombreux affluents nous remarque le Saint-François. Le Canada a encore d'autres fleuves ou rivières : le *Masquinonge*, la Sainte-Anne, le Jacques-Cartier, le *Maniurcagan*, le Sammon, le Château-gai, le Québec, le Gaspé, le Yamaska, le Duchêne, etc. Plusieurs sont obstrués par des chutes et des cataractes qui font l'admi-ration des voyageurs. — **CANAUX**. Le géographe que nous avons cité signale quatre canaux du Canada, dont trois ont, jusqu'à présent, été passés sous silence : 1° le canal *Wolland*, dans le haut Canada, destiné à éviter la chute du Niagara et à lier les lacs Ontario et Erié, remarquable par ses trente-quatre écluses, quoiqu'il n'ait que 26 milles, sa largeur est de 59 pieds, sa pro-fondeur de 8 et demi, son point culminant de 334; 2° le canal *Rideau*, non encore achevé, destiné à joindre le canal Ontario à l'Ottawa; à cinquante-trois écluses, un point culminant de 290 pieds, une longueur totale de 160 milles; sa dépense sera de 500,000 livres sterling; 3° le canal de la Chine, qui com-mence au-dessus du Montréal et coupe l'île de Montréal, a 9 milles de long, 20 pieds de large et 5 de profondeur; il a coûté 130,000 livres sterling; 4° le canal de Grandville, aux envi-rons de cette bourgade, destiné à éviter les rapides de l'Ottawa, et dont la dépense est évaluée à 180,000 livres sterling. — **LACS**. Le bassin du Saint-Laurent nous offre, dans le Canada, les lacs Supérieur, Huron, Michigan, Erié et Ontario, qui forment une

grande partie de ce qu'on appelle mer d'eau douce ou mer du Canada. C'est la plus vaste masse d'eau douce qui existe sur la surface du globe. Un grand nombre de lacs de moindre étendue, tels que : le *Nipissing* et leSaint-Jean, appartiennent à ce bassin. Le bassin du Bourbon ou Nelson offre les lacs de la Pluie, du Bois, le grand lac *Winnipeg*, le *Manilon*; le petit Winnipeg et beaucoup d'autres. — Les lacs et les rivières du Canada abon-dent en poissons de toute espèce, saumons, anguilles, maque-reaux, turbots, esturgeons, harengs, etc. — **MONTAGNES**. M. Balbi comprend, sous le titre général du système *Alleghénien*, les diverses Cordillières parallèles qui s'étendent du nord-est au sud-ouest, entre l'embouchure du Saint-Laurent et les sources de l'*Alabama* et du *Yasou*; il tire ce nom d'Alleghénien de la dénomination d'Alleghénis, que les Indiens du nord donnent à ces montagnes. Les hauteurs qui sillonnent le Canada à l'est du lac Winnipeg en sont des dépendances géographiques. Une des plus élevées, le *Mont-Bior*, dans le bas Canada, ne dépasse pas 206 toises. C'est à tort que plusieurs géographes en ont fait des montagnes âpres et escarpées. — *Plateaux*. Bien loin de regarder, avec quelques auteurs, comme un plateau la vaste espace du nouveau continent dont le centre est occupé par la mer d'eau douce du Canada, nous le signalerons, au contraire, avec M. Brué, comme la dépression du sol la plus remarquable de cette partie du monde. Le fond du lac Ontario, dont la sur-face est seulement de 36 toises au-dessus du niveau de l'Atlan-tique et au moins de 54 toises moins élevé que ce même niveau; et le lac Supérieur, dont la surface est élevée de 93, présente une profondeur de 140, soit 47 au-dessous du niveau de l'At-lantique. La hauteur du plateau Alleghénien, qui embrasse les hautes plaines des Etats-Unis et quelques parties du bas Canada, peut-être estimée de 180 à 500 toises. — **PLAINES**. L'espace immense qui s'étend depuis l'embouchure du Mac-kensie jusqu'au delta du Mississipi, et qui embrasse les bassins de ce dernier fleuve, du Saint-Laurent, du Nelson, du *Chur-chill*, de la Coppermine, et presque tous ceux du Missouri, du Saskatchewan et du Mackenzie, est la plus vaste plaine, non-seulement de l'Amérique, mais de tout le globe. M. de Hum-boldt fait observer qu'elle nourrit, à l'une de ses extrémités, des bambousacées et des palmiers, tandis que l'autre se couvre de neiges et de glaces une grande partie de l'année; il estime sa superficie à 270,000 lieues marines carrées, ou 2,450,000 milles carrés, étendue presque égale à celle de l'Europe. — **CLIMAT**. Le Canada, quoique situé à peu près sous la même latitude que la France, éprouve toutes les extrémités du chaud et du froid. Les vents glacés balayent, du nord au sud, la grande plaine que nous venons de décrire, et pas une chaîne n'est là pour briser leur violence; ils arrivent sans obstacle du pôle au tropique où ils rencontrent l'été, avec lequel il faut qu'ils luttent corps à corps (BALBI). Aussi n'est-il pas rare en juillet et en août de voir le thermomètre de Réaumur s'élever à 28° et demi, tandis que le mercure gèle en hiver (MAC-CARTHY). La neige commence à tom-ber en novembre; il gèle en décembre, et en janvier le froid se fait sentir dans toute sa rigueur. Le dégel a lieu en mai, la printemps commence aussitôt, et il est bientôt suivi de l'été. Il pleut assez souvent au printemps et en automne. — **MINÉ-RAUX**. On trouve dans les montagnes du bas Canada quel-ques mines de cuivre et de plomb, et quelques mines de fer dans le voisinage des Trois-Rivières; mais en général la minéralogie de cette contrée a été peu exploitée jusqu'à présent. — **VÉGÉ-TAUX**. Les bords du fleuve Saint-Laurent et tout le Canada offrent, sous le rapport de la végétation, la limite américaine de la zone glaciale et de la zone tempérée; les plantes des Etats y croissent à côté de celles du nord; mais les espèces y sont plus belles que sous la même latitude en Europe. Certains magno-liers ont des fleurs de un à deux décimètres de large sur trois à six de long. Les forêts abondent en chênes, ormes, hêtres, frê-nes, pins de cent pieds, sapins, sycomores, noyers, châtaigniers, lauriers, passiflores, casses, cactus, bignones, orchidées, coni-fères, genévriers, et en érables dont la sève remplace le sucre et la bière dans tous les villages canadiens; le *myrica cerifera*, de la famille des amentacées, porte des fruits enduits d'une cire dont on fait de la bougie. Parmi les plantes herbacées, les *lobe-lies* sont remarquables par leur élégance et la singularité de leur organisation. La *dionœa muscipula*, qui croît dans les marécages, a ses feuilles terminées par un appareil qui arrête les insectes imprudents. Dans le bas Canada le sol est très-fertile, et produit abondamment du maïs, des céréales, des fruits et des légumes; on y cultive aussi du tabac, mais seulement pour la consommation, et l'on y recueille du vin un peu acide. La rapidité de la végétation est telle qu'on rentre vers la fin de juillet le blé semé dans le courant de mai; et cependant on use fort peu d'engrais, quoique la marne soit abondante sur les bords du Saint-Laurent. — ANIMAUX. La zoologie du Canada a beaucoup de rapports avec celle des Etats-Unis; elle offre cependant quelques espèces qui lui sont particulières : le castor, habile architecte, que la civilisation chasse des côtes et refoule dans l'intérieur; le daim rose, le renne, des cerfs, des élans, des ours, le *wolverenne*, diverses martes, des loutres, des chiens de la même espèce que ceux de Terre-Neuve, des chats sauvages, des furets, des belettes, des écureuils gris de grande taille, des lièvres, des lapins, des chevreuils, des cenards aux belles fourrures, des loups rouges, le *pouma*, plusieurs espèces de lynx, le *marmose*, l'*opossum*, l'urson, le coërdon, le cony, l'orico et d'autres porcs-épics, l'orignal, le wapiti, le bison ou buffalo, le bœuf musqué à sonnettes, le caïman à museau de brochet; des poissons de toute espèce, des raies, des saumons, des truites, des tortues, des écrevisses, des esturgeons, des dorades, des thons, des aloses, des lamproies, des harengs, des anchois; parmi les oiseaux, des aigles, des faucons, des vautours, des perdrix grises, rouges, noires, avec la queue en éventail, des bécasses, des bécassines, des merles, des hirondelles, des alouettes, vingt-deux espèces de canards, des cygnes, des dindes, des oies, des outardes, des sarcelles, des poules d'eau, des grues, des piverts, des grives, des chardonnerets, et l'élégant colibri, ce bijou de la nature. Parmi les chanteurs ailés, il ne faut pas oublier l'*oiseau blanc*, espèce d'ortolan, dont le gosier flexible annonce les beaux jours. — POPULATION. Un recensement général en fut fait en 1764, par le général Saledimand, et donna pour résultat 113,000 Français et Anglais, 10,000 loyalistes établis au nord et 50,000 Indiens; on ne l'évalue pas aujourd'hui à moins de 500,000 âmes. — ETHNOGRAPHIE. Parmi les indigènes qui vivent dans le Canada, nous citerons les *Sioux* ou *Dacotas*, *Otchendi-Chakony*, *Narcotah*, *Nadowessies*, la nation la plus puissante de l'Amérique septentrionale, divisée en plusieurs tribus dont les *Dacotas* et les *Assiniboins* sont les deux principales. Une partie des Dacotas proprement dits habite les bords du haut fleuve Rouge et du lac Winnipeg, sur les limites du Canada; ils forment une grande fédération républicaine ; leur haine contre les Assinibous vient d'une Hélène cuivrée qui ne fut pas moins funeste aux deux peuples que la femme de Ménélas ne le fut aux Grecs et aux Troyens ; c'est au commencement du XVIIe siècle qu'ils placent son enlèvement. Ils ont un calendrier qui ressemble à celui de l'antique Rome, et des hiéroglyphes qui rappellent ceux de l'Egypte. — Les *Mohawoks*, réduits maintenant à un petit nombre, et dont une portion habite près du Niagara. Par leur nombre et par leur bravoure, ils méritèrent de donner leur nom à la puissante confédération appelée *des cinq Nations* par les Européens, et dont l'origine remonte au XVe siècle; elle a vendu une grande étendue de terre aux Etats-Unis. Les Français lui donnaient le nom d'*Iroquois*. A l'époque où ces Européens s'établirent au Canada, les cinq Nations habitaient les environs du lieu où Montréal fut bâtie, et s'étendaient jusqu'au lac Champlain; elles subjuguèrent plusieurs tribus de *Chippaways*, et furent alliées des Anglais dans leurs guerres; depuis 1794, la plupart s'adonnent à l'agriculture, à l'éducation des bestiaux, exercent quelques métiers et ont quelques écoles. Une autre de ces nations, les *Hurons*, jadis nombreux et puissants, sont établis à l'est du lac Huron dans trente-deux bourgades agricoles dus civilisées des Algonquins et des Iroquois. De longues guerres les ont réduits à 1,500 individus. Ceux qui se sont réfugiés au Canada, parmi les Français, y vivent dans le village de Lorette à 9 milles de Québec; ils sont catholiques et agriculteurs. — Les *Algonquins* et les Chippaways sont en partie répandus dans le Canada; ils soutiennent contre les Sioux une guerre opiniâtre, dans laquelle les armes à feu leur donnent souvent le dessus. Comme les Sioux et les Hurons, ils ont des hiéroglyphes sculptés en bois de pin ou de cèdre; près d'eux, dans le bas Canada, vivent les *Knistenaux*, nation nombreuse, douce, probe, chez laquelle l'usage des vêtements est général; leurs femmes passent pour les plus belles de tous les peuples indigènes de cette contrée. A. BALBI. — Dans le Canada, plus que partout ailleurs, l'Indien s'unit à l'Européen; le mélange des races est général. Dans les villages, beaucoup de fils d'Anglais et de Français ont épousé des Américaines et se sont laissé adopter par les Nations; ces deux peuples se confondent ; mais l'ascendant du Français est celui qui domine. Malgré les efforts des Anglais, maîtres du pays, un Indien voyageur cherchera plutôt l'hospitalité dans la chaumière d'un pauvre fermier français que dans la maison d'un riche colon anglais. Les cinq sixièmes des habitants, d'origine française, s'occupent d'agriculture ; les Anglais, au contraire, exercent des

professions; beaucoup sont seigneurs propriétaires de fiefs étendus, mais leur aisance est rarement considérable, et ils se distinguent par une simplicité de mœurs toute patriarcale. Les fermes sont sur les bords du fleuve Saint-Laurent; les cultivateurs vivent unis et se fréquentent journellement, leurs travaux sont peu rudes, il suffit de remuer légèrement la terre avec la charrue pour obtenir de belles récoltes. Le Canadien français est entreprenant; on le voit traverser les lacs les plus larges et braver gaîment les tempêtes; c'est l'enjouement, la politesse, la loyauté de notre patrie; mais c'est aussi notre légèreté et notre insouciance. Les villageoises sont fort jolies dans leur jeunesse, elles portent des vêtements simples : un corset bleu ou écarlate sans manches, une jupe différente et un chapeau de paille; mais, comme les Indiennes, elles perdent de bonne heure leur beauté. Les Français des classes supérieures conservent un orgueilleux souvenir de leur ancienne patrie; ils refusent obstinément d'apprendre l'anglais, et les Anglais, pour communiquer avec eux, sont forcés de se livrer à l'étude de la langue française. L'hiver amène une avidité insatiable de plaisirs : ce sont pour toutes les classes des visites continuelles, des assemblées, des concerts, des bals et des festins. Les distances n'arrêtent pas cette soif d'amusements; on les parcourt à l'aide de traîneaux de formes variées, doux, légers, glissant sur la neige; un seul cheval, petit, vif, insensible au froid, entraîne une famille entière : il en est qui font jusqu'à 20 lieues par jour. La nuit, ces traîneaux sont avec des fourrures, mais on les découvre le jour; quel que soit le froid, les dames aiment par-dessus tout à voir et à être vues. Feu MALTE-BRUN. — Peu de contrées méritent de fixer davantage l'attention, l'intérêt des Français. Découverte et peuplée par les Français, elle est encore française par sa langue, ses mœurs, ses habitudes; les fleuves, les villes, les villages, les familles ont des noms français. La situation du Canada, dit fort bien M. Mac-Carthy, est un solécisme en politique, un paradoxe en géographie; c'est une île, une presqu'île au milieu d'un continent. Ce pays prospère comme nation et s'affaiblit comme colonie ; plus il devient fort, plus il est débile comme dépendance de la Grande-Bretagne. — RELIGIONS. Les *Sioux*, les *Chippaways*, et autres sauvages du Canada, croient à un grand esprit; mais il n'est pas un seul homme qui ne possède son *manitou* favori, de son choix, ou dans un animal, ou dans un arbre, ou dans une racine; chacun a le sien, qui ne ressemble pas à celui d'un autre; chaque chef de famille, chaque vieille femme, et presque chaque individu, a dans son sac sa collection d'huiles médicinales : sanctuaire d'une foule de divinités bienfaisantes, on se est gardé soigneusement dans la hutte, on ne s'en sépare ni en voyage ni à la guerre. Quand on s'arrête, on a une cabane à part, où des jeunes filles conservent le feu sacré comme les vestales de Rome, les vierges du Pérou, les prytanées d'Athènes, les guèbres de l'Inde. Ce feu est consacré au soleil comme emblème de sa puissance. Les *Knistenaux*, comme les Scandinaves, voient les âmes de leurs ancêtres dans les brouillards qui couvrent les marais de leur pays. A. BALBI. — La religion catholique est celle que professent les Français, les descendants des Français et les Indiens convertis du bas Canada. Les Anglais de ce pays et du haut Canada professent les cultes anglican, presbytérien et réformé; il y a quelques juifs répandus dans ces deux contrées. — GOUVERNEMENT. La plupart des nations indiennes du Canada forment de petites républiques avec des chefs électifs ou héréditaires, quelques-unes réunies forment des confédérations : celle des Sioux est la plus remarquable. Malgré ce lien, chacune des tribus reste indépendante, fait la guerre comme il lui plaît, et délibère à part sur ses affaires. Elles ne se réunissent en conseil général que quand il s'agit de statuer sur un objet qui intéresse la fédération entière; alors chaque tribu envoie un député qui la représente dans le lieu choisi pour l'assemblée. Si la résolution du conseil mérite d'être gardée, on grave sur une écorce d'arbre, avec une hache ou un couteau, des hiéroglyphes qui la représentent, et chaque député y imprime le *tabellionat* ou cachet de sa tribu. A. BALBI. — Avant la conquête du Canada par les Anglais, durant la domination française, toutes les terres étaient données par le roi en fief ou en roture. Toutes les tenures qui y sont relatives continuent à être rédigées selon les formules féodales, et les droits seigneuriaux attachés à ces fiefs sont maintenus. La colonie est régie par ses propres lois ; le pouvoir exécutif est confié à un gouverneur général, à un lieutenant gouverneur et à un conseil exécutif. Le pouvoir législatif appartient à une assemblée. Le conseil exécutif est composé de sept membres pour le haut Canada, et de quinze pour le bas Canada ; ils sont nommés par le roi. L'assemblée législative comprend cinquante-deux membres élus par les districts et les comtés. Les catholiques et les protestants jouissent des mêmes prérogatives ; le gouvernement a le *veto* sur tous les actes publics, et le droit de proroger et de dissoudre l'assemblée législative. — INDUSTRIE. Plusieurs peuplades du Canada se livrent avec succès à l'agriculture, celles du nord préparent les fourrures qui leur servent de vêtements et qui forment l'objet d'un grand commerce avec les nations d'origine européenne. Les Français et les Anglais ont importé leur industrie dans cette contrée, et quelques-uns de nos arts, la construction navale entre autres, y ont pris ou y prennent un développement extraordinaire. — COMMERCE. L'indépendance des États-Unis, favorisée par la France et reconnue par l'Angleterre, est venue augmenter considérablement les produits de l'agriculture, le commerce et la navigation, non seulement de cette vaste confédération, mais encore du Canada et de plusieurs colonies voisines. Les métropoles, pour détourner le contre-coup de cette émancipation, ont été forcées de donner une ombre de gouvernement représentatif à des peuples qu'elles s'étaient trop habituées à regarder comme esclaves. Le commerce du Canada s'est rapidement accru depuis une trentaine d'années ; avant cette époque il était d'une très-faible importance ; les principaux articles d'exportation consistent aujourd'hui en fourrures, peaux, blé, farine, biscuit, bois de construction, poissons secs, huile, *ginseng* et drogues médicinales ; et les importations en poteries, quincailleries, meubles, tissus, soieries, rubans, toiles, calicots, indiennes, bonneterie, papeterie, cuir façonné, épicerie, vins, liqueurs, outils en fer et denrées coloniales. Dans ce commerce d'échange, la balance est toujours en faveur du Canada. — DIVISION. Le Canada est divisé en deux provinces, le haut et le bas Canada, qui sont séparées par la rivière d'Ottawa. La première se subdivise en vingt-cinq comtés, la seconde en quarante. Les chefs-lieux, villes et lieux les plus remarquables de la première, sont : Yorck, Niagara, Port-Maitland, Port-Dalhousie, Dundas, London, Kingston, Brockville, Perth et Bytown. Les chefs-lieux de la seconde, sont : Québec, Beaufort, Pointe-Lévi, l'île d'Orléans, Lorette, Montréal, le Chine, la Prairie, la Rivière de Loup, Sainte-Anne, Saint-Thomas, Petite-Rivière, Kamouzaska, Tadousac, Gaspé, Percé, Port-Daniel, New-Carlisle, Trois-Rivières, Saint-Maurice, fort William Henry (jadis Sorel), Saint-John, fort Chambly, île aux Noix, le groupe des Madeleines. Le reste du Canada est, pour ainsi dire, le domaine de la compagnie des pelleteries de la baie d'Hudson, puissante corporation de laquelle dépendent les petits forts établis pour faciliter le commerce des fourrures avec les peuplades indigènes indépendantes.

CANADA (BAS). *Québec*, chef-lieu, sur un promontoire élevé, formé par le Saint-Laurent et le Saint-Charles. Son bassin est magnifique ; plusieurs flottes y pourraient mouiller en sûreté. Sa belle et large rivière, un géographe, ses rivages escarpés, semés de forêts et de maisons, les deux promontoires de la Pointe-Lévi et du cap Diamant, la jolie île d'Orléans, la belle cascade de Montmorency, tout lui donne un aspect admirable. Elle est divisée en haute et basse ville : la première sur la pente du cap Diamant élevé de 353 pieds, la seconde bâtie sur un terrain artificiel arraché aux eaux ; elles sont assez bien pavées ; toutes les maisons en pierre, construites avec assez d'élégance. On remarque le château de Saint-Louis, palais du gouverneur ; la cathédrale catholique, la cathédrale protestante, la chapelle du séminaire, qui renferme de beaux tableaux ; les casernes, l'arsenal, qui renferme de quoi armer cent mille hommes ; les fortifications et la citadelle, pour lesquelles on a dépensé des sommes immenses, et qui, lorsqu'elles seront achevées, feront de Québec une des plus fortes places de l'Amérique ; la place de la parade, la prison neuve, les boucheries, l'hôpital général et l'Hôtel Dieu. Les principaux établissements littéraires sont les écoles élémentaires, le collège, le séminaire, la bibliothèque publique, la société d'agriculture, celle de médecine, deux sociétés, l'une d'hommes, l'autre de femmes, pour la propagation de l'enseignement ; enfin la société de littérature et d'histoire, divisée en quatre sections, littérature, histoire, sciences et arts : elle a publié de bons mémoires. Parmi les journaux publiés à Québec, on remarque la *Gazette* en français et en anglais. Cette ville a une cour de justice, un évêché anglican, un évêché catholique qui relève immédiatement du pape ; elle est la résidence du gouvernement général. Les Français la fondèrent en 1608, et la fortifièrent en 1690. Prise en 1759 par les Anglais, elle leur fut cédée en 1763. Ils y avaient perdu leur général Wolf, dont on y voit l'obélisque. Les patriotes américains l'assiégèrent en 1776, et y perdirent leur général Montgomery. Sa population est évaluée à

30,000 âmes. Il s'y fait un commerce considérable en grains, fleur de farine, bois, gros meubles, cendres, articles d'Europe. Des bâtiments à vapeur sont sans cesse en mouvement entre cette ville et Montréal, vivifiant tous les lieux intermédiaires. Quelques-uns ont la dimension d'une frégate de quarante bouches à feu, et sont aussi commodes que les meilleurs hôtels de France. — Les environs de Québec sont délicieux. Ici c'est le grand moulin de Beaufort avec ses quatre-vingt-cinq scies mues par les eaux, là ce sont les belles cascades de la chaudière et du Montmorency, le vaste chantier d'Orléans et le village de Lorette, tout peuplé d'Iroquois convertis et civilisés par des missionnaires catholiques. — *Montréal*, dans l'île de ce nom, près d'une colline qui l'a fait appeler ainsi, jolie ville, principale place commerçante, non-seulement du Canada, mais des possessions anglaises et du continent américain. Elle est bien percée et bien bâtie ; mais les maisons sont massives, et les pierres grisâtres dont elles sont construites, et la tôle peinte en brun rouge qui revêt les toits et les croisées leur donnent un air sombre et triste. Les principaux édifices sont : la nouvelle cathédrale catholique, qui peut contenir douze mille personnes, l'église principale anglicane, le couvent des sœurs grises, le collège, qui renferme trois cents élèves ; les casernes, le théâtre, l'hôpital général, le séminaire de Saint-Sulpice, la maison de ville, la prison, une colonne dorique de trente pieds élevée à Nelson et surmontée de la statue colossale de ce marin célèbre, et le *Masonic-Hall*, qui est la plus belle auberge de l'Amérique. Parmi ses établissements littéraires, on cite le collège français, l'université anglaise, le séminaire catholique, l'école latine, l'institut classique académique, et plusieurs autres institutions ; la société d'histoire naturelle, qui possède une bibliothèque et publie des mémoires ; l'institut mécanique, avec un musée ; les sociétés d'agriculture et d'horticulture ; deux sociétés, l'une d'hommes, l'autre de femmes, pour la propagation de l'enseignement, enfin la bibliothèque avec son beau cabinet littéraire. La presse périodique y est en grande activité ; on y publie près de quatre journaux anglais ou français. Montréal est le siège de la fameuse compagnie du nord-ouest dont nous avons déjà parlé. Cette ville a été fondée en 1640, prise par les Anglais en 1760, enlevée à ceux-ci par les Américains en 1775, mais restituée bientôt après. Elle est l'entrepôt du commerce qui a lieu entre le Canada, les États-Unis et l'Angleterre sur les fourrures. C'est à ce commerce florissant que Montréal doit l'accroissement de sa population, qui était en 1815 de 15,000 âmes, de 24,000 en 1825, de 35,000 en 1828, et qu'on porte aujourd'hui à 40,000. Les environs sont aussi pittoresques que ceux de Québec.

CANADA (HAUT). *Yorck*, petite ville de 3,000 âmes environ, bien bâtie, avec un beau port sur le lac Ontario, c'est le siège des autorités supérieures du haut Canada. On y publie une *Gazette*. Plusieurs petites villes s'élèvent comme par enchantement dans ces alentours. On distingue surtout Kingston, avec un arsenal, un chantier militaire, et un port où stationne la flotte anglaise de l'intérieur, au point où le Saint-Laurent sort du lac Ontario. C'est l'établissement naval le plus considérable qui existe au milieu des continents.

CANADA (hist.). Les Anglais revendiquent pour un de leurs navigateurs la découverte du Canada. Selon eux, Sébastien Cabot découvrit en 1497 tout le littoral de l'Amérique septentrionale, depuis le 34° jusqu'au 66° de latitude nord, sur l'océan Atlantique ; mais, dans tous les cas, il se serait borné à reconnaître les côtes, et n'aurait pas pénétré dans le fleuve Saint-Laurent. Ce qui le prouve incontestablement, c'est qu'en 1534, lorsque Jacques Cartier fut envoyé par François Ier dans le nord de l'Amérique, ce navigateur ignorait encore que l'île de Terre-Neuve fût séparée du continent, et qu'il prit d'abord l'embouchure du Saint-Laurent pour un golfe. Dès qu'il eut reconnu son erreur, il remonta le fleuve jusqu'à 300 lieues de la mer, et prit possession du pays au nom de la France. On peut donc regarder le Canada comme une découverte française. Déjà avant Jacques Cartier, le Florentin Verazzano avait reçu de François Ier la mission d'explorer ces parages. — Henri IV et Sully s'occupèrent de fonder des établissements sérieux au Canada, et en 1603 Champlain partit à la tête d'une expédition. En 1607, Champlain jeta les fondements de Québec, qui devint la capitale de la colonie, et qui est aujourd'hui l'une des premières places fortes du nouveau monde. Son administration éclairée ayant donné à la colonie des chances de durée, le Canada reçut le nom de Nouvelle-France. — Le cardinal de Richelieu, qui avait à cœur le rétablissement de notre marine et la prospérité des colonies, basé essentiellement de tout développement maritime, arrêta sa pensée sur le Canada, qui avait été l'objet de la sollicitude de François Ier, de Henri IV et de Sully. Malheureusement il livra la colonie à une compagnie particulière, qui fut investie de pouvoirs excessifs. Un règlement du 29 avril 1627 céda à cette compagnie, en toute propriété, le fort et l'habitation de Québec, circonstances et dépendances, avec droit de justice et de seigneurie, à la charge d'en porter foi et hommage, et de présenter au roi et à chacun de ses successeurs, à leur avènement au trône, une couronne d'or du poids de huit marcs. La compagnie eut en outre le droit d'ériger des seigneuries, duchés, marquisats et baronnies, en prenant des lettres de confirmation. On lui donna la disposition des établissements formés ou à former, le droit de les fortifier et de les régir à son gré, de *faire la paix ou la guerre* selon ses intérêts. A l'exception de la pêche de la morue et de la baleine déclarée libre pour tous les Français, le commerce qui pouvait se faire par terre et par mer lui fut cédé pour quinze ans ; la traite des pelleteries et du castor lui fut accordée en perpétuité. On prit l'engagement de faire passer au Canada un certain nombre d'habitants de tous les métiers, et de n'y transporter que des catholiques, et d'y envoyer le nombre d'ecclésiastiques nécessaire. Cette organisation, qui avait le tort de rendre la Nouvelle-France trop indépendante de la métropole, ne fut pas favorable à son accroissement. — Avant de le garder pour toujours, l'Angleterre s'empara plusieurs fois du Canada. Déjà, du temps de Champlain, Québec fut pris et rendu à la paix. En 1629, les Anglais se rendirent maîtres de tout le Canada, la France le recouvra en 1631, par le traité de Saint-Germain en Laye. Colbert adopta le même système que sur Richelieu, et la colonie retomba sous le joug du monopole. Pendant la guerre pour la succession d'Espagne, les Anglais s'emparèrent encore d'une partie du Canada. Le traité d'Utrecht céda à l'Angleterre la Nouvelle-Ecosse ou l'Acadie, qui était une dépendance de la colonie canadienne. Dans ce même traité, la France fit abandon de la ville de Port-Royal, de l'île de Terre-Neuve ; enfin, l'Angleterre se fit reconnaître en possession de la baie et du détroit d'Hudson. La fixation des limites entre les possessions de l'Angleterre riveraines de la mer d'Hudson et les possessions françaises du Canada donna lieu à la guerre de 1756, qui fut terminée par le traité d'Aix-la-Chapelle, et pendant laquelle les Anglais prirent Louisbourg et l'île Royale au cap Breton, que nous avait laissés la paix d'Utrecht. L'article 9 du traité d'Aix-la-Chapelle stipula la restitution de ces conquêtes. Mais les hostilités ne tardèrent pas à être reprises, et cette nouvelle guerre maritime, corollaire de la guerre de sept ans, eut des suites désastreuses pour la France. Entre autres pertes, le traité de Paris, le 10 février 1763, sanctionna celle du cap Breton et du Canada, qui depuis ont cessé de nous appartenir. La France, est-il dit dans ce funeste traité, ne pourra revenir contre cette cession, ni troubler la Grande-Bretagne dans ses nouvelles possessions, sous aucun prétexte. Le roi d'Angleterre accordera aux habitants du Canada la liberté de la religion catholique, et donnera les ordres les plus précis et les plus effectifs pour que ses nouveaux sujets catholiques romains puissent professer le culte de leur religion, selon le rit de l'Eglise romaine, autant que le permettent les lois de la Grande-Bretagne. — Ce ne fut pas sans de grandes peines et d'énormes sacrifices d'hommes et d'argent que l'Angleterre nous supplanta tant de fois dans la possession du Canada, et finit par nous l'enlever pour toujours. Ces nombreuses attaques furent presque toujours reçues avec beaucoup d'énergie ; la supériorité numérique des ennemis fut la principale cause de leurs succès ; et depuis la belle défense de Champlain jusqu'à celle de Montcalm, qui ne céda qu'à la mort, la ville de Québec particulièrement fut le théâtre d'une foule d'exploits inouïs (*V.* QUÉBEC, CHAMPLAIN et MONTCALM). La mauvaise administration de la colonie et les dilapidations des employés contribuèrent aussi à notre ruine. Avant la conquête du Canada, il était souvent parvenu au ministre de la marine des rapports alarmants sur l'état où se trouvait cette contrée. « Tout le pays, lui écrivait-on, est prêt à déposer des malversations qui s'y sont commises et qui s'y commettent journellement ; jugez-en par les fortunes rapides qu'elles ont occasionnées. C'est aux dépens du roi qu'elles sont faites ; il épuisait ses forces pour nous nourrir et nous donner la force de combattre à son service, la faim nous consume, et c'est de notre substance qu'on s'est engraissé... » En 1762, une commission du Châtelet fut instituée à Paris, dans le but de soumettre à une enquête la conduite des employés les plus compromis. Le jugement qui fut rendu par cette commission reconnut que *des sommes immenses* avaient été dilapidées, et ordonna une restitution de 12,000,000 dans le trésor royal. MM. Rigot, intendant, Varin, commissaire

ordonnateur à Montréal, Bréard, contrôleur de la marine à Québec, convaincus d'avoir favorisé les malversations et les concussions mentionnées au procès, furent condamnés à 600,000 livres de restitution envers le roi. — L'organisation politique de la colonie se prêtait merveilleusement aux abus. Dès l'origine, l'autorité du chef militaire et de ses lieutenants fut arbitraire et absolue. Le gouverneur avait le pouvoir de punir et d'absoudre ; il tenait dans ses mains les grâces et les peines, les récompenses et les destitutions, le droit d'emprisonner ; il décidait arbitrairement et sans appel tous les procès qui s'élevaient entre les colons. Cette omnipotence, dont l'exemple fut si dangereux pour la métropole elle-même, se maintint avec toutes ses vexations, jusqu'en 1663. A cette époque, dans le but de remédier au mal, Colbert institua à Québec un conseil supérieur. Le gouvernement envoya successivement dans cette ville un intendant, un maître des eaux et forêts, et des juges subalternes de la police française. Le taux des impôts était exorbitant, et nuisait aux progrès de l'agriculture. Suivant un édit de 1663, la dîme se composait du treizième de tout ce que produisait le travail des hommes, et du treizième de tout ce que la terre donnait sans culture. Le conseil supérieur de Québec prit sur lui en 1667, de réduire ce tribut au vingt-sixième, réduction beaucoup trop faible, qui fut confirmée par un édit postérieur. Des seigneuries avaient été accordées à une foule d'individus, tant on avait cherché à appliquer à la colonie les lois de l'ancienne métropole. Ces grands propriétaires, hors d'état, par la médiocrité de leur fortune et leur peu d'aptitude, de faire valoir leurs biens, les distribuèrent à des soldats vétérans, en s'en réservant la directe et toutes les servitudes féodales. Cependant lorsqu'en 1663 la coutume de Paris, modifiée par des combinaisons locales, devint en quelque sorte le code civil du Canada, le morcellement des terres ne tarda pas à arriver. En effet, la coutume de Paris admettait dans les successions le partage égal des propriétés. La division des biens étant devenue extrême, le gouvernement français défendit en 1745, d'entamer toute plantation qui n'aurait pas un arpent et demi de front sur trente ou quarante de profondeur. Tous ces changements successifs montrent que les affaires de la colonie étaient loin de prospérer. La source du mal était principalement dans le despotisme du gouvernement colonial et dans les charges qui pesaient sur l'agriculteur. Chaque colon recevait ordinairement quatre-vingt-dix arpents de terre, et s'engageait à donner annuellement à son seigneur un ou deux sous par arpent, et un demi-minot de blé pour la concession entière ; il s'engageait à moudre à son moulin, et à lui céder, pour droit de banalité, la quatorzième partie de la farine ; il lui payait un douzième pour les lots et ventes, et restait soumis au droit de retrait et à une foule d'autres sujétions. Le clergé avait, en outre, de trop grands privilèges. La plupart de ces usages féodaux se sont perpétués au Canada sous la domination anglaise, et y existent encore aujourd'hui. — La colonie française du Canada vécut généralement en bonne intelligence avec les sauvages du pays. Elle cultiva surtout l'alliance des Hurons, qu'elle défendait contre les attaques des Iroquois, leurs voisins, qui se montrèrent toujours moins traitables. Aussi les Hurons avaient-ils un grand attachement pour les Français, qui s'appliquaient à les éclairer, à les civiliser et à les convertir au christianisme. Il s'en faut que les Anglais soient aussi généreux à leur égard, et les Iroquois n'ont pas plus à se louer de leurs traitements que les Hurons. L'orgueil britannique ne peut pas s'habituer à voir des hommes dans ces enfants de la nature. Leur vendre le plus possible, leur acheter quelquefois, les dépouiller toujours, ou les exterminer, soit à l'aide des machines, soit à l'aide des liqueurs fortes, soit à l'aide encore des chiens féroces dressés exprès, tel est le système de relations que les Anglais ont adopté à leur égard. Ils en seront punis à la première atteinte que recevra leur puissance dans l'Amérique du Nord. Le jour où la force viendra à leur manquer, les sauvages prendront leur revanche, et, s'il faut en croire les apparences, ce jour n'est pas fort éloigné. Déjà les deux Canada ont fait des tentatives de révolte ; de nouveaux symptômes de mécontentement s'y manifestent. Le haut Canada surtout, presque exclusivement français, attaché à notre langue et à nos mœurs, repoussant avec opiniâtreté la langue et les mœurs anglaises, paraît devoir s'émanciper avant peu. Lorsqu'il aura besoin d'assistance, le concours des naturels et celui des Etats-Unis ne lui manqueront pas. Quel que soit son avenir, l'attachement que ses habitants ont conservé pour l'ancienne métropole sera toujours un lien de famille entre eux et la France.

CANADE, s. m. (*hist. nat.*), oiseau de l'Amérique, qui passe pour le plus beau des volatiles, et qui est de la grosseur d'un faisan. — Espèce de poisson du genre gastérostée.

CANADE (*marine*) se dit d'une mesure de vin ou d'eau que les Portugais donnent chaque jour à chaque matelot, employé dans une embarcation.

CANA DE LA VIVERA, s. m. (*botan.*), tiré de l'espagnol, espèce de palmier qui produit un suc employé contre la morsure des serpents venimeux.

CANADÉRI, s. m. (*comm.*). On a donné ce nom à une sorte d'étoffe pour robes.

CANADIENS (PHILOSOPHIE DES). Nous devons la connaissance des sauvages du Canada au baron de la Hontan, qui a vécu parmi eux environ l'espace de dix ans. Il rapporte dans ses relations quelques entretiens qu'il a eus sur la religion avec un de ces sauvages, et il paraît que le baron n'avait pas l'avantage dans la dispute. Ce qu'il y a de surprenant, c'est de voir un *Huron* abuser assez subtilement des armes de notre dialectique pour combattre la religion chrétienne; les abstractions et les termes de l'école lui sont presque aussi familiers qu'à un Européen qui aurait médité sur les livres de Scot. Cela a donné lieu de soupçonner le baron de la Hontan, qu'on ne doit lire d'ailleurs qu'avec une grande défiance, d'avoir voulu jeter un ridicule sur le christianisme, et d'avoir mis dans la bouche d'un sauvage les raisons dont il n'aurait osé se servir lui-même. La plupart de ceux qui n'ont point vu ni entendu parler des sauvages se sont imaginé que c'étaient des hommes couverts de poil, vivant dans les bois sans société, comme des bêtes, et n'ayant de l'homme que la seule figure imparfaite : il ne paraît pas même que bien des gens soient revenus de cette idée. Les sauvages, à l'exception des cheveux et des sourcils, que plusieurs mêmes ont soin d'arracher, n'ont aucun poil sur le corps; car s'il arrivait par hasard qu'il leur en vînt quelqu'un, ils se l'ôteraient d'abord jusqu'à la racine. Ils naissent blancs comme nous; leur nudité, les huiles dont ils se graissent, et les différentes couleurs dont ils se fardent, que le soleil à la longue imprime dans leur peau, leur hâlent le teint. Ils sont grands, d'une taille supérieure à la nôtre, ont les traits de visage fort réguliers, le nez aquilin. Ils sont bien faits en général, étant rare de voir parmi eux aucun boiteux, borgne, bossu, aveugle, etc. A voir les sauvages du premier coup d'œil, il est impossible d'en juger à leur avantage, parce qu'ils ont le regard farouche, le port rustique, et l'abord si simple et si taciturne, qu'il serait très-difficile à un Européen qui ne les connaîtrait pas, de croire que cette manière d'agir est une espèce de civilité à leur mode, dont ils gardent entre eux toutes les bienséances, comme nous gardons chez nous les nôtres, dont ils se moquent beaucoup. Ils sont donc peu caressants, et font peu de démonstrations; mais, nonobstant cela, ils sont bons, affables, et exercent envers les étrangers et les malheureux une charitable hospitalité, qui a de quoi confondre toutes les nations de l'Europe. Ils ont l'imagination assez vive; ils pensent juste sur leurs affaires, ils vont à leurs fins par des voies sûres; ils agissent de sang-froid et avec un phlegme qui lasserait notre patience. Par raison d'honneur et par grandeur d'âme, ils ne se fâchent presque jamais. Ils ont le cœur haut et fier, un courage à l'épreuve, une valeur intrépide, une constance dans les tourments qui semble surpasser l'héroïsme, et une égalité d'âme que ni l'adversité ni la prospérité n'altèrent jamais. Toutes ces belles qualités seraient trop dignes d'admiration, si elles ne se trouvaient malheureusement accompagnées de quantité de défauts : car ils sont légers et volages, fainéants au delà de toute expression, ingrats avec excès, soupçonneux, traîtres, vindicatifs, et d'autant plus dangereux, qu'ils savent mieux couvrir et qu'ils couvrent plus longtemps leur ressentiment. Ils exercent envers leurs ennemis des cruautés si inouïes qu'ils surpassent dans l'intention de leurs tourments tout ce que l'histoire des anciens tyrans peut nous représenter de plus cruel. Ils sont brutaux dans leurs plaisirs, vicieux par ignorance et par malice; mais leur rusticité et la disette où ils sont de toutes choses, leur donne sur nous un avantage, qui est d'ignorer tous les raffinements du vice qu'ont introduits le luxe et l'abondance. Voici maintenant à quoi se réduisent leur philosophie et leur religion. 1° Tous les sauvages soutiennent qu'il y a un Dieu. Ils prouvent son existence par la composition de l'univers qui fait éclater la toute-puissance de son auteur; d'où il s'ensuit, disent-ils, que l'homme n'a pas été fait par hasard, et qu'il est l'ouvrage d'un principe supérieur en sagesse et en connaissance, qu'ils appellent le *grand esprit*. Ce grand esprit contient tout, il paraît en tout, il agit en tout, et il donne le mouvement à toutes choses. Enfin tout ce qu'on voit et tout ce qu'on conçoit est ce Dieu qui, subsistant sans bornes, sans limites et sans corps, ne doit point être représenté sous la figure d'un vieillard ni de quelque autre chose que ce puisse être, quelque belle, vaste et

étendue qu'elle soit; ce qui fait qu'ils l'adorent en tout ce qui paraît au monde. Cela est si vrai, que lorsqu'ils voient quelque chose de beau, de curieux et de surprenant, surtout le soleil et les autres astres, ils s'écrient : *O grand esprit, nous te voyons partout !* 2° Ils disent que l'âme est immortelle, parce que si elle ne l'était pas, tous les hommes seraient également heureux en cette vie; puisque Dieu, étant infiniment parfait et infiniment sage, n'aurait pu créer les uns pour les rendre heureux, et les autres pour les rendre malheureux. Ils prétendent donc que Dieu veut, par une conduite qui ne s'accorde pas avec nos lumières, qu'un certain nombre de créatures souffrent en ce monde, pour les dédommager en l'autre; ce qui fait qu'ils ne peuvent souffrir que les chrétiens disent que tel a été bien malheureux d'être tué, brûlé, etc., prétendant que ce que nous croyons malheur n'est malheur que dans nos idées, puisque rien ne se fait que par la volonté de cet être infiniment parfait, dont la conduite n'est ni bizarre ni capricieuse. Tout cela n'est point si sauvage. 3° Le grand esprit a donné aux hommes la raison, pour les mettre en état de discerner le bien et le mal, et de suivre les règles de la justice et de la sagesse. 4° La tranquillité de l'âme plaît infiniment à ce grand esprit : il déteste au contraire le tumulte des passions, lequel rend les hommes méchants. 5° La vie est un sommeil, et la mort un réveil qui donne l'intelligence des choses visibles et invisibles. 6° La raison de l'homme ne pouvant s'élever à la connaissance des choses qui sont au-dessus de la terre, il est inutile et même nuisible de chercher à pénétrer les choses invisibles. 7° Après la mort nos âmes vont dans un certain lieu, dans lequel on ne peut dire si les bons sont bien, et si les méchants sont mal, parce que nous *ignorons* si ce que nous appelons *bien* ou *mal* est regardé comme tel par le grand esprit.

CANADOR (*comm.*), vieille mesure des liquides en Portugal, dont les douze valent une almoude, autre vieille mesure du même royaume. Le *canador* équivaut au mingle ou bouteille d'Amsterdam (*V.* MINGLE, ALMONDE).

CANÆ ou **ÆGA** (*géogr. anc.*), aujourd'hui *Capo Coloni*, petite ville et promontoire de l'Éolide, dans l'Asie-Mineure, située vis-à-vis de la pointe méridionale de l'île de Lesbos. Elle fut fondée par une colonie de Locriens.

CANÆ ou **CANEUM** (*géogr. anc.*), promontoire de l'Eubée, vers la pointe nord-ouest de l'île.

CANAILLE, s. f. expression triviale dont se servent pourtant les personnes de la haute société. Ce mot a plusieurs sens bien distincts : on a d'abord appelé *la canaille*, la basse classe du peuple; mais ce qu'on appelle vulgairement la canaille aujourd'hui est cette dernière classe qui est au-dessous même de la populace, et dont les mœurs *cyniques* rappellent l'étymologie du mot qui vient du latin *canis*, *canis*, et, selon Ménage, de *canalia*, comme qui dirait une bande de chiens. On dit encore en italien *canaglia*, qui signifie la même chose. On trouve dans quelques vieux auteurs le mot *chiennaille*. — La véritable canaille est celle qui se trouve dans toutes les classes, et il y a *des canailles* parmi les gens dits comme il faut; car on dit d'un grand seigneur méprisable, Cet homme est une canaille, une vraie canaille, une grande canaille! Un philosophe qui, au commencement de la révolution de 1789, blâmait la conduite des rois qui abandonnaient Louis XVI, s'écriait : *canaille royale !* Le peuple, dans ses expressions proverbiales, sait fort bien flétrir ceux qu'il méprise, et c'est lui qui dit de certaines gens qui ont des places ou des prérogatives non méritées :

> A la mode des grands,
> La canaille va devant.

D'autre part, d'une manière moins absolue, mais par une acception convenue, on appelle la canaille les gens sans principes, comme Figaro dans la pièce de la Folle Journée, qui dit : *Le plancher pour le beau monde, et la canaille derrière.* On appelle quelquefois, en badinant, les enfants *petite canaille*. S'*encanailler* est une expression méprisante qu'on emploie pour dire qu'on descend au-dessous de soi, comme le marquis de Moncade, dans la comédie de l'École des Bourgeois, qui, épousant une petite financière, écrit à son ami : *C'est donc aujourd'hui que je m'encanaille*. On dit d'un homme qui s'entoure de mauvaises sociétés, Il *fréquente la canaille*; d'un meneur qui flatte les passions populaires, Il *s'appuie de la canaille; La canaille soutient son parti*. Ce suffrage de la canaille ne flatte guère, au lieu qu'il ressemble. On dit avec raison : *Il n'y a que la canaille qui gagne au désordre; La canaille est cruelle; elle se plaît à voir les exécutions.* — Voltaire a écrit quelque part : « Il faut en tout pays laisser passer la canaille ; il vaudrait mieux qu'elle ne parlât pas : mais on ne peut lui arracher la langue. » C'est encore un terme injurieux dont les maîtres se servent souvent lorsqu'ils sont mal servis par leurs domestiques. *Ces canailles me laissent toujours seul.* — Les attroupements de gens oisifs sont qualifiés de *canaille Un bateleur, un charlatan sont suivis de la canaille. Un honnête homme est souvent hué par la canaille. Un mauvais lieu, un cabaret borgne sont fréquentés par la canaille.* On ne confond point avec cette populace méprisable les honnêtes ouvriers, ni même les pauvres gens qui se réunissent dans des endroits où ils prennent des plaisirs à leur portée. — Ce mot devient adjectif quand on l'emploie dans ce sens : *Quelle expression canaille! Ce style est bien canaille! La conduite de cet homme est bien canaille!* DUMERSAN.

CANAL (*résumé historique*). Les plus anciens canaux dont parle l'histoire des peuples de notre tradition sont ceux de l'Égypte. Ils étaient nombreux, et la plupart avaient pour but de répandre sur le sol desséché de cette contrée les eaux surabondantes du Nil ; quelques-uns seulement, mais tracés sur une plus large échelle, servaient à la navigation. Les plus importants étaient celui de l'isthme de Suez et le grand canal qui mettait Alexandrie et le lac Maréotis en communication avec le Nil. Ce dernier avait jusqu'à 250 mètres de largeur en quelques endroits où son plafond était maintenu à peu près au niveau du sol, et ses eaux étaient contenues latéralement par de hautes et fortes lignes. Sous la domination romaine, la navigation y était encore facile et active; mais depuis, il avait été si mal entretenu, que vers la fin du dernier siècle des barques d'un bien faible tirant d'eau n'y pouvaient naviguer chaque année que pendant quinze à vingt jours au plus à l'époque des crues du fleuve. La mémorable expédition de l'armée française, qui avait admis sous ses tentes des représentants des principales branches de l'activité humaine, lui apporta de notables améliorations. Tandis que, protégés par nos guerriers, nos savants et nos artistes essayaient de rappeler à la vie, par leurs investigations et leurs dessins, les ruines gigantesques qu'ils avaient sous les yeux, nos ingénieurs, à la tête d'une armée de travailleurs, faisaient approfondir le canal d'Alexandrie et en réglaient la pente. Nous ajouterons (qu'on nous pardonne cette digression, elle va nous ramener à notre sujet) que là ne se seraient point bornés les bienfaits de notre industrie sur cette contrée lointaine, si notre séjour s'y était prolongé. Le grand homme qui commandait l'expédition sentait combien il importait aux intérêts généraux, à ceux de la France, et surtout à ceux de sa politique, d'établir par l'isthme de Suez une nouvelle voie de communication maritime entre l'Europe et l'Inde, et il est hors de doute que son énergique volonté aurait été capable d'en doter le monde malgré les difficultés de la position et les déserts qu'il fallait traverser. L'idée n'était pas neuve, il est vrai; elle appartenait à une haute antiquité, et à différentes époques elle avait été reprise et caressée. On savait même, par Hérodote et par Strabon, qu'un large canal avait été jadis creusé dans le même but, et dans quelques endroits on apercevait encore sa trace. Commencé vers l'an 616 avant notre ère, abandonné au bout d'un certain temps, parce qu'on craignait que son ouverture n'entraînât la submersion d'une partie de l'Égypte, qu'on avait reconnue être plus basse que le niveau de la mer Rouge, ce canal fut repris plus tard et terminé sous Ptolémée II. Il s'embranchait sur le Nil ; mais il est probable que les craintes qui pendant plusieurs années en avaient suspendu l'exécution ne permirent pas d'ouvrir l'isthme dans toute son étendue, et qu'une partie du trajet d'une mer à l'autre devait se faire encore par une voie de terre. A cette époque en effet, on savait donner de l'écoulement aux eaux, on les maîtrisait non complétement; on pouvait leur ouvrir une issue, mais non régler d'avance ce qui devait y passer; ni les barrages, ni les écluses n'étaient encore inventés. Les canaux étaient de véritables rivières artificielles; ils présentaient l'apparence des cours d'eau naturels, et ils se comportaient comme eux ; torrentiels quand leur pente était trop forte, ils pouvaient rompre leurs digues et se creuser de nouveaux lits ; la pente au contraire était-elle trop faible, l'eau, pendant les crues, surmontait les digues et se répandait sur les contrées environnantes. On dut souvent alors rencontrer l'injure là où l'on avait cru préparer le bienfait; car les connaissances en hydraulique étaient plus bornées qu'aujourd'hui, et les instruments de nivellement bien imparfaits. — Cependant la plupart des peuples de l'antiquité conçurent de grands projets de canalisation. Alexandre le Grand voulait ouvrir l'isthme de Corinthe. Les Romains firent creuser le canal des marais Pontins pour servir à la fois au desséchement et à la navigation. Sous les empereurs, de nombreux canaux furent

ouverts par eux auprès des bouches du Pô; c'étaient les *fossa Augusti, fossa Philistina*, etc., et ils commencèrent un grand canal de Rome à Baies, qui depuis fut abandonné. Dans les Gaules, dont Strabon admirait tant le système hydraulique naturel, ils projetèrent différentes voies navigables, et entre autres un canal de la Saône à la Moselle qui devait opérer la jonction de deux bassins du Rhône et du Rhin, et par conséquent celle de la Méditerranée avec la mer d'Allemagne, jonction qu'on a établie dernièrement suivant une autre direction. Mais leurs plus grands travaux en ce genre sont ceux qu'ils exécutèrent en Italie pour assurer les niveaux de quelques lacs. Ces monuments, désignés habituellement sous le nom d'*émissaires*, sont de véritables canaux de décharge ou de desséchement, et ils forment un point important de l'histoire de l'art, car ils sont vraisemblablement les premiers qui aient été établis à de grandes profondeurs au-dessous du sol. Nous en dirons donc quelques mots. — Tite Live rapporte qu'à l'époque où les Romains faisaient le siège de Véies, l'an 355 de leur ère, un grand nombre de prodiges et entre autres l'exhaussement subit du lac d'Albano vers la fin d'un été extrêmement sec, effrayèrent les esprits et les engagèrent à consulter l'oracle de Delphes. La réponse fut celle qu'avait déjà faite un auspice étrusque : que la ville ne serait prise que lorsque les eaux du lac auraient reçu de l'écoulement. On se mit immédiatement à l'ouvrage, autant peut-être pour fertiliser par les eaux tirées du lac une partie de la campagne de Rome que pour obéir à l'oracle ; au bout de l'année, l'émissaire était creusé à travers une des collines d'Albano, et Véies se rendait au travers au peuple dont la puissance et l'énergie venaient de se manifester avec tant de vigueur. Ce canal subsiste encore aujourd'hui et sert au même usage. Il a près de trois quarts de lieue de longueur ; dans quelques parties il est situé à plus de cent mètres au-dessous du sol. Il est construit dans toute son étendue en grandes pierres parfaitement taillées, et il est décoré à ses deux extrémités par de vastes châteaux d'eau qui sont de remarquables monuments d'architecture. — La célérité de l'exécution avait été obtenue par un procédé analogue à celui que nous employons pour de semblables travaux. Après avoir tracé sur le relief de la colline la projection de l'axe du souterrain, on creusa près de cette ligne et de distance en distance des puits verticaux qu'on descendait jusqu'au niveau du plafond du canal ; puis, à partir du fond de chacun d'eux, on dirigea une petite galerie dans la ligne suivant laquelle le percement devait avoir lieu. On put alors à chaque puits établir deux ateliers de travailleurs opérant dans des directions opposées jusqu'à leur rencontre avec les travailleurs partis des puits voisins, et on dut se servir de ces puits pour enlever les déblais et activer le transport des matériaux de construction. L'excellente nature du terrain, en facilitant l'opération, contribua d'ailleurs beaucoup à en abréger la durée. Elle fut surtout d'un précieux secours lorsque, après avoir percé le canal dans la plus grande partie de sa longueur, on voulut l'ouvrir sur le lac. Cette dernière portion du travail présentait de grandes difficultés : le niveau des eaux était bien supérieur à celui du canal, et il était évident que si on continuait, en suivant la même marche, à s'avancer vers le lac, on arriverait à un point où les terres interposées ne suffiraient plus pour arrêter les eaux qui alors feraient irruption dans le conduit souterrain, et emporteraient à la fois ouvriers et ouvrages. On dut donc s'arrêter avant que le danger ne devînt imminent, et recourir à un procédé différent de celui qui avait suffi jusque-là. Piranesi, qui a fait sur les lieux une étude approfondie de cet émissaire, donne une indication assez vraisemblable de la nouvelle marche qu'on adopta. Suivant lui, on pratiqua au-dessus de l'axe du canal un nouveau puits placé très-près du lac, de sorte que son ouverture supérieure était fort peu élevée au-dessus du niveau des eaux; on reconnut, par l'absence des filtrations, que les terres étaient suffisamment compactes pour qu'on pût, avec toute sécurité, pousser le souterrain jusqu'en ce point, et on s'empressa de le faire ; ensuite, au moyen d'une petite tranchée successivement approfondie, on introduisit peu à peu une partie des eaux du lac dans le puits et de là dans le canal, et on abaissa ainsi leur niveau d'une certaine quantité sans éprouver aucun dommage. Le danger diminuait en même temps que la hauteur d'eau; on put donc, en creusant un second puits, prolonger encore l'émissaire sur une certaine longueur; on ouvrit alors une nouvelle tranchée, et on continua ainsi jusqu'à ce qu'on eût abaissé les eaux du lac au niveau du canal. Il fut facile ensuite de construire un petit batardeau, et de terminer à son abri ce qui restait à faire pour donner à l'ouverture de l'émissaire une solidité suffisante. — On voit encore l'un des puits qui servirent à l'excavation de la première partie de ce canal, et quelques indices de ceux sur l'existence desquels se fonde l'explication de Piranesi. — Un autre émissaire, beaucoup plus considérable encore que celui d'Albano, fut construit sous l'empereur Claude pour opérer le desséchement complet du lac Fucin, et son exécution présenta, en raison de la nature du terrain, de bien plus sérieuses difficultés. Pline dit que 30,000 hommes y furent employés pendant dix ans, et que les travaux qu'on fut obligé d'exécuter, soit pour se délivrer des eaux souterraines, soit pour percer des rochers à de grandes profondeurs, ne sauraient se concevoir que par ceux qui en ont été témoins, la parole étant impuissante à en donner une idée exacte. Il ajoute qu'on se servait de puits pour enlever au moyen de machines les eaux et les déblais. Ce grand travail n'apporta malheureusement aucun fruit. Lorsqu'il fut achevé, Claude donna de grandes fêtes pour son inauguration; il fit représenter sur le lac un combat naval; puis, la joute terminée, on rompit tout d'un coup la digue qui obstruait l'entrée du canal. Et certes, c'eût été un bel et grand spectacle que celui de la subite disparition de ce vaste lac devant la volonté de l'homme. Mais les eaux se précipitèrent avec une telle impétuosité, qu'une partie de l'émissaire fut renversée, et qu'il se produisit à la suite des éboulements considérables. Claude mourut peu de temps après. Néron, peu jaloux, comme on sait, de continuer les œuvres de ses prédécesseurs, ne chercha pas à réparer ces désastres, et le canal fut abandonné ainsi que l'idée de dessécher le lac. — C'étaient là de grandes et d'utiles entreprises; mais bientôt disparut pour longtemps de l'Europe l'esprit qui les avait dictées. Le lien que Rome avait voulu établir entre tous les peuples se relâcha d'abord, se brisa ensuite, et avec lui s'évanouit la possibilité d'établir ces longues voies de communication, conséquences et conditions de durée d'une vaste association. Les préoccupations religieuses, les luttes sanglantes, les irruptions de barbares qui signalèrent la décadence de l'empire romain, puis les nationalités indécises et flottantes, le démembrement des territoires, l'affaiblissement du pouvoir central, toutes ces choses vinrent arrêter les progrès de l'industrie, et surtout les travaux qui ne se peuvent exécuter que lorsqu'on a foi dans l'avenir. Des peuples habitués à des migrations successives ne pouvaient avoir grande confiance dans la durée de leur possession, et ne pouvaient songer à consacrer leurs forces à de longs et durables établissements. Où la guerre entre les hommes était aussi incessante et aussi acharnée, les luttes contre la nature ne pouvaient réclamer une grande place. Alors ce n'était ni par le commerce, ni par l'industrie qu'on poursuivait les richesses, c'était les armes à la main: le *malheur aux vaincus* du Gaulois semblait être devenu le droit public des sociétés humaines. — Ce ne fut donc que dans de rares intervalles de tranquillité, et lorsque de puissants empires paraissaient devoir se constituer, que se produisirent des projets ou que s'exécutèrent des travaux de canalisation. C'est ainsi que Théodoric, ce grand roi des Goths, fit rétablir le canal des marais Pontins et y ajouta de nouvelles branches; c'est ainsi que Charlemagne, empereur d'Orient et d'Occident, fit commencer un canal du Rhin au Danube pour réunir les deux extrémités de son empire, canal que les difficultés de l'exécution l'obligèrent à abandonner. Ce sont là les seuls travaux que nous trouvions à mentionner depuis la formation de l'empire d'Occident jusqu'au XVᵉ siècle. Mais l'humanité est pleine de mystères dans sa marche progressive; c'est souvent alors qu'elle nous paraît rester stationnaire ou même retourner sur ses pas, qu'elle se prépare aux plus grands progrès; et c'est au moyen âge, à cette époque à laquelle il semble que l'histoire des canaux n'ait rien à demander, que nous devons le germe des grandes améliorations apportées par les peuples modernes dans la conduite de l'aménagement des eaux. — Vers le IVᵉ siècle, l'usage des moulins mus par des chutes d'eau s'introduisit en Occident, et par suite celui de barrer le cours des ruisseaux ou des rivières pour créer de ces chutes. D'un autre côté le peu de commerce qui se faisait alors ne pouvait guère effectuer ses transports que par les voies de terre qui étaient en fort mauvais état, et où d'ailleurs les marchandises couraient le risque d'être impunément pillées; il avait presque exclusivement recours aux voies navigables. On dut donc, dans l'établissement des barrages, réserver des passages pour la navigation, et on pratiqua à cet effet, au travers de ces ouvrages, des ouvertures qu'on pouvait ouvrir et fermer à volonté. Les seigneurs féodaux, qui s'arrogèrent la propriété des cours d'eau qui traversaient leurs territoires, multiplièrent à l'envi ces barrages en y ménageant toujours les ouvertures ou *pertuis* nécessaires aux navigateurs; car les barrages leur permettaient la création d'usines productives, tandis que les ouvertures étaient des débouchés dont ils avaient les clefs, et qu'ils n'ouvraient qu'après avoir rançonné à leur guise les bateaux qui demandaient à passer. Certes, ces établissements n'avaient point pour but l'amélioration de la navigation; les vues qui avaient présidé à leur création pouvaient même être considérées comme lui étant hostiles, et cependant ils y contribuèrent beaucoup. En relevant et en retenant les eaux, ils permirent aux navigateurs de prendre des chargements plus considérables, et ils leur assurèrent en toute saison un tirant d'eau suffisant. Le passage des pertuis offrait, il est vrai, tant à la remonte qu'à la descente, beaucoup des difficultés et même des dangers; mais le commerce ne demandait que la faculté de subsister, et difficultés, dangers, exactions, tout était accepté par lui comme des nécessités auxquelles il fallait se soumettre. Or, c'est évidemment de ces barrages et de ces pertuis que dérivent nos canaux et nos écluses; le canal que nous creusons habituellement dans le sol, les barrages l'établissaient dans le lit même du fleuve, comme on le fait encore aujourd'hui nous en agissons ainsi quand les circonstances sont favorables; et pour former une écluse, il suffisait d'ajouter à la fermeture unique du pertuis une seconde porte, séparée de la première par un intervalle assez grand pour recevoir un bateau. « On ne peut disconvenir, dit M. de Dutans dans son excellent ouvrage sur la navigation intérieure de la France, que ces retenues factices (les barrages), en divisant les cours d'eau en autant d'étangs ou de biefs horizontaux successifs, n'eussent pour effet d'en faire disparaître la pente trop rapide, et que ce ne soit à leur établissement qu'on doit l'emploi des portes marinières sans lesquelles les bateaux n'auraient pu en franchir la hauteur: deux circonstances dont nous voyons naître le principe sur lequel repose la théorie des canaux, consistant à substituer au plan de pente de la ligne de navigation un nombre quelconque de plans horizontaux, s'élevant ou s'abaissant les uns au-dessus ou au-dessous des autres de quantités partielles dont la somme égale la pente totale de l'espace à parcourir; et secondement, les écluses dont la composition des portes marinières, quelque imparfaite qu'elle fût, ne contenait pas moins le germe qui n'attendait pour recevoir tout son développement qu'une heureuse inspiration de génie. Ces portes réservées dans les barrages dans la descente ou la remonte des bateaux, tenues ouvertes ou fermées, selon le volume d'eau plus ou moins considérable des rivières, se composaient, comme on le voit encore sur plusieurs points, et même, au rapport des voyageurs, sur les canaux de la Chine, d'une voie de six à sept mètres de largeur, fermée par plusieurs poutrelles mobiles placées les unes au-dessus des autres, et suivie d'un plan plus ou moins incliné, bordé latéralement par des estacades en charpente, et servant à racheter la différence de niveau des deux biefs contigus. » La conversion des portes marinières ou pertuis en écluse à sas date du commencement du XVᵉ siècle. Cette innovation, qui est attribuée à deux frères, ingénieurs à Viterbe, ville placée à l'une des extrémités du canal des marais Pontins, n'est pas une des moins heureuses dont ce siècle si riche en découvertes importantes ait à s'enorgueillir, et elle fut immédiatement introduite dans les Etats de Venise, en Hollande et dans le Milanais. Ce ne fut que cent ans après environ, dans les premières années du XVIᵉ siècle, qu'elle pénétra en France. Elle paraît y avoir été importée par Léonard de Vinci, aussi savant ingénieur que grand artiste, qui, sur l'invitation de François Iᵉʳ, s'était rendu à la cour de ce monarque, s'y livrait à la fois à la pratique de son art, à des investigations scientifiques, et à des projets de navigation artificielle. — Ce fut donc l'Italie qui nous donna les écluses à sas; mais il est arrivé pour cette invention ce qui est arrivé pour beaucoup d'autres: étrangère à la France par son origine, la France sut se l'approprier dès qu'elle en a eu connaissance, et c'est en France qu'elle a reçu ses plus utiles applications, et qu'on a entrevu et proclamé pour la première fois tout le parti qu'il était possible d'en tirer. Jusque-là, en effet, les écluses n'avaient été employées que sur des rivières ou sur des canaux de dérivation, et le principal avantage qu'on y trouvait était la sécurité qu'elles offraient aux bateaux à leur passage d'un bief dans l'autre. En France, on jugea immédiatement que cet avantage, quelque grand qu'il fût, n'était que secondaire; qu'à côté s'en trouvait un autre bien plus précieux encore, celui de réduire dans une très-forte proportion la dépense d'eau nécessaire à la navigation; on y comprit qu'avec ces nouvelles machines, les sources d'un produit comparativement assez faible assureraient l'alimentation d'un canal; qu'une retenue artificielle que pouvait établir à toutes les hauteurs où surgissaient de pareilles sources, et qu'il n'était dès lors point de chaîne de montagnes, si élevée qu'elle fût, que l'homme ne puisse faire franchir à ses cours d'eau, puisqu'il suffisait de diriger vers l'une des dépressions de la chaîne les eaux recueillies sur les sommets environnants. En un mot, on y inventa les *canaux à point de partage*; et à peine une seule écluse y avait-elle été exécutée, que déjà l'imagination française réunissait par ces canaux les différents bassins, mettait les deux mers en communication, et enfantait des projets pour la réalisation desquels trois siècles devaient à peine suffire. — Ainsi dès 1538 on parle d'unir *la mer d'Aquitaine à la mer de Narbonne*, ce qui fit plus tard le canal du Languedoc; quelques années après, Adam de Carponne projette une communication *du Rhône à la Loire*, communication qui est établie maintenant par le canal du Centre, et l'opinion publique est appelée à se prononcer sur d'autres projets également importants. Mais l'exécution ne pouvait être aussi instantanée que la conception, et on dut se borner pendant ce siècle à la construction d'écluses sur quelques rivières, telles que l'Ourcq, la Vilaine, etc., et à la réalisation d'un nouveau projet d'Adam de Carponne, celui d'un canal d'irrigation de vingt lieues de longueur, destiné à conduire sur le sol desséché de la Provence une partie des eaux surabondantes de la Durance. Ce ne fut qu'au commencement du XVIIᵉ siècle, dès que la guerre civile fut terminée, qu'on put s'occuper de nouveau du projet de réunion des deux mers, soit par l'Aude et la Garonne, soit par le Rhône et la Loire; on reconnut alors qu'il serait utile de prolonger jusqu'à Paris la seconde de ces lignes, afin d'augmenter son importance et de faire participer la grande ville à ses bienfaits, et le canal de Briare, de la Loire à la Seine, fut immédiatement commencé. De 1605 à 1610, six mille hommes de troupes furent constamment employés aux travaux, qui furent interrompus pendant le cours de cette dernière année par suite de la mort de Henri IV, et ne furent repris qu'en 1638. A cette époque, les ouvrages déjà exécutés et la propriété du canal avec autorisation d'y percevoir un péage, furent concédés par lettres patentes à une compagnie particulière, formée sous la direction des sieurs Bouteroue et Guyon, à laquelle d'autres grands avantages furent accordés, sous la condition que le canal serait terminé dans l'espace de quatre années, tant on attachait d'importance à la prompte exécution de cette nouvelle voie navigable. — « Voulons, disaient les lettres patentes, que nonobstant tous procès et différends qui pourroient être intentés contre lesdits Bouteroue et Guyon, empêchements, oppositions ou appellations quelconques, ils travaillent sans discontinuation à la perfection dudit canal. — Nous leur avons permis et permettons, en tant que besoin est ou seroit, d'associer avec eux des personnes de toutes qualitez et conditions, ecclésiastiques, gentilshommes et officiers de nos cours du parlement, chambre des comptes et autres, pour contribuer à la construction dudit canal et perfection de tous lesdits ouvrages, et jouir aussi de tout ce que dessus, eux, leurs hoirs, successeurs et ayants-cause, à perpétuité, ainsi que lesdits Bouteroue et Guyon, sans qu'il leur puisse être imputé de déroger à leurs qualitez et naissance; et, mettant en considération le service que lesdits Bouteroue et Guyon rendront au public, faisant réussir un dessein si utile à notre bonne ville de Paris et plusieurs autres provinces de ce royaume, nous les avons anoblis et anoblissons, voulons qu'eux et leurs enfants nés et à naître jouissent de tous privilèges de noblesse, etc. » En outre, Bouteroue et Guyon étant receveurs des aides et tailles, sont déchargés, par ces lettres, « de toutes taxes que l'on pourroit faire sur leurs dits offices ou personnes; » leurs droits ne peuvent être ni supprimés ni réduits; enfin ils peuvent concéder leurs charges avec toutes les prérogatives qui y sont attachées, sans payer aucun droit; « le tout après qu'ils auront rendu quatre lieues de longueur dudit canal en si bon état qu'il puisse se porter de grands bateaux chargés de marchandises, et non plus tôt. » La compagnie, ainsi stimulée, poussa les travaux avec la plus grande activité, et à l'expiration des quatre années fixées pour l'achèvement du canal, en 1642, la nouvelle voie était ouverte dans toute sa longueur, la Loire et la Seine communiquaient ensemble au travers du continent, et, pour la première fois, l'homme faisait franchir à la navigation une chaîne de montagnes. Les canaux à point de partage étaient sortis du domaine de la spéculation pour entrer dans celui de la réalité, et à la France appartenaient à la fois l'initiative de la conception et celle de l'exécution. Le succès, il est vrai, n'avait été obtenu que sur une petite échelle; car le canal de Briare n'a que quatorze lieues de longueur; sa chute totale, mesurée sur les deux versants, n'est que de 117 mètres, et les travaux n'avaient présenté aucune difficulté bien sérieuse. Le canal du Languedoc en offrit bientôt un autre beaucoup plus éclatant sous tous les rapports. — Ce canal, exécuté par Pierre-Paul Riquet de Bonrepos, qui en avait conçu le projet et auquel il fut concédé, fut commencé en 1666 et livré à la navigation en 1684. Il a environ soixante lieues de longueur; et sa chute totale, de 253 mètres, est rachetée par soixante-trois corps d'écluses formant en tout cent un sas;

il exigea d'immenses travaux, et fut construit avec luxe et sur les plus grandes proportions. Pour réunir les eaux nécessaires à son alimentation, on dut creuser de nouveaux lits de ruisseaux sur plus de vingt lieues de développement, et établir un vaste réservoir, grand lac artificiel qu'on obtint en barrant la haute vallée de Saint-Ferréol, et qui est destiné à suppléer pendant les sécheresses à l'insuffisance des cours d'eau naturels; enfin le canal de Briare réunissait deux bassins, mais les deux mers étaient toujours séparées, et cette grande idée de la jonction des deux mers, jonction qu'opère le canal du Languedoc, était populaire en France où elle séduisait autant par ce qu'elle offrait de grandiose à l'imagination, que par les bénéfices considérables que sa réalisation semblait promettre. « Les desseins élevés sont les plus dignes des courages magnanimes, disait Louis XIV dans son édit de 1666 qui ordonnait l'ouverture du canal; les avantages infinis de la jonction des deux mers nous ont persuadé que c'était un grand ouvrage de paix bien digne de notre application et de nos soins, capable de perpétuer aux siècles à venir la mémoire de son auteur, et d'y bien marquer la grandeur, l'abondance et la félicité de notre règne. » Ce n'était pas, ajoutait-il, ce n'était pas seulement à ses propres sujets, mais encore à toutes les nations du monde, qu'au travers des terres de son obéissance il fallait ouvrir d'une mer à l'autre une communication sûre et facile, qui remplacerait une navigation longue et dispendieuse par le détroit de Gibraltar, au hasard de la piraterie et des naufrages. — Ces magnifiques prévisions ne se réalisèrent pas entièrement; car, dans la froide balance du commerce, les inconvéniens des transbordements et les incertitudes de la navigation de la Garonne l'emportèrent sur les hasards de la piraterie et des naufrages, et ni les nations étrangères, ni même les sujets du grand roi n'abandonnèrent la voie du détroit de Gibraltar. Mais un admirable monument avait été établi; un grand problème venait de recevoir une éclatante solution; un de ces projets devant lesquels la puissance romaine avait été insuffisante était exécuté, et l'enthousiasme fut universel. Partout il éclata hautement : nationaux et étrangers, poètes et artistes célébrèrent à l'envi le succès obtenu ; des médailles furent frappées, des arcs de triomphe furent élevés en l'honneur de Riquet, et des projets de canaux surgirent de toutes les parties de la France. — Avant la fin du XVIIᵉ siècle, les canaux de Cette, des Etangs, de la Radelle, d'Aigues-Mortes, du Bourgidou, de Narbonne, etc., s'embranchant les uns sur les autres, prolongent le canal du Languedoc vers le Rhône, et lui donnent de nouveaux débouchés sur la Méditerranée; par le canal d'Orléans, une nouvelle communication est établie entre la Loire et la Seine; Vauban canalise la rivière d'Aoouvre, les canaux de Saint-Omer, de la Bruche et de Neuf-Brisach, commence un grand canal entre le Havre et Harfleur, canal abandonné depuis, et que dernièrement il a été question de reprendre; projette un canal d'Arles à Bouc, et étudie les moyens de joindre la Saône à la Loire, et cette dernière rivière à la Vilaine par l'Erdre et le Don. — Pendant le siècle suivant les circonstances politiques ne furent point aussi favorables à l'exécution de grands travaux publics, et cependant l'œuvre de canalisation commencée fut poursuivie avec zèle. Les canaux de Briare et d'Orléans venaient aboutir dans la rivière de Loing, et la navigation de cette rivière présentait des incertitudes et des difficultés; l'ouverture du canal de Loing en affranchit le commerce. Une foule de petits canaux furent exécutés dans le nord de la France : le canal Crozat réunit l'Oise et la Somme; une jonction directe du Rhône à la Loire à travers le Forez fut étudiée, et on construisit la première partie de cette ligne, le canal de Rive-de-Giers; les états de Bourgogne établirent une nouvelle ligne de jonction des deux mers par le canal du Centre qui se rend de la Saône à la Loire en traversant le faîte qui sépare les deux bassins, et firent commencer les travaux du canal de Bourgogne (de la Saône à l'Yonne). On travaillait activement aux canaux de Beaucaire, de la Somme, du Nivernais (de la Loire à l'Yonne), de Saint-Quentin (de la Somme à l'Escaut), du Rhône au Rhin, par les rivières du Doubs et de l'Ill, et des projets furent arrêtés pour les longs et difficiles canaux de la Bretagne. Mais survint notre grande révolution; la question pour la France ne fut plus d'améliorer son territoire, mais avant tout d'en maintenir l'intégrité; à cet effet la concentration de toutes ses forces était indispensable, et, malgré l'intérêt que leur témoignèrent les diverses assemblées nationales, ces utiles travaux furent forcément suspendus. Napoléon les reprit. L'ouverture de longues lignes de navigation était une des conditions de la vaste association continentale qu'il voulait assurer, et il s'en occupa activement. En France, en Italie, en Belgique, en Allemagne, partout où les succès de nos armes établirent son pouvoir, d'anciens canaux furent continués et de nouveaux furent projetés et immédiatement mis en exécution. « J'ai beaucoup de canaux à faire, disait-il en 1807, dans une lettre adressée à son ministre de l'intérieur : celui du Bourgogne, du Rhône au Rhin, du Rhin à l'Escaut. » Il voulait, pour terminer promptement ces trois canaux, se procurer des fonds en vendant les canaux de Saint-Quentin, d'Orléans et du Languedoc; puis les vendre aussi dès qu'ils seraient finis pour en commencer d'autres. « Faites-moi un rapport là-dessus, continuait-il; car sans cela nous mourrons sans avoir vu naviguer ces trois grands canaux. On évalue la dépense du canal de Bourgogne à 30,000,000; on ne peut dépenser que 1,500,000 fr. par an sur les fonds de l'État et des départements : il faudrait donc vingt ans pour finir ce canal. Que ne se passera-t-il pas pendant ce temps? Des guerres et des hommes ineptes arriveront, et les canaux resteront sans être achevés. J'ai fait consister la gloire de mon règne à changer la face du territoire de mon empire. L'exécution de ces grands travaux est aussi nécessaire à l'intérêt de mes peuples qu'à ma propre satisfaction. N'allez pas me demander encore des trois ou quatre mois pour avoir des renseignements. Vous avez des jeunes auditeurs, des préfets intelligents, des ingénieurs des ponts et chaussées instruits : faites courir tout cela, et ne vous endormez pas dans le travail ordinaire des bureaux. » Napoléon acheva en effet en France les canaux de Carcassonne, de Sédan, de Saint-Quentin, de Mons à Condé ; il fit commencer et exécuta en partie les canaux du Blavet, d'Ille-et-Rance, du Cher, de Niort à la Rochelle, de Saint-Maur, de Saint-Denis et de Saint-Martin, et fit continuer avec activité ceux de Bourgogne, du Rhône au Rhin, de Beaucaire et de l'Ourcq. — Enfin les lois de 1821 et 1822 viennent clore l'histoire de cette longue suite d'efforts pour la canalisation de la France. Elles votèrent les emprunts s'élevant à la somme de 129,400,000 fr. pour terminer les canaux du Rhône au Rhin, de la Somme, de Bourgogne, de Nivernais, du Berry, de Nantes à Brest, d'Ille-et-Rance, du Blavet, d'Arles à Bouc, et pour ouvrir de nouvelles voies de communication par le canal des Ardennes (de l'Aisne à la Meuse), par le canal latéral à la Loire (depuis l'embouchure du canal du Centre jusqu'à celle du canal de Briare), et par la canalisation des rivières d'Isle, du Tarn et de l'Oise. Les travaux poursuivis avec activité sur toutes ces lignes à la fois touchent à leur fin, et dès aujourd'hui on peut les regarder comme complétement terminés. Cette immense opération, qui n'embrassait pas moins de six cents lieues de navigation artificielle, a été l'objet de beaucoup de critiques et de récriminations contre l'administration qui l'a dirigée. On lui a reproché d'avoir contracté les emprunts à des conditions fort onéreuses pour l'État, d'avoir dépassé de quelques années le terme fixé par elle pour l'achèvement des travaux, et d'avoir élevé les dépenses de plus de moitié en sus de l'estimation. Ces faits sont réels; mais sont-ils donc si graves? On a contracté à des conditions onéreuses? Mais ces conditions étaient celles du crédit public à cette époque, les emprunts de même date n'ont pas été plus avantageux, et leur destination n'a pas été aussi bienfaisante. Les travaux, qui ne devaient pas durer plus de dix ans, en auront exigé quatorze? Mais ce laps de temps est-il donc trop long pour des constructions aussi difficiles, que tant d'éléments divers, impossibles à prévoir, viennent entraver, et auxquels une législation trop favorable aux intérêts de la propriété particulière a laissé apporter tant d'obstacles? A quelle époque et dans quelle contrée d'aussi importants travaux de canalisation ont-ils été exécutés en aussi peu de temps? Les évaluations ont été dépassées? C'est un mal sans doute; mais les mêmes causes qui ont retardé l'ouverture des canaux ont contribué à élever leurs dépenses; mais ce mal, il ne paraît guère possible de l'éviter en pareille matière, et les ingénieurs anglais, dont on se vante si souvent et avec juste raison l'esprit industriel, sont encore moins que les nôtres à l'abri de ces erreurs; un relevé exact des sommes dépensées pour la construction de quelques canaux d'Angleterre, comparées aux prévisions, établit cette dernière point d'une manière incontestable. Au reste, les fonds ont été bien employés; nos canaux , tout le monde le reconnaît, ont été habilement tracés et construits avec économie et solidité, et c'est là l'essentiel. Les fautes seront oubliées, l'œuvre restera, et aux yeux de nos descendants ce ne sera pas l'une des moins méritoires de notre époque. Grâce à elle, cette jonction des deux mers, depuis si longtemps poursuivie et à si grand'peine obtenue sur une seule ligne, est opérée aujourd'hui dans toutes les directions; la plupart de nos bassins sont mis en communication les uns avec les autres; à nos principaux ports de l'Océan, Dunkerque, Calais, Abbeville, le Havre, Saint-Malo, Brest, Lorient, Nantes, Bordeaux, viennent aboutir de grandes lignes de navigation qui s'étendent jusqu'à nos li-

mites sur la Méditerranée et sur le Rhin ; par le Rhône et les canaux à point de partage qui se rendent dans son bassin, Marseille peut communiquer avec la plus grande partie de nos provinces, et expédier les marchandises dont elle est l'entrepôt au nord et à l'ouest, en France et en Allemagne. Nos principaux centres de consommation ou d'industrie sont réunis à l'une et à l'autre mer, et peuvent à peu de frais en recevoir les arrivages, ou y expédier leurs produits; la France entière enfin est ouverte d'un vaste réseau de lignes navigables. Sans doute quelques mailles de ce réseau sont encore trop larges; sans doute tous ses fils ne sont pas également assurés, car plusieurs de nos départements de l'est, du centre et du midi ne participent point à ses bienfaits; car, sur plusieurs de nos fleuves, la navigation est longue, incertaine et dispendieuse. Nous avons en un mot beaucoup à faire encore pour compléter la canalisation de la partie du globe qui nous a été dévolue; mais, nous le répétons, beaucoup a été fait par notre génération. Sur les lignes qu'on termine en ce moment, et dont quelques-unes étaient commencées depuis si longtemps, on n'avait dépensé, jusqu'en 1821, que 51,432,990 fr. ; depuis cette époque, nous y avons consacré 219,900,000; avant nos derniers travaux, il n'y avait pas en France cinq cents lieues de canaux ; on en compte plus de onze cents aujourd'hui. — Dans le résumé que nous venons de faire, nous nous sommes longuement étendu sur les travaux exécutés en France, et plusieurs motifs nous y ont engagé. Ces travaux nous touchent de plus près; la gloire industrielle de nos pères est un patrimoine qu'il est bien légitime de revendiquer, car leurs conquêtes pacifiques ne nous sont pas moins précieuses que celles qu'ils ont faites par la voie des armes; c'est de France que sont partis les principaux perfectionnements apportés dans cette grande branche de l'activité humaine; la France enfin a précédé toutes les autres nations modernes dans les tentatives de canalisation, et jusqu'à la moitié du xviiie siècle, elle a été la plus avancée sous ce rapport. Mais alors l'Angleterre dirigea ses vues de ce côté, et, entrée bien après nous dans la lice, bientôt elle nous atteignit, bientôt même elle nous dépassa. Il paraît donc convenable, avant de terminer cet exposé historique, de jeter un rapide coup d'œil sur les nombreux canaux exécutés dans ce pays en si peu de temps. Un des premiers ouvrages de ce genre qui y ait été établi fut commencé en 1758 ; il fut projeté pour le duc de Bridgewater dont il porta le nom, et il a pour but principal de desservir les approvisionnements de houille de la ville de Manchester. Les difficultés qu'éprouva son exécution, les critiques dont il fut l'objet et les doutes qui se manifestèrent sur la possibilité du succès, montrent à quel degré d'ignorance, en fait de canaux, on en était encore à cette époque en Angleterre. En France, nous avions déjà plusieurs canaux importants, dont deux à point de partage, et qu'en Angleterre l'ouverture d'un petit canal de 16 lieues de longueur passait pour une entreprise gigantesque, et que l'idée de lui faire traverser une rivière, l'Irwell, sur un pont aqueduc, était généralement considérée comme ridicule et extravagante. Aussi le succès fut-il accueilli avec un grand enthousiasme ; les noms du duc de Bridgewater et de John Brindley, l'ingénieur du canal, devinrent populaires; l'attention publique se porta presque exclusivement vers les projets de canalisation, et l'aristocratie anglaise, s'empressant de suivre l'exemple donné par un de ses membres, mit son crédit et ses richesses à la disposition de Brindley et des élèves qu'il avait formés. Les travaux s'exécutèrent avec tant de rapidité, et embrassèrent tant de lignes à la fois, qu'aujourd'hui on compte en Angleterre 91 canaux de navigation présentant un développement de plus de 4,000 lieues. — Certes, ce mouvement est remarquable, nous sommes loin de le nier; mais, pour pouvoir avec justice en faire un sujet d'injurieuses comparaisons pour la France, il faudrait qu'il y eût parité complète entre les deux contrées, tant sous le rapport de la disposition hydrographique, que sous celui des conditions commerciales. Or cela n'est pas. La France est sillonnée d'importants cours d'eau naturels; elle compte un grand nombre de rivières navigables; l'Angleterre est beaucoup moins favorisée sous ce rapport; la nécessité, cette mère de toute industrie, lui imposait donc beaucoup plus impérieusement l'obligation d'établir des cours d'eau artificiels. Les bassins de l'Angleterre sont moins vastes que les nôtres; les débouchés sur la mer sont plus rapprochés du centre : les canaux sont dès lors moins longs, moins coûteux, et, partant, plus susceptibles d'être entrepris par des compagnies particulières. Le plus long canal anglais n'a que 52 lieues, tandis qu'en France on en compte quatre de 60 à 92 lieues, tous quatre à point de partage, et autant de 40 à 60 lieues; et en outre, attendu que la navigation intérieure s'y effectue à de plus grandes distances, on a dû y augmenter la largeur des canaux , afin qu'ils puissent admettre des changements plus considérables, conformément à ce principe si connu, que les moyens de transport doivent croître en même temps que les distances à parcourir. Enfin, toutes les contrées du globe desservies par l'industrie de l'Angleterre ont intérêt à l'établissement de voies de navigation dans ce pays , et toutes y contribuent. L'Angleterre est une vaste manufacture, c'est par les canaux que les divers ateliers sont mis en communication entre eux ; c'est par les canaux que les produits sont dirigés sur l'extérieur ; c'est par l'industrie manufacturière , en un mot, que les canaux sont commandés ; ce sont les bénéfices du commerce intérieur qui en couvrent les dépenses. La France, empêchée à la fois par sa position continentale et par le rôle élevé qu'elle avait mission de remplir, n'a pu établir son industrie sur une aussi grande échelle , ni lui assurer d'aussi vastes débouchés; chez elle , la canalisation du territoire ne peut être une conséquence de ses marchés avec l'étranger; elle en est une des conditions préalables. C'est donc en elle seule que la France est obligée de puiser des ressources nécessaires à cette grande œuvre; il faut donc, pour trouver avantage à l'accomplir, qu'elle fasse entrer en ligne de compte les intérêts de l'agriculture comme ceux du commerce; qu'aux bénéfices du présent elle ajoute ceux que promet l'avenir; qu'elle ait égard aux exigences de la politique et à tout ce que gagne la civilisation à l'établissement de nouvelles voies de communication entre les hommes. Or, toutes ces considérations ne sont point de nature à trouver place dans les calculs de l'industrie privée, qui ne peut s'occuper que des produits représentés par le péage. Il en résulte que la plupart de nos canaux, ne promettant point un revenu suffisant pour devenir un objet de spéculations industrielles, ne peuvent être ouverts qu'en vue des intérêts généraux , et par conséquent aux frais de l'État. Ainsi impérieuse nécessité, facilité d'exécution, secours étrangers, intérêt privé, tous ces motifs ont concouru à la canalisation de l'Angleterre, et ne sont point venus en aide à celle de la France. Une comparaison peut-elle donc être justement établie, et le résultat obtenu chez nos voisins est-il donc si surprenant? Au reste, on compte en France environ 100 lieues de canaux de plus qu'en Angleterre ; notre canalisation n'est moins complète que parce que notre territoire est plus étendu et le développement de nos côtes beaucoup moins considérable. — Après l'Angleterre et la France , la Russie est la puissance européenne la plus avancée sous le rapport de la canalisation; elle possède un grand nombre de canaux habilement distribués, et dont plusieurs sont à point de partage. Parmi ces derniers , nous citerons celui de Vischnei-Volosbolk , qui , terminé sous Pierre le Grand , établit une communication entre Astracan et Pétersbourg, et par conséquent entre la mer Caspienne et la Baltique. Cette ligne de navigation traverse plusieurs lacs, emprunte les lits de plusieurs grands fleuves, se suit sur près de 600 lieues de longueur, et dresse un mouvement commercial très-important ; on dit qu'elle est parcourue chaque année par environ 3,500 bateaux. Un autre système de voies navigables s'étend depuis les frontières de la Chine jusqu'à Pétersbourg, sur une longueur de 2,000 lieues. Nulle part il n'en existe qui ait une telle étendue, et nulle part peut-être on n'en pourra citer d'aussi bienfaisant; la canalisation de la Russie est celle qui paraît appelée à rendre le plus de services à la cause de la civilisation. — La Suède possède plusieurs canaux : le plus important, celui de Trolhatta , qui a été terminé dans ces dernières années , et dont l'exécution a présenté de grandes difficultés, réunit l'Océan et la mer Baltique. Une autre ligne de jonction de ces deux mers est établie à travers le Danemark, c'est le canal de Kel. D'autres lignes de navigation artificielle sillonnent l'Allemagne , l'Italie , la Hollande surtout , où on en trouve à chaque pas; mais aucune d'elles ne présente un intérêt assez général, pour que nous jugions nécessaire d'y appeler d'une manière spéciale l'attention de nos lecteurs. Enfin, en dehors de l'Europe, il est deux nations qui méritent d'être signalées parmi celles qui ont travaillé le plus activement à la canalisation ; ce sont les États-Unis d'Amérique et la Chine. La première a ouvert environ 1,000 lieues de canaux ; elle en a projeté bien davantage; elle poursuit son œuvre avec persévérance, et aucun peuple en aussi peu de temps n'aura aussi profondément modifié la disposition d'aucun territoire. Tous les canaux ne sont pas, il est vrai, parfaitement exécutés; tous ne présentent pas les mêmes facilités au commerce, tous surtout ne sont pas établis avec la même solidité que les nôtres; la précipitation a été trop grande pour que le résultat soit irréprochable; mais les communications existent, et le pays qu'elles auront enrichi ne manquera pas d'y apporter un jour les améliorations qu'elles réclament. Quant à la Chine, la canalisation y est extrêmement

développée, et remonte, à ce qu'il paraît, à une très-haute antiquité. C'est aux canaux que l'agriculture y doit en grande partie ses progrès et ses nombreux produits; c'est par la voie des canaux que s'y effectuent la plupart des transports, ceux des personnes comme ceux des marchandises. Sur les canaux , de nombreuses familles ont élu domicile , arrêtant leurs élégantes embarcations où la fantaisie les invite, puis offrant de nouveau à l'haleine du vent leurs voiles légères, et continuant à leur gré leur vie voluptueusement vagabonde dès que le désir de changement se fait sentir. Les canaux sont en Chine le principal ornement des campagnes et des jardins de plaisance ; ils sont décorés avec goût et même avec luxe; une riche végétation se développe sur leurs bords; des ponts pittoresques les traversent : de jolies habitations se réfléchissent dans leurs eaux limpides ; les canaux enfin sont devenus pour le peuple chinois des établissements de première nécessité, dès compléments indispensables à l'œuvre de la nature, et ils sont entrés dans sa vie plus avant que dans celle d'aucun autre peuple. Quelques-uns d'entre eux, comme les canaux des anciens, ont une pente uniforme ; ce sont des ruisseaux artificiels. D'autres sont, comme la plupart des nôtres , établis par plans de niveau ; ils n'en diffèrent , quant à leur composition générale, qu'en ce que les chutes y sont rachetées par des plans inclinés au lieu de l'être par des écluses. Ces dernières machines y paraissent inconnues.

CANAL et COURS D'EAU. On appelle canal une rivière artificielle servant, à défaut de rivières naturelles, à la navigation intérieure, quelquefois à l'irrigation des champs ou à l'approvisionnement d'eau d'une ville, quelquefois au desséchement des terrains inondés, quelquefois enfin à la mise en mouvement des roues des usines. — Ce dernier porte aussi le nom de canal de dérivation. Dans la construction d'un pareil canal, on n'a pour objet que d'amener l'eau nécessaire pour faire tourner les roues d'une usine; on donne à ce canal depuis la prise d'eau la pente la plus légère possible, afin de conserver la plus grande partie de la chute. — Canal de desséchement. Lorsqu'on veut dessécher un terrain inondé ou trop mouillé, et placé de telle sorte qu'il puisse y avoir un écoulement vers un lieu inférieur, on creuse un canal dans la direction de la plus grande pente ; la largeur et la profondeur doivent être réglées sur la quantité d'eau dont on veut se débarrasser. Si le terrain inondé était dominé de tous côtés par des terres plus élevées, ce n'est plus un simple canal qu'il faudrait creuser; ce seraient des aqueducs et des tuyaux qu'il faudrait conduire sous terre, ou bien on aurait à employer des machines hydrauliques, comme la vis d'Archimède, ou des pompes mises en mouvement par des moulins à vent ou des forces animales. — Canal d'irrigation. On établit des canaux d'irrigation pour donner de la fertilité à des terres trop desséchées. Il faut pour cela pouvoir prendre l'eau dans un réservoir supérieur, et l'amener par une pente douce sur le terrain qu'on veut arroser. Des vannes placées aux distances convenables les distribuent selon le besoin dans les bassins d'où elles se rendent par des rigoles, et selon toutes les directions, dans les lieux où on en a besoin. — Dans un canal d'irrigation, la quantité d'eau transportée en un temps donné est une condition importante du succès de l'entreprise ; il faut donc pouvoir mesurer exactement ce qu'il peut débiter en un temps donné; cette mesure s'effectue facilement par les moyens suivants : La quantité d'eau versée par un canal, c'est évidemment le volume d'eau qui passe d'un lieu a un autre en un temps donné; pour calculer ce volume, le mouvement du liquide étant supposé régulier et toujours semblable à lui-même, il suffit de connaître deux choses, 1° la coupe ou section perpendiculaire au fil de l'eau, c'est-à-dire le polygone ou la figure que formeraient le niveau de l'eau et le lit du canal, si tout ce qui les compose restant immobile, on coupait par la pensée ou par un plan géométrique vertical le cours d'eau, les bords et le lit du courant; 2° la vitesse du liquide, c'est-à-dire la quantité dont la masse d'eau tout entière avance dans un temps donné : il est visible qu'alors le volume cherché sera connu ; on peut regarder le polygone indiqué ici comme la base, et l'avancement de la masse d'eau comme la hauteur d'un prisme dont une simple multiplication donnera la valeur. — La première partie du problème est purement géométrique ; elle se résout facilement. On tend d'une berge à l'autre une corde perpendiculaire à la direction du courant ; on marque sur cette corde, de mètre en mètre, ou de demi-mètre en demi-mètre, des divisions bien fixes, et de chacune d'elles on laisse pendre dans l'eau, et s'enfoncer jusqu'à ce que le poids s'arrête, des boules de plomb attachées à des ficelles, sur lesquelles on marque exactement le point affleuré par l'eau. Chaque ficelle marque alors quelle est en son point la profondeur du courant; on retire ensuite tous ces fils, et la section du fleuve se compose évidemment de la somme des trapèzes déterminés par la corde horizontale ou par la ligne parallèle du niveau de l'eau, par les verticales ou les fils à plomb, enfin par le lit du canal; or tous ces trapèzes ont une hauteur égale et prise d'avance (d'un mètre ou un demi-mètre); leurs côtés parallèles sont connus; ce sont précisément les profondeurs du liquide aux divers points; avec ces éléments, rien de plus facile que le calcul successif de chacun d'eux, et ensuite de leur somme. — La base étant trouvée, il faut chercher la hauteur du prisme; celle-ci sera, ai-je dit, la quantité dont la masse du liquide avance dans l'unité de temps, dans une seconde par exemple, c'est-à-dire, en d'autres termes, sa vitesse. Entre les divers moyens de mesurer la vitesse d'un courant, il y en a un direct dont l'invention est due à Mariotte. Ce procédé consiste à employer des flotteurs ou petites boules qu'on laisse flotter à la surface de l'eau; on mesure ensuite exactement à l'aide d'une montre à secondes le temps qu'elles emploient à parcourir un espace donné et déterminé d'avance; on divise ensuite cet espace par le nombre des secondes, et l'on a la vitesse du courant à la surface. Mais cette vitesse n'est pas celle du courant dans sa totalité; elle n'est pas non plus la même aux divers points de la surface; elle est la plus forte possible au milieu; à mesure qu'on se rapproche des bords, les frottements ralentissent singulièrement la vitesse de l'eau; le même effet a lieu par le frottement de l'eau sur le fond même du canal; l'eau y est fort retardée. On peut s'en convaincre, en composant ses flotteurs de deux boules jointes ensemble par un fil plus ou moins long, et dont l'une est d'un bois un peu lourd que l'eau; la seconde au contraire est plus légère, et telle qu'elle puisse, en restant toujours à la surface, maintenir l'autre à la profondeur déterminée par la longueur du fil. Les boules ainsi disposées retardent toujours sur celles qui flottent librement à la surface.— On comprend donc que c'est une moyenne générale qu'il faut prendre entre toutes ces vitesses pour avoir celle du courant; mais on n'a pas besoin cependant de faire pour cela un grand nombre d'observations. L'expérience a prouvé que la vitesse V de la surface étant connue, on déterminait facilement la vitesse moyenne V' par la formule $\frac{V'}{V} = \frac{V + 2{,}752}{V + 3{,}153}$. La composition même de cette équation montre que plus la vitesse de la surface est grande, plus la vitesse moyenne en est une forte fraction; et en effet on trouve, en faisant ce calcul, que pour des vitesses à la surface de 5, 10, 15, etc., décimètres par seconde, les vitesses moyennes en sont successivement les 786, les 812, les 832 millièmes. La petite table suivante peut être utile. La première colonne représente la vitesse trouvée à la surface V; la seconde indique la vitesse moyenne V'.

V mètres parcourus en 1' à la surface.	V' mètres parcourus en 1'' par le courant.
0,5	0,393
1,0	0,812
1,5	1,248
2,0	1,696
2,5	2,155
3,0	2,619
3,5	3,090
4,0	3,564
4,5	4,092
5,0	4,520

La vitesse moyenne une fois trouvée, une simple multiplication par la section donne le volume d'eau cherché (V. ÉCOULEMENT). — Canal de navigation. Les canaux de navigation sont les plus importants de tous; tout le monde comprend de quelle utilité ils sont pour le commerce et l'industrie; avec les mêmes forces motrices, on transporte par eau beaucoup plus de marchandises, à beaucoup moins de frais, souvent avec autant, quelquefois même avec plus de célérité que par les moyens ordinaires de transport sur les grandes routes; l'expérience a montré qu'un cheval ne peut porter à dos que 100 kilogrammes environ; il traîne sur la voiture la plus favorable, qui est le chariot léger à quatre roues Francs-Comtois, 1,000 kilogrammes; c'est déjà dix fois autant. Sur une eau stagnante, il peut tirer avec la même vitesse et sans se fatiguer davantage 18 à 20,000 kilogrammes; cette comparaison montre tout de suite quelle est l'utilité des canaux; on ne dépense pour le transport que la vingtième partie des forces animales qu'on emploierait par terre; aussi la différence dans les débours est-elle énorme; on transporte sur le canal du Languedoc pour 1,200,000 francs le même poids de marchandises qui coûterait 6,000,000 à transporter par terre; la différence est dans ces quatre cinquièmes. Ainsi s'explique l'influence des canaux sur la prospérité générale; les manufactures se multiplient, les carrières s'exploitent plus facilement et à moins de frais, et le commerce s'accroît par le transport économique des denrées, et les produits importés se répandent plus aisément. — On conçoit maintenant à quelles conditions générales doit satisfaire un canal de navigation: l'immobilité des eaux serait la condition la plus favorable, parce que les bateaux pourraient avec une égale facilité descendre et remonter le canal; mais, comme on ne peut obtenir cette immobilité parfaite, on cherche au moins à en approcher le plus possible; on établit de distance en distance des écluses, des plans inclinés, des sas mobiles dont l'effet est de rendre les eaux stagnantes au moins dans une certaine partie du cours. — Un canal peut rencontrer des collines, des terrains bas, des ravins, des sources, des rivières: comme son niveau doit rester sensiblement le même, il faudra creuser les montagnes ou les ouvrir; il faudra élever par des talus le terrain bas sur lequel passe le canal; il faudra, si des sources ou des rivières ont à passer sous lui, le soutenir en l'air par des ponts, ou conduire ces sources par des aqueducs; le pont du Gard en est un magnifique exemple de ce genre de travail; on sait que le *Gard* ou *Gardon* se forme de trois ruisseaux qui naissent sur le versant oriental des Cévennes, savoir: le *Gardon d'Anduse*, le *Gardon de Mialet* et le *Gardon d'Alais*. Le Gard roule ensuite dans une gorge étroite et solitaire sur laquelle les Romains jetèrent un pont à trois rangs d'arcades, qui conduisait à la Naumachie de l'ancienne Némausus les eaux de la fontaine d'Aure. Cet aqueduc occupe une étendue de près de deux cents milles; il s'élève à la hauteur de plus de cinquante (Malte-Brun, t. VIII). — *Canaux de navigation et d'irrigation.* Un canal peut servir à la fois au commerce et à la fertilisation des campagnes, ou à l'approvisionnement d'eau des villes; dans ce cas, on laisse à l'eau la vitesse dont on a besoin, mais en la restreignant toujours le plus possible afin de ne pas gêner la navigation; on a reconnu par expérience que sous une pente de 4 mètres par myriamètre, l'eau parcourait 8 mètres par minute, que sous une pente d'un tiers plus faible, elle perdait deux tiers de sa vitesse; des observations pratiques prouvent qu'une pente plus faible encore, un mètre par exemple par myriamètre dans un canal de 6 à 8 mètres carrés de section, suffisent pour donner une grande quantité d'eau sans gêner le mouvement des navires. — Cette pente se rapproche de celle des grands fleuves, qui sont les plus beaux et les plus utiles canaux, destinés également par la nature à la navigation et à l'irrigation; le Gange par exemple, qui recueille les eaux des monts Himalaya, n'a qu'une hauteur de 250 mètres pour une longueur de 258 myriamètres; c'est environ un dix-millième de pente; le Rio de la Plata, sur un cours de 180 myriamètres, ne baisse que de 100 mètres environ; c'est une pente de $\frac{1}{18000}$; aussi le souffle du vent suffit-il pour faire remonter les vaisseaux jusqu'au Paraguay (V. Arnott, t. II, p. 246). — Le Rhin, du Saint-Gothard à la mer, parcourt une ligne sinueuse de 335 lieues (134 myriamètres). Sa hauteur à Reichenau est de 1,194 mètres au-dessus du niveau de la mer. A l'extrémité de la frontière française elle n'est plus que de 145 mètres; la pente moyenne entre les deux extrémités est donc $\frac{1}{112}$ ou sensiblement 9 mètres par myriamètre, pente énorme si elle était répartie régulièrement; mais, comme on le pense bien, la pente est la plus forte vers la source du fleuve; elle s'affaiblit progressivement jusqu'à l'embouchure: au-dessus de la frontière française, la pente moyenne est en effet de 10 mètres par myriamètre; le long de nos départements du Haut et du Bas-Rhin, elle n'est plus que de 6 mètres et demi; au-dessous de notre frontière, la pente moyenne se réduit à 4 mètres par myriamètre, ou $\frac{1}{2500}$. La Seine enfin, de Paris à la mer, n'a qu'une pente de 13 centimètres par myriamètre; c'est environ $\frac{1}{77000}$; on conçoit que la vitesse due à de si faibles pentes doit être bien faible elle-même, aussi le Gange dont nous parlions tout à l'heure met-il plus d'un mois à arriver à l'Océan; il parcourt donc environ 8 myriamètres par jour, ou par seconde 0m,92. La Seine, de Paris à l'Océan, a un cours de 27 myriamètres de développement; elle emploie plus de sept jours à les parcourir; c'est donc une vitesse moindre de moitié environ que celle du Gange, ou par seconde 0m,45. La vitesse du cours du Rhin est bien plus considérable; elle dépend d'ailleurs des différentes pentes et aussi de la grosseur des eaux. En ne le considérant que le long et au-dessous de la frontière française, on trouve qu'il faut distinguer les eaux en hautes, moyennes et basses; les hautes ou grandes eaux ont lieu pendant les mois de novembre et décembre ; les basses eaux pendant les mois de janvier, février et mars ; les moyennes pendant le reste de l'année ; la vitesse varie pour les grandes eaux de $4^m,16$ à $2^m,30$ par seconde, pour les moyennes de $2^m,87$ à $1^m,56$, et pour les basses eaux de $2^m,67$ à $0^m,97$ (V. le *Mémorial encyclop.*). — Il y a, comme on le voit, une grande différence de vitesse pour des pentes sensiblement égales entre ces courants naturels et les canaux faits de main d'homme ; la grande masse d'eau que roulent les fleuves explique suffisamment cette différence : le débit moyen du Rhin est estimé à 100,000,000 de mètres cubes par jour, et la Seine, qui n'est pourtant qu'un petit fleuve, porte à la mer dans le même temps plus de 21,000,000 de mètres cubes. — Les notions générales que nous venons de donner ne seraient pas complètes, si nous n'ajoutions, d'après le Dictionnaire des origines, les détails suivants sur les principaux canaux de la France. — Le canal de Briare fut commencé sous Henri IV en 1605, d'après les plans et sous la direction de l'ingénieur Hugues Crosnier. Interrompus en mai 1610, repris en 1638, les travaux furent achevés sous Louis XIII, en 1642, par les ingénieurs Guyon et Bouteroue. Il a établi la communication de la Loire à la Seine par le canal de Loing ; il a onze grandes lieues de Briare à Montargis ; c'est à Buges qu'il finit dans le canal de Loing. Les eaux sont contenues par quarante-deux écluses ; elles ont en moyenne une largeur de vingt six à vingt-huit pieds. La construction du canal a coûté 6,500,000 francs ; son produit net est aujourd'hui de 320,000 francs. — Le canal d'Orléans qui, par parenthèse, porte le nom d'une ville où il ne passe point, fut entrepris en 1675 pour la communication de la Seine et de la Loire ; c'est Philippe d'Orléans, régent de France, qui l'a fait achever sous la minorité de Louis XV. Il fait sa jonction avec le canal de Briare à Buges, où l'un et l'autre se perdent dans le canal de Loing, ainsi nommé de la rivière de ce nom qui l'alimente. Le canal d'Orléans a coûté 8,000,000 ; le nombre des bateaux qui le parcourent est de 2,000 à 2,400 ; son produit annuel est de 500,000 francs. — Le projet du canal de Picardie pour la jonction des rivières de Somme et d'Oise a été formé sous le ministère du cardinal de Richelieu, et reproduit sous ceux de Mazarin et de Colbert. — Mais un des plus grands et des plus merveilleux ouvrages de ce genre, et en même temps un des plus utiles, c'est le canal de Languedoc qui joint l'Océan à la Méditerranée, en franchissant un espace de 80 lieues environ. Quelques historiens ont annoncé que le vaste projet de ce canal fut proposé sous l'empereur Charlemagne ; il est certain que des commissaires s'occupèrent du même projet par ordre de François Ier ; il fut reproduit sous Charles IX et sous Henri IV. Mais il était réservé à Louis XIV et à Colbert de le faire exécuter par les soins de deux hommes d'un rare mérite, Andréossy et Riquet. Commencé en 1667, il fut terminé en 1680. Ce canal commence par un réservoir de quatre mille pas de circonférence (3,200 mètres) et de quatre-vingts pieds de profondeur (environ 26 mètres), qui reçoit les eaux de la montagne Noire. Elles descendent à Naurouse dans un bassin de deux cents toises (390 mètres) de longueur, et de cent cinquante toises (290 mètres) de largeur, revêtu de pierres de taille ; c'est là le point de partage d'où les eaux se distribuent à droite et à gauche dans le canal de 64 lieues de long, où se jettent plusieurs petites rivières soutenues d'espace en espace par cent quatre écluses. Ce canal est conduit en plusieurs endroits sur des aqueducs et sur des ponts d'une hauteur incroyable, qui donnent passage entre leurs arches à d'autres rivières. Il se joint d'un bout à la Garonne près de Toulouse, et de l'autre, traversant deux fois l'Aude, il passe entre Agde et Beziers, et va finir au grand lac de Tau, qui s'étend jusqu'au port de Cette. Ce monument est comparable à ce que les Romains ont tenté de plus grand. — Aux canaux de navigation nous devons ajouter le canal de l'Ourcq, un des plus importants, et qui réunit les avantages des canaux de navigation et d'irrigation. Le projet de ce canal, conçu par le célèbre Riquet, fut arrêté et mis à exécution en 1801, d'après les plans et sous la direction de M. Girard. Il est ouvert sur 22 lieues de développement, et reçoit les eaux de la Beuvronne, de la Thérouanne, de la Calliname, de la Gergonne et de l'Ourcq. — Nous n'omettrons pas non plus le canal de Saint-Maur. Il a été entrepris dans le double intérêt de la navigation et de l'industrie manufacturière : il efface une des plus grandes sinuosités de la Marne, et réunit par une ligne dont la longueur est à peu près d'un quart de lieue deux points de la rivière séparés par un intervalle de 4 lieues environ. Il crée une chute d'eau considérable, qui servira bientôt à imprimer le mouvement à un grand nombre d'usines. Les travaux de ce canal, ouvert en 1825, ont été exécutés par M. Emmery sous la direction de M. Eustache.   B. JULLIEN.

CANAL (*zool.*). Chez les êtres organisés, on donne le nom de canal à des tubes ayant pour objet de conduire et de verser au dehors des liquides sécrétés, tandis qu'on appelle *vaisseaux* des tubes qui renferment les liquides circulants. Cependant le mot de canal est souvent employé hors de sa véritable acception. On dit canal *digestif*, canal *aérien*, canal *veineux*, canal *artériel*, canal *thoracique*, canal *inguinal*, etc., quoique ces divers tubes aient une structure et des usages très-différents. Ce ne sont pas non plus des canaux que les cavités intérieures des os, auxquelles on a néanmoins donné ce nom ; il en est de même des canaux qui entrent dans la structure de l'oreille. Ce sont donc, à proprement parler, les glandes seules qui ont des canaux ; et c'est en traitant de ces viscères qu'il sera question de leurs conduits excréteurs (V. FOIE, REINS, GLANDES), de même qu'il sera question aux mots VAISSEAUX, OS, etc., des divers détails indiqués ci-dessus.

CANAL MÉDULLAIRE (*botan.*), le creux qui est au centre de la tige de certains végétaux ligneux, et qui en contient la moelle.

CANAL, s. m. (*accept. div.*), conduit par où l'eau passe ; en ce sens il se dit des aqueducs et des tuyaux de fontaines.—Il se dit aussi des voies naturelles par lesquelles les eaux, les vapeurs, les gaz, etc., circulent dans le sein de la terre, y pénètrent ou s'en échappent. — CANAL se dit aussi du lit d'une rivière. Ce nom se donne également à certaines pièces d'eau étroites et longues, qui servent d'ornement dans les jardins. — En *géographie*, on appelle CANAL certains lieux où la mer se resserre entre deux rivages : le canal de *Mozambique*, le canal de *Constantinople*, de *la mer Noire*, le canal de *Saint-Georges*, etc. (V. ces mots et DÉTROIT). — En *term. de marine*, Faire canal se dit, sur la Méditerranée, des embarcations de côte qui s'éloignent de la terre pour traverser un golfe, un espace entre deux îles, etc., ou qui s'écartent assez de la côte pour la perdre de vue.—CANAL signifie figurément la voie, le moyen, l'entremise dont on se sert pour quelque chose.

CANAL, en *term. de manufactures*, se dit d'un gros morceau de bois, en forme de tuile creuse, et appliqué sur l'ensuple, pour garantir l'ouvrier des pointes d'aiguilles qui fixent l'étoffe dans le velours ciselé.—On nomme canal de l'ensuple une cannelure dans laquelle la verge qui porte l'étoffe est placée ; canal des espolins, une machine de fer-blanc sur laquelle on range les espolins.—Les maréchaux appellent canal le creux du milieu de la mâchoire inférieure du cheval ; — les arquebusiers, un creux qui est placé sous le fût d'un fusil ou d'une autre arme à feu, où se met la baguette ; — les maçons, un tuyau de plomb qui sert à conduire les eaux pluviales depuis le toit jusqu'au bas des bâtiments.—On appelle, en architecture, canal de *larmier* le plafond creusé d'une corniche ; canal de *volute*, la face des circonvolutions de la volute ionique ; et canaux, des cavités qui ornent les tigettes des caulicoles d'un chapiteau. — On nomme canal *déférent*, dans une pompe, le tuyau qui conduit l'eau que le piston fait monter.—On appelle encore, en termes de botanique, canal de la *sève* le canal qui reçoit et conduit la sève.

CANALES (*géogr. anc.*), ville de l'Iapygie ou de la Messapie, à l'ouest et à peu de distance de Tarente.

CANALES (JEAN), cordelier de Ferrare dans le XVe siècle, a laissé un traité de la Vie céleste, un de la Nature de l'âme et de son immortalité, un du Paradis et de la félicité de l'âme, un de l'Enfer et de ses tourments, imprimés à Venise en 1494 (Dupin, *Bibliothèque des auteurs ecclésiastiques*, XVe siècle).

CANALETTO (ANTOINE CANAL, *dit le*), naquit à Venise en 1697, et mourut dans cette ville en 1768. Son père, assez médiocre peintre de théâtre, lui enseigna les premiers éléments de l'art, et bientôt le jeune Canaletto se fit remarquer par la singularité de ses conceptions et la rapidité avec laquelle il les exécutait. S'étant rendu à Rome, il abandonna le genre de peinture dans lequel il s'était exercé jusqu'alors, et cultiva le paysage. La perfection à laquelle il arriva est véritablement étonnante. Il se servait de la chambre obscure pour l'exactitude des lignes. Le musée possède six tableaux de Canaletto ; entre autres un, représentant la place Saint-Marc, est d'un effet admirable.

CANALICOLE, s. m. nom qu'on donnait à des mauvais sujets ou à des gueux qui se tenaient ordinairement le long d'un canal situé au milieu d'une place publique de Rome.—Jadis on donnait aussi ce nom à des charlatans qui faisaient leur métier sur cette place. — *Canalicole* se dit encore des habitants qui ont leur domicile près d'un canal. Il est nouveau et peu usité.

CANALICULE, s. f. (*accept. div.*), en *term. de botanique*, petite rainure que l'on remarque sur certaines feuilles. — Petit tuyau. — Petit canal. — Cavité d'espace en espace lè long du fût d'une colonne. — Auget dans lequel on met à manger et à boire pour des oiseaux.

CANALICULÉ, ÉE, adj. (*botan.*), creusé en gouttière, cannelé. *Feuilles canaliculées.*

CANALICUM (*géogr. anc.*), ville d'Italie dans la Ligurie, au pied des monts Apennins, entre les Vagieni et les Statielli, à l'ouest de Genao.

CANALIS (BARTHÉLEMI), né à Moza dans le duché de Milan en 1605, entra dans la congrégation des clercs réguliers barnabites en 1627, et s'y distingua surtout par sa piété et par son amour pour la retraite. Il mourut à Monza, au commencement de 1684. On a de lui, 1° *Diario spirituale ouvero meditazioni per tutti li giorni dell' anno*, à Milan, à Rome et ailleurs. Cet ouvrage a été traduit en plusieurs langues. On en a fait une quatrième édition à Milan, en 1714, 3 vol. in-12. 2° *La Verità scoperta al christiano*, Milan, 1694, 3 vol. in-8°. Cet ouvrage n'a paru qu'à la mort de l'auteur : il a été très-bien reçu des savants, et il a été réimprimé à Venise vers l'an 1745 (*Biblioth. script. mediolan.*).

CANALISATION, s. f. (*hydraul.*), action d'ouvrir des canaux dans une province ; système nouveau de communication par le moyen des canaux (*V.* CANAL).

CANALISER, v. a. Il se dit de l'action d'ouvrir des canaux dans un pays pour la facilité du commerce (*V.* CANAL).

CANALITE, s. f. (*hist. anc.*), coquille fossile striée.

CANALS Y MARTI (JUAN PABLO), fils d'un fabricant d'indiennes de Barcelone, s'adonna à l'étude de l'histoire naturelle et de l'économie politique, et entreprit plusieurs voyages pour acquérir de nouvelles connaissances. Animé du désir de se rendre utile à ses compatriotes, il travailla à encourager et à rétablir en Espagne différentes branches d'agriculture et de commerce, et surtout celle de la garance. Ses travaux furent récompensés par la place de directeur général des teintures du royaume, que le roi lui accorda en 1763. Il publia en 1789 un ouvrage sur la garance, dans lequel il rapporte ce que Duhamel avait écrit sur ce sujet, et ce qu'il avait appris par sa propre expérience. On y trouve aussi les mesures et règlements divers que le gouvernement espagnol avait adoptés pour encourager la culture et l'emploi de cette plante. Cet ouvrage a pour titre : *Coleccion de lo perteneciente al ramo de la rubia o granza en España*, Madrid, in-4°.

CANAMARÈS (JEAN), Catalan, né dans la classe des laboureurs, acquit une malheureuse célébrité, le 7 décembre 1492, en frappant d'un coup de poignard le roi Ferdinand le Catholique, qui venait de faire son entrée à Barcelone après la conquête de Grenade. Le prince sortait de son palais, accompagné d'une suite nombreuse, lorsque Canamarès, qui se tenait caché derrière une porte, s'élança sur lui, et le blessa entre le cou et les épaules. Sans le collier d'or que portait Ferdinand, et qui rompit la violence du coup, ce monarque aurait été tué sur la place. Canamarès fut aussitôt interrogé et mis à la question. On reconnut qu'il avait l'esprit aliéné, et que, s'étant imaginé que le roi lui avait pris la couronne d'Aragon, il avait attenté à la vie de ce prince, dans l'espérance de la recouvrer. Ferdinand voulait qu'on fît grâce à ce misérable, mais le cardinal Ximénès s'y opposa. On le condamna à avoir la main coupée, à être tenaillé et tiré par quatre chevaux ; la seule grâce qu'on lui fit, à cause de son état de démence, fut de l'étrangler auparavant.

CANAMELLE (*botan.*), saccharum (*triandrie digynie*, Linné ; graminées, Juss.), genre de plante qui se distingue ordinairement par deux valves calicinales, uniflores, dont la base est garnie à l'extérieur d'un duvet long et soyeux, par deux valves florales, barbues, à trois étamines et deux styles ; fleurs disposées en panicules d'un effet pittoresque. C'est à ce genre de plante qu'appartient la canne à sucre, dont le produit fait une des principales richesses des colonies. — CANAMELLE OFFICINALE, vulgairement connue sous le nom de canne à sucre (*saccharum officinale*), tige de neuf à douze pieds de hauteur, lisse ; fleurs en panicules luisantes, argentées ; feuilles larges, d'un vert glauque et striées. Cette plante, originaire des Indes, ne fleurit qu'au bout d'un an. Elle fut transportée à Saint-Domingue lors de la découverte du nouveau monde. Elle a été naturalisée dans les contrées chaudes de l'Afrique et de l'Amérique, où elle prospère dans les terrains sablonneux, légers et bien aérés. Pour la description de la canne à sucre, la culture et les moyens d'exploitation, nous renvoyons au mot CANNE.

CANAN, s. m. (*comm.*), mesure des liquides dont on se sert dans le royaume de Siam, et que les Portugais appellent *choup*. Le canan tient environ un pot ou deux pintes de Paris. Le quart du canan s'appelle *lenig* ; c'est notre chopine. Au-dessous du lenig sont les *cocos* ; il y en a cependant qui peuvent contenir une pinte entière de liqueur (*V.* COCOS, mesure).

CANANG (*botan.*) (*uvariæ*, Linné ; de la famille des anonées de Juss.), arbres ou arbrisseaux exotiques. — *Caractères généraux :* calice persistant à trois lobes, six pétales, un grand nombre d'étamines, plusieurs ovaires réunis sur un même disque et surmontés d'un style court et d'un stigmate, six baies ou capsules globuleuses, portées chacune sur un support particulier, renfermant plusieurs graines ; feuilles alternes, simples et entières ; fleurs axillaires. Ces arbres sont originaires des Indes orientales. On en connaît douze espèces, parmi lesquelles on distingue les suivantes : CANANG ODORANT (*uvaria odorata*, Linné), arbre élevé, dont le tronc atteint jusqu'à six pieds de diamètre ; écorce lisse, grisâtre ; bois mou et d'un blanc opalin ; feuilles ovales, glabres en dessus, à nervures et veloutées en dessous ; fleurs à pétales aigus et quasi linéaires, d'une couleur jaunâtre, exhalant une odeur agréable le jour, et le soir pénétrante ; fruits longs, charnus, renfermant de six à huit graines. Cette espèce est très-répandue en Chine, où elle est très-recherchée en raison du parfum qu'elle répand. — CANANG AROMATIQUE (*uvaria aromatica*, Lam.), vulgairement poivre d'Ethiopie. Cet arbre s'élève de dix-huit à vingt-deux pieds ; le tronc n'a guère plus de dix-huit pouces de diamètre ; feuilles ovales, glabres et sessiles ; fleurs solitaires ou réunies par deux dans les aisselles des feuilles ; calice à trois pétales longs et obtus, dont les trois intérieurs sont d'une teinte violette, sombre ; les trois extérieurs violet clair au dedans et grisâtres au dehors ; fruits à capsules noueuses, de forme cylindrique, contenant de six à huit graines. Ces capsules ont une saveur aromatique qui les rend propres à servir comme épices dans certains aliments. Cette espèce croît à la Guyane, à l'île de France, et principalement au Pérou. — CANANG SARMENTEUX (*uvaria ceylanica*, Lam.), arbrisseau sarmenteux, à tiges et branches longues, faibles ; écorce noire, aromatique ; feuilles glabres, lancéolées et aromatiques ; fleurs à pétales courts, obtus, d'une teinte variant du vert jaunâtre au rouge pur, et enduites d'une liqueur visqueuse ; fruits polyspermes, ovoïdes, jaunes à maturité. Ces fruits sont délicieux et ont la saveur de notre abricot. Cette espèce est originaire des Indes orientales. — CANANG MONOSPERME (*uvaria monosperma*, Lam.). Cet arbre est très-grand et d'un effet pittoresque ; c'est surtout dans les forêts de la Guyane qu'il se rencontre en quantité ; ses feuilles sont longues, ovales et amincies, glabres, d'un beau vert en dessous, d'une teinte ferrugineuse en dessous ; fruits à capsules monospermes. Les feuilles et les fruits sont légèrement aromatiques. — CANANG A FEUILLES LONGUES (*uvaria longifolia*). Cet arbre est remarquable par sa force, son tronc droit et majestueux, feuilles longues et terminées par une pointe très-aiguë ; feuilles petites, en ombelles, jaunes ; les fruits sont de petites baies ; feuillage épais ; on emploie son bois pour la mâture. Cette espèce est originaire de la côte de Coromandel. — CANANG A TROIS PÉTALES (*uvaria tripetala*, Lam.), espèce qui croît aux Moluques ; feuilles grandes, lancéolées, ridées en dessus, pubescentes en dessous ; triuts ovales, gros comme nos pommes ; pulpe muqueuse, au milieu de laquelle se trouvent trois graines. Cet arbre est remarquable surtout par trois pétales extérieurs très-grands et semblables aux feuilles de l'arbre, tandis que les trois pétales intérieurs sont très-courts et recouvrent les étamines ; les fleurs et les semences sont aromatiques. On retire par incision un suc visqueux de son écorce, qui, une fois condensé, forme une gomme légèrement odorante.

CANANGÆ, ÆUM, s. m. (*chim.*), sorte d'huile que les Indiens obtiennent des fleurs du tilleul par la distillation.

CANANI (JEAN-BAPTISTE), était de Ferrare, où il vint au monde en 1515. Il étudia avec beaucoup de succès toutes les parties de la médecine, mais il se distingua plus particulièrement dans l'anatomie ; il fut même si habile dans l'art de disséquer, qu'Amatus Lusinato ne balança pas à le comparer à Vésale. On sent bien tout l'excès de cet éloge ; et si Amatus le crut exempt d'exagération, c'est qu'il était encore tout transporté d'admiration pour Canani, qui lui avait démontré les valvules de la veine azygos en 1547. — Canani fut attaché au pape Jules III en qualité de premier médecin ; mais à la mort de ce souverain pontife, arrivée le 23 mars 1555, il revint dans sa patrie, dont il était proto-médecin, lorsqu'il y finit ses jours en 1579, âgé de soixante-trois ans. On dit qu'il fit lui-même son épitaphe. Superbi nous l'a transmise en ces termes :

Jo. Baptista Cannanus,
Julii III pont. max.
Medicus olim acceptissimus ,
Nunc autem totius ditionis
Alphonsi II, Ferrariæ ducis serenis.
Suis meritis proto-medicus,
Hoc sibi monumentum vivens p. c.
Ann. M. D. LXXIX, kal. jun.
Ætatis vero suæ LXIII.

On a de la façon de ce médecin : 1° *Dissectio picturata musculorum corporis humani*, Ferrariæ, 1572, in-4°. Suivant Douglas, les muscles des extrémités supérieures y sont exprimés avec beaucoup d'élégance. Morgagni, qui ne juge pas aussi favorablement cet ouvrage, dit qu'il s'en trouve un exemplaire dans la bibliothèque de Dresde, et qu'il représente les muscles du corps humain en vingt-sept planches gravées sur cuivre. 2° *Anatomes libri II*, Taurini, 1574, in-8°. — On trouve encore ANTOINE-MARIE CANANI et FRANÇOIS-MARIE CANANI, médecins, tous deux natifs de Ferrare. On ne sait rien du temps auquel ils ont vécu; tout ce qu'on en dit, c'est que le premier a écrit des Commentaires sur les Aphorismes d'Hippocrate et sur quelques livres de Galien.

CANANORE (*géogr.*), ville maritime de l'Indoustan anglais, dans la présidence de Madras et dans le district de Malabar, située au fond d'une petite baie par 11° 52′ de latitude nord, et 73° 1′ de longitude. Elle compte environ 11,000 habitants. Son port spacieux et commode entretient, avec l'Arabie et l'île de Sumatra, un commerce assez fréquent en poivre, en cardamome, en bois de sandal, en nageoires de requins; ces marchandises sont échangées contre des chevaux , du camphre, de l'opium, du benjoin et du sucre.

CANAP, s. m. (*technol.*). En *term. de raffinerie*, on donne ce nom au chevalet des bassins.

CANAPE (JEAN), selon Lacroix du Maine, médecin de François Ier vers 1542, et lecteur des chirurgiens de Lyon , mérite que son nom soit conservé parmi les bienfaiteurs de l'humanité, pour avoir le premier enseigné la chirurgie en français, et traduit dans cette langue plusieurs ouvrages latins où ne pouvaient puiser les élèves en chirurgie, alors trop peu instruits. Ces ouvrages sont: 1° *Deux Livres des simples de Galien*, savoir, le cinquième et le neuvième, Paris, 1555, in-16 ; 2° *le Livre de Galien traitant des mouvements des muscles*; 3° l'*Anatomie du corps humain*, écrite par Galien, Lyon, 1541, 1583, in-8° ; 4° l'*Anatomie du corps humain*, écrite par Jean Vasse dit Vassæus, Lyon, 1542; 5° les *Tables anatomiques* dudit Vassæus; 6° *Commentaires et annotations sur le Prologue et chapitre singulier de Guy de Chauliac*, Lyon, 1542; 7° *Opuscules de divers auteurs médecins*, Lyon, 1552, in-12; 8° le *Guidon pour les barbiers et les chirurgiens*, Lyon, 1538, in-12; Paris, 1563, in-8°, 1571, in-12.

CANAPÉ. On appelle canapé cette espèce de lit de repos ou de large fauteuil, que tout le monde connaît, et sur lequel plusieurs personnes peuvent prendre place à la fois. Dans le principe on écrivait *conope* du latin *conopeum*, et ce mot n'était lui-même autre chose qu'une altération du grec *konopeïon*. Telle est l'acception véritable du mot canapé; mais de nos jours, grâce à la presse, il a acquis une bien autre valeur. *Canapé*, aujourd'hui, désigne un parti politique, et ce parti n'est pas le plus mal partagé du côté de la fortune. A lui les places avantageuses, les grasses sinécures, à lui seul toutes les faveurs constitutionnelles; car les membres du canapé ne sont autres que les *doctrinaires,* dont l'importance ne date guère que du ministère de Cases, et qui depuis, s'enveloppant d'une science ténébreuse, ont su, en vertu de certains principes au triomphe desquels ils se dévouent, monopoliser le pouvoir et la fortune publique. Lorsqu'ils apparurent dans le monde politique, l'opiniâtreté qu'ils montrèrent dans leur doctrine, le caractère exclusif, orgueilleux et inflexible de leurs systèmes, surtout leurs prétentions, excitaient des craintes ; on demandait à quelqu'un si le parti était nombreux : *Moins que vous le pensez,* répondit-il, *car ils tiennent tous ensemble sur un canapé.* Le mot fit fortune. Depuis, l'espoir des faveurs a conduit beaucoup des adeptes actuels à se faire initier; les doctrinaires sont en grand nombre maintenant; mais si, écartant les hypocrites et les intrigants, nous ne comptons que les hommes de cœur et de conviction, le canapé d'autrefois peut certes les contenir encore.

CANAPÉ, pavillon des anciens Égyptiens pour se garantir des insectes.

CANAPÉ (*art culin.*), petit pain garni de cornichons, d'anchois, de beurre, etc.

CANAPÉ (*term. de raffineur de sucre*) est une espèce de chaise de bois sur laquelle on met le bassin lorsqu'il est question de transporter la cuite du rafraîchissoir aux formes ; deux des montants sont un peu plus élevés que les autres, pour empêcher le bassin de répandre.

CANAPIUM (*géogr. anc.*), siége épiscopal de la province proconsulaire d'Afrique, dont on trouve un évêque nommé Médemplus, souscrit à la lettre synodale de cette province, dont il est fait mention dans la conférence de Carthage (D. 1, c. 133, *Nat.*, n. 205). Ptolémée appelle ce lieu *Canopisium*, et le place entre Tabrac et Utique.

CANAPLES (LE SIRE DE) fut un des guerriers les plus distingués des règnes de François Ier et de Henri II. En 1523, sous la conduite de la Trémouille, il contribua à l'expulsion des Anglais de la Picardie, et se fit remarquer par des faits d'armes aussi utiles que brillants. Il sauva à Corbie le sire de Créqui son oncle, que les ennemis enveloppaient; ailleurs il défendait avec vingt gendarmes un pont contre 2,500 hommes , et sauvait ainsi l'armée dont il protégeait la retraite. En 1526, il fut blessé par la fusée qui tua Créqui, et plus tard en 1537, nommé gouverneur de Montreuil, quoique sans munitions et presque sans soldats, il ne capitula qu'au moment où les remparts croulants sous l'artillerie ne pouvaient plus protéger la ville. Au siége de Metz, par Charles-Quint, il se montra encore digne de ses précédents exploits. Nous ignorons la date de sa mort. — CANAPLES, mestre de camp du régiment des gardes, battit dans l'île de Rhé Buckingam, qui avait débarqué avec 5,000 Anglais, et que soutenaient 500 Rochellois (1627).

CANAPSA, s. m. sac de cuir que porte sur les épaules un goujat ou un pauvre artisan, quand il voyage. Ce mot est vieux. Il s'est dit aussi de l'homme qui portait ce sac.

CANARA (*géogr.*), province de la presqu'île de Decan. Elle est soumise aux Anglais, et fait partie de la présidence de Madras. Elle appartenait auparavant à l'empire d'Hyder, et fut cédée en 1799 par Tippu aux Anglais, qui laissèrent aux princes Naires indigènes leurs domaines, mais introduisirent le droit et les lois de l'Angleterre. Elle renfermait en 1817 718,085 pagodes. Les indigènes la nomment *Carnata*; elle s'étend des 91° 44′ jusqu'aux 95° 24′ de longitude orientale, et des 12° 38′ jusqu'aux 15° 35′ de latitude nord; elle est limitée au nord par Beïapur, au nord-est par Balaghat, à l'est par Mysore, au sud par Malabar, à l'ouest par la mer Arabique; sa superficie est de 558 et demi milles carrés; en 1807, elle était habitée par une population de 576,640 individus, qui sont pour la plupart Hindous de la caste des bramines; mais il y a aussi beaucoup de jains , de musulmans , de maplays et de juifs. Les chrétiens catholiques étaient autrefois très-nombreux dans le sud de Canara : on en comptait plus de 80,000, qui étaient répartis parmi les Hindous, sans compter les autres. Mais le fanatisme d'Hyder en a diminué le nombre au point qu'il n'y en a plus que tout au plus 50,000 , qui sont répartis en vingt-trois paroisses faisant partie du diocèse de Goa. C'est un pays de côtes, peu large, s'élevant à l'est sous forme de terrasse vers les Ghats, arrosé par plusieurs rivières , telles que le Chandraghiry, le Sherawulty et le Carawuty. Le terrain est fertile : il n'y a que sur la côte qu'il est escarpé et sablonneux ; il produit du riz, des noix de coco, du poivre, de la canne à sucre, du bois de sandal, du sel, de la terre japonaise de catechu (mimosa catechu) , etc. L'élève des bestiaux est considérable ; on recueille du miel et de la cire , mais à part le tissage du coton on ne cultive aucune branche d'industrie. Cette province a plusieurs bons ports , et exporte du riz , du poivre, des cardamomes, du bois de sandal, de l'huile , de la casse , du sel , etc. Elle se divise en deux districts, et a pour capitale Mangalore.

CANARD (*hist. nat.*) (*anas* , Linné), genre d'oiseaux de l'ordre des palmipèdes , famille des lamellirostres. Ce vaste groupe, qui compte plus de cent trente espèces variées dans leur taille, leur couleur et leurs habitudes, nous présente les caractères généraux suivants : bec grand et large , quelquefois gibbeux, déprimé et obtus vers le bout, doublé sur les bords, de manière à laisser écouler l'eau quand la proie est saisie ; narines étroites, couvertes d'une large membrane, et situées à la base du bec ; langue charnue , épaisse , frangée sur les côtés , obtuse au bout ; pattes et pieds mal disposés pour la marche , mais très-propres à la natation. — « Les canards volent très-bien; aussi , ils sont presque tous vagabonds ; on les voit remonter dans les pays du Nord dès que les chaleurs approchent , puis redescendre au commencement de l'hiver dans les contrées méridionales. Ces oiseaux aquatiques préfèrent les eaux douces à celles de la mer ; ils vivent sur les fleuves, les étangs et les lacs, où ils trouvent à se nourrir de poissons, de mollusques, de larves, de plantes et de fruits si abondants au bord des rivières. Leur plumage est, comme dans les autres palmipèdes, serré, lustré, garni d'un duvet épais, et imbibé d'un suc huileux qui les garantit de l'eau. — Les mâles muent ordinairement deux fois; alors ils sont tellement changés, qu'on les reconnaît à peine à ces deux époques de l'année. Les uns sont monogames, les autres polygames. Il n'est pas rare de voir les femelles pondre sur des arbres élevés dans des nids abandonnés par d'autres oiseaux; mais le plus ordinairement elles déposent leurs œufs dans des herbes à terre ou dans des broussailles. Ces œufs, toujours assez nombreux, varient de forme et de couleur dans les diverses espèces. Dès que les petits sont éclos, ils abandonnent le nid et s'élancent sur l'eau. — On divise les canards en plusieurs sous-genres; ce sont : les cygnes, les oies, les céréopsis, les sarcelles, les canards proprement dits, et les bernaches. Nous ne parlerons ici que des deux derniers; les autres sous-genres seront traités au lieu que leur assigne l'ordre alphabétique. — CANARDS PROPREMENT DITS (*anas*, Linné) : bec à base plus large qu'épaisse, quelquefois gibbeuse, à bords dentelés en lame ; mandibule supérieure onguiculée et courbée à sa pointe ; l'inférieure plate, plus étroite; le cou emplumé; miroir de diverses couleurs sur les ailes ; pouce lisse ou penné (Vieillot). — Ce sous-genre est lui-même subdivisé en plusieurs espèces que nous allons successivement examiner, ainsi que les principales variétés qui lui appartiennent. — 1° Les MACREUSES sont ainsi nommées, suivant l'opinion de M. Cuvier, parce que l'Église romaine les regarde comme un manger maigre et en permet l'usage pendant le carême. — La *macreuse commune* (*anas nigra*, Linné) a le plumage noir, brillant, un peu terne sous le ventre; la base de la mandibule supérieure supporte un tubercule divisé par une ligne jaune qui s'étend sur les côtés de l'œil et sur le reste de la mandibule. La femelle n'a pas ce tubercule; son plumage est aussi moins foncé. Cette espèce habite les régions septentrionales des deux continents; quand il fait froid, elle demeure dans nos pays, et s'y montre en grande quantité, principalement sur les côtes de la Picardie, où elle voltige à la surface de la mer; on la voit aussi nager avec agilité, et disparaître à chaque instant sous l'eau pour s'y nourrir de petits coquillages lissses et blancs, appelés *vaimeuses* par les habitants des côtes. Ceux-ci profitent de l'avidité de cette macreuse pour ces sortes de coquillages; ils placent, à deux pieds au-dessus du sol, de grands filets qui sont recouverts pendant la marée montante; alors les macreuses qui plongent au fond de la mer sont empêtrées dans ce filet et se noient, et celles qui, se détournant pour éviter le piège, passent dessous le filet, sont également prises lorsqu'elles veulent remonter; la marée s'étant retirée, on va les ramasser souvent en si grand nombre, que Baillon dit en avoir vu prendre en une seule fois jusqu'à trente douzaines. Quoique la chair de cette espèce ait un goût de poisson assez désagréable, on la chasse vivement sur les étangs riverains de la Méditerranée. Les circonstances de la couvée ne sont pas connues. — La *macreuse double* (*anas fusca*, Linné) lui ressemble aussi, mais plus grosse du double, a une tache blanche sous les ailes, une autre près de l'œil; les pieds sont jaune citron en dedans, rouges en dehors. La femelle n'a pas de pédicule sur le bec, son plumage est aussi plus gris et les pieds moins rouges que dans les jeunes mâles. Cette macreuse dépose huit à dix œufs blancs dans les broussailles des contrées les plus froides; d'ailleurs elle habite les mêmes contrées que la précédente, seulement elle est moins commune. — La *macreuse à large bec* (*anas perspicillata*) a l'œil entouré d'un trait orangé, des taches blanches, triangulaires sur la tête. La femelle, qui est la plus petite, pond quatre à six œufs blancs dans un nid de roseaux et garni de plumes à l'intérieur. On prétend l'avoir vue se nourrir d'herbes sur les côtes de l'Angleterre; elle vit habituellement au nord de l'Amérique. — 2° Les GARROTS ont le bec court, sans arête, étroit à la pointe; narines basales, arrondies. Nous citerons le *canard de Terre-Neuve* (*anas glacialis*), qui vole en formant des sinuosités, et présente alternativement le ventre et le dos; son cri semble exprimer *a-a-aglik*. Il paraît assez long, parce que les plumes du milieu de sa queue sont grandes. C'est de tous les canards celui à le bec le plus court; il est blanc avec une tache fauve sur la joue et le côté du cou; le duvet en est très-recherché. Au mois de juin, la femelle pond deux œufs gros comme ceux d'une poule. — Le *canard arlequin* (*anas histrionica*) est une fort jolie espèce, qui se tient en été dans les lieux ombragés et riverains du nord de l'Asie, et demeure pendant l'hiver jusque dans nos contrées; on la reconnaît à la couleur cendrée plus foncée dans la femelle, aux taches et aux lignes blanches qu'elle porte entre le bec et l'œil et sur les

oreilles, à ses flancs qui sont roux. La ponte est de douze à quatorze œufs blancs. La chair de cette espèce est, dit-on, plus agréable que celle du *canard sauvage*. — Le *garrot propre* (*anas clangula*, Linné), tout blanc, avec la tête et le dos noirs, une petite tache en avant de l'œil et deux bandes à l'œil blanches; la femelle est cendrée, à tête brune. Cet oiseau nous arrive par bandes des contrées septentrionales, et niche quelquefois sur nos étangs. Il nage très-bien en repoussant fortement l'eau avec ses pattes; mais sa démarche est embarrassée, car il frappe le sol avec ses pieds qui produisent un petit bruit, et le laissent choir quand il veut aller vite; c'est pourquoi le garrot n'aborde la rive que pour se reposer ou dormir. — L'espèce EIDER a pour type l'*eider* (*mollissima*) blanchâtre, ayant le sommet et le derrière de la tête bleu verdâtre, avec les parties inférieures noires et le bec vert. Son plumage varie beaucoup jusqu'à l'âge de trois ans; c'est pourquoi l'eider a reçu, dans le nord, une multitude de noms, parmi lesquels nous en avons pris deux, *eider* et *don*, que nous prononçons *édredon*. A cet oiseau, en effet, nous devons ce duvet qu'elle arrache de son ventre, et que l'on va chercher, au péril de la vie, dans des creux de rochers, sur les côtes de Groënland, de l'Islande, du Danemark et de l'Ecosse, où cet oiseau vit réuni par couples pendant l'été, et par milliers pendant l'hiver. — 4° Les MILLOUINS forment l'espèce la plus nombreuse après celle des tadornes. — Le *millouin commun* (*anas ferina*, Linné) : gibier très-d'usage et non rare dans les marchés de Paris, a la marche si pénible qu'il ne conserve l'équilibre qu'en frappant souvent le sol avec ses ailes; mais, en compensation, son vol est très-rapide. Cet oiseau nous arrive au mois d'octobre, en troupes de vingt à quarante; il demeure même jusqu'en Egypte. Sa couleur est un mélange de brun, de marron et de noir; le tour des yeux et le devant du cou sont blanc roussâtre; d'ailleurs son bec est large et creux, très-propre à fouiller dans la vase. La femelle pond douze à quatorze œufs d'un blanc verdâtre, qu'elle dépose dans un nid au milieu des roseaux. — Le *millouin huppé* (*anas rafini*), appelé encore *siffleur* par quelques auteurs qui l'ont rapproché des tadornes, a reçu le nom de huppe, parce qu'il porte sur la tête une touffe de plumes d'un roux clair, soyeuses, longues et effilées. Il n'apparaît dans nos climats qu'à l'époque des grands froids, et habite les côtes de la mer Caspienne et les lacs de la Tartarie; la femelle porte une huppe plus petite. — Le *millouinan* (*anas marila*, Linné) : suivant les expériences de Buffon, « a la tête et le cou recouverts d'un grand domino noir, à reflets vert cuivreux, coupé en rond sur sa poitrine et le haut du dos; le manteau est joliment ouvragé d'une petite hachure noirâtre, courant légèrement dans un fond gris de perle; deux pièces du même ouvrage, mais plus serré, couvrent les épaules; le croupion et la poitrine sont noirs; le ventre et les flancs du plus beau blanc; on peut remarquer sur le milieu du cou l'empreinte obscure d'un collier noir; le bec du millouinan est moins long et plus large que celui du millouin. » Cette variété ne paraît qu'en petit nombre sur les côtes de l'Angleterre, et plus rarement encore sur celles du nord de la France. — Enfin nous citerons le *canard morillon* (*anas fuligata*, Linné). Brun quand il est jeune, il devient d'un beau noir luisant à sa seconde année; il porte une huppe plus petite et moins noire que la femelle. Cette espèce se voit en France pendant tout l'hiver et peut s'apprivoiser; sa couleur, qui varie suivant les âges, en a fait admettre plusieurs variétés. — 5° Les SOUCHETS ont le bec long, garni de lamelles très-minces et très-développées; la mandibule supérieure en forme de spatule, évasée en demi-cylindre et élargie au bout. — Le *souchet commun* (*anas clypeata*, Linné) a le plumage très-varié et très-riche; la tête est recouverte d'un vert brillant à reflets violets; le cou et la poitrine sont blancs; le ventre est d'un beau roux; le dessus du corps d'un noir verdâtre; il a du brun et du blanc sur les ailes; mais toutes ces couleurs, plus ternes ou moins foncées dans les femelles, varient suivant l'âge de l'individu. Le souchet place son nid au bord des eaux tranquilles, dans des joncs ou des taillis, et pond douze à quatorze œufs jaune vert. Cet oiseau arrive au mois de février sur les côtes de l'Océan, et en grand nombre dans les marais de la Picardie; d'ailleurs il se montre dans toute l'Europe; sa chair succulente reste rouge quoiqu'elle soit cuite, ce qui l'a fait nommer *saint-rubens*; on l'a aussi appelé *canard gobe-mouches*, parce qu'en voltigeant sur l'eau il saisit adroitement les mouches, et s'en nourrit tout aussi bien que de crustacés, de grenouilles et d'insectes aquatiques. — 6° Les TADORNES offrent un grand nombre de variétés, dont voici les plus intéressantes : la *tadorne commune* (*anas tadorna*, Linné), blanche et noire quand elle est jeune, devient ensuite très-remarquable par l'éclat de son plumage ; elle a la tête et la moitié du cou noir vert ; un grand collier blanc ; le ventre, la poitrine et une partie du dos jaunes : puis les ailes blanches à reflets verts et plusieurs places rayées de noir. Cette espèce, que l'on rend domestique, et qui a un duvet presque aussi recherché que celui de l'eider, apparaît au printemps sur nos côtes, et les abandonne à l'automne ; elle vit par couples. M. Duméril raconte ainsi les circonstances de la couvée : « On voit chaque couple errer près de la mer dans les garennes, et y chercher un logement dans les trous des lapins. Ils ne s'attachent qu'aux terriers qui ont au plus trois mètres de profondeur, qui sont percés contre des monticules, se dirigent vers le haut, et dont l'entrée, exposée au midi, peut être aperçue d'une distance fort éloignée. Les tadornes ne font aucun nid dans ces trous ; la femelle pond les premiers œufs sur le sable nu, et lorsqu'elle est à la fin de sa ponte, qui est de dix à douze œufs pour les jeunes, de douze à quatorze pour les vieilles, elle les enveloppe d'un duvet blanc fort épais dont elle se dépouille. L'incubation dure trente jours, et pendant ce temps le mâle reste assidûment sur la dune ; il ne s'en éloigne que pour aller deux ou trois fois le jour chercher sa nourriture à la mer. Le matin et le soir, la femelle quitte ses œufs pour le même besoin ; alors le mâle entre dans le terrier.... Dès que l'on aperçoit au printemps un de ces oiseaux ainsi en vedette, on est assuré d'en trouver le nid ; il suffit pour cela d'attendre l'heure où il va au terrier ; si cependant il s'en aperçoit, il s'envole du côté opposé, et va attendre la femelle à la mer. A leur retour, tous deux volent longtemps au-dessus de la garenne, et n'y descendent que lorsque rien ne leur porte plus ombrage. Le père et la mère conduisent les petits à la mer dès le lendemain du jour où ils sont éclos, et s'arrangent de manière qu'ils y arrivent ordinairement lorsqu'elle est dans son plein. Cette attention procure aux petits l'avantage d'être plus tôt à l'eau, et dès ce moment ils ne paraissent plus à terre. Si on les rencontre lorsqu'ils se rendent du nid à la mer, la femelle affecte de culbuter à cent pas ; elle se traine sur le ventre en frappant la terre de ses ailes, et par cette ruse attire vers elle le chasseur. — Le *canard musqué* (*anas moschata*, Linné), nommé encore *canard de Barbarie*, le plus gros de tous, est aussi un des plus beaux. Il a les joues et le tour des yeux garnis de caroncules rouges ; le dessus du corps noir avec des reflets en vert et en rouge ; une bande blanche traverse l'aile ; des plumes sur la tête en forme de houppe ; enfin le bec rouge. On ne le trouve à l'état sauvage qu'au Brésil et à la Guyane ; néanmoins on le dit originaire d'Afrique. Cet oiseau est élevé en quantité dans les colonies, où sa chair est très-recherchée, quoiqu'elle soit brune, indigeste, et qu'elle répande une forte odeur de musc. Lorsqu'il n'a pas assez de femelles de son espèce, le mâle s'apparie avec la cane commune, et produit des métis inféconds entre eux, mais capables de multiplier avec l'espèce ordinaire, et donnent des individus plus gros, meilleurs au goût, et plus faciles à élever en ce qu'ils sont moins vagabonds. — Le *canard sauvage* ou *ordinaire* (*anas boschas*, Linné) est connu de tout le monde. Le mâle, ainsi que dans toutes les autres espèces, est plus gros et plus vivement coloré que la femelle ; il a la tête et la moitié supérieure du cou d'un vert d'émeraudes à reflets violets ; le bec d'un vert jaunâtre ; les pieds orangés ; un collier blanc très-étroit ; sa voix est moins forte et plus monotone que dans la femelle. — Ces oiseaux paissent et voyagent principalement le soir ou la nuit ; ils décèlent leur passage par un sifflement assez aigu, et leur départ par le bruit que cause le battement des ailes. C'est à la fin d'octobre qu'ils nous arrivent par petites bandes suivies de plus nombreuses. Ils séjournent près des rivières tant qu'ils y trouvent des insectes aquatiques, des poissons, des plantes et d'autres aliments ; puis ils se retirent à l'intérieur des terres quand les rivières sont gelées, ou bien ils descendent dans des contrées encore plus tempérées, pour ne retourner dans le Nord qu'au moment du dégel. Quelques couples restent dans nos pays, et nichent dans les joncs des marécages ; le nid, garni du duvet que la femelle s'arrache du ventre, contient un nombre d'œufs qui varie de quinze à dix-huit. Celle-ci prend toute sorte de précautions pour tenir caché le lieu de sa ponte ; elle ne s'abat qu'à une centaine de pas du nid et fait plusieurs détours pour y arriver ; elle ne s'en éloigne aussi que poussée par le besoin d'aliments. Le mâle l'accompagne dans ses courses, et la protège contre les attaques d'autres mâles. L'incubation dure trente jours, après lesquels la femelle conduit ses petits à l'eau, où ils se nourrissent d'abord de moucherons et de petits insectes ; le soir la cane les rassemble

dans les roseaux et les couvre de ses ailes. Pendant trois mois environ, ils restent couverts d'un duvet jaunâtre, et ne peuvent échapper à leurs ennemis ; mais ensuite leur vol est rapide et soutenu, et leur extrême méfiance en rend la chasse difficile ; cela n'empêche pas qu'on ne les poursuive vivement, parce que leur chair est plus tendre et plus succulente que celle du canard de nos basses-cours. — Ce dernier, nommé *canard domestique*, n'est autre que le canard sauvage que l'on a fait naître et que l'on a élevé en servitude. Il présente des formes moins élégantes, moins légères, et un coloris moins vif. La chair en est assez estimée, et les plumes, desséchées à une douce chaleur, servent à écrire. — Le *canard de la Caroline* (*anas sponsa*, Linné) ne se recommande pas moins par la beauté de son plumage que par sa chair d'un goût exquis. Il reste pendant tout l'été en Virginie, perché sur les arbres les plus élevés. On commence à le naturaliser en Europe. — Le *canard chipeau* (*anas strepor*, Linné) est celui qui conserve le plus longtemps les belles couleurs de son plumage. On prétend qu'il évite le coup de fusil par un plongeon excessivement rapide. — Le *canard siffleur* (*anas penelope*, Linné) offre sur le dos une teinte nuancée de blanc et de noir ; le ventre est d'un beau blanc. Sa voix est claire et sifflante. — Les *Bernaches*. Ce sous-genre se remarque à la brièveté du bec, dont les bords ne laissent pas voir les extrémités des lamelles. Une espèce, nommée *anas erythropus*, est célèbre dans la fable, qui les faisait naître sur les arbres, comme un fruit ; elle est cendrée avec le cou noir, le ventre blanc et les pieds gris. — Le *cravant* (*anas bernicla*, Gm.) nous vient, comme la précédente, du nord de l'Europe ; la tête, le cou et les pennes des ailes sont noirs ; les côtés supérieurs du cou ont une tache blanche ; le bec est noir ; le dessous de la queue blanc ; les pieds sont bruns.

CANARD, s. m. (*gramm.*). On dit familièrement, *Mouillé comme un canard*, très-mouillé. — Proverbialement, *Plonger comme un canard*, plonger habilement ; et, figurément, s'esquiver, se soustraire à un danger. — Figurément et familièrement, *C'est un canard privé*, se dit d'un homme aposté pour en attirer, pour en attraper d'autres. — Adjectivement, *Chiens canards*, chiens qui ont le poil épais et frisé, et qui sont dressés à aller chercher dans l'eau les canards qu'on a tirés. — *En term. de marchand de bois*, *Bois canards*, ceux qui, étant jetés à bois perdu dans un canal, dans une rivière, vont au fond de l'eau ou s'arrêtent sur les bords. — *En term. de marine*, *Bâtiment canard*, bâtiment qui tangue beaucoup et qui reçoit dans lames sur son avant : On dit de même au féminin, *Une frégate*, *Une corvette*, *Une barque canarde*.

CANARD (*technol.*). *En term. d'artificier*, c'est une sorte d'artifice lancé dans l'eau et représentant la figure d'un canard. — Il se dit aussi, *en term. de pêche*, d'une espèce de filet soutenu par des roseaux. — CANARD est encore le nom plaisant que les imprimeurs donnaient sous l'empire aux bulletins de la grande armée, parce qu'un aigle figurait en tête de la première page ; il a été depuis appliqué à tous les papiers que l'on crie dans les rues.

CANARD (NICOLAS-FRANÇOIS), professeur émérite de l'université, mort en 1833, obtint deux prix à l'Institut : l'un en 1802 pour un ouvrage intitulé : *Moyen de perfectionner le jury*; l'autre en 1803 pour un *Traité d'économie politique*. On lui doit encore un *Traité du calcul des équations* et d'autres ouvrages de hautes mathématiques. Mais les questions d'économie sociale l'occupèrent de préférence pendant sa longue et studieuse carrière. Mᵐᵉ Elisabeth Celnart, inspirée par la piété filiale, promettait de publier les écrits posthumes de son père.

CANARDEAU, s. m. petit canard (*V.* HALBRAN).

CANARDER (*musiq.*). C'est ce qui arrive en jouant du hautbois ou de la clarinette ; lorsqu'on ne pince pas assez l'anche avec les lèvres, l'instrument laisse échapper un son aigu et nasard, semblable au cri des canards. — Les voix dites *haute-contre* sont sujettes à ce défaut. La plupart des compositeurs qui écrivent pour ces voix font les rôles trop hauts ; le chanteur est donc obligé de serrer extrêmement la gorge pour donner les notes aiguës, et sa voix perd une partie du volume qu'elle devrait avoir ; s'il veut le regagner en forçant le son, sa voix passe par le nez et acquiert un timbre nasillard, très-désagréable pour l'oreille de l'auditeur. Les premiers chanteurs de la capitale ne sont pas toujours à l'abri d'un désagrément qui vient de la faute des compositeurs.

CANARDER, *en art militaire*, signifie tirer avec avantage sur l'ennemi, comme par une guérite, derrière une baie, à travers des palissades.

CANARDER, *en term. de marine*, se dit d'un bâtiment

qui plonge le nez dans la mer, et qui reçoit des lames sur l'avant.

CANARDERIE, s. f. (*écon. rust.*), lieu où l'on élève des canards. — Armoire où l'on garde des canards.

CANARD DE VAUCANSON, s. m. (*mécan.*), automate inventé par ce célèbre mécanicien, et qui fonctionnait comme le canard naturel.

CANARDIÈRE (*term. d'architecture militaire*). En parlant des fortifications qu'on faisait dans les châteaux, *canardière* se dit d'une espèce de guérite ou petite loge d'où l'on pouvait, en sûreté, tirer sur les assaillants. — On appelle encore *canardière* un fusil dont le canon est d'une grande longueur; cette arme porte très-loin, et sert à la chasse des oiseaux qui se laissent difficilement approcher; tels sont les canards, les oies, etc. — En term. de chasse, on donne aussi le nom de *canardière* à un lieu couvert, à une espèce de cabane placée dans un étang ou un marais pour prendre des canards sauvages.

CANARI (botan.) (*canarium vulgare* de Linné). Quoique Linné ne fasse mention que de cette seule espèce de canari, ces arbres, dont plusieurs espèces sont connues, peuvent former un genre particulier dont voici les caractères généraux, bien qu'ils aient de grands rapprochements avec la famille des *térébinthacées* : fleurs dioïques, mâles sur un pied, femelles sur l'autre, profondément divisées en deux parties; cinq anthères quasi-sessiles dans les mâles; l'ovaire des femelles est libre, surmonté d'un style court et d'un stigmate à trois lobes; il se change en bou sec qui contient un noyau osseux à trois pans, et ayant trois loges garnies chacune de deux graines; feuilles de l'arbre alternes, pinnées à quatre rangs de folioles; fleurs terminales, disposées en panicules. De l'écorce découle, chez les vieux arbres, une liqueur balsamique qui se condense en résine; elle est de peu d'utilité; la graine, au contraire, est douce à manger quand elle est parfaitement sèche, et on retire une huile employée pour l'éclairage, et même quelquefois elle entre dans la préparation de certains aliments des indigènes. — Les diverses espèces du genre canari figurant dans tous les traités de botanique sous des noms différents, nous ne ferons que les citer pour mémoire, en attendant que la science ait définitivement statué à cet égard. — Rumphius en cite trois espèces sous les noms de *canarium*, *dammaro* et *nanarium*. — Gaertner ne parle que du *canarium mehenbetène*, qui est le même que le *canarium vulgare* de Linné. Laureiro, dans sa Flore de la Cochinchine, revient sur les mêmes espèces décrites par Rumphius, et les classe sous le nom de *pimela*.

CANARI (hist. nat.). On donne ce nom au serin des Canaries (*frigilla canaria*, Linné).

CANARI, vase dans lequel on donne à boire aux petits oiseaux; se dit aussi d'un grand vase en terre cuite, qui était usité chez les sauvages.

CANARIE. Cette danse bizarre, dont les figures étaient plus que ridicules, est une espèce de gigue d'un mouvement très-vif. Quelques-uns la jugeaient originaire des îles Canaries, d'autres prétendaient qu'elle n'avait dû le jour qu'à un ballet en mascarade dont les danseurs étaient habillés en sauvages. Qu'elle soit indigène ou exotique, elle fut très en faveur; mais heureusement la mode en est passée.

CANARIES (*géogr.*), groupe d'îles situées dans la mer Atlantique, vis-à-vis la côte occidentale d'Afrique, et entre les 27° 39' et 29° 26' de latitude nord, et les 15° 40' et 20° 30' de longitude ouest. Elles sont au nombre de treize, mais il n'y a que les sept plus grandes qui soient habitées. — Ce sont les îles Fortunées des anciens, mais on ignore absolument si elles sont aussi les Atlantides. Dès l'an 72 avant J.-C., deux de ces îles paraissent avoir été découvertes par Sertorius, et Statius Schosus de Gades et Juba passent pour en avoir découvert trois autres qui étaient connues des Romains. Elles se nommaient : Junonia (Palma), Ombros ou Pluvialia (Ferro), Capraria (Gomera), Convallis (Teneriffa) et Planaria (Lancerota). D'après Juba, cité par Pline, VI, 59, on trouva sur l'une d'elles des chiens d'une taille énorme, ce qui lui fit donner le nom de Canaria, nom qui s'étendit par la suite à tout le groupe d'îles. Elles étaient alors inhabitées, et on les oublia entièrement. Ce ne fut que de 1316 à 1334 que des navigateurs espagnols y arrivèrent de nouveau, y trouvèrent un peuple civilisé, qui se nommait les Guanches, et apportèrent en Europe des renseignements confus sur leur découverte. En 1345, le pape Clément VI nomma l'infant Luis de la Cerda roi des îles Fortunées; mais il ne parvint pas à s'en rendre maître, et une flotte qu'il y envoya fut repoussée par les courageux habitants. En

1402, un chevalier français, Jean de Bethencourt, se fit investir de la souveraineté de ces îles, et s'empara à main armée des îles de Lancerota et de Fer, où ses héritiers se soutinrent pendant quelque temps. Un Castillan nommé Herrera, qui avait épousé une héritière de Bethencourt, amena avec lui en 1464 un renfort d'Européens, et attaqua les îles de Canarie et de Ténériffe; mais sa tentative fut sans succès. Alors la reine Isabelle de Castille résolut de conquérir les îles Fortunées, et attaqua les indigènes avec tant de vigueur, qu'en 1487 l'île de Canarie, et en 1495 l'île de Ténériffe furent entièrement soumises. Les Guanches périrent en grande partie par le glaive; le petit nombre de ceux qui restèrent s'éteignit peu à peu, et aujourd'hui il n'y a plus, suivant M. Bory de Saint-Vincent, un seul Guanche sur aucune de ces îles. Depuis lors, l'Espagne est restée tranquillement en possession des Canaries. Les sept îles habitées sont Ténériffe, Canarie, Palma, Lancerote, Fortaventura, Gomera et l'île de Fer, qui est la plus petite de toutes, mais qui est remarquable, parce que c'est par son milieu que les Hollandais et les Allemands tirent leur méridien. Les îles non habitées sont : Graciosa, Rocca, Allegranza, S. Clara, Inferno et Lobos, qui ne sont à proprement parler que des rochers. La superficie des premières est évaluée par Humboldt à 151, par Groberg à 216 milles carrés. Leur surface est entièrement montagneuse; généralement les pics les plus élevés se concentrent vers le point central de l'île, et autour de ce point s'étendent des vallées fertiles, et même de petites plaines jusque sur la côte, encadrée de hauts rochers qui lui servent de remparts. Les montagnes sont généralement hautes, rocailleuses, nues, présentant un aspect colossal, et elles paraissent être pour la plupart des volcans, ou au moins des volcans éteints. Le pic de Teyde dans l'île de Ténériffe, lequel a, suivant Bongues, une hauteur de 12,420 pieds, et, suivant Gray Bennet, une hauteur de 11,231 pieds, n'est plus en combustion depuis 1704, et n'a plus que de temps en temps des éruptions par les côtés, telles que celle qui eut lieu en 1798; mais le pic de Muchachos, qui a 7,158 pieds de hauteur, et qui se trouve dans l'île de Palma, est encore toujours en combustion. Le terrain est entièrement volcanique, mais par-dessus les couches de lave et de basalte il s'est formé une couche plus ou moins épaisse de terre végétale qui est extrêmement fertile. Ces îles ne peuvent pas avoir de fleuves, vu leur peu d'étendue, mais elles ont beaucoup de petites rivières et de ruisseaux, et, en général, elles sont abondamment arrosées. Pendant le temps des pluies, les torrents grossissent tellement et se précipitent du haut des montagnes avec tant d'impétuosité, que souvent ils entraînent dans leur cours des masses considérables de terrain : aussi est-on dans la nécessité d'assujettir par des murs les bords de leur lit. Sur les plus grandes de ces îles, on voit quelques petits aqueducs destinés à distribuer l'eau de tous côtés. Le climat est délicieux, et c'est apparemment ce qui a valu à ce groupe d'îles le nom qu'il a porté dans l'antiquité; c'est surtout sur les côtes septentrionales et occidentales que des vents de terre et de mer rafraîchissent d'une manière constante l'atmosphère pendant les grandes chaleurs, et ce n'est que sur les côtés opposés que la chaleur atteint quelquefois un degré excessif, surtout quand le brûlant sirocco arrive d'Afrique. Ordinairement ce vent ne dure que quelques jours, mais il y a eu des années où il a soufflé chaque jour pendant des mois entiers, et où il n'y avait pas de pluie pendant tout ce temps. De pareilles années ont toujours pour suite de la stérilité et des maladies; en 1811, la fièvre jaune a pénétré aussi dans ces îles. Les principales productions sont l'orge, le froment, le maïs, les bananes, des légumes européens, des amandes, des figues, du vin, des olives, la canne à sucre, le coton, la soude, l'aloès, le mastic, le sang-de-dragon, l'orseille et des lauriers. Parmi les animaux domestiques, on y entretient de petits chevaux, des ânes, des chameaux, des bêtes à cornes, des chèvres, des porcs, des poules et des pigeons. Il n'y a pas d'autre gibier que les lapins; mais les oiseaux qu'on nomme des canaris habitent naturellement et en grand nombre dans les bois. On a transplanté aussi dans ces îles d'autres espèces d'oiseaux et de volailles, ainsi que des abeilles, et même des vers à soie. La mer est riche en poissons et la grève en sel. Comme produit remarquable du règne minéral, on trouve la pierre à filtrer. — La population de toutes les sept îles s'élevait en 1820 à 215,106 individus, ce qui donnait 1,420 individus par mille carré. En 1797 on comptait 180,440 individus, en 1787 on en comptait 169,285. Ce dernier recensement comprenait 78,535 hommes, 90,700 femmes, 104,116 célibataires, 52,261 mariés et 11,968 veufs; et parmi tous ces habitants se trouvaient : 1,552 ecclésiastiques réguliers, 782 ecclésiastiques séculiers, 907 hidalgos, 154 commerçants, 778 fabricants, 2,727 artisans, 10,928 paysans, 13,986 journaliers et 6,449 domestiques. Cette population se trouve répartie dans 3 villes, 6 bourgs, 51 villages, et en général dans 151 pueblos, où se trouvaient 41 couvents d'hommes et 15 couvents de femmes. Elle est toute d'origine espagnole; à l'exception d'une petite portion qui est d'origine normande, elle parle la langue espagnole, elle a des mœurs et des coutumes entièrement espagnoles. La seule religion qui soit adoptée dans toute l'étendue de ces îles est la religion catholique, et elles ne forment toutes qu'un seul diocèse, qui est partagé en 74 paroisses. Cependant, dans ces derniers temps, quelques maisons de commerce anglaises et américaines s'y sont établies. — L'agriculture y est très-florissante : on récolte plus de blé qu'on n'en consomme, à peu près 523,790 fanegas, ou de 50,000 à 55,000 muids par an, total auquel Lancerote contribue pour 7,800 muids, Fortaventura pour 7,500 muids, Canarie pour 3,540 muids, Palma pour 2,220 muids, et Gomera pour 740 muids. La manière dont on exerce l'agriculture est tout à fait européenne; le succès des travaux du laboureur dépend surtout de la pluie. On y cultive aussi la vigne avec intelligence, et on obtient cet excellent vin des Canaries, dont il y a plusieurs espèces : dans une année moyenne, on en pressure à peu près 135,000 à 140,000 mesures, et on fait en outre du raisin sec. On cultive la canne à sucre dans l'île de Canarie, dans celle de Ténériffe et dans celle de Palma; mais on ne produit guère plus de sucre qu'on n'en consomme. On s'adonne au soin des bestiaux, on élève des abeilles, et cette dernière branche d'industrie est très-productive, à cause des fleurs belles et aromatiques que ces îles renferment en très-grand nombre; on s'adonne à la pêche et à la culture de la soie et du coton, culture qui fournit au moins de quoi satisfaire aux besoins de la consommation locale. Dans les îles de Ténériffe et de Fer, on recueille de l'orseille, on y raffine aussi la quantité de sel dont on a besoin; on y a de plus des fabriques de soie et de coton, des chapelleries, des tanneries, des poteries et d'autres sortes d'industries. En général, l'Espagnol est très-actif et très-industrieux sur ces îles. Il se livre au commerce et à la navigation; ses relations sous ce rapport sont plus fréquentes avec les colonies de sa mère patrie qu'avec sa mère patrie elle-même. Du port principal des Canaries, Santa-Cruz, les vaisseaux peuvent s'y rendre et y commercer librement; mais il ne leur est pas permis d'en rapporter de l'or, de l'argent et de la cochenille. L'exportation consiste surtout en vin, à peu près 60,000 mesures par an; en cire, à peu près 2,600 quintaux; en blé, en haricots, en orseille, en miel, en huile, en coton, en amandes, et aussi en canaris. Ce qui est encore une source de gain pour ces îles, ce sont les vaisseaux nombreux qui, se rendant aux Indes orientales et occidentales, s'arrêtent très-fréquemment pour s'approvisionner en vins, en fruits et en toutes sortes de vivres. Le commerce est principalement entre les mains des Anglais. Outre le port de Santa-Cruz, on visite encore les ports de la Luz et de Palmas. — Les Canaries ont un gouverneur espagnol qui réside à Santa-Cruz, et qui occupe habituellement son poste pendant cinq ans; il est assisté d'un conseil gouvernemental. Le tribunal le plus élevé siège à Lagune; la contodrererie principale et le tribunal de commerce ont leur siège à Santa-Cruz. Les communes sont administrées par des corrégidors et des alcades dont la justice et font observer la police. Le revenu brut est de 1,500,000 francs, dont on n'envoie en Espagne que le cinquième : le reste sert à l'administration et à la défense des îles. Il y a 12,000 hommes de troupes, qui sont composées en majeure partie de milice; il n'y a qu'un seul régiment d'infanterie régulière. Suivant Ledru, la garnison de Palmas se composait de 4.640 hommes. — Une des plus grandes de ces îles est *Canaria, Grande-Canarie*, située entre l'île de Ténériffe à l'ouest et celle de Fortaventura à l'est, à peu près au milieu et à égale distance entre ces deux îles. Elle a 33 milles trois quarts carrés de superficie; sa forme est à peu près celle d'un œuf, et vers son point central elle s'élève comme en terrasse, et forme un pic très-élevé qui reste longtemps couvert de neige. Ses vallées et ses plaines produisent de l'orge et du maïs d'une très-belle qualité, au point que Humboldt la nommait le magasin de blé des Canaries; c'est elle aussi qui fournit la majeure partie du fameux vin des Canaries; on y récolte du sucre, qu'on prépare dans quatorze raffineries. L'élève des bestiaux y est assez considérable. L'île de Canarie fournit aussi les fromages si estimés de Barraco-Undo, et de plus on s'y adonne à la culture et au tissage de la soie et à la distillation de l'eau-de-vie. Le nombre des habitants peut s'élever aujourd'hui à 48,000 individus; en 1768, on comptait déjà 41,082 habitants. Cette population est répartie en une ville, Palmas, où siège l'évêque dont l'administration spirituelle s'étend sur toutes les Canaries,

et en douze bourgs et villages, dont voici les plus importants: Aguimez, Tiraxana, Texeda, Artenaza, Aldea de S. Nicolas, Lagaete, Gualdar, Guya-Moya, Teror-Lovega, S. Lorenzo et Arucas. Les anciens habitants, les Guanches, qui ont défendu l'île avec beaucoup de courage contre les attaques des Espagnols pendant près d'un demi-siècle, n'y ont laissé d'autres traces que leurs tombeaux et leurs momies, qu'on a trouvées, disposées comme celles des Egyptiens, dans beaucoup de cavernes des montagnes. Cette île est naturellement fortifiée par sa position : elle est entourée comme d'une ceinture de rochers élevés et presque inaccessibles, que Humboldt regarda de loin comme des forts très-ingénieux. Il n'y a qu'un seul endroit où on puisse débarquer : c'est une petite presqu'île située sur la côte nord-est, sur laquelle se trouve un fort muni de quelques canons. Ce lieu se nomme Porto-de-Luz. Encore n'y a-t-il que des navigateurs marchands qui puissent y débarquer. Toutefois on y est en sûreté contre les vents et les tempêtes.

CANARIN, s. m. (*hist. nat.*), espèce de passereau qui se rencontre fréquemment aux îles Canaries.

CANARINE, s. f. (*botan.*), espèce de plante des Canaries; les habitants de ces îles mangent ses racines et ses feuilles en salade, ou cuites avec des viandes.

CANARIS (*V.* KANARIS).

CANASIDE (*géogr. anc.*), ville de l'Asie, sur les confins de la Carmanie et de la Gédrosie, au bord de la mer.

CANASSE, s. m. (*comm.*), espèce de tabac filé fort menu, et propre à fumer.

CANASSE (*comm.*). On nomme ainsi à Amsterdam des espèces de grandes caisses, quelquefois d'étain, dans lesquelles sont renfermés les différents thés de la Chine et des Indes orientales, qui sont expédiés au commerce de cette ville.

CANASTRE, s. f. (*comm.*), nom qu'on donne, à Amsterdam, aux boîtes d'étain dans lesquelles on apporte le thé de la Chine et des Indes. Quelques-uns écrivent et disent *canasse* en ce sens.

CANASTRÉE (*géogr. anc.*), promontoire de la Paraxie, à la pointe sud-est de la presqu'île de Pallène, dans la Macédoine, sur le golfe Toronaïque.

CANATE, s. f. (*hist. fab.*), nom d'une montagne d'Espagne, au pied de laquelle était une caverne où, disait-on, les mauvais génies avaient fixé leur résidence.

CANATHE (*géogr., mythol.*), fontaine voisine de Nauplie, dans laquelle Junon se baignait tous les ans.

CANATHE (*géogr. sacrée*), ville de la demi-tribu de Manassé au delà du Jourdain.

CANATH (*géogr. ecclés.*), ville épiscopale de la province d'Arabie, au diocèse d'Antioche, sous la métropole de Rostres. Ptolémée, Pline et Josèphe la mettent dans la Décapole de l'ancienne Célésyrie. C'est l'ancienne Canath dont il est fait mention au chap. XXXII des *Nombres*, vers. 42, et I. *Paralipomènes*, chap. II, vers. 23, comme saint Jérôme le remarque après Eusèbe. Théodose, qui assista au concile ou plutôt au brigandage d'Ephèse, et qui se rétracta dans celui de Chalcédoine, en était évêque.

CANAVALI, s. m. (*hist. nat., botan.*), nom que les brames du Malabar donnent à un genre de haricots (*phaseolus*) de leur pays. D'une racine vivace, cylindrique, courte, (de sept à huit pouces de longueur sur six lignes environ de diamètre, noirâtre, ramifiée en plusieurs branches capillaires, s'élèvent plusieurs tiges cylindriques de trois à quatre lignes de diamètre, ondées, grimpantes, vert jaune. Les feuilles sont alternes, disposées circulairement à des distances de quatre à cinq pouces les unes des autres, composées de trois folioles arrondies, de deux pouces et demi de longueur, à peine d'un sixième moins larges, épaisses, entières, lisses, vert clair, relevées en dessous d'une côte longitudinale, à quatre ou cinq paires de nervures, portées sur le tiers de l'extrémité supérieure d'un pédicule commun, cylindrique, épais, velu, roussâtre, une fois plus long qu'elles, écarté sous un angle de 45 degrés au plus d'ouverture. De l'aisselle de chacune des feuilles supérieures sort un pédoncule cylindrique, une fois plus long qu'elles, portant à son extrémité un épi de cinq à dix fleurs rouge bleuâtre, longues d'un pouce trois quarts, portées sur un pédoncule cylindrique fort court. Chaque fleur est hermaphrodite, papilionacée, et posée au-dessous de l'ovaire. Elle consiste en un calice d'une seule pièce cylindrique, une fois plus long que large, vert clair, veiné longitudinalement, partagé à son extrémité en cinq divisions courtes, inégales, rapprochées en deux lèvres. La corolle est d'une forme moyenne, étant presque aussi large que longue, composée de cinq pétales épais, bleuâtres, dont un relevé en papillon ou en étendard; deux latéraux assez courts, formant des ailes, et deux presque aussi longs que l'étendard, réunis en partie pour former une espèce de nacelle dans laquelle se couchent dix étamines courtes, dont neuf sont réunies par les trois quarts de leurs filets en une gaine fendue sur leur face supérieure d'une fente sur laquelle se couche de longueur la dixième étamine qui est simple; de ces étamines, cinq sont alternativement plus courtes; elles ont toutes des anthères jaunes, arrondies. Sur le fond du calice s'élève un petit disque en colonne, ou pédicule cylindrique qui supporte un ovaire vert clair, terminé par un style médiocrement long, ayant à son extrémité sur le côté un stigmate ovoïde, verdâtre, velu. L'ovaire, en mûrissant, devient un légume elliptique, obtus, comprimé médiocrement par les côtés, long de cinq pouces environ, presque deux fois moins large, courbé légèrement ou creusé en dessous en sabre, et relevé de trois grosses nervures, vert d'abord, ensuite brun roux extérieurement, à peau argentée, luisante intérieurement, partagée en sept loges elliptiques, dont la longueur est en travers et s'ouvrant en deux valves. Chaque loge contient une fève ovoïde, très-peu comprimée, longue d'un pouce, ou moitié moins large, vert blanchâtre, entourée dans le quart de sa circonférence d'un anneau caduc, charnu, qui lui sert de cordon ombilical ou de filet par lequel elle est attachée, pendante au bord supérieur des valves du légume. Le *canavali* croît communément au Malabar, dans les terres sablonneuses, surtout autour de Cochin. Il est vivace et toujours vert; il fleurit en janvier, et porte ses légumes à maturité dans les mois de mars et d'avril. Toute la plante est sans saveur, sans odeur remarquable. Ses fleurs cependant ont une odeur suave, mielleuse, et ses fèves ont une saveur douce, mais peu agréable. Le suc tiré par expression de ses feuilles, mêlé avec celui de l'écorce du canja, réduit en consistance d'onguent par la cuisson avec le beurre, dissipe les tumeurs glanduleuses et les ecchymoses. Ses feuilles, amorties sur le feu et mêlées avec l'ail et la moutarde pilée, s'appliquent en cataplasmes sur le ventre, pour en dissiper les douleurs. Ces mêmes feuilles, séchées, s'emploient en fumigation avec la poudre appelée *asta surnam podi*, pour dissiper les lassitudes douloureuses des membres. Il paraît que ses fèves ont une vertu purgative.

CANAVÉRI (JEAN-BAPTISTE), évêque de Verceil, naquit à Borgomaro le 25 septembre 1753. Il fut reçu docteur à l'âge de dix-huit ans dans l'université de Turin, où il avait terminé ses études, et s'attacha à la congrégation du Saint-Oratoire de cette ville. Déjà compté au nombre des savants, Canavéri se destina à la chaire, et les talents qu'il déploya dans ses discours le rangèrent bientôt parmi les grands prédicateurs. Il se servit du crédit que sa réputation lui donnait à la cour pour fonder divers établissements pieux. C'est sous la protection de Mme Victoire, sœur du roi, qu'il établit une maison de retraite pour les dames nobles, à laquelle il donna les plus sages règlements. Il fut nommé en 1799 à l'évêché de Bielle, et sacré à Rome le 6 août; mais il se démit de ce siége en 1801; et lors de la nouvelle organisation des diocèses, il fut promu, le 1er février 1805, à l'évêché de Verceil, auquel se trouvait réuni celui de Bielle. Il devint bientôt après premier aumônier de Madame et membre du conseil de la grande aumônerie. Il mourut le 15 janvier 1811. On a de lui : 1° plusieurs *Panégyriques*, entre autres ceux de saint Joseph et de saint Eusèbe, évêque de Verceil; 2° *Lettres pastorales*; 3° un ouvrage considérable, intitulé : *Notizia compendiosa dei monasterii della Trappa fondati dopo la rivoluzione di Francia*, Turin, 1794, in-8°. Nous avons encore de Canavéri d'autres ouvrages manuscrits qu'on se propose de faire imprimer.

CANAYE (JACQUES DE), jurisconsulte français du XVIe siècle, a travaillé à la réforme de la coutume de Paris.

CANAYE (PHILIPPE DE, SIEUR DE FRESNE), fils de Jacques de Canaye, né à Paris en 1551, fut d'abord avocat, puis conseiller d'Etat sous Henri III, président de la chambre mi-partie de Castres, et ensuite ambassadeur en Angleterre, en Allemagne et à Venise sous Henri IV. Nommé médiateur dans le long différend entre les Vénitiens et le pape, il mourut à son retour en France en 1610. Philippe de Canaye a écrit, sous le titre d'*Ephémérides*, la relation d'un séjour qu'il fit à Constantinople. Ses *Ambassades* ont été imprimées à Paris en 1635-36, 3 vol. in-fol.

CANAYE (JEAN DE), jésuite, parent de Philippe, né à Paris en 1594, mort vers 1670, est plus connu par sa prétendue *Conversation avec le maréchal d'Hocquincourt*, spirituelle production

de Saint-Evremont (*V.* ce mot), que par les ouvrages que nous avons de lui.

CANAYE (ETIENNE DE), oratorien, membre de l'académie des inscriptions et belles-lettres, né à Paris en 1694, mort en 1782, était de la même famille que les suivants. Ami de Fontenelle et de d'Alembert, qui lui dédia son *Essai sur les gens de lettres*, l'abbé de Canaye a composé quelques *Mémoires* qui se trouvent dans le *Recueil de l'académie*. Mais son indifférence pour la gloire littéraire l'a empêché d'écrire d'autres ouvrages. « En littérature, disait-il, comme au théâtre, le plaisir est rarement pour les acteurs. »

CANCALE (*géogr.*), bourg du département d'Ille-et-Vilaine sur la côte occidentale de la vaste baie de Cancale, à 3 lieues et demie de Saint-Malo, fort de 4,890 habitants, possède un port excellent et renommé pour la pêche des huîtres, qui se fait à quelque distance sur le rocher du même nom, et entretient un commerce considérable.

CANCAMUM (*hist. nat.*), gomme rare, qui paraît plutôt un assemblage de plusieurs gommes : on y distingue quatre substances différentes, qui ont chacune leur couleur séparée. La première ressemble au succin; elle se fond au feu, et a l'odeur de la gomme laque. La seconde est noire, se fond au feu comme la première, mais rend une odeur plus douce. La troisième est semblable à la corne, et n'a point d'odeur. La quatrième est blanche, et c'est la gomme animée. On dit que ces gommes découlent d'un arbre qui croît en Afrique, au Brésil et dans l'île de Saint-Christophe, et qui a quelque ressemblance avec celui qui donne la myrrhe.

CANCAN. Ce mot dérive peut-être du latin *quamquam*, quoiqu'on puisse en faire remonter l'origine à la querelle qui divisa au XVIe siècle l'université de Paris, sur la prononciation que, dans les mots latins, on devait donner aux syllabes *quam*, *quis*, *que*, etc. En effet, suivant la prétention de quelques-uns d'entre les pédants dont cette grave querelle remplissait la vie, il aurait fallu prononcer *kamkam* pour *quamquam*, etc. — Peut-être le mot *cancan* est-il purement imitatif, et doit-il reproduire le cri maussade et fatigant du canard et de l'oie. Quoi qu'il en soit, on donne le nom de *cancan* à tout bavardage nuisible, qui n'est pas assez sérieux pour mériter le nom de *calomnie* ou de *médisance*, mais qui n'en produit pas moins de mauvais effets (*V.* CAQUETS et MÉDISANCE).

CANCANER, v. n. se dit, en ornithologie, du cri d'une espèce de perruquet.

CANCANER, v. a. et n. (*gramm.*), faire des cancans, des bavardages qui tiennent de la calomnie ou de la médisance, caqueter. — Parlez du nez. Il est populaire.

CANCANIAS, s. m. (*comm.*), étoffe de soie rayée à chaînettes, que l'on fabrique dans les Indes.

CANCANIER, ÈRE, s. (*gramm.*), celui, celle qui fait, qui a l'habitude de faire des cancans.

CANCAR, CANCAO (*géogr.*), petit pays qui s'étend entre Rombodscha et Siam, dans la presqu'île de l'Inde ultérieure. Les Français le nomment Pontiamo, et il paye tribut à l'empereur d'Anam, ou se trouve placé sous sa protection. D'après Poivre, c'est vers le milieu du XVIIIe siècle que l'état politique de ce pays aurait été fondé par un marchand chinois nommé Kiangt-se et que le pays lui-même aurait été peuplé par des Chinois. D'après le même auteur, l'État serait constitué en une espèce de république. La capitale, qui porte le même nom, est située sur une rivière qui porte des barques et des jonques jusqu'aux quais de la ville. Elle est entourée de fortes murailles; elle a un port, et elle n'est habitée que par des Chinois, qui exportent des noix de bétel, du bois de construction et de tablletterie, de l'étain, du coton et de l'ivoire, et qui importent du thé, des couteaux et des armes, dont ils approvisionnent le pays environnant. Du reste tout ce que nous savons de ce pays vient de la relation du voyage de Poivre, qui donne à la ville et au pays le nom de Ponthiamo ou de Ponthiamas. Par contre, Hamilton et les Anglais donnent à la ville le nom de Cancar, et ne connaissent rien de la législation de Kiangt-se.

CANCEL, s. m. (*archit.*), quelques-uns disent *chancel*. L'endroit du chœur d'une église qui est le plus proche du grand autel, et qui est ordinairement fermé d'une balustrade. Il est vieux : on dit maintenant *sanctuaire*. — Il s'est dit également du lieu dans lequel on tenait le sceau de l'Etat, et qui était aussi entouré d'une balustrade.

CANCELLAIRE (*hist. nat.*), genre de coquilles univalves, établi par Lamark, et placé par Cuvier parmi les volutes, famille des buccinoïdes, dans l'ordre des gastéropodes pectinibranches. Sa coquille est ovale ou turriculée, ayant à sa base une ouverture qui a un canal très-court ou presque nul ; la spire est saillante, pointue, marquée de sillons nombreux et croisés. On en connaissait vingt-deux espèces environ, dont douze ont été décrites par Lamark. M. Cuming a augmenté ce genre de quarante-huit espèces nouvelles, rapportées de ses voyages. Depuis, le prix des cancellaires, qui s'était maintenu fort élevé, a éprouvé une notable diminution.

CANCELLAIRE, s. f. (*botan.*), genre de plantes de la famille des mousses.

CANCELLARESQUE, adj. des deux genres, de chancellerie, qui a rapport à la chancellerie (*Boiste* et *Rabelais*). Il est inusité.

CANCELLARIAT, s. m. (*term. de relation*), dignité, fonctions, titres, qualité du chancelier.

CANCELLARIUS, s. m. (*hist. anc.*), mot que quelques auteurs ont rendu en français par *chancelier*. C'était chez les Romains un officier subalterne, qui se tenait dans un lieu fermé de grilles et de barreaux, *cancelli*, pour copier les sentences des juges et les autres actes judiciaires, à peu près comme nos greffiers ou commis du greffe. Ils étaient payés par rôles d'écritures, ainsi qu'il paraît par le fragment d'une loi des Lombards, cité par Saumaise. Il fallait que cet officier fût très-peu de chose, puisque Vopiscus rapporte que Numérien fit une élection honteuse, en confiant à l'un de ces greffiers le gouvernement de Rome. Ducange prétend que ce mot vient de la Palestine, où les toits étaient plats et faits en terrasse, avec des barricades ou balustrades grillées, nommées *cancelli*; que ceux qui montaient sur ces toits pour réciter quelque harangue s'appelaient *cancellarii*; qu'on a depuis étendu ce titre à ceux qui plaidaient dans le barreau, nommés *cancellarii forenses*. Ménage a tiré du même mot l'étymologie de *chancelier*, *cancellarius*, a *cancellis*; parce que, selon lui, quand l'empereur rendait la justice, le chancelier était à la porte de la clôture ou des grilles qui séparaient le prince d'avec le peuple.

CANCELLATION, s. f. (*term. de commerce*), en usage autrefois à Bordeaux dans le bureau du courtage et de la faraine. Il signifiait la décharge que le commis donnait aux marchands, de la soumission qu'ils avaient faite de payer le quadruple des droits, faute de rapporter, dans un temps limité, un certificat de l'arrivée de leurs marchandises dans les lieux de leur destination.

CANCELLE, s. m. (*hist. nat.*), sorte de petit cancre roux.

CANCELLE, s. f. (*mar.*), petite ancre.

CANCELLER, *en droit*, veut dire, *barrer* ou *biffer* une obligation ou un autre acte. Ce mot vient du latin *cancellare*, *croiser*, *traverser*, fait de *cancelli*, qui signifie des *barreaux* ou un *treillis*; parce qu'en effet, en biffant un acte par des raies tirées en différents sens, on imite assez bien une espèce de treillis.

CANCELLI (*archit.*), grilles ou jalousies faites avec des morceaux de bois légers et croisés : les anciens en mettaient à leurs fenêtres et à leurs portes ; les portiers qui veillaient chez les grands à ces portes grillées en prirent le nom de *cancellarii*. — Le *podium* des amphithéâtres était entouré de filets très-forts, de cylindres de bois mobiles sur leur axe, ou de grilles, *cancelli*, destinés à garantir ces places de la fureur des bêtes. — On appelait encore *cancelli* les limites ou les bornes des champs, peut-être parce qu'elles étaient formées par des palissades faites comme des grilles. Le respect que les anciens avaient pour le dieu Terme et pour les bornes des champs, qui lui étaient consacrées, faisait une partie de leur religion. Ils rendaient un culte à ces bornes, *cancelli*.

CANCELLI, s. m. pl. (*hist. anc.*), petites chapelles érigées par les anciens Gaulois aux déesses mères qui présidaient à la campagne et aux fruits de la terre. Ces peuples y portaient leurs offrandes avec des petites bougies ; et après avoir prononcé quelques paroles mystérieuses sur du pain ou sur quelques herbes, ils les cachaient dans un chemin creux ou dans le tronc d'un arbre, et croyaient par là garantir leurs troupeaux de la contagion et de la mort même. Cette pratique, ainsi que plusieurs superstitions dont elle était accompagnée, fut défendue par les capitulaires de nos rois et par les évêques.

CANCELLIERI (L'ABBÉ FRANÇOIS-JÉROME), l'un des philologues les plus féconds de notre époque, naquit d'une famille pauvre, mais honorable, le 10 novembre 1751. Le P. Cordara, étonné de ses talents précoces, lui fit étudier la langue latine, dans laquelle il fit de rapides progrès, et, pour le mettre à l'abri

du besoin, Cordara lui ménagea la protection des ducs d'Albani. Ceux-ci reçurent le jeune savant à bras ouverts, et le logèrent dans leur propre palais. Peu de temps après, il fut reçu à l'académie arcadienne, et le pape lui donna quelques bénéfices. C'est vers cette époque qu'il publia un fragment de Tite Live que Giovenazzi avait découvert à la bibliothèque du Vatican, et qu'il enrichit d'une fort belle préface. Cancellieri coulait des jours heureux, lorsque l'entrée des Français à Rome vint troubler son repos. N'ayant pu obtenir de partager le sort de son protecteur, le cardinal Antonelli, il passa plusieurs années dans la plus profonde retraite. En 1804 il vint à Paris avec son ami pour assister au sacre de Napoléon, et pendant son séjour dans cette capitale il se lia d'une étroite amitié avec plusieurs savants. Rentré dans son pays, depuis longtemps il souffrait d'une plaie à la jambe, et paraissait sensiblement affaibli, lorsque mourut Antonelli en 1811, auquel il fit élever un tombeau avec ses modestes économies, noble reconnaissance qui fut cause qu'il passa les dernières années de sa vie dans un état voisin de la pauvreté. Cancellieri mourut en 1826 ; la pape permit en sa faveur une bien honorable distinction, à savoir, qu'il fût inhumé à côté de son ami et protecteur, dans l'église de Saint-Jean de Latran réservée aux seuls cardinaux. — Il serait difficile d'énumérer ici les nombreux travaux de Cancellieri ; parmi les principaux on compte : 1° *De secretariis veterum christianorum et veteris ac novæ basilicæ vaticanæ ; præmittitur syntagma de secretariis ethnicorum*, 1786, 4 vol. in-4° ; 2° *Descrizione de' tre pontificali che si celebrano per le feste di Natale, di Pasqua e di santo Pietro*, ibid., 1788, in-12. *Storia de somni possi de' sommi pontifici*, ibid., 1802, in-4°. *Divertazione intorno agli uomini dotati di gran memoria, ed a quelli divenuti smemorati*, 1815, in-12, etc. Il existe une Vie de ce savant écrivain par l'abbé Boraldi.

CANCER, s. m. (du mot latin *cancer*, cancre, crabe, traduction du καρκίνος des Grecs). Le nom de cancer a été appliqué, dès la plus haute antiquité, à certaines tumeurs dures, bosselées, arrondies, environnées de veines variqueuses et susceptibles de s'ulcérer. Cette expression toute métaphorique a été donnée par les anciens à cette maladie, à cause de la ressemblance qu'ils trouvaient entre la tumeur environnée de ses prolongements et le crustacé que nous venons de nommer. Ce qu'ils nommaient squirrhe, c'était le plus souvent une véritable induration ou une simple hypertrophie ; plus tard, on en a fait le premier degré du cancer. Suivant M. Andral, il est futile, dans l'état actuel de la science, de chercher à désigner, par des noms spéciaux, les variétés infinies d'aspect que peuvent représenter les produits morbides organisables déposés dans la trame des parties (*Anatom. pathol.*, t. I, p. 497). Ainsi les expressions de *sarcome*, de *squirrhe*, de *matière encéphaloïde*, etc., ne désignent que des formes différentes d'altérations analogues ; et, quant au cancer, « toutes les lésions, soit de nutrition, soit de sécrétion, arrivées à ce terme où on les voit se terminer par une ulcération qui étend de plus en plus ses ravages, soit en superficie, soit en profondeur » (*ibid.*, p. 501). Pour M. Gerdy, le cancer consiste dans la suppuration, le ramollissement et l'ulcération de formation *lardacée*, *squirrheuse*, *encéphaloïde*, *fongueuse*, *mélanée* et composée de quelques-unes et même parfois de toutes ces diverses substances. Il est caractérisé en outre par les douleurs lancinantes, l'engorgement des ganglions lymphatiques voisins, par sa tendance à s'accroître localement et à se reproduire dans d'autres points de l'économie, même après l'ablation de la maladie principale ; en un mot, à devenir une affection générale (Beaugrand, *Thèses de Paris*, 1857, p. 13). — § Iᵉʳ. CAUSES. A. *Prédispositions*. — *Age*. Le cancer attaque presque toujours dans l'âge mûr ou dans la vieillesse ; il s'observe, par exemple, chez les femmes, à leur époque critique. On cite cependant un certain nombre de cas dans lesquels des affections cancéreuses ont été rencontrées chez des enfants de deux à quinze ans, et, chose assez remarquable, le tissu morbide était alors de la matière encéphaloïde. Cette circonstance explique la remarque faite par les auteurs de la marche rapide des phénomènes du cancer chez les jeunes enfants (Rouzet, *Recherches sur le cancer*, p. 225, Paris, 1818). — *Sexe*. On a pensé que les femmes étaient plus sujettes que les hommes à la maladie qui nous occupe ; beaucoup d'auteurs regardent cette opinion comme erronée ; ils font observer que si cette croyance s'est répandue, c'est qu'on a été frappé de la fréquence des affections cancéreuses chez le sexe à l'époque de la suppression menstruelle. « Mais, dit M. Rouzet, quand on dissémine par la pensée les cas de cancer, qu'on les distribue aux autres époques de la vie, et on restera convaincu que leur nombre, chez les femmes, n'est réellement pas plus considérable qu'il ne l'est chez les hommes » (*op. cit.*, p. 257). — *Constitutions*. Les sujets à tempérament bilieux, mélancolique et nerveux, sont prédisposés au cancer. Cette remarque n'avait point échappé aux anciens, qui en avaient déduit l'idée théorique que cette dégénérescence était produite par la bile et la mélancolie. On a constaté aussi que les passions tristes, les chagrins, etc., exerçaient une action prédisposante réelle. — *Professions*. Malgré tout ce qui a été dit de la fréquence des cancers utérins chez les femmes vivant dans le célibat d'une part, et les filles publiques de l'autre, il n'y a rien de positif sur l'influence de la manière de vivre soit dans la continence, soit dans le libertinage. C'est là une question qu'il faudrait résoudre par des chiffres, et, quant aux filles publiques, Parent-Duchâtelet a déjà fait voir que le plus grand nombre succombait à la phthisie pulmonaire. La même incertitude existe relativement aux diverses professions regardées comme prédisposant au cancer. — *Hérédité*. On a nié cette cause dans ces derniers temps : Bayle et M. Cayol ont surtout insisté sur le défaut de preuves en faveur de l'hérédité. En dépit de ces autorités, la transmission des parents aux enfants de la maladie dont nous parlons nous semble démontrée par l'observation journalière, de même que pour une foule d'autres affections organiques. — *Climats*. Le cancer se développe-t-il plutôt dans les pays chauds, comme le veulent certains auteurs, ou bien, au contraire, le rencontre-t-on plus fréquemment dans les climats froids et humides ? C'est encore là une question qui attend une réponse précise. — B. *Causes efficientes*. On a regardé comme telles les violences extérieures, les coups, les chutes, les irritations répétées, etc. Mais ces causes seraient insuffisantes s'il ne s'y joignait une prédisposition toute spéciale, la diathèse, dont nous allons parler bientôt.— *Contagion*. Quelques auteurs avaient admis la contagion du virus cancéreux ; mais les expériences d'inoculation tentées par Alibert, Biett, etc., ont réduit à néant ces assertions. On sait d'ailleurs que des femmes atteintes de cancer utérin continuent de cohabiter avec leurs maris, sans leur communiquer le mal dont elles sont atteintes. — *Diathèse*. Les formations anatomiques qui ont reçu le nom de *cancer* sont dues à une prédisposition toute spéciale de l'économie, que l'on désigne sous le nom de *diathèse*. Il faut bien distinguer la diathèse de la cachexie. Par cette dernière expression, on entend caractériser l'ensemble des phénomènes généraux qui se montrent pendant la dernière période du cancer, et qui attestent une viciation de toute l'économie. La doctrine de la diathèse cancéreuse, avancée d'abord par Alex. Mouro, fut adoptée et soutenue en France par Boyer, Bayle, Laënnec, M. Cayol, etc... On prouve son existence à l'aide des raisons suivantes : 1° le cancer survient le plus souvent *sans cause appréciable ou suffisante* ; 2° il se transmet souvent en héritage ; 3° il se développe souvent dans différentes parties du corps, soit simultanément, soit successivement ; 4° lorsqu'une tumeur cancéreuse a été extirpée par l'instrument tranchant, elle se reproduit soit dans le même lieu, soit dans une ou plusieurs autres parties ; 5° enfin, presque jamais on ne peut obtenir la guérison absolue. De ce que l'on ne peut spécifier en quoi consiste la diathèse, s'ensuit-il qu'elle n'existe pas ? Non sans doute ; elle se manifeste par ses effets, et c'est là une raison suffisante pour admettre son existence. —

§ II. ANATOMIE PATHOLOGIQUE. D'après la définition que nous avons adoptée, nous admettons, comme pouvant subir la dégénérescence dite cancéreuse, les formations *lardacées, squirrheuses, encéphaloïdes, fongueuses, mélaniques, colloïdes* et *mixtes*, ou composées d'un plus ou moins grand nombre de ces diverses productions morbides. Nous les examinerons sous les deux états qu'elles présentent successivement, *crudité, ramollissement*. — 1° MATIÈRE LARDACÉE. « Cette substance se présente le plus souvent sous des nappes largement étendues dans le tissu des organes, qu'elles altèrent et convertissent en leur propre nature. Alors l'ancien tissu, confondu avec la matière nouvelle et entièrement dégénéré, constitue une substance d'un jaune grisâtre, plus ou moins consistante, dure et résistante, comme la graisse de porc rancie, sans disposition fibreuse ou même linéaire, et présentant souvent une forme lobuleuse. La fusion de la matière lardacée avec la trame des parties, une fois opérée, et leur dégénération consommée, l'ancien tissu ne revient jamais à son premier état... A une époque impossible à déterminer, un travail s'établit dans la partie ; la substance nouvelle se raréfie, se *ramollit*, et le malade succombe à la fièvre hectique. D'autres fois, cette même substance, indolente pendant dix, quinze et même vingt ans, subit à l'âge critique la dégénération cancéreuse pour laquelle elle a beaucoup d'affinité » (Lobstein, *Traité d'anat. path.*, t. I, p. 391). Tous les organes de l'économie peuvent être atteints de la dégénérescence lardacée ; on l'observe dans le tissu osseux lui-même (*ostéosarcose*). Les principaux

caractères de cette formation accidentelle sont : 1° de s'infiltrer brusquement dans la substance des organes ; 2° de n'être jamais enkystée. — 2° SQUIRRHE (Galien), *cancer occulte* de beaucoup d'auteurs anciens, *substance squirrho-cancéreuse* (Lobstein). Le squirrhe offre une tumeur dure, résistante sous l'instrument, de couleur blanchâtre, et formée de deux parties bien distinctes : 1° l'une fibreuse, dense, d'une dureté quelquefois cartilagineuse, criant sous le bistouri, et visiblement organisée, composée de feuillets irrégulièrement disposés, le plus souvent parallèlement les uns aux autres, mais cependant traversés par d'autres lames, et formant aussi des cellules dans lesquelles elle est contenue ; 2° une substance plus ou moins transparente et d'apparence inorganique, dont la teinte varie : tantôt blanche, bleuâtre ou verdâtre ; tantôt rougeâtre ou d'un brun très-clair. Elle paraît évidemment être le produit d'une sécrétion, et adhère plus ou moins aux feuillets organisés. Son aspect est luisant ou à densité variable. A une époque plus ou moins éloignée, la substance du squirrhe se ramollit, la matière inorganique devient diffluente, lactescente et semblable à de la substance cérébrale étendue dans l'eau. Ce ramollissement s'opère de dedans en dehors ou de dehors en dedans (Breschet, *Dict. en 21 vol.*, art. CANCER). L'aspect général du squirrhe dépend de la disposition des feuillets, tantôt concentriques, tantôt rayonnés, etc., et de la densité et de la couleur de la substance inorganique renfermée dans les aréoles. De là ces comparaisons avec le tissu du navet, du marron, de la corne et tant d'autres qu'il est inutile de rappeler ici. « Le squirrhe se présente tantôt sous la forme d'une tumeur mamelonnée, dure, inégale, résistante, placée au milieu du tissu cellulaire commun ou du tissu propre des organes ; tantôt et plus souvent comme une matière dégénérée et infiltrée dans le tissu interstitiel des parties qu'elle imprègne et finit par convertir en sa propre nature. Longtemps cependant le tissu primitif conserve son aspect et sa couleur ; il n'y a de changé que son volume et sa densité : celui-là n'est pas toujours augmenté lors même que la densité est très-prononcée. J'ai vu des glandes mammaires transformées en tumeurs arrondies, composées d'un tissu extrêmement dense et tenace, ayant la dureté du cartilage, mais pouvant encore être séparées en lobes distincts qu'unissait un tissu cellulaire blanc, sec et extrêmement court » (Lobstein, *op. cit.*, p. 400). Le même Lobstein a fait faire par M. Hecht fils quelques recherches sur la composition chimique du squirrhe. « D'après ces expériences, dit-il, la matière squirrheuse du sein peut être considérée comme étant composée de gélatine, de fibrine, d'oléine, de quelques traces d'albumine et d'eau à peu près dans les proportions suivantes :

Albumine.	2 grains.
Gélatine.	20
Fibrine.	20
Matière grasse fluide.	10
Eau forte.	20
	72 grains.

— « Une matrice squirrheuse fut soumise par M. Hecht à de semblables expériences... Ces différents agents firent voir que la substance de cet organe ne contenait point d'albumine, mais de la gélatine, de la fibrine et des parties grasses solubles dans l'alcool » (*op. cit.*, p. 405). Les vaisseaux qui viennent nourrir le squirrhe sont très-petits, très-peu nombreux. Scarpa, dans ses recherches sur l'anatomie de ces productions accidentelles, ayant essayé d'injecter leur système vasculaire, n'a pu rendre apparents que des troncs artériels répandus autour de la tumeur (*Archiv. génér. de méd.*, t. X, p. 285). Suivant Lobstein, le squirrhe a une prédilection marquée pour les tissus abondamment pourvus de vaisseaux blancs. Tous les auteurs ont noté sa fréquence dans les organes glanduleux : les organes les moins sujets à la dégénérescence squirrheuse sont les muscles et les membranes séreuses ; ces parties n'en sont pas affectées primitivement. Il en est de même des os, des cartilages et des tendons (*op. cit.*, p. 405). — ENCÉPHALOIDE. — *Substance cérébriforme* (Laënnec), *fongus hématode* (Hey et Wardrop), *fongus médullaire* (Maunoir et Lobstein), *sarcome médullaire* (Abernethy), *carcinome mou et spongieux* (Roux). Laënnec le premier a fait connaître cette importante forme du cancer, et en a tracé les caractères avec cette précision et cette clarté que personne n'a jamais égalée. « La matière cérébriforme, parvenue à son entier développement, est homogène, d'un blanc laiteux, à peu près semblable à la substance médullaire du cerveau ; elle offre ordinairement par endroits une légère teinte rosée ; coupée par tranches minces , elle a une légère demi-transparence ; elle est opaque quand on en examine une masse un peu épaisse. Sa consistance est analogue à celle du cerveau humain, mais son tissu est ordinairement moins liant ; il se rompt et s'écrase plus facilement entre les doigts. Suivant que cette matière morbifique est plus ou moins ramollie, elle présente une ressemblance plus exacte avec telle partie du cerveau qu'avec telle autre. Le plus souvent elle offre l'aspect et la consistance de la substance médullaire d'un cerveau un peu mou, comme celui d'un enfant. Lorsque la matière cérébriforme est réunie en masses plus ou moins volumineuses, ces masses présentent ordinairement un assez grand nombre de vaisseaux sanguins dont les troncs parcourent leur superficie et s'enfoncent dans leurs scissures, tandis que leurs ramifications pénètrent dans le tissu même de la matière morbifique. Les tuniques de ces vaisseaux sont très-minces et peu consistantes ; aussi sont-elles fort sujettes à se rompre. Le sang qui s'extravase alors forme des caillots, souvent assez volumineux , au milieu de la matière cérébriforme, qui , dans ces cas, retrace quelquefois d'une manière frappante les lésions que l'on observe dans le cerveau d'un homme mort d'apoplexie sanguine. Ces épanchements peuvent quelquefois être très-considérables, et envahir la totalité de la masse cérébriforme, dont quelques points restés intacts indiquent seuls alors la nature. Cet accident, survenu dans les tumeurs cancéreuses placées à la surface du corps, me paraît avoir donné lieu à la dénomination de *fongus hématode*, par laquelle quelques chirurgiens modernes ont désigné des cancers qui , après s'être ulcérés, présentent une surface boursouflée et répandent une grande quantité de sang... La matière cérébriforme ne reste pas longtemps dans l'état que je viens de décrire ; elle tend sans cesse à se *ramollir*, et bientôt sa consistance égale à peine celle d'une bouillie un peu épaisse... Bientôt les progrès du ramollissement deviennent plus prompts, et la matière cérébriforme arrive à peu près à un état de liquidité semblable à celle d'un pus épais ; mais elle conserve toujours sa teinte blanchâtre ou d'un blanc rosé. Quelquefois, à cette époque, ou même un peu avant, le sang extravasé des vaisseaux qui parcourent la masse cérébriforme se mêle à cette matière, et lui donne une couleur d'un rouge noir et un aspect semblable à celui des caillots de sang pur. Bientôt le sang, ainsi extravasé, se décompose ; la fibrine se concrète et se combine, ainsi que la partie colorante avec la matière cérébriforme, tandis que la partie céreuse est absorbée. Cette matière cérébriforme, ainsi mêlée de sang, n'a plus aucune ressemblance avec la substance cérébrale ; elle présente une couleur rougeâtre ou noirâtre, et une consistance analogue à celle d'une pâte un peu sèche et friable. Quelquefois le mélange est si intime, que l'on pourrait être tenté de regarder les masses cérébriformes, ainsi infiltrées de sang, comme des matières morbifiques d'une espèce particulière; mais ordinairement quelques portions de la tumeur, exemptes de l'infiltration sanguine, indiquent, comme je l'ai déjà dit, sa nature. Dans d'autres cas, il existe en même temps, chez le sujet qui offre une tumeur ainsi altérée, d'autres masses de matière cérébriforme pure; de sorte qu'il est rare qu'avec un peu d'habitude on ne reconnaisse pas au premier coup d'œil l'espèce d'altération de la matière cérébriforme que nous venons de décrire.» Ces caractères de la matière cérébriforme dans les dernières périodes sont les mêmes que les trois formes admises par Laënnec. Nous allons suivre encore cet auteur dans la description qu'il donne de ces trois variétés ; nous abrégerons seulement les détails trop minutieux dans lesquels il est entré. 1° *Masses cérébriformes enkystées.* Leurs dimensions varient depuis le volume d'une noisette jusqu'à celui d'une grosse pomme. Le kyste qui les environne n'a guère plus d'une demi-ligne d'épaisseur : il est d'un blanc grisâtre, d'une texture cartilagineuse, sans apparence de fibres. La matière cérébriforme se détache avec assez de facilité de la face interne de ces kystes ; elle est partagée en plusieurs lobes par un tissu cellulaire très-fin, analogue à la pie-mère, et, comme elle, parcourue par un grand nombre de vaisseaux dont les derniers rameaux pénètrent dans la substance cérébriforme, et lui donnent l'aspect rosé ou violacé qu'elle offre par endroits. C'est surtout dans l'état de crudité que l'on observe ces lobules, qui, très-marqués à la superficie, simulent parfaitement les circonvolutions du cerveau. La consistance de la matière encéphaloïde est alors quelquefois supérieure à celle de la couenne de lard. Coupée en tranches minces, elle offre une légère transparence; sa couleur est d'un blanc terne, gris de perle ou même jaunâtre. Profondément incisée, elle présente une collection de petits lobules serrés les uns contre les autres, sans laisser entre eux aucun espace. Leurs divisions sont seulement indiquées par des lignes rougeâtres, traces du tissu cellulaire injecté de

petits vaisseaux qui les sépare. Ces lignes s'entre-croisent suivant des courbes dont la direction n'a rien de fixe. En passant de cette période de crudité à la seconde période, la texture devient plus homogène, les lobules s'effacent. C'est dans la troisième que le ramollissement, les épanchements sanguins, etc., se manifestent comme nous l'avons vu plus haut. — 2° *Masses cérébriformes non enkystées.* Leur grosseur varie depuis le volume d'un grain de chènevis jusqu'à celui d'une tête de fœtus. Leur forme, ordinairement sphéroïde , est quelquefois ovoïde , aplatie, etc. La surface extérieure est bosselée, mais moins que dans la forme précédente ; la membrane celluleuse qui les enveloppe est d'autant plus mince et moins prononcée que le tissu de l'organe dans lequel ces masses sont contenues est dense et serré. Dans leur période de crudité, elles présentent un tissu plus demi-transparent que par la suite, presque incolore, et ressemblant assez à un œil bleuâtre ; il est un peu dur et divisé en lobes nombreux ; son aspect est alors gras et analogue à celui du lard ; mais, dans cet état, la matière cérébriforme ne graisse pas le scalpel, et elle se coagule par l'action de la chaleur sans donner un atome de graisse. Leur dégénérescence se fait de la même manière que dans la forme précédente. — 3° *Matière cérébriforme infiltrée.* Elle se distingue des encéphaloïdes non enkystées, en ce qu'elle forme des masses non circonscrites, et dans lesquelles la matière cérébriforme se montre d'autant plus voisine de l'état de crudité qu'on l'examine plus loin du centre de ces masses. Elle présente, en outre, un aspect très-varié par son mélange en diverses proportions avec les différents tissus organiques dans lesquels elle se développe (Laënnec , *Traité de l'auscultation* , t. II, p. 55-62, Paris, 1826). — Ainsi , en résumé, la dissection des encéphaloïdes fait reconnaître qu'elles sont composées de trois parties distinctes : 1° de mailles ou cellules formées d'un tissu cellulaire très-fin ; 2° d'un parenchyme blanc et de circonstance variable, suivant le degré de crudité la tumeur est parvenue ; 3° de sang épanché dans son intérieur, ou infiltré dans son tissu, ou répandu à sa surface (Lobstein, *Anat. pathol.*, t. I, p. 423). Des expériences chimiques tentées par Lobstein , il suit que l'encéphaloïde au premier degré est plus riche en gélatine , tandis que cette même substance, au second degré, renferme beaucoup plus d'albumine (*op. cit.*, p. 426). M. Glage a observé que la partie liquide de cette matière contenait un grand nombre de globules de grosseur variable, mais dont les plus petits surpassent cependant ceux du pus. On trouve ces globules dans l'organe affecté, et même dans les parties voisines qui semblent saines. En outre, il a trouvé dans les tissus dégénérés des cristaux qui ont jusqu'à 0,12 de millimètre en largeur, mais qui ne se forment peut-être qu'après la mort (*Compte rendu de l'acad. des sc.*, 4 janvier 1837). Quant aux vaisseaux qui se distribuent aux masses cérébriformes, M. Bérard (*Dict. de méd. en 25 vol.*, art. CANCER , p. 274 et suiv.) s'est livré à d'intéressantes recherches sur ce sujet : il a reconnu que le système vasculaire était d'autant plus développé dans ces tumeurs, que celles-ci étaient arrivées à un degré plus avancé; et, chose remarquable, qu'il ne pénétrait pas une seule veine dans la substance dégénérée , tandis que le système artériel y était fort développé. Remarquons que les tumeurs cancéreuses sont environnées de plexus formés de veines très-dilatées et très-nombreuses. Enfin, on a vu dans quelques-unes un système vasculaire qui semblait indépendant et sans connexions avec les vaisseaux des parties environnantes (Andral, *Anat. pathol.*, t. I, p. 493). Il n'est peut-être pas un organe dans lequel la matière encéphaloïde n'ait été rencontré. La célèbre observation de M. Velpeau (*Exposition d'un cas remarq. de maladie cancér.*, Paris, 1825) montre chez un même individu des masses squirrheuses ou encéphaloïdes dans presques toutes les parties du corps ; le plus souvent on rencontre le cancer cérébriforme dans le foie, l'épiploon, le mésentère, les glandes lymphatiques, les poumons, les testicules, la matrice, l'œil, le cerveau, et enfin les nerfs (Lobstein, *Anat. pathol.*, t. I, p. 420). Un des caractères les plus constants de cette maladie, dit cet auteur, c'est qu'elle se manifeste simultanément dans plusieurs endroits à la fois , et qu'elle repullule après son extirpation, non pas précisément au même lieu , mais dans des parties soit externes, soit internes, plus ou moins éloignées du siége de la maladie primitive (*loco cit.*, p. 427). — 2° Quelques auteurs ont rangé dans la classe des cancers une transformation à laquelle Laënnec a donné le nom de *mélanose*. « Rien de plus commun, dit M. Bérard jeune, que d'entendre désigner sous le nom de cancer *mélané*; elle peut se rencontrer avec les différentes formes du cancer ; mais, selon moi, c'est un accident de la maladie ; et ajoutons que la mélanose, quand elle a son siége où il n'y a point de cancer, entraîne assez peu de dérangements. Je la rejette donc, sans hésiter, de cette classe » (*V.* MÉLANOSE). — 5° *Matière colloïde.* Ce nom lui a été imposé par Laënnec, à cause de sa ressemblance avec une gelée animale bien prise, ou à de la colle. Tantôt elle est incolore, tantôt elle présente des teintes variées, depuis le jaune clair jusqu'au rose pâle. On n'y découvre aucune trace d'organisation. Elle semble être comme une matière séparée du sang et déposée dans les diverses trames organiques. Tantôt elle infiltre ces trames et en change plus ou moins l'aspect, tantôt elle est rassemblée en une ou plusieurs masses isolées qui semblent, en se déposant, avoir refoulé autour d'elles les parties qui les ont reçues... Il arrive souvent que le tissu cellulaire dont elle remplit les aréoles vient à s'indurer autour des molécules de la matière épanchée... On trouve alors la matière colloïde parcourue et comme cloisonnée par de nombreuses lames blanches, dures et résistantes. Il est des cas où ces lames tendent à passer à l'état fibreux ou cartilagineux ; sur leurs faces rampent quelquefois des vaisseaux rouges, mais jamais on n'a pu suivre ces vaisseaux dans la matière colloïde elle-même (Andral, *Anat. pathol.*, t. I, p. 458). Cette matière colloïde semble pour quelques auteurs n'être que le ramollissement de la substance squirrheuse ; une chose certaine, c'est qu'on peut la rencontrer, soit isolée et telle que nous venons de la décrire, soit au milieu des masses squirrheuses ou encéphaloïdes, *non encore ramollies.* — 6° *Sarcomes.* Nous réunissons sous ce nom diverses productions accidentelles, susceptibles de dégénérer en cancer, et qui se rapprochent plus ou moins des formes déjà décrites, et dont elles semblent être des variétés. Tel est le *sarcome pancréatique,* formé de granulations semblables à celles du pancréas ; telles sont des tumeurs *fongueuses* formées d'un lacis très-compliqué de vaisseaux, entre lesquels existe un tissu cellulaire plus ou moins abondant, quelquefois mêlé de substance encéphaloïde ou colloïde ; certaines tumeurs stéatomateuses ou lipomateuses, dont l'histoire se rattache à celle des *loupes,* etc. — 7° *Cancer mixte.* Le plus souvent, quelques-unes des différentes formes que nous avons examinées se trouvent réunies dans une même tumeur, et sont diversement combinées entre elles ; on les voit même quelquefois toutes rassemblées. La matière mélanée s'y rencontre par exemple très-fréquemment, ce qui donne lieu au *cancer mélané* d'Alibert, *anthracine* de Jurine. « Ce cancer se manifeste par une tache très-noire, plus ou moins prurigineuse ; sa couleur, qui est l'attribut spécial qui le distingue, est surtout très-foncée au centre de la tumeur, et n'a point la même intensité sur les bords. Un autre caractère important qu'il s'observe est le soulèvement de la peau, qui se couvre de granulations semblables à celles dont se compose le fruit du mûrier. À mesure que l'anthracine fait des progrès, il s'y manifeste des tubercules qui augmentent insensiblement de volume et perdent leur couleur noire primitive. À peine sont-ils parvenus jusqu'à la grosseur d'une fraise, que les téguments se déchirent avec des douleurs vives et lancinantes. Il se manifeste une ulcération à bords fongueux et frangés, etc... (Alibert, *Nosol. nat.,* p. 551, Paris, 1817). Notons d'ailleurs que dans ces tumeurs, renfermant quelques-unes des substances ci-dessus décrites, on trouve souvent un autre produit morbide de nature différente (Pour compléter ces détails, *V.* ESTOMAC, FOIE, MAMELLE, RECTUM, TESTICULE, UTÉRUS, où se trouveront exposées les particularités que présentent les cancers dans ces différentes parties du corps'. — Différentes hypothèses ont été émises sur la nature de ces diverses formes de l'affection cancéreuse. Dans l'antiquité, on les attribuait à un dépôt de matière mélancolique ou pituiteuse ; plus tard, lors de la découverte des vaisseaux lymphatiques, au milieu du VIIᵉ siècle, ce fut la lymphe épaissie, acide, etc., etc. ; dans ces derniers temps, ce fut le produit d'une sécrétion toute spéciale organisée ou non organisée, et formée sous l'influence de l'irritation, mais surtout de la sub-inflammation (Broussais, *Comment. des propos., etc.*, t. I, p. 59-46 ; Breschet, *Dict. en 21 vol.,* art. CANCER ; Bouillaud , *Dict. en 15 vol.,* art. CANCER, etc.). Cette opinion avait déjà été avancée dans l'antiquité et dans le siècle dernier. D'autres, tels que Mannoir (*Mém. sur le sang médull., etc.*, 1820 ; Alibert, *Traité des dermat.,* t. II, p. 142 et suiv.), attribuèrent la formation de la matière encéphaloïde à une dégénération de la pulpe nerveuse. M. Andral, qui donne pour origine à beaucoup de productions cancéreuses la phlegmasie chronique ou latente, regarde certaines formes de l'encéphaloïde comme le résultat d'une coagulation et d'une modification de la fibrine du sang sorti des vaisseaux, et rassemblée au sein d'un organe (*Anat. pathol.*, t. I, p. 377). M. Velpeau (*Rev. méd.*, t. I, année 1825, p. 223-250), M. Cruveilhier (*Anat. pathol.*, IVᵉ livre, p. 3),

M. Bérard (*Dict. en 25 vol.,* art. CANCER, t. VI, p. 276) et quelques autres ont remarqué d'ailleurs que fort souvent la matière encéphaloïde envoyait des prolongements dans les veines voisines de la tumeur. Pour Lobstein, c'est une altération de la nutrition moléculaire (*Anat. path.*, t. I, p. 468 et suiv.). Enfin J. Hunter et Adams lui ont donné pour point de départ un ver hydatique (*hydatis carcinomatosa*). — § III. SYMPTÔMES. « M. Gerdy distingue deux périodes dans la marche des affections morbides que nous venons de nommer (*tissu lardacé, squirrheux, encéphaloïde,* etc.), l'une de *bénignité,* l'autre de *malignité.* La première période ne saurait être contestée ; déjà Boerhaave avait dit (*Aphor.* 488, *Comment.* de Van Swieten, t. I, p. 860), en parlant de tumeurs squirrheuses : *Sunt per se innocui, evadunt ex motu incitato maligni.* Cette remarque a encore été faite par d'autres auteurs ; les productions squirrheuses sont surtout celles qui peuvent rester le plus longtemps à l'état d'indolence. Pendant toute cette période qui est celle de la crudité, il n'y a pas ou presque pas de douleur, la tumeur fait des progrès plus ou moins rapides, jusqu'à ce que l'on s'aperçoit d'autre inconvénient que celui qui résulte de sa présence au milieu de tissus normaux ; Boyer a observé que les tumeurs cancéreuses dures et petites étaient plus douloureuses que les autres ; il faut aussi noter la sensibilité spéciale de la partie dans laquelle la dégénérescence s'est produite. Au bout d'un temps variable, la tumeur s'enflamme, et alors commence la période de *ramollissement* ou de *malignité.* Au commencement de cette période, la maladie se présente sous la forme d'une tumeur dure, inégale, bosselée, conscrite ou diffuse, sans changement de couleur à la peau qu'elle soulève, faisant ressentir à des intervalles plus ou moins rapprochés des douleurs *lancinantes,* qui ne tardent pas à se montrer très-rapprochées, surtout si la partie dans laquelle la partie dans laquelle le cancer s'est développé est abondamment pourvue de filets nerveux (le sein, la face, le testicule, etc.). Bientôt la tumeur s'enflamme, elle semble traversée à tout moment par un dard acéré ou par un trait de feu, cachet spécial des douleurs lancinantes. Il y a souvent de la chaleur : la masse cancéreuse est entourée d'un engorgement inflammatoire plus ou moins dur et offrant les caractères des engorgements chroniques ; souvent cette induration du tissu ambiant finit par participer anatomiquement à la dégénération cancéreuse. Remarquons toutefois que les progrès du mal, et la sorte d'assimilation dont nous parlons sont ordinairement entravés par les membranes aponévrotiques qui cloisonnent les divers organes de l'économie : c'est là un point fort important, et sur lequel insiste beaucoup M. Lisfranc dans ses leçons de *clinique chirurgicale.* Les ganglions lymphatiques situés au voisinage se tuméfient, durcissent et deviennent quelquefois eux-mêmes le siège de douleurs lancinantes qui attestent un commencement d'altération dans leur structure ; les veines superficielles sont obligées de charrier le sang que ne peuvent plus recevoir les veines profondes oblitérées par la tumeur, elles augmentent de volumes et rampent, tortueuses et bigarment dilatées, autour de la masse cancéreuse. Dès cette époque, celle-ci perd sa consistance, se ramollit, mais sans offrir de fluctuation véritable ; la peau qui la recouvre, longtemps mobile et sans changement de couleur, finit par devenir adhérente, et par prendre une teinte rouge, puis livide et violacée, et enfin par se fendiller par place, laissant échapper une matière sanieuse, jaunâtre ou brunâtre. Cette matière ichoreuse, âcre et corrosive, ne tarde pas à favoriser l'ulcération de la portion de tégument qui couvrait les sommets de la tumeur, et on peut alors constater les phénomènes qui caractérisent le *cancer ulcéré.* Les bords en sont durs, déchirés, inégaux, et renversés de différentes manières, tantôt tournés en dedans, tantôt en dehors, tantôt en haut. Toute la surface de la plaie est ordinairement inégale. Dans quelques endroits, il y a des saillies considérables, tandis que d'autres on trouve des excavations profondes. La matière de l'écoulement est le plus souvent un ichor fétide, et il est quelquefois tellement âcre qu'il excorie et détruit même les parties voisines. Dans les périodes avancées de la maladie, il s'écoule souvent une assez grande quantité de sang par les vaisseaux ulcérés. Une chaleur brûlante se fait universellement ressentir sur toute la place, et c'est le symptôme le plus douloureux qui accompagne la maladie. Ces élancements, ces douleurs lancinantes, qui sont généralement très-fortes pendant la durée du mal, le sont alors devenues bien davantage » (S. Cooper, *Dictionn. de chirurg.,* nouv. édit., art. CANCER). Ce n'est pas tout, du fond de cette ulcération il s'élève le plus souvent des fongosités molles et rougeâtres ou violacées, qui saignent avec la plus grande facilité, et peuvent encore donner lieu à des hémorragies qui épuisent les malades. Ces formations fongoïdes deviennent quelquefois très-volumineuses ; détruites d'une manière quelconque, elles repullulent avec une invincible rapidité. L'ulcération cancéreuse ronge et détruit universellement les tissus qu'elle trouve sur son passage ; les membranes fibreuses sont celles qui lui opposent la plus longue résistance ; mais elles finissent par céder ; les os eux-mêmes sont envahis, corrodés et transformés en matière cancéreuse. Les artères qui résistent ordinairement si longtemps au milieu des divers désordres organiques, la gangrène par exemple, les artères ici encore restent longtemps intactes ; mais souvent elles doivent se ramollir et se rompre à leur tour, de là encore des hémorragies dont il est bien difficile de tarir la source. M. Velpeau en a cité un exemple curieux (*Revue méd.*, t. I, p. 220). Le plus souvent les écoulements sanguins proviennent de la rupture des veines variqueuses qui rampent autour de la tumeur, et qui sont atteintes par l'ulcération ; dans tous les cas, on a toujours beaucoup de peine à se rendre maître du sang. Quant aux nerfs, tantôt ils sont respectés, tantôt ils sont ramollis et rompus : on a vu, comme nous l'avons dit, la tumeur cancéreuse développée dans le névrilème même de certains nerfs plus ou moins volumineux (*Expérience*, t. IV, p. 239). C'est à cette période avancée de la maladie que les ganglions lymphatiques engorgés subissent la dégénération cancéreuse, et peuvent à leur tour se ramollir, s'ulcérer et propager ainsi le mal de proche en proche. Le cancer qui débute dans les organes creux tapissés à l'intérieur par une membrane tégumentaire, y offrent des caractères qu'on peut généraliser. L'altération ne commence pas par la muqueuse, ou cela y est plus rare qu'on pourrait le supposer. C'est presque constamment dans le tissu fibro-cellulaire sous-muqueux qu'on voit naître la dégénérescence. En même temps le tissu musculaire sous-jacent subit une hypertrophie considérable. Quand on incise toute l'épaisseur d'un cancer non ulcéré développé dans l'épaisseur d'un organe creux, la surface des parties divisées présente plusieurs couches de couleur et d'aspect différents : c'est de dedans en dehors, la muqueuse peu ou point altérée, avec la teinte grisâtre qui lui est naturelle, mais déjà un peu plus adhérente que dans l'état sain aux parties sous-jacentes ; puis vient une couche d'un blanc plus ou moins opaque, c'est le tissu sous-muqueux dégénéré ; plus en dehors est le tissu musculaire hypertrophié, offrant souvent une teinte bleuâtre, et traversé par des filaments déjà altérés qui vont de la face profonde à la face superficielle. Enfin, entre la membrane musculaire et le péritoine (si l'organe en est revêtu), on voit une nouvelle couche cellulaire dégénérée. Les cancers des organes creux tendent à l'ulcération comme les cancers sous-cutanés ; c'est du côté de la membrane tégumentaire interne ou muqueuse que se fait l'ulcération. Des fongosités mollasses et quelquefois d'énormes champignons s'avancent dans la cavité de l'organe malade ; elles y versent de la sanie et du sang. A mesure que l'ulcération fait des progrès en largeur, elle s'étend aussi en profondeur, et finit par intéresser toute l'épaisseur de l'organe. Tantôt, dans ce cas, des adhérences se sont établies entre l'organe qui est perforé et les parties voisines, en sorte que celles-ci mettent obstacle à l'épanchement des matières dans la cavité du péritoine ; tantôt enfin, la perforation étant survenue brusquement, un épanchement s'opère et devient la cause d'une péritonite mortelle (Bérard, *Dict. en 25 vol.*, art. CANCER, t. VI, p. 294). Pour plus de détails, *V.* ESTOMAC (Maladies de l'), INTESTINS (*idem*), VESSIE (*idem*), etc. Les ulcères primitivement non cancéreux peuvent acquérir par suite de conditions spéciales les caractères que nous avons décrits plus haut : nous renvoyons à cet égard à l'article ULCÈRES ; il en est de même de quelques ulcérations cutanées de nature carcinomateuse : il en sera question aux mots NOLI ME TANGERE et SCROTUM (Maladies du). — *Phénomènes généraux, cachexie cancéreuse.* On appelle ainsi l'ensemble des phénomènes généraux qui accompagnent le ramollissement et l'ulcération des dégénérescences que nous venons de décrire. M. Dubois d'Amiens partage ces phénomènes en deux séries : les premières accompagnent le ramollissement du cancer, les seconds accusent la résorption de la matière ichoreuse qui va infecter l'économie. — *Première série.* Les douleurs lancinantes « se rapprochent, elles deviennent la fois plus intenses et plus fréquentes, elles finissent par arracher aux malades des cris aigus et par les priver du sommeil ; c'est alors que s'établit une fièvre qui offre tous les soirs les exacerbations, le pouls à cette époque de la journée s'élève et s'accélère, la peau devient chaude et sèche, la soif est vive, etc. Il peut arriver néanmoins que la fièvre n'existe pas même dans le dernier degré ; on a vu des malades tomber

dans le marasme, et succomber sans offrir le moindre indice de fièvre. La constitution des malades dans cette période offre un aspect particulier.... La peau reste continuellement sèche, elle prend une couleur jaune paille très-remarquable ; les joues elles-mêmes offrent cette teinte, excepté dans le moment de l'exacerbation fébrile ; l'appétit se perd, les battements du cœur sont tumultueux et accélérés, la maigreur est extrême, et les malades ne peuvent plus trouver un instant de repos » (Dubois, *Traité de path. gén.*, t. I, p. 576). La teinte *jaune paille* où *couleur de cire* est caractéristique de la cachexie cancéreuse ; il ne faut pas la confondre avec la lividité plombée des phthisiques, et la couleur de pain d'épices que présentent les sujets affectés depuis longtemps de fièvre intermittente. L'*émaciation* est aussi, dans les affections cancéreuses, portée moins loin que dans la phthisie pulmonaire ; c'est un véritable ramollissement des chairs, qui même, dans un assez bon nombre de cas, s'accompagne d'une infiltration séreuse, surtout si, par sa position, la tumeur cancéreuse comprime quelque gros tronc veineux.. La face est généralement bouffie, les yeux ternes, les pupilles dilatées, etc. — *Deuxième série.* Ici se présentent les phénomènes de la *fièvre hectique* proprement dite. « Ce sont des frissons irréguliers alternant avec de petites sueurs, de la diarrhée, une prompte décomposition de la physionomie, un pouls vite et irrégulier, enfin tous les symptômes d'un empoisonnement par des agents septiques » (Dubois, *op. cit.*, p. 578). On a voulu établir des distinctions entre les phénomènes généraux par les dégénérescences squirrheuses et ceux des encéphaloïdes ; mais ce sont là des distinctions tout à fait subtiles que la pratique ne saurait admettre. Laënnec avait cru reconnaître que le ramollissement des masses mélaniques donnait lieu à des accidents spéciaux (amaigrissement et des hydropisies), différents de ceux offerts par les autres formes cancéreuses ; mais il est bien reconnu que la mélanose, n'étant qu'un accident du cancer, n'a rien de particulier dans sa marche. Les véritables différences résultent de la diversité des organes qui sont affectés, et dépendent des troubles apportés dans les fonctions spéciales de l'organe malade (*V.* CERVEAU, ESTOMAC, INTESTINS, FOIE, MOELLE ÉPINIÈRE, POUMON, etc.). — § IV. TERMINAISON. — 1° *Par résolution et guérison.* Le cancer peut-il se terminer par la guérison ? Cette question a été examinée à propos de la diathèse, et nous verrons, en parlant du pronostic, que les cas de guérison proprement dite sont très rares ; cependant il y en a d'authentiques et cités par les partisans mêmes de la diathèse ; ce qui prouve que la cause inconnue du mal peut cesser dans l'économie. On pourrait, dit M. Littré, comparer sur ce point le cancer à la phthisie, incurable la plupart du temps ; il est cependant des cas où elle ne produit que peu de tubercules, et où ces tubercules finissent par être absorbés sans se régénérer. De même quelques cancéreux privilégiés voient s'effacer chez eux la cause morbifique et le mal, ou se résoudre à ne pas se reproduire après l'ablation (*Dict. en 25 vol.*, art. CANCER, t. VI, p. 312). — 2° *Par métastase.* M. Récamier rapporte « l'observation d'une femme qui, après avoir porté pendant longtemps une tumeur du sein que tout faisait regarder comme cancéreuse, fut prise de douleurs de tête ; en même temps la tumeur cessa d'être douloureuse, disparut presque complétement, et se réduisit à un petit noyau. L'ouverture du corps montra qu'il s'était formé une tumeur cancéreuse dans le cerveau, et que celle du sein réduite à la grosseur d'une noix n'avait plus aucun caractère squirrheux (*id.*, *ibid.*). Il semblerait d'après lui que le cancer peut offrir le curieux phénomène de la métastase ; mais il est fâcheux que ce soit à peu près le seul que renferment les annales de l'art. — 3° *Par gangrène.* La science possède quelques observations qui constatent ce mode de terminaison ; il a été surtout observé dans les cas de cancer du sein ; alors tantôt le sphacèle est précédé d'une violente inflammation qui s'est emparée de la tumeur, tantôt il survient en quelque sorte spontanément. La guérison qui succède à la gangrène est-elle radicale ? C'est ce que l'on pourrait croire d'après quelques-uns des faits dont nous venons de parler, et que M. Colson, chirurgien distingué de Noyon, a réunis dans un mémoire fort intéressant sur ce sujet (*Instit. médical*, 20 novembre 1839). Pour plus de détails, *V.* MAMELLES (Maladies des). — 4° *Par cicatrisation.* Les exemples de cancers ouverts et cicatrisés d'une manière spontanée sont également assez rares, et fort ordinairement la cicatrice finit par devenir le siège d'une nouvelle recrudescence, ou bien de nouvelles masses cancéreuses se montrent à d'autres points de l'économie. 5° *Par la mort.* Tel est malheureusement le mode de terminaison que présente le cancer, et le malade succombe au milieu des phénomènes réunis de la cachexie et de la fièvre hectique

que nous avons décrits plus haut. Dans d'autres cas, lorsque le cancer occupe un des organes les plus importants de la vie, la mort est causée par la suspension des fonctions de cet organe, c'est ce qui arrive pour des cancers au cerveau (Andral, *Cliniq. médic.*, t. v, p. 642), de la moelle allongée, du poumon, etc.; alors le malade succombe sans avoir présenté d'amaigrissement, de couleur jaune paille, etc.; tel est à peu près le cours déjà cité de M. Velpeau, dans lequel la mort survint avant la période de ramollissement, et très-probablement par suite des douleurs aiguës que ressentait le malade, et du trouble apporté dans le jeu des organes farcis de squirrhes et d'encéphaloïdes. — *Des récidives.* « La récidive, après l'ablation ou la chute spontanée des tumeurs cancéreuses, se fait de différentes manières; tantôt le travail de cicatrisation s'interrompt; des chairs fongueuses se développent sur un point, et la plaie se change en un ulcère cancéreux. D'autres fois la cicatrice se complète; puis, à une époque variable, elle est soulevée par une tumeur, elle se détruit, le mal reparaît. Et, dans un troisième cas, le cancer renaît dans les ganglions qui sont en relation avec la partie où il s'était primitivement formé. Cela se voit surtout pour les ganglions de l'aisselle *après le cancer des mamelles*, et pour les ganglions du bassin après le cancer du testicule. Enfin, le mal renaît dans des organes éloignés et tout à fait indépendants de ceux qui lui avaient servi de première origine. Dans ces récidives, la nature du tissu alterne quelquefois, mais le plus souvent c'est le tissu encéphaloïde qui reparaît dans le cas de diathèse cancéreuse confirmée... L'intervalle compris entre la destruction d'une tumeur cancéreuse et la reproduction n'a rien de fixe ni de limité » (Littré, *Dict. en 25 vol.*, t. vi, p. 510). Boyer, dont on ne saurait trop invoquer l'expérience consommée, reconnaissait aux signes suivants l'imminence de la récidive, après l'extirpation du cancer. « Il est rare, dit-il, qu'il ne survienne pas, quand la suppuration est pleinement établie, des fongosités qui s'élèvent à peine au-dessus du niveau de la surface de la plaie, de couleur tantôt rouge brun, tantôt gris ardoise, tantôt plus ou moins blanchâtre, et quelquefois même une simple tache de quelqu'une de ces couleurs. Ce symptôme, qui est quelquefois précédé de malaise et d'un léger mouvement fébrile, se dissipe de lui-même au bout de deux ou trois jours, pour reparaître encore plus ou moins fréquemment; nous l'avons vu se reproduire trois ou quatre fois chez le même sujet et sur divers points de la plaie. Toutes les fois que nous avons observé ce phénomène, le cancer n'a jamais manqué de se reproduire dans la suite. Nous ne voudrions pas assurer que la rechute n'est pas à craindre quand il ne se montre pas; mais, quand il paraît, il est le signe assuré du caractère de la maladie, et le présage le plus certain de sa récidive à une époque plus ou moins éloignée » (*Traité des mal. chir.*, etc., t. ii, p. 455). — § V. DIAGNOSTIC. Les détails dans lesquels nous sommes entré nous dispenseront d'insister sur le diagnostic des affections cancéreuses. Nous dirons seulement qu'on ne devra pas les confondre avec les simples indurations chroniques qui succèdent aux phlegmasies (*V.* INFLAMMATION), les corps fibreux proprement dits, les tumeurs scrofuleuses (*V.* SCROFULES), le tissu érectile, etc. En tout cas, l'erreur ne pourrait avoir lieu que dans la première période, avant l'ulcération. — § VI. PRONOSTIC. Beaucoup d'auteurs regardent le cancer comme nécessairement mortel, et tous s'accordent à dire que c'est l'affection la plus redoutable que renferment les cadres nosologiques. Les quelques exemples de guérison que l'on cite sont des exceptions qui ne peuvent infirmer cette règle générale de la léthalité des affections cancéreuses. « Toutefois, il est des circonstances qui peuvent faire varier la gravité du pronostic. On conçoit, par exemple, que les sujets jeunes guériront mieux que les individus plus âgés; que le cancer, affectant les glandes de l'aisselle, du cou ou de la mamelle, causera moins rapidement la mort que celui du cerveau, du foie, de l'estomac, de l'utérus; que le cancer dont la marche est prompte, et qui envahit tous les tissus environnants, sera plus à craindre que des engorgements squirrheux, dont l'apparition remonte à une époque déjà reculée, et qui restent stationnaires; enfin, que le cancer qui se rattache à une violence extérieure, à un coup, une chute, offrira moins de danger que le cancer de cause interne, c'est-à-dire celui qui paraît amené par la diathèse cancéreuse » (Monneret et Delaberge, *Compendium de méd. prat.*, t. ii, p. 61). « Sur environ soixante cancers, dit Alex. Mouro, que j'ai vu extirper jusqu'à ce moment, quatre malades seulement n'avaient point éprouvé de récidive au bout de deux ans. Trois de ces malades favorisés avaient eu des cancers occultes de la mamelle, et le quatrième avait eu un cancer ulcéré à la lèvre » (*Essais de méd. de la société d'Edimbourg*). Hill, qui a fait plusieurs

tableaux numériques sur ce sujet, était arrivé au résultat suivant en 1770 : « Sur quatre-vingt-huit cancers extirpés au moins deux ans avant, deux n'avaient pas été guéris; chez neuf, il y avait eu récidive; chez un, menace de récidive; en tout douze, ce qui est au-dessous du septième du nombre total. A cette époque, il y avait environ quarante individus vivants et en bonne santé, dont les cancers avaient été extirpés au moins deux ans avant » (S. Cooper, *Dict. de chir.*, t. ii, p. 293). Boyer attribue à des erreurs de diagnostic les succès annoncés par Hill, et se range de l'opinion de Mouro sur la léthalité presque constante du cancer. Voyons, d'un autre côté, les résultats de la pratique de M. Récamier. « Cent malades se sont présentés à moi, dit-il, pour être traités d'affections cancéreuses; sur le nombre, seize m'ont semblé tout à fait incurables, et je n'ai pu les soumettre qu'à un traitement palliatif. Des quatre-vingt-quatre autres, trente ont été complétement guéris par la seule compression; vingt et un, soumis au même moyen, n'ont éprouvé qu'une amélioration à la vérité très-notable; quinze ont été radicalement débarrassés, soit par l'ablation seule, soit surtout par l'ablation combinée avec la compression; et six par ce dernier moyen uni à la cautérisation; chez les douze autres malades, l'affection a absolument résisté » (*Recherches sur le traitement du cancer*, t. i, p. 550). En présence d'opinions et de faits aussi contradictoires, il faut rappeler encore aujourd'hui ce que disait Richter à propos des relevés de Mouro et de Hill : *Jure sane dixeris, de uno eodemque morbo hos viros loqui, dubitari fere potest* (*Obs. chir.*, fasc. iii). — § VII. TRAITEMENT. Le traitement est local ou général. — A. *Traitement local.* — 1° *De la compression.* La compression avait déjà été employée anciennement pour faire résoudre des tumeurs, et notamment les tumeurs scrofuleuses, comme on le voit dans Bernard de Gordon (*Opus lilium med.*, partie i, cap. xix, rubr. ii, p. 84, éd. 1550); mais le docteur Young paraît être le premier, du moins parmi les modernes, qui l'ait appliqué au traitement du cancer. M. Récamier s'est en quelque sorte approprié ce moyen thérapeutique, par les développements et l'extension qu'il lui a donnés. « La compression, dans quelque lieu qu'elle soit appliquée, doit être douce et parfaitement égale sur tous les points, sauf la prédominance que les circonstances seules peuvent indiquer. Le linge, la charpie, la peau chamoisée, et tout ce qui se durcit facilement par la pression, n'est pas favorable; l'agaric, en belles feuilles bien égales et sans nodosités, épaisses si les tumeurs ont beaucoup de relief, et minces si elles n'en ont pas, ou si elles l'ont perdu, m'a semblé jusqu'à présent, la substance la plus favorable, et celle qui conserve le mieux son élasticité » (Récamier, *Recherches sur le traitement*, etc., t. i, p. 448). Quant à l'application de l'appareil, nous prendrons seulement ce qu'il y a de général, car la description de M. Récamier est exclusivement relative au sein. Les bandes doivent être en toiles ou en percale, sans ourlet ni coutures saillantes; l'agaric est taillé en disques de grandeur décroissante, que l'on place les uns sur les autres, de manière à former un cône dont la base repose sur la tumeur. Ces disques sont fixés deux à deux, trois par trois, entre les tours successifs de la bande. Si la tumeur a beaucoup de relief, il faut employer des disques très-épais et très-simples, ou à quatre à six disques ensemble s'ils sont minces, jusqu'à ce que les bosselures soient émoussées. S'il y a plusieurs bosselures, après avoir placé les disques qui embrassent toute la tumeur, on élève sur chacune des principales éminences un petit cône tronqué particulier, et l'on finit par de larges disques qui réunissent le sommet de tous ces cônes, de manière à n'en former qu'un (*op. cit.*, p. 449-450). Suivant M. Gerdy, on peut remplacer l'agaric par de la charpie, du coton, de la laine, dont on fait des coussins, des couches, des pelotes qui sont plus ou moins d'épaisseur; les pièces compressives, quelles qu'elles soient, ne doivent laisser entre elles aucun intervalle dans lequel les tissus échapperaient à la compression et formeraient un bourrelet saillant entre les pièces de linge. Le bandage compressif doit être appliqué avec beaucoup de soin, surveillé attentivement; il sera levé sitôt qu'il sera relâché, si le malade accuse de la douleur, etc. (Gerdy, *Traité des pansements*, t. ii, p. 410). Quand on applique la compression sur un ulcère recouvert de végétations fongueuses, on doit commencer par couper celles-ci à leur base avec des ciseaux courbes; dans ce cas, l'appareil sera levé assez souvent, c'est-à-dire toutes les vingt-quatre heures, à cause de la sanie dégoûtante et fétide que sécrète constamment la surface ulcérée. Celle-ci sera lavée soigneusement; les chlorures sont d'une grande utilité pour cet usage, à cause de leurs propriétés désinfectantes (*id.*, *ibid.*, p. 413). Le même auteur formule ainsi son opinion sur les avantages de la compression. « 1° La compression fait disparaître en peu de temps l'engorgement qui environne la tumeur, isole en quelque sorte celle-ci, et la place dans des conditions plus favorables pour l'opération, quand il faut en venir à cette extrémité. 2° Lorsque la tumeur n'est qu'indurée, lorsqu'elle est causée par une violence extérieure, on peut espérer la résolution complète du mal ; mais je ne sais si, dans les autres cas, la compression seule peut guérir ; je n'en connais pas d'exemples ; ceux de M. Récamier ne sont pas concluants, puisqu'il a employé simultanément d'autres moyens de traitement, et que souvent il a fallu en venir à l'extirpation. Si ce moyen peut être utile, il ne faut pas oublier qu'il peut devenir dangereux en excitant une inflammation qui amène la dégénération carcinomateuse de la tumeur (op. cit., p. 411). Lorsque l'on a obtenu quelque succès par la compression, il ne faut pas brusquement en cesser l'emploi, mais continuer encore, modérément, bien entendu, pendant un certain temps. — 2° Antiphlogistiques. Les émissions sanguines générales conviennent quand le sujet est fort, vigoureux ; que chez lui une évacuation habituelle (hémorroïdes, menstrues) a été supprimée ; que la tumeur cancéreuse est le siège d'une inflammation assez vive avec turgescence et rougeur des tissus voisins, etc. ; mais jamais on ne devra y avoir recours dans les dernières périodes de la maladie, quand la cachexie est déclarée. Les déplétions locales par les sangsues sont très-utiles quand la production morbide s'enflamme, ou que, par sa présence, elle détermine l'engorgement des tissus qui la recèlent : dans ces cas, plusieurs applications de sangsues, en nombre variable, suivant les circonstances, calment la phlogose, assoupissent les douleurs, et font disparaître la tuméfaction inflammatoire qui entoure le cancer. — Certaines personnes se trouvent très-bien de ces applications répétées tous les cinq ou six jours : on ne détruit pas l'affection principale, mais on la ramène au plus grand degré de simplicité possible. Ces moyens ne conviennent plus quand les symptômes de résorption se sont manifestés ; on ne ferait que hâter les progrès de la fièvre hectique si l'on voulait les continuer. En même temps que l'on saigne localement, il est bon de couvrir la partie malade de cataplasmes émolliens de farine de graines de lin, ou plutôt de fécule de pommes de terre, légèrement laudanisés ou seulement arrosés avec de la décoction de têtes de pavots, quand les douleurs sont fort aiguës ; ces topiques émolliens et narcotiques sont seuls indiqués quand, pendant la période de résorption, la tumeur ulcérée vient à s'enflammer vivement. — 3° Topiques résolutifs. Nous ne passerons point ici en revue la longue liste des topiques résolutifs que fournit la matière médicale ; nous dirons seulement qu'ils sont applicables quand la tumeur n'est pas enflammée, et qu'il n'y a autour qu'un engorgement sans douleur ni chaleur. Quand on a recours à ces moyens, « il est bon de commencer par les cataplasmes légèrement résolutifs, tels que ceux de farine d'orge, de fèves délayées dans l'eau de savon, de faire alterner ces cataplasmes avec des frictions au moyen de la pommade d'hydriodate de potasse, ou d'une pommade mercurielle ; enfin, de terminer par des emplâtres fondants, à la tête desquels nous placerons celui de Vigo » (Gerdy, Traité des pansements, t. II, p. 312). Nous parlerons plus loin de l'usage interne et externe de la ciguë. — 4° Topiques narcotiques. Ils sont une grande ressource pour le médecin dans les cas de cancers incurables ou récidivés, qui occasionnent des tourments intolérables et de tous les instants ; il ne faut donc pas les prodiguer de bonne heure, mais les employer passagèrement quand les douleurs sont très-violentes, et les réserver pour adoucir les derniers instants des malades. On commencera par les fomentations avec la décoction de têtes de pavots ou de morelle, puis on appliquera des cataplasmes émolliens arrosés de ces mêmes solutions ; plus tard, on fera les cataplasmes avec des feuilles de morelle, de jusquiame, de belladone, de ciguë, et enfin on terminera par les cataplasmes laudanisés, les emplâtres opiacés, etc. — 5° Cautérisation. Les caustiques peuvent être employés quand le cancer est superficiel, peu étendu, sans inflammation vive, quand il ne siège pas au voisinage d'un organe important dont la lésion pourrait entraîner des dangers (un nerf ou une artère volumineuse, l'œil, etc.)... L'application du caustique ne saurait, sans de graves inconvénients, être mise en pratique pour les cancers volumineux, tels que ceux du sein, ou bien occupant des organes doués d'une grande sensibilité, tels que le testicule. Il est facile de voir que les applications réitérées de caustiques doivent irriter et exaspérer les tumeurs trop grosses pour être emportées en une seule fois ; et, d'un autre côté, que des parties aussi irritables que celles dont nous venons de parler ne pourraient être mises en contact avec un escharrotique sans qu'il en résultât des

douleurs très-violentes qui pourraient causer des dangers réels » (Gerdy, op. cit., t. II, p. 414). Les caustiques que l'on emploie le plus fréquemment aujourd'hui sont les préparations arsénicales connues sous les noms de pâte de Rousselot ou de frère Côme (V. ARSENIC et NOLI ME TANGERE), le nitrate de mercure liquide, la solution de chlorure d'or (30 centigrammes ou 6 grains) dans une once (30 grammes) d'eau régale, la pâte de Canquoin (V. ZINC [Chlorure de]), etc. ; l'administration de ces divers moyens sera décrite à l'occasion des cancers des différentes parties, et notamment de l'utérus (V. CAUSTIQUES). Après l'emploi des caustiques liquides, il est bon de prendre quelques précautions très-bien indiquées par M. Récamier, qui a recours habituellement à ces sortes de préparations. La cautérisation faite, dit-il, on calme la douleur en mettant sur la plaie des bourdonnets trempés dans une forte solution d'opium. Le verjus, associé aux préparations opiacées, m'a paru en augmenter les propriétés calmantes. Si la douleur de l'inflammation qui accompagne la chute des escharres devient forte, on la combat par des cataplasmes de mie de pain, de riz ou de carottes, les sangsues appliquées autour de la partie enflammée, même par la saignée et tous les antiphlogistiques. J'applique sur les escharres du charbon porphyrisé, en y ajoutant parfois du quinquina rouge, et même du camphre, si l'aspect des bourgeons n'est pas satisfaisant. On nettoie facilement la plaie par un jet d'eau formé avec une seringue ordinaire. Ce mode d'ablution n'est pas douloureux comme l'abstersion proprement dite. Lorsque la plaie a pris un bel aspect, je fais cesser l'usage du charbon pour m'en tenir à celui de la charpie sèche, ou de l'agaric très-doux et lavé, que j'emploie sec ou trempé dans l'huile d'amandes douces mêlée avec un huitième de jus de citron.... Toutes les fois qu'il y a une plaie un peu étendue et une suppuration abondante, je fais renouveler le pansement deux fois par jour » (Récamier, op. cit., t. I, p. 458). — 6° Ablation. Nous avons vu que Boyer admettait bien difficilement la curabilité du cancer, et l'extirpation était, à ses yeux expérimentés, la seule chance qui pût s'offrir ; encore fallait-il que la maladie fût locale. « On est porté généralement, dit-il, à regarder comme maladie locale cette espèce de cancer, lorsqu'il attaque un sujet de vingt-cinq à trente ou trente-six ans ; lorsqu'il survient à la suite d'une cause externe, telle qu'une pression, une contusion, ou à la suite d'un engorgement laiteux ; lorsque le squirrhe a subsisté plus ou moins longtemps, sous la forme d'une tumeur petite ou médiocre, indolente et libre, et que les douleurs lancinantes qui annoncent la dégénération cancéreuse se sont manifestées à l'occasion d'une violence extérieure, ou de quelque dérangement des règles ; lorsque la tumeur est encore peu volumineuse, qu'elle n'est pas très-ancienne, que les douleurs lancinantes se font sentir depuis peu et rarement ; lorsque les glandes lymphatiques, qui reçoivent les vaisseaux absorbants de la partie malade, sont dans leur état naturel et nullement engorgées ; enfin, lorsque la peau qui recouvre la tumeur est libre et conserve sa couleur naturelle, et que le malade jouit d'ailleurs d'une bonne santé » (Traité des maladies chirurgicales, etc., t. II, p. 453, quatrième édition). — Quelques chirurgiens, aujourd'hui surtout, sont beaucoup plus hardis que Boyer, et opèrent dans des circonstances que celui-ci a regardées comme défavorables. Mais sont-ils plus heureux ; malheureusement l'expérience répond négativement. M. Littré a parfaitement posé les contre-indications qui peuvent s'opposer à l'ablation du cancer. « On devra s'abstenir toutes les fois que l'on jugera, par certaines circonstances, l'hérédité par exemple, que le cancer est une maladie occasionnelle, destinée à toujours repulluler ; lorsqu'il en existe d'autres qui ne peuvent pas être extirpés, et lorsque la cachexie cancéreuse est manifeste : dans ce cas, le mal renaîtrait infailliblement, et les souffrances de l'opération ne serviraient qu'à hâter la fin du malade. Elle est encore contre-indiquée lorsque les adhérences ou d'autres circonstances font croire que l'extirpation complète ne sera pas possible. Il faut prendre garde (et cette remarque est le corollaire de beaucoup d'observations) d'opérer le cancer dans un moment où il fait des progrès sensibles. Si l'on n'a pas cette précaution, l'effet est nuisible, et le malade succombe. On doit attendre un certain temps d'arrêt pendant lequel le cancer suspend sa marche.... » (Dict. en 25 vol., t. VI, p. 317). Pour ce qui est des règles à suivre dans l'extirpation des cancers, nous renverrons aux articles spéciaux consacrés aux cancers des différents organes. Lorsque la maladie a récidivé, peut-on opérer encore ? Oui, si l'état général le permet : quelques chirurgiens ont enlevé jusqu'à deux et trois fois des tumeurs cancéreuses ; et, dans les cas où le malade a fini par succomber à une dernière et inattaquable récidive, on avait du moins prolongé sa vie de plusieurs années. Dans l'ablation des tumeurs cancéreuses, il faut avoir grand soin d'enlever le mal jusqu'à ses dernières limites, autrement on laisserait dans la plaie ou dans les tissus voisins les germes d'une repullulation inévitable et toujours plus grave que la maladie première. Ch. Bell, qui s'est beaucoup occupé de l'anatomie pathologique du squirrhe, a surtout attiré l'attention des pathologistes sur le tissu fibreux lamellaire qui sépare les lobules et renferme la matière squirrheuse homogène que nous avons décrite plus haut. Suivant lui, lorsque ces cloisons fibreuses se continuent au loin dans les tissus environnants, et que l'on n'est pas parvenu à les enlever à l'aide d'une opération chirurgicale, le mal se reproduit : il faut donc avoir grand soin, comme nous le disions, d'extirper le mal jusqu'à ses dernières racines. Quant à l'ablation des ganglions voisins, c'est une question qui sera discutée à l'occasion du cancer de la mamelle et du testicule. — B. *Traitement général.* Le traitement interne qui a été le plus prôné est celui par la ciguë. Storck regardait cette substance comme douée d'une grande efficacité contre le squirrhe ou le cancer, et il lui attribue plusieurs guérisons (*Anni med.*, t. II, cap. III, *De cicutæ efficacia*, Amsterdam, 1779). Les expériences de Storck eurent lieu surtout de 1760 à 1765 ; il faisait prendre l'extrait de ciguë dans un électuaire, en commençant par un ou deux grains jusqu'à la dose d'un gros et même deux gros par jour. Il employait aussi la ciguë extérieurement, soit en cataplasme (feuille bouillie), soit en emplâtre. — M. Récamier s'est livré à de curieuses recherches sur l'emploi de ce moyen, et il a commencé par rendre l'extrait de ciguë moins désagréable en le faisant préparer différemment (*V. Ciguë*). Voici comment l'auteur que nous venons de nommer combine l'usage de la ciguë avec le régime diététique qu'il appelle *cura famis.* « 1° Le malade prend une dose d'extrait de ciguë matin et soir, deux heures avant le premier repas, et deux heures avant le dernier ; on commence par un demi-grain, et on l'élève successivement jusqu'à six grains chaque fois. Je fais continuer cette dose pendant huit ou quinze jours, afin d'habituer les organes à ce moyen ; puis je le porte jusqu'à douze grains chaque fois, dose à laquelle je fais rester pendant deux, trois ou quatre semaines, parce qu'elle est déjà suffisante pour agir. 2° Après chaque dose de ciguë, ainsi qu'aux repas, je fais boire, au lieu d'eau simple, de la décoction de squine, préparée dans la proportion d'une demi-once pour deux livres d'eau. 3° Je ne permets que le tiers environ de la quantité ordinaire des aliments, qui sont très-simples et partagés en trois petits repas. 4° Si la ciguë ne passe pas sous une autre, je l'emploie sous une autre, ou je la remplace par l'extrait d'aconit napel, préparé à la vapeur, en le donnant à moindre dose que celui de la ciguë. 5° Lorsque la squine déplaît aux malades, je lui substitue la bardane ou la scolopendre, s'il y a disposition à la diarrhée ; et la racine de patience sauvage ou la saponaire, s'il y a constipation. Dans quelques cas, j'ai employé la salsepareille, le gaïac, le sassafras, etc. J'observe avec soin la manière dont les malades supportent le traitement ; car il est un *terme* pour la diminution de la quantité des aliments, une *dose* pour la ciguë, un *choix* dans les moyens nécessaires, enfin un *temps* pour la durée du traitement, auxquels il faut s'arrêter afin de ne pas compromettre la résistance vitale, et affaiblir par trop la constitution. Dès le commencement du traitement, je diminue la dose de la ciguë et la rigueur du traitement d'une manière successive » (Récamier, *ouv. cit.*, t. I, p. 475 et suiv.). M. Cayel résume ainsi les effets de l'extrait de ciguë dans le traitement des affections cancéreuses. « Il ne guérit jamais le squirrhe ni le cancer ; mais quelquefois il ralentit leurs progrès et les rend moins douloureux. Dans ces derniers cas il ne paraît agir en modifiant d'une manière avantageuse, l'inflammation chronique des divers tissus qui environnent les parties dégénérées. Si, après avoir produit cet heureux effet, le remède continue à agir comme excitant, il irrite presque toujours le cancer et accélère ses progrès » (*Traité des maladies cancéreuses*, p. 530). — L'acide arsénieux (*V. Arsenic*) a été employé en solution de différentes manières, et dans certains cas avec succès, surtout en Angleterre. M. Cayel préférerait l'arséniate de soude à l'acide arsénieux, qu'il croit moins dangereux ; le second a effectivement donné lieu plusieurs fois à des accidents d'empoisonnement. On a beaucoup vanté les mercuriaux, les sels de cuivre, l'hydrochlorate de baryte, l'iode, et divers végétaux, tels que l'aconit, la belladone, etc.... Mais ces derniers agissent comme narcotiques, et les effets des premiers sont très-contestables ; il est donc inutile d'entrer dans le moindre détail à leur égard. En résumé, les antiphlogistiques et les émollients conviennent quand la tumeur tend à s'enflammer, et qu'elle est environnée

de tissus phlogosés ; les résolutifs, aidés du secours puissant de la compression, peuvent bien faire fondre ce même engorgement circonvoisin quand il est sans phlogose, et même atrophier en partie la dégénération elle-même, mais ils ne suffiraient pas toujours pour la faire disparaître. L'emploi extérieur et intérieur des opiacés est utile quand les douleurs sont vives, et devient une ressource d'un prix inestimable quand la dernière période est arrivée. L'extirpation et la cautérisation seules, suivant les indications, peuvent donc produire une guérison et certaine et même radicale dans quelques cas, et différer l'issue fatale dans la plupart des autres. Quant au traitement général, insuffisant par lui-même, il n'est pas à négliger, tandis que l'on tente la résolution au moyen de l'appareil compresseur et des topiques dont nous avons parlé ; c'est encore dans ces conditions que l'usage de certaines eaux minérales, salines ou sulfureuses peut offrir quelques avantages ; mais on ne doit pas accorder trop de confiance à ce moyen, il faut toujours avoir devant les yeux que le mal, pour être guéri, doit être emporté jusque dans ses racines, soit par le fer, soit par le caustique. Serait-il possible de prévenir le développement du cancer, d'en établir la prophylaxie ? Quoique la cause du mal soit ignorée, peut-être y a-t-il dans quelques cas des précautions à prendre, précautions qui ne sont pas inutiles. Ainsi, supposons une personne née de parents cancéreux, affectée de quelque incommodité permanente, et arrivant à l'âge de retour. C'est là une des conditions où le cancer est à craindre : alors si l'on change le régime alimentaire de la personne, le climat dans lequel elle vit, il peut se faire que ces modifications préviennent la naissance du mal » (Littré, *Dict. en 25 vol.*, t. VI, p. 312).

CANCER ou ÉCREVISSE (*astron.*). On donne ce nom au quatrième signe du zodiaque, de même qu'à la quatrième partie de l'écliptique, dans laquelle le soleil nous paraît entrer le 21 juin ; c'est alors que l'été commence pour nous et pour tous les habitants de l'hémisphère boréal ; c'est au contraire alors le commencement de l'hiver pour ceux qui sont dans l'hémisphère austral.—Ce signe a donné son nom au tropique qui passe à son premier point, et qui s'appelle, à cause de cela, tropique du Cancer.

CANCER (JACQUES), jurisconsulte espagnol, né à Balbastro, dans le royaume d'Aragon, s'établit à Barcelone, où il mourut vers la fin du XVIe siècle, âgé de soixante-douze ans. On a de lui un ouvrage excellent intitulé : *Variæ resolutiones juris cesaræi pontificis et municipalis principatus Catalanniæ*, 1590, 3 vol. in-fol. (*V.* la *Bibl. hisp.* de Nic. Antonio et Moréri, 1759). Fontanella, dans ses *Décisions de Mantoue*, tom. II, p. 165 et 518, appelle Jacques Cancer *auteur très-grave, très-docte et un véritable jurisconsulte.* Son livre faisait autorité dans quelques-uns de nos parlements de droit écrit. Cancer avait laissé manuscrit un autre recueil de *Résolutions* ou *Conseils*, que Joseph Ninot, son parent, évêque de Lérida, chercha vainement à découvrir pendant qu'il était auditeur de rote à la cour de Rome. — CANCER (Jérôme), poëte espagnol du XVIIe siècle, était officier de la cour de Philippe IV, et mourut en septembre 1655. Son principal talent consistait en équivoques, jeux de mots, plaisanteries et facéties en vers. L'auteur de la Bibliothèque espagnole nous apprend que l'ensemble des jeux poétiques de Cancer faisait le délice des oreilles et leur volupté (*summa cum voluptate auribus excipitur*). Il ajoute que comme poëte il eut peu d'égaux, *pres habuit paucos*), et que, comme auteur facétieux, il a surpassé tous ceux qui ont excellé dans le même genre (*reliquos omnes superare visus fuit*). Les œuvres de Jérôme Cancer furent imprimées à Madrid, en 1650, in-4°. On y trouve une immense profusion de jeux de mots, d'équivoques, de quolibets, plusieurs comédies écrites *laudabiliter*; et tout le volume, dit son grave biographe, est plein d'urbanité et de facéties (*opera urbanitate et facetiis plena*). Aussi l'auteur facétieux était-il attaché à la cour de Philippe IV (*Matriti in curia degens*). Ces courtes citations feront connaître le goût et la manière du plus célèbre des biographes espagnols, chanoine et procurateur des affaires d'Espagne en cour de Rome.

CANCÉREUX, EUSE, adj. (*méd.*), qui tient de la nature du cancer, qui appartient au cancer.

CANCÉRIFORME, s. m. (*hist. nat.*), famille de crustacés qu'on nomme aussi *carcinoïdes*, et qui correspond à l'ordre des brachyures. (*V.* CANCRIFORME.)

CANCERLIN, s. m. (*blason*), couronne de feuille de rue, mise ordinairement en bande.

CANCETILLE, s. m. garou des bois.

CANCHE, s. f. (*botan.*), genre de plantes de la famille des graminées.

CANCHY, s. m. (*botan.*), arbre fort gros qui se trouve au Japon, et dont les habitants se servent pour fabriquer une espèce de papier.

CANCIANI (PAUL), religieux servite, mort après 1792, est principalement connu par son édition des lois et coutumes des peuples qui, venus des extrémités de la Germanie, hâtèrent la chute de l'empire romain, en s'emparant des Gaules, de l'Italie et de l'Espagne. Cette précieuse collection est intitulée : *Barbarorum leges antiquæ, cum notis et glossariis*, Venise, 1781-92, 5 vol. in-fol. Canciani la fit paraître sous les auspices de Léopold, alors grand-duc de Toscane. Elle est rare en France.

CANCIONERO (*belles-lettres*), nom espagnol désignant tout recueil de chants populaires et en général de poésies lyriques, qui se nomment généralement *canciones*. C'est au XIVe, mais principalement dans le XVe et au commencement du XVIe siècle que se sont produits tous ces chants religieux, moraux, érotiques, badins, et surtout historico-romantiques, que l'Espagne possède en si grande abondance. Les auteurs d'un très-grand nombre de ces chants, et surtout des chants historiques ou romances, sont restés inconnus, et ces chants peuvent avoir longtemps passé de bouche en bouche et avoir éprouvé toutes sortes de changements, soit dans les mots, soit même dans le langage, avant qu'on eût conçu l'idée d'en former un recueil. Le plus ancien recueil de cette sorte qu'on connaisse est celui qui fut formé par Juan Alfonso de Baëna, sous le règne de Juan II (1481-95); il porte ce titre : *Cancionero de poetas antiguos*, mais il est encore en manuscrit dans la bibliothèque de l'Escurial. Après Juan Alfonso de Baëna, Fernando del Castillo entreprit un grand recueil de vieilles poésies, lequel est connu et a été souvent imprimé sous le titre de : *Cancionero general*. La plus ancienne édition qui en ait été faite est vraisemblablement de l'an 1510 ; mais il ne reste peut-être pas un seul exemplaire qui provienne de cette édition. En 1514, il parut une édition in-folio, s'annonçant comme étant la seconde édition ; elle fut imprimée par Jorge Castillo à Valence : la bibliothèque royale de Paris en possède des exemplaires. Comme éditions postérieures, on connaît les suivantes : Tolède, 1517, in-fol.; 1520, sans indication de lieu, c'est apparemment celle dont il se trouve des exemplaires dans la bibliothèque de Goettingue; Séville, 1535; idem, 1540; Anvers, 1557, in-8°; idem, 1573, in-8°. Chacune de ces éditions diffère des autres pour le nombre des poésies, pour l'ordre dans lequel elles se suivent, et pour les leçons; si les dernières éditions ont ajouté beaucoup de chants qui ne se trouvent pas dans les premières, celles-ci par contre en renferment aussi un grand nombre qui manquent dans les autres. Le livre commence par les chants religieux : *Rimas sacras* ou *Obras de devocion*; ensuite viennent les œuvres de chaque poëte à part, dont le nombre est déjà de cent trente-six dans les plus anciennes éditions; puis enfin suivent des poésies qui sont ou des mêmes auteurs, ou d'autres auteurs dont les noms sont ou ne sont pas indiqués. Parmi ces poésies il n'y en a qu'un petit nombre d'historiques, de celles qu'on nomme des romances, et qui aient donné lieu à des recueils particuliers. Outre le *cancionero general*, il y a encore un grand nombre de recueils semblables qui portent différents titres. Les plus connus sont les suivants : *Relox de Namorades*, Valencia, 1565, publié par les soins d'Ausias Isquierdo, mais il n'y a que la première partie qui ait paru ; *Floresta de varia poesia*, por D. Diego Ramirez Pagan, Valencia, 1562, in-8°; *Jardin de Amadores*, publié par Lorenzo de Ayala, Valencia, 1588; un autre recueil porte ce titre : *Primera parte del Jardin de Amadores*, por Julian de la Puente, Zaragoza, 1611, in-12; nous citerons encore : *Tesoro de divina poesia*, por Estevan de Villalobos, Toledo, 1587, in-8°; *el Cancionero general de la doctrina christiana*, por Juan Lopez de Ubeda, Alcala, 1579 et 1586, in-8°; *Primera parte de las flores de poëtas ilustres de España*, por Pedro de Espinosa, Valladolid, 1605, in-4°; *Poesias varias de grandes ingenios Españoles*, por Josef Alfay, Zaragoza, 1654, in-4°. — Plus tard seulement, vers la fin du XVIe siècle, on commença à rassembler dans un recueil à part les chants historico-romantiques, dont un petit nombre seulement se trouve dans le *Cancionero*. Ces poésies, connues sous le nom de romances, paraissent être en partie très-anciennes et avoir passé de bouche en bouche pendant des siècles, chantées par le peuple, avant d'avoir été écrites et recueillies. Elles embrassent toute la vieille histoire de l'Espagne : elles commencent avec la chute de la domination des Goths sous Rodrigue, elles chantent ensuite tous les anciens exploits héroïques que la tradition populaire attribuait à Charlemagne et à ses pa-

ladins, un grand nombre d'évènements de l'histoire d'Espagne, mais surtout la vie du grand héros national, du Cid, puis enfin expirent en célébrant les derniers combats contre les Maures de Grenade. Les romances de cette dernière espèce forment la principale partie de l'histoire romantique composée par Ginez Perez de Hita, sous le titre de : *Historia de las guerras civiles de Granada*, ouvrage qui a été souvent réimprimé, même hors de l'Espagne. Le plus ancien recueil de romances est renfermé dans le *Cancionero de romances*, qui ne contient que peu de romances érotiques, mais par contre un grand nombre de ces vieilles poésies historiques dont nous avons parlé. On connaît les éditions suivantes de ce recueil : *Cancionero de romances en que estan recopilados la mayor parte de los romances castellanos. Nuevamente corregido y añadido en muchas partes*, Anvers, 1555, in-8°; l'édition antérieure dont il est ici question est inconnue ; ce recueil se trouve réimprimé à Anvers en 1573, à Lisbonne en 1581, à Barcelone en 1587 et 1628, et peut-être d'autres fois encore. Les romances historiques toutes seules, sans aucun mélange étranger, sont données par le *Romancero historiado* de Lucas Rodriguez, Alcala, 1579. On trouve encore : *Romances nuevamente sacados de historias antiguas de la cronica de España*, Anvers, 1566, et *Silva de varios romances*, Barcelona, 1611, réimprimé encore d'autres fois. Les romances sur le Cid, les plus aimées de toutes, se trouvent plus particulièrement réunies, tels que : *Historia del muy noble y valeroso cavallero, el Cid Ruy Diaz de Bivar, en romances, recopilados por Juan de Escobar*, Lisboa, 1615, in-12. — D'un recueil beaucoup plus rare que tous ceux que nous venons de citer, c'est le *Romancero general*, dont on ne connaît que deux éditions, l'une qui est publiée par Miguel de Madrigal, Madrid, 1604, 2 vol. in-4°; l'autre, par Pedro de Flores, Madrid, 1614, in-4°. Une troisième édition que Bouterwek indique sous ce titre : *Romancero general en que se contienen todos los romances que an dan impresos, aora nuevamente añadido y emendado*, Madrid, 1604, in-4°, paraît n'être autre que l'édition de Flores de 1614 ; du moins Velasquez et Diezc ne connaissent que les deux éditions que nous venons d'indiquer. Ces recueils renferment plus de mille romances, qui sont principalement ou érotiques ou relatives aux Maures; par contre, presque toutes les romances historiques ou chevaleresques en sont absentes. Nulle part, les auteurs ne sont indiqués, et ces poésies sont mêlées sans ordre et sans suite. La plupart de ces recueils étant d'une grande rareté, il est très-heureux que dans ces derniers temps on ait publié, tant en Espagne qu'ailleurs, plusieurs recueils de romances et en général de poésies lyriques des Espagnols. Il faut ranger dans cette catégorie quelques parties du *Parnaso español* de Josef Lopez, 1768, 51 vol. in-8°; la *Coleccion de don Ramon Fernandez*, Madrid, 1797, 20 vol. in-8°, et les *Poésias selectas* de don M. J. Quintana. — La littérature portugaise est riche aussi en chants et en poésies, mais seulement elle manque presque entièrement de romances historiques et chevaleresques. Peut-être est-ce parce que le Portugal termina ses luttes contre les Maures bien avant l'Espagne, et parce qu'il porta son activité particulièrement sur la navigation et les découvertes maritimes. Ce pays vit paraître aussi pendant le XVe siècle plusieurs recueils de chants, mais qui sont restés en manuscrit : tels sont les *Cancioneiros geraes*. Le plus ancien recueil imprimé est celui de *Garcia de Resende*, Lisbonne, 1516, in-fol.; il est plus grand même que le *Cancionero general* espagnol. — Les Italiens n'ont pas de recueils de cette nature, et en général la poésie populaire et nationale des chansons et des romances manque entièrement à leur littérature. Aussi la dénomination de *canzionere* est-elle rarement employée en italien pour désigner collectivement l'ensemble des poésies lyriques d'un auteur ; on l'emploie surtout pour les œuvres de Pétrarque : mais l'expression *rime* est bien plus usitée.

CANCLAUX (JEAN-BAPTISTE-CAMILLE, COMTE DE), né à Paris en 1740, était colonel d'un régiment de cavalerie à l'époque de la révolution. Choisi, en 1791, pour commander dans le Morbihan et le Finistère, il réussit pendant quelque temps à réprimer les factions. Il fut fait lieutenant général la même année, et nommé général en chef de l'armée de l'Ouest en 1793. Assailli le 29 juin de cette année, dans la ville de Nantes, par 50,000 Vendéens, Canclaux, qui n'avait guère que 4,000 hommes de troupes régulières réunies à la garde nationale de la ville, força les insurgés à se retirer après plusieurs combats, où il se montra toujours au poste le plus dangereux; et ce fut à ses bonnes dispositions et à sa fermeté que la république dut la conservation de cette importante cité. Il poursuivit ensuite les Vendéens, remporta sur eux plusieurs avantages, et eut pendant cette expédition périlleuse un cheval blessé sous lui. A son retour, il reçut la nouvelle de sa destitution. Rendu à ses fonctions de général en chef de l'armée de l'Ouest après le 9 thermidor, il parvint à y rétablir l'ordre et la discipline, et conclut ensuite avec Charette, le 17 février 1795, un traité de paix qui fut bientôt rompu. En 1796, il fut nommé à l'ambassade de Naples, où il resta jusqu'en septembre 1797. Après le 18 brumaire, le premier consul envoya le général Canclaux commander la quatorzième division militaire. En 1800, il fut nommé inspecteur général de la cavalerie, fonctions où il déploya une prévoyance rare et un zèle infatigable. En 1804, Napoléon le nomma grand officier de la Légion d'honneur, comte d'empire, membre du sénat conservateur, et en 1815 commissaire extraordinaire à Rennes. Néanmoins il adhéra à la déchéance de l'empereur en 1814. Nommé pair de France par Louis XVIII, il fut compris dans la liste des pairs par l'empereur, à son retour de l'île d'Elbe, mais il ne siégea pas. Le roi le maintint également dans cette dignité par son ordonnance du 10 août 1815. Le comte de Canclaux est mort à Paris le 30 décembre 1817.

CANCRE, s. m. (hist. nat.), espèce d'écrevisse de mer (V. Crabe).

CANCRE D'ARMOIRIES, s. m. (hist. nat.), espèce de crabe des îles Moluques, appelé aussi cancre d'Amboine. Cet insecte a le corps ovoïde, allongé, long d'un pouce environ, de moitié moins large, avec une petite queue une fois plus courte, étendue par derrière et à trois pointes. Ses pattes sont au nombre de dix, toutes à six articles, et terminées par deux pinces, mais la paire antérieure est une fois plus longue et trois ou quatre fois plus épaisse. Tout son corps est jaune, marqué au milieu de deux raies longitudinales rouges, et de trois points bleus de chaque côté. Ses pattes sont jaunes, avec un point bleu à chaque insertion des articulations. Cet insecte est commun dans la mer d'Amboine. On l'appelle cancre d'armoiries à cause de la variété de ses couleurs. Si la queue n'était pas plus courte que son corps, on pourrait le regarder comme une espèce de homard, cammanes; mais il en diffère assez par sa forme arrondie en total comme celle du crabe, cancer, pour en faire un genre particulier qu'Adanson a appelé du nom de canda dans son Histoire universelle des insectes. Il approche un peu du crabe des îles Moluques, molucancer; mais il en diffère en ce que ses yeux ne sont pas placés sur son dos, mais portés chacun sur une colonne mobile, comme dans le crabe, cancer.

CANCRE, s. m. (gramm.), terme de mépris ou de compassion, dont on se sert pour désigner un homme sans fortune, et qui ne peut faire ni bien ni mal à personne. Ce sens est peu usité. Il se dit aussi, dans les collèges, d'un écolier qui ne fait aucun progrès. Il se dit encore d'un homme méprisable par son extrême avarice.

CANCRELAS, s. m. (marine). Les matelots donnent ce nom à des ravets ou blattes qui sont très-multipliés dans les bâtiments voyageant dans les Indes. C'est une sorte de scarabées que le froid seul peut détruire.

CANCRIDE, s. f. (hist. nat.), genre de coquilles transparentes, fixées sur les varechs de la Méditerranée.

CANCRIFORME, adj. des deux genres (hist. nat.), qui tient du cancre, en forme de cancre. — Nom que l'on applique à des animaux qui paraissent se rapprocher des crustacés par leur forme extérieure.

CANCRITE, s. f. (hist. nat.). On donne ce nom aux crabes et à d'autres crustacés fossiles.

CANCROIDE, s. f. (méd.), tumeur carniforme, qui a quelque ressemblance avec le cancer.

CANCROME, s. m. nom que l'on donne, en quelques endroits, au savacon.

CANCU, s. m. (myth.), pain fait du maïs le plus pur, que les vierges du Soleil remettaient au pontife dans certaines fêtes péruviennes, et qu'après l'offrande elles présentaient aux incas.

CANDA, s. m. (hist. nat.), espèce de polype cellaire.

CANDA (Charles du), natif de Saint-Omer en Flandre, chanoine et prieur de Dommartin, de l'ordre de Prémontré, a vécu dans le XVIᵉ et le XVIIᵉ siècle. On a de lui : 1° la Vie de saint Thomas, archevêque de Cantorbéry, avec les constitutions royales qui ont causé son exil et son martyre, et les miracles advenus par son intercession en l'abbaye de Dommartin, près de Hesdin en Artois, à Saint-Omer, in-4°; 2° Charles du Canda a traduit de l'italien en français la Vie, la Sainteté, les Miracles et les Actes de la canonisation de saint Charles Borromée, archevêque de Milan, à Saint-Omer, 1614, in-8°, et la Vie de sainte Françoise, veuve romaine (Valère-André, Bibliothèque belge, édition de 1738, in-4°, tom. I, pag. 150).

CANDACE. On donnait ce nom à la mère du roi, dans l'île de Méroé, au-dessus de Syène. Il est question dans l'histoire de quelques reines de ce nom, qui gouvernaient sans doute pendant la minorité de leurs fils. Plusieurs auteurs anciens prétendent que c'était la coutume des Éthiopiens d'être gouvernés par des reines qui s'appelaient Candaces (V. les ouvrages de Pline, Eusèbe, Strabon, Ptolémée, etc.). Suidas parle d'une Candace qui fit prisonnier Alexandre le Grand, ce qui est sans doute une fable. — Une autre Candace, privée d'un œil, fit une irruption en Égypte, sous le règne d'Auguste, l'an 20 avant J.-C. Elle prit et pilla toutes les villes sur son passage jusqu'à Éléphantine; mais T. Pétronius, préfet de l'Égypte, s'étant mis à sa poursuite, pénétra dans ses États qu'il pilla à son tour, ce qui la força de rendre le butin qu'elle avait fait, et de demander la paix. — Il est question, dans les Actes des apôtres, ch. VIII, v. 27, d'une autre Candace, reine d'Éthiopie, dont l'un des eunuques fut baptisé par saint Philippe.

CANDADI (géogr.), petit pays d'Espagne, dans l'Estramadure.

CANDAHAR (géogr.), ville de l'Afghanistan propre, chef-lieu de province, dans une plaine, près de la rive gauche de l'Orghaudâb, à soixante-quatre lieues sud-ouest de Caboul; latitude nord 32° 20', longitude est 64° 8'. Candahar est de forme oblongue, une muraille l'entoure, et deux forts la défendent. Au centre est une rotonde de quarante à cinquante mètres de diamètre, garnie intérieurement de boutiques, et à laquelle viennent se joindre quatre bazars, qui sont de longues galeries bordées de boutiques uniformes. Les rues de Candahar sont bien alignées, mais étroites; les maisons sont en briques: celles de la plupart des chefs de Dourranys sont assez élégantes. Il y a aussi de grands caravansérails, et des mosquées, parmi lesquelles on ne remarque que la plus voisine du palais, près de laquelle est le tombeau d'Ahmed-Ehab. Candahar est fourni d'eau par deux canaux dérivés de l'Orghaudâb, et traversés sur plusieurs points par de petits ponts. — Cette ville est divisée en plusieurs quartiers, chacun desquels est habité par une des nombreuses tribus qui forment la population, estimée en 1809 à 100,000 habitants. La plupart de ceux-ci sont Afghans, Dourranys; il y a aussi des Tadjyes, des Eimacs, des Hindous, des Persans et des Béloutchys. Cette ville est sur la route de la Perse et de l'Inde, et fréquentée par les caravanes. — Les environs sont fertiles, surtout en tabac très-estimé; il y a des vergers et des jardins bien tenus. — L'origine de Candahar est incertaine. Cette ville paraît avoir existé du temps d'Alexandre, et avoir été détruite et rebâtie plusieurs fois avant sa prise par l'empereur Baber en 1507. Elle appartint aux descendants de ce prince jusqu'au milieu du XVIᵉ siècle. A cette époque, elle devint le sujet de grandes contestations entre les empereurs mogols et persans. En 1625, elle fut prise par Chah-Abbas le Grand; en 1638, le gouverneur persan Ali-Merdan-Khan la livra à l'empereur Djehanghir. En 1649, Chah-Abbas II parvint à s'en emparer, et Aureng-Zeyb l'assiégea deux fois inutilement. En 1709, Myr-Weïs, chef afghan, la prit, et ne la garda que jusqu'en 1757. Nadir-Chah se rendit maître alors après un siège de dix-huit mois, la détruisit et la rebâtit à deux tiers de lieue au sud, en la nommant Nadir-Abad. En 1747, Ahmed-Chah-Aballi la surprit, et en fit la capitale de l'Afghanistan, en lui rendant son premier nom. Elle cessa de l'être en 1774.

ED. GIROD.

CANDALE (EAU DE) (chimie). Cette eau se fait de la manière suivante : on prend six onces de bonne eau-de-vie, une once de cannelle fine pulvérisée, deux onces de sucre fin et trois onces de bonne eau rose; on mêle la cannelle avec l'eau-de-vie dans une fiole, et le sucre avec l'eau rose dans une autre, durant l'espace de vingt-quatre heures; et d'heure en heure, il faut les agiter fortement, après avoir bien bouché les fioles avec du liège. Après ce laps de temps, on mêle le tout ensemble; puis, au bout de vingt-quatre autres heures où ce mélange a été laissé en repos dans une fiole bien exactement fermée, l'eau de candale est perfectionnée. Elle ne fait que se bonifier avec le temps. On conçoit qu'on doublera et triplera la quantité en doublant et triplant les quantités des matières qui entrent dans la composition de cette eau.

CANDALE (hist. héroïque), fils d'Hélios, ayant participé au meurtre de Ténagès, son propre frère, quitta Rhodes, sa patrie, et vint s'établir dans l'île de Cos.

CANDALE (HENRI DE NOGARET D'EPERNON, DUC DE), fils aîné du fameux duc d'Épernon, obtint en 1596, en survivance de son père, les gouvernements de l'Angoumois, de la Saintonge et de l'Aunis. En 1615, il alla offrir ses services au grand-duc de Toscane, et se distingua dans une expédition contre les Turcs. Nommé l'année suivante premier gentilhomme de la chambre du roi Louis XIII, il embrassa le calvinisme, et en 1615 fut élu par les protestants général des Cévennes. Mais il abandonna bientôt sa nouvelle religion, et en 1621 alla servir contre l'Espagne, sous le prince d'Orange, puis commanda les troupes de la république de Venise dans la Valteline en 1624. En 1636, il revint en France, et fut successivement lieutenant général de l'armée de Guyenne, de l'armée de Picardie, et enfin de celle de l'Italie. Il mourut en 1639, à quarante-huit ans.

CANDALE (L.-Ch.-Gaston de Nogaret de Foix, duc de), né à Metz en 1627, était fils de Bernard de Nogaret, duc d'Epernon, et de Gabrielle-Angélique, fille naturelle de Henri IV. Son père lui céda en 1562 la charge de colonel général de l'infanterie française. La même année, il obtint le gouvernement d'Auvergne, et le commandement de l'armée de Guyenne, après le comte d'Harcourt. Il se distingua en 1654, sous le prince de Conti et le maréchal d'Hocquincourt, à l'armée de Catalogne, qu'il commanda en chef après le départ du prince. Il mourut à Lyon en 1658. Saint-Evremont le représente comme le personnage le plus brillant de son siècle.

CANDALE, s. m. (mœurs et usages), jupe de toile que portent les nègres du Sénégal.

CANDALICAS (géogr. anc.), lieu situé dans la Norique, d'après l'Itin. ant., à 20 milles de Virunum : ainsi il faudrait en chercher l'emplacement près de Wolfsberg.

CANDAMO (Francisco Bandes y), auteur dramatique espagnol, d'une famille noble dans le royaume des Asturies, travailla pour le théâtre de Madrid, reçut de Charles II une pension qui cessa d'être payée pendant la guerre de la succession, et mourut dans l'indigence en 1709. Suivant Velasquez, les pièces de Candamo méritent le succès qu'elles obtinrent à la fin du xviie siècle. « La vraisemblance y est, dit-il, conservée, les incidents sont naturels, les caractères bien tracés, le dialogue spirituel et le style élégant. » En deçà des Pyrénées, cet éloge peut paraître exagéré. Une des meilleures pièces de Candamo est sa comédie héroïque, intitulée : el Esclavo en grillos de oro (l'Esclave dans des chaînes d'or); on y trouve cependant de longs et fades discours écrits en vers assez harmonieux, et un mélange ridicule de scènes historiques et de scènes romanesques. Le sujet de la pièce est tiré de l'histoire de Trajan. Linguet a traduit de Candamo, dans le quatrième volume de son Théâtre espagnol, une comédie en trois journées ou actes, intitulée : el Duelo contra su Dama. Le théâtre change trois fois dans le premier acte : la scène est successivement dans un jardin, dans un palais, dans une forêt; il y a quelques situations heureuses, des intentions comiques, du désordre et du mouvement.

CANDANT DE L'AVIRON, s. m. (marine), mot qui, dans la Méditerranée, exprime le balancement d'un aviron établi sur le plat-bord pour nager, c'est-à-dire que, livré à lui-même, il reste en équilibre sur la toletière.

CANDANUM (géogr. anc.), ville des Jazyges en Dacie, dont Ptolémée ne désigne pas exactement la position. Cependant il paraîtrait qu'elle devait être située près d'Erlau (Agria), dans le comitat de Hewes.

CANDARENA ou **CANDRENA** (mythol.). Junon fut ainsi surnommée de Candara, ville de Paphlagonie, où elle était particulièrement honorée.

CANDAULE, s. m. (art culin.), ragoût que l'on faisait avec du pain, du fromage, du bouillon gras, etc.

CANDAULE, que les Grecs nomment Myrsile, était fils de Myrsis, roi de Lydie, de la race des Héraclides. Il succéda à son père, et comme lui fixa son séjour à Sardes. Il aima les arts. Pline raconte qu'il acheta fort cher un tableau de Bularque, son contemporain. Sa femme est nommée Abro par Abas, Nyssia par Ptolémée Ephestion, Tydée ou Clutia par d'autres auteurs; tous s'accordent à dire qu'elle était d'une rare beauté. L'événement qui, suivant Hérodote, amena la mort de Candaule est ainsi rapporté par Hérodote. Le roi de Lydie, encore plus vain qu'épris des charmes de la reine, voulut, en les montrant sans voile à Gygès, son favori, qu'il comprît tout le bonheur de celui qui le possédait. Gygès se défendit; Candaule insista, et le plaça dans un lieu secret où il pût tout voir; mais, quelques précautions qu'on eût prises, la reine aperçut Gygès, et dissimula. Dès le lendemain, ne songeant qu'à se venger de l'injure qu'elle avait reçue, elle voulut punir par un crime la folle imprudence de son époux, fit venir Gygès, et ne lui laissa

de choix qu'entre sa prompte mort et le meurtre de son roi. Candaule fut assassiné, et Gygès devint possesseur de sa femme et de son royaume. Quelques auteurs ont pensé qu'une passion secrète de la reine pour Gygès avait eu autant de part que la faute de Candaule à sa subite élévation. Quoi qu'il en soit, l'action de la reine de Lydie, vengeant l'affront fait à sa pudeur, a trouvé des apologistes dans saint Jérôme et dans Agathias. Plutarque et d'autres historiens racontent d'une manière bien différente la révolution qui plaça Gygès sur le trône de son maître. Il se révolta contre lui, et ce fut les armes à la main, avec le secours des Cariens, qu'il vainquit Candaule et le tua sur le champ de bataille vers 716 avant J.-C. Ce prince avait régné dix-huit ans. Ce fut le dernier roi de la maison des Héraclides, qui, suivant Hérodote, régnèrent pendant un espace de cinq cents années dans le cours de vingt-deux générations (V. les Recherches sur les rois de Lydie et sur les rois de Carie, par l'abbé Sévin, dans les Mémoires de l'académie des belles-lettres, t. v, p. 252 et suiv., et t. ix, p. 124-125).

CANDAULE (V. Candolle).

CANDAVIA, communément la Canovia (géogr.), de la province et sous la métropole de Durazzo, est une contrée de la Macédoine au couchant, où se trouvent les montagnes du même nom. C'est aussi une petite partie de l'Albanie où est une ville appelée aussi Canovia. Elle est épiscopale sous Durazzo ou Duras; elle est ruinée depuis quelques siècles. Son diocèse renferme vingt-quatre paroisses avec la cathédrale dédiée à saint Jean, sur une montagne et dans une petite ville nommée Babuichi, sur le rivage, éloignée de Durazzo de 75 milles au nord. C'est de là que commencent les bois de Candavie qui s'étendent depuis le mont Scard, et qui continuent au midi. Nous avons un évêque de Candavia, nommé Thomas, dont il est fait mention dans le Specul. Carmeli, p. 953.

CANDAVIENS (géogr. anc.), petite chaîne de montagnes situées à l'ouest du fleuve Génésus dans l'Illyrie.

CANDEIL (géogr. ecclés.), ancienne abbaye de l'ordre de Cîteaux, fondée en 1150, qui a subsisté jusqu'en 1790; ses bâtiments ont été entièrement démolis; ils étaient situés dans la commune de Labessière-Candeil, à 1 myriamètre 8 kilomètres est de Gaillac.   C. L.

CANDÉENS (géogr. anc.), peuples d'Afrique qui, dit-on, se nourrissaient de serpents. Ils habitaient les côtes du golfe d'Arabie.

CANDÉENS (géogr. anc.), nation batave de la deuxième Germanie, dans la partie occidentale de l'île des Bataves.

CANDEILLE (Pierre-Joseph), compositeur de musique, né à Estaire, dans la Flandre française, le 8 décembre 1744, vint à Paris et fut engagé à l'académie royale de musique, en 1767, pour chanter la basse-taille dans les chœurs et dans les coryphées. Il se retira, en 1784, pour s'occuper uniquement de la composition, et commença à se faire connaître en composant des motets exécutés au concert spirituel. Il fit ensuite la musique de plusieurs divertissements pour les fêtes du roi (1778); en 1785, il donna Pizarre ou la Conquête du Pérou, opéra en cinq actes (paroles de Duplessis), qui n'eut que neuf représentations. Cette pièce, bien que refaite en quatre actes, fut mise au répertoire en 1791, mais elle n'a plus reparu sur la scène. Candeille fut plus heureux dans le choix qu'il fit de l'opéra de Castor et Pollux, dont les paroles étaient de Gentil Bernard. Il y adapta une musique nouvelle, et ne conserva que trois morceaux de Rameau, dans les Tristes apprêts, le chœur du second acte, et celui des démons au quatrième acte. Cet opéra, joué le 14 juin 1791, eut un grand succès, et fut joué cent trente fois jusqu'en 1799; il obtint encore vingt représentations depuis sa reprise, le 28 décembre 1814, jusqu'en 1817. Candeille a donné aussi un opéra de circonstance : la Mort de Beaurepaire, ou la Patrie reconnaissante, qui ne fut joué que trois fois en 1793. Il a composé quatorze opéras qui n'ont pas été représentés. Candeille fut l'un des professeurs de l'école de chant jusqu'au 15 mai 1805; il est mort le 24 juin 1827, à Chantilly. Dans tous ses ouvrages, dit M. Fétis, Candeille ne se montre pas un compositeur de génie, il n'y a pas de création véritable dans sa musique, mais on y trouve un sentiment juste de la scène, de la force dramatique et de beaux effets de masses. Ces qualités suffisent pour lui assurer un rang honorable parmi les musiciens français du xviiie siècle. D'ailleurs, peu favorisé par la fortune dans ses travaux, il n'a pu faire connaître que la plus petite partie de ses ouvrages, parce qu'il les a écrits sur des poèmes qui, après avoir été reçus, ont été refusés à une seconde lecture.

CANDEILLE (A.-Julie), comédienne, née à Paris en 1767,

débuta en 1782, à l'Opéra, dans le rôle d'Iphigénie en Aulide, de Gluck, et fut immédiatement reçue ; mais bientôt elle quitta le théâtre, et ne reparut qu'en 1785 à la comédie française, où elle n'obtint que des succès médiocres. Aussi, en 1790, Monvel n'eut-il pas de peine à la déterminer à le suivre aux Variétés du Palais-Royal ; là, elle se trouva avec Talma, Dugazon, etc. En 1792, elle fit représenter, sous le voile de l'anonyme, *Catherine ou la Belle Fermière*, comédie en trois actes et en prose, qui eut une vogue prodigieuse, malgré les détracteurs de mademoiselle Candeille. En 1794, elle épousa civilement un jeune médecin avec lequel elle divorça en 1797. Elle fit représenter en 1794 le *Commissionnaire*, comédie en deux actes, et l'année suivante *la Bayadère*, comédie en cinq actes et en vers ; mais la première de ces pièces obtint seule quelques succès. Ce dernier échec la fit renoncer au théâtre, et en 1798 elle épousa le chef d'une célèbre fabrique de voitures à Bruxelles, Jean Simons, dont elle se sépara en 1802. Elle fit encore représenter deux pièces de théâtre : la dernière tomba à la première représentation. Madame Simons-Candeille, remariée en 1821 à H. Périé, est morte en 1834. Elle avait publié, depuis 1809, différents morceaux de musique et plusieurs romans oubliés aujourd'hui, entre autres : *Lydie*, Paris, 1809, 2 vol. in-12 ; *Geneviève* ou *le Hameau*, Paris, 1822, in-12. Elle avait, par une *Réponse à un article de biographie*, Paris, 1817, in-4°, vivement réclamé contre l'imputation d'avoir figuré les déesses de la Raison et de la Liberté dans les fêtes républicaines.

CANDELA (JEAN-DOMINIQUE), jésuite sicilien, mort à Catane le 24 août 1606, a laissé : *Del bene della verginità discorsi* 16 ; *Dello stato della verginità ; De costumi delle vergini* (*Biblioth. sicul.*).

CANDÉLABRE, du latin *candelabrum*, qui vient lui-même de *candela*, chandelle. On désigne par ce mot les grands supports sur lesquels on place les lampes destinées à éclairer de vastes enceintes. L'usage des candélabres remonte à la plus haute antiquité ; c'étaient d'abord un roseau, une canne, placé dans un disque et surmonté d'un plat ; les Grecs n'ont jamais perdu de vue cette origine, même dans leurs sculptures les plus admirables. Déjà au temps d'Homère ces ornements avaient atteint un haut degré de perfection : l'*Odyssée* fait mention, dans l'énumération des richesses du palais d'Alcinoüs, de lampes magnifiques, que des candélabres en or représentant des jeunes hommes portaient dans leurs mains. Les fouilles d'Herculanum et de Pompéi nous ont d'ailleurs mis à même d'apprécier tout le parti qu'à la féconde imagination des artistes de l'antiquité a su tirer de ce genre d'ornement. Il en existe aujourd'hui plusieurs à Paris, au musée du Louvre ; ils sont généralement en bronze, et ont la forme d'une branche d'arbre ou d'un bâton parfaitement imité ; on en voit d'autres en marbre au Vatican et au musée britannique. — Les candélabres étaient principalement employés à la décoration des temples, des palais et des bains publics ; ils étaient presque tous d'un travail exquis, et plusieurs atteignaient sept et huit pieds de hauteur. On conservait à Rome dans le temple d'Apollon Palatin un candélabre d'une grande dimension qui représentait un arbre avec ses branches, auxquelles étaient suspendues des lampes ; il avait, dit-on, été fabriqué en Grèce par les ordres et sous le règne d'Alexandre le Grand. Les ouvriers les plus renommés dans ce genre de fabrication étaient ceux de Tarente et de l'île d'Égine. — De nos jours les candélabres à l'antique, sur lesquels tout l'art des temps modernes n'a pu enlever la supériorité aux anciens, ne sont plus guère usités que dans la décoration des églises ou des monuments funèbres. Ils sont ordinairement en bronze ; on en a vu cependant aux dernières expositions de l'industrie qui étaient en cristal et même en porcelaine. — Le nom de *candélabre* a aussi été affecté quelquefois à certains flambeaux à plusieurs branches que l'on place sur les tables à manger et les cheminées des grands appartements, et qui sont destinés à recevoir plusieurs bougies. Il n'est pas de particulier un peu aisé qui ne possède chez lui au moins une paire de candélabres. — *Candélabre* se dit encore, en termes d'architecture, d'un amortissement en forme de balustre qui se place à l'entour intérieur d'un dôme ou au-dessus du portail d'une église, comme on le remarque à Paris dans plusieurs édifices de ce genre. — *Le candélabre de Thuringe* est un monument en pierre haut de trente pieds, et qui fut élevé en 1811, par le duc Auguste de Gotha, près d'Altembourg dans la forêt de Thuringe, en mémoire de la première église allemande fondée en cet endroit par saint Boniface, apôtre des Allemands.

CANDELARIUS (GODEFROI), prieur des carmes d'Aix-la-Chapelle, mort en 1499, a laissé : *Sermones de tempore et sanctis ; Orationes ad clerum ; Oratio pro coronatione re-*

ginæ ; De conceptione beatissimæ Virginis ; Epistolæ variæ ad Trithemium et alios (Trithème, *De script. eccles.* Valère-André, *Biblioth. belg.*).

CANDELBÉRYE, s. m. (*botan.*), sorte de plante, le galé célérifère de l'Amérique septentrionale.

CANDELETTE, s. f. (*marine*), *brosse de bossoir, jarre-bosse* ; c'est une corde garnie d'un crampon de fer, dont on se sert pour accrocher l'anneau de l'ancre lorsqu'elle sort de l'eau, et qu'on veut la baisser ou remettre en place. Chaque bandelette a de son côté son pendour et son étrope.

CANDER-SHASTI, s. m. (*mœurs et usages*), grande fête que l'on célèbre annuellement dans les Indes.

CANDEUR (*gramm. et morale*), du latin *candor*, blancheur éblouissante. La candeur est en effet la robe d'une blancheur sans tache que revêt la pureté d'âme, par laquelle elle se manifeste d'abord aux regards ; mais cette robe, le souffle le plus léger la peut ternir, le moindre contact impur la souiller. Aussi, comme toute robe blanche, doit-elle être vite dépouillée. Elle sert à parer l'enfance et l'adolescence parfois. La conserver plus tard, au contact de la foule, est malaisé, souvent même imprudent. Quelques âmes d'élite y réussissent, mais non toujours sans accroc. La candeur est à l'âme ce que la naïveté est à l'esprit. Les gens candides sont souvent naïfs. — Rien n'est plus beau que la candeur : elle répand sur toute la physionomie les douces lueurs de la sainte ignorance de l'âme. Lorsque cette ignorance cesse, lorsque l'on apprend à connaître le mal, si la pureté de l'âme n'est point altérée, toujours disparaît la sublime expression de sa virginité. La candeur est surtout l'apanage du premier âge. Son absence enlaidit une figure d'enfant : elle se marie d'ailleurs de la façon la plus heureuse avec la fraîcheur, la pureté des lignes d'une jeune physionomie. Plus tard, au contraire, elle semble presque anormale ; elle plaît moins, si ce n'est lorsqu'elle s'allie aux nobles facultés du génie. — Ainsi la candeur est l'apanage de la jeunesse et des âmes qui se tiennent loin du monde ; ajoutons que c'est un avantage naturel, que l'art le plus habile ne saurait contrefaire ou imiter.

CANDI (SUCRE). Le sucre candi n'est autre chose que le sucre cristallisé régulièrement ; en effet, dans le sucre blanc tel qu'on l'emploie dans l'usage ordinaire, il n'y a qu'une cristallisation confuse. Pour préparer le sucre candi, on fait un sirop qu'on laisse évaporer jusqu'à ce qu'une goutte versée sur un corps froid se prenne sans s'étaler ; alors on le verse dans une terrine dans laquelle on a disposé des fils qui se croisent en différents sens ; c'est sur ces fils que la cristallisation commence, puis elle continue de proche en proche, favorisée par le repos et par une douce température, ainsi qu'on le voit dans les confitures, à la surface desquelles il se forme souvent des cristaux de sucre candi. On trouve dans le commerce du sucre candi blanc et jaune ; ce dernier est celui dont le sirop n'a pas été décoloré. Les confiseurs emploient beaucoup le sucre candi dans la fabrication des bonbons. D'ailleurs, le sucre ainsi cristallisé ne présente pas de propriétés particulières. On n'est point d'accord sur l'étymologie du mot candi, qu'on fait venir, les uns de l'arabe, les autres du grec, d'autres enfin du latin.

CANDI, s. m. (*navig.*), nom qu'on donne, à Paris, à un grand bateau dont on se sert sur la Seine.

CANDIAC (JEAN-LOUIS-PIERRE-ELISABETH DE MONTCALM DE), enfant célèbre, né au château de Candiac, près de Nîmes, le 7 novembre 1719, mort à Paris le 8 octobre 1726. — Sa vie n'eut que sept ans de durée, et cependant, outre sa langue maternelle qu'il connaissait par principes, il avait des notions assez avancées du latin, de grec, et d'hébreu ; il possédait toute l'arithmétique, savait le blason, la fable, la géographie et plusieurs parties importantes de l'histoire sacrée et profane, ancienne et moderne. Candiac attira les hommages des savants à Nîmes, à Montpellier, à Grenoble, à Lyon, à Paris. C'est pour lui que fut imaginé le BUREAU TYPOGRAPHIQUE. L'inventeur de ce moyen d'instruction (*V.* DUMAS) mit d'ailleurs à développer les facultés de son élève toute l'affection d'un proche parent, car les liens du sang, quoique non avoués, unissaient le maître et le disciple. A la mort de celui-ci, causée par une hydropisie de cerveau, l'instituteur désolé exprima ses regrets dans une épitaphe historique, dont il orna la tombe de cet enfant extraordinaire, à l'intérieur de l'église Saint-Benoît à Paris.

CANDIANI CAMPUS (*géogr. anc.*), plaine située au sud-est de Ravenne, et où les troupes d'Odoacre furent enveloppées et trois fois battues par Théodoric, roi des Ostrogoths. — Il y a aussi un pont sur le Ronco qui porte le nom de : *pons Candidiani*. Il s'ensuit qu'une de ces deux leçons est nécessairement erronée.

CANDIANO (Pierre Ier), doge de Venise, élu en avril 887, après l'abdication de Jean Particiaccio. Il fit la guerre aux Narentins et aux Esclavons, et il fut tué par eux, après avoir gouverné cinq mois seulement. On loue son courage, sa piété et sa générosité. La famille Sanudo, qui a donné des magistrats et des historiens distingués à Venise, prétend être la même qui portait dans les IXe et Xe siècles, le nom de Candiano. A la mort du premier doge de ce nom, son prédécesseur Jean Particiaccio, qui avait abdiqué, remonta sur le trône, jusqu'à ce qu'une nouvelle élection lui eût donné pour successeur Pierre Tribuno. — Candiano (Pierre II), doge de Venise, succéda en 932 à Orso Particiaccio. Il était fils de Pierre Candiano Ier. La république de Venise n'avait pas encore immédiatement secoué la dépendance de l'empire d'Orient, et Pierre Candiano brigua et obtint de la cour de Constantinople la dignité de protospathaire. Il prit Comacchio, il imposa un tribut à Capo d'Istria, et fit avec succès la guerre aux Narentins. Il mourut en 939, et il eut pour successeur Particiaccio. — Candiano (Pierre III) succéda en 942 à Pierre Particiaccio. Pendant le gouvernement de ce doge, les pirates de Trieste enlevèrent, au milieu de l'église, douze épouses vénitiennes, qui devaient être mariées le même jour, la veille de la Chandeleur. Ils pénétrèrent dans l'église le sabre à la main, et ils les entraînèrent sur leurs vaisseaux ; mais, avant qu'ils pussent les conduire à Trieste, ils furent atteints par le doge Pierre Candiano, qui les poursuivit avec toutes les galères de la république, et qui leur enleva leur proie, après le combat le plus acharné. Une fête annuelle fut instituée en commémoration de cet événement. Au jour anniversaire de cette victoire, douze jeunes filles étaient conduites en triomphe dans tous les quartiers de Venise, et mariées aux frais de la république. Un fils de Pierre Candiano, du même nom que lui, se révolta contre son père ; mais il fut battu sur la place du Rialto, et fait prisonnier. Un décret l'exclut à perpétuité des emplois publics, et dans son exil à Ravenne il arma en course contre la république. Cependant son père étant mort en 959, il fut unanimement élu pour lui succéder. — Candiano (Pierre IV). La loi portée contre lui n'empêcha pas qu'à la mort de son père on ne le rappelât de Ravenne pour le mettre à la tête de l'État. Il déploya pendant un assez long règne des talents pour la guerre et pour l'administration ; il obtint des empereurs d'Orient et d'Occident des priviléges pour la république ; le pape enfin, à son intercession, augmenta la juridiction du patriarche de Grado ; mais en même temps Pierre IV indisposa le peuple par son faste et son orgueil ; il s'entoura d'une garde étrangère, et voulut qu'on lui obéît comme à un roi. Une révolte, dirigée par Pierre Urséolo, éclata en 976 ; le palais du doge fut attaqué, et, comme les séditieux ne pouvaient en forcer l'entrée, ils mirent le feu aux maisons voisines. Il y en eut plus de trois cents de détruites. Le doge, en voulant échapper aux flammes, fut massacré avec son fils encore enfant. Pierre Urséolo, qui avait dirigé contre lui la sédition, lui succéda. — Candiano (Vital), frère du précédent, succéda en 978 à Pierre Urséolo, qui s'était fait moine. Il réconcilia les Vénitiens avec Othon II, qui était fort irrité contre eux ; mais, après quatorze mois de règne, il revêtit l'habit de moine dans le couvent de Saint-Hilaire, et il mourut quatre jours après. Tribuno Memo fut son successeur.

CANDIDA (*géogr. ecclés.*), ville épiscopale de la Lycie au diocèse d'Asie, sous la métropole de Myre. Pline la met au nombre des plus belles villes de cette province. Nous savons que les deux évêques suivants y ont siégé, savoir : Constantin, qui se trouva au septième concile général, et Basile, à celui de Photius.

CANDIDAT (*hist. anc.*). A Rome, on nommait candidats les citoyens qui aspiraient aux emplois publics ; ce nom leur fut donné de la robe blanche (*toga candida*) qu'ils portaient. Ils ne mettaient point de tunique, soit pour faire ainsi parade d'une grande simplicité, soit pour qu'il leur fût plus facile de montrer à tous les cicatrices des blessures qu'ils avaient reçues en combattant pour la république. — Dans les derniers temps on ne pouvait être considéré comme candidat si l'on n'était pas présent, si l'on n'avait pas déclaré sur les rangs dans les détails prescrits par les lois, c'est-à-dire avant la convocation des comices. Il fallait encore que les noms de ceux qui se présentaient fussent acceptés par les magistrats, car ils avaient le droit d'admettre ou de rejeter les candidats à leur gré, en exprimant un motif légitime; cependant le sénat pouvait annuler l'exclusion donnée par les consuls. — Longtemps avant l'élection, les candidats s'efforçaient de gagner la bienveillance populaire (et cette brigue s'appelait *ambitus*) ; ils allaient dans les maisons des citoyens, serraient les mains de ceux qu'ils ren-

contraient, les accostaient amicalement, les appelaient par leurs noms, etc. ; ils se faisaient accompagner à cet effet d'un individu (*nomenclator*) qui leur disait à voix basse le nom des électeurs. Anciennement les candidats étaient dans l'usage de se trouver, au jour de marché, dans les réunions du peuple, et de se placer sur un endroit élevé afin d'être aperçus de tous les citoyens. Quand ils descendaient au champ de Mars, ils avaient quelquefois pour cortége leurs parents et leurs amis;. ils chargeaient des agents de distribuer de l'argent parmi le peuple. Ce trafic était expressément défendu par les lois ; cependant il avait lieu ouvertement : il se fit une fois pour empêcher l'élection de César, et même avec l'approbation de Caton. Des individus, désignés par le nom d'*interprètes*, marchandaient les votes du peuple, et ceux entre les mains de qui on déposait le prix convenu étaient appelés *séquestres*. Quelquefois les candidats formaient des brigues pour écarter leurs concurrents. — En résumé voici les conditions qui étaient imposées aux candidats : 1° dix ans de service dans les armées ; 2° un âge fixe, selon la charge que l'on briguait : c'était vingt-sept ans pour la questure, trente pour le tribunal, trente-sept pour l'édilité, trente-neuf pour la préture, quarante-trois pour le consulat. En outre ceux qui prétendaient à une charge supérieure devaient avoir exercé les magistratures inférieures. Après avoir satisfait à ces premières obligations, les candidats devaient assister aux assemblées du peuple pendant deux années consécutives, et en même temps se faire accepter et par les magistrats et par la multitude. — Le mot de *candidat* a été emprunté aux Romains par les modernes pour désigner un aspirant à une place quelconque ; il est très en usage dans l'Église protestante, où les jeunes théologiens qui ont subi leur premier examen (*tentamen rigorosum*) sont candidats du ministère sacré et peuvent recevoir, s'ils ont l'âge requis, l'imposition des mains. Ces candidats n'arrivent pas toujours à l'emploi objet de leurs recherches, et l'on en a vu qui toute leur vie sont restés candidats. On a eu en allemand une histoire fort plaisante, en vers, d'un candidat appelé Jobs et qui a donné son nom à la *Jobsiade*.

CANDIDAT. On nommait autrefois *candidats du prince* des espèces de questeurs dont les fonctions étaient de lire en plein sénat les ordres de l'empereur.

CANDIDATURE (*hist. mod.*). Ce mot est nouveau, et n'est guère usité que depuis une vingtaine d'années. On désigne ainsi les opérations préliminaires auxquelles sont soumis ceux qui aspirent à une fonction publique ou à un grade scientifique. L'étymologie de ce mot est probablement la même que celle de candidat, qui vient du latin *candidus*, blanc. En effet les candidats étaient revêtus de blanc et ne portaient point de tunique, soit par affectation de simplicité, soit pour laisser voir les blessures qu'ils avaient reçues en combattant pour la république. — Chez nous le candidat ne s'habille plus de blanc, on pourrait presque dire que la couleur obligée de son vêtement est le noir, témoin, la robe dont on affuble les aspirants à un grade quelconque, ou l'habit du solliciteur. Mais ce qui n'a pas changé, ce sont les moyens corrupteurs dont on faisait usage à Rome comme à Athènes. A Paris ou à Londres, quand une place est vacante, si on n'emploie plus les embrassades, on voit encore, poignées de main, cartes de visites, promesses, protestations de dévouement aux intérêts du pays ou aux intérêts privés de l'électeur faire leur jeu, et à Paris comme à Rome on trouve encore des dupes qui s'y laissent prendre.

CANDIDE (*gramm.*), adj. des deux genres, qui a de la candeur.

CANDIDE, l'un des quarante martyrs de Sébaste en Cappadoce (*V.* Cyprien), que l'on compte ordinairement pour le chef de ces généreux soldats.

CANDIDE (Saint), martyr de la légion thébéenne, que l'on honore à Wazor, abbaye de bénédictins dans le pays de Liége, sur la rive gauche de la Meuse, entre Dinant et Charlemont. Son corps y fut transporté le 13 du mois de janvier avec celui de saint Victor de la même légion ; et l'on en fait la fête le 16 du même mois (Baillet, tom. III, 22 septembre).

CANDIDE, prêtre de l'Église romaine, fut en 595 envoyé dans la Gaule par Grégoire le Grand, pour y administrer le patrimoine de Saint-Pierre. Candide était chargé de remettre au roi Childebert des lettres du pape, avec de la limaille des chaînes de saint Pierre, qu'on recommandait au prince de porter à son cou, comme une précieuse relique. Candide employa les revenus du patrimoine de Saint-Pierre en œuvres de charité, et spécialement à instruire des Bretons idolâtres, qui devaient ensuite aller prêcher le christianisme en Angleterre.

CANDIDE DE FULDE (*V.* **Bruun**).

CANDIDE (Lep.), *Chalippe*, récollet, a donné la *Vie de saint François*, instituteur de l'ordre des frères mineurs, de celui de Sainte-Claire et du tiers ordre de la pénitence, avec l'histoire particulière des stigmates; des éclaircissements sur l'indulgence de la portioncule, des réflexions et des notes, et une préface sur le merveilleux de la vie des saints, dédiée à la reine, Paris, 1728, vol. in-4°. Comme la vie de saint François renferme beaucoup de choses merveilleuses, et qu'il se trouve des personnes prévenues contre le merveilleux de la vie des saints, le P. Candide s'applique d'abord à faire voir que cette prévention est déraisonnable et dangereuse. Il combat, par des raisons solides, les incrédules qui rejettent comme fabuleux tout ce qui tient du surnaturel, et ces critiques outrés qui réduisent le surnaturel presque à rien, par les règles abstraites qu'ils établissent pour en porter jugement. On trouve à la fin de la préface des réponses à ceux qui voudraient que dans la vie des saints on ne proposât que des exemples à imiter, sans parler du merveilleux, et à ceux qui s'imaginent que les vertus de saint François sont trop éminentes pour pouvoir servir de modèle. Le P. Candide divise son ouvrage en cinq livres, et il n'y omet rien de ce qui appartient au sujet. Il rapporte, selon l'ordre chronologique, les actions, les paroles et les instructions du saint, l'établissement de ses trois instituts, et généralement tous les faits considérables qui s'y trouvent liés depuis sa conversion jusqu'à sa mort. Ce qui n'a point d'époque particulière ou qui demande quelque discussion, et a besoin d'être défendu contre la critique, est renvoyé au cinquième livre, entre la mort et la canonisation du saint. L'ouvrage est écrit avec un style naturel et grave; les faits extraordinaires s'y trouvent autorisés par des traits de l'Ecriture sainte et de l'histoire ecclésiastique, et accompagnés de plusieurs passages choisis, tirés des Pères de l'Eglise. L'auteur y mêle quantité de réflexions instructives, principalement dans le dernier livre; mais elles n'interrompent point le fil de la narration, et les sujets qui les font naître sont très-intéressants (*Journal des savants*, 1728, p. 87 et suiv.) (*V.* **Chalippe**).

CANDIDEMENT, ad. (gramm.), avec candeur.

CANDIDI CERVI ARGENTUM (jurispr. anglaise). On donne ce nom à une espèce de tribut ou amende payée à l'échiquier par les trois cantons du dedans ou des environs de la forêt de Witheard dans le Dortsetshire. Cette amende est la continuation de celle que Henri III avait imposée à Thomas de la Leude et à d'autres, pour avoir tué un cerf blanc d'une beauté singulière, que ce roi avait excepté de la chasse.

CANDIDIEN, fils naturel de Galérius. Son père allait le nommer César quand il mourut. Candidien ayant fait quelques efforts pour se placer sur le trône, l'usurpateur Licinius ordonna son supplice, vers l'an 315 après J.-C.

CANDIDO (Vincent), dominicain, né à Syracuse en Sicile, le 2 février 1573, fut appelé Marins au baptême, nom qu'on lui changea en celui de Vincent lorsqu'on lui donna l'habit de Saint-Dominique dans le couvent de la Minerve à Rome. Il était pour lors dans sa dix-neuvième année, et il n'eut pas plutôt achevé son cours de théologie, qu'on fit violence à sa modestie en l'obligeant d'enseigner les autres et de prendre le bonnet de docteur. Il se distingua beaucoup par sa science et par sa piété. Il fut pénitencier à Sainte-Marie-Majeure dès 1597, et exerça cet emploi pendant quatorze ans, mais à différentes reprises, trois fois prieur de son couvent de la Minerve à Rome, trois fois provincial, deux fois vicaire général de l'ordre. Enfin Innocent X, avec lequel il avait été élevé dès l'enfance, et qui l'estimait pour ses grands talents, le nomma maître du sacré palais, emploi dont il s'acquitta au contentement et avec l'admiration de tout le monde, jusqu'à ce que, plein d'années et de mérites, il mourut à Rome le 6 novembre 1654, âgé de quatre-vingt-deux ans, dont il en avait passé soixante dans la vie religieuse. Le P. Adam, jésuite, professeur de rhétorique dans le collège romain, fit son oraison funèbre, et loua beaucoup sa profonde érudition, son immense piété, ses travaux et ses écrits. Il ajouta que le pape Innocent X avait coutume de l'appeler *un guide sage et éclairé, un maître de la solide piété, un appui de l'Eglise présente*. Il a composé deux tomes des *Disquisitions morales* pour résoudre les cas de conscience selon les saints canons et la doctrine des Pères, à l'usage des confesseurs et des pénitents, imprimés à Rome au Vatican, 1637, 2 vol. in-folio; ensuite à Lyon, 1658, et à Venise, 1639. Le même ouvrage fut réimprimé à Rome en quatre tomes in-folio, comprenant deux *Traités* du bon gouvernement des religieuses et de leur clôture, avec un autre pour montrer que le pape ne doit pas penser à se donner un successeur. Il avait composé encore un *Traité* de la primauté de saint Pierre; mais il est resté manuscrit, aussi bien que le cinquième et le sixième tome de ses *Disquisitions morales*, les *Sermons de carême*, et ses *Panégyriques* (*V.* Vincent Baron, liv. I, *Apologet.*, sect. I, art. 1er). Il était un peu relâché dans ses opinions, et on dit que Thomas Turcus, général de son ordre, ne voulait pas qu'on lût, pendant la table, ses ouvrages; d'où il faut conclure, remarque le P. Echard, qu'une vie sainte et religieuse n'est pas toujours la marque d'une doctrine pure et saine (Fontana, *in Theat. dom.*, p. 456. Le P. Echard, *Script. ord. Præd.*, t. II, p. 580. Le P. Touron, *Hommes illustres de l'ordre de Saint-Dominique*, t. V, p. 562 et suiv.).

CANDIDO DECEMBRIO (*V.* **Decembrio**).

CANDIDUM PROMONTORIUM (géogr. anc.), aujourd'hui le *cap Blanc*, promontoire de l'Afrique propre, situé sur la pointe la plus septentrionale de cette contrée, au sud-est de Tabraca, et au nord-ouest d'Hippozazytos.

CANDIDUS (T. Julius), consul l'an de J.-C. 105.

CANDIDUS, général de l'empereur Sévère, remporta une victoire sur Pescennius Niger, entre Nicée et Cius en Bithynie.

CANDIDUS, né dans l'Isaurie et chrétien de religion, avait écrit l'*Histoire des empereurs grecs*, depuis le règne de Léon de Thrace, l'an 457 de notre ère jusqu'au commencement de celui d'Anastase, l'an 491. Son style est très-affecté, au jugement de Photius, qui nous a donné un extrait de cet ouvrage dans sa *Bibliothèque*, cod. 79; on le trouve aussi dans les *Excerpta de legationibus*, Paris, 1648, in-fol. Candidus mourut vers la fin du Ve siècle.

CANDIDUS (Pantaléon), ministre protestant à Deux-Ponts, né en Autriche en 1540, mourut le 3 février 1608. Son nom était Weiss, qu'il latinisa suivant l'usage de son siècle; il a publié : 1° *Goteberis, hoc est de gothicis per Hispaniam regibus et teutonica gente oriundis, libri VI*, Deux-Ponts, 1597, in-4°; 2° *Annales seu Fabulæ chronologicæ, ad annum* 1602, Strasbourg, 1602, in-8°; 3° *Belgicarum rerum epitome ab anno* 742 *ad annum* 1603, Francfort, 1606, in-4°; 4° *Bohemiades, sive de ducibus Bohemiæ libri III et de regibus libri V, carmine complexi*, Strasbourg, 1590, in-4°. On a encore du même auteur, *Epigrammata et orationes funebres*, 1600, in-8°. — Candidus (Gerhard) est l'auteur d'une histoire intitulée, *De rebus belgicis*, imprimée à Francfort en 1580, et en 1585 dans le recueil donné par Arnold Freytag, sous ce titre : *Scriptores tres de rebus belgicis*. — Candidus (Jean), jurisconsulte, est l'auteur d'une histoire de la ville d'Aquilée : *Commentariorum aquilecensium libri VIII*, Venise, 1521, in-fol. Cette histoire a été insérée dans le tome VI du *Trésor des antiquités* de Grævius, et traduite en italien à Venise, 1544, in-8°. Jean Candidus avait aussi composé une histoire des rois de France depuis Pharamond jusqu'à Louis XI, sous ce titre : *De origine regum Galliæ*. Cette histoire était conservée manuscrite à la bibliothèque de la ville des minimes à Paris.

CANDIE (l'ancienne Crète) (géogr.), grande île de la Méditerranée, l'une des plus importantes de cette mer. Elle ferme, au sud, l'Archipel, et s'étend entre les 34° et 36° de latitude nord, et les 21° et 24° de longitude est. Sa longueur est de 15, et sa superficie de 520. La côte septentrionale est très-découpée, et offre plusieurs grands golfes et des ports; celle du sud est plus unie, haute et presque inaccessible. Cette île est traversée dans toute sa longueur par une chaîne de montagnes calcaires qui offrent trois points principaux : à l'ouest, les monts Sphakiottici ou Asprovocchi, appelés aussi montagnes Blanches, parce que la neige y séjourne huit et neuf mois; au centre, le mont Psiloriti (l'ancien Ida), qui domine tout le pays et la mer environnante, et à l'ouest les monts Lassiti bien moins élevés que les autres. Il ne descend de ces montagnes qu'un petit nombre de rivières et de torrents; mais il y a beaucoup de sources et quelques petits lacs. Le climat est doux et salubre dans les plaines, tempéré en été par le vent du nord; l'automne est la saison des pluies. Quoique le sol soit peu favorable aux céréales, cependant il pourrait suffire à la consommation s'il était mieux cultivé. On y recueille du lin, du coton, du tabac, des fruits, des vins, de l'huile en abondance. L'olivier croît partout, et se groupe même en forêts; le grenadier, le caroubier, le figuier croissent sans culture; la vigne donne d'excellents vins, et il y a de superbes forêts de cyprès, de platanes et de châtaigniers. Les pâturages de l'île sont magnifiques; la volaille, le gibier y abondent, et on y élève des moutons, des bœufs, des chevaux, des abeilles. L'industrie se borne à quelques fabriques de savon et d'eau-de-vie, et les principaux articles d'exportation consistent en huiles, fruits, raisin sec, lin et fromage. D'après ce qu'on a vu sur les lieux, et les derniers renseignements que l'on a reçus d'Égypte et de la Canée, on peut évaluer la population à 260,000 habitants, dont 120,000 Turcs, 120,000 Grecs, et 4,000 Égyptiens, Arnaoutes, Français, Italiens, etc. Les Grecs y ont douze évêques. Elle est divisée en trois sandjiakats : Candie, la Canée, Retymo; Candie, chef-lieu.— Candie paraît avoir été colonisée et civilisée à une époque très-reculée; trois de ses rois devinrent les inflexibles juges des enfers. Elle passa plus tard sous la domination romaine, et ensuite sous celle des empereurs d'Orient, des Arabes, des Génois, des Vénitiens, et enfin des Turcs en 1669. Aujourd'hui elle appartient au pacha d'Égypte (*V.* CRÈTE).

CANDIE (*géogr.*), ville capitale de l'île ci-dessus, sur une côte septentrionale, siége d'un archevêque grec. Elle s'élève en amphithéâtre, est environnée de hautes murailles, et défendue par des ouvrages avancés; l'extérieur est triste. Le sérail ou palais du pacha est peu remarquable, et de ses quatorze mosquées il n'y en a qu'une de digne d'attention. On y compte plusieurs églises chrétiennes, des fabriques de savon, et quelques distilleries d'eau-de-vie. Son port est presque entièrement ensablé, et il s'y fait peu de commerce. 15,000 habitants. Latitude nord, 35° 21'; longitude est, 47°45'.

CANDIE (SIÉGE DE). Soixante mille Turcs assiégeaient Candie en 1667, et, seul de tous les princes chrétiens, Louis XIV avait donné son appui aux Vénitiens, qui auraient pu être sauvés si la générosité française eût trouvé des imitateurs. Le duc de Navaille avait amené de Toulon un secours de sept mille hommes. Voulant signaler son entrée dans la ville par quelque action d'éclat, il fait décider une sortie qu'il exécute avec ses troupes, et qui d'abord obtint le plus brillant succès. On détruit les travaux des assiégeants; on enclone leurs canons; on force leurs lignes; les Turcs, surpris, vont se noyer dans la mer ou se réfugier dans les montagnes. Les Français se regardent déjà comme les libérateurs de la ville, quand malheureusement leur ardeur excessive leur ôte la victoire. Un bastion ayant sauté par accident, ils croient aussitôt que tout est miné sous leurs pieds, prennent l'épouvante et fuient dans un désordre extrême. Les Turcs fondent aussitôt sur les chrétiens, et en font un horrible carnage. Désespérant alors de sauver Candie, le duc de Navaille se rembarque avec huit mille Français, et Morosini, commandant des Vénitiens, abandonné de ses alliés, capitule en 1669.

CANDIIL (*comm.*), poids dont on se sert à la Chine et à Galonga. Il y en a de deux sortes, l'un qu'on nomme le *petit*, qui est de 16 marcs, et l'autre plus fort qui vaut 20 marcs. Le candiil de 16 marcs faits 5 chintals bien forts, et celui de 20 marcs 5 chintals et 5 rubis. Le rubis vaut 32 rotolis (*V.* CHINTAL, ROTOLI, RUBIS).

CANDIL ou **CANDILE** (*comm.*), mesure dont on se sert aux Indes, à Cambaye et à Bengale, pour vendre le riz et les autres grains. Elle équivaut à une mesure de quatorze boisseaux, et pèse environ 200 kilos et demi (*V.* BOISSEAU). C'est sur le pied du *candil* qu'on estime et qu'on jauge dans ce pays-là les navires, comme nous faisons en Europe au tonneau. Ainsi, lorsqu'on dit qu'un bâtiment est du port de 400 *candils*, cela signifie qu'il peut porter deux cents milliers pesant, valeur de 100 tonneaux, deux milliers faisant un tonneau (*V.* JAUGE et TONNEAU).

CANDIOPE (*mythol.*), fille d'Exopion, épousa son frère, dont elle eut Hippothoüs.

CANDIOTE (*V.* BONIFACE III).

CANDIOTE ou **CANDIOTTE**, s. f. (*botan. anc.*), espèce d'anémone à peluche.

CANDIOTE (*choreg. et musiq.*), sorte de danse en usage parmi les Grecs de Candie, air de cette danse.

CANDIR, v. a. (*technol.*) (*term. de raffineur*), faire fondre et réduire du sucre à diverses reprises jusqu'à ce qu'il soit candi.

CANDIS, en *term. de confiserie*, se dit des confitures de fruits ordinairement tout entiers, sur lesquels on a fait candir du sucre, après qu'ils ont été cuits dans le sirop, ce qui les rend comme de petits rochers cristallisés de diverses formes et figures, dont les couleurs variées approchent de celles des fruits qui entrent. Une pyramide de *candis* sur une table offre un coup d'œil agréable. — CANDIS se dit encore, dans la même partie, des confitures liquides, lorsque, après avoir été longtemps soumises à

l'action du feu, le sucre vient à s'en séparer et à s'élever au-dessus du fruit, où il forme une espèce de croute dure.

CANDISATION, s. f. (*technol.*) (*term. de raffineur*), opération à l'aide de laquelle on obtient le sucre candi.

CANDISH ou **CAVENDISH** (THOMAS), navigateur anglais, né dans le comté de Suffolk. Encouragé par le succès de l'expédition de Drake dans la mer du Sud, il était parti de Plymouth le 22 juillet 1586, avec trois vaisseaux, et le 27 décembre, après une navigation des plus heureuses, il relâchait dans un port de la côte des Patagons, auquel il donna le nom de *Port-Désiré*; son vaisseau s'appelait ainsi. Le 6 janvier, il entra dans le détroit de Magellan, et prit à bord de son vaisseau vingt et un Espagnols, seuls restes de cette colonie, fondée précédemment par le capitaine Sarmientos. En vain le gouvernement espagnol avait eu l'espérance de réussir à fortifier et défendre l'entrée de ce détroit; la misère et l'intempérie du climat avaient, de quatre cents hommes et de trente femmes, réduit le nombre à celui que Candish trouva dans les restes d'un fort appelé Philippeville. Il donna à ces lieux le nom de *Port de la famine*. Il passa le détroit, commit de grands dégâts sur les côtes du Chili, du Pérou et de la Nouvelle-Espagne, se vit obligé de brûler un de ses vaisseaux que la diminution de son équipage ne permettait plus de faire manœuvrer, perdit en route dans un gros temps l'autre qu'on n'a jamais revu, et toucha aux îles Philippines. — Rentré à Plymouth le 9 septembre 1588, Candish entreprit un second voyage avec une flotte de cinq bâtiments. Il quitta le port de Plymouth le 6 août 1591, et, après une longue traversée non moins heureuse que la précédente, il vint assister à la dispersion de sa flotte sur la côte des Patagons au milieu d'une horrible tempête. Néanmoins, ses vaisseaux s'étant réunis le 8 mars 1592 dans le *Port-Désiré*, il pénétra de nouveau dans le détroit de Magellan, où il eut les vents si constamment contraires qu'il lui fut impossible de doubler le cap Froward. Pendant qu'il se consumait en efforts pour sortir de cette position, avec une opiniâtreté digne d'un meilleur succès, les provisions s'épuisaient, les rigueurs d'un froid excessif faisaient périr ceux de ses compagnons qui étaient descendus à terre, et quelques bâtiments abandonnaient le malheureux capitaine anglais. Il fallut rétrograder pour arracher les débris de son expédition à une ruine prochaine; mais pour comble de disgrace, pendant le retour, il fut battu par les Portugais sur les côtes du Brésil. Les fatigues et les chagrins l'accablèrent dans le reste de sa route, et Candish mourut avant de débarquer, en 1593. ED. GIROD.

CANDITO (PIERRE DE WITTE, DIT), peintre, naquit à Bruges vers 1548. Il peignait également bien à fresque et à l'huile, et modelait en terre. Ayant entrepris le voyage d'Italie, il travailla beaucoup à Rome avec Vesari dans le palais du pape. Il exécuta aussi à Florence plusieurs patrons de tapisseries, et quelques autres ouvrages pour le grand-duc. Maximilien, duc de Bavière, le prit ensuite à son service, et le séjour prolongé que ce peintre fit à Munich a fait croire à de Piles qu'il était né dans cette ville. Cet artiste y peignit presque en entier les ornements du palais du prince. On lui doit aussi les dessins des *Ermites de Bavière*, gravés, ainsi que plusieurs autres dessins de sa main, par deux des Sadeler (Jean et Raphaël). Gilles Sadeler a gravé d'après lui les *Quatre Docteurs de l'Église*. Les estampes faites d'après Pierre de Witte, portant son nom italianisé en celui de *Candito* ou *Candido*, la plupart des biographes ont parlé de lui sous ces derniers noms.

CANDO, CANDI ou **CONDI** (*comm.*), mesure ou aune dont on se sert en plusieurs endroits des Indes, et surtout à Goa. Le cando de Goa est de dix-sept aunes de Hollande, et de sept huitièmes par cent plus grand que les aunes de Babel et Balsora, et de six et demi plus que le varre ou aune d'Ormus. Les étoffes de soie et celles de laine se mesurent au varre, et les toiles au cando. Le *cando* ou *candi* dont on se sert dans le royaume de Pégu est pareil à l'aune de Venise (*V.* VARRE).

CANDOGLIA (*géogr.*). Ce petit village, situé dans la Lombardie près de Mergozzo, est célèbre depuis plusieurs siècles pour ses carrières de marbres, dont les conditions de stratification ont été exactement indiquées par Amoretti et après lui par Ebel. Le voisinage de la Tosa facilite le transport par eau de ces beaux blocs de marbre, qui, en suivant ce fleuve, et de là le lac Long (lago Maggiore), le Ticino et le Grand-Canal (Naviglio grande), sont amenés dans la capitale. La coupole de la cathédrale de Milan est presque entièrement construite en marbre de Candoglia.

CANDOLLE (PYRAMUS DE), imprimeur-libraire à Genève,

quelques-uns disent à Cologny, petite ville sur les bords du lac Léman. On lit en effet ce nom sur les livres qu'il a imprimés. Il alla s'établir en 1617 à Yverdon. Candolle était instruit; mais il n'a cependant été qu'éditeur des ouvrages que quelques personnes lui ont attribués. C'est Claude Fauchet qui est auteur de la traduction de Tacite qui porte le nom de Candolle, Anvers, 1596, in-8°; Douai, 1609, in-12. Parmi les livres sortis des presses de cet imprimeur, on remarque : 1° les *OEuvres de Xénophon, docte philosophe et valeureux capitaine athénien, nouvellement traduites en français, recueillies toutes en un volume, et dédiées au roi par P. de Candolle*, Cologny, 1613, in-fol.; Yverdon, 1619, in-8°; on attribue ces traductions à Simon Goulard, à Cl. de Seyssel, et autres auteurs; 2° l'*Histoire des guerres d'Italie, traduites de Guichardin, par Chemedey*, nouvelle édition, revue, corrigée et augmentée des Observations politiques, militaires et morales de François de Lanoue, etc., par Pyramc de Candolle, Genève, 1593, 2 vol. in-8°; 3° *Trésor de l'histoire des langues de cet univers*. Outre les soins d'imprimeur, P. de Candolle a donné à ces ouvrages les soins d'éditeur. Candolle était originaire de Marseille, et l'on remarque un Bertrand de Candolle qui se distingua, en 1524, dans le siége de quarante jours que soutint cette ville contre le connétable de Bourbon et le marquis de Pescaire, commandant les impériaux.

CANDOLLE (AUGUSTIN-PYRAMUS DE), l'un des meilleurs botanistes dont puisse s'honorer la science, naquit à Genève, le 4 février 1778, d'une famille d'origine française et qui avait un rang distingué parmi les puissants de cette petite république. Ses premières études indiquèrent bientôt le succès de son avenir; elles prouvèrent que l'élève était doué de beaucoup de vivacité d'esprit, d'une grande pénétration ou, en d'autres termes, de cette perspicacité facile qui fait comprendre et retenir tout ce que l'on voit et tout ce que l'on étudie. C'est en 1794 que le jeune de Candolle reçut ses premières leçons de botanique : il montra dès l'abord un goût très-vif pour cette branche des connaissances humaines, et il la cultivait déjà avec quelque soin lorsqu'une circonstance toute particulière la lui fit choisir de préférence à toutes les autres. Son père, qui était premier syndic de la république génevoise, avait été forcé, pour dérober sa tête aux fureurs révolutionnaires, d'aller chercher un refuge dans le comté de Neuchâtel; le jeune Candolle avait suivi son père, et éloigné de son lycée, n'ayant plus ni livres ni professeurs, il employa ses journées à étudier dans le grand livre de la nature, c'est-à-dire à faire des excursions botaniques dans les contrées voisines du lieu de son exil. C'est avec plaisir qu'il s'était livré d'abord à ce genre de travail; ce fut avec passion qu'il le continua. Ses courses devenaient de plus en plus longues, le rayon de ses excursions se prolongeait de plus en plus. Enfin, ayant poussé une fois jusqu'au cœur des Alpes pennines, au fond de la vallée de Courmayeur, il y découvrit une espèce de champignon qui n'avait pas été décrite ou qui l'avait été imparfaitement, et qui devint l'objet d'une analyse assez complète de sa part pour lui consacrer un mémoire. Ce mémoire fut le premier travail de M. de Candolle; ce fut le jalon qui marqua le premier pas qu'il fit dans sa carrière de naturaliste. — En 1796, après deux années de séjour dans le comté de Neuchâtel, M. de Candolle fit un premier voyage à Paris; il avait soif des idées qu'on reprenaient cours dans la capitale du monde intellectuel, depuis que la compression révolutionnaire n'était plus là pour arrêter leur marche. A cette époque Vauquelin, Cuvier, Fourcroy et Desfontaines tenaient le sceptre de l'enseignement. De Candolle suivit leurs leçons avec le plus grand zèle, et il eut même le bonheur de leur être présenté; il ne demeura pas longtemps à Paris, et à son retour à Genève il lut, devant la société de physique et d'histoire naturelle fondée par M. de Saussure, des mémoires scientifiques remplis d'intérêt. Le premier pas de M. de Candolle dans le monde savant fut des plus heureux; son voyage à Paris lui avait donné des relations parmi les hommes les plus éclairés de l'époque, et ses premiers travaux venaient de lui donner aux yeux de ses compatriotes une place des plus honorables. Genève venait d'être réunie à la France, la patrie de M. de Candolle était donc à Paris comme à Genève; aussi il n'hésita pas à quitter le sol natal pour aller continuer ses études au centre des lumières et des idées. Il avait l'intention en partant d'y étudier la médecine, et la réalisa jusqu'à un certain point dès son arrivée; mais depuis longtemps sa carrière était tracée : la botanique devait absorber pour ainsi dire toute son activité intellectuelle. Bientôt en effet, il commença la publication de son grand ouvrage : *Plantarum succulentarum historia*, 4 vol in-fol. et in-4°, l'Histoire des plantes grasses. Tout le monde sait quelles sont les plantes qu'on a ca-

ractérisées par cette épithète; elles sont d'ailleurs depuis assez longtemps dans nos jardins, et ont des formes assez tranchées pour qu'on ne les confonde pas avec d'autres espèces. Ce fut à Redouté, l'illustre peintre de fleurs, que M. de Candolle confia l'exécution artistique de son ouvrage, et certes elle n'est pas au-dessous des autres œuvres de l'ancien pensionnaire du Jardin du Roi. C'est avec M. Benjamin Delessert, avec qui il était fort lié et à peu près à cette époque, qu'il fonda la *société philanthropique*; il fit aussi le règlement de celle pour *l'encouragement de l'industrie nationale*. M. de Candolle avait une activité d'esprit si prodigieuse et une aptitude si variée, qu'il savait montrer dans la plupart des choses dont il avait la volonté de s'occuper les mêmes qualités qui le distinguaient dans la carrière qu'il s'était choisie. — En 1806, le gouvernement français, qui encourageait toutes les illustrations, donna une mission importante à l'auteur de l'*Histoire des plantes grasses*, celle de parcourir la France dans toutes ses parties pour y étudier la botanique et l'état de l'agriculture. M. de Candolle se livra pendant six années à cette exploration et aux travaux qui devaient en résulter. Chaque année il faisait un voyage, ou jusqu'à Rome, ou jusqu'à Bayonne, ou jusqu'à Hambourg (la France avait alors d'autres frontières); et après chaque voyage il présentait au ministre de l'intérieur un mémoire où les questions d'agriculture, les descriptions pittoresques, les détails administratifs, étaient traités de main de maître et présentaient en définitive des conclusions de la plus grande utilité. M. de Candolle avait à peine commencé à remplir cette tâche que le gouvernement avait voulut lui donner un témoignage brillant de sa faveur : il l'appela en 1807 à occuper la chaire de botanique de la faculté de Montpellier. Sans faire défaut à sa mission, le professeur sut faire son devoir. Ses voyages annuels ne portèrent aucun préjudice à son enseignement; c'est à Montpellier que M. de Candolle mit la main aux travaux les plus importants parmi ceux que nous lui devons. Au milieu de son jardin, qu'il sut mettre sur le pied florissant où il est maintenant, et au sein de cette paix si difficile à trouver à Paris, il put méditer avec plus de fruit qu'il ne l'eût fait peut-être, si sa destinée lui avait imposé d'autres devoirs. Ainsi, c'est pendant le cours de son professorat, qui dura de 1807 à 1816, qu'il publia sa *Flore française*, sa *Théorie élémentaire de la botanique*, enfin son *Organographie végétale*. La valeur de ces livres peut se juger tout entière sur l'illustration du nom de leur auteur. Ils soulèvent en effet des questions qu'on n'avait pas soupçonnées; ils établissent des vérités inconnues ou méconnues; ils ouvrent à l'esprit des échappées de vue, qui laissent apparaître une série d'idées nouvelles dont on ne peut s'empêcher d'être frappé. Ces titres sont certainement bien brillants. Mais à celui de savant M. de Candolle en joignait un autre qu'il méritait au plus haut degré, celui de savoir enseigner. Il a laissé à Montpellier de si puissants souvenirs qu'ils y vivront longtemps encore. On raconte qu'il savait passionner les élèves, qu'il avait le don de les enthousiasmer pour la science qu'il cultivait avec tant de supériorité. Il était imagé dans ses leçons, poète dans ses descriptions, chaleureux et éloquent quand il exposait ses théories et qu'il défendait ses principes. C'est peut-être à cause de ce feu sacré qu'il portait avec lui, et dont les publications gardent les traces, qu'on l'accusait d'être plus homme d'imagination que de froide raison, ou, en d'autres termes plutôt idéologue que sage observateur. Mais, pour être bon observateur, il ne s'agit pas toujours d'être froid; la pénétration est le plus souvent l'apanage des esprits actifs et passionnés. — M. de Candolle avait rêvé la publication d'un immense travail, qui ne tendait à rien moins qu'à dresser l'inventaire et à donner la description de tous les végétaux connus, et avec tous les détails que comporterait la plus minutieuse monographie. Pour établir seulement l'identité des synonymes, il aurait fallu visiter les principales collections de l'Europe et consacrer en voyages le temps nécessaire au travail gigantesque de la rédaction. Cet ouvrage fut entrepris, il fut même continué jusqu'au second volume. Et ce fut alors seulement que M. de Candolle comprit que le mot *impossible* était français; car, en calculant le temps qu'il lui faudrait pour terminer sa colossale entreprise, il reconnut avec surprise que tout au plus cent vingt ans lui suffiraient. Toutefois il n'abandonna pas son projet; il le rendit possible en lui donnant d'autres proportions, et il mit la main à son *Prodromus systematis regni vegetabilis*, dont il fut publié sept volumes, et dont M. Alphonse de Candolle son fils, qui lui a succédé dans la chaire de botanique de Genève, s'occupe à terminer la publication. Le *Compendium* de tous les végétaux du globe est le plus vaste manuel de botanique connu. Les volumes publiés par M. de Candolle contiennent déjà la description et le classe-

V.　　　　　　　　　　　　　　　　　　　　　32

ment de la moitié de la population si riche et si variée de notre monde végétal. C'est à Genève que M. de Candolle avait commencé et continué son *Prodromus*. Arraché pour ainsi dire de sa chaire à l'époque de la chute de l'empereur par des accusations et des tracasseries qui n'avaient de motifs que dans la basse jalousie de quelques misérables intrigants, il quitta Montpellier pour Genève. Il revint pourtant à Montpellier, car on n'avait pas voulu accepter sa démission. Mais les mêmes inimitiés, les mêmes intrigues le poursuivaient, et ne lui laissaient ni paix ni trève. Il fallut céder devant cette persécution qui ne se lassait pas ; et, abandonnant pour jamais l'école à l'illustration de laquelle il avait si brillamment contribué, il retourna pour ne plus la quitter à sa terre natale, à Genève, qui elle-même venait de cesser d'être un département de Français pour redevenir un État indépendant. — A peine M. de Candolle fut-il fixé à Genève qu'on lui donna la chaire de botanique. Il fallait un jardin, et Genève n'en possédait pas. M. de Candolle ouvre une souscription, et bientôt, grille, vases, terrasse, serres, tout est à sa place. Le jardin est sorti de terre ; et quelques mois après il en sortit les plantes et les fleurs. Ce savant, dont la vivacité et l'esprit étaient si remarquables, savait agir avec une puissance toute magnétique sur les volontés. Aussi de combien d'institutions il a doté sa patrie ! il n'avait qu'à en donner l'idée, qu'à en démontrer l'utilité avec cette parole chaude et convaincue de laquelle il se servait avec tant d'avantage quand il voulait passionner ses auditeurs ; comme il était passionné lui-même, et alors les obstacles disparaissaient et tout devenait facile. Il a été recteur de l'académie de Genève, et a produit pour ainsi dire une révolution dans l'instruction pendant son rectorat. Membre du grand conseil, il a pris aussi une grande part aux affaires législatives, et a prouvé par son aptitude ce que Cuvier a prouvé d'une manière si brillante à la France : qu'un homme de science peut être un profond politique ; il est même probable que ce n'est que par la science qu'on doit arriver là. M. de Candolle, dont la santé était altérée depuis longtemps, est mort le 9 décembre 1841. Sa perte a été un deuil national pour sa patrie.
Dr ED. CARRIÈRE.

CANDOLLINE ou **CANDOLLÉE**, s. f. (*botan.*), genre de plantes de la famille des tulipifères.

CANDORIER ou **CANDOURIER** (J.), maire de la Rochelle, qui chassa les Anglais de la citadelle sous Charles V. Voici la relation de Froissart : « A ce temps avait en la ville de la Rochelle un maieur durement aigu et soubtil en toutes ses choses, et bon Français de courage. Si comme il le montra ; bien savait le dit maieur, qui s'appellait sire Jean Candorier, que cil Philippot qui était gardien du châtel, n'était ni soucieux ni percevant, sans nulle mauvaise malice. Si le pria un jour au dîner de cez-lui, et aucuns bourgeois de la ville. Cil Philippot, qui n'y pensait que tout bien, lui accorda et y vint. Ainçois que on s'asslt à dîner, ce dit Jean Candourier, qui était tout pourvu de son fait, et qui informé en avait les compagnons, dit à Philippot : J'ai reçu depuis hier, de par notre cher seigneur, le roi d'Angleterre, des nouvelles qui bon vous touchent. — Et quelles sont-elles ? répondit Philippot. Dit le maire : Je vous les montrerai, et ferai lire votre présence, car c'est bien raison. Adonc alla-t-il en un coffre et prit une lettre toute ouverte, anciennement faite et scellée du grand scel du roi Edouard d'Angleterre, qui de rien ne touchait à son fait, mais il y fit toucher par grand sens, et dit à Philippot : Veles ci. Lors lui montra, auquel il s'apaisa assez, car moult bien le reconnut ; mais il ne savait lire, pourtant fut-il déçu. Sire Jean Candourier appela un clerc, que il avait tout pourvu et avisé de son fait, et lui dit : Lisez – nous cette lettre : et le clerc prit et lisait ce que point n'était en la lettre : et parlait, en lisant que le roi d'Angleterre commandait au maieur la Rochelle que il fesit faire leur montre de tous hommes d'armes demeurant en la Rochelle, et l'en rescripsit le nombre par le porteur de ces lettres, car il le voulait savoir ; et aussi de ceux du châtel. Philippot fut dupé de ce stratagème, et il fut convenu que le lendemain il amènerait ses gens sur la place, devant le château, pour que le maieur pût les passer en revue. Mais Candourier fit le soir même placer dans de vieilles maisons inhabitées, situées auprès du château, 400 hommes d'armes d'élite, et il leur commanda que quand cils du châtel seraient hors issus, ils se mettraient entre ce châtel et eux les encloroient. Ce qui fut exécuté le lendemain, 8 septembre 1372. Quand les soudoyers virent ce, si connurent bien que ils étaient trahis et déçus. Si furent bien ébahis et à bonne cause. Les Rochellois les firent là un et un désarmer sur la place et les menèrent en prison en la ville, en divers lieux où plus n'étaient que eux deux ensemble. Assez tôt après

ce, vint le maieur tout armé sur la place et plus de 1,000 hommes en sa compagnie. Si se trait incontinent devers le châtel, qui en l'heure lui fut rendu. Ensuite les Rochellois firent dire au duc de Berri de venir prendre possession de la ville au nom du roi de France. Le prince y envoya Bertrand du Guesclin. Lors chevaucha tant le dit connétable, qu'il vint en la ville de la Rochelle, où il fut reçu à grande joie et se prit la foi et l'hommage des hommes de la ville et y séjourna trois jours. »

CANDOU, s. m. (*botan.*), sorte d'arbre des Maldives.

CANDY (*géogr.*), ville de l'île de Ceylan, à peu près au centre, dans la partie la plus large d'une grande vallée, dans le Mahavellam. Elle est entourée de montagnes, couverte de bois, et consiste principalement en une longue rue. Les maisons sont élevées sur de petites terrasses. On y remarque l'hôtel du gouverneur anglais, et l'ancien palais royal, qui occupe un grand espace, et où se trouve le temple le plus révéré de l'île, en ce qu'il possède une dent de Bouddha. L'intérieur, bâti dans le genre chinois, resplendit d'or et de pierreries. Cette ville était autrefois la capitale d'un royaume puissant, qui, dans l'origine, s'étendait sur toute l'île, mais dont les possessions furent ensuite diminuées par les Européens d'à peu près tout le littoral. Le trône était électif. De 1803 à 1805, il eut beaucoup à souffrir d'une guerre contre les Anglais, qui pénétrèrent jusqu'à Candy. Le prince régnant ayant plus tard révolté ses sujets par ses cruautés, ceux-ci appelèrent à leur aide, pour le chasser, les Anglais qui surent mettre l'occasion à profit, en replaçant le prince détrôné dans tous ses droits. A 25 lieues nord-est de Colombo.

CANDYBE (*géogr. anc.*), ville de l'Asie-Mineure, dans la Lydie, ainsi nommée de son fondateur Candybon, fils de Deucalion.

CANDYS (*hist. anc.*), sorte d'habits des Perses. Il en est fait mention dans Xénophon et dans d'autres auteurs. Le *candys* était l'habit extérieur. Les soldats l'attachaient avec une boucle. Leurs *candys*, selon Pollux, étaient d'une pourpre particulière, au lieu que ceux des autres étaient de pourpre ordinaire. Lucien parle du *candys* de pourpre. Il dit dans un endroit que cet habit était à l'usage des Assyriens. Xénophon assure plus d'une fois qu'il était porté par les Perses. Lucien, dans un autre passage, nous fournit le moyen de connaître la forme du *candys* et de la tiare, lorsqu'il dit que le dieu Mithra porte le *candys* et la *tiare*.

CANE, s. f. (*hist. nat. et gramm.*), la femelle du canard (*V.* ce mot). — Familièrement, *Marcher comme une cane*, se dit d'une femme qui se balance en marchant, qui marche très-mal. — Figurément et familièrement, *Cet homme a fait la cane*, il a marqué de la peur dans une occasion où il fallait témoigner du courage. Cette phrase a vieilli.

CANE (*géogr. anc.*), montagne d'Éolide (*V.* CANÆ).

CANE (*géogr. anc.*), aujourd'hui *Kesen*, ville de l'Arabie Heureuse, chez les Minéens, au midi.

CANÉE (LA) (*Cydonia*), ville sur la côte septentrionale de l'île de Candie, résidence d'un évêque grec, chef-lieu d'un sandjiakat qui comprend la partie occidentale de l'île. Elle est entourée d'épaisses murailles et d'un fossé profond, défendue par une citadelle ; ses rues sont larges, et ses maisons assez bien bâties. Le port, qui est peu commode, est défendu par un fort dans lequel il y a un phare. La Canée possède un beau chantier de construction, quelques fabriques de savon, et est regardée comme la place la plus commerçante de Candie. On en exporte du savon, de l'huile, des vins, des oranges. 7,000 habitants. A 24 lieues ouest de Candie. Latitude nord, 35° 28' 40"; longitude est, 21° 40' 10".

CANE-FACINO (*V.* FACINO).

CANEFAS, s. m. (*comm.*), grosse toile de Hollande dont on se sert pour les navires.

CANÉFICIER (*botan.*). C'est ainsi qu'on nomme aux Antilles le cassier ou l'arbre qui produit la casse; ce mot vient de l'espagnol *cana fistola*, qui signifie la même chose.

CANEH, s. m. (*archéol.*), mesure d'intervalle chez les Hébreux (environ 10 pieds 4 pouces de Paris. On dit aussi *cunicule*.

CANELER (*V.* CANNELER).

CANELLE et **CANELLIER** (*V.* CANNELLE et CANNELLIER).

CANELO, s. m. (*botan.*), écorce de couleur grisâtre, amère, qu'on apporte du Chili.

CANELON, s. m. (*hist. nat.*), espèce de grand oiseau du Pérou, qui paraît être voisin du kamichi.

CANELOS DE QUIXOS, s. m. (*botan.*), arbre d'Amérique dont l'écorce a le goût de la cannelle.

CANELUDE ou **CANELADE**, s. f. (*term de fauconnerie*), curée de cannelle, de sucre et de moelle du héron.

CANENSIO (MICHEL), évêque de Castro dans le XVe siècle, écrit la *Vie du pape Paul II*, qu'il a adressée à Guillaume d'Estouteville, cardinal et archevêque de Rouen, mort à Rome en 1483. Le cardinal Quirini l'a publiée de nouveau à Rome en 1740, in-4°. Les *Vindiciæ*, qui contiennent soixante-dix pages, sont l'ouvrage de l'illustre et savant éditeur.

CANENTE, nymphe, appelée aussi Vénilie, fille de Janus, épousa Picus, roi de Laurente en Italie. Circé ayant changé son mari en pivert, elle en conçut tant de douleur, et versa tant de larmes, que son corps s'évapora peu à peu, en sorte qu'il ne lui resta plus que la voix, qui chantait encore (*canere*, chanter). Elle fut mise avec son époux au nombre des dieux (*Métam.*).

CANÉON, s. m. (*médecine*), couvercle fait d'un pot percé, au travers duquel on introduisait dans l'utérus, par le moyen d'un roseau, la vapeur du remède qu'il contenait.

CANEPARI (PIERRE-MARIE), médecin, né à Crémone, ou, selon d'autres, à Crème, dans le XVIe siècle, exerça sa profession à Venise, où il publia un ouvrage intitulé : *De atramentis cujuscumque generis in sex descriptiones divisum*, 1619, in-8°. Il y traite des différentes espèces d'encre, et étale souvent une érudition fort étrangère à son sujet. Cet ouvrage a été réimprimé plusieurs fois, Venise, 1629, in-4°; Londres, 1660; et Rotterdam, 1718, in-4°. L'édition de Londres est la seule qui soit recherchée.

CANEPETIÈRE, s. f. (*hist. nat.*), espèce d'outarde.

CANÉPHORE, s. m. (*botan.*), genre de plantes de la famille des rubiacées.

CANÉPHORES (*archéol.*). Dans les cérémonies religieuses des anciens, de jeunes filles portaient des corbeilles où étaient déposés divers objets servant aux sacrifices, des fleurs ou des fruits; et on leur donnait le nom de *canéphores*, *porte-corbeilles*, du grec κάνη, corbeille, et φέρω, je porte. Les canéphores jouaient aussi un rôle important dans les mystères de Cérès et de Bacchus. On les nommait encore *cistophores*, du mot κίστη, qui signifie aussi *corbeille* ou *ciste* (V. CISTE MYSTIQUE).

D. M.

CANÉPHORES, de κάνη et φέρω, mots grecs qui signifient *porte-corbeilles*, *canéphores*. C'est ainsi qu'on appelle des statues de femmes et de jeunes hommes qui portent des corbeilles. L'architecture moderne, tout en conservant leur nom antique, les a quelquefois employées en guise de cariatides. Les quatre canéphores de la villa Albani qui servent de support à deux espèces de petites grottes pratiquées à l'entrée du parterre sont dans ce cas; aussi, quelle que soit la manière de voir de M. de Quincy, nous classerons les canéphores parmi les cariatides, à qui nous consacrerons un article. Nous pensons qu'on aurait tort de ranger à part ces statues. Du reste, s'il ne s'agissait, pour faire adopter notre opinion, que de la fortifier, nous nous étayerions de l'origine même des canéphores qui n'étaient pas des statues, mais bien de jeunes filles vierges consacrées au service de Minerve. Ces jeunes filles devaient être choisies dans le nombre des personnes du plus haut rang. Aux petites et aux grandes Panathénées, elles précédaient la marche des processions solennelles en portant sur leur tête couronnée des corbeilles remplies de myrtes et de fleurs. Quelques auteurs disent qu'on appelait aussi canéphores, dans les fêtes de Diane, les jeunes filles qui offraient à cette déesse des corbeilles pleines d'ouvrages faits à l'aiguille, pour que la divinité païenne les délivrât d'un célibat qu'elles ne se sentaient pas capables d'observer. — D'autres ont donné le nom de canéphores aux jeunes filles qui portaient des corbeilles à Minerve la veille de leurs noces. Cette cérémonie, qui se pratiquait à Athènes, avait pour but de calmer, d'apaiser la sage déesse, lorsqu'on allait perdre le plus précieux de ses dons. Nous ne nous permettrons pas de donner à la fête de Diane la prééminence sur cette chaste cérémonie; mais nous reviendrons sur notre première pensée, et nous conclurons que si l'on a appelé, par application, canéphores les statues des deux sexes qui supportent des corbeilles, nous pouvons bien les ranger parmi les cariatides, et ne faire qu'un genre de toutes les statues qui servent de support.

CANEPIN. Ce mot, qui vient d'un terme grec qui signifie *chanvre*, a servi à désigner l'écorce de certains arbres, sur laquelle les anciens écrivaient. On l'applique encore à l'épiderme des peaux d'agneau ou de chevreau, préparé par les mégissiers, et qui sert à faire des gants de femme, des éventails, etc., et à éprouver la qualité des lancettes.

CANEQUIN, s. m. (*comm.*), espèce de toile de coton qui se fabrique dans les Indes.

CANES (*écon. rust.*). Il faut dresser à cette volatile un petit toit qui serve d'abri contre les animaux dont elle peut devenir la proie. Ce couvert est suffisant. — Les canes aiment l'eau : il n'en faut pas élever dans les lieux où elles n'ont point de quoi barboter : on se sert de leur plume en oreillers, traversins, matelas, etc. Les œufs et la chair en sont bons. Il faut choisir les plus grosses, et donner huit ou dix femelles à chaque mâle : on leur jette à manger le soir et le matin comme au reste de la volaille; la nourriture est la même. Elles sont carnassières; cependant elles ne font point de dégât : elles commencent ordinairement leur ponte en mars, et la continuent jusqu'à la fin de mai. Il faut les tenir sous le toit jusqu'à ce qu'elles aient pondu; on emploie souvent les poules à couver les œufs d'oie et de cane, parce qu'elles sont plus assidues, et qu'une poule peut couver une douzaine d'œufs, tandis que la cane n'en saurait guère couver que six : il faut trente et un jours de couvée pour faire éclore les *canetons*. On les élève comme les poussins, et on ne les laisse sortir qu'au bout de huit à dix jours. — On ne donne que six femelles à chaque mâle *canes* d'Inde; les canetons de celles-ci s'élèvent plus difficilement que ceux des autres; on ne doit leur donner dans le commencement que des miettes de pain blanc détrempé dans le lait caillé. — Les mâles d'entre les canes d'Inde se mêlent souvent avec les *cangs* communes, et il en provient des *canes* bâtardes assez grosses, qui s'élèvent facilement.

CANES (*géogr. anc.*), peuple qui habitait un petit canton de la Thrace, et qui, las du gouvernement despotique de son roi Diégulis, se donna à Attale II, roi de Pergame.

CANES (*géogr. anc.*), ville d'Eolide (V. CANÆ).

CANÈS (*V.* CANNÈS).

CANETER, v. a. marcher comme une cane, ou comme un canard. Il est vieux.

CANÉTHUM (*géogr. anc.*), montagne de Béotie.

CANÉTHUM (*géogr. anc.*), bourg de l'Eubée, voisin de Chalcis. Dans la suite il fut enfermé dans l'enceinte de cette ville.

CANÉTHUS (*mythol.*), fils de Lycaon.

CANETON, s. m. (*hist. nat.*), diminutif, le petit d'une cane. Il se dit également d'une petite cane.

CANETTA (DON ANDRÉ HURTADO DE MENDOZA, MARQUIS DE), gouverneur de Cuenca, envoyé au Pérou en 1555 en qualité de vice-roi par Philippe II, pour y établir le calme, fit son entrée solennelle à Lima au mois de juillet 1557. Uniquement occupé de rétablir l'autorité royale, il proscrivit tous les Espagnols qui avaient été engagés, soit dans les factions de Pizarre et d'Almagro, soit dans les révoltes de Sébastien de Castille, de Godinez et de Giron. Ceux qui évitèrent la mort furent bannis et dépouillés de leurs biens. Cet inflexible vice-roi porta ensuite son attention sur les Péruviens, et particulièrement sur les princes incas, ou enfants du Soleil, qui avaient survécu à la perte de leur empire. Par une négociation habilement conduite, il attira en 1558, hors de sa retraite, le prince Sari-Tapac, fils de Manco II, et lui assura un établissement honorable dans la province de Cuzco, afin de le tenir plus sûrement sous sa dépendance. Son excessive sévérité à l'égard de ses compatriotes lui ayant suscité des ennemis à sa cour, Philippe II lui nomma un successeur, et le rappela en Espagne. Le vice-roi fut si sensible à cette disgrâce, qu'il en mourut de chagrin à Lima en 1560.

CANETTE désigne : 1° une petite cane, femelle du canard; 2° une espèce de bobine; 3° une sorte de tuyau qui sert à faciliter l'extraction d'un liquide hors d'un tonneau; 4° un vase de terre ou d'étain destiné à contenir certaines liqueurs, principalement la bière, et servant aussi de mesure dans certaines parties septentrionales de la France.

CANETTE, s. f. (*term. de blason*). On s'en sert en parlant de petites canes, qu'on représente comme des merlettes avec des ailes serrées. La différence est qu'elles ont le jambes, au lieu que les merlettes n'en ont point (*V.* MERLETTES).

CANETTI (TH.-MARIE), dominicain, né à Bologne en 1664, mort en 1743, professeur de théologie, joignit aux connaissances théologiques les plus étendues une vaste érudition, et sut mériter l'estime du cardinal Prosper Lambertini, qui, lors de son avénement au trône pontifical sous le nom de Benoît XIV, s'empressa de lui en donner des marques en l'agrégeant à l'académie d'histoire ecclésiastique. Il a laissé imparfait : *Catena argentea in Summam sancti Thomæ*, ouvrage terminé par son confrère Ch. Ferracioli.

CANEVAS, s. m. (*comm.*), toile écrue, claire, de chanvre ou de lin, dont on se sert pour les ouvrages de tapisserie à l'aiguille. Cette toile est divisée en carreaux qui dirigent l'ouvrage; et même le dessinateur, lorsqu'il trace sur cette toile des fleurs, des fruits, des animaux à remplir en laine, en soie, en or ou en argent, en marque les contours avec des fils de diverses couleurs qui indiquent à la brodeuse les couleurs qu'elle doit employer.
— Il existe une sorte de *canevas* qui rend la broderie, soit en laine, soit en soie, infiniment plus belle, moins longue et moins coûteuse; ce sont ceux qui se font sur le métier des ouvriers en soie. Ce métier est monté comme s'il était question d'exécuter le dessin en broché. Ainsi le dessin reste vide en dessous, il est couvert en dessus par des brides, comme à la gaze, et tout le fond est fait, de sorte que la brodeuse n'a plus qu'à remplir les endroits vides. Le point en est infiniment plus beau et plus régulier qu'il ne peut se faire à l'aiguille : le métier fait en même temps la toile et le point; et chaque coup de battant fait une rangée de points de toute la largeur du métier. Les contours du dessin sont tracés d'une façon infiniment plus régulière et plus distincte que par des fils. Il me semble que cette invention a autant d'avantage sur l'ouvrage à l'aiguille, soit pour la perfection, soit pour la vitesse, que l'ouvrage au métier à bas en a sur le tricot à l'aiguille. Il n'y a point d'ouvrier qui ne pût faire en un jour avec ce procédé presque autant de mètres de fonds de fauteuil, soit en soie, soit en laine, qu'un tisserand fait de mètres de toile. Et qu'on ne croie pas qu'il y ait grand mystère à la façon de ces *canevas*. Il faut que la chaîne soit de gros fils retors de Piémont; qu'elle lève et baisse moitié par moitié, comme pour la toile, avec cette différence qu'à la toile, où le grain doit être tout fin et partout égal, un fil baisse, un fil lève, et ainsi de suite; au lieu qu'ici, où il faut donner de l'étendue et du relief au point, on fait baisser deux fils, lever deux fils, baisser deux fils, lever deux fils, et ainsi de suite. On prend une trame de laine ou de soie forte, large, épaisse, et bien capable de garnir. Quant à la célérité, on peut faire une rangée de points de la longueur d'un demi-mètre au moins d'un seul coup de battant. Les brides, qui couvrent les endroits du dessin, les fortifient encore et leur donnent du relief.
— Nous le répétons, un travail au canevas tel que nous l'indiquons ici est infiniment supérieur au travail sur le *canevas à* la simple aiguille. Nous avons vu des fonds de canevas remplis avec une incroyable rapidité, et le point y était d'une beauté parfaite.

CANEVAS, s. m. (*technol.*), grosse toile serrée dont on double les corps de jupe, ou qui sert de soutien aux boutonnières pour les habits d'hommes.

CANEVAS (*théâtre*). On appelait *canevas*, au Théâtre-Italien, ce qu'on peut aussi appeler *la comédie en impromptu*. Le plan d'une comédie étant bien fait, et le plan de chaque scène clairement expliqué par l'auteur, les comédiens représentent la pièce, et fournissent d'eux-mêmes tous les détails du dialogue. On regarderait d'abord l'exécution d'un semblable projet comme impossible : car l'auteur le plus expérimenté ne parvient qu'avec un travail extrême à bien écrire une comédie dont il a formé le sujet depuis longtemps. Il faut donc, pour jouer les canevas, que ces acteurs qui aient autant d'instruction que d'esprit. L'acteur doit remplir son imagination de toutes les idées de l'auteur, chercher les différentes voies par lesquelles il peut conduire le dialogue à tous les points de l'action. Celui qui doit avoir part à la même scène doit l'étudier de son côté; il se peut qu'il imagine une tout autre manière d'en former le dialogue. Ces deux acteurs étant sur la scène, chacun rempli de son caractère et de sa situation, cherchent à parvenir au même but : mais, obligés de se répondre sensément l'un à l'autre, et liés par nécessité au même objet, ils sont forcés tour à tour d'abandonner la route qu'ils avaient préméditée, pour correspondre à celle que l'autre veut suivre; c'est là ce qui donne à la scène un naturel et une vérité que le meilleur écrivain n'atteint que rarement. Il en naît quelque chose de plus, c'est la saillie : elle part comme un éclair, parce qu'elle naît de l'instant même. Cependant, quand on joue la même pièce, les comédiens ont grand soin de se souvenir de tous les traits qui ont fait un bon effet le premier jour, et ne manquent pas de les placer, ce qui n'empêche pas qu'il n'en puisse éclore de nouveaux, qui s'ajoutent aux premiers dans la mémoire des acteurs. Différents

comédiens se succèdent les uns aux autres, et introduisent toujours dans les pièces quelque chose de nouveau, et, pour les jouer parfaitement, on n'a plus besoin que d'être bien instruit de la tradition théâtrale : ainsi l'impromptu, quant au fond, devient une affaire de mémoire, où l'auteur ne fournit que des liaisons et un langage bien ordonné dont il doit avoir l'habitude. Celui qui n'est pas doué d'un esprit très-vif est cependant capable de jouer convenablement, au moyen de la connaissance de ceux qui l'ont précédé. Mais l'homme d'esprit, capable de fournir une conversation brillante, se regarde au théâtre comme dans une société d'élite, et peut faire goûter au public ce plaisir que l'on éprouve lorsqu'on entend des gens de mérite converser entre eux. C'est là le chef-d'œuvre du théâtre, et de tels acteurs ne sont pas communs : cependant l'habitude de l'improvisation s'acquiert par l'exercice, et l'on sait que l'Italie, plus que tout autre pays, fournit des improvisateurs (*V.* ce mot). Les comédiens qui jouent des canevas ont besoin d'être dirigés par un homme qui connaisse parfaitement la scène, et particulièrement toutes les pièces du répertoire, qui les explique bien clairement aux acteurs, et les joue pour ainsi dire devant eux; c'est ce dont s'acquittait à merveille Louis Riccoboni, qui était à la tête de l'une des troupes italiennes qui jouèrent à Paris de 1716 à 1769. Dominique, Gherardi, et en dernier lieu Carlin, excellèrent dans le rôle d'*Arlequin*, le plus important des canevas, et une actrice nommée Camille se distingua par un esprit et une vivacité de reparties qui en avaient fait l'enfant gâté du public. — La langue italienne n'étant pas généralement entendue des spectateurs, les comédiens furent obligés de joindre à leurs pièces des scènes françaises plus intelligibles par cœur, et peu à peu l'usage des canevas cessa. — Il y a un recueil de canevas dans l'*Histoire du Théâtre-Italien*, par Desboulmiers (8 vol., 1769), et dans l'*Histoire de l'ancien Théâtre-Italien* (1 vol., 1767). — Nous donnerons des détails plus amples sur ce sujet à l'article THÉÂTRE-ITALIEN. DUMERSAN.

CANEVASSIÈRE, s. f. (*technol.*), faiseuse de canevas; celle qui travaille sur les canevas.

CANEVASSIER-TOILIER, s. f. (*technol.*), nom qu'on donnait autrefois aux marchands lingers de Paris.

CANEVETTE, s. f. (*marine*), petite cave ou coffre fermant à clef, divisé intérieurement en douze ou vingt-quatre compartiments carrés, pour caser debout des flacons ou des bouteilles de rhum, d'arack, de tafia, d'eau-de-vie, etc., que les officiers ou les maîtres embarquent, comme provisions particulières, notamment à bord des grands bâtiments du commerce et des corsaires.

CANEZOU, s. m. vêtement de femme, sorte de corps de robe sans manches.

CANFELD (BENOÎT DE), Anglais, capucin, naquit à Canfeld, ville de la province d'Essex, en Angleterre, de la noble race des Filches. Après avoir passé vingt-quatre ans dans la secte des puritains, calvinistes ainsi nommés parce qu'ils se vantent de suivre à la lettre les sentiments de Calvin, il fut converti à la foi catholique d'une manière extraordinaire, vendit tous ses biens, en distribua le prix aux pauvres, et passa en France, où il prit l'habit religieux dans le couvent des capucins de Meudon, près Paris. On lui changea pour lors son nom de Guillaume pour celui de Benoît. Il fit de merveilleux progrès dans la vertu, et, après avoir achevé ses études de philosophie et de théologie, dans lesquelles il se rendit très-habile, ainsi que dans la positive, la controverse et la théologie mystique, brûlant du désir d'endurer le martyre, il partit pour l'Angleterre en 1599, avec le P. Jean-Chrysostome d'Écosse, son confrère. Il y demeura trois ans en prison, où il souffrit beaucoup, et la reine Élisabeth l'ayant enfin délivré à la prière de Henri IV, roi de France, il revint dans ce royaume. Il gouverna plusieurs couvents d'un même ordre avec autant de zèle que de sagesse, et contribua au salut d'un grand nombre de personnes, soit par ses ferventes prédications, soit par sa vie pénitente exemplaire. Il mourut âgé de quarante-six ans en 1610. On assure qu'il fut doué du don des miracles et de prophétie.
— Il a écrit : 1° un *Soliloque*, imprimé à Paris, 1608, in-12 ; 2° le *Chevalier chrétien*, Paris, 1609, in-12 ; 3° un *Livre de divers exercices spirituels*, 1610 ; 4° une *Règle de perfection*, contenant un abrégé de toute la vie spirituelle réduite à ce seul point de la volonté de Dieu. Cet ouvrage, composé d'abord en anglais, a été traduit en flamand et en français. La cinquième édition, en français, a paru à Paris chez François-André Pralard, in-12, en 1696. On y trouve la vie de l'auteur, et un éclaircissement pour bien entendre son exercice de la volonté de Dieu.

CANGE (CHARLES DUFRESNE, SIEUR DU), naquit à Amiens le 18 décembre 1610, et mourut le 23 novembre 1688, âgé de soixante-dix-huit ans. Cet écrivain, recommandable non-seulement par la multiplicité et l'importance de ses travaux, mais encore par l'aménité de ses mœurs, sa modestie et sa bienfaisance, fut élevé par les jésuites de sa ville natale. A vingt ans il vint à Orléans faire son droit, et de là à Paris où il fut reçu avocat au parlement le 11 août 1631. En 1638 il épousa la fille d'un trésorier de France à Amiens, et huit ans après il succéda à son beau-père. Malgré les occupations dont il était accablé, il entreprit et acheva sans aucune coopération étrangère les immenses travaux que nous avons de lui. Ce sont : 1° une *Histoire de l'empire de Constantinople sous les empereurs français*, Paris, imprimerie royale, 1657, in-fol. 2° *Traité historique du chef de saint Jean Baptiste*, Paris, 1666, in-4°. 3° *Histoire de saint Louis, roi de France*, écrite par Jean, sire de Joinville, Paris, 1668. Ducange a enrichi l'ouvrage du vieux chroniqueur d'une foule de notes et dissertations curieuses. 4° *Joannis Cennami historiarum de rebus gestis a Joanne et Manuele Commenis libri VI, græce et latine cum notis historicis et philologicis*, Paris, imprimerie royale, 1670, in-fol. 5° *Mémoire sur le projet du Nouveau Recueil des historiens de France avec le plan général*. Ce mémoire a été inséré dans la *Bibliothèque historique de France* par le P. Lelong. 6° *Glossarium ad scriptores mediæ et infimæ latinitatis*, Paris, 1678, 3 vol. in-fol., réimprimé dans le même format à Francfort, 1681, puis en 1710. Les bénédictins en ont donné une édition en six volumes avec la continuation de Carpentier (*V. CANON*); aujourd'hui il se réimprime sous la direction de M. Henschel. 7° *Historia byzantina duplici commentario illustrata*, Paris, 1680, in-fol. Cet ouvrage contient des recherches fort curieuses sur les empereurs d'Orient. 8° *Joannis Zonaræ annales ab exordio mundi ad mortem Alexii Commeni, græce et latine, cum notis*, Paris, imprimerie royale, 1686. 9° *Glossarium ad scriptores mediæ et infimæ græcitatis*, Paris, 1688, 2 vol. in-fol., fort recherché et fort curieux. 10° *Chronicon paschale a mundo condito ad Heraclii imperatoris annum vigesimum*, Paris, 1689, in-fol. Cet ouvrage, qu'on imprimait quand mourut Ducange, fut revu par Baluze, qui mit en tête l'éloge de ce savant homme. La bibliothèque royale possède une foule de manuscrits de Ducange d'un grand intérêt, et qui n'ont pu être recouvrés qu'avec beaucoup de soins et après de longues vicissitudes. Cependant peu ont été perdus. Parmi ceux qu'on possède, il y a de grands matériaux amassés pour une géographie historique de l'ancienne Gaule et pour une histoire de tous les grands fiefs de France avec de nombreuses dissertations. On y trouve aussi un travail remarquable intitulé : *Principautés d'outre-mer* ou *Familles d'Orient*. L'académie d'Amiens conserve plusieurs éloges de Ducange.

CANGÉ, s. m. eau de riz fort épaisse (*Boiste*). C'est un terme inusité.

CANGETTE, s. f. (*comm.*), petite serge qui se fabrique en quelques endroits de basse Normandie. Elle est de bon usage et à bas prix.

CANGFOU, s. m. (*botan.*), nom d'une sorte de thé noir qu'on tire de la Chine.

CANGIAGE ou **CABIAZI** (LUC) (V. CAMBIASO).

CANGI, CEANGI ou **CANGANI** (*géogr. anc.*). C'étaient des peuples de la Grande-Bretagne, dont les antiquaires n'ont pu préciser exactement le pays. Camden en trouve quelques traces dans des endroits très-éloignés les uns des autres, tels que les comtés de Sommerset, de Galles, de Derby et le Cheshire ; d'autres historiens sont convaincus aussi d'avoir rencontré des vestiges de ces nations dans le Devonshire, le Wiltshire, les comtés de Dorchet, d'Essex, etc. Baxter (*Glossaire britannique*, pag. 73) semble avoir découvert la véritable cause de cette diversité d'opinions des antiquaires. Il fait observer que les *cangis* ou *ceangis* n'étaient point des peuplades distinctes attachées à une contrée particulière, mais que, semblables à beaucoup d'autres nations dans l'enfance des sociétés, ils menaient la vie errante des pasteurs, et formaient dans chaque tribu une classe à part consacrée à la garde et aux soins des troupeaux. Presque tous les anciens peuples de la Grande-Bretagne avaient leurs cangis, gardiens du gros et du menu bétail, parcouraient le pays en grand nombre suivant la saison et la fertilité des pâturages. De là les nombreuses empreintes de leur passage et le souvenir de leur nom dans toute l'étendue du territoire breton, mais principalement dans ses parages les plus favorables à la pâture. Ces cangis des différentes nations, naturellement braves et aguerris par le besoin de défendre journellement leur vie, en protégeant leurs troupeaux contre les attaques des animaux carnassiers, étaient constamment armés, et à l'occasion ils les employèrent avec succès au service de leur pays et pour le maintien de leur indépendance.

ED. GIROD.

CANGIAMILA (FRANÇOIS-EMMANUEL), chanoine théologal de l'Église de Palerme, et inquisiteur de toute l'Église de Sicile. Nous avons de lui *Embryologia sacra, sive de officio sacerdotum, medicorum, et aliorum circa æternam parvuculorum in utero existentium salutem, libri quatuor*, S. T. et S. V. D., à Venise, 1760, in-fol. C'est la seconde édition de l'*Embryologie sacrée*, ouvrage très-utile, et qui a été reçu avec un applaudissement général de tous ceux qui s'intéressent au salut des âmes. Dans le premier livre, l'auteur traite de l'attention que les curés et les autres prêtres doivent avoir pour empêcher que les femmes du peuple commises à leur soin ne perdent leur fruit par l'avortement. Il indique, dans le second, les secours qu'on doit donner au fœtus lorsque la mère est morte. Le troisième trace les devoirs qu'ils ont à remplir envers les enfants auxquels on n'espère pas pouvoir conserver la vie en les mettant au monde. Le quatrième a pour objet l'amour que Dieu montre envers les enfants qui ne sont pas nés, et les secours que leur doivent les parents, les prêtres, les évêques et les princes.

CANGOXUMA (*géogr.*), ville d'Asie, de l'empire du Japon, dans l'île de Ximo, au royaume de Bungo.

CANGRÈNE (*V.* GANGRÈNE, GANGRENER, CANGRÉNEUX).

CANGUE, s. f. espèce de carcan portatif dont on fait usage en Asie et surtout en Chine : il consiste ordinairement en deux pièces de bois très-pesantes et échancrées au milieu, qu'on réunit après y avoir introduit le cou du condamné.

CANI, adj. m. (*marine*), se dit du bois qui commence à se pourrir.

CANI (J.-J. DEGLI), professeur de droit canonique à Padoue, y remplit cette chaire quarante-quatre ans, et mourut dans un âge très-avancé en 1493, laissa un assez grand nombre d'ouvrages, entre autres : 1° *De modo studendi in jure*, 1476, in-8° ; 2° un *Abrégé en vers latins des Instituts de Justinien*, Padoue, 1485, in-4° ; 3° *Carmina duo*, Venise, S. D. (vers 1474), petit vol. in-4°, devenu très-rare.

CANICA, s. f. (*comm.*), espèce d'épicerie dont on fait un usage fréquent à l'île de Cuba.

CANIANA, siége épiscopal d'Afrique, dont on ne connaît pas la province. Il en est fait mention dans la conférence de Carthage (1 J., ch. 206, not. 408.)

CANIARD, s. m. (*hist. nat.*), espèce de goëland varié.

GANICHAS, s. m. pl. (*mœurs et usages*), huttes de pierre construites de distance en distance, dans les Andes, pour servir de refuge aux voyageurs dans les temps d'avalanches ou d'orages.

CANICHE, s. des deux genres, nom que l'on donne quelquefois aux chiens barbets. Il est aussi adjectif.

CANICHON, s. m. (*hist. nat.*), jeune canard, encore tout couvert de duvet. — Sorte de petit chien barbet.

CANICIDA (*mythol.*), de *canis*, chien, et *cædere*, tuer ; nom d'Hécate dans l'île de Samothrace, où on lui immolait un grand nombre de chiens.

CANICIDE, s. m. meurtre d'un chien. — Dissection anatomique d'un chien vivant. — Nom qu'on a donné à l'aconit, parce qu'il est mortel pour les chiens qui en mangent.

CANICULE et **JOURS CANICULAIRES**. Ce nom, dont l'étymologie grecque signifie chien, a été donné aux jours les plus chauds de l'année, c'est-à-dire à ceux qui s'écoulent du 24 juillet au 26 août. A cette époque, une étoile nommée *Canicule* ou *Sirius* en astronomie, la plus brillante des étoiles fixes visibles en Europe, apparaît sous la gueule du Grand Chien, constellation australe avec laquelle cette étoile a été souvent confondue. Cet astre, très-célèbre chez les anciens, n'est apparent pour nous que le 20 août ; alors il se lève avec le soleil, puis il disparaît en hiver ; comme son lever arrivait plus tôt chez les anciens, ils appelèrent *jours caniculaires* ceux qui s'écoulent dans le signe du Lion. — Les Égyptiens ayant observé que cette étoile, visible le soir au midi de Mizraïm, précédait de quelques jours l'inondation du Nil, lui vouèrent un culte, l'adorèrent sous les noms de Sothis, d'Isis, d'Anubis, d'Asoth ; puis, lorsqu'ils furent plus habiles en astronomie, ils comptèrent le commencement de chaque année à partir du lever de cet astre ; c'était l'année sothique, appelée ensuite cynique (*V.* SIRIUS). — A en croire ce que l'on a écrit sur la maligne influence de la Canicule, toute la nature éprouve une résistance à l'accomplissement de ses lois; la mer bouillonne, le vin s'aigrit, la bile s'irrite, tous les animaux tombent dans la langueur, les chiens deviennent enragés, l'homme contracte des maladies très-graves, et les plus petits maux deviennent mortels; Hippocrate lui-même dit que dans ce temps on doit s'abstenir de purgatifs, et que l'on ne doit pas pratiquer d'incisions au ventre, etc., etc. Mais nous ne terminerions pas s'il fallait rappeler toutes les pratiques ridicules et superstitieuses auxquelles a donné lieu l'époque de la Canicule, que les auteurs anciens, Virgile, Horace, etc., ont qualifiée de sinistre. Les Romains sacrifiaient un chien roux pour conjurer l'influence de ce mauvais génie; de nos jours, il est des gens assez timorés pour croire leur existence compromise s'ils ne prennent un purgatif à l'approche du mois d'août. — Cependant on ne peut douter que la chaleur, augmentant les transpirations, dispose aux maladies inflammatoires, putrides et nerveuses; les hommes sont plus fréquemment affectés de tétanos, de névralgie, de fièvres, et les animaux contractent plus aisément la rage. Il faut donc s'entourer, plus que jamais, de soins hygiéniques; la modération dans le travail, la sobriété dans le régime, l'usage de vêtements ni trop légers ni trop chauds pour la température des soirées, celui de bains et de boissons saines et acidulées, suffisent pour garantir la santé contre les effets d'une chaleur trop élevée.

CANIDE, CANIDOS ou CANIDE JOUVE. Ce sont les divers noms que porte l'ara bleu, chez certaines peuplades de l'Amérique septentrionale.

CANIDIE, magicienne célèbre du temps d'Auguste. Horace l'accable d'invectives dans plusieurs de ses odes et dans ses satires.

CANIDIUS, tribun du peuple, proposa de charger Pompée de réconcilier Ptolémée avec le peuple d'Alexandrie, révolté contre ce prince.

CANIE ou CANNIE, s. f. (botan.), genre de plantes de la famille des orchidées.

CANIF, s. m. petite lame de fer emmanchée de bois ou d'ivoire, etc., et dont on se sert pour tailler des plumes. Il y a des canifs qui taillent les plumes d'un seul coup, mais ils ne valent rien.

CANIF, s. m. (technol.). En term. de graveurs en bois, on nomme canif ou knif un outil qui leur sert à creuser différentes parties de leurs planches.

CANIGOU (géogr.), haute montagne de France (Pyrénées-Orientales), l'un des plus hauts sommets des Pyrénées, dont il n'est qu'un contre-fort. Il est à 9 lieues et demie sud-ouest de Perpignan, et s'élève à 2,786 mètres au-dessus de la mer.

CANIGOU (LE), abbaye de l'ordre de Saint-Benoît, était située sur une des plus hautes montagnes des Pyrénées, au comté de Conflans, dans le Roussillon, diocèse de Perpignan. Elle fut fondée l'an 1001 par Guyfred, comte de Cerdagne, qui y prit ensuite l'habit, y mourut et y fut enterré l'an 1050. Ce monastère, qui était sous l'invocation de saint Martin, fut consacré le jour du saint dont il porte le nom l'an 1009, comme il paraissait par l'acte de la dédicace, où il est dit qu'il est bâti sur la montagne en l'honneur de saint Martin, évêque de la sainte Vierge, et de saint Michel, archange. Il n'y avait dans cette abbaye que six religieux avec un abbé régulier, qui dépendaient de la congrégation de Tarragone.

CANILLÉE, s. f. (botan.), genre de plantes de la famille des naïades.

CANIN, INE, adj. (gramm.), qui tient du chien. Il n'est guère usité que dans ces locutions : Faim canique, faim dévorante qu'on a peine à apaiser; — Dents canines, les dents pointues qui servent principalement à rompre, à briser les corps durs (V. DENTS).

CANIN, INE, adj. (anat.). En term. d'anatomie, on nomme muscle canin, un muscle qui naît au-dessous de la dent canine et de l'incision extérieure; — Fosse canine, une cavité creusée à la face extérieure de l'os maxillaire supérieur; — Ris canin, une marque de dédain produite par la contraction du muscle canin, surtout d'un seul côté.

CANINA, s. m. (hist. nat.), espèce de serpent d'Amérique, qui suit les hommes sans leur faire de mal.

CANINÉFATES (géogr. anc.), nation batave de la deuxième Germanie, dans la partie occidentale de l'île des Bataves. Ils furent soumis pour la première fois par Tibère, sous l'empire d'Auguste; ils se révoltèrent souvent depuis; mais ils furent toujours contraints de céder à la puissance romaine jusqu'aux incursions des barbares.

CANINGA, s. m. (botan.), sorte d'arbre de l'île de Cuba, dont l'écorce a le goût de la cannelle.

CANINI (ANGE), d'Anghiari en Toscane, né en 1521, fut un très-habile grammairien, au jugement de Downe, de G.-J. Vossius, de Lancelot, de Lefèvre, de Scaliger. A la connaissance de la langue grecque, qui lui valut ces honorables témoignages, Canini joignait la connaissance de l'hébreu, du syriaque, et des autres langues orientales. Il erra longtemps, enseignant toutes ces langues à Venise, à Padoue, à Bologne, à Rome, en Espagne. François Ier l'attira à Paris pour être professeur à l'université; et il est assez singulier que Boulay et Crévier ne fassent aucune mention de Canini dans leur Histoire de l'université. Ce fut à Paris, et non en Hongrie, qu'il eut pour écolier André Dudith. Il fut ensuite attaché à Guillaume Duprat, évêque de Clermont, et mourut en Auvergne en 1557. Nicolas Antonio cependant, sur le témoignage de François Foreiro, le dit mort à Séville, et, à ce titre, lui a donné place dans la Bibliotheca externo-hispana, faisant partie de sa Bibliotheca hispana nova. Voici la liste des ouvrages de Canini : 1º De locis S. Scripturæ hebraïcis commentaria, imprimé avec les Quinquagenæ d'Antoine de Lébrija, Anvers, 1600, in-8º; 2º De hellenismo, 1555, in-4º, réimprimé avec les notes de Charles Hauboës, Paris, 1578, in-8º; et Londres, 1613, in-8º, réimprimé à Leyde en 1700 par les soins de Thomas Crénius, qui, outre quelques notes, y a ajouté une préface, dans laquelle il donne la liste des hommes et des femmes qui s'appelaient Ange; 3º Institutiones linguarum syriacæ, assyriacæ et thalmudicæ una cum æthiopicæ et arabicæ collatione, quibus addita est ad calcem N. T. multorum locorum historica enarratio, Paris, Charles Estienne, 1554, in-4º; 4º Grammatica græca, Paris, in-4º; 5º une version latine du Commentaire de Simplicius sur Epictète, imprimée à Venise, 1546, in-folio; 1569, in-folio.

CANINI (JÉROME), d'Anghiari, était neveu du précédent. Il composa quelques ouvrages, et publia un grand nombre de traductions. Parmi ses ouvrages, nous citerons : 1º Historia della elettione e coronatione del re de' Romani, etc., Venise, les Juntes, 1812, in-4º; 2º Aforismi politici cavati dell' historia di Fr. Guicciardini, Venise, 1625, in-12. — Canini traduisit en italien : 1º le Traité de la cour, de Denis du Refuge, et il joignit des notes, Venise, 1621, in-12; 2º les Aphorismes politiques sur Tacite, de l'espagnol d'Alamo Varienti; on les a réimprimés dans la traduction italienne des OEuvres de Tacite, donnée par Adrien Politi, Venise, les Juntes, 1618 et 1620, in-4º; 3º l'Histoire de Louis XI, du P. Matthieu, Venise, 1628, in-4º : il y joignit un Giudicio politico sopra la vita di esso re; 4º les Lettres du cardinal d'Ossat, in-4º, Venise, 1629; 5º la Généalogie de la maison de Bourbon, Venise, 1638, in-4º.

CANINI (JEAN-ANGE), peintre et graveur, né à Rome, mort dans la même ville vers 1665. Elève du Dominiquin, il profita peu sous un tel maître dans l'art de la peinture; mais il excella dans le dessin des pierres gravées, qu'il touchait avec esprit et légèreté. Attaché au cardinal Chigi, légat du saint-siège, il le suivit en France et communiqua à Colbert un plan d'ouvrage déjà commencé, et qui était intitulé : Les images des héros et des grands hommes de l'antiquité dessinées sur des médailles, des pierres antiques et autres anciens monuments. Ce grand ministre, toujours prêt à protéger les arts et les sciences, accueillit ce projet, et le fit offrir par son auteur à Louis XIV. Canini mourut au moment où il allait l'achever. — CANINI (Marc-Antoine), son frère, fort habile sculpteur, termina l'œuvre de son frère et le publia en italien en 1669. Les figures, au nombre de cinq cents, furent gravées par Etienne Picart le Romain et Guillaume Valet; elles sont accompagnées d'un texte curieux, qui prouve l'érudition des deux Canini en histoire et en mythologie. — Cet ouvrage a été réimprimé en 1731 à Amsterdam, en français et en italien.

CANINI CAMPI (géogr. anc.), plaine que Grégoire de Tours place dans les environs de Bellinzona et le Ticino, où malheureusement il ne se trouve pas de plaine. Reichard croit qu'il faut comprendre par ce mot la vallée du Ticino, entre Bellinzona et Locarno, dans laquelle le bourg de Cogna serait encore un reste de l'ancien nom. Mannert par contre cherche les Campi Canini près du lac de Constance.

CANINIUS REBILUS (C.) fut nommé consul avec J. César, après la mort de Trébonius. Il n'occupa le consulat que pendant sept heures. Cicéron observa plaisamment que Rome n'avait jamais eu de consul plus vigilant, puisqu'il avait été sans dormir pendant tout son consulat.

CANINIUS LUCIUS, lieutenant de César dans les Gaules.

CANINIUS GALLUS, ami de Cicéron et consul avec Agrippa, l'an 37 avant J.-C.

CANINIUS, quindécemvir sous l'empire de Tibère.

CANINIUS RUFUS, ami de Pline le Jeune, avait composé une *Histoire des Daces* en vers.

CANINO (PRINCE DE) (*V. LUCIEN BONAPARTE*).

CANIPSA (*géogr. anc.*), ville de l'Arabie Heureuse, située sur la côte occidentale du golfe Persique, à l'embouchure du fleuve Lar.

CANIRAM, s. m. (*hist. nat., bot.*), nom d'un arbre du Malabar. Cet arbre s'élève à la hauteur de soixante à soixante-dix pieds; sa racine est à bois blanc, couverte d'une écorce jaunâtre; son tronc qui est cylindrique, de trois à quatre pieds de diamètre, a six à dix pieds de hauteur, et est couronné par une tête sphéroïde, composée d'un grand nombre de branches opposées et alternes, assez grosses et longues, ouvertes d'abord sous un angle de 45 degrés, ensuite horizontalement, vert brun d'abord, ensuite cendrées et rougeâtres, bois blanc recouvert d'une écorce jaunâtre intérieurement. Ses feuilles sont opposées deux à deux en croix, elliptiques, obtuses, longues de trois à quatre pouces, à peine de moitié moins larges, assez minces, entières, lisses, vert clair, luisantes dessus, ternes dessous, relevées de cinq côtes longitudinales, rayonnantes et portées d'abord sous un angle de 45 degrés, ensuite horizontalement sous un pédicule demi-cylindrique, creux en dessus, sept à huit fois plus court qu'elles. De l'aisselle de l'une des deux feuilles de chaque paire sort un corymbe cinq à six fois plus court, composé de quinze à vingt fleurs vert clair, longues de quatre lignes, portées chacune sur un pédoncule cylindrique, une à deux fois plus court. Chaque fleur est hermaphrodite, posée sur l'ovaire : elle consiste en un calice à cinq dents, en une corolle verte à tube médiocre cylindrique, partagé en quatre à six divisions elliptiques, à peine de moitié plus longues que larges, ouvertes en étoile et en quatre à six étamines un peu plus courtes, à anthères longues vert clair. L'ovaire paraît au-dessous de la fleur, sous la forme d'un hémisphère d'une ligne au plus de diamètre, du centre duquel s'élève un style vert clair, terminé par un stigmate sphérique verdâtre. De ces ovaires, il n'y en a guère qu'un à cinq qui mûrissent sur chaque corymbe. Chacun d'eux est une écorce sphéroïde de deux pouces de diamètre, fragile, pendante à un pédicule court, d'abord verte, ensuite jaune d'or, lisse, à chair blanchâtre, mucilagineuse, à une seule loge, contenant huit à dix graines lenticulaires, blanches, d'abord argentées, puis blanc roussâtre, de huit à neuf lignes de diamètre, sur deux lignes d'épaisseur, très-dures, de substance de corne, recouvertes d'un duvet qui s'étend de tous côtés, en partant comme autant de rayons d'un même centre. Le *carniam* croît sur la côte du Malabar, dans les terres sablonneuses; il quitte tous les ans ses feuilles au moment où il est prêt à fleurir, ce qui lui arrive pendant l'été, et ses fruits parviennent à maturité pendant les pluies. Toutes les parties de cet arbre sont d'une amertume extrême, ainsi que la chair de son fruit; ses fleurs ont une odeur douce assez agréable. La décoction de sa racine se boit comme purgatif dans les fièvres pituiteuses, dans les coliques et les flux de ventre; son infusion, avec l'addition d'un peu de poivre, a la même vertu; on en baigne aussi la tête pour apaiser les vertiges, et les autres parties du corps, lorsqu'elles sont attaquées de la goutte; son écorce pilée se boit dans l'eau de riz, pour arrêter le flux jaune de la bile. Le bain pris dans la décoction des feuilles apaise les rhumes et les fluxions catarrheuses. Le suc exprimé de ses feuilles se donne dans les migraines; mais, lorsqu'on en boit une certaine quantité, il est mortel comme un poison. Ses fleurs pilées et cuites dans l'huile de cocotier, s'appliquent sur les ongles pour en apaiser la douleur. L'usage de ses graines mangées au nombre d'une ou deux chaque jour, continué pendant deux ans, rend sans effet la morsure venimeuse du serpent *naja* ou *naghaja*, appelé *cobra-capello* par les Portugais.

CANISIUS (PIERRE), de Nimègue, dans les Pays-Bas, premier provincial des jésuites allemands, fut un homme très-savant, très-zélé et très-pieux. Il parut avec éclat au concile de Trente et mourut en odeur de sainteté le 21 décembre de l'an 1507, à l'âge de soixante-dix-sept ans, dans le collége de Fribourg, qu'il avait fondé. Ses principaux ouvrages sont : *Summa doctrinæ christianæ; Institutiones christianæ pietatis; De beatissima Virgine Maria*. On a encore de lui : *le Manuel des catholiques; le Combat du catholique*.

CANISIUS (HENRI), de Nimègue, neveu du P. Pierre Canisius, fut un homme sage, pieux, modeste, habile jurisconsulte, et savant en tout genre de littérature. Il étudia à Louvain, et enseigna le droit canon dans l'université d'Ingolstadt, où il mourut en 1610. Ses principaux écrits sont : *Summa juris canonici; Commentarium in regulas juris; Prælectiones academiæ; De decimis, primitiis, oblationibus et usuris; Trois Livres de Décrétales; De sponsalibus et matrimonio*, et un recueil en six volumes, intitulé *Antiquæ lectiones*, composé de diverses pièces curieuses sur l'histoire du moyen âge et sur la chronologie, publié en 1601, 1602 et 1603. Ces *Lectiones antiquæ* ont été réimprimées en 1725 en sept tomes chez les Westein, par les soins de Jacques Basnage, qui a enrichi ce recueil de notes utiles et de préfaces savantes, avec le texte grec joint aux ouvrages dont Canisius n'avait donné que des traductions latines. Il y a aussi quelques notes et variantes de Capperonier, professeur de langue grecque au collége royal. On a aussi de Canisius plusieurs autres traités d'histoire et de droit canon.

CANISIUS (JACQUES), neveu du précédent, né à Calca dans le duché de Clèves, enseigna longtemps les humanités et la philosophie morale, et mourut le 27 mai 1647 à Ingolstadt. On compte parmi ses ouvrages : 1° *Fons salutis, seu primum omnium sacramentorum baptismus*, imprimé à Cologne; 2° *Meditationes sacræ de Christo et beatissima Virgine Maria*, Munster, 1636, in-16; 3° *Ars artium, seu de bono mortis*, qu'il publia sous le nom de *Christianus Tanasophtastus*. Il a traduit de l'italien en latin les *Sermons* du P. Mastrille, de la même société, et de l'espagnol, aussi en latin, les *Vies des saints*, composées par le P. Ribadeneira, auxquelles il a ajouté de nouvelles Vies. Cet ouvrage a été imprimé en 1630, in-fol., avec un appendice contenant quelques Vies des jésuites admis au rang des saints, et celles de saint Charles Borromée, de saint Philippe de Néri, etc.

CANISIUS (JEAN), jésuite, neveu du P. Pierre Canisius, a composé quelques ouvrages dont on peut voir les titres dans les bibliothèques des PP. Alegambe, Ribadeneira et de Valère-André.

CANISTIUS, courrier lacédémonien, qui fit deux cents stades en un jour.

CANISTRE, s. m. panier de jonc ou d'osier, dont on se servait dans les fêtes publiques.

CANISTRUM, s. m. (*hist. nat.*), genre de coquilles de l'ordre des univalves.

CANITIE (*méd.*), mot appliqué à la désignation de la couleur blanche des poils, en particulier des cheveux. Dans la vieillesse la blancheur des poils est une conséquence naturelle du progrès de l'âge. Dans quelques cas un pareil état est congénital, puisque des enfants portent en naissant des mèches de cheveux blancs. Dans d'autres circonstances la canitie est accidentelle, se déclare chez les sujets jeunes à la suite de certaines affections, soit physiques, soit morales, et constitue une véritable infirmité. Cette espèce de canitie doit principalement nous occuper dans cet article. — On peut classer les causes occasionnelles de la canitie dans les quatre chefs suivants : 1° *Par vieillesse* (canitie sénile). « Aux progrès de l'âge, toutes les sécrétions subissent, comme on sait, un certain degré d'altération; elles sont, pour ainsi dire, plus aqueuses, plus fluides, moins animalisées. L'état de la graisse, des muscles, des os, de l'encéphale même et des nerfs chez les vieillards suffit pour en donner la preuve. L'organe cutané surtout ressent vivement cette espèce de décadence; sa peau ride, perd son vernis juvénile et s'atrophie par degrés; ses sécrétions doivent par conséquent participer de cet état. Aussi n'y a-t-il rien d'étonnant que l'huile animale, que les bulbes tiraient de la substance de cet organe, devienne de moins en moins colorée, et qu'elle finisse par blanchir tout à fait avec les tiges capillaires qu'elle pénètre. C'est ainsi que, par suite du même principe, les cornées s'obscurcissent de la circonférence vers le centre, les séreuses deviennent opaques et s'ossifient. Faisons cependant remarquer : 1° que la décoloration sénile des poils choisit de préférence les régions temporales pour débuter; 2° qu'elle a le plus souvent lieu du sommet vers le tronc pilaire; 3° que l'épaisseur de la tige ne diminue pas sensiblement par le blanchissement : j'ai même cru remarquer que chez certains sujets les cheveux blancs étaient plus gros que les autres; 4° enfin que les cheveux blancs deviennent de moins en moins longs par la diminution de la force de sécrétion du bulbe » (Boucheron, *Traité anat., physiol. et path. du système pileux*, p. 41,

Paris, 1857). On prétend du reste que les individus à cheveux bruns éprouvent plus promptement que les blonds ou les roux la canitie naturelle. — 2° *Par maladie constitutionnelle.* On a vu assez fréquemment les cheveux blanchir après certaines fièvres graves, dans les longues convalescences, durant la phthisie pulmonaire, etc. Ces affections agissent en mettant la vitalité des bulbes dans les conditions analogues à celles qu'ils présentent chez les vieillards. On comprend par là comment les cheveux peuvent blanchir dans ces circonstances. Un jeune homme âgé de vingt ans était traité à l'hôpital de Milan pour une affection tuberculeuse de la poitrine. Vers les derniers temps de sa vie, ses cheveux, de noirs qu'ils étaient, avaient acquis un degré tellement prononcé de blancheur, qu'on allait le voir comme une curiosité. Sa peau était devenue blanche comme de la cire (*Opuscules choisis de Milan*). Un autre dont parle Ludwig vit également ses cheveux et ses sourcils blanchir à la suite d'une convalescence. Dans un autre cas le même phénomène a eu lieu à la suite d'une fièvre ataxique (Arata, *Observazioni anatomico-fisiologiche sopra i peli*, br. in-4°, Gènes, 1816). Des exemples analogues sont assez souvent rencontrés chez des sujets naturellement débiles des deux sexes; des exceptions nombreuses existent néanmoins à la règle précédente. « J'ai connu, dit M. Lagneau, un jeune officier de vingt-quatre ans dont la chevelure était devenue entièrement blanche, sans qu'aucune cause apparente pût servir à expliquer ce phénomène : il paraissait robuste » (*Dict. de méd.*, t. VI, p. 524). — 3° *Par cause locale.* Les blessures, les ulcérations, les phlogoses chroniques, les éruptions crouteuses entrent dans cette catégorie. Ajoutons-en un autre plus remarquable encore, que M. Villermé présenta à l'ancienne société de médecine de Paris. « Une demoiselle âgée de treize ans, qui n'avait jamais éprouvé que des douleurs de tête passagères, s'aperçut, durant l'hiver de 1817 à 1818, que plusieurs endroits de sa tête se dépouillaient entièrement de leurs cheveux, et six mois après elle n'en avait pas un seul. Ce ne fut que dans les premiers jours de janvier 1819 que sa tête se couvrit d'une sorte de laine noire dans les endroits les premiers dénudés et de poils bruns dans le reste du crâne. La laine et les poils bruns devinrent blancs; puis il en tomba une partie après qu'ils furent parvenus à la longueur de trois à quatre pouces, et les autres changèrent de couleur plus ou moins près de leur pointe, et devinrent châtains dans le reste de leur longueur vers la racine. C'était une chose assez singulière que ces cheveux mi-partie blancs et mi-partie châtains. » On lit dans la brochure de M. Boucheron : « Ce qui doit paraître plus étonnant encore, c'est que les cheveux blancs puissent devenir noirs; pourtant la chose ne peut être révoquée en doute. Les touffes blanches qui surviennent après les écorchures sur le dos des chevaux reprennent leur couleur primitive si on les coupe et si l'on graisse souvent ces endroits, de manière à redonner au derme sa tonicité primitive. Le même résultat a lieu après certaines maladies terminées par alopécie chez l'homme. Les premiers poils qui reparaissent sont souvent blonds ou blancs; on les coupe plusieurs fois, et ils reprennent enfin leur teinte primitive » (p. 46). — 4° *Par cause morale.* Il existe des faits nombreux de décoloration presque subite des poils, et en particulier des cheveux, à la suite d'un chagrin profond ou d'un grand effroi. On a vu des personnes condamnées à mort dont les cheveux ont blanchi subitement à la veille de leur exécution. D'autres se sont trouvées dans les mêmes conditions à la suite de la perte d'une personne très-chère. Un homme âgé de trente ans vit ses cheveux blanchir en peu de jours après la mort de sa femme (Moreau de la Sarthe, *Mém. de la soc. méd. d'émul.*, 2e année, p. 202). Pechlin parle d'un jeune marin dont les cheveux devinrent blancs en quelques heures, à l'occasion d'un danger affreux qu'il avait couru dans un naufrage. Un autre se trouva dans le même cas après avoir été poursuivi par des assassins (Arata, loc. cit., p. 10). Il existe dans les annales de l'art une foule d'autres faits analogues (Boucheron, ouv. cit., p. 44). —*Caractères.* Après l'âge de quarante ans, les cheveux commencent ordinairement à grisonner chez les deux sexes; quelquefois avant cette époque. Chaque cheveu blanchit du sommet vers la base, et c'est vers les tempes généralement que la décoloration se manifeste d'abord. Elle gagne graduellement le reste de la tête, atteint les poils de la face, puis enfin ceux de toutes les régions du tronc indistinctement. On a remarqué que dans l'état normal les poils des cavités axillaires sont les derniers à grisonner. Chez quelques sujets cependant, ce sont les cheveux de la région occipitale qui sont atteints les derniers de canitie. — La blancheur elle-même des poils des vieillards offre des nuances remarquables; elle est éclatante comme de la neige chez les autres. La première nuance se rattache ordinairement à une belle organisation et à une santé robuste. — « La canitie qu'on rencontre chez les jeunes sujets constitue une véritable maladie; elle doit en conséquence nous occuper plus spécialement. Des enfants naissent quelquefois avec tous les cheveux blancs; tel est le cas des albinos. D'autres fois il n'y a qu'une partie des cheveux qui offre une pareille couleur. M. Cullerier parle d'un de ses camarades de collège dont les cheveux d'une moitié de la tête étaient tout à fait blancs, les autres étant d'une autre couleur. Je connais un jeune homme habitant dans le passage du Grand-Cerf, qui se trouve absolument dans le même cas. Chez d'autres, on observe des touffes blanches seulement sur la tête. Ces sujets présentent ordinairement une constitution lymphatique, scrofuleuse ou rachitique. Cette première espèce de canitie peut être appelée *enfantile*; elle est tantôt congénitale, tantôt accidentelle par suite d'une maladie constitutionnelle, ou bien d'une affection locale qui altère la faculté sécrétoire du bulbe » (broch. cit.). — La canitie accidentelle se rencontre aussi assez souvent après l'âge de la puberté, ainsi que nous l'avons dit. Elle se déclare tantôt subitement sur une grande partie des cheveux, tantôt lentement et par mèches successives. Il est remarquable que cette canitie se borne aux seuls cheveux. Il est bien rare que le grisonnement ait lieu sur les poils du tronc sans que ceux de la tête participent au même état. M. Cullerier cependant rapporte l'observation d'une dame âgée de vingt-quatre à vingt-cinq ans dont les poils pubiens étaient complètement blancs, tandis que ceux de la tête conservaient encore leur couleur noire primitive. Il est fort rare du reste de rencontrer dans la canitie accidentelle ce blanc de neige qu'on voit aux cheveux de quelques vieillards. — *Traitement.* L'albinie capillaire ne mérite un traitement qu'autant qu'elle est accidentelle ou prématurée. Celle que quelques enfants portent en naissant, se rattachant aussi à un état accidentel des bulbes, doit également être traitée. Il n'en est pas de même de celle qui est la conséquence naturelle de l'âge et qui, du reste, ne saurait être corrigée médicalement. Les idées que nous venons d'exposer sur les causes de la canitie font aisément comprendre que le traitement doit en être fort variable quant aux moyens généraux. Il n'en est pas de même des moyens locaux, qui sont très-peu nombreux, et qu'on emploie presque indistinctement dans tous les cas. Une pratique assez générale pour combattre le grisonnement commençant consiste à arracher soigneusement avec les doigts ou des pinces les poils blanchis. Il est d'observation cependant que les personnes qui l'adoptent voient très-promptement les cheveux blancs se multiplier à côté de ceux qu'elles viennent d'arracher. C'est que l'arrachement ébranle les bulbes voisins, altère leur vitalité, et hâte par conséquent leur dégénérescence. Aussi est-ce le cas de dire que le remède est pire que le mal. On sait que les maquignons obtiennent, par l'arrachement répété de touffes de poils, des taches blanches que l'on remarque au front de plusieurs de leurs chevaux, et qui en rehaussent le prix aux yeux des amateurs. Une observation anatomique de Scarpa sur le mode d'implantation des bulbes éclaircit parfaitement ce phénomène. Les bulbes en effet ne sont pas implantés par rangées régulières dans le cuir; ils sont pêle-mêle, et leurs tiges ne sortent pas directement du bulbe en dehors; elles parcourent horizontalement un certain espace du tissu cutané avant de se porter au dehors; et l'on ne saurait mieux comparer un morceau de peau couverte de poils qu'à un terrain d'où sortent confusément des tiges d'oignons ou de graminées, c'est-à-dire que le bulbe se trouve toujours à une certaine distance de l'axe du poil. Aussi faut-il une certaine force pour arracher un cheveu avec son bulbe, et cela ne peut avoir lieu sans irriter plus ou moins la peau des bulbes adjacents. Il résulte de ces remarques que mieux vaut couper avec des ciseaux les premiers cheveux blancs, si toutefois cela en mérite la peine, que de les arracher. « Lorsque les cheveux blancs n'existent qu'en petit nombre, on peut les couper soigneusement à fleur de peau, à l'aide de ciseaux fins très-affilés. On aura soin de ne pas trop tirer la tige, afin de ne pas arracher ni ébranler le bulbe. — « En coupant souvent le même cheveu et en frictionnant fréquemment avec le bout du doigt l'endroit du derme qui lui donne naissance, au moyen de quelque corps gras approprié, comme l'axonge simple lavée dans de l'eau de rose, par exemple, on réussit souvent à arrêter les progrès du grisonnement, et même quelquefois à tonifier tellement le cuir chevelu, que la sécrétion reprend sa couleur primordiale. Rien n'est plus ordinaire que d'observer ce phénomène sur des chevaux qui ont des touffes blanches accidentelles sur le dos et qu'on traite de cette manière» (broch. de M. Boucheron, p. 102). — Lorsque la canitie accidentelle est très-prononcée sur une partie de la tête, par exemple, il est clair que l'excision est inapplicable : on peut cependant faire usage de frictions avec des corps gras qui auraient pour but d'adoucir l'état des bulbes : en attendant, on combattra la cause interne par des moyens appropriés à sa nature. — Quelques personnes ont proposé la tonsure répétée, mais ce moyen a beaucoup d'inconvénients : d'abord le rasoir irrite la peau et les bulbes, et augmente par là la source de la lésion; ensuite peu de personnes consentiraient à se laisser tonsurer dans l'espoir éloigné de voir leurs cheveux reprendre la couleur normale. Il est d'ailleurs d'observation que le plus souvent, parmi les poils de la barbe, ce sont ceux qu'on rase habituellement qui grisonnent les premiers. On en a là la preuve chez les militaires, par exemple, dont la moustache et les favoris conservent longtemps leur couleur naturelle, tandis que la portion de la barbe qu'on rase habituellement est déjà blanche (Lagneau, loc. cit., p. 325). Lorsque la canitie se rattache à une cause générale connue ou prématurée, c'est contre cette cause que la médication doit être dirigée, ainsi que nous l'avons dit. Le sujet rentre alors dans la médecine commune; nous ne devons pas nous en occuper ici, seulement nous devons ajouter que dans ce cas il y a convenance à couper souvent les cheveux à mesure qu'un nouveau travail vital s'établit dans les bulbes.

CANITO, s. m. (botan.), genre de plante à fleur monopétale, en cloche ouverte et découpée. Il s'élève du calice un pistil qui devient dans la suite un fruit mou, charnu, rond, ou de la forme d'une olive, contenant un ou plusieurs noyaux qui renferment chacun une amande.

CANITZ (Frédéric-Rodolphe-Louis, baron de), poëte allemand, né à Berlin en 1674, fit ses études à l'université de Leyde, et manifesta de bonne heure un goût si décidé pour la poésie, qu'il lui arrivait souvent de mettre ses idées en vers, sans y penser. Sa vie ne fut cependant pas toute consacrée à la poésie; après avoir soutenu en 1674 une dissertation De cautelis principum circa colloquia et congressus mutuos, il fit quelques voyages, et entra dans la carrière diplomatique. Le grand électeur de Brandebourg, Frédéric-Guillaume, le nomma d'abord son chambellan, ensuite conseiller de légation, et lui confia diverses légations qu'il conduisit avec adresse; Frédéric Ier lui donna le titre de conseiller intime, et l'envoya en 1698 au congrès de la Haye pour y suivre les affaires de la succession d'Espagne; l'empereur Léopold l'éleva cette même année au rang de baron d'empire; mais Canitz ne jouit pas longtemps de ces honneurs. Il mourut à Berlin le 11 août 1699. Aucune de ses poésies ne fut imprimée de son vivant. — Un an après sa mort, le docteur Lange, qui avait été le précepteur de son fils, en publia une partie sans nom d'auteur, sous le titre de Délassements poétiques, Berlin, 1700, in-8°. Elles ont été augmentées et rectifiées dans douze éditions successives; le nom de Canitz ne parut que dans la neuvième, publiée en 1719, et les deux dernières ne sont que des répétitions de la dixième, donnée à Berlin en 1727 par Jean-Ulrich Kœnig. Un succès si prolongé semble annoncer un mérite supérieur : les poésies du baron de Canitz n'ont cependant ni originalité ni verve; on y trouve des odes, des satires, des élégies, des chants religieux, et nulle part de poésie. Il eut cependant le mérite de rester toujours simple et naturel au milieu du goût bizarre et grossier de ses contemporains; aussi est-il le seul poëte allemand dont le grand Frédéric fit quelque cas. Son style est pur et facile; mais les seuls objets qu'il ait peints avec quelque chaleur sont les Folies des poëtes et la Vanité des plaisirs du monde. Son élégie sur la mort de sa première femme, qu'il a appelée Doris, offre quelques traits de sensibilité assez touchants; mais, par une singularité plaisante, la plupart de ceux qui ont chanté la femme qu'ils venaient de perdre en ont épousé une seconde; c'est aussi ce que fit Canitz. Huber, dans son Choix de poésies allemandes, a traduit quelques-unes de ses satires. Ses œuvres complètes ont été traduites en italien, sous le titre de Componimenti poetici del libero signor di Canitz, volgarizzati da un academico della Crusca, Florence, 1757; mais cet académicien, qui se nommait Léonardo Riccio, savait mal l'allemand, et sa traduction est fort médiocre. La vie de Canitz se trouve en tête de l'édition de ses œuvres, donnée par F.-Ulr. Kœnig.

CANIUS (Caius), chevalier romain qui acheta à Syracuse, d'un certain Pythius, des jardins et des réservoirs dont les poissons disparurent le même jour.

CANIUS, poëte de Gadès, d'une humeur très-enjouée.

CANIVEAUX, s. m. C'est ainsi qu'on appelle les plus gros pavés qui, étant assis alternativement avec les contre-jumelles et un peu inclinés, traversent le milieu du ruisseau d'une rue ou d'une cour. — Une pierre taillée en caniveau est celle qui est creusée dans le milieu en manière de ruisseau, pour faire écouler l'eau. On s'en sert pour paver une cuisine, un lavoir, une laiterie, un privé ou lieu commun, etc.

CANIVET, s. m. (hist. nat.), très-beau et très-grand perroquet d'Amérique (V. Canide).

CANIZARES (D. Joseph de), poëte espagnol qui a écrit des comédies, vivait à la cour de Madrid, vers la fin du XVIIe et au commencement du XVIIIe siècle. Il se distingua surtout dans les Comedias de figurones, où de grands faiseurs d'embarras se font valoir par la ruse et l'habileté. Ses comédies ont de la régularité; mais elles doivent leur succès bien plus à ce qu'elles offrent de caricatural, qu'à leur mérite dramatique. Il composa un grand nombre de pièces, dont la plus grande partie se trouvent indiquées dans le catalogue de 4409 comédies, qui fut publié à Madrid en 1735 par les héritiers de François Medel. Aujourd'hui il n'y a plus que deux de ses pièces qui se soutiennent : son Musico por el amor et son Domine Lucas.

CANJA ou **CANGÉ**, s. m. (marine), petit bâtiment à quille recourbée, dont on se sert sur le Nil. —(mythol.), fête de l'agriculture que l'on célèbre dans le royaume de Tonquin.

CANJALAT, s. m. (botan.), sorte de plante d'Amboine, du genre des slémones, dont on fait confire les racines pour les manger ensuite avec le thé.

CANJARES ou **CRICS**, s. m. (hist. mod.). Ce sont des poignards larges de trois doigts à la lame, et de la longueur de nos baïonnettes, qui s'emmanchent, pour ainsi dire dans la main, par une poignée terminée en pointe d'échelle; on pose les doigts sur le premier rayon, et le pouce sur le second. Ces instruments, communément empoisonnés jusqu'à la moitié de la lame, sont les armes déloyales les plus dangereuses qu'on puisse imaginer. Ce sont cependant les armes communes dans la péninsule du Gange, à Malaca, à Pegu, sur les côtes de la Chine, dans les îles de Java et de Sumatra. Quand les pèlerins indiens ou mahométans ont, au retour de la Mecque ou de la pagode de Jagrenat, la tête démontée par la vapeur de l'opium et du fanatisme, ils saisissent ces canjares envenimés, et immolent tout ce qu'ils rencontrent d'Européens et d'étrangers infidèles ou incirconcis, par une fureur qu'on ne saurait comparer qu'à celle de ces anciens scélérats d'Orient, connus sous le nom d'Assassins. Cette barbarie religieuse a beaucoup diminué depuis que les Anglais dominent dans l'Indostan, faisant tuer ces enthousiastes à coups de fusil, pour leur enseigner la tolérance, dont ce monde a si besoin. On soupçonne que la plupart de ces armes indiennes sont enduites du venin des serpents profanes, ou qui ne font pas partie du culte idolâtre, comme les vipères à Calicut : c'était au moins la pratique des anciens brahmanes, dont les modernes descendent incontestablement.

CANJOUNOU, s. m. (hist. nat. ichthyolog.), poisson d'Amboine. Il a le corps médiocrement long et médiocrement comprimé ou aplati par les côtés, la tête, les yeux et la bouche grands. Ses nageoires sont au nombre de sept, savoir : deux ventrales médiocres, placées sous deux pectorales qui sont médiocres, arrondies; une dorsale assez longue, comme fendue en deux au milieu, plus basse devant que derrière; une derrière l'anus plus longue que profonde, et une à la queue arrondie assez grande. De ces nageoires deux sont épineuses, savoir, la dorsale, dont les huit rayons antérieurs sont épineux, et la nageoire de l'anus. Tout son corps est roussâtre, tacheté de petits points bleus, et entouré de cinq à six anneaux rouges vers la queue. La prunelle des yeux est blanche, avec un iris rouge, entouré d'un cercle incarnat, à cinq points bleus derrière. Ses nageoires sont jaunes, mais les pectorales et les ventrales sont à rayons rouges; les épines de la dorsale sont noires, et les autres sont pointillées de bleu. Le canjounou est commun dans la mer d'Amboine, autour des rochers. Ce poisson fait avec le tonselton un genre particulier dans la famille des scares.

CANNA, s. f. (hist. nat.), sorte de gazelle, l'un des plus grands animaux à pieds fourchus d'Afrique.

CANNA ou **CANNUS** (géogr. sacrée), ville épiscopale de la Lycaonie, au diocèse d'Asie, sous la métropole d'Icone, a eu deux évêques : l'un, nommé Eustache, qui se trouva au deuxième concile général de Constantinople; l'autre, appelé Eugène, qui souscrivit à celui de Chalcédoine.

CANNABINA (botan.), genre de plantes à fleurs sans pétales, composées de plusieurs étamines, mais stériles; les espèces de ce genre, qui ne portent point de fleurs, produisent des fruits qui sont des capsules membraneuses, oblongues et presque triangulaires, dans lesquelles il y a des semences ordinairement oblongues.

CANNABIS, s. m. (botan.), genre de plantes exotiques de la famille des urticées.

CANNAGE, s. m. (comm.), mesurage des étoffes, rubans à la canne, ancienne mesure.

CANNAIE, s. f. lieu planté de cannes et de roseaux.

CANNAIE DUFRESNE (PHILIPPE) vivait dans le XVIᵉ siècle, et fut nommé président de la chambre de l'édit en 1595 : ce tribunal était alors fixé dans la ville de Castres (Tarn). Avant d'être à la tête de cette cour souveraine, Cannaie Dufresne avait été conseiller d'État et ambassadeur en Angleterre. Plus tard Henri IV le chargea de représenter la France à Venise; il avait déjà assisté à la fameuse conférence de Fontainebleau entre Duperron et Duplessis Mornay; il était même un des juges nommés par les protestants. Peu satisfait de la manière dont Duplessis Mornay avait défendu ses doctrines, il abandonna le protestantisme pour rentrer dans le giron de l'Église. Il mourut en 1610. On a imprimé ses Ambassades, Paris, 1635. Ce recueil est précédé de sa Vie, par le P. Robert Regnault, minime. Il avait composé des harangues, et était très-versé dans la littérature et les langues anciennes.   C. L.

CANNAMARÈS (JEAN), Catalan, né dans la classe des laboureurs, acquit une malheureuse célébrité, le 7 décembre 1792, en frappant d'un coup de poignard le roi Ferdinand le Catholique, qui venait de faire son entrée à Barcelone, après la conquête de Grenade. Ce prince sortait de son palais accompagné d'une suite nombreuse, lorsque Cannamarès, qui se tenait caché derrière une porte, s'élança sur lui, et le blessa entre le cou et les épaules. Sans le collier d'or que portait Ferdinand, et qui rompit la violence du coup, ce monarque aurait été tué sur la place. Cannamarès fut aussitôt interrogé et mis à la question. On reconnut qu'il avait l'esprit aliéné, et que, s'étant imaginé que le roi lui avait pris la couronne d'Aragon, il avait attenté à la vie de ce prince, dans l'espérance de la recouvrer. Ferdinand voulait qu'on fît grâce à ce misérable, mais la sévérité du cardinal Ximenès s'y opposa. On le condamna à avoir la main coupée, à être tenaillé et tiré par quatre chevaux. La seule grâce qu'on lui fit, à cause de son état de démence, fut de l'étrangler auparavant.

CANNAMELLE (V. CANAMELLE).

CANNA-PONDU, s. m. (hist. nat.), espèce de plante du Coromandel, du genre des crotalaires.

CANNARINS ou CANNARES, s. m. pl. (géogr.), espèce de sauvages du Mexique et du Pérou qui rendent un culte au soleil.

CANNART (GILLES), né à Rethel en 1571, et mort en 1624, à l'âge de cinquante-deux ans environ. Il a laissé des Sermons et les Actes de sa conférence avec le calviniste Jonston.

CANNE, canna (comm.), mesure de longueur dont on se sert pour les tissus. Elle est plus ou moins longue suivant les différents lieux où elle est en usage; ainsi la canne de l'île de Malte : 8 palmes ou 2,0804 aunes métriques; la canne de Rome, nommée aussi aune : 8 palmes marchandes ou 2,0046 aunes métriques; les cannes du duché de Gènes, canna grossa : 12 palmes ou 2,989140 aunes métriques, et la canna picola : 9 palmes ou 2,241855 aunes métriques; la canne ou aune de Palerme : 8 palmes ou 1,9364 aunes métriques; la canne de Naples : 8 palmes 98 pouces ou 2,109560 aunes métriques; la canne de Florence : 4 brasci ou 2,352112 aunes métriques; la canne de Maroc : 171151 aunes métriques.

CANNE, s. f. nom générique donné à plusieurs espèces de roseaux (V. ROSEAU).

CANNE, arme ou support. — L'usage des cannes faites de roseau ou de tiges de roseau remonte à une haute antiquité. Longtemps, même dans les temps modernes, la canne a été tout à la fois la marque de la vieillesse et du commandement, et a servi de signe distinctif à des officiers civils et militaires des divers degrés hiérarchiques. Sous l'ancien régime, les dames de qualité portaient de petites cannes ornées d'une pomme plus ou moins précieuse. L'usage de la canne est encore très-répandu aujourd'hui. On fait des cannes de toute espèce de bois. Les joncs et les bambous sont les plus estimés pour cet usage. Depuis quelques années, on fait des cannes en fer creux laminé; elles sont fort élégantes. — Quant à la canne à vent, V. FUSIL A VENT et SARBACANE. — La canne-arme était un court bâton, arme de demi-longueur, surmonté la plupart du temps d'un fer de hallebarde. Elle fut très-employée autrefois.

CANNE (archit.), espèce de roseaux dont on se sert en Italie et dans le Levant au lieu de dosses, pour garnir les travées entre les cintres, dans la construction des voûtes. — On se sert aussi de ces roseaux à la place du chaume, c'est-à-dire de la paille de seigle ou de froment, pour couvrir à la campagne les étables,

granges, écuries de peu d'importance, ou bien les maisons des paysans.

CANNE ou JONC A ÉCRIRE (hist. anc.), calamus scriptorius ou arundo scriptoria. Les anciens se servaient de stylets pour écrire sur les tablettes enduites de cire, ou de joncs ou de cannes, pour écrire sur le parchemin ou le papyrus, papier d'Égypte; car on sait que notre papier ordinaire est d'une invention peu reculée. Le Psalmiste dit que la langue est comme la canne ou le jonc à écrire d'un écrivain habile : Lingua mea calamus scribæ; du moins c'est ainsi que traduit la Vulgate : mais le texte hébreu signifie plutôt un stylet qu'une canne à écrire. L'auteur du troisième livre des Machabées dit que les écrivains employés à faire le rôle des Juifs qui étaient en Égypte vinrent montrer leurs roseaux tout usés, disant qu'ils ne pouvaient suffire à faire le dénombrement que l'on demandait. Baruch écrivait ses prophéties avec de l'encre, et par conséquent avec les roseaux dont nous venons de parler; car il ne paraît pas que l'usage des plumes fût connu en ce temps-là. Saint Jean, dans sa troisième Épître, dit qu'il n'a pas voulu écrire avec l'encre et le roseau : Nolui per atramentum et calamum scribere tibi. Cet usage est commun chez les auteurs profanes. Inque manus chartæ, nodosaque venit arundo. Les Arabes, les Perses, les Turcs, les Grecs et les Arméniens se servent encore aujourd'hui de ces cannes ou roseaux, comme le témoignent les voyageurs, et ainsi que nous en avons l'exemple sous nos yeux à l'instant même où nous écrivons ces lignes en face d'un attaché à l'ambassade turque, qui transcrit à la bibliothèque royale des fragments du poète Sadi : il fait usage d'un roseau très-mince dont le tube est un peu moins gros que le petit doigt, long de six pouces environ, et qui se taille de la même manière que nos plumes ordinaires.   E. G.

CANNE (verrerie en bouteilles), instrument de fer, d'environ quatre pieds huit pouces de long, en forme de canne, percé dans toute sa longueur d'un trou d'environ deux lignes de diamètre, dont on se sert pour souffler les bouteilles et autres ouvrages. Il en sera question à l'article VERRERIE.

CANNE, en hébreu kanna (hist. anc.), sorte de mesure dont parlent Ezéchiel, chapitre XL, verset 5, et saint Jean, dans l'Apocalypse, chapitre X, verset 1. Ezéchiel dit qu'elle avait 6 coudées et une palme, ou plutôt 6 coudées et 6 palmes, c'est-à-dire 6 coudées hébraïques, dont chacune était plus grande d'une palme que la coudée babylonienne. Le prophète est obligé de déterminer ainsi la coudée dont il parle, parce qu'au delà de l'Euphrate, où il était alors, les mesures étaient moins grandes qu'en Palestine. La coudée hébraïque avait 24 doigts ou 6 palmes, ou environ 20 pouces et demi, en prenant le pouce à 12 lignes; ce qui donne à la canne ou calamus 123 pouces, ou 10 pieds 3 pouces de notre mesure.

CANNE (manufacture en soie), grande baguette de roseau ou de noyer, qu'on passe dans les envergures des chaînes, soit pour remettre, soit pour tordre les pièces.

CANNE A LUNETTES (art de l'opticien). Cette canne a la forme d'un rotin. Le corps qui reçoit les verres est en cuivre verni. L'objectif a dix-sept pouces et demi de foyer et un pouce d'ouverture; l'oculaire à quatre lentilles ou verres, dont le foyer est réglé selon les convenances de chacun; elles donnent ensemble six lignes de foyer, qui, contenues trente-une fois dans dix-sept pouces et demi, foyer de l'objectif, rendent la lunette susceptible de grossir trente-cinq fois. On peut placer un verre nord devant l'oculaire, quand on veut l'employer au soleil. Le mécanisme de la lunette est semblable à celui des lunettes ordinaires; elle n'est qu'à un seul tirage. La pomme de la canne se visse sur l'objectif, et lui sert de couvercle; il y a un trou à la hauteur convenable pour passer un cordon, qui tourne autour d'un diaphragme placé dans l'intérieur, et qui conserve ainsi le passage libre au rayon visuel. Un troisième nœud est un pas de vis qui reçoit le bout inférieur de la canne, lequel est en bois. Les verres peuvent facilement se démonter : on dévisse d'abord la pomme de la canne, et on retire l'objectif; pour nettoyer les quatre autres verres de l'oculaire, on dévisse la canne au troisième nœud, puis le ressort dans lequel glisse le coulant et la chapeau, ensuite on retire le porte-verre des deux premiers oculaires. — Cette canne convient aux personnes qui habitent sur les côtes; pour observer un vaisseau en mer, ou aux officiers chargés de faire des reconnaissances militaires. — M. Jecker, de Paris, l'a inventée en 1817.

CANNE A SUCRE (saccharum officinarum, Linné; arundo saccharifera). C'est un roseau dont la tige est divisée, de distance en distance, par des articulations entre chacune desquelles il y a un renflement. De chacune de ces articulations il part latéralement une feuille dont le bourgeon naissant s'appelle l'*œil*. On donne communément, dans nos colonies, le nom de *nœud* à l'intervalle compris entre deux articulations. — La canne à sucre fleurit en un magnifique panicule supporté par une hampe élégante fort allongée, régulièrement cylindrique et assez consistante, connue sous le nom de *flèche*; mais cette fructification est toujours stérile; la canne se reproduit de boutures, et se multiplie avec une extrême facilité. — L'*arundo saccharifera* pousse communément dans nos colonies d'Amérique à la hauteur de cinq à neuf pieds de tige utile. On la coupe à l'âge de quatorze, quinze ou seize mois aux îles d'Amérique. Dans l'Inde, cette croissance est beaucoup plus rapide. — La canne à sucre, originaire, dit-on, de l'Inde, et apportée des contrées au delà du Gange, a été pour la première fois introduite dans nos îles d'Amérique par Pierre d'Etiença, qui la fit connaître à Saint-Domingue. — Michel Balestro fut le premier, dans cette colonie espagnole, qui en exprima le suc à l'aide de moulins, et Gonzalès de Velosa fut le premier qui a extrait de ce suc le sucre cristallisé. — La canne à sucre ne prospère que dans des climats à la fois très-chauds et humides. Les essais qui ont été tentés pour en naturaliser la culture, même dans nos départements les plus méridionaux, n'ont pas été heureux. A la Nouvelle-Tempé, près de Nice, M. Bermond fit choix d'un terrain qui lui semblait convenable pour une plantation de cannes à sucre. En effet, elle y acquit une grosseur et une hauteur à peu près égales à celles de la même plante en Amérique, et qui excitèrent les plus belles espérances; mais on n'en obtint que du mucoso-sucré en assez petite quantité, et point de sucre cristallisé, du moins en quantité notable. — Pendant bien longtemps la culture de la canne à sucre a été livrée, dans nos colonies françaises, à la pratique d'une aveugle ou négligente routine, et nous n'obtenions qu'en bien moins grande abondance que les Anglais des produits en sucre. Ce n'est donc pas des opérations de la culture française-américaine que nous parlerons ici. Nous préférons décrire ce qui se pratique dans les îles anglaises, et nous choisirons de préférence pour exemple le travail de l'île de la Barbade, la plus habilement cultivée peut-être de toutes les possessions américaines des Anglais, et où chaque pouce de terrain est mis à profit. — De bonne heure, en novembre, on prépare le terrain pour l'opération que les Anglais appellent *holing* (façons des trous). Les fosses sont creusées à environ dix pouces de profondeur (sur un terrain où la charrue n'a point passé) : on leur donne ordinairement trois pieds et demi carrés. Ces fosses sont tirées au cordeau avec toute la régularité des cases d'une table d'échiquier. Cette régularité est bien loin d'être superflue, et elle n'est que trop négligée par nos planteurs français; car non-seulement il en résulte qu'une étendue donnée ainsi plantée régulièrement contient plus de touffes de cannes, mais encore cette régularité dans l'alignement des touffes favorise la libre circulation de l'air à l'entour des tiges, et c'est un point fort essentiel pour la croissance et la maturation uniformes des cannes. — Le travail du *holing* est réputé le plus pénible de tout le procédé de la culture pour les nègres esclaves, et à cette époque les planteurs anglais ont coutume de leur allouer un supplément de vivres. — Le *plantage* des cannes commence à la fin de novembre ou dans les premiers jours de décembre : on place dans chaque fosse trois ou quatre tronçons ou boutures. Ces boutures consistent en tronçons faits sur l'extrémité supérieure des cannes, c'est-à-dire dans la partie qui contient le moins de matière sucrée. Les tronçons ont de huit à dix pouces de long, et portent assez communément de sept à dix *œils* ou bourgeons. — Au plantage succède le *sarclage* des jeunes cannes. On les commence quand celles-ci ont atteint environ vingt pouces de hauteur. Les Anglais réservent en général le premier sarclage aux jeunes *négrites*, qui, à cause de la petitesse de leurs pieds et de la délicatesse de leurs mains, sont moins sujets à endommager les jeunes plants. — Vient ensuite l'*épaillage*, qui consiste à enlever de chaque joint la feuille morte, à mesure que le soleil brûlant du tropique la fane et la dessèche. Cette opération hâte le développement et la maturation de la canne. C'est un travail assez désagréable, parce que ces feuilles sèches laissent facilement échapper les pointes ou petits aiguillons qui garnissent leurs bords. Il en résulte quelquefois des démangeaisons sur le corps des travailleurs, et ils sont affectés de ce qu'on appelle dans le pays la *gratelle*. — Les travailleurs étendent sur le sol, entre les touffes de cannes, une partie de ces feuilles sèches, qui garantissent la terre de l'ardeur trop grande du soleil et lui conservent une utile moiteur. Une autre partie est portée en réserve pour servir de combustible lors de la cuisson du jus des cannes. — Les sarclages et les épaillages alternatifs se succèdent plus ou moins de

fois, suivant la nature du terrain, et toujours de manière à ce que la canne ne soit pas envahie par les herbes parasites, ni ne reste embarrassée de ses feuilles mortes. — C'est immédiatement après le premier sarclage, c'est-à-dire quand la canne a atteint vingt pouces de hauteur, qu'on procède à la *fumure* en général. Pour que cette opération soit moins laborieuse, on a soin de parquer le bétail à des distances rapprochées des champs sur lesquels il faudra porter l'engrais. — Cet engrais se place au pied de chaque touffe de canne, et l'on a soin de le recouvrir et de le tasser légèrement en répandant par-dessus la terre primitivement extraite des fosses par le *holing*, et dont une partie est restée en réserve entre elles. — Voilà avec autant d'étendue qu'il nous a été permis de le faire connaître, le procédé de culture de la canne à sucre dans les îles d'Amérique. — Nous avons cru devoir le faire suivre d'un extrait d'un ouvrage anglais fort estimé, sur la culture dans les possessions anglaises de l'Inde. Cela pourra présenter quelque intérêt, aujourd'hui surtout que nous occupons Alger, pays qui offre un climat assez analogue à celui du Bengale, et où l'hiver fait aussi sentir de légères atteintes (*V.*, pour la fabrication, l'article SUCRE). — *Modes de culture de la canne à sucre dans le district manufacturier de Tajahmundry, dans l'Inde.* — Parmi les nations de l'Inde, les transitions d'une époque de perfectionnement à une autre sont tellement lentes, que c'est à peine si elles méritent ce nom. — Dans les provinces septentrionales, ainsi que dans le Bengale, le Cadapah, etc., il se fait d'immenses quantités de sucre; c'est principalement dans le district de Tajahmundry et de Ganjam que la canne à sucre est cultivée avec avantage. Cette branche d'agriculture, dans ce *circar*, est surtout florissante dans le Peddapore et le Pettapore, sur les rives de la rivière Elyséram, peu considérable à la vérité, mais dont le cours non interrompu pendant toute l'année suffit à l'arrosement des cannes pendant la saison la plus sèche. — Les planteurs n'essayent pas de récolter deux fois la canne à sucre sur le même terrain sans laisser un intervalle de deux et même trois années. La canne appauvrit tellement le sol, qu'il faut pendant cet intervalle le couvrir de plantes réparatrices : pour cet effet on a trouvé que ce qui convient le mieux est une plantation de diverses espèces de légumineuses. — La méthode de culture de la canne à sucre est dans l'Inde de la plus grande simplicité, comme presque tous les travaux qui s'exécutent dans cette contrée. Tout l'appareil y consiste en quelques paires de buffles ou de bœufs; le reste ne vaut pas plus de 15 à 20 pagodes; tandis qu'un planteur de nos îles d'Amérique doit y consacrer autant de mille louis. — Le sol le plus convenable dans l'Inde pour la culture de la canne à sucre est une terre végétale riche qui, par l'effet du défoncement et de l'exposition de l'air, se réduit promptement en poudre. Il convient encore que le niveau du terrain soit tel, qu'on puisse se servir des eaux d'une rivière pour l'irrigation; mais de telle sorte cependant que, selon le besoin, on puisse écouler ces eaux et assécher la plantation; c'est ce qu'il est nécessaire de faire quand arrive la saison des grandes pluies. Un tel sol, dans une telle situation, après avoir été amélioré par plusieurs récoltes successives de plantes légumineuses, ou être resté en jachère pendant deux ou trois ans, doit cependant encore recevoir une légère fumure; ou mieux encore, on y fait parquer le bétail pendant quelque temps. Le planteur indien considère comme le meilleur engrais pour la canne à sucre les tiges pourries des *passaloo* verts et noirs (*phaseolus nungomax*). Pendant les mois d'avril et de mai on fait passer à plusieurs reprises sur ce terrain la charrue indienne commune, qui ne tarde pas à mettre ce riche sol en bonne préparation. Vers la fin de mai ou le commencement de juin viennent assez généralement les pluies, qui tombent en averses fréquentes et lourdes; c'est alors l'époque du plantage : mais si les pluies étaient tardives, il faudrait humecter ce sol préparé, en faisant déborder dessus les eaux de la rivière, convenablement élevées à l'aide de barrages. Ce n'est qu'alors que le terrain est totalement mouillé et même réduit en une sorte de boue, qu'on doit planter la canne. — Ce plantage est on ne peut plus simple : les travailleurs, portant des paniers remplis de tronçons de cannes à la longueur d'un ou deux nœuds (articulations de la tige), se placent en une ligne transversale sur le terrain, et marchent à égale distance les uns des autres, tenant une ligne la plus droite possible; pendant ce progrès ils laissent tomber les tronçons un à un, de dix-huit pouces en dix-huit pouces de distance environ. D'autres travailleurs suivent les planteurs, et ceux-ci recouvrent du pied les tronçons et pressent dessus en marchant. Voilà tout. Si le temps est modérément pluvieux jusqu'à l'époque où le jeune plant a atteint la hauteur de deux ou trois pouces, on ameublit la terre à l'entour jusqu'à quelques pouces de distance; on se sert pour cela d'un outil, espèce de sarcloir, ressemblant beaucoup pour la forme au ciseau de charpentier ; mais si la saison était sèche, il faudrait le temps à autre humecter artificiellement. D'ailleurs on sarcle continuellement, et l'on tient la terre très-meuble et toujours légère à l'entour des plants. En août, c'est-à-dire deux ou trois mois après le plantage, il convient de couper de distance en distance de petites tranchées pour faciliter l'écoulement des eaux ; car souvent la saison devient par trop pluvieuse, et cela pourrait avoir de fâcheuses conséquences pour le produit en sucre. Ces mêmes tranchées, dans le cas assez rare d'une saison trop sèche, servent encore à l'introduction des eaux d'irrigation dans le champ des cannes. — Immédiatement après que les tranchées dont il vient d'être parlé ont été creusées, les cannes sont soigneusement *soutenues et parées :* cette opération est considérée comme fort essentielle. Les tiges ont alors trois pieds de haut environ, et chaque touffe est composée de trois à six jets. On relève avec soin les feuilles inférieures de chaque canne, et l'on en fait une sorte d'enveloppe à l'entour d'elle : on fiche ensuite en terre, dans le milieu de chaque touffe, un bambou (quelquefois deux) de huit ou dix pieds de long, et l'on attache tous les jets sur cette espèce d'échalas, qui les maintient droits et favorise à l'entour d'eux la libre circulation de l'air. A mesure que les cannes croissent en hauteur, on continue de les entourer avec les feuilles quand celles-ci commencent à se faner, et l'on ajoute de nouveaux liens pour fixer les tiges de plus en plus sur les bambous. Pendant tout ce temps, si la saison est humide, on tient les tranchées ouvertes pour l'écoulement des eaux ; et s'il y a trop de sécheresse, on a recours aux irrigations. Toutes les cinq ou six semaines, on procède à un sarclage, de manière à tenir le terrain toujours bien net. On assure que cette précaution d'attacher bien soigneusement les feuilles à l'entour de la tige prévient le craquement ou déchirement de la canne, qu'occasionnerait la violence du soleil ; que le suc de la canne en devient plus riche en sucre, plus abondant, et que cette enveloppe empêche d'ailleurs les tiges de pousser des jets parasites qui les appauvriraient. — En janvier ou février, les cannes sont mûres et peuvent être coupées avec avantage. Elles ont alors environ neuf mois d'âge. A cette époque leur hauteur sur pied (feuillage compris) est de huit ou dix pieds. La canne nue a depuis un pouce jusqu'à 15 lignes de diamètre. A l'article SUCRE, *V.* les procédés indiens de fabrication. PELOUZE.

CANNE-D'INDE, s. f. (*botan.*), nom qu'on donne à la racine du balisier d'Amérique.

CANNE ÉLECTRIQUE. C'est une canne formée d'un tube de verre hermétiquement fermé à son extrémité inférieure; l'intérieur est rempli de feuilles d'or ou de cuivre, et l'on colle à l'extérieur une feuille d'étain : on bouche la partie supérieure avec un couvercle métallique qui sert de pomme à la canne, et qui communique dans l'intérieur par un fil métallique ; ce couvercle est d'ailleurs bien isolé de la feuille d'étain qui sert de garniture extérieure ; on vernit ensuite la superficie de cette canne que l'on peint de couleur de bois, afin de compléter l'illusion. — Il est facile de voir que les cannes électriques ne sont que des bouteilles de Leyde défigurées, ou allongées dans leur forme ; elles ont pour objet de surprendre par la commotion électrique les personnes à qui on les présente ; lorsqu'elles sont chargées, on peut sans danger les tenir par le milieu, comme on tient une bouteille électrisée par la panse ; mais, si l'on approche la main de la pomme de la canne, l'effet produit est le même que quand on touche le bouton d'une bouteille de Leyde ; on reçoit la commotion et l'étincelle.
B. JULLIEN.

CANNE GNOMONIQUE, s. f. instrument qui sert à indiquer l'heure par les hauteurs du soleil.

CANNE HYDRAULIQUE. Soit un tube cylindrique creux dans l'intérieur et ouvert des deux bouts ; enfonçons-le verticalement dans l'eau ; celle-ci se met de niveau à l'intérieur et à l'extérieur ; il n'y a rien là dont nous puissions tirer parti. — Supposons qu'au bas du tube il y ait une soupape qui s'ouvre de bas en haut, elle sera soulevée quand la pression de l'eau sera assez forte pour la repousser ; après quoi elle retombera, fermera toute communication entre l'intérieur du tube et l'eau qui le presse ; et si nous enlevons alors la canne, nous enlèverons avec elle l'eau qu'elle contient et ne peut pas s'échapper. Il n'y a rien jusqu'ici qui ne nous représente les phénomènes les plus communs ; et ce n'est pas là l'objet de la canne hydraulique. Mais si, cette canne étant hors verticale et déjà pleine d'eau jusqu'au niveau extérieur, nous l'enfonçons rapidement par un choc instantané dans l'eau où elle plonge ; celle-ci, ne

pouvant céder aussi vite qu'elle est frappée, soulève la soupape, entre dans le tube, et la soupape se refermant aussitôt, l'eau introduite dans la canne dépasse réellement le niveau de l'eau extérieure d'une certaine hauteur. — Recommençons indéfiniment ce mouvement de va-et-vient dans la direction verticale, et à chaque choc nous ferons entrer une nouvelle quantité d'eau, laquelle diminue successivement à mesure que la colonne d'eau s'élève, parce que la résistance à l'ouverture de la soupape deviendra de plus en plus forte. On peut cependant la conduire par cette suite de chocs jusqu'à l'ouverture supérieure du tube par où elle s'écoule dans le réservoir qui doit la recevoir. — Il suit de cette explication que les cannes hydrauliques sont des machines à élever l'eau extrêmement simples, puisqu'elles ne sont composées que d'un tube et d'une soupape, tandis que dans les pompes il y a toujours au moins un tube, un piston, deux soupapes ; elles peuvent cependant, comme les pompes, élever l'eau à des hauteurs considérables ; mais il faut avouer que leur effet est toujours bien moindre, et la force à dépenser plus considérable que dans les pompes ordinaires ; c'est ce qui fait qu'on ne les emploie pas ordinairement. B. J.

CANNEBERGE (*botan.*), *succinium oxicoccos,* plante qui croît ordinairement dans les lieux marécageux. Racines vivaces, menues, fibreuses, rougeâtres, ligneuses, rampantes ; tiges très-menues, inclinées contre terre ; feuilles alternes, ressemblant à celles du serpolet, vertes en dessus, blanchâtres ou cendrées en dessous, ayant la queue très-courte ; fleurs purpurines, ayant quatre pétales longs de trois lignes, par deux ou trois à l'extrémité des branches, produisant une baie blanche et teintée de rouge, d'une acidité agréable.

CANNEGIETER (JEAN), fils de Henri et frère de Hermann, fut comme eux un jurisconsulte distingué. Il était depuis 1770 professeur à l'académie de Groningue, et y est mort dans ces derniers temps. Il a publié quelques opuscules, entre autres : 1° *Ad difficiliora quædam juris capita animadversiones*, Francker, 1754, in-4° ; 2° *Domitii Ulpiani fragmenta libri singularis regularum, et incerti auctoris collatium legum mosaicarum et romanarum, cum notis*, Utrecht, 1768 ; Leyde, 1774, in-4° ; 3° *Oratio de romanorum jurisconsultorum excellentia et sanctitate*, Groningue, 1770, in-4° : c'est le discours qu'il prononça en prenant possession de sa chaire.

CANNEGIETER (HENRI), né en 1691 à Steinfurt en Westphalie, fut recteur au gymnase d'Arnheim, et historiographe des états de Gueldre. Il commença à se faire connaître par une bonne édition des *Fables d'Avianus*, 1731, in-8°. Les ouvrages qu'il donna par la suite eurent principalement pour objet les antiquités romaines et hollandaises ; les plus connus sont : 1° *Dissertatio de Brittenburgo, matribus britiis, britannica herba, Brittia*, etc., la Haye, 1754, in-4°, fig. Cannegieter y a joint quelques remarques, où il réfute l'opinion de Munting sur l'*herba britannica* ; 2° *De mutata romanorum nominum sub principibus ratione*, Utrecht, 1758, in-4°. A la suite de cette dissertation, on trouve une histoire critique de l'empereur Posthumus, et l'explication d'un monument découvert à Dodenwerd (*V.* POSTHUMUS) ; 3° *De gemma bentinckiana, item de Iside ad Turnacum inventa, necnon de dea Buronina*, Utrecht, 1764, in-8° ; 4° *Epistola de ara ad Noviomagum reperta*, etc., Arnheim, 1766, in-8° ; 5° la première édition des *Tristes* de Henri Harius, d'après le savant Henrik ter Haer, Arnheim, 1766, in-4° ; 6° deux lettres latines, dans le *Museum turicense* de Hottinger, sur différentes inscriptions. Cannegieter mourut en 1770, sans avoir donné les *Antiquités de Dombourg* et les *Monuments de la Batavie romaine*, dont il avait plus d'une fois fait espérer la publication. Il avait aussi préparé une édition de Festus, que son fils Hermann Cannegieter avait promis de donner ; mais cette promesse n'a pas été tenue.

CANNEGIETER (HERMANN), fils du précédent, naquit à Arnheim en 1723. Pendant le cours de ses études, qu'il fit à Arnheim et à Leyde, il publia une dissertation sur la loi de Numa, *De ara Junonis pellici non tangenda*, Leyde, 1745, in-4°. L'année suivante, il soutint pour le grade de docteur en droit une thèse *De difficilioribus quibusdam juris capitibus*. Après avoir exercé pendant six années les fonctions d'avocat près le tribunal supérieur de la Gueldre, il fut nommé en 1750 professeur de droit à Franeker, à la place de Balck (1), qui

(1) Dominique Balck naquit à Leuwarden en 1684, le 12 avril. Il fut nommé professeur en droit dans l'université de Franeker, le 29 mars 1709, et il occupa cette place jusqu'à sa mort, arrivée le 17 mai 1750 ;

venait de mourir. Dans son discours inaugural, imprimé à Franeker, 1751, in-fol., il traita *De multiplici et varia veterum jurisconsultorum doctrina*. Deux autres ouvrages considérables l'ont mis au rang des jurisconsultes les plus érudits; le premier est intitulé: *Observationes ad collationem legum mosaicarum et romanarum*, Franeker, 1760, in-4°, réimprimé en 1765 avec des additions très-importantes; le second est un recueil d'*Observations de droit romain*, en quatre livres, Leyde, 1772, in-4° : la première édition de Franeker, 1768, in-4°, n'avait qu'un seul livre. On lui attribue les notes qui accompagnent la cinquième édition des *Antiquités* d'Heineccius, donnée à Leuwarden et Franeker, 1777, in-8°. Il est mort le 8 septembre 1804.

CANNELADE (*V.* CANELUDE).

CANNELAS, s. m. (*confis.*), espèce de dragée faite avec de la cannelle.

CANNEL-COAL (*comm.*), matière inflammable qu'on emploie en divers endroits d'Angleterre pour faire du feu. On en confectionne aussi quelques ustensiles, des jouets d'enfants, et on le fait passer pour du jaiet. On lui attribue certaines vertus médicinales; mais aucun médecin éclairé n'en fait usage depuis longues années.

CANNELÉ, ÉE (*gramm.*), participe. Il se dit en général de tout ce qui offre des cannelures, des sillons, des stries profondes.

CANNELÉ (*comm.*), étoffe de soie. Le *cannelé* est un tissu de soie comme le gros de Tours et le taffetas, à l'exception qu'on laisse oisive une des deux chaînes nécessaires pour former le corps de l'étoffe, du côté de l'endroit, pendant deux, trois ou quatre coups. Il est composé de deux chaînes et de la trame, dont on proportionne le nombre des bouts à la qualité qu'on veut qu'il ait (*V.* ÉTOFFE DE SOIE). Il se fait des *cannelés* unis et des *cannelés* brodés, soie et dorure. Ces derniers étaient en grande vogue dans le siècle précédent. — Lorsque la chaîne qui forme le *cannelé* a cessé de travailler trois, quatre ou cinq coups, plus ou moins, on la fait ensuite lever pour arrêter cette même soie, et former le grain du *cannelé*.

CANNELÉ (*arts mécan.*). On donne ce nom à tout corps, pierre, bois ou métal, auquel on remarque des cavités longitudinales et semi-circulaires, ou à peu près, soit que ces cavités aient été pratiquées par la nature, soit qu'elles soient le produit de l'art. Ainsi, l'on dit d'un canon de fusil qu'il est *cannelé*, et de la tige d'une plante qu'elle est *cannelée*. De toutes les occasions dans lesquelles la nature forme des cannelures aux corps, il n'y en a peut-être pas une où la physique soit en état de rendre compte de ce phénomène. — L'art a plusieurs moyens différents de *canneler* : on *cannelle au rabot*, on *cannelle au ciseau*, on *cannelle à la fonte*, on *cannelle à l'argue* (*V.* ces mots).

CANNELÉ (*sciences médic.*). — Sonde cannelée, instrument de chirurgie. — On appelle, *en anatomie, muscle cannelé*, deux muscles jumeaux de la cuisse, que Lientaud croyait n'en former qu'un seul; — *substance cannelée*, substance intérieure du parenchyme du rein; — *corps cannelé* ou *strié*, l'un des ganglions cérébraux.

CANNELÉ (*blason*). Se dit de certaines partitions de l'écu, où il se trouve des renfoncements circulaires qui ressemblent aux cannelures à vive arête de l'ordre dorique.

CANNELER, v. a. c'est, sur le fût d'une colonne, d'un pilastre, d'un vase ou de tout autre objet, creuser des canaux formés ou d'un demi-cercle ou d'une courbe plus ou moins prononcée (*V.* CANNELURES).

CANNELER, v. a. (*technol.*), chez les teinturiers, c'est teindre en couleur de cannelle.

CANNELLE (*botan.*), sous-écorce d'un arbre ou arbuste nommé par les botanistes *laurus cinnamomum*. Il est originaire de l'île de Ceylan, où il croît en abondance. On le trouve aussi à la Cochinchine, mais autre part, suivant Mac-Culloch, qui affirme que la prétendue cannelle de Bornéo et quelques îles de la Sonde et des Moluques n'est autre chose que la *cassia lignea*. Il paraîtrait néanmoins que le cannellier a été transporté et naturalisé aux Indes occidentales, et Anderson cite la cannelle de la Jamaïque comme étant réputée peu inférieure à celle

on ne connaît de lui que six dissertations académiques peu importantes, sur des sujets de jurisprudence. On en peut voir les titres dans l'*Athenœ Frisiacœ* de Vriemoet.

de Ceylan. D'autres auteurs disent que le cannellier est aussi cultivé à Cayenne, au Brésil et aux Antilles, où il a été propagé au moyen des fruits. — On distingue plusieurs sortes de cannelles : *la cannelle de Ceylan*, produite par le *laurus cinnamomum* et la plus estimée, elle se divise en trois espèces : la fine, la mi-fine et la commune. Les faisceaux sont longs, et ses écorces minces et roulées les unes sur les autres; sa couleur est blonde et sa saveur aromatique; — *la cannelle de Chine*, produit du *laurus cassica*, à écorces moins minces, à couleur rougeâtre et odeur forte; — *la cannelle du Malabar* ou *cassia lignea*; ses rouleaux sont d'une longueur irrégulière, noueux et d'une saveur âcre; son écorce est mucilagineuse, et sa couleur d'un blond rougeâtre; — la *cannelle de Cayenne*, assez semblable à celle de Ceylan, quoique d'une couleur plus pâle, d'une odeur et d'une saveur moins prononcées et moins agréables; — la *cannelle blanche* produite aux Antilles et surtout à la Jamaïque par un arbre de la dodécandrie monogynie et de la famille des guttifères. Son écorce est jaune citron, sa cassure blanche et grenue, sa saveur amère et piquante, son odeur agréable et particulière; — la *cannelle girofléé* ou écorce de cannelle, improprement nommée *bois de girofle* et *bois de crabe*, est la dépouille d'un arbre qui croît à Ceylan, à la Jamaïque, à Cuba, à la Guadeloupe et dans les autres îles de l'Amérique. Ses bâtons sont longs et formés de beaucoup d'écorces minces et compactes roulées les unes autour des autres; sa couleur d'un brun foncé ou d'un gris blanchâtre; elle est très-dure, et exhale une odeur de girofle. — Dans l'une de nos colonies, la Guyane, on cultive la cannelle, mais sur une petite échelle; la récolte de 1834 n'a produit que cinquante-cinq kilos. — La cannelle est employée en médecine, dans la parfumerie et dans l'économie domestique.

CANNELLE (*gramm.*). On dit figurément et familièrement, *Mettre une chose en cannelle*, la briser en plusieurs petits morceaux; et plus figurément encore, *Mettre quelqu'un en cannelle*, le déchirer impitoyablement par ses discours.

CANELLE ou **CANNETTE**, s. f. (*technol.*), robinet formé d'un morceau de bois creusé, qu'on met à une cuve, à un pressoir ou en faire écouler le vin, après qu'on a foulé la vendange. — Il se dit aussi d'un robinet de cuivre qu'on met à un tonneau pour en tirer le vin, en tournant la clef qui sert à en boucher ou à en ouvrir le passage.

CANNELLE, s. f. (*technol.*), chez les boutonniers, morceau de bois percé en rond, et placé dans le trou de la jatte, pour empêcher l'ouvrage de s'endommager en flottant contre les bords. — Chez les épingliers, on nomme *cannelle* une sorte de couteau qui tient assujetti dans une rainure le fil de laiton destiné à faire des épingles.

CANNELLE AÉRIFÈRE, sorte d'ustensile pour transvaser le vin en bouteilles.

CANNELON, s. m. (*technol.*), moule de fer-blanc cannelé pour former des fromages glacés.

CANNELURE (*architect.*), espèce de sillon ou rainure partant du sommet d'un fût de colonne et aboutissant à sa base. Des mots latins *calamus* ou *canna*, nous avons formé cannelé et son dérivé cannelure. Le mot français *strie* (pris du grec στρέα), et qui signifie petit sillon, est mieux approprié à la classe que nous venons de définir. Balbus et Turnèbe, cités souvent par Perrault, prétendent que *strigiles* qui, en latin, désigne les étrilles dont les Romains se servaient au bain pour se racler le corps, est la meilleure étymologie. Vitruve, cet homme à la fois architecte et historien, emploie le plus souvent, pour désigner les cannelures, l'expression de *striges*, qui signifie de petits canaux; *strigiles* venant de *striges*, ce dernier nous semble plus exact. Du désaccord sur le principe du mot, passons au désaccord sur le principe de la chose. Vitruve, dont le système est de trouver de l'analogie entre le corps humain et l'architecture, dit que les stries ressemblent aux plis des vêtements, et que sans doute c'est de là qu'est venue l'idée de strier les colonnes. L'opinion des Grecs, qui comparaient avec plus de raison les colonnes aux arbres et les cannelures à l'écorce, nous paraît préférable; nous n'hésitons pas à adopter cette idée comme principe des cannelures. Nous lui donnons même la prééminence sur celle de M. Quatremère de Quincy, qui pense que l'origine des stries vient de la colonne à faisceau égyptienne. Jamais les Égyptiens n'employèrent les cannelures, et si la colonne à faisceau a pu enfanter quelque chose, ce ne peut être que le *fuseau* on *tire* des *ripiers* des colonnes gothiques. L'usage des stries est presque aussi ancien que l'ordre dorique, dont il tempère la roideur. On prétend avec juste raison que cet ordre doit toujours être cannelé; car, parmi le grand nombre de monuments de ce genre parvenus jusqu'à nous, à peine en compte-t-on quelques-uns qui ne le soient pas ; et lorsque les stries n'ont pas d'apparence, on les retrouve à l'état rudimentaire. Le temple de Ségeste, qui ne fut pas terminé, peut venir à l'appui de notre assertion : le tracé des cannelures se laissait encore voir sur la dernière et sous la première assise du fût des colonnes. Il y a plusieurs espèces de cannelures. Les stries à vive arête, particulièrement affectées à l'ordre dorique, sont creusées à peu près comme celles que Servandoni fit tailler au péristyle de Saint-Sulpice. On en met ordinairement vingt à la colonne ; cependant on a trouvé des fûts doriques qui n'en portaient que seize, et d'autres qui en avaient jusqu'à vingt-quatre. Ces cannelures sont peu creusées. Quant à leur largeur, elle varie selon la grosseur des colonnes ; on en a observé parmi les ruines d'Agrigente l'antique un débris qui avait plus d'un demi-mètre de largeur dans sa partie la plus étroite ; ce qui semble justifier Diodore, qui prétend qu'un homme pouvait aisément se cacher dans une des cannelures du temple de Jupiter Olympien. On remarque aux anciens monuments doriques, que les stries sont terminées carrément en haut et en bas : leur extrémité supérieure est coupée par le listel, ainsi qu'on le voit à Athènes et à Syracuse ; quelquefois aussi elles sont terminées par une légère portion de cercle. De l'ordre dorique, les stries passèrent à l'ionique, au corinthien, au composite et quelquefois même au toscan ; pourtant on orne presque toujours ce dernier ordre avec des bossages, comme on le voit au Luxembourg. L'ordre ionique admet vingt-quatre, trente, et jusqu'à trente-deux cannelures à ses colonnes ; comme elles sont plus creusées que dans l'ordre dorique, on les fait à côtes, c'est-à-dire qu'il y a entre elles un espace qui s'appelle *filet, carré* ou *listel*. La côte se fait plus ou moins large, suivant le goût de l'architecte. Les cannelures se terminent de différentes manières : la plus généralement employée est en forme de niche ; on fait aussi les congés du haut et du bas de la colonne coupés en ligne droite ; enfin il y en a dont le nu de la colonne rentre en demi-cercle dans la cannelure. Ce que nous venons de dire sur les cannelures à côtes s'applique également aux ordres ionique, corinthien et composite. On orne souvent l'intérieur des cannelures : quelquefois on y met des feuilles qui serpentent ; mais le plus généralement on emploie pour les embellir une espèce de filet en baguette qu'on nomme *rudenture*. Cet ornement est tantôt plat, tantôt arrondi, en forme de roseau ou de corde. L'usage est de n'en remplir que le tiers inférieur du fût des colonnes, comme cela se voit sous le péristyle du Louvre ; cependant l'église de Sainte-Geneviève offre l'exemple de colonnes rudentées dans toute la longueur de leur fût ; ces cas sont très-rares, et il ne faut pas les croire de bon goût : la rudenture est moins un ornement qu'une précaution pour solidifier le bas des cannelures exposées aux chocs. On fait des cannelures dont l'intérieur est plat ; celles du nouvel édifice appelé l'église de la Madeleine sont de cette espèce. Enfin, on en fait qui tournent autour de la colonne en forme de spirale : on les appelle cannelures torses ; ces cannelures sont de mauvais goût. Les Persans les affectionnent, mais ce n'est pas étonnant : tous les peuples orientaux montrent, dans leurs monuments, plus de hardiesse d'invention que de véritable savoir ; on sait qu'ils surchargent les pilastres d'ornements, et dans Persépolis on trouve des fûts de colonne où le luxe des cannelures est porté jusqu'au nombre de quarante. Nous ne mettrons pas au rang des colonnes striées le fût polygone, taillé à vingt pans ou facettes ; quoique cette manière égyptienne d'orner les colonnes ait fait dire à plusieurs architectes que c'est une vieille espèce de cannelure, nous n'adoptons pas cette opinion. Cependant nous citerons le portique de Délos, que Philippe, roi de Macédoine, fit élever. Mais, selon nous, cet exemple est plutôt pour que contre notre manière de penser, attendu que la partie supérieure du fût des colonnes est cannelée, et la partie inférieure seulement est taillée à pans ; ce qui prouve que les anciens en mêlant ces genres, ne les confondaient pas. Il ne nous reste plus qu'à indiquer les moyens de tracer les cannelures. Voici celui que l'antiquité employait ; nous traduisons Vitruve : « On tracera un carré dont le côté sera aussi grand que toute la cannelure ; plaçant une des branches du compas au milieu du carré, on tracera d'un angle de la cannelure à l'autre, une ligne courbe qui sera la forme de la cavité. » Ce qui peut se comprendre ainsi : lorsqu'on a divisé la circonférence du cercle en autant de parties égales qu'on veut avoir de cannelures, on trace un carré (dans chaque division) dont un des côtés aboutit à chaque angle d'une cannelure ; puis l'on fait passer une ligne courbe par le centre du carré et les angles de la cannelure, ce qui dessine parfaitement la strie. Cette méthode est bonne pour le tracé des cannelures qui se terminent carré-

ment. En voici une qui est d'usage pour tracer sur les colonnes qu'on veut strier quand l'édifice est terminé : un peu au-dessous du chapiteau et au-dessus de la base, on divise la circonférence du fût en autant de parties qu'on veut creuser de cannelures ; ensuite on mène une ligne de l'une à l'autre division correspondante, ce qui forme des bandes à peu près parallèles entre lesquelles la cannelure est circonscrite. Les stries embellissent les colonnes ; elles leur donnent plus de grâce, de légèreté, et, ce qui est assez remarquable, plus d'épaisseur. Les Grecs, qui, sans les analyser parfaitement, avaient observé toutes les lois d'optique, placèrent toujours dans les lieux étroits des colonnes grêles, et, par la magie des cannelures, ils les faisaient paraître plus fortes. Vitruve et beaucoup d'autres auteurs n'ont pas su se rendre compte de ce qui produit cet effet. Nous croyons que le contraste de la lumière et de l'ombre en est la véritable cause. On place aussi les stries ailleurs que sur les colonnes. Les larmiers, les gaînes, les vases antiques, les consoles, les piédouches, etc., sont souvent ornés de cannelures. Les menuisiers et les charpentiers en décorent leurs colonnes en pilastres de bois ; enfin, on fait même des cylindres cannelés.

CANNELURE se dit, en botanique, des stries profondes qu'on remarque sur la tige de certaines plantes. — Il se dit, en chirurgie, d'une gouttière ou sillon pratiqué sur divers instruments.

CANNELURE (*technol.*). *En term. d'aiguillier*, petite cavité formée sur chaque côté de la tête d'une aiguille, et qui ressemble à une gouttière.

CANNEQUIN (*V.* CANEQUIN).

CANNER, signifie mesurer les étoffes avec la canne dans les lieux où cette mesure est en usage, comme on dit *auner* à Paris, et partout où l'on se sert de l'aune.

CANNES (*géogr. et hist. anc.*), petite ville d'Apulie, célèbre par la bataille qui s'y livra le 5 septembre, l'an de Rome 536 (avant J.-C. 216), entre les Carthaginois et les Romains. C'est aujourd'hui un petit bourg du royaume de Naples, dans la *terre de Bari*, situé non loin de la ville de Canosa, et le champ de bataille de Cannes, qui est près de ce bourg, y porte encore le nom d'*il Campo di sangue* (le Champ du sang). — Une ancienne inscription qui se lit encore sur la porte septentrionale de Spolète, ville d'Ombrie, dans les Etats du pape, atteste qu'Annibal, immédiatement après la bataille du lac Trasimène, mit le siége devant cette ville, et en fut repoussé avec perte. Jugeant par cette résistance d'une simple colonie, que les obstacles qui le séparaient de Rome étaient encore insurmontables, il se détourna vers la gauche et traversa le Picenum. Les Romains, revenus de l'effroi que leur avait causée la défaite du consul Flaminius, nommèrent *prodictateur* Fabius Maximus, dont la prudente conduite rétablit un peu leurs affaires. Les consuls qui prirent le commandement après Fabius Maximus suivirent le même système de temporisation, se bornant à tenir en échec Annibal dont l'armée, qui ne pouvait subsister que par le pillage, s'avançait lentement vers le midi, et vint enfin s'établir sur la rive droite de l'Aufide, près de Cannes, dont le château, situé sur une éminence, servait de magasin aux Carthaginois ; la ville avait été en partie ruinée dans la campagne précédente. Les Romains, excités par les déclamations furibondes du tribun Hérennius, commençaient à se lasser de la sage circonspection pratiquée et recommandée par Fabius Maximus. Ils crurent le moment venu d'en finir avec Annibal ; ils levèrent une armée de seize légions, composée de 80,000 hommes d'infanterie et de 7,000 chevaux ; huit légions étaient romaines, et les huit autres de troupes alliées. Annibal n'avait sous ses ordres que 40,000 hommes d'infanterie et 10,000 cavaliers. Les deux consuls étaient Lucius Æmilius Paulus et Terentius Varron, deux hommes de caractères directement opposés. Æmilius, partisan de la méthode de Fabius Maximus, avait été porté au consulat par la majorité des sénateurs. Varron, sorti des derniers rangs du peuple, homme ignorant et téméraire, voulait servir les vues de la multitude, à laquelle il devait son élévation, en combattant sans délai. L'usage était que, les deux consuls se trouvant ensemble, chacun commandât alternativement pendant un jour. L'armée romaine vint camper à 6 milles (à peu près un myriamètre) des Carthaginois, sur la rive droite de l'Aufide ; mais les Romains établirent aussi sur la rive gauche un camp de moindre étendue, dont les soldats, en allant faire de l'eau, étaient souvent harcelés par les Carthaginois. Plusieurs escarmouches eurent lieu, dans lesquelles les Romains avaient généralement l'avantage, probablement par l'ordre d'Annibal, qui, n'ayant plus que pour quelques jours de vivres, désirait plus vivement encore que le présomptueux Varron d'en venir à un engagement général. Dans une de ces rencontres, les Romains tuèrent aux Carthaginois dix-sept cents hommes, et n'en perdirent eux-mêmes qu'une centaine. Æmilius, qui commandait ce jour-là, fit sonner la retraite malgré les protestations de Varron qui criait à la trahison. Une autre fois les cavaliers numides, s'étant avancés jusqu'aux retranchements du petit camp, insultèrent les Romains et les défièrent au combat, que les Romains eux-mêmes, difficilement retenus par l'autorité d'Æmilius, demandaient à grands cris. Dès le lendemain Varron leur procura cette funeste satisfaction. Au point du jour, il fait passer l'armée sur la rive gauche de l'Aufide, où elle avait assez d'espace pour se déployer. Æmilius le suivit tristement. A la droite, qui s'appuyait au fleuve, Varron plaça la cavalerie romaine, forte d'environ 2,400 chevaux ; celle des alliés, qui était le double, prit la gauche, du côté de la plaine, qui porte aujourd'hui le nom de *Cerignola*. Le général Vaudoncourt, qui a traité ce sujet en homme qui connaît parfaitement le terrain et la matière, en militaire habile et en critique judicieux, fait à ce propos les remarques suivantes. « Dans cet ordre de bataille Varron commit une erreur grave, et qui fut une des causes principales de sa défaite. Il ne sut pas profiter de la supériorité numérique de son infanterie, ou pour déborder le front de l'ennemi en étendant le sien, ou pour se donner à chaque aile une réserve qui suppléât à son infériorité en cavalerie, ainsi que le fit César à Pharsale. Soit qu'il crût que la force de l'infanterie ne dépendait que de la profondeur, soit qu'il fût embarrassé du grand nombre de celle qu'il commandait, il crut devoir changer l'ordonnance ordinaire des légions, en donnant aux manipules plus de profondeur que de front, c'est-à-dire que, les manipules de cent quarante hommes étant ordinairement sur dix rangs et quatorze files, il augmenta le nombre des rangs, ce qui diminua le nombre des files, probablement jusqu'à dix, et donna quatorze rangs. » Par cette disposition, la plupart des soldats romains ne purent être fort longtemps que les spectateurs du combat. Aussitôt qu'Annibal apprit que les Romains avaient passé l'Aufide, il fit également passer la rivière à ses troupes légères, en leur ordonnant de se déployer sur une ligne, en face de celles de l'ennemi, afin de masquer les dispositions qu'il voulait faire. Il suivit à peu près avec toute son armée, et la fit déployer dans la plaine, en s'étendant vers Cérignola. L'armée carthaginoise formait un angle obtus convexe dont l'infanterie espagnole et gauloise occupait le sommet : les Gaulois nus avec leurs simples boucliers et leurs sabres, qui ne servaient que de taille ; les Espagnols armés du bouclier et de l'épée courte que les Romains adoptèrent par la suite. Pour égaliser les armes, les sections de ces deux nations furent rangées alternativement. Aux deux côtés de ce centre et un peu en arrière était placée l'infanterie africaine, armée à la romaine, du pilum et de l'épée, moitié à droite et moitié à gauche ; à l'aile gauche, la cavalerie espagnole et gauloise, dont les escadrons étaient formés à soixante-quatre, tandis que ceux des Romains n'étaient qu'à trente-deux ; enfin, à l'aile droite, la cavalerie numide fit face, en nombre à peu près égal, à la cavalerie alliée des Romains. En parlant de cette disposition de la ligne carthaginoise, Polybe fait usage du terme *meniskos*, qui indique un arc de cercle ; mais on ne doit pas prendre cette expression à la lettre, les Carthaginois faisant partout face aux Romains dans l'ordre que nous venons d'indiquer. Chez les Carthaginois, la gauche fut commandée par Asdrubal, et la droite par Hannon ; Annibal se réserva le centre. Chez les Romains, Æmilius eut la droite, Varron prit la gauche, et les proconsuls qui étaient restés à l'armée prirent le centre. Le front de l'armée romaine était tourné vers le midi, de façon que les rayons du soleil levant, qui, d'abord tombaient obliquement entre les deux armées, frappèrent un peu plus tard les Romains au visage ; et le vent que les gens du pays appelaient alors *vulturnus* et que les Italiens modernes nomment *sirocco*, traversant des plaines sablonneuses, soulevait des nuages de poussière qui les incommodaient beaucoup. L'action s'engagea d'abord sur les ailes. Le combat de cavalerie le long de l'Aufide fut assez long et meurtrier. Les Romains, plus faibles de moitié, soutinrent la charge avec une vigueur extraordinaire, et l'acharnement était tel de part et d'autre que toutes les manœuvres en usage dans les actions de cavalerie furent négligées, et que la mêlée devint bientôt générale. Les Romains, selon l'usage vicieux dont ils avaient été si souvent punis, se voyant pressés, sautèrent en grand nombre à bas de cheval pour combattre à pied. Lorsqu'on en vint informer Annibal, « On aurait mieux fait, dit-il, de me les livrer garrottés. » Tandis que la cavalerie carthaginoise, victorieuse aux deux ailes, se repliait derrière la ligne, l'infanterie

romaine heurta avec fureur le centre des Carthaginois, qui soutint quelque temps le choc, puis recula en bon ordre jusqu'aux Africains ; les Romains avançant toujours, et les Carthaginois continuant à reculer, l'angle obtus convexe devint un angle concave, où les Romains, emportés par l'ardeur du combat s'engagèrent témérairement. Alors les ailes des Carthaginois se repliant l'une vers l'autre, l'armée romaine se trouva prise comme dans une tenaille et enveloppée de toutes parts. On a remarqué qu'Annibal n'eut jamais qu'une manière de vaincre, modifiée seulement selon les lieux et les circonstances ; à la Trébie, au Trasimène, à Cannes, il enveloppa toujours ses ennemis. Dès ce moment le désordre fut à son comble, et le combat devint une boucherie. Tite Live rapporte que quatre cents déserteurs numides, portant des épées courtes cachées sous leurs cuirasses, s'étaient rendus aux Romains au commencement de l'action. On les fit passer à l'arrière-garde, après leur avoir ôté leurs armes ostensibles ; mais, dès que les Romains se trouvèrent entourés d'ennemis, ces prétendus déserteurs, saisissant les boucliers qui gisaient épars sur le champ de bataille, attaquèrent les Romains par derrière, et en firent un carnage effroyable. Dans cette journée, l'armée romaine perdit près de 80,000 hommes, deux questeurs, vingt et un tribuns des soldats, quatre-vingts sénateurs, plusieurs consulaires et l'un des consuls : c'était Æmilius, qui, blessé à la tête dès le commencement de l'action, refusa de sauver sa vie, en montant le cheval que lui offrait Lentulus. Peu d'instants après, les ennemis l'accablèrent de traits sans le connaître. On montre encore à Cannes un puits près duquel on prétend que ce consul expira, et qui porte son nom. C'est une erreur populaire ; ce puits étant situé dans le camp même des Carthaginois, ou un peu en arrière, et sur la rive droite de l'Aufide, il n'est pas présumable qu'Æmilius ait traversé la rivière et l'armée ennemie pour aller y mourir ; il périt sur la rive gauche, au milieu de ses soldats. Les anneaux d'or recueillis sur le champ de bataille remplirent un boisseau qui fut envoyé à Carthage. Les Carthaginois eurent 8,000 hommes tués. Il est permis de supposer que le nombre de leurs blessés, dont Tite Live n'a rien dit, était au moins le double, de sorte qu'après la bataille Annibal avait tout au plus 26,000 hommes disponibles, et cela seul suffirait pour le justifier du reproche qu'on lui a fait de n'avoir point marché sur Rome défendue par de bonnes murailles, une garnison de deux légions et l'admirable énergie de ses habitants. Il faut remarquer en outre que Rome pouvait, en moins d'une demi-journée, faire entrer dans son enceinte les troupes que Marcellus commandait à Ostie, et qui étaient destinées pour la Sicile. Enfin les soldats qui, à Cannes, étaient échappés au carnage, se réfugièrent d'abord dans les camps, d'où une partie se rendit pendant la nuit à Canusium et à Venusium ; les autres furent faits prisonniers. Les fuyards réunis à Venusium, où le consul Varron s'était rendu avec 300 cavaliers, formèrent un corps d'environ 10,000 hommes. Le malheureux consul annonça le désastre, et à son arrivée à Rome le sénat vint en corps à sa rencontre, et le remercia de n'avoir pas désespéré du salut de la république.   CH. DUROZOIR.

CANNES, *Castrum de Cannis* (géogr.), petite ville maritime de l'ancienne Provence, aujourd'hui du département du Var, à 16 kilomètres de Grasse. Cette ville occupe, suivant quelques auteurs, l'emplacement de l'ancienne Oxybia, détruite par les Sarrasins, qui emmenèrent les habitants en esclavage. C'est sur la place voisine de Cannes que Napoléon débarqua à son retour de l'île d'Elbe le 1er mars 1815. Cette ville compte aujourd'hui 3,194 habitants.

CANNÉS (FRANÇOIS), natif de Valence, religieux franciscain et missionnaire apostolique, passa seize années de sa vie au collège de Saint-Jean à Damas, et s'y appliqua avec beaucoup d'ardeur et de succès à l'étude des langues orientales. De retour en Espagne, il y publia sa *Grammatica arabigo-española, vulgar, y literal, con un diccionario arabigo-español, en que se ponen las voces mas usuales para una conversacion familiar, con el texto de la doctrina christiana en el idioma arabigo*, Madrid, 1775, in-4°. Douze ans après, à l'instance du comte de Campomanès, il mit au jour : *Diccionario español latino-arabigo en que siguiendo el diccionario abreviado de la academia se ponen las correspondencias latinas y arabes, para facilitar el estudio de la lengua arabigo a los misioneros y a los que viajaren o contratan en Africa y Levante*, Madrid, 1787, 3 vol. in-fol., ouvrage estimé et recherché. Cannès mourut à Madrid en 1795 : il était membre de l'académie royale d'histoire, établie dans cette ville.

CANNETILLE, s. f. (*boutonnier*). C'est un morceau de fil d'or ou d'argent trait, fin ou faux, plus ou moins gros, qu'on a roulé sur une longue aiguille de fer par le moyen d'un rouet.

On emploie la cannetille dans les broderies, les crépines, et autres ouvrages semblables. La fabrique et l'emploi de la cannetille forme une portion du métier des passementiers-boutonniers. Quand la cannetille est plate et luisante, pour avoir été serrée entre deux roues d'acier, on l'appelle *bouillon* : cette marchandise entre aussi dans la composition des crépines et des broderies.

CANNETILLE (*technol.*), petit fil de laiton argenté et très-délié que l'on file autour d'une corde à boyau ou de métal, pour former les grosses cordes des violons, des basses, etc. — C'est aussi un tissu de laiton étroit dont se servent les modistes pour soutenir les ornements de chapeaux.

CANNETIUS (JEAN-ANTOINE), célèbre jurisconsulte de Raguse, où il mourut vers l'an 1580, a laissé : 1° *In extravagantem volentes, Frederici, et in extravagantem si aliquem, Jacobi. Siciliæ regum, enarrationes perspicuæ*, imprimé en 1576; 2° *Concilium*, en 1627.

CANNETTE (*V. CANNELLE*).

CANNEVETTE, s. f. (*comm.*), mesure de liquides qui est fort en usage en Hollande.

CANNIBALES. On donne ce nom aux Caraïbes ou insulaires qui possédaient une partie des Antilles avant l'arrivée des Espagnols; ceux-ci en ont détruit presque entièrement la race, dont on retrouve cependant quelques restes à l'île Saint-Vincent. C'est la seule île des Antilles où les cannibales fussent en assez grand nombre pour former un corps de nation. Ils sont en général tristes, rêveurs et paresseux; leur teint est olivâtre; ils ont le front et le nez aplatis; ils sont d'une bonne constitution, et arrivent à un âge avancé. Ils vont nus, sont bien faits, vigoureux, d'une humeur guerrière, et sont fort adroits à tirer de l'arc. Leurs flèches sont faites d'un bois empoisonné, taillées de façon qu'on ne peut les retirer du corps sur lequel elles sont lancées sans déchirer la plaie, et elles sont arrosées d'un venin très-dangereux produit par le suc du mancenillier. Les cannibales ont plusieurs femmes, qui ne sont point jalouses les unes des autres; ce que Montaigne regarde comme une chose miraculeuse, dans son chapitre sur ce peuple. Dès le lendemain de leur accouchement, ces femmes vaquent à leurs occupations. Elles n'emmaillottent point leurs enfants, qui, dès l'âge de quatre mois, marchent à quatre pattes. — Ces sauvages ont toujours passé pour manger leurs prisonniers rôtis; c'est ce goût dépravé pour la chair humaine qui a fait passer leur nom en proverbe; le mot *cannibale* désigne dans toutes les langues un être cruel, inhumain ou féroce. — Les Caraïbes croient à un premier homme nommé *Longuo*, qui descendit du ciel tout fait, et les premiers habitants de la terre, selon eux, sortirent de son énorme nombril au moyen d'une incision. Ils adorent des dieux bons et méchants, ne font d'offrandes qu'aux mauvais esprits, et croient à l'immortalité de l'âme. Ils ont la coutume de se peindre le corps avec du rocou; ils se creusent des pirogues avec des haches de pierre. Les cannibales de l'île Saint-Vincent se soulevèrent en 1794 contre les Anglais, mais n'obtinrent aucun succès; ils furent vaincus et déportés à la terre ferme. Depuis cette époque, ces barbares vivent, pour la plupart, comme les autres sauvages.

CANNIBALE. Il se dit, par extension, de tout homme féroce et cruel, et aussi des révolutionnaires qui ont marqué leur passage par de sanglantes exécutions pendant le règne de la terreur en France.

CANNIBALISME, s. m. cruauté, férocité. — Amour vorace des cannibales. — Conduite affreuse et cruelle des terroristes en France pendant la révolution.

CANNIER, s. m. (*technol.*), ouvrier qui emploie la canne dans la carrosserie.

CANNIGADANAM, s. m. (*mythol.*), don d'une vierge que les Indiens regardaient comme l'une des charités les plus méritoires, parce que celui qui acceptait un de ces dons était censé se charger des péchés de son bienfaiteur, et devait les expier par de bonnes œuvres ou des cérémonies religieuses.

CANNING (GEORGES). L'histoire ne reconnaît pas d'homme accompli; il y a toujours un côté par lequel le plus grand héros est homme, c'est-à-dire vulnérable. Il y a plus, le bruit que fait un homme de son vivant sert de mesure au plus grand nombre pour le juger. Mais cette mesure est vulgaire, et induit communément en erreur. Par exemple, elle nous fait confondre l'homme de génie et l'homme habile. Cependant la différence est grande entre eux. Un homme de génie est celui que ses hautes facultés élèvent au-dessus de la foule; il est originairement tout par lui-même; il dirige les événements, les

domine ou s'en inspire, et demeure en tous cas toujours lui-même. A lui seul, il doit sa gloire, sa force, son autorité : les événements aident simplement aux ressorts de son génie, mais n'y ajoutent rien; plus souvent ces événements sont autant d'obstacles qu'il doit vaincre pour se faire jour; en un mot l'homme de génie, c'est, métaphoriquement parlant, une pensée qui se fait chair, qui triomphe de toutes les résistances, se pose en quelque suite, et attend imperturbablement du temps sa consécration. Voyons maintenant l'homme habile : c'est celui qui juge avec les facultés que la nature lui a départies de la valeur momentanée des hommes et des choses de son époque, qui s'attache à la puissance, qui louvoie entre les événements, qui saisit la fortune au passage, parcourt avec elle la carrière, la fatigue de ses adulations, finit par la fixer à son char, et quand il a enfin atteint son bout cherche à justifier ses souplesses en faisant semblant d'appuyer de son crédit politique une idée vague de progrès ou de liberté en vogue. Le lecteur jugera de quel côté il faut ranger Georges Canning, si toutefois nous avons su retracer, comme nous le voudrions, dans cette biographie, les traits principaux de la vie de cet homme d'État. — Georges Canning naquit le 11 avril 1770. Son père, avocat instruit, avait pour toute fortune 3,000 livres de rente; il n'eut pas, comme son fils, le bonheur de rencontrer une de ces causes qui mettent sur-le-champ en lumière les jeunes talents et leur créent promptement un nom et une fortune. Nul de ses travaux ne l'ayant conduit à la richesse, il quitta la carrière du barreau, et essaya du commerce des vins. La mort le surprit dans cette nouvelle occupation. Il laissa sa femme avec peu de ressources. Celle-ci monta d'abord une petite école, puis bientôt se fit comédienne, et s'unit successivement à deux nouveaux maris auxquels elle succéda. Pendant ce temps, le jeune Canning était élevé à Londres sous la surveillance de son oncle, négociant en vins. Il étudia d'abord à Hyde-Abbey, près de Winchester, et de là fut au collége d'Eton, où il passa dès les premiers instants pour un enfant de génie. Le jeune Canning avait à peine seize ans lorsqu'il arrêta avec plusieurs de ses condisciples le plan d'une feuille hebdomadaire intitulée le *Microcosme*, publiée sous le pseudonyme de Grégory Griffin. Cette feuille parut du 9 novembre 1786 au 30 juillet 1787. Elle avait pour principaux rédacteurs John Smith, dont la signature était représentée par A ; Canning, qui signait B ; Rob. Smith, représenté par C et John Hockham par D. Les articles signés B sont au nombre de onze, parmi lesquels on cite avec éloge deux morceaux intitulés : *l'Esclave de la Grèce* et une critique burlesque et innocente de la *Reine des cœurs*. La *Revue mensuelle* signala les productions de Canning comme écrites avec beaucoup de gaîté. Outre ces exercices littéraires, le futur ministre se livrait encore à des débats parlementaires simulés qui avaient lieu aux heures de récréation, et que favorisaient les professeurs mêmes du collège d'Eton. Là, le jeune Canning s'initiait aux effets de tribune, et préludait à de réels et prochains triomphes parlementaires. Remarquons qu'à cette époque de feu et d'enthousiasme notre héros manifestait une vive opposition contre les prétendus fauteurs du pouvoir, et que même, il poussa la réalité, lors de l'élection de Windsor, jusqu'à prendre un intérêt passionné pour l'amiral Keppel contre le candidat de la cour. D'Eton où il avait acquis le plus haut point d'honneur, celui de capitaine, Canning passa en 1787 à Oxford, comme élève du collége de Christ; là, il rencontra ses antagonistes de Westminster; là aussi il entra en relations avec Banks Jenkinson (depuis comte de Liverpool) et Henri Spencer, qui plus tard devinrent les sommités de l'Angleterre. Sa pièce latine : *Iter ad Meccam religionis causa susceptum* lui valut le premier prix du chancelier à Oxford, d'où il sortit bientôt après avoir pris son premier degré dans cette université. Son but alors était de continuer l'étude des lois; mais Shéridan, auquel tenait de près la famille de sa mère, le lança en peu de temps dans les sociétés les plus brillantes de Londres, notamment dans celle de la duchesse de Devonshire. Là, il entra en connaissance avec lord Robert Spencer, le général Burgoyne, Fox, Tickell, etc. Mais c'est vers le ministère qu'inclinait Canning. Il ne tarda pas à connaître Pitt; le rapprochement eut lieu dans un grand dîner donné à Addiscombe-House, à la suite duquel Canning, oubliant du coup tous les beaux principes d'émancipation qu'il avait chantés jusque-là, s'enrôla incontinent sous la bannière du premier ministre, et fut porté par lui au parlement comme représentant du bourg de Newtown dans l'île de Wight. On était alors en 1793. Pitt commença par imposer à son protégé la condition de n'ouvrir la bouche que lorsqu'il le lui ordonnerait; ce que Canning exécuta ponctuellement. Enfin, ce ne fut que le 31 janvier

1794 que Canning prononça son premier discours, lequel roula sur le traité de la Grande-Bretagne avec la Sardaigne, par lequel il était stipulé qu'un subside annuel de 200,000 livres sterling serait payé à cette puissance pendant la durée de la guerre. Cependant, malgré l'attention qu'eut le premier ministre de laisser le champ libre, ce jour-là, à son partisan, il ne brilla pas et n'excita pas cette haute admiration à laquelle ses talents lui donnaient droit. On attribue cet échec oratoire à une imitation presque servile de Burke. Heureusement pour lui que celui-ci mourut bientôt. Cet événement le rendit à lui-même, et dès lors il fut plus généralement admiré. Cette même année 1794, il parla encore sur la suspension de l'*Habeas corpus*, et, comme on peut se le figurer, il appuya la mesure ministérielle. En 1796, ayant remporté sur l'opposition un avantage au profit du ministère, Pitt le nomma sous-secrétaire d'État aux affaires étrangères, et un peu plus tard directeur général du trésor. Pitt, appréciant la souplesse de son partisan, le chargea encore de présider à la rédaction en chef de l'*Anti-Jacobin*, journal fondé dans le but de combattre par les armes du ridicule et de la plaisanterie la cause du républicanisme. Cette feuille parut du 20 novembre 1797 au 9 juillet 1798, époque à laquelle elle cessa de paraître. Canning composa toutes les poésies contenues dans ce journal, dont Pitt lui-même fut un des rédacteurs anonymes. En 1799, Tierney demanda que l'on prît une résolution déclaratoire du devoir des ministres de sa majesté de ne montrer aucune répugnance à traiter de la paix avec la république française. Canning s'y opposa, et l'on cite à cette occasion son discours comme un modèle d'éloquence; l'opposition fut vaincue pour tout le reste de la session. Cependant Canning parsema cette opposition constante à la cause de la révolution de velléité philanthropique : ainsi il soutint le principe de l'abolition de la traite des noirs que d'ailleurs Pitt voulait aussi. Mais pourquoi Pitt protégeait-il cette mesure ? parce qu'il y apercevait la ruine des colonies françaises! C'est ainsi que Canning grandissait à l'ombre de l'appui qu'il prêtait à la haine implacable de son protecteur contre toutes mesures loyales qui eussent tendu à établir des rapports d'harmonie entre la France et l'Angleterre. Nommé un des commissaires pour la direction des affaires de l'Inde, il épousa bientôt (le 8 juillet 1800) la plus jeune fille du général John Scott de Balcomie, qui avait amassé une fortune immense dans les Indes orientales. Elle lui apporta plus de 100,000 livres sterling, et lui assura ainsi une honorable indépendance. Cependant la chute du ministère en 1801 obligea Canning de renoncer à tous ses emplois. L'année suivante (1802), il reparut au parlement comme représentant du bourg irlandais Tralee. Il combattit le système du nouveau ministère, composa à la gloire de son grand ami une ode qu'il intitula : *le Pilote qui surmonte l'orage*, et malgré cela songeait à prendre parti pour lord Grenville, quand la rentrée de Pitt, en mai 1804, mit un terme à ses projets. Celui-ci le nomma à la place de trésorier de la marine que venait de quitter Tierney. La mort de Pitt, en janvier 1806, disloqua de nouveau le ministère. Canning fut quelque temps éloigné de l'administration ; mais il était loin encore d'avoir fourni toute sa carrière politique. Il entra dans une combinaison ministérielle dont le duc de Portland était le chef, et remplit pour sa part les fonctions de ministre des affaires étrangères. Comment Canning avait-il pu accepter un poste dans un ministère anti-irlandais, lui qui jusque-là s'était exprimé en faveur des catholiques d'Irlande ? Sa souplesse seule explique le fait. Cependant le prince de Stahrenberg avait fortement recommandé au ministre des affaires étrangères la cessation des hostilités entre la France et la Grande-Bretagne. Canning y répondit par des déclamations sur la coalition des puissances pour subjuguer sa patrie, et fit triompher le parti de la guerre. C'est alors qu'il commanda le bombardement de Copenhague et la prise de la flotte danoise, que, en dépit de sa neutralité, il regardait comme l'auxiliaire de la France. Toutefois, le parti des demi-mesures ayant triomphé dans la personne de Castlereagh, les mesures énergiques et au moins patriotiques de Canning échouèrent dans sa rivalité contre son collègue, chef au département de la guerre. Ces deux hommes d'État se méprisaient l'un l'autre. Un duel eut lieu entre eux. Canning reçut dans la cuisse la balle de son collègue. A la suite de cette rencontre, le roi Georges III accepta les démissions des deux champions ; mais Castlereagh rentra bientôt aux affaires, et Canning dut faire de l'opposition en dehors de l'administration. La force des choses nécessita bientôt d'en revenir à sa politique. Toutefois, il eut le temps de parcourir lentement la France, où il resta même jusqu'au milieu de l'été de 1816 : la santé de sa femme servit de prétexte à cette longue absence. Il la laissa pour re-

tourner en Angleterre se faire réélire à Liverpool. Il décida par des intrigues ses deux concurrents à la retraite, et triompha d'eux de cette manière. Recherché alors de nouveau par le ministère, il fut nommé d'abord président du bureau de contrôle, et s'allia intimement avec son ancien ennemi Castlereagh ; mais son intérêt étant momentanément de se tenir éloigné de la scène parlementaire, il partit plénipotentiaire près la république helvétique. De retour en juillet 1818, il fut pour la troisième fois nommé par Liverpool, et, partie intégrante du cabinet, en sa qualité de président du bureau des Indes, il prit une part très-active à presque toutes les débats de la session de 1818, soutint en toutes circonstances le gouvernement, se tirant des accusations trop fondées de l'opposition par une grande audace et une faconde oratoire de se payent trop communément les grandes assemblées. Une fois au ministère, Canning, qui avait toujours combattu pour le parti de la guerre, combattit dorénavant pour la paix. Sa position personnelle lui ordonnait d'éviter toute grande lutte par les armes : atemoyer, mitiger était la seule chance de salut pour son portefeuille ; la paix seule pouvait le maintenir ; c'est pourquoi malgré ses promesses au Portugal, le 11 décembre 1826, comme ambassadeur près la régence de ce pays, il trouva moyen de ne les pas tenir. Cependant, le 12 avril, lord Liverpool étant mort, Canning fut élevé au poste de premier commissaire du trésor, équivalent à celui de premier ministre. Cette nomination eut ses oppositions, ce que voyant Canning jugea momentanément nécessaire de composer un cabinet tout libéral. Ses anciens amis se déchaînèrent alors contre lui. Il leur résista non pas parce qu'il prit franchement parti pour les whigs, contre les tories, mais parce qu'il sut se conserver aux affaires par une conduite constamment équivoque. Aussi, le 19 mai 1826, il s'était encore opposé à une motion tendant à l'amélioration du sort des esclaves. Enfin il venait de signer avec la France et la Russsie (6 juillet 1826) un traité dont le but était d'effectuer une réconciliation entre la Turquie et la Grèce, et, en cas de refus, de mettre fin à la querelle par la voie des armes, lorsque le 2 août il fut obligé de garder le lit et mourut le 8, à quatre heures du matin, laissant l'Europe, dont il était devenu en quelque sorte le chef politique, dans l'attente du dénoûment de grands événements que sa mort ne lui permit pas de résoudre. Tel est l'homme à qui l'on a, en France, frappé une médaille avec cette double inscription . *Liberté civile et religieuse dans tout l'univers ; — Au nom des peuples, les Français à Georges Canning.* Considéré sous le rapport politique, Canning ne fut pas autre chose que l'esclave de Pitt et le complaisant de Castlereagh. Considéré sous le rapport littéraire, Byron, qui pourtant ne l'aimait guère, a dit de lui : « Et toi, le dernier survivant de nos orateurs ! » Son style, correct et pur, est cependant sec, et son ton dogmatique et uniforme ; ses idées mêmes et la forme qu'il leur donne, un peu surannées. Ses *Poésies* et quelques autres pièces ont été recueillies après sa mort, et publiées en anglais et en français, avec une notice sur sa vie, par Benj. Laroche, Paris, 1827, in-18, avec portrait. Canning avait publié plusieurs *Discours* ou analyses de ses discours, et *Trois Lettres au comte de Camden* (in-8°, 1809) : la dernière était relative à son duel avec Castlereagh (*V.* ce mot).　　　G. BIARD.

CANO (JACQUES), navigateur portugais, envoyé par le roi don Juan pour pénétrer aux Indes orientales, s'embarqua à Lisbonne en 1484, arriva à l'embouchure du Zaïre, découvrit le royaume de Congo, revint en Portugal avec quatre Éthiopiens, fut renvoyé ensuite en ambassade au roi de Congo, découvrit deux cents lieues de pays au delà du Zaïre, rentra à Lisbonne en 1486, après avoir rempli l'objet de sa mission, et mourut vers la fin du XVe siècle.

CANO (SÉBASTIEN DEL), navigateur biscayen, né à Guetaria dans le XVIe siècle, s'embarqua comme maître à bord d'un des navires (*la Conception*) de l'escadre de B. Magellan (*V.* ce nom). Après les désastres arrivés à ce célèbre navigateur, Cano, devenu commandant du navire *la Victoire*, contribua à l'établissement d'un comptoir espagnol dans l'île de Tidor (une des Moluques), et reconnut les autres îles, Amboine, Timor, etc. Il prit ensuite sa direction sur le cap de Bonne-Espérance, pour revenir en Espagne, en évitant la rencontre des Portugais. Cette navigation ne fut point sans danger pour *la Victoire* : la disette força Cano de relâcher aux îles du Cap-Vert, où il perdit une partie de son équipage, déjà fort diminué par la misère et les maladies. Enfin il arriva au port de San-Lucar en Andalousie, après une navigation de plus de trois ans, et, resté seul officier de l'expédition, eut ainsi la gloire d'être le premier en Europe qui eût fait le tour du monde. Les Espagnols conservèrent longtemps à Séville le navire *la Victoire*, qui périt enfin de vétusté.

Cano fut dignement récompensé par le roi d'Espagne, et mourut en 1526, pendant un nouveau voyage qu'il avait entrepris sur la mer du Sud.

CANO (ALONZO ou ALEXIS), peintre, sculpteur et architecte à la fois, né à Grenade en 1600 de Michel Cano, architecte. Il étudia l'architecture sous son père, et la peinture sous François Pacheco, Juan del Castillo et Herrera. Dès l'âge de vingt-quatre ans, Cano se fit un nom célèbre par ses trois statues de *la Vierge avec l'enfant Jésus, Saint Pierre,* et *Saint Paul.* Sa renommée précoce ne put l'étourdir ni le perdre ; car, dans son séjour à Madrid, à la vue des œuvres des grands maîtres espagnols, Cano s'écria : « Pauvre Cano, combien tes talents sont encore bornés ! Combien de vies comme la tienne ne te faudrait-il pas pour approcher seulement de ce qu'il y a de beau dans un seul de ces chefs-d'œuvre !» En 1638, Cano devint maître des œuvres royales, peintre de la chambre et professeur de peinture du prince don Balthasar Carlos d'Autriche. Comme architecte, il donna les plans de plusieurs constructions pour des palais, des portes de ville, et un arc de triomphe érigé lors de l'entrée solennelle de Marie-Anne d'Autriche, seconde femme de Philippe IV. Comme peintre, il exécuta plusieurs compositions célèbres, et, au comble de la gloire et de la fortune, il fut tout à coup précipité par l'assassinat de sa femme et le pillage de sa maison. Un domestique italien, ayant été soupçonné de ce double crime, ne put être arrêté, et, dans l'enquête ordonnée à ce sujet, les juges découvrirent que l'artiste avait été jaloux de ce serviteur, et qu'il entretenait de criminelles relations avec une autre femme ; alors ils acquittèrent le valet et condamnèrent le maître, qui s'enfuit à Valence, où il conçut et abandonna l'idée de se faire chartreux. Plus tard, Cano commit l'imprudence fatale de rentrer à Madrid, et, fatigué de s'y tenir caché, il se livra lui-même à la justice, en disant : *Excellens in arte non debet mori.* Livré à la torture, il obtint qu'on épargnât son bras droit, et la question n'ayant pu lui arracher une seule parole accusatrice, le roi l'amnistia, et Cano entra même en grâce à sa cour. Mais, persuadé trop tard qu'il n'y avait de sûreté pour lui que dans le sein de l'Eglise, il entra dans les ordres, et, malgré quelque opposition du chapitre de Grenade, combattue par l'omnipotence du roi, Cano en devint résident. Depuis cette époque, l'illustre artiste mena une vie exemplaire, charitable, pieuse et profitable à l'art. Il mourut en 1676, âgé de soixante-seize ans. — CANO (Jean), peintre moins distingué, naquit à Valdemoro à 4 lieues de Madrid en 1656. Il peignit la chapelle de Notre-Dame du Rosaire dans l'église de sa ville natale; mais son talent principal consistait dans la peinture des écrans. Il mourut en 1696, à l'âge de quarante ans.

CANOBIO (EVANGÉLISTE), Milanais, embrassa l'état ecclésiastique, et, s'étant appliqué à l'étude du droit canon, il devint un des plus habiles canonistes de son temps. Il prit ensuite l'habit de capucin : son mérite et ses talents le firent élever aux premières charges de l'ordre, même à celle de général, à laquelle il fut élu en 1564. Le pape Grégoire XIII l'honora de son estime et de sa bienveillance. Il assista avec distinction au concile de Trente, et mourut à Pérouse en 1595. Il a laissé : 1° *Consulta varia in jure canonico ;* 2° *Annotationes in libros decretalium,* Milan, 1591.

CANON vient du grec κανών, mot qui signifie canne (κάνη, κάννα), mesure, règle. Le mot canon s'emploie dans diverses acceptions, ainsi qu'on le verra aux articles suivants.

CANON DES LIVRES SAINTS. Les interprètes des livres sacrés ont pris le mot *canon* tantôt dans le sens de *règle, loi,* ainsi que l'indique l'étymologie grecque, tantôt dans le sens de *catalogue, recueil.* C'est principalement dans cette dernière acception que nous l'emploierons dans cet article. Les incrédules, les rationalistes allemands, les protestants et quelques catholiques même ayant avancé différentes erreurs contre la canonicité des livres saints, nous les combattrons en examinant successivement le canon des Juifs et celui des chrétiens. Mais, avant d'entrer en matière, nous avons quelques observations importantes à faire. 1° Les livres sacrés se divisent en *proto-canoniques* et *deutéro-canoniques.* Dans l'Ancien Testament, les proto-canoniques sont ceux que la synagogue a admis dans son canon, et les deutéro-canoniques, ceux que l'Eglise catholique a ajoutés à ces premiers dans son canon particulier. Dans le Nouveau Testament, les proto-canoniques sont ceux qui ont toujours été reçus par toutes les Eglises, et les deutéro-canoniques, ceux qui, ayant d'abord passé pour douteux, ont été plus tard reconnus comme faisant partie essentielle de l'Ecriture sainte. Les deutéro-canoniques de l'Ancien Testament sont sept livres entiers, savoir : Tobie, Judith, la Sagesse, l'Ecclésiastique,

le premier et le deuxième des Machabées, et Baruch ; divers fragments : la prière d'Azarias et le cantique des trois enfants dans la fournaise (*Daniel*, chap. III, vers. 24-29), l'histoire de la chaste Suzanne (*id.*, chap. XIII), la destruction de Bel et du dragon (*id.*, chap. XIV); dans le livre d'Esther, les sept derniers chapitres, depuis le chapitre X, vers. 4, jusqu'au chapitre XVI, vers. 24. Cette nomenclature des deutéro-canoniques nous dispense de citer les proto-canoniques, qui sont les autres livres contenus dans le canon de l'Eglise catholique. Dans le Nouveau Testament, il n'y a de deutéro-canoniques que le dernier chapitre de saint Marc, depuis le verset 9 jusqu'à la fin; les vers. 43 et 44 du chap. XXII, c'est-à-dire la sueur de sang de Jésus-Christ sur la montagne des oliviers, et l'apparition de l'ange; le chap. VIII de l'Evangile de saint Jean, contenant l'histoire de la femme adultère, depuis le vers. 4 jusqu'au vers. 12; l'Epître de saint Paul aux Hébreux, celle de saint Jacques, la deuxième de saint Pierre, la deuxième et troisième de saint Jean, celle de saint Jude, enfin l'Apocalypse de saint Jean. Les protestants, non-seulement diffèrent d'opinion avec nous sur la canonicité des livres saints, mais encore ils ne sont pas d'accord entre eux. Luther rejette tous les deutéro-canoniques de l'Ancien Testament et presque tous ceux du Nouveau, tandis que Calvin conserve ces derniers. — 2° Aux livres canoniques sont opposés les livres *apocryphes.* Les Pères de l'Eglise n'ont pas tous attaché le même sens à cette expression. Origène et en général les Pères grecs nomment apocryphes les livres supposés par les hérétiques et infectés de leurs erreurs; tandis que saint Jérôme, les Pères d'Afrique et la plupart des Latins, semblent restreindre cette qualification aux livres dont l'autorité n'était pas encore assez reconnue pour qu'on pût les insérer dans le canon des divines Ecritures. Quoi qu'il en soit, on donne aujourd'hui le nom d'apocryphes aux livres qui ne sont pas compris dans le canon. Or, on peut les diviser en deux classes : la première contient les livres qui, bien que composés par des auteurs incertains, inconnus et sans autorité, peuvent être lus avec fruit; tels sont le troisième et quatrième livres d'Esdras, le troisième et quatrième des Machabées; la prière de Manassès, citée au second livre des Paralipomènes comme tirée des paroles d'Osaï ; le psaume CLI, ajouté à quelques éditions de la Bible des Septante; le prologue du livre de l'Ecclésiastique ; une petite préface des Lamentations de Jérémie ; un discours de la femme de Job, écrit en grec et ajouté à la fin du second chapitre de ce poème, et une généalogie de Job également écrite en grec et placée à la fin du livre. — La deuxième classe des livres apocryphes comprend tous ceux qui, composés soit par des rabbins, soit par des hérétiques, des impies ou des chrétiens peu éclairés, sont remplis d'histoires fabuleuses, d'erreurs et de mensonges; ce sont les psaumes d'Adam et d'Eve, le livre des générations d'Adam, l'évangile d'Eve, l'ascension et l'assomption de Moïse, la petite Genèse, le testament des douze patriarches... A cette classe appartiennent encore une foule de faux évangiles, dont l'énumération trouve naturellement sa place ailleurs (V. APOCRYPHES et EVANGILES). « Les critiques, dit Janssens, ne s'accordent pas sur la question de savoir s'il faut rapporter à la première classe des livres apocryphes, l'épître de Jésus-Christ à Abgare ou Abagare, prince d'Edesse; les actes de saint Paul et de sainte Thècle, l'épître de saint Barnabé, le livre du Pasteur, les canons dits des Apôtres, les constitutions appelées *Apostoliques.* On cite encore différentes épîtres de saint Paul adressées aux Laodicéens et à Sénèque, aussi bien que plusieurs de Sénèque écrites à saint Paul (J.-H. Janssens, *Herm. sacr.*, chap. I, § VIII, t. 1). — 3° Parmi les livres qui, sans jamais avoir fait partie du canon des écrits sacrés, se trouvent cependant cités soit dans l'Ecriture elle-même, soit dans les Pères de l'Eglise, il en est un certain nombre qui n'existent plus. Nous nous bornerons à signaler ceux dont les auteurs sacrés ont fait mention dans leurs ouvrages; ce sont : le livre d'Alliance (*Exod.*, chap. XXIV, v. 7); le livre des Guerres du Seigneur (*Nombr.*, chap. XXI, v. 14); le livre des Justes (*Jos.*, chap. X, v. 13, et *II. Rois*, chap. I, v. 18); le livre du Seigneur (*Isaïe*, chap. XXXIV, v. 16) ; les livres de Samuel, de Nathan, de Gad, de Séméias, d'Addo, d'Ahias, de Jéhu (*I. Par.* chap. XXIX, v. 29, et *II. Par.*, chap. IX, v. 29, 30; chap. XII, v. 15; chap. XIII, v. 22; chap. XX, v. 24); le livre des Annales des rois de Juda et d'Israël, très-souvent cité dans les livres des *Rois*; les discours d'Osaï (*II. Par.*, chap. XXXIII, v. 19); les actions d'Osias, écrites par Isaïe (*II. Par.*, chap. XXVI, v. 22) ; trois mille paraboles, mille cinq cantiques et l'histoire naturelle de Salomon (*III. Rois*, chap. IV, v. 32, 33); l'épître du prophète Elie au roi d'Israël (*II. Par.* chap. XXI, v. 12); le livre de Jean Hircan (*I. Mach.*, chap. XVI, v. 24); les descrip—

tions de Jérémie (*II. Mach.*, chap. II, v. 1) ; les livres de Jason (*ibid.*, v. 24); enfin la prophétie d'Hénoch, citée par saint Jude (v. 4). Le nombre des livres perdus est-il aussi considérable que celui que nous venons d'indiquer? Ces livres étaient-ils ou n'étaient-ils pas canoniques? Telles sont les questions soulevées par quelques commentateurs. Quant à la première, nous pensons qu'on pourrait restreindre le nombre de ces livres. Par exemple, le *livre de l'Alliance*, dont il est parlé au chap. XXIV de l'*Exode*, n'est autre chose, à notre avis, que le recueil des lois, des ordonnances et des instructions données par Dieu à son peuple, et décrites dans les chapitres précédents de l'*Exode*. Plusieurs autres raisons peuvent déterminer à restreindre encore le nombre des livres perdus ; il serait trop long et inutile de les détailler ici. Nous allons laisser au savant Dupin le soin de répondre à la seconde question. « On demande, dit-il, si ces livres cités dans l'Ancien Testament étaient canoniques. Cette question me semble assez inutile, puisqu'il ne nous en reste plus rien à présent. Il est certain qu'ils ne sont point canoniques au sens que nous avons expliqué, c'est-à-dire qu'ils n'ont jamais été dans le canon des Juifs ni dans ceux des chrétiens. Personne ne sait s'ils eussent dû y être mis ; s'ils fussent restés, et que l'on eût été assuré de leur antiquité ; comme l'on ne sait point non plus s'ils étaient écrits par l'inspiration de Dieu, ou s'ils étaient des ouvrages des hommes » (Ellies Dupin, *Dissert. prélim.*, liv. I, chap. I, § 8). — Après ces préliminaires, nous pouvons étudier maintenant les deux questions qui font l'objet de cet article. — § Ier CANON DES JUIFS. Le canon des Juifs actuels renferme trente-neuf livres réduits à vingt-quatre, nombre des lettres de l'alphabet grec. Ce sont : 1° la *Genèse* ; 2° l'*Exode* ; 3° le *Lévitique* ; 4° les *Nombres*; 5° le *Deutéronome* ; 6° *Josué* ; 7° les *Juges* ; 8° *deux livres de Samuel* ; 9° *deux livres des Rois* ; 10° *Isaïe* ; 11° *Jérémie* ; 12° *Ézéchiel* ; 13° *douze petits prophètes* ; 14° les *Psaumes* ; 15° les *Proverbes* ; 16° *Job* ; 17° le *Cantique des Cantiques* ; 18° *Ruth* ; 19° les *Lamentations* ; 20° l'*Ecclésiaste* ; 21° *Esther* ; 22° *Daniel* ; 23° *Esdras* et *Néhémie* ; 24° les *Paralipomènes*. Mais les anciens Juifs, joignant *Ruth* aux *Juges*, et les *Lamentations de Jérémie* à ses *Prophéties*, ne comptaient que vingt-deux livres pour se conformer aux vingt-deux lettres de leur alphabet ; comme, pour la même raison, les Grecs ont divisé l'*Iliade* en vingt-quatre chants. — Exposons rapidement l'histoire du canon des Juifs. Chez les Hébreux, comme chez tous les anciens peuples, on déposait dans les temples la collection des écrits considérés comme divins et sacrés, et on en confiait la garde aux ministres du culte. Nous voyons en effet, par plusieurs passages du *Pentateuque*, que ce livre fut déposé entre les mains des prêtres et mis dans l'arche, ou à côté de l'arche, et qu'avant même qu'il n'eût été achevé Moïse faisait, dans certaines circonstances, la lecture publique et solennelle des parties qui se trouvaient déjà rédigées. Ainsi le premier canon du peuple de Dieu fut le *Pentateuque*, écrit par Moïse, non-seulement législateur, mais prophète et le plus grand des prophètes. Or, en prouvant sa mission par les plus éclatants miracles, Moïse avait proposé son livre comme étant la parole même de Dieu. Depuis l'époque dont nous parlons jusqu'au schisme des dix tribus, les écrivains inspirés ne manquèrent pas; pourtant leurs écrits ne furent point mis dans le canon de l'Église juive, autrement ils ne se retrouveraient au milieu des tribus séparées. Or, il est clair qu'elles n'emportèrent avec elles que le *Pentateuque*, puisque c'est le seul livre qu'elles ont légué aux Samaritains. Tout nous porte donc à croire qu'il n'y a point eu d'autre canon solennellement reconnu que celui attribué à Esdras; toutefois les Juifs n'ont jamais manqué d'une autorité suffisante pour déclarer la divinité des ouvrages des auteurs qui paraissaient. Ils ont toujours eu la synagogue et les prophètes, dont le ministère extraordinaire ne faisait défaut en aucune circonstance importante. — Les Juifs divisent en trois classes les vingt-quatre livres qui composent leur canon : la première, contenant les cinq livres de Moïse, se nomme *tôra*, mot qui signifie *loi*, et plus généralement *doctrine*, *enseignement*, *instruction* ; la seconde, renfermant Josué et les livres suivants jusqu'à Malachie inclusivement, s'appelle *nebiim*, c'est-à-dire *prophètes* ; la troisième, contenant tous les autres livres, est désignée sous le nom de *kethoubim* ou *écrits* par excellence, idée qui rend parfaitement bien le terme consacré *agiographes* ou *hagiographes*. Saint Jérôme nous atteste que cette division était la distribution consacrée parmi les Israélites de son temps. En remontant plus haut, nous la trouvons dans le *Talmud*, Josèphe, Philon, le *Nouveau Testament* et dans le *Prologue de l'Ecclésiastique*. D'après le témoignage de Josèphe, sur les vingt-deux livres sacrés des Juifs, Moïse en a composé cinq ;

depuis Moïse jusqu'à Artaxerxès, les prophètes en ont écrit treize ; il y en a quatre autres, ajoute-t-il, qui contiennent des hymnes à la louange de Dieu et des préceptes de conduite pour les hommes. Il paraît certain que les quatre livres qui constituent la troisième classe sont les *Psaumes*, les *Proverbes*, l'*Ecclésiaste* et le *Cantique des Cantiques*. Dans le v. 44 du chap. XXIV de saint Luc, Jésus-Christ distingue parfaitement ces trois classes en disant que la *Loi*, les *Prophètes* et les *Psaumes* rendent témoignage de lui. — En consultant avec attention les monuments de l'antiquité, on arrive à cette conclusion que la clôture du canon des Juifs remonte à une époque peu éloignée du retour de la captivité de Babylone. Ainsi pense l'Église catholique entière ; ainsi l'ont soutenu les différentes communions chrétiennes. Voici quelques-unes des preuves sur lesquelles elles s'appuient : 1° Jésus fils de Sirach, auteur de l'*Ecclésiastique*, après avoir fait mention des hommes illustres et des écrivains des Juifs, et nommé Isaïe, Jérémie, Ézéchiel, ajoute les *douze Prophètes* sans les désigner autrement. Or, ces paroles démontrent à la fois, et que les écrits des douze petits prophètes étaient déjà recueillis en un seul corps d'ouvrage, et que le canon des Juifs était déjà fermé, puisqu'en effet dans le canon les douze petits prophètes viennent immédiatement après Isaïe, Jérémie et Ézéchiel. D'un autre côté, si l'on considère qu'entre le fils de Sirach et Néhémie il n'y a eu environ que cent ans de distance, on se demandera naturellement comment il se fait que le livre de cet écrivain a pu être introduit dans le canon? La question se résout facilement dans notre opinion ; mais elle devient insoluble pour les critiques qui soutiennent qu'au temps d'Esdras et de Néhémie le canon des Juifs n'était pas encore fermé. — 2° A ce témoignage, joignons celui de Josèphe ou plutôt de sa nation entière, au nom de laquelle il parle. Nous avons vu plus haut comment il divisait les vingt-deux livres que les Juifs regardaient comme divins. Il ajoute que, depuis Artaxerxès jusqu'à son temps, tout est aussi écrit dans les livres; mais que ces livres ne sont pas estimés aussi dignes de foi que les précédents, vu qu'il n'y a plus eu une succession constante de prophètes (*Contr. Ap.*, liv. I, § 8). Ainsi cette succession non interrompue de prophètes a duré chez les Hébreux depuis Moïse jusqu'à Artaxerxès, et par conséquent le canon embrassant cet espace de temps ne peut aller au delà. Il est prouvé d'ailleurs que Malachie, le dernier des prophètes, exerça son ministère prophétique vers la fin du règne de ce prince. — 3° La tradition juive nous renvoie encore, pour la collection du canon, à l'époque d'Esdras et de Néhémie, et le témoignage le plus curieux à cet égard se trouve dans la partie du *Talmud* qui est de la plus haute antiquité. — 4° Enfin le retour de la captivité fut une époque de renouvellement complet, et jamais peut-être les enfants d'Israël ne montrèrent plus d'amour et de zèle pour leur loi. Comment donc supposer qu'Esdras, Néhémie, les synagogues et les sanhédrins aient négligé de rassembler les livres saints, qui seuls pouvaient donner de la force et de la solidité à la nouvelle colonie, si faible en elle-même. Quoi ! aussitôt après la mort de Mahomet, le Coran fut recueilli par Abubekr, et des hommes tels qu'Esdras, Néhémie et les prophètes qui vivaient encore de leur temps, auraient eu moins de zèle pour recueillir les livres sacrés de leur nation ! cette supposition est trop absurde pour trouver crédit auprès des esprits raisonnables. — L'époque de la clôture du canon des Juifs étant ainsi déterminée, on a recherché quel avait été l'auteur de ce canon. Or, les plus grandes autorités établissent qu'Esdras lui-même a recueilli tous les livres qui, quoique déjà reconnus pour divinement inspirés, ne formaient cependant pas encore un seul corps d'ouvrage, et qu'il l'a fait accepter comme tel à toute sa nation. Mais, en nommant Esdras, nous ne prétendons pas qu'il ait fait seul tout le travail, et que seul il ait accompli cette immense mission ; car les prophètes Aggée et Zacharie vivaient encore, et peu de temps après parurent le prophète Malachie et Néhémie, dont le livre a été inséré dans le canon à la suite de celui d'Esdras. Ainsi Esdras a commencé le canon, et Néhémie l'a terminé, et comme l'autorité de la synagogue se trouvait réunie à celle des prophètes, rien ne manquait à ce qui était nécessaire pour obliger toute sa nation à recevoir le canon muni de cette double autorité. Telle est l'opinion commune des Juifs et des chrétiens, contre laquelle ne sauraient prévaloir les difficultés de quelques critiques toujours occupés de combattre les sentiments les mieux établis. — Mais à quoi se borne le rôle d'Esdras dans la confection de ce canon ? Sur ce point nous avons à éviter deux écueils également dangereux : 1° de supposer avec quelques Pères de l'Église et plusieurs auteurs modernes, que tous les livres sacrés des Juifs ayant péri dans l'incendie de Jérusalem et du temple, Esdras les a dictés de mémoire; le second, de considérer avec quelques critiques le travail d'Esdras comme un simple abrégé des mémoires beaucoup plus détaillés dans les anciens écrits originaux des écrivains sacrés, auxquels il ajouta, diminua et changea ce qu'il jugeait nécessaire en sa qualité de prophète ou de *scribe* par excellence. Plusieurs Pères, comme nous l'avons dit, ont partagé la première opinion ; mais elle a été rejetée et combattue par les docteurs les plus versés dans ces matières, tels que saint Jérôme, saint Chrysostome et saint Hilaire. Les autres ne s'appuient que sur le quatrième livre d'Esdras, ouvrage non-seulement supposé, mais rempli de fables, ainsi que l'ont démontré une foule d'érudits ; ce livre rapporte donc que, la loi de Dieu ayant péri dans les flammes, Esdras prit avec lui cinq écrivains auxquels il dicta, par l'ordre de Dieu, pendant quarante jours, deux cent quatre livres. Il est faux que tous les exemplaires de la loi de Dieu aient péri dans l'incendie, ainsi que nous le verrons tout à l'heure. De plus, en lisant avec attention le récit de cet auteur, on verra que les deux cent quatre volumes dont il s'agit n'ont rien de commun avec nos livres saints. — Au reste, pour admettre qu'Esdras ait réellement composé de nouveau les livres sacrés, il faut nécessairement supposer que tous les livres saints avaient entièrement péri dans l'incendie de Jérusalem et du temple, ou pendant la captivité de Babylone. Or, cette supposition ne soutient pas l'examen. En effet, plusieurs passages de Daniel et d'Ezéchiel font évidemment allusion aux livres de Moïse, et prouvent par conséquent leur existence durant la captivité. De plus, il existait d'autres exemplaires de la loi que ceux qui étaient à Jérusalem lorsqu'elle fut assiégée par les Chaldéens. Lorsque les dix tribus furent emmenées en captivité par Salmanasar, cent trente ans environ avant l'embrasement du temple, il y avait certainement dans le royaume d'Israël plusieurs justes qui n'avaient point consenti au schisme de Jéroboam et qui faisaient leurs études de la loi de Dieu. Or, tout porte à croire que ces vrais Israélites avaient avec eux les livres saints. Tobie, l'un d'eux, en avait au moins un exemplaire, comme l'atteste l'auteur du livre qui porte son nom ; ajoutons que longtemps avant la destruction du temple, les Samaritains possédaient le *Pentateuque ;* or, cet exemplaire samaritain n'était certainement point dans le temple, et ne put pas y être consumé par les flammes. D'ailleurs, on avait dans la Judée les livres de la loi, même avant le retour d'Esdras, puisque dès la sixième année du règne de Darius, on établit des prêtres et des lévites pour exercer leurs fonctions, *selon qu'il est écrit dans la loi de Moïse (Esd.*, chap. VI, v. 18 ; chap. VII, v. 9 et seq.). Ainsi, quand Esdras revint à Jérusalem dans la septième année du règne d'Artaxerxès, il y trouva le *Pentateuque*, et par conséquent il n'eut pas besoin de le recomposer de mémoire. — Quant à ceux qui prétendent qu'Esdras ne fit qu'abréger et mettre en ordre d'anciens mémoires plus étendus, leur opinion ne s'appuie sur aucune raison puissante. Pour les réfuter, il suffit d'observer que les Juifs ont toujours cru que les livres de Moïse et des prophètes, ce qui serait faux si Esdras se fût permis de les mutiler, cette opinion, d'ailleurs, a contre elle sa nouveauté. — D'après tout ce que nous venons de dire, il est facile de comprendre quel fut le travail d'Esdras : il rassembla un très-grand nombre d'exemplaires de livres sacrés, choisit les meilleurs, fit disparaître les fautes qui s'y étaient glissées par la négligence des copistes, et forma ainsi un corps d'Ecriture très-correct, qui, ayant reçu l'approbation de la synagogue, devint le code sacré de la nation juive. Quelques auteurs prétendent même qu'il mit quelques liaisons dans certains passages, qu'il ajouta quelques explications devenues nécessaires pour l'intelligence du texte, et enfin qu'il remplaça par des noms nouveaux les anciennes dénominations de lieux qui étaient tombées en désuétude. On soutient encore qu'Esdras a écrit les livres saints en caractères chaldéens, que les Juifs adoptèrent à leur retour en Palestine avec la langue chaldaïque qui leur avait été familière pendant la captivité (*V. les dissertations placées en tête du livre d'Esdras dans la Bible de Vence*).

§ 2. CANON DES CHRÉTIENS. — Les livres que l'Eglise catholique a reconnus pour canoniques sont 1° dans l'Ancien Testament les cinq livres de Moïse, c'est-à-dire la Genèse, l'Exode, le Lévitique, les Nombres et le Deutéronome ; Josué, les Juges, Ruth ; quatre livres des Rois ; deux des Paralipomènes ; le premier d'Esdras, et le second, sous le titre de Néhémie ; Tobie, Judith, Esther, Job ; cent cinquante Psaumes, les Proverbes, l'Ecclésiaste, le Cantique des Cantiques, la Sagesse, l'Ecclésiastique ; Isaïe, Jérémie et Baruch ; Ezéchiel, Daniel ; les douze petits Prophètes, qui sont Osée, Joël, Amos, Abdias, Jonas, Michée, Nahum, Habacuc, Sophonie, Aggée, Zacharie, Malachie ; le premier et le second livre des Machabées ; 2° dans le

Nouveau Testament, les quatre Evangiles, selon saint Matthieu, saint Marc, saint Luc et saint Jean ; les Actes des Apôtres ; quatre Epîtres de saint Paul, savoir : une aux Romains, deux aux Corinthiens, une aux Galates, une aux Ephésiens, une aux Philippiens, une aux Colossiens, deux aux Thessaloniciens, deux à Timothée, une à Tite, une à Philémon et une aux Hébreux ; deux Epîtres de saint Pierre ; trois de saint Jean, une de saint Jacques, une de saint Jude, et l'Apocalypse de saint Jean. — Il est facile de voir en quoi le canon diffère de celui des Juifs. Mais pourquoi Esdras n'a-t-il pas admis les deutéro-canoniques dans son catalogue ? Voici la réponse à cette question. On peut diviser les deutéro-canoniques en deux classes : les uns, comme Baruch et les fragments d'Esther, étaient composés au temps d'Esdras et de Néhémie ; les autres, c'est-à-dire l'Ecclésiastique, la Sagesse et les Machabées ne l'étaient pas encore. Les derniers évidemment ne purent trouver place dans le recueil d'Esdras et de Néhémie. Quant aux premiers, on suppose qu'après avoir été perdus quelque temps, ils furent retrouvés après la clôture du catalogue, et que les Juifs refusèrent de les y insérer. Or, cette supposition est d'autant plus naturelle, que les livres de ces temps anciens n'étaient pas aussi faciles à conserver que ceux d'aujourd'hui. Ils consistaient en de simples rouleaux formés eux-mêmes de feuilles détachées, qui pouvaient par cela même se perdre très-facilement. Lorsqu'on les découvrit, la synagogue sans doute pouvait les ajouter au canon ; et si elle ne le fit point, c'est parce qu'elle ne crut pas en avoir le droit, privée, comme elle l'était, de l'autorité prophétique. On sait en effet que depuis la mort d'Esdras jusqu'à Jésus-Christ, il ne parut d'autres prophètes du caractère de ceux qui réglaient tout avec autorité divine, qu'Aggée et Malachie, qui sont arrivés eux-mêmes trop tôt pour aider la synagogue dans cette mission. Examinons maintenant les motifs sur lesquels l'Eglise s'est appuyée pour introduire dans son canon les livres deutéro-canoniques. Il est certain, en premier lieu, que la tradition des Juifs est favorable à ce livre. Il ne saurait y avoir de difficulté pour les Juifs hellénistes. Ils se servaient dans leurs synagogues de la version des Septante, dans laquelle étaient renfermés les deutéro-canoniques ; ils regardaient donc ces livres comme sacrés et divins. R. Simon, venant de parler des Juifs de la Palestine, dit : « Les autres Juifs (c'est-à-dire les hellénistes) lisaient également tous les livres et les regardaient comme divins. Ils ont passé d'eux à l'Eglise dès le temps des apôtres, qui se sont servis de ce corps de la Bible grecque pour annoncer l'Evangile à toute la terre, et non pas de la Bible hébraïque, qui n'était en usage que chez les Juifs » (*Réponse aux sentiments de quelques théologiens de Hollande*, chap. XI, p. 110). « S'il en est hors de doute, dit Bertholdt, que les Juifs de l'Egypte n'ont pas inséré dans le canon proprement dit de l'Ancien Testament les livres apocryphes, il est également certain que déjà avant Jésus-Christ ils les avaient ajoutés à la version d'Alexandrie comme appendice ; et, s'ils ne les mettaient pas au même rang que leurs autres écrits sacrés, ils ne les traitaient pas comme des livres ordinaires ; ils les lisaient dans leurs familles, d'abord comme des ouvrages religieux et dont on pouvait tirer un grand fruit, et bientôt après comme saints et sacrés ; ils finirent par les placer même, pour l'usage public, à côté des livres canoniques, sans toutefois les compter parmi ces livres » (Entret. 1, § 53). — Les Juifs même de la Palestine accordaient une assez grande autorité aux livres deutéro-canoniques. Saint Jérôme, Origène et Junilius, évêque d'Afrique, l'assurent d'une manière formelle. Les rabbins eux-mêmes rendent à ces livres les témoignages les plus favorables (*V.* pour les citations l'introduction à l'Ecriture sainte de M. J.-B. Glaire, p. 101 et suiv.). — La tradition des Eglises chrétiennes est aussi favorable aux livres deutéro-canoniques. « Si on lit avec attention les écrits des apôtres, dit R. Simon, on y trouvera que non-seulement ils lisaient la Bible en grec, mais même les livres qu'on nous veut faire passer pour apocryphes, et qu'ils y ont souvent recours. L'Eglise romaine, qui est une des plus anciennes Eglises du monde, n'a point reçu d'autre Ecriture dans les commencements que cette Bible des Juifs hellénistes, et elle ignorait alors cette vaine distinction des livres canoniques et des livres apocryphes. Les Eglises d'Afrique, qui sont redevables de leur créance à l'Eglise de Rome, ont aussi reçu d'elle cette même Ecriture de la même manière ; comme il paraît manifestement des ouvrages de saint Cyprien, qui a donné le nom de livres divins et inspirés aux livres dont il est question aussi bien qu'au reste de l'Ecriture... L'on nous oppose en vain le témoignage de quelques docteurs de l'Orient et de l'Occident, qui ont approuvé, dit-on, le canon des Juifs. Il faut remonter jusqu'à la source et pénétrer les raisons qui ont fait approuver à ces docteurs l'opinion des

Juifs de la Palestine. Le commerce qu'ils ont eu avec eux, et la lecture de leurs livres, soit en hébreu ou en grec, les a jetés insensiblement dans une opinion opposée à celle qui était dès les commencements dans l'Eglise. Africanus est un des premiers qui l'ait fortement appuyée, parce qu'il avait une grande connaissance de la littérature juive. Saint Jérôme et Rufin l'ont aussi embrassé pour les mêmes raisons, au lieu que saint Augustin a suivi la créance commune de son Eglise et confirmée dans un concile de Carthage » (*Réponse aux sentiments de quelques théologiens hollandais*, chap. XI, p. 110, 111). Bossuet parle à peu près de la même manière dans son projet de réunion, lettre XLI. L'ancienne version italique, qui remonte jusqu'au temps des apôtres, et qui a toujours été à l'usage de toutes les Eglises latines jusqu'à saint Jérôme, contient les livres deutéro-canoniques. Ces livres, d'ailleurs, sont regardés comme faisant partie du canon sacré des Ecritures par le concile d'Hippone, tenu en 393, et par les conciles de Carthage, célébrés en 397 et 419. Le pape saint Innocent Ier, adressant une lettre à Exupère, évêque de Tolède, en 405, rangea ces mêmes livres dans le canon. Le pape Gélase fit de même au concile de Rome tenu en 494; d'où l'on voit que, dès le ve siècle, les principales Eglises, celles de Rome et d'Afrique, admettaient les livres deutéro-canoniques. En 1441, le pape Eugène IV, dans son décret aux Arméniens, met sans aucune distinction les deutéro-canoniques parmi les livres sacrés. L'Eglise grecque reconnaît également les livres deutéro-canoniques, et de son aveu propre elle est fondée sur son ancienne tradition; car, dans le XVIIe siècle, les protestants l'ayant engagée à s'unir à eux, voici la réponse qu'elle leur fit dans le concile tenu à Jérusalem en 1670, sous le patriarche Dosithée. « Nous regardons tous ces livres (il s'agissait de ceux qui étaient contenus dans le canon du concile de Trente) comme canoniques, nous les reconnaissons pour être l'Ecriture sainte, parce qu'ils nous ont été transmis par une ancienne coutume ou plutôt par l'Eglise catholique. » D'après les historiens du concile de Trente, lorsque la question des livres canoniques fut agitée dans cette assemblée, il se forma diverses opinions. Les uns voulaient qu'on fît deux classes de livres sacrés; la première, de ceux qui de tout temps avaient été reçus comme canoniques; la seconde, de ceux dont on avait douté. D'autres faisaient trois classes, l'une renfermant les livres toujours reconnus comme canoniques; l'autre, contenant ceux que l'usage avait rendus certains de douteux qu'ils étaient auparavant, comme l'Apocalypse; une autre enfin qui ne contiendrait que ceux qui étaient encore douteux, comme les Machabées... La troisième opinion fut celle des pères qu' n'admettaient aucune distinction et demandaient qu'on déclarât tous les livres qui se trouvaient dans la Vulgate latine également canoniques. Ce dernier sentiment prévalut; le concile fit en effet dans sa quatrième session la déclaration suivante : *Si quis libros integros cum omnibus suis partibus prout in Ecclesia catholica legi consueverunt et in Vulgata latina editione habentur, pro sacris et canonicis non susceperit... anathema sit.* — Les protestants se sont élevés contre cette décision; ils ont prétendu que l'Eglise n'avait pas le droit de déterminer le canon des saintes Ecritures. Suivant eux, on doit juger de la canonicité soit par un caractère particulier d'évidence, soit par un témoignage que l'Esprit saint rend dans le cœur des particuliers, soit enfin par le consentement de toutes les sectes. Or, il est facile de prouver que ces règles diverses des protestants sont tout à fait insuffisantes, et que l'Eglise seule a le droit de proposer un canon des livres saints. En effet, l'Eglise ayant reçu la mission de nous conduire dans tout ce qui se rapporte à la foi, doit en même temps être chargée de nous proposer et de nous faire reconnaître les livres qui en sont la règle, sans quoi Jésus-Christ lui aurait donné une fin, sans lui fournir en même temps les moyens de l'atteindre. De plus, laisser à chaque particulier le soin de décider quels sont les livres canoniques soit par le caractère d'évidence qu'il remarque en eux, soit par l'impulsion de l'esprit, c'est tomber dans des inconvénients si graves que les réformés en rougissent aujourd'hui. Il y aurait, en effet, alors autant de canons que d'individus. Aura-t-on recours, avec Leibnitz, au consentement unanime des sectes; mais c'est reculer la difficulté sans la résoudre. Si en effet la canonicité d'un livre dépendait de la fantaisie des différentes sectes, qui peuvent se multiplier à l'infini, il y aurait une incertitude effroyable dans la doctrine. Pour satisfaire aux caprices d'une secte extravagante, il faudrait rejeter aujourd'hui ce qu'on regardait hier comme livre de Dieu. Aucune partie de l'Ecriture ne pourrait même être rigoureusement admise, puisque les sectaires qui ont précédé les protestants n'ont point admis tout ce que ceux-ci reçoivent comme livres sacrés. Ainsi, il faudra repousser du

canon l'Evangile de saint Matthieu et les Epîtres de saint Paul, rejetées par les ébionites; le psautier, dont les gnostiques ne voulaient point; les cinq livres de Moïse, parce qu'il a plu aux ptolémaïtes de les supprimer; l'Evangile de Saint Jean et l'Apocalypse, que les aloges n'admettaient pas, et ainsi de tous les autres livres sacrés. Le canon, au lieu d'être une règle fixe et invariable, changerait donc avec les opinions inconstantes de tous les visionnaires. — Tous les Pères sont unanimes pour accorder à l'Eglise le pouvoir et le droit de déterminer la cause des saintes Ecritures. Nous ne citerons ici que cette parole remarquable de saint Augustin : *Ego vero Evangelio non crederem, nisi me Ecclesiæ catholicæ commoveret auctoritas.* Ce sentiment unanime des Pères ne doit point nous étonner. Jésus-Christ a dû accorder à son épouse chérie une autorité au moins égale à celle de la synagogue pour l'autorité de laquelle fut fixé le recueil des livres sacrés pour les Juifs. Enfin l'Eglise a de tout temps exercé ce pouvoir, que la réforme a voulu lui contester. Au concile de Tolède, tenu en 400, les Pères prononcèrent l'anathème suivant : *Si quis dixerit vel crediderit alias Scripturas esse canonicas, præter eas quas Ecclesiæ catholicæ recipit, anathema sit.* — Au reste nous avouerons après Bossuet, dans sa fameuse controverse avec Leibnitz, que, lorsque l'Eglise décide de la canonicité d'un livre, elle emploie les moyens naturels qui sont en son pouvoir, c'est-à-dire l'Ecriture et les traditions. C'est un fait qu'il s'agit d'établir par le témoignage. S'il se trouvait dans l'Eglise quelque division par rapport à la canonicité d'un livre, on devrait suivre alors la règle donnée par saint Augustin. « Lorsqu'il est question des Ecritures canoniques, le chrétien doit préférer celles qui sont reçues par toutes les Eglises, à celles qui sont admises par les unes et rejetées par les autres; et entre celles qui ne sont point reçues par toutes les églises, il faut préférer celles qui sont réputées canoniques par les Eglises qui sont plus considérables et en plus grand nombre, à celles qui ne sont reçues que par des Eglises moins considérables et en plus petit nombre; et si un fidèle catholique remarque que certains livres sont reçus par le plus grand nombre des Eglises, et que d'autres soient reconnus pour canoniques par des Eglises plus considérables, quoiqu'en plus petit nombre, mais dont l'autorité est plus grande (ce qui est, selon le savant docteur, un cas fort rare et fort difficile), je crois qu'il faut donner à ces livres la même autorité. Telles ont été les règles suivies par le saint concile de Trente dans ses décisions. Les protestants les ont attaquées de différentes manières; mais ce n'est point ici le lieu de répondre à leurs difficultés. Elles trouveront plus naturellement leur place et leur solution dans les articles spéciaux sur chacun des livres saints.

CANONS DES APOTRES (*hist. ecclés.*). On appelle ainsi une espèce de collection des *canons* ou lois ecclésiastiques que l'on attribue à saint Clément pape, disciple de saint Pierre, comme s'il l'eût reçue de ce prince des apôtres. Mais les Grecs mêmes n'assurent pas que ces canons aient été faits par les apôtres et recueillis de leur bouche par saint Clément; ils se contentent de dire que ce sont des canons, λεγόμενοι τῶν ἀποστόλων, *que l'on appelle des apôtres*; et apparemment ils sont l'ouvrage de quelques évêques d'Orient, qui, vers le milieu du IIIe siècle, rassemblèrent en un corps les lois en usage dans les Eglises de leurs pays, et dont une partie pouvait avoir été introduite par tradition dès le temps des apôtres, et l'autre par des conciles particuliers. Il y a quelque difficulté, tant sur le nombre que sur l'autorité de ces canons. Les Grecs en comptent communément quatre-vingt-cinq; mais les Latins n'en ont reçu que cinquante, dont même plusieurs ne sont pas observés. Les Grecs comptent les premiers à peu près comme nous : mais ils en ajoutent d'autres, dans la plupart desquels il y a des articles qui ne sont pas conformes à la discipline, ni même aux croyances de l'Eglise latine; et c'est par cette raison qu'elle rejette les trente-cinq derniers canons, comme ayant été la plupart insérés ou falsifiés par les hérétiques et les schismatiques. A l'égard de l'autorité de ces canons, le pape Gélase, dans un concile tenu à Rome l'an 494, met le livre de ces *canons des apôtres* entre les apocryphes; et cela après le pape Damase, qui semble avoir été le premier qui détermina quels livres il fallait recevoir ou rejeter. Par cette raison, Isidore les rejette aussi dans le passage que Gratien rapporte de lui dans la *seizième distinction*. Le pape Léon IX, au contraire, excepte cinquante canons du nombre des apocryphes. Avant lui Denys le Petit avait commencé son Code des canons ecclésiastiques par ces cinquante canons. Gratien, dans la même distinction seizième, rapporte qu'Isidore, ayant changé de sentiment et se contredisant lui-même, met au-dessus des conciles ces canons des apôtres, comme approuvés par la plupart des Pères, et reçus entre les *Constitutions canoni-*

ques, et ajoute que le pape Adrien Ier a approuvé les canons, en recevant le quatrième concile où ils sont insérés : mais on peut dire que Gratien se trompe, et qu'il prend le second concile *in Trullo*, que les Grecs appellent souvent le *quatrième concile*, pour le premier concile tenu *in Trullo*, qui est véritablement le sixième œcuménique ou général. Quant à Isidore, le premier passage est d'Isidore de Séville; et le second est d'Isidore *mercator* ou *peccator*, selon la remarque d'Antoine Augustin, archevêque de Tarragone, qui dit que, pour concilier ces diverses opinions, il faut suivre le sentiment de Léon IX, qui est qu'il y a cinquante de ces canons des apôtres qui ont été reçus, et que les autres n'ont aucune autorité dans l'Église occidentale. Il est certain que ces canons ne sont point des apôtres ; mais ils paraissent fort anciens, et ont été cités par les anciens sous le nom de *canons anciens*, *canons des Pères*, *canons ecclésiastiques*. s'ils sont quelquefois appelés ou intitulés *canons apostoliques*, cela ne veut pas dire qu'ils soient des apôtres; mais il suffit que quelques-uns aient pour auteurs des évêques qui vivaient peu de temps après les apôtres, et que l'on appelait *hommes apostoliques*. L'auteur des *Constitutions apostoliques* est le premier qui attribue ces canons aux apôtres. Ils contiennent des règlements qui conviennent à la discipline des second et troisième siècles de l'Église : ils sont cités dans les conciles de Nicée, d'Antioche, de Constantinople, et par plusieurs anciens. On ne sait pas en quel temps cette collection de canons a été faite ; il peut se faire que ce soit en différents temps : non-seulement les cinquante premiers, mais les trente-cinq derniers, sont fort anciens; les Grecs les ont toujours reçus. Jean d'Antioche, qui vivait du temps de Justinien, les cité dans sa sixième novelle ; ils sont approuvés dans le synode *in Trullo*, et loués par Jean Damascène et par Photius. Parmi les Latins, ils n'ont pas toujours eu le même sort : le cardinal Humbert les a rejetés; Gélase les a mis au nombre des livres apocryphes; Denys le Petit a traduit les cinquante premiers et les a mis en tête de sa collection, remarquant toutefois que quelques personnes n'ont pas voulu les reconnaître. C'est peut-être pour cette raison que Martin de Brague ne les fit point entrer dans sa collection ; mais Isidore ne fit point difficulté de les mettre dans la sienne, et depuis ils ont toujours fait partie du droit canon. Aussitôt qu'ils parurent dans les Gaules, ils furent estimés et allégués pour la première fois dans la cause de Prétextat, du temps du roi Chilpéric, et l'on y défèra. Hincmar témoigne qu'ils étaient en tête d'une collection de canons faite par l'Église de France, et les croit anciens, quoiqu'ils ne soient pas des apôtres.

CANONS DES CONCILES, c'est-à-dire décisions d'un concile en matière de dogme ou de discipline. — Les *canons* dogmatiques sont ordinairement conçus en ces termes : « Si quelqu'un dit telle chose, enseigne telle doctrine, *qu'il soit anathème ;* » en d'autres termes : « qu'il soit retranché du corps de l'Église et de la société des fidèles. » — Les *canons* ou décisions des conciles et des souverains pontifes en matière de discipline, tiennent moins à la théologie qu'au droit canonique. Comme on le voit, les *canons* sont les *règles* auxquelles les fidèles doivent conformer leur croyance et leur conduite.   L. F. G.

CANON DE LA MESSE. On entend par ces mots la règle ou formule de prières et de cérémonies que les prêtres doivent observer et réciter pour consacrer la sainte eucharistie (*V.* MESSE). — Il paraît, d'après quelques liturgistes, que c'est saint Jérôme qui, par ordre du pape saint Sirice, a mis le *canon* dans la forme que nous avons. Il en est d'autres qui prétendent que c'est le pontife lui-même. Mais on offrait le saint sacrifice avant Sirice et avant saint Jérôme ; par conséquent il y avait déjà un *canon* ou une règle que le prêtre devait suivre. Ce qu'il y a de certain, c'est que jamais cette action sainte n'a été abandonnée au goût et à la direction du premier venu. — Il est constant que le *canon* vient des apôtres. L'abbé Renaudot, dans la *Dissertation* qu'il a placée en tête de la *Collection des liturgies orientales*, le prouve par la conformité qui existe entre les liturgies syriaques, cophtes, grecques et latines. S'il y a de la variété dans les prières, si quelques cérémonies se font dans un ordre différent, toutes cependant reviennent au même pour le fond, toutes renferment une invocation à Dieu, des prières pour les vivants et pour les morts, l'invocation des saints, les paroles de Notre-Seigneur Jésus-Christ pour la *consécration*, l'élévation ou l'*ostension* de l'eucharistie, et l'adoration. Le P. le Brun est de ce sentiment dans son savant ouvrage intitulé : *Explication des prières et des cérémonies de la messe*, IVe partie, art. 1, § 1. Il fait voir que le *canon de la messe* était écrit avant l'an 440, et que le pape Gélase l'inséra dans son *Sacramentaire*, tel qu'on le suivait pour lors, sans y faire aucun changement ; que l'an 538 ce *canon* fut envoyé par le pape Vigile aux Espagnols,

comme étant de tradition apostolique; que vers l'an 600, saint Grégoire le Grand y ajouta seulement ces mots : *Diesque nostros in tua pace disponas;* qu'il plaça l'oraison dominicale avant la fraction de l'hostie, au lieu que dans les autres liturgies elle ne se disait qu'après. Depuis ce temps-là, on n'a pas touché au *canon*, si ce n'est pour y ajouter le nom de quelques saints.

— C'est dans cet état que le *canon de la messe* fut porté en Angleterre par le moine Augustin, et il en existe un manuscrit fait avant l'an 700. Le P. le Brun prouve que le pape Gélase même n'y avait fait aucun changement, mais seulement des additions au sacramentaire, auquel il mit des collectes ou oraisons pour les jours qui n'en avaient point de propres, en y laissant toutes celles qui y étaient déjà. Avant lui, les papes Innocent Ier et saint Léon avaient fait de même. En effet, l'ancien *canon de la messe* romaine, qui est celui du pape Gélase, tel qu'il l'avait trouvé en usage, est entièrement conforme à celui du sacramentaire de saint Grégoire. — Ainsi, dit le savant Bergier, quand nous lisons que le pape Sirice au IVe siècle, Gélase au Ve, saint Grégoire au VIIe, ont ajouté ou changé quelque chose au *sacramentaire*, cela ne doit pas s'entendre du *canon*, mais des autres parties de la messe. — C'est donc avec raison que le concile de Trente appelle le *canon de la messe* dressé par l'Église, qu'il est composé des paroles de Jésus-Christ, de celles des apôtres et des premiers pontifes qui ont gouverné l'Église catholique. Et cette sainte assemblée a prononcé l'anathème contre tous ceux qui condamneront la coutume établie dans cette Église, de réciter à voix basse une partie du *canon* et les paroles de la consécration, ou qui soutiendront que l'on doit célébrer en langue vulgaire ; voici ses paroles : « Si quelqu'un dit que l'usage de l'Église romaine de prononcer à voix basse une partie du canon, et les paroles de la consécration, doit être condamné ; ou que la messe ne doit être célébrée qu'en langue vulgaire ; ou qu'on ne doit point mettre d'eau avec le vin qui doit être offert dans le calice, parce que c'est contre l'institution de Jésus-Christ : *qu'il soit anathème* (sess. XII, can. IX). » — On voit, d'après ce que nous venons de rapporter, que si les prétendus réformateurs avaient été plus instruits, que s'ils avaient voulu comparer ensemble toutes ces liturgies (*V.* LITURGIE) qui datent des premiers siècles, ils n'auraient pas condamné avec tant de hauteur le *canon de la messe* de l'Église romaine : mais l'erreur ne veut rien examiner !   L. F. G.

CANONS DES ÉVANGILES. Espèce de concordance faite par Eusèbe de Césarée, dont parle saint Jérôme, et que l'on voit souvent à la tête des manuscrits du Nouveau Testament, et en quelques manuscrits. — CANON, parmi certains religieux, est le livre qui contient la règle et les instituts de l'ordre (*V.* RÈGLE). — CANON se dit encore, dans l'Église, du catalogue des saints reconnus et canonisés par elle.

CANONS DE LA PAIX ET DE LA TRÊVE. C'est, dans l'histoire ecclésiastique , un canon fait et renouvelé dans plusieurs conciles, depuis le Xe siècle, pour abolir les désordres que causaient les guerres des seigneurs entre eux , pour leurs querelles particulières.

CANONS DE LA PÉNITENCE ou **CANONS PÉNITENTIAUX** (*canones pœnitentiales*). Ce sont les canons qui prescrivent des pénitences pour les différents péchés. Ces canons sont tirés en partie des conciles tant généraux que particuliers, en partie des rescrits des papes, et en partie des saints Pères. On en trouve un ample recueil à la fin des instructions de saint Charles Borromée, imprimées par l'ordre de l'assemblée du clergé de France de l'année 1655, et à l'article 7 du chapitre VI du second volume de la *Théologie morale* du P. Alexandre. Voici ceux qui regardent les péchés les plus ordinaires : Pour avoir abandonné la foi catholique, dix ans de pénitence; pour avoir exercé l'art diabolique des devins, ou fait des enchantements, sept ans ; pour avoir consulté les devins, cinq années ; pour s'être parjuré, ou avoir porté quelque autre à se parjurer, quarante jours au pain et à l'eau, et les sept années suivantes en pénitence ; pour avoir blasphémé publiquement contre Dieu, la sainte Vierge ou quelque saint, jeûner sept vendredis au pain et à l'eau, et les sept dimanches suivants se tenir debout à la porte de l'église pendant la grand'messe, sans manteau, sans souliers, une courroie au cou; pour avoir fait une œuvre servile un jour de dimanche ou de fête, jeûner trois jours au pain et à l'eau; pour avoir fait des danses publiques devant une église ou un jour de fête, trois ans de pénitence; pour s'être entretenu avec quelqu'un dans l'église pendant l'office divin, au pain et à l'eau pendant dix jours ; pour avoir violé un jeûne commandé, vingt jours au pain et à l'eau; pour s'être fait avorter volontairement, trois ans de pénitence, et dix pour avoir tué son enfant afin de cacher son crime; pour avoir, par négligence, laissé mourir son enfant sans baptême, trois ans de pénitence, dont l'un au pain et à l'eau ; pour avoir tué volontairement un homme, demeurer toute sa vie à la porte de l'église, et ne communier qu'à la mort ; pour avoir tué par un mouvement subit de colère ou dans une querelle, trois ans de pénitence ; pour avoir conseillé un homicide, quarante jours au pain et à l'eau, et sept ans de pénitence ; pour avoir fait un larcin digne de mort, cinq ans de pénitence, et un an pour un moindre larcin ; pour avoir pris de l'usure, trois années ; pour avoir gardé une chose trouvée, faire pénitence comme pour le vol ; pour une fornication, trois ans de pénitence. Le garçon qui aura péché avec une femme mariée fera sept ans de pénitence, et la femme cinq. La fille qui aura péché avec un homme marié fera dix ans de pénitence, et l'homme cinq. Pour avoir porté faux témoignage en justice, ou avoir imputé faussement un crime à un autre hors la justice, sept ans de pénitence ; pour avoir vendu à faux poids ou à fausse mesure, vingt jours au pain et à l'eau ; pour avoir désiré injustement le bien d'autrui, trois ans de pénitence, et deux ans pour avoir désiré de commettre le péché déshonnête. Durant le temps de pénitence, il y avait des pratiques de mortifications marquées pour certains jours, comme de faire abstinence et de jeûner, ou de jeûner au pain et à l'eau, un, deux ou trois jours de la semaine. Ceux qui ne pouvaient jeûner y suppléaient par des aumônes, des prières et d'autres œuvres de charité ou de piété.

CANON (DROIT) (V. DROIT CANON).

CANON (hist. du droit). Sous les empereurs romains, on appelait de ce nom, dans la Gaule comme dans les provinces de l'empire, le rôle général des revenus directs et réguliers de l'État, par opposition aux demandes imprévues, nommées charges sordides, l'ensemble des contributions ordinaires, dont chaque branche se nommait titre. Ces titres, que l'on distinguait du produit des domaines et de celui des amendes, confiscations et présents, étaient au nombre de trois : 1° l'impôt foncier, qui s'établissait au moyen du cens, et consistait dans le payement en argent ou en nature d'une portion des denrées que recueillait chaque propriétaire, et qu'il était obligé de verser entre les mains des collecteurs des revenus publics ; 2° la capitation ou impôt personnel, qui s'acquittait en argent et quelquefois en denrées ; 3° la milice, c'est-à-dire l'obligation imposée aux propriétaires de fournir à l'État des défenseurs armés et équipés, ou de payer une somme pour en tenir lieu, quand les besoins du service n'exigeaient point leur présence sous le drapeau. Ce canon était, quant à ce qui concernait l'impôt foncier, établi pour un laps de quinze années qui s'appelait une indiction, et variait suivant les besoins du moment et ceux qu'il était possible de prévoir pour l'avenir. Quand on était surpris par une circonstance fortuite et pressante qui rendait insuffisantes les ressources ordinaires de ce titre, on recourait aux superindictions et aux charges sordides (V. ces mots). Le canon des deux autres impositions, la capitation et la milice, se dressait sur les lieux mêmes, sous l'approbation du gouverneur de la province en premier ressort, et sauf la ratification de l'empereur. Quand le canon général était ainsi établi, chaque gouverneur envoyait aux cités un extrait du rôle qui les concernait ; celles-ci répartissaient cette portion sur les contribuables, dans la proportion de leurs facultés, et les décurions faisaient les recouvrements ; mais, lorsque les milices devaient être fournies en nature, c'était le comte militaire qui les faisait marcher. Quoique le prince pût disposer souverainement de tout ce qui provenait des différents titres, la gestion de ces contributions n'était pas confiée aux officiers chargés de la garde des revenus consacrés aux dépenses de la maison impériale, sous la présidence du comte de l'épargne ; elles étaient versées dans des magasins particuliers et des caisses spéciales, sous l'administration du comte des largesses et la surintendance du préfet du prétoire. La nature des contributions dont se composait le canon indique suffisamment qu'il n'y avait que les hommes libres et les propriétaires qui y fussent assujettis. Après la conquête de la Gaule par les tribus germaniques, le mot canon changea d'acception. On appela ainsi des redevances annuelles et même des loyers. On lit dans une charte de 1218, titre des archives de l'abbaye de Saint-Victor de Marseille, que différents redevables dont il est fait mention n'ont à payer à l'église du monastère qu'une livre de poivre pour tout canon. Guillaume, évêque d'Apt, en inféodant à un certain Bertrand Reybaud un château avec toutes ses redevances et appartenances, se réserve le canon qui était d'une livre sterling, et y substitue un mouton vivant de la valeur de huit sous. Enfin, on lit dans la coutume de Lon : « Si un locataire renonce à son stail (à son bail) avant la Saint-André, il n'est obligé qu'aux canons arriérés ; mais, s'il le fait après la

Saint-André, il doit encore ce dernier canon. » Comme chose le canon n'est plus en usage aujourd'hui, et comme mot il n'a plus que dans l'histoire ses significations d'autrefois.

CANONS ASTRONOMIQUES, espèce de tables chronologiques employées par les anciens comme moyen de vérifier les dates. Au premier rang est celui de Ptolémée. — Claude Ptolémée, auteur du grand ouvrage connu sous la dénomination barbare d'*Almageste*, a laissé un catalogue de rois et d'empereurs, intitulé *Canon royal* (Κανὼν βασιλέων), qui paraît avoir fait partie d'une collection de tables astronomiques (Πρόχειροι κανόνες). Il contient la suite des dix-huit rois qui ont régné à Babylone, la série des rois de Perse, depuis Cyrus jusqu'au dernier Darius ; Alexandre et ses deux successeurs Arrhidée et Alexandre II ; les rois d'Égypte de la famille des Ptolémées, depuis le premier, surnommé fils de Lagus, jusqu'à Cléopâtre ; enfin les empereurs romains depuis Auguste. Les années pendant lesquelles chacun de ces princes a régné sont exactement indiquées en *années nabonassariennes* de trois cent soixante-cinq jours, sans intercalations. Ce canon commence par Nabonassar, roi de Babylone, qui a régné quatorze ans. Les astronomes ont calculé que son avénement au trône avait eu lieu l'an 749 avant Jésus-Christ, le jour qui aurait été le 26 février, si à cette époque on avait déjà suivi le calendrier de Jules César. Cette computation a été faite par le moyen d'une éclipse de lune et autres observations astronomiques rapportées par Ptolémée. Cet auteur dit qu'on a observé une éclipse de lune à Babylone le 29 du mois de toth de la première année du règne de Mardo-Kempad. Or, les astronomes ont trouvé qu'il a dû y avoir une éclipse de lune, visible à Babylone le 19 mars de l'année 721 avant Jésus-Christ. Voilà comment l'année où Mardo-Kempad est monté sur le trône a été trouvée. De cette donnée on est remonté, en suivant la liste de Ptolémée, jusqu'au jour et à l'année où Nabonassar a commencé à régner. — Il est hors de doute que ces listes ont été dressées à l'usage des astronomes, afin qu'ils pussent rattacher leurs observations à une chronologie civile. Sans doute, les deux premières sections du canon ont été mises par écrit à Babylone même, et les copies en ont été portées à Alexandrie, où sous les Ptolémées l'astronomie était cultivée. En Égypte, ce canon fut continué ; on y ajouta la liste des Ptolémées et celle des empereurs romains ; on la continua même après la mort du mathématicien d'Alexandrie. — Nous croyons inutile de parler des autres *Canons astronomiques*, et nous renvoyons du reste aux articles CHRONOLOGIE et ÈRES.　　　　　　A. S-R.

CANON PASCAL (hist. ecclés.). C'est une table des fêtes mobiles, où l'on marque pour un cycle de dix-neuf ans jour auquel tombe la fête de Pâques, et les autres qui en dépendent. On croit que le canon pascal a été calculé par Eusèbe de Césarée, et de l'ordre du concile de Nicée (V. PAQUES, FÊTE, CYCLE).

CANON (chronol.). Ce mot, autant qu'on en peut juger en parcourant les chronologistes, est employé en différents sens ; quelquefois il signifie simplement des *tables chronologiques*, telles que les tables du nombre d'or, des épactes et de la Pâque ; quelquefois il signifie la méthode ou règle pour résoudre certains problèmes de chronologie, comme trouver les épactes, les pleines lunes, les fêtes mobiles, etc.

CANON (alg.). (de κανών, règle), expression générale qui embrasse comme règle une infinité de cas particuliers. Ce mot, aujourd'hui peu usité, a été remplacé par celui de *formule*. Par exemple, l'expression :

$$x = -\frac{a}{2} \pm \sqrt{\left(\frac{a^2}{4} - b\right)}$$

est un canon à l'aide duquel on obtient les valeurs de x dans l'équation générale du second degré $x^2 + ax + b = o$; il suffit pour cet effet d'y substituer à la place de a et de b les valeurs particulières données par chaque question. De même, les deux expressions :

$$x = \frac{cb' - c'b}{ab' - a'b}$$

$$y = \frac{ac' - a'c}{ab' - a'b}$$

sont les canons qui donnent, pour toutes les valeurs particulières des quantités a, b, c, a', b', c', celles des inconnues x et y, des deux équations du premier degré :

$$ax + by = c$$
$$a'x + b'y = c'.$$

Les tables des logarithmes, sinus, tangentes, etc., sont aussi quelquefois désignées sous le nom de canons, parce qu'au moyen d'une quantité déterminée ces tables font connaître une quantité correspondante.

CANON DES AUTEURS CLASSIQUES, liste des prosateurs et des poëtes les plus remarquables des beaux siècles de la Grèce, faite vers l'an 200 avant Jésus-Christ, par Aristophane de Byzance et Aristarque, son disciple : voici ce canon, précieux en ce qu'il nous montre à quels hommes les Grecs eux-mêmes décernaient la palme.;*Poëtes épiques* : Homère, Hésiode, Pisandre, Panyasis, Antimaque. *Poëtes ïambiques* : Archiloque, Simonide, Hipponax. *Poëtes lyriques* : Alcman, Alcée, Sapho, Stésichore, Pindare, Bacchylide, Ibycus, Anacréon, Simonide. *Poëtes élégiaques* : Callimaque, Mimnerme, Philétas, Callinus. *Poëtes tragiques* : Eschyle, Sophocle, Euripide, Ion, Achæus, Agathon. *Poëtes comiques* (anc. coméd.): Epicharme, Cratinus, Eupolis, Aristophane, Phérécrate, Platon ; (moy. coméd.) : Antiphane, Alexis; (nouv. coméd.) : Ménandre, Philippide, Diphile, Philémon, Apollodore. *Historiens :* Hérodote, Thucydide, Xénophon, Théopompe, Ephore, Philiste, Anaximène, Callisthène. *Orateurs :* Antiphon, Andocide, Lysias, Isocrate, Isée, Eschine, Lycurgue, Démosthène, Hypéride, Dinarque. *Philosophes :* Platon, Xénophon, Eschine, Aristote, Théophraste.

CANON (mus. anc.). C'était une règle ou méthode de déterminer les intervalles des notes (*V.* GAMME, NOTE, MUSIQUE).

CANON (musique). Comme il est très-difficile de ne renfermer qu'une idée dans un mot, presque toujours on en renferme deux, trois et quelquefois même davantage; la mémoire est moins fatiguée, et pour la plupart des gens c'est un adroit moyen d'acquérir et de montrer aisément des connaissances. Le mot *canon* est un de ceux dont on a le plus abusé en musique. Son étymologie grecque (χανών) signifie règle. Chez les anciens, on s'en servait pour déterminer les rapports des intervalles des sons; mais déjà les musiciens grecs et latins en avaient étendu la signification primitive, et s'en servaient à dénommer aussi l'instrument qui réglait les rapports. De nos jours encore, en Italie on appelle *canone harmonico* le monocorde (*V.* ce mot); mais plus généralement on y entend par canon ce que nous désignons sous ce mot, c'est-à-dire une espèce de fugue. Joseph Zerlin, qui vivait sur la fin du XVIᵉ siècle, remarque avec justesse, que dans un temps on mettait en tête des fugues *in consequenza* ou perpétuelles quelques signes qui indiquaient la manière de chanter ces *reditta;* alors ces avertissements ou règles s'appelèrent canons, et étaient bien nommés; mais Brossard et après lui J.-J. Rousseau disent que bientôt, prenant le titre pour la chose, on a, par métonymie, appelé canon la fugue elle-même. On voit, par ce que nous venons de rapporter de ces deux excellents auteurs de dictionnaires de musique, qu'il est assez embarrassant aujourd'hui de faire une exacte distinction entre le canon et la fugue. L'un et l'autre sont une répétition d'un sujet ou motif par une ou plusieurs parties qui semblent courir après une première appelée guide, parce qu'elle a commencé le chant. Si nous pouvions trouver dans notre souvenir un exemple plus vulgarisé que celui de *Frère Jacques, dormez-vous?* nous le citerions, afin que tous les lecteurs comprissent bien ce que nous voulons dire; mais, comme il n'est presque personne en France qui ne connaisse la manière de chanter cette fugue, nous l'indiquons pour modèle, pour type de canon. Les canons les plus faciles à composer, et par conséquent les plus communs, sont ceux dont chaque partie répète le chant sur le même ton, de telle manière qu'il suffit d'un membre de phrase musicale, répété tour à tour par plusieurs voix ou instruments, pour former un air. L'exemple que nous avons cité est de cette espèce. Malgré la ressemblance du canon et de la fugue, les artistes modernes trouvent une notable différence en faveur de cette dernière ; les règles sévères de cette espèce de morceaux, l'extraordinaire difficulté d'en bien enchaîner toutes les parties, sont placées au rang des pièces de maître ; tandis que le peu de sévérité des règles du canon en a fait un genre de composition banale à l'usage des commençants et des talents médiocres. Aussi il y en a une multitude d'espèces, et nous croyons même que chaque individu s'en crée une espèce, tant on a porté loin l'irrégularité dans ce

genre d'ouvrage. Maintenant que cette pièce est totalement discréditée, donner une liste bien détaillée, bien circonstanciée de toutes les espèces serait un travail aussi prétentieux qu'inutile : nous nous bornerons donc à en indiquer quelques-unes des plus usitées. Tels sont *le canon perpétuel, le canon libre, le canon circulaire, le canon à contre-forme, le canon à contre-temps, le canon interrompu, le canon fermé, le canon ouvert et le canon énigmatique.* Dans les beaux temps du pédantisme musical, lorsque l'empereur Charles VI faisait assaut avec les maîtres de plain-chant, le canon énigmatique avait les honneurs du virtuose; chaque musicien se mettait l'esprit à la torture pour trouver une nouvelle manière de *canoniser* un sujet : c'était presque une rage égale à celle des faiseurs de sonnets et de rondeaux. La science et le bon goût ont fait justice de ces billevesées poétiques et musicales, qu'on prenait alors pour le fruit du génie. A présent, le canon énigmatique est relégué dans le fond des sacristies de village; à peine si le jour des grandes fêtes on l'en retire pour lui faire voir la clarté des cierges. Des compositeurs remarquables placent quelquefois des canons dans leur musique dramatique ; mais ce ne sont pas des canons proprement dits : ce sont plutôt des imitations, des ripostes, des redites. Généralement ces sortes de morceaux sont faibles : ils annoncent la stérilité de l'imagination. Ne sachant pas inventer beaucoup de motifs, le compositeur met souvent tous ses soins à répéter un sujet heureux ; il le prend sans cesse à la tierce, à la quarte, à la quinte, puis il l'abandonne pour le reprendre encore de nouveau; enfin il en compose les deux tiers de son opéra. Les maîtres habiles dédaignent ce genre. La fugue est le morceau de leur choix. Là brillent les grands compositeurs Mozart et Cherubini.

CANON (*art. milit.*). Le canon, qui constitue l'arme la plus usitée dans l'artillerie, est une bouche à feu qui a la forme d'une espèce de cône tronqué ; sa partie postérieure forme la *culasse*, et la partie antérieure, la *volée*. La cavité intérieure, ou l'*âme*, reçoit une certaine quantité de poudre que l'on enflamme, et dont l'explosion chasse, à de plus ou moins grandes distances, un boulet ou plusieurs projectiles également meurtriers. Il y a des canons de bronze et des canons de fer ou de fonte ; il y en a de diverses dimensions ou de divers calibres. Les pièces de bronze (*V.* BRONZE) sont plus généralement employées dans l'artillerie de terre, et celles de fonte ou de fer dans l'artillerie de mer. Les pièces de canon se coulent massives ; quand elles sont coulées, on les fore suivant le diamètre de leur calibre; après le forage, on les tourne extérieurement, puis on perce la lumière ; après quoi on les visite et on les soumet aux épreuves prescrites pour s'assurer de leur bonne confection. Dans ces derniers temps on est parvenu à substituer la vapeur à la poudre à canon; mais il n'a encore été fait que des essais préparatoires (*V.* VAPEUR).

CANON (*hist. milit.*). La première circonstance où l'on voie d'une manière certaine apparaître l'usage du canon est le siège de la ville espagnole de Baza par Ismaïl, roi de Grenade, en 1323. Les textes cités ou traduits par Casiri et J. Condé ne peuvent à cet égard laisser aucune espèce de doute. Cette arme passa en France quelques années après. C'est ce que prouve évidemment le passage suivant d'un compte de dépenses pour l'année 1338 : « Compte Barthélemy du Drach, trésorier des guerres de cette année : *A Henri de Franchemas, pour avoir poudres et autres choses nécessaires aux canons qui estoient devant Puy-Guillaume* » (*V.* Ducange au mot BOMBARDA). Un acte latin de 1345, dont l'original existe encore à la bibliothèque du roi, parle aussi de canons en fer, et il est constant, malgré le silence de Froissart, que les Anglais s'en servirent en 1346, à la bataille de Crécy ; les récits des Chroniques de Saint-Denis et de l'Italien Villani, mort en 1348, le prouvent d'une manière irrécusable. Les gros canons de cette époque étaient des cylindres creux, munis d'espace en espace de plusieurs cercles de fer. En 1460, les canons les plus forts, fabriqués en France, ne pesaient pas au delà de cent quinze livres; mais dix ans plus tard , sous Louis XI, on fondit à Tours une pièce d'une grandeur démesurée ; elle était de cinq cents livres de balles, et portait, dit-on, de la Bastille à Charenton. Le fondeur , qui s'appelait Jean Mogué, fut tué du second coup d'épreuve. La fameuse *coulevrine de Nancy*, fondue en 1598, avait vingt-deux pieds de long. Jusqu'en 1732, le fondeur déterminait seul le calibre de la pièce ; mais à cette époque on établit une mesure fixe et uniforme. Le nombre des calibres fut réduit en 1732 à cinq pour l'artillerie de l'armée de terre. Ces calibres étaient de vingt-quatre et de seize pour la défense des places et des côtes; de douze, de huit et de quatre pour les pièces de campagne. Une ordonnance de 1739 fixa la charge au tiers du poids du boulet; et l'on adopta en 1765 un canon dit de troupes légères. Pendant les guerres de l'empire, on fit usage de pièces de six, destinées à remplacer celles de huit et de quatre; mais il y a longtemps qu'on ne s'en sert plus. —Aujourd'hui les calibres en service sont ceux de vingt-quatre, de seize et de douze pour les sièges, et de huit pour l'artillerie de campagne. Dans les places, on emploie encore, outre ces calibres, les pièces de quatre, dont il n'est plus fait usage dans les batteries de campagne. — La longueur des pièces est ordinairement de dix-huit fois leur calibre. — La pièce de huit pèse cinq cent quatre-vingt-quatre kilogrammes; sa charge de poudre, pour tirer à boulet, est de 112 centigrammes; la plus grande distance à laquelle on doive tirer à boulet est de 994 mètres. La charge des pièces de campagne est contenue dans des gargousses en serge. — La charge ordinaire des pièces de vingt-quatre est de 591 centigrammes; leur portée sous l'angle de 45° est d'environ 4,198 mètres. La charge des pièces de seize est de 269 centigrammes, et leur portée est de 4,052 mètres à peu près; enfin, la charge des pièces de douze et de 195 centigrammes, et leur portée de 3,644 mètres environ. Les gargousses des pièces de siège sont faites en papier.

CANON DE FUSIL (*V.* FUSIL).

CANON DE PISTOLET (*V.* PISTOLET).

CANON (*blason*), meuble d'armoiries qui entre en quelques écus, et représente un canon d'artillerie. On dit *affûté* de son affût, lorsqu'il est d'émail différent.

CANON DE VOLTA. On appelle ainsi un instrument auquel on a donné la forme d'un canon, soutenu sur un pied de verre, et qui est d'ailleurs composé comme le *pistolet de Volta*. On sait que le mélange d'un volume d'oxygène et deux volumes d'hydrogène s'enflamme avec explosion au contact de la flamme ou par l'étincelle électrique; c'est cette propriété qui a fait donner à ce mélange le nom de gaz tonnant; supposons donc qu'on renferme ce gaz dans un vase en cuivre de huit à dix pouces de long, qui aura la forme d'un canon: il faut appliquer à la bouche un bouchon de liége qui empêche le gaz tonnant de se répandre dans l'air. Maintenant, au lieu de lumière, on a disposé un petit conducteur isolé qui transmette l'étincelle et la fasse éclater dans le sein du gaz; celui-ci s'enflamme aussitôt, chasse le bouchon, et produit une flamme et une explosion qui justifie le nom que lui avait déjà fait donner sa forme.

B. JULLIEN.

CANON (*art vétér.*). La partie de la jambe du cheval comprise entre le genou et le boulet. — Ce mot désigne aussi, *en term. d'équitation,* chacune des deux parties du mors qui appuient sur les barres.

CANON (*typogr.*). On donne ce nom à divers caractères d'imprimerie qu'on emploie principalement pour les affiches. Les proportions en sont très-variables; chaque fondeur a un type dont le *corps* est plus ou moins fort, dont l'*œil* est plus ou moins gras. Du reste, on calcule la grosseur de ces caractères sur la mesure typographique qu'on appelle *point.* Il a 6 de ces points à la ligne, ou 864 au pied de roi (ancienne mesure). Il y a plusieurs sortes de canons : le *petit canon,* qui porte 26 à 32 points ; le *gros canon,* de 40 à 44 ; le *double canon,* de 48 à 56 ; le *triple canon,* 72. Il y en a même au delà. {P. S.

CANON (*technol.*), corps d'une seringue. — *En term. d'horlogerie,* ce mot désigne un petit cylindre percé de part en part. — CANON, *en term. de pharmacie,* se dit d'un petit vase qui sert à recevoir certaines préparations. Les *rubaniers* nomment CANON un petit tube de bois sur lequel on met la soie de la trame ; — les *boutonniers,* la partie supérieure d'un bois fort large ; — les *tailleurs,* un ornement d'étoffe attaché vers le bas d'une culotte, parure fort à la mode en France dans le XVIIe siècle ; — les *chaudronniers,* un morceau de fer percé, que l'on appuie à l'endroit où l'on doit percer une pièce ; — les *tourneurs,* un cylindre creux qui traverse une verge de fer qui sert à joindre la boîte au mandrin ; — les *balanciers,* la boîte cylindrique dans laquelle est renfermée la branche du peson à ressort. — Les *émailleurs* appellent CANONS les filets d'émail les plus gros qui peuvent servir pour les ouvrages. — On nomme CANON A DÉVIDER, dans les fabriques en soie, l'instrument qui reçoit le bout de la broche à dévider, pour soutenir la dévideuse. On appelle, *en term. de jurisprudence,* CANON EMPHYTÉOTIQUE le revenu annuel de l'emphytéose. — Dans la classe ouvrière, à Paris, CANON se dit d'une petite mesure de vin, de la capacité d'un demi-litre. — *En term. de marine,* on appelle CANON A LA SERRE un canon amarré en dedans, et dont la volée porte contre le haut du sabord ; — CANON ALLONGÉ CONTRE LE BORD, un canon amarré de longueur contre les côtés d'un navire ; — CANON D'ÉTAPE, un canon qui n'a plus le tampon dans la

bouche ; — CANON AUX SABORDS, celui qui est en état d'être tiré ; — CANON DÉMARRÉ, celui qu'on a déplacé afin de pouvoir le charger ; — CANON DE COURRIER, un canon logé sur l'avant d'une galère pour tirer par-dessus l'éperon.

CANON-HARPON (*pêche*), sorte d'arme, inventée en 1835, dont peuvent se servir les pêcheurs pour atteindre à une distance de plus de cent pieds les baleines ou d'autres cétacés, par le moyen d'un harpon qui est dans l'arme et qui est lancé avec une force étonnante.

CANON-AMÉ, s. m. (*term. de relation*), registre ordinaire des revenus du trésor de l'empire turc.

CANON (P.), jurisconsulte de la fin du XVIe siècle, a publié: *Commentaire sur les coustumes de Lorraine,* auquel sont rapportées plusieurs ordonnances de son altesse et des ducs ses devanciers, Epinal, 1634, in-4°. Il avait été anobli en 1626 par le duc de Lorraine, Charles IV. — Son fils CLAUDE-FRANÇOIS CANON, né à Mirecourt en 1658, fut envoyé en 1692 par Léopold comme ministre plénipotentiaire au congrès de Ryswick, où il déploya une grande habileté. Il mourut en 1698. On lui attribue la *Médaille* ou Expression de la vie de Charles IV, duc de Lorraine, par un de ses principaux officiers; ouvrage manuscrit, conservé dans la bibliothèque de Nancy.

CANONARQUE (*hist. ecclés.*), bas officier de l'Eglise de Constantinople, qui était au-dessous des lecteurs. — CANONARQUE était aussi, dans les anciens monastères, un officier qui sonnait pour assembler les moines aux heures de la collecte ou de l'assemblée.

CANONIAL, terme de droit ecclésiastique qui s'applique à tout ce qui a rapport à un chapitre ou à un chanoine. Ainsi l'on disait : *titre canonial, maison canoniale, mense canoniale,* pour désigner soit le droit d'un ecclésiastique à un bénéfice, soit le logement occupé par un chanoine, soit enfin les biens appartenant à un chapitre.

CANONIALES (HEURES) (*V.* HEURES).

CANONICAT, titre de bénéfice d'un chanoine. Il y a cette différence entre le *canonicat* et la *prébende,* si souvent confondus ensemble, que le canonicat proprement pris était un titre de dignité spirituelle qui conférait à celui qui en était revêtu le droit de prendre place dans le chœur et le chapitre d'une église, soit cathédrale, soit collégiale, et que la prébende n'était qu'une certaine portion de bien ecclésiastique accordée par l'église dans une cathédrale ou collégiale. Comme il y avait des églises cathédrales et collégiales dont les statuts portaient que l'on n'y pourrait tenir aucune dignité sans être chanoine, le pape s'était réservé le droit de créer des chanoines, pour la dignité seulement ; mais ces canonicats, qu'on appelait *ad effectum,* ne donnaient aucun droit sur les prébendes qui venaient à vaquer ensuite. Ce titre était appelé par cette raison *jus ventosum.* Un chanoine *ad effectum* pouvait prendre ce titre sans y ajouter cette dénomination ; il n'était attaché ni à la résidence, ni à l'assistance aux heures canoniales, ni à la promotion aux ordres sacrés. Il n'était reçu chanoine que par honneur et par privilége. C'est ainsi que dans le cérémonial romain l'empereur était reçu chanoine de Saint-Pierre. Les rois de France, par le seul titre de leur couronne, étaient chanoines de l'Eglise de Saint-Hilaire de Poitiers, de Tours, d'Angers, de Châlons, etc. Les canonicats étaient autrefois l'objet d'une vive convoitise, et c'était une grave question de savoir à quel âge on pouvait en être pourvu et, sauf quelques exceptions purement locales, on admettait comme principe que les mineurs, même de dix ans, pouvaient être revêtus de cette dignité, abus que les réclamations les plus vives ne purent faire cesser en France, et qui a subsisté jusqu'à la révolution ; car Charles IX avait en vain chargé ses ambassadeurs au concile de Trente de demander un règlement à l'effet de fixer à vingt-cinq ans l'âge pour posséder les canonicats dans les églises cathédrales, se fondant sur ce qu'un mineur, auquel on n'ose confier l'administration de son bien, occupe une place qui le rend de droit le conseil de l'évêque dans le gouvernement et l'administration de son diocèse. Bien que ce concile, dans la vingt-quatrième session de son chapitre douzième, eût exigé des chanoines des églises cathédrales l'âge requis pour être sous-diacre, c'est-à-dire vingt et un ans, le clergé français a cru devoir suivre la dix-septième règle de la chancellerie du pape Innocent VIII, qui ne demande que quatorze ans dans un clerc pour posséder un canonicat de cathédrale, et dix ans pour un canonicat de collégiale. Les nouveaux chanoines, en entrant en possession de leur canonicat, étaient tenus de faire leur profession de foi en présence de l'évêque ou de l'official, et dans le chapitre c'est le règlement du concile de Trente, adopté par les conciles de France, et qui est toujours en usage. Pour dire encore un mot de la collation des canonicats, les statuts particuliers à chaque diocèse faisaient loi pour déterminer les conditions que devaient remplir les candidats. Mais ces statuts étaient sans vigueur hors de l'ordinaire. Ainsi, un concile de Tours avait voulu établir pour les canonicats de sa province ecclésiastique, une règle particulière : il avait ordonné que les canonicats, les personnes et les dignités sans charge d'âmes ne pourraient être conférés qu'à l'âge de vingt-deux ans, et que les chanoines ne seraient pas obligés d'entrer dans les ordres. Le chapitre du Mans fit refus en conséquence d'admettre au nombre de ses chanoines un jeune homme de dix-huit à dix-neuf ans, à qui on avait résigné un canonicat. Le parlement de Paris, par un arrêt rendu en 1616, maintint le résignataire en possession, parce que, ainsi que nous l'avons dit, les *évêques d'une province particulière ne sont pas les maîtres de changer ce qui est établi par le droit public et l'usage général du royaume.* Telle est la teneur motivée du jugement. Le pape lui-même n'avait pas ce droit, parce que c'eût été porter atteinte aux libertés gallicanes, dont nos pères étaient si jaloux. Aussi, peut-on citer deux arrêts, l'un du parlement de Paris daté du 9 juillet 1695, l'autre du parlement de Rouen en date du 22 mars 1708, qui tous deux ont déclaré abusives des dispenses qui avaient été données par le pape à deux bâtards, pour les autoriser à posséder des canonicats dans les ressorts de Poitiers et de Bayeux. Il était de principe dans ces deux diocèses que les enfants illégitimes ne pouvaient être revêtus de la dignité de chanoine.—On pourrait dire que légalement il n'y a plus en France ni canonicats ni chanoines. Dans tous les cahiers des bailliages, en 1789, la France avait émis le vœu d'une grande réduction dans les chapitres des cathédrales et des collégiales, et la réduction successive du clergé dans les limites des besoins des églises. — L'assemblée constituante a longtemps discuté la *constitution* civile du clergé. Les siéges épiscopaux furent réduits à un seul pour chaque département. Le mot de chanoine fut remplacé par celui de vicaire. L'article 10, voté dans la séance du 8 juin 1791, dispose : « Il y aura seize *vicaires* dans l'église cathédrale des villes qui comprendront plus de 10,000 âmes, et douze seulement dans celles dont la population sera au-dessous de 10,000 âmes. » D'après l'article 9, « L'église cathédrale, restituée à son état primitif, était en même temps église épiscopale et église paroissiale. La paroisse cathédrale n'avait d'autre pasteur immédiat que l'évêque. » — Un nouveau concordat a eu lieu entre le saint-siége et Louis XVIII, mais les formalités nécessaires pour lui donner force de loi en France n'ont pas été observées. Le gouvernement royal n'en a pas moins rétabli tous les archevêchés et évêchés qui avaient été supprimés en 1791, et dont la réduction était maintenue par le concordat de 1801. Les chapitres de chanoines se sont organisés, mais les églises cathédrales n'ont pas cessé d'être paroissiales. C'était là une question de finances plutôt que de discipline ecclésiastique; et le budget annuel a pourvu au traitement des nouveaux prélats et des nouveaux chanoines. Mais la France, revenant à la foi religieuse de ses pères, a vu avec consolation cette augmentation de dignitaires de l'Eglise catholique, et les membres des chapitres cathédraux s'appellent comme du passé chanoines, sans rencontrer la moindre désapprobation.

ED. GIROD.

CANONICAT (gramm.). On dit figurément et familièrement, d'un emploi qui exige peu de travail, qui cause peu de fatigue, *C'est un canonicat, un vrai canonicat.*

CANONICITÉ, s. f. qualité de ce qui est canonique.

CANONIERI, en latin *Canonherius* (PIERRE-ANDRÉ), médecin du XVIIe siècle, né à Gênes, fut tour à tour militaire et docteur en médecine et en droit. Après avoir été reçu docteur en médecine à Gênes, il alla se faire recevoir docteur en droit à Parme. Il servit ensuite dans les armées espagnoles, et se fixa enfin à Anvers, où il cultiva à la fois la médecine et la jurisprudence. Il a commenté Hippocrate dans l'ouvrage suivant : *Hippocratis librorum medica, politica, morales sctheologica interpretationes*, Anvers, 1618, 2 vol. in-4°. Ses autres ouvrages sont : 1° *Epistolarum laconicarum libri IV*, Florence, 1607, in-8°; 2° *De curiosa doctrina libri V*, Florence, 1607, in-8°; 3° *Delle cause dell' infelicità e disgrazie degli huomini litterati e guerrieri*, Anvers, 1612, in-8°; 4° *De admirandis vini virtutibus libri tres*, ibid., 1627, in-8° : il avait d'abord publié ce traité en italien, Viterbe, 1608, in-8°, sous ce titre : *Le lodi e i biasmi del vino*; 5° *Flores illustrium epitaphiorum*, Anvers, 1627, in-8°; 6° *Flores axiomatum politicorum*, ibid., 1615, in-8°; 7° *Quæstiones ac discursus in duos primos libros Annalium Taciti*, Rome, 1609, in-4°; 8° *Dissertationes et discursus ad Taciti Annales*, Francfort, 1610, in-4°; 9° *Intro-*

duzione alla politica, alla ragion di stato et alla pratica del buon governo, en dix livres, Anvers, 1614, in-4°.

CANONIQUE. On nomme ainsi dans la jurisprudence ecclésiastique tout ce qui est conforme aux canons. Le droit *canonique* est le recueil de lois concernant la discipline de l'Eglise. Ce recueil est composé, 1° du décret de Gratien; 2° des Décrétales ; 3° d'une suite de Décrétales appelée *le Sexte*; 4° des Clémentines ; 5° des Extravagantes (*V.* CANON, DÉCRET, DÉCRÉTALES, DROIT, SEXTE, CLÉMENTINES, EXTRAVAGANTES). — On donne aussi le nom de CANONIQUES aux livres de l'Ancien et du Nouveau Testament compris dans le catalogue des livres de l'Ecriture que toute l'Eglise catholique regarde d'un consentement unanime comme divinement inspirés (*V.* CANON).

CANONIQUE se dit aussi de ce qui est conforme aux règles de l'Eglise. On appelle jurisprudence canonique le corps et la science du droit canon. On appelle peines canoniques les peines que l'Eglise peut imposer : telle est la déposition, l'excommunication, l'aumône, le jeûne, quelque autre pénitence corporelle, l'amende honorable, pourvu qu'elle se fasse dans le prétoire du juge ecclésiastique, et non ailleurs. — CANONIQUE, droit des prémices qui se payait autrefois dans l'Eglise grecque, *jus primitiarum episcopo solvendum*. L'empereur Comnène fit une constitution pour régler le canonique des évêques, et Alexis Comnène, son neveu, la confirma l'an 1086.

CANONIQUE (*philos.*) est le nom donné par Epicure à sa logique. La philosophie, suivant lui, consistant tout entière dans la *morale* ou théorie du bonheur, sa *physique* avait pour but de prémunir le sage contre la crainte d'un être surnaturel, et la pénible attente d'une autre vie ; et sa *canonique*, précédée d'une idéologie qui lui servait de base, renfermait des préceptes pour le diriger dans ses jugements, de manière qu'il ne tombât jamais, relativement au monde extérieur, dans des erreurs funestes à son bonheur. Epicure faisait donc de la canonique un appendice à la physique, et de ces deux sciences des préparations à la morale.

CANONIQUE (*gramm.*). On dit familièrement d'une action ou d'un propos qui est peu conforme aux bonnes mœurs : *Ce que vous avez fait là, Ce que vous dites, n'est pas trop canonique, n'est pas trop canonique.*

CANONIQUEMENT, adv. (*gramm.*), selon les canons.

CANONISATION (*canonisatio, alicujus in numerum sanctorum relatio, adscriptio*), déclaration solennelle du pape, par laquelle il autorise l'inscription au canon ou catalogue des saints du nom d'un personnage que sa piété et ses vertus ont fait vénérer pendant sa vie. Le terme de *canonisation* n'est pas si ancien que la chose même, puisqu'il ne se trouve pour la première fois qu'en 993, dans une bulle du pape Jean XV, pour mettre au rang des saints Udalric ou Ulric, évêque d'Augsbourg. Jusque vers cette époque, ceux qui avaient versé leur sang pour la défense de la foi étaient les seuls qui fussent honorés d'un culte public, et les actes de leur martyre, tirés des pièces du procès, ou recueillis par des témoins oculaires, étaient les seuls titres présentés à la vérification de l'évêque en présence de son clergé. Les métropolitains étaient les juges ordinaires de ces sortes de causes : ils admettaient ou rejetaient l'inscription des noms des martyrs proposés à la vénération des fidèles sur les diptyques sacrés. Le nom du saint reçu était invoqué dans le *canon* de la messe; de là vint plus tard le mot de *canonisation*. Mais le jugement de l'évêque ne s'étendait point au delà de sa juridiction, à moins qu'il ne fût accepté par les Eglises voisines. Alors le culte du saint acquérait de la célébrité, et finissait quelquefois par devenir général. Ce ne fut réellement qu'à la fin du XIIe siècle que les papes curent une autorité reconnue sur le culte des saints. En 1172, Alexandre III rendit ce décret : *Neminem pro sancto neque ullius reliquias publice venerari licet, nisi prius auctoritate romani pontificis approbentur.* Ce fut aussi ce pape qui consacra ce mot de *canonisation* pour exprimer l'insertion d'un nom dans le catalogue invariable des saints de l'Eglise. Il ne faut pas croire avec certains écrivains que *canoniser* un saint soit autre chose que lui donner place dans le catalogue de ceux que l'Eglise vénère. Quelle autorité humaine oserait disposer des clefs du ciel et y marquer une place même aux plus vertueux? Les canonisations particulières en faveur d'une province, d'un ordre religieux, prirent le nom de *béatifications*, et devinrent les préliminaires de la canonisation. Aujourd'hui le saint-siége est exclusivement en possession de ce droit, que plusieurs théologiens et canonistes ont refusé même à un concile général pendant la vacance de la chaire de Saint-Pierre. On vit peu à peu s'établir pour la canonisation les formes usitées aujourd'hui, où la procédure qui s'observait dès le XIVᵉ siècle est à peu près la même qu'alors. Rien n'est plus soigné, plus scrupuleux dans tous ses détails que cette procédure. Le pape prend toutes les précautions imaginables pour ne pas se tromper sur un point aussi important. Le procès s'instruit avec une lenteur qui laisse à l'admiration le temps de se calmer, et à la vérité celui d'être connue, avec cette sévérité d'examen qui écarte les faits douteux, et n'admet que ceux confirmés par d'unanimes suffrages. Un seul témoignage suspect, une seule opposition suffit plus d'une fois pour retarder de plusieurs siècles la canonisation d'un saint. — Nous prendrons une idée de la procédure pour la canonisation dans cet extrait de l'Histoire ecclésiastique, où nous ne rapporterons que les cérémonies les plus générales : « Quand des rapports ont été faits au pape sur la réputation de sainteté d'une personne morte depuis quelques années, et que la canonisation a été demandée, le souverain pontife propose l'affaire aux cardinaux, et par leur conseil commet quelques évêques du pays de celui qu'on propose comme saint, ou d'autres personnes d'autorité, pour informer de sa réputation, de ses miracles, et de la dévotion du peuple envers lui. Cette information ne doit être que générale et sur la commune renommée ; non sur le détail et la vérité, mais seulement pour s'assurer s'il est nécessaire d'en venir à l'information particulière. Si, d'après leur rapport, le pape le juge à propos, il en commet l'examen aux mêmes ou à d'autres, qui informent de la créance, des vertus et des miracles du prétendu saint. Cette information, transmise au pape, est soumise par lui à l'examen de ses chapelains, pour en dresser les rubriques ou principaux chefs du procès. Alors trois cardinaux, un évêque, un prêtre et un diacre sont nommés pour faire la vérification des pièces : ils en font ensuite un long et minutieux rapport au consistoire ; puis dans une autre séance on lit les dépositions des témoins sur les vertus et les miracles. Avant de passer outre, le pape détermine avec les cardinaux si la perfection de la vie est assez prouvée, si chaque miracle, appuyé par des preuves solides, doit être admis comme authentique, et tous les avis sont motivés et consignés par le secrétaire-cardinal au registre des délibérations du consistoire. Si l'unanimité des voix est pour la canonisation, le pape la détermine secrètement. Alors tous les prélats qui se trouvent en cour de Rome sont mandés au consistoire public, où le pape, après les avoir instruits de tout ce qui a été fait, leur demande aussi leur avis. Plus tard, le jour et le lieu où doivent s'assembler sous la présidence de Sa Sainteté les cardinaux, les prélats, le clergé et le peuple sont assignés, et sept ou huit prélats choisis à cet effet prêcheront sur les vertus du saint. Deux cardinaux ont composé l'office en son honneur. Au jour de la réunion, le promoteur de l'affaire se lève vis-à-vis du pape, et, ayant pris un texte, expose le sujet, supplie le souverain pontife d'écouter les prélats qui vont en parler, de proclamer saint celui dont il s'agit, de le faire inscrire au catalogue, de l'imposer à la vénération des fidèles, et de fixer un jour de l'année pour la célébration de sa fête. Toutes ces formalités remplies, le pape donne une indulgence d'un ou deux ans, et d'autant de quarantaines, puis il se retire. Reste la cérémonie de la canonisation. Le jour et l'église où elle se fera ont été indiqués. Le pape a pris sa place, assis devant l'autel richement illuminé et paré comme toute l'église. Le souverain pontife prononce un sermon où il exhorte le peuple à prier pour lui, afin que Dieu ne permette pas qu'il se trompe en cette affaire. On chante le Veni Creator ; le pape proclame le nouveau saint, et indique l'époque de sa fête ; puis, après un Te Deum, il prononce son oraison, donne une indulgence de sept ans et sept quarantaines ; enfin, il célèbre solennellement la messe en l'honneur du même saint. » On peut voir dans les Mémoires du clergé la relation de ce qui s'est passé en France pour la canonisation de saint Louis, pour celle de saint François de Sales, et pour la béatification de Vincent de Paule, avec les procès-verbaux et les titres des assemblées du clergé sur ce sujet. La paroisse de Saint-Méry à Paris vient d'être en 1841 le théâtre de la béatification d'une vertueuse et charitable veuve, décédée depuis plus d'un siècle, et enterrée dans l'église de ce nom. Les cérémonies de cette fête ont duré trois jours passés en solennités pieuses.   ED. GIROD.

CANONISER, v. a. (droit ecclés.), mettre dans le catalogue des saints, suivant les règles et avec les cérémonies pratiquées par l'Église. Il se dit quelquefois figurément, et signifie louer comme une chose sainte ou digne d'un saint. Ce sens est familier.

CANONISTE, s. m. (jurispr.), docteur ou du moins homme versé dans le droit canonique.

CANONNADE, s. f. (art milit.), plusieurs coups de canon tirés à la fois ou de suite.

CANONNAGE, s. m. (artillerie), art du canonnier. On l'emploie surtout en termes de marine militaire.

CANONNER, v. a. (art milit.), battre à coups de canon une place, un camp, etc. On l'emploie aussi avec le pronom personnel comme un verbe réciproque.

CANONNERIE, s. f. (technol.), endroit particulier d'une fonderie où l'on ne fabrique que des canons.

CANONNIER (art milit.). Les canonniers sont des soldats chargés spécialement du service de l'artillerie, tant en campagne que dans l'attaque et la défense des places. En France, ils furent, en 1688, réunis pour la première fois en compagnies, qui restèrent détachées jusqu'à l'ordonnance du 5 février 1720. Alors les mineurs et les sapeurs furent fondus avec les canonniers dans le régiment Royal-Artillerie. Cette fusion, contraire à la nature et à l'intérêt des services, cessa en 1729. Les canonniers demeurèrent seuls dans les régiments ; les sapeurs et les mineurs furent placés dans des compagnies particulières, et détachés à la suite de l'artillerie ; puis le corps d'artillerie et du génie furent complètement réunis par ordonnance du 8 décembre 1755. De nombreux inconvénients étant résultés de cette réunion dans les premières années de la guerre de Sept ans, le maréchal de Belle-Isle, alors ministre de la guerre, fit prononcer le 5 mai 1758 la séparation des deux corps. Depuis cette époque, les canonniers composent seuls les régiments d'artillerie, et leur instruction reçut successivement des développements qui font aujourd'hui de l'artillerie française la première artillerie de l'Europe. — Les canonniers français ont sur ceux de l'armée anglaise une supériorité que sir John T. Jones, colonel du génie dans cette armée, leur reconnaît, avec une bonne foi remarquable, dans les journaux, qu'il a publiés en 1821, des sièges entrepris par les alliés en Espagne pendant les années 1811 et 1812. Il se plaint de ce que les canonniers anglais ne sont pas assez exercés dans les travaux de siège, et dit « qu'on devrait s'attacher davantage à leur instruction dans le tir à ricochet et dans les autres parties de leur service relatives aux sièges, qu'ils ont infiniment moins étudiées que ce qui concerne leur service en campagne. Dans plusieurs des sièges des places espagnoles, jamais, ajoute-t-il, nous n'avons pu éteindre le feu de la place, ou au moins le dominer. » — Les divers travaux de l'artillerie fournissent à un canonnier attentif et zélé de fréquentes occasions de développer son intelligence et d'obtenir de l'avancement. C'est ainsi que, du rang de simple canonnier, le célèbre général d'artillerie Eblé s'éleva au grade d'officier, sans avoir d'autre appui que son mérite personnel, et qu'il parvint jusqu'aux fonctions d'inspecteur général de son arme. — On donne aussi, dans les manufactures d'armes, le nom de canonnier à celui qui forge les canons de fusil. Ce travail délicat exige le concours d'un second ouvrier, qu'on appelle compagnon canonnier. Après avoir donné à une lame de fer disposée à cet effet la forme demi-cylindrique, en la battant fortement à chaud dans une gouttière creusée dans une pierre dure ou dans un bloc de fer, les canonniers la portent promptement sur l'enclume, où ils achèvent d'en former un tube en faisant croiser les bords. Il faut apporter beaucoup de soin à cette opération pour que les soudures ne soient manquées dans aucun endroit, et que le fer ne soit ni brûlé ni décomposé par des chaudes trop vives et trop répétées; car ces défauts feraient crever le canon. Ainsi préparé par le canonnier, le canon passe ensuite à d'autres ouvriers pour être évidé, calibré et éprouvé.

CANONNIER (technol.) se dit, dans les manufactures d'armes, de l'ouvrier qui forge les canons de fusils, de mousquetons, de pistolets, etc.

CANONNIÈRE. Autrefois on appelait ainsi une grosse tour ; puis on a donné le nom de canonnières aux ouvertures pratiquées dans les murs des villes, des forts, par lesquelles on faisait feu sur l'ennemi, sans être exposé à ses coups. Probablement cette idée nous est venue des anciens, car on voit des ouvertures semblables sur les monuments antiques : elles servaient sans doute à lancer des pierres, des flèches, sans que l'on fût exposé aux coups des assaillants. On appelle aussi canonnière de remparts une embrasure et un créneau ou meurtrière qui servent de passage au feu des petites armes. Enfin, on donne le nom de canonnière à une espèce de tente en coutil, qui ne forme le plus souvent qu'un toit, où les gens d'armes peuvent se mettre à l'abri des injures du temps.

CANONNIÈRE ou CHALOUPE CANONNIÈRE, espèce de bâtiment de guerre, ponté, peu élevé au-dessus de l'eau, assez long, et armé de quelques pièces de canon, tant en batteries, qu'à l'avant et à l'arrière. La chaloupe canonnière va à la voile ou à l'aviron ; elle est gréée en brigantin, ou en brick-goëlette. C'est un bâtiment de flottille, désigné d'ordinaire dans un armement un peu considérable par un numéro plutôt que par un nom. Ainsi, sur les côtes, pendant la guerre de l'empire, et surtout à Boulogne, on disait : la canonnière n° 51, et non la canonnière *l'Ardente*.

CANONNIÈRE, en term. de pêche, est une ouverture pratiquée dans le fond des écluses pour donner passage à l'eau.

CANONNIÈRE est aussi le nom que les oculistes donnent au moule de l'aiguille crénelée et aplatie dont ils se servent pour abattre la cataracte.

CANONNIÈRE se dit encore d'une espèce de jouet fait d'un petit bâton de sureau dont on a ôté la moelle, et dont les enfants se servent pour chasser, par le moyen d'un piston, de petits tampons de filasse ou de papier.

CANONNISTE, s. m. (technol.), nom particulier de l'ouvrier qui fond des pièces de canon.

CANOPE (mythol.), commandant de la flotte d'Osiris, accompagna ce prince lors de son expédition dans les Indes. Comme après sa mort il fut mis au rang des dieux, on publia que son âme était passée dans l'étoile qui porte son nom.

CANOPE, pilote de la flotte de Ménélas, mourut mordu par un serpent auprès de la ville d'Amyclée, qui prit à cause de lui le nom de *Canope*.

CANOPE (géogr. anc.), ville de l'Egypte inférieure, au nord-ouest, sur la Méditerranée, entre Alexandrie et la bouche Canopique du Nil. Elle fut fondée par les Spartiates, dit-on, qui la nommèrent d'abord Amyclée et ensuite Canope, du nom de Canope, pilote de Ménélas. Virgile donne à cette ville l'épithète de *Pelliaca*, parce qu'Alexandre, qui était né à Pella, bâtit dans son voisinage la ville d'Alexandrie. Cette ville était célèbre par son temple de Sérapis.

CANOPE (géogr. anc.), île de la Méditerranée, au nord-est de la ville du même nom.

CANOPES (archéol.). On nomme ainsi des vases fabriqués en Egypte, et qui portent pour couvercles des têtes de divinités, celles d'Isis, d'Anubis, et d'autres. Ces vases d'une espèce d'argile, et propres à filtrer l'eau du Nil, avaient pris leur nom de la ville de Canope, située sur un bras de ce fleuve; les habitants en faisaient un grand commerce. Cette ville est indiquée par Ptolémée comme capitale du nome *Ménélaïtes*, auquel, suivant les Grecs, Ménélas avait donné son nom. Quant à la ville de Canope, ils prétendaient qu'elle devait le sien à *Canobus*, pilote de ce prince, qui avait eu son tombeau au lieu où la ville fut ensuite bâtie. Strabon dit cependant que le nome Ménélaïtes ne prenait pas son nom de Ménélas, roi de Sparte, mais d'un frère de *Ptolémée Soter*, premier roi d'Egypte (Géogr., XVII, p. 801, B). Les savants sont tous d'accord aujourd'hui que le mot *Canopus* est purement égyptien, et vient de *Cahnoub*, qui signifie terre d'or. Le prétendu dieu Canope n'est cité par aucun écrivain ancien. Ruffin seul, dans son *Histoire ecclésiastique*, en fait mention dans un conte ridicule. « Les Chaldéens, adorateurs du feu, dit-il, ayant porté leur dieu dans plusieurs contrées, ce dieu fut aisément vainqueur des idoles de bois et de métal qu'il détruisit. Mais il fut vaincu à son tour par la ruse des prêtres de Canope. Ils placèrent sur le feu qu'avaient allumé les Chaldéens le vase sous la forme duquel Canope était adoré. Ce vase, rempli d'eau, était percé d'une infinité de trous qu'ils avaient bouchés avec de la cire. La chaleur du feu fit fondre cette cire, et l'eau en s'écoulant éteignit le feu. » Jablonski remarque que les Chaldéens n'adoraient pas le feu, mais les astres, et que les Egyptiens, au contraire, n'excluaient pas le feu du nombre de leurs divinités. — La ville de Canope était célèbre dans l'antiquité par les mœurs dissolues de ses habitants. M. Rochon a publié, d'après Vaillant, une médaille de bronze de la ville de Canope, qui représente d'un côté la tête d'Adrien, et au revers un vase surmonté d'une tête d'Isis : mais il regarde cette médaille comme suspecte. Du reste, on trouve assez souvent sur les médailles impériales frappées en Egypte la figure d'un et quelquefois de deux canopes (Zoëga, *Num. ægypt.*, p. 54).   DUMERSAN.

CANOPE (BATAILLE DE). Le 18 mars 1801, le général Menou, qui dans les premiers jours du mois avait commis la faute énorme de laisser une armée de 15 à 16,000 Anglais débarquer sur la plage d'Aboukir, était enfin venu, pour réparer sa folie s'il se pouvait, s'établir avec toutes les troupes françaises alors disponibles au pied des retranchements que les Anglais avaient élevés entre Dorette et Alexandrie, non loin des ruines de l'ancienne Canope. L'indigne successeur de Kléber, sentant sa propre incapacité, consulta les généraux Reynier et Canune sur

la conduite qu'il avait à suivre; ceux-ci lui conseillèrent d'attaquer sans délai. Les dispositions furent faites en conséquence dans la journée du 20. Le 21, les Français prirent les armes entre trois et quatre heures du matin : les premiers engagements leur furent favorables; mais, dans une manœuvre dont le but était de tourner la droite des Anglais, deux corps de troupes françaises, par une funeste méprise, se chargèrent un moment sans se reconnaître; de là une confusion qui fit manquer la manœuvre, et dès lors échouer tout le plan des généraux Reynier et Canune; aussi fut-ce en vain que les quatre divisions qui formaient le centre de l'armée française se précipitèrent successivement sur la ligne des Anglais : l'ennemi les repoussa l'une après l'autre. Le sort de la bataille était pour ainsi dire décidé; mais Menou, qui n'avait pris aucune part à l'action, et qui se promenait tranquillement derrière les lignes, crut qu'il était de son devoir comme général en chef de donner au moins un ordre. Il se porta donc sur la réserve de cavalerie commandée par le général Roize, et lui ordonna de charger. Roize objecta vainement l'imprudence de cette tentative; il dut obéir. Entamant alors la charge en désespéré, sabrant et renversant tout sur son passage, il pénétra jusque dans le camp ennemi. Telle fut la panique des Anglais, qu'ils se jetaient ventre à terre pour ramper jusqu'à leurs tentes; mais un obstacle imprévu arrêta les cavaliers français, et causa leur perte au moment où ils poussaient déjà des cris de victoire. Leurs chevaux s'abattirent dans des trous de loup, et sur des chausse-trapes dont l'ennemi avait parsemé son camp, ou s'embarrassèrent dans les cordes et les piquets des tentes qui étaient croisés à dessein. Roize mit pied à terre, se battit en lion, et fut tué avec presque tous les braves qu'il commandait. Le général anglais, sir Abercromby, trouva aussi la mort dans cette mêlée épouvantable. Après quatre heures d'indécision, Menou se détermina enfin à ordonner la retraite, qui heureusement put encore s'effectuer en bon ordre.

CANOPE (hist. nat.), genre d'insectes de l'ordre des hémiptères.

CANOPE (hist. nat.), genre de coquilles qui ressemblent à des fèves.

CANOPICUM (géogr. anc.), ville de la Zengitane, entre Tabraca et le fleuve Bragada.

CANOPIQUE (BRANCHE) (géogr. anc.), une des branches et des bouches du Nil, n'est qu'une prolongation de la branche Agathos-Dæmon, qui, à Naucratis, se sépare en deux bras secondaires, l'un nommé fleuve Tale, l'autre branche Canopique. Elle se jette dans la Méditerranée près d'Héracléum, à douze milles d'Alexandrie. C'est la plus occidentale de toutes les branches du Nil.

CANOPITE, s. m. (term. de pharmacie), sorte de collyre décrit par Celse.

CANOPUM, s. m. nom que l'on donne, en pharmacie, à l'écorce du sureau.

CANOPUS (astr.), nom d'une belle étoile de la première grandeur, qui paraît située à l'extrémité de la constellation Argo, dans l'hémisphère boréal. Elle est indiquée dans le catalogue de Bayer, sous les divers noms de *Canobus*, de *Ptolomæon*, de *Suel*. Elle est, après la Canicule ou Sirius, une des plus brillantes étoiles du ciel.

CANOSA (géogr.), ville d'Italie, dans le royaume de Naples, détruite par un tremblement de terre en 1694, ville épiscopale, occupe l'emplacement de l'ancien *Canusium* fondé par Diomède, qui devint ensuite colonie romaine, et fut une des plus considérables cités de cette partie de l'Italie par son étendue, sa population et ses édifices somptueux. L'ère de Trajan semble avoir été celle de sa splendeur; mais cela même la rendit un objet de convoitise à l'avarice et à la fureur des barbares. Genséric, Tolita et Autharis y exercèrent les plus grandes cruautés. La terre de Barry où elle est située fut réduite à un état déplorable en 590. Aucune ville de la Pouille ne souffrit plus que Canosa des outrages des Sarrasins; et la mesure de ses maux fut comblée encore par les conflits entre les Grecs et les Normands. En 1090, elle tomba en partage à Bohémond, prince d'Antioche, qui y mourut en 1111. Sous le règne de Ferdinand III, cet Etat fut donné à Grimaldis, avec le titre de marquisat, jusqu'à ce que les Capulets en devinrent possesseurs. L'ancienne ville est située dans une plaine entre des collines et la rivière d'Ofante; elle couvre un vaste terrain des ruines d'aqueducs, de tombeaux, d'amphithéâtres, de bains, de colonnes militaires, qui attestent son antique magnificence. On y voit deux arcs triomphaux assez bien conservés, qui paraissent avoir été les portes de la cité. La ville actuelle est un peu plus au-dessus, construite dans l'enceinte de la vieille citadelle. On remarque dans l'église de Saint-Sabin, bâtie, dit-on, au VIᵉ siècle, un autel et le baldaquin qui le surmonte, supporté par six colonnes, le tout en marbre, comme deux chefs-d'œuvre d'architecture et de sculpture. Dans un enclos voisin, sous une coupole octogone, on admire encore le tombeau de Bohémond, d'un style gothique délicat. En 1461, le prince de Tarente, parmi les autres actes de barbarie qu'il exerça à Tarente, fit ouvrir ce tombeau et jeter aux vents les cendres d'un héros dont les talents guerriers extraordinaires et la bravoure l'avaient rendu digne d'égaler la réputation de Guiscard, son père; car Bohémond, après s'être vu enlever son héritage en Italie, soutint d'abord par ses victoires le trône chancelant des empereurs d'Orient; puis, tournant ses armes contre les Sarrasins, sut s'acquérir, par son épée une souveraineté en Palestine. Comme prince d'Antioche, il fut un des plus fermes remparts des croisés contre les infidèles.   ED. GIROD.

CANOSSA (géogr., hist.), château fort situé un peu de côté entre Parme et Modène et devenu célèbre dans l'histoire de l'Italie septentrionale. Il fut bâti par Azzo, second fils de Siegfried, comte de Lucques en Toscane, et dont les deux autres fils, Siegfried et Gerhard se rendirent à Parme après le partage de l'héritage paternel, et devinrent les chefs de deux maisons nobles, dont l'un fut celle dès Barati, et l'autre, fondée par Gerhard, fut celle des Guiberti. Azzo, qui devint bientôt le plus considéré et le plus riche des fils de Siegfried, devint le chef d'une troisième maison, qui prit le nom de Canossa. Sur une montagne couverte de rochers et faisant partie de la portion d'héritage qui lui était échue, il bâtit le château de Canossa où il établit sa demeure, et il fortifia de murs et de tours cette position déjà fortifiée par la nature. Il n'y avait encore que peu de temps que le château était achevé, lorsque Berenger Iᵉʳ, qui s'érigea en roi d'Italie, l'assiégea avec son fils, parce qu'Azzo était son ennemi. Mais sa forte position le garantit de l'ennemi. Lorsque plus tard Berenger II jeta en prison la reine Adélaïde, veuve de Lothaire, parce qu'elle avait refusé la main d'Adelbert, fils de ce Berenger, cette princesse, après s'être enfuie de sa prison avec le secours de son chapelain Martin, se réfugia à Canossa, où Azzo l'accueillit et la défendit d'une manière noble et chevaleresque. En effet, à peine Berenger eut-il appris qu'Adélaïde se trouvait à Canossa, qu'enflammé de colère il marcha contre le château, pour assouvir sa vengeance sur Azzo. Mais le château, défendu par la hauteur de sa position, par la solidité de ses murailles et par la vaillance des guerriers qui y étaient renfermés, se soutint, malgré un siège long et acharné, jusqu'à ce qu'en 951 l'empereur Otton le Grand, qu'Azzo instruisit de sa position, et de celle d'Adélaïde, et qu'il appela à son secours, mû par la douce espérance d'obtenir la main d'Adélaïde, arriva en toute hâte, fit lever à Berenger le siège de Canossa, et délivra dans la personne d'Azzo un ami et dans la personne d'Adélaïde une fiancée. Après la mort d'Azzo, l'aîné de ses fils, Rudolphe, étant mort jeune, et le second, Godefroy, étant évêque de Brescia, le château de Canossa devint la propriété du troisième fils Thebald, qui fut en grande estime auprès de plusieurs princes et souverains, et à qui le pape Jean XVI donna Ferrare à titre de fief. Il habita le château de Canossa, et atteignit un âge très-avancé. De ses trois fils, Conrad s'adonna de préférence à la guerre; Thebald embrassa l'état ecclésiastique, et devint évêque d'Azzo; Boniface hérita des biens qui composaient le patrimoine paternel, et vécut au château de Canossa. Leurs ancêtres avaient déjà tellement augmenté ces biens, qu'ils formaient un margraviat, et que ces seigneurs portaient le titre de margraves. Boniface devint un des seigneurs les plus puissants et les plus considérés du nord de l'Italie; déjà sous son grand-père Azzo le margraviat comprenait le diocèse de Modène et de Reggio. Il avait encore été agrandi depuis lors, et Boniface lui-même étendit encore ses possessions. Plusieurs fois il avait secouru dans leurs expéditions les empereurs Conrad II et Henri III, et s'était acquis par son puissant concours la faveur de ces monarques. Par son second mariage avec Béatrix, fille du duc Frédéric de Lorraine, il était même entré dans la consanguinité de la famille impériale, par Mathilde, mère de Béatrix. De ce mariage naquit, outre une fille du nom de Béatrix qui fut enlevée par une mort prématurée, et outre un fils du nom de Frédéric qui mourut aussi en 1055, la célèbre margrave Mathilde, qui joua un rôle si important dans l'histoire de Henri IV et de Grégoire VII. Après la mort du margrave Boniface, survenue en 1052, Béatrix épousa le duc Godefroy de Lorraine, afin de mieux défendre ses domaines en s'alliant avec un prince puissant. Cette alliance avec un ennemi

de l'empereur excita, sinon dans les commencements (car Boniface avait été déjà très-redouté de l'empereur dans les derniers temps à cause de sa puissance), du moins plus tard, et d'une manière plus vive que jamais, la haine de la maison impériale contre la maison de Canossa ou de Toscane. C'est pourquoi l'empereur Henri III, étant venu en Italie en 1055 pour prendre des mesures contre la puissance croissante de Godefroy, se saisit de la personne de Béatrix, épouse de ce dernier, laquelle était venue à sa rencontre pour se défendre, et le monarque l'emmena avec lui comme prisonnière et comme otage. Cette inimitié se transmit aussi aux descendants de l'une et l'autre maison, à Henri IV, fils de Henri III, et à Mathilde, fille de Béatrix. Mathilde avait vu dès son enfance les suites de la haine de l'empereur contre toute sa famille : il était donc naturel qu'une aversion très-prononcée et une répugnance irrésistible envers la maison impériale se fussent enracinées dans son cœur. Mais il était aussi tout naturel qu'une affection se tournât de bonne heure vers le saint-siège, et elle donna en effet dès sa jeunesse des preuves de cette disposition. Même du vivant de sa mère et de son beau-père, elle marcha plusieurs fois elle-même en armes contre les partisans de Henri IV. En général, pendant les luttes longues et violentes de l'empereur contre la cour de Rome, la maison de Canossa fut le plus solide appui du pape dans le nord de l'Italie. Aussi, lorsque la querelle entre Grégoire VII et Henri IV commença, ce pontife pouvait compter d'une manière particulière sur ce puissant auxiliaire. Et il y compta depuis les premiers instants où il eut été élevé à la dignité pontificale, après que lui-même, et avec lui Béatrix et Mathilde, eut tenté en vain d'obtenir du roi Henri des concessions à l'amiable. La mère de Mathilde, Béatrix, mourut précisément dans l'année où (1076) Grégoire lança l'interdit contre Henri; son mari, Godefroy de Lorraine, margrave de Toscane, était mort déjà depuis six ans (1070). L'époux de Mathilde, Godefroy le Bossu, duc de Lorraine, et fils du Godefroy dont nous venons de parler, fut assassiné au commencement de l'année 1076. Toutefois Mathilde n'était resté avec lui dans des relations conjugales que pendant fort peu de temps. Ainsi Mathilde était seule dans ces temps si agités; mais elle était à la tête du plus grand fief de l'Italie; son autorité n'en était que plus respectée, et il n'en était que plus dévouée au souverain pontife, qui était pour elle un ami et un père. D'ailleurs l'intérêt même des possessions de sa maison devait engager la margrave à se rattacher étroitement à la cour de Rome, car assurément si Henri venait à être vainqueur dans cette lutte, c'en était fait de la plus grande partie de la puissance de la maison de Canossa. Mais lorsque fut venue pour lui la terrible journée de Tibur, lorsqu'il se vit frappé des coups du sort, lorsque le fier empereur n'eut plus d'autre alternative que de se réconcilier humblement avec l'Église, ou de voir la couronne d'Allemagne resplendir sur une autre tête que la sienne, il pria la margrave de lui accorder sa médiation auprès du pape. Elle se chargea de cette mission, et ce fut à sa prière que l'humble pontife dispensa l'impérial pécheur d'accomplir sa pénitence à Rome, la ville universelle, mais lui accorda de la faire dans les murs de Canossa, dans l'enceinte du château de celle qui était l'amie de Grégoire et la parente de Henri, quoique cependant cette condition même fût encore assez humiliante pour l'orgueilleux monarque qui était depuis si longtemps en lutte avec la maison de Canossa. Et c'est ainsi que le château de Canossa, où s'était rendu Grégoire, vit le roi d'Allemagne rester pendant trois jours en habit de lin, vêtement de la pénitence, en plein air, à la face du ciel, et cela au milieu des rigueurs de l'hiver : spectacle qui est devenu le sujet de bien des déclamations, et qui rarement a été apprécié avec calme, sans passions, d'une manière impartiale, avec un coup d'œil juste sur l'époque, et aussi avec une connaissance approfondie de la nature et de l'esprit de notre sainte religion. Il nous semble qu'on a toujours été à côté de la question. En effet, les uns, indignés de l'orgueil et de l'ambition qu'ils attribuaient à l'illustre pontife, ont éprouvé le besoin de venger la cause des rois et des peuples, qu'ils disaient également outragés par les prétentions insolentes et dominatrices de la cour de Rome. D'autres, ne voyant dans Grégoire VII que le fils du charpentier devenu pape et humiliant devant lui l'orgueil des monarques, l'ont salué comme un précurseur, un représentant, un symbole qui annonçait de loin et à l'avance l'avénement du peuple souverain. Aucun de ces deux points de vue n'est le vrai. Qu'y a-t-il d'étrange dans l'humiliation et dans la pénitence de Henri IV ? Est-ce que par hasard le sentiment de l'humilité et le repentir des fautes ne seraient faits que pour les sujets, et les rois ne doivent-ils pas s'incliner aussi bien que les peuples devant la loi de Dieu ? Ce qu'a fait Henri IV ne se renouvelle-t-il pas dans tous les pays où le monarque professe la foi catholique ? En effet, dans ces pays on voit un prêtre recevoir, comme ministre de Dieu, l'aveu des fautes de celui qui est son souverain dans l'ordre temporel, et le monarque non-seulement s'incline et s'humilie devant son sujet, mais encore reçoit de lui l'ordre d'accomplir une pénitence. Si donc Grégoire n'a agi que comme ministre de Dieu et par le seul intérêt de la religion, qu'a-t-on à lui reprocher ? Si au contraire il a cherché sa propre glorification, s'il a eu en vue un intérêt temporel, fût-ce celui du peuple romain, il a dû rendre compte de sa conduite devant Dieu. C'est à l'histoire à décider laquelle de ces deux suppositions est la vraie. Les vertus, la pureté, l'humilité, le caractère élevé, l'abnégation, l'éminente piété de ce grand pontife ne peuvent pas laisser la question indécise. Quoi qu'il en soit, nous croyons toujours l'avoir ramenée sur son véritable terrain. — Rien n'a contribué davantage à rendre le château de Canossa célèbre dans l'histoire que cette prétendue honte infligée comme pénitence au puissant empereur par le pontife romain. Peu de temps après, le château de Canossa fut témoin d'un autre fait : en présence de Grégoire VII, Mathilde légua au saint-siège la Ligurie et la Toscane, parce qu'il n'était pas douteux que, lorsqu'elle serait morte, Henri mettrait en possession de ces biens un ennemi de la cour de Rome. Telle fut la cause de la longue querelle entre les papes et les empereurs, relativement à l'héritage de Mathilde. Mathilde confirma et étendit encore cette donation, parce qu'elle n'avait réglé d'abord que ce qui concernait la propriété et non ce qui concernait l'investiture. Lorsque donc la margrave mourut en 1115 à la soixante-neuvième année de son âge, le pape prétendit entrer en possession de ses biens. D'un autre côté, comme Mathilde était morte sans héritiers, et comme la maison de Canossa s'était entièrement éteinte avec elle, Henri V considéra ces mêmes biens comme appartenant à l'empire. Il était assurément difficile de nier l'authenticité de l'acte de donation, et il ne l'était pas moins de contester à Mathilde le droit de disposer de ses aleux ; mais ce qui prêtait matière à contestation, c'était de distinguer lesquels de ses biens étaient des alleux et lesquels étaient des fiefs, attendu que le temps avait fait oublier les qualités propres d'un grand nombre de ces biens. Mais ce fut surtout et avant tout sur ceux des biens de Mathilde qui se trouvaient au centre de l'Italie que les papes élevèrent leurs prétentions, et le pape Honorius II réussit aussi, après la mort de Henri V, à réunir une partie de ces biens aux Etats de l'Eglise. Mais en 1133 Innocent II fut contraint de rendre ces biens à l'empereur Lothaire à titre de fief papal et contre un tribut annuel de 100 marcs d'argent, et de consentir à ce qu'après la mort de Lothaire ce fief passât aux mêmes conditions aux mains de son gendre, le duc Henri de Bavière. Il serait tout aussi difficile d'arriver à une certitude complète relativement à l'étendue et à l'ensemble des pays qui avaient appartenu à Mathilde que relativement au sort ultérieur de ces pays. Les fiefs impériaux passèrent à ce qu'il paraît à la maison de Welfs ; quant au domaine de Canossa, il avait, comme fief impérial, ses seigneurs propres. En 1185, l'empereur Frédéric Ier accorda aux frères Guido, Roland et Albert de Canossa l'investiture du domaine de Canossa aux mêmes conditions auxquelles leur père et leur grand-père avait déjà possédé ce fief. Après le meurtre de l'empereur Philippe de Souabe, lorsque Otton IV allait monter sur le trône, le pape Innocent III profita en 1209 de cette occasion pour obtenir de ce monarque un serment solennel par lequel il reconnût complétement appartenir au saint-siège, entre autres domaines en Italie, « les biens de la margrave Mathilde, » ceux du moins auxquels les papes avaient toujours prétendu, et c'est ainsi que ces pays provenant de la succession de Mathilde furent incorporés aux Etats qui forment le Patrimoine de Saint-Pierre.

CANOT, s. m. (*marine*). C'est une petite chaloupe ou petit bateau destiné au service d'un grand bâtiment. — CANOT *de bois*. On appelle ainsi un canot qui est fait d'un seul tronc d'arbre creusé. — CANOT *de sauvages* et CANOT *d'écorces*. Ce sont des petits bateaux faits d'écorce d'arbre, dont se servent les sauvages de l'Amérique pour pêcher à la mer, et pour voyager et aller en course et en traite sur les rivières. Ils les nomment *pirogues*. Ceux du Canada les font d'écorce de bouleau, et assez grands quelquefois pour contenir quatre ou cinq personnes. Les Français du Canada qu'on appelle *coureurs de bois* et *traiteurs* s'en servent, aussi bien que les sauvages, pour aller jusque dans leurs habitations leur porter des marchandises et en rapporter des pelleteries. Deux hommes conduisent ces canots ; et quand, à cause des sauts des rivières, il faut faire partage, ils chargent canots et marchandises sur leurs épaules, et

les transportent au-dessus et au-dessous des sauts, selon qu'ils montent ou qu'ils descendent les rivières. Les canots des Indiens et des Caraïbes sont faits de troncs d'arbres qu'on creuse ; et ces sortes de bateaux sont plus grands ou plus petits, selon la grandeur et la grosseur des arbres qu'on emploie pour les faire. On dresse ces troncs d'arbres selon la forme qu'on veut donner au canot, et on les creuse. On les conduit avec des pagaies et des rames, et on y ajoute quelquefois une petite voile ; on met la charge au fond : mais, comme ils ne sont point lestés, ils tournent souvent sens dessus dessous. Ils n'ont point de gouvernail, et ce sont les rames de l'arrière qui leur en servent. La plupart des canots ont à l'avant et à l'arrière des avances comme les navettes, et quelques-unes de ces avances se terminent aussi de même en pointe. D'autres ont l'avant et l'arrière tout plat ; il n'y en a presque point qui aient un avant arrondi. Lorsqu'on veut y ajouter une voile, on élève un petit mât vers l'avant. Les voiles sont, ou de nattes, ou de toile, ou de joncs entrelacés. On voit pourtant en Moscovie, sur le lac de Wolela, des canots arrondis à l'avant et à l'arrière, et beaucoup plus larges au milieu que par les bouts : on les fait avancer avec une seule rame dont on se sert à l'arrière ; mais tous les autres canots de ce pays-là sont aigus à l'avant et à l'arrière, et ont du relèvement par les bouts : on les peint, on leur donne le feu, et on les braie pour les conserver. Les canots dont se servent les nègres de la côte de Guinée, ne sont que des arbres creusés ; ils sont d'une figure longue, et il ne leur reste guère de bois au-dessus de l'eau ; de sorte que celui qui est à l'arrière et qui gouverne le canot, se trouve dans l'eau. Ils vont fort vite, et ne laissent pas que d'aller assez avant en mer ; ils sont donc fort longs, bas et étroits, et il n'y a d'espace dans la largeur que pour tenir un seul homme, et dans la longueur que ou huit. Les hommes y sont assis sur de petits siéges de bois ronds, et la moitié de leur corps s'élève au-dessus du bord. Ils ont à la main une rame de bois bien dur, et ils rament tous à la fois, à la manière des galères, et s'accordent : ou si quelqu'un tire trop fort et que le bâtiment penche, il est redressé par celui qui gouverne, si bien qu'ils semblent voler sur la surface de l'eau, et il n'y a pas de chaloupe qui puisse les suivre d'un beau temps ; mais aussi, quand la mer est haute, ils ne peuvent siller, l'élévation des flots empêchant leur air. Lorsque la lame les renverse, ils ont l'adresse de les retourner dans l'eau, de les vider, et de s'y rembarquer sans courir le moindre danger, nageant tous comme des poissons. Ces canots ont ordinairement 16 pieds de long, et 1 à 2 pieds de large. Il y en a de plus grands, qui ont jusqu'à 35 pieds de long, 5 de large et 3 de profondeur : ils sont plats par l'arrière, où il y a un gouvernail et un banc ; ils y ajoutent des voiles de jonc et de natte. Les nègres ne laissent point leurs canots à l'eau ; ils les tirent à terre et les élèvent sur quatre fourches pour les faire sécher ; et, quand ils sont secs, deux hommes peuvent les charger sur les épaules et les porter. Pour les construire et les creuser, les nègres se servent à présent des haches, que les Européens leur portent. Ils leur donnent aux deux côtés un peu de rétrécissement par le fond. Les bouts en sont pointus à l'avant et à l'arrière ; à chaque bout il y a une espèce de petit éperon ou gorgère d'un pied de long, et large comme la paume de la main, qui sert à donner prise pour enlever le *canot*. Les canots des sauvages de la terre de Feu et des environs du détroit de Magellan sont d'une fabrique particulière. Ils prennent des écorces des plus gros arbres, qu'ils courbent pour leur donner des façons ; si bien qu'ils les rendent assez semblables aux gondoles de Venise. Pour cet effet, ils se font de petites pièces de bois, comme on ferait un vaisseau sur le chantier ; et, lorsque l'écorce a pris la forme de gondole et le pli nécessaire, ils affermissent le canot avec des bouts de bois assez minces, qu'ils mettent en travers depuis l'avant jusqu'à l'arrière, de même qu'on met les membres dans les vaisseaux ; et au haut sur le bord ils posent encore une autre écorce qui règne tout autour, prenant soin de bien lier le tout ensemble. Ces canots ont 10, 12, 14 et jusqu'à 16 pieds de long, et 2 de large : ils sont à sept ou huit places ; c'est-à-dire qu'il peut y tenir assez commodément sept ou huit hommes qui rament debout et extrêmement vite. Les canots des sauvages du détroit de Davis sont encore plus singuliers ; ces bateaux sont en forme de navette, longs de 7 à 8 pieds, et larges de 2 pieds, composés de petites baguettes de bois pliant en forme de claie, couvertes de peaux de chiens marins ou loups marins. Chaque canot ne peut porter qu'un homme, qui s'assied dans un trou pratiqué au milieu. Ils s'en servent pour aller à la pêche, et les côtés avec des bâtons dont ils rament d'un bout à l'autre. — CANOT *jaloux*. C'est un canot qui a le côté faible et se renverse aisément.

CANOT (*hist. nat.*), sorte de hibou qui vit dans l'Amérique septentrionale.

CANOT (PIERRE-CHARLES), graveur français, né vers 1710 à Paris, passa vers 1740 en Angleterre, et mourut à Hentish-Town en 1777. Cet artiste, doué de beaucoup d'intelligence, et qui s'est fait un nom comme graveur de *paysages. marines*, *vues*, etc., a travaillé d'après Claude Lorrain, Van Pillement, etc., et d'après ses propres dessins. On trouve la liste de ses principales pièces dans le *Manuel du curieux*, IX.

CANOTHE, s. m. (*botan.*), espèce d'arbrisseau qui croît dans le Canada.

CANOTIER, s. m. (*mar.*), matelot de l'équipage d'un canot.

CANOURGE (LA) (*géogr.*), ville de l'ancien Gévaudan, aujourd'hui du département de la Lozère, à 18 kilomètres de Marvejols. On y voit une fontaine antique et les débris d'un fort attribué aux Romains. — La population de cette ville est aujourd'hui de 1,850 habitants.

CANOURGE et BANASSAC (MONNAIE DE LA). — La Canourge renfermait à l'époque mérovingienne une célèbre abbaye dédiée à saint Martin. Cette abbaye n'est, il est vrai, nommée dans les chartes que vers la fin du XIᵉ siècle ; mais l'acte qui la désigne suppose une illustration déjà ancienne ; et des tiers de sous d'or, portant le nom de Bannaccacofût Scomartini prouvent ce que nous avançons. L'abbaye de la Canourge était, en effet, placée dans la vicomté de Banassac, *in vicaria Bannacena*. Banassac est un bourg qui fait maintenant partie du canton de la Canourge, et qui au VIIᵉ siècle était un lieu fort important. Aucune localité n'a fourni peut-être autant de monnaies pendant la période mérovingienne. Les énumérer serait trop long ; nous dirons qu'elles portent généralement pour type un calice et quelques marques accessoires, telles que des branches, des points, etc. Leurs légendes sont fort irrégulières ; tantôt on y lit seulement le nom du monétaire et celui du roi : *Caribertus rex — Maximinus mo* ; tantôt celui du roi et de la ville : *Caribertus rex — Bannacacofût*; celui du roi et celui de la province : *Dagobertus rex — Gantoleanofût* (pour Gavaletanofût). Cette pièce a été donnée mal à propos par Lelewel à la ville de Gand, qui se dit en latin *Gandavum* ou *Ganta*) ; tantôt celui du monétaire seulement *Vincemius monet, — Rosolus monet, — Telafius mon*; celui du monétaire et celui de la ville, *Banacofit — Maximus mo*; celui de la ville et celui de la province, *Gavaletano Ban*; ou celui de la province, *Gavaletano fût*. Le voisinage des Cévennes, où sans doute on avait trouvé quelques mines d'or, est probablement la cause de cette fabrication extraordinaire de monnaies. Ce qui est remarquable surtout, c'est qu'à partir de la période mérovingienne la Canourge et Banassac disparaissent presque complètement. Cependant on a prétendu, mais sans preuves bien évidentes, que ce lieu avait été la résidence de l'évêque du Gévaudan, à l'époque où Mende ne possédait pas encore de siége épiscopal. Dans le Xᵉ siècle, ce pays fut ravagé par les Hongrois; au XIᵉ, la Canourge, qui se nommait encore Saint-Martin de Barnassac, était tombée aux mains des vicomtes de Banna, qui le possédaient à titre de commande, et la cédèrent vers l'an 1066 à l'abbaye de Saint-Victor de Marseille. Depuis cette époque, ces deux localités ne paraissent que bien rarement dans l'histoire, et pour des faits peu intéressants. La Canourge (*Canonica*), doit son nom au monastère qu'elle a si longtemps possédé, mais ce ne fut qu'au XIIᵉ siècle que cette dénomination prévalut sur l'ancienne.

CANOVA (ANTOINE), qu'on a appelé avec raison le *rénovateur de la sculpture moderne*, naquit le 1ᵉʳ novembre 1757 à Possagno, village de la province de Venise (Etat vénitien). Il était dans sa quatrième année, lorsqu'il perdit, père Pierre Canova, architecte et sculpteur, et il fut élevé par son aïeul Pasino Canova, qui possédait des carrières d'une espèce de pierre très-recherchée dans cette contrée ; et dès l'âge de cinq ans le jeune Antoine se fit remarquer par son aptitude à manier la masse et le ciseau. Le personnage le plus important du pays était le patricien Jean Faliero, qui, remarquant dans cet enfant une grande aptitude à modeler, encouragea ses premiers essais. Si l'on en croit tous les biographes, celui-ci fixa particulièrement l'attention de son protecteur en plaçant sur sa table un lion modelé avec du beurre. Canova n'avait que douze ans : c'était en 1769. La même année il sculpta *deux corbeilles de fruits* en marbre, pour orner le perron du palais Falieri à Venise. Deux ans après, son patron le mit en apprentissage chez Toretto, sculpteur de Bassano, qui, deux ans après, transporta son atelier à Venise. Artiste assez médiocre, Toretto était de mœurs très-sévères, et Canova.prit auprès de lui des habitudes de modestie qu'il conserva toute sa vie. Toretto étant mort deux ans après, Ferrari, son neveu, continua pendant une année les leçons de l'oncle ; mais, comme on l'a dit avec raison, à l'école de ces deux prati-

ciens Canova n'avait guère appris qu'à travailler le marbre; dans l'art proprement dit, il ne fut élève que de lui-même. Cependant il avait remporté plusieurs prix à l'académie de Venise. A dix-sept ans, il fit une *Eurydice*, en marbre tendre, demi-nature; et cet essai, qui fut bientôt suivi de la statue d'*Orphée*, fut encore un hommage que dans sa reconnaissance il offrait à son protecteur. Enchanté de cette production, le sénateur Faliero le fit exécuter en belle pierre de Possagno, et ces deux statues ornent encore une maison de plaisance près d'Assolo, à 15 milles de Trévise. On a dit, à propos de ces statues, que Canova dut à Virgile les plaintes d'Eurydice, et à Ovide la consternation d'Orphée. Alors la renommée du jeune artiste se répandit dans tout l'Etat vénitien : divers ouvrages lui furent demandés, tels que le buste du doge Renieri, une statue d'*Esculape*, etc. Son groupe de *Dédale et d'Icare* lui valut du sénat de Venise une pension de 300 ducats ; et Canova put aller à Rome perfectionner ses études, et chercher pour son talent un plus vaste théâtre. Le soir même de son arrivée à Rome, à la fin d'octobre 1779, il courut à l'académie de France pour y voir l'étude du nu. Le lendemain, il se présenta chez l'ambassadeur vénitien Zulian, qui lui proposa un logement dans son palais, et qui fut pour lui un zélé protecteur. Quel était alors l'état des arts à Rome, dit un de nos devanciers ? l'école romaine, toujours en présence des admirables monuments de l'antiquité, n'avait jamais perdu le sentiment des beaux-arts. Cependant on venait de découvrir Herculanum et Pompéi : Winckelmann avait paru ; Ennius Visconti commençait à écrire, et les descriptions du musée Clémentin, dues à son père, éveillaient l'attention. Gavino Hamilton, assez bon peintre, se distinguait parmi ceux qu'on appelait antiquaires. Son suffrage devenait une autorité : il était vénéré par le chevalier Zulian, et il pensa, après avoir vu le plâtre du *Dédale*, que l'ambassadeur devait de plus en plus encourager son jeune compatriote, etc. (1). Gavino Hamilton avait dit de cet ouvrage, qu'on y reconnaissait un jeune auteur qui avait copié la nature comme il l'avait vue, et à qui il ne manquait que d'y ajouter le style et la manière des maîtres anciens, pour atteindre la beauté idéale. C'était précisément cet *idéal* que Canova poursuivait dans ses études. Attentif aux avertissements de son maître, il sut, dès son premier ouvrage exécuté à Rome, abandonner l'imitation de la nature vulgaire, dans sa statue d'*Apollon se posant sur la tête une couronne de laurier*. Comme on vit toujours chez cet artiste la sensibilité, la reconnaissance, la générosité marcher de front avec le talent et le génie, il fit don de son Apollon au sénateur Rezzonico, un de ses protecteurs, et voulut retourner à Venise pour achever la statue du comte Poleni, savant distingué, laquelle lui avait été commandée par la ville de Padoue. De retour à Rome, il fit en 1785 son groupe de *Thésée assis sur le Minotaure vaincu*, qui commença sa renommée. M. Quatremère de Quincy, qui se trouvait alors à Rome, apprécia en connaisseur cette œuvre d'*un jeune inconnu*; dès ce moment s'établit entre eux cette amitié fraternelle qu'a seule pu rompre la mort de Canova. *Thésée* passe encore aujourd'hui pour une de ses productions les plus remarquables. On l'a dit avec raison, la composition de ce groupe prouvait que l'artiste avait su pénétrer l'idée profonde dont l'Hercule Farnèse est la magnifique expression ; en effet, Thésée comme Hercule est présenté en état de repos. Luttant contre son adversaire, il n'eût été qu'un homme; mais nous le voyons, après le combat, vainqueur, et dans le calme sublime de la vérité : c'est un demi-dieu. Le *Thésée* fut acheté par le baron de Fries de Vienne, et gravé par Raphael Morghen. « Tout homme, a dit la comtesse Albrizzi en parlant de la figure de Thésée, voudrait, en l'admirant, lui ressembler, et toute femme ne seut à son aspect le cœur d'Ariane. » Déjà Canova avait obtenu la faveur publique : les commandes se multipliaient, et il était obligé de mener de front divers ouvrages de style opposé. En même temps qu'il exécutait le portrait du jeune prince Czatoryski en *Cupidon*, et qu'il sculptait le groupe de *l'Amour et de Psyché couchés*, sujets qui révèlent sa vocation du son talent pour le genre gracieux, il travaillait au mausolée de Clément XIV, que Carlo Georgi, qui avait dû sa fortune à ce pontife, faisait élever à Rome dans l'église des Saints-Apôtres. Dans ce beau travail, tout en se conformant aux idées reçues, et dont il ne lui était pas permis de s'écarter pour ce genre de composition, le jeune artiste rectifia heureusement le goût qui s'était gâté par l'école du Bernin. Il donna une grande simplicité d'attitude et une

---

(1) M. Artaud, ancien secrétaire d'ambassade à Rome, art. CANOVA, dans le *Supplément de la Biographie universelle* de Michaud.

grande sagesse d'expression aux deux figures emblématiques qui accompagnent la statue du pontife. Dans ce travail les conseils de l'amitié n'avaient pas été inutiles à l'artiste. En voyant le premier modèle de la *Modération*, Quatremère avait dit à Canova : « Dans l'état où je la vois, elle n'est pas digne de vous. — *Oh grazie tante* (Oh! que je vous remercie), » avait répliqué celui-ci ; puis il jeta à bas cette statue, et il en composa une autre. Ce mausolée a été gravé par Vilotti ; au bas de l'estampe dédiée au chevalier Zulian, son premier protecteur, Canova prend encore le titre modeste de sculpteur de Possagno. Dans l'excès de sa reconnaissance, il appelle son Mécène *le Périclès de notre siècle*, et lui adresse ces paroles où le cœur brille bien plus que l'esprit : *Vostro sono le opere mie, perchè vostro sono* (Mes ouvrages sont les vôtres, puisque moi-même je suis votre ouvrage). Un critique italien qui passe pour fort sévère (Milizia) a dit que dans ce mausolée la *Mansuétude* est aussi douce que l'agneau placé auprès d'elle, et que les jésuites eux-mêmes louaient et bénissaient le pape Ganganelli en marbre. Un second monument de ce genre, le mausolée de Clément XIII, fut confié à Canova par le sénateur Rezzonico, neveu de ce pontife, et a été placé dans l'église de Saint-Pierre à Rome en 1792. L'architecture en est simple, toutes les sculptures en sont du goût le plus pur ; à droite est un génie pleurant et tenant un flambeau renversé, à gauche la figure de la *Religion*, et dans la partie supérieure celle de Clément XIII, agenouillé et priant. Le lion est un des symboles de Venise ; aussi l'artiste a ménagé deux massifs servant de piédestaux à deux lions. Le groupe de *Vénus et Adonis*, la statue isolée de *Psyché enfant*, tenant par les ailes un papillon posé dans sa main, le *Monument élevé à la mémoire du chevalier Emo*, amiral vénitien, la *Madeleine repentante*, qui passe pour un chef-d'œuvre, enfin *Cupidon et Psyché* debout, sont les principaux ouvrages qu'il exécuta de 1792 à 1794. Ainsi à trente-quatre ans, il s'était déjà exercé dans tous les styles que comporte l'art statuaire. Il disait de sa *Psyché enfant*, « C'est un des péchés de ma jeunesse. » Une femme célèbre par son esprit et sa beauté lui répliqua : *Canova, questi non sono peccati mortali* (Canova, ce ne sont pas là des péchés mortels). La *Madeleine* est le plus populaire de ses ouvrages, et en même temps celui qui a été le plus admiré des connaisseurs. Ajoutons qu'il a fait pour ainsi dire école. L'artiste français qui a été chargé du fronton de l'église de la Madeleine à Paris, n'a pas eu pouvoir mieux faire que de prendre le type inventé par Canova. Quant au mausolée du chevalier Emo, ce monument fut placé par ordre du doge dans l'arsenal de Venise. Aucun prix n'avait été stipulé avec l'artiste ; et, sous prétexte qu'il avait reçu des bienfaits de la république, il ne voulut rien recevoir. Le sénat obligea du moins Canova à accepter une pension viagère de 100 ducats. Pour se reposer des fatigues qui furent la suite de tant de travaux, et qui déjà avaient altéré sa santé, Canova alla passer quelques mois auprès de sa mère, à Crespano, bourg voisin de Passagno. Ses compatriotes le reçurent comme les vieux Romains accueillaient leurs triomphateurs. A son retour à Rome, les commandes arrivant de toutes parts exigèrent à la fois un développement d'ateliers qui s'étendaient sur toute la surface d'un îlot, et une distribution de temps qui ne lui laissait pas un seul moment inoccupé. Quand son travail n'exigeait pas une extrême contention d'esprit, il se faisait lire en même temps les poètes ou les historiens anciens, fixant par des notes rapides les passages qui le frappaient, et leur donnait ensuite une existence plastique dans des bas-reliefs improvisés en terre, qu'il livrait au moulage. Parmi ces bas-reliefs, qui étaient comme les extraits de ses lectures, on peut citer : *la Mort de Priam*, *le Retour de Télémaque à Ithaque*, *Hécube avec les matrones troyennes*, enfin plusieurs scènes de la vie de Socrate. Canova aimait surtout à s'inspirer d'Homère et de Plutarque, et Phocion était celui des grands hommes de la Grèce qu'il préférait. Les principaux ouvrages qu'il produisit alors sont une *Hébé versant le nectar*, modèle de grâce qu'affectionnait son auteur ; *Persée tenant la tête de Méduse*. Cette figure occupa pendant quelque temps au musée du Vatican le piédestal de l'Apollon du Belvédère, dont elle a les dimensions, le mouvement et la pose. La tête de Méduse, que l'on représente toujours avec des contractions hideuses, est ici douce, languissante, noble ; elle inspire la compassion. Le pape Pie VII, non content d'avoir fait élever le Persée à la place de l'Apollon, fit appeler l'artiste dans son palais, l'embrassa, le créa chevalier, et rétablit pour lui la place d'inspecteur général des beaux-arts, qu'avait occupée Raphaël, les mêmes privilèges et prérogatives qu'avait eus ce grand peintre, et une pension de 400 écus romains. Canova refusa modestement cet emploi, et ne fut pas écouté. Dans le même temps le

saint-père ordonna que *les Deux Pugilateurs* (Creugas et Damoxène), nouvel ouvrage de Canova, seraient placés dans le musée du Vatican. L'auteur a quitté cette fois le genre gracieux pour sacrifier à l'énergie et à la sévérité des formes. Alors encore il exécutait son *Hercule lançant Lycas contre un rocher*, groupe colossal supérieurement traité. La figure de Lycas est un modèle d'énergie, de mouvement et d'expression. En 1798, lorsque le roi de Naples, Ferdinand IV, vint un moment occuper Rome pour y rétablir le gouvernement pontifical, ses partisans, plus empressés de le flatter que de le servir énergiquement, proposèrent de faire la statue de ce prince. Canova se mit sur-le-champ à l'œuvre, et le modèle colossal en plâtre était achevé, lorsque le retour des Français rendit Rome à la faction révolutionnaire. L'artiste courut alors les plus grands dangers de la part des iconoclastes révolutionnaires. Cependant les douces et gracieuses figures de Psyché, d'Hébé et de l'Amour apaisèrent la fureur populaire, protégèrent son atelier ; et la statue du roi resta soigneusement cachée dans une arrière-salle. Le sculpteur avait donné à cette figure une proportion colossale de 17 palmes de haut ; mais il n'aimait pas cette composition. « Un jour, raconte le chevalier Artaud, en me la montrant avec humeur, il lui jeta à la figure le bonnet de papier qui couvrait sa tête : c'étaient là les colères de Canova. Je vis dans cette action spontanée que la pensée, la composition et la disposition ne lui plaisaient pas, et il avait raison (1). » Canova ne commença à exécuter en marbre cette statue qu'en 1805, et l'occupation du royaume de Naples par les Français fit encore suspendre ce travail. La statue fut enfin terminée sur l'ordre exprès de Joachim Murat, qui, passant à Rome et visitant l'atelier du statuaire, lui dit avec beaucoup de sens : « C'est un monument qui appartient à l'histoire du royaume. » Cet ouvrage est placé à Naples dans le palais appelé *Museo Borbonico*. Vers la fin de 1802, Canova fut appelé à Paris par Bonaparte, premier consul, qui voulait lui faire faire sa statue. Une voiture commode, une somme de 120,000 francs lui étaient offerts. Canova ne se décida pas sans peine ; il ne pardonnait pas au vainqueur de l'Italie d'avoir livré Venise aux Autrichiens. En traversant la France, il fut sur le point d'être arrêté par la gendarmerie, parce que son passe-port n'était point en règle. Dans sa première entrevue avec Bonaparte, il fut reçu avec une distinction toute particulière ; et dans les entretiens qui suivirent une sorte d'intimité s'établit entre l'artiste et le héros. Canova, qui, avec les formes obséquieuses des Italiens, ne sut jamais cependant trahir la vérité, parla avec vivacité du malheur de Venise et de la détresse de Rome. « Je restaurerai Rome, répondit le premier consul ; j'aime le bien de l'humanité, et je le veux. » Le peintre David offrit à Canova un grand repas, où tous les artistes français furent invités : Gérard fit son portrait ; et Canova assista aux séances de l'Institut, dont il était associé. Il partit de France pénétré, disait-il, d'une singulière admiration pour l'état où il y avait trouvé les arts. De retour à Rome, il exécuta la statue de Napoléon, qu'on a quelquefois désignée sous le titre de *Mars pacificateur* ; elle a 15 palmes de haut, en y comprenant la base ; elle est nue, et manque tout à fait de noblesse ; ce qui a fait dire qu'elle est grande sans grandeur. Bonaparte fut mécontent ; il ne put s'empêcher de dire, en voyant les formes athlétiques que l'artiste lui avait données : « Croit-il donc que je fais mes conquêtes à coups de poing ? » Cette statue, terminée en 1803, resta longtemps voilée dans une des salles du Louvre ; en 1815, elle devint la propriété du duc de Wellington ; en 1805, il fit la dernière main au *Mausolée de Marie-Christine, archiduchesse d'Autriche* (sœur de la reine de France, Marie-Antoinette). Ce monument avait été demandé par le duc Albert de Saxe-Reschen à Canova, pendant le voyage que celui-ci fit en Allemagne avec le sénateur Rezzonico, en 1799. Il a été placé dans l'église des Augustins de Vienne. Neuf figures, de grandeur naturelle, sont introduites dans cette composition, qui est sous tous les rapports une des productions capitales de l'auteur. La même année, madame Lætitia, mère de l'empereur, se trouvait à Rome avec la princesse Borghèse, sa fille : toutes deux désirèrent avoir leur portrait de la main de Canova. Il fit la statue de *Madame mère*, en s'inspirant de l'Agrippine mère (mère de Germanicus), qu'on voit assise au Capitole. Pour la princesse Borghèse (*V.*), il fit sa *Vénus victorieuse* : la déesse vient d'obtenir la pomme, et elle se repose de son triomphe ; le lit sur lequel elle est à moitié étendue sert de plinthe. Ce que l'on admirait surtout dans cette œuvre de Canova, c'est qu'il a su, grâce aussi aux perfections

(1) Art. CANOVA, dans le *Supplément de la Biographie universelle.*

de son modèle, réunir à la fidélité de la ressemblance pour la tête, l'idéal dans le développement des formes du corps. Aussi cette production excita l'enthousiasme des Romains. Le jour ne suffisant pas à l'empressement des curieux, ils furent admis à la voir la nuit à la lueur des flambeaux. Voulant remplacer sa *Vénus de Médicis*, qui avait été transportée à Paris, la ville de Florence en demanda à Canova une copie. Pour éviter le danger d'un parallèle trop sensible et trop voisin, il composa une autre Vénus qu'on a nommée *Italique*. La taille est plus élevée que celle de la *Vénus de Médicis*; la physionomie respire l'amour, et la chevelure est traitée avec une admirable perfection. En 1812, deux statues colossales destinées à servir de pendant l'une à l'autre sortirent de son ciseau producteur : c'étaient *Hector tenant une épée nue* et *Ajax saisissant son glaive*. La supériorité de talent qui brille dans ces deux statues, ainsi que dans la *Nymphe couchée sur une peau de lion*, dans le *Thésée renversant le centaure*, dans *les Trois Grâces*, dans le groupe de *Mars et Vénus*, dans celui de *la Paix et des Grâces*, dans la *Polymnie assise*, dans la *Terpsichore*, dans le *Pâris tenant la pomme*, dans le *Palamède* (1817), etc., etc., montrait chez Canova le désir constant de reproduire les types grecs, et lui fit donner par ses admirateurs le surnom de *continuateur de l'antique*. Nous avons déjà parlé de plusieurs mausolées exécutés par lui; il fit encore ceux de Pie VI, de Gavino Hamilton, du sénateur vénitien Faliero du poëte Alfieri, où l'on admire la figure de l'Italie qui pleure, du graveur Volpato, où il s'est représenté lui-même versant des larmes sur la perte de son ami, etc. Il fit aussi le tombeau de la marquise de Santa-Crux, tombeau commandé par cette dame pour sa fille, et qui leur est commun, ainsi que le constate cette touchante épitaphe :

Mater infelicissima filiæ et sibi.

—En 1810, Canova fut appelé une seconde fois à Paris pour faire la statue de la nouvelle impératrice Marie-Louise. Il l'a représentée assise et sous les traits de la Concorde. Dans les fréquents entretiens qu'il eut avec ce grand artiste, Napoléon le traita avec la même bonté, lui accorda la même liberté de paroles, ne s'irrita pas des plaintes que lui faisait Canova sur la spoliation des monuments de l'Italie, et même sur des matières politiques encore plus délicates; enfin il fit tous ses efforts pour le fixer à Paris. Canova mit alors la dernière main au cheval destiné à porter la statue de Napoléon, et fit couler en bronze ce cheval, plus grand que tous ceux qui existent en Europe. La statue qu'il avait modelée pour être posée sur l'animal regardait en arrière. On fit observer à Canova que peut-être cela déplairait au héros; il répondit : *È prova que sta il primo di tutti* (Cela prouve qu'il est placé à la tête de tous). Ce cheval a éprouvé bien des vicissitudes. Joachim Murat fut tenté de s'y placer. Les événements de 1814 ont rendu Ferdinand, roi de Naples, maître de ce cheval, sur lequel il a fait poser plus tard la statue de Charles III, son père. Tous les souverains, tous les hommes remarquables de l'époque ont voulu voir leurs traits reproduits par Canova; nous citerons le buste de l'empereur François II pour la bibliothèque de Venise, celui de Pie VII, dont l'artiste fit présent à ce pontife, la statue de Jean VI, roi de Portugal, la statue colossale de Pie VI, celle d'Alexandre Ier, empereur de Russie, etc. Les Etats-Unis d'Amérique demandèrent aussi à Canova l'image de leur fondateur; enfin un monument destiné à éterniser le souvenir de la réunion définitive de la Finlande au vaste empire russe fut demandé à l'artiste vénitien par la Russie. L'artiste conçut un sujet allégorique, *la Paix ailée*, foulant aux pieds un serpent. Elle tient de la main droite un rameau d'olivier, et de la gauche un sceptre : on lit sur le fût de la colonne où elle s'appuie ces inscriptions : *Paix d'Abo*, 1743; *Paix de Cainasdgy*, 1774; *Paix de Frederichsham*, 1809. L'âme pieuse et tendre de Canova se complaisait aux sujets religieux : là il y avait à la fois l'inspiration de l'artiste et la vocation du fidèle. Nous avons mentionné sa *Madeleine pénitente*; on peut citer encore le *Saint Jean-Baptiste enfant*, la *Piété*, figure enveloppée de voile et les mains jointes, *Jésus mort*, la *Vierge et Marie Madeleine*. Son dernier ouvrage est la *Religion*, statue colossale élevant la main droite vers le ciel, et tenant de l'autre la croix.—Après la chute de Napoléon en 1815, Canova vint à Paris pour la troisième fois, et y reçut un accueil bien différent de celui qu'il avait trouvé lors de son premier voyage : il venait en France réclamer les objets d'art que le sort des armes avait mis en notre pouvoir. Longtemps il avait décliné cette mission, mais le cardinal Consalvi fut inébranlable : Canova seul le remplit avec beaucoup de modération; il prit

sur lui de laisser à Paris plusieurs des morceaux qui avaient appartenu à Rome, entre autres la statue colossale du *Tibre* et la *Pallas* de Velletri. Toutefois il n'eut pas l'opinion publique pour lui, et le quolibet d'*emballeur du pape*, traduction burlesque du titre d'*ambassadeur*, est demeuré inséparable de son nom. Après avoir visité Londres, où le prince régent l'accueillit avec distinction, Canova revint à Rome présider à la restauration dans leurs anciennes places des monuments dont il avait négocié la restitution. Leur arrivée fut pour les Romains une fête nationale dont Canova fut le héros. L'académie de Saint-Luc, qui le nomma son *prince perpétuel*, se présenta en corps à sa rencontre; le pape le reçut en audience solennelle le 5 janvier 1816, et lui remit le diplôme qui attestait l'inscription de son nom au livre d'or du Capitole : enfin il fut créé marquis d'Ischia avec une dotation de 3,000 écus romains, qu'il consacra tout entière à des libéralités en faveur des arts et des artistes. Canova était alors à l'époque la plus heureuse de sa vie, d'ailleurs si peu mêlée de vicissitudes. L'Europe l'avait proclamé le premier statuaire de son temps : toutes les têtes couronnées, tous les princes, tous les amateurs riches se disputent ses productions. Il serait difficile de se faire une idée de la splendeur qui l'entourait. Son atelier se composait d'un grand nombre de salles remplies d'antiquités, des modèles de ses propres ouvrages, de marbres ébauchés, etc. Entouré d'ouvriers, occupés à des travaux différents, il était au milieu d'eux le souffle qui crée, l'esprit qui vivifie. Lorsque, par le petit modèle en cire ou en terre cuite, il avait donné une forme à sa pensée, un praticien très-habile dressait le modèle en terre; le maître y mettait la dernière main, et aussitôt un autre ouvrier le moulait. Lorsque enfin ce modèle était définitivement arrêté, et qu'il s'agissait de l'exécuter, des bras actifs se mettaient en mouvement pour apporter le bloc de marbre, le dégrossir, enfin l'amener à un tel degré que plus qu'à lui imprimer son propre sentiment, c'est-à-dire le caractère de son génie; et pour cela il ne lui restait peut-être pas un quart de ligne de marbre à enlever. Voilà comme Canova est parvenu à produire en si peu d'années un si grand nombre d'ouvrages. On remarque dans sa manière de travailler le marbre une tendance visible à produire avec cette matière la netteté et le poli de l'émail. Non content de donner à la superficie du marbre, à l'aide de la lime et de la pierre ponce, le poli le plus délicat, ainsi que l'éclat le plus doux, il avait inventé une espèce d'enduit tirant sur le jaune, préparé avec de la suie, qu'il appliquait sur ses ouvrages après le dernier poli, afin de rompre la blancheur éblouissante du marbre, et de lui donner à l'œil la douceur et la délicatesse de l'ivoire. Les vrais connaisseurs ont peu apprécié ces procédés tendant à rapprocher la statuaire de la peinture, et propres seulement à séduire le vulgaire. Canova se livrait aussi à la peinture, et on a de lui quelques tableaux estimés. Dans les dernières années de sa vie, il s'occupa beaucoup de la construction d'une église dans l'humble bourg de Possagno, qui l'avait vu naître; et il a laissé en mourant les fonds nécessaires pour l'achèvement de ce monument, qui est maintenant terminé. On aime à voir que jamais la gloire, les honneurs ni la faveur des grands ne firent oublier à Canova son humble patrie, sa vertueuse mère, et le souvenir de ses premiers bienfaiteurs. Il mourut à Venise le 12 octobre 1822. Les plus grands honneurs ont été rendus à sa cendre par toute l'Italie. Canova fut mieux qu'un grand artiste, il fut un excellent homme, il fut un homme vertueux. Charitable, incapable d'envie, l'immense fortune que lui avait value son génie était le patrimoine des pauvres et la ressource des artistes malheureux. Pendant les calamités de Rome, alors que les armées républicaines envahissaient l'Italie, ses libéralités pendant une seule année se montèrent à 140,000 francs. — L'*OEuvre de Canova* a été l'objet de nombreuses publications tant en Angleterre, qu'en France et en Italie; mais il faut surtout consulter l'excellent ouvrage que lui a consacré M. Quatremère de Quincy sous ce titre : *Canova et ses Ouvrages*, ou *Mémoires historiques sur la vie et les travaux de ce célèbre artiste* (Paris, 1834, 1 vol. gr. in-8°).　　　　Ch. du Rozoir.

CANOVAI (Stanislas), né le 27 mars 1740 à Florence, et mort dans la même ville le 17 novembre 1811. Quoique élève des jésuites, il se rattacha cependant aux piaristes. Pendant plus d'un demi-siècle il professa la philosophie, la théologie, la physique et les mathématiques, d'abord dans des couvents de son ordre, puis à Cortone, puis à Pavie, et depuis 1786 dans sa ville natale. Comme écrivain, il a abordé aussi des genres divers. Dans ses *Riflessioni intorno alle pie seccole*, il défend ces institutions contre les attaques de la Chalotais. Les hérétiques mêmes ont pardonné à ce prêtre fervent, dont la piété était si généralement reconnue, et à qui il fut donné d'assister dans ses derniers moments le célèbre Vittorio Alfieri, l'épithète de *sarileghi fazionarj* qu'il inflige à Calvin, à Wiclef et à Luther, dans son Eloge de saint François de Sales (*V.* ses *Panegirici*, 2 vol. in-8°, qui n'ont été publiés qu'après sa mort). Son *Elogio di Amerigo Vespucci, che ha raportato il premio della nob. Accademia etrusca di Cortona, con una diss. giustificativa di questo celebre nuvigatore*, Firenze, 1789, in-4°; quatrième édition, 1798, in-8°; et les *Viaggi di Amerigo Vespucci con la vita, l'elogio e la descrizione giustificativa*, Firenze, 1817, où l'auteur s'efforce d'assurer à Vespucci l'honneur d'avoir découvert le continent américain, ont donné naissance en Italie à un grand nombre d'ouvrages de controverse, parmi lesquels se distinguent particulièrement ceux du comte Napione à Turin. Les dissertations *Sull' anno magno degli Etruschi, sulle vicende dello longitudine geografiche dai tempi di Caesare Augusto fino a quelli dell' imperatore Carlo V, riflessioni sul metodo di risolvere l'equazioni numeriche proposte dal signore la Grange*, etc., publiées dans les *Atti de' Fisiocratici di Siena*, ont valu à Canovai d'être regardé comme un des meilleurs mathématiciens modernes, réputation bien fondée et bien méritée assurément. Sa traduction, enrichie de beaucoup d'additions, des *Leçons élémentaires de mathématiques, par de Lacaille*, publiées par l'abbé Jos.-Franc. Marie, a eu un grand nombre d'éditions, et est très-estimée en Italie. En collaboration avec un moine du même ordre que lui, nommé Gaëtano del Rico, il composa un ouvrage intitulé : *Elementi di fisica-matematica*, Firenze, 1788, avec des dessins en cuivre, et dont la troisième édition, ornée aussi de planches en cuivre, parut en 1809-10 en 2 vol. in-4°. Il publia avec le même collaborateur une édition mieux disposée des tableaux logarithmiques de Gardiner, Firenze, 1811, in-4°.

CANPOUR (*géogr.*), ville de l'Hindoustan (Allah-Abâd), sur le Gange, et qui est grande et ancienne. Il s'y fait un commerce considérable par le fleuve. A 45 lieues nord-ouest d'Allah-Abâd.

CANQUE, s. f. (*comm.*), toile de coton avec laquelle les Chinois font leurs chemises.

CANQUE (*term. de relation*), nom du chef d'une tribu d'Arabes vagabons et indépendants. On compte quatre-vingts de ces tribus; aucune ne reconnaît de souverain.

CANRÈNE, s. f. (*hist. nat.*), espèce de coquille du genre des natices.

CANSCHY (*botan.*), c'est le nom d'un arbre fort gros, qui se trouve au Japon, dont les habitants du pays se servent pour faire une espèce de papier. Voici comment ils s'y prennent : on coupe l'arbre à fleur de tête; il continue à pousser de petits rejetons : quand ils sont de la grosseur du doigt, on les coupe, on les fait cuire dans un chaudron jusqu'à ce que l'écorce s'en sépare; on sèche cette écorce, et on la remet cuire encore deux fois, en remuant continuellement, afin qu'il se forme une espèce de bouillie; on la divise et on l'écrase encore plus dans des mortiers de bois, avec des pilons de la même matière; on met cette bouillie dans des boîtes carrées, sur lesquelles on met de grosses pierres pour en exprimer l'eau; on porte la matière sur des formes de cuivre, et on procède de la même manière que font les papeliers.

CANSCORE, s. m. (*botan.*), sorte de plante du Malabar, qui se rapproche de l'orthostémon.

CANSTEIN (RABAN DE), ministre d'Etat prussien, né le 19 août 1617, étudia le droit à Wittenberg, fut envoyé dans des négociations qui le firent voyager en Hollande, en Angleterre, en France, en Suède; devint conseiller aulique de la princesse Anne-Sophie de Brunswick, et entra enfin au service du grand électeur Frédéric-Guillaume, qui prit en lui une telle confiance qu'il s'en fit accompagner à l'armée, lui donna l'administration de la justice dans tout son électorat, et le nomma grand maréchal; mais l'envie perdit peu à peu Canstein dans l'esprit du souverain, et l'obligea enfin à se démettre de ses dignités. Il mourut le 22 mars 1680.

CANSTEIN (CHARLES-HILDEBRAND DE), né à Lindenberg le 15 août 1667, fit ses études à Francfort-sur-l'Oder, fut d'abord page de l'électeur de Brandebourg, sert il comme volontaire dans les Pays-Bas, et, attaqué à Bruxelles d'une longue et cruelle maladie, quitta le service pour se retirer à Halle, où l'amitié qu'il contracta avec le docteur Spener lui fit consacrer sa vie aux exercices de la piété la plus active. Le désir de répandre ses sentiments religieux parmi les classes les plus pauvres lui fit chercher les moyens de publier une édition des

livres saints qu'on pût donner à très-bas prix. L'idée de la stéréotypie se présenta à son imagination; il saisit tous les avantages de ces planches fixes qui épargneraient les frais d'une composition répétée, et laisseraient la facilité de corriger les fautes. Il publia son projet, ouvrit une souscription, et mit la main à l'œuvre. En 1712, après avoir fait fondre un nombre de caractères suffisant pour composer en entier le *Nouveau Testament*, il en tira 5,000 exemplaires qui furent vendus à très-bas prix. Quatre éditions suivirent successivement en 1713, et, cette même année, parut la première édition de la *Bible* entière, imprimée de la sorte. Elle se répandit avec une étonnante rapidité, et fut si souvent renouvelée que, d'après un calcul exact fait à Halle en 1791, on avait vendu depuis l'invention de M. de Canstein jusqu'à cette époque 1,566,759 *Bibles* complètes, 660,000 *Nouveau Testament* avec le *Psautier*, et 60,000 *Nouveau Testament* isolés, in-12. En 1735, Frédéric-Guillaume 1er, roi de Prusse, donna à la maison des orphelins de Halle, où était cet établissement, un nouveau privilège, y fonda une nouvelle imprimerie, et on y a publié depuis plusieurs *Bibles* en langues étrangères. Canstein a écrit aussi une *Harmonie des quatre Évangiles*, Halle, 1718, in-fol., une *Vie de Spener*, qui ne fut publiée qu'en 1729, c'est-à-dire dix ans après sa mort, et quelques autres ouvrages de théologie. Il mourut à Halle le 19 août 1719, léguant à la maison des orphelins sa bibliothèque et une partie de sa fortune.

CANSTRISE ou CANSTRIUSE, *Canstrisius* ou *Castrensius*, officier dans l'Eglise de Constantinople. C'était lui qui avait soin des habits pontificaux du patriarche, qui l'aidait quand il s'habillait, et qui, pendant la messe, tenait la boîte à l'encens. C'était aussi le voile du calice, et il donnait l'eau bénite au peuple pendant qu'on chantait l'hymne de la sainte Trinité. Il avait place dans les jugements (Codin, p. 1, 6; p. 5, 6; p. 7, 6; p. 15. Les *Notes* de Gretser, 6; et du P. Goar, 6).

CANT, CANTIEN, frères, Cantienne ou Cantianille leur sœur, Prote leur gouverneur, dits les martyrs Cantiens, étaient de Rome, parents de l'empereur Carin, et de l'illustre maison des Aniciens, qui avait produit des consuls et des empereurs romains, et donné des martyrs et des confesseurs à l'Eglise. Instruits dès le berceau des vérités chrétiennes, ils vendirent ce qu'ils avaient dans Rome, et en donnèrent le prix aux pauvres, puis se retirèrent à Aquilée pour fuir la persécution de Dioclétien et de Maximien; mais ils ne la trouvèrent pas moins allumée à Aquilée qu'à Rome même. Elle ne les empêcha point d'aller dans les prisons visiter les confesseurs, et les exhorter à persister dans la religion; ce qui les fit déférer aux empereurs, par l'ordre desquels on les arrêta, comme ils allaient pour se cacher au tombeau de saint Chrysogone, leur ami, martyrisé peu auparavant à cinq quarts de lieue d'Aquilée. On leur coupa la tête à tous quatre vers l'an 304. Un prêtre, nommé Zoïle, mit leurs corps près de celui de saint Chrysogone, et ils furent depuis transportés à Aquilée, qui prétend les conserver encore aujourd'hui, quoique Milan, Bergame et d'autres villes de Lombardie, d'Allemagne et de France lui contestent cette prétention. La principale fête de ces saints se célèbre le 31 de mai, qui passe pour le jour de leur martyre (saint Ambroise, Serm. 49e, sur le *Martyre de ces SS.*; Append., tom. II. Henschenius. Dom Mabillon, à la fin du *Traité de la liturgie gallicane*, p. 467. Baillet, tom. II, 31 mai).

CANTAAR (*comm.*), s. m. quintal turc en usage dans la Grèce et tout le Levant (50 kilogrammes de France).

CANTABILE (*mus.*), adjectif italien qui signifie : chantant, chantable. Il s'applique à certains morceaux de musique d'une mesure lente et d'un style simple, préparés pour recevoir les ornements du chant. Leur exécution n'appartient qu'aux grands chanteurs; car elle exige une parfaite organisation, des sons d'une pureté et d'une justesse exquises, une méthode savante, une voix moelleuse et expressive. Le *cantabile* est pour la musique vocale ce que l'*adagio* est pour la musique instrumentale. Les plus célèbres *cantabile* se trouvent dans les œuvres de Leo, Vinci, Hasse, Caffaro, Piccini, Sacchini, Jomelli, Gluck, Mozart, Cimarosa, Rossini, Meyerbeer. Ce terme, vieilli maintenant, a été remplacé par les mots *andante*, *andantino*.

CANTABRE, s. m. (*archéol.*), sorte d'enseigne, d'étendard, chez les anciens romains.

CANTABRES, *Cantabii*, ancien peuple de l'Espagne. Ils avaient leurs demeures au pied des Pyrénées, ainsi que les Astures sur la côte septentrionale de la Péninsule; leur pays faisait partie de la province Tarraconaise. Les Cantabres se distinguaient par une opiniâtreté invincible. Sûrs de trouver un asile dans leurs montagnes, ils se soumirent les derniers aux armes de Rome; une guerre de deux ans fut énergiquement soutenue par eux contre les légions de l'empereur Auguste, et c'est après une lutte acharnée que l'Espagne entière fut enfin soumise aux lois et aux mœurs romaines. Au bout de quelques années, les Cantabres firent une nouvelle tentative pour secouer le joug, mais elle ne servit qu'à les abattre après une sanglante défaite. On prétend que beaucoup d'entre eux, voyant que tout espoir de conserver leur liberté était perdu, se donnèrent réciproquement la mort (27-20 avant J.-C.). Quelques siècles après, ce furent encore les Astures et les Cantabres qui, les premiers parmi les Espagnols, se soulevèrent contre les conquérants arabes.   A. S-R.

CANTABRES (MONTS) (géogr.), nom donné par les géographes à cette grande chaîne de montagnes qui forme à l'ouest le prolongement des Pyrénées; elle s'étend à peu près sous le 43e parallèle et du 4° 10' au 11° 36' de longitude ouest; sa longueur en ligne droite est de 137 lieues. Cette chaîne sépare le Guibusco et la Biscaye de la Navarre et de l'Alava, la province de Santander de celle de Burgos, les Asturies du royaume de Léon, et couvre enfin la Galice. Le faîte se divise en trois grandes parties: les Pyrénées cantabriques, subdivisées en Sierra de Salinas, Sierra de San-Salvador; les Pyrénées asturiques, appelées Sierra de Séjos, Sierra de Cavadonga, montagnes des Asturies, Sierra de Penamaulla; et les Pyrénées callaïques, dont le faîte prend le nom de Monte-Orbie, de Monte del-Caurel, de Monte-Tronudo et de Monte-Quadramon. La première offre, comme points culminants, la Sierra de Aralar, qui a plus de 2,000 mètres; la deuxième, les Pinas de Europa, qui en ont 3,000; et la troisième, la Sierra de Mondonodo, qui en a près de 900. La végétation des monts Cantabres sur le versant septentrional est la plus étendue et la plus riche de cette région; on y retrouve les arbres, les plantes, les animaux de nos contrées; le climat y est froid, parce qu'ils sont exposés en plein au vent du midi. Le versant méridional est plus aride, plus escarpé que l'autre.

CANTABRIÆ LACUS (géogr. anc.), lac du pays des Cantabres.

CANTABRICA, s. f. (botan., hist. nat.), sorte de plante, décrite par Pline, qu'on a regardée comme un œillet. — Coquille qui a la forme d'un bouton d'œillet.

CANTABRICUS OCEANUS (géogr. anc.), nom que les anciens donnaient à la partie de l'Océan qui baignait les côtes septentrionales de l'Espagne habitées par les Cantabres.

CANTABRUNE, flacon plein de vin que les paysans du Midi emportent lorsqu'ils vont au travail.

CANTACUZÈNE (JEAN), empereur d'Orient, exerçait en 1320 la charge très-importante de grand-domestique (c'était l'une des premières dignités de l'empire grec), lorsque mourut Michel, père d'Andronic III. Andronic Paléologue, qui occupait alors le trône d'Orient, refusait d'associer au pouvoir, que sa vieillesse laissait échapper, son petit-fils Andronic III, lorsque Cantacuzène se déclara pour lui. Devenu plus tard seul possesseur du pouvoir, le jeune prince se souvint de l'appui qu'il lui avait prêté, et en fit son ministre. Raconter en détail toutes les belles actions de Cantacuzène et toutes les vicissitudes de sa vie, serait ici une chose impossible; mais nous tâcherons d'en donner une esquisse satisfaisante. En 1337, ce vigilant ministre battit les Turcs, et en 1339 son éloquence ramena au devoir plusieurs rebelles. Andronic III ayant succombé en 1341, laissait pour hériter de l'empire un enfant de neuf ans. Cantacuzène, au milieu des dissensions qui s'élevèrent, fut le constant défenseur du jeune Jean Paléologue. L'impératrice sa mère, excitée contre lui par deux misérables, Apocaupe et le patriarche Jean d'Apri, voulait allumer la guerre civile; les troupes se déclarèrent pour Cantacuzène, et, loin d'en abuser pour s'asseoir violemment sur le trône de ses maîtres, il éclaira la reine, et défendit avec intrépidité contre les Turcs et les Bulgares l'empire dont Andronic III mourant l'avait nommé régent. Mais, tandis qu'il combattait au dehors, Apocaupe fomentait de nouveaux complots, et y entraînait une seconde fois l'impératrice mère. Cantacuzène, loin de se servir de ses soldats, demanda des juges: Apocaupe, pour réponse, fit maltraiter ses envoyés, jeta sa mère en prison, et confisqua ses biens. Néanmoins Cantacuzène persistait à se mettre aux mains de ses ennemis, mais ceux qui l'entouraient l'en détournèrent et le contraignirent à accepter, comme le seul moyen de mettre fin à tant d'intrigues, le diadème que tout l'empire lui décernait. Il consentit à se laisser couronner, mais voulut être nommé après Jean Paléologue et l'impératrice. Malgré tant de modération, il ne fut pas

plus heureux. Les révoltés dissuadèrent la reine d'une réconciliation vers laquelle elle penchait, et bientôt après Cantacuzène et ses partisans furent proscrits. On employa tous les moyens contre lui, le poison, le fer; on corrompit ses troupes; mais, grâce à l'alliance du sultan de Lydie, qui vint à son secours, il put bientôt faire trembler ses ennemis. Tout-puissant par le droit de la victoire, il envoya à la reine des députés pour lui offrir la paix; on les mutila avec la plus épouvantable barbarie. Cantacuzène se vengea en pressant davantage ses ennemis; alors la reine eut recours aux moyens les plus odieux; tous échouèrent. Le peuple délivré d'Apocaupe, massacré en 1346, revint de ses erreurs; il ouvrit les portes de Constantinople à Cantacuzène, et la reine consentit enfin à partager le trône. Ce grand homme triomphant ne s'occupa plus de fermer les plaies qu'avaient ouvertes tant de crimes et de guerres, mais il ne jouit pas longtemps du fruit de ses travaux et de ses vertus; car son propre fils, Manuel, releva bientôt l'étendard des discordes civiles. Aidé de son autre fils, Matthieu, il vainquit ses ennemis avec des peines inouïes, et fit même des traités avantageux. Mais de nouvelles intrigues vinrent le traverser, et, Matthieu s'étant fait couronner empereur, il conclut une paix avec Paléologue; puis, fatigué de tant de périls et d'agitations, il renonça au sceptre et prit l'habit religieux sous le nom de Josuaphus Christodulus (1355). Irène sa femme en fit autant, et, la guerre ayant de nouveau éclaté entre Matthieu son fils et Paléologue, Cantacuzène lui conseilla, du fond de sa retraite, d'imiter sa modération en descendant du trône; Matthieu y consentit. Cantacuzène a publié sous le nom que nous avons dit plus haut: 1° Historiæ byzantinæ libri quatuor; 2° Quatre Apologies de la religion chrétienne, ou Livres contre les erreurs du mahométisme; et 3° Paraphrasis Ethicorum Aristotelis. Matthieu Cantacuzène a publié à Rome une Étude sur le Cantique des cantiques.

CANTACUZÈNE (SERBAN), prince de Valachie dans le XVIIe siècle, ne fut pas plutôt parvenu à cette dignité, qu'il chercha les moyens d'arracher son pays au joug de la Porte ottomane. Le séraskier qui commandait en Bulgarie, ayant découvert qu'il entretenait des correspondances avec les ennemis du croissant, résolut de le faire déposer; mais Serban, par ses libéralités, par son adresse, sut détourner l'orage; il envoya un de ses frères, Georges Cantacuzène, auprès de Léopold, et il conclut aussi une alliance avec le czar. On lui promettait de le déclarer souverain des Grecs comme descendant de la famille des Cantacuzène; mais les Turcs étaient rejetés au delà du Bosphore. Les préparatifs de Serban répondaient à la grandeur de son entreprise: il avait fait fondre un grand nombre de pièces d'artillerie; 30,000 hommes, rassemblés dans les montagnes, n'attendaient que le signal du combat, lorsqu'il fut empoisonné, en 1684, par deux de ses parents que l'ambition conduisit à ce crime. — Un autre frère de Serban, nommé DÉMÉTRIUS, fut deux fois hospodar de Moldavie; c'était un prince faible et sans moyens, qui rendit odieuse sa domination. M. Thornton, auteur de l'État actuel de la Turquie, doute que la famille actuelle des Cantacuzène descende de celle qui a régné à Constantinople; Démétrius Cantimir l'avoue positivement, mais il faut observer qu'il avait épousé une Cantacuzène.

CANTA-GALLINA (REMI), graveur, peintre et ingénieur, mort à Florence en 1624. Le fameux Callot apprit de lui les premiers éléments du dessin. Ce serait assez pour rendre cet artiste recommandable que d'avoir formé un tel élève; mais Canta-Gallina a droit lui-même à la gloire par ses ouvrages. Il dessinait à la plume de fort beaux paysages, et il a gravé, tant d'après ses propres compositions que d'après Jules Parigi, une grande quantité de vues, paysages, fêtes et décorations théâtrales très-estimés des artistes et des connaisseurs.

CANTAL (géogr.), l'un des quatre-vingt-six départements de la France. Il est situé au centre, et borné au nord et à l'est par les départements du Puy-de-Dôme, de la Creuse et de la Haute-Loire; au sud et à l'ouest, par ceux du Lot et de la Corrèze. Sa population est de 270,000 âmes. — Un groupe de montagnes, dont les ramifications s'étendent sur toute sa surface, lui a donné son nom: le point le plus élevé de ce groupe, appelé Plomb du Cantal, a 953 toises au-dessus du niveau de la mer. — Ces montagnes font partie de la chaîne des Cévennes, et sont très-riches en minéraux de toute espèce: leurs flancs renferment des monceaux de porphyre, de basalte, de scories et de pierres ponces. A la surface on rencontre des couches de lave, et aux sommets de quelques-uns on reconnaît des formes et des vestiges de cratères. Aussi tous les savants s'accordent-ils à dire que les montagnes du Cantal, comme celles du Mont-Dor et du Puy-de-Dôme qui se touchent, ne sont que des volcans éteints, et le produit de grandes convulsions volcaniques, qui ont dù remuer le globe à une époque très-reculée. Les naturalistes ont constaté que la mer autrefois avait séjourné sur ces monts. Leur aspect est des plus riants et des plus pittoresques; gazonnées depuis leur pied jusqu'à leur sommet, elles sont couvertes en été d'une belle verdure où paissent de nombreux troupeaux de vaches, qui donnent des fourrages estimés. La neige qui y séjourne huit mois de l'année les fertilise en se fondant, et y fait naître de gras pâturages. De loin en loin quelques forêts de sapins croissent sur leurs penchants; mais en général elles sont nues et accessibles pour les animaux et les hommes sur presque toute leur surface. Elles sont divisées en propriétés distinctes, d'un rapport facile et annuel. Au mois de mai, de nombreux troupeaux arrivent de la plaine, sous la conduite de trois ou quatre hommes chargés de les garder, de les traire, et de faire de leur lait du fromage et du beurre. Ces hommes apportent des provisions pour l'été, et couchent dans de petites maisonnettes appelées *burous*. Les vaches sont parquées la nuit dans l'endroit le plus favorable pour être à l'abri des orages très-fréquents dans ces lieux; et lorsque arrivent l'automne et la première chute de neige, elles reprennent seules le chemin de la plaine pour rentrer à l'étable, où elles passent l'hiver. — Les eaux qui coulent en abondance du flanc de ces montagnes forment un grand nombre de petites rivières qui vont se jeter la plupart dans la Dordogne; deux seulement se réunissent à l'Allier et suivent le bassin de la Loire. Ces rivières descendent avec impétuosité, et s'engouffrent dans des vallées étroites d'une profondeur extraordinaire. Les côtés resserrés de ces vallées sont escarpés, garnis de forêts impénétrables, et hérissés d'énormes rochers : c'est ce qui rend les communications si difficiles dans ce département, et produit ces accidents de terrain, ces cascades, ces sites pittoresques, qui le font ressembler à la Suisse, et recharcher comme elle des peintres et des touristes : on ne peut pas marcher pendant une demi-heure en suivant une ligne parallèle aux montagnes sans se trouver arrêté par une de ces rivières qui n'a qu'un filet d'eau en été, et se change en torrent pendant l'hiver et à fonte des neiges. — Ces petites rivières si impétueuses ne sortent pas du département. Bientôt elles se joignent entre elles, et vont à quelques lieues de leurs sources se perdre dans la Dordogne, qui côtoie le département du nord à l'ouest, et semble se replier vers le sud pour recevoir leurs eaux. — Le pays, ainsi coupé et profondément sillonné, est fertile et propre à toute espèce de culture. Il possède quelques plaines fertiles en seigle et en sarrasin. Au fond de ces gorges profondes, quand la vallée s'élargit, on trouve des vallons riants, remplis de belles prairies, d'où l'on tire le foin nécessaire pour nourrir en hiver les nombreux troupeaux de vaches qui errent l'été sur les flancs des montagnes. Mais la légèreté de la terre qui se trouve sur le roc à une mince épaisseur, la violence des vents, la fréquence des orages, les changements subits de température en font un pays pauvre, incapable de nourrir tous ses habitants; aussi émigrent-ils pour la plupart en Espagne, en Hollande, en Belgique, et dans toutes les grandes villes de France, où ils se livrent à plusieurs sortes d'industries. En Espagne, ils sont boulangers à Madrid, chaudronniers dans l'Aragon, marchands de draps, de chevaux et de mules dans le royaume de Valence; à Paris et ailleurs, ils sont porteurs d'eau, portefaix et ferrailleurs. Tous les parapluies sont confectionnés en France par des Cantaliens. — Les pâturages, moins sujets aux intempéries de l'air que les autres productions, forment la principale ressource du pays. On y élève un grand nombre de bêtes à cornes, de beaux chevaux, d'excellents moutons et beaucoup de mules. Ces étrangers viennent acheter dans les foires du pays des mulets pour l'Espagne, des veaux pour le Poitou, des vaches grasses et des moutons pour Lyon et le midi de la France. — On y récolte d'excellents légumes; les arbres y donnent de bons fruits, les rivières sont pleines du meilleur poisson, qui sert à la nourriture des habitants avec du lait, du beurre, de la viande de porc, des pommes de terre et du fromage. — Le commerce et l'industrie y sont presque nuls. L'Auvergnat, si industrieux ailleurs, ne sait point tirer parti des richesses du sol qu'il habite; l'agriculture y est très-arriérée et soumise à des routines indéracinables; il existe dans certains coins du département des landes incultes qui ne demandent pour produire que des mains habiles. Tous les savants qui ont exploré ce pays ont reconnu que, si la terre n'y est pas riche à la surface, elle possède dans son sein des mines fécondes de houille, de plomb, de fer et d'or; mais l'habitude d'aller chercher fortune ailleurs laisse toutes ces richesses enfouies. On a fait quelques tentatives pour utiliser les eaux des rivières, dont la force motrice peut remplacer celle de la va-

peur; mais jusqu'ici les capitaux ont manqué, et les entrepreneurs ont trouvé de nouvelles difficultés dans le défaut de communications. En effet, les routes y sont difficiles à établir : on est obligé de faire de longs détours pour tourner ou gravir les montagnes; il faut franchir des précipices et percer des rochers. — Cependant ce pays, qui n'a jamais été exploité, semble avoir attiré depuis quelques années l'attention du gouvernement et des spéculateurs. La route royale de Paris à Toulouse, qui traverse le département, était des plus périlleuses et des plus difficiles; on s'occupe en ce moment d'une manière très-active à la rendre plus praticable par un ouvrage colossal : on perce l'une des montagnes du groupe, appelée le Livran, pour y construire une route souterraine qui n'aura pas moins de deux lieues d'étendue. Sur d'autres points on a ouvert des mines de houille qui sont en pleine prospérité. — Les produits industriels exportés hors du département consistent dans des fromages d'une grande dimension, de forme ronde, pesant jusqu'à 50 kilogrammes; dans quelques dentelles confectionnées à Saint-Flour et dans ses environs; dans des toiles de chanvre, estimées pour leur solidité, et dans des ouvrages de chaudronnerie pour les départements voisins. — Le Cantal est riche en antiquités et en ruines gothiques. On y retrouve des ouvrages romains et des vestiges de monuments druidiques perdus au milieu des forêts. Les châteaux gothiques élevés sur les principales hauteurs dominent tout le pays. Ils sont si nombreux qu'il n'y a pas d'exagération à en compter un par chaque lieue carrée. Quand on passe au pied de ces masses noires, aujourd'hui délabrées, et que l'on considère les travaux et les sueurs qu'il a fallu pour les planter sur ces points élevés, pour y construire les routes larges et commodes qui y conduisent, et qui montent en spirales jusqu'au sommet, on devine combien les lois féodales et la tyrannie des seigneurs ont dù peser sur ce pauvre pays. C'est à cette cause, en partie, qu'il faut peut-être attribuer cette grande émigration, qui de temps immémorial a dispersé les habitants de l'Auvergne dans toutes les parties de l'Europe. — *Aurillac*, chef-lieu de préfecture et d'une division militaire, est une ville de 10,000 âmes, située au bord de la Jordanne, belle rivière qui, dit-on, roulait autrefois des paillettes d'or. Encore aujourd'hui le paysan s'occupe, dans les intervalles de repos que lui laissent les travaux de la campagne, à remuer le sable de la rivière pour y trouver quelques restes de cette ancienne richesse. — Aurillac est assez bien bâti; il a une petite salle de spectacle et un bel hôtel de préfecture; sa promenade sur les bords de la rivière est agréable, et son champ de foire très-étendu et bien disposé; il a aussi un dépôt de haras bien approvisionné. A quelque distance de la ville, on voit un bel hippodrome pour des courses royales qui ont lieu tous les ans au mois de mai, à l'époque d'une foire très-renommée, où se vendent tous les chevaux et mulets du pays. — Cette ville est assez ancienne; les géographes en placent la fondation vers la fin du VIIIe siècle. D'autres lui donnent une plus grande ancienneté, et la feraient exister comme ville indépendante, gouvernée comme république, en même temps que les autres petites républiques du midi des Gaules. Cette assertion, puisée dans les chroniques du Midi, se trouverait confirmée par la découverte récente d'un manuscrit qu'un jeune savant de cette ville s'occupe en ce moment de traduire pour le publier. Ce manuscrit, qui paraît authentique, et qu'on a trouvé dans la bibliothèque d'un ancien couvent, donnerait de curieux détails sur l'état du midi des Gaules aux premiers temps de notre monarchie, et serait ainsi un précieux document pour l'histoire. — Quoi qu'il en soit, Aurillac a gardé, comme toutes les villes du Midi, des vestiges de la domination des Romains dans les Gaules. — Dans les temps modernes cette ville a pris part des premières à tous les mouvements politiques qui agitent la France depuis un demi-siècle. Sa garde nationale a été dissoute à plusieurs reprises sous la restauration, et depuis 1830. — C'est en sortant d'Aurillac que fut arrêté le maréchal Ney. — Voltaire, dans un de ses nombreux voyages, y perdit son manteau. C'était au fort de l'hiver, il faisait froid. Pour déverser la mauvaise humeur que lui causait cette mésaventure, il disait que c'était un pays de *Nic niac*, en le traitant de barbare. Sans doute il n'avait pas daigné prêter l'oreille à la douceur du patois qu'on y parle, car c'est le plus bel idiome de la langue d'oc. — Aurillac est la patrie de Gerbert, élu pape sous le nom de Sylvestre II, premier pape français, du maréchal de Noailles, de Piganiol de la Force, et de Carrier de sinistre mémoire. — Les environs d'Aurillac sont beaux et fertiles en seigle et en sarrasin. En entrant dans la ville, la rivière cesse de se précipiter de rocher en rocher entre deux remparts de granit; les bords s'évasent, ses eaux coulent plus tranquilles, et bientôt fuyant dans la campagne elles serpentent le long de grasses prairies, entre deux rives ombragées. Elles traversent ainsi le vallon de Vic, un des plus beaux et des plus riants que l'on connaisse : il a deux lieues de long sur une demi-lieue de large. C'est une oasis charmante au milieu des crêtes ardues qui hérissent tout le pays. On boit à Vic des eaux minérales assez renommées. Il existe beaucoup de ces sources dans le Cantal ; presque chaque vallée a la sienne ; mais la qualité de leurs eaux ne varie pas ; elles sont partout plus ou moins ferrugineuses. — Au-dessus d'Aurillac, après être sorti de la ville du côté de l'ouest, on rencontre le bourg de Carlat et son château fort en ruines, assis sur un énorme rocher presque inaccessible. C'était autrefois la plus forte citadelle d'Auvergne. — Dans l'arrondissement d'Aurillac, à l'extrémité méridionale du département, se trouve *Chaudes-Aigues*, petite ville de 800 âmes. Sa position dans une gorge, au milieu des montagnes qui l'entourent de tous côtés, est assez pittoresque. Mais ce qui de tous temps l'a rendue remarquable, même du temps des Romains, dont on y voit encore des ouvrages, c'est sa source d'eaux thermales. Un peu au-dessus de la ville, au pied de la montagne qui la domine, on voit poindre de terre une eau fumante qui sort à gros bouillons et s'épand de tous côtés. Cette eau est bouillante été comme hiver, et varie peu dans sa quantité et dans sa température. Si de loin en loin elle cesse de couler un jour ou deux, les habitants y voient le présage de quelque grand malheur. La nouvelle s'en répand bien vite dans le pays, qui l'accepte aussi comme un mauvais augure, et jamais l'oracle n'est en défaut ; car il suffit d'une grêle, d'une maladie contagieuse pour les hommes ou les bestiaux pour le confirmer. — Les habitants utilisent cette eau et s'en servent pour cuire leurs légumes, faire leur soupe, et chauffer en hiver leurs habitations. A cet effet de nombreux petits canaux la prennent à la sortie de terre, et la distribuent dans chaque rez-de-chaussée, où la reçoit dans un petit réservoir creusé dans son milieu. Le gouvernement a le projet d'établir en cet endroit des bains destinés à l'armée. Le pays, qui est si pauvre, se laissera facilement enlever les eaux, pour du pain moins dur qu'il se procurera par le commerce qu'entraînent tous les grands établissements. — *Saint-Flour* est le chef-lieu judiciaire du département, le siège d'un évêché et d'une sous-préfecture. Saint-Flour est la ville la plus noire et la plus froide de France. Le saint qui lui a donné son nom, dit la tradition, vivait en anachorète au milieu des gorges les plus affreuses des montagnes du Cantal. Après sa mort, le bruit de sa sainteté et de ses miracles attira la foule à son tombeau, qui était une grotte creusée dans le roc. Bientôt des religieux s'y établirent et formèrent un couvent dont l'édifice reste encore. Rien n'est plus effrayant que la position de cette ville placée sur un large rocher de 300 pieds de hauteur et taillé à pic. Ses abords sont tortueux et difficiles. Ses habitants, qui composent une population de plus de 6,000 âmes, sont pauvres et vivent du commerce qu'y attirent la cour d'assises, le tribunal de première instance et le grand séminaire. — La route royale de Paris à Toulouse, venant de Clermont et allant à Aurillac, passe par Saint-Flour. C'est là qu'est né le poëte du Belloy. — *Murat* est un autre chef-lieu de sous-préfecture de 2,000 habitants, situé sur le versant des montagnes qui regarde la Limagne et tourne le dos au reste du département. La rivière de l'Alagnon se rendant dans l'Allier touche à cette ville. La plaine qu'on appelle la *Planèze*, la plus étendue et la plus fertile du Cantal, à qui elle fournit du seigle, fait partie de cet arrondissement. — Pour aller de ces derniers arrondissements dans celui de *Mauriac* qui les avoisine, le trajet n'est pas facile, à moins de longs détours. Au centre des montagnes, sur la crête de deux précipices effroyables, s'ouvre un petit sentier, impraticable l'hiver, parce qu'au moyen des neiges il se trouve au niveau des deux gorges qui l'entourent. On l'appelle le *Col di Cabro*, c'est-à-dire qu'il est si étroit et si scabreux, qu'il semble qu'il n'y ait qu'une chèvre qui puisse s'y hasarder. Pourtant les montagnards des environs sont su le rendre praticable aux hommes et aux animaux ; et à la belle saison, après la fonte des neiges, avec un cheval du pays, c'est un voyage curieux à tenter, et qui vous évite quinze lieues de détours pour aller à Mauriac. — *Mauriac* est le chef-lieu de l'arrondissement le plus riche du département. Un embranchement de la route royale le fait communiquer avec Clermont et Aurillac. La route de ce côté est même plus sûre et plus fréquentée que celle par Saint-Flour et Murat. — Cette ville est bien bâtie, et possède une population de 2,500 âmes. Son hôtel de sous-préfecture est joli. Son église est en style gothique, a de belles dimensions, et une sainte Vierge renommée dans le pays par ses miracles. L'ancienneté de la ville remonte à l'établissement des jésuites en France. Un de leurs premiers collèges y fut fondé alors qu'il n'avait que

quelques masures au milieu des bois. Mauriac se trouve sur une colline assez froide exposée aux vents, au pied des montagnes, dont il voit briller la neige ou la verdure. Il est placé à l'angle que fait la rivière d'Auze en se joignant à la Dordogne. Ces deux rivières, qui sont à une petite distance, lui fournissent des poissons délicieux. — Les cantons de *Riom* et de *Salers* ont d'excellents pâturages, élèvent beaucoup de bestiaux, et produisent une grande quantité de fromages. — Salers est une petite ville assez curieuse, dont les maisons sont presque toutes flanquées de tourelles, et la font ressembler à une ville du moyen âge. C'était autrefois la résidence des nobles auvergnats qui n'étaient pas assez puissants pour avoir un château fort et faire la guerre pour leur compte. — Au-dessous de Salers, dans une vallée profonde, au bord de la Maronne qui tombe des montagnes, on aperçoit un riant vallon aussi gracieux que la célèbre demoiselle de *Fontanges*, qui lui a donné son nom. Rien n'égale la fraîcheur et la beauté des prairies qui suivent la rivière pendant plus d'une lieue entre deux côtes resserrées, garnies de bois épais d'une belle verdure. Le bourg et le vallon de Fontanges sont dominés par une grande forêt de sapins, appelée le Bois-Noir, qui croît sur la crête des montagnes voisines. — Le canton de *Pleaux* est riche en seigle, en fruits et en sarrasin. Il a une belle plaine de deux lieues d'étendue. La propriété y est très-divisée, et le paysan y vit à l'aise du produit de ses terres. — On y retrouve *Scorailles*, petit bourg dans une belle position, qui a un château fort en ruines, et quelques débris d'anciennes fortifications. C'était autrefois la ville principale de la contrée et le siège d'un bailliage. Les savants du pays prétendent qu'elle fut bâtie par un général romain de l'armée de Jules César, nommé Scorus, qui lui donna son nom. — Une preuve plus certaine de l'ancienneté de cette ville est la découverte dans un petit bois, au bord d'une prairie, d'un tombeau de construction romaine. — Les fouilles qui ont amené cette découverte avaient été pratiquées par les soins d'un homme remarquable, M. le baron de Tournemine, ancien député à la convention, un ami des sciences et des arts, qu'il a cultivés jusqu'à son dernier moment. Il était né à Scorailles, et y est mort il y a deux ans. — La cascade de Sabius, l'une des plus belles connues, est à quelque distance de Scorailles. Sa nappe d'eau est magnifique, et se voit de très-loin ; elle est formée par la rivière d'Auze. — Le Cantal paraît avoir été une des contrées de la France les plus anciennement habitées. Ce qui le fait croire, outre des faits historiques nombreux, ce sont les révolutions successives qui ont changé à des époques inconnues la face du pays en déplaçant des villes et des villages, et rejetant les populations d'un point sur un autre. On retrouve dans plusieurs endroits, même dans des forêts, des ruines de villes ou de villages détruits par des incendies ou par d'autres catastrophes inconnues. — Les Romains, les Goths et les Maures y ont laissé successivement des traces de leur séjour ou de leur passage. Attila dans sa course meurtrière traversa ces montagnes, et fut arrêté, y dit-on, par une armée de montagnards auvergnats. — Les dernières invasions qu'ont subies nos provinces méridionales se sont étendues jusque sur le Cantal, et y ont laissé une race, un langage, des mœurs et des habitudes semblables. — Les druides, qui se plaisaient à la profondeur et à l'obscurité des forêts, y avaient établi leur souverain empire. — Ce pays a été aussi un des principaux théâtres des guerres de religion. Les pays montagneux, coupés par des gorges et couverts d'épaisses forêts, sont les champs de bataille favoris des guerres de partisans, qui cherchent dans les éléments un moyen de contre-balancer le désavantage du nombre. Ce fut dans le temps et à propos de ces guerres, que Sully fit planter sur les hauteurs principales des tilleuls qui prirent son nom, pour servir de point de ralliement. On en voit encore quelques-uns qui sont d'une dimension colossale. — Les guerres que les seigneurs se faisaient entre eux ont aussi pendant longtemps ensanglanté le pays. Le paysan était à la discrétion du plus fort, et subissait, quoi qu'il arrivât, le sort du vaincu. La tyrannie et l'abus des lois féodales ont produit dans cette contrée isolée, loin du gouvernement des rois, de si horribles atrocités, que le souvenir n'en est pas encore effacé et se perpétue par les traditions. — Si le Cantal, par sa position topographique, par ses antiquités, par les ressources qu'il offre au savant et au naturaliste, est un pays remarquable, les mœurs de ses habitants ne sont pas moins curieuses et dignes d'être observées. — Des barrières naturelles les séparent des grands centres de population, et ils sont d'ailleurs dispersés sur une trop grande étendue, difficile à parcourir, pour qu'il y ait cette centralisation des individus qui produit la centralisation des idées. Aussi le peuple y vit-il en lui-même, isolé du reste de la France, avec des mœurs simples et pures, mais empreintes de tous les préjugés que la superstition et la féodalité y ont implantés. — Le paysan du Cantal ne ressemble au paysan des autres pays ni par le costume, ni par le caractère, ni par les habitudes; il est vêtu comme le Basque, dont il a les formes athlétiques; il est, comme les montagnards, plein de finesse et de tact; il est aussi confiant et de bonne foi, mais pour obtenir sa confiance il faut la mériter. — Les femmes, qui s'y livrent aux travaux agricoles, sont grandes et jolies. Leur costume simple et riche est à peu près le même que celui des Suissesses dans certains cantons. L'air pur des montagnes, une nourriture saine, toute composée de lait, de fromages, de légumes, leur donnent une santé brillante et des familles très-nombreuses. — Les usages anciens s'y sont religieusement conservés. Ainsi, à la naissance, au mariage comme à la mort d'un membre de la famille, on fête dans un repas commun les parents et les voisins. — On y aime la danse, qui s'exécute en plein air ou dans une grange, au son de la musette, d'une manière gracieuse et décente. Les bourrées d'Auvergne ont été notées et sont renommées. — La religion y est pratiquée, les prêtres y sont aimés et respectés. Leur influence est grande et s'étend jusqu'aux intérêts matériels : le curé du village tient lieu souvent de médecin, d'expert, d'avocat, et règle les affaires contentieuses. — L'autorité paternelle y a conservé toute sa vigueur. Le chef de la maison y commande en maître absolu ; enfants et domestiques, sans distinction, travaillent en commun sous sa direction, et s'amusent en commun les jours de dimanche et de fête. Quand le père se sent devenir vieux, il se choisit un successeur parmi ses enfants (et c'est le plus âgé ordinairement, quand il n'a pas démérité), qu'il avantage du quart disponible de ses propriétés foncières. Cet usage, suivi dans presque toutes les familles et conservé des lois féodales, ne constitue pas un privilège, pour des raisons particulières à ce pays, et tirées de l'énorme disproportion qui existe entre le prix exorbitant des biens et la modicité de leur rapport. Car l'aîné est tacitement obligé de conserver pour l'honneur de la maison les biens intacts, et de donner à ses frères leur part en argent. Ceux-ci émigrant pour la plupart, ou filles à marier, y trouvent mieux leur compte ; car l'argent qu'ils reçoivent sert à leur commerce ou à leur dot ; tandis que leur part de biens, fût-elle égale, ne suffirait pas pour nourrir une famille. L'aîné a toutes les charges de la maison, et doit nourrir et soigner ses père et mère. D'un autre côté la superstition y vit en reine, favorisée par l'obscurité des forêts et l'ignorance des habitants. — Des restes de barbarie s'y font encore sentir : ainsi des haines héréditaires divisent souvent les habitants de plusieurs localités voisines, et donnent lieu à des luttes sanglantes et acharnées. Pour les éviter, l'autorité est obligée souvent d'intervenir avec plusieurs brigades de gendarmerie. — L'émigration depuis quelques années a modifié les mœurs primitives. Le paysan, de bon et confiant qu'il était, est devenu rusé et ami des procès. Le tribunal de Mauriac est, proportion gardée, le tribunal de France le plus surchargé d'affaires. On plaide pour un rien, pour un tronc d'arbre, pour un morceau de terrain stérile ; et les frais souvent dépassent la valeur de l'objet contesté. Cette fureur processive et la passion d'avoir des domaines qui ne rapportent pas au delà de 2 pour cent de leur valeur engloutissent les capitaux que l'émigration y fait monter avec tant de peine, et qu'on pourrait même utiliser dans ce pays si riche en minéraux. — Le luxe s'y introduit tous les jours, et y déforme le costume originaire qui était si beau. — Tant que la principale émigration s'est faite en Espagne, les mœurs n'ont rien perdu de leur allure; car il y a beaucoup de conformité entre ces mœurs et celles de certains pays d'Espagne. Mais, depuis que les guerres qui ont bouleversé l'Europe dans ces derniers temps ont rendu le commerce au dehors plus difficile, la civilisation apporte dans ces montagnes, non pas ses bienfaits et ses idées de progrès en tous genres, mais ces vices que les émigrants empruntent aux basses classes de la population des grandes villes, au milieu desquelles ils vivent.

CANTAL, s. m. (écon. dom.), sorte de fromage estimé qui se fait en Auvergne.

CANTALABRES, s. m. pl. (géogr.), anciens peuples de l'Espagne tarragonaise : ils habitaient le pays de Guipuscoa, la Biscaye, les Asturies et la Navarre : ils étaient très-belliqueux, et une liberté durable fut la récompense de leur courage.

CANTALOUP, sorte de melon à côtes saillantes et rugueuses (V. MELON).

CANTALICYUS ou **CANTALICIO** (JEAN-BAPTISTE), poëte latin du XVe siècle, n'est connu que sous ce nom, qui lui venait

de sa patrie, et sous celui de Valentino, qu'il tenait d'une famille puissante à laquelle il fut attaché. Il était né à Cantalice dans l'Abruzze, et fut, en considération de son savoir, choisi par le pape Alexandre VI pour instruire son neveu Louis Borgia. Ce jeune homme, étant devenu cardinal, obtint pour son précepteur l'évêché de Penna et d'Atri, et la permission de porter le nom de Valentino, mis alors en grand honneur par le crédit et la fortune du trop fameux César Borgia. On sait que César, d'abord cardinal de Valence en Espagne, avait ensuite été fait duc de Valentinois ou de Valence en Dauphiné. Les Italiens, à ces deux titres, l'appelaient il Valentino, et l'évêque de Penna se tint sans doute fort honoré de porter ce nom. Ses poésies ne sont pas sans mérite, quoique moins élégantes que celles de plusieurs autres poëtes latins qui fleurirent en Italie, surtout dans le siècle suivant. On a réuni et publié ses Epigrammes, en 12 livres, Venise, 1493, in-4°, et l'on a mis à la fin des siennes quelques-unes de ses disciples. On a aussi de lui un poëme latin en quatre livres, dont le grand capitaine Gonzalve de Cordoue est le héros, Naples, 1506, in-fol.; réimprimé à Strasbourg, 1515, in-4°. Ce poëme a été traduit en prose italienne par Sertorio Quattromani de Cosence.

CANTANHILDA (géogr.), baie située sur la côte occidentale de l'île de Saypan, qui fait partie de l'archipel des îles Mariannes. Cette baie est protégée contre les vents par un amphithéâtre de montagnes. C'est là apparemment qu'abordèrent les galions des Espagnols.

CANTANELLE, s. f. (hist. nat.), genre d'insectes de la famille des proscarabées.

CANTANETTES, s. f. pl. (marine), petites ouvertures rondes entre lesquelles est placé le gouvernail d'un bâtiment, et par où le gavon est éclairé. — Petits compartiments pratiqués dans les chambres des vaisseaux.

CANTANIA (géogr. ecclés.), ville épiscopale de l'île de Crète, au diocèse de l'Illyrie orientale, sous la métropole de Cortyne, appelée Cantanus par Etienne et l'anonyme de Ravenne, aussi bien que dans les tables de Peutinger. Elle ne se trouve pas ailleurs que dans les Actes des conciles.

CANTARA (géogr.), rivière de Sicile qui a son embouchure au sud de la baie de Taormina. On lui donne aussi le nom d'Alcantara. C'est l'Onobalus des anciens, auquel on donnait aussi le nom de fluvius Taurominius, et on donne encore aujourd'hui au Cantara le nom de Fiume di Taormina. Il a sa source sur le côté nord de l'Etna, et son eau est très-blanche et très-froide.

CANTARELLA, s. m. venin ou poison tiré, dit-on, de la bave d'un cochon attaqué d'hydrophobie. On dit aussi cantarelle au féminin.

CANTARINI (SIMON), surnommé le Pésarèse, parce qu'il était de Pesaro, né en 1612, mort à Vérone en 1548. Elève du Guide, il saisit sa manière et mérita son estime. Ce grand peintre retrouvait en effet dans les tableaux du Pésarèse ce goût de nature et ces sentiments de chair qui donnent tant de prix à ses ouvrages; peut-être même le disciple eût-il surpassé le maître, s'il n'eût été enlevé à la fleur de son âge par une mort inopinée. Il a gravé beaucoup de ses tableaux.

CANTARO (comm.), poids dont la valeur varie suivant les pays où on l'emploie. Le cantaro ou quintal de Constantinople : 0,657828 kilogrammes. A Palerme, le cantaro (grand poids) : 275 livres; idem (petit poids) : 250 livres. Le cantaro de Naples : 100 rottoli de 0,891058 kilogrammes chaque. Le cantaro ordinaire d'Alep : 100 rottoli à 2,296099 kilogrammes chaque rottolo. Le cantaro de Tripoli : 50,7908 kilogrammes. Le cantaro de Tunis : 49,6253 kilogrammes ; et le cantaro du Caire : 100 rottoli de 0,431032 kilogrammes chaque rottolo.

CANTATE (musiq.), pièce de musique vocale, avec des accompagnements, composée sur les petits poëmes du même nom. J.-J. Rousseau, dans son Dictionnaire de musique, en donne la définition suivante : « Bien que faite pour la chambre, la cantate doit recevoir du musicien la chaleur et les grâces de la musique imitative et théâtrale. Les cantates sont ordinairement composées de trois récitatifs et d'autant d'airs. Celles qui sont en récits et les airs en maximes sont toujours froides et mauvaises; le musicien doit les rebuter. Les meilleures sont celles où, dans une situation vive et touchante, le principal personnage parle lui-même ; car nos cantates sont communément à voix seule. Il y en a pourtant quelques-unes à deux voix, en forme de dialogue, et celles-là sont encore agréables quand on sait introduire de l'intérêt. Mais, comme il faut toujours un peu d'échafaudage pour faire une sorte d'exposition, et mettre l'auditeur au fait, ce n'est pas sans raison que les cantates ont passé de mode, et qu'on leur a substitué, même dans les concerts, des scènes d'opéra. » — Les cantates les plus renommées sont : *Adélaïde* et *Armide*, par Beethoven ; *Ariane*, par Haydn ; *Sapho*, par Paër ; la *Primavera* et la *Mort d'Haydn*, par Chérubini. — Les cantates n'ont pas repris faveur ; on n'en compose plus qu'à de rares intervalles, pour des fêtes solennelles et pour le grand prix de musique de l'Institut.

CANTATE (*littér.*), composition lyrique, de création moderne, dont J.-B. Rousseau a doté notre littérature. Ce petit poëme, fait pour être chanté, a beaucoup d'analogie avec l'ode. Il exige une poésie noble, expressive, soutenue, grandiose, et se compose de deux parties distinctes : les *récits*, ou exposition du sujet qui est emprunté ordinairement à la fable ou à l'histoire, et les *airs*, ou développement du fait choisi. Une cantate ne peut renfermer au delà de trois récits qui se forment de vers de huit ou dix syllabes de toutes mesures, à l'exception des vers alexandrin. Selon J.-B. Rousseau, la cantate offre une allégorie exacte, dont les récits sont les corps et les airs l'âme et l'application. Ce poëte distingué fut l'inventeur de ce genre lyrique, et il n'a pas eu d'heureux imitateurs dignes d'être cités après lui.

CANTATILLE (*musiq.*), diminutif de cantate, n'est en effet qu'une cantate fort courte, dont le sujet est lié avec quatre ou cinq vers de récitatif en deux ou trois airs communément en rondeau, avec des accompagnements de symphonie.

CANTAZARO ou CATANZARO (*géogr. ecclés.*), ville épiscopale du royaume de Naples dans la Calabre ultérieure ; en latin, *Catacium Cantazara*. Elle est située près du golfe de Squillace, entre la ville de ce nom et celle de Belcastro. Sa situation, le bon air qu'on y respire, l'abondance de tout ce qui est nécessaire à la vie, en font une des plus jolies villes de l'Italie. On dit qu'elle fut bâtie par l'empereur Nicéphore Comnène, ou au moins par les Grecs de son temps, et faite épiscopale, sous Regio, par le pape Caliste II, qui y unit à perpétuité le siège de Taberna. Elle est sur une montagne, et le gouverneur de la province y fait ordinairement sa résidence. La cathédrale, dédiée à l'Assomption de la sainte Vierge et aux apôtres saint Pierre et saint Paul, est très-belle. Son chapitre est composé de quatre dignitaires, qui sont le doyen, le chantre, l'archidiacre et le trésorier, de quatorze chanoines et de plusieurs autres prêtres et clercs. Il y a dans la ville neuf couvents d'hommes et quatre de filles. Le diocèse est terminé à l'orient par la mer Ionienne et le diocèse de Belcastro, au midi par la même mer et le diocèse de Squillace, au couchant par le diocèse de Nuovo-Castro, et au nord par celui de Cosenza.

CANTECROY, *Canticrode* (*géogr., hist.*), vieux château situé à 1 lieue et demie d'Anvers, près de Moortsel, dans l'ancienne mairie de Rhyen en Brabant. Gauthier Volcaert le céda en 1295, le jeudi avant la Saint-Luc, avec tous les biens qui y appartiennent dans la paroisse de Moortsel, au duc Jean II de Brabant, qui le donna l'année suivante, à titre de fief, à Guillaume, seigneur de Berchem et de Ranst, de la famille des Berthoutes de Grimbergen. Jean de Ranst, fils de Jean et petit-fils de Costin, reçoit, à titre de fief, le 16 septembre 1445, le château de Canticrode, avec les villages de Moortsel et d'Edeghem qui en dépendent. Jeanne de Ranst, fille (du second lit) de Jean, mort en 1505, dame de Hontain-le-Val, vendit en 1547 la propriété de ce domaine à Henri de Pontallier, seigneur de Flagey, dont les filles, Claudine, Rose et Béatrix, le vendent à leur tour, le 28 mai 1549, à Nicolas Perrenot, seigneur de Granvelle. Le cardinal de Granvelle, fils aîné de Nicolas, acquit aussi les propriétés d'Artselaer, de Bouchaut et de Hove, voisines du château, à titre de nantissement, et l'abbaye de Lobbes dans la prévôté de Contigh, à titre héréditaire : mais il céda tout cet ensemble de biens, avec le château de Cantecroy, à son frère Thomas, en faveur duquel Philippe II, en juillet 1570, érigea Cantecroy en comté. Le fils de Thomas, François, comte de Cantecroy, mourut à Prague en 1607, sans postérité légitime, après avoir institué son héritier le fils de sa sœur Pétronella, François-Thomas d'Oyselet, à condition cependant que celui-ci prendrait le nom et les armoiries de la famille des Perrenot-Granvelle. François-Thomas vendit le château de Cantecroy et les villages de Moortsel, d'Edeghem, et de Luythagen, le 5 mai 1616, à Jean Maes; mais il se réserva formellement le titre de comte de Cantecroy. Le 3 décembre 1620, en considération sans doute de son mariage avec Caroline d'Autriche, margrave du saint-empire, fille naturelle, légitimée le 1er mars 1607, de l'empereur Rudolf II, il fut nommé prince du saint-empire. Il mourut le

5 janvier 1629. Son fils unique, Eugène-Léopold, comte de Cantecroy, prince du saint-empire, nommé ordinairement le prince de Cantecroy, mourut, dernier rejeton de sa famille, en février 1657 ; sa jeune veuve, la princesse de Cantecroy, Béatrix de Cusance, née en 1614, mariée en 1635, avait déjà précédemment, en 1634, connu à Besançon Charles IV, duc de Lorraine, qui lui avait dès lors parlé de mariage, quoique marié déjà depuis 1621 avec la duchesse Nicolle, fille de Henri II, à laquelle appartenait, à proprement parler, le duché de Lorraine. A cette époque la princesse de Phalsbourg avait trompé cette pauvre demoiselle de Cusance, et lui avait fait épouser le prince de Cantecroy. Maintenant que le prince était mort, Charles IV renouvela ses poursuites, et en avril 1657 la jeune veuve fut formellement mariée avec lui, après que quelques théologiens de cour eurent déclaré nul le mariage de Charles IV avec la duchesse Nicolle. Mais, malgré tous les efforts qu'il fit à Rome, le duc ne put jamais parvenir à obtenir la confirmation de son second mariage, sur lequel parurent de nombreux écrits en Lorraine et en France. Lorsqu'en 1641, après avoir longtemps voyagé en Allemagne en compagnie de Béatrix, il vint visiter Malgrange près Nancy, le peuple, grandement réjoui de revoir son duc chéri après une si longue séparation, accourut en masse : on prétend qu'à cette occasion quelques jeunes mères, dans les transports de l'enthousiasme, s'écrièrent : Que Dieu conserve le duc, ses deux femmes et son enfant ! La duchesse Nicolle mourut le 18 février 1657. Il y avait longtemps que la passion du duc pour la princesse de Cantecroy s'était refroidie ; la place vide que cette beauté laissa dans ce cœur corrompu fut prise par Marie-Isabelle de Ludre, chanoinesse à Poussay. Elle devait, disait-il, réparer pour lui la perte d'une épouse, et il fit venir à Mirecourt le curé de Richardmenil, pour se fiancer en sa présence avec la dame de Ludre (1663). La princesse Béatrix accourut pour s'opposer à cette union, mais à Maltaincourt, qui se trouve à une demi-lieue de Mirecourt, elle se vit renvoyée. Le cœur brisé de douleur, elle s'en retourna à Besançon, et une maladie qui menaça son existence fut le seul fruit de ce voyage. Touché de son malheur, et peut-être aussi par égard pour ses propres enfants (Béatrix était en effet la seule de ses trois femmes qui lui eût donné des enfants, à savoir le prince de Vaudemont et la princesse Anne), le duc envoya son favori Risaucourt à Besançon, avec plein pouvoir et comme procureur, afin d'épouser, en son nom et pour lui, la princesse de Cantecroy. Singulière réunion de sacrements, dit Béatrix à son médecin, que le mariage et l'extrême-onction ! En effet, elle mourut seize jours après, le 5 juin 1663. Le duc alors n'épousa point la fiancée à laquelle il s'était solennellement uni, la demoiselle de Ludre, mais un enfant de treize ans, Marie-Louise d'Apremont. Jean Maes ne posséda pas longtemps le domaine de Cantecroy : il fut vendu judiciairement et adjugé, le 28 avril 1627, à Philippe Godines (Gudenus) ; l'héritière de celui-ci, Sibylla van den Berghe, le vendit, le 16 novembre 1652, à Charles de Fiennes, baron d'Enne. Cette famille a possédé Cantecroy jusqu'à nos jours.

CANTEL (LE P. PIERRE-JOSEPH), savant et laborieux jésuite né en 1645, mort à Paris en 1684, a écrit un bon abrégé des antiquités romaines, sous ce titre : *De romana republica, sive de re milit. et civil.* Roman, Paris, 1684, in-12. Il avait commencé un grand ouvrage sur l'histoire civile et ecclésiastique des villes métropolitaines (en latin), dont il parut un premier volume en 1684, in-8°, et que sa mort prématurée l'empêcha de continuer. On lui doit le *Justin*, Paris 1677, et le *Valère Maxime*, ibid., 1679, de la collection des classiques *ad usum delphini*.

CANTELLI (GIACOMO), géographe et bibliothécaire de François II, duc de Modène, lui fit pour ce prince deux globes qui sont encore dans la bibliothèque ducale ; il avait aussi commencé une carte particulière des États du duc de Modène, qui fut achevée par Vandetti. Les cartes du *Mercurio geografico* de Rossi, Rome, 1692, in-12, sont encore de Cantelli, qui mourut en 1695. On dit qu'il avait été invité par Colbert à venir en France. Il a publié, avec une préface, trois dialogues latins de l'abbé Bacchini, Modène, 1692, in-12, reproduits en 1740, et quelques articles dans le *Journal* du même Bacchini, pour 1665.

CANTELMI, famille napolitaine, qui regarde comme son ancêtre le plus jeune fils de Duncan Ier, roi d'Écosse. Il se nommait Eberhardt, et les facultés intellectuelles peu ordinaires dont il était doué l'avaient fait surnommer Canclam (Guiscard, esprit fin). Suivant le récit du Provençal Elie de Bariols, qui écrivait au XIIe siècle, et confirmé par un document du 1er janvier 1085, émané de Charles II, roi de la Grande-Bretagne, Eberhardt, fuyant le meurtrier Macbeth, se serait rendu en Normandie, dont le duc était son proche parent, aurait pris part à la première croisade, et se serait enfin établi en Provence. Son fils, nommé Cantelmus d'après le surnom de son père, posséda Luc, près de Draguignan et Trilly. Son petit-fils Rostaing, qui eut pour épouse Phanetta de Baux, fut le premier qui fit usage du nom de Cantelmus comme nom de famille. Le petit-fils de Rostaing, Jacques, un des compagnons de Charles d'Anjou dans l'expédition en Apulie, reçut, en récompense de ses hauts faits à la bataille de Benevento, la ville de Popoli, située dans l'Abruzze ultérieure. Il vint aussi, en qualité d'envoyé sicilien, à la cour de l'empereur Rudolphe. Son fils Rostaing II, après la mort de Charles d'Anjou, fut nommé par le pape, qu'il avait servi contre les Colonna, sénateur de Rome et comte de la Campagne. Il mourut en 1310, après être devenu général en chef des armées de la ville de Naples. Son fils, Jacques II, qui épousa Philippa de Reale, et reçut en dot la ville de Bovino en Capitanata, celles de Balneoli, de Cerri, etc., fut en 1295 justicier et capitaine général dans l'Abruzze ultérieure, et défendit en 1312-1313, en qualité de lieutenant du roi Robert, Florence contre l'empereur Henri VII, qui se vit forcé à la fin de lever le siège de cette ville. Le fils aîné de Jacques II, Jean, reçut le titre de comte, et sa baronnie de Bovino fut érigée en comté. Les arrière-petits-fils de Jacques II, Rostaing IV, Berengar et Jacques, tombèrent en disgrâce auprès du roi Charles III, aux ennemis duquel ils s'étaient joints; cependant ils obtinrent leur pardon, et le roi accorda en même temps à Berengar la dignité de grand chambellan et le comté d'Arce près de Sora, à Jacques le comté d'Oliveto en Basilicata. Le fils aîné de Rostaing IV, Jacques, hérita Oliveto de son oncle, et fut nommé comte de Popoli par le roi Ladislaus, qu'il avait fidèlement servi dans toutes ses guerres. Antoine, le plus jeune fils de Jacques, troisième comte de Popoli, hérita de ses cousins le comté d'Arce, qu'il laissa, suivant sa dernière volonté, ainsi qu'Oliveto, à son fils aîné Nicolas, tandis que le plus jeune, Onuphrius, l'ancêtre de la famille collatérale des Pettorano (V. plus bas), devait obtenir en partage Popoli. Mais Nicolas s'arrogea la propriété de l'héritage tout entier, et pour s'assurer les biens qu'il avait ravis, il prit le parti du roi d'Aragon. Alphonse, pour le récompenser de ses services, lui accorda le duché de Sora, dont il lui donna l'investiture du haut du char sur lequel il fit son entrée triomphale dans la ville de Naples. Ce que Nicolas avait fait à son frère, le fils aîné de Nicolas, Pierre-Jean-Paul, deuxième duc de Sora, premier duc d'Oliveto, le fit aussi de son côté à son frère, en s'emparant du comté de Popoli que leur père avait accordé à ce dernier. Tous les ordres du roi furent inutiles, et ne purent le décider à restituer au possesseur légitime ce qu'il avait injustement ravi. Enfin, pour se débarrasser de toute remontrance, il s'adjoignit à la grande conjuration de Marino Marsan, duc de Sessa. Mais, l'entreprise ayant échoué, le duc de Sora termina ses jours dans l'exil à Ferrare. Il était resté à ses fils assez de biens pour bâtir à Mantoue un couvent, et à côté de ce couvent le palais de Cantelmo. Toutefois, lors de l'expédition de Lautrec à Naples, ils s'unirent à lui, et concurent un moment l'espoir de rentrer dans la possession des biens paternels qui avaient été confisqués : mais cette espérance s'évanouit bientôt, et avec elle disparut toute cette branche de la maison de Cantelmi. — Jean, frère du deuxième duc de Sora, fut investi de la propriété du comté de Popoli après que la perte de son frère fut consommée, et le roi y ajouta, le 29 novembre 1461, le duché d'Oliveto. Son fils Rostaing, septième comte de Popoli, guerrier expérimenté, fut assassiné en 1514 par son chapelain. Son petit-fils, Jean-Joseph, premier duc de Popoli, comte d'Ortona dans l'Abruzze, après avoir survécu à tous ses enfants, obtint de Charles V, la permission de disposer de tous ses fiefs : il les donna à Jules-César Cantelmi, seigneur de Pettorano, et mourut en 1560. Six ans après sa mort, on imprima son poème héroïque, la Psiche. —Onuphrius Cantelmi, frère du premier duc de Sora, se voyant trop faible pour enlever à celui-ci le comté de Popoli, se contenta enfin d'Alfidena, dans l'Abruzze ultérieure, et hérita aussi de sa mère, qui était une Varano de Camerino, les domaines de Pettorano et de Valle-Soscura, situés tous deux au sud de Sulmona. Le fils de son arrière-petit-fils, Jules-César, reçut Popoli en héritage après la mort du duc Jean-Joseph, et, étant mort sans enfants, laissa ce domaine à son frère Octavio, père de Fabricius et grand-père de Joseph et d'André. Joseph devint cinquième duc de Popoli, seigneur de Pettorano et de Valle-Soscura. André, né à Pettorano, le 2 août 1598, fut destiné à l'état ecclésiastique; mais une tendance irrésistible, que sa famille combattit longtemps, mais en vain, lui fit chercher fortune à la guerre. Il fit sa première campagne dans la guerre du Veltlin. Ensuite il servit l'empereur d'Allemagne, combattit Bethlen Gabor, et se trouva aux deux sièges de Casale, ainsi qu'à celui

de Nizza della Paglia et de Ponte-Stura. En 1631, il conduisit dans les Pays-Bas un régiment de Napolitains en qualité de maestro di campo; l'année suivante, il conduisit son régiment en Allemagne, où il se distingua à la prise de Spire et à la délivrance de Frankenthal. En 1634, il défendit Stevensgwerth et le fort de Cantelmo, bâti par lui-même, contre les attaques réitérées des Hollandais. Pour le récompenser de ces services, ainsi que pour l'indemniser des dépenses qu'il avait faites en fortifiant Kerpen et en défendant le pays de Clèves, l'infante, régente des Pays-Bas, lui offrit 20,000 écus; mais il refusa généreusement ce don. En 1635, il défendit pendant huit mois le fort de Schenke contre le prince Frédéric-Henri et contre la majeure partie des forces hollandaises. Immédiatement après, il força les Français et les Hollandais réunis à lever honteusement le siège de Loewen. En 1637 il fut nommé gouverneur de la province de Luxembourg, qu'il fut obligé d'enlever d'abord au maréchal de Châtillon, soutenu par 12,000 Français. Son dernier et son plus brillant fait d'armes dans cette contrée fut la prise d'Ivoy. L'année suivante, en 1638, il marcha contre les Hollandais qui s'étaient rendus maîtres des forts de Calloo et de Venebroeck sur la rive occidentale de l'Escaut, et qui occupaient, à une lieue seulement d'Anvers, une position presque imprenable. Tous les généraux pensaient que l'ennemi était inattaquable dans cette position : Cantelmi seul fut d'un avis différent, et il sut faire si bien comprendre son avis, que le cardinal infant finit par lui permettre de hasarder une attaque. Elle fut si bien conçue et si bien exécutée, que les Hollandais, après avoir été expulsés de tous leurs retranchements, et avoir perdu 2,000 hommes qui furent faits prisonniers, sans compter ceux qui furent tués, évacuèrent Calloo en silence la nuit suivante. En 1640, il remplit les fonctions de maestro di campo generale; l'année suivante, en vertu de la disposition royale du 19 juillet 1641, il devint membre de la junte, à laquelle fut confié par intérim le gouvernement des Pays-Bas après la mort du cardinal infant. En 1643, exerçant les fonctions de maestro di campo generale de la province de Flandre, et tandis qu'Harcourt était campé devant Saint-Omer, il fit une incursion en Picardie : il eut aussi quelques succès contre le prince d'Orange. L'année suivante, il fut appelé en Espagne : le roi le reçut avec beaucoup de bonté, et le nomma vice-roi et capitaine général de la Catalogne à la place de don Philippe de Silva. Il força ensuite le maréchal de la Mothe à lever le siège de Tarragone, il enleva d'assaut Balaguer après un siège de quatre jours; avec 5,000 hommes seulement de mauvaise infanterie, il disputa longtemps le passage de la rivière de Segré au comte d'Harcourt, et lorsque enfin Harcourt eut forcé le passage, ce qui arrive pour ainsi dire toujours et ce qu'il est presque impossible d'empêcher, il défendit Balaguer pendant quatre mois contre l'armée française, qui était excellente et parfaitement commandée. Enfin, après avoir épuisé tous les moyens de défense, Cantelmi mena sa petite troupe à travers les lignes des ennemis, et, par une marche des plus habiles, mais aussi des plus difficiles et des plus pénibles, la conduisit en lieu de sûreté. Cependant ces efforts, et le chagrin qu'il éprouvait de se voir dépourvu de tout ce qui est nécessaire à la guerre, de soldats, d'armes et d'argent, altérèrent sa santé : attaqué d'une fièvre lente, il mourut à Alcuvières, non loin de la capitale de l'Aragon, le 5 novembre 1645. Ses restes mortels furent inhumés dans la cathédrale de Saragosse. Sa vie a été décrite par Leonardo de Capua. Cantelmi fut lui-même écrivain : ses manuscrits sur l'art de la guerre arrivèrent à la connaissance du prince des Asturies, et sont peut-être conservés encore aujourd'hui dans la bibliothèque royale de Madrid. Fabricius, neveu d'André, fils aîné du duc de Popoli, reçut de Philippe IV le titre de prince de Pettorano, et laissa quatre fils. L'aîné, Joseph, septième duc de Popoli, n'eut qu'une fille, qui, pour ne pas laisser s'obscurcir l'éclat de la maison, fut mariée au plus jeune des frères de son père. Le second des fils de Fabricius, Jacques, né en 1643, fut recommandé par le cardinal François Barberini, à qui il avait rendu quelques services, au pape Innocent XI, qui le pourvut d'une riche abbaye, et qui l'envoya comme inquisiteur à Malte et comme nonce en Suisse, à Venise, en Pologne et enfin à Augsbourg, pour assister au couronnement de Joseph Ier. Alexandre VIII le revêtit de la pourpre romaine le 13 février 1690 ; peu de temps après, il fut nommé archevêque de Capoue, et en 1691 Innocent XII, à l'élection duquel il avait contribué, le nomma à l'archevêché de Naples, poste que le nouveau pape venait de quitter lui-même. Pendant qu'il occupa ce siège, il eut de grandes querelles avec les vice-rois et les nonces du pape, et plus d'une fois, à l'occasion de ces tristes débats, il eut le malheur de sortir des bornes de la douceur chrétienne. Du reste, sa conduite fut exemplaire sous tous les autres rapports. Il mourut le 11 décembre 1702. André, le troisième fils de Fabricius, mourut à Gênes, après s'être acquis la réputation d'un intrépide marin. Enfin le plus jeune fils, Rostaing, né en 1655, devint huitième duc de Popoli par son union avec Béatrix, fille unique de son frère (1690), servit en qualité de général-mayor en Afrique, en Sicile, en Espagne et en Flandres, et fut nommé en 1696 général de l'artillerie napolitaine. Charles III fit confisquer ses biens pour le punir d'avoir servi avec zèle le parti de Philippe V. En 1715 il fut nommé par Philippe V capitaine général de la Catalogne que les alliés avaient évacuée ; mais, comme il ne put réussir à se rendre maître de Barcelone, ce commandement lui fut enlevé. Par contre il reçut le 26 juillet 1717 l'ordre du Saint-Esprit, et en 1722 il fut élevé au rang de grand d'Espagne de première classe. Il était aussi commandant des gardes du corps d'Italie, gouverneur du prince des Asturies, don Louis, puis gouverneur de ce prince, et mourut le 16 janvier 1723. Dans la personne de son fils Joseph, né en 1691, neuvième duc de Popoli, quatrième prince de Pettorano, qui servit en 1727 au siège de Gibraltar en qualité de brigadier, s'éteignit, si nous ne nous trompons, la descendance mâle de cette maison. Il s'était marié le 22 avril 1717 avec Catherine-Berthe de Boufflers, fille du maréchal de ce nom et dame d'honneur de la reine d'Espagne ; sa sœur Camille Cantelmi s'était mariée, le 16 janvier 1724, avec Leonardo Tocco, prince de Monte-Mileto, neveu du pape Benoît XIII et descendant du fameux souverain de Céphalonie et de Zante.

CANTEMIR (CONSTANTIN), seigneur moldave, d'une ancienne famille tartare, né vers 1650, entra fort jeune au service de Pologne, où il obtint un grade supérieur, puis s'attacha au vaivode de Valachie, Georges Ghila, et, de retour en Moldavie, fut élevé successivement aux premiers emplois. Le prince Demetrius Cantacuzène, vaivode de la province, jaloux de son mérite, l'ayant dénoncé au sérasskier (généralissime) Soliman-Pacha, Cantemir réussit à se justifier, et obtint même le poste pendant huit ans, au bout desquels il mourut en 1693, avec l'assurance d'avoir son fils pour successeur.

CANTEMIR (DEMETRIUS), prince de Moldavie et descendant d'une noble famille tartare, naquit en 1673 et fut élevé en partie à Constantinople, où il avait été envoyé dans son bas âge comme un otage. Se voyant enlever par la Porte l'espérance de succéder à son père comme prince de Moldavie, il nourrit contre elle un ressentiment caché, tout en continuant à habiter Constantinople. Quand la guerre éclata en 1710 entre Pierre le Grand et la Porte, il venait d'être envoyé par cette dernière comme gouverneur de la Moldavie. Il voulait son titre de prince ; l'occasion était favorable à ses desseins, et il fit alliance avec le czar de Russie. Les armes russes ayant éprouvé un échec, il dut abandonner le territoire turc et suivre son nouveau protecteur, qui le récompensa avec le titre de prince de l'empire russe, généralissime des Moldaviens établis en Russie, et lui donna d'autres privilèges. Il résida à Charrof dans l'Ukraine, jusqu'en 1713, où il revint à Moscou. Là, à l'occasion de son second mariage avec une princesse russe, il coupa sa barbe et changea son costume turc contre l'habillement européen. Le czar en avait fait son conseiller privé, et Cantemir l'accompagna dans toutes ses campagnes, s'attirant par sa conduite l'estime générale. Dans un voyage à Derbent, il fit naufrage, et perdit divers écrits qu'il avait pris grand soin à composer. Il mourut dans ses États de l'Ukraine en 1723. — Cantemir était instruit et studieux. On dit qu'il parlait onze langues. Il était auteur de plusieurs ouvrages. Son *Histoire de l'empire ottoman*, écrite en latin, quoique contenant d'étranges erreurs sur l'histoire orientale, prouve néanmoins que l'auteur était initié à la connaissance du langage, des annales et des institutions des Turcs. Son *Système sur la religion mahométane* fut écrit et imprimé par ordre du czar Pierre en langue russe ; *le Monde et l'Esprit*, dialogues moraux, furent imprimés en Moldavie en russe et en moldave ; son *Traité sur le présent état de la Moldavie* le fut en latin ; ses *Airs de musique avec des paroles turques* avaient une préface intitulée : *Introduction à la musique*, en moldave. Le reste de ses ouvrages a été perdu, comme nous l'avons dit, dans son naufrage.

CANTEMIR (CONSTANTIN-DEMETRIUS ou, selon quelques biographes, ANTIOCHUS), fils cadet du précédent, né à Constantinople en 1709, reçut une éducation soignée à Moscou et à Saint-Pétersbourg. Officier dans la garde impériale, il entra ensuite dans la carrière diplomatique, fut ministre de Russie à Londres, puis ambassadeur en France, et mourut à Paris en 1744. A l'exemple de son père, il aima et cultiva la poésie, les lettres, les sciences et les arts ; acquit de grandes connaissances en physique, mathématiques, géographie, histoire, peinture et musique. On a de lui huit satires en vers russes, traduites en

français, par l'abbé Guasco, Paris, sous la rubrique de Londres, 1749, in-12 ; il a laissé manuscrits en russe des *cantiques*, des *fables*, des *odes*, *la Pétréide*, poëme, un *Traité de prosodie*, et des traductions des *Lettres persanes*, des *Entretiens sur la pluralité des mondes*, des *Dialogues sur la lumière*, d'Algarotti, et de quelques ouvrages d'auteurs grecs et latins. Il avait commencé un dictionnaire russe et français, et recueilli des matériaux pour une histoire de Russie.

CANTENAC (N. DE), assez mauvais poëte du XVIIe siècle, est auteur d'un recueil de poésies nouvelles et œuvres galantes, imprimé à Paris en 1661 et 1665, in-12. On trouve dans quelques exemplaires de la première édition de ce livre un petit poëme de quarante stances, intitulé : *l'Occasion perdue et retrouvée*, attribué à tort à Pierre Corneille, et qui, supprimé (par ordre) dans l'édition de 1665, a été insérée dans d'autres recueils du temps. Cette pièce de mauvais goût est cependant la meilleure du recueil du sieur de Cantenac.

CANTER (GUILLAUME) était fils de Lambert Canter, sénateur d'Utrecht. Il naquit dans cette ville le 24 juillet 1542. Après ses études et quelques voyages littéraires entrepris pour visiter les savants et les bibliothèques de France, d'Allemagne et d'Italie, il se fixa dans la ville de Louvain, sans ambition, sans passion, que celles de l'étude. Canter ne voulut prendre de grade dans aucune université, et s'éloigna de toute espèce de fonctions publiques pour se livrer exclusivement et sans réserve à la culture des lettres savantes. La même raison l'empêcha d'entrer dans les liens du mariage. L'amitié même lui semblait dangereuse ; il était souverainement ennemi des repas et des réunions de société ; et quand il consentait à recevoir quelqu'un, cette rare exception n'avait jamais lieu que pour un savant. Chaque heure de la journée avait son usage déterminé d'avance, et il observait scrupuleusement la règle qu'il s'était faite. « Je n'ai jamais vu, dit Juste Lipse dans une de ses lettres (Cent. I, ép. 1), je n'ai jamais vu un esprit si infatigable, si animé aux travaux littéraires, si propre à les supporter. Il est au milieu des livres et des papiers, le jour, la nuit, sans cesse ; il n'en bouge pas. Tous les jours de la vie sont de compte fait à ces études savantes ; que dis-je ? toutes les heures ; il les partage, la clepsydre sous les yeux, et chacune est consacrée à telle ou telle lecture, à telle ou telle composition. » Cet excès de travail jeta Canter dans une maladie de langueur dont il mourut, n'ayant pas encore trente-trois ans accomplis, le 18 mai 1575. Ses ouvrages sont nombreux et l'ont placé parmi les plus habiles critiques. En voici l'indication : 1° *Orationes funebres in obitus aliquot animalium*. Ces discours sont traduits de l'italien d'Ortensio Lando. La seconde édition est de Leyde, 1591, in-8°. L'ouvrage de Lando avait été traduit deux fois en français : la première par Pontoux (Lyon, 1569, in-16) ; la seconde par François d'Amboise, sous le faux nom de *Thierry de Timophile* (Paris, 1583, in-16). On a cru que Canter, qui savait peu l'italien, s'était aidé de l'une ou de l'autre de ces versions. 2° *Novæ lectiones*, etc. La première édition (Bâle, 1564) n'avait que quatre livres ; la seconde, Bâle, 1566) en est sept ; la troisième, huit ; elle fut donnée à Anvers en 1571, in-8°, et cst aussi complète que celle de Gruter, qui a imprimé les *Novæ lectiones* en neuf livres, dans le tome troisième de son *Thesaurus criticus*. Le quatrième livre, qui dans les autres éditions a trente et un chapitres, n'en a que trente dans Gruter, et c'est de ce chapitre retranché qu'est formé le neuvième livre. Les *Novæ lectiones* sont un recueil très-précieux d'observations philologiques ; la critique verbale en est le principal objet. Scaliger prétendait que Canter lui avait volé un bon nombre d'excellentes remarques, et ce reproche n'a pas semblé tout à fait injuste. 3° *Aristidis orationes*. C'est la traduction latine des discours d'Aristide. Reiske a dit qu'Aristide était après Thucydide le plus difficile des auteurs grecs, et cette opinion a été adoptée par le savant bibliothécaire de Venise, M. l'abbé Morelli. En traduisant d'une manière à la fois élégante et fidèle un écrivain aussi obscur, Canter se fit beaucoup d'honneur. Cette traduction, imprimée pour la première fois à Bâle, 1566, in-fol., en trois parties, a reparu dans l'Aristide de P. Etienne et dans celui de Jebb. Canter y joignit, dans une quatrième partie, la traduction de quelques discours de Gorgias, d'Antisthène, d'Alcidamas, de Lesbonax, d'Hérode Atticus, etc. A la fin de cette quatrième partie, on trouve : 4° *Syntagma de ratione emendandi græcos auctores*. Ce petit ouvrage, où sont indiquées les principales sources de la corruption des textes grecs, vit le jour, pour la seconde fois, avec de nombreuses augmentations, à Anvers, 1571, in-8°. Jebb l'a réimprimé dans le second volume de son édition d'Aristide. 5° *Aristotelis Pepli fragmentum*, Bâle, 1566, in-4° ; et Anvers, 1571, in-8°. Canter est le premier qui ait attribué à Aristote les épitaphes anonymes des héros morts à Troie, et il les a données, sous ce titre, avec une traduction latine, qui a été réimprimée fréquemment. 6° *Euripides*, Anvers, 1571, in-12. Dans cette édition, Canter a le premier mis quelque ordre et quelque mesure dans les chœurs. Il doit être compté parmi les meilleurs éditeurs d'Euripide. 7° *Sophocles*, Anvers, 1579, in-12, édition rare et estimée. 8° *Æschylus*, Anvers, 1580, in-12 ; le travail de Canter est fort beau, et ce volume n'est pas commun. 9° Nous nous bornerons à nommer ses traductions latines de Lycophron, de Stobée, de Pléthon, de quelques ouvrages de Synésius ; ses notes sur Properce, les lettres diverses et les Offices de Cicéron ; ses *Variæ lectiones ad Biblia græca*, dans le sixième volume de la Polyglotte d'Anvers. Il y a de lui, dans le recueil intitulé *Deliciæ poetarum belgicorum*, quelques pièces qui prouvent qu'il n'était pas sans talent pour la poésie latine.

CANTER (THÉODORE), frère de Guillaume, naquit à Utrecht, en 1545. Comme son frère, il cultiva les lettres, mais sans renoncer au commerce des hommes, et aux devoirs qu'impose la société. Il n'avait pas encore vingt ans lorsqu'il composa ses *Variæ lectiones*, qui parurent à Anvers en 1574, et sont réimprimées dans le tome troisième du *Thesaurus* de Gruter. Scaliger, parlant de Canter, dans le *Scaligeriana*, dit : « Il y a de bonnes choses dans ses *Variæ lectiones* : j'y profite beaucoup. » Son second ouvrage est une édition d'Arnobe (Anvers, 1582, in-8°), avec de courtes notes, qui ont reparu dans la grande édition d'Arnobe, donnée à Leyde en 1651, in-4°. Il avait fait une collection de tous les fragments des anciens poëtes grecs. « C'est un beau labeur *quamvis non doctus* » (dit encore Scaliger à l'endroit cité) : il a lu tous les auteurs grecs pour recueillir cela. » Après la mort de la Rovière, qui était chargé d'imprimer cet ouvrage, le manuscrit passa successivement en diverses mains, et, vers le milieu du dernier siècle, il se trouvait entre celles de Pierre d'Orville, frère du philologue de ce nom. Nous ignorons quel en est aujourd'hui le propriétaire. Canter avait aussi fait beaucoup de remarques sur saint Clément d'Alexandrie. A l'époque où G. *Brumann* écrivait son *Trajectum eruditum*, en 1758, elles étaient dans la bibliothèque de Drakenborch. Le premier tome de la collection épistolaire publiée par P. Brumann offre trois lettres de Canter. Ce savant mourut en 1617, à Lenwarden, et fut enterré à Vollenhoven ; ce que nous remarquons, parce qu'il y a eu quelques doutes sur le lieu de sa sépulture.

CANTERZANI (SÉBASTIEN), mort à Bologne le 19 mars 1819 à l'âge de quatre-vingt-cinq ans. Il était professeur émérite à l'université de cette ville, chevalier de l'ordre de la Couronne de fer, membre de l'institut d'Italie, et d'un grand nombre de sociétés savantes, dont les publications contiennent de nombreuses dissertations de lui sur des sujets mathématiques et physiques. Il fut secrétaire de l'*accademia dell' Instituto bolognese*, et devint président de cette société par la mort de Gaetano Monti. Parmi le petit nombre des ouvrages qu'il a publiés isolément, nous citerons ses *Osservazioni sul valore Cardanicor*, Bolona, 1787, in-4°.

CANTEVEN (*mythol.*), divinité que les habitants des côtes du Malabar et du Coromandel adorent sous la figure d'un beau jeune homme : c'est le Cupidon de ces peuples. Les femmes pratiquent tous les ans un jeûne solennel en mémoire de la mort et de la résurrection du dieu Canteven, dont la fiction n'est pas moins immorale que ridicule.

CANTHARA (*hist. juive*), fils de Simon Boëtus, fut élevé à la grande dignité de grand-prêtre des Juifs, par la faveur d'Agrippa. Au bout d'un an, il fut obligé de s'en démettre en faveur de Matthias, fils d'Ananus. Il en fut encore revêtu une seconde fois après Elimée, et ne la posséda encore qu'un an, Hérode, roi de Calcidie, la lui ayant ôtée pour la donner à Joseph, fils de Camith.

CANTHARIDES (*hist. nat. et thérapeutique*), *cantharis vesicatoria* de Geoffroy ; *meloe vesicatorius* de Linné; *zylta vesicatoria* de Fabricius. C'est un insecte coléoptère de la section des hétéromères et de la famille des trachélides. Il est très-commun en Espagne, en Italie et en France, où il vit sur le frêne, le lilas, le troëne en nombreuses tribus. Voici la description de ces petits insectes : leur corps a six à dix lignes de longueur ; leurs antennes sont noires, filiformes et composées de onze articles ; leurs élytres sont longues, flexibles, d'un vert doré extrêmement brillant, et d'un brun foncé. L'odeur qu'ils exhalent est forte, pénétrante, et ne se retrouve chez aucun insecte d'une autre famille. C'est à l'état de poussière, comme on le sait, qu'on emploie les cantharides, et cette

poussière, telle que la conservent les pharmaciens, est d'un gris brunâtre parsemé de particules d'un vert métallique du plus bel éclat. A l'époque de la récolte, on fait périr ces insectes dans des baquets contenant de l'eau vinaigrée. Après les avoir fait sécher, on les expédie, et ce n'est que dans les laboratoires qu'ils sont mis en poudre. La chimie moderne a soumis à ses analyses le précieux médicament que fournissent les cantharides. D'après M. Robiquet, les substances qu'il contient consistent dans un principe particulier, nommé *cantharidine*, une huile verte, une matière noire insoluble dans l'eau, une matière jaune soluble, de l'acide urique, de l'acide acétique, du phosphate de chaux, de magnésie, quelques particules d'autres sels, et un principe volatil d'où paraît dépendre l'odeur qui est particulière à ces coléoptères. Le cantharidine est le principe actif, celui qui produit la vésication. Comme ce corps est très-volatil, il se conserve très-difficilement si on l'isole des parties auxquelles il se trouve mêlé ou combiné. Il a d'ailleurs pour caractère physique une couleur blanche, et la propriété de cristalliser en petites lames qui présentent les reflets colorés du mica. On sait que les cantharides forment la base essentielle des emplâtres connus sous le nom de vésicatoires. L'action est telle qu'au bout de quelques heures l'épiderme est frappé de mortification, et qu'on peut dénuder la partie comprise dans le périmètre de l'emplâtre. Ce n'est guère qu'à cet usage que servent les cantharides ; cependant la médecine a osé l'employer et l'emploie quelquefois pour réveiller l'inertie de la vessie et des organes génito-urinaires, dans les cas de paralysie. C'est avec la plus grande circonspection qu'il faut administrer ce médicament à l'intérieur, car il agit avec une grande puissance sur l'estomac, et se comporte à la manière des poisons âcres. — La médecine a trouvé un agent pour corriger la sur-excitation produite par les cantharides, soit appliquées à l'extérieur, soit administrées à l'intérieur ; cet antidote par excellence est le camphre. Quand on applique un vésicatoire à une personne dont la vessie est irritable, on n'oublie jamais de camphrer cet emplâtre, et dans les cas d'irritation nerveuse du système génito-urinaire, on administre toujours le camphre, que l'irritation résulte ou non de l'*influence spéciale* qui appartient aux cantharides. Dans les deux cas le succès est toujours prompt, et ne manque jamais d'être complet.

D^r. ED. CARRIÈRE.

CANTHARIDIES, s. f. pl. (*hist. nat.*), famille d'insectes de l'ordre des coléoptères. Ce sont les cantharides (*V.* CANTHARIDES).

CANTHARIDINE, s. f. (*chimie*), principe immédiat auquel les cantharides doivent leur propriété épispastique. C'est une substance blanche, en petites lames cristallisées, volatile, insoluble dans l'eau, soluble dans les huiles, dans l'éther et dans l'alcool bouillant, d'où elle se dépose par le refroidissement. D'après l'analyse qui en a été faite par MM. Henry fils et Plisson, elle est composée de carbone 68,56, hydrogène 8,432, azote 9,856, et oxygène 18,152. Pour l'obtenir, on traite la poudre de cantharides par l'alcool à 52° ; le marc exprimé est soumis à l'action de l'alcool à 40° bouillant, et le résidu de la distillation, traité pour l'alcool froid, puis par l'éther sulfurique, donne une matière qu'il faut en dernier lieu faire cristalliser, après refroidissement, dans l'alcool à 35° bouillant.

CANTHARISTE, s. m. (*comm.*), nom qu'on a donné à une sorte de vin qui vient d'outre-mer.

CANTHARUS, s. m. (*archéol.*), espèce de vase à deux anses attribué souvent à Bacchus.

CANTHARUS, poète comique d'Athènes, dont il ne nous est rien resté.

CANTHARUS, sculpteur grec, était de Sicyone et fils d'Alexis, qu'on ne doit pas confondre avec Alexis de Sicyone, sculpteur, élève de Polyclète, qui florissait plus de cent vingt ans avant Cantharus. Celui-ci a vécu dans la CXX° olympiade, 300 ans avant J.-C. Il se forma par les leçons d'Eutychides. Cantharus fit un grand nombre d'ouvrages recommandables, mais aucun ne fut rangé parmi les chefs-d'œuvre de l'art. On voyait à Elis, de la main de cet artiste, la *statue d'Alexinicus Eléen*, qui remporta le prix de la lutte destiné aux adolescents. — Un autre *Cantharus* inventa ces vases de terre auxquels on donna le nom de *canthares*.

CANTHÈNE, s. m. (*hist. nat.*), genre de poissons spares, très-communs dans la Méditerranée.

CANTHÈRE, s. m. (*hist.nat.*), espèce de poisson de la famille des léiopomes.

CANTHERIUM ou CANTHERINUM, s. m. (*chirurg.*), pièce de bois mise en travers dans la machine dont se servait Hippocrate pour réduire la luxation de l'humérus.

CANTHI COLPOS (*V.* IRINUS SINUS).

CANTHROPE, s. m. *En anatomie*, c'est l'angle de l'œil. — Commissure des paupières. — *En term. de chimie*, goulot d'un vase qui a un peu de pente, et où l'on verse des liqueurs par décantation.

CANTHUS, s. m. (*anat.*), *canthus*, du grec κάνθαρος, coin ou angle de l'œil ; commissure des paupières. Le grand canthus ou canthus proprement dit est la commissure interne, celle qui répond au nez, et le petit canthus est la commissure extrême. On a aussi appelé *canthus* l'angle d'une cruche ou d'un vase quelconque par lequel on fait couler le liquide qu'il renferme, d'où est venu le mot *décanter*.

CANTHUS (*hist. héroïque*), fils d'Abas, et l'un des Argonautes.

CANTI, s. m. (*botan.*), nom brame d'un arbrisseau du Malabar, appelé aussi *tsjerou kara*, c'est-à-dire petit kara. Les brames l'appellent *canti* et *bidoni gali*; les Portugais, *spinho solseda*, et les Hollandais, *bittern doorn*. On l'a dénommé en latin *lycium bisnagaricum acuminatis minus durioribus foliis, et aculeis ex opposito binis*. — Ray, dans son *Historia gener. plant.*, p. 1497, le désigne sous le nom de *baccifera indica flosculis ad foliorum exortum confertis fructu dicocco*. Il s'élève sous la forme d'un buisson conique, de six à sept pieds de hauteur, de moitié moins large, assez épais, à tronc simple de trois à quatre pouces de diamètre, environné du bas en haut de nombre de branches alternes, menues, écartées d'abord sous un angle de 45 degrés, ensuite horizontales, cendrées. Sa racine est rougeâtre; les feuilles sont opposées deux à trois ou quatre en croix, elliptiques, pointues aux deux extrémités, longues d'un à deux pouces, une fois moins larges, entières, épaisses, lisses, vert noir et luisantes dessus, plus claires, velues et ternes dessous, relevées d'une côte longitudinale, ramifiée en trois à cinq paires de nervures alternes et attachées horizontalement sans aucun pédicule le long des branches, au nombre de six à quinze paires, à des distances d'un pouce ou environ. De l'aisselle de chaque feuille il sort une épine conique épaisse, une fois plus courte qu'elle, roide, ouverte horizontalement. Il sort encore des mêmes aisselles quatre à huit fleurs verdâtres, ouvertes en étoile de trois à quatre lignes de diamètre, portées sur un pédoncule presque égal à leur longueur. Chaque fleur est hermaphrodite, monopétale, régulière, posée sur l'ovaire; elle consiste en un calice à cinq dents ou pointes fines, et en une corolle d'une seule pièce une fois plus longue, mais à tube très-court, verdâtre, évasé en étoile, et partagé jusqu'à son milieu en cinq divisions triangulaires, fort peu plus longues que larges, et portant entre ses découpures cinq étamines de moitié plus courtes, vert blanchâtre, à anthères jaune rougeâtre. L'ovaire qui est sous la fleur ressemble à un globule d'une ligne de diamètre, verdâtre, portant en dessus une ligne de diamètre, blanchâtre, velu à sa partie inférieure, et terminé par un stigmate sphérique jaunâtre. Cet ovaire, en mûrissant, offre une baie sphérique parfaitement semblable à celle du café, mais plus petite, un peu comprimée par les côtés, longue et large de cinq lignes sur une face, et de trois lignes sur l'autre, verte, marquée d'un sillon longitudinal de chaque côté, à deux loges contenant chacune une graine semblable à celle du café, c'est-à-dire demi-ovoïde, longue de quatre lignes, une fois moins large, convexe sur le dos, plate sur la face intérieure, et marquée d'un sillon longitudinal. — Le canti croît au Malabar, surtout à Bellange, dans les terres sablonneuses; il est toujours vert, toujours chargé de feuilles, de fleurs et de fruits. Toutes ses parties ont un goût amer, et sa racine répand une odeur agréable. La décoction de sa racine se boit pour ouvrir les obstructions du foie, purifier le sang et procurer une certaine gaieté dans les maladies de douleur. La décoction de ses feuilles se donne en gargarismes contre les aphthes. Quoique Van-Rheede ne dise pas si cet arbrisseau a des stipules aux tiges, néanmoins il paraît, par la ressemblance qu'a cette graine avec le café, qu'elle doit en avoir, et qu'elle forme un nouveau genre assez voisin du contu ou doun contu, dans la famille des aparines.

CANTIBAI, s. m. (*technol.*), nom que les charpentiers donnent aux dosses ou pieds de bois qui sont fendus ou remplis de défauts. Il est vieux.

CANTIBAN, s. m. (*technol.*). Parmi les ouvriers, bois qui n'a de flache que d'un côté.

CANTI CARNASCIALESCHI (*litt.*), chants de carnaval. Dans la plupart des pays du midi de l'Europe, mais surtout en Italie, il est d'usage, depuis un temps immémorial, d'employer en divertissements et en plaisirs les semaines qui s'écoulent entre la fête des trois Rois et le mercredi des Cendres : soit par un sou-

venir et par une continuation des anciennes Saturnales, soit pour se dédommager à l'avance des privations et des pensées sérieuses du carême, qui suit immédiatement ce temps de folies. C'est surtout pendant les derniers jours qui précèdent le commencement du carême que le peuple, se régalant lui-même de fêtes et de réjouissances, se revêt de toutes sortes de déguisements plus ou moins grotesques, et parcourt les rues en se livrant à des excès et des dévergondages de tous genres. Un poëte allemand, Goëthe, a tracé de main de maître une description du carnaval de Rome, qu'il avait vu de ses propres yeux : rien n'est mieux fait pour donner une idée de ces réjouissances populaires que cette description. Le même usage existait depuis très-longtemps à Florence, lorsque Laurent de Médicis (1448-1492) conçut l'idée d'augmenter encore la joie générale par des représentations et des tableaux qui présentassent un sens à l'esprit. Ainsi on vit, d'après ses ordres, des groupes tantôt sérieux, tantôt comiques et folâtres, à pied, à cheval et en voiture, traverser les rues de la ville pendant la nuit. Tantôt c'était l'entrée d'un triomphateur, tantôt c'étaient différents métiers et corps d'états qui défilaient, tantôt c'était une voiture chargée de personnages allégoriques ou mythologiques, et accompagnée d'une grande suite, qui chantait des chansons sérieuses ou plaisantes, selon la nature et les exigences de la scène représentée. Laurent de Médicis composa lui-même plusieurs chansons de cette sorte, et son exemple trouva beaucoup d'imitateurs. Cet usage se maintint jusque vers le milieu du XVIe siècle. Les chansons qu'on chantait dans cette circonstance, et qui reçurent le nom de *Canti carnascialeschi*, furent peu à peu recueillies, et c'est ainsi que se forma le premier recueil un peu considérable de cette sorte, qui fut publié par les soins de Francesco Grazzini : *Tutti i trionfi, carri, mascherate, o canti carnascialeschi andati per Firenze dal tempo del magnifico Lorenzo vecchio de' Medici, per infino a questo anno presente*, Fiorenza, 1559. Ce recueil renferme les poésies de Laurent de Médicis, d'Angelo Poliziano, de Filippo Strozzi, de Jacobo Nardi, de Francesco Giambullari, de Giambattista Gelli, d'Antonio Allemanni et de Giambattista Ottonajo. Les *Canzoni, ovvero mascherate carnascialesche* de ce dernier ont été publiés dans un recueil à part où ils sont plus complets que dans le recueil dont nous venons de parler : *Firenze*, pour *Torrentino*, 1560, in-8°. Dans un grand nombre d'exemplaires du grand recueil, les feuilles sur lesquelles se trouvent les poésies d'Ottonajo sont coupées et ont été intercalées dans ce recueil particulier. La dernière édition des *Canti carnascialeschi*, publiée par les soins de Rinaldo Bracci, est la suivante : *Cosmopoli* (*Lucca* pour *Benedini*), 1750, 2 vol. in-8°. Elle est ornée de 45 gravures. Gamba, *Serie de' Testi*, cite encore quatre recueils de ce genre, plus anciens et extrêmement rares : ils sont sans indication de lieu et de millésime, et datent apparemment du XVe siècle.

CANTII (*géogr. anc.*), peuple de la Bretagne, dans la Flavie césarienne, sur la côte orientale.

CANTILÈNE, s. f. chanson, romance, vaudeville. Il est vieux.

CANTILIA (*géogr. anc.*), aujourd'hui Chantelle, ville de l'Aquitaine première, chez les Bituriges Cubi, au sud-est.

CANTILLANA (*géogr.*), petite ville et comté d'Espagne dans l'Andalousie, sur le Guadalquivir.

CANTILLON (PHILIPPE DE), habile négociant, né en Irlande vers la fin du XVIIe siècle, fut d'abord commerçant à Londres, et vint ensuite à Paris, où il tenait une maison de banque. Joignant à un crédit immense des manières aimables et beaucoup d'esprit, il se vit recherché par la meilleure compagnie, et vécut dans l'intimité des personnes de la première distinction. C'était l'époque où le gouvernement cherchait dans de nouvelles combinaisons financières les ressources qu'il ne pouvait espérer des impôts. Le fameux Law, ayant fait ériger sa maison de commerce en banque royale, maudit son compatriote Cantillon, et lui dit : « Si nous étions en Angleterre, il faudrait traiter ensemble ou nous arranger; mais, comme nous sommes en France, je puis vous envoyer ce soir à la Bastille, si vous ne me donnez votre parole de sortir du royaume en deux fois vingt-quatre heures. » Cantillon répondit : Je ne m'en irai pas, mais je ferai réussir votre projet. » En conséquence il prit une immense quantité des nouveaux papiers, les fit débiter sur la place par tous les agents de change, et réalisa quelques jours plusieurs millions. Il passa bientôt avec son riche portefeuille en Hollande, d'où il revint à Londres jouir de sa fortune. En 1733, il fut poignardé par un valet de chambre qui s'était emparé de ses effets les plus précieux et qui mit ensuite le feu à la maison, espérant effacer les traces de son crime. Si l'on en croit Grimm (*Correspond. littér.*, tom. I), Cantillon avait été pendant son séjour à Paris l'amant de la princesse d'Auvergne ; mais ce qui est plus certain, c'est qu'il compta dans le nombre de ses amis le célèbre Bolingbrocke. Plus de vingt ans après sa mort parut un ouvrage de Cantillon intitulé : *Essai sur la nature du commerce en général*, Londres (Paris), 1755, in-12. Cet ouvrage, supposé traduit de l'anglais, est divisé en trois parties, dans lesquelles l'auteur traite des ressources de la richesse , du troc ou des échanges, de la circulation des monnaies, enfin du commerce avec les étrangers, c'est-à-dire de l'importation et de l'exportation. Grimm en a donné dans sa *Correspondance* une analyse très-intéressante ; et Fréron en rend un compte non moins avantageux dans l'*Année littéraire*, 1755, tom. v. Il a été réimprimé dans le tome III des *Discours politiques* de Hume, traduit par Mauvillon , Amsterdam, 1761, 5 vol. in-8°. Dans cet ouvrage, Cantillon renvoie par les calculs sur lesquels reposent les raisonnements à un second traité , dont Grimm, persuadé qu'il n'avait pas été retrouvé dans les papiers de l'auteur, regrettait singulièrement la perte. Il a été cependant imprimé, mais en anglais , sous ce titre : *The analysis of trade , commerce*, etc. (analyse du commerce, des monnaies de billon , de la banque et des changes étrangers), Londres , 1759, in-8°. On attribue encore à Cantillon les *Délices du Brabant et de ses campagnes*, Amsterdam, 1757, 4 vol. in-8°. Cet ouvrage, orné de 200 planches, est une des meilleures topographies que l'on ait de cette belle province, et on la peut consulter encore aujourd'hui avec utilité et agrément.

CANTIMARONS ou **CANTIMARON** , s. m. (*marine*). Ce sont deux ou trois canots de pieds d'arbres croisés et liés ensemble avec des cordes de coco, qui soutiennent des voiles de nattes en forme de triangles, dont les nègres de la côte de Coromandel se servent pour aller pêcher et même trafiquer de proche en proche. Ceux qui les conduisent sont ordinairement à demi dans l'eau, assis les jambes croisées, n'y ayant qu'un endroit un peu élevé vers le milieu pour mettre leurs marchandises. Ils ne font aucune difficulté d'aller à 10 ou 12 lieues au large. Ils vont très-vite pour peu qu'il vente.

CANTINE. Ce mot vient de l'italien *cantina*. On donnait anciennement ce nom à de fort jolies maisonnettes qui avaient quelquefois jusqu'à deux étages : elles étaient désignées pour vendre aux gens de guerre de l'eau-de-vie, du vin et autres boissons à plus bas prix que chez les marchands. Le roi autorisait ces établissements. De nos jours on appelle cantine, dans les hospices, les prisons, les places de guerre, l'endroit où l'on vend aux vieillards, aux prisonniers et aux soldats, l'eau-de-vie, le tabac et toutes les marchandises dont ils ont besoin ; mais le roi n'autorise plus les cantines à vendre au rabais; au contraire, le consommateur, forcé d'acheter en ce lieu, est contraint de payer double une denrée qu'il n'a pas même la permission de se procurer ailleurs. On nomme aussi cantine les coffrets à compartiments où l'on place les bouteilles et les fioles.

CANTINIER, IÈRE, s. (*gramm.*), celui, celle qui tient une cantine.

CANTIPRÉ, *Cantipratum* (*géogr. eccl.*), abbaye de chanoines réguliers de Saint-Augustin, était située dans un des faubourgs de Cambrai : elle fut fondée vers l'an 1180 par Roger de Waurin , évêque de Cambrai, et par Hugues d'Oisy, châtelain de la même ville. On sème aujourd'hui, et l'on moissonne dans les lieux où la plupart des édifices de cette abbaye étaient situés. Ils furent ruinés par la furie des soldats en 1580. Les religieux ne se procurèrent une existence tranquille qu'en se retirant dans une retraite plus éloignée de la frontière. Ils s'établirent dans leur prieuré de Belinghen, près de la ville de Halle, sur les confins du Hainaut.

CANTIQUE, s. m. (*hist. et belles lett.*), discours ou paroles que l'on chante en l'honneur de la Divinité. Les premiers et les plus anciens cantiques furent composés en mémoire de quelques événements mémorables, et doivent être comptés entre les premiers monuments historiques. Le genre humain s'étant multiplié, dit un auteur moderne, et Dieu ayant fait éclater sa puissance en faveur du juste contre l'injuste, les peuples reconnaissants immortalisèrent le bienfait par des chants, qu'une religieuse tradition fit passer à la postérité. C'est de là que vinrent les cantiques de Moïse, de Débora, de Judith, ceux de David et des prophètes (*V.* PSAUME). M. Fourmont prétend qu'il y a, dans les psaumes et dans les cantiques des Hébreux, des dictions étrangères, des expressions peu usitées ailleurs, des phrases dont les mots sont transposés; que leur style, comme celui de nos odes, en devient plus hardi, en paraît plus pompeux et plus

énergique; qu'on y trouve des strophes, des mesures et différentes sortes de vers, et même des rimes (*V.* RIME). Ces cantiques étaient chantés par des chœurs de musique, au son des instruments, et souvent accompagnés de danses, comme il paraît par l'Ecriture. La plus longue pièce qu'elle nous offre en ce genre est le Cantique des cantiques, ouvrage attribué à Salomon, et que quelques auteurs prétendent n'être que l'épithalame de son mariage avec la fille du roi d'Egypte ; mais les théologiens prouvent que cet emblème n'est qu'il s'agit de l'union de Jésus-Christ avec l'Eglise. Quoique les païens, dit encore l'auteur que nous avons déjà cité, se trompassent dans leur culte, cependant ils avaient dans le fond de leurs fêtes le même principe que les adorateurs du vrai Dieu. Ce fut la joie et la reconnaissance que nous avons déjà cité pour célébrer les dieux auxquels ils se croyaient redevables de leurs récoltes. De là vinrent ces chants de joie qu'ils nommaient dithyrambes, parce qu'ils étaient consacrés au dieu qui, selon la fable, eut une double naissance, c'est-à-dire à Bacchus... Après les dieux, les héros, enfants des dieux, devinrent les objets de ces chants... c'est ce qui a produit les poèmes d'Orphée, de Linus, d'Alcée, de Pindare.

CANTIQUES SPIRITUELS, sorte de chansons faites sur des sujets de dévotion. Les *cantiques de Saint-Sulpice* ont acquis une réputation méritée.

CANTIQUE DES CANTIQUES. Les Hébreux composaient des cantiques dans toutes les occasions importantes. On connaît le sublime cantique d'actions de grâces de Moïse après le passage de la mer Rouge, celui si touchant de David sur la mort de Saül et de Jonathas. Débora et Baruch en composèrent un après la défaite de Sisara ; la sainte Vierge, Zacharie, père de saint Jean Baptiste, et Siméon, au sujet de Jésus. L'Ecriture dit que Salomon avait composé cinq mille cantiques, dont il ne nous reste que celui qui est intitulé *Cantique des cantiques*, ou le cantique par excellence, d'après le texte hébreu *Schir-Haschirim*. On peut regarder comme presque hors de doute que Salomon est l'auteur de ce livre. Sans entrer dans de longues discussions à cet égard, nous dirons avec M. Glaire : « D'abord la synagogue et l'Eglise chrétienne n'ont jamais élevé le plus léger doute sur ce point. En second lieu l'inscription qui est en tête du livre nous en offre une nouvelle preuve. Quelques exégètes ont prétendu, à la vérité, que la particule hébraïque *le*, que l'on traduit par le génitif de possession, ou le cas d'attribution, signifiant aussi bien *au sujet de, touchant, qui traite de*, on ne pouvait rien conclure en faveur de notre sentiment ; mais, sans contester à la particule hébraïque cette seconde signification, nous soutenons qu'il n'y a pas lieu d'en faire ici l'application, car les meilleurs critiques s'accordent à dire que dans les titres des livres cette préposition désigne incontestablement les auteurs. Troisièmement, le sujet et la forme du cantique est en harmonie parfaite avec l'époque de Salomon. Aussi John et Ewald ont été si frappés de cette grande conformité, qu'ils s'en sont servis comme d'un argument pour prouver, contre plusieurs critiques, que si ce livre n'est pas sorti de la plume de Salomon, il a dû nécessairement être composé avant la captivité » (J. B. Glaire, *Introduction à l'Ecriture sainte*, tom. v). On ne sait pas précisément à quelle occasion il fut composé. Beaucoup d'interprètes ont prétendu qu'il l'avait été à l'occasion du mariage de Salomon avec la fille du roi d'Egypte. Voici les principaux motifs sur lesquels se fondent les partisans de cette opinion. L'Ecriture nous apprend que cette reine fut la plus privilégiée et la plus aimée de toutes les épouses du roi. L'épouse dit elle-même une princesse : « Que vos démarches sont belles, ô fille du prince, dans votre riche chaussure! » Elle était fort au-dessus des filles de Jérusalem par sa beauté, par son rang, par sa naissance. Quelques-uns ont prétendu que c'était une fille de Tyr dont Salomon chante ici l'épithalame, parce que le Psalmiste nous dit que les filles de Tyr étaient de la noce de Salomon, et qu'elles offriront des présents à l'épouse; d'autres enfin soutiennent qu'elle était de Jérusalem ou de Sunam, ou de quelque autre lieu des environs de Jérusalem, se fondant sur ce qu'en deux endroits du cantique elle dit qu'elle « introduira son époux dans la chambre de sa mère, » à l'appartement de celle qui l'a mise au monde. » Et Salomon lui fait remarquer dans la campagne de Jérusalem le pommier sous lequel elle était née. Enfin, elle est appelée *Sulamite*, terminaison féminine de *Salomon*. Ceci est aussi que, chez les Latins, par exemple, de *Cornelius* on faisait *Cornelia*. Ceci est encore en faveur du sentiment que la personne qui fait le principal sujet de ce cantique est la fille de Pharaon. Salomon n'eût point terni l'éclat de son nom, le plus glorieux de la terre alors (car en ce temps ce prince était dans l'éclat de sa sagesse), en épousant une simple fille de Sion, une bergère. S'il enfreignit l'usage, s'il viola la loi, ce fut en faveur d'une princesse égale à lui en richesse et en splendeur, de la fille du plus grand monarque du monde après lui, l'oint du Seigneur. C'est ainsi que, décoranl du nom royal la plus aimée et la plus illustre de ses épouses, il la distingua des autres devant Israël. « Qui est celle qui s'élève du désert toute remplie de délices? » Cette circonstance est remarquable. Le chœur des jeunes vierges de Jérusalem qui ont déjà salué l'épouse du nom de *fille du prince*, la contemple ici s'avançant du désert qu'il fallait traverser pour venir d'Egypte dans la Judée. L'évêque de Meaux a donné la préférence à cette opinion. En vain a-t-on voulu objecter qu'une princesse telle que la fille du roi d'Egypte ne pouvait être comparée à une gardeuse de troupeaux hâlée par la chaleur du soleil, à une fille du peuple qui, s'étant levée la nuit, se fait maltraiter par les gardes à la porte de la ville. De tels caractères ne conviennent point à l'épouse d'un roi, et il est facile de lever ces difficultés. Si la Sulamite, s'adressant aux vierges de Jérusalem, leur dit : « Ne considérez pas si je suis noire, c'est le soleil qui m'a brûlée ainsi; » c'est que le climat de l'Egypte, plus méridional que celui de la Judée, devait produire cet effet. Le Cantique des cantiques n'est point une histoire suivie, et encore moins un épithalame à la manière des Grecs ou des Romains, où les filles de la noce célèbrent les louanges des époux, et chantent le bonheur de leur mariage. Ici l'époux et l'épouse parlent souvent seuls et sans témoins. Pour varier le sujet et les choses obligeantes qu'ils se disent l'un à l'autre, il a fallu feindre diverses circonstances, faire naître diverses rencontres, et représenter l'époux et l'épouse sous différents points de vue et faisant divers personnages, tantôt d'un roi et d'une reine, tantôt d'un berger et d'une bergère, tantôt d'un jeune homme et d'une jeune fille de la campagne, enfin, tantôt seuls, tantôt en compagnie. Il ne faut point chercher dans ce livre une unité d'action qui n'y est pas. — Le sentiment de Bossuet et de dom Calmet est que le Cantique des cantiques, divisé en huit chapitres, comprend sept nuits ou sept jours marqués fort distinctement. Chez les Hébreux, la cérémonie des noces durait communément ce temps, où les jeunes époux ne voyaient leurs épouses, de même que parmi les Lacédémoniens, qu'avec beaucoup de retenue et de modestie, ce qu'il est très-important de remarquer pour comprendre tout le dénoûment de cette pièce. Il paraît que les nouveaux mariés ne s'abandonnaient point à la dissolution et à la bonne chère le jour de leurs noces ; ils passaient le jour comme à l'ordinaire et une partie de la nuit au milieu de leurs compagnons, s'esquivaient furtivement pour aller vers leurs épouses, où ils ne s'introduisaient qu'avec beaucoup de réserve et de circonspection, de peur que les autres personnes du logis ne s'en aperçussent, et ne demeuraient pas longtemps auprès d'elles, qui de leur côté favorisaient les soins de l'époux et lui procuraient adroitement les moyens de se réunir en secret. En lisant le Cantique des cantiques avec cette idée, on remarquera la même conduite. On y distingue donc sept journées et sept nuits. Les chants du bien-aimé et de la bien-aimée occupent la partie des nuits qui n'est point donnée au repos. Ce cantique est une idylle orientale où Salomon et la Sulamite, tantôt réunis, s'entretiennent de leur passion sous les métaphores les plus vives, et tantôt séparés, se renvoient les allocutions les plus tendres, l'absence doublant encore leur amour. Toutefois le chœur des jeunes filles de Jérusalem ne quitte pas la Sulamite, ni celui des jeunes hommes Salomon. Celui-ci est un chœur muet. C'étaient les *paranymphes*. Chez les Hébreux, ils accompagnaient l'époux, et chez les Grecs ils gardaient la chambre nuptiale. Dans toute la pièce, le chœur des vierges est sans cesse présent; il mêle à la tendresse des époux les paroles les plus suaves, les interrogations les plus douces, les soins les plus affectueux. — Le *Cantique des cantiques*, qui tient à peine quelques pages dans la Bible, est, au point de vue littéraire, le monument le plus rare, le plus original, le type le plus délicieux qui nous soit resté de la poésie pastorale chez les Hébreux. L'amour y est à la fois si suave et si ardent, il y est peint avec des couleurs si vives et si tendres, qu'il a semblé aux hommes un amour divin. Mais, au point de vue religieux, le Cantique des cantiques a, dans l'intention du Saint-Esprit et dans l'idée de l'Eglise et des Pères, un autre sens infiniment plus relevé et plus beau. Salomon y chante un mariage tout chaste de Jésus-Christ avec la nature humaine, avec son Eglise, avec chaque âme en particulier. C'est à quoi il faut élever son esprit en lisant ce livre. En y apportant des yeux profanes et un cœur rempli d'un amour charnel, on y trouverait une lettre qui tue, au lieu de l'esprit qui vivifie. C'est pour cela que les Juifs avaient sagement ordonné qu'on ne le lût point avant l'âge de trente ans. Ce n'est pas qu'ils ne tinssent ce livre comme inspiré et

dicté par l'Eprit saint. Ils avouent qu'il est non-seulement *saint*, mais *saint des saints*, comme ils l'appellent. Ils ne le défendent aux faibles et aux profanes que parce qu'il est trop fort pour les uns et trop sacré pour les autres. Gerson dit que, parmi les chrétiens, les docteurs mêmes de son temps n'osaient le lire avant cet âge, et saint Isidore de Séville, dans le septième chapitre de sa règle, assure que les anciens en avaient entièrement interdit la lecture aux âmes charnelles et incapables de s'élever aux idées spirituelles et mystiques dont il est rempli. On n'y doit voir qu'un entretien continuel de Jésus-Christ avec son Eglise, ou du saint-Esprit avec l'âme fidèle. Cette allégorie est noble, sublime, et fondée sur toute l'Ecriture de l'Ancien et du Nouveau Testament, et sur le consentement et l'usage unanime de la synagogue et de l'Eglise. « L'Esprit y fait deux personnages et deux différents offices, dit dom Calmet, celui d'un très-savant docteur qui enseigne une doctrine très-relevée de la foi, des mœurs et de la sainteté à son Eglise, comme à sa disciple. L'autre est celui d'un époux très-passionné pour son épouse bien-aimée, qu'il comble de louanges, de grâces, de faveurs et de bienfaits. L'Eglise, ou l'âme fidèle, fait à son tour deux personnages : par le premier, elle fait l'office de disciple et d'épouse de Jésus-Christ; et par le second, elle devient la maîtresse des âmes qu'elle a coutume d'appeler ses filles. *Adolescentulas* ou *filias Jerusalem*. » — Des écrivains instruits d'ailleurs, mais qui n'ont nul sentiment du beau dans tous les genres, ont trouvé froides et ridicules les images dont abonde ce petit poëme. Ils n'ont pas senti que, comme les arbres, la littérature, la poésie de chaque pays, portent des fruits différents. De tels écrivains demanderaient des dattes à un cerisier et des cerises à un palmier. Ils n'ont pas vu avec quelle complaisance Salomon étale dans ce cadre charmant toutes les merveilles, toutes les productions de son royaume, de sa patrie, dont à chaque instant il embellit ses métaphores. Ce sont les tentes de Cédar, les pavillons royaux, la tour de David, la tour du Liban, les lampes de feu du temple, les piscines d'Héséhon, les grappes d'Engaddi, les brebis montant du lavoir, les pommes de grenade, la mandragore, l'aloès, le cinnamome, le bois de cèdre, le safran, la myrrhe, le nard, le miel, le lait, les lis, les colliers d'or, les saphirs, les hyacinthes. Mais cette délicieuse églogue a bien été vengée du dédain de ces froids littérateurs par le grave Bossuet lui-même, quand, tout ébloui des beautés ravissantes de ce petit poëme, il en a fait une si belle analyse au paragraphe IV de sa préface sur le *Cantique des cantiques*, dans le deuxième volume de ses *Commentaires* sur l'Ecriture sainte. Une foule de traducteurs ont essayé de reproduire en notre langue cette gracieuse composition. Mais ils ont été impuissants pour rendre dans toute sa naïveté , et nous oserons le dire, dans toute sa pureté nationale, ce chef-d'œuvre, fleur mystique de l'Orient qui ne doit être touchée qu'avec le doigt délicat d'une vierge et qu'a profanée la main brutale de Grotius. — Quelques rabbins ont douté de la canonicité de ce livre. Théodore de Mopsueste et les anabaptistes le rejettent; mais ils sont opposés en cela à l'Eglise judaïque et chrétienne, qui l'ont toujours mis au nombre des Ecritures canoniques. Saint Jérôme dit que le Cantique des cantiques est écrit en vers dans l'original hébreu; de quelque manière qu'il soit composé, on peut dire que nous n'avons rien en ce genre de plus élégant ni de plus noble : tout l'ensemble est d'une délicatesse achevée, d'un style bien varié, et il renferme mille agréments qui ne se peuvent exprimer. On peut consulter sur le Cantique des cantiques, outre Bossuet déjà cité, Dupin, *Dissertation préliminaire sur la Bible*, tom. I; dom Ceillier, *Hist. des aut. sacr. et ecclésiast.*, tom. I, pag. 247, et le catalogue des auteurs qui ont fait des commentaires sur ce livre, dans la table des *Auteurs ecclésiastiques* de M. Dupin, et dans la *Bibliothèque sacrée* du P. Lelong. Plus récemment, l'abbé de Vence en a fait une analyse selon le sens spirituel, dans la préface qui précède ce livre, au t. IIe de la cinquième édition de sa *Sainte Bible, traduite en latin et en français*.

Ed. Girod.

CANTIUM (géogr. anc.), ainsi appelé par César et Ptolémée, le CANTIA de Bède, aujourd'hui Kent, son nom, ainsi que ses habitants, plus probablement du mot breton *cant*, qui signifie *angle* ou *corne*, formait cette partie de la Bretagne qui a effectivement une configuration anguleuse. Cette contrée est séparée du continent par un bras de mer que Solinus appelle *Fretum gallicum*, mais auquel Tacite et Ammien Marcellin donnent le nom de *Fretum Oceani* et d'*Oceanus fretalis*. Les places du Cantium, mentionnées par les anciens, sont Durovernum, Durobrivis, Durolenum, Portus Rutupiæ, Portus Dubris, Regulbium ou Regulium, Portus Lemanus aujourd'hui Cantorbéry, Rochester, Lenham, Richebourg, Dover (Douvres), Reculver et Line. Ptolémée cite Londinum, London, parmi les villes du

Cantium, mais il fait là certainement une erreur. Le Cantium fut probablement le premier district de la Bretagne qui reçut une colonie du continent, et il n'est guère probable qu'il ait souvent changé de maîtres par l'arrivée de nouvelles colonies qui auraient refoulé les habitants vers le nord; d'autant plus qu'au milieu de toutes ses révolutions ce pays a gardé le nom qui lui est approprié. A l'époque de l'invasion romaine, ses habitants étaient évidemment Belges d'origine, et arrivés encore si fraîchement en Bretagne qu'ils avaient toutes les mœurs des peuples du continent. « Les habitants de Kent (dit César, *De bello gallico*, l. v, c. 40) sont les plus civilisés de tous les Bretons, et diffèrent peu des Gaulois dans leurs manières. » Cette ressemblance était un effet naturel de la proximité de ce pays avec le continent, d'où lui venaient de nombreux émigrants. Par cette situation aussi, le Cantium dut être exposé aux premières attaques des Romains. César, lors de ses deux expéditions dans l'île, débarqua à Kent; et l'on peut en conclure que les Cantiens jouèrent le principal rôle dans la vigoureuse résistance qui lui fut opposée à son débarquement, ainsi que dans les différents engagements et combats qui le suivirent. Ils firent entre autres une hardie, mais infructueuse tentative contre son camp naval. Toutefois ils ne se montrèrent point de même à l'époque de la dernière invasion des Romains sous Claudius; car nous apprenons par Dion qu'Aulus Plautius, commandant de cette expédition, traversa leur contrée sans voir un ennemi, et que, s'étant bientôt soumis à la puissance de Rome, ils portèrent patiemment le joug jusqu'à la fin. Le Cantium, au temps où la domination romaine était parfaitement assise dans la Grande-Bretagne, formait la partie de la province appelée *Flavia cœsariensis*. ED. GIROD.

CANTIUM PROMONTORIUM (*géogr. anc.*), promontoire de la Flavie césarienne, chez les Cantii, près de l'embouchure de la Tamise.

CANTIUNCULA (CLAUDE CHANSONNETTE, connu sous le nom latinisé de), savant jurisconsulte du VIe siècle, était de Metz, où son père remplissais les fonctions de notaire apostolique. Il fit des études brillantes à Leipzig, et n'ayant pu profiter des leçons d'Erasme qu'il était venu chercher à Louvain, il se rendit à Bâle où il se fit recevoir docteur à la faculté de droit en 1517. Il se disposait à revenir à Metz, lorsqu'en 1519 la ville de Bâle établit en sa faveur une chaire de droit et lui conféra le titre de recteur de l'université. Elevé sur un grand théâtre, il ne cessa d'y paraître avec dignité; le monde littéraire se remplit de sa réputation, et conjointement avec le savant Rama il réfuta les sentiments d'OEcolampade sur l'eucharistie. Rama voulait travailler avec lui à la réunion des deux Eglises, mais Cantiuncula s'y refusa par la difficulté qu'il entrevoyait dans l'exécution d'un pareil projet. Chargé de diverses négociations importantes, soit de la part de la Suisse, soit de la part de l'empereur, Cantiuncula s'en acquitta avec zèle et intelligence. Ferdinand Ier lui donna une preuve de son estime, le nomma son chancelier pour l'Alsace et les autres Etats d'Autriche situés sur les rives du Rhin. — Le nom de Cantiuncula était aussi célèbre dans la politique et le barreau qu'il le fut en éloquence et en philosophie. Nourri de la lecture des anciens, il se proposa Cicéron pour modèle, et son style, suivant Erasme, approchait de très-près de la diction élégante de l'orateur romain. Ame droite et élevée, caractère ferme, esprit juste, telles étaient les qualités distinctives de Cantiuncula. — Il mourut à Ensisheim, où il s'était fixé vers 1560. On a imprimé après sa mort un recueil de ses consultations, Cologne, 1571, in-folio. Son portrait a été reproduit par le sculpteur Leroux, sur un médaillon en marbre blanc qui décore le grand salon de l'hôtel de ville de Metz. Indépendamment d'un opuscule *De potestate papæ, imperatoris et concilii*, on cite de Cantiuncula : 1° *Topica exemplis legum illustrata*, Bâle, 1520, in-folio; 2° *Discours apologétique*, en latin, contre ceux qui prétendent que les principes de droit civil ne peuvent se concilier avec ceux de l'Evangile, ibidem, 1522, in-4°; 3° *De officio judicis, libri duo*, ibidem, 1543, inséré dans le t. III des *Tractatus tractatuum juris*; 4° *Paraphrases in tres primos libros Institutionum Justiniani*, Louvain, 1549, in-folio, réimprimé en 1602 avec des additions.

CANTIUS (B.-J.), Polonais, mort en 1473, a fait un *Commentaire* sur saint Matthieu.

CANTJANG, s. m. (*hist. nat.*), espèce de crabe des îles Moluques. Cet insecte a le corps taillé en cœur arrondi au-devant, terminé en pointe courte par derrière, long d'un pouce, d'un sixième moins large, et entouré de six pointes bleues coniques, assez longues, dont cinq de chaque côté; ses pattes sont au nombre de dix, cinq de chaque côté, dont deux antérieures en

pince, assez égales, un peu plus courtes et plus grosses que les autres qui sont cylindriques, avec un ongle conique. Son corps est rouge, marqué d'une grande tache verte en cœur sur son milieu, et de deux points noirs sur chacun de ses côtés; ses pattes sont jaunes avec un ongle bleu, excepté les antérieures qui sont vertes avec des pinces jaunes. Le cantjang est commun dans la mer d'Amboine; il est guerrier et très-hardi; il se jette sur les chiens qui entrent dans l'eau, les pince et les fait crier très-fort.

CANTOMANE, s. (*gramm.*), celui, celle qui a la manie de chanter, de faire des chansons, etc. — Il est aussi adjectif.

CANTOMANIE, s. f. (*gramm.*), manie, fureur de chanter, de fredonner des airs, des chansons, etc.

CANTON, fraction de territoire d'une étendue plus ou moins circonscrite, à laquelle on a donné ce nom dans la subdivision des arrondissements communaux de la France. Il y en a plusieurs dans chaque arrondissement; ils y sont distribués d'une manière inégale, et la circonscription territoriale des cantons a subi plusieurs variations dans moins d'un demi-siècle écoulé depuis la nouvelle division de la France en départements, par l'effet des distractions et des réunions de communes des uns aux autres. Cette circonscription n'est pas déterminée par l'étendue du territoire, mais par la population qu'il renferme : c'est pourquoi l'on voit dans les campagnes, où les habitations sont dispersées, des cantons qui contiennent plusieurs communes; et les communes populeuses¹, les grandes villes, former à elles seules un et souvent plusieurs cantons. Chaque canton forme un petit ressort judiciaire, dans lequel un juge de paix, qui doit y faire continuelle résidence, exerce sa juridiction comme juge civil pour toutes les affaires litigieuses que la loi a soumises à sa compétence; comme conciliateur, dans celles qui excèdent cette compétence; comme protecteur des intérêts des mineurs et des absents, dans les cas déterminés par la loi; comme juge de police, pour connaître des contraventions qui se commettent soit dans la commune chef-lieu du canton, soit dans l'étendue de tout le canton, suivant la distinction établie par le Code d'instruction criminelle; et comme officier de police auxiliaire du procureur du roi, pour recevoir les dénonciations des crimes et des délits commis dans les lieux où il remplit ses fonctions habituelles, et pour y exercer la police judiciaire dans les limites de ses attributions (*V.* JUGE DE PAIX). Pendant les treize premières années de la révolution française, tous les habitants du même canton nommaient leur juge de paix et ses suppléants; mais ce droit leur fut retranché en l'an X, sous le consulat de Bonaparte; on leur laissa seulement celui de désigner, pour chacune de ces places, deux citoyens parmi lesquels le premier consul choisissait ceux qui devaient les remplir; et le peuple fut définitivement privé de toute espèce de droit à la nomination de ces magistrats populaires par la charte *octroyée* en 1814, par laquelle le roi s'attribue celui de les nommer. La charte de 1830 n'a pas rendu [au peuple le droit de faire cette nomination. Dans chaque canton, l'administration des affaires locales et communales appartient aux maires et aux adjoints des communes cantonales, sous la surveillance des conseils municipaux; ils exercent aussi la police judiciaire (*V.* CONSEIL MUNICIPAL, CORPS MUNICIPAL, MAIRE). Dans chaque chef-lieu de canton se réunissent périodiquement, aux époques déterminées par la loi, des assemblées électorales où sont nommés les membres pour lesquels le canton doit contribuer à la composition du conseil général du département, et de celui de l'arrondissement dont il fait partie (*V.* CONSEILS GÉNÉRAUX DE DÉPARTEMENT ET D'ARRONDISSEMENT). Lorsque les cantons sont composés de plusieurs communes, les magistrats de ces communes, que la loi met en contact, sont soumis entre eux à une certaine inégalité de rang qui a été jugée nécessaire sans doute en considération des localités : ainsi, par exemple, lorsque les maires des différentes communes qui composent un canton se réunissent au chef-lieu du canton pour y faire la révision des listes électorales, leur réunion est présidée par le maire du chef-lieu (*V.* LISTES ÉLECTORALES). La garde nationale, qui s'organise en compagnies par communes d'un canton, se forme ensuite en bataillon *cantonal*, lorsqu'une ordonnance du roi l'a prescrit; et la dépense que sa formation entraîne est répartie entre les communes du canton. Il peut être formé des compagnies ou des subdivisions de compagnies d'artillerie dans les cantons voisins des côtes (*V.* GARDE NATIONALE).

CANTON se dit encore des Etats qui composent le corps helvétique (*V.* SUISSE).

CANTON, *en term. de blason*, se dit d'un quartier qui est moindre que le quartier ordinaire de l'écu. Il se dit encore des parties dans lesquelles un écu est partagé par les pièces dont il est chargé.

CANTON ou **QUANG-CHOO-FOO** (*géogr.*), ville et port maritime de Chine, capitale de la province du même nom, située par 23° 7′ de latitude nord, et 110° 53′ 45 de longitude est. La ville et les faubourgs sont assis en grande partie sur la rive ouest du fleuve Pe-kiang, qui communique par des canaux avec les provinces voisines. Canton a plus de 2 lieues de circonférence, et est entouré d'une muraille sur laquelle sont placées quelques pièces de canon. Il est défendu par trois forts du côté de la terre, et par deux autres situés au sud sur les îles du Tchu-kiang, qui arrose aussi les flancs septentrionaux de la ville, et que les Européens appellent Tigre. Toutes ces fortifications sont chétives, et ne peuvent soutenir un siége, ne servant qu'à empêcher l'entrée de la ville aux étrangers. Canton se partage en ville chinoise et en ville tatare. La première, séparée de la seconde par une muraille, est au sud, et l'autre au nord. Indépendamment de cette division en ville chinoise et en ville tatare, Canton en a une autre qui n'est qu'administrative. La partie occidentale est appelée Nan-hai-hian (d'après le dialecte de Canton, Nam-hoë-ene), et la partie orientale, Phan-yu-yan (Poun-yu-ene). Ce sont deux villes du troisième ordre, qui forment le *fou* ou ville du premier ordre. L'enceinte de la ville renferme trois monticules. Le premier s'appelle Yue-sieou-chan; au sommet s'élève le temple de Yue-wang, qui est la divinité tutélaire des côtes méridionales de la Chine. Le second porte le nom de Phan-chan, et est couvert de cotonniers. Le troisième, enfin, est le Yu-chan, avec le temple de Hinan-lan-thai. Canton est la résidence du *tsoung-tou* ou gouverneur général de toute la province, improprement appelé *vice-roi* par les Européens. Il y a sous lui deux vice-gouverneurs qui portent le titre de fou-yuan et fou-thai. L'amirauté, le trésorier général, le tribunal des affaires criminelles, la direction du sel, l'inspecteur des greniers d'abondance ont aussi leur siége dans cette capitale. La ville tatare est occupée par la garnison mandchoue, sous les ordres du tsiang-kiun, ou commandant en chef des troupes de toute la province, dont le nombre est estimé à 40,000 hommes. Les rues de cette ville sont longues et bien alignées, mais si étroites, que les plus larges ont au plus quinze à vingt pieds; elles sont pavées, et ordinairement très-propres. Les maisons n'ont qu'un étage, et sont bâties en briques; elles ont deux ou trois cours sur lesquelles donnent les magasins et les appartements des femmes; toutes les rues sont bordées de boutiques. Ces rues sont pour la plupart affectées à une seule espèce d'ouvriers et de marchands. On y voit plusieurs édifices publics, tels que des temples, dont plusieurs sont richement ornés de statues, des arcs de triomphe, des fontaines, etc. Il y a aussi beaucoup de promenades. Canton est le seul port de la Chine ouvert aux navires marchands des nations européennes. Les loges de ces étrangers sont toutes sur une même ligne dans le faubourg méridional, sur le bord du Tchu-kiang; on les appelle chi-san-hang (chap-sam-hong), ou les treize comptoirs. Ce sont : 1° Y-ho-hang (Y-oua-hong), le comptoir de la droiture et de la paix, ordinairement appelé le comptoir de la pointe (the creek factory); c'est le plus oriental; à côté est la douane, nommée *derrière les comptoirs;* 2° Tsy-y-hang (Tsip-y-hong), le comptoir de la droiture réunie, aux Hollandais; 3° Pao-ho-hang (Pau-ouo-hong), le comptoir qui jouit de la tranquillité, aux Anglais; à côté duquel est une rue étroite, bordée d'un côté de petites boutiques où l'on vend aux matelots des habits, des liqueurs fortes, etc.; elle est appelée par les Européens, la *Ruelle des pourceaux;* 4° Foung-tai-hang (Fong-tae-hong), grand comptoir de l'affluence; il est occupé par les Parses, les Maures et diverses nations de l'Asie méridionale; 5° Loung-chun-hang (Long-chon-hong), le comptoir glorieux et prospère; c'est l'ancien comptoir anglais; 6° Sui-hang (Soi-hong), aux Suédois; 7° Ma-hyng-hang (Ma-ying-hong), le comptoir de l'aigle double, ou le comptoir impérial d'Autriche; 8° Pao-chun-hang (Pau-chon-hong), le comptoir précieux et prospère; 9° Yan-yuan-hang (Mane-yune-hong), le comptoir de l'ample fontaine; c'est celui des Américains : à côté est la célèbre rue appelée par les Européens la *rue de la Chine*, et quelquefois la *rue nouvelle de la Chine*, par opposition à l'ancienne, qui fait un angle avec celle-ci; en chinois elle porte le nom de Sin-Kiai (nouvelle rue); elle consiste entièrement en boutiques, dans lesquelles les Européens font leurs achats particuliers; elle est d'une grande richesse; 10° Kouang-yuan-hang (Kioong-yune-hong), le comptoir des dix mille sources; 11° Yan-tsu-tchaos (Yntze-tchhau), le nid d'hirondelle, ou le comptoir du coin; 12° Toung-song-hang (Tong-seng-hong), le comptoir originaire de l'Orient : il est occupé par un des grands marchands

qui font le commerce avec les Européens; 13° Kieou-koung-hang (Kaw-koung-hong), l'ancien comptoir public; il est destiné aux Français. Le mot chinois *hang* (hong) signifie faire des affaires, par suite, un lieu où l'on fait le commerce, et aussi une compagnie de négociants privilégiés par le gouvernement pour une entreprise déterminée. C'est dans ce dernier sens que les gros marchands, entre les mains desquels est exclusivement le commerce européen à Canton, hang-merchants, ou hanistes, en chinois hang-chang, ou yang-hang-chang, hanistes de l'Océan. Il y en a ordinairement douze à quatorze, et ils sont responsables de la conduite des étrangers avec lesquels ils ont affaire. Chaque vaisseau doit avoir son haniste, qui répond non-seulement de l'exact payement des droits de douane, etc., mais aussi de toutes les actions de l'équipage. Quel que soit le délit que puisse commettre un individu appartenant au vaisseau, depuis le meurtre d'un Chinois jusqu'à l'introduction en fraude d'une pièce d'étoffe, il expose le haniste à être mis en jugement et à payer l'amende que la loi ou la volonté du tribunal lui impose. Les marchands en détail n'ont la permission de vendre aux étrangers que quelques objets de peu d'importance, tels que des nattes, des souliers, des chapeaux, etc. Ils sont obligés de remettre les droits pour ces objets aux hanistes qui les visitent. Le gouvernement ne se mêle pas de percevoir les droits; il laisse ce soin aux hanistes; souvent les douaniers en exigent pour se les approprier. Malgré la défense, les étrangers achètent d'autres choses, et pour des sommes considérables, aux marchands en détail, mais c'est à leur risque personnel. Le gouvernement ne reçoit pas les plaintes des Européens contre ceux-ci; il saisit souvent dans ce cas la propriété du Chinois, sous prétexte qu'il a fait un commerce illégal; et le plaignant qui perd son bien doit encore s'estimer très-heureux de ce qu'on ne lui inflige pas une punition corporelle; on lui en fait grâce en sa qualité d'étranger. S'il veut se justifier en prétextant son ignorance des lois chinoises, on lui répond que le subrécargue de la nation, qui réside à Canton, doit l'avoir instruit des usages du céleste empire, et que son excuse n'est pas admissible. Chaque établissement européen est composé de quatre à cinq maisons et de vastes magasins : ces maisons sont belles, et construites avec goût; qui contraste d'une manière frappante avec celles des Chinois. Entre le rivage et le comptoir règne une belle promenade où les étrangers vont jouir de la fraîcheur de la soirée. La quantité et la grandeur des vaisseaux, la variété et le mouvement continuel des barques qui sont dans le port, le grand nombre d'étrangers qu'on voit dans les faubourgs, et dont on charge et décharge les bâtiments, l'immense population (estimée à 900,000 habitants), composée d'hommes industrieux et actifs, doivent faire considérer Canton comme une des villes les plus importantes et les plus riches de la Chine. On y fait un commerce très-considérable, alimenté par les productions les plus rares du pays et les objets les plus précieux des manufactures chinoises et européennes. Il consiste, pour l'exportation, en nankin, soie, nacre de perles, écailles de tortues, zinc, porlaine, encre de la Chine, etc., et pour l'importation, en draps, bétel, fourrures, montres, etc. — Les Américains font avec cette ville un commerce immense, mais il en résulte une grande exportation de numéraire au préjudice des États-Unis. Les Anglais, au contraire, payent en grande partie avec des lainages et des métaux d'Angleterre, ainsi qu'en tissus de coton et autres marchandises de l'Hindoustan, dans lesquelles figurait au premier rang l'opium, dont le refus d'entrée en Chine par l'empereur du céleste empire a fait éclater entre ces deux nations, au moment où nous écrivons ces lignes, une guerre dont on ne saurait prévoir les résultats. L'opium s'échangeait particulièrement contre le thé, dont la Chine expédiait directement, année moyenne, en Europe, l'énorme quantité de 250 à 300,000 quintaux. — Pour donner une idée de l'importance du commerce de Canton, il suffit de savoir qu'en 1825 il a été enlevé de ce port par les Anglais seuls 27,478,815 livres de thé, au prix brut de 1,924,738 livres sterling, ou 48,118,450 francs. La valeur des marchandises importées par les Anglais dans ce même port, et dans la même année, a été de 604,975 livres sterling, ou 15,124,375 francs; sans la perte du vaisseau *le Régent*, elle aurait été de 738,598 livres sterling. Le terme moyen de l'importation américaine à Canton, pendant les quinze années de 1804 à 1819, est de 4,030,804 dollars (20,154,020 francs); celui de toutes les exportations pendant le même espace de temps est de 3,995,696 dollars (19,978,480 francs). — Sur un espace de 2 lieues, le Tchu-kiang ressemble, à Canton, à une ville immense de navires de toute grandeur rangés en lignes parallèles, entre lesquelles il ne reste qu'un passage très-étroit pour les vaisseaux. Le propriétaire de chaque embarcation y habite avec sa famille, qui ne vient presque jamais à terre. Environ à 6 lieues au-dessous de Canton est le port de Houangphou ou Wampou, où sont les douanes pour les navires européens, qui ne remontent pas le Tchu-kiang plus haut, et restent là à l'ancre. — Canton a été dévoré par un affreux incendie le 1er novembre 1822. On estime le nombre des maisons devenues la proie des flammes à 10,000; près de 100 personnes ont péri, et plus de 70,000 ont été réduites à la misère. Tous les comptoirs étrangers ont été anéantis par le feu. On estime la perte éprouvée par la compagnie anglaise des Indes à 14,000,000 de francs; celle des résidents étrangers a été aussi très-considérable; mais celle des Chinois est incalculable; cependant les magasins des hanistes ont été sauvés en partie. La portion incendiée de la ville a été rebâtie sur l'ancien plan avec une vitesse incroyable; car, deux ans après l'événement, on ne reconnaissait les traces de l'incendie qu'à la différence de teinte des constructions antérieures à ce désastre. — Canton, depuis la guerre qui s'est allumée entre la Chine et l'Angleterre pour le motif que nous avons signalé plus haut, a été pris par les Anglais en 1840, après quelques jours de blocus, et rendu aux conditions d'une rançon fort onéreuse.   Ed. Girod.

CANTON (JEAN-GABRIEL) naquit à Vienne en Autriche le 24 mai 1710, et mourut dans la même ville le 10 mai 1753. Quoiqu'il ne soit pas compté au nombre des peintres célèbres, il réussit à peindre les hommes et les chevaux : ses traits sont hardis et sa main assurée. Il a travaillé les animaux dans les paysages du fameux Bient (V. O'Bient), et les batailles dans quelques grands tableaux de Meyltens (V. Meyltens). Les ouvrages de Gabriel Canton sont très-rares en France; les amateurs de Vienne en font un cas particulier; les Anglais les recherchent aussi, et, quoiqu'ils ne soient connus en Angleterre que d'un petit nombre de personnes, le prix en est considérable.

CANTON (JOHN), savant physicien anglais, né à Strond dans la Glocestershire le 31 juillet 1718, avait dès son bas âge manifesté de grandes dispositions pour les mathématiques chez le maître d'école de sa ville natale. Son père, tisserand d'étoffes en soie, l'arracha à cette étude pour lui faire suivre sa profession; mais, dans ce métier si peu conforme aux goûts et aux connaissances du jeune Canton, celui-ci ne laissa en rien se refroidir son amour pour sa science favorite, et ses connaissances étaient dès lors si étendues, qu'à l'aide des simples tables de Caroline il calculait les éclipses de lune et autres phénomènes célestes. Il avait aussi construit ou inventé différents cadrans. Il rencontra souvent dans ses recherches passionnées de grands obstacles et d'amers découragements; mais, consacrant à l'étude les heures que sa famille donnait au repos, et quoique réduit à la nécessité de n'employer de la lumière qu'en secret, il avait fait de tels progrès, qu'il était parvenu à construire, avec un couteau commun, une montre solaire en pierre marquant non-seulement les heures du jour, mais le lever du soleil, sa place dans l'écliptique et quelques autres particularités. Ce gnomon, placé sur la porte de son père, excita l'admiration de plusieurs gentilshommes du voisinage, qui voulurent connaître Canton et lui ouvrirent l'entrée de leurs bibliothèques. Chez l'un, il trouva la grammaire philosophique de Martin, dont la lecture lui inspira le goût de la philosophie naturelle. Ailleurs, la rencontre de verres d'optique lui facilita la solution de différents problèmes. En même temps il fit la connaissance avantageuse et s'acquit le patronage du docteur Henri Miles, ministre dissident à Footing, près de Londres, savant très-versé dans les connaissances physiques, et membre distingué de la société royale de Londres, où il l'accompagna en 1737. Après avoir demeuré quelque temps avec le docteur, Canton fut attaché pendant cinq ans comme agrégé à Samuel Watkins, professeur à l'académie de Spital-Square. Ses connaissances, son application, sa bonne conduite le firent remarquer, et il succéda bientôt à ce dernier en 1745 dans sa place, qu'il garda jusqu'à sa mort. — La science de l'électricité occupa quelque temps l'attention de Canton; et, après la découverte de la bouteille de Leyde à la fin de 1745, il en fit l'objet de ses investigations si particulières, que l'année suivante la méthode pour déterminer la quantité d'électricité qu'elle renferme fut communiquée par le docteur William Watson à la société royale. Cette méthode, comme la remarque le docteur Priestley dans son Histoire de l'électricité, a une grande affinité avec la découverte de Franklin. A la fin de l'année 1749, il concourut avec son ami Benjamin Robins à déterminer par ses expériences la hauteur où peut atteindre une fusée, et à quelle distance sa lumière est visible. En janvier 1750, il communiqua à la société royale sa méthode pour pro-duire le magnétisme artificiel et en rendre les effets supérieurs au magnétisme naturel. Cette communication lui valut l'honneur d'être élu membre de cette société, et on lui décerna une médaille d'or. Il reçut encore le titre de maître ès arts de l'université d'Aberdeen, et en 1751 fut choisi pour faire partie du conseil de ce corps. A l'occasion du changement de style en 1752, il fit au comte de Macclesfiel plusieurs tables mémoratives pour trouver l'année bissextile, la lettre dominicale, l'épacte, etc. Dans la même année, Canton eut l'honneur d'être le premier Anglais qui, en attirant le feu électrique des nuages pendant un orage, vérifia l'hypothèse de Franklin sur la ressemblance de nature de l'éclair et de l'électricité. Il envoyait en même temps à l'éditeur du Journal des ladies une solution sur la question proposée : Expliquer le phénomène des étoiles filantes. Cette réponse était anonyme; mais le directeur du journal adressa le prix à Canton en lui écrivant que, bien qu'il voulût cacher son nom, on le connaissait pour auteur, car personne que lui n'était capable d'avoir résolu le problème. A de nouveaux mémoires sur l'électricité, sur les variations de la boussole tant diurnes que pendant les aurores boréales, succédèrent les observations sur le passage de Vénus adressées à la société royale; une lettre à Franklin contenant des remarques sur les expériences électriques de Delaval, puis simultanément un mémoire curieux intitulé : Expériences pour prouver que l'eau n'est pas incorruptible. Ces expériences, qui réfutaient les fameux essais faits à Florence, après avoir été examinées avec défiance, furent répétées en présence de la société, qui s'en montra satisfaite, et les accueillit comme démontrant l'évidence du fait. Sur le rapport d'une commission, elle décerna unanimement une seconde médaille d'or à Canton en 1765. Il produisit encore un mémoire indiquant une méthode aisée de faire le phosphore, et enfin, en décembre 1769, un dernier écrit dont le titre était : Expériences pour prouver que la lumière phosphorescente de la mer s'élève en se dégageant des matières animales en putréfaction qu'elle renferme. Outre tous ces mémoires, Canton en a publié une foule d'autres qui ont paru dans différentes publications. C'est à son opinion que s'arrêta la commission de la société royale dont il faisait partie pour l'adoption de la forme et du placement du paratonnerre remarquable de la flèche de Saint-Paul à Londres. « M. Canton, dit le biographe anglais dont nous empruntons ces détails, et qui a vécu dans son intimité vers la fin de sa vie, M. Canton était doué d'une adresse et d'une justesse de coup d'œil rares. Ses appareils, qu'il confectionnait tous lui-même, étaient à la fois élégants et solides; il apportait tant de soin, tant de précision dans ses opérations, il avait si bien pris toutes ses mesures, si bien étudié sa matière, que jamais aucune de ses expériences n'échoua. Je lui dois aussi témoigner ma gratitude, ajoute le même écrivain, et c'est un plaisir bien vif pour moi, au sujet de la politesse, de la bienveillance empressée avec lesquelles il répondait à toutes les questions que nous, ses élèves, lui adressions, et il le faisait toujours avec une netteté et des explications telles qu'il ne restait rien à désirer de ce que l'on voulait savoir. » — Canton mourut d'une hydropisie de poitrine due sans doute à ses habitudes sédentaires et studieuses, en mars 1772, à l'âge encore prématuré de cinquante-quatre ans, regretté de tous ceux qui l'avaient connu, et laissant un vide difficile à remplir dans les sciences physiques qu'il avait si assidûment cultivées et développées. Un de ses fils s'est distingué sur les traces de son père, et lui a succédé à l'académie. — Plusieurs de ses mémoires ont été publiés en France, ou insérés dans des journaux scientifiques.   Ed. Girod.

CANTONADE, terme usité au théâtre. Cantonade signifie le coin du fond de la scène. Par application, on a appelé parler à la cantonade le jeu que fait l'acteur en adressant la parole à une personne qui est censée placée dans la coulisse. Ainsi, parler à la cantonade, c'est parler en se tournant du côté par lequel on vient d'entrer; car c'est presque toujours aux entrées qu'on parle à la cantonade. Cependant on emploie quelquefois aussi ce moyen, quoique l'acteur soit en scène depuis longtemps.

CANTOXAL, ALE, adj. (gramm.), qui appartient au canton.

CANTONG, s. m. (botan.), plante des Philippines, dont le suc est favorable aux hydropiques.

CANTONI (CATHERINE), dame milanaise, se rendit célèbre dans le XVIe siècle par la pureté de ses dessins en broderies. On admirait surtout ses portraits fort ressemblants, et qui paraissaient plutôt être l'ouvrage du pinceau que de l'aiguille.

CANTONNÉ, ÉE, adj. (archit.). Il se dit d'un bâtiment dont les encoignures sont ornées d'une colonne, d'un pilastre, de chaînes de pierres dont les assises sont marquées par des refends, des bossages.

CANTONNÉ, en term. de blason, se dit lorsque les espaces que les croix et les sautoirs laissent vides sont remplis de quelques figures. Remond de Modène en Provence : *De gueules à la croix d'argent, cantonné de quatre coquilles de même.* — CANTONNÉ, ÉE, se dit aussi lorsqu'un lion, un aigle ou autre animal étant au milieu de l'écu, pièces ou meubles posés aux angles, l'accompagnent.

CANTONNEMENT. Ce mot, comme tous les dérivés de *canton*, indique un état de concentration dans un espace de terrain limité et circonscrit. Il s'applique également aux personnes et aux choses. Ainsi, dans le langage militaire, il se dit des corps des troupes qui, en temps de guerre, sont logés dans différents cantons rapprochés les uns des autres, entre lesquels on a soin de conserver la facilité des communications, où ils sont à portée de recevoir promptement les ordres du chef qui les commande, et où ils se trouvent toujours prêts à répondre à l'appel qui peut en être fait, pour participer aux mouvements que le besoin du service rendrait nécessaires. Dans le langage civil, le mot *cantonnement* est employé, en général, pour exprimer la limitation, aux conditions déterminées par la loi ou par la convention, d'un usage, d'un droit, d'une faculté qui étaient auparavant exercés sur une échelle plus étendue. — Il se dit, *en matière de chasse*, de la restriction qui est apportée, dans la vue de prévenir une trop grande destruction du gibier et la dévastation des bois et forêts, au droit réciproque de chasser sur un terrain respectif que peuvent avoir des propriétaires voisins. Autrefois le *cantonnement* était fréquemment pratiqué entre des seigneurs possédant des fiefs par indivis, ou enclavés les uns dans les autres ; il était ordinaire qu'ils jouissaient chacun du droit de chasse sur la portion du fief appartenant aux autres ; mais si l'un d'eux souffrait impatiemment cette jouissance, il pouvait la faire cesser par le moyen du cantonnement. — Aujourd'hui, lorsque deux ou plusieurs propriétaires possèdent des terres enclavées les unes dans les autres, ils peuvent aussi se cantonner réciproquement pour le droit de chasse. Mais nul ne peut contraindre au cantonnement un propriétaire qui ne voudrait pas s'y prêter de gré à gré. Le *cantonnement* a lieu, *en matière de pêche*, pour empêcher la dépopulation des rivières et des étangs. La loi du 15 avril 1829, relative à la pêche fluviale, fixe les limites dans lesquelles il est permis aux propriétaires riverains des rivières et des canaux non navigables ni flottables, dépendant du domaine public, d'user du droit de *pêche*, sans préjudice de celui qui peut leur être acquis par la possession ou qui serait établi par titres. La pêche au profit de l'État est exploitée par des concessionnaires ou des adjudicataires à prix d'argent. La concession ou l'adjudication s'en fait par cantonnements, dans lesquels ceux qui l'ont obtenue ont le privilège de pêcher aux charges et conditions qui leur sont imposées (*V.* PÊCHE). Le mot *cantonnement* est plus spécialement usité pour exprimer le droit qu'a tout propriétaire d'un bois ou d'une forêt assujettis à un droit d'usage, d'en abandonner une portion ou toute propriété aux usagers pour leur tenir lieu de leur droit d'usage. Les bois et forêts appartiennent à l'État, ceux du domaine de la couronne, sont soumis à un régime particulier. Le gouvernement peut affranchir les forêts de l'État et du domaine de la couronne de tout droit *d'usage en bois*, moyennant un cantonnement qui est réglé de gré à gré avec les usagers, et, en cas de contestation, par les tribunaux avec les formalités qui doivent être observées dans les opérations du cantonnement sont réglées par une ordonnance royale du 1er août 1827, rendue pour l'exécution du *Code forestier*. Les autres droits *d'usage* dans les mêmes forêts, sous quelque dénomination qu'ils existent, ne peuvent être convertis en *cantonnement* ; ils peuvent seulement être rachetés moyennant des indemnités réglées aussi de gré à gré, ou par les tribunaux en cas de contestation, et suivant les formes prescrites par la même ordonnance (*V.* FORÊT, USAGE).

CANTONNEMENT, s. m. (*agric.*), partie d'un terrain qu'on destine aux bestiaux malades.

CANTONNER, v. a. (*term. de guerre*), distribuer des troupes dans plusieurs villages. — Il s'emploie aussi neutralement, et se dit des troupes mêmes que l'on cantonne. — Il se met quelquefois avec le pronom personnel, et signifie alors se retirer dans un canton pour y être en sûreté. Il se dit proprement d'un petit nombre de gens qui se fortifient contre un plus grand nombre.

CANTONNER (*agric.*), mettre des bestiaux malades en cantonnement.

CANTONNIÈRE, s. f. pièce de la tenture d'un lit à colonnes, qui couvre les colonnes du pied du lit, et qui passe par-dessus les rideaux. — Il se dit aussi des tentures qui passent par-dessus les rideaux d'une fenêtre, et qu'on arrange de différentes manières.

CANTONNIÈRE (*technol. et marine*) se dit des morceaux de fer-blanc ou de fer qui servent à fortifier l'assemblage d'un coffre, d'une malle, etc. — *En term. de marine,* c'est un gros bout de cordage d'une circonférence variable selon le poids des ancres. Il n'est plus guère usité en ce sens.

CANTONNIÈRE, en term. d'imprimerie, se dit de quatre bouts ou pièces de fer fixés en triangle, de manière à embrasser carrément chaque coin ou angle du train d'une presse, et servant à fixer une forme au moyen de coins de bois ajoutés selon la grandeur ou la petitesse du format. Dans la plupart des presses en fonte, les quatre cantonnières ne sont point courbées, mais droites, et fixées chacune sur chaque ligne ou bande du carré de la plate-forme du train.

CANTONNIERS. C'est le nom qu'on donne en France à des ouvriers stationnaires sur les routes, qu'ils doivent réparer et entretenir. Leur établissement définitif ne date que de 1816. Jusqu'à cette époque, depuis l'abolition de la corvée, le système d'entretien des routes n'avait ni unité ni régularité ; ce n'est qu'en 1811 que le principe d'un entretien journalier fut adopté ; mais son exécution n'eut lieu, comme nous l'avons dit, qu'en 1816. Aujourd'hui, les avantages de l'entretien par les cantonniers sont reconnus et incontestables. Les bons cantonniers font les bonnes routes. On s'accorde même généralement à dire que ce système doit maintenant recevoir plus de développements, et que le nombre de ces ouvriers stationnaires devrait être au moins doublé dans certaines localités, et attendant ces grandes lignes de chemins de fer après lesquelles soupire la France entière. — La totalité des cantonniers employés sur les routes royales s'élevait en 1828 à 6,368 ; le montant de leurs salaires était de 2,754,305 francs ; ce qui donne pour prix moyen d'un cantonnier, pendant toute l'année, 432 francs. Chaque cantonnier a moyennement une longueur d'une lieue et un cinquième, ou 4,800 mètres de route à entretenir. On peut compter en outre sur les routes départementales à peu près autant de cantonniers que sur les routes royales ; il y a donc en France 12,000 à 13,000 de ces ouvriers stationnaires. — Outre les soins qu'ils doivent donner aux routes afin qu'elles soient toujours solides et unies, ils doivent aussi prêter gratuitement aide et assistance aux voituriers et aux voyageurs dans les cas d'accident. Ils sont reconnus par une plaque numérotée fixée à leurs chapeaux.

CANTOR (*géogr.*), petite île de la Sénégambie, sur la rive gauche de la Gambie, au nord-ouest du Tenda.

CANTOR ou LE CHANTRE (GILLES), auteur d'une secte de fanatiques qui prirent le nom d'hommes intelligents, *homines intelligentia*, et qui parurent à Bruxelles et en quelques lieux de la Flandre au commencement du XVe siècle. Ces fanatiques soutenaient : 1° que Gilles le Chantre était le sauveur des hommes ; que par lui on verrait Jésus-Christ, comme par Jésus-Christ on voyait le Père ; 2° que le diable et les damnés seraient enfin délivrés de leurs peines, et jouiraient de la béatitude éternelle ; 3° que le diable n'avait pas transporté Jésus-Christ sur le haut du temple ; 4° ils rejetaient les prières extérieures, ainsi que le culte extérieur ; 5° ils s'abandonnaient à mille extravagances coupables, regardant la luxure comme une chose indifférente ; 6° ils tenaient pour inspiration tout ce qui leur venait dans l'esprit ; 7° ils disaient que le Père et le Fils avaient eu leur temps, mais que celui du Saint-Esprit était venu ; 8° ils ne connaissaient qu'une Vierge, qu'ils nommaient la séraphine ; 9° ils niaient le purgatoire, et croyaient que, quand ils étaient interrogés sur leur croyance, ils pouvaient la nier sans scrupules. Guillaume de Hildenissem, religieux de l'ordre des carmes, qui s'était laissé séduire par Cantor, et qui à son tour en avait séduit beaucoup d'autres, ayant été cité par Pierre d'Ailly, archevêque de Cambray, fut convaincu de ses impiétés et les rétracta le 12 juin 1411. Baluze en a fait imprimer le compte rendu dans le second volume de ses *Miscellanea* depuis la page 277 jusqu'à la page 977.

CANTORBÉRY (en anglais, *Canterbury*), ville d'Angleterre, située sur la petite rivière de *Flour*, à 55 milles est de Londres. Le mot *bury*, d'origine saxonne, signifie *habitation* ; c'est une terminaison commune à beaucoup d'autres noms propres, comme : *Aldermanbury*, *Saint-Edmund'sbury*, *Salisbury*, *Shrewsbury*, *Newbury*, etc. L'époque de la fondation de Cantorbéry est antérieure à l'occupation romaine, durant laquelle ce fut une colonie militaire, désignée dans l'Itinéraire d'Antonin, sous le nom de *Durovernum*, à 12 milles du port *Ritupis* (Richebourg), à 14 milles du port *Dubris* (Douvres), et à 16 milles du port *Lemanis* (Lymc), dans lequel aborda César. Ces trois dernières stations romaines étaient jointes à la première par des chaussées dont on a découvert des vestiges. On y a pareillement trouvé des mosaïques, des médailles, et autres débris attestant le séjour des Romains. Sous l'heptarchie saxonne, Cantorbéry devint la capitale du royaume de Kent, en latin *Cantium*. En 597, le roi saxon Ethelbert y reçut favorablement le moine Augustin, que les Anglais nomment *Austin*, selon leur coutume de syncoper la plupart des noms propres. Augustin et les douze moines dont il était accompagné, étant débarqué dans l'île de Thanet, Ethelbert leur assigna pour résidence cette partie de l'ancien Durovernum qui porte aujourd'hui le nom de *Stable-Gate*. Les missionnaires entrèrent dans la ville en procession et en chantant une hymne. Quelque temps après, Ethelbert embrassa le christianisme, et son exemple produisit de nombreuses conversions. Augustin dédia un ancien temple en l'honneur du Christ, et Ethelbert fonda l'abbaye de Saint-Augustin (*Saint-Austin's abbey*), qui depuis a été comprise dans l'enceinte du palais archiépiscopal. Cantorbéry fut alors érigé en siège métropolitain de toute l'Angleterre, honneur qui lui était bien dû, puisque la première, parmi les Saxons de l'heptarchie, cette ville avait accueilli le christianisme, dont le progrès fut prompt et général. L'archevêque de Cantorbéry, actuellement chef-lieu du comté de Kent, est primat d'Angleterre et premier pair du royaume. Il couronne les rois, dont il est le premier aumônier. Il possède à Londres le palais de Lambeth (*Lambeth-Palace*), où il fait ordinairement sa résidence ; ses revenus dépassent un million. Cantorbéry est médiocrement bâti ; il a un château, des fortifications et un fossé profond. Il renfermait d'abord dix-sept églises et paroisses dans son enceinte, et trois dans les faubourgs ; mais il n'en reste aujourd'hui que quinze. Les juifs, les presbytériens, les quakers, les méthodistes, les anabaptistes ont chacun un édifice consacré à leur culte. Il y a aussi dans la ville un grand nombre d'hôpitaux et d'autres établissements de charité, une prison pour la partie orientale du comté de Kent, une école gratuite de grammaire, un théâtre, des lieux de réunion, et un vaste hôtel de ville. Le dépôt de mendicité (*the work house*) a été établi en 1728. Mais la merveille de Cantorbéry, c'est sa cathédrale qui a réellement un caractère divin. Le style des édifices religieux porte réellement le sceau des communions. La pauvreté d'imagination de la réforme fait pitié au prix de ces merveilles que le catholicisme a seul su construire. On montre encore dans cette vénérable église l'autel où tomba saint Thomas de Cantorbéry sous les coups des assassins ; c'étaient le même autel, les mêmes marbres, les mêmes pavés. Une pierre usée garde la trace du genou des pèlerins. Ce n'est pas avec des mots, ce serait à peine avec les figures et des couleurs qu'on donnerait quelque idée du sublime effet de cette église de trois âges dont Erasme a dit : *Tanta majestate sese in cœlum erigit , ut procul etiam intuentibus religionem incutiat.* Ici éclate tout le génie des trois architectures intermédiaires, la romane, la saxonne, la moyenne à cintres brisés, et l'ogive jusqu'à la renaissance. Parmi beaucoup de tombeaux on remarque celui du prince noir, fils d'Edouard III, dont l'image imposante est couchée dans l'attitude de la prière sur d'une lourde épée. Au-dessus du tombeau s'élève l'armure que le prince portait à son dernier fait d'armes, et un autre glaive rougi par le temps. Tous les environs de l'église conservent des parties de l'ancienne abbaye et de ses nombreux bâtiments. Ce sont de grandes archivoltes, des groupes de fûts élancés, des frises, des ornements qui restent enclavés dans des murailles plus ou moins modernes. On remarque parmi ces beaux restes une tour admirable de style roman, autour de laquelle courent deux tores énormes du travail le plus riche et dont l'effet est enchanteur. Les environs du temple sont couverts de superbes tapis de verdure, et ombragés de tilleuls magnifiques, dont les cimes imposantes complètent l'harmonie de ce grand tableau. Les Danois assiégèrent Cantorbéry en 1011, la prirent après un siège de douze jours, et y mirent le feu. Cet incendie consuma l'ancienne église consacrée par le moine Augustin. L'archevêque Agelnoth l'avait déjà rétablie en partie, lorsqu'elle fut de nouveau brûlée en 1067. En 1130, on fit la dédicace du nouveau chœur bâti par l'archevêque Anselme, en présence du roi Henri Ier et de la reine son épouse, de David, roi d'Ecosse, et d'un grand nombre de personnes appartenant à la noblesse des deux royaumes. Une parole imprudente échappée au roi Henri II coûta la vie à l'archevêque Thomas Becket, qui fut assassiné , le 29 décembre 1170, d'une manière barbare au pied de l'autel. Il fut enterré dans l'église, où l'on érigea une châsse somptueuse à sa mémoire. Sa tombe fut visitée pendant plusieurs siècles par une foule innombrable de pèlerins venant de toutes les parties de l'Europe chrétienne. Le trésor était fort riche ; Henri VIII s'en empara , et construisit à Cantorbéry un palais dont il gratifia depuis le cardinal Pôle. En 1573, la reine Elisabeth , fille de ce monarque, y tint sa cour. Chaucer, ancien poëte anglais, né en 1328, a intitulé l'ouvrage qu'il a composé à l'imitation du *Décaméron* de Boccace, *les Contes de Cantorbéry* (*the Canterbury tales*), parce que l'auteur suppose une troupe de pèlerins qui se rendent à Cantorbéry, et qui se font mutuellement des récits, pour charmer l'ennui du voyage. Au commencement de ce siècle, on comptait à Cantorbéry dix-sept cent quarante et une maisons, et 9,000 habitants, population qui doit avoir pris, depuis lors, quelque accroissement, comme tout le reste de la Grande-Bretagne. Il s'y trouvait alors, 1,525 personnes employées au commerce et dans les manufactures. Celles d'ouvrages en soie y furent établies pour la première fois par des réfugiés français après la révocation de l'édit de Nantes. La ville de Cantorbéry formant elle-même un comté, ses magistrats ont le pouvoir de juger les procès civils et les affaires criminelles. Dans ces circonstances, le maire siège comme juge, assisté du *recorder* et du banc des *aldermen*. On peut consulter sur cette ville *les Antiquités de Cantorbéry*, par Somner (*Somner's antiquities of Canterbury*). CH. DU ROZOIR.

CANTORBÉRY (CONCILES DE). Le premier fut célébré l'an 605 pour la confirmation de la fondation du monastère de Saint-Pierre et de Saint-Paul, le premier qu'on ait bâti en Angleterre. Saint Augustin, l'apôtre du pays, qui avait fondé ce monastère auprès de Cantorbéry, présida au concile. Le roi Ethelbert V, la reine Berthe, sa femme, et leur fils Eodbald s'y trouvèrent (*Reg.*, 14; Labb. , 5; Spelman , *Conc. angl.*). Le second concile fut assemblé l'an 457, pour ordonner qu'on ferait la fête de saint Boniface et de ses compagnons qui furent tués avec lui (Spelman). Le troisième, l'an 788 , touchant les immunités de l'Eglise (Spelman). Le quatrième, l'an 801 , sur la discipline, et pour obtenir la levée de l'interdit que le pape Formose avait mis sur l'Angleterre. Ce concile est douteux (*Reg.*, 24; Labb., 9; Hard., 6). Le cinquième, l'an 991. Le roi Ethelred y établit des moines à la place des clercs dans l'église de Cantorbéry, et leur accorda de grands biens et beaucoup de privilèges (Spelman). Le sixième, l'an 1189, touchant l'élection de l'évêque d'Yorck (Vilkins, t. 1). Le septième, l'an 1193, pour l'élection d'un évêque de Cantorbéry (ibid.). Le huitième, l'an 1220, pour la translation du corps de saint Thomas de Cantorbéry (ibid.). Le neuvième, l'an 1222 (ibid.). Le dixième, l'an 1257 (ibid.). Le onzième, l'an 1269 (ibid., t. 11). Le douzième, l'an 1272. On y accorda des décimes au roi (ibid.). Le treizième, l'an 1311 , contre les templiers (ibid.). Le quatorzième, l'an 1316 (ibid.). Le quinzième, l'an 1321 (ibid.). Le seizième, l'an 1325. Il est douteux s'il est de Londres ou de Cantorbéry (ibid.). Le dix-septième, l'an 1326 (ibid.). Le dix-huitième, l'an 1344 (ibid). Le dix-neuvième, l'an 1345, sur la discipline (ibid.). Le vingtième , l'an 1347 , sur la discipline (ibid.). Le vingt et unième , l'an 1356 (ibid.). Le vingt-deuxième, l'an 1362 , par l'archevêque Simon Islip, contre les profanations des fêtes (t. 11, *Conc.*, p. 1933). Le vingt-troisième, l'an 1476, sur la discipline (ibid.). Le vingt-quatrième, l'an 1577 (ibid.). Le vingt-cinquième, l'an 1399 (ibid.). Le vingt-sixième, l'an 1419, au sujet des plaintes du clergé touchant les envoyés du pape et les ministres du roi (ibid.). Le vingt-septième, l'an 1428. On y mit en pénitence un ecclésiastique nommé Richard Valther, qui s'adonnait à la magie, et l'on brûla ses livres (Labb., 12). Le vingt-huitième, l'an 1439, pour l'augmentation du revenu des petites vicairies (Labb., 13).

CANTRE, s. f. se dit , dans les manufactures en soie, d'une partie de l'ourdissoir dans laquelle on passe les rochets pour ourdir (*V.* OURDISSOIR). — CANTRE, pour les velours et autres ouvrages, est aussi , dans les manufactures en soie, une espèce de châssis soutenu sur des pieds plus courts par devant que par derrière; ce qui incline le châssis du côté de l'ouvrier. Ce châssis est divisé, selon sa longueur, en deux parties égales par une traverse. Cette traverse et les côtés du châssis qui lui sont parallèles, sont percés de petits trous. Ces petits trous reçoivent autant de broches de fil de fer. Ces broches sont chacune portées par les deux bouts sur les deux côtés en longueur de la cantre, et par le milieu sur la traverse parallèle à ces côtés. C'est sur elle qu'on enfile les roquetins, à qui elles servent d'axe. Les fils de soie dont les roquetins sont chargés ne se mêlent point, au moyen de l'inclinaison de la cantre et de son plan incliné , qui tient toutes les broches, et par conséquent chaque rangée de roquetins plus haute l'une que l'autre : la cantre est placée au derrière du métier. Quant à son usage, *V.* l'article VELOURS.

CANTSANU, s. m. *(botan.*), nom brame d'un arbre du Malabar, qui s'appelle en langue malabre, *canschena pou* et *canschena puce.* Jean Commelin, dans ses Notes, le désigne sous le nom de *arbor filiquosa malabarica, foliis bifidis, minoribus, flore alboflavescente, striato.* Linné, dans son *Systema naturæ,* douzième édition, imprimée en 1767, l'appelle *bauhinia 7, tomentosa foliis cordatis, lobis semi-orbiculatis, tomentosis,* et il rapporte deux plantes très-différentes, comme nous le ferons voir ci-après, savoir, l'*aatenarchedde* du Malabar, nommé aussi *mandaru madaraspatense, foliis firmioribus parvis bisulcis, glabritie spendentibus ad surculum densius stipatis;* et le *bauhinia foliis subrotundis, flore flavescente, striato.* — Le *cantsanu* est un arbre de moyenne grandeur, ou plutôt un arbrisseau de dix à douze pieds de hauteur, à racine jaune dans son bois, à tronc épais de cinq à six pouces, et ramifié de bas en haut de nombre de branches serrées, menues, dont les jeunes sont écartées d'un angle de quarante-cinq degrés d'ouverture, et les vieilles sont tendues horizontalement : ce qui lui donne la forme d'un buisson sphéroïde. — Les feuilles couvrent les branches au nombre de trois à cinq, leur étant attachées circulairement à des distances d'un à deux pouces. Elles sont orbiculaires, de deux à deux pouces et demi de diamètre, entières, excepté à l'extrémité antérieure, où elles sont fendues et échancrées jusqu'au quart de leur longueur, couvertes dessus et dessous d'un velouté épais, relevées en dessous de sept nervures longitudinales, rayonnantes du point par lequel elles sont attachées sur un pédicule cylindrique une fois et demie plus court qu'elles, accompagné de deux stipules menues et pointues. Ces feuilles avant leur développement sont pliées en deux doubles par les côtés, et ont tous les soirs un mouvement par lequel elles se ferment de même en s'inclinant, pendantes sous un angle de quarante-cinq degrés sur leur pédicule. — De l'aisselle de chacune des feuilles supérieures des jeunes branches sort un épi ou corymbe un peu plus long qu'elles, composé de deux à trois fleurs portées sur un pédoncule court, accompagné d'une à deux écailles elliptiques pointues, une fois plus longues que larges. — Chaque fleur est hermaphrodite, polypétale, irrégulière ou légumineuse, posée au-dessous de l'ovaire, longue, comme les feuilles, de deux pouces et demi; ouverte ou épanouie en cloche de trois pouces et demi, blanc jaunâtre. Elle consiste en un calice vert à cinq divisions, longues, réunies et rejetées toutes d'un côté, de manière que son tube, étant fendu seulement d'un côté, forme une espèce de capuchon trois à quatre fois plus court que la corolle, dont les cinq pétales sont assez inégaux, elliptiques, obtus, concaves, une fois plus longs que larges, jaunes entièrement, à l'exception du cinquième qui est plus étroit, plus élevé, et peint sur son onglet d'une tache purpurine qui représente une feuille pointue à son sommet. Dix étamines droites, blanc jaune, inégales, dont cinq alternativement, un peu plus petites, appliquées contre le pétale supérieur, une fois plus courtes que lui, à anthères oblongues, jaunes, s'élèvent du calice en touchant à la corolle, mais en s'éloignant de l'ovaire qui en occupe le centre, étant porté sur un disque en pédicule cylindrique. Il est surmonté par un style cylindrique, épais, terminé par un stigmate ovoïde, velouté, et couché sur un de ses côtés. - - L'ovaire en mûrissant devient un légume long de sept à huit pouces, six à sept fois moins large, très-comprimé par les côtés, droit, très-velu dans sa jeunesse, s'ouvrant en deux valves ou battants, partagé intérieurement en six à sept loges contenant chacune une fève elliptique, longue de sept à huit lignes, d'un quart moins large, jaune rougeâtre. — Le *cantsanu* est commun au Malabar, dans les terres sablonneuses. Il est toujours vert, et fleurit deux à trois fois l'an, mais plus abondamment dans la saison des pluies. Ses fleurs sont sans odeur. Ses fleurs, broyées entre les doigts, répandent une odeur forte. — Sa racine pilée s'applique en cataplasmes sur les goîtres et sur les tumeurs des glandes parotides. La décoction de l'écorce de sa racine se boit dans les maladies phlegmatiques vermineuses, contre l'inflammation du foie et les hémorroïdes. La même écorce pilée ou en poudre s'applique sur les blessures et les ulcères, pour en réunir les chairs et y occasionner une nouvelle reproduction. — DEUXIÈME ESPÈCE. Sous la dénomination de *bauhinia, foliis subrotundis, flore flavescente, striato,* il existe une autre espèce de *cantsanu* qui en diffère essentiellement par les caractères suivants : 1° c'est un arbrisseau plus petit; 2° ses branches sont plus menues, plus lisses, luisantes, tuberculées de petits points rudes; 3° ses feuilles sont lisses, minces, vertes dessus, plus claires dessous, plus petites, longues

d'un pouce et demi, d'un quart plus larges, fendues jusqu'au tiers et presque jusqu'au milieu, où elles ont un petit filet en soie long de deux lignes, et portées sur un pédicule deux fois plus court qu'elles; 4° ses épis de fleurs sont plus courts que les feuilles, ou à peine égaux à leur longueur, à fleurs blanches, longues d'un pouce, à pétales pointus. Cette espèce est particulière à l'île de Ceylan. — L'*aatenarchedde* est encore une troisième espèce différente des deux précédentes, ainsi que nous l'indique la définition donnée plus haut à son sujet. — Ces trois plantes ne devaient donc pas être confondues ensemble comme a fait Linné, et le nom de *bauhinia,* que Plumier a donné à une espèce américaine de ce genre qui n'avait pas de nom de pays, devait être restreint à cette seule espèce, sans être appliqué à tant d'autres plantes des Indes et de l'Afrique, qui ont chacune leur nom dans ces pays, aussi bien que le *cantsanu,* et qui sont du genre du *mandaru,* qui vient naturellement dans la famille des plantes légumineuses.

CANTUA (*botan.*), plante de la famille des polémoniées qui ont une grande affinité avec celle des liserons ou convolvulacées, dont elles diffèrent par la disposition et la structure des valves de son fruit. Ce nouvel ordre a été enrichi de deux autres genres, le *cantua* et l'*hoitzia.* Ces deux genres ne diffèrent l'un de l'autre que par les bractées qui entourent le calice de l'hoitzia; mais la conformité de la structure des fruits ne laisse aucun doute sur l'identité des rapports. Deux seules espèces composent d'abord le genre *CANTUA.* La première comprend le *cantua pyrifolia,* le *cantua buxifolia,* le *cantua ovata,* le *cantua tomentosa.* La seconde espèce renferme le *cantua trifolia,* le *cantua quercifolia* et le *cantua cordata.* Le cantua quercifolia, dessiné au Pérou par de Jussieu, offre tous les caractères du genre, surtout l'axe central de la capsule, et les trois valves garnies dans leur milieu d'une côte saillante. Sa tête est ligneuse; ses feuilles sont alternes ovales, crénelées, ou plutôt presque sinuées comme celles de quelques chênes. Ses fleurs, disposées en bouquets terminaux presque sessiles au milieu des fleurs supérieures, ont la corolle tubulée, à lobes élargis par le bas et terminés en pointe; on y retrouve les cinq étamines, et le style terminé par trois stigmates.

CANTWEL (ANDRÉ), médecin irlandais, né dans le comté de Tippérary, mort le 11 juillet 1764, fut un des plus ardents antagonistes de l'inoculation. Reçu médecin de Montpellier en 1729, il concourut pour la chaire de médecine vacante par la démission d'Astruc. Arrivé à Paris en 1733, il fut reçu docteur à la faculté de cette ville en 1742, étant déjà alors de la société royale de Londres. Ses trois thèses furent : *An aer ab inundatione salubris an ptyalismus frictionibus mercurialibus provocatus perfectæ luis venereæ sanationi adversetur? An calculo vesicæ scalpellum semper necessarium?* Ses conclusions furent toutes négatives. En 1750, il fut chargé de professer la chirurgie latine, en 1760 la chirurgie française, et en 1762 la pharmacie. Il a beaucoup écrit : 1° *Conspectus secretionum,* 1731, in-12; 2° *Dissertations latines sur ce qui manque à la médecine,* Paris, 1729, in-12; 3° *Dissertation sur les fièvres en général,* Paris, 1730, in-4°; 4° *Quæstiones medicæ duodecim,* etc., Montpellier, 1732, in-4°; 5° une traduction des *Nouvelles Expériences sur le remède de Mlle Stephens,* par Haller, Paris, 1742, in-12, à la suite de l'*Etat de la médecine ancienne et moderne,* traduit de l'anglais de Clifton par l'abbé Desfontaines; 6° *Histoire d'un remède très-efficace pour la faiblesse et la rougeur des yeux, et autres maladies du même genre, avec un remède infaillible contre la morsure du chien enragé,* traduite de l'anglais de Hans Sloane, Paris, 1746, in-8°, avec des notes du traducteur, et aussi dans l'ouvrage de Saint-Yves sur les maladies des yeux, Amsterdam, 1769, in-12; 7° *Lettres sur le traité des maladies de l'urèthre* (de Daran), Paris, 1749, in-12; 8° plusieurs observations dans les *Transactions philosophiques* sur une tumeur glanduleuse considérable située dans le bassin, n° 446, année 1737; sur une paralysie extraordinaire des paupières, n° 449, année 1754; *Description d'un enfant monstrueux,* n° 453, année 1759; 9° *Lettre* anglaise, où le mercure est indiqué comme spécifique de la rage, Londres, 1758; 10° *Discours sur la dignité et la difficulté de la médecine,* prononcé à la faculté en 1755; 11° *Tableau de la petite vérole,* Paris, 1758, in-12; 12° *Analyse des eaux de Passy,* 1755, in-12; 13° beaucoup d'écrits contre l'inoculation; une réponse à M. de la Condamine sur ce sujet, Paris, 1755, in-12; deux autres lettres sur le même sujet à Fréron et à Raulin, même année; une autre réponse à M. Missa sur le même sujet encore, etc.

CANTWEL (ANDRÉ-SAMUEL-MICHEL), fils du précédent, né en 1744, fut lieutenant des maréchaux de France, et à ce titre il fut admis dans l'hôpital des Invalides en 1792. Il devint bibliothécaire de cet établissement, et y mourut le 9 juillet 1802. Cantwel fut un des plus ignorants et des plus inexacts traducteurs qui aient affligé la littérature. Il a traduit de l'anglais un grand nombre d'ouvrages : 1° *Isabelle et Henry*, 1789, 4 vol. in-12 ; 2° *Histoire de la décadence et de la chute de l'empire romain*. Les trois premiers volumes parurent en 1777, sous le nom de Leclerc de cet Sept-Chènes ; mais on croit que le véritable traducteur était Louis XVI. MM. Demeunier et Boulard continuèrent la traduction, qui fut finie par Cantwel et M. Marinié, et revue ; quant aux derniers volumes de cette traduction, ils ont paru de 1777 à 1795. La nouvelle édition, entièrement revue et corrigée, et accompagnée de notes et critiques et historiques, relatives, pour la plupart, à l'histoire de la propagation du christianisme, par M. Guizot, Paris, Maradan, 1812-13, a 13 vol. in-8° ; 3° *Histoire des femmes, depuis la plus haute antiquité jusqu'à nos jours*, 1795, 4 vol. in-12 ; 4° *De la naissance et de la chute des anciennes républiques*, 1793, in-8°. L'auteur anglais (Montagu) avait divisé son ouvrage en neuf chapitres ; le traducteur y a ajouté un dixième chapitre, ou des *conclusions* qu'il applique à la république française. Les réflexions de Cantwel à ce sujet sont très-sages ; elles l'étaient trop pour être appréciées dans le temps ; 5° *Discours sur l'histoire et la politique en général*, par le docteur Jos. Priestley, 1795, 2 vol. in-8°. Le traducteur a ajouté quelques notes, où il contredit quelquefois son auteur ; 6° *Voyage en Hollande et sur les frontières occidentales de l'Allemagne, fait en 1794*, suivi d'un *Voyage fait dans les comtés de Lancaster, de Westmoreland et de Cumberland*, 1796, 2 vol. in-8° ; 7° *Zuluco, ou le Vice trouve en lui-même son châtiment*, roman de J. Moore, 1796, 4 vol. in-12 ; 8° *Leçons de rhétorique de Blair* (V. H. Blair) ; 9° *Hubert de Sevrac, ou Histoire d'un émigré*, par Marie Robinson, 1797, 3 vol. in-8° ; 10° *Louise Béverley*, ou *le Père égoïste*, 1793, 3 vol. in-12 ; 11° *Laura, ou la Grotte de P. Philippe*, roman de Bruton, 1798, 2 vol. in-12 ; 12° *les Aventures de Hugues Trévor ou de Gibblas anglais*, roman de Th. Halcroft ; 13° *le Château d'Albert, ou le Squelette ambulant*, 1799, 2 vol. in-18° ; 14° *Voyage en Hongrie fait en 1797*, précédé d'une description de Vienne et des jardins de Schœnbrun, par Rob. Townson, 1799, 3 vol. in-8° ; 15° *Voyage de M. Byron à la mer du Sud*, comprenant la relation du voyage de l'amiral Anson, avec un extrait du second voyage de M. Byron autour du monde, 1790, in-8°. Cantwel enfin a eu part à la traduction de la géographie de W. Guthrie, par M. Noël.

CANTYRE (*géogr.*), presqu'île haute et couverte de rochers, qui forme l'extrémité occidentale de l'Ecosse et la partie la plus méridionale de l'Angleterre ; elle est liée à Knopdale méridional par un isthme étroit, ayant tout au plus 1 mille anglais de largeur, en partie marécageux et en partie coupé par des rochers. Depuis Tarbot jusqu'à sa pointe méridionale, qui forme ce fameux promontoire de Cantyre (*Epidium promontorium*), si dangereux pour la navigation, malgré son phare, cette presqu'île a 40 milles de longueur, et sa largeur est de 5 à 12 milles. En la comparant au haut pays, on peut dire qu'avec ses écueils elle est plutôt couverte de collines que montagneuse ; elle est presque entièrement nue, à l'exception des plantations qui entourent Campbelltown, et elle est principalement habitée par la famille des Mac-Connell. Ses principaux produits sont l'orge, dont on emploie 6,000 bolls par an pour la distillation du whisky, les pommes de terre et des animaux de boucherie. Campbelltown, qui est le lieu principal, compte au delà de 7,000 habitants.—Cantyre fut autrefois la demeure des Epidiens. Magnus aux Pieds nus, roi de Norwège, lorsqu'il se fit céder les Hébrides, compta, en vertu de l'*ultima ratio regum*, au nombre de ces îles, la presqu'île de Cantyre, qui était la Saltiria des Normands. Après la bataille de Largs en 1263, Sommerlad, seigneur de Heregaidel ou d'Argyle, prit la place des lieutenants norwégiens : il devint l'ancêtre des comtes de Ross, qui furent aussi seigneurs de ces îles, et à qui on donnait habituellement le nom de *grand Macdonald*. En 1542, le grand Macdonald retirait du nord de Cantyre 125 liv. 10 b. écoss. en argent ; 388 ½ p. de farined'avoine ; 4 ch. 10 bolls de brassin ; 6 bœufs gras, 41 moutons, 307 ½ p. de fromage, 1 vache. Du sud de Cantyre, il retirait 162 liv. 8 b. en argent ; 480 ⅓ p. de farine ; 25 ch. 14 b. de brassin ; 48 bœufs gras, 53 moutons, 342 ½ p. de fromage.—La famille des seigneurs des îles s'éteignit en 1620 dans la personne de Jacques ; déjà précédemment, après que les Macdonalds eurent été tués presque tous à la bataille de Kilarew en 1598, le roi avait donné Cantyre en fief au comte d'Argyle. A la suite de cette spoliation, les Macdonalds excitèrent un soulèvement terrible ; mais ce mouvement fut ré-

primé, et la possession du pays fut assurée à la maison d'Argyle par un acte du parlement en 1614. Actuellement encore cette presqu'île appartient aux ducs d'Argyle.

CANTZATCHETZY (JEAN), moine arménien, né vers 1234, étudia la théologie, l'histoire sacrée et la rhétorique, et donna ensuite des leçons de ces mêmes sciences dans le monastère où il résidait en Asie-Mineure. On a de lui (en arménien) un *Commentaire de la Genèse* ; une explication des *Cantiques de Salomon* ; un livre sur l'origine ou la cause des fêtes (de Donadjar). On trouve un abrégé de ce dernier ouvrage à la fin des Œuvres de saint Cyrille, imprimées à Constantinople.

CANTZIG, capitaine arménien, dans le XIe siècle, se fit un nom par les services qu'il rendit à l'empereur grec romain Argyre. Général des troupes de ce prince, il défit complétement en 1036 une armée arabe et persane, qui avait envahi les frontières de l'empire, et mourut de peu de temps après cette victoire. Son éloge se trouve dans Matthieu d'Edesse, manuscrit de la bibliothèque du roi n° 99.

CANUANE, CANAOUNAN (*géogr.*), île faisant partie du groupe des Grenadines, situées dans les Indes occidentales, et appartenant aux Anglais. Elle se trouve au nord de Grenade, entre Bemya et Union : elle n'a que 1,777 acres de superficie, se compose d'une seule montagne, et est inhabitée.

CANUDE (V. CANUS).

CANULE, s. f. *cannula* ; de *canna*, roseau ; tube plus ou moins long, d'un diamètre variable, solide ou flexible, droit ou courbe, ouvert à ses deux extrémités, en fer, en plomb, en argent, en caoutchouc, etc., dont on se sert dans beaucoup d'opérations chirurgicales.

CANULEIA, une des quatre premières vestales consacrées par Numa.

CANULEIA (LOI). (V. CANULEIUS.)

CANULEIUS, tribun du peuple à Rome, qui fit décréter, l'an 444 avant J.-C. une loi dont la première disposition permettait aux plébéiens et aux patriciens de s'unir par des mariages, et la seconde ordonnait que l'un des deux consuls serait toujours plébéien. — CANULEIUS, l'un des lieutenants de César.

CANULETTE, s. f. forte pagaie à l'usage des pêcheurs des environs de Quito au Pérou.

CANUN, s. m. (*term. de relation*), ordonnance émanée du grand seigneur.

CANUS ALPHESTEL, s. m. (*hist. nat.*), poisson de mer. Son dos est de couleur de pourpre, et le reste du corps jaunâtre. Le canus est plus étroit que la dorade et le pagre. Il est assez semblable à la mendole, quoique plus grand et plus épais. Il a un pied de longueur : sa bouche est de médiocre grandeur. Il a des lèvres ; ses dents sont serrées les unes contre les autres. Il a depuis la tête jusqu'à la queue des piquants joints ensemble par une membrane fort mince.

CANUS, fameux joueur de flûte, vivait sous le règne de Galba.

CANUS (JULIUS), Romain d'une naissance illustre, qui avait cultivé son esprit par l'étude de la philosophie, donna l'exemple d'une constance héroïque, que Sénèque admire dans son traité *De tranquillitate animi*. Il se retirait de la suite d'une longue contestation qu'il avait eue avec Caligula, lorsque cet empereur lui dit : « Ne vous y trompez pas, j'ai ordonné que l'on vous mît à mort. » Canus répondit flegmatiquement : « Je vous en rends grâce, prince plein de bonté. » Cependant, d'après un décret du sénat, il avait à s'écouler dix jours entre le jugement et l'exécution. Pendant cet intervalle, Canus ne montra ni crainte ni inquiétude, et lorsque le centurion vint le chercher pour aller au supplice, il le trouva jouant aux échecs avec un de ses amis. Canus compta froidement son jeu et celui de son adversaire, et dit ensuite au centurion : « Vous êtes témoin que j'ai sur lui l'avantage. » Il y avait peut-être beaucoup d'ostentation dans un soin si puéril ; mais Canus fit voir un esprit plus élevé lorsque, s'adressant à ses amis qui pleuraient sur son sort, il leur dit : « Pourquoi ces gémissements ? vous êtes en peine de savoir si l'âme est immortelle ; je vais en être instruit en un moment. Je songe à bien examiner si mon âme se sentira sortir ; » et, si leur promit, s'il apprenait quelque chose de l'état des âmes après le trépas, de revenir leur en faire part.

CANUS ou CANO (MELCHIOR), un des plus savants théologiens de l'ordre de Saint-Dominique, naquit au commencement du XVIe siècle, à Tarançon, bourg ou petite ville de la Nouvelle-Castille, aux environs de Tolède. Il fit ses études à Salamanque, et demanda à être reçu au couvent de l'ordre des frères prêcheurs de cette ville. Il y fit profession le 19 août 1534. François, dit de la *Victoire* ou *Victoria*, le restaurateur aussi bien que la lumière de l'université de Salamanque, y enseignait alors la théologie. Ce fut sous cet habile maître que Melchior Canus en étudia les principes, et bientôt il devint lui-même en état de les enseigner. Ses supérieurs jugèrent à propos de l'envoyer au collège de Saint-Grégoire de Valladolid, pour lui faire encore recevoir les leçons de Diego d'Astudilla, que Victoria regardait lui-même comme son maître. Ses compagnons d'étude, voyant qu'il les surpassait tous, le demandèrent pour leur professeur en second, et l'obtinrent. Le célèbre Barthélemy de Carranza enseignait aussi alors, et avait succédé à Diego d'Astudilla dans la première chaire. Les deux nouveaux professeurs, également recommandables par leur érudition, avaient des qualités différentes. Carranza était doux, honnête, engageant, et on trouvait plus de vivacité, plus d'éloquence, et peut-être plus d'élévation de génie dans Cano. Les auteurs conviennent qu'il y eut entre ces deux théologiens un peu plus que de l'émulation. Soit que l'envie s'en mêlât, soit que les disciples voulussent décider du mérite de leurs maîtres, les uns se disaient *carranzistes*, les autres *canistes;* et c'est peut-être ce qui a donné lieu à certains bruits désavantageux qu'on répandit dans le public contre Melchior Canus, à l'occasion des affaires suscitées à Carranza par l'inquisition; ce que l'on a été trop légèrement disposé à admettre. La première chaire de l'université d'Alcala étant venue à vaquer par la mort d'André de Tudèle, savant dominicain, Cano l'emporta à la dispute (1542). Il eut le même avantage à Salamanque, après la mort de son maître François Victoria. Gilles, qui était son concurrent, avoua que Canus était seul digne de remplacer ce si grand homme. On ne parlait dans toute l'Espagne que du célèbre Cano. L'empereur Charles-Quint voulut qu'il allât au concile de *Trente* avec Barthélemy Carranza. Tous deux s'y distinguèrent par leur éloquence et par leur profonde érudition. Pallavicin, qui relève les erreurs de Fra-Paolo, lequel n'a pas parlé trop avantageusement des menbres du concile, Pallavicin cite, entre les autres grands prélats et théologiens qui y assistaient, Melchior Canus comme le plus grand théologien de son temps. Le concile ayant été interrompu, Cano retourna en Espagne, et continua ses leçons de théologie dans l'université de Salamanque jusqu'en 1552 que l'empereur Charles-Quint le nomma évêque des Canaries, après la mort de François de Lacerda, prélat qui avait appartenu au même ordre religieux que lui. Jules III, alors souverain pontife, dit en plein consistoire que cette nomination lui était très-agréable parce qu'il reconnaissait Canus comme le plus grand théologien qui fût alors dans l'Eglise, *præstantissimum theologum*. On sait ses paroles rapportées dans le registre du Vatican (Cal. septembr. 1552). Il se laissa consacrer; mais, soit que l'amour de l'étude l'emportât sur le désir d'une dignité qui ne peut être que dangereuse à celui qui la possède, soit toute autre raison, il renonça à cet emploi, et se retira dans une des maisons de son ordre. Il accepta cependant depuis, c'est-à-dire en 1554, le provincialat de sa province d'Espagne, dont il s'acquitta au grand contentement de tous ses confrères qui voulurent le conserver dans cette charge. Mais Vincent Justiniani ne jugea pas à propos de confirmer ce nouveau choix, étant contre la règle, qui ne permet pas d'élire pour la même place, s'il ne s'est point écoulé depuis la cessation des fonctions un laps de temps prescrit. On prétend même que Barthélemy Carranza, alors archevêque de Tolède, s'y opposa. Quoi qu'il en soit, Cano mourut après un voyage qu'il avait fait à Rome en 1560, dans le couvent de son ordre, à Tolède. Nous avons de lui un traité des lieux théologiques, c'est-à-dire des sources où les théologiens peuvent puiser des arguments pour établir leurs sentiments ou réfuter ceux des autres. Il en compte dix : 1° l'autorité de l'Ecriture ; 2° celle des traditions de Jésus-Christ et des apôtres; 3° celle de l'Eglise catholique ; 4° l'autorité des conciles, et principalement de ceux qui sont généraux, dans lesquels réside l'autorité de l'Eglise; 5° l'autorité de l'Eglise romaine, qui, par un privilége que Dieu lui a accordé, est appelée apostolique; 6° l'autorité des saints Pères ; 7° l'autorité des théologiens scolastiques et des docteurs du droit canon ; 8° la raison naturelle, qui se répand dans toutes les sciences trouvées par la lumière de la raison ; 9° l'autorité des philosophes et des jurisconsultes; 10° l'autorité de l'histoire humaine écrite par des gens dignes de foi, ou appuyée sur une tradition certaine. Tel est le catalogue de ses lieux théologiques qu'il expose dans le premier livre de cet ouvrage, et qui peuvent se réduire à deux, à l'autorité et à la raison. Dans le second livre, il établit l'autorité de l'Ecriture, et répond aux arguments que l'on peut faire pour l'attaquer. Il parle des livres canoniques, et il dit qu'il n'appartient qu'à l'Eglise ou au concile général d'en fixer le nombre. Il se déclare pour la Vulgate, et blâme toutes les nouvelles versions. Il ne trouve pas mauvais qu'on consulte les originaux. Enfin il soutient que les auteurs sacrés ont écrit sous l'assistance du Saint-Esprit, quoiqu'ils n'aient pas toujours eu besoin d'une révélation particulière et immédiate pour écrire ce qu'ils savaient d'ailleurs. Il établit dans le troisième livre l'autorité des traditions sur quatre principes : 1° parce que la religion a subsisté sans que la parole de Dieu ait été écrite ; 2° parce que tout ce qui concerne la doctrine chrétienne n'a pas été écrit expressément; 3° parce qu'il y a plusieurs choses concernant la foi et la doctrine, qui ne sont ni clairement ni obscurément dans l'Ecriture sainte ; 4° parce que les apôtres ont eu leurs raisons d'écrire de certaines choses, et de ne donner les autres que de vive voix. Il distingue ensuite les différentes traditions, et donne des règles pour les reconnaître : ce qui n'a point été établi par les conciles, mais qui a toujours été observé, est de tradition apostolique. Cette règle est de saint Augustin. Un dogme enseigné de tout temps par les Pères, dont le contraire a été rejeté de tout temps comme hérétique, est aussi une tradition apostolique. Quand les auteurs ecclésiastiques attestent d'un commun consentement que quelque dogme ou quelque coutume est venue des apôtres, ce dogme et cette coutume sont pareillement de tradition apostolique. Dans le quatrième livre, l'auteur traite avec méthode les principales questions de l'Eglise, dont il montre l'indéfectibilité et l'infaillibilité dans les dogmes de la foi. Dans le cinquième, il traite de l'infaillibilité des conciles généraux. Il dit que l'autorité du pape est nécessaire pour leur convocation, et sa confirmation pour que leurs définitions puissent être alléguées comme une preuve certaine d'un dogme catholique. Dans le sixième, il soutient l'infaillibilité de saint Pierre et des évêques de Rome, ses successeurs, quand ils font profession de foi. Dans le septième, il dit que l'autorité des Pères n'est d'aucun poids sur les questions philosophiques; que celle de deux ou trois ne fait qu'un sentiment probable, mais que l'autorité de tous, et leur consentement unanime est une preuve infaillible en ce qui concerne l'intelligence de l'Ecriture sainte sur des points de foi. Dans le huitième livre, il enseigne que ce serait une témérité de ne pas se rendre au consentement unanime des théologiens scolastiques sur des matières de conséquence. Dans le neuvième livre, il s'attache à montrer que les saints Pères et les apôtres même se sont servis utilement de la raison et de la philosophie ; mais il veut que les théologiens évitent deux défauts : le premier, de donner pour des vérités certaines des opinions douteuses ; le second, de s'occuper de questions douteuses, obscures et difficiles, qui ne sont d'aucune utilité. Il marque, dans le livre suivant, l'usage qu'un théologien peut faire de la philosophie, et l'abus qu'il doit éviter. Il étale au livre onzième les avantages que donne à un auteur la connaissance de l'histoire, dont il éclaircit un grand nombre de points qui souffrent des difficultés. Dans le douzième livre, il traite d'abord plusieurs questions sur la nature de la théologie; il examine ensuite ce qui est de la foi et ce qui n'en est pas, et donne une idée exacte de ce qu'on doit appeler une proposition hérétique, ou qui sent l'hérésie ; proposition erronée, mal sonnante, offensant les oreilles pieuses, scandaleuse, téméraire, etc. Cet auteur nous a encore donné des leçons théologiques sur les sacrements en général, qui ont été imprimées en plusieurs endroits, mais en particulier à Cologne en 1585, et un traité spécial sur le sacrement de pénitence. Il a aussi laissé plusieurs ouvrages manuscrits. Ses Lieux théologiques ont été souvent imprimés, mais en particulier à Padoue, dans le palais du cardinal Cornaro, évêque de cette ville, en 1715, in-4°.—Le nom de Melchior Cano est si connu, et ses ouvrages sont si estimés, qu'il est impossible de rien ajouter à l'idée qu'on s'est formée depuis longtemps de cet excellent auteur. Selon Nicolas Antonio, les écrits de Cano lui ont assuré une réputation immortelle : il a eu autant de panégyristes et d'admirateurs que de lecteurs. «Lisez, dit le cardinal Pallavicin, dans sa *Défense de la société de Jésus*, imprimée à Rome en 1649, lisez Melchior Cano, qui, dans un livre tout d'or, a traité, avant tous les autres, et mieux que tous les autres, les lieux théologiques : c'est, selon moi, le premier qui ait enseigné aux théologiens à être non-seulement éloquents et fleuris, en traitant les matières théologiques, mais, ce qui est plus important, à combattre avec avantage les novateurs, et à les vaincre. » Au jugement du P. Alexandre, Melchior Cano est, après saint Thomas, celui de tous les théologiens de l'ordre de Saint-Dominique dont l'érudition et le génie sont plus admirables (Nicolas Antonio, *Bibliothec. nov. hispan.;* le P. Echard, *Scriptor. ordin. prædicat.*, tom. 2, pag. 176 et suivantes; le P. Alexandre, *Hist. ecclésiastiq.*, tom. 8, pag. 193; le P. Touron, *Hommes illustres de l'ordre de Saint-Dominique*, tom. 4, pag. 193 et les suivantes).

CANUSIS, s. m. pl. (*mythol.*), nom que la mythologie donne aux ministres du temple de Sintos au Japon.

CANUSIUM (*géogr. anc.*), ville très-antique de l'Apulie, fondée, d'après les traditions, par Diomède. Non-seulement les traditions dont nous venons de parler, mais encore ce fait, que du temps même d'Horace la langue grecque était dominante à Canusium, ce qui fait que ce poëte donne aux Canusiens l'épithète de *bilingues*, témoignent que cette ville est d'origine grecque. Elle était située sur un sol couvert de collines, sur l'Aufidus, qui était navigable pour les bâtiments de mer jusqu'à la ville, et les Canusiens avaient un *emporium* non loin de l'embouchure de cette rivière. Canusium fut très-tôt une ville florissante pour le commerce, et, même dans ses jours d'abaissement, l'enceinte de ses anciens murs attestait sa grandeur d'autrefois. La seconde guerre punique détruisit son état de bien-être; elle resta bien encore par la suite une ville vivante située sur la grande route, elle était même connue par le commerce de transport qu'elle faisait au moyen de mulets, mais jamais elle ne regagna son ancienne importance. Les guerres entre les Grecs, les Sarrasins et les Normands achevèrent sa décadence au moyen âge. — La petite ville actuelle de Canose n'occupe qu'une petite portion de l'emplacement que couvrait autrefois Canusium. Elle est située au haut d'une petite éminence, sur la rive orientale de l'Ofanto, sur lequel elle a un pont, et elle s'abaisse en amphithéâtre jusque dans la plaine. La route militaire qui conduit à Bari touche la ville de Canosa, et donne quelques moyens d'existence à ses habitants, et son territoire est fertile en froment. Elle a près de 4,000 habitants, et fait partie de la province de Bari. Dans l'intérieur et dans les environs de la ville, on trouve des restes de l'ancienne Canusium, des inscriptions, des tombeaux, des ruines d'aqueducs, et des arcs de triomphe. Sur une hauteur, à une demi-lieue de Canosa, on a découvert, à une époque peu éloignée, un grand nombre de tombeaux antiques, avec des vases, des armes, des médailles et des ustensiles. Ces objets se trouvent actuellement au musée royal de Naples. Millin, qui fit faire des fouilles dans cette contrée en 1812, a décrit ce qu'il y a découvert dans un ouvrage spécial, ayant pour titre : *Description des tombeaux de Canosa, ainsi que des bas-reliefs qui y ont été découverts en* 1812, Paris, 1813.

CANUSIUS, ou **GANISIUS**, ou **GALISIUS**, historien grec, contemporain de Ptolémée Aulète, de Ptolémée Denys, et de Cléopâtre.

CANUT (*botan.*), sorte de raisin.

CANUT (*hist. nat.*), espèce de bécasseau connu en Angleterre sous le nom de *knot*. Willoughby, dans son Ornithologie imprimée en 1676, en a fait graver une figure peu exacte sous le nom de *knot agri lincolniensis, collydris nigra*. En 1713, Ray, dans son *Synopsis avium*, l'appelle *canuti avis, id est, knot Lincolniensibus*. Edwards, dans ses *Glanures* imprimées en 1745, en a fait graver et enluminer une figure exacte sous le nom de *canut... Fringa superne cinereofusca, marginibus pennarum dilatioribus, inferne alba, maculis nigricantibus varia, tænia albo candida; fascia in alis transversa; uropygio supra oculos et cinereo fusco lunulatim variegato, rectricibus decem intermediis cinereofuscis, utrinque extima candida.... canutus*. Enfin Linné, dans son *Systema naturæ*, douzième édition, imprimée en 1767, le désigne par le nom de *fringua 15 canutus, rostro lævi, pedibus cinerascentibus, remigibus primoribus serratis, rectrice extima alba immaculata*. — Cet oiseau a à peu près la grosseur de la mauhèche grise; sa longueur, depuis le bout du bec jusqu'à la queue, est d'environ neuf pouces et demi, et jusqu'à celui des ongles, de dix pouces. Son bec, depuis son extrémité jusqu'au coin de la bouche, a douze lignes et demie de longueur; sa queue, deux pouces et demi; la partie de ses jambes qui est nue, six lignes et demie; son pied, douze lignes et demie; le doigt du milieu des trois antérieurs, avec son ongle, onze lignes; l'extérieur, neuf lignes; l'intérieur, huit lignes, et le postérieur, deux lignes et demie. Ses ailes, lorsqu'elles sont pliées, s'étendent presque jusqu'au bout de la queue; celle-ci est composée de douze plumes. Son bec est même cylindrique, droit, de moyenne longueur, obtus et lisse à son extrémité. La partie inférieure de ses jambes est dénuée de plumes. Ses doigts, au nombre de quatre, dont un derrière, petit, un plus haut que les trois antérieurs, qui sont distincts et sans membrane.—Les plumes du dessus du corps de cet oiseau sont cendré brun, ainsi que celles des épaules; les unes et les autres sont en outre bordées de cendré clair; celles qui couvrent la partie inférieure du dos, du croupion et de la queue, sont variées de blanc et de cendré brun par taches transversales en forme de croissant. De chaque côté de la tête, près

de l'origine du bec, partent deux lignes, dont une blanche remonte au-dessus des yeux, l'autre, brun foncé, va se rendre droit à l'œil où elle se termine. La gorge et tout le dessous du corps sont blancs, marquetés de petites taches brunes sous le cou et la poitrine et de petites lignes transversales noirâtres sous les autres parties. Les couvertures du dessous des ailes sont blanches sans taches. Les couvertures les plus longues du dessus des ailes sont terminées de blanc, ce qui forme sur chaque aile une bande transversale de cette couleur : les grandes les plus éloignées du corps sont noirâtres et bordées de blanc par le bout. Les quatre premières plumes de chaque aile sont noirâtres et ont leur tige blanche; les cinq suivantes, savoir la cinquième jusqu'à la neuvième inclusivement, sont noirâtres et bordées extérieurement de blanc; les quatre qui suivent, depuis la dixième jusqu'à la treizième inclusivement, sont de couleur cendré brun, mais bordées de gris. Des douze plumes de la queue, les dix du milieu sont cendré brun, les deux extérieures sont blanches. La prunelle est noire, entourée d'un iris couleur noisette. Son bec est cendré très-foncé; un brun verdâtre fait la couleur des ongles de ses pieds et de la partie des jambes qui est nue sans plumes.

CANUT ou **KNOUT**, nom de six rois de Danemarck, d'un roi de Suède (1168-1199), d'un roi des Obotrites (mort en 1131) et de plusieurs princes slavons. — CANUT Ier était fort jeune lorsqu'il monta sur le trône de Danemarck en 875. Il se livra d'abord à tous les excès, et persécuta cruellement les chrétiens; plus tard il racheta ses fautes par de rares vertus. — CANUT II fut surnommé le Grand. A la couronne de Danemarck il joignit celle d'Angleterre, que Suénon, son père, avait conquise. Son règne commença en 1015. Deux ans après, le roi saxon Edouard II, fils d'Ethelred, ayant été assassiné, Canut se fit reconnaître roi de toute l'Angleterre par un wittenagemot composé de Danois et de Saxons. Son mariage avec la veuve d'Ethelred lui concilia les vaincus et désarma le duc de Normandie, qui voulait soutenir la famille des anciens rois. Par une politique sage et généreuse, il rétablit les lois d'Alfred, si chères à la nation, confondit les Danois et les Saxons dans la dispensation des faveurs, et donna sa fille au comte Godwin, dont la popularité égalait l'illustration guerrière. Les Anglais, dévoués à ce grand prince, le servirent avec fidélité, et contribuèrent à la conquête de la Norwége, qui fut un moment réunie au Danemarck. Canut en mourant laissa trois fils et trois couronnes (1036). Il avait en vain tenté de soumettre l'Ecosse. Il avait commis plusieurs crimes pour affermir son pouvoir, et pour les expier il se perdit dans les pratiques superstitieuses : il couvrit le sol anglais d'églises et de monastères. — CANUT III, HARDI-CANUT ou CANUT LE ROBUSTE, apprit en Danemarck la mort de Canut le Grand, son père. Il se mettait en route pour arracher l'Angleterre à son frère Harold, lorsque celui-ci mourut. Canut III fut reçu à Londres en triomphe et devint seul roi d'Angleterre (1040). Cruel, avide, tyran intolérable, Hardi-Canut, heureusement pour l'Angleterre, cessa de vivre en 1042. Avec lui s'éteignit la dynastie danoise qui avait régné sur les Bretons et les Saxons. — CANUT IV (Saint), roi de Danemarck en 1080, se fit remarquer par sa piété et par les immenses donations qu'il fit à l'Eglise. Son extrême sévérité le rendit odieux au peuple; il ôta au clergé la juridiction civile; mais il créa en sa faveur un tribunal particulier, qui prenait connaissance de toutes les affaires ecclésiastiques, et qui pouvait infliger des amendes à tous ceux qui se rendaient coupables d'un délit envers la religion. Il ordonna que l'on rendrait aux évêques les mêmes honneurs qu'aux ducs et aux princes; il leur accorda le droit de siéger et de voter dans l'assemblée des états, d'être admis au sénat, et d'y assister sur le même pied que les autres sénateurs. Comme il voulait forcer ses sujets à payer la dîme au clergé, un soulèvement éclata contre lui, et il fut tué par les insurgés au pied des autels (1086). Ce qui lui a mérité le nom de *martyr*.—CANUT V (1147-1156) eut pour compétiteur au trône de Danemarck Suénon, contre lequel il fut constamment malheureux; il ne posséda jamais que le Jutland et les îles danoises, et fut assassiné par ordre de son rival.—CANUT VI commença son règne en 1182, et établit le premier la loi féodale en Danemarck. La féodalité y devint ensuite si excessive que le peuple fut réduit au plus abject esclavage. Pendant qu'il présidait les états assemblés à Odensée, la sixième année de son règne, il reçut des députés et des lettres du pape Clément III, qui l'exhortait, ainsi que toute la nation danoise, à prendre part à une croisade que les autres puissances chrétiennes allaient former contre les infidèles, pour enlever à Saladin Jérusalem dont il venait de s'emparer. Cette sollicitation du souverain pontife produisit une forte impression sur la noblesse de Danemarck; le roi ne s'y rendit pas, mais plusieurs des principaux personnages de l'Etat menèrent leurs vassaux à cette croisade, qui n'aboutit à rien. Canut VI encouragea le commerce dans ses Etats. Il mourut en 1202. **A. S-R.**

CANUT, fils de saint Eric, roi de Suède, espérait succéder à son père en 1160; mais les évêques et les grands décidèrent que les princes de la race de Sverker et ceux de la race d'Eric régneraient tour à tour. En conséquence le trône tomba en partage à Charles Sverkerson, déjà roi de Gothie. Les fils d'Eric, qui soupçonnaient Charles d'avoir trempé dans le meurtre de leur père, se retirèrent en Norwége. Charles avait régné sept ans lorsque Canut arriva avec une troupe nombreuse à Visigsoé, île du lac Welser, attaqua le roi et le tua le 18 avril 1168. Il fut ensuite élu roi de Suède. Cependant il ne jouit pas paisiblement de la couronne; un descendant de Sverker fut proclamé roi en Gothie; d'autres prétendants essayèrent de soulever différentes provinces; mais ils furent défaits à la bataille de Biaelbo. La tranquillité du règne de Canut ne fut troublée depuis lors que par les incursions des peuples païens de l'est, qui vinrent ravager une partie de l'Upland. Canut ne prit aucune part aux troubles du Danemarck et de la Norwége. Un de ses grands vassaux envoya cependant des troupes pour soutenir les révoltés de Scanie contre Canut VI, roi de Danemarck. La paix qui régna en Suède sous ce règne fut favorable au progrès de l'agriculture. Canut fonda un grand nombre de monastères, favorisa beaucoup les moines, et se fit même recevoir dans l'ordre de Cîteaux. Vers la fin de sa vie, on l'engagea, en expiation du meurtre qu'il avait commis, à nommer pour successeur le fils de Charles, la victime. On essaya ensuite, mais vainement, de lui faire entreprendre la guerre contre son beau-frère, le roi de Norwége. Il mourut en 1190, à Eriesberg en Westogothie, et laissa un fils (Eric X, roi de Suède) et deux filles. Les chroniqueurs rapportent qu'il avait des scaldes à la cour, ce qui fait présumer qu'il protégeait les lettres.

CANUT (SAINT), duc de Sleswig, second fils d'Eric le Bon, roi de Danemarck, ne fut pas, non plus que son frère aîné, appelé à porter la couronne de son père, qui passa en 1105 à Nicolas leur oncle. Ce monarque n'ayant pu arrêter les progrès de Henri, roi des Slaves, qui ravageait le Holstein, et ayant été trahi par le gouverneur du Sleswig, trouva un défenseur dans son neveu. Nommé duc de Sleswig en 1115, Canut commença par offrir la paix à Henri. Ayant essuyé un refus, il ne tarda pas à recouvrer le Sleswig, et porta même bientôt la guerre dans les Etats de son ennemi, qui revint à des sentiments plus pacifiques. Canut s'occupa à faire régner dans sa province la paix et la justice, et sut y réprimer le brigandage en quelque sorte à honneur par les braves de ce siècle. Henri étant mort, et ses descendants ayant tous péri dans la guerre qu'ils s'étaient faite. Canut monta sur le trône des Slaves Obotrites, et fut couronné par l'empereur Lothaire II, à la cour duquel il avait passé sa jeunesse, et à qui il prêta le serment accoutumé. Tandis que Canut se faisait chérir par ses vertus, Harold, son frère aîné, que ses vices avaient exclu du trône de Danemarck, se faisait détester par ses brigandages. Eric, son autre frère, s'y opposait de tout son pouvoir. Nicolas, trop faible, laissait à Canut le soin de rétablir la paix entre ses frères, et de mettre le peuple à l'abri de leurs violences. Cette marque de confiance ayant augmenté l'attachement des Danois pour Canut, ses ennemis intimèrent au roi, qu'à sa mort ses sujets préféreraient à son fils Magnus le duc de Sleswig, sur qui tous les regards se fixaient, et qui était trop puissant pour rester fidèle. Nicolas résolut de se défaire de son neveu; mais, craignant le ressentiment des peuples, il se décida à tâcher de le noircir dans leur esprit. Il lui manda de venir à l'assemblée des états répondre aux charges qui seraient portées contre lui. Canut, fort de sa conscience, comparut. Le roi l'ayant lui-même accusé de manœuvres pour s'emparer du trône, Canut se défendit avec tant de clarté, de raison et de fermeté, que l'assemblée le déclara innocent, et que le roi s'apaisa ou cacha sa haine. Ulvilde, la nouvelle reine, qui avait aussi conçu de la jalousie contre Canut, réussit à entretenir les mauvaises dispositions du roi et de son fils : Magnus jura la mort de Canut. Il l'invita à venir passer les fêtes de Noël à Roskild, où Canut se rendit malgré les prières de son épouse. Après des réjouissances qui durèrent quatre jours, il alla à un château de son frère Harold, situé à peu de distance. Magnus lui expédia alors un message pour l'engager à le venir trouver dans une forêt voisine, sous prétexte de l'entretenir. Canut, arrivé sans armes au lieu du rendez-vous, trouva Magnus qui l'embrassa et le conduisit dans un endroit écarté, et pour parler plus à l'aise, s'assit à terre avec lui. Au milieu de l'entrevue, il se leva, le saisit par les cheveux, et lui coupa la tête. Ce lâche homicide, commis le 7 janvier 1131, consterna tout le royaume. Les vertus

de Canut, sa bonté, sa prudence, sa justice lui avaient gagné le cœur des Danois. Il fut canonisé en 1171. Le martyrologe romain le confond avec saint Canut, roi de Danemarck. Il laissa sa femme Ingeburge, petite-fille de Wladimir ou Waldemar, grand-duc de Russie, enceinte d'un fils qui naquit huit jours après, et qui, sous le nom de Waldemar Ier, occupa glorieusement le trône de Danemarck (*V.* NICOLAS).

CANUTARIO (MONT), (*géogr.*), montagne qui forme la limite méridionale du golfe de Naples, et qui s'élève près de Capri dans la Punta della Campanella. On désigne par ce nom de monte Canutario toute la masse qui, partant d'Arejola et comprenant Sorrento et Massa, s'étend jusqu'au promontoire que nous avons nommé tout à l'heure.

CANUTI (DOMINIQUE), peintre italien, né à Bologne en 1620, élève du Guide, qui, sur ses premières esquisses, l'admit dans son école, a développé dans ses tableaux de l'imagination et une grande intelligence. Ils sont d'un dessin correct et d'un bon coloris. La plupart se voient à Rome et à Bologne, où il mourut en 1684. Canuti a gravé à l'eau-forte un assez grand nombre d'estampes dans la manière du Guide, qu'il surpassa pour le fini de l'exécution, mais non pour les autres qualités.

CANUTIUS TIBERINUS, tribun du peuple l'an 44 avant J.-C., qui se déchaîna contre Antoine lorsque ce général fut déclaré ennemi public. Ses déclamations lui coûtèrent la vie lors des proscriptions du triumvirat.

CANZ (ISRAEL-GOTTLIED), né à Heinsheim, le 26 février 1690, fit ses études à Tubingen, fut diacre à Nurtingen, et successivement professeur d'éloquence, de poésie, de philosophie et de théologie dans sa ville natale, où il mourut le 28 janvier 1753. C'est un des plus profonds disciples de Wolf, dont il avait embrassé les opinions sans s'en faire l'esclave. Son penchant pour la scolastique et pour l'introduction d'une terminologie nouvelle a nui à sa réputation. Il a laissé un grand nombre d'ouvrages de philosophie et de théologie; les principaux sont : 1° *Philosophiæ leibnitzianæ et wolfianæ usus in theologia, per præcipua fidei capita*, Francfort et Leipzig, 1728-1739, quatre parties in-4° : cet ouvrage a beaucoup contribué à répandre en Allemagne la philosophie de Leibnitz et de Wolf; 2° *Eloquentiæ et præsertim oratoriæ lineæ paucæ*, Tubingen, 1754, in-4°; 3° *Grammaticæ universalis rudimenta*, ibid., 1737, in-4°; 4° *Disciplinæ morales omnes, etiam eæ quæ forma artis nondum huc usque comparuerunt, perpetuo nexu traditæ*, Leipzig, 1739, in-8°; 5° *Ontologia polemica*, Leipzig, 1741, in-8°; 6° *Meditationes philosophicæ*, Tubingen, 1750, in-4°; 7° *Theologia thetico-polemica*, Dresde, 1741, in-8°; 8° *Compendium theologiæ purioris*, Tubingen, 1752, in-8°, et un grand nombre de dissertations.

CANZONE et **CANZONETTA** (*littér.*), composition lyrique en usage en Italie un siècle avant Pétrarque, qui la perfectionna par la puissance de son génie. Il a excellé dans ces petits poèmes qui tiennent à la fois de l'ode et de la cantate. Ils consistent en stances au nombre de cinq au moins et de vingt au plus, dont chacune compte de neuf à vingt vers à mesure semblable et à rimes disposées d'une manière uniforme. La dernière stance seulement, appelée *chiusa, ripresa, comiato* ou *congedo*, se compose de vers plus courts et à rimes disposées d'une façon différente. Dante Alighieri et Torquato Tasso se sont illustrés aussi dans ce style poétique, qui s'appela *petrarchesco* et fut remplacé à la fin du XVe siècle par le style *pindarique*. Aujourd'hui, dans les pays méridionaux, dans la Provence surtout, on nomme canzonettes de petites chansons aux refrains populaires, remplies de sentiment et de gaieté.

CAOINAN, nom donné au chant funèbre des Irlandais. Beaufort dans son *Voyage en Irlande*, t. IV, a donné de ce chant un curieux échantillon avec les paroles en irlandais et en anglais, accompagnées de la musique pleine de ses chœurs de soupirs et de gémissements, sans oublier les indispensables hurlements de *ulla, lulla, lulla, là*. Il a aussi rapporté les divers modes de lamentations exprimées avec les gestes, les criailleries et les cérémonies d'usage alors en Irlande, et qui s'y pratiquent encore aujourd'hui quoique à un moindre degré de démonstrations. Il suppose que cette coutume vient aux Irlandais des Celtes leurs ancêtres, nation aux mœurs douces et pacifiques, dont la religion était toute spirituelle dans ses pratiques que ne souilla jamais le sang humain. De telles mœurs et un tel culte devaient rendre susceptible de tendres impressions et donner à la douleur de ces peuples une expression efféminée. Le cri, d'ailleurs, est plus naturel en Irlande que dans tout autre pays, et de là est venu le proverbe : *Crier comme un Irlandais*. Cambrensis, historien du XIIe siècle, dit que les Irlandais expriment leurs chagrins en musique, et qu'au moyen de cet art, où ils sont plus habiles que les autres Bretons, ils donnent plus de solennité à leurs cérémonies funèbres, en divisant les pleureurs en deux chœurs chantant d'abord alternativement, et à chaque refrain unissant leurs voix. Ce chant antiphonaire paraît être contemporain du christianisme dans cette île. C'était une élégie composée en vers rhythmiques et chantée en mesure au son des instruments de musique. Après que le corps du défunt, couvert de ses plus beaux habits et paré de fleurs, avait été déposé dans sa bière sur une estrade ou sur un monticule de terre, les parents et les *keeners* (chanteurs) se rangeaient en deux divisions, l'une aux pieds, l'autre à la tête du mort. Le caoïnan funéraire, préparé à l'avance par les bardes ou *croteries*, était entonné par le chef du chœur placé à la tête. Ils chantaient la première strophe sur un ton bas et lamentable, accompagné par de doux et faibles accords de harpe, et à la dernière note l'autre chœur joignait ses voix aux leurs pour sangloter l'*ullaloo*. C'était autour du chœur placé vers les pieds du corps, de chanter la seconde strophe, à la finale de laquelle le premier élevait à son tour la voix, en répétant avec lui le douloureux refrain. Et ainsi de suite alternativement. Ces chants duraient toute la nuit. On y racontait la génération, le rang, les richesses, les vertus, les vices même de celui qui en était l'objet. Chaque vers du caoïnan consistait en quatre pieds, et chaque pied était communément de deux syllabes. Le verset avait quatre vers, dont le quatrième seulement devait rimer avec ses correspondants des autres strophes. Cette espèce de versification était fort cultivée par les bardes irlandais. Quand cet ordre se fut perdu, les femmes se mirent en possession du privilège de chanter le caoïnan, qui a dégénéré et perdu son uniformité primitive, chaque province ayant un mode particulier pour le sien. Ainsi il y a le cri du Munster, le cri de l'Ulster, etc., poussés sur des tons et avec des accents divers. Les cérémonies sont encore différentes suivant les lieux et généralement moins longues; aussi cet usage paraît-il devoir tomber en désuétude et enfin dans l'oubli, surtout depuis que les mœurs et la langue anglaise ont altéré celles de cet ancien peuple. A la fin du *keenan* (caoïnan), le corps était porté au lieu de l'inhumation, escorté par les parents et les amis, et accompagné des cris des femmes poussant de temps en temps le lamentable *got* ou *ullaloo*. Autrefois, après l'enterrement, le barde favori de la famille, assis sur le monticule de terre qui recouvrait le mort, exécutait le chant d'adieu, espèce d'élégie plus régulière par sa composition poétique et par la justesse des rimes que le caoïnan. Cette élégie était répétée à chaque nouvelle et pleine lune pendant les trois premiers mois, et ensuite généralement une fois par an pour les personnes de distinction. — Les familles dans le pays de Galles, comme en Irlande, ont gardé jusqu'à la fin du siècle dernier cette coutume, à laquelle il est souvent fait allusion dans les ballades irlandaises et dans les poétiques romances de cette nation. ED. GIROD.

CAOLIN (*V.* KAOLIN).

CAONABO, *le seigneur de la maison d'or*, aventurier caraïbe, débarqué dans l'île d'Hispaniola ou Saint-Domingue, avait su prendre tant d'ascendant sur les habitants simples et pacifiques de la province de Maguana située dans l'intérieur, au milieu des montagnes de Cibao, qu'il était devenu le cacique le plus puissant et le plus redouté, lorsque Colomb découvrit le nouveau monde en 1492. Jaloux de la force et de l'ascendant des Espagnols qui pouvaient porter atteinte à son importance personnelle, il profita de la division qui éclata parmi les blancs laissés dans l'île, massacra ceux qui se retirèrent sur son territoire, et s'avança avec ses sujets vers la forteresse de la Nativité, où il ne restait plus que dix hommes plongés dans la sécurité la plus profonde. L'attaque eut lieu pendant la nuit, au milieu de cris effrayants. Tous les Espagnols périrent dans les flammes ou dans les flots, quoiqu'ils fussent défendus par le cacique Guacanagari, qui les avait généreusement accueillis. Telle fut la fin du premier établissement européen en Amérique. A l'époque du second voyage de Colomb (1494), les Espagnols, sous la conduite d'Alphonse de Ojeda et de l'amiral lui-même, pénétrèrent dans les montagnes de Cibao, et y construisirent le fort de Saint-Thomas. Caonabo n'avait pu les empêcher de planter leur étendard dans ses domaines, mais sa haine s'était accrue, et il se préparait à la guerre, tandis que ses ennemis tâchaient de le surprendre. Animé par un courage et une audace à toute épreuve, doué d'une intelligence supérieure et de grands talents pour la guerre, secondé par ses trois frères et une tribu nombreuse, il attendit qu'une petite armée de ses ennemis répandue dans la Véga-Réal n'eût plus de chef et fût presque débandée, pour attaquer le fort de Saint-Thomas, qui n'avait qu'une garnison de 50 hommes. Cependant, avec un corps

de 10,000 guerriers armés de massues, d'arcs et de lances durcis au feu, et malgré l'avantage d'une attaque imprévue, il échoua dans son entreprise. Ojeda défia ses efforts, sut résister à ses ruses et à la famine, et lui fit même essuyer de grandes pertes dans de nombreuses sorties. Le chef caraïbe, après la mort de ses plus braves combattants, fut forcé de lever le siège. Pénétré d'admiration pour son rival, mais persévérant dans sa haine, il voulut former une confédération générale des Indiens. Le cacique Guacanagari, qui refusa seul d'y entrer, vit son territoire et les environs d'Isabelle ravagés par les bandes des provinces voisines. L'activité et les intrigues de Caonabo rendaient précaire la position des Espagnols, qui ne pouvaient pas lui faire la guerre dans ses montagnes avec quelque chance de succès. Ojeda conçut le projet bizarre et hasardeux de l'enlever par surprise au milieu de son peuple, et de le livrer vivant à l'amiral. Suivi de dix cavaliers vigoureux et déterminés, il arriva au milieu des Etats de Caonabo, qui se trouvait dans une des villes les plus populeuses. Il l'aborda comme un prince souverain, avec déférence, se donnant pour ambassadeur de Colomb, et chargé de lui remettre un présent d'un prix inestimable. Caonabo, témoin de la valeur d'Ojeda, enchanté de ses manières aisées et de sa force physique, lui fit un accueil chevaleresque. L'Espagnol, devenu favori du cacique, mit tout en œuvre pour l'engager à le suivre; il alla même jusqu'à lui offrir la cloche de la chapelle d'Isabelle, qui, selon les Indiens, avait une origine céleste et un langage merveilleux auquel les blancs obéissaient. Caonabo consentit enfin à venir traiter avec les Européens; mais, toujours défiant, il se fit accompagner par de nombreux guerriers dont la présence aurait pu devenir dangereuse pour la petite colonie. Ojeda eut recours alors à un stratagème qui caractérise son audace aventureuse. Arrêté un jour sur les bords de la rivière d'Yegua, il montre à son nouvel ami des menottes d'acier extrêmement brillantes, et lui en fait cadeau comme d'ornements royaux que son souverain met dans les grandes solennités. Le Caraïbe, séduit par le vif éclat de cette parure, souffrit qu'on l'en décorât, et consentit avec plaisir à monter en croupe sur le même cheval qu'Ojeda, où il fut attaché avec des chaînes d'un poli éclatant; il était fier de paraître devant ses sujets avec les ornements d'un roi d'Espagne, sur un de ces animaux terribles. Après avoir passé plusieurs fois devant la petite armée, qui, pénétrée d'admiration, reculait à l'approche des coursiers fougueux, Ojeda fit quelques détours, puis s'éloignant derrière quelques grands arbres, il s'élança tout à coup dans la forêt, suivi de ses neuf cavaliers qui se pressèrent sur ses traces l'épée à la main pour intimider Caonabo qu'ils finirent par garrotter. Cinquante lieues furent parcourues à travers les montagnes et les forêts, évitant les villages ou les traversant au galop, et Ojeda entra triomphant à Isabelle ayant toujours en croupe le chef caraïbe. La fierté de Caonabo résista à son mauvais destin : il traita Colomb avec hauteur et dédain, et brava les Espagnols en se glorifiant du meurtre de leurs compatriotes. Quant à Ojeda, il ne lui montra aucune animosité, et parut même rempli d'admiration pour le stratagème dont il avait été victime. Malgré les tentatives de ca peuplade et de ses frères, l'Indien resta captif dans la maison de l'amiral. Le 10 mars 1496, il partit sur la flotte de ce dernier pour l'Espagne, avec la promesse d'être ramené dans son île et rétabli dans sa puissance; mais il ne se laissa pas séduire par un vain espoir, et soutint toujours le même caractère. Arrivé à l'île de Marie-Galante, il y inspira une violente passion à une amazone caraïbe, prisonnière des Espagnols, qui, pénétrée d'admiration pour son courage et pour ses grands malheurs, préféra l'amour et l'esclavage à la liberté qu'on lui offrait. Le 11 juin, les navires arrivèrent à Cadix; mais Caonabo était mort dans la traversée. Ainsi périt sur le tillac d'une caravelle, pleuré par une seule femme, ce guerrier sauvage doué de qualités héroïques, qui, après avoir connu toutes les vicissitudes de la fortune, devint victime de la domination espagnole dont il avait seul prévu les funestes effets.

CAOPOIBA (*botan.*), arbre des Indes, de la hauteur et de la forme du hêtre. Son écorce est cendrée, et a des ondes brunes; ses feuilles sont fermes, de figure oblongue, et il sort de leur queue, quand on la rompt, une liqueur laiteuse; ses fleurs ont un pédicule; elles ont l'étendue de la rose; les pétales en sont blancs, avec de petits onglets rouges; au lieu de nombril, on leur remarque un petit globule rouge, résineux, de la grosseur d'un poil, qui donne une liqueur gluante, jaunâtre transparent, et assez semblable à la térébenthine. Le fruit est dans une capsule, de même que le gland, et laisse voir, quand on la coupe en long avant la maturité, plusieurs rangs de semences de la grosseur et de la figure des pepins de pommes. Chaque semence est couverte d'une pellicule rouge, sous une autre, couleur de vermillon. La pulpe du fruit est jaune, et donne un suc jaune. L'écorce de l'arbre, qui est épaisse, se sépare aisément du bois, qui est fragile et qui contient une moelle que l'on en tire facilement, et qui laisse le bois creux. — Il y a une autre espèce de *caopoïba* à écorce grise, et à feuilles oblongues et carinées.

CAORSINS (*hist. du comm.*). L'origine et le nom de ces hommes de finance, qui se livraient pendant le moyen âge à une usure que nos rois furent, à plusieurs reprises, obligés de réprimer, ont donné lieu à de nombreuses controverses. Des auteurs prétendent que les caorsins étaient venus d'Italie et tenaient leur nom de la ville de Cahors, où ils avaient établi leurs premiers comptoirs; d'autres, les reconnaissant pour Italiens aussi, assurent qu'ils étaient issus d'une famille de Florence, riche et puissante, appelée la famille des Corsini, dont ils avaient conservé le nom en France; enfin, selon une troisième version, ils auraient été originaires du Piémont, et seraient sortis d'une petite ville appelée Caorsa, en français *Caours*, d'où ils auraient été eux-mêmes appelés caorsins et caoursins. Quoi qu'il en soit de cette différence d'opinion, il est de fait que ces prêteurs d'argent furent longtemps avec les Lombards et les Juifs (*V.* ces mots) un des fléaux du commerce de tous les pays. Aussi ont-ils été avec ceux-ci l'objet de diverses rigueurs, tant en France qu'en Sicile, en Angleterre et dans les Pays-Bas, où de proche en proche ils s'étaient répandus. Enchérissant encore sur les Juifs, ils offraient leur argent à tout le monde, mais ne le prêtaient que sur gages, et prélevaient encore tous les deux mois un intérêt de dix pour cent. Ces sangsues publiques, dit Matthieu Paris, avaient le crédit de faire citer leurs débiteurs à la cour de Rome qui, participant à leur gain, jugeait toujours en leur faveur. Saint Louis, par son ordonnance de janvier 1268, renouvelée par son fils Philippe le Hardi, commanda à tous les baillis de chasser de leur territoire les caorsins dans l'espace de trois mois, accordant ce temps pour retirer leurs meubles engagés, en payant le principal sans intérêts. Il somma les barons de faire pareille chose dans leurs domaines; il fut obéi, et ne leur permit de résider dans le royaume qu'autant qu'ils y feraient un commerce loyal. Les mesures répressives que l'on fut forcé de prendre contre eux dans la suite font voir que l'amour du gain leur inspirait une ténacité difficile à vaincre. Comme on enlevait et emprisonnait sans formalités ceux qui contrevenaient aux défenses qui leur étaient faites, ou bien sur ce que, selon les auteurs, eux-mêmes enlevaient et emprisonnaient leurs débiteurs avec la plus grande sévérité, on leur attribue l'origine du proverbe : *Enlever comme un corsin*, et non comme un corps saint; à moins que cette dernière locution ne veuille dire: enlever avec ménagement et respect. A mesure que le commerce se régularisa, des ressources moins onéreuses que celles que procuraient les caorsins se présentèrent, leur nombre diminua, et leur nom, qui répondait à celui de banquier, cessa même d'être en usage.

CAOUAM—EDDOULÉ-KORBOUGHAH (*V.* KORBOUGHAH).

CAOUANNE (*V.* CAHOUANE).

CAOUP (*botan.*), arbre qui croît dans l'île de Maraguan dans l'Amérique. Sa feuille ressemble à celle du pommier, mais elle est plus large. Il a la fleur rouge, et le fruit comme l'orange pour la figure et le goût : il est plein d'amandes.

CAOURSIN (GUILLAUME), vice-chancelier de l'ordre de Saint-Jean de Jérusalem, naquit à Douai en 1540. Il mérita les talents la confiance du grand maître et du chapitre, et la dispense des vœux d'usage, remplit plusieurs missions importantes en Italie, et mourut en 1501. On a de lui quelques ouvrages écrits en latin, qui ont été recueillis et imprimés à Ulm en 1496, in-fol., avec figures en bois. Le principal est une description de la ville de Rhodes et du siège qu'elle soutint en 1480. Cette relation, qui a pour titre *Obsidionis urbis Rhodiæ descriptio*, a été imprimée une première fois à Rome, sans date, in-4°, et réimprimée dans la même ville, 1584, in-fol., avec des augmentations.

CAOUS, s. m. pl. (*mythol.*), certains esprits malfaisants que l'on prétend vulgairement exister dans le mont Caucase.

CAOUTCHOUC (*botan.*). Cette substance, très-connue aussi sous le nom vulgaire de gomme élastique, est un suc propre, épaissi au contact de l'air, lequel existe à ce qu'il paraît dans beaucoup de végétaux de la zone équatoriale, mais qui abonde surtout dans plusieurs arbres de la famille des euphorbiacées, tels que l'euphorbia punicea, Linn.; le sapium aucuparium, Linn.; le siphonia elastica, Rich., ou hevea guianensis, Aubl., et le siphonia brasiliensis, Kunth. C'est de ces deux derniers végétaux

qui proviennent la plus grande partie du caoutchouc employé dans le commerce. M. de Tussac assure que le suc laiteux des jacquiers ou arbres à pain devient également, en séchant, une matière très-semblable au vrai caoutchouc. Pour obtenir le caoutchouc en quantité, dit Aublet, on pratique au tronc du hevea une entaille profonde qui pénètre dans le bois; on fait ensuite une incision qui prend du haut du tronc jusqu'à l'entaille, et de distance à autre on pratique d'autres incisions latérales et obliques qui viennent aboutir à l'incision longitudinale. Ces diverses incisions conduisent le suc laiteux qui en découle dans un vase placé à l'ouverture de l'entaille; le suc s'épaissit au contact de l'air, et devient une résine molle, roussâtre et élastique, qu'on façonne en toutes sortes de formes avant sa dessiccation complète. On fait ordinairement des moules en terre qu'on enduit de plusieurs couches de gomme élastique, et qu'on expose ensuite à la fumée pour les faire sécher. C'est ce qui colore le caoutchouc. Quand les moules sont secs, on les brise, et on en fait sortir les morceaux par l'ouverture ménagée à cet effet. Le caoutchouc sert à faire différents instruments indispensables en chirurgie; on en enduit aussi des toiles qu'on veut rendre imperméables à l'eau. Tout le monde connaît la propriété que possède cette substance d'enlever du papier les empreintes du crayon.

CAOUTCHOUC (*technol.*). La gomme élastique, à raison de ses propriétés particulières, a été l'objet d'une foule d'applications et de tentatives industrielles. Souple, élastique, imperméable, inaltérable par la plupart des agents extérieurs, elle semblait essentiellement propre à la fabrication de tissus et d'enduits imperméables; mais il y avait la double difficulté de se la procurer en morceaux assez larges et de la dissoudre pour pouvoir l'appliquer. Cependant on était déjà parvenu, en profitant de la faculté qu'ont les bords fraîchement divisés du caoutchouc de s'agglutiner très-solidement, à former des tubes et des ustensiles de différents genres. Depuis, on dissout cette substance, soit dans les huiles fixes, soit dans les huiles volatiles, les térébenthines, soit plus complétement encore dans l'éther, qui à la vérité est coûteux, mais qui donne une solution parfaite et sans aucune altération. Il suffit de l'étendre à la surface des objets qu'on veut rendre imperméables pour qu'elle s'y dessèche à l'instant même en une couche mince et très-élastique. Si l'on enduit de cette solution un côté de deux pièces d'étoffe et qu'on les applique l'une sur l'autre, on obtient des tissus que ni l'eau ni même l'air ne peuvent traverser, et qui sont d'un grand emploi pour les manteaux de voyage, les coussins et matelas qu'on remplit d'air, les scaphandres, etc. On s'en sert également pour fabriquer divers instruments de chirurgie, tels que les sondes et bougies, les pessaires, etc. Autrefois on remplaçait la gomme élastique, dans quelques-unes de ces industries, par l'huile de lin rendue siccative au moyen de la litharge, et dont on enduisait les tissus de différente forme. Tout récemment on est parvenu à faire avec le caoutchouc des fils qu'on revêt de coton ou de soie, et avec lesquels on tisse des étoffes dont il est facile de concevoir les avantages. Leur élasticité est égale dans les deux sens ; ces étoffes peuvent se nettoyer sans rien perdre de leur propriété, ce qui les rend propres à remplacer, dans toutes les circonstances, les élastiques en métal qui ne prêtent qu'en longueur, et qui ont de plus l'inconvénient de s'oxyder par l'humidité. Les bandagistes, les orthopédistes, les fabricants de corsets, de bretelles et autres choses semblables peuvent en faire d'utiles applications. Nous ne saurions oublier les chaussons de gomme élastique, qu'on met par-dessus les autres chaussures, qui maintiennent les pieds parfaitement secs, et qui se nettoient avec une simple éponge mouillée.

CAP, s. m. (*gramm.*), tête. Il n'est d'usage en ce sens que dans les phrases suivantes: *De pied en cap*; *Armé de pied en cap*; *Parler cap à cap*. Cette dernière phrase a vieilli.

CAP (de *cabo, caput*), terme de géographie servant à désigner les pointes de terre qui s'avancent dans la mer, au delà des terres contiguës. Tels sont le cap Nord, Finistère, de Roca, Spart-Ventó et Matapan, en Europe ; Sévéro-Vostotchnii, Oriental, Lopatka, Romania, Comorin et Ras-el-Gad, en Asie ; Serrat, Spartel, Blanc, Lopez, de Bonne-Espérance et d'Orfui, en Afrique ; de Wilson, d'Yorck et de Leeuwin, dans l'Australie ; de Glace, de Saint-Luc, Aguja, Horn, Charles et Farewell, en Amérique. On désigne spécialement par le nom de promontoire les caps qui se terminent par une montagne. Presque tous les caps des côtes occidentales de l'Hindoustan et de l'Amérique sont dans ce cas, vu le peu d'éloignement des grandes chaînes de montagnes qui les avoisinent.

CAP DE BONNE-ESPÉRANCE (*V.* BONNE-ESPÉRANCE).

CAP (LE), en hollandais *Kaapstad*, et en anglais *Capetown*, ville capitale de la colonie du cap de Bonne-Espérance, résidence du gouverneur et des principales autorités. Elle s'élève au fond d'une baie de l'Océan Atlantique, dite *baie de la Table*, à l'issue de la petite vallée formée par les montagnes de la Table et du Diable, au sud et à l'est, et celle de Léon à l'ouest, à 12 lieues nord du cap de Bonne-Espérance. Une citadelle, différentes lignes de fortification, des batteries la défendent. Ses rues se coupent à angle droit, sont larges, bordées la plupart de trottoirs et d'arbres, et ses maisons régulièrement bâties en pierres ou en briques avec des toits en terrasse ; l'une des rues est traversée par un canal garni d'arbres. Il y a trois places, dont la plus belle est la place d'Armes, sur laquelle s'élève la bourse. Ses autres édifices, à l'exception de l'hôtel du gouverneur et des casernes, ont peu d'apparence : tels sont l'hôtel de ville, l'hôpital, l'église catholique, l'église calviniste et la bibliothèque publique. Le Cap possède une ménagerie, un jardin botanique qui sert de promenade. La baie de la Table est profonde, mais très-peu sûre ; les navires n'y arrivent que de septembre à la mi-avril ; le reste de l'année, ils relâchent à False-Bay, qui elle-même est dangereuse, lorsque soufflent les vents du sud-est. Près de là se trouve aussi Table-Bay, mais dont l'entrée est incommode ; de sorte que le Cap, quoique placé sur une baie, et près de deux autres, n'a pas de port. Cette ville est l'entrepôt du commerce de toute la colonie. La propreté, la commode distribution des maisons, la salubrité de l'air en rendent le séjour assez agréable. Les habitants sont très-hospitaliers ; les femmes sont jolies et très-aimables, et presque toutes bonnes musiciennes. Depuis l'arrivée des Anglais, les mœurs sont plus austères qu'autrefois. 20,000 habitants. Le Cap a été fondé par van Riebeck en 1652. Elle ne prit guère quelque accroissement qu'à l'époque de la révocation de l'édit de Nantes, beaucoup d'émigrants français protestants s'y étant retirés. Lat. sud, 33° 55′ 42″ ; long. est, 16° 3′ 51″.

CAP (VINS DU). Ils sont le produit de la colonie anglaise du cap de Bonne-Espérance. Ce furent les protestants français fugitifs à la suite de l'édit de Nantes, sous Louis XIV, qui eurent l'idée de tirer des plants de vignes des bons crus de la France, surtout de la Bourgogne et de la Champagne, et de les naturaliser dans cette colonie où la Hollande leur avait accordé un asile. Ces plants produisirent des vignes qui, sans valoir celles dont elles étaient tirées, furent pourtant d'une bonne qualité. Le vin de *Constantia* surtout, tirant son nom d'une ferme à peu de distance de la ville du Cap, acquit bientôt de la renommée. Toutefois on remarque que tous les vins du Cap conservent plus ou moins un goût de terroir qui nuit à leur bouquet. Comme ils n'ont pas beaucoup de corps, du moins pour le goût des Anglais qui les aiment forts, on y mêle de l'eau-de-vie de France. Ce mélange a aussi pour but de faire mieux supporter aux vins qu'on exporte le long trajet sur mer. On frelate beaucoup les vins du Cap, tant dans les caves de la colonie que dans celles de Londres. On évalue à 2,500,000 gallons anglais la récolte annuelle moyenne des vins du Cap ; on en exporte environ 950,000 gallons, qui passent pour la plupart en Angleterre. Dans les premiers temps de l'occupation du Cap, le gouvernement anglais, pour favoriser la culture de la vigne, et pour exclure les vins français, ne soumit l'importation des vins du Cap dans les ports d'Angleterre qu'à un impôt très-modéré relativement aux vins d'autres pays. Cependant, sur les réclamations générales du commerce et des consommateurs, il a depuis réduit la taxe imposée aux vins français. Quoique les vins du Cap soient maintenant moins favorisés qu'auparavant, la culture n'en est pas moins florissante, et le débit de ces vins, dans une colonie dont la population augmente, et qui est fréquentée par les vaisseaux des Indes, ne peut être incertain. Si on en excepte l'Angleterre, l'Europe consomme peu de ces vins africains, et à peine les connaît-on en France.

CAP (géogr.), petite île située dans le détroit de Sunda. Ainsi que l'île de Button située tout près de là, elle dépend de Java. Elle est un produit volcanique. Elle renferme d'immenses cavernes horizontales, remarquables par d'innombrables essaims de salanganes, dont on recueille les nids avec beaucoup de danger.

CAP ou PROUE (mar.), c'est la pointe qui est à l'avant du vaisseau, qu'on nomme aussi *poulaine, éperon, avantage*. On dit *mettre le cap, porter le cap, avoir le cap à terre ou au large*, pour dire mettre la proue du vaisseau du côté de la terre ou de la mer. — *Porter le cap sur l'ennemi*, c'est faire route pour avancer sur lui. — *Porter le cap, mettre le cap à l'ouest, au sud ou au nord*, etc., c'est faire route à l'ouest, au sud ou au nord. — CAP DE MOUTON, ce sont de petits billots de bois taillés en façon de poulies, environnés et fortifiés d'une bande de fer,

pour empêcher que le bois n'éclate. Le *cap de mouton* est percé, par trois endroits sur sa face, de trous ayant une *ride*, espèce de petite corde qui sert à plusieurs autres usages. Pour agréer un vaisseau, il faut ordinairement *cent soixante caps de mouton*. Ils servent principalement à rider ou roidir les haubans et les ortans (*V.* ces mots). C'est leur moyen qu'on tend ou qu'on lâche ces manœuvres dormantes, selon que le temps y oblige. Ils servent aussi à donner la forme aux trélingages, qui sont au haut des étais, et qui ont divers petits trous par où passent les marticles (*V.* ce mot) ; on les emploie aussi comme ornement au vaisseau. Leur figure est un ovale plat. Ceux des haubans sont amarrés aux porte-haubans ou aux cadènes (*V.* PORTE-HAUBAN et CADÈNE). Les *caps de mouton* des grands haubans sont amarrés aux porte-haubans, moitié dans les haubans, moitié dans les cadènes. Quand les cordages sont neufs, il faut les roidir le plus possible au palan, parce qu'ils se relâchent facilement. — CAP DE MOUTON DE MARTINET, c'est le cap de mouton du trélingage ou des marticles qui sont au bout du martinet de l'artimon et à la vergue ; le *cap de mouton* sur l'étaie, qui a la figure ovale, d'où partent plusieurs lignes qui vont en s'élargissant en patte d'oie sur le bord de la hune, pour empêcher les huniers de se couper contre les hunes, forme ce qu'on appelle la moque de trélingage. — CAP DE MOUTON à croc, ce sont des caps de mouton munis d'un croc en fer, pour accrocher au côté d'une chaloupe. On s'en sert alors pour retenir les haubans. — CAP DE MORE, TÊTE DE MORE, BLOC (*V.* CHOUQUET). — CAP ou CAVESSE DE MORE (*manége*), c'est un cheval de poil rouhan, gris et bai, qui a la tête et l'extrémité des pieds noirs (*V.* ROUHAN.)

CAP, s. m. (*mar.*), chef d'escouade de matelots ou de journaliers dans un port. — On nomme *cap de forçats* un journalier établi ou choisi pour guider les forçats dans les travaux auxquels ils sont assujettis.

CAP DE COMPAS (*mar.*), trait vertical marqué dans l'intérieur de la cuvette où est renfermée la rose d'un compas de route. Il se trouve avec le pivot sur lequel tourne cette rose, dans une droite parallèle au grand axe du bâtiment, et détermine sur la rose l'air de vent de la route, en même temps qu'il indique où est le cap.

CAP DE BATARDEAU, *term. de ponts et chaussées*, trait en dos d'âne, qui forme la partie supérieure d'un batardeau.

CAP (*technol.*) se dit, dans le Nord, de certaines loupes ou excroissances qui poussent aux troncs des bouleaux, et qui sont employées par les tourneurs pour faire différents ustensiles ou petits meubles. — Dans les manufactures, on dit qu'*une pièce d'étoffe a cap et queue*, pour dire qu'elle est entière et qu'on n'en a rien ôté.

CAP (*médec.*), abréviation dont on se sert en formulant, au lieu de *capiatur* ou de *capiat*, mots qui signifient, que l'on prenne ou qu'il prenne.

CAPA-AGA (*V.* CAPI-AGASSI et AGA).

CAPABLE, adj. des deux genres (*gramm.*). Il se dit des choses par rapport à leur capacité intérieure ; et dans cette acception il n'est guère usité qu'avec tenir ou contenir. — Il signifie aussi qui est en état de faire une chose. — Il signifie particulièrement, en parlant des personnes, qui a de l'aptitude, des dispositions à quelque chose : on le dit soit en bien, soit en mal. — Il est *capable de tout*, il peut s'acquitter très bien de toutes sortes d'emplois. Cela se dit plus ordinairement d'un homme téméraire, furieux, ou d'un homme méchant, et signifie alors, il peut se porter aux plus grands excès, aux actions les plus noires. — *Capable* se dit quelquefois absolument pour habile, intelligent. — Familièrement, *Prendre, Avoir l'air capable*, prendre, avoir l'air d'un homme qui présume trop de son habileté. Substantivement, *Faire le capable*, faire l'habile. — *Capable* signifie aussi, qui peut produire tel ou tel effet, amener tel ou tel résultat ; et, en ce sens, il ne se dit que des choses.

CAPABLE (*géom.*). Un segment de cercle est *capable* d'un angle donné lorsque ce segment est tel que tous les angles qu'on peut y inscrire, et qui sont égaux entre eux, puisqu'ils ont chacun pour mesure le même arc, savoir la moitié du reste de la circonférence, sont égaux à cet angle donné. — Il y a plusieurs procédés pour décrire un semblable segment ; nous donnerons le suivant, qui est le plus usité dans la pratique. Soit la droite AB, sur laquelle il s'agit de décrire un segment capable de l'angle M.—Faites l'angle CAB égal à l'angle donné M. Du sommet A, menez la droite AO perpendiculaire sur AC; et du point E, milieu de AB, menez à cette droite la perpendiculaire EO. Du point O, rencontre des deux perpendiculaires avec AO pour rayon, décrivez la circonférence AMBmA, le segment AMMMB sera le segment demandé. En effet, l'angle donné M ou CAB, qui lui est égal, a pour mesure la moitié de l'arc AmB; mais cette moitié est aussi la mesure de tous les angles AMB inscrits dans le segment AMMMB (voyez angle 18 et 17): donc tous ces angles sont égaux à l'angle M; donc, etc.—Cette construction sert dans la levée des plans, pour donner graphiquement la position d'un point, quand on connaît les angles sous lesquels on aperçoit, de ce point, trois autres dont les distances respectives sont connues. Soient, par exemple, A,B,B, trois points donnés de position, et soit D un quatrième point, duquel on a mesuré les angles ADB et BDC. Pour placer ce point sur la carte, où se trouvent déjà A,B,C, décrivez ADB, et sur la droite BC décrivez un segment capable de l'angle BDC; le point D, où les cercles se coupent, est évidemment le point demandé, puisqu'il est le seul d'où l'on puisse apercevoir en même temps les droites AB et BC sous les angles ADB et BDC.

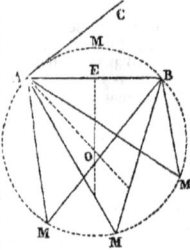

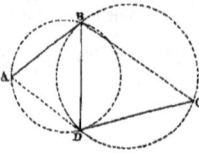

CAPABLEMENT, adv. (gramm.), d'une manière capable, avec capacité, avec art. Il est peu usité.

CAPACCIO-NUOVO ou NUEVA, Caput aqueum (géogr.), ville du royaume de Naples, dans la Principauté citérieure. Elle est surnommée Nuova, à cause de Capaccio-Vechia, qui était autrefois sur une montagne où l'on en voit encore les ruines qui gardent son nom, au lieu que Capaccio-Nuova est dans une plaine. Elle a titre de duché, et n'est guère éloignée de la mer et du lieu où fut l'ancienne ville de Pessi, dont le siège y fut transféré. Son évêché est suffragant de Salerne, et sa cathédrale, une des plus belles du royaume de Naples, est dédiée à l'Assomption de la sainte Vierge. Son chapitre consiste en quatre dignitaires, l'archidiacre, le doyen, le primicier et le chantre, avec deux chanoines. Ils sont tous dispensés de la résidence, aussi bien que l'évêque, depuis que cette ville a été ruinée, et même abandonnée pour son mauvais air. Ils doivent cependant se trouver dans l'église principale à certains jours de l'année pour y faire l'office. Le reste du temps, il n'y demeure qu'un prêtre et un sacristain. Le diocèse est fort étendu, et comprend un grand nombre de villages avec leurs paroisses, et beaucoup de monastères de l'un et de l'autre sexe (Ital. sacr., t. VII, p. 464).

CAPACCIO (J.-César), écrivain fécond, né vers 1550 dans la Principauté citérieure, fut secrétaire dans la ville de Naples, et mourut en 1631, laissant un grand nombre d'ouvrages, entre autres: Il segretario, Venise, 1599. — Il forastero, Naples, 1620: c'est un guide du voyageur à Naples. — Mergellina, egloghe pescatorie, 1598. — Neapolitanæ historiæ, Naples, 1607, in-4°. — Apologhi e favole, etc., Naples, 1602. — Illustrium mulierum et illustrium litteris virorum elogia, Naples, 1608, in-4°. Ses autres écrits traitent de quelques antiquités du royaume de Naples, ou roulent sur des sujets de littérature.

CAPACITÉ (mythol.), figure allégorique représentée par une jeune fille habillée de blanc, dans l'attitude d'une personne qui écoute avec attention. Ses attributs sont le caméléon et le miroir.

CAPACITÉ (philosophie). Ce terme reçoit dans la psychologie deux acceptions différentes, que la langue usuelle confond ordinairement en un sens identique: ainsi d'abord, il faut entendre par capacité cet état passif et primitif de notre âme, qui consiste dans une aptitude naturelle à recevoir, à éprouver, à subir toutes les impressions que lui communiquent incessamment le monde matériel et le monde moral, et à en être diversement modifiée. Que si l'agent interne, la volonté personnelle, le moi, réagit ensuite sur ces mêmes impressions, la capacité de l'âme passe aussitôt de l'état passif à l'état actif, et devient alors une faculté. Ainsi l'âme possède une double capacité, celle de sentir et celle d'agir; et tous nos pouvoirs spirituels, sensibilité, perception, conscience, entendement, passent successivement par ces deux états, pour arriver à une manifestation extérieure et appréciable dans l'ordre du vrai, du beau et du juste. — La langue usuelle, ne tenant compte que de cette manifestation sensible et de ses résultats constatés ou de ses effets probables, appelle capacité l'aptitude active et positive à connaître et à pratiquer certaines choses d'une manière plus ou moins parfaite, aptitude à laquelle elle attribue une triple origine: la capacité innée, la réflexion et l'étude. L'intelligence naturelle en effet ne saurait constituer toute seule une capacité quelconque; elle n'est jamais que le germe ou le principe dont le développement et l'action donnent pour conséquence la capacité. L'intelligence, en un mot, constitue l'homme et le distingue des animaux; mais la capacité le fait homme social, membre actif et utile de la société, citoyen. — Sous un autre point de vue, il importe encore de ne pas confondre la capacité avec le génie. Le premier terme, exprimant surtout une aptitude spéciale, a besoin d'être nettement caractérisé, comme lorsqu'on dit: capacité scientifique, industrielle, artistique, etc. De plus, il n'indique pas par lui-même la plus haute puissance à laquelle puisse s'élever l'esprit de l'homme; car on dit souvent: capacité de premier ordre; capacité de second ordre. Le génie, au contraire, si spécial qu'on veuille le supposer, révèle toujours un développement extraordinaire et un rare ensemble de toutes les facultés. On louerait mal Homère, Platon, saint Augustin, Bossuet, Gerson, Corneille, Napoléon, en disant simplement qu'ils furent des hommes capables. — Les capacités, comme les intelligences, diffèrent; et ces différences résultent non-seulement de la diversité des facultés prédominantes, mais encore des inégalités infinies qui se révèlent dans les facultés de même nature chez la plupart des hommes. Ces deux faits si évidents ont cependant été l'objet de contradictions systématiques dans le XVIII° siècle; mais cette doctrine d'Helvétius, aussi fausse qu'antisociale, n'a guère survécu à son auteur, et elle n'a pu ébranler sur sa base cette grande et salutaire vérité, que la société ne vit et ne subsiste que par le classement hiérarchique des intelligences, que par l'action diverse et inégale des capacités, ayant chacune ici-bas leur tâche et leur mission à remplir, et se prêtant un mutuel et nécessaire appui. — En effet, si Dieu a créé des formes générales pour l'espèce, s'il a posé un type, les individus n'en reproduisent que les caractères généraux. Tout homme se distingue par une spécialité d'organisation, aussi bien dans l'ordre intellectuel et moral que dans l'ordre physique. Dans l'échelle sans fin qu'il faudrait parcourir depuis l'excellence du génie jusqu'au dernier degré de l'idiotisme, les combinaisons intermédiaires sont innombrables; la nature ne se répète jamais. Sans doute l'éducation qu'un homme a reçue, les circonstances sous lesquelles il s'est développé, les obstacles et les encouragements qui ont environné sa vie, peuvent retarder ou accélérer le développement de ses facultés, leur imprimer une direction qu'elles n'eussent pas choisies, livrées à leur propre impulsion, pourront même fausser, dénaturer leur vocation; mais il n'en faut pas moins reconnaître que chaque homme apporte au monde son cachet et son empreinte, et que l'éducation, la vie extérieure, tout en modifiant son intelligence et son caractère, n'ont pas assez de puissance pour altérer le fonds même de son individualité, qui se retrouve et se révèle dans les situations les plus diverses de son existence (V. les mots ESPRIT, FACULTÉ, INTELLIGENCE, ÉDUCATION).　　　　A. HUSSON.

CAPACITÉS (LES), terme nouveau employé dans la langue politique pour désigner les professions ou les positions sociales pour lesquelles le parti du progressif réclame vivement la concession des droits politiques, c'est-à-dire notamment le droit électoral et le droit d'éligibilité aux fonctions de membre du parlement. Dans l'état actuel des choses, la propriété, évaluée d'après le revenu et l'impôt, est seule directement et régulièrement représentée à la chambre des députés, de sorte que les droits politiques ne sont réellement que des droits fonciers, et que tous les autres éléments de la richesse nationale, l'agriculture, l'industrie, le commerce, les sciences et les arts ne participent ni directement ni indirectement aux affaires publiques, à moins de s'y rattacher par la quotité voulue de l'impôt (V. SYSTÈME ÉLECTORAL).　　　　A. H.

CAPACITÉ. C'est l'aptitude qui rend quelqu'un propre à faire un acte ou à remplir une fonction. — Mais, en term. de droit, la capacité s'entend plus particulièrement de la faculté de contracter, de disposer, de recevoir, soit par acte entre vifs, soit par testament, de succéder, de se marier, etc. C'est une maxime en France, que chacun doit s'enquérir de la capacité de celui avec qui il contracte, et qu'il est responsable des nullités dont l'incapacité d'une partie aurait frappé les actes qu'il aurait faits avec elle (*V.* Mineur, Donation, Testament, Transaction, Mariage, Légataire, Commune, Établissements publics).

CAPACITÉ, en *droit canonique*, désigne les qualités extérieures seulement, comme l'extrait baptistaire, la tonsure, les dimissoires, s'il en est besoin, la provision du bénéfice, la prise de possession, et quelquefois les grades, les induits ou autres privilèges.

CAPACITÉ (*géom.*), volume d'un corps. Ce mot est plus communément employé pour désigner la quantité de matière qu'un vaisseau peut contenir ; c'est ainsi qu'on dit : la *capacité* d'une bouteille, d'un tonneau, d'une cuve, etc. — On nomme *mesures de capacité* celles qui servent à déterminer le volume des liquides et des matières sèches divisées, telles que les grains, les racines alimentaires, le charbon, etc., etc. — Mesures de capacité *pour les liquides.* La mesure prise pour unité est le *litre*, dont le volume est égal à celui d'un cube qui aurait pour côté une longueur d'un décimètre. Cette mesure se subdivise en demi-litre et en quart de litre, auxquels on a adapté les anciens noms populaires de *chopine* et de *demi-setier.* — Avant l'introduction du nouveau système métrique français, les mesures de capacité étaient différentes dans chaque province : on nommait *pinte* l'unité de ces mesures pour Paris ; la demi-pinte prenait le nom de *chopine* ; le quart de pinte celui de *demi-setier*, et le demi-quart celui de *poisson.* L'emploi du litre étant aujourd'hui le seul toléré, et le litre différant d'ailleurs très-peu de l'ancienne pinte (le rapport du litre à la pinte est égal à 50,462248 : 48), on se sert encore quelquefois du nom de *pinte* pour le désigner. — D'après la terminologie adoptée dans notre système métrique, les subdivisions décimales du litre sont le *décilitre*, dixième du litre, et le *centilitre*, centième du litre. Les multiples décimaux du litre sont le *décalitre* ou dix litres, l'*hectolitre* ou cent litres, et le *kilolitre* ou mille litres. — Le litre, ou la *pinte*, contient un kilogramme d'eau distillée. — 5 décilitres, ou la *chopine*, contiennent 5 hectogrammes ou 500 grammes d'eau distillée. — 2 ½ décilitres, ou le *demi-setier*, en contiennent 250 grammes. — 1 décilitre, ou le ¼ de poisson, contient 100 grammes. — 1 centilitre contient 10 grammes. — Mesures de capacité *pour les matières sèches.* Le litre est encore l'*unité* de ces mesures qui se composent de ces multiples décimaux. L'unité des anciennes mesures était le *boisseau*, et 12 boisseaux faisaient un *setier.* — Le rapport de l'hectolitre au setier est égal à 1 : 0,641, c'est-à-dire que 641 setiers équivalent à 1,000 hectolitres. — Le rapport du boisseau au litre est égal à 1 : 13, c'est-à-dire que 13 litres équivalent à un boisseau (*V.* Mesures et Système métrique).

CAPACITÉ POUR LE CALORIQUE. Les corps qui au thermomètre, ou même à la simple sensation, paraissent avoir à même température, contiennent-ils à poids égal la même quantité de calorique ? Cette question posée en ces termes, avant que des expériences précises eussent été faites, n'aurait probablement paru douteuse à personne ; tout le monde aurait dit *oui*, et avec une grande sécurité : l'expérience a pourtant prouvé qu'il fallait répondre *non.* Les différents corps en effet, bien qu'amenés à des températures parfaitement égales, contiennent en eux-mêmes des quantités de calorique fort différentes ; c'est le Suédois Wilke qui a mis cette vérité hors de doute en 1772 ; il a montré que les corps n'ont pas tous la même capacité pour le calorique ; que les uns en contiennent beaucoup, les autres au contraire n'en peuvent garder qu'une petite quantité : cette propriété singulière se désigne sous le nom de *calorique spécifique*, ou comme nous l'avons mis au commencement de cet article, de *capacité pour le calorique.* — On démontre aujourd'hui cette capacité et on la mesure, soit en répétant les expériences de Wilke, soit en employant des moyens imaginés depuis, et qui sont au nombre de trois : les *mélanges*, dont la méthode est due à Wilke ; la *fusion de la glace*, dont la méthode est due à Lavoisier et à Laplace, et le *refroidissement*, dont MM. Dulong et Petit ont fait un grand usage. — *Méthode des mélanges.* En mêlant une livre d'eau à 0 degré avec une livre d'eau à 56°, on obtient deux livres d'eau à 18° ; ce principe est évident ; il était connu depuis longtemps ; on pouvait l'établir *à priori*, et l'expérience a confirmé ce que l'on avait supposé d'avance. En mettant une livre de fer à 56° dans une livre d'eau à 0 degré, il semblerait, puisque le poids et la température des deux substances sont les mêmes que dans l'expérience précédente, que le résultat doit être le même, que l'eau et le fer doivent passer à 18 degrés ; mais c'est précisément ce qui n'a

pas lieu : Wilke a reconnu, et c'est là son importante découverte, que quand l'équilibre de température est établi, les deux substances sont l'une à 4 degrés seulement ; d'où il suit qu'une livre de fer ayant perdu 52 degrés, ces 52° ne peuvent élever que de 4 degrés pareils la température d'une livre d'eau ; et qu'il faut par conséquent huit fois autant de chaleur pour élever la température de l'eau d'un certain nombre de degrés, que pour élever de la même quantité celle d'un pareil poids de fer. La *chaleur spécifique de l'eau* ou la *capacité pour le calorique* vaut donc huit fois celle du fer ; la contre-partie de cette expérience a conduit au même résultat, comme on pouvait le prévoir ; c'est-à-dire que l'on a mis une livre de fer à 0 degré dans une livre d'eau à 56° ; et quand l'équilibre de température a été établi, les deux masses étaient à 52 degrés, c'est-à-dire que le fer, pour monter de 52 degrés, n'en avait pris que 4 à l'eau où il était plongé. — Les corps n'ayant pas même chaleur spécifique, il est devenu nécessaire de rapporter ces diverses capacités à celle d'un corps déterminé prise ainsi pour unité ; c'est la capacité de l'eau qu'on a choisie pour terme de comparaison ; il est facile, par la méthode des mélanges, de déterminer la capacité calorique des différents corps. Soit en effet 1 la chaleur spécifique de l'eau, c'est-à-dire la quantité de chaleur nécessaire pour élever d'un degré un kilogramme de ce liquide ; pour l'élever ou l'abaisser de *a* degré, la quantité de chaleur sera *a ;* soit *x* la chaleur nécessaire pour élever de 1 degré la température d'un kilogramme d'une autre substance ; pour l'élever de *b* degré, la chaleur exigée sera *b ;* dans le cas de l'expérience précédente, la chaleur perdue par l'un des corps est précisément égale à celle qu'a gagnée l'autre, et par conséquent on a l'équation $a = b\,x$ ou $x = \dfrac{a}{b}$; dans le premier exemple cité, $a = 4$; $b = 52$; $x = \dfrac{52}{4} = \dfrac{1}{8}$; la capacité du fer est donc un huitième de celle de l'eau ; dans le second exemple, *a* vaut encore 4, c'est l'abaissement de température de l'eau ; $b = 52$, c'est l'élévation de température du fer ; $x = \dfrac{52}{4}$, c'est-à-dire que la capacité de l'eau vaut huit fois celle du fer. — *Méthode de la fusion de la glace.* C'est celle qui a été décrite ci-dessus à l'article Calorimètre (*V.* ce mot). — *Méthode du refroidissement.* Si deux corps de volumes égaux, et renfermés dans la même surface afin d'avoir le même rayonnement, sont abandonnés à eux-mêmes, ils se refroidissent aussitôt, et la rapidité avec laquelle ils parviennent de la même milieu d'une température comme *t* à une autre température *t'*, dépend évidemment de leur capacité pour le calorique et de leur densité ; c'est-à-dire que les capacités des corps sont proportionnelles aux degrés d'abaissement pour le même temps et réciproques à leurs densités (*V.* Refroidissement). — On a par ces divers moyens calculé les capacités caloriques d'un assez grand nombre de substances, en les rapportant à celle de l'eau prise pour unité. En voici une liste abrégée.

SUBSTANCES.	CAPACITÉS.	SUBSTANCES.	CAPACITÉS.
Eau.	10000	Huile d'olive.	3096
Vinaigre.	9200	Chaux vive.	2169
Solution de nitre. . . .	8187	Soufre.	2085
Alcool.	7000	Verre.	1929
Acide nitrique.	6614	Fer.	1098
Pin.	6500	Cuivre.	940
Acide hydrochlorique. .	6000	Zinc.	927
Chêne.	5700	Argent.	557
Éther.	5200	Platine.	335
Poirier.	5000	Mercure.	330
Essence de térébenth. .	4720	Or.	298
Acide sulfurique. . .	3346	Plomb.	282

Il faut remarquer sur ce tableau : 1° que les capacités pour le calorique marchent en général contrairement aux densités ; cela n'a rien d'étonnant, puisqu'au même poids du corps le plus lourd représente alors un moindre volume ; 2° cependant cette règle n'est pas absolue, comme on peut s'en convaincre par les quatre derniers corps cités, où elle est tout à fait contrariée ; 3° dans tous les cas, cette observation n'indique qu'un ordre de capacités généralement contraire aux densités, mais sans aucune proportion ; 4° les nombres donnés ici ne doivent être regardés que comme approximatifs ; les expériences sont fort délicates, exigent une grande rapidité dans l'exécution, et les divers observateurs n'ont pas trouvé exactement les mêmes

nombres pour les mêmes substances ; 5° par conséquent la relation qu'ont découverte MM. Petit et Dulong, savoir que le produit du poids des atomes des corps par leur capacité calorifique donnerait le produit constant 0,37524 ne doit être admise qu'avec une extrême réserve, puisqu'il y a tant d'incertitude encore sur la valeur des deux facteurs de ce produit.—La capacité calorifique des gaz est encore moins certaine que celle des autres corps ; elle repose sur des expériences plus délicates, plus difficiles à faire, et la faible densité des corps en expérience fait que les erreurs sont proportionnellement plus considérables. Le mode d'observation dû à MM. Laroche et Bérard consiste du reste à faire passer dans un liquide, au moyen d'un serpentin, un gaz élevé lui-même à une certaine température ; il faut 1° que ce gaz entre par en bas, afin qu'il communique la plus grande partie de sa chaleur aux couches inférieures du liquide, et que par cela même celles-ci tendent à monter, qu'ainsi les diverses couches se mélangent parfaitement ; 2° le gaz doit marcher très-régulièrement dans le tube, et assez lentement pour qu'en sortant sa température soit précisément celle du liquide.
— Voici maintenant le raisonnement et le calcul à faire dans cette opération : soit un vase V d'une capacité connue, plein d'eau à t degrés, et traversé par un serpentin par où passe le gaz à une température θ. Ce gaz ne sort, avons-nous dit, qu'après avoir communiqué à l'eau tout son excès de température ; il la porte alors à t' degrés, et lui-même n'étant pas plus chaud qu'elle, est descendu à t' Ainsi l'eau a gagné une température de $t'—t$, et le gaz en a perdu une de $\theta—t'$; la quantité de calorique gagnée d'un côté est évidemment égale à la quantité perdue de l'autre ; et ces quantités peuvent évidemment se représenter par le triple produit de la masse, de la température et de la capacité ; donc on peut écrire en appelant G la masse du gaz, C sa capacité et $(\theta—t')$ la température qu'il a perdue, G. C. $(\theta—t')$ =E. K. $(t'—t)$ en appelant E la masse d'eau échauffée, K sa capacité et $(t'—t)$ la température qu'elle a gagnée. Tout est connu ici, excepté la capacité C du gaz, qu'on peut en déduire facilement. — Si nous prenons un second gaz à la même température que le premier, que nous le fassions passer dans une eau à t degrés comme était la première jusqu'à ce qu'elle se soit élevée à la même température que tout à l'heure t', nous aurons en appelant G' la masse du nouveau gaz écoulée, et C' sa capacité calorique G'. C'. $(\theta—t')$ =E. K. $(t'—t)$ le dernier membre de ces équations étant commun, on peut égaler les premiers, en supprimant même le facteur $(\theta—t')$; on en tire G. C=G'. C' ou C' : C :: G : G', c'est-à-dire que les capacités caloriques des gaz sont réciproques aux qualités nécessaires pour élever une même masse d'eau d'un même nombre de degrés. — C'est par des opérations de ce genre qu'on a déterminé la capacité de divers gaz ; celle de l'eau étant 1, celle de l'air, à poids égal, est 0,2669 ; celle de l'acide carbonique, 0,221 ; celle de l'oxygène, 0,236 ; celle du gaz oléfiant, 0,421 ; celle de l'azote, 0,2369. **B. JULLIEN.**

CAPACIUS (PRIAM), né à Mazara, sur la côte occidentale de Sicile, dans le XVe siècle, fréquenta dans sa jeunesse les universités les plus célèbres de l'Allemagne, où il se fit remarquer autant par ses dispositions pour les sciences que par son goût pour la poésie. Il prit ses degrés en droit à Leipzig, et prononça, dans une assemblée publique de l'université, un discours en vers latins, à la louange de Frédéric Ier et de Frédéric II, qui fut imprimé. Cette pièce lui mérita la bienveillance de ses maîtres, qui l'encouragèrent à faire un poème qu'il avait composé à l'occasion d'une victoire remportée par Frédéric Ier, sur les Suédois. Ce poème, intitulé *Fridericeidos*, parut à Leipzig en 1488, in-4°. De retour dans sa patrie, Capacius sut allier les devoirs de sa profession avec son penchant pour les lettres, et obtint l'emploi de trésorier du roi. Une émeute ayant éclaté à Mazara en 1517, il se porta au milieu de la foule, qu'il espérait faire rentrer dans le devoir ; mais les révoltés l'entourèrent et le percèrent de coups.

CAPADE, s. f. (*capellerie*), est une certaine quantité de laine ou de poil qu'on a formée par le moyen de l'arçon. Un chapeau est composé de quatre *capades* que l'on feutre sur le bassin, et que les ouvriers foulent ensuite avec de la lie de vin.

CAPADES, s. m. pl. (*hist. mod.*). On nomme ainsi aux Indes, chez les Maures et parmi d'autres nations, les eunuques noirs à qui l'on confie la garde des femmes, et qui les accompagnent dans leurs voyages.

CAPAGE, s. m. capitation. Il est vieux.

CAPALANIER, s. m. (*marine*). On nomme ainsi, sur les vaisseaux bretons qui vont à la pêche de la morue sèche, les matelots qui aident à cette pêche ; ils ont rang entre les décolleurs et les saleurs, et ont le même pot-de-vin.

CAPALLA (JEAN-MARIE), de l'ordre des frères prêcheurs, né à Saluces dans le XVIe siècle, enseigna les lettres saintes à Faenza et à Bologne, et fut inquisiteur général de Crémone. Il mourut en 1596, le 2 novembre, et laissa : 1° un ouvrage intitulé : *Scintilla della fiamma innoxia*, etc., où il traite du purgatoire, de l'eucharistie, de la foi et des œuvres, du libre arbitre, de la justification, de la liberté chrétienne et ecclésiastique, etc.; 2° *Arca salutis humanæ, sive commentaria locupletissima in Testamentum et passionem Domini nostri Jesu Christi*, etc., à Venise, 1606, in-fol.; 3° *Traité de la cène*, à Venise, 1604, etc.

CAPANA, commandant de la Légion d'honneur, général de brigade, etc., né à Turin vers 1770. Il combattit avec bravoure dans les rangs français à l'armée d'Italie, et fut ensuite nommé préfet d'Alexandrie lors de la réunion du Piémont à la France; mais ces fonctions convenaient peu à son humeur guerrière. Il rentra sous les drapeaux, fut fait général de brigade, et combattit à Diestern, à Austerlitz, devint aide de camp du grand-duc de Berg, et périt en défendant la petite ville d'Ostrolenka.

CAPANÉE, fils d'Hipponoüs et d'Astynome, l'un des sept chefs qui mirent le siège devant Thèbes, se distingua par son arrogance et son impiété, et mourut, suivant quelques auteurs, atteint par la foudre; suivant d'autres, il fut assailli sur les murs de la ville, qu'il avait escaladés le premier, par une grêle de pierres sous laquelle il succomba. Sa femme Évadné, ne voulant pas lui survivre, se jeta sur son bûcher.

CAPANNA (PUCCIO), disciple de Giotto, peintre du XIVe siècle, un des plus anciens depuis la renaissance, aida beaucoup son maître dans les peintures qui ornent l'église de Saint-François à Assise. On cite de cet artiste un tableau représentant *le Christ, la Vierge et saint Jean*, dans l'église de Saint-Dominique, à Pistoie.

CAPARA, s. m., cérémonie juive dans laquelle les hommes chargeaient de leurs péchés un coq blanc, et les femmes une poule.

CAPARA (*géogr. anc.*), aujourd'hui *Laventas di Capara*, ville de la Lusitanie, dans la partie la plus orientale, chez les Vettones, au sud-est de Lancia Transcudana.

CAPARAÇON, s. m. sorte de couverture qu'on met sur les chevaux (*V.* HARNACHEMENT).

CAPARAÇONNER, v. a. mettre un caparaçon.

CAPARANIE, vestale romaine, qui périt accusée d'avoir violé son vœu de chasteté, et victime de la superstition de ses compatriotes. L'an 489 de Rome (265 avant J.-C.), sous le consulat de Q. Fabius Maximus Gurges et de L. Manlius Vitulus, une maladie contagieuse fit dans la ville et aux environs de si terribles ravages, qu'on eut recours aux livres sibyllins pour savoir quel crime avait pu attirer ce fléau sur l'État. On parvint enfin à découvrir le délit de Caparanie, qui pouvait être réel, sans en avoir plus de rapport avec l'épidémie. Condamnée, selon la loi, à être enterrée vivante, elle s'étrangla, pour éviter un supplice long et douloureux. On observa envers son corps privé de sentiment les mêmes cérémonies que si elle eût encore existé.

CAPARCOPIA (*géogr. sacrée*), ville de Palestine, vers le lieu où le Jourdain se jette dans la mer de Génésareth.

CAPARCOTIA ou **CAPHARCOTIA** (*géogr. ecclés.*), ville épiscopale de Galilée, dans la deuxième Palestine, au diocèse de Jérusalem, sous la métropole de Scytople. Nous n'en connaissons aucun évêque.

CAPARNAUM (*géogr. sacrée*), petite fontaine de Palestine, près du lac de Génésareth.

CAPAS-ANTU, s. m. (*botan.*), sorte d'arbrisseau de l'Amérique septentrionale.

CAPASSO (NICOLAS), poète napolitain, d'un génie original, et dont le style, dans le dialecte de son pays, est regardé comme l'un des plus vifs et des plus piquants, naquit à Fratta, au royaume de Naples, en 1671. Il était docteur en droit, et professa *in utroque jure*, dans l'université de Naples. Il fit quelques ouvrages relatifs à sa profession ; mais ils sont moins connus que ceux qui étaient analogues à son génie. Ce sont des poésies latines et napolitaines, Naples, 1780, in-4°. Sa traduction napolitaine de l'*Iliade* est regardée comme un chef-d'œuvre. On y reconnaît peu le chef-d'œuvre d'Homère : c'est une imitation faite pour ceux qui entendent bien cette langue, fertile en tours poétiques, en expressions figurées et en métaphores, trouvent remplie de sel et d'originalité. Capasso mourut à Naples en 1746. — Le même pays a produit un autre CAPASSO (Jean-

Baptiste), peut-être de la même famille, médecin de profession, né à Grumo, et mort à Naples en 1755. Il a laissé un ouvrage latin sur l'histoire de la philosophie, intitulé : *Historiæ philosophiæ synopsis, sive de origine et progressu philosophiæ; de vitis et systematibus omnium philosophorum*, etc., divisé en quatre livres, et dédié au roi de Portugal, Naples, 1728, in-4°.

CAP BLANC (*géogr.*), le cap le plus occidental d'Afrique après le cap Vert. Il appartient à la côte du Ssahharà, et forme le golfe d'Arguin. Latitude nord, 20° 46' 55"; longitude ouest, 19° 22' 0".

CAP-BRETON (*île du*) (*géogr.*), une des possessions anglaises de l'Amérique septentrionale, dans la partie méridionale du golfe Saint-Laurent, sur la côte N. de la Nouvelle-Écosse, dont elle est séparée par le détroit de Fronsac ou du Canseau, qui n'a guère que 1 lieue de large. Un bras de mer de la forme la plus bizarre, appelé le bras d'Or, pénètre si avant dans l'intérieur qu'il en fait comme deux îles unies ensemble par un isthme de quelques centaines de toises. Elle a environ 55 lieues de long sur 17 de large. Le chiffre de sa population est inconnu. La surface est plate, très-boisée, et offre beaucoup de terres cultivables : cependant les habitants se livrent plutôt à la pêche qu'à l'agriculture; celle des morues y est très-abondante. Le climat y est brumeux et froid. Il y existe d'abondantes mines de houille d'excellente qualité, dont les couches se montrent à huit ou dix pieds au-dessous de la surface du sol. Les principaux endroits de l'île du Cap-Breton sont Louisbourg et Sydney, son chef-lieu. Cette île appartenait dans l'origine à la France, et s'appelait l'île Royale; mais elle a été cédée à l'Angleterre par le traité de Paris (1763).

CAP-CORSE ou **CAP-COAST-CASTLE** (*géogr.*), ville et fort du Ouan-Karàh, dans le pays des Fautys, et qui est le principal établissement des Anglais sur la côte d'Or. Le fort, bâti sur un rocher, présente un point formidable du côté de la mer, mais il l'est beaucoup moins vers la terre. La ville s'étend en arrière et est malpropre, bâtie en terre glaise, et compte de sept à huit mille habitants. Le Cap-Corse, important lors de la traite, ne fait plus qu'un commerce assez considérable en productions du pays voisin. Cet établissement fut fondé par les Portugais en 1610, et cédé par eux aux Hollandais. En 1665, les Anglais le leur enlevèrent et se firent céder par le traité de Bréda. A 25 lieues est-nord-est du cap des Trois-Pointes. Latitude nord, 5° 9'; longitude ouest, 4° 10'.

CAPDAL (*vieux mot*), chef, seigneurie, nom de dignité.

CAPDALAT (*vieux mot*), titre sous lequel on possède un bien, une seigneurie.

CAPDET (*vieux mot*), cadet, puîné, cadet de famille, jeune gentilhomme, par opposition à *cap-d'ostal*, l'aîné, le chef de la maison.

CAP-DUEIL, CAP-DEULH (*vieux mot*), la principale maison d'un domaine, d'un fief, tour seigneuriale, qui appartient à l'aîné par préciput.

CAPDUELH (POS DE), troubadour que Nostradamus a confondu avec Pos ou Pons de Breuil, vivait vers la fin du XIIe siècle dans les environs du Puy, où il possédait une baronnie. On trouve de lui vingt pièces de poésie dans les manuscrits de la bibliothèque impériale, avec une notice sur sa vie, dans laquelle on voit que c'était un chevalier des plus courtois et des mieux faits de son temps. Il fit partie de la troisième croisade, à laquelle il avait lui-même exhorté ses compatriotes dans différentes poésies, et il y trouva la mort.

CAPE ou **CHAPE** (*mœurs et usages*). Ce mot a été employé avec de légères variantes, dans presque toutes les langues de l'Europe, pour désigner un vêtement de dessus. De toute antiquité, la cape était en France un habit commun à tous, aux chevaliers, aux moines, aux clercs, aux laïques des deux sexes. Elle était ample et munie d'un capuchon qui couvrait le visage. On lit dans une Vie de saint Junien, par Ulphin Boëce : *Une robe de poil de chèvre, que nous appelons cape, est encore en usage parmi nous;* dans Roger de Hoveden (*Vie de Henri II*): « L'épée traversa la cape, la tunique et la chemise. » Le luxe qu'on déploya dans ces sortes de vêtements fut cause que le concile de Metz, tenu en 888, en défendit l'usage aux gens d'église : « Les laïques, disent les canons de cette assemblée, porteront la cotte avec la cape, s'ils le veulent; les moines, au contraire, auront la cotte seulement. » — Sous Louis VII, une autre prohibition vint frapper ce vêtement, qui fut interdit aux femmes publiques, « pour qu'on pût les distinguer des femmes légitimement mariées. » Mais la première de ces deux espèces de

défense (et peut-être aussi la seconde) ne fut pas suivie rigoureusement. Dans les statuts de l'ordre de Saint-Benoît, généralement adoptés en France, nous voyons que les frères purent posséder deux capes, et, vers le XIIe siècle, ce fut même l'habit le plus commun des clercs et des moines. Ainsi le pape Innocent IV (dans Baluze, t. VII, *Mélanges*, p. 407) avertit l'évêque de Maguelonne d'en prohiber l'usage aux Juifs, « parce qu'il arrive souvent que les étrangers leur rendent des honneurs et des respects, les prenant pour des prêtres. » L'auteur anonyme des *Miracles de saint Hugues, abbé de Cluny*, raconte que « le roi envoya au seigneur abbé une cape toute resplendissante d'or, d'ambre, de perles et de pierres précieuses » (*V.* encore **CHAPE DE SAINT MARTIN**). Les marchands forains en portaient aussi pour se garantir des intempéries de l'air : ce qui fait dire à l'auteur du *Roman de Florimond,*

> Tos à guise de marcheans
> Fuzent vestuz de capes grands.

Quand elles avaient cette dernière destination, on les appelait capes à pluie ou à eau :

> Une chape à pluie afeubla.
> (*Roman de Wace*).

Mais souvent aussi, comme nous venons de le voir, elles étaient richement ornées. Un compte d'Etienne de la Fontaine, argentier du roi, s'exprime ainsi : « Pour fourrer une robbe de quatre garnements que madame la royne ot délivrée le jour de myaoust, pour les deux surcos et cors de la chape, trois fourrures de menu ver; » et plus loin : « Les manches et le chaperon de chape, 500 livres. » Mais ces chapes à manches, à ce qu'il paraît, avaient un caractère trop négligé; car le concile de Latran (canon 16) défendit aux clercs et aux laïques d'en porter pour assister à l'office divin, prohibition qui fut confirmée par Odon, évêque de Paris, dans ses statuts synodaux; par les conciles d'Evreux, en 1195; de Montpellier, en 1214; par le synode de Bayeux, en 1300, etc. — Les lépreux devaient, même quand ils montaient à cheval, porter par-dessus leurs vêtements des capes fermées, non fendues, pour qu'on pût facilement les connaître (Statuts synod. de l'égl. de Const. en Norm., c. 19, dans Martin, tom. IV). — Tout évêque suffragant devait, après son ordination, offrir à l'église métropolitaine une cape professionnelle. — La cape *rouge* était réservée aux papes, la cape *blanche* aux nouveaux baptisés. — A la cour de nos rois, les officiers porte-chapes ou porte-capes furent les prédécesseurs des porte-manteaux du roi. Un statut de l'an 1517 dit : « Il y aura trois porte-chapes qui mangeront à la cour et auront quatre deniers d'argent par jour, et seront prioicz. » Le mot cape est entré dans diverses locutions, parmi lesquelles nous rappellerons seulement celle-ci : *C'est une noblesse de cape ou d'épée*, on *Il n'a que la cape et l'épée*, ce qui revient à dire, on veut faire figure dans le monde, et cependant on ne possède pas un sou vaillant, on a fait une fortune que son bras et son habit. Vers la fin du XVIIe siècle, le sens du mot cape fut restreint à une pièce d'étoffe en forme de capuchon, dont les femmes se couvraient la tête pour se garantir du mauvais temps, ou pour échapper à des regards indiscrets.

CAPE (*gramm.*). Proverbialement et figurément, *N'avoir que la cape et l'épée* se disait à la fois d'un gentilhomme, d'un cadet de bonne maison qui n'avait point de bien. On le dit encore d'une personne ou d'une chose qui n'a qu'un mérite apparent et superficiel. — Proverbialement et figurément, *Rire sous cape*, éprouver une satisfaction maligne qu'on cherche à dissimuler.

CAPE ou **GRAND-PACFI** (*marine*). On appelle ainsi la grande voile. *Etre à la cape*, c'est ne porter que la grande voile bordée et amurée toute arrière. On met aussi à la *cape* avec la misaine et l'artimon. On se tient à la *cape*, quand le vent est trop fort, et qu'il est contraire à la route qu'on veut faire (*V.* **CAPÉER**).

CAPE (LA). C'est, dans la fortification, la partie supérieure du batardeau (*V.* **BATARDEAU**)

CAPÈCE (dans les chroniques on trouve fréquemment *Caciapece*), famille napolitaine qui vraisemblablement descend d'un certain Normand, nommé Pierre, auquel dans le partage du pays était échue la ville de Trani. Les descendants de Pierre habitèrent longtemps la ville de Sorrento : l'un d'eux, MARINO

CAPÈCE, se rendit *célèbre comme habile et fidèle conseiller de* Conrad IV. Après la mort de Conrad, Marino continua à témoigner son dévouement à la maison de Souabe: lors de la fondation de Manfredonia, il fut chargé de la surveillance des travaux; à la bataille de Bénévent, il fit des prodiges de valeur. Lorsque tout fut perdu, il se fraya un chemin à travers les bataillons les plus serrés des ennemis, se rendit en Sicile avec une troupe fidèle, et défendit jusqu'au dernier souffle la cause du prince Conradin. Un attachement aussi ferme rendit les Capèce très-odieux au vainqueur, plusieurs d'entre eux furent privés de la vie, un grand nombre furent dépouillés de leurs biens. Charles contraignit ceux qu'il épargna à porter des surnoms honteux, tels que ceux de Latro, de Galeota, de Piscicelli, de Zurolo, de Minutolo, de Tomacelli, etc. Ces surnoms devinrent par la suite des dénominations honorifiques servant à désigner les différentes branches de la famille. Ces branches étaient autrefois au nombre de seize; aujourd'hui il y en a plus de la moitié qui sont éteintes. Pierre C. Tomacelli, créé cardinal en 1381, devint pape sous le nom de Boniface IX en 1389. — JACQUES CAPÈCE GALÉOTA servit René et Jean d'Anjou dans leurs guerres contre les Aragonais. Il suivit le prince Jean en France, et commanda un corps d'Italiens pour la *Ligue du bien public*. Après la mort de Jean et de son fils, Galéota entra au service de Charles le Téméraire, et ce nouveau maître l'employa dans un grand nombre de circonstances importantes. La bataille de Nancy lui ayant encore une fois enlevé son maître, il trouva du service dans les armées de Charles VIII. L'importante victoire de Saint-Aubin du Cormier fut à proprement parler son ouvrage: c'était lui qui avait rangé en bataille l'armée française et qui lui avait assigné ses positions, et ce fut lui qui commanda l'attaque; il y perdit la vie, mais elle décida la défaite des Bretons. Il fut inhumé près d'Angers. — FABIUS CAPÈCE GALÉOTA, président de chambre à Madrid, ensuite chef du grand conseil d'Italie, mourut à Naples en 1645, après avoir publié plusieurs ouvrages: *De officiorum ac regalium prohibitu sine principis auctoritate commutatio; Responsum pro duce Gravina; Super successione principatus Bisiniani; Controversie segali; Li risponsi fiscali li piu sulti.* — SCIPION CAPÈCE, poète du XVIᵉ siècle, mérite que nous lui consacrions plus bas quelques lignes. — FRANÇOIS CAPÈCE LATRO, chevalier de l'ordre de Saint-Jacques, écrivit en 1640 l'*Historia della città e regno di Napoli*. — ISABELLE CAPÈCE, une des femmes les plus savantes du XVIᵉ siècle, écrivit: *Consolazione dell' anima* (imprimé en 1594). — A une époque plus rapprochée, le patriotique, le savant et aimable archevêque de Tarente, JOSEPH CAPÈCE LATRO, fut un des plus beaux ornements de cette maison. Nous lui consacrons un article spécial.

CAPÈCE (MARIN et CONRAD), gentilshommes napolitains, célèbres par leur dévouement à la maison de Souabe, conduisirent en 1254 Mainfroi, persécuté par Innocent IV, au travers des montagnes, et lui donnèrent asile dans leurs châteaux. Ils le firent parvenir jusqu'à Lucéria, et ils le mirent sous la protection des Sarrasins, à la tête desquels Mainfroi reconquit son pays. Après que Mainfroi eut péri dans la bataille contre Charles d'Anjou, les Capèce passèrent en Allemagne, comme députés de la noblesse gibeline, pour solliciter Conradin de venir recouvrer l'héritage de ses pères. Après l'avoir déterminé à l'expédition qui eut une si fatale issue, Conrad Capèce vint à Pise, pour assurer à son prince les secours de cette république; il passa ensuite en Afrique, et il ramena de Tunis en Sicile Frédéric de Castille et huit cents chevaliers napolitains qui s'étaient réfugiés chez les Maures après les malheurs de la maison de Souabe. La Sicile fut reconquise presque en entier par les Capèce; mais, quand ils reçurent la nouvelle de la défaite et de la mort de Conradin, leurs partisans perdirent courage. Marin et Jacques Capèce, faits prisonniers par les Français, furent mis à mort, et Conrad Capèce, livré à Guillaume l'Etendard par les habitants de Centurbia, fut pendu après qu'on lui eut arraché les yeux.

CAPÈCE (ANTOINE), jurisconsulte napolitain à la fin du XVᵉ siècle et au commencement du XVIᵉ, était d'une famille noble et ancienne qui avait été en faveur sous les règnes de Frédéric Iᵉʳ, de Henri, de Frédéric II et de Mainfroi, mais tombée dans la disgrâce, à cause de cette faveur même, depuis l'avénement de Charles d'Anjou. Antoine, après s'être fait une grande réputation au barreau, obtint, dans l'université de Naples, la première chaire de droit civil. Quelques troubles s'étant élevés en Sicile en 1517, il fut désigné à Charles-Quint, par le vice-roi de Naples, comme l'homme le plus capable de les apaiser. L'empereur lui confia cette mission, qu'il remplit avec

succès. De retour à Naples, il fut nommé professeur de droit féodal, publia un *Recueil de décisions*, et mourut en 1545.

CAPÈCE (SCIPION), poète latin, fils du précédent, fut comme son père professeur de droit à l'université de Naples; mais l'exercice de ses fonctions ne l'empêcha point de cultiver les belles-lettres avec un grand succès. Il abandonna la carrière de l'enseignement en 1557 pour entrer dans la magistrature, sut profiter des loisirs que lui laissait cette place pour se livrer à ses goûts littéraires, et mourut après, le 26 février 1561, date d'une élégie qu'il adressa au cardinal Seripando. Capèce a, d'après un manuscrit de la bibliothèque de Pontanus, donné la première édition des *Commentaires sur Virgile*, attribués à Donat (*V*. ce nom). Les œuvres de Capèce sont: *De divo Joanne Baptista vate maximo libri III*, inséré d'abord dans les *Poemata sacra præstantium poetarum*, Bâle, 1542, in-8°, et réimprimé à Naples, 1594, in-8°. — *De principiis rerum libri II*, Venise, Alde, 1546, in-8°; quelques élégies et des épigrammes; un opuscule sur les magistratures du royaume de Naples; enfin un *Traité* sur la matière des fiefs. Ces écrits, à l'exception du dernier (imprimé à part, et le seul de l'auteur qui soit relatif à la jurisprudence), ont été recueillis en un volume in-8°, Naples, 1594; Venise, 1754, même format. Cette édition est supérieure à la première.

CAPÈCE (MARC-ANTOINE), jésuite, né dans le royaume de Naples en 1569, se fit une réputation comme prédicateur, fut ensuite recteur de différents collèges, refusa un évêché qui lui fut offert par le souverain pontife, et mourut à Naples en 1640. On a de lui l'*Oraison funèbre* de Marguerite d'Autriche, reine d'Espagne, Bari, 1617, in-4°; *Dell' eccellenza della Vergine*, Naples, 1650; des sermons et quelques opuscules sur des sujets pieux.

CAPECE LATRO (HECTOR), jurisconsulte napolitain, devint conseiller du roi, et mourut en 1634. On a de lui *Decisioni del regio consiglio*, in-4°. — CAPECE LATRO (Augustin), son frère, clerc régulier, a écrit une *Préparation à l'oraison mentale* (en italien), et quelques ouvrages de piété. — CAPECE LATRO (François), parent et contemporain des précédents, est auteur d'une *Histoire de la ville et du royaume de Naples* (en italien).

CAPECE LATRO, né vers l'année 1745 et issu de l'une des premières et des plus anciennes familles napolitaines, obtint très-jeune encore l'archevêché de Tarente, qui donne au titulaire le rang et les privilèges de primat du royaume de Naples. Toutes ces distinctions ne l'empêchèrent cependant pas de défendre continuellement les principes d'une philosophie raisonnable, et de combattre les idées surannées, la superstition et les prétentions hiérarchiques du siège papal, tout en s'efforçant de remplir le plus exactement et le plus consciencieusement possible ses devoirs comme prêtre de l'Eglise catholique romaine. Un écrit de sa première jeunesse, sur le tribut illégitime que le royaume de Naples avait à payer à la cour romaine, excita à un haut point l'attention; mais un autre ouvrage qui fit encore plus de bruit fut celui sur le célibat des prêtres, institution que le prélat regardait comme un crime contre la nature et la morale, comme la source de l'antipathie qui nourrissaient intérieurement contre l'Eglise romaine un grand nombre d'hommes, d'ailleurs religieux, et comme ayant été la principale occasion de la réforme de Luther. C'est avec une noble franchise, qu'à l'époque où l'esprit révolutionnaire paraissait avoir aussi pénétré en Italie Capece Latro dirigeait l'attention de la reine Caroline sur les abus qui régnaient dans l'administration et sur l'arbitraire de ses ministres, lui faisant voir quels troubles et quelle perturbation pouvaient en résulter: malheureusement il ne fut point écouté. Quand ensuite la révolution eut éclaté, le vœu unanime du peuple lui fit confier un emploi public qu'il accepta, convaincu que, dans un temps si critique, il ne lui était pas permis d'abandonner sa patrie. Ce fut le motif qui, après la restauration des Bourbons, engagea le cardinal Ruffo à le faire mettre en prison. Cependant tous les partis étaient décidés à sauver Capece Latro; ce qui détermina le gouvernement à lui rendre la liberté comme un effet de la clémence royale; mais Capece Latro ne voulut pas sortir de prison; refusant la grâce, il demanda justice, et le roi se vit enfin forcé de lui faire des excuses. Pendant la domination de Joseph Napoléon à Naples, en 1808, Capece Latro était ministre de l'intérieur, et continua à diriger ce département de la manière la plus distinguée sous le gouvernement de Joachim Murat. Après la chute de ce roi, le prélat perdit son archevêché; il se retira entièrement des affaires publiques, et fit de sa maison un lieu de réunion pour toutes les personnes distinguées par leur rang, par leur éducation et par leur savoir. Son dernier écrit, remarquable par l'éclat du style, est son *Elogio di Frederigo II, re di Prussia* (Berlin, 1832). On peut consulter Sgurra, *Relazione della condotta del arcivescovo Capece Latro nelle fame se vi vende del regno di Napoli, nel 1799*, Genève, 1826.

CAPÉCURE (*géogr.*), village de l'ancien Boulonnais (aujourd'hui département du Pas-de-Calais), où fut signée la paix avec l'Angleterre le 24 mars 1550. A l'époque du camp de Boulogne, le château de Capécure et ses dépendances avaient été transformés en arsenal et en parc d'artillerie pour la marine.

CAPÈDE (*V.* CAPIDE).

CAPÉDONCULES, s. m. pl. (*archéol.*), vases anciens dans lesquels on conservait le feu sacré de Vesta.

CAPEDUNUM (*géogr. anc.*), ville des Scordisques, dans la basse Pannonie, sur l'Ister.

CAPÉER, CAPIER, CAPÉIER (*marine*). *Aller à la cape, Mettre le vaisseau à la cape*, c'est faire servir la grande voile seule après avoir ferlé toutes les autres, et, portant le gouvernail sous le vent, mettre le vaisseau côté à travers, pour le laisser aller à la dérive, et se maintenir dans le parage où l'on est, autant qu'il est possible, soit pendant un vent forcé et le gros temps, soit quand la nuit ou la brume surprend auprès d'une côte que l'on ne connaît pas bien, ou qui est dangereuse, et qu'on ne veut aborder que de jour. Que si le vent n'est pas forcé, on porte aussi la misène, et quelquefois on y ajoute l'artimon; mais dans le gros temps on amène ces mâts, ainsi que les perroquets et les huniers, pour donner moins de prise au vent; et, si l'orage est tel qu'on ne puisse plus *capéier*, on fait le jet, et ou met le vaisseau à sec, le laissant aller à mâts et à cordes.

CAPEIRON, s. m. sorte de filet (*V.* RAY).

CAPEL. (JACQUES), avocat général au parlement de Paris, doit sa célébrité à un épisode curieux de nos annales, que Mézeray rapporte en ces termes : « Afin de rabaisser, dit-il, la vanité de l'empereur (Charles-Quint) qui s'était promis le royaume de France, le roi le voulut traiter en vassal, et fonda ses armes sur les formes de la justice. Il assembla donc les pairs, les princes du sang, et cinquante prélats du son royaume dans le parlement de Paris, devant lesquels Jacques Capel, son avocat général, ayant exposé les félonies que ce prince avait commises contre son roi, son seigneur naturel, il demanda que les comtés de Flandre, d'Artois et de Charolais, qu'il relevait de la couronne de France, y fussent confisqués et adjugés pour réparation de ces crimes. Sur cette réquisition, la cour ordonna « qu'il serait » adiourné à son de trompe sur les confins de ses terres.... » et l'on envoya un héraut d'armes pour exécuter cet adiournement. » Capel était renommé d'ailleurs pour son savoir et son intégrité. Un auteur contemporain, Ribier, dit de lui *qu'il était entré au temple d'honneur par celui de la vertu.*

CAPEL (ARTHUR, LORD), seigneur anglais, né au commencement du XVIIe siècle, était membre du parlement dissous en 1640, et que remplaça celui qui est devenu si fameux sous le nom de *long parlement*. Capel y fut nommé et vota d'abord avec la majorité de cette assemblée; mais il changea bientôt de sentiment, et se dévoua à la cause de Charles Ier. Créé baron, il parvint à former dans la principauté de Galles et dans les comtés voisins une petite armée qui ne laissa pas d'inquiéter les troupes du long parlement. Chargé successivement de plusieurs missions importantes, Capel s'en acquitta avec le même dévouement. En 1648, il défendit avec le comte de Norwich et le chevalier Charles-Lucas la ville de Colchester pendant soixante-dix-sept jours contre les forces parlementaires. Contraint de se rendre à discrétion, il fut envoyé prisonnier au château de Windsor, et transféré ensuite à la Tour de Londres, d'où il réussit à s'échapper le même jour où sa mise en accusation venait d'être décrétée par le parlement. Il fut repris, mis en jugement et condamné à être pendu. Mais cette peine ayant été commuée, il eut la tête tranchée le 9 mars 1649. Pendant qu'il était prisonnier à la Tour, il avait composé des *stances* très-touchantes qui ont été souvent réimprimées.

CAPEL (ARTHUR), fils du précédent, né en 1635, fut créé comte d'Essex par le roi Charles II, en mémoire de la fidélité de son père. Envoyé comme ambassadeur en Danemarck, il fut ensuite nommé lord lieutenant d'Irlande, puis l'un des commissaires de la grande trésorerie. Sa grande connaissance des lois, son éloquence, sa haute réputation de probité, le rendirent un des membres les plus influents de la chambre des pairs. Son vote pour le bill d'exclusion du duc d'Yorck, à la seconde présentation, le fit rayer de la liste des conseillers privés, et lui at-

tira de nombreux et puissants ennemis. Accusé d'avoir trempé dans la conspiration dite de *Ryehouse*, il fut envoyé à la Tour, où, plusieurs jours après, il fut trouvé égorgé avec un rasoir. Le magistrat décida qu'il s'était donné la mort; mais l'opinion générale fut qu'il avait été assassiné par un domestique, instrument de hauts personnages.

CAPELAGE, s. m. (*marine*), action de capeler; effets de cette action; les boucles des haubans, galhaubans, etc., faites pour être capelées. — Se dit aussi de la réunion de tous les cordages capelés.

CAPELAN (*vieux mot*), prêtre, chapelain, abbé, enfin toute sorte d'ecclésiastiques séculiers.

CAPELAN, s. m. (*hist. nat.*), *asellus mollis minor, seu asellus omnium minimus, anthiæ secunda species*. Ce poisson est le plus petit de son genre : celui sur lequel on a fait cette description n'avait qu'environ six pouces de longueur. Le *capelan* a un barbillon à l'angle de la mâchoire inférieure; les yeux sont recouverts d'une membrane lâche; le dos est d'un brun clair, et le ventre d'un blanc sale. La première nageoire du dos est composée de douze piquants; celle du milieu en a dix-neuf, et la dernière n'en a que dix-sept. La nageoire qui est immédiatement au delà de l'anus en a vingt-sept, et celle qui est plus loin en a dix-sept; les nageoires des ouïes en ont chacune treize, et celles du ventre n'en ont que six seulement. La chair de ce poisson est douce et tendre, et a un très-bon goût. On en trouve en grande quantité dans la Méditerranée, et particulièrement dans les parages de Venise et de Marseille.

CAPELANIER, s. m. (*term. de pêche*), celui qui fait la pêche des capelans ou caplans.

CAPELER, v. a. (*marine*), mettre ou passer quelque chose au-dessus de la tête d'un mât : *Capeler les haubans*, passer les haubans par-dessus la tête du mât, pour les mettre en place.

CAPELET, s. m. (*botan.*), l'un des noms de la cannelle giroflée.

CAPELET (*médec. vét.*). Le capelet, encore nommé *passe-campagne* est une tumeur molle, insensible, qui survient à la pointe des jarrets du cheval. Cette tumeur, qui peut devenir volumineuse, n'est pas ordinairement dangereuse, mais elle ôte beaucoup de valeur aux chevaux de luxe en détruisant la belle conformation du jarret. — Les causes qui donnent lieu au capelet sont des contusions plus ou moins fortes sur la pointe du jarret, quelquefois aussi un effort de cette articulation. On a assez de peine à faire disparaître les capelets. Des lotions plus ou moins toniques sont les remèdes à employer. Les marchands de chevaux emploient avec avantage de la craie réduite en poudre et formant pâte avec du vinaigre ou du blanc d'œuf.

CAPÉLIEN, gouverneur de Numidie, sous le règne de Maximin. Les deux Gordiens, à peine élevés à l'empire en Afrique, le destituèrent. Capélien, sous prétexte de rester fidèle à son prince légitime Maximin, marcha sur Carthage, où étaient les deux Gordiens, battit leurs troupes, tua le jeune Gordien, prit et pilla la ville, et inspira tant de terreur que Gordien le père se tua pour ne point tomber dans ses mains. On ne sait ce qu'il devint après cette sanglante expédition.

CAPELINE (*mœurs et usages*), nom par lequel on désignait autrefois un chapeau de femme, ordinairement en paille, à grands bords, doublé de taffetas ou de satin, et couvert de plumes; quelquefois aussi on nommait ainsi un bonnet de velours garni de plumes. — En *term. de blason*, on nomme capeline une espèce de lambrequin en fer que portaient les soldats et les chevaliers. C'est de là que vint le dicton, *Homme de capeline*, pour dire un homme hardi et résolu.

CAPELINE, s. f. (*chirurgie*), bandage pour contenir l'appareil qu'on applique sur le moignon d'un membre amputé (*V.* AMPUTATION).

CAPELINES, s. f. pl. En *term. de plumassier*, ce sont des panaches ou bouquets de plumes, dont se servent quelquefois les actrices sur le théâtre, dans certains rôles qui exigent des costumes anciens ou ridicules.

CAPELL, une des familles les plus célèbres de l'Autriche, qu'on prétend faire descendre, ainsi que celles de Kunningen, de Falkenberg, etc., de cet Azzo que Poppo, archevêque de Trèves, envoya au secours de ses cousins, les margraves d'Autriche, contre les Hongrois. Il nous paraît qu'on a donné à cet Azzo une trop grande fécondité. — Berenger de Capell paraît en 1075 et 1096 dans des documents relatifs aux couvents de Lambach et Gaersten. Ulric III de Capell fut un des premiers parmi les grands d'Autriche à se déclarer en faveur de Rodolphe de Habsbourg contre Ottocar. Rodolphe lui accorda, avant de quitter le camp d'Enns (idus octobris 1576), un pouvoir illimité pour entamer des négociations avec les nobles du pays, avec les bourgeois et les communes, afin de les gagner au service de l'empereur. Ulric, alors déjà célèbre par sa rare prudence, autant que par sa vaillance et son expérience militaire, ne trompa point l'attente de Rodolphe : du moins c'est ce que paraissent prouver les biens considérables dans le Machland et surtout dans le Riedmark, dont l'empereur fit don à son excellent serviteur pendant cette même année 1276. A la bataille décisive de Marchfeld, Ulric trouva une nouvelle occasion d'être utile à son empereur. Le cheval de Rodolphe ayant été blessé se jeta à terre : aussitôt les Bohèmes se précipitent sur Rodolphe avec fureur, pour délivrer leur roi de ce redoutable adversaire, et l'empereur paraissait devoir succomber surtout sous les coups vigoureux d'Herbord de Fullstein le Géant. Alors Ulric arrive : il brise d'une main puissante le cercle étroit qui s'est formé autour de Rodolphe; les ennemis s'étonnent et cèdent enfin, plusieurs autres chevaliers étant accourus pour sauver cette vie auguste et précieuse. De nouveaux dons furent le prix mérité de cette conduite généreuse, ainsi que l'attestent des documents émanés de l'empereur, du 18 juillet 1279 et du 2 mai 1281. Dans l'un de ces documents, un marché hebdomadaire est accordé au bourg de Kœnigswiesen, qui était une des possessions d'Ulric de Capell l'aîné; dans l'autre, une étendue considérable de terrain dans le Machland, et nommément le marché de Munzbach, est cédée comme caution à Ulric III. Ce dernier fut aussi nommé en 1279 juge provincial et sénéchal en Autriche, dans la contrée d'Enns, et en 1282 conseiller du nouveau duc, Albrecht Ier. En 1280 il acheta d'Albero de Kunring l'important domaine de Steyreck, dans le Machland, en 1283 la moitié de la forteresse de Tushing, en 1290 Puttendorf dans le Machland, en 1292 et 1295 Staedteldorf, en 1293 les domaines de Gumpendorf et de Gerasdorf, en 1295 Reichenstein, en 1298 et 1300 Prandeck, dans le Machland. En 1284 l'empereur Rodolphe et le duc Albrecht lui engagèrent le domaine et la forteresse de Ruttenstein, dans le Machland, ainsi que les forteresses de Stein et de Waseneck, et le marché de Munzbach, avec la condition que les seigneurs de Capell seraient à tout jamais burgraves de Ruttenstein. En 1291 il eut de sa troisième femme, nommée Marguerite de Falkenberg, et qui fut la seule qui lui donna un fils, le domaine d'Arberbach et le marché de Neukirchen-sous-Forêts. En 1295 le duc Otton de Bavière, avec le consentement du duc Albrecht d'Autriche, son beau-frère, lui donna l'investiture des fiefs de Grunberg sur la Krems, de Drosendorf, de Spitz et de Weissenkirchen. Ulric III mourut vers l'an 1515. Son fils Jean, seigneur de Steyreck, de Ruttenstein, de Reichenstein, de Prandeck, de Staedteldorf, de Spitz, etc., fonda en 1315 le couvent de Bulgarn, pour les religieuses de l'ordre du Saint-Esprit, conclut en 1316, avec « son cher ami et voisin, » le seigneur Pierre de Rosenberg, archichambellan du royaume de Bohême, une alliance défensive contre tous leurs ennemis, acheta en 1330 Zeillern, et en 1335 Lichteneck-sur-le-Camp, fit construire et fonda en 1351 l'ancienne église paroissiale de Saint-Agidien, à Gumpendorf, près de Vienne, en fit don en 1353 à l'abbaye de Baumgartenberg (dans la confirmation de cette donation, le pape nomme ce seigneur nobilis vir Johannes de Capell, dominus terræ Machland), et mourut en 1358 à un âge très-avancé. — Les fils de Jean, Ulric V et Eberhard Ier, en commun avec leurs cousins les seigneurs de Waldsée, héritèrent en 1355 des biens du dernier seigneur de Falkenberg, et, ayant indemnisé pécuniairement les seigneurs de Waldsée, devinrent possesseurs uniques des domaines et châteaux de Falkenberg, de Rastbach, de Schoenberg, de Gobelsburg, de Wartenstein, composant la succession laissée par la famille de Falkenberg; Eberhard posséda jusqu'en 1356 le comté de Peilenstein, de Looss et de Wildenstein, à titre de gage; mais dans le courant de cette année le pape Rodolphe IV dégagea ce domaine en partie, et donna à Eberhard d'autres biens en échange pour le reste. En 1358, le même Eberhard exécuta l'intention, que son père lui avait laissé en mourant, de construire une chapelle dans la cour intérieure du château de Mitterberg, près de Munzbach, et acheta en 1361 le château et le domaine de Schwerdberg, au nord de Steyreck. Toute cette famille s'éteignit le 20 mars 1408, dans la personne d'Eberhard III, petit-fils d'Ulric V, seigneur de Steyreck, de Ruttenstein, de Reichenstein, de Schwerdtberg, de Mitterberg, de Windeck, d'Arbesbach, de Spitz, de Schoenberg, etc., qui épousa Anne de Tybein, laquelle ne lui donna point d'enfants, mais devint l'héritière de la grande et puissante maison dont elle était issue. Par la sœur d'Eberhard, Dorothée, épouse d'Hartneid de Lichtenstein, tous les biens de la famille furent réunis à ceux des Lichtenstein. Mais les descendants de ceux-ci n'ont rien conservé de ce grand héritage, qu'une métairie peu étendue, située dans le pays qui est au-dessus de l'Ens.

HOLINGER.

CAPELL (EDOUARD), Anglais, un des nombreux éditeurs et commentateurs de Shakespeare, naquit dans le comté de Suffolk en 1713, et mourut en 1781. Les détails de sa vie sont peu importants. Elle fut en grande partie consacrée à des études sur les ouvrages du père de la tragédie anglaise. C'est lui qui le premier, en 1768, entreprit de donner une édition fidèle de ce poète. Cette édition, qu'il publia en dix volumes in-8°, est précédée d'une introduction écrite dans le vieux langage anglais, qu'on regarde comme un morceau très-original, et où il annonçait un autre travail devant servir de commentaire aux œuvres du grand tragique. Cet ouvrage fut publié après sa mort en 1785, en trois gros volumes in-4°, avec ce titre : Notes et Variantes de Shakespeare, suivies de l'école de ce poète, ou Extraits de divers livres anglais qui existaient imprimés de son temps, par lesquels on voit parfaitement la source où il avait puisé ses fables. Cet ouvrage était le fruit de près de quarante années de recherches et de travail. Mais, avant son apparition, plusieurs écrivains avaient donné des éditions de Shakespeare avec des commentaires qui rendaient ceux de Capell moins intéressants. Il est aussi l'éditeur d'un volume de poésies anciennes appelées Prolusions et de la parodie d'Antoine et Cléopâtre, pièce qui fut jouée à Drury-Lane en 1758.

ED. GIROD.

CAPELA, poëte élégiaque contemporain de César.

CAPELLA (MARTIANUS MINEUS FELIX), auteur latin, qui paraît avoir résidé quelque temps à Rome. On ignore le lieu de sa naissance et l'époque à laquelle il écrivit. Quant au premier point, l'opinion la plus commune est qu'il était Africain. Cassiodore dit qu'il était né à Madaure, ville d'Afrique, patrie d'Apulée, située sur les confins de la Numidie et de la Gétulie, d'où ce dernier auteur fut appelé Semi-Gétule, Semi-Numide, comme Horace, dans une position semblable se disait :

Lucanus an Appulus anceps.

Capella se nomme lui-même nourrisson de la ville d'Elissa, c'est-à-dire de Carthage (V.), et non pas d'Elice, ville de l'Afrique propre, comme on l'a dit par erreur dans la Biographie universelle; voici le vers :

Beata alumnum urbs Elissæ quem videt.

Peut-être a-t-il simplement voulu dire qu'il avait reçu son éducation à Carthage, opinion qui se concilie très-bien avec celle de Cassiodore. Selon Grotius, son annotateur, le style de Capella suffirait seul pour le faire déclarer Africain : Quod ad patriam attinet, Afrum stylus docet; mais Térence était Africain, et l'on ne s'en aperçoit pas; et Claudien l'Egyptien, qui écrivait sous Honorius, ne paraît-il pas plus Romain dans ses ouvrages? — L'époque où il florissait n'est pas mieux déterminée. On la fixait d'ordinaire à l'an 474 ou 490 de l'ère chrétienne, lorsqu'un critique récent est venu la reculer jusqu'au milieu du IIIe siècle, sous les deux Gordiens. Capella est nommé parmi les consulaires et cité par le philosophe Boëce, contemporain de Théodoric; il a laissé un ouvrage mêlé de prose et de vers, intitulé Satyricon, comme le roman de Pétrone. Mais à quelle distance il est de ce charmant modèle! Si l'arbitre du goût à la cour de Néron, arbiter elegantiarum, avait lu cet informe ramassis de connaissances mal digérées, divisé en neuf livres, il aurait admiré les poésies de son empereur. Capella est en effet médiocre prosateur et plus mauvais poëte. Les deux premiers livres ont pour titre : Des noces de la Philologie et de Mercure (De nuptiis Philologiæ et Mercurii). C'est une allégorie écrite d'un style dur, obscur et barbare. Elle sert d'introduction aux sept autres livres, qui sont autant de traités sur les sept arts libéraux, la grammaire, la dialectique, la rhétorique, la géométrie, l'arithmétique, l'astronomie et la musique. C'était alors et ce fut longtemps encore toute l'encyclopédie des connaissances humaines. Le quatrième livre, la dialectique, est divisé en deux parties, métaphysique et logique; le sixième, la géométrie, contient quelques généralités sur les lignes, les plans et les solides, précédés d'un petit traité de géographie extrait de Pline et de Solin. Une chose très-remarquable, c'est que dans son huitième livre, l'astronomie, Capella fait tourner Vénus et Mercure autour du soleil. C'est là, d'après le célèbre de Lalande, que Copernic a pris l'idée de son système. N'aurait-il pas bien pu la prendre également dans Plutarque, qui nous apprend que cette doctrine avait été enseignée par Pythagore? Au reste, tout cela n'était qu'hypothétique jusqu'à ce que Newton parut. Le neuvième livre, la musique, n'est qu'un extrait d'Aristide Quintilien. Ce livre a été inséré dans les anciens auteurs relatifs à la musique, par Meibomius (Amsterdam, 1652, in-4°). La première édition de Martianus Capella est celle que publia Franciscus Vitalis, Venise, 1499, in-folio(1), réimprimée l'année suivante. Une autre édition parut en 1577, enrichie des notes de Bonaventure Vulcanius, et imprimée avec les *Origines* d'Isidore. La meilleure est celle qui fut corrigée, annotée et publiée à Leyde, et non pas à Anvers, comme l'a dit par erreur Moréri, 1599, in-8°, par Hug. Grotius, à peine âgé de quinze ans. On croit qu'il fut aidé dans ce travail par Joseph Scaliger ; il est du moins certain qu'il le fut par son père, et le jeune commentateur le reconnaît lui-même. Beaucoup de fautes typographiques déparent cette édition. On en fit une autre à Lyon, en 1658, in-8° ; celle de Berne, 1763, in-8°, et celle de Nuremberg, 1794, in-8°, ne renferment que les deux premiers livres. Heinsius, qui fit une étude particulière de Martianus Capella, propose dans ses notes sur Ovide beaucoup de corrections heureuses pour cet auteur. Un manuscrit de Leyde a fourni à Munker, dans ses notes sur Hygin, d'importantes variantes. Baillet et Vossius ont jugé Capella très-rigoureusement. Si l'on tenait à fixer au moins par des inductions son siècle ou sa patrie, il faudrait entreprendre un travail pareil à celui que le savant M. Walkenaer a récemment exécuté sur Horace, et peut-être l'érudit qui ne reculerait pas devant cette tâche trouverait encore quelques perles dans le fumier d'Ennius.

CH. DUROZOIR.

CAPELLA (GALEAZZO-FLAVIO CAPRA, plus connu sous le nom de), né à Milan en 1487, se distingua dans les lettres. Philippe Picinelli dit que son nom de famille était *Capra*, et que ce fut à raison de la pureté de ses mœurs et de l'étendue de ses connaissances qu'on le surnomma *Capella*. Son rare savoir lui mérita l'estime et l'amitié de François Sforze, duc de Milan, qui lui donna la place de secrétaire d'État, et le chargea d'écrire son histoire. Il l'employa aussi dans plusieurs négociations importantes. Capella fut orateur de l'empereur Maximilien, et conserva dans ses fonctions lorsque Charles-Quint devint maître de Milan. La fidélité de Capella envers son premier maître est digne d'être remarquée dans les diverses révolutions qu'éprouva sa patrie. Il mourut d'une chute de cheval dans une rue de Milan, après deux ans de souffrances, le 25 février 1537. On a de cet écrivain : 1° *De rebus nuper in Italia gestis et de bello mediolanensi libri VIII*, Nuremberg, 1532, in-4°; Paris, 1533, in-8°; Venise, 1555, in-4°. Cet ouvrage a été réimprimé encore plusieurs fois. On le trouve aussi dans le *Thesaurus antiquitatis* de Grævius, tom. 11 et dans les *Scriptores rerum germanicarum*, de Simon Schardius, tom. 11. Il a été traduit en allemand et en italien par Fr. Philipopoli, Venise, 1539, in-4°. C'est l'histoire des guerres du Milanais de 1521 à 1530. Elle est écrite avec intérêt ; mais on sent qu'il aurait été difficile à l'auteur d'être impartial. 2° *Historia belli mussioni*. C'est l'histoire de la guerre faite près de Musso, sur le lac de Côme, par le fameux capitaine Jean-Jacques de Médicis : elle fait suite à l'ouvrage précédent, et fut imprimée dans l'édition de Strasbourg, 1538, in-8° : on la trouve aussi dans le *Trésor des antiquités* de Grævius, tom. III, et avec l'*Histoire des Médicis* de Henri du Puy, Anvers, 1634, in-12. 3° *L'Anthropologia overo dignità della natura umana : la quale contiene le lodi e eccellenza degli uomini, la dignità delle donne, la miseria d'amendue, et la vanità degli studj loro*, Venise, Alde, 1533, in-8°, ouvrage rare et recherché. On a encore du même les *harangues* militaires imprimées à Francfort en 1573.

CAPELLA ou DE CAPILLA (ANDRÉ), évêque d'Urgel en Catalogne, était de Valence en Espagne. Dès son jeune âge, il entra chez les jésuites, où il exerça la charge de maître des novices. En 1569, il entra chez les chartreux pour y vivre caché dans la solitude. On lui donna le gouvernement de diverses

maisons de son ordre ; et le roi Philippe II le nomma en vertu d'un bref apostolique pour visiter quelques monastères des bénédictins en Catalogne. Il fut nommé à l'évêché d'Urgel en 1587, et mourut en 1610. Ce prélat savait le latin, le grec, l'hébreu, et s'attacha particulièrement à l'étude de l'Écriture. Il a composé des commentaires sur Jérémie en latin, et divers autres ouvrages en espagnol, comme des Considérations sur les dimanches de l'année et sur les jours de carême et les fêtes des saints, etc.

CAPELLAN ou CAPELLANO (ANTOINE), graveur, né vers 1730 à Venise, un des bons élèves de Wagner, grava la plupart des portraits des peintres pour l'édition de Vasari, Rome, 1760 ; fut ensuite employé par Gavin Hamilton à la *Schola italicæ picturæ*, belle collection composée de quarante pièces d'après les principaux maîtres. Il a fourni quatre estampes à ce recueil : la *Création d'Ève*, *Adam et Ève chassés du paradis*, d'après Michel-Ange, le *Mariage de sainte Catherine*, d'après le Corrége, et le *Repos de la sainte Famille en Égypte*, d'après le Bazoche. On doit encore à cet artiste des estampes d'après des mosaïques trouvées dans les ruines de Rome.

CAPELLANUS (CLAUDE), docteur en théologie, et de la maison et société de Sorbonne. Nous avons de lui : *Mare rabbinicum infidum, seu quæstio rabbinico-talmudica, num talmudistæ aliter aliquando reserant sacrum contextum quam nunc se habeat in nostris exemplaribus hebraicis*, etc., in-12, Parisiis. L'auteur prétend prouver que le texte grec a été corrompu, ou par la négligence des rabbins, ou par leur ignorance, ou même par leur malice, en faisant voir que dans les livres des anciens rabbins on trouvait des passages de l'Écriture sainte rapportés autrement qu'ils ne sont aujourd'hui dans les Bibles hébraïques. Il cite divers *exemples* de cette diversité.

CAPELLE (LA) (géogr.), petite ville de l'ancienne Picardie, aujourd'hui du département de l'Aisne, à 16 kilomètres de Vervins. Ce n'était en 1553 qu'un petit village. François Ier la fortifia et en fit une place importante. Les Espagnols la brûlèrent en 1557, et Mansfeld, général des ligueurs, la prit par capitulation le 25 avril 1594 ; mais elle fut rendue à la France par le traité de Vervins en 1598. Cependant les Espagnols la prirent de nouveau par capitulation en 1636. Reprise en 1637 par le cardinal de la Valette, elle fut encore assiégée en 1650, et prise après neuf jours de siége. L'année suivante, les fortifications de la Capelle furent démolies. Cette ville compte aujourd'hui 1,341 habitants.

CAPELLE ou CAPELLI (Marc-Antoine), de l'ordre des frères mineurs, naquit à Est dans le Padouan, vers le milieu du XVIe siècle. Il enseigna la philosophie et la théologie à Udine, à Anagni et à Venise, sans négliger l'étude des Pères de l'antiquité ecclésiastique. Il écrivit contre l'interdit de Paul V en 1616, dans la fameuse affaire de Venise. Changeant ensuite de sentiment, il rétracta tout ce qu'il avait écrit contre le pape dans un ouvrage qu'il fit adresser sous ce titre : *De absoluta omnium rerum sacrarum immunitate a potestate principum laïcorum ex lege naturali, Mosis et Christi*. Cet ouvrage n'a point été imprimé. Il mourut à Rome au mois de septembre 1625, tandis qu'on imprimait à Paris son livre : *De cœna Christi suprema*. Ses autres ouvrages principaux sont : 1° *De interdicto Pauli V*. 2° *Adversus prætensum primatum regis Angliæ liber*, à Bologne, 1610, in-4°; à Cologne, 1611, in-8°. 3° *Disputationes duæ de summo pontificatu beati Petri, et de successione episcopi romani in eumdem pontificatum, contra duos anonymos de primatu romano et suburbicariis regionibus et ecclesiis*, à Cologne, 1621, in-4°. Dans ce traité de la primauté de saint Pierre et de la succession du pontife romain à la dignité de chef de l'Église, l'auteur se propose de réfuter deux ouvrages, l'un, imprimé à Rome, intitulé : *le Pape romain, ou De l'origine, du progrès et de l'extinction de cette dignité*; et l'autre est la *Conjecture de Saumaise sur les églises et provinces suburbicaires*. Il dit d'abord que tous les apôtres ont été vicaires de Jésus-Christ ; mais il s'agit de savoir si quelqu'un d'entre eux a pris la place et lui a succédé, pour ainsi dire, dans le sacerdoce et le souverain pontificat, et dans quel sens. Il prétend que la souveraineté appartient tout entière au pape, de sorte que le gouvernement de l'Église appartienne personnellement à un seul et soit monarchique. C'est ce que prétend Capelle, et ce qu'il prouve par tous les lieux communs dont se servent les ultramontains. Il répond à quatorze arguments qu'il se propose contre ce sentiment, et particulièrement aux preuves de l'auteur anonyme du *Pape romain*. Ensuite, venant à la fameuse question sur l'interprétation du sixième canon du concile de Nicée, et sur les provinces et les églises suburbicaires, il soutient que les droits des patriarches ne viennent que de la concession et de la délégation du souverain pontife, et qu'on ne peut pas renfermer la juridiction du pape dans les limites des provinces suburbicaires; qu'en ne le considérant que comme patriarche, son patriarcat était composé de onze diocèses et de quatre-vingt-quinze provinces d'Italie, d'Afrique, des Gaules, de l'Espagne, de l'Illyrie, de la Macédoine, de la Thrace, de la Cappadoce et de l'Asie. Ensuite il réfute amplement la conjecture de l'anonyme, qui enferme la juridiction du pape dans l'enceinte de cent milles autour de Rome. Il fait voir que les Orientaux, depuis l'an 500 jusqu'à l'an 800, ont reconnu l'autorité du siége de Rome. Il réplique aux objections de l'anonyme et aux autorités qu'il allègue pour montrer l'égalité des patriarches. Il défend les décrets des conciles quatrième de Latran et de Florence, touchant l'autorité du pape et des conciles; et, passant de la puissance ecclésiastique à la dignité des empereurs, il accuse de fausseté les priviléges que les historiens disent avoir été accordés à Charlemagne et à Othon, touchant les élections des papes, le règlement des affaires ecclésiastiques de Rome, et les investitures des archevêchés et des évêchés. 4° *Le Traité de la dernière cène de Jésus-Christ*, qui est écrit contre le livre de Jérôme Vecchietti, qui avait fait paraître, deux ans auparavant, son Traité de l'année primitive. La principale question entre ces auteurs est de savoir si la dernière cène de Jésus-Christ a été une cène pascale. Vecchietti avait soutenu dans son livre que Notre-Seigneur avait fait la cène avec ses apôtres le treizième jour de la lune, sur le soir, à la première vépre du quatorzième, et que la pâque des Juifs ne se faisait qu'aux secondes vêpres du quatorzième, et qu'ainsi Jésus-Christ n'avait point mangé l'agneau pascal ni institué l'eucharistie en pain azyme. Capelle soutient au contraire qu'il est clair, par les paroles des évangélistes, que Notre-Seigneur a fait la pâque, et mangé l'agneau pascal la veille du jour de sa passion. Vecchietti avait dressé un cycle des mois lunaires suivant lequel le premier jour du mois de nisan de l'année 784 de Rome, sous le consulat de Sulpicius Galba, et Lucius Cornelius Sylla, dans laquelle est arrivée la mort du Jésus-Christ, tombe à un samedi, le 29 mars; d'où il s'ensuit que le vendredi était le quatorzième jour de la lune, et non le quinzième. (Il suppose dans ce cycle que le monde a été créé au mois d'octobre, et que la première nouvelle lune était un dimanche.) Capelle lui conteste ces suppositions, et prétend qu'il est plus probable que le monde a été créé au printemps, et que la première nouvelle lune était le quatrième jour de la première semaine, qui est le 5 avril. Il soutient aussi contre Vecchietti que les premières années et mois du monde n'étaient pas des années lunaires, mais solaires, ce qu'il prouve par l'année du déluge. Il combat ensuite l'opinion de Vecchietti touchant le mois de la naissance de Jésus-Christ, que cet auteur mettait au mois de mars. Ce Vecchietti était très-habile, mais on peut dire qu'il ne rencontra dans Capelle un adversaire de sa force. 5° *De appellationibus Ecclesiæ africanæ ad romanam sedem dissertatio*, Rome et Paris, 1622, in-8°. 6° *Oraison funèbre de Lucrèce Tornacelli, duchesse de Palliano*. 7° *Recueil des constitutions des religieuses claristes de Bologne, et de celles de l'ordre dont Capelle lui-même était*. On trouve dans les écrits de cet auteur de l'érudition, de la méthode et de la précision. Il savait la langue hébraïque et la langue grecque; le pape Paul V l'avait nommé qualificateur du saint-office; il avait occupé la place de provincial dans son ordre, et de commissaire de la province d'Orient. Sa vie, écrite par Jean Boutoni, se trouve, avec sa dissertation *De appellationibus Ecclesiæ africanæ ad romanam sedem*, imprimée à Rome en 1722. On peut voir aussi la première partie du XVIIe siècle de la *Bibliothèque des auteurs ecclésiastiques* de Dupin, et l'article premier du vingt-troisième volume des Mémoires du P. Niceron.

CAPELLETTI (*hist. mod.*), nom qu'on donnait autrefois dans la république de Venise, à une milice composée de sujets esclavons, dalmates, albanais et morlaques. Elle était considérée comme l'élite de ses troupes, et gardait les places les plus importantes.

CAPELLEN DE MARCK (ROBERT-GASPARD BURNE DE), un des chefs du parti patriote qui se prononcèrent avec le plus d'énergie pour le maintien de l'ancienne constitution hollandaise, était né le 30 avril 1743 à Zuphen, dans le duché de Gueldre. Elevé par l'exemple de ses ancêtres dans l'amour des lois, il soupirait après l'époque où il pourrait demander le redressement des abus dans les diverses branches de l'administration. Il nous apprend lui-même qu'à l'université d'Utrecht, s'étant lié d'une étroite amitié avec son parent Capellen de Poll, toutes leurs conversations roulaient sur les intérêts de la Hollande, et sur les moyens d'assurer son indépendance. A la sortie de l'école,

il obtint une compagnie de dragons; mais, en 1769, ayant voulu donner sa démission, il éprouva, dit-il, un traitement qui lui fit connaître qu'il faut peu compter sur les promesses des princes. Membre, par sa naissance, de l'ordre équestre de Zutphen, il fut admis en 1771 aux états de Gueldre, et dès lors, ainsi qu'il en avait pris l'engagement, il ne laissa passer aucune occasion sans réclamer la suppression des abus et des mesures propres à soulager les paysans. Dès qu'il fut évident que le prince d'Orange songeait à s'emparer du pouvoir absolu, Capellen n'hésita pas à se mettre à la tête de l'opposition. Egalement ennemi du despotisme et de l'anarchie, il n'avait pas, comme on le lui a reproché, l'intention de faire abolir le stathoudérat; au contraire, il jugeait nécessaire au bonheur de la Hollande d'affermir cette autorité tutélaire en réglant mieux ses attributions. Plusieurs fois il écrivit au prince d'Orange pour lui donner des conseils dictés par le désir d'épargner au pays les malheurs qui le menaçaient; mais toutes ses lettres restèrent sans réponse. Voyant que ce prince continuait de favoriser le commerce des Anglais, il décida les états généraux à conclure avec la France un traité d'alliance qui fut signé en 1785. Loin d'apaiser les partis, l'approche des Français suffit pour les enflammer davantage. Dans plusieurs provinces, les orangistes et les patriotes en vinrent aux mains. Quelque temps les avantages se balancèrent de part et d'autre; mais les Français s'étant retirés au moment même où le roi de Prusse faisait entrer en Hollande une armée de 50,000 hommes, il ne resta d'autres ressources aux patriotes que de chercher un asile dans les pays étrangers. Capellen, cité devant la cour de Gueldre, fut déclaré coupable des crimes de rébellion et de lèse-majesté, et condamné, pour servir d'exemple et porter l'effroi, à perdre la vie sur un échafaud par le glaive de l'exécuteur de la justice. Cet arrêt fut rendu le 8 août 1788; mais, heureusement pour lui, Capellen était en France. Il crut devoir à lui-même et à sa famille de réclamer contre cette sentence dans des mémoires écrits en langue néerlandaise, et qui furent traduits en français, Paris, 1791, in-8°. Cette traduction est de Capellen, mais le style en a été retouché par Jean-Etienne Chappuy de Genève. Les pièces justificatives imprimées à la fin des *Mémoires* forment un recueil de documents précieux pour l'histoire des derniers temps de la république de Hollande. Capellen, sans prendre la moindre part à la révolution de France, y demeura, partageant les débris de son immense fortune avec ses compagnons d'exil, réfugiés en France, et mourut vers 1798 aux environs de Paris.

CAPELLEN (THÉODORE-FRANÇOIS VAN), vice-amiral, de la même famille que le précédent, né vers 1750, entra au service de la marine en 1772, et y obtint en 1778 le grade de lieutenant de vaisseau. S'étant signalé en 1782 dans un combat qui eut pour résultat la prise d'une frégate anglaise, il fut fait capitaine, et employé en cette qualité dans la guerre contre la France. Après y avoir signalé son courage en différentes occasions, il obtint le grade de contre-amiral. En 1799, il commandait une flotte de la Hollande devenue l'alliée des Français, lorsque les Anglais l'attaquèrent et le forcèrent de se rendre sans combat avec tous ses équipages. Il passa en Angleterre, où se trouvait alors le stathouder, qui lui fit accorder une pension du ministère anglais. Capellen ne revint en Hollande qu'en 1813 avec le prince d'Orange. Nommé vice-amiral, et chargé d'aller prendre possession des colonies hollandaises des Indes orientales, qui étaient rendues par la paix de 1814, il y resta avec le titre de gouverneur général. Il commanda ensuite une escadre dans la Méditerranée, et se joignit en août 1816 avec six frégates et un brick à l'escadre britannique qui, sous les ordres de lord Exmouth, allait attaquer Alger. Sa conduite lui attira les plus beaux éloges de la part de l'amiral dans le rapport que celui-ci fit à son gouvernement. En témoignage de l'estime que lui portait l'Angleterre, Capellen reçut la décoration de l'ordre du Bain avec une épée d'honneur, qui lui furent envoyées par le duc de Clarence: enfin la chambre des communes lui vota d'honorables remercîments. D'un autre côté, le roi des Pays-Bas, son souverain, le décora de la grand'croix de l'ordre de Guillaume.—Capellen mourut en avril 1824.

CAPELLI (CARLO), né à Scarnaflggi, petite ville du Piémont, en 1765, fit ses études médicales à Turin, où il obtint des succès. En 1792, médecin à Nice d'une division d'émigrés français, il suivit en cette qualité les princes français à Mittau, puis revint en Italie, où il occupait en 1811 la chaire d'anatomie comparée. Cette chaire ayant été supprimée en 1815, il devint deux ans après professeur de botanique et de matière médicale. Ses connaissances étaient fort étendues, et il aida utilement de ses conseils le professeur Moris, auteur de la *Flore sarde*. Il mourut à Turin en octobre 1831. On doit à Capelli l'introduction dans le royaume de Sardaigne de plusieurs machines utiles, entre autres celle pour filer le lin.

CAPELLO (BIANCA), née à Venise d'une noble famille, parvint au trône ducal de Florence par les charmes de sa figure et de son esprit, unis aux vices du cœur le plus corrompu. Elle était fille du patricien Barthélemi Capello, et nièce de Grimani, patriarche d'Aquilée. Son père, en convolant à de secondes noces, lui donna une cruelle marâtre. Délaissée, tourmentée dans la maison paternelle, la jeune Bianca n'écouta que la voix des ardentes passions dont la nature avait déposé le germe dans son sein. Elle se laissa séduire et enlever par un jeune Florentin, Pietro Bonaventuri, commis chez le banquier vénitien Salviati, dont la maison était dirigée par l'oncle de Bonaventuri. Bientôt les entrevues secrètes ne suffirent plus aux deux amants; ils s'échappèrent de Venise au mois de décembre 1563. Bonaventuri était pauvre. Bianca emporta avec elle les plus précieux bijoux de la maison de son père. Indignés de sa fuite, ses parents, qui étaient puissants, firent arrêter l'oncle de Pietro, J.-B. Bonaventuri, le laissèrent mourir en prison, sous prétexte qu'il était complice du ravisseur. La tête de Pietro fut mise à prix, et 2,000 ducats offerts à qui le ramènerait mort ou vif. Conformément à la méthode italienne, des assassins gagés furent expédiés à sa poursuite. Pietro et sa belle maîtresse furent assez heureux pour se soustraire à tous ces dangers; ils arrivèrent à Florence, et se mirent aussitôt sous la protection de François de Médicis, fils du grand-duc Cosme Ier. François, qui qui son père, fatigué du pouvoir, se déchargeait déjà des soins du gouvernement, conçut pour Bianca une passion violente; il ne soupira pas longtemps en vain; et l'époux de celle-ci eut la bassesse de se prêter à cette intrigue. Le 16 décembre 1565, François épousa Jeanne, archiduchesse d'Autriche, et, cessant de garder les ménagements qu'il avait observés jusqu'alors, il introduisit Bianca dans son palais en nommant Bonaventuri son intendant. Cette conduite choqua le grand-duc et la cour d'Autriche. Les Florentins, de mœurs très-licencieuses, auraient peut-être excusé la faiblesse de leur prince; mais l'insolence et l'avidité de Bianca les faisaient murmurer ; son mari, qui devenait de jour en jour plus arrogant, fut assassiné en 1570 par ordre de François ; et Bianca ne fut pas exempte en cette occasion d'une imputation de complicité. Les années ne diminuaient pas l'amour du jeune prince pour la Vénitienne, dont les grâces et l'enjouement adoucissaient son humeur sombre et farouche. Cosme Ier mourut en 1574. François n'avait eu de sa femme que des filles; Bianca ne lui avait jamais donné d'enfants, quoiqu'elle eût une fille de Bonaventuri. Le grand-duc redoutait de laisser son héritage à ses deux frères qu'il détestait; il souhaitait ardemment d'avoir un fils naturel, dans l'espérance de le faire légitimer. Pour lui donner cette satisfaction, Bianca feignit une grossesse, et parut délivrée dans la nuit du 29 août 1576 d'un enfant qu'une femme du peuple avait mis au monde la veille. On nomma cet enfant don Antoine de Médicis. Un crime en entraîne d'autres. De peur que la supercherie ne finît par être découverte au grand–duc, Bianca fit périr assassinés presque tous ceux qui avaient eu part à cette supposition. Mais, tandis que François se livrait à la joie et à un redoublement d'affection pour sa maîtresse, l'année suivante, la grande-duchesse Jeanne lui donna un fils ; et en 1578 elle mourut en couches d'un second enfant. Bianca se croyait sur le point d'atteindre au but de son ambition, lorsqu'un remords de conscience détermina le grand-duc à se séparer d'elle. Il s'éloigna de Florence, et lui donna l'ordre de quitter la Toscane. L'astucieuse Vénitienne connaissait trop son ascendant pour obéir, et fit si bien que, le 5 juin 1578, deux mois après la mort de l'archiduchesse, François l'épousa secrètement. Le confesseur du grand-duc avait aidé, dit-on, la favorite de toute son influence. Un mariage secret ne remplissait pas entièrement les vues de Bianca, ni celles de François, qui venait de perdre le fils que Jeanne lui avait donné, et qui désirait passionnément d'avoir un héritier légitime. En conséquence, il sollicita d'abord humblement l'approbation de Philippe II, roi d'Espagne, dans la dépendance duquel il vécut toujours, et, l'ayant obtenue, il avoua publiquement son scandaleux mariage. « Il fit, dit M. Sismondi, déclarer au doge et à la république de Venise que son intention était de s'allier à eux par les nœuds les plus étroits en prenant pour épouse une fille de Saint-Marc; les mêmes magistrats qui avaient diffamé Bianca Capello, et mis à prix la tête de son mari, s'empressèrent alors de la combler d'honneurs. Une déclaration des pregadi, du 16 juin 1579, la nomma fille véritable et particulière de la république; deux

ambassadeurs, suivis de quatre-vingt-dix nobles, furent envoyés à Florence pour solenniser en même temps l'adoption de Saint-Marc et le mariage. Ces deux cérémonies furent célébrées avec une grande pompe le 12 octobre 1579, et le mariage coûta 300,000 ducats à la Toscane, dans un temps où la disette et des calamités de tout genre accablaient les peuples. » — Un des premiers actes de la nouvelle grande-duchesse fut d'appeler à Florence son frère Vittorio Capello, qui devint seul ministre et seul favori du grand-duc. Insolent et cupide, il abusa tellement de son crédit qu'il rendit le gouvernement de François odieux. Il accumula sur la tête de son beau-frère une telle masse de haine et de mépris, qu'enfin le grand-duc se vit forcé de l'éloigner. Bianca, ne pouvant parvenir à faire appeler à la succession don Antoine, son fils supposé, ni avoir d'autres enfants, eut recours à son ancien artifice, et feignit deux fois d'être grosse; mais, surveillée de près par les frères du grand-duc, elle déclara deux fois qu'elle s'était trompée. Alors François voulut se réconcilier avec le cardinal Ferdinand de Médicis, son plus proche héritier. Un festin fut donné, à cette occasion, au Poggio-à-Caiano, où le cardinal se rendit sur les pressantes instances de son frère, et fut tendrement accueilli. A la suite de ce festin, le 8 octobre 1587, le grand-duc tomba malade; le 10, Bianca fut atteinte de la même maladie qu'on nomma fièvre intermittente; François mourut le 19, à quatre heures du matin, et Bianca le lendemain à trois heures après-midi. Quoique l'autopsie faite par les médecins ne présentât point de traces d'empoisonnement, la mémoire de Ferdinand en est restée souillée; et sa haine pour Bianca, qu'il appelait la détestable, semble confirmer les soupçons. Du reste, ce fut un grand prince qui essaya de relever la Toscane de son abaissement, et de la soustraire à l'influence espagnole. Une vie aussi romanesque que celle de Bianca ne pouvait échapper aux écrivains du genre. L'Allemand Meissner a traité ce sujet, et a été traduit en français par Ranquil-Lieutaud, Paris, 1788, 3 vol. in-12. Siebenkees et Luchet ont aussi écrit sa Vie : le premier à Gotha, 1739, in-8°, traduit en anglais par Ludger; le second, à Paris, 1788, 3 vol. in-12.

Ch. DUROZOIR.

CAPEL-LOFFT, savant et poëte anglais, naquit à Londres le 14 novembre 1751, et, après avoir étudié dix ans à Eton, un an à Cambridge, se mit sur les bancs de Lincoln's-Inn, avec le projet de continuer la carrière judiciaire que son père suivait avec honneur, ce qui ne l'empêcha pas de consacrer la plus grande partie de ses loisirs à des études différentes, le français, l'hébreu, l'ancien saxon, et de cultiver en même temps la poésie, en composant des odes et des tragédies. Porté sur la liste des membres du barreau en 1775, il y acquit de la considération plutôt comme légiste que comme orateur, quoiqu'il maniât la parole avec assez de facilité. Champion décidé de la cause de l'indépendance, il se donna beaucoup de peine pour empêcher la guerre lors du soulèvement des anciennes colonies de l'Amérique. S'étant retiré à Troston (comté de Suffolk), il y passa la meilleure partie de sa vie, partageant son temps entre ses études favorites et les fonctions de juge de paix, prenant quelquefois part aux discussions politiques. L'opinion sage et généreuse qu'il manifesta pour l'abolition de l'esclavage des nègres le fit recevoir membre de la société de Philadelphie, formée dans ce but. Il se déclara aussi contre la tyrannie avec laquelle on exigeait le serment du test, et contre les exagérations de Burke dans ses lettres sur la révolution de France. Cela lui valut la radiation de son nom sur la liste des juges de paix en 1800. Il fut dès lors plus de temps pour ses travaux littéraires; et c'est à cette époque qu'il enrichit d'un plus grand nombre de morceaux plusieurs Revues et Magazines. En 1814, il fut nommé commissaire rapporteur du bourg d'Aldoborough, et en 1816 il passa sur le continent pour l'éducation de ses filles. Il se rendit d'abord à Bruxelles, de là dans le voisinage de Nancy, puis, après un long séjour dans cette partie de la France, il se retira à Lausanne, et ensuite aux bains d'Allier, près de Vevay. En 1823, il vint séjourner à Turin, et n'en repartit qu'au printemps suivant. Déjà le germe de la mort était dans son sein; il mourut le 26 mai 1824 à Montcalier.—Capel-Lofft fut souvent une véritable providence pour les littérateurs. Il en aidait beaucoup de ses conseils, et de ses démarches, et de son argent. Bloomfield lui fut redevable surtout de sa fortune littéraire. Cette bienveillance pour des hommes que d'autres eussent regardés comme des rivaux ne fut pas son seul mérite. Véritable ami des lettres, il réalisait dans la force du terme le mot du peintre : Nulla dies sine linea. Son instruction était variée : la jurisprudence, la poésie, la philologie, la critique, la musique avaient chacune à son tour occupé l'activité de son esprit, et il pouvait parler de tout avec facilité. De là, le charme des articles qu'il donna dans diverses publications périodiques, entre autres dans le *Miroir mensuel*. Il versifiait avec élégance, et alors, sans peut-être qu'il fût véritablement poëte, son langage se distinguait de la prose par une abondance d'images assez vives, et par ce style précis et ferme qui semble en quelque sorte encadrer la pensée dans les vers. — Outre ses poésies, Capel-Lofft a publié plusieurs brochures de circonstance, et des ouvrages de droit dont quelques-uns ne sont que des réimpressions. Nous n'indiquons que les principaux : 1° *la Davidéide*, poëme épique en vers blancs, dont il n'écrivit que quelques chants. — 2° *Eudosie, poëme sur l'univers*, 1780, aussi en vers blancs. — 3° Traduction de *l'Athalie* de Racine. — 4° Traduction des livres I et II des *Géorgiques* de Virgile, 1784. — 5° *Laurez*, ou *Anthlogie de sonnets sur le modèle de Pétrarque*, en anglais, italien, espagnol, portugais, français et allemand, avec traduction, préface, critique, etc., notes biographiques et index. Une grande partie des traductions appartiennent à Capel-Lofft. Beaucoup de ces morceaux étaient jusque-là inédits. — 6° *Principia cum juris universalis, tum præcipue anglicani*, 1779 (2 vol. Collection de maximes jurisprudentielles qu'il essaye, suivant sa propre expression, de réunir en un système de principes généraux et municipaux). — 7° *Eléments de la loi universelle*. C'est une traduction fort libre de l'ouvrage latin qui précède. — 8° *La Loi de l'évidence*, par Gilbert, avec des additions considérables, 1792, 2 vol. in-8°. — 9° *Cas judiciaires*, principalement au banc du roi (recueil de lois, motifs et décisions de 1772 à 1774). — 10° Trois brochures sur la question anglo-américaine : 1° *Tableau des plans principaux à l'égard de l'Amérique ;* 2° *Dialogue sur les principes de la constitution ;* 3° *Observations sur l'adresse de M. Wesley*. — 11° *Essai sur la loi des pamphlets* (1785). — 12° *Trois Lettres au peuple d'Angleterre sur la question de la régence* (1789.) Il y soutient que dans le cas où le monarque, devenu inhabile au gouvernement, n'aura point d'avance pourvu à cette vacance en désignant un régent, c'est au parlement à le nommer. — 13° *Remarques sur les Lettres de M. Burke touchant la révolution de France*, 1790, et *Observations sur l'appel de M. Burke*, 1791. — 14° Le Ier et le IIe livre du *Paradis perdu*, avec des notes qui portent principalement sur le rhythme. Cette édition se distingue par une ponctuation nouvelle qu'avait imaginée l'annotateur. — 15° *Aphorismes tirés de Shakespeare*, 1812, 1 vol.

CAPELLUTI (ROLAND), médecin, né vers 1430 à Parme, d'une famille connue depuis plus d'un siècle par le grand nombre de sujets distingués qu'elle avait fournis à l'art de guérir, se trouvait éloigné de sa ville natale, lorsqu'en 1408 une maladie contagieuse s'y manifesta de la manière la plus alarmante. Il accourut sur-le-champ au secours de ses compatriotes, bravant tous les dangers, parvint à se rendre maître de l'épidémie, et put jouir de la reconnaissance publique pour son généreux dévouement. On a de lui : *Tractatus de curatione pestiferorum apostematum* (Rome, Planck), in-4° de 11 pages. Ce rarissime opuscule a été réimprimé sur un exemplaire de la bibliothèque d'Herman Conring, Francfort, 1642, in-8°, et à la suite des *Observat. medicæ* de Philippe Brunswick, 1648, in-4°.

CAPELUCHE. Après la conjuration de Périnet Leclerc, les Bourguignons étaient redevenus maîtres de Paris (1418). On sait que leur triomphe fut souillé par le massacre des Armagnacs. Le bourreau de Paris, Capeluche, se signala parmi les assassins. Il était secondé par les Legoix, les Saint-Yon, les Caboche, chefs de la faction des bouchers. La foule, ameutée par eux, se porta au grand Châtelet ; les prisonniers y furent égorgés, malgré l'opposition des gens de justice. Le duc de Bourgogne essaya en vain de fléchir par des prières ces hommes altérés de sang. Il prit même par la main le bourreau Capeluche, qui peut-être il ne connaissait pas ; ce fut en vain. Jean sans Peur proposa ensuite aux massacreurs d'aller combattre les Armagnacs, qui, maîtres de Montlhéry et de Marcoussis, affamaient la ville. Il leur donna des chefs et leur fit ouvrir les portes, et plus de six mille des plus turbulents se trouvèrent ainsi exclus de la ville. C'est alors qu'il fit arrêter Capeluche, dont il se reprochait d'avoir serré la main, et il lui fit trancher la tête par son valet, auquel Capeluche montra comment il devait s'y prendre, préparant pour lui-même tous les instruments du supplice.

CAPELUCHE, s. f. espèce de coiffure que les femmes portaient autrefois (*V*. CHAPERON).

CAPENA (*géogr. anc.*), ville d'Etrurie, dont Cluver et Mannert cherchent l'emplacement près du bourg actuel de Fiano sur le Tibre, et Reichard sur les bords du lac Straccia Cappa.

Dans les guerres contre les Romains, Capena s'allia à Faléries, et les Capénates n'étaient peut-être qu'une branche des Falisques. Plus tard, Capena devint un municipe romain, et peu de temps après cette ville disparut entièrement. Sur le territoire de Capena se trouvait la célèbre forêt de Feronia.

CAPENA PORTA (on trouve aussi *Porta Appia*), celle des portes de Rome de laquelle partait la voie Appienne (*V*. ROME et VOIE APPIENNE). Il y a des opinions contradictoires sur l'origine de ce nom. D'après quelques-uns, une ancienne ville latine du nom de Capena aurait donné son nom à cette porte qui y conduisait dans les commencements. D'autres font venir ce nom de celui des Camœnes (*Camœnæ, Camenæ*), qui avaient un bois sacré et un temple au dehors de cette porte.

CAPÉNAS (*géogr. anc.*), petite rivière d'Italie.

CAPÉNATES (*géogr. anc.*), peuple d'Italie, allié des Véiens. Ils furent réduits par les consuls Ch. Cornélius et M. F. Camille, et obtinrent le titre de citoyens romains.

CAPENDU, s. f. (*hortic.*), espèce de pomme rouge.

CAPÉNIENS (*géogr. anc.*), peuples d'Etrurie, sur le territoire desquels la déesse Féronie avait un temple et un bois sacré.

CAPER, grammairien, auteur de deux traités, l'un d'*Orthographe* et l'autre *De verbis dubiis*. L'époque précise de sa vie ne peut être déterminée.

CAPER (*V*. CAPRUS).

CAPER, nom latin de la constellation du Capricorne.

CAPERNOMA ou **CAPHARNAUM** (*géogr. sacrée*), au delà du Jourdain, où il y avait une belle fontaine que l'on croyait être une branche du Nil, d'après Josèphe, *De bello*, l. III, c. 18.

CAPERON (*V*. CAPRON).

CAPES ou **CABEZ** (*géogr.*), ville d'Afrique, au royaume de Tripoli, sur une grande rivière de même nom, qui prend sa source dans le Biledulgerid, sépare les états de Tunis et de Tripoli, et tombe dans la Méditerranée à l'endroit d'un golfe qui porte son nom ; l'eau en est si chaude, dit-on, qu'on ne peut en boire qu'après l'avoir laissée refroidir.

CAPES (*géogr.*), peuple d'Afrique, en Guinée, sur les côtes de l'Océan, près de la *Sierra Léone*. Les voyageurs rapportent que dans chaque village de cette nation est une grande maison séparée des autres où sont enfermées toutes les jeunes filles du lieu, pour écouter les leçons d'un vieillard chargé de les instruire ; au bout de l'année, cette troupe féminine sort au son des instruments et se rend dans de certaines places pour y danser. Les jeunes garçons viennent à cette réunion, et y prennent pour femmes celles qui leur conviennent.

CAPET (*vieux mot*), têtu, opiniâtre, petite tête, petite cervelle.

CAPET (HUGUES), fondateur de la troisième race royale en France, dite de *Capétiens*, qui donne trente-six rois depuis Hugues, jusqu'à Charles X. — La troisième race peut se diviser en trois branches : 1° celle des *Capétiens proprement dits ;* 2° celle des *Valois*, comprenant les Valois directs, les Valois-Orléans et les Valois-Orléans-Angoulême ; 3° celle des *Bourbons*. — La branche *des Capétiens proprement dits* fournit quinze rois de Hugues Capet (987) à Philippe de Valois (1328). — Depuis qu'on s'est livré d'une manière sérieuse et éclairée à l'étude de l'histoire de France, le règne de Hugues Capet est devenu comme un champ clos où chacun s'est escrimé pour y trouver des arguments en faveur des opinions politiques qui divisent le pays au XIX° siècle. L'un n'y a vu que le peuple et la nationalité ; l'autre, la constitution du pouvoir royal ; pour celui-ci, le fondateur de la dynastie capétienne fut un usurpateur ; pour celui-là, il fut la personnification de la France même lasse de l'influence germaine, et voulant désormais avoir son entité. Il y a du vrai et du faux dans ces aperçus, et précisément dans la proportion des passions politiques qui se sont mêlées au jugement des historiens. Aujourd'hui que ces passions se sont amorties, on peut, ce nous semble, jeter sur cette époque un coup d'œil impartial. — Il y a dans le règne de Hugues Capet deux parties bien distinctes, d'abord ; le mouvement social qui s'accomplissait avant lui, avec lui, et souvent malgré lui ; puis, les actes du monarque même, dont quelques-uns acquièrent ultérieurement une importance qu'il était loin de prévoir. Commençons par la première partie, c'est-à-dire le mouvement social ou le triomphe de la féodalité par le renversement de la race carlovingienne. — Lorsque les Francs s'établirent dans l'empire, les chefs partagèrent la terre conquise entre leurs compagnons, comme, dans les incursions passagères, ils avaient partagé les belles armes, les vases précieux, les captifs. Mais, par la possession de la terre, de nouvelles relations s'établissent entre le compagnon et le chef : la propriété se constitue à divers titres. Tantôt elle est affranchie de tout service, libre et indépendante, ainsi qu'il arrivait pour les premiers alleux; tantôt elle est soumise à certaines charges ou redevances, selon la force du donataire ou la faiblesse du donateur. De là tant de possessions bizarres du moyen âge; de là le singulier fractionnement de la société, où rien n'est fixe ni régulier. Cependant une tendance générale se manifeste à raison même de cette situation des choses : chacun cherche à y dominer par la violence sur son voisin plus faible; beaucoup d'hommes libres deviennent colons ou serfs. Ou bien encore, on s'efforce d'obtenir du chef une propriété viagère et bientôt héréditaire. De Charlemagne à son dernier descendant, c'est surtout cette dernière tendance qui se montre et finit par amener l'établissement de la féodalité à la fin du Xᵉ siècle. « L'hérédité des fiefs, dit Montesquieu, et l'établissement général des arrière-fiefs éteignirent le mouvement politique, et fermèrent le gouvernement féodal. Au lieu de cette multitude innombrable de vassaux que les rois avaient eus, ils n'en eurent plus que quelques-uns dont les autres dépendirent. Les rois n'eurent presque plus d'autorité : un pouvoir qui devait passer par tant et par de si grands pouvoirs, s'arrêta ou se perdit avant d'arriver à son terme. De si grands vassaux n'obéirent plus, et ils se servirent même de leurs arrière-vassaux pour ne plus obéir. Les rois, privés de leurs domaines, réduits aux villes de Reims et de Laon, restèrent à leur merci. L'arbre étendit au loin ses branches, la tête se sécha. Le royaume se trouva sans domaine, comme est aujourd'hui l'empire. On donna la couronne à un des plus puissants vassaux » (*Esprit des lois*, liv. XXXI, ch. 33). — Telle est la juste précision de langage avec laquelle le célèbre publiciste résume la féodalité, et pourtant les chroniques en disent encore davantage. Entre la première et la dernière usurpation (terme impropre) de la famille capétienne, il s'écoula un siècle pendant lequel le pouvoir oscilla d'une manière à l'autre sans jamais se fixer. Dans cet espace de temps, une seule chose marche, la société féodale : les fiefs deviennent de plus en plus grands, le domaine royal se fait de plus en plus petit. Voyez comme la dignité impériale est abaissée déjà sous Charles le Gros en 888. Les grands le précipitent du trône à leur gré, et alors voici sa condition : « A peine, dit l'annaliste de Metz, lui resta-t-il un homme pour remplir envers lui les offices de l'humanité. Il lui était seulement donné à manger et à boire aux frais de l'évêque Luitbert. C'était une chose digne d'être donnée en spectacle, et où, par la vanité des fortunes, on doit regarder la juste valeur des destinées humaines; car, de même que précédemment lorsqu'il avait la fortune seconde les richesses affluaient autour de lui au delà de ce qu'il en pouvait employer, et sans qu'il lui en coûtât ni les sueurs du travail, ni l'épreuve des combats, il avait tiré à lui la souveraineté de tout cet empire si vaste, en sorte que depuis Charles le Grand, il n'était pas un roi qu'en majesté, puissance et richesses, on pût mettre au-dessus du roi des Francs; de même cette fortune, devenue contraire, renversant, comme pour déployer la fragilité des choses humaines, tout ce qu'elle avait accumulé, lui enleva honteusement, en un seul instant, ce dont jadis, souriant à ses prospérités, elle l'avait glorieusement enrichi. Réduit à la mendicité, et ses affaires désespérées, songeant non plus à la dignité impériale, mais aux moyens d'avoir sa subsistance quotidienne, il envoya vers Arnoul lui demander en suppliant une pension alimentaire pour se soutenir en la vie présente. Chose déplorable à voir qu'un si opulent empereur, dépouillé, non-seulement des grandeurs, mais manquant des nécessités de la vie ! » Telle était la situation d'un descendant du grand empereur soixante-quatorze ans après sa mort. Entre cette époque et l'année 948, il s'écoula encore soixante ans; soixante ans d'affaiblissement pour le pouvoir central, qui se dépouillait lui-même en faveur des féodaux. A force d'aliéner les domaines royaux, il ne reste plus rien à donner. La royauté carlovingienne existe encore de nom; il y a un fantôme couronné appelé roi; mais le sceptre est à terre, et à chaque effort qu'il fait pour le ressaisir il lui glisse entre les mains. Ne sachant plus quel parti prendre, Louis d'Outre-Mer s'adresse à Othon, roi de Germanie; les évêques allemands s'assemblent à Ingelheim pour décider la querelle entre Hugues le Grand et le roi des Français. Celui-ci se lève et parle en ces termes : « Aucun de vous n'ignore que les envoyés du comte Hugues et des autres seigneurs de France sont venus me trouver au pays d'outre-mer, m'invitant à rentrer dans le royaume qui était mon patrimoine. Puis on m'a sacré et couronné par le vœu et aux acclamations de tous les chefs de l'armée de France. Mais, peu de temps après, le comte Hugues s'est emparé de moi par

trahison, m'a déposé et emprisonné pendant une année entière; enfin je n'ai obtenu ma liberté qu'en remettant en son pouvoir la ville de Laon, *la seule ville de la couronne que mes fidèles occupassent encore* » (*Script. rerum francic.*, t. VIII, p. 202). — Il n'y avait donc plus de fait en France aucun pouvoir souverain; la féodalité seule ou une agrégation de petits souverains subsistait sur le sol de la conquête, souverains qui ne songeaient qu'à eux-mêmes et concevaient fort peu la nationalité ou le patriotisme. C'étaient les grandes guerres anglaises qui devaient enfanter ce sentiment. Quoi qu'il en soit, il fallait que la nation vécût et qu'elle se jetât entre les bras de ceux qui avaient le pouvoir de la défendre contre les incursions des Normands, et ces défenseurs étaient les ducs de France et comtes de Paris. Il arrive parfois que des hommes reçoivent d'en haut la mission de diriger les nations et tout marche vers eux, se groupe autour de leur individualité naturellement, sans effort; le peuple applaudit à cette manifestation supérieure qui s'appelle *génie*; le pouvoir spirituel sanctionne, et alors on peut vraiment dire que *le pouvoir vient de Dieu*. Il arrive aussi que ce pouvoir se transmet dans la famille de cet homme, et cette transmission aura lieu d'autant plus facilement que la famille suivra les préceptes de la loi divine, remplira le mandat de tout gouvernement, le bien des masses par la réalisation du principe intérieur qui s'appelle religion. Mais Dieu peut également se retirer d'un homme ou d'une famille, comme il se retira de Saül, et alors la vertu d'en haut cessant de vivifier l'homme ou la famille régnante, celle-ci tombe elle-même et malgré elle : dans le nouveau pouvoir, quelle que soit sa forme, il n'y a point usurpation, mais transmutation. Ainsi en fut-il des Mérovingiens et des Carlovingiens à leur tour; la dynastie capétienne devait nécessairement les remplacer. Qu'il y ait des résistances partielles, c'est chose simple; quelle révolution s'accomplit sans résistances? Mais ces révolutions sont toujours sociales, et de pareils changements de dynasties, ou de gouvernement quelconque, coïncident constamment avec de nouveaux besoins de l'être humain. La royauté et les traditions carlovingiennes étaient aussi impossibles au sein de la société féodale que le serait cette féodalité elle-même au milieu de nos institutions modernes. L'essence du pouvoir est toujours semblable, mais ses phases varient avec le temps. — Ainsi donc la situation de la société française voulant le déplacement de l'autorité centrale et l'avénement de la troisième dynastie, ce ne fut ni une violence personnelle, ni un rapt, mais bien la révolution annoncée par un siècle de changements dans les mœurs, dans les idées, dans les besoins. « Pour avoir le courage de flétrir ce grand fait historique du nom d'usurpation, il faudrait prononcer que la France devait se dévouer à toujours aux tyrannies, et qu'étant arrivée aux derniers maux de l'anarchie son devoir était d'y périr. — La Providence n'a pas condamné les peuples à de si fatales vertus. Mais, en légitimant les transformations sociales, elle n'a pas non plus ôté la flétrissure qui s'attache aux crimes politiques. Dans les révolutions qu'explique l'histoire, il peut se mêler des accidents qu'elle ne saurait justifier; c'est tout ce qu'il faut à la morale humaine (Laurentie). » — En l'année 987 mourut Louis V, dit le Fainéant, dernier roi carlovingien, mais qu'on n'eut pas le temps de voir à l'œuvre, car il régnait seulement depuis 986. Il ne laissait point d'héritiers directs. La couronne appartenait de droit à Charles, duc de la basse Lorraine, mais qui s'était fait le vassal du roi de Germanie, et les seigneurs féodaux repoussèrent ses prétentions. Au reste tout était merveilleux à cette époque; on croyait le monde allait finir en l'an 1000. « Le septième âge commence, dit Raoul Glaber, et dans cet âge on pense que la machine du monde verra finir ses travaux, sans doute afin que tout ce qui a reçu l'être trouve alors son repos et sa fin dans celui qui lui donne l'existence. » Cependant on trouve encore le temps de faire des rois, et le 3 juillet 987 Hugues, fils de Hugues le Grand, et surnommé Capet, à cause de son grand sens, se laissa conduire au trône dont il possédait déjà le pouvoir suprême. « Les grands de tout le royaume, continue Glaber, se réunirent pour le faire sacrer roi. » L'assemblée se tint à Noyon, et de là on se rendit à Reims pour le sacre du nouveau monarque, qui marchait appuyé sur les croyances populaires et sur la gloire de sa famille. » Quelques années auparavant, Hugues avait rendu au monastère de Centulle les reliques de saint Valeri, qui, lui étant apparu en songe, lui avait dit : « A cause de ce que tu as fait, toi et tes descendants, vous serez rois jusqu'à la septième génération. » En outre, assurait-on, le dernier roi en mourant avait désigné Hugues pour son successeur, et avait engagé la reine Blanche à épouser le duc de France. — Cependant il n'y avait point eu une véritable unanimité pour l'élection; les comtes de Toulouse et de Flandre ne parurent point à l'assemblée : le duc de Guienne protesta. Charles de Lorraine se montra bientôt en armes pour revendiquer son droit, et telle était l'irrésolution des esprits que plusieurs grands vassaux se séparèrent de Hugues. De ce nombre furent l'archevêque de Sens, le comte de Vermandois et le duc d'Aquitaine, qui annonça la guerre. Était-ce un reste de fidélité à la famille de Charlemagne, haine de race, ou bien intérêt individuel ? On ne saurait le décider : peut-être tous ces motifs réunis portaient-ils ces hommes à repousser le nouveau monarque. Le moment était critique. Othon III de Germanie ne se déclarait point ; le roi de Bourgogne, Conrad, hésitait : c'était le moment de frapper vite et fort. Hugues court donc vers l'Aquitaine et met le siège devant Poitiers ; mais Guillaume ne tarde pas à se montrer avec son armée. Alors le roi recula jusqu'à la Loire, où il gagna une victoire sur le duc. Dans ces petites guerres féodales, où la tactique consistait seulement à heurter de front son adversaire et à l'écraser par sa masse, tout était dit lorsqu'on avait l'avantage dans un engagement. Aussi le duc d'Aquitaine prêta-t-il foi et hommage, et Capet s'élança vers d'autres ennemis. Ce prince paraît avoir plus fait par son activité que par son génie. Le duc de basse Lorraine avait formé le siège de Laon, où s'étaient enfermés Emma, reine de Bourgogne, qui détestait Charles, et Adalbéron, l'archevêque de Reims qui avait sacré Hugues Capet. Si Charles prenait ces deux ardents champions de la jeune royauté, celle-ci se trouverait exposée à de grands dangers. Par une prévoyance qui tranche fortement avec la conduite des derniers rois, Hugues fait d'abord reconnaître et sacrer son fils Robert : par là il assure la succession. Cet exemple fut suivi par ses successeurs immédiats. L'hérédité directe s'établissait dans la société civile ; il fallait bien qu'il en fût de même sur le trône. Aussitôt après, Hugues marcha droit à son ennemi avec une armée formidable ; mais déjà Laon était prise, Adalbéron et Emma captifs. Il fallut donc assiéger Charles dans sa ville royale ; celui-ci se défendit bravement, et, dans une sortie vigoureuse, il remporta la victoire sur le roi. La ruse alors remplace la force ; des intrigues s'ourdissent. Arnulfe, fils naturel du roi Lothaire, change à chaque moment de parti, multiplie les infidélités, mais Hugues parvient à le fixer pour un moment par l'appât du siège de Reims ; néanmoins il retourne à Charles, et lui donne cette cité. Ces petits détails font comprendre les temps. D'un autre côté, Adalbéron réussit à faire connaître au roi la situation de la place, et grâce à ces révélations elle est prise. Charles tomba entre les mains de son rival, qui l'envoya prisonnier à Orléans, où il mourut quelque temps après. De ce moment, la royauté capétienne est délivrée de toute concurrence. Mais n'allez pas croire qu'elle fût vraiment forte. « Depuis la mort de Charlemagne, dit fort bien M. Guizot, la féodalité avait conquis la société ; en se faisant appeler roi, un de ses principaux membres n'en déclara le chef ; il acquérait par là, dans le présent, une dignité plutôt qu'un pouvoir. La république féodale n'était menacée que dans l'avenir, et à coup sûr elle ne s'en doutait point. Nulle révolution n'a été plus insignifiante quand elle s'est faite ; et quand elle a été, plus féconde en grands résultats. » — Pour prouver la vérité de ce jugement, jetons un coup d'œil sur la distribution du royaume ou plutôt du territoire. — Le domaine royal ou duché de France s'était formé et avait grandi dans la famille de Robert le Fort. Il comprenait la plupart des domaines de la Seine à la Loire, embrassant la Champagne et la Picardie. Voilà le noyau de la puissante monarchie française. Et pourtant, a-t-on dit avec raison, Hugues Capet apportait plus à la monarchie que la monarchie ne lui apportait. Autour de ce centre se meuvent toutes les grandes vassalités. — Au midi, deux vastes duchés, celui de Gascogne et celui d'Aquitaine, chacun indompté, chacun indépendant, ou retenu seulement par un faible lien à la couronne carlovingienne, plutôt que par une vassalité réelle. Le duc d'Aquitaine, Guillaume FIER A BRAS, a de puissants comtes pour vassaux, entre autres celui de Toulouse. Le duché de Gascogne va des Pyrénées à la Dordogne, de l'Océan à la Méditerranée ; l'Aquitaine, de la Dordogne à la Loire. — En deçà de la Loire, on rencontre le duché de Bourgogne, occupé actuellement par Henri, frère de Hugues Capet, qui lui en a donné la propriété. La Bourgogne avait eu de nombreux déchirements depuis que les Burgondes s'en étaient emparés ; on y avait vu deux royautés, l'une en deçà, l'autre au delà du Jura. — En remontant encore à l'est se présentaient la haute et la basse Lorraine, ainsi divisée par l'empereur Othon Ier. Le monarque allemand gouvernait immédiatement la haute Lorraine ; Charles, le rival de Hugues, possédait la basse, qui s'étendait le long du Rhin vers la Hollande,

et touchait à la France par l'Escaut. — Enfin vers l'ouest s'offre, avec sa physionomie propre, sa féodalité plus forte, le grand duché de Normandie, produit de la conquête, et pourtant tenant faiblement à la monarchie par le lien de l'hommage. Depuis quelque temps le rôle des Normands avait été de défendre celle-ci ; plus tard leur province était destinée à devenir la pierre d'achoppement entre la France et l'Angleterre. Voici ce que dit le chroniqueur sur les Normands du XIe siècle : « Ils l'emportèrent sur les autres par la gloire de leurs armes dans la guerre, comme par leur union dans la paix et par leur libéralité. En effet, toute la province qui leur était échue en partage semblait former une seule maison, une même famille, unie par les liens d'une concorde inviolable... Les pauvres, les indigents, tous les étrangers, étaient comme leurs enfants d'adoption, et trouvaient en eux des soins vraiment paternels. » On voit donc déjà ce que le catholicisme avait fait de ces barbares. — Telle était la situation matérielle de la monarchie, lorsque Hugues Capet eut vaincu ses ennemis. Dès lors il s'appuie sur des alliances imposantes. Il négocie avec l'empereur grec, il évite la guerre avec Othon, il se concilie le comte de Vermandois, on commence à le respecter et à craindre sa souplesse. Ce roi féodal, qui devait sa couronne à la féodalité, ne pouvait guère l'attaquer de front : aussi donne-t-il une sanction publique au droit d'hérédité, et dès lors paraissent sur la scène les titres tirés des noms de terre, de cités ou de provinces. Jusque-là on avait employé surtout les surnoms tirés d'une qualité physique, comme Hugues le Blanc, Robert le Fort, Louis le Bègue ; désormais nous aurons des comtes de Dammartin, de Touraine, etc. La constitution féodale change d'aspect, la famille et la propriété succèdent à l'individualisme ; plus tard la famille se fondra dans la nation et dans la monarchie. — Hugues Capet, tout en s'affermissant dans sa nouvelle dignité, s'effraye des terribles vassaux qui l'environnent. Les méridionaux se montrent les plus difficiles à se soumettre. Un comte de Périgueux, Adalbert, entreprend des conquêtes vers le nord ; il s'empare de Tours en 990. Le roi de France recule en menaçant et envoie vers le comte un messager avec ces paroles : « Qui t'a fait comte ? — Qui t'a fait roi ? » Répond Adalbert. Ce mot souvent cité est toute une époque. Que faire contre un pareil état de choses ? Guerroyer toujours eût été dangereux, et Capet se garde de le tenter. A partir de ce moment, son règne est presque inaperçu ; la vie se révèle par de légères pulsations ; mais pourtant le monarque travaille avec sagesse, avec bonheur. La consécration de la succession au trône par ordre de primogéniture était un coup de maître ; il fut suivi d'un autre qui frappa la féodalité au cœur, quoiqu'elle ne paraisse pas s'en être doutée. Hugues Capet déclara que les fiefs tombés en déshérence faute d'héritiers directs reviendraient à la couronne. Tôt ou tard cette disposition unique devait constituer la monarchie. — Notre esquisse de ce règne serait fort incomplète, si nous ne signalions l'action du clergé à cette époque. « L'élévation de cette dynastie, dit M. Michelet, fut l'ouvrage des prêtres. » A son avénement, Hugues prêta serment de conserver les priviléges de l'Eglise, de faire observer les lois, et de maintenir les droits du peuple. Le germe de la liberté était donc véritablement alors dans le sein du catholicisme. Ce document est trop précieux pour ne point le citer. « Hugues, par la grâce de Dieu, devant être bientôt roi des Français. — En ce jour de mon sacre, je promets devant Dieu et ses saints de conserver le privilége canonique, la loi et la justice confiés (commissis) à chacun d'entre vous ; je les protégerai, Dieu aidant, autant que je pourrai, et comme il convient à un roi de protéger dans son royaume chaque évêque et l'Eglise qui lui est confiée. De plus, j'assurerai au peuple qui nous sera transmis la justice distributive qu'il a droit. — Hugues roi. » Je trouve encore sous ce monarque d'autres confirmations de ces priviléges et de ces libertés canoniques, preuve évidente de l'importance qu'on y attachait. Cependant le premier Capétien avait poursuivi ses ennemis jusqu'au milieu du clergé. L'archevêque Arnulfe avait trahi tous les partis. Le roi le cite devant une assemblée d'évêques pour avoir livré à Charles de Lorraine la ville de Reims. L'esprit de parti se montre clairement ici dans les fluctuations de l'opinion ecclésiastique et du peuple même. Les évêques ne voulaient pas condamner Arnulfe ; il n'était pas le vrai coupable, disait-on ; on accusait surtout un prêtre nommé Adalger. Le roi et son fils arrivent en personne, et les voilà se portant accusateurs. On ajourne le prêtre qui révèle tous les détails ; Arnulfe confesse son crime ; il est condamné, déposé. Le monarque voulait sa mort. Alors les évêques de supplier, de demander sa grâce ; Arnulfe baise les genoux du souverain, et la grâce est accordée. Vous le voyez, la couronne se montre avec un pouvoir réel, tandis qu'Arnulfe lui-même est couvert d'infamie, et à cause de ses trahisons et à cause de sa bassesse. Dans cette affaire, Hugues Capet eut encore un bonheur. Un moine d'Aurillac, nommé Gerbert, avait étudié chez les Arabes d'Espagne, où il apprit l'astronomie, l'algèbre et l'usage des chiffres indous. Ce Gerbert était le plus grand mécanicien de son temps, et il inventa l'horloge à balancier. Un pareil tour de force se fait passer pour avoir fait un pacte avec le diable. Néanmoins Othon III lui confie l'éducation de son fils et de son petit-fils; puis il professe avec succès dans les écoles de Reims. Au moment dont nous parlons, il était secrétaire de l'archevêque, et pourtant il contribue beaucoup à sa déposition. — Hugues le fait nommer à sa place, mais plusieurs évêques s'y opposent et interjettent appel au pape. Hugues aurait voulu voir le souverain pontife en France; celui-ci se contente d'y envoyer un légat, et ordonne la déposition de Gerbert. Le moine d'Aurillac voulait résister; le roi ne le pouvait ni ne le voulait. Qui eût dit alors que ce Gerbert deviendrait pape à son tour sous le nom de Silvestre II? Il fut l'ami des Capétiens, comme Léon III et Adrien l'avaient été des Carlovingiens. — Hugues Capet mourut en 996. « Il termina ses jours sans accident, laissant le royaume en paix, dit Glaber...; il finit par étouffer toutes les révoltes. » Avant d'expirer, il dit à son fils Robert. « Cher fils, je t'adjure, au nom de la sainte et indivisible Trinité, de ne pas livrer ton âme aux conseils des flatteurs : que leurs louanges intéressées ne t'engagent point à leur octroyer ces abbayes que je laisse en ta puissance ; garde-toi surtout, soit par légèreté, soit par colère, d'enlever ou de distraire quelque chose du bien des couvents, et veille à ne jamais attirer sur toi le courroux de leur chef commun, le grand saint Benoît, afin que tu trouves en lui, quand ton âme sera sortie de sa prison de chair, un sûr appui auprès du souverain juge, un port de tranquillité et un asile inattaquable. » — Hugues avait donné l'exemple, en renonçant aux bénéfices ecclésiastiques dont il touchait les revenus.   C. F. AUDLEY.

CAPET (JEAN), chanoine de Lille en Flandre, sa patrie, et docteur de Louvain, mourut le 12 mai 1599, et laissa 1° des *Commentaires sur les Épîtres de saint Paul et sur les Épîtres canoniques;* 2° *De vera Christi Ecclesia, deque Ecclesiæ et Scripturæ auctoritate,* trois livres; 3° *De hæresi et modo coercendi hæreticos,* à Anvers, 1591 ; 4° *De origine canonicorum et eorum officiis;* 5° *Traité du célibat des prêtres,* à Douai, 1592; et 6° *Traité des indulgences,* à Lille, 1597.

CAPET (MARIE-GABRIELLE), née à Lyon, élève de madame Guyard-Vincent, a fait un grand nombre de portraits en miniature, au pastel et à l'huile. Ces portraits ont été exposés de 1798 à 1814, époque de la mort de cette artiste. Ses principaux portraits à l'huile sont ceux de Vincent (an VI), de mademoiselle Mars et de Houdon (an VIII). Parmi ses portraits au pastel, on doit citer ceux de madame de Saint-Fal et du peintre Pallière. Elle a peint aussi deux tableaux représentant, l'un madame Vincent occupée à peindre Vien ; l'autre, déesse de la santé (1810).

CAPETAL (HENRI), originaire de Picardie, prévôt de Paris sous le règne de Philippe V, se rendit coupable d'un crime atroce que les lois punirent, et que l'histoire a retracé pour flétrir d'un éternel opprobre ce magistrat prévaricateur. Un riche homicide, détenu dans les prisons du Châtelet, fut condamné à mort d'une voix unanime. Il offrit une somme d'or considérable au prévôt, s'il voulait le soustraire au supplice. Le prévôt choisit un prisonnier innocent, sans fortune et sans appui, le fit pendre sous le nom de l'homicide, et remit ce dernier en liberté sous le nom de l'innocent supplicié ; mais cette grande iniquité ne tarda pas à être découverte. Le roi indigné fit faire le procès à Capetal, et il fut pendu en 1321 au même gibet où il avait fait attacher la victime de sa cupidité.

CAPÉTIENS. Lorsqu'on voit un fleuve large et profond répandre la vie et la fécondité dans une belle campagne, on ne songe pas à demander la source d'où il sort; est-ce un humble filet d'eau qui sourd silencieusement dans quelque vallon solitaire? est-ce une onde abondante qui s'élance d'un mont sourcilleux? Il n'en est pas de même des races royales; on veut à toute force connaître leur origine, et de quelque obscurité qu'elle soit cachée l'adulation ou la préoccupation des savants ne demeurent pas en défaut. C'est ce qui est arrivé à cette race capétienne qui s'est identifiée en quelque sorte avec la France, dont elle occupe le trône depuis huit cent cinquante-trois ans (aujourd'hui en 1842), et qui est sans contredit la plus antique race royale du monde. Nulle généalogie, dit un auteur allemand cité dans le *Dictionnaire de Trévoux,* ne remonte si haut que celle de Jésus-Christ, pas même celle des Capétiens, la plus

longue et la mieux prouvée que l'on connaisse au monde. En effet, il n'existe pas en France, ni même en Europe, une seule famille qui puisse prouver, d'une manière tant soit peu satisfaisante, sa descendance d'un de ces leudes qui faisaient trembler le trône des petits-fils de Clovis. Les Montesquiou ont voulu démontrer, dans un roman généalogique, qu'ils descendaient en ligne collatérale du vainqueur de Tolbiac; mais il est reconnu que les Montesquiou n'ont aucun rapport avec les anciens souverains du pays de Fezensac. Les Montmorency se disaient aussi anciens que la race capétienne; mais leur généalogie commence à Burkard ou Bouchard dit le *Barbu;* elle ne remonte pas tout à fait à l'an 1000, et encore ne peut-on expliquer l'origine de ce Bouchard; était-il d'une famille de France, d'une famille gauloise libre ou esclave? c'est un point sur lequel aucune chronique, aucun monument historique ne donne la moindre éclaircissement. La maison de Hugues Capet est la seule dont les preuves généalogiques, depuis le Xe siècle, ne puissent être contestées. En effet, Rodolphe Glaber, moine de Cluni, qui vécut sous les Carlovingiens, et mourut en 1004, la trouve fort obscure avant Robert, comte de Paris, qui fut roi de 922 à 923. « Hugues Capet, dit-il, était fils de Hugues le Grand et petit-fils de Robert, comte de Paris, qui avait été roi ; mais, ajoute-t-il, j'ai différé de tracer son origine, parce qu'en remontant plus haut elle est fort obscure » (liv. 1er, ch. 2). *Cujus genus idcirco adnotare distulimus, quia valde inante reperitur obscurum* (1). Contemporain de Glaber, Aimoin de Saint-Fleury, qui écrivit en 1005, ajoute un degré de plus ; il dit formellement que Rotbert, homme de race saxonne, eut pour fils Eudes et Rotbert. Albéric, moine de Trois-Fontaines, n'a donc pas été le premier à donner cette généalogie, comme l'a prétendu M. Sismondi et ceux qui l'ont copié. « Les rois Robert et Eudes, dit Albéric, furent fils du comte Robert le Fort, marquis de la race des Saxons, auquel Charles le Chauve avait donné en fief le comté d'Anjou, comme à un vaillant homme, pour défendre de ce côté le royaume contre les Bretons et les Normands. Mais les historiographes n'ont rien su nous apprendre de plus sur cette race (2). » Ainsi, à mesure que les temps s'éloignent, les historiens se trouvent plus à l'aise pour allonger la filiation de cette dynastie. Le moine contemporain de Hugues Capet ne va pas plus haut que Robert, comte de Paris, qui essaya le trône carlovingien ; le moine qui a vécu trois siècles après, c'est-à-dire sous saint Louis, arrive jusqu'à Robert le Fort, et les chroniqueurs ou historiographes qui viendront après ne seront pas embarrassés pour le faire descendre ou de saint Arnould, tige de la race carlovingienne, ou du Saxon Witikind, ou même de Clovis. Quant à nous, nous disons que, généalogiquement parlant, il suffit à la race capétienne d'avoir à se glorifier de la filiation la plus incontestable depuis le roi Robert Ier, mort en 923, sans aller chercher dans des conjectures plus ou moins ingénieuses une origine plus ancienne. Cependant, pour satisfaire la curiosité des lecteurs, nous allons mettre sous leurs yeux le système qui a été indiqué dans l'*Art de vérifier les dates;* nous indiquerons ensuite les modifications qui ont été mises en avant par d'autres savants.

FILIATION DES CAPÉTIENS (selon l'*Art de vérifier les dates*).

1. SAINT ARNOUL, ministre de Théodebert II, roi d'Austrasie, était d'une noble race franque, devint en 614 évêque de Metz, après la mort de sa femme Doda, et mourut en 640.

2. ANSIGISE, son fils, mort en 678, eut de Bega, fille de *Pepin le Vieux* ou de *Landen :*

3. PEPIN *le Gros* ou *d'Héristal,* mort en 714, eut outre Charles Martel, tige de la race carlovingienne,

4. CHILDEBRAND Ier, mort en 743. De lui naquit

5. NIVELON ou NEBELONG Ier, qui, suivant Frédégaire, vivait encore en 805. Il eut pour fils

6. THÉOTBERT, comte de Madrice, et Childebrand II, mort vers 830. De Théotbert naquit

(1) Croirait-on que Velly a eu l'impudence de traduire ces derniers mots ainsi : *dont l'origine se perd dans la nuit des temps;* et sa traduction a été adoptée sans examen dans la *Biogr. univers.,* art. HUGUES CAPET.

(2) *Chronicon Alberici, monachi Trium-Fontium,* Recueil des hist. de France, t. X, 285-286.

7. ROBERT *le Fort* ou *l'Angevin*, nommé comte d'Anjou en 864 par Charles le Chauve, et tué à la Brisserte en 866 en combattant contre les Normands. Il eut pour fils Eudes, comte de Paris, qui fut élu roi des Francs en 887, et mourut en 898, sans postérité ; puis

8. ROBERT, duc de France, élu roi des Francs en 922 par une faction ennemie de Charles le Chauve, et tué dans un combat près de Soissons en 923. Il eut pour fils

9. HUGUES *le Grand*, surnommé aussi *le Blanc*, mort en 956. Arbitre de la France pendant un quart de siècle, il dédaigna, dit-on, de monter sur le trône : peut-être y trouvait-il des obstacles que nous ignorons grâce à l'obscurité qui règne sur cette époque.

10. HUGUES CAPET, fils du précédent, roi de France en 987.

Dans les autres systèmes généalogiques, THÉOTBERT, THIEDBERT OU THÉODEBERT, seigneur franc et quatrième aïeul de Hugues Capet, descend ou de Clovis, ou de Witikind le Saxon, ou des Welff, ducs de Bavière. Ce Théodebert, de la naissance et de la mort duquel on ignore la date, eut trois fils : on ne sait pas même le nom du premier. Le second, *Guillaume*, comte de Blois, fut tué vers 834, laissant un fils nommé *Eudes*, qui n'eut point de postérité. Le troisième fils de Théodebert fut ROBERT, dont on ignore complètement la vie, et qui eut pour second fils ROBERT *le Fort* ou *l'Angevin* (*V.* ci-dessus). Son second fils était *Hugues l'Abbé*, duc de France, de 866 à 886, qu'il ne faut pas confondre avec *Hugues* surnommé *le Grand, le Blanc*, et même aussi *l'Abbé*, et qui fut le père de Hugues Capet. Dans le système que nous présentons, à ROBERT *le Fort* succèdent, comme dans l'*Art de vérifier les dates*, ROBERT I er, duc de France en 889, roi de 922 à 923, HUGUES *le Grand, le Blanc*, et enfin HUGUES CAPET. — D'après des auteurs cités dans le *Dictionnaire de Trévoux*, Hugues Capet descendrait du roi lombard ANSPRAND, qui eut pour fils aîné LUITPRAND, et pour second fils SIGEBRAND. De Sigebrand naquit CHILDEBRAND, associé au trône de Lombardie, et couronné en 736, puis qui régna seul en 744 ; il eut de la sœur de Charles Martel NEBELON, comte de Madrie, d'où naquit THÉODEBERT, comte de Madrie ; de Théodebert naquit ROBERT, frère de la reine Ingeltrude, et qui eut d'Agane, fille de Wicfrid, comte de Berri, ROBERT le Fort, qui eut d'Adélaïde, veuve de Conrad, comte d'Altorf, Eudes, roi de France, mort sans postérité, et ROBERT I er, roi de France et père de HUGUES le Grand, etc. Ce système, qui fait des Capétiens une famille lombarde, est appuyé sur un passage du moine Helgaud qui, dans la Vie du roi Robert II, fils et successeur de Hugues Capet, ch. 1, s'exprime ainsi : « L'auguste famille de Robert, comme lui-même l'affirmait en saintes et humbles paroles, avait sa souche en Ausonie.» — Moreri, sans entrer dans des détails généalogiques, se contente d'affirmer que les Capétiens descendaient de mâle en mâle de Pepin *le Grand* (ou d'*Héristal*) par le comte Childebrand, et que du côté des femmes ils venaient de Clovis. — Desormeaux, dans sa *Généalogie de la maison royale de France*, ne va pas au delà de ROBERT *le Fort*, auquel il donne les titres de duc de France, comte d'Anjou, d'Orléans et de Blois. — Selon quelques-uns, Robert descendait de Charlemagne ; ceux qui le font fils du Saxon Witikind ajoutent qu'il épousa une fille de Hugues, duc de Bourgogne, fils de Charlemagne. — Une telle diversité d'opinions prouve qu'il est plus sage de ne pas chercher la généalogie de Hugues Capet au delà de Robert I er, roi de France, son aïeul. — Mais que dire de la tradition consignée par du Tillet dans sa *Chronique des rois de France*, où il dit que Hugues Capet était *le premier Gaulois roi des Gaulois*? Tout porte à croire cependant que Robert le Fort était un des chefs saxons au service de Charles le Chauve. Si l'on compte à cet égard les autorités, elles sont nombreuses. « Robert, comte d'Anjou, homme de race saxonne, dit Guillaume de Jumièges, avait deux fils, le prince Eudes, et Robert, frère d'Eudes. » Même témoignage dans la *Chronique de Strozzi*, dans le *Recueil des historiens de France* (t. x, p. 278). Un anonyme, auteur d'une Vie de Louis VIII : « Le royaume passa de la race de Charles à celle des comtes de Paris, qui provenaient d'origine saxonne. » Quelques historiens font naître Robert en Neustrie : les uns à Séez (*Saxia, civitas Saxonum*) ; les autres à Saisseau (*Saxiacum*). « Toutes ces opinions se concilient par leur divergence même, dit M. Michelet, en admettant que Robert le Fort descendait des Saxons établis en Neustrie, et particulièrement à Bayeux. Tout le rivage s'appelle *littus saxonicum*. Les noms de *Séez*,

de *Saisseau*, de la rivière de *Sée*, etc., ont évidemment la même origine (*Histoire de France*, t. 1, p. 415). » « Quoi qu'il en soit du plus ou moins de probabilité de ces systèmes contradictoires, dit un de nos devanciers, ils ne plaisaient pas tous aux rois dont ils étaient destinés à caresser l'orgueil. Louis XIV ne voulait être ni Gaulois, ni Visigoth, ni Saxon ; mais il tenait beaucoup à ce qu'on lui prouvât qu'il descendait des Francs (1). » Mais qu'aurait dit ce fier monarque s'il avait su qu'au temps de Hugues Capet, c'était une opinion répandue et peut-être accréditée par ses ennemis qu'il était sorti des rangs inférieurs de la société? Trois siècles encore après son usurpation, la croyance populaire le rangeait toujours parmi les *plébéiens* : aussi vers 1294, le moine Ipérius, dans la *Chronique sithienne ou de Saint-Bertin* (*Historiens de France*, t. x, p. 297), cherche-t-il à combattre cette croyance des *hommes vulgaires et simples*; tandis que, peu d'années après, le Dante la reproduisit dans son immortel ouvrage, où il fait dire au comte Hugues lui-même qu'il était fils d'un boucher de Paris.

> Figlinol fui d'un beccaio di Parigi.

— On sait que François I er, quand on lui lut ce passage, devint furieux et dit au lecteur : *Que je ne revoie jamais ce ridicule livre!* — Bayle, qui n'a consacré un très-court article à Hugues Capet que pour le plaisir de ressusciter cette assertion en se donnant l'air de la réfuter comme absurde, rapporte les opinions de divers auteurs à cet égard. D'abord il paraît que le Dante avait imaginé de donner aux rois de France une semblable origine pour se venger d'un descendant de Hugues Capet, Charles de Valois, frère du roi Philippe le Bel, qui, appelé à Florence par le pape Boniface VIII pour réprimer les factions dans cette ville, donna tort à celle que le Dante avait embrassée, le chassa de Florence, et confisqua ses biens. De là l'ire du poëte, qui fait dire au comte Hugues :

> I fui radice de la mala pianta, etc.

> La racine je fus de la mauvaise plante
> Qui jaint ombre nuisible au terroir des chrestiens,
> Si que fort rarement bon fruit elle présente.

— On ne saurait dire combien cette assertion a donné lieu à de ridicules explications de la part des écrivains qui cherchaient à en pallier la crudité. Le chanoine Baltasar Grangier, dédiant à Henri IV sa traduction en vers français de la *Divine comédie* du Dante, dit à ce prince qu'il ne faut pas prendre à la lettre le mot *boucher* : « Car Dante, qui durant son exil fut longtemps en cette ville de Paris, n'a pas ignoré notre façon de parler. Quand un prince est un peu rigoureux à faire faire justice de plusieurs malfaicteurs, nous disons qu'il en faict une grande boucherie ; et ainsi nostre dit poëte appelle Hugues le Grand, comte de Paris, père du susdit Hugues Capet, grand justicier de son temps des gentilshommes et autres malfaicteurs et rebelles, boucher de Paris. » — Une autre explication non moins gauche a été donnée par Pasquier dans ses *Recherches sur l'histoire de France*. « Pour excuser cet auteur, dit-il, je voudrais dire que sous ce nom de boucher il entendait que Capet estoit fils d'un grand et vaillant guerrier... De ceste mesme façon ai-je leu qu'Olivier de Clisson estoit ordinairement nommé boucher par les nostres, parce que de tous les Anglais qui lui tomboient entre ses mains il n'en prenoit aucun à merci, ains les faisoit tous passer au fil de l'espée. » Si le chanoine Grangier, si Pasquier avaient voulu tenir compte de ce qui précède et de ce qui suit les vers du Dante, ils n'y auraient pas vu assurément une éloge, ou de la rigoureuse justice, ou de la vaillance du Hugues le Grand. Au surplus, l'assertion du poëte n'a pas manqué d'échos ; elle a été répétée par plusieurs auteurs italiens ou allemands, entre autres Villani, dans son *Histoire de Florence*, et Agrippa, dans son *Traité de la vanité des sciences* (ch. *de la noblesse*). François Villon, *plus soucieux des tavernes et cabarets que des bons livres*, dit le même Pasquier, a écrit ces deux vers :

> Si feusse des hoirs de Capet
> Qui feut extrait de boucherie.

(1) M. Savagner, *Dict. de la conversat.*, art. CAPÉTIENS.

— Veut-on chercher l'origine du surnom de Capet donné au fondateur de la troisième dynastie? on ne trouve rien de satisfaisant: Ménage, Ducange, Valois et une foule d'autres nous donnent autant d'avis différents, tant éclate dans les petites comme dans les grandes choses cette incertitude historique qui fait à la fois le charme et le tourment de l'érudit! Selon Ducange (à l'art. CAPETUS, *Gloss. mediæ et infim. latin.*), on désignait en Auvergne, par le nom de *chapelot*, un plaisant occupé à rire d'autrui. Il faudrait donc en conclure avec Nicole Gilles que ce sobriquet fut donné à Hugues « d'autant que luy jeune avait accoutumé de jetter en folastrant les chapeaux des jeunes princes et seigneurs de sa suite; » mais Nicole Gilles, qui rapporte cette particularité dans ses Annales, « aime mieux adhérer avec le bonhomme Cenalis, evesque d'Avranche, qui en ses Périodiques dit que..... Hugues, pour le grand sens qu'il apporta en la conduite de ses affaires, fut appelé *Capet*, d'un mot à demy latin qui signifie le *chef;* car aussi, à vray parler, vous trouverez en toutes ses actions plus de conseil que de hauts faits d'armes.» D'autres en prit le mot *capet* pour un sobriquet injurieux, comme venant de *capito*, grosse tête. Une chronique appelle Charles le Simple *Capet;* mais on croit généralement que *Capet* est pris pour *chapet* ou *chappatus*, l'homme portant *chape*. Dans ce cas le nom de *Capet* viendrait de la chape de saint Martin de Tours, que les Hugues, ducs de France et comtes de Paris, portaient comme détenteurs de l'abbaye de ce nom. Il nous reste à apprécier l'avénement de Hugues Capet, son caractère, et celui des princes qui l'ont précédé et suivi. — Quand on suit avec attention l'histoire de France pendant les IXe et Xe siècles, on remarque le même phénomène historique que sous la première race: tandis que la race régnante dégénère et tombe dans l'impuissance et le mépris, la famille que la Providence destine à la remplacer acquiert chaque jour plus de considération et d'influence. Mais c'est par de grandes guerres, par une forte direction donnée aux affaires que les auteurs de la race carlovingienne franchissent successivement les degrés du trône. Il n'en est pas de même pour les premiers Capétiens : si l'on en excepte le trépas héroïque de Robert le Fort, et la manière glorieuse dont le roi Eudes défend Paris, on ne voit qu'intrigue dans les menées ambitieuses de Hugues le Grand et surtout de Hugues Capet. S'agit-il pour les Français de remplacer Charles le Gros, le plus lâche des héritiers de Charlemagne, les Français proclament en 888, dans l'assemblée de Compiègne, le vaillant défenseur de Paris, le comte Robert, l'un des fils de ce Robert le Fort qui a péri vingt-deux ans auparavant, en combattant contre les Normands, dans les environs du Mans. Mais il existait un héritier carlovingien : c'était Charles le Chauve, fils de Louis le Bègue, dont les Français n'avaient pas voulu alors qu'il était enfant et qu'il fallait un homme pour occuper un trône environné d'ennemis, un pays continuellement envahi. Mais en 892 Charles le Simple fut proclamé roi dans la ville de Laon. Il y eut partage entre Eudes et Charles : Eudes eut le pays entre la Seine et les Pyrénées, et Charles les provinces depuis la Seine jusqu'à la Meuse. Après la mort d'Eudes (898), Charles le Simple réunit la monarchie entière; on a dit que la disposition funeste que montrait ce faible prince à se mettre sous la protection des princes germaniques soulevait contre lui l'opinion nationale. Mais dans l'occasion les ducs de France n'étaient-ils pas aussi disposés à fléchir devant le puissant roi d'Allemagne, qui affectait la prépondérance sur les autres couronnes? Quoi qu'il en soit, Eudes, frère du roi Robert, fut proclamé roi et sacré à Reims (922); Charles lui livre bataille. Robert est tué dans le combat; mais la victoire n'était pas gagnée. Hugues, fils de Robert, rallie ses soldats et met en déroute l'armée de Charles, qui se réfugie auprès de Henri, roi de Germanie, et lui cède une partie de la Lotharingie. Le parti qu'on s'est convenu d'appeler national voulut en 925 décerner la couronne au fils d'Eudes, Hugues dit le Grand, dit l'Abbé à cause de ses vastes domaines et des nombreuses abbayes dont il était titulaire, enfin dit comte le Blanc, sans doute à cause de la couleur de ses armes. Il balance à accepter pour lui. Emma, sa sœur, lui dit : « Je n'hésiterai point à baiser les genoux de mon mari (c'était l'hommage que l'on rendait aux rois), mais non point de mon frère. » Ces mots le décident, et il donne à son parti une base plus large en y associant son beau-frère Rodolphe, duc et comte de Bourgogne. Rodolphe, que les historiens français appellent communément Raoul, est donc proclamé roi par les seigneurs assemblés dans le camp de Hugues, et, le 13 juillet 936, sacré dans l'église de Saint-Médard de Soissons, par Gauthier, archevêque de Sens. Après ce couronnement, la guerre civile aurait pu se prolonger encore; mais Héribert, comte de Vermandois, ayant attiré Charles le Simple à Péronne, l'arrêta et

le retint prisonnier à Château-Thierry. Tandis qu'Odgive, femme de Charles et fille d'Edouard, l'ancien roi des Anglo-Saxons, emmène son fils Louis en Angleterre, le nouveau roi Raoul, satisfait d'avoir ajouté un titre plus élevé à celui qu'il tenait de son père, d'être invoqué par les églises qui lui demandaient des priviléges, et traité avec plus de respect par les seigneurs laïques, continuait à résider en Bourgogne et se mêlait à peine du gouvernement du royaume; le comte Hugues administrait avec contrôle la plus grande partie de la France romane (Neustrie). La Gaule n'était plus qu'une fédération de princes indépendants, qui n'avaient pas même beaucoup de communications les uns avec les autres. La plupart des diplômes de Raoul sont datés d'Autun, de Chaalons, d'Auxerre, de Dijon, ou des châteaux du voisinage de ces villes. Il ne s'en éloignait que pour faire tête aux Normands. Un de leurs chefs, nommé Regenold, attiré par quelques partisans de Charles le Simple, vint en 925 porter le ravage dans le duché de France. Hugues appela à son secours Raoul, qui fut d'abord vaincu et grièvement blessé près d'Arras (926); mais quelques années après il prit sa revanche, et la bande de Regenold fut presque entièrement détruite dans un combat que lui livra Raoul aux environs de Limoges. Héribert, comte de Vermandois, s'étant brouillé avec Raoul au sujet du comté de Laon, remit en liberté Charles le Simple (927); mais, s'étant réconcilié avec le roi Raoul l'année suivante, le pauvre Carlovingien fut enfermé de nouveau. Toutefois Raoul se montra généreux envers lui ; il voulut qu'il fût remis en liberté; il alla le voir à Reims, et l'établit dans le palais d'Attigny, où le descendant de Charlemagne crut régner. Charles mourut l'année suivante auprès de Péronne le 7 octobre 929. Raoul, après avoir chassé les Hongrois qui avaient pénétré en Bourgogne, mourut à Autun le 15 janvier 936. Il n'avait jamais été reconnu dans les provinces méridionales de la France. Hugues le Grand semblait alors seul maître de disposer de la couronne. « Il était si près du trône, dit M. Sismondi, que son père avait occupé, et sur lequel monta son fils Hugues Capet, qu'on est étonné qu'au lieu de s'y asseoir il n'y ait appelé le fils de son ennemi. Mais Hugues, qui donna deux fois la couronne à Rodolphe et à Louis IV, au lieu de la prendre pour lui-même, semble avoir considéré le pouvoir d'un seigneur héréditaire dans ses fiefs, comme beaucoup plus satisfaisant pour l'ambition que la prérogative d'un roi électif sur des vassaux inquiets et indépendants. Il avait déjà considérablement étendu l'héritage de sa famille; il comptait l'étendre encore, mais il voulait donner à toutes ses usurpations la sanction de l'autorité royale..... Tous les grands du midi des Gaules et de l'Aquitaine avaient dans les dernières guerres civiles prétendu vouloir demeurer fidèles au sang de Charlemagne; Hugues compta qu'ils rentreraient au nom du dernier descendant de cet empereur. » Il fit donc revenir d'Angleterre le fils de Charles *le Simple*, Louis IV, surnommé d'*Outremer*. Son premier acte, après le couronnement du jeune roi, fut de le conduire dans le duché de Bourgogne, sur lequel Hugues avait des prétentions. Avec lui, il assiégea la ville de Langres, qu'il enleva à Hugues le Noir, frère du feu roi Raoul; puis il fit avec ce prince et Giselbert, comte de Dijon, un traité par suite duquel tous trois convinrent à partager le titre de ducs de Bourgogne. Louis d'Outremer, en qui brilla la dernière étincelle du génie de Charlemagne, fit de vains efforts pour s'affranchir de la tutelle du duc de France. Dès que celui-ci s'aperçut de l'inimitié secrète du jeune monarque, il contracta une alliance plus étroite avec Héribert, comte de Vermandois. Il se rapprocha également d'Othon Ier, roi de Germanie, en épousant Hedwige (938), sa sœur; mais Louis IV balança ce désavantage à la mort du duc de Lorraine Gislebert, par son mariage avec sa veuve Gerberge, autre sœur d'Othon, et en se faisant prêter serment par les Lorrains. L'alliance du roi avec les peuples belliqueux de la Meuse et du Rhin effraya tous les vassaux du Nord, et les jeta dans l'alliance du roi de Germanie, qui voyait la Lorraine lui échapper. Hugues et Héribert vinrent trouver Othon, lui prêtèrent foi et hommage, le reconnurent pour leur roi, et le conduisirent en France, à Attigny, où il fut pompeusement couronné (940). Louis d'Outremer s'enfuit en Provence, d'où il négocia avec les comtes d'Aquitaine. Ceux-ci, mécontents de voir le comte Hugues, auparavant leur égal, agir en maître dans la monarchie, témoignèrent au roi beaucoup de zèle, lui firent hommage, et lui prêtèrent une armée; en même temps tous les chefs bretons se prononcèrent pour lui, et d'Outremer se réconcilia avec le duc des Normands, Guillaume Longue-Epée. Tout favorisait alors Louis : Othon, plus occupé de rétablir l'ordre dans l'Occident que d'augmenter son pouvoir, s'entremit lui-même pour réconcilier Louis d'Outremer avec Hugues, comte de Paris et avec Héribert, comte de Vermandois; alors ces deux puissants vassaux firent hommage de nouveau de leurs comtés au descendant de Charlemagne (942). Bientôt Louis veut profiter de la minorité du jeune duc Richard sans Peur pour lui enlever la Normandie; et à cet effet il s'allie avec *Hugues le Grand*: tous deux conviennent de partager cette province; mais un comte normand parvint à brouiller avec Hugues le pauvre roi, qui, laissé à ses propres forces, est vaincu et fait prisonnier par les Normands. Ils le livrent au comte Hugues (945), et celui-ci ne consent à lui rendre la liberté qu'autant que la ville de Laon, la seule qui fût restée sous le domaine royal, lui serait remise (946). Il serait trop long de présenter tous les détails de cette lutte entre la dynastie en décadence et le chef de la race qui déjà deux fois avait essayé le trône. Les efforts d'Othon s'interposant toujours comme médiateur, en cherchant à maintenir l'équilibre entre le roi et son puissant vassal, les menaces du concile d'Ingelheim (948), les anathèmes du synode de Trèves (949), confirmés par le pape Agapet (950), Hugues le Grand, éluda, brava tout. Au milieu de cette lutte mêlée de trèves, le seul avantage que put obtenir Louis IV fut de ressaisir la ville de Laon (950). Louis IV mourut en 954, laissant deux fils, Lothaire, âgé de treize ans, et Charles, presque au berceau. Pour la première fois la royauté resta indivise: elle avait été tellement réduite par les usurpations des grands vassaux, qu'il n'était plus possible de la partager. Lothaire fut donc proclamé roi, et il ne fut pas fait mention de son frère. C'était un précédent dont devait profiter la royauté capétienne. Ce fut Othon le Grand qui fit prévaloir les droits de Lothaire; mais Hugues par son exemple entraîna les suffrages des vassaux. Son adhésion n'était point désintéressée: il ne l'avait accordée que pour obtenir l'investiture du duché d'Aquitaine. L'expédition qui devait accroître la puissance de ce redoutable vassal échoua heureusement pour Lothaire; l'Aquitaine ne voulut point se laisser prendre, et ce qui fut plus heureux encore pour le jeune roi, c'est que son dangereux protecteur mourut un an après la guerre d'Aquitaine, le 16 juin 956. Ses vastes domaines furent partagés entre ses trois fils, Othon, Hugues et Henri ou Eudes; Othon l'aîné obtint le duché de Bourgogne, et réunit toute cette province à la mort de son beau-père Gislebert, comte de Langres et duc de Bourgogne, qui arriva cette même année. Othon ayant cessé de vivre en 965, le duché de Bourgogne passa à son second frère Henri ou Eudes. Quant à Hugues, surnommé *Capet*, en héritant du comté de Paris et du duché de France, il devint héritier plus tard de ces pensées ambitieuses de son père. Les deux sœurs de l'empereur Othon, Gerberge et Hedwige, mère et tutrice de ces enfants, surent conserver sans trouble et sans rivalité les droits de leurs fils mineurs. Mais la lutte n'était que différée; la position réciproque de Lothaire et de Hugues devait leur imposer à l'un et à l'autre, dès qu'ils auraient atteint l'âge d'hommes, une politique analogue à celle qu'avaient suivie Louis IV et Hugues le Grand. Au surplus, les contemporains nous fournissent peu de matériaux sur cette période si importante de notre histoire nationale: les documents sont rares, peu suivis. Lorsque, par représailles d'une audacieuse invasion du roi Lothaire en Germanie, Othon II vint à son tour jusqu'aux portes de Paris, le comte Hugues, qui avait alors trente-deux ans (978), n'avait pas encore trouvé, selon l'expression de Sismondi, une occasion de se distinguer ou de faire parler de lui. Mais, pour qui sait étudier la marche constante de certains usurpateurs plus avides de pouvoir que de gloire, il est facile de pressentir que le peu d'éclat du caractère de Hugues Capet fut précisément ce qui contribua le plus à l'élever au trône. La lecture attentive des lettres de Gerbert, qui fut mêlé à toutes les grandes affaires de l'époque, prouve que Hugues Capet, sans se montrer ni se compromettre, était le principal moteur des intrigues qui achevèrent d'ébranler la dynastie régnante. Il avait le talent de se tenir si complètement dans l'ombre que son nom même n'était jamais prononcé. « Lothaire est roi de France, écrivait Gerbert, mais seulement de nom; Hugues n'en porte pas le nom, mais il est roi par le fait et par ses œuvres; si vous recherchez son amitié..... vous n'aurez pas lieu de vous apercevoir de l'inimitié des rois de France. » Au surplus, les circonstances le servirent merveilleusement: Lothaire, engagé dans les fatales affaires de Lorraine, après avoir vainement usé tout ce qui pouvait lui rester de puissance pour s'assurer de cette province, se vit contraint de reconnaître par le traité sur le Chier (980) la suzeraineté germanique sur la Lorraine. Ce traité, conclu malgré la volonté de Hugues, de Henri de Bourgogne, son frère, et de l'armée des Francs, contrista grandement, dit un auteur contemporain, le cœur des seigneurs de France. Lothaire étant mort le 2 mars 986, son fils Louis, âgé de vingt ans, lui succéda

et descendit lui-même au tombeau le 21 mai de l'année suivante. Restait encore un prince carlovingien, Charles, frère de Lothaire et duc de la basse Lorraine, qui pour ce fief avait prêté serment au roi d'Allemagne. Ce serment a été imputé à Charles par les écrivains postérieurs comme un crime qui le priva justement du droit à la couronne; mais on a fait observer avec raison qu'il n'y avait pas un grand vassal dans le nord qui n'ait prêté de pareils serments aux empereurs, et les Capétiens plus souvent encore que les autres. Le grand tort de Charles de Lorraine est d'avoir hésité, d'avoir perdu un temps précieux, tandis que Hugues Capet se hâta de prendre le titre de roi; il fut proclamé dans une assemblée tenue à Noyon par son armée (mai 987) et par ses vassaux; il fut soutenu par sa famille, qui occupait les principaux fiefs du nord, entre autres par le duc de Bourgogne, son frère, et le duc de Normandie, son beau-frère. Il sut par ses libéralités et son respect pour les lois de l'Église gagner le clergé des provinces centrales et septentrionales. Aussi les évêques s'empressèrent de le reconnaître; il ne trouva d'opposition que dans l'archevêque de Reims, Arnold, neveu du duc de basse Lorraine, qui ne pouvait voir sans regret la spoliation de sa famille. Hugues Capet, l'ayant fait déposer par un concile et jeter dans les fers, fut ensuite sacré dans la métropole de saint Rémy, par l'archevêque Adalbéron (3 juillet 987). — « Les difficultés de tout genre que présentait en 987 une quatrième restauration des Carlovingiens, dit un moderne, effrayèrent les princes d'Allemagne; ils ne firent marcher aucune armée au secours du prétendant Charles, frère de l'avant-dernier roi... Réduit à la faible assistance de ses partisans de l'intérieur, Charles ne réussit qu'à s'emparer de la ville de Laon, où il se maintint en état de blocus, à cause de la force de la place, jusqu'au moment (2 août 991) où il fut trahi et livré par l'un des siens (ce même évêque, Adalbéron, qui l'avait d'abord soutenu). Hugues Capet le fit emprisonner dans la tour d'Orléans, où il mourut. Ses deux fils, Louis et Charles, nés en prison et bannis de France après la mort de leur père, trouvèrent un asile en Allemagne, où se conservait le vieil égard l'ancienne sympathie d'origine et de parenté. A l'occasion de la catastrophe de Charles de Lorraine, Muller fait encore cette sage réflexion : « Les princes de la race de Charlemagne, comme ceux de la race de Clovis, descendirent du trône de France presque sans secousse; ce fut leur faiblesse et non leur despotisme qui causa leur ruine. » — Quoi qu'en aient dit Sismondi et ceux qui l'ont suivi, le changement de dynastie par lequel Hugues Capet arriva au trône ne fut pas considéré par ses contemporains comme un événement de peu d'importance. Bien que les Carlovingiens fussent tombés dans l'impuissance, les idées de suprématie s'éveillait le titre de roi n'étaient point obtuses : cela résulte clairement du récit des chroniqueurs. D'ailleurs, dans l'opinion du vulgaire comme aussi dans celle d'un grand nombre d'hommes importants, les descendants de Charlemagne étaient seuls rois légitimes; la couronne était regardée comme leur propriété héréditaire. Cette idée ne suscita point à Hugues Capet de grandes et longues difficultés; cependant elles survécut à son succès, et continua d'agir sur les esprits. Deux ans après l'avénement de Hugues à la couronne, Gerbert écrivait à Adalbéron, évêque de Laon (989) : « Le propre frère du divin Auguste Lothaire, l'héritier du royaume, en a été expulsé. Ses rivaux ont été placés au rang de rois. Beaucoup de gens du moins les tiennent pour tels. Mais de quel droit l'héritier légitime a-t-il été déshérité? De quel droit a-t-il été expulsé du royaume? » Le doute sur le droit de Hugues était si réel qu'il paraît l'avoir ménagé et peut-être partagé lui-même; car pendant les neuf années de son règne il évita toujours *de porter le diadème*. Bien plus, trois siècles après, cette idée conservait son empire, et le mariage de Philippe Auguste, le sixième successeur de Hugues Capet, avec Isabelle de Hainaut, issue de la race de Charlemagne, fut considéré comme un retour à la légitimité. De ce mariage naquit Louis VIII, dit *Cœur de Lion*, et la *Chronique de Saint-Denis* fait à ce sujet la réflexion suivante : « Il est constant que dans la personne de ce Louis, duquel sont descendus depuis tous les rois des Français, et dans la personne de sa mère, le royaume revint à la race de Charles le Grand. » De tous ces textes, il faut conclure avec M. Guizot que, malgré l'extrême facilité que trouva Hugues à s'approprier la couronne, l'*idée de la légitimité de l'ancienne race était déjà développée et puissante*. Il prit pour la combattre le seul moyen efficace : il rechercha l'alliance du clergé, qui professait cette idée et avait surtout contribué à l'accréditer. Non-seulement il s'empressa de se faire sacrer à Reims; mais il traita les ecclésiastiques avec une faveur si constante, que des contemporains, en voulant faire son éloge, l'ont appelé *le roi des prêtres*. Sans cesse il leur prodigue des donations; il leur rend ceux de leurs priviléges qu'ils avaient perdus pendant le développement de la féodalité naissante; il leur en accorde de nouveaux; il rétablit dans les monastères la liberté des élections; il abdiqua lui-même la dignité d'abbé de Saint-Germain et de Saint-Denis, dont il avait été revêtu. A cet égard sa conduite fut si constante, que près de six siècles après sa mort, en 1576, aux états de Blois, les chapitres de chanoines demandaient qu'on leur rendît la liberté de leurs élections, alléguant à l'appui de leur réclamation que la race carlovingienne avait été de courte durée, parce qu'elle s'était arrogé le droit de disposer des dignités ecclésiastiques, tandis que la race capétienne, qui depuis son origine et à l'exemple de son fondateur en avait habituellement respecté l'indépendance, régnait depuis plus de cinq siècles. — « Dans la personne de Hugues Capet, dit M. de Châteaubriand, s'opère une révolution importante; la monarchie élective devint héréditaire. En voici la cause immédiate, qu'aucun historien, du moins que je sache, n'a encore remarquée : *le sacre usurpa le droit d'élection.*» Jean de Muller avait présenté ce fait, mais de manière à laisser au lecteur judicieux à en tirer la conséquence. « Hugues fit couronner son fils Robert, dit-il, pour consolider par cette cérémonie les droits de sa famille au trône de France. Jusqu'à Philippe Auguste (septième roi capétien), les rois de France suivirent cet usage; ils l'abandonnèrent quand la succession héréditaire sembla assez bien établie pour n'avoir plus besoin de cette précaution. » Philippe se crut assez puissant pour n'avoir pas besoin durant sa vie de présenter au sacre son fils Louis VIII; mais Louis VIII, près de mourir, s'alarma, parce qu'il laissait en bas âge son fils Louis IX, qui n'était pas sacré; il lui fit prêter serment par les seigneurs et les évêques; non content de cela, il écrivit une lettre à ses sujets, les invitant à reconnaître pour son fils aîné. « Tant de précautions, observe M. de Châteaubriand, font voir que deux cent trente-neuf ans n'avaient pas suffi à la confirmation de l'hérédité absolue, et de l'ordre de primogéniture dans la monarchie capétienne. Le souvenir même du droit d'élection se perpétuait dans une formule du sacre : on demandait au peuple présent s'il consentait à recevoir le nouveau souverain.» Ainsi la royauté capétienne avait à la fois contre elle les souvenirs de la légitimité de l'ancienne famille, et l'absence de l'élection nationale. En effet l'élection de Noyon n'était qu'une comédie jouée par la famille et les vassaux de l'usurpateur. Non-seulement Charles de Lorraine avait été reconnu par tous les feudataires d'outre-Loire, mais par tous ceux qui dans le nord ne dépendaient ni de Hugues Capet ni des siens. Quand Charles de Lorraine eut disparu de la scène, le nouveau roi fut souffert sous son titre usurpé, mais à condition de n'en point faire usage, de ménager les grands feudataires ses égaux, ses *pairs*, comme on commençait à les appeler. Au reste, ce titre de roi ne lui conféra aucun pouvoir réel dont ils pussent s'alarmer. En droit, ce titre perdit en passant sur sa tête ce qu'il avait pour eux d'hostile et de suspect. Par l'usurpation du trône, toutes les usurpations féodales se trouvaient légitimées; et depuis le plus humble seigneur jusqu'au roi, tous en définitive existaient au même titre. Ce qui portait ombrage dans la royauté carlovingienne, c'étaient ses souvenirs, son passé. Hugues Capet n'avait point de souvenir, point de passé : c'était un roi *parvenu*, en harmonie avec *une société renouvelée*, ainsi que l'a qualifiée si judicieusement M. Guizot. En effet cette association d'anciens officiers ou bénéficiers des rois carlovingiens, devenus par abus ou par usurpation possesseurs de fiefs indépendants, n'était pas autre chose. Cette position réciproque se résume énergiquement dans ce mot de l'époque : Adelbert, comte de Périgueux, avait pris le titre de comte de Poitiers et de Tours : après avoir conquis ces deux villes, Hugues Capet lui fit demander par un héraut : « Qui t'a fait comte ?—Et toi, fit répondre Adelbert, qui t'a fait roi ? » — L'histoire se tait sur le premier roi carlovingien, Pepin le Bref : nous ne connaissons rien d'authentique sur son caractère personnel; on est réduit à le juger par les résultats de son règne. De même pour Hugues Capet : il ne nous reste de lui aucun trait caractéristique; le seul discours qui nous reste de lui est l'exhortation qu'il fit au lit de mort à son fils Robert pour l'engager à respecter les bénéfices et les trésors de l'Église. Ce discours est rapporté par le moine Helgand de Fleury, qui a écrit le panégyrique du roi Robert. Dévot, circonspect et politique, vaillant chef dans l'occasion, tel est donc l'idée qu'on peut se former de Hugues Capet. Son fief, en montant sur le trône, comprenait Paris et l'Ile-de-France, l'Orléanais, le pays de Chartres, le Perche, le comté de Blois, la Touraine, l'Anjou et le Maine. Ainsi Hugues Capet apporta à la couronne environ un quart de la France, dans les limites qu'elle avait au Xe siècle; et dans ces beaux et fertiles domaines entre le

coude de la Loire et les sources de l'Oise, entre la Normandie et la Champagne, commençant à Tours, se terminant à Saint-Quentin, comprenant les cités de Paris, de Melun, d'Orléans, qui dominent la Seine et la Loire, la France, avait selon l'expression de M. Michelet, trouvé enfin son centre, son assiette et son point d'appui. Paris, résidence habituelle *du roi de Saint-Denis*, comme l'appellent les chroniques chevaleresques, devint désormais la seule capitale du royaume. En réunissant ainsi à la couronne les domaines qu'il avait possédés à titre de vassal, Hugues Capet prit le moyen le plus puissant pour affermir son trône et sa dynastie. Ses successeurs par une politique analogue, introduisirent l'usage d'y réunir aussi tous les grands fiefs qui devenaient vacants. Le long règne des premiers Capétiens fut encore une cause d'accroissement pour l'autorité royale; et si par la politique inertie, ou si l'on veut par l'indolence naturelle des successeurs immédiats de Hugues Capet, cet accroissement fut lent et insensible, il n'en fut que plus sûr et plus réel. Hugues Capet ne régna que neuf ans (de 987 à 996). — Son fils ROBERT occupe trente-cinq ans le trône, prince « très-pieux, sage et lettré, dit la chronique de Saint-Bertin, passablement philosophe, et excellent musicien. » Sous ce roi si plein de mansuétude et de piété, la France vit passer cette terrible époque de l'an mille, qui devait amener la fin du monde. « Il sembla, dit un moderne, que la colère divine fut désarmée par cet homme simple, en qui s'était comme incarnée la paix de Dieu. L'humanité se rassura et espéra durer encore un peu; elle vit comme Ezéchias que Dieu voulait bien ajouter à ses jours. Elle se leva de son agonie, se remit à vivre, à travailler, à bâtir; à bâtir d'abord les églises de Dieu. » Les basiliques furent renouvelées; les peuples semblaient rivaliser à qui en élèverait de plus belles. En récompense, il y eut d'innombrables miracles. Des révélations, des visions merveilleuses, vinrent partout remplir de consolation le cœur des fidèles. Le bon roi Robert, en qui se trouve l'expression pieuse et naïve de l'âge où il vécut, eut une vie troublée par des chagrins domestiques; il fut constraint par les excommunications de l'Église à se séparer d'une épouse qui faisait son bonheur, mais qui lui était parente au degré prohibé, et prit pour seconde femme Constance de Toulouse, qui fit un long martyre de la vie de son débonnaire époux. Sous le rapport politique, le règne de Robert ne fut pas entièrement sans résultat : on voit ce prince faire la guerre en roi féodal : il intervient les armes à la main dans la querelle à laquelle donna lieu la succession du duché de Bourgogne, ouverte par la mort de Henri Ier, oncle du roi; et cette querelle se termine par l'entrée solennelle du roi féodal à Dijon, et par l'élévation du fils de Robert, Henri, au duché de Bourgogne avec des droits souverains (1002-1016). — Le règne de HENRI Ier, fils et successeur de Robert (1031-1060), fut long comme celui de son père. « C'est ce qu'il fallait alors pour un monde au berceau, » a dit M. de Châteaubriand. Bien qu'il eût été sacré du vivant de son père, le fils aîné de Robert et de Constance trouva la plupart des feudataires ligués contre lui à son avénement : à leur tête était sa mère, qui voulait donner le trône à Robert, son plus jeune fils, pour gouverner l'État au moyen d'une minorité; mais Henri, soutenu par le duc de Normandie Robert le Diable, parvint à faire triompher ses justes droits. Mais il fut contraint de céder à son protecteur la souveraineté sur le Vexin, concession désastreuse qui mettait les avant-postes normands à Pontoise, aux portes mêmes de Paris, mais à laquelle le roi ne pouvait se soustraire. Henri Ier, comme l'a prétendu Sismondi, ne termina point sa carrière d'activité après la soumission de son frère : il intervint avec succès, soit à main armée, soit par des négociations, dans toutes les guerres survenues entre les vassaux (1); et mourut, laissant le royaume augmenté par la réunion, en 1055, du comté de Sens au domaine de la couronne. — Sous PHILIPPE Ier, fils et successeur de Henri Ier, et dont le règne fut de quarante-huit ans (1060-1108), la royauté capétienne était déjà assez forte pour subir les périls d'une minorité; elle ne parut pas même souffrir de l'indolence et des vices de ce prince, qui ne fut que le témoin des merveilles qui se passèrent sous son règne (croisades, conquête de l'Angleterre et du royaume de Naples par les Normands), et qu'on a si justement comparé à Louis XV. Cependant Philippe Ier laissa en mourant la monarchie augmentée du comté du Vexin, acquis en 1074 et du comté et vicomté de Bourges, réunis au domaine en 1100. Personne, au surplus, n'a mieux apprécié ces règnes que M. Guizot. « Je ne crois pas, messieurs, disait-il dans ses leçons, qu'en fait de l'insignifiance des premiers Capétiens, de Robert, de Henri Ier et de Philippe Ier ait été

(1) Voir pour le prouver les détails donnés par Sismondi lui-même.

aussi grande qu'on le dit. Quand on regarde de près aux documents et aux événements de leur temps, on voit qu'ils ont joué un rôle plus important et exercé plus d'influence qu'on ne leur en attribue. Lisez leur histoire : vous les verrez intervenir sans cesse, soit à main armée, soit par des négociations, dans les affaires du comté d'Anjou, du comté de Bourgogne, du comté du Maine, du duché d'Aquitaine, du duché de Normandie, en un mot dans les affaires de tous leurs voisins et même de seigneuries fort éloignées d'eux. Nul autre suzerain, à coup sûr, sauf les ducs de Normandie qui conquirent un royaume, n'agissait alors aussi souvent et à une aussi grande distance du centre de ses domaines. Ouvrez les lettres contemporaines, par exemple celles de Fulbert et d'Yves, évêques de Chartres, ou celles de Guillaume III, duc d'Aquitaine, et beaucoup d'autres, et vous verrez que le roi de France n'était point sans importance, et que les plus puissants suzerains le ménageaient fort. De ces trois princes, le plus apathique, le plus étranger à toute activité sérieuse et forte, était peut-être Philippe Ier; et cependant sa cour, ou comme on l'appelait alors sa *famille*, c'est-à-dire la réunion des jeunes gens envoyés auprès de lui pour se former, sous son patronage, à la vie de chevalier, était assez nombreuse pour lui tenir quelquefois lieu d'armée. Il est impossible qu'une influence réelle ne se joigne pas très-souvent à une situation si évidemment supérieure. Cependant, messieurs, cela dit, et après avoir ainsi restreint une idée fort répandue, je n'ai garde d'en contester absolument la vérité. Il est certain que les premiers Capétiens ne régnèrent point avec l'activité, le pouvoir croissant qui accompagne ordinairement la fondation d'une nouvelle dynastie, et que leur mollesse frappa même leurs contemporains. On lit dans une chronique d'Anjou, sous l'année 959. *Cette année mourut le duc Eudes, abbé de Saint-Martin, fils de Robert le pseudo-roi, et père de cet autre Hugues qui, dans la suite, fut fait roi lui-même avec son fils Robert que nous avons vu régner dans une honteuse mollesse, et de l'apathie duquel n'a point dégénéré son fils, aujourd'hui roitelet.* » — A dater du règne de LOUIS VI, dit le Gros par les historiens, dit *l'Éveillé* par ses contemporains, la royauté capétienne prend une attitude nouvelle, et semble sortir de son sommeil. « Ce jeune héros, dit Suger dans la *Vie de Louis le Gros*, gai, conciliant tous les cœurs, et d'une bonté qui le faisait regarder par certaines gens comme un homme simple, était à peine parvenu à l'adolescence qu'il se montrait déjà pour le royaume de son père un défenseur.... courageux, pourvoyait aux besoins des églises, et ce qui *avait été négligé longtemps*, veillait à la sûreté des laboureurs, des artisans et des pauvres. » Plus loin, parlant de la guerre que Louis VI fit en 1101, comme auxiliaire de l'abbé de Saint-Denis, à Bouchard, seigneur de Montmorency, l'historien contemporain ajoute *tous les maux et les calamités dont la majesté royale a droit de punir la désobéissance*, Bouchard *les éprouva bien vite*. C'est à propos des exploits de ce prince et de la protection active qu'il donnait aux opprimés dans les contrées les plus éloignées du centre du royaume, que Suger dit encore : On *sait que les rois ont les mains longues*, « singulière phrase à cette époque, » observe M. Guizot, et qu'on n'eût *sans doute* pas dit *de Robert*, de Henri Ier, de Philippe Ier. Sous Louis VI, la royauté nouvelle ne réclame point le pouvoir absolu, le droit d'administrer seule et partout; elle ne prétend point à cet héritage des anciens empereurs; elle reconnaît et respecte l'indépendance des seigneurs féodaux; elle laisse la juridiction s'exercer librement dans leurs domaines; elle ne nie point, elle ne détruit point la féodalité : seulement elle s'en sépare, elle se place au-dessus d'elle comme un pouvoir distinct supérieur, qui a le droit et le devoir d'intervenir pour rétablir l'ordre et la justice, pour protéger les faibles contre les puissants, etc. On a dit de Louis VI qu'il fut le fondateur des communes; c'est une erreur : Louis VI ne fit que confirmer celles qui existaient déjà dans sept ou huit villes dont la seigneurie était partagée entre l'évêque et le seigneur laïque. Du reste, ce prince, aussi bien que ses successeurs, se garda bien de laisser établir des communes dans ses propres domaines. En général, dans tout le gouvernement de Louis VI, il n'y a rien, comme on l'a prétendu, de savant, de systématique; il pourvut, selon les règles du bon sens, aux besoins du présent : il maintenait ou rétablissait de son mieux partout l'ordre et la justice; et c'était là sans doute pour l'époque la meilleure politique. La guerre qu'il fit contre Henri Ier, son vassal normand devenu roi d'Angleterre, fournit à Louis le Gros l'occasion de jouer le rôle de roi national et d'appeler toute la France aux armes. Henri Ier sut entraîner toute la Germanie dans sa querelle par un appel à l'empereur Henri V, son gendre, qui entra en France à la tête d'une armée nombreuse (1125). Un ébranlement général eut

lieu depuis la Meuse jusqu'aux Pyrénées, et le peuple prit les armes (chaque paroisse sous la bannière de son curé) avec un concours tel qu'aucun Capétien n'aurait pu l'espérer jusqu'alors. Cet armement, du reste, ne fut qu'une grande menace qui suffit pour éloigner les Allemands; mais la royauté sentit sa force. — Sous LOUIS VII, dit *le Jeune* (1137-1180), prince faible, désordonné, étranger à toute pensée publique, l'heureuse révolution commencée dans la nature et la situation de la royauté sous le règne de son père, ne fut point interrompue : cette révolution était si naturelle, si conforme aux besoins et à l'esprit du temps, par conséquent si forte, qu'entre les mains de l'abbé Suger, qui fut longtemps le principal conseiller du monarque, le pouvoir royal suivit la même route, conserva la même physionomie que lui avait imprimée Louis le Gros. L'émancipation progressive des communes continua. En certaines circonstances, le roi convoqua les habitants notables de quelques villes : faible commencement de l'existence politique du tiers état. Par son mariage avec Aliénor, fille et héritière du duc d'Aquitaine, Louis VII avait vu doubler sa puissance : cette union le rendait maître de toutes les provinces qui longent l'Océan entre la Loire et les Pyrénées. Aussi à son avénement Louis le Jeune ne crut-il pas avoir besoin de se faire sacrer de nouveau, comme avaient fait ses prédécesseurs; et il n'eut point à réprimer les rébellions qui avaient assailli le trône de son père. Malheureusement, au retour de la croisade, Louis le Jeune, poussé à bout par les désordres d'Aliénor, se décida à la répudier; mais il fallut rendre les riches et populeuses provinces qui formaient la dot de cette princesse (1152). Deux mois après, Aliénor donnait sa main et ses États à un nouvel époux, Henri Plantagenet, comte d'Anjou, qui devint roi d'Angleterre en 1154 : c'était trop de puissance pour un vassal, et d'un autre côté Henri avait sur son indolent suzerain l'avantage de l'activité, de l'audace et de la politique. — PHILIPPE II, surnommé *Auguste* (1180-1223), un des plus grands rois du moyen âge, est vraiment le type du roi féodal. M. Guizot, le juge éclairé des temps passés, a très-bien caractérisé ce monarque en disant qu'il « employa son règne tout entier à refaire le royaume, ensuite à mettre la royauté de fait au niveau de la royauté de droit; à faire en sorte que sa situation extérieure, réelle, fût en harmonie avec les idées déjà répandues et accréditées sur sa nature. » Il réunit à sa couronne, par la confiscation féodale appuyée des armes, la Normandie, le Maine, l'Anjou, la Touraine et le Poitou; il fit l'acquisition des comtés d'Auvergne et d'Artois; il recouvra la Picardie, un grand nombre de places dans le Berri, et divers autres comtés, châtellenies et seigneuries; enfin il fit couronner son fils roi d'Angleterre à Londres. En rappelant tous ces faits, on peut se demander quel roi *fit plus sentir la monarchie* (1). « La bataille de Bouvines, dit M. de Châteaubriand, est la première où l'on reconnaisse un esprit de nationalité : la transformation est accomplie, les Franks sont devenus Français. Du règne de Philippe Auguste date la naissance de l'administration en France : il créa des prud'hommes, des prévôts, des baillis chargés de rendre la justice, détermina le nombre et l'époque des assises, protégea la liberté des citoyens contre les arrestations arbitraires, établit le trésor des chartes, donna des statuts à l'université de Paris, para et embellit cette capitale, etc. » — Le règne si court de LOUIS VIII, dit *le Lion* (1223-1226), ne fut que le complément de celui de Philippe Auguste; il étendit encore les conquêtes de son père, en sorte qu'au moment où il mourut l'autorité royale était reconnue de la Rochelle jusqu'au Rhône, et du détroit de Calais jusqu'au rivage de la Méditerranée, à Montpellier. — Le règne de LOUIS IX (1226-1270), que l'Église a mis au nombre des saints et qui fut un de nos plus grands rois, s'ouvre par les troubles d'une minorité durant laquelle Blanche de Castille, mère du roi, déploya des talents qui ont immortalisé son nom. Ces troubles, fomentés par des grands ambitieux, ne servirent qu'à prouver combien la royauté était devenue forte et nationale. Saint Louis, devenu majeur, prit pour guide et pour modèle sa mère, qui continua de faire sentir sa haute influence sur les affaires. Les vertus que ce prince fit briller sur le trône aidèrent plus que les conquêtes de ses devanciers à l'accroissement de la puissance royale. Doutant, dans la délicatesse de sa conscience, de la légitimité des conquêtes de Philippe Auguste, il ne voulut les posséder qu'après une transaction libre, et par une transaction conclue en 1259 abandonna le Limousin, le Périgord, le Quercy, l'Agé-

---

(1) En 1217 il possédait 67 prévôtés ou domaines, dits *prévôtés de France*. Sur ce nombre, 32 avaient été acquises par lui (Guizot, *Hist. moderne*).

nois, et la partie de la Saintonge située sur la rive gauche de la Charente. Henri III, de son côté, renonça à toute prétention sur la Normandie, le Maine, la Touraine et le Poitou, et se reconnut vassal pour l'Aquitaine. Cependant le royaume ne s'accrut pas moins sous ce prince si scrupuleux des vastes domaines du comte de Toulouse, des comtés de Blois, de Chartres, de Sancerre, de Mâcon, du Perche, d'Arles, de Fulcalquier, de Foix et de Cahors. Dans son administration, saint Louis porta le coup le plus sensible à la puissance des vassaux. « La féodalité ne fut pas abolie par ce prince, dit Sismondi ; mais elle cessa d'être souveraine ; et après lui, pendant les siècles qui suivirent, il n'y eut pas en France d'autre souverain que le roi. » Ce que Philippe Auguste avait fait reconnaître par la force auxiliaire de sa politique, il le fit passer dans la loi. Ce fut surtout par l'introduction du droit romain dans la législation et des légistes dans les tribunaux, que l'habile et saint roi sapa dans sa base la justice seigneuriale. Les barons s'éloignèrent insensiblement des assises, où il fallait faire preuve de connaissances positives, étrangères à leurs habitudes. C'est ainsi que la cour des pairs devint la cour du roi ou le parlement, et que Louis IX, qui semblait ne modifier que les formes de la procédure, créa un nouveau corps politique, et s'empara en réalité du pouvoir judiciaire. Ses *appels* et les *cas royaux*, bientôt imaginés par les légistes, ramenaient au roi toutes les affaires importantes. Saint Louis sut à la fois défendre l'Église, honorer les papes et s'opposer à leurs envahissements, dans sa fameuse *pragmatique sanction* publiée en 1268, moins importante en elle-même que par la manière dont les gens de loi en surent tirer parti ; enfin, dans le règlement sur les monnaies, le roi s'attribua le monopole de la monnaie. — Au règne de PHILIPPE III *le Hardi* (1270-1289) se rattachent des réunions considérables de territoire : 1° le comté de Toulouse, comprenant le Rouergue, l'Auvergne, le Poitou, l'Albigeois, l'Agénois, etc., par la mort d'Alphonse, oncle du roi ; 2° l'héritage des comtés de Perche et d'Alençon, par la mort de Pierre, cinquième fils de saint Louis ; 5° enfin, l'occupation des comtés de Nemours (1276) et de Chartres (1284). Un second fait non moins capital se rattache à cette époque, l'intervention active de la France dans les affaires du midi de l'Europe. Philippe le Hardi donna les premières lettres d'anoblissement. Sous le rapport de l'influence des légistes, le règne de ce prince ne fut que la continuation de celui de saint Louis ; seulement, sous Philippe III, prince faible et sans lumières, ils commencèrent à devenir des instruments de tyrannie. « Jaloux de la noblesse à laquelle pour la plupart ils n'appartenaient pas, jaloux du clergé qui par une autre route était arrivé à une même domination, ils employèrent le sceptre des rois à briser et l'épée des gentilshommes et la crosse des prélats ; ils savaient que les progrès de l'autorité royale leur profiteraient surtout à eux-mêmes, qui en étaient dépositaires.» — Au règne de PHILIPPE IV *le Bel* (1285-1314), qui est en même temps roi de Navarre du chef de sa femme Jeanne, commence la monarchie des trois états et la monarchie du parlement. Ce prince cupide, ambitieux, cruel mais habile, rompit violemment avec les hommes et les choses du passé ; c'est la victoire du roi à l'aide de son parlement sur l'Église et la féodalité ; mais cette victoire le plongea dans mille embarras, et ne fut obtenue qu'en foulant aux pieds toute justice et toute loyauté : aussi les empiétements de la couronne sous son règne ne furent ni réguliers ni systématiques, et plus d'une fois il se vit obligé de s'arrêter et de revenir sur ses pas. Le premier il réunit les trois ordres en états généraux, où parurent les députés des villes, rendit le parlement sédentaire, ôta aux seigneurs le droit de battre monnaie, etc.; mais il fut lui-même un roi *faux-monnayeur*; on lui reprocha éternellement non point l'abolition des templiers, mais les cruautés qui souillèrent ce grand et utile coup d'État. — L'esprit féodal, comprimé sous le règne précédent par le gouvernement despotique des légistes et des financiers, prit sa revanche à l'avènement de LOUIS X *le Hutin* (1314-1316) ; le royaume tomba sous l'influence de Charles de Valois, oncle du roi et chef de la féodalité humiliée. Le jeune roi parut s'associer à la réaction qui énervait sa puissance, permettant au duc de Bretagne de juger chez lui sans appel, s'interdisant tout rapport avec les vassaux indirects, avec les vassaux inférieurs en Champagne, en Vermandois, en Bourgogne, rendant aux nobles la liberté des guerres privées et la fabrication des monnaies, etc. Le supplice de Marigny couronna toutes ces conquêtes de l'aristocratie triomphante. Toutefois la nouvelle constitution du parlement ne fut pas ébranlée. Louis X, voyant son trésor épuisé, imagina d'affranchir tous les serfs de ses domaines, sous prétexte que dans le royaume des Francs tout homme doit naître franc. La plupart des serfs sentaient si

peu alors le prix de ce prétendu bienfait, qu'on fut obligé de les contraindre par voies de justice, pour les forcer d'acheter la liberté qui leur était offerte. — A la mort de Louis X, son frère PHILIPPE V *le Long* fut provisoirement nommé *gardien de l'État*. Clémence, veuve de Louis, mit au monde un fils posthume qui reçut le nom de JEAN Ier, et qui ne vécut que huit jours. Philippe prétendit alors au trône ; mais ce ne fut pas sans rencontrer d'obstacles. Louis le Hutin laissait une fille, Jeanne de Navarre, qu'un parti voulait proclamer reine. En effet, rien n'était alors moins certain que l'existence de la loi salique, laquelle loi contestée mettait pareillement en doute l'hérédité. « Ces questions s'agitèrent vivement non-seulement sous Philippe le Long, mais sous Charles IV, dit Philippe de Valois. » Mais dans ces trois circonstances la loi salique des anciens Francs fut alléguée, elle l'emporta ; et ainsi la royauté capétienne, devenue pour ainsi dire immuable, se plaça en dehors et au-dessus de tous sans rien donner. Que dire des règnes de PHILIPPE *le Long* (1316-1322) et de CHARLES *le Bel* (1322-1322), son frère et son successeur. L'un et l'autre s'occupèrent sérieusement de la bonne administration du royaume. On fixe au règne de Philippe V la loi qui rend le domaine de la couronne inaliénable. Charles IV, à qui les courtisans reprochaient d'être un roi *philosophe*, fut, selon l'expression de Jean du Tillet, *sévère justicier, rendant le droit à chacun*. — Avec lui finit la branche directe des Capétiens, laquelle avait donné à la France quinze rois en trois cent trente-neuf années. Alors la couronne de Navarre cessa d'être réunie à la couronne de France, et passa à la branche des comtes d'Évreux, issue de Louis, frère de Philippe le Bel (*V.* ci-après). — On s'étonne de voir ainsi descendre au tombeau les trois fils de Philippe le Bel, jeunes, beaux, bien constitués comme leur père. Les contemporains, dans leur pieux respect pour les décrets de la Providence, attribuèrent ces morts si rapides à la colère de Dieu pour les crimes de Philippe le Bel. Le sang de tant de victimes, le cri de tant d'orphelins dépouillés était monté jusqu'au ciel. Au surplus, c'est toujours par trois frères que se sont successivement éteintes les branches de la maison capétienne. Les Valois ont fini par les trois fils de Henri II ; c'est par trois frères que nous avons vu la branche aînée des Bourbons sinon cesser, du moins s'éclipser dans l'exil. — Aux Capétiens directs succède la branche des Valois en la personne de Philippe VI. Cette branche, qui a régné de 1328 à 1588, a donné treize rois. — Les Bourbons de branche aînée, issus de Robert, comte de Clermont, sixième fils de saint Louis, sont ensuite montés sur le trône en la personne de Henri IV, l'ont occupé pendant huit règnes, jusqu'en 1850. Cette branche est représentée dans l'exil par Louis-Antoine, duc d'Angoulême, et par Henri-Dieudonné, duc de Bordeaux. — Enfin, au mois d'août 1830, la branche cadette est advenue au trône en la personne de LOUIS-PHILIPPE, duc d'Orléans (*V.* BOURBONS, VALOIS, ORLÉANS (Ducs d'). — Les branches collatérales de la maison capétienne sont nombreuses. Plusieurs ont eu une grande illustration : nous allons décrire les principales. — *Première maison de Bourgogne.* Issue de ROBERT Ier dit *le Vieux*, frère du roi Henri Ier, et fils du roi Robert II, a donné douze ducs jusqu'à PHILIPPE DU ROUVRE, mort sans postérité en 1365. Le duché de Bourgogne fit alors retour à la couronne, et le roi Jean II le conféra à PHILIPPE *le Hardi*, l'un de ses fils. — Henri de Bourgogne, second fils du duc Robert Ier *le Vieux*, eut un fils nommé comme lui HENRI, qui devint en 1094 comte de Portugal, et fut la tige de trois rois, de Henri jusqu'à don Sanche IV, dont nous donnerons tout le comté de Dreux fut réuni à la couronne. — *Comtes et ducs de Bretagne.* PIERRE, surnommé *Mauclerc*, fils de Robert II, comte de Dreux, et par conséquent arrière-petit-fils de Louis VI dit *le*

— *Comtes de Vermandois et de Valois.* HUGUES *le Grand*, second fils du roi Henri Ier, devint en 1080 comte de Vermandois et de Valois, du chef de sa femme Adélaïde, fille d'Herbert IV. Cette branche capétienne s'éteignit en 1204, après avoir donné deux comtes de Vermandois, Raoul Ier et Raoul II, qui moururent en 1167 sans postérité. Ses sœurs Éléonore morte en 1183, et Isabelle décédée en 1204, possédèrent successivement le comté, qui fit alors retour à la couronne. — *Comtes de Dreux.* ROBERT Ier dit *le Grand*, troisième fils du roi Louis VI dit *le Gros*, reçut en 1152 selon les uns, en 1137 selon les autres, du roi Louis VII dit *le Jeune*, son frère, le comté de Dreux, dont la postérité prit le nom. Cette branche, après avoir donné dix comtes et deux comtesses, s'éteignit en 1365 en la personne de SIMON, vicomte de Thouars, tué dans un tournoi. Ses sœurs Péronnelle et Marguerite, se partagèrent son héritage ; mais en 1377 Marguerite, et l'année suivante Péronnelle, vendirent chacune sa part au roi Charles V. Dès ce moment tout le comté de Dreux fut réuni à la couronne.

Gros, fut choisi en 1212 par Philippe Auguste pour épouser l'héritière de Bretagne, Alix, fille aînée de Guide Thouars et de la duchesse de Bretagne, Constance. Pierre Mauclerc devint duc de Bretagne l'année suivante. C'est lui qui joua un si grand rôle durant les troubles de la minorité de Louis IX. — Après régnèrent successivement dix ducs de Bretagne jusqu'en 1477, époque à laquelle ANNE succéda à son père François II. Cette princesse épousa successivement les rois de France Charles VIII en 1491, et Louis XII en 1499. De ce dernier mariage naquit CLAUDE de France, à qui le roi son père céda le duché de Bretagne en 1514, après la mort de la reine Anne sa mère. Claude fut mariée à François Ier, à qui elle transporta le duché de Bretagne, et qui le réunit définitivement à la couronne l'an 1532. — Branche de Courtenai. Issue de PIERRE Ier, septième fils de Louis le Gros Pierre épousa Elisabeth, dame et héritière de Courtenai, et prit désormais le nom de ce fief. Son fils Pierre II, son petit-fils Baudouin furent successivement empereurs de Constantinople. Le premier mourut en 1218; le second en 1273. La branche aînée de Courtenai s'éteignit en 1285, en la personne de Philippe de Courtenai, empereur titulaire de Constantinople. — Quant à la branche cadette de la maison de Courtenai, elle s'est perpétuée jusqu'à nos jours avec peu d'éclat, quoique bien que ses droits au trône de France fussent incontestablement antérieurs à ceux de toute autre branche de la maison royale de France, personne ne songea à les réclamer pour elle, soit à l'extinction des Capétiens directs, soit à l'extinction des Valois. — Comtes d'Artois. ROBERT Ier dit le Bon et le Vaillant, deuxième des fils de Louis VIII, eut en apanage le comté d'Artois. Il eut pour fils et pour successeur ROBERT II dit l'Illustre et le Noble, qui après s'être signalé par ses exploits et ses services sous les règnes de Louis IX, de Philippe le Hardi et de Philippe le Bel, fut tué le 11 juillet 1502 à la bataille de Courtrai. Le comté d'Artois passa alors à sa fille Mahaut. Depuis, l'Artois passa à la seconde maison de Bourgogne, et ne revint à la France que par les traités des Pyrénées 1659, et de Nimègue 1678. — Comtes d'Anjou. CHARLES Ier, comte de Provence, fut investi en 1246 des comtés d'Anjou et du Maine par le roi Louis IX son frère, devint roi de Naples l'an 1266, et fut la tige de cette maison d'Anjou dont les fautes, les malheurs et les exploits ont tant d'éclat dans notre histoire. L'Anjou ne fit retour à la couronne qu'en 1481, sous le règne de Louis XI. — Ducs de Bourbon. Issus de Robert, comte de Clermont, sixième fils de saint Louis (V. BOURBON [Maison de]). — Comtes et ducs de Valois. Issus de Charles de Valois, frère de Philippe IV dit le Bel (V. VALOIS [Maison de]), etc. — Comtes d'Alençon. Issue du même Charles de Valois (1295), se perpétua jusqu'en 1425 que mourut Charles IV, duc d'Alençon, sans laisser de postérité. Il était l'époux de la célèbre Marguerite de Valois, sœur de François Ier. — Comtes d'Evreux. Issue de Louis, frère de Philippe le Bel, qui devint comte d'Evreux en 1317. Cette branche, qui a produit CHARLES le Mauvais, le fléau de la France pendant le règne de Jean II, porta la couronne de Navarre, et s'éteignit en 1425 en la personne de CHARLES II dit le Noble. Le comté d'Evreux avait déjà été confisqué et réuni à la couronne en 1378 par le roi Charles V. Quant à la Navarre, elle passa à la maison d'Aragon, et devait faire retour à la France à l'avènement de la maison de Bourbon, mais démembrée et seulement réduite à la partie française. — Ces indications suffisent pour faire pressentir l'influence que les différentes branches de la maison capétienne ont dû exercer soit sur le royaume de France, soit sur les différentes provinces, tant comme rois que comme comtes ou ducs feudataires. Les détails se trouveront aux articles spéciaux qui dans notre Encyclopédie concernent ces branches ou ces personnages. Sous la maison de Bourbon, la royauté capétienne s'est étendue sur différents Etats de l'Italie et sur l'Espagne. Les Bourbons règnent encore à Naples, comme à Madrid, comme à Lisbonne; enfin, c'est un Capétien issu de Henri de Bourgogne qui occupe le trône de Brésil. CH. DU ROZOIR.

CAPÉTUS (myth.), un des amants d'Hippodamie; il fut vaincu et tué par OEnomaüs.

CAPÉTUS ou **CALPÉTUS**, sixième roi d'Albe, fils d'Alba Sylvius, selon Denys d'Halicarnasse, régna vingt-six ans, et laissa le trône à Capys, son fils, vers l'an 962 avant J.-C.

CAPÉTUS, huitième roi d'Albe, fils de Capys, commença à régner vers l'an 954 avant J.-C., et mourut vers l'an 921, après treize ans de domination.

CAPÉYER (V. CAPÉER).

CAP-FRANÇAIS (PRISE DU). — Le général Galbaud commandait au Cap-Français, quand les maux qui désolaient Saint-

Domingue (V. ce mot) nécessitèrent en 1792 l'envoi des commissaires Polverel et Santhonax. Destitué par eux, et embarqué pour être ramené en France, Galbaud gagna les navires de la flotte, et, le 21 juin, revint attaquer la ville du Cap. Foudroyée par l'artillerie, abandonnée par les commissaires, elle tomba bientôt au pouvoir des marins, et aussitôt elle fut livrée au pillage. Les nègres et les esclaves, que travaillaient les agents de l'Angleterre et de l'Espagne, se mêlèrent aux vainqueurs; d'horribles massacres furent commis, et l'incendie vint enfin mettre le comble au désordre. Dès que la lassitude eut fait cesser le carnage, quand les flammes se furent arrêtées faute d'aliments, Santhonax et Polverel redescendirent dans la ville pour réparer les effets d'une catastrophe qui avait failli compromettre l'existence de la colonie. — Aussitôt que la paix d'Amiens eut ouvert l'Océan aux navires français, le premier consul résolut de faire rentrer Saint-Domingue sous l'autorité de la république, à laquelle Toussaint-Louverture l'avait soustraite. Le général Leclerc fut chargé de cette expédition; l'amiral Villaret eut le commandement de la flotte de transport. Au commencement de février 1802, Leclerc se présenta devant la rade du Cap, où il fut accueilli par une décharge à boulets rouges; et, peu après, un homme de couleur vint à bord du vaisseau amiral pour lui signifier que le général noir Christophe, commandant au Cap pour Toussaint-Louverture, avait pris l'invariable résolution de brûler cette malheureuse ville et de massacrer les blancs, dès le moment où l'on ferait quelques dispositions pour la descente. Le général Leclerc crut donc convenable de dérober aux noirs la vue du débarquement, et de se diriger vers l'embarcadère du Limbé où il aborda. En deux heures il parvint à la rivière Salée, où il rencontra et battit Christophe; mais bientôt, à l'entrée de la nuit, l'escadre, qui avait déjà engagé le feu contre le fort, vit le morne de la ville réfléchir une lumière rougeâtre, signe trop certain de l'incendie du Cap, dont un calme plat la força de rester tranquille spectatrice. Cependant au premier souffle de la brise du large, elle gagna le mouillage, et débarqua les troupes avec lesquelles le général Humbert courut s'emparer du fort de Bélair pour faciliter l'arrivée du général en chef. On prit en même temps la petite anse, et l'on s'occupa d'éteindre l'incendie de la ville. Quelques instants après, le général Leclerc arriva au haut du Cap, et fit cesser la fusillade entre ses tirailleurs et l'arrière-garde de Christophe; tous ses soins eurent pour but le rétablissement des cultures dans la colonie; mais les soulèvements continuels des nègres armés l'empêchèrent d'atteindre ce but; et furent cause enfin que la France perdit sans retour la plus belle de ses colonies.

CAPGRAVE ou **CATGRAVE** ou **CATPGRAW** (JEAN), Anglais, de l'ordre de Saint-Augustin, et docteur d'Oxford, mort le 12 août 1464, ou suivant d'autres 1484, a laissé une Légende des saints d'Angleterre imprimée à Londres en 1516. On lui attribue encore des Commentaires sur presque toute l'Écriture, sur le Maître des sentences, Determinationes theologicæ, de illustribus viris ordinis sancti Augustini, etc.

CAP-HAITIEN (LE), appelé autrefois le Cap-Français, ville d'Haïti (nord), sur la côte septentrionale, à l'entrée d'une vaste plaine, avec l'un des ports les plus sûrs et les plus commodes de l'île. Cette ville, bâtie en 1670, était la capitale de la partie française de Saint-Domingue; elle renfermait de beaux édifices, tels que le palais du gouverneur, le collège, les casernes, l'arsenal, le théâtre et deux hôpitaux; faisait un commerce considérable, et comptait 12,000 habitants. Tout cela a disparu avec l'insurrection de 1793; néanmoins le Cap ne se rendit aux insurgés qu'en 1803. Elle est à 31 lieues nord du Port-au-Prince, par 19° 46' 20" de latitude nord, et 74° 38' 10" de longitude ouest.

CAPHAR, dénomination hébraïque d'un lieu ou d'un village, dans l'ancienne géographie. Composée avec d'autres mots, cette expression est souvent employée pour signifier un bourg particulier ou une ville. Ainsi : Caphar-Aria, village de Palestine, entre Jérusalem et Ascalon; — Caphar-Barica ou Caphar-Baruca, village de Palestine, à trois milles d'Hébron, dans la tribu de Juda, cité par saint Epiphane et saint Jérôme; — Caphar-Dagon, situé entre Diospolis et Jannina; — Caphar-Nimra, ville populeuse du Cap-Nimra, dans la terre d'Israël; — Caphar-Naum, village de Palestine, en Galilée, près du Jourdain, souvent théâtre des miracles du Sauveur; — Caphar-Orsa, ville d'Idumée, placée par Ptolémée à l'ouest du Jourdain; — Caphar-Saba, où était située Antipatris, près de la mer; — Caphar-Samala, lieu près de Jérusalem; — Caphar-Sorek, ville de Palestine, près d'Eleuthéropolis, qui existait dans le temps de saint Jérôme; — enfin *Caphara*, ville de Juda, dans la tribu de Benjamin.

CAPHAR. C'est un droit, un tribut imposé par les Turcs aux marchands chrétiens qui trafiquent d'Alep à Jérusalem. Le caphar fut d'abord établi par les chrétiens eux-mêmes lorsqu'ils étaient maîtres de la terre sainte, pour subvenir aux frais d'entretien des troupes apostées dans les passages les plus dangereux, afin de s'opposer au pillage des Arabes; mais les Turcs qui l'ont maintenu en ont élevé le tarif, et en ont souvent abusé à l'égard des marchands et voyageurs chrétiens, toujours sous le prétexte de les garantir des Arabes, avec lesquels ils s'entendent pour la plupart, et dont ils favorisent les brigandages.

CAPHARÉE (*géogr. anc.*), promontoire de l'île d'Eubée, situé au midi de la côte orientale, sur lequel un grand nombre de vaisseaux grecs vinrent se briser, attirés par un fanal que Nauplius, roi de l'île, y avait mis pendant la nuit afin de venger la mort de son fils Palamède, tué par Ulysse.

CAPHARNAUM (*géogr. anc.*), ville de Palestine, située sur la rive septentrionale du lac de Tibériade, appelée aussi lac de Génésareth et mer de Galilée, à quelque distance et à l'ouest de l'embouchure du Jourdain. Bien que cette ville ait existé jusqu'au septième ou huitième siècle, son emplacement est tout à fait introuvable. Suivant saint Matthieu, chapitre IV, verset 13, elle était sur les confins de Zabulon et de Nephtali ; c'est un des lieux illustrés par les miracles du Christ, qui vint y séjourner quelque temps après s'être séparé de sa famille à Nazareth. — Capharnaüm est aussi le nom d'une rivière et d'une montagne dans le voisinage de cette ville, où l'on remarquait une source d'eau limpide et saine qui engagea probablement les Juifs, après leur retour de la captivité de Babylone, à former un établissement dans ce lieu. ED. GIROD.

CAPHARTUTE (*géogr. ecclés.*), ville de Mésopotamie, proche de Mardes et de Dara, était unie avec l'évêché de Mardes au temps du patriarche Cyriaque, qui mourut en 818. Elle est évêché au diocèse jacobite d'Antioche.

CAPHAURUS (*myth.*), berger libyen, fils du dieu Amphithémis et d'Acalis, fille de Minos.

CAPHÉSIAS, Sicyonien qui entreprit avec Aratus de rendre la liberté à sa patrie, asservie par le tyran Nicoclès.

CAPHÉTÉTA (*archéol. sacrée*), nom d'un mur de Jérusalem que Jonathas fit réparer (*I. Mach.*, XII, 37).

CAPHIES (*géogr. anc.*), ville d'Arcadie, située au nord d'Orchomène.

CAPHIRA (*géogr. sacr.*), ville de Benjamin, la même que Caphara.

CAPHITOS (*archéol. sacr.*), grande mesure des Juifs, égale un hectolitre vingt-six litres.

CAPHOPICRITE, s. f. (de κάφος, exhalaison ; πικρός, amer), nom donné par M. Devaux au principe jaune de la rhubarbe. Elle est jaune brunâtre, d'une saveur âpre et amère, très-peu soluble dans l'eau froide, davantage dans l'eau chaude, soluble dans l'alcool et l'éther, colorant en rouge les solutions alcalines, précipitant la plupart des dissolutions métalliques. Cette substance est encore peu connue; elle paraît formée de rhubarbarin, uni à une autre substance.

CAPHTOR, île ou district dont la situation est un objet de contestation parmi les interprètes de l'Écriture. Quelques-uns ont supposé, sans raisons suffisantes, que c'était la Cappadoce ; selon d'autres, l'île appelée Caphtor, d'où sont sortis les Caphtorims, Chérétites ou Philistins, qui sont considérés comme des peuples de la même origine, était l'île de Crète dans la Méditerranée. L'abbé Pluche, le docteur anglais Wells, et d'autres, supposent avec plus de chances de probabilité, que Caphtor était une des îles d'Égypte formées par le Nil, et qu'elle était la même que *Coptos* située aussi dans cette contrée. A ce propos, on allègue que Caphtorim, tribu mentionnée dans la Genèse, chap. XV, vers. 14, descendait de Mizraïm, fils de Cham, qui peupla l'Égypte, et que de cette peuplade sont issus les Philistins. ED. GIROD.

CAPHTOUM (*géogr. sacr.*), siège épiscopal du diocèse d'Orient, dont il n'est fait mention que dans l'histoire des nestoriens et dans celle de la province de Mosus ou d'Arbèle. Assémani croit que c'est une ville d'Assyrie dans l'Adiabène. Il y a eu quelques évêques, mais nous ignorons le temps auquel ils ont siégé.

CAPHYES (*V.* CAPHIES).

CAPHYRA (*mythol.*), fille de l'Océan, qui nourrit et éleva Neptune.

CAPIA, s. m. (*botan.*), végétal sarmenteux du Pérou. — Nom commun à plusieurs plantes qui croissent au Brésil.

CAPI-AGASSI (*term. de relation*), c'est-à-dire l'aga ou le chef de la porte, nom turc désignant divers fonctionnaires de la cour du sultan à Constantinople. On entend par là soit celui d'entre les eunuques qui est sans cesse auprès de la personne du sultan, et qui est chargé de lui présenter les personnes qui ont besoin de parler au prince, soit le fonctionnaire qui a sous sa garde les effets précieux du sérail, soit enfin le chef des janissaires.

CAPI-CAG-TUIGA (*botan.*), espèce d'acorus qui croît aux Indes occidentales et ressemble beaucoup à celui de l'Europe par sa racine et ses feuilles. Il est seulement plus petit; mais on lui attribue des vertus bien supérieures à celles de l'autre ; il est plus chaud et plus aromatique; il incise les humeurs froides et peccantes; il résiste au poison, etc.

CAPICULY, s. m. (*term. de relation*), nom qu'on a donné aux janissaires, qui étaient le premier corps de l'infanterie turque.

CAPIDAVA (*géogr. anc.*) (la *Tab. Peut.*, donne à tort Calidava), nom d'un fort situé dans la basse Mésie en petite Scythie. D'après l'*Itin.*, il se trouvait à 18 milles au nord-est d'Axiopolis ; c'était un quartier de cantonnement pour une division de cavalerie. Aujourd'hui c'est Tochernawode.

CAPIDE ou **CAPÈDE**, s. m. (*archéol.*), vase sacré qui avait la forme d'une tasse à deux anses.

CAPIDJI (*term. de relation*), c'est-à-dire portier. Ce mot s'applique à diverses personnes attachées au service de la cour, au nombre de près de 2,000 hommes. De ces capidjis, les uns étaient naguère employés dans le sérail même, les autres étaient envoyés dans les provinces. Parmi les derniers, ceux dont il est parlé le plus dans les relations de nos voyageurs sont les exécuteurs de haute justice que le prince envoyait aux pachas et aux autres grands fonctionnaires, et qui souvent, sous l'apparence de leur apporter des présents et des marques de la faveur impériale, étaient chargés de les mettre à mort.

CAPIE, s. f. se dit, dans les manufactures où l'on travaille la soie, le fil, la laine, etc., de plusieurs brins mis en double, à l'aide desquels on serre l'écheveau quand il est fini et l'on arrête le dernier bout ; ce qui empêche l'écheveau de se déranger, et ce qui en facilite le dévidage, en permettant d'en prendre toujours le dernier bout.

CAPIER, v. a. (*term. de manufacture*). C'est dans un écheveau de fil, de soie, laine, etc., arrêter le bout par lequel il a commencé, et celui par lequel il a fini, de façon qu'au dévidage on puisse toujours trouver et prendre le dernier. La façon d'arrêter est arbitraire. Dans le fil, on noue les deux bouts ensemble; dans la soie, on arrête séparément. Quand il est question de teindre en bleu, en vert, ou autres couleurs dont la teinture ne doit être que tiède, on casse les *capies* sous lesquelles la teinture ne prendrait pas, parce qu'ordinairement elles resserrent la partie de l'écheveau qu'elles enveloppent. Le règlement de Piémont ordonnait de capier les organsins toutes les huit heures, et les trames toutes les quatre : cela vient de ce que les organsins sont plus tors que les trames, et que par conséquent les aspes ou guindres se chargent d'une beaucoup moindre quantité d'organsins que les trames en des temps égaux. — CAPIER se dit aussi, dans les manufactures en soie, des mailles qu'on est obligé de faire aux lisses, lorsqu'elles commencent à s'user ; c'est arrêter la maille par son nœud sur la cristelle, précisément dans l'endroit qu'elle doit occuper (*V.* CRISTELLE).

CAPIIPUBA, s. f. (*botan.*), genre de plantes du Brésil, de la famille des graminées.

CAPIKHOULY, s. m. (*term. de relation*), nom générique des troupes réglées en Turquie (*V.* CAPICULY).

CAPILA (*V.* KAPILA).

CAPILLACÉ, adj. (*capillaceus*), synonyme de *capillaire* en botanique.

CAPILLAIRE, adj. (*capillaris, capillaceus, capillus*, de cheveu), qui a pour ainsi dire la ténuité d'un cheveu. — En botanique, on nomme *feuilles* ou *racines capillaires* celles qui sont fort allongées et extrêmement déliées. — En physique, on appelle *tubes* ou *tuyaux capillaires*, des tubes dans lesquels, en raison de la petitesse de leur diamètre qui ne dépasse pas un 30e de pouce, l'eau s'élève au-dessus de son niveau, lorsqu'on plonge une des extrémités du tube dans ce liquide. — En pathologie, on nomme *fente capillaire* (rima capillacea) une fracture du crâne sans aucun écartement des parties osseuses, et ne se manifestant, lorsque l'os est à découvert, que par un trait ou par une ligne extrêmement fine.

CAPILLAIRE. Ce nom a été appliqué à diverses plantes de la famille naturelle des fougères et de la cryptogamie de Linné, parmi lesquelles deux seulement méritent d'être mentionnées ici : 1° CAPILLAIRE DE MONTPELLIER (*adiantum capillus Veneris*, L.). Cette espèce que l'on croit être l'adiante d'Hippocrate, et qui se rencontre actuellement dans les lieux humides et pierreux de presque toutes les régions de la terre, fournit à la matière médicale que ses frondes, composées de tiges longues de dix-huit à trente centimètres (six à dix pouces), grêles, d'un rouge brun, luisantes, et de folioles alternes, pédicellées, cunéiformes, à deux ou trois lobes. 2° CAPILLAIRE DU CANADA (*adiantum pedatum*, L.). Cette espèce diffère principalement de la précédente en ce que ses frondes sont plus grandes et pédalées, et que ses folioles, plus longuement pétiolées, sont allongées et incisées d'un seul côté. — « L'odeur de fougère prononcée et assez agréable que possèdent ces deux capillaires, particulièrement le second, disent MM. Vavasseur et Cottereau (*Dictionn. raisonné des plantes*, p. 28); leur saveur légèrement aromatique, un peu mucilagineuse d'abord, puis faiblement astringente, a fait considérer comme des stimulants convenables dans les affections catarrhales peu intenses de l'appareil respiratoire; mais leur action est tellement faible, qu'ils n'offrent à l'art de guérir que des agents peu importants. »—*Doses et modes d'administration.* 1° INFUSION. De deux à quatre gros (huit à quinze grammes) pour une livre (cinq cents grammes) d'eau, que l'on édulcore ensuite avec le sucre, le miel ou un sirop approprié.—2° SIROP. Cette préparation, dont la saveur est fort agréable, est obtenue le plus ordinairement en versant le sirop simple et bouillant dans une chausse où l'on a placé le capillaire. Médicament peu actif malgré les éloges que lui a prodigués Fourcroy, il n'est guère employé que comme édulcorant, ou pour servir à incorporer les poudres destinées à former des pilules, des électuaires. — Ce sirop se donne à la dose de quinze à soixante grammes (quatre gros à deux onces) et plus.

CAPILLAIRE, s. m. (*scienc. médic.*), genre de vers intestinaux.

CAPILLAIRE (*mythol.*), ornement qui pare la tête de Pluton, dieu des enfers, et qui est formé d'une couronne de ces plantes que l'on appelle *capillaire.*

CAPILLAIRES (VAISSEAUX) (*anat.*). On appelle vaisseaux capillaires les vaisseaux dont le diamètre est si petit, qu'il peut être comparé à un cheveu. Ces vaisseaux terminent ceux qui ont un diamètre plus considérable; et c'est par eux que le sang peut se ramifier à l'infini dans toutes les parties du corps. Ils forment une transition, un intermédiaire entre les artères et les veines. Quelques anatomistes ont dit qu'ils terminent leurs artères et donnent naissance aux éléments qui constituent les veineux. Mais c'est impossible à prouver. Le rôle physiologique des capillaires est de tamiser le sang dans les tissus, globule par globule. La disposition anatomique de ces vaisseaux favorise parfaitement l'accomplissement de cette fonction. Par la petitesse de leur diamètre, en effet, le cours du sang est ralenti; bientôt même ce fluide devient immobile, car les globules ont un diamètre trop considérable pour circuler dans des canaux aussi étroits. Alors le sang se fige à cause de cette immobilité qui est la condition essentielle de sa coagulation, et se transforme dans les éléments qui constituent la fibre musculaire. Il y a longtemps qu'on a dit que le sang est de la chair coulante; mais le travail qui se fait dans les capillaires est bien plus compliqué. Ces vaisseaux servent encore à reprendre et à reporter dans les gros troncs veineux le résidu de ce sang qui a servi à la reconstitution de la fibre animale. A cause de cette double fonction, on ne peut pas dire où finissent les capillaires. Ils se continuent toujours en réunissant leurs embouchures aux embouchures des canaux veineux ou des canaux voisins. Cette distribution particulière couvre le corps d'un réseau de sang ou artériel ou veineux, à mailles si serrées qu'il est impossible de ne pas rencontrer une ramification capillaire, à quelque point du corps qu'on enfonce un instrument piquant de la plus grande ténuité.   D. ED. CARRIÈRE.

CAPILLAMENT, s. m. (*anat. et botan.*), emprunté à la lettre un *cheveu*, étant formé du latin *capillus*, et celui-ci de *caput*, tête, et de *pilus*, poil. C'est pourquoi on donne ce nom figurément à plusieurs choses qui, par rapport à leur longueur et à leur finesse, ressemblent à des cheveux, comme les *capillaments* des nerfs, qui signifient les fibres déliées, ou les filaments dont les nerfs sont composés. — « La vision, dit Hewton, ne se fait-elle pas principalement par les vibrations excitées au fond de l'œil par des rayons de lumière, et continuées à travers les *capillaments* solides, transparents et uniformes des nerfs optiques jusqu'au *sensorium?* »

V.

CAPILLARIS, s. m. (*archéol.*), nom de l'arbre auquel les jeunes Romains consacraient leur chevelure.

CAPILLARITÉ (*phys.*). On comprend sous le nom général de capillarité un ensemble de phénomènes qui se produisent lors du contact des corps solides avec les corps liquides, et qui semblent en opposition avec les lois de l'hydrostatique. — Lorsqu'un liquide est versé sur un corps solide, ou bien lorsque l'on plonge le corps solide dans le liquide, il peut arriver que le corps solide soit capillaire ou qu'il ne le soit pas. Lorsque l'on verse de l'eau sur une plaque de verre, elle la recouvre d'une couche mince, qui sur la limite de la partie mouillée diminue encore d'épaisseur pour pouvoir s'étendre davantage, et prend à peu près la forme de ce qu'en termes d'architecture on appelle une doucine. En second lieu, si l'on plonge un tube de verre plein, ou une plaque de cette substance, dans l'eau, la surface du liquide se courbe dans les parties voisines du verre de manière à en mouiller une plus grande étendue. — Il n'est personne qui ne l'ait remarqué en versant de l'eau dans un verre et surtout dans un tube un peu étroit. Ces phénomènes se reproduiront toutes les fois que le liquide mouillera le corps solide, comme ici l'eau mouille verre. — Si au contraire on verse du mercure bien pur sur une lame de verre légèrement humide, on le voit se diviser en gouttelettes sphériques quelque peu déprimées par le poids des parties supérieures; ou bien, si la quantité de mercure réunie est assez considérable, la goutte s'aplatit, et sur sa limite le mercure prend une courbure qui tend à l'éloigner le plus possible du verre. — La goutte a alors la forme d'un tore massif. Si l'on plonge un tube de verre dans un vase plein de mercure, le tube semble se creuser une gaîne au milieu du liquide, dont la surface, dans les parties voisines du tube, se courbe pour s'en éloigner. Ces deux phénomènes, ainsi exposés en quelques mots, sont la base de toute la théorie de la capillarité; c'est de là qu'il faut partir pour expliquer mille faits en apparence étrangers l'un à l'autre, même contradictoires, et que Laplace a rapprochés et expliqués en les attribuant à une cause générale, l'affinité moléculaire. — Dans le premier cas, celui où le liquide mouille le corps solide, on admet que la cohésion des molécules de l'eau, l'attraction qui tend à les réunir l'une à l'autre, agit avec moins d'énergie que l'affinité de l'eau pour le verre. — Et cette affinité ne doit point étonner lorsqu'on sait combien sont solubles quelques-unes des substances qui entrent dans la composition du verre. Si au contraire le liquide a peu d'affinité pour le solide, et c'est ce qui se présente dans le cas où le mercure est versé sur une plaque de verre, la seule force attractive qui retient les molécules suffira pour les en éloigner; et comme la forme sphérique est celle sous laquelle cette attraction des molécules est le plus aisément satisfaite, les gouttelettes affecteront cette forme, et la surface de niveau aux environs de la plaque prendra une courbure qui variera sous l'influence de certaines circonstances, dont nous expliquerons par la suite les effets. — L'attraction que les molécules exercent les unes sur les autres est facilement rendue sensible par une expérience bien simple, et que chacun a faite sans chercher à s'en rendre compte. — Lorsqu'on plonge un tube plein dans l'eau, et qu'on le retire, on enlève une petite goutte qui reste suspendue à l'extrémité. — On conçoit très-bien que les molécules d'eau qui touchent immédiatement le tube soient soutenues par l'attraction que le verre exerce sur elles; mais on peut toujours supposer un plan fictif séparant les parties de la goutte à une petite distance de l'extrémité du tube; les molécules d'eau qui se trouvent au-dessus de ce plan, ne sont point retenues par l'attraction du verre, car ce genre d'attraction ne s'exerce qu'à des distances infiniment petites et que l'œil ne peut mesurer; il faut bien alors admettre que ce sont les molécules liquides immédiatement placées au-dessous qui les soutiennent. Si la goutte augmente, il pourra arriver que le poids des molécules que soutiennent celles qui sont retenues par l'attraction immédiate du verre l'emporte sur cette force d'attraction; alors les parties se sépareront, et la goutte tombera dans le vase. — Mais revenons au fait d'expérience que la surface d'un liquide dans les points voisins de la paroi se courbe pour s'abaisser ou s'élever. — Ce premier fait est en contradiction avec ce principe fondamental de l'hydrostatique, qu'un liquide contenu dans un vase et soumis à l'action de la pesanteur ne peut y être en équilibre si sa surface de niveau n'est pas parfaitement horizontale. Toutefois un moment de réflexion fera reconnaître qu'on ne considère là, comme force agissante, que la pesanteur; on ne tient point compte de cette nouvelle force dont nous venons de démontrer l'existence, l'affinité du liquide pour la substance du tube, et c'est précisément cette force qui change la forme de la surface et la fait s'infléchir dans la région adjacente au verre. — Parmi tous les

42

phénomènes dont nous essayerons ici de reproduire la théorie à peu près telle que Laplace l'a donnée dans la Mécanique céleste, le plus remarquable peut-être, celui du moins qui a le plus fixé l'attention à cause de son influence sur un grand nombre de faits et d'expériences, est le phénomène de l'ascension et de la dépression des liquides dans les tubes d'un diamètre excessivement petit. Lorsque l'on plonge dans un liquide un tube capillaire en verre, on voit du liquide dans l'intérieur s'élève à une assez grande hauteur au-dessus du niveau général de la surface si le verre est mouillé; il s'abaisse, au contraire, quand le liquide ne mouille point; en même temps la surface se bombe et forme un espèce de bouton à peu près sphérique. On peut en outre remarquer que l'épaisseur des parois du tube n'influe en rien sur la hauteur de la colonne liquide soulevée, pourvu que le diamètre reste le même; et que pour les tubes de même nature et de diamètres différents, mais toujours très-petits, la hauteur de cette colonne est en raison inverse du diamètre du tube. Et il ne faudrait pas croire qu'il s'agit là d'un phénomène peu sensible, qui n'aura que peu d'influence sur les résultats d'un calcul. Dans un tube dont le diamètre est d'un millimètre, et qui a été préalablement humecté, la hauteur de l'eau au-dessus du niveau est de 30 millimètres à la température ordinaire. — Si le tube était plongé dans le mercure, la dépression du niveau serait de 15 millimètres. — On comprend alors comment la sève des arbres peut monter jusqu'aux dernières extrémités des rameaux les plus élevés, quand on regarde les conduits qui la transportent du sol à toutes les parties, et quand on voit la finesse extrême de ces petits tubes. On comprend aussi comment il se fait qu'un morceau de sucre mis sur l'eau et ne la touchant que par quelques points, finit par s'imbiber complétement. — Ces phénomènes se produisent d'ailleurs aussi bien dans le vide que dans l'air, preuve évidente qu'ils ne sont point l'effet de la pression atmosphérique.—Si, au lieu de plonger un tube dans le liquide, on y glisse deux plaques de même substance, parallèles et très-rapprochées, le liquide s'élève ou s'abaisse entre les deux, suivant qu'il les mouille ou non; et en comparant la hauteur du liquide à celle à laquelle il serait élevé dans un tube d'un diamètre égal à la distance des plaques, on voit qu'elle est précisément moitié moins grande. On peut, pendant que les lames de verre sont plongées dans l'eau, les rapprocher et les éloigner, et s'assurer que la hauteur du liquide diminue à mesure que la distance des plaques augmente. — On peut même constater qu'elle est précisément en raison inverse de cette distance, comme cela a lieu dans les tubes. — Si on fait faire un angle aux deux plaques, la surface du liquide prend une double courbure; elle conserve sa forme concave, et en outre elle s'élève dans les parties voisines du sommet de l'angle, s'abaisse au contraire dans les parties qui s'en éloignent, et finit par revenir au niveau général. — J'appellerai encore l'attention sur deux faits assez remarquables, et dont l'explication se déduira tout naturellement de la formule que nous établirons par la suite. Lorsqu'on tient un tube capillaire plongé dans l'eau, ce liquide s'y maintient à une certaine hauteur au-dessus du niveau; puis si l'on retire doucement le tube de l'eau, au moment où il en sort complétement, on remarque que la hauteur du liquide qu'il contient devient double de ce qu'il était auparavant, si l'on a eu soin d'enduire très-légèrement l'extrémité inférieure du tube avec un peu de cire, de manière à la maintenir sèche sans obstruer toutefois le canal intérieur.—Voici en quoi consiste le second fait. Je suppose que l'on ait un tube d'un assez grand diamètre, communiquant avec un tube capillaire par un canal horizontal. On verse quelques gouttes d'eau dans le plus grand. Elle passe en partie dans le petit, et, contrairement au principe d'*équilibre des liquides dans les vases communiquants*, son niveau s'établit dans les deux tubes à des hauteurs différentes; il est de beaucoup plus élevé dans le tube capillaire, et l'on peut encore remarquer que la surface de ce liquide y est concave, (je suppose que le liquide mouille le tube). Ces premières remarques faites, on ajoutera de l'eau jusqu'à ce que le niveau du liquide dans le petit tube arrive au bord, en présentant toujours une surface concave. Le niveau dans le grand tube restera encore un peu au-dessous. Si l'on continue à verser par petites doses, on remarque que le niveau du liquide dans le grand tube s'élève sans que le petit tube perde une goutte de ce qu'il contient, et en même temps que la surface va s'aplatissant de plus en plus à mesure que diminue la distance des niveaux. Elle devient parfaitement plane quand les deux tubes sont remplis à la même hauteur. En versant toujours, la surface dans le petit tube se bombe, prend la forme convexe, et alors c'est dans la grande branche que le niveau est le plus élevé. La courbure de la surface dans le petit tube augmente avec la distance des niveaux

sans qu'une seule goutte s'en écoule; mais enfin il arrivera un moment où le liquide commencera à s'écouler par la petite branche, et dès lors on ne pourra plus, en versant de nouveau du liquide, faire monter le niveau; il s'écoule par la petite branche à mesure qu'on le verse dans la grande. Les phénomènes que nous venons d'exposer se reproduiront tous avec le mercure, mais en sens inverse; c'est-à-dire que le liquide s'abaissera au lieu de s'élever. Il faut en excepter toutefois la dernière expérience, que l'on ne peut reproduire avec le mercure, vu qu'elle n'a pas d'affinité pour le verre, et que rien ne peut l'empêcher de s'écouler une fois qu'il est arrivé au haut de la petite branche. — Pour parvenir à donner de ces faits une explication satisfaisante, il nous faut commencer par poser quelques définitions et quelques principes sur les forces qui agissent sur un liquide enfermé dans un vase, indépendamment de la pression exercée par l'atmosphère, et aussi de celle que chaque couche horizontale produit par son poids sur les couches qui sont au-dessous d'elle. Chaque molécule exerce à des distances extrêmement petites des attractions sur les molécules qui l'avoisinent, et de ces attractions des molécules les unes sur les autres résulte une force qui tend à abaisser la couche de niveau, et qui équivaut par conséquent à une force dont l'action serait de presser extérieurement sur cette couche. — Nous n'avons nullement l'intention de faire ici une leçon de mécanique, mais simplement un exposé rapide des faits et des idées théoriques qui servent à leur explication. Admettons donc ce que nous venons de dire comme un résultat de calcul, sans entrer dans la démonstration géométrique, qui d'ailleurs est fort simple; et convenons de représenter par la lettre A cette pression exercée sur la surface plane du liquide par l'attraction réciproque des molécules, et rappelons-nous aussi, ce que le calcul démontrerait sans peine, que cette pression A n'est exercée que par une couche infiniment mince, voisine du niveau libre, et nullement par les molécules de la masse intérieure. — Ces préliminaires une fois établis, les phénomènes de la capillarité vont aisément s'expliquer par le seul fait de la courbure de la surface. Si nous menons par le point K, le plus bas de la surface concave, un plan tangent à cette surface, ce plan laissera au-dessus de lui une espèce d'anneau liquide que l'on désigne sous le nom de ménisque. C'est évidemment la présence de ce ménisque au-dessus du plan tangent horizontal, qui fait que les pressions ne sont plus les mêmes et que le niveau s'élève. En effet, si la surface était plane, il y aurait une pression verticale et dirigée de haut en bas, exercée sur les molécules K; cette pression, c'est celle que nous représentons par A. Mais ici les molécules situées dans le ménisque attirent cette molécule de bas en haut et diminueront la pression A, qui ne serait plus alors que A moins quelque chose, A—M, M désignant la résultante verticale et dirigée de bas en haut des actions attractives de toutes les molécules comprises dans le ménisque sur la molécule K. Si la surface était convexe au lieu d'être concave, le ménisque serait au-dessous du plan, et serait vide au lieu d'être rempli par des molécules liquides. — Admettons encore comme démontré, pour ne point entrer dans de trop grands détails de calcul, que l'action de ce ménisque sur la molécule K, serait égale à celle du ménisque situé au-dessus, et s'exercerait dans le même sens. On en conclut que la pression exercée dans ce cas sur la molécule K est égale à A+M. Car avec le ménisque supérieur elle serait A—M; sans ce ménisque elle est A; sans le ménisque inférieur elle doit donc être A+M. — Si donc nous supposons un tube étroit plongé dans un liquide qui le mouille, la surface du liquide dans ce tube va devenir concave et ne se courbera pas en dehors d'une manière sensible; d'ailleurs la pression atmosphérique agit également sur les deux niveaux. Sur le niveau extérieur s'exerce en outre la pression A, due aux attractions des molécules de la couche infiniment mince voisine de la surface; sur le niveau intérieur la pression n'est que A—M; il faut donc, pour qu'il y ait équilibre, que le niveau du liquide s'élève dans le tube à une hauteur telle que le poids de la colonne soulevée détruise l'excès de pression M. Dans le cas où la surface serait convexe, il faudrait au contraire, pour établir l'équilibre, diminuer la pression exercée intérieurement d'un poids qui représente M; aussi le niveau s'abaisse-t-il de lui-même, jusqu'à sorte que le poids du mercure qui remplirait l'espace vide représenterait l'excès de pression. — Par ce calcul, Laplace a trouvé pour l'expression de la valeur de M,

$$M = B\left(\frac{1}{R} + \frac{1}{R'}\right)$$

est un facteur qui dépend de la nature des substances liquides et solides ainsi en contact de la température, etc. R et R' sont ce que l'on appelle, l'un le rayon de courbure minimum, l'autre le rayon de courbure maximum; car dans le cas où le tube n'est pas cylindrique la courbure n'est pas la même dans tous les sens, elle est plus ou moins grande; et les rayons de courbure varient aussi; il y en a un plus grand que tous les autres, un autre plus petit, c'est ce que l'on désigne par les mots de rayon de courbure maximum, et rayon minimum. Dans les cas où le tube est cylindrique, ces deux rayons sont égaux, et l'on a $M = \dfrac{2\,B}{R}$. Dans le cas où au lieu d'un tube on considère deux plaques parallèles, l'un des rayons de courbure, celui qui correspond à la section faite parallèlement aux plaques est infiniment grand; alors $\dfrac{1}{R}$ est nul, et M se réduit à $\dfrac{B}{R}$. On voit tout de suite par cette formule que la colonne liquide qui s'élève dans le tube devant faire équilibre à la force M, sa hauteur sera proportionnelle à cette quantité M; ce qui revient à dire qu'elle sera en raison inverse du rayon R, qui, lorsque le tube est suffisamment étroit, peut être pris sans erreur sensible pour le demi-diamètre de courbure maximum, et rayon minimum. Et en outre on voit que la hauteur du liquide entre deux plaques est moitié de sa hauteur dans un tube dont le diamètre est la distance des plaques. Une personne habituée à discuter une formule mathématique trouvera, dans celle qu'a établie Laplace, une explication satisfaisante de tous les phénomènes. Pour ceux de nos lecteurs qui ne se sont point occupés de ce genre d'exercice, poursuivre plus loin la lecture d'une pareille discussion serait un travail offrant peu d'intérêt. Nous la laisserons donc où elle en est, pour terminer cet article déjà bien long par quelques mots sur des faits qui tiennent de près à ceux dont nous avons donné l'histoire. — A ces phénomènes si intéressants de la capillarité, Laplace rattacha d'autres faits non moins curieux et qui se produisent également sous nos yeux à chaque instant. Maintes fois on a vu des pièces de bois flottant sur l'eau d'une rivière, et se réunissant les unes aux autres par leur bord le plus étendu pour former des trains immenses, dont toutes les parties ne sont liées entre elles que par une simple force attractive de celles dont Laplace a donné la théorie complète. Il a démontré par la seule discussion de la formule que donne la valeur de M, que deux corps mouillés par le liquide s'attirent l'un l'autre; qu'il en est de même si aucun des deux n'est mouillé; qu'ils se repoussent au contraire si l'un est mouillé sans que l'autre le soit. On s'en convaincra en mettant sur l'eau deux bouchons humides et deux bouchons enduits de graisse; on peut faire ainsi d'une seule fois les trois expériences. Cette même formule lui a servi à déterminer la direction et la vitesse du mouvement que prend une goutte liquide dans un tube de forme conique, suivant que le tube est mouillé ou qu'il ne l'est pas. Enfin cette formule si simple et si féconde a donné l'explication de tous les phénomènes qui jusque-là avaient semblé en contradiction avec les lois établies et avaient passé pour des anomalies et des exceptions inexplicables. — Avant Laplace, bien des physiciens avaient cherché à donner de ces différents faits des théories plus ou moins ingénieuses. Dans les premières années du XVIIIe siècle, Jurin, médecin et mathématicien anglais, fit voir que pour un même liquide l'ascension dans les tubes capillaires fournies d'une même matière suit la raison inverse de leurs diamètres intérieurs. Après lui, Clairaut chercha le premier à ramener les phénomènes de la capillarité aux lois de l'équilibre des fluides, dont il venait de trouver les équations générales; il attribua à l'action directe du tube, jointe à l'action du ménisque qu'il regardait comme toute secondaire, l'élévation ou l'abaissement du niveau. C'était rejeter au second rang la force qui joue au contraire le premier rôle et dont l'influence est la plus grande. Aussi sa formule se trouva-t-elle impuissante à expliquer le principe que Jurin avait trouvé par l'expérience, et dont la théorie de Laplace a rendu compte avec la plus grande facilité, comme on a pu le voir par le rapide aperçu que nous en avons donné. Th. Young s'était, quelques années avant Laplace, occupé de ces mêmes questions; il avait établi par l'expérience et par le calcul quelques faits assez importants; mais sa théorie, basée sur une propriété particulière, l'identité de la surface du liquide avec une membrane également tendue en tous les sens, et non point sur une propriété fondamentale, un fait général comme l'attraction moléculaire, fut sans peine renversée par une première théorie que Laplace donna d'abord dans la Mécanique céleste, et à laquelle il a depuis substitué celle que nous avons exposée. — Cette théorie, si remarquable par sa clarté et par sa rigueur, n'échappe cependant pas à quelques objections qui lui ont été faites par Poisson et avant lui par Th. Young. On lui a reproché de ne point tenir compte de l'action de la chaleur dans le calcul des forces moléculaires, non plus que de la variation rapide de densité que le liquide éprouve près de sa surface libre et de la paroi du tube. Quoi qu'il en soit, cette

théorie est sans contredit la plus simple et la plus élémentaire; c'est donc celle que nous avons cru devoir donner avec quelques détails comme méritant toute l'attention de nos lecteurs. — Nous aurions à ajouter, pour terminer cette importante question, un exposé succinct de faits étudiés depuis quelques années seulement et connus sous le nom général de phénomènes d'endosmose. Ces faits, que Poisson attribue à des influences purement capillaires, feront plus tard le sujet d'un article particulier auquel nous renverrons nos lecteurs (V. ENDOSMOSE).

B. MONVEL (de l'École Normale).

CAPILLATES (géogr. anc.), peuples de la Ligurie, ainsi nommés à cause de leurs grands cheveux.

CAPILLATION, s. f. (chirurg.), fracture du crâne qui ne se montre que sous l'aspect d'une fente.

CAPILLATURE (V. CAPILLAMENT).

CAPILLINE, s. f. (botan.), genre de plantes de la famille des champignons.

CAPILOTADE, s. f. (art culin. et gramm.), ragoût qu'on fait de restes de volailles et de pièces de rôti dépecées. — Figurément et familièrement, Mettre quelqu'un en capilotade, l'accabler de coups; et, au sens moral, médire de quelqu'un sans aucun ménagement, le déchirer par des médisances outrées.

CAPILOTOMIE, s. f. (technol.), action de couper les cheveux; tonsure. Il est peu usité.

CAPILOTOMIQUE, adj. des deux genres, qui est relatif à la capilotomie.

CAPILUPI (CAMILLE), de Mantoue, s'est rendu fameux dans le XVIe siècle par un ouvrage intitulé: Lo stratagema di Carolo IX, contra gli ugonoti, Rome, 1572, in-4°, imprimé en italien et en français en 1574, in-8°, augmenté dans la version d'un avertissement du traducteur. C'est une relation du massacre de la Saint-Barthélemi, et dans laquelle l'auteur rend compte des motifs qui déterminèrent cette affreuse journée, des préparatifs qui la précédèrent et des suites qu'elle eut. On doit être en garde contre les faits controuvés et calomnieux qu'il rapporte; mais on trouve dans son ouvrage des choses curieuses. Capilupi, croyant faire beaucoup d'honneur à Charles IX et à son conseil, s'attache dans sa préface à prouver que la Saint-Barthélemi était méditée. C'est dans ce libelle que beaucoup d'écrivains de ces derniers temps n'ont pas rougi de puiser des arguments dont ils ont besoin pour attaquer les faits les plus avérés et les plus évidents en faveur des catholiques.

CAPILUPI (LÉLIO), frère du précédent, né à Mantoue le 19 décembre 1498, se fit quelque nom par des centons qu'il composa avec les vers de Virgile, qui se trouvent ainsi appliqués à des matières dont ce grand poëte n'a pu avoir idée. Lélio Capilupi mourut à Mantoue le 3 janvier 1560, deux jours après son ami Joachim du Bellay. Parmi les centons de Lélio, on remarque: 1° Cento virgilianus de vita monachorum quos vulgo fratres appellant, imprimé d'abord à Venise, 1543, 1550, in-8°; Rome, 1575, etc.; réimprimé dans l'ouvrage intitulé Varia doctorum piorumque virorum de corrupto Ecclesiæ statu pœmata, Bâle, 1556, in-8°, dans le Regnum papesticum de Naogeorgus, et encore dans les Mémoires de littérature de Sallengre, t. II, deuxième partie; 2° Cento virgilianus in fœminas, imprimé dans les Amores de Braudius (V. ce mot), et encore dans les Schediasmata de eruditis calibibus de God. Wagner, 1717, in-8°; 3° Cento virgilianus, in siphillim, etc. Les vers et centons de Lélio Capilupi ont été réunis avec ceux de ses frères, sous ce titre: Capiluporum carmina et centones, ex editione Jos. Castallionis, Rome, 1590, in-4°, rare: on a retranché de cette édition les centons obscènes et ceux contre les moines. — CAPILUPI (Hippolyte), évêque de Fano, mort en 1580, à soixante-huit ans; et JULES CAPILUPI, tous deux frères de Lélio, s'exercèrent à toutes sortes de poésies. — JULES CAPILUPI, leur neveu, fit aussi des centons qui, au jugement de Poissevin, sont meilleurs que ceux de Lélio.

CAPIOGLAN, s. m. (hist. mod.), espèce de serviteur qui a soin dans le sérail des azémoglans que le grand seigneur y appelle par cent fois employés dans la suite auprès de sa personne.

CAPION (géogr. anc.), phare d'Espagne, construit sur une île du Bœtis, près de l'embouchure de ce fleuve.

CAPION, ami de Caton.

CAPION, s. m. (marine). Capion de proue, capion de poupe. C'est un terme dont les Levantins se servent, appelant l'étrave capion de proue, et l'étambord capion de poupe. On dit encore capion à capion, pour signifier la distance de l'extrémité de la poupe à celle de la proue (V. ÉTRAVE et ÉTAMBORD).

CAPION (musiq. anc.). Il paraît, par un passage de Pollux

(*Onomast.*, liv. VI, chap. 9) qu'il y avait un nome ou air de *cithare*, puisque son auteur professait cet instrument.

CAPION, *s. m.* sorte de préparation faite avec de la farine de manioc (*V.* MANIOC).

CAPISCOL (*droit eccl.*). C'était le nom qu'on donnait autrefois à un dignitaire dans quelques chapitres de cathédrales et de collégiales. Dans les uns, sa dignité répondait à celle de doyen ; dans d'autres, à celle de grand chantre. Ce terme était plus usité en Provence et en Languedoc que dans les autres provinces, et il était plus ordinairement employé pour désigner celui qu'on appelle ailleurs le *chantre*. Si l'on s'en rapporte à l'étymologie, le *capiscol* doit être celui qui a la prééminence au chœur ; car *capiscol* vient, à ce que l'on prétend, de *caput chori*, celui qui est à la tête du chœur, le premier au chœur.

CAPISTRAN (SAINT JEAN DE) naquit en Italie, l'année 1385, d'un gentilhomme angevin, qui avait suivi le duc d'Anjou appelé au royaume de Naples. Après avoir appris la langue latine dans sa patrie, Capistran alla étudier à Pérouse le droit civil et canonique, et fut reçu docteur avec beaucoup d'applaudissements dans ces deux facultés. — Il signala son zèle et son éloquence dans le concile de Florence, tenu l'an 1439, pour la réunion de l'Eglise grecque avec l'Eglise romaine ; dans la Bohême, contre les hérétiques ; dans la Hongrie, contre les Turcs. Il se mit à la tête d'une croisade contre les hussites (*V.* ce mot), et eut le bonheur d'en convertir quatre mille. Lorsque Huniade, général des armées de Ladislas, roi de Hongrie, entra en vainqueur dans Belgrade, Capistran, prédicateur de l'armée, regardé comme un homme inspiré, s'y distingua tellement, rapportent les historiens, qu'il parut incertain à qui on devait davantage, ou à la valeur du héros, ou aux sermons de l'intrépide missionnaire. « Quelques écrivains ont osé accuser de vanité la relation de l'affaire de Belgrade, que Capistran fit passer au pape et à l'empereur, et qui n'attribue point à Huniade toute la part que ce général paraissait avoir eue au succès. Le seul nom d'un saint reconnu par l'Eglise ne devait-il pas le mettre à couvert du soupçon infamant d'un basse jalousie? Ne sont-ce pas des légers censeurs, au contraire, qui méritent le reproche, non pas seulement de témérité, mais de peu d'intelligence dans les choses de Dieu? Si ces vues supérieures et indispensables, quand on veut peser les œuvres des saints, avaient dirigé leurs sentiments, n'auraient-ils pas compris qu'un homme tout apostolique, en attribuant le succès même des armes à la faveur de la prière, et à cette foi qui transporte les montagnes, en rapportait véritablement la gloire au premier auteur de ce prodige? » (*Hist. de l'Eglise*, par l'abbé Bérault-Bercastel, liv. LIV.) — Il est étonnant qu'avec tous ses travaux apostoliques, Capistran ait pu composer plusieurs ouvrages qui le font compter au nombre des savants de son siècle. Nous citerons les suivants : 1° *Traité de l'autorité du pape et du concile* ; 2° *Traité de l'excommunication* ; 3° *Traité sur le mariage* ; 4° *Apologie du tiers ordre de Saint-François* ; 5° *le Miroir des sens* ; 6° *Traités sur le droit civil, l'usure et les contrats* ; 7° un *Pénitentiel* ; 8° *Traité du jugement dernier* ; 9° *Traité de l'antechrist et de la guerre spirituelle* ; 10° *Livres de la conception de la très-sainte Vierge et de la passion de Jésus-Christ*, etc. — Capistran mourut en 1456, à l'âge de soixante et onze ans. Ses nombreux travaux ne le firent pas seulement regarder comme un missionnaire animé d'un zèle ardent, comme un homme éminemment instruit ; ce qui vaut mieux, c'est que ses vertus constantes et ses œuvres merveilleuses (*V.* Godescard, *Vies des saints*, 23 octobre) le firent inscrire au nombre des saints : Alexandre VIII le béatifia en 1694, et Benoît XIII publia la bulle de sa canonisation en 1724. — On a reproché à saint Jean de Capistran les peines infligées aux hussites rebelles et obstinés ; mais c'est une erreur, car il est certain que ces peines étaient décernées par la puissance séculière, comme on peut s'en convaincre dans le *Dict. des hérésies* de l'abbé Pluquet, article HUSSITES. Nous sommes étonné, pour le remarquer en passant, qu'il ne soit pas fait mention dans cet article de notre saint, lui qui a cependant fait tant d'efforts pour ramener ces hérétiques.   **L.-F. GUÉRIN.**

CAPISTRATE, *s. m.* (*hist. nat.*), espèce d'écureuil qui habite principalement la Caroline.

CAPISTRATION, *s. f.* (*capistratio*, de *capistrare*, museler), nom donné par quelques auteurs au *phymosis* (*V.* ce mot).

CAPISTRE, *s. m.* (*capistrum*, de *capistrare*, museler), bandage pour la tête. — Rigidité spasmodique des muscles élévateurs de la mâchoire inférieure.

CAPISTRUM, *s. m.* (*hist. nat.*), partie de la tête des oiseaux qui entoure la base du bec.

CAPISUCCHI (JEAN-ANTOINE), savant jurisconsulte, cardinal, évêque de Lodi, naquit à Rome, d'une famille ancienne, le 21 octobre 1515. Il fut d'abord chanoine du Vatican, ensuite auditeur de rote. Pie V le fit préfet de la signature de grâce, le mit au nombre des cardinaux préposés pour le tribunal de l'inquisition, et le nomma gouverneur de Gualdo, avec le caractère de légat apostolique. Il mourut à Rome, le 29 janvier 1569, âgé de cinquante-trois ans. On a de lui des *Constitutions*, qu'il publia dans son diocèse de Lodi, où il tint un synode. — CAPISUCCHI (Paul), oncle du précédent, fut, comme lui, chanoine du Vatican et vice-légat en Hongrie, il se distingua dans plusieurs négociations importantes qui lui furent confiées par Clément VII et Paul III. Il calma les factions qui déchiraient la ville d'Avignon, et mourut à Rome, le 5 août 1639, âgé de soixante ans.

CAPISUCCHI (RAIMOND), né à Rome en 1616, entra dans l'ordre des dominicains, et professa dans cette ville la théologie et la philosophie. Son mérite lui valut plusieurs emplois importants. En 1654, il fut maître du sacré palais ; Innocent XI le fit cardinal en 1681, et il mourut à Rome le 22 avril 1691. Il a laissé plusieurs ouvrages de théologie, entre autres : *Controversiæ theologicæ selectæ*, Rome, 1677, in-fol. — CAPISUCCHI (Camille) et CAPISUCCHI (Blaise), deux frères de la même famille que les précédents, suivirent la carrière des armes. Le premier, après avoir donné des preuves de valeur à la bataille de Lépante en 1571, commanda un corps de quatre cents gentilshommes à l'expédition de Tunis. Il se signala souvent dans les guerres des Pays-Bas, où le duc de Parme lui donna un régiment d'infanterie en 1584. Il commanda avec distinction les troupes du pape en Hongrie, où il mourut en novembre 1597 dans sa soixantième année. Blaise Capisucchi, son frère, marquis de Monterio, se distingua dans les guerres civiles de France, sous Charles IX, en coupant les câbles d'un pont que les calvinistes avaient jeté sur la rivière de Clain, devant Poitiers, en 1569. Ce pont fut entraîné par les eaux. Pendant la Ligue, Blaise Capisucchi commanda la cavalerie du duc de Parme, et ensuite les troupes papales dans le comtat Venaissin, en 1591, et mourut à Florence après l'année 1613. Le P. Annibal Adam, jésuite, a fait en italien les éloges de ces deux frères, Rome, 1685, in-4°.

CAPITA, *s. m.* (*hist. nat.*), nom que le tangara rouge porte au Paraguay. On l'appelle aussi *acapita*.

CAPITA-GAUHA (*botan.*), arbrisseau des Indes orientales, dont le bois et l'écorce ont une odeur très-pénétrante, aussi bien que ses feuilles qui sont d'un beau vert clair, rondes, velues et grandes. Il produit des baies d'une forme ronde, de couleur brune, et à peu près semblables aux grains de genièvre.

CAPITAGE (*ancien droit*), *capitainage* : cens dû au seigneur chaque année par ses hommes de corps,

CAPITAINE, chef d'une compagnie de gens de guerre soit à cheval soit à pied. Les fonctions attachées à ce grade sont très-importantes ; elles comprennent toutes les parties du service, embrassent la surveillance générale de la discipline et de l'instruction du soldat, le logement, la nourriture, la solde et l'habillement de la compagnie. Sur le champ de bataille, le capitaine conduit et dirige directement ses soldats. — On disait anciennement *chevetaine*, mot qui signifiait chef ; au reste, ce mot, pris dans l'acception qu'il a aujourd'hui, ne remonte qu'à Louis XII. Ce fut lui, dit Brantôme, qui donna ce titre aux gentilshommes auxquels il confia des corps de 500, de 1,000 ou 2,000 hommes à discipliner. On voit qu'alors ce grade était beaucoup plus élevé qu'il ne l'est aujourd'hui ; mais par la suite la réduction continuelle que subirent ces compagnies sous les différents règnes multiplia tellement les officiers de ce grade, qu'enfin ce nom resta pour désigner tous les commandants particuliers des différents petits corps de l'armée. — Nous allons énumérer les différentes fonctions remplies par les officiers de ce grade. — CAPITAINE-LIEUTENANT. On désignait ainsi avant 1789 l'officier commandant une compagnie dont le roi, la reine ou un prince du sang était censé capitaine. — On appelait encore ainsi l'officier commandant la compagnie colonelle d'un régiment d'infanterie. — Le CAPITAINE DES GARDES était l'officier commandant l'une des quatre compagnies de gardes à cheval, qui servaient auprès de la personne du roi. — CAPITAINE AUX GARDES était l'officier commandant une des trente compagnies qui composaient les gardes françaises. — CAPITAINE EN PIED était anciennement celui dont la charge et la compagnie avaient été conservées lors de la réforme des troupes ; ainsi on lui donnait ce titre correspondant à celui de capitaine en premier ; — UN CAPITAINE EN SECOND est l'officier qui commande une partie de la compagnie lorsqu'elle est trop forte ; il partage toutes les fonctions du capitaine en premier; anciennement ce grade répondait à celui de lieutenant.

— CAPITAINE RÉFORMÉ était autrefois celui dont la charge et la place avaient été transférées à un autre; souvent on gardait le capitaine réformé dans la même compagnie comme lieutenant ou capitaine en second; maintenant un capitaine réformé est celui qui, tout en gardant son grade, n'est plus employé activement. — CAPITAINE RÉFORMÉ EN PIED était un mestre de camp dont le régiment avait été cassé et réduit en compagnie franche dont il était resté le chef. — CAPITAINE EN RETRAITE est l'officier de ce grade qui, après avoir servi un temps plus ou moins long, conserve une partie de ses appointements bien qu'il ne serve plus. — On donne encore le nom de capitaine à tout officier commandant en chef un bâtiment de guerre ou de marine marchande. — Un capitaine de vaisseau a le rang de colonel, un capitaine de frégate celui de lieutenant-colonel, un capitaine de corvette celui de chef de bataillon, etc. — CAPITAINE AU LONG COURS est tout officier commandant un bâtiment de la marine marchande qui fait des voyages transatlantiques. — On nomme CAPITAINE DE PAVILLON l'officier qui commande le vaisseau monté par un contre-amiral ou vice-amiral. — Le capitaine d'armes à bord des bâtiments de guerre est le sous-officier qui a la garde de toutes les menues armes du vaisseau et qui est chargé de leur entretien. Autrefois la compagnie suise qui servait auprès des rois de France avait son capitaine d'armes. — CAPITAINE DE PORT, officier préposé à la police maritime dans un port. — Le CAPITAINE GARDE-COTE était le commandant des gardes préposés à la surveillance des côtes. — Dans les fermes du roi, le CAPITAINE GÉNÉRAL était l'officier commandant un certain nombre de gardes destinés à veiller aux intérêts des fermiers, à empêcher la fraude et à arrêter les marchandises prohibées. — CAPITAINE GÉNÉRAL CONDUCTEUR (artillerie) était celui qui avait sous ses ordres des capitaines conducteurs pour exécuter les ordres du général en chef par rapport au transport de l'artillerie. — CAPITAINE GÉNÉRAL DES CHARROIS (artillerie) était l'officier préposé au transport de l'artillerie. Dans les vivres, on appelait CAPITAINE GÉNÉRAL celui qui était à la tête des équipages et qui devait veiller à leur entretien. Il avait sous ses ordres des capitaines ayant à leur tour sous les leurs un lieutenant, un conducteur et cinquante chevaux. — Le CAPITAINE DES GUIDES est le chef des éclaireurs. — Dans une ville forte, le capitaine des portes était l'officier chargé d'aller le matin chercher les clefs chez le gouverneur pour les ouvrir, et qui les lui rapporte le soir après leur fermeture. — CAPITAINE DES CHASSES était anciennement un officier qui avait soin de tout ce qui regardait la chasse dans une étendue de pays; il ne connaissait que des délits de chasse, et, quand il y avait appel de leur jugement, ces appels relevaient aux siéges des tables de marbre et allaient de là au parlement. — On appelait encore autrefois capitaine tout officier commandant dans les maisons royales, dans les châteaux et dans les villes fortes; ainsi on disait le capitaine du Louvre, des Tuileries, de Saint-Germain, etc.; aujourd'hui on dit gouverneur. — On dit encore capitaine de voleurs, de bohémiens, etc., pour chef de voleurs, etc. — Primitivement ce mot a servi à désigner tout officier commandant quel qu'il fût; c'est ainsi que l'on dit: César, Alexandre, Annibal étaient de grands capitaines, c'est-à-dire réunissaient toutes les qualités nécessaires aux grands guerriers. — On a même parfois employé ce mot dans le style familier comme l'a fait la Fontaine dans sa fable du Renard et du Bouc, où il est employé comme synonyme de personnage fin et rusé. — CAPITAINE, sorte de poisson qui se pêche le long des côtes de l'Amérique. On le nomme ainsi parce qu'il a autour du col cinq rangs d'écailles dorés qui font l'effet d'un hausse-col; il est armé de longues pointes et de deux ailerons dont il se sert pour se défendre; il a des rapports avec la carpe, mais il est plus gros et plus grand.

CAPITAINE (différents sens du mot). Indépendamment de l'acception que nous venons d'indiquer, le mot capitaine, qui vient du latin caput (tête) et signifie, dans son sens le plus général, celui qui est à la tête, le premier, a eu différentes autres acceptions. Il a été synonyme de général en chef, puis de gouverneur de province. Dans ce dernier cas, on disait capitaine général et souverain. Voici comment une ancienne charte décrit les fonctions et le pouvoir de cet officier : « Philippe, par la grâce de Dieu roy de France, à tous ceux qui ces présentes verront, salut. Scavoir faisons que nous confians du sens, loyauté et diligence de nostre amé et féal chevalier Gui de Melle, mareschal de France, icelui a vous fait et establi, faisons et establissons par ces lettres, pour la seureté du pays, capitaine général et souverain, et de par Nos ès parties de Xanctonge (Saintonge) et ès pays et marches (frontières) d'environ, et de tous lieux voi-

sins, auquel nous avons donné et donnons encore pouvoir, aúctorité et mandement espécial (spécial), demander, assembler et tenir à nos gages gens d'armes et de pié, tant, tel nombre, et toutefois que bon li (lui) semblera; de visiter, et establir les villes, chasteaux et forteresses du pays, et de croistre et apetisier les establies, de changer, mettre de lieu en autre, et oster du-tout chastellains, baillis, prevosts, receveurs et toute manière d'autres officiers quiex (quels) et quelqu'estat qu'il (ils) soient, et autres establir de nouvel en lieux d'eux, de quitter, remettre, pardonner toutes matières de crimes et maléfices aux personnes que il verra que bon soit, de rappels bannis, de donner lettres d'estat à ceux qui seront en nostre service avec lui, ou autre part de son commandement, du jour que ils partirent de leur pays jusques à un mois après leur retour des parties où ils seront alés, de composer à toutes manières de gens, de quelque estat qu'ils soient, tenant villes, chasteaux et forteresses de nos ennemis, qui vauldraient sans fraude venir à nostre chéissance, de prendre deniers sur les receveurs quelconques desdites parties pour faire les choses dessus dites toutesfois que métier en sera, en eux donner quittance sous son scel (sceau), et ce qu'il prendra d'eux, et de faire toutes autres choses qui à office de capitaine général et souverain pront (peuvent) devoir et appartenir. Lesquelles choses ainsi dites, faites par nostre capitain, nous aurons fermes et agréables, et icelles et cescunes (chacunes) conformerons par nos lettres scellées en las de soie de cire verte, si métier (besoin) est. Donnons en mandement par la valeur des présentes à tous nos officiers et subjets de quelque estat qu'ils soient que audit mareschal comme à capitain establi de par nous, obéissent diligemment, et prestent et donnent conseil, confort, et aide toutesfois que métier en aura, et à nos amis et féaux gens de nos comptes à Paris, que tout ce que nostre dit capitain aura pris ou reçeu desdits receveurs, ou d'aucuns d'iceux pour la cause dessusdite, ils allouent en leurs comptes, et rabattent de leurs receptes sans contrelits, nonobstant que les présentes soient passées par les gens de nostre secret conseil : en tesmoin de laquelle chose nous avons fait mettre à ces Lettres nostre scel. Donné au bois de Vincennes le neuvième jour d'aoust de l'an de grâce 1549. » — Ailleurs, le capitaine de l'Eglise est le même que l'avoué. — Le capitaine de la cité ou du peuple était, dans la plupart des villes d'Italie, un officier qui connaissait des affaires tant civiles que criminelles et politiques. — En Italie encore, on donnait le nom de capitaines aux ducs, comtes, marquis, qui étaient les officiers du roi, et particulièrement ceux qu'on appelait aussi vavasseurs.

Aug. SAVAGNER.

CAPITAINE DE NAVIRE (droit marit.). On désigne sous ce nom celui qui est chargé de la conduite d'un navire ou autre bâtiment de mer. Il prend aussi quelquefois la dénomination de maître ou patron, suivant les usages des lieux ou l'importance de sa mission. Nous diviserons cet article en trois parties distinctes, savoir : 1° la nomination et le renvoi du capitaine; 2° de ses droits et de ses obligations; 3° droits et obligations réciproques du capitaine et du propriétaire du navire, l'un à l'égard de l'autre. — § Ier. Nomination et congédiment des capitaines et des gens de l'équipage. — Les capitaines de navires, chargés de grands intérêts et d'une grave responsabilité, ne peuvent être choisis que parmi ceux qui présentent les garanties d'aptitude exigées par les lois et les règlements. Or, l'article 9 de la loi du 3 brumaire an IV porte qu'on ne peut être reçu capitaine d'un bâtiment de commerce au grand cabotage qu'après soixante mois de navigation, dont une campagne sur un bâtiment de l'Etat, et après avoir subi un examen sur le navire, sur toutes les parties du gréement et sur la manœuvre. L'article 13 de cette même loi et un arrêté du gouvernement du 11 thermidor an X exigent, pour être reçu capitaine ou maître au petit cabotage, soixante mois de navigation, dont douze au moins sur un bâtiment de l'Etat, et un examen sur les sondes, le gisement des terres et écueils, les courants et les marées, sur l'usage de la boussole et de la carte, et sur la connaissance des entrées des principaux ports du royaume. Les candidats doivent être âgés de vingt-quatre ans; c'est une condition qui s'applique au grand et au petit cabotage. C'est donc seulement parmi ceux qui ont subi les examens dont il vient d'être parlé que l'on peut choisir les capitaines ou maîtres de navire; or, le choix appartient au propriétaire du navire, ou à l'armateur si le propriétaire n'arme pas lui-même, ou à la majorité des intéressés si les propriétaires ou les armateurs du navire sont au nombre de plusieurs (Code de commerce, articles 218 et 220). Puisque la nomination du capitaine appartient aux propriétaires ou armateurs du navire, il en résulte qu'ils peuvent le congédier comme bon leur semble, même sans donner de motifs (ibidem, article 218). Le capitaine, ainsi congédié, n'a droit à une indemnité qu'autant qu'il y a eu à cet égard stipulation expresse (arrêt d'Aix du 10 août 1826. *Sirey*, t. XXVII, deuxième partie, p. 55). Mais il a droit à ses frais de retour, ainsi que l'a établi l'arrêté du gouvernement, du 5 germinal an XII, pour tous les gens de mer congédiés (même arrêt). Mais il peut arriver que le capitaine ait un droit dans la propriété du navire, et que le commandement d'un autre ne lui présente pas la même garantie; dans ce cas, le Code de commerce, article 219, lui donne le droit de renoncer à sa copropriété, et d'exiger le remboursement du capital qui la représente, d'après une estimation par experts. Les fonctions du capitaine cessent encore si le navire qu'il commande vient à être saisi et mis en adjudication (*Code de commerce*, article 208). Comme le capitaine est responsable de la sûreté de l'expédition, la loi lui accorde le choix des gens qui doivent composer l'équipage; toutefois, lorsque le capitaine se trouve dans le lieu où demeurent les propriétaires du vaisseau, ce choix doit se faire de concert avec eux (*Code de commerce*, article 223). — § II. *Droits et obligation du capitaine*. Les droits et les obligations du capitaine se rapportent à trois époques bien distinctes, savoir : avant le départ, pendant le voyage et à l'arrivée. Nous allons examiner successivement ces trois époques : 1° le premier devoir du capitaine qui doit entreprendre un voyage est de s'assurer si le navire dont le commandement lui est confié est en bon état, et par conséquent il est tenu, avant de prendre charge, de faire visiter son navire (*Code de commerce*, article 255. Loi du 18 août 1791, titre 5). Toutefois, la visite préalable n'est imposée que pour les navires de *grand cabotage*, c'est-à-dire destinés aux voyages de long cours (loi du 18 août 1791). Si la visite constate que le bâtiment a besoin de réparation, le capitaine doit demander l'autorisation de les faire : mais il peut les faire exécuter lui-même si les propriétaires du navire ou leurs fondés de pouvoir ne se retrouvent pas sur les lieux (*Code de commerce*, article 252). Le capitaine reçoit sur son vaisseau les marchandises destinées à l'expédition, et en donne une reconnaissance qu'on nomme *connaissement*. Il doit les placer dans la partie du bâtiment destinée à les recevoir, et il peut les charger sur le tillac, sans le consentement *écrit* de celui à qui elles appartiennent; car il demeure responsable de tout le dommage qui peut leur arriver (*Code de commerce*, articles 222 et 229). Le capitaine ne doit recevoir sur son navire que les marchandises qui sont dans le commerce; ainsi il se rendrait passible de peines si, par exemple, il se prêtait au transport de noirs destinés à la traite (loi du 15 avril 1816, du 10 avril 1825 et du 25 avril 1827). Il doit avoir en outre un registre qu'on nomme *livre de bord*, coté et paraphé par l'un des juges du tribunal de commerce, ou à défaut par le maire ou son adjoint; c'est sur ce registre qu'il doit inscrire les résolutions prises, la recette et la dépense du navire, en général toutes les circonstances qui concernent ses fonctions. Il doit aussi se munir d'un acte de francisation, c'est-à-dire du titre constatant que le vaisseau est français, du rôle de l'équipage, des procès-verbaux de visite du navire, des acquits de payement ou à caution des douanes (*Code de commerce*, articles 224 et 226); toutes ces pièces lui sont d'un fréquent usage pendant la navigation, en temps de guerre surtout, car le navire dont le chargement ou la propriété ne sont pas régulièrement constatés, est soumis au droit de prise. Lorsque tous les préparatifs sont faits, le capitaine ne doit pas différer son départ ; le Code de commerce, même article 251, dans un intérêt qu'il est facile de concevoir, affranchit de la contrainte par corps en *matière civile* les gens de l'équipage, excepté pour les dettes qu'ils auraient contractées pour le voyage; encore dans ce dernier cas ne peuvent-ils être arrêtés, s'ils donnent caution. 2° L'article 283 du Code de commerce impose au capitaine le devoir de terminer le voyage qu'il a entrepris, sous peine de dommages-intérêts ; cette responsabilité cesse cependant en cas de force majeure (*ibidem*, article 250). Il ne doit pas s'absenter de son navire, surtout à l'entrée et à la sortie des ports, havres et rivières, l'article 228 du même Code le rendant responsable de tous les événements qui pourraient arriver au vaisseau dans ces lieux difficiles; un décret du 12 décembre 1806 lui enjoint même de prendre dans ces passages un *pilote lamaneur*. Ces pilotes sont des préposés établis dans les ports et havres, et qui ont une connaissance spéciale des difficultés de la navigation dans ces endroits. Même en cas de danger, le capitaine ne peut abandonner son navire sans l'avis des officiers et principaux de l'équipage, et en ce cas il doit sauver avec lui, sous peine d'en répondre, l'argent et les marchandises les plus précieuses. Il ne répond plus des objets ainsi tirés du navire qui viendraient à périr par cas fortuit (*Code de commerce*, article 242). Dans le cas où le navire, par suite des accidents du voyage, se trouverait hors d'état de

continuer sa route, il doit le faire réparer si les dégradations sont réparables ; mais, si elles ne le sont pas, il a le droit de vendre le bâtiment et d'en acheter un autre, même quand il n'aurait pas reçu, à cet effet, un pouvoir spécial des propriétaires (*ibidem*, articles 237 et 391). Il a également le droit d'acheter tout ce qui est nécessaire à la subsistance de l'équipage (même article). Il doit en outre inscrire sur son *livre de bord* la recette et la dépense du navire, enfin toutes les circonstances du voyage. Le capitaine remplit, pendant le voyage, les fonctions d'officier de l'état civil à l'égard des naissances et des décès qui surviennent sur le bâtiment qu'il commande (*Code civil*, articles 59 et 86). Mais il n'a pas le même droit relativement aux mariages. 3° Lorsque le capitaine arrive au port ou autre lieu de débarquement, il doit se conformer aux règlements de police sur le placement du navire. Dans les vingt-quatre heures de son arrivée, il est tenu de faire viser son livre de bord et de faire son rapport (*Code de commerce*, article 242). Il ne peut, hors le cas de péril imminent, sous peine de poursuites extraordinaires, décharger aucunes marchandises avant d'avoir fait ce rapport (*ibidem*, article 248). M. Favard de Langlade pense, dans son Répertoire (*V.* CAPITAINE), que ces poursuites sont celles dont il est fait mention dans les articles 406 et 408 du Code pénal, *pour abus de confiance ;* nous ne saurions partager entièrement cet avis : car l'abus de confiance fait supposer de la part de celui qui s'en est rendu coupable, une *intention criminelle* et un *détournement effectif* au préjudice du propriétaire, tandis qu'il peut arriver que le déchargement prématuré ne soit pas fait dans un dessein coupable, et que le propriétaire ou les tiers ne perdent rien. Il faut donc dire que, dans ce cas, le capitaine ne pourra être poursuivi aux termes des articles 406 et 408 du Code pénal, qu'autant qu'il aura agi frauduleusement et qu'il y aura eu préjudice causé; le fait seul du déchargement anticipé ne saurait autoriser une poursuite criminelle. Les poursuites extraordinaires dont il est question dans l'article 248 du Code de commerce, doivent également s'entendre de poursuites civiles, si la conduite du capitaine ne tombe pas sous l'action de la loi pénale. Le rapport du capitaine est fait devant le président du tribunal de commerce, et, dans les lieux où il n'y en a pas, devant le juge de paix du canton, qui est tenu de l'envoyer sans délai à ce magistrat (*Code de commerce*, article 243). Si le capitaine aborde dans un port étranger, il fait son rapport au consul de France, et prend un certificat constatant l'époque de son arrivée ainsi que celle de son départ, l'état et la nature de son chargement (*ibidem*, article 244). Ce rapport doit indiquer à quelle nation appartient le vaisseau, son équipage, son chargement, et énoncer le lieu et le temps du départ, la route qu'il a suivie, les hasards qu'il a courus, les désordres arrivés dans le navire, et toutes les circonstances remarquables du voyage (*ibidem*, article 242). Si dans le voyage le navire a fait naufrage, le capitaine est tenu de se présenter devant le juge du lieu, ou devant toute autre autorité civile, d'y faire son rapport et de le faire vérifier par ceux de son équipage (*ibidem*, article 246). Le juge reçoit alors les interrogatoires des gens de l'équipage, et, s'il est possible, des autres passagers. Le rapport ne fait foi en justice qu'autant qu'il a été vérifié, excepté dans le cas où le capitaine s'est sauvé seul dans le lieu où il fait son rapport (*ibidem*, article 247). Enfin, le capitaine est obligé, à son arrivée, de remettre aux employés des douanes un manifeste signé de lui, et constatant la nature et la quantité des marchandises composant sa cargaison (loi du 20 août 1791, titre 2, article 4 et 5). — § III. *Droits et obligations réciproques du capitaine et du propriétaire du navire.* — Les obligations réciproques du capitaine et du propriétaire du navire sont les mêmes que celles qui existent entre le mandataire salarié et le mandant. Ainsi, d'après l'article 1993 du Code civil, le capitaine est tenu de rendre compte de sa gestion, et l'article 1992 et l'article 221 du Code de commerce le rendent responsable des fautes *même légères* dans l'exercice de ses fonctions. Par conséquent, il doit indemnité au propriétaire ou armateur pour tout le préjudice qu'auraient éprouvé, par sa faute, le bâtiment et les marchandises qui lui avaient été confiés. Il est difficile de préciser les fautes dont le capitaine peut s'être rendu coupable; car cette appréciation dépend d'une foule de circonstances. On pourra voir au mot *mandat* les règles générales qui se rapportent à cet objet. Les obligations du propriétaire ou de l'armateur sont également réglées par les principes du mandat ; ainsi, aux termes de l'article 1999, le propriétaire ou armateur est tenu d'indemniser le capitaine de toutes les dépenses qu'il a faites dans l'intérêt du navire et des marchandises. Il non-seulement lui doit indemnité pour les dépenses *nécessaires*, mais encore pour les dépenses *utiles*, si elles ont profité au navire (*Code civil*, article 1375). Le propriétaire se trouve même obligé, à l'égard des tiers, pour tous les engagements pris par le capitaine, sauf son recours contre ce dernier. Le propriétaire a cependant le droit de s'affranchir de toute responsabilité en abandonnant le fret (*Code de commerce*, article 216). Les actions respectives du propriétaire et du capitaine, et même celle des tiers, sont prescrites dans les cas suivants : 1° toutes actions en payement pour fret de navire, gages et loyers des officiers, matelots et autres gens de l'équipage, un an après le voyage fini ; 2° pour nourriture fournie aux matelots par l'ordre du capitaine, un an après la livraison ; 3° pour fourniture de bois et autres choses nécessaires aux constructions, équipement et avitaillement du navire, un an après ces fournitures faites ; 4° pour salaires d'ouvriers, et pour ouvrages faits, un an après la réception des ouvrages ; 5° toute demande en délivrance de marchandises, un an après l'arrivée (*Code de commerce*, article 433). Mais l'article 433 du même Code apporte à ce principe cette restriction, savoir que la prescription ne peut avoir lieu, s'il y a cédule, obligation, arrêté de compte ou interpellation judiciaire.

CAPITAINE BLANC, s. m. (*hist. nat.*), sorte de poisson de la famille des spares.

CAPITAINE DE L'ORÉNOQUE, s. m. (*hist. nat.*), sorte d'oiseau qui ne se rencontre qu'en Amérique.

CAPITAINERIE. On appelait ainsi en France une division territoriale qui a été remplacée par celle des *divisions militaires*, et qui relevait de l'autorité et de la juridiction d'un capitaine d'armes. C'est principalement le territoire situé le long de nos côtes qui avait été divisé en capitaineries, gouvernées par un capitaine général, assisté d'un état-major, pour la défense des côtes. Avant la révolution, la France comptait cent dix capitaineries, dont les compagnies de gardes-côtes formaient, en cavalerie et infanterie, une armée forte de plus de 200,000 hommes. — Puis, ces capitaineries militaires firent naître les capitaineries civiles pour l'administration et la conservation des forêts. Créées sous François Ier, elles étaient divisées en capitaineries royales et en capitaineries simples, selon qu'il se rencontrait ou ne se rencontrait pas sur leur territoire un château royal. Les droits de juridiction accordés à ces capitaineries étaient exorbitants, et souvent sans appel pour les permis et les délits de chasse, malgré les efforts du parlement de Paris, auquel était attribuée la juridiction générale des eaux et forêts, et malgré les susceptibilités guerroyantes du conseil du roi, qui s'attribuait la juridiction générale de toutes les branches administratives. De nos jours, les capitaineries forestières relèvent de la liste civile lorsqu'elles régissent des forêts possédées par le roi, et à l'administration des domaines lorsqu'elles régissent des forêts appartenant à l'État.

CAPITAINESSE, s. f. (*marine*), galère que monte le commandant. Il est vieux. On dit mieux *capitane*.

CAPITAL, ALE, adj. principal. *C'est là le point capital de l'affaire*, etc. — *Ennemi capital*, ennemi juré, ennemi mortel. — *Les sept péchés capitaux*, les sept péchés mortels (*V.* PÉCHÉ). — CAPITAL se dit encore, au figuré, de ce qu'il y a de principal, de plus important. — *Faire son capital de quelque chose*, en faire sa principale occupation, son principal objet.

CAPITAL, ALE, adj. (*accept. div.*). Les pharmaciens nomment *médecine capitale* une préparation essentielle ou remarquable par sa propriété. — Les fabricants de savon, *lie capitale*, une lie forte que la potasse laisse au fond des chaudières. — Les dessinateurs, *couleurs capitales*, les couleurs principales qui forment les autres couleurs. — Dans la tenue des livres en partie double, on nomme *compte de capital* le compte qui représente les fonds. En ce sens, il se prend substantivement. — On nommait autrefois *capital*, employé aussi substantivement : 1° un voile dont les anciens se couvraient la tête dans les sacrifices ; 2° une bourse dans laquelle ils renfermaient leurs cheveux ; 3° le ruban qui servait à lier ces cheveux avant de les renfermer dans cette bourse.

CAPITAL (*finance*). C'est la somme d'argent qui forme le principal d'une dette produisant annuellement des intérêts, et qui est essentiellement remboursable à l'époque assignée par le contrat d'obligation, ou à la volonté du débiteur, lorsque le prêt a été fait à constitution de rente ; ou enfin, dans ce dernier cas, en vertu de la loi qui autorise le créancier à en réclamer le remboursement pour les causes qu'elle détermine (*V.* PRÊT, RENTE CONSTITUÉE). Le capital peut néanmoins être aliéné, et n'est par conséquent point remboursable lorsque le prêt est fait à fonds perdu et à charge d'une rente viagère (*V.* RENTE VIAGÈRE). Le taux de l'intérêt qu'on peut faire produire au capital

dans les prêts est fixé par la loi à cinq pour cent en matière civile, et à six pour cent en matière commerciale ; elle considère comme usuraire celui qui serait stipulé à un taux plus élevé par la convention des parties (*V.* ARRÉRAGES, INTÉRÊT, USURE). Il y a exception à cette règle, lorsque le prêt a été fait à fonds perdu et à charge d'une rente viagère : dans ce cas, l'intérêt peut être fixé au taux qu'il plaît aux parties de déterminer, à cause de la nature aléatoire du contrat (*V.* RENTE VIAGÈRE). Le débiteur qui a effectué des payements à compte de sa dette ne peut pas les imputer sur le capital, par préférence aux arrérages et intérêts, sans le consentement du créancier : le payement par lui fait sur le capital et les intérêts, mais qui ne serait point intégral, s'impute d'abord sur les intérêts. L'emprunteur qui a payé des intérêts, lorsqu'il n'en était pas stipulé dans l'acte d'obligation, est censé, nonobstant l'absence de toute stipulation à cet égard, en avoir été constitué débiteur par une convention particulière et extérieure au contrat ; il ne peut ni les répéter, ni les imputer sur le capital. Celui qui aurait reçu par erreur ou sciemment un capital qui ne lui était pas dû serait obligé de le restituer à celui de qui il l'aurait indûment reçu ; il serait, en outre, tenu de faire compte à ce dernier des intérêts à compter du jour des payements, s'il y avait eu mauvaise foi de sa part. Le débiteur d'un capital faisant partie de la dot d'une femme mariée ne peut s'en libérer valablement qu'entre les mains du mari, qui a seul le droit d'en recevoir le remboursement : il en est de même pour les intérêts en dérivant, à moins qu'il n'eût été convenu par le contrat de mariage que la femme le toucherait annuellement sur ses seules quittances (*V.* DOT). Le mineur et les interdits que la loi déclare incapables de contracter à cause de la faiblesse de leur âge ou de leur raison, et tous ceux en général qui sont dans un état d'interdiction légale, ne peuvent non plus recevoir valablement le remboursement des capitaux qui leur sont dus ; il doit être fait aux tuteurs chargés du soin de leurs personnes et de l'administration de leurs biens : ceux qui sont aux mineurs émancipés, aux individus pourvus d'un conseil judiciaire, ne peuvent être reçus par eux qu'avec l'assistance de leur curateur, ou avec celle de leurs conseils (*V.* CONSEIL JUDICIAIRE, CURATEUR, INTERDIT, MINEUR). Outre l'acception générale dans laquelle le mot *capital* est employé, il a encore une acception particulière en matière commerciale ; il se dit, sous ce second rapport, des fonds d'une compagnie de commerce, de la somme d'argent que ceux dont elle se compose fournissent en commun pour subvenir aux besoins de leur négoce, et de celle qu'un marchand met d'abord dans son commerce lorsqu'il s'établit pour son compte particulier. « Dans ce sens, le mot *capital* est opposé à celui de *gain*, ou *profit*, quoique souvent le *gain* augmente le *capital*, et devienne *capital* lui-même lorsqu'il est joint au premier capital » (*V.* FONDS). Le capital d'une société anonyme se divise en actions, et même en coupons d'actions d'une valeur égale (*V.* ACTIONS).

CAPITAL (CRIME) (*jurispr.*) est celui pour la réparation duquel on inflige au criminel une peine capitale, comme la perte de la vie naturelle ou civile (*V.* CRIME et CHÂTIMENT).

CAPITAL (*musiq.*). On donne quelquefois cette épithète au ton ou mode de la tonique d'une pièce.

CAPITALE DU BASTION (LA) en *fortification*, une ligne tirée de l'angle flanqué à l'angle du bastion. Elle est la différence du rayon du polygone extérieur et de l'intérieur. Les capitales des bastions ont depuis trente jusqu'à quarante toises de longueur. C'est sur leur prolongement que l'on se dirige ou conduit dans les tranchées pour approcher du bastion (*V* TRANCHÉES).

CAPITALE (VILLE). On donne ce nom à la ville qui occupe le premier rang dans une province ou dans un État, et qui est le siège du gouvernement ou de l'administration. Tout État doit avoir une *capitale*, parce que le gouvernement a toujours besoin d'être soumis à l'union et à la fixité. Le choix d'une *capitale* n'est pas indifférent ; il convient qu'elle soit située de manière à ce que, de son sein, on puisse facilement surveiller et diriger l'ensemble ; il faut ensuite que l'industrie de ses habitants lui donne des moyens d'exister indépendamment de ceux qu'elle peut tirer de la présence du gouvernement. Sa population doit être nombreuse, intelligente, éclairée ou disposée à le devenir ; afin qu'elle exerce sur les provinces une grande influence morale, par le contrôle que sur les lieux mêmes elle peut exercer sur les actes du gouvernement. Il est convenable aussi qu'elle donne l'influence aux arts, aux sciences, etc. Ne confondons point l'influence morale d'une capitale avec la *centralisation administrative* : autant celle-ci est funeste lorsqu'elle est exagérée, autant l'autre est utile et féconde en beaux résultats lorsqu'elle est fondée sur les lumières et sur une supériorité incontestable de civilisation. — La capitale d'un Etat doit-elle être fortifiée? Cette question, qui depuis 1830 surtout en France a occupé sérieusement les esprits, est, aujourd'hui que s'élèvent des remparts autour de Paris, palpitante d'intérêt pour les générations présentes et à venir. Bien des choses pour et contre ont été agitées à la tribune nationale, comme dans l'intérieur des cercles de tous les partis et de toutes les classes. Sans entrer dans des considérations étendues, nous ne l'examinerons pas sous le rapport militaire, parce que, sur ce point, les ingénieurs et les généraux les plus habiles sont loin d'être d'accord; mais, sous le rapport de la politique intérieure, nous nous prononcerons pour la négative. On sait que les fortifications d'une ville la menacent au moins autant qu'elles la défendent. Or, une ville menacée de cette manière, une capitale surtout, peut-elle rester indépendante? Peut-elle hautement formuler son opinion lorsqu'elle est en opposition avec le gouvernement? Si l'on arrivait à une révolution nécessaire, celle-ci ne deviendrait-elle pas impossible, à moins que l'armée ne fît, de prime abord, cause commune avec le peuple? Il est évident aussi que la capitale, réduite en quelque sorte à un état de siége continuel, serait forcée au silence, et dès lors manquerait à sa mission, qui est d'éclairer et d'instruire les provinces, en jouissant elle-même d'une salutaire liberté.   Aug. Savagner.

CAPITALE (Poudre) (V. Poudre de Saint-Ange).

CAPITALE (Peinture). On appelle de ce nom un tableau qu'on suppose d'une grande beauté, et dont le dessin est d'une parfaite ordonnance.

CAPITALES (typogr.). Les lettres que la grammaire appelle *majuscules* sont nommées en typographie *grandes* ou *petites capitales*, sans doute parce qu'il est d'usage de les employer pour les titres, les chapitres, et généralement les têtes (*capita*) des différentes divisions d'un ouvrage. Chaque caractère a son assortiment complet de capitales fondues sur le même corps et parfaitement alignées par le pied avec le reste des lettres qui le composent; on s'en sert, ainsi que le veut la grammaire, pour indiquer, conjointement avec le point qui précède le commencement des phrases, pour distinguer les noms propres individuels ou collectifs. Quelquefois on honore d'une capitale les titres de noblesse ou de souveraineté, ou même les qualités les plus ordinaires des personnes dont on parle dans un livre. Les Allemands vont beaucoup plus loin; ils ornent d'une grande capitale chaque substantif de leur langue. — Les PETITES CAPITALES sont principalement destinées à fixer l'attention du lecteur sur tel titre, tel mot ou tel membre de phrase que l'*italique* ne ferait pas ressortir assez, et que les GRANDES CAPITALES rendraient trop saillants comparativement avec ce qui précède ou ce qui suit; leur grosseur ne dépasse guère celle des lettres du *bas de casse* (V. Casse); mais leur forme majusculaire les fait aisément distinguer.

CAPITALEMENT, adv. (*gramm.*), d'une manière capitale, en forme capitale. Il est peu usité.

CAPITALISER, v. a. (*comm.*), convertir en capital. *Capitaliser le revenu d'une terre*, etc.

CAPITALISTE (*écon. dom.*). Ce nom devrait en général désigner tout homme propriétaire d'un instrument quelconque de travail. Mais diverses circonstances ont fait qu'on ne l'applique ordinairement qu'à l'homme qui possède une quantité de numéraire dont il tire des intérêts, en le plaçant dans des entreprises industrielles auxquelles il ne prend pas ordinairement une part directe par son travail personnel.

CAPITALITÉ, s. f. (*gramm.*), qualité, état de ce qui est capital dans une chose.

CAPITAN (*hist. litt.*), nom donné à un personnage qui figurait dans presque toutes nos vieilles farces ou comédies avant Molière. Son caractère devait être celui d'un fanfaron, grand donneur de coups d'épée en paroles, et très-humble, dans le fait, lorsqu'il recevait des coups de bâton.

CAPITAN, s. m. (*term. de relation*), gouverneur d'une province et en même temps amiral au Brésil.

CAPITAN (*hist. nat.*), nom sous lequel on connaît, à Carthagène d'Amérique, l'aristoloche gigantesque. — C'est aussi le nom d'une espèce de poisson.

CAPITANATE (*géogr.*), province maritime du royaume des Deux-Siciles, laquelle tient son nom des capitanes ou catapanes, qui administraient le sud de l'Italie sous la domination byzantine. Elle s'étend sur une portion de l'ancienne Apulie,

et s'avance au nord-ouest, avec une chaîne assez considérable de montagnes, jusque dans la mer Adriatique, qui la baigne au nord et à l'est. Ses limites sont, en allant du nord-ouest au sud-est, l'Abruzze citérieure, la Molise, la Principauté ultérieure, la Basilicate et la terre de Bari. En y comprenant les îles Tremiti, elle s'étend sur une surface de 175 milles trois huitièmes géographiques, ou de 2,805 milles italiens : elle est la province la plus considérable de tout le royaume. La chaîne de montagnes qui, dans la partie nord-est de cette province, s'avance dans la mer et porte le nom de Gorgano, nom qui vient de celui de *mons Garganus* qu'elle portait dans l'antiquité, forme un massif, et se termine ensuite par plusieurs saillies avancées, parmi lesquelles il faut citer Punte della Testa, del Turco, Rossa et le cap Tengo. Cette chaîne de montagnes est située d'une manière isolée dans la plaine de Puglia; elle est de formation calcaire, et ses pics les plus considérables, formés par les montagnes de Calvo, d'Origone, de Sagro, de Saracino, de Condizzo, s'élèvent à 800 toises au-dessus du niveau de la mer. Elle est couverte de belles forêts; mais il s'y déploie aussi de longues et larges vallées, parmi lesquelles il faut citer celles de Stignano, d'Origoni, d'Umbri. Un lac de forme ronde, situé dans un enfoncement, près de S. Giovanni Rotondo, paraît avoir été formé par un bouleversement volcanique dans ces montagnes, et les lacs de Battaglia, de Varano et de Lesina paraissent être en communication avec la mer. Au sud-ouest, l'Apennin touche à la province de Capitanate, et une branche de cette chaîne s'étend au nord, le long de la rivière de Fortore, jusqu'à la mer. Une autre branche s'étend dans la même direction, en passant entre le Fortore et le Biferno, mais ne s'avance pas jusqu'à la mer. Tout le reste de la province est formé par la grande plaine d'Apulie, nommée le Tavogliere di Puglia. Elle a sa plus grande largeur entre les rivières d'Ofanto et de Fortore, dans la direction du sud-est au nord-ouest. Au milieu de la province est située Foggia, qui en est le chef-lieu : les rivières qui arrosent cette contrée sont, outre l'Ofanto (Aufidus), qui est la plus considérable et que nous avons déjà nommée, le Candelaro, le Carapelle, le Celone, le Cervaro, etc. Elles se dessèchent presque entièrement en été. Sur la côte s'étend un lac considérable, le lac de Salpi, qui est en communication avec la mer, et près duquel se trouvent des salines. Le sol est calcaire. Celui de la côte est mêlé de sable, et il est peut-être susceptible de devenir fertile par la culture; mais aujourd'hui c'est un désert aride, qui en été est brûlant et en hiver sert de pâturage aux immenses troupeaux du pays. Il est recouvert de quatre sortes de plantes, qui sont la férule, l'asphodèle rameux, le thym et le câprier. Ce n'est que sur la lisière du Tavogliere qu'on exerce par-ci par-là péniblement un peu d'agriculture. La température dans cette plaine est d'une chaleur dévorante: presque tout l'été est sans pluie, et des vents desséchants soufflent sur la contrée. Sur la côte ces vents sont rendus très-insalubres par les émanations de la mer. La partie montagneuse de la province est plus fertile et plus agréable, et les vents qui descendent des hauteurs rafraîchissent les portions de la plaine les plus voisines des montagnes. — La province de Capitanate est une des plus oppressées du royaume de Naples. La plus grande partie de la plaine ne peut être cultivée, à cause des moutons transhumants qui en hiver y sont amenés des provinces de la montagne les plus voisines et qui ont droit de pâturage. Ce droit de pâturage rapporte annuellement 425,000 ducats au fisc, et rend misérable la moitié de la population de cette province. Une portion de ce terrain est abandonnée aux paysans, moyennant une redevance très-élevée, pour y cultiver des céréales, des légumes et des vignes, et le reste que le roi leur laisse est la proie des barons qui se l'arrogent par des droits traditionnels ou par des prétentions nouvellement élevées. — Malgré cette gêne et cette oppression, les habitants de la Capitanate sont une population douce et bonne, d'un caractère moins vindicatif que ne sont leurs voisins, et, quoiqu'un peu prompts à s'emporter, cependant se réconciliant facilement. Le meurtre et le vol n'y sont pas habituels, comme cela se voit dans la Calabre et dans les Abruzzes, et la pauvreté n'enlève pas aux habitants leur contentement et leur sérénité, qui se manifeste surtout par un goût assez généralement répandu pour la musique. La population de la Capitanate s'élevait en 1793 à 251,828 âmes, en sorte que, terme moyen, il y a 1,456 habitants par lieue carrée. Leur principale branche d'activité est l'élève des bestiaux. Au premier rang de ces bestiaux il faut placer les moutons, dont la province est très-riche par elle-même, et dont elle entretient par ses pâturages des troupeaux presque innombrables venant de la terre de Labour, de la Molise, des Abruzzes, de la Principauté ultérieure, etc. La laine de ces moutons, qu'on tond deux fois par an, est excellente, quoiqu'elle n'égale pas celle des mérinos. Les chevaux surpassent en vivacité et en beauté toutes les races du royaume, et sont en très-grande quantité. Les animaux à cornes sont de la magnifique race de Hongrie; mais ils sont plus propres à être engraissés qu'à fournir du lait, et sur les bords de l'Ofanto se trouvent des buffles qui fournissent un lait dont on fait le fromage très-estimé de Provole. Le pays ne manque pas non plus de porcs et de chèvres. — L'agriculture se borne exclusivement aux céréales, qui réussissent dans cette contrée d'une manière parfaite, et qui donnent depuis douze jusqu'à quinze pour un, sans qu'on ait besoin d'engraisser les terres. La production des haricots, des pois, des oignons et d'autres légumes est assez abondante, et les melons croissent sans réclamer les soins du jardinier. Le vin est bon, surtout près de Vico, de S. Giovanni, de Manfredonia, etc., et les olives des monts Gargano fournissent une excellente huile. Les fruits particuliers au climat méridional sont en très-grande abondance dans la Capitanate, et les mûriers de bonne qualité favoriseraient la production de la soie si les bestiaux ne l'empêchaient. En général, un grand nombre de sources de production du pays restent improductives, ou ne sont mises à profit que d'une manière malhabile : ainsi des abeilles du mont Gargano, de la pêche, des travaux des mines et des carrières. On manque même de bonnes salines. Le commerce de la province se borne presque exclusivement aux foires de Foggia, et l'exportation consiste en produits bruts, et particulièrement en huile, en froment, en fruits de jardin et en quelques sucs ou résines du Gargano, parmi lesquels il faut citer le mastic, la manne et la térébenthine. Le commerce des côtes est entre les mains des Dalmates, et toute la province n'a qu'un seul port, qui pourrait recevoir de grands vaisseaux de commerce. Les routes ne sont en bon état que sur la plaine et dans la direction du chef-lieu; mais les routes plus petites et de communication sont presque impraticables, particulièrement dans les monts Gargano. La Capitanate n'a ni fabriques ni manufactures, et les provinces voisines lui envoient même de la toile de lin et de coton au marché de Foggia. — La province a trois districts, Foggia, Manfredonia et S. Severo. On compte aussi comme faisant partie de la Capitanate le groupe des îles Tremiti, situées au N.-O. des monts Gargano. On eur donnait dans l'antiquité le nom d'*insulæ Diomedeæ*. Elles sont au nombre de quatre : S. Domino, la Caprara, S. Nicola, Cretaccio.   HOLINGER.

CAPITANE ou GALÈRE CAPITANE (marine). Les puissances maritimes et les États souverains qui n'ont pas le titre de royaume donnent le nom de *galère capitane* à la principale de leurs galères. — Depuis la suppression de la charge de capitaine général des galères de France, il n'y a plus eu dans cet État de *galère capitane*. La principale a été nommée *Réale* et la seconde *Patronne*. La *galère capitane* portait trois fanaux posés en ligne courbe, et non pas en ligne droite comme ceux de la *Réale*. Toutes ces dénominations ont disparu dans notre marine actuelle.

CAPITANIE, s. f. (term. de relation), charge, titre, emploi, fonction du capitan au Brésil.

CAPITANI, titre des chefs des milices grecques nommées armatolis (*V*. ce mot). Leur autorité se transmettait ordinairement de père en fils, mais le sabre qui en était comme la marque distinctive, et s'appuyait bien plus sur l'attachement des chrétiens pour ces derniers représentants de leur nationalité que sur les firmans de la Porte. Aussi, quand une rupture avec les Turcs les forçait à se jeter dans les montagnes pour y mener la vie de klephtes, ils y étaient suivis d'une partie de leurs pallicares (*V*. ces mots). Plusieurs s'y maintinrent pendant des années : aussi la Porte, alarmée de la part glorieuse qu'ils avaient prise au soulèvement de 1770, voulut détruire leur organisation. Ali, pacha de Janina (*V*. ALI-PACHA), après leur avoir fait une guerre acharnée, finit par traiter avec les principaux d'entre eux. Plusieurs avaient passé au service de la France et de la Russie; quelques-uns de ces derniers, initiés en 1817, à Odessa, aux mystérieux projets de l'hétérie (*V*. ce mot), en devinrent les apôtres les plus zélés. La lutte engagée entre le grand seigneur et le vizir de Janina fournit aux capitani l'occasion de reprendre les armes, et ils se trouvèrent prêts au premier signal d'indépendance (1820). Pendant plus de sept ans, leur étonnante audace, leur persévérance ont soutenu le poids de la guerre; mais parfois leurs dissensions ont compromis le sort de la Grèce. Pour y mettre un terme et imprimer plus d'ensemble aux opérations des capitani, décorés depuis la révolution du titre de stratèges, le gouvernement grec nomma des généraux en chef. Marc Botzaris (*V*. ce mot) et Maurokordatos furent investis de cette dignité dans la Grèce occidentale;

mais, malgré l'héroïsme de l'un et les talents de l'autre, ils ne furent obéis qu'avec une négligence qu'on put taxer de trahison. Dém. Hypsilantis n'obtint également qu'une autorité en quelque sorte nominale; celle de Colocotroni, en Morée, appuyée sur d'anciens souvenirs, était plus réelle, et Mauromichalis, ancien bey de Maina, conservait sur les capitani de cette contrée une sorte de suprématie féodale. En 1827, le général Church, sous lequel plusieurs capitani avaient servi dans les îles Ioniennes ou à Naples, les réunit un instant sous ses ordres; mais cette organisation passagère n'amena que des désastres. En général, ces hommes habitués à ne prendre conseil que de l'occasion, parfois entraînés au combat par leur fougue et retombant ensuite dans une apathique inertie, ont fait manquer la plupart des plans concertés par des officiers étrangers, et dont une exécution ponctuelle pouvait seule assurer le succès. Depuis que la Grèce a reçu une organisation régulière, les capitani ont obtenu des brevets de divers grades; mais il est difficile à de tels hommes de s'assujettir à la hiérarchie militaire, et quelques-uns ont compromis dans les tentatives de guerre civile la gloire qu'ils avaient acquise. Quelque impérieux néanmoins que soit pour elle le besoin d'ordre et de repos, la Grèce, indulgente pour une génération qui a grandi sous le cimeterre ottoman, ne doit pas oublier que c'est au sentiment exalté d'indépendance de ces vieux guerriers qu'elle doit son affranchissement, ou plutôt qu'elle n'existerait plus sans ses capitani.

CAPITANO (hist. nat.), poisson des îles Moluques. Il a le corps médiocrement allongé et comprimé ou aplati par les côtes, la tête grosse et courte, presque ronde, les yeux et la bouche de moyenne grandeur. — Ses nageoires sont au nombre de sept : deux ventrales, petites et menues, placées au-dessous de deux pectorales, qui sont aussi petites et étroites; une dorsale fort longue, comme fendue en deux à son milieu, basse devant que derrière; une derrière l'anus plus longue que profonde, et une à la queue, échancrée jusqu'au milieu de sa longueur. Deux de ces nageoires sont épineuses, savoir, la dorsale, qui a quinze rayons antérieurs épineux, et celle de l'anus, qui en a quatre. Son corps est blanc en dessous et sur les côtés, un peu cendré sur le dos, et marbré de lignes noires obliques; les nageoires sont jaunes, la prunelle de ses yeux est noire, entourée d'un iris argenté, cerclé de jaune. Le capitano est commun dans la mer d'Amboine.

CAPITAN-PACHA (term. de relation), mot tiré de l'italien *capitano*. Il désigne le second officier de l'empire ottoman, commandant en chef de toutes les flottes turques, surintendant général de la marine, et beglerbeg de toutes les côtes et îles de l'empire.

CAPITATION (hist. du droit). La capitation, appelée *census capitalis*, impôt par tête, consistait, dans le temps de la domination romaine, en une taxe mise sur chaque citoyen, à raison de sa personne, à raison de ce qu'il était, comme sujet, tenu de contribuer aux besoins de l'État, et quelquefois aussi à raison de sa profession, mais sans égard à ses biens qui étaient taxés d'une autre manière. Ainsi tous les citoyens étaient portés au rôle de la capitation, tandis que ceux qui n'avaient pas de biens-fonds n'étaient point compris dans le rôle des possesseurs ni dans le canon proprement dit (*V*. CANON), et ne payaient point l'impôt foncier. A cette occasion, Salvien dit, en parlant de la malheureuse position où était le peuple de la Gaule dans le temps où il écrivait, c'est-à-dire vers le milieu du Ve siècle : « Quand un pauvre citoyen a perdu tous ses biens-fonds, il n'est pas pour cela déchargé de la capitation. Il est obligé d'acquitter les taxes, lorsqu'il ne possède plus de terres en propre. » Les citoyens qui ne se trouvaient inscrits au rôle que pour leur tête étaient appelés *capite censi*. Toutes les quotes-parts de la capitation devaient être égales. Pour en établir le canon, on se servait du recensement général des citoyens qui, sous le nom de *census*, existait à Rome et dans les provinces, en retranchant chaque année ceux qui avaient atteint l'âge où l'on ne payait plus cet impôt; car on en était affranchi à un certain âge. On divisait ensuite la somme totale en autant de fractions qu'il restait de contribuables. Toutes les provinces de l'empire n'étant pas également riches en produits du sol et en espèces monnayées, il est à présumer que la capitation n'était pas partout la même, et que, nonobstant l'obligation où l'on était de la payer en argent, les receveurs des contributions publiques avaient quelquefois l'autorisation de la recevoir en denrées. Ce que nous savons certainement, c'est qu'à l'époque où Julien vint commander les armées dans la Gaule, qui passait pour une des plus riches provinces de l'empire, la quote-part de chaque tête était de 20 sous d'or. Julien ayant diminué les dépenses, et par là ayant fourni le moyen de demander moins, la capitation se trouvait réduite à 7 sous par individu lorsque cet empereur quitta la Gaule. — Comme un impôt également réparti, sans égard aux ressources de chacun, était acquitté facilement par les riches, mais était très-onéreux pour les fortunes médiocres et pour les pauvres, les Romains, afin de le rendre plus supportable à ces derniers, avaient imaginé d'associer plusieurs personnes pour payer une seule tête, ou quotepart de cotisation, et en même temps, afin que les riches payassent dans la proportion de ce qu'ils possédaient, de les compter pour plusieurs têtes. Il eût été plus simple, dira-t-on, de faire partout ce que Julien fit dans la Gaule, de réduire chaque quote-part aux deux tiers ou à la moitié; mais, en procédant de cette manière, le riche n'eût pas moins profité de la diminution que le pauvre, et c'était particulièrement ce dernier que l'on voulait soulager. Les empereurs Valens et Valentinien, ayant l'intention de diminuer la capitation, prirent la décision suivante : « Au lieu de la coutume observée jusqu'ici, qu'un homme paye lui seul une part entière de la capitation, et que deux femmes se réunissent pour en payer une, nous voulons bien que désormais on associe deux hommes, et même trois, pour payer une seule de ces quotes-parts, et que de même on associe jusqu'à quatre femmes pour en acquitter une. » Quand une quote-part de capitation était ainsi partagée entre deux ou trois personnes, les portions afférentes à chaque contribuable s'appelaient tiers et moitiés, et ce sont les fractions d'impôt que Théodoric, roi des Ostrogoths et maître de l'Italie, donnait ordre à ses officiers ordinaires de recouvrer, dans un passage de l'une de ses lettres que nous allons citer : « Durant le cours de la présente indiction, vous contraindrez incessamment par le ministère de vos subalternes, les habitants de votre district au payement de ce qui sera échu des tiers et moitiés, impositions à laquelle ils sont assujettis dès le temps des empereurs, et vous en porterez les deniers dans la caisse du premier officier des finances. » Quelquefois le recouvrement des tiers et moitiés était opéré par des officiers extraordinaires envoyés exprès, et auxquels les officiers ordinaires devaient prêter leur concours; on trouve dans Cassiodore la formule de l'ordre qui était, dans ce cas, expédié à ces derniers. La réunion de plusieurs têtes pour en former une seule était une source d'arbitraire qui occasionnait des plaintes et donnait lieu à des réclamations. Sidoine Apollinaire, évêque de Clermont, qui avait été taxé à trois quotes-parts et compté pour trois têtes, adressa une requête en vers à l'empereur Majorien, pour le supplier de lui retrancher, s'il voulait qu'il vécût, ces trois têtes qui le faisaient ressembler à Géryon. — Nous avons dit que, passé certain âge, on était affranchi de la capitation; il y avait certaines dignités et certaines professions qui procuraient l'exemption; des priviléges particuliers dispensaient quelques cités de la payer, mais ces cas étaient peu nombreux. — Les Francs, maîtres de la Gaule, perçurent la capitation, comme les autres contributions qu'ils y trouvèrent établies, et, vers le milieu de la seconde race, quand on cessa de faire le recensement des citoyens, il fut déclaré que ceux qui jusque-là avaient payé la capitation seraient tenus de continuer de le faire; mais, insensiblement, tout le monde ayant trouvé le moyen de s'en faire exempter, cet impôt fut supprimé par le fait, et il n'en fut plus question jusqu'à la fin du XVIIᵉ siècle, à moins qu'on ne veuille le considérer comme ayant été remplacé par la taille, qui ne pesait que sur les roturiers, opinion que nous ne serions pas éloignés de partager (V. IMPOTS et TAILLE). Quoi qu'il en soit, le 18 janvier 1695, Louis XIV, pressé par les besoins de la guerre, établit, avec promesse formelle de la supprimer, une imposition personnelle, appelé capitation. Nul individu, quels que fussent son rang, son caractère, ses fonctions, son métier, n'en fut exempt. Les princes, les seigneurs, les magistrats, les officiers de terre et de mer, les membres du clergé furent soumis comme les bourgeois, les artisans et les domestiques. Les contribuables furent répartis en vingt-deux classes, dont la première, à la tête de laquelle était le dauphin, devait payer 2,000 livres, et la dernière 1 livre. Ne furent point compris dans les classes les taillables dont la cote ne dépassait pas 40 sous. La paix ayant été signée à Ryswick le 20-21 septembre et 30 octobre 1697, la capitation fut, même avant l'échange des ratifications, déclarée supprimée, et il fut dit en même temps qu'on ne la percevrait que pour les trois premiers mois de l'année 1698. La guerre s'étant rallumée en 1701, la capitation fut rétablie le 12 mars sur les mêmes bases, avec des exemptions un peu plus nombreuses; mais la paix signée à Rastadt le 6 mars 1714 n'en amena point la suppression comme la première fois. Elle fut maintenue, et à différentes époques on publia plusieurs ordon-

nances ou arrêts du conseil pour en régulariser la perception et la comptabilité, ou y faire rentrer des catégories de personnes qui avaient été oubliées ou exemptées. Le 14 mars 1770, on la répartit sur les marchands et artisans de Paris et des faubourgs, et les contribuables furent divisés en vingt-quatre classes, la première payant 300 livres et la dernière 1 livre 10 sous. Les gardes, prévôts, syndics généraux, syndics et adjoints des communautés furent, sous leur responsabilité solidaire, chargés du recouvrement, chacun d'eux de ce qui le concernait, et exposés à des poursuites, en cas de retard dans leurs versements. La révolution de 1789 trouva la capitation encore existante, et elle l'abolit. Plus tard elle fut remplacée par l'imposition personnelle et mobilière (V. IMPOSITIONS).

CAPITATION, en Angleterre. C'est une taxe imposée par l'autorité du parlement sur chaque personne ou tête, sur tout le monde indifféremment; ou suivant quelque marque de distinction reconnue, telle que la qualité, le métier. Ainsi, par le règlement ou le statut dix-huitième de Charles II, chaque sujet anglais fut cotisé par tête suivant son degré. Un duc payait cent livres, un marquis quatre-vingts livres, un baronnet trente livres, un chevalier vingt, un écuyer dix livres, et tout roturier douze deniers. — Il paraît par d'anciens actes du parlement que ce règlement n'établit pas une nouvelle taxe, comme on peut le voir, particulièrement par celui qui parut l'an 1580, ainsi conçu : *Quilibet tam conjugatus quam solutus, utriusque sexus pro capite suo solvere cogebatur* (Walsingham). — Camden, dans les ouvrages qui nous restent de lui sur la monnaie, dit qu'il y avait anciennement un tribut personnel, appelé *capitatio*, imposé sur chaque tête; sur les femmes depuis l'âge de douze ans, et sur les hommes depuis celui de quatorze.

CAPITAUX (écon. polit.). Les capitaux sont des économies accumulées et fixées dans un emploi; quand elles sont reproduites directement et immédiatement, ou médiatement et indirectement, elles sont le mobile et la mesure de la richesse des peuples. — Sans emploi les économies ne forment pas des capitaux, ne sont bonnes à rien, pas même à leur possesseur, et ce qui est digne de remarque, elles sont fâcheuses et préjudiciables à l'État, dont elles réduisent la somme des consommations et la masse des travaux que leur consommation aurait nécessités. — Si, par exemple, sur les produits qui composent son revenu, un individu économise cinq hectolitres de blé et les conserve dans son grenier, ils ne sont d'aucun profit ni pour lui ni pour personne; ils sont comme s'ils n'existaient pas, et le travail qui les eût préparés pour la consommation n'a pas lieu. Dans ce cas l'économie sans profit pour l'économie fait éprouver une perte au travail du pays. — Mais si, au lieu d'être resserrés dans un grenier, les cinq hectolitres sont employés à créer une nouvelle branche de travail ou à rendre plus productives ou moins dispendieuses celles qui existent, et si ce travail se reproduit, comme cela arrive infailliblement quand le nouveau travail continue, ou quand le perfectionnement de l'ancien se soutient, alors les cinq hectolitres économisés forment un capital; d'où il suit que tout capital est nécessairement une dotation du travail. — Cette doctrine a donné lieu à plusieurs controverses. — Il n'y a point à présent de difficulté sur les économies dont l'emploi les reproduit en matières agricoles. On est unanimement d'accord que les économies ainsi reproduites forment des capitaux. — On reconnaît aussi, quoique avec difficulté, que les économies qui sont reproduites en objets matériels sont des capitaux. — On n'est plus divisé que sur les économies dont l'emploi ne produit que des services honorables, utiles, agréables et de pure fantaisie, qui, après leur consommation, ne laissant aucune trace de leur existence, ne peuvent subsister que par des tributs imposés sur les autres produits des autres capitaux, et sont, par conséquent, un poids mort sur la production générale. — Parmi ces économies dont l'emploi ne crée que des services, on comprend ceux du souverain, du gouvernement, de l'administration, de l'ordre judiciaire, des armées de terre et de mer, des professions les plus graves et les plus frivoles, et de la domesticité. — Il faut concevoir que les économies forcées ou volontaires qui ont successivement créé ces divers services, ne sont ni directement ni indirectement reproduites par eux, et que ces services ne se continuent que par les produits des autres capitaux; mais ne sont-elles pas médiatement et indirectement reproduites par les secours qu'ils donnent aux divers emplois des autres capitaux, et par l'influence qu'ils exercent sur leur fécondité? Nul doute à cet égard. — Les services qui semblent avoir le moindre part à la reproduction des économies qui les ont fondés sont, sans contredit, ceux du gouvernement et ceux du culte religieux; il est certain cependant que si ces derniers ne les reproduisent pas directement et immédiatement, ils concourent à leur reproduction, parce qu'ils donnent une plus grande fécondité aux autres travaux, parce que sans leurs services protecteurs et tutélaires les emplois qui reproduisent directement les autres économies seraient moins féconds et moins profitables. Continuellement menacées dans leurs personnes et dans leurs propriétés, toutes les classes occupées dans les emplois de la reproduction matérielle seraient forcées d'employer une partie considérable de leur temps à se garantir de la paresse, des vices et des crimes de leurs concitoyens, ou à se défendre de l'ambition et de l'avarice de l'étranger. Cet emploi de leur temps à des travaux étrangers à la production en diminuerait les produits; et le revenu général serait de beaucoup inférieur à ce qu'il est, grâces à la protection du gouvernement, aux conseils, aux préceptes et aux soins des ministres de la religion. — Il est donc juste et raisonnable d'attribuer cet excédant de revenu à des services qui sont la cause et le moyen de leur production; peu importe que ces services ne concourent à le produire que d'une manière indirecte. Que de capitaux regardés comme productifs n'y contribuent pas autrement? De ce nombre sont ceux qui alimentent les travaux du mineur, du fondeur, du forgeron, du taillandier, et de tous les arts qui fabriquent les machines, les instruments et les outils si nécessaires et si utiles à la production. Pourquoi donc, si ceux-ci sont réputés productifs parce qu'ils abrègent et facilitent le travail, les autres qui défendent, protégent et encouragent les travailleurs, n'auraient-ils pas aussi le droit de s'attribuer une part à la production? On peut en dire autant des services des classes littéraires et savantes, et de ceux des professions libérales, qui, en éclairant les hommes sur la direction la plus profitable à donner à leurs travaux, sur leurs droits réciproques dans le partage des produits, et sur la justice, l'utilité et la convenance de leurs transactions, en assurant l'exécution de leurs contrats, en les soulageant dans leurs infirmités, et les consolant dans leurs malheurs, rendent le travail plus facile, plus actif et plus productif. Leurs forces sont autant de leviers qui opèrent sur la production de la même manière que le capital fixe dont nous parlerons dans un instant. Il n'y a de différence que dans un seul point. L'opération du capital fixe est physique et matérielle, tandis que l'action des classes littéraires et savantes et des professions libérales est intellectuelle et morale. — Enfin les classes qui ne rendent que des services frivoles et domestiques ne sont pas non plus sans influence sur la production générale, et ne lui sont pas moins profitables. — Sans doute, si les hommes n'étaient placés sur la terre que pour produire et consommer, on aurait de la peine à comprendre comment des services qui ne tendent qu'à distraire ces producteurs des travaux de la production sont cependant une de ses causes efficientes, et contribuent en effet à sa plus grande fécondité. — Mais si la production et la consommation ne sont pas la fin et le terme des destinées humaines, et ne doivent être envisagées que comme des moyens de cultiver les facultés intellectuelles et morales, cette noble partie de la nature humaine, et de rendre la vie aisée, agréable et commode, les services réputés les plus frivoles ont un véritable prix pour les producteurs, et par conséquent ne sont pas sans profit pour la production. Ils y participent les derniers sans doute, mais on ne peut leur contester la part qu'ils y prennent. — Ainsi il nous paraît évident que les économies accumulées et fixées dans un emploi sont des capitaux, soit que cet emploi les reproduise en produits agricoles, ou en objets matériels, ou en services; la seule condition, et elle est indispensable, c'est que les économies soient reproduites librement et volontairement, ce qui est hors de tout doute tant que leur emploi subsiste. — Et comment concevoir qu'il en soit autrement lorsqu'on considère les divers emplois des économies dans leurs relations mutuelles et réciproques? Les services n'ont-ils pas une valeur comme les objets matériels, et ceux-ci comme les objets agricoles; et la valeur relative des uns et des autres ne dépend-elle pas également d'une seule et même loi, de la loi du marché? Là où il y a valeur entre les choses reproduites, il y a nécessairement identité entre les causes qui les produisent, et il est rationnellement impossible que des causes dont les effets sont les mêmes, les unes soient productives et les autres improductives de capitaux. — Enfin n'est-ce pas étrangement s'abuser que de classer parmi les capitaux les économies fixées dans les emplois de la production, et de rejeter de cette classification des économies fixées dans des emplois qui assurent la consommation des produits des autres capitaux? Ceux-ci ne sont-ils pas nécessaires à ceux-là? Et s'il est vrai de dire que sans la production il n'y aurait pas de services consommateurs, il est tout aussi certain que sans les services consommateurs la production qu'ils consomment n'existerait pas. Nous dirons plus: s'il fallait balancer les avantages des capitaux de la production

et de ceux de la consommation, et déterminer leur influence réciproque sur les progrès de la richesse, nul doute que la balance ne penche en faveur des capitaux de la consommation. — On ne consomme pas parce qu'il y a des produits à consommer, mais on produit lorsqu'on a la certitude ou l'espérance de la consommation. Ce serait donc méconnaître les véritables principes de la science économique, que de détourner la direction des économies des emplois de la consommation, pour les porter par prédilection vers les emplois de la production. Plus on multiplie les services consommateurs, plus on favorise la production. Il n'y a qu'une seule exception à cette loi générale, c'est lorsque les services consommateurs sont imposés forcément aux productions, et ne sont pas volontairement et librement rétribués par eux (V. CONSOMMATION). — Il ne faut en effet que jeter un coup d'œil rapide sur la marche des capitaux pour reconnaître qu'elle est d'autant plus sûre et plus rapide qu'elle forme plus de capitaux de consommation que des capitaux de production. — Là où chaque producteur est l'unique consommateur de ses produits, la production est nécessairement bornée à la consommation du producteur, et réduite à cet état elle est bien faible, et laisse souvent en souffrance le producteur et le consommateur; tel est le sort des temps antérieurs à la création des capitaux. Pendant leur durée, on ne voit pas pourquoi on formerait des capitaux, ni à quoi ils pourraient être bons. — Mais quand, avec ses économies sur la production, le producteur parvient à se créer un consommateur qui lui donne un équivalent de sa consommation, soit en objets réels, soit en services, alors la production augmente avec la consommation, et c'est par l'action de la production sur la consommation et par la réaction de la consommation sur la production, que s'est formée la masse des capitaux dans tous les pays, qu'elle s'y conserve et peut s'accroître indéfiniment. — Ce qui démontre jusqu'à l'évidence que si, comme l'enseigne Adam Smith, l'origine des capitaux remonte à la division du travail, leur progression ne suit pas, comme l'a cru cet illustre écrivain, les progrès des capitaux de la production, mais ceux des capitaux de la consommation. — C'est par une méprise évidente que cet écrivain s'est imaginé que les capitaux de la consommation peuvent faire obstacle aux capitaux de la production, et que la disproportion des uns avec les autres peut leur être également fatale. Il n'a pas fait attention qu'on ne peut pas consommer sans donner au producteur un équivalent dont il se contente et pour lequel il consent à produire; donc il est de toute impossibilité que la consommation puisse jamais porter aucune atteinte à la production, et ce serait égarer la science que de subordonner la consommation aux forces de la production; c'est, au contraire, dans la consommation que la production puise toutes ses forces. — Les capitaux forment plusieurs classes, qui ont chacune leur dénomination particulière. Les uns consistent dans l'accumulation de toutes les économies dont la production sont la subsistance générale, et fournit la matière première de tous les travaux. On leur donne le nom de capital circulant, parce qu'ils ne donnent de profit à leur possesseur que par leur circulation du producteur à toutes les classes d'ouvriers; elles leur donnent successivement les préparations nécessaires à leur consommation des classes industrieuses à celles du commerce, et de celles-ci aux consommateurs. La circulation est le caractère propre de ce genre de capitaux, et motive suffisamment leur dénomination de capital circulant. — D'autres capitaux se composent des améliorations du sol, des machines, des outils, des instruments de tout travail, et de tout objet qui produit un revenu ou des profits sans changer de maître et sans aucune circulation; ils portent le nom de capital fixe. On a longtemps hésité à assigner à la monnaie d'or et d'argent une place parmi les capitaux. Tantôt on la regardait comme formant seule des capitaux, et sa présence inévitable dans tous les emplois du capital devait produire cette illusion; mais elle se dissipe enfin, et l'on sait maintenant que la monnaie d'or et d'argent n'est qu'un instrument des échanges et de la circulation des valeurs, et l'on n'hésite plus à la comprendre dans le capital fixe. — La même incertitude s'est fait sentir par rapport aux capitaux prêtés à intérêt; on ne savait pas s'ils ne devaient pas former une classe à part; mais, avec plus de réflexion, on a reconnu que ce nouvel emploi ne change rien à leur caractère de capitaux, et qu'il n'y a de changement que dans la main qui en fait l'emploi. — Enfin la terre, cette source féconde de toutes les richesses, semblait une anomalie dans la classification des capitaux, et l'on se persuadait qu'elle devait leur rester étrangère; mais elle est si peu de chose sans le capital et le travail qui la mettent en culture; elle a une si grande valeur quand elle est bien cultivée, qu'il est impossible de n'être pas frappé de sa parfaite analogie avec le capital fixe; aussi n'hésite-t-on pas à la comprendre dans ce capital. — Indépendamment du capital circulant et du capital fixe, il y a une troisième sorte de capital qui ne contribue point à la formation de la richesse du pays, mais qui en fait pour ainsi dire le fonds principal, le supplément et la réserve. — Telles sont toutes les accumulations de vêtements, de maisons, d'hôtels et de palais, de meubles, d'ustensiles de table et de cuisine, de métaux travaillés, de tableaux, de statues, de vases et de pierres précieuses, de routes, de canaux, de ports, de prisons, de monuments publics, et de l'universalité des objets durables d'utilité, de commodité et d'agrément, dont la possession distingue les peuples civilisés et marque pour ainsi dire les divers degrés de civilisation. — Ainsi trois sortes de capitaux : le capital circulant, le capital fixe, et les capitaux accumulés pour la consommation actuelle, prochaine et éloignée. Les capitaux sont plus ou moins profitables pour l'État ou pour leur possesseur, selon leur emploi et leur destination. — Souvent l'emploi le plus profitable pour le capitaliste l'est moins pour l'État, et *vice versa*; cela arrive surtout lorsque les profits du capital sont élevés, alors ils sont d'un moindre avantage pour l'État, la raison en est évidente. — Les capitaux sont des avances faites au travail pour la production, à l'industrie pour la mise en état de consommation des produits, au commerce pour le transport des produits, soit aux manufactures, soit au consommateur. Plus ces avantages donnent de profits au capitaliste, plus les objets de consommation sont à un prix élevé; plus la consommation est chère, plus elle est réduite, plus sa réduction porte atteinte à l'aisance générale, et par conséquent plus elle circonscrit dans d'étroites limites la reproduction, cette source féconde de la richesse générale. — Quand, au contraire, les avances du capitaliste ne lui donnent que des profits modérés et même médiocres, tous les travaux de la production, des manufactures, du transport des produits, de la circulation des valeurs, sont moins dispendieux, se vendent à meilleur marché, ont un débit plus facile, sont plus sûrement et plus rapidement consommés; l'aisance est générale, la prospérité progressive, et le pays riche et puissant. — L'intérêt du capitaliste est donc, sous ce rapport, en opposition directe et absolue avec l'intérêt général de l'État. — Cette doctrine a été récemment combattue dans un ouvrage périodique qui a une grande célébrité, et qui la mérite; mais a-t-elle été réfutée? Il est permis d'en douter. — On avance que ce n'est pas la masse du capital, mais ses intérêts qui assurent les progrès de la richesse et de la population, et que dans tout pays où les profits du capital sont faibles et où l'on ne peut les élever, ce pays a terminé sa carrière, atteint le terme de sa prospérité, de sa grandeur et de sa puissance. On en donne pour preuve la situation de la Hollande et de l'Angleterre. — Quelle que soit l'importance de cette assertion, elle n'a même pas le mérite d'être spécieuse, et ne peut pas ébranler les principes qu'elle attaque. — Les capitaux, comme tout ce qui rapporte des profits à son propriétaire, ne sont plus ou moins productifs pour lui que selon la loi de leur rareté et de leur abondance. Y a-t-il plus de capitaux à placer que de placements à faire, le profit des capitaux est faible pour le capitaliste, mais on aurait tort d'en conclure que le capital n'est productif pour l'État que dans la proportion des profits du capitaliste. Un capital qui ne rapporte que 2 pour 100 au capitaliste peut donner de très-grands profits à l'État. — Qui donc profite de l'excédant des bénéfices du capital après le prélèvement des profits du capitaliste? car cet excédant ne peut arriver à l'État ou à tous que par des individus isolés ou réunis. — Ce n'est pas à l'ouvrier que le capital emploie; son salaire ne profite pas plus de la baisse des profits du capital, que ceux-ci de la baisse des salaires. Les salaires du travail, comme les profits du capital, dépendent exclusivement de l'abondance ou de la rareté des ouvriers, et des capitaux comparés à l'abondance ou à la rareté de l'ouvrage et des placements. C'est donc ailleurs qu'il faut chercher l'écoulement des bénéfices du capital au delà des profits du capitaliste; et avec la plus légère attention on la découvre dans les bénéfices des spéculations sur tous les genres de travail. C'est à leur génie que les bénéfices appartiennent, parce qu'ils en sont les produits. — Qu'importe en effet que l'armateur ne paye que 2 pour 100 du capital qu'il emploie, si l'emploi qu'il en fait lui rapporte 25 à 30 pour 100? Dans ce cas, les profits du capital ne sont pas pour un pays de 2, mais de 25 à 30 pour 100. — Ce qui est vrai de l'armateur l'est également du manufacturier, du cultivateur, et de toutes les classes de producteurs et de commerçants. Tous peuvent ne donner que de faibles produits au capital et en tirer de très-grands pour le prix de leurs talents, de leurs connaissances et de leur génie.

Cette vérité n'est pas nouvelle, elle est passée en proverbe dans cet adage : *Tant vaut l'homme, tant vaut la terre.* — Si les gouvernements n'avaient jamais perdu de vue cette vérité proclamée par l'expérience des siècles, s'ils avaient toujours protégé, encouragé, favorisé le développement des facultés intellectuelles, la circulation des lumières et les progrès de la raison universelle dans toutes les classes de la population, qui peut prévoir jusqu'où s'étendraient les profits des capitaux pour un État? Comment n'a-t-on pas observé que ce n'est que depuis que les sciences spéculatives ont été appliquées à la direction des capitaux, qu'ils donnent de si grands profits aux peuples et leur en promettent de plus grands encore? Comment ne s'aperçoiton pas qu'il y a une extrême contradiction à appeler les richesses de tous ses vœux, et à arrêter la circulation des lumières qui en sont la source féconde et inépuisable? Qu'on ne s'épouvante pas de cette alliance des richesses et des lumières, elle n'est dangereuse que pour le pouvoir qui opprime, jamais pour le pouvoir qui protège. L'histoire des bons rois en offre une preuve irrécusable: le bien qu'ils firent à leurs peuples fut payé de leur amour; et cependant presque tous vinrent dans des temps où tout le bien qu'ils firent se réduisit à ne pas faire de mal ou à empêcher celui qu'on faisait avant eux. — Comment cette leçon de l'histoire n'a-t-elle pas encore dissipé les terreurs que l'alliance des lumières et des richesses inspire aux gouvernements même les plus éclairés? Les peuples en tirent la conséquence qu'elles ne paraissent si redoutables aux gouvernements que parce qu'elles rendent plus difficiles leurs entreprises contre les libertés publiques. Je suis plus disposé à croire qu'ils les redoutent pour leur pouvoir : mais c'est une erreur grave; l'exemple de l'Angleterre prouve évidemment que les richesses et les lumières ne sont point incompatibles avec le pouvoir. — Si donc les profits des capitaux sont toujours pour l'État proportionnés aux lumières et aux talents de ceux qui en dirigent l'emploi, que doit-on conclure de leur baisse? Pas autre chose, sinon qu'il y a concurrence dans le talent et le génie qui dirigent l'emploi du capital, comme dans le capital même; mais, loin de s'en affliger, il me semble qu'il peut s'en applaudir, parce qu'il en résulte que tout dans cette partie a atteint le plus haut degré de perfectionnement, et que l'espèce humaine jouit de toute la somme de bien-être réservée à sa nature. — Que si les écrivains que je réfute ne s'affligent de la baisse des profits du capital que parce qu'on ne peut plus prélever de gros profits sur l'ignorance des peuples et l'infériorité des talents de ceux qui en font l'emploi, ils peuvent avoir raison, mais ils doivent sentir que dans ce cas, qui me paraît encore bien loin de se réaliser, ils veulent enrichir les uns aux dépens des autres, ce qui n'est ni l'objet ni le but de l'économie politique (*V.* ce mot). — Non-seulement les profits des capitaux sont plus grands pour un État en proportion des lumières et des talents de ceux qui en font l'emploi, mais aussi suivant la direction de leur emploi. Parmi ces directions, les unes sont certainement préférables aux autres; mais quelles sont celles qui doivent être préférées? Voilà sur quoi on n'est pas d'accord. — Adam Smith enseigne que l'emploi le plus avantageux du capital est celui qui met en mouvement la plus grande quantité du travail productif, et élève d'autant plus la valeur annuelle de la terre et du travail. — Cette doctrine me paraît entièrement inexacte. La quantité de travail productif que le capital met en mouvement dans un pays ne lui est profitable qu'après le prélèvement des frais que le travail a coûtés; les frais du travail ne sont ni ne peuvent être d'aucune utilité pour un pays (*V.* SALAIRES), et quand on prélève les frais que coûte la mise en mouvement d'une grande quantité de travail productif, il reste bien peu de profits par l'emploi du capital. — Sans contredit, le capital employé à la culture d'une mauvaise terre met en mouvement une plus grande quantité de travail productif, et même élève davantage la valeur du produit annuel de la terre et du travail que le même capital employé à la culture d'une bonne terre; il faut, en effet, plus d'engrais pour la féconder, plus de travaux pour l'améliorer, plus d'ouvriers pour la cultiver. Il y a donc un plus grande quantité de travail productif mise en mouvement. L'emploi du capital élève même la valeur du produit annuel de la terre et du travail beaucoup au delà du même capital sur une bonne terre, si, comme l'avance un écrivain récent, la valeur des produits agricoles d'un pays est toujours déterminée par les frais que coûte la production des mauvaises terres; assertion que je suis loin de partager, comme on le verra au mot *valeur;* mais qui du moins suffit à la démonstration qui m'occupe. Et cependant si le capital d'un pays était employé tout entier à la culture des mauvaises terres, qui doute que le pays ne fût réduit à la plus grande pauvreté? Son capital met—

trait pourtant en mouvement une grande quantité de travail productif, il nourrirait une population nombreuse, et élèverait par conséquent la valeur du produit annuel de la terre et du travail ; mais dans tout cela on chercherait vainement les produits du capital ; ils seraient en grande partie dévorés par les frais du travail. — Ce résultat est rigoureusement le même dans l'application du même principe à tous les emplois du capital. — Nul doute que l'agriculture ne mette en mouvement une plus grande quantité de travail productif, et n'élève plus haut le produit annuel de la terre et du travail que celui qui est employé dans les manufactures et le commerce ; mais les profits du capital pour l'Etat ne sont pas pour cela plus considérables, ils sont même bien inférieurs, parce que la plus grande partie des produits est absorbée par les frais de production, et par conséquent n'est d'aucune utilité pour l'Etat. — En un mot, si un capital de 100,000 fr. employés dans l'agriculture qui met en mouvement 500 ouvriers, et élève la valeur du produit annuel de la terre et du travail à 150,000 fr. ne donne que 10,000 fr. de produit net, les profits du capital pour l'Etat ne seront que de 10,000 fr. — Si le même capital employé dans les manufactures et le commerce ne met en mouvement que 200 ouvriers, et n'élève la valeur du produit annuel de la terre et du travail qu'à 140,000 fr., mais donne un produit net de 25,000 fr., il est évident que les bénéfices du capital employé dans les manufactures et le commerce seront plus considérables pour l'Etat que ceux du capital employé dans l'agriculture. — Or, c'est là précisément ce que réalisent les emplois du capital dans l'agriculture, les manufactures et le commerce. Ils sont d'autant plus productifs pour l'Etat, qu'avec une moindre quantité de travail mise en mouvement, ils donnent un plus grand produit net. Cette loi est irréfragable, et elle n'a échappé à l'auteur de la *Richesse des nations*, que parce que de son temps en regardait la population comme un élément de richesse, de force et de puissance, et qu'on ne savait pas que cela n'est vrai que de la population disponible, de celle qui vit du produit net. — Ainsi il faut tenir pour certain que l'emploi du capital le plus productif pour un Etat est celui qui donne le plus grand produit net, et en faisant l'application de cette règle aux divers emplois du capital, on reconnaît qu'ils se placent dans l'ordre suivant : le commerce étranger ; le commerce intérieur ; les manufactures et l'agriculture. — Si l'on est divisé sur les emplois du capital les plus productifs pour l'Etat, on est encore moins d'accord sur la part des capitalistes dans les profits de l'emploi du capital. Cette part est-elle égale pour tous les capitalistes dans les emplois qui se font dans le même arrondissement. — On n'en fait aucun doute, et l'on se fonde sur la concurrence qui ferait nécessairement disparaître l'inégalité des bénéfices des divers emplois si elle pouvait exister ; mais, quelque accréditée que soit cette opinion, elle ne me paraît pas mieux fondée. — Les capitaux ne peuvent rien par eux-mêmes ; ils ne sont plus ou moins profitables que par l'adresse et l'habileté de ceux qui les emploient ; adresse et habileté qui, n'étant pas les mêmes dans tous les emplois, ne peuvent donner des profits égaux. Quand on pourrait séparer le capitaliste de son capital, ce qui ne peut avoir lieu que dans des cas très-rares, il faudrait toujours, pour que les capitaux donnassent des profits égaux dans tous les emplois, que les capitalistes qui les font valoir fussent tous doués des mêmes talents, de la même activité et des mêmes soins, et c'est ce qui est moralement impossible. Il y a donc, indépendamment des causes locales et temporaires, une cause nécessaire et permanente de l'inégalité des bénéfices des capitalistes dans les divers emplois du capital dans le même arrondissement, et de cette cause dérivent les progrès des arts et de l'industrie générale. — D'un autre côté, il est également certain que quand les capitalistes du même arrondissement pourraient se disputer les emplois les plus avantageux du capital, et, par conséquent, égaler leurs bénéfices, très-peu pourraient retirer leur capital de l'emploi dans lequel ils l'ont engagé. Les capitaux ne sont, pas plus que les capitalistes, libres de se porter dans l'emploi le plus avantageux. Chaque capitaliste reçoit l'éducation convenable à l'emploi dans lequel il veut porter son capital ; s'il se trompe dans le choix qu'il fait, il n'est pas toujours le maître d'en faire un autre et de courir à celui qui lui paraît le plus profitable. Que devient donc l'argument de la concurrence ? Très-spécieux dans la théorie, il est illusoire et sans effet dans la pratique. Les profits des capitalistes sont et seront toujours proportionnés à l'habileté et au talent de celui qui les fait valoir. — Concluons donc que les capitaux sont les économies accumulées et fixées dans les emplois qui les reproduisent directement ou indirectement, médiatement ou immédiatement, qui, quand elles sont reproduites, forment trois classes distinctes, qui sous

les dénominations de capital circulant, de capital fixe et de capital accumulé, sont le mobile et la mesure de la richesse productive et de la richesse produite ; que dans l'emploi du capital l'intérêt de l'Etat diffère de l'intérêt du capitaliste, en ce que celui-ci veut les plus hauts profits, et l'autre les plus modérés et même les plus médiocres ; que , quant à la direction des emplois du capital, les plus profitables pour l'Etat sont ceux qui lui donnent le plus grand produit net ; que les profits des capitalistes sont toujours déterminés par leur adresse et leurs talents à les faire valoir, et que, par conséquent, on ne peut jamais les soumettre à l'égalité dans le même arrondissement, parce que la concurrence qui devrait l'opérer n'existe pas et ne peut pas exister là où il n'y a pas égalité de faculté et de puissance dans les concurrences. — Ici finit tout ce que la science enseigne sur les capitaux ; mais ce qu'elle ne dit pas, et ce qu'il importe de savoir, c'est que le travail de prévoyance, ce premier mobile du bien-être des individus, de l'aisance des classes industrieuses, et de la richesse générale, ne commence qu'avec le capital, ne s'étend ou ne s'arrête qu'avec lui, et que leur union indissoluble dépend la condition actuelle et future des peuples et des gouvernements. Cette vérité, jusqu'ici inaperçue, commence à se faire jour, et déjà les possesseurs des capitaux se placent parmi les arbitres du pouvoir. Quel sera le résultat de cette invasion de l'économie sociale dans l'état politique, c'est ce qu'il serait imprudent de faire pressentir ; mais il semble que cette influence ne peut qu'être favorable aux progrès des libertés publiques et de la civilisation (*V.* PROFITS).   GANILLI , *ancien député.*

CAPITE , s. f. (*comm.*), mesure de douze setiers dont on se servait anciennement en France.

CAPITÉ , ÉE, adj. (*botan.*). Il se dit d'une partie de plante qui porte une tête.

CAPITÉ , ÉE, adj. (*finances*), être inscrit sur le rôle de la capitation. Il est inusité en ce dernier sens.

CAPITÉES, s. f. pl. (*botan.*), famille de plantes cinarocéphales de l'ordre des dicotylédones.

CAPITEIN (PIERRE), né à Middlebourg en Zélande, vers 1511, étudia la médecine à Louvain et à Paris, prit le bonnet de docteur à Valence en Dauphiné, fut professeur à Rostock et à Copenhague, deux fois recteur de l'université de cette dernière ville, et médecin de Christian III. Il mourut le 6 janvier 1557. On a de lui : 1° *De potentiis animæ*, 1550 ; 2° *Calendaria*. C'étaient des médecins, presque toujours partisans de l'astrologie judiciaire, qui faisaient les almanachs dans les XVᵉ et XVIᵉ siècles. 3° *Prophylacticum consilium anti-pestilentiale ad cives hafnienses anno M. D. LIII*, impr. dans la *Cista medica hafniensis* de Th. Bartholin.

CAPITEIN (JACQUES-ELISA-JEAN), nègre, né en Afrique, fut acheté à sept ou huit ans, sur les bords de la rivière Saint-André, amené en Hollande, où il apprit la langue du pays, et se livra à la peinture. Il fit ses premières études à la Haye, apprit le latin et les éléments du grec, de l'hébreu et du chaldéen de Mˡˡᵉ Roscam, passa à l'université de Leyde, où il étudia la théologie dans l'intention d'aller prêcher la foi à ses compatriotes. Après avoir pris ses grades, il partit, en 1742, pour Elmina, en Guinée. Les uns prétendent que Capitein y reprit ses mœurs idolâtres ; d'autres révoquent ce fait en doute. M. Grégoire, à qui nous devons tout ce que nous savons de ce personnage, ne donne pas la date de sa mort ; il se contente de parler de ses écrits, qui sont : 1° une *Elégie* en vers latins sur la mort de Mauger, son maître et son ami. Grégoire en rapporte le commencement avec la traduction libre dans son ouvrage intitulé : 1° *De la littérature des nègres* ; 2° *De vocatione ethnicorum*, dissertation qu'il composa pour son entrée à l'université de Leyde ; 3° *Dissertatio politico-theologica de servitute libertati christianæ non contraria , quam sub præside J. van der Honert publicæ disquisitioni subjicit J. E. J. Capitein, Afer*, Leyde, 1742, in-4°. Il est assez singulier que ce soit un nègre qui ait soutenu cette thèse. Elle a été imprimée quatre fois, et traduite en hollandais par Wilhelm, Leyde, 1742, in-4° ; 4° des *Sermons*, en hollandais, Amsterdam, 1742, in-4°. On trouve le portrait de Capitein par Regnolds, dans le *Manuel d'histoire naturelle* de Blumenbach, traduit en français.

CAPITEL, s. m. (*technol.*), le plus clair et le plus liquide d'une lessive composée de cendres, d'eau et de chaux vive, pour faire du savon.

CAPITELLI (BERNARDIN), peintre et graveur, né à Sienne vers 1580, apprit les éléments de la peinture d'Alexandre Casolani, puis de Rutil. Manetti composa quelques tableaux , mais renonça bientôt à la peinture pour se livrer exclusivement à la gravure. Il vivait en 1637, mais on ignore la date de sa mort. On a de lui des estampes à l'eau-forte, d'après le Corrége, Ventura Salimbeni et autres maîtres. Dans le nombre on distingue un *Repos en Égypte* d'après Manetti; la Vierge assise donne à boire à l'enfant Jésus.

CAPITEUX, épithète par laquelle on qualifie les vins ou les boissons spiritueuses qui, suivant l'expression vulgaire, portent à la tête, c'est-à-dire enivrent. Les vins sont plus ou moins capiteux, selon la proportion d'alcool qu'ils renferment. Ainsi, l'on dit que les vins de Bourgogne sont beaucoup plus capiteux que ceux de Bordeaux.

CAPITHA (*archéol.*), mesure des Perses, égale au *marès* des Juifs (*V.* **MARÈS**). Selon Xénophon, elle valait deux chéniers attiques.

CAPITILUVE, s. m. (*capitiluvium*, de *caput*, la tête, et *lavare*, laver), bain de tête, lotion sur la tête.

CAPITIUM (*géogr. anc.*) (on trouve aussi *Capytum*), ville de Sicile dont parlent Cicéron et Ptolémée, et qui est située sur les bords du Symæthus. Le nom de cette ville s'est conservé dans celui du bourg de Capizzi.

CAPITO, s. m. (*hist. nat.*), espèce de capitano et de fœlack des Moluques. Il diffère du capitano par les caractères suivants: 1° ses nageoires pectorales et ventrales sont plus larges, et comme arrondies ; 2° la dorsale n'a que quatre rayons antérieurs épineux ; 3° celle de la queue est fourchue ou échancrée d'une ouverture triangulaire, et non pas arquée ou cintrée; 4° son corps est jaunâtre, entouré de quatre anneaux rougeâtres, et ses nageoires sont vertes.

CAPITO, surnom de plusieurs Romains (*V.* **FONTÉIUS**).

CAPITO (**ATEIUS**) fut un des plus grands jurisconsultes de son siècle. Il était fils d'un préteur. Auguste le porta au consulat. Il avait écrit sur le droit divers ouvrages dont il ne nous reste plus rien. Sous le règne de Tibère, il se signala dans le sénat par une de ces adulations serviles dont le prince même était fatigué; on accusait L. Ennius du crime de lèse-majesté. L'empereur, trouvant l'accusation injuste, ne voulut pas qu'elle fût intentée. Sur cela Capito dit hautement, en affectant un air de liberté, qu'on ne devait pas enlever aux sénateurs le droit de prononcer sur cette accusation; qu'un si grand délit ne devait pas rester impuni; que l'empereur pouvait bien ne point écouter son ressentiment; mais qu'il ne fallait pas que l'État en souffrît. « Cette lâcheté marqua d'autant plus, dit Tacite, que Capito était un homme très-éclairé, et qu'il flétrissait un caractère que sa conduite publique et particulière avait fait honorer. » Il mourut peu de temps après.

CAPITO, oncle de Paterculus. Il marcha avec Agrippa, lieutenant d'Auguste, contre Cassius.

CAPITO, concussionnaire, sévèrement puni par le sénat.

CAPITO, poëte d'Alexandrie, qui écrivit un poëme sur l'amour.

CAPITO, gouverneur de Judée sous Caligula.

CAPITO, général romain qui fit massacrer de sang-froid un grand nombre de Juifs, l'an 66 de J.-C.

CAPITO, préfet du prétoire sous le règne de Probus.

CAPITOL (*vieux mot*), le point principal, chapitre, assemblée des principaux habitants d'une ville.

CAPITOLE (*hist. rom.*). C'était comme la citadelle et le sanctuaire de Rome, car les temples les plus vénérés y étaient réunis. Nous ne parlerons que de celui de Jupiter. Après la prise de Suessa Pometia par Tarquin le Superbe, ce roi consacra à la construction du temple, et pour accomplir le vœu fait par le premier Tarquin, la dîme du butin et le produit de la vente des captifs. Il fallut encore imposer de fortes contributions, et exiger de nombreuses corvées pour cette construction ; car la dîme suffit à peine pour jeter les fondements du temple. Toutes les divinités qu'on honorait en ce lieu depuis Tatius cédèrent volontiers la place ; il n'y eut que Juventas et Terminus qui refusèrent de se retirer devant Jupiter, Junon et Minerve. On en conclut que la jeunesse du peuple romain serait éternelle, et que ses limites ne seraient jamais resserrées. En creusant les fondations du temple, on découvrit une tête d'homme encore sanglante, et de *caput* on fit *Capitolium*, de sorte que le mont Tarpéien fut dès lors appelé Capitole. Dans le sanctuaire de Jupiter furent placés les livres sibyllins. Tarquin n'ayant pu achever son ouvrage ; cet honneur était réservé aux consuls. Ce fut M. Horatius qui en fit la dédicace aux ides de septembre, et ce jour commença pour les Romains une ère nouvelle. Tous les ans à la même époque, on enfonçait un clou au Capitole (Niebuhr, sur la signification et l'importance chronologique de cette cérémonie). Ce temple avait environ huit cents pieds de pourtour.

Niebuhr en fait la description, t. i, p. 558 et 559 de son *Histoire romaine*. Au temps de Sylla, les flammes dévorèrent cet édifice. Considéré comme forteresse, le Capitole avait une grande importance. Appius Herdonius l'occupa par surprise, et presque tous ses aventuriers y vendirent chèrement leur vie quand le consul Valérius leur donna l'assaut ; mille hommes environ l'occupaient quand les Gaulois prirent Rome ; tous leurs efforts échouèrent contre la valeur de cette garnison. Ils essayèrent de la surprendre de nuit ; mais chacun sait comment elle fut sauvée par Manlius et les oies du Capitole. Quand Manlius eut conspiré, la circonstance qu'il habitait la citadelle lui facilita les moyens de s'en emparer. Il fut ordonné qu'à l'avenir aucun patricien ne pourrait s'y établir. Cette mesure ne paraît avoir été autre chose que l'abolition d'un privilége ; les plébéiens en avaient toujours été éloignés. Le Capitole n'apparaît parmi aucune des *régions* plébéiennes, et il est omis dans la topographie de Varron.

CAPITOLIAS (*géogr. sacrée*), ville épiscopale de la seconde Palestine, au diocèse de Jérusalem, sous la métropole de Scytople. Ptolémée paraît l'avoir confondue avec Jérusalem ; mais comme il la met entre Hippon et Gadara, c'est plutôt une faute du copiste que de l'auteur, et il faut lire que Jérusalem s'appelait *Capitoline*, comme le dit Dion Cassius. On peut remarquer que ces deux villes sont différentes, par les médailles qui portent que Capitolias se gouvernait pas ses lois, au lieu qu'*Ælia Capitolina* ou Jérusalem, comme colonie, suivait les lois romaines. On trouve encore, au concile de Nicée et de Chalcédoine, qu'elles avaient chacune leurs évêques. Capitolias est aussi appelée *Capitolissas*, et communément *Sunete*. Elle est, dans l'Itinéraire d'Antonin, entre Gadara et Damas, et dans les Tables de Peutinger, entre Gadara et Adraa (*Oriens christ.*, t. 3, p. 615).

CAPITOLIN (**MONT**) (*géogr. anc.*), l'une des sept collines de Rome, au nord du mont Palatin, s'étend à l'ouest jusqu'au Tibre. Elle reçut son nom du Capitole qui y était placé.

CAPITOLIN (**MUSÉE**). (*V.* **MUSÉE**).

CAPITOLIN (**JULES**), historien romain des III° et IV° siècles de J.-C., est l'un des six écrivains de l'histoire Auguste (*V.* **SPARTIEN**). J. Capitolin a laissé les Vies d'Antonin le Pieux, de Marc Antoine le Philosophe (Marc Aurèle), de Vérus, de Pertinax, d'Albin, de Macrin, des deux Maximins, de Maximin le Jeune, des trois Gordiens, de Maxime et Balbin, qui sont imprimées avec les œuvres de Spartien. Les autres Vies qu'avait composées Capitolin ne sont pas venues jusqu'à nous. La plupart des écrits de Capitolin sont dédiés à Dioclétien et à Constantin. J. G. Muller a publié une *Dissertatio de Julio Capitolino*, Altorf, 1689, in-4°. — CORNEILLE CAPITOLIN, auteur du III° siècle, dont nous n'avons aucun écrit, est cité par Trébellius Pollion dans sa *Vie d'Odenat*, qui fait partie de ses trente tyrans (*V.* **TRÉBELLIUS POLLION**).

CAPITOLINA (**ÆLIA**) (*géogr. anc.*), nom donné à la ville de Jérusalem quand elle eut été rétablie par Adrien.

CAPITOLINS (**JEUX**). Selon Tite Live, les jeux Capitolins furent institués l'an 387 avant Jésus-Christ, par Camille, en mémoire de ce que les Gaulois ne s'étaient pas emparés du Capitole. Ils avaient lieu tous les ans. Ce que leur célébration offrait de plus remarquable, c'est que, selon Plutarque, on héraut mettait à l'enchère les Sardiens, c'est-à-dire les Étrusques, originaires de Sardes en Lydie. On exposait aussi à la risée publique un vieillard qu'on habillait d'une robe prétexte et qui portait au cou une bulle d'or, ancien ornement des rois d'Étrurie. On ne connaît pas l'origine de cette cérémonie, et l'on ne voit pas quel rapport elle pouvait avoir avec les exploits de Camille contre les Gaulois. L'empereur Domitien fonda aussi des *jeux Capitolins*, qui se célébraient à Rome, non pas tous les ans comme ceux de Camille, mais tous les cinq ans. On y distribuait aux poëtes des prix et des couronnes que l'empereur lui-même leur mettait sur la tête. Il y avait aussi des combats et des récompenses pour les orateurs, les comédiens, les joueurs d'instruments, etc. Ces jeux furent si célèbres qu'on cessa de compter par *lustres* et que l'on data des jeux Capitolins. L'usage de dater ainsi dura jusque vers l'an 230 de Jésus-Christ. Les jeux Capitolins eux-mêmes ne furent entièrement abolis que sous Constantin le Grand.

CAPITOLINUS (T. **QUINCTIUS**), frère du célèbre Cincinnatus, fut élu consul, pour la première fois, l'an de Rome 283 (471 av. J.-C.), avec Appius Claudius, père du décemvir. Quoique les plébéiens le regardassent comme un des chefs du parti de la noblesse, ils lui portaient une affection sincère, parce qu'ils connaissaient son penchant pour les mesures de douceur. Capitolinus était en cela très-opposé à son fougueux collègue ; aussi le peuple l'en aimait-il davantage. Toutefois, Capitolinus rendit à Appius le service signalé de l'arracher à la vengeance de la multitude, et proposa d'ensevelir toutes les haines dans un éternel oubli. Il fit ensuite adopter la loi de Voléron, qui portait que les tribuns seraient désormais élus par les curies et non par les tribus. Ensuite Capitolinus marcha contre les Eques, et ces peuples, n'osant combattre un général dont les troupes préféraient sa gloire à leur propre vie, se tinrent cachés dans les forêts. Capitolinus ravagea leurs terres et revint à Rome chargé d'un riche butin. Au milieu de leurs acclamations, les citoyens lui décernèrent le surnom de *père des soldats*, tandis qu'Appius n'était connu que sous celui de *tyran de l'armée*. Trois ans plus tard, Capitolinus fut nommé consul avec Q. Servilius Priscus, et ils surent adroitement occuper de guerres étrangères la multitude, toujours remuante. Vainqueur des Eques et des Volsques, Capitolinus fut honoré du triomphe. Le sénat et le peuple formèrent son cortége, et se rendirent avec lui au Capitole. Ce fut sans doute à cette occasion qu'il obtint le surnom de *Capitolinus*. L'an 289 de Rome, on le nomma consul pour la troisième fois, et il combattit avec avantage les Eques. Dans l'affaire de son neveu Céson, il prit en vain le parti de ce malheureux jeune homme (*V.* CÉSON). Le quatrième consulat de Capitolinus eut lieu l'an 308 de Rome, et fut remarquable par l'acharnement que les nobles et le peuple mirent dans leurs querelles politiques. Les Eques et les Volsques, empressés de profiter de ces dissensions, recommencèrent leurs courses sur le territoire de la république. On vit alors combien le peuple avait pour Capitolinus de respect et d'attachement. Les tribuns ne voulaient pas permettre que les citoyens prissent les armes; Capitolinus harangua la multitude pour l'y déterminer, et les levées furent complétées dans le jour même. Les consuls battirent l'ennemi; cependant ils n'osèrent pas demander le triomphe, parce qu'ils n'avaient vaincu que dans une seule action. Ils ne purent empêcher que, cette même année, le peuple romain ne donnât une preuve éclatante de cupidité et d'injustice. Les Ardéates et les Ariciens se disputaient un territoire: ils prirent les Romains pour arbitres, et ceux-ci s'emparèrent du terrain contesté. Les interminables dissensions entre le sénat et le peuple s'étant encore renouvelées, Capitolinus se fit constamment remarquer par un caractère doux et modéré. Il fut nommé *interroi*, pour décider si l'on élirait des consuls ou des tribuns militaires. Son cinquième consulat se rapporte à l'an 314 de Rome. Depuis dix-sept ans, il n'y avait point eu de *cens* ou dénombrement: Capitolinus et son collègue firent alors adopter l'établissement de la magistrature des *censeurs*. L'an 315 de Rome, il fut encore consul une sixième fois, et le sénat le chargea de nommer dictateur son frère Quinctius Cincinnatus, afin d'opposer une autorité toute-puissante à Sp. Mélius, accusé d'avoir voulu se faire roi (*V.* CINCINNATUS et MÉLIUS). Capitolinus eut ensuite le titre de lieutenant général du dictateur Mamercus Æmilius, pour combattre l'armée des Falisques, des Fidénates et des Véiens qui furent vaincus. Il mourut probablement peu de temps après cette époque, puisque l'histoire ne fait plus mention de lui.

CAPITOLO, CAPITOLI, (*hist. litt.*). Ces deux mots, qui en italien signifient *chapitre*, tant au singulier qu'au pluriel, désignent en littérature une pièce de poésie fort en vogue au XVIe siècle. Laurent de Médicis, surnommé le *Magnifique*, mort en 1492, qui, dans une satire divisée en neuf *chapitres* paraît avoir donné les premiers modèles de cette sorte de poésie, fournit aux poëtes qui la cultivèrent après lui le titre de *capitolo*, dénomination appliquée par eux assez mal à propos à des ouvrages qui n'offrent aucune division. Les *capitoli* sont des espèces de discours ou d'épîtres dans le genre badin, satirique ou burlesque, adressés le plus souvent à des êtres imaginaires ou anonymes, consacrés à des objets d'une nature infiniment poétique. Ces pièces sont en rimes croisées, et en vers de dix, onze et douze syllabes, suivant que la syllabe accentuée est la dernière, la pénultième ou l'antépénultième du vers; celles-ci équivalent aux rimes féminines de la poésie française. La bizarrerie la plus étrange des sujets, les écarts les plus extravagants de l'imagination, la licence poussée quelquefois jusqu'à l'obscénité semblent caractériser les *capitoli*. Les poëtes italiens qui ont écrit des *capitoli* sont les suivants: François Berni, Jean Mauro, monsignor Jean della Casa, archevêque de Ravenne, Varchi, Molza, Firenzuola, les deux frères Louis et Vincent Martelli, Martin Franzesi, Louis Dolce, Bronzino, célèbre peintre, Bino, Grazzini de Lasca, Pierre Arétin, Gabriel Siméoni, Pierre Nelli, César Caporali; le fameux Galilée lui-même a laissé quelques essais assez piquants de ce genre. — Les titres et les sujets de la plupart des *capitoli* suffisent pour en donner une idée: les uns sont consacrés à des éloges bizarres; ils louent, par exemple, sur

un ton burlesque et badin, quelquefois avec une emphase ridicule, les goujons, les anguilles, la gélatine, les œufs durs, les pieds de mouton, les *reculies* (sorte de laitage dont les Italiens sont très-friands), la salade, la soupe, les melons, les saucisses, les épinards, les cure-dents, etc.; d'autres, graveleux ou obscènes, traitent des moines, des femmes, du lit, du baiser, de ce qu'on appelle en amour *avoir martel en tête*, du *legno santo* (bois saint ou gayac) qu'on employait alors comme remède, au lieu de mercure, du mal que les Espagnols ont apporté d'Amérique, etc., etc... On peut remarquer que plusieurs de ces *capitoli* sont l'œuvre de chanoines et d'ecclésiastiques, dont quelques-uns étaient évêques ou archevêques. Certains *capitoli* contiennent des éloges piquants de la peste, des dettes, du jeu, de la disette, de l'excommunication, de la soif, de la toux, de la goutte, de la mauvaise humeur, des galères, de la vieillesse, de la folie, de la mort, etc.; d'autres enfin sont des espèces de diatribes très-violentes lancées contre des papes, des cardinaux, des princes et des grands seigneurs, contre la cour, contre les riches parvenus, contre les avocats, les philosophes, les pédants et les avares. Tous ces *capitoli* forment, comme on voit, une collection de folies, de bouffonneries et de niaiseries satiriques, de débauches d'esprit et d'obscénités, et cependant, malgré les turpitudes qui en déparent le plus grand nombre, malgré leur bizarrerie, on ne peut s'empêcher souvent d'y reconnaître de la variété, de l'esprit, de la grâce, quelquefois même beaucoup d'originalité et une grande richesse d'imagination. Aussi, même aujourd'hui, les Italiens qui se piquent de goût ne blâment que l'immoralité et non les folies des *capitoli*. — La poésie française n'offre rien de semblable dans notre littérature moderne; certaines pièces de Piron, de Voltaire et de Gresset n'ont même qu'une analogie très-éloignée avec les *capitoli* d'Italie.
A. BUSSON.

CAPITON, s. m. (*comm. de soie*), bourre qu'on tire de dessus le cocon, après qu'on en a enlevé la bonne soie. On l'appelle aussi *lassis, cardasse*; et l'on donne les mêmes noms à des étoffes communes qu'on en fait.

CAPITON (WOLFGANG-FABRICE), originairement nommé *Wolff-Kœpflein*, naquit en 1478 ou 80, d'un des premiers magistrats de Haguenau. Il fit ses études à Bâle, prit le grade de docteur en médecine par complaisance pour son père; en théologie, par goût pour cette science; en droit, par circonstance. Ses talents, son savoir, ses manières agréables, lui procurèrent successivement la confiance de l'évêque de Spire; la place de prédicateur de celui de Bâle, et celle de secrétaire du cardinal Albert de Brandebourg, archevêque de Mayence, qui, par considération pour son mérite, lui fit donner en 1523 des lettres de noblesse pour lui et pour toute sa famille. Il était dans ce dernier poste, avec l'espérance fondée de pousser sa fortune beaucoup plus loin, lorsqu'il embrassa la nouvelle réforme, dont il répandit les premières semences à Bâle, et devint ensuite ministre à Strasbourg. Capiton se lia très-étroitement avec Œcolampade et Bucer. Il fut député avec le dernier à presque toutes les diètes de l'empire convoquées pour pacifier les différends de religion, à toutes les conférences qui eurent lieu pour trouver les moyens de réunir les luthériens et les sacramentaires. Dans la seconde conférence de Zurich en 1523, il s'opposa à l'abolition violente du catholicisme, et proposa d'opérer la réforme par la voie d'instruction; il se trouva aussi au colloque de Marbourg en 1520. Député en 1530 à la diète d'Augsbourg, il présenta à l'empereur de concert avec Bucer, la confession de foi des sacramentaires, qu'ils avaient eux-mêmes dressée et fait approuver par le sénat de Strasbourg. Il s'aboucha cinq ans après à Bâle avec Calvin, porta les ministres à modifier leurs expressions sur la cène et sur l'efficacité des sacrements, afin d'aplanir les voies à une réunion avec ceux de la confession d'Augsbourg, d'où résulta l'accord simulé et éphémère de Wittemberg. Dans toutes ces démarches et plusieurs autres de la même espèce, Capiton et Bucer se rendirent suspects aux zwingliens sans gagner la confiance des luthériens, ce qui arrive ordinairement à tous les auteurs de transactions en fait de doctrine religieuse. On a de Capiton une lettre à Farel, parmi celles de Calvin, où il déplore amèrement les désordres qui régnaient dès lors dans les églises réformées, qu'il représente énergiquement comme une suite nécessaire du principe qui avait brisé le frein de toute autorité dans l'Eglise. Les subtilités, les modifications en matière de doctrine auxquelles Capiton avait été obligé de plier son esprit pour concilier ensemble les luthériens et les zwingliens, l'avaient disposé à pousser encore plus loin sa complaisance. Ses liaisons avec Martin Cellarius en firent un prosélyte de l'arianisme; du moins, c'est l'idée qu'on s'en forme en lisant sa lettre qui sert de préface au livre de son ami, *De operibus Dei*, Altheim-Julie (Carlsbourg), 1508, in-4°, et qui lui valut de la part des ministres unitaires de Transylvanie l'honneur d'être nommé le premier de leurs hommes illustres. Il mourut de la peste à Strasbourg en 1541 avec la réputation d'un des plus habiles théologiens de son parti. Ses ouvrages sont : 1° *Institutiones hebraïcæ, libri duo; 2° Enarrationes in Habacuch,* Strasbourg, 1526 et 1528, in-8°, fort rare ; 3° *in Oseam.* ibid., 1528, in-8° ; 4° *Responsio de missa, matrimonio et jure magistratus,* in-8° ; 5° *Vita OEcolampadii,* de concert avec Grynæus, 1617, in-8° ; 6° *Hexameron Dei opus explicatum,* ibid., 1539, in-8°, etc. Sa seconde épouse, nommée Agnès, femme savante, le suppléait dans sa chaire de théologie lorsqu'il était malade.

CAPITON, de Narni, de l'ordre des servites, archevêque d'Avignon, mort l'an 1576, a laissé : *Explications catholiques des lieux de l'Ancien et du Nouveau Testament,* dont les hérétiques ont abusé, à Venise en 1579, et à Cologne en 1581.

CAPITOULAT, s. m. (*hist. mod.*), dignité de capitoul.

CAPITOULS (*hist. mod.*). Ce mot vient de *capitulum,* nom que portait autrefois le conseil des comtes de Toulouse ; ainsi les capitouls avaient été les conseillers des anciens comtes de Toulouse. Leur puissance fut réduite après l'extinction de la famille des Raymonds, lorsque le Languedoc fut réuni au royaume de France. Le parlement appliqua dès son origine, au commencement du XIVᵉ siècle, à réduire leur autorité. Il les priva d'abord de la faculté qu'ils avaient eue jusqu'alors de juger les affaires civiles et criminelles ; en 1517, il essaya de nommer lui-même ces officiers municipaux, qui, dans le principe, avaient été élus ; car autrefois les capitouls avaient transmis eux-mêmes leur charge, qui était annuelle, à des successeurs qu'ils avaient le droit de choisir. A partir du règne de Charles IX, les rois de France, s'arrogèrent ce même droit, malgré les plus vives réclamations. Enfin sous le règne de Louis XIV, un arrêt du 10 novembre 1687 mit définitivement la nomination des capitouls à la disposition du pouvoir royal. — Dans les temps modernes, les capitouls n'exerçaient plus qu'un pouvoir nominal, et leurs fonctions n'avaient d'autre but que l'administration de la cité. Cependant les premières familles de Toulouse continuaient à rechercher avec empressement les honneurs du capitoulat, à cause des nombreux priviléges qui y étaient attachés. Les capitouls se qualifiaient de chefs des nobles et gouverneurs de la ville de Toulouse. A l'exemple des patriciens de Rome, ils avaient le droit d'images (*jus imaginum*) ; leurs portraits étaient gravés dans les registres de leurs délibérations qu'on conservait au Capitole. Ils avaient le droit de porter le chaperon rouge, insigne de leur puissance, et, après leur nomination, ils le promenait à cheval par la ville, entourés de soldats et au bruit des trompettes. Enfin, les capitouls devenaient nobles de droit, et la noblesse restait désormais acquise à leurs familles. Un arrêté du conseil d'Etat, en date du 25 mars 1727, déclare que, « même dès le temps que cette ville (Toulouse) était alliée au peuple romain, elle jouissait de la noblesse qu'elle communiquait à ses magistrats par l'exercice du capitoulat. » C'est là ce qui explique le prodigieux nombre de nobles qui se trouvent encore aujourd'hui à Toulouse.

CAPITULAIRE, adj. des deux genres (*hist. eccl.*), appartenant au chapitre, à une assemblée de chanoines ou de religieux.

CAPITULAIREMENT, adj. (*droit canon*), en chapitre. *Les chanoines, les religieux capitulairement assemblés.*

CAPITULAIRES (*hist. du moyen âge*). Ce mot, formé du latin *capitulum,* capitule, petit chapitre, désigne certains règlements rendus par les rois francs de la première et de la seconde race, et divisés en petits chapitres qui ne sont pas toujours soumis à un enchaînement d'idées bien rationnel. — La plupart des auteurs attribuent déjà le nom de *capitulaires* à certains actes émanés des rois mérovingiens, et qu'il conviendrait mieux de ranger sous le titre de *constitutions, décrets, pactes, conventions,* etc. Un auteur moderne (M. de Savigny) classe sous la dénomination de *capitulaires* toutes les lois des rois francs qui n'étaient point particulières à un seul peuple. Le premier acte réellement connu sous ce titre est le *capitularius triplex* de Dagobert, de l'an 630 environ, et qui contient une promulgation nouvelle des lois des Alemans, des Ripuaires et des Bavarois. On a ensuite quelques capitulaires assez curieux de Carloman et de Pepin le Bref. — Quant aux capitulaires de Charlemagne, on les a longtemps présentés comme un véritable code, comme l'ensemble d'une véritable législation ; mais si on veut les étudier avec précision, les comprendre et les expliquer, il faut les considérer sous un tout autre point de vue. A vrai dire, les capitulaires de Charlemagne ne sont que la collection des actes de son gouvernement, des actes publics de tout genre par lesquels s'est manifestée son autorité. Une chose remarquable, c'est que nous n'avons qu'un petit nombre de ses ordonnances antérieures au IXᵉ siècle, tandis que de l'an 801 à l'an 813 chaque année est marquée par la publication de nombreux capitulaires. Quelque précieux que soit leur recueil, il ne donne pas cependant, à beaucoup près, sur les mœurs du temps, la lumière qu'on aurait pu en attendre. Ni Charles ni ses sujets ne paraissent avoir eu une idée juste de ce que le législateur peut ordonner, ou du langage dans lequel il peut le faire. La plus grande partie de ce volumineux recueil est composée, non de lois proprement dites, mais de simples conseils qui rappellent à l'homme les principes de morale et de religion que Dieu a gravés dans son cœur. Le manque d'ordre n'y est pas moins remarquable. Les sujets y sont tellement mêlés qu'ils ne se prêtent aucun appui les uns aux autres ; tous sont traités d'une manière confuse. La loi n'organise rien ; elle peut quelquefois être considérée comme un conseil pour le magistrat, jamais comme une règle de conduite pour le sujet. Comme il est pourtant indispensable de porter quelque lumière dans ce chaos, nous reproduisons ici ce peu de mots la classification que M. Guizot a faite des soixante-cinq capitulaires de Charlemagne, dans son *Cours d'histoire moderne* de 1829. 1° La *législation morale,* comprenant les articles qui ne sont réellement pas des lois, mais de simples conseils, avertissements et préceptes moraux, et, d'autre part, les dispositions de Charlemagne sur les écoles, les livres à répandre, l'amélioration des offices ecclésiastiques, etc. 2° La *législation politique,* très-considérable, renferme les lois et mesures de Charlemagne pour l'exécution de ses ordonnances, la nomination et la direction de ses agents de tous les degrés ; l'administration de la justice, la tenue des plaids locaux, le service militaire ; les dispositions de police ; la fixation des rapports entre le pouvoir temporel et le pouvoir spirituel ; les dispositions relatives aux bénéfices concédés par Charlemagne. 3° La *législation pénale,* répétition ou extrait d'anciennes lois barbares, à très-peu d'exceptions près. 4° La *législation civile,* peu originale et de peu d'intérêt, s'occupe cependant avec soin de l'état des personnes, surtout des rapports entre les hommes et les femmes. 5° La *législation religieuse,* qui présente un caractère remarquable de bons sens et de liberté d'esprit, est relative au peuple chrétien en général et à ses rapports avec les clercs. 6° La *législation canonique* occupe la plus grande place dans les capitulaires ; elle augmente le pouvoir des prélats, tout en les soumettant à certaines règles. 7° La *législation domestique* ne contient que ce qui est relatif à l'administration des biens propres, des métairies de Charlemagne. 8° La *législation de circonstance* est peu considérable. — Ici nous avons dû nous borner à déterminer le caractère le plus général des capitulaires de Charlemagne : c'est à l'article consacré à ce grand homme, que doit être renvoyée leur appréciation. — En général, les capitulaires qui nous restent de Louis le Débonnaire, de Pepin, roi d'Italie, de Charles le Chauve, de Louis II, de Carloman et de Charles le Simple offrent peu d'intérêt. C'est à la mort de celui-ci, en 929, que l'on a cessé de donner aux actes de l'autorité royale le nom de capitulaires. — Hincmar, dans son traité *De ordine palatii,* explique le mode suivant lequel les capitulaires étaient faits : « Dans les assemblées générales, dit-il, pour qu'elles ne parussent pas convoquées sans motif, on soumettait à l'examen et à la délibération des grands, ainsi que des premiers sénateurs du royaume, et en vertu des ordres du roi, les articles de lois nommés *capitula,* que le roi lui-même avait rédigés par l'inspiration de Dieu, ou dont la nécessité lui avait été manifestée dans l'intervalle des réunions. Après avoir reçu ces communications, ils en délibéraient un, deux ou trois jours au plus, selon l'importance des affaires. Des messagers du palais, allant et venant, recevaient leurs questions, et leur rapportaient les réponses ; aucun étranger n'approchait du lieu de leur réunion jusqu'à ce que le consultat de leur délibération pût être mis sous les yeux du grand prince qui alors, avec la sagesse qu'il avait reçue de Dieu, adoptait une résolution à laquelle tous obéissaient. Les choses se passaient ainsi pour un, deux capitulaires, ou pour un plus grand nombre, jusqu'à ce que, avec l'aide de Dieu, toutes les nécessités du temps eussent été réglées. » — Il résulte de ce passage, que : 1° la plupart des membres des assemblées générales, regardant l'obligation de s'y rendre comme un fardeau, se souciaient assez peu de partager le pouvoir législatif, et Charlemagne, en les appelant à examiner ses projets à lui, voulait légitimer leur convocation en leur donnant quelque chose à faire, bien plutôt qu'il ne se soumettait lui-même à la nécessité d'obtenir leur adhésion ; 2° la proposition des capitulaires, ou, pour parler le langage moderne, l'initiative, émanait de l'empereur; 3° la résolution définitive dépendait toujours de Charlemagne seul, l'assemblée ne lui donnait que des lumières et des conseils. — D'après ce qui précède, on peut s'étonner que des assertions aussi peu fondées que celle-ci : *Les capitulaires n'étaient pas des lois pour la nation; ils n'étaient censés tels que lorsqu'ils avaient été agréés par le corps de la nation ou par ses représentants.* Ces auteurs font ainsi, d'une concession de l'empereur et de ce qui n'était qu'une simple consultation de sa part, un droit constant, une loi fondamentale de l'Etat. Ils altèrent évidemment le sens des textes contemporains, et, lorsqu'ils parlent ici de *représentants de la nation*, ils oublient comment les assemblées générales étaient composées à cette époque. — M. de Savigny (*Histoire du droit romain au moyen âge*) indique plusieurs dispositions contenues dans quelques capitulaires détachés et évidemment empruntées au droit romain. Nous allons reproduire plus particulièrement ses observations sur les recueils de capitulaires. « Ces recueils, dit-il, se composent ordinairement de sept livres, qu'on a coutume de citer d'après leurs numéros, et de quatre appendices différents. Chaque livre et chaque appendice est divisé en chapitres. On n'y trouve aucune méthode, et de fréquentes répétitions augmentent encore la difficulté des recherches. Les premiers livres (1-4) furent rédigés par Anségis, les derniers (5-7) par Benedictus Levita. Les auteurs des quatre appendices ne sont pas connus. Les quatre livres d'Ansegis ne contiennent que les capitulaires de Charlemagne et de Louis le Débonnaire. Leur authenticité n'est pas douteuse; car les rois suivants citent ces capitulaires d'après les numéros des livres et des chapitres. Je n'y ai trouvé que deux passages empruntés au droit romain : ces deux passages se rapportent aux églises, et sont copiés littéralement de Julien. — « Les passages tirés du droit romain existent beaucoup plus nombreux dans les trois livres de Benedictus Levita, rédigés vers le milieu du IX° siècle, par ordre de l'archevêque de Mayence, Otgar : ce recueil se compose d'éléments fort divers, de droit germanique, de droit romain, etc.; mais je pense que le titre d'un recueil de capitulaires imposé à cet ouvrage a trompé les auteurs modernes sur son véritable caractère. Ainsi Baluze prétend que déjà les rois francs avaient fait rassembler ses fragments sous forme de capitulaires, et que tels furent les matériaux mis en œuvre par Benedictus Levita. Mais cette supposition n'a pas le moindre fondement; comment croire, par exemple, que les rois francs aient ordonné l'extrait du *Breviarium*, extrait sans intérêt pour les Francs et inutile aux Romains, qui possédaient le texte original? Benedictus Levita voulut faire une compilation qui pût, autant que possible, servir à tous les sujets de l'empire franc, ecclésiastiques ou laïques, Cela ressort de l'ouvrage lui-même, et la préface, malgré son obscurité et sa confusion, semble favoriser cette opinion. On conçoit aisément que cet ouvrage soit intitulé recueil des capitulaires, et qu'il fasse suite à celui d'Ansegis ; car les capitulaires y occupent une place fort importante, et avaient une autorité bien plus étendue que les diverses pièces admises dans ce recueil. Considéré sous ce point de vue, notre recueil acquiert une nouvelle importance; car il ne nous montre plus les traces du droit romain dans les capitulaires, mais la connaissance et l'application immédiate des sources du droit romain pendant le IX° siècle..... — Quant à l'exécution du plan que je viens d'exposer, ce recueil mérite peu d'éloges. Il faut sans doute, d'après mon système, absoudre l'auteur du reproche d'avoir inséré plusieurs pièces étrangères aux capitulaires ; mais son ouvrage manque complétement de méthode et de critique. Ainsi, l'on y trouve des passages supposés; d'autres pièces sont tout à fait supposées. Pour comble de négligence, Benedictus Levita transcrit indistinctement les lois particulières à son peuple, telles que les Romains, les Bavarois, les Goths, etc.; et si leur véritable caractère ne nous était connu d'ailleurs, nous les croirions des lois générales de l'empire franc. Les fragments qui n'existent que dans ce recueil n'ont donc aucune autorité réelle, et l'on est encore moins en droit de leur attribuer un caractère particulier, d'y voir, par exemple, des passages authentiques des capitulaires. Maintenant, faut-il accuser l'ignorance ou la mauvaise foi de l'auteur? La question est difficile à résoudre. Nous voyons pour la première fois dans ce recueil les fausses décrétales d'Isidore mises en usage. Si Benedictus Levita n'est pas étranger à la supposition de ces actes ou s'il a voulu les accréditer, les confusions qui se trouvent dans cet ouvrage paraîtraient autant de méprises volontaires destinées à couvrir la fraude. Pour nous, la question offre peu d'intérêt ; car, dans l'une ou l'autre hypothèse, les traces de droit romain que contient ce recueil attestent la connaissance des sources. — « Les sources de droit romain que Benedictus Levita a mises à contribution sont fort nombreuses;

le Breviarium, le code Théodosien original, le code Justinien et l'Epitome de Julien. Par une circonstance singulière, Benedictus a transcrit la loi visigothe, qui défend l'usage du droit romain, mais avec des circonstances qui rendent moins évident son rapport au droit romain. On ne saurait dire quelle fut l'intention du rédacteur en insérant ce passage. Montesquieu pense que Benedictus a transformé cette loi en capitulaire pour exterminer le droit romain par tout l'univers; mais les nombreux passages empruntés au droit romain, et l'intérêt des prêtres à maintenir un droit qui leur était si favorable, s'élèvent contre la supposition de Montesquieu. Au reste, ce fragment paraît n'avoir eu dans la pratique aucune influence sur l'autorité du droit romain. Les deux premiers appendices (*additiones*) n'offrent aucune trace du droit romain ; les deux derniers contiennent plusieurs passages tirés du Breviarium, du code Théodosien original et de Julien. » — Le recueil moderne le mieux fait et le plus utile des capitulaires est dû à Baluze (V. ce nom).

A. SAVAGNER.

CAPITULANT, chevalier, chanoine ou religieux qui a voix au chapitre (*V.* CHANOINE, RELIGIEUX, SUFFRAGE, CHAPITRE).

CAPITULAT MILANAIS ou **CAPITULATION MILANAISE.** C'est le nom par lequel on désigne, dans l'histoire de la Suisse et dans l'ancien droit politique en Suisse, des traités qui avaient été conclus entre les cantons suisses et les Grisons d'une part, et le duché de Milan d'autre part. Le premier de ces traités, qui fut conclu par la duchesse Blanche-Marie et par son fils Galeaz-Maria avec les huit villes anciennes de Zurich, Berne, Lucerne, Uri, Schwytz, Unterwalden, Zug et Glaris, le 26 janvier 1467, n'a guère son contenu : un pacte éternel. Il avait rapport à l'union faite à Uri du pays de Livinen, à l'abolition de certains péages, à des avantages faits aux relations commerciales, aux rapports judiciaires des deux pays, etc. En 1552, ce capitulat fut renouvelé entre l'empereur Charles V et les confédérés. Le contenu en est relatif à des abolitions de péages, à la liberté des relations commerciales, à des soulagements pour l'achat des céréales et du sel, à l'extradition de sujets rebelles, à l'usage libre des biens possédés par des habitants d'un des deux pays dans l'autre. En 1630, le 5 septembre, pendant les dissensions intérieures des Grisons, la majorité des communes, non sans opposition de la part des autres, conclut avec le gouverneur espagnol de Milan, une capitulation ou paix éternelle, qui fut renouvelée entre la république des Grisons et l'empereur Charles VI, le 24 octobre 1726.

CAPITULATION (*art milit.*), traité par lequel le commandant d'un corps de troupes consent à se rendre à celui contre lequel il combattait ; par lequel le commandant d'une place de guerre assiégée est forcé de l'abandonner à ceux qui en faisaient le siége, aux conditions qui lui sont imposées, lorsqu'il a épuisé tous les moyens de la défendre. La première espèce de capitulation est celle qui a lieu en rase campagne ; elle a toujours été regardée comme honteuse et déshonorante ; les lois militaires françaises la défendent ; elles la réputent criminelle, et punissent de mort le général ou le commandant qui l'aurait consentie. La capitulation d'une place de guerre assiégée et bloquée n'est permise que lorsque les vivres, les munitions ont été épuisés, après avoir été ménagés convenablement ; lorsqu'elle est commandée par une nécessité impérieuse et irrésistible ; que les assiégeants ont été forcés de passer par les travaux lents et successifs des siéges, et que la garnison a soutenu un assaut dans l'enceinte sans pouvoir en soutenir un second. Celle qui aurait lieu sans qu'il eût été satisfait à ces obligations est déclarée déshonorante et criminelle ; elle est punie de mort, et l'officier qui commandait la place est traduit devant un conseil de guerre pour y être mis en jugement. Le commandant d'une place forte ne peut la rendre qu'après avoir pris l'avis du conseil de défense sur les moyens qui restent de prolonger le siége, et après avoir employé ceux qui lui sont indiqués comme propres à atteindre ce but, à moins qu'il ne les juge impraticables. Lorsqu'il a cru devoir capituler, il est encore tenu de justifier de la validité de ses motifs devant un conseil d'enquête, qui le traduit devant un tribunal compétent, s'il y a lieu à accusation contre lui. Il ne doit pas, dans la capitulation, se faire des conditions meilleures que celles de ses officiers et de ses troupes, dont il doit partager le sort après comme pendant le siége. Ses devoirs lui imposent de plus l'obligation de stipuler en faveur des soldats, des malades et des blessés, toutes les clauses d'exception les plus douces qu'il pourra obtenir. Les places de guerre étant des propriétés de l'Etat, il n'est que ceux à qui la défense en est confiée, qui puissent décider des circonstances où il y a nécessité de capituler ; tout citoyen qui en ferait la proposition s'exposerait à être traité comme étant en état de révolte et comme traître à la patrie. Le commandant pourrait, d'après les lois, faire démolir et raser sa maison ; s'il ne possédait pas de maison, faire brûler publiquement ses meubles, et le faire saisir et mettre en jugement, pour être puni de la peine qu'il aurait encourue.

CAPITULATION se dit aussi d'une convention en vertu de laquelle les sujets d'une puissance jouissent de certains priviléges dans les États d'une autre. Les droits et les devoirs des troupes suisses au service de France étaient réglés par des capitulations.

CAPITULATION se dit encore familièrement des moyens de rapprochement et de conciliation qu'on propose dans une affaire.

CAPITULATIONS D'EMPIRE. On appelait ainsi un acte par lequel l'empereur, à son avénement, s'engageait à maintenir les priviléges et immunités du corps germanique. C'est en 1519, à l'occasion de l'élection de Charles-Quint, que fut introduit l'usage des capitulations impériales. Les électeurs, craignant alors la puissance du chef qu'ils se donnaient, jugèrent à propos de la limiter par une capitulation qu'ils lui firent signer et jurer solennellement. Ce pacte entre l'empereur nouvellement élu et les électeurs, renouvelé sous tous les règnes suivants, a été considéré depuis comme la grande charte des libertés du corps germanique. Les capitulations impériales prirent une forme toute nouvelle au commencement du XVIIIe siècle. Un ancien différend partageait les membres du corps germanique sur cet objet important de droit public. On regardait comme une chose illégale que les électeurs s'arrogeassent seuls le droit de rédiger les capitulations, et l'on soutenait, avec assez de raison, que ces conventions devant avoir force de lois fondamentales dans l'empire, il était nécessaire qu'elles fussent délibérées et consenties par tout le corps de la diète. Les princes exigeaient donc qu'il fût dressé à la diète un projet de capitulation perpétuelle, pour servir de règle aux électeurs à chaque nouvelle élection. Cette question avait déjà été débattue au congrès de Westphalie, et renvoyée, par ce traité, à la décision de la diète. Elle y fit le sujet de longues délibérations, et ce ne fut que pendant l'interrègne qui suivit la mort de l'empereur Joseph Ier qu'on parvint à s'accorder sur les points principaux de la capitulation perpétuelle. Le projet arrêté alors fut adopté pour base de la capitulation qu'on prescrivit à l'empereur Charles VI (1712), ainsi que celles des empereurs ses successeurs. On y inséra, entre autres, la clause qui se rapporte à l'élection d'un roi des Romains. Il fut arrêté que cette élection n'aurait plus lieu du vivant d'un empereur que dans le seul cas d'une nécessité urgente, et que la proscription d'un électeur, prince ou État d'empire, ne pourrait plus se faire que du consentement de la diète, et en observant les formalités prescrites par la nouvelle capitulation. Les électeurs ajoutèrent par la suite quelques autres clauses à la capitulation définitive, mais non sans résistance (passus contradicti). Cependant, bien qu'il ne fut pas formellement décrété en principe que cette capitulation ne devait être l'objet d'aucun changement ultérieur, elle fut toutefois, depuis son adoption, la base de toutes celles qui suivirent. La dernière d'entre elles est celle du 5 juillet 1792, jurée par l'empereur François II. Elle a trente articles, qui presque tous se subdivisent en plusieurs paragraphes. Déjà importante par sa date, elle le devient encore davantage si l'on considère qu'elle contient un assez grand nombre de dispositions relatives aux États, au droit privé des princes de la maison d'Autriche, à la justice, qui sont encore en vigueur. —Dans le Danemarck, des capitulations avaient été introduites au XVIe siècle, mais elles furent supprimées à la révolution de 1660. **A. SAVAGNER.**

CAPITULÉ, s. m. (capitulum, diminutif de caput, tête), petite tête, assemblage de fleurs sessiles ou presque sessiles, et tellement serrées qu'elles semblent n'en former qu'une seule.

CAPITULÉ, adj. capitulatus, se dit des fleurs rassemblées en capitule ou en tête. Suivant M. Richard, ce mot devrait s'entendre de tout corps grêle dont une des extrémités est subitement renflée en forme de tête : stigmate capitulé, etc.

CAPITULE, capitulum, terme de bréviaire, qui signifie les petites leçons des heures qui se disent par un seul. Autrefois les capitules étaient invariables à toutes les heures, comme ils le sont encore à prime et à complies ; on les disait ordinairement par mémoire, et en quelques endroits au milieu du chœur (de Vert, Cérémonies de l'Église, t. 4, p. 93.). Bède prétend que la coutume de réciter plusieurs fois le jour, c'est-à-dire à toutes les parties de l'office divin, des capitules ou petits chapitres de la sainte Écriture, vient des Israélites, qui du temps d'Esdras lisaient quatre fois le jour quelque chose des livres de la loi (V. le cardinal Bona, De divina psalmod.).

CAPITULER, v. n. (art. milit. et gramm.), parlementer ; traiter de la reddition d'une place, d'un poste. — Proverbialement et figurément, Ville qui capitule est à demi rendue, quand on écoute des propositions, on est près de les accepter.—**CAPITULER** signifie aussi, familièrement, entrer en traité sur quelque affaire, sur quelque démêlé, venir à un accommodement. — Capituler avec sa conscience, prendre une résolution peu délicate, en s'efforçant de se persuader qu'on est dans un cas d'exception, ou que des circonstances impérieuses ne permettent pas d'agir autrement.

CAPITULUM (géogr. anc.), ville d'Italie dans le Latium, chez les Herniques, dans les montagnes, au-dessus de Préneste.

CAPIVACCIO ou **CAPO DI VACA (JÉROME),** médecin du XVIe siècle, né à Padoue, d'une famille noble, mourut en 1589, après avoir professé la médecine pendant trente-sept ans dans sa patrie, et s'être surtout adonné au traitement de la maladie vénérienne, avec lequel il avouait avoir gagné plus de 18,000 ducats. Ses œuvres ont été recueillies à Francfort, 1603, in-fol. On en peut voir le détail dans la Biblioth. med. de Manget.

CAPIVAR (hist. nat.), animal quadrupède et amphibie. Il ressemble par le corps à un cochon ; mais sa tête est comme celle d'un lièvre. Il n'a point de queue. Il se tient ordinairement assis sur ses pattes de derrière, à peu peu près comme les singes. On en trouve souvent sur les côtes du Brésil. Cet animal se tient communément dans la mer pendant la journée, et ne vient à terre que durant la nuit. Il fait un grand tort aux arbres et aux plantations, attendu qu'il arrache les arbres et ronge les racines. On assure qu'il est fort bon à manger.

CAPLAN, s. m. (hist. nat.), poisson (V. CAPELAN).

CAPLANIER (V. CAPELANIER).

CAPLE, CAPLEIS (vieux mot), combat à l'épée (V. CHAPLE).

CAP LÉZARD (COMBAT DU). Duguay-Trouin reçut de Louis XIV, en 1707, le commandement d'une escadre de cinq vaisseaux de ligne, et sortit de Brest avec le comte de Forbin, qui avait sous ses ordres six vaisseaux : tous deux allèrent louvoyer à l'ouverture de la Manche, vers le cap Lézard, pour y attendre un convoi de deux cents voiles, escorté de cinq gros vaisseaux que l'Angleterre envoyait en Portugal et Catalogne. Le 21 octobre, il rencontre les ennemis et les attaque ; d'abord il se rend maître du Cumberland, vaisseau commandant de 82 canons. Deux vaisseaux de son escadre prennent le Chester et le Ruby de 56. D'un autre côté, le Devonshire est en flammes : ce grand vaisseau, défendu par plus de 1,000 hommes, s'engloutit dans les flots, et le Royal-Oah, de 76 canons, ne se sauve qu'à la faveur de l'incendie qui menace de le consumer. Les vainqueurs prirent soixante bâtiments de transport, sans compter trois vaisseaux de guerre, et cette action brillante fit presque autant de tort aux affaires de l'archiduc que la bataille d'Almanza.

CAPMANI (D. ANTONIO DE), né en Catalogne vers le milieu du XVIIIe siècle, fut dans ces derniers temps un des meilleurs philologues espagnols. Après avoir passé une partie de sa vie à Barcelone, il vint s'établir à Madrid, fut reçu membre de plusieurs académies, et mourut en 1810. On a de lui plusieurs ouvrages estimés, dont les principaux sont : 1° Théâtre historique et critique de l'éloquence, Madrid, 1786-1794, 5 vol. in-4° ; 2° Philosophie de l'éloquence, ibid., 1777, in-8° ; 3° l'Art de bien traduire du français en espagnol, ibid., 1776, in-4°, précédé d'un savant discours sur le génie des langues, et suivi d'un dictionnaire figuré de la phrase dans les langues espagnole et française ; 4° Dictionnaire français-espagnol, Madrid, 1805, in-4°, précédé d'une bonne dissertation sur les deux langues comparées ensemble ; 5° Discours analytique sur la formation des langues en général, et particulièrement de la langue espagnole. Parmi les autres ouvrages de Capmani, on distingue ses Mémoires historiques sur la marine, le commerce et les arts de Barcelone, Madrid, 1779-92, 4 vol. in-4°, publiés par ordre et aux frais de la junte du commerce de Barcelone. On attribue au même auteur un Discours économique et politique en faveur des artisans, qui fut publié en 1778, in-4°, sous le nom de D. Ramon-Miguel Palaccio, et qui traite de l'influence des associations et des maîtrises sur les mœurs du peuple.

CAPMARTIN (V. CHAMPI).

CAP-MORT, s. m. (hist. nat.), espèce d'oiseau du Sénégal, du genre des troupiales.

CAP-MOUTON, s. m. (marine), billot de bois ferré à ses extrémités.

CAPNÉLÉON, s. m. nom qu'on a donné à une sorte de résine abondante à Lacédémone.

CAPNIAS (*minér.*), sorte de pierre précieuse. — Sorte de jaspe brun, sans aucune veine.

CAPNIE, s. f. (*botan.*), genre de plantes de la famille des algues, établi aux dépens des lichens.

CAPNION, s. m. (*botan.*), sorte de plante du genre des fumeterres.

CAPNION (*V.* REUCHLIN).

CAPNITE, s. f. (*minér.*), espèce de pierre précieuse.

CAPNITE (*botan.*), plante du genre des tuties.

CAPNOBATES, s. m. pl. (*hist. anc.*), surnom donné autrefois aux Mysiens, peuple d'Asie, parce qu'ils faisaient une profession particulière d'honorer les dieux, et qu'ils s'employaient uniquement à leur culte. Selon Strabon, ils s'abstenaient de toute autre occupation, ne mangeaient point de chair, ni rien de ce qui avait été animé, et vivaient simplement de miel et de laitage. Καπνός en grec signifie fumée, et comme l'encens entrait pour beaucoup dans les cérémonies de la religion païenne, on pense que c'est de là que ces peuples ont eu le nom de *Capnobates*.

CAPNOIDES, genre de plante à fleur polypétale, irrégulière, semblable à celle de la fumeterre. Le pistil sort du calice, et devient une silique cylindrique, composée de deux panneaux assemblés sur un châssis, auquel sont attachées quelques semences arrondies.

CAP-NOIR, s. m. (*hist. nat.*), nom qu'on a donné à plusieurs oiseaux, parce qu'ils ont la tête noire.

CAPNOMANCIE (des deux mots grecs : καπνός, fumée, et μαντεία, divination), c'est-à-dire divination par la fumée, usitée chez les anciens peuples. Elle se faisait par l'examen de la fumée du sacrifice ou de la fumée de graines de sésame ou de pavot jetées sur des charbons ardents. L'augure était favorable si la fumée s'élevait légère, claire et droite dans les airs. — On allait aussi chercher des inspirations prophétiques dans la fumée exhalée par les entrailles des victimes et par celle des bûchers sur lesquels on les consumait. LOREMBERT.

CAPNOMANCIEN (*gramm.*), au f. *Capnomancienne*, celui ou celle qui exerçait la capnomancie. — Il est aussi adjectif et désigne ce qui tient, ce qui est relatif à la capnomancie.

CAPNOPHYLLE, s. f. (*botan.*), espèce de ciguë d'Afrique, qui a l'odeur du céleri.

CAPOBIANCO (JOSEPH), né à Monteleone, royaume de Naples, au XVIIᵉ siècle, a publié : *Originis, situs, nobilitatis civitatis Mont. Leon. geographica historia*, 1659, in-4º.

CAPOBIANCO, né dans un village de la Calabre, vers l'année 1785, fut affilié de bonne heure à la fameuse association des *carbonari*, qui s'étendait alors dans toutes les provinces du royaume de Naples, et y acquit une si grande influence, que le gouvernement alarmé résolut d'employer tous les moyens pour s'en défaire. Le général Jannelli fut chargé de l'arrêter, et il réussit, par des promesses et par des invitations, à le faire venir à Cosenza, comme capitaine de la garde urbaine de son pays, sous prétexte d'assister à une fête offerte aux autorités de la province. Après avoir assisté au banquet donné par le général dans son hôtel, et au moment où il allait rejoindre les hommes qui l'avaient accompagné, Capobianco fut arrêté par des gendarmes, et livré à une commission militaire qui le condamna à mort. Il fut décapité sur la place de Cosenza. Il était doué d'une étonnante facilité de remuer, par le talent de la parole, les passions populaires. Le gouvernement le regardait comme le chef le plus influent et le plus redoutable des *carbonari*, et son nom, cité dans toutes les histoires modernes du royaume de Naples, vit encore après lui, entouré des plus terribles souvenirs.

CAPOC (*comm.*). C'est une espèce de coton si fin et si court qu'on ne peut le filer ; il est doux comme de la soie. Il est en usage dans toutes les Indes orientales et parmi les Européens. On en fait des lits, des matelas, des coussins ou oreillers, etc. Tous sont très-bons et très-commodes ; on s'en sert beaucoup pour les garnitures des palanquins. — Le *capoc* se tire d'une grosse coque ou gousse qui se renferme avec plusieurs grains de semence de la grosseur du poivre : quoique le fruit, où coque, qui le donne, ne soit pas gros, n'ayant qu'environ deux pouces de diamètre, et quatre de longueur, il donne cependant une grosse poignée et demie de *capoc*; ce fruit s'ouvre dans sa maturité par le gonflement que cette espèce de coton y cause. Quand on s'en sert, il faut prendre garde qu'il ne reste parmi le *capoc* aucuns grains de semence ; car les rats, qui en sont très-gourmands, perceraient les toiles des matelas ou autres,

et les gâteraient pour les manger. L'arbre qui le porte est véritablement du genre du cotonnier. On le nomme *capoquier*. Il est fort haut, et son tronc si épais, qu'il y en a qu'un ne saurait embrasser ; ses branches s'étendent beaucoup, et se divisent et se subdivisent ordinairement de trois en trois jusqu'à leurs extrémités. Les feuilles sont longues et rangées sept ou huit sur une longue queue, étendues en éventail. Sa fleur, selon Tournefort, est d'une pièce, grande et divisée en cinq lobes de même structure que celle des espèces de mauves, et comme le sont toutes celles de coton. Il croît partout dans les Indes. — On envoie le *capoc* dans les pays de Tartarie, où il s'en fait un petit commerce. — Il y a plusieurs espèces d'arbres qui donnent du *capoc*, mais celui dont on vient de parler produit le meilleur. — On regarde le *capoc* comme une espèce d'ouate, mais il paraît que celle d'Égypte est différente de celle des Indes.

CAPOCCHII (NICOLAS), cardinal, né à Florence vers la fin du XIIIᵉ siècle, neveu du pape Honorius IV, fut admis dans le sacré collége par Clément VI en 1350, fonda un collége à Pérouse, concourut à l'établissement de la congrégation du Mont-Oliveto, ainsi que de plusieurs autres associations pieuses, et mourut en 1368. — CAPOCCHII (Alexandre), dominicain, de la même famille, né à Florence en 1515, étudia les langues orientales, et particulièrement l'hébreu, qu'il parlait aussi purement qu'un rabbin, consacra sa vie à la prédication, et mourut en 1581. On lui doit la *Vie* (en italien) *de sœur Marie Bagnesi*, religieuse du tiers ordre de Saint-Dominique, dont il était directeur, et qui mourut en odeur de sainteté.

CAPO-DELL' ARMI (*géogr.*), nom que porte aujourd'hui un cap du royaume de Naples, dans la Calabre ultérieure, formé par un bout avancé de l'Apennin, que les anciens nommaient *Leucopetra*, c'est-à-dire *roche blanche*.

CAPODILISTA (JEAN-FRANÇOIS), jurisconsulte, né à Padoue, y professa la jurisprudence au commencement du XVᵉ siècle. Il fut un des députés envoyés par les Padouans en 1405 à Venise, pour régler les articles de leur soumission à la république. Chargé depuis par ses compatriotes de diverses missions à Rome, à Ferrare, à Bologne et à Milan, il fut l'un des ambassadeurs de Venise au concile de Bâle, il reçut de l'empereur Sigismond le titre de comte palatin, fut employé en 1440 par le pape Eugène IV, et revint prendre sa chaire à Padoue. On ignore l'année de sa mort. Il laissa deux fils. — GABRIEL, l'aîné, docteur en droit et podestat de Bologne, auteur, entre autres ouvrages, de l'*Itinerario di Terra-Santa e monte Siani* (Pérouse), S. D., in-4º, vol. très-rare. — Le second, ANTOINE, mort en 1489, est auteur des *Commentaires de droit*.

CAPO-D'ISTRIA (ÆGIDA), ville d'Illyrie (Trieste), sur une île du golfe de Trieste, qui communique au continent par une chaussée; évêché. Elle est entourée d'une muraille, et défendue par une citadelle. Outre sa cathédrale, elle renferme treize églises et huit couvents. Il y a un lycée, un gymnase, des tanneries, une fabrique de sucre et des salines, et il s'y fait quelque commerce en vin, huile, et sel. 5,000 habitants ; à trois lieues un quart de Trieste.

CAPODISTRIAS (JEAN, LE COMTE DE), naquit à Corfou en 1780. Son père, un des hommes notables de l'île, n'en était pas moins boucher de profession. On sait qu'une origine semblable n'empêcha pas Wolsey de parvenir sous Henri VIII aux premières dignités dans l'Église et dans l'État. Le jeune Capodistrias se destina d'abord à la médecine et, après avoir étudié à Venise, il fut quelque temps chirurgien dans les armées françaises. Cependant la république des Sept-Iles se formait sous la protection des Russes, et le père de Capodistrias ayant été nommé sénateur sous le titre de comte, par l'amiral Ouchakow qui vendait tout, il revint à Corfou. Plus tard, le traité de Tilsitt ayant rendu les Sept-Iles à la France, il suivit l'administration russe. Depuis longtemps il avait quitté la médecine pour la diplomatie, et fut d'abord employé dans les bureaux du comte Romanzow ; mais sa capacité lui valut un avancement rapide. Envoyé d'abord près de l'ambassade russe à Vienne, il fut ensuite chargé de la partie diplomatique à l'armée du Danube dont Tchitchagow avait le commandement. Il y prépara le traité de Bukharest entre Mahmoud et Alexandre, qui lui en sut gré, et le reçut avec distinction, lorsqu'en 1813 il se rendit avec Tchitchagow au quartier général de l'empereur de Russie. Alexandre, qui avait du goût pour les étrangers, conçut dès lors pour Capodistrias beaucoup d'estime, et l'employa dans plusieurs négociations en Allemagne, entre autres, aux conférences de Prague où, de concert avec Metternich, celui-ci coopéra très-activement à former la coalition contre la France. La même année, il fut l'un des commissaires envoyés en Suisse afin d'obtenir la neutralité de cette puissance et le libre passage pour les troupes alliées. Ayant pleinement réussi dans cette mission, il demeura en Suisse en qualité de ministre plénipotentiaire jusqu'au 27 septembre 1814, époque à laquelle il fut appelé au congrès de Vienne. Cette assemblée fut, comme on sait, brusquement interrompue par le retour de Napoléon. Après la bataille de Waterloo, Capodistrias suivit l'empereur Alexandre à Paris, et signa le traité du 20 novembre 1815. A son retour en Russie, vers la fin de la même année, il fut créé ministre secrétaire d'État, et associé au comte de Nesselrode pour les affaires étrangères ; sa faveur s'accrut encore, lorsqu'en 1816 il eut à déterminer les liquidations et compensations à opérer entre la Russie et la Prusse, au sujet de la délimitation des frontières de Pologne. En 1818, il assista aux conférences de Carlsbad ; et prit également part au congrès d'Aix-la-Chapelle. A la fin du congrès, il se rendit en Italie, à Vienne, et enfin à Paris, sans aucune mission officielle, mais s'occupant en effet très-activement des intérêts de la Russie et de la répression du libéralisme qui donnait de si vives inquiétudes aux souverains alliés. La liaison étant devenue plus intime entre les cours de Paris et de Saint-Pétersbourg, celle de Londres en prit de l'ombrage. Pour dissiper ce nuage, l'empereur Alexandre ne crut pouvoir mieux faire que d'envoyer à Londres Capodistrias ; et, afin de donner plus d'éclat à sa mission, il se rendit dans cette capitale sur une fort belle frégate russe, montée par trois cents hommes de la garde. Ses explications parurent satisfaire le cabinet de Saint-James, dirigé par lord Castlereagh, qui redoutait moins encore la prépondérance russe que la propagande libérale. De Londres, Capodistrias revint par Dantzig rejoindre Alexandre à Varsovie ; puis il parut au congrès de Layhach, où il rédigea un *Mémoire* sur les modifications à faire au gouvernement représentatif, dans le but de rendre cette forme convenable aux États d'Italie. En 1822, la guerre étant sur le point de s'allumer entre la Russie et la Porte, Capodistrias fut consulté sur les dispositions des Grecs. Cette même année un ouvrage publié à Paris sous ce titre : *Remarques historiques et politiques sur les Grecs* (in-8°), fut généralement attribué au comte de Capodistrias, qui, ne pouvant obtenir de l'autocrate russe d'autres secours que des souscriptions pour soutenir la cause de ses compatriotes, contribua lui-même pour de fortes sommes. Pendant le congrès de Vérone, où il ne parut point, Capodistrias reprit, en l'absence du comte de Nesselrode, le département des affaires étrangères. Comme membre du cabinet russe, il se montra rigoureux envers les jésuites et favorable aux Grecs. Il entra en correspondance avec M. Eynard, et fut compté parmi les philhellènes. Enfin, trois grandes puissances, la Russie, la France et l'Angleterre, se déclarèrent en faveur des Grecs, et l'on a tout lieu de croire que Capodistrias contribua fortement à cette résolution. Après d'héroïques efforts et d'affreuses dissensions civiles, les Grecs, réunis en congrès à Trézène, élurent pour président de leur nouvel État le comte Capodistrias, qui, possédant la faveur de Nicolas, comme il avait eu celle d'Alexandre, devait apporter avec lui la protection de la Russie. Il fut donc invité à se rendre à son poste, occupé provisoirement par une commission. Le nouveau président jugea convenable de visiter d'abord les grandes cours de l'Europe, tant pour les rassurer sur l'ambition russe que pour s'occuper des finances de la Grèce, qui se trouvaient dans la situation la plus déplorable. Il alla successivement à Vienne, à Berlin, à Paris, et arriva enfin sur un vaisseau anglais à Naupli de Romanie, le 18 janvier 1828. On lui fit une réception brillante. Sans perdre un instant, il s'occupa de régler l'administration, et commença par établir un conseil de vingt-sept membres, appelé *panhellénique*. Ce conseil fut chargé de diriger les affaires de concert avec lui, jusqu'à l'ouverture de l'assemblée nationale, qui devait se réunir au mois d'avril ; mais, le 31 janvier, le président fit un coup d'État, en déclarant que la situation critique de la Grèce ne permettait pas encore de mettre en vigueur dans son entier la constitution. En conséquence, il suspendit les attributions sénatoriales, et démasqua sa tendance au despotisme. Dans un pays où l'on n'a pas encore oublié les noms d'Harmodius et d'Aristogiton, cette direction politique pouvait lui devenir funeste, et le devint en effet. La Grèce avait certainement besoin d'un dictateur ; mais elle n'en voulait pas, ne pouvait pardonner à Capodistrias de s'opposer à la liberté du port d'armes et à celle de la presse, en prohibant l'une et l'autre. Du reste, son administration était sage et ferme ; il fit régner une grande économie dans toutes les branches du service ; il établit des écoles d'enseignement mutuel, créa la marine nationale, protégea la marine et l'armée, réprima la piraterie trop naturelle aux Grecs des îles, partagea la Morée en *épitropies* ou préfectures, établit dans l'île de Paros

un arsenal et une fonderie, encouragea l'agriculture, perça ou répara les routes, assainit, embellit les villes, et fit une foule d'autres règlements qui montrent en lui de grands talents comme administrateur. Mais ces talents ne purent désarmer des hommes qui, accoutumés à commander durant la guerre et dans le désordre des dissensions civiles, se trouvaient à regret réduits à jouer un rôle secondaire, et voyaient avec indignation les emplois civils, les grades militaires confiés à des étrangers ou à des hommes qu'ils traitaient hautement d'incapables. Ils haïssaient surtout Augustin de Capodistrias, frère du président, que celui-ci avait mis à la tête de l'armée de Lépante. Un autre frère du président, Verio de Capodistrias, dirigeait la police et découvrait chaque jour des complots. L'assemblée nationale, remise de jour en jour, fut enfin convoquée ; « mais, dit un de nos devanciers, les batteries du président avaient été si bien dressées que cette chambre fut entièrement à lui.- Il ne lui fut pas aussi facile de rallier quelques philhellènes, qui ne pouvaient supporter l'idée d'avoir tout sacrifié pour donner une province à la Russie. » C'est ainsi que le général Church, les colonels Heydeck et Fabvier se retirèrent, ainsi que d'autres personnages, qui ne pouvaient plus marcher avec le président. Ils le quittèrent en 1828 ; et leur départ fut pour lui une heureuse circonstance ; mais, comme on l'a dit avec raison, quel malheur pour lui que de tels défenseurs de la cause hellénique fussent devenus des obstacles. Cependant, par le protocole du 16 novembre, la conférence de Londres changeait les limites de la Grèce et la condamnait à rester sous la suzeraineté de la Porte. Le président répondit à cette communication avec une fermeté digne des beaux temps de la Grèce, et les diplomates de Londres, frappés de ses remontrances, cherchèrent un autre biais. Le président, qui avait pris sur lui de repousser le protocole, sans consulter le congrès, reçut les félicitations de cette assemblée, et gouverna sans trop d'obstacles jusqu'à la fin de 1829. Il sut obtenir de la France, qui avait manifesté l'intention de discontinuer son subside mensuel, tout le complément de cette année, avec l'espérance de nouveaux bienfaits. La conférence de Londres ne cessait cependant de chercher de nouvelles limites avec un roi pour la Grèce : on songeait à ce Léopold de Saxe-Cobourg, qu'un autre biais diplomatique devait bientôt faire roi des Belges. En même temps la limite occidentale de la Grèce, dégagée de tout vasselage, devait être l'Aspropotamo (l'Achéloüs). Le président se récria sur cet arrangement, qui ôtait à la Grèce l'Acarnanie et l'Athamanie. Il écrivit à Léopold pour l'engager à changer de religion, pour n'être pas antipathique à ses nouveaux sujets. Cette lettre détermina le prince à refuser le sceptre ; il était assez clairvoyant pour pressentir que Capodistrias lui écrivait bien plus comme ministre russe que comme président. Les plénipotentiaires de la conférence de Londres jetèrent alors les yeux sur le prince bavarois Othon ; mais Capodistrias ne devait pas voir décider cette grande question. Continuellement averti par la découverte de noirs complots que ses jours n'étaient point en sûreté, il négligeait néanmoins de se tenir sur ses gardes. Le 9 octobre 1831, en se rendant à l'église de Naupli, il fut assassiné par Georges et Constantin Mauromikhali, l'un fils et l'autre frère d'un prisonnier d'État, Petro Mauromikhali. Le premier lui tira un coup de pistolet à la tête ; le second lui plongea son yatagan dans le bas-ventre. Capodistrias tomba mort sans pouvoir proférer une parole. Ses gardes tuèrent Constantin sur la place ; Georges se réfugia chez le résident français, qui le remit aux magistrats. Ceux-ci le condamnèrent à mort. M. Eynard a défendu la mémoire de Capodistrias, dans le *Moniteur* de 1831 ; et en 1832 M. Stamati Bulgari a publié une *Notice* sur ce célèbre diplomate. Celle de M. Parisot, dans la *Biographie universelle* (t. LX, supplément), entre dans des détails très-circonstanciés sur les actes de son gouvernement, et mérite d'être consulté.

CH. DU ROZOIR.

CAPOLLIN (botan.), arbre qui croît au Mexique. Sa grosseur est médiocre. Il a la feuille de notre amandier ; ses fleurs sont en bossettes, pendantes ; son fruit est tout semblable à la cerise. L'arbre fleurit au printemps, et porte des fruits en été. On fait de sa baie une boisson et une sorte de pain dont on use dans les temps de disette. On distingue trois espèces de *capollins*.

CAPO-MOLAGO, s. m. (botan.), espèce de piment ou de poivre de Guinée, *capsicum* du Malabar. C'est le *piper indicum siliqua flava vel aurea*, de Gaspard Bauhin dans son *Pinax*. Linné, dans son *Systema natura*, l'appelle *capsicum 2 frutescens, caule fruticoso scabriusculo, pedunculis solitariis.* C'est un sous-arbrisseau qui s'élève à la hauteur de trois pieds sous la forme d'un buisson ovoïde obtus, de moitié plus long que large, composé de plusieurs branches cylindriques de quatre à six lignes de diamètre, partagées chacune en cinq à six branches alternes, cylindriques, disposées circulairement, ouvertes sous un angle de quarante-cinq degrés, à bois blanc, à cœur vert, charnu, tendre, recouvert d'une écorce verte, luisante, semée de quelques poils fins. — Sa racine est ligneuse, blanchâtre, longue de cinq à six pouces, ramifiée d'un pouce de diamètre, à bois blanc, recouvert d'une écorce brune. — Les feuilles sont alternes, disposées circulairement, et fort serrées autour des branches, elliptiques, pointues aux extrémités, longues d'un pouce et demi à deux pouces, trois fois moins larges, entières, un peu ondées, minces, tendres, lisses, d'un vert brun dessus, clair dessous, relevées d'une côte longitudinale, ramifiées de chaque côté de trois ou quatre paires de nervures alternes, et portées sur un pédicule demi-cylindrique, plat en dessus, comme ailé, trois fois plus court qu'elles. — Les fleurs sortent solitaires, *non* pas de l'aisselle des feuilles, mais leur côté, ouvertes en étoiles de huit à neuf lignes de diamètre, et portées de côté ou pendantes sur un pédoncule cylindrique aussi long qu'elles. — Chaque fleur est blanche, hermaphrodite, régulière, monopétale, posée au-dessous de l'ovaire; elle consiste en un calice persistant, vert brun, à tube très-court, à cinq côtes et cinq dents, et en une corolle monopétale blanche, à tube très-court, évasé et découpé en cinq divisions égales, elliptiques, pointues, une fois plus longues que larges, relevées d'une nervure longitudinale ouverte horizontalement en étoile; du milieu du tube de cette corolle s'élèvent cinq étamines égales, une fois plus courtes qu'elle, à anthères vertes. L'ovaire porte sur un disque aplati qui fait corps avec lui : il est conique, vert, surmonté d'un style cylindrique blanc, terminé par un stigmate hémisphérique, marqué d'un sillon transversal et velouté. — L'ovaire en mûrissant devient une écorce conique, élevée, droite, longue du fort pouce, une fois et demie à deux fois moins large, verte d'abord, ensuite d'un jaune doré ou safran, lisse, luisante, ne s'ouvrant point, creuse intérieurement et partagée en deux loges qui contiennent chacune huit à dix graines orbiculaires blanchâtres, d'une ligne environ de diamètre, ondées ou comme crépues, attachées droites par-dessous leur tranchant, sur deux rangs, le long du placenta qui s'élève sur la cloison charnue qui partage les deux loges. — Le *capo-molago* croît sur la côte du Malabar dans les terres sablonneuses, et vit plusieurs années. — L'écorce de sa racine et son fruit ont une saveur extrêmement âcre, et piquante avec chaleur; ses feuilles ont un peu d'âcreté mêlée d'amertume. — Le fruit de ce piment se mange comme celui des autres espèces; mâché et retenu quelque temps dans les dents, il en apaise la douleur; pilé, on l'applique comme un puissant résolutif sur les tumeurs. — Le *capo-molago* est une espèce de *capsicum*, qui se range naturellement dans la famille des solanum, où il a été placé.

CAPON, s. m. (*marine*), palan muni d'un crochet de fer, qui sert à hisser l'ancre au bossoir.

CAPON, s. m. hypocrite, qui cherche à tromper, qui dissimule pour arriver à ses fins. *Faire le capon.* Il est familier et peu usité. — Il se dit aussi d'un joueur rusé, fin, et appliqué à prendre toute sorte d'avantages aux jeux d'adresse. *C'est un vrai capon, un franc capon; Il est capon à ce jeu-là.* — Ce terme signifie encore poltron, lâche. *Il s'est montré bien capon.* Dans ces deux derniers sens, il est populaire.

CAPON (GUILLAUME), artiste anglais, né à Norwich le 6 octobre 1757, commença par étudier l'art de peindre le portrait sous la direction de son père, qui était un artiste de quelque mérite. Mais bientôt la vocation pour l'architecture se déploya si fortement que ses parents le confièrent aux soins de l'habile Novosielski. Sous la direction de ce maître, Capon, après avoir assisté à la construction du théâtre de Londres, dessina la salle de spectacle et quelques autres bâtiments des jardins de Ranelagh, et peignit un grand nombre de décors, tant pour ceux-ci que pour l'Opéra. Ses relations lui firent connaître beaucoup d'Italiens, et en se perfectionnant dans leur langue, il puisa dans ses conversations avec eux des notions sur le caractère des monuments d'Italie. Ces notions compensèrent en quelque sorte le tort qu'il avait eu comme artiste de ne point visiter la Péninsule. Parmi ses ouvrages d'architecture, nous devons mentionner le beau théâtre qu'il éleva pour lord Alborough à Belan-House (comté de Kildare) en 1794; mais les décors magnifiques dont il enrichit les théâtres de Drury-Lane et de Covent-Garden sont ses premiers titres à la réputation. Rien de plus beau comme art, rien de plus fidèle comme imitation que les décors de cet architecte. Cette facilité, qu'il poussait au plus haut degré, n'était pas chose vulgaire et facile. Capon partait de ce principe, bien simple en théorie, mais sujet à beaucoup de difficultés dans la pratique, qu'un lieu quelconque, palais

ou prison, campagne ou place publique, doit être représenté par la décoration tel qu'il existait à l'époque à laquelle l'auteur dramatique place son action. Or, après des siècles écoulés, il peut se faire que la physionomie du pays ait subi des changements graves, et les monuments souvent il ne reste que des ruines. Tel a presque toujours été le cas pour les décors de Capon. Dans ces occasions, ce qui subsiste encore des débris d'un monument, et ce qu'on peut recueillir de renseignements descriptifs dans les écrits du temps et quelquefois par des plans ou des dessins, voilà les seules ressources que l'artiste ait à sa disposition. Les travaux continuels de Capon et la direction particulière de son esprit lui avaient donné une connaissance si profonde de l'ancienne manière d'être des hommes et des choses; il la sentait si vivement, que, sur des bases fragmentaires, il reconstruisait magnifiquement par la pensée, et bientôt à l'aide du pinceau, les monuments et les sites qui n'existent plus. Si l'on veut comprendre comment il avait acquis ce tact divinatoire par lequel il ressuscitait les monuments anciens à l'inspection de quelques pierres, comme Cuvier, à l'examen d'os épars, reconstruisait le squelette, décrivait la forme et constatait la vie de races détruites, il faut savoir qu'il ne sortit jamais sans album et sans crayons, et qu'il esquissa peut-être dans sa vie dix mille vues de vieilles ruines ou de paysages animés par quelques fabriques. Chaque fois qu'il le pouvait, il prenait exactement les mesures des débris qu'il soumettait à l'investigation; et autant Carter, son ami, se montrait inexact et superficiel dans cette partie des recherches, autant Capon y mettait de soins minutieux et de méticuleuse fidélité. — Capon mourut à Londres le 26 septembre 1828. Il s'occupait alors des plans d'une église d'ordre dorique avec un portique tétrastyle et une coupole. Ses préférences pourtant n'étaient point pour l'architecture classique : amateur enthousiaste du genre improprement appelé gothique; c'est de ce dernier qu'il aimait à reproduire les masses imposantes, les colonnettes, et les pointes qui s'élancent dans la mer. — Peut-être est-ce par suite de cette circonstance qu'il fit plus de décors que de constructions. Ne pouvant donner la liste des décorations exécutées par Capon, nous nous bornerons à rappeler les plus remarquables. Ce sont : une salle du conseil du palais de Crosby pour la représentation de Jane Shore, 1794; une résidence baroniale du temps d'Édouard IV; l'hôtel Tudor du temps de Henri VII; le vieux Westminster, tel qu'il était il y a trois siècles; la tour de Londres dans son état primitif, pour Richard III. Malheureusement le feu qui consuma le théâtre de Drury-Lane a détruit ses ouvrages, et les plus beaux monuments de Capon ne pourront plus être jugés par la postérité.

CAPONE (JULES), jurisconsulte, né à Naples dans la première année du XVIIe siècle, y professa le droit civil à l'université depuis 1636. Informé que l'on destinait sa chaire à Georgorio Gallo, docteur de Salamanque, il donna sa démission en 1661; mais en 1667 il obtint au concours la première chaire de droit romain; il mourut en 1675, laissa plusieurs ouvrages oubliés aujourd'hui, mais qui pendant longtemps ont joui d'une grande réputation. Sa bibliothèque était estimée plus de 20,000 ducats, somme très-considérable pour le temps.

CAPONI (AUGUSTIN) entra en 1513 dans une conjuration avec Pierre-Paul Barcoli et le célèbre Machiavel, pour enlever aux Médicis l'autorité qu'ils avaient recouvrée récemment avec l'appui d'une armée étrangère. Les citoyens les plus distingués de Florence et l'archevêque lui-même prenaient part à ce complot. Caponi, le plus zélé de tous, fut celui qui perdit les autres. Un papier qui contenait la liste des conjurés, échappa de sa poche, et fut porté aux magistrats : tous ceux qui y étaient nommés furent aussitôt arrêtés et mis à la torture. Caponi et Barcoli eurent la tête tranchée; les autres, condamnés à une prison perpétuelle, reçurent ensuite leur grâce de Léon X.

CAPONNE (*marine*), terme de commandement qu'on fait à ceux de l'équipage destinés à lever l'ancre, pour les faire haler sur le capon, afin de mettre l'ancre en place.

CAPONNER, v. n. user de finesse au jeu, et être attentif à y prendre toute sorte d'avantages. *Caponner au jeu.* — Il signifie aussi montrer de la poltronnerie. *Il caponne et n'ose pas avancer.* Dans les deux sens il est populaire.

CAPONNER, v. a. (*marine*). Il ne s'emploie que dans cette phrase, *Caponner l'ancre*, la retirer de l'eau, et la hisser au bossoir à l'aide du capon.

CAPONNIÈRE (*term. de l'art militaire*), siéges et fortifications), chemin couvert pour approcher avec moins de dangers des murs d'une place assiégée. Ce mot n'est pas aimé des soldats; il est presque toujours pris par eux en mauvaise part, et souvent il a amené des rixes contre les hommes qui devaient prendre le service dans ces couloirs. Le rapprochement de ce mot de celui de *capon* ou *poltron* a laissé parmi eux une acception défavorable; ils aiment beaucoup mieux se battre en plaine qu'à couvert. Dans les caponnières, ils ont effectivement beaucoup plus d'appréhensions qu'en plaine : ici ils voient leur ennemi, là ils l'attendent, et le soldat français n'aime point à attendre. Les généraux qui le connaissent se gardent bien de le laisser longtemps l'arme au bras, car souvent des retards ont perdu des batailles. Dans l'inaction, le soldat se démoralise; dans l'action, il s'exalte, et Napoléon le savait bien. Mais enfin le général, économe du sang de ses soldats, doit veiller malgré eux à leur conservation, et faire bon gré mal gré usage des moyens que l'art indique pour les arracher aux périls qu'ils méprisent. Le chemin couvert avait autrefois des usages qu'il n'a plus aujourd'hui; mais il lui en reste encore assez d'importants pour que cette partie soit une des sérieuses études des officiers du génie. La caponnière ou chemin couvert conduit le soldat jusqu'au cœur des villes; on commence par ouvrir, à distance d'une portée de canon de la place assiégée, une tranchée ou fosse de cinq pieds de profondeur, trois de large, et les terres en sortant sont jetées, toujours à droite, par les pionniers, de manière à former un épaulement de trois pieds au-dessus de la tête des hommes qui y sont logés; cette tranchée se dirige suivant le placement des batteries ennemies, et forme le plus souvent des zigzags dont les épaulements se présentent toujours au canon de la place assiégée. De grandes difficultés se rencontrent souvent dans le terrain pour la conduite de ces chemins ; c'est à l'officier du génie à savoir les connaître et à faire en sorte de les surmonter, en les tournant, à les faisant sauter, enfin en employant les moyens que l'art indique. Le plus grand obstacle est ordinairement l'eau. Le chemin couvert conduit donc aux murailles; là, lorsqu'il s'agit de conduire une mine sous les villes mêmes, le perçage se fait à travers ou sous les fondements des murs, et ressemble beaucoup aux aqueducs construits pour amener des eaux dans les villes. Les déblais sont alors très-difficiles et très-désavantageux, car il est bien rare que les assiégés ne s'aperçoivent pas du but que l'on se propose; alors aussi ils contre-minent, et pour se diriger, se servent d'un tambour sur lequel ils posent un verre d'eau ; les coups de pioche qui se donnent dans la mine font frémir l'eau suivant qu'elle est plus ou moins éloignée des travaux des mineurs. Alors la contre-mine s'ouvre : lorsque l'on se rencontre, la mine est ce que l'on appelle éventée; mais il s'ensuit ordinairement des engagements extrêmement meurtriers, car tout coup porte dans les tranchées aussi étroites et aussi obscures. Quand il s'agit de la sape, le pionnier met les fondements à nu, et la poudre et l'artillerie font le reste, c'est-à-dire que les murs sans appui, travaillés en dessous par la poudre, à l'extérieur par le boulet, s'écroulent, ouvrent des brèches, et annoncent les assauts. La caponnière enfin conduit encore les travailleurs où ils doivent établir une batterie; elle les protège, et elle est une des opérations les plus indispensables à la conservation des soldats dans les sièges.

CAPONSACCHI (PIERRE), religieux franciscain, né dans les environs d'Arezzo, en Toscane, au XVe siècle, a publié quelques ouvrages peu connus : 1° *In Johannis apostoli Apocalypsin observatio*, Florence, 1572, in-4°. Ce commentaire sur l'*Apocalypse*, dont il existe une seconde édidition, publiée dans la même ville en 1586, in-4°, est, par une singularité très-remarquable, dédié à Sélim II, empereur des Turcs. 2° *De justitia et juris mundi*, Florence, 1575, in-4°; 3° *Discorso intorno alla canzone del Petrarca che incomincia* : *Vergine bella che di sol vestita*, Florence, 1567 et 1590, in-4° : c'est une des productions de la jeunesse de l'auteur, qui, comme on l'a vu, se livra par la suite à des études plus conformes à la gravité de son état. Le P. Lelong parle de cet ouvrage dans la *Biblioth. sacra;* mais, trompé par le titre qu'il avait trouvé cité d'une manière peu exacte, il a cru qu'il était question du *Cantique des cantiques*, et n'a pas manqué de dire que notre auteur en avait publié un commentaire.

CAPOQUIER, s. m. sorte d'arbre d'où l'on tire le capoc (*V.* ce mot).

CAPORAL (*art. milit.*). Le caporal a dans les troupes à pied le même rang que le brigadier dans les troupes à cheval. C'est le premier grade auquel un soldat puisse parvenir. Les ordonnances de Henri II sont le premier document où l'on voie apparaître le mot *caporal*. Les caporaux sont désignés sous les ordonnances de François Ier, dans le nom de *caporal d'escadre* ou *d'escouade*. — Les fonctions modestes du caporal n'en sont pas moins importantes, et peuvent influer beaucoup sur la discipline, la tenue et l'instruction des soldats. C'est lui qui est chargé de veiller au maintien de l'ordre, à la régularité du ser-

vice et de la tenue, à la propreté des vêtements, des armes et des chambres. C'est lui qui pourvoit à l'achat des vivres et des objets de toute nature nécessaires aux hommes de sa chambrée; il en tient un compte régulier sur un livret qu'on appelle *livre d'ordinaire;* il couche dans la même chambre que les soldats, leur apprend l'exercice de détail et le maniement des armes; il leur enseigne à monter et démonter leurs armes, à les nettoyer, à les tenir en état, etc. ; enfin, dans le service, c'est lui qui commande les patrouilles et les petits postes, qui place les factionnaires, leur donne la consigne et en surveille l'exécution. — Il y avait autrefois dans les armées françaises un grade inférieur encore à celui de caporal ; c'était celui d'*anspessade*. Un curieux passage du *Traité de la milice française*, par le seigneur de Montgommery, nous fait connaître l'origine et les fonctions de ce grade; nous croyons devoir le citer : « L'ancespesade est un chevau-léger, lequel après avoir perdu cheval et armes en quelque honorable occasion, se jette dans l'infanterie et prend une pique en attendant mieux. Cette coutume et ce nom viennent des guerres du Piémont. En ce temps-là le chevau-léger qui en un combat avait rompu sa lance honorablement, casavenant que son cheval lui fût tué, l'on le mettait dans l'infanterie avec la paye de chevau-léger, en attendant mieux, et le nommoit-on *lance spesata*, comme qui dirait *lance rompue*. Depuis, par corruption de temps, l'on l'a fait lieutenant ou aide-caporal. Or ces gens-ci honorent fort l'infanterie, et sont ceux auxquels l'on commet les rondes ou les sentinelles d'importance en temps d'éminent péril ; car en d'autre saison ils sont épargnez et gratifiez ; ce sont ordinairement les camarades des capitaines et autres chefs. Ils ne sont sujets d'obéir après le capitaine qu'au lieutenant, lequel en est comme caporal, et les doit même beaucoup honorer et priser, et doivent être les chefs de file d'un bataillon. » A l'époque où le P. Daniel écrivait son *Histoire de la milice françoise* (1721), il y avait déjà longtemps qu'on ne prenait plus les anspessades dans la cavalerie ; ces sous-officiers recevaient l'ordre des caporaux, auxquels ils étaient tenus d'obéir, et dont ils tenaient lieu au besoin ; enfin, c'étaient plutôt des soldats à haute paye que des sous-officiers.

CAPORALI (CÉSAR), célèbre poëte italien, né à Pérouse en 1531, mort en 1601, est auteur de plusieurs poëmes satiriques dans le genre burlesque; ce sont : le *Voyage au Parnasse*, l'*Avis du Parnasse*, les *Obsèques*, les *Jardins*, et enfin la *Vie de Mécène*, etc. Ses œuvres ont été recueillies sous le titre de *Rime*. L'édition la plus belle et la meilleure est celle de Pérouse, 1770, in-4°, que l'on doit à César Orlandi. On a joint des notes de Ch. Caporali, et la *Vie de César* par Vinc. Cavallucchi. C'est faussement qu'on lui a attribué deux comédies, *lo Sioceo* et *la Ninetta*, Venise, 1604 et 1628. Ces pièces sont des imitations tronquées et défigurées de *la Gortigiana* et *la Tolanta*, de l'Arétin.

CAPORELLA (PAUL), théologien, professeur à Naples en 1530, évêque de Cortone en 1532, mourut en 1556. On a de lui quelques traités de théologie, entre autres : *De operibus misericordiæ et de purgatorio*.

CAPOSER, v. n. (*marine*), amarrer le gouvernail d'un vaisseau, afin de suivre l'abandon du vent. Il est vieux.

CAPOSUCCHI (JEAN-ANTOINE), d'abord jurisconsulte, puis évêque et cardinal, né à Rome en 1515, mort en 1569, a publié des *Statuts synodaux* pour son diocèse. — Son oncle, PAUL CAPOSUCCHI, évêque de Neocastro, et vice-légat en Hongrie, fut chargé de plusieurs négociations importantes par les papes Clément VII et Paul III, apaisa les factions qui déchiraient Avignon, et mourut en 1559. — CAPOSUCCHI (Raimond), cardinal de la même famille, né à Rome en 1619, entra dans l'ordre des dominicains, professa la théologie au collége de la Sapience, dut moins à sa haute naissance qu'à son mérite la charge de maître du sacré palais en 1562, puis le chapeau de cardinal en 1681, mourut en 1691, et fut inhumé dans l'église de Sainte-Marie di Campidoghi, où quelques années auparavant il avait fait placer une magnifique épitaphe à la mémoire de ses ancêtres. On a de lui quelques ouvrages de théologie, entre autres *Controversiæ theologicæ selectæ*, Rome, 1677, in-folio. — CAPOSUCCHI (Camille et Blaise), frères de la même famille, suivirent tous deux la carrière des armes. Camille se trouva à la bataille de Lépante, se distingua dans les guerres des Pays-Bas, où le duc de Parme lui confia un régiment, commanda les troupes papales en Hongrie, et y mourut en 1557. — Blaise servit en France sous Charles IX, contre le parti calviniste, commanda, pendant la Ligue la cavalerie du duc de Parme, puis les troupes papales dans le comtat Venaissin, et mourut à Florence en 1615. On a l'*Éloge des deux frères*, en italien, par Annibal Adam, Rome, 1685, in-4°.

CAPOT (*jeu de piquet*), adjectif des deux genres et des deux nombres. Il se dit d'un joueur qui ne fait aucune levée. *Être capot.* — Au figuré et au familier, *Être capot, Demeurer capot,* c'est rester confus et interdit auprès de quelqu'un, ou se voir frustré de son espérance. *Il a été bien capot de se voir reconnu. Elle est demeurée capot.* — *Faire capot,* au jeu, faire toutes les levées, toutes les mains. — *En term. de marine, Faire capot* se dit d'un bâtiment qui chavire, qui sombre. *La chaloupe fit capot à une lieue du rivage. Un coup de vent nous fit faire capot.*

CAPOT, s. m. (*marine*), espèce de capuchon fait avec des planches légères, qui couvre l'ouverture de l'escalier de l'arrière, à bord de certains navires de commerce. Sur les grands bâtiments, on le nomme *dôme.* — On appelle CAPOT D'ÉCHELLE un tambour qui recouvre l'écoutille de l'arrière du vaisseau qui conduit à la dernière chambre. — CAPOT se dit aussi d'une espèce de cape de manteau d'étoffe grossière, auquel est attaché un capuchon (*V.* CAPE). — CAPOT se dit encore d'une petite cape qui faisait partie de l'habit de cérémonie des chevaliers du Saint-Esprit. On disait plus communément *capote.*

CAPOTAGE, s. m. (*marine*). On donne ce nom à cette partie de la science du pilote qui consiste dans la connaissance du chemin que le vaisseau fait sur la surface de la mer; connaissance nécessaire pour conduire sûrement le vaisseau. — On sait que la ligne décrite par un vaisseau sur la surface de la mer est une courbe appelée *loxodromie* ou *loxodromique*, qui coupe tous les méridiens à angles égaux. Plusieurs auteurs nous ont donné des *Traités* de cette loxodromie, dans l'hypothèse de la terre sphérique. Mais, comme on a reconnu que la terre est un sphéroïde aplati, il a fallu faire entrer cette nouvelle considération dans la théorie de la loxodromie, qui est devenue beaucoup plus difficile.

CAPOTE, s. f. (*term. de fumiste*), se dit d'un tuyau en fonte, en tôle ou en terre cuite, recouvert, que l'on place au faîte d'une cheminée pour faciliter la sortie de la fumée.

CAPOTE, s. f. espèce de cape ou de grand manteau d'étoffe grossière, auquel est attaché un capuchon. *Dans le mauvais temps les sentinelles ont ordinairement une capote. Capote contre la pluie. Capote de forçat*, etc. Dans ce cas, on disait autrefois *capot.* — Il se dit également d'une espèce de redingote à l'usage des soldats. *Capote de drap beige. Le régiment a reçu des capotes neuves. A la parade, la capote doit être roulée et attachée sur le havre-sac au moyen de deux courroies.* — Il s'est dit aussi d'une espèce de mante que les femmes mettaient par-dessus leurs habits, et qui les couvrait depuis la tête jusqu'aux pieds. *Capote de camelot; Capote de taffetas.* — Il se dit encore d'une sorte de chapeau de femme qui est ordinairement fait d'étoffe. *Cette dame a une jolie capote de percale.* Une capote de crêpe, de mousseline, etc.

CAPOTER, v. n. (*marine*), mavirer sens dessus dessous; renverser du haut en bas. De petits bâtiments peuvent *capoter* sous l'effort d'un grain, s'ils sont mal chargés ou mal manœuvrés.

CAPOTÈS (*géogr. anc.*), aujourd'hui *Kepouh*, montagne de la grande Arménie, au nord, sur laquelle l'Euphrate prend sa source.

CAPOUDAN, s. m. (*term. de relation*), gouverneur d'une ville dans les États du Soudan.

CAPOUE, (en latin *Capua*, en italien *Capoa*), ville du royaume de Naples, dans la *terre de Labour*, à quelque distance de l'ancienne Capoue, dont nous allons d'abord nous occuper. Capoue l'ancienne, qui se nommait primitivement *Vulturnum*, était la capitale de la *Campanie*, riche et fertile contrée d'environ 25 myriamètres de circonférence, et de dix myriamètres dans sa plus grande largeur. Elle était située entre le Vulturne et le Literne ou Clanius, qui coulaient à deux milles (un peu plus de 3 kilomètres) de son enceinte. On ne peut assigner exactement l'époque de sa fondation. Virgile, Suétone, Pline et Silius Italicus l'attribuent à Capys, l'un des compagnons d'Énée. Sempronius prétend qu'elle fut bâtie par les Étrusques; d'autres par les Tyrrhéniens. Velleius Paterculus (lib. 1), qui était de Capoue, dit que sa fondation précéda celle de Rome de quarante-sept ans. L'étymologie du nom de Capoue est également incertaine. Selon les uns, il est dérivé de Capys son fondateur; en effet, sous Jules César, on trouva, en faisant des fouilles, une table de bronze portant ces mots: *Capys, fondateur de Capoue.* Selon d'autres, ce nom vient de *campus, Capua a campo dicta.* Quelques-uns, enfin, le tirent de celtique *cap*, ou latin *caput*, tête ou chef, parce qu'elle était la capitale de la Campanie. Si l'on s'en

rapporte à Camillo Pellegrini (dissert. 4, art. 11), elle fut d'abord divisée en douze bourgs, qui ne furent réunis en une seule ville que l'an 282 de la fondation de Rome. C'était dès lors une ville très-importante, où l'agriculture, le commerce et l'industrie faisaient affluer la richesse et tous les plaisirs du luxe. Ses draps, ses cuirs et surtout ses parfums jouissaient d'une grande réputation. Les Capouans excellaient dans la préparation des étoffes de pourpre, et dans la manufacture de ces élégantes poteries qui portent aujourd'hui le nom de vases étrusques. Le blé, le vin, la laine, l'huile y abondaient, et ses chevaux n'avaient point d'égaux en Italie. Capoue était traversée par la voie Appienne, construite tout exprès pour établir la communication avec Rome; les maisons en étaient belles et bien bâties, les rues larges et rafraîchies par des fontaines jaillissantes qu'alimentaient les eaux des deux rivières voisines. Les bains publics, les galeries occupées par des marchands, un amphithéâtre égal en étendue et en magnificence au célèbre Colisée de Vespasien, les temples de Jupiter, d'Apollon, de Junon, de Diane, de Mercure, des portiques, des pyramides, des arcs de triomphe, tout contribuait à faire de Capoue une des plus admirables villes de l'antiquité, tandis que la douceur de son climat en faisait le séjour le plus délicieux de la terre. — Cumes, ville célèbre, fondée 151 ans après la prise de Troie, 1033 ans avant Jésus-Christ, était la rivale de Capoue. Les Capouans l'attaquèrent, la prirent et la détruisirent de fond en comble, l'an 426 avant l'ère chrétienne. Ils envoyèrent des secours à Denys, tyran de Syracuse, qui bientôt, se défiant à juste titre de ses mercenaires capouans, voulut les licencier, après les avoir toutefois amplement récompensés de leurs services. Mais les Capouans, en retournant chez eux, abusant de l'hospitalité que leur donnèrent les habitants d'Entella, ville de Sicile, massacrèrent par surprise leurs hôtes trop confiants, et s'établirent à leur place. L'histoire de cette époque nous présente plusieurs exemples d'une pareille perfidie (*V.* RHEGIUM, MESSINE).—Les Sidicins, habitants de Teanum (aujourd'hui Tiano), attaqués par les Samnites, implorèrent l'assistance des Capouans, qui marchèrent à leur aide. Mais, amollis par leurs mœurs et incapables de faire tête aux belliqueux Samnites, ils se renfermèrent dans leurs murs, et envoyèrent demander eux-mêmes du secours aux Romains. Le sénat, alléguant un traité récent avec les Samnites, refusa d'abord d'intervenir dans la querelle. « Eh bien ! pères conscrits, dirent les députés capouans, si vous ne voulez pas défendre nos propriétés, défendez du moins les vôtres; dès ce moment nous mettons nos personnes, notre ville, nos temples et notre territoire à votre disposition. » L'acquisition d'une ville telle que Capoue vainquit alors les scrupules des Romains, qui, pour protéger leurs nouveaux amis, sommèrent d'abord les Samnites d'évacuer la Campanie, et, sur leur refus, leur déclarèrent la guerre. Capoue, ainsi délivrée de ses terribles ennemis, demeura dans l'association ou plutôt dans la dépendance de Rome, et fidèle à ses engagements que sa mollesse la forçait d'observer, jusqu'au temps de la seconde guerre punique, époque à laquelle cette malheureuse ville acquit soudainement une grande et triste célébrité. Après la bataille de Cannes, elle ouvrit ses portes au Carthaginois vainqueur, qui prit ses quartiers d'hiver à Capoue. Le jour de son entrée, Annibal soupait chez le sénateur Pacuvius, dont le fils Pérolla voulut l'assassiner. Pacuvius épouvanté supplia son fils de renoncer à ce dessein, et Parolla, cédant comme Coriolan à la piété filiale, laissa vivre Annibal. Au printemps, ce général, forcé de quitter Capoue pour les opérations de la nouvelle campagne, y laissa une garnison carthaginoise. La vengeance des Romains, justement irrités, ne se fit pas longtemps attendre. L'an 542 de Rome, tandis qu'Annibal occupé à faire le siège de Tarente, les deux consuls Appius Claudius Pulcher et Q. Fulvius Flaccus, résolurent d'assiéger Capoue. Les habitants appellent Annibal, qui tente inutilement de leur envoyer du secours, et va se présenter lui-même sous les murs de Rome afin de faire une diversion en leur faveur. Tout fut inutile. Capoue fut obligée de se rendre à discrétion. Vibius Virius et ceux d'entre les sénateurs qui avaient eu le plus de part à la défection se donnèrent la mort en buvant le poison dans un dernier banquet, afin d'échapper au supplice. Ceux qui ne prirent pas cette résolution furent décapités après avoir été battus de verges par ordre de Fulvius. Pendant cette exécution, un Campanien nommé Jubellius Tauréa, qui n'était pas au nombre des condamnés, vint se présenter au tribunal du consul, et demanda la mort afin de ne pas survivre à sa patrie et à ses amis. Comme on la lui refusait, il se poignarda lui-même. Le reste des habitants furent vendus comme esclaves. Après cela, il fut question de savoir ce qu'on ferait de Capoue. Quelques-uns voulaient qu'on la rasât entièrement; mais le sénat eut la sagesse de décider que cette ville serait conservée pour être habitée par des agriculteurs. En conséquence, on y fit passer une grande multitude d'affranchis, laboureurs et artisans. Tous ses champs et ses maisons furent confisqués au profit du peuple romain. En outre, il fut défendu d'habiter hors des murs de Capoue, ni d'y établir aucune corporation, aucun sénat, aucune magistrature. Pour y rendre la justice, il fut réglé que, chaque année, on y enverrait de Rome un préfet. Le siége de Capoue avait duré six mois. Fulvius et ses successeurs la gouvernèrent avec la plus grande rigueur.—L'an 561 de Rome, sous le consulat de Q. Lucius Corn. Merula et de Q. Minutius Thermus, la Campanie, ainsi que le territoire de Rome, fut agitée par de grands tremblements de terre, dont Capoue se ressentit plus que les autres villes de cette contrée volcanique. Un grand nombre de personnes ayant péri dans ce désastre, on envoya de Rome une colonie pour le réparer ; ce qui fut répété plusieurs fois dans la suite, particulièrement sous Jules César, qui rendit aux Capouans leurs anciens lois et leurs anciens priviléges. Capoue ne remonta point au rang qu'elle avait jadis occupé ; mais elle jouit, comme préfecture romaine, d'un sort assez doux jusqu'à l'apparition de Genséric, roi des Vandales, qui la pilla et la ruina en se rendant à Rome où il allait venger Carthage. L'eunuque Narsès, général de Justinien, après avoir chassé Genséric de l'Italie, releva Capoue de ses ruines. Mais elle fut (l'an 856), définitivement détruite par les Lombards, qui se mirent aussitôt à construire la moderne Capoue. Celle-ci est située sur la rive gauche du Vulturne, à deux milles de la ville ancienne, dont les débris ont beaucoup servi à sa construction. Elle est fort bien bâtie, entourée de larges fossés et d'une forte muraille. C'est une des plus importantes villes militaires du royaume de Naples ; sa population s'élève à 8,000 âmes. Elle a généralement une garnison de 1,000 à 1,200 hommes. Elle fut érigée en siége archiépiscopal, l'an 968, par le pape Jean XIV, lorsqu'il couronna l'empereur Othon IX. Les plus beaux édifices de Capoue sont l'hôtel de ville et l'église métropolitaine, où un raccordé avec art des colonnes en marbre, en granit, en stuc et en porphyre provenant de l'ancien amphithéâtre. Dans d'autres édifices, les architectes modernes ont été moins habiles ; ils ont entassé au hasard les différents ordres, et souvent des mains maladroites ont placé à l'envers d'anciennes inscriptions. Depuis le temps des Lombards, Capoue a été gouvernée par une longue succession de comtes et de princes lombards et normands, jusqu'à la réunion définitive au royaume de Naples, dont le prince royal porte le titre de prince de Capoue. Cette réunion eut lieu sous le règne de Louis XII, roi de France. Les Capouans modernes sont industrieux, laborieux, habiles au commerce, et ne rappellent en rien ce goût du luxe et de la mollesse qui a été si funeste aux habitants de l'antique Capoue. CH. DU ROZOIR.

CAPOUE (numism.). On pourrait croire que la riche et luxueuse Capoue, que Cicéron appelle seconde Rome, a laissé des trésors numismatiques, d'autant que plusieurs villes de la Campanie, entre autres Cales, Cumes, et surtout Naples, nous offrent des suites nombreuses de médailles, dont quelques-unes en or, et une grande quantité en argent. Mais Capoue (Capua) ne nous donne que des monnaies de bronze, d'une fabrique peu élégante, et en petit nombre : le cabinet de France n'en possède que dix. — Les types sont les têtes de Jupiter, de Junon, de Diane et d'Hercule. Les revers présentent Diane dans un bige, l'aigle sur un foudre, la Victoire, un cavalier, un lion, un sanglier. Les légendes, en caractères osques, expriment simplement le nom de la ville. Une seule pièce, un peu plus remarquable que les autres, est un médaillon de quelques lignes de diamètre représentant au droit les têtes accolées de Jupiter et de Junon, et au revers Jupiter foudroyant, dans un quadrige. Cette pièce est estimée 20 francs ; les autres du moyen module valent, selon Mionnet, de 4 à 6 francs, et celles du petit module de 2 à 6 francs. Celle qui a le buste de Diane, et au revers un sanglier, porte un globule qui signifie une once, et qui marque la douzième partie de l'as italique. DUMERSAN.

CAPOUE (CONCILES DE). Le premier se tint l'an 389, 390 ou 391, sous le pape Sirice et l'empereur Valentinien II, au sujet du différend qui était entre Flavien, évêque d'Antioche, et Evagre, successeur de Paulin dans le même siége. Théophile d'Alexandrie et les évêques d'Egypte furent nommés juges de cette cause ; mais Flavien ne voulut pas les reconnaître. On condamna Bonose, évêque de Macédoine, qui disait que la sainte Vierge avait eu des enfants de saint Joseph après la naissance de Jésus-Christ. On défendit aussi les rebaptisations, les réordinations et les translations des évêques (saint Ambroise, Epit. 78 et 79. Baconius, ann. 389. Reg., 3. Labbe, 2. Hard., 1). Le P. Mansi, d'après M. de Tillemont, place ce concile l'an

591 (Mansi, t. I, p. 251). Le second, l'an 1087. Le pape Victor III, qui avait quitté les ornements pontificaux, fut obligé de les reprendre dans ce concile, vaincu par les larmes et les prières du clergé et du peuple (Reg., 16. Labb., 10. Hard., 6). Le troisième, l'an 1118. Le pape Gélase II y présida, et y excommunia l'empereur Henri V et l'antipape Maurice Burdin, qui avait pris le nom de Grégoire VIII (Reg., 17. Lab., 10. Hard., 6).

CAPOUE (SIÉGES DE). Sous Louis XII, les Français se présentèrent, en 1500, devant Capoue, que Fabrice Colonne défendait avec une nombreuse garnison. Elle résista longtemps ; mais enfin les habitants, épouvantés par le feu des batteries françaises, forcèrent la garnison de se rendre. Le 25 juillet, les Français se répandirent dans la ville, qui renfermait d'immenses richesses, la pillèrent, et y massacrèrent 7,000 personnes. — Le général Championnet, avec 16,000 hommes seulement, venait de chasser 60,000 soldats napolitains du territoire romain. Encouragé par ce succès, il résolut de punir l'agression du roi de Naples en envahissant ses Etats. Il commanda aux généraux Duhesme, Lemoine, Rey et Maurice Mathieu, de s'avancer sur Capoue, et à Macdonald de reconnaître la place, afin qu'on pût en commencer le siége. Les troupes napolitaines fuyaient de toutes parts. Enfin le quartier général français vint s'établir à San-Germano. Mack fit alors demander un armistice. Championnet le refusa, mais fit porter en avant Macdonald, qui poussa une reconnaissance jusque sous les murs de Capoue ; mais ses troupes furent obligées de se retirer avec une perte assez considérable. Le général Mathieu eut le bras cassé. Cependant elles s'étaient rendues maîtresses des retranchements de la ville et de l'artillerie qui les garnissait. Sur ces entrefaites, on apprit la soumission de Gaëte, qui était défendue par 4,000 hommes et 70 canons, et dont la prise cependant n'avait coûté que quelques coups d'obusier et où l'on avait trouvé des magasins immenses. Pour attaquer Capoue soutenue par 35,000 hommes, il fallait attendre la réunion de l'armée entière. Rey et Kellermann arrivèrent les premiers. Lemoine et Duhesme restaient en arrière, retardés par les pluies et les bandes toujours croissantes d'insurgés, bien plus encore que par les places fortes et les troupes de ligne. En effet, toutes les communications étaient interceptées. Les paysans napolitains avaient coupé sur les derrières de l'armée les points du Garigliano, incendié le parc de réserve, et occupé toutes les positions environnantes. Les équipages de Championnet avaient été pillés, un de ses aides de camp brûlé vif par les insurgés ; nos troupes, décimées par les combats et les assassinats, manquaient de vivres ; enfin, de toutes parts, on apercevait les apprêts d'une attaque générale. Au moment où l'armée républicaine, dans un danger aussi imminent, n'avait plus d'autre ressource que son désespoir, on voit se présenter des parlementaires napolitains. Introduits devant Championnet, ils déclarent qu'ils sont chargés de tout accorder aux Français, pourvu qu'on laisse au roi la ville de Naples. Cette nouvelle proposition de Mack paraît si extraordinaire à Championnet, qu'il hésite quelque temps à l'accepter, dans la crainte qu'elle ne cache un piége. Cependant il se décide à saisir une chance si inattendue, et l'on signe une convention qui stipule entre autres articles : la remise de Capoue aux Français, avec ses munitions et ses magasins, l'établissement d'une ligne depuis la Méditerranée jusqu'à la mer Adriatique, et une contribution de 10,000,000 payée par le roi de Naples. Dès la même nuit, le général Ebli entra dans Capoue. Le lendemain 11 janvier 1799, cette ville reçut garnison française, et le reste de l'armée française autour de ses murs. On ne peut s'expliquer comment un traité qui sauva l'armée française fut désapprouvé hautement par le directoire français ; et l'on n'a pas moins de peine à concevoir comment le général Mack fut amené à proposer une pareille transaction au moment où il devait connaître les progrès des insurgés et la situation critique des Français. — L'armée française, commandée en 1806 par Joseph Napoléon, à qui la couronne de Ferdinand était destinée, se présenta le 6 février devant Capoue. Son gouverneur répondit par des coups de canon à la sommation qui lui fut faite de remettre la place ; mais, dès le lendemain, une députation arriva de la capitale, qui livra les clefs de Capoue, de Pescare et des châteaux de Naples.

CAPOULIÈRE, s. f. (term. de pêche), nappe de filets à larges mailles, qu'on met à l'entrée des hordigues, pour que les poissons ne puissent s'échapper.

CAPOUR (VASSAG), prince de Sunik en Arménie, dans le IXᵉ siècle, épousa la fille d'Achod, et rendit de grands services à ce monarque, qui venait tout récemment de rétablir le royaume d'Arménie, sous la protection d'Ahmed-Tchafr-Mascam, kalife de Bagdad. Les chroniques arméniennes font l'éloge des qualités morales, guerrières et administratives du prince Capour.

CAPPA, s. m. animal féroce, qui, comme le loup, se jette sur les troupeaux.

CAPPA (κάππα), nom de la dixième lettre de l'alphabet grec (Kκ.).

CAPPADOCE, s. f. (mythol.), figure qui représente une grande contrée de l'Asie-Mineure, ayant la couronne tourrelée, et portant un guidon de cavalerie à la main. Ce guidon indique les troupes que les Romains en recrutaient.

CAPPADOCE (histoire et géographie ancienne), ancien royaume de la partie orientale de l'Asie-Mineure, entre le Pont, l'Arménie, la Cilicie et la Phrygie; il s'étendait en latitude, à peu près de 37° 30' jusqu'à 40°, et en longitude depuis 32° jusqu'à 38°. Traversée par les chaînes du mont Argée et du mont Taurus, la Cappadoce était surtout riche en pâturages, et nourrissait beaucoup de bestiaux et des chevaux d'une belle race. Les Cappadociens étaient essentiellement adonnés à la vie pastorale; mais ce n'était pas un peuple belliqueux comme les pâtres des montagnes d'autres contrées. Ils appartenaient, à ce qu'il paraît, à la race syrienne, et ils avaient un caractère doux et soumis; un culte superstitieux contribuait d'ailleurs à les asservir; aussi la Cappadoce ne jouit-elle presque jamais de son indépendance, et plusieurs fois des maîtres étrangers lui imposèrent le joug de la servitude. Crésus incorpora la Cappadoce dans son royaume de Lydie; les Perses, vainqueurs de ce roi, rendirent les Cappadociens tributaires : la redevance annuelle qu'ils leur imposèrent fut de 1,500 chevaux, 2,000 mulets et 5,000 brebis. Sous le règne de Cyrus, ils leur donnèrent un roi ou vice-roi, choisi par ce prince. Archélaüs régnait sur la Cappadoce depuis cinquante ans lorsque Tibère inquiéta ce monarque, et convertit ce pays en province romaine qui fut d'abord traitée avec assez de douceur, mais où les empereurs exercèrent plus tard toutes les rigueurs du despotisme. Lors de la décadence de l'empire romain, les lettres y étaient encore en honneur, comme on le voit par quelques grands écrivains ecclésiastiques qui s'y illustrèrent, tels que saint Basile et saint Grégoire de Nazianze. Les principales villes de la Cappadoce étaient *Mazaca*, surnommée Césarée (*V.* ce mot) ou la ville impériale; *Comana* auprès du Sarus, où était le principal temple du royaume : le grand prêtre qui le desservait était le chef de toute la caste sacerdotale du pays; *Archelaïs*, sur une des sources de l'Halys, où fut tué l'empereur Macrin; *Garsaura*, *Cybistra*, et *Nazianze*. — On appelait *Cataonie* la province située entre le Taurus, et l'Anti-Taurus, et arrosée par le Sarus; la ville de *Tyana*, dans cette province, était le siège d'une préfecture. On comprenait aussi dans la Cappadoce la petite Arménie, située à l'est du royaume, et traversée par le fleuve Mélos.

CAPPADOCE (numis.). Les médailles antiques que l'on connaît de la Cappadoce sont celles des villes suivantes : *Castabala*, aujourd'hui Kalat-Masman : autonomes en bronze, rares : impériales aussi en bronze, des règnes de Faustine mère, Macrin, Diadumènien et Elagabale. — *Comana*, aujourd'hui Al-Bostan : coloniales impériales en bronze, rares, d'Antonin le Pieux, et de Caracalla. — *Cybistra*, aujourd'hui Busterer : autonomes en bronze, rares. — *Eusebia*, qui a porté ensuite le nom de *Césarée*; c'est la plus riche et la plus importante des villes numismatiques de la Cappadoce, les médailles autonomes en bronze sont rares; les impériales en or, argent et bronze, se trouvent en grande quantité depuis le règne de Tibère jusqu'à celui de Gordien le Pieux. — Il y a encore les villes de *Saricha* dans la préfecture *Morimena*, dont les autonomes sont rares; et enfin *Tyana*, aujourd'hui Tiana, qui donne quelques autonomes rares, des impériales depuis Néron jusqu'à Septime Sévère, et des coloniales de Julia Domna et de Caracalla. Les rois de Cappadoce qui ont régné depuis l'an 220 avant J.-C. jusqu'à l'an 17 de l'ère chrétienne forment une suite numismatique intéressante. Le premier de ces rois dont on ait des médailles est Ariarathe V Eusèbe (ou le Pieux), qui régna jusqu'à l'an 166. On y voit, au droit, la tête diadémée du prince, et au revers, Pallas assise, tenant de la main droite une *petite victoire*, et le coude gauche appuyé sur un bouclier. Les médailles des autres rois sont semblables, à l'exception des légendes qui désignent les suivants; elles sont presque toutes en argent, et d'une belle fabrique. — ARIARATHE VI Philopator (qui aime son père); il règne depuis l'an 166 jusqu'à l'an 132. — ARIARATHE VII Epiphane (illustre); il règne de 132 à 117. — ARIARATHE VIII Philométor (qui chérit sa mère); il règne de 117 à 105. — ARIOBARZANE Ier Philoromæus (l'ami des Romains); il règne de 91 à 58. C'est la première fois

que le titre de Philoromæus, souvent employé depuis, paraît sur les médailles d'un roi. Il témoigne ainsi sa reconnaissance aux Romains, qui, ayant permis aux peuples de la Cappadoce de se choisir un roi, lui prêtèrent leur secours contre Mithridate qui l'avait chassé de ses Etats, et contre Tigrane, roi d'Arménie. Il fut la souche d'une seconde dynastie. — ARIOBARZANE II Philopator régna depuis l'an 66 jusqu'à l'an 52, les huit premières années comme collègue de son père. — ARIOBARZANE III Eusèbe Philoromæus régna depuis 52 jusqu'à 42 avant J.-C. Cicéron, proconsul en Cilicie, fut chargé de le protéger contre les complots que l'on formait autour de lui pour lui enlever le trône et le donner à son frère. Mais, lors de la guerre civile, Ariobarzane ayant paru prendre le parti des triumvirs, Cassius fit envahir la Cappadoce par son neveu, assassiner le roi, et emporter ses trésors. — ARIARATHE X Eusèbe Philadelphe règne depuis 42 jusqu'à 36 avant J.-C. — Les ennemis d'Ariobarzane III avaient engagé son frère Ariarathe à le dépouiller de ses droits : et ce prince, qui d'après le témoignage de Cicéron (*Ad famil.*, lib. xv, epist. 2) avait repoussé l'idée d'un pareil attentat, prit le surnom de Philadelphe (ami de son frère), pour attester son amour fraternel. Marc Antoine fit descendre Ariarathe du trône pour y placer Sisinus, fils d'une courtisane nommée Glaphyra, dont les artifices l'avaient séduit. Ariarathe, profitant de l'absence du triumvir, remonta sur le trône; mais il n'y resta pas longtemps : Antoine, étant revenu en Cappadoce, renversa une seconde fois ce faible prince qu'il remplaça par Archélaüs, frère de Sisinus (Dion, liv. XLIX, § 52). — ARCHÉLAUS monta sur le trône qu'il avait usurpé, l'an 36 avant l'ère chrétienne, et s'y maintint paisiblement pendant cinquante-deux ans. Il ne laissa point d'héritiers mâles de ses deux femmes, et après sa mort la Cappadoce fut réduite en province romaine (*V.* la série des rois de Cappadoce le *Trésor de numismatique*, chap. v, pag. 78, pl. 32 et 33).
DUMERSAN.

CAPPADOCE (CONCILES DE). L'an 372, on tint un concile dans un lieu incertain de Cappadoce, auquel saint Basile dit qu'il fut invité (*Epist.* 98, *alias* 259). Le sujet de ce concile fut la division que l'empereur Valens fit de la Cappadoce en deux provinces. Saint Basile, qui était métropolitain de Cappadoce, prétendait que ce partage ne devait rien lui faire perdre de sa juridiction sur les églises de toute la Cappadoce. L'évêque de Tyane, pour qui l'on établit métropole de la seconde Cappadoce, prétendait au contraire qu'il avait tous les droits de métropolitain sur les églises qui dépendaient de sa métropole. Le concile accorda ce différend en multipliant les évêchés, ce qui tourna à l'avantage de l'Eglise, comme l'assure saint Grégoire de Nazianze (*Oratione* 20, Mansi, *Supplementum conciliorum*, t. I). L'an 376, il y en eut encore un qui approuva le livre de saint Basile touchant le Saint-Esprit (Ibid., pag. 242).

CAPPADOCIENS (hist. anc.), habitants de la Cappadoce. Les Cappadociens étaient autrefois nommés *Leucosyriens* (λευκός, blanc), parce qu'ils avaient le teint moins basané que leurs voisins, et parce qu'on les croyait issus de plusieurs colonies syriennes. Ce peuple était célèbre par sa stupidité et ses vices, comme le prouve l'épigramme suivante de Martial :

> Vipera Cappadocem nocturna momordit : at illa
> Gustato periit sanguine Cappadocis.

Quoique les anciens avaient pris plaisir à tourner ce pays en ridicule à cause de l'ignorance générale de ses habitants et de leur grossièreté, il a cependant donné le jour au géographe Strabon, à saint Basile, à saint Grégoire de Nazianze et à plusieurs autres personnages qui égalaient en mérite les plus grands personnages de l'antiquité (Hor., I. *Epist.* 6, v. 39. — Plin., 6, cap. 3.— Strab., 11, 16. — Pompon. Mela, lib. I, cap. 2; lib. 3, cap. 8).

CAPPADOCIENS. Ce terme, qui se trouve souvent dans l'Ecriture, est toujours exprimé dans l'hébreu par *Caphtorim*, que dom Calmet explique des anciens peuples de Crète qui passèrent dans la Palestine, et qui y furent connus sous le nom de *Céréthims* et de *Philistins* (*Deutér.*, 11, 23.)

CAPPADOX (géogr. anc.), rivière de l'Asie-Mineure, qui bornait la Cappadoce du côté de la Galatie. Elle avait sa source à l'est de Soanda, et se perdait dans l'Halys. — Rivière de la Comagène, province nord-est de la Syrie, qui prenait sa source au mont Amanus, et se jetait dans l'Euphrate un peu au-dessus de Samosate.

CAPPADOX, s. m. espèce de fossile qui présente exactement la forme d'une éponge.

CAPPANTAS (*géogr. anc.*), roche voisine de Gythium, sur laquelle Oreste fut délivré des Furies.

CAPPARIDÉES (*hist. nat.*) (*capparides*, Jussieu), famille de plantes herbacées ou ligneuses ayant pour caractères : feuilles alternes, simples et avec des stipules, ou composées et sans stipules ; calice à quatre divisions ; corolle à quatre pétales souvent irréguliers ; étamines ordinairement en grand nombre, quelquefois quatre ou six ; ovaire à une seule loge contenant beaucoup de semences ; style simple ou divisé et terminé par un stigmate ayant autant de lobes que le style a de divisions ; fruit charnu, allongé en forme de baie ou de silique. Cette famille a de grands rapports avec les crucifères, surtout quand le fruit est une silique ; mais elle s'en éloigne par le grand nombre des étamines et par le fruit qui souvent est une baie ; elle offre aussi un principe volatil, âcre, stimulant et analogue à celui des plantes crucifères dont elle possède plusieurs propriétés médicales. Les capparidées, en effet, sont diurétiques, excitantes et antiscorbutiques ; elles comprennent différents genres : *mozambé, câprier, réséda, parnassie,* etc.

CAPPE, s. f. espèce de croûte qui se forme à la surface du cidre qui reste en vidange dans le tonneau. — On appelle *cappes,* dans les sucreries, des morceaux de bois légers et minces dont on se sert pour couvrir les formes cassées, et par ce moyen les mettre en état de servir encore un peu de temps.

CAPPEL (*géogr.*), village du canton de Zurich en Suisse. Il est situé sur la rive occidentale de l'Albis, dans le bailliage de Knonau. C'est une paroisse réformée qui comprend de plus Urzlicon, Hauplicon et Eberischweil. Il y a cinquante-sept maisons et 500 habitants. L'église, remarquable par sa structure et ses vitraux peints, et renferment les tombeaux des barons de Schnabelburg, des barons d'Eschenbach et de plusieurs autres familles nobles, était une partie importante du riche couvent de Cisterciens (monasterium de C pella), dont le dernier abbé, Wolfgang Jones, nommé Rupli de Frauenfeld, ami de Zwingli, devint une paroisse réformée de la prétendue réforme. Ce couvent avait une école particulière, où le célèbre réformateur Henri Bullinger de Bremgartin fut professeur pendant six ans (1523-1528). Avec Pierre Simler, premier pasteur réformé de Cappel, il a laissé en manuscrit les annales de ce couvent. Aujourd'hui les biens qui formaient autrefois le patrimoine de cette communauté, et dont fait partie ce qu'on appelle la cour de Cappel, situé dans la ville de Zurich, forment un économat propre, dont l'administrateur est nommé par l'État pour neuf ans. — Cappel est le lieu de naissance de Josias Simler, né en 1530 et mort en 1576, et qui s'est acquis de la réputation par son érudition. Léonhard Meister, un des écrivains les plus féconds de la Suisse, y fut pasteur, et y mourut en 1812. De plus on y trouve encore les descendan's d'Adam Naef, qui, à la bataille de Cappel (*V.* l'article suivant), sauva la bannière de Zurich, et s'acquit ainsi le droit de cité.

CAPPEL (GUERRE DE), nom par lequel on désigne, dans l'histoire de la Suisse, deux expéditions qui furent entreprises peu de temps après la réformation par les deux partis religieux qui divisaient alors la Suisse. La première guerre de Cappel eut lieu en 1529. L'exaspération entre les deux partis s'était élevée au plus haut degré. On se provoquait de part et d'autre, et dans les cantons de l'intérieur les catholiques avaient répandu des écrits offensants et des images injurieuses contre les réformés, qui avaient irrité les catholiques par certaines injustices. Les habitants d'Underwald avaient envoyé 800 hommes, avec la bannière du pays, au secours des habitants du haut pays de Berne, qui s'étaient révoltés contre leur gouvernement. Le grand bailli d'Underwald devait se mettre à la tête de l'administration de Baden, qui était un comté appartenant à toute la confédération : mais Zurich, qui craint que cet administrateur ne mette des bornes au zèle des réformés, s'oppose à son installation, remplit à la hâte toutes les fonctions vacantes, met une armée en campagne, et cette armée prend position dans les environs de Cappel. Les cinq villes catholiques, Lucerne, Uri, Schwyz, Underwalden et Zug, campent leurs troupes près de Muri ; les Bernois et le reste des protestants qui accoururent au secours des Zurichois prennent position près de Bremgartin. On se déclare mutuellement la guerre. Cependant les cantons de Glaris, d'Appenzell et des Grisons s'étant interposés comme médiateurs entre les parties belligérantes, parviennent à empêcher les hostilités. C'est surtout à l'intervention sage et habile du délégué de Glaris qu'on dut cet heureux résultat. Le reste des cantons, ainsi que Strasbourg, Rothweil et Cortnitz, étant intervenus à leur tour, la première paix de Cappel fut conclue.

— Cette paix fut de courte durée. Des offenses mutuelles mirent de nouveau les mêmes adversaires sur pied au mois d'octobre 1531. Les cinq villes catholiques, s'étant beaucoup mieux entendues cette fois, avaient rassemblé 7 à 8,000 hommes sur les limites du canton de Zug. Le 10 octobre, les Zurichois se rendirent maîtres de Cappel avec 600 hommes ; mais la bannière de Zurich ne sortit de la ville que le 11. Dans l'après-midi, les catholiques attaquèrent les Zurichois ; on se tira des coups de canon pendant plusieurs heures. Vers le soir, les catholiques font une attaque vive, à laquelle les protestants résistèrent faiblement : la petite troupe des Zurichois et leurs auxiliaires, fatigués par une marche précipitée, furent mis en fuite. Les Zurichois perdirent 18 canons, et le nombre de leurs morts est évalué à 512. Zwingli, qui était accouru en toute hâte de Zurich, y perdit lui-même la vie. Les pertes essuyées par les vainqueurs furent beaucoup moindres. Immédiatement après ce combat, les Zurichois reçurent des secours de Thurgovie, de S. Gall et de Toggenbourg, et les Bernois se réunirent à eux. L'armée s'étant rassemblée entra dans le canton de Zug, et les troupes des cinq villes catholiques, qui dans l'intervalle avaient aussi reçu des secours du pays de Valois et de la Suisse italienne, se retirèrent près du Zugerberg. Dans l'intention de s'emparer d'une position située derrière l'aile droite de l'armée catholique et d'inquiéter ainsi cette armée, les réformés envoyèrent sur la hauteur nord-est du Zugerberg un détachement de 4,000 hommes avec 14 canons, sans prendre les précautions convenables pour rester en communication avec eux : mais cette troupe se laissa imprudemment surprendre par les catholiques le 24 octobre de bon matin, fut mise en fuite et perdit plus de 800 hommes. Cet échec excita la défiance et la division parmi les réformés : les Toggenbourgeois et quelques autres s'en retournèrent chez eux ; les Bernois se séparèrent des Zurichois, et le 16 novembre les Zurichois conclurent avec les cantons catholiques une paix désavantageuse, à laquelle accédèrent aussi les Bernois le 22 du même mois. Telle fut la seconde guerre et la seconde paix de Cappel. Ces deux traités de paix reçoivent aussi dans l'histoire de la Suisse le nom de première et de deuxième *paix du pays* (*land frieden*).

CAPPEL (GUILLAUME), fils d'un avocat général au parlement de Paris, se trouvait recteur de l'université en 1491, époque à laquelle le pape Innocent VIII venait d'imposer une décime sur ce corps. Cappel en interjeta appel comme d'abus dans une assemblée des quatre facultés, et défendit par un décret à tous les suppôts de l'université, sous peine d'en être exclus, de payer ladite décime. Ayant ensuite pris le bonnet de docteur, il remplit une chaire de théologie avec tant de réputation, qu'on accourait de l'université sous son nom pour assister à ses leçons. Il devint curé de Saint-Côme, et mourut doyen de la faculté de théologie. Dans sa dispute avec le pape Innocent VIII, il avait publié un ouvrage in-fol. pour soutenir son appel.

CAPPEL (JACQUES), neveu du précédent, fut avocat général au parlement de Paris, charge qu'avait aussi possédée son grand-père. Nous avons de ce savant magistrat : 1° *Fragmenta ex variis autoribus humanarum litterarum candidatis edicenda,* Paris, 1517, in-4°. Ce recueil, qui est comme un abrégé de toute l'antiquité païenne, renferme un discours plein de bon sens, prononcé à ses élèves, lorsqu'il enseignait dans l'université de Paris. 2° *In Parisiensium laudem oratio,* Paris (1520), in-4°. C'est une harangue qu'il avait débitée à la tenue des grands jours de Poitiers, en recevant le bonnet de docteur en droit dans cette ville. 3° Un plaidoyer célèbre prononcé en 1537, le roi séant en son lit de justice, accompagné du roi d'Ecosse, des princes et des grands du royaume. Ce plaidoyer tendait à faire dépouiller Charles-Quint, comme vassal rebelle, des comtés de Flandre, d'Artois et de Charolais. 4° *Mémoire pour le roi et l'Eglise gallicane,* contre la levée des deniers au profit de la cour de Rome, dans le *Traité des libertés gallicanes des frères du Puy.* Il y fait monter à 5 ou 600,000 livres cette levée, et y soutient que le concordat est un ouvrage de circonstance et de nécessité ; que la nomination royale aux évêchés et autres grands bénéfices est fondée sur l'ancien droit du royaume, et indépendante de ce traité ; que le roi peut, dans une assemblée des princes du sang et de l'Eglise gallicane, rétablir les métropolitains dans leur droit primitif d'instituer les évêques nommés par lui.

CAPPEL (LOUIS), dit *l'Ancien,* et surnommé MONIAMBERT, fils du précédent, naquit à Paris le 15 janvier 1534, fut régent d'humanités à seize ans au collège du cardinal le Moine. Appelé à Bordeaux pour occuper une chaire de langue grecque, il y fréquenta les nouveaux réformés de cette ville, embrassa leurs dogmes, et se rendit à Genève pour se fortifier dans la doctrine de Calvin. Ses parents voulaient qu'à l'exemple de ses ancêtres il suivît la carrière du barreau; mais son goût et ses nouveaux engagements le déterminèrent pour l'étude de la théologie. Il ne tarda pas à devenir un personnage important dans son parti. Les réformés de Paris le chargèrent de faire insérer dans les cahiers du bailliage de cette ville leur requête, tendante à obtenir des états d'Orléans le libre exercice de leur culte. Il échoua dans cette démarche, et n'en fut pas moins député aux états. Échappé à la Saint-Barthélemi, il se retira à Sédan, fut envoyé en Allemagne pour solliciter le secours des princes protestants. Guillaume, prince d'Orange, l'appela en 1575 à Leyde, pour être professeur de théologie dans la nouvelle université de cette ville. Étant depuis rentré en France, il fut quelque temps ministre dans les troupes protestantes, et finit par retourner à Sédan, où il exerça le ministère, professa la théologie, et mourut le 6 janvier 1586. Le P. Nicéron lui attribue quelques ouvrages qu'il croit n'avoir jamais été imprimés, si ce n'est la harangue inaugurale qu'il avait faite pour l'ouverture de l'université de Leyde, et qui se trouve imprimée à la tête des *Athenæ Batavæ*, de Meursius, où l'on trouve aussi sa vie et son portrait. — Son frère GUILLAUME CAPPEL, homme de lettres, docteur et professeur en médecine, mort en 1584, a publié les *Mémoires* de du Bellai, traduit de Machiavel en français, et composé divers autres ouvrages.

CAPPEL (ANGE), seigneur du Luat, frère du précédent, fut secrétaire du roi, et traduisit de Senèque : 1° *Traité de la clémence*, Paris, 1578; 2° le premier livre des *Bienfaits*, ibid., 1580; 3° divers autres morceaux sur la vertu, qu'il intitula *le Formulaire de la vie humaine*, Paris, 1582. Il traduisit de Tacite la *Vie d'Agricola*, qu'il fit imprimer à Paris. La Croix du Maine dit qu'il avait aussi traduit les Histoires du même auteur, mais que, de son temps, elles n'avaient pas encore vu le jour. L'ouvrage le plus curieux d'Ange Cappel est son *Avis donné au roy sur l'abbréviation des procès* (Paris), 1562, in-fol.; il le publia de nouveau avec de grands changements, sous ce titre : *l'Abus des plaideurs*, Paris, 1604, in-fol., dédié au roi Henri IV. Il proposa de punir par des amendes toutes ceux qui plaideraient témérairement et perdraient leurs procès. Ange Cappel se fit graver sous la forme attribuée aux anges, au commencement de ce livre, avec un quatrain contenant un éloge bien digne de l'orgueil du costume. Cet orgueil fut puni par cet autre quatrain, attribué au satirique Rabin, et qui peut donner une idée des aménités littéraires de ce temps-là :

De peur que cet ange s'élève,
Comme Lucifer autrefois,
Il le faut faire ange de Grève,
Et charger son dos de gros bois.

CAPPEL (YSOUARD), un des seize, signa la lettre que le conseil des seize quartiers de Paris envoya au roi d'Espagne Philippe II par le P. Matthieu, jésuite, et dans laquelle Philippe était prié de donner à la France un roi « de son estoc et de sa main. » Après la réduction de Paris, Ysouard Cappel fut chassé de cette ville. « C'estoit, dit l'*Etoile*, un grand ligueur et un vrai Espagnol.

CAPPEL (JACQUES), seigneur du Tilloy, petit-fils de Louis, et fils aîné de Jacques Cappel, conseiller au parlement de Rennes, mort le 21 mai 1586 à Sédan, où les fureurs de la Ligue l'avaient obligé de se réfugier, naquit à Rennes en mars 1570. Il fut d'abord ministre dans le lieu de sa naissance, puis professeur d'hébreu et de théologie jusqu'à sa mort, arrivée le 7 septembre 1624. Il est auteur des ouvrages suivants : 1° *Epocharum illustrium thematismi cum explicatione selectorum aliquot difficilium Scripturæ locorum*, Sédan, 1601, in-4°. 2° *De ponderibus et nummis libri II*, Francfort, 1606, in-4°. 3° *De mensuris libri III*, ibid., 1607, in-4°. Cet ouvrage forme la suite du précédent, qui avait été publié sans la participation de l'auteur. Ce dernier est peut-être l'ouvrage de ce genre le plus méthodique et le plus exact qui eût paru jusqu'alors; il est accompagné de seize tableaux et d'une planche où on a gravé en taille-douce la longueur exacte des onze pieds qu'il a regardés comme les plus usités ou les plus importants. 4° *Scena motuum in Gallia nuper excitatorum, virgilianis et homericis versibus expressa*, 1616, in-8°. 5° *Vindiciæ pro Isaaco Casaubono,*

contra Rosweydum, etc., Francfort, 1619 : cet ouvrage produisit une querelle entre le professeur de Sédan et le savant jésuite, qui donna lieu à plusieurs écrits de part et d'autre. 6° Des notes estimées sur l'*Ancien Testament*, qui se trouvent à la suite des *Commentaires* de Louis, son frère, sur les mêmes livres. 7° *Plagiarius vapulans*, contre le P. Cotton, Genève, 1620. On peut voir, dans Nicéron, la liste de ses autres ouvrages.

CAPPEL (LOUIS), dit *le Jeune*, le plus célèbre des Cappel, frère cadet du précédent, naquit à Sédan le 15 octobre 1585, alla faire ses études à Oxford, rentra en France, devint ministre, professeur d'hébreu et de théologie à Saumur, et remplit ces différents emplois avec distinction pendant tout le cours de sa vie. Il se rendit surtout célèbre par un nouveau système de critique sacrée, dont il jeta les fondements dans son *Arcanum punctuationis revelatum*. Cet ouvrage éprouva les plus grandes contradictions de la part de ceux de la communion de l'auteur, au point qu'il fut obligé de l'envoyer à Erpenius, qui le fit imprimer à Leyde en 1624, in-4°. Trois opinions partageaient les hébraïsants sur l'origine des points-voyelles. Les uns la dataient de celle de la langue hébraïque même; les autres en attribuaient l'invention à Esdras. Le savant rabbin Elias Levita en avait fait honneur aux massorètes, qui existaient dans le vi° siècle de l'ère chrétienne. C'est à ce dernier sentiment que s'attacha Cappel; il allait même plus loin qu'Elias. Non-seulement il prouvait que les points-voyelles étaient inconnus avant les massorètes, mais encore que ces critiques avaient ponctué les livres saints sans être guidés par des traditions authentiques, et que, par conséquent, la ponctuation du texte hébreu est une invention tout humaine qu'on peut soumettre à la critique. Il étaya son système de preuves si démonstratives qu'il a enfin prévalu parmi les plus doctes hébraïsants. Il avait envoyé son manuscrit à Buxtorf le père, qui en parut ébranlé; mais vingt ans après qu'il eut été imprimé, Buxtorf le fils, héritier des préventions de son père en faveur des points-voyelles, l'attaqua vivement, et fit tous ses efforts pour rétablir l'antiquité de leur invention. Il prétendit que c'était Esdras lui-même qui les avait introduits dans le texte original, et qu'il fallait leur rendre l'antiquité et l'authenticité qu'Elias et Cappel leur avaient enlevées. Cappel prit la défense de son livre dans un écrit qui ne parut qu'après la mort des deux combattants, et qui lui a assuré un triomphe complet sur son adversaire. Le savant professeur de Saumur proposait en même temps deux projets, l'un, d'une grammaire hébraïque sans points-voyelles, exécuté depuis par Masclef (*V.* MASCLEF); l'autre, d'une réforme du texte original de la Bible par le moyen des anciennes versions, des paraphrases chaldaïques, des commentaires des Juifs, et de la collation des textes correspondants des divers livres de l'Ecriture et de ceux du Vieux et du Nouveau Testament. Ce projet reçut un plus grand développement dans sa *Critica sacra* (Paris, 1650, in-fol.). Ce nouvel ouvrage éprouva encore plus de contradictions de la part des protestants qu'en avait éprouvées le premier; elles ne purent être vaincues qu'au bout de dix ans par Jean Cappel, son fils aîné, prêtre de l'Oratoire, qui, soutenu du crédit des PP. Morin, Petau et Mersenne, obtint enfin le privilège du roi, et en dirigea l'édition, qui parut en 1650, in-fol. Cappel y prétendait que tous les exemplaires du texte hébreu, tel que nous l'avons aujourd'hui, sont postérieurs à la révision qu'on en fit, faite par les massorètes, et qu'ils sont tous calqués sur l'unique exemplaire de Ben-Asser, qui s'était occupé pendant plusieurs années à corriger le texte et à en fixer le sens au moyen des points nouvellement inventés. Il concluait de là que ces exemplaires sont très-inférieurs aux anciennes versions, faites originairement sur ceux qui étaient antérieurs à la nouvelle critique des massorètes. C'est d'après ce système qu'il proposait le plan d'une Bible hébraïque corrigée et d'une version latine, plan qui a été exécuté au bout d'un siècle par le P. Houbigant de l'Oratoire. On a reproché à Cappel d'avoir trouvé entre les anciens interprètes et le texte hébreu des différences, ou qui n'existent pas réellement, ou qui sont de peu d'importance; d'avoir fait dans ce texte des corrections qui ne valent pas mieux que les fautes qu'il y relève, de n'avoir pas mis assez d'exactitude à recueillir les variantes. On ne lui contestait pas d'être de beaucoup supérieur à Buxtorf dans la connaissance des règles de critique, mais on soutenait qu'il lui était quelquefois inférieur dans l'application de ces règles; enfin, on disait qu'ayant appris la langue hébraïque avant de s'exercer à la critique, il donnait trop de confiance aux rabbins; qu'il aurait été plus parfait, s'il eut consulté davantage les manuscrits, si les grandes polyglottes de Paris et de Londres eussent été imprimées de son temps. Bootius l'accusa de s'être entendu avec le P. Morin pour ruiner le texte original de la Bible. Cappel n'eut pas de peine à prouver, dans sa lettre apologétique à Usserius, qu'il avait fortement attaqué le sentiment du docte oratorien; mais qu'en considération du service que Morin lui avait rendu en procurant l'édition de son livre, il avait cru devoir retrancher cette partie qui ne fut pas perdue, puisqu'il l'imprima dans sa lettre. Nous nous sommes étendu sur ce point important de philologie, parce que Cappel doit être regardé comme le père de la véritable critique sacrée, et que ses ouvrages font époque dans cette partie. Ce savant homme mourut à Saumur le 18 juin 1658. — JACQUES-LOUIS CAPPEL, son fils et son successeur dans la chaire d'hébreu à Saumur, né dans la même ville en 1639, publia en 1689, in-fol., à Amsterdam, ses *Commentaires sur le Vieux Testament*, à la suite desquels il mit l'*Arcanum punctuationis*, corrigé et augmenté, avec la défense de cet ouvrage qui n'avait pas encore vu le jour. Parmi les autres pièces que renferme cette collection, on distingue l'*Histoire de la famille des Cappel*, à laquelle il faut ajouter le *Supplément*, qui se trouve dans le troisième tome des *Singularités historiques*, de dom Siron; un *Traité de l'état des âmes après la mort*, où l'auteur soutient que celles des justes, aussi bien que celles des réprouvés, ne seront couronnées ou punies qu'après avoir repris leurs corps au jugement dernier; qu'en attendant les premières jouissent d'un doux repos qui n'est altéré que par le pieux désir de la suprême béatitude, et que les dernières sont déchirées par le regret du passé et la frayeur de l'avenir. *De veris et antiquis Hebræorum litteris*, Amsterdam, 1645, in-8°, pour prouver, contre Buxtorf le fils, que les caractères hébreux d'à présent sont différents des anciens caractères dont les Juifs se servaient avant la captivité de Babylone. On trouve dans le même recueil, ou dans les *Critiques sacrées*, plusieurs autres pièces de ce savant homme, qui déposent toutes en faveur de sa profonde érudition, de son bon goût pour une critique saine, dégagée des préventions vulgaires, en tout ce qui ne concerne par la controverse avec les catholiques. Indépendamment de ses traités de philologie sacrée, nous avons encore de lui, en latin, une *Histoire apostolique* tirée des apôtres et des Épitres de saint Paul, précédée d'un abrégé de l'*Histoire judaïque*, de Josèphe, Genève, 1634, in-4°; des *Thèses théologiques* sur le juge des controverses, Saumur, 1635, in-4°; deux écrits sur la pâque de Notre-Seigneur, dans les *OEuvres* de Cloppenbourg, Amsterdam, 1645, in-12; une *Chronologie sacrée* à la tête de la polyglotte d'Angleterre, et imprimée à part, Paris, 1655, in-4°. Ce savant homme, quoique naturellement pacifique et porté, par caractère, à des voies de conciliation, était très-attaché à son parti; car, après avoir longtemps disputé contre son fils Jean, devenu catholique, et qui entra dans l'Oratoire, il le mit hors de sa maison. Il changea, avec Amyrault et Laplace, ses collègues, à modifier la dureté des décrets de Dordrecht sur la grâce et la prédestination. — Il eut un digne successeur dans son fils cadet, JACQUES-LOUIS, qui, dès l'âge de dix-neuf ans, possédait à fond la langue hébraïque. La révocation de l'édit de Nantes l'obligea de se réfugier en Angleterre, où, après avoir professé le latin dans une école, afin de se procurer des moyens de subsistance, il mourut en 1722, âgé de quatre-vingt-trois ans. En lui finit la famille des Cappel, qui pendant deux cents ans s'était fait un nom illustre dans la magistrature et dans les lettres.

CAPPEL (GUILLAUME-FRÉDÉRIC), médecin, né à Aix-la-Chapelle en 1734, devint professeur de médecine à Helmstædt et conseiller aulique du duc de Brunswick. Il mourut en 1800. Il a écrit : 1° *Programma de chirurgiæ usu in medicina*, Helmstædt, 1763, in-4°; 2° *Programma de Hypocausto anatomico cum Furno*, ibid., 1770, in-4°; 3° *Medic. responsa*, Altenbourg, 1780, in-8°; 4° *Observationes anatomicæ*, dans sa prima, Helmstædt, 1783, in-4°; 5° *Dissertatio de spina bifida*, ibid., 1793, in-4°.—Ce médecin a encore traduit du latin en allemand les Institutions de médecine de Boërhaave, avec des commentaires, Helmstædt, 1785-1794, 3 vol. in-8°. Il a aussi publié le deuxième volume des Observations médico-chirurgicales d'Heister, Rostock, 1790, in-4°, en allemand.

CAPPEL (JEAN-FRANÇOIS-LOUIS), autre médecin allemand, né en 1759, mort en 1799, a publié en allemand un *Essai sur le rachitisme*, Berlin, 1787, in-8°, et a traduit de l'anglais en allemand, *Recherches sur les moyens de prévenir la petite vérole*, par Haygarth, Berlin, 1786, in-8°.

CAPPELER (MAURICE-ANTOINE), médecin, naturaliste, né à Lucerne en 1685, avait aussi des connaissances très-étendues dans les mathématiques, et fut envoyé comme ingénieur à l'armée impériale qui conquit Naples en 1707. De retour dans sa patrie, il abandonna bientôt la carrière des armes pour se livrer entièrement aux sciences naturelles; publia en 1723 le premier chapitre d'un grand ouvrage sur la cristallographie qu'il n'a point terminé; plus tard écrivit sur *l'étude des fossiles* une lettre que Klein fit imprimer en 1740, en tête de la *scingraph. litholog. de Scheuchzer*; s'occupa depuis exclusivement du mont Pilat, dont il publia l'histoire en latin, Bâle, 1767, in-4°, fig., et mourut en 1769.

CAPPELL (LOUIS-CHRISTOPHE-GUILLAUME), professeur de médecine à Gœttingue, né en 1772 et mort en 1804, est auteur de : 1° *De pneumonia typhode seu nervosa*. Gœttingue. 1798, in-8°; 2° *Programma disquisitionis de viribus corporis humani quæ medicatrices dicuntur*, ibid., 1800, in-4°; 3° *Essais pour servir à juger le système de Brown* (en allemand), ibid., 1800, in-8°; 4° *Observations de médecine* (également en allemand), ibid., 1801, in-8° : il n'a paru que le premier volume de cet ouvrage; 5° *Traité théorique et pratique sur la scarlatine* (toujours en allemand), ibid., 1803, in-8°. Cappel a donné une nouvelle édition des maladies vénériennes de Girtanner, auquel il a ajouté des notes, Gœttingue, 1795-1803, 3 vol. in-8°.

CAPPELLARI (JANVIER-ANTOINE), jésuite, né à Naples en 1655. Forcé de quitter l'institut à raison de la faiblesse de sa santé, consacra ses loisirs à la culture des lettres, et composa plusieurs ouvrages parmi lesquels on cite deux traités : *De laudibus philosophiæ et de fortunæ progressu*, un *poëme latin sur les comètes de 1664 et 1665*, Venise, 1675. On conserve dans les archives des Arcades de Rome le manuscrit de son *Histoire de la réunion arcadienne*, en latin. Il s'essaya aussi dans la langue italienne, et composa des *drames*, des *sonnets* et des *canzoni*. Cappellari, étant à Palerme, fut accusé du crime de lèse-majesté, et eut la tête tranchée en 1702. L'iniquité de ce jugement fut prouvée par la suite.

CAPPELLARI (MICHEL). Né en 1631 à Bellune, professa la théologie à l'université de Padoue, et mérita la bienveillance des souverains pontifes, qui la lui témoignèrent en le décorant de tous les insignes littéraires. Il eut également part aux faveurs de Louis XIV, de Léopold Ier et de la reine Christine de Suède, qui le choisit pour son secrétaire, et il composa à sa louange un poème intitulé : *Christina*. On lui doit encore des *pastorales* et des *épigrammes* (en latin), 2 vol. in-12. Il mourut en 1717, à quatre-vingt-six ans.

CAPPELLE (JEAN-PIERRE VAN), né à Flessingue en 1783, débuta par être lecteur en sciences mathématiques, maritimes et agricoles à l'académie de Groningue, consacrée à leur enseignement à celui du dessin. En 1804, il remporta une médaille d'or au concours de la société scientifique de Harlem, par son mémoire sur les *Miroirs ardents d'Archimède*, inséré dans le septième volume du recueil de cette compagnie. Dès l'année 1812, en publiant les *Questions mécaniques d'Aristote*, il prouva qu'il unissait la connaissance des antiquités à celle des découvertes et théories modernes. Cet ouvrage, où le texte grec est accompagné d'une traduction latine et de notes nombreuses, fut imprimé à Amsterdam, 1 vol. in-8°, avec quatre planches. L'éditeur s'est aidé d'un manuscrit de Leyde, de deux de Paris, et d'un grand nombre d'imprimés. L'année 1815 fut marquée par sa nomination à la chaire de littérature nationale à l'*Athénée illustre* d'Amsterdam, et il entra en fonctions en prononçant un discours sur *les services rendus par les bourgeois d'Amsterdam sous le rapport de la culture et du perfectionnement de la langue hollandaise*. La même année, il donna au public des *Recherches sur la connaissance que les anciens avaient de la nature*. Chargé, en 1819, du cours d'histoire nationale, après la mort d'Herman Bosscha, il prononça un nouveau discours dont le sujet était *l'esprit qui doit présider aujourd'hui à l'étude de l'histoire du pays*. L'éclat de ses leçons et sa réputation de savant et de littérateur le firent recevoir membre de la première et de la seconde classe de l'Institut. Il mourut à Amsterdam le 26 août 1829. Le roi des Pays-Bas l'avait décoré de la croix du *Lion belgique*. Le 37e numéro du *Letterbode* de la même année, page 149-152, contient une notice sur cet écrivain. —Dans l'espace de sept années, Cappelle mit au jour les ouvrages suivants composés en hollandais : 1° *Recherches pour l'histoire des sciences et des lettres aux Pays-Bas*, Amsterdam, 1821, in-8°. L'auteur y traite de Simon Stévin, de Drebbel, et du prince Maurice, examine l'influence de la littérature néerlandaise sur celle de l'Allemagne, et parle de G. A. Bredero, Boerhaave et S'Gravesande; 2° *Recherches sur l'histoire des Pays-Bas*, Harlem, 1827, in-8°; 3° *Philippe-Guillaume, prince d'Orange*, ibid., 1828, in-8°. Enfin il travailla avec MM. Siegenbeck et Simons à une nouvelle édition de Hooft.

CAPPELLI (MARC-ANTOINE), de l'ordre des mineurs conventuels, naquit à Este, dans le Padouan, vers le milieu du XVIe siècle. Il prit parti pour la république de Venise, dont il était né sujet, contre l'interdit de Paul V, et publia à cette occasion deux écrits assez vifs, l'un en italien, intitulé : *Avis sur la controverse*, etc., Venise, 1606, in-4°; et l'autre en latin, *De interdicto Pauli V*, etc., Francfort, 1607, in-4°; mais soit qu'on lui eût fait des menaces, comme le prétend l'auteur de la vie de Frn Paole, soit de lui-même, il se rétracta dans la suite, alla faire une espèce d'abjuration à Bologne, devant le cardinal Justiniani, et assura la sincérité de son changement par un traité *De absoluta rerum sacrarum immunitate a potestate principum laïcorum*, qui ne fut point imprimé; mais tous ses autres ouvrages se ressentirent plus ou moins de sa palinodie. Cappelli passa par toutes les charges de son ordre, devint qualificateur du saint-office, et mourut à Rome en 1625. Il était savant dans l'hébreu, dans le grec et dans les antiquités ecclésiastiques. Ses ouvrages sont : 1° *Adversus pretensum regis Angliæ primatum, liber*, Bologne, 1610, in-4°; 2° *Disputationes duæ de summo pontifice*, etc., Cologne, 1621, in-4°; dans la première dissertation, il établit la primauté de saint Pierre contre un ouvrage attribué à Antoine de Dominis; et dans la seconde il prouve, contre Jacques Godefroi, que les pontifes romains lui ont succédé en cette qualité. 3° *De appellationibus Ecclesiæ Africanæ ad Romanam sedem*, Paris, 1622, in-4°; 3° édition, Rome, 1722, in-8°, avec la vie et la liste des écrits de l'auteur, par Jean Botoni; 4° *De cœna Christi suprema*, Paris, 1625, in-4°. Le savant Vecchietti avait soutenu, dans son traité *De anno primitivo*, Augsbourg, 1621, in-fol., que Jésus-Christ n'avait point mangé l'agneau pascal la veille de sa mort, ni institué l'eucharistie avec du pain azyme. C'est à réfuter cet ouvrage, condamné au feu par l'inquisition, que Cappelli a consacré le sien, où il prouve que la dernière cène de J.-C. a été une cène pascale, et qu'elle a été célébrée le lendemain du 14 de la lune du mars. L'ouvrage est bien écrit et rempli de recherches; mais le fond de la question a été mieux traité par le P. Bernard Lamy. L'auteur en a composé d'autres qui attestent son érudition.

CAPPELLINO, s. m. petite monnaie de Modène, qui vaut la moitié du *cappellono*.

CAPPELLO (BERNARDO), poëte italien, naquit au commencement du XVIᵉ siècle, à Venise, d'une famille patricienne. Étant à Padua, il se lia d'une étroite amitié avec le célèbre Bembo. Ses études terminées, Cappello revint à Venise, et, après avoir rempli diverses charges de magistrature, il fut admis au conseil des quarante (la quarentia). Il partageait son temps entre les devoirs de cette place et la culture des lettres, lorsqu'en 1540 un arrêt du conseil des dix le bannit à perpétuité dans l'île d'Arbo. Les historiens ne s'expliquent pas clairement le motif d'une punition si rigoureuse; mais on devine que Bernardo s'était attiré la haine des dix en proposant des mesures qui tendaient à limiter leur pouvoir. Il subissait son exil depuis deux ans, quand un nouveau décret le cita devant le conseil pour y rendre compte de sa conduite. Ne jugeant pas prudent d'obéir, il s'enfuit à Rome avec sa famille. Ses talents lui méritèrent bientôt l'amitié du cardinal Alex. Farnèse, qui mit beaucoup de zèle à le servir, et lui obtint la charge de gouverneur d'Orviette et de Tivoli. La cour du duc Urbain réunissait alors les plus beaux esprits de l'Italie. Cédant aux invitations de ses amis, Cappello alla les visiter; mais le climat de Pesaro ne convenant pas à sa santé, il revint à Rome, où il mourut le 15 mars 1565, avec le regret de n'avoir jamais pu revoir sa patrie.—Les *rime* de ce poëte furent imprimées pour la première fois à Venise en 1560, in-4°, par les soins d'Atanagi, qui les fit précéder d'une dédicace au cardinal Farnèse. Cette édition est rare et recherchée; mais on doit la préférence à celle de Bergame, 1748-53, 2 vol. in-8°, publiée par Serassi. Elle est augmentée de plusieurs pièces et enrichie de notes et d'une vie de l'auteur. Les canzone de Cappello sont, au jugement des critiques italiens, autant de petits chefs-d'œuvre. Il n'a pas moins bien réussi dans les compositions sérieuses que dans celles où l'amour est le sujet de ses chants, et Tiraboschi n'hésite pas à le représenter comme un des plus parfaits modèles qu'on puisse suivre dans les divers genres où il s'est exercé.

CAPPELLONO, s. m. monnaie d'argent de Modène, de la valeur de cinq sous du pays (25 centimes de France).

CAPPER (JACQUES), voyageur anglais, entra au service de la compagnie des Indes, et parvint au grade de colonel, puis à l'emploi de contrôleur général de l'armée et de la comptabilité des fortifications de la côte de Coromandel. Envoyé en Angleterre en 1777, il fut réexpédié aux Indes en 1778 à l'époque de la guerre avec la France, et débarqua le 29 octobre, à Latakié sur la côte de Syrie. Le 4 novembre, il était à Alep; il y conclut un arrangement avec un cheik arabe qui devait le conduire à Basra avec deux autres Anglais et trois domestiques. L'escorte des Bédouins était de quatre-vingt et un hommes. On voyagea dans le désert à la droite de l'Euphrate, et le 18 décembre on entra dans Basra. Enfin Capper arriva à Bombay le 8 février 1779. Revenu en Angleterre, il vécut dans la retraite, et mourut en 1825 à Ditchingham-Lodge, à l'âge de quatre-vingt-deux ans. Il a écrit en anglais : 1° *Observations sur le trajet d'Angleterre aux Indes par l'Egypte, et aussi par Vienne et Constantinople à Alep, et de là à Bagdad, et directement à travers le grand désert à Basra, avec des remarques sur les pays voisins, et une notice des différentes stations*, Londres, 1782, in-4°; ibid., 1784; ibid., 1785, in-8°, avec cartes et planches. Cette relation un peu aride contient de bonnes observations sur différents points du pays que l'auteur parcourut, et une description de la ville de Mechd-Aley. Elle est précédée d'une lettre adressée à sir Eyre Coote, commandant de l'armée britannique dans l'Inde, pour lui exposer l'avantage que présente la route d'Europe aux Indes par l'Egypte. On reconnaît, en lisant cette lettre, que Capper parle de sa propre expérience, mais n'a pas donné son itinéraire. Ces divers morceaux ont été traduits en français par Théophile Mandar à la suite du Voyage de Howell, Paris, an V (1796), in-4°, avec cartes. Cette version, écrite correctement, et parfois infidèle, annonce peu d'instruction de la part de l'homme qui l'a entreprise. Les noms de lieux de l'Asie, écrits avec l'orthographe anglaise, sont méconnaissables pour les lecteurs français. Capper a inséré dans son volume un *Voyage de Constantinople à Vienne*, et un autre de *Constantinople à Alep*, par Georges Baldwin, agent de la compagnie des Indes au Caire. Cet opuscule contient des détails très-curieux, et dans leur temps absolument neufs, sur l'intérieur de l'Asie-Mineure; car Baldwin parcourut une route peu fréquentée. Il donna la description et le dessin d'un monument antique situé à Kosra-Pacha-Kanch, vu depuis et représenté de nouveau par M. Leake dans son *Voyage en Asie-Mineure*. 2° *Observations sur les vents et les moussons*, Londres, 1801, in-8°. 3° *Observations sur la culture des terres en friche, adressées aux fermiers de Glamorgan*, ibid., 1805, in-8°. 4° *Traités de météorologie et mélanges, applicables à la navigation, au jardinage et à l'agriculture*, ibid., 1803, in-8°.—On trouve aussi un détail du voyage de J. Capper, avec sa lettre à sir Eyre Coote, à la fin du tome II des *Voyages de Makintosh*, traduction française, Paris, 1786, in-8°.

CAPPERONNIER (CLAUDE), savant littérateur, né à Mont-Didier en 1671, vint à Paris en 1688, fit son cours de philosophie et de théologie au séminaire des *Trente-trois*, et fut, en 1694, envoyé à Abbeville pour diriger quelques ecclésiastiques dans l'étude du grec. L'année suivante, il professa les humanités et la philosophie à Montreuil-sur-Mer. Sa santé ne lui permit pas d'y rester; il revint à Paris, y vécut du produit de quelques répétitions, alla recevoir en 1698 les ordres à Amiens, et revint reprendre ses répétitions, qui, avec le revenu très-modique d'une chapelle de l'église Saint-André, faisaient toute sa fortune. Il enseigna le grec à Bossuet en 1704, l'année même de la mort de ce prélat. En 1722, il remplaça Massieu dans la chaire de grec au collège de France, obtint en 1743 son neveu pour suppléant, et mourut en 1744. C'est sur ses manuscrits qu'ont été publiés les *Rhetores antiqui*, Strasbourg, 1756, in-4°. Son premier titre est l'édition de Quintilien, Paris, 1725, in-folio, avec des notes des anciens commentateurs et les siennes propres. — **CAPPERONNIER** (Jean), son neveu, né à Mont-Didier en 1716, fut appelé à Paris en 1732 par son oncle, qui le fit entrer, l'année suivante, à la bibliothèque du roi, et auquel il succéda dix ans après dans la chaire de grec. Admis en 1749 à l'académie des inscriptions, il remplaça l'abbé Sallier en 1761, comme bibliothécaire du roi, et mourut en 1775. Outre quelques mémoires dans les recueils de l'académie des inscriptions, on lui doit les éditions de *César*, d'*Eutrope*, de *Justin*, de *Plaute*, de *Quinte Curce* et de *Virgile*, 1754, qui font partie de la collection des Barbou. Il a surveillé l'impression de l'*Histoire de Saint-Louis*, par Joinville, 1761, in-fol., édition que l'on doit à Mellot et Sallier. C'est sur une copie qu'il avait faite du *Lexique de Timée*, que Ruhnken publia la première édition de cet ouvrage, 1754, défigurée par des fautes que l'on ne peut attribuer qu'à la négligence du copiste (*V.* TIMÉE). Il avait laissé des notes sur la traduction de *Quintilien*, par Gédoyn, qui ont été insérées par Adry, dans l'édition de Paris, 1803, 4 vol. in-12. — **CAPPERONNIER** (Jean-Augustin), neveu du précédent, né à Mont-Didier en 1745, entra en 1765 à la bibliothèque royale dont, à sa réorganisation en 1796, il fut, avec Van-Praët, nommé conservateur des imprimés. Savant modeste, il s'est borné à donner de nouvelles éditions améliorées des classiques de la collection de Barbou : *Justin*, *Eutrope* et *Aurél*. *Victor*, *Virgile*, *Horace*, *Catulle*, *Tibulle* et *Properce*, furent réimprimés par ses soins. Il revit aussi la traduction des *Académiques* de Cicéron, par Durand (*V*. ce nom), et celle de *Quintilien*, par Gédoyn, dont son oncle et son grand-oncle s'étaient déjà occupés. Il mourut en 1820.

CAPPIDUS, prêtre de Staveren dans la Frise, vivait dans le Xe siècle. Il avait composé la généalogie des princes, ducs et rois de la Frise, l'histoire ecclésiastique du pays, et quelques autres traités qui tous ont péri dans l'incendie d'une bibliothèque.

CAPPONE (FRANÇOIS-ANTOINE), prêtre, né dans le XVIIe siècle à Consa, dans la Principauté ultérieure, cultiva la littérature, fut membre de l'académie des *Otiosi* de Naples, et publia, sous le titre de *Clio*, un recueil de poésies lyriques, dont on connaît trois éditions; la plus récente est de 1675, in-12. On lui doit encore des paraphrases en vers italiens des *Odes* d'Anacréon et des autres lyriques grecs, 1770, in-12. Cappone, à cette époque, était mort vicaire général du diocèse de Muro.

CAPPONI, famille de la haute bourgeoisie de Florence, et qui a fourni plusieurs personnages dont le souvenir mérite d'être conservé. De Gino Capponi fut le récit de la révolte des cardeurs de laine (*ciompi*) contre le parti aristocratique qui dominait à Florence (1378). Il avait été témoin de cette insurrection et rentra, en 1382, dans le gouvernement avec l'ancien parti guelfe; il s'occupa surtout de l'état militaire. Étant décemvir de la guerre en 1405 et 1406, lorsque les Florentins firent la conquête de Pise, il eut une grande part à ce succès, et fut le premier gouverneur donné à cette ville après sa soumission. Il écrivit l'histoire de cette guerre, et déploya une grande prudence dans son gouvernement. Il mourut en 1420. — Son fils NÉRI s'attacha comme lui de préférence à l'état militaire, et ne lui fut pas inférieur en talents. Il balança par sa réputation et son influence le crédit du grand Côme de Médicis; mais il ne lutta pas contre lui. Pendant quarante ans il remplit de hautes fonctions, et mourut en 1457, sans avoir ni envieux ni ennemis. Il a laissé des *Mémoires* sur son administration. — PIERRE CAPPONI, petit-fils de Néri, occupa aussi les premiers emplois de la république, et fut chargé de plusieurs ambassades. Lorsqu'en 1494 le roi de France Charles VIII, à qui Florence avait ouvert ses portes comme à un hôte et à un allié, prétendit que cette ville eût à le reconnaître pour son vainqueur et son souverain, Capponi eut avec lui plusieurs conférences, ainsi que d'autres magistrats florentins. Lorsque le roi fit lire devant eux un insultant *ultimatum*, Pierre Capponi arracha des mains du secrétaire le papier, qu'il mit en pièces. « Vous pouvez, dit-il au roi, sonner vos trompettes, nous sonnerons nos cloches! » Il sortit ensuite avec ses collègues. Sa fermeté avait étonné Charles : il se rappela, et un traité fut conclu entre le roi et les Florentins. En 1496, Pierre Capponi fut tué au siége d'un petit château.

A. SAVAGNER.

CAPPONI (SÉRAPHIN), savant dominicain, né dans le Bolonais en 1536, passa sa vie à étudier la théologie, et à la professer dans différentes villes d'Italie. Il mourut à Bologne le 2 février 1614. Il a composé une multitude d'ouvrages sur l'Écriture sainte et sur la théologie, tous imprimés à Venise; on peut en voir la liste dans la *Bibliothèque des auteurs dominicains*, par les PP. Quétif et Echard, t. II. Sa *Vie* a été écrite par J.-Mich. Pio, et imprimée en 1625, in-4°. — CAPPONI (Jean-Baptiste), médecin de Bologne, mort le 16 novembre 1826. Il envoya au cabinet des médailles du roi de France une médaille en bronze de l'empereur Othon, bien conservée, avec une légende grecque, et il fit un traité latin pour en soutenir et prouver l'authenticité, Bologne, 1669, in-4°. Outre plusieurs ouvrages posthumes sur la médecine, et différents ouvrages de critique en italien, on a encore de lui : *Imprese e ritratti degli academici gelati di Bologna*, Bologne, 1622, in-4°. — CAPPONI (Dominique-Joseph), dominicain italien, et docteur en théologie du XVIIIe siècle, a publié pour la première fois le recueil des lettres latines de Jean-Antoine Flaminio d'Imola, Bologne, 1744, in-8°. L'éditeur y a joint des sommaires, des notes, la *Vie* de l'auteur, et le catalogue de ses ouvrages, tant imprimés que manuscrits.

CAPPONI (GRÉGOIRE-ALEXANDRE), patrice romain, né à Rome en 1683, descendait de l'ancienne et illustre famille des Capponi de Florence, dont une branche s'établit à Rome sous le pontificat de Clément VIII. Amateur éclairé des lettres et des arts, il consacra sa fortune à recueillir des livres et des antiques, et parvint à former avec un riche cabinet l'une des bibliothèques

les plus précieuses de l'Italie. Membre des académies de la Crusca de Florence, des inscriptions de Paris, et de toutes les sociétés littéraires et artistiques de Rome, le marquis Capponi jouissait de la réputation d'un savant distingué, quoiqu'il n'eût rien écrit, et la méritait par l'étendue de ses connaissances en littérature et en archéologie. Nommé par le pape Clément XII fourrier-major du palais apostolique, et depuis custode ou conservateur des antiques, et président à vie du musée Capitolin, il fut chargé par le même pontife de surveiller la restauration de l'arc de Constantin. Il mourut d'apoplexie en 1746, et légua par son testament en 1593, et demeurait tantôt à vie à collection d'antiques si, et ses livres à la bibliothèque du Vatican. Le *Catalogo della libreria Capponi*; Rome, 1747, in-4°, rédigé par le P. Alex. Berti, et annoté par Domin. Giorgi, est très-recherché des bibliophiles.

CAPRA (BENOIT), célèbre jurisconsulte de Pérouse, vers l'an 1400, a laissé des *Commentaires sur les Décrétales*; *sur les Clémentines*, des *Conseils*, etc.

CAPRA (MICHEL), philosophe et médecin, natif de Nicosie, florissait en 1593, et demeurait tantôt à vie à Palerme et tantôt à Messine. On a de lui un *Traité* du siége de l'âme et de l'esprit, selon les principes d'Aristote, contre Galien, à Palerme en 1589, in-4°; un *Traité* de l'immortalité de l'âme, contre Épicure, Lucrèce et les pythagoriciens, à Palerme, en 1589.

CAPRA (GALEAZZO-FLAVIO (*V*. CAPELLA).

CAPRA, siège épiscopal d'Afrique, dans la Mauritanie césarienne (*Notit.*, n° 53).

CAPRA (MARCEL), médecin sicilien, originaire de l'île de Chypre, exerça son art avec succès à Palerme et à Messine à la fin du XVIe siècle. On lui doit un *Traité*, en latin, sur une maladie épidémique dont la Sicile fut affligée en 1591 et 92 (Messine, 1593, in-4°), et quelques ouvrages de philosophie péripatéticienne, oubliés depuis longtemps. — CAPRA (le comte Balthasar), médecin et philosophe milanais, mort le 8 mai 1626, s'appliquait aussi à l'astronomie, et même à l'astrologie. Ses principaux ouvrages sont : 1° *Tyrocinia astronomica*, *in quibus calculus eclypsis solaris a Tychone restituus explicatur*, *et traditur methodus erigendi et dirigendi thema ad Ptolemæi mentem*, Padoue, 1606, in-4°; 2° *Considerazione astronomica sopra la nuova stella* del 1604 (1605, in-4°); 3° *De usu et fabrica circini cujusdam proportionis*, Padoue, 1607, in-4°. Dans cet ouvrage, il cherche à enlever à Galilée l'honneur de l'invention du compas de proportion, et, dans le précédent, il l'attaque avec aigreur, relativement aux observations de la nouvelle étoile qui parut en 1604. Galilée répliqua par une *Disesa contro alle calumnie ed imposture di Boldassare Capra*, Venise, 1607, in-4°. Ces deux opuscules se trouvent dans le t. 1er des *OEuvres* de Galilée, Padoue, 1744, in-4°. — CAPRA (Alexandre), architecte de Crémone, publia, de 1672 à 1685, en 3 vol. in-4°, un grand *Traité* de géométrie et d'architecture civile et militaire, qui est encore un peu recherché à cause des planches. — CAPRA (Dominique), autre mathématicien de Crémone, s'occupa de l'architecture hydraulique, et publia, sur l'art de construire les digues, un ouvrage sous ce titre : *Il vero ripara*, *il facile*, *il naturale*, *pen ovviare*, *e rimediare ogni corrosione e rovine di fiurne*, *benchi giudicata irremediabile*, Bologne, 1685, in-4°.

CAPRA-CAPELLA, s. f. nom d'une espèce de serpent qu'on trouve au Malabar.

CAPRÆ-PALUS (*géogr. anc.*), lieu voisin de Rome où Romulus disparut, suivant Plutarque et Pline.

CAPRAIRE (*botan.*). Ce genre de plantes, de la famille des *personnées*, est ainsi nommé parce que les chèvres (*capræ*), dans les Antilles, recherchent ce végétal avec la même ardeur qu'elles recherchent le café en Arabie. Il a pour caractères : calice oblong, avec cinq divisions profondes; corolle en entonnoir, à cinq plis long et menu; limbe offrant cinq ou six divisions presque égales; stigmates à deux bases; fruit capsulaire terminé en pointe et composé de deux tiges, lesquelles contiennent beaucoup de petites graines. On connaît plusieurs espèces de capraires; nous ne citerons que la *capraire théiforme* (C. biflore), aux feuilles alternes et aux fleurs blanches, solitaires et disposées dans l'aisselle des feuilles. Cette plante, cultivée dans les jardins botaniques, croît en abondance aux Antilles et dans presque toute l'Amérique du Sud, où sa feuille, qui a une odeur agréable et donne une infusion légèrement tonique, est employée par les habitants pour remplacer le thé.

CAPRAIS (SAINT), né à Agen dans le IIIe siècle, passait sa vie dans une caverne voisine de cette ville, lorsqu'un jour il aperçut, dit la légende , le supplice de sainte Foix. Il courut aussitôt se déclarer chrétien à Dacien , gouverneur de l'Espagne Tarragonaise, qui alors se trouvait à Agen. Il eut la tête tranchée le 6 octobre de l'année 287. Vers le milieu du Vᵉ siècle , Dulcide ou Dulcice, évêque d'Agen, fit bâtir une église sous l'invocation de saint Caprais. La Vie de ce martyr a été écrite par Bernard Labenazie, Agen , 1714, in-12.

CAPRAIS (SAINT) ou CAPRAISE, après s'être livré à l'étude de l'éloquence et de la philosophie, renonça au monde et se retira dans une des solitudes des Vosges. Là , un jeune seigneur, Honorat, qui depuis fut évêque d'Arles, vint le trouver. Ils firent ensemble divers pèlerinages. Arrivés dans l'île de Lérins (département du Var), Honorat fonda le célèbre monastère de ce nom , dont il ne consentit à être le chef que sous la direction de Caprais, qui mourut le 1ᵉʳ juin 430.

CAPRAJA, l'île des chèvres , était aussi nommée *Copraja* parmi le peuple, recevait chez les Romains le nom de *Capraria* et de *Caprasia*, chez les Grecs celui d'*Ægilon*. Elle est située près de la côte de Toscane, au nord-est de l'île d'Elbe, sous les 43° 0' 18" de latitude, et les 27° 27' 57" de longitude, et tire son nom des chèvres sauvages, qui , du moins dans l'antiquité , en étaient les plus nombreux habitants. Dans les premiers siècles du christianisme, il s'y trouvait un couvent fondé par de saints moines, qui avaient été séduits par l'aspect désert de cette île, et par l'éloignement que semblait promettre ce séjour de toute communication avec les hommes. L'île est d'origine volcanique, pierreuse et aride , et par cette raison fournit particulièrement du vin et du miel. Les habitants sont presque tous réunis dans le lieu principal, qui se nomme *Traloggio*. Ils sont au nombre d'à peu près 1,500. Leurs moyens d'existence sont la pêche , l'élève des chèvres, la culture des légumes, et les deux ressources que nous avons déjà indiquées. L'île de Capraja a été longtemps au pouvoir des Génois; aujourd'hui elle appartient à la Sardaigne. Dans un passage fameux de son *Enfer*, le Dante fait un appel à cette île et à celle de Gorgone, située au nord de Capraja , et la prie d'obstruer l'embouchure de l'Arno, afin que Pise, l'infâme, soit engloutie sous les flots de ce fleuve.

CAPRALIS (*V.* CABRAL).

CAPRANICA (DOMINIQUE, et non pas JEAN, comme le disent Banzcer et d'autres biographes), cardinal, un des hommes les plus distingués du XVᵉ siècle, naquit le 31 mai 1400, dans un château près de Palestrine. Après avoir achevé ses études à Rome, il alla à Padoue suivre les leçons de Julien Cesarini, et à Bologne celles de Jean d'Imola, deux célèbres jurisconsultes. A dix-neuf ans il était docteur, et, peu de temps après, le pape Martin V, l'ami de sa famille , le fit son camérier, puis son secrétaire , et l'employa bientôt dans les affaires qui demandaient de la prudence et de l'habileté. Il le créa cardinal en 1423, mais ajourna sa promotion à deux années. Capranica accompagna Léonardo Dati , général des dominicains, au concile de Sienne, où il se montra chaud défenseur des intérêts de la cour de Rome. Nommé évêque de Fermo à son retour, il eut successivement les gouvernements de Forli et d'Imola, de Bologne et de Pérouse. A la mort de Martin V, ses ennemis lui refusèrent l'entrée du conclave, sous prétexte qu'il n'était point reconnu cardinal puisqu'il n'en avait pas les insignes, et on le força de retourner à Pérouse. Il protesta contre cette violence, et , ne se voyant point appuyé par Eugène IV, successeur de Martin , il résolut de se retirer à Bâle pour y réclamer du concile la justice qu'il ne pouvait plus espérer du souverain pontife. Pendant son voyage on instruisait son procès à Rome, et, sur le rapport de deux commissaires, il fut déclaré coupable et dépouillé de toutes ses dignités , même de l'évêché de Fermo. Les Pères du concile, au contraire, après un mûr examen, le reconnurent cardinal légitimement élu, et lui donnèrent de nombreux témoignages d'estime, en le chargeant de missions importantes: Eugène, craignant de se mettre mal avec les évêques, lui rendit enfin justice, l'invita à venir à Florence, reconnut son mérite, et ne négligea rien pour lui faire oublier les torts qu'il avait eus à son égard. En 1443 Capranica fut nommé légat de la Marche d'Ancône, dont François Sforza s'était emparé. Chargé deux ans après du gouvernement de Pérouse et du duché de Spolette, Capranica purgea ces provinces des bandes d'aventuriers qui les infestaient depuis longtemps, et leur rendit le calme dont elles étaient privées. Renvoyé dans la Marche, après une mission délicate auprès d'Alphonse , roi d'Aragon, il remit en vigueur dans son gouvernement les sages règlements de Jean XXII, et parvint à y ramener l'ordre et le calme. Il remplit différentes fonctions de confiance qui lui suscitèrent de nouveaux ennemis auprès du pape ; mais tous les artifices de ses adversaires ne servirent qu'à relever le mérite de Capranica.

Ses talents pouvaient longtemps encore être utiles au saint-siége , lorsqu'il mourut d'une dyssenterie le 1ᵉʳ septembre 1458. Il fut inhumé dans l'église de la Minerve, où son frère le cardinal Angelo lui fit élever un monument. Zélé protecteur des lettres , plusieurs savants lui durent leur fortune , entre autres Æneas Sylvius Piccolomini, depuis pape sous le nom de Pie II, et Jacques Ammanati , qu'il avait employé comme secrétaire. L'université de Ferrare lui dut sa restauration. Il légua son palais de Rome pour en faire un collège, auquel il assigna des revenus considérables , et en outre sa bibliothèque , composée de 2,000 volumes, nombre étonnant pour l'époque. Cet établissement porta le nom du fondateur. — On a de Capranica : 1° *Acta concilii basiliensis, pars prima* ; 2° *Documenta , seu præcepta vivendi* ; 3° *Manipulus officii episcopalis , seu constitutiones synodi firmianæ* ; 4° *De arte moriendi* ; 5° *De optimi regis officio* ; ad *Uladislaum , regem Ungariæ* ; 6° *De pace italica constituenda, ad Alfonsum regem* ; 7° *De ratione pontificatus maximi administrandi* ; 8° *De actione belli contra Turcos gerendi* ; *De contemptu mundi*. — De tous ses ouvrages , le plus connu est le *De arte moriendi*. Imprimé pour la première fois à Florence en 1477, in-4°, il a eu dans le XVᵉ siècle un grand nombre d'éditions, dont quelques-unes sont très-recherchées pour les figures en bois. Il a été traduit en italien, Florence , 1477, in-4° ; Venise, 1478, même format. On en cite des traductions en anglais et en hollandais. — La *Vie de Capranica* par Baptiste, fils du célèbre Pogge, a été publiée sur le manuscrit par Baluze dans ses *Miscellanea* , III , 265, et reproduite à la tête des *Constitutiones collegii capranicensis*, Rome, 1705, in-4° ; elle est très-intéressante. Une seconde *Vie* de ce prélat, également en latin, par Michel Catalani , Fermo, 1793, in-4°, est augmentée de documents historiques.

CAPRARA (ALBERT, COMTE DE), seigneur de Siklos, général de cavalerie, chevalier de l'ordre de la Toison d'or, gentilhomme de la chambre de l'empereur Léopold, naquit à Bologne en 1631. Neveu du fameux général Piccolomini , il entra au service de l'Autriche , fit quarante-quatre campagnes, fut battu par Turenne , et se distingua dans les guerres de Hongrie. Il commanda souvent en chef les armées impériales, prit d'assaut sur les Turcs la ville de Neuhausel en 1685; assiégea Tékéli dans Cassovie , fit lever le siége de Titul, coupa les Turcs qui voulaient se jeter dans Bude, et en fit un horrible carnage. Il rendit de grands services à l'empereur , en découvrant diverses conspirations, et en maintenant dans la soumission les pays conquis. Non moins bon politique qu'habile capitaine , il fut envoyé deux fois ambassadeur extraordinaire à la Porte en 1682 et 1685. Il avait servi plusieurs années en qualité d'envoyé dans les pays-Bas, et avait assisté à la conclusion de la paix de Nimègue. Sa première ambasse à Constantinople n'eut aucun succès. Il était chargé d'obtenir la prolongation de la trève ; mais la Porte éleva si haut ses prétentions (entre autres conditions était celle d'un tribut annuel de 500,000 florins) que le comte Caprara ne put rien obtenir. Le grand vizir le renvoya à Bude, et vint mettre le siége devant Vienne (*V.* CARA-MOUSTAPHA). Jean Benaglia, qui était son secrétaire des chiffres dans l'ambassade de Constantinople, publia une *Relazione del viaggio satto a Constantinopoli, e ritorno in Germania dell' illustr. conte Alberto Caprara, per trattare la continuazione della tregua* , Bologne , 1684, in-12. Cette relation est curieuse et intéressante. On a du comte Albert Caprara diverses traductions : *Seneca, della clemenza*, Lyon, 1664, in-4°; *Seneca, della colera , parafrase*, Bologne, 1664, in-12 ; *Seneca, della brevità della vita, parafrase* , Bologne , 1664, in-12 ; *l'Uso delle passioni*, traduit du français du P. Renault, Bologne, 1662, in-8° ; *Il desinganno, ovvero il pastore della notte felice*, traduit de l'espagnol, Venise, 1681, in-12. Le général Caprara composa aussi plusieurs opuscules et pièces de circonstance qu'on peut voir dans la *Biblioteca volante*, de Cinelli. — CAPRARA (Enée), frère d'Albert, était également comme lui , et se distingua dans les guerres de Hongrie. Adelung s'est trompé en lui attribuant l'ambassade à Constantinople.

CAPRARA (ALEXANDRE), jésuite italien, d'une famille noble de Bologne, entra dans la société en 1580, à l'âge de vingt et un ans, et mourut saintement à Mantoue le 6 octobre 1625, âgé de soixante-six ans. On a de lui un *Traité de la bénédiction épiscopale* ; la *Vie de saint Pierre*, et une édition de l'*Histoire d'Italie* de Charles Sigonius.

CAPRARA (JEAN-BAPTISTE), cardinal-prêtre du titre de Saint-Onuphre , archevêque de Milan, légat *a latere* du saint-siége, comte et sénateur du royaume d'Italie, grand dignitaire de la Couronne de fer, naquit à Bologne le 29 mai 1725, de François, comte de Montecuculli, et de Marie-Victoire, dernier rejeton de la maison Caprara. Il prit dans le monde le chapeau de sa famille maternelle, entra fort jeune dans l'état ecclésiastique, et se livra particulièrement à l'étude du droit politique. Benoît XIV ne tarda pas à distinguer son mérite, et le nomma vice-légat à Ravenne avant qu'il eut atteint l'âge de vingt-cinq ans. En 1707, Clément XIII l'envoya en qualité de nonce à Cologne ; il y mérita par son urbanité, l'estime de l'impératrice Marie-Thérèse, qui demanda pour lui la nonciature de Lucerne. Elle lui fut conférée par Pie VI en 1775. Dans ce poste difficile, il éteignit les dissensions et s'attira la considération générale. Nommé en 1785 à la nonciature de Vienne, il fut honorablement accueilli par l'empereur Joseph II et son ministre, le prince de Kaunitz. Riche de son patrimoine et des biens de l'Église, il appliqua ces derniers à leur véritable destination en les distribuant aux pauvres, et surtout aux habitants de l'un des faubourgs de Vienne, qui fut submergé par une inondation. Il reçut le chapeau de cardinal le 18 juin 1792, et fut rappelé à Rome en 1793. Témoin des troubles que la révolution française excita dans cette ville, il en fut affecté jusque dans sa santé ; le 4 septembre 1801, il fut nommé légat a latere. Ce fut le cardinal Caprara qui sacra roi d'Italie Napoléon, le 28 mai 1805, dans la cathédrale de Milan. Devenu aveugle et infirme, il mourut le 21 juin 1810, âgé de soixante-dix-sept ans. Il légua ses biens à l'hôpital de Milan.

CAPRARIA, bourg nommé aussi *Caprasæ*, et situé sur la *via Popilia*, sur une hauteur, à l'ouest de la rivière de Crathis. Actuellement on trouve sur cet emplacement le bourg de Casello.

CAPRARIA ou **ÆGILON** (*géogr. anc.*), île montagneuse de la Méditerranée, vis-à-vis de la côte d'Étrurie ; elle était renommée pour ses chèvres. Pline, liv. III, chap. 8. — CAPRARIA était encore une des Atlantides, aujourd'hui *Gomère*, au nord-est, et une place forte de la Gaule, chez les Cavares, aujourd'hui *Cabrières*, dans la Viennoise, à 3 lieues à l'est de Cabellio.

CAPRARIÆ OSTIUM. Tel est le nom que Pline donne à une embouchure du Pô, qui porte aujourd'hui le nom de *Porto Interito di Bell' Occhio* (*V.* Po).

CAPRARIENS (*géogr. anc.*). *Caprarii*, peuple d'Afrique, dans la Mauritanie. Il habitait, dit-on, des montagnes inaccessibles, qui portent le même nom.

CAPRARIUS (*hist. anc.*), surnom de P. Cécil. Métellus, consul l'an 113 avant Jésus-Christ.

CAPRAROLA, petite ville des États de l'Église, située au pied du monte Cimino sur une éminence assez considérable, du haut de laquelle la vue embrasse le lac di Vico (*lacus Ciminus*). Elle est remarquable par un palais de Farnèse, à cinq angles, semblable à une citadelle, et fondé par Vignola : les frères Zuccheri et Pietro Orbista en ont fait les peintures.

CAPRE (*marine*), sorte de vaisseau corsaire. *Capre hollandais. Capre anglais.* Il est vieux. On le disait aussi des matelots qui allaient en course sans solde, avec l'espoir d'avoir part aux prises. *Il était capre à la part.*

CAPRÉ (FRANÇOIS), président de la chambre des comptes du duc de Savoye, mourut en 1705. Il a publié deux ouvrages qui peuvent encore trouver leur place dans les grandes bibliothèques ; l'un est intitulé : *Traité historique de la chambre des comptes de Savoye, justifié par titres*, etc., Lyon, 1662, in-4° ; et le second, *Catalogue des chevaliers de l'ordre de l'Annonciade de Savoye, depuis son institution*, en 1362, *par Amédée VI jusqu'à Charles-Emmanuel*, Turin, 1654, in-fol. On trouve, à la suite du premier, un petit *Traité du saint suaire de Turin*, qui n'est pas fait pour donner une bien haute idée de la critique de l'auteur. L'autre est remarquable par la singularité de son exécution ; il contient cinq cent quarante-deux gravures en bois dont chacune remplit presque en entier une grande page in-folio ; il peut encore être recherché par les amateurs de la science héraldique.

CAPRÉE (*géog. h.*), chez les Latins *Capreæ*, chez quelques Grecs à une époque postérieure *Caprea*, île de rochers, qui termine du côté du sud le grand *sinus Cumanus* ou *Puteolanus*, et qui se nomme aujourd'hui *Capri*. Un pertuis étroit et semé d'écueils la sépare du promontoire de Massa ou *Punta della Campanella* (promontorium Minervæ). Elle a une superficie d'à peu près trois milles carrés, et une population qui est actuellement de 5,000 habitants, répartis en deux communes. L'une de ces deux parties de la population habite l'île de Capri proprement dite, et la ville qui porte le même nom que l'île, et qui est fortifiée par la nature plus que par l'art ; l'autre partie, moindre en nombre, est séparée de la première par d'énormes blocs de rochers escar-

pés, et habite les hauteurs d'Anacapri qui est l'extrémité occidentale de l'île. Ces hauteurs d'Anacapri s'élèvent de 1,600 pieds au-dessus du niveau de la mer, et par leur position elles sont isolées du reste de l'île, avec laquelle elles ne sont en communication que par un escalier de rochers qui monte en zigzag et qui a 536 degrés. La population peu nombreuse qui habite parmi ces rochers a un idiome, des mœurs et une physionomie particuliers. Du reste, ce côté occidental de l'île en est la partie la plus fertile. Au milieu de la partie appelée proprement Capri est située la ville de Capri dont nous avons déjà parlé, qui est munie de remparts, de portes et de ponts-levis, et qui présente du dehors un aspect assez pittoresque, mais qui est étroite et misérable à l'intérieur. Cette ville est le siège de l'administration et de l'évêché ; mais l'évêque habite ordinairement Naples. La cathédrale est petite et sans goût ; cependant elle se compose en grande partie de matériaux antiques. La partie qui porte le nom d'Anacapri a aussi une petite ville avec un château fort construit du temps de l'empereur Frédéric Barberousse. Les productions de l'île sont le vin et l'huile, qu'on exporte en quantité considérable proportionnellement à l'étendue de l'île. Les parties les mieux cultivées sont le terrain bas qui entoure la ville de Capri et une portion d'Anacapri. Les habitants s'adonnent en outre à l'élève des animaux à cornes, à la pêche du poisson et du corail, et à la chasse aux cailles qui est très-productive. Toute l'industrie de l'île se borne à des rubanneries. Naples est le débouché où l'île envoie ses produits, qui sont le vin, l'huile, le beurre, le fromage et les veaux. On cherche sur le continent le blé, les légumes et les marchandises manufacturées ; et une cinquantaine de barques appartenant à l'île sont destinées à faire ce petit commerce, outre qu'elles servent à la pêche. L'île n'a pas de port sûr pour de grands bâtiments, mais seulement un débarcadère pour les barques dont nous venons de parler. Autour de ce débarcadère se trouvent des cabanes de pêcheurs et de mariniers. — D'après les traditions de l'antiquité, des Téléboens navigateurs furent les premiers habitants de l'île. Plus tard elle fut sous la domination de la république de Naples, et il s'y trouvait alors deux petites villes ; plus tard il n'y en eut plus qu'une seule. L'empereur Auguste, séduit par la position et la nature romanesque de cette île, l'obtint des Napolitains par un échange, et Tibère, dans les sept dernières années de sa vie, en fit le théâtre de ses mystérieuses et abominables débauches. Il fit construire douze villas, qui rivalisaient de luxe et de splendeur : la plus grande et la plus magnifique, la villa Jovis, était son séjour habituel. Les ruines de cette infâme magnificence du tyran sont éparses dans l'île, et ont fourni matière à un grand nombre de recherches d'antiquaires. Après la mort de Tibère, le nom de l'île de Capri ne rappela plus à l'esprit des peuples que l'effroyable souvenir des orgies de ce monstre de volupté. Dans ces derniers temps, une attaque faite par les Français au mois d'octobre 1807 a rendu cette île politiquement remarquable. HOLINGER.

CAPRÉOLAIRE, adj. *capreolaris*, de *capreolus*, vrille de la vigne. Quelques auteurs ont appelé *vaisseaux capréolaires* les artères et veines spermatiques, à cause de leurs sinuosités.

CAPRÉOLE, s. m. *capreolus*, nom donné à l'hélix à cause de ses nombreuses sinuosités.

CAPRÉOLÉ, ÉE, adj. (*botan.*). Il se dit des plantes qui sont couvertes de vrilles.

CAPRÉOLE ou **CAPRÉOLUS**, que le diacre Ferrand appelle un glorieux pontife et un célèbre docteur de l'Église de Carthage, en était évêque en 431 que se tint le concile d'Éphèse, auquel il envoya le diacre Vésulas avec une lettre, qui se voit parmi les actes de ce concile. Il en écrivit une autre à l'empereur Théodose sur la mort de saint Augustin, dont il ne nous reste qu'un fragment, dans lequel il pose pour principe, qu'il n'y a rien d'assuré dans le sacré comme dans le profane, si dans les siècles postérieurs on donne atteinte aux décisions des Pères. Il a encore composé un petit traité pour répondre à Vital et à Tonontius, chrétiens d'Espagne, qui l'avaient consulté sur quelques points de doctrine, et en particulier pour savoir si l'on pouvait dire que Dieu est né d'une vierge. Il y établit cette vérité en montrant qu'il n'y a qu'une personne en Jésus-Christ. Ce traité a été donné par le P. Sirmond, et imprimé à Paris en 1630 avec quelques autres opuscules dogmatiques.

CAPRÉOLE ou **CAPRÉOLUS** (JEAN), natif d'un village près de Rodez, prit l'habit de Saint-Dominique dans le couvent de cette ville. Il enseignait à Paris, et y lisait les sentences en 1409, fit sa licence en 1410 et 1411, fut envoyé par ses supérieurs pour présider à l'étude générale du couvent de son ordre à Toulouse, et se retira ensuite à son couvent de Rodez, où il mourut en 1444. Quelques-uns disent qu'il assista aux conciles de Constance et de

Bâle : nous le dirions aussi si nous en avions des preuves ; ce qu'il y a de certain, c'est qu'il était encore à Rodez en 1443, et qu'il y mourut l'année suivante. Il a soutenu si constamment la doctrine de saint Thomas qu'on l'a appelé le *prince des thomistes*. On a de lui des commentaires sur *le Maître des sentences*, et une défense de *la Doctrine de saint Thomas*, imprimés à Venise en 1483 et 1588, en 4 vol. in-fol.

CAPRÉOLE ou CAPRÉOLUS (ANDRÉ), de Brescia, religieux carme, fleurissait au commencement du XVIe siècle. On a de lui un *Traité des cas qui regardent les ecclésiastiques*, imprimé à Brescia en 1571.

CAPRÉOLUS (ÉLIE CAVRIOLO, plus connu sous le nom de), jurisconsulte, né à Brescia dans le XVe siècle, a publié l'histoire de cette ville sous le titre suivant : *Chronica de rebus Brixianorum ad senat. populumque brixianum opus*. La première édition est in-fol., très-rare, et sans date : mais, comme elle ne contient que le récit des événements qui se sont passés depuis la fondation de Brescia jusqu'à l'année 1500, on conjecture de là, avec raison, qu'elle a paru à Brescia vers cette époque. Bakmann a inséré cette histoire dans son *Thesaurus antiquitat. Italiæ*, et a ajouté aux douze premiers livres qui avaient paru les 13 et 14e restés manuscrits, et qui en renferment la continuation jusqu'en 1510. Patritio Spina a traduit cet ouvrage en italien, Brescia, 1585, in-4° : cette traduction ne contient que les douze premiers livres. On connaît encore de Capréolus un traité *De confirmatione christianæ fidei*, imprimé avec différents opuscules du Mantuan, Brescia, 1499, in-4°; *Defensio statuti Brixiensium; De ambitione et sumptibus funerum minuendis*. Cet écrivain est mort en 1519 dans un âge avancé.

CAPRES, s. f. pl. baies du câprier (*V.* CAPRIER).

CAPRETTA (GAUDENZIO-ERICH), né à Venise le 22 novembre 1750, mort au couvent S.-Giovanni Evangelista à Parme, le 11 décembre 1806. Il entra d'abord au couvent la Praglia, et acheva ses études à Rome; puis il alla professer la théologie à Florence et à Pavie. Il fut nommé en dernier lieu professeur de droit canonique à l'université de Parme. C'est là qu'il fut chargé, au nom des citoyens, de complimenter Gustave III, roi de Suède, lors de son passage dans cette ville, et il offrit à ce monarque, près de Brodoni, un écrit imprimé avec luxe et intitulé : *Gustavus III Sueciæ rex, regiæ potestatis restitutor ac publicæ tranquillitatis assertor*, Parmæ, 1784. Il décrit dans cet ouvrage la révolution mémorable de 1772, ne pressentant pas qu'elle contribuerait à faire périr de mort violente le héros auquel il s'adressait. La république de Venise, qui le comptait parmi ses nobles, le récompensa en lui accordant le traitement annuel et le titre d'*abate*. Pie VII, qui avait été avec Capretta dans un même couvent, le nomma *abate di governo* (*V. L.* BELLOMO, *Orazione funebre sul Capretta*, Venezia, 1806).

CAPRIATA (PIERRE-JEAN), avocat à Gênes, vécut dans la première moitié du XVIIe siècle, se fit connaître avantageusement par un ouvrage historique, où il exposait les événements de son temps, et surtout les guerres d'Italie, d'une manière impartiale et franche, avec un langage simple et un ordre méthodique : *Della istoria di P. G. Capriata*, libri dodici, dal 1613 al 1634, Genua, 1638 ; Bolog., 1639, in-4° ; Genev., 1639, in-8° ; p. II, lib. VI, dal 1634 al 1644, Genua, 1649, in-4° ; Genev., 1650, in-8°; p. III (publiée par son fils Jean-Baptiste), lib. VI, dal 1644 al 1650, Gen., 1663, in-4°. Lorsque parut la dernière partie, l'auteur était déjà mort. Pour se préserver de toute partialité et de toute flatterie, il n'avait voulu dédier son ouvrage à aucun prince.

CAPRICE (*morale*), feu follet s'échappant de l'âme, du cœur ou de la tête, et éteint aussitôt qu'allumé ; — idée frivole, bizarre, insaisissable souvent, indescriptible presque toujours, qui nous pousse à désirer, rechercher, aimer un objet ou une personne subitement rêvés. Sylphe mystérieux, fantastique, le caprice est partout dans la nature au milieu de ses merveilleuses variétés de sites, de végétations, de lumières, de températures, de productions; dans l'espèce humaine tout entière, mais surtout parmi les enfants et les femmes ces enfants gâtés de la création. Que de folies, de sottises, d'inconséquences, de vices même voilés tour à tour sous ce mot coquet qui les abrite généreusement et les fait excuser par la frivolité ! — Le caprice, ce caméléon d'une imagination rêveuse ou féconde, oisive ou folâtre, prend, quitte, reprend, abandonne, en se jouant, mille formes gracieuses, fantasques, délicieuses, grotesques. Vague, douteux, indécis, insouciant, il apparaît et s'enfuit avant d'être formulé ou saisi ; il pense et oublie à la fois, s'élance et s'arrête en même temps, et butine, léger et papillonnant, des plaisirs imprévus, suaves, éphémères, puérils, énivrants, dont il se rassasie bien vite pour voltiger après d'autres distractions qu'il répudiera bientôt. — Le caprice vit et meurt dans un geste ou une parole, dans une larme ou un

v.

sourire, dans un nuage ou une statue, dans une nuance ou un atome. Un caprice peut fonder et renverser les royaumes, créer et tuer les hommes, déclarer la guerre, signer la paix, armer les révolutions, enfanter vices ou vertus, richesse ou misère, maladie ou santé. Un caprice provoque les plus miraculeuses découvertes, domine les arts, la littérature, la mode, tout un siècle. — Le caprice se glisse partout : ciel et terre, palais et chaumière, sénat et boudoir, parcs et prairies, mers et fleuves forment son vaste domaine, et il fait agir à son gré, comme de frêles et obéissantes marionnettes, rois et peuples, épouses et maris, amants et maîtresses... que sais-je ? Rieur et sérieux, futile et important, le caprice n'a ni origine connue, ni chemin tracé, ni but assigné, ni fin présumable, et si cette longue définition n'en est pas une, si elle reste incomplète, incohérente, incompréhensible, qui l'a faite ainsi ? Le caprice. LOREMBERT.

CAPRICE (*capriccio*) (mus.). On appelle ainsi un morceau de musique qui n'est astreint à aucune règle; d'après cela, l'auteur peut y donner carrière à sa fantaisie et y déployer toutes les richesses d'une imagination brillante, sans être arrêté ni gêné par des formes de convention. Quelques maîtres, entre autres Locatelli, se sont fait une réputation dans ce genre ; aujourd'hui le caprice est plus que jamais à la mode ; mais on y remarque en général plus de dévergondage que d'inspiration véritable. Quelquefois on donne le nom de caprice à des œuvres légères, d'une nullité complète, et qui n'en ont gardé que l'indépendance si favorable aux esprits médiocres. Le caprice s'entend presque toujours d'une composition instrumentale. E. VIEL.

CAPRICE , s. f. (*archit.*), composition bizarre, mais ingénieuse, qui s'écarte des règles de l'art. — Les houilleurs nomment *caprices de pierres* des veines de houille qui vont du nord au midi, ou qui ne suivent pas leur direction naturelle. — CAPRICE est, suivant la mythologie, une figure allégorique, représentée par un jeune homme dont la coiffure bizarre est garnie de plumes de différentes couleurs et grandeurs.

CAPRICIER (SE), v. person. adopter par caprice (DE RETZ et BOISTE). — Il est inusité.

CAPRICIEUSEMENT, adv. par caprice. *Cet homme agit capricieusement.*

CAPRICIEUX, EUSE, adj. qui a des caprices. *Un homme capricieux. Un esprit capricieux. Une femme capricieuse. Ce cheval est capricieux. Cette mule est capricieuse.* — Il s'emploie aussi comme substantif. *C'est un capricieux, une capricieuse.*

CAPRICORNE (*astronomie*). C'est le dixième signe du zodiaque. Il donne son nom à la dixième partie de l'écliptique (*V.* SIGNE, ÉCLIPTIQUE). — Les anciens ont regardé le *Capricorne* comme le dixième signe du zodiaque, et fixé le solstice d'hiver sous notre hémisphère, à l'arrivée du soleil dans ce signe. Mais les étoiles ayant avancé d'un signe tout entier vers l'orient, le *Capricorne* est maintenant le onzième signe plutôt que le dixième, et c'est à l'entrée du soleil dans le Sagittaire qu'a lieu le solstice, quoiqu'on ait conservé la façon de s'exprimer des anciens (*V.* SOLSTICE et PRÉCESSION). — Ce signe a, dans les anciens monuments, dans les médailles, etc., la tête d'une bouc et la queue d'un poisson ; il est quelquefois simplement désigné par un bouc. — Le Capricorne a, dans les catalogues de Ptolomée et de Tycho, vingt-huit étoiles ; dans celui d'Hevelius, vingt-neuf, quoiqu'au temps d'Hevelius il en eût disparu une de la sixième grandeur, que Tycho avait, vingt-septième, et qu'il avait placée dans la queue du Capricorne. Flamsteed fait le Capricorne de cinquante et une étoiles dans son catalogue britannique.

CAPRICORNE , s. m. (*hist. nat.*), *capricornus*, cerambix, insecte de la classe de ceux qui ont de fausses ailes, et dont la bouche a des mâchoires. Selon Linné dans son *Systema naturæ*, le *capricorne* ressemble au cerf-volant pour la grandeur et la couleur : sa tête est large, ses yeux sont grands, sa bouche est couverte et garnie de deux dents crochues et dures. La partie du corps qui correspond aux épaules des quadrupèdes semble être sculptée comme un ouvrage d'ébène poli. Il a trois pattes, qui ont chacune trois articulations, et qui paraissent très-faibles. Il a deux antennes placées au-dessus des yeux , plus longues que le corps, et flexibles par le moyen de neuf ou dix articulations. Ces antennes ne sont pas d'égale grosseur dans toute leur étendue ; elles ont au contraire des inégalités ou des nœuds à peu près comme ceux des cornes du bouc ; c'est de là que vient à cet insecte le nom de *capricorne*. Il se suspend aux arbres avec l'aide de ces antennes, dont il se sert aussi pour marcher. En rongeant le bois avec ses dents, il fait un bruit que l'on peut comparer au cri ou au grognement des pourceaux. Moufflet a donné la description de plusieurs espèces de *capricornes*, et Linné en compte dix-huit dans la *Fauna suecica*.

LAUGRAND.

CAPRIER et CAPRE (*botan*.). Ce genre de végétaux est un des plus importants de la famille des *capparidées*, à laquelle il donne son nom. La tige est un arbrisseau sarmenteux, aux feuilles simples, souvent accompagnées de deux stipules épineuses ; d'ailleurs les autres caractères peuvent se présenter ainsi : calice de quatre sépales caducs ; corolle de quatre pétales inégaux, les deux inférieurs concaves et comme bossus à la base ; étamines nombreuses et saillantes ; ovaire porté sur un pédicelle allongé ; style très-court ; fruit à baie obtuse et charnue, ne contenant qu'une loge et logeant les graines dans sa pulpe. On compte au moins trente espèce de câpriers, la plupart exotiques ; ce sont, par exemple, le *câprier du Malabar*, le *câprier à grosses siliques*, *câprier à siliques rouges*, *câprier à belles fleurs*, etc. Nous nous arrêterons seulement à décrire l'espèce la plus connue et la plus répandue en Europe, le CAPRIER ÉPINEUX (*capparis spinosa*, Linn.). Cette plante offre plusieurs tiges étalées, rameuses et glabres ; la fleur grande, ouverte et d'un aspect très-agréable, à cause de la blancheur de la corolle et du nombre des étamines, qui s'élève de soixante à quatre-vingts ; le calice a des sépales inégaux, disposés en croix ; le pistil est porté sur un pédicule de la longueur des étamines ; le fruit charnu, en forme de poire, contient dans sa pulpe un grand nombre de graines très-ténues. Quoique originaire de l'Asie, cet arbrisseau se trouve aussi en Barbarie et en Provence, où il est l'objet d'un commerce important ; il est surtout très-commun dans cette dernière contrée, et on l'y rencontre, soit dans des champs ou le long des chemins, soit dans les vieilles murailles ou les fentes des rochers. On peut multiplier les câpriers par graines et par bouture ; le plus ordinairement on les plante en quinconce, à six pieds de distance, dans des terrains légers et profonds ; car cet arbrisseau craint beaucoup le froid, tandis qu'il souffre peu de la sécheresse. En automne, on coupe les montants à six pouces du sol, et on les laisse sur place pour abriter du froid les pieds que l'on recouvre encore de terre ; puis, au printemps, il n'est besoin que d'un seul labour pour mettre le champ en état. Les fleurs paraissent au commencement de l'été, et se succèdent sans interruption jusqu'à ce que la fraîcheur des nuits vienne arrêter la séve. — CÂPRER. Les femmes et les enfants vont chaque matin cueillir les boutons ; ils ont soin de ne pas se piquer et de laisser une petite partie du pédoncule. Les câpres sont ensuite assorties par rang de grosseur, puis on les fait baigner dans le vinaigre le plus concentré, pourvu qu'il soit bien clarifié ; c'est alors qu'elles passent dans le commerce où elles sont vendues d'autant plus cher qu'elles sont plus petites et qu'elles sont d'un plus beau vert. Les fleurs qui ont été oubliées sont cueillies lorsqu'elles ont fructifié et qu'elles sont de la grosseur d'une olive ; une fois confites, elles composent un mets assez agréable, appelé *cornichons de câpres*. Les câpres sont regardées comme un assaisonnement très-salubre ; elles relèvent le goût des aliments trop gras, excitent l'appétit chez les personnes dont l'estomac est languissant ; elles peuvent même, dit-on, soulager ceux qui ont des obstructions ; mais la plupart de ces propriétés sont peut-être dues au vinaigre. La racine du câprier n'est plus aussi souvent employée en médecine qu'autrefois ; l'écorce, qui est légèrement amère, un peu âcre et astringente, est regardée comme diurétique. LAUGRAND.

CAPRIÈRE, s. f. lieu où l'on plante des câpriers. — Petite boîte, ou tout autre vase, dans lequel on renferme les câpres, fruits du câprier, pour s'en servir au besoin dans les cuisines.

CAPRIFICAL, adj. m. (*antiq*.), se dit d'un certain jour où les Athéniens offraient des pièces de monnaie à Vulcain. *Le jour caprifical*.

CAPRIFICALES, s. f. pl. fêtes ou cérémonies qui avaient lieu en l'honneur de Vénus, le jour même qu'on nommait *caprifical*.

CAPRIFICATION, s. f. Certains peuples d'Orient, dans le but de hâter la maturation des figues cultivées, prennent des figues sauvages dans lesquelles sont logés de petits insectes appelés cynips, et les placent sur les figuiers tardifs. Cette opération, dite caprification, est fondée sur une croyance d'après laquelle les figues, contenant presque toutes les fleurs femelles dans leur intérieur, ne peuvent être fécondées s'il ne s'opère à l'extérieur quelque déchirure qui permette l'introduction des insectes ; or ce fait n'est pas exact, car chaque fruit a des fleurs mâles et une ouverture à son extrémité pour faciliter la fécondation qui doit avoir lieu naturellement, sans que les cynips (V.) pénètrent dans le fruit. D'ailleurs une figue peut devenir excellente à manger sans qu'elle ait été fécondée ; aussi cette méthode inutile n'est pas, comme nous l'apprend Olivier, généralement répandue dans le Levant, et nullement en pratique en Italie et dans le midi de la France. NUMA CLERMONT, Docteur en médecine.

CAPRIFIGUIER, s. m. (*botan*.), figuier sauvage dont les fruits servent à la caprification.

CAPRIFOLIACÉ, ÉE, adj. (*botan*.). Il se dit de ce qui ressemble au chèvrefeuille. — *Plantes caprifoliacées*, s. f. pl. famille de plantes qui ont des rapports avec les chèvrefeuilles.

CAPRIMULGA, de *capra*, chèvre, et de *mulgere*, teter. On avait ainsi nommé une espèce de couleuvre que l'on croyait teter les chèvres ; cette erreur n'est presque plus répandue parmi les habitants de la campagne. On a aussi appelé *caprimulgus* l'oiseau *engoulevent* (V.), auquel on attribuait la même manière de se nourrir.

CAPRIOLI (JEAN), dominicain, professeur de théologie à Paris, vers le milieu du xve siècle, a laissé des *Commentaires sur le Maître des sentences*, 1588, in-fol. ; et une *Défense de saint Thomas*.

CAPRIOLI (ELIE), jurisconsulte, mort à Brescia sa patrie en 1519, est auteur d'une *Chronique de Brescia* (en latin), jusqu'à l'an 1500, in-fol., rare ; les douze premiers livres de cet ouvrage ont été traduits en italien par Patrizio Spina, Brescia, 1585. On connaît encore de lui un traité *De confirmatione christianæ fidei*, imprimé avec divers opuscules, Brescia, 1499, in-4° ; *Defensio statuti Brixiensium ; De ambitione et sumptibus funerum minuendis*.

CAPRIPÈDE, adj. des deux genres, à pieds de chèvre, qui a des pieds de chèvre. *Animal capripède*.

CAPRIPÈDES, s. m. pl. nom que la mythologie donne aux faunes et aux satyres, parce qu'ils sont représentés avec des pieds de chèvre.

CAPRISANT, adj. (*médec*.), épithète du pouls irrégulier et sautillant, dans lequel l'artère interrompt son mouvement, en sorte que le battement qui vient après cette interruption est plus prompt et plus fort que le premier : de même qu'il arrive aux chèvres qui bondissent et semblent faire un double mouvement en marchant.

CAPRIUS (*hist. anc*.), père du troisième Bacchus, suivant Cicéron. — C'était aussi un fameux délateur du temps d'Horace (*Hor*., l, sat. 4, v. 66).

CAPROMYS (*hist. nat*.). C'est un petit animal très-intéressant, découvert par M. Desmarest, qui en distingue deux espèces. Ce mammifère, de l'ordre des rongeurs, est essentiellement herbivore : il grimpe avec facilité et creuse en terre de petites cavités où il passe une grande partie du jour, car il ne sort guère que le soir ou dans la nuit. Il se rapproche des rats par sa queue conique et écailleuse, et des marmottes par ses membres, qui sont forts et assez courts.

CAPRON, s. m. morceau de drap fait en ovale, que portaient les novices capucins, et qui pendait sur l'estomac et le dos.

CAPRONA (ARCHANGE), capucin, né à Palerme d'une famille noble, prêcha avec fruit dans les principaux endroits de la Sicile, et surtout à Trapano, où il érigea trois confréries, et travailla à y faire bâtir un hôpital pour les pauvres. Il allait lui-même de maison en maison, tous les dimanches, recueillir pour eux des aumônes. Il mourut en 1577, et laissa : *Statuta et documenta pro confraternitatibus domus hospitalis montis pietatis et misericordiæ in civitate drepanensi*.

CAPRONIA (*hist. anc*.), vestale enterrée vive, pour avoir violé son vœu de chasteté.

CAPRONIER ou CAPRONIER, s. m. fraisier qui produit les caprons.

CAPRONS (*jardinage*). Ce sont de grosses fraises plus belles que bonnes, dont on fait peu de cas, et qui mûrissent en même temps que les autres. Leurs feuilles sont plus larges et en plus grand nombre.

CAPROS, s. m. (*hist. nat*.), genre de poissons de la division des thoraciques.

CAPROTINE, adj. f. (*hist. anc*.), surnom que les anciens Romains avaient donné à Junon et aux nones de juillet, temps auquel ils célébraient une fête dont Plutarque et Macrobe racontent ainsi l'origine. Les peuples voisins de Rome crurent qu'il leur serait facile de prendre et de détruire cette ville épuisée par l'invasion des Gaulois. Ils s'assemblèrent, et mirent à leur tête Lucius, dictateur des Fidénates. Lucius fit annoncer aux Romains, par un héraut, que le seul moyen qu'ils eussent de conserver les restes de leur ville, c'était de lui livrer leurs femmes et leurs filles. Les sénateurs ne savaient quel parti prendre, lorsqu'une esclave appelée *Philotis* persuada à ses compagnes de se couvrir des habits de leurs maîtresses, et de passer dans le camp ennemi ; ce qui fut exécuté. Le général les distribua aux capitaines et aux soldats. Ces filles les invitèrent à une fête solennelle qu'elles feignirent de célébrer entre elles. Les hôtes, séduits par cette supercherie, s'abandonnèrent à la débauche ; mais, lorsqu'ils furent assoupis par le vin et par le sommeil, les esclaves appelèrent les Romains par un signal qu'elles leur donnèrent du haut d'un figuier sauvage. Ceux-ci accoururent et firent main basse partout. La liberté fut accordée à ces généreuses femmes, avec une somme d'argent pour se marier. Le jour de cette délivrance extraordinaire fut appelé *Nones caprotines*, ou *du figuier*, et une fête instituée sous le même nom en l'honneur de Junon. Depuis ce temps, à pareil jour, les esclaves se régalaient leurs maîtresses hors de la ville, sous des figuiers sauvages, luttaient entre elles, et rappelaient par des exercices la mémoire d'une défaite occasionnée par leur dévouement et leur industrie.

CAP-ROUGE (*hist. nat.*), petit oiseau olivâtre, que l'on rencontre aux Antilles ; — (*botan.*), espèce d'oiseau d'Afrique, dont le chant est très-doux et harmonieux.

CAPRUS ou **CABRUS** ou **CALABRUS** (*mythol.*), dieu qu'on révérait à Phasélis en Pamphylie, et auquel on offrait en sacrifice de petits poissons salés.

CAPSA (*hist. nat.*), espèce de figuier.

CAPSA, siége épiscopal d'Afrique dans la province des Numidies. Donatien assista en qualité d'évêque à la conférence de Carthage (premier jour, ch. 108). On y trouve aussi un donatiste nommé Céler. Il y avait deux villes de ce nom en Afrique, l'une dans la Byzacène, sous Adrumet (*V.* ci-dessous), l'autre proche de la Libye intérieure, entre les déserts.

CAPSA (*géogr. anc.*), ville de Macédoine située dans la presqu'île de Chalcidie, sur le golfe Thermaïque. — C'était encore une ville forte d'Afrique, aujourd'hui *Casia*, fondée par Hercule dans la Byzacène, au sud-ouest de Septimana, au milieu des déserts et des montagnes. Elle devint le siège de Jugurtha, qui y déposa ses trésors. Elle fut prise et livrée aux flammes par Marius. Cette ville avait réussi à se rétablir, quand elle fut détruite une seconde fois par Jules César, dans la guerre contre Juba, qui soutenait le parti de Pompée (*Flor.*, 2, cap. 1. *Sall.*, *Jugurtha*).

CAPSAGE (*géogr. anc.*), ville de Syrie, suivant Quinte Curce.

CAPSAIRE, s. m. (*hist. anc. et mod.*). Les Romains et les Grecs donnaient ce nom à ceux qui gardaient les habits dans les bains publics, et à certains domestiques qui conduisaient les enfants à l'école, portant leurs livres dans une boîte, *capsa*.

CAPSALE, s. f. (*hist. nat.*), espèce d'animal sans pattes, muni d'une trompe, dont il se sert pour sucer les poissons.

CAPSAOS. Ce terme était particulier à la coutume de Béarn. Dans le style de cette province, il signifiait les droits dus au seigneur, c'est-à-dire au roi, depuis la réunion du Béarn à la couronne de France.

CAPSE, s. f. espèce de boîte servant au scrutin d'une compagnie. *La capse de Sorbonne*. Ce terme est vieux.

CAPSE, s. f. (*hist. nat.*), genre d'insectes voisins des punaises terrestres. — Genre de coquilles de l'ordre des bivalves.

CAPSELLE, s. f. (*botan.*), genre de plantes, dans lequel se trouve la plante nommée *bourse à pasteur*.

CAPSICINE (*chimie*), sorte de résine molle, légèrement soluble dans l'eau, très-soluble dans l'alcool, l'éther, l'essence de térébenthine, les alcalis caustiques, trouvée par M. Braconnot dans le *capsicum annuum*.

CAPSICUM, s. m. (*botan.*), genre de plantes de la famille des solanées.

CAPSIQUE, s. m. (*botan.*), sorte de poivre qu'on nomme aussi *poivre d'Inde* ou *de Guinée*.

CAPSOOL ou **CAPSOU**, *capsoldum*, nom par lequel on désignait, au moyen âge, le droit que l'on devait payer au seigneur sur le prix de la vente des biens fonciers de sa seigneurie.

CAPSULAIRE, adj. (*anat.*), épithète des ligaments et des membranes qui forment, avec les os auxquels ils sont attachés, des espèces de capsules (*V.* CAPSULE).

CAPSULAIRE, s. m. (*hist. nat.*), genre de vers intestinaux. — Nom d'une coquille de l'ordre des bivalves, et d'un genre de zoophytes proprement dits.

CAPSULAIRE, adj. *capsularis*, qui a rapport à quelqu'une des parties que l'on nomme *capsules* (*V.* ce mot). — *Ligaments capsulaires*, ce sont ceux qui forment les capsules des articu-

lations ; *artères et veines capsulaires* ou *surrénales*, vaisseaux ainsi nommés parce qu'ils appartiennent aux capsules surrénales. Les artères viennent des diaphragmatiques inférieures, de l'aorte et des rénales ; les veines se rendent aux veines diaphragmatiques, à la veine cave inférieure, et aux veines du rein.

CAPSULE, s. f. (*capsula*, diminutif de *capsa*, κάψα, boîte ; petite boîte), nom donné à différents objets qui ont plus ou moins d'analogie avec une boîte. — Les botanistes sont peu d'accord sur la signification du mot *capsule*. Linné la définit un péricarpe creux, s'ouvrant d'une manière déterminée. Selon Richard, ce mot convient à tout péricarpe sec renfermant une ou plusieurs graines, soit qu'il ne s'ouvre pas, soit qu'il s'ouvre d'une manière déterminée, et même, dans ce dernier cas, il s'étend au péricarpe charnu. Decandolle fait une classe de fruits *capsulaires* ou *déhiscents*, c'est-à-dire qui s'ouvrent d'eux-mêmes à leur maturité, qui sont de consistance sèche, et renferment beaucoup de graines ; et il comprend dans cette classe le follicule, la gousse, la silique, la boîte à savonnette et la *capsule*. Celle-ci n'a d'autre caractère que de ne pouvoir être rangée dans aucune des quatre autres espèces. — *En chimie*, on nomme CAPSULE un vase arrondi en forme de calotte, dont on se sert pour faire évaporer un liquide. — *En anatomie*, le nom de CAPSULE a été donné à des parties très-différentes. *Capsules articulaires* : appareils ligamenteux qui environnent certaines articulations, telles que celles de l'épaule et de la hanche. On les nomme aussi *capsules fibreuses*, *ligaments capsulaires*. *Capsules de Glisson* : sorte de membrane décrite par Glisson, et qui n'est autre chose qu'un tissu cellulaire très-dense qui environne dans le foie les ramifications de la veine-porte. *Capsule du cœur* : c'est ainsi que Paracelse appelait le *péricarde* (*V.* ce mot). *Capsules séminales* : Bartholin a nommé ainsi l'extrémité des conduits déférents, qui est sensiblement renflée au voisinage des vésicules séminales. D'autres auteurs appellent *capsules séminales* les vésicules séminales elles-mêmes. *Capsules surrénales* ou *capsules atrabilaires*, *reins succenturiaux*, etc. : petits corps aplatis, triangulaires, situés au-dessus des reins, qu'ils recouvrent en manière de casque. Ils sont creux intérieurement, et renferment une humeur brune, rougeâtre ou jaunâtre, qu'on a cru être l'atrabile des anciens. *Capsules synoviales* (*V.* SYNOVIAL). — CAPSULE se dit encore d'une sorte d'amorce pour les fusils à piston. *Acheter des capsules.*

CAPTAL. Le titre de captal équivalait, dans quelques provinces du Midi, au titre de comte. Le *captal de Buch* joue un rôle assez important dans l'histoire militaire de la France au XIVᵉ siècle. Buch était un petit pays dans les landes de Bordeaux ; la ville de ce nom se trouvait située à l'entrée du golfe qui s'avance à deux lieues dans les terres où la rivière de Lérie a son embouchure (*V.* GRAILLY).   A. S-R.

CAPTATEUR, s. m. (*term. de palais*). Ce mot désigne quelqu'un qui, par flatterie ou par artifice, cherche à surprendre des testaments ou des donations.

CAPTATION et **SUGGESTION**. La captation est l'action de celui qui parvient à se rendre maître de la volonté d'un autre. La suggestion consiste à user de l'ascendant qu'on a pris sur l'esprit d'une personne pour lui faire consentir des actes de libéralité qu'elle n'aurait point faits de son propre mouvement. Chez les Romains, la captation et la suggestion, dégagées de dol, n'étaient pas une cause de nullité des testaments. En France, l'ordonnance de 1735 avait admis l'action en nullité de ces actes, pour cause de captation et de suggestion. Cette disposition, qui avait donné naissance à une foule de procès scandaleux, n'est pas reproduite dans le Code civil, qui exige seulement que le testateur soit sain d'esprit, que sa volonté soit libre, et qu'il n'ait point été trompé ou induit en erreur. On tient aujourd'hui pour certain, que la captation et la suggestion ne peuvent entraîner la nullité d'un testament, si elles ne sont pas accompagnées de dol, de fraude et d'artifice.

CAPTATOIRE (*jurispr.*), adj. des deux genres. Il se dit de toute disposition testamentaire qu'on fait pour provoquer une libéralité, en faveur de soi ou des siens, dans le testament d'une autre personne.

CAPTER, v. a. employer adroitement, auprès d'une personne, tous les moyens de parvenir à quelque chose ; chercher à obtenir par voie d'insinuation. *Capter la bienveillance*, *Capter les suffrages de quelqu'un*. On l'a *capté*.

CAPTEUR, s. m. celui qui prend, ou qui fait une capture. Il est nouveau.

CAPTIEUSEMENT, adv. (le T se prononce comme C), d'une manière captieuse.

CAPTIEUX, EUSE, adj. (le T se prononce comme C), qui tend à induire en erreur, à surprendre par une belle apparence. Il se dit surtout des raisonnements, des discours, etc. *Discours captieux. Proposition captieuse. Clause captieuse. Argument captieux. Ce qu'il vous dit est captieux. Tour captieux.* — Il se dit quelquefois des personnes : *C'est un raisonneur captieux. Cet homme est souvent captieux. Je crains les gens captieux. Un sophiste captieux.*

CAPTIF, IVE, adj. qui a été fait esclave à la guerre. Il se dit proprement en parlant des guerres de l'antiquité. *Les Grecs, ayant pris la ville, passèrent les hommes au fil de l'épée, et emmenèrent les femmes captives. Un roi captif. Un peuple captif. Une princesse captive.* — Il s'est dit aussi des esclaves faits par les mahométans sur les chrétiens, et particulièrement de ceux tombés au pouvoir des corsaires de Barbarie. *Racheter les chrétiens captifs.* — Il s'est souvent employé substantivement dans les deux sens. *A Rome, les captifs suivaient le char du triomphateur. Il était au nombre des captifs. La procession des captifs rachetés.* — *Ordre de la rédemption des captifs,* l'ordre des mathurins et l'ordre de la Merci, qui furent institués pour le rachat des chrétiens réduits en esclavage par les mahométans.* — **CAPTIF** se dit aussi, surtout dans le style soutenu, de toute sorte de prisonniers. *Louis IX captif inspira de l'estime à ses vainqueurs. Un oiseau captif.* Substantivement, *C'était l'unique passe-temps du pauvre captif.* — Il signifie encore, par extension, tant au propre qu'au figuré, qui est dans une grande contrainte, dans une grande sujétion. *Cette place me rend fort captif. Il tient sa femme captive. Il tient ses enfants captifs : il ne leur laisse aucune liberté. On veut que sa langue soit captive. Ame captive. Raison captive.* — *Ballon captif,* ballon, aérostat qu'on retient au moyen d'une corde ou d'une ficelle ; par opposition à *ballon perdu.*

CAPTIVER, v. a. rendre captif. Il ne s'emploie qu'au figuré. *La beauté qui le captive. Captiver l'esprit de quelqu'un. Captiver les esprits. Captiver l'attention. Captiver l'admiration.* — *Captiver la bienveillance de quelqu'un,* se rendre maître de sa bienveillance, en être assuré. — **CAPTIVER** signifie également assujettir. *Cet enfant sera difficile à captiver. Vous ne sauriez captiver cet esprit emporté. C'est une humeur qu'on ne saurait captiver.* En termes de l'Écriture, *Captiver son esprit, son entendement sous le joug de la foi.* — Il s'emploie, dans un sens analogue, avec le pronom personnel. *C'est un homme qui perd toutes ses affaires, parce qu'il ne saurait se captiver. Se captiver auprès des grands pour avancer sa fortune.*

CAPTIVERIE (*ancien droit civil et commercial*). C'est le nom que les négociants français donnaient sur la côte d'Afrique à de grands lieux destinés à renfermer les nègres captifs dont on traitait, et dans lesquels on les tenait jusqu'à ce qu'ils fussent en assez grand nombre pour être transportés sur les vaisseaux et envoyés aux îles.

CAPTIVITÉ, s. f. privation de liberté, esclavage. *Tenir en captivité. Vivre dans la captivité. Sortir de captivité. Délivrer de captivité. Etre en captivité. Racheter de captivité.* — Il se dit figurément d'une grande sujétion : *C'est une maison où les domestiques sont en captivité.*

CAPTIVITÉ. C'est le mot employé par l'*Écriture sainte* pour exprimer les divers châtiments infligés par Dieu aux Juifs en expiation de leur idolâtrie. Leur première captivité en Égypte, de laquelle ils furent délivrés par Moïse, ne doit être considérée comme un effet des décrets divins, car elle ne fut point une punition ; mais celles qui suivirent furent réellement des châtiments dont la Providence frappa le peuple juif à cause de l'abandon de son culte, et afin de le rappeler à la connaissance ainsi qu'à l'observation des paroles du vrai Dieu. L'histoire de l'Écriture nous signale six captivités arrivées sous le gouvernement des juges. La première fut celle imposée par Chushan-Rishathaïm, roi de Mésopotamie, et dura huit années ; depuis la 1391e avant J.-C. jusqu'à la 1383e. Les Juifs furent délivrés par Othoniel, fils de Kenaz, le plus jeune frère de Caleb. La seconde eut lieu sous Eglon, roi de Moab, depuis l'an 1343 avant J.-C. jusqu'en 1325 ; Éhud la termina au bout de ces dix-huit années. La partie orientale du pays d'Israël, après avoir secoué le joug des Moabites, resta libre quatre-vingts ans ; mais la contrée de l'ouest, envahie par les Philistins, leur resta soumise quelque temps pendant cet intervalle, jusqu'à ce qu'ils en furent chassés par Samgar, fils de Hanath (Juges, III, 31). Ceci compte pour la troisième captivité. La quatrième, qui pesa sur le nord et sur

l'est d'Israël, fut l'œuvre de Jabin, roi d'Hazor ; les tribus qu'il opprimait durent leur affranchissement à Déborah et à Barac, 1285 ans avant J.-C., et demeurèrent ensuite indépendantes pendant quarante ans (Juges, IV, 2 ; V, 31). La cinquième captivité imposée encore aux mêmes tribus par les Madianites eut une durée de sept ans, depuis l'an 1245 jusqu'en 1238 avant J.-C. Le libérateur fut Gédéon (Juges, VI, 1.). La sixième enfin eut lieu sous les Ammonites et les Philistins. Pendant que Jaïr était juge pour le nord et pour l'est d'Israël (avant J.-C. 1175), ces districts tombèrent en servitude aux mains des Ammonites, qui leur imposèrent dix-huit ans leurs lois (Juges, X, 8). En même temps que Jaïr, Héli jugea pendant quarante ans les tribus du midi et de l'ouest qu'opprimaient alors les Philistins (I. Samuel, IV, 18 ; et Juges, XIII, 1). Ce fut probablement dans la première de ces quarante années que naquit Samson qui vécut quarante ans, et fut juge de l'ouest conjointement avec Héli pendant vingt années (Juges, XV, 20), toujours sous le joug des Philistins. Le nord et l'est d'Israël furent délivrés des Ammonites après une oppression de vingt-deux ou au moins de vingt et un ans complets, en 1152 avant J.-C. (Juges, X, 3). L'asservissement aux Philistins dura pendant les judicatures d'Ibzan, d'Élon, d'Abdon, d'Héli, de Samson et de Samuel. Ibzan avait présidé dans le nord et dans l'est d'Israël pendant plus de six ans, depuis 1147 à 1140 avant J.-C., quand Élon lui succéda (Juges, XII, 7). Dans la cinquième année de son gouvernement, 1155 ans avant J.-C., Samuel fut publiquement reconnu comme prophète (I. Samuel, III, 20 ; IV, 1). Ce fut dans la septième que Samson fit écrouler le temple où les Philistins faisaient un sacrifice à Dagon (Juges, XVI, 30), et en détruisit ainsi un grand nombre. Cet événement engagea les Israélites du midi et de l'ouest à livrer la bataille aux Philistins (I. Samuel, IV, 1). Élon eut pour successeur dans la judicature du nord et de l'ouest, Abdon, en 1130 avant J.-C. A Abdon succéda, huit ans après, Samuel, qui devint juge d'Israël pour le nord et l'est, après avoir jugé auparavant les tribus du midi et de l'ouest (I. Samuel, VII, 15, 16, 17). — Mais les captivités les plus signalées auxquelles fut assujetti le peuple juif sont celles d'Israël et de Juda, sous les souverains de ces royaumes, arrivées après leur séparation en 975 avant J.-C., sous la dénomination de captivité d'*Assyrie* et de captivité de *Babylone*. La captivité d'Assyrie, qui comprend celle des dix tribus, commença sous le règne de Pékan, roi d'Israël, 740 ans avant J.-C., quand Tiglath-Pilézer, roi d'Assyrie, ayant pris plusieurs villes d'Israël, emmena leurs habitants en esclavage, notamment ceux des tribus de Ruben et de Gad, et la moitié de la tribu de Manassès (I. Chron., XXVI ; II. Rois, XV, 29). Dans la sixième année du règne d'Ezéchias, roi de Juda, et la neuvième du règne d'Hozée, roi d'Israël, 721 avant J.-C., Salmanasar, roi d'Assyrie, prit et détruisit Samarie, après un siège de trois ans, et transporta celles des dix tribus qui avaient été épargnées par son père Tiglath-Pilézer, à Ninive et dans les provinces au delà de l'Euphrate, les dispersant ainsi parmi les gentils (II. Rois, XVIII, 10,11). En outre, dans la vingt-deuxième année du règne de Manassès, roi de Juda, 676 ans avant J.-C., Eshareddon ou Assuérus, roi d'Assyrie et de Babylone, opéra la dernière déportation des Israélites, qu'il remplaça par des Assyriens ; c'est dans cette même expédition, probablement, qu'il fit Manassès prisonnier et le conduisit à Babylone (II. Rois, XVII, 24 ; II. Chroniq., XXXIII, 11 ; Esdras, IV, 2). La captivité d'Assyrie, appelée quelquefois d'Ephraïm, du nom d'un des chefs des dix tribus, fut prédite par Isaïe (chap. VII, 8) dans la première année du règne d'Achaz, roi de Juda, 741 ans avant J.-C. « Avant qu'il soit trois fois vingt ans et cinq autres années, dit le prophète, Ephraïm sera si fort menacé, que ce ne sera plus un peuple. » Cette période a fort embarrassé les commentateurs de l'Écriture. Si cette prophétie fut délivrée dans la première année du règne d'Achaz, et qu'elle concerne la prise de Samarie par Salmanasar, qui emmena Israël (Ephraïm) en Assyrie, dans la sixième année du règne d'Ezéchias, on seulement entre son apparition et son accomplissement un intervalle de vingt et un au lieu de soixante-cinq ans. Mais si l'on comprend depuis la première année du règne d'Achaz soixante-cinq ans, tant pour le règne de ce roi que pour ceux d'Ezéchias et de Manassès, on voit que la vingt-deuxième année du règne de celui-ci termina exactement cette période entre laquelle la captivité des Israélites fut complétée par Assuérus. — On a universellement supposé que la plus grande partie des dix tribus s'est perdue dans cette captivité, qui mit fin à l'existence du royaume d'Israël. Il est certain qu'immédiatement après leur déportation elles furent répandues dans l'Assyrie et dans la Médie ; et quoiqu'il subsistât des Juifs autre part, ce n'est pas moins dans ces contrées qu'ils s'établirent en plus grand nombre. Mais en général les auteurs ont voulu les rechercher ailleurs. Ainsi le visionnaire écrivain du quatrième livre d'Esdras (XIII, 40, etc.) affirme qu'ils adoptèrent la résolution de se retirer du milieu des gentils et d'émigrer dans des régions encore inhabitées; que l'Euphrate s'ouvrit miraculeusement devant eux pour leur livrer passage, et qu'après avoir voyagé pendant un an et demi, ils arrivèrent dans le pays d'Arsaxeth, pays dont la situation n'est point absolument bien précisée dans l'Afghanistan. Benjamin Tudela, juif du XIIe siècle, leur assigne une vaste et belle contrée avec des villes magnifiques dans une région parfaitement inconnue. Eldad, autre juif du XIIIe siècle, les a placés en Éthiopie, et leur a donné pour tributaires les Sarrasins et vingt-cinq royaumes. Un autre écrivain juif encore, Péritsol de Ferrare, qui vivait dans le XVIe siècle, leur a alloué des royaumes dans une contrée appelée Perriche, enfermée par des montagnes imaginaires et touchant à l'Assyrie, mais également dans les déserts de l'Arabie, et toujours à l'est des Indes. Manasseh, fameux rabbin du XVIIe siècle, et plusieurs avec lui, ont affirmé que les Israélites passèrent en Tartarie, d'où ils expulsèrent les Scythes; de la Tartarie on les a encore fait passer en Amérique. La plupart de ces opinions sont des conjectures sans fondement ou des inventions manifestes faites à plaisir par les Juifs pour rehausser leur nation; cependant quelques écrivains modernes dignes de foi pensent avoir retrouvé des traces de cette nation dans les régions septentrionales de l'Inde, et plus particulièrement chez les Afghanistans. La difficulté d'assigner les pays habités par les dix tribus a engagé certains auteurs, parmi lesquels s'est rangé dom Calmet, à admettre qu'elles retournèrent dans la Judée avec les deux autres après la captivité de Babylone. A ce propos ils s'appuient sur des prédictions relatives à ce retour, qu'on peut lire dans Osée, Amos, Abdias, Isaïe, Ézéchiel, Jérémie, Zacharie et Michée. En outre, dans quelques livres historiques de l'Écriture, sans faire mention du livre apocryphe de Tobie, les Israélites sont censés être retournés dans leur patrie avec ceux de Juda et de Benjamin. Quand Esdras fit le dénombrement de ceux qui étaient revenus de captivité, il recensa ceux de la race d'Israël; et à la première pâque célébrée dans le temple, il y eut un sacrifice « de douze jeunes boucs pour le péché, pour tout Israël, selon le nombre des tribus d'Israël » (Esdras, VI, 16, 17 ; VIII, 55). Sous les Machabées et du temps de Jésus-Christ, la Palestine était peuplée d'Israélites de toutes les tribus sans distinction. Quoi qu'il en soit, comme le décret de Cyrus s'étendait à tout le peuple de Dieu (Esdras, I, 3) et celui d'Artaxercès à tout le peuple d'Israël (Esdras, VII, 13), il est hors de doute que beaucoup d'Israélites profitèrent de ces décrets et retournèrent avec Zorobabel et Esdras dans leurs villes; mais néanmoins la masse des dix tribus resta sur la terre étrangère. Ainsi Esdras, de l'autorité duquel nous nous appuyons, nous dit que, sur l'édit de Cyrus, « les chefs des pères de Juda, de Benjamin, se levèrent pour reconduire tous ceux dont Dieu réveilla l'esprit, afin de remonter pour bâtir la maison de l'Éternel, qui habite à Jérusalem » (chap. I, v. 5).« Et il appelle les Samaritains, les ennemis de Juda et de Benjamin » (chap. IV, v. 1). De là nous sommes induits à conclure que ces deux tribus étaient les principales, et que les autres n'étaient qu'accessoires. Si celles-ci n'étaient point retournées à cette époque, il est probable qu'elles ne retournèrent point en grande quantité du moins, par la suite; car leur histoire ne fait mention d'aucune circonstance de cette sorte, et ne signale aucun chef d'une semblable expédition. Josèphe, qui voit son pays dans une condition aussi florissante après la captivité qu'en tout autre temps, affirme (Antiq., liv. IX, chap. 5) qu'Esdras envoya une copie du décret d'Artaxercès à tous ceux de sa nation répandus dans la Médie, où les dix tribus étaient captives, et que plusieurs d'entre eux vinrent avec leurs biens le joindre à Babylone, dans l'intention de retourner à Jérusalem, mais que le gros des Israélites resta dans cette contrée; il advint par conséquent, dit l'historien juif, qu'il y eut deux tribus en Asie et en Europe vivant sous la domination romaine, mais que les dix autres tribus étaient en même temps au delà de l'Euphrate, et il ajoute avec la vanité d'un Juif, en parlant de ses compatriotes, qu'ils étaient en si prodigieuse quantité qu'on n'en put faire le dénombrement. D'autres, qui n'ont pas trouvé des autorités suffisantes pour admettre que les dix tribus d'Israël aient été rétablies de la même manière que les deux tribus de Juda et de Benjamin, ont avancé avec Prideaux, que les dix tribus d'Israël qui s'étaient séparées du roi de David furent détruites si complètement qu'elles ne purent jamais se relever de leurs ruines. Pour ceux qui avaient été emmenés dans les régions éloignées (à l'exception seulement du petit nombre qui vinrent rejoindre Esdras et Zorobabel à Babylone pour s'en

retourner dans leur patrie), ils prirent les mœurs et la religion des peuples au milieu desquels ils avaient été disséminés, et formant dans la suite des alliances avec eux, après quelques générations ils furent tellement absorbés en eux que leur nom, leur langage et jusqu'aux traces de leur nationalité se perdirent définitivement. Pour contredire ces faits évidents, on a justement objecté que si la race entière d'Israël fut ainsi anéantie, on attendra en vain désormais l'accomplissement des prophéties nombreuses qui promettent la conversion future et le rétablissement des royaumes d'Israël et de Juda. « La vérité, dit le savant auteur des Dissertations sur les prophéties, semble être entre ces deux opinions : ni tous les Juifs ne sont pas retournés à Jérusalem, ni tous, parmi ceux qui restèrent dans la terre d'exil, n'embrassèrent point l'idolâtrie des nations chez lesquelles ils vivaient. Mais soit qu'ils aient demeuré, soit qu'ils aient regagné leur patrie, la prophétie d'Isaïe (chap. VIII, v. 8) a toujours eu son accomplissement. Le royaume, le gouvernement, l'État d'Israël a été entièrement anéanti. Il n'a plus subsisté comme composé par un peuple distinct de Juda. Il n'a point eu depuis un culte différent de celui de Juda. Ses citoyens se sont rejoints aux Juifs dont ils avaient été séparés mal à propos. Ils ont perdu le nom d'Israël comme nom de nation qui a été remplacé par la dénomination générale de Juifs. » On voit dans le livre d'Esther qu'il y avait un grand nombre de Juifs répandus dans les cent vingt-sept provinces du royaume d'Assuérus ou Artaxercès Longuemain, roi de Perse, et qu'ils ne pouvaient pas tous être les restes des deux tribus de Juda et de Benjamin, qui auraient refusé de retourner à Jérusalem avec leurs pères; quelques-uns d'eux doivent nécessairement avoir été les descendants des dix tribus que les rois d'Assyrie avaient emmenées en esclavage. Aussi n'en est-il fait mention que comme d'un seul et même peuple, et tous sans distinction sont-ils appelés Juifs. Ainsi c'est un fait certain que les dix tribus ont presque été détruites pendant leur captivité, tandis que celles de Juda et de Benjamin se sont conservées, rétablies et accrues dans les siècles suivants. En cherchant les motifs de cette différence, on trouve que l'anéantissement des dix tribus fut un juste châtiment de leur abandon du culte du vrai Dieu pour adorer les veaux d'or de Dan et de Béthel. — La captivité de Babylone comprend celle du royaume de Juda ou des deux tribus de Juda et de Benjamin qui adhéraient à la maison de David. Elle fut de soixante-dix ans. On a eu de la difficulté à bien préciser sa durée en raison des différentes captivités de la nation juive qui eurent lieu dans la même période. On a compté cinq de celles-ci : la première commença la quatrième année du règne de Joachim, 606 ans avant J.-C., lorsque Nabuchodonosor, admis à partager le royaume de Babylone avec son père, marcha vers Cachemire à la tête d'une puissante armée, pour reprendre au roi d'Égypte tout le pays dont ce monarque venait de s'emparer comprenant dans la Syrie et dans la Phénicie. Dans le cours de cette expédition, il envahit et ravagea la Judée, assiégea et prit Jérusalem, mit Joachim sous sa dépendance et le rendit son tributaire, transportant les plus enfants de la famille royale et de la noblesse, parmi lesquels se trouvaient Daniel et ses compagnons, à Babylone, pour y servir d'ennuques ou d'esclaves dans son palais. Nabuchodonosor s'empara aussi des vases du temple qu'il envoya à Babylone pour le culte de son idole (Dan., I, 1, 6). La date de la seconde captivité est à la septième année du règne de Joachim, 603 ans avant J.-C. Nabuchodonosor retourna en Judée immédiatement après la mort de son père, il fit prisonnier une grande quantité de Juifs, et se disposait à conduire leur roi à Babylone; mais il le rétablit bientôt sur le trône, après en avoir reçu les plus fortes assurances de soumission et de fidélité. Mais, malgré ces protestations d'obéissance, Joachim s'étant révolté en la onzième année de son règne, Nabuchodonosor à cette nouvelle s'avança contre lui avec une nombreuse armée, menaçant de mettre tout à feu et à sang dans la Judée. Intimidé par la colère du monarque, Joachim alla se mettre à la merci de son ennemi, qui le fit mourir avec plusieurs des grands de son royaume à Jérusalem, et plaça son fils sur le trône (II. Chroniq. XXXVI, 6). Mais bientôt mécontent de ce qu'il avait fait, et craignant que le nouveau roi ne saisît une occasion de venger la mort de son père, Nabuchodonosor revint sur ses pas au bout de trois mois, emmena le malheureux prince en esclavage, et mit Sédécias à sa place (II.Chron., XXXVI, 9 ; II. Rois XXIV, 10, etc.); ceci constitue la troisième captivité imposée aux Juifs par le roi de Babylone. Dans cette circonstance, Mardochée et Ézéchiel se trouvaient parmi les captifs (Esther, II, 5, 6 ; Ezech., I, 1, 2). La quatrième arriva la onzième année du règne de Sédécias, 588 ans avant J.-C. Toute la contrée fut ravagée, le temple et la ville de Jérusalem furent détruits (la ville prise et incendiée après un siège de dix-huit mois, 587 ans avant J.-C., et le temple réduit en cendres l'année suivante). Sédécias, roi de Juda, eut les yeux crevés, et fut conduit prisonnier à Babylone, lié de doubles chaînes d'airain ; il mourut dans cette ville (II. Rois, xxv, 2, 9 ; II. Chroniq., xxxvi, 10 ; Ézech., xii, 13). La cinquième captivité eut lieu la vingt et unième année du règne de Nabuchodonosor, l'an 584 avant J.-C., quand ce monarque envoya Nabusaradan, capitaine de ses gardes, venger la mort de Guédaljà, qui gouvernait la Judée en son nom. Nabusaradan désola le royaume, et emmena à Babylone les tristes restes de cette malheureuse nation. — On a assigné à chacune de ces captivités une durée de soixante-dix ans. Mais la première, dans la quatrième année du règne de Joachim, 606 avant J.-C., est généralement reconnue pour avoir commencé cette période, et l'Écriture l'admet comme telle. L'intervalle qui s'écoula depuis jusqu'à la seconde année du règne de Cyrus, 536 ans avant J.-C., quand les Juifs eurent la permission de rentrer dans leur patrie, comprend les soixante-dix ans ; car Cyrus fit la conquête de Babylone vers la fin de l'an 538 avant J.-C. ; de sorte que l'année suivante, c'est-à-dire 537, était la première de son règne et 536 la seconde, et la soixante et onzième depuis la quatrième du règne de Joachim. La date de la captivité de Babylone peut être précisée par les faits suivants : Nabuchodonosor s'empara de Tyr dans la trente-quatrième année de son règne, la vingt-sixième de la captivité de Joachim, et 573 ans avant J.-C., comme nous l'apprennent les Annales tyriennes (Josèphe, Cont. App., liv. i, chap. 21) ; Cyrus prit Babylone la quatrième année du règne d'Hiram, et trente-six ans après que cette ville avait été prise par Nabuchodonosor, c'est-à-dire à la fin de l'année 538 avant J.-C. Dans cette circonstance encore, les archives de Tyr confirment la chronologie sacrée. — La captivité et le rétablissement des deux tribus furent prophétisés, et de plus le temps précis de ces deux événements fut prévu et déterminé par Jérémie (chap. xxv, 11 ; xxix, 10) dans la quatrième année du règne de Joachim, et cette même année Nabuchodonosor commença à la mettre en exécution. Si le commencement des soixante-dix années de captivité est fixé au temps où Jérusalem fut brûlée et détruite, elles expirent à l'époque où Darius, fils d'Hystaspes, donna son décret pour la reconstruction du temple, après que les travaux en avaient été suspendus, ce qui arriva la quatrième année de son règne, avant Jésus-Christ la cinq cent dix-huitième. Ou bien encore, si l'on fait commencer cette période à l'époque où Nabuchodonosor emmena en esclavage les derniers restes du peuple et acheva la ruine de la Judée, elle se termine au temps où le temple fut rétabli et dédié, à la première pàque qui y fut célébrée la septième année du règne de Darius, et la cinq cent quinzième avant Jésus-Christ. — De quelque manière qu'on envisage la prophétie de Jérémie et à quelque circonstance qu'on la rapporte, elle n'en a pas moins ressorti son plein et exact accomplissement, puisqu'elle peut s'appliquer à trois époques diverses, et qu'elle a été exécutée sous trois différents aspects ; elle a peut-être même fait allusion à ces trois époques, bien qu'elle paraisse cependant avoir eu plus particulièrement la première en vue. Les prophètes Isaïe et Ezéchiel ont tracé avec de vives couleurs dans leurs prédictions (Isaïe, x, 28 ; et Ezéch., xxxvi, 10, etc.) la peinture des beaux jours qui succéderaient à la captivité, et ils ont lui en effet sur les Juifs quand ils furent revenus dans leur pays, jouissant des bienfaits de la liberté et de l'abondance. Le peuple se multiplia rapidement, les villes se remplirent d'habitants, et les champs désolés furent rendus à la fécondité. Tandis que les dix tribus demeuraient dispersées et s'anéantissaient, celles de Juda et de Benjamin, ou les Juifs, se rétablissaient et prospéraient, non pas tant pour leur propre avantage, qu'en considération des promesses faites à leurs ancêtres ; car de la tribu de Juda sortirait le Messie, et qu'il prendrait la naissance dans la maison de David. Il était donc nécessaire que la tribu de Juda et les familles de cette tribu fussent parfaitement séparées des autres jusqu'à l'arrivée du Messie. Mais dès lors toutes ces distinctions de familles et de généalogies ont entièrement disparu, et les Juifs eux-mêmes le reconnaissent très-bien, puisqu'ils disent que, quand le Messie viendra, un des caractères de sa mission sera de faire la classification des familles, de rétablir leurs généalogies et de les séparer des étrangers. — La captivité, considérée comme une dispensation de la Providence, doit naturellement amener à faire les réflexions suivantes : 1° la bonté de Dieu, dans les terribles bouleversements de la nation juive, se manifesta assez graduellement, après une succession de jugements du petit au au grand pendant l'espace de vingt-deux années, pour leur donner le temps de s'amender, et les convaincre par expérience que les menaces dénoncées par les prophètes recevraient certainement leur exécution ; 2° que la captivité était un juste châtiment

de leurs péchés et particulièrement de leur idolâtrie ; 3° que c'était le moyen le plus efficace d'amener leur réforme, cette grande fin proposée par la divine sagesse, et qui a eu son résultat si complet, que depuis ils ne sont plus retombés dans l'idolâtrie dont jusqu'à nos jours nous les voyons avoir la plus grande horreur ; 4° qu'ils ont si fort négligé la loi de Moïse, comme la règle de leur conduite dans toutes les affaires civiles et religieuses, et la base de leur bonheur, qu'en aucun temps elle ne fut plus méconnue ni abandonnée parmi eux ; 5° enfin, que cette disposition fut calculée pour produire des effets avantageux chez les nations au milieu desquelles ils vécurent en exil ; car les Juifs, malgré leur dépravation dans leur propre contrée, n'en furent pas moins, pendant la captivité des soixante-dix ans, des éléments de civilisation et de préparation à la connaissance d'un Dieu unique dans les régions de l'Orient. — Outre les captivités rapportées ci-dessus, il y eut encore une captivité considérable et une dispersion des Juifs au temps de Ptolémée, fils de Lagus, vulgairement appelé Soter, environ l'an 319 avant J.-C. Ptolémée envahit la Judée, assiégea Jérusalem, prit cette ville, et emmena prisonniers en Egypte plus de cent mille habitants, qu'il répartit dans Alexandrie et les villes adjacentes. Mais, quoiqu'il eût d'abord traité Jérusalem et la Judée avec une grande rigueur, ce monarque, prenant en considération la constance avec laquelle ils observaient la fidélité qu'ils avaient jurée à ses gouverneurs, tant dans cette occasion que dans d'autres, et jugeant à propos de les en récompenser par de la confiance, en choisit trente mille des plus distingués et des plus capables de le servir, et les préposa à la garde des places les plus importantes de ses Etats. Beaucoup d'autres Juifs vinrent rejoindre leurs frères captifs en Egypte, les uns attirés par la faveur du roi, qui leur donnait des privilèges semblables à ceux des habitants d'Alexandrie, et les autres par la fertilité de la contrée, de sorte que leur colonie, d'où sont sortis les hellénistes, devint très-considérable. — La dernière captivité des Juifs fut celle qui arriva à la suite de la destruction de leur ville et du temple par Titus, environ quarante ans après la résurrection de Notre-Seigneur (V. JÉRUSALEM). Ed. GIROD.

CAPTIVITÉ (PRINCES DE LA). Ce sont les principaux ou chefs de la nation juive, préposés à l'administration de la justice parmi ses membres, pendant la durée de leurs captivités simultanées dans l'Orient et dans l'Occident, depuis la destruction de leur temple par les Romains. Le prince de la captivité dans l'Orient était censé avoir le gouvernement des Juifs demeurés à Babylone, dans la Chaldée, en Assyrie et en Perse. Le prince de la captivité en Occident avait la direction de ceux qui vivaient dans la Judée, en Egypte, en Italie, et dans les autres parties de l'empire romain. Les Juifs établissent une grande différence entre les patriarches de la Judée et les princes de la captivité à Babylone. Les derniers étaient appelés rabbans, et étaient supposés descendre en ligne directe de David par les mâles ; les premiers ou patriarches, appelés rabban, descendaient seulement de David par les femmes. Le patriarche qui résidait en Judée faisait sa demeure ordinaire à Tibériade, et prenait le titre de roschàbboth, c'est-à-dire chef des pères ou patriarches. Il présidait aux assemblées, décidait les cas de conscience, levait des taxes pour défrayer ses visites, et expédiait des officiers subalternes dans les provinces pour exécuter ses ordres. Quant aux princes de la captivité de Babylone ou de l'Orient, leur origine et leur succession sont inconnues : mais il ne paraît pas qu'ils aient subsisté au delà du second siècle. Tant que le temple fut debout, les Juifs de l'Orient, comme ceux de l'Occident, concurrent de reconnaître l'autorité du grand prêtre. Le premier de ces princes paraît avoir été Huna, qui vivait dans le IIe siècle, et depuis Huna jusqu'à la confection du Talmud, c'est-à-dire pendant une période de trois cents ans, à peine en a-t-on compté trois. Ed. GIROD.

CAPTURE, s. f. prise au corps. Il ne se dit guère qu'en parlant d'un homme arrêté pour dettes ou pour crime, par ordre de justice. Cet homme a vu les gendarmes procéder à la capture d'un fameux voleur. On a pris un incendiaire, c'est une belle capture. Les gardes du commerce ont procédé à la capture d'un débiteur contraignable par corps. — Il se dit aussi de la prise de navires marchands qui appartiennent à des nations avec lesquelles on est en guerre, et quelquefois des vaisseaux mêmes qui ont été pris. La capture d'un navire. Il s'empara de deux bâtiments chargés, et rentra dans le port avec cette riche capture. — Il se dit encore, familièrement, des prises que les soldats font à la guerre. Ces soldats ont fait une bonne capture. — Il signifie aussi la saisie des marchandises prohibées faite par les préposés du gouvernement.

CAPTURER, v. a. faire capture; appréhender au corps, saisir une personne pour l'arrêter. — Il signifie aussi prendre un bâtiment, s'en emparer : *Ce bâtiment a été capturé par les corsaires ennemis. Il reçut l'ordre de capturer tous les navires qui se montreraient dans ces parages.*

CAPUA ou **CAPOA** (LÉONARD DE), en latin *Capuanus*, médecin, né en 1617 à Bagnuolo, dans le royaume de Naples, étudia chez les jésuites la philosophie et la théologie, puis se livra à la jurisprudence, qu'il abandonna pour la médecine. Persuadé que les traductions n'offrent qu'imparfaitement les traits de l'original, il apprit la langue grecque, afin de lire Hippocrate, Galien, Arétée et les autres princes *artis medicæ*. Il puisa dans ses lectures le germe du scepticisme médical dont toutes les pages de ses écrits portent l'empreinte. A vingt-deux ans, il revint à Bagnuolo; mais, ayant été impliqué dans un assassinat, il fut obligé de retourner à Naples : cette ville d'ailleurs lui offrait un théâtre plus propre à faire briller ses talents. Professeur de l'université, dont il remplit les premières chaires, il fut un des plus ardents propagateurs de la philosophie cartésienne en Italie. Telle est probablement la principale cause de l'estime que lui témoigna la reine Christine de Suède. Il fut aussi l'un des fondateurs de l'académie *degli Investiganti*; et celle *degli Arcadi* l'admit au nombre de ses membres, sous le titre de *Alcesto Cilleneo*. Capua mourut le 17 janvier 1695, après avoir publié les ouvrages suivants : 1° *Parere, divisuto in otto raggionamenti, ne' quali partilamente, narrandosi l'origine e'l progresso della medicina, chiaramente l'incertezza della medesima si fa manifesta*, Naples, 1681, in-4°; 2° *Raggionamenti intorno all' incertezza de' medicamenti*, Naples, 1689, in-4°; 3° *Lezioni intorno alla natura delle mofete*, Naples, 1683, in-4°. Ces trois ouvrages ont été réimprimés en trois volumes in-8°, à Naples, sous la date de Cologne, en 1714. On doit encore à Capoa la *Vie du cardinal Cantelmo*, Naples, 1695, in-4°. Il avait composé en outre plusieurs comédies, et divers opuscules de littérature, dont les manuscrits lui furent volés dans un voyage de Bagnuoli à Naples. La *Vie* de ce médecin a été écrite par Nic. Amenta, et son éloge, par Hyacinthe Gimma et Nicolas Crescenzio.

CAPUA (BARTHÉLEMI DA), qui occupa dans le XII° siècle les premières dignités du royaume de Naples, est auteur des ouvrages suivants : 1° *Singularia juris*, Francfort, 1596, 2 vol.; 2° *Glossæ ad constitutiones regni neapolitani*, Lyon, 1533; Venise, 1594, à la suite des *Comment. in capitula regni neapolitani*, de J. A. de Nigris, Naples, 1605, in-fol. Il mourut en 1500. — **CAPUA** (André de), de la même famille que le précédent, écrivit aussi sur le Digeste, sur le code et sur les constitutions du royaume de Naples. Il était avocat fiscal à Naples en 1282. — Quelques autres écrivains du même nom et du même pays ont laissé des écrits de peu d'importance.

CAPUANA (PRISE DE LA PLACE DE). Les lazzaroni napolitains ayant attaqué un des avant-postes français, le général Championnet jugea que l'armistice qu'il avait conclu avec le roi Ferdinand était rompu, et se décida à envahir Naples. Les divisions françaises se portèrent (20 janvier 1799) sur les différents points qui leur avaient été assignés, de manière à opérer l'investissement de cette grande ville. Le général Duhesme reçut l'ordre de s'avancer par la route d'Acerra pour prendre possession des villages et du faubourg qui s'étendent en dehors de la porte Capuana. Son avant-garde fut arrêtée un instant au village d'Aspargo par une fusillade meurtrière des lazzaroni; mais elle enleva vivement cette position à la baïonnette, prit possession du faubourg, et déboucha, après une vive résistance, sur la place Capuana, en avant de la porte du même nom. Malheureusement il était impossible de se maintenir sur cette place, où l'on était dominé par deux tours qui défendaient l'entrée et droit l'enceinte de la ville. Le général Duhesme se décida, en conséquence, à la faire évacuer. Les lazzaroni s'élancèrent aussitôt à la poursuite des Français, et disposèrent même contre eux une batterie de douze pièces. Il fallait abandonner complétement le faubourg ou enlever cette batterie; le général Duhesme se décida pour ce dernier parti. La batterie, vivement défendue, tomba au pouvoir des Français; plusieurs pièces que les lazzaroni amenèrent successivement eurent le même sort. La place Capuana resta définitivement au pouvoir des assaillants. Cette brillante affaire, qui valut aux Français dix-sept pièces d'artillerie et la position d'une place importante, leur coûta plus de 300 hommes tués ou blessés.

CAPUCE ou **CAPUCHON**, en latin *cucullus*, pièce de drap taillée et cousue en cône, ou arrondie par le bout, dont divers ordres religieux, les mendiants particulièrement, se couvraient la tête. Les *capucins* en ont tiré leur nom. On distinguait deux sortes de capuchons : l'un était une robe descendant de la tête jusqu'aux pieds, l'autre, une sorte de camail pareil à ces espèces de coiffes qui enveloppent la tête et les épaules, et dont les évêques et les chanoines se couvrent au chœur d'hiver; ils les appellent aussi *scapulaires*. Dans l'origine, le clergé séculier ne portait de drap grossier; mais les dignitaires de l'Église ne tardèrent pas à le remplacer par des coiffes de soie et de velours. — Une secte d'hérétiques, qui, disciples de Wiclef, dont ils avaient adopté les principes hostiles au catholicisme romain, refusaient d'ôter leur chaperon devant le saint sacrement, parut en Angleterre vers la fin du XIV° siècle sous le nom d'ENCAPUCHONNÉS ou CAPUCIATI. — L'abbé Bergier dit qu'on avait aussi donné auparavant (sur la fin du XII° siècle) le nom de CAPUCIATI, CAPUTIÉS ou CAPUCIÉS (*V.* CAPUCIÉS) à *certains fanatiques*, qui firent une espèce de schisme religieux et civil avec leurs autres membres, et prirent pour marque de leur association particulière un capuchon blanc auquel pendait une petite lame de plomb. Leur dessein était, disaient-ils, de forcer ceux qui se faisaient la guerre à vivre en paix. Malheureusement, pour établir cette paix, ils commencèrent, à ce qu'il paraît, par faire la guerre, et par vivre aux dépens de ceux qui ne voulaient point se joindre à eux. Cette idée était venue dans la tête d'un bûcheron qui trouva des prosélytes dans tous les Etats, surtout en Bourgogne et dans le Berry. — Le capuchon devint un siècle plus tard entre les cordeliers la cause d'une guerre intestine aussi longue qu'opiniâtre, et qui dura plus d'un siècle. Ils étaient divisés en deux partis : les *spirituels*, qui, dans le but de blâmer leurs supérieurs de former des réserves de blé, de vin et autres provisions, ce qui était contraire aux principes de la pauvreté évangélique prêchée par saint François, changèrent pour se rapprocher de son esprit d'humilité la forme de leur capuchon, et le portèrent plus étroit; et les *frères de la commune observance*, qui rejetaient ces innovations, prétendant qu'il appartenait aux supérieurs de régler tout ce qui concernait l'habillement et la discipline. La dispute ne tarda pas à s'aigrir : des arguments on passa aux invectives, et quelquefois aux coups. Il fallut, pour terminer ces discordes scandaleuses autant que ridicules, les bulles des quatre papes Nicolas IV, Clément V, Jean XXII et Benoît XII. Encore les résistances furent si menaçantes de la part de certains mutins, que les supérieurs les livrèrent à l'inquisition, où, résolus de reconnaître la dernière bulle qui donnait gain de cause aux supérieurs, ils les repoussèrent sous prétexte que le pontife n'avait pu s'immiscer dans ces matières. Quatre furent condamnés au supplice du feu, et exécutés à Marseille en 1518. Cette fermeté, poussée jusqu'à l'héroïsme à propos des dimensions et de la forme du capuchon offre un triste exemple, heureusement fort rare, de l'entêtement des communautés pour le triomphe de certaines innovations, imaginées par quelques rêve-creux qui trouvaient trop aisément des partisans. Elle ne serait que ridicule si elle n'avait entraîné au scandale, au désordre, et prouvé jusqu'à quel point peuvent s'égarer des esprits graves, puisqu'elle a fait même des martyrs. ED. GIROD.

CAPUCHON, s. m. *cucullus*, nom donné par quelques anatomistes au muscle trapèze. — En botanique, on donne ce nom à des pétales, et quelquefois à des sépales, concaves en forme de casque ou de capuchon. M. Link appelle capuchon (*stylotegmen*) un évasement particulier des filets des étamines qui, dans les asclépiades, sont soudées et recouvrent l'ovaire comme un capuchon; ex. : l'*asclépias*.

CAPUCHONNÉ, ÉE, adj. (*botan.*), en forme de capuchon. *Les pétales de l'ancolie sont capuchonnés. Feuilles capuchonnées.*

CAPUCHON NOIR, s. m. (*botan.*), espèce d'oiseau du genre polochion ou polachion.

CAPUCIAT, *capuciatus*. Ce mot, qui signifie *enveloppé dans un capuchon*, fut donné dans le XIV° siècle, en Angleterre, à certains disciples de Wiclef, que l'on nomma *capuciati* ou *encapuchonnés*, parce qu'ils ne se découvraient point devant le saint sacrement, mais gardaient leur chaperon ou capuce que l'on portait alors (*Sponde*, à l'an 1587).

CAPUCIÉS. Tel est le nom d'une société religieuse et politique qui, vers 1182, en France, dont les provinces étaient alors désolées par les Brabançons, les routiers et les coteraux (*V.* ces mots). Un pauvre homme, nommé Durane, charpentier ou maçon en Auvergne, publia partout que la Vierge lui était apparue, qu'elle lui avait donné un étendard, où elle était représentée avec son fils, et qui portait cette inscription : « Agneau de Dieu, qui effacez les péchés du monde, donnez-nous la paix. »

Elle lui avait, disait-il, enjoint de prêcher une ligue pour la défense de la paix, et pour la répression des Brabançons et de tous les brigands. L'évêque du Puy en Velay, avec douze citoyens de la même ville, se joignit à lui pour établir les règles de la société des pacificateurs, des *capuchons* ou *capuciés*. On leur donnait ce nom à cause d'un capuchon blanc ou capuce de toile qui leur couvrait la tête et leur servait de signe de ralliement. Ils avaient, en outre, suspendu à leur cou une petite image de la Vierge, en plomb ou en étain. Ils s'obligeaient tous, par serment, à maintenir la paix entre eux, et à forcer les autres à l'observer. L'association fit de rapides progrès, surtout en Bourgogne et dans le Berri. En 1183, elle enveloppa, près de Châteaudun, un corps de sept mille aventuriers, dont il n'échappa pas un seul. Malheureusement les capuciés se recrutèrent d'une foule de malfaiteurs qui commirent de si horribles brigandages, qu'ils ameutèrent contre eux toutes les populations; les milices communales, entre autres celles de l'Auxerrois, se levèrent en masse, et les exterminèrent complétement.

CAPUCIN DE CARTE, carte pliée et coupée de manière qu'elle peut se tenir droite, et que sa partie supérieure a quelque ressemblance à un capuchon. — *Les enfants s'amusent avec des capucins de cartes.*

CAPUCIN se dit quelquefois, figurément et par mépris, d'un homme qui affiche une grande dévotion. Ce sens est familier.

CAPUCIN, s. m. ((hist. nat.), nom d'une coquille du genre cône, — d'un insecte du genre bostriche, — d'une espèce de singe d'Amérique, du genre sapajou, et de quelques autres singes. *Capucin de l'Orénoque. Capucin de Rio-Sinu.* — CAPUCIN est aussi le nom d'une sorte de pigeon dont les plumes sont rangées sur la tête en forme de capuchon.

CAPUCINADE, s. f. Il se dit d'un plat discours de morale ou de dévotion. *Ce sermon n'est qu'une capucinade.* Il est familier.

CAPUCINAGE, s. m. condition, métier de capucin. *Lors de la révolution, il en profita en homme d'esprit, il abandonna le capucinage pour l'alambic du chimiste.* Il est familier.

CAPUCINAL, ALE, adj. qui est relatif aux capucins. *Paroles capucinales.* Il est ironique.

CAPUCINE, en term. de *potier*, petite écuelle de terre qui a une queue. — On appelle, en term. de *marine*, capucines des courbes en bois ou en fer qui s'ajoutent intérieurement à un bâtiment fatigué ou vieilli, pour lier ses murailles avec les ponts. — En term. d'*arquebusier*, CAPUCINE se dit des anneaux de fer ou de cuivre qui assujettissent sur son bois le canon d'une arme à feu à l'usage des troupes. *La première, la seconde capucine d'un fusil.*

CAPUCINE (COULEUR), couleur qui ressemble à celle des fleurs de la capucine, qui est une espèce d'aurore foncé.

CAPUCINE (*tropeolum*, Linné), genre de plantes de la famille des géraniacées; ses caractères botaniques sont : calice monosépale, éperonné à sa base, à cinq divisions profondes; corolle de cinq pétales, dont trois sont ciliées sur les bords; huit étamines libres; style terminé par trois stigmates; fruit formé de trois capsules charnues. D'ailleurs la capucine est remarquable par la singularité de sa fleur assez semblable à celle de la violette, et ornée d'une couleur éclatante; par ses feuilles d'un beau vert, et sur lesquelles l'eau glisse sans les mouiller; enfin, par la souplesse et la transparence de sa tige qui s'élève très-haut quand elle rencontre un appui autour duquel les feuilles peuvent se contourner, ce qui fait qu'elle est employée volontiers par les jardiniers pour garnir des treillages, et par les habitants des villes pour établir des jardins portatifs sur leurs croisées. La capucine que nous devons à l'Amérique méridionale, où elle est vivace, ne vit chez nous qu'une année, et s'y conserve par la graine que l'on sème au printemps. On en connaît plusieurs espèces : nous en citerons deux principales : la CAPUCINE ORDINAIRE (*t. majus*). Les fleurs jaune orangé ou souci ponceau partent de l'aisselle des feuilles et sont marquées, sur les pétales supérieurs, de lignes noirâtres. Les feuilles, lisses en leur surface supérieure, sont plus pâles en dessous; la tige est cylindrique et s'élève de six à sept pieds quand elle est soutenue. Cette espèce nous a été apportée du Pérou en 1684. — La PETITE CAPUCINE a la tige plus rameuse, plus tortueuse et moins élevée; ses fleurs, plus pâles, ont les trois pétales inférieurs moins grands que les supérieurs et marqués d'une tache rouge : ce dernier caractère est constant, et sert parfaitement à les distinguer de l'espèce précédente. Elle a été apportée du Pérou en 1680. On a obtenu des espèces doubles, que l'on cultive dans les serres; puis des

espèces hybrides qui présentent les caractères de la grande et la petite capucine. Nous signalerons aussi une variété nouvelle; ses fleurs sont brunes et veloutées. La capucine se rapproche un peu des plantes crucifères par son odeur vive et piquante et sa saveur forte; elle partage aussi les propriétés stimulantes de cette même famille, et peut avoir de l'efficacité dans le scorbut, le scrofule, etc. Ses fleurs et ses fruits confits dans le vinaigre servent d'assaisonnement. Les fleurs servent à orner les salades et à leur donner une odeur agréable semblable à celle du cresson de fontaine.

CAPUCINES. Des religieuses de Sainte-Claire ont pris ce nom à cause de leur vêtement, pareil à la couleur et le capuchon, d'usage en certaines circonstances, à celui des capucins. Leurs grandes austérités les avaient fait aussi appeler les *filles de la Passion*. Marie-Laurence Longa fut leur fondatrice à Naples en 1538. Louise de Lorraine, veuve de Henri III, ayant entendu parler de ces religieuses d'Italie, en voulut fonder un monastère en France. Elle était à la veille de faire construire un établissement dont elle avait obtenu du pape Clément VIII que les capucins auraient la direction, quand elle mourut, laissant 20,000 écus pour l'exécution de ses intentions à cet égard. Son père, le duc de Mercœur, chargé d'accomplir ses dernières volontés, fut enlevé à son tour par la mort, sans pouvoir s'acquitter de ce devoir, dont la duchesse de Mercœur se chargea. Henri IV lui octroya son agrément pour la fondation dont il s'agissait par lettres patentes enregistrées au parlement en 1602; elle acheta en conséquence l'hôtel de Retz, nommé *l'hôtel du Perron*, situé rue Saint-Honoré, en face des capucins. Les fondements du monastère furent jetés en 1604; et pendant sa construction, la princesse avec la permission du pape d'admettre à l'état de novice les filles qui voudraient embrasser cette réforme, en choisit douze qu'elle mit dans sa maison de la Roquette au faubourg Saint-Antoine. On leur y donna l'habit de l'ordre, consistant en une robe et une tunique de gros drap, avec un voile blanc; mais elles ne portèrent point la corde, le manteau ni les sandales, et on ne leur coupa point les cheveux. Après deux ans d'épreuves, persistant dans leur dessein devant le P. Ange de Joyeuse, alors gardien des capucins, elles furent amenées, à l'hôtel de Mercœur, depuis la Roquette, pendant la nuit du 24 juillet 1606. Le lendemain matin, les capucins, au nombre de quatre-vingts, allèrent les chercher pour les conduire processionnellement dans leur nouveau couvent, où le cardinal de Retz, assisté de l'évêque de Paris, son neveu, les attendait à l'autel, revêtu de ses ornements pontificaux. Douze couronnes d'épines devaient être placées par lui sur la tête de chacune des douze novices qui prirent ce jour-là le nom de *filles de la Passion*. Chacune aussi était, pendant la procession, conduite par une princesse royale, à qui madame la duchesse de Mercœur l'avait présentée. Douze autres novices leur furent adjointes peu de temps après; quant à elles, elles firent profession le 21 juillet de l'année 1607. Une autre maison se forma depuis à Marseille. Les observances des capucines étaient les mêmes que celles des autres clarisses (V. ce mot). Seulement quelques réglements particuliers leur furent donnés par les capucins. Leur habillement était encore semblable à celui des clarisses pour l'ordinaire de la maison. Celui du chœur consistait en un grand manteau qu'elles mettaient par-dessus leur voile. Le capuce, d'où vient leur nom, servait la nuit et pendant l'hiver, comme lorsqu'elles étaient obligées de paraître au dehors.

ED. GIROD.

CAPUCINIÈRE, s. f. maison, demeure des capucins. Ce terme est familier, et ne s'emploie que par dénigrement.

CAPUCINS (de *capuce* ou *capuchon*. V. ci-dessus). C'est le nom donné à une fraction de l'ordre des frères mineurs de Saint-François, de la plus étroite observance, parce qu'ils portaient un capuce plus long et plus pointu que celui des autres moines. Ce fut Matthieu Baschi, natif du duché d'Urbin, moine observantin du couvent de Monte-Fiascone, qui en 1525 rappela à la pratique exacte de la règle de Saint-François ces religieux, dont la discipline et les mœurs s'étaient étrangement relâchés depuis l'institution primitive. La réforme de l'observance s'était déjà établie quand Baschi, avec la permission du pape Clément VII, se retira dans la solitude accompagné de douze disciples qui avaient adopté le grossier costume dont il s'était revêtu. En vertu de la bulle délivrée par le souverain pontife en 1528, il fonda son premier établissement à Camerino, sous la protection du duc et surtout de la duchesse de Cibo. La bulle de Clément VII fut confirmée en 1535 par Paul III, qui donna aux capucins un vicaire général avec des supérieurs; mais ce ne fut que sous le pontificat de Grégoire XIII qu'ils obtinrent de s'établir dans les pays ultramontains. Sur la demande de Charles IX et de Catherine de Médicis, ce pape permit l'introduction de leur ordre en France. En 1556, Pierre Deschamps d'Amiens les ramena depuis Meudon, où il avait fondé leur première maison sous les auspices du cardinal de Lorraine, à Paris, dans la rue Saint-Honoré, vis-à-vis le terrain occupé aujourd'hui par la place Vendôme. Ce fut le chef-lieu de leur ordre, si favorisé par Henri III et ses successeurs. Ils eurent bientôt constitué neuf provinces, et le couvent qu'on leur bâtit en 1613 dans la rue Saint-Jacques, sur un terrain plus vaste que celui de la rue Saint-Honoré, fut la maison du noviciat de la province de Paris. Ils eurent encore peu après une autre maison dans le quartier Saint-Antoine. Louis XIV, par arrêt du conseil du 23 septembre 1668, témoigne de l'intérêt qu'il portait à cet ordre en déclarant qu'il n'avait pas entendu le comprendre dans l'édit de décembre 1666, qui révoquait les permissions données à différents ordres de s'établir dans le royaume. Aussi les capucins ont-ils continué à s'y multiplier prodigieusement. Ils possédaient un monastère dans presque toutes les villes de France. C'est avec la même rapidité qu'ils se répandirent et prospérèrent en Espagne, en Portugal, dans la partie méridionale de l'Allemagne, en Belgique, en Hongrie, en Pologne, et dans les diverses colonies soumises aux Espagnols, aux Portugais et aux Français. Il y avait des capucins dans plusieurs villes de la Turquie d'Europe et d'Asie, de l'Égypte, de la Perse et de l'Inde. Ils y prêchaient et travaillaient à la conversion des mahométans ; d'autres y exerçaient de la médecine, et , il faut bien le dire, quelques-uns même pratiquaient le commerce. Mais par combien de vertus, par combien de mérites ont été couverts, ont été rachetés les écarts d'un nombre excessivement petit dans une si immense agrégation d'hommes ? De combien de missions importantes ne furent pas spécialement chargés jusqu'aux confins du monde par les papes et les souverains, les humbles enfants de Saint-François, trop en butte aux traits satiriques de la méchanceté des philosophes et des impies, trop poursuivis par un injuste ridicule déversé sur la simplicité et la pauvreté de leur habit que ces mêmes motifs devaient faire respecter. Il y a des gens pour qui le nom seul des capucins est un objet de risée ; mais qu'ils sont honorablement et pleinement vengés des insultants mépris du monde par les sentiments d'admiration et de reconnaissance pour eux qu'éveillent dans toute âme chrétienne, dans tout cœur ouvert aux douces émotions les belles pages que M. de Châteaubriand leur a consacrées dans son *Génie du christianisme !* Nous ne pouvons résister au plaisir d'en citer un fragment. « Un religieux de Saint-François, dit l'illustre écrivain, était toujours un personnage noble et simple. Qui de nous n'a vu un couple de ces hommes vénérables, voyageant dans les campagnes, ordinairement vers la fête des morts, à l'approche de l'hiver, au temps de la *quête des vignes ?* ils s'en allaient demandant l'hospitalité dans les vieux châteaux sur leur route. A l'entrée de la nuit , les deux pèlerins arrivaient chez le châtelain solitaire : ils montaient un antique perron, mettaient leurs longs bâtons et leurs besaces derrière leur dos, frappaient au portique sonore et demandaient l'hospitalité. Si le maître refusait ces hôtes du Seigneur, ils faisaient un profond salut, se retiraient en silence, reprenaient leurs besaces et leurs bâtons, et , secouant la poussière de leurs sandales, ils s'en allaient, à travers la nuit , chercher la cabane du laboureur. Si au contraire ils étaient reçus, après qu'on leur avait donné à laver à la façon du temps de Jacob et d'Homère, ils venaient s'asseoir au foyer hospitalier. Comme aux siècles antiques, afin de se rendre les maîtres favorables (et parce que, comme Jésus-Christ, ils aimaient aussi les enfants), ils commençaient par caresser ceux de la maison ; ils leur présentaient des reliques et des images. Les enfants, qui s'étaient d'abord enfuis tout effrayés, bientôt attirés par ces merveilles , se familiarisaient jusqu'à se jouer entre les genoux des bons religieux. Le père et la mère, avec un sourire d'attendrissement , regardaient ces scènes naïves, et l'intéressant contraste de la gracieuse jeunesse de leurs enfants, et de la vieillesse chenue de leurs hôtes. — Or , la pluie et le *coup de vent des morts* battaient au dehors les bois dépouillés, les cheminées, les créneaux du château gothique ; la chouette criait sur les faîtes. Auprès d'un large foyer, la famille se mettait à table : le repas était cordial, et les manières affectueuses. La jeune demoiselle du lieu interrogeait timidement ses hôtes, qui louaient gravement sa beauté et sa modestie. Les bons pères entretenaient la famille par leurs agréables propos : ils racontaient quelque histoire bien touchante, car ils avaient toujours appris des choses remarquables dans leurs missions lointaines , chez les sauvages de l'Amérique, ou chez les peuples de la Tartarie. A la longue barbe de ces pères, à leur robe de l'an-

tique Orient , à la manière dont ils étaient venus demander l'hospitalité, on se rappelait ces temps où les Thalès et les Anacharsis voyageaient aussi dans l'Asie et dans la Grèce. — Après le souper du château , la dame appelait ses serviteurs, et l'on invitait l'un des pères à faire en commun la prière accoutumée ; ensuite les deux religieux se retiraient à leur couche, en souhaitant toutes sortes de prospérités à leurs hôtes. Le lendemain, on cherchait les vieux voyageurs ; mais ils s'étaient évanouis comme ces saintes apparitions qui visitent quelquefois l'homme de bien dans sa demeure. — Était-il quelque chose qui pût briser l'âme, quelque commission que ces hommes ennemis des larmes n'osassent se charger de peur de compromettre leurs plaisirs, c'était aux pères du cloître qu'elle était aussi dévolue, et surtout aux enfants de l'ordre de Saint-François ; on supposait que des hommes qui s'étaient voués à la misère devaient être naturellement les hérauts du malheur. L'un était obligé d'aller porter à une famille la nouvelle de la perte de *sa fortune* ; l'autre, de lui apprendre le trépas d'un fils unique. Le grand Bourdaloue remplit lui-même ce triste devoir ; il se présentait en silence à la porte du père, croisait les mains sur sa poitrine , s'inclinait profondément , et se retirait muet, comme la mort dont il était l'interprète. Croit-on qu'il y eût beaucoup de plaisirs (nous entendons de ces plaisirs à la façon du monde), croit-on qu'il fût fort doux pour un religieux , d'aller au milieu des prisons annoncer la sentence au criminel, l'écouter, le consoler, et avoir, pendant des journées entières, l'âme transportée des scènes les plus déchirantes ? On a vu, dans ces actes de dévouement , la sueur tomber à grosses gouttes du front de ces compatissants visiteurs, et mouiller ce front , qu'elle a pour toujours rendu sacré en dépit des sarcasmes de la philosophie. Et pourtant quel honneur, quel profit revenait-il à ces moines de tant de sacrifices, sinon la dérision du monde, et les injures mêmes des prisonniers qu'ils consolaient ! mais du moins les hommes , tout ingrats qu'ils sont, avaient confessé leur nullité dans ces grandes rencontres de la vie, puisqu'ils les avaient abandonnées à la religion , seul véritable secours au dernier degré du malheur. » — Les constitutions des capucins ordonnaient que l'office divin fût dit sans notes ni chant ; matines avaient lieu à minuit, et les autres heures selon le temps propre. Pour l'oraison mentale du matin et du soir , ainsi que pour l'observation du silence, les heures furent réglées , et les jours étaient fixés pour prendre la discipline. On ne devait servir à table qu'une sorte de viande avec le potage, et les jours de jeûne on y pouvait ajouter une salade cuite ou crue. Si quelque frère voulait se priver de viande ou de vin , les supérieurs ne pouvaient l'empêcher ; on laissait aussi la liberté de jeûner à ceux qui le désiraient, tant qu'ils n'en étaient pas incommodés. Il leur était défendu par les constitutions, de quêter de la viande , des œufs et du fromage ; ils n'en pouvaient recevoir qu'au cas où on leur en offrait volontairement. Toutes provisions leur furent interdites, et l'on bannissait des caves tous les vases propres à contenir le vin et autres boissons. On leur défendait d'entendre les confessions des séculiers ; mais cette défense ne fut pas en rigoureuse observance , et ils devaient aller à pied dans les voyages , ne mangeant jamais de viande les mercredis. L'usage des calottes ou autres coiffures était interdit à ces religieux. La pauvreté était recommandée dans les ornements du culte : on y défendit l'or, l'argent et la soie ; les pavillons des autels étaient de laine , et les calices d'étain. Les vicaires généraux, provinciaux et custodes pouvaient être confirmés dans leurs offices au temps des chapitres , et, s'ils ne s'en acquittaient pas bien , on les déposait. Sur la fin du siècle dernier, l'ordre était divisé en plus de 50 provinces, et 3 custodies de 1,600 couvents chacune et de 25,000 capucins. Ils ont compté plusieurs saints et bienheureux dans leur congrégation. Parmi les dignitaires de l'Église qu'elle a produits figurent Antoine Barberin, cardinal, frère d'Urbain VIII ; le P. Joseph Dutremblay, instituteur des religieuses du Calvaire , le confident, le principal instrument politique du cardinal de Richelieu , qui, nommé cardinal lui-même par Louis XIII, mourut avant de recevoir le chapeau ; et le P. Cassini élevé au cardinalat par Clément XI. D'illustres personnages ont préféré l'humilité et la pauvreté des capucins à l'éclat de la naissance et aux avantages de la fortune : l'Italie a vu Alphonse d'Este, duc de Modène et de Reggio , prendre leur habit en 1626 à Munich ; et la France a son tour a eu le spectacle de l'entrée en religion dans cet *ordre de Henri*, comte du Bouchage, duc de Joyeuse et pair de France, qui fit profession sous le nom de P. Ange. Sorti du cloître avec la permission du pape pour se mettre à la tête des troupes de la Ligue , après avoir fait preuve d'une grande vaillance et de talents militaires supérieurs , il quitta de nouveau le monde et la cour pour rentrer dans l'obscurité de la vie monastique. Son tombeau et celui du P. Dutremblay se voyaient avant la révolution près du maître-autel de l'église des capucins de la rue Saint-Honoré. Parmi les écrivains célèbres de cet ordre, on compte le P. Yves de Paris, qui devint un de ses plus grands ornements après avoir brillé dans le premier parlement de France au rang des meilleurs avocats ; il a laissé plusieurs ouvrages estimés. On remarque encore le P. Bernardin de Péquigny, profond commentateur des Epîtres de saint Paul , et le P. Athanase Molé, frère de Matthieu Molé, premier président et garde des sceaux de France. Le P. Zacharie Boverius donna en 1632 les Annales des capucins , traduites plus tard en français par le P. Antoine Caluze, et continuées depuis par le P. Marcel de Pise. Mentionnons encore deux hommes sortis de chez ces religieux dans ces derniers temps , mais connus sous d'autres titres : le premier le Chabot , qui n'embrassa les principes révolutionnaires que par cynisme et par cupidité ; qui, membre de l'assemblée législative et de la convention nationale, y fut en quelque sorte le paillasse de la terreur, et s'avilit au point d'être bafoué jusque sur l'échafaud. Le second , Venance Dougados, poëte aimable , sécularisé avant la révolution , et depuis enthousiaste candide des idées nouvelles, dénoncé par Chabot, qui avait été son supérieur et son ennemi, périt aussi à trente ans sous la hache de 1794. — Au coin de la rue Castiglione se voyait encore il y a peu d'années la fontaine des Capucins, sur laquelle on a rétabli les deux vers de Santeuil faisant allusion à ce voisinage et à celui de quatre autres couvents, les Jacobins, l'Assomption , la Conception et les Capucines. L'habillement des capucins était une grosse robe de bure , un manteau pardessus avec un capuce d'un drap brun grossier. Ils étaient ceints d'une corde, portaient la barbe , des sandales, et n'avaient qu'une couronne de cheveux autour de la tête. ED. GIROD.

CAPUION (ISSANTE ou ISSÉ DE), dame française que quelques biographes nomment Aprion et Apion, paraît avoir vécu vers le milieu du XIIIᵉ siècle. Elle composa plusieurs poésies dont il ne reste que deux sirventes : l'un adressé à son amie Almène de Castelnau ; l'autre est une satire des femmes qui préfèrent l'amour d'un grand seigneur à celui d'un simple particulier.

CAPULE, s. m. (antiq.), bière ou cercueil dont se servaient les Romains pour porter les morts en terre : de là vient qu'on appelait les vieillards capulares senes, et les criminels condamnés à mort capulares rei, pour exprimer que les uns et les autres étaient sur le bord de leur fosse, ou près de la bière ou du tombeau.

CAPULI (botan.), sorte de plante du Pérou, dont le fruit a une saveur agréable.

CAPULIQUE, s. f. (marine), sorte de bâtiment de mer très-léger.

CAPULLIUS (PIERRE), évêque de Conversario dans le XVIIᵉ siècle, a donné des commentaires sur le premier et le second livre des Sentences, imprimés à Venise en 1623 et 1624.

CAPURE, s. m. (botan.), espèce d'arbre des Grandes-Indes dont le fruit est une baie.

CAPURION, s. m. (droit public). C'est le nom qu'on donne à Rome à des officiers chargés d'entretenir la tranquillité publique dans les dix-huit quartiers qui divisent cette grande ville, d'empêcher qu'il ne se commette des violences dans les rues, d'en informer les magistrats de police, de veiller à ce que chaque citoyen s'applique à une profession honnête, de poursuivre les gens de mauvaise vie, de chasser les fainéants, avoir l'œil sur les édifices publics, surveiller les bouchers, les boulangers, et autres gens d'art et métier. Les capurions ont succédé aux magistrats de l'ancienne Rome, que l'on appelait, sous Auguste, curatores regionum urbis. On voit que leurs fonctions sont assez semblables à celles de nos commissaires de police.

CAPUSA (hist. anc.), fils d'OEsalie, roi de Numidie, qui fut vaincu et chassé de ses Etats par Metezulus, un de ses parents.

CAPUSSI, s. m. (botan.), nom que les brames donnent à une espèce de coton qui est appelé en malabre cudu pariti. J. Commelin lui donne dans ses notes celui d'alcea malabarensis pentaphylla, flore minore ex albo flavescente, semine tomentoso. Dans son Systema naturæ, Linné l'appelle gossypium 3 arboreum, foliis palmatis, lobis lanceolatis, caule fruticoso ; et il le confond avec le gossypium herbaceum, sive xylon maderaspatense, rubicundo flore pentaphylleum. — Sur une racine longue, fibreuse, à écorce blanche, il s'élève sous la forme d'un arbrisseau de dix à douze pieds de hauteur, à tige cylindrique de deux pouces de diamètre, sur trois à quatre pieds de haut, couronnée par une cime sphéroïde, formée de plusieurs branches alternes disposées circulairement, écartées sous un angle de quarante-cinq degrés, à cœur moelleux, à bois blanc, recouvert d'une écorce brune. Ses feuilles sont disposées alternativement et circulairement autour des branches orbiculaires, de deux à six pouces de diamètre, palmées, c'est-à-dire partagées jusqu'aux trois quarts de leur longueur en trois à cinq divisions étroites, deux à quatre fois plus longues que larges, peu épaisses, d'une couleur vert brun, relevées en dessous de trois à cinq côtes rayonnantes, échancrées d'un douzième à leur origine, et portées d'abord sous un angle de quarante-cinq degrés, ensuitehorizontalement sur un pédicule cylindrique trois fois plus court qu'elles, et accompagné à son origine de deux stipules. — De l'aisselle de chacune des feuilles supérieures sort une fleur presque égale à elles, de deux pouces en longueur, de trois pouces de diamètre, portée sur un pédoncule cylindrique, deux à trois fois plus court qu'elles. — Chaque fleur est hermaphrodite polypétale, posée autour de l'ovaire, mais à étamines réunies entre elles et avec la corolle. Elle consiste en deux calices d'une seule pièce, dont l'extérieur est une fois plus court que la corolle, à trois divisions en cœur, de quatre à six dents ; et l'intérieur plus petit, cylindrique, étroit, vert, pointillé de brun et à cinq divisions. La corolle consiste, comme celle de la mauve, en cinq pétales jaune verdâtre, marquées à leur origine d'une tache purpurine, et réunies au-dessous de cette tache avec les étamines, dont les filets, au nombre de soixante, forment un tube cylindrique couronné d'autant d'anthères jaunes, sessiles, presque une fois plus courtes que la corolle, et enfilé par le style de l'ovaire, qui est terminé par un stimate ovoïde, marqué de trois côtes ou trois angles velus. — Les fleurs, avant leur épanouissement, de jaunes qu'elles étaient , deviennent rougeâtres et purpurines. L'ovaire en mûrissant devient une capsule sphéroïde de neuf à deux lignes de diamètre, terminée par une pointe enveloppée par le calice, dont l'extérieur est un peu plus long qu'elle, vert clair, pointillée de brun, marquée de trois sillons, par lesquels elle s'ouvre en trois valves triangulaires, partagées chacune longitudinalement dans leur milieu par une cloison longitudinale, dont la réunion au centre de la capsule forme trois loges qui contiennent chacune six à huit graines noires, sphéroïdes, trois à trois lignes de longueur, un peu moins larges, recouvertes de laine blanche fine , rapprochées en deux pelotons ovoïdes. — Le capussi croît communément au Malabar dans les terres sablonneuses ; il y fleurit et fructifie toute l'année. Toute la plante a une saveur douce et mucilagineuse, et cependant ses graines sont un peu âcres et caustiques. — Ses feuilles pilées et mêlées avec le lait de vache s'emploient en cataplasme sur la tête pour en calmer les douleurs, dissiper les vertiges et procurer le sommeil. Ses fruits, pilés dans l'eau, se boivent pour arrêter les dyssenteries, et pour guérir les aphtes et les gerçures de la bouche. — Deuxième espèce. Le gossypium herbaceum sive xylon maderaspatense rubicundo flore pentaphylleum, une autre espèce de coton qui diffère du capussi en ce que, 1° les feuilles sont portées sur un pédicule une fois plus court qu'elles ; 2° leurs lobes sont fendus jusqu'au tiers seulement : 3° ils sont seulement une à deux fois plus longs que larges ; 4° ils ont entre leurs découpures deux autres petits lobes ; 5° ses fleurs sont rouges ; 6° elles sont portées sur un pédoncule égal à leur longueur. Cette espèce croît communément autour de Madras, sur la côte de Coromandel. — Ces deux espèces de coton sont donc fort différentes ; et partant Linné a eu tort de les confondre sous la même dénomination comme une seule et même espèce, d'autant plus qu'il en a séparé d'autres qui ont beaucoup plus de ressemblance. — Le coton gossypium est, comme l'on sait, une plante malvacée, et elle se range naturellement dans la troisième section de la famille des mauves.

CAPUT ANÆ (géogr. anc.), aujourd'hui Ojos de Guadiana, nom donné à la source de l'Anas, qui se trouve au milieu des monts Orospèdes.

CAPUT BUBALI (géogr. anc.), ville de Dacie, située d'après la Tab. Peut. à trois milles d'Ahihis, du côté de l'est, près de la source du Bazonis, à quelque distance de Brebul ou de Violalent. Il est incertain si c'est le Καπουδᾶεις (caput bovis) dont parle Procope, et qu'il dit être l'œuvre de Trajan (De ædif., IV, 6), ou si c'est quelque autre ville située plus près du Danube.

CAPUT CILLANUM (géogr. ecclés.), siége épiscopal d'Afrique dans la Mauritanie Césarienne. Il en est fait mention dans l'Itinéraire d'Antonin et dans la Notice de l'empire.

CAPUT DRACONIS, tête de dragon, en astronomie ; c'est le nœud ascendant de la lune (V. DRAGON et NOEUD).

CAPUT MORTUUM (chim.). Les anciens chimistes, imbus d'idées très-fausses sur la véritable nature des éléments, dénués d'ins-

truments précis pour leurs observations, peu habiles d'ailleurs à faire les expériences délicates , avaient cru pouvoir séparer, à l'aide du feu et de l'alambic, et déterminer toutes les substances primitives que contient la nature. Ils notaient donc avec soin les divers degrés d'évaporation qu'ils croyaient reconnaître, et supposaient que ces degrés divers indiquaient des substances essentiellement différentes. C'est ainsi qu'ils avaient nommé *esprit* ou *mercure* la partie la plus volatile d'un corps soumis à la distillation, tel qu'est l'*esprit-de-vin*, par exemple ; et quelle que fût la substance observée, quelle que fût la différence de la composition chimique, comme ils ne pouvaient la reconnaître dans sa nature intime, ils s'attachaient à cette seule circonstance physique de l'évaporation ; l'esprit ou le mercure était pour eux ce qui se mettait en vapeur, et ils supposaient que tous les esprits étaient de même nature.— Après l'*esprit*, ils trouvaient souvent 2° un liquide aqueux ; c'était pour eux l'*eau* ou le *flegme*; 3° une substance oléagineuse ou inflammable ; c'était l'*huile* ou le *soufre ;* 4° une substance saline, ayant un goût acide ou salé, ou affectant des formes analogues à celles du sel, c'était le *sel ;* 5° enfin , un résidu qui ne présentait aucun des caractères ci-dessus, et le plus souvent était une substance sèche, sans forme ni couleur déterminée ; c'était pour eux la *terre ;* ou plutôt parce qu'après elle ils ne pouvaient plus rien tirer de leurs opérations, ils lui avaient donné ces noms tout à fait expressifs de *terre damnée , terra damnata ,* tête morte, *caput mortuum.* — Ainsi le *caput mortuum* n'est pour nous que le résidu d'une évaporation poussée aussi loin qu'il est possible ; pour les anciens chimistes c'était un *élément*, et les éléments étaient, comme nous venons de le dire , au nombre de cinq. Paracelse , qui vivait dans le XVIᵉ siècle, était l'auteur de cette doctrine. Il ne serait peut-être pas difficile de prouver qu'elle marquait un progrès réel sur les opinions aristotéliques qui avaient eu cours jusqu'alors, et préparait les idées aujourd'hui reçues par tous les chimistes et les physiciens que les véritables éléments sont immuables, et ne se peuvent transformer les uns en les autres. — Quoi qu'il en soit, cette doctrine ne tarda pas à être attaquée ; Rohault, qui écrivait en 1671 un *Traité de physique* très-remarquable sous le rapport de l'histoire de la science, y examine les opinions soutenues par les chimistes de son temps ; il fait connaître (liv. I, chap. XX) les cinq éléments que nous venons d'indiquer ; et tout en rendant justice aux travaux de ces hommes dévoués à la science, il pense 1° qu'ils ne sauraient recueillir toutes les parties d'un mixte, la matière subtile, celle-là même qui avait été imaginée par Descartes leur échappant toujours ; 2° que les substances qu'ils recueillent sont toujours altérées ; 3° qu'en supposant même leur méthode d'expérimentation excellente, il faudrait reconnaître bien plus de cinq éléments, puisqu'il y a beaucoup d'esprits différents, beaucoup de sels, beaucoup de *caput mortuum ;* 4° qu'on est en droit de leur reprocher la confusion de leurs idées, puisqu'ils ne peuvent rien définir de ce qu'ils font ; 5° qu'enfin la connaissance de leurs prétendus éléments n'est d'aucune utilité pour les composés qu'on en peut former, ceux-ci n'ayant pour la plupart aucune espèce d'analogie avec leurs principes. — Rien de plus sage sans doute que ces objections ; on ne dirait pas mieux aujourd'hui ; aussi petit à petit les cinq éléments de Paracelse perdirent-ils la confiance des chimistes ; Becker d'abord, et Stahl un peu plus tard , cherchèrent à y en substituer d'autres qui n'étaient pas plus solidement établis (*V.* ÉLÉMENTS) ; mais enfin l'esprit critique marchait , et en 1766, par conséquent avant les belles expériences de Lavoisier, Macquer écrivait dans son *Dictionnaire de chimie* , au sujet de ce mot même de *caput mortuum* , qui nous occupe ici : « Comme ces résidus sont de nature très-différente suivant les substances dont ont été distillées, et suivant le degré de feu qu'elles ont éprouvé, il vaut mieux les spécifier d'une manière plus particulière en leur donnant la qualification qui leur convient, et dire, par exemple, *résidu terreux, résidu charbonneux, résidu salin*, etc. Cela est plus exact et plus clair ; et c'est aussi le parti que prennent les chimistes modernes. »
B. JULLIEN.

CAPUTUADA (*géogr. anc.*), ville méridionale de l'Afrique propre, à l'est de *Tydrus*. C'est maintenant *Capoudia.*

CAPUUPEBA (*botan.*), sorte de gazon qui vient au Brésil, à la hauteur de deux ou trois pieds ; sa tige est ronde et lisse, genouillée, et garnie d'une feuille à chaque nœud ; elle se distribue à son sommet en une trentaine de branches plus petites, dont l'extrémité se termine en une ombelle argentée, d'où naît la semence.

CAP-VERT (ILES DU). Le Cap-Vert, situé sur la côte d'Afrique, environ à 30 lieues communes de France, à l'est de ces îles,

leur a donné son·nom. Elles étaient presque désertes , lors-qu'elles furent découvertes au nom du roi de Portugal, en 1462, par Antonio Noli, Génois. Les Portugais s'y établirent ensuite, et les conservent encore aujourd'hui. Elles s'étendent depuis le 14° 30′ jusqu'au 17° 45′ de latitude septentrionale , et depuis le 4° jusqu'au 7° de longitude occidentale. — L'archipel du Cap-Vert, situé dans l'Océan Atlantique , se compose de dix îles principales, savoir : SAN-IAGO, qui est la plus grande ; Villa-de-Praga , avec 1,200 habitants et une rade , est la résidence du gouverneur général de l'archipel et des possessions portugaises dans la Sénégambie. L'évêque réside à Ribera-Grande , misérable endroit qui ne compte que 200 habitants. San-Antao est l'île la plus peuplée de tout l'archipel ; elle est aussi remarquable par son pic élevé ; Villa-de-Nona-Segnora-do-Rosario, avec environ 6,000 habitants , en est le chef-lieu. Fogo, remarquable par son volcan ; c'est la troisième île pour la population. San-Nicolao est très-dépeuplée. Ribera Brava , avec un port et 5,600 habitants , en est le chef-lieu. Les autres îles principales sont : Boa-Vista et Maïo, importantes pour leurs salines ; et San-Vicente (*Saint-Vincent*), remarquable par son beau port et par la petite bourgade Léopoldina, qu'on a fondée tout près de là depuis quelques années. Sal , ou Sel , avec de riches salines , et Santa-Lucia sont désertes. Brava (*Saint-Jean*) n'a rien de remarquable. — On porte quelquefois à vingt les îles du Cap-Vert, en comptant quelques flots et quelques rochers.

CAPYBALA , s. m. (*hist. nat.*), nom qu'on donne en Amérique au plus grand des rongeurs.

CAPYS (*mythol.*), prince troyen, fils d'Assaracus et d'une fille du Simoïs. Il épousa Thémis, fille d'Ilus, de laquelle il eut Anchise, père d'Énée (Ovide, *Fast.*, 4 , v. 33 ; Virg., *En.*, 2, v. 35). — Capitaine troyen qui voulait qu'on détruisit le cheval de bois laissé par les Grecs sous les remparts de Troie. Après la ruine de sa patrie, il suivit Énée en Italie, où il tua Piverne d'un coup de flèche. Selon Virgile, c'est lui qui fonda la ville de Capoue (*En.*, liv. 2, v. 35 ; 10, v. 146).

CAPYS (*hist. anc.*), septième roi d'Albe, surnommé *Sylvius*, monta sur le trône à la mort de son père Atys ou Capétus, vers l'an 962 avant J.-C., et régna vingt-huitans. Il passa, avec plus de vraisemblance que le précédent, pour le fondateur de Capoue (Denys d'Halicarnasse ; *En.*, 6 , v. 768). — Il y eut aussi un général samnite du nom de Capys, qui s'empara de la ville de Capoue, à laquelle il donna son nom.

CAQUAGE , s. m. action d'encaquer les harengs. — Action de caquer la poudre et le salpêtre. — État, qualité des choses qui sont caquées. — L'Académie donne le mot *caquage* , mais avec cette signification : *Façon qu'on donne aux harengs qu'on veut saler.* Or, *vouloir saler* n'est pas la même opération qu'*encaquer*, laquelle ne se fait que quand tout autre travail préparatoire est terminé.

CAQUE (*comm.*), que nous appelons communément *baril ;* c'est un petit tonneau dans lequel on encaque les harengs, c'est-à-dire où on les enferme après qu'ils ont été apprêtés et salés. — CAQUE se dit aussi des petits barils dans lesquels on renferme la poudre à canon. — CAQUE est encore le nom qu'on donne, en Champagne, à ce qu'on nomme communément un *quarteau.*

CAQUE-DENIER , s. m. avare (*Boiste*).

CAQUE-PIRE , s. m. (*botan.*), bel arbuste hermaphrodite à fruit ovoïde et charnu ; c'est une plante du genre des gardènes. On le nomme aussi *berg-kias ;* quelques-uns disent *caque-pirie,* et d'autres écrivent *caque-pyre.*

CAQUER LE HARENG (*comm.*). C'est lui couper le dessous de la tête à mesure qu'on le jette dans la huche, et ensuite lui arracher les entrailles ou breuilles , et l'apprêter pour le mettre dans la caque. On dit *encaquer du hareng*, pour signifier le mettre ou l'arranger dans une caque ou un baril. — On dit proverbialement : *La caque sent toujours le hareng*, pour exprimer qu'on sent toujours la bassesse de sa naissance , quelque fortune qu'on ait faite.

CAQUEROLLE, s. f. petit pot de cuivre à trois pieds , avec une longue queue, dans lequel on peut faire cuire différentes choses. On écrit aussi *caquerole ;* et l'on dit encore *caquerollier.*

CAQUESANGUE, s. f. (*médec.*), dyssenterie ou diarrhée sanguinolente. Ce terme est peu usité.

CAQUET, s. m. habil. *Caquet importun. Avoir bien du caquet. Avoir trop de caquet. Elle a le caquet bien affilé. Cet homme n'a que du caquet. Ce perroquet , Cette pie me fatigue* *par son caquet*. Il est familier. — Au figuré et familièrement, *Rabattre* ou *Rabaisser le caquet de quelqu'un*, confondre par ses raisons, ou faire taire par autorité une personne qui parle mal à propos ou insolemment. — Proverbialement, *Le caquet de l'accouchée*, la conversation, ordinairement frivole, qui se fait dans les visites qu'on rend aux femmes en couche.

CAQUET-BON-BEC, s. f. femme babillarde et méchante, se dit par allusion à la pie dont parle la Fontaine dans ce vers :

Caquet-bon-bec alors de jaser au plus dru.

CAQUET, au pluriel, signifie discours futiles, propos malins sur le compte d'autrui. *Je ne veux point tous ces caquets. Faire des caquets. Il n'a point égard à leurs sots caquets. S'exposer aux caquets*. Ce terme est familier.

CAQUETAGE, s. m. action de caqueter. *Il m'étourdit par son caquetage. Il n'a que du caquetage. Un insipide caquetage.* — Il se prend aussi pour caquets. *Tout cela n'est que du caquetage*. Il est familier dans les deux sens. — Cri de la poule, ou bruit qu'elle fait quand elle veut pondre.

CAQUÈTE, s. f. sorte de baquet où les harengères mettent des carpes.

CAQUETER, v. n. Il se dit, au propre, du bruit que font les poules quand elles veulent pondre. — Il signifie, par extension et familièrement, babiller. *Des femmes qui ne font que caqueter. Il ne faut pas lui dire de secrets, il aime trop à caqueter. Ce perroquet ne cesse de caqueter.*

CAQUETERIE, s. f. action de caqueter. Il se dit principalement au pluriel, dans le sens de caquets. *D'éternelles caqueteries*. Il est familier.

CAQUETEUR, **EUSE**, s. celui, celle qui caquette et babille beaucoup. *Un grand caqueteur. Une grande caqueteuse.* Ce terme est familier.

CAQUETOIRE, s. f. chaise basse, sans bras et à dos élevé. — En *term. d'agriculture*, ce mot exprime un bâton placé au milieu des mancherons de la charrue, et sur lequel s'appuie le laboureur.

CAQUEUR, s. m. (*marine*), matelot qui met les harengs en caques. — Celui qui met la poudre ou le salpêtre dans les barils. — Chez les chandeliers, celui qui verse le suif fondu dans des tonneaux pour faire la chandelle moulée. — Chez les ciriers, celui qui prépare la cire dans un poêle, sur un fourneau cylindrique.

CAQUEUX, s. m. petit couteau dont le caqueur ou la caqueuse se servent pour ôter les ouïes et les entrailles des harengs.

CAQUEUX, s. m. pl. (*hist.*, *antiq.*), sectaires que les anciens Bretons regardaient comme un reste de Juifs infectés de la lèpre. Ils exerçaient presque tous le métier de cordiers, et il leur était presque défendu de faire autre chose.

CAQUILLE, s. f. (*botan.*), genre de plantes de la famille des crucifères. On écrit aussi *cakile*.

CAQUILLIER MARITIME, s. m. (*botan.*), sorte de plante annuelle, à fleurs cruciformes, qui croît dans le Languedoc, sur les bords de la mer. On lui donne aussi le nom de *roquette de mer*.

CAR (*gramm.*), conjonction qui sert à marquer que l'on va donner la raison d'une proposition énoncée. *Il ne faut pas faire telle chose, car Dieu le défend. Vous ne le trouverez pas chez lui*, car *je viens de le voir dans la rue.*

CAR (*hist. anc.*), fils de Phoronée, régna sur la ville de Mégare, dans le Péloponèse (Paus., 1, c. 39, 40). — Fils de Manès, mari de Calliroé, fille de Méandre, donna son nom à la Carie (Hérod., 1, cap. 171).

CAR ou **CAM-LOUGH** (*géogr.*), petit lac dans le comté d'Armagh, en Irlande, au pied du mont Slieve-Julien, d'où descend un étroit et rapide torrent, dont le cours est d'environ quatre milles, et qui alimente le canal de Newry. Ce lac, ce torrent et un petit village du même nom sont renommés par les nombreux travaux qui s'exécutent sur les bords des premiers et dans l'intérieur du hameau. A partir de la source dont l'élévation est prodigieuse, une chaîne d'usines se succède en anneaux si rapprochés, si l'on peut s'exprimer ainsi, que l'eau qui vient de faire tourner la roue d'un moulin supérieur retombe sur une

roue inférieure sans toucher à son lit, et ainsi de suite, n'ayant d'impulsion en avant que celle qui lui est donnée par son impétuosité en jaillissant sur les ailes des roues, jusqu'à sa descente dans la vallée. Ce spectacle des plus pittoresques dont on puisse jouir est rendu plus intéressant par l'admiration que cause cette agitation industrielle dans des lieux presque déserts, au sein d'un pays où la misère est à son comble, tandis que là une active population trouve par son travail des ressources et une aisance refusée à la généralité des habitants de la malheureuse Irlande.　　　　　　　　　　　　　Ed. Girod.

CARA (*géogr.*), rivière de la Russie d'Europe, qui coule vers l'Océan Arctique, et forme la limite entre l'Asie et l'Europe dans une étendue de cent quarante milles, la chaîne des monts Ourals se terminant à cette distance de la mer de Karaskoi ou Karskoi.

CARA (*botan.*), espèce de *convolvulus* à tige carrée, fort anguleuse, velue et barbue aux angles, verte, rougeâtre et tortueuse; il rampe et s'étend si prodigieusement qu'une seule plante suffit pour garnir une surface de cent vingt pieds en carré; les branches et la tige prennent racine partout où elles touchent à la tige de notre sagittale : il a la tige de notre sagittale : quand on la coupe, il en sort des larmes; sa racine entre en terre de plus d'un pied, et a jusqu'à douze doigts de diamètre : elle est couverte d'une peau mince, obscure, jaunâtre et cendrée; elle a une pulpe blanche et pleine d'un suc laiteux; on la mange comme un légume. Les habitants de la Crimée en font même du pain.

CARA ALBERTINI (Capitulation des Autrichiens a). Le 31 octobre 1805, lendemain de la brillante victoire qu'il avait remportée à Caldiero sur l'archiduc Charles, Masséna apprit que par suite d'un mouvement qu'il avait ordonné le 29 à une de ses divisions, et dont le but était de tourner les troupes ennemies qui pourraient se trouver sur la gauche de Vérone, une colonne autrichienne de 5,000 hommes avait été séparée du corps principal, de manière à ne pouvoir remonter l'Adige, et rejoindre ainsi l'armée de l'archiduc. Le général Hillinger, qui commandait cette colonne, cherchait à regagner la route de Vicence, et se trouvait alors à Cara-Albertini. Masséna, informé de ces circonstances, expédie un de ses aides de camp pour sommer le général ennemi de mettre bas les armes; mais Hillinger, ne voyant pas de troupes devant lui, rejeta cette sommation. Au retour de son aide de camp, Masséna en personne se porta avec quatre bataillons de grenadiers vers Cara-Albertini, à l'effet de cerner entièrement les 5,000 Autrichiens, et fut joint en route par le vingt-deuxième d'infanterie légère. Hillinger, sentant alors la nécessité de se rendre, signa une capitulation qui, sans coup férir, donna aux Français 5,000 prisonniers avec armes et bagages. Le général et tous les officiers purent retourner en Autriche, après avoir fait serment de ne pas servir, jusqu'à complet échange des prisonniers; mais toute la troupe demeura prisonnière de guerre pour être dirigée en France.

CARABA, s. m. (*comm.*), sorte d'huile qu'on retire de la noix ou baie d'acajou dans la Guiane.

CARABACCIUM (*botan.*). C'est le nom que l'on donne à un bois aromatique des Indes, dont l'odeur ressemble beaucoup à celle du clou de girofle, excepté qu'elle est plus douce et moins pénétrante; extérieurement il est brun, ou de la couleur de la cannelle : on lui attribue la qualité d'adoucir l'acrimonie de la lymphe, et d'être un excellent remède contre le scorbut; il fortifie l'estomac et facilite la digestion. On le prend en décoction, ou infusé comme du thé et du café.

CARABACTRA (*géogr. anc.*), ville de l'Inde, sur les confins de la Bactriane.

CARA-BAGH, grande et belle province, cédée par la Perse à la Russie en 1813, en vertu du traité de Gulistan. Elle est entre les fleuves Kour et Araxe, et a pour bornes, à l'ouest, les montagnes du Massissi, et le fleuve Kourek-Tchaï. Ce pays, couvert d'épaisses forêts, s'appelait autrefois *Arran;* on lui donne encore le nom de *Chouchi*.

CARABANTES (Joseph de), capucin espagnol, né en 1628. Enflammé du désir de prêcher l'Evangile aux nations sauvages du nouveau monde, il s'embarqua pour aller parcourir d'immenses déserts, se rendit célèbre par de pénibles travaux, et mourut en 1694, avec la réputation d'avoir opéré des prodiges. On lui donna, après sa mort, le titre de nouvel apôtre du royaume de Galice. Il fit aussi des missions en Europe. Son biographe l'appelle : *Misionario apostolico en la America y Europa*. Il publia quelques ouvrages intitulés : 1° *Ars addiscendi atque docendi pro missionariis ad conversionem Indorum abeunti-*

bus; 2° *Lexicon seu vocabularium ad meliorem intelligentiam significationemque verborum Indorum;* 3° *Practica de misiones;* 4° *Practicas dominicales;* ce dernier ouvrage fut imprimé à Madrid, 1686 et 1687, 2 vol. in-4°; les autres avaient été publiés, dans le même format, à Léon et à Madrid, en 1674 et 1678. Les *Pratiques dominicales* contiennent des explications sur les principaux points de l'Evangile, et furent si estimées en Espagne, que Michel de Fuentes, évêque de Lugo, en ordonna les lectures publiques dans tout son diocèse. Diego Gonzales de Puiroga a publié la *Vida virtutes, predication y prodigios,* du P. de Carabantes, Madrid, 1703, in-4°.

CARABAS (*hist. anc.*), fou d'Alexandrie, qui fut travesti en roi par les habitants de cette ville, pour insulter Agrippa, fils d'Hérode le Grand et roi des Juifs.

CARABAS, s. m. char à bancs; vieille voiture longue et toute garnie de bancs. Ce terme est populaire.

CARABE (*entomol.*), en latin *carabus,* en grec κάραβος, insecte coléoptère pentamère, de la famille des carnassiers. Ce genre est l'unique de la tribu des carabiques (*V.* ce mot); il est très-nombreux et d'une étude assez difficile; on le divise en plusieurs sections que nous ferons connaître lorsque nous aurons à parler des principales espèces qu'elles renferment.

CARABÉ, s. m. (*botan.*), un des noms de l'ambre jaune ou succin.

CARABIN, s. m. Il se disait d'un cavalier qui portait une carabine. *Capitaine de carabins. Mestre de camp des carabins.* — CARABIN se dit familièrement d'un homme qui se contente de hasarder quelque chose au jeu, et qui se retire ensuite, soit qu'il ait perdu soit qu'il ait gagné. *C'est un vrai carabin au jeu.* — Il se dit aussi, figurément et familièrement, d'un homme qui, dans une conversation, dans une dispute, ne fait que jeter quelques mots vifs, et puis se tait, ou s'en va. *Il a tiré son coup en carabin.* Cette acception est peu usitée.

CARABIN, s. m. frater, garçon chirurgien. Il ne s'emploie aujourd'hui que dans le langage familier, et par dénigrement, pour désigner un *étudiant en médecine.*

CARABIN, s. m. *en term. de gantier,* petit morceau de peau qui forme la jonction des doigts du gant. — CARABIN (*hist. nat.*), nom d'un poisson assez commun à la côte d'Or.

CARABINADE, s. f. tour de carabin. *Il a fait une carabinade, il s'en est allé.* Il est familier et peu usité.

CARABINE, arme à feu portative, dont le canon est rayé en spirale et dont le calibre est tel, que la balle ne peut arriver sur la charge qu'autant qu'elle est poussée avec violence par une baguette de fer et un maillet. La carabine est rayée de huit raies équidistantes, et ayant 0 mètre 0006 à 0 mètre 0008 de profondeur. — Quelques auteurs prétendent que la carabine était l'arme des carabins; cette opinion nous paraît dénuée de fondement, car aucun des ouvrages anciens que nous avons consultés ne se sert du mot *carabine,* dont on n'a commencé à faire usage que quelques années avant la fin du règne de Louis XIV. Ce qui peut avoir causé l'erreur de ces écrivains, c'est l'abus que l'on a fait de la langue militaire en confondant les mots *mousqueton* et *carabine.* Un auteur contemporain dit aussi, sans plus de raison, que les Français ont autrefois employé la carabine sous le nom de *buttière* et de *rainoise.* Nos recherches à cet égard n'ont aucunement justifié cette assertion. — Le nom de carabiniers, que porte un corps de grosse cavalerie dont l'institution remonte à Louis XIV, n'implique aucunement que ces troupes se servissent de la carabine; car dès cette époque elles étaient armées de mousquetons et non point de carabines. — La carabine se charge en mettant la poudre d'abord, puis un *calpin,* et la poudre par-dessus. Le *calpin* est un morceau de peau ou d'étoffe coupé en rond, et enduit d'une substance grasse, lequel doit envelopper la balle dans le canon de la carabine. La balle étant ainsi préparée, on la chasse à coups de maillet jusqu'à ce qu'elle porte sur la poudre, sans y être cependant trop enfoncée. — Dans les premières guerres de la révolution, quelques compagnies franches, ainsi qu'un bataillon formé à Valenciennes en 1792, furent armés de carabines. Un peu plus tard, on décida que les compagnies d'élite de l'infanterie légère, et les voltigeurs de l'infanterie de ligne seraient armés de carabines rayées; mais cette idée n'eut pas de suite. La carabine fut abandonnée à cause de la lenteur de son chargement, et de la difficulté et de l'embarras de se pourvoir de munitions spéciales. — En Autriche, l'infanterie légère connue sous la dénomination de *chasseurs du loup* et les Tyroliens font usage de la carabine. Les Anglais ont une brigade de *rifflemen,* qui se servent de cette arme avec beaucoup d'adresse, et elle est également en usage dans l'infanterie légère du Danemarck, de la Prusse et de la Bavière. — Un nouveau système de carabines est maintenant en essai dans les troupes françaises. Exempte de tous les inconvénients qui avaient toujours fait abandonner l'usage de cette arme, la carabine perfectionnée par le capitaine Delvigne, et dont on a armé les bataillons de tirailleurs dernièrement organisés à Vincennes et au camp de Saint-Omer, a déjà fait apprécier l'utilité dont elle est pour la justesse de son tir et la longueur de sa portée. On sait quels services elle a rendus et rend encore à notre armée dans les combats en Afrique avec des ennemis toujours éloignés, dispersés, et dont les agiles cavaliers ne manient leurs armes à feu qu'au galop.

CARABINER, v. a. creuser des raies en dedans du canon d'une arme à feu portative. — CARABINÉ, ÉE, participe. — En *term. de marine, Brise carabinée,* vent qui souffle avec une violence extraordinaire.

CARABINER, v. n. combattre à la manière des carabins. *Ce régiment ne s'amuse point à carabiner. Un cavalier qui sort de son rang pour carabiner.* En ce sens, il n'est plus usité : on dit, *tirailler.* — Il se dit, figurément et familièrement, d'un joueur qui, sans s'attacher au jeu, hasarde quelques coups comme en passant. *Il ne joue pas, il ne fait que carabiner.*

CARABINEUR, s. m. *chez les armuriers,* celui qui carabine un canon de fusil. — CARABINEUR, *au jeu de lansquenet,* se dit de celui qui prend une carte après que la carte de celui qui a la main est tirée.

CARABINIERS. Louis XIV qui avait, en 1666, placé quatre grenadiers dans les compagnies d'infanterie, songea à créer une institution analogue pour la cavalerie. En 1676, il arma de mousquetons, improprement appelés carabines, quatre gardes du corps par brigade. Par une ordonnance du 26 décembre 1679, il plaça, dans chaque compagnie de cavalerie, deux carabiniers choisis parmi les plus adroits tireurs. Le maréchal de Luxembourg, qui avait réuni les carabiniers et les avait formés en un seul corps, fut si satisfait de leur bravoure, et surtout des services qu'ils rendirent à la bataille de Fleurus en 1690, que, sur le compte qu'il en rendit au roi, Louis XIV ordonna qu'une compagnie de mousquetons, improprement appelés carabiniers, serait organisée dans chacun des régiments de cavalerie de l'armée. La compagnie de carabiniers se composait d'un capitaine, de deux lieutenants, d'un cornette, d'un maréchal des logis et de trente cavaliers. Par une ordonnance du 25 octobre 1690, cette compagnie fut armée d'une carabine rayée. — Dans les campagnes de 1691 et de 1692, les carabiniers furent réunis en une brigade, sous le commandement d'un brigadier et de deux mestres de camp. Mais ce corps ainsi composé d'éléments si divers manquait d'une homogénéité nécessaire; aussi Louis XIV, qui appréciait les services que pourrait rendre un pareil corps, s'il était convenablement constitué, se décida à organiser en un seul corps toutes les compagnies de carabiniers de l'armée. Les cent compagnies formèrent donc cinq brigades; chaque brigade eut quatre escadrons, et chaque escadron eut cinq compagnies. La brigade fut commandée par un mestre de camp, un lieutenant-colonel, un major et un aide-major. Cette organisation eut lieu en 1693, et dès cette époque les carabiniers prirent le titre de *corps royal des carabiniers.* — Louis XIV fut le premier mestre de camp des carabiniers; mais il désigna pour les commander son fils naturel, le duc du Maine. En 1694, une haute paye fut accordée aux carabiniers. Une instruction de 1696, écrite en entier de la main du roi, régla leur service et leur discipline. Après la paix de Ryswick, on réforma soixante compagnies, et le nombre des escadrons fut réduit à dix. En 1701 et 1702, de nouvelles ordonnances vinrent encore apporter quelques améliorations dans le corps des carabiniers; mais, depuis cette époque jusqu'à 1751, il n'y eut plus d'autres modifications dans leur organisation. Une ordonnance du 20 mars de cette année régla les conditions du recrutement de ce corps. Les hommes tirés des régiments de cavalerie devaient avoir la taille de cinq pieds quatre pouces au moins, être âgés de vingt-cinq à quarante ans, célibataires, d'une figure et d'une tournure convenables, gens de valeur et de bonnes mœurs, ayant au moins deux ans de service, et devant encore rester trois ans sous les drapeaux. — Le 13 mai 1758, le comte de Provence prit le commandement du corps des carabiniers, qui porta le nom de *Royal Carabiniers de monsieur le comte de Provence.* Le 21 décembre 1762, le corps fut réduit à trente compagnies, toujours réparties en cinq brigades. Enfin le 8 avril 1779 eut lieu une nouvelle organisation, qui subsista jusqu'à la révolution de 1789. — Jusqu'à cette dernière époque, l'effectif du corps des carabiniers fut de quinze cent soixante hommes sur le pied de guerre, et de treize cents sur le pied de paix. Ce corps était divisé en deux brigades. En prenant le pied de paix pour base, la brigade se composait donc de six cent cinquante *maîtres* ou cavaliers. Chaque brigade était de cinq escadrons ou compagnies, de cent trente *maîtres* chacune; chaque escadron ou compagnie était divisé en deux pelotons; chaque peloton en deux sections, et chaque section en deux brigades. — L'état-major général du corps se composait d'un mestre de camp propriétaire, qui était toujours un prince du sang, ou un militaire de la plus haute naissance et du mérite le plus distingué (l'un n'allait pas sans l'autre à cette époque); d'un mestre de camp lieutenant et inspecteur du corps, d'un major général, d'un aide-major général, d'un quartier-maître trésorier, d'un aumônier, d'un chirurgien-major, d'un professeur de mathématiques, d'un professeur d'hippiatrique, d'un timbalier et d'un armurier. — L'état-major particulier de chaque brigade se composait d'un mestre de camp commandant la brigade, d'un mestre de camp commandant en second, d'un lieutenant-colonel, d'un aide-major, d'un quartier-maître, de cinq porte-étendards, d'un adjudant, d'un aide chirurgien-major, d'un maréchal expert et d'un sellier. — Les carabiniers eurent vingt étendards, depuis le moment de leur création jusqu'au 15 mai 1762. A cette époque on les réduisit à dix. Ils étaient de soie bleue, et portaient un soleil d'or avec la devise : *Nec pluribus impar*. Le 17 septembre 1782, les carabiniers changèrent d'étendards. Ceux qu'ils prirent alors, et qu'ils conservèrent jusqu'à la révolution, portaient les armes de MONSIEUR brodées en or (la couronne était surmontée d'un panache en argent), et avaient pour devise : *Toujours au chemin de l'honneur*.—Chacune des dix compagnies ou escadrons était commandée par un officier supérieur regardé comme capitaine titulaire. — Les escadrons ou compagnies avaient en outre chacun un capitaine en premier, qu'on pouvait considérer comme le capitaine-lieutenant; un capitaine en second, un lieutenant en premier, un lieutenant en second ; un sous-lieutenant en premier, un sous-lieutenant en second et un sous-lieutenant en troisième. — Il y avait de plus cinq capitaines et seize sous-lieutenants attachés au corps des carabiniers. — Chaque compagnie avait un fourrier, ayant le grade de maréchal des logis chef dans la cavalerie, quatre maréchaux des logis et huit brigadiers. — Les carabiniers avaient pour armes offensives la carabine avec sa baïonnette, les pistolets et le sabre, et pour armes défensives la cuirasse et la calotte de fer. Cette calotte se composait d'un cercle de fer qui entourait la tête, et portait deux sections de cercle en fer qui se croisaient au sommet. L'ordonnance du 28 mai 1733 et un règlement du 1er juin 1750 voulaient que ces calottes fussent de fer ou de mèches. Cette armure était en usage dans la cavalerie pour garantir la tête des coups de sabre, et se portait sur la forme du chapeau. Pour la placer sur le chapeau et pour l'ôter, on était obligé de défaire les agrafes qui retenaient les ailes. — L'uniforme consistait en un habit à la française de drap bleu de roi ; les revers, les parements et la doublure étaient écarlates; les boutonnières, les parements et le collet étaient garnis d'un galon d'argent; le bas de la taille était orné d'un galon en forme de fer à cheval. — Le chapeau était galonné en argent, la veste de drap était blanche, ainsi que la culotte de peau. Les boutons étaient blancs et timbrés d'une fleur de lis. Les sous-officiers avaient un habit galonné partout en argent fin. L'uniforme des officiers était semblable à celui des sous-officiers; mais, au lieu de galons, ils avaient des broderies à paillettes. — Les carabiniers jouissaient de plusieurs prérogatives en récompense des éclatants services qu'ils avaient rendus à l'État. La vénalité des emplois fut toujours éloignée de leur corps; ils combattaient à pied et à cheval ; ils faisaient dans les sièges le même service que les grenadiers; ils campaient à la gauche de la maison du roi ; et le relevaient, si les circonstances l'exigeaient; de préférence à tout autre corps de cavalerie. Ils formaient l'avant-garde quand on marchait à l'ennemi, et l'arrière-garde dans les retraites, etc., etc. Jamais on ne faisait subir un traitement ignominieux à un carabinier. Les maréchaux des logis de ce corps étaient à l'abri de la peine de mort portée contre les déserteurs; ils ne pouvaient être condamnés qu'à un an de prison, au pain et à l'eau. — En 1763, une brigade de carabiniers alla tenir garnison à Saumur. L'instruction de ce beau corps dans l'équitation et les manœuvres avait atteint un tel degré de perfection, que, de 1763 à 1771, chaque régiment de cavalerie envoya quelques sujets choisis pour puiser chez les carabiniers les principes qu'il y étaient mis en pratique avec tant de succès. En 1768, les carabiniers commencèrent la construction du beau quartier qui sert aujourd'hui à l'école de cavalerie. Leur séjour à Saumur contribua puissamment à la prospérité de cette ville. Dans ses *Recherches historiques*, Bodin, nous dit que, lorsque les carabiniers arrivèrent à Saumur en 1763, sa population n'é-

tait que de 7,500 âmes , et que, lors de leur départ en 1788, elle s'élevait à plus de 10,000. — Dans toutes les circonstances où ils se trouvèrent, les carabiniers se distinguèrent toujours par leur bravoure et par leur discipline. Ils se firent surtout remarquer en Espagne sous les ordres du maréchal de Noailles en 1694 ; à la bataille de Guastalla en 1734, où ils firent des prodiges de valeur ; en 1740, au siège de Prague; en 1742, au combat de Sahai ; à Dettingen, à Fontenoy, en 1745; au siège de Bruxelles, en 1746 ; à Lawfeld, en 1747; à Maëstricht, dans la campagne de 1757; à Crevelt, en 1758; à Minden, en 1759; et pendant les campagnes de 1760, 1761 et 1762. — Par suite de la nouvelle organisation de l'armée en 1788, les deux brigades de carabiniers devinrent 1er et 2e régiments de carabiniers. Chaque régiment fut composé de quatre escadrons, et l'escadron de deux compagnies. Le titre de colonel fut substitué à celui de mestre de camp, et les compagnies, commandées par un capitaine, un lieutenant et un sous-lieutenant, se composèrent de soixante-dix-sept carabiniers. — La révolution ayant détruit tous les corps privilégiés, celui des carabiniers dut être dissous ; mais, sur les instantes réclamations de la brigade tout entière, l'assemblée législative, par l'article 8 de son arrêté du 18 août 1790, conserva les carabiniers, et maintint la haute paye dont ils jouissaient. — L'état-major général de la brigade fut supprimé en 1791, quelques modifications furent faites à l'uniforme: le chapeau galonné fut remplacé par le bonnet à poil sous plaque , et les carabiniers prirent le plastron en fer bronzé et les épaulettes galonnées en argent. — Dans toutes les organisations qui eurent lieu à cette époque, les carabiniers prirent toujours rang avant les autres régiments de cavalerie. A dater de 1791, il n'y eut plus que deux carabiniers par régiment ; ils étaient portés par les plus anciens maréchaux des logis chefs. Lors des organisations de l'an IV et de l'an VIII, les carabiniers furent maintenus, et n'éprouvèrent d'autres modifications que dans leur effectif, qui fut de sept cent trois hommes en l'an IV et de huit cent soixante en l'an VIII. — Lorsque les cuirassiers prirent le nom de *régiment de cavalerie*, les carabiniers seuls constituèrent la grosse cavalerie. — L'organisation de l'an XII conserva les carabiniers. En 1806, chaque régiment de quatre escadrons, divisés chacun en deux compagnies, fut porté à un effectif de huit cent vingt hommes. Le 10 mars 1807, l'effectif était de mille quarante hommes. Cette augmentation provenait de la création du cinquième escadron, qui fut dissous le 24 décembre 1809. En 1810, l'effectif éprouva encore un changement : il fut de neuf cent soixante hommes. A la même époque, de nouveaux changements eurent lieu dans l'uniforme : les carabiniers prirent le casque en cuivre avec chenille rouge, et la cuirasse jaune avec un soleil blanc. La grande tenue se composait de l'habit blanc, et la petite tenue de l'habit bleu de ciel. — Lors du retour des Bourbons en 1814, les carabiniers reprirent leur ancien nom de *carabiniers de Monsieur*. La restauration, conséquente avec son principe, s'appliquait à exhumer toutes les vieilleries féodales des temps passés, sans tenir aucun compte des modifications que le temps avait apportées dans les idées. Le 20 mars 1815 fit raison de cette absurde qualification, et remit les carabiniers sur le pied où ils étaient auparavant. — Louis XVIII, en quittant la France, rendit, le 23 mars 1815, une ordonnance de licenciement de l'armée, qui ne reçut son exécution qu'après les désastres de Mont-Saint-Jean, et, lorsqu'à son second retour il reconstitua l'armée, il ne comprit dans son organisation qu'un seul régiment de carabiniers, à quatre escadrons, sous le titre de *carabiniers royaux*. L'effectif de ce régiment était de cinq cent vingt hommes. Il reprit quelque temps après le titre de *carabiniers de Monsieur*, qu'il quitta définitivement lorsque Charles X fut monté sur le trône. — Une ordonnance du 27 février 1825 créa un deuxième régiment de carabiniers; et les deux régiments, portés à six chacun, présentaient chacun un effectif de six cent soixante-dix-sept hommes sur le pied de paix et de huit cent soixante-neuf sur le pied de guerre. — Depuis l'ordonnance du 19 février 1831, les deux régiments de carabiniers forment, avec les dix régiments de cuirassiers, la cavalerie de réserve de l'armée française. Leur effectif, sur le pied de paix, est pour chacun de neuf cent vingt-quatorze, et sur le pied de guerre de mille quatre-vingt-un hommes. — Les deux régiments de carabiniers ont l'habit bleu céleste, boutons blancs empreints d'une grenade à numéro, buffleterie jaune avec piqûre blanche, casque en cuivre avec chenille rouge, cuirasse en cuivre. Le 1er régiment a les parements, retroussis, passements du collet *bleu céleste*, collet et retroussis *garance*, épaulettes *écarlates*. Dans le 2e, le collet et les retroussis sont de même couleur que le fond de l'habit. — En terminant notre article, nous dirons que les carabiniers soutinrent avec éclat leur vieille renommée pendant les guerres de la république et de l'empire. Mais, comme nous dépasserions les bornes qui nous sont imposées si nous énumérions leurs faits d'armes, nous nous contenterons de rappeler ici que c'est après l'affaire d'Arloaz, où ils enfoncèrent un carré de dix mille hommes, que les carabiniers reçurent le nom de *bouchers de l'armée*, qui, à notre avis, vaut bien, malgré tout ce qu'il a terrible, celui dont l'ancien régime l'avait affublé. — Le corps des carabiniers a eu successivement pour chefs, depuis sa création : Louis XIV, le duc du Maine, son bâtard, Louis XV, le comte de Provence (Louis XVIII), le prince de Dombes, le comte de Gisors, le comte de Poyanne, le comte de Chabrillant. Sous l'empire, le prince Louis-Napoléon Bonaparte, connétable de l'empire, fut un moment colonel général des carabiniers, et le prince Borghèse, duc de Guastalla, a été colonel du 1ᵉʳ régiment de cette arme. — A la restauration, le comte d'Artois, frère du roi, prit le titre de colonel général des carabiniers, qu'il a conservé jusqu'à son avénement au trône.

CARABINS. Beaucoup d'écrivains militaires prétendent que les carabins ont donné naissance aux carabiniers ; nous pensons, au contraire, qu'il n'y a aucune espèce d'analogie entre les carabins du temps de Henri III et de ses successeurs, et les carabiniers qui ont été institués plus tard. — Henri IV eut un grand nombre de carabins, mais ils ne formaient pas un corps séparé de la cavalerie ; ils en étaient les éclaireurs et les flanqueurs. Ils étaient attachés aux compagnies de cavalerie, à la gauche desquelles ils se formaient par petites divisions de trente à cinquante hommes. Les armes défensives des carabins, dit Montgommery, étaient une cuirasse échancrée à l'épaule droite, afin de mieux coucher en joue ; un gantelet à coude pour la main de la bride ; un cabasset en tête ; et pour armes offensives, une longue escopette de trois pieds et demi de long pour le moins, et un pistolet. — Pour combattre, ils se formaient, comme nous l'avons dit, en petits escadrons plus profonds que larges ; et, à un signal convenu, ils s'approchaient de l'ennemi. Chaque rang, devenu successivement le premier, faisait sa décharge, et venait ensuite se reformer à la queue de l'escadron et y recharger ses armes, jusqu'au moment où la cavalerie s'élançait en masse sur l'ennemi ; ils se retiraient alors en arrière, et se préparaient à la poursuite ou à la retraite suivant les circonstances. On voit donc que les carabins avaient, par leur service et par leur manière de combattre, un plus grand rapport avec notre cavalerie légère qu'avec les carabiniers, sans y être compris dans la grosse cavalerie. Louis XIII forma des régiments entiers de carabins, et ils eurent dès lors un général pour les commander. Cette milice fut supprimée par Louis XIV.

CARABIQUES, CARABICI (*insectes*), tribu de coléoptères de la famille des carnassiers, section des pentamères, établie par Latreille, ayant pour caractères : mâchoires terminées simplement en pointe, sans articulation à son extrémité. La tête est ordinairement plus étroite que le corselet, ou tout au plus de sa largeur ; les mandibules sont simplement pointues à leur extrémité, sans dentelure intérieure ; la languette est saillante, et les palpes labiaux n'offrent que trois articulations. Leurs larves variant selon les genres, nous parlerons de celles que l'on connaît à leurs articles respectifs. — Geoffroy avait pensé que ces insectes étaient ceux que les anciens avaient appelés *buprestes*, et qui faisaient périr les bestiaux qui venaient à les avaler en broutant l'herbe des prairies. Mais il y a erreur, et ce doit être des *mylabres* ou des *méloés*, que leur propriété vésicante rend dangereux, tandis que ces insectes, quoiqu'ils laissent écouler une humeur fétide par la bouche, et même dans quelques genres, une caustique par l'anus, ne peuvent causer le mal qu'on a signalé.

CARABIZYA, ville épiscopale de la province de Rhodope au diocèse de Thrace, sous la métropole de Trajanople. C'est un archevêché ; et tout ce que nous en pouvons dire, c'est qu'elle a eu trois évêques : LÉON, qui se trouva dans le concile où l'on anathématisa les légats du pape Léon IX. JEAN, sous Alexis Comnène, dans l'assemblée que tint ce prince, des grands et des princes de l'empire, pour rendre aux saintes images le culte et l'honneur qui leur est dû. GRÉGOIRE, sous Manuel Comnène, en 1147.

CARABOU, s. m. (*botan.*), bel arbre des Indes dont les graines fournissent de l'huile.

CARACA, s. m. (*botan.*), plante bulbeuse, le dolic bulbeux.

CARACAL, s. m. (*hist nat.*), sorte de chat sauvage voisin de l'espèce des lynx ou loups-cerviers.—Genre de mammifères digitigrades, de l'ordre des carnassiers.

CARACALE, s. f. (*botan.*), sorte de plante.

CARACALLA (MARCUS AURELIUS ANTONINUS) fut un des plus mauvais empereurs romains, peut-être même fut-il le plus détestable d'entre eux ; car, au lieu que ses prédécesseurs Tibère, Caligula, Claude, Néron, Domitien, Commode, n'exerçaient guère leur cruauté que dans Rome et ne faisaient tomber que les plus illustres têtes, Caracalla promenait sa fureur par tout l'univers. Cet homme exécrable, l'effroi du genre humain, comme Titus en avait été les délices, était fils d'un grand prince, Septime Sévère ; il naquit à Lyon, le 4 avril 188, lorsque son père était gouverneur du pays. C'est, il en faut convenir, une déplorable faiblesse que celle de la paternité, faiblesse qui a causé bien des désordres dans le monde. Le vertueux Marc Aurèle y succomba, et laissa l'empire à son indigne fils. Le prudent Septime Sévère, qui souvent en avait blâmé Marc Aurèle, tomba dans la même erreur. Caracalla fut d'abord nommé Bassianus, du nom de son aïeul maternel, prêtre du soleil en Phénicie ; mais Sévère, devenu empereur et se préparant peu d'années après à associer son fils à l'empire, lui fit quitter ce nom, qui dénotait la condition privée et même une origine assez obscure. Il y substitua les noms magnifiques et respectés de Marc Aurèle Antonin, qui passèrent en usage ; mais, comme le nouvel Antonin prit goût pour une sorte d'habillement gaulois, appelé *caracalla*, et qu'il voulait même que les soldats et les habitants de Rome le portassent comme lui, on lui donna dans les entretiens secrets le nom de Caracalla que l'histoire lui a conservé. Dans ses premières années, la férocité de Caracalla ne se trahissait pas encore ; au contraire, son naturel était extrêmement doux, et l'on en fait honneur à sa nourrice qui était chrétienne, aussi bien qu'à l'affranchi Evodus, aux soins duquel il fut ensuite confié, et dont la femme et le fils étaient pareillement chrétiens. Les historiens remarquent qu'il pleurait quand il voyait des condamnés exposés aux bêtes, et que le fils de sa nourrice ayant un jour été rudement corrigé, il se fâcha et bouda contre son père et celui de l'enfant. Mais le caractère de Caracalla se montra bientôt sous un autre jour. Lorsqu'il reçut les noms de Marc Aurèle Antonin, il fut en même temps décoré du titre de César en 196. Il n'avait que huit ans. Son père était campé près du Viminatium en Mœsie sur le Danube, et l'année suivante un décret du sénat ratifia l'élection du prince. Dans un entretien où il était question de massacrer les principaux partisans de ceux qui avaient disputé l'empire par les armes à Sévère, Caracalla, loin d'être de l'avis de son frère Géta, qui opinait pour la clémence, voulait qu'on fît périr les enfants avec leurs pères. Géta fut indigné, et lui dit : *Toi qui n'épargnes le sang de personne, tu pourras bien tuer un jour ton frère.* C'est ce qui arriva bientôt. Quelque temps après, Caracalla suivit son père en Asie, où l'on se rendit maître de Babylone, de Séleucie et de Ctésiphon. Au temps de la prise de cette dernière ville, ce jeune prince n'était pas dans sa onzième année ; et dans les transports de joie qu'excitèrent parmi les soldats romains la conquête et le pillage de la capitale des Parthes, Sévère se laissa engager à proclamer Auguste son fils Caracalla. L'autorité du sénat intervint ensuite et ratifia ce qu'avaient fait les soldats. Dans une expédition que l'on fit depuis contre les Juifs, il paraît que le nouvel Auguste eut le titre d'*imperator*, puisque le triomphe sur la nation juive lui fut décerné par le sénat. Sévère lui donna la robe virile à Antioche avant sa quatorzième année finie, et il le fit son collègue dans le consulat l'an de J.-C. 202. L'année suivante il le maria à Plautilla, fille de Plautien, préfet du prétoire. Mais celui-ci, s'étant attiré la haine de son gendre, causa et sa propre perte et celle de sa fille. En effet, Caracalla passa de la haine contre le père à la haine contre la fille, et ne l'épousa que malgré lui. Bien loin de traiter Plautilla comme une épouse, il ne l'admit ni à sa table ni à son lit, déclarant hautement qu'il s'en débarrasserait dès qu'il aurait la moindre autorité en main, comme Néron fit d'Octavie. Quant à Plautien, sa chute ne tarda pas. Chose étrange ! deux des plus fermes caractères dont l'histoire fasse mention, Tibère et Septime Sévère, se sont laissé l'un et l'autre misérablement conduire par leurs artificieux favoris, Séjan et Plautien, dont la destinée fut en tout si semblable. Ce fut d'abord avec beaucoup de peine que l'on parvint à ouvrir les yeux à Sévère sur le compte de son favori ; Caracalla, notant un refroidissement de la part de l'empereur, crut l'occasion favorable. De concert avec Evodus son ancien gouverneur, il engagea trois centurions, dont l'un se nommait Saturninus, à aller déclarer à l'empereur que Plautien les avait chargés avec sept de leurs camarades de tuer l'empereur ainsi que son fils aîné, et que même il leur avait donné cet ordre par écrit. Cette dénonciation se fit au sortir d'un spectacle qui venait d'être représenté dans le palais, et lorsqu'on allait se mettre à table ; toutes circonstances qui démontrent l'absurdité de l'accusation. Cependant Plautien fut mandé sur-le-champ ;

ce ministre, surpris qu'on n'accordât qu'à lui seul la permission d'entrer, conçut quelque défiance ; mais il n'était plus temps de reculer, et il parut devant l'empereur et son fils. Sévère lui fit des reproches auxquels Plautien se préparait à répondre, lorsque Caracalla se jeta sur lui, lui arracha son épée, le frappa d'un coup de poing, et allait le tuer de sa main, si son père ne l'en eût empêché ; mais, sur l'ordre du jeune prince, un soldat égorgea Plautien à l'instant même (an de J.-C. 205). Caracalla avait environ dix-sept ans. Comme nous l'avons déjà dit, Sévère avait de sa femme Julia Domna un autre fils, Géta ; Spartien a prétendu que Caracalla était du premier lit ; cependant le témoignage de cet historien ne saurait prévaloir contre le silence des autres auteurs, et particulièrement contre celui de Dion Cassius qui vivait à la cour de Caracalla, et qui, selon toute apparence, n'aurait pas omis une circonstance si remarquable en parlant de la haine des deux frères l'un pour l'autre. Cette haine avait éclaté dès leur enfance ; elle s'accrut avec l'âge, et, fomentée par des favoris intéressés à la perpétuer, elle donna naissance à des querelles plus sérieuses ; enfin elle divisa le théâtre, le cirque et la cour en deux factions ; l'empereur mit tout en œuvre pour étouffer cette animosité, dont il prévoyait les funestes suites. Dans la vue de tenir la balance égale entre les deux frères, il associa son second fils à l'empire en 208, et Rome se trouva pour la première fois gouvernée par trois empereurs. Cette distribution égale de faveurs ne servit qu'à exciter le feu de la discorde ; tandis que le superbe Caracalla se vantait d'être le fils aîné de l'empereur, Géta plus modéré cherchait à se concilier l'amour des soldats et du peuple. Dans sa douleur paternelle, Sévère prédit que le plus faible de ses enfants tomberait un jour sous les coups du plus fort, qui serait à son tour victime de ses propres vices. Afin d'arracher ses fils au luxe de Rome qui ne faisait qu'irriter leurs passions, il saisit avec empressement l'occasion d'une guerre en Bretagne ; cette guerre n'exigeait pas impérieusement sa présence, et les lieutenants auraient suffi pour réprimer l'invasion des Calédoniens ; mais, quoique accablé par les infirmités encore plus que par l'âge, il partit et emmena ses deux fils avec lui. C'est ici l'époque assignée aux poésies d'Ossian. Fingal, dit-on, commandait alors les Calédoniens et remporta sur les rives du Carun une victoire signalée, dans laquelle *le fils du roi du monde, Caracul, prit la fuite à travers les champs de son orgueil.* Quoi qu'il en soit, pendant cette expédition, Sévère étant tombé malade, Caracalla, impatient de régner seul, médita un parricide. Sévère le sut, convainquit publiquement son fils et pardonna. On peut se demander ici, si Sévère n'eût pas mieux fait de donner au monde l'exemple qu'osèrent offrir depuis Philippe II et Pierre le Grand, en faisant périr des fils qui causent été des monstres stupides. Sévère mourut bientôt après (4 février 211) à Eboracum (Yorck) dans la dix-huitième année de son règne, en recommandant la concorde à ses enfants. Ils n'eut-il les yeux fermés que les deux frères, laissant les Calédoniens en paix, retournèrent à Rome, où ils rendirent à leur père les honneurs divins, et furent reconnus solennellement empereurs par le sénat, le peuple et par les provinces. Il paraît, d'après Hérodien et Dion, que l'on accorda pour le rang, quelque prééminence au frère aîné ; mais tous deux gouvernèrent l'empire avec un pouvoir égal et indépendant. Une pareille administration aurait allumé la discorde entre les deux frères les plus tendrement unis. Il était impossible que cette forme de gouvernement subsistât longtemps entre deux ennemis implacables, qui, remplis d'une méfiance réciproque, ne pouvaient désirer leur réconciliation. Ils parcoururent rapidement la Gaule et l'Italie ; et pendant tout ce voyage jamais ils ne mangèrent à la même table, ni ne dormirent sous le même toit. A leur arrivée à Rome, ils se partagèrent aussitôt la vaste étendue du palais impérial. Toute communication fut fermée entre leurs appartements ; on avait fortifié avec soin les portes et les passages, et les sentinelles qui les gardaient se relevaient avec les mêmes précautions que dans une ville assiégée. Les empereurs ne se voyaient qu'en public, en présence d'une mère affligée ; chacun d'eux était entouré d'une troupe nombreuse et toujours armée. Déjà cette guerre intestine déchirait l'État. Pour y mettre un terme, on proposa de partager l'empire à peu près comme il le fut depuis entre Valentinien et Valens. Caracalla devait avoir l'Europe et l'Afrique occidentale ; Géta l'Asie et l'Égypte, avec Alexandrie ou Antioche pour capitale. Julia Domna, tout en pleurs, dit à ses fils : « Partagez aussi votre mère, et que chacun de vous en prenne une moitié. » La négociation fut abandonnée. L'impératrice, toujours animée du désir de réconcilier les deux frères, leur ménagea une entrevue dans ses appartements. C'était pendant les Saturnales. Géta s'était flatté que la présence de

sa mère lui servirait de sauvegarde. A peine était-il entré qu'il se vit assailli par des centurions que son frère avait cachés en embuscade. Sa mère éperdue s'efforce en entourant Géta de ses bras de le soustraire au danger ; inutiles efforts ! elle est elle-même blessée à la main et couverte du sang de son malheureux fils, qui s'écriait : « Ma mère, sauvez-moi. » Pendant ce temps, Caracalla excitait les assassins, et il semblerait qu'il ne se contenta pas de les animer ; car, peu d'années après, il consacra dans le temple de Sérapis l'épée avec laquelle il se vantait d'avoir tué Géta. — Ce meurtre commis, il s'enfuit de la chambre de sa mère, et, l'horreur dans les yeux, il parcourut le palais, en s'écriant qu'il vient d'échapper à un affreux danger ; en même temps il ordonne à la garde de l'accompagner au camp des prétoriens. Là, par un discours étudié, il s'efforça de justifier son crime, en alléguant le droit d'une défense légitime : « Félicitez-vous, dit-il en terminant, de ce, que pleinement maître de toute chose, rien ne m'empêchera désormais de satisfaire la passion que j'ai de vous enrichir. » Ce fut son meilleur argument. Il leur promit donc une gratification de 10,000 sesterces par tête ; et doubla à perpétuité la ration de blé qu'on leur fournissait chaque jour. Ces largesses gagnèrent les soldats, qui déclarèrent Caracalla seul empereur, et Géta ennemi public. Il existait un second camp près d'Albe, dont les soldats ayant appris le meurtre de Géta sans qu'aucune préparation en eût diminué l'horreur, ressentirent d'abord la plus vive comme la plus juste indignation. Caracalla se rendit auprès d'eux, et par les mêmes discours, accompagnés de promesses semblables à celles qu'il avait faites aux soldats du premier camp, il sut gagner les troupes du second. L'effet suivit sur-le-champ. Les soldats, munis d'un ordre de Caracalla, allèrent au trésor public et au fisc impérial se payer par leurs mains. Ainsi furent dissipées en un seul jour les richesses immenses que Sévère avait amassées pendant un règne de dix-huit ans. Caracalla passa la nuit dans l'un des deux camps, probablement dans l'ancien, et le lendemain, sûr des soldats, il osa se montrer au sénat, en prenant néanmoins toutes les précautions que lui inspirait la frayeur inséparable du crime. Il était armé d'une cuirasse sous sa toge, et fit entrer avec lui ses gardes qu'il rangea sur deux files le long des bancs des sénateurs. Il répéta son discours avec quelques changements adaptés à la circonstance, et proclama un acte d'amnistie pour tous les exilés. Mais, bientôt après, revenant à son caractère, il peupla les îles d'illustres proscrits. Pour apaiser en partie l'indignation publique, il permit que l'on fît l'apothéose de Géta, suivant la coutume établie à Rome depuis Jules César. *Sit divus, dum non sit vivens,* dit-il en ricanant. Cela ne l'empêcha pas de faire un massacre général de tous ceux qui avaient tenu à son frère, à quelque titre que ce fût, hommes, femmes, enfants, amis, affranchis, esclaves, etc. Dion Cassius en porte le nombre à vingt mille. Leurs corps étaient emportés sur des chariots à travers la ville, et ensuite brûlés sans cérémonies, ou même exposés aux bêtes carnassières. Fadilla, la dernière des filles de Marc Aurèle, fut enveloppée dans cette proscription. Papinien reçut l'ordre de faire l'apologie de l'empereur. « Il est plus aisé, répondit l'illustre jurisconsulte, de commettre un parricide que de le justifier. » Et il fut mis à mort. Pour éviter un sort pareil, Julia Domna fut contrainte d'arrêter le cours de ses pleurs, et de recevoir le meurtrier avec des marques de joie et d'approbation. Cependant le remords déchirait l'âme du coupable, et des rêves affreux troublaient son sommeil. Tout ce qui lui rappelait Géta lui était odieux ; il fit refondre les monnaies qui portaient son nom, et effacer son nom de tous les monuments publics. On voit encore à Rome sur l'arc de Septime Sévère, au pied du Capitole, la place vide où était le nom de Géta. Les poètes n'osaient l'employer dans les comédies ; les testaments où on lui avait fait quelques legs étaient cassés, et les biens des testateurs confisqués. Caracalla fit périr quelques-uns de ses complices, entre autres Lætus, qui l'y avait enhardi ; et, par une bizarrerie qu'une conscience bourrelée de remords peut seule expliquer, il pleura lui-même la mort de Géta, et fit des sacrifices magiques pour évoquer les ombres de Sévère et de Commode. Afin de s'étourdir, il donna des jeux, et fit construire ces thermes magnifiques dont on admire les restes encore aujourd'hui. Mais sa cruauté ne l'abandonnait pas. Un jour, dans les jeux du cirque, une grande partie des spectateurs ayant raillé et sifflé un cocher qu'il favorisait, il se crut insulté, et fit entrer des troupes pour enlever et tuer les coupables ; comme il n'était pas possible de les démêler, les soldats attaquèrent et tuèrent indistinctement tous ceux qui n'avaient pas assez d'argent pour racheter leur vie. Enfin l'aspect de Rome, lui rappelant à chaque instant ses forfaits, il résolut, comme Tibère, de la quitter pour n'y plus revenir. Mais il n'alla pas s'enfermer dans une autre Caprée ; grand admirateur d'*Alexandre*, il voulut s'illustrer par la gloire des armes. Environ un an après le meurtre de Géta, il partit pour les Gaules, et ce fut la première province qu'il ravagea. C'est de là qu'il envoya à Rome les *caracalles*, ce vêtement gaulois dont on lui donna le nom. Après sa mort, il reçut aussi le sobriquet de *Tarantus*, nom d'un ignoble athlète auquel il ressemblait. Après avoir fait périr le proconsul de la Gaule narbonnaise, il partit pour la Germanie, l'an 214 de l'ère chrétienne, afin de s'illustrer par de nouveaux exploits. Il attaqua les *Cenni* et les *Alamanni*, dont il conquit le mépris, et auxquels il paya de fortes sommes pour se les attacher. Il fonda, dit-on, dans leur pays, *Aquæ Aurelienses*, depuis *Badenweiser*; et choisit même parmi eux les hommes les plus beaux et les plus braves, auxquels il confia la garde de sa personne. Des bords du Rhin il courut au Danube, où il rencontra les Goths ou Gètes, nation dont le nom paraît pour la première fois dans l'histoire, et sur laquelle il remporta, dit-on, quelque léger avantage qui n'arrêta pas les accroissements immenses qu'elle prit de temps après. Ayant fait alliance avec les Daces, dont il reçut des otages, il passa en Thrace où il resta peu de temps. Le voisinage de la Macédoine renouvela sa ferveur pour Alexandre, auquel il allait élevant partout des statues, dont quelques-unes étaient remarquables par une double tête, l'une représentant le héros macédonien, l'autre Caracalla. Il passa l'Hellespont et arriva devant l'antique Ilium, où il honora singulièrement Achille, malgré la parenté de Troie avec les Romains. Il lui éleva une statue de bronze, et offrit sur son tombeau des libations et des couronnes de fleurs. Il célébra des jeux en son honneur, et fit, à cette occasion, une gratification considérable à son armée. Mais Achille avait pleuré Patrocle ; Caracalla, pour lui mieux ressembler, fit donner du poison à Festus le plus cher de ses affranchis, puis il lui fit de splendides obsèques. D'Ilium il alla visiter, à Pergame, le temple d'Esculape, pour tâcher d'y trouver la santé, car il se sentait fort malade et d'esprit et de corps. De là il conquit l'Osrhoène, en appelant comme ami le roi Abgare, et le retenant prisonnier. Les Arméniens ne furent pas si traitables ; ils battirent les troupes impériales. L'empereur jugea prudent de les laisser en repos. Il partit pour Nicomédie, où il entra le 4 avril, jour anniversaire de sa naissance, qu'il célébra par un combat de gladiateurs. Il y passa l'hiver ; au printemps, il marcha contre les Parthes, auxquels il proposa d'abord une alliance matrimoniale ; il demandait la fille d'Arthabane leur roi ; après des difficultés, ce prince y consentit ; Caracalla, profitant de la sécurité de son futur beau-père, le surprit dans les apprêts de la fête nuptiale, lui tua beaucoup de monde, et revint à Antioche jouir de sa perfidie. Le sénat lui décerna les titres d'*Arabicus*, de *Sarmaticus*, de *Parthicus*, etc. Le sénateur Helvius proposa d'y ajouter celui de *Geticus*, puisque l'empereur avait vaincu les Gètes. Ce bon mot lui coûta la vie. Caracalla brûlait de se venger des Alexandrins qui se raillaient de lui ; entre autres plaisanteries, ils appelaient *Julia Domna Jocaste*, par allusion à Étéocle et Polynice. Sous prétexte d'offrir des sacrifices au dieu Sérapis, il se rendit à Alexandrie, y introduisit son armée, qui pendant plusieurs jours y exerça d'horribles massacres, et fit élever des tours dans la ville même, pour la tenir en respect. Ayant assouvi sa vengeance, il revint en Mésopotamie, ravagea les campagnes, prit des villes, entre autres Arbèles ; il courut la Médie, s'approcha de la ville royale, fit ouvrir les tombeaux des Arsacides, et jeta leurs cendres au vent. Cependant les Parthes ayant rassemblé leurs forces au delà du Tigre, se disposaient à marcher contre lui. Avant d'aller à sa rencontre, le 8 avril, Caracalla partit d'abord d'Edesse pour Charræ (l'*Harran* d'Abraham), afin d'y visiter un fameux temple de la Lune, pour y faire un sacrifice propitiatoire. Il est remarquable, observe M. Guizot dans ses Notes sur Gibbon, que les habitants de cette ville ont été toujours attachés au sabéisme. Chemin faisant, Caracalla, pour satisfaire à un besoin naturel, s'éloigna de son escorte ; le centurion Martial s'approcha de lui, le tua d'un seul coup de poignard, et s'enfuit aussitôt ; mais atteint bientôt après, et trahi par ce fer sanglant qu'il n'avait pas eu la précaution de jeter, il fut tué par les Scythes et les Germains de la garde. Ce Martial, *qui détestait Caracalla*, par l'ordre duquel son frère avait été tué récemment, paraît avoir commis ce meurtre à l'instigation du préfet du prétoire, Macrin, dont les jours étaient menacés par le tyran, et qui dut ainsi le prévenir. Macrin fut proclamé empereur à la place du défunt ; et pour détourner les soupçons il le fit mettre au rang des dieux, lui fit de magnifiques funérailles, et envoya ses cendres à Julia Domna, qui, déjà malade dans Antioche, ne voulut pas survivre à son fils ni à sa puissance, se laissa mourir de faim, emportant

dans la tombe l'odieux renom d'une mère incestueuse. Caracalla était mal fait et de petite taille. Il buvait et mangeait beaucoup. Son tempérament malsain lui causait plusieurs incommodités qu'il avait soin de cacher. Il était presque chauve. Nous avons des médailles qui représentent ce prince tel qu'il a été. L'entre-deux des sourcils froncé, les yeux enfoncés, et la narine un peu retirée en haut, qu'on observe dans une de ses médailles, lui donnent le visage d'un homme pensif, dissimulé et méchant. Caracalla louait sans cesse Tibère et Sylla ; et il avait réellement tous leurs vices, mais sans aucune des qualités qui les rendaient recommandables à certains égards. Il imitait particulièrement Tibère dans sa malignité à transformer en crimes d'État les moindres irrévérences envers ses statues, et contre tout ce qui le représentait. Un jeune chevalier romain, qui avait porté dans un lieu de débauche une bague sur laquelle était l'image de l'empereur, fut mis en prison, et il aurait été puni du dernier supplice, si la mort de Caracalla lui-même n'eût été pour lui une cause de salut. Les vengeances cruelles de ce tyran s'étendaient jusqu'à priver de la sépulture d'illustres personnages à qui il avait ôté la vie. Il révérait le tombeau de Sylla, qu'il fit chercher et reconstruire. Nul service n'adoucissait ses fureurs. Dans une maladie qu'il eut, ceux qui l'avaient soigné eurent la mort pour récompense. Il n'aima jamais personne, et ses plus grandes démonstrations d'amitié étaient ordinairement la preuve d'une haine plus implacable. La voie odieuse des poisons lui était familière. Il en avait fait des amas prodigieux ; on en trouva, dit-on, après sa mort, pour la valeur de 7,500,000 drachmes, que Macrin fit brûler. Il favorisait la délation, à l'exemple de Tibère, son odieux modèle. Ses rapines et ses extorsions étaient illimitées. Il était ingénieux à trouver des moyens neufs de pressurer les provinces, et d'extorquer de l'argent. C'était surtout les sénateurs qu'il s'étudiait à ruiner. « Lorsqu'il fut sorti de Rome, dit Dion Cassius, pour ses voyages et ses expéditions militaires, nous étions forcés de bâtir à nos dépens, sur tous les chemins par lesquels il pouvait passer, des maisons magnifiques et garnies de tout ce qui était nécessaire pour le recevoir. Encore la plupart restèrent-elles inutiles ; et il y en eut quelques-unes qu'il ne vit seulement pas. Dans les villes où il annonçait qu'il devait prendre ses quartiers d'hiver, il fallait que nous lui fissions construire des amphithéâtres pour les combats de bêtes, des cirques pour les courses des chariots ; et ces édifices qui nous avaient coûté beaucoup étaient détruits sur-le-champ ; en sorte que l'on ne pouvait douter que son projet ne fût d'épuiser nos fortunes par les dépenses exorbitantes auxquelles il nous contraignait. » Par ces vexations il ruinait les plus riches propriétaires. « Je prétends, disait-il, qu'il n'y ait que moi dans tout l'univers qui ait de l'argent. Je veux tout avoir pour en faire des largesses aux soldats. » C'était une conséquence très-logique de la maxime qu'il prêtait à Septime Sévère, et qui est peut-être de cet empereur : *Bien traiter les soldats, et mépriser le peuple*. Sa mère, Julia Domna, lui ayant fait un jour des remontrances sur ses prodigalités, *Ne craignez rien*, lui dit-il en mettant la main sur la garde de son épée, *tant que nous aurons ceci, nous ne manquerons pas d'argent*. Après les soldats, les flatteurs avaient aussi bonne part à ses largesses. Les spectacles, les combats de bêtes, des courses de chevaux, étaient une autre sorte de dépense à laquelle il se livrait sans mesure. Outre les animaux qu'il se faisait fournir aux dépens des sénateurs, il en achetait lui-même un grand nombre de toute espèce, éléphants, tigres, rhinocéros. Il descendait lui-même dans l'arène ; on remarque qu'en un seul jour il tua cent sangliers de sa main. Il conduisait des chariots dans le cirque, et prétendait imiter ainsi le soleil, lorsqu'il n'imitait pas Néron. Vêtu en cocher, avec la livrée de la faction bleue, il saluait du fouet qu'il tenait à la main le président, et lui demandait quelques pièces d'or comme le plus vil des mercenaires. Quant aux lettres, il les dédaignait complétement ; son éducation sur ce point avait été tout à fait négligée ; il ne s'était adonné qu'aux exercices du corps, l'équitation, l'escrime, la lutte, la natation ; et s'il recherchait les disciples d'Aristote, c'était par suite de son admiration fanatique pour Alexandre. Il n'était pourtant pas dénué d'heureuses dispositions naturelles ; il concevait aisément, et s'exprimait en bons termes. La culture seule manquait. D'après l'exemple de Caligula, de Domitien, de Commode, il ne se contentait pas d'écraser et de ruiner le sénat ; il l'abreuvait encore de mépris. Voici de quelle manière s'exprime à cet égard Dion Cassius, témoin oculaire. « Il nous faisait avertir, dit cet historien, qu'il jugerait ou tiendrait conseil de grand matin. Nous ne manquions pas de nous rendre à ses ordres au moment prescrit ; et il nous faisait attendre au delà de l'heure de midi, quelquefois jusqu'au soir. Nous l'attendions en dehors, sans avoir même la permission d'entrer dans les antichambres. Il nous faisait enfin appeler pour des séances de très-courte durée. Encore, dans les derniers temps, s'accoutuma-t-il à nous renvoyer souvent sans que nous l'eussions seulement salué. Pendant ces longs intervalles que le prince qui nous avait mandés nous faisait perdre à plaisir, il s'amusait à des bagatelles : il conduisait des chariots, il combattait contre des bêtes, ou comme gladiateur il s'enivrait. Nous voyions passer devant nous des viandes et de grands vases de vin qu'il envoyait aux soldats de sa garde. Il trouvait de la satisfaction à nous insulter en nous fatiguant. » Le système d'espionnage était organisé d'une manière supérieure à celle du temps de Tibère. Les délateurs de profession étaient très-bien en cour. Le même historien cite un eunuque nommé Sempronius, Espagnol de naissance, empoisonneur et charlatan de son métier, exilé pour ses crimes par Sévère, et mis à la tête des affaires par Caracalla. Ce tyran se livrait à la débauche la plus effrénée, et était attaqué des maladies les plus honteuses; ce qui ne l'empêchait pas de punir de mort l'adultère. Il fit enterrer vives trois vestales. Une quatrième prévint son supplice en se précipitant elle-même du haut d'un toit. S'il se piquait de zèle pour les mœurs, il voulait aussi passer pour le plus religieux des hommes. Il défendit qu'on lui donnât les noms des divinités qu'il adorait. Cette prétendue piété envers les dieux s'alliait en lui à la passion pour la magie et pour l'astrologie judiciaire. Apollonius de Tyane fut l'objet de son culte. Il se faisait donner les horoscopes des principaux citoyens de l'État; en même temps il interdisait à ses sujets toute pratique superstitieuse, et il y eut sous son règne des personnes condamnées pour avoir porté à leur cou des amulettes contre la fièvre. Sa conduite et son langage se démentaient en tout; il se donnait pour un homme frugal, et les productions les plus rares des terres et des mers suffisaient à peine à sa table, où il n'admettait guère que des affranchis. Il louait Fabricius d'avoir averti Pyrrhus de la trahison de son médecin, et il se rendit maître par trahison de Gaiobomarus, roi des Quades, qu'il fit juger et exécuter avec plusieurs de ses officiers. Lui qui avait tué son frère osa bien écrire au sénat, dans le temps qu'il faisait la guerre aux Parthes, que cet empire était menacé de grands maux par la division des deux frères qui le gouvernaient. A la tête des armées, il affectait de vivre en soldat, de partager avec les troupes leurs exercices et leurs fatigues, de se contenter de la nourriture la plus simple, de se priver du bain, de faire à pied des marches considérables. Mais en tout cela il entrait beaucoup d'affectation et de forfanterie. Il se précautionnait avec soin contre le froid. Il portait une tunique fine et légère, qui avait l'air d'une cuirasse sans en avoir l'incommodité. Tout était faux en lui. Il altéra les monnaies, faisant passer du plomb argenté pour de l'argent, du cuivre doré pour de l'or. Quant à l'or et l'argent purs, il les réservait pour les barbares dont il achetait la paix, et pour les soldats en qui seuls il avait confiance; car il ne se cachait pas pour manifester en toute occasion son aversion et sa haine pour le peuple et pour le sénat. C'est pourtant cet empereur qui donna le droit de cité à tous les habitants de l'empire. « Il était beau, disait-il, de réunir sous un seul nom tous les peuples de la terre, et de faire de Rome la patrie commune des habitants de l'univers. » C'était là le prétexte spécieux qu'il alléguait; son véritable motif était l'augmentation des revenus du fisc, les citoyens étant assujettis à plusieurs droits que ne payaient pas les étrangers.

CH. DU ROZOIR.

CARACALLA (archéol., numismat.). Les médailles ne donnent à ce prince ni le nom de Bassianus qu'il porta dans son enfance, ni celui de Caracalla, sous lequel tous les historiens l'ont désigné. Déclaré César par son père l'an 196 de J.-C., il prit dès ce moment les noms de *Marcus Aurelius Antoninus*. Ses médailles y ajoutent les titres d'*Augustus*, de *Pius*, de *Felix*, de *Britannicus* et de *Germanicus*. Des titres plus rares et qui ne se retrouvent que dans ses consécrations, sont ceux de *Divus* et de *Magnus*. Elles furent frappées après sa mort: on y voit un aigle et un bûcher, et autour de la tête les mots DIVO ANTONINO MAGNO. *Au divin Antonin le Grand*. On trouve une grande quantité de médailles de ce règne; il y en a de très-rares. Celle en or, où la tête de Plautille se trouve au revers de celle de Caracalla, vaut 400 francs; en argent, elle vaut cent cinquante francs. Parmi ses médailles en or, il y a des revers qui sont estimés 200 francs. Ce sont ceux où l'on voit l'empereur Septime Sévère et ses deux fils exerçant des libéralités, avec la légende FELICITAS SÆCVLI; celui qui représente un cirque, avec des courses; — et la médaille où les têtes de Caracalla et de Géta sont réunies. D'autres médailles d'or de Ca-

racalla valent 100 et 150 francs; les moins rares se payent 40 fr. On en connaît plus de cent types différents en argent, et plus de soixante en or. Les victoires de Caracalla sur les Bretons, les Germains et sur les Parthes n'y sont point oubliées. La sécurité et la félicité de l'empire et même du siècle y sont célébrées, ainsi que les jeux séculaires qui eurent lieu sous son règne. On y voit aussi l'empereur couronné par la Victoire et par Minerve. Caracalla prend le titre de *Rector orbis* et de *Restitutor Urbis*, comme gouvernant le monde, et ayant rétabli la splendeur de Rome. — On trouve des médailles et des médaillons d'or du règne de Caracalla, ornés de montures élégantes en or ciselé et découpé, avec des bélières qui annoncent qu'elles étaient destinées à être portées au cou, attachées à des chaînes. Outre le bel effet que pouvaient produire ces médailles comme ornement, la flatterie y ajoutait une opinion superstitieuse. On prétendait que les empereurs étaient supérieurs à la fortune (Firmicus, t. II, c. 33). On disait même qu'ils pouvaient changer la fortune des autres (Ammianus, XVII, 12). C'est pourquoi on portait leurs images au cou et sur les armes. — Nous aurons plusieurs fois occasion de remarquer que les légendes et les types des médailles offrent des flatteries pour les princes, et souvent des mensonges historiques. C'est ce que nous pouvons constater par les médaillons de bronze où l'on voit Caracalla et Géta sacrifiant ensemble, couronnés par la Victoire; avec la légende *Concordia Augustorum*, à la concorde des Augustes, tandis que ces deux princes cherchaient à se faire périr l'un l'autre, et que Caracalla finit par assassiner son frère. Caracalla est aussi représenté sur les pierres gravées, et le cabinet des médailles et antiques de France en possède plusieurs avec le portrait de ce prince, entre autres, une belle améthyste (n° 470) sur laquelle une main moderne avait gravé les mots Ο ΠΕΤΡΟΙ, pour en faire un saint Pierre. Cette améthyste ornait un livre d'église (la tête de Caracalla se trouve réunie à celles de Septime Sévère, de Julia Domna et de Géta sur très-beau camée du même cabinet (n° 308 de l'*Hist. du cab. des médailles*, p. 120, et Millin, *Monum. inéd.*, t. I, p. 178, pl. 19). — Trois bustes de Caracalla sont conservés dans le musée du Louvre, sous trois en marbre pentélique, sous les n°s 68, 160 et 527 (*Descr. du musée* par le comte de Clarac). Il y en a aussi un au palais Farnèse, que Winckelmann regarde comme un chef-d'œuvre (*Hist. de l'art*, liv. IV, ch. 6).

DUMERSAN.

CARACALLE (antiq.), robe célèbre dans la partie des Gaules habitée par les Atrébates Morins. Il y en avait de deux sortes, l'une simple et grossière pour le peuple et les soldats; l'autre, distinguée, pour les autres. Celle-ci descendait jusqu'aux talons sans être traînante, ouverte comme les simarres; elle avait des manches assez larges pour y passer commodément les bras; la couleur était de garance fine et choisie, qui réunissait l'éclat de la cochenille avec le feu foncé de la pourpre, et formait un ton de couleur mitoyen. — Cette robe donnait un certain air de majesté à ceux qui la portaient; et il est probable que ce fut pour relever sa taille que l'empereur Bassien la préféra à toutes les robes romaines. Ce qui lui fit donner le surnom de *Caracalla*.

CARACATAY (géogr.), grand pays au nord de l'Asie, habité par plusieurs nations différentes : on l'appelle aussi *Khita*. Il ne faut point le confondre avec le Cathay, qui n'est autre chose que la Chine (*V.* CHINE).

CARA–CANIRAM, s. m. (botan.), plante du Malabar dont la racine est bonne contre la morsure d'un serpent nommé dans le pays *capracapella*.

CARACARA (polyborus) (hist. nat.). Ce genre d'oiseaux de proie ignobles a été établi dans le nouveau dictionnaire d'histoire naturelle par Vieillot; il prend place entre les circaètes et les harpies. Voici comment on le caractérise : bec droit à sa base, allongé rétréci au-dessus; cire large; face, joues et quelquefois aussi la gorge dénuées de plumes; tarses nus, écussonnés; ongles émoussés, le postérieur plus fort; ailes longues, à troisième ou quatrième rémige la plus longue. — Les caracaras sont des oiseaux de l'Amérique du Sud, qui ont des habitudes assez semblables à celles des vautours; mais ils ont beaucoup plus de courage, et leur vol est plus facile. Ils sont très-répandus dans les contrées qu'ils habitent; leur nombre est, dit-on, aussi grand que celui de tous les oiseaux de proie réunis. Ils vivent séparés ou par paires, et ne se réunissent en troupe que lorsqu'ils ont quelque charogne à dévorer ou quelque gibier à attaquer. Ils chassent aussi les reptiles, les petits mammifères et les oiseaux. On les voit souvent attaquer les autres oiseaux lorsqu'ils ont fait quelque proie, et les forcer à la leur céder. On peut établir parmi les caracaras trois sections, que Vieillot considérait comme autant de genres ; leurs caractères seront tirés de l'étendue des parties nues de leur tête. 1° Les IRIBINS, *daptrius*, Vicill., dont on ne connaît qu'une espèce assez semblable aux urubus, sont caractérisés par leur orbite, leur gorge et leur sabot nus, leurs tarses grêles et réticulés, ainsi que leurs ailes, dont la première rémige est très-courte, et les troisième, quatrième et cinquième plus longues que les autres. L'espèce unique est le caracara noir, *f. aterrimus*, Temm., Enl. 37 et 342, décrit et figuré par Vieillot, dans la *Galerie des oiseaux*, pl. v, sous le nom de *daptrius ater*, iribin noir. Cet oiseau habite le Brésil et la Guiane ; il est entièrement noir avec des reflets bleuâtres, excepté la naissance de la queue qui est blanche. Le tour des yeux est nu et de couleur jaune, ainsi que les joues, la gorge et les tarses. 2° Les RANCANCAS, *ibycter*, Vieill., composent la seconde section Ils ont les joues, la gorge et le sabot dénués de plumes ; les tarses réticulés, mais plus longs que ceux des précédents ; la première rémige des ailes courte, la quatrième, cinquième et sixième plus longues que les autres. La seule espèce connue est le PETIT AIGLE D'AMÉRIQUE, *falco aquilensis*, Gm., Enl. 417. Le RANCANCA A VENTRE BLANC, *ibycter leucogaster*, Vieill., Gal., pl. VI. Cet oiseau est noir, avec le ventre et les couvertures inférieures de la queue blancs ; la peau nue de la gorge et du devant du cou, ainsi que les tarses, sont d'un beau rouge ; le bec est jaune et la cire grisâtre. Longueur totale, seize à dix-huit pouces. 3° Les CARACARAS proprement dits, *polyborus*, Vieill., forment la troisième section ; ils ont la face nue, et le sabot couvert de plumes en duvet ; la première rémige de leurs ailes est courte ; les troisième et quatrième sont plus longues que les autres. Les principales espèces sont : le CARACARA DU BRÉSIL, *falco brasiliensis*, *polyb. vulgaris*, Vieill., Gal., VII. Cet oiseau, indiqué par Marcgrave, a été décrit par Buffon et d'Azara sous le nom de *caracara*, qu'on lui donne au Paraguay. Ce nom paraît exprimer assez le cri que l'oiseau fait entendre. Le caracara est de la taille du balbuzard ; il est surtout très-commun au Paraguay et au Brésil : c'est l'oiseau de proie le plus répandu ; nous l'avons représenté dans notre atlas, pl. 74, fig. 5. Une autre espèce de ce genre est le *falco degener* d'Illig., qui habite les pampas de Buénos-Ayres ; il suit, dit-on, le bétail pour dévorer les insectes. *Falco novæ Zelandiæ*, de Hartz., figuré à la pl. col. 193 (adulte) et 224 (jeune). Il est noir, ponctué ou flammé de jaune sur le manteau, le bas-ventre jaune ocreux, et les plumes du ventre ponctuées de la même couleur. Taille de l'aigle criard. Cet oiseau, décrit par Forster sous le nom de faucon harpie, habite la Nouvelle-Zélande, la terre de Diémen et les îles Malouines. MM. Quoy et Gaimard, qui l'ont observé dans cette dernière localité, disent qu'il y est très-nombreux et très-audacieux ; ces oiseaux passent très-près de vous, jusqu'à vous toucher de l'aile ; ils suivent le chasseur, et lui enlèvent le gibier qu'il vient d'abattre s'il l'abandonne un instant pour en poursuivre un autre. Leur chair est bonne à manger.

CARACAS (*géogr.*), capitale de la république sud-américaine de Vénézuéla, l'une des trois qui se sont formées du démembrement de la Colombie. Caracas est une ville d'environ 50,000 habitants. Elle a un siége archiépiscopal et une université. Elle est située à quinze milles de la mer, sur les bords du Guayra, à peu près à 2,760 pieds au-dessus du niveau de l'Océan, au pied des monts Silla, qui ont 8,000 pieds de haut. La ville fut entièrement détruite en 1812 par le tremblement de terre qui la bouleversa, et dans lequel périrent près de 14,000 habitants. Caracas, patrie de Bolivar, quoique privée de son ancienne importance, n'en reste pas moins une des villes les plus agréables de l'Amérique du Sud. Il y règne presque continuellement une agréable température de 18° à 22°, et rarement dans l'hiver le thermomètre y descend au-dessous de 9°. Les montagnes, en s'abaissant insensiblement vers Caracas, s'y perdent en de vastes plaines appelées *llanos*, qui fournissent d'excellents pâturages aux nombreux troupeaux, presque sauvages, que les habitants de la ville y entretiennent. Pendant l'hiver, qui dure du mois d'avril jusqu'au mois de novembre, il pleut ordinairement trois heures par jour, et cela en telle abondance, que tous les fleuves débordent et inondent toutes les campagnes. — La province de Caracas, qui compte 500,000 habitants sur une superficie de 3,800 milles carrés, fut depuis l'année 1526 la propriété de la famille patricienne des Welser d'Augsbourg, à laquelle Charles-Quint l'avait cédée comme fief de la couronne de Castille, pour s'acquitter envers les Welser d'un emprunt considérable qu'il leur avait fait. Cependant cette famille renonça à la possession de ce pays dès l'année 1546 à cause des cruautés que la soif de l'or avait fait exercer aux soldats allemands sur la colonie, qui fut bientôt entièrement ruinée, et repassa alors au pouvoir des

Espagnols. Caracas resta jusqu'à 1810 une capitainerie générale espagnole ; elle devint à cette époque le théâtre de la guerre d'insurrection, d'abord sous Miranda, puis sous Bolivar, contre les troupes espagnoles commandées par Morillo. Depuis 1821 jusqu'en 1831, elle fit partie de la république colombienne, et depuis le 17 novembre 1831 elle existe comme république indépendante sous le nom de Vénézuéla (*V*. ce nom).

CARACCIO (ANTOINE), baron de Corano, poëte italien du XVIIe siècle, naquit à Nardo, au mois de juillet 1630. Dans sa jeunesse, secrétaire de différents cardinaux, puis gentilhomme du prince Pamphile, général de l'Eglise romaine, il s'était fait connaître de bonne heure par des poésies lyriques qui commencèrent sa réputation. Son grand poëme intitulé *l'Imperio vindicato* y mit le sceau, et il fut compté de son vivant parmi les poëtes épiques qui font le plus d'honneur à l'Italie. Le temps a beaucoup diminué de sa renommée. Il mourut à Rome le 14 février 1702. Sa tête s'était affaiblie dans ses dernières années, et il l'avait même entièrement perdue. Ses ouvrages imprimèsont : 1° *Il fosforo*, *canzone epitalamica*, Lucques, 1650, in-4°. 2° *Poesie liriche*, Rome, 1689. 3° *Il Corradino*, *tragedia*, Rome, 1694, in-4°. On ne distingue point cette tragédie parmi les siennes, comme l'a dit un *Dictionnaire historique français*, en copiant un *Dictionnaire historique italien*, car cet auteur n'a pas laissé d'autres tragédies. 4° *L'Imperio vindicato*, *poëma eroico cogli argomenti e chiave dell' allegoria*, etc., Rome, 1690, in-4°. Ce poëme est en quarante chants ; il n'en avait paru que les vingt premiers dans une première édition, Rome, 1679, in-4°. Le sujet est à la fin de l'empire d'Orient, et la réunion de l'Eglise grecque à l'Eglise romaine, par la conquête de l'empire, et par l'établissement de la dynastie latine dans la personne de Baudouin, comte de Flandre, en 1204. Une partie de la fable est historique ou fondée sur l'histoire ; une autre est purement allégorique. Un magicien nommé Basilago, qui tâche par les moyens de son art de défendre les Grecs contre les Latins, devient l'emblème vivant du schisme, et les enchantements qu'il emploie représentent allégoriquement les différentes opinions qui divisaient les deux Eglises. Cela parut sans doute fort ingénieux et fort beau à tous les barons romains, aux cardinaux protecteurs ou amis du poëte, et au général de l'Eglise auquel il était attaché ; mais ces fictions alambiquées et essentiellement froides étaient une mauvaise machine poétique, et l'on s'était pas capable de la soutenir. On nous dit, et un avis au lecteur, que l'auteur avait prouvé par d'autres poésies, que le style grand et sublime ne lui était point étranger, mais qu'il en avait employé un médiocre dans son poëme comme plus propre à des récits pour instruire le peuple. Homère, Virgile, Arioste et Tasse n'eurent point cet éloignement pour le grand et le sublime, et leurs poëmes n'en instruisent pas moins. Le *Dictionnaire italien* dont nous avons parlé, et qu'on dirait avoir été fait à Paris dans un temps où l'on y connaissait fort mal la littérature italienne, dit spirituellement que les *Italiens placent ce poëme après l'Arioste et le Tasse*, mais que *les gens de bon goût y mettent une grande distance ;* comme si les Italiens et les gens de bon goût étaient naturellement opposés d'opinion. Le *Dictionnaire historique français* a répété ce *sproposito* comme tant d'autres. Il est vrai que le Crescembeni a consacré deux dialogues entiers à vanter les beautés de *l'Imperio vindicato ;* ce sont le septième et le huitième de ses neuf dialogues *Della bellezza della volgar poesia*. Mais cela preuve seulement que les meilleurs critiques se laissent quelquefois aller, par indulgence ou par de petits intérêts particuliers, à prononcer sur des ouvrages médiocres des jugements que la postérité ne confirme pas.

CARACATES (*géogr. anc.*), peuples de la première Germanie, situés au nord des Vangiones.

CARACCIOLI (SER GIANNI ou SERGIANI), prénom que les Français traduisent par *Jean*, issu d'une des maisons les plus illustres du royaume de Naples, a été peut-être le premier grand seigneur de sa branche. Né vers 1372, *il se mêla de la plume* au commencement de sa jeunesse, dit Brantôme ; la pauvreté lui fit prendre ce parti, quoiqu'il fût bien gentilhomme. Admis par sa naissance à la cour de Naples, ce fut pour lui le chemin de la fortune. Il devint en 1415 le favori de cette princesse, et sut par son audace et ses talents politiques conserver pendant dix-huit ans le même empire sur elle, si peu constante dans ses idées comme dans ses affections. Il fut fait par sa royale maîtresse grand sénéchal du royaume, duc de Venouse, comte d'Avellino, seigneur de Capoue ; et son insatiable ambition n'était pas satisfaite. Parvenue au trône en 1414 à la mort de son frère Ladislas, Jeanne II était veuve depuis dix ans de Guillaume, duc d'Autriche. Indignés de la faveur qu'elle accordait à un jeune homme de basse naissance, nommé Pandolfello Alopo, les seigneurs du royaume pressèrent leur reine de prendre un époux ; son choix tomba sur Louis de Bourbon, comte de la Marche, dont on vantait la bravoure, la magnificence et la bonne mine. Il accepta par ambition ; car la reine de Naples, âgée de quarante-quatre ans, et par suite de ses excès dépourvue des grâces de la figure, était une épouse peu séduisante. Après les pompes du mariage, les deux époux ne tardèrent pas à se brouiller. Jacques de la Marche débuta par faire pendre Pandolfello Alopo, il tenait Jeanne prisonnière dans son palais. Le peuple, qui souffrait avec impatience l'autorité d'un roi étranger et de ses Français, se souleva. Jacques de la Marche s'enfuit au château de l'Œuf. Comme il n'y pouvait soutenir un siège, il capitula avec les insurgés, renvoya les Français qu'il avait amenés avec lui, et rendit à la reine la suprême administration des affaires, qu'il s'était arrogée. Jeanne, qui ne pouvait se passer de favori, se donna alors tout entière à Ser Giovanni Caraccioli, qu'on distinguait parmi les seigneurs napolitains qui avaient contribué à cette révolution. La reine lui donna la place de grand sénéchal que Pandolfello Alopo avait occupée. « Ce choix était moins indigne que l'autre, dit Sismondi dans l'*Histoire des républiques italiennes;* Caraccioli joignait une prudence consommée aux qualités faites pour plaire à Jeanne, et l'amant de la reine réussit à gagner l'affection de la noblesse et du peuple. » Il devint le vrai roi, tandis que Jeanne ne vivait que pour satisfaire ses passions licencieuses, et que son mari, Jacques de la Marche, d'abord retenu prisonnier, puis délivré de sa prison à la sollicitation du pape Martin V, ne rentra dans le palais que pour y vivre sans crédit, sans considération et presque sous la dépendance de Ser Gianni Caraccioli. Le pauvre prince vit avec joie ce favori et le fameux *condottiere* Attendolo de Cotignola, si fameux sous son surnom de Sforza, qui était devenu grand connétable du royaume, se disputer les armes à la main la possession de la reine. La noblesse napolitaine força ces rivaux à la paix. Jacques, se flattant de profiter de ces divisions pour recouvrer le pouvoir, s'échappa déguisé du palais (1419), et se rendit à Tarente, avec l'intention de soulever les provinces méridionales du royaume ; mais assiégé dans cette ville par la reine Marie, veuve du roi Ladislas, il fut réduit à s'embarquer pour la France, où il acheva dans un cloître une vie que l'ambition avait rendue si agitée. Jeanne, ainsi délivrée de son mari, aurait voulu se défaire également du grand connétable Sforza, dont la rivalité avec Caraccioli la fatiguait; elle consentit donc avec joie à le céder avec l'armée qu'il commandait au pape Martin V, qui voulait dépouiller Braccio de Montone, autre *condottiere,* de la principauté qu'il s'était formée aux dépens de l'État de l'Église. Ce pontife, qui était l'ennemi secret de Jeanne et de Caraccioli, voulait aussi relever le parti français à Naples, et forcer la reine à adopter pour héritier Louis III, duc d'Anjou. Ce ne fut pas sans peine qu'il détermina Sforza à quitter le parti de Duraz (ainsi s'appelait la famille régnante à Naples) auquel il avait juré fidélité, pour embrasser le parti contraire. Mais dès qu'une fois le redoutable *condottiere* eut cédé aux instances du pape et des ambassadeurs de Louis III, sans perdre un moment il marcha sur Naples à la tête de son armée. Lorsqu'il fut près de cette ville, il renvoya à Jeanne le bâton de grand connétable, en lui déclarant que, pour se soustraire aux caprices de Caraccioli, il renonçait à tout lien avec elle, et qu'il révoquait les serments qu'il lui avait prêtés. Après quoi il proclama Louis III d'Anjou roi de Naples, invita les barons angevins et tous les partisans des rois français à se joindre à lui, et investit Naples au mois de juin 1420. Tandis que Louis III se rend avec quelque argent et quelques chevaliers dans ce royaume qu'il prétendait conquérir, Jeanne, par le conseil de Caraccioli, se détermine à lui opposer Alfonse V, roi d'Aragon, qu'elle adopte pour son héritier. Alfonse se hâte d'arriver, et de concert avec sa mère adoptive appelle le *condottiere* Braccio Montone pour faire tête à Sforza. La présence de deux rois compétiteurs et de deux illustres généraux pouvait amener à de grands événements; mais les intrigues de Caraccioli les réduisirent à l'inaction. L'ambitieux grand sénéchal voyait avec défiance le pouvoir croissant du roi Alfonse ; il craignait que ce prince ne le traitât un jour comme Jacques de la Marche avait traité Pandolfello Alopo. Il communiqua ses craintes à Jeanne, engagea cette princesse à entrer en négociation avec Louis d'Anjou, et à reprendre Sforza à son service. C'est ainsi que la nécessité du moment lui faisait oublier ses anciens ressentiments contre ce général. Jeanne, docile à ces conseils, ne tarda pas à rendre à Sforza le bâton de grand connétable; et l'on vit celui-ci grossir la foule des courtisans du grand sénéchal. Alfonse, moins souple, voyait avec dégoût cet amant d'une vieille reine prétendre gou-

verner ses États et ses armées par un titre aussi honteux : il voulait affermir sa propre indépendance, et s'était assuré de l'attachement de Braccio de Montone. Convaincu que Sforza peut seul maintenir l'équilibre entre les deux souverains, Caraccioli se lie plus étroitement que jamais à ce général : une alliance secrète fut conclue entre eux, et Sforza promit de défendre Jeanne contre tous ses ennemis, sans en excepter son fils adoptif. Jeanne et Alfonse, dans leur défiance mutuelle, avaient fait choix de deux des forteresses de Naples pour y habiter. La reine occupait le château de Capuano, et son fils adoptif le Château-Neuf. Tous deux y étaient entourés de gardes et d'un appareil militaire. Les ministres de l'un des souverains ne se rendait jamais sans crainte chez l'autre, et un conseil d'État devenait presque une expédition dangereuse. Caraccioli avait refusé de se rendre au Château-Neuf sans un sauf-conduit signé de la main d'Alfonse; malgré ce sauf-conduit, le prince n'hésite pas à faire arrêter le favori le 22 mai 1423, comme il entrait au conseil; Alfonse avait, dit-on, le dessein d'arrêter la reine, et se présenta immédiatement à la porte du château de Capuano; mais la garde de cette princesse le repoussa. Jeanne, assiégée, appelle à son secours Sforza, dont les troupes étaient cantonnées dans la Campanie. Il marche contre Alfonse, est vainqueur à Formelles, prend prisonnier la plupart des capitaines aragonais, fait sortir la reine de Capuano et la conduit en sûreté à Aversa. Jeanne, séparée de Caraccioli, s'abandonnait au désespoir ; elle aurait sacrifié ses meilleures provinces, sa couronne elle-même pour racheter la liberté de son amant. Fidèle à son alliance secrète avec le grand sénéchal, Sforza consentit à donner à Alfonse en échange de cet important captif les vingt prisonniers les plus distingués parmi ceux qu'il avait faits à la bataille de Formelles. Le sénéchal et le connétable, réunis alors auprès de la reine, la déterminèrent à s'appuyer du parti d'Anjou pour sa défense; elle révoqua donc l'adoption de l'ingrat Alfonse, et lui substitua Louis III, qui fut déclaré duc de Calabre et héritier présomptif de la couronne ; Jeanne lui revêtit même du titre de roi ; Louis III ne donna point à Caraccioli lieu de se repentir de l'avoir ainsi élevé. Il ne poussa jamais ses prétentions au delà de ce que la reine et son favori voulurent bien lui accorder : il ne resta pas longtemps à la cour, et passa dans les Calabres où il se fit chérir des sujets soumis à son gouvernement (1423). La guerre civile se prolonge dans le royaume avec des succès divers : au commencement de l'année 1424, l'armée de la reine reprit Naples sur l'infant d'Aragon, don Pedro, frère d'Alfonse, qui était retourné en Aragon ; mais Caraccioli ne permit pas qu'on assiégeât les Aragonais dans le Château-Neuf, où ils s'étaient renfermés ; il voulait ainsi retenir Louis d'Anjou dans la soumission, par la crainte de son rival. Sforza ayant perdu la vie au passage du fleuve Pescara, le grand sénéchal s'assura l'appui de Jacques de Caldora, le plus âgé des *condottieri* qui servaient dans le royaume de Naples (1426). La puissance de Caraccioli paraissait inébranlable : Jeanne avait éloigné d'elle Louis III d'Anjou, et elle le retenait comme en exil dans la Calabre, pour livrer sans contrainte sa personne et son royaume au pouvoir de son grand sénéchal. Jeanne avait passé sa soixantième année, et ses dérèglements l'avait condamnée de bonne heure aux infirmités de la vieillesse. Caraccioli de son côté avait aussi soixante ans, et l'amour aujourd'hui son élévation ne conservait plus d'empire ni sur lui, ni sur la reine. Mais une longue habitude avait remplacé le sentiment : l'ambitieux Caraccioli commandait en maître à la souveraine qui l'avait jadis choisi pour amant. Il ne se trouvait point encore rassasié d'honneurs, de richesses et de puissance ; il demandait tous les jours à Jeanne de nouveaux dons. Peu satisfait de posséder un comté, un duché, une principauté, il postulait encore le duché d'Amalfi et la principauté de Salerne. Ces demandes immodérées fatiguaient la reine, qui craignait de pousser à bout la jalousie des courtisans. La reine, pour se soulager des chagrins que lui donnait l'humeur impérieuse de Caraccioli, avait admis à sa confidence sa cousine Cobella Ruffa, duchesse de Suessa. Cette dame, non moins orgueilleuse et non moins violente que le grand sénéchal, cherchait à perdre ce ministre insolent qu'elle regardait comme un parvenu, et saisissait toutes les occasions d'aigrir les ressentiments de sa maîtresse. Un jour la duchesse de Suessa entendit de l'antichambre Caraccioli renouveler ses instances pour obtenir les deux fiefs de Salerne et d'Amalfi : piqué des refus de la reine avec laquelle il se croyait seul, il lui reprocha d'une manière si amère et si injurieuse ce manque de complaisance que Jeanne II fondit en larmes. Dès que le sénéchal se fut éloigné, la duchesse s'efforça de faire succéder le courroux aux sanglots qui alarmer Jeanne sur les projets de Caraccioli. Celui-ci mariait son fils à la fille de Jacques Caldora : la duchesse prétendit trouver dans ce mariage la preuve d'un complot ; le sénéchal voulait s'assurer, disait-elle, de toutes les forces de l'Etat ; il aspirait à la toute-puissance ; il n'y avait plus de temps à perdre pour l'arrêter. Avec la permission de la reine, l'habile intrigante assembla tous les ennemis de Caraccioli, les avertit qu'on allait lui retirer les pouvoirs usurpés dont il abusait, et s'assura de leur assistance. Le mariage entre le fils de Caraccioli et la fille de Caldora fut célébré le 17 août avec une grande magnificence : les fêtes devaient se prolonger pendant huit jours dans le château même de la reine. Mais la nuit qui précéda le dernier de ces jours consacrés aux jeux et aux tournois, lorsque les festins et les bals étaient terminés, que toute la cour était retirée, et que Caraccioli lui-même, au lieu d'aller chez lui avec sa reine, était rentré pour dormir dans l'appartement qu'il avait au château, un page de la reine vint frapper à sa porte, et lui dire que Jeanne, succombant à une attaque d'apoplexie, demandait avec instance à le voir avant de mourir. Caraccioli fit aussitôt ouvrir sa chambre pendant qu'on l'habillait. Les conjurés s'y précipitèrent, et le tuèrent sur son lit à coups de haches et d'épées. Le matin du jour suivant, la noblesse et le peuple entrèrent en foule dans sa chambre. Son cadavre était à terre à moitié couvert de ses habits : une seule de ses jambes était chaussée ; personne n'avait pris soin de le remettre sur son lit. La reine, qui avait consenti à signer un ordre pour l'arrêter, n'avait point songé qu'on voulût le tuer. Elle parut éprouver une vive douleur lorsqu'on lui dit que la résistance de Caraccioli aux ordres qu'on lui portait avait contraint d'employer la force et qu'il y avait succombé. Cependant elle accorda des lettres d'abolition à ses meurtriers ; elle ordonna que tous ses biens fussent confisqués ; elle fit arrêter son fils et tous ses parents, et permit que la populace pillât leurs hôtels. Telle fut la fin de cet homme qui avait fait trembler pendant dix-huit ans le mari de la reine, ses deux fils adoptifs, les plus grands seigneurs napolitains, et l'on peut dire, la faible et vicieuse Jeanne elle-même.

CH. DU ROZOIR.

CARACCIOLI (ROBERT), de la même famille que le précédent, naquit en 1425 à Lecce, province d'Otrante, dans le royaume de Naples, d'où lui vint le nom de *Robertus de Licto*. Il entra dans l'ordre des frères mineurs, et plus tard dans celui des conventuels. Il se distingua comme professeur de théologie et comme prédicateur. Quoiqu'il ne ménageât pas dans ses sermons le luxe de la cour romaine, les papes l'estimèrent assez pour l'employer et l'élever aux dignités ecclésiastiques. Callixte II l'envoya comme nonce en Ombrie ; Paul II le nomma prédicateur apostolique, et le chargea d'une commission importante à Ferrare. Sixte IV le fit évêque d'Aquino et ensuite de Lecce ; mais Caraccioli garda son premier siège, parce que la mort de Sixte empêcha l'expédition des bulles. Il mourut à Lecce le 6 mai 1495. Ses *Sermons*, où l'on trouve parfois des bouffonneries fort bizarres, parurent à Venise en 1472, in-4°. Ils ont été souvent réimprimés. Ses *Carêmes* ont été traduits en italien. Ses autres ouvrages sont : 1° *De hominis formatione liber*, Nuremberg, 1479, in-fol. ; 2° *Tractatus de incarnatione Christi* ; 3° *Speculum fidei christianæ*, Venise, 1555, in-fol. ; 4° *Tractatus de immortalitate animæ*, ibid., 1496, in-4° ; 5° *De æterna beatitudine*, ibid., 1496, in-4°. Sa *Vie* a été composée par Domenico de Angelis, Naples, 1705, in-4°. Il avait été l'ami d'Erasme. On peut consulter encore sur Robert Caraccioli le savant Dupin, *Bibliothèque des auteurs ecclésiastiques*.

CARACCIOLI (JEAN), de la même famille que les précédents, prince de Melfi, duc de Venouse, d'Ascoli et de Sorra, grand sénéchal du royaume de Naples, s'attacha au parti français sous le règne de Charles VIII ; il y demeura fidèle sous le règne de Louis XII, et se trouva même à la bataille de Ravenne en 1512 ; mais depuis, les changements arrivés dans le royaume de Naples lui firent embrasser le parti espagnol, et il se déclara pour l'empereur Charles-Quint. En 1528, lorsque Lautrec tenta la conquête du royaume de Naples, il fit prisonniers à Melfi le duc Caraccioli et toute sa famille. L'empereur Charles-Quint ayant refusé le secours dont il avait besoin pour sa rançon, François Ier, jaloux de se l'attacher, lui rendit la liberté et le fit chevalier de son ordre. Quelque temps après, il le fit lieutenant général de ses armées ; et, en considération de ses services et de la perte de ses terres en Italie, il lui en donna plusieurs en France, comme Romorantin, Nogent et Brie-Comte-Robert. Jean Caraccioli se distingua en Provence l'an 1536, lorsque Charles-Quint fit une invasion dans cette province. L'année suivante, il se trouva à la prise du château d'Hesdin, et continua de servir François Ier avec zèle, malgré les efforts que tenta Charles-Quint pour le ramener à sa cause. En 1543, il secourut Luxembourg et Landrieux. Le bâton de maréchal de France fut en 1544 la récompense de ses services. Nommé l'année sui-

vante lieutenant général du roi en Piémont, il rétablit la discipline militaire parmi les troupes. Il mourut à Suze en 1550, comme il retournait en France après avoir donné sa démission. Il avait soixante-dix ans. — TRAJAN CARACCIOLI, son fils aîné, avait été tué en 1544 à la bataille de Cérisoles.

CARACCIOLI (ANTOINE), second fils du précédent. Il naquit à Melfi au commencement du XVIe siècle, reçut une éducation distinguée, et parut avec avantage, sous les auspices de son père, à la cour de François Ier. Un accès de dévotion lui fit abandonner le monde pour se retirer au désert de la Sainte-Baume, en Provence, chez les dominicains. Il revint ensuite à Paris prendre l'habit de chartreux ; mais son inconstance naturelle l'empêcha d'achever son noviciat ; et en 1538 il passa chez les chanoines réguliers de Saint-Victor lez Paris (car cette abbaye n'était point encore comprise dans l'enceinte de cette capitale). La protection de la reine Marguerite de Navarre l'y fit recevoir religieux. Cinq ans après (16 novembre 1543), il fut nommé abbé par le roi François Ier. C'est le dernier abbé régulier de cette abbaye, assez puissante alors pour lever, au passage de Charles-Quint, deux régiments, l'un de moines et l'autre d'écoliers, afin de faire honneur à ce monarque. Antoine Caraccioli se faisait admirer par le charme et l'onction de ses prédications ; mais, grâce à son esprit inquiet et remuant, il eut de fréquentes querelles avec ses chanoines, sur lesquels il voulut usurper une autorité qui ne lui appartenait pas. On l'a même accusé d'être entré par complaisance pour Diane de Poitiers dans l'intrigue qui tendait à engager son père à se démettre du gouvernement de Piémont. Quoi qu'il en soit, les chanoines de Saint-Victor se défendirent si vivement contre les prétentions de leur abbé, que l'autorité leur donna raison ; Antoine Caraccioli en fut si mécontent qu'il permuta son abbaye avec l'évêché de Troyes, que Louis de Lorraine lui résigna. Antoine Caraccioli fut sacré l'an 1551. Fréquentant les calvinistes, il commença à dogmatiser et à semer des hérésies au grand scandale des fidèles, ce qui ne l'empêcha pas, dans son aveugle ambition, d'aller solliciter à Rome en 1457 du pape Paul IV, son parent, le chapeau de cardinal ou quelque riche bénéfice. Se voyant frustré dans son espoir, il sortit de Rome, et revint en France, en passant par Genève, où il eut des conférences avec Calvin et Théodore de Bèze, dont il partageait toujours les opinions, *et là*, dit le P. Dubreul dans les *Antiquités de Paris, fut la consommation de sa perversion*. Toutefois, il s'abstint de manifester ouvertement ses opinions jusqu'en l'année 1561. Il assista au colloque de Poissy, et fut ensuite l'un des six évêques chargés d'entrer en conférence avec autant de ministres de la religion prétendue réformée pour tâcher d'amener une conciliation qu'on ne put obtenir. De retour à Troyes en cette même année 1561, il cessa de dissimuler, quitta ses ornements pontificaux, se rendit chef des ministres de Calvin, et prêcha publiquement le calvinisme. On a même avancé, mais sans preuve suffisante, qu'il s'était marié ; d'autres ont dit, avec aussi peu de fondements qu'avant sa mort il était rentré dans le sein de l'Eglise. Il avait été forcé de renoncer à son évêché, moyennant une pension de 4,500 livres. Alors il reprit son titre de prince de Melfi, et se retira à Châteauneuf-sur-Loire, où il mourut pauvre en 1569. Il avait été reconnu évêque par les calvinistes, après s'être soumis à l'élection des anciens du consistoire protestant. Il a laissé : 1° *Miroüer de la vraye religion*, Paris, 1544, in-16. 2° Une *Lettre à Corneille de Muis*, évêque de Bitonte, pour justifier Montgommery de la mort de Henri II. Cette lettre a été insérée dans le recueil des *Epîtres des princes* de Ruscelli. 3° Une autre *Lettre* aux ministres d'Orléans, qui se trouve dans les *Mémoires de Condé*, et qui a pour objet de prouver la sincérité de sa conduite à l'égard de la religion réformée. 4° Une traduction italienne de l'éloge latin de Henri II, par Pierre Paschalius. 5° Quelques pièces peu importantes de poésie française et italienne. On lui a faussement attribué le traité historique et politique *De republica Venetorum*. Cet ouvrage, souvent réimprimé, est de Trifone Gabrieli, noble vénitien. Théodore de Bèze a fait de Caraccioli un portrait peu avantageux. « C'était, dit-il, un homme qui avait beaucoup plus de paroles que de science, un esprit léger, ambitieux, dont la vie était impudique. » De Thou, un peu moins sévère, lui reconnaît de la littérature. Comme il arrive aux apostats, il inspirait fort peu de confiance à ses nouveaux coreligionnaires. Après avoir renoncé à l'épiscopat, il continua à prendre le titre d'évêque et celui de *ministre du saint Evangile*, quoiqu'on eût refusé de le recevoir ministre, surtout à cause de sa conduite équivoque après la bataille de Dreux. En effet, à cette époque, il était allé faire sa cour à Catherine de Médicis et au connétable de Montmorency.

CARACCIOLI (Antoine), de la même famille que les précédents, entra dans l'ordre des théatins, au XVIIe siècle, et s'y distingua par son érudition. Voici ses principaux ouvrages : 1° *Synopsis veterum religiosorum rituum*, etc., *cum notis ad constitutiones clericorum regularium comprehensa*, Rome, 1610, in-4°, réimprimé à Paris en 1628, in-4°, par les soins du cardinal de Bérulle; 2° *Nomenclator et propylœa in quatuor antiquos chronologos*, Naples, 1626, in-4°, rare : ces quatre croniqueurs sont : Hérempert, moine du Mont-Cassin, auteur de l'*Histoire des princes de Bénévent*, depuis 783 jusqu'en 880; Lupus Protospata, qui a fait une *Chronique du royaume de Naples, depuis 806 jusqu'à* 1102; l'anonyme du Mont-Cassin, qui a écrit une autre *Chronique* du même royaume, *depuis l'an 1000 jusqu'à l'an 1202*; enfin Falcon, notaire du sacré palais, à qui l'on doit une *Relation* des événements du même pays, depuis 1102 jusqu'en 1250; 3° *Biga illustrium controversiarum; De sancti Jacobi accessu ad Hispaniam et de funere sancti Martini a sancto Ambrosio procurato*, Naples, 1618, in-8°; 4° *Collectanea vitœ Pauli; B. Cajetani et sociorum vitœ*, Cologne, 1612, in-4°; 5° *De sacris Ecclesiœ Neapolitanœ monumentis*, Naples, 1645, in-fol., ouvrage posthume; 6° *Sancti Basilii magni orationes de jejunio*; 7° *Apologia pro psalmodia in choro*; 8° *Vita sancti Antonini*.

CARACCIOLI (Tristan), de la branche cadette, dite *del Leone*, de la même famille que les précédents, naquit vers l'an 1439, et vivait encore en 1517; on ignore l'époque précise de sa mort. Il étudia fort tard la grammaire et la langue latine; il a laissé quelques opuscules insérés par Muratori dans le t. XXII de son *Recueil des écrivains de l'histoire d'Italie*.

CARACCIOLI (Mélello), jésuite, professeur de théologie et d'Ecriture sainte à Naples en 1593, a laissé un *Commentaire sur le prophète Isaïe* et quelques autres ouvrages.

CARACCIOLI (Octave), né en Sicile, et mort en 1674. Il fut d'abord avocat, et ensuite juge à la cour royale de Palerme; il publia en latin un recueil des décisions de cette cour, et un autre intitulé : *De fori privilegiorum remissione*.

CARACCIOLI (Michel), de Francavilla, jurisconsulte et poëte, a laissé quelques manuscrits de poésie italienne et d'ouvrages de droit.

CARACCIOLI (Ferrante), comte de Biccari, publia en italien des *Commentaires des guerres de don Juan d'Autriche contre les Turcs*, Florence, 1581, in-4°, et laissa en manuscrit : 1° la *Vie de ce même don Juan d'Autriche*; 2° un *Discours sur les maisons Caracciola et Carafa*; 3° un *Discours sur le décret du concile de Trente relatif au duel*.

CARACCIOLI (Le marquis Dominique), de l'illustre famille de ce nom, naquit à Naples en 1715, et entra fort jeune dans la diplomatie. En 1763, il fut envoyé comme ambassadeur à Londres, chez les Anglais qu'il n'aimait pas. Son aversion pour eux se manifestait souvent par des saillies spirituelles; il disait, par exemple, que le soleil de Londres ne valait pas la lune de Naples; qu'en Angleterre on ne trouvait d'autres fruits mûrs que les pommes cuites, et rien de poli que l'acier. Il demanda son changement, et passa en 1770 de l'ambassade de Londres à celle de Paris, où son esprit élégant et vif se trouva moins dépaysé. Ses amis étaient Delille, d'Alembert, Marmontel, Necker, Helvétius, mesdames Geoffroi et du Deffant, etc. Il passait sa vie dans ces différentes sociétés, qu'il charmait par ses bons mots. D'Alembert a fait son portrait d'une manière très-piquante. « C'est, dit-il, un des esprits les plus *complets* que l'on connaisse, c'est-à-dire qu'il réunit à un degré très-distingué le plus de différentes sortes de mérite. L'étendue de ses connaissances est très-grande; et ce qui en fait surtout le prix, c'est de savoir nettement et sûrement ce qu'il sait, et de le rendre avec autant de précision que d'agrément, etc. » Marmontel ne trace pas de Caracciоli une image moins flatteuse. « Au premier coup d'œil, dit-il, il avait l'air épais et massif qui annonce la bêtise; mais sitôt qu'il parlait, ses yeux s'animaient, ses traits se débrouillaient, son imagination vive, perçante et lumineuse se réveillait, et l'on en voyait jaillir comme des étincelles. La finesse, la gaieté, l'originalité de sa pensée, le naturel de l'expression, la grâce de son rire, la sensibilité du regard, donnaient à sa laideur un caractère aimable, ingénieux et intéressant. Peu exercé dans notre langue, mais éloquent dans la sienne, lorsque le mot français lui manquait, il empruntait de l'italien les termes, les tours hardis et pittoresques dont il enrichissait son langage, et il l'animait si bien du geste napolitain, qu'on pouvait dire qu'il avait de l'esprit jusqu'au bout des doigts. Caraccioli avait étudié les hommes, mais en politique, en homme d'Etat, plutôt qu'en moraliste satirique; avec un

grand fonds de savoir et une manière piquante de le produire, il avait de plus le mérite d'être un excellent homme, et tout le monde ambitionnait son amitié. » On présume pourquoi tout ce concert d'éloges; Caracciоli fut du nombre de ces grands seigneurs étrangers qui s'attachèrent en France à courtiser les coryphées du parti encyclopédiste et philosophique. Il prit part à la querelle des gluckistes et des piccinistes, et l'on n'a pas de peine à croire qu'en sa qualité d'Italien il fut, comme le dit Laharpe, *le plus déterminé des antigluckistes*. Ses plaisanteries sur ce sujet couraient alors toutes les sociétés. C'est lui qui, quand il entendait *Iphigénie en Tauride*, ou *Alceste*, disait : « Croyez-vous que ce soit là une femme désolée. Non, c'est une femme qui accouche. » Et souvent il n'avait pas tort. Nommé en 1780 vice-roi de Sicile, il quitta la France à regret. Son administration fut sage et modérée. Dans les discussions qui s'élevèrent entre le roi de Naples Ferdinand et le pape Pie VI, Caracciоli se montra favorable au saint-siége, et joua le rôle de conciliateur. En 1786, il fut appelé au ministère des affaires étrangères, et mourut en 1789, c'est-à-dire assez à temps pour ne pas avoir à déplorer des révolutions qui n'étaient que la conséquence des doctrines dont il avait encouragé la propagation pendant son séjour à Paris.   CH. DU ROZOIR.

CARACCIOLI (Louis-Antoine, marquis de), de la même famille que le précédent, mais d'une autre branche, naquit à Paris en 1721. Son père, établi au Mans, avait été ruiné par le système de Law. Après avoir fait ses études au collége de cette ville, le jeune Caracciоli entra en 1739 dans la congrégation de l'Oratoire, à Vendôme, où il se fit remarquer par son goût pour l'étude, par ses succès classiques, et par un singulier talent d'imitation. Il voulut voyager, et visita d'abord l'Italie, d'où sa famille était originaire. Son nom et son mérite personnel le firent accueillir avec distinction par deux papes, Benoît XIV et Clément XIII, et par plusieurs cardinaux avec lesquels il entretient ensuite un commerce épistolaire. D'Italie il passa en Allemagne, puis en Pologne, où il devint gouverneur des enfants du prince Rewski, grand général et premier sénateur du royaume. Cette place lui valut une pension viagère de 3,000 livres, qui lui fut payée jusqu'à la révolution de Pologne. Il fut aussi gratifié d'un brevet de colonel afin de pouvoir être admis à la table du grand général. Par reconnaissance, il écrivit la Vie de Wenceslas Rewski, le plus illustre personnage de la famille de son bienfaiteur. Lorsqu'il eut achevé l'éducation des jeunes Polonais, il revint en France, et, après quelques années de résidence à Tours, il vint se fixer à Paris : érudit et spirituel, il se fit auteur, et composa un grand nombre d'ouvrages empreints d'une saine morale et d'une profonde conviction religieuse, et dont plusieurs sont remarquables par la sagacité des vues et la netteté piquante du style. Le plus grand nombre a été traduit en italien, en allemand, en anglais. C'est une mine abondante, que les prédicateurs qui ne veulent pas composer eux-mêmes leurs sermons ont fréquemment exploitée. L'esprit religieux des ouvrages de Caracciоli lui valut l'animadversion du parti philosophique. Aussi faut-il voir dans quels termes de mépris s'expriment sur son compte Voltaire, Grimm et Laharpe. D'un côté, Caracciоli avait ses partisans, et l'on publia l'*Esprit de M. le marquis de Caracciоli* (Liége et Dunkerque, 1763, in-12). « Je ne sais quel est l'indigne compilateur, dit Grimm dans sa *Correspondance*, qui a osé publier cet *Esprit*, c'est-à-dire la quintessence des ouvrages de M. le marquis, colonel au service du feu roi de Pologne, et un des plus détestables auteurs de ce siècle. » Par une circonstance singulière, cette publication coïncidait avec l'arrivée à Paris (1764) du marquis de Caracciоli, ambassadeur de Naples, lequel n'avait aucun rapport avec le marquis de Caracciоli, Tourangeau, si ce n'est une origine commune pour le berceau de leur famille. « Le marquis de Caracciоli qui vient d'arriver d'Angleterre comme ministre du roi des Deux-Siciles, disait encore Grimm (1er février 1764), n'a vu personne à son passage qui n'ait frémi à son nom. On était tenté de lui fermer toutes les portes, dans l'idée qu'il était l'auteur de tous ces beaux écrits sur *la jouissance de soi-même*, sur *la gaieté*, etc.; et un homme de beaucoup d'esprit et de mérite a pensé être confondu avec l'écrivain le plus plat et le plus ennuyeux du monde chrétien. Aussi ceux qui se présentaient dans les maisons criaient d'avance, *Ce n'est pas lui, ce n'est pas lui*. » Nous citons cette indécente diatribe pour prouver combien l'esprit de parti est sujet à passer les bornes. Les troubles de la Pologne avaient privé Caracciоli de la pension que lui faisait le prince Rewski; la révolution française lui enleva une autre pension de 2,000 francs, qu'il tenait de l'impératrice Marie-Thérèse. Comme il n'avait pas émigré, il se serait trouvé dans sa vieillesse réduit à l'indigence, si la convention nationale ne lui eût accordé en 1795 un traitement annuel de 2,000 francs, qu'il toucha régulièrement jusqu'à sa mort arrivée en 1803. Il ne put laisser pour tout héritage à son fidèle domestique qu'une somme de 24 francs. Voici la liste de ses ouvrages, telle qu'on la trouve dans le *Dictionnaire des anonymes et pseudonymes* de Barbier, et dans la *France littéraire* de Quérard. Cette nomenclature, quoiqu'un peu longue, ne paraîtra pas déplacée dans notre *Encyclopédie catholique*; car elle servira à rappeler des livres excellents, utiles, nécessaires pour le chrétien, et qui sont trop oubliés aujourd'hui. 1° *Les Caractères de l'amitié* (in-12); 2° *la Conversation avec soi-même* (1755, in-12); 3° *la Jouissance de soi-même* (1759, in-12). Cet ouvrage, le meilleur peut-être de Caraccioli, offre un véritable mérite de conception et de style : il embrasse tous les devoirs du chrétien et de l'homme du monde. On y trouve d'heureux emprunts faits à Montaigne, à Charron, et surtout à Sénèque le *Philosophe*; 4° *le véritable Mentor* (1759, in-12); 5° *l'Univers énigmatique* (Avignon, 1759, in-12); 6° *la Grandeur d'âme* (1761, in-12); 7° *le Tableau de la mort* (1761, in-12); 8° *De la gaieté* (1762, in-12), livre empreint d'une douce et consolante philosophie religieuse; 9° *le Langage de la raison* (Avignon, 1763, in-12); 10° *le Langage de la religion* (1763, in-12); 11° *l'Inoculation du bon sens*; 12° *le Livre vert*; 13° *le Livre des quatre couleurs*; 14° *la Gazette de l'Olympe*; 15° *l'Empire de Zaziris*; 16° *la Vie du cardinal de Bérulle* (1764, in-12); 17° *la Vie du révérend père de Condren*, de *l'Oratoire* (même année, in-12); 18° *le Cri de la vérité contre la séduction du siècle*, 1765, in-12); 19° *le Chrétien du temps confondu par les premiers chrétiens* (1766, in-8°); 20° *Eloge historique de Benoît XIV* (1766, in-12), ouvrage estimé; 21° *la Religion de l'honnête homme* (1766, in-12); 22° *Lettres récréatives et morales* (1764, 4 vol. in-12); 23° *Dictionnaire critique, pittoresque, sententieux* (3 vol. in-12). Rien de plus frivole que ce livre, soit pour le fond, soit pour le style; 24° *les Derniers Adieux de la maréchale D. à ses enfants* (1768, in-12), opuscule intéressant; 25° *l'Agriculture simplifiée selon les règles des anciens* (1769, in-12). Il y a dans ce livre des vues très-curieuses; 26° *Lettres à une illustre morte, décédée en Pologne* (1770, in-12). Cet ouvrage ne mérite pas tout à fait cette sentence un peu dure de Voltaire : « Ces *Lettres* m'auraient fait mourir d'ennui, si je ne l'étais déjà de chagrin; » 27° *Voyage de la raison en Europe* (1771, in-12); 28° *Lettres intéressantes du pape Clément XIV*, traduites de l'italien et du latin. Ces *Lettres*, auxquelles Caraccioli ajouta un troisième volume en 1776, ont fait sa réputation; elles sont pleines d'intérêt et composées avec beaucoup d'art. Cependant quelques-uns ont cru à leur authenticité. Quant à Caraccioli, il a protesté jusqu'à la mort qu'il n'en était pas l'auteur, mais seulement le traducteur. On ne voulut pas le croire : on le somma de produire les originaux : il les publia en italien en 1777. On s'obstina à n'y voir qu'une traduction italienne de l'original français, c'est-à-dire une seconde imposture ajoutée à la première. Cette question d'authenticité donna lieu à une polémique, et il parut alors un volume de cinq à six cents pages, intitulé : *le Tartuffe épistolaire démasqué*, ou *Epître très-familière à M. le marquis de Caraccioli, colonel* in *partibus, éditeur et comme qui dirait auteur des Lettres attribuées au pape Clément XIV*, Ganganelli, etc. ; 29° *la Vie du pape Clément XIV*, « ouvrage utile, dit Laharpe; on y fait connaître ce pontife, et il y a des anecdotes curieuses. L'auteur qui a voyagé en Italie, qui a même connu le feu pape, et qui a eu de plusieurs cardinaux des mémoires sur sa vie, écrit en homme assez instruit des faits; » 30° *l'Année sainte*; 31° *Paris le modèle des nations étrangères*, ou *l'Europe française* (Turin, 1776, in-12); 32° *les Nuits Clémentines*, poème en quatre chants sur la mort de Clément XIV, traduction libre (1778, in-12); 33° *Lettre historique à Mme la comtesse ***, sur la mort de l'impératrice reine de Hongrie* (1781, in-8°); 34° *les Entretiens du Palais-Royal* (1786-88, 4 vol. in-12); 35° *la Vie de Mme de Maintenon* (2 vol. in-12); 36° *Diogène à Paris* (Athènes, 1787, in-12); 37° *Lettres du Palais-Royal aux quatre parties du monde*; 38° *les Confessions de l'année 1786 et 1787*; 39° *le Parlement de Paris établi au Scioto*; 40° *l'Almanach de la Samaritaine*; 41° *les Adieux du quai de Gèvres*; 42° *Jésus-Christ le plus tolérant des législateurs*; 43° *Abrégé de la vie d'Young, de Suger, d'Erasme*; 44° *la Négresse couronnée*, roman; 45° *Lettres d'un Indien* (2 vol. in-12); 46° *Victorine*, roman; 47° *la Vraie Manière d'élever les princes destinés à régner* (1788, 2 vol. in-12); 48° *la Vie de Joseph II, empereur d'Allemagne* (1790, in-8°); 49° *la Petite Lutèce devenue grande fille* (1790, 2 vol. in-12); 50° *la Constitution française, avec le catéchisme de la constitution* (1791, in-24). Le titre seul de ces dernières productions atteste que Caraccioli finit par sacrifier aux idées révolutionnaires. On attribue aussi à Caraccioli, la *Notice intéressante et curieuse des ouvrages satiriques qui parurent à l'époque des états généraux de* 1614. Enfin, dans une de ses lettres, Voltaire lui attribue une *Vie* de madame de Pompadour.

CARACCIOLI (LE PRINCE FRANÇOIS), de la même famille que les précédents, naquit à Naples vers l'an 1748. A l'âge de seize ans, il entra dans la marine, y servit avec distinction, notamment lorsque la flotte de Naples, réunie à celles de France et d'Espagne, combattit les Anglais pendant la guerre de l'indépendance américaine. Après avoir obtenu les premiers grades dans la marine de son pays, il alla compléter son éducation dans la marine anglaise et en 1793 il commanda, comme amiral, l'escadre napolitaine qui se joignit aux forces maritimes d'Espagne et d'Angleterre destinées à s'emparer de Toulon. Sa bravoure et ses talents excitèrent la jalousie des Anglais. De retour dans sa patrie, il se fit de nouveaux et puissants ennemis en témoignant tout haut son aversion pour les mesures tyranniques du gouvernement de la reine et de son favori Acton. Lorsqu'en 1798 l'armée française commandée par Championnet força Ferdinand IV à fuir, c'est à Caraccioli que fut confié le commandement de la flotte destinée à la conduire en Sicile. La famille royale avait pour les Anglais une prédilection dont elle ne tarda pas à se repentir. En conséquence, le roi, la reine et l'inséparable Acton montèrent sur le vaisseau de l'amiral anglais Nelson, de préférence à l'un des leurs. A la sortie du golfe, une tempête accueillit la flotte combinée; les bâtiments anglais en souffrirent considérablement, tandis que les vaisseaux napolitains firent bonne route et n'éprouvèrent aucune avarie. En abordant à Palerme, les Anglais y trouvèrent les matelots de Naples arrivés longtemps avant eux et qui ne leur épargnèrent pas les railleries. Nouveau motif de haine entre les deux peuples et entre les deux amiraux. Nelson demanda au roi le renvoi de Caraccioli. Ferdinand IV n'avait rien à refuser aux Anglais; Caraccioli retourna donc à Naples avec l'assentiment du roi, et crut pouvoir accepter le commandement de la flotte de la république parthénopéenne établie à Naples par les Français. Avec cette flotte il essaya, mais inutilement, de s'emparer des îles d'Ischia et de Procida; il repoussa ensuite une flotte anglo-sicilienne, qui avait tenté un débarquement entre Cumes et le cap Misène, fait d'autant plus remarquable que le matériel de la marine napolitaine avait été détruit par les ordres de la cour au moment du départ; il ne restait qu'un petit nombre de barques canonnières, quelques bombardes et quelques felouques qui battirent les Anglais et rentrèrent à Naples aux acclamations des habitants. Cependant le cardinal Ruffo, à la tête des Calabrois, vint rétablir l'autorité royale; les Français se virent forcés de lui remettre, par suite d'une capitulation, la capitale et les forts et d'évacuer le royaume. Il avait été stipulé que les partisans de la république conserveraient la vie et leurs propriétés, et auraient la liberté de sortir de Naples s'ils le désiraient. Caraccioli, ne se fiant point à cette capitulation, se réfugia dans un village où il se croyait en sûreté; mais bientôt, trahi par ses domestiques, il fut amené, les mains derrière le dos, à Nelson qui se hâta de convoquer un conseil de guerre composé de marins napolitains et présidé par le comte de Thurn. On posa cette question : « Caraccioli est-il coupable de rébellion pour avoir combattu la frégate napolitaine *la Minerve?* » Caraccioli allégua pour sa défense qu'il n'avait agi que par contrainte; mais, n'ayant pu le prouver, il fut condamné à mort. Nelson décida qu'il serait pendu au grand mât de *la Minerve*. Caraccioli lui écrivit, non pour lui demander la vie, mais la grâce d'être fusillé. Nelson refusa, et il ordonna sur-le-champ l'exécution. Le matelot chargé de préparer le fatal cordeau pour le supplice de son amiral versait des larmes : « Allons, dépêche-toi, lui dit Caraccioli, il est plaisant de te voir pleurer quand c'est moi qui dois être pendu. » La frégate *la Minerve*, aux vergues de laquelle il fut attaché, se trouvait vis-à-vis le quartier de Sainte-Lucie, où est situé le palais des Caraccioli. On voulut, par un raffinement de cruauté digne d'un Louis XI, que sa famille pût être témoin de son supplice. Le soir, il fut jeté à la mer. Quelques jours après, le cadavre allégé peut-être par la corde dont il était attaché, revint flotter à la surface et fut poussé par les vagues contre le vaisseau sur lequel était Ferdinand, qui, terrifié par cette étrange rencontre, s'écria : *Caraccioli!* puis il ajouta tout ému : « Que me veut ce mort?— Une sépulture chrétienne, répondit l'aumônier du vaisseau. — Eh bien! qu'on l'enterre, répliqua le roi. » Le cadavre fut recueilli et inhumé sans pompe dans la petite chapelle de Santa-Maria, à peu de distance du rivage. Caraccioli n'avait que cinquante-deux ans. Son courage, ses talents et son expérience auraient pu longtemps encore être utiles à sa patrie : car c'était peut-être le seul homme de mer que possédât le royaume de Naples. Il périt victime de la faiblesse de son maître dont il était aimé, de la haine du vil Acton et de la reine dont il contrariait les plans, et de la basse jalousie de l'illustre Nelson. Il s'en faut que tous les compatriotes de cet amiral aient approuvé sa conduite dans cette circonstance ; l'un d'eux, le commodore James Footes, qui commandait le *Sea-Horse*, protesta hautement contre la violation de la capitulation de Naples, et dénonça le crime à la nation anglaise.

CH. DU ROZOIR.

CARACÈNES (*géogr. anc.*), *Caraceni*, peuples du Samnium, au nord. Aufidène était leur ville principale.

CARACHE ou CARAG, s. m. (*V.* CARATCH).

CARACHE (*V.* CARBACHE).

CARACHÉRA, s. f. (*botan.*), sorte de plante d'Afrique qui se rapproche beaucoup des tamones.

CARACHUPA, s. m. (*hist. nat.*), espèce de singe du Pérou, qui porte une sarigue.

CARACIUM (*géogr. anc.*), promontoire de l'Asie-Mineure, dans la Bithynie, sur le Bosphore de Thrace.

CARACO, s. m. vêtement de femme, qui est passé de mode.

CARACOLE, s. f. (*manège et art milit.*), est un mouvement de cavalerie, par le flanc ou à la hauteur de l'escadron, chaque file exécutant un quart de conversion en serpentant, et en faisant des passades par la campagne à droite et à gauche, pour ôter la mire à ceux que l'on insulte. — Ce mouvement diffère de la conversion en ce que celle-ci se fait par rang, et que la caracole se fait par file. Ce terme n'est plus d'usage.

CARACOLER (*manège et art milit.*), c'est faire des caracoles dans un manège. On se servait du même terme quand plusieurs escadrons se détachaient l'un après l'autre du corps de la cavalerie pour aller agacer l'ennemi à coups de pistolets. C'est ce que font aujourd'hui les tirailleurs.

CARACOLLE (*botan.*), c'est le nom vulgaire d'un haricot d'Amérique, *phaseolus caracolla*, L., dont les fleurs sont contournées en spirale ou limaçon. On le cultive comme plante d'ornement.

CARACOLI ou CARACOLY, peau de tigre disposée en forme de croissant, qu'à la Guïane les chefs de famille portent sur la poitrine.

CARACOLY (*hist. mod.*), métal composé de parties égales d'or, d'argent et de cuivre : il est très-estimé, et fort recherché des Caraïbes ou sauvages des îles d'Amérique. Ils nomment aussi *caracolys* les petites plaques faites du même métal, dont ils font leur principal ornement, en se les attachant au nez, aux lèvres et aux oreilles. Ils tiraient autrefois cette composition des sauvages de la rivière d'Orénoque : mais aujourd'hui les orfèvres du pays ses contrefont en altérant un peu l'alliage, et leur vendent bien cher ces bagatelles.

CARACON, s. m. (*term. de marine*) (*V.* CARAQUON).

CARACORE, s. m. (*marine*), c'est un bâtiment des Indes, dont les habitants de l'île Bornéo se servent beaucoup. Il va à la rame pendant le calme, ou lorsqu'il fait peu de vent. Les rameurs sont assis sur une galerie de roseaux qui règne autour. Le dernier est jusque dans l'eau, et ils ont chacun leur flèche et leur arc à leur côté. Ces sortes de bâtiments, bien loin d'avoir du relèvement, baissent à l'avant et à l'arrière. Lorsqu'il y a du vent assez fort pour aller à la voile, on en met une en cuir ou même plusieurs. Ces navires portent cent cinquante et jusqu'à cent soixante-dix hommes. Ils n'ont de bordages ou de planches que quatre ou cinq de chaque côté de la quille. Ils sont aigus, l'étrave et l'étambord demeurent tout découverts au-dessus du bordage des planches. Sur ces bordages il y a de petits barots qui font saillie sur l'eau, selon la largeur qu'on veut donner au bâtiment, et l'on couvre ces barots de roseaux ; ce qui sert d'un pont qui s'étend jusqu'au bout de l'élancement que les barots font. Ces roseaux sont environ de la grosseur du bras. — C'est sur l'élancement de ce pont, qui fait de chaque côté comme une galerie, que sont les rameurs. Il y a entre chaque rang de rameurs une ouverture assez grande pour donner lieu au mouvement de la pagaie ou rame. On proportionne les rangs des rameurs à la grandeur du bâtiment. Chaque rang est ordinairement de dix ou douze hommes. Les pagaies sont composées de palettes plates, avec des manches courts ; elles sont toutes égales

et fort légères. Il y a quelquefois un rang de rameurs en dedans du bordage. C'est en chantant et en battant la caisse, ou en jouant de quelque instrument de musique qu'on commande aux rameurs ce qu'ils ont à faire. Le bâtiment flotte sur l'eau, et vogue par le moyen du pont de roseaux dont la saillie se trouve sur la surface de l'eau, et sans laquelle le *caracore*, étroit comme il l'est, ne manquerait pas de se renverser. L'avant ne s'élève point au-dessus du bordage de planches. — Quelquefois les saillies ou galeries du pont descendent depuis le haut du bâtiment en talus sur l'eau, et alors on ne peut ramer du dedans du vaisseau.

CARACORUM ou HOLIN (*géogr.*), village tartare, dont la position est marquée sur la carte de Danville, dans son *Itinéraire de Chine*, à environ 600 milles au nord-ouest de Pékin. Ce village prit successivement de l'importance par le choix qu'en firent pour leur résidence les fils et petits-fils de Gengis-kan. Il se composait de deux rues, l'une occupée par les industriels et les artisans chinois, l'autre par les commerçants mahométans, et plusieurs édifices consacrés à différents cultes religieux, une église pour les nestoriens, deux mosquées et deux temples d'idoles différentes, ce qui peut donner une idée de sa population et de la diversité de nations et de mœurs de ses habitants. Et cependant un missionnaire a avancé que la petite ville de Saint-Denis près Paris était beaucoup plus considérable que cette capitale tartare, et que toute la place de Maugon était à peine aussi spacieuse que la dixième partie de l'abbaye de la ville française.

CARACOSMOS, s. m. lait de cavale aigri, assez recherché des grands seigneurs tartares.

CARACOTINUM (*géogr. anc.*), lieu situé sur l'embouchure de la Seine. L'*Itinéraire d'Antonin* décrit une voie romaine qui conduisait de *Caracotinum* à Augustobone. On voit près de Harfleur et de Granville l'ancien château de *Cretin*, en ruines ; de *Caracotinum* on aura formé *Caratinum*, *Cratinum*. Ce lieu était sur un coteau au bord de la Seine, et son port à l'embouchure de la Lézarde, où est située la ville de Harfleur. — Ce ne peut être *Crotoi* en Picardie, comme le dit M. Devalois, puisque la direction de la voie romaine de Troyes à Paris et à Rouen, en suivant le bord de la Seine, conduisait à l'embouchure de ce fleuve, et non en Picardie.

CARACOULER, v. n. il se dit du cri du pigeon. *La femelle roucoule ; le mâle caracoule.*

CARACROS, s. m. (*hist. nat.*) (*V.* CARANCRO).

CARACTACUS, roi des Silures (peuple de la Grande-Bretagne, dans la principauté de Galles), était l'un des princes les plus puissants qui régnaient dans cette île, lorsque le propréteur Publius Ostorius fut envoyé par l'empereur Claude contre les ennemis qui s'étaient jetés sur les terres des alliés de Rome. « Caractacus, dit Tacite, s'était élevé par beaucoup de revers et beaucoup de succès fort au-dessus des autres chefs de la Grande-Bretagne. » Il se défendit longtemps, et opposa une énergique résistance au général romain. Enfin son armée s'étant renforcée de tous ceux qui craignaient la paix avec ce peuple, il choisit son champ de bataille, adressa à ses troupes cette harangue immortelle que Tacite nous a léguée, et se décida à une affaire générale. Du côté des Romains, le soldat demandait aussi le combat. Ostorius marcha aux retranchements de l'ennemi, le mit en déroute, et le poursuivit dans les montagnes où il s'était réfugié. Caractacus fut vaincu ; on prit sa femme et ses enfants, ses frères se rendirent. Quant à lui, il crut trouver un asile auprès de Cartismandua, reine des Brigantes (peuples du duché d'Yorck) ; mais elle le livra au vainqueur. Il fut conduit à Rome, où son nom avait quelque célébrité : il avait bravé la puissance des Romains pendant neuf ans. On attacha une grande importance à la prise de Caractacus ; Claude augmenta les États de la reine Cartismandua qui l'avait livré, et on décerna à Ostorius les honneurs du triomphe. La femme de Caractacus, ses enfants et les grands de sa cour suivirent le char triomphateur de Claude, devant lequel ils furent contraints de s'humilier ; mais, lorsque Caractacus fut amené devant le tribunal de l'empereur, il conserva toute la fierté de son caractère, et lui adressa ce peu de mots que nous a encore conservés Tacite : « Si dans mes jours de prospérité j'eusse eu autant de modération que j'avais de noblesse et d'éclat, cette ville m'eût vu entrer dans ses murs l'ami, non le captif des Romains ; leur empereur n'eût pas dédaigné l'alliance d'un prince né d'illustres aïeux et souverain de plusieurs contrées. Aujourd'hui la fortune vous élève de toute la hauteur d'où elle me précipite ; mais j'étais né ayant des chevaux, des armes, des soldats, des trésors : êtes-vous surpris qu'avant que de les perdre j'aie tenté de les défendre? Parce que vous voulez commander au monde, s'ensuit-il que le monde doive vous obéir? Au reste, si je me fusse livré sans défense à votre discrétion, votre victoire eût été aussi obscure que mon infortune. Dans ce moment même, envoyez-moi au supplice, et l'oubli de mon nom va suivre la fin de mes jours. S'il vous plaît de me laisser vivre, je deviens un monument éternel de votre clémence. — Vivez, et soyez libre, répond l'empereur, moins entraîné par sa propre émotion que par celle qu'il a lue dans les yeux d'Agrippine. » Aussitôt c'est à qui détachera les fers de Caractacus, de sa famille, de son cortége; Caractacus, comme les autres, court se jeter aux pieds de l'impératrice; la reconnaissance obtient de lui l'hommage que la haine n'avait pu lui imposer. La place publique retentit d'acclamations, et pendant ce jour, et pendant ceux qui le suivent, la cour, le sénat, le peuple, l'armée s'empressent à l'envi d'honorer le courage et d'adoucir le malheur des Bretons. Enfin Claude renvoie Caractacus, chargé de présents, exercer encore dans sa patrie une puissance qu'il ne tournera plus contre les Romains. C'était le seul moyen qu'eût le vainqueur de s'égaler au vaincu : la politique l'eût saisi au défaut de la générosité. Les historiens écossais disent que Caractacus régna encore deux ans sur leurs ancêtres, uniquement occupé du gouvernement intérieur et du bonheur de ses sujets. On ne le vit plus prendre aucune part aux nouvelles insurrections des peuples britanniques contre les Romains. Ces mêmes historiens placent la mort du héros breton dans l'année 54 de Jésus-Christ. — C'est par erreur que Hayon a attribué une médaille à Caractacus; elle n'est pas de ce prince. — Un auteur anglais, M. Masson, a composé une tragédie estimée dont Caractacus est le sujet.

CARACTÈRE, s. m. (gramm., linguistique, métallurgie, sciences), en grec χαρακτήρ, empreinte, marque, figure tracée sur une matière quelconque, dérivé de χαράσσω, j'imprime, je grave. Ce mot dans l'acception générale signifie une marque ou une figure tracée sur du papier, du bois, de la pierre, du métal, de la pâte, avec la plume, le burin, le pinceau, le ciseau ou tout autre instrument, afin de signifier ou de désigner quelque chose. En latin character, nota, signum. Il se dit particulièrement des figures dont on se sert dans l'écriture et dans l'impression pour représenter d'une manière sensible les objets de sa pensée. On peut réduire les différentes espèces de caractères à trois principales : savoir les caractères littéraux, les caractères numéraux et les caractères d'abréviation. On entend par caractères littéraux les lettres de l'alphabet propres à indiquer un son articulé. Les caractères littéraux peuvent se diviser eu égard à leur nature en nominaux et en emblématiques. Les caractères nominaux sont ce qu'on appelle proprement des lettres qui servent à écrire les noms des choses. Les caractères emblématiques ou symboliques expriment les choses mêmes, les personnifient en quelque sorte et représentent leurs formes : tels étaient les hiéroglyphes des anciens Égyptiens. On a retrouvé chez les Péruviens le même système d'écriture. Tracés au moyen de plumes d'oiseaux, on les appelait pampos. Mais les Péruviens n'en connaissaient point d'autres, tandis que les Égyptiens avaient deux sortes de caractères, les uns sacrés, les autres populaires. Les caractères sacrés étaient les hiéroglyphes, dont ils se servaient dans les choses relatives à la politique, à la morale et surtout à la religion. Les prêtres en avaient seuls le secret. Quant aux caractères populaires, ils n'étaient autre chose que des lettres formant un alphabet. Les Chaldéens se servaient à la fois de caractères symboliques et de caractères littéraux. Il est aussi des caractères symboliques, qui se font avec des fleurs arrangées dans un certain ordre. Ce langage est employé communément en Orient par les femmes, qui sont soumises à la plus sévère pudeur.

D'une fenêtre à l'autre, on nous dit, fleurs discrètes,
Qu'aux amours musulmans vous servez d'interprètes.
LEMIERRE.

Revenons aux caractères littéraux ou lettres de l'alphabet. — Les Chinois ont quatre-vingt mille caractères littéraux différents, dont chacun est propre à indiquer un son articulé. Le caractère hébreu n'a subsisté dans le langage ordinaire jusqu'à la captivité de Babylone. Après le retour de la captivité, le peuple n'écrivit plus que le caractère assyrien, dont l'usage s'était introduit durant cette longue proscription d'une nation entière. L'ancien caractère hébreu est celui que l'on voit sur les médailles hébraïques appelées communément médailles samaritaines : le caractère dont on se sert aujourd'hui communé-

ment en Europe est le caractère latin des anciens, lequel venait du grec, et le grec s'était formé du phénicien, que Cadmus importa en Grèce avec les caractères ou lettres de l'alphabet :

C'est de lui que nous vient cet art ingénieux,
De peindre la parole et de parler aux yeux,
Et par les traits divers de figures tracées,
Donner de la couleur et du corps aux pensées.

Le phénicien paraît avoir été le même que l'ancien et vrai caractère hébreu. Le caractère chaldéen, le syriaque et l'arabe ont aussi été formés de l'hébreu. Grégoire de Tours dans son Histoire nous apprend que Chilpéric, roi de Soissons, qui mérita le surnom de Néron, eut comme Tibère la prétention d'être un grand grammairien, ajouta quatre caractères à l'alphabet français, O, Ψ, Z et Π. Les Francs, sous Charlemagne, reçurent, avec le chant romain et l'office latin du pape saint Grégoire, la forme des caractères latins. Ce prince donna une attention particulière à la calligraphie, c'est-à-dire à ce que les copistes de manuscrits s'attachassent à la beauté des caractères. Lui-même paraît n'avoir pas dédaigné de s'exercer à l'écriture; ce qui ne veut pas dire, selon nous, et comme on l'a cru, qu'il ne savait pas écrire, mais qu'il voulait former sa main endurcie par le maniement des armes à tracer avec la plume de beaux caractères. Peu à peu les copistes altérèrent la pureté des caractères romains, pour adopter les caractères gothiques, inventés par l'évêque Ulphilas. L'an 1091 dans un concile provincial tenu dans la ville de Léon, où présidait Regnier, moine de Cluni et légat du pape Urbain II, l'usage de ces caractères gothiques fut aboli, avec défense aux notaires d'en user à l'avenir dans leurs écritures et actes publics; et il fut ordonné qu'on écrirait en caractères français. Les médaillistes ont observé que le caractère grec, composé de lettres majuscules, s'est conservé, jusqu'au règne de l'empereur Gallien, uniforme sur toutes les médailles, et sans aucun changement dans la conformation des caractères, quoiqu'il y en ait eu dans la prononciation. Depuis Gallien (an de J.-C. 260) jusqu'à Constantin le Grand (an 306), le caractère grec paraît moins rond et moins pur. Sous Constantin jusqu'à Michel (an 842), c'est-à-dire pendant cinq cents ans, on ne trouve que des caractères latins. Les caractères grecs reparaissent après le règne de Michel, mais altérés aussi bien que la langue, qui n'était plus qu'un mélange de grec et de latin. Les médailles latines ont mieux conservé la pureté du langage et du caractère. Si vers le temps de Dèce ce caractère parut un instant s'altérer et perdre de sa rondeur et de sa netteté, il se rétablit quelque temps après, et se maintint assez longtemps jusqu'au règne de Justin (518). Alors dans la dernière barbarie, comme on le voit sous l'empereur Michel dont on vient de parler : ce fut encore pis ensuite. Le caractère latin dégénéra en gothique. Ainsi, quand sur une médaille le caractère est rond et bien formé, c'est une preuve d'antiquité. — Les érudits allemands, entre autres Grotefend, ont dans ces derniers temps fait des recherches intéressantes sur les caractères cunéiformes ou lettres ayant la forme des coins (sic < V >); en effet tous les jambages de ces caractères sont des coins ou des crochets que le docte de Murr appelle aussi queues d'hirondelles. Les caractères cunéiformes, évidemment persiques d'origine, se rencontrent dans des inscriptions trouvées à Babylone, en Perse et en Égypte (sous la domination persane). Les caractères runiques étaient suivant quelques auteurs, les signes graphiques usités chez les peuples du Nord (Germains, Scandinaves) avant l'ère chrétienne. La ressemblance qu'offrent plusieurs caractères runiques avec les lettres romaines ne prouverait pas contre cette hypothèse, s'il était vrai que les peuples du Nord eussent reçu leurs lettres de commerçants phéniciens, puisque les Romains ont aussi emprunté leurs caractères aux peuples de l'Orient. L'alphabet runique n'a que seize lettres ou caractères. L'usage et intelligence des caractères runiques étaient réservés aux prêtres, et on les employait à des opérations de magie ou de sorcellerie. On trouve assez fréquemment dans le Nord des pierres runiques, c'est-à-dire chargées de caractères runiques. — CARACTÈRES SOUS LE RAPPORT GRAMMATICAL. — Si l'on considère en français les caractères sous le rapport purement grammatical, on doit s'attacher à la théorie présentée à cet égard dans les chapitres 1er et 5 de la Grammaire de Port-Royal. Duclos, qui voulut mettre à la mode un système nouveau d'orthographe, a fait sur ces deux chapitres des observations curieuses sans doute, mais beaucoup trop systématiques. L'abbé Dangeau, dans ses Opuscules sur la langue française

49

imprimés par ordre de l'académie,'a présenté un système fort judicieux relativement au rapport des sons avec les *caractères*. Selon lui, il y a dans notre langue trente-quatre sons simples, et pour les exprimer nous n'avons dans notre alphabet que vingt-deux *caractères*; et de ces vingt-deux *caractères*, il y en a d'inutiles, comme le *q*, et d'autres qui servent à exprimer deux lettres, savoir l'*x* et l'*y*, qui sont plutôt des abréviations que des lettres : et ainsi il reste fort peu de *caractères* simples pour exprimer tous les sons..... Par le mot de lettre, on entend quelquefois le son, quelquefois le *caractère* qui sort à exprimer le son. C'est dans le premier sens qu'on dit une *lettre sifflante*, une *lettre liquide*, une *lettre rude à prononcer*. C'est dans le second sens qu'on dit une *grande lettre*, une *petite lettre*, une *lettre majuscule* ou *capitale*, etc...... Le son de *a* ... s'exprime toujours par le caractère *a*..... S'il se joint avec le caractère *i*, il produit ou le son de *é* ouvert, comme dans *maison*, ou le son de l'*é* fermé, comme dans *j'irai*..... S'il se joint au caractère *u*, il fait le son de la voyelle *au*, comme dans *hauteur*, ou le son de la voyelle *o* comme dans *beauté*, etc. Nous n'irons pas plus loin dans cette analyse; il nous suffit d'avoir indiqué les bases du système. — Il est des *caractères* ou *lettres* qui indiquent seules un mot, par forme d'abréviation. Les Romains en faisaient fréquemment usage, témoin la fameuse légende S. P. Q. R. (*senatus populusque romanus*), et cette formule de politesse au commencement des lettres S. D. (*salutem dat*). Nous employons quelquefois cette forme dans notre langue; ainsi l'on met *c.-à-d.* pour *c'est-à-dire*; et dans les grammaires, S. pour *singulier*, P. pour *pluriel*, N. pour *nominatif*, etc., etc. On désignait autrefois par *caractère* la manière d'écrire. Voiture a dit dans une de ses lettres : « J'ai été content en voyant seulement votre *caractère*; » mais aujourd'hui *écriture* est le seul usité en ce sens.

Emploi des caractères dans diverses sciences. — Les inventeurs de la tachygraphie et de la sténographie font usage de *caractères* particuliers, qu'on appelle *tachygraphiques* ou *sténographiques*. Cet usage a quelque rapport avec les caractères convenus dont on se sert en diplomatie. — On peut jusqu'à un certain point donner le nom de *caractères* aux signes télégraphiques. — On fait un usage particulier de plusieurs *caractères* différents en arithmétique, en algèbre, en géométrie, en trigonométrie, en astronomie, de même qu'en médecine, en musique. — *Arithmétique.* Quelque simple que soit la nomenclature des nombres, on éprouverait beaucoup de peine à combiner entre eux des noms de plusieurs nombres considérables, si l'on n'avait pas des moyens abrégés de les écrire. Les Romains, avec leurs chiffres formés de lettres rangées dans un certain ordre, étaient dans l'impossibilité d'exprimer des nombres très-élevés. Les modernes, en adoptant les caractères ou chiffres arabes, qui sont au nombre de dix y compris le 0 (zéro), peuvent par les diverses combinaisons de ces chiffres exprimer toutes les quantités possibles. Pour exprimer les fractions ordinaires, on interpose une barre entre les chiffres; pour les fractions décimales, l'on place la virgule après les entiers. — *Algèbre.* Dans cette science, les lettres de l'alphabet et certains autres signes convenus sont les *caractères* qui servent à désigner les nombres, à les modifier : leur usage est indispensable pour abréger les raisonnements, et pour les généraliser. — *Géométrie.* Les caractères dont on se sert pour arriver à des démonstrations sont non-seulement des lettres, mais des signes, formant ce qu'on appelle *figures*, etc. — La *trigonométrie*, application de l'algèbre à la géométrie, emploie les signes ou *caractères* algébriques. — Il en est de même en *astronomie*. — En médecine, les *caractères* sont les signes dont se servent les praticiens pour désigner, soit les substances qu'ils ordonnent, soit les quantités dans lesquelles doivent être prises les doses. — Il en est de même en pharmacie, en chimie. Seulement il est bon d'observer que le célèbre Berzelius a introduit dans cette dernière science une notation dont les caractères sont semblables à ceux de l'algèbre, ce qui a rendu l'étude de la chimie bien plus facile. — Observons encore que la dernière loi sur les poids et mesures, qui présente sans doute quelques avantages sous certains rapports, mais où sous beaucoup d'autres la niaiserie se joint à la régularité, avait jeté la perturbation dans les récépés de la médecine et de la pharmacie, et que l'on a été obligé de revenir aux anciennes formules. — En *musique*, les principaux *caractères* sont d'abord les notes distinguées selon la longueur, en ronde, blanche, noire, croche, double croche et les silences correspondants, pause, demi-pause, soupir, demi-soupir, quart de soupir, etc. Les trois clefs de *sol*, *ut* et *fa*, primitivement représentées par les lettres G, C, F, et dont la forme bizarre n'est autre chose que ces mêmes lettres contournées, les dièses, les bémols, le bécarre, le point, le renvoi, les barres, etc.

Caractères pour une langue universelle. — La diversité des *caractères* dont se servent les différentes nations pour exprimer la même idée a toujours été regardée comme un des plus grands obstacles au progrès des sciences : aussi quelques savants ont inventé un système de *caractères* qui fussent universels, et que chaque nation pût lire dans sa langue. Dans ce cas, les caractères doivent être *réels* et non pas *nominaux*, c'est-à-dire exprimer des choses, et non pas des sons comme les *caractères* communs. Ainsi chaque nation, en retenant son propre langage, aurait été en état d'entendre celui d'un autre sans l'avoir appris, à la simple vue d'un *caractère réel* ou *universel*, qui aurait eu la même signification pour tous les peuples. L'évêque anglais Wilkins, Leibnitz, Lodwic, dans les *Transactions philosophiques*, ont présenté à cet égard des idées et des applications plus ou moins ingénieuses. De nos jours, un professeur de philosophie, M. Thibout, à Cambrai, a renouvelé et perfectionné le système de ses devanciers; mais ici, comme on l'a observé avec raison, la difficulté est bien moins d'inventer les caractères les plus simples, les plus aisés et les plus commodes, que d'engager les différentes nations à en faire usage : elles ne s'accordent, dit Fontenelle, qu'à ne pas entendre leurs intérêts communs.

CARACTÈRE SOUS LE RAPPORT MORAL. — Le *caractère* est la disposition habituelle de l'âme par laquelle on est porté à faire une chose plutôt qu'une autre. — Le *caractère* est ce qui distingue un homme d'un autre, à l'égard des mœurs, de l'âme, de l'esprit. Tout ce qui forme l'esprit et le cœur est compris dans le *caractère*. « Le génie, dit Vauvenargues, n'exprime que la convenance de certaines qualités; mais les contrariétés les plus bizarres entrent dans le même *caractère* et le constituent. » — « Le *caractère*, dit encore Duclos, est la forme distinctive d'une âme avec une autre, sa différente manière d'être. Le *caractère* est aux âmes ce que la physionomie et la variété dans les mêmes traits sont aux visages. — Les hommes *sans caractère* sont des visages sans physionomie. » — C'est ce que la nature a gravé en nous, dit Voltaire. — Le goût tient au talent, le talent au génie et au *caractère*; le *caractère* tient à tout. — Peut-on changer de *caractère*? Oui, si l'on change de corps. — Il se peut qu'un homme né brouillon, inflexible et violent, étant tombé dans sa vieillesse en apoplexie, devienne un sot, puis un enfant timide et paisible. Son corps n'est plus le même. Mais tant que ses nerfs, son sang et sa moelle allongée seront dans le même état, son naturel ne changera pas plus que l'instinct d'un loup ou d'une fouine. — Le *caractère* est formé de nos idées et de nos sentiments : or il est très-prouvé qu'on ne se donne ni sentiments ni idées; donc notre *caractère* ne peut dépendre de nous. — S'il en dépendait, il n'est personne qui ne fût parfait. — La religion, la morale mettent un frein à la force du naturel : elles ne peuvent le détruire. — L'âge affaiblit le *caractère*; c'est un arbre qui ne produit plus que quelques fruits dégénérés, mais ils sont toujours de même nature; il se couvre de nœuds et de mousse, il devient vermoulu; mais il est toujours chêne ou poirier. Si on pouvait changer son *caractère*, on s'en donnerait un, on serait le maître de la nature... Nous perfectionnons, nous adoucissons, nous cachons ce que la nature a mis dans nous, mais nous n'y mettons rien. — Le type du *caractère* quelquefois est encore transmis par l'hérédité, laisse dans l'esprit et dans le cœur des empreintes profondes et ineffaçables, et aussi peu possibles à modifier que l'organisation physique avec laquelle d'ailleurs le *caractère* a des rapports très-intimes. L'éducation, la réflexion, la persévérance et surtout une piété sincère ne sont cependant pas sans influence pour modifier les effets du *caractère*; mais il n'en est pas moins constant que le fond du *caractère* est inaltérable, que la base en reste toujours la même.

　　　　　. . . . . Quamvis doctrina politos
Constituat pariter quosdam, tamen illa relinquit
Naturæ cujusque animæ vestigia prima
Nec radicitus evelli mala posse putandum est.

　　　　　　　　　　　　　　HORACE.

Cœlum, non animum mutant, qui trans mare currunt.
　　　　　　　　　　　　　　Le même.

Naturam expellas, furca tamen usque recurret.
　　　　　　　　　　　　　　Le même.

Trait heureux que Boileau a traduit ainsi:

Chassez le naturel, il revient au galop.

Et la Fontaine, de la manière suivante :

> Fermez-lui la porte au nez,
> Il reviendra par la fenêtre.

Mais cette vérité trop constante est loin d'exclure le devoir et la possibilité de la part de tout homme de lutter contre son *caractère* lorsqu'il l'a entraîné vers le mal. — « La bonté suprême de Dieu, a dit Pope, a mis notre bonheur dans nos propres mains ; il dépend de notre *caractère*, et nous avons toujours la possibilité de nous corriger de nos défauts, et par conséquent nous pouvons toujours devenir heureux. »

> L'instruction fait tout, et la main de nos pères
> Grave en nos faibles cœurs ces premiers caractères,
> Que l'exemple et le temps nous viennent retracer,
> Et que peut-être en nous Dieu seul peut effacer.
>
> VOLTAIRE.

Que l'homme le moins porté à la bienfaisance vienne par hasard ou par un effort qu'il fera sur lui-même à faire quelque action de générosité ; il éprouvera ensuite une sorte de satisfaction qui lui rendra une seconde action moins pénible : bientôt il se portera lui-même à une troisième, et dans peu la bonté fera son *caractère* (DUCLOS). — Cependant c'est le même Duclos qui a dit : « Malheureusement celui-ci (le caractère) ne change point : les mœurs se corrigent, l'esprit se fortifie ou s'altère, les affections changent d'objet, la même peut successivement inspirer l'amour ou la haine ; mais le caractère est inaltérable , il peut être contraint ou déguisé, il n'est jamais détruit. L'orgueil humilié et rampant est toujours de l'orgueil. L'âge, la maladie, l'ivresse changent, dit-on, le caractère ; on se trompe. La maladie et l'âge peuvent l'affaiblir, en suspendre les fonctions, quelquefois le détruire, sans jamais le dénaturer. Il ne faut pas confondre avec le caractère ce qui part de la chaleur du sang, de la force du tempérament. Presque tous les hommes, quoique de caractère différent ou opposé, sont courageux dans le jeune âge, et timides dans la vieillesse... Que de guerriers dont le courage s'écoule avec le sang ! N'en a-t-on pas vu qui, après avoir bravé mille fois le trépas , tombés dans une maladie de langueur, éprouvaient dans un lit toutes les affres de la mort. — L'ivresse, en égarant l'esprit, n'en donne que plus de ressort au caractère. Le vil complaisant d'un homme en place, s'étant enivré, lui tint les propos d'une haine envenimée, et se fit chasser. On voulut excuser l'offenseur sur l'ivresse. Je ne puis m'y tromper, répondit l'offensé : ce qu'il me dit étant ivre, il le pense à jeun. »

DES HOMMES A CARACTÈRE ET SANS CARACTÈRE. — Un homme n'est rien dans le monde que par son *caractère*; c'est ce qu'a exprimé dans toutes ses pièces l'auteur qui a mis *Tarare* et *Figaro* sur la scène, et qui était lui-même un exemple de ce que peut un caractère audacieux et persévérant :

> Homme, ta grandeur sur la terre
> N'appartient point à ton état ;
> Elle est toute à ton *caractère*.

Celui-là montre constamment du *caractère* qui joint à la vertu des lumières étendues. N'agir jamais que d'après sa conscience est le seul moyen d'être toujours conséquent et ferme. — On ne voit point une personne d'un grand *caractère* craindre d'avoir l'air d'être menée ; mais les gens faibles sont précisément ceux qui poussent cette crainte à l'excès, et Dieu sait quel parti les intrigants savent tirer de cette sottise, qui est surtout éminente chez les gens d'un rang élevé. — Il est certain que dans la société rien n'est plus dangereux qu'un homme *sans caractère*. On a de la confiance dans un homme vertueux , et l'on se défie du fripon ; mais quel parti doit-on prendre avec un homme *sans caractère*, qui aujourd'hui honnête, sincère, plein de probité et bon ami, sera demain grossier, fourbe, sans délicatesse et votre ennemi. — Plus sujets que les autres à cette timidité ou à cette fausse honte qui étouffe tant de vertus, les *caractères faibles* ont le double inconvénient de ne pouvoir se répondre de leurs vertus, et de servir d'instruments aux vices des gens qui les gouvernent. — On dit d'un homme qu'*il n'a point de caractère*, lorsque les traits de son âme sont faibles , légers , changeants ; mais cela même fait un *caractère*, et l'on s'entend bien là-dessus (VAUVENARGUES). — « Un *caractère* bien fade, a dit la Bruyère, est celui de n'en point avoir. » — Les hommes *sans caractère* n'ont point d'amis : c'est ce qu'a bien senti ce moraliste qui prête cette réflexion au héros d'un de ses romans : « Malgré l'extrême dissipation qui m'emportait, je ne laissais pas de me faire des amis : j'en ai dû quelques-uns aux plaisirs, mais je puis dire que je les ai conservés par mon *caractère*. » — Combien ne voit-on pas dans la société d'étourdis , vifs et sans idées, empressés sans objet, extravagants sans imagination, ennuyeux avec fracas, parlant mal de tout le monde, souvent sans méchanceté, d'eux-mêmes sur le même ton , par indiscrétion, et toujours mal à propos, *faute de caractère* : ayant enfin tous les inconvénients de l'esprit sans agrément et de la sottise sans tranquillité...

> Le *caractère* est dans le monde
> Un pouvoir plus sûr que l'esprit.
> De l'esprit aisément les péchés sont remis,
> Mais non pas ceux du *caractère*.
>
> DELILLE.

Le poëte anglais Pope s'est montré bien sévère envers le beau sexe, lorsqu'il a dit : « La plupart des femmes n'ont *aucun caractère*. C'est un sujet trop tendre pour conserver une impression durable. Une femme est brune ou blonde, c'est par là qu'on la distingue le mieux. » — On trouvera beaucoup plus vrai ce portrait d'une femme du monde : « Triste, gaie, étourdie, sérieuse, libre, réservée, Mme d'Albi réunissait en elles tous les *caractères*, et celui qu'elle éprouvait était toujours si marqué, qu'il eût paru être le sien propre à ceux qui ne l'auraient vue que dans cet instant » (DUCLOS).

NE POINT SORTIR DE SON CARACTÈRE. — Lorsqu'on veut se mettre à la portée des autres hommes , il faut prendre garde d'abord à ne pas sortir de la sienne : car c'est un ridicule insupportable, et qu'ils ne nous pardonnent point : c'est aussi une vanité mal entendue de croire que l'on peut jouer toutes sortes de personnages, et d'être toujours travesti. Tout homme qui *n'est pas dans son véritable caractère* n'est pas dans sa force : il inspire la défiance, et blesse par l'affectation de cette supériorité. — De toutes les manières de *sortir de son caractère* et de son naturel dans la conversation, il n'y en a point de plus ridicule que de vouloir être plaisant lorsqu'on n'est pas né tel (TRUBLET).

> Ne nihil invita facies dicœr-ve Minerva.
>
> HORACE.

> Ne forçons point notre talent,
> Nous ne ferions rien avec grâce.
> Jamais un lourdaud, quoi qu'il fasse,
> Ne saurait passer pour galant.
>
> LA FONTAINE.

— La fausse singularité n'est qu'une privation de *caractère*, qui consiste non-seulement à éviter d'être ce que sont les autres , mais à tâcher d'être ce qu'ils ne sont pas. — On voit de ces sociétés où les *caractères* se sont partagés comme on distribue les rôles. L'un se fait philosophe , un autre plaisant, un troisième homme d'humeur. Tel se fait caustique qui penchait d'abord à être complaisant ; mais il a trouvé le rôle occupé... Il en est qui, nés avec plus de vanité que d'orgueil, croient rendre leurs défauts brillants par la singularité, en les outrant plutôt que de s'appliquer à s'en corriger. Ils jouent leur propre *caractère*; ils étudient la nature pour s'écarter de plus en plus , et n'arrivent jamais qu'à fausser le naturel. On veut jouer le brusque, et l'on devient féroce ; le vif, et l'on n'est que pétulant et étourdi ; la bonté jouée dégénère en politesse contrainte... Enfin toute affectation finit par se déceler, et l'on retombe alors au-dessous de sa valeur réelle... Soyons donc ce que nous sommes, n'ajoutons rien à notre *caractère* : tâchons seulement d'en retrancher ce qui peut être incommode aux autres , et dangereux pour nous-mêmes, etc.

DES RAPPORTS DE L'ESPRIT AVEC LE CARACTÈRE. — La dépendance mutuelle de l'esprit et du *caractère* peut être envisagée sous trois aspects. On n'a pas le *caractère* de son esprit ou l'esprit de son *caractère*. On n'a pas assez d'esprit pour son *caractère*. On n'a pas assez de *caractère* pour son esprit. Un homme par exemple sera capable de grandes vues, de concevoir, digérer et ordonner un grand dessein. Il passe à l'exécution, et il échoue, parce qu'il se dégoûte, et qu'il est rebuté des obstacles mêmes qu'il avait prévus, et dont il voyait les ressources. On le reconnaît d'ailleurs pour un homme d'esprit, et ce n'est pas en effet par là qu'il a manqué. On est étonné de sa conduite, parce qu'on ignore qu'il est, léger et incapable de suite dans le *caractère*, qu'il n'a que des accès d'ambition qui cèdent à une paresse naturelle; qu'il est incapable d'une volonté forte à laquelle peu de choses résistent, même pour les gens bornés; et qu'enfin il n'a pas *caractère* de son esprit. Sans manquer d'esprit, on manque à son esprit par légèreté, par patience, par timidité. — Un autre, d'un *caractère* propre aux grandes entreprises, avec du courage et de la constance, manquera de l'esprit qui fournit les moyens; il n'a pas l'esprit de son *caractère*. — Voilà l'opposition du *caractère* et de l'esprit; mais il y a une autre manière de faire des fautes, malgré beaucoup d'esprit même analogue à ce caractère : c'est lorsqu'on n'a pas encore assez d'esprit pour ce *caractère*. — Un homme d'un esprit étendu et rapide aura des projets encore plus vastes : il faut nécessairement qu'il échoue, parce que son esprit ne suffit pas à son *caractère*. Il y a tel homme qui n'a fait que des sottises, qui, avec un autre *caractère* que le sien, aurait passé avec justice pour un génie supérieur. — Un *caractère* trop vif nuit quelquefois à l'esprit le plus juste en le poussant au delà du but, sans qu'il l'ait aperçu. — On voit des hommes d'un flegme et d'un esprit également reconnus tomber dans des cynismes qui tiennent de l'extravagance; mais on ne fait pas attention que ces mêmes hommes, malgré cet extérieur froid, sont des *caractères violents*. Leur tranquillité n'est qu'apparente; c'est l'effet d'un vice des organes, un maintien de hauteur ou d'éducation, une fausse dignité. Leur sang-froid n'est que de l'orgueil.—Le plus grand avantage pour le bonheur est une espèce d'équilibre entre les idées et les affections, entre l'esprit et le *caractère*. — Si l'on reproche tant de fautes aux gens d'esprit, c'est qu'il y en a peu qui par la nature ou l'étendue de leur esprit aient celui de leur *caractère*, et malheureusement celui-ci ne change point (*V.* ci-dessus). — En examinant l'opposition qui se trouve entre le *caractère* et l'esprit, sous combien de faces ne pourrait-on pas envisager la question? Combien de combinaisons faudrait-il faire? Combien de détails à développer, si l'on voulait montrer les inconvénients qui résultent de la contrariété du *caractère* et de l'esprit avec la santé! On n'imagine pas à quel point la conduite que l'on suit et les différents partis qu'on prend ou qu'on abandonne dépendent de la santé. Un *caractère* fort, un esprit actif, exigent une santé robuste. Si elle est trop faible pour y répondre, elle achève par là de se détruire. Il y a mille occasions où il est nécessaire que le *caractère*, l'esprit et la santé soient d'accord. — La finesse de *caractère*, ou ce que le vulgaire prend pour telle, n'est souvent que le fruit de l'attention fixe et suivie d'un esprit médiocre. — On doit distinguer la finesse de l'esprit de celle du *caractère*. L'esprit fin est souvent faux, précisément parce qu'il est trop fin : c'est un corps trop délié pour avoir de la consistance (1). — Qu'on parcoure nos meilleures *comédies de caractère*, on verra que le principal personnage qu'on y expose à la risée publique est presque toujours un homme d'esprit, et dont le ridicule vient en partie de son esprit.

APPRÉCIATION DE DIFFÉRENTS CARACTÈRES. — On peut appeler heureux ceux dont le *caractère* convient à leur genre de vie : les autres doivent dire : *Mon âme est en pays étranger*, dit d'Alembert dans l'article *du caractère et de l'habitude*, traduit des pensées du chancelier Bacon. — Ce fonds de gaieté, cette sérénité d'âme qui ajoute aux biens qu'on a, qui tient lieu de ceux qu'on n'a pas, qui émousse les traits de la plus vive douleur, qui fait qu'on la ressent presque sans chagrin, et que dans les plus courts intervalles qu'elle laisse on reprend sa joie et sa tranquillité ordinaires, ce fonds de gaieté, dis-je, est presque toujours la marque d'un bon cœur et d'un *caractère doux et modéré*.—Ne pouvoir supporter tous les *mauvais caractères* qui sont dans le monde, c'est n'être pas d'un *bon caractère* : il faut dans le commerce des pièces d'or et de la monnaie de cuivre. — Beaucoup de raison et beaucoup de douceur, *caractère parfait* pour la société. — Il faudrait qu'un homme parfaitement heureux fît le journal exact de sa vie, ce serait la lecture la plus utile aux autres. On y verrait que le *caractère* contribue au bonheur plus que toute autre chose : que la santé et la fortune, toutes bonnes qu'elles soient en elles-mêmes, ne sont pas indispensables pour la félicité, et que leur privation n'entraîne pas nécessairement le

malheur. — Un *aimable caractère* nous fait prendre part à la joie des autres, comme un bon cœur nous fait partager leurs peines. — Un caractère aimable ne nous enlace pas si étroitement que la beauté, mais ses liens sont plus forts et plus durables. — Dans le monde, la moquerie la plus ingénieuse, et qui produit les bons mots les plus saillants, n'empêche pas de mépriser le *caractère de moqueur*. — Si vous avez un *caractère faible, timide*, facile à décourager, gardez-vous d'entrer dans la périlleuse carrière des lettres : vous y serez les plus malheureux de tous les êtres, toujours déçus, toujours irrités, chancelants dans vos principes, sacrifiant la morale et la vérité au désir de plaire et à l'espoir des succès, et dans la vaine recherche d'une réputation éphémère perdant la renommée et la véritable gloire qui n'appartient qu'aux auteurs constants dans les mêmes principes et les mêmes sentiments (Mᵐᵉ DE GENLIS). — Il est des *caractères si ouverts*, que tout le monde les connaît; il y en a de si *sombres*, qu'ils n'échappent à personne, car les ténèbres se font sentir comme la lumière. Mais rien n'est plus rare que des *caractères bien décidés*. — Dieu et les lois que sa sagesse a établies sont seuls toujours les mêmes; mais vouloir connaître le *caractère d'un homme*, c'est courir après un oiseau de passage... L'homme ne se peint pas toujours dans ses actions... et tel sans être bon fait des actes de bonté. — Les *caractères* obtiennent leur principal éclat du rang de la personne. Un saint en sandales est doublement saint avec une mitre. Un sénateur juste, un chancelier est plus juste encore. Un simple clerc est savant, que sera-ce donc d'un évêque? Un ministre est habile, mais un roi est l'habileté, la science, la justice même, et tout ce qui plaît à celui qui le loue (POPE). — Il est une action si blâmable que l'interprétation n'en saurait être équivoque. Un homme d'un *caractère leste* trouve alors le secret de n'être pas déshonoré, s'il a le courage d'être le premier à la publier, et de plaisanter ceux qui seront tentés de le blâmer. On n'ose plus la lui reprocher, quand on le voit s'en faire gloire. — Les gens d'un *caractère doux* finissent souvent par avoir tort mal à propos, quand la mesure des vexations qu'ils éprouvent étant au comble, ils finissent par perdre patience. On vante au contraire la douceur d'un homme entier, opiniâtre *par caractère* et poli par orgueil. — La dureté et l'étourderie sont des *défauts de caractère* qui n'excluent pas absolument et supportent encore moins la vertu, mais qui la gâtent quand ils s'y trouvent unis; cependant combien de fois n'a-t-on pas été trompé par cet extérieur! — On a pour certaines gens à la cour, dont on méprise l'état, mais que l'intimité domestique ou des circonstances peuvent rendre dangereux, des ménagements qui donnent à la crainte un air de prudence : c'est pourquoi on n'en rougit point, parce qu'il semble que le *caractère* ne saurait être avili de ce qui fait honneur à l'esprit. — Un des *caractères* les plus généraux c'est le sérieux; mais combien de causes différentes n'a-t-il pas, et combien de *caractères* sont compris dans celui-ci? On est sérieux par tempérament, par trop ou trop peu de passions, trop ou trop peu d'idées, par timidité, par habitude et par mille autres raisons. — En considérant les *différents caractères de l'ingratitude*, on voit en quoi consiste celui de la reconnaissance. C'est un sentiment qui attache au bienfaiteur avec le désir de lui prouver ce sentiment par des effets, ou du moins par un aveu du bienfait qu'on publie avec plaisir dans les occasions qu'on fait naître avec candeur et qu'on saisit avec soin. — Il n'est pas nécessaire d'éprouver ce sentiment de reconnaissance pour en avoir les procédés les plus exacts et les plus éclatants. On peut, par un *certain caractère de hauteur* fort différent de l'orgueil, chercher, à force de services, à faire perdre à son bienfaiteur ou du moins à diminuer la supériorité qu'ils s'est acquise.— Le *caractère vindicatif* part, dit-on, du même principe que les *caractères reconnaissants*, parce qu'il est également naturel de se ressouvenir des bons et des mauvais services. — Je parle ici du *caractère* général de l'homme, et non suivant les principes d'une morale épurée par religion. — Il y a certainement des *caractères plus aimants* que d'autres, et ceux-là sont reconnaissants pour le même principe qui les empêche d'être vindicatifs. — Aristote établit une différence entre la bonté morale et la bonté pratique d'un *caractère*. La bonté morale ne se trouve que dans la vertu, et la bonté pratique se trouve dans le vice même imitant bien la vertu. — L'intérêt, les devoirs de l'état que l'on a embrassé modifient plus sûrement le *caractère* que les principes de la pure morale. Voltaire a dit :

Pliez à votre état ce fougueux *caractère*,
Qui d'un brave guerrier ferait un téméraire,
C'est un des ennemis qu'il vous faut subjuguer.

(1) Duclos, *Considérations sur les mœurs.*

Né pour servir le trône et non pour le briguer;
Sachez vous contenter de votre destinée.....

(Variantes de la tragédie d'Eriphyle.)

et ailleurs dans *Alzire* :

Tu dois à ton état plier ton *caractère*.

— Le vrai *caractère* des hommes est de rabaisser ce qu'ils admirent, de chercher des défauts dans ce qu'ils estiment, et de haïr ce qu'ils ne peuvent mépriser. — On peut juger du *caractère* des hommes par leurs entreprises. On peut bien assurer que l'âme de Richelieu respirait la hauteur et la vengeance ; que Mazarin était sage , souple, avide de bien » (VOLTAIRE, *Siècle de Louis XIV*). — Les *caractères violents* ont plus de ferveur que de persévérance. — Duclos a peint avec beaucoup de finesse le *caractère* de ces vieux libertins qui finissent par être de fort mauvais maris. « C'était, dit-il , un homme âgé et d'un *caractère extrêmement dur et jaloux*, parce qu'il avait toujours vécu en assez mauvaise compagnie où l'on n'apprend pas à estimer les femmes. Comme il sentait qu'il n'était pas aimable, le dépit ne l'avait rendu que plus insupportable. » Le même auteur fait connaître avec la même vérité un débauché jeune et à la mode. « Je me livrai à tous mes goûts passagers : j'étais *sensible par caractère* ; je deviens fat par principes. » — Un esprit de galanterie faisait le *caractère particulier* des hommes à la mode d'autrefois, et leur inspirait pour les femmes des choses fines et flatteuses , que nos hommes brillants d'aujourd'hui , même ceux qui leur sont supérieurs par l'esprit, auraient de la peine à imiter (DUCLOS).

...... Il est des mortels dont le dur *caractère*,
Insensible aux bienfaits, intraitable, ombrageux,
Exige un bras de fer toujours levé sur eux.

　　　　　VOLTAIRE.

— Entre les personnes de différent sexe , la conformité de *caractère*, la jeunesse et les agréments qui leur sont communs, font souvent naître entre elles l'inclination la plus forte; ils la sentent, mais ils ne la connaissent pas. — Autre vérité bien opposée :

La paix n'habite point entre deux *caractères*
Que le ciel a formés l'un à l'autre contraires.

　　　　　VOLTAIRE.

DES OUVRAGES INTITULÉS CARACTÈRES. — On a donné ce titre à plusieurs ouvrages destinés à peindre le *caractère* des hommes. Le plus anciennement connu est celui de Théophraste, disciple d'Aristote, Ἠθικὰ χαρακτῆρες, *caractères moraux*, en trente chapitres. Il a eu pour traducteur la Bruyère, qui , à son exemple, s'est immortalisé par son livre : *les Caractères* ou *Mœurs de ce siècle*. Fénelon, pour l'éducation du duc de Bourgogne, a composé des *Caractères*, dont plusieurs, entre autres *le Fantasque*, sont dignes de la Bruyère. Vauvenargues, dans les œuvres duquel se trouvent un *Discours* et des *Réflexions* sur le *caractère des différents siècles*, a aussi traité des *caractères*, plutôt à la manière de Théophraste que de la Bruyère. Parmi les nombreux livres d'éducation publiés par Mme de Genlis, on doit citer ici : *le Petit la Bruyère*, ou *Caractères et Mœurs des enfants de ce siècle* (Paris, trois éditions, 1801, 1804 et 1811, in-12). — Un assez grand nombre de pièces dramatiques ont été intitulées *Caractères* , par leurs auteurs, savoir : 1° *les Caractères de l'amour*, ballet héroïque en trois actes, par l'abbé Pellegrin, musique de Collin de Blamont, représenté à l'Académie royale de musique en 1733; 2° *Les caractères de la folie*, paroles de Duclos, musique du Burg, représenté au même théâtre en 1743. Laharpe a dit avec raison que cet opéra ne vaut pas une demi-page de la prose de Duclos; 3° *les Caractères de Thalie*, divertissement composé de trois pièces, chacune en un acte : *l'Inquiet*, comédie de *caractère* en vers ; *l'Étourderie*, comédie d'intrigue en prose; *les Originaux* , comédie à scènes épisodiques, en prose, par Fagan, représentée au Théâtre-Français en 1737 ; 4° *les Nouveaux Caractères de la danse* (ballet-pantomime composé par Sodi avec les Tableaux), comédie de Panard, jouée aux Italiens en 1747; 5° enfin *les Caractères*, comédie en trois actes et en vers libres, par de Bastide, 1765, non

représentée. — On a dit avec raison qu'on ne peut peindre soit dans un livre de morale, soit dans la comédie , soit même dans l'apologue, un *caractère* , un esprit si bizarre qui ne trouve son original dans le monde. Alliez les contraires , faites un assemblage difforme de vertus et de vices, de qualités et de défauts qui semblent s'exclure les uns les autres; ne craignez pas de faire quelque chose d'outré, la nature méprisable vous aura toujours devancé, et vous serez bien malheureux si vous ne trouvez pas, et souvent sans aller chercher bien loin, quelque esprit, quelque *caractère* qui ressemble à ce qu'il aura plu à votre imagination de se figurer. — Aussi tous les moralistes se sont défendus avec soin d'avoir voulu faire aucune application ; témoin Duclos, qui dans le court avertissement qui précède ses *Considérations sur les mœurs*, s'exprimait ainsi : « Comme chaque vice et chaque ridicule sont communs à plusieurs personnes, il est impossible de peindre des *caractères* sans qu'il s'y trouve quelques traits de ressemblance avec ceux mêmes qui n'en ont pas été les objets. Ainsi l'on ne doute point que ces *Mémoires* occasionnent des applications où l'auteur n'a point songé. »

DU CARACTÈRE NATIONAL. — Le *caractère national* consiste dans une disposition habituelle de l'âme qui est plus commune chez un peuple que chez un autre , quoique cette disposition ne se rencontre pas dans tous les individus. Les peuples ont comme les particuliers leurs caractères distinctifs, avec cette différence que les mœurs particulières d'un homme peuvent être une suite de son *caractère* ; mais elles ne le constituent pas nécessairement, au lieu que les mœurs d'une nation forment précisément le *caractère national*. Il n'est pas besoin de répéter ici ce que l'on apprend dans les classes sur les *caractères* si opposés des Athéniens et des Spartiates, et sur cette réunion de qualités négatives qui caractérisaient les Béotiens. Les Athéniens, qui aimaient beaucoup les nouvelles du temps de Démosthènes, les aimaient encore au temps de saint Paul. Tacite a buriné les traits du *caractère* des Germains, et quelques-uns de ses traits se retrouvent encore chez leurs descendants. — De tous les peuples , le Français est celui dont le *caractère* a de tous les temps éprouvé le moins d'altération : on retrouve les Français d'aujourd'hui dans ceux des croisades, et , en remontant jusqu'aux Gaulois, on y remarque encore beaucoup de ressemblance (1). Cette nation a toujours été vive, gaie, généreuse, brave, sincère, présomptueuse, inconstante, avantageuse et inconsidérée. Ses vertus partent du cœur, ses vices ne tiennent qu'à l'esprit, et ses bonnes qualités corrigent ou balancent les mauvaises , toutes concourent également à rendre le Français de tous les hommes le plus sociable. C'est là son *caractère* propre, et c'en est un très-estimable ; mais je crains que depuis quelque temps on n'en ait abusé ; on ne s'est pas contenté d'être sociable, on a voulu être aimable, et je crois qu'on a pris l'abus pour la perfection. Ceci a besoin de preuves, c'est-à-dire d'explication. Les qualités propres à la société, sont la politesse, la franchise sans rudesse , la prévenance sans bassesse , la complaisance sans flatterie, les égards sans contrainte , et surtout le cœur porté à la bienfaisance ; ainsi l'homme sociable est le citoyen par excellence. L'homme aimable, du moins celui à qui l'on donne aujourd'hui ce titre, est fort indifférent sur le bien public : ardent à plaire à toutes les sociétés où son goût et le hasard le jettent , et prêt à sacrifier chaque particulier, il n'aime personne , n'est aimé de qui que ce soit, plaît à tous, et souvent est méprisé et recherché par les mêmes gens..... L'homme sociable inspire le désir de vivre avec lui; on aime à rencontrer l'homme aimable. Tel est enfin dans ce *caractère* l'assemblage de vices , de frivolités et d'inconvénients, que l'homme *aimable* est souvent l'homme le moins digne d'être aimé. — Le Français est le seul peuple dont les mœurs peuvent se dépraver sans que le fond du cœur se corrompe, ni que le courage s'altère ; il allie les qualités héroïques avec le plaisir, le luxe et la mollesse : ses vertus ont peu de consistance, ses vices n'ont point de racines. Le *caractère* d'Alcibiade n'est pas rare en France. Le dérèglement des mœurs et de l'imagination ne donne point atteinte à la franchise, à la bonté naturelle du Français ; l'amour-propre contribue à le rendre aimable : plus il croit plaire, plus il a de penchant à aimer. La frivolité qui nuit au développement de ses talents et de ses vertus le préserve en même temps des crimes

(1) Toutefois, à en croire Julien, ils n'auraient pas toujours eu cette gaieté ; il dit des Parisiens : « Je les aime, parce que leur *caractère* est austère et sérieux comme le mien. » Si ce trait est exact, on conviendra que le Parisien, aujourd'hui si mobile, si léger, si frondeur, a bien changé.

noirs et réfléchis. La perfidie lui est étrangère, et il est bientôt fatigué de l'intrigue. « Le Français est l'enfant de l'Europe, a dit Duclos. Si l'on a quelquefois vu parmi nous des crimes odieux, ils ont disparu plutôt par le caractère national que par la sévérité des lois. » Le grand défaut du Français est d'avoir toujours le *caractère jeune*; par là il est souvent aimable et rarement sûr; il n'a presque point d'âge mûr et passe de la jeunesse à la caducité. C'est dans Paris qu'il faut considérer le Français, parce qu'il est plus Français qu'ailleurs. Les moralistes qui écrivaient sous l'ancien régime pouvaient bien prononcer que les observations sur le *caractère* d'une nation regardaient peu ceux qui, dévoués à des travaux pénibles, n'avaient que des idées relatives à leur situation, à leurs besoins et indépendantes des lieux qu'ils habitaient. Ces moralistes n'écrivaient que pour les hommes de loisir; ils ne s'attachaient à peindre que ceux à qui l'opulence et l'oisiveté donnaient *un plein essor au caractère*, en leur suggérant la variété des idées, la bizarrerie des jugements, l'inconstance des sentiments et des affections. C'était le temps où la Bruyère, dans une éloquente sortie, sympathisait au sort de *certains animaux farouches, mâles et femelles*, qui étaient alors des serfs attachés à la glèbe, et qui aujourd'hui, heureux et libres habitants de nos campagnes, jouissent de tous les droits de citoyen et sont égaux à tous et à chacun devant la loi. Qui oserait dire aujourd'hui que cette classe d'hommes, que les ouvriers des villes, ne doivent être comptés pour rien dans l'appréciation du *caractère national*? — On prête aux Anglais un *caractère* tout opposé à celui des Français. On les dit sombres, réfléchis, peu portés à goûter les plaisirs de la société. — La bonhomie, la franchise germanique sont passés en proverbe. Le P. Bouhours, dans un de ses dialogues, demandait si un Allemand pouvait avoir de l'esprit : un Allemand à son tour demanda *si un Français pouvait avoir du jugement*. L'indolence habituelle, le flegme, la fierté, masque trompeur des passions les plus violentes, ont toujours distingué les Espagnols. Les siècles, les révolutions n'ont pas changé ce peuple; car si la religion n'est aujourd'hui pour rien dans ses dissensions intestines, le fanatisme politique paraît remplacer chez lui, pour son malheur, le fanatisme religieux. — Il est évident que le *caractère* de certaines nations peut changer : ainsi la jalousie des Italiens, leur esprit vindicatif, s'est bien adouci; ces traits sont tout à fait effacés dans la population des grandes villes; ils ne se conservent plus que dans quelques localités où les nouveaux progrès de la civilisation n'ont pas encore pénétré. A cet égard, la Corse, toute française qu'elle est sous le rapport politique, est restée entièrement italienne. Les annales judiciaires de ce pays d'exception en font foi. — On explique par les causes morales et par les causes physiques l'origine du *caractère national*. Les causes morales sont tout ce qui peut influer sur l'esprit et le façonner à certaines habitudes : tels sont la nature du gouvernement, les révolutions qu'il a subies, le *caractère* du souverain, l'abondance ou la disette qui règne dans le pays, le rôle qu'elle joue parmi les puissances. Les causes physiques sont l'air que l'on respire, le climat que l'on habite. C'est par les causes physiques que Montesquieu a voulu expliquer le *caractère* des peuples; ce système a fait école, et aujourd'hui un historien distingué, mais plus poëte qu'historien, en a poussé les conséquences beaucoup trop loin. En effet, veut-on la preuve que les causes physiques n'ont souvent pas la moindre influence sur le caractère national, c'est que souvent il suffit de traverser une rivière, de passer une montagne pour trouver de nouvelles mœurs, souvent sous le même gouvernement. Ainsi, pour la France, que de différence entre le caractère des habitants des provinces du Nord et celui des provinces du Midi. La Loire peut à cet égard être considérée comme la limite qui divise les deux populations. Les Languedociens et les Gascons sont les sujets de la France dont la vivacité est la plus gaie et la plus saillante; il n'y a cependant que les Pyrénées entre eux et les graves Espagnols. De même pour les Anglais et les Écossais, séparés seulement par la Tweed et la chaîne des monts Grampians. Lorsque deux nations, habitant la même contrée, ne se mêlent point, soit par principe de religion, soit à cause de la différence des langues, chacune conserve pendant plusieurs siècles ses mœurs propres, qui sont souvent opposées. Ainsi les Juifs au milieu de toutes les populations chrétiennes, les Turcs en présence des Grecs. Les Juifs, par l'effet de la persécution, ont regardé comme ennemis tous les peuples parmi lesquels ils étaient obligés de vivre : de là leur déloyauté dans les transactions commerciales, leur feinte et basse humilité. Ces traits sont surtout saillants en Allemagne, en Pologne. En France, où les Juifs ont obtenu la liberté religieuse et l'égalité politique, rien ne les distingue plus du reste de la population. Ils n'ont con-

servé de juif que leur croyance et quelques habitudes d'intérieur; ils se sont dépouillés de cet extérieur sale et repoussant, de ces manières basses et rampantes qui étaient pour eux un *caractère* distinctif. Quant aux Turcs, ils ont gardé leur caractère loyal, courageux et grave. La légèreté et la duplicité forment le caractère des Grecs modernes, qui cependant depuis une génération se sont un peu réhabilités aux yeux du monde, par leurs généreux efforts pour secouer le joug ottoman. — On a dit que le *caractère* des peuples changeait au milieu des révolutions; il serait plus juste de dire que la force du *caractère* reste toujours la même, mais que quelques traits s'effacent ou s'atténuent pour faire place à d'autres. Ainsi, avant 1789, l'*amour du roi et de la monarchie* passait pour un des traits distinctifs du *caractère* français. Il n'en est plus de même aujourd'hui; mais à travers cinquante ans de révolutions les Français n'ont rien perdu de leur légèreté. — Il est au sein des nations, dans le corps de l'État, des nuances de *caractère* qui tiennent aux classes et qui jadis étaient marquées par des différences bien plus tranchées qu'aujourd'hui. Sous l'ancien régime, la bourgeoisie différait autant de la noblesse par son *caractère* et ses habitudes, que le menu peuple différait de la bourgeoisie. Cette nuance entre les manières du noble et du bourgeois choque étrangement, dit-on, les yeux de l'aristocratie européenne chez nos ministres et dans les salons de la royauté de 1830. Il est chez toutes les nations des corporations particulières qui ont leurs mœurs, leurs usages et leurs *caractères* absolument différents du *caractère* de la nation au milieu de laquelle ils vivent. Tels étaient, sous l'ancien régime, les religieux cloîtrés, les membres des parlements et de la judicature, les universitaires, etc. L'histoire nous apprend combien le *caractère* du souverain influe non-seulement sur le sort, mais sur le *caractère* d'une nation. Voyez l'influence corruptrice du duc d'Orléans, régent, sur toutes les classes de la société? *Ce bon régent qui gâta tout en France*, a dit Voltaire. Sous un prince guerrier comme Napoléon, tout respirait en France l'esprit militaire; il en serait de même sous un roi agioteur et cupide : l'amour de l'argent deviendrait le *caractère distinctif* de la nation en commençant par les hautes classes. L'homme d'État doit avoir égard au *caractère* ou génie national. La saine politique ne permet jamais de forcer ni de choquer le *caractère national* ; on peut bien obtenir momentanément l'obéissance, mais cela ne dure pas. — C'est donc en chaque pays une connaissance bien essentielle à l'homme d'État que celle du génie national; c'est un devoir pour lui de s'y conformer; c'est pourtant une des études que l'on approfondit le moins, parce que, faute de réfléchir, on n'en sent pas l'importance, et que tous ceux qui sont en place, entourés qu'ils sont de flatteurs et de complaisants, imaginent que tout le monde dit et pense comme eux. — Il en est à certains égards des nations comme des individus : chaque peuple s'attribue des qualités qui le distinguent des autres peuples. C'est avec la même légèreté qu'on les taxe de certains défauts préférablement à d'autres. Combien de voyageurs peu philosophes ne jugent du *caractère* des nations chez lesquelles ils séjournent que par celui de deux ou trois personnes avec lesquelles ils ont été en relation! Ils ressemblent, pour la plupart, à cet Autrichien qui, passant par Blois, où il n'avait vu que son hôtesse, dont le caractère était peu complaisant et les cheveux roux, écrivit sur son *album : Toutes les Françaises sont rousses et acariâtres.* — Plus judicieux était cet étranger qui, interrogé par le duc d'Orléans, régent, sur le *caractère* et le génie différent des nations de l'Europe : « La seule manière, lui dit l'étranger, de répondre à votre altesse royale, est de lui répéter les premières questions que chez les divers peuples l'on fait le plus communément sur le compte d'un homme qui se présente dans le monde. En Espagne, on demande: *Est-ce un grand de première classe?* En Allemagne : *Peut-il entrer dans les chapitres?* En France : *Est-il bien à la cour?* En Hollande : *Combien a-t-il d'or?* En Angleterre : *Quel homme est-ce?*»—Dans le siècle dernier, siècle d'anglomanie, c'était la mode en France de vanter le caractère anglais aux dépens du caractère français. Voltaire, J.-J Rousseau et même Montesquieu ont contribué à répandre ce préjugé antinational, et qui cependant existe dans toute sa force encore aujourd'hui dans la politique peu française de certains hommes d'État. On ne craint pas de se tromper en disant que tout Anglais, de quelque condition qu'il soit, est élevé dans la haine et le mépris de la France. Ce sentiment, joint encore au plus stupide orgueil national, fait encore, à peu d'exceptions près, le *fond* du caractère anglais. Presque tous les Anglais ressemblent à cet enfant de Londres qui, entendant parler du projet qu'avaient formé les Français de faire une descente en Angleterre, demanda à son père s'ils amèneraient des enfants avec eux. — Pourquoi cette question, lui répondit son père ? — C'est, répliqua l'enfant en serrant les poings, que je me battrai avec ces petits garçons de bon cœur.» Il est certain qu'en Angleterre, plus qu'ailleurs, on trouve des *caractères* singuliers, excentriques, bizarres, originaux. Nous ne donnons que pour ce qu'elles valent les réflexions sur le *caractère national;* et à cet égard ce que l'on peut dire de plus judicieux se résume dans cette réflexion d'un philosophe moderne : « Un objet très-intéressant serait l'examen des différents *caractères* des nations et de la cause physique ou morale de ces différences; mais il y aurait de la témérité à l'entreprendre sans connaître également bien les peuples qu'on voudrait comparer, et l'on serait toujours suspect de partialité. D'ailleurs l'étude des hommes avec qui nous avons à vivre est celle qui nous est vraiment utile. »

DIFFÉRENTES ACCEPTIONS DU MOT CARACTÈRE EN TANT QU'IL SIGNIFIE MARQUE EXTÉRIEURE. — CARACTÈRE se dit encore des qualités visibles qu'on respecte en ceux qui sont revêtus de fonctions respectables ou de hautes dignités. *Le caractère d'évêque, de prêtre, d'ambassadeur.* « Il faut, dit Fléchier, qu'un évêque soutienne son *caractère* par son savoir et par sa vertu, plutôt que par l'éclat et la vanité mondaine. Les prêtres, en perdant eux-mêmes le respect qu'ils doivent à la sainteté de leur *caractère,* sont les premiers coupables du mépris qu'on a pour eux. » « En se moquant des prêtres, a dit le même orateur, on cherche aux dépens de leur *caractère* le ridicule de leur personne. » — *Le droit des gens met le caractère des ambassadeurs à couvert de toute insulte.—Ce qui rend certains savants peu capables de plaire en conversation, c'est qu'ils croiraient mal soutenir le caractère de savants, s'ils s'abaissaient à parler de ces aimables riens qui font le charme des entretiens.* — **CARACTÈRE** veut dire aussi mission, autorité : *C'est un particulier qui n'a point caractère pour se mêler de cette affaire. Il parle sans caractère.* — **CARACTÈRE,** en théologie, indique une marque spirituelle et ineffaçable que Dieu imprime dans l'âme d'un chrétien par quelques-uns de ses sacrements, *le baptême, la confirmation et l'ordre;* aussi ne les réitère-t-on jamais, même aux hérétiques, pourvu qu'en les administrant on n'ait manqué à rien d'essentiel dans la matière ni dans la forme. *Le caractère* est un effet que les sacrements produisent toujours dès qu'ils sont valides, lors même qu'ils ne produisent pas la grâce. Ainsi, lorsqu'un adulte reçoit en péché mortel la confirmation ou l'ordre, il ne reçoit pas la grâce, mais il reçoit le *caractère.* — Le *caractère* du prêtre est un *caractère indélébile,* alors même qu'ayant encouru l'excommunication ou la dégradation il est privé de l'exercice de tout pouvoir *sacerdotal.* Il reste alors à ce prêtre, en vertu de son ordination passée, le pouvoir radical de l'ordre et non celui d'en faire les fonctions. Telle a été depuis saint Augustin la doctrine invariable de l'Église. En cela l'on pourrait dire que l'opinion des peuples est conforme à celle des plus saints docteurs : car lorsqu'aux temps de notre première révolution on a vu tant de prêtres apostats, tant de prêtres mariés, cette voix du peuple, qui était bien la voix de Dieu, n'a pas cessé, en dépit des lois civiles, à regarder ces homme égarés comme ne pouvant faire partie de la classe des laïques.—Quant à la nature de ce *caractère* imprimé par les sacrements, nombre de théologiens n'ont pas hésité à lui attribuer quelque chose de physique. Et en effet plusieurs Pères de l'Église ont appelé le baptême *le sceau, le signe, la marque, le caractère* de Jésus-Christ. — **CARACTÈRE** se dit aussi figurément d'une certaine qualité extérieure qui imprime du respect à ceux qui la connaissent. Dieu a empreint sur le front de l'homme un *caractère,* une image de la Divinité. La majesté des rois leur donne un *caractère* qui leur attire le respect des peuples. Enfin c'est dans le même sens que Racine a dit :

> Faut-il que sur le front d'un profane adultère,
> Brille de la vertu le sacré *caractère?*

CARACTÈRE SIGNIFIANT LE PROPRE D'UNE CHOSE TANT EN MORALE QU'EN LITTÉRATURE. — CARACTÈRE signifie ce qui est le propre d'une chose, ce qui est en quelque sorte sa marque distinctive.—*Chaque chose doit rester dans son caractère* (VOLTAIRE). — *La douceur est le caractère de sa physionomie.* — *La véhémence est le caractère des discours de cet orateur. — Ce contrat n'a pas le caractère légal. — Le caractère de la vertu consiste dans un effort sur soi-même en faveur des autres. — Il n'est point de passion qui n'ait son caractère particulier.—La terre a des bornes assez étroites, et la renommée d'un Alexandre, d'un César, d'un Napoléon peut toujours s'étendre sans jamais y atteindre. Quel* caractère *de*

faiblesse que de pouvoir croître continuellement sans atteindre à un terme limité ! — Cicéron a un caractère de politesse qui manquait à Démosthènes.—Toutes vos actions portent le caractère de l'insouciance. — Les caractères de cette maladie sont alarmants. — Notre discussion a pris un caractère grave. — **CARACTÈRE** s'emploie dans une acception analogue en littérature pour exprimer la manière dont un sujet est traité, la manière dont s'exprime un auteur. Les différents poèmes ont leurs principes, leurs règles, leur ton ; et c'est ce qu'on appelle *caractère.*—Ainsi l'on dit : *Cette pièce de vers a tous les* caractères *de l'élégie.* « Notre langue, dit l'abbé Pluche, prend heureusement le *caractère* de tous les sujets qu'elle traite : elle frappe agréablement l'oreille dans tous les styles, et l'Europe entière en fait l'éloge et la parlant de préférence. » — Selon la pente de leur âme et le *caractère* de leur esprit, les uns ont l'invention du style, les autres celle du raisonnement, ou l'art de former des systèmes. D'assez grands génies ne paraissent presque avoir eu que l'invention des détails.—Il ne faut pas croire que le *caractère original* d'un génie doive exclure de sa part l'art d'imiter. Il n'est point de grands hommes qui n'aient adopté des modèles : Rousseau a imité Marot ; Corneille, Lucain et Sénèque ; Bossuet, les prophètes ; Racine, les Grecs et Virgile. Montaigne dit quelque part qu'il y a en lui une condition *aucunement singeresse et imitatrice.* Mais ces grands hommes en imitant sont demeurés originaux, parce qu'ils avaient à peu près le même génie que ceux qu'ils prenaient pour modèles, de sorte qu'ils cultivaient leur propre *caractère* sous ces maîtres qu'ils consultaient et qu'ils surpassaient quelquefois ; au lieu que ceux qui n'ont que l'esprit sont toujours faibles copistes des meilleurs modèles, et n'atteignent jamais leur art. Preuve incontestable qu'il faut du génie pour bien imiter, et même un génie étendu pour prendre divers *caractères,* etc. Vauvenargues a dit des vérités neuves sur le *caractère* des différents siècles.

CARACTÈRES DANS LA POÉSIE ÉPIQUE, DANS L'ART DRAMATIQUE.—CARACTÈRE, dans les personnages qu'un poëte épique ou dramatique introduit sur la scène, est l'inclination ou la passion dominante qui inspire toutes leurs démarches et tous leurs discours. Ainsi doit éclater le courage bouillant dans Achille, la piété dans Enée, la prudence et la ruse dans Ulysse, l'ambition dans Alexandre, dans César, la jalousie dans Hermione, l'avarice dans Harpagon, etc. La simplicité et l'unité de *caractère* dans les personnages est l'essence du poëme épique. L'égalité de *caractère* consiste à ne point donner au héros des sentiments incompatibles, et à le représenter tellement animé du même esprit qu'on le reconnaisse toujours par son *caractère* principal et dominant. Le *caractère* du héros doit être uniforme et supérieur ; en sorte que le *caractère* des autres personnages soit toujours soumis à celui du premier personnage. A cet égard les *caractères* d'Achille et d'Enée sont des modèles. On a reproché à Claudien d'avoir introduit dans ses poëmes tant de *caractères* dominants, qu'on ne reconnaît plus le principal.—Il est dans la tragédie et dans la comédie des *caractères généraux,* c'est-à-dire qui tiennent à l'essence de l'homme, tels que l'ambition, l'amour, la vengeance, l'orgueil, l'avarice, la vanité, l'étourderie, etc. — Les *caractères particuliers* sont la reproduction de ces mêmes *caractères* avec les variétés que leur impriment la différence des temps, des usages et des pays. Il est enfin certains ridicules passagers qui tiennent à un temps, à un climat, et qui dans d'autres climats et d'autres temps ne formeraient plus un caractère : telles sont *les Femmes savantes* et *les Précieuses ridicules* de Molière. Riccoboni, dans ses *Observations sur la comédie,* attribue aux Français l'invention des *pièces de caractère.* Outre le *caractère dominant* dans une œuvre épique ou dramatique, il est encore des *caractères accessoires,* qui lui sont en quelque sorte subordonnés. Le plus souvent ils sont là pour faire contraste : ainsi le bouillant Turnus en présence du pieux Enée, le doucereux Philinte à côté d'Alceste le misanthrope, etc.

. . . . Servetur ad imum
Qualis ab incepto processerit, et sibi constet.

CARACTÈRE DANS LES BEAUX-ARTS. — *Caractère* signifie, dans la langue des beaux-arts, l'expression prononcée d'une chose : *Un air de caractère,* c'est-à-dire un air expressif. — *Il y a du caractère dans la physionomie de cet homme.* — *Danse de caractère* veut dire une danse exprimant tel ou tel sentiment, parodiant tel ou tel ridicule. — *Caractère,* en dessin, en peinture, en sculpture,* exprime la bonne ou mauvaise manière dont l'artiste dessine ou modèle. — *Une tête de caractère*. — *Caractère des objets, caractère des passions*. La pierre, les eaux, les arbres, le poil, la plume, enfin tous les animaux demandent des touches différentes pour conserver l'esprit de leur *caractère*. Ce sont les traits par lesquels l'artiste désigne les objets visibles ou invisibles qu'il présente à notre esprit, de manière à nous faire reconnaître à quel genre ils appartiennent, et par quelles propriétés ils se distinguent des autres objets. Le peintre doit donner à chaque partie visible le *caractère* du genre. — *Caractère* se dit aussi du talent ou du génie que l'artiste fait paraître dans ses ouvrages, de la manière dont il les traite. Le *caractère* du génie s'annonce alors par la noblesse et l'élévation dans les idées, par la beauté et la magnificence dans l'invention, par le bon sens et l'intelligence dans la disposition. Le *caractère* de la main s'annonce par l'exécution et le coloris. Ce dernier *caractère* est ce qu'on appelle la manière ou le faire. — Par extension, on dit, d'un morceau de musique : *Il a* ou *Il n'a pas de caractère*. — *En architecture*, le *caractère* résulte de l'ordre qu'on y emploie, de la distribution et de la proportion des masses, de l'espèce et du nombre des ornements, du genre de construction et de la nature des matériaux, de la distribution des intérieurs et de leur décoration. Un édifice est d'un *beau caractère* lorsque toutes ces choses, bien en rapport entre elles, sont en même temps analogues à l'usage pour lequel cet édifice a été construit, et que la vue de leur ensemble dispose l'âme du spectateur aux impressions qui lui sont préparées d'ailleurs dans son enceinte. Tel est le caractère religieux d'un temple, le caractère de grandeur d'un palais, le caractère sévère d'un lieu où se rend la justice, le caractère sombre d'une prison, etc. Un édifice *manque de caractère* lorsque sa vue ne réveille en nous aucune sorte d'idée, et il n'a pas le *caractère convenable* lorsque les idées qu'il réveille ne sont pas analogues à l'usage auquel il est destiné. Tel est le *caractère* de la plupart des églises construites dans Paris depuis vingt ans : on sent à la vue de ces édifices tout mondains, que l'esprit religieux n'a nullement animé leurs architectures.

CARACTÈRE EN HISTOIRE NATURELLE, EN BOTANIQUE. — CARACTÈRE, *en histoire naturelle*, indique les signes, les attributs, par l'inspection desquels la science classe les différents êtres des trois règnes de la nature. « Il faut bien se garder, a dit Buffon, de juger de la nature des êtres par un seul *caractère;* il se trouverait toujours incomplet et fautif. Souvent même deux et trois caractères, quelque généraux qu'ils puissent être, ne suffisent pas encore; et ce n'est que par la réunion de tous les attributs, et par l'énumération de tous les caractères qu'on peut juger de la forme essentielle de chacune de ces productions de la nature. Une bonne description, et jamais de définitions; une exposition plus scrupuleuse sur les différences que sur les ressemblances; une attention particulière aux exceptions et aux nuances même les plus légères, sont les vraies règles et les seuls moyens que nous ayons de connaître la nature des choses. » — CARACTÈRE, *en botanique*. Le *caractère* d'une plante est ce qui la distingue si bien de toutes celles qui ont du rapport avec elle qu'on ne saurait la confondre, quand on fait attention à leurs marques essentielles. Linné distingue quatre espèces de caractères : 1° *caractère factice* ou *artificiel*, celui qui se tire d'un signe de convention; 2° *caractère essentiel*, un signe remarquable et si approprié aux plantes qui le portent, qu'il ne convient à aucune autre, et qu'au premier coup d'œil on les distingue facilement; 3° *caractère naturel*, celui qui se tire de toutes les parties des plantes. Il comprend le factice et l'essentiel, et sert à distinguer les classes, les genres et les espèces; 4° *caractère habituel*, celui qui résulte de l'ensemble de la conformation générale d'une plante, de la disposition de toutes les parties considérées suivant leur position, leur accroissement, leur grandeur respective, en un mot suivant tous les rapports qui s'aperçoivent au premier coup d'œil. Enfin, on appelle *caractères classiques*, ceux qui servent à distinguer les classes; *caractères génériques*, ceux qui servent à former les genres; — *En minéralogie*, le *caractère* d'un minéral est tout ce qui peut être le sujet d'une observation propre à le faire reconnaître.

CH. DU ROZOIR.

CARACTÈRE (de χαρακτήρ, *marque*), signe dont on se sert en mathématiques pour désigner une quantité. Les caractères numériques se nomment en général *chiffres*. Nous allons exposer ici les caractères employés par les Romains dans leur système de numération, ces caractères étant encore usités parmi les peuples modernes. Les chiffres romains sont au nombre de sept : I, V, X, L, C, D, M, dont les valeurs sont 1, 5, 10, 50, 100, 500. 1,000. En combinant ces chiffres comme il suit, on forme

tous les nombres : I placé à la gauche de V, tel que IV, exprime 4; placé à la droite, VI, il exprime 6. On a de cette manière :

$$\text{I, II, III, IV, V, VI, VII, VIII.}$$
$$1, \quad 2, \quad 3, \quad 4, \quad 5, \quad 6, \quad 7, \quad 8.$$

De la même manière, I placé à la gauche de X exprime 9, tandis que placé à la droite il exprime 11; on a donc ainsi :

$$\text{IX, X, XI, XII, XIII, XIV, XV, XVI.}$$
$$9, \quad 10, \quad 11, \quad 12, \quad 13, \quad 14, \quad 15, \quad 16.$$

Et ainsi de suite jusqu'à XXXIX, 39. Le chiffre X agit par rapport aux chiffres L et C de la même manière que I par rapport à V; c'est-à-dire que placé à leur gauche il les diminue de 10, tandis que placé à leur droite il les augmente de la même quantité. Ainsi XL signifie 40, et LX, 60; XC, signifie 90, et CX, 110. De 1 à 100 les dizaines sont donc exprimées par :

$$\text{X, XX, XXX, XL, L, LX, LXX, LXXX, XC, C.}$$
$$10, \, 20, \, 30, \, 40, \, 50, \, 60, \, 70, \, 80, \, 90, \, 100.$$

A la suite de ces dizaines, on écrit les caractères qui désignent les unités, de manière que 67 s'écrit LXVII; 84, LXXXIV; 105, CV, etc. De 100 à 1,000 les centaines sont exprimées par :

$$\text{C, CC, CCC, CCCC, D, DC, DCC, DCCC, DCCCC, M.}$$
$$100, \, 200, \, 300, \, 400, \, 500, \, 600, \, 700, \, 800, \, 900, \, 1000.$$

Et l'on écrit également à la suite de ces caractères ceux qui expriment les dizaines et les unités; 547 s'écrit DXLVII; 859 s'écrit DCCCLXXXIX, etc., etc. On agit de la même manière pour les nombres au-dessus de mille. Par exemple, MDXCVII signifie 1597; MDCCCXXXIV signifie 1834. Outre la lettre D, qui exprime 500, on peut encore désigner ce nombre par un I devant un C renversé de cette manière IↃ. Quelquefois aussi au lieu de M on se sert de I entre deux C, qui l'un est renversé comme CIↃ. Suivant cette notation, on peut exprimer 600 par IↃC; 700 par IↃCC, etc. L'addition de C devant et après CIↃ augmente ce nombre en raison décuple. Ainsi, CCIↃↃ exprime 10,000, CCCIↃↃↃ exprime 100,000, etc. Les Romains exprimaient encore les nombres au-dessus de mille par une ligne — placée sur les caractères. Par exemple, V̄ signifiait 5,000; X̄L, 40,000; V̄, 100,000; M̄N̄, 2,000,000, etc., etc. On n'est pas d'accord sur la manière dont les Romains effectuaient leurs calculs avec un système si incommode de numération; mais on peut attribuer en grande partie à ce système la longue nullité de ce peuple sous le rapport des connaissances mathématiques.

CARACTÈRES (*typographie*). Chaque lettre d'un ouvrage typographié est sculptée en relief à l'extrémité d'un petit parallélipipède de métal; c'est ce qu'on nomme un *caractère*. Nous ne nous occuperons point ici de la *fonte des caractères;* nous en ferons le sujet d'un article spécial qui *viendra* à son ordre alphabétique. Nous dirons seulement ici quelle est la matière qui entre dans la composition des caractères. Ils sont formés ordinairement de 16 parties de plomb et de 1 de régule d'antimoine qui donne au plomb le degré de consistance nécessaire pour résister à l'action de la presse. Quelquefois même, pour augmenter la dureté de la fonte, on y ajoute quelques parties de cuivre et d'étain. — L'unité principale des proportions typographiques que l'on suit dans la fonte des caractères est le *point;* il équivaut à deux points du pied de roi : ainsi 6 points typographiques valent 12 points ou 1 ligne du pied de roi ; 12 points valent 2 lignes, etc. On appelle *œil* du caractère le relief qui figure la lettre même. — Il faut considérer dans les caractères typographiques les trois dimensions géométriques : la longueur, qu'on nomme *corps* en typographie; la largeur, appelée *épaisseur*, et la profondeur, *hauteur*. Le *corps* se mesure à la tête des *l*, des *d*, jusqu'à la tête des *p* ou des *q*. Toutes les lettres qui composent un caractère doivent avoir le même corps, que ce soient des capitales, des lettres à queue ou de petites lettres comme l'*a* et l'*e*. On peut se rendre compte de cette explication par ces lignes qui traduisent notre pensée, et que ne sépare aucune lame de plomb appelée *interligne*, comme on le fait quelquefois. Le blanc qui existe d'une ligne à l'autre n'est produit que par cette partie de métal appelée *talus* ménagée de chaque côté de l'*o*, par exemple, pour en faire à volonté ou un *b*, ou un *q*, ou un *d*. Comme la rencontre des queues de certaines lettres avec la tête d'autres lettres de la ligne suivante est excessivement rare, cette juxtaposition des lignes n'a rien de choquant. — L'*épaisseur* est tout simplement la différence qui existe entre une lettre large comme le *m* et une autre moins large comme le *n*, le *i*, le *l*. La *hauteur* est la distance prise du pied de la lettre supposée debout sur sa tige jusqu'à l'œil. Cette hauteur est en France, pour tous les caractères, invariablement de dix lignes et demie : c'est ce qu'on appelle dans l'atelier la *hauteur en papier*. Pour avoir une idée précise de ce que nous venons de dire, supposez cette page imprimée, dont on ne voit que la surface, ayant par-dessous environ 6,000 tiges de plomb qui en font avant qu'elle soit mise à la presse une masse compacte de près d'un pouce d'épaisseur. — On appelle *lettre*, sans exception de corps ou de grandeur, chaque pièce mobile ou séparée dont sont assortis les différents caractères. Il y en a quatre sortes, les *grandes capitales*, les *petites capitales*, les lettres *du bas de casse*, et les lettres doubles telles que *ff*, *ffi*, *ff*, *fl*. On appelle *espaces* de petites lames de même force de corps que les caractères, de deux lignes moins hautes que la lettre, et de plusieurs degrés d'épaisseur. Elles servent à séparer les mots et à justifier les lignes. Chaque fonte a pareillement ses cadrats, cadratins et demi-cadratins, qui sont, comme les espaces, plus bas que la lettre, et qui servent à achever les lignes non remplies ou à faire des lignes de blanc. — Il y a des caractères de différents épaisseurs ou *forces de corps*; ils se reconnaissent à l'*œil* et au *cran*. Car comme l'œil est la partie saillante qui représente le type, et que dans chaque *force de corps* il y en a qui portent petit œil, œil ordinaire, ou gros œil, on distingue ces différents *œils* par un, deux, trois ou quatre crans, soit en bas, soit en haut. Ce cran sert encore à faire connaître le sens de la lettre à l'ouvrier et lui facilite le travail. — Pendant longtemps les noms donnés aux caractères n'ont été de pure convention. Les uns ont pris ceux de leurs inventeurs, les autres ceux des ouvrages auxquels ils ont primitivement servi. Voici les noms des principaux caractères, suivant leurs degrés de petitesse :

La perle,
La parisienne , qui sont aujourd'hui peu employées.
La nonpareille.
La mignonne.
Petit texte.
Gaillarde.
Petit romain.
Philosophie.
Cicéro.
Saint-augustin.

Gros texte.
Gros romain.
Petit parangon.
Gros parangon.
Palestine.
Petit canon.
Trismégiste.
Gros canon.
Double canon.
Triple canon.

— Mais depuis qu'on a pris le point typographique pour base de la force de corps des caractères, cette force de corps a pris pour nouvelle dénomination le nombre de points qu'elle contient. Leurs anciens noms, n'étant applicables qu'à des circonstances passagères, ou à l'usage particulier auquel ils furent destinés dans l'origine, ont dû nécessairement tomber en désuétude pour faire place à des dénominations plus générales, qui, en même temps qu'elles les désignent d'une manière précise, ont l'avantage de faire connaître leur force de corps. Ainsi, au lieu de dire :

De la parisienne, on dit du.	5.
De la nonpareille.	6.
De la mignonne.	7.
Du petit texte.	7 1/2.
De la gaillarde.	8.
Du petit romain.	9.
De la philosophie.	10.
Du cicéro.	11.
Du saint-augustin.	12 ou 13.
Du gros texte.	14.
Du gros romain.	15 ou 16.
Du petit parangon.	18 ou 20.
Du gros parangon.	21 ou 22.
De la palestine.	24.
Du petit canon.	28 ou 32.
Du trismégiste.	36.
Du gros canon.	40 ou 44.
Du double canon.	48 ou 56.
Du triple canon.	72.

— Il y a des caractères intermédiaires dont l'œil est plus fort

que celui du 6 et moins fort que celui du 7, etc. On leur donne la dénomination fractionnaire de 6 et demi ; et comme le 6 et demi est ordinairement sur le corps de 7, on ajoute à cette dénomination celle du corps sur lequel ils sont fondus ; ainsi l'on dit :

Du 6 1/2 corps 7 ou du 7 petit œil.
Du 7 1/2 corps 8 ou du 8 petit œil.

Il est facile de comprendre par là que ces caractères portent un demi-point de blanc ; il y en a qui portent jusqu'à un point et plus ; alors on dit du 6 corps 7, etc. — Examinons maintenant quels sont les rapports de tous ces caractères entre eux. Ces rapports doivent être considérés principalement sous leurs diverses forces de corps ; car l'épaisseur, n'étant que relative, ou déduit naturellement de cette première connaissance, et l'œil n'est soumis au caprice du graveur qu'autant qu'il se renferme dans ces bornes. Ainsi soit la correspondance indiquée par ces chiffres :

Nonpareille.	100	Cicéro.	28
Mignonne.	75	Saint-augustin.	20
Petit texte.	64	Gros romain.	14
Gaillarde.	50	Petit parangon.	10
Petit romain.	40	Gros parangon.	8
Philosophie.	32		

— On voit que le petit romain est au saint-augustin comme 40 est à 20, c'est-à-dire que la matière d'une page composée en petit romain ferait environ deux feuilles composées en saint-augustin et quatre en petit parangon, etc. Tous les caractères fondus d'après l'alphabet français sont gravés perpendiculairement, et on les appelle *romains*, probablement parce qu'ils étaient en usage à Rome avant que le fameux Alde Manuce eût inventé le caractère penché de droite à gauche que l'on nomme *italique*, et qu'il employa longtemps seul par privilège spécial, et que Fournier, célèbre typographe français, a depuis si bien perfectionné. L'usage le plus ordinaire de ce caractère est de distinguer certaines parties d'un ouvrage, certaines phrases, certains mots. Les caractères *calligraphiques* ou d'écriture (appelés improprement *anglais*, puisque l'invention en est toute française, et que leur forme n'est pas plus particulière à la langue anglaise qu'à presque toutes les autres langues de l'Europe), sont sur corps penchés, et se composent par d'ingénieuses combinaisons qu'il serait trop long d'indiquer ici. Les *rondes*, qui aussi se composent par combinaison, et les *gothiques*, sont sur corps droit. La plupart des caractères orientaux se composent également par combinaison. — Telle est l'exposition des différents caractères qui sont employés aujourd'hui dans l'art typographique ; nous allons maintenant exposer en peu de mots l'histoire de ces caractères. C'est au milieu du XV° siècle que Guttemberg, qui exerçait l'art du dominotier, c'est-à-dire graveur sur bois, conçut la première idée de l'imprimerie. D'abord il essaya de graver en relief des lettres sur bois ; ayant ensuite assemblé les différents caractères qu'il avait créés, il les disposa de manière à transmettre l'écriture par la voie de l'impression. Cette invention se perfectionna lentement, malgré l'évidence de la grande utilité qu'on pouvait en retirer. J. Faust, bourgeois de Mayence, et Pierre Schœffer, domestique de ce dernier et dont il devint le gendre, avaient pénétré le parti qu'on pouvait obtenir de l'invention de Guttemberg avec lequel il avait travaillé ; ils s'attachèrent à le perfectionner et imaginèrent de fondre des caractères en plomb et régule d'antimoine. Mais depuis ce temps peu de branches dans les arts ont reçu plus de perfectionnement. Depuis Schœffer, les imprimeurs les plus célèbres d'Allemagne et d'Italie, et surtout ceux de France qui ont égalé à force de perfectionnements la gloire des inventeurs, se sont appliqués à enrichir la typographie de frappes nouvelles mieux faites, plus profondes et de plus en plus élégantes. Il y a loin des caractères employés de nos jours à ceux qu'on employait il y a trois cents ans ; et les caractères, déjà bien perfectionnés, il y a cinquante ans, mais qui étaient encore lourds et disgracieux, sont maintenant variés à l'infini, et ont une régularité presque parfaite. Pour s'en convaincre, on n'a qu'à examiner les éditions de luxe en long à côté des anciennes impressions, et l'on verra facilement la différence immense qui existe entre elles. Depuis le caractère microscopique gravé par M. H. Didot, il y a quelques années, sur trois points typographiques (une demi-ligne de pied de roi), jusqu'aux grosses lettres d'affiches qui ont 2 ou 3 pouces, et que l'on sculpte quelquefois encore en bois, on en a fondu sur tous les degrés intermédiaires de l'échelle, et sur toutes les fractions, sans compter leurs subdivisions en petit œil, gros œil, gras, poétique, égyptien, gothique, ronde, anglaise, etc., et dont le dénombrement serait immense.

PAUL SAVAGNER (compositeur d'imprimerie).

CARACTÈRES DE MUSIQUE. Ce sont les divers signes qu'on emploie pour représenter tous les sons de la mélodie et toutes les valeurs des temps et de la mesure, de sorte qu'à l'aide de ces *caractères* on puisse lire et exécuter la musique exactement comme elle a été composée. Cette manière d'écrire s'appelle *noter* (*V.* NOTES). — Il n'y a que les nations de l'Europe qui sachent écrire leur musique. Quoique dans les autres parties du monde chaque peuple ait aussi la sienne, il ne paraît pas qu'aucun d'eux ait poussé ses recherches jusqu'à la nôtre. Au moins est-il sûr que les Arabes et les Chinois, les deux peuples étrangers qui aient le plus étudié les lettres, n'ont ni l'un ni l'autre de pareils caractères. A la vérité les Persans donnent des noms de villes de leur pays ou des parties du corps humain aux quarante-huit sons de leur musique. Ils disent, par exemple , pour donner l'intonation d'un air : *Allez de cette ville à celle-là*, ou *Allez du doigt au coude*. Mais ils n'ont aucun signe propre pour exprimer sur le papier ces mêmes sons. Quant aux Chinois, on trouve dans le P. du Halde qu'ils furent étrangement surpris de voir les jésuites noter et lire sur cette même note tous les airs chinois qu'on leur faisait entendre. Les anciens Grecs se servaient pour *caractères* dans leur musique, ainsi que dans leur arithmétique, des lettres de leur alphabet : mais, au lieu de leur donner dans la musique une valeur numérique, ils se contentaient de les employer comme signes, les combinant de diverses manières, les mutilant, les accouplant, les retournant différemment, selon les genres et les modes, comme on peut le voir dans le recueil d'Alypias. Les Latins les imitèrent, en se servant, à leur exemple, des lettres de l'alphabet, et il nous en reste encore la lettre jointe au nom de chaque note de notre échelle diatonique et naturelle. — Gui Arétin imagina les lignes, les portées, les signes particuliers qui nous sont demeurés sous le nom de *notes*, et qui sont aujourd'hui la langue musicale et universelle de toute l'Europe. Comme ces derniers signes , quoique admis universellement et perfectionnés depuis l'Arétin , ont encore de grands défauts, plusieurs ont tenté de leur substituer d'autres notes. De ce nombre ont été Parran , Souhaitti, Sauveur, Dumas et Jean-Jacques Rousseau : mais comme au fond tous ces systèmes , en corrigeant d'anciens défauts auxquels on est tout accoutumé, ne faisaient qu'en substituer d'autres dont l'habitude est encore à prendre, on a très-sagement fait de laisser les choses comme elles sont.

CARACTÉRISER, décrire , marquer , déterminer si bien le caractère d'une personne ou d'une chose, qu'on la reconnaisse et qu'on la distingue de toute autre ; en d'autres termes, désigner une personne ou une chose par ses traits caractéristiques. — *Ce bon procédé vous caractérise suffisamment.* — *La mauvaise foi caractérise particulièrement l'envie; son tourment est de ne s'aveugler jamais, et son opprobre est de mentir toujours : ses mystères ne sont point le fruit de l'erreur ; c'est parce qu'elle sent tout le mérite d'une excellente production qu'elle s'attache à la décrier.* — *Ce que nous caractérisons d'injuste par rapport à l'homme, étant considéré relativement à l'ensemble de l'univers , non-seulement peut être juste, mais il doit l'être. Le peintre , ce poète caractérisent les passions qu'ils veulent représenter.* — *Le prédicateur en censurant les vices ne doit point se donner la liberté de caractériser les personnes.* — On emploie aussi ce mot pour désigner ce qui constitue le caractère d'une personne ou d'une chose. *La bonté qui le caractérise.* — *C'est la ce qui caractérise ce genre de beauté.* — *Le goût qui caractérise ce critique.* — *Se caractériser*, montrer ses qualités ou ses défauts, se faire voir tel que l'on est. *Il s'est caractérisé tout entier dans ce discours , dans ce procédé.*

CARACTÉRISME, terme de botanique dont on se sert pour expliquer certaines ressemblances et conformités que les plantes ont avec quelque partie du corps humain. Ce *caractérisme* a fait croire à quelques médecins que ces sortes de plantes étaient des spécifiques pour guérir la partie du corps avec laquelle elles ont cette conformité.

CARACTÉRISTIQUE, adj. de tous genres, se dit de ce qui sert à caractériser quelqu'un ou quelque chose. — *Signe caractéristique.* — En littérature , on le dit de ce qui sert à caractériser un auteur. *L'élévation et la véhémence sont les traits caractéristiques de Corneille. La tendresse et l'harmonie sont les traits caractéristiques de Racine. La correction et le bon*

sens sont les traits caractéristiques de Boileau. — En grammaire , on appelle *lettre caractéristique* d'un mot, celle qui se conserve dans les divers changements que ce mot subit , dans la plupart de ses temps, de ses modes, de ses dérivés et composés. Ainsi dans le verbe *aimer*, les *lettres caractéristiques* sont *aim*. — On nomme aussi *lettre caractéristique* celle qui dénote la formation d'un temps, et qui se trouve la même dans les mêmes temps. Ainsi la lettre *R* est la *caractéristique* de tous les futurs français ; enfin , on désigne par cette épithète les lettres qui se conservent dans les dérivés d'un mot comme le *P* dans nos mots dérivés de *corps* et de *temps* : *corporel , temporel; le G* dans *long, sang, rang*, à cause de longueur, sanguin, ranger. — En géométrie, on appelle *triangle caractéristique d'une courbe*, un triangle rectiligne rectangle dont l'hypoténuse fait partie de la courbe, qui ne diffère pas sensiblement d'une ligne droite, parce que cette portion courbe est supposée infiniment petite.

CARACTÉRISTIQUE, s. f. *(term. de mathématiques)*, marque un caractère par lequel on distingue quelque chose : il est surtout usité dans le calcul des infiniment petits. Suivant Leibnitz, *D* est la caractéristique des qualités différentes. Suivant Newton, la caractéristique des fluxions est un point. — CARACTÉRISTIQUE d'un logarithme, son exposant, c'est-à-dire le nombre entier qu'il renferme ; ou le premier chiffre d'un logarithme qui exprime des unités. CH. DU ROZOIR.

CARADOG (DE LANN-CARVAN), historien breton, et contemporain de Guillaume de Malmesbury et de Henri de Huntington, qui ont aussi écrit l'histoire de leur temps, était natif du pays de Galles. On doit à sa plume la chronique des petits rois bretons qui se maintinrent dans les montagnes du pays de Galles et de Cornouailles, malgré la domination saxonne en Angleterre. Cette histoire, sous le titre de *Britannorum successiones*, commence à l'an 686, et a été continuée jusqu'en 1250, quoique Caradog ait vécu que jusqu'en 1150 ; car il florissait sous le roi Étienne, au XIIe siècle. Il a composé aussi un livre *De situ orbis*, une *Vie* de saint Gildas l'Albanien, et des *Commentaires* sur Merlin le Calédonien , ouvrages qui sont loués par Gaufrid ou Galfrid , évêque de Saint-Azaph, aussi son contemporain. La *Vie* de Caradog a été écrite par Sylvestre Giraldus, qui vivait sous Henri II. La chronique de la *Succession des Bretons* se conserve manuscrite dans le collége de Saint-Benoît, l'un des seize qui composent l'université de Cambridge.

CARÆ (*géogr. anc.*), ville septentrionale de la Tarragonaise, entre Biblis au sud, et César-Augusta au nord-est.

CARÆI (*géogr. anc.*), nation de pirates qui habitait sur les bords du Pont-Euxin.

CARAFE, s. f. *(écon. domest.)*, sorte de bouteille de verre ou de cristal , plus large par le bas que par le haut, qui sert principalement à contenir l'eau, et quelquefois le vin ou les liqueurs que l'on boit à table. — Il se dit aussi de la liqueur contenue dans une carafe.

CARAFFA, famille illustre du royaume de Naples, issue de la famille Sismondi de Pise. Le premier qui porta ce nom était un gentilhomme pisan qui sauva l'empereur Henri VI , en se jetant entre lui et un homme qui voulait le blesser : il reçut ainsi le coup destiné à son maître ; et le sang coulant sur son bouclier, Henri l'essuya en s'écriant : *Cara se n'e la vostra.* Telle est l'origine du cri de guerre et des armes des Sismondi et des Caraffa. — CARAFFA CARAFELLO, un des courtisans de Jeanne Ire, entra dans la conjuration contre André son mari, et périt sur l'échafaud. — CARAFFA (Antoine) — CARAFFA (Antoine) , *Malizia*, politique habile, conclut en 1420, entre Alphonse d'Aragon et Jeanne II, un traité en vertu duquel Alphonse fut adopté comme héritier du royaume de Naples. — Paul IV, élu pape en 1555, était de la même famille (*V.* PAUL IV). — CARAFFA (Charles, Jean et Antoine), étaient neveux du pape Paul IV, qui, pour les combler de biens et de dignités, dépouilla les familles Colonna et Guidi, et soutint ensuite les guerres sanglantes pour légitimer ces actes d'iniquité. La rapacité des Caraffa et leurs exactions soulevèrent contre eux tous les sujets de l'Eglise. L'ambassadeur de Toscane étant venu à son tour porter les plaintes de son maître contre leur arrogance, le pape changea tout à coup de conduite à leur égard, leur ôta toutes les dignités qu'il avait accumulées sur leurs têtes, et les bannit de Rome. A la mort de Paul IV, le peuple de Rome, ne trouvant pas les Caraffa eussent été assez punis, effaça leurs noms et leurs armes de tous les monuments publics, força les prisons pour en tirer leurs ennemis, et brûla le palais de l'inquisition. L'administration sénatoriale abolit par un décret leur mémoire, et le conclave donna la tiare au cardinal de Médicis, leur ennemi, qui prit le nom de Pie IV. Le nouveau pape fit arrêter les deux cardinaux, Charles et Alphonse, et Jean Caraffa, comte de Montorio. Un procès s'étant instruit contre eux, Charles fut condamné à 100,000 écus d'amende et étranglé dans sa prison le 4 mars 1561 ; Jean eut la tête tranchée le même jour avec ceux qui l'avaient aidé à assassiner sa femme. Le cardinal Alphonse mourut de chagrin dans son archevêché de Naples en 1565, à l'âge de vingt-cinq ans. Mais Pie V, créature de Paul IV, élevé au pontificat en 1566, ayant ordonné la révision du procès, la sentence fut déclarée injuste. Le juge rapporteur, Alexandre Pallentière, eut la tête tranchée, et la maison Caraffa fut rétablie dans les honneurs qu'elle a conservés jusqu'à nos jours. — CARAFFA (Antoine), cousin de Paul IV, partagea la disgrâce de sa famille, et, contraint de se réfugier à Padoue, y trouva dans la culture des lettres un adoucissement à ses chagrins. Rappelé par Pie V à Rome, il fut fait cardinal en 1568, puis nommé président de la congrégation chargée de la correction des Bibles, publia la version grecque dite des LXX, Rome, 1587, in-fol., avec une dédicace à Sixte Quint ; il devint, sous Grégoire XIII, bibliothécaire apostolique, et mourut en 1591. On lui doit le Recueil des lettres des papes depuis saint Clément à Grégoire VII, collection importante pour l'histoire ; il a traduit en grec Catena veter. Patrum in omnia sacr. Script. cantica, Cologne, 1572, in-8°.

CARAFFA (Charles), de la même famille que les précédents, naquit à Naples en 1561, et, à l'âge de seize ans, entra chez les jésuites. La faiblesse de sa santé l'en fit sortir après cinq ans. Il prit alors le parti des armes, et se signala par ses exploits. Il vint solliciter à Naples la récompense de ses services militaires. « Un jour, dit M. Châteaubriand, comme il se rendait au palais, il entre par hasard dans l'église d'un monastère. Une jeune religieuse chantait ; il fut touché jusqu'aux larmes de la douceur de sa voix : il jugea que le service de Dieu doit être plein de délices, puisqu'il donne de tels accents à ceux qui lui ont consacré leurs jours. Il retourne à l'instant chez lui, jette au feu ses certificats de service, se coupe les cheveux, et fonde l'ordre des ouvriers pieux, qui s'occupe en général du soulagement des infirmités humaines. Cet ordre fit d'abord peu de progrès, parce que, dans une peste qui survint à Naples, les religieux moururent tous en assistant des pestiférés, à l'exception de deux prêtres et de trois clercs. » Grégoire XV approuva, en 1621, la congrégation des ouvriers pieux. Caraffa mourut le 8 septembre 1633.

CARAFFA (Vincent), frère du précédent, se fit jésuite à l'âge de seize ans, parvint en 1645 à être élu le septième général de la compagnie, et mourut en 1649, âgé de soixante-quatre ans. Il a laissé quelques ouvrages de piété. Sa vie a été écrite en italien par Dan. Bartoli, Rome, 1651, in-4° ; traduite en français par Thomas Leblanc, Lyon, 1652, in-8° et en latin, par Jacques Hantin, Liège, 1655, in-8°. — CARAFFA (Charles), fils de Fabrice Caraffa, prince de la Roccella, fut évêque d'Aversa, nonce apostolique, puis légat en Allemagne, près de Ferdinand II, sous le pontificat d'Urbain VIII, et mourut en 1644. Il est auteur d'un ouvrage intitulé : Commentaria de Germania sacra restaurata, Cologne, 1639, in-8°. Cet ouvrage, qui a été traduit en français par le président Cousin, conserve l'état de la religion en Allemagne, depuis l'an 1620 jusqu'en 1629 ; une seconde édition, Francfort, 1641, in-12, contient une deuxième partie ou continuation jusqu'en 1641, faite par un anonyme. — CARAFFA (Charles-Marie), dernier des princes de la Roccella et de Butero, premier baron du royaume de Naples et grand d'Espagne, fut ambassadeur extraordinaire d'Espagne à Rome en 1684, et mourut sans enfants en 1695, âgé de quarante-neuf ans. C'était un homme très-savant dans les belles-lettres, les langues, l'art oratoire, la philosophie, les mathématiques et le droit. On a de lui : Opere politiche christiane, 1692, in-fol., divisées en trois parties, dont la première concerne le prince, la seconde l'ambassadeur, et la troisième est une critique de la Raison d'État, de Machiavel ; les deux premières avaient déjà été imprimées séparément.

CARAFFA (Jean-Baptiste) est auteur d'une histoire de Naples, Istorie del regno di Napoli, Naples, 1572, in-4° ; elle est divisée une dix livres, s'étend depuis l'an 1er de Jésus-Christ jusqu'à l'an 1481, et est précédée d'un discours sur l'origine des familles nobles de la ville de Naples. Le même publia un traité De simoniis, 1566, in-8°.

CARAFFA (Placide), historien de Sicile, né à Modica au commencement du XVIIe siècle, a composé : 1° Sicaniæ descriptio et delineatio in qua ulterioris regni Siciliæ partes, op-

pida, littora breviter describuntur, Palerme, 1653, in-4° ; 2° Molucæ illustratæ descriptio sive delineatio, Palerme, 1654, in-4° : c'est la description de la patrie de l'auteur. Burmann a inséré ces deux ouvrages dans sa collection ; 3° La chiave dell' Italia, compendio istorico della città di Messina, Venise, 1670, in-4°, rare. Cette histoire de Messine remonte à l'an du monde 1974, et s'étend jusqu'à l'an 1670 de Jésus-Christ.

CARAFFA (Joseph), savant italien du XVIIIe siècle, est connu par divers ouvrages estimés, entre autres par celui qui a pour titre : De gymnasio romano, et de ejus professoribus, ab urbe condita usque ad hæc tempora, libri II, Rome, 1751, in-4°. Il avait publié dans la même ville en 1749, in-4° : De Capella regis utriusque Siciliæ, et aliorum principum liber unus.

CARAFFA (François), prince de Colobrano, poëte italien du XVIIIe siècle. On a de lui : Rime varie, Florence, 1750, in-4°.

CARAFFA (Hector), comte de Ruvo, était le chef de l'illustre famille des ducs d'Andria, et l'héritier de leur nom et de leur fortune. Il naquit à Naples en 1767. Entré de bonne heure dans la carrière des armes, il l'aurait parcourue avec succès à la faveur de son nom, si, entraîné par l'esprit du siècle, il n'eût pas, dès le commencement, pris part aux événements de la révolution. Arrêté en 1796 à cause de ses opinions libérales, Caraffa fut tellement exaspéré qu'il conçut une insurmontable haine pour les auteurs de son arrestation, et le plus violent désir d'en tirer vengeance. Echappé du château Saint-Elme où il était détenu, il quitta le royaume de Naples et n'y revint qu'en 1799 avec l'armée de Championnet et les révolutionnaires accourus de toute l'Italie. Caraffa se distinguait entre eux tous par sa bravoure et par une détermination incroyable, qui le poussait à former sans hésiter les entreprises les plus périlleuses. Les hommes de son parti le regardèrent dès ce moment comme un instrument révolutionnaire des plus actifs et des plus puissants, et ils s'empressèrent de lui confier les forces nécessaires pour parvenir à l'accomplissement de leurs vœux. Appelé au commandement d'une légion napolitaine envoyée pour seconder les mouvements du général Duhesme contre l'armée du cardinal Ruffo, Caraffa assista au siége d'Andria, principal fief de sa famille, escalada tout seul ses murailles, y pénétra les armes à la main, s'en rendit maître, et fut le premier à voter en conseil qu'on livrât cette ville aux flammes. A cette prise succéda celle de Trani, et Caraffa, le premier à l'assaut, fut encore le premier à voter sa destruction. Rigueurs et cruautés inutiles, car les efforts des insurgés n'arrêtèrent point la marche de Ruffo, qui en peu de jours se trouva aux portes de la capitale (1799). Caraffa, ne pouvant plus tenir la campagne, se vit réduit à se renfermer dans la ville de Pescara. Sur ces entrefaites, la capitale fut envahie, les châteaux qui la défendent capitulèrent, le parti républicain se dispersa, et les destinées du royaume furent livrées au cardinal Ruffo. Sommé de rendre, conformément à la capitulation intervenue avec les républicains, les places de Civitella et de Pescara, Caraffa déposa les armes, et se disposait à quitter le royaume lorsqu'il se vit arrêté et emprisonné. Traduit devant une commission, il fut condamné à la peine de mort avec beaucoup d'autres. Conduit au supplice, il insista pour que le bourreau le frappât sur le devant du corps, voulant, disait-il, voir descendre sur lui le glaive qui devait trancher ses jours, et, fidèle à sa promesse, il reçut le coup fatal avec un sang-froid imperturbable.

CARAFFE (Armand-C.), peintre, élève de Lagrenée, était à Rome à l'époque de la révolution, et revint en France y prendre part. A la fin de 1794, on le vit aux jacobins réclamer la liberté indéfinie de la presse, alors que la révolution était au plus fort ; il demanda aussi que Tallien, Fréron et Lecointre de Versailles fussent chassés des jacobins pour les avoir calomniés. Deux jours après, Caraffe fut mis en arrestation ; il y resta jusqu'au 13 vendémiaire an IV, et vint à cette époque défendre la convention. Il abandonna alors la carrière politique pour se livrer de nouveau à son art. Dès l'an 1789, il avait exposé trois dessins, dont les sujets étaient assez bien choisis ; c'était Popilius traçant un cercle autour d'Antiochus ; Agis rétablissant à Sparte les lois de Lycurgue, et faisant brûler tous les actes tendant à détruire l'égalité. Après sa sortie de prison, il exposa divers sujets peu importants, ou presque tous empruntés à l'Orient. Dès l'an IX, il n'exposa plus ; peu après il partit pour la Russie, où il passa quelques années utiles pour sa fortune, mais funestes à sa santé. De retour à Paris en 1812, il languit jusqu'en 1814, époque de sa mort. Il a peint un sujet allégorique que l'on voit à l'hôpital de la Charité, et qui est fort estimé. On a aussi de cet artiste une collection de costumes orientaux. Le Louvre possède un tableau de Caraffe représentant le Temps brisant les ailes de l'Amour, qui se console dans les bras de l'Amitié.

CARAFON, s. m. (*économ. dom.*), sorte de vaisseau de liége ou de bois, dans lequel on met un flacon avec de la glace, pour faire rafraîchir du vin, de l'eau ou d'autres liqueurs. — Il se dit aussi de la carafe qu'on met dans le carafon. Il se dit encore, chez les restaurateurs, d'une très-petite carafe, contenant à peu près le quart d'une bouteille, ou de la quantité de vin qu'elle peut contenir.

CARAFRACH, s. m. (*hist. du moyen âge*), brise-tête; ancien nom des fourches patibulaires de Nîmes; formé de *cara* et *frango*.

CARAGACH, s. m. (*comm.*), sorte de coton qui vient de Smyrne.

CARAGAN ou **CARACOGNE**, s. m. (*botan.*), genre de plantes de la famille des légumineuses.

CARAGATE, s. f. (*botan.*), plante d'Amérique, que les vaches ne mangent que faute d'autres.

CARAGI, s. m. (*comm.*). On nomme ainsi, en Turquie, les droits d'entrée et de sortie qu'on paye pour les marchandises : ces droits ne se payent qu'une fois, et seulement à la douane, où les marchandises sont d'abord déchargées. On est libre de les transporter dans une autre ville, en représentant le premier acquit. — CARAGI est aussi le nom que l'on donne aux commis des bureaux où se perçoivent les droits. Leur chef ou directeur de la douane est appelé *caragi-bachi*.

CARAGLIO ou **CARALIUS** (GIOVANNI JACOPO), surnommé *Jacobus Veronensis*, dessinateur et graveur au burin, naquit à Vérone dans le commencement du XVIᵉ siècle, et fut élève de Marco Antonio Maimondi. Cet artiste a beaucoup gravé d'après Raphaël, Jules Romain, le Titien, le Parmesan et autres grands maîtres. Ses estampes sont cependant assez rares. Il a gravé aussi des camées, des pierres fines et des médailles, avec succès. Il s'occupait encore d'architecture. Sigismond Iᵉʳ, roi de Pologne, l'appela près de sa personne, et le combla de bienfaits. Caraglio est mort à Parme en 1551.

CARAGNE, s. f. (*pharmac.*), gomme-résine aromatique dont on use en médecine. On dit quelquefois adjectivement, *gomme caragne*.

CARAGO (*géogr.*), province de l'île de Magindanao, dans les Indes orientales, située sur la côte occidentale entre Suli, Aga et le cap de Saint-Augustin, qui s'étend du nord au sud. Les parages de cette côte sont très-orageux. Le Carago, ainsi que les autres parties de Magindanao, produit en grande quantité cette espèce de palmier appelé *sagou*, dont la moelle, réduite en farine, sert à faire du pain et du biscuit dans toute l'île, et plus particulièrement sur cette partie de la côte où se décharge la rivière de Butuan. — Les habitants du Carago sont un peuple guerrier, et se montrent très-braves sur terre comme sur mer.

CARAGONA (*botan.*), genre de plante à fleur monopétale, en cloche tubulée, découpée ordinairement sur les bords en trois parties. Il s'élève du fond du calice un pistil qui est attaché comme un clou à la partie supérieure de la fleur, et qui devient dans la suite un fruit oblong, pointu, membraneux, qui s'ouvre d'un bout à l'autre en trois parties, et qui renferme des semences garnies d'aigrettes.

CARAGROUCH (*numism.*), monnaie au titre de dix deniers ²³⁄₁₁ en usage dans l'empire : elle a cours dans Constantinople pour 116 aspres, et vaut, ancien argent de France, environ 2 livres 18 sous 5 deniers (Bazinghen, t. 1, p. 131). **D. M.**

CARAGUATA, s. f. (*botan.*), genre de plantes à fleurs monopétales, qui croît au Malabar.

CARAGUE, s. m. (*hist. nat.*), espèce de renard qui se trouve au Brésil.

CARAH, s. m. (*hist. nat.*), sorte de faucon du Bengale.

CARA-HISSAR (*géogr.*), *Tyana*, petite ville de la Turquie d'Asie, dans la Caramanie, au sandjak de Nigdeh, et à 15 lieues nord de cette ville, sur le *Sarus* des anciens, affluent de Kizil-Ermak, et au bas d'une montagne où se trouvent les ruines d'un vieux château qui a fait donner à cette ville le nom qu'elle porte. — Les ruines de temples et de palais qui s'y trouvent dénotent son ancienne splendeur. *Tyana* fut la patrie d'Apollonius, fameux charlatan du XIᵉ siècle. **Ed. G.**

CARAICHE. (*V.* CAREICHE).

CARAIE (*vieux mot*), CARAUDE, CARAUX, espèce de sortilége; billet écrit en caractères magiques.

CARAIBE (MER) (*géogr.*). C'est une portion de l'Océan Atlantique, bornée au sud par la Colombie, à l'ouest par Guatemala, au nord par les grandes Antilles, et à l'est par les petites Antil-les. Cette mer est très-remarquable par la pureté et la transparence de ses eaux, à travers lesquelles, lorsque le temps est calme, le regard peut plonger jusque dans les profondeurs insondables. Cette pureté et cette transparence se remarquent surtout autour des plus petites îles de cette mer, là où l'embouchure d'aucun grand fleuve ne vient troubler l'eau et où la profondeur n'est pas considérable.

CARAIBES (*géogr.*), population américaine, établie sur la côte septentrionale de l'Amérique méridionale, entre les deux grands fleuves d'Orinoco et de Maranon, et qui, avant l'arrivée des Européens, était répandue aussi dans quelques îles de la mer des Antilles. Aujourd'hui on n'en rencontre plus dans ces îles que quelques masses isolées et peu considérables. Ce sont des hommes biens taillés, d'une stature un peu moins haute que celle des Européens, aux épaules larges, doués de souplesse et de force, à l'œil petit, noir et brillant, à la bouche petite, aux dents blanches et bien rangées, aux cheveux d'un noir luisant, à la peau naturellement jaunâtre ou olivâtre, mais entièrement teinte en rouge. Les hommes sont braves et belliqueux, méprisent le repos et le bonheur domestique, et sont en guerre continuelle soit avec leurs voisins dans la même tribu, soit avec les tribus voisines. Leur langue est mâle, fortement articulée et très-expressive : elle a autant de dialectes qu'il y a de tribus. La pêche et la chasse sont, après la guerre, les occupations principales du belliqueux Caraïbe. Les femmes exercent l'agriculture qui est leur principal moyen d'existence, cuisent du pain, préparent une liqueur spiritueuse qui ressemble à l'ale, filent du coton, tressent les nattes qui leur servent de hamacs, et lissent les quelques lambeaux d'habits qui couvrent leur nudité. Elles sont les véritables bêtes de somme de leurs maris : mais ceux qui ont dit que les hommes se mettaient au lit lorsque leurs femmes accouchaient ont fait un conte auquel on a longtemps ajouté foi, mais dont le missionnaire Quandt a récemment fait justice. Les Caraïbes habitent des villages dont les cabanes sont très-simples. Leurs armes consistent en un arc avec des flèches empoisonnées, et une massue de bois très-dur et armée de tranchants tellement acérés qu'ils coupent le crâne le plus dur. Les Caraïbes adorent deux êtres suprêmes, dont l'un est bon et l'autre mauvais, croient à une vie future, et ont parmi eux des magiciens et des devins, qui sont en même temps leurs médecins. Adelung divise les Caraïbes ou Galibes du continent méridional de l'Amérique en huit tribus, auxquelles il donne les noms suivants : Mapoche, Guachiri, Guaichirle, Palenco, Guyana, Guysi, Cumanagota et Pariacoti. Les Caraïbes qu'on trouve encore dans l'île Saint-Vincent, où il y en a près de huit cents familles, dans l'île Dominica, où il y en a trente, dans celles de Puerto-Rico, de S.-Madeleine, de Trinité, où il y en avait encore quatorze cent quatre-vingt-dix-sept en 1807, ont un double langage, qui pour les hommes se nomme *callinago*, et pour les femmes *calliponan*. Il faut distinguer des Caraïbes dont nous venons de parler les Caraïbes noirs, qui sont d'une origine moitié nègre et moitié caraïbe : ils s'étaient multipliés dans l'île Saint-Vincent jusqu'au nombre de 10,000 individus, et ils avaient entièrement expulsé les *sang-rouges* avec lesquels ils vivaient dans une implacable inimitié. Mais comme ils venaient souvent surprendre les colons après l'établissement des Européens, et comme ils ne vivaient que de rapine et de pillage, ils ont été extirpés ou expulsés de cette île depuis 1817. Tous les Caraïbes ont leurs caciques et leurs chefs à la guerre, qui cependant ne jouissent que d'une autorité médiocre en temps de paix ; ils sont actuellement en paix avec les Européens, et font le commerce avec les Espagnols et les Anglais. Ils s'en vont aux missions espagnoles, un grand nombre qui sont devenus tout à fait agriculteurs : cependant ils renouvellent encore quelquefois leurs entreprises guerrières. Les Caraïbes sauvages sont anthropophages ; toutefois ils se contentent de manger la chair de leurs ennemis.

CARAIBES (ILES) (*géogr.*). Tel est le nom qu'on donne aux petites Antilles, situées dans les Indes occidentales, s'étendant de l'île de Puerto-Rico jusqu'à celle de Tabago inclusivement. Elles se divisent en îles de la Vierge et en îles Caraïbes proprement dites : mais les îles de la Trinité, la S.-Eustache, le Curassao et les autres îles situées au-devant du continent ne sont point comprises parmi celles-ci. Leur nom d'îles Caraïbes vient de leurs anciens habitants.

CARAINIERS, s. m. (*géogr.*), paysans du Birman, qui habitent dans des huttes élevées sur des poteaux de douze pieds, pour se préserver des bêtes féroces et des inondations.

CARAISME, s. m. doctrine, principe, système des caraïtes (*V.* CARAITES).

CARAITES, mot dérivé du chaldéen *kara*, écrire ou écriture.

C'est le nom d'une secte de Juifs, opposée à celle des rabbanites, parce qu'elle rejette le Talmud et les traditions des rabbins, ne fondant sa croyance que sur le texte des livres canoniques de l'Ancien Testament. Cette secte paraît avoir commencé vers le vie siècle de notre ère, peu après la compilation du Talmud, suivant les uns, et d'après d'autres, dans le courant du VIIIe. Dans cette variété de récits sur l'origine du *caraïsme*, on est réduit à des combinaisons et à des conjectures. Il est assez présumable néanmoins, en faveur de la première opinion, que les plus sensés d'entre les Juifs, rebutés des visions, des puérilités, des erreurs rassemblées dans l'énorme recueil du Talmud compilé, prirent le parti de s'en tenir au texte des livres saints, rejetant entièrement toute l'œuvre traditionnelle rabbinique. Quelques modérés seulement consentirent à la regarder comme un moyen d'explication de l'Écriture sainte, utile jusqu'à un certain point; ils admettaient qu'on pouvait jeter quelque lumière sur les divers usages de la loi de Moïse, mais ne lui reconnaissaient d'autorité qu'autant que les auteurs de ce commentaire étaient jugés s'accorder avec le texte. Un nommé Anan, savant docteur et célèbre rabbin, ayant éprouvé un affront de ses confrères par le refus d'une dignité qu'il convoitait, paraît s'être mis, au VIIIe siècle, à la tête de la secte particulière, qui prit le nom de *karaïm* ou *caraïtes*, s'était formée depuis cent cinquante ans environ contre l'autorité des rabbins, et végétait dans l'ombre. Trouvant dans les nouveaux sectaires un parti tout prêt à satisfaire sa vengeance, et d'autant plus empressé à se mettre sous sa protection qu'il jouissait d'une faveur toute particulière à la cour du calife abasside Abou-Djafar-al-Mansour, Anan fut donc, sinon le fondateur, du moins le restaurateur de ce schisme. L'Égypte et la Palestine devinrent le centre du caraïsme. Ses docteurs résumèrent leur profession de foi en dix articles : *Le monde est créé.* —*Le créateur lui-même n'est pas créé.*—*Il n'a pas de forme, et il est unique en tout.* —*Il a député Moïse.* — *Il a envoyé par Moïse sa loi parfaite.* — *Le vrai croyant doit connaître le texte de l'Écriture et son sens.* — *Dieu a inspiré les autres prophètes.* — *Dieu ressuscitera les morts au jour du jugement.* — *Dieu récompensera chacun selon ses œuvres.* — *Dieu n'a pas rejeté les exilés; il les corrige seulement, et ils doivent chaque jour attendre le salut par le Messie, fils de David.* — La différence de rits la plus essentielle entre les caraïtes et les rabbanites résulte de la fixation respective des néoménies. Les caraïtes rejetèrent la réforme du calendrier introduite par les rabbins vers l'an 350 de J.-C., et ils continuèrent de se régler sur l'apparition visible de la nouvelle lune, et de célébrer constamment la néoménie au jour même de la conjonction. D'après cela, ils célèbrent ordinairement leurs fêtes à d'autres jours que les rabbanites. Pour la Pentecôte, ils suivent même l'usage des anciens saducéens, et ils la célèbrent toujours le dimanche ; c'est ce qui a mal à propos contribué à faire confondre les caraïtes avec les saducéens, qui, ayant disparu à l'époque où se firent connaître les premiers, parce qu'ils étaient probablement persécutés par les musulmans et les chrétiens, ne pouvant plus se maintenir nulle part, auront fait parti avec ceux d'entre les Juifs opposés à la hiérarchie rabbanique.— Les caraïtes se sont conservés jusqu'à nos jours dans plusieurs contrées de l'Orient, de la Pologne et de la Russie méridionale, où ils ont adopté les mœurs et le langage des indigènes. Ils sont surtout nombreux en Crimée, dans laquelle ils ont même une colonie appelée Tchoufout-Kali (ville juive) de plus de deux cents maisons. Plus que les autres Juifs, cette secte aime la propreté, le travail, et jouit d'une réputation de probité qu'on refuse généralement au reste de cette nation. —En 1690, Charles XI, roi de Suède, fit faire des recherches pour connaître les livres de ces sectaires, et acquérir des renseignements détaillés sur leur origine, leurs doctrines, leurs usages, etc. Un de leurs savants, Mardochée de Krasni-Ostro, éclaira par sa réponse le professeur Trygland de Leyde, qui s'en servit pour composer sa diatribe *De secta karæorum.* On peut consulter à leur sujet Prideaux, Hist. des Juifs, liv. XIII, n° 3, t. II, in-4°, pag. 162, et Brucker, Hist. crit. philos., tome II, page 730 et suivantes. ED. GIROD.

CARA-KALPAK (*géogr.*), peuples tartares qui descendent des Mongols de Dgenghiz-Khan, habitent au nord et à l'est de la Grande-Buckharie. Ils portent des bonnets noirs en feutre, de forme ronde et bordés de fourrure.

CARALIA (*géogr. eccl.*), ville épiscopale de la première Pamphylie, au diocèse d'Asie, sous la métropole de Lides. Toutes les Notices la placent dans cette province, à moins que ce ne soit celle de Carale, qu'Etienne dit être une ville d'Isaurie, dont une partie fut attribuée à la Pamphylie.

CARALIS, Καραλίς et Καραλλίς (*géogr. anc.*), ville fondée par les Carthaginois sur la côte méridionale de Sardaigne, dans le golfe que forme cette île du côté de l'est. Sous la domination romaine, elle devint la capitale de l'île tout entière. Elle s'étendait sur un espace très-long, sur la rive droite du golfe qui a reçu d'elle son nom (Sinus Caralitanus), et s'étendait à l'est beaucoup plus loin que la ville actuelle de Cagliari, à laquelle a passé son nom. Son port sûr et vaste, et sa proximité de Rome en partant de l'embouchure du Tibre, en avaient fait le lieu habituel de débarquement des Romains et la capitale du pays. Après avoir beaucoup souffert des guerres que les Romains eurent à soutenir sur l'île, elle se soumit à la puissance irrésistible de Rome, et obtint le droit de cité. Ptolémée paraît comprendre sous la dénomination de *Caralitanus Sinus,* non pas le grand golfe de Cagliari, mais le *Stagno di Cagliari,* lac qui pénètre profondément dans le pays, et qui est en communication avec la mer par un orifice très-étroit.

CARALIS (*géogr. anc.*), île de l'Asie-Mineure, dans l'Isaurie, sur les confins de la Lycaonie et de la Pisidie.

CARALITANI (*géogr. anc.*), habitants de la ville et du territoire de Caralis.

CARALITANUS SINUS (*géogr. anc.*), golfe de l'île de Sardaigne, ainsi nommé de Caralis, sur la côte méridionale.

CARALLIS (*V.* CARALIS).

CARAMAN, ou plutôt **CARA-OSMAN-OGLOU** (ALY), bey ou prince du pays dans l'Asie-Mineure, appelé aujourd'hui Caramanie, reçut ce territoire en partage lors de la destruction de l'empire de Konieh (*Iconium*), épousa la fille d'Amurat ou Mourad Ier, troisième empereur des Ottomans ; mais, ayant essayé d'agrandir son territoire aux dépens des Turcs, il fut battu près de Konieh, en 1386 (788 de l'hégire), par Mourad, qui ne lui pardonna qu'aux instances de sa fille. A la mort du sultan, Cara-Osman-Oglou ayant recommencé ses excursions dans les provinces turques, Bajezid (Bajazet), son beau-frère, marcha contre lui, le battit complétement et le fit prisonnier avec son fils Mohammed. Cara-Osman, remis à la garde du pacha Tymour-Tach, fut tué par l'ordre de ce pacha, qui se vengea ainsi des mauvais traitements qu'il avait éprouvés lorsqu'il était lui-même son prisonnier. Bajezid réunit à son empire les principales villes de la Caramanie.

CARAMAN (FAMILLE DE). Les Caraman ont la même origine que les marquis de Mirabeau ; les uns et les autres ont pour premier ancêtre un certain Gérard Arrighelti, originaire de Florence, qui, forcé de fuir devant les Guelfes, vint, au milieu du XIIIe siècle, chercher un refuge en Provence, où il s'établit avec sa famille. De *Riquetti*, première abréviation, est venu *Riquet*, encore plus court, et véritable nom français, qui fut porté par l'auteur du canal du Languedoc. — RIQUET DE BONREPOS, son fils cadet, est le premier comte de Caraman qui soit devenu célèbre. Il fit presque toutes les campagnes du règne de Louis XIV, particulièrement celles de Flandre, et se signala par une bravoure peu commune ; il se fit élever au grade de lieutenant général. Sa retraite de Wange en 1705 est un des plus beaux faits d'armes qui soient connus. Louis XIV l'en récompensa en lui conférant une grand'croix de Saint-Louis, quoiqu'il n'y en eût pas alors de vacantes. Il mourut en 1750, à l'âge de quatre-vingts ans, ne laissant point de postérité. — Les CARAMAN actuels descendent aussi du fondateur du canal du Languedoc, mais par un autre de ses fils. — V.-M. DE RIQUET, COMTE DE CARAMAN, né le 16 juin 1727, était arrière-petit-fils du fameux Riquet, créateur du canal de Languedoc, et fils de V.-P.-F. de Riquet, comte de Caraman, lieutenant général des armées du roi. En 1743, il reçut le brevet de capitaine dans le régiment de Berri-Cavalerie, et se distingua tellement à la bataille de Fontenoy, qu'il fut nommé colonel du régiment de Vitrage-Dragons, qui prit le nom de Caraman. En 1750, il épousa la princesse Marie-Anne de Chimay, fit toutes les campagnes de Flandre, de la guerre de sept ans, y déploya une grande habileté et une rare valeur, et devint successivement maréchal de camp, lieutenant général et commandant général de la Provence. La révolution l'ayant forcé de quitter la France, il se rendit auprès des princes français à Coblentz, reçut en 1792 le commandement d'une brigade de cavalerie, et fit la campagne de Champagne. En 1803, il rentra en France, et mourut le 24 janvier 1807. Il laissa trois fils et cinq filles. L'un de ses fils, marié à Mlle de Chabarrus, femme Tallien, fut nommé prince de Chimay, du chef de sa mère. — VICTOR RIQUET, MARQUIS DE CARAMAN, pair de France, ambassadeur à Vienne, émigra en 1791, et ne rentra en France qu'à la restauration. Il passa vingt-trois ans chargé, dit-on, de missions pour le roi et les princes français, près des cours d'Allemagne et de Russie. En 1814, Louis XVIII le nomma ambassadeur à Berlin, pair de

France en 1815, et en 1816 ambassadeur à Vienne. — VICTOR, COMTE DE CARAMAN, fils du précédent, fit ses premières armes en Prusse et en Hollande, en qualité d'officier d'artillerie. Devenu aide de camp du général Caulaincourt, il passa en 1813 dans la maison militaire de l'empereur, prit en 1814 une part brillante à la bataille de Craonne, et fut cité avec distinction dans le *Bulletin officiel*. En 1816, il fut nommé membre de la commission chargée de réorganiser l'école polytechnique. — MAURICE RIQUET, COMTE DE CARAMAN, frère du marquis et oncle du précédent, maréchal de camp et membre de la chambre des députés, émigra en 1791. Il rentra en France en 1800, par suite de la pacification consulaire. En 1811, il fut élu membre du corps législatif par le sénat conservateur. Maréchal de camp en 1814, il commanda successivement en 1815 à Angoulême et à Arras. Le département du Nord le nomma membre de la chambre des députés en 1824. Il est mort en 1857. — FRANÇOIS-JOSEPH-PHILIPPE, COMTE DE CARAMAN, prince de Chimay, second frère du comte Victor, est né en 1771. Le département des Ardennes le nomma en 1815 membre de la chambre des députés, où il vota avec la minorité. Il ne fut point réélu l'année suivante. Le titre de prince de Chimay lui vient d'une terre de ce nom qui lui échut pour sa part dans la succession de son oncle. Il a épousé en 1805 Mme Tallien, dont on parlera sous ce dernier nom.

CARAMANICO (FRANÇOIS D'AQUINO, PRINCE DE), né en 1756, ministre de Naples à Londres, puis ambassadeur en France, succéda au marquis de Caraccioli dans le poste de viceroi de Sicile, voulut essayer plusieurs réformes, mais fut contrarié par le ministre Acton (*V.* ce nom), dont il avait été le protecteur. Il vit ajourner ou rejeter tous ses utiles projets, et mourut à Palerme en 1795.

CARAMANIE (*géogr.*), région de l'Asie-Mineure. On comprenait anciennement sous ce nom la Lycie, la Pamphylie, la Cilicie, et une partie de la Phrygie et de la Carie. Aujourd'hui il n'est plus guère employé ; il n'y a que les Européens qui donnent le nom de Caramanie aux côtes méridionales de l'Asie-Mineure, particulièrement vers le golfe de Satalie. Toutefois, il existe dans l'intérieur une ville qui conserve le nom de *Caramane*, lequel paraît avoir appartenu primitivement à une peuplade aujourd'hui soumise aux Turcs. Depuis que les Turcs sont maîtres de ces régions, tout ce qui restait de l'ancienne prospérité de ces provinces a disparu, et telle est la misère du pays que le capitaine anglais Beaufort, en l'explorant dans les années 1811 et 1812, ne trouva pas sur les côtes un seul bateau, quoique la mer y abonde en poisson. Des ruines attestent encore l'ancienne magnificence des villes de la Caramanie. Un beau climat et un sol fertile ajoutaient aux avantages dont jouissait la population de ce pays ; ils sont peu appréciés par les habitants actuels. Une branche du mont Taurus traverse la Caramanie, et se termine au promontoire Chélidonien, où l'on remarque cinq petites îles rocailleuses ; un peu plus vers l'est, le mont Takhtala s'élève à une hauteur de 7,800 pieds. Il faut remarquer encore le pic d'Adralchan auprès du port génois, qui est bordé de rochers couverts de pins, à l'exception des sommités qui se cachent sous la neige. On croit reconnaître les ruines de Xanthus, de Phasélis et autres villes anciennes. En quelques endroits, maintenant presque abandonnés, on voit des tombeaux sculptés dans le roc, des restes de théâtres, etc. Actuellement les principales villes sont Kakava, dans une île hérissée de rochers, Myra et Phineck. Les pachas qui gouvernent l'ancienne Caramanie ont ou s'arrogent au moins de grands pouvoirs, et le gouvernement turc se mêle peu de l'administration de ce pays. — On peut consulter l'ouvrage du capitaine Beaufort : *Caramania or a brief description of the south-coast of Asia-Minor*, Londres, 1819, in-8°.

CARAMANIENS, s. m. pl. (*géogr.*), peuples de la Caramanie, province de la Turquie asiatique.

CARAMBIS (*géogr. anc.*), *Karambe*, province à l'extrémité septentrionale de la Paphlagonie. — C'est aussi le nom d'un promontoire à la pointe la plus septentrionale de la Paphlagonie, entre Climax, et Aboni Tichos.

CARAMBOLA, s. f. (*hist. nat.*, *botan.*), nom brame et portugais d'un arbrisseau du Malabar. Les habitants du Décan, sur la côte de Coromandel, l'appellent *carambeli*, et les Hollandais *vyf-hoëken*. Rumphe l'appelle *prunum stellatum seu blimbing*. C'est le *malagoensia fructu octangulari*, *pomi vulgaris magnitudinis*, de Gasp. Bauhin, et le *averrhoa 2 carambola*, *axillis foliorum fructificantibus*, *pomis oblongis acutangulis*, de Linné. — Il y a deux espèces de ce genre, l'une sous le nom d'*amvalli*, l'autre sous le nom de *bilimbi*. Celle-ci en diffère

en ce que, 1° c'est un arbrisseau plus haut s'élevant jusqu'à douze ou quatorze pieds, pendant que les deux autres n'ont guère que huit à dix pieds sur quatre à cinq pouces de diamètre ; 2° l'écorce de son tronc est brune et rude, celle de sa racine est noirâtre ; 3° ses feuilles n'ont que quatre à cinq paires de folioles longues de deux à trois pouces, à peine une fois moins larges ; 4° les grappes des fleurs sortent de l'aisselle des feuilles, et sont trois à quatre fois plus courtes qu'elles, étant composées d'une trentaine de fleurs en cloche, longues et larges de quatre lignes, purpurines, à cinq étamines blanches, à anthères jaunes ; 5° l'ovaire devient une baie ovoïde, longue de quatre pouces, une fois moins large, à cinq angles profonds aigus, correspondant à autant de loges, contenant chacune deux graines semblables à celles du bilimbi. — La *carambola* est commune sur toute la côte sablonneuse du Malabar. On la cultive aussi dans les jardins comme les deux autres espèces ; elle fleurit et fructifie trois fois l'an ; mais elle ne commence à produire ainsi qu'à la troisième année de sa naissance. — Ses feuilles ont une saveur amère, astringente ; ses fleurs sont sans odeur ; ses fruits sont d'abord âpres, ensuite d'une acidité agréable. Van-Rheede nous apprend qu'il y en a une variété dont les fruits sont très-doux. C'est surtout celle que l'on cultive par préférence. — Le suc exprimé de ses racines se boit dans les fièvres ardentes ; ses feuilles broyées ou macérées dans l'eau de riz forment un cataplasme émollient très-résolutif, et qui apaise les inflammations. La décoction de ces mêmes feuilles dans l'eau de riz est un excellent vulnéraire. Le suc exprimé de ses fruits s'applique imbibé avec une compresse sur les boutons galeux et sur toutes les autres maladies de la peau. Il se boit avec l'arack, c'est-à-dire avec l'eau-de-vie distillée du vin de coco, pour arrêter la diarrhée et les coliques. Celui qui on en exprime avant leur maturité est si âcre, qu'il mine et efface toutes les couleurs ; on s'en sert par cette raison pour enlever les taches du linge ; on l'emploie aussi pour disposer les toiles à mieux retenir la teinture qu'on veut leur donner ; les orfèvres s'en servent pour nettoyer leurs ouvrages d'argenterie. — Ces fruits se mangent mûrs comme ceux de l'amvalli ; on les confit aussi comme ceux du bilimbi. Lorsqu'ils sont secs, on en fait boire la poudre dans l'eau-de-vie de vin de coco, pour faciliter l'accouchement et la sortie de l'arrière-faix. — C'est sous le nom de *carambola* qu'il a paru convenable de désigner le genre dans lequel sont comprises ces trois espèces de plantes, et qui vient naturellement dans la troisième section de la famille des jujubiers, où nous l'avons placé.

CARAMBOLAGE, s. m. (*term. de jeu de billard*), action de caramboler.

CARAMBOLAS (*botan.*), pommier des Indes à fruit oblong, avec un petit ombilic, garni à son extrémité de cinq côtes fort épaisses, et couvert d'une peau mince, adhérente à la pulpe, lisse, éclatante, verte d'abord, puis jaunâtre. Ce fruit contient des graines oblongues, pentagonales, mousses par un bout, pointues par l'autre, séparées par quelques pellicules dures et membraneuses, qui forment des cellules où les graines sont deux à deux. On cultive cette plante dans les jardins. Trois ans après avoir été greffée, elle porte fleurs et fruits trois fois l'an ; on lui attribue beaucoup de propriétés médicales, qu'on peut voir dans l'*Histoire des plantes*, de Ray.

CARAMBOLE, s. f. bille rouge dont on se sert au jeu de billard, ou pour jouer au billard. — Nom d'une partie de billard. — Action de caramboler ; effet de cette action (*V.* CARAMBOLAGE).

CARAMBOLER, v. n. (*term. du jeu de billard*), toucher deux billes avec la sienne du même coup.

CARAMBOLER, v. n. (*gramm.*), figurément et familièrement, faire deux choses l'une par l'autre, et d'un seul coup.

CARAMBOLIER, s. m. (*botan.*), genre d'arbres et d'arbrisseaux qui croissent aux Indes orientales ; le fruit est charnu et très-bon à manger. — Genre de plantes de la famille des térébinthacées.

CARAMBU, s. m. (*botan.*), plante du Malabar. Les brames l'appellent *bula vanga* ; J. Commelin la nomme *caryophillus spurius malabariensis*, *flore luteo minore*. Elle s'élève à la hauteur d'un pied et demi à deux pieds, sous la forme d'un buisson conique, toujours très-peu plus long que large, à racine ligneuse très-ramifiée, cylindrique, longue de trois à quatre pouces, sur quatre à cinq lignes de diamètre, à bois vert clair, couvert d'une écorce épaisse, fongueuse, blanchâtre, d'où s'élèvent deux à quatre tiges cylindriques un peu anguleuses, lisses, vert roussâtre, de trois à quatre lignes de diamètre, ramifiées, chacune de trois à quatre branches anguleuses, d'un vert clair, ouvertes sous un angle de quarante-cinq degrés. — Les feuilles sont alternées, disposées circulairement le long des tiges, parfaitement semblables à celles de l'onagre, *onagra*, c'est-à-dire elliptiques, pointues aux deux extrémités, longues de trois à quatre pouces, trois fois moins larges, entières, minces, molles, lisses, vertes dessus, plus claires en dessous, relevées d'une côte longitudinale, à douze ou quinze paires de nervures alternes, attachées sans pédicule sur les tiges et les branches, à des distances d'un à deux pouces, écartées sous un angle de quarante-cinq degrés d'ouverture. — De l'aisselle de chaque feuille sort une fleur sessile, deux à trois fois plus courte qu'elle, jaune, hermaphrodite, polypétale, régulière, posée sur l'ovaire. — Chaque fleur consiste en un calice à quatre ou cinq divisions, mais communément à quatre divisions triangulaires, une fois plus longues que larges, deux fois plus courtes que l'ovaire, ouvertes sous un angle de trois lignes et demie de diamètre, persistantes; en une corolle de quatre à cinq pétales jaunes, orbiculaires, une fois plus courtes, et en quatre ou cinq étamines encore plus courtes, à anthères jaunes, presque sessiles, alternes avec eux, et opposées aux feuilles du calice. L'ovaire qui est sous cette fleur a la forme d'un cône renversé, à quatre ou cinq angles, deux fois plus long que large, couronné au centre de la fleur par un style très-court, terminé par un stigmate cubique, presque sessile, vert clair. — Cet ovaire, en mûrissant, devient une capsule cylindrique, à quatre ou cinq angles, mais pour l'ordinaire à quatre angles, long de sept à neuf lignes, deux ou trois fois moins large, luisant, vert d'abord, ensuite rouge brun, à quatre ou cinq loges, mais plus communément à quatre loges, contenant chacune quinze à vingt graines fort petites, sphéroïdes, vert jaune d'abord, ensuite rouge de sang, enfin rouge noirâtre, attachées pendantes par un petit filet à l'axe central de la capsule.—Le carambu croît au Malabar dans les terres sablonneuses, humides; il est annuel, et fleurit dans la saison des pluies. — Cette fleur a une saveur astringente. Le lait aigri, dans lequel on l'a pilée, arrête le flux dyssentérique; on l'applique aussi en cataplasme sur la tête pour la migraine; sa décoction se boit pour dissiper les vents, pousser les urines, purger le ventre et tuer les vers. Son suc, tiré par expression et mêlé avec le lait, se donne pour calmer l'ardeur des reins. Ses graines en poudre se donnent avec le miel pour la toux. — Linné a beaucoup varié au sujet de cette plante. D'abord, dans son *Species plantarum*, imprimé en 1753, il en a fait deux espèces, en la plaçant sous deux genres différents, savoir, sous celui de *ludwigia 2 perennis, foliis oppositis lanceolatis, capsulis pedunculatis*, p. 119; et sous celui de *jussiœa 3 suffruticosa, erecta, villosa, floribus tetrapetalis octandris pedunculatis*, p. 588. Ensuite, dans son *Systema naturæ*, édition in-12, publiée en 1767, il l'a laissé subsister sous ce dernier nom à la page 297, en le supprimant au genre de *ludwigia*; mais, en regardant encore cette suppression comme une correction, il aurait dû changer aussi ses trois expressions de *villosa*, *octandra* et *pedunculata*, qui sont autant d'erreurs, puisque cette plante est lisse, qu'elle n'a que quatre étamines, et que ses fleurs sont sessiles. D'ailleurs, n'est-ce pas un défaut des plus répréhensibles, dans son système, que de placer ainsi une seule plante, considérée comme deux espèces, ou même comme deux genres différents, dans deux classes aussi éloignées que celle de la tétrandrie et celle de l'octandrie, pendant qu'on doit les rassembler dans la même classe. Enfin, pourquoi substituer les noms nouveaux à celui de *carambu*, sous lequel les Indiens, possesseurs plus naturels de cette plante que les botanistes d'Europe, peuvent à tout instant la leur procurer. — Le *carambu* se range naturellement dans la famille des onagres, où nous l'avons placé.

CARAMBUSIS (*géogr. anc.*), *Dwina méridionale*, fleuve des Hyperboréens, qui prenait sa source chez les Agathyrses, et se jetait dans l'Océan de Sarmatie (*la Baltique*). On l'a à tort confondu avec l'Obi.

CARA-MÉHÉMET, pacha, se signala aux siéges de Candie, de Kaminieck en Pologne, de Vienne, et dans un combat livré près de Choczin. Gouverneur de Bude en Hongrie, il y fit une vigoureuse résistance contre l'armée impériale en 1684, et fut tué d'un coup de canon pendant le siége.

CARAMEL. On donne ce nom à une drogue que les apothicaires préparent contre le rhume. C'est tout simplement du sucre très-cuit, puisqu'on le recuit cinq ou six fois. On le nomme quelquefois brûlé. Lorsqu'il est bon, il casse net sous la dent, et ne s'y attache pas comme la gomme. — On donne encore le nom de caramel à une denrée coloniale dont on se sert en cuisine pour donner de la couleur au bouillon.

CARAMEL (*vieux mot*), chalumeau, tuyau de paille et instrument de musique; *calamus*, en basse latinité *calamellus*.

CARAMÉLISATION, s. f. (*chimie*), réduction en caramel. — Propriété de se caraméliser.

CARAMÉLISER, v. a. (*chimie*), réduire le sucre en caramel par le moyen du feu; décomposer le sucre par l'action du feu. — *Se caraméliser*, v. pron. se former en caramel.

CARAMENTRANT, CARÊME-PRENANT, CARESMENTRANT, CARMANTRAN, CARMENTRAN (*vieux mots*), le carnaval; le mardi gras; homme de paille qu'on promenait dans les rues le mercredi des Cendres. En basse latinité, *caremontrannus, carmentranus*; on disait aussi *carnivora, carnicapium*, pour le mardi gras, et *carniprisium* pour le temps de carême.

CARAMITA (*géogr. anc.*). C'était une ville épiscopale du diocèse de l'Arménie majeure, sous le premier catholique, qui était celui d'Eschmiasin. Elle est marquée dans la nouvelle Notice des Arméniens comme archevêché, et elle avait des suffragants. Sérapion, un de ses évêques, succéda au catholique Melchisédech Ier, qui avait abdiqué.

CARAMOUSSAL, s. m. (*marine*). C'est un vaisseau marchand de Turquie construit en huche, c'est-à-dire qui a la poupe fort haute. Cette sorte de bâtiment n'a ni misène ni perroquets que le seul tourmentin, et porte seulement un beaupré, un petit artimon et un grand mât : ce mât avec son hune s'élève à une hauteur extraordinaire, et il n'y a que des galaubans et un étai, répondant de l'extrémité supérieure du mât de hune à la moitié du tourmentin; sa grande voile porte ordinairement une bonnette maillée.

CARAMOUSSAL (*géogr.*), *Pronectus*, petite ville de la Turquie d'Asie dans l'Anatolie, au sandjak de Cadja-Eili, sur le bord méridional du golfe, et à six lieues ouest-sud-ouest d'Isuïk-Med, et à quatorze lieues sud-est de Constantinople.—Cette ville est la résidence d'un gouverneur. Elle est peuplée de Grecs, d'Arméniens et de Turcs. — Danville pense qu'elle occupe l'emplacement de *Pronectus*. E.G.

CARAMUEL (JEAN), célèbre théologien espagnol, né à Madrid en 1606, fils d'un gentilhomme du Luxembourg. Après avoir fait de brillantes études, entra dans l'ordre de Cîteaux, fut nommé professeur de théologie à l'université d'Alcala; dans ses loisirs apprit les langues orientales, et, doué d'une facilité extraordinaire, perfectionna ses connaissances dans les sciences et dans les lettres. Appelé dans les Pays-Bas, il s'y fit une réputation comme prédicateur, fut nommé successivement abbé de Melros en Ecosse, où il ne mit jamais les pieds, puis de Dussemberg, dans le bas Palatinat; il y montra tant de zèle pour la conversion des protestants, que l'archevêque de Mayence le choisit pour son suffragant. Lors des guerres du Palatinat, envoyé par le roi d'Espagne vers l'empereur Ferdinand III, ce prince, auquel il rendit d'importants services, l'en récompensa par deux abbayes. Se trouvant à Prague pendant le siége de cette ville par les Suédois en 1648, il y donna des preuves de valeur en se portant partout où sa présence était nécessaire, à la tête d'une compagnie d'ecclésiastiques qu'il avait levée. A la paix, il reprit ses travaux apostoliques, obtint l'évêché de Ronisgratz qu'il ne put occuper; celui de Campagna, dans le royaume de Naples, dont il se démit en 1670, parce qu'il ne pouvait pas y faire imprimer ses ouvrages, et enfin celui de Vigerano dans le Milanais, où il mourut en 1682. Caramuel a composé un grand nombre d'ouvrages sur la grammaire, la poésie, l'art oratoire, les mathématiques, l'astronomie, la physique, la musique, la politique, la logique, la métaphysique, le droit canon, la théologie et quelques sujets de piété. On en trouve le catalogue dans la *Biblioth. hispana*, de Nicolas Antonio, dans l'*Histoire littéraire des Pays-Bas*, par Paquot, et dans le tome XXIX des *Mémoires* du P. Niceron. Ces ouvrages, au nombre de deux cent soixante-deux, non compris les manuscrits, présentent quelques pensées remarquables à travers beaucoup de fatras.

CARA-MUSTAPHA, grand vizir du sultan Mahomet IV, né dans la Turquie d'Asie, était neveu du célèbre vizir Coprogli ou Kioprouly, qui le fit élever parmi les icoglans ou pages du sérail. Il parvint, par la protection de la sultane validé, d'emplois en emplois, jusqu'au poste de premier vizir, et épousa la fille du sultan. Sa conduite dans la guerre de Hongrie, sa lâcheté au siége de Vienne, qu'il leva honteusement en 1683, après y avoir fait périr les meilleures troupes de l'empire ottoman, jointes au ressentiment de la sultane validé, avec laquelle il s'était brouillé, et qui anima contre lui la colère de Mahomet IV, furent les causes de sa perte. Il eut la tête tranchée à Belgrade en

1685 par ordre de son maître. Ministre suprême pendant vingt-quatre ans, Cara-Mustapha avait amassé des richesses immenses dont il employa une partie à la construction d'un grand nombre de mosquées et de fontaines à Constantinople, Andrinople, Djeddah et Merzyfour, sa patrie, qu'il rendit, suivant les historiens ottomans, une des plus belles villes de la Turquie d'Asie.

CARANA (géogr. anc.), nom d'une capitale du pays des Mynei, peuple du midi de l'Arabie Heureuse et d'une ville de la Galatie, fondée par les Romains.

CARA NASCI, s. m. (botan.), nom de deux plantes, une crustolle et une capraire.

CARANATES, s. f. pl. (term. de pêche), petites crevettes qui servent d'amorce pour pêcher.

CARANCRO, s. m. (hist. nat.), espèce de vautour. Quelques voyageurs ont donné ce nom à l'urubu. On dit aussi carancros.

CARANDAS ou **ANZUBA** (botan.), espèce de plante ou d'arbuste des Indes orientales, dont la feuille ressemble beaucoup à celle du fraisier, et suivant d'autres à celle du tamarin; il produit plusieurs fleurs odoriférantes; son fruit ressemble à une petite pomme, qui est verte au commencement et pleine d'un suc blanc comme du lait; mais lorsqu'elle mûrit elle devient noirâtre, et prend un goût assez semblable à celui du raisin. Il y a des gens qui en tirent le suc pour en faire une espèce de verjus : on mange aussi ce fruit confit dans du vinaigre et du sel ; on dit qu'il est propre à exciter l'appétit. Il s'en trouve beaucoup au royaume de Bengale.

CARANDE, s. f. (botan.), fruit de l'espèce de palmier que l'on nomme carandier.

CARANDIER, s. m. (botan.), genre de plante de la famille des palmiers.

CARANGA, s. m. (botan.), plante rampante que l'on nomme aussi curanga.

CARANGAS (géogr.), province et juridiction de l'Amérique méridionale, longue d'environ 50 lieues, et à 70 de la ville de la Plata. Le climat y est si froid que le blé et les autres grains n'y peuvent croître ; mais les bestiaux y ont de bons pâturages. On y trouve un grand nombre de mines d'argent continuellement en exploitation ; une de ces mines, appelée Turco, est remarquable par l'admirable entrelacement des filons de l'argent dans la pierre qui le renferme. En général ces mines sont fort riches. On en trouve d'autres dans les arides et sablonneux déserts qui s'étendent à l'ouest vers la mer du Sud : là, des morceaux d'argent isolés, purs de tout alliage de matières hétérogènes, se rencontrent épars à diverses profondeurs sous le sable. Ces fragments sont appelés papas parce que, comme cette racine, on les extrait en béchant, en creusant le sol, et ils ressemblent à de l'argent fondu, preuve certaine qu'ils ont été mis en fusion par des agents volcaniques dont on ne s'explique pas les effets. Leur forme et leur pesanteur varient indéfiniment. Les plus communs pèsent 2 à 60 et à 150 marcs ; ce qui pour le dernier poids offre une longueur d'environ un pied.　　E. G.

CARANGUE (hist. nat.), poisson de mer très-commun aux Indes occidentales, et surtout aux Antilles. On en trouve souvent de deux ou trois pieds de long, un peu plats ; ils ont les yeux grands et la queue fourchue, la chair est excellente et se mange à toute sauce.

CARANGUER (terme de rivière). C'est un terme dont les matelots du pays d'Aunis se servent pour dire agir : ce maître est un grand carangueur, c'est-à-dire qu'il est agissant. Cette expression n'est point en usage hors du bateau.

CARANGUEUR, s. m. actif, agissant, terme de jargon de certains matelots.

CARANI (LÉLIO), traducteur italien, né à Reggio, passa la plus grande partie de sa vie à Florence, où il a publié la traduction des Proverbes d'Erasme, 1550, in-8°; de Salluste, 1550, rare, 1556; des Amours d'Ismène et d'Isménias, œuvre d'Eustache, 1550, 1560, 1566, et dans le tome IV des Erotici græci, en 1816, avec quelques corrections d'Hérodien, 1551 ; de la Tactique, et des Stratagèmes de Polyen, 1552.

CARANITIDE (géogr. anc.), Caranititis, petite contrée de l'Arménie, entre la Calthène à l'est et la Basilicène à l'ouest, bornée au nord par la chaîne des monts Moschici, et traversée par l'Euphrate encore voisin de sa source. — C'est encore une contrée de la Galatie, ainsi nommée de la ville de Carana.

CARANNA (botan.). On varie sur la description de cet arbre : les uns disent qu'il est haut et fort ; d'autres que c'est une sorte de palmier dont on fend l'écorce, et qui rend la résine en gomme cendrée ou blanchâtre qui porte son nom. Cette gomme est en dedans de la couleur de la poix, a le goût amer, gras et oléagineux, l'odeur forte, aromatique, et tirant sur celle de la lavande ; on l'apporte de Carthagène en masses molles, enveloppée dans des morceaux de jonc. La plus blanche est la meilleure. Ses propriétés sont à peu près les mêmes que celles du tacamahaca. — Cette gomme ne se dissout que dans l'esprit-de-vin ; c'est ce qui a donné lieu à M. Geoffroy de dire qu'on l'appelle improprement gomme. Elle est fondante, discussive, résolutive.— On la mêle dans un mortier chaud avec le baume de copahu, et on l'applique avec succès sur l'épigastre, dans les douleurs d'estomac, et dans les affections des hypocondres. — Délayée avec de l'huile d'ambre, elle est excellente dans la goutte. Schroler recommande pour la goutte un emplâtre fait avec une once de gomme caranna, une demi-once de cire jaune, et une quantité raisonnable d'huile. — On trouve dans Pommet la description d'un baume fait avec la caranna, qu'il dit être fort utile en Amérique pour les plaies.

CARANTONUS (géogr. anc.), la Charente, fleuve de l'Aquitaine deuxième, dans les Gaules, prend sa source chez les Lémonvices, à l'ouest, sur les frontières occidentales, coule à l'ouest au milieu des Santones, passe à Médiolanum, et se jette dans l'Océan Atlantique (Ptol., 2, cap. 7).

CARANUS (hist. anc.), fondateur de la monarchie macédonienne, était issu du sang d'Hercule. Ayant reçu de l'oracle l'ordre de quitter sa patrie, il entra dans la Macédoine, alors Emathie, à la tête d'un grand nombre de jeunes Grecs, s'empara d'Edesse, chassa Midas et les autres chefs des diverses contrées, et se fit seul le roi de ce pays l'an 814 avant J.-C. Il régna vingt-huit ans, 814-786 avant J.-C. (Just., 7, cap. 1. — Patercul., cap. 4, 6. — T. L., 45, cap. 9;. Fils naturel de Philippe, qui prétendait avoir droit au trône. Alexandre le fit mourir (Justin, 11, cap. 2. — Lieutenant d'Alexandre, envoyé en Asie contre Satibarzane et contre Bias, roi de Cappadoce (Q. C., 7, cap. 3 et 4).

CARANX, caranx (poiss.). C'est à la suite des temnodons, et surtout des cîtules, que se place naturellement un groupe de poissons à corps oblong, à ligne latérale cuirassée sur une étendue plus ou moins longue de pièces ou de bandes écailleuses, carénées, et souvent épineuses, à dorsales distinctes, à épine couchée en avant de la première dorsale ; les rayons de la seconde sont faiblement liés, et quelquefois séparés en fausses nageoires. Ces poissons ont de grands rapports avec la plupart de ceux de la famille des leptosomes de Duméril, scombéroïdes de Cuvier. Ce genre renferme un grand nombre d'espèces. Celle qui sert de type à ce genre est le SAUREL ou MAQUEREAU BATARD (caranx trachurus, Lacép. ; scomber trachurus, Lin., Bloch., 56). Les écailles qui forment le trachure sont petites, vides et molles. Sa couleur générale est argentée. Une tache noire occupe le bord de l'opercule ; l'iris de son œil est doré ; il y a quelques teintes rougeâtres aux côtés de la tête. Les nageoires sont grises. Le nom de trachure, donné à ce poisson, est formé de deux mots grecs qui signifie queue épineuse, parce qu'en effet la fin de sa ligne latérale est armée d'un aiguillon, recourbé en arrière sur chaque écusson qui la compose : lorsque l'animal agite vivement sa queue, et en frappe violemment sa proie, non-seulement il peut l'étourdir, l'assommer, l'écraser sous ses coups redoublés, mais encore la blesser avec ses pointes latérales, la déchirer profondément, et lui faire perdre son sang. Le saurel s'approche des rivages en troupe nombreuse pour frayer ; on en prend alors en grande quantité à la ligne ou au filet. — On le trouve dans l'Océan Atlantique, dans la Méditerranée, sa chair est bonne à manger, quoique moins tendre et moins agréable que celle du maquereau. Mais à Nice, et sur les bords de la mer Méditerranée, on l'abandonne au bas peuple. — Le CARANX GROS OEIL, caranx boops, Cuv., est plus court que le maquereau. Il est d'un bel argenté, teint sur le dos d'un bleu d'acier bruni, fort brillant, tirant au verdâtre. Les nageoires sont grises et la seconde dorsale est un peu teinte de noirâtre. Ce poisson vient des Grandes-Indes, d'Amboine, de Vanicolo, etc.

CARANXOMORES, s. m. pl. (hist. nat.), famille de poissons, qui forme la division des scombres de Linné.

CARANZA (ALPHONSE), jurisconsulte espagnol, vécut sur la fin du XVIe siècle à Séville et ensuite à Madrid, où il publia divers ouvrages en latin et en espagnol : 1° De partu naturali et legitimo, 1628, in-folio. Cet ouvrage estimé, sur les droits des enfants naturels et légitimes, offre une nouvelle preuve du crédit que les lois romaines eurent en Espagne. Il a été souvent réimprimé in-4°, à Genève, 1611, 1630, 1668, 1677 ; à Francfort, 1614; à Cologne, 1629, etc. On trouve à la suite de ce traité, écrit avec beaucoup de clarté, une diatribe du savant jurisconsulte, sur la doctrine des temps du P. Petau ; 2° *Rogacion al rey D. Felipe IV en detestacion de los grandes abusos, etc.*, *nuovamente introducidos en España*, 1656, in-4° ; 3° *El ajustamiento y proporcion de las monedas de oro, plata y cobre, y la reducion de estos metales a su debida estimacion*, etc., 1628, in-folio.

CARAPA (*bot. phan.*), arbre exotique de la famille des méliacées, à feuilles alternes, ailées sans impaire, à fleurs polygames par avortement, et disposées en grappes axillaires. Ce genre est caractérisé ainsi qu'il suit : calice à quatre lobes ; pétales en nombre égal, attachés sur l'ovaire ; étamines soudées en un tube à huit découpures supérieures, contre lesquelles sont appliquées les anthères ; style épais, à stigmate tronqué, percé au milieu, garni d'un rebord sillonné ; fruit globuleux, gros, coriace, renfermant plusieurs noyaux ; graine sans périsperme. On voit que le carapa, quoique voisin des méliacées, s'en éloigne sous quelques rapports ; aussi l'a-t-on rangé dans une section particulière de cette famille. On connaît deux espèces de *carapa*. L'une, découverte par Aublet à la Guiane, se distingue par ses folioles lancéolées et nombreuses ; ses amandes fournissent une graisse ou huile très-amère, dont l'odeur éloigne les insectes, propriété fort utile sous ce climat. L'autre, indigène des Moluques, est le *granatum* de Rumph, et le *xylocarpus* de Kœnig ; il a des folioles ovales aiguës, et un fruit beaucoup plus gros que le précédent. Les Indiens de la Guiane emploient l'écorce du carapa comme fébrifuge ; on y trouve en effet, par l'analyse chimique, des matières très-analogues à celles qui entrent dans le quinquina (L.).

CARAPACE (*hist. nat.*), pièce en forme de voûte, le plus souvent osseuse, qui réunie à une autre pièce solide ou *plastron*, constitue une espèce de boîte dans laquelle est renfermé le corps chez le plus grand nombre des reptiles chéloniens. Le bouclier supérieur est immobile, car les huit paires de côtes qui le forment par leur élargissement, sont jointes entre elles au moyen de sutures dentées ; il offre, le long de la ligne médiane, des plaques adhérentes aux vertèbres du dos ; son rebord est formé d'un grand nombre d'autres plaques soudées entre elles ; du reste, il varie suivant l'âge, le sexe et l'espèce. Tout le monde connaît l'avantage des voûtes pour nos édifices ; on sait que ces supports cintrés sont moins admirables encore par la hardiesse de leur construction que par leur solidité. On ne sera pas étonné que la carapace des tortues supporte les poids les plus grands ; il faut aussi un choc bien violent pour la briser, car elle résiste à la manière du crâne : le coup porté dessus éprouve une suite de décompositions en traversant les sutures pour se porter d'un os à l'autre, puis est transmis au plastron qui le transmet au sol sur lequel repose l'animal. Si le reptile est menacé de quelque danger, il se met à l'abri en retirant la tête, la queue et les membres dans la carapace, qui peut avoir jusqu'à cinq pieds de long. Certains peuples l'emploient pour couvrir leurs maisons, et d'autres peuples demi-sauvages s'en servent comme de boucliers (*V.* CHÉLONIENS, ÉCAILLE DE TORTUE, PLASTRON.)

CARAPANATUBA (*géogr.*), rivière de la Guiane qui se perd dans l'Amazone, à environ un tiers de degré de l'équateur (huit lieues), au-dessus du fort Macapa.

CARAPAT, s. m. nom donné, dans quelques pharmacies, à l'huile de palma-christi.

CARAPATA, s. m. (*hist. nat.*), sorte d'insecte analogue à la tique des moutons.

CARAPATINE, s. f. (*géol.*), dent fossile dont la forme est arrondie.

CARAPATINE (*chimie*), principe amer du carapat.

CARAPE, s. m. (*hist. nat.*), nom d'un sous-genre de poissons établi avec quelques *gymnotes* (*V.* ce mot).

CARAPE (*géogr. anc.*), ville d'Asie, dans l'intérieur de l'Arménie mineure, vers les montagnes.

CARAPICHE, s. m. (*hist. nat.*), petit arbrisseau qui croît dans les forêts de l'Amérique méridionale.

CARAPOPÉBA, s. m. (*hist. nat.*), espèce de lézard très-venimeux qu'on rencontre au Brésil.

CARAPOUCHA, s. f. (*botan.*), plante graminée du Pérou, dont les graines causent l'ivresse. Les habitants en donnent à leurs enfants, en plaçant à côté d'eux divers outils ou instruments ; ceux qu'ils choisissent indiquent l'état qu'ils veulent prendre.

CARAPULLI, s. m. nom que les brames donnent à une plante

du Malabar, du même genre que le carambu. J. Commelin l'appelle *cariophyllus spurius malabariensis, flore luteo*. — Cette espèce diffère du carambu par les caractères suivants : 1° elle est plus grande, ayant trois pieds de hauteur, sa racine et sa tige de six lignes de diamètre ; 2° ses feuilles sont plus étroites à proportion, longues de quatre à cinq pouces, quatre à cinq fois moins larges ; 3° ses fleurs, pareillement sessiles, sont à peine de moitié plus courtes que ses feuilles ; 4° le calice, la corolle, les étamines et les angles de l'ovaire sont constamment au nombre de quatre ; 5° la corolle, ouverte horizontalement, a un pouce de diamètre, et pareillement jaune, est un peu plus longue que le calice, et deux fois plus courte que l'ovaire ; 6° l'ovaire est quatre à cinq fois plus long que large ; 7° il devient une capsule longue de deux pouces et demi à trois pouces, six à huit fois moins large ; 8° chaque loge contient environ deux cents graines ovoïdes, longues de deux tiers de ligne, d'abord blanches, ensuite roussâtres. — On ne fait aucun usage du *carapulli ;* d'ailleurs il ressemble entièrement au carambu, de sorte qu'on ne peut douter qu'il ne soit du même genre.

CARAQUE (*marine*). C'est le nom que les Portugais donnent aux vaisseaux qu'ils envoient au Brésil et aux Indes orientales. Ils les appellent aussi *naos*, comme voulant dire *navires par excellence*. Ce sont de très-grands vaisseaux ronds, plus étroits par le haut que par le bas, qui ont quelquefois sept à huit planchers, et sur lesquels on peut loger jusqu'à deux mille hommes. Ces sortes de bâtiments ne sont plus en usage ; il y en avait du port de deux mille tonneaux. La capacité des *caraques* consiste plus dans le creux qu'elles ont que dans leur longueur et largeur. Cette profondeur des *caraques*, et la manière dont elles sont construites, assez faible d'échantillon, les rend sujettes à se renverser lorsque leur charge n'est pas entièrement complète : mais, lorsqu'elles sont chargées complètement, elles ne courent pas beaucoup plus de risque que les autres vaisseaux, parce que le grand poids qui est dedans les fait beaucoup enfoncer, ce qui les soutient.

CARAQUE, s. m. (*comm.*), cacao d'excellente qualité qu'on apporte de la côte de Caraque.

CARAQUES (LES) (*géogr.*), peuples sauvages de l'Amérique méridionale, au Pérou, sur la côte de la mer du Sud ; leurs coutumes diffèrent des autres nations de ce pays.

CARAQUON, s. m. (*marine*), petit navire, petit bâtiment ou petite caraque.

CARARA, s. f. (*comm.*), poids dont on se sert en quelques endroits d'Italie, et particulièrement à Livourne, pour la vente des laines et des morues.—Le *carara* est de cent soixante livres du pays, où la livre n'est que de douze onces, poids de marc, ce qui revient à cent dix livres six onces trois gros, un peu plus, des anciens poids de Paris, de ceux d'Amsterdam et d'autres villes où la livre est de seize onces. Le carara fait cent trente-six livres du vieux poids de Marseille.

CARARÆ (*géogr. anc.*), territoire de l'Italie, dans la partie nord-ouest de l'Étrurie, célèbre par ses carrières de marbre, dont la blancheur et la solidité ne le cédaient en rien aux qualités des marbres de Paros.

CARARAYADA, s. m. (*hist. nat.*), espèce de singe, l'aote douroucouli, qui se trouve en Amérique.

CARARU, s. m. (*botan.*), genre de plantes de la famille des amarantoïdes ; l'amarante verte.

CARARUS ou **CARAROS** (*géogr. anc.*), ville de l'Afrique proprement dite, dans le voisinage de Targarum.

CARASCHULLI, s. m. (*botan.*), plante du Malabar. Les brames l'appellent *rana gondu*. Linné, dans son *Systema naturæ*, la désigne sous le nom de *barleria 4 buxifolia, spinis axillaribus, oppositis, solitariis, foliis subrotundis, integerrimis*. Sur une racine cylindrique tortueuse, longue de cinq à six pouces sur six à huit lignes de diamètre, ramifiée, à bois blanchâtre et écorce roussâtre, elle s'élève sous la forme d'un buisson d'un pied et demi à deux pieds de diamètre, à quatre ou cinq tiges cylindriques, de trois à cinq lignes de diamètre, partagées chacune en quatre à huit branches alternes cylindriques, ouvertes sous un angle de 45 degrés, à bois blanc moelleux au centre, recouvert d'une écorce verte velue. — Les feuilles sont opposées deux à deux, en croix, elliptiques, obtuses, presque rondes, longues de neuf à dix lignes, d'un quart moins larges, entières, épaisses, couvertes d'un duvet plus épais en dessous, relevées d'une côte longitudinale, ramifiée en quatre ou cinq paires de nervures alternes arquées qui ne vont pas jusqu'à ses bords, et attachées aux tiges horizontalement par un pédicule demi-cylindrique, plat en dessus et extrêmement court. — Au-dessous de chaque feuille, on voit sortir une épine conique, droite, une fois plus courte qu'elle, pendant en bas sous un angle de 45 degrés. — De l'aisselle de l'une des deux feuilles de chaque paire s'élève sous un angle de 45 degrés une fleur sessile, bleue, une fois plus longue qu'elle. — Chaque fleur est hermaphrodite, monopétale, irrégulière, posée au-dessous de l'ovaire. Elle consiste en un calice à quatre feuilles persistantes, velues, inégales, dont deux plus grandes, mais trois ou quatre fois plus courtes que la corolle, qui est monopé-tale, à tube un peu plus long que ses cinq divisions presque égales, elliptiques, pointues, une fois plus longues que larges, et ouvertes horizontalement en étoiles de neuf à dix lignes de diamètre. Deux étamines blanches, à anthères bleuâtres, par-tent du milieu du tube, et s'appliquent contre le milieu des deux divisions supérieures de la corolle. L'ovaire ressemble à un globule vert implanté sur un disque jaune, avec lequel il fait corps, et surmonté d'un style blanc couronné par deux stigmates en languettes triangulaires rapprochées. — L'ovaire, en mûrissant, devient une capsule conique, ou plus exacte-ment pyramidale, à quatre angles, longue d'un pouce, trois à quatre fois moins large, un peu plus comprimée sur un de ses plans, vert clair sur les côtés, plus obscure sur les côtés étroits, dure, comme ligneuse, s'ouvrant élastiquement par le bas en deux valves égales, partagées à leur milieu par une cloison parallèle à leur plus grande largeur, pour former deux loges qui contiennent chacune une vingtaine de graines sphéroïdes de deux tiers de ligne de diamètre, velues, d'abord blanches, ensuite roussâtres, distribuées sur deux rangs au bord central des cloisons. — Le *caraschulli* croît au Malabar dans les terres sablonneuses. Il est vivace par ses racines. — Il a une saveur légèrement amère, avec un peu d'âcreté. — Ses cendres, mêlées avec le vinaigre, s'emploient en bain pour réduire les tumeurs. Sa poudre, mêlée avec la liqueur vineuse exprimée du *palmito* (tetau), a la même vertu. La décoction de sa racine se boit dans les suppressions d'urine; lorsqu'il s'agit de dissiper l'enflure du ventre, on y joint un peu d'eau de riz. La décoction de ses feuilles avec le riz se boit pour dissiper l'enflure des membres. — Si Linné eût fait attention que cette plante a la corolle pres-que régulière, et non pas à deux lèvres, les étamines simples sans branches, la capsule sans crochets élastiques, les graines rondes et non aplaties, il ne l'eût sans doute pas confondue avec le *barreliera* de Plumier, il en eût fait, comme nous, un genre particulier, voisin de l'*adathoda*, dans la seconde section de la famille des personnées.

CARASI-OGLI. Vers 1327, plusieurs souverainetés turques s'élevèrent sur les débris du trône d'Iconium et sur ceux de l'empire grec. Parmi ces dynasties figuraient celles de Carasi-Ogli, qui s'emparèrent de la Troade, de la Mysie et d'une partie de la Phrygie. Leur pouvoir fut détruit par Amurath Ier, fils et successeur d'Orkhan, sultan des Turcs ottomans, qui sou-mit plusieurs autres princes turcs de l'Asie-Mineure.

CARA-SOU (*géogr.*). l'ancien *Cydnus*, fleuve de la Turquie d'Asie, au pachalik d'Itchili, sandjak de Tarsous. Il prend sa source au mont Taurus, passe à Tarsous, et se jette dans la Méditerranée après un cours d'environ 14 lieues. Il n'est navi-gable que pour de petits bâtiments, quoique au dedans de la terre qui est à son entrée il soit assez profond, et ait à peu près 100 pieds de largeur. Il était renommé chez les anciens par ses eaux limpides et fraîches; également célèbre par la naviga-tion des somptueuses galères de Cléopâtre, qui le remonta pour chez Marc Antoine, et par le danger où courut Alexandre le Grand, saisi d'une fièvre violente pour s'y être baigné. — Cara-Sou (*géogr.*) est aussi le nom moderne de l'ancien *Strymon*, dans la Turquie d'Europe. Il prend sa source aux monts Vendia-Balkan, sur la frontière des sandjaks de Sophia et de Ghiuse-Tendil, arrose la partie orientale de ce dernier, entre ensuite dans le beglick de Uchmil, traverse le lac Tokinos, et se jette dans le golfe d'Orphano, près des ruines d'Eïone et de Contessa, sur le territoire du sandjak de Salonique, après un cours d'environ 45 lieues du nord au sud. — L'eau du Cara-Sou est, comme l'indique le nom de ce fleuve, noire et fangeuse. On trouve sur sa rive droite un grand caravansérail, construit pour servir de dépôt aux marchandises de la Macédoine, et de ma-gasin pour les blés que les begs de Serès rassemblent pour l'ap-provisionnement de la capitale. Ce caravansérail ou khan est entouré d'une forte palissade, et sert en même temps de caserne à un poste albanais qui y est établi pour la défense de la baie et du passage du fleuve. **Ed. G.**

CARASOU (*géogr.*). ville de la petite Tartarie, autrefois très-peuplée, mais brûlée par les Russes en 1737. — CARASOU est encore le nom de deux rivières de la Turquie, l'une dans l'A-natolie, en Caramanie, l'autre dans la Romanie. — On appelle aussi CARASOU un lac formé par la plus méridionale des bou-ches du Danube, que les Turcs désignent par la dénomination de *Carakirmen*.

CARASSIN, s. m. (*hist. nat.*), espèce de poisson du genre des cyprins. — CARASSIN DE MER, le spare garuse.

CARASSON, s. m. (*écon. rust.*), nom que l'on donne, dans le Médoc, à un petit échalas qui sert à soutenir le cep de vigne.

CARASTASÉENS (*géogr. anc.*), nation de la Sarmatie asia-tique, au nord du Caucase.

CARASYRE (*géogr. anc.*), une des forteresses de Thrace, éle-vée par les ordres de l'empereur Justinien aux environs du mont Rhodope.

CARAT, poids qui vaut 4 grains, et dont on se sert pour peser les diamants, les perles et les pierres précieuses. Lorsque ce mot s'applique à l'or, il s'emploie dans un autre sens. Il faut supposer que toute pièce d'or est composée de vingt-quatre parties, à chacune desquelles on donne le nom de *carat*. Si la pièce était d'or pur, elle serait au titre de 24 carats : mais, comme il entre toujours de l'alliage dans les métaux précieux que l'on met en œuvre, on diminue le nombre des carats d'or d'autant de parties étrangères qui y entrent comme alliage. Si, par exemple, dans la composition de la pièce d'or, il entre un vingt-quatrième de cuivre, elle est à 23 carats. Si l'alliage est de deux vingt-quatrièmes, la pièce est de 22 carats. — On appelle *carat de prix* la vingt-quatrième partie d'une once d'or, et *carat de fin*, chez les orfévres, le vingt-quatrième degré de finesse d'une pièce d'or pur. Quelque soin que l'on prenne, on ne peut jamais affiner et purifier l'or jusqu'à en ôter tout l'al-liage; il en reste toujours à peu près un quart de carat. — On désigne encore sous le nom de *carats* de petits diamants qui se vendent au poids. — L'étymologie du mot *carat*, selon Ménage, d'après Alciat, vient du grec κεράτιον (*keration*), qui était un petit poids. Savot, dans son *Discours sur les médailles anti-ques*, le fait dériver de κεράτιον, qui signifiait un denier. D'au-tres ont pensé qu'il venait du latin *caracter*, marque, empreinte. — Dans le style figuré et familier, on emploie l'expression *à trente-six carats* pour un superlatif dérisoire. On dit d'un homme dont on veut exagérer la sottise : *C'est un sot à trente-six carats*. **DUMERSAN.**

CARATA, s. m. (*botan.*), espèce d'aloès.

CARA-TARTARS ou **TARTARES NOIRS** (*géogr.*), peuple d'Asie qui doit son origine à un corps de troupes turques admis dans son armée par Thamas-Couli-Khan, petit-fils de Gengis-Khan, lorsqu'il fut envoyé en expédition vers Iran par Mungo-Khan, son frère, empereur du Mogol. Cette nation oc-cupe actuellement la contrée des Gètes.

CARATAS, s. m. (*botan.*), nom que l'on donne à plusieurs plantes d'Amérique, telles que l'agave, l'ananas, le dragon-nier, etc.

CARATCH, s. m. (*term. de relation*), tribut, espèce de capi-tation que les chrétiens et les juifs payent au grand seigneur, et dont les Turcs sont exempts.

CARATCHAIS, s. m. pl. (*géogr.*), nom d'un peuple qui habite une partie du Caucase.

CARATCHIOLIS (*géogr.*), peuples d'Asie, dans la Géorgie, au nord du mont Caucase. Ils sont aussi appelés *Karakinks* et *Cir-cassiens noirs*.

CARATE, s. m. espèce de camphre que l'on tire d'un végétal d'Amérique. — *En term. de médecine*, on appelle *carate* une maladie cutanée des pays chauds et des Cordillières en Améri-que; elle attaque particulièrement ceux qui habitent les bords des rivières et qui se livrent à la pêche.

CARATÉ, adj. (*médec.*), qui est attaqué de la carate; rempli de taches de lait.

CARATES (*géogr. anc.*), nom d'un peuple qui faisait partie des Saces, et qui habitait sur les côtes de la mer Caspienne, près de l'embouchure de l'Iaxarte, au nord de la Sogdiane et à l'est des Gètes Massagètes.

CARATTE, s. f. (*comm.*), monnaie d'Arabie, la quatre-vingtième partie de la piastre; on lui donne aussi le nom de *cabir*.

CARATURE, s. f. (*chimie et métall.*). C'est ainsi qu'on appelle le mélange des parties d'or avec des parties ou d'argent seul, ou d'argent et de cuivre, selon une certaine proportion. Ce mélange est destiné à faire les aiguilles d'essai pour l'or. Sui-vant que l'on veut avoir un plus grand nombre d'aiguilles , et mettre une plus grande précision dans l'essai de l'or par la pierre de touche, on divise le marc d'or en un plus gaand nombre de parties égales : qu'on le suppose, par exemple, divisé en vingt-quatre parties ; l'or pur sera représenté par vingt-quatre; l'or le plus pur après le premier, par vingt-trois parties d'or et par une partie d'argent ; l'or le plus pur après le précédent sera représenté par vingt-deux parties d'or et par deux parties d'argent ; ainsi de suite. Cette division du marc en vingt-quatre parties est purement arbitraire, et l'on aurait pu la faire ou plus petite, ou plus grande. S'il n'entre dans le mélange destiné à faire les aiguilles d'essai que l'or et l'argent, il s'appellera *carature blanche.* S'il y entre de l'or, de l'argent et du cuivre, il s'appellera *carature mixte.* — On voit, par rapport à la *carature mixte,* que la combinaison est double; exemple : l'or le plus pur étant vingt-quatre, celui qui sera le plus immédiatement après l'or de vingt-quatre sera allié, ou de deux parties égales d'argent et de cuivre, ou de deux parties inégales; et dans ce second cas où il y a inégalité, ou il y aura deux parties d'argent contre une de cuivre, ou deux parties de cuivre contre une d'argent, ou trois parties d'argent contre une de cuivre, ou une partie d'argent contre trois de cuivre ; et ainsi de toutes les autres combinaisons d'alliage d'argent et de cuivre, dont le nombre des parties prises ensemble doit servir de complément à celui de vingt-quatre qui représente l'or pur. — Il faut remarquer toutefois que, quoique la division du marc d'or pur destiné à faire des aiguilles d'essai soit arbitraire, elle ne peut pourtant être poussée que jusqu'à un certain point, au delà duquel les altérations de couleurs occasionnées par l'alliage, dans les traces des aiguilles sur la pierre de touche, passeraient par des nuances si imperceptibles, qu'on ne pourrait porter aucun jugement du degré de pureté de l'or éprouvé (*V.* ALLIAGE). — Le mélange destiné à faire des aiguilles d'essai pour l'argent s'appelle *ligature* (*V.* LIGATURE). On verra à l'article ESSAI la manière de faire les aiguilles d'essai pour l'or et l'argent. On pourra consulter aussi l'article PIERRE DE TOUCHE.

CARATUS (JÉROME), de Milan, docteur en droit et protonotaire apostolique vers l'année 1650, a laissé un *Traité des droits parochiaux* en 1625.

CARAUDESSE, CARAULDE, s. f. (*vieux mots*), sorcière qui a le visage défiguré, de *cara,* visage ; en languedocien, *caréto,* un masque.

CARAUNA, s. m. (*hist. nat.*), espèce de poisson qu'on pêche entre les rochers, dans les Indes.

CARAUSIUS, originaire de la Ménapie ou Flandre maritime, qui usurpa l'empire dans la Grande-Bretagne pendant le IIIe siècle, était né, suivant le docteur Stukelg, qui a écrit son histoire, à Saint-David, et appartenait à une famille du sang royal de Bretagne. Eutrope, d'un autre côté, lui donne une basse extraction : *vilissime natus,* dit-il en parlant de lui. Quoi qu'il en soit, Carausius s'avança par ses connaissances nautiques comme pilote; et son expérience, non moins que sa valeur dans les diverses expéditions maritimes dont il fit partie, l'éleva aux emplois éminents dans l'armée et dans l'administration, sous Probus et ses successeurs. Ses talents militaires lui ayant acquis la faveur de Maximien, cet empereur lui confia le commandement d'une entreprise contre les Francs et les Saxons, qui par leurs pirateries rendaient la navigation de l'Océan impraticable. Dans cette vue, s'étant mis à la tête d'une escadre assemblée à Gessoriacum ou Boulogne, Carausius fit la guerre avec succès; mais il saisit avidement l'occasion que lui offrait sa position pour s'approprier des vaisseaux capturés, se réservant d'en affecter l'emploi à l'exploitation de son ambition personnelle. Maximien, informé des prévarications de son général, et irrité de sa conduite insubordonnée et frauduleuse, le condamna à mort *sans jugement.* Mais l'adroit Carausius avait prévu la sévérité de l'empereur, et s'était mis en garde contre elle, en gagnant à ses intérêts par ses libéralités la flotte qu'il commandait. Il fit voile de Boulogne pour la Grande-Bretagne, où, entraînant dans son parti les légions et les auxiliaires qui avaient la garde de l'île, il revêtit audacieusement la pourpre impériale, prit le titre d'*Auguste,* et porta un défi aux droits et aux armes du souverain qu'il méconnaissait. Cet événement arriva sous le règne commun de Dioclétien et de Maximien, l'an 286 de notre ère. Pour assurer son usurpation, il augmenta sa flotte, se fit par une foule de moyens adroits des créatures dévouées dans la majorité des Francs et des Saxons, et, tandis qu'il défendait les frontières de ses États contre les attaques des Calédoniens du nord, il attirait près de lui un grand nombre d'artistes habiles, et déployait, comme l'attestent des médailles de son temps qui existent encore, son

goût pour les beaux-arts et son opulence. Il avait conservé la possession de Boulogne sur le rivage opposé; sa flotte voguait triomphante dans la Manche, commandait les embouchures de la Seine et du Rhin, ravageait les côtes de l'Océan, et portait la terreur jusqu'au delà des Colonnes d'Hercule. « Sous son commandement la Bretagne semblait déjà destinée à jouer sur les mers le rôle auquel on l'a vue appelée dans la suite, dit avec son orgueil national un historien anglais. » La flotte de Boulogne étant en son pouvoir, les Romains n'avaient aucun moyen de le poursuivre et de tirer vengeance de sa félonie. Après d'impuissants efforts pour un nouvel armement composé de troupes impériales inaccoutumées à la mer, Dioclétien et son collègue se virent réduits à la nécessité de résigner à Carausius la souveraineté de la Grande-Bretagne, et de l'admettre à la participation des honneurs de l'empire. Il gouverna dans son administration civile d'une manière oppressive et tyrannique, imposant au peuple un joug continuellement pesant, tandis qu'il s'abandonnait sans mesure à la satisfaction de ses passions, et ne mettait point de bornes aux désirs insatiables de ses favoris. A la fin cependant, l'association des deux Césars rendit une nouvelle énergie aux armes romaines, et la conduite de la guerre de Bretagne fut confiée au brave Constance. Il dirigea ses premiers efforts contre Boulogne, qui se rendit après une résistance obstinée l'an 292 ; par suite de cette capitulation, une grande partie des forces de Carausius tomba entre les mains des assiégeants. Pendant les trois années que Constance employa à disposer une flotte capable de conquérir la Bretagne, il inquiétait les côtes de la Gaule, faisait invasion dans la contrée des Francs, et ôtait à l'usurpateur l'assistance de ses puissants alliés. Mais, avant que les préparatifs fussent terminés, Constance reçut la nouvelle de la mort du tyran, qui fut assassiné par son premier ministre Allectus, en 294 suivant Gibbon, ou en 293 d'après les Tables de Blair. ÉD. GIROD.

CARAUSIUS (*numism.*). Carausius prit sur ses médailles les titres d'empereur, de César et d'Auguste, et les surnoms de *Pius* et de *Felix,* pieux et heureux. Sa tête est barbue; il porte une couronne radiée, quelquefois un casque. Ses médailles sont rares ; les revers en sont assez nombreux, et ont pour légende *la Concorde, la Fidélité des soldats, la Félicité, Rome renouvelée, Rome éternelle, les Vœux publics, la Fortune de l'empereur;* celle qui représente Hercule avec le titre de *Conservateur des Augustes,* pour faire allusion au titre d'*Auguste,* que Maximien Hercule lui avait conservé. Ces médailles en or valent de 6 à 700 francs, celles en argent de 120 à 200 francs. On n'en connaît pas en grand bronze, parce que ce module n'était pas frappé que par l'autorité du sénat. Celles en petit bronze ont des revers très-variés ; les plus rares sont celles qui portent : *Apollon conservateur, la Félicité des temps, la Protection* (tutela) *de l'Auguste,* sa *Providence, Mars vengeur, Mars pacifer* (qui apporte la paix). Les petits bronzes de cet empereur valent de 10 à 24 francs. La médaille où l'on voit les têtes accolées de Carausius, Dioclétien et Maximien, avec la légende *Carausius et ses frères,* avec le revers *Paix des Augustes,* vaut 100 francs. On doit remarquer celle qui a été frappée en or, en argent et en bronze, sur laquelle se trouve une légende qui n'est connue qu'au règne de Carausius : EXPECTATE VENI, *Roi qu'on attend, viens.* L'empereur est debout devant une femme qui tient une enseigne militaire, et qui lui tend sa main. Cette femme est sans doute le Génie de la Grande-Bretagne, qui semble inviter Carausius à accepter l'empire. DUMERSAN.

CARAVAGA (*géogr.*), rivière du Pérou, dans l'Amérique méridionale, renommée pour les sables de son lit remplis de paillettes d'or.

CARAVAGE (*V.* CALDARA).

CARAVAGE (MICHEL-ANGELO AMERIGI ou MORIGHI, dit LE), naquit à Caravaggio, bourg du Milanais, en 1569. Son père, maçon de profession, l'employait à faire la colle pour les peintres qui peignaient à fresque dans la ville de Milan. L'habitude de les voir travailler lui inspira le même goût ; sans maîtres, sans avoir fait aucune étude des grands peintres modernes ni de l'antique, il devint un grand peintre. Il fit le portrait pendant quatre ou cinq ans; regardant la nature comme la route la plus sûre, il ne travaillait que d'après elle ; mais, saisissant le beau comme le laid, il copiait jusqu'aux défauts naturels. Aussi ses attitudes sont sans choix, ses draperies sont vraies, mais mal jetées, et ses figures ne sont pas accompagnées de l'ajustement qui leur convient. Ses têtes manquent de noblesse et de beaux caractères ; il donnait la figure ignoble d'un paysan à un héros ou à un saint qu'il représentait avec un teint livide, des yeux farouches et des cheveux noirs. Il prétendait par là imiter la nature, dont il était si esclave qu'il disait que les tableaux qui n'étaient pas faits d'après elle *n'étaient que de la guenille*, et les figures qui les composaient *de la carte peinte*. Un jour qu'on lui montrait de belles figures antiques, il dit en se tournant vers plusieurs personnes assemblées près de là : « Voyez combien la nature m'a donné de modèles à suivre sans toutes vos statues. » Et sur-le-champ il entra dans un cabaret, et peignit avec une vérité parfaite une bohémienne qui passait dans la rue. Naturellement envieux et querelleur, il méprisait tout le monde et n'estimait que ses propres ouvrages; aussi se faisait-il partout des ennemis. Une mauvaise affaire qu'il eut à Milan l'obligea d'en sortir et de partir pour Venise, où la vue des ouvrages de Giorgion le frappa tellement que pendant quelque temps il imita sa manière. Il ne resta pas longtemps à Venise, et se rendit à Rome. Manquant de tout, la nécessité le réduisit à travailler dans l'atelier du peintre Joseph Cesari, connu sous le nom de *Josepin*, *chevalier d'Arpino*, qui lui faisait peindre des fleurs et des fruits. Cet emploi, auquel le Caravage était peu propre, l'ennuya, et il quitta Josepin pour se mettre à peindre de grandes figures chez Prospero, peintre de grotesques, qui le prônait partout et vendait ses ouvrages. Le cardinal del Monte, charmé d'un tableau de joueurs qu'avait peint le Caravage, voulut en voir l'auteur, et le retint dans son palais où il peignit plusieurs morceaux dans le *casino* du jardin. Le Caravage, dans ses premiers tableaux, avait suivi la manière gracieuse et suave du Giorgion, et peignait d'un bon ton de couleur. Il voulut, pour se distinguer, en prendre une nouvelle, qui, quoique très-dure, lui réussit au point qu'il fut regardé comme un des premiers peintres de son temps. Ses teintes n'étaient plus adoucies, tout était ressenti par des ombres fortes et beaucoup de noir pour détacher et donner du relief à ses figures ; c'est une opposition subite de clair et d'ombre, sans aucun passage, sans repos, pour frapper davantage le spectateur ; ce contraste est cependant soutenu par une exacte représentation de la nature. Il avait fait noircir les murs de son atelier afin que les ombres du naturel, privées de reflet, fussent plus fortes et ne reçussent le jour que d'une seule lumière prise d'en haut; c'est ainsi qu'il a répandu dans ses tableaux ce sombre, cette force qui efface du premier coup d'œil les autres peintures. Tous les jeunes gens, entraînés par la facilité de peindre sans faire d'études, venaient dans son école ; ils trouvaient partout la nature et des modèles. Le Caravage fut heureux d'exercer son talent dans un temps où l'on ne peignait que de pratique. Sa manière d'après nature n'en parut que plus beau. Cependant sa manière outrée et peu vraisemblable n'était bonne que pour les portraits, les demi-figures, et ne convenait qu'aux sujets de nuit ; la nature était si parfaitement imitée, les couleurs locales si bien placées, ses lumières si bien entendues, qu'il ne laissait rien à désirer. Toutes ces beautés s'évanouissaient dans les grandes compositions, sa manière de peindre devenait dure et insupportable ; il plaçait ses figures sur le même plan, sans dégradation, sans perspective, et sa lumière était toujours la même dans toutes sortes de sujets. Il peignit le portrait de Paul V, auprès duquel le cardinal Borghèse l'avait introduit ; il fit ensuite celui d'Urbain VIII et un *Sacrifice d'Abraham* pour le pontife. Tous les peintres se liguèrent contre le Caravage ; ils lui reprochaient qu'il n'avait ni génie, ni bienséance, ni grâce, ni intelligence, ni un beau choix. Ses figures, en effet, dénuées de toute noblesse, ne représentaient que les portefaix qui lui servaient de modèles. Quand il faisait des portraits, on ne pouvait aller plus loin que lui par son imitation parfaite de la nature. Il réussissait rarement aussi bien quand il peignait des sujets de dévotion, et plus d'une fois il eut le chagrin de les voir ôter de dessus les autels. Le premier tableau qu'il fit pour une église était un *Saint Mathias* qu'il représenta comme un paysan ; les pères de Saint-Louis des Français, pour qui ce tableau avait été fait, l'ôtèrent, et il en fit un autre qui est un peu mieux. On enleva de même de l'église de la *Madona della Scala* le tableau de la *Mort de la Vierge*, dont le corps, disposé avec peu de décence et semblable à celui d'une femme noyée, n'est ni assez noble ni assez gracieux pour représenter la mère d'un Dieu. Le duc de Mantoue acheta ce tableau, qui passa depuis en Angleterre, d'où il fut apporté dans le cabinet du roi Louis XIV, et il orne encore aujourd'hui le musée du Louvre. On doit y reconnaître une admirable conduite d'ombres et de lumières, une rondeur et une force merveilleuse dans toutes les parties qui le composent. Plusieurs autres ouvrages du Caravage eurent le même sort ; ces disgrâces ne le corrigeaient point, et toujours il se laissait emporter à la vérité du naturel, tel qu'il le voyait, et cela sans mesurer, sans chercher à n'imiter que les belles choses. Quand Annibal Carrache vint à Rome, le Caravage, tout capricieux

qu'il était, frappé de son coloris, ne put s'empêcher de dire : « Dieu soit loué ! j'ai enfin trouvé de mon temps un peintre ! » Sans génie, sans dessein, sans lecture, sans étude de son art, le Caravage ne pouvait se passer de modèle ; il disait que chaque coup de pinceau qu'il donnait n'était point de lui, mais qu'il était dû à la nature. Le nom de *naturaliste*, improprement appliqué, fut donné de son temps aux peintres qui ne s'attachaient comme lui qu'à suivre servilement la nature ; car il fit école, et la jeunesse romaine se partageait entre lui et *Josepin*, qui négligeait le naturel et se laissait conduire par la force de son imagination, sans autre modèle que ses seules idées et les images confuses et hardies qu'il se formait dans l'esprit. Le caractère bizarre et vindicatif de Caravage lui procura peu d'amis, si l'on en excepte le chevalier *Pomeranci* et le *Civoli*, par lequel il fut surpassé dans un concours pour la représentation d'un *Ecce homo*. Il eut des querelles continuelles avec le Carrache et surtout avec *Josepin*, aux gages duquel il avait été ; il tira l'épée contre lui, et tua un jeune homme nommé Thomassin qui voulait les séparer. Ce meurtre l'obligea de chercher un asile ; le prince Giustiniani voulut bien le lui procurer dans son palais ; il sut même accommoder cette méchante affaire. Ce fut pendant le temps que le Caravage était caché dans le palais de ce seigneur qu'il peignit un *Amour* et l'*Incrédulité de saint Thomas* ; ces deux tableaux passent pour être de ses meilleurs ouvrages. A peine avait-il recouvré sa liberté qu'il alla chercher Josepin et l'appela en duel : ce dernier refusa de se battre, sous prétexte qu'il était chevalier, et que le Caravage ne l'était pas. Piqué de ce refus, l'artiste vindicatif résolut d'aller à Malte se faire recevoir chevalier servant, afin d'obliger Josepin à se battre. Sur ces entrefaites il tua, à Rome, un jeune homme avec qui il avait eu querelle en jouant à la paume, et, tout blessé qu'il était, il se retira à *Zagaroles* chez le duc *Martio Colonna*, de là à Naples et ensuite à Malte. Comme son mérite était connu partout, il ne fut pas sans occupation, surtout à Malte. Il y travailla pour l'église de Saint-Jean et pour le palais du grand maître Vignacourt, dont il fit le portrait armé et un autre assis (1). Le grand maître le fit chevalier servant, lui donna une chaîne d'or et deux esclaves pour le servir. — Une insulte qu'il fit à un chevalier de distinction le fit mettre en prison ; il s'échappa la nuit et se réfugier en Sicile, où, ne se croyant pas en sûreté, il s'embarqua pour Naples. Il y voulait attendre que le grand maître, à qui il avait envoyé pour présent *Hérodiade avec la tête de saint Jean*, lui fît tenir sa grâce ; un jour des gens armés l'attaquèrent à la porte de son auberge et le blessèrent au visage. Malgré la douleur qu'il ressentait, il monta sur-le-champ dans une felouque pour se rendre à Rome, sachant que le cardinal de Gonzague avait obtenu sa grâce du pape. Il ne fut pas plutôt arrivé sur le rivage, que la garde espagnole, le prenant pour un autre cavalier le mit en prison, d'où il ne se tira qu'après qu'on eut reconnu la méprise. Il retourna ensuite à la felouque pour prendre son bagage, mais il ne le trouva plus ; accablé de toutes ces aventures, il erra sur le rivage et gagna à pied, par la grande chaleur, Porto-Ercole, où il fut saisi de la fièvre et mourut en 1609, âgé de quarante ans. — Ce peintre a toujours été malheureux, banni de tous côtés, ayant à peine un ami, et étant mort, pour ainsi dire, sur un grand chemin. Il était ordinairement mal habillé, vivait dans les auberges, où n'ayant pas un jour de quoi payer, il peignit l'enseigne, qui dans la suite fut vendue un prix considérable. Il mangea durant plusieurs années sur la toile d'un portrait, laquelle lui servait de nappe. Sa manière de peindre, quoique noire, est très-vive et moelleuse ; elle fut suivie par le Guerchin, le Valentin, et un certain temps par le Guide. — « Très-fort dans quelques parties de la peinture, a dit un critique moderne (Taillasson), très-faible dans d'autres, Caravage fut admiré de beaucoup de gens, peu senti et déchiré par beaucoup d'autres. Sur une surface plane, donner aux objets la rondeur qu'ils ont dans la nature, et offrir cette saillie de la manière la plus piquante que la nature puisse la présenter elle-même, voilà une des grandes parties de la peinture, et le but qu'elle a dû avoir avant tous les autres. Le Caravage est un de ceux qui en approché le plus près. A la force, à la vérité du clair-obscur, il joint la force et la vérité de la couleur, et c'est là un de ses caractères distinctifs. » Nous avons dit précédemment de quels procédés il se servait pour obtenir *ces vérités*. « Il donna à la nature qu'il imitait, ajoute le critique, des masses d'ombres larges et vigoureuses qui accroissaient beaucoup l'éclat des lumières... Cette manière neuve séduisit l'Italie, et fit au Caravage une réputation

---

(1) L'un de ces deux portraits est au musée du Louvre.

étonnante. » On lui a reproché d'avoir trop employé la terre d'ombre dans ses demi-teintes et dans ses carnations, et on pense que l'obscurité souvent désagréable et à contre-sens, répandue aujourd'hui dans beaucoup de ses tableaux, doit être attribuée à cette terre d'ombre sujette à pousser au noir. « Nous apercevons dans ses ouvrages, dit un biographe, une sorte de crudité, là où ses contemporains voyaient une vérité frappante qu'ils ont tant louée. » Le Poussin n'avait aucune estime pour le Caravage. Ce peintre, qui n'estimait dans l'art que la noblesse des formes, disait que le Caravage *était venu pour détruire la peinture*. Le musée du Louvre possède quatre tableaux de cet artiste. Nous en avons déjà indiqué deux ; quant aux deux autres, celui qui représente un *Concert* est remarquable par la vérité et par une couleur vigoureuse ; enfin *le Corps du Christ porté au tombeau par saint Jean et Nicodème, accompagnés des trois Maries*, est une fort belle composition. — Les disciples du Caravage furent Barthélemi *Manfredi*, de Mantoue ; Charles *Saracino*, de Venise, et Joseph *Ribera*, dit l'Espagnolet ; Gérard Honshorst d'Utrecht, et Giò Carlo Loth, de Munich. — *Le Caravage* a été, il y a quelques années, le héros d'un drame intéressant, représenté sur un de nos théâtres du boulevard.

CH. DU ROZOIR.

CARAVANE, du mot persan *kervan*, négociant, désigne une association de marchands, de pèlerins ou de voyageurs, réunis pour traverser avec plus de sûreté différentes parties de l'Asie et de l'Afrique. De temps immémorial, ces sortes de pérégrinations en commun sont usitées dans l'Orient. Abraham et Loth marchaient en caravanes ; Jacob dirigeait celle de Laban, son oncle, et Joseph fut vendu par ses frères à une caravane de marchands arabes. Mahomet, qui, lui aussi, avait été conducteur de caravanes d'Arabie en Syrie, *en augmenta le nombre* dès qu'il fut législateur et prophète. Il imposa à ses sectateurs, au moins une fois dans leur vie, la visite de la Mecque, et le grand seigneur abandonna pendant longtemps le quart de ses revenus d'Égypte pour subvenir aux frais de cette caravane religieuse. — Les caravanes se font à l'aide de chameaux et de mulets chargés de 5 à 600 livres et faisant chaque jour *huit* lieues au plus. Les voyageurs vont à pied ou à cheval ; les chameaux et les mulets ne portent que les marchandises, les subsistances et les femmes, lesquelles sont enfermées dans des espèces de cages d'osier appelées *hewdedj*. Le conducteur se nomme *tchehar-wa-dar*, guide des quadrupèdes, et ses attributions l'assimilent au roulier français ou au muletier espagnol. Dans les caravanes de l'Asie, on emploie les chevaux et les éléphants. — Les animaux, dont le cou est entouré de sonnettes, s'avancent en file, attachés à la queue les uns des autres. Dans les fortes chaleurs, on ne voyage que la nuit, et l'on s'éclaire de distance en distance par des falots. En cas d'attaques des Arabes, la caravane se resserre, devient compacte le plus possible, les hommes forment une enceinte autour d'elle et la défendent. — Les caravanes les plus considérables sont les deux de la Mecque, partant l'une du Caire et l'autre de Damas. Elles se composent chacune de plus de cinquante mille pèlerins venus des provinces turques et égyptiennes, des petits États mahométans situés sur la côte africaine de la Méditerranée, de l'empire de Maroc, et même des royaumes nègres de l'Atlantique. Le nombre des caravanes, chargés d'eau et de marchandises, s'élève jusqu'à 60,000. Le voyage, pour l'allée et le retour, dure au moins cent jours, à travers de rudes fatigues, de cruelles privations et de nombreux périls. — Il existe aussi des caravanes toutes commerciales voyageant de Fez, de Tunis, de Tripoli et d'autres États de la côte vers l'intérieur de l'Afrique en cinquante jours à peu près, à raison de 6 lieues par jour. Elles échangent contre des esclaves les marchandises de l'Inde. — Les caravanes de Mourzouk, capitale du Fezzan, de Sennaar et du Darfour transportent des esclaves et d'autres marchandises de l'Afrique centrale au Caire en cinquante ou soixante jours environ. — Tous les ans, des caravanes partent de Boghar, de Samarcande et du Thibet chercher les marchandises de l'Inde et de la Chine. — Dans la Russie, d'importantes caravanes font l'échange des fourrures, des toiles, des draps, des verreries de la Russie contre la soie, le coton, le thé, le riz et les autres produits de la Chine, entre Kiachta, Orenbourg et Troitz-Kaïa dans les frontières russes, et Maïmalschin, du territoire chinois. — On appelle aussi caravanes les voyages que les navires marchands exécutent de compagnie pour mieux se garantir contre les attaques des pirates. — Et à peu le mot caravane s'est appliqué à *toutes sortes de pérégrinations*. On l'a employé aussi au figuré ; les plaisirs et les folies de la jeunesse sont traitées de *caravanes*. — Le mot *caravane* s'appliquait encore aux courses des anciens chevaliers de Rhodes et de Malte, qui fort souvent donnaient la chasse à la caravane et l'enlevaient. On disait alors, *J'ai fait tant de caravanes*, comme on dit aujourd'hui, *J'ai fait tant de campagnes*. Il fallait même avoir fait quatre caravanes avant l'âge de cinquante ans pour aspirer à devenir commandeur ; passé cet âge, c'était peine perdue. Les statuts de l'ordre réglaient le rang de chaque chevalier pour faire ses caravanes.

CARAVANEUR, s. m. (*marine*), vaisseau marseillais qui porte des marchandises d'échelle en échelle dans le Levant.

CARAVANIER, s. m. (*comm.*), conducteur des animaux qui portent les bagages dans les caravanes.

CARAVANSÉRAI, s. m. (*hist. mod.*), grand bâtiment public, destiné à loger les caravanes (*V.* CARAVANE). Ce mot vient de l'arabe *caïrawan*, ou du persan *karwan*, qui signifie *caravane*, et de *serrai*, hôtel ou grande maison, c'est-à-dire *hôtel, hôtellerie des voyageurs*. — Ces *caravansérais* ou, comme Chardin les appelle, *caravansérails*, sont en grand nombre dans l'Orient, où ils ont été bâtis par la magnificence des princes des différents pays. — Ceux de Chiras et de Casbin en Perse passent pour avoir coûté plus de 150,000 francs chaque à bâtir. Ils sont ouverts à tous venants de quelque nation ou religion qu'ils soient, sans que l'on s'informe ni de leur pays ni de leurs affaires, et l'on y est reçu gratis. — Les *caravansérais* sont ordinairement un vaste et grand bâtiment carré dans le milieu duquel se trouve une cour très-spacieuse : sous les arcades qui l'environnent règne une espèce de banquette élevée de quelques pieds au-dessus du rez-de-chaussée, où les marchands et voyageurs se logent comme ils peuvent, eux et leurs équipages, les bêtes de somme étant attachées au pied de la banquette. Au-dessus des portes qui donnent entrée dans la cour, il y a quelquefois de petites chambres que les concierges des *caravansérais* savent louer fort cher à ceux qui veulent être en particulier. — Quoique les *caravansérais* tiennent en quelque sorte lieu en Orient des auberges, il y a cependant une différence très-grande entre eux et les auberges ; car dans les *caravansérais* on ne trouve absolument rien ni pour les hommes ni pour les chevaux, et qu'il faut y tout porter. Ils sont ordinairement bâtis dans des lieux arides, stériles et déserts, où l'on ne peut faire venir de l'eau que de loin et à grands frais, n'y ayant point de *caravansérai* sans sa fontaine. Il y en a aussi plusieurs dans les villes, où ils servent non-seulement d'auberge, mais encore de boutique, de magasin, et même de place de change. — Il n'y a guère de grandes villes dans l'Orient qui n'aient de bâtiments de ce genre. Les *caravansérais* de Constantinople, d'Ispahan et d'Agra, capitales des trois empires de Turquie, de Perse et de Mogol, sont surtout remarquables par leur magnificence et leur commodité. — En Turquie, il n'est permis qu'à la mère et aux sœurs du sultan et aux vizirs et pachas qui se sont trouvés trois fois dans une bataille contre les chrétiens de fonder des *caravansérais*.

CARAVANSÉRASKIER, s. m. (*hist. mod.*), directeur ou intendant, chef d'un caravansérai ou caravansérail (*V.* ce mot). Dans chaque caravansérai qui se rencontre sur les routes et dans les déserts, il y a un caravanséraskier ; dans ceux qui sont situés dans les villes, et destinés à serrer ou à étaler les marchandises, comme dans celui d'Ispahan, il y a aussi un officier ou garde-magasin qu'on appelle caravanséraskier. Il répond des marchandises déposées dans le caravansérai, moyennant un certain droit ou rétribution qu'on lui paye.

CARAVANTIUS (*géogr. anc.*), ville d'Illyrie, chez les Caviens (Tit. Liv., 44, cap. 30).

CARAVANTIUS (*hist. anc.*), roi d'Illyrie, qui fut prisonnier avec son frère Gentius, et orna à Rome le triomphe du vainqueur, trois siècles avant Jésus-Christ.

CARAVELLE (*marine*). C'est un petit bâtiment portugais à poupe carrée, rond de bordage, et court de varangue ; il porte jusqu'à quatre voiles latines ou à oreilles de lièvre, outre les boursets et les bonnettes à étui. Ces voiles latines sont faites en triangle ; cette sorte de bâtiment n'a point de hune, et la pièce de bois qui traverse le mât est seulement attachée près de son sommet. Le bout d'en bas de la voile n'est guère plus élevé que les autres fournitures du vaisseau ; au plus bas, il y a de grosses pièces de bois comme un mât, qui sont vis-à-vis l'une de l'autre, aux côtés de la *caravelle*, et s'amenuisent peu à peu en haut. Les *caravelles* sont regardées comme les meilleurs voiliers ; elles sont ordinairement du port de 120 à 140 tonneaux. Les Portugais se servaient de ces sortes de vaisseaux en temps de guerre, pour aller et venir plus rapidement, la manœuvre en étant facile, et faisant bien toutes les évolutions. — On nomme aussi *caravelle*, sur quelques côtes de France, les bâtiments qui vont à la pêche du hareng sur les bancs. Ils sont ordinairement de 25 à 30 tonneaux. Ceux qui sont destinés pour la même pêche, qui se fait dans la Manche, s'appellent *trinquarts*; ils ont depuis 12 jusqu'à 15 tonneaux.

CARAVELLE, s. f. (*technol.*), espèce de clou de quatre à cinq pouces, qu'on nomme aussi *carvelle* (*V*. ce mot).

CARAVITA (GRÉGOIRE), natif de Bologne, exerçait la chirurgie à Rome au commencement du XVIe siècle. Il imagina la composition d'une huile qu'il regardait comme un antidote certain. Le pape Clément VII, voulant en faire constater l'efficacité par une expérience positive et publique, lui fit livrer en 1524 deux criminels condamnés à mort. On leur fit prendre une forte dose d'aconit-napel. L'un, à qui Caravita avait administré son antidote, n'éprouva aucun effet nuisible de cette plante vénéneuse, au lieu que l'autre, qui fut abandonné à l'influence du poison, périt. Matthiole, qui rapporte ce fait comme témoin oculaire, était le disciple de ce chirurgien. Il cite aussi deux autres expériences semblables qu'il fit lui-même une trentaine d'années après, à Prague, en présence de l'empereur. — Deux jurisconsultes du même nom ont publié dans le XVIe siècle des écrits sans importance.

CARAY (*géogr.*), petite île d'Écosse, l'une des Westernes, assez fertile.

CARA-YAZYDJY-ABDOULHLYM, chef de rebelles, qui, sous le règne de Mahomet III, donna de vives inquiétudes à la Porte, et battit en plusieurs rencontres les détachements envoyés contre lui; fut mis en déroute par Hassan-Pacha à la tête des troupes de la province de Diarbeckir, perdit dans cette affaire les deux tiers de son armée, composée de 30,000 hommes, en ramassa les débris, et se retira dans la province de Djanyk, où il mourut quelques mois après en 1602. Son frère *Dely-Hassan* lui succéda, et marcha sur ses traces. Après s'être battu longtemps contre les troupes de la Porte, il se laissa gagner par la douceur, et fut chargé du gouvernement de la Bosnie; mais, sur les plaintes réitérées des habitants, il fut transféré au gouvernement de Temeswar. Quelque temps après, en 1603, il fut assailli dans une embuscade par des gens armés qui passèrent toute sa suite au fil de l'épée. Obligé de se réfugier à Belgrade, il fut arrêté et mis à mort par ordre du gouverneur de cette ville.

CARAYCH (AHMED-BEN-AMROU-AL), général des galères pendant la domination des Arabes en Espagne, se révolta contre le khalyfe Abderrahman, s'empara de Saragosse en 753, et s'y fit déclarer souverain; mais le khalyfe, ayant marché contre lui, le contraignit de chercher son salut dans la fuite. Arrêté non loin de Tolède, il fut tué avec son fils, en 755.

CARA-YOUÇOUF, premier prince de la dynastie des Turcomans, dite du *mouton noir*, parce qu'ils portaient la figure de cet animal sur leurs enseignes, entra au service d'Avéis II, sulthan de Bagdad, vers la fin du XIVe siècle, parvint à se rendre puissant dans le Diarbeckir et l'Arménie, et poussa ses conquêtes jusqu'à Tauris. L'arrivée de Tamerlan vint y mettre un terme et le forcer à prendre la fuite. Il alla chercher un asile en Égypte, où il trouva Avéis, fugitif comme lui, avec qui il s'était brouillé. Réconciliés par le malheur, ils se jurèrent une étroite amitié. En 807 de l'hégyre (1404 de J.-C.), la mort de Tamerlan les tira de la prison où le sulthan Faradj les avait fait jeter pour complaire au conquérant tatar; ils reprirent la route de leurs États; mais le serment qu'ils s'étaient juré fut bientôt oublié. Cara-Youçouf sut profiter des querelles des enfants de Tamerlan pour se former un royaume. Il s'empara de l'Irac, d'une partie de la Mésopotamie et de la Géorgie, prit Tauris, fit prisonnier Ahmed, entra triomphant dans Bagdad, et mourut dans un camp près de Tauris en 823 de l'hégyre (1420 de J.-C.). Ce prince eut trois successeurs : Iskender, qui débuta sur le trône par le meurtre d'un de ses frères, et périt assassiné par son fils; Djehan-Chah, son frère, fut vaincu et tué par le célèbre Usun-Cassan, en 842 de l'hégyre (1496 de J.-C.); le fils de Djehan-Chah eut le même sort, et en lui finit la dynastie du mouton noir, à laquelle succéda celle du mouton blanc.

CARAZOWING (*géogr.*), rivière sur la côte orientale de l'Amérique du Sud, entre la rivière des Caurayes à l'est-sud-est, et celle d'Urach à l'ouest-nord-ouest. Elle est grande et navigable; mais elle n'est fréquentée seulement que par quelques rares navires hollandais, qui vont charger sur ses bords une sorte de bois propre à la teinture.

CARBACA ou GARBACA (*géogr. anc.*), ville d'Asie dans le Paropamisus, suivant Ptolémée.

CARBAJAL ou CARABAJAL (LOUIS), peintre né à Tolède en 1534, fut dès l'âge de vingt ans employé par Philippe II à dé-

corer le palais de l'Escurial, sut s'acquitter des travaux qui lui avaient été confiés d'une manière si brillante, qu'il fut désigné l'un des quatre artistes chargés de peindre les angles du grand cloître. Il peignit à Tolède, en 1591, le maître-autel des Minimes, et plus tard différentes fresques au palais du Prado. Il mourut vers 1613. Parmi les chefs-d'œuvre de ce maître, on distingue une *Madeleine*, une *Nativité* que l'on voit à l'Escurial, et les fresques du grand cloître, qui suffiraient pour le mettre au rang des plus grands peintres de l'Espagne.

CARBALE (*géogr. anc.*) (*Carbala*), ville de l'Ibérie, au nord, sur la mer Caspienne, un peu au sud de l'embouchure du Casis.

CARBALIN, s. m. (*V*. CURBALIN).

CARBANA (*géogr. anc.*), ville de l'Asie-Mineure, en Lycie, d'après Étienne de Byzance.

CARBANIA (*géogr. anc.*), petite île de la Méditerranée, entre la Sardaigne et le continent d'Italie (*Pompon. Mela.*) Quelques auteurs ont pensé que c'est l'île appelée *Barpona* par Pline, et la moderne *Carboli*. E. G.

CARBANTORICUM (*géogr. anc.*), ville de la partie septentrionale de la Bretagne, qui, suivant Ptolémée, appartenait aux Selgoviens. Horsley la place à Bardanna sur la rivière de Nith, au-dessus de Dumfries, et Camden, au-dessous, à Carlaverock. Elle était donc située probablement, ou sur l'emplacement actuel de Dumfries, ou à peine plus bas; son nom d'ailleurs semble dériver du celto-breton : *Caër vant o rig*, ville près de l'embouchure d'une rivière. Baxter assigne sa position à Melrose. E. G.

CARBASA ou CARYSTIA, expression employée par plusieurs des anciens écrivains pour désigner des pièces de toile faite de lin incombustible (*linum incombustibile*), ou pierre d'amiante, qui, se trouvant en abondance aux environs de Carystium, était de là appelée du nom de cette place. Pausanias lui donne la dénomination de *linum carpasum*, par la même raison; parce que Carpasus, ville de l'île de Chypre, était réputée pour former une grande quantité de cette pierre asbeste.

CARBASES, CARBASSES (*vieux mots.*), voiles de navire; de *carbasa*.

CARBATIE (*géogr. anc.*), ville d'Italie, dans la Ligurie, à peu de distance de l'Éridan ou du Pô, et au sud de ce fleuve.

CARBATINE, s. f. espèce de petite coquille.

CARBATINE, s. f. (*chasse*). On donne ce nom en général à toute peau de bête nouvellement écorchée.

CARBAZOTIQUE, adj. des deux genres (*chimie*), se dit d'un acide tiré de l'azote et du carbone. C'est l'acide picrique (*V*. PICRIQUE).

CARBEN (VICTOR DE), rabbin allemand, né en 1425 de parents peu aisés, fit cependant de très-bonnes études, et acquit des connaissances fort étendues dans les langues, les coutumes et les lois des peuples de l'Orient. Les juifs de Cologne le choisirent pour leur rabbin, et dans cet emploi il acquit une réputation telle que l'archevêque de cette ville attacha une grande importance à sa conversion : il l'entreprit et y réussit. À l'âge de cinquante-neuf ans, Carben renonça publiquement à sa croyance, abandonna sa femme, plus ferme dans la foi judaïque, et trois enfants nés de leur mariage, et reçut le baptême en présence d'un grand concours de peuple. Quelque temps après, il entra dans les ordres, fut fait prêtre, et dès ce moment employa ses talents à combattre les erreurs qu'il avait lui-même partagées pendant tant d'années. Il mourut à Cologne le 2 février 1515, à l'âge de quatre-vingt-douze ans. Tous ses ouvrages sont rares; les plus remarquables sont : 1° *Propugnaculum fidei christianæ*, *instar dialogi*, *christianum et judæum disputatores introducens*, in-4°, sans date, de 171 feuillets; cette édition est la plus recherchée des curieux; 2° *Judæorum errores et mores*, *opus aureum ac novum et a doctis viris diu expectatum*, Cologne, 1509, in-4°; traduit en allemand, 1550, in-8°. Jean-Antoine Strübberg a publié une lettre latine touchant Victor de Carben et son ouvrage contre les juifs.

CARREQUI, s. m. (*comm.*), monnaie de cuivre fabriquée à Tiflis, capitale de la Géorgie, qui vaut un demi-chaoury ou seize centimes de France.

CARBERY (*géogr.*), nom d'une vaste baronnie dans le sud-ouest du comté de Cork, province de Munster, en Irlande. Le district de ce nom renfermait autrefois plusieurs baronnies avoisinantes; son nom paraît lui venir d'un prince irlandais ainsi appelé, qui le gouvernait. C'est encore la baronnie la plus étendue de l'Irlande, contenant trente-neuf paroisses et près de deux cent mille acres irlandais de plantations. Beaucoup de comtés sont moins considérables. Toutefois, dans l'intérêt de l'administration, il a paru convenable de la diviser en deux parties, qui prennent le nom de Carbery oriental et Carbery occidental. C'est un pays sauvage, montagneux, inculte, avec une côte âpre et rocheuse, dentelée de quelques baies. — Dean Swift, visitant un ecclésiastique de cette baronnie en 1725, y écrivit un poëme latin qu'il intitula *Carberiæ rupes*. Le docteur Smith, qui parcourut plus d'une fois la même côte où Dean s'était inspiré, fait l'observation que les descriptions du poëte sont aussi justes que ses vers sont remplis de beautés. Le poëme et sa traduction par le docteur Dunkin se trouvent dans l'*Histoire du comté de Cork*, par Smith. On rencontre quelques manufactures de toiles dans la Carbery, particulièrement aux environs de Dunmanway et de Cloghnakilty. — CABBERY ou CARBURY est aussi le nom de deux autres baronnies, une dans le comté de Sligo, et l'autre dans le comté de Kildare. — Il y a encore une petite île de ce nom dans la baie de Dunmanway, même comté, derrière laquelle les vaisseaux s'abritent contre les vents d'ouest; mais on doit se mettre en garde contre les bas-fonds qui l'avoisinent. ED. GIROD.

CARBES (géogr. anc.), peuples de l'Arabie Heureuse, dans le voisinage des Saliéens, suivant Diodore de Sicile.

CARBET, s. m. grande case commune des sauvages, aux Antilles, placée au milieu de leurs habitations.—Bâti de branches d'arbres, qui sert d'habitation aux sauvages et d'abri aux voyageurs.

CARBILIUS RUGA (hist. anc.), le premier des Romains qui profita de la loi sur le divorce pour répudier son épouse, l'an 227 avant J.-C.

CARBO, s. m. (hist. nat.), gros oiseau de Ceylan, dont la chair est bonne à manger.

CARBOCÉRINE (minér.), carbonate de cérium formant une espèce unique, composée d'un atome d'oxyde de cérium et deux atomes d'acide carbonique. Cette substance, très-rare et très-peu connue, se décompose par la chaleur, surtout au contact de l'air. Elle forme de petits cristaux à la surface du silicate de cérium, appelé cérine. Son gisement, en Suède, est dans le terrain primitif.

CARBON (CAIUS) fut un des plus grands orateurs de son temps. Il n'avait pas, dit Cicéron, une élocution brillante; mais il avait de la finesse et de la grâce. Son caractère était d'une mobilité qui se montrait dans sa conduite publique. Tribun du peuple au temps de Tibérius Gracchus, il agit en factieux; il persécuta Scipion Emilien, et fut fortement soupçonné d'avoir en part à l'assassinat de ce grand homme, l'an 652. Consul aussitôt après la mort de Caïus Gracchus, dont il avait été l'ami et le collègue, il défendit publiquement le consul Opimius, ennemi du tribun, qui avait pris les armes contre lui et provoqué sa mort. A son tour, il fut accusé par L. Crassus, jeune orateur, dont cette cause était le début. Carbon, pour se soustraire à la condamnation qu'il redoutait, se donna la mort.

CARBON (ARVINA) fut sénateur et perdit la vie dans le massacre que fit au sénat le préteur Brutus Damasippus, par l'ordre de Marius le fils. Cicéron, dans ses *Lettres familières*, dit que, de toute sa famille, Carbon Arvina fut le seul bien intentionné pour la république.

CARBON (CNÉIUS PAPIRIUS), fils de Caïus Papirius, fut soupçonné de complicité dans le crime de péculat dont on chargea la mémoire de son père. Marius ayant été rappelé d'exil l'an de Rome 665, Carbon, l'un des chefs de son parti, fut mis à la tête de l'une des quatre armées qui assiégèrent Rome à cette époque. Deux ans après, Cinna le prit pour collègue dans le consulat. Tous deux persécutèrent à outrance les partisans de Sylla, et se préparèrent à la guerre contre ce général, qui la faisait alors à Mithridate. Cinna ayant péri par les mains de ses soldats, Carbon resta seul consul, et ne voulut point accéder aux propositions de paix que faisait Sylla, quoique le sénat les trouvât raisonnables. Pour continuer la guerre avec plus de sécurité, Carbon imagina d'exiger de toutes les villes et de toutes les colonies d'Italie des otages de leur opposition à Sylla. Il fallut toute l'autorité du sénat pour résister à une innovation si dangereuse. Pompée, s'étant déclaré pour Sylla, marcha contre Carbon qui était à la tête d'une nombreuse cavalerie, et le battit près du fleuve Æsin. Consul pour la troisième fois avec le fils de Marius en 670, Carbon, soutenant encore la guerre contre Sylla revenu en Italie, et contre ses lieutenants, reçut un nouvel échec. — Enfin les chefs des deux partis, Sylla et Carbon, se trouvèrent en présence l'un de l'autre auprès de Clusium, où il ne se passa rien de décisif; mais, en l'absence de Sylla, Carbon et Norbanus, ayant réuni leurs forces, se portèrent sur le camp de Métellus, quoique la nuit fût proche et la position désavantageuse. Ils furent défaits avec une très-grande perte, et le reste de leur armée fut dispersé. D'autres revers firent perdre à Carbon l'espoir de conserver l'Italie, et quoiqu'il eût encore trente mille hommes, des forces assez considérables sous divers généraux, et la nation des Samnites pour lui, il abandonna honteusement l'Italie et son armée, et se réfugia en Afrique, puis dans l'île de Cossura, où il fut arrêté par l'ordre de Pompée, et conduit garrotté aux pieds de ce général, qui prononça son arrêt de mort. Lorsque Carbon vit le fer prêt à le frapper, il chercha lâchement à prolonger sa vie, jusqu'au moment où un soldat impatient lui coupa la tête. Pompée l'envoya à Sylla pour qu'il eût à repaître ses yeux de ce spectacle. C'était l'an de Rome 670.

CARBON (LOUIS DE COSTACIARO), de l'État ecclésiastique, professa la théologie à Pérouse et à Venise, et fleurit vers l'an 1580. On a de lui : 1° *Introduction à la théologie*, en six volumes; 2° *Abrégé de la théologie de saint Thomas*, à Cologne en 1608; 3° *Des commandements de l'Eglise*, à Venise en 1598; 4° *Exposition de l'oraison dominicale*, ibid., 1590; 5° *Traité des lois*, en dix-huit volumes, à Venise en 1599; 6° *Somme de cas de conscience*, ibid., 1606; 7° *Des louanges de l'homme chrétien*, ibid. en 1585; 8° *Introduction à la doctrine chrétienne*, ibid. en 1590; 9° *De la restitution*, ibid., 1592; 10° *De l'amour et de la concorde fraternelle*, en 1586; 11° *De la réconciliation avec les ennemis*, ibid. en 1584.

CARBON-DES-FLINS-DES-OLIVIERS (CLAUDE-LOUIS-MARIE-EMMANUEL), littérateur, naquit à Reims en 1757, et débuta par une ode sur le *Sacre de Louis XVI*, 1775. Quelque temps après, il vint à Paris, où il inséra un grand nombre de poésies fugitives dans l'*Almanach des Muses* et d'autres recueils littéraires. Il existe aussi de lui plusieurs pièces de théâtre : le *Mari directeur*, comédie; *la Papesse Jeanne*, vaudeville, etc. Il mourut à Vervins en 1806. Ce littérateur, qui ne portait d'abord que le nom de Carbon, comme son père, y ajouta successivement ceux de *Flins-des-Oliviers*; cette manie lui valut ce distique de la part du poëte Lebrun :

Carbon-des-Flins-des-Oliviers
A plus de noms que de lauriers.

CARBON (F.-J.), officier des troupes royales de l'intérieur pendant la révolution de France, passa en Angleterre après la pacification des provinces de l'Ouest en 1799, et vint l'année suivante à Paris, où il fut arrêté comme ayant pris part au complot de la machine infernale qui éclata le 3 nivôse an IX (24 décembre 1800) dans la rue Saint-Nicaise. Traduit devant le tribunal criminel avec un autre officier nommé Saint-Régent, l'un et l'autre furent condamnés à mort le 8 avril 1801.

CARBONARA (LE COMTE LOUIS), né à Gênes le 11 mars 1755, après avoir reçu le titre de docteur, fut admis au collège des juges de sa ville natale. Son premier emploi fut celui d'avocat des pauvres, dont il défendit les intérêts avec autant de zèle que d'éloquence. A l'âge de quarante ans, suivant les statuts de la république, il fut nommé sénateur et l'un des huit régents de la banque de Saint-Georges. En 1797, Carbonara fut un des trois députés envoyés à Milan auprès du général Bonaparte pour en recevoir une constitution démocratique. Successivement l'un des sept membres de la commission du gouvernement en 1800, juge au tribunal suprême en 1803, sénateur et membre de la cour de justice de 1804 à 1805, époque à laquelle Napoléon réunit la Ligurie à l'empire français, une cour d'appel ayant été établie à Gênes, Carbonara en fut nommé premier président. En 1809, il entra au sénat, fut créé comte de l'empire, officier de la Légion d'honneur et commandant de la Réunion. Il adhéra en 1814 à la déchéance de Napoléon, probablement avec l'espoir du rétablissement de la république de Gênes d'après la promesse des puissances alliées; mais ces promesses furent éludées par le traité de Vienne en 1815. Après la cession de Gênes au roi de Sardaigne, une cour suprême de justice appelée sénat fut installée à Gênes, et Carbonara en devint le premier président. La décoration de la Légion d'honneur ayant été défendue aux sujets piémontais, il reçut en échange la grand'croix de Saint-Maurice et de Saint-Lazare. Il fut souvent consulté par le ministre de l'intérieur, et chargé par le roi de plusieurs missions particulières. Il remplit encore les fonctions de commissaire du roi près de l'administration de Gênes, et en 1820 il fit partie d'une commission législative convoquée à Turin pour réviser les lois carolines de 1770. En 1821, par suite de la révolution piémontaise, le roi Victor-Emmanuel ayant abdiqué en faveur de son frère Charles-Félix qui se trouvait alors à Modène, Carbonara fut un des trois délégués des Génois vers le nouveau monarque. Il mourut à Gênes le 25 janvier 1826. On a de lui des plaidoyers, des consultations sur les affaires administratives, et des décisions de magistrature imprimées séparément.

CARBONARI (*V.* CARBONARISME).

CARBONARIA OSTIA (*géogr. anc.*), bras principal du Pô (*Po grande*) près de son embouchure, et qui, quoiqu'il se divise encore en quelques petits bras avant de se déverser dans la mer, porte cependant, avec l'embouchure principale, cette dénomination collective (*Plin.*, 3, 16).

CARBONARIA SILVA (*géogr. anc.*), dénomination servant à désigner la partie septentrionale de la vaste forêt des Ardennes (1). Cette dénomination est sans doute d'origine romaine (2). Cependant il ne nous est pas resté de documents précis et positifs sur cette matière, ni en général sur la géographie et la chorographie particulières de la Gaule dans les derniers temps de la domination romaine, tandis que pour les autres époques nous sommes si riches en renseignements sur ce pays. Sous la première et la seconde race des rois de France, la partie des Ardennes qui s'étend de l'ouest de la Meuse jusqu'à l'Escaut recevait la susdite dénomination, et séparait de ce côté l'Austrasie de la Neustrie (3), à peu près de la même manière dont le royaume de Lothaire était séparé de celui de son frère Charles (4). Plus tard ce nom disparaît, et même dans la géographie du moyen âge il ne paraît jamais comme désignant une province de l'empire proprement dite, ou *gau* : aussi est-ce à tort que la *Chron. Gottwicense* cite une province de ce nom.

CARBONARISME. *Carbonari*, charbonniers, est le nom d'une société italienne qu'il ne faut pas confondre avec celle des francs-maçons, car elle n'est pas sortie de leur sein. Si le carbonarisme a emprunté quelque chose à la franc-maçonnerie, il a toujours eu une existence à part, et a été prédominant en Italie. Bien que les carbonari fassent remonter leur origine à François Ier, à la santé duquel ils boivent dans leurs fêtes, ils n'ont acquis une importance historique et surtout politique que depuis 1818. Cependant on ne peut mettre en doute qu'ils n'existassent antérieurement : en 1814, la petite ville de Lanciano, dans l'Abruzze citérieure, comptait à elle seule 1,200 membres en armes. Certains auteurs pensent qu'ils étaient une branche des vaudois, qui rejetaient la tradition pour s'en tenir au texte même de l'Evangile. M. Botta (*Storia d'Italia*), au contraire, veut donner à cette société un caractère exclusivement politique. D'après lui, sous le règne de Joachim Murat, les républicains, animés d'une haine égale contre les Français et contre Ferdinand, se réfugièrent dans les défilés des Abruzzes, s'unirent entre eux par une alliance, et se donnèrent le nom de *carbonari*. Leur chef était un certain Capobianco, homme de courage, d'enthousiasme et d'éloquence. Ferdinand et Caroline se servirent d'eux contre les Français, et tirèrent de cette alliance temporaire, qu'ils désavouèrent ensuite, les plus utiles services; elle s'était faite sous les auspices du prince Moliterni, républicain de cœur, qui avait été député vers eux. Ils furent protégés, les uns disent par la reine Caroline, les autres par le Génois Maghella, ministre de la police sous la république ligurienne, puis directeur de la régie des tabacs. Il est très-probable que ce fut par Maghella; car, lorsqu'il remplaça Saliccetti au ministère, il se servit d'eux dans l'espérance d'atteindre son but favori, qui était à la fois l'unité et l'indépendance de l'Italie. A l'ombre d'une aussi puissante protection, la société des carbonari ne tarda pas à acquérir un grand développement; c'est sans doute à ses anciennes relations avec eux que Maghella

(1) Cette division est clairement indiquée dans le passage où César décrit l'étendue de cette forêt (*De bell. gall.*, v, 3; vi, 29, passage sur lequel s'élèvent des doutes qui paraissent assez fondés; vi, 33).

(2) Car cette dénomination paraît chez Alexandre Sulpice, lib. iii (qui est une des sources de Grégoire de Tours), dans le récit d'événements qui eurent lieu en 385, lib. ii, c. 19. Bouquet, ii, 164, et d'après ce que Grégoire de Tours dit d'Alexandre Sulpice, il est beaucoup d'opinions suivant lesquelles le premier de ces deux auteurs n'aurait pas vécu beaucoup plus tard que le second. La mention qui se fait de cette forêt dans la loi salique confirme cette indication.

(3) *Annal. Metens.* ad 690. Bouquet, ii, 678; comp. ad 687; id., p. 677, 682. *Gesta reg. franc.*, c. li; id., 571, 544.

(4) Nithard, l. iv, c. 3. Bouquet, vii, 30.

dut d'être, après la chute de Murat, envoyé dans une forteresse de Hongrie, puis livré au roi de Sardaigne, qui ne le mit en liberté qu'après l'avoir laissé un an à Fénestrelles. Leur nom est un symbole. Dans leur langage, purger la forêt des loups signifiait naturellement délivrer la patrie des étrangers, ce qui avait été constamment leur but; mais plus tard, lorsque par le secours des baïonnettes étrangères les souverains des anciennes familles furent remontés sur leurs trônes et cherchèrent, en livrant aux supplices les carbonari à répudier une alliance qui cessait de leur être utile, les loups furent ces hommes traîtres à leurs promesses, sous lesquels l'Italie devint plus esclave qu'elle ne l'avait été sous la conquête. Le charbon est aussi un autre symbole : il purifie l'air, et d'un autre côté on est dans l'habitude d'allumer des feux pour éloigner les bêtes fauves. Leur cri était : « Vengeance pour le mouton opprimé par le loup. » Les adeptes du second degré s'appelaient les pythagoriciens; on ne sait rien sur le troisième, et quelques auteurs seulement pensent qu'il en existait un quatrième. — Entre eux ils se nommaient bons cousins. Le lieu d'assemblée s'appelait *hutte* (*baracca*), la contrée environnante *forêt*, l'intérieur du lieu d'assemblée *vente* (*vendita*), tous termes empruntés au commerce du charbon. La réunion d'un certain nombre de huttes formait une république. Ils avaient partagé l'Italie en différentes provinces. Il y avait, par exemple, celle de la Lucanie occidentale avec 182 huttes, dont le chef-lieu était Salerne; celle de la Lucanie orientale, qui avait pour chef-lieu Polenza; puis venaient les républiques d'Hirpinie, de Daunie, etc. Il semble qu'il n'y ait jamais eu de réunion générale ou de centre d'unité; car ce fut en vain que les huttes de Naples et de Salerne cherchèrent à imprimer aux huttes secondaires un mouvement uniforme. Peu de temps après son apparition sur la scène politique, cette société comptait déjà de 24 à 30,000 membres; elle se répandit avec une telle rapidité que, seulement dans le mois de mars 1820, on reçut 650,000 nouveaux membres. Des villes entières s'étaient rangées de leur côté; des personnes de tous les rangs s'y firent affilier en foule, et comme les statuts prescrivaient la plus grande tolérance religieuse et accordaient à chacun le droit imprescriptible d'honorer Dieu d'après ses convictions et ses idées particulières, le plus grand nombre se composait de militaires et d'ecclésiastiques. Comme on était généralement peu difficile sur la réception, on admit dans la société des hommes qui avaient été proscrits ou condamnés pour d'autres causes que pour leurs opinions politiques. C'est ce qui servit aux souverains de prétexte pour les représenter à chaque occasion, comme des brigands capables de tout et dignes des plus grands châtiments. Malgré cela, ils eurent bientôt des ramifications de plus en plus nombreuses, et couvrirent tout le midi de l'Europe. En 1821, on étouffa par les armes la révolution napolitaine, qui était en partie leur ouvrage. Ils furent déclarés dans toute l'Italie coupables de haute trahison, et punis comme tels quand on parvenait à les saisir. Aujourd'hui, malgré l'acharnement et même la cruauté avec laquelle on les poursuit, ils existent encore et tiennent sans cesse en éveil les souverains, qui tremblent au seul nom de carbonaro, parce qu'ils savent bien que cette société, quoique décimée et proscrite, renferme encore dans son sein des hommes de cœur et de courage, amis de l'Italie et de ses libertés (*V.* l'article CALDERARI).

CARBONARO (*V.* CARBONARISME).

CARBONATES (*chim.*). Genre de sels formés par la combinaison de l'acide carbonique et d'une base quelconque. Solides, blancs pour la plupart, cristallisables, les carbonates sont tous décomposables par le feu, à l'exception des carbonates de potasse, de soude et de baryte. Les carbonates de chaux et de strontiane exigent pour leur décomposition une température plus élevée que le rouge cerise. Ceux de magnésie, de manganèse, de protoxyde de fer, de zinc, sont décomposables à cette température; tous les autres le sont à une température inférieure. L'acide carbonique reprend l'état gazeux, et l'on obtient pour résidu l'oxyde du sel. Quelquefois, et cela a lieu pour les métaux des dernières sections, l'oxyde se réduit, et l'on obtient le métal à l'état de liberté. Les carbonates indécomposables par le feu ne possèdent cette propriété que lorsqu'ils sont secs; si dans un tube de porcelaine placé dans un fourneau à réverbère on introduit une capsule de platine contenant du carbonate de baryte, qu'on porte la chaleur au rouge cerise, et qu'on fasse passer sur ce carbonate un courant de vapeur d'eau, l'acide carbonique sera mis en liberté, et l'on obtiendra pour résidu de la baryte hydratée. Il en serait de même pour les carbonates de potasse et de soude. Les carbonates décomposables par le feu ne le sont qu'autant qu'on laisse à l'acide carbonique une libre issue pour se dégager ; le carbonate de chaux décomposable par le feu à cette condition, si on l'emprisonne dans un canon de fusil fermé à ses deux extrémités, et qu'on lui fasse éprouver l'action d'une température élevée, le carbonate de chaux, dis-je, éprouvera la fusion ignée; et cristallisant par le refroidissement, il donnera du marbre artificiel. Le premier effet du feu sur le carbonate d'ammoniaque serait de le volatiliser.—L'action des métalloïdes sur les carbonates est nulle à froid. Si le carbonate est facilement décomposable par la chaleur, l'action des métalloïdes sur ce carbonate à la température à laquelle il se décompose sera la même que celle qu'ils exercent sur l'oxyde du sel, et l'acide carbonique sera mis en liberté sans être attaqué. Il n'en sera plus de même, si le carbonate exige une haute température pour se décomposer; et si le métalloïde est de l'hydrogène, du carbone ou du phosphore, l'acide carbonique perdra de son oxygène, et passera à l'état d'oxyde de carbone. Les métaux de la troisième section ont pour action sur les carbonates de potasse, de soude, de baryte et de chaux, le fer par exemple sur le carbonate de baryte, de décomposer l'acide carbonique et de le transformer en oxyde de carbone qui se dégage. C'est sur cette propriété qu'est fondé l'un des procédés d'extraction de ce gaz.—Tous les carbonates sont insolubles dans l'eau, à l'exception des carbonates de potasse, de soude et d'ammoniaque. Quelques-uns des carbonates insolubles dissolvent dans une eau chargée d'acide carbonique, ou si l'on veut deviennent solubles en passant à l'état de bicarbonates. Chauffé, ou simplement exposé à l'air, le bicarbonate laissera dégager la moitié de son acide carbonique, et se précipitera à l'état de carbonate. C'est ce qui a lieu, par exemple, pour le carbonate de chaux. — On conçoit d'après cela comment il se fait qu'on rencontre des carbonates en dissolution dans les eaux acidules ou gazeuses, et comment ces eaux forment des incrustations sur les corps qu'elles baignent. La fontaine de Saint-Allyre, près de Clermont, offre un exemple du phénomène que nous citons. — La chaux et la strontiane déplacent la potasse, la soude, l'ammoniaque et même la baryte de leur combinaison avec l'acide carbonique, et donnent un précipité de chaux ou de strontiane. Si l'on verse une dissolution de carbonate de potasse, de soude ou d'ammoniaque dans une dissolution d'un sel quelconque, on obtiendra un précipité de carbonate. Exemple : du carbonate de potasse, versé dans une solution d'azotate de baryte, donnera un précipité de carbonate de baryte. Ce phénomène est facile à prévoir d'après la loi de double décomposition des sels, sachant d'ailleurs que tous les carbonates sont insolubles à l'exception des carbonates de potasse, de soude et d'ammoniaque. — Tous les acides, même les plus faibles, tels que l'acide sulfhydrique, les acides d'origine organique tels que l'acide acétique, décomposent les carbonates, s'emparent de la base, et dégagent l'acide carbonique avec effervescence. Cette propriété constitue un des caractères distinctifs des carbonates. C'est sur cette propriété qu'est fondée l'extraction de l'acide carbonique. — Outre les carbonates neutres, il existe des bicarbonates, des sesquicarbonates, des carbonates bibasiques et sesquibasiques. Dans les carbonates neutres la quantité d'oxygène de l'acide est à la quantité d'oxygène de la base comme 2 est à 1. La formule de composition d'un carbonate, du carbonate de chaux par exemple, sera donc CaO, C^2O^2. — On trouve dans la nature douze carbonates : les carbonates de chaux, de protoxyde de fer, de soude, de potasse, de bioxyde de cuivre, de plomb, de zinc, de baryte, de strontiane, de magnésie, de manganèse, et la dolomie ou le double carbonate de chaux et de magnésie. — Le carbonate de chaux est un des corps les plus répandus dans la nature. — Il constitue les marbres, la craie, le calcaire compacte, les albâtres, etc. On le rencontre dans tous les terrains, depuis les plus anciens jusqu'aux plus modernes. Il entre dans la composition de presque toutes les terres cultivées. — Le carbonate de fer existe en assez grande quantité dans la nature. On le trouve en amas ou en filons au milieu des terrains anciens. Il existe encore en rognons, en amas vu en petites couches au milieu des terrains houillers. Telle est la nature de presque tous les minerais de fer de l'Angleterre; telle est également en France celle des minerais appartenant aux terrains houillers des environs de Saint-Étienne.—Comme tous les carbonates, à l'exception de trois, sont insolubles, on peut les obtenir par voie de double décomposition. Le carbonate de plomb ou céruse peut s'obtenir ainsi. Toutefois, on suit un procédé différent pour le préparer en grand dans les arts. On le prépare en Hollande et à Krems en traitant directement le plomb par l'acide acétique avec l'intermède d'une température de 50°. On le prépare à Clichy, près de Paris, en traitant le sous-acétate de plomb par l'acide carbonique (*V.* PLOMB.). Le carbonate d'ammoniaque qui est vo-

latil s'obtient en soumettant à l'action de la chaleur un mélange de chlorhydrate d'ammoniaque et de carbonate de chaux. Les carbonates de potasse et de soude s'obtiennent, le premier par la lessivation des cendres de bois, le second par l'incinération et la lessivation de plantes qui croissent sur les bords de la mer. On trouve aussi le carbonate de soude dans les eaux de certains lacs; il porte alors le nom de natron (*V.* les articles POTASSE et SOUDE). . BUTILLON (de l'école normale).

CARBONCLE , CARBOUCLE (*vieux mots*), sorte de rubis, pierre précieuse ; *carbunculus.*

CARBONCLE ROUGE, s. m. pierre rouge, luisante et transparente, de l'île de Ceylan, qu'on employait autrefois en médecine comme préservatif de la peste, de plusieurs poisons, etc.

CARBONCLE, s. m. (*médecine*), flegmon enflammé et souvent pestilenciel.

CARBONDALA (JEAN DE), né à Santhià en Piémont, exerça avec distinction la chirurgie à Crémone, Pavie, Plaisance, Vérone, où il était professeur en 1298, et dans les dernières années de sa vie à Santhià. On a de lui un traité fort bon pour son temps, que Marc de Vergasco, son élève et son compatriote, nous a conservé, et qui a pour titre *De operatione manuali*, manuscrit in-folio de 320 colonnes, suivi d'un supplément qui contient deux mémoires : 1° *Effectus aquæ vitæ mirabiles in corpore et extra corpus humanum*, 4 colonnes; 2° *Ad inflammationem carbunculi*, 5 colonnes. Au commencement de ce traité, que l'auteur composa pour acquiescer aux demandes de ses confrères, il assure qu'il n'indique ni remède ni opération quelconque qu'il n'ait exécutée ou essayée plusieurs fois pendant le long exercice de sa profession. En examinant cet ouvrage, qui est divisé en cinq parties, on remarque que Carbondala était un homme profond dans son art. Il recommande surtout à ses élèves la pratique et l'observation; il désire que le chirurgien ne se livre à la pratique qu'après avoir assisté à un grand nombre d'opérations exécutées par un excellent maître; car il ne croit pas qu'on puisse jamais devenir un bon chirurgien en se bornant à la lecture des livres. Dans le cours du traité, on trouve d'utiles observations sur l'hydrocéphale, sur une maladie du cuir chevelu, sur les maladies des yeux, sur une énorme épulie, sur les apostèmes des cuisses et des bras, sur les fractures du crâne, sur l'influence de la fièvre et des convulsions dans les blessures, sur les plaies et les contusions du larynx et de la trachée-artère, sur une ancienne dislocation du fémur, sur les différentes espèces de cautères et les endroits où on peut les appliquer ; et, comme il avait pratiqué dans les armées, son traité est parsemé de détails précieux sur la chirurgie militaire.— Quoiqu'il ait vécu avec Mondino, Carbondala n'était pas moins versé dans l'anatomie. Son traité sur cette science, qui est divisé en six chapitres, et ne contient que les connaissances purement nécessaires au praticien est, sans contredit, tout aussi bon que celui qui a immortalisé le nom de Mondino ; il est même plus exact, plus précis en certains endroits, et dans ceux qui semblaient l'exiger il s'étend davantage. Au surplus, des hommes d'un grand mérite qui ont été à même d'examiner l'ouvrage de Carbondala, nous assurent que sa chirurgie est plus claire et plus instructive que celle de Guy de Chauliac, qui lui est de beaucoup postérieure. Sa pharmacopée chirurgicale est assez simple, et ne se ressent nullement du goût prédominant des Arabes pour la complication et la multiplicité des formules. Ses moyens restent simples, et il ne se servit jamais des instruments dès qu'il pouvait s'en passer. Il avait luavec attention les ouvrages d'Hippocrate, Galien, Celse, Avicenne, etc. ; ce sont même les seuls auteurs dont il appuie ses opinions.

CARBONE. Le carbone est connu de toute antiquité ; mais sa place parmi les corps simples et son histoire chimique ne datent que de l'époque où Lavoisier vint renouveler la science. Lavoisier démontra la présence de l'hydrogène dans le charbon ordinaire, démontra que la combinaison du charbon et de l'oxygène donne de l'acide carbonique, démontra enfin l'identité du charbon et du diamant. Il était guidé par les idées de Newton et les travaux des académiciens de Florence. Newton, remarquant que les corps qui réfractent le plus la lumière sont les plus combustibles, en avait conclu que le diamant devait renfermer un principe très-combustible. Les académiciens de Florence vers la fin du dix-septième siècle, en concentrant sur le diamant les rayons du soleil au moyen de fortes lentilles, avaient vu le diamant se consumer. Lavoisier, en brûlant le diamant au milieu de l'oxygène, ne trouva pour produit que le même gaz qui résulte de la combustion du charbon. Le carbone se présente sous plusieurs états différents. Lorsqu'il est cristallisé, dur, transparent, doué d'un grand pouvoir réfringent et dispersif, il constitue une substance rare et précieuse, le diamant. A un degré moindre de compacité, noir et combiné avec un peu de fer, le carbone constitue le graphite qu'on emploie à faire des crayons sous le nom de mine de plomb. L'anthracite est une variété de charbon pur, qui se rapproche beaucoup de la houille par ses caractères physiques ; mais il en diffère totalement par l'absence de l'hydrogène qui donne à la houille la propriété de brûler avec flamme. Le charbon végétal est noir, friable, poreux ; c'est du carbone retenant un peu d'hydrogène et quelques sels terreux. Le charbon animal obtenu par la calcination des os est de toutes les espèces de charbons la plus impure ; il ne contient guère que 10 pour 100 de carbone, le reste se compose de sels. Le carbone sous quelque apparence qu'il se présente est solide, sans odeur, sans saveur ; infusible, involatil à la plus haute température que nous puissions produire ; insoluble dans quelque agent chimique que ce soit. C'est cette impossibilité où nous sommes de faire éprouver au charbon la fusion soit aqueuse soit ignée qui a rendu vains jusqu'à ce jour les efforts tentés par les chimistes pour obtenir du charbon cristallisé, c'est-à-dire du diamant, et pour transformer une matière si commune en une substance si rare. Quand le charbon végétal n'a pas été fortement calciné, il est mauvais conducteur du calorique ; il devient bon conducteur après la calcination. Le charbon calciné est également bon conducteur de l'électricité. Aussi se sert-on de la braise pour entourer le pied des paratonnerres. La faculté du charbon calciné de conduire l'électricité est rendue remarquable par l'expérience de Davy, qui consiste à terminer par deux fragments coniques de charbon les pôles de la pile voltaïque en activité, et à les mettre en contact. Le charbon est porté à l'incandescence, et il se produit une lumière dont l'éclat ne peut être comparé qu'à celui du soleil. Mis dans une petite cloche courbe remplie de gaz oxygène et chauffé avec la lampe à alcool, le charbon brûlera et donnera de l'acide carbonique. Cette expérience capitale peut être variée de plusieurs manières, soit en faisant passer de l'oxygène à travers un tube sur du charbon incandescent, soit en enflammant le charbon dans un ballon contenant de l'oxygène au moyen de la pile ou des rayons solaires concentrés par une lentille. On la présente habituellement dans les cours en plongeant dans un flacon rempli d'oxygène un fragment de charbon allumé, suspendu par un fil de fer à un bouchon. Après la combustion du charbon, on démontre la présence de l'acide carbonique au moyen de la potasse ou de l'eau de chaux. Un volume d'oxygène donne par la combustion du charbon un volume d'acide carbonique. L'acide carbonique n'est pas le seul composé que forme le carbone avec l'oxygène. Dans certaines circonstances, lorsque le carbone est en excès et la température très-élevée, il se forme de l'oxyde de carbone. Le carbone se combine avec le soufre pour former le sulfure de carbone, avec l'hydrogène pour former la classe si nombreuse et si intéressante des carbures d'hydrogène ; avec le chlore le carbone forme deux composés ; avec l'azote il forme le cyanogène. Si l'on plonge rapidement dans l'eau sous une cloche des charbons incandescents, l'eau sera décomposée, et l'on recueillera sous la cloche différents gaz provenant de sa décomposition et de la combinaison de ses éléments avec le charbon, de l'acide carbonique, de l'oxyde de carbone, de l'hydrogène, du protocarbure d'hydrogène. L'acide sulfurique à la température de 100° à 200° est décomposé par le charbon, il se forme de l'acide carbonique et de l'acide sulfureux. Une propriété du charbon, laquelle est commune aux corps poreux, c'est d'absorber une plus ou moins grande quantité de gaz. Cette absorption dépend de trois circonstances principales, 1° de la température, 2° de la pression, et 3° de la nature des gaz. Le charbon absorbe d'autant mieux un gaz que la température est plus basse, et si on élève la température un charbon imprégné d'un gaz s'en dépouillera complétement. Plus la pression est grande, plus l'absorption d'un gaz par le charbon est grande, et cette absorption sera nulle si la pression est nulle. Aussi, outre l'élévation de la température, un moyen de dépouiller le charbon du gaz qu'il contient c'est de le mettre dans le vide. Les différents gaz sont plus ou moins absorbables par le charbon. L'ammoniaque, l'acide chlorhydrique, l'acide sulfureux possèdent cette propriété au plus haut degré ; le charbon en absorbe de 50 à 80 fois son volume. L'oxygène au contraire, surtout l'azote et l'hydrogène, ne sont absorbés qu'en petite quantité. Une autre propriété du charbon, c'est sa faculté décolorante et désinfectante. Il doit probablement cette propriété à celle qu'il a d'absorber les gaz. L'expérience fait voir que le charbon, mêlé à une grande quantité de matières étrangères, est plus propre à décolorer et à désinfecter que lorsqu'il est à un certain degré de pureté. Aussi le charbon

animal, qui ne renferme que 10 pour 100 de charbon pur, est-il plus propre que le charbon végétal à cet usage. Si l'on filtre à travers du charbon un liquide coloré, du vin de la teinture de tournesol, il passera incolore. Si l'on fait bouillir avec du charbon de la viande avancée, elle aura en peu de temps perdu sa mauvaise odeur. Le carbone se trouve dans la nature à l'état de pureté parfaite dans le diamant. On trouve le diamant dans l'Inde et au Brésil, dans des terrains de transport, dans ces mêmes terrains qui donnent l'or et l'argent. On l'extrait par le lavage. Les autres espèces de carbone à peu près pur sont le graphite et l'anthracite. Imprégné de bitume, le carbone constitue la houille qu'on trouve aux parties inférieures des terrains secondaires. Uni à l'oxygène, il constitue l'acide carbonique ; avec l'oxygène et les bases, il constitue les carbonates. Le carbone entre dans la composition de toutes les matières végétales et animales, et il forme même la partie la plus considérable de leurs principes constituants, dans les matières végétales avec l'oxygène et l'hydrogène, dans les matières animales avec l'oxygène, l'hydrogène et l'azote. Le carbone s'obtient quand la nature le donne pur par des fouilles ; quand il est engagé dans des combinaisons, on emploie divers procédés. La calcination de la houille la débarrasse des matières bitumineuses, et donne du charbon plus ou moins pur, le coke. La calcination du bois donne le charbon végétal si répandu dans nos usages domestiques. Avec la résine et la houille on fait du noir de fumée. La calcination des os donne le noir animal ; le noir d'ivoire est de cette espèce de charbon. Pour purifier ces diverses espèces de charbon et obtenir du carbone pur, on chauffe le charbon impur dans un creuset pour le débarrasser de l'hydrogène qu'il renferme, on le traite par l'acide chlorhydrique pour le débarrasser de ses sels. On peut obtenir du carbone pur dans les laboratoires en décomposant par la chaleur certaines substances végétales, telles que le sucre, l'huile de térébenthine.—Les usages du charbon sont très-nombreux. A l'état de diamant il sert de parure, et sa dureté le rend propre à rayer le verre. A l'état de houille ou de charbon de bois, il sert de combustible. A l'état de charbon animal ou de charbon végétal, il est employé comme désinfectant et comme décolorant. On s'en sert pour clarifier le sucre, pour rendre limpide et potable une eau bourbeuse et fétide. Dans les usines et les laboratoires on emploie le charbon pour obtenir les métaux réduits, pour amener un sulfate à l'état de sulfure, etc. Il joue dans les réactions chimiques le rôle d'un corps avide d'oxygène. BUTILLON (de l'école normale).

CARBONE (OXYDE DE). L'oxyde de carbone est un gaz incolore, sans saveur ni odeur, sans action sur les couleurs végétales, presque insoluble dans l'eau ; sa densité est 0,97, celle de l'air étant prise pour unité. Inaltérable par la chaleur et l'électricité, il n'est décomposé par aucun des métalloïdes, et parmi les métaux il n'y a que le potassium et le sodium qui soient susceptibles de le décomposer. Enflammé au contact de l'air, il brûle avec une flamme bleue, et se transforme en acide carbonique. Mêlé avec l'oxygène dans un flacon ou dans l'eudiomètre, et enflammé dans le flacon au moyen d'une allumette et dans l'eudiomètre au moyen de l'étincelle électrique, il brûle, détone et se transforme en acide carbonique. Mêlé avec un volume de chlore égal au sien et exposé à l'action des rayons solaires, il donne naissance à un composé gazeux remarquable, qu'on nomme acide *chloroxycarbonique* (*V.* ACIDE CARBONIQUE).—L'oxyde de carbone est composé d'un volume de vapeur de carbone et d'un demi-volume d'oxygène condensés en un seul. Si l'on introduit en effet dans l'eudiomètre à mercure un volume d'oxyde de carbone et un volume d'oxygène, et qu'on enflamme le mélange, on obtiendra après la combustion un mélange gazeux d'un volume et demi, ce mélange sera composé d'un volume d'acide carbonique et d'un demi-volume d'oxygène ; car la potasse en absorbera un volume, et on reconnaîtra le demi-volume restant pour être de l'oxygène. Un volume d'oxyde de carbone exigeant donc un demi-volume d'oxygène pour se transformer en acide carbonique, et la composition de l'acide carbonique étant d'un volume de vapeur de carbone pour un volume d'oxygène, il en résulte pour l'oxyde de carbone la composition annoncée ; d'où sa formule en atomes C^2O. La densité de la vapeur de carbone étant 0,42, et la moitié de la densité de l'oxygène étant 0,55, il en résulte que l'oxyde de carbone est composé de 42 de carbone en poids et de 55 d'oxygène, ou de 76 de carbone pour 100 d'oxygène ; d'où 76 pour le poids de l'équivalent du carbone. — Des composés que forme le carbone avec l'oxygène, l'oxyde de carbone est le plus stable. Il prend naissance toutes les fois que le carbone en excès se trouve en contact avec l'oxygène à une haute température. On ne le trouve pas dans la nature ; pour l'extraire, on peut employer l'un des procédés suivants : 1° on introduit dans une cornue de grès un mélange de carbonate de baryte et de fer; on adapte à la cornue un tube recourbé propre à recueillir les gaz, et qui s'engage sous des éprouvettes pleines d'eau; on porte la cornue à l'incandescence, le gaz qui se produit va remplir l'éprouvette, et il reste dans la cornue un mélange d'oxyde de fer et de baryte. 2° On introduit dans une cornue de grès un mélange fait intimement de charbon et d'oxyde de zinc, on porte la cornue à l'incandescence, le gaz qui se produit se recueille dans les éprouvettes, et l'on trouve dans la cornue un mélange de charbon et de zinc réduit. 3° On traite par l'acide sulfurique l'acide oxalique ou l'oxalate de potasse, à l'aide d'une douce chaleur; il se forme de l'oxyde de carbone et de l'acide carbonique en volumes égaux, qu'on recueille dans des éprouvettes; l'on absorbe l'acide carbonique par la potasse, et on obtient l'oxyde de carbone pur. L'acide oxalique est formé d'acide carbonique et d'oxyde de carbone combinés à volumes égaux; l'acide sulfurique les désunit en s'emparant de l'eau qui est nécessaire à leur combinaison. — L'oxyde de carbone n'est connu que depuis le commencement de ce siècle. On croyait, avant cette époque, que, dans la réduction des oxydes métalliques par le charbon, il ne se formait que de l'acide carbonique. Mais Priestley ayant reconnu que dans celle de l'oxyde de zinc il ne se formait au contraire que du gaz inflammable, et ayant annoncé que ce gaz était de l'hydrogène carboné, les chimistes s'empressèrent de répéter l'expérience, et, y ayant regardé de plus près, ils reconnurent un nouveau composé de carbone auquel il ne manquait que de l'oxygène pour devenir acide carbonique. La nature de ce gaz fut reconnue à la fois par Cruickshank en Angleterre, et par Clément et Désormes en France.

CARBONE (CHLORURES DE) (chimie). Ces composés, qui sont au nombre de deux, le sesquichlorure et le protochlore, ont été découverts par M. Faraday en 1820. Le sesquichlorure s'obtient en mêlant du bicarbure d'hydrogène (gaz oléfiant), avec du chlore en excès et exposant le mélange à l'action des rayons solaires; il se forme de l'acide chlorhydrique et du sesquichlorure de carbone. Ce corps est solide blanc cristallin transparent, d'une odeur qui rappelle celle du camphre, et dont la densité est à peu près 2. Sa fusion a lieu à 160 et son ébullition à 182°. Soumis à l'action de la chaleur, il se décompose en protochlorure et en chlore. L'oxygène à une haute température le décompose en acide carbonique et en chlore. Plongé dans la flamme de l'alcool, il brûle, et quand on l'en retire il cesse de brûler. L'hydrogène le décompose comme l'oxygène au degré de la chaleur rouge, et donne de l'acide chlorhydrique et du carbone qui se dépose. Les métaux le décomposent de même en donnant lieu à des chlorures métalliques et à du charbon. Il ne se dissout ni dans l'eau, ni dans les acides, ni dans les alcalis, mais il est soluble dans les éthers, l'alcool et les huiles. L'eau le précipite de ses dissolutions alcooliques. On détermine sa composition en cherchant quelles sont les proportions réagissantes dans sa formation : or cinq volumes de chlore et un volume de bicarbure d'hydrogène donnent quatre volumes d'acide chlorhydrique avec du sesquichlorure de carbone; et, comme un volume de bicarbure d'hydrogène se compose de deux volumes de vapeur de carbone et de deux volumes d'hydrogène, et que quatre volumes d'acide chlorhydrique représentent deux volumes d'hydrogène et deux volumes de chlore, on a pour la composition du sesquichlorure de carbone trois volumes de chlore pour deux de carbone; d'où sa formule en atomes Cl^3C. — Le protochlorure de carbone s'obtient en décomposant par la chaleur le sesquichlorure. C'est un liquide incolore, limpide, dont la densité est 1,5. Un froid de 18° ne le solidifie pas, il bout à 74°. De même que le sesquichlorure, il est insoluble dans l'eau, les acides et les alcalis; mais il est soluble dans les éthers, l'alcool et les huiles. Le chlore sous l'influence de la lumière solaire le transforme en sesquichlorure. A une haute température, l'oxygène le décompose en acide carbonique et en chlore; l'hydrogène en acide chlorhydrique et en charbon, les métaux en chlorures métalliques et en charbon. Mêlée à l'oxygène et à l'hydrogène, sa vapeur détone dans l'eudiomètre à mercure, ce qui donne un moyen d'analyse. Sa formule est ChC.

BUTILLON (de l'école normale).

CARBONE (LOUIS), orateur et poëte latin, naquit à Ferrare vers 1458, d'une famille originaire de Crémone. Après avoir étudié la langue grecque sous Guarino de Vérone et sous Théodore Gaza, il fut nommé professeur d'éloquence de l'université de Ferrare, à peine âgé de vingt ans. Le pape Pie II, passant par cette ville en 1459 pour se rendre au congrès de Mantoue, Carbone fut choisi pour le haranguer. Pie fut si con-

tent de son discours, qu'il lui accorda le titre de comte palatin. Carbone alla passer quelques années à Bologne, et y donna, en diverses occasions, des preuves de son talent pour l'éloquence. Revenu à Ferrare, il s'y maria; ce qui ne l'empêcha point de suivre en 1473 les princes d'Este, Sigismond et Albert, dans un voyage qu'ils firent à Naples, et d'aller à Rome, à Florence et à Sienne, où il prononça plusieurs discours publics. Il mourut de la peste vers 1485. Il avait composé plus de deux cents discours latins et fait plus de dix mille vers, comme il le dit lui-même dans une harangue qu'il prononça en 1469 devant l'empereur Frédéric III. La plupart de ses discours, dont aucun n'a été imprimé, sont des oraisons funèbres, ou furent prononcés pour des cérémonies de mariage. Ils contiennent souvent des particularités historiques peu connues. On en conservait plusieurs manuscrits à Rome, dans la bibliothèque de Sainte-Marie del Popolo. La publication en serait utile, même pour l'histoire. — Un autre CARBONE (Jérôme), poëte napolitain dans le XVIᵉ siècle, a publié quelques poésies de peu d'importance.

CARBONE (JEAN-BERNARD), peintre, né en 1614 à Albaro, près de Gênes, fut élève d'André de' Ferrari. Ses premiers ouvrages sont des sujets tirés de l'histoire ou de la fable. Il s'attacha ensuite à faire des portraits, et chercha surtout la manière de Van-Dyck, qu'il sut heureusement imiter. On a de lui des portraits de toute grandeur; quelques-uns même sont assez petits pour être montés en bague. Il eut le désir de voir Venise et les monuments de cette ville, et il en revint avec une collection abondante de dessins et d'idées nouvelles. On remarqua que son pinceau avait acquis de la finesse et de la franchise. A cette époque, Valerio Castello étant mort à Gênes sans avoir achevé une grande fresque à Santa-Maria del Gerbino, Carbone reçut ordre de la terminer. Bientôt après, on exposa dans l'église de la Nunziata del Guastato un tableau de Jean-Bernard, destiné pour une chapelle de la nation française, et qui représentait Saint Louis en adoration devant la croix. Derrière ce prince, on voit quelques seigneurs de sa cour : au-dessus est une gloire d'anges d'une beauté surnaturelle. Contre l'attente de Carbone, cette composition n'eut pas de succès, et on en commanda un autre sur le même sujet à un peintre de France. Le tableau vint de Paris, et fut placé sur l'autel. Peu de temps après, on fut mécontent de ce second tableau, et on en commanda un troisième à Paris. Ce dernier n'ayant pas encore convenu, on se décida à donner la préférence à celui de Carbone. On lit ces détails dans Ratti, qui les raconte de manière à faire croire qu'il est animé par quelque prévention maligne. Les autres ouvrages de Carbone se voient dans l'église paroissiale de Celles (rivière du Ponent) et à Lérici. Cet artiste mourut d'une attaque de goutte en 1683.

CARBONÉ, ÉE, adj. (chimie), qui contient du carbone. *Gaz hydrogène carboné.*

CARBONEL (HUGUES), Français de nation, de l'ordre des frères mineurs de l'étroite observance, fleurit vers l'an 1620. On a de lui : *Discours sur le mauvais riche et le Lazare ressuscité*, Paris, 1616; *Sermons sur les évangiles de carême*, Paris, 1620; *Sermons*, ibid.

CARBONEL (JOSEPH-NOEL) naquit à Salons en Provence le 12 août 1751; étant encore très-jeune, il perdit son père, qui était berger, et vint à Paris pour y étudier la chirurgie; mais son goût pour la musique lui fit abandonner cette carrière, et il entra à l'Opéra pour y jouer du galoubet; depuis, il s'adonna tout entier au perfectionnement de cet instrument, auquel il donna de grands développements. On lui doit la première bonne méthode de galoubet, et l'article GALOUBET dans l'*Encyclopédie*. Il mourut en 1804. Son fils s'est distingué comme compositeur. Tous les accompagnements des romances de la reine Hortense ont été retouchés et arrangés par lui.

CARBONIDES (minéral.). M. Beudant comprend dans la famille des carbonides les genres CARBONE, CARBURE, MELLATE, URATE, CARBONITE, CARBONOXYDE et CARBONATE (V. ces différents mots).

CARBONIEN (EDIT) (hist. anc.), edictum carbonianum. C'était dans l'origine un décret du préteur Cn. Carbon, qui fut dans la suite adopté par les empereurs. Il portait que, dans le cas où on disputait à un impubère sa qualité de fils et d'héritier tout ensemble, la question d'état devait être remise après sa puberté, et celle concernant l'hérédité devait être jugée sans délai; et, au cas qu'il y eût lieu, la succession adjugée provisoirement à l'impubère, sauf l'examen de la question d'état après la puberté. — Or il fallait pour qu'il y eût lieu au bénéfice de l'*édit carbonien*, 1° qu'il s'agit des biens paternels, et non pas des maternels; 2° que la question d'état et celle sur l'hérédité fussent mues toutes deux; 3° et enfin que l'impubère n'eût été ni institué ni déshérité.

CARBONILLA, s. f. (*chimie*). On nomme ainsi au Potosi un mélange de deux parties de terre grasse, qu'on humecte et qu'on pétrit ensemble, jusqu'à ce que les matières soient bien mélées et bien retournées avec les mains, qu'elles s'unissent parfaitement entre elles, et qu'elles paraissent ne faire qu'un même corps. Cette terre ainsi préparée, cette *carbonilla*, sert à faire des vaisseaux pour les essais des mines, pour faire les *catins* (V. CATIN).

CARBONIQUE (ACIDE) (*chimie*), le premier des gaz qu'on ait appris à distinguer de l'air. Van-Helmont le premier découvrit que les pierres calcaires laissaient dégager un air auquel il donna le nom de gaz. Des chimistes qui suivirent, Hales, Black, Priestley, étudièrent ses propriétés, virent qu'il était capable d'être absorbé par la chaux et les alcalis, de former un sel qui faisait ensuite effervescence avec les acides. Lavoisier en 1776 nous fit connaître la nature et les proportions de ses principes constituants. Les expériences faites depuis l'illustre chimiste n'ont fait que confirmer ses résultats. — L'acide carbonique est gazeux, incolore, d'une saveur piquante, rougissant faiblement la teinture de tournesol; sa densité est 1,52, celle de l'air étant prise pour unité. Il est impropre à la combustion et à la respiration. L'animal qu'on y plonge y est bientôt asphyxié, et une bougie s'y éteint subitement. Gazeux à la température ordinaire, il est susceptible de prendre l'état liquide et même l'état solide, quand il est comprimé et refroidi convenablement. On obtient l'acide carbonique sous ces deux états au moyen de l'appareil de M. Thylorier. Cet appareil consiste en une sorte de cylindre de fonte à parois très-fortes. On y introduit du bicarbonate de soude et de l'acide sulfurique; le gaz carbonique qui se produit, soumis à une condensation extrême, passe à l'état liquide. Si ensuite on ouvre un robinet, l'acide carbonique liquide se vaporise. Obligé de tourner à travers une sorte de tabatière, il s'y dépose sous forme de neige, le refroidissement dû à sa vaporisation étant assez grand pour le congeler. — La plus forte chaleur que nous puissions produire ne décompose pas l'acide carbonique. L'électricité a pour effet sur l'acide carbonique d'en décomposer une partie en gaz oxygène et en gaz oxyde de carbone. L'hydrogène agit sur l'acide carbonique au moyen de la chaleur, et donne naissance à de l'eau en transformant l'acide carbonique en oxyde de carbone. Le carbone au moyen de la chaleur ramène également l'acide carbonique à l'état d'oxyde de carbone. — L'eau dissout l'acide carbonique d'autant plus que la pression est plus grande et la température plus basse; à la température et à la pression ordinaires, l'eau en dissout environ son volume. Dans le vide, l'eau dégagerait tout l'acide carbonique qu'elle pourrait contenir; elle le dégagerait également sous la pression ordinaire à la température de 100°. On peut avoir de l'eau qui contienne cinq ou six fois son volume d'acide carbonique; mais alors il faut employer la pression. — On prépare l'acide carbonique en traitant le carbonate de chaux sous forme de craie ou de marbre blanc par l'acide sulfurique ou l'acide chlorhydrique. Le carbonate de chaux est mis dans un flacon à deux tubulures, à l'une desquelles est adapté un tube droit par où on verse l'acide; à l'autre est adapté un tube recourbé qui va s'engager sous une éprouvette remplie de mercure, dans laquelle on recueille le gaz qui se dégage. Il faut employer de préférence l'acide sulfurique avec la craie et l'acide chlorhydrique avec le marbre blanc; la raison en est que le sulfate de chaux se forme dans le premier cas étant insoluble et rendant par là moins intime le contact de l'acide et du carbonate, il faut prendre celui des carbonates qui a le moins de cohésion, qui est le plus facilement attaquable, la craie. Dans le second cas, le chlorure de calcium étant soluble, il faut prendre, pour éviter un dégagement trop brusque de gaz, le marbre qui a plus de consistance et dont les éléments sont plus difficiles à désunir. — On détermine la nature et la proportion des éléments constituants de l'acide carbonique en combinant ces éléments directement, comme l'a fait Lavoisier, et fabriquant de l'acide carbonique de toutes pièces. Le moyen le plus simple consiste à faire passer de l'oxygène dans une cloche courbe sur le mercure, à y introduire un fragment de charbon, qu'on porte à l'incandescence au moyen de la lampe à alcool. Après la combustion du charbon, on trouve un volume de gaz égal au volume de l'oxygène. Ce gaz est incolore, il éteint les bougies en combustion, il est absorbé par la potasse et la chaux, en un mot c'est de l'acide carbonique. L'acide carbonique est donc formé d'un volume d'oxygène égal au sien; quant au carbone, d'après la propriété des gaz de se combiner en volume dans des

rapports simples, on admet avec M. Gay-Lussac, qu'il entre dans la composition de l'acide carbonique pour un volume d'oxygène un volume de vapeur de carbone, et ces deux volumes condensés en un seul donnent un volume d'acide carbonique. Si l'on veut déterminer en poids les proportions des éléments de l'acide carbonique, on retranchera de la densité de l'acide carbonique 1,52, celle de l'oxygène 1,10, et l'on aura 0.42 pour le poids du carbone, qui, uni à 1,10 d'oxygène, a donné 1,52 d'acide carbonique. Plus simplement, il entre dans la composition de l'acide carbonique pour 100 d'oxygène en poids, 38 de carbone. Comme l'acide carbonique contient deux fois plus d'oxygène que l'oxyde de carbone, sa formule en équivalents est CO^2. — L'acide carbonique est l'un des corps les plus répandus dans la nature. Il entre pour quelques millièmes dans la composition de l'air atmosphérique; là, il sert à la nutrition des plantes dont les feuilles l'absorbent pour le décomposer, s'assimiler le carbone en rejetant l'oxygène, et diminuer la masse d'acide carbonique que la respiration des animaux verse dans l'atmosphère. On trouve dans les pays volcaniques l'acide carbonique en abondance dans certaines grottes. Telle est la grotte du Chien dans le royaume de Naples, célèbre par les récits merveilleux auxquels elle a donné lieu. L'acide carbonique s'y élève à la hauteur d'environ deux pieds, de sorte qu'un homme y pénètre sans inconvénients, et qu'un chien y tombe asphyxié. On peut facilement simuler le phénomène, comme on le fait habituellement dans les cours. On prend une éprouvette remplie d'acide carbonique, on y introduit un corps cylindrique d'un diamètre à peu près égal à celui de l'éprouvette, afin de déplacer une partie de l'acide carbonique, qui sera remplacée par de l'air lorsqu'on retirera le corps cylindrique. En plongeant ensuite une bougie allumée dans l'éprouvette, elle continue de brûler dans la partie supérieure où est l'air, et elle s'éteint dans la partie inférieure qu'occupe l'acide carbonique. — La nature nous offre encore l'acide carbonique dissous dans les eaux minérales naturelles, telles que les eaux de Seltz, de Spa, etc. Elle nous l'offre en abondance en combinaison avec les bases, principalement dans les carbonates de chaux, de fer, de zinc. Le carbonate de chaux constitue certaines couches du globe, et forme des montagnes entières. — L'acide carbonique ne joue pas un moindre rôle dans les phénomènes qui sont du ressort de la chimie organique. Il est le produit de la respiration des animaux, un produit de la fermentation, etc. — L'acide carbonique dissous dans l'eau est employé en médecine pour exciter les estomacs débiles et alanguis, et activer une digestion trop lente.

CARBONIQUE (ACIDE CHLOROXY-) (*chimie*). La découverte de ce corps est due à Davy. Si l'on fait un mélange de deux volumes égaux de chlore et d'oxyde de carbone, et qu'on expose ce mélange à l'action des rayons solaires, au bout d'un quart d'heure la combinaison est opérée; il en résulte un gaz qui, sous la même pression et à la même température, occupe un volume moitié moindre que le mélange des deux gaz composants, incolore, d'une odeur âcre et forte, rougissant fortement la teinture de tournesol, dont la densité est 3,4. L'acide chloroxycarbonique peut être considéré comme l'acide carbonique dans lequel un équivalent d'oxygène aurait été remplacé par un équivalent de chlore, et sa formule est COCh. — Soumis à l'action de l'étincelle électrique avec l'oxygène, il ne se combine pas avec lui. Au contact de l'air il ne répand pas de vapeur. Les métaux tels que le zinc, l'étain, l'attaquent en s'emparant de son chlore et mettant l'oxyde de carbone en liberté; les oxydes de ces métaux l'attaquent en donnant naissance à des chlorures métalliques et à de l'acide carbonique. Ces décompositions se font à l'aide de la chaleur. Mais l'eau attaque l'acide chloroxycarbonique à la température ordinaire, en donnant naissance à de l'acide chlorhydrique et à de l'acide carbonique. Si l'on fait un mélange d'acide chloroxycarbonique d'oxygène et d'hydrogène dans l'eudiomètre et qu'on enflamme le mélange, on obtiendra pour résidu de l'acide carbonique et de l'acide chlorhydrique. L'alcool dissout douze fois son volume d'acide chloroxycarbonique. — L'acide chloroxycarbonique se combine avec quatre fois son volume de gaz ammoniac pour former un sel solide, blanc, piquant, volatil, déliquescent et soluble dans l'eau. Soumis à l'action de la chaleur dans une cloche remplie de gaz acide chlorhydrique, ou d'acide sulfureux, il se sublime sans éprouver d'altération. Mais si on le soumet à froid à l'action de l'acide sulfurique, cet acide s'empare de l'ammoniaque, en mettant en liberté, non l'acide chloroxycarbonique, mais de l'acide carbonique et de l'acide chlorhydrique dans le rapport de 1 à 2 en volumes. L'acide sulfurique agit ici par l'eau qu'il contient. Les acides phosphorique et azotique, l'acide chlorhydrique liquide agiraient d'une manière analogue.

CARBONIQUE (ACIDE SULFO-) ou SULFURE DE CARBONE (*chimie*). Ce corps a été découvert par Lampadius vers la fin du siècle dernier ; étudié depuis, il a donné pour sa composition 2 portions de soufre contre 1 de carbone. Nous le considérerons avec M. Dumas comme de l'acide carbonique dans lequel deux molécules de soufre se sont substituées aux deux molécules d'oxygène. Sa formule est CS^2. Il ne se trouve pas dans la nature ; il n'est que le produit de l'art.—Le sulfure de carbone est un liquide transparent, d'une mobilité très-grande, dont la densité est 1,2, celle de l'eau étant 1. Son odeur est fétide, analogue à celle du gaz sulfhydrique, sa saveur âcre ; il réfracte fortement la lumière ; son pouvoir réfringent est 1,6. Il brûle aisément au contact de l'air, en donnant naissance à de l'acide sulfureux et à de l'acide carbonique. Il bout à la température de 45° sous la pression ordinaire. La chaleur latente de sa vapeur est très-grande ; car dans le vide de la machine pneumatique sa vaporisation fait congeler le mercure. Si l'on met un mélange d'oxygène et de vapeur de sulfure de carbone et qu'on enflamme ce mélange par l'étincelle électrique dans l'eudiomètre, il y aura détonation, formation d'acide carbonique et d'acide sulfureux. C'est un moyen de faire l'analyse du sulfure de carbone. La chaleur ne le décompose pas. Le potassium aurait pour action sur lui de former un sulfure métallique et de mettre le carbone en liberté. Le sulfure de carbone se dissout dans l'alcool et les éthers. Dans l'eau, il coule jusqu'au fond et se ramasse en gouttelettes. Il dissout très-bien le soufre ; aussi peut-on obtenir du soufre cristallisé en faisant évaporer à l'air une dissolution de soufre dans le sulfure de carbone. Il se combine très-bien avec les alcalis , et donne lieu à des sulfocarbonates. — Pour se procurer du sulfure de carbonate, on place dans un fourneau à réverbère un tube de porcelaine qu'on incline légèrement ; on a introduit dans ce tube du charbon fortement calciné ; à l'extrémité inférieure du tube est adaptée une allonge qui communique avec un récipient ; ce récipient plonge dans un mélange réfrigérant, et il porte un tube droit pour laisser dégager les gaz. Par l'autre extrémité on introduit de temps en temps du soufre par petits fragments, et l'on a soin de boucher l'ouverture du tube immédiatement après. Le soufre fond, passe sur le charbon incandescent, et le sulfure de carbone qui se forme va se condenser dans le récipient. Le sulfure de carbone qu'on obtient ainsi n'est pas pur. Il renferme du soufre en dissolution. Il faut, pour le purifier, le soumettre à la distillation en le chauffant légèrement dans une cornue de verre. La chaleur de la main suffit pour cette opération. BUTILLON (de l'école normale).

CARBONISATION (*chimie*), opération par laquelle, à l'aide de la chaleur, opérant à l'abri du contact de l'air, on réduit en charbon les matières organiques. De nos jours on a étendu cette opération à la tourbe et à la houille, pour en rendre l'usage plus agréable en les débarrassant par ce moyen des principes volatils qu'elles contiennent et qui , par la combustion, s'exhalent en vapeurs plus ou moins incommodes ; quelquefois aussi pour utiliser ces mêmes produits volatils. Ainsi , l'on soumet la houille à la calcination dans les appareils fermés, pour en extraire le gaz de l'éclairage ; le *coke* qui en est le résidu brûle sans répandre une odeur sensible. La nature pratique la carbonisation dans les entrailles de la terre ; de là proviennent les mines de charbon fossile et divers autres corps où le carbone prédomine. L'homme l'applique le plus généralement aux substances végétales et animales pour obtenir différents charbons dont la *médecine*, les arts et l'économie domestique font un usage très-étendu (*V.* CHARBON).

CARBONISER, v. a. (*chimie*), réduire en charbon.

CARBONITE (*minér.*) (*V.* OXALATE).

CARBONITIDE (*géogr. anc.*), *Carbonitis*, désert de l'Asie septentrionale, auprès de l'Araxe.

CARBONNADE, s. f. (*art culin.*), manière d'apprêter les viandes en les faisant griller sur des charbons.

CARBONNAGE (DROIT DE), s. m. (*droit féodal*), droit de prendre ou faire dans une forêt le charbon dont on a besoin.

CARBONNÉE, s. f. (*vieux mot*), charbonnée, morceau de chair grillée.

CARBONNET DE LA MOTHE (JEANNE DE), religieuse de Bourg en Bresse, a, sous le nom de *mère Jeanne de Sainte-Ursule*, publié l'ouvrage suivant : *Journal des illustres religieuses de l'ordre de Sainte-Ursule, avec leurs maximes et pratiques spirituelles*, tiré des chroniques de l'ordre et autres mémoires de leurs vies, Bourg, 1684–1690, 4 vol. in-4°.

CARBONS (*géogr. anc.*). Les *Carbones* formaient un peuple de la Sarmatie européenne, dans un des pays les plus septentrio-

naux qu'aient connus les anciens. Danville croit que ce sont les Scandinaves (*Ptolémée*).

CARBOSULFURES, s. f. pl. (*chimie*). M. Berzélius appelle ainsi les combinaisons du carbure de soufre avec les métaux, et il les range dans les *sulfosels*. Ce sont les xanthures de M. Zeize.

CARBOUILLON, s. m. (*anc. term. de finance*). C'était un droit des salines de Normandie, dont il est fait mention dans l'ordonnance des gabelles. Ce droit est la quatrième partie du prix du sel blanc qui s'y fabrique.

CARBURES D'HYDROGÈNE (*chimie*), classe nombreuse et intéressante de composés tous d'origine organique. Leur histoire générale et les idées théoriques auxquelles ils donnent lieu forment une partie trop essentielle de la chimie organique pour pouvoir en être détachées ; nous ne traiterons ici d'une manière spéciale que du gaz des marais et du gaz oléfiant auxquels sont plus spécialement affectés les noms de protocarbure et de bicarbure d'hydrogène. — Le PROTOCARBURE D'HYDROGÈNE ou GAZ DES MARAIS est un gaz sans couleur et sans odeur, dont la densité est 0,55, insoluble dans l'eau. Enflammé au contact de l'air, il brûle avec une flamme pâle. Mêlé avec l'oxygène dans un flacon, il détone quand on l'enflamme ; le résidu de la combustion est de l'eau et de l'acide carbonique. En contact avec le chlore et sous l'influence soit de la chaleur soit de la lumière solaire, il donnera naissance à l'acide chlorhydrique avec dépôt de charbon ou chlorure de carbone si le chlore est en excès. Si l'on soumet le gaz des marais à l'analyse eudiométrique, on voit qu'un volume de ce gaz exige pour sa combustion deux volumes d'oxygène en donnant pour résidu un volume d'acide carbonique et de l'eau. Il résulte de là que le gaz des marais est composé d'un volume de vapeur de carbone et de deux volumes d'hydrogène condensés en un seul ; d'où l'on tire sa formule CH^2. — Ce gaz se forme dans la vase des marais par la décomposition des débris de matières végétales. Pour le recueillir, on agite la vase avec un bâton, et l'on dispose au-dessus un flacon plein d'eau et renversé, au goulot duquel on adapte un entonnoir. Le gaz qu'on recueille ainsi n'est pas du gaz des marais pur ; le gaz des marais y domine mêlé avec de l'acide carbonique, de l'oxygène et de l'azote. On se débarrasse aisément de l'oxygène au moyen du phosphore, et de l'acide carbonique au moyen de la potasse. Quant à l'azote, sa présence ne nuit pas aux réactions dont le gaz des marais est susceptible. Jusqu'à ces dernières années on ne connaissait pas d'autre moyen de se procurer le gaz qui nous occupe ; on le prépare actuellement d'après la découverte récente de M. Dumas, en traitant l'acétate de soude par la baryte à l'aide de la chaleur. L'acide acétique peut être considéré comme formé d'acide carbonique et de protocarbure d'hydrogène unis à volumes égaux. La baryte, sous l'influence de la chaleur réagira sur l'acide acétique de l'acétate de soude, désunira ses éléments, et donnera naissance à du carbonate de baryte qui restera dans la cornue, et à du gaz des marais qui se dégagera et qu'on recueillera sur l'eau. — C'est le protocarbure d'hydrogène qui se dégage souvent en si grande abondance au sein des houillères, où il donne lieu à de si épouvantables explosions et expose les ouvriers à une mort affreuse, lorsqu'ils pénètrent dans les galeries avec une lumière sans précaution. On prévenait autrefois ces déplorables accidents au moyen de fourneaux de tirage qui renouvelaient l'air de la mine ; ou bien chaque jour, avant de commencer les travaux, un ouvrier couvert de langes mouillés, muni d'un masque ayant des yeux en verre, pénétrait dans la mine à plat ventre, poussant devant lui une longue torche, et allait enflammer le mélange gazeux. Aujourd'hui la lampe de Davy fournit aux ouvriers le moyen de s'éclairer dans les mines de houille sans courir aucun danger. Cette lampe consiste en une lampe ordinaire surmontée d'un cylindre en toile métallique qui entoure la flamme. Si le gaz vient à se dégager au sein de la mine, il pourra pénétrer à travers la toile métallique et brûler dans l'intérieur de la lampe. Mais l'interposition de la toile métallique permet assez à la flamme de se refroidir pour ne pas enflammer le gaz extérieur. — Le BICARBURE D'HYDROGÈNE ou GAZ OLÉFIANT est comme le précédent incolore, mais il a une odeur empyreumatique. Il est peu soluble dans l'eau. Sa densité est 0,98. Exposé à une haute température, il se décompose en charbon qui se dépose, et en un *mélange d'hydrogène*, de proto et de bicarbure d'hydrogène. Soumis à une série d'étincelles électriques, il se décompose également. Enflammé au contact de l'air, il brûle en donnant une belle flamme blanche et fuligineuse ; mêlé dans un flacon avec de l'oxygène et enflammé, il détone fortement ; le résidu de la combustion est de l'acide carbonique et de l'eau. Le chlore agit sur le gaz oléfiant de trois manières différentes, suivant les proportions relatives des deux gaz : 1° si l'on fait un mélange de deux volumes égaux de chlore et de bicarbure d'hydrogène dans une éprouvette renversée sur l'eau, on verra bientôt le mélange gazeux diminuer de volume en donnant naissance à de l'acide chlorhydrique qui se dissoudra dans l'eau, et à une matière huileuse qui se déposera en gouttelettes sur les parois de l'éprouvette ; c'est cette huile, composée de chlore, de carbone et d'hydrogène, qui porte le nom de *liqueur des Hollandais*, et qui a fait donner au bicarbure d'hydrogène le nom de gaz oléfiant. 2° Si l'on fait un mélange de deux volumes de chlore et d'un volume de bicarbure d'hydrogène et qu'on l'enflamme, on donnera naissance à de l'acide chlorhydrique et à un dépôt de charbon. 3° Si l'on mélange du bicarbure d'hydrogène avec du chlore en excès et qu'on expose le mélange à la lumière solaire, on donnera naissance à de l'acide chlorhydrique et à du sesquichlorure de carbone. Analysé dans l'eudiomètre, le gaz oléfiant exige pour sa combustion trois volumes d'oxygène, et donne pour résidu deux volumes d'acide carbonique et de l'eau. Il résulte de là que le gaz oléfiant est composé de deux volumes d'hydrogène et de deux volumes de vapeur de carbone condensés en un seul ; d'où sa formule C^2H^2. Le bicarbure d'hydrogène ne se trouve point dans la nature ; il s'obtient en soumettant à l'action d'une douce chaleur un mélange d'une partie en poids d'alcool et de quatre parties d'acide sulfurique concentré. Ces matières sont introduites dans une cornue de verre, et l'on chauffe peu à peu ; le gaz qui se dégage est recueilli sur l'eau. L'alcool peut être considéré comme composé sur dix parties de quatre parties de bicarbure d'hydrogène et de six parties d'eau ; l'acide sulfurique agit en s'emparant de l'eau et isolant le bicarbure d'hydrogène. Le bicarbure d'hydrogène a été découvert par des chimistes hollandais vers l'année 1796 ; ils lui donnèrent le nom de gaz oléfiant pour les raisons que nous avons exposées plus haut.

CARBURI (MARCO, COMTE), né à Céphalonie en 1731, mort à Padoue en 1808, après avoir été professeur de chimie à l'université de cette ville depuis 1759. La république de Venise l'avait envoyé en Allemagne et en Suède, pour se perfectionner dans la chimie et dans les minerais. Dans ces voyages il entra en relation avec les savants les plus distingués, et en particulier avec Linné. A son retour il ouvrit son laboratoire de chimie, où il se livra à de nombreux travaux et à d'importantes expériences. Il se déclara contre les nouvelles idées de la chimie moderne. Parmi ses dissertations, dont plusieurs se répandirent beaucoup, nous nous citerons que : *Esperimento sopra il ferro crudo e sopra il ferro malleabile*, Padua, 1780, in-4°. Les trois suivantes ont paru dans des recueils : 1° *Observazioni sulle differenze dell' intrinseca attività di diversi specie di sale marino in Memorie di Padova III*, P. 1, p. 64 ; 2° *Sopra l'acido ritri colico glaciale in Saggi di Padova II*, p. 73 ; et 3° *Sopra la rena mera dei colli euganei in Opuscoli scelti XV*, p. 186.

CARBURI (MARINO, COMTE), homme de mérite, qui a rendu de grands services à l'ancienne république de Venise. Voulant naturaliser dans l'île de Céphalonie, qui était sa patrie, l'indigo, la canne à sucre et le café, il fit venir des hommes de la Martinique pour cultiver ces plantes en grand : ceux-ci l'assassinèrent dans une querelle en 1782. Précédemment il avait été au service de la Russie, où il avait exercé les fonctions de commandant du corps des cadets nobles de province, avec le rang de lieutenant général. Pendant son séjour à Saint-Pétersbourg, il prit une part active au transport de l'énorme bloc de granit destiné à servir de piédestal à la célèbre statue équestre de Pierre Ier, et il écrivit sur ce sujet un ouvrage spécial intitulé : *Monument élevé à la gloire de Pierre le Grand, ou Relation des travaux et des moyens mécaniques employés pour transporter à Saint-Pétersbourg un rocher de trois milliers pesant, avec un examen chimique et physique de ce rocher*, Paris, 1777, in-fol. , avec gravures.

CARCAA (*géogr. sac.*), ville située sur les limites méridionales de la tribu de Juda (*Jos.*, 15).

CARCABÉ (*géogr. sac.*), ville de la tribu de Benjamin.

CARCABIA, siège épiscopal de la Byzacène en Afrique, dont l'évêque Donatien assista à la conférence de Carthage (1 *Journ.*, ch. 201). La Notice en fait mention (*num.* 84). Le fameux Victorien, qui en était évêque, assista au concile de Cabarsuse, et fut déposé dans celui de Bagaie (*not.* 380).

CARCAGNOLES, s. f. (*soierie*). C'est ainsi que les Piémontais appellent des espèces de petites crapaudines de verre sur lesquelles tournent les fuseaux des moulins, soit à ovaler, soit à organsiner la soie.

CARCAILLER, v. n. (*vieux mot*), imiter le cri des cailles, appeau pour les cailles.

CARCAISE (*verrerie*). C'est un fourneau particulier aux manufactures en glaces et en cristal, où l'on prépare les frittes destinées à ces ouvrages, et qui sont propres à quelques autres opérations relatives aux frittes (*V.* GLACE et CRISTAL).

CARCAJOU ou CARCAJOUX, s. m. (*hist. nat.*), animal quadrupède de l'Amérique septentrionale. Il est carnassier et habite les cantons les plus froids. Il pèse depuis 25 jusqu'à 35 livres ; il a environ deux pieds depuis le bout du museau jusqu'à la queue, qui peut être longue de huit pouces ; la tête est fort courte et fort grosse en proportion du reste du corps ; les yeux sont petits ; les mâchoires très-fortes et garnies de trente-deux dents, dont seize sont molaires, quatre canines très-longues, et douze incisives. Ces dernières sont courtes, étroites, épaisses et fort tranchantes. Les jambes sont très-courtes ; il a cinq doigts à chaque pied et des ongles crochus, très-forts et très-pointus. Son poil a quatorze ou quinze lignes de longueur ; il est de plusieurs couleurs, noir, roux, blanc, etc. Cet animal est très-fort et très-furieux malgré sa petitesse. Il est si lent et si pesant qu'il se traîne sur la neige plutôt qu'il ne marche ; aussi ne peut-il atteindre que le castor, dont il brise et démolit la cabane en hiver. Mais celui-ci est rarement surpris, parce qu'il a sa retraite assurée sous la glace. La chasse la plus abondante pour le carcajou est celle de l'orignal et du caribou. En hiver, lorsqu'il y a cinq ou six pieds de neige, l'orignal se fait des chemins dans les endroits où il trouve la nourriture qui lui est convenable ; c'est là qu'il est attaqué par le *carcajou*, qui, monté sur un arbre, l'attend au passage, s'élance sur lui, et lui coupe la gorge d'un seul coup de dents. En vain, pour lui faire lâcher prise, l'orignal se couche par terre, se frotte contre les arbres, et fait des efforts assez violents pour y laisser des morceaux de sa peau larges comme la main. Son implacable adversaire ne l'abandonne que mort. Il tue le caribou de la même manière. Il est d'une finesse remarquable. Il détend les pièges avec adresse pour en manger ensuite l'appât sans péril.

CARCAMOUSSE, s. m. nom que l'on donnait, sous Charles le Simple, à une machine de guerre propre à renverser les murailles.

CARCAN. C'est proprement un collier de fer fixé à un poteau, où l'on attache certains condamnés pour les exposer aux regards du public. Le carcan fut mis en 1719 au nombre des peines afflictives et corporelles, et il fut ordonné, par une déclaration du 11 juillet 1749, que les condamnations par coutumace à la peine du carcan seraient transcrites sur un tableau, que l'exécuteur de la haute justice devait attacher à un poteau sur la place publique. Aujourd'hui, la peine du carcan est appliquée en général comme un accessoire de quelques peines plus graves. Voici l'article du Code pénal qui règle le caractère et le mode de cette peine : « Quiconque aura été condamné à l'une des peines des travaux forcés à perpétuité, des travaux forcés à temps, ou de la réclusion, avant de subir sa peine, sera attaché au carcan sur la place publique ; il y demeurera exposé aux regards du peuple durant une heure ; au-dessus de sa tête sera placé un écriteau portant, en caractères gros et lisibles, ses noms, sa profession, son domicile, sa peine et la cause de sa condamnation. »

CARCAN, collier, avec un bâton en travers, que l'on met au cou d'un porc. — On nomme encore, dans le bas peuple, et figurément, *carcan*, une personne à laquelle on reproche des actions blessant les lois de l'honneur et de la délicatesse.

CARCAN signifie aussi une espèce de chaîne ou de collier de pierreries.

CARCANO (FRANÇOIS), gentilhomme de Vienne, mort en 1580, âgé de quatre-vingts ans, passait pour le plus habile chasseur de son temps, surtout dans l'art de dresser les oiseaux de proie : il a publié sur ce sujet, *Tre libri degli uccelli da preda ne quali si contiene la vera cognizione dell' arte de' stucciari, ed il modo di conoscere tutti li uccelli di rapina, con un trattato de' cani*, Venise, 1568, in-8° ; Vicence, 1622, in-8°. Cet ouvrage, un des plus complets en ce genre, est fort rare, et a échappé aux recherches de MM. Lallemant, dans la bibliographie qu'ils ont jointe à l'*École de la chasse aux chiens courants*.

CARCANO (ARCHÉLAUS), médecin, né à Milan en 1556, fut professeur à l'université de Pavie, et mourut prématurément le 22 juillet 1588, après avoir publié : 1° *De peste opusculum*, Milan, 1577, in-4° ; 2° *In Aphorismos Hippocratis lucubrationes*, Pavie, 1581, in-8°. On trouve à la suite : 1° *De methodo medendi et collegiandi libri duo* ; 2° *De acutorum et diurnorum morborum causis et signis*, petit traité qui a été réimprimé à Paris avec les notes du P. Petit.

CARCANO (LEONE-JEAN-BAPTISTE), compatriote et contemporain du précédent, fut disciple de Fallope, qui le choisit pour prévôt de son amphithéâtre et l'avait même désigné pour son successeur. La mort de Fallope détruisit les espérances de Carcano , qui , de Padoue alla à Pavie , où il eut la chaire d'anatomie. Il vivait encore en 1600. On a de lui : 1° *De musculis palpebrarum oculorum motibus intervientium*, 1574 , in–8° ; 2° *Anatomici libri duo*, 1574, in–8° ; 3° *De vulneribus capitis liber absolutissimus* , Milan , 1583 , in–4° ; 4° *Exaceratio cadaveris illustrissimi cardinalis Borromœi*, Milan 1584, in–4° ; 5° *Lettere del felice successo di sua anatomia fatta questo anno*, 1585 , in–4°. Carrère vaute l'érudition et les recherches de Carcano , mais critique son style dur, prolixe , obscur et incorrect.

CARCANO (IGNACE), petit-fils du précédent , docteur en médecine , et membre du collége des médecins de Milan, a donné : 1° *Considerazioni alcune sopra l'ultima epidemia bovica*, Milan, 1714 ; 2° *Reflessioni sopra la naturalezza del lucimento veduto in un pezzo di carne lessata*, etc. , Milan , 1716 , in–4°.

CARCANOSSI (*géogr.*) , province de l'île de Madagascar , au midi de la rivière de Methanenga.

CARCANTIA (*géogr. anc.*), place d'Italie dans l'*Insubrie* , placée par l'Itinéraire d'Antonin sur la route des Gaules au passage des Alpes cottiennes.

CARCAPULI (*botan.*). C'est une espèce d'oranger du Malabar , grand et gros à proportion , que deux hommes peuvent à peine embrasser : les feuilles sont par paires le long des branches , au bout desquelles il y a des fleurs tétrapétales, jaunâtres , sans odeur, d'un goût aigrelet ; le calice est à quatre pièces pâles et concaves ; le fruit pend à un pédicule d'un pouce de long ; il est gros, rond, divisé en huit ou neuf côtes, gonflées à leurs extrémités ; il est d'abord vert, il jaunit, et finit par être blanc. Il est d'une acidité agréable ; sa graine est oblongue, un peu plate, d'une couleur d'azur foncé, et logé au centre de la pulpe. Il se mange ; il se transporte séché ; on lui attribue plusieurs propriétés médicales.

CARCAPULI-D'ACOSTA, s. m. (*botan.*), arbre des Indes, qui fournit par incision la gomme-gutte.

CARCAROS , s. m. (*médec.*), nom grec par lequel on a désigné certaines fièvres dont l'invasion est marquée par un tremblement général , et accompagné d'un bruit plus ou moins fort, comme le claquement des dents ou le sifflement de la respiration.

CARCAS , s. m. pl. nom des matières non fondues, après une coulée, dans le four à réverbère. — Gâteaux de fonte, matière qu'on fait couler sur la terre par le trou qui sert à évacuer le laitier dans un four d'affinerie.

CARCASSE , s. f. les ossements du corps d'un animal , lorsqu'il n'y a plus guère de chair, et qu'ils tiennent encore ensemble. — Figurément et par mépris , *C'est une carcasse*, *Il n'a que la carcasse*, se dit d'une personne ou d'un animal extrêmement maigre.

CARCASSE, s. m. (*hist. nat.*). Coyet a fait graver et enluminer assez bien, dans son *Recueil des poissons d'Amboine*, plusieurs espèces de poissons du genre de celui que les naturalistes appellent *orbis*. Nous les allons décrire succinctement. — *Première espèce*. Les poissons qui lui appartiennent ont le corps ovoïde, pointu aux extrémités, une fois plus long que large ; la tête conique, allongée en groin de cochon ; la bouche petite , ronde, armée de deux dents à chaque mâchoire, et les yeux petits. Ses nageoires sont au nombre de cinq, toutes molles, sans épines ; savoir, deux pectorales, petites, arrondies ; une dorsale et une anale, rondes et courtes, et la cinquième est à la queue. Elle est tronquée ou très-légèrement échancrée. Son corps est jaune, piqué de noir, et en outre marqué de chaque côté de six grandes taches noires, dont trois en forme de selle sur le dos, une sur le milieu du ventre, une longitudinale sur le milieu de la tête, et une traversant obliquement les joues, en passant du coin de la bouche par les yeux, pour se rendre à l'occiput. Les yeux ont la prunelle noire, entourée d'un iris jaune. — *Seconde espèce*. Celle-ci, qui a également deux nageoires pectorales, ne diffère de la précédente que par la forme et la couleur. La tête du poisson est relevée d'une grosse bosse ronde à l'occiput ; le corps est jaune, mais non pointillé, marqué de sept taches, dont six vertes semblables à celles de celui de la première espèce, et une septième rouge en ligne oblique au-dessous des yeux ; les nageoires sont vertes, la prunelle des yeux est noire, et entourée d'un iris verdâtre. — *Troisième espèce*. Elle a, comme la précédente, une bosse sur la tête ; mais son corps est brun, moucheté très-agréablement de petites taches, bleues ; ses nageoires sont rouges ; la prunelle est bleue et entourée d'un iris jaune brun. — *Quatrième espèce*. CARCASSE TOMTOMBO. On a donné le nom

de *carcasse tomtombo* à la quatrième espèce. Les poissons de cette catégorie n'ont point de bosse à la tête ; le corps est brun, marqué de chaque côté de la tête d'un croissant bleuâtre au-dessous des yeux, et d'un autre petit croissant vert uni aux yeux en dessus, mais un peu en arrière par un petit trait verdâtre ; le dos porte de chaque côté une tache bleue en demi-lune, entourée d'un croissant jaune ; les nageoires sont vertes ; la prunelle des yeux est rouge, avec un iris verdâtre. — *Cinquième espèce*. CARCASSIN. Le *carcassin des kaïmans hoek* est une cinquième espèce qui semble ne différer de la précédente que par la couleur ; son corps est brun, marqué de chaque côté par cinq taches rondes, vertes, entourant la nageoire pectorale ; ses nageoires sont vertes ; les pectorales sont si courtes, qu'elles forment une espèce de demi-lune à quatre dents sur les bords, comme un éperon. La prunelle de ses yeux est noire, entourée d'un gris verdâtre. — Le *carcasse* est fort commun dans la mer d'Amboine ; c'est un poisson très-amusant, facile à apprivoiser, et qui vient manger à la main lorsqu'on l'appelle. — C'est une espèce d'*orbis* , terme employé pour désigner la famille des coffres.

CARCASSE, s. m. (*hist. nat.*), autre espèce de poisson qui n'est pas du genre de l'*orbis*, mais d'un genre voisin de l'*acaramucu* du Brésil. Ce poisson a le corps comme les précédents, et une bosse sur l'occiput ; mais il a six nageoires, c'est-à-dire une de plus, ou deux dorsales, dont l'antérieure est composée de deux épines relevées ; la seconde nageoire dorsale postérieure et l'anale sont courtes, c'est-à-dire plus profondes que longues. — Son corps est brun, marqué d'une grande tache noire, pointillée de noir autour des deux nageoires pectorales, et de quatre lignes vertes de chaque côté de la tête, dont une longitudinale sur la bosse de l'occiput, une sur les coins de la bouche, et deux rayonnantes obliquement sur les yeux ; la queue est entourée d'un cercle jaune à son origine ; les nageoires sont vertes, la prunelle des yeux est noire, entourée d'un iris vert pâle. — Ce poisson se pêche dans les mêmes endroits que les autres du même nom, et s'accommode de toute sorte de nourriture.

CARCASSE DE NAVIRE (*marine*). C'est le corps du vaisseau qui n'est point bordé, et dont toutes les pièces du dedans paraissent, vues de l'extérieur, comme tous les os d'une carcasse.

CARCASSE (*artill.*). Les artificiers appellent ainsi une machine ou espèce de bombe ovale, rarement sphérique, composée de deux cercles de fer passés l'un sur l'autre en croix , en forme d'ovale, avec un culot de fer, et presque de la même forme que certaines lampes d'écurie. On dispose en dedans, selon la capacité de la *carcasse*, des petits bouts de canon à mousquet chargés de balles de plomb; de petites grenades chargées , du calibre de deux livres, et de la poudre grenée. On couvre le tout d'étoupe bien goudronnée, et d'une toile forte et neuve par-dessus, à laquelle on fait un trou pour placer la fusée qui répond au fond de l'âme de la *carcasse*. On la jette avec un mortier pour mettre le feu aux maisons et pour produire d'autres effets pareils. On a donné à cette machine le nom de *carcasse*, parce que les cercles qui la composent représentent en quelque sorte les côtes d'un cadavre humain. — On prétend que les *carcasses* furent inventées vers 1672, et que les Français en firent usage dans la guerre de Hollande de cette époque. — La carcasse pesait environ vingt livres, elle avait un pied de hauteur sur dix pouces de diamètre par le milieu. L'usage en est aboli, parce qu'on a remarqué qu'on ne faisait guère plus d'effet que la bombe, et qu'elle était d'une plus grande dépense.

CARCASSE, en *term. de modiste*. Cette *carcasse* se compose de branches de fil de fer couvertes d'un cordonnet et soutenues toutes par une traverse commune à laquelle elles aboutissent. Elle sert à monter les bonnets, à en tenir les papillons étendus, et à empêcher qu'ils ne se chiffonnent.

CARCASSE (*technol.*), en *term. de vannier*, charpente d'un ouvrage ou ustensile d'osier. — Ce qui soutient le corps d'un piano. — En *term. de pêche*, il se dit d'une grande gline ou corbeille couverte, dans laquelle on met les poissons qu'on a pêchés. — En *term. d'architecture*, carcasse se dit d'un assemblage de charpente, considéré indépendamment de ce qui sert à l'orner et à le finir. — En *term. de menuisier*, carcasse signifie un châssis en travers qu'on destine à recevoir les carreaux d'un parquet d'appartement.

CARCASSIÈRE, s. f. (*marine*), nom que l'on donne à un petit bâtiment de mer qui est plus connu sous celui de *chaloupe canonnière* (V. CANONNIÈRE et CHALOUPE).

CARCASSONNE (*Carcaso, Carcassum-Volcarum-Tectosagum, Carcasso, Carcassio*).Cette ville est très-ancienne ; elle occupait déjà du temps de César un rang distingué parmi les villes de la

Gaule narbonnaise. De la domination romaine, elle passa sous celle des Visigoths, qui la fortifièrent. Dans l'année qui suivit la bataille de Vouillé, Clovis, poursuivant ses succès, s'empara de Toulouse et arriva bientôt sous les murs de Carcassonne. Cette ville, fortifiée par les Romains, eût été pour lui un poste important, d'où il eût surveillé et contenu une grande partie des pays enlevés aux Visigoths. De plus, elle renfermait, disait-on, le fameux trésor d'Alaric et d'Ataulfe, fruit de nombreux pillages. Cependant Ibbao, général de Théodoric, accourait à la tête d'une armée de Goths d'Italie, et, après avoir vaincu les Francs près d'Arles, il marchait à grandes journées sur Arles, quand Clovis se hâta de lever le siège et de reprendre la route vers le nord. — Vers l'an 586, Gontran, roi de Bourgogne, tenta une invasion dans la Septimanie ; mais ses troupes échouèrent partout. Le siège de Carcassonne fut même marqué par un événement assez singulier. D'après le récit du bon évêque de Tours, les Burgondes seraient entrés d'abord dans la ville sans coup férir, les habitants leur en ayant ouvert les portes de plein gré ; cependant, par un brusque changement, les vainqueurs se virent en quelques instants rejetés hors des murs et sur les tours. Les hommes de Gontran tentèrent alors de venger leur honte par un assaut. Mais leur chef eut la tête écrasée d'une pierre, et aussitôt, découragés, ils se débandèrent tumultueusement. — Les Visigoths perdirent Carcassonne en 724, époque où elle fut enlevée par les Maures d'Espagne, sur lesquels Charles Martel la reprit ensuite. Sous Louis le Débonnaire, elle fut séparée de la Septimanie et réunie au marquisat de Toulouse, qui faisait partie du royaume d'Aquitaine. Elle fut cependant gouvernée jusqu'à la fin du XIe siècle par des comtes particuliers. — Pendant la guerre des albigeois, Carcassonne fut assiégée par l'armée des croisés, et ses habitants se firent remarquer par le courage avec lequel ils se défendirent. Les croisés, après avoir pris et brûlé les faubourgs, avaient tenté sans succès quelques assants : rebutés par les difficultés qu'ils rencontraient, ils commençaient à désespérer de leur entreprise, lorsque la saison combattit pour eux : les chaleurs devinrent excessives ; tous les puits de la ville tarirent, et les habitants, dévorés par la soif, furent forcés de capituler. Un historien dit qu'on leur permit d'évacuer la ville à condition qu'ils n'emporteraient que la chemise et les braies qu'ils avaient sur le corps. — Devenue, quelque temps après, partie intégrante du royaume, Carcassonne se révolta en 1262 contre l'autorité royale, et en fut sévèrement punie : ses principaux habitants furent forcés de sortir de la ville ; on leur accorda cependant quelque temps après la permission de bâtir des maisons à quelque distance du pont ; ce fut l'origine de la ville basse, qu'on leur permit de fortifier en 1347, pendant la guerre contre les Anglais. Le prince de Galles s'en empara en 1355, et y mit le feu ; mais il échoua complétement dans les efforts qu'il fit pour se rendre maître de la ville haute. — Pendant les guerres de religion du XVIe siècle, Carcassonne prit d'abord le parti de la Ligue ; mais elle le quitta bientôt après, et le parlement de Toulouse qui avait été cassé y fut établi en 1589 ; deux ans après, elle tomba au pouvoir des ligueurs, et ne reconnut qu'en 1596 l'autorité de Henri IV. — Cette ville était avant la révolution le siège d'un présidial, d'une sénéchaussée de robe courte et d'une maréchaussée ; elle dépendait du parlement et de la généralité de Toulouse, et de l'intendance de Languedoc. C'est aujourd'hui le chef-lieu du département de l'Aude ; elle possède des tribunaux de première instance et de commerce, un évêché qui existait déjà au VIe siècle, un séminaire diocésain, et une bibliothèque de 6,000 volumes. Sa population est de 17,394 habitants. Ses principaux édifices sont la cathédrale de Saint-Nazaire, curieux monument de l'architecture du XIe siècle, où l'on voit le tombeau du fameux Simon de Montfort, et l'hôtel de la préfecture dans le jardin duquel se trouve une colonne milliaire avec une inscription en l'honneur de Numérien, fils de l'empereur Carus.

CARCASSONNE ET RASEZ (COMTES et VICOMTES DE). Le premier comte de Carcassonne que l'on nomme est Oliba Ier, qui vivait en 819. Ses successeurs furent : 2° 836, Louis Riganius ; — 3° 877, Oliba II et Alfred Ier ; — 4° 905, Rencion ; — 5° 908, Alfred II : celui-ci ne laissa qu'une fille ; — 6° 954, Arsinde, qui épousa Arnaud, comte de Comminges et de Consérans. Elle en eut plusieurs enfants, dont le second fut le premier comte particulier de Rasez (V. RASEZ [Comtes de]) ; — 7° l'aîné, Roger Ier, succéda à sa mère en 957, et prit le titre de marquis de Carcassonne : il eut trois fils, Pierre-Raymond, Guillaume-Raymond et Pierre-Roger II, qui prirent tous trois le titre de comtes de Carcassonne ; — 8° 1060, Roger III, fils de Pierre-Raymond, mourut sans postérité, laissant le comté à sa sœur Ermengarde, qui, de concert avec Raymond-Bernard son époux, le vendit en

1070, à : — 9° Raymond-Bérenger Ier, comte de Barcelone, qui eut pour successeur : — 10° 1076, Raymond-Bérenger II ; — 11° 1085, après la mort de Raymond-Bérenger II, Bernard Atton, fils d'Ermengarde, s'empara des domaines aliénés par sa mère, et fut le premier vicomte de Carcassonne ; il eut pour successeurs : — 12° 1130, Roger Ier ; — 13° 1150, Raymond Trencavel Ier ; — 14° 1167, Roger II ; — 15° 1194, Raymond-Roger, qui, ayant pris parti pour les albigeois, tomba entre les mains de Simon de Montfort, et mourut en prison ; — 16° 1209, Raymond Trencavel II n'avait que deux ans à la mort de son père, dont il recouvra les Etats en 1224. Les croisés les avaient donnés à Simon de Montfort après la prise de Carcassonne. Raymond se soumit la même année à l'Eglise, et promit de poursuivre les hérétiques ; cependant il paraît qu'il ne tint pas cette promesse, car il fut excommunié en 1227 par le concile de Narbonne. Il se retira alors auprès du roi d'Aragon, reparut en 1240, avec une armée dans le Carcassez, et s'y rendit maître de quelques places ; mais, assiégé dans Montréal par les croisés, il fut obligé de capituler, repassa les Pyrénées, et alla chercher un asile en Catalogne. Excommunié de nouveau en 1242 par l'archevêque de Narbonne, et, perdant dès lors tout espoir de recouvrer ses domaines, il revint en 1247 à Béziers où il fit une abjuration publique, et céda, entre les mains du sénéchal de Carcassonne, tous ses Etats au roi Philippe Auguste, qui, en conséquence, lui accorda une rente viagère de six cents livres. Raymond Trencavel suivit ensuite le roi dans la Palestine, et s'y distingua dans plusieurs rencontres. Il mourut, suivant les auteurs de l'Art de vérifier les dates, vers 1263. Ce fut le dernier vicomte de Carcassonne.

CARCASSONNE (MONNAIES DE). Pendant la période romaine Carcassonne jouissait déjà du titre de cité. Il est probable que les Goths, les Mérovingiens, quand ils s'en furent emparés, et plus tard les rois de la seconde race, y firent fabriquer des monnaies. Cependant nous n'avons rencontré aucune espèce de cette période reculée qu'on pût raisonnablement attribuer à cette ville. Il n'en est pas de même pour les temps postérieurs, et Duby, dans son Traité des monnaies des prélats et barons, a donné les dessins de quelques deniers de Carcassonne. Malheureusement, ces dessins étant fort inexacts, nous ne savons pas jusqu'à quel point nous devons y avoir confiance. D'après les textes, ce seraient les vicomtes de cette ville qui auraient joui du droit de monnayage ; d'après les monuments, au contraire, ils auraient partagé avec les évêques. En effet, Duby a publié une monnaie qui porte d'un côté Petrus episcopus, autour d'une croix à branches égales, et de l'autre la légende Carcasonasi, et les trois lettres V E T dans le champ, pour Carcassona civitas. Si le mot de Petrus episcopus ne se rapporte pas à saint Pierre, patron de la ville, il faudrait faire remonter ce dernier jusqu'à la fin du XIe siècle, et le donner à Pierre II, évêque de cette ville, qui vivait vers l'an 1084. Du reste, le style et la fabrique de cette monnaie s'oppose à ce qu'on y voie, avec Duby, un denier du XIVe siècle. Le même auteur donne encore l'empreinte de trois autres deniers de la ville. L'un doit appartenir à Roger II, qui vivait vers l'an 1130. Quant aux deux autres, qui sont empruntés aux dessins si inexacts de de Boze, nous ne les citerons même pas, parce qu'il est impossible de hasarder une opinion sur des monuments aussi défigurés. Nous dirons seulement qu'il est impossible que la première d'entre elles ait appartenu au comte Oliba Ier, qui vivait en 851.

CARCAVI (PIERRE DE), né à Lyon, mort en 1684, fut d'abord conseiller au parlement de Toulouse, et ensuite au grand conseil de celui de Paris. Ami et dépositaire des écrits de Fermat, il fut aussi lié avec Pascal et Descartes ; mais il cessa d'être en bonne harmonie avec ce dernier pour avoir pris parti avec Roberval en 1645 dans la dispute qui s'éleva sur la quadrature du cercle, dont il démontra l'impossibilité. Il quitta la toge pour s'adonner à la bibliographie, connaissance dans laquelle il se fit tellement remarquer, que Colbert lui confia le soin de mettre en ordre sa bibliothèque, où, dans l'espace de cinq ans, Carcavi fit copier l'immense Recueil des mémoires du cardinal de Mazarin, en 536 volumes. Ce travail lui valut de la part du premier ministre de Louis XIV la place de bibliothécaire du roi en 1665, et comme tel il présida au changement de la bibliothèque du roi, qui en 1666 fut transférée de la rue de la Harpe dans la rue Vivienne. L'académie des sciences, récemment instituée, et qui s'assemblait dans ce dernier lieu, honora Carcavi pour ses connaissances en mathématiques, en l'admettant alors dans son sein. — Carcavi est signalé avec des témoignages flatteurs et répétés par le Prince dans son Essai historique sur la bibliothèque du roi, pour les services qu'il a rendus à cet établissement jusqu'à la mort de Colbert en 1683, où il se retira. Lui-même mourut l'année suivante.

CARCAX s. m. (*botan.*), sorte de pavot dont la tête est assez volumineuse pour contenir une pinte et demie de liqueur.

CARCAXENTE (COMBAT DE). En juin 1813, le général Harispe, quoique inférieur en forces, arrêtait depuis plusieurs jours sur le Xucar les divisions réunies du général espagnol Elio et du duc del Praque. Il offrit même, le 13, le combat à l'ennemi, et lui culbuta quelques escadrons rangés sur la rive droite du fleuve; mais le gros de l'infanterie espagnole s'obstina à demeurer sur des hauteurs, d'où il fut impossible de la débusquer. Pendant ce temps, le général Habert sortant d'Alcira à la tête des quatorzième et seizième régiments d'infanterie, avec un escadron de hussards, attaquait le duc del Praque dans Carcaxente, et renversait pêle-mêle ses colonnes d'infanterie et de cavalerie. Les Espagnols se retirèrent après avoir perdu 500 hommes, tant tués que blessés, 640 prisonniers, dont 30 officiers, 2,000 fusils et 1 drapeau.

CARCER, s. m. (*médec.*), nom d'un remède propre à réprimer les mouvements désordonnés, tant du corps que de l'esprit.

CARCERE DURO, s. m. (mot emprunté à la langue italienne), prison dans laquelle les condamnés sont soumis à un régime sévère, tel que le secret, la mise aux fers, etc.

CARCÈRES, s. m. pl. (*archéol.*), mot latin et signifiant *prison*. Chez les anciens, on appelait ainsi la partie du cirque où étaient placées les barrières, qui s'ouvraient à un signal donné.

CARCÉRULAIRES, adj. des deux genres (*botan.*), se dit en général des fruits simples à péricarpe sec, indéhiscent.

CARCÉRULE, s. f. (*botan.*), *carcerula*, diminutif de *carcer*, prison. M. Mirbel désigne sous ce nom une espèce de fruits à péricarpe sec et indéhiscent (*V.* FRUIT).

CARCES (LE COMTE DE). Selon toutes les apparences, cet officier de mer sur la vie duquel on est dans l'ignorance la plus complète, prit une part active aux combats soutenus par la marine française sur la Méditerranée et sur l'Océan, de 1524 à 1550. Il n'est fait aucunement mention du comte de Carces par nos historiens jusqu'à cette dernière époque; mais nous le voyons tout à coup, en 1551, suppléer le baron de la Garde dans le commandement des galères de France, qui formaient alors, comme on sait, la principale force de notre marine. Le comte de Carces remplit ce poste avec une habileté qui suppose une vieille expérience de la mer. — Vers la fin de la campagne de 1551, il rencontra avec sa flotte quatorze navires impériaux chargés d'objets précieux; il leur donna vivement la chasse, et les poursuivit jusque dans le port de Villefranche. Les impériaux se crurent sauvés, car les vaisseaux de Philippe Doria, doge de Gênes, étaient alors mouillés dans ce port. Mais le comte de Carces ne s'empara pas moins des quatorze navires, sous les yeux de l'amiral ennemi, et sans que celui-ci, étonné de tant d'audace, osât se hasarder à engager le combat. — Nos historiens, après avoir relaté cette glorieuse action, ne reparlent plus du brave officier qui l'avait accomplie. Il est probable qu'il figura dans les expéditions de 1553 et 1555, sous les ordres du baron de la Garde. — L'époque de sa mort, comme celle de sa naissance, est inconnue.

CARCES, seigneurie de Provence (département du Gard), à 28 kilomètres de Fréjus, érigée en comté en 1571.

CARCHABESA ou **NÉCHAO** (*géogr. anc.*), ville célèbre par la victoire de Nabuchodonosor sur Pharaon. Cette ville était située à l'embouchure de l'Euphrate (*Antiquités juives*).

CARCHÆ (*géogr. anc.*), KARK ou ESKI-BAGDAD, ville d'Asie, en Assyrie, située sur la rive orientale du Tigre, à environ 50 lieues sud de Ninive, et 25 nord de Bagdad.

CARCHARIAS, s. m. (*hist. nat.*), nom d'un poisson du genre squale, d'un insecte coléoptère du genre saperde, et d'un insecte hémiptère du genre dorthésia.

CARCHARIN, s. m. (*hist. nat.*), sous-genre de poissons établi dans le genre des squales.

CARCHAS, nom de l'un des sept premiers eunuques du roi Assuérus, époux d'Esther (*Esther*, I, 10).

CARCHEMIS ou **CARCAMIS** (*géogr. anc.*), ville d'Asie sur l'Euphrate, appartenant aux Assyriens. Tandis que les Assyriens se défendaient à leur tour contre les agressions des Scythes, qui avaient envahi en conquérants toute la haute Asie, Pharaon Necho, roi d'Egypte, profita de cette occasion favorable pour recouvrer cette ville, qui était alors au pouvoir du roi d'Assyrie. Mais la garnison qu'il laissa dans la place fut taillée en pièces par Nabuchodonosor, la quatrième année du

règne de Joachim, 606 ans avant Jésus-Christ (II *Chron.*, XXXV, 20; II *Rois*, XXIII, 29). Carchemis est probablement le *Cercusium*, *Circesium* ou *Circeium* des auteurs profanes, qui assignent son emplacement à l'angle formé par la jonction du Chaboras ou Chebar, avec l'Euphrate.　ED. GIROD.

CARCHÉSIEN, adj. (*chirurg.*), *carchesius*, de καρχήσιον, le haut d'un mât de vaisseau. Oribase donne cette épithète à une espèce de lacs employé de son temps pour la réduction des fractures; il était appelé ainsi parce qu'il se faisait comme le nœud qui attache la voile au-dessus de la hune d'un vaisseau.

CARCHÉSION, s. m. (*archéol.*), vase à deux anses qui servait aux libations.

CARCHI (*géogr. anc.*). C'était, suivant Polybe, une nation de l'Asie, dans la Médie.

CARCHI (*géogr.*) est une petite île fertile de la Méditerranée, près de l'île de Rhodes.

CARCICIS PORTUS (*géogr. anc.*). Cassius place ce port dans la Gaule Viennoise, près et au sud-est de Marseille, et au nord-ouest de *Citharista portus*, C'est le port des Cavares.

CARCIN, s. m. (*hist. nat.*), genre de crustacés établi avec le crabe mœnas.

CARCINA ou **CARCINES** (*géogr. anc.*), rivière navigable d'Italie, dans la province de Brutium, aujourd'hui l'Abbruzze, entre les promontoires *Cocinthium* et *Lacinium*, suivant Pline.

CARCINE (*géogr. anc.*), ville située sur le bord septentrional du Pont-Euxin, à côté de la péninsule des Tauro-Scythes.

CARCINIAS, s. m. (*minér.*), pierre précieuse qui est de la couleur d'un cancre marin.

CARCINITES SINUS (*géogr. anc.*), golfe du Pont-Euxin, entre la Chersonèse Taurique et la Scythie. Strabon l'appelle indifféremment *Tamyragus* et *Carcinites*. Il était autrefois désigné sous le nom de *Necro-Pyla*. C'est aujourd'hui le golfe de *Négropoli*. Hérodote et Ptolémée le mentionnent aussi.

CARCINITHRON, s. m. (*botan.*), plante des anciens, que l'on croit être le *sceau de Salomon*.

CARCINOIDES ou **CARCINODES**, s. m. pl. (*hist. nat.*), famille des crustacés astacoïdes.

CARCINOMATEUX, adj. (*médec.*), qui est de la nature du *carcinome*.

CARCINOME, s. m. (*médec.*), *carcinoma*, καρχίνωμα, de καρχίνος, cancer. Ces deux mots *carcinome* et *cancer* sont généralement regardés comme synonymes; cependant le premier présente quelque chose de plus vague, et il est douteux que les tumeurs désignées par les auteurs sous le nom de *tumeurs carcinomateuses* soient de véritables cancers. Quelques auteurs ont spécialement désigné par ce mot le cancer commençant, d'autres les ulcères cancéreux, ou la dernière période de la dégénérescence cancéreuse. — *Carcinome encéphaloïde, mélané*, etc. (*V.* ENCÉPHALOÏDE, MÉLANOSE, etc.).

CARCINOPODIUM, s. m. (*hist. nat.*), nom qu'on a donné aux pattes de crustacés fossiles.

CARCINUM (*géogr. anc.*), ville d'Italie dans le Brutium, probablement la même que *Garcinus*, placée par Pomponius Méla dans le golfe de Squillace.

CARCINUS, s. m. (*astron.*), constellation, la même que le cancer.

CARCINUS D'AGRIGENTE, poëte tragique et comique, florissait un peu avant l'époque de Philippe, roi de Macédoine. Il se trouva avec le philosophe Eschine à la cour de Denys. Il mit au théâtre quatre-vingt-dix-huit pièces, une entre autres, intitulée *les Riches*, que cite Athénée, et une d'autres en appelée *Plutus*. Aristote parle de ce poëte avec éloge dans plusieurs endroits de ses ouvrages, et Diodore mentionne honorablement la pièce qu'il avait composée sur Cérès cherchant sa fille Proserpine. Athénée en cite des vers très-piquants contre les vieillards qui épousent de jeunes femmes. — Un autre poëte tragique du même nom était d'Athènes, et presque contemporain du premier. Athénée cite deux de ses pièces: *Achille* et *Sémélé*. On lui en attribue cent soixante. Il ne fut couronné qu'une fois. L'obscurité énigmatique de son style avait donné lieu au proverbe: *C'est de Carcinus!* pour désigner une diction pénible et entortillée. Il eut trois fils, Xénoclès, Xénétime et Démotime, dont la vanité fut tournée en ridicule par Aristophane.

CARCISTES. Ce mot s'est dit, dans la deuxième moitié du

XVIe siècle, des gens de guerre que le comte de Carces, grand sénéchal de Provence, employait à commettre toutes sortes d'exactions. Vers l'an 1578, les carcistes s'étant joints aux razats, les uns soutenus par la noblesse, les autres par le peuple et le parlement, entretinrent le trouble et la révolte en Provence.

CARCOMA (*géogr. anc.*), ville maritime d'Afrique, au sud-ouest du promontoire d'*Apollon*. Ptolémée la place immédiatement après *Cartenna* et *Carepula*.

CARCOTÆ (*géogr. anc.*), peuples de Sarmatie, en Europe. Ils habitaient cette portion de territoire située dans le voisinage de *Carbones*, suivant Ptolémée.

CARCUS (*géogr. anc.*), nom donné par Ptolémée à une île de l'Océan Indien ; il la place près de la Taprobane.

CARCUVIUM (*géogr. anc.*), place d'Espagne dans la Lusitanie, d'après l'Itinéraire d'Antonin.

CARDA ou CARNA, s. m. (*V.* CARDIA).

CARDABUNTHE. Nous trouvons dans les actes du septième concile général, entre les évêques d'Isaurie, un nommé Zacharie, souscrit évêque de Cardabunthe. Il est de la province d'Isaurie, au diocèse d'Antioche, sous la métropole de Séleucie.

CARDACES (*géogr anc.*), peuples de l'Asie-Mineure, suivant Strabon et Cornélius Népos.

CARDACES, s. m. pl. (*hist.*), anciennes troupes perses qui vivaient de vols et de brigandages.

CARDADEN ou CARDADERE (BATAILLE DE). Le soulèvement de la Catalogne avait contraint le général Duhesme de se retirer dans Barcelone, et le marquis de Vivès le tenait étroitement serré dans cette place, la seule qui restât aux Français dans cette partie de la Péninsule. Ce fut alors (septembre 1809) qu'un corps considérable, composé en partie de Français et d'Italiens, déboucha par la route de Perpignan et de Figuières sous les ordres du général Gouvion-Saint-Cyr. C'était le septième corps de la grande armée qui s'avançait vers le centre de l'Espagne. Après avoir assiégé et pris la ville de Roses, le général Gouvion-Saint-Cyr se remit en route sur Barcelone qu'il était urgent de secourir ; mais le général Vivès, instruit de ses mouvements, n'avait laissé sous les murs de cette place que les forces indispensables pour le maintien du blocus, et se porta avec le reste à la rencontre des Français. Ces derniers étaient parvenus sur les hauteurs de Trenta-Passos, lorsque, le 16 novembre, ils rencontrèrent l'armée espagnole, forte de quinze mille hommes, rangée en bataille sur le plateau de Cardaden. Le général Vivès, qui commandait en personne, avait choisi une position avantageuse ; sa droite était appuyée à une montagne escarpée, couronnée par des miquelets ; son centre était couvert par un ravin profond, et une forêt épaisse flanquait sa gauche. Son front était protégé par douze pièces d'artillerie. Le général Saint-Cyr n'avait point de canon ; ses troupes étaient harassées par six jours d'une marche pénible et d'escarmouches continuelles ; cependant il se décida à attaquer sur-le-champ, persuadé qu'il fallait déconcerter l'ennemi par une démarche brusque et audacieuse. En conséquence, il fit former tout d'abord ses colonnes d'assaut, et les lança simultanément sur la droite et sur la gauche des Espagnols. Ceux-ci ne purent résister à ce double choc : ils lâchèrent pied, et abandonnèrent leur position et leur artillerie. Quelques escadrons français et italiens les poursuivirent et achevèrent leur déroute. Plus de sept cents morts restèrent sur le champ de bataille, et douze cents prisonniers tombèrent avec deux drapeaux au pouvoir des Français. — Le même jour le général Duhesme avait fait attaquer dans leurs lignes les troupes que le général Vivès avait laissées devant Barcelone. Battues et débusquées de leurs positions, elles disparurent, et le général Gouvion-Saint-Cyr ne rencontra aucun obstacle lorsque, le jour même, il s'avança jusqu'à Granollers : il entra le lendemain dans Barcelone.

CARDAILLAC (JEAN DE), d'une ancienne famille du Querci, professa le droit à Toulouse, fut nommé en 1351 évêque d'Orense en Galice, en 1360 évêque de Braga en Portugal, en 1371 patriarche d'Alexandrie et administrateur de l'évêché de Rodez, et en 1376 administrateur perpétuel de l'archevêché de Toulouse. Il fut employé utilement par la cour de Rome en diverses légations, et donna des preuves éclatantes de civisme dans les guerres de Charles V contre les Anglais. En 1368, il parcourut la Guyenne où commandait le prince Edouard de Galles, alla de ville en ville, engageant les habitants à secouer un joug étranger, et gagna seul à son prince soixante villes, places ou forteresses. Une armée victorieuse eût fait des con-

quêtes moins rapides. Le zèle et l'éloquence du prélat facilitèrent les succès qu'obtint en 1370 le connétable du Guesclin, qui soumit presque toutes les villes de la Guyenne et du Poitou. Cardaillac fit fondre à ses frais, pour la cathédrale de Toulouse, une cloche d'une grosseur extraordinaire, qui portait son nom et pesait cinquante mille livres, elle a été détruite pendant la révolution. Ce prélat mourut le 7 octobre 1390, laissant plusieurs manuscrits qui prouvent son éloquence et son érudition : on les conservait dans la bibliothèque des dominicains de Toulouse. — La Vie de Jean de Cardaillac se trouve dans les *Essais de littérature* imprimés en 1702 à Amsterdam, in-12.

CARDAIRE, s. m. (*hist. nat.*), *raia spinosa*, poisson de mer du genre des raies ; il est hérissé d'aiguillons, à peu près comme les cardes avec lesquelles on carde la laine ; c'est ce qui lui a fait donner le nom de *cardaire*. Il a des aiguillons non-seulement sur les nageoires, comme la raie appelée *ronce*, mais encore sur les côtés de la tête, devant les yeux et sur le dos (*V.* RAIE).

CARDALENA (*géogr. anc.*), contrée de l'Arabie Heureuse, citée par Pline.

CARDAMÈNE ou CARDAMINA, île du golfe Arabique sur la côte d'Ethiopie. Elle était séparée du territoire des Troglodites par l'île des Mages, suivant le témoignage de Ptolémée et de Pline.

CARDAMINE (*botan.*), *cardamine*, L. Ce genre de plantes herbacées, de la famille des crucifères, est remarquable par le calice qui est petit, en forme de cône ; par la silique cylindrique et s'ouvrant en deux valves avec élasticité. On en connaît un assez grand nombre d'espèces ; nous citerons les trois principales. — La CARDAMINE DES PRÉS, vulgairement connue sous le nom de *cresson des prés*, est sans doute la plus intéressante par les services qu'elle rend dans les pays du Nord, où elle est employée comme antiscorbutique, et même comme assaisonnement. On la rencontre communément dans les prés humides, où elle fleurit au printemps et en été. Les fleurs sont d'un blanc rosé, disposées en épi lâche et terminal ; le calice se compose de quatre pétales ovales, obtus, deux opposés ayant un renflement remarquable à la base ; les feuilles radicales sont composées de folioles arrondies : celles de la tige sont alternes, sessiles·, à petites folioles : la tige s'élève d'un pied environ ; elle est droite, cylindrique ; la racine est vivace. — La CARDAMINE DES ALPES se plaît près des neiges, sur les hautes montagnes ; ses fleurs sont terminales, blanches et fort petites ; la silique droite, moins élastique que dans l'espèce précédente ; les feuilles radicales ont un pétiole ; elles sont ovales et entières ; les feuilles des tiges sont oblongues et sessiles ; les tiges sont droites. — La CARDAMINE A FEUILLES TERNÉES croît sur les hautes montagnes de la Suisse et de la Laponie ; ses racines traçantes produisent des feuilles qui ont de longs pétioles ; puis, du centre de ces racines s'élèvent quelques tiges rougeâtres, presques nues, ornées à leurs extrémités de petites fleurs d'un blanc rosé.

CARDAMOME, fruit capsulaire apporté des Indes orientales, et qui provient des plantes de la famille des amomées et de la monandrie monogynie de Linné. On en distingue plusieurs sortes : *le cardamome rond* de la grosseur d'un grain de raisin , à coques blanchâtres ou légèrement brunes du côté où elles ont été exposées à la lumière, contenant des semences brunes, cunéiformes, à saveur âcre et d'une odeur forte ; *le petit cardamome*, à coques trigones arrondies, d'un blanc jaunâtre, longues de quatre à sept lignes, sur trois à quatre d'épaisseur. Ses graines sont brunâtres, irrégulières, bosselées à leur surface, d'une saveur et d'une odeur pénétrantes ; *le moyen cardamome*, un peu plus long mais moins épais que le petit cardamome ; ses graines rougeâtres et coques d'un gris blanchâtre ; *le grand cardamome* a la coque longue de dix à dix-huit lignes et large de trois à cinq, amincie aux extrémités et d'un gris bleuâtre. Ses graines sont anguleuses, blanchâtres, d'une saveur et d'une odeur très-prononcées. — Les cardamomes sont très-usités dans pharmacies de l'Angleterre et de l'Allemagne ; ils le sont moins en France, où ils servent toutefois à la préparation d'un grand nombre de médicaments composés, et dans les pommades et distillations à cause de leur propriété aromatique.

CARDAMON (*botan.*), nom donné par les Indiens à une plante que le commerce apporta dans l'ancienne Egypte et dans la Grèce. On l'appliqua d'abord au cresson alénois, *lepidium sativum*, que l'on mangeait au solstice d'hiver au rapport de Théophraste, et dont l'âcreté fait tordre le nez, selon l'expression de Virgile : *Quæque trahunt acri vultus nasturtia morsu*. Plus tard on allongea ce mot en *cardamomon*, pour exprimer une sorte d'onguent aromatique que les caravanes recevaient sur les plages du golfe Persique, pour le transmettre aux marchands des bords de la Méditerranée, dans des temps fort reculés. D'après le peu de mots que nous trouvons à ce sujet dans les livres grecs et latins, on peut présumer que cet aromate est la plante que nous appelons aujourd'hui cardamome, *amomon cardamomum*, originaire de l'Inde, et non pas, ainsi que le disent quelques auteurs, l'amome à grappes, *amomum granum paradisi*, qui croît spontanément dans la Guinée, et qui nous est venu très-tard de ce pays.

CARDAMYLE (*géogr. anc.*), ville de Messénie, presque au sud de Générie. C'était une des sept cités qu'Agamemnon se proposait de donner en présent à Achille. — Pausanias parle avec admiration de son temple consacré à Minerve, et d'une statue d'Apollon *Carnéen* dont le culte, commun à tous les Doriens, était particulier dans ce lieu. Cette ville fut détachée de la Messénie par Auguste; mais dans la suite elle rentra sous la domination des Lacédémoniens, ses anciens possesseurs. E. G.

CARDAN (JEROME), médecin et géomètre célèbre du XVIe siècle, naquit à Pavie le 24 septembre 1501. On suspecte la légitimité de sa naissance. Arraché par force du sein de sa mère, qui pendant sa grossesse avait essayé de se faire avorter, il fut élevé à Milan dans la maison de son père Faccio Cardan, médecin et jurisconsulte distingué, qui prit soin de son éducation. A vingt ans, il alla à Pavie achever ses études; deux ans après il y expliquait Euclide, et plus tard il reçut le titre de docteur en médecine. Il avait trente-trois ans accomplis lorsqu'il commença d'être professeur de mathématiques à Milan; l'an 1539, il fut agrégé au collège des médecins de cette ville, et l'an 1543 il y enseigna publiquement la médecine. Il refusa, l'an 1547, une condition avantageuse que lui offrait le roi de Danemarck; l'air et la religion du pays le portèrent à ne pas accepter l'emploi. Il fit un voyage en Ecosse l'an 1552; il y était appelé par l'archevêque de Saint-André, primat du royaume, qu'affligeait une maladie longue et douloureuse, pour laquelle il avait eu inutilement recours aux médecins du roi de France et à ceux de l'empereur; les soins et les prescriptions de Cardan rendirent la santé à l'archevêque. De retour à Milan au bout de dix mois, il fut appelé à Bologne en 1562. Il professa la médecine dans cette dernière ville jusqu'à l'année 1570, époque à laquelle il fut emprisonné. Sorti de prison, il s'en alla à Rome; il y fut agrégé au collège des médecins, et reçut pension du pape. Il y vécut jusqu'à sa mort arrivée en 1576. Le nom de Cardan rappelle cette série d'hommes célèbres du moyen âge, médecins, alchimistes, astrologues, investigateurs enthousiastes et opiniâtres de la vérité, fous sublimes qui, ne pouvant trouver la vérité, la devinaient, et dont nous oublions trop que les longs et pénibles efforts ont posé les premières pierres de l'orgueilleux édifice de notre science moderne. Médecine, philosophie, mathématiques, physique, astronomie, l'imagination ardente de Cardan a tout embrassé, et dans tout son esprit a montré autant de profondeur et d'originalité qu'il avait d'étendue. Son traité *De subtilitate* est une sorte d'encyclopédie scientifique, où toutes les connaissances humaines *sont* successivement exposées. Cardan commence par les principes de toutes choses : la matière, la forme, les éléments, le vide, le ciel et la lumière; il considère ensuite les corps mixtes, les pierres, les plantes et les animaux; il arrive ainsi à l'homme; il en discute la nature, il parle des sens, de l'intelligence, de l'âme; puis il traite des objets sur lesquels l'âme exerce ses facultés, et par suite des sciences, des arts et des choses merveilleuses. Enfin il parvient aux démons, aux anges, à Dieu et à l'univers. Cette œuvre, originale dans le fond comme dans la forme, irrita l'humeur pédantesque et jalouse du vaniteux Scaliger, qui s'acharna contre elle. Cardan répondit avec vigueur, et Scaliger eut tort de croire que sa critique avait fait mourir l'auteur de chagrin. Le traité *De rerum varietate* est un ouvrage de même nature et aussi curieux. Dans l'*Opus novum*, Cardan émet des idées judicieuses en mécanique; il parle de la nécessité de tenir compte de la résistance du milieu dans le mouvement des projectiles; cet ouvrage est une sorte d'application des mathématiques aux phénomènes de la nature; on y discute entre autres cette question, savoir si les médicaments sont en proportion géométrique ou arithmétique de leur dose. Plus loin, Cardan se sert des battements du pouls pour mesurer le temps, et dit que dans les plus violents ouragans le vent ne parcourt pas plus de cinquante pas par pulsation. Il cherche à déterminer les rapports des densités de certains corps, tantôt par leur différente réfraction, tantôt par la résistance diverse qu'ils opposent aux projectiles qui les pénètrent. En appliquant ces principes à l'air et à l'eau, il en déduit que le poids de l'eau est égal à cinquante fois celui de l'air. Ce résultat quoique inexact est cependant digne d'attention, si l'on se rappelle que les anciens avaient à peine soupçonné la gravité de l'air; le médecin de Milan est le

premier qui ait tenté de la déterminer par l'expérience. Dans ses Paralipomènes, Cardan donne pour la première fois le parallélogramme des forces pour le cas où les composantes sont à angle droit. Il serait difficile de faire un extrait un peu complet de tout ce qu'a dit et pensé Cardan; on trouverait une foule d'idées ingénieuses, de vues neuves et originales, en physique, en astronomie, en histoire naturelle. Nous nous contenterons de signaler la multiplicité et la variété de ses écrits à ceux qu'intéresse l'histoire des sciences, et qui ne dédaigneront pas de secouer la poussière de dix gros in-folio. Mais les titres les plus solides de Cardan à la reconnaissance de la postérité sont ses travaux et ses découvertes en mathématiques. Ce n'est cependant pas à lui qu'appartient la solution de l'équation du troisième degré, bien que la formule porte son nom. Voici l'historique de cette découverte. Scipion Ferréo de Bologne avait trouvé la solution générale de l'équation du troisième degré pour le cas ou l'on a $x^3 + px = q$, et qu'on désignait alors sous le nom de *cube et choses égales au nombre*. Ferréo mourut sans publier son procédé, il ne l'avait transmis qu'à un certain Fiore; *qui s'en servit pour proposer des problèmes à Tartaglia dans les défis publics que se portaient les mathématiciens de cette époque.* Car la science devait avoir ses jeux floraux comme la poésie. Tartaglia, après y avoir longtemps rêvé, trouva la résolution de l'équation, et il y réussit non–seulement pour le cas traité par Ferréo, mais pour d'autres encore. Tartaglia se proposait de faire de sa découverte le même usage que Ferréo, et il ne consentit qu'avec beaucoup de peine à la communiquer à Cardan. Celui-ci, après plusieurs vaines sollicitations, fut obligé de recourir à une ruse. Il écrivit à Tartaglia que le marquis del Vasto désirait le connaître et s'entretenir avec lui de ses découvertes. Tartaglia s'empressa de céder à l'invitation d'un personnage distingué, dont il espérait se ménager la protection; mais en arrivant à Milan ce fut Cardan qu'il trouva dans la maison du marquis, et qui lui offrit de faire tous les serments qu'il exigerait de ne point révéler son secret, qu'il le jurerait même sur l'Evangile. Vaincu par ses instances Tartaglia fit connaître ses méthodes à Cardan, qui les publia quelques années après dans son *Ars magna*. Tartaglia se plaignit amèrement; il cria au parjure. Cardan répondit qu'il avait fait à cette découverte des additions qui la lui rendaient comme propre, qu'il en avait trouvé les démonstrations, et qu'alors il pouvait en user comme d'une chose qui lui appartenait. Cardan en effet, dans son *Ars magna* (c'est le nom qu'il donne à l'algèbre), traite de cette matière avec beaucoup d'étendue. Il en parcourt tous les cas, et quoique Tartaglia ne lui eût communiqué que la résolution de cas où il manque le terme en x^2, il donne des règles pour ceux où tous les termes se trouvent, aussi bien que pour ceux où manque seulement le terme en x. Aujourd'hui nous savons facilement ramener ces cas au premier; mais du temps de Cardan cette liaison n'était pas aperçue aussi distinctement, et il fallait de l'adresse et de l'habileté pour passer de l'un à l'autre. Chaque cas ou chaque chapitre (*capitulum*) avait sa règle particulière, et une équation générale fournissait autant de chapitres différents qu'elle pouvait donner d'équations dont chacun des deux membres se composait de termes positifs. C'est sous cette forme qu'ont été exposées les règles de solutions des équations jusqu'à Viète et Descartes. Nous rapporterons ici la solution de l'équation $x^3 + px = q$, c'est-à-dire, le *capitulum de cubo et rebus æqualibus numero*, ainsi que Cardan l'expose au chapitre XI de l'*Ars magna*. Quand le cube avec les choses est égal à un nombre, c'est-à-dire quand, suivant notre langage, on a $x^3 + px = q$, il faut trouver deux nombres (x, y) dont la différence soit égale à q, et dont le produit (xy) soit égal au cube du tiers du nombre des choses $\left(\dfrac{1}{27}p^3\right)$. Cela fait, trouvez les valeurs de y et de z, ce qui est facile, car les deux relations auxquelles elles sont assujetties donnent pour les déterminer les équations

$$x^2 - qz = \frac{1}{27}p^3 \qquad y^2 + qy = \frac{1}{27}p^3$$

dont les racines prises à la manière de ce temps, c'est-à-dire en n'ayant égard qu'aux positives, sont :

$$z = \frac{1}{2}q + \sqrt{\frac{1}{4}q^2 + \frac{1}{27}p^3} \qquad y = -\frac{1}{2}q + \sqrt{\frac{1}{4}q^2 + \frac{1}{27}p^3}.$$

Il faut prendre ensuite leurs racines cubiques et soustraire la plus petite de la plus grande ; on a ainsi la valeur de la chose :

$$x = \sqrt[3]{\frac{1}{2}q + \sqrt{\frac{1}{4}q^2 + \frac{1}{27}p^3}} - \sqrt[3]{\frac{1}{2}q + \sqrt{\frac{1}{4}q^2 + \frac{1}{27}p^3}}.$$

Cardan applique ce procédé à l'équation $x^3 + 6x = 20$, qu'il écrit :

cub. p. 6 reb. æqualis numero,

et il arrive à la solution (rei æstimatio) :

$$x = \sqrt[3]{\sqrt{108} + 10} - \sqrt[3]{\sqrt{108} - 10},$$

qu'il écrit :

R.V. cub. R. 108 p. 10 m. R.V. cub. R. 108 m. 10.

Avant d'exposer cette règle, il en donne la démonstration au moyen d'une construction géométrique qui donne la valeur de la somme de deux droites. Il ne tarda pas à remarquer le cas où il arrive que l'extraction de la racine carrée qui entre dans la formule est impossible, et que les modernes ont nommé *cas irréductible*. Cette difficulté se présenta à lui dans les deux *capitula* $x^3 = px + q$ et $x^3 + q = px$, lorsque la différence $\frac{1}{4}q^2 - \frac{1}{27}p^3$ se trouvait négative. Et elle eut lieu de l'étonner ; car, dans plusieurs équations qui le menaient au cas irréductible, il ne laissait pas de trouver les solutions par des voies particulières. — Cardan est le premier qui ait aperçu la multiplicité des valeurs de l'inconnue dans les équations et leur distinction en positives et négatives. Le premier il a reconnu et traité les racines imaginaires, et les racines égales ne lui ont pas échappé. Il fait remarquer que l'équation $x^3 + 4x = 21$ a deux racines 3 et —7, et que s'il change le signe du second terme, les racines seront —3 et +7. Il a donc connu la transformation des équations. Il fait cette même remarque au sujet de l'équation $x^3 + 9 = 12x$ dont il trouve les trois racines, les deux premières positives (veræ) 3 et $\sqrt{5\frac{1}{4}} - 1\frac{1}{2}$ et la troisième négative (ficta) égale aux deux premières ensemble $-\sqrt{5\frac{1}{4}} - 1\frac{1}{2}$; et l'équation $x^3 = 12x + 9$ a les mêmes racines, à cela près qu'elles seront changées de signe. Il sait résoudre une équation d'une manière approchée, par une méthode fondée sur le changement de signe qui s'opère lorsqu'on substitue à la place de l'inconnue deux nombres qui comprennent la racine. Il sait qu'une équation est divisible par l'inconnue diminuée de la racine ; que le coefficient du second terme est égal à la somme des racines avec le signe changé. Toutes ces remarques qu'il fait sur des exemples particuliers ont été le germe des découvertes ultérieures d'Harriot et de Descartes. — Au nom de Cardan se rattache encore la découverte de la solution de l'équation du quatrième degré. Un mathématicien de l'époque, *Jean Colla*, proposait ce problème : partager le nombre 10 en trois parties qui forment une proportion continue, et dont le produit des deux extrêmes soit 6. Ce problème analysé conduit à l'équation $x^4 + 6x^2 - 60x + 36 = 0$, que Cardan écrit

qd¹ qd. p. 6qd. p. 36 æqualia 60 reb.

Colla prétendait que la solution n'était pas possible. Cardan, qui ne pensait point ainsi, invita à y travailler son élève Ferrari, jeune homme d'un rare mérite. La solution que Ferrari trouva, et que Cardan expose au chapitre XXXIX de l'*Ars magna*, est la suivante : aux deux termes de l'équation $x^4 = -6x^2 + 60x - 36$, ajoutez $2nx^2 + n^2$, le premier membre sera un carré parfait dont la racine sera $x^2 + n$; le second, qui est devenu $(2n - 6)x^2 + 60x + n^2 - 36$, sera également un carré parfait si l'on prend n, de façon qu'on ait $(2n - 6)(n^2 - 36) = \frac{5^2}{36}$, ou en développant $n^3 - 3n^2 - 36n - 342 = 0$; n, étant déterminé ainsi, on aura les

compléments qu'il faut ajouter aux deux membres de l'équation du quatrième degré pour l'abaisser au second. — Cet homme subtil et inventif en mathématiques, hardi et novateur en philosophie, en physique, en médecine, Cardan, soit esprit de son temps, soit élan personnel vers l'inconnu et le mystérieux, avait la foi la plus aveugle aux rêveries de l'astrologie judiciaire ; il l'a pratiquée, et il en expose les règles dans plusieurs de ses ouvrages. Comme Socrate, il croyait avoir auprès de lui un génie familier. Il tombait en extase, il croyait aux rêves, et voyait, dit-il, en songe tout ce qui lui devait arriver ; il le voyait même à certains indices sur ses ongles. — On prétend qu'il fut heureux dans quelques-uns de ses horoscopes : en quittant l'archevêque de Saint-André, il lui prédit (dit-on) qu'il serait pendu, ce qui arriva en effet dix-huit ans après. Il se trompa néanmoins dans l'horoscope du roi Edouard VI, auquel, à son retour d'Ecosse, il annonça de nombreuses années d'existence, et qui mourut peu de temps après ; mais une révision du calcul donna raison à l'astrologie. Cardan fut persécuté pour avoir fait l'horoscope de Jésus-Christ ; et, quoique d'autres l'eussent entrepris avant lui, il eut la vanité d'aimer mieux passer pour l'inventeur que de se justifier par leur exemple. On a prétendu qu'ayant lu dans les astres le jour de sa mort il se laissa mourir de faim pour ne pas faire mentir ses prédictions. — Cardan a pris soin dans son traité *De vita propria* de nous tracer un tableau de sa vie orageuse et de son caractère exceptionnel. La franchise et la naïveté des aveux y dépasse souvent la calomnie. Il nous apprend, entre autres bizarreries, que si la nature ne lui faisait point sentir quelque douleur, il se procurait lui-même cette sensation désagréable en se mordant les lèvres, et en se tiraillant les doigts jusqu'à ce qu'il en pleurât ; qu'il avait voulu quelquefois se tuer lui-même ; qu'il se plaisait à rôder toute la nuit dans les rues ; que rien ne lui était plus agréable que de tenir des discours qui chagrinassent ceux qui l'entouraient ; qu'il avait aimé les jeux de hasard jusqu'à y passer des journées tout entières au grand dommage de sa famille et de sa réputation, car il jouait même ses meubles et les bijoux de sa femme. Il portait la bizarrerie et l'originalité jusque dans ses manières et sa démarche ; la cause en était surtout à ses préoccupations scientifiques. *Incessus inæqualis causa fuit cogitatio abire in proverbium posset incessus meus ; nam et inconsideratus dum aliena ab his quæ præ oculis sunt meditor. Ambulatio modo tarda, modo celer, modo capite et humeris erectis, modo inclinatis.* On ne saurait mieux représenter la bizarrerie de ses manières que par ces vers d'Horace, qu'il cite lui-même à son sujet, disant que si Horace avait voulu le peindre, il n'aurait pas mieux fait. *Non aliter de me ego sentio quam Horatius de suo Tigellio ; quinimo Horatium dixerim tum de me sub illius persona locutum.*

Nil æquale homini fuit illi ut sæpe velut qui
Currebat fugiens hostem : persæpe velut qui
Junonis sacra ferret. . . . .

Cardan fut cruellement froissé dans ses affections de famille. Son fils aîné, jeune homme d'une grande espérance, avait épousé par amour une jeune fille sans fortune et de mœurs équivoques. Il se repentit trop tard, et pour s'en débarrasser il l'empoisonna ; il fut condamné et exécuté dans sa prison. Cardan supporta, à ce qu'il dit, ce malheur avec fermeté (ferreus) ; mais ailleurs il s'en plaint amèrement, et il accuse les juges d'avoir condamné son fils pour le faire mourir de chagrin. L'autre fils de Cardan fut un fripon et un scélérat que son père fut obligé de chasser et de déshériter. Cardan ne laissa qu'une fille qui lui causa, dit-il, deux chagrins, le premier de payer sa dot, et le second qu'elle ne fit pas d'enfants. Cardan s'était marié à trente et un ans. Il met au nombre de ses afflictions l'impuissance où il fut condamné depuis vingt et un ans jusqu'à trente et un, et qui le priva complètement pendant ces dix années du commerce des femmes. Il attribue cela aux malignes influences de la constellation sous laquelle il était né. *Cum sol et maleficæ ambæ et Venus et Mercurius essent in signis humanis, ideo non declinavi a forma humana, sed cum Jupiter esset in ascendente et Venus totius figuræ domina non fui oblæsus nisi in genitalibus ut a XXI anno ad XXXI non potuerim concumbere cum mulieribus et sæpius deflerem sortem meam, cuique alteri proprium invidens.* Cardan passa plusieurs fois dans sa vie par des alternatives de grande richesse et de misère encore plus grande. Il fut forcé dans ses moments de détresse de multiplier ses ouvrages et de les étendre, même d'écrire des almanachs : *ephemerides scribebam.* De Thou, qui le vit à Rome, raconte qu'il n'était jamais vêtu comme les autres; il dit lui-même qu'il usa jusqu'à *la fin*, soit par misère, soit par originalité, le vêtement qu'il avait rapporté d'Ecosse. Comme nous l'avons dit, il reçut une pension du pape jusqu'à la fin de ses jours. — Les ouvrages de Cardan, au nombre de plus de cinquante, publiés à diverses époques et dans différentes villes, ont été recueillis en 10 volumes in-fol. par Charles Spon, sous le titre de *Hieronymi Cardani opera*, Lyon, 1603. C'est dans le tome III que se trouve le traité *De subtilitate*; le tome IV renferme l'*Ars magna* et les autres traités de mathématiques; le tome V est consacré à l'astrologie et à l'astronomie; les cinq derniers contiennent ce que Cardan a écrit sur la médecine. — Son fils aîné, JEAN-BAPTISTE CARDAN, dont nous avons raconté la tragique histoire, a laissé deux traités qui ont été imprimés avec les ouvrages de son père : 1° *De fulgure*; 2° *De abstinentia ciborum fetidorum*.　　BUTILLON (de l'école normale).

CARDASSE, s. f. (*technol.*), nom que les cardeurs donnent à une peigne propre à carder la bourre pour en faire du capiton; sorte de grosse carde.

CARDÉ (PRISE DE). Le maréchal de Brissac, ayant reçu de la cour de France l'ordre de commencer les hostilités contre les troupes impériales, chargea en 1552 Birague, gentilhomme italien, de s'emparer de Cardé, petite ville assez importante du Piémont. Comme cette place n'était défendue que par quatre cents bandits destinés à un supplice infâme s'ils se laissaient prendre, on s'attendait à une opiniâtre résistance. Birague fait donner brusquement un assaut par ses meilleures troupes. Elles sont si chaudement reçues qu'elles demandent à faire retraite. Prenant lui-même une pique, il arrête un officier par la main, et, lui montrant la brèche, « C'est là, lui dit-il, qu'il faut aller mourir ! » Son courage ranime les soldats : ils retournent à l'assaut, et combattent avec tant de vigueur qu'ils forcent la garnison. Comme elle n'attendait aucun quartier, elle se fit tuer sur la brèche.

CARDÉE, s. f. (*term. de cardeur*), morceau de laine cardée qu'on lève de dessus les cardes; ce qu'on carde de laine à la fois avec les deux cardes.

CARDENAL (PIERRE), troubadour, naquit à Beaucaire suivant les uns, au Puy-en-Velay suivant les autres, vers le commencement du XIIIᵉ siècle, et mourut en 1306 âgé de près de cent ans. On ne sait rien de positif sur sa vie. Les manuscrits de la bibliothèque royale renferment un grand nombre de pièces de Cardenal; ce sont des tensons ou jeux partis, des sirventes et des chansons.

CARDENAS (BARTHÉLEMI DE), peintre portugais, mort à Valladolid en 1606, a laissé plusieurs morceaux à fresque, et des tableaux très-estimés que l'on voit dans les églises des dominicains, à Madrid et à Valladolid. On cite surtout les fresques du cloître de Saint-Paul; le retable du maître-autel représentant la *Vie de Jésus-Christ*; une *Gloire* de quarante pieds carrés, qui occupe tout le fond du chœur, et une *Cène* dans le réfectoire du même couvent.

CARDENAS (BERNARDIN DE), né à Chuquisaca, dans la province de las Charcas au Pérou, entra assez jeune dans l'ordre de Saint-François, où il ne tarda pas à se distinguer par son talent pour la prédication, et fut missionnaire apostolique. Nommé en 1643 à l'évêché de l'Assomption, dans le Paraguay, sa piété lui concilia la plus grande partie de ses diocésains; mais les missions des jésuites étant voisines de son diocèse, il ne vit dans la défiance avec laquelle ils en défendaient l'entrée aux Espagnols, comme aux autres Européens, qu'un projet de se soustraire à l'obéissance du roi d'Espagne; il les accusa avec chaleur; les jésuites se défendirent, et parvinrent même à le mettre mal avec les officiers du roi. Le zèle ardent de Cardenas ne fut pas refroidi par les désagréments qu'on lui suscita. Son exemple encouragea d'autres évêques de l'Amérique à combattre les entreprises des jésuites. Le plus célèbre de ces prélats, Palafox, était en correspondance intime avec Cardenas. La cour de Madrid, à qui les deux partis avaient envoyé des mémoires, nomma des commissaires qui eurent beaucoup de peine à concilier les esprits. On peut voir les détails de cette querelle dans l'*Histoire du Paraguay*, par le P. Charlevoix. Cardenas, nommé à l'évêché de Popayan, refusa, en s'excusant sur son grand âge; mais le désir de la paix lui fit accepter, en 1666, celui de Santa-Cruz de la Sierra, où il mourut peu d'années après. On a de lui : 1° *Manual y relacion de las cosas di Piru*, Madrid, 1634, in-4°; 2° *Historia indiana et indigenarium*; 3° *Mémorial présenté au roi d'Espagne pour la défense de dom Bernardin de Cardenas, évêque de Paraguay, contre les religieux de la compagnie de Jésus, et pour répondre aux* *mémoriaux présentés à la susdite majesté par le P. Pedraca, procureur des jésuites aux Indes*, traduit de l'espagnol, 1662, in-12, ouvrage curieux. Cent ans environ après la mort de Cardenas, on a publié en Espagne le livre suivant : *Documentos tocantes a la persecucion que los regulares de la compaña de Jesu suscitaron contra don B. de Cardenas, obispo de Paraguay*, Madrid, 1768, in-4°.

CARDENAS (JEAN), jésuite espagnol, né à Séville en 1612, a laissé : *Crisis theologiæ bipartita*, etc.

CARDENEAU (AUGUSTIN, BARON DE), né en 1776, entra au service en 1791. Employé comme lieutenant à l'armée des Pyrénées-Occidentales, il s'y fit remarquer par le général en chef Muller, et ouvrit, après différents succès, l'entrée du territoire ennemi aux armées françaises. Devenu colonel, ce fut en cette qualité qu'il combattit à Marengo, à la tête du cent unième régiment de ligne. Il s'y fit remarquer de la manière la plus brillante, ainsi que lors de la conquête du royaume de Naples et au siège de Gaëte. Nommé par Napoléon baron de l'empire et officier de la Légion d'honneur, il obtint, après la restauration de Louis XVIII, la croix de Saint-Louis, et fut ensuite mis en disponibilité. Appelé en 1818 par le département des Landes à la chambre des députés, il se prononça en 1819 contre les lois suspensives de la liberté individuelle et de la liberté de la presse, et vota pour le nouveau système électoral, modifié par les amendements. Il ne fut pas réélu en 1823, et vécut depuis dans la retraite jusqu'en 1841.

CARDER (V. CARDEUR).

CARDER (PETER). Lorsque le 6 septembre 1578 le fameux Drake eut débouché du détroit de Magellan dans la mer du Sud, il détacha de sa flotte un petit bâtiment pour revenir donner en Angleterre nouvelle de son passage. Cette pinasse, sous la conduite du capitaine Carder, repassa le détroit, et vint aborder au nord de la rivière de la Plata, sur un rivage habité par un peuple sauvage qui tua une partie des Anglais. En s'éloignant de cette île malheureuse, ils touchèrent contre une petite île, où la pinasse fut mise en pièces. Le peu de monde qui avait échappé aux sauvages périt, à l'exception de Carder et d'un autre Anglais. Ils se nourrirent dans cette île de fruits assez semblables à l'orange, de feuilles, de crabes et petites anguilles qu'ils trouvèrent dans le sable; mais, comme il n'y avait pas une goutte d'eau, ils furent réduits à boire leur urine. Il fallut de nouveau se remettre en mer sur quelques planches de la pinasse. Après être restés trois jours et deux nuits à la merci des flots, la vague les poussa sur le rivage du continent, près d'une petite rivière d'eau douce. Le compagnon de Carder, malgré ses conseils, voulut en boire sans modération, et en mourut deux heures après. Quant à Carder, il tomba entre les mains des sauvages, qui, quoique cannibales et dans le barbare usage de manger les prisonniers de guerre, respectèrent à son égard les droits de l'hospitalité; ils le prirent même en amitié lorsqu'ils eurent senti de quelle utilité leur pouvait être un homme fort industrieux, et possédant plusieurs connaissances. Après avoir vécu parmi ces sauvages assez longtemps pour apprendre leur langue, Carder en obtint la liberté de partir. Il entra sur les terres des Portugais, d'où enfin il revint en Angleterre en 1586. Le grand amiral le présenta à la reine Elisabeth, qui prit beaucoup de plaisir au récit de ses aventures.

CARDÈRE, *dipsacus* (*botan.*). De grandes herbes ayant le port des chardons, des tiges anguleuses et hérissées d'épines, à racines fusiformes, épaisses, à feuilles opposées, à fleurs réunies en tête comme les scabieuses, et dont on connaît quatre espèces bisannuelles, qui croissent naturellement en France, forment le genre cardère; lequel appartient à la famille des dipsacées et à la tétrandrie monogynie. — Une des espèces les plus communes, la CARDÈRE SAUVAGE, *dipsacus sylvestris*, que l'on trouve dans les lieux incultes, le long des grandes routes, se fait remarquer par ses grosses fleurs d'un bleu rougeâtre et par l'espèce d'abreuvoir qui existe à l'aisselle de ses grandes feuilles, et où l'on trouve presque habituellement de l'eau. La variété dont les paillettes des têtes de fleurs sont crochues, appelée CARDÈRE A FOULON et chardon-bonnetier, *dipsacus fullonum*, cultivée de nos jours en plein champ pour les besoins des manufactures d'étoffes de laines, était connue dès la plus haute antiquité chez les Celtes, et employée par leurs femmes ouvrières, ainsi que le prouve le nom *houasan al com* qu'elle portait parmi eux, à peigner le drap et polir sa surface. — Vouloir rechercher le pays d'où elle a été primitivement tirée serait remonter un fleuve dont les sources sont ensevelis sous le linceul de sable d'une époque à jamais perdue. Ce que l'on peut dire de plus raisonnable à ce sujet, c'est que cette utile variété de la cardère sauvage est due à une culture très-ancienne. Elle veut une terre un peu fraîche, profonde, bien meuble, ni peu ni trop fumée; sur un sol sec et très-aéré, elle souffre peu des rigueurs de l'hiver : il n'en est pas de même dans les vallons; elle y gèle souvent et y périt par excès d'humidité. Quoique bisannuelle, soit qu'on l'ait semée en automne ou bien au printemps, il y a toujours des pieds qui montent dès la première année : c'est une anomalie due à la culture. On a voulu remplacer les têtes blanchâtres de cette cardère par des machines; toutes les tentatives ont échoué. Son importance et la préférence qu'on lui donne sont suffisamment justifiées par les grands espaces qu'elle couvre aux environs des manufactures, surtout de celles de Louviers, Elbeuf, Sédan, Carcassonne, etc. — Les mouches à miel aiment beaucoup la cardère à foulon; les ruches placées dans son voisinage rapportent considérablement.

CARDES (agric.). Sous ce nom les horticoles cultivent et livrent aux cuisines les côtes des feuilles du cardon et celles de la poirée, dont on fait des plats fort estimés après les avoir blanchis.

CARDES, bandes de cuir de veau ou de vache hérissées de pointes de fil de fer plus ou moins grosses et plus ou moins serrées, suivant les numéros qui s'élèvent depuis le n° 8 jusqu'aux n°s 28 et 50. Les cardes servent, dans les manufactures, à préparer la laine, la soie, le coton et le cachemire avant de les filer. On en distingue de deux sortes : *les cardes à la main,* composées d'une bande de cuir armée de pointes et montée sur une plaque de bois de quatre à cinq pouces de large et de huit à dix pouces de long, garnie d'un manche également de bois. *Les cardes en rubans* faites, comme les premières, de cuir de veau ou de vache de la meilleure qualité et de fils de fer de différentes grosseurs, sont destinées à être employées en bandes de toutes longueurs non montées sur bois. Les rubans de cardes sont faits presque tous à la mécanique sur une largeur de dix-neuf à vingt lignes. Les principales fabriques de cardes sont à Paris et à Rouen; elles ont la préférence sur celles de l'Angleterre.

CARDEUR, nom donné dans les manufactures à celui qui carde soit de la laine, soit du coton, ou toute autre matière. — Le cardage est sans contredit l'opération la plus importante qu'on exécute avant la filature, pour donner aux filaments de toute matière filamenteuse la direction, l'expansion et l'homogénéité qu'ils doivent prendre, afin d'être réduits en forme de rubans et ensuite en fils, au moyen de deux autres opérations, la torsion et l'étirage. Le cardage varie selon la nature de la substance à laquelle il est appliqué; mais il se fait toujours avec des *cardes,* espèce de brosses garnies de dents de fil de fer, implantées dans une lanière taite avec du cuir épais. Les dents sont brisées de telle sorte qu'elles accrochent et attirent les filaments en dedans. En frottant en sens inverse l'une contre l'autre deux cardes dont l'une est chargée et l'autre vide, il arrive qu'elles se distribuent également la matière, c'est-à-dire que la moitié de la charge passe dans la carde vide; mais si les deux cardes sont montées de la même manière, ou que les dents soient disposées dans le même sens, il arrive que la carde mobile dépouille et nettoie les dents de l'autre. C'est sur ce fait qu'est établi le mécanisme du cardage. Nous ne pouvons l'expliquer ici en détail; mais il est curieux de le suivre dans les manufactures de laine et de coton, où il s'opère par des machines fort ingénieuses et qui ont sur les anciennes des avantages immenses, tels que l'économie, la célérité et la propriété de disposer la laine et le coton à donner un fil plus parfait, plus fort et plus résistant; ce qui influe beaucoup sur la qualité des étoffes. Il en résulte aussi que les opérations subséquentes se font infiniment mieux; ainsi le tissage est plus prompt, le collage de chaîne exige moins de colle, et le dégraissage des pièces s'exécute plus simplement.

CARDEURS (CORPORATION DES). La communauté des artisans qui, sous le nom de cardeurs, peigneurs, arçonneurs de laine et coton, drapiers-drapants, coupeurs de poils, fileurs de lumignons, etc., s'occupaient à carder le coton et la laine, était très-ancienne à Paris quand elle fut abolie avec les autres en 1789. Ses statuts et règlements avaient été confirmés par lettres patentes de Louis XI, du 24 juin 1467, et depuis, par d'autres de Louis XIV, du mois de septembre 1688, enregistrées au parlement le 22 juin 1699. Nul, d'après ces statuts, ne pouvait être reçu maître cardeur qu'après avoir fait trois ans d'apprentissage, un an de compagnonnage, et exécuté son chef-d'œuvre. La communauté était gouvernée par trois jurés, dont deux étaient renouvelés une année, et le troisième l'année suivante. Il était permis aux cardeurs de faire teindre ou se teindre eux-mêmes dans leurs maisons toute sorte de laines en noir; mais il leur était défendu, par arrêt du conseil du 10 août 1700, d'arracher

ou couper aucun poil de lièvre, même d'en avoir les peaux chez eux, parce que ce droit était réservé aux chapeliers. Il était permis aussi aux cardeurs de faire et monter les cardes dont ils avaient besoin pour leur métier; mais ils ne firent que fort rarement usage de cette faculté. Ils se fournissaient de ces outils chez les cardiers de Paris, ou les tiraient des provinces du royaume, des pays étrangers et particulièrement de la Hollande. Le procédé de cardage par des moyens mécaniques, adopté dans les fabriques, a presque anéanti la profession de cardeur. Les ouvriers qui l'exercent n'ont guère d'autre travail aujourd'hui que celui que leur offre le cardage des matelas, qui même se fait quelquefois par le moyen d'une machine de peu de volume, et qui se transporte aisément par tout où l'on veut.

CARDIA (anat.), orifice supérieur de l'estomac. (*V.* ESTOMAC).

CARDIA (mythol.), divinité qui présidait à la conservation des parties nobles et vitales de l'homme.

CARDIA (géogr. anc.), ville située près de la Chersonèse de Thrace, au fond d'un golfe, et à l'ouest de l'isthme qui joint la péninsule à la Thrace, près de l'embouchure du Mélas. Elle tire son nom, suivant Pline, de sa construction en forme de cœur. C'était une cité considérable, lorsqu'elle fut remise aux Athéniens au temps des différends du roi de Thrace avec Philippe de Macédoine. Les Athéniens y établirent des colonies afin de s'en assurer la possession; mais ils l'abandonnèrent ensuite. Lysimaque, successeur d'Alexandre, la fit démolir, et de ses matériaux on construisit la ville de Lysimachie sur l'isthme de la Chersonèse. Elle se releva probablement de ses ruines; car Ptolémée, six cents ans après le règne de Lysimaque, la représente comme une cité. Elle eut des médailles en argent, en bronze et en or, sur lesquelles un cœur était empreint pour emblème. — C'était encore une ville de Bithynie près de Dascylium, aux environs de laquelle se trouvait une source d'eaux chaudes d'un goût aussi agréable que du lait. ED. GIROD.

CARDIACÉES (hist. nat.), famille de mollusques, établie par Cuvier, pour les animaux qui ont le manteau ouvert en avant avec deux ouvertures séparées, l'une pour les excréments, l'autre pour la respiration, se prolongeant quelquefois en tubes. Les cardiacées forment aussi une famille pour Lamarck, qui la caractérise par la charnière de la coquille, de la manière suivante : dents cardinales irrégulières soit dans leur forme, soit dans leur situation, et en général accompagnées d'une ou deux dents latérales. Enfin M. de Férussac a élevé au rang d'ordre la famille des cardiacées de Cuvier, et il divise cet ordre en sept familles, qui sont : les camaris, les bucardes, les cyclades, les nymphacées, les vénus, les litophages et les maîtres.

CARDIÆPATHIE, s. f. (méd.), augmentation du volume du cœur, selon Alibert.

CARDIAGRAPHE, s. m. (anat.), anatomiste qui s'occupe spécialement de la dissection du cœur. — Auteur qui écrit sur le cœur, sur les diverses parties qui le composent.

CARDIAGRAPHIE, s. f. (méd.), *cardiagraphia,* de καρδία, le cœur, et γραφή, description : la description du cœur.

CARDIAGRAPHIQUE, adj. des deux genres (anat.), qui concerne la cardiagraphie.

CARDIAIRE, adj. (méd.), de καρδία, cœur; qui est, se trouve dans le cœur, qui est relatif au cœur.

CARDIAIRE. Il se dit de certains vers qui vivent dans le cœur humain.

CARDIALGIE (pathol.), de καρδία, nom qui a été donné à l'ouverture supérieure de l'estomac, et de ἄλγος, douleur. Cette douleur, qui est souvent indépendante d'une maladie plus ou moins grave, consiste dans un sentiment de contraction qu'on éprouve à la région de l'estomac, immédiatement au-dessous des côtes. Des peines morales très-vives peuvent la produire, surtout si l'estomac vient de recevoir des aliments. C'est ordinairement à la suite de ces premiers effets que des vomissements ont lieu. Les douleurs du cardia se lient très-souvent encore aux maladies qui peuvent attaquer le système digestif. Ainsi, la cardialgie est l'un des symptômes de l'inflammation de l'estomac; elle accompagne encore les maladies nerveuses de cet organe, et elle forme souvent même leur symptôme principal. Quand la cardialgie ne résulte que d'une affection morale, elle n'est que passagère, comme la cause qui l'a produite. Quand elle tient à une inflammation d'une certaine gravité, ou à une maladie du système digestif d'une autre nature, il faut agir contre l'affection principale pour faire disparaître le symptôme qui en dépend directement. Dans tous les cas, la cardialgie n'est pas une affection grave. Elle ne peut avoir de la gravité qu'en raison de la maladie dont elle est l'une des manifestations. D^r Ed. Carrière.

CARDIALGIQUE, adj. des deux genres (*méd.*), qui est relatif aux douleurs du cœur.

CARDIALOGIE (*méd.*), de καρδία, cœur, et λόγος, discours ; traité sur le cœur.

CARDIALOGIQUE, adj. des deux genres (*méd.*), qui concerne la cardialogie.

CARDIAQUE (*anat.*), qui appartient au cardia ou au cœur. Ainsi l'on dit les veines, les artères, les nerfs cardiaques, le plexus ou ganglion cardiaque.

CARDIATOMIE (*anat.*), dissection du cœur ; de καρδία, cœur, et τεμνειν, couper.

CARDIATOMIQUE, adj. des deux genres (*méd.*), qui tient, qui est relatif à la cardiatomie.

CARDIC ou **CARDICE**, siége épiscopal dont parle souvent Innocent III dans ses *Lettres*, t. II, édition de M. Baluze. Nous croyons qu'il était sous la métropole de Larisse, parce que l'archevêque de cette ville l'unit à celui de Dimitrie, dans sa province.

CARDIE, s. f. nom que l'on donne aux cauris dans les tribus idolâtres de l'Arabie (*V.* Cauris).

CARDIER est le nom qu'on donne à celui qui fait des cardes. On sait déjà (*V.* Cardeur) que les cardes servent à séparer les brins de coton, de laine ou de toute manière filamenteuse, pour qu'ils soient ensuite soumis à la filature. C'est la première opération dont dépend la beauté, le moelleux et la finesse de l'étoffe. Il est donc très-important que le cardier ne néglige rien pour faire la meilleure carde possible. — Pour qu'elles soient bonnes, il faut que les dents soient uniformes, également espacées, et ce sont deux conditions que les mécaniques actuelles remplissent parfaitement. Il faut aussi que les dents aient, par rapport à la bande de cuir dans laquelle elles sont implantées, la même inclinaison ; que cette bande de cuir soit partout de la même épaisseur, et pour cet objet la mécanique est encore venue au secours de l'imperfection du travail des mains. La machine à *refendre les cuirs* remplit cet objet. Aujourd'hui il existe un assez grand nombre de ces machines au moyen desquelles on fabrique très-promptement et avec beaucoup de perfection les cardes. Il y en avait plusieurs à l'exposition de 1834, qui ont fixé l'attention du jury de cette exposition.

CARDIEURYSME, s. m. (*méd.*), dilatation anormale du cœur. Il est peu usité.

CARDIFF ou **CARDYFF** (*géogr.*), ville chef-lieu du comté de Glamorgan, Galles méridionale, tire son nom de sa position sur la rivière du Taff qui baigne sa partie occidentale, et se précipite dans la Saverne à trois milles au-dessous. Elle est bien bâtie, percée de plusieurs rues spacieuses, et agréablement située dans une plaine fertile à l'extrémité du comté, du côté où il touche au Montmouthshire. Ce fut autrefois une place forte considérable avec remparts et fossés défendus par de fortes tours de distance en distance. On voit encore vers le nord l'emplacement et les ruines de l'ancien château qui couvrait huit acres de terrain, et dont le fondateur fut le conquérant Fitzhamon, qui l'éleva en 1090 pour défendre ses possessions dans la contrée de Morganton. Ce château, dont les restes de la tour octogone d'aujourd'hui attestent les solides constructions, quoique bâti au milieu du territoire des Anglo-Normands, n'est point de ceux qui subirent des chances de guerre extraordinaires comme il s'en rencontra tant au moyen âge ; il n'est remarquable dans le souvenir que parce qu'il fut le lieu de l'injuste emprisonnement et de la mort de Robert de Normandie, causés par son frère Robert Ier. — Cardiff fait un commerce considérable avec Bristol en grains, en bestiaux et en volailles. Plusieurs manufactures de cuivre ont contribué à son embellissement et à l'accroissement de sa population, non moins que le canal creusé avec beaucoup de peine à travers ce pays rocheux et qui, passant par Cardiff, communique de la pointe de Penarth à Merthyr-Tidwil. La population de cette ville est d'environ 5,000 habitants. Une cour d'assises y est tenue régulièrement comme dans toutes les villes chefs-lieux de districts en Angleterre.

CARDIGAN (*géogr.*), en welche *Abertcivi*, est la ville chef-lieu du comté de Cardigan, dans la principauté de Galles sud, en Angleterre. Ses habitations sont en amphithéâtre sur le penchant d'une montagne au pied de laquelle coule la rivière du Teif ou Tivy, qui se décharge à deux milles de là dans la baie

de Cardigan. Un pont de sept arches traverse cette rivière et conduit aux restes d'un château fort que plusieurs écrivains disent avoir été construit au temps de Henri II par Gilbert de Clarc, qui fortifia aussi la ville. Mais Powel, dans son *Histoire du pays de Galles*, soutient que ce château fut bâti en 1155, pour la garde des frontières. Il fut assiégé par Rhys Gryffydd en 1164, pris et rasé jusqu'en ses fondements. — En 1176, Cardigan fut le théâtre d'une solennité publique peu commune. Les Anglais, les Welches, les Normands et les Irlandais s'y étaient donné rendez-vous pour célébrer leur union momentanée dans une grande fête ; le concours fut prodigieux. Dans ces occasions les bardes et les ministres de la principauté s'efforçaient de déployer tout leur talent devant l'assemblée dont ils briguaient les applaudissements et les récompenses : les vainqueurs étaient renvoyés avec d'honorables présents. — La palme poétique fut décernée aux bardes de Galles septentrionale ; mais, dans la lutte musicale, elle devint le prix des ménestrels du sud.—Cardigan n'a rien d'autre qui la recommande à l'attention des historiens ou des antiquaires. — Cette ville est triste, mal bâtie, faisant un commerce presque nul et de la moindre importance.

CARDIGAN (BAIE DE) (*géogr.*). C'est une baie de l'Atlantique, sur la côte occidentale du pays de Galles, à l'ouest-nord-ouest de Cardigan. Elle est d'une vaste étendue, bordée par la côte de Pembroke, ville située à l'extrémité d'une des pointes du croissant dont elle a la figure, et par celle du Caernavonshire à l'extrémité de laquelle se trouve l'île de Bardsea en face de l'autre pointe.

CARDIGANSHIRE ou **COMTÉ DE CARDIGAN** (*géogr.*), district long et étroit de la principauté de Galles méridionale, en Angleterre, baigné à l'ouest par cette partie du canal Saint-Georges appelée *baie de Cardigan*. La mer a exercé de grands ravages sur cette côte, et, d'après la tradition de la contrée, une langue de terre considérable et bien peuplée aurait été engloutie par les flots dans les âges reculés. Les bardes welches ont attaché à ces parages une célébrité impérissable. Les autres limites du comté de Cardigan sont les comtés de Méryoneth et de Montgommery au nord, ceux de Radnor et de Brecknock à l'est, et ceux de Caërmarthen et de Pembroke au midi. Sa surface est de quarante milles de longueur sur vingt de largeur. Le Cardiganshire peut être, à proprement parler, divisé en deux districts, sous la dénomination de *bas* et *haut* Cardigan. La nature du terrain du premier est un sol gras sur un fond sablonneux, variant en profondeur de trois pouces à un pied ; le tout est sur un lit de rocher. Quant à celle du terrain de l'*Uplan*, ou haut Cardigan, elle est d'une aridité et d'une stérilité presque complète ; ainsi cette partie montagneuse est impropre à recevoir les bienfaits de la culture ; mais l'industrie et le génie de l'homme peuvent rendre habitables et profitables même ces régions disgraciées par des plantations sagement appropriées aux lieux et au climat. Aux environs d'Hafold par exemple, tout le territoire a été rendu fertile et agréable par ce moyen. Le paysage d'Hafold, le pont du Diable et leur voisinage dans un horizon de plusieurs lieues, offre un coup d'œil des plus intéressants, des plus pittoresques et des plus romantiques. — La partie du nord de ce comté est remplie de précipices étroits et profonds au milieu des montagnes, où les eaux creusent à chaque instant de nouveaux abîmes, surtout après les orages et les pluies abondantes. On les voit s'amasser dans certaines cavités supérieures, avec une rapidité effrayante, et bientôt se frayant un chemin dans leur fureur aveugle, disparaître en mugissant sous le sol désolé que le bruit de leur chute fait trembler au loin, comme le ferait un tonnerre souterrain. — α Tout le sein de cette sauvage contrée, dit Malkin, est un immense réservoir de trésors métallurgiques n'attendant qu'un génie entreprenant et la main de l'industrie pour les faire briller au soleil et les rendre utiles. » Mais les efforts tournés vers l'agriculture ont jusqu'ici paralysé ceux du commerce. — Les principales rivières du Cardiganshire sont le Rydol, le Ytswith et le Clewedog.

CARDIHELCOSE, s. m. (*médec.*), suppuration du cœur. Il est peu usité.

CARDILUCIUS (JEAN KIOKIAS), médecin allemand du XVIIe siècle, était grand partisan de l'astrologie, de l'alchimie et de la doctrine de Paracelse et de Van Helmont. Après avoir étudié en Hollande et à Mayence, il s'établit à Nuremberg, où il prenait le titre de comte palatin et de premier médecin du duc de Wurtemberg. Il y a donné de nouvelles éditions de deux ouvrages allemands de Barthélemy Carrichter. Il y fit des additions considérables. L'un parut à Nuremberg en 1686, in-8°, sous le titre de *Livre de plantes et de médecine ;* il a été réimprimé à Tubingen en 1759, in-8° ; l'autre, *Traité de l'har-*

monie, de la *sympathie et de l'antipathie des plantes*, Nuremberg, 1686 ; Cardilucius y ajouta une préface. On y voit que l'auteur et l'éditeur étaient également imbus des mêmes préjugés. Ils croyaient qu'il fallait consulter tel ou tel signe du zodiaque, avoir égard à son degré d'élévation sur l'horizon, lorsqu'on voulait cueillir une plante ou administrer un médicament. Ce médecin a publié un ouvrage en latin, intitulé : *Officina sanitatis, sive praxis chymiatrica Joannis Hartmanni, cui annexus est zodiacus medicus*, Nuremberg, 1677, in-4°. On lui doit encore une *Ecole évangélique des arts et des sciences, puisée dans la nature*, 1685, 4 vol. in-8° ; un *Palais royal de chimie et de médecine*, 1684, in-8°, et une *Description de quelques maladies* (le typhus nosocomial et la dyssenterie), 1684, in-12 ; ces trois ouvrages, imprimés à Nuremberg, sont en allemand.

CARDIM (ANTOINE-FRANÇOIS), jésuite portugais, né en 1615, à Viana, près d'Evora, fut envoyé aux Indes comme missionnaire. Il visita le Japon, la Chine, le royaume de Siam, la Cochinchine et le Tonquin, et remplit l'emploi de recteur du collège de Macao. Sa province le disputa à la huitième congrégation générale de son ordre. Il fit naufrage en retournant aux Indes. Délivré de ce péril, Cardim employa le reste de sa vie aux travaux apostoliques, et mourut à Macao en 1659. On a de lui en portugais : 1° *Relation de la mort glorieuse de quatre missionnaires portugais décapités au Japon pour la foi*, Lisbonne, 1645 ; 2° *Relatione de la provincia del Giapone*, Rome, 1645, in-8°, traduite en français avec une autre relation du P. Baretti. Composée en italien, Paris, 1646, in-8°. Le P. Cardim écrivit en latin : *Fasciculus e japonicis floribus suo adhuc sanguine madentibus compositus cum elogiis et imaginibus interfectorum in odium fidei*, Rome, 1646, in-4° ; *Catalogus omnium in Japonia pro Christo interemptorum*, ibid. La relation de Cardim, indépendamment du détail des missions, contient quelques particularités relatives aux pays qu'il avait parcourus.

CARDINAL. L'origine et l'étymologie du nom de cardinal ont donné lieu à des opinions diverses. Sans les rapporter et les discuter ici, nous nous contenterons de mentionner celle qui nous paraît la plus vraisemblable. Ce nom semble avoir servi à désigner originairement et dans les divers degrés de la hiérarchie ecclésiastique l'évêque qui gouvernait un diocèse d'une manière fixe et permanente, le prêtre qui tenait le premier rang parmi les autres prêtres attachés à une église, dont il était le titulaire, ce que nous appellerions de nos jours le curé, ou enfin le diacre chargé spécialement de l'administration d'un hôpital ou chapelle. C'est du moins dans ce sens *de fixe et principal* que le titre de cardinal est fréquemment employé par le pape saint Grégoire (telle est aussi l'acception du mot cardinal, quand on dit par exemple, *vents cardinaux, vertus cardinales*), et avant lui par le pape Gélase Ier. On le trouve encore mentionné, avec la signification que nous indiquons, au temps de saint Augustin, dans la célèbre conférence de Carthage entre les donatistes et les catholiques, où Pétilien, évêque donatiste, appelle les évêques titulaires de certains diocèses *cardinales atque authenticos episcopos*. Cette qualification n'était donc pas d'abord particulière au clergé de Rome ; elle était usitée dans d'autres églises de la chrétienté. En France par exemple, le concile de Meaux en 845 prescrit aux évêques de *distribuer et de gouverner canoniquement les titres* (c'est-à-dire les paroisses) *cardinaux établis dans les villes ou les faubourgs*. Une charte de Thibaud, évêque de Soissons, confirmant la fondation de l'abbaye de Saint-Jean les Vignes faite par Hugues, seigneur de Château-Thierry, exige que *le prêtre-cardinal* du lieu soit tenu de rendre compte à l'évêque de Soissons de son administration paroissiale. Et cette dénomination est rappelée dans la charte donnée par le roi Philippe en 1076 portant confirmation de la fondation de cette abbaye. Autrefois l'évêque de Paris avait des *prêtres-cardinaux*, qui devaient l'assister à Noël, à Pâques, à l'Assomption, lorsqu'il officiait pontificalement : c'étaient les curés de Saint-Paul, Saint-Jacques, Saint-Séverin, Saint-Benoît, Saint-Laurent, Saint-Jean en Grève et Charonne, ainsi que les prieurs de Saint-Etienne des Grès, de Saint-Julien le Pauvre, de Saint-Méry et de Notre-Dame des Champs. Les curés de Sens, Troyes et Angers ont constamment porté le titre de *curés-cardinaux*. — À Rome, comme dans les autres Eglises, les prêtres et diacres-cardinaux étaient donc les prêtres ou diacres principaux attachés d'une manière fixe à une paroisse ou à une diaconie. De plus ils assistaient le souverain pontife dans la célébration des offices, l'aidaient dans le jugement des affaires ecclésiastiques, siégeaient avec lui dans les synodes, en un mot prenaient part à tous ses travaux apostoliques, for-

naient son conseil. — Quant aux *cardinaux-évêques*, il est aussi difficile de préciser à quelle époque ils furent institués. Toutefois ce ne dut pas être avant la première moitié du XIe siècle, puisque dans le concile de Rome tenu en 993, souscrit par les prêtres-cardinaux, il n'est pas encore fait mention d'évêques revêtus de ce titre. Voici sans doute comment ils furent amenés à le prendre. Il est présumable que les évêques voisins de Rome, qui étaient comme les suffragants du souverain pontife, s'étant accoutumés pendant une longue suite d'années à assister aux synodes, à prendre part à toutes les décisions importantes du clergé de Rome, et entre autres à l'élection du pape, se regardèrent comme faisant partie du clergé romain. Alors, pour se distinguer des autres évêques, ils ajoutèrent à leur titre épiscopal celui qui donnait une certaine prééminence aux prêtres et diacres de Rome. Ces évêques étaient au nombre de sept. C'étaient ceux d'Ostie, de Porto, de Sainte-Ruffine ou Sylva-Candida, évêché (réuni depuis par le pape Calixte II à l'évêché de Porto) d'Albano, de Sabine, de Tusculum et de Préneste. Pierre Damien nous apprend qu'on les appelait *collatéraux* ou *hebdomadaires*, parce que toutes les semaines, et chacun à leur tour, ils célébraient l'office divin, en l'absence ou même en présence du pape, sur l'autel de Saint-Jean de Latran, où, seuls avec le souverain pontife, ils avaient le droit d'officier. — L'influence que les cardinaux exerçaient sur l'élection du chef de la chrétienté, l'espèce de privilège qu'ils avaient de le voir choisi parmi eux, comme le prescrit même un décret du pape Etienne III, ne tarda pas à les faire regarder d'un œil d'envie par les évêques ; c'est du moins ce qu'on peut conjecturer d'un autre décret synodal du même pontife, rendu vers 769, par lequel l'anathème est prononcé *contre tout ecclésiastique, évêque, prêtre ou moine, contre tout laïque qui, empiétant sur les droits des grands de la sainte Eglise romaine, c'est-à-dire des prêtres et diacres cardinaux, tenterait d'usurper le siège apostolique*. Cependant les cardinaux-prêtres et diacres n'avaient que la part d'autorité dévolue à leurs fonctions dans le diocèse de Rome ; ils étaient regardés comme bien inférieurs aux évêques dans la hiérarchie ecclésiastique. Mais à mesure que grandit la puissance pontificale, lorsque les papes eurent réuni en eux tout à la fois l'autorité spirituelle et temporelle, celle des cardinaux conseillers et ministres de leur puissance, s'éleva aussi dans la même proportion. Ce qui hâta le plus leur rapide élévation à la tête du clergé, ce fut lorsqu'ils devinrent seuls maîtres de l'élection des souverains pontifes. Le concile de Rome tenu en 1059 sous Nicolas II avait décrété que l'élection du pape serait commise aux évêques-cardinaux, débattue par eux avec les prêtres et diacres cardinaux, et enfin ratifiée par le reste du clergé et par le peuple romain : le concile de Latran en 1179, sous Alexandre III, retira au clergé et au peuple ce simulacre de participation à l'élection du souverain pontife, et ordonna que le consentement des deux tiers des cardinaux serait suffisant, mais en même temps nécessaire pour valider l'élection du pape. En confondant les droits des cardinaux-évêques, prêtres et diacres, c'était assimiler leur rang. Et l'on peut juger quelle importance était attachée au titre de cardinal-évêque par la lettre qu'écrit Pierre Damien à Cadalous, évêque de Parme, antipape sous le nom d'Honorius II. *Que le semble*, lui dit-il, *des cardinaux-évêques qui, principalement chargés de l'élection du pontife romain, et investis d'autres prérogatives, l'emportent non-seulement sur tous les autres évêques, mais aussi sur les patriarches et les primats*. — Une autre cause contribua encore au développement de la grandeur des cardinaux : les légations qu'ils remplirent du XIe au XIIIe siècle, à cette époque de la toute-puissance pontificale. Presque toujours ce furent des cardinaux que le souverain pontife choisit pour remplir en pays étranger les missions importantes que nécessitait son intervention dans toutes les affaires politiques et religieuses de ce temps. Délégués et représentants du souverain pontife, les cardinaux-prêtres ou diacres devaient avoir et obtenaient en effet la préséance sur les évêques, qui révéraient en eux la puissance apostolique dont ils étaient les dépositaires momentanés. Les cardinaux, *sénateurs de l'Eglise universelle*, comme les appelle Pierre Damien, furent comparés, dans leurs rapports avec le vicaire de Jésus-Christ, aux apôtres entourant le divin fondateur de la religion chrétienne. Aussi en 1239 l'empereur Frédéric écrivait-il aux cardinaux : *Le Christ, chef de l'Eglise, en la fondant sur Pierre, vous a institués successeurs des apôtres*. Déjà, au temps de saint Bernard, leur supériorité était si bien reconnue que cet illustre personnage leur écrivait : *Personne ne doute que ce ne soit à vous qu'il appartienne spécialement d'apaiser les troubles qui déchirent le royaume de Dieu. Agissez donc suivant votre rang, suivant l'éclat de votre dignité, suivant le pouvoir que vous avez reçu.* On s'habitua donc peu à peu à regarder le cardinalat comme une dignité de l'Eglise, communiquant à celui qui en était revêtu une autorité, supérieure même à l'autorité épiscopale. Quand une fois cette opinion eut prévalu, on vit des évêques briguer le cardinalat comme un titre plus élevé que le leur. Conrad, archevêque de Mayence, est, dit-on, le premier évêque décoré du cardinalat par le pape Alexandre III, qui donna également cette dignité à Galdin de la Sala, archevêque de Milan (1165). Ce ne fut d'abord qu'une dénomination nouvelle que les évêques recevaient en l'ajoutant à leur titre épiscopal. Puis insensiblement l'usage s'établit que les évêques, créés cardinaux, reçussent le *titre* d'une église de Rome, comme si, par leur nomination, ils devenaient membres du clergé romain; usage adopté surtout par Clément V, et suivi par ses successeurs. La prééminence des cardinaux sur tous les autres dignitaires de l'Eglise fut dès lors unanimement reconnue, on voit au premier et au deuxième concile de Lyon (1245 et 1274) les cardinaux prendre rang avant tous les archevêques, évêques, et même avant les patriarches. Depuis, quelques évêques tentèrent de réclamer contre la préséance que les cardinaux réclamaient. Par exemple, l'on voit, vers le milieu du XVe siècle, l'archevêque de Cantorbéry et celui de Gnesne disputer le pas, l'un à l'archevêque d'Yorck, l'autre à l'évêque de Cracovie, créés tous deux cardinaux par le pape Eugène IV; mais ces contestations furent toujours décidées par les papes en faveur des cardinaux. Quelquefois même ces princes de l'Eglise marchèrent les égaux des têtes couronnées. Henri III, en 1235, écrivant à un cardinal-prêtre, ne mit son nom qu'après le sien. En 1293, le roi Charles de Sicile et son fils Charles-Martel, roi de Hongrie, étant venus à Pérouse, prirent place dans le consistoire, le roi de Sicile entre les cardinaux-prêtres, le roi de Hongrie entre les cardinaux-diacres. En France, les hauts dignitaires ecclésiastiques précédèrent les princes du sang jusqu'en 1561. — Par des concessions successives les papes ont attribué aux cardinaux d'immenses privilèges dont nous allons rappeler les principaux. Ils ont seuls le droit d'être élus papes, quand même ils seraient excommuniés, suspendus ou interdits. Ils ne sont pas compris dans les lois pénales, s'ils n'y sont nommément exprimés. Le pape ne peut procéder contre eux que dans trois cas : l'hérésie, le schisme, le crime de lèse-majesté, et encore faut-il qu'il procède en présence des cardinaux députés par les deux tiers de ceux qui se trouvent à Rome. — En cas de schisme, les cardinaux ont le droit de convoquer un concile général. — Ils ont le privilège des autels portatifs; ils peuvent en conséquence avoir des chapelles domestiques, et même faire dire la messe dans leurs chambres lorsqu'ils sont malades. — En Italie, s'ils ont des pensions, ils peuvent les transmettre à d'autres, ils sont exempts de décimes, de gabelle et de toute autre charge, soit ordinaire, soit extraordinaire. — Ils prétendaient au droit de faire grâce au criminel qu'ils rencontraient marchant au supplice. — Dans leurs fonctions, les cardinaux embrassent le gouvernement de l'Eglise entière. Aidés de plusieurs prélats nommés par le pape, ils composent les seize congrégations où sont traitées toutes les affaires de la chrétienté (*V.* CONGRÉGATION). Ils sont membres du consistoire (*V.* ce mot) où se débattent celles qui intéressent plus particulièrement la cour de Rome. Enfin, sous le titre de *légats*, les cardinaux italiens sont chargés du gouvernement temporel des Etats de l'Eglise, ou, comme ambassadeurs représentent le pape auprès des différents souverains de la chrétienté. Tous les cardinaux appartiennent par leur titre au clergé romain; les évêques étrangers qui sont promus au cardinalat sont supposés par leur nomination même renoncer aux bénéfices, de quelque nature qu'ils soient, possédés par eux dans leur pays, et ils ne peuvent en reprendre possession qu'après avoir reçu de nouvelles bulles du pape et prêté un nouveau serment de fidélité à leur souverain. — Le nombre des cardinaux n'a pas toujours été tel qu'il l'est de nos jours. Il semble y avoir eu dans l'origine vingt-huit titres de cardinaux-prêtres et sept cardinaux-diacres. Ce nombre a bien varié depuis. Sous Pascal II, il s'éleva à quatre-vingt-dix; puis, par des extinctions successives, le collège des cardinaux en arriva à n'être plus composé que de huit membres avant Nicolas III. Le concile de Constance en fixa le nombre à vingt-quatre. Enfin, par sa bulle *Postquam verum ille*, donnée en 1586, Sixte V a décidé que le nombre des cardinaux ne pourrait s'élever au-dessus de soixante-dix. Ce nombre, qui en effet n'a pas varié depuis lors, devait rappeler les soixante-dix anciens d'Israël et les soixante-dix disciples de Jésus-Christ. — Les cardinaux sont divisés en trois ordres : celui des évêques, au nombre de six; nous en avons donné les noms plus haut; celui des prêtres, qui

comprend cinquante membres; et celui des diacres, quatorze, en souvenir des quatorze anciens quartiers de Rome. Les trois ordres réunis composent le *sacré collége*. Chaque cardinal est le *titre* d'une église de Rome qui lui est assigné. — Le cardinal-évêque d'Ostie est de droit doyen du sacré collége. En cas de vacance du saint-siège, c'est lui qui remplit les fonctions du pape; c'est encore à lui qu'est réservé l'honneur de couronner le nouveau pontife. — Le costume des cardinaux se compose du chapeau, de la barrette, de la mitre, de la soutane; le rochet, le mantelet, la mozette et la chape papale sur le rochet dans les grandes cérémonies. Leur vêtement est rouge, rose sèche ou violet selon la différence des temps. Les cardinaux réguliers ne portent pas d'autre couleur que celle de leur ordre, mais leur soutane est doublée de rouge. Innocent IV leur donna le chapeau rouge en 1245, au concile de Lyon, afin de leur rappeler sans cesse qu'ils doivent toujours être prêts à verser leur sang pour la défense de l'Eglise. Les cardinaux réguliers ne le portent que depuis 1591, où Grégoire XIV le leur accorda; avant ils portaient la coiffure de leur ordre. Paul II en 1464 leur donna l'habit rouge et la housse de pourpre, couleur qui, chez les Romains, a toujours été le signe distinctif des plus hautes dignités. Urbain VIII leur accorda le titre d'*éminence* en 1630; on ne leur donnait auparavant que celui d'*illustrissime.* — Le concile de Bâle avait fixé l'âge de trente ans pour pouvoir être promu à la dignité de cardinal. Le *compact* n'en exige que vingt-cinq; mais il défend d'y élever l'oncle et le neveu, le frère et le beau-frère. Au pape seul appartient la création des cardinaux; toutefois il n'accorde ordinairement cette haute dignité que de l'avis et du consentement du sacré collége. Quand il veut nommer de nouveaux cardinaux, il le déclare dans un consistoire secret, en disant *habemus fratres;* puis il en fait lire les noms par le cardinal patron ou le plus ancien cardinal. Si le nouveau cardinal est présent à Rome, il est introduit dans le consistoire; le pape lui met sur la tête la calotte rouge, et fait sur lui le signe de la croix en lui disant : *Esto cardinalis.* Le promu ôte alors sa calotte et baise les pieds du saint-père. Lorsque la promotion se fait avec éclat, elle est accompagnée de cérémonies pour le détail desquelles on peut consulter Aimon, *Tableau de la cour de Rome,* et Banier, *Histoire des cérémonies religieuses.* Le saint-père envoie la barrette aux cardinaux absents. En France, c'est le roi qui remet lui-même cet insigne de leur nouvelle dignité aux cardinaux de sa nomination; mais ils sont obligés de venir ensuite à Rome recevoir le chapeau des mains du saint-père (*V.* les mots COLLÉGE [Sacré], CONCLAVE, CONSISTOIRE, CONGRÉGATION, PAPE. Consultez pour plus amples détails : Onuphrius Panvinius, *Interprétation du texte ecclésiast.;* Ciaconius, *Hist. pontif.;* Ducange, *Glossar.;* Aubery, *Histoire des cardinaux;* Van-Espen, *Juris eccles.;* Thomassin, *Discipline de l'Eglise;* Bellarmin, *Controvers.;* François Frizon, *De Gallia purpurata;* Lacombe, *Sur l'autorité des cardinaux et sur leur origine;* Lacombe, *Recueil de jurisprudence canonique).* — Le mot de *cardinal* a été aussi employé pour désigner un office séculier. Les premiers ministres de la cour de Théodose sont appelés *cardinaux.* On trouve dans Cassiodore la dénomination de prince *cardinal* de la ville de Rome, et un certain Raoul de Thorel, chancelier et serviteur du vicomte de Rohan en 1447, est nommé *cardinal* de Quillars.
L. DE S.-H.

CARDINAL, terme qui sert à exprimer la relation ou qualité de premier, principal ou plus considérable. Ce mot vient de *cardo,* mot latin qui signifie *gond,* parce qu'en effet il semble que sur les points principaux *portent* et *roulent,* pour ainsi dire, toutes les autres choses de même nature.—*Points cardinaux,* en cosmographie, sont les quatre intersections de l'horizon avec le méridien et le premier vertical. Il y en a deux : 1° les intersections de l'horizon et du méridien, qu'on nomme *nord* et *sud,* ou *septentrion* et *midi,* par rapport aux pôles vers lesquels ils se dirigent; 2° les intersections de l'horizon et du premier vertical, qui s'appellent *est* et *ouest, levant* ou *couchant, orient* et *occident* (la manière de déterminer ces points sera indiquée à leurs articles respectifs).—Les points *cardinaux* coïncident donc avec les quatre régions *cardinales* des cieux, et sont éloignés de 90 degrés les uns des autres. — Les points intermédiaires s'appellent COLLATÉRAUX. — *Points cardinaux* du ciel se dit aussi quelquefois, mais plus rarement, du lever et du coucher du soleil, du zénith et du nadir. — CARDINAUX (Vents) sont ceux qui soufflent des points *cardinaux* (*V.* VENTS).

CARDINAL (NOMBRE) (*arithm. et gramm.*). On appelle *nombres cardinaux* ceux qui désignent une quantité, sans marquer l'ordre. *Un, deux, trois, quatre,* sont des nombres cardinaux.

Premier, second, troisième, sont des nombres ordinaux. On appelle *adjectifs* ou *noms de nombre cardinaux* ceux qui servent à exprimer les nombres cardinaux : dans notre langue, ils sont tous invariables, excepté *vingt* et *cent.* —Tous les nombres ordinaux se forment des nombres cardinaux (*V.* Ordinal). On emploie les adjectifs de nombre cardinaux : 1° En parlant des heures et des années qui courent : *Il est sept heures; Nous sommes en mil huit cent quarante-deux.* 2° En parlant du jour du mois : *Le trois juin.* On ne dirait pas *le un juin*, mais avec le nombre ordinal, *le premier juin.* Voltaire a dit *le deux de juillet*, et Racine *le deux juillet.* *Deux* étant véritablement ici pour *deuxième*, la première construction devrait être préférée, parce qu'on dirait, en remplaçant l'ellipse qui se trouve dans cette locution, avec la préposition *de, le deuxième jour de juillet.* Ceci serait plus correct et plus conséquent avec la raison grammaticale; mais l'usage de ces deux locutions est tellement universel, que l'on ne saurait pécher en employant l'une ou l'autre. 3° On se sert encore des adjectifs de nombre cardinaux, lorsqu'il est question de souverains ou de princes, comme *Henri quatre, Louis quatorze;* et, par exception, on ne dit pas *François un, Louis un,* mais *François premier, Louis premier.* On dit *Charles cinq, Philippe cinq,* etc. Mais, en parlant du célèbre empereur contemporain de *François premier*, on dit *Charles-Quint (Carolus-Quintus)*; et d'un pape contemporain de *Henri quatre, Sixte-Quint (Sixtus-Quintus)*, et non *Charles cinq, Sixte cinq*; c'est l'usage qui les a distingués ainsi comme pour mieux faire ressortir leur célébrité. — Les adjectifs de nombre cardinaux s'emploient quelquefois aussi substantivement, *Le sept, Le dix de carreau; Le trente et quarante* (jeu). — Nous partirons *le douze* pour revenir *le treize.* — *Vingt* et *cent* sont de tous les nombres cardinaux les seuls qui, précédés d'un autre adjectif de nombre par lequel ils sont multipliés, prennent un *s* au pluriel. — On dit *vingt et un, trente et un,* et, sans la conjonction *et, vingt-deux, trente-deux.* — En term. *d'astronomie,* on appelle signes cardinaux les signes du zodiaque qui sont les premiers où le soleil est censé entrer au commencement de chaque saison. Le Bélier, le Cancer, la Balance et le Capricorne sont les signes cardinaux.

CARDINAL, *s. m.* (*technol.*), petite carde de fer remplie de bourre tontisse jusque vers le bout des pointes, dont les drapiers se servent pour arracher la laine de la superficie de l'étoffe.

CARDINAL (*hist. nat.*). De même qu'on a appelé des animaux *capucins, moines,* etc., on a aussi désigné sous le nom de *cardinal* un grand nombre d'espèces de genres et d'ordres différents; nous allons mentionner les plus communs. — *Cardinal d'Amérique,* nom du tangara rouge, du Cap (*V.* Tangara). — *Cardinal du Canada,* du *Mexique* et à *collier* (*V.* encore Tangara). — *Cardinal du Cap* (*V.* Gros-Bec).— *Cardinal carlsonien* (*V.* Bouvreuil). — *Cardinal commandeur* (*V.* Trou-Piale). — *Cardinal dominicain huppé* et *cardinal huppé* (*V.* Gros-Bec). — *Cardinal noir* et *rouge huppé* (*V.* Siserin).— Le nom de cardinal sert à désigner un poisson du genre spare, un mollusque du genre cone, un papillon du genre argyrine et un coléoptère du genre pyrochroa, qu'on appelle cardinale (*V.* tous ces noms de genres).

CARDINALAT, *s. m.* dignité de cardinal.

CARDINALE RAPUNTIUM (*botan.*), genre de plante à fleur monopétale, anomale, tubulée ou sillonnée, découpée en plusieurs parties disposées comme les doigts de la main, et qui ont chacune la forme d'une langue. Cette fleur a une gaîne qui contient le pistil. Le calice devient un fruit divisé en trois loges qui renferment des semences petites pour l'ordinaire, et attachées à un placenta divisé en trois parties (*V.* Plante).

CARDINALES (Vertus), ainsi nommées parce qu'elles sont comme les gonds ou pivots, *cardines,* sur lesquels roule toute la morale. La doctrine des quatre vertus cardinales, quoique le nom soit assez moderne, remonte jusqu'à Socrate; car ce philosophe recommandait particulièrement à ses disciples les vertus suivantes : la piété, la modération, le courage et la justice. Aux deux premières Platon substitua la prudence et la tempérance, et avec les deux dernières il eut les quatre vertus appelées aujourd'hui cardinales. Enfin les stoïciens, tout en admettant la théorie de Platon, l'approfondirent et la développèrent à leur façon, sans pourtant lui donner rien de scientifique (*V.* Cicéron, *De offic.*).

CARDINALES (*hist. nat.*). On donne ce nom aux dents des coquilles des mollusques acéphales, qui se trouvent placées immédiatement sous les sommets et qui sont d'ordinaire les plus importantes. On dit encore le *bord cardinal,* la *lame cardinale,* pour indiquer la partie ou le bord de la coquille qui porte la charnière.

CARDINALICE, adj. qui mène au cardinalat. Ce terme est inusité.

CARDINALISER, v. a. faire cardinal. Il est ironique. — *En term. de peinture,* rendre rouge.

CARDINALISTES. On appelait ainsi les partisans de Richelieu ou de Mazarin sous Louis XIII et pendant la minorité de Louis XIV.

CARDINAMENTUM. (*V.* Ginglyme).

CARDINE, s. f. (*hist. nat.*), variété de la sole.

CARDINÉE (*myth.*), nymphe à qui Janus donna l'intendance des gonds des portes, après lui avoir fait violence.

CARDINI (Ignace), médecin, né en 1562 à Mariana en Corse, est auteur d'un ouvrage latin si rare, que nous n'avons pu nous en procurer le titre. Le *Moréri* de 1759, d'après lequel nous parlons de ce volume, dit qu'il est divisé en deux parties : « La première traite de la métallique de son pays; la seconde contient l'histoire des plantes qui y croissent, et des lettres plus satiriques que critiques. » Les prêtres et les moines, attaqués dans ces lettres, suscitèrent à l'auteur une telle persécution, qu'il fut obligé de sortir de Corse, et se retira à Lucques, où trois mois après il mourut d'une dyssenterie. Les moines corses ont détruit de cet ouvrage tous les exemplaires qu'ils ont pu trouver.

CARDIOCÈLE, s. f. (*médec.*), hernie du cœur.

CARDIOGME, s. m. (*médec.*), *cardiogmus,* καρδιωγμός, synonyme de cardialgie, selon Hippocrate; palpitations de cœur, selon Galien. Sauvages a compris sous cette dénomination presque toutes les affections de cet organe. Il l'a employé aussi comme synonyme de *cardialgie.*

CARDIONEMA, s. f. (*botan.*), genre de plantes de la famille des carduacées.

CARDIOPALMIE, s. f. (*médec.*), de καρδία, cœur, et παλμός, battement, palpitation; premier genre des angioses de la Nosologie d'Alibert.

CARDIOPALMIQUE, adj. des deux genres (*médec.*), qui concerne la cardiopalmie.

CARDIORRHEXIE, s. f. (*médec.*), *cardiorrhexis,* de καρδία, et ῥῆξις, déchirement; déchirure du cœur.

CARDIOSPERME, s. m. (*botan.*), plante dont la graine a une cicatrice en forme de cœur à l'ombilic.

CARDIOTROTE, adj. des deux genres (*médec.*), qui est blessé au cœur. Il est peu usité.

CARDIPÉRICARDITE, s. f. (*médec.*), inflammation simultanée du cœur et du péricarde.

CARDIS (*myth.*), un des descendants d'Hercule Idéen, et qui fut père de Clymène.

CARDISCO (Marc), peintre, né en Calabre, mort vers 1542, a composé plusieurs tableaux et fresques que l'on voit encore à Naples. On remarque surtout sa *Descente de croix* et la *Piéta,* dans l'église Saint-Pierre.

CARDISOME, *cardisoma* (*crust.*), genre de l'ordre des décapodes, de la famille des brachyures, établi par Latreille, Règne animal de Cuvier, nouv. édition, et placé par le même cours d'entomologie, dans la première tribu des quadrilatères, *quadrilatera,* en lui donnant les caractères suivants : antennes étant toujours découvertes; pieds-mâchoires extérieurs rapprochés parallèlement au bord interne, avec tous les articles découverts, dont le troisième, plus court que les précédents, est échancré à son sommet. L'espèce servant de type à ce genre est le car-disome bourreau, *cardisoma carnifex,* Latr. Ces crustacés sont désignés aux Antilles sous le nom de crabes blancs; quelquefois cependant le sont jaune, avec des raies rouges.

CARDISSA, s. f. (*hist. nat.*), espèce de testacé.

CARDITE, *cardia* (*mollusq.*), genre de mollusques acéphales établi par Bruguière, adopté par tous les auteurs, et auquel nous réunissons les vénéricardes de Lamarck, sous la description générique suivante : coquille très-épaisse, solide, équivalve, souvent très-inéquilatérale, à sommets recourbés en avant, à charnière munie de deux dents inégales, obliques, l'une courte, cardinale, et l'autre plus en arrière, longue, lamelleuse et arquée. Le ligament est allongé, subextérieur et enfoncé; les impressions musculaires sont assez grandes et très-distinctes; l'impression palléale est étroite. — L'animal de la cardite est semblable à celui des anodontes, c'est-à-dire qu'il a le manteau ouvert dans toute sa moitié inférieure et en avant, et qu'il porte en arrière un orifice particulier pour l'anus et un tube incomplet pour la respiration. —Outre les vénéricardes,

M. de Blainville réunit encore aux cardites les cypricardes, et forme dans ce genre composé les quatre divisions suivantes : — Premier groupe, MYTILICARDES. Ont la coquille allongée, un peu échancrée ou bâillante au bord inférieur; le sommet presque céphalique, le ligament caché. Ex. *C. crassicosta.* — Deuxième groupe, CARDIOCARDITES. Ont la coquille ovale, à bord inférieur presque droit ou un peu bombé, crénelé et complétement fermé. Ex. *C. ajar.* — Troisième groupe, VÉNÉRICARDES. Ont la coquille presque ronde ou suborbiculaire, à bord inférieur arrondi, denticulé, de plus en plus équilatéral; les deux dents plus courtes et plus obliques. Ex. *C. australis.* — Quatrième groupe, CYPRICARDES. Ont la coquille allongée, très-inéquilatérale; le sommet presque céphalique et recourbé en avant; deux dents cardinales courtes, divergentes, outre la dent lamelleuse; le ligament très-long, peu ou point saillant; l'impression abdominale quelquefois un peu rentrée en arrière. Ex.] *C. guineïca.* — Le genre cardite, composé comme nous venons de l'indiquer, d'après M. de Blainville, comprend un grand nombre d'espèces presque toutes exotiques. Cette coquille, qui appartient aux mytilicardes, est oblongue, d'un blanc jaunâtre, avec des taches brunes et rougeâtres en forme de croissant. Ses côtes sont embriquées, écailleuses et au nombre de vingt et une. Elle se trouve dans l'Océan Atlantique.

CARDITE (*pathol.*). Ce mot veut dire inflammation du cœur; il n'est pas cependant très-exact. On avait pu admettre, avant de déterminer suffisamment le caractère des maladies de l'organe central de la circulation, l'inflammation de sa substance; mais ou s'était trompé, au moins dans la plupart des cas. C'est la membrane qui enveloppe le cœur à l'extérieur et celle qui le tapisse à l'intérieur qui sont en général frappées d'inflammation. — L'inflammation de la première de ces membranes s'appelle *péricardite*; l'inflammation de la seconde s'appelle *eudocardite.* Depuis Corvisart, qui a fait un excellent livre sur les maladies du cœur, cette question si importante a été traitée de manière à l'entourer de lumières. Maintenant on peut presque déterminer, par la nature des bruits que l'oreille perçoit dans la région de l'organe malade, le caractère, l'étendue, la gravité de la lésion. Nous ne dirons pas quels sont les symptômes particuliers à l'inflammation de la membrane interne ou de la membrane externe; mais voici en peu de mots à quels signes on peut reconnaître l'inflammation du cœur dans le sens le plus général : la fièvre est ordinairement très-violente, mais le pouls devient bientôt très-irrégulier; une soif très-vive se fait constamment sentir; il y a une grande difficulté dans la respiration; l'oppression augmente quelquefois jusqu'à la syncope; une grande douleur se fait sentir dans toute la portion de la poitrine qui correspond à la place occupée par le cœur; la violence des mouvements de l'organe affecté fait craindre à chaque instant les approches de la mort. Enfin le malade ressent quelquefois la sensation qu'il éprouve, au siége de ses souffrances, à celle que lui ferait éprouver la pression d'une griffe de fer. A une maladie si grave et dont la durée est rarement considérable une fois que l'inflammation a pris son développement, il faut opposer le traitement le plus actif. Les saignées par la lancette, par les sangsues, par les ventouses scarifiées, doivent être faites dès le début; et les vésicatoires, les moxas, enfin tous les dérivatifs énergiques qu'emploie la médecine doivent être mis à contribution pour éteindre ou pour calmer l'inflammation. Les moxas ou les vésicatoires placés sur la région du cœur produisent souvent de bons résultats. — Les causes de la maladie dont nous parlons sont très-nombreuses et très-diverses; une constitution sanguine, un refroidissement subit, une hémorragie supprimée, un exercice trop violent favorisent ou déterminent même son développement. L'usage des boissons à la glace en été, ainsi que des liqueurs alcooliques, peut quelquefois compter parmi les causes de production de cette horrible maladie. Les coups, les chutes sur la région du cœur manquent rarement de déterminer les désordres dont nous parlons; mais les causes les plus actives, les plus puissantes des affections inflammatoires du cœur, ce sont les longues contentions de l'esprit, les passions énergiques, les accès de violence. Comme la circulation du sang est puissamment modifiée pendant les agitations de la passion ou la fièvre du travail intellectuel, il est tout naturel que l'organe principal de la fonction soit frappé de maladie. Parmi les hommes à passions énergiques qui sont morts de l'inflammation du cœur (péricardite), on peut citer Mirabeau.

Dr ED. CARRIÈRE.

CARDITIQUE, adj. (*médec.*), qui a rapport au cœur. M. Coutanceau a décrit sous le nom de *fièvre carditique* une variété de l'intermittente pernicieuse observée par lui-même, dans la-

quelle le malade éprouvait des palpitations violentes et une sorte d'érosion qui déterminait la syncope. Cette variété paraît devoir être rapportée à la fièvre syncopale de Torti.

CARDON (*botan.*), *cinara cardunculus*, Linn.; syngénésie polygamie égale; famille des cynanthérées. Cette plante laiteuse, bisannuelle, originaire des contrées méridionales de l'Europe et du nord de l'Afrique, se rapproche beaucoup de l'artichaut, sous le rapport de ses caractères botaniques; cependant on l'en distinguera aisément à ses feuilles découpées en lobes épineux, dont la côte est très-saillante, épaisse et charnue; à ses tiges plus grêles, terminées par des têtes de fleurs beaucoup plus petites; enfin par les écailles de l'involucre, armées d'épines acérées. On possède quatre variétés du cardon : le *cardon d'Espagne*, tellement modifié par la culture qu'il a reçue en France, qu'il a produit le *cardon de Tours* plus recherché, quoiqu'il soit encore très-épineux. Plus tard, celui-ci a donné le *cardon plein*, sans épines et jouissant des mêmes propriétés; enfin les soins de l'agriculture ont été récompensés par une quatrième variété sans épines; c'est le *cardon à côtes rouges*, dont la culture est peu répandue. — Quoique ce mets ne se trouve guère que sur les tables des gens aisés, nous ne croyons pas inutile d'indiquer ici la manière la plus généralement employée de cultiver cette plante. Pour avoir des primeurs, on sème en janvier sur couche ou en pots; les cardons sont bons en mai ou en juin. Pour en avoir en automne et en hiver, on sème en avril et en mai, dans des trous, à la distance de trois pieds; on met deux à trois graines dans chaque trou, mais on ne laisse qu'un seul pied. Ensuite on donne les mêmes soins qu'à l'artichaut, seulement on arrose plus piquamment. Lorsque la plante est assez forte, on la butte avec de la terre amoncelée au pied; on rapproche les feuilles, qu'on retient avec des liens de paille; puis on enveloppe avec une couverture de paille assujettie avec des liens; en trois semaines les côtes sont blanchies. On doit n'empailler les pieds qu'à mesure qu'on en a besoin. Au froid, on retire les cardons et on les place dans la cave, le pied dans le sable, et ils y achèvent de blanchir si on les a liés une douzaine de jours à l'avance. Il faut conserver quelques pieds pour avoir de la graine qui peut germer pendant cinq à six ans. On peut employer les fleurs pour coaguler le lait.

CARDON, s. m. *en term. de pêche*, nom que les pêcheurs de Caen donnent quelquefois aux chevrettes ou crevettes.

CARDON (HORACE), originaire de Lucques, s'établit libraire à Lyon, y acquit une grande fortune, et fut anobli en 1605 par Henri IV, en récompense des établissements utiles que lui devait cette ville et du courage qu'il avait mis à la défendre contre les ligueurs.

CARDON (ANTOINE), graveur et dessinateur, né à Bruxelles en 1772, passa en Angleterre en 1792, s'y perfectionna dans la gravure, et fut choisi de préférence aux artistes anglais pour graver les tableaux du musée de Londres. Il mourut dans cette ville en 1815. Ses estampes les plus remarquables sont le *Mariage de Catherine de France avec Henri V, roi d'Angleterre*; *la Bataille d'Alexandrie*; *le Combat de Maida*, et la *Femme adultère* d'après Rubens.

CARDONA (*géogr.*), ville d'Espagne, en Catalogne, à dixhuit lieues nord-est de Lérida, près du confluent de Cardonero et du Bindassaës, sur un plateau à 422 mètres au-dessus du niveau de la mer. Elle est entourée de murailles et défendue par un château fort qui la domine, et d'où la vue s'étend au loin sur de petites montagnes. Sa population est de 2,400 habitants. Il y a près de Cardona, et au sud-ouest, une montagne regardée comme une des plus singulières curiosités de l'Espagne. Cette montagne a environ 500 pieds de hauteur, une lieue de circonférence, et est presque entièrement formée de sel gemme de différentes couleurs, qu'on dit si transparent qu'on le travaille comme le cristal. Ce sel sert à faire des vases, des flambeaux, etc. Il se dissout facilement dans l'eau, et l'on a remarqué que cette montagne n'a pas diminué sensiblement de volume. L'extraction du sel s'y fait à ciel ouvert et par tailles horizontales, l'abatage de la roche se commence avec la poudre à canon et se termine avec le pic; les quartiers un peu gros sont transportés dans un atelier voisin où ils sont égrugés, et de là le sel passe sans autre préparation dans les magasins du gouvernement, qui en laisse à la consommation pour à peu près un million de francs par an.

ED. GIROD.

CARDONA (*hist.*). Cardone fut enlevée aux Maures par Louis le Pieux pendant que son père était encore en vie; mais bientôt elle fut de nouveau perdue. Wifried II, comte de Barcelone, reprit la ville en 880, et en fit une forteresse destinée à couvrir les frontières contre les infidèles, et dont il confia la défense à des châtelains ou vicomtes (vizcondes). Il est très-vraisemblable que ces burgraves étaient d'une branche collatérale de la maison des comtes de Barcelone. Mais il règne une grande incertitude sur leur nombre et sur l'ordre dans lequel ils se sont suivis. Ainsi Llobet, l'archiviste de la famille, en compte vingt et un ; Salazar de Castro, le prince des généalogistes, n'en admet que treize, dont le dernier aurait été en même temps le premier comte de Cardona. Raymond, qui, d'après le système de Salazar, aurait été le neuvième vicomte de Cardona, mourut en 1276; son petit-fils Raymond, qui contracta avec Wilhelmine de Montpellier, un mariage dont il ne naquit aucun enfant, eut à soutenir en 1319 une grande lutte contre l'infant Alfonse, et en 1321 contre les habitants de Manresa. Le fils du frère de ce Raymond, Hugues II, treizième vicomte de Cardona, fut nommé comte le 4 décembre 1375, par Pierre IV, roi d'Aragon, en récompense des fidèles services qu'il avait rendus à ce monarque, et Cardona fut érigée en comté : il mourut en 1400. Par ses trois fils, la famille se divisa en trois branches, celle de Cardona, celle de Belpueg et celle de Golesano. Jean-Raymond Foleh, fils aîné du comte Hugues, surnommé Cabeza de S.-Juan-Bautista, se rangea du côté du comte d'Urgel dans la grande question de la succession d'Aragon, et devint père de trois fils. Le plusjeune, Jacques, devenu évêque d'Urgel en 1455, fut promu au cardinalat le 18 décembre 1461, et mourut le 1er décembre 1466. Hugues, le second, devint l'ancêtre des seigneurs de Guadaleste ; mais l'aîné, Jean-Raymond Foleh III, troisième comte de Cardona, épousa Jeanne, fille aînée du comte Pierre de Prades (la plus jeune devint l'épouse du roi Martin), et reçut en dot le comté de Prades, au nord-ouest de Tarragona, ainsi que la baronnie d'Entenza ; il rendit aussi des services très-importants au roi lors de la grande insurrection des Catalans, et en dernier lieu comme général en chef de la Catalogne. Il mourut en 1471. Son petit-fils, Jean-Raymond Foleh IV, cinquième comte de Cardona, fut élevé par Ferdinand le Catholique à la dignité de connétable d'Aragon, fut nommé duc de Cardona, le 7 avril 1491, et reçut de la faveur du monarque le nouveau margraviat de Pallas, qui n'avait été jusqu'alors qu'un comté, et qui était un domaine très-vaste, situé sur les frontières françaises, entre les vallées d'Andorre et d'Aran. Il mourut en 1513, et son fils aîné Ferdinand II mourut en 1543, laissant quatre filles, dont l'aînée Jeanne Foleh de Cardona, troisième duchesse de Cardona, apporta la dot de toutes les possessions de son père, Cardona, Pallas, Prades, Entenza, Villamur, à son époux Alfonse d'Aragon, deuxième duc de Ségorbe. Par la fille de Jeanne, nommée aussi Jeanne, toutes ces possessions réunies passèrent, avec Ségorbe, aux margraves de Comares, de la maison de Cordoue. Pendant la courte domination des Français en Catalogne, le dernier des margraves, Louis-Raymond Foleh d'Aragon, de Cordoue et de Cardona, fut dépouillé de la propriété de Cardona, et au mois d'avril 1642 Louis XIII donna ce fief, à titre de duché-pairie, au maréchal de la Mothe-Houdancourt, qu'il avait nommé vice-roi de Catalogne. Cet événement ne contribua pas peu à ouvrir les yeux aux Catalans indignés et à leur rendre odieuse la domination étrangère. Catharina-Antonia, fille et héritière de Louis, sixième duc de Cardona, fut mariée à François-Thomas de la Cerda, huitième duc de Médina-Cœli ; par ce mariage, Cardona devint, avec les autres Etats de Catharina-Antonia, une possession de la maison de Médina-Cœli, et elle l'est encore de nos jours. — La branche de Guadaleste (lieu situé dans la province de Valence, gouvernement de Denia) eut pour chef et pour ancêtre Hugues, second fils de Jean-Raymond Foleh 1er. Il avait reçu pour sa part d'héritage le domaine de Guadaleste et d'autres biens encore, situés dans le royaume de Valence, le tout provenant de son grand-père Martel, le duc Alfonse de Gandia. Son fils Jean fut grand maître de la maison, chambellan et ministre (valido) du prince Charles de Viane, qui lui fit don de la seigneurie de Caparroso située dans la mérindad d'Olite en Navarre. L'aîné des arrière-petits-fils de Hugues, Sanche, premier margrave de Guadaleste et amirante d'Aragon, épousa Marie Colon de Tolède, fille du duc Diego de Veragua, et il en eut trois enfants : mais les deux fils, Christophe, deuxième marquis de Guadaleste, et Louis, seigneur d'Alcudia (lieu situé au nord de Guadaleste), moururent sans enfants. La fille, Marie-Ruiz Colon de Cardona, survécut à ses frères, devint par leur mort troisième margrave de Guadaleste, et hérita d'eux un grand procès relativement au majorat de la maison de Colon. Elle épousa François de Mendoza, amirante d'Aragon, si connu par ses ambassades, ses exploits et ses cruautés, surtout dans le Bas-Rhin, et la fille unique qui résulta de cette union mourut encore au berceau. Le domaine de Guadaleste

passa donc à Philippe de Cardona, fils de Jean, qui avait reçu en dot, de sa femme Louise de Borgia, la baronnie de Castel-Nuovo près de Ségorbe, et neveu du premier marquis de Guadaleste. La postérité de Philippe s'éteignit dans la personne de son arrière-petit-fils, Isidore-Thomas de Cardona, septième marquis de Guadaleste et amirante d'Aragon, qui eut pour épouse Marie de Patrocinio, fille aînée et héritière du prince Octave-Ignace de Brabançon, et mourut sans enfants le 4 août 1699. La succession de Guadaleste donna lieu à un grand procès entre les cousins de Castel-Nuovo et les margraves de Hariza, lequel se termina enfin en faveur de ces derniers. — Antoine, le plus jeune des frères de Philippe, quatrième margrave de Guadaleste, posséda le domaine de Castel-Nuovo, qui fut érigé en margraviat en faveur de son fils, Alfonse Foleh. Le petit-fils d'Antoine, Joseph, qu'on appelle ordinairement comte de Cardona, pour le distinguer de son frère aîné le deuxième margrave de Castel-Nuovo, se fit connaître dans la guerre de la succession d'Espagne comme un des partisans les plus zélés de Charles VI, et en récompense de ses services il fut nommé membre du conseil impérial secret, président du conseil supérieur des Pays-Bas, chevalier de la Toison d'or, et grand maître de la maison de l'impératrice ; de plus il fut élevé, le 2 septembre 1716, à la dignité de prince du saint-empire. Avec son frère, don Sales Foleh de Cardona, archevêque de Valence, précédemment commissaire de l'ordre des franciscains dans les Indes, plus tard membre du conseil impérial secret, et pour le gouvernement d'Espagne à Vienne, mort le 22 juillet 1724, il fut longtemps à la tête de la faction espagnole à Vienne, faction si puissante et si audacieuse. — Hugues Foleh, second fils de Hugues II, qui fut le premier comte de Cardona, reçut pour sa part d'héritage la baronnie de Belpueg, située entre Lerida et Cervera. Son petit-fils Raymond, premier duc de Somma dans la Terra di Lavoro, comte d'Oliveto dans la Basilicata, cinquième baron de Belpueg et de Calonga, peut être mis au rang des plus célèbres généraux du XVIe siècle. Il était vice-roi de Naples depuis 1509, lorsqu'en 1511 il fut chargé du commandement de l'armée hispano-papale : quoiqu'à la bataille de Ravenne il fût vaincu par l'impétuosité « de la foudre de l'Italie, » il réussit cependant, favorisé par la diversion opérée par les Suisses, à chasser entièrement les Français de la Lombardie. Il mourut le 10 mars 1523 ; après avoir réuni à ses possessions, par son mariage avec Isabelle de Requesens, le comté de Palamos, dans la Vegeria-Gerona en Catalogne, celui d'Avellino dans le Principato Ultra, et celui de Trivento dans la Capitanata, et après avoir acquis à ses descendants la fonction héréditaire de grand amiral de Naples. Antoine, son fils aîné, épousa Marie de Requesens, dont il eut une fille du nom de Marguerite, qui épousa Adam de Dietrichstein, seigneur de Nikolsburg, favori de l'empereur Maximilien II. Ainsi Marguerite fut la mère du grand cardinal de Dietrichstein, et l'ancêtre maternel de la maison princière de Dietrichstein. Quelque temps après son mariage avec Marie de Requesens, Antoine devint idiot : le majorat passa donc au second fils, Ferdinand Foleh, deuxième duc de Somma, comte de Palamos, de Calonga et d'Oliveto, baron de Belpueg et de Leñola, seigneur du Val d'Almonacid sur le Murviedro dans le royaume de Valence, qui, par son mariage avec Béatrix de Cordoue, descendante du grand capitaine de sa famille, réunit aux possessions de sa famille le duché de Sessa dans la Terra di Lavoro, et celui de Baëna dans le royaume de Cordoue, les comtés de Cabra, d'Isnajar, de Donna Mencia, de Rute, situés tous dans le royaume de Cordoue. Le petit-fils de son arrière-petit-fils, Félix-Fernandez, neuvième duc de Sessa, huitième duc de Somma et septième duc de Baëna, onzième comte de Cabra et de Palamos, vicomte d'Isnajar, grand amiral de Naples, baron de Belpueg, de Leñola et de Calonga, seigneur de Rute, de Zambra, d'Albenden, de S.-Iago de la Puebla, de Malpartida et de Seron, commandeur d'Estriana, et pendant quelque temps capitaine général de l'Océan, excita quelque rumeur lorsqu'en 1705, lors de la querelle de prééminence survenue entre les officiers de la garde nouvellement créée par Philippe V et les grands, il se rangea du côté des grands, quoiqu'il fût premier capitaine des gardes du corps. Le frère de Félix-Fernandez, Emmanuel de Cordona, Cardova y Guzman, devint comte de Montézuma par son union avec Faustina-Dominica de Montézuma y Sarmiento, quatrième comtesse de Montézuma, fille aînée de Joseph Sarmiento de Valladares, qui avait été vice-roi du Mexique, et d'Hieronyma de Montezuma y Loaysa, troisième comtesse de Montézuma. — La branche de Golesano descend, de même que celle de Belpueg, d'un fils puîné du premier comte de Cardona. Antoine, qui en fut l'ancêtre, était comte de Calatavelota, dans le Val di Mazzara, et vice-roi de Sicile ; le fils d'Antoine, Pierre, fut nommé en 1446 comte de Golesano, dans le Val Demone, par le roi Alfonse. Antonia, arrière-petite-fille de Pierre et quatrième comtesse de Golesano, apporta la possession des domaines et des titres de sa famille à son mari, Antoine d'Aragon, deuxième duc de Montalto (*V.* les art. *Cabra, Cordoue* et *Sessa,* ainsi que *Bern. Jos. Llobet,* Genealogía de la casa de Cardona, ó la declaracion del arbol genealogico de los duques de Segorbe y Cardona, 1665, in-4°, ouvrage sec et peu sûr. — Memorial sobre la grandeza, que siempre pretendio la casa de Guadaleste.—*Laur. Crasso,* Responsorium judico-historicum pro exc. Dño Petro Antonio de Aragona, duce Segorbii et Cardonæ super successione ducatuum Segorbii et Cardonæ. Neapol. in-fol. — Memorial de grandeza por el almirante de Aragon).

CARDONA (JEAN-BAPTISTE), antiquaire et bibliographe espagnol, naquit à Valence, dans le XVIᵉ siècle, et fut successivement chanoine de cette ville, membre du tribunal de l'inquisition, évêque de Perpignan, de Vic en Catalogne et enfin de Tortose. Il cultiva les lettres avec succès, et s'appliqua, sur la fin de sa vie, à rétablir, d'après les manuscrits, les véritables leçons des Pères; il en avait déjà restitué plus de huit cents dans les œuvres de saint Léon le Grand et de saint Hilaire, lorsqu'il mourut, le 30 décembre 1589. On a de lui les ouvrages suivants : 1° *Oratio de sancto Stephano,* panégyrique prononcé à Rome en 1575; 2° *De expungendis hæreticorum propriis nominibus,* Rome, 1576, in-8°, dédié au pape Grégoire XIII; 3° *De regia sancti Laurentii scorialensis bibliotheca libellus, sive consilium cogendi omnigeneris utiles libros et per idoneos ministros fructuosi, callideque custodiendi,* Tarragone, 1587, in-4°. On trouve aussi dans cet ouvrage, dédié à Philippe II, un petit commentaire estimé, *De diptycis,* un traité *De bibliothecis,* tiré de Fulvio Orsino, et un autre de la bibliothèque du Vatican, extrait d'Onofrio Panvino.

CARDONCELLE, s. f. (*botan.*), genre de plantes de la famille des synanthérées cinarocéphales.

CARDONE (RAYMOND DE), général aragonais, fut envoyé en Italie en 1322 par le pape Jean XXII et le roi Robert de Naples, pour commander les troupes guelfes. Il jouissait de la réputation d'un bon général, et cependant il n'éprouva guère que des revers. Après plusieurs défaites, il tomba aux mains des Visconti ses ennemis, qui le relâchèrent au bout de quelques mois sous serment de ne plus faire la guerre contre les Gibelins. Mais le pape le releva de ce serment et l'envoya commander les Florentins, attaqués alors par Castruccio, auquel, avec une armée fort supérieure en nombre, il livra bataille devant Altopascio le 23 septembre 1325 : il fut complètement battu, et fait de nouveau prisonnier. Son vainqueur l'obligea à marcher à pied devant son char, comme il le rentrait en triomphe à Lucques. Ainsi se termina la carrière du premier Raymond de Cardone en Italie.

CARDONE (RAYMOND II DE), de la même famille, fut nommé vice-roi de Naples par Ferdinand le Catholique, le 24 octobre 1509. Ce monarque, s'étant détaché en 1511 de la ligue de Cambrai, donna commission à Cardone de défendre le pape et les Vénitiens contre les attaques de l'empereur Maximilien et des Français. Il commença pendant l'hiver de 1512 le siège de Bologne : obligé de le lever à l'approche de Gaston de Foix, il livra à celui-ci la sanglante bataille de Ravenne (même année). Il la perdit après une horrible boucherie; presque tous ses officiers généraux furent tués ou faits prisonniers; mais Gaston perdit la vie dans la mêlée. Cardone se releva bientôt de sa défaite, débarrassé de ce terrible adversaire, et devint plus redoutable que jamais. Les Français, attaqués par les rois d'Angleterre et d'Aragon et abandonnés par Maximilien, avaient retiré leurs troupes d'Italie. Cardone fut alors envoyé en Toscane pour punir les Florentins de leur alliance avec Louis XII. Il surprit la ville de Prato et la livra au massacre d'une manière si horrible que les Florentins perdirent tout courage; ils rappelèrent les Médicis, leur rendirent l'autorité dont ils les avaient privés pendant dix-huit ans, et se soumirent à payer d'énormes contributions; mais à peine les Français s'étaient-ils retirés d'Italie que Ferdinand changea de nouveau de politique; il trahit les Vénitiens qu'il avait défendus, et Cardone leur enleva la ville de Brescia, avec les châteaux de Peschiera, Legnano et Trezzo, et les força ainsi à chercher un refuge auprès de ces mêmes Français, qui les avaient jusqu'alors opprimés. Cardone, en faisant la guerre aux Vénitiens, ne se montra pas moins féroce qu'il l'avait été dans ses autres campagnes. Barthélemi d'Alviano, pour réprimer la barbarie des Espagnols, leur livra la bataille de Vicence, le 7 octobre 1513; mais son armée fut détruite, et Cardone continua ses ravages jusqu'au bord des lagunes. Enfin en 1515, la paix fut momentanément rétablie, et Cardone reconduisit ses

troupes dans le royaume de Naples, dont il demeura vice-roi sous l'autorité de Charles-Quint.

CARDONE (VINCENT), religieux dominicain, né dans l'Abbruzze citérieure, s'amusait à ces sortes d'ouvrages qui n'ont guère d'autre mérite que celui de la difficulté vaincue. Ayant d'abord peine à prononcer la lettre *r,* il composa un petit volume dans lequel cette consonne ne se trouve pas une seule fois, excepté dans le titre. Il l'intitula : *la R sbandita, sopra la potenza d'amore,* et le publia sous le nom de *Jean-Nicolas Piminello Cardone,* qu'il avait porté dans le monde, Naples, 1614, in-8°. Un *Dictionnaire universel historique* a travesti le titre de ce livre en celui de *la Religione sbandita,* ayant apparemment pris l'*R* pour une abréviation. Le succès de ce premier ouvrage de Cardone l'engagea à faire le même travail successivement sur chacune des lettres de l'alphabet. Cet ouvrage de patience qu'il intitulait l'*Alfabetto distrutto* étant achevé, il était en route pour le dédier au duc de Savoie, lorsqu'il mourut à peine âgé de vingt-cinq ans, et venant de faire sa profession religieuse.

CARDONNE (DENIS-DOMINIQUE), orientaliste, né à Paris en 1720, partit à l'âge de neuf ans pour Constantinople, où il apprit le turc, l'arabe et le persan. De retour à Paris, il fut nommé successivement professeur de langue turque et de langue persane au collège royal de France en 1750. Il mourut en 1783. On lui doit : 1° *Histoire de l'Afrique et de l'Espagne sous la domination des Arabes,* 1765, 3 vol. in-12, ouvrage malheureusement peu exact; 2° *Mélanges de littérature orientale, traduits de différents manuscrits turcs, arabes et persans,* 1770, 2 vol, in-12. Ce recueil passe pour très-bien fait. Cardonne a fourni les extraits d'auteurs orientaux qui se trouvent à la suite de l'édition de Joinville de 1741.

CARDONNEL (PIERRE-SALVY-FÉLIX DE), conseiller à la cour de cassation, né à Monestier (Tarn) en 1770, avocat à Alby, se retira pendant la révolution dans son lieu natal, et fut député par son département au conseil des cinq-cents en 1795. C'est lui qui proposa d'excepter des lois contre les émigrés tous ceux qui prouveraient *avoir cultivé les arts et les sciences en pays étranger.* Il eût été une des victimes de la réaction de fructidor, si le général Lacombe Saint-Michel n'eût obtenu à son insu qu'on effaçât son nom de la liste des proscrits. Nommé en 1802 juge d'instruction, puis vice-président au tribunal d'Alby, il faisait de nouveau partie du corps législatif, lorsqu'il fut nommé conseiller à la cour de Toulouse, et plus tard ce fut dans sa résidence d'Alby que cette cour, réfugiée en cette ville par suite de l'invasion, signa son adhésion aux événements qui ramenèrent en France la maison de Bourbon. Le 3 septembre 1814, il fut nommé président de chambre, puis membre de l'académie des jeux floraux et député par le département du Tarn à la chambre, dont il fut l'un des secrétaires en 1815, et qui le plaça en 1824 au nombre des candidats à la présidence. Des lettres de noblesse, dont les armoiries furent composées par Louis XVIII lui-même, les insignes de Malte, un siège à la cour de cassation, la dignité de commandeur de l'ordre de la Légion d'honneur, dont Cardonnel faisait partie depuis 1814, lui furent successivement accordés. Magistrat et député, ses occupations ne le détournaient pas de la poésie; il avait traduit en vers le *Psautier,* lorsqu'il se vit menacé de perdre la vue. Une attaque d'apoplexie l'avertit de sa fin; sa fille mourut de douleur à cette nouvelle, et lui-même, succombant à une autre attaque, expira dans les bras de son gendre, à Paris, en juillet 1829.

CARDONNETTE, s. f. (*V.* CHARDONNETTE).

CARDOPAT, s. m. (*botan.*), genre de plantes de la famille des cinarocéphales.

CARDOSO (FERNAND), médecin, né en Portugal, exerça la médecine à Madrid, après l'avoir professée à Valladolid. Il se retira en 1673 à Venise, pour y suivre plus librement la religion judaïque, qu'il avait embrassée. On a de lui : 1° *De febre syncopali tractatio, controversiis, observationibus, historiis referta,* Madrid, 1654, in-4°; 2° *Utilidades del agua, y de la nieve, del beber frio y calicutos,* Madrid, 1637; 3° *Panegyrico del color verde,* Madrid, 1635, in-8°; 4° *El veruvio,* Madrid, 1632, in-4° : c'est d'après Georges Cardoso qu'Antonio lui attribue ces deux derniers ouvrages; 5° *Philosophia libera in septem libros distributa,* Venise, 1673, in-fol., dédiée au doge de Venise : ce volume porte le nom d'Isaac Cardoso, parce qu'en abjurant le christianisme, l'auteur avait changé son nom de *Fernand* en celui d'*Isaac;* 6° *Las Excelencias de los Hebræos,* Amsterdam, 1678. Dans ce livre, qui est fort rare, il développe en autant de chapitres les dix prérogatives qu'il attribue à la nation juive, et réfute les calomnies dont elle a été l'objet.

CARDOSO (FERNAND-RODRIGUE), autre médecin portugais;

né à Lisbonne dans le XVIᵉ siècle. Il a laissé : 1° *Methodus medendi summa facilitate ac diligentia*, Venise, 1618, in-4°. L'ouvrage est divisé en trois parties : la première traite des signes des maladies en général ; la seconde, des moyens curatifs ; la troisième, des préservatifs. 2° *De sex rebus non naturalibus*, imprimé d'abord sans nom d'auteur, Lisbonne, 1602, in-4° ; reimprimé avec son nom, chez Pierre Uffenbach, Francfort, 1620, in-8°. Antonio attribue cet ouvrage à Fernand-Rodrigue et à un Rodrigue Cardoso.

CARDOSO (GEORGES), prêtre, né à Lisbonne au XVIIᵉ siècle et mort le 3 octobre 1669, est l'auteur d'un *Agiologio lusitano dos sanctos e varones illustros en virtude do reino de Portugal, e suas conquistas*, Lisbonne, 1652-1666, 3 vol. in-fol., contenant les six premiers mois de l'année. Il avait composé, ou du moins commencé un traité *dos santuarios de Portugal*, c'est-à-dire des lieux consacrés au culte de la Vierge. Il préparait une *Bibliotheca lusitana*, dans laquelle il aurait profité des manuscrits délaissés par Jean Soarès de Brito et Jean-François Barreto, qui s'en étaient occupés avant lui. Antonio, qui mentionne quelques autres opuscules de Cardoso, parle de beaucoup d'autres du même nom, dont aucun ne mérite d'être tiré de l'oubli.

CARDOUZILE, s. f. (*comm.*), sorte d'étoffe de laine.

CARDUACÉES, *carduaceæ* (*bot. phan.*), une des trois grandes tribus de la famille des composées ; elle tire son nom du chardon, *carduus*, et correspond à peu près aux *flosculeuses* de Tournefort ou aux *cinarocéphales* de Jussieu, qui avait pris le *cinara* (artichaut) pour type de sa famille. Quel que soit ce nom, voici les caractères constants auxquels on reconnaît toute fleur composée qui appartient à la tribu en question : corolles tubuleuses (non en languette) , à cinq lobes plus ou moins égaux ; étamines à filaments libres, quelquefois velus ; style long, renflé au sommet, où il est garni d'une touffe circulaire de poils ; stigmates formés de deux lanières, planes et glabres extérieurement, convexes et velues en dedans ; graine ou akène ovoïde, lisse ; glabre attaché au réceptacle soit immédiatement par sa base, soit par un point latéral ; aigrette sessile ou stipitée simple ou plumeuse ; réceptacle garni de soies ou d'écailles, ou parfois creusé d'alvéoles ; involucre composé d'écailles imbriquées, souvent épineuses à leur sommet. — Les travaux de quelques savants, en multipliant les observations et les moyens de classer, ont aussi jeté un peu de confusion dans une étude où l'élève ne sait comment choisir entre les opinions diverses des maîtres ; les *carduacées* de Kunth, par exemple, contiennent beaucoup de plantes qu'on range ordinairement parmi les astériées. De Candolle et Cassini , de leur côté, les ont divisées en deux sections, selon le point d'attache de la graine par sa base (*carduacées vraies*) ou par son côté (*centauriées*). Voici, d'après ces derniers professeurs et les caractères assignés ci-dessus aux carduacées, les principaux genres qu'il faut y rapporter : *arctium*, Juss. ; *carduncellus*, Adans. ; *centaurea*, Linn. ; *carduus*, Gaertner ; *cinara*, Juss. ; *onopordon*, Linn. ; *serratula*, de Cand., etc.

CARDUCHO (VINCENT), gentilhomme florentin, frère et disciple de Barthélemi de Carducho, fut peintre des rois Philippe III et Philippe IV. En 1633, il prouva ses connaissances variées en belles-lettres en publiant des *Dialogues sur l'excellence de la peinture et du dessin*. Il fut, avec Nardi, un des plus ardents antagonistes de l'impôt sur les beaux-arts qu'on voulut renouveler de son temps ; il en obtint la franchise. Il mourut à Madrid en 1638, âgé de soixante-dix ans, après avoir composé d'innombrables tableaux, dont les plus célèbres ornent le palais du Prado et les églises de Madrid. Ses élèves les plus renommés sont : François Fernandez, Castello , Obregon, Roman et François Rizi.

CARDUCCIO (BALTHAZAR), jurisconsulte italien du XVᵉ siècle, professa le droit à Padoue et à Florence, prit une part très-active dans l'insurrection à la suite de laquelle les Médicis furent chassés de cette dernière ville en 1494, et acquit une fâcheuse célébrité par les cruautés auxquelles il se livra étant à la tête d'une troupe de Florentins. On ne connaît de lui aucun ouvrage.

CARDUQUES (*géogr. anc.*), *Carduchi*, peuple guerrier de la partie de l'Assyrie nommée depuis Gordyène , au milieu des montagnes Carduques. — C'était aussi le nom de montagnes de l'Assyrie qui ne sont qu'une des branches du Taurus.

CARDYLES (*hist. anc.*), charbonnier illyrien, qui par ses grandes qualités parvint à régner sur l'Illyrie presque tout entière , et combattit longtemps contre Philippe, roi de Macédoine. Il fut enfin vaincu par ce prince, et mourut à l'âge de quatre-vingt-dix ans.

CARDYNES (*géogr. anc.*), montagne d'Asie, près du Tigre, et non loin de Nisibe, en Mésopotamie.

CARDYTENSES (*géogr. anc.*), peuple d'Asie , en Syrie, habitant le petit territoire appelé *Cyrestique* , suivant Pline.

CARE (*vieux mot*), visage, figure, physionomie (*V.* CHÈRE).

CARÉBARIE, s. f. (*médec.*), *carebaria*, de κάρη, tête ; βάρος, poids ; pesanteur de tête.

CARÉE (*vieux mot*), le charroi, la voiture, charretée : en provençal, *carè* , *carèch* ; en basse latinité, *carea*.

CARÉE (*droit féodal*), droit de voiture que les vassaux devaient à leur seigneur. En basse latinité, *careum*.

CARÈGUE ou **CARAGUE**, s. m. (*botan.*), produit excrétoire qui découle d'un arbre nommé *arbor insana*, espèce de gomme.

CAREICHE ou **CARAICHE** , s. f. (*botan.*), genre de plantes de la famille des graminées.

CAREL (JACQUES), sieur de Sainte-Garde , conseiller et aumônier du roi, naquit à Rouen vers 1620. On a de lui un poème qu'il avait d'abord intitulé : *Childebrand* ou *les Sarrasins chassés de France*. Mais Boileau s'étant moqué du nom de son héros, il le changea en celui de *Charles Martel*, et répondit à Boileau, sous le nom de *Lérac*, par la *Défense des beaux-esprits de ce temps*, Paris, 1675, in-12. Il n'a publié que les quatre premiers chants de son poème, imprimé à Paris en 1666 et 1670, in-12.

CARELET, s. m. (*hist. nat.*), nom vulgaire donné à une espèce de pleuronecte du genre PLIE (*V.* ce mot).

CARÉLIA , s. f. (*botan.*), genre de plante à fleurs en fleurons rassemblées en forme de tête, écailleuse et garnie de feuilles ; ces fleurons sont d'une seule pièce , dont les bords sont découpés. La semence est oblongue , anguleuse , terminée par une aigrette garnie d'écailles. Elle mûrit sur la couche qui est nue.

CARÉLIE (*géogr.*), ancienne contrée de Russie, en Europe, répartie entre les gouvernements de Viborg, de Kuopio, d'Olonetz et d'Arkhangel. Les habitants en sont de race finnoise, et parlent encore une dialecte mêlé de finnois et de russe, qu'ils nomment carélien. La plupart sont de la religion luthérienne, le reste suit le rit grec. — Pendant les guerres civiles de la Russie, les rois de Suède s'emparèrent d'une grande portion de cette contrée ; mais , en 1710, elle fut reprise et assurée à la Russie par les traités de Neistadt et Dabo, ainsi que par les traités subséquents. — On ne comprend plus actuellement sous le nom de *Carélie* que les environs de Kexholm, dans le gouvernement de Viborg.

CARELU, s. m. (*botan.*), espèce de sésame. Commelin la désigne sous le nom de *sesamum indicum*, *folio amplo, serrato, flore majore, semine nigricante*. Les brames l'appellent *carotilu*, et les Malais bisjam-hitem, c'est-à-dire *sésame sauvage*. — C'est une herbe annuelle, qui s'élève à la hauteur de six pieds sous la forme d'un arbrisseau ovoïde pointu, une fois plus long que large , à racine simple , pivotante , peu ramifiée , ligneuse, blanche, de près d'un pouce de diamètre , à tige quadrangulaire, marquée de quatre sillons et de quatre angles arrondis, ramifiée dès son origine en un petit nombre de branches alternes, ouvertes sous un angle de 45°, légèrement velues, d'un vert brun, à bois blanc. — Ses feuilles sont communément opposées deux à deux en croix dans le bas des tiges, et alternes dans leur partie supérieure, taillées en cœur allongé , obtus à leur partie postérieure, pointu à l'extrémité, longues de trois à six pouces, une fois moins larges, assez épaisses, molles, légèrement velues, vert clair, marquées sur chaque côté de dix à douze grandes dentelures, relevées en dessous d'une côte longitudinale, ramifiée en six à huit paires de nervures alternes, et portées sur un pédicule cylindrique, à peine de moitié plus court, écarté sous un angle de 45°, attaché aux tiges à des distances de deux à trois pouces. — De l'aisselle de chacune des feuilles supérieures sort une fleur blanche, longue d'un pouce, une à deux fois plus courte que les feuilles, évasée en cloche, de près d'un pouce de largeur, et portée sur un pédoncule cylindrique trois [fois plus court qu'elle. — Chaque fleur est hermaphrodite, monopétale, irrégulière, posée au-dessous de l'ovaire, et à graines couvertes ; elle consiste en un calice à cinq feuilles persistantes, inégales, une à trois fois plus longues que larges, deux fois plus courtes que la corolle ; en une corolle à tube cylindrique, long, partagé à son sommet en cinq divisions inégales, ondées et portant à son origine cinq étamines inégales, presque une fois plus courtes qu'elles, à anthères jaunes, longues, dont la cinquième est stérile, plus petite, composée d'un filet sans anthère. L'ovaire s'élève du centre du calice sur un disque orbiculaire, qui fait corps avec lui, et qui est surmonté d'un style cylindrique blanc, terminé par deux stigmates en lames.

— L'ovaire, en mûrissant, devient une capsule ovoïde, comprimée par les côtés, obtuse, terminée par une pointe longue de neuf à dix lignes, une fois moins large, s'ouvrant en deux valves, et partagée intérieurement en quatre loges qui contiennent chacune une vingtaine de graines elliptiques noires, longues d'une ligne, attachées verticalement et imbriquées sur deux rangs le long de l'axe commun qui réunit les cloisons des valves au centre de la capsule. — Le carelu croît au Malabar dans les terres sablonneuses. — Il a une saveur légèrement amère et mucilagineuse; ses fleurs sont sans odeur. — Ses fleurs se mangent pour les maux des yeux; pilées avec les capsules encore vertes, et réduites en forme d'emplâtre avec le beurre, on les applique sur les tumeurs pour les faire abcéder. On tire par expression de ses graines une huile appelée sirgelim, comme celle du sésame cultivé, dont on frotte le corps pour dissiper les humeurs phlegmatiques dues à des vents. Les Malabares prétendent que son usage exténue les personnes grasses, et qu'au contraire il engraisse celles d'un tempérament maigre; il suffit de s'en frotter la tête, pour fortifier et éclaircir la vue. On en fait aussi un onguent vulnéraire, très-favorable pour cicatriser promptement les blessures. Sa graine pilée se mange avec le suc du cajenneum, c'est-à-dire du maco, pour dissiper les vertiges. On mange encore ces graines de diverses autres manières, après les avoir bien lavées et dépouillées de leur écorce. — Il paraît que Linné a confondu cette espèce avec le sésame ordinaire, qu'il appelle sesamum 1. orientale, foliis ovato-oblongis, integris, dans son Systema naturæ. Mais le sésame commun, appelé par les brames davo-tiloë, et désigné sous le nom malabare schitelu, en diffère beaucoup : 1° il est naturel à l'Afrique et surtout au Sénégal; 2° il s'élève à la hauteur de quatre à cinq pieds au plus; 3° ses feuilles sont moins grandes, plus étroites, presque deux fois plus longues que larges, sans dentelures, portées sur un pédicule deux fois plus court qu'elles; 4° ses fleurs sont presque aussi longues que les feuilles de l'aisselle desquelles elles sortent; 5° ses capsules sont moins aplaties, plus pointues, longues d'un bon pouce, presque deux fois moins larges; 6° chaque loge contient plus de trente à quarante graines blanches plus petites. — Le SÉSAME (sesamum) est un genre de plante qui se range naturellement dans la quatrième section de la famille des personnées où nous l'avons placé.

CARÊME. Ce mot s'écrivait autrefois quaresme, qui fait deviner son étymologie latine quadragesima, quarantaine, en grec tessaracoste. C'est le nom que l'on donne aux quarante jours de jeûne annuellement en usage dans l'Eglise catholique, avant la fête de Pâques. Le carême, pris pour un certain nombre de jours de jeûne servant de préparation à la grande solennité pascale, n'est pas d'institution divine, puisque Jésus-Christ ne l'a point prescrit dans l'Evangile. Suivant saint Jérôme, saint Léon, saint Augustin et d'autres Pères de l'Eglise du IVᵉ et du Vᵉ siècle, le carême a été institué par les apôtres; et ces docteurs se fondent pour appuyer leur raisonnement sur ce que tout ce que l'on trouve établi généralement dans l'Eglise sans qu'aucun concile en ait prescrit l'institution doit passer pour un établissement fait par les apôtres. Nul concile n'a institué le carême; au contraire, celui de Nicée, celui de Laodicée, aussi bien que les Pères grecs et latins, surtout Tertullien, parlent du carême comme d'une chose générale et très-ancienne. Calvin, Chemnitus et les protestants lui donnent une origine moins reculée et moins respectable; ils l'attribuent à la dévotion plus vive qu'éclairée de certains fidèles qui les premiers s'imposèrent cette abstinence de quarante jours pour imiter le jeûne de Jésus-Christ dans le désert. D'autres disent que ce fut le pape Télesphore qui l'institua vers le milieu du second siècle; d'autres conviennent que l'on observait à la vérité le carême dans l'Eglise, mais que c'était volontairement du temps des apôtres, et qu'il n'y eut de loi que vers le milieu du IIIᵉ siècle. Anciennement dans l'Eglise latine le carême n'était que de trente-six jours; ce ne fut que vers le IXᵉ siècle qu'on commença à jeûner quarante jours précis en mémoire de ceux de Moïse, d'Élie, et surtout de Jésus-Christ. Cette durée de trente-six jours existait plus particulièrement en Illyrie, à Alexandrie, dans l'Egypte, dans toute l'Afrique et dans la Palestine. Le carême commençait sept semaines avant Pâques à Constantinople, dans toutes les provinces d'Orient; mais le jeûne n'était pas continuel, il n'était obligé que cinq jours de chaque semaine, et même dans quelques contrées le carême était réduit à trois semaines consécutives (le samedi et le dimanche

exceptés). L'Eglise grecque prescrit presque l'abstinence à compter du dimanche de la Quinquagésime, vulgairement appelé dimanche gras. Il y a abstinence, non-seulement d'œufs et de laitage, mais aussi de poisson et d'huile. Le jeûne était suspendu le samedi. Outre ce carême de Pâques, ils en observaient quatre autres : celui des apôtres, de l'Assomption, de Noël et de la Transfiguration; mais ils n'étaient que de sept jours chacun. — Les anciens moines latins firent aussi trois carêmes de quarante jours chacun, le premier avant Pâques, le second avant la Saint-Jean-Baptiste, le troisième avant Noël. Aux quatre carêmes des Grecs les jacobistes, les Chaldéens, les nestoriens en ajoutaient un cinquième qu'ils appelaient de la pénitence de Ninive; les Maronites, un sixième en l'honneur de l'Exaltation de Sainte-Croix. — La manière la plus universelle de jeûner en carême autrefois était de s'abstenir de chair et de vin, et de ne manger qu'une fois par jour après vêpres, que l'on disait à cinq ou six heures du soir. « Le jeûne et l'abstinence ordonnés par l'Eglise, dit Baillet, ne se bornaient pas à la privation des aliments, ils s'étendaient à toutes les autres choses où la nature trouve quelque soulagement, au sommeil, aux récréations, aux promenades, aux visites, aux conversations, en un mot à tous les douceurs et à toutes les commodités de la vie. Par le même motif de mortification, on se privait du bain qui était une grande austérité dans ces temps-là, où l'on n'avait pas l'usage du linge. L'exercice de la chasse était interdit. La continence entre les personnes mariées était expressément recommandée par les Pères et les conciles, comme des choses qui devaient nécessairement accompagner la pénitence; et c'est de là qu'est venue la défense, qui subsiste encore, de célébrer les mariages en carême. » Le huitième concile de Tolède, de l'an 653, ordonne que ceux qui sans nécessité auront mangé de la viande en carême ne mangeront point pendant toute l'année, et ne communieront point à Pâques. Ceux que le grand âge ou la maladie obligent à en manger ne le feront que par permission de l'évêque. Can. 8. Le carême n'était plus sans doute observé qu'avec tiédeur à la fin du VIIIᵉ siècle, dans le vaste empire fondé par Charlemagne, puisque, pour faire cesser cet abus, ce prince ordonna par un capitulaire de 789 que celui qui, par mépris pour la religion, ferait gras le carême, serait puni de mort : Si quis sacrum quadragesimale jejunium pro despectu christianitatis, contempserit et carnem comederit, morte moriatur, sed tamen consideretur a sacerdote ne forte causa necessitatis hoc cuilibet proveniat et carnem comedat (Capit. reg. franc., t. I, p. 251). Cet empereur faisait célébrer la messe dans son palais les jours de jeûne du carême à deux heures après midi, ensuite vêpres, après quoi il se mettait à table. Un évêque qui se trouvait à la cour, surpris et scandalisé de cette nouveauté, ne put s'empêcher de dire librement sa pensée à l'empereur qui, plein de modération et pour justifier sa conduite dans l'esprit du prélat, l'engagea d'attendre à manger jusqu'à ce que les derniers officiers de sa cour se missent à table. Charlemagne était servi à table par les ducs et les rois des nations qu'il avait domptées. Ces rois et ces ducs mangeaient ensuite, servis par les comtes; ceux-ci par les gentilshommes, et ainsi de suite, en sorte qu'il était minuit quand les derniers officiers se mettaient à table. L'évêque comprit alors le motif qui faisait avancer à Charlemagne son repas de quelques heures. Cette anecdote nous montre ainsi qu'au IXᵉ siècle c'était encore une obligation pour tout le monde de ne prendre qu'un seul repas le soir après vêpres. Au Xᵉ siècle, la coutume s'introduisit en Italie de manger à l'heure de none; la France et l'Angleterre se défendirent longtemps contre cette nouveauté, témoin ces paroles d'un sermon de saint Bernard qui mourut au milieu du XIIᵉ : « Jusqu'à présent, dit-il à ses religieux, nous avons jeûné seuls, et nous n'avons jeûné que jusqu'à l'heure de none; mais maintenant nous allons jeûner jusqu'au soir, et tous les fidèles jeûneront comme nous: les rois, les princes, le clergé, le peuple, les nobles, les roturiers, les riches, les pauvres, tous se joindront à nous pour jeûner jusqu'au soir. « Enfin, l'usage de manger dès l'heure de none s'établit partout, et on n'en demeura pas là, le repas s'avança insensiblement jusqu'à midi; puis, par des abus successifs, un second repas s'établit à côté du souper sous le nom modeste de collation qui est pour beaucoup un véritable souper. Ce nom de collation a été emprunté des religieux, qui après souper allaient à la collation, c'est-à-dire à la lecture des conférences des saints Pères, appelées en latin collationes. Après quoi on leur permettait de boire aux jours de jeûne de l'eau ou un peu de vin. — Le Capitulaire impérial que nous avons cité plus haut n'existait plus que pour mémoire depuis plusieurs siècles dans l'immense collection de nos anciennes lois, lorsqu'il fut confirmé au XVIᵉ siècle sous le règne de Henri IV. On lit dans *l'Etoile (Journal de Henri IV*, t. I, sous la date du 7 février 1595) : « Le mardi 7, jour de quaresme-prenant, y eut force masquarades et folies par la ville, comme de coustume. On disoit que le roi s'y trouveroit. Le duc de Guise et Victry coururent les rues avec dix mille insolences. Ce jour, furent publiées à Paris les diffenses de manger en quaresme sans dispenses sur peines de punitions corporelles, et aux *bouchers d'en vendre ni estaler sur peine de la vie.* » — L'abstinence de la viande est particulièrement le signe caractéristique du carême. Mais un évêque peut, dans son diocèse, accorder la permission de faire gras en carême, durant certains jours de la semaine. Les permissions de cette sorte ne s'accordent que quand le poisson est fort rare, et en temps de disette. La privation des œufs fait aussi partie de l'abstinence du carême; mais la plupart des évêques autorisent tous les ans l'usage de cette espèce d'aliments dans leurs diocèses, par une permission expresse. L'objet principal de cette permission est de ne point faire perdre de vue l'ancienne pratique de l'Eglise. — Tant qu'il fut défendu aux bouchers, rôtisseurs et autres marchands de comestibles, d'exposer en vente, durant le carême, aucune viande de boucherie, le débit de la viande destinée aux malades ou infirmes ne se faisait à Paris qu'à l'Hôtel-Dieu, qui pour cet effet avait un privilége exclusif. Mais en décembre 1774 une déclaration royale avait rendu libre le commerce et l'entrée des viandes, gibier et volailles dans la ville et banlieue de Paris durant le carême. — Dans l'Eglise d'Orient, le carême a toujours été fort rigoureux. Pendant ce temps la plupart des chrétiens vivaient de pain et d'eau, de fruits secs et de légumes. Les Grecs dînaient à midi et faisaient collation d'herbes et de fruits verts dès le VIᵉ siècle. Nos historiens ont remarqué que, pendant l'invasion que firent en France les Anglais l'an 1360, leur armée et les troupes françaises observaient l'abstinence et le jeûne du carême (Froissard, liv. II, chap. 210). L'Eglise anglicane a conservé le carême, non pas par un motif de politique, ni par un intérêt de commerce, comme quelques spéculateurs l'ont imaginé, mais parce que c'est une institution des apôtres aussi ancienne que le christianisme (*V.* Thomassin, *Traité historique et politique du jeûne*). — Les Turcs ont aussi pris à notre religion l'institution du carême. Pendant leur mois de *ramadan* ou ramasan, qui est le neuvième de leur calendrier, ils observent une sévère abstinence depuis le lever jusqu'au coucher du soleil. Cette solennité religieuse et celle du bairam, qui la suit sont les deux fêtes principales de l'islamisme. On sait que les musulmans calculent leur année d'après le cours de la lune, en sorte qu'elle a onze jours de moins que la nôtre, et qu'au bout de trente-trois ans le ramadan a parcouru toutes les saisons de l'année.

ED. GIROD.

CARÊME (gramm.). *Provisions de carême, Viandes de carême,* les provisions, les aliments dont les catholiques se servent le plus ordinairement en carême, comme beurre, huile, légumes, fruits secs, poisson salé, etc.—*Faire carême, Faire le carême, Observer le carême,* s'abstenir des viandes défendues pendant le temps du carême. *Rompre le carême, Rompre carême,* cesser d'observer l'abstinence de carême et manger des viandes défendues. — *Le carême est bas,* se dit quand le carême commence aux premiers jours de février; et *Le carême est haut,* quand il commence au mois de mars.—Figurément et familièrement, *Mettre le carême bien haut,* exiger des choses trop difficiles. Il signifie aussi promettre une chose qui n'arrivera pas de longtemps. — Proverbialement et figurément, *Avoir prêché sept ans pour un carême en quelque endroit,* y avoir été longtemps, et connaître bien ce lieu-là. On dit aussi absolument, *Prêcher sept ans pour un carême,* donner souvent et inutilement le même avis, répéter toujours la même chose. — Proverbialement, *Cela vient comme mars en carême,* se dit d'une chose qui ne manque jamais d'arriver à une certaine époque. On dit également, *Il n'y manque non plus que mars en carême,* en parlant d'un homme qui se trouve toujours en quelque endroit, à une certaine heure. — Proverbialement, *Arriver comme marée en carême,* arriver à propos. — Figurément et familièrement, *Une face de carême,* un visage blême. — CARÊME désigne quelquefois tous les sermons qu'un prédicateur prêche pendant un carême.

CARÊME (M. A.), l'un des plus célèbres cuisiniers du siècle, naquit à Paris le 8 juin 1784. Son père, qui était pauvre et qui avait quatorze autres enfants, l'emmena un jour, et, après une promenade dans les champs et un dîner à la barrière, le laissa dans la rue en lui souhaitant bonne chance. La nuit venue, Carême fut accueilli par un gargotier, au service duquel il se mit le lendemain; à l'âge de seize ans, il entra chez un restaurateur

en qualité d'aide, puis ensuite chez Bailly, pâtissier renommé de la rue Vivienne, fournisseur du prince de Talleyrand. Carême passait dès cette époque des nuits entières à des modèles de pâtisseries d'après Tertio, Paladio, Vignole, etc., qu'il allait étudier aux bibliothèques publiques. Il finit bientôt par travailler pour son propre compte, et il gagna beaucoup d'argent. Loin de s'en tenir à la pratique, il approfondissait la théorie, lisait beaucoup, et suivait des cours relatifs à sa profession ; il fit plus, il entreprit d'écrire l'histoire de la cuisine romaine, persuadé qu'il retirerait un grand fruit de cette étude, et n'épargnait ni veilles ni recherches pour ce travail, qu'il résuma en ces termes : « La cuisine si renommée de la splendeur romaine était foncièrement mauvaise et atrocement lourde. » En 1814, il fallut enlever Carême par réquisition, pour le contraindre à exécuter le gigantesque dîner donné dans la plaine des Vertus. Ensuite il passa deux ans en Angleterre au service du prince régent, qui, devenu Georges IV, le redemanda en 1821. Carême se rendit plus tard à Saint-Pétersbourg, à Vienne, et figura à tous les congrès qui se multiplièrent à cette époque. A Laybach, l'empereur de Russie lui fit remettre une bague de diamants. De retour dans sa patrie, Carême s'engagea successivement au service du prince de Wurtemberg, de la princesse Bagration, et enfin de M. Rotschild. Il est mort en 1833. Il a laissé : 1° *le Pâtissier royal parisien,* 1810, 2 vol. in-8° ; 2° *le Pâtissier pittoresque,* 1 vol. in-8° ; 3° *l'Art de la cuisine française au dix-neuvième siècle,* 3 vol. in-8°. Il a de plus fait insérer dans la Revue de Paris une curieuse notice sur la manière dont Napoléon se nourrissait à Sainte-Hélène.

CARÊME-PRENANT, s. m. On appelle ainsi, familièrement, les trois jours gras qui précèdent immédiatement le mercredi des Cendres. — *Tout est de carême-prenant,* se dit, par plaisanterie, en parlant de certaines libertés qu'on prend pendant les jours gras.—*Carême-prenant,* se dit plus particulièrement du mardi gras. Il se dit aussi, par extension, des gens masqués et déguisés qui courent les rues pendant les jours gras. — Figurément et familièrement, *C'est un vrai carême-prenant,* se dit d'une personne vêtue d'une manière extravagante, qui la fait ressembler à un masque. On dit de même, *Avoir l'air d'un carême-prenant.*

CARENA, s. f. (*pharmacie*), atome composé de la vingt-quatrième partie d'une goutte. Il n'est pas usité.

CARENA (PAUL-EMILE), professeur de droit romain, naquit à Carmagnola le 10 octobre 1737. Il se livra dès sa jeunesse à l'étude de la jurisprudence, et avant l'âge de vingt ans il fut reçu docteur en droit civil et canonique. Répétiteur de droit au collége des *provinces,* dans l'université de Turin, il fut admis trois ans après au grand examen pour l'agrégation au collége de législation. Nommé en 1766 préfet de la faculté au même collége, et professeur suppléant à l'université, il devint en 1770 professeur des institutions civiles, et obtint en 1778 la chaire de droit civil, qu'il conserva jusqu'à la révolution de 1798. Pendant la domination française il fut proviseur du lycée de Casal dans le Montferrat, et en 1814 rétabli professeur honoraire de l'université, avec le titre de sénateur. Carena mourut à Turin en 1823. On a de lui : 1° *De adquirendo rerum dominio,* Turin, in-8° ; 2° *De testamentis,* ibid. ; 3° *De legatis et fideicommissis,* ibid. ; 4° *De criminibus et de feudis,* ibid. Il avait entrepris la révision du *Lexicon juris* de Vicat ; mais la mort l'empêcha de terminer cet important travail.

CARÉNA (CÉSAR), avocat fiscal de l'inquisition, *a fait un* traité latin de cet office, et de la manière de procéder dans les causes de foi. Cet ouvrage parut à Lyon en 1669, in-fol.

CARÉNAGE, CRANAGE, CRAN, s. m. (*marine*). C'est un lieu convenable sur le rivage de la mer, pour donner la carène à des vaisseaux. Les mots de *cranage* et de *cran* sont venus par corruption, et ne sont d'usage que parmi quelques matelots. Pour qu'un lieu soit propre pour en faire un carénage, il faut qu'au pied de la côte il y ait assez d'eau pour que le vaisseau y soit à flot, et qu'on puisse l'abattre aisément sur la terre, et le coucher sur le côté assez pour qu'on lui voie la quille.

CARENCE (PROCÈS-VERBAL DE), acte par lequel il est constaté officiellement qu'un homme ne possède pas de biens. Les huissiers chargés d'exécuter des saisies mobilières en vertu de jugements prononçant des condamnations pécuniaires, ou en vertu d'actes d'obligation, doivent dresser des *procès-verbaux de carence,* lorsqu'ils ne trouvent pas de meubles à saisir contre ceux qui subissent cette exécution, ou que les meubles qui garnissent la maison du débiteur sont de la nature de ceux que la loi déclare insaisissables, ou qu'ils sont de trop peu de valeur pour faire les frais d'une saisie. Il y a lieu aussi, de la part des juges de paix, à dresser *procès-verbal de carence* lorsque la loi leur impose l'obligation d'apposer les scellés après le décès des individus, si le défunt n'a pas laissé de mobilier, ou si celui qui compose son héritage, ou qui en fait partie, ne présente qu'une valeur trop peu importante eu égard aux frais que cette opération entraînerait : dans ce dernier cas, il suffirait de dresser un inventaire du mobilier existant pour justifier cette mesure.

CARENCY (BOURBON). Cette branche de la maison de Bourbon est issue de Jean 1er, comte de la Marche (*V.* BOURBON), et de Catherine de Vendôme. Elle n'était pas destinée à jouer un rôle digne de son origine ; transplantée en Artois, où elle possédait quelques terres médiocres, confondue, pour ainsi dire, dans l'ordre de la noblesse, elle se vit réduite à suivre les ducs de Bourgogne, dont elle était vassale, dans les guerres qu'ils entreprenaient contre le roi même : ainsi l'ordonnaient les lois féodales. — JEAN DE BOURBON, auteur de cette branche, seigneur de CARENCY en Artois, d'Aubigny, de Buquoy, de l'Ecluse et de Duisant (*V.* DUISANT), était le troisième fils de Jean de Bourbon, comte de la Marche, et de Catherine de Vendôme. Il mourut en 1457. Il avait épousé Catherine d'Artois, fille de Philippe d'Artois, comte d'Eu, connétable de France, et de Marie de Berry, et en secondes noces Jeanne de Vendômois, qu'il avait longtemps connue pendant la vie de Gervais Roussart, son premier mari. Toute la maison de Bourbon, indignée d'un pareil mariage, prétendit le faire casser ; mais le pape Eugène IV le déclara valide en 1458. L'état des trois fils que Jean de Bourbon eut de ce mariage, savoir : PIERRE, seigneur de Carency, JACQUES, seigneur d'Aubigny, et PHILIPPE, seigneur de Duisant, fut contesté ; ils furent néanmoins légitimes en vertu de bulles du pape et d'un arrêt du parlement. — PIERRE DE BOURBON, seigneur de Carency, fils aîné du précédent, ayant embrassé sous Louis XI le parti du duc de Bourgogne Charles le Téméraire, fut arrêté et condamné à mort : le roi ne lui fit grâce qu'à cause de sa naissance. Il avait épousé Philippe de Plaines, fille de Thomas de Plaines, seigneur de Maligny, et de Jeanne Legros, dont il n'eut point d'enfants. Il ne laissa qu'une fille naturelle, nommée Catherine, et mariée à Bertrand de Salemart, chevalier, seigneur de Ressis. — JACQUES DE BOURBON, seigneur de CARENCY, d'Aubigny, de Rochefort et de Buquoy, frère puîné du précédent, eut la confiscation des biens de son aîné, Pierre de Bourbon, condamné à mort sous Louis XI, comme il vient d'être dit, et mourut en 1494. Il avait épousé Antoinette de Latour, fille d'Annet de Latour, IIIe du nom, seigneur d'Oliergues, et d'Elips de Vendat. Il en eut deux fils : Charles de Bourbon et Jean de Bourbon-Carency. — CHARLES DE BOURBON, prince de CARENCY, comte de la Marche, seigneur d'Aubigny, de l'Ecluse, de Buquoy, de Bougny, de Combles, d'Abret, de Vendat, de Rochefort, de Bains, de Saint-Georges et de Ternat, fils du précédent ; enterré aux Célestins de Vichy, dans la chapelle de Bourbon ; avait épousé Didière de Vergy, fille unique et héritière de Jean de Vergy, seigneur de Fonvens et de Vignory, et de Marguerite de la Roche-Guyon ; et en secondes noces, Antoinette de Chabanes, fille de Geoffroy de Chabanes, seigneur de Charlus, et de Charlotte de Prie. Se voyant sans enfants de ses deux premières femmes, il épousa en troisièmes noces, Catherine d'Alègre, fille de Bertrand d'Alègre, baron de Puyagut, et d'Isabelle de Levis-Cousan, et en eut : 1° Bertrand de Bourbon, prince de Carency ; tué à la bataille de Marignan, en 1515, sans avoir été marié ; 2° Jean de Bourbon, prince de Carency, mort sans alliance ; 3° Louise de Bourbon-Carency, morte sans alliance ; 4° enfin, Isabelle de Bourbon, dame de Carency, etc., mariée le 22 février 1516, à Jean d'Escars, seigneur de la Vauguyon, chambellan de François 1er. C'est en raison de ce mariage que les la Vauguyon, dont l'illustration et la haute fortune de cour remontè au règne de Louis XIV, se sont fait gloire de descendre par les femmes d'une des branches cadettes de l'auguste maison de Bourbon ; aussi l'aîné de cette famille portait du vivant de son père le titre de prince de Carency (*V.* VAUGUYON [La]).

D. R. R.

CARENCY (PAUL-MAXIMILIEN-CASIMIR DE QUELEN DE STUER DE CAUSSADE, PRINCE DE), fils aîné du duc de la Vauguyon, mort récemment pair de France (*V.* LA VAUGUYON), naquit le 28 juin 1768. Il épousa Mlle de Rochechouart-Faudoas, et devint par ce mariage le beau-frère du duc de Richelieu et du duc de Piennes, depuis duc d'Aumont. Étant parti de France avec son père, pour se rendre en Angleterre, lors des premiers troubles de la révolution, en juillet 1789, ils furent arrêtés l'un et l'autre au Havre, mais bientôt remis en liberté. Louis XVI, devenu roi constitutionnel, envoya même un peu plus tard le duc de la Vauguyon, en qualité de ministre plénipotentiaire, près la cour de Madrid, et son fils l'accompagna

encore dans cette capitale, où se mêlant bientôt à toutes sortes d'intrigues, il fit plusieurs voyages à Paris, et parcourut plus d'une fois à franc étrier la distance d'une capitale à l'autre. Il suivit ensuite son père en Italie, puis en Allemagne, lorsqu'il y fut ministre de Louis XVIII ; mais le jeune prince abusa indignement des communications et des secrets qui lui furent confiés, quitta subitement son père et la cour du prétendant, pour rentrer en France, et il alla faire aux agents du gouvernement républicain des révélations qui compromirent un grand nombre de royalistes. Devenu ensuite l'un des principaux agents de la police du directoire, le prince de Carency fut l'effroi de ses anciens amis. Pour qu'il fit plus facilement des dupes et des victimes, on l'enferma dans la prison du Temple, où il était ce qu'on appelle *un mouton*, c'est-à-dire un secret délateur de tous les hommes que son rang et sa position lui avaient fait autrefois connaître. Après avoir joué un rôle aussi méprisable, il fut admis au Luxembourg, et il vécut dans une grande intimité avec le directeur Barras. On l'envoya vers le même temps à Madrid chargé d'une mission secrète ; mais il ne tarda pas à s'y brouiller avec l'ambassadeur Truguet, et fut obligé de revenir à Paris, où il vécut sous le gouvernement impérial dans l'obscurité et la misère, ayant dissipé dans des orgies une grande fortune et le salaire de ses bassesses. Il était alors trop connu, trop honteusement signalé pour qu'on l'employât même dans les plus méprisables fonctions de la police. Lorsque son beau-frère fut ministre sous Louis XVIII, il chercha de nouveau à se faire employer ; mais il ne put y réussir, à cause de son décri. Son père même refusa de le voir, et ne consentit qu'avec beaucoup de peine à lui assurer une modique pension, sous la condition qu'il irait en jouir en Hollande. Pour augmenter cette pension, Carency revenait furtivement en France, faisait la contrebande ; mais il fut découvert et mis en prison, où il devint fou. Transporté à Paris dans une maison d'aliénés, il y mourut en 1824, sans laisser de postérité.

CARÈNE, QUILLE, s. f. (*marine*). C'est une longue et grosse pièce de bois, ou plusieurs pièces mises au bout l'une de l'autre, et qui règnent par dehors dans la plus basse partie du vaisseau, de poupe à proue, afin de servir de fondement au navire (*V.* QUILLE). On prend souvent le mot de *carène* plus généralement, et on entend par là toute la partie du vaisseau qui est comprise depuis la quille jusqu'à la ligne d'eau : de là vient qu'on dit *caréner un vaisseau, donner la carène, mettre un vaisseau en carène*, pour signifier qu'on donne le radoub au fond du bâtiment. — CARÈNE, CRAN. C'est le travail qu'on fait pour calfater et radouber un vaisseau dans ses œuvres vives, et qui vont sous l'eau. — DEMI-CARÈNE se dit lorsqu'en voulant caréner un vaisseau on ne peut travailler que dans la moitié de son fond par dehors, et qu'on ne peut joindre jusque vers la quille. — CARÈNE ENTIÈRE. C'est quand on peut caréner tout un côté jusqu'à la quille.

CARÈNE, s. f. (*médec.*), épine du dos dans le fœtus, lorsqu'on ne peut pas encore distinguer les diverses pièces qui la composent.

CARÈNE (*botan.*), nom spécialement attribué aux deux pétales inférieurs des fleurs papilionacées ; en effet, rapprochés, souvent même soudés par leur bord, ils offrent quelque ressemblance avec la carène d'un vaisseau.

CARÉNÉ (*botan.*), disposé en carène, c'est-à-dire offrant une crête longitudinale semblable à la carène d'une nacelle ; telles sont les glumes de plusieurs graminées, les valves de la cosse du pois, etc.

CARÉNÉ, s. m. (*hist. nat.*), sorte de poisson du genre des silures. — Nom d'un serpent à dos d'âne.

CARÉNER, v. a. (*marine*). C'est donner la carène à un vaisseau, mettre un vaisseau en carène. Quelques-uns disent par corruption *craner* et *mettre un vaisseau en cran*, car le mot *cran* n'est autre chose que celui de *carène* qu'ils ont estropié. *Caréner un vaisseau*, c'est le coucher de côté jusqu'à ce qu'on lui voie la quille, pour le radouber, le calfater, ou le raccommoder aux endroits qui sont dans l'eau, qu'on nomme *œuvres vives* ; et les œuvres mortes comprennent toutes les parties du vaisseau qui sont hors de l'eau, ou bien tous les hauts du vaisseau. Pour bien caréner un vaisseau, il ne faut pas épargner le chauffage, que l'on fait avec des bourrées de menu bois. Ce chauffage est nécessaire pour bien nettoyer le vaisseau, et mieux faire paraître les défectuosités ou les fentes qu'il pourrait y avoir, pour les remédier ; ensuite on le fraye et on le suifre. Pour coucher le vaisseau sur le côté lorsqu'on veut le caréner, on se sert dans les ports de pontons, sur lesquels on l'abat et on l'amarre.

CARÈNES (QUARTIER DES) (*antiq.*), quartier de Rome, formé

par une vallée située entre les monts Cœlius et Esquilin. C'est là que commençait la voie sacrée et qu'étaient les maisons de Pompée et de Sylla.

CARENI (*géogr. anc.*), peuples mentionnés par Pline, et placés dans la partie septentrionale d'Albion, ou dans la contrée nord-ouest de l'Ecosse. Ils sont aussi appelés *Carini*. Ils paraissent avoir habité aux environs de Lochbay, sur la côte nord-ouest du comté de Ross. — Camden assigne leur situation dans le Caithness.

CARENI (*géogr. anc.*), peuples d'Asie du côté de la Perse. Etienne de Byzance les place entre les fleuves du Cyrus et de l'Euphrate. Ayant eu le malheur de perdre son père, Procope dit que des envoyés de cette nation offrirent à Chosroès de l'argent pour se mettre à l'abri du pillage, mais que ce prince repoussa leurs offres parce qu'ils n'étaient pas chrétiens.

CARENO (ALOYS DE), médecin, né en 1766 à Pavie, où son père était professeur de médecine pratique à l'université, fut reçu docteur en 1787. Ayant eu le malheur de perdre son père, qui mourut à quarante-six ans, il quitta Pavie en 1788, et vint à Vienne, où il suivit pendant quatre ans les hôpitaux et les cours de médecine et de chirurgie. Il se fixa ensuite dans cette capitale, et y pratiqua la médecine avec distinction. Plusieurs sociétés savantes l'admirent au nombre de leurs correspondants. Il montra surtout un grand zèle pour la propagation de la vaccine. Careno mourut en 1810. On a de lui : 1° *Observationes de epidemica constitutione anni 1789 in civico nosocomio viennensi*, Vienne, 1790, in-8°; ibid., 1794, in-8°. 2° *Dissertationi medico-chirurgiche pratiche estratte dagli atti della academia guiseppina, e traddote coll' aggiunta di alcune note*, Vienne, 1790, in-8°. 3° *Voce al popolo per guardarsi dell' attaco del vajuolo*, Vienne, 1791; traduit en allemand, 1792, in-8°. 4° *Tentamen de morbo pellagra Vindobonæ observata*, Vienne, 1794, in-8°. Cet opuscule se trouve aussi à la fin de la deuxième édition des *Observationes*, etc., citée plus haut. 5° *Saggio sulla maniera di allevare i bambine a mano*, Pavie, 1794, in-8°; traduit en allemand, Vienne, 1794, in-8°. 6° *Ueber die Kuhpocken*, sur la vaccine, Vienne, 1801, in-8°. Careno a encore traduit en latin l'ouvrage de Jenner sur la vaccine, Vienne, 1799, in-4°, et le *Discours sur les systèmes de Moscati*, Leipzig, 1801, in-8°. Il a aussi publié une nouvelle édition de l'*Apparatus medicaminum* de Marabeli, Vienne, 1801, in-8°.

CARENTAN, *Carantorium*, petite ville de l'ancienne province de Normandie (aujourd'hui département de la Manche), à 27 kilomètres de Saint-Lô. — Carentan, dont la population s'élève à peine aujourd'hui à 950 habitants, était au XIVe siècle une ville fort considérable. Edouard III, roi d'Angleterre, l'assiégea en 1346, et elle était assez bien fortifiée, suivant les historiens du temps, pour la tenir longtemps en échec; la garnison, composée de mercenaires génois, était disposée à se défendre vigoureusement; mais les bourgeois se rendirent à la première sommation. Les Génois se retirèrent alors dans le château; ils ne purent faire une longue résistance; mais ils obtinrent du moins une capitulation honorable. Quant aux bourgeois, ils furent emmenés en Angleterre. Michel de Northbury, clerc du roi Edouard, qu'il avait suivi dans cette expédition, dit que Carentan était alors aussi peuplé que Leicester. — Les fortifications de Carentan, qui avaient été démolies par les Anglais, furent relevées plus tard par Charles le Mauvais; et depuis cette ville joua un rôle assez important dans la guerre contre les Anglais et dans les guerres de religion. Une partie du château existe encore, et offre des modèles de l'architecture militaire de toutes les époques, depuis le XIIe jusqu'au XVIe siècle. — Avant la révolution, Carentan était le chef-lieu d'élection et d'un bailliage, avec titre de vicomté. Elle faisait partie de l'évêché de Bayeux, du ressort du parlement de Rouen, et dépendait de l'intendance de Caen. — Elie de Beaumont, défenseur de Calas; Jacques Godefroy, commentateur de la coutume de Normandie; Léonor Langevin, auteur ascétique, étaient nés dans cette ville.

CARENTIA ou **GARENCIA** (*géogr. anc.*), ville d'Italie appartenant aux Lybiciens, placée par Cluvier vers le confluent du Sessite et du Pô.

CARÉOTES (*géogr. anc.*), peuples que Ptolémée fait habitants de la Sarmatie européenne.

CARÉ-PATRÉ-PANDARNO, *s. m.* sorte de religieux indien. — Secte de pandarons qui ont fait vœu de ne point parler.

CARÉRIUS (ALEXANDRE), de Padoue, jurisconsulte, mort l'an 1626, a laissé : 1° *Traité de la puissance du pontife romain*, Padoue, 1599; 2° *Des songes et de la divination par les*

songes, ibid., 1575; 3° *Des fiançailles et du mariage*, Venise, 1584.

CARES (*géogr. anc.*), ville d'Espagne, sur le territoire appelé la Tarragonaise (*Pline*).

CARES, ville d'Asie (*V.* CARÆ).

CARES, peuple de la Sarmatie européenne, habitait vers les Palus-Méotides et l'embouchure du Tanaïs.

CARÈS, roi de l'Asie-Mineure, donna son nom à la Carie. C'est à lui que les mythologistes rapportèrent l'invention des augures.

CARESA (*géogr. anc.*), île de la mer Ægée, près de l'Attique.

CARESAN ou **CALSEN** (*géogr.*), ville maritime de l'Arabie Heureuse, située sur l'Océan Indien, à 100 lieues nord-est d'Adana.

CARESENA ou **CARESENIA** (*géogr. anc.*), région d'Asie s'étendant le long de la rivière Caresus, et bornée par la Dardanie, suivant Strabon, qui la dit montagneuse, cultivée et bien peuplée. Il fait dériver son nom, comme cela est sensible, du Caresus, qui prenait sa source à Malonte, lieu situé entre Palascepsis et Achæïum, en face de Ténédos, et se déchargeait dans l'Æsopus (*Iliad.*, XII, v. 27).

CARESMENTRANT, **CARESMEPRENANT** (*vieux mots*), le mardi gras ou le premier dimanche de carême (*V.* CARAMENTRANT).

CARESSANT, adj. qui aime à caresser, humeur caressante, air caressant, manières caressantes, un œil caressant, une voix caressante :

. . . . . . Je n'ai pas en naissant
Peut-être reçu d'eux un regard caressant.

RACINE.

Il se dit aussi des animaux : un *chien caressant*. — L'humeur *caressante* est un don précieux qui tourne au profit de celui qui la possède et qui en définitive l'engage fort peu. L'expérience prouve en effet qu'il y a peu à compter sur les hommes de ce caractère. Ils attachent, mais ils ne s'attachent pas : leurs manières caressantes tiennent à leur tempérament; leur cœur et leur raison ne sont souvent pour rien dans leurs douces façons. — De tout temps les hommes de bonne compagnie ont été auprès des femmes respectueux et caressants, vernis séduisant sous lequel se cache le piège dont elles doivent se défier : le plus sûr pour elles est de jouir des agréments d'un pareil caractère, sans croire à la sincérité de celui qui sait les cajoler agréablement. — De nos jours les candidats aux dignités constitutionnelles affectent des manières caressantes avec les électeurs. Il en est de même pour les rois; leurs discours, leurs manières sont toujours caressantes à leur avénement; mais on soit ce que valent les promesses des candidats et des nouveaux règnes (*V.* CARESSE).

CARESSE, s. f. du latin *carus*, témoignage extérieur d'affection, d'amitié, d'amour et de bienveillance, soit en action, soit en paroles. « On entend par *caresse*, a dit un jeune moraliste enlevé prématurément aux lettres comme à la philosophie (1), l'expression la plus touchante des sentiments affectueux que comporte la nature humaine : aussi est-ce dans le cœur d'une mère qu'il faut en chercher la source la plus abondante comme la plus délicieuse. »

Incipe, parve puer, risu cognoscere matrem,

a dit le poëte latin : ce sourire maternel, qui est aussi une *caresse*, n'est pas moins nécessaire aux enfants que les soins physiques. Malheur à l'être qui n'a pas connu les caresses d'une mère. — Les *caresses* sont fréquentes en amitié dans la première enfance; mais, dès que l'adolescence arrive, plus de *caresses* entre jeunes gens. Les femmes ont entre elles jusqu'à l'âge mûr une surabondance de *caresses* qui pénètre jusque dans le sein de leur voix, et qui donne à leur amitié quelque chose de tendre dont est privée celle des hommes. Il est vrai que d'une femme à une autre cette amitié si expansive manque quelquefois de durée et de so-

(1) Saint Prosper, auteur de l'*Observateur*, où il y a des pages dignes de Vauvenargues. Il a donné plusieurs articles de morale dans le *Dictionnaire de la conversation*. Ses mœurs, ses habitudes affectueuses répondaient à la douceur de sa morale. Pauvre, il trouvait moyen de faire beaucoup de bien.

lidité. — En amour, les *caresses*, quand elles sont délicates, sont ce qu'il y a de plus délicieux; mais il serait à désirer que la réserve y présidât plus souvent de la part de l'homme, et la pudeur de la part de sa compagne. On dit avec raison que les *caresses* offertes ont peu de prix. — Les *caresses* d'une femme sont perfides; elle ne les prodigue que pour arriver à un but quelconque, et le plus souvent ce but est de tromper celui qui les reçoit. De là le proverbe : *Caresse de femme, caresse de chatte*. — Rien d'expansif et de sincère comme les *caresses* d'un chien, cet animal dont l'instinct paraît être presque tout entier placé dans son cœur :

> Souvent il me regarde; humide de tendresse,
> Son œil affectueux implore une *caresse*.
>
> DELILLE.

Dans le monde, défiez-vous des *caresses*; trop souvent elles sont trompeuses. — Que de gens vous étouffent de *caresses* en particulier... qui sont embarrassés de vous en public! — Il ne faut pas se fier aux *caresses* de la fortune. — Les moralistes ont beau mettre les princes en garde contre les *caresses contrefaites* des courtisans, elles seront toujours le moyen le plus sûr de parvenir. — Philoclès avec un air respectueux et modeste recevait les *caresses* du peuple.

> Je vous vois accabler un homme de *caresses*.
>
> MOLIÈRE.

CARESSER, v. a. au participe *caressé*, vient du mot grec καρ-ρίζειν pour καταρίζειν et rappelle le mot italien *careggiare*, faire des caresses. L'enfant *caresse* sa mère.

> Notre épouse étant donc de la sorte bâtie,
> Et n'ayant *caressé* son mari de sa vie.
>
> LA FONTAINE.

Le zéphyr *caresse* les fleurs :

> Là, le Zéphyr *caresse* et l'Aquilon tourmente.

Qui ne connaît la fable de *l'Ane et le petit Chien*, dans laquelle le premier,

> .... Pour se rendre plus aimable,
> Et plus cher à son maître, alla le *caresser*.
>
> LA FONTAINE.

Delille, en parlant du coq, a dit qu'il

> Commande avec douceur, *caresse* avec fierté.

Caresser est souvent synonyme de flatter, cajoler :

> Quel avantage a-t-on qu'un homme vous *caresse*,
> Lorsqu'au premier faquin il court en faire autant.
>
> MOLIÈRE.

Les hommes ne vous *caressent* que parce qu'ils ont besoin de vous. On a vu dans ce cas des grands mêmes *caresser* les petits. Ainsi fit Louis XIV auprès du financier Bernard. — Quand le sort nous favorise, les hommes nous *caressent*. — On *caresse* les goûts, les passions de quelqu'un. — Les caractères les plus froids, les moins enclins à *caresser* les autres, *se caressent* beaucoup eux-mêmes dans leurs idées et dans leurs sentiments. On dit *caresser* une idée, une chimère, une illusion, un espoir, pour exprimer qu'on s'y complaît. — *Caresser* est quelquefois synonyme de protéger :

> Siècle des vrais talents par Louis *caressés*,
> Beaux jours de nos aïeux, êtes-vous effacés ?

Un auteur de Synonymes a dit : « *Caresser* c'est témoigner par des démonstrations que l'on chérit un objet; *flatter* c'est dire des choses qui enflent la vanité, des louanges qui chatouillent l'amour-propre; *cajoler* c'est dire des douceurs, affecter des propos obligeants et agréables pour faire tomber quelqu'un dans le piège, sans paraître le mener à ce but, témoin la fable

> Du renard qui *cajole* un corbeau sur sa voix.

flagorner c'est flatter pour s'insinuer dans l'esprit d'un maître, d'un supérieur, en tâchant de nuire aux autres par de faux rapports. On *caresse* ses enfants, sa femme, ses amis, son chien ; on *flatte* tous ceux qui peuvent servir ou nuire, les grands surtout et les gens en crédit ; on *cajole* une jeune fille, une jeune femme, un vieillard, des gens faciles à tromper, à gagner ; on *flagorne* des maîtres, des supérieurs, des gens faits pour être menés par des bas valets; car si la flatterie suppose toujours quelque adresse, quelque délicatesse, la flagornerie ne peut être qu'une adulation grossière. — *Caresser la bouteille* signifie boire à petits coups et avec délices. — CARESSER, *en peinture*, se dit d'un tableau d'un fini précieux, non-seulement pour exprimer le travail du pinceau qu'on a repassé légèrement à plusieurs fois sur chaque partie, mais aussi pour figurer la délicatesse de l'ouvrage et des soins minutieux que l'artiste lui a prodigués. Cette manière de peindre ne s'applique guère qu'à de petits sujets. Elle convient facilement à la froideur et à la mollesse. Les ouvrages de Miéris, de Vanderwerf et d'un assez grand nombre de Flamands sont très-*caressés*. Le peintre Carlo Dolce a traité de cette manière le portrait de grandeur naturelle et le tableau d'histoire. — On dit enfin *caresser le nu* pour dire travailler avec soin les draperies et les jeter de manière à faire apercevoir au travers les formes du corps. CH. DU ROZOIR.

CARESUS (*géogr. anc.*), ville d'Asie dans la province appelée Carésène. Elle était séparée du Granite au nord-ouest par une petite chaîne de montagnes. (*Strabon*). — C'était encore une ville de la Troade, sur les bords du fleuve de ce nom.

CARESUS ou **CARESSUS**, ville de l'île de Corse.

CARET, s. m. sorte de dévidoir à l'usage des cordiers. On nomme *fil de caret* une espèce de gros fil qui sert à fabriquer tous les cordages employés dans la marine.

CARET, s. m. sorte de tortue dont l'écaille sert à faire des peignes et d'autres ouvrages.

CARET, s. m. (*botan.*), genre de plantes de la famille des graminées.

CARET (*marine*), fil tiré des vieux câbles et d'autres cordages coupés par tronçon : il doit avoir une ligne de diamètre.

CARETÈNE, mère de Gondebaud, roi de Bourgogne au VIᵉ siècle, déroba les princesses Clotilde et Sedeleube aux recherches de son fils, qui les aurait fait périr avec Chilpéric.

CARETH, ville de la tribu de Zabulon (*Josué*, 19, 15).

CARETTE, s. f. (*technol.*), partie du métier des étoffes de soie. La *carette* est un cadre d'un pied et demi environ de large, sur deux pieds et demi de long, composé d'une brancard et d'un montant sur les traverses duquel, de chaque côté, est un râteau dans lequel les aleirons sont posés et enfilés. — Il n'y a pas ordinairement de poulies dans les *carettes*. — Les aleirons sont séparés par des dentures faites aux deux planches, dans lesquelles sont enfilés les aleirons. D'ailleurs, il y a des *carettes* qui portent jusqu'à vingt aleirons de chaque côté ; les poulies seraient donc inutiles.

CARETTI, s. m. (*bot.*), plante épineuse et légumineuse du Malabar. Les brames l'appellent *tiringo-esi*. Linné, dans son *Systema naturæ*, lui donne le nom de *guilendina 1, bonduc aculeata, pinnis ovatis, foliolis aculeis solitariis*. C'est un arbrisseau de cinq à six pieds de longueur, rampant sur la terre et dans les broussailles, comme une espèce de ronce, à racine longue de deux à trois pieds, cylindrique, d'un pouce de diamètre, ramifiée, à bois blanc recouvert d'une écorce mince ; sa tige est cylindrique, épaisse de neuf à dix lignes, verte, rampante, ramifiée dès son origine en nombre de branches alternes, cylindriques, à bois blanc, plein de moelle blanche au centre, hérissées comme elles de pointes coniques, un peu crochues en bas, longues de deux lignes au plus, assez semblables à celles du rosier. — Ses feuilles sont alternes, disposées circulairement le long des branches à des distances de trois à six pouces; elles sont longues de neuf à dix pouces, presque aussi larges, ailées sur deux doubles rangs, de manière que le premier rang contient environ deux paires d'aleirons ; le second rang, où chaque aleiron est composé d'environ six à huit paires de folioles elliptiques, obtuses, longues d'un pouce et demi, une fois et demie à deux fois moins larges, entières, assez épaisses, fermes, lisses, vert foncé dessus, plus clair dessous, relevées d'une côte longitudinale, ramifiée de sept à huit paires de nervures, et attachées horizontalement par un petit pédicule cylindrique, le long des côtes du pédicule commun, qui est accompagné vers son origine de deux stipules demi-orbiculaires, fort grandes ; le pédicule commun et ses ramifications sont épineux comme les tiges, mais non pas les feuilles qui sont très-lisses. — De l'aisselle de chaque feuille sort un épi épineux comme les tiges, vert clair, un peu velu à son origine, d'abord une fois plus court qu'elles, ensuite presque aussi long, couvert dans les trois quarts de sa longueur de cinquante à soixante fleurs fort serrées, contiguës, longues de six lignes, ouvertes en étoile de neuf lignes environ de diamètre, portées horizontalement sur un pédoncule cylindrique, une fois plus court qu'elles, et accompagnées à leur origine d'une écaille aussi longue, pointue et caduque. Avant leur développement, ces fleurs forment un bouton conique, taillé obliquement et étranglé vers son extrémité. — Chaque fleur est hermaphrodite, polypétale, irrégulière, légumineuse, disposée au-dessous de l'ovaire ; une ou cinq ou six des inférieures qui parviennent à maturité, les autres avortent ; elle consiste en un calice vert jaunâtre, hémisphérique, de moitié plus court que la corolle, à tube très-court, partagé en cinq feuilles elliptiques, obtuses, assez inégales, trois fois plus longues que lui, une fois plus longues que larges, dentelées à leurs bords, réfléchies en bas sous un angle de quarante-cinq degrés ; la corolle est jaune, composée de cinq pétales presque égaux, elliptiques, longs de six lignes, une fois moins larges, épanouis horizontalement, dont un supérieur est un peu plus court et plus large, creusé en cuilleron et veiné de quelques lignes rouges, qui semblent le couper en travers ; dix étamines distinctes, assez égales, vert clair, velues, une fois plus courtes que la corolle, s'élèvent du fond du calice, et sont terminées chacune par une anthère sphéroïde jaune ; le centre de la fleur est occupé par un ovaire oblong, porté sur un disque allongé en pédicule cylindrique, et surmonté d'un style court terminé par un stigmate ovoïde, velu, vert clair, attaché sur son côté supérieur. — L'ovaire en mûrissant devient un légume elliptique, très-comprimé par les côtés, long de deux pouces et demi, à peine de moitié moins large, porté dans son calice sur un pédoncule cinq à six fois plus court ; il est vert d'abord, ensuite cendré noir, hérissé comme la châtaigne, de trois à quatre cents piquants coniques, roides, droits, longs de trois lignes sur une ligne de largeur, épais de près d'une ligne, très-solide comme cartilagineux, doublé sur ses parois intérieures d'une peau charnue assez épaisse, suintant une gomme, à une loge très-creuse, s'ouvrant en deux valves égales, et contenant communément deux à quatre graines ovoïdes, longues de neuf lignes, de moitié moins larges, d'abord vertes, ensuite blanc cendré, veinées de lignes ondées, noirâtres, luisantes, semblables à une pierre de liais polie, et presque aussi dures, attachées, pendantes par un filet trois à quatre fois plus court qu'elles du bord supérieur des deux battants. Leur amande est extrêmement blanche, à deux cotylédons. — Le caretti croît en quantité au Malabar, dans les terres sablonneuses, incultes, et les plus exposées au soleil, surtout vers les lisières des bois. — Il n'a point d'odeur dans aucune de ses parties, et seulement une saveur légèrement âcre. — Cette plante est comme le spécifique des hernies ou des descentes, soit qu'on boive la décoction de sa racine et de l'écorce de ses tiges, soit qu'on avale ses feuilles pilées dans le lait aigre, soit qu'on applique ses feuilles sur l'hernie, en y mêlant l'amande pilée du coco, ou ses fèves pilées et réduites avec le lait du coco en une pâte qu'on applique sur le bas-ventre ; la poudre de ces mêmes feuilles se boit dans le vin, non-seulement pour dissiper les hernies, mais encore pour fortifier l'estomac et apaiser les coliques. Leurs cendres se donnent dans le vin aux femmes pour rappeler leurs règles supprimées ; leur amande pulvérisée se donne aussi dans le vin pour la pierre, et dans toutes les maladies endémiques. — Le caretti a été confondu par les botanistes, depuis Plumier, dans le genre du bonduc du Canada, quoique ces deux plantes et leurs espèces méritent d'être distinguées. Linné a été plus loin ; il a confondu avec le caretti et le bonduc un troisième genre, celui du moringa, qui est encore bien différent par ses longues gousses à plusieurs loges et à trois valves ; et, pour masquer cette confusion, il leur a donné à tous le nom commun de guilandina ; mais ce nom moderne nous paraît d'autant plus superflu, que ces trois plantes, ayant chacune leur nom, on peut les désigner dans tous les cas, soit qu'on les regarde comme trois espèces, soit qu'on les distingue en trois genres, comme nous avons fait en les plaçant dans la première section de la famille des plantes légumineuses. — On remarquera sans doute ici la bizarrerie du

système sexuel de Linné, sur les étamines, qui place dans sa dixième classe de la décandrie une vingtaine de genres de plantes qui, si son système était considéré sous des rapports plus physiques et plus botanistes, seraient réunis à la classe 17, qui est appelée si improprement diadelphie, et qui réunit la fumeterre, le polygala et plusieurs autres genres de plantes avec les légumineuses, qui n'ont avec elles aucun rapport ni prochain ni éloigné.

CA-REVAU, s. m. cri de chasse qui avertit que le cerf s'en retourne dans son pays.

CAREW (GEORGES), comte de Totness, descendant d'une ancienne famille du comté de Devon, venue sans doute en Angleterre avec Guillaume le Conquérant, était né en 1557. Après avoir fait ses succès ses études à l'université d'Oxford, il entra dans la carrière militaire où il occupa différents emplois, entre autres celui de grand justicier en Irlande, et de maître de l'artillerie, sous la reine Élisabeth. Pendant l'insurrection de ce royaume, il fut nommé président de Munster, défit les insurgés, et mit en jugement leur chef, le comte de Desmond. Le roi Jacques, dès la première année de son règne, le nomma gouverneur de l'île de Guernesey, et trois ans après le créa baron, avec le titre de lord Carew de Clopton. Il fut fait ensuite maître de l'artillerie pour toute l'Angleterre, conseiller privé, et, à l'avènement de Charles Ier, comte de Totness. — Honoré de la confiance de son roi comme sujet fidèle et vaillant militaire, estimé comme homme de bien et de science, Carew mourut à Londres en 1629. — Après sa mort, son fils naturel, Thomas Stafford, publia un livre dont il avait préparé les matériaux, intitulé : Pacata Hibernia ou Histoire des guerres d'Irlande, particulièrement dans la province de Munster, pendant les années du gouvernement de sir Carew, in-folio, avec 17 cartes, Londres, 1633. La bibliothèque bodléienne contient aussi quatre forts volumes de chronologies, de chartes, etc., relatives à l'Irlande, recueillies par sir Georges Carew ; les documents qu'il avait disposés pour écrire l'Histoire du règne de Henri V sont dans le Speed's Chronicle. ED. GIROD.

CAREW (THOMAS), poëte anglais du XVIIe siècle, originaire de la famille des Carew du Devonshire, élevé à l'université d'Oxford, était gentilhomme privé de la chambre de Charles Ier, et l'un des beaux esprits de la cour. Ben-Johnson et William Davenant, ainsi que d'autres poëtes de cette époque, avaient pour lui une admiration peut-être un peu outrée, si elle n'est pas ridicule. On a de lui quelques poésies, et une pièce de carnaval intitulée : Cœlum britannicum, jouée à Whitehall en 1633, le jour du mardi gras par le roi, le duc de Lenox, le comte de Devon, etc. Ces ouvrages ont eu plusieurs éditions, dont la première est de Londres, in-8°, 1631. Les poésies de Carew se composent d'odes lyriques et de sonnets amoureux. On y trouve la grâce et la facilité d'un homme du monde, qui, après cinquante ans d'une vie de plaisirs et d'insouciance, mourut vers l'an 1650, dans des sentiments de pénitence et d'un vif attachement à la foi catholique. ED. GIROD.

CAREW (RICHARD), descendant de la branche aînée des Carew, naquit en 1555. Il fit ses études à Oxford, où il eut l'honneur, à l'âge de quatorze ans, de soutenir, sans y être préparé, et en présence des comtes de Leicester, de Warwick, etc., une thèse contre Philippe Sidney, devenu ensuite si célèbre. Il fit quelques voyages sur le continent, et revint exercer les fonctions de grand shérif dans le comté de Cornouailles dont il était natif. Ses connaissances dans les antiquités de son pays le firent recevoir en 1589, dans la société des antiquaires de Londres. Il mourut en 1620. On a de lui une Description du Cornouailles (the Survey of Cornwall), Londres, in-4°, 1602, et réimprimée en 1723, puis en 1769. Camden loue beaucoup cet ouvrage, dont il déclare avoir profité ; mais le travail de Carew a perdu son prix en partie depuis la publication du docteur Borlase sur le même sujet. Il a encore écrit la Vraie Méthode pour apprendre promptement la langue latine, ouvrage qui se trouve dans le traité de Samuel Hartlib relatif à la même matière ; mais on lui conteste, quoique son nom y soit attaché, d'être l'auteur de l'Examen des esprits des hommes, où, par l'observation des divers tempéraments, on fait voir à quelle profession chacun est propre, et jusqu'à quel point il doit y réussir, traduit de l'italien, Londres, 1594 et 1604. On attribue cet ouvrage à son père. — Les hommes de lettres de son temps lui ont décerné des éloges que n'a point confirmés la postérité. Dans une pièce de vers dont il est l'objet, il est présenté comme un nouveau Tite Live, un nouveau Virgile, un nouveau Papirius. On sent ce qu'a de ridicule un pareil encens en face d'un auteur dont les titres des deux derniers ouvrages nous indiquent assez le faible mérite. ED. GIROD.

CAREW (GEORGES), frère du précédent, fut élevé à Oxford, et se voua au barreau. Après avoir voyagé hors de son pays, il devint secrétaire du lord chancelier Hatson, auquel il fut recommandé par la reine Elisabeth, qui le fit en même temps protonotaire de la chancellerie, et le créa chevalier. Il fut ensuite successivement maître de la chancellerie, ambassadeur en France. Pendant son séjour à Paris, il se lia avec plusieurs hommes distingués, particulièrement avec le président de Thou, auquel il communiqua des détails relatifs à la Pologne, dont cet écrivain a fait usage dans le CXXI° livre de son histoire. Georges Carew revint en Angleterre en 1609, et obtint peu de temps après la place de maître de la cour de tutelle. A cette époque il écrivit, pour complaire à Jacques Ier, une *Relation de l'état de la France, avec les caractères d'Henri IV et des principaux personnages de sa cour.* On y trouve un naturel rare pour un auteur de cette époque. Cette relation a été publiée par le docteur Birch en 1749, à la suite de l'*Aperçu historique des négociations entre les cours d'Angleterre, de France et de Bruxelles de 1592 à 1617.* Ce dernier ouvrage est recommandé par le docteur Birch comme une instruction précieuse pour les ambassadeurs. D'après son lettre écrite par le président de Thou à Camden vers le printemps de l'année 1613, il paraît qu'il faut rapporter la mort de Carew à cette époque. Ed. Girod.

CAREX, s. m. (botan.), genre de plantes appelé communément *laiche.* La racine de la laiche des sables, *carex arenaria,* L., plante de la monœc. triandr. L., famille des cypéracées, a été employée comme sudorifique ; propriété qui lui a fait donner le nom de *salsepareille d'Allemagne.*

CAREY (HARRY), poëte anglais du XVIII° siècle, a composé quelques ouvrages de peu d'étendue, mais qui se font remarquer par beaucoup d'esprit et de gaieté, et par une satire mesurée et décente. Il publia en 1720 un recueil de poésies, et en 1732 six cantates dont les paroles et la musique sont de sa composition. Il donna en 1729, par souscription, une nouvelle édition de ses poésies, et en 1740 un volume de chansons sous le titre de *Centurie musicale, ou Recueil de cent ballades anglaises.* On a aussi de lui une tragédie burlesque représentée en 1734, ayant le titre singulier de *Chrononotonthologos,* où il tourne en ridicule le style ampoulé des tragédies anglaises modernes. Cette pièce a été imprimée en 1743 en un petit volume in-4°, avec quelques autres farces du même auteur. Carey, poëte et musicien, vécut presque toujours dans un état voisin de l'indigence, et se tua dans un moment de désespoir en 1744. — C'est de lui qu'est le fameux chant *God save great George, our king,* etc. (Dieu conserve le grand Georges, notre roi, etc.), hymne qui correspond dans la liturgie anglicane à notre *Domine salvum.* — On a remarqué à sa louange, que dans toutes ses poésies et ses chansons sur l'amour, le vin, et autres sujets du même genre, il a su conserver le respect dû aux mœurs, à la décence et au bon goût.

CAREY (JEAN), savant anglais, naquit en Irlande en 1756, et à l'âge de douze ans fut envoyé en France pour y terminer ses études. Revenu en Angleterre, il y donna des leçons des langues grecque, latine et française. Il mourut le 8 décembre 1829 à Londres, après avoir consigné les fruits de sa longue expérience dans une série d'ouvrages utiles pour les étudiants, et qui peuvent se ranger en quatre classes : I. des manuels ou traités à l'usage des écoles, savoir : 1° la *Prosodie latine rendue aisée,* 1800, in-8° (deuxième édition, 1812). L'auteur lui-même en publia l'abrégé en 1809, in-12 ; 2° *Tableau des flexions latines* (Skeleton of the latin accidences), 1803 ; 3° *Traité de la prosodie et de la versification anglaises* (Practical english Prosody and versif.), 1809, in-12 ; 4° *Introduction à la prosodie anglaise,* 1809, in-12 ; 5° l'*Education supérieure aux maisons et aux terres,* 1809, in-12 ; 6° *Exercices sur l'art de scander* (Scanning Exercices for young prosodians, 1812, in-12) ; 7° la *Clef des mètres de Virgile* (Clavis metrica virgiliana) ; 8° la *Prosodie d'Eton éclaircie* ; 9° *Introduction à la composition et à l'élocution anglaises* ; 10° les *Terminaisons latines rendues aisées.* Ce dernier ouvrage contient les désinences propres aux dialectes et aux licences poétiques, rangées par ordre alphabétique, et accompagnées d'explications grammaticales. II. Des traductions de l'allemand et du français. C'est ainsi qu'il fit connaître à l'Angleterre les *Bataves* de Bilaubé ; les *Petits Emigrés* de Mme de Genlis ; les *Lettres sur la Suisse* de Lehman ; un volume de la *Vie du pape Pie VI* ; un volume de l'*Histoire universelle.* Il revit aussi l'ancienne traduction du *Droit des gens* de Wattel. III. Des éditions, parmi lesquelles nous remarquerons celle de la *Virgile* de Dryden, 1819, 2 vol. in-8° ; du *Commentaire* de Rupert sur *Tite Live* ; du texte latin des *Communes Prières,* dans l'édition polyglotte de Bagster ; de l'*Abrégé*

du *Lexique grec de Schleuner ;* deux éditions in-4° du *Dictionnaire d'Ainsworth,* et cinq de ce même dictionnaire abrégé ; un *Gradus ad Parnassum* en 1824 ; et surtout cinquante volumes de la grande collection de Valpy, connue sous le nom de *Classiques Régent.* Il s'en faut beaucoup que Carey se soit acquis par ses travaux le moindre renom philologique. La collection Valpy surpasse en désordre, en répétitions stériles et en lacunes importantes, les *Variorum* les plus riches en inconvénients de ce genre. IV. Divers travaux, la plupart périodiques ; tels que des articles dans le *Gentleman's Magazine* et le *Monthly Magazine.* Carey fut encore rédacteur des premiers numéros du *School Magazine,* publié par Phillips. Enfin les lecteurs de l'*Annual Register* lui doivent un des index annexés à ce recueil.

CAREY (WILLIAM), orientaliste anglais, né en 1762, apprit le métier de cordonnier, et exerça cette profession jusqu'à l'âge de vingt-quatre ans. Passionné dès l'enfance pour l'étude des langues, il apprenait, dans ses heures de loisir, le latin, le grec et l'hébreu. Il reçut l'ordination parmi les calvinistes baptistes en 1792, et il publia dans le même temps à Londres : *Recherches sur le devoir des chrétiens d'employer tous leurs moyens pour la conversion des païens.* En 1793 il fut envoyé dans le Bengale par une société de souscripteurs, pour y prêcher l'Evangile. Ayant éprouvé quelques difficultés de la part de la compagnie anglaise des Indes, il se fit planteur d'indigo, et ne laissa pas de consacrer à l'étude du sanscrit et du bengali tout le temps qu'il n'employait pas à la culture. Il obtint en 1800 la permission de rester dans l'Inde, et s'établit chez les missionnaires baptistes à Serampour, ville à peu de distance de Calcutta. Il fonda dans leur maison une imprimerie qui contenait les caractères de plus de quarante langues différentes, et il commença d'y publier ses diverses traductions de la Bible. Nommé professeur de sanscrit au collège du fort William à Calcutta, en 1801, il composa une grammaire sanscrite qu'il fit imprimer à Serampour, 1806, in-4°. Ce fut des presses de Serampour que sortirent les nombreux ouvrages que Carey avait déjà commencés, et qu'il continua de composer pour faciliter et propager parmi ses compatriotes le goût et la connaissance des langues de l'Indoustan. En voici une liste, peut-être incomplète : 1° *Grammaire du bengali,* quatrième édition, 1818, in-8° ; 2° *Hitopadesha* (fables indiennes), en mahratte, 1805, in-8° ; 3° (avec M. Joshua Marshman) : *Ramayana de Valmecki* (poésies sanscrites), traduit en anglais avec le texte et des notes, 1806 à 1810, 3 vol. in-4° ; 4° *Grammaire mahratte,* deuxième édition, 1808, in-8° ; 5° *Dictionnaire de la langue mahratte,* 1810, in-8° ; 6° *Dictionnaire de la langue du Penj-ab,* 1812, in-8°. La même année, un incendie ayant consumé l'important établissement de Carey à Serampour, ses pertes, qui s'élevaient à 12,000 livres sterling, furent couvertes par des souscriptions volontaires peu de mois après que la nouvelle de ce désastre arriva en Angleterre, et il fut bientôt en état de remonter son imprimerie ; 7° *Grammaire blinga,* 1814, in-8° ; 8° *Dictionnaire bengali,* 1815, in-4° ; 9° *Grammaire karnate,* 1817, in-8°. Carey a été en outre éditeur de la *Flora indica* de W. Roxburgh, 1820, grand in-8° ; du *Grand Dictionnaire bengali,* composé par son fils, 1825, 3 vol. in-4°, et dont le père a donné un abrégé en 1827 ; enfin, du *Dictionnaire tibétain* de Schrœder, 1826, in-4°. Au milieu de tous ces travaux, Carey n'avait pas cessé de prendre une part active aux traductions de la Bible, imprimées à Serampour dans presque toutes les langues de l'Inde, et de professer à Calcutta les cours de sanscrit, de mahratte et de bengali. Il mourut en 1834. Il était membre des sociétés asiatiques de Calcutta, de Londres, de Paris, etc. — CAREY (Félix), fils aîné du précédent, était né en 1786. Excité par l'exemple de son père, il passa dans l'Inde, et se fixa à Serampour où il mourut en 1822, après avoir publié : 1° *Grammaire de la langue birmane,* 1814, in-8° ; 2° une traduction du *Pilgrim Progress* en bengali ; 3° le *Vidyaharavouli,* ouvrage d'anatomie en bengali, formant le premier volume d'une Encyclopédie bengalie. Il a laissé d'autres ouvrages, dont quelques-uns ont été publiés par son père : le *Grand Dictionnaire bengali ;* un ouvrage sur la jurisprudence en bengali ; des traductions, dans la même langue, de l'*Histoire abrégée d'Angleterre,* par Goldsmith ; du *Traité de chimie,* par John Mack ; et d'un *Abrégé de l'histoire de l'Inde anglaise* ; une *Grammaire palie* en sanscrit ; un *Dictionnaire birman,* et une partie du *Nouveau Testament,* traduit dans la même langue.

CAREYA, s. m. (botan.), sorte de plante qui croît dans les Indes orientales.

CAREZ (JOSEPH), imprimeur à Toul, doit être regardé comme l'inventeur du clichage. Ayant appris par les journaux les premiers essais qu'Hoffman exécutait sous le nom de *po-*

lytypage, il tenta en 1785 de deviner son procédé , et enfin il réussit, après de longs essais, à obtenir en relief, et avec la plus grande netteté , des empreintes de caractères d'imprimerie. En 1786 , il imprima par ce procédé un livre d'église avec le plain-chant noté, et successivement une vingtaine de volumes de liturgie. En 1791, il fut député à l'assemblée législative par le département de la Meurthe. De retour dans sa patrie , il termina l'impression d'un dictionnaire de la fable et d'une Bible en nonpareille, format grand in-8°, dont le caractère est remarquable par sa netteté. En 1801 il mourut à Toul , où il venait d'être nommé sous-préfet.

CARFINIA , femme critiquée par Juvénal pour la dépravation de ses mœurs.

CARFOU , s. m. (*vieux mot*), heure de la retraite, qu'on annonçait le soir avec une cloche; le couvre-feu.

CARFULÉNUS (*hist. anc.*), lieutenant de César dans les Gaules, et ensuite général de Marc Antoine, qu'il trahit pour Octave. Il périt à la bataille de Mutine.

CARGADORS , s. m. pl. (*comm.*), nom que l'on donne à Amsterdam à des espèces de courtiers qui ne se mêlent que de chercher du fret pour les navires en chargement, ou d'avertir les marchands qui ont des marchandises à transporter par mer, des vaisseaux qui sont prêts à partir, et pour quels lieux ils sont destinés. — Si le *cargador* à qui le maître d'un vaisseau s'adresse trouve à le fréter tout entier , il convient du prix avec le marchand qui en a besoin; si, au contraire, il ne trouve à le charger que par parties, il distribue des billets à la bourse, et y fait afficher des placards qui contiennent le nom du vaisseau, du capitaine, du lieu de sa destination, et celui des *cargadors.*

CARGAISON. C'est le terme par lequel on désigne la masse de marchandises qui compose le chargement d'un vaisseau marchand. Quelquefois on donne ce nom aux marchandises qui chargent une voiture ; mais il s'applique plus particulièrement au commerce maritime. La cargaison d'un navire s'établit par les chartes-parties que chacun de ceux qui se disposent à embarquer des marchandises à bord est tenu de passer d'abord avec le capitaine d'un navire. La charte-partie contient les conditions faites entre l'expéditeur et le capitaine pour le fret des marchandises ; ce fret se paye au capitaine lorsqu'il a remis les marchandises à ceux à qui elles sont adressées. La livraison en fait sur un autre acte qui se traite par triple dans les bureaux des expéditeurs ; c'est le connaissement. Un double se transmet par l'expéditeur à la personne à qui sont adressées les marchandises ; un autre est donné au capitaine, et le troisième reste aux mains de l'expéditeur. Un autre acte constate encore l'état des cargaisons ; c'est le manifeste. Cette pièce est un tableau général des objets qui les composent. Tout capitaine de navire marchand, rencontré en mer par un vaisseau de l'Etat qui lui soupçonnerait de la contrebande, lorsqu'il est hélé et sommé de produire son manifeste , ne peut s'y refuser. La cargaison d'un navire marchand se fait ou par un seul , ou par plusieurs ; d'une même espèce de marchandises ou de plusieurs ; dans un seul port ou dans plusieurs. Dans ce dernier cas , la cargaison se dit faite à la cueillette. Chacun des expéditeurs a sa charte-partie , ses trois connaissements ; et l'état d'une cargaison n'est complet que lorsque le capitaine est nanti de toutes les pièces qui doivent l'accompagner partout. — L'usage dans le commerce est de faire assurer les cargaisons. Les chambres d'assurances font ces sortes de transactions ; on estime la valeur des marchandises, et les sociétés qui les assurent passent un acte, par lequel les assureurs s'obligent à rembourser la valeur de la cargaison , moyennant 2 ou 3 pour 100 qui leur sont sur-le-champ comptés , en cas que les événements de la mer y causent des avaries qui la mettent hors d'état d'être livrée. Alors aussi , en remboursant le montant de la cargaison , ce qui en reste appartient aux assureurs. Lorsque le navire se perd avec elle , les assureurs, si le navire est sauvé, perdent la totalité plus aucun l'un et l'autre ont été estimés. C'est ce que l'on appelle grosses avaries. On distingue les avaries , parce que les cargaisons sont susceptibles de petites avaries , dont le capitaine répond seul , lorsqu'elles proviennent du défaut de soins dans les arrimages ; en un mot, lorsque les pertes sur les marchandises ne peuvent être attribuées à la mer. Dans ce cas aussi , les capitaines ont besoin de prendre des précautions ; car les assureurs cherchent à diminuer leurs pertes et à les mettre au compte des capitaines. Aussi ces derniers tiennent ce qu'ils appellent le *livre de bord*, journal où tous les événements du jour sont inscrits et signés jour par jour par les officiers et maîtres du bord. C'est ce livre qui est produit au tribunal de commerce lorsqu'il y a discussion.

CARGHÈSE, village du département de la Corse, à deux myria-

mètres d'Ajaccio, fondé en 1764 par une tribu de Maniotes qui aimèrent mieux s'expatrier que de se soumettre au despotisme des Turcs. Nous croyons devoir emprunter à M. Villemain le récit de l'établissement de cette colonie. « Un Grec de Mania, Jean Stéphanopolis, qui se prétendait issu des branches des Comnènes, et qui avait beaucoup voyagé, conduisit l'entreprise; il était allé d'abord à Gênes demander la protection du sénat, et avait visité la Corse. Il revint après avoir choisi le canton de Paomia , et, de concert avec le capitaine d'un vaisseau français, il embarqua ceux de ses parents et de ses compatriotes qui voulurent s'associer à lui. Partie de Porto-Betilo le 3 octobre 1673, la petite colonie, qui comptait sept cent soixante personnes, hommes, femmes, enfants, après avoir relâché à Zante et à Messine, se rendit à Gênes, où la concession du territoire qui lui était promis fut solennellement réglée par le sénat. Le printemps suivant, elle passa dans l'île de Corse , et s'établit à Paomia. C'est là qu'elle a longtemps subsisté, fidèle au gouvernement génois parmi les séditions fréquentes de l'île, et cultivant ses terres avec une industrie fort supérieure à celle des habitants. On reconnaît à cette marque le canton des Grecs. Quelques chants populaires des montagnes de la Morée se conservaient parmi ces Maniotes expatriés, et ils se redisaient comme un souvenir de leur pays. C'est même un renseignement précieux sur l'ancienneté de ces poésies, rassemblées de nos jours par un savant plein d'imagination et de goût. Le beau chant d'une femme de la Morée sur la mort de son fils est connu chez les Grecs de Corse depuis leur émigration. » Cependant la prospérité de la colonie excita bientôt la jalousie des indigènes, qui se croyaient des droits sur les terres où elle s'était établie. Une guerre continuelle en fut la suite. Pendant un demi-siècle les Maniotes luttèrent avec succès pour la défense du sol qu'ils avaient fécondé; mais enfin, en 1730, les Corses ayant secoué le joug des Génois vinrent attaquer en forces ceux qu'ils regardaient comme les protégés de leurs anciens oppresseurs, et ils détruisirent les cinq hameaux habités par les Grecs. C'était à la France qu'il appartenait de relever ces ruines ; en effet, M. de Marbeuf ne fut pas plutôt gouverneur de la Corse qu'il s'occupa de réunir les débris dispersés de la colonie maniote ; il fit construire, au milieu du territoire qu'elle avait défriché, le beau village de Carghèse, et le roi lui en donna la seigneurie, qui fut érigée en marquisat. Carghèse possède aujourd'hui , six cent quatre-vingt-dix-sept habitants, qui conservent encore la langue, les rites religieux et les principaux usages de leur première patrie.

CARGUAIRAZO ou **CARGAVERAZO** (*géogr.*), montagne volcanique de la chaîne des Andes dans la Nouvelle-Grenada, à vingt-huit lieues sud de Quito, au nord-est du Chimborazo. Elle s'élève au delà de la ligne des neiges perpétuelles. On cultive sur le penchant une grande quantité d'orge. En 1698, le sommet de cette montagne s'affaissa par suite d'un tremblement de terre, et la neige dont il était couvert, s'étant fondue, produisit des torrents impétueux qui dévastèrent tout le pays environnant. Ce même tremblement de terre engloutit Hambato et Tacunga, villes voisines, et des milliers d'habitants.

CARGUE, CARGUES, s. f. (*marine*). On appelle ainsi toute sorte de manœuvres qui servent à faire approcher les voiles près des vergues pour les trousser et les relever, soit qu'on ait dessein de les laisser dans cet état, ou de les serrer.—Les cargues sont distinguées en *cargues-point*, en *cargues-fond*, et en *cargues-bouline*.—Il faut remarquer que, quoiqu'on dise une cargue au féminin, ce mot devient masculin lorsqu'il est joint avec un autre : on dit *le cargue-point*, *le cargue-bouline*, etc.—**CARGUES D'ARTIMON**. Quand on parle de ces espèces de *cargues*, on dit *les cargues du vent*, et *les cargues dessous le vent* ; les unes sont du côté d'où vient le vent, et les autres du côté opposé.—*Mettre les voiles sur les cargues*, *Mettre les huniers sur les cargues*, signifie qu'on se sert de *cargues* pour trousser les voiles par en bas. — **CARGUES A VUE**. C'est une petite manœuvre passée dans une poulie sous la grande hune, et qui est frappée à la ralingue de la voile pour la lever lorsqu'on veut voir par-dessous. Cette manœuvre n'est pas ordinairement d'usage.— Presque toutes les voiles ont des cargues. —**CARGUES-POINT OU TAILLES DE POINT** ; ce sont des cordes qui, étant amarrées aux angles ou points du bas de la voile, servent pour la trousser vers la vergue, en sorte qu'il n'y a que le fond de la voile qui reçoive le vent. —**CARGUES-BOULINE, CONTREFANONS** ; ce sont des cordes qui sont attachées ou amarrées au milieu des côtés de la voile, vers les pattes de la bouline, et servent à trousser les côtés de la voile.— **LES CARGUES-FOND OU TAILLES DE FOND** sont des cordes amarrées au milieu du bas de la voile, et c'est par le moyen de ces cordes qu'on en relève ou trousse le fond.

CARGUE-BAS (*V.* CALE-BAS).

CARGUE DE HUNE (*V.* RETRAITES DE HUNE).

CARGUER. *Carguer* la voile, *bourcer* la voile, c'est la trousser et l'accourcir par le moyen des *cargues* qui la lèvent en haut, et qui l'approchent de la vergue jusqu'à mi-mât, ou jusqu'au tiers du mât plus ou moins, selon qu'on veut porter plus ou moins de voile, ayant égard à la force du vent et à la diligence qu'on veut faire. *Trousser la voile entièrement*, c'est la ferler ou la mettre en fagot ; et quand elle n'est ni ferlée ni *carguée*, cela s'appelle *mettre la voile au vent*, ou la *mettre dehors*. — CARGUER signifie aussi *pencher sur le côté en naviguant*. — CARGUER *l'artimon*; — CARGUER *à stribord*; — CARGUER *de l'arrière*; — CARGUER *de l'avant*, termes de commandement (*V.* CARGUE).

CARGUEROS, s. m. pl. (*géogr.*), peuples qui habitent la vallée de Cauca dans les Andes, au pied des Cordilières, et qui vont à la chasse du tapir.

CARGUETTE, s. f. (*marine*), cordage qui sert à dresser l'antenne d'une galère.

CARGUEUR, s. m. (*marine*), poulie qui sert particulièrement pour amener et guinder le perroquet ; on la met tantôt au tenon du perroquet, et tantôt à son chouquet ou à ses barres.

CARHAIX (*géogr., hist.*), petite ville de l'ancienne Bretagne (aujourd'hui du département de Finistère), à six myriamètres de Chateaulin, située sur une montagne élevée et d'un accès difficile. C'est la patrie de la Tour d'Auvergne. Karhaix, Kéraës ou Kerahès, est un des lieux sur lesquels l'érudition bretonne s'est le plus essayée. On a prétendu que cette ville tenait son nom de la princesse Ahès, fille de Conan Mériadec, ou du roi Grallon, qui la fit bâtir et l'enrichit de deux beaux chemins, dont l'un allait à Brest et l'autre à Nantes ; on en voit encore des fragments nommés en langue du pays *Hent Ahès* (chemin d'Ahès). On a pris Kéraës pour le Keris des anciens, pour la ville d'Is ; mais, suivant Corzet, il paraît qu'Aëtius en est le fondateur. Albert le Grand dit qu'en 878 les Normands, joints aux Danois, ruinèrent Carhaix. En 1197, Richard II, roi d'Angleterre, fut défait par les barons de la Bretagne près de cette ville, qui était alors une place très-forte. En 1341, elle se rendit au comte de Montfort. Charles de Blois la prit en 1342, et en rétablit les fortifications. Le comte de Northampton, chef des Anglais du parti de Montfort, s'en empara en l'an 1345. Reprise par les Français, les Anglais s'en rendirent maîtres une seconde fois après la fameuse journée de Rochederien, en 1347. Bertrand du Guesclin s'en rendit maître en 1363, après six semaines d'une vigoureuse résistance. Du temps de la Ligue, un parti de royalistes commandé par le capitaine Duliscoët la surprit deux heures avant le jour, en 1590. Carhaix ne put résister en 1592 à la fureur de Guy de Fontenelle, aidé des troupes espagnoles qui marchaient sous les ordres du duc de Mercœur ; Duliscoët s'en ressaisit deux ans après.

CARHAM (*géogr., hist.*), village d'Angleterre, dans le comté de Northumberland, a droit à cette courte notice à cause des événements remarquables qui ont eu lieu dans son voisinage. Près de là se livra entre les Anglais et les Danois une bataille où périrent onze évêques et deux comtes anglais avec un grand nombre de soldats. Ce fut également le théâtre, en 1018, d'un combat entre les Anglais et les Ecossais ; ceux-ci demeurèrent vainqueurs. Dans la vingt-quatrième année du règne d'Edouard Ier, une abbaye considérable fut réduite en cendres dans Carham, par les Ecossais sous le commandement de Wallace, et enfin, en 1370, pendant le règne d'Edouard III, Sir John Lilburn mit ses troupes taillées en pièces par les mêmes Ecossais aux ordres de John Gordon, et fut fait prisonnier avec son frère. — Carham est à la distance de cinq milles est de Kerlo, et vingt-huit nord-ouest d'Alnwick.

CARIACOU, s. m. (*hist. nat.*), nom que l'on donne à la femelle du cerf de la Louisiane.

CARIACOU, s. m. (*écon. domest.*), à Cayenne, boisson fermentée, composée de sirop de canne, de cassave et de patates.

CARIACOU (*géogr.*). La principale des îles Grenadilles dans les Indes occidentales, située à environ quatre lieues de l'île Ronde, qui est à égale distance de la pointe nord de celle de Grenade. Latitude nord, 10° 30′ ; longitude ouest, 65° 50′. Elle contient six mille neuf cent treize acres anglaises de terre, en général bien cultivée et très-fertile, produisant dans les années favorables un million de livres de coton pour l'exportation. Le blé, les légumes, les fruits y sont en abondance au delà des besoins de sa laborieuse population. La culture du sucre n'a pas présenté des résultats aussi avantageux que celle du coton ;

néanmoins on a continué jusqu'ici à faire marcher de front ces deux genres de plantations. — Sur la fin du siècle dernier, le nombre des habitants de cette île était de cinq mille ; mais il est allé en décroissant, surtout dans ces derniers temps. Comme c'est une possession anglaise, elle est divisée en paroisses : elle en renferme sept qui relèvent de Grenade. La ville paroissiale de premier rang de Cariacou est Hillsborough.

CARIADE (*hist. anc.*), capitaine athénien, qui alla avec Lachès secourir Catone contre Syracuse.

CARIAMA DE MARCGRAWE (*microdactylus Marcgrawii*) (*zoolog.*). Cet oiseau se trouve au Brésil ; mais il n'était connu que sur les indications un peu vagues de Marcgrawe. M. Geoffroy Saint-Hilaire en a donné une description d'après celui qu'il vit pour la première fois à Lisbonne. Le cariama est d'une assez grande taille ; sa hauteur totale est de deux pieds six pouces ; la longueur de sa queue, d'un pied ; celle de la jambe, de sept pouces huit lignes ; celle du torse, de sept pouces neuf lignes ; du doigt du milieu, deux pouces une ligne ; du bec de la commissure, trois pieds ; du bec mesuré du front, deux pouces une ligne, et enfin des ailes, de un pied deux pouces. Le bec du cariama, plus long d'un sixième que la tête, est légèrement arqué, et tellement renflé sur les côtés, qu'il est à peine plus haut que large ; sa mandibule supérieure excède l'inférieure d'un crochet de trois lignes ; ses narines, en grande partie recouvertes, sont ouvertes intérieurement, non en ligne droite, comme dans les échassiers, mais en une ellipse allongée ; de plus, ce qui le rend tout à fait remarquable, c'est qu'elles sont revêtues de ces longues plumes qui constituent la huppe ; ces plumes naissent de la membrane qui revêt les fosses nasales, et sont disposées sur deux plans parallèles, comme dans le coq de roche ; elles ne se rejoignent de même qu'à leur extrémité pour ne composer qu'une seule huppe. Marcgrawe rapporte que le *cariama* porte cette huppe droite, et M. d'Azzara dit au contraire qu'il l'étale en éventail, et qu'elle semble sur son front comme une sorte de toupet tout à fait bizarre. Dans le sujet examiné par M. Geoffroy Saint-Hilaire, cette huppe est dirigée en avant, et forme comme un panache qui lui ombrage la totalité du bec. Les plumes qui la composent, au nombre de vingt-cinq à trente, sont de longues tiges grises, mais roides, qui portent des barbes courtes, très-rares et désunies. Les plumes du cou sont presque dans le même cas ; elles portent également des barbes désunies ; mais leur tige est plus fine et plus flexible ; les barbes sont aussi plus nombreuses, tout à fait molles et soyeuses ; elles ressemblent beaucoup à du poil. On pense que cet oiseau les étale en se rengorgeant, ce qui doit lui donner un cou fort gros, et sous ce rapport un peu de ressemblance avec le butor. Le tour des yeux est nu ; de longs cils noirs, roides et dirigés en arrière les ombragent à la paupière supérieure. L'aile pliée aboutit à peu près à la moitié de la queue ; celle-ci est assez longue, et formée de douze pennes presque d'égale longueur. La jambe et le tarse sont à peu près aussi longs ; celle-là n'est couverte qu'au tiers ; le doigt du milieu est double de l'externe, lequel est lui-même d'un tiers plus long que son opposé ; une petite membrane en réunit les premières phalanges ; le doigt postérieur est trop court, et placé trop haut pour toucher terre ; les ongles sont d'inégale grandeur ; le plus long se voit au doigt interne ; celui du doigt intermédiaire est plus gros, et muni à son côté intérieur d'un rebord tranchant. Le cariama est en général brun en dessus et blanchâtre sous le ventre. Les plumes du cou sont très-finement rangées en zigzag sur un fond blanchâtre ; les mêmes zigzags, plus foncés et sur un fond plus rembruni, se voient aux parties supérieures du corps. Les plumes du ventre ont deux raies très-étroites qui en accompagnent la tige. Les pennes des ailes sont noirâtres, et coupées par des bandes transversales qui sont blanches et piquetées de noirâtre. La queue et les deux pennes du milieu sont entièrement brunes ; les autres pennes sont noires en grande partie, blanches à leur extrémité, et marbrées de noir sur un fond blanchâtre à l'origine. M. d'Azzara dit que la partie nue de la jambe et le tarse sont orangés et les ongles noirs ; le tour de l'œil est bleuâtre, l'iris jaune, le demi-bec inférieur orangé, et le supérieur noirâtre. Le bec du cariama observé par M. Geoffroy Saint-Hilaire est d'une seule couleur ; et comme M. d'Azzara remarque que chez les femelles il est en entier d'un rouge de corail, M. Geoffroy Saint-Hilaire pense que la description qu'il en donne est celle d'une femelle. D'après M. d'Azzara, le même naturaliste fait connaître les habitudes du cariama : le nom de *sarja* qu'il lui donne est *guarani* ; les Brésiliens qui vivent sous le régime des Portugais continuent à le nommer comme au temps de Marcgrawe. Au surplus, ces deux noms ont rapport au cri aigu de cet oiseau, qui ressemble à celui d'un jeune dindon, et que sans doute il surpasse, puisqu'on assure qu'on l'entend à un mille de distance.

Quoique semblable aux oiseaux de rivage, le cariama n'en a pas les habitudes ; il ne fréquente que la région des forêts claires, sèches et élevées, et de préférence les collines pierreuses. Il se tient droit, la tête haute; son regard est fier et dédaigneux; il est très-timide, ne se laisse pas approcher, et montre toute sa pusillanimité quand il est surpris par quelque objet de crainte. Il examine longtemps autour de lui avant de se décider à demeurer ou à prendre la fuite; il préfère la course au vol, qui est sa dernière ressource, dont il n'use que pour monter sur quelque arbre voisin. Il n'a d'arme ni pour l'attaque ni pour la défense; cependant il vit de proie. On dit sa chair très-délicate. Marcgrawe l'assure, et M. d'Azzara ajoute que c'est une opinion tellement établie au Paraguay, que quelques Espagnols lui ont donné le nom de *faisan*. On a élevé plusieurs de ces oiseaux en domesticité, et on leur a fait manger de petits morceaux de viande. On les a vus parcourir les villages où on les élevait, se disperser dans les campagnes, et en revenir toujours pour regagner leur gîte. Les cariamas sont beaucoup plus communs au Brésil qu'au Paraguay. Ce nouveau genre pourra être déterminé ainsi : *cariama microdactylus*. Bec convexe en dessus et renflé; la mandibule supérieure plus longue et terminée par un crochet; pieds longs à quatre doigts très-courts; ailes non armées, aboutissant à la moitié de la queue. Il habite le Brésil et la partie septentrionale du Paraguay.

CARIANS (*géogr.*), tribu de la race des Birmans, qui avait vécu longtemps tranquille et paisible dans le Delta de l'Iravaddy autour de l'embouchure du Dalla et du Bassaim, mais que l'oppression des Birmans contraignit à se retirer dans les montagnes de l'Arracan. Ils pourvoient à leur entretien en élevant des bestiaux, parlent le dialecte de Pegu, et n'ont que des idées très-confuses et très-obscures de religion. Leurs lois ne se composent que de traditions purement orales; actuellement ils sont policés et très-hospitaliers.

CARIAROU, s. m. (*botan.*), liane des Antilles, dont la feuille fournit une teinte cramoisie.

CARIATA (*géogr. anc.*), ville d'Asie, dans la Bactriane, qui fut détruite par Alexandre.

CARIATH. Ce terme signifie une ville, d'où vient qu'il se rencontre souvent dans les noms de lieu de la Palestine.

CARIATH, ville près de Gabaath, de la tribu de Benjamin (*Josué*, XVIII, 28).

CARIATHA, ou **CARIADA**, ou **CARIATHAIM**, ville au delà du Jourdain, à 10 milles de Medaba, vers le couchant (*Josué*, XIII, 19).

CARIATHAIM, ville de la tribu de Nephtali (*I. Par.*, VI, 76).

CARIATH-ARBÉ, ville de la tribu de Juda (*Josué*, XV, 13).

CARIATHIARIM, ou **CARIATHBAAL**, ou **BAALATH DE JUDA**, ou **BALA**, ville de Juda, sur les limites de Benjamin, où l'arche fut en dépôt pendant plusieurs années dans la maison d'Aminadab, jusqu'à ce que David la transporta à Jérusalem (*Josué*, XV, 60.)

CARIATH-SENNA, ville de la tribu de Juda (*Josué*, XV, 49.)

CARIATH-SÉPHER, c'est-à-dire la ville des lettres ou des livres, nommée autrement Dabir, ville de la tribu de Juda qui fut ensuite donnée à Caleb. Elle fut prise par Othoniel, à qui Caleb donna pour récompense sa fille Axa en mariage (*Jos.*, XV, 15).

CARIATIDE, s. f. (*archéol.*), sorte de danse en usage chez les anciens Spartiates. On dit aussi *cariatique*.

CARIATIDE, s. f. (*archit.*), figure de femme ou même d'homme, qui soutient une corniche sur sa tête (*V.* CARYATIDE).

CARIATI-NUOVA (*géogr.*), ville du royaume de Naples, dans la Calabre citérieure, située au sud-ouest du golfe de Tarente. A deux milles du même côté est *Cariati-Vecchia*, évêché un peu plus éloigné de la mer, vers la rivière Caneta. Cariati est une principauté appartenant à l'opulente famille des Spinelli, dont le fondateur, Jean-Baptiste Spinelli, jouissant d'un crédit sans bornes auprès de Ferdinand le Catholique quand ce monarque vint prendre possession du trône de Naples, en reçut le gouvernement de Cariati et d'autres États considérables qui se sont améliorés depuis par les soins de ses descendants. La ville est petite et peu forte, par suite de la faiblesse de la situation et de la crainte qu'avaient autrefois les habitants des incursions des Turcs, qui, avant un traité conclu avec la Porte, ravageaient continuellement cette côte vers la fin du siècle dernier. Sa cathédrale est un vaste et lourd bâtiment gothique. Les collines environnantes sont d'un aspect gracieux et pittoresque, couvertes d'arbres fruitiers de toutes sortes; les bois qui en garnissent la pente inférieure produisent une manne d'excellente qualité; le

blé de Turquie est cultivé dans la campagne, et d'immenses pâturages fournissent une grasse et abondante nourriture aux nombreux troupeaux de grand et menu bétail qui animent ses charmants paysages. E. G.

CARIBDUS (ALPHONSE), célèbre jurisconsulte et avocat, natif de Messine, vivait encore en 1557. On a de lui : *Consuetudines nobilis civitatis Messanæ : Regni Siciliæ capitula a Jacobo rege ad Carolum-Quintum imperatorem : Regni Siciliæ pragmaticæ (Bibliotheca sicula).*

CARIBERT ou **CHARIBERT**, l'aîné des fils de Clotaire Ier, eut le royaume de Paris pour son lot, dans le partage qui suivit la mort de ce prince en 562. Caribert obtint en outre un certain nombre d'autres villes, entre autres Avranches et Marseille. Pendant son règne, qui ne dura guère plus de cinq ans, il se montra ami de la paix et de la justice; doué d'une éloquence naturelle, il protégeait la culture des lettres, et la sagesse des instructions qu'il donnait à ses ambassadeurs lui attirait le respect des autres princes. « Au lieu d'avoir l'air rude et guerrier de ses ancêtres, dit M. Augustin Thierry dans ses *Récits mérovingiens*, le roi Haribert affectait de prendre la contenance calme et un peu lourde des magistrats qui, dans les villes gauloises, rendaient la justice d'après les lois romaines. Il avait même la prétention d'être savant en jurisprudence, et aucun genre de flatterie ne lui était plus agréable que l'éloge de son habileté comme juge dans les causes embrouillées, et de la facilité avec laquelle, quoique Germain d'origine et de langage, il s'exprimait et discourait en latin. » Le P. Daniel fait observer « qu'un roi de ce caractère était en ce temps-là une chose plus rare qu'un roi guerrier, les vertus militaires ayant beaucoup moins d'opposition avec quelque barbarie qui restait encore dans l'esprit des Français, que toutes ces qualités et toutes ces vertus civiles et politiques. » Ce qu'il y a de sûr, c'est que des dispositions moins pacifiques auraient valu une plus grande popularité. Sous son règne commença la puissance des maires du palais, qui devaient bientôt devenir les maîtres de l'Etat pour avoir su d'abord devenir les maîtres de l'armée. — Une autre particularité remarquable, c'est que Caribert est le premier roi de France qui ait été excommunié, non pas par le pape (sa puissance ne s'étendait pas encore aussi loin), mais par l'évêque de Paris. L'incontinence du roi, incontinence d'ailleurs commune à tous les princes francs de l'époque, fut la cause de cette excommunication, qui du reste n'eut pas de suites fort graves; mais laissons encore parler l'élégant narrateur des temps mérovingiens : « Le roi Haribert prit en même temps pour maîtresses deux sœurs d'une grande beauté, qui étaient au nombre des suivantes de sa femme Ingoberghe; l'une s'appelait Markowèfe, et portait l'habit de religieuse, l'autre avait nom Méroflède; elles étaient filles d'un ouvrier en laine, barbare d'origine, et *lite* du domaine royal. — Ingoberghe, jalouse de l'amour son mari avait pour ces deux femmes, fit tout ce qu'elle put pour l'en détourner, et n'y réussit pas. N'osant cependant maltraiter ses rivales, ni les chasser, elle imagina une sorte de stratagème qu'elle croyait propre à dégoûter le roi d'une passion indigne de lui : elle fit venir le père de ces jeunes filles, et lui donna des laines à carder dans la cour du palais. Pendant que cet homme était à l'ouvrage, travaillant de son mieux pour montrer du zèle, la reine, qui se tenait à une fenêtre, appela son mari : *Venez*, lui dit-elle, *venez ici voir quelque chose de nouveau*. Le roi vint, regarda de tous ses yeux, et ne voyant rien qu'un cardeur de laine, il se mit en colère, trouvant la plaisanterie fort mauvaise. L'explication qui suivit entre les deux époux fut violente, et produisit un effet tout contraire à celui qu'en attendait Ingoberghe; ce fut elle que le roi répudia pour épouser Méroflède. — Bientôt, trouvant qu'une seule femme légitime ne lui suffisait pas, Haribert donna solennellement le titre d'épouse et de reine à une fille nommée Théodchilde, dont le père était gardeur de troupeaux. Quelques années après, Méroflède mourut, et le roi se hâta d'épouser sa sœur Markowèfe. Il se trouva ainsi, d'après les lois de l'Eglise, coupable d'un double sacrilège, comme bigame, et comme mari d'une femme qui avait reçu le voile religieux. Sommé de rompre son second mariage par saint Germain, évêque de Paris, il refusa obstinément, et fut excommunié. Mais le temps n'était pas encore venu où l'Eglise devait faire plier sous sa discipline l'orgueil brutal des héritiers de la conquête; Haribert ne s'émut point d'une pareille sentence, et garda près de lui ses deux femmes. » — Caribert mourut subitement peu de temps après, en 567, dans un de ses domaines situé non loin de Bordeaux.

CARIBERT ou **CHARIBERT**, qu'il ne faut pas confondre avec le précédent, était fils de Clotaire II, et par conséquent frère de Dagobert, qui avait quelques années de plus que lui. Sans doute pour assurer la bonne intelligence entre ses deux fils, Clotaire fit épouser à Dagobert une tante encore assez jeune de Caribert ; mais à sa mort, comme il n'avait pris aucune mesure pour assurer le partage de son héritage entre ses deux fils, Dagobert s'empressa de s'emparer de tout le royaume. Cependant il se forma un parti autour de Caribert dans une portion de la Neustrie, et Dagobert, voulant éviter la guerre civile, consentit à traiter avec lui, et lui abandonna le royaume d'Aquitaine l'année 628. Caribert II fit de Toulouse sa capitale ; il y habita le palais des anciens rois visigoths, et il étendit sa domination de la Loire aux Pyrénées, au pied desquelles il remporta quelques victoires sur les Gascons. Caribert étant mort peu de temps après, en 631, Dagobert fit aussitôt saisir son trésor, et égorger son fils Chilpéric, encore en bas âge, et engloba l'Aquitaine dans sa vaste monarchie.

CARIBERT (MONNAIE DE). On connaît plusieurs triens mérovingiens qui portent en légende le nom du roi Charibert. Ces triens ont été frappés dans une petite ville du Gévaudan, nommée Bannassac, ou à Marseille. Les plus remarquables de tous sont ceux qui portent d'un côté le nom du roi, et de l'autre celui de l'officier monétaire préposé à leur confection : CHARIBERTVS REX, autour d'une tête couronnée de perles ; MAXIMINVSMO ou LEVDEVSVSMO autour d'un calice surmonté d'une croix. Il est fort rare en effet de rencontrer un nom royal et le nom d'un monétaire ainsi accolés ensemble. Ordinairement on ne trouve sur le même triens que le nom du monétaire et celui de la ville, ou celui du roi et celui de la ville. Tels sont les triens du même roi, qui portent pour légende BANNIACIACO FIIT autour d'un calice, et CHARIBERTVS REX autour d'un buste. La similitude du style, de fabrique et de type, a fait penser avec raison que les monnaies dont nous avons parlé en premier lieu avaient été frappées à Bannassac, comme les dernières. Les tiers de sou d'or, frappés à Marseille au nom de Caribert, ne présentent rien de bien remarquable ; on y lit d'un côté CHARIBERTVS REX, et de l'autre MASSILIA. Cette légende est placée indifféremment autour d'un buste royal, ou au revers, dans le champ duquel on observe le type mérovingien ordinaire de Marseille, c'est-à-dire une croix accostée d'une M et d'un A, et haussée sur un globe. Comme deux princes mérovingiens du nom de Caribert ont régné chez les Francs, il est assez difficile de déterminer auquel de ces princes les monnaies appartiennent ; et ce qui rend encore la question plus obscure, c'est que l'histoire ne dit pas que le Gévaudan et Marseille aient appartenu à l'un ou à l'autre. Leblanc se prononce sans hésiter pour Charibert Iᵉʳ, mais il ne motive pas son opinion. Pour nous, nous préférons Charibert II, parce que Charibert Iᵉʳ n'a jamais possédé le royaume d'Austrasie ; or, le Gévaudan était enclavé dans ce royaume.—Un texte de Grégoire de Tours nous montre même Sigebert Iᵉʳ y faisant acte d'autorité ; et l'on sait que les divisions établies par les fils de Clovis furent assez rigoureusement observées dans les partages postérieurs des Gaules. Au contraire, Dagobert conserva pour lui le royaume tout entier, et n'abandonna à son frère que quelques villes méridionales, telles qu'Agen, Cahors et d'autres, toutes situées dans les environs de celles-là. On peut donc croire que le Gévaudan faisait partie de cette donation. D'ailleurs, Bouterau a publié une monnaie de Dagobert, à la légende GANTOVIANO (pour GAVALETANO, le Gévaudan), toute semblable aux nôtres, et qui a dû être frappée dans le même lieu après la mort de son frère. Quant aux monnaies de Marseille, comme à la légende VICTORIA AVGG (Augustorum) qu'on ne retrouve sur le sous de Clotaire, les chiffres VII des mêmes pièces ne s'y voient pas, nous préférons les rapprocher le plus possible de nous. En conséquence, nous les attribuons au second Caribert, de préférence au premier.

CARIBES (LES) (géogr.), peuples sauvages de l'Amérique méridionale, aux confins du territoire des Caripous ; ils vont nus et se peignent le corps en noir.

CARIBOU, s. m. (hist. nat.), espèce de cerf de l'Amérique. Il est très-léger, et il court sur la neige presque aussi vite que sur la terre. Cette facilité lui vient de la conformation de ses pieds qui n'enfoncent pas aisément dans la neige, parce que leur corne est fort large et garnie d'un poil rude dans les intervalles, de sorte qu'elle lui tient lieu des raquettes des sauvages. Lorsqu'il habite le milieu des bois, il se fait des routes dans la neige. Il y est attaqué par le carcajou (V. CARCAJOU).

CARICA, s. f. (botan.), genre de plantes de la famille des passiflorées.

CARICATURE. Ce mot, emprunté au terme italien carica-

tura, dérive du verbe caricare, charger, dans le même sens que outrer. C'est la même chose que charge, mot qui s'applique particulièrement aux images grotesques qu'un peintre, un sculpteur, un dessinateur fait pour s'amuser ou pour ridiculiser les personnes ou les choses. Le mot est moderne, mais la chose est fort ancienne, et nous trouvons des exemples de caricature dans les monuments antiques. La caricature est une sorte de parodie. On en a trouvé dans les fouilles d'Herculanum un vase peint qui représente la scène de Jupiter s'introduisant chez Alcmène en l'absence d'Amphitryon, où la figure du maître des dieux et celle de Mercure sont confident sont de vraies caricatures. Un petit groupe de bronze, provenant des mêmes fouilles, représente Énée sauvant son père Anchise, et tenant par la main son fils Ascagne : tous trois ont des têtes d'animaux. C'est donc une vraie caricature. Dès le commencement du XVIᵉ siècle, la caricature fut employée par les ennemis du pouvoir papal, pour ridiculiser la cour de Rome, et on connaît une médaille frappée en Hollande ou à Genève, qui représente la tête d'un pape jointe à celle d'un diable, et au revers la tête d'un cardinal jointe à celle d'un fou. La caricature fut souvent employée par les divers partis religieux ou politiques ; et en France la Ligue, le règne de Louis XIV, la régence, le règne de Louis XV lui fournissent de nombreux sujets. — Les Anglais s'étaient depuis longtemps exercés dans ce genre, et y ont toujours excellé ; aujourd'hui le dessinateur Cruishenck y a de grands succès. — La caricature, qui dans les mains de Callot et de Hogarth n'avait été qu'une critique plaisante des mœurs de la société, qui dans celles de Holbein, lorsqu'il fit les dessins de l'Eloge de la folie d'Erasme, avait été une image bouffonne de la vie humaine, devint une satire personnelle. Ce fut surtout à l'époque de la révolution de 1789 qu'elle fut employée comme un moyen politique dont l'audace n'eut aucun frein. La personne royale ne fut pas plus épargnée que les autres, et le voile de l'allégorie fut entièrement déchiré. Le ridicule versé à pleines mains sur tout ce qui avait été jusqu'alors regardé comme respectable, en inspira au peuple le mépris ; et la profusion et l'indécence des caricatures exposées à tous les yeux firent plus d'effet sur la multitude que les ouvrages sérieux et les discours raisonnés qu'elle ne comprenait pas ; de même que les pamphlets grossiers de Marat et d'Hébert le père Duchesne, mis à la portée des basses intelligences, réussirent par l'exagération de l'esprit républicain et par un style dont la trivialité incisive n'était qu'une affreuse caricature. —La caricature peut être permise au faible qui n'a pas d'autre arme contre le puissant. Lorsque Michel-Ange, dans son tableau du Jugement dernier, mit le portrait d'un cardinal parmi les damnés, il n'avait que cette ressource contre ce prince de l'Eglise, et le fit absous par Léon X, qui, prié par le cardinal de faire ôter sa figure du tableau, lui répondit que le pape n'avait le droit de tirer personne de l'enfer. C'est une ingénieuse caricature que celle de ce peintre qui, n'ayant pas été payé par un financier, peignit sur son portrait des barreaux de fer, et écrivit au-dessous : Prisonnier pour dettes. — La caricature a pris de nos jours un développement qu'a facilité la lithographie, et elle est devenue un auxiliaire du journalisme. Elle a même donné son titre à un journal spécial, né en 1830 avec la liberté de la presse. Quoique cette liberté soit souvent dégénéré en licence, l'arme s'est émoussée par l'usage fréquent que l'on en a fait ; car, du moment que tout le monde a passé sous sa férule, il n'y a plus eu de déshonneur à en recevoir les stigmates. Une nouveauté de notre époque, c'est l'application de la caricature à la statuaire. Le musée grotesque de Dantan est un modèle de moquerie ingénieuse ; mais il ne s'attaque qu'aux formes et aux traits, et ne peut blesser que les susceptibilités de la coquetterie. — La caricature est devenue un mode où l'exception est presque un brevet d'incapacité, et dans laquelle l'oubli a fait souffrir quelques amours-propres. On brigue aujourd'hui la célébrité de la caricature comme on la redoutait jadis. — L'exagération en peinture et en poésie a fait tomber de grands peintres et de grands poëtes dans la caricature. Quelquefois c'est volontairement, comme lorsque Callot a fait sa représentation fantastique de la tentation de saint Antoine ; d'autres fois, c'est par un entraînement que le goût n'a pas réprimé. — Mais les caricatures involontaires que celles qui sont inspirées par la vengeance ou la méchanceté. L'Histoire de la caricature en France a dernièrement été publiée en 2 vol. in-4°, chez le libraire Delloye, et le même a publié aussi une Histoire de la Révolution française par les caricatures. DUMERSAN.

CARICATURER, v. a. faire une ou des caricatures. Caricaturer une personne, la tourner en ridicule.

V. 56

CARICATURIEN, s. m. celui qui fait des caricatures. — Il se prend aussi adjectivement. Il est familier.

CARICATURISTE, s. m. amateur ou vendeur de caricatures.

CARICOIDE, s. m. (*hist. nat.*), madrépore fossile de figure sphérique, et à cavité circulaire vers sa partie supérieure.

CARICUM, s. m. (*méd.*), remède cathérétique propre à déterger certains ulcères.

CARICUS (*géogr. anc.*), rivière du Péloponèse en Laconie, citée par Pindare.

CARIDES ou **CARIDA** (*géogr. anc.*). Etienne de Byzance place cette ville dans l'Asie-Mineure en Phrygie.

CARIE (*pathol.*). La carie est une maladie qui frappe les os, et qui consiste dans leur ulcération et leur suppuration. Ses causes tiennent à des violences extérieures, et surtout à la constitution. Ainsi les scrofuleux peuvent être atteints de carie sous l'influence d'une cause qui sur un homme sain n'aurait produit rien de fâcheux. Les maladies qui fixent en quelque sorte un virus dans l'économie, comme la dartre et surtout l'affection vénérienne, se compliquent quelquefois de carie. Quand un os est frappé de gangrène (*nécrose*, c'est ainsi qu'on nomme la gangrène des os), la suppuration qui se forme pour séparer la partie gangrenée de la portion saine est encore une espèce de carie, mais celle-ci est une condition de guérison. C'est dans les parties celluleuses et membraneuses des os que la carie se développe; ordinairement elle commence où il y a le plus de vitalité; elle s'étend de plus en plus, et enfin ses produits se font jour par des ouvertures fistuleuses à travers les parties molles; ils consistent dans une suppuration plus ou moins abondante, d'une couleur brune ou noirâtre, d'une fétidité considérable, et qui entraîne toujours avec elle quelques parcelles de l'os carié. Si la carie dépend d'une maladie virulente, il faut attaquer la cause en même temps que l'on traite le symptôme. On réussit rarement; mais telle est la méthode qu'il faut suivre. La carie est dans tous les cas très-difficile à guérir. On est souvent obligé, après avoir épuisé toutes les ressources du traitement général et local, de recourir au feu, c'est-à-dire de brûler au fer rougi la partie osseuse qui est le siége de la suppuration.　D' Ed. C.

CARIE (*agric.*). Nous ne croyons pas pouvoir nous dispenser de jeter un coup d'œil rapide sur cette maladie considérée dans tous les corps vivants, afin de répandre s'il se peut une clarté nouvelle, un jour nouveau ou encore inaperçu sur les causes jusqu'à ce moment regardées comme inconnues, de la carie du blé, et sur les moyens de diminuer les ravages que cette maladie, véritable fléau, exerce d'une manière si prompte et si funeste sur les moissons. — S'il y a défaut d'harmonie, désordre, altération, dans une partie quelconque des solides organisés, il y a tendance à la carie, et cette maladie se manifestera bientôt comme une conséquence inévitable et nécessaire du mouvement vital, qui, n'étant plus qu'un mouvement désordonné, produit par sa continuation même la confusion, la désorganisation et la décomposition des parties, et, pour le dire en un mot, la carie. C'est, comme on le voit, une maladie des solides, qui a son siége chez l'homme et chez les animaux dans les os, et particulièrement dans les os spongieux; chez les végétaux, elle existe dans le corps ligneux; on l'observe aux troncs des arbres, surtout dans ceux à fruits, et dans les autres parties végétales moins ligneuses que le bois, telles que l'écorce et surtout les semences de froment. — Les inconvénients de la carie dans les arbres sont peu saillants, mais elle n'est pas sans danger chez les animaux, et elle exerce des ravages affreux dans l'homme et sur le blé. — La carie a pour causes toutes les circonstances qui, diminuant l'énergie vitale, affaiblissent ainsi la constitution de l'homme, des animaux et des plantes, et produisent ainsi un ramollissement des parties osseuses et ligneuses, et autres parties plus ou moins consistantes, animales et végétales; elle peut être produite aussi par le contact d'une partie cariée avec une partie saine, et, dans le blé, par la présence de certaines plantes parasites vivant sur l'épi, notamment la *reticularia segetum*, qui est un très-petit champignon. On conçoit que la carie, une fois introduite dans l'épi, puisse y fixer les semences de ces végétaux, et que ces semences se développent et germent sur la carie même, comme cela se voit chez l'homme et les animaux dans certains ulcères, où il se développe des vers et diverses espèces de champignons; mais ne comprend pas que la réticulaire soit la cause première de cette maladie, qui nous paraît au contraire devoir être attribuée à la faiblesse de la constitution de la plante même qui produit le blé. Ce fait est au reste d'accord avec une loi commune à tous les corps vivants, loi qui repose sur le principe certain que, dès que des corps sont malades ou affaiblis, ils deviennent la proie d'autres corps vivants, ou bien la proie de corps atmosphériques. — Après ces données générales, et avant d'en

venir à la carie dans le blé, nous répéterons qu'on l'observe aussi dans la plupart des autres végétaux. L'orme et les autres arbres de toute espèce, les arbres fruitiers surtout, sont quelquefois attaqués de la carie, soit par des influences fâcheuses de l'air, soit par suite de solutions de continuité totales ou partielles, mal faites ou faites en temps inopportun. On remédie à cette maladie en faisant l'amputation de la partie attaquée, jusques et y compris le commencement de la partie voisine encore saine; on abrite la plaie du contact de l'air, et on procure une nourriture abondante au végétal amputé jusqu'à l'époque de la cicatrisation parfaite de la plaie. Lorsque la carie se déclare dans les racines, il faut couper aussi les parties cariées jusqu'au vif.

CARIE DES BLÉS (*agric.*), appelée aussi *bosse, bousse, chambrule*, *noir* et pourriture des blés. « On reconnaît, dit Dutour, la carie du froment à la couleur blanche des feuilles, au moment où celles-ci sortent du fourreau et aux points blancs dont les bottes de l'épi sont tachées; le grain alors acquiert un volume plus considérable que dans l'état naturel; sa couleur est d'un gris sale, tirant un peu sur le brun; l'enveloppe est mince, et le germe est détruit. On ne trouve à la place d'une pulpe blanche et farineuse qu'une poussière noire, légère, fine, grasse au toucher, exhalant une odeur fétide de poisson pourri, inflammable, insoluble dans l'eau, privée enfin de toute organisation. » — Quelque faiblement entaché de carie que soit le blé pour semences, il produit au moins un quart d'épis malades, et diminue dans le commerce et dans l'emploi la valeur du blé que produisent les épis voisins, quoique non cariés, parce que la poussière de carie, quand on bat le blé, s'attache aux grains non cariés, les salit et leur donne dans cet état le nom de blé moucheté. La poussière de la carie incommode les batteurs, provoque la toux, fatigue les yeux. Les blés mouchetés graissent les moules et les bluteaux, et la farine qui en provient fait un pain qui a une teinte légèrement violette, et qui est âcre et contraire à la santé. Les meules qui ont moulu le blé moucheté gâtent les moutures suivantes du blé le plus sain. Si on emploie le blé moucheté pour la semence, la carie se trouvant à la plante qui en naît, la paille des épis de froment carié répugne aux bestiaux, et le blé que contiennent ces épis est lui-même carié. On ne peut parer à cet inconvénient que par le chaulage du blé, après l'avoir lavé à l'eau, et, chose épouvantable! la paille des froments cariés, les criblures du blé moucheté, l'eau qui a servi au lavage et à la préparation du blé moucheté destiné, faute d'autres, aux semailles; toutes ces matières jetées sur le fumier conservent le principe de la carie dans ce fumier même, qui répandu sur les terres semées en blé, communique à ce dernier la carie, à moins que la fermentation ne l'ait réduit à l'état de terreau. Nous disons après la fermentation; car le terreau qui n'est que le produit lent et tranquille du temps, conserve toujours des principes de carie. — On prévient les effets de la carie par le lavage à l'eau, suivi du chaulage, quand le blé est moucheté, c'est-à-dire entaché de carie; quand le blé est sain, on ne le lave pas; mais il est toujours prudent de chauler avec un lait de chaux composé de deux kilogrammes de chaux éteinte dans dix kilogrammes d'eau pour un hectolitre de blé. Mais, si on est réduit à semer du blé moucheté, il faut faire précéder son chaulage par un lavage soigneusement fait de ce grain mis dans des paniers, et baigné dans l'eau courante. — On a eu la pensée anciennement d'employer des préparations métalliques et surtout d'arsenic contre la carie du blé. Une ordonnance de 1786 défendit l'emploi de ces substances, qui sont des poisons, et qu'il est, par ce motif, dangereux de mettre aux mains des cultivateurs. Cette loi étant tombée en oubli, on a fait dans ces derniers temps de nouveaux essais de ces matières, et surtout du sulfate de cuivre sur le blé; mais les résultats n'ont pas été en général en leur faveur; et cependant il convient à des hommes habiles et exercés en chimie de reprendre ces expériences, qui sont appelées, selon de grandes probabilités, à jeter de grandes clartés sur l'opération très-importante du chaulage. Il peut être utile aussi de faire des essais de l'application de l'eau créosotée à la carie du blé; car il est vraisemblable que la créosote, substance nouvelle obtenue du goudron par M. Richenach, peut modérer les ravages de cette maladie dans le froment, comme elle le fait dans l'homme, au rapport du docteur Miquel (*Journal thérapeutique*, décembre, 1835). — On a répété jusqu'à satiété dans les auteurs que la cause de la carie du blé est inconnue. Personne n'ignore cependant que la carie en général, soit dans les hommes, soit dans les animaux ou dans les plantes, ne provienne d'une désorganisation des parties où elle existe; et nous venons de voir, en décrivant la carie du blé, que cette dernière est elle-même un foyer de désorganisation de ce grain. Nous avons en outre observé nous-mêmes dans notre pratique et vu autrefois une instruction publiée par le conseil d'agriculture du ministère de l'intérieur de France, vers 1796, et rédigée par M. Tessier, de l'académie des sciences, l'un des savants de l'Europe les plus instruits sur les maladies des grains, que les froments du Nord sont plus sujets à la carie que ceux du Midi. Or on sait que les froments du Midi sont plus robustes dans leur chaume, plus fortement constitués dans leurs grains, et ceux-ci plus riches en gluten ou matière végéto-animale que les blés du Nord. — Qui ne voit maintenant, dans la description même de la carie du blé, autant que dans la théorie générale de cette maladie, considérée dans tous les corps vivants, que la carie du blé elle-même est, comme celle de l'homme et des animaux, une confusion, une désorganisation, une décomposition de la partie où elle siége? De cette analogie dans les causes qui produisent la carie doit découler une autre conséquence très-rationnelle, une autre analogie, quant à l'indication des moyens curatifs de la carie dans l'homme, les animaux, les plantes et celle des blés, bien entendu. Ils doivent consister, dans tous ces cas également, à imprimer au mouvement organique général une plus grande énergie, soit dans l'homme, soit dans les animaux ou dans les plantes, par une nourriture plus abondante, plus restaurante, et d'une facile assimilation; or cette nourriture, ou plutôt cette médication, est parfaitement connue pour l'homme et les animaux; et, quant au froment, on peut, selon nous, conclure de ce que nous venons de dire, que la carie se développera d'autant moins en lui qu'il sera cultivé dans des terres chaudes, saines et substantielles, et que la carie du blé disparaîtra en raison directe des progrès de l'agriculture, progrès auxquels tout homme de bien doit se consacrer, de nos jours surtout que les prospérités des nations seront désormais en raison directe des prospérités de l'agriculture.

CARIE, CARIENS (géogr. et hist. anc.). La Carie est une province d'Asie, occupant la partie sud-ouest de l'Asie-Mineure ou Anatolie. Elle est bornée au nord par l'Ionie, la Lydie et le fleuve Méandre, qui la sépare de l'Ionie; à l'est, entre la Phrygie et une portion de la Lycie, ses frontières naturelles sont de hautes montagnes; la mer la baigne du côté du midi et de celui de l'orient. — Les géographes néanmoins ne sont pas unanimement d'accord sur ses limites; on peut connaître leurs différentes opinions en compulsant la Géographie ancienne de Cellarius. On donna pendant quelque temps, à cause des établissements considérables qu'y firent les Tyriens, le nom de Phénicie à cette province; mais celui de Carie, dérivé de Car, frère de Lydus, finit par prévaloir. Elle renfermait encore un petit territoire formant une espèce de péninsule, appelé Doride (V. ce mot). L'intérieur de la contrée est traversé par quelques chaînes de montagnes, dont la plus importante est celle du Lathmus, à l'est, du côté de Milet; on remarque aussi les monts Calindiques vers le sud-ouest, dans le voisinage de Calinde. Les principales villes de Carie étaient Milet, Mindus, Halicarnasse, Céramc, Bergase et Cnide, situées sur la côte occidentale. Les Rhodiens possédaient une partie de cette région vers le sud, sous le nom de Pérée (V. ce mot). Dans l'intérieur des terres on trouve les villes d'Alanbanda, Apollonie, Antiochie sur le Méandre, Aphrodisie, Stratonice, Alinde, Pédase, et au midi celles de Caminus, Calenda, etc. Malgré la fertilité du sol de la Carie, la culture était négligée pour le commerce qui faisait la principale occupation des habitants. Mais ces montagnes étaient couvertes de nombreux troupeaux dont les laines étaient en grande réputation. — Les Cariens se glorifiaient d'être aborigènes (bien que quelques auteurs les fassent descendants des Pélasges, et d'autres des Crétois), et rapportaient, ainsi que leur nom, leur origine à Car, frère de Lydus et de Mysus. Suivant eux, cette généalogie était justifiée par l'antiquité du temple de Jupiter Carien, bâti à Mylase, où de temps immémorial ils s'assemblaient en commun avec les Lydiens et les Mysiens. De là ils induisaient qu'ils avaient les mêmes ancêtres que ces peuples, au rapport d'Hérodote. Homère, dit Etienne de Byzance, représente les Cariens comme barbares, parce qu'ils étaient ennemis des Ioniens; mais l'épithète βαρβαρο-φώνους, qui leur est appliquée par cet ancien poëte, démontre que ce n'est qu'à leur langage et non à leurs mœurs qu'elle fait allusion. Cette nation prit un tel degré d'accroissement sous le gouvernement des descendants de Car, qu'ils formèrent des établissements dans toutes les villes environnantes. Selon eux, ils avaient pris possession de l'île de Rhodes, appartenant aux Phéniciens, et de là, par la puissance de leurs armes, ils s'étaient répandus dans les autres îles de la mer Egée. Thucydide dit que Minos II expulsa les Cariens des Cyclades; mais Hérodote prétend que Minos les laissa maîtres de ces îles avec pleine liberté de les cultiver, et dispensés de tout tribut; seulement ils

devaient fournir à sa flotte un certain nombre de vaisseaux. Dans la suite différentes colonies grecques s'étant introduites en Carie, les habitants originaires furent obligés de se retirer dans les montagnes, et de s'y retrancher pour en empêcher l'accès à leurs ennemis. Enfin réduits à la dernière misère dans leur stérile retraite, le désespoir et le besoin ranimant leur courage, ils construisirent des vaisseaux, traversèrent les mers de ces parages, et parvinrent à un tel degré de pouvoir qu'ils fondèrent un véritable empire maritime. Diodore fixe l'époque de la prospérité des Cariens après la prise de Troie, et prétend que ce fut avec une flotte qu'ils s'emparèrent de Lesbos; Eusèbe rapporte cette période à l'intervalle de la XIe à la XXVIIe olympiade. Hérodote leur attribue l'honneur d'avoir fortement contribué au perfectionnement de l'art militaire par leurs ingénieuses inventions. Les Cariens, peuple militaire à la fois et maritime, concoururent au rétablissement de Psamméticus sur le trône d'Egypte : ce prince les en récompensa magnifiquement, et dès lors, attachés aux intérêts de sa famille, ils lui vinrent en aide à plusieurs fois, et secoururent particulièrement Apris, le dernier de ses descendants, lorsque l'Egypte essaya de secouer son joug. Mais malgré leurs efforts généreux Apris tomba sous les coups de ses ennemis, et les Cariens se virent contraints de subir la loi du vainqueur. Amasis, comprenant de quelle importance il était pour lui de se les attacher, les mit tout à fait dans sa cause en leur assignant un vaste territoire aux environs de Memphis, capitale de ses Etats. Lorsque Cambyse entreprit la conquête de l'Egypte, ils signalèrent leur fidélité à Psamméticus, fils et successeur d'Amasis, en se joignant à son armée; mais les Perses ayant vaincu, les Cariens qui avaient survécu à la défaite se retirèrent dans leur propre pays, alors désolé par les incursions des rois de Lydie. Alayate fut le premier successeur de Gygès, qui forma le projet de réduire les Cariens sous son obéissance; mais il ne paraît pas l'avoir réalisé, puisque Hérodote compte la Carie dans le nombre des provinces annexées à l'empire de Lydie par les armes de Crésus. Après différents changements de fortune dans la défense de leur patrie et de leur liberté, il leur fallut enfin courber la tête sous le joug des Perses, quand leur dernier rempart, Milet, fut renversé. Dans l'expédition de Xerxès contre la Grèce, les Cariens l'accompagnèrent avec soixante-dix vaisseaux dont ils avaient grossi sa flotte. Lygdamis, à qui, suivant Pausanias, les Lacédémoniens érigèrent une statue, monta sur le trône de Carie vers la LXXXIIIe olympiade, et eut pour successeur Hécatomnus, qui fit de Mylase la capitale de ses Etats. La cour de Perse lui donna et à sa postérité la possession du royaume de Carie; il le gouverna jusqu'à sa mort arrivée dans la XCIXe ou Ce olympiade : ses successeurs ne gardèrent sa couronne que quarante-deux ans. — Artémise, la deuxième de ce nom, avait épousé son frère Mausole, suivant Arrien, qui prétend que l'usage autorisait de semblables unions en Carie. Ce prince réunit la Carie entière sous ses lois, et fixa sa résidence à Halicarnasse, qui surpassait en magnificence toutes les villes de ses Etats. Mausole tenta successivement des attaques contre les Ioniens, les Lydiens et les Lyciens; ce fut sous sa conduite que les Cariens s'emparèrent de l'île de Rhodes. A la mort de ce prince, dans la quatrième année de la CVIe olympiade, 353 ans avant J.-C., les Rhodiens secouèrent le joug des Cariens; mais Artémise, sœur et veuve de Mausole, les força à rentrer dans l'obéissance ainsi que les habitants de l'île de Cos, qui avaient imité leurs voisins dans leur rébellion. A la mort d'Artémise, les rênes du gouvernement passèrent aux mains d'Idrieus, frère d'Artémise et à celles d'Ada, sa sœur et sa femme. Diodore de Sicile dit que la cour de Perse avait donné l'investiture du royaume à un satrape; qu'Ada fit d'abord une courageuse résistance, mais qu'enfin, forcée de céder et privée de ses Etats, elle s'était retirée dans la citadelle d'Alinda, où elle se maintint jusqu'à l'arrivée d'Alexandre en Asie. Après la bataille du Granique, Alexandre vainqueur pénétra en Carie, et rétablit Ada sur le trône de ce pays. Arrien dit encore qu'Alexandre fut adopté par Ada; mais Plutarque pense que ce fut Alexandre qui adopta pour mère Ada, à laquelle il donna toujours ce titre. ED. GIROD.

CARIE (géogr. anc.), ville d'Asie-Mineure, dans la province de même nom. Ptolémée la place en Lycie. — C'était encore une ville épiscopale d'Asie, placée sur le Méandre.

CARIE (géogr. anc.), nom donné par Arrien à une contrée maritime de Scythie, sur le Pont-Euxin. C'était un établissement fondé par des Cariens, en deçà du Borysthène, à quelque distance du Tanaïs. E. G.

CARIE (numismat.). La numismatique du royaume de Carie est très-riche et très-abondante. Les villes de cette contrée dont on a des médailles antiques sont : Aba, Alabanda, Alinda, Antiochia, Aphrodisias, Apollonia, Bargosa, Bargylia, Calynda, Ceramus, Cnidus, Cyon, Dædala, Ériza, Euromus, Halicarnassus, Harpasa, Heraclea, Hydrela, Iasus, Mylasa, Myndus, Nysa, Orthosia, Plarasa, Pyrnus, Stratonicea, Toba, Trapezopolis, Tripolis. — Ce pays, plus anciennement et pendant plusieurs siècles appelé Phénicie, prit le nom de Carie de Car, frère de Lydus et de Mysus, petit-fils de Mavès ; les peuples de Carie ont été aussi nommés Mausoliens, de Mausole, leur roi. Cette contrée est encore nommée par divers auteurs : Chrysaoride. A l'époque de la guerre de Troie, les Léléges, obligés de quitter un canton de la Troade, s'y établirent. Cent quarante ans après, Nélée, fils de Codrus, débarqua près de Milet, en chassa les Cariens, en fit massacrer une partie, et ses soldats épousèrent leurs femmes. Les autres se retirèrent dans les montagnes, s'y fortifièrent ; mais le terrain était stérile ; leur pauvreté excita leur industrie, ils construisirent des vaisseaux et coururent les mers. Les Cariens et leur langage étaient réputés barbares par les Grecs qui s'établirent parmi eux. Cependant diverses villes de la Carie produisirent des hommes célèbres et des philosophes. — La première Artémise, reine de Carie, marcha en personne dans l'expédition de Xerxès en Grèce, l'an 480 avant J.-C. Plus d'un siècle après, l'an 353, la seconde Artémise, femme de Mausole, se rendit célèbre par le tombeau magnifique qu'elle fit élever à son époux dans la ville d'Halicarnasse. — Les médailles autonomes de la Carie sont d'un beau style ; on en trouve d'argent dans plusieurs villes. Celles de ce métal qui sont les plus anciennes, et sur lesquelles on remarque la progression de l'art, sont les médailles de la ville de Cnide. Le culte de Vénus y était en honneur, et on sait que la déesse de la beauté y eut une statue qui passait pour le chef-d'œuvre de Praxitèle. Les médailles des beaux temps de l'art ne nous représentent point cet ouvrage si vanté ; ce n'est que sous le règne de Caracalla, et sur une médaille de bronze, au revers de ce prince et de Plautilla, que la ville de Cnide nous en a conservé le souvenir (V. l'Atlas du voyage d'Anacharsis, pl. 27, nº 5). Sur celles des premiers temps de l'art, on voit du côté de la tête les traces du carré creux. Cette tête est celle de Vénus, et probablement l'imitation d'un de ces antiques simulacres par lesquels on remplaça les morceaux de bois informes qui reçurent les premiers hommages des humains. Il y a quelque ressemblance entre la coiffure de cette tête et celle d'Isis des monuments égyptiens. L'œil de face dans une tête de profil est semblable par sa forme à celui de la tête de Minerve sur les anciennes monnaies d'Athènes. Le revers présente une tête de lion. Sur d'autres médailles on voit un trépied, la Victoire, une proue de vaisseau ; sur quelques-unes, la tête de Bacchus et des grappes de raisin. Strabon fait un grand éloge des vignes de Cnide. — Halicarnasse a donné le jour à Hérodote, appelé le père de l'histoire, 484 avant J.-C. Une médaille de bronze, frappée sous Adrien, représente sa tête au revers de celle de l'empereur (Élém. de numism., par Dumersan, dans la Biblioth. popul. pag. 145). Visconti en avait publié une autre frappée sous Antonin (Icon. gr., tom. I, p. 227, pl. 27). — Les types que l'on trouve sur les médailles de Carie sont ceux des divinités communes à toute la Grèce ; mais on y remarque des divinités locales, telles que le Jupiter Labradœus ou Labrandien, qui est toujours représenté tenant la lipenne ou hache à deux tranchants. Ce dieu avait un temple très-ancien dans la ville de Mylasa. La bipenne enlevée par Hercule à l'amazone Hippolyte, et qu'il donna à Omphale, reine de Lydie, fut prise aux Lydiens par les Cariens qui la mirent dans les mains de leur Jupiter : cette arme se trouve sur plusieurs médailles de la Carie, et sur celles qui ont été frappées sous la domination romaine. — Les rois de Carie forment une suite intéressante : le premier dont on ait des médailles est Hécatomnus, qui mourut l'an 381 avant J.-C.; les autres sont Mausole, mort en 353 ; Hydriéus, en 344 ; Pixodare, en 336 ; Phtontopates, qui régna vers l'an 334. La tête qu'on voit sur ces médailles est celle d'Apollon, de face, d'un beau travail ; elles sont d'or et d'argent. — Les îles voisines de la Carie dont on a des médailles sont : Astypalea, Calymna, Cos, Nysiros et l'île de Rhodes. — Cos offre une suite fort abondante de médailles dont le type principal est Apollon et Hercule, et le revers presque constamment un crabe; on y voit aussi la lyre ou la massue, attributs des divinités adorées dans cette île. — Une médaille très-intéressante de l'île de Cos représente Hippocrate, né à Cos l'an 460 avant l'ère chrétienne. On voit au droit la tête du célèbre médecin, nue et barbue, avec les lettres ΙΠ..... initiales du nom Hippocrates. Au revers, le bâton d'Esculape entouré d'un serpent, avec la légende ΚΩΙΩΝ (des habitants de Cos : sous-entendu monnaie). — L'île de Cos

nous offre aussi des médailles d'un tyran nommé Nicias, dont on voit au droit la tête, avec son nom, et au revers la tête d'Esculape. — Les médailles de l'île de Rhodes, voisine de la Carie, offrent des traits de ressemblance trop frappants avec les médailles des rois de cette contrée pour ne pas les mentionner ici. La tête de face d'Apollon est la même que l'on voit sur les médailles de Mausole de Pixodore, etc. ; mais le revers est une rose, en grec ΡΟΔΟΝ, type parlant de la ville. Nous reviendrons sur ces médailles, à l'article RHODES.　　　　DUMERSAN.

CARIER, v. a. gâter, pourrir. Il se dit principalement en parlant des os et des blés. Il est aussi verbe pronominal (V. Carie).

CARIES, s. f. pl. (hist. anc.), fêtes et cérémonies que l'on célébrait chez les anciens Grecs en l'honneur de Diane Cariatis.

CARIEUX, EUSE, adj. (médec.), qui est sujet, qui appartient à la carie. — Ulcère carieux, ulcère qui est entretenu par la carie des os. — Partie carieuse, partie qui est attaquée par la carie.

CARIGNAN, s. m. (agric.), espèce de raisin noir.

CARIGNAN (SIÉGE DE). Le jeune comte d'Enghien, François de Bourbon, étant venu en 1544 remplacer en Piémont le vieux Boutières, avait repris le siège de Carignan abandonné par son prédécesseur. Cependant Duguast fut attaqué et battu à Cérisoles (V. ce mot). Après cette mémorable victoire, le gouverneur, Pierre Colonne, ayant résisté deux jours à un assaut opiniâtre, et ne possédant plus du reste un grain de blé dans la place, le rendit aux assiégeants.

CARIGNAN (MAISON DE). La branche de Savoie-Carignan, aujourd'hui régnante, tire son origine du prince Thomas, fils de Charles-Emmanuel Iᵉʳ, duc de Savoie et frère du cardinal Maurice (V. SAVOIE), et de Catherine d'Autriche, petite-fille de l'empereur Charles V. Le prince Thomas eut plusieurs enfants : l'aîné, Emmanuel-Philibert, continua la branche de Savoie-Carignan en Piémont, et Eugène-Maurice, frère puîné, établit en France celle des comtes de Soissons, aujourd'hui éteinte, et qui avait produit le fameux prince Eugène. — 1º EMMANUEL-PHILIBERT naquit sourd et muet le 20 avril 1628, et fut envoyé en Espagne auprès du célèbre P. Ramirez, chargé de son éducation, qui non-seulement réussit avec un admirable succès, non-seulement à le faire lire et écrire, mais qui développa en lui une intelligence et une sagacité extraordinaires. De retour à Turin, ce jeune prince fut confié au savant Emmanuel Tesauro, nommé son précepteur; et il profita si bien de ses leçons, qu'ayant suivi son père dans la campagne de Lombardie, il y donna des preuves de savoir et de valeur; il avait épousé Catherine d'Este, fille du duc de Modène, et il mourut en 1710. — 2º VICTOR-AMÉDÉE, fils d'Emmanuel-Philibert, naquit à Turin en 1690, et fut lieutenant général des armées de France et de Savoie dans la guerre de la succession d'Espagne. Il épousa Victorine de Savoie. Plus tard il servit sous le grand Charles-Emmanuel III, roi de Sardaigne, et mourut en 1740. — 3º LOUIS-VICTOR, son fils, né en 1721, se fit remarquer par les agréments de son esprit et par son affabilité. Il épousa Henriette de Rheinfels, sœur de Polycène, reine de Sardaigne, femme de Charles-Emmanuel son cousin. Il eut de ce mariage Victor-Amédée et Eugène puîné, qui forma la tige des marquis de Villefranche, domiciliée à Paris, tige qui subsiste en la personne du prince Eugène-Emmanuel, son petit-fils, dont les droits à la couronne, à défaut de mâles de la branche régnante, ont été reconnus par un acte solennel du 28 avril 1834. Louis eut aussi cinq filles, dont l'une fut la belle et infortunée Thérèse-Louise, princesse de Lamballe. Louis-Victor fit restaurer par l'architecte Borris le Château de Raconis, dont son trisaïeul avait jeté les fondements au retour de ses campagnes de Flandre. Ce château, décoré avec un goût exquis par le roi régnant, est devenu l'une des plus belles résidences royales de l'Italie. Louis-Victor mourut en 1778. — 4º VICTOR-AMÉDÉE, fils aîné de Louis, naquit le 31 octobre 1743, fut lieutenant général et commandant de marine, et mourut en 1780. Il avait épousé Joséphine de Lorraine-Brienne, dont il eut Charles-Emmanuel, père du roi Charles-Albert, aujourd'hui régnant.

CARIGNAN (LE CARDINAL MAURICE DE SAVOIE DE), né à Turin le 10 janvier 1593, était le troisième fils du duc Charles-Emmanuel Iᵉʳ, et conséquemment frère de Victor-Amédée Iᵉʳ, qui monta sur le trône comme aîné de la famille. Il était aussi frère du prince Thomas, chef de la dynastie encore aujourd'hui régnante. Le prince Maurice, dès son enfance, montra des dispositions pour les sciences et pour les arts; son précepteur fut l'abbé Jacques Goria de Villafranca d'Asti, savant illustre, depuis évêque de Verceil. Le prince Maurice devint cardinal à quatorze ans, et le duc son père lui accorda en apanage les plus riches abbayes du fertile Piémont. Pour lier ses intérêts à ceux de la France, Charles-Emmanuel sollicita et obtint, par l'intermédiaire du cardinal, le mariage du prince de Piémont, Victor-Amédée, avec Christine de France, sœur de Louis XIII. Le cardinal, en sa qualité d'ambassadeur, vint à Paris en septembre 1618, accompagné du président Fabre et de saint François de Sales; il ne pouvait pas avoir de meilleurs conseillers. Après quelques années, le cardinal Maurice fut envoyé à Rome comme *protecteur* de la cour de Savoie. Il y resta neuf ans, et pendant ce temps sa maison au Quirinal fut une académie de sciences et d'arts; les ouvrages les plus remarquables lui furent dédiés, et les plus grands littérateurs, Pallavicini, Oddi, Rospigliosi, Malvizzi, Mascardi, etc., furent ses amis et ses collaborateurs. Après la mort du duc Victor arrivée à Verceil en 1637, le cardinal qui se trouvait comme en exil, étant du parti anti-français, vint en Piémont, et, en 1638, d'accord avec son frère Thomas de Carignan, appuyé des Espagnols, il demanda, d'après les lois du pays, la tutelle et la régence pendant l'enfance du duc Charles-Emmanuel II, leur neveu, à l'exclusion de la princesse Christine, sa mère; mais le cabinet français s'opposa à cette demande. Les deux frères Thomas et Maurice, soutenus par les Broglia, Serravalle et d'autres militaires, entretinrent la guerre civile. Le cardinal fut battu en 1641 par les Français, sous les ordres du général d'Harcourt; Thomas fut obligé de lever le siége de Chivasso, considéré comme la clef du Piémont, et par suite la paix fut conclue le 14 juin de l'année suivante. C'est alors que le prince Maurice renvoya les insignes du cardinalat au pape, afin de pouvoir épouser sa nièce, Louise de Savoie, fille de Christine. Il fit bâtir la belle maison de campagne, aujourd'hui la villa de la reine, sur la colline de Turin, qui devint une académie de savants et d'artistes, et où il mourut le 4 octobre 1657, sans laisser de postérité.

CARIGNAN (THOMAS-FRANÇOIS DE SAVOIE, PRINCE DE), né en 1596, était le cinquième fils de Charles-Emmanuel Ier, duc de Savoie. Entraîné par son caractère ardent et inconstant, il se jeta successivement dans plusieurs partis, et pendant vingt ans fit la guerre avec des chances diverses. Mécontent du cardinal de Richelieu, il s'unit en 1635 aux Espagnols, et obtint le commandement de leur armée. Son début dans le généralat ne fut pas heureux; voulant empêcher la jonction des troupes françaises avec celles des Etats généraux, il perdit la bataille d'Avein, où sur 13,000 hommes qu'il commandait les maréchaux de Châtillon et de Brézé lui en tuèrent 5,000, lui firent 1,800 prisonniers, et lui prirent 80 drapeaux. En 1638, il battit le maréchal de la Force, et lui fit lever le siége de Saint-Omer. Déjà il avait formé avec le cardinal de Savoie, son frère, le dessein d'ôter à Christine, veuve de Victor-Amédée, la tutelle de ses enfants, et le gouvernement pendant la minorité. « Ces deux princes, dit le président Hénault, donnèrent à la duchesse de Savoie *bien de la peine pendant sa régence*. » Le prince Thomas entre en 1639 dans le Piémont, s'empare de toutes les villes sur son passage, et, se réunissant aux Espagnols, il marche sur Turin avec 12,000 hommes et 5,000 chevaux. La duchesse régente était dans sa capitale, que défendaient le cardinal Lavalette, le comte Plessis-Praslin, et 6,000 Français. Après plusieurs tentatives ouvertes demeurées sans succès, le prince Thomas a recours à la ruse, il jette dans la place des soldats qui, au nombre de 6 à 700, s'y introduisent par différentes portes sous prétexte de renforcer la garnison, et dans la nuit du 25 au 26 juillet toutes les autres portes sont ouvertes; le prince entre avec le reste de ses troupes aux acclamations des nombreux partisans qu'il a dans la ville. La régente était sur le point de tomber aux mains du vainqueur, quand le nonce du pape Cafarelli s'interposa comme médiateur entre les deux partis, et leur fit accepter une suspension d'armes. Le marquis de Leganez, général des Espagnols, retourna à Milan, et le prince de Carignan demeura à Turin. Après l'expiration de la trève, la guerre recommença. Le prince fut défait par le comte d'Harcourt au combat de Quiers. En 1641 le comte d'Harcourt, ayant battu le cardinal de Savoie, fit lever le siége de Chivas à son frère, qui échoua aussi en voulant escalader Quéresque. L'année suivante, le prince Thomas eut une entrevue avec la duchesse de Savoie sur le chemin d'Ivrée, monta dans le carrosse de la princesse sa belle-sœur, entra avec elle à Turin aux acclamations du peuple, qui voyait dans cette réconciliation la fin de ses malheurs. A cette époque, il fit aussi son accommodement avec Louis XIII; le duc de Longueville lui apporta la commission de lieutenant général. Déclaré

généralissime des armées de France et de Savoie en Italie, il eut pour lieutenants Turenne et le comte de Praslin. La prise d'Ast, celle de Santia, de Rocca, de Vigevano, et la bataille de Mora, gagnée sur les Espagnols, signalèrent les campagnes de 1643 à 1645. Le prince Thomas se rendit ensuite à Paris, où il obtint toute la confiance du cardinal Mazarin. En 1654 il fut fait grand maître de France à la place du prince de Condé, qui venait d'être déclaré criminel de lèse-majesté. En 1655 il marcha au secours du duc de Modène, fit lever le siége de Reggio, assiégea Pavie, et mourut à Turin le 22 janvier 1656. Il avait épousé Marie de Bourbon-Soissons, dont il eut deux fils; l'aîné: Emmanuel, qui continua la branche de Carignan; le cadet, Eugène-Maurice, qui fut père du célèbre prince Eugène. — On trouve la Vie de ce prince dans l'*Histoire généalogique de la maison royale de Savoie*, par Guichenon, Lyon, 1660, 2 vol. in-folio.

CARIGNAN (LE PRINCE CHARLES-EMMANUEL-FERDINAND-JOSEPH-MARIE DE SAVOIE DE), né à Turin le 24 octobre 1770, était fils unique de Victor-Amédée et de Joséphine-Thérèse de Lorraine-Armagnac-Brienne. Il perdit son père à l'âge de dix ans, et son éducation fut dirigée par sa mère, princesse d'un esprit au-dessus de son sexe. Pendant la guerre contre les Français en 1793, le prince Charles se distingua dans la vallée de la Stura : un des officiers de sa suite, ayant été emporté un jour par son cheval, se trouva tout à coup sous le feu de l'ennemi. Le prince, sans attendre la permission de son gouverneur, mit son cheval au galop et suivit l'officier. Heureusement celui-ci eut le temps de reconnaître le danger, il rebroussa chemin, et sauva le prince, qui aurait été infailliblement fait prisonnier. Ce fut alors que le marquis Doria, gouverneur du prince, lui dit : « Monseigneur, ce n'est pas ainsi que votre altesse doit se conduire; pourquoi s'exposer sans but et sans motif? » — Général, répondit celui-ci, je ne me sentis pas la force de rester en arrière lorsqu'un autre militaire marchait à l'ennemi. » — En 1797 la cour de Turin songea au mariage du prince de Carignan, qui épousa le 24 octobre de la même année, dans la ville d'Augsbourg, Marie-Charlotte-Albertine de Saxe, princesse de Courlande, petite-fille d'Auguste III, électeur de Saxe et roi de Pologne, âgée de dix-huit ans, qui, l'année suivante (2 octobre 1798), donna le jour à Charles-Albert, proclamé roi de Sardaigne le 27 avril 1831, à l'instant du décès de Charles-Félix, qui fut le dernier rejeton de la branche aînée de l'une des dynasties royales les plus anciennes de l'Europe. Peu de temps après la naissance de Charles-Albert, l'horizon politique se troubla. Le roi Charles-Emmanuel IV, avec ses quatre frères et son oncle le duc de Chablais, fut obligé, par suite d'une abdication forcée, de partir de Turin le 8 décembre 1798, et de se réfugier en Toscane, puis en Sardaigne. Par l'acte d'abdication on était convenu que, dans le cas où Charles-Emmanuel de Carignan resterait en Piémont, il y jouirait de ses biens, palais et propriétés. Ce prince, d'un caractère paisible et prudent, n'avait jamais eu de part aux affaires de l'État. Il fut laissé tranquille avec sa famille par le général Grouchy, commandant la ville de Turin sous les ordres de Joubert, et, comme tout autre citoyen, compris dans l'organisation de la garde nationale, où il remplit les devoirs d'un simple soldat. Les Autrichiens ayant forcé dans le mois d'avril 1799 l'armée française à se retirer sur le territoire de Gênes et à laisser Turin à découvert, le directoire ordonna de prendre pour otages les notabilités du Piémont. Le prince de Carignan fut avec sa famille transporté en France, et il y occupa une modeste demeure dans un faubourg de Paris, à Chaillot. Ce fut là que la princesse de Carignan mit au monde, le 13 avril 1800, la princesse Marie-Elisabeth, mariée à l'archiduc Reinier, vice-roi actuel du royaume lombardo-vénitien. Les consolations d'une jeune famille, les soins d'une épouse affectionnée, qui partageait son exil, ne purent adoucir le sort du prince de Carignan : il succomba à son chagrin le 16 août 1800, au moment où le premier consul Bonaparte revenait avec les drapeaux qu'il avait conquis à Marengo, et où la conquête de l'Italie allait décider de la réunion du Piémont à la république française.

CARILLÆ (*géogr. anc.*), ville d'Italie, mentionnée par Silius Italicus, appartenait aux Picentins, qui habitaient le territoire appelé aujourd'hui la Calabre citérieure. Elle fut détruite par Annibal à cause de son attachement aux Romains.

CARILLO D'ACUNHA (DOM ALPHONSE), archevêque de Tolède, originaire de Portugal, embrassa l'état ecclésiastique, quoique son naturel ardent le rendît plus propre aux fonctions politiques et militaires. Il occupa jeune encore le siége de Siguenza, parvint en 1446 à l'archevêché de Tolède, puis au ministère sous Henri IV, roi de Castille, dont il trompa la confiance en dirigeant le parti des seigneurs mécontents et en se vendant au roi d'Aragon. Henri ouvrit enfin les yeux, et l'écarta du conseil. Le fier prélat, outré de sa disgrâce, se disposa à la guerre civile, leva des troupes contre son souverain, et, après l'avoir déclaré indigne de la couronne, proclama roi de Castille en 1465 Alfonse, frère de Henri. S'étant emparé ensuite de Peñaflor, il mena ses troupes devant Simancas. Henri accourut avec une armée, lui fit lever le siège, et demanda justice au pape contre l'archevêque qui l'avait déposé. Carillo osa soutenir à Rome que la déposition était juste, et qu'il n'avait été que l'organe de la nation. Le pape le condamna. Alors la guerre civile, un moment suspendue, recommença avec plus de fureur. L'archevêque, à la tête d'une armée de vingt-cinq mille hommes, ayant avec lui le frère de Henri, marcha contre ce monarque, et lui livra bataille sous les murs de Médina del Campo le 20 août 1464. On le vit charger en personne à la tête des troupes, ayant par-dessus son armure une étole écarlate avec des croix blanches. Il fut blessé, et resta le dernier sur le champ de bataille malgré sa blessure. La nuit sépara les deux armées, qui s'attribuèrent l'une et l'autre la victoire. Le jeune Alfonse étant mort, Henri, qui avait déjà offert lâchement la paix à Carillo, conclut un traité avec les chefs de la Ligue, par l'entremise de ce prélat, qui fit déclarer Isabelle, sœur de Henri, héritière de Castille, au mépris des droits de Jeanne, fille de ce monarque. Devenu l'âme du parti d'Isabelle, l'archevêque de Tolède prit de nouveau les armes contre Henri, et vint mettre le siège devant Pezalès. En vain le roi lui offrit des établissements immenses, rien ne put l'apaiser. Henri obtint un bref du pape, pour lui faire son procès : quatre chanoines de Tolède commencèrent la procédure; mais Carillo enleva les juges, s'assura l'impunité, et parvint enfin à réconcilier Henri avec sa sœur. Devenu tout-puissant à l'avénement d'Isabelle, il soutint cette princesse contre le parti de sa nièce Jeanne, et régla dans le conseil la part que Ferdinand d'Aragon, époux d'Isabelle, aurait dans le gouvernement; mais, jaloux ensuite du crédit du cardinal Mendoza, il se retira mécontent, et passa dans le parti de Jeanne. « Je veux, dit-il en partant, forcer Isabelle à reprendre la quenouille que je lui ai fait quitter. » On le vit combattre avec les Portugais, pour cette même Jeanne, dont il avait ruiné les espérances, et se précipiter dans les plus grands périls à la bataille de Toro, où son parti fut défait. Isabelle triomphante fit saisir les revenus de ce prélat factieux, et procéder contre lui pour crime de rébellion. Enfin l'opiniâtre Carillo, après avoir inutilement tenté de livrer Tolède aux Portugais, et lutté jusqu'à la dernière extrémité pour soutenir les droits de la princesse Jeanne, se soumit en 1478, remit toutes ses forteresses, et, à ce prix, rentra en grâce et obtint la restitution de ses immenses revenus. Il se retira vers la fin de sa vie dans un monastère qu'il avait fondé à Alcala de Hénarès, où il mourut le 1er juillet 1482. — Ce prélat eut du courage et de grands talents. Il avait présidé le concile d'Alcala en 1473. — Passionné pour l'alchimie, il fit des dépenses énormes dans l'espoir de trouver le secret de faire de l'or.

CARILLON. On nomme ainsi une série de cloches d'inégale grandeur, donnant chacune un son musical différent. Selon toute apparence, la découverte du carillon est due au hasard : plusieurs cloches de différent calibre et présentant entre elles des proportions harmoniques se trouvèrent réunies dans un même clocher; on fut frappé de l'agréable consonnance qu'offraient leurs vibrations successives ou simultanées; on en chercha la cause, et le carillon fut trouvé. Ce ne fut d'abord qu'un assemblage de huit cloches correspondant aux notes de la gamme, et qu'on frappait à coups de maillets; cette grossière ébauche ne tarda pas à se perfectionner par l'adjonction de nouvelles octaves et d'un mécanisme de cordes et pédales, au moyen duquel le carillonneur, en s'aidant des pieds et des mains, vit augmenter à la fois l'étendue et les ressources de son instrument; enfin la construction d'un clavier dont les touches correspondaient aux cloches à mettre en vibration vint compléter la somme des améliorations réalisées jusqu'alors, et permit d'exécuter sur le carillon, non-seulement les mélodies les plus compliquées, mais encore des accompagnements harmoniques d'une certaine valeur. C'est principalement dans les pays catholiques du Nord, l'Angleterre, la Hollande, les Flandres et l'Allemagne, que le carillon fut le plus en honneur. La France compta aussi quelques carillons fameux, celui de Dunkerque par exemple, qui nous a légué un refrain populaire, et celui de la Samaritaine, à Paris. Certains carillons n'avaient pas moins de quatre octaves chromatiques,

et l'on raconte que Pothoff, un des plus célèbres carillonneurs du temps, exécutait sur le carillon d'Amsterdam des morceaux à trois parties distinctes, dignes de rivaliser avec les compositions pour orgue les plus estimées et les plus difficiles. — Il y a des carillons de toutes les formes et de toutes les grandeurs; on sent qu'il est à peu près impossible d'obtenir le ton par la seule fonte : on y arrive plus tard en usant le métal dans sa circonférence ou dans son épaisseur. Quelquefois les cloches sont remplacées par des timbres; d'autres fois on y adapte un cylindre à manivelle, à peu près comme pour les orgues de Barbarie; ailleurs on donne au carillon la forme d'une broche dans la longueur de laquelle des sonnettes sont échelonnées à point fixe; la main gauche tient l'instrument, et la main droite le touche avec une petite verge terminée en marteau; enfin l'on a été jusqu'à enfermer des carillons microscopiques dans une montre, dans une tabatière, dans un cachet. Pauvre carillon ! lui si noble, si majestueux, lorsque l'aube d'un jour de fête venait recueillir les échos endormis de la vieille cathédrale gothique et lancer dans les airs, à grandes volées, le flot sonore de ses voix d'airain; lui si grand, si amoureux d'espace, le réduire à de mesquines et misérables proportions, l'enfermer dans une prison étroite, aux parois de laquelle ses accents viennent se briser en impuissants efforts! c'était lui porter le coup mortel, et, en effet, à partir du jour où le carillon fut détourné de sa divine mission pour devenir un instrument profane, il perdit tout son caractère et tout son prestige; en vain quelques compositeurs dramatiques essayèrent-ils de l'utiliser dans l'orchestre, c'est à peine si le génie de Mozart parvint à le faire agréer dans un air de danse de la Flûte enchantée. — Aujourd'hui, pour entendre un carillon, il faut faire le voyage de Hollande; cette voix mélodieuse qui, de la métropole à l'église de village, appelait les fidèles à la prière, s'est tue depuis longtemps dans tout le reste de l'Europe.

EDMOND VIEL.

CARILLON (gramm.). Fig. et famil., A double, A triple carillon, très-fort, excessivement. Il fut sifflé à double carillon. — CARILLON signifie, figurément et familièrement, crierie, grand bruit.

CARILLON ÉLECTRIQUE (phys.), petit instrument dont le nom vient de ce qu'il est ordinairement composé de deux cloches ou timbres sur lesquels frappe alternativement une bille métallique : voilà ce qui se passe dans cette opération. Les deux timbres sont en regard l'un de l'autre : l'un est soutenu sur un pied de verre, et armé d'une pointe à l'aide de laquelle il reçoit l'électricité d'un conducteur voisin; l'autre est monté sur un pied métallique, et porte au-dessus de lui une tige de fer ou de cuivre courbée, à laquelle est suspendue par un fil de soie une petite boule, qui se trouve juste entre les deux timbres; dès qu'on met la machine électrique en mouvement, la boule allant alternativement d'un timbre à l'autre produit le bruit d'où l'instrument a tiré son nom. — Rien de plus simple que la théorie de ce carillon électrique. — Le timbre qui reçoit l'électricité de la machine est isolé par son pied de verre; l'autre timbre communique avec le sol, mais non avec le premier; la seule communication possible entre eux a lieu par la petite boule, laquelle est isolée elle-même par le fil de soie qui la soutient. Elle n'a donc d'autre moyen de livrer passage à l'électricité que de se transporter plus ou moins vite d'un timbre à l'autre; de cette manière elle se charge d'électricité sur le premier et s'en décharge sur l'autre, et produit à chaque fois le choc dont nous avons parlé.

B. JULLIEN.

CARILLON, en term. de forges, fer en petites barres de huit à neuf lignes en carré.

CARILLONNÉ, ÉE (gramm.), participe. On ne l'emploie qu'au féminin et dans cette locution familière, Fête carillonnée, qui se dit des grandes fêtes de l'Eglise catholique.

CARILLONNER, v. n. sonner le carillon. Il signifie aussi, exécuter un air sur un carillon.

CARILLONNEUR, s. m. (gramm.), celui qui carillonne.

CARILOCUS (géogr. anc.), aujourd'hui Charlieu, ville méridionale des Eduens, dans la Lyonnaise première, au sud-ouest de Matisco.

CARIM-CURINI (botan.), arbrisseau des Indes, qui porte des fleurs en casque d'un bleu verdâtre, et formant des épis dont le fruit est partagé en deux cellules, où sont deux semences plates, arrondies et faites en cœur; il a la racine fibreuse, blanchâtre, et couverte d'une écorce amère. Des propriétés médicales sont attribuées à la décoction de la racine, qu'on dit apaiser les douleurs de la goutte.

CARIMGOLA, s. f. (botan.), plante des terres marécageuses du Malabar, dont la saveur est astringente.

CARINA (*géogr. anc.*), aujourd'hui *Kerend*, ville de la Médie, sur les confins de la Babylonie.

CARINA ou **CARINE**, montagne de l'île de Crète.

CARINA, ville ancienne du Brutium, autrefois proche de Reggio. Grégoire le Grand unit son siége épiscopal à Reggio avec tout son diocèse.

CARINAIRE, *carinaria* (moll.), genre établi par Lamarck pour une précieuse coquille pélagienne, apportée au muséum d'histoire naturelle de Paris par l'expédition de Dantrecasteaux, et dont voici les caractères : coquille non symétrique, extrêmement mince, fragile, vitrée, enroulée obliquement sur sa droite ; à spire très-petite et terminant au sommet ; à ouverture extrêmement grande, oblongue ou ovale ; divisée en deux parties presque égales par une carène longitudinale mince et très-saillante. —D'après les études faites sur l'animal de la carinaire à l'état de vie par MM. Bory de Saint-Vincent, Péron et Lesueur, on peut définitivement assigner pour caractères génériques à ces animaux, d'être gélatineux, transparents, à manteau épais et toujours couvert d'aspérités ; d'être terminés en pointe postérieurement et arrondis en avant à la base de la trompe ; d'avoir cette trompe verticale, terminée par la bouche, qui est triangulaire et contient un appareil propre à la mastication, composé de trois lames garnies chacune de rangées de crochets ; d'avoir deux tentacules coniques, allongés et recourbés en avant, portant les yeux à leur base, en dehors et sur de petits tubercules arrondis ; une ou plusieurs nageoires, dont la principale est constamment ventrale ; un nucléus placé dans une cavité au dos de l'animal, correspondant plus ou moins verticalement avec la nageoire ventrale, et protégé par une pièce testacée ; enfin de porter la terminaison du canal intestinal et des organes de la génération dans un tubercule au côté droit. — Les carinaires n'ont point, à ce qu'il paraît, été connus par les anciens ; mais Rondelet, célèbre naturaliste de la renaissance, en a décrit et figuré le premier l'animal sous le nom de *holoturium secunda specie :* cette figure, que l'on serait peut-être tenté de rapporter au genre firole, nous représente sans aucun doute un animal de carinaire privé de sa coquille, comme on en rencontre si souvent dans les hautes mers, et les caractères sur lesquels nous nous fondons dans ce rapprochement sont : la présence à la surface du corps d'une grande quantité de petites aspérités, comme on en voit dans tous les animaux de carinaires connus jusqu'à ce jour, et jamais dans les firoles ; puis les vestiges des branchies, suffisamment indiqués sur la partie antérieure du nucléus ; et enfin la position de ce même nucléus. La figure de Rondelet présente bien le mollusque dans la position ordinaire aux gastéropodes, c'est-à-dire le ventre en bas, mais dans une position renversée pour l'animal de la carinaire. Du reste, il a parfaitement indiqué la disposition et la direction du canal alimentaire. Il ne faut qu'avoir vu quelques-uns de ces mollusques à l'état de vie pour bien reconnaître l'analogie que nous signalons ici comme un point assez important de l'histoire de la malacologie, puisqu'il fait remonter à une époque reculée la découverte d'un animal que l'on a été si longtemps sans retrouver, et qui même encore aujourd'hui n'a pas laissé pénétrer dans tous les mystères de son organisation. — Linné, considérant la forme générale de la carinaire, et lui trouvant de l'analogie avec des cabochons, en fit une patelle ; Gmelin, Dargenville et Favane, tenant plus particulièrement compte de la nature fragile, mince et transparente de cette coquille, y virent une espèce d'argonaute ; mais Lamarck, Schweigger et Ocken, à qui ces caractères parurent trop vagues, en formèrent un genre à part, en attendant la connaissance de l'animal qu'ils ne soupçonnaient pas si bien indiqué dans Rondelet. Enfin deux naturalistes justement célèbres par leurs voyages et les belles découvertes qu'ils en obtinrent, Péron et plus tard M. Bory de Saint-Vincent, donnèrent bientôt chacun une description de l'animal, et dès lors la carinaire révéla un nouvel ordre de mollusques et en devint le type. — Son organisation intérieure devint bientôt le sujet de plusieurs travaux importants. M. Cuvier le premier la décrivit en traitant de la ptérotrachée, qu'il n'était qu'un mollusque de carinaire mutilé ; puis plusieurs autres naturalistes, et entre autres Poli, Delle Chiaie, Quoy et Gaimard, s'en occupèrent plus ou moins complètement : nous-mêmes nous ajoutâmes quelques lumières à celles que l'on connaissait déjà, en sorte que ce genre est aujourd'hui sinon complètement connu, du moins assez pour qu'il n'y ait plus à discuter sur la place qu'il doit prendre dans la série des mollusques ; mais il n'en a pas été ainsi dès les commencements, car les conchyliologistes ont différé longtemps dans la manière de classer la carinaire ; les zoologistes ensuite n'ont pas moins varié d'opinion sur la place que son animal devait occuper, tout en admettant généralement qu'il était dans le cas de former le type d'un ordre distinct. Ainsi M. de Lamarck fit pour la carinaire et un autre genre voisin (la firole), l'ordre des hétéropodes ; mais, par une fausse application de quelques-uns des caractères, il jugea à propos de le placer à l'extrémité de la série des mollusques, après les céphalopodes, en faisant le passage aux poissons avec lesquels il lui reconnaissait une certaine analogie. Cuvier, ayant découvert, par son investigation anatomique sur la ptérotrachée, que la nageoire ventrale n'était autre chose que le pied, mais disposé d'une manière particulière, tellement comprimé qu'il prend son extension dans le sens opposé, et devient propre à la natation, la plaça avec les scutibranches, dans la première édition de son *Règne animal*. — M. de Férussac, en publiant les tableaux systématiques où il adopte en général la classification de M. Cuvier, admit comme lui les carinaires dans les scutibranches, et en fit une simple famille. — M. de Blainville, dans son *Manuel de malacologie*, admit les carinaires dans un ordre à part sous le nom de nucléobranches, par lequel il remplaça celui d'hétéropodes, et y réunit, mais dans une famille à part, l'atlante, dont il ne possédait alors qu'une fausse description qui ne lui permettait pas de saisir ses rapports avec les carinaires, la spinarelle, qui n'est autre chose qu'un ptéropode (le genre limacine), et l'argonaute, qui d'après une foule d'observations plus ou moins convaincantes a été reconnu pour être un céphalopode. Après tout, on voit que M. Cuvier avait fait faire un pas dans la connaissance de ces animaux, en démontrant le premier que c'étaient des gastéropodes. — On a reconnu que la nageoire ventrale des carinaires n'est autre chose qu'une modification extraordinaire du pied de l'animal gastéropode, et nous y avions même découvert un vestige de sa forme et une suite des fonctions qui lui appartiennent. C'est cette ventouse, cette sorte de duplicature de la nageoire que l'on voit à son bord postérieur ; elle existe dans toutes les espèces de carinaires, de firoles, et même d'atlantes que nous connaissons ; c'est un organe essentiel aux nucléobranches, et par conséquent un des principaux caractères de cet ordre. Ce pied, ou plutôt ce vestige de pied, est, il est vrai, très-borné, court, étroit et incapable de servir à la reptation ; mais il est propre à fixer le mollusque à un corps flottant, en épanouissant sur lui sa surface et faisant aussitôt le vide par le jeu de ses muscles. — D'après cette considération et la certitude que nous acquîmes bientôt que la carinaire devait occuper par son organisation un des premiers rangs parmi les mollusques, d'après la certitude que ce mollusque appartient cependant à la classe des gastéropodes, mais qu'il offre sous quelques rapports de l'analogie avec les ptéropodes, on l'a réuni aux firoles et aux atlantes, dans une division d'ordre sous la dénomination de nucléobranche empruntée à M. de Blainville, à la tête des gastéropodes, faisant le passage à la classe qui précède. Dans la dernière édition du *Règne animal*, M. Cuvier a en partie suivi cette manière de voir ; comme nous, il retire les carinaires et genres voisins des scutibranches pour en faire un ordre à part ; il en rapproche les atlantes, mais il conserve la dénomination d'hétéropodes et les place entre les tectibranches et les pectinibranches, rompant par là leurs rapports avec les ptéropodes. Ce savant pense que les sexes sont séparés chez les carinaires ; nous les croyons au contraire réunis, nous fondant sur ce que les atlantes nous ont paru à la dissection les avoir ainsi. — On a fréquemment rencontré des carinaires en mer, mais assez généralement leurs animaux étaient plus ou moins mutilés, et jouissaient toutefois d'une vie très-active. La partie où cette mutilation se montre ordinairement est le nucléus qui renferme les organes les plus essentiels à la vie, le cœur et les branchies. Nous en avons rencontré un individu qui en était entièrement privé, et qui cependant vécut encore assez longtemps. Nous ajouterons que M. Gaudichaud nous a communiqué des dessins faits par lui sur des fragments de ces mollusques, moindres que ceux que nous avons eu nous-mêmes l'occasion d'observer, et jouissant encore de la vie. La trompe des carinaires est aussi quelquefois mutilée, et nous en avons vu qui en étaient entièrement privées. — C'est sans doute à cet état de mutilation des carinaires et des firoles qu'il faut attribuer la persévérance avec laquelle quelques savants ont refusé d'admettre deux genres d'animaux très-distincts parmi eux ; car rien ne ressemble plus à une firole qu'un animal de carinaire privé de sa coquille ou de son nucléus. Aujourd'hui il est bien démontré que ce sont des genres différents, mais chez lesquels la plus grande différence consiste dans la présence ou l'absence de la coquille. La considération du nucléus peut plus que toute autre chose, dans un cas d'incertitude, servir à les faire distinguer ; chez les firoles, ce nucléus, qui est placé tantôt au milieu de la partie dorsale du mollusque et tantôt à son extrémité postérieure, est toujours plus enfoncé, plus caché dans l'épaisseur de l'animal, et ne flotte point au dehors, comme on le voit dans l'animal de la carinaire; il est donc moins exposé dans la firole que dans la carinaire, et c'est ce qui fait sans doute que nous n'avons jamais rencontré de firoles mutilées dans cette partie. Quelques autres caractères peuvent encore servir à faire reconnaître les carinaires et les firoles; par exemple, les animaux des carinaires sont toujours couverts d'aspérités, et nous n'en avons pas aperçu dans les espèces de firoles que nous avons observées, ou dans celles que l'on a décrites; elles paraissent remplacées dans ce dernier genre par de nombreuses taches. Nous signalerons encore, comme caractère distinctif, la position du peigne branchial qui est placé en avant du nucléus dans les carinaires, et en arrière dans les firoles. — La cause de ces mutilations dans les carinaires ne nous est pas connue; cependant nous sommes tentés de l'expliquer par la voracité de certains animaux marins et surtout des céphalopodes. Quant à ce prolongement d'existence observé dans des fragments de ces animaux, nous ne saurions croire qu'il soit de bien longue durée, et nous pensons qu'on doit en attribuer la cause à la disposition de leur système nerveux, qui se compose de deux ganglions principaux situés dans des parties opposées, l'un céphalique, l'autre abdominal, en sorte que l'un de ces centres de sensibilité existant dans un fragment, celui-ci conserve pendant un peu de temps une apparence de vie. — Les animaux des carinaires, et cela peut s'appliquer à tous les nucléobranches, sont des mollusques pélagiens que l'on ne rencontre dans le voisinage des terres que lorsque les courants ou les tempêtes les y ont jetés; toujours sage dans ses vues, toujours industrieuse pour appliquer aux besoins et aux localités les organes qui leur sont nécessaires, la nature a donné à ces mollusques les moyens de se diriger au milieu des mers dont elle a voulu qu'ils fussent les paisibles habitants. Le pied leur devenant inutile, puisqu'ils ne devaient pas ramper, il a été converti en nageoire, et ces animaux se sont dirigés dans tous les sens à la surface de la haute mer, au-dessus des abîmes dont il ne leur est pas donné d'atteindre les profondeurs. Mais pouvait-elle les priver de la faculté de se fixer, qu'elle a accordée à presque tous les êtres, et généralement aux mollusques? Pour parvenir à ce but, elle a ménagé sur le bord de ce pied, devenu nageoire, et vers la partie supérieure, cette ventouse, reste de l'organisation primitive, et c'est par ce moyen, comme nous l'avons déjà dit, qu'ils se saisissent des fucus et autres corps flottants, et s'abandonnent avec eux à l'impétuosité des vagues. — Quant à la position que conserve ce mollusque dans sa progression, elle est telle que M. Cuvier l'avait jugée lorsqu'il décrivait la ptérotrachée, c'est-à-dire qu'elle est renversée; il en est de même chez les firoles et chez les atlantes, et au surplus chez tous les mollusques pélagiens qui n'ont pas la disposition aplatie des glaucus de Forster et des briarées de MM. Quoy et Gaimard, et il est facile d'en concevoir les motifs; c'est à la surface de la mer que tous ces animaux viennent chercher leur nourriture; s'ils pouvaient ramper à l'air libre sur cette surface mobile, il serait naturel qu'ils se tinssent le dos en haut et le ventre en bas; de cette manière leur bouche serait à portée de saisir leur proie: mais au contraire ils vivent dans l'eau même, ils se tiennent au-dessous de sa surface; il faut donc que leur corps soit renversé, afin que leur bouche puisse l'explorer. — On ne connaît encore que quatre espèces de carinaires bien déterminées; d'autres ne sont connues que par des fragments de leur animal ou simplement de leur coquille. Nous les divisons en deux sections. *Première section :* espèces subsymétriques, coniques, à bord continu, le sommet ne rentrant point dans l'ouverture. Carinaire vitrée, carinaire fragile, carinaire de la Méditerranée. *Deuxième section :* espèces non symétriques, aplaties, à bord non continu, le sommet rentrant dans l'ouverture. Carinaire déprimée; cette dernière, que nous avons découverte dans les mers de Madagascar, est décrite dans le *Bulletin universel des sciences.*

CARINAS (C.) (*hist. anc.*), d'abord lieutenant de L. Antoine, proconsul en Espagne, fut chargé par Octave de lui rendre compte de la conduite de ce général. Nommé ensuite commandant des armées en Germanie, il battit les Morins et les Suèves, et, quoique fils d'un proscrit, obtint les honneurs du triomphe. —CARINAS CÉLER, sénateur accusé par son esclave sous Néron. L'empereur ne permit pas de recevoir cette accusation (Tacit., *Annal.*, 13, 10.

CARINDE (*hist. nat.*), sorte de perroquet bleu.

CARINE (*géogr. anc.*), ville méridionale de la Mysie, sur les bords du Caïque.

CARINE, ville de la Médie (*V.* CARINA).

CARINE, ville de l'Asie-Mineure, sur les confins de la Phrygie et de la Galatie.

CARINÉ (*V.* CARÉNÉ).

CARINES, s. f. pl. (*hist. anc.*), femmes dont la profession était de pleurer les morts dans les cérémonies des funérailles païennes: on les faisait venir de Carie. De là leur nom de *Carines.*

CARINI (*géogr. anc.*), peuples de Germanie, compris dans ceux qui étaient désignés par la dénomination générale de Vandales, et qui habitaient près du golfe Codanus, suivant Pline.— C'était aussi le nom d'un peuple de Germanie dans le voisinage des Helvétiens, et celui d'une peuplade des anciens Bretons, appelée encore *Careni.*

CARINI (*géogr.*), ville de Sicile, agréablement située dans une fertile vallée dominée par des rochers pittoresques, au sein d'une contrée bien cultivée, abondante en vins, en grains de diverses espèces, en olives et en toutes sortes de fruits. La ville est remarquablement propre, d'une population de cinq à six mille habitants, et donne le titre de prince à la maison de Grua, qui habita un vieux château gothique assis sur le rocher. Elle est distante d'un mille du rivage de la mer, et à dix-huit lieues de Palerme. Tout le territoire environnant est d'une fertilité admirable.—Une longue arête de terrain, comme un rempart, et quelques restes de murailles, semblent indiquer l'emplacement de l'ancienne *Hircara*, ville citée par Thucydide comme le lieu de naissance de Laïs, courtisane si célèbre dans l'histoire grecque, qui quitta cette ville après sa prise et son sac par le général athénien Nicias, à son retour d'Italie. Laïs était au nombre des captifs emmenés par Nicias à Athènes.—Près de la terre, à quelque distance de la baie de Carini, on voit l'*Ile des femmes*, autrefois séjour d'exil pour les coupables de ce sexe.
ED. G.

CARINI, chevalier de l'ordre de Malte, dont le nom se rattache à l'une des actions les plus glorieuses de notre histoire maritime. Commandant d'une frégate de cinquante canons, il s'associa à Tourville, qui montait un vaisseau de quarante canons, pour aller chercher les infidèles. Ils attaquèrent trois vaisseaux turcs d'une force supérieure, en prirent un à l'abordage, en brûlèrent un autre, et remportèrent une victoire complète. Quelques jours après, ils combattirent quatre bâtiments turcs avec la même intrépidité, et en prirent deux. Malheureusement le chevalier de Carini fut mortellement blessé vers la fin de cette dernière action.

CARINNAS, lieutenant de Carbon (Plutarque, *Vie de Pompée*).

CARINOLA, ville épiscopale du royaume de Naples dans la terre de Labour; en latin, *Carinula*. Elle est située sur une petite rivière, à trois ou quatre lieues de la mer de Toscane, vers Jeano, et à pareille distance de Sessa au midi. Son évêché est suffragant de Capoue, qui en est éloignée de douze milles. Il était autrefois à Forum-Claudii, appelé aujourd'hui Oriolo, dans le Patrimoine. Saint-Bernard, évêque de cette ville, l'en transféra l'an 1087. La ville de Carinola a titre de comté, et on la place à deux milles de l'ancienne Calenum.

CARINSII (*géogr. anc.*), peuple dont le territoire était au nord de la Sardaigne.

CARINTHIE, en allemand, *Kaernten*. Cette province, qui faisait partie de l'ancien cercle d'Autriche, appartient aux États héréditaires de la maison d'Autriche, et a le titre de duché. Elle a pour bornes, au nord, l'archevêché de Saltzbourg et la haute Styrie; au levant, la basse Styrie; au midi, les montagnes de Loibel ou Lobel, qui la séparent de la haute Carniole et du Frioul; et au couchant, l'évêché de Brixen ou le Tyrol. La rivière de Drave, qui prend sa source dans l'archevêché de Saltzbourg, la traverse du couchant au levant, dans un cours d'environ 45 lieues communes de France; mais elle n'a que 15 ou 18 lieues du midi au nord. Ce pays qui, sous les Romains, faisait partie du *Noricum*, fut gouverné, à la fin du Xe siècle, par Othon, comte de Worms, aïeul de l'empereur d'Allemagne Conrad le Salique, qui en rendit l'hommage féodal, et qui le transmit à Conrad, son fils, mort en 1012. Le duché de Carinthie passa ensuite dans diverses maisons qui reconnaissaient les ducs de Bavière pour leurs suzerains; il fut exempté de cette sujétion en 1156. Mainhard III, comte de Tyrol, fut investi en 1286 du duché de Carinthie par l'empereur Rodolphe de Habsbourg. Henri, petit-fils de Mainhard, fut roi de Bohême, duc de Carinthie et comte de Tyrol, et ne laissa qu'une fille nommée Marguerite. Après sa mort arrivée en 1355, l'empereur Louis de Bavière disposa de la Carinthie en faveur de Rodolphe, Léopold et Albert, ducs d'Autriche, auxquels il en avait donné l'investiture quelques années auparavant, à condition que Frédéric le Beau, duc d'Autriche, leur frère, renoncerait aux prétentions qu'il avait sur l'empire; et il ne laissa que le Tyrol à Marguerite, fille de Henri, roi de Bohême. — La Carinthie est un pays montagneux, marécageux et couvert de bois; il est peu fertile en blé, et encore moins en lin, parce que l'air y est froid, et que le pays est entouré de montagnes; mais il est abondant en pâturages; et les habitants font un grand commerce de bestiaux; on y trouve des mines de fer et d'acier; et, comme il est arrosé par plusieurs rivières et rempli de lacs et de forêts, le poisson y est commun, ainsi que le gibier. — La Carinthie se divise en haute et en basse. La haute comprend la partie occidentale, et s'étend le long de la Save, vers sa source. Elle est moins étendue que la basse. La rivière de Drave, qui la sépare du couchant au levant, la divise en partie septentrionale et partie méridionale. — *Villach* est la principale ville. Dans le voisinage de celle-ci sont les bains de *Tœplitz*. C'est à Villach que l'empereur Charles-Quint se réfugia, lorsqu'il eut manqué d'être surpris à Insprück par l'électeur Maurice de Saxe. La basse Carinthie comprend la partie orientale. Beaucoup plus étendue que la haute, elle a pour capitale *Klagenfurth*, qui l'est aussi de toute la province. C'est une assez jolie ville, où réside aujourd'hui l'évêque de Gurck. Elle est aussi le siège du tribunal d'appel pour les gouvernements de Styrie et de Laybach. Le lycée avec une riche bibliothèque, le gymnase, l'école supérieure pour les demoiselles, le séminaire théologique et la société d'agriculture et des arts sont ses établissements les plus importants. Klagenfurth possède plusieurs fabriques, surtout de soie, de draps : elle fait un commerce de transit très-considérable. Sa population est de 9,000 âmes. — *Hüttemberg* est un village important par ses riches mines de fer. — *Ferlach*, autre village, est renommé par sa grande manufacture de fusils. — *Saint-Veit* est l'entrepôt général des fers de la Carinthie : il a été autrefois la capitale de toute la province. — *Blisberg* est important par ses mines de plomb, placées à côté des plus riches de l'Europe. — Les Carinthiens sont d'origine slavonne. Leur pays fait aujourd'hui partie du royaume d'Illyrie et du gouvernement de Laybach (*V*. EMPIRE D'AUTRICHE et ROYAUME D'ILLYRIE). On estime à environ 500,000 âmes la population de la Carinthie. L'évêque de Bamberg et l'archevêque de Saltzbourg y possédaient jadis des domaines considérables qu'ils ont perdus. La cérémonie de l'investiture des États des anciens ducs de Carinthie mérite d'être rapportée à cause de sa singularité. Elle se faisait dans une longue vallée et près de la petite ville de Saint-Veit, où l'on voyait quelques débris d'un bourg dont le nom est perdu pour la postérité, et auprès desquels était une pièce de marbre, à l'entrée d'une vaste prairie. Un paysan, à la famille duquel ce droit héréditaire était attaché, montait sur cette pierre. On voyait à sa droite un bœuf noir et maigre, et à sa gauche une jument décharnée : une foule de paysans étaient autour de lui. Du bout opposé de la prairie, le prince s'avançait avec sa cour et ses principaux ministres. On portait devant lui l'étendard du duché. Le comte de Goritz, maréchal de la cour, ouvrait la marche, et se faisait précéder par douze petits étendards. Venaient les corps des magistrats, et enfin le prince, vêtu en paysan, un bâton à main, et ayant tout l'accoutrement d'un pâtre. Aussitôt que le paysan qui était sur le marbre apercevait tout ce monde, il demandait en langue slavonne : « Qui est-ce que je vois avec une suite si superbe? » On lui répondait : « C'est le prince du pays. — Est-ce un juge équitable, répliquait le paysan, ami de sa patrie? Est-il de condition libre? Mérite-t-il d'être honoré? Est-il observateur et défenseur de la religion catholique? » On lui répondait qu'il l'était, et qu'il le serait. « Je demande, ajoutait le paysan, par quel droit il vient m'ôter cette place? » Alors le comte de Goritz lui disait : « On achète de toi ce bien soixante deniers, et ces bêtes seront à toi, en lui montrant le bœuf et la jument; l'on te donnera les habits que le prince vient de quitter, et ta maison sera libre et exempte d'impôts. » Ce dialogue achevé, le prince s'avançait : le paysan lui donnait un petit soufflet, lui recommandait d'être bon juge, se levait, lui cédait sa place, et emmenait avec lui le bœuf et la jument. Lorsque le prince avait pris sur la pierre la place du paysan, il tirait son épée, et frappant l'air de plusieurs côtés, il promettait au peuple assemblé de rendre la justice avec intégrité. Il se conduisait ensuite à l'église. C'était une chapelle, dans un endroit assez proche, dédiée à la Vierge, et que les vieilles chroniques laissent croire avoir été le siège d'un évêque du pays. La messe dite, le prince se dépouillait de son habit de paysan, et reprenait les siens. Il dînait en public, et traitait splendidement tous ses officiers. Après le repas, il revenait à la prairie avec son cortége, s'asseyait, jugeait quelques procès, et recevait l'hommage des fiefs vacants.

CARINTI, s. m. (*botan*.), nom brame d'une plante cucurbitacée appelée encore *balia mucapiri*. Commelin la désigne par le nom de *balsamina cucumerina indica, folio integro, fructu variegato*. Les Portugais l'appellent *tindalica*, et les Hollandais *milten*. — D'une racine traçante sous terre à la longueur de deux ou trois pieds, sur cinq à six lignes de diamètre, charnue, verte, à filaments ligneux, recouverte d'une écorce rousse, semée çà et là de fibres, s'élèvent plusieurs tiges longues de quinze à vingt pieds, grimpantes, quadrangulaires, tortillées, de deux à trois lignes de diamètre, d'un vert brun, semées çà et là de quelques épines coniques courtes, courbées un peu en dessous, et rudes au toucher, ramifiées de quelques branches alternes. Les feuilles sont alternes, disposées circulairement le long des branches, taillées en cœur pentagone échancré jusqu'au tiers de son origine, de trois à trois pouces et demi de diamètre, marquées de chaque côté de leurs bords de cinquante à soixante denticules assez égaux, fermes; hérissées de poils rudes courts qui les rendent âpres au tact, relevées en dessous de cinq nervures rayonnantes, et portées sur un pédicule cylindrique égal à leur longueur, attaché horizontalement aux tiges à des distances de trois à quatre pouces. — De l'aisselle de chaque feuille sort une vrille simple, égale à sa longueur, et une à deux fleurs femelles; les mâles sont rassemblées en corymbe au nombre de trois à quatre, longues, de six à sept lignes, jaunes, portées sur un pédoncule de même longueur, plus courtes qu'elles sont deux à trois fois plus courtes que le pédicule des feuilles. — Chaque fleur est monopétale, régulière, posée sur l'ovaire des fleurs femelles. Elle consiste en un calice verdâtre, à tube évasé, ouvert presque horizontalement, partagé jusqu'à son milieu en cinq divisions triangulaires, menues, allongées, recourbées en dessous, et en une corolle une fois plus longue, jaune, à tube évasé de même et partagé jusqu'à son milieu en cinq divisions elliptiques, pointues, une fois plus longues que larges, ondées sur leurs bords; les fleurs mâles portent chacune sur le tube de la corolle trois filets distincts très-courts, couronnés par des anthères jaunes réunies ensemble par les côtés; les fleurs femelles sont au-dessous d'elles un ovaire ovoïde allongé, égal à leur longueur et portant en dessus un style court, couronné par trois stigmates en demi-lune, épais, veloutés sur leur face intérieure; la corolle porte trois petits filets sans anthères, qui sont des apparences d'étamines. — L'ovaire en mûrissant devient une baie ovoïde obtuse, longue d'un pouce et demi, de moitié moins large, vert blanchâtre, relevée de quelques pointes coniques, à écorce épaisse, charnue, et à chair verte aqueuse, partagée intérieurement en trois loges qui contiennent chacune une cinquantaine de graines elliptiques blanchâtres, longues d'une ligne et demie, attachées sur deux rangs horizontalement dans les angles du centre du fruit. — Le *carinti* croît communément sur la côte du Malabar, au bord des forêts, autour des buissons, surtout auprès de Cochin; il est toujours vert et chargé de fleurs et de fruits. — Toutes ses parties ont une saveur aqueuse et amère. Ses fruits ne se mangent pas. — Le suc exprimé de ses feuilles se donne intérieurement à la dose d'une once pour chasser le venin et pour dissiper les coliques venteuses. Ses fruits pilés et mêlés avec le lait de vache, ou cuits, appliqués en cataplasme sur la tête, fortifient la mémoire, apaisent les vertiges et la frénésie. Toute la plante pilée et cuite dans le beurre avec le *pal modecca* produit le même effet. — Cette plante a beaucoup de caractères qui la rapprochent du melon, mais elle en a assez d'autres pour en établir un genre particulier dans la famille des bryones.

CARINUS (MARCUS AURELIUS), empereur romain, était fils aîné de l'empereur Carus, qui lui donna en 282 le titre et la qualité d'Auguste, en l'envoyant avec Numérien son second fils, faire la guerre aux Parthes. Carinus était enclin au vice dès son jeune âge, et esclave soumis de ses passions; mais il était brave et actif. Il fut particulièrement chargé de défendre les Gaules contre les barbares qui menaçaient d'y faire irruption. Ce n'est qu'à regret que son père se détermina à lui confier cette expédition; il aurait voulu en charger Numérien, prince plus sage, plus réservé, mais trop jeune. Il connaissait les mauvaises qualités de Carinus, qui ne justifia que trop les craintes et les soupçons de l'empereur. Dès qu'il fut arrivé dans les Gaules, il éloigna des emplois les hommes les plus vertueux, pour y placer les compagnons de ses débauches; il fit mourir le préfet du prétoire pour lui substituer un homme de la lie du peuple; il épousa jusqu'à neuf femmes, et les répudia successivement, quoique plusieurs se trouvassent enceintes; il remplit le palais de courtisanes, d'histrions et de chanteurs. Lorsqu'il apprit la mort de son père, il se crut dégagé de toutes entraves, et se livra avec plus de fureur à ses nouveaux crimes. Il ne manqua cependant pas de courage pour conserver et défendre l'empire. Il eut d'abord à combattre contre Julien II (Marcus Aurelius Julianus), qui avait pris la pourpre en Pannonie, et qu'il défit près de Vérone à son retour des Gaules. Ensuite il marcha contre Dioclétien, qui avait été proclamé empereur après la mort de Numérien, à Chalcédon. Les deux armées se rencontrèrent près de Margus dans la Mésie; Carinus, après avoir vaillamment combattu, succomba et fut tué par les siens sur les bords du Danube l'an 284. Un tribun, dont la femme avait été séduite par cet empereur débauché, saisit l'occasion favorable de se venger, et « d'un seul coup, dit Gibbon, éteignit le feu de la guerre civile avec le sang de l'adultère. » — On a des médailles latines et grecques de Carinus; celles-ci ont été frappées en Egypte. — L'époque de son règne est mémorable en ce qu'il fit célébrer à son retour des Gaules les jeux romains avec un éclat et une magnificence extraordinaires. Il donna au peuple des spectacles nouveaux, dont on peut voir les détails dans Calpurnius (églogue VII) et dans Vopiscus. Si les historiens ont décrié cet empereur à cause de ses crimes, il n'a pas manqué de poëtes qui ont mis ses actions au-dessus de celles des meilleurs princes. Némésien et Calpurnius ont suivi l'exemple de Virgile, qui a placé dans la bouche de ses bergers les louanges d'Auguste; comme lui, ils ont chanté dans leurs églogues Carinus et son frère en mettant ces princes au rang des dieux.

CARINUS (numism.). Il y a un médaillon d'or qui représente Carus et Carinus debout, soutenant un globe, et couronnés par Hercule et Apollon; ce médaillon vaut 1,200 fr. Les bustes en regard de ces deux empereurs se trouvent sur un autre médaillon d'or du cabinet de Vienne, estimé 1,500 fr. Les revers des médailles d'or de Carinus sont l'Abondance, la Paix éternelle, la Fidélité des soldats, le Prince de la jeunesse, Vénus victorieuse, la Victoire; ceux des médaillons de bronze : Jupiter vainqueur, les Trois Monnaies, la Vertu ou le Courage des Augustes, et le Voyage ou le Trajet des Augustes, avec le type d'une galère prétorienne, sur laquelle est l'empereur accompagné de cinq soldats. Cette pièce vaut 100 fr. Un quinaire de Carinus représente son buste casqué, tenant de la main droite un cheval par le frein, et au revers la tête de sa femme Magnia Urbica. DUMERSAN.

CARIOMER (hist. anc.), prince des Chérusques, qui fut battu par les Cattes, vers la fin du Ier siècle.

CARION (vieux mot), le dixième de la dîme que l'on donnait à celui qui la conduisait à la grange du décimateur.

CARION (JEAN), professeur de mathématiques à Francfort-sur-l'Oder, où il eut pour disciple Mélanchthon, naquit à Bütickheim en 1499, et mourut à Berlin, âgé de trente-neuf ans. Il publia d'abord des Ephémérides, qui s'étendent de 1536 à 1550, et contiennent des prédictions et des jugements astrologiques. Il fit imprimer ensuite des Practicæ astrologicæ; mais ces deux ouvrages ne lui avaient fait aucune réputation, lorsqu'il devint tout à coup célèbre par une chronique dont il n'était point l'auteur. Elle eut dans le XVIe siècle un succès si prodigieux, il en parut un si grand nombre d'éditions et de traductions, qu'il n'est pas hors de propos d'entrer dans quelques détails sur l'histoire de cet ouvrage. Carion avait composé une chronique en allemand, et, avant de la faire imprimer, il voulut que Mélanchthon la corrigeât. Mélanchthon, au lieu de la corriger, en fit une autre, et la publia en allemand à Wittemberg en 1531. C'est ce qu'il nous apprend lui-même en écrivant à Camerarius : Ego totum opus retexi, et quidem germanice. Peucer, gendre de Mélanchthon et continuateur de la même chronique, dit, dans son édition de 1572, que Mélanchthon raya tout le manuscrit de Carion : Totum abolevit una litura, alio conscripto, cui tamen momen Carionis præfuit. Tandis que Mélanchthon publiait sa chronique sous le nom de Carion, celui-ci faisait imprimer son ouvrage, et le dédiait à Joachim, marquis de Brandebourg. Il le terminait par quatre ou cinq prophéties appliquées à Charles-Quint, et qui ont été toutes fausses. Les deux chroniques sous le nom de Carion eurent divers traducteurs. Herman Bonnus donna une version latine de celle de Mélanchthon, et Jean Leblond traduisit en français celle de Carion, Paris, 1556, in-12 (V. MÉLANCH-THON).

CARIOPHYLLÉE (V. CARYOPHYLLÉE).

CARIOPHYLLÉES, CARIOPHYLLIE, CARIOPHYLLODENDRON et **CARIOPHYLLOIDE** (V. CARYOPHYLLÉES, CARYOPHYLLIE, CARYOPHYLLODENDRON et CARYOPHYLLOIDE).

CARIOPSE, s. m. (botan.), cariopsis, de κάρη, tête, et ὄψις, figure. Richard a désigné sous ce nom une espèce de fruit dont les caractères sont d'être sec, indéhiscent, monosperme, et d'avoir un péricarpe tellement mince et adhérent qu'on le confond avec les téguments de la graine, dont on ne peut le distinguer à l'époque de la maturité. Ce dernier caractère distingue le cariopse de l'akène. Les fruits des graminées, qu'on a longtemps considérés comme des graines nues, sont des cariopses (Cérion, Mirbel).

CARIOVALDE, roi des Bataves, qui périt dans une bataille contre les Chérusques.

CARIPI (art. mil.), corps de cavalerie dans l'armée turque. Les caripis, au nombre de mille environ, ne sont point esclaves, ni élevés dans le sérail ou le harem, comme le reste de la maison du sultan. Ils se recrutent en général parmi les Maures et les renégats chrétiens qui après avoir couru quelques aventures, sans fortune, et pour se faire un sort, se sont frayé par leur adresse et leur courage un chemin jusqu'au poste de gardes du corps du grand seigneur. — Ils marchent dans le cortège à gauche du sultan, sous le commandement de l'ulufalghi, qui le précède. Leur solde est considérable. — Le terme caripi signifie pauvre et étranger. Cette dénomination, d'après Calchondylas, a été donnée à ces soldats parce que la plupart viennent de l'Egypte et de l'Afrique. Ed. GIROD.

CARIPORES (géogr.), peuple de l'Amérique méridionale, au nord du Brésil et de la rivière des Amazones. Ce peuple passe pour le plus doux et le plus humain de tous ceux des Indes occidentales. Il fait une guerre continuelle aux Caribes, qui sont moins civilisés que les Caripores.

CARIQUE-LANCOU, s. m. (mythol.), brouette de la mort, que les Bretons superstitieux croyaient être conduite par des squelettes.

CARIQUES, s. f. pl. nom que l'on donne en Provence aux figues desséchées.

CARIQUEUSE, s. f. (chirurg.), espèce de tumeur qui a la forme d'une figue.

CARIS (géogr. anc.). C'est le Cher, grande rivière des Gaules, qui prenait sa source chez les Lémovices, dans l'Aquitaine première, coule au nord, puis à l'ouest, et se jette dans la Loire au-dessous de Turones (Tours).

CARISIACUM (géogr. anc.), ville de la Gaule, le Crécy actuel, chez les Veromandui, Belgique deuxième.

CARISBROOK (géogr.), village d'Angleterre dans la principauté occidentale de l'île de Wight, comté de Southampton, hundred de Westmedina, à un quart de lieue sud-ouest de Newport. Autrefois considérable, il n'est plus remarquable que par deux anciens édifices, l'église et le château. L'église faisait partie d'un couvent situé sur une hauteur en face de celle où était encore un vieux château. Ce dernier est entouré d'un fossé profond, et de fortifications qui ont environ une demi-lieue de long. La grande porte en est magnifique. Il y a dans l'intérieur un puits de deux cent seize pieds de profondeur, taillé en différents endroits dans le roc, qui lui fournit de l'eau. Le gouverneur de l'île y réside, et il y a une garnison. — On attribue aux Bretons la construction de ce fort, qui fut réparé par les Romains sous le règne de Vespasien. Withgan, roi de l'île de Wight, le fit rebâtir au commencement du VIe siècle. Sous le règne de Henri Ier, il fut réparé par un comte de Devon. La partie moderne fut élevée par la reine Elisabeth. — En 1647, Charles Ier (V. ce mot) y resta prisonnier trois mois, avant d'être livré aux troupes du parlement. Après la mort de ce prince, ses enfants y furent détenus. — La population de ce bourg est de 4,670 habitants. Ed. GIROD.

CARISEL ou **CRÉSEAU**, s. m. (technol.), grosse toile très-claire, qui sert pour travailler en tapisserie.

CARISET ou **CARIFFET**, s. m. (comm.), étoffe de laine croisée que l'on fabrique en Ecosse.

CARISIUS (hist. anc.), lieutenant d'Auguste en Espagne, vainquit les Astures (Dion Cass.).

CARISPH (géogr. sacrée), ville de la tribu de Juda (Jos., XV, v. 23).

CARISSA (géogr. anc.), ville de l'Asie-Mineure dans la Paphlagonie, suivant Pline et Ptolémée.

CARISSA-REGIA (géogr. anc.), surnommée Aurélie, ville d'Espagne dans la province de Gadès, aujourd'hui Cadix. On voit ses ruines dans un lieu appelé Cariza.

CARISSE, s. m. (*botan.*), genre de plantes de la famille des jasminées.

CARISSANUM (*géogr. anc.*), petite ville du Samnium, auprès de Compsa. C'est près de là que Milon fut tué.

CARISSIMI (GIOVANNI-GIACOMO). On manque de documents précis touchant cet illustre compositeur. Il naquit à Padoue, suivant d'autres à Venise, vers l'année 1582. Quel fut son maître, personne n'en sut rien; peut-être n'eut-il jamais d'autre que sa vocation naturelle et la force instinctive de son génie. D'après l'opinion la plus accréditée, ses talents lui valurent en 1609 la place de maître de la chapelle pontificale et du sacré collége; cependant, si l'on en croit l'autorité de M. Fétis, loin qu'il occupât ce poste élevé, Carissimi n'aurait jamais été que maître de chapelle de l'église Saint-Apollinaire. Quoi qu'il en soit, Carissimi fut un des plus grands musiciens dont puisse s'honorer la première école d'Italie, et c'est particulièrement à lui qu'on doit rapporter les tendances et les progrès de l'art musical à cette époque. Lorsque Carissimi commença à se distinguer, il s'opérait une réforme complète dans plusieurs branches essentielles de la composition ; les essais tentés par Peri Caccini et Monteverde allaient à substituer le genre pathétique et déclamatoire au faire solennel et pompeux des anciens maîtres ; on délaissait pour la cantate les formes surannées du madrigal. La monodie prenait insensiblement la place des complications harmoniques, et les accents inspirés du récitatif faisaient chaque jour de nouveaux prosélytes ; s'il ne fut pas l'inventeur de ces heureux changements, Carissimi contribua du moins à leur triomphe par les nombreuses et importantes améliorations qu'il apporta à l'œuvre souvent informe de ses devanciers ; il enleva à la basse son allure traînante et monotone en y introduisant quelques petits traits qui lui imprimèrent une variété et un mouvement inconnus jusqu'alors. Le premier, il joignit un accompagnement instrumental à la musique religieuse, qu'on exécutait dans les églises avec le seul secours de l'orgue. Voilà certes d'estimables travaux ; mais le plus beau titre de Carissimi fut d'avoir pressenti l'ère nouvelle qui s'ouvrait et de lui avoir pour ainsi dire préparé les voies. Il forma une foule d'élèves, parmi lesquels Cesti, Buononcini, Bassani et surtout l'immortel Scarlatti, dont la gloire devait un jour égaler celle de son maître. — Le style de Carissimi est gracieux, spirituel, plein de noblesse et d'une aisance qui n'exclut point la correction. Comme on lui faisait compliment sur cette dernière qualité, « Ah ! répondit-il, combien il est difficile de parvenir à cette facilité. » — Carissimi a composé une foule de messes, motets, cantates et oratorios. On cite surtout parmi ses œuvres le motet *Turbantur impii* ; *le Jugement dernier*, oratorio à trois chœurs, deux violons et orgue; *Jonas*, cantate religieuse à deux chœurs, deux violons et basse; et *Jephté*, oratorio à sept voix, qui passe pour son chef-d'œuvre. *Salomon*, qu'on lui attribue communément, est de son élève Cesti ; mais il en laissa probablement le plan, et peut-être même quelques parties achevées dans le genre léger. On a de Carisimi plusieurs pièces comiques, telles que : *la Plaisanterie sur la barbe, les Cyclopes* et *le Testament d'un âne* ; enfin on lui attribue un traité sur l'art du chant intitulé : *Ars cantandi*. De tous ces ouvrages la plupart sont restés manuscrits, et sont par conséquent devenus fort rares. — Non-seulement ses successeurs mais encore ses contemporains ont fait plus d'un emprunt au génie de ce grand homme. Lulli, entre autres, ne s'en faisait pas faute, et ce n'est que longtemps après que la fraude fut découverte ; car les compositions de Carissimi n'avaient pas encore franchi les Alpes. — Suivant Matheson, Carissimi vivait encore en 1672; il devait être alors âgé d'environ quatre-vingt-dix ans; on ne sait pas au juste l'époque de sa mort.   EDMOND VIEL.

CARISTADE, s. f. (*gramm.*), aumône. Il est familier et peu usité.

CARISTI (*géogr. anc.*), peuples d'Espagne placés par Ptolémée dans la Tarraconaise, où il leur assigne la ville de Suestasium. Danville les met sur la côte septentrionale de l'Espagne citérieure.

CARISTIES, s. f. pl. (*hist. anc.*), fêtes célébrées, dans l'ancienne Rome, en l'honneur de la Concorde.

CARISTUM (*géogr. anc.*), ville d'Italie en Ligurie, placée par Livius dans le territoire des Statelliates. Elle était un peu au midi de Dertona. Le bourg actuel de *Corso* est bâti sur ses ruines.

CARISY, s. f. sorte de poire à poiré.

CARITEO, poëte italien du XVᵉ siècle, était né, selon le Quadrio et le Crescimbeni, à Barcelone en Espagne ; mais il vécut habituellement à Naples. Il paraît que *Cariteo* fut un nom poéti-

que que Sannazar lui donna pour indiquer qu'il se consacrait aux Grâces (*Charites*), et qui fit oublier son nom de famille. Il fut un des membres de la célèbre académie de Pontanus, qui parle de lui dans plusieurs endroits de ses ouvrages, et le fait parler lui-même dans un de ses dialogues. Il était intime ami de Sannazar, et, ainsi que lui et toute cette académie de Naples, fort attaché à la maison régnante d'Aragon. Lors de l'expédition de Charles VIII, au moment où l'armée française descendait en Italie, il fit éclater cet attachement dans plusieurs pièces de vers, et n'épargna ni le sarcasme ni les injures aux Français et à leur roi. Les rapides progrès de cette armée ne le firent point changer de ton ; il exhorta dans une grande ode les princes italiens à oublier leurs divisions, et à marcher ensemble contre leur ennemi commun. On ne sait ce qu'il devint après la conquête, mais il était mort avant 1509. Ses *OEuvres* ou *Rime*, recueillies pour la première fois en 1506, furent réimprimées en 1509, in-4°, par son ami Summonte, avec un grand nombre d'additions. Le style y manque d'élégance et de force ; mais, pour les sentiments et les pensées, elles sont les meilleures de ce siècle, où la poésie italienne avait déchu, pour se relever avec plus d'éclat.

CARITH, torrent qui tombe dans le Jourdain au-dessous de Bethsan. C'est auprès de ce torrent, et dans la vallée où il coulait, que le prophète Élie demeura caché pendant quelque temps, pour éviter la colère de Jézabel, et où les corbeaux lui apportaient chaque jour, soir et matin, de la viande et du pain (*III. Reg.*, XVII, 3, 4).

CARITHUI (*géogr. anc.*), peuple de Germanie, placé par Ptolémée entre les Vangions et les Vispes.

CARIUM ou **CURIUM** (*géogr. anc.*), lieu de l'île de Chypre où était la forêt d'Apollon.

CARIUS ou **CORIUS** (*géogr. anc.*), rivière d'Asie, dans la Caramanie, dont Ptolémée assigne l'embouchure aux environs du golfe Persique.

CARIUS (*myth.*), épithète de Jupiter parmi les Milésiens, probablement par rapport au culte qu'on lui rendait dans un temple sur le mont Carius.

CARJAVAL (LE COMTE JOSEPH-MARIE DE), lieutenant général, inspecteur général des volontaires royaux d'Espagne, mort à Madrid en décembre 1832, âgé d'environ soixante ans, avait contribué à la contre-révolution de 1813. Après le retour de Ferdinand VII à Madrid, il obtint le gouvernement des provinces de Valence et de Murcie, où il déploya quelque sévérité.

CARL, s. m. (*numism.*), monnaie d'or de Bavière, qui vaut 10 florins 42 creutz (24 fr. 15 c. de France). — Monnaie d'or de Brunswick, qui vaut 5 thalers (18 fr. 95 c. de France).

CARL (JEAN-SAMUEL), savant médecin allemand né en 1657, fut disciple et l'un des plus zélés partisans de Stahl. Il devint premier médecin de Christian VI, roi de Danemarck, et mourut à Meldorf, dans le duché de Holstein le 13 juin 1757. On a de lui : 1° *Lapis philosophico - pyrotechnicus ad ossium fossilium docimasiam analytice demonstrandam adhibitus*, Francfort-sur-le-Mein, 1703, in-8° : sous ce titre singulier, l'auteur donne l'analyse chimique des os pétrifiés ; 2° *Praxeos medica therapia generalis et specialis pro hodego tum dogmatico, tum clinico, in usum privatum auditorum ichnographice delineata*, Halle, 1718, 1720, in-4° ; 3° *Specimen historiæ medicæ, ex monumentis stahlianis in syllabum aphoristicum redactum*, 1727, in-8°, réimprimé avec additions en 1757, in-8°; 4° *Ichnographia praxeos clinica*, 1722, in-8°; 5° *Elementa chirurgiæ medicæ ex mente et methodo stahliana*, 1727, in-8° ; 6° *Diætica sacra, hoc est disciplina corporis ad sanctimoniam animæ accommodata*, Copenhague, 1738. — C'est à Antoine-Joseph Carl, professeur de botanique à Ingolstadt, que l'on doit : 1° *Zymotechnia vindicata et applicata*, Ingolstadt, 1759, in-4° ; 2° *De oleis*, 1760, in-4° ; et 3° *Jardin botanico-médical* (en allemand), 1770, in-8°.

CARLA, s. m. (*comm.*), toile peinte des Indes, qui se fabrique dans un village du même nom.

CARLADEZ (*géogr.*), *Carlatensis tractus*, petit pays de la haute Auvergne, ainsi nommé de la ville de Carlat, sa capitale. Dès le Xᵉ siècle, le Carladez avait des seigneurs particuliers qui portaient le titre de vicomtes. Il fut ensuite réuni au vicomté de Lodève, de Meilhaut et de Rodez, et aux comtés de Rouergue et de Provence. Il faisait partie en 1503 du domaine de la maison d'Armagnac, et il passa ensuite successivement dans celles d'Albret et de Bourbon. — Réuni au domaine de la couronne par François Ier en 1531, il en fut de nouveau démembré par Louis XIII en 1642, et donné à perpétuité au prince de Monaco, auquel il appartint jusqu'en 1689. Vic était alors la capitale du Carladez.

CARLAT, *Carlatum*, petite ville de l'ancienne Auvergne (aujourd'hui le département du Cantal), à sept kilomètres d'Aurillac. C'était autrefois une forteresse considérable, et quelques historiens en font remonter la fondation jusqu'à l'époque romaine. Quoi qu'il en soit, après la bataille de Vouillé, le château de Carlat résista avec succès aux armées de Clovis ; il fut aussi une des principales barrières qui arrêtèrent les conquêtes de Thierry. Louis le Débonnaire en fit le siège en 830, et le prit sur les partisans de son fils. Les Anglais s'en emparèrent par ruse en 1359, l'abandonnèrent quelque temps après; ils en furent chassés par le duc de Bourbon; mais ils ne tardèrent pas à y rentrer, et le possédèrent jusqu'en 1387. Jacques d'Armagnac, duc de Nemours, s'y retira en 1459, et il fut assiégé inutilement pendant dix-huit mois par les troupes de Louis XI, qui furent obligées de se rendre. En 1475, le roi en fit faire de nouveau le siège par le duc de Beaujeu ; la place fut serrée de si près que Jacques d'Armagnac fut obligé de se rendre. On sait qu'il fut enfermé à Pierre-Encize, transféré à la Bastille et renfermé dans une cage de fer, d'où il ne sortit que pour aller au supplice. En 1568, le château de Carlat fut assiégé et pris par les religionnaires du Languedoc, sur lesquels il fut repris par les royalistes, qui le leur rendirent en 1583. Marguerite de Valois, première femme de Henri IV, chassée d'Agen à cause de sa mauvaise conduite, vint à Carlat en 1585, et y séjourna dix-huit mois ; mais ses amours scandaleuses ayant soulevé contre elle une indignation générale, elle fut forcée d'en sortir précipitamment pour se réfugier à Usson. Le château de Carlat fut encore assiégé en 1602, et défendu par Mme de Morèze, qui, s'étant emparée de la place en l'absence de son mari, arrêté par ordre du roi, déclara qu'elle ne le rendrait qu'autant que M. de Morèze serait remis en liberté, ce qu'elle ne fut pas longtemps à obtenir. Henri IV, instruit des vexations qu'exerçaient dans les environs les gentilshommes qui gardaient la forteresse de Carlat, en ordonna la démolition, qui fut exécutée en 1603.

CARLBERG (*géogr.*), maison royale de plaisance, à un quart de mille à l'ouest de Stockholm, construite en 1650 par le grand amiral Gyllenhjolm. Ayant appartenu depuis 1669 au grand sénéchal comte Magnus Gabriel de la Gardie, qui agrandit le château et l'entoura d'un parc superbe, puis au maréchal supérieur comte Jean-Gabriel Stenbock, il fit retour à la couronne sous Charles XI, dont la femme Ulrique-Eléonore y mourut en 1693. En 1792, elle devint le siège de l'académie royale militaire, ensuite celui de l'école des cadets de marine, qui jusqu'alors avait été établie à Carlscrona, et on l'agrandit encore.

CARLE (PIERRE), né à Villerangue en 1666, fit ses premières études à Nîmes avec un si vif désir de s'instruire, que, pour n'être pas tenté de sortir, il coupa ses cheveux et les talons de ses souliers. Sorti du royaume le 12 juin 1685 il se rendit à Genève, puis en Hollande et en Angleterre, où il revint en Hollande. Là, se trouvant presque sans ressources, il s'afferma pendant quelque temps, vécut avec la plus grande frugalité, et s'appliqua sans relâche à l'étude des mathématiques; puis il se présenta pour se faire placer sur la liste des ingénieurs, et y réussit sans autre appui que son mérite. A la révolution de 1688, Carle, entré au service du roi Guillaume, servit sur mer et sur terre en Irlande, et principalement en Flandre, pendant les dix années que dura la guerre, et s'éleva par son mérite au rang de quatrième ingénieur du royaume. Blessé au mois d'août 1695 devant Namur, il fut visité sur-le-champ par tous les officiers généraux, et le roi lui témoigna le plus grand intérêt. Il s'était fait naturaliser en 1693 en Angleterre, et pendant la courte durée de la paix qui suivit le traité de Riswick, il résida à Londres. Lors de la guerre de la succession d'Espagne, Carle passa au service du roi de Portugal, sans perdre le commandement d'un régiment d'infanterie au service d'Angleterre, dont il était colonel. Il prit avec milord comte Gallowai, réfugié français comme lui, la ville d'Alcantara, sur les Espagnols et les Français, conduisit les travaux du siége de Salamanque, entra dans Madrid avec le marquis das Minas, défendit Barcelone contre le roi d'Espagne Philippe V, qui fut obligé d'en lever le siège après trente-sept jours de tranchée ouverte, fit cette belle retraite d'Andalousie, que le maréchal de Berwick admirait tant, et se concilia l'estime particulière du roi de Portugal, qui le récompensa généreusement de ses services, et lui

offrit le libre exercice de sa religion dans son palais même, ce que Carle refusa. Après la paix générale, il resta pendant quelques années au service du Portugal, et se retira vers 1720 à Londres, où il résida jusqu'à sa mort. — Moins ambitieux que philosophe paisible, Carle goûta les douceurs de la paix au sein de sa patrie adoptive; il s'adonna à l'agriculture et en fit ses délices. Il tenta d'introduire en Angleterre la culture du mûrier, et même il essaya d'y élever des vers à soie. — Il mourut à Londres le 7 octobre 1750, d'une attaque de goutte, au moment où il se disposait à effectuer le désir et le projet qu'il avait toujours nourri de revenir finir sa vie dans sa patrie, qui l'avait pourtant rejeté de son sein.

CARLE (RAP.), bijoutier de la place Dauphine, à Paris, électeur et commandant de bataillon, souleva les jeunes gens lors du renvoi du cardinal de Brienne, et fit brûler une effigie de ce ministre. Après le 14 juillet 1789, Carle donna dans la grande salle du palais un repas splendide. Cette dépense, au-dessus de sa fortune, fit croire qu'il était soudoyé. Le 10 août 1792, il se rendit auprès du roi au moment où les Tuileries allaient être investies, et fit des dispositions pour défendre ce prince. La municipalité le manda aussitôt à sa barre; on l'accusa d'avoir donné l'ordre de tirer si le château était attaqué, le peuple se saisit de lui, et deux gendarmes qui étaient sous ses ordres l'assassinèrent.

CARLEBY, GAMLA- (*vieux*), CERLEBY (*géogr.*), ville d'entrepôt de la Finlande septentrionale, dans la province d'Osterbotten, gouvernement de Wasa, sur un petit golfe. Les habitants se livrent avec profit à la construction des navires et à un commerce important de planches, de beurre, etc. Elle fut fondée en 1620, par Gustave-Adolphe. En 1820 le nombre de ses habitants était de 1,820. Elle n'a qu'une église succursale (protestante) bâtie en bois, où l'on prêche en finois et en suédois.

CARLEBY, NY- (*nouveau*), CERLEBY (*géogr.*), ville maritime fondée en 1617 par Gustave-Adolphe, qui lui donna des privilèges; elle est située dans la Finlande septentrionale, province d'Osterbotten, gouvernement de Wasa, à 8 milles et demi au nord de Wasa; les habitants se livrent au même commerce que ceux du vieux Carleby. L'église est également en bois. La ville est située sur le fleuve Lappojocki, et son port est à un mille plus loin à l'embouchure de ce fleuve. En 1820 on y comptait 779 habitants.

CARLEMAS (*V.* JUVENEL).

CARLEMIGELLI (ASPASIE) était fille d'un coureur attaché à la maison du prince de Condé, et fut plus connue sous le prénom d'Aspasie que sous son nom de famille. Une passion malheureuse, une maladie cruelle, et plus encore la violence des remèdes, ayant égaré son imagination, ses parents la firent conduire à l'hôpital et traiter comme folle. En 1794, animée d'une rage aveugle contre celle qui lui avait donné le jour, elle dénonça sa mère comme contre-révolutionnaire, et tenta de la faire périr sur l'échafaud. Elle n'en parlait jamais qu'avec des mouvements convulsifs, à cause des mauvais traitements qu'elle disait en avoir reçus. Arrêtée elle-même et dépouillée de tout ce qu'elle possédait, elle avait dans son désespoir couru pendant la nuit en criant : Vive le roi ! persuadée, dit-elle depuis à ses juges, que le tribunal révolutionnaire lui ôterait promptement une vie qu'elle détestait. Elle fut néanmoins acquittée. Le 1er prairial an III (21 mai 1795), lorsque le peuple des faubourgs se porta à la convention pour demander du pain et la constitution de 93, Aspasie excitait, avec les accents de la rage, une troupe de mégères qui l'entouraient. On lui avait dépeint Boissy-d'Anglas comme cause de la disette, et elle avait formé le dessein de le poignarder : plusieurs fois elle s'était rendue chez lui dans cette intention. Ce fut ce jour-là que le député Féraud périt ; Aspasie aida à l'assommer, en le frappant de ses galoches. Elle se précipita ensuite sur Camboulas, un couteau à la main ; ce député ne réussit qu'avec peine à se soustraire à sa fureur. Dénoncée et arrêtée pour ces assassinats, Aspasie convint de tous les faits qui lui étaient imputés, et prétendit qu'elle n'avait obéi qu'aux impulsions des émigrés, des Anglais, des royalistes, etc. Elle ajouta qu'on avait répandu de l'argent, et que le but du complot était de s'emparer du fils de Louis XVI, qui était au Temple, et de le proclamer roi. Elle ne voulut néanmoins nommer aucun de ses complices. Ce n'est que le 19 prairial an IV (mai 1796) qu'elle fut mise en jugement. Elle confirma ses premiers aveux, et déclara au tribunal que si elle était libre le bras qui avait atteint Boissy-d'Anglas et Camboulas les frapperait de nouveau. Elle s'opposa constamment à ce que personne prît sa défense, et conserva le plus grand sang-froid en attendant son arrêt de mort. Les apprêts du supplice même ne purent l'intimider, et elle mourut avec un grand courage, âgée de vingt-trois ans.

CARLER (GILLES), en latin *Ægidius Carlerius*, docteur et professeur en théologie de la maison de Navarre à Paris, fut doyen de l'Eglise de Cambrai depuis l'an 1431 jusqu'à l'an 1472. Il assista au concile de Bâle, où pendant quatre jours il répondit au second article des Bohémiens, *de peccatis publice corrigendis*. On trouve ce discours dans le tome quatrième des *Conciles*, et plus correctement dans le tome troisième des *Antiquæ Lectiones* de Henri Canisius. Carler a fait encore les consultations sur les cas de conscience, en deux volumes, dont le premier a pour titre : *Sporta fragmentorum*, et le second, *Sportula fragmentorum* : l'un a été imprimé à Bruxelles en 1478, et l'autre dans la même ville en 1479, tous deux in-folio. Le *Sporta* contient : *De consecratione bonorum Ecclesiæ; Defensorium Ecclesiæ; De communione sub utraque specie; De perpetua virginitate beatæ Mariæ, contra iconomachos; Pro cœlibatu præsertim ecclesiastico*, etc. Dans le *Sportula*, on trouve : *De electione Judæ proditoris; De hierarchia ecclesiastica; De reditibus ad vitam; Pro decimis; De imaginibus; De integritate confessionis, et potestate papæ; De non esu carnium apud benedictinos; Contra calculatores consummati seculi; De vitanda missa presbyteri concubinarii; De clausa religiosorum ordinis sancti Dominici*, etc. Les autres écrits de Carler sont : *Narratio de morte Juliani Cæsarini cardinalis*, dans le tome troisième des *Miscellanea* de Baluse, p. 301; *Scutum veritatis, et commentarius in libr. quatuor Sententiarum*, manuscrits.

CARLES (LANCELOT DE), né à Bordeaux au commencement du XVIᵉ siècle, était fils de Jean de Carles, président au parlement de cette ville. Le roi Henri II le chargea d'une négociation avec la cour de Rome, et, en récompense de ses services, le nomma à l'évêché de Riez. Carles avait reçu une excellente éducation, dont il avait heureusement profité. Il était savant dans les langues grecque et latine; il aimait aussi la poésie française, et recherchait ceux qui s'étaient acquis quelque réputation en la cultivant. Il était particulièrement lié avec Ronsard, Joachim du Bellay et le chancelier de l'Hôpital. Carles mourut à Paris vers l'année 1570. La Croix du Maine lui attribue plusieurs ouvrages imprimés, et d'autres qui ne l'ont pas été. Dans cette dernière classe, il faut ranger une *Traduction en vers français de l'Odyssée d'Homère*, dont notre bibliothécaire ne parle que sur le témoignage de Jacques Pelletier du Mans. Il avait fait imprimer en 1561 *la Paraphrase en vers français de l'Ecclésiastique de Salomon*, en 1562 celle des *Cantiques de la Bible*, et du *Cantique des Cantiques*, in-8°. On a encore de lui : *Exhortation* ou *Parénèse en vers héroïques* (latins et français) *à son neveu*, Paris, Vasasan, 1560, in-4°; *Eloge* ou *Témoignage d'honneur d'Henri II, roi de France, traduit du latin de Pierre Paschal*, 1560, in-fol.; *Lettres au roi de France Charles IX, contenant les actions et propos de M. de Guyse, depuis sa blessure jusqu'à son trépas*, Paris, 1563, in-8°. Mais le plus rare des ouvrages de Carles et le plus recherché est une *Epître contenant le procès criminel fait à l'encontre de la royne Boullan* (Anne de Bouleyn) *d'Angleterre*, Lyon, 1545, in-8°. M. Brunet en parle dans son *Manuel du libraire*, mais par erreur, sous le mot CHARLES.

CARLESON (CHARLES), secrétaire d'Etat en Suède, chevalier de l'Etoile polaire, naquit en 1703 à Stockholm, où son père était négociant. Ayant fait de bonnes études à Upsal, il entra dans les charges, et s'éleva peu à peu à celle de secrétaire d'Etat. Il mourut en 1761. Carleson était versé dans les langues anciennes et modernes, dans le droit et dans les sciences économiques. On a de lui un *Dictionnaire d'économie*, quelques traités de jurisprudence et de morale, et des traductions en suédois de plusieurs ouvrages anglais, ainsi que du *Traité de la vieillesse*, de Cicéron. — CARLESON (Edouard), son frère, fut président du conseil de commerce à Stockholm. Après avoir voyagé en Turquie avec le baron de Hœphen, il fut nommé ministre de Suède à Constantinople. Les services qu'il rendit à son pays furent récompensés d'une manière brillante. Retourné en Suède en 1746, il devint successivement secrétaire d'Etat, commandant de l'ordre de l'Etoile polaire, chancelier de la cour, et président au conseil de commerce. Il mourut en 1767. Ses loisirs avaient été consacrés aux sciences, et il laissa plusieurs ouvrages en suédois, parmi lesquels nous remarquerons ses *Considérations sur l'état des pêcheries en Suède*, et sa *Relation du voyage de deux seigneurs suédois en*

Asie, en Palestine, à Jérusalem, etc. On trouve aussi plusieurs mémoires du président Carleson dans le recueil de l'académie des sciences de Stockholm, dont il était membre.

CARLET (LOUIS-FRANÇOIS), marquis de la Rozière, maréchal de camp, né en 1755 au Pont-d'Arche, près Charleville (Ardennes), servit avec distinction, depuis 1745, dans les armées d'Italie, de Flandre et d'Allemagne. Le prince Ferdinand de Brunswick, faisant allusion à une affaire dans laquelle il avait été vivement poursuivi par lui, et avait failli tomber entre ses mains, disait plus tard en montrant le brave Carlet, alors prisonnier du roi de Prusse : « Voilà le Français qui m'a fait le plus de peur de ma vie. » Echangé bientôt, et rentré en France après la paix, le lieutenant-colonel Carlet fut employé quelque temps au ministère secret du duc de Broglie, et fut chargé, en 1765, d'aller reconnaître les côtes d'Angleterre et celles de France. A son retour, il présenta divers projets de défense qui furent adoptés et reçurent une bonne opinion de ses connaissances militaires. En 1768, il fut chargé par le ministère, qui mit à sa disposition les pièces officielles des bureaux de la guerre, d'écrire l'histoire des guerres des Français sous Louis XIII, Louis XIV et Louis XV; mais la révolution l'empêcha d'achever ce travail important, dont il a laissé quatre volumes trouvés parmi ses papiers. Il rédigea aussi en 1770, par ordre du roi, un plan de campagne contre l'Angleterre. En 1780, Louis XVI lui conféra le titre de marquis de la Rozière, et le créa maréchal de camp, commandant l'expédition projetée contre les îles de Jersey et de Guernesey. Le marquis de la Rozière émigra en 1791, et se retira à Coblentz, où il fut chargé de la direction des bureaux de la guerre des princes. Après la campagne de 1792, il passa successivement en Allemagne, en Angleterre, prit successivement du service en Russie et en Portugal, où il fut employé comme lieutenant général et comme inspecteur général des frontières et des côtes du royaume, emploi qu'il conserva jusqu'à sa mort, arrivée en 1808. — Son fils, JEAN CARLET, MARQUIS DE LA ROZIÈRE, né à Paris en 1770, émigra avec son père en 1791, servit dans l'armée des princes, se battit contre nos soldats dans les rangs des Hongrois, des Anglais, des Portugais, et rentra en France avec les Bourbons, qui récompensèrent ses services par le grade de maréchal de camp. Il a été depuis mis en disponibilité.

CARLETON (GEORGES), savant évêque anglais du XVIIᵉ siècle, né à Norham dans le Northumberland en 1559, d'une famille pauvre, qui ne pouvait fournir aux frais de son éducation, fut secondé dans l'université d'Oxford par les soins et soutenu par la libéralité de Bernard Gilpin. Après s'être distingué dans ses cours comme logicien, orateur, poëte, et surtout comme théologien, il fut nommé, sans prendre aucun degré préalable dans l'état ecclésiastique, à l'évêché de Landaff en 1618. La même année, envoyé par le roi Jacques 1ᵉʳ au synode de Dordrecht, il y prit avec chaleur la défense de l'épiscopat. En récompense de cette conduite, le roi lui donna l'année suivante le siège de Chichester, où il resta jusqu'à sa mort arrivée en 1628. C'était un homme d'un jugement sûr et d'une vaste érudition. Camden fait l'éloge de ses talents en théologie et de ses connaissances variées. Il était ennemi acharné de Rome, et sous le rapport de la doctrine de la prédestination un calviniste rigide. Il a écrit beaucoup de livres sur les matières théologiques, en anglais et en latin. — HENRY CARLETON, fils de cet évêque par sa première femme, embrassa la cause de la chambre des communes dans la guerre civile sous Charles 1ᵉʳ. Il avait accepté une commission dans l'armée du parlement, et s'était montré constamment hostile au parti des évêques, contradictoirement avec son père. On le vit siéger, comme député d'Arundel dans le Sussex, au parlement de courte durée qui s'assembla à Westminster en 1640.

CARLETON DUDLEY, vicomte Dorchester, homme d'Etat éminent du XVIIᵉ siècle, était fils d'Antony Carleton, écuyer. Il naquit au château de son père dans le comté d'Oxford en 1563. Ayant terminé son éducation à l'université d'Oxford, il voyagea pour la perfectionner. Après son retour, il devint secrétaire de sir Thomas Parry, ambassadeur en France, et occupa le même emploi en 1603 dans la maison du comte de Northumberland, d'où il sortit pour devenir gentilhomme à la cour. Au premier parlement du roi Jacques, il représenta le bourg de Saint-Mawes en Cornwall, et s'y fit remarquer comme un député actif et un bon orateur. En 1605 il accompagna lord Norris en Espagne; mais il fut rappelé à la fin de l'année, sur le soupçon qu'il entretenait des intelligences secrètes avec son premier patron, le comte de Northumberland, lors de la conspiration des poudres , si célèbre en Angleterre; mais, quoiqu'il eût été arrêté à son arrivée, il fut bientôt relâché et réhabilité honorablement. Nommé en 1610 à l'ambassade de Bruxelles qui n'eut point lieu , il fut pourvu de celle de Venise pour laquelle il partit après avoir été créé chevalier. Durant cette mission, il se fit la réputation d'un négociateur habile, et fut le principal auteur du traité conclu à cette époque entre le roi d'Espagne et la duchesse de Savoie. Il avait aussi reçu des instructions pour faire agréer par la république de Venise la ligue projetée entre le roi de la Grande-Bretagne et les princes protestants de la confédération germanique; mais ses propositions échouèrent. Peu de temps après son retour de Venise en Angleterre en 1615 , il fut nommé ambassadeur aux Etats généraux. C'est dans ce poste que s'écoula la période la plus active de sa vie , depuis 1616 à 1628. Il jouit le dernier du privilége de siéger au conseil d'Etat des Provinces-Unies, faveur que la reine Elisabeth avait obtenue pour ses ambassadeurs. A son arrivée en Hollande, il ne tarda pas à être entraîné dans la dispute entre les arminiens et les calvinistes, qui agitait alors cette contrée; et la part qu'il prit dans la politique qui provoqua la convocation du synode de Dordrecht prouva son attachement à la cause palatine et à la liberté publique de l'Allemagne. Diverses circonstances qui se présentèrent dans le cours de son ambasse rendirent sa position particulièrement délicate et embarrassante; mais malgré la complication des événements il les conduisit avec beaucoup de fermeté et de prudence , mérite remarquable en présence des tracasseries intérieures entre Charles et le parlement, et des embarras suscités au duc de Buckingham, le premier ministre du roi, ce qui contrariait quelques-uns des principaux plans dans lesquels l'ambassadeur s'était engagé. En 1725 sir Dudley Carleton retourna en Angleterre, et fut créé chambellan privé de sa majesté. Sur ces entrefaites, ayant été adjoint au comte de Hollande pour une négociation près de la cour de France, il eut tous les honneurs de la terminer. A son retour en Angleterre, il trouva le parlement dans une grande agitation par suite du mauvais état des affaires publiques. Ayant été élu représentant du bourg d'Hastings, il s'efforça d'apaiser la fermentation du mécontentement qui s'élevait contre son patron , le duc de Buckingham. Sa conduite dans cette circonstance fut blâmée sévèrement par les amis et les champions de la liberté dans le parlement, mais elle devait être très-agréable à une cour où l'arbitraire était à l'ordre du jour, et elle lui attira la récompense qu'il en attendait , un siège à la chambre des pairs, avec le titre de baron Carleton d'Imber-Court, dans le comté de Surrey. Bientôt après il fut envoyé comme ambassadeur extraordinaire en France pour offrir des excuses et justifier le renvoi des serviteurs français de la reine d'Angleterre. Il manifesta encore dans cette mission délicate son adresse et sa prudence habituelles. En 1627 il devint encore nécessaire qu'il reprît le caractère d'ambassadeur en Hollande; mais il trouva les Etats généraux bien différemment disposés envers sa patrie que dans sa première légation, et cette fois il ne fut pas admis comme auparavant dans le conseil d'Etat. Une disposition particulière en avait exclu l'ambassadeur d'Angleterre. Il resta toutefois en Hollande, occupé à conduire de front plusieurs affaires intéressantes, jusqu'à ce qu'il fût rappelé en 1628. Peu après il fut créé vicomte Dorchester, et secrétaire d'Etat. Dans ce poste , il contribua puissamment aux traités entre la France et l'Espagne, et dirigea habilement plusieurs transactions étrangères pour lesquelles il semblait plus propre que pour le maniement des affaires intérieures alors très en désordre et fort compromises. Il paraît avoir incliné vers les maximes d'un gouvernement arbitraire, et avoir acquiescé aux dangereuses mesures proposées par Buckingham, Laud et autres, qui ne faisaient que provoquer la rupture entre le roi et le parlement; il ne vécut pas assez néanmoins pour être témoin de la déplorable catastrophe qui en fut la conséquence; car il mourut après de longues souffrances de la maladie de la pierre en février 1632, dans la cinquante-neuvième année de son âge, et fut enterré à l'abbaye de Westminster où un beau monument fut érigé à sa mémoire. — Carleton a écrit un grand nombre de lettres, de discours, etc., sur la politique. Sa correspondance pendant sa longue ambasse en Hollande a été recueillie, et renferme des matériaux précieux sous le rapport de la politique européenne pour l'histoire de ces temps.   Ed. Girod.

CARLETON (Gui), général anglais né en 1724, est mort en 1808. Il a fait la guerre dans le Canada avec des succès divers. On attribue à son incurie l'invasion de cette contrée par les Américains en 1774. Peu s'en fallut qu'il ne devînt leur pri-

sonnier. Un déguisement le sauva. Il alla s'enfermer dans Québec, dont il était alors gouverneur; il opposa aux assaillants une défense vigoureuse et bien concertée, et finit par les chasser entièrement du Canada. Remplacé en 1777 par Burgoyne, il revint en 1782 prendre le commandement en chef des troupes anglaises en Amérique, ne fit aucune action militaire très-remarquable, et demanda sa retraite peu de temps après. — Officier sage et expérimenté, courageux par réflexion, peu hardi dans les vastes entreprises , il était fait pour assurer le succès de l'action partielle qui lui était confiée.   Ed. Girod.

CARLETON (Georges), officier anglais, entra fort jeune au service comme volontaire, et assista à la fameuse bataille navale qui eut lieu entre le duc d'Yorck et Ruyter en 1672. Pendant la campagne en Espagne il fut fait prisonnier au siége de Denia, et resta ensuite sur sa parole pendant trois ans à Santa-Clemenza de la Mancha. C'est là qu'il eut occasion d'observer le caractère, les mœurs et les usages des Espagnols, vivant avec eux dans une grande familiarité, et gagnant leur confiance par le respect qu'il portait à leurs opinions politiques et religieuses. Il a laissé en anglais des Mémoires contenant entre autres plusieurs notices et anecdotes sur la guerre d'Espagne (de la succession), sous le commandement du comte de Peterborough. Cet ouvrage fut imprimé en 1743, et réimprimé en 1808, 1 vol. in-8°. Il en existe une traduction française par Gaspard-Joel Monod, publiée sous ce titre : Lettres, Mémoires et Négociations du chevalier Carleton , 1759, 3 vol. in-12.

CARLETTE, s. f. (comm.), espèce d'ardoise que l'on tire de l'Anjou.

CARLETTI (François), voyageur florentin, fils d'un commerçant, fut envoyé en 1592 à Séville pour apprendre la profession de son père. Après deux ans de séjour dans cette ville, il s'embarqua pour l'Afrique, où son père l'envoya pour la traite des noirs. Il passa ensuite dans l'Amérique espagnole. Après avoir vendu ses nègres à Carthagène, il se rendit à Lima, puis à Mexico, et passa peu de temps après aux Iles Philippines, dans le dessein de former de nouvelles spéculations; mais, ne trouvant pas les circonstances favorables, il s'embarqua en 1597 pour se rendre au Japon, où il fit un séjour de neuf mois , et passa ensuite à la Chine, où il resta pendant près de deux ans. Il continua sa route par Goa, et s'embarqua enfin pour l'Europe en 1601 sur un bâtiment portugais , qui , ayant relâché à l'île Sainte-Hélène, fut pris par les Hollandais. Ainsi Carletti se trouva dépouillé en un instant de toutes les richesses qu'il avait amassées, et ne put se les faire restituer malgré la protection spéciale de son gouvernement. On lui remit seulement par grâce une très-faible somme. Débarrassé de ces affaires qui le retinrent longtemps en Hollande, il avait formé le projet d'entreprendre un second voyage, lorsqu'il fut appelé à Paris par le ministre de France pour négocier, avec le consentement de son souverain, une affaire qui intéressait les deux cours. Cette négociation n'ayant pas eu de suite, Carletti renonça à son projet de voyage, et se retira à Florence où il chargea l'histoire de ses voyages, d'après l'invitation du grand-duc Ferdinand Ier, qui lui fit un accueil favorable et le nomma maître de sa maison. Carletti avait perdu tous ses papiers ; mais, doué d'une heureuse mémoire, il a décrit avec autant d'exactitude que de vérité tout ce qu'il avait observé. On est étonné que, sans avoir reçu aucune éducation littéraire, il ait su peindre avec une si grande exactitude les mœurs et les productions des pays dont il parle. Il a donné avant les autres voyageurs des notions exactes sur la cochenille, sur le coco des Maldives et sur le musc. Son ouvrage, qui est écrit avec beaucoup de simplicité, et qui ne fut publié que plus d'un siècle après sa mort, porte pour titre : Ragionamenti di Francesco Carletti Fiorentino sopra le cose da lui vedute ne' suoi viaggi, si dell' Indie occidentali e orientali come daltri paesi, Florence, 1701, 2 vol. in-8°.

CARLETTI (Nicolas), architecte, né en 1723, à Naples, d'une famille originaire de Toscane, après avoir achevé ses études, se rendit à Rome où il perfectionna son goût naturel par la fréquentation des artistes et la vue des modèles. De retour à Naples, il fut admis dans le corps du génie, où il donna des preuves de valeur dans les guerres de la Lombardie, et rendit un important service au pays en procurant le dessèchement d'une immense lagune dans la province de Labour. Obligé pour sa santé de renoncer à son emploi, il se livra tout entier à la culture des sciences, fut nommé premier architecte de la ville de Naples, se vit récompensé de ses services par des pensions et des titres honorifiques, et mourut en 1800. On lui doit plusieurs ouvrages estimables : Instituzioni d'architettura civile, Naples,

1772, 2 vol. in-4°. Cicognara porte de cet ouvrage un jugement peu favorable. — *Topographia universale della città di Napoli*, 1776, in-4°. — *Instituzioni di architettura idraulica*, 1780, in-4°. — La *Constituzione dell' imperador Zenone*, *degli edifici orivali*, 1783, in-8°.

CARLETTI (LE COMTE FRANÇOIS-XAVIER), né en Toscane vers 1750, de la même famille que le voyageur de ce nom, jouit dès sa jeunesse d'une grande laveur à la cour du grand-duc, fut décoré par le prince de l'ordre de Saint-Étienne, et nommé son chambellan. Lorsque la révolution française commença, le comte Carletti, à l'exemple de son souverain, ne s'y montra point opposé, et il se déclara dans plusieurs occasions le protecteur des révolutionnaires, ce qui lui valut, au mois de juin 1794, une insulte grave de Windham, et un duel sans résultat avec cet envoyé britannique. Après avoir fait secrètement plusieurs voyages à Paris, le comte Carletti fut encore envoyé dans cette ville pour y négocier un traité de paix entre la Toscane et la république française; et lorsqu'il eut signé ce traité, le 9 février 1795, il parut à la convention nationale, où il prononça un discours d'autant plus remarquable, que c'était pour la première fois depuis le renversement de la monarchie que la France avait de pareilles relations avec un souverain. Il resta ensuite à Paris comme ministre de Toscane. Mais l'intérêt qu'il témoigna à l'orpheline du Temple détermina les cinq directeurs à faire cesser avec lui toute espèce de relations, et à lui enjoindre de se retirer *sans délai* du territoire français. Rentré en Toscane et réduit à vivre dans la retraite, Carletti mourut en 1803.

CARLETTI (*V.* CALIARI).

CARLEVAL (THOMAS), célèbre jurisconsulte espagnol, était d'une famille noble originaire du Milanais, mais qui s'était établie à Baëça dans l'Andalousie, où Carleval enseigna les belles-lettres en 1594, n'étant alors âgé que de vingt ans. Il eut une place de conseiller au conseil souverain de justice au royaume de Naples, et quelques ouvrages, dont l'un des plus considérables est un gros traité des jugements, intitulé : *D. Thomæ Carlevalii Hispani, patricii Baecensis, disputationes juris variæ de judiciis*. La meilleure édition de cet ouvrage est celle de Genève, en 1729, 2 vol. in-fol. On y a joint un *Traité des devoirs des juges*, qui est aussi de Carleval, quoiqu'il ne porte pas son nom.

CARLEVARIO (LUC), peintre et graveur italien, né à Udine en 1665, apprit son art sans autre maître que les bons modèles et la nature. On a de lui : *le Fabbriche e vedute di Venezia, disegnate e poste in prospettiva*, 1705, in-fol., recueil de 100 pl. gravées à l'eau-forte. Cet artiste, mort à Venise en 1729, a laissé de petits tableaux qui représentent avec beaucoup de vérité des ports de mer et des paysages.

CARLI, cavernes célèbres qui se trouvent dans le district de Sunar, province d'Aurungabad, dans les Indes britanniques. Elles sont à près à trois quarts de mille de la forteresse de Loghar, construite en rochers ; elles sont situées dans des collines couvertes de broussailles, et elles sont à une telle hauteur qu'on a calculé qu'elles s'élevaient à 6,000 pieds anglais audessus du niveau de la mer. Elles forment une série de galeries qui toutes ont été creusées dans le rocher par l'art, ou du moins qui y ont été façonnées. La caverne principale se trouve à l'ouest : par cette caverne on arrive, à travers un parvis, jusqu'à un temple qui est voûté et supporté par des piliers, et qui a 126 pieds de longueur et 46 pieds de largeur. On ne trouve dans ce temple ni statue ni image d'aucune divinité : mais les lambris en bois du parvis sont couverts de figures de toutes sortes, qui représentent des hommes des deux sexes, des animaux, des éléphants, et le dieu Buddha, qui tantôt est assis les jambes croisées, et tantôt est debout. Ces figures sont accompagnées d'inscriptions nombreuses. Cette boiserie paraît être aussi ancienne que le temple lui-même, et remonter à une époque où le brahmanisme n'avait pas encore chassé de ces contrées le buddhisme. Un peu plus vers le nord, à peu près à 150 yards de la plus grande caverne, on voit une autre caverne, grande aussi et de forme carrée, et qui servait apparemment de séjour aux prêtres du temple. On y voit une image de Buddha. Ces remarquables cavernes sont différentes de celles qui sont dans l'île d'Eléphanta; elles s'en distinguent d'une manière qui saute aux yeux : on voit clairement qu'elles appartiennent à des époques différentes, et que celles d'Eléphanta sont en rapport avec la religion dominante, tandis que celles de Loghar sont en rapport avec le buddhisme, plus ancien dans ces contrées. (D'après lord Valentia et Graham.)

CARLI DE PIACENZZA (DENIS) et MICHEL-ANGELO GUATTINI, tous deux capucins missionnaires, le premier natif de Reggio, et le second de Plaisance, furent envoyés au Congo en 1666, avec quatorze autres capucins, par la congrégation de la Propagande, munis d'amples pouvoirs du saint-siége, qui les autorisa même à lire les livres défendus, excepté *Machiavel*. Ils baptisèrent trois mille enfants durant le cours de leurs missions, et firent quelques conversions ; mais le plus grand obstacle qu'ils éprouvèrent fut de persuader les nègres de se contenter d'une seule femme. Michel-Angelo mourut au Congo ; Denis Carli fut assez heureux pour résister aux fatigues, et revint en Europe sur un vaisseau qui le déposa à Lisbonne. Il visita Cadix, fit un pèlerinage à Saint-Jacques en Galice, et se rembarqua de nouveau pour Cadix, où il arriva après avoir couru risque de tomber aux mains d'un corsaire et avoir touché au port d'Oran pour lui échapper. De là il se rendit à Bologne, où il rédigea la relation des voyages de son compagnon et des siens. La plus grande partie est remplie par de longues descriptions des souffrances de ces missionnaires et par des contes ridicules. Les renseignements sur la géographie et l'histoire naturelle qui s'y trouvent sont vagues, et décèlent l'ignorance des auteurs. Mais il y règne une naïveté et une sorte de bonhomie religieuse qui en rend la lecture intéressante. — La première édition des Voyages de Carli a été imprimée sous ce titre : *il Moro transportato in Venezia, ovvero raccontide' costumi, riti e religione de' popoli dell' Africa, America, Asia e Europa*, Reggio, 1672, in-12. Elle fut réimprimée en 1674 à Bologne, in-8° et in-12, et en 1687 à Bassano, in 4°. Une nouvelle édition de ce Voyage parut à Bologne en 1678, in-12, sous le titre suivant : *Viaggio di D. Michel Angiolo di Guattini e del P. Dionigi Carli nel regno del Congo, descritto per lettere con una fidele narration del prese*. En 1680, il en parut une traduction française imprimée à Lyon chez Amaulry, in-12. Le P. Labat l'a réimprimée dans sa *Relation historique de l'Éthiopie orientale*, t. v, p. 91-268. La première traduction anglaise a paru dans Churchill, *Collection of voyages and travels*, p. 615-650. Dans la collection d'Astley (vol. III, p. 143 à 166), on en a donné un extrait qui a été reproduit dans l'*Histoire générale des voyages* de Prévôt, livre XII, chapitre 2, et dans *Allgemeiner historie der Reisen*, b. 4. s. 531. Il a paru une traduction allemande de la relation de Carli, Augsbourg, 1693, in-4°, faite sur une des premières éditions italiennes.

CARLI (JEAN-JEROME) naquit dans les environs de Sienne, en 1719, d'un père cultivateur qui lui fit faire de bonnes études. Il embrassa l'état ecclésiastique, fut plusieurs années professeur d'éloquence à Colle en Toscane, et ensuite à Gubbio, dans les Etats du pape. Sa renommée s'étendit bientôt dans toute l'Italie ; tous les savants, les littérateurs, les naturalistes s'empressaient d'entrer en relation avec lui sur les sujets relatifs aux sciences, et peu de temps après il fut nommé secrétaire perpétuel de l'académie des sciences, arts et belles-lettres de Mantoue. Il remplit cette place jusqu'à sa mort, arrivée le 29 septembre 1786. On dut à son zèle et à ses lumières, pendant le séjour de treize ans qu'il fit à Mantoue, l'activité rendue aux sciences, aux arts, aux manufactures, l'établissement du musée et de la bibliothèque publique. L'estime générale fut la récompense de ses travaux, il reçut même des témoignages de celle de Marie-Thérèse et de Joseph II son fils. Carli parcourut en différents temps presque toute l'Italie pour rassembler des livres, des médailles, des antiquités, des échantillons d'histoire naturelle, etc., et il parvint à en former une collection considérable. Il a laissé plusieurs ouvrages, parmi lesquels on en distingue un de critique, intitulé : *Scritture intorno a varie toscane e latine operette del dottor Giov. Paolo Simone Bianchi di Rimini che si fa clamar Giano Planco*, vol. I contenente la relazione di due operette dal signor Planco in lode di se medesimo, con molte notizzie ed osservazioni soprà questi ed altri opuscoli dello stesso autore, Florence, 1749. A Mantoue, il publia dissertations d'un intérêt plus général, sous ce titre : *Dissertazioni due dell' abate Girolamo Carli ; la prima sull' impresa degli Argonauti e di fatti posteriori di Giasone e Medea ; la seconda soprà un' antico bassorilievo rappresentante la Medea d'Euripide, conservato nel museo dell' academia*, Mantoue, 1785, in-8°. Le comte Carli, qui avait écrit dans sa jeunesse sur le sujet des Argonautes, fit, sur cet ouvrage de Jérôme Carli, des *observations* dans lesquelles il en parle avec estime, et que l'on trouve à la suite de sa première dissertation, dans le dixième volume de ses œuvres. Jérôme Carli a enrichi d'excellentes notes une *Choix d'élégies de Tibulle, de Properce et d'Albinovanus*, traduites en terza rima, par François Corsetti, de Sienne, Venise, 1751. On lui doit encore des notes sur le discours de Celso Cittadino : *Dell' antichità dell' armi gentilizie*, Lucques, 1741, in-8°. Il a de plus laissé un grand nombre d'ouvrages de littérature qui n'ont pas été publiés. Après sa mort les habitants de Gubbio, qui ne l'avaient point oublié, firent célébrer en son honneur de magnifiques obsèques. On y prononça son oraison funèbre, et l'on consacra à sa mémoire une élégante inscription latine.

CARLI (JEAN), dominicain, a publié en italien : 1° *Vie de Dominique, cardinal et archevêque de Raguse;* 2° *Vie de Simon Salterolo, archevêque de Pise;* 5° *Vie d'Aldobrande Cavalcanti, évêque de Cività-Vecchia.* Ce biographe mourut à Florence le 1er février 1505, à l'âge de soixante-cinq ans.

CARLI (GIAN-RINALDO), savant comte italien, appelé quelquefois Carli-Rubbi d'après le nom de son épouse, issu d'une ancienne famille nobiliaire, naquit à Capo d'Istria au mois d'avril 1720. Sous la direction d'habiles instituteurs, ses talents se développèrent d'une manière si précoce, qu'il écrivit un drame à l'âge de douze ans, et qu'à l'âge de dix-huit ans il publia plusieurs poésies et une dissertation sur la lumière boréale. L'année suivante il se rendit à Padoue, où il étudia surtout les mathématiques, la littérature antique, et même la langue hébraïque, et fut reçu à l'âge de vingt ans parmi les membres de l'académie des Ricovrati. La variété de ses connaissances est attestée par un grand nombre d'écrits et de dissertations qu'il publia dès lors, sur le théâtre et la musique des anciens et des modernes, sur l'expédition des Argonautes, ainsi que sa traduction de la *Théogonie d'Hésiode* (Venise, 1744, in-8°, et dans le volume xv de ses œuvres), par une tragédie intitulée : *Iphigénie en Tauride* (Venise, 1744, in-12, et dans le xviie volume de ses œuvres), qui est une imitation d'Euripide, et par des remarques sur différents auteurs grecs. Lorsque le sénat de Venise lui confia, à l'âge de vingt-quatre ans, la chaire nouvellement créée d'astronomie et de sciences maritimes, il ne se contenta pas d'enseigner du haut de sa chaire; mais il contribua encore d'une manière importante à perfectionner les travaux de l'arsenal, et fit construire, d'accord avec le gouvernement, des vaisseaux de guerre d'une nouvelle espèce. Il entretenait des relations littéraires avec des hommes célèbres par leurs études sur l'antiquité, tels que Fontanini, Muratori, Maffei, Gari, etc., et il écrivit des dissertations savantes sur l'emploi de l'argent, sur les vaisseaux munis de tours des anciens, sur leurs cartes géographiques, ainsi qu'un poëme didactique et philosophique en trois chants, qu'il lut à l'académie des Ricovrati, dont il était président. La mort de son épouse, avec laquelle il n'avait été uni que pendant deux ans, et l'administration de la grande fortune qu'elle lui laissa, le forcèrent en 1749 à renoncer à l'enseignement et à se rendre en Istrie. Il employa ses loisirs à des recherches de toutes sortes sur les antiquités de ce pays et à d'autres études sur l'antiquité, les dissertations qu'il publia sur ce sujet lui valurent un succès mérité. Ce fut surtout son ouvrage sur les monnaies italiennes, renfermant le résultat de ses recherches de plusieurs années, qui répandit son nom et sa réputation dans toute l'Italie, attendu que cet ouvrage n'offrait pas seulement des solutions précieuses aux savants, mais qu'il était d'un intérêt pratique et très-varié pour les gouvernements italiens, qui, dans toutes les transactions judiciaires concernant les monnaies, firent dès lors officiellement usage des solutions données par le comte, et les prirent pour règles dans leurs décisions. Il transporta de Venise aux environs de Capo d'Istria, sur ses biens, une grande manufacture de laine qu'il avait hérité de sa femme et qui tombait en décadence : il dépensa pour cette vaste entreprise de grandes sommes et une activité de plusieurs années; mais, par un concours de circonstances défavorables, il se vit forcé, après avoir perdu la majeure partie de sa fortune, à renoncer à cette affaire. Lorsque la cour de Vienne créa à Milan un collège supérieur d'économie politique et de commerce, et un conseil supérieur de l'instruction publique, le comte de Carli put considérer comme un dédommagement aux pertes qu'il avait essuyées la nomination qu'il reçut de président de ces deux institutions. En 1765, il partit pour Vienne, afin de s'entendre avec le prince de Kaunitz sur son entrée en fonctions et sur les projets dont on attendait de lui l'exécution, et il retourna à Milan comblé des marques d'estime et de confiance que lui avaient accordées l'impératrice Marie-Thérèse et son ministre Kaunitz. Il s'adonna à ses fonctions avec son activité accoutumée, et les écrits qu'il fit publier à cette époque sont relatifs au commerce et à l'économie politique. L'empereur Joseph, lorsqu'il vint à Milan en 1769, assista à treize leçons du collège de commerce, dans lesquelles le comte Carli donna des indications, développa des projets et fit des propositions auxquels l'empereur donna toute son adhésion, et, pour preuve de sa satisfaction, il accorda au comte, outre une augmentation considérable du traitement, le titre de membre du conseil secret d'État, et lorsqu'en 1771 un collège de finance fut créé à Milan, il le nomma encore président de cette nouvelle institution. Une preuve de la sagacité avec laquelle, en qualité de président du conseil supérieur de l'instruction publique, il s'efforça d'apporter des améliorations à l'enseignement en général, c'est un petit écrit qu'il publia à Florence (indiqué comme publié à Lyon) sous le titre de : *Nuovo Metodo per le scuole pubbliche d'Italia.* Au milieu des travaux nombreux dont il était accablé par suite de ses fonctions, il trouvait encore du temps pour s'occuper d'études philosophiques et de recherches savantes. Le fruit des premières fut un livre intitulé : *l'Uomo libero,* où il entre dans la lice pour attaquer Hobbes, Rousseau et Montesquieu, et le résultat des derniers fut consigné dans ses *Lettres américaines,* où il expose des vues pleines de sagacité sur les populations de l'Amérique, et sur les relations les plus anciennes qui paraissent avoir existé entre l'ancien et le nouveau monde. Quoique sa santé fût très-affaiblie par des efforts soutenus pendant de longues années, il se livra encore dans un âge avancé, lorsqu'il se fut démis de ses fonctions de président du collège de commerce, à des recherches savantes, entre autres sur la physiologie et la physique animales, et il composa des écrits sur les différentes parties relatives à la vie des animaux. Il consacra une grande quantité de temps à revoir et à retoucher ses *Recherches sur les antiquités de l'Italie,* auxquelles il avait voué dès sa jeunesse une attention non interrompue. Il fit entrer dans un seul recueil tout ce qui s'y rapportait, et le publia sous le titre de : *Delle antichità italiche tomi* iv *con appendice de' documenti,* Milan, 1788-1791, 5 vol. in-4°, avec des gravures et beaucoup d'inscriptions précédemment connues. Ce qui prouve avec combien de faveur ce recueil fut reçu par le public, c'est que dès l'an 1793 il fallut en publier une nouvelle édition (augmentée). Ce fut vers la même époque qu'il fit sa *Storia di Verona fino al 1517,* Vérone, 1796, 7 vol. in-8°, et qu'il soigna la publication de ses œuvres sous le titre de : *Delle opere del sig. commendatore D. Gian Rin. conte Carli,* Milano, 1784-1794, 18 vol. in-8°, dont les six premiers volumes contiennent son ouvrage sur les monnaies italiennes, les trois suivants ses Lettres sur l'Amérique, et le reste un grand nombre de dissertations relatives à l'histoire, aux antiquités, à la philologie, etc. Accablé de souffrances physiques, il mourut à Milan le 22 février 1795. — *Era certamente,* dit l'abbé Andres lorsqu'on apprit la nouvelle de sa mort, *l'erudito, che unisse piu universalità con maggiore profondità di questi vivente in Italia, e pochi eguali n'avrà avuto anche per Italia.* La correspondance littéraire qu'il entretint avec un grand nombre de savants de son temps forme une partie importante de ses œuvres posthumes.

CARLIER (HENRI), médecin du xvie siècle, est auteur de deux ouvrages intitulés : *Castigationes medicæ practicæ,* et *Tractatus de promiscuis erroribus.*

CARLIER (JEAN-GUILLAUME), peintre, né à Liége en 1640, mort en 1675, a laissé plusieurs compositions estimables, parmi lesquelles on distingue surtout *le Martyre de saint Denis,* fresque qui décore la voûte de la collégiale de ce nom à Liége.

CARLIER (LE P. CLAUDE), né à Verberie en 1725, mort prieur d'Andrési le 25 avril 1787, a laissé, outre un grand nombre d'articles insérés dans le *Journal des savants,* le *Journal de physique* et le *Journal de Verdun :* 1° *Dissertation sur l'étendue du Belgium et de l'ancienne Picardie,* Amiens, 1753; 2° *Mémoire sur les laines,* in-12, 1755; 5° *Considérations sur les moyens de rétablir en France les bonnes espèces de bêtes à laine,* 1762; 4° *Histoire du duché de Valois, contenant ce qui est arrivé dans ce pays depuis le temps des Gaulois jusqu'en* 1703, Paris, 1764, 5 vol. in-4°; 5° *Traité sur les manufactures de laineries,* 2 vol. in-12; 6° *Dissertation sur l'état du commerce en France sous les rois de la première et de la deuxième race,* Amiens, 1753, in-12. On lui doit encore quelques ouvrages sur les bêtes à laine, et des observations pour servir de conclusion à l'*Histoire du diocèse de Paris,* qui se trouvent dans le tome xv de l'ouvrage de l'abbé Lebœuf. Carlier a remporté dans sa vie neuf prix académiques, dont quatre à l'académie des inscriptions.

CARLIER (N.-J.), mécanicien, né à Busigny près de Cambray le 20 juillet 1749, mourut à Valenciennes en 1804. Il se consacra entièrement à l'horlogerie, à la menuiserie et à la mécanique. En 1793, lors du siège de Valenciennes, ce fut à son courage que la ville dut d'être préservée d'une inondation. Une bombe venait de briser une écluse dans le faubourg de Marly. Carlier, malgré la force du courant, se fait descendre dans la rivière, attaché avec des cordages, et ne sort de l'eau qu'après avoir bouché l'ouverture au moyen de sacs de terre et de paillasses. Il travaillait depuis cinq ans à la confection d'une machine en cuivre propre à filer la laine, lorsqu'il mourut à l'âge de cinquante ans.

CARLIN, s. m. (*hist. nat.*), petit doguin, petit chien à poil ras et à museau noir et écrasé (*V.* CHIEN).

CARLIN (*numism.*), petite monnaie d'argent qui a cours dans le royaume de Naples et de Sicile. Le carlin pèse dix grains, et vaut environ huit sous tournois. Il y a aussi le carlin de Malte, qui pèse douze grains. Il faut trois de ces carlins pour un sou de France. DUMERSAN.

CARLIN. C'est sous ce nom qu'est généralement connu Carlo Bertinazzi, célèbre arlequin de la comédie italienne, qui naquit à Turin en 1713, et mourut à Paris en 1783, à l'âge de soixante-dix ans. Son père était officier dans les troupes du roi de Sardaigne, et il fut lui-même, dès l'âge de quatorze ans, porte-enseigne dans un régiment. Se trouvant sans fortune, après la mort de son père, il donna des leçons d'escrime et de danse; mais il avait le goût de la comédie, et la jouait avec ses écoliers dans ses moments de loisir. Il était à Bologne un jour que l'acteur chargé du rôle d'Arlequin ne se trouva pas à son poste. Carlin offrit de le remplacer, joua le rôle avec le plus grand succès, et ne fut reconnu qu'à la quatrième représentation. Il alla ensuite à Venise et dans plusieurs villes d'Italie, et débuta à Paris en 1741. Il ne cessa pendant quarante ans de plaire aux spectateurs, et il conserva jusqu'au dernier moment la vivacité, l'enjouement, les grâces et même la souplesse qu'il unissait au comique. Il avait été précédé par Dominique et par Thomassin dont il surpassa les bons mots. Il faisait les délices du public par son jeu vrai et naturel et par ses saillies heureuses dans les canevas (*V.* ce mot) où l'acteur remplissait le rôle d'improvisateur. On raconte que le célèbre Garrick, le voyant dans une pièce où son maître venait de le frapper, menaçant ce dernier d'une main, et de l'autre se frottant les reins, ravi de sa pantomime, s'écria : « Voyez comme les dos de Carlin a de la physionomie. » Carlin joignait aux talents du théâtre les qualités d'un homme distingué, et des connaissances en divers genres. Il avait réuni une collection de médailles antiques d'argent, qu'il céda à l'abbé de Rothelin, et qui à la mort de cet amateur fut acquise pour le cabinet du roi de France, vers 1745. Il avait acquis une fortune d'environ 100,000 fr. qu'il perdit par un vol et par plusieurs faillites; il eut besoin de toute sa philosophie pour supporter cet événement et ne pas perdre la gaieté dont il avait besoin au théâtre. C'est sans doute ce malheur et la nécessité de réparer ses pertes qui le fit rester au théâtre dans un âge si avancé. — Il disait avec bonhomie en parlant des tromperies dont il avait été la victime : « Je crois qu'il n'y a que moi de parfaitement honnête homme.» Sa réputation était égale à ses talents, comme le disent les vers suivants :

Dans'ses gestes, ses tons, c'est la nature même,
Sous le masque on l'admire, à découvert on l'aime.

—On peut lui donner une grande part dans les pièces qu'il embellissait de son jeu et qu'il remplissait de ses bons mots. Mais il en composa lui-même une intitulée : *les Métamorphoses d'Arlequin*, qui fut jouée en 1763. — Supérieur dans les canevas et les improvisations où son génie dramatique était plus à l'aise, il était moins heureux dans les rôles qu'il fallait jouer de mémoire; il contribua cependant aux succès des comédies de Florian. On sait que la correspondance du pape Clément XIV avec Carlo Bertinazzi, publiée en 1827, est un jeu d'esprit de M. Henri de la Touche, et qu'il n'y eut jamais de relation entre ces deux personnages. Cependant Carlin eut toujours des sentiments de piété, et était un des fidèles paroissiens de l'église Saint-Roch. — La mode des petits chiens anglais dont le masque noir ressemble à celui d'Arlequin, étant venue à l'époque où cet acteur était le plus en vogue, on leur donna le nom de *carlins*. DUMERSAN.

CARLINE, *carlina* (*bot. phan.*), genre de la famille des synanthérées, tribu des cinarocéphales, J., et de la syngénésie polygamie égale, L. Caractères génériques : involucre composé de deux sortes de folioles; les extérieures épineuses et découpées, de forme et de couleur analogues à celles des feuilles; les intérieures beaucoup plus longues, luisantes, blanches ou colorées,

le plus souvent lancéolées, aiguës, ressemblant aux folioles qui forment les rayons des élychrysum et des autres corymbifères : fleurs hermaphrodites, paillettes membraneuses sur le réceptacle; akènes couronnés d'une aigrette plumeuse, et hérissés de poils roux formant une sorte d'aigrette extérieure. — Ce genre comprend environ quinze espèces indigènes des pays montueux de l'Europe, de l'Afrique septentrionale et de la Russie d'Asie. Ce sont des plantes vivaces, herbacées, pour la plupart à très-courte tige et à feuilles pinnatifides et épineuses. Dans les montagnes de l'Europe méridionale croît une carline à tige, *C. subacaulis*, remarquable par les énormes dimensions de ses fleurs. Les paysans en mangent le réceptacle en guise d'artichaut. — Après le désastre de Roncevaux, où périrent les preux de Charlemagne, un ange, pour consoler ce prince, lui donna la carline comme un remède à tous les maux. Que sont devenues ses vertus merveilleuses ?

CARLINE (*V.* CAROLINE).

CARLINÉES, s. f. pl. (*botan.*), depuis peu, nom donné à une tribu de plantes de la famille des cinarocéphales.

CARLINGUE, CALINGUE, ESCARLINGUE, ECARLINGUE, CONTREQUILLE, s. f. (*marine*). On appelle ainsi la plus longue et la plus grosse pièce de bois qui soit employée dans le fond de cale d'un vaisseau. Comme une seule pièce ne suffit pas, n'y en ayant pas d'assez longues, on en met plusieurs bout à bout. La carlingue se pose sur toutes les varangues; elle sert à les lier avec la quille, ce qui fait que quelques-uns l'appellent *contre-quille* : le pied du grand mât pose dessus. — CARLINGUE ou ÉCARLINGUE DE PIED DE MAT, c'est la pièce de bois que l'on met au pied de chaque mât.

CARLISLE, ville du Cumberland, en Angleterre, est signalée dans les annales historiques de la Grande-Bretagne comme ayant été le théâtre de sièges fréquents et de nombreuses actions militaires entre les nations anglaise et écossaise. Cette place avait aussi quelque importance sous la dénomination anglo-romaine. « C'est évidemment, dit Camden, une colonisation des Romains; les antiquités que l'on découvre encore dans son enceinte et les mentions fréquentes des historiens de ce temps en font foi. Elle garda même après les ravages des Pictes et des Scots assez de restes de son ancienne splendeur pour continuer à être désignée comme cité. » Après l'abandon de la Grande-Bretagne par les Romains, Carlisle resta complètement abandonnée aux invasions des peuples du Nord qui la dévastaient et la ruinaient. Elle fut laissée dans cet état de désolation jusqu'au règne d'Egfrid, roi de Northumberland, qui la fit rétablir et entourer de murailles, et la donna plus tard à saint Cuthbert en apanage dans l'année 806. Saint Cuthbert était évêque de Lindisfran, et à l'occasion de la concession d'Egfrid, érigea Carlisle en évêché suffragant du sien. Cela se continua ainsi jusqu'à ce qu'en 1133 Henri Ier en un siège épiscopal indépendant. Carlisle souffrit beaucoup, au VIIIe et au IXe siècle, des incursions des Danes, et était retombée ensevelie sous ses ruines pendant près de deux cents ans, quand Guillaume le Conquérant revenant d'une expédition contre Malcolm, roi d'Ecosse, en 1094, remarqua en passant l'importance de la position de cette place sur la frontière et donna l'ordre de la rétablir. On a lieu de croire qu'elle fut peuplée par les ouvriers flamands qui relevèrent ses murailles et par une colonie de Bretons que Guillaume et envoya du midi pour cultiver la contrée. De cette époque Carlisle peut être considérée comme place de guerre et comme ville. Ayant été cédée par le roi Etienne au roi d'Ecosse David vers l'an 1136, elle servit de refuge à ce dernier, après sa défaite à la désastreuse bataille de l'Etendard en 1138. C'est là qu'il reçut aussi le légat du pape, Albéric, à la considération duquel il rendit la liberté à toutes les femmes qui se trouvaient parmi les prisonniers enfermés dans Carlisle. « Le légat obtint aussi des chefs écossais la promesse solennelle, que, dans leurs futures excursions ils épargneraient les églises, et laisseraient la vie aux vieillards, aux femmes et aux enfants; conditions dictées par l'humanité, mais que les mœurs sauvages de ces peuples belliqueux n'avaient jamais admises auparavant dans leurs manières de faire la guerre. » Carlisle, depuis ce moment jusqu'au temps d'Edouard Ier, fut la victime de diverses catastrophes. La trente-cinquième année du règne de ce monarque, 1307, sera à jamais mémorable dans les fastes de Carlisle par le parlement qu'il y installa depuis le 20 janvier jusqu'au dimanche des Rameaux suivant, lorsqu'il méditait son expédition contre les Scots. En 1338, la ville fut assiégée par ces peuples, et eut ses faubourgs incendiés. Ces accidents se renouvelèrent souvent, surtout durant les contestations entre les maisons rivales de Lancastre et d'Yorck. La guerre entre Charles Ier et le parlement rendit Carlisle le théâtre d'un siège où aux maux de la guerre se joignirent les horreurs d'une affreuse famine. Carlisle fut assiégée pour la dernière fois dans la guerre de la rébellion, en 1745, et se rendit après quelques jours aux forces du prétendant. — La situation de Carlisle est des plus agréables, dans une plaine riante, bornée à l'horizon par des montagnes pittoresques, au milieu de campagnes fertiles arrosées par trois rivières, l'Eden, la Calde et le Peteris. Les deux premières baignent les murs de la ville de différents côtés, et leurs bords, ornés de charmantes promenades, sont le rendez-vous continuel des nombreux citadins. Les améliorations introduites à Carlisle depuis la réunion des deux royaumes sont considérables. Autrefois elle n'était recommandable que par sa position militaire, le génie guerrier de ses habitants, et par ses fortes murailles flanquées de tours formidables. Aujourd'hui les manufactures s'élèvent de toutes parts sur les débris de ses fortifications, et les campagnes environnantes, qui ne pouvaient qu'à peine suffire à la nourriture de ses habitants, fournissent abondamment le blé, le lin, le chanvre, etc. Au commencement du siècle dernier, les maisons, construites en bois, en boue et en chaux, présentaient partout une apparence misérable ou de mauvais goût; les rues étaient malpropres, obscures, tortueuses et encombrées : aujourd'hui Carlisle est une des villes les plus remarquables par leurs constructions élégantes; ses édifices publics sont dignes d'attention; ses rues larges, alignées, bien pavées, plaisent à l'œil et offrent pour la plupart des abris aux piétons sous les arcades qui les bordent. Ses nouveaux bâtiments ont franchi depuis longtemps la vieille enceinte des remparts, et s'étendent coquettement le long des bords de l'Eden et de la Calde. Elle a la forme d'un triangle, et est partagée en trois quartiers portant chacun le nom d'un des trois royaumes, l'Anglais, l'Écossais, l'Irlandais, avec chacun une porte du même nom. La porte anglaise communique avec un édifice appelé la citadelle, qui est de forme oblongue, avec une tour à chaque angle et des meurtrières pour le canon. La construction de ces tours date du temps de Henri VIII. Parmi les édifices curieux, il faut visiter le château et la cathédrale, qui se recommandent par leur ancienneté et par des souvenirs historiques intéressants. — Le château, au nord-ouest de la ville, renferme le donjon qui servit de prison à l'infortunée Marie Stuart, quelque temps avant son séjour à Workington; on y voit encore les appartements qu'elle occupait. La cathédrale est l'œuvre de plusieurs siècles, et étale différents styles d'architecture. Une partie est indubitablement d'origine saxonne, mais la plus grande portion est moins ancienne. Le chœur de l'église fut commencé par ordre de l'évêque Welton, au temps d'Édouard III, et terminé sous les évêques ses successeurs. Les dépenses furent couvertes principalement par souscription, et au moyen de la vente d'indulgences et de rémission de péchés. Il reste encore dans cette cathédrale quelques anciens monuments qu'on suppose être les tombeaux des évêques Welton, Appleby et de quelques autres. Au côté nord du chœur, près de l'autel, est le monument curieux en airain élevé à la mémoire du dernier évêque catholique, Henri Robinson, célèbre par sa piété et son savoir. « Cette église, suivant la remarque de l'évêque Tanner, était le seul chapitre épiscopal en Angleterre de l'ordre de Saint-Augustin. » Avant la suppression des monastères, il y en avait plusieurs à Carlisle, et l'on en voit quelques restes. La cathédrale elle-même semble avoir été contiguë à un prieuré. La demeure du chapitre et le cloître existent encore au midi; ils furent abattus dans les guerres civiles. Cette cathédrale était sous l'invocation de sainte Marie; l'autre église qui est détruite était dédiée à saint Cuthbert. Les édifices pour les cultes religieux sont trois maisons d'assemblée appartenant aux protestants dissidents, une pour les quakers, une pour les méthodistes et une chapelle catholique. Les trois principales rues de la ville, communiquant aux trois portes, figurent exactement un Y. Carlisle a une cour d'assises qui ne siège qu'une fois par an, des maisons de charité près de la prison, desservies par des femmes, pour les malades des deux sexes, et un établissement de travail pour les pauvres, créé en 1760; auparavant on les retenait pour tant de jours d'ouvrage, et ils avaient chaque semaine des secours à domicile. — Carlisle a reçu plusieurs priviléges royaux, entre autres d'Édouard III, de Henri VII, de Henri VIII, et de plusieurs autres souverains jusqu'au règne de Charles Ier qui apporta quelque modification dans les élections de ses différents officiers. La ville commença à être représentée au parlement sous Édouard Ier. Ses députés sont nommés par les francs bourgeois, qui doivent être au nombre de sept cents. La population, comme les constructions, ont pris un rapide accroissement dans le siècle précédent; mais c'est depuis quarante ans surtout que date sa grande prospérité. Dans les derniers recensements faits en Angleterre,

Carlisle figure pour 1,338 maisons, et 15,221 habitants. — Son commerce principal consiste en toiles à matelas, calicots, mousselines et autres étoffes de fantaisie. On aura une idée de l'étendue des affaires qui se traitent dans cette place quand on saura qu'il s'y est formé deux établissements de banque en peu d'années. — Carlisle est à 108 lieues N. de Londres. C'est le chef-lieu du comté de Cumberland.

CARLISLE est encore un chef-lieu de comté (le nouveau Cumberland) dans la Pensylvanie, Amérique nord, avantageusement située sur la grande route de Philadelphie à Pittbourg, à 125 milles ouest-nord-ouest de la première ville, et à 178 est de la dernière. Elle contient environ 400 maisons construites en briques et en pierres et 2,000 habitants; les rues se coupent à angles droits; elle renferme un collége, un palais de justice, une prison et quatre édifices religieux pour les presbytériens, les luthériens, les épiscopaux et les catholiques romains. Son collége, appelé du nom de Dickinson, a un principal, trois professeurs, un cabinet de physique et une vaste bibliothèque.

ED. GIROD.

CARLISLE (COMTES DE). La pairie anglaise des comtes de Carlisle, vicomtes de Howard et Morpeth, a été créée en 1661 en faveur de l'ancienne famille de Howard, branche de celle des ducs de Norfolk. Le titulaire actuel est Georges Howard, comte de Carlisle, vicomte Howard de Morpeth, baron Dacre de Gilliesland, né en 1773, et fils de Frédéric Howard, comte de Carlisle, qui fut de 1780 à 1782 vice-roi d'Irlande, et qui s'est distingué comme littérateur.

CARLISLE (FRÉDÉRIC HOWARD, COMTE DE), né en 1748, succéda, dès sa onzième année, aux titres et à la fortune de son père. Il fit ses études au collége d'Eton, où commencèrent ses liaisons avec lord Morpeth, et où son talent pour la poésie le fit remarquer. Après un voyage sur le continent, il revint à sa majorité prendre possession de son siége dans la chambre haute. Son instruction et sa facilité le firent distinguer : Georges III le nomma membre du conseil privé et trésorier de sa maison. Lorsque les querelles entre les colonies américaines et la métropole éclatèrent, la modération avec laquelle lord Carlisle avait vu les événements dès leur origine le fit choisir en 1778 comme chef de la seconde députation envoyée pour essayer une conciliation. Cette mission n'eut pas de résultat. De retour en Angleterre, Carlisle accepta la place de lord lieutenant du district oriental (east riding) du comté d'Yorck, qu'en 1780 il quitta pour le poste bien autrement important de vice-roi d'Irlande. Le séjour qu'il fit dans cette île fut de trop courte durée pour que son administration pût produire de grandes améliorations. Ce qui le fit rentrer dans la vie privée en 1782, ce fut la chute de lord North, amenée par la solution désastreuse de la guerre d'Amérique. Quelques temps après, cependant, lors des mutations qui suivirent la mort du marquis de Rockingham, il fit partie du cabinet en qualité de lord du sceau privé. Mais il ne garda cette position que peu d'années. En 1789, il se montra contraire au système de Pitt, et cette opposition éclata plus vivement en 1791. Vers la fin de 1792, Carlisle se rapprocha des ministres, ou du moins se tint dans cette espèce de tiers-parti qui semblait ne faire cause commune avec eux qu'à la vue des excès de la révolution française. Mais, impatient de rentrer au pouvoir, il se retourna bientôt contre le cabinet. En 1801, lorsque Pitt céda la place au ministère Addington, Carlisle fit encore de l'opposition; et, lorsque Pitt reprit la direction des affaires, il n'eut point part à la distribution des portefeuilles. Lors de l'accession de Fox au pouvoir après la mort de Pitt, Carlisle chercha d'abord à se rapprocher de cet ancien condisciple; mais ce fut en vain. Fox ne tarda pas à rejoindre Pitt au tombeau; les mutations et les combinaisons qui suivirent ne furent pas plus favorables à lord Carlisle. Il continua de prendre la part la plus active aux délibérations de la chambre haute. Il mourut en 1825 à Castle-Howard. Il a laissé des œuvres littéraires, qui, presque toutes, consistent en poésies; en voici la liste : 1° *Poëmes*, Londres, 1773, in-4°. 2° *La Revanche du père*, tragédie, et divers autres poëmes, Londres, 1773, in-8°; et 1800, in-4°, très-beau volume avec gravures d'après Westall. 3° *Lettre au comte Fitz-William en réponse aux deux lettres de sa seigneurie à lord Carlisle*, Londres, 1791, in-8°. C'est un opuscule de treize pages sur les affaires de l'Irlande. 4° *Union ou Chute*, Londres, 1798, in-8°, brochure politique. 5° *La Belle-Mère*, tragédie, Londres, 1800, in-8°. 6° *Vers sur la mort de Nelson*, 1806. 7° *Pensées sur l'état actuel de l'art dramatique et sur la construction d'un nouveau théâtre*, 1803, in-8° (anonyme). 8° *Stances à lady Holland sur un legs que lui laissait Bonaparte*, 1825.

CARLISME, s. m. (*hist. mod.*), doctrine des *carlistes*. — Nom général qu'on applique à toute opinion politique dont le chef s'appelle *Charles*.

CARLISTE, s. m. (*hist. mod.*), partisan de Charles X, roi de France, ou de don Carlos, dernier prétendant d'Espagne.

CARLO (*géogr.*), île appartenant à la Finlande et située dans la partie septentrionale du golfe de Bothnie; son sol est très-plat; sa largeur de 1 mille, et sa longueur de 1 mille et demi; elle est à une distance de 4 milles à l'ouest de la ville d'Uleaborg. En 1820, on y comptait 1,122 habitants, qui parlent finnois.

CARLO VENEZIANO (*V.* SARACINO [Charles]).

CARLOECK ou **CARLOCK**, s. m. (*comm.*), colle de poisson faite avec la vessie de l'esturgeon.

CARLOIS (*V.* les articles GRIFFES et VIEILLEVILLE).

CARLOMAN (*hist.*). L'histoire connaît trois princes de ce nom. Le premier, fils aîné de Charles Martel et frère de Pepin le Bref, gouverna pendant plusieurs années l'Austrasie et les provinces de l'Allemagne qui étaient alors annexées à ce royaume. Sa réputation de guerrier ne suffisant plus à son âme, portée vers la contemplation, il quitta ses Etats pour embrasser la vie religieuse, donnant ainsi le premier un exemple qui fut imité si souvent au moyen âge par les plus grands souverains. Après avoir vécu comme moine dans un couvent du Mont-Cassin, il alla mourir à Vienne en Dauphiné (755). Son corps fut transporté au Mont-Cassin, où il a été retrouvé en 1628. — Le second était fils de Pepin le Bref. Pepin, à sa mort en 768, avait partagé ses Etats entre ses deux fils, Charles et Carloman. Charles eut l'ancienne Neustrie, la Bourgogne et l'Aquitaine; Carloman, l'Austrasie et les provinces transrhénanes qui étaient annexées à la monarchie des Francs. Mais, lorsqu'il fut question de déterminer avec exactitude les limites des deux Etats, la division éclata entre les fils de Pepin, et sans doute leur haine naissante aurait amené une guerre civile, lorsqu'un danger commun vint les menacer. Le vieux Hunald, dépossédé par Pepin le Bref de son duché d'Aquitaine, et qui vivait depuis vingt-quatre ans enfermé dans un couvent, quitta ses habits de moine, et reparut dans son ancien duché. Les deux frères se réconcilièrent pour lutter contre un ennemi aussi dangereux, et Carloman accourut à la tête des Francs Austrasiens pour porter secours à Charles. Mais après une entrevue avec son frère aîné, qui le blessa peut-être par ses prétentions, il retourna dans ses États sans avoir vu l'ennemi. Peu de temps après il mourut à l'âge de vingt ans, et sa veuve, craignant pour ses enfants la cruauté de leur oncle, se réfugia en Italie, à la cour de Didier, roi des Lombards (771), et laissa Charles seul maître de toute la monarchie des Francs. — Le troisième, Carloman, fils de Louis le Bègue, reçut en partage l'Aquitaine et la Bourgogne en 879. Il vécut avec son frère Louis III dans une parfaite union, et tous deux, plus d'une fois, repoussèrent ensemble les Normands; mais leur concorde ne put empêcher Boson de se faire élire roi de Bourgogne à Mantaille. Louis III étant mort en 882, Carloman devint seul roi de France. Il mourut en 884, atteint par une flèche maladroitement tirée contre un sanglier.

CARLOMAN II (MONNAIES DE) (*V.* CHARLEMAGNE).

CARLOMAN III (MONNAIES DE). Nous ne possédons d'autres documents sur l'histoire monétaire du règne de Carloman III que quelques deniers. Ces pièces sont de différents types; quelques-unes offrent la légende *Xpistiana religio*, et la représentation d'un temple; deux, l'une de Substantion, ville aujourd'hui détruite, l'autre, de saint Médard de Soissons, sont marquées du monogramme de Carloman. Les autres, qui ont été frappées à Troyes, Auxerre, à Arles, à Château-Landon, présentent au lieu de ce monogramme celui de Charles, bizarrerie qui a besoin de quelques explications. Le peuple, accoutumé à voir sous le long règne de Charles le Chauve le monogramme de ce prince figurer sur les deniers, avait fini par le regarder comme un signe indispensable à la circulation de ces pièces. Ce fut dans la vue de le tromper, ou de lui faire entendre que les deniers nouvellement fabriqués avaient la même valeur que les anciens, que les princes et les rois, même étrangers, conservèrent ce monogramme sur leurs espèces; les monnaies de Louis III, de Lothaire et d'Eudes, nous présentent la même bizarrerie. A l'exception du denier de Saint-Médard, qui conserve l'antique légende de Charles le Chauve, *gratia Dei rex*, tous les autres deniers de Carloman portent au pourtour *Carlomanus rex*. Tous ces deniers, aujourd'hui assez rares, sont d'ailleurs du même poids que ceux de Charlemagne et de ses premiers successeurs; ils pèsent environ trente-deux grains.

CARLONE (TADDEO), sculpteur de la Lombardie, qui fut le chef d'une famille considérable de peintres. Il travailla en commun avec son frère Giuseppe, pour les cours d'Angleterre, d'Espagne et de Mantoue. Il enseigna lui-même à ses fils les éléments de l'art. Il mourut en 1613. — GIOVANNI CARLONE, son fils aîné, né à Gênes en 1590, manifesta dès son enfance de grandes dispositions pour la peinture, ce qui engagea son père à lui donner pour maître Pietro Sorri, dès qu'il fut assez âgé pour étudier cet art. Ses talents se développèrent rapidement; bientôt il surpassa ses condisciples, et, voyant qu'il ne pouvait plus apprendre grand'chose à l'école où il se trouvait, il se rendit, avec le consentement de son père, à Rome et à Florence, où il se perfectionna encore sous la direction de Passignani, et apprit la peinture à fresque. A son retour à Gênes, il s'acquit une grande réputation, principalement par ses travaux pour le caveau de l'église della Nunziata et pour l'église del Gesu. — Sa réputation s'était répandue hors de sa patrie, et il fut appelé à Milan par les théatins, qui le chargèrent de peindre les tableaux de leur église; mais le travail qu'il avait commencé dut être terminé par son frère Battista, attendu que la mort le surprit en 1630. Les tableaux de ce maître ont un coloris très-vif; ils sont moins nuancés par le pinceau qu'achevés par des traits, qui cependant ne troublent pas la perspective lorsqu'on les examine à une distance convenable. Il a de la facilité dans le rapprochement des objets et dans l'ensemble, sa perspective est bonne, son dessin est assez correct, et il faisait à la perfection les clairs-obscurs. Ses tableaux à l'huile sont moins achevés, mais le dessin et la disposition sont pleins de goût. — GIOVANNI-BATTISTA CARLONE, frère du précédent, né à Gênes en 1592, se forma à Rome et sous Passignani, et devint un digne successeur de Giovanni. On regarde un grand nombre de ses tableaux comme étant l'ouvrage de ce dernier, et le travail que celui-ci avait laissé inachevé chez les théatins fut terminé par lui avec tant de talent, que des connaisseurs mêmes auraient de la peine à trouver une différence. On trouve à Gênes, dans l'église d'*Alla Nunziata*, des tableaux de lui très-bien exécutés soit à l'huile, soit à fresque. La plupart de ses ouvrages se trouvent en Savoie, parce qu'il entra plus tard au service du duc de Savoie. Il mourut en 1659. — BERNARDO CARLONE, fils de Giuseppe, fleurissait vers 1670, et fut à la fois sculpteur et peintre. Il exécuta à Gênes une statue de sainte Marie Madeleine pour l'église del Gesu, et une statue de saint Etienne pour la chapelle de ce saint. Habile dans tous les genres de peinture, il fut appelé à la cour impériale de Vienne, où il exécuta un grand nombre d'ouvrages. Il mourut dans cette capitale. — TOMMASO CARLONE, second fils de Giuseppe et son élève. S'étant fait connaître comme un habile sculpteur, il fut appelé à Turin. Il y mourut, et le duc lui fit ériger un tombeau décoré de son image. On trouve à Gênes, dans l'église del Gesu, deux anges en marbre qui sont l'œuvre de ses mains, et dans la chapelle de Sainte-Marie delle Grazie de l'église de Saint-Ciro, un bas-relief qui est aussi de lui. — GIOVANNI-ANDREA CARLONE, fils de Battista, se voua à la peinture, et choisit pour modèles le Titien, le Veronèse et le Tintoret. Il voyagea beaucoup en Italie, et travailla pendant quelque temps à Pérugia, où l'on trouve, entre autres ouvrages de lui, l'*Histoire de Josué*, dans l'église del Gesu, et une image de l'apôtre saint Paul sur le caveau qui recouvre la chapelle de Saint-Herculanus. Il créa dans cette ville une école de peinture, se rendit enfin à Rome, et mourut dans sa ville natale en 1697. — DIEGO CARLONE, né en 1674 à Scaria, dans la vallée d'Intelvi qui fait partie du comté de Como, fut instruit par son père dans l'art de la sculpture, et se perfectionna principalement à Rome. Il était fécond en idées, mais en même temps prompt, maniait le ciseau avec beaucoup d'aisance et d'habileté, et passait pour un des meilleurs maîtres. Cependant on ne trouve de lui que deux ouvrages remarquables en Italie : l'un dans l'église de Carignano, l'autre dans l'église paroissiale de Scaria : ce dernier se compose de quarante figures. L'Allemagne, où il se rendit plus tard, possède un plus grand nombre de ses ouvrages de sculpture; car il travailla pour le duc de Wurtemberg, pour le margrave d'Ansbach, pour le prince-abbé d'Elvangen, pour l'abbé de Larnbach et de Weingarten et pour beaucoup d'autres. Un de ses plus beaux ouvrages se trouve dans l'église de l'abbaye de Notre-Dame des Ermites en Suisse. Il mourut dans sa ville natale en 1750. — CARLO CARLONE, frère du précédent, naquit en 1686. Son père l'amena en Allemagne lorsqu'il était encore jeune, afin qu'il apprît la langue allemande, et il l'instruisit lui-même dans l'art de la sculpture. Mais l'enfant montrait plus d'inclination pour la peinture; ce qui engagea son père à l'envoyer étudier la peinture à l'école de Ginlio Qualio, peintre renommé. Grâce à l'habile direction de son maître, il fut bientôt assez fort pour aller étudier les nus à l'académie de Venise. Après un séjour de plusieurs années dans cette ville, il se rendit à Rome, et prit pour modèle, outre ceux qu'il avait suivis jusqu'alors, Trevisani, à cause de son coloris attrayant. A l'âge de trente-deux ans, il se rendit en Allemagne, et se distingua d'abord à la cour de Passau par des essais de peinture à fresque qui furent couronnés d'un plein succès. Ces travaux furent suivis d'autres entreprises plus grandes encore, telles que, par exemple, le grand tableau du maître-autel pour l'église des jésuites de cette ville. Après avoir décoré à Linz la grande salle du conseil, il répondit à l'invitation du prince Eugène de Savoie qui l'appelait à Vienne, où il exécuta un grand nombre de travaux pendant un séjour de dix ans. L'Italie possède beaucoup d'œuvres de cet artiste. Il décora à ses propres frais l'église paroissiale de sa ville natale : les tableaux qu'il fit pour cette église, et qui représentent *la Vie de la sainte Vierge Marie*, sont regardés comme étant du nombre de ses meilleurs ouvrages. Il exécuta dans l'église paroissiale de la Cima ses derniers travaux, qui se composent de deux peintures de voûte et de deux autres grands tableaux peints à fresque; mais ces tableaux se ressentent déjà de la décroissance de ses forces. Il mourut en 1775. On peut remarquer dans son style trois périodes distinctes, qui cependant indiquent moins des changements de manière que des progrès dans l'art : car dans les commencements il est recherché et froid, plus tard il devient plus vivant et plus animé, et il finit par se montrer puissant, hardi et libre. L'invention de ses sujets est riche, facile, d'un choix intelligent, et il avait le talent de tout lier harmonieusement. — MARCO CARLONE, né à Rome en 1750, s'occupa plus particulièrement de gravures sur cuivre. Il publia une série de soixante feuilles en très-grand in-4° et in-folio, qui représentent les antiques peintures à fresque des bains de Titus. Il publia en outre les tableaux antiques des bains de Constantin, qui parurent en 12 feuilles à Rome en 1780.

CARLOPAGO ou **KARLAPAGO**, petite ville de Cratie (Likka), au pied d'une montagne, sur la mer Adriatique, avec un port grand et profond, creusé par Joseph II en 1782. Elle commerce en vins de Dalmatie, bois, cire, miel et poisson. 2,000 habitants; à 12 lieues et demie S.-S.-E. de Zeng; lat. N. 44° 31' 41", long. E. 12° 44' 17".

CARLOS (DON), infant de Navarre, prince de Viane, né en 1420, était fils de Jean II et de la reine Blanche, fille et héritière de Charles III, roi de Navarre. La mort de cette princesse en 1441 fut la cause des disgrâces de don Carlos et des malheurs qui fondirent sur le royaume. Jean II s'étant remarié à Jeanne, fille de l'amiral de Castille, cette femme ambitieuse et vindicative, non contente de gouverner le royaume de Navarre, qui appartenait à don Carlos, ne cessait de tourmenter ce prince. Le parti de l'infant voulut le couronner ; mais son père s'étant joint à ses ennemis, lui livra bataille, le fit prisonnier, et le tint enfermé dans un château fort, d'où il ne sortit qu'après avoir promis de ne prendre le titre de roi de Navarre qu'après la mort de son père. Excité par le roi de Castille à reprendre les armes, don Carlos, aussi malheureux que la première fois, passa à Naples près d'Alphonse, frère aîné de son père. Ce monarque se rendit médiateur entre le père et le fils, et il était près de les accorder lorsqu'il mourut. Sa succession, qui consistait dans les royaumes d'Aragon, de Valence, de Sicile et de Sardaigne, appartenait à Jean II, roi de Navarre; mais don Carlos, son fils, se trouvant sur les lieux, les Siciliens et les Sardes lui offrirent la couronne. Ce prince se contenta d'accepter le gouvernement au nom de son père, et, réconcilié avec lui, en obtint le comté de Barcelone. Jean venait de donner son consentement au mariage de don Carlos avec Isabelle, sœur de Henri IV, roi de Castille; mais Jeanne avait en secret destiné cette princesse à son fils Ferdinand : il l'épousa depuis, et par cette alliance tous les royaumes des Espagnes furent réunis (*V.* FERDINAND V LE CATHOLIQUE). Le roi envoya prisonnier son fils à Saragosse; les Catalans et les Navarrois sollicitèrent en vain sa mise en liberté. Tant d'injustices et de rigueurs soulevèrent enfin les peuples, et les états de Navarre et de Barcelone déclarèrent la guerre à Jean II, pour délivrer don Carlos. Le roi fut forcé de lui céder la Catalogne, de le reconnaître pour son héritier, et de consentir à son mariage avec Isabelle de Castille; mais cette union fut empêchée par la mort de don Carlos, en 1461. Le P. Mariana et d'autres historiens espagnols disent qu'il fut empoisonné par la reine Jeanne, sa belle-mère. Ce prince joignait à son mérite personnel une vaste érudition. Il a traduit en espagnol l'*Éthique* d'Aristote. On lui doit encore quelques *Poésies* et l'*Abrégé chronologique des rois de Navarre jusqu'à son aïeul*, conservé en manuscrit dans les archives de Pampelune. Une *Vie du prince de Viane* (anonyme) a été publiée, Lausanne, 1788, in-12.

CARLOS (DON), infant d'Espagne, fils de Philippe II et de la première femme de ce monarque, naquit à Valladolid en 1545. Marqué dès sa naissance du sceau du malheur, il vint au monde contrefait, avec une jambe plus courte que l'autre, et coûta la vie à sa mère qui mourut quatre jours après. La faiblesse de sa constitution, c'est ce qui engagea Philippe II à le confier aux soins de dona Juana sa sœur, qui eut pour son neveu une indulgence excessive et laissa se développer en lui tous les défauts d'un caractère opiniâtre, colère et vindicatif. Il eut pour précepteur un Parisien, Matthieu Bossulus, homme plein de savoir et d'éloquence, mais *de méchante vie pourtant*, dit Brantôme, *dont il ne pouvoit lui en faire de bonnes leçons*. Ce Bossulus était fils d'un moine de Saint-Denis; don Carlos lui reprocha un jour d'être bâtard. « Je le suis, répondit le précepteur avec insolence; mais j'ai un père meilleur que le vôtre. » Lorsque l'infant eut atteint sa quinzième année, Philippe II le fit reconnaître solennellement pour son héritier par les cortès assemblées à Tolède (1560). Deux ans après, il l'envoya à l'université d'Alcala de Hénarès, espérant que l'étude des lettres et des relations avec une jeunesse studieuse adouciraient son caractère indomptable ; mais ce fut justement alors qu'un accident funeste rendit inutile tout ce qu'on pouvait tenter pour modifier une si mauvaise nature. Don Carlos tomba du haut des escaliers; il resta quelque temps étendu, étourdi par le coup. Comme on ne voyait aucune lésion extérieure, les médecins espérèrent qu'il se rétablirait promptement; mais onze jours après il fut atteint d'une fièvre violente. Les médecins levèrent l'épiderme pour examiner le crâne; une petite tache rouge leur fit juger que l'intérieur avait été fortement attaqué. La fièvre et le délire augmentant, le roi fut appelé, et toute espérance abandonnée. Dans cette extrémité, tout secours humain paraissant impuissant, on eut recours à ceux de Diégo d'Alcala, qui était mort en odeur de sainteté, et pour lequel le jeune prince avait eu une vénération toujours particulière... Le corps du bienheureux fut exhumé et porté processionnellement sur le lit de don Carlos, dont les mains furent dévotement placées dessus; sa bouche implorait le saint, tandis qu'une partie du linceul couvrait son visage enflammé par la fièvre. Les saintes reliques ayant été renfermées dans le cercueil, le malade tomba dans un profond assoupissement, pendant lequel, dit-on, le bienheureux Diégo lui apparut et lui promit une prompte guérison. Cette prédiction fut bientôt accomplie, et Philippe II sollicita à Rome la canonisation de ce saint qui n'était pas encore prononcée. Malheureusement le corps seul du prince avait été guéri; et de ce moment commença l'égarement périodique du jeune prince, accompagné d'une bizarrerie de manières incompatible avec une intelligence saine. A mesure qu'il avançait en âge, ses accès devenaient plus fréquents et plus dangereux. Il se fit même en Espagne un livre *sur les opiniâtretés et les bizarreries de don Carlos*. Ses actions en effet étaient souvent celles d'un furieux qu'irrite le hasard ou la résistance, et que calme l'adresse ou la soumission. Un de ses passe-temps favoris était de courir les rues dans les ténèbres, exposant sa personne d'une manière indécente. Une nuit, tandis qu'il passait sous les fenêtres d'une maison, quelques gouttes d'eau tombèrent sur lui. Transporté de fureur, il ordonna aux gentilshommes qui l'accompagnaient d'aller mettre le feu à la maison et d'égorger tous ceux qui l'habitaient. Ils y entrèrent aussitôt comme pour exécuter cet ordre; mais ils sortirent peu d'instants après, alléguant à leur maître qu'on administrait le viatique à un malade, et qu'ils ne pouvaient décemment tuer personne en présence du saint sacrement. Don Carlos se contenta de cette excuse. Une jour, un de ses gentilshommes, don Alfonse de Cordoue, n'étant pas accouru assez vite à la sonnette du prince, celui-ci le saisit dans ses bras et allait le précipiter par la fenêtre, si les domestiques, accourus aux cris de don Alfonse, ne l'avaient pas tiré des mains de ce furieux. Une autre fois, un cordonnier ayant porté à l'infant des bottines trop étroites, celui-ci les coupa en morceaux et se donna le plaisir de les faire avaler au pauvre ouvrier. Un acteur nommé Cisnéros, que le prince désirait entendre, avait été banni de Madrid par le président Espinosa, confident et ministre de Philippe II : don Carlos rencontre un jour ce magistrat, le saisit à la gorge, tandis que de l'autre main il lève un poignard : « Vous osez, s'écrie-t-il, lutter contre moi, et m'empêchant Cisnéros de venir à Madrid. Par la vie de mon père, il faut que je vous tue. » Espinosa terrifié se jeta aux genoux de l'infant, et lui demanda si humblement pardon qu'il finit par l'obtenir. Se trouvant un jour dans une forêt avec don Garcias de Tolède, son gouverneur, qu'il haïssait mortellement parce qu'il s'opposait à ses extravagances, don Carlos voulut tuer ce seigneur, qui heureusement, parvint à se sauver et alla en instruire le roi. La conduite du prince envers ses serviteurs était intolérable : par cruauté ou par caprice, il se plaisait à les frapper ; il en estropia plusieurs, sans que les remontrances de son père ou de son confesseur fissent aucune impression sur lui. On croira sans peine à l'incapacité d'un prince à qui l'on avait chaque jour à reprocher des excès d'une nature si puérile. Il n'en montrait pas moins une ardente ambition et le désir d'être admis par son père à l'administration d'une partie de ses Etats. Philippe refusa constamment de satisfaire cette ambition : dans toutes les occasions, il témoignait la plus grande froideur à son fils , au risque d'exaspérer ce naturel farouche par des humiliations indirectes et des déceptions trop fréquentes. Ainsi, lors du traité de Cateau-Cambrésis en 1559, quand il fut question du mariage de don Carlos avec Elisabeth de Valois, fille du roi de France Henri II, Philippe II, veuf tout récemment de la reine Marie d'Angleterre, sa seconde femme , jugea à propos de se substituer à son fils. Don Carlos ne put qu'être profondément blessé de ce procédé; et c'est sur cette circonstance que l'on a bâti le roman de l'amour réciproque qui jamais n'exista entre l'infant et la princesse Elisabeth, devenue reine d'Espagne. On fit espérer à don Carlos, en 1565, de lui donner pour épouse l'archiduchesse Anne, sa cousine, fille de l'empereur Maximilien II; mais Philippe changea d'avis relativement à ce mariage, et lui-même, après la mort de son fils , épousa cette princesse. Ce qui n'ulcéra pas moins le cœur de l'infant fut l'accueil distingué et pour ainsi dire paternel que Philippe II fit aux archiducs Rodolphe et Ernest ses neveux, qu'il avait invités à venir en Espagne. Il alla les recevoir lui-même à Barcelone le 4 janvier 1564; visita avec eux une partie de ses provinces, tandis que don Carlos restait confiné à Madrid. Dégoûté du régime sévère auquel il était astreint à cause des précautions et des ménagements qu'exigeaient sa santé et sa raison également chancelantes, l'infant nourrissait incessamment son esprit exalté de projets gigantesques et chimériques. Il voulut d'abord se mettre à la tête d'une expédition pour secourir l'île de Malte, menacée par Soliman II. Déjà il avait ramassé 50,000 ducats et se disposait à partir, lorsque Ruy-Gomez de Sylva, qu'il avait pris pour confident de son projet, lui montra une lettre supposée du vice-roi de Naples, annonçant que Malte avait été secourue. Carlos, obligé de renoncer à son projet, pria Ruy-Gomez de n'en rien dire à son père; mais dans toute cette affaire ce courtisan avait joué un double rôle, et c'est d'après l'ordre de Philippe II qu'il avait supposé la lettre du vice-roi. Depuis longtemps don Carlos méditait une fuite dans les Pays-Bas, où il espérait jouir de son indépendance. En 1567, lorsque la révolte de ces provinces occupait entièrement Philippe II, il écrivit à plusieurs grands du royaume que son dessein était de passer en Allemagne. Il amassa une somme considérable pour ce voyage et s'en ouvrit à don Juan d'Autriche, son oncle , qui lui représenta avec douceur que la plupart des grands auxquels il avait écrit ne manqueraient pas de remettre ses lettres au roi, ce qui eut lieu en effet, et don Juan lui-même crut devoir rapporter à Philippe II ce que l'infant venait de lui confier. A la fin don Carlos résolut de se créer dans les Pays-Bas une souveraineté indépendante, songeant à se mettre à la tête des insurgés. Il eut même des entrevues secrètes avec le comte de Berg et le baron de Montigny, députés des Pays-Bas à Madrid. Le dernier, confident et peut-être instigateur du projet du prince, eut la tête tranchée. Ainsi don Carlos ne faisait aucune démarche sans que son père n'en fût instruit. Différents actes, aussi coupables qu'insensés, portèrent enfin Philippe II à prendre à son égard des mesures décisives. Quand le duc d'Albe, nommé au gouvernement des Pays-Bas, alla prendre congé de l'infant, ce dernier lui dit que cette dignité n'appartenait qu'à lui-même et qu'il ôterait vie à celui qui chercherait à l'usurper. Le duc d'Albe essaya vainement de le calmer; dans sa fureur Carlos tira un poignard, et il allait en frapper le duc, si celui-ci ne s'était emparé de ses mains et ne l'avait tenu jusqu'à l'arrivée de quelques personnes de la maison du prince. L'infant ne cachait point la haine qu'il portait à son père. Un jour on l'avait entendu dire : « Parmi cinq personnes auxquelles je veux beaucoup de mal , mon père est le premier; Ruy-Gomez vient ensuite. » Aux fêtes de Noël qui terminèrent l'année 1567, il ne reçut point la communion et ne prit point part au jubilé, parce que, ne voulant pas renoncer à ses haines, il n'avait point reçu l'absolution de son confesseur. « On va jusqu'à prétendre, écrivait à la cour de France l'ambassadeur Fourquevaux, qu'il méditait un attentat contre son père. » Don Juan d'Autriche était également devenu l'objet de la haine et de la jalousie du prince. Le soir du 17 janvier 1568, à l'Escurial, il l'avait attiré dans un entretien écarté, et avait tenté de le tuer d'un coup de pistolet. Ce fut cette dernière circonstance qui décida Philippe II à priver de sa liberté un si dange-

reux sujet ; mais il fallut prendre quelques précautions pour se rendre maître de sa personne. L'infant ne marchait qu'avec des armes cachées sous ses habits. Il avait toujours sous son chevet deux épées nues, deux pistolets chargés, et à côté de son lit plusieurs arquebuses et un coffre rempli d'armes à feu. Ayant lu dans les annales d'Espagne qu'un évêque prisonnier avait tué son geôlier en lui lançant une brique couverte de cuir, et qui présentait la forme d'un bréviaire, don Carlos avait chargé Louis de Foix, architecte et ingénieur français qui avait construit l'Escurial , de lui faire un livre assez pesant pour tuer un homme d'un seul coup. Cet artiste, qui lui-même transmit ces particularités à l'historien de Thou, fit pour l'infant un livre composé de douze tablettes de pierre et couvert de lames d'acier cachées sous des lames d'or; ce volume , long de six pouces sur quatre de largeur, pesait plus de quatorze livres. Don Carlos, voulant être seul dans sa chambre sans être exposé à des visites importunes, avait fait faire à ce même architecte une machine au moyen de laquelle le prince pouvait ouvrir et fermer sa porte sans sortir de son lit. Dès que Philippe II , non sans avoir pris l'avis de ses plus intimes conseillers, eut résolu d'en finir avec un fils qui semblait méditer le parricide, il chargea de Foix d'arrêter les poulies qui servaient à fermer en dedans la porte de don Carlos, et, dans la nuit du 14 janvier 1568, comme le prince dormait profondément, le comte de Lerme entra le premier dans son appartement, enleva sans le réveiller, les épées et les pistolets qui étaient sous son chevet, s'empara des arquebuses et s'assit sur le coffre qui renfermait les autres armes à feu. Alors le roi entra précédé de Ruy-Gomez de Sylva, du duc de Féria et de plusieurs autres seigneurs. Don Carlos en s'éveillant voit le roi son père, et s'écrie en poussant des sanglots : « Votre majesté veut-elle me tuer? Je ne suis pas fou , mais désespéré de tout ce qu'on fait à mon égard. — Je ne suis pas venu, dit Philippe, pour vous tuer, mais pour vous châtier en père. » Il lui ordonna de se lever, fit saisir les armes et les papiers de l'infant, fit enlever les couteaux et tout ce qui pouvait être dangereux pour lui, puis le confia à la garde de six gentilshommes des plus nobles familles d'Espagne. Deux d'entre eux ne devaient quitter l'infant ni le jour ni la nuit. Quelques jours après l'arrestation de son fils, Philippe II écrivait à l'impératrice sa sœur, que sa conduite à l'égard du prince n'était fondée sur aucun vice capital, ni sur aucun crime déshonorant, mais qu'il avait dû le faire enfermer dans l'intérêt du royaume et dans l'intérêt même de l'infant. Vers la même époque, il écrivait au pape Pie V que dès sa plus tendre jeunesse la force d'un naturel vicieux avait étouffé dans don Carlos toutes les instructions paternelles. Au reste, la mesure sévère qu'il avait prise ne produisit pas l'effet que Philippe en avait attendu. Carlos devint plus que jamais sombre et obstiné, et ses accès furent plus fréquents : il se promenait tout nu dans ses appartements, tantôt se privant de nourriture ou mangeant avec voracité, buvant une quantité excessive d'eau glacée, dérobant même la glace qu'on faisait placer dans son lit, et dévorant les fruits les plus acides. Il subit bientôt les infaillibles conséquences d'un pareil régime : son estomac devint incapable de retenir les aliments les plus légers, moins encore les médicaments qui lui furent administrés. Il fut atteint d'une fièvre maligne, et, averti qu'il fallait se préparer à mourir , il demanda à voir son père, implora humblement son pardon et obtint sa bénédiction : il reçut aussi le saint viatique, recommanda son âme à Dieu et mourut le 24 juillet 1568. Le sort de ce prince insensé a excité une commisération qui s'est manifestée par des attaques, contre la mémoire de son père. On a répété d'après un manifeste publié contre ce monarque par le prince d'Orange, que Philippe ne se montra si cruel envers son fils que parce qu'il voyait en lui un rival dans les affections de la reine Elisabeth , et que ce malheureux prince, livré à l'inquisition, périt étranglé ou empoisonné par l'ordre de son père. On a même ajouté qu'Elisabeth, qui ne survécut pas longtemps à don Carlos, mourut également par le poison. Ces fables, recueillies avidement par les écrivains protestants si ardents à flétrir la mémoire d'un roi qui était pour eux le type de l'intolérance et du despotisme, n'ont pas même pour elles l'ombre de la vérité. D'après les auteurs contemporains d'Espagne , ce prince se conduisit avec la plus grande modération envers un fils qui, selon l'expression d'un moderne, *n'était fait que pour une maison de fous*. Quant à la reine *Elisabeth*, elle mourut en accouchant avant terme d'une fille qui expira immédiatement après elle. — Une foule d'écrivains se sont exercés sur la vie et la mort de don Carlos. L'abbé de Saint-Réal, au lieu d'éclaircir cette catastrophe mystérieuse, a contribué à en augmenter les obscurités, en cherchant moins la vérité qu'à écrire un roman intéressant. On ne sait sur quel fondement, dans la *Continuation de l'His-*

toire ecclésiastique de Fleury, le P. Fabre, de l'Oratoire, a avancé « que dom Carlos s'était expliqué en des termes qui faisaient craindre à l'inquisition qu'il ne la supprimât dès qu'il serait le maître, et que ce fut son plus grand crime. » Dans ses *Lettres historiques sur les* XVIᵉ *et* XVIIᵉ *siècles,* Frédéric Ramaer a jeté un jour nouveau sur cet événement, après avoir consulté les documents les plus authentiques. La fin tragique de don Carlos a fourni le sujet de plusieurs tragédies : à Campistron, dans son *Andronic,* au marquis de Ximenès, à Otway, à Schiller, à Alfieri, etc., et l'on conçoit facilement que ces différents poëtes n'ont eu besoin de preuves historiques pour s'emparer d'une tradition si dramatique.　　　CH. DU ROZOIR.

CARLOSTADT (*V.* BODENSTEIN).

CARLOVINGIENS, nom par lequel on désigne ordinairement la seconde race des rois francs, ou les princes de la famille de Charlemagne, qu'il serait cependant plus exact et plus logique d'appeler *Carolings.* Par suite de la décadence de la famille de Mérovée, de l'affaiblissement de la Neustrie, de l'ambition des maires du palais et des grands propriétaires austrasiens, qui tous aspiraient à l'indépendance, la monarchie des Francs s'en allait en lambeaux. L'Allemagne, dont ils avaient réuni une grande partie, se divisait en six ou sept principautés, dont les chefs voulaient former autant de royaumes indépendants ; et, de leur côté, les provinces du midi de la Gaule, qui n'avaient jamais été complétement incorporées à la monarchie, brisaient les derniers liens qui les y attachaient. Il appartenait aux Carlovingiens d'arrêter ce démembrement prématuré. Cette famille réunissait deux caractères qui devaient la faire prévaloir : elle était austrasienne et ecclésiastique ; elle tenait à la fois à l'Allemagne et à l'Église, c'est-à-dire d'un côté à la barbarie, mais à la barbarie pleine encore de force et de jeunesse, de l'autre au pouvoir spirituel, à qui l'avenir du monde était confié. Ce double caractère devait nécessairement faire tomber entre ses mains l'héritage des princes mérovingiens, qui s'étaient trop souvenus que l'Égli e, malgré ses services, était de la race des vaincus, que la tonsure cléricale était une honteuse dégradation pour un roi chevelu. « L'homme de Dieu, dit le biographe de saint Colomban, ayant été trouver le roi de Bourgogne Theudebert, lui conseilla de mettre bas l'arrogance et la présomption, de se faire clerc, d'entrer dans le sein de l'Église, se soumettant à la sainte religion, de peur que par-dessus la perte du royaume temporel il n'encourût encore celle de la vie éternelle. » Cela excita le rire du roi et de tous les assistants ; ils disaient, en effet, qu'ils n'avaient jamais ouï dire qu'un Mérovingien élevé à la royauté fût devenu clerc volontairement. Tout le monde abominait cette parole, Colomban ajouta : « Il dédaigne l'honneur d'être clerc, eh bien ! il le sera malgré lui. » Le dernier roi de cette race fut en effet enfermé dans un cloître. La famille des Carlovingiens ne dédaignait pas ainsi l'Église ; plusieurs d'entre eux furent évêques ; Arnulf, Chrodulf, Drogon, occupèrent successivement le siège épiscopal de Metz ; d'autres furent archevêques, abbés, moines ; quelques-uns enfin ont été canonisés. Le chef de cette maison, *Pepin de Landen,* surnommé *le Vieux,* est compté parmi les saints. « Dans tous ses jugements, dit son biographe, il s'étudiait à conformer ses arrêts aux règles de la divine justice ; chose attestée non-seulement par le témoignage de tout le peuple, mais aussi et plus encore par le soin qu'il prit d'associer à tous ses conseils et à toutes ses affaires le bienheureux Arnoul, évêque de Metz, qu'il savait être éminent dans la crainte et l'amour de Dieu ; car s'il arrivait que, par ignorance des lettres, il fût moins en état de juger des choses, celui-ci, fidèle interprète de la divine volonté, lui faisait connaître avec exactitude. Arnoul était homme en effet à expliquer le sens des saintes Écritures ; et autant d'être évêque il avait exercé sans reproche les fonctions de maire du palais. Soutenu d'un pareil appui, Pepin imposait au roi lui-même le frein de l'équité, lorsque, négligeant la justice, il voulait abuser de la puissance royale. Après la mort d'Arnoul, il fut attentif à s'adjoindre dans l'administration des affaires le bienheureux Chunibert, évêque de Cologne, également illustre par la renommée de sa sainteté. On peut juger de quelle ardeur d'équité était enflammé celui qui donnait à sa conduite des surveillants si diligents et de si incorruptibles arbitres. Ainsi ennemi de toute méchanceté, il s'étudiait soigneusement appliqué à la pratique du juste et de l'honnête, et, par les conseils des hommes saints, demeura constant dans l'exercice des saintes œuvres. » Enfin sa femme Itta, sa fille Gertrude, l'épouse choisie par les anges, comme dit le vieux chroniqueur, moururent en odeur de sainteté. Une si sainte maison devait avoir l'appui de l'Église : il ne lui manqua pas. Dagobert avait laissé en mourant deux fils encore enfants, qui furent confiés à la tutelle des maires du palais de Neustrie et d'Austrasie. A la mort du roi austrasien, Grimoald, maire du palais, se crut assez fort pour envoyer en Irlande le fils du roi, et tenter de placer la couronne sur la tête de son propre fils. Sa tentative ne réussit pas, et les trois royaumes francs se trouvèrent encore une fois réunis sous la faible domination de Clovis II, roi de Neustrie. Mais Ebroin, maire du palais de cette partie de l'empire, ayant, pour rendre à l'autorité royale ses anciens droits, cherché à établir une loi territoriale faite dans un esprit tout romain, les grands se soulevèrent contre lui. L'Austrasie d'abord voulut avoir un roi à part ; puis les grands de Neustrie s'alliant secrètement à ceux d'Austrasie, ils sollicitèrent de venir les délivrer de la tyrannie de leur maire du palais. L'armée qu'Ebroin conduisit contre eux l'abandonna au moment de la bataille ; lui-même fut fait prisonnier et enfermé dans un monastère de Luxeuil. Mais il en sortit bientôt, à la faveur des troubles qui furent la suite de l'assassinat du roi d'Austrasie, Childéric II, qu'après sa chute les Neustriens avaient accepté. Il ressaisit son ancien pouvoir, et, continuant la politique qu'il avait déjà suivie, se fit l'adversaire des grands et de Martin, maire du palais d'Austrasie. Cette fois il eut recours à la ruse ; Martin, appelé par lui à une conférence, fut assassiné ; mais il ne recueillit pas le fruit de ce meurtre ; il fut tué lui-même quelques jours après par un Franc qui voulait venger sur lui une injure personnelle. Les hostilités continuèrent après la mort d'Ebroin, mais sans qu'il se passât rien de décisif, jusqu'à la bataille de Testry. Le duc *Pepin d'Héristal,* petit-fils de Pepin de Landen, et dont l'autorité avait sans cesse augmenté dans cette lutte du parti aristocratique contre la royauté, défendue par Ebroin, fut bientôt en état de toucher la question. Les Neustriens furent complétement battus à la bataille de Testry (687). « Pepin, dit Frédégaire, et le roi Thierry III avec ses trésors, et s'en retourna en Austrasie. » Il ne dépouilla point les vaincus de leurs terres ; aucun de ses guerriers ne s'établit de force parmi eux ; mais la royauté de Neustrie fut effacée de fait ; la domination passa des bords de la Seine aux bords du Rhin, et, s'il y eut encore des rois mérovingiens, c'est que les maires austrasiens trouvaient utile de pouvoir montrer aux peuples, de temps à autre, un roi chevelu de la famille de Clovis, afin de légitimer, en quelque sorte, l'autorité qu'ils exerçaient. La victoire de Testry semblait avoir brisé tous les liens de la monarchie des Francs. Le midi de la Gaule s'isola du nord ; la Bourgogne et l'Aquitaine redevinrent des pays romains. Les peuples de l'Allemagne eux-mêmes se déclarèrent indépendants ; mais Pepin sut arrêter cette dissolution ; il attaqua d'abord les peuples voisins de l'Austrasie. « Il fit beaucoup de guerres, disent les chroniques, contre Ratbod, duc païen, et d'autres princes ; contre les Suèves et plusieurs autres nations, et fut toujours vainqueur. » D'autre part, il s'efforça de rattacher à sa cause ceux-là même qu'il avait vaincus à Testry ; et, pour se concilier les hommes libres de Neustrie, il fit épouser à son fils la femme de leur dernier maire. La mort de Pepin (714) semblait devoir être funeste à sa famille ; mais son héritage passa à son fils *Charles,* « guerrier herculéen, chef victorieux, qui, dépassant les limites où s'étaient arrêtés ses pères, et ajoutant aux victoires paternelles de plus nobles victoires, triompha des chefs et des rois, des peuples et des nations barbares, tellement que depuis les Esclavons et les Frisons jusqu'aux Espagnols et aux Sarrasins, nul de ceux qui s'étaient levés contre lui ne sortit de ses mains que prosterné sous son empire et accablé de son pouvoir. » Ce Charles, surnommé *Martel* ou *Marteau,* était un fils illégitime de Pepin. Quand celui-ci mourut, sa veuve, Plectrude, s'efforça de concerrer la double mairie de Neustrie et d'Austrasie à son petit-fils *Théobald,* sous le nom duquel elle aurait administré les deux royaumes ; mais les Neustriens, ainsi que les peuples germains vaincus par Pepin, refusèrent de se soumettre à un enfant et une femme. Tous se soulevèrent ; les Neustriens se choisirent un maire et attaquèrent l'Austrasie ; les Frisons la ravagèrent ; les Saxons enfin se jetèrent sur toutes les frontières orientales. Les Austrasiens, ainsi pressés de toutes parts, mirent à leur tête Charles Martel, alors âgé de vingt ans, et que Plectrude avait enfermé dans une prison. D'abord il attaqua les Neustriens et les battit à Vincy, près de Cambrai ; les Aquitains, étant venus avec leur duc Eudes les secourir, ne furent pas plus heureux, et la victoire de Soissons assura la domination de Charles sur la Gaule du nord-ouest. Puis ce fut le tour des peuples d'au delà du Rhin ; par des expéditions souvent répétées, il contraignit les Alemans, les Bavarois, les Thuringiens, à reconnaître au moins nominalement la suprématie des Francs austrasiens. La Frise entière redevint (734) une province de l'empire, et les contrées situées près des rives de la Lippe furent rendues tributaires ; enfin les Saxons furent repoussés dans leurs forêts (758) ; mais la grande victoire de Charles, celle où il justifia son surnom de Martel, et qui lui mérita la reconnaissance de la Gaule, ce fut la défaite des Arabes à Poitiers. Tout le midi de la Gaule, des Pyrénées à la Loire, allait devenir leur proie. Eudes, duc d'Aquitaine, pouvait à peine se défendre dans Toulouse ; vivement pressé par des Arabes, il se décida enfin à recourir au maire d'Austrasie, et Charles, comprenant l'immensité du danger, s'avança avec ses Francs jusqu'à Poitiers ; c'est là qu'il rencontra les Sarrasins, et remporta sur eux une sanglante bataille (732), où ses ennemis perdirent, si l'on en croit les chroniques, trois cent soixante-quinze mille hommes. Pour achever et compléter sa victoire, Charles voulut rejeter les musulmans au delà des Pyrénées, et leur enlever tout ce qu'ils possédaient dans la Gaule méridionale. Il marcha contre un de leurs émirs, qui cherchait à élever en Provence le siége d'un nouvel empire, s'empara d'Avignon qu'il réduisit en cendres, assiégea inutilement Narbonne, mais enleva Marseille et entra dans Nîmes, où il brûla les arènes qu'on avait changées en forteresse. Ces succès sur les infidèles firent bientôt oublier qu'il avait payé les services de ses guerriers avec les biens des églises ; et quelque temps avant sa mort il reçut deux nonces du pape Grégoire III, les premiers qu'on ait vus en France. Ils lui apportaient les clefs du sépulcre de saint Pierre, avec d'autres présents, et venaient lui demander, contre Luitprand, roi des Lombards, des secours qu'il leur promit, mais que la mort ne lui permit pas d'envoyer. Ainsi commençaient à se rapprocher ces deux grandes puissances, le pape et le maire d'Austrasie, qui devaient s'aider l'une l'autre à dominer le monde. Charles, en mourant (741), laissa trois fils, *Carloman, Pepin le Bref* et *Griffon ;* mais bientôt Pepin resta seul par la retraite volontaire de Carloman, qui alla se faire moine au Mont-Cassin, et par la mort de Griffon, tué en 753, après avoir inutilement cherché à arracher de ses frères sa part qui lui revenait de l'héritage paternel. Ce fut l'an 752 que Pepin crut le pouvoir de sa famille assez fermement établi pour mettre la main sur la couronne des fils de Clovis. « L'année précédente il avait envoyé, dit Eginhard, au pape Zacharie, l'évêque Burchard et le chapelain Frichard, afin de le consulter touchant les rois qui alors étaient en France, et qui n'en possédaient que le nom sans en avoir en aucune façon la puissance. Le pape répondit qu'il valait mieux que celui qui avait déjà l'autorité de roi en eût aussi le titre. D'après la sanction du pontife romain, Pepin fut oint de l'onction sacrée, et élevé sur le trône selon la coutume des Francs. Quant à Childéric, qui se parait du faux nom de roi, Pepin le fit mettre dans un monastère. » Ainsi se termina cette longue comédie que les maires du palais jouaient depuis un siècle. A partir de ce point, nous laissons à un illustre écrivain le soin de nous faire apprécier le caractère général de la race des Carlovingiens. « Traiter d'usurpation l'avénement de Peppin à la couronne, c'est un de ces vieux mensonges historiques qui deviennent des vérités à force d'être redits. Il n'y a point d'usurpation là où la monarchie est élective, on l'a déjà remarqué ; c'est l'hérédité qui dans ce cas est une usurpation. Peppin fut élu de l'avis et du consentement de tous les Francs. » Ce sont les paroles du premier continuateur de Frédegher (cap. XII). Le pape Zacharie, consulté par Peppin, eut raison de répondre : « Il me paraît bon et utile que celui-là soit roi qui, sans en avoir le nom, en a la puissance, de préférence à celui qui, portant le nom de roi, n'en garde pas l'autorité. » Les papes, d'ailleurs, pères communs des fidèles, ne peuvent entrer dans ces questions de droit : ils ne doivent reconnaître que le fait : sinon la cour de Rome se trouverait enveloppée dans toutes les révolutions des cours chrétiennes ; la chute du plus petit trône au bout de la terre ébranlerait le Vatican. « Le prince, dit Eginhard, se contentait d'avoir les cheveux flottants et la barbe longue ; il était réduit à une pension alimentaire, réglée par le maire du palais ; il ne possédait qu'une maison de campagne d'un revenu modique, et quand il voyageait c'était sur un chariot traîné par des bœufs, et qu'un bouvier conduisait à la manière des paysans. » Les intérêts, sans doute, vinrent à l'appui des réalités politiques. Il avait existé de grandes liaisons entre les papes Grégoire II, Grégoire III et le maire du palais, Karle le Martel. Peppin désirait être roi des Francs, comme Zacharie désirait se soustraire au joug des empereurs de Constantinople, protecteurs des iconoclastes, et à l'oppression des Lombards. Saint Boniface, évêque de Mayence, ayant besoin de l'entremise des Francs pour étendre ses missions en Germanie, fut le négociateur qui mena toute cette affaire entre Zacharie et Peppin. Et pourtant Peppin crut devoir demander l'absolution de son infidélité envers Khilderik III, au pape Etienne, bien aise qu'était celui-ci qu'on lui reconnût

le droit de condamner ou d'absoudre. D'un autre côté, les ducs d'Aquitaine refusèrent assez longtemps de se soumettre à Peppin ; nous les voyons, jusque sous la troisième race, renier Hugues Capet et dater les actes publics : *Rege terreno deficiente, Christo regnante.* Guillaume le Grand, duc d'Aquitaine à cette époque, ne reconnut d'une manière authentique que Robert, fils de Hugues : *Regnante Roberto, rege theosopho.* On eût ignoré les causes secrètes des rudes guerres que Peppin d'Héristal, Karle le Martel, Peppin le Bref et Charlemagne firent aux Aquitains, si la charte d'Alaon, imprimée dans les conciles d'Espagne, commentée et éclaircie par dom Vaissette, ne prouvait que les ducs d'Aquitaine descendaient d'Haribert par Bogghis, famille illustre qui s'est perpétuée jusqu'à Louis d'Armagnac, duc de Nemours, tué à la bataille de Cérignoles en 1503. Ainsi les ducs d'Aquitaine venaient en directe ligne de Khlovigh ; la force seule les put réduire à n'être que les vassaux d'une couronne dont leurs pères avaient été les maîtres. Il est curieux de remarquer aujourd'hui l'ignorance ou la mauvaise foi d'Eghinard ; après avoir dit que Charles et Karloman succédèrent à Peppin leur père, il ajoute : « L'Aquitaine ne put demeurer longtemps tranquille, par suite des guerres dont elle avait été le théâtre. Un certain Hunold, aspirant au pouvoir, excita les habitants, etc. » Or ce certain Hunold était fils d'Eudes, duc d'Aquitaine et père de Waiffer, également duc d'Aquitaine et héritier de la maison des Mérovingiens. Je me suis arrêté à ces guerres d'Aquitaine, dont aucun historien, Gaillard et la Bruère exceptés, n'a touché la vraie cause ; c'était tout simplement une lutte entre un ancien fait et un fait nouveau, entre la première et la seconde race. — Peppin, élu roi à Soissons (751), défait les Saxons ; il passa en Italie à la prière du pape Etienne III, pour combattre Astolphe, roi des Lombards, qui menaçait Rome après s'être emparé de l'exarchat de Ravenne. Peppin reprend l'exarchat, le donne au pape, et jette les fondements de la royauté temporelle des pontifes. — Après Peppin vient son fils, qui ressuscite l'empire d'Occident. Charlemagne continue contre les Saxons cette guerre qui dura trente-trois années ; il détruit en Italie la monarchie des Lombards, et refoule les Sarrasins en Espagne. La défaite de son arrière-garde à Roncevaux engendre pour lui une gloire romanesque qui marche de pair avec sa gloire historique. — On compte cinquante-trois expéditions militaires de Charlemagne ; un historien moderne en a donné le tableau. M. Guizot remarque judicieusement que la plupart de ces expéditions eurent pour motifs d'arrêter et de terminer les deux grandes invasions des barbares du Nord et du Midi. — Charlemagne est couronné empereur d'Occident à Rome par le pape Léon III (800). — Après un intervalle de trois cent vingt-quatre années, fut rétabli cet empire dont l'ombre et le nom restent encore après la disparition du corps et de la puissance. — Une sensibilité naturelle pour l'honneur d'un grand homme a porté presque tous les écrivains à se taire sur la destinée des cousins de Charlemagne : Peppin le Bref avait laissé deux fils, Karloman et Karle ; Karloman eut à son tour deux fils, Peppin et Singhre. Le premier a disparu dans l'histoire ; pendant près de neuf siècles on a ignoré le sort du second. Un manuscrit de l'abbaye de Saint-Pons de Nice, envoyé à l'évêque de Meaux, a fait retrouver Siaghre dans un moine de cette abbaye. Siaghre, devenu évêque de Nice, a été mis au rang des saints ; et il était réservé à Bossuet de laver d'un crime la mémoire de Charlemagne. — Ce prince, qui était allé chercher les barbares jusque chez eux pour en épuiser la source, vit les premières voiles des Normands : ils s'éloignaient en toute hâte de la côte que l'empereur protégeait de sa présence. Charlemagne se leva de table, se mit à une fenêtre qui regardait l'orient, et y demeura longtemps immobile : des larmes coulaient le long de ses joues ; personne n'osait l'interroger. « Mes fidèles, dit-il aux grands qui l'environnaient, savez-vous pourquoi je pleure ? Je ne crains pas pour moi ces pirates, mais je m'afflige que, moi vivant, ils aient osé insulter ce rivage. Je prévois les maux qu'ils feront souffrir à mes descendants et à leurs peuples » (*Moine de Saint-Gall*). — Ce même prince, associant son fils Hlovigh le Débonnaire à l'empire, lui dit : « Fils, cher à Dieu, à ton père, et à ce peuple, toi que Dieu m'a laissé pour ma consolation ; je le vois, mon âge se hâte ; ma vieillesse même m'échappe : le temps de ma mort approche...... Le pays des Francs m'a vu naître, Christ m'a accordé cet honneur ; Christ me permet de posséder les royaumes paternels : je les ai gardés non moins florissants que je ne les ai reçus. Le premier d'entre les Francs, j'ai obtenu le nom de César, et transporté à la race des Francs l'empire de la race de Romulus. Reçois ma couronne, ô mon fils, Christ consentant, et avec elle les marques de la puissance...... » — Karle embrasse tendrement son fils, et lui dit le dernier adieu (*Ermold. Nigel.*). — Le vieux chrétien Charlemagne pleurant à la vue de la mer, par le pressentiment des maux qu'éprouverait sa patrie quand il ne serait plus, puis associant à l'empire, avec un cœur tout paternel, ce fils qui devait être si malheureux père; racontant à ce fils sa propre histoire, lui disant qu'il était né dans le pays des Francs, qu'il avait transporté à la race des Francs l'empire de la race de Romulus; Charlemagne annonçant que son temps est fini, que la vieillesse même lui échappe : ce sont de belles scènes qui attendent le peintre futur de notre histoire. Les dernières paroles d'un père de famille au milieu de ses enfants ont quelque chose de triste et de solennel : le genre humain est la famille d'un grand homme, et c'est elle qui l'entoure à son lit de mort. — Le poëte de Hlovigh fait venir son nom *Huldovicus* du mot latin *ludus*, ou, ce qui est beaucoup plus vrai, des deux mots teutons, *hlut*, fameux, et *wigh*, dieu et la guerre. Hlovigh le Débonnaire était malheureusement trop bon écolier; il savait le grec et le latin : l'éducation littéraire donnée aux enfants de Charlemagne fut une des causes de la prompte dégénération de sa race. Hlovigh hérita du titre d'empereur et de roi des Francs; Peppin, autre fils de Charlemagne, avait eu en partage le royaume d'Italie. — Hlovigh le Débonnaire associa son fils Lother à l'empire (817), créa son autre fils Peppin duc d'Aquitaine, et son autre fils Hlovigh roi de France. Son quatrième fils, Karle II, dit *le Chauve*, qu'il avait eu de Judith, sa seconde femme, n'eut d'abord aucun partage. — Les démêlés de Hlovigh le Débonnaire et de son fils eurent pour résultat deux dépositions et deux restaurations de ce prince, qui expira en 840 d'inanition et de chagrin. — Karle le Chauve n'avait que dix-sept ans lorsque son père décéda : il était roi de France, de Bourgogne et d'Aquitaine. Il s'unit à Hlovigh, roi de Bavière, son frère de père, contre Lother, empereur et roi d'Italie et de Rome. La bataille de Fontenai, en Bourgogne, fut livrée le 25 juin 841. Karle le Chauve et Hlovigh de Bavière demeurèrent vainqueurs de Lother et du jeune Peppin, fils de Peppin, roi d'Aquitaine, dont la dépouille avait été donnée par Hlovigh le Débonnaire à Karle le Chauve. — On a porté jusqu'à cent mille le nombre des morts restés sur la place : exagération manifeste (*V.* la savante *Dissertation de l'abbé Lebœuf*). — Mais ces affaires entre les Francs étaient extrêmement cruelles, et l'ordre profond qu'ils affectaient dans leur infanterie amenait des résultats extraordinaires. Thierry remporta en 612 une victoire sur son frère Théodebert à Tolbiac, lieu déjà célèbre. « Le meurtre fut tel des deux côtés, dit la *Chronique* de Frédégaire, que les corps des tués, n'ayant pas assez de place pour tomber, restèrent debout serrés les uns contre les autres comme s'ils eussent été vivants » (*Stabant mortui inter cæterorum cadavera stricti, quasi viventes*, cap. XXXVIII). — Un des premiers historiens des temps modernes, M. Thierry, a fixé avec une rare perspicacité à la bataille de Fontenai le commencement de la transformation du peuple franc en nation française. La plus grande perte étant tombée sur les tribus qui se servaient encore de la langue germanique, les vainqueurs firent graduellement prévaloir les mœurs et la langue romanes. Cette bataille prépara encore une révolution par un autre effet : la plupart des anciens chefs francs y périrent, comme les anciens nobles français restèrent au champ de Crécy; ce qui amena au rang supérieur les chefs d'un rang secondaire, de même encore que la seconde noblesse française surgit après les déroutes de Crécy et de Poitiers. Ces seconds Francs, fixés dans leurs fiefs, devinrent, sous la troisième race, la tige de la haute noblesse française. L'empereur Lother, retiré à Aix-la-Chapelle, leva une nouvelle armée de Saxons et de Neustriens. Advint alors le traité et le serment entre Karle et Hlovigh, écrits et prononcés dans les deux langues de l'empire, la langue romane et la langue tudesque. Je ferai néanmoins observer qu'il y avait une troisième langue, la celtique pur, que l'on distinguait de la langue *gauloise* ou *romane*, comme le prouve ce passage de Sulpice Sévère : Parlez celtique ou gaulois, si vous aimez mieux : *In vero celtice, vel si mavis, gallice loquere*. Au milieu de ces troubles parurent les Normands, qui devaient achever de composer, avec les Gaulois-Romains, les Burgondes ou Bourguignons, les Visigoths, les Bretons, les Wascons ou Gascons, et les Francs, la nation française : Robert le Fort, bisaïeul de Hugues Capet, et qui possédait le duché de Paris, fut tué d'un coup de flèche, en combattant contre les Normands des environs du Mans. — L'empereur Lother meurt en habit de moine (855); prince turbulent, persécuteur de son père et de ses frères. — Karle le Chauve est empoisonné par le Juif Sédécias, dans un village au pied du mont Cenis,

en revenant en France (5 octobre 877). — Hlovigh le Bègue succède au royaume des Francs, et est couronné empereur par le pape Jean VIII. Karloman, fils de Hlovigh le Germanique, lui disputa l'empire, et fut peut-être empereur; mais, après la mort de Karloman, Karle le Gros, son frère, obtint l'empire. — Karle le Gros, empereur, devint encore roi de France à l'exclusion de Karle, fils de Hlovigh le Bègue. Il posséda presque tous les États de Charlemagne. Siège de Paris par les Normands, qui dura deux ans, et que Karle le Gros fait lever à l'aide d'un traité honteux. Il avait recueilli autant de mépris que de grandeurs ; on l'avait dépouillé de la dignité impériale avant sa mort, arrivée en 888. Karle, fils de Hlovigh le Bègue, fut proposé pour empereur; on n'en voulut pas plus qu'on n'en avait voulu pour roi de France. Arnoul, bâtard de l'empereur Karloman, succéda à l'empire de Karle le Gros; Eudes, comte de Paris et fils de Robert le Fort, est proclamé roi des Francs dans l'assemblée de Compiègne : Eudes avait défendu Paris contre les Normands. En 892, Karle III est enfin proclamé roi dans la ville de Laon. Il y eut partage entre Eudes et Karle : Eudes eut le pays entre la Seine et les Pyrénées, et Karle les provinces depuis la Seine jusqu'à la Meuse. — Après la mort d'Eudes (898), Karle III, dit *le Simple*, recueillit la monarchie entière. Alors commençaient les guerres particulières entre les chefs devenus souverains des provinces dont ils avaient été les commandants. A Saint-Clair-sur-Epte fut conclu (912) le traité en vertu duquel Karle le Simple donne sa fille Ghisèle en mariage à Rollon, et cède à son gendre cette partie de la Neustrie que les conquérants appelaient déjà de leur nom. Rollon la posséda à titre de duché, sous la réserve d'en faire hommage à Karle et d'embrasser la religion chrétienne ; il demanda et obtint encore la seigneurie directe et immédiate de la Bretagne : grand homme de justice et d'épée, il fut le chef de ce peuple qui renfermait en lui quelque chose de créateur propre à former d'autres peuples. — L'empereur Hlovigh IV étant mort, Karle, resserré dans un étroit domaine par les seigneuries usurpées, ne put intervenir, et l'empire sortit de la France. Conrad, duc de Franconie, et ensuite Henric Ier, tige de la maison impériale de Saxe, furent élus empereurs. Le fils d'Henric, Othon, dit *le Grand*, couronné à Rome (962), réunit le royaume d'Italie au royaume de Germanie. — Robert, frère du roi Eudes, est proclamé roi et sacré à Reims (922). Karle le Simple lui livre bataille, le défait et le tue. Tout épouvanté de sa victoire, il s'enfuit auprès de Henric, roi de Germanie, et lui cède une partie de la Lothingarie. De là il s'enfuit chez Herbert, comte de Vermandois, d'où il s'enfuit enfin dans sa tombe (929). Oghine, fille d'Edouard Ier, roi des Anglais, se retire à Londres auprès d'Adelstan, son frère, avec elle son fils Hlovigh, qui prit le surnom, d'*Outre-Mer*. — En 923, on veut décerner la couronne à Hugues, qui la fait donner à son beau-frère Raoul, duc et comte de Bourgogne : Raoul ne fut jamais reconnu roi dans les provinces méridionales de la France. Il meurt à Autun en 936. Hugues, dit *le Grand*, dit *l'Abbé*, dit *le Blanc*, ne veut point encore de la couronne, et fait revenir Hlovigh d'Outre-Mer, fils de Charles le Simple. Celui-ci, âgé de seize ans, monte sur le trône. — En 954, il meurt d'une chute de cheval, et laisse deux fils, Lother et Karle, duc de Lothingarie. — Lother est élu roi, sous le patronage de Hugues le Grand ; le royaume, devenu trop petit, ne se partage plus entre les deux frères. Hugues décède (956). Lother voit ses États presque réduits, par l'envahissement des grands vassaux, à la ville de Laon ; ainsi s'était rétréci le large héritage de Charlemagne. Charles VII fut aussi *roi de Bourges*; mais il sortit de cette ville pour reconquérir son royaume, et Lother ne reprit pas le sien. Il mourut à Reims en 986, du poison que lui donna sa femme, fille de Lother, roi d'Italie. Son fils, Louis V, surnommé mal à propos *le Fainéant*, fut le dernier roi de la race carlovingienne. Il ne régna qu'un an, et partagea le destin de son père : sa femme, Blanche d'Aquitaine, l'empoisonna ; il ne laissa point de postérité. Karle, son oncle, avait des prétentions à la couronne ; mais l'élection se fit en faveur de Hugues Capet, duc des Français. Hugues commença la race de ces rois dont le dernier vient de descendre du trône : force est de reconnaître cette grandeur du passé par le vide et le mouvement qu'elle creuse et qu'elle cause dans le monde en se retirant. — Les soixante premières années de la seconde race n'offrent aucun changement remarquable dans les mœurs et dans le gouvernement; c'est toujours la société romaine dominée par quelques conquérants. Le rétablissement de l'empire d'Occident donne même à cette époque un plus grand air de ressemblance avec les temps antérieurs. Sous le rapport militaire, Charlemagne ne fait que ce que beaucoup d'empereurs avaient fait avant lui. Il se transporte en diverses provinces de l'Europe, pour repousser des barbares, comme Probus, Aurélien, Dioclétien, Constantin, Julien, avaient couru d'un bout du monde à l'autre dans la même nécessité. Sous le rapport de la législation et des études, Charlemagne avait encore eu des modèles; les empereurs, même les plus ignorés et les plus faibles, s'étaient distingués par la promulgation des lois et l'établissement des écoles; mais il faut convenir que ces nobles entreprises de Charlemagne amenèrent d'autres résultats; elles étaient aussi plus méritoires dans le soldat teuton qui fit recueillir les chansons des anciens Germains : *Qui mist noms aux douze mois, selon la langue toyse, et noms propres aux douze vents; car avant ce n'estoient nomé que li quatre vent cardinal, dans un soldat qui se vestoit à la manière de France, vestoit en yver un garnement forré de piaus de loutre ou de martre, dans un soldat qui levoit un chevalier armé sur sa paume, et de Joyeuse, son épée, coupait un chevalier tout armé.* » (*Chron. Saint-Denis*). — On retrouve à la cour des rois des deux premières races les charges et les dignités de la cour des Césars, ducs, comtes, chanceliers, référendaires, camériers, domestiques, connétables, grands maîtres du palais : Charlemagne seul garda la première simplicité des Francs; ses devanciers et ses successeurs affectèrent la magnificence romaine. On voit auprès de Hlovigh le Débonnaire Hérold le Danois portant une chlamyde pourpre, ornée de pierres précieuses et d'une broderie d'or; sa femme, par les soins de la reine Judith, revêt une tunique également brodée et de pierreries; un diadème couvre son front, et un long collier descend sur son sein. La reine danoise, il est vrai, a aussi des cuissards de mailles d'or et de perles, et un capuchon d'or retombe sur ses épaules : ce sont des sauvages qui se parent à leur fantaisie dans le vestiaire d'un palais. Dans une chasse brillante, l'enfant Karle (Karle le Chauve), frappe de *ses petites armes une biche que lui ont ramenée ses jeunes compagnons;* Virgile ne disait pas mieux d'Ascagne. — Les capitulaires de Charlemagne relatifs à la législation civile et religieuse reproduisent à peu près ce que l'on trouve dans les lois romaines et dans les canons des conciles; mais ceux qui concernent la législation domestique sont curieux par le détail des mœurs. — Le capitulaire *De villis fisci* se compose de soixante-dix articles, vraisemblablement recueillis de plusieurs autres capitulaires. — Les intendants du domaine sont tenus d'amener au palais où Charlemagne se trouvera le jour de la Saint-Martin d'hiver tous les poulets, de quelque âge qu'ils soient, afin que l'empereur, après avoir entendu la messe, les passe en revue. On doit au moins élever dans les basses-cours des principales métairies cent poules, trente oies. — Il y a aura toujours dans ces métairies des moutons et des cochons gras, et au moins deux bœufs gras, pour être conduits, si besoin est, au palais. — Les intendants feront saler le lard; ils veilleront à la confection des cervelas, des andouilles, du vin, du vinaigre, du sirop de mûres, de la moutarde, du fromage, du beurre, de la bière, de l'hydromel, du miel et de la cire. — Il faut, pour la dignité des maisons royales, que les intendants y élèvent des laies, des paons, des faisans, des sarcelles, des pigeons, des perdrix et des tourterelles. — Les colons des métairies fourniront aux manufactures de l'empereur du lin et de la laine, du pastel et de la garance, du vermillon, des instruments à carder, de l'huile et du savon. — Les intendants défendront de fouler la vendange avec les pieds; Charlemagne et la reine, qui commandent également dans tous ces détails, veulent que la vendange soit très-propre. — Il est ordonné, par les articles 39 et 65, de vendre au marché, au profit de l'empereur, les œufs surabondants des métairies et les poissons des viviers. — Les chariots destinés à l'armée doivent être tenus en bon état, les litières doivent être couvertes de bon cuir, et si bien cousues qu'on puisse s'en servir au besoin comme de bateaux pour passer une rivière. — On cultivera dans les jardins de l'empereur et de l'impératrice toutes sortes de plantes, de légumes et de fleurs : des roses, du baume, de la sauge, des concombres, des haricots, de la laitue, du cresson alénois, de la menthe romaine, ordinaire et sauvage, de l'herbe aux chats, des oignons, de l'ail et du cerfeuil. C'était le restaurateur de l'empire d'Occident, le fondateur des nouvelles études, l'homme qui, au milieu de la France, en étendant ses deux bras, arrêtait au nord et au midi les dernières armées d'une invasion de six siècles, c'était Charlemagne enfin qui faisait vendre au marché les œufs de ses métairies, et réglait ainsi avec sa femme ses affaires de ménage. — Quand je parlerai de la chevalerie, je montrerai qu'on en doit rattacher l'origine à la seconde race, et que les romanciers du XIe siècle, en transformant Charlemagne en chevalier, ont été

v.

plus fidèles qu'on ne l'a cru à la vérité historique. — Les capitulaires des rois francs jouirent de la plus grande autorité : les papes les observaient comme des lois; les Germains s'y soumirent jusqu'au règne des Othons, époque à laquelle les peuples au delà du Rhin rejetèrent le nom de Francs qu'ils s'étaient glorifiés de porter. Karle le Chauve, dans l'édit de Pistes (chap. VI), nous apprend comment se dressait le capitulaire. « La loi, dit ce roi francs, devient irréfragable par le consentement de la nation et la constitution du roi. » La publication des capitulaires, rédigés du consentement des assemblées nationales, était faite dans les provinces par les évêques et par les envoyés royaux, *missi dominici.* — Les capitulaires furent obligatoires jusqu'au temps de Philippe le Bel : alors les ordonnances les remplacèrent. Rhenanus les tira de l'oubli en 1531 : ils avaient été recueillis incomplétement en deux livres, par Angesise, abbé de Fontenelles (et non pas de Lobes), vers l'an 827. Benoît, de l'église de Mayence, augmenta cette collection en 845. La première édition imprimée des capitulaires est de Vitus; elle parut en 1645. — Les assemblées générales où se traitaient les affaires de la nation avaient lieu deux fois l'an, partout où le roi ou l'empereur les convoquait. Le roi promettait l'objet du capitulaire : lorsque le temps était beau, la délibération avait lieu en plein air; sinon, on se retirait dans des salles préparées exprès. Les évêques, les abbés et les clercs d'un rang élevé se réunissaient à part; les comtes et les principaux chefs militaires de même. Quand les évêques et les comtes le jugeaient à propos, ils siégeaient ensemble, et le roi se rendait au milieu d'eux; le peuple forclos; mais, après la loi faite, on l'appelait à la sanction (*Hincmar Hunold*). — La liberté individuelle du Franc se changeait peu à peu en liberté politique, de ce genre représentatif inconnu des anciens. Les assemblées du VIIe et du IXe siècle étaient de véritables états tels qu'ils reparurent sous saint Louis et Philippe le Bel; mais les états des Carlovingiens avaient une base plus large, parce qu'on était plus près de l'indépendance primitive des barbares : le *peuple* existait encore sous les deux premières races; il avait disparu sous la troisième, pour renaître par les *serfs* et les *bourgeois.* — Cette liberté politique carlovingienne perdit bientôt ce qui lui restait de populaire : elle devint purement aristocratique, quand la division croissante du royaume priva de toute force la royauté. — La justice, dans la monarchie franque, était administrée de la manière établie par les Romains; mais les rois chevelus, afin d'arrêter la corruption de cette justice, instituèrent les *missi dominici*, sorte de commissaires ambulants qui tenaient des assises, rendaient des arrêts au nom du souverain, et sévissaient contre les magistrats prévaricateurs. Quand il s'agira de la féodalité et des parlements, je montrerai comment la source de la justice, chez les peuples modernes, fut autre que la source de la justice chez les Grecs et les Latins. — Sous les successeurs de Charlemagne se déclare la grande révolution sociale qui changea le monde antique dans le monde féodal : second pas de la liberté générale des hommes, ou passage de l'*esclavage* au *servage*. J'expliquerai en son lieu cette mémorable transformation. — Charlemagne, comme tous les grands hommes, par l'attraction naturelle du génie, concentre l'administration et le gouvernement social sur sa personne; à sa mort l'unité disparut : ses contemporains, qui avaient vu se former son empire, en déplorèrent la division. — Alexandre, n'ayant point de famille, livra à ses capitaines, comme à ses enfants, les débris de sa conquête : en quittant la Macédoine, il ne s'était réservé que l'espérance; en quittant la vie, il ne garda que la gloire. Charlemagne n'était point dans la même position : il commençait un monde; Alexandre en finissait un. Charlemagne partagea son empire entre ses trois fils; mais le morcellement entre les leurs. En 888, à la mort de Karle le Gros, il y avait déjà cinq royaumes dans la monarchie du fils de Karle le Martel : le royaume de France, le royaume de Navarre, le royaume de Bourgogne cis-jurane, le royaume de Bourgogne trans-jurane, le royaume de Lorraine, le royaume d'Allemagne, le royaume d'Italie. Karle le Chauve établit l'hérédité des bénéfices. « Si, après notre mort, dit-il, quelqu'un de nos fidèles a un fils ou tel autre parent...... qu'il soit libre de lui transmettre ses bénéfices et honneurs comme il lui plaira. » Ce n'était que changer le fait en droit; car les ducs, comtes et vicomtes retenaient déjà les châteaux, villes et provinces dont ils avaient reçu le commandement. — A la fin du IXe siècle, vingt-neuf fiefs ou souverainetés aristocratiques se trouvaient établis. Un siècle après, à la chute de la race carlovingienne, le nombre s'en était accru jusqu'à cinquante-cinq. A mesure que les petits Etats féodaux se multipliaient, les grands Etats monarchiques diminuaient : les sept royaumes existants du temps de Karle le

Gros étaient réduits à quatre lorsque Hugues Capet reçut la couronne. — Les fiefs usurpés donnèrent naissance aux maisons aristocratiques que l'on voit s'élever à cette époque. Alors les barbares substituèrent à leurs noms germaniques et ajoutèrent à leurs prénoms chrétiens les noms des domaines dans lesquels ils s'étaient impatronisés. Les noms propres de lieux ont précédé les noms propres d'individus. Le sauvage donna à sa terre une dénomination tirée de ses accidents, de ses qualités, de ses produits, avant de prendre lui-même une appellation particulière dans la famille commune des hommes. Un globe pourrait avoir une géographie et n'avoir pas un seul habitant. — Le gentilhomme proprement dit, dans le sens où nous entendons ce mot aujourd'hui, commença de paraître vers la fin de la seconde race. La noblesse titrée, que Constantin mit à la place du patriciat, s'infiltra chez les francs par leur mélange avec les générations romaines, par les emplois qu'ils occupèrent dans l'empire, par l'influence que les vaincus civilisés exercèrent dans l'intimité du foyer sur leurs vainqueurs agrestes. — Dans les autres parties de l'Europe, la même cause agit, les mêmes faits s'accomplissent; le monarque n'est plus que le chef de nom d'une aristocratie religieuse et politique dont les cercles concentriques se vont resserrant autour de la couronne. Dans chacun de ces cercles s'inscrivent d'autres cercles qui ont des centres propres à leur mouvement : la royauté est l'axe autour duquel tourne cette sphère compliquée, république de tyrannies diverses. — L'Église eut la principale part à la création de ce système; elle avait atteint le complément de ses institutions dans la période que les deux premières races mirent à s'écouler; elle avait saisi l'homme dans toutes ses facultés; aujourd'hui même on ne peut jeter les regards autour de soi sans s'apercevoir que le monde extraordinaire d'où nous sommes sortis était presque entièrement l'ouvrage de la religion et de ses ministres. — Les précédentes *études* nous ont montré le christianisme avançant à travers les siècles, changeant non de principe, mais de moyens d'âge en âge, se modifiant pour s'adapter aux modifications successives de la société, s'accroissant par les persécutions et s'élevant quand tout s'abaisait. L'Église (qu'il faut toujours bien distinguer de la communauté chrétienne, mais qui était la forme visible de la foi et de la constitution politique du christianisme), l'Église s'organisait de plus en plus : ses milices s'étaient portées d'Orient en Occident; Benoît avait fondé au mont Cassin son ordre célèbre. Le long usage des conciles avait rendu ceux-ci plus réguliers; on les savait mieux tenir; on connaissait mieux leur puissance. Sur les conciles se modelèrent les corps délibérants des deux premières races, et les prélats, qui, dans la société religieuse, représentaient les grands, furent admis au même rang dans la société politique. Les évêques se trouvèrent tout naturellement le premier ordre de l'État par la raison qu'ils étaient à la tête de la civilisation par l'intelligence. Les preuves de la considération et de l'autorité des évêques sous la race mérovingienne et carlovingienne sont partout. La composition pour le meurtre d'un évêque dans la loi salique est de neuf cents sous d'or, tandis que celle du meurtre d'un Franc n'est que de deux cents sous; on peut tuer un Romain convive du roi pour trois cents sous, et un antrustion pour six cents. — Un des premiers actes de Khlovigh est adressé aux *évêques* et *abbés*, aux hommes illustres les magnifiques ducs, etc., *omnibus episcopis, abbatibus*, etc. Khlother fait la même chose en 516. — Guntran et Khilpérick se remettent de leurs différends au jugement des *évêques* et des anciens du peuple, *ut quidquid sacerdotes vel seniores populi judicarent*. Guntran et Khildebert se soumettent à la médiation des *prêtres* : *mediantibus sacerdotibus* (588). Khlother II assemble les *évêques* de Bourgogne pour délibérer sur les affaires de l'état et la paix de la patrie : *Cum pontifices et universi proceres regni sui... pro utilitate regia et salute patriæ conjunxissent* (627). Les évêques sont toujours nommés les premiers dans les diplômes; aucune assemblée où l'on ne les voie paraître : ils jugent avec les rois dans les plaids, et leur nom est placé au bas de l'arrêt immédiatement après celui du roi; ils sont souverains de leurs villes épiscopales, ils ont la justice, ils battent monnaie, ils lèvent des impôts et des soldats. Savarik, évêque d'Auxerre, s'empara de l'Orléanais, du Nivernais, des territoires de Tonnerre, d'Avallon et de Troyes, et les unit à ses domaines. Le prêtre, dans le camp, s'appelait l'*abbé des armées*. — L'unité de l'Église, qui s'était établie par la doctrine, prit une nouvelle force par la création du temporel de la cour de Rome. Une fois la papauté portant couronne, son influence politique augmenta; elle traita d'égal à égal avec les maîtres des peuples. Aussi voit-on les pontifes signer au testament des rois, approuver ou désapprouver le partage des royaumes, parvenir enfin à cet excès d'autorité,

qu'ils disposaient de sceptres et forçaient les empereurs à leur venir baiser les pieds. Et cependant cette puissance sans exemple sur la terre n'était qu'une puissance d'opinion, puisque les papes qui imposaient leur tiare au monde étaient à peine obéis dans la ville de Rome. — Les successeurs de saint Pierre étant montés au rang de souverains, il en fut de même des évêques; la plupart des prélats en Allemagne étaient des princes. Par une rencontre naturelle, mais singulière, lorsque l'empire devint électif, les dignités devinrent héréditaires; l'élu fut amovible, l'électeur inamovible. Le grand nom de Rome, de Rome tombée aux mains des papes, ajouta l'autorité à leur suprématie en l'environnant de l'illusion des souvenirs : Rome, reconnue des barbares eux-mêmes pour l'ancienne source de la domination, parut recommencer son existence, ou continuer la ville éternelle. — La cour théocratique donnait le mouvement à la société universelle, de même que les fidèles étaient partout, l'Église était en tous lieux. Sa hiérarchie, qui commençait à l'évêque et remontait au souverain pontife, descendait au dernier clerc de paroisse, à travers le prêtre, le diacre, le sous-diacre, le curé et le vicaire. En dehors du clergé séculier était le clergé régulier, milice immense qui, par ses constitutions, embrassait tous les accidents et tous les besoins de la société laïque; il y avait des ecclésiastiques et des moines pour toutes les espèces d'enseignements ou de souffrances. Le prêtre célibataire de l'unité catholique ne se refusa point, comme le ministre marié séparé de cette communion, aux calamités populaires; il devait mourir dans un temps de peste en secourant les pestiférés; il devait mourir dans un temps de guerre en défendant les villes et en montant à cheval, malgré l'interdiction canonique; il devait mourir en se portant aux incendies; il devait mourir pour le rachat des captifs : à lui étaient confiés le berceau et la tombe; l'enfant qu'il élevait ne pouvait, lorsqu'il était devenu homme, prendre une épouse que de sa main. Des communautés de femmes remplissaient envers les femmes les mêmes devoirs; puis venait la solitude des cloîtres pour les grandes études et les grandes passions. On conçoit qu'un système religieux ainsi lié à l'humanité devait être l'ordre social même. Les richesses du clergé, déjà si considérables sous les empereurs romains qu'on avait été obligé d'y mettre des bornes, continuèrent de s'accroître jusqu'au XIIe siècle, bien qu'elles fussent souvent attaquées, saisies et vendues dans les besoins urgents de l'État. Le monastère de Saint-Martin d'Autun possédait, sous les Mérovingiens, cent mille manses; la manse était un fonds de terre dont un colon se pouvait nourrir avec sa famille, et payer le cens au propriétaire. L'abbaye de Saint-Riquier, plus riche encore, nous montre ce que c'était qu'une ville de France au IXe siècle. — Hérik, en 831, présenta à Hlovigh le Débonnaire l'état des biens de la susdite abbaye. Dans la ville de Saint-Riquier, propriété des moines, il y avait deux mille cinq cents manses de séculiers; chaque manse payait douze deniers, trois setiers de froment, d'avoine et de fèves, quatre poulets et trente œufs. Quatre moulins devaient six cents muids de grain mêlé, huit porcs et douze vaches. Le marché, chaque semaine, fournissait quarante sous d'or, et le péage vingt sous d'or. Treize fours produisaient chacun, par an, dix sous d'or, trois cents pains et trente gâteaux dans le temps des litanies. La cure de Saint-Michel donnait un revenu de cinq cents sous d'or, distribués en aumônes par les frères de l'abbaye. Le casuel des enterrements des pauvres et des étrangers était évalué, année courante, à cent sous d'or également distribués en aumônes. L'abbé partageait chaque jour aux mendiants cinq sous d'or; il nourrissait trois cents pauvres, cent cinquante veuves et soixante clercs. Les mariages rapportaient annuellement vingt livres d'argent pesant, et le jugement des procès, soixante-huit livres. La rue des Marchands (dans la ville de Saint-Riquier) devait à l'abbaye, chaque année, une pièce de tapisserie de la valeur de cent sous d'or, et la rue des Ouvriers en fer, tout le ferrement nécessaire à l'abbaye; la rue des Fabricants de boucliers était chargée de fournir les couvertures de livres; elle reliait ces livres et la cousait, ce qu'on estimait trente sous d'or. La rue des Selliers procurait les selles à l'abbé et aux frères; la rue des Boulangers délivrait cent pains hebdomadaires; la rue des Écuyers était exempte de toute charge (*vicus servientium per omnia liber est*); la rue des Cordonniers munissait de souliers les valets et les cuisiniers de l'abbaye; la rue des Bouchers était taxée, chaque année, à quinze setiers de graisse; la rue des Foulons confectionnait les sommiers de laine pour les moines, et la rue des Pelletiers, les peaux qui leur étaient nécessaires; la rue des Vignerons donnait par semaine seize setiers de vin et une d'huile; la rue des Cabaretiers, trente setiers de cervoise (bière) par jour; la rue des Cent-dix *Milites* (chevaliers) devait entretenir pour chacun d'eux, un cheval, un bouclier, une épée, une lance, et les autres armes. — La chapelle des nobles octroyait chaque année douze livres d'encens et de parfum; les quatre chapelles du commun peuple (*populi vulgaris*) payaient cent livres de cire et trois d'encens. Les oblations présentées au sépulcre de Saint-Riquier valaient par semaine deux cents marcs ou trois cents livres d'argent. — Suit le bordereau des vases d'or et d'argent des trois églises de Saint-Riquier, et le catalogue des livres de la bibliothèque; vient la liste des villages de Saint-Riquier, au nombre de vingt : Buniac, Vallès, Drusiac, Neuville, Gaspanne, Guibrantium, Bagarde, Cruticelle, Croix, Civinocurtis, Haidulficurtis, Maris, Nialla, Langradus, Alteica, Rochonismons, Sidrunis, Concilis, Buxudis, Ingoaldicurtis. Dans ces villages se trouvaient quelques vassaux de Saint-Riquier qui possédaient des terres à titre de bénéfices militaires. On voit de plus treize autres villages sans mélange de fief, et ces villages, dit la notice, sont moins des villages que des villes et des cités. — Le dénombrement des églises, des villes, villages et terres dépendants de Saint-Riquier présente les noms de cent chevaliers attachés au monastère, lesquels chevaliers composent à l'abbé aux fêtes de Noël, de Pâques et de la Pentecôte, une cour presque royale. En résumé, le monastère possédait la ville de Saint-Riquier, treize autres villes, trente villages, un nombre infini de métairies, ce qui produisait un revenu immense. Les offrandes en argent, faites au tombeau de Saint-Riquier, s'élevaient seules par an à quinze mille six cents livres de poids, près de deux millions numériques de la monnaie d'aujourd'hui. — Khlovigh gratifia l'église de Reims de terres dans la Belgique, la Thuringe, l'Austrasie, la Septimanie et l'Aquitaine; il donna de plus à l'évêque qui l'avait baptisé tout l'espace de terre qu'il pourrait parcourir pendant que lui, Khlovigh, dormirait après son dîner; l'église de Besançon était une souveraineté : l'archevêque de cette église avait pour hommes liges le vicomte de Besançon, les seigneurs de Salins, de Montfaucon, de Montferrand, de Durnes, de Montbelliard, de Saint-Seine; le comte de Bourgogne relevait même, pour la seigneurie de Gray, de Vesoul et de Choye, de l'archevêché de Besançon. — Charlemagne ordonna en 805 le renouvellement du testament d'Abbon en faveur du monastère de la Novalaire; cette charte contient la nomenclature des lieux donnés : M. Lancelot en a recherché la situation ; on peut voir ce document curieux. — Il serait impossible de calculer la quantité d'or et d'argent soit monnayés, soit employés en objets d'arts, qui existait dans les bas siècles; elle devait être considérable, à en juger par l'opulence des églises, par l'abondance incroyable des aumônes et des offrandes, et par la multitude infinie des impôts. Les barbares avaient dépouillé le monde, et leurs rapines étaient restées dans les lieux où ils s'étaient établis; on sait aujourd'hui qu'une armée féconde les champs qu'elle ravage. — La seule chose à remarquer maintenant sur les richesses du clergé, c'est comment elles servirent à la société, et de quelle autre propriété elles se composèrent. — Sous les races mérovingienne et carlovingienne le droit de conquêtes dominait; les terres ne furent point enlevées au propriétaire par la loi positive, mais le fait se dut mettre et se mit souvent en contradiction avec le droit. Quand un Franc se voulait emparer du champ d'un Gaulois-Romain, qui l'en pouvait empêcher? Lorsque Khlovigh donne à saint Remi l'espace que le saint pourra parcourir tandis que le roi dormira ! il est clair que le saint dut passer sur des terres déjà possédées, qui n'appartenaient plus à leur ancien propriétaire lorsque le roi se réveilla. Mais ces terres qui changèrent de possesseurs ne changèrent point de régime, et c'est sur ce point que toutes les notions historiques ont été faussées. — L'imagination s'est représenté les possessions d'un monastère comme une chose sans aucun rapport avec ce qui existait auparavant : erreur capitale. — Un abbaye n'était autre chose que la demeure d'un riche patricien romain, avec les diverses classes d'esclaves et d'ouvriers attachés au service de la propriété et du propriétaire, avec les villes et les villages de leur dépendance. Le père abbé était le maître; les moines, comme les affranchis de ce maître, cultivaient les sciences, les lettres et les arts. Les yeux mêmes n'étaient frappés d'aucune différence dans l'extérieur de l'abbaye et de ses habitants; un monastère était une maison romaine pour l'architecture : le portique ou le cloître au milieu, avec les petites chambres au pourtour du cloître. Et comme sous les derniers Césars il avait été permis, et même ordonné aux particuliers de fortifier leurs demeures, un couvent enceint de murailles crénelées ressemblait à toutes les habitations un peu considérables. L'habillement des moines était celui de tout le monde : les Romains, depuis longtemps, avaient quitté le manteau et la toge; on avait été obligé de porter une loi pour leur défendre de se vêtir à la *gothique*; les

braies des Gaulois et la robe longue des Perses étaient devenues d'un usage commun. Les religieux ne nous paraissent aujourd'hui si extraordinaires dans leur accoutrement que parce qu'il date de l'époque de leur institution. — L'abbaye, pour le répéter, n'était donc qu'une maison romaine; mais cette maison devint bien de mainmorte par la loi ecclésiastique, et acquit par la loi féodale une sorte de souveraineté : elle eut sa justice, ses chevaliers et ses soldats; petits États complets dans toutes ses parties, et en même temps ferme expérimentale, manufacture (on y faisait de la toile et des draps) et école. — On ne peut rien imaginer de plus favorable aux travaux de l'esprit et à l'indépendance individuelle que la vie cénobitique. Une communauté religieuse représentait une famille artificielle toujours dans sa virilité et qui n'avait pas, comme la famille naturelle, à traverser l'imbécillité de l'enfance et de la vieillesse : elle ignorait les temps de tutelle et de minorité, et tous les inconvénients attachés à l'infirmité de la femme. Cette famille, qui ne mourait point, accroissait ses biens sans les pouvoir perdre, et, dégagée des soins du monde, exerçait sur lui un prodigieux empire. Aujourd'hui que la société n'a plus à souffrir de l'accaparement d'une propriété immobile, du célibat, nuisible à la population, et de l'abus de la puissance monacale, elle juge avec impartialité des institutions qui furent, sous plusieurs rapports, utiles à l'espèce humaine, à l'époque de sa formation. — Les couvents devinrent des espèces de forteresses où la civilisation se mit à l'abri sous la bannière de quelque saint : la culture de la haute intelligence s'y conserva avec la vérité philosophique qui renaquit de la vérité religieuse. La vérité politique, ou la liberté, trouva un interprète et un complice dans l'indépendance du moine qui recherchait tout, disait tout et ne craignait rien. Ces grandes découvertes dont l'Europe se vante n'auraient pu avoir lieu dans la société barbare; sans l'inviolabilité et le loisir du cloître, les livres et les langues de l'antiquité ne nous auraient point été transmis, et la chaîne qui lie le passé au présent eût été brisée. L'astronomie, l'arithmétique, la géométrie, le droit civil, la physique et la médecine, l'étude des auteurs profanes, la grammaire et les humanités, tous les arts eurent une suite de maîtres non interrompue, depuis les premiers temps de Khlovigh jusqu'au siècle où les universités, elles-mêmes religieuses, firent sortir la science des monastères. Il suffira, pour constater ce fait, de nommer Alcuin, Anghilbert, Eghinard, Teghan, Loup de Ferrières, Eric d'Auxerre, Hincmar, Odon de Cluny, Jerbert, Abbon, Fulbert; ce qui nous conduit au règne de Robert, second roi de la troisième race. Alors naissent de nouveaux ordres religieux, et celui de Cluny n'eut plus le beau privilège d'être à peu près l'unique dépôt de l'instruction. — On sait tout ce qui avait lieu relativement aux livres : tantôt les moines en multipliaient les exemplaires par zèle ou par erreur, tantôt ils en faisaient des copies par pénitence : on transcrivait Tite Live pendant le carême par esprit de mortification. Il est malheureusement vrai qu'on gratta des manuscrits pour substituer à un texte précieux l'acte d'une donation ou quelque élucubration scolastique. On voit dans le catalogue de la bibliothèque de l'abbaye de Saint-Riquier, en 831, des exemplaires de Cicéron, d'Homère et Virgile. On trouve au Xᵉ siècle, dans la bibliothèque de Reims, les œuvres de Jules César, de Tite Live, de Virgile et de Lucain. Saint-Bénigne de Dijon possédait un Horace. A Saint-Benoît sur Loire, chaque écolier (ils étaient cinq mille) donnait à ses maîtres deux volumes pour honoraires ; à Montierender, on montrait en 990 la *Rhétorique* de Cicéron et deux Térence. Loup de Ferrière fit corriger un Pline mal transcrit ; il envoya à Rome des Suétone et des Quinte Curce. Dans l'abbaye de Fleury, on avait le traité de Cicéron *De la république*, qui n'a été retrouvé que de nos jours, encore non en entier. Je ne me souviens pas d'avoir vu mentionné dans les catalogues de ces anciennes bibliothèques de France un seul Tacite. — La musique, la peinture, la gravure et surtout l'architecture ont des obligations infinies aux gens d'église. Charlemagne montrait pour la musique le goût naturel que conserve encore aujourd'hui la race germanique : il avait fait venir des chantres de Rome; il indiquait lui-même dans sa chapelle, avec le doigt ou avec une baguette, le tour du clerc qui devait chanter; il marquait la fin du motet par un son guttural qui devenait le diapason de la phrase recommençante. Le moine de Saint-Gall raconte qu'un clerc, ignorant les règles établies, et obligé de figurer dans le chœur, agitait la tête circulairement, et ouvrait une énorme bouche pour imiter les chantres qui l'environnaient; Charlemagne garda son sang-froid, et fit donner à ce clerc de bonne volonté une livre d'argent *pour sa peine*. — Il y avait des écoles de musique : les moines connaissaient l'orgue et les instruments à cordes et à vent. Les séquences de la messe étaient fameuses au xᵉ siècle ; on y poussait le son à toute l'étendue de la voix ; elles produisaient des effets si extraordinaires qu'une femme en mourut de ravissement et de surprise. Les séquences d'origine barbare portaient le nom de *frigdora*. — L'art de graver sur pierres précieuses n'était pas perdu au viiiᵉ et au ixᵉ siècle : deux chanoines de Sens, Bernelin et Bernuin, construisirent une table d'or ornée de pierreries et d'inscriptions ; Heldric, abbé de Saint-Germain d'Auxerre, peignait ; Tutilon, moine de Saint-Gall, exerçait à Metz l'art de graveur et de sculpteur. L'architecture dite *lombarde* se rattache à l'époque religieuse de Charlemagne : le moine de Gozze était un habile architecte du xᵉ siècle. Plus tard, l'architecture que nous appelons mal à propos *gothique* dut en majeure partie sa gloire, dans le xiiᵉ et le xiiiᵉ siècle, à des clercs, des abbés, des moines et des hommes affiliés aux établissements ecclésiastiques. Hugues Libergier et Robert de Coucy, *maîtres de Notre-Dame et de Saint-Nicaise de Reims*, ont naïvement fourni les plans et dirigé la construction de l'église métropole de cette ville, ainsi que de l'église de Saint-Nicaise, admirable édifice détruit par les barbares du xviiiᵉ siècle. Aroun-al-Raschid, ami et contemporain de Charlemagne, aimait et protégeait comme lui les sciences et les arts ; mais les lettres ont péri dans le moyen âge du mahométisme, et elles se sont rajeunies et renouvelées dans le moyen âge du christianisme. — Le corps du clergé était constitué de manière à favoriser le mouvement progresseur : la loi romaine, qu'il opposait aux coutumes absurdes et arbitraires, les affranchissements qu'il ne cessait de commander, les immunités dont ses vassaux jouissaient, les excommunications locales dont il frappait certains usages et certains tyrans, étaient en harmonie avec les besoins de la foule. Il est vrai qu'en ce faisant les prêtres avaient pour objet principal l'augmentation de leur puissance ; mais cette puissance était elle-même plébéienne : ces libertés réclamées au nom des peuples ne leur étaient pas incessamment données, mais elles répandaient dans la société des idées qui s'y devaient développer et tourner au profit de l'espèce humaine. — Le clergé régulier était encore plus démocratique que le clergé séculier. Les ordres mendiants avaient des relations de sympathie et de famille avec les classes inférieures ; vous les trouvez partout à la tête des insurrections populaires : la croix à la main, ils menaient des bandes de *pastoureaux* dans les champs, comme les *processions* de la Ligue dans les murs de Paris. En chaire ils exaltaient les petits devant les grands, et rabaissaient les grands devant les petits ; plus les siècles étaient superstitieux, plus il y avait de cérémonies, plus le moine avait d'occasions d'expliquer ces vérités de la nature déposées dans l'Evangile : il était impossible qu'à la longue elles ne descendissent pas de l'ordre religieux dans l'ordre politique. La milice de Saint-François se multiplia, parce que le peuple s'y enrôla en foule ; il troqua sa chaîne contre une corde, et reçut de celle-ci l'indépendance que celle-là lui ôtait ; il put braver les puissants de la terre, aller avec un bâton, une barbe sale, des pieds crottés et nus, faire à ces terribles châtelains d'outrageantes leçons. Le maître, intérieurement indigné, était obligé de subir la réprimande de son *homme de poésie* transformé en *ingénu* par cela seul qu'il avait changé de robe. Le capuchon affranchissait plus vite encore que le heaume, et la liberté rentrait dans la société par les voies inattendues. A cette époque le peuple se fit prêtre, et c'est sous ce déguisement qu'il le faut chercher. — Enfin on s'est élevé avec raison contre les richesses de l'Eglise qui possédait la moitié des propriétés de la France ; mais, pour rester dans la vérité historique, il eût été juste de remarquer que les deux tiers au moins de ces immenses richesses étaient entre les mains de la partie plébéienne du clergé. J'insiste sur ce mot *plébéien* parce qu'en développant tout ce qu'il renferme on arrive à une nouvelle vue, et une vue très-exacte d'un sujet jusqu'ici mal compris et mal représenté. — L'esprit d'égalité et de liberté de la *république* chrétienne avait passé dans la *monarchie* de l'Eglise. Cette monarchie était élective et représentative ; tous les chrétiens, même laïques, quel que fût leur rang, pouvaient arriver, en vertu de l'élection, à la première dignité. La papauté n'était qu'une souveraineté viagère, en certains cas même, les conciles généraux pouvaient déposer le souverain et en choisir un autre : il en était ainsi des évêques élus primitivement par la communauté diocésaine. — Il arriva donc que le suprême pontife était très-souvent un homme sorti de la dernière classe sociale, tribun-dictateur que le peuple envoyait pour mettre le pied sur le cou de ces rois et de ces nobles, oppresseurs de la liberté. Grégoire VII, qui réduisit en pratique la théorie de cette souveraineté et qui exerça dans toute sa rigueur son mandat populaire, était un moine de néant ; Boniface VIII, qui déclarait les papes compétents à ravir et à donner les couronnes, était un obscur légiste; Sixte V, qui approuvait le régicide, avait gardé les pourceaux. Aujourd'hui même, après tant de siècles, cet esprit d'égalité n'est point altéré : il est rare que le souverain pontife soit tiré des grandes familles italiennes : un prêtre parvient au cardinalat; son frère, petit marchand, illumine sa boutique à Rome en réjouissance de l'élévation de son frère; le pape futur, né dans le sein de l'égalité, entrait dans le cloître où il retrouvait une autre sorte d'égalité mêlée à la théorie et à la pratique de l'obéissance passive : il sortait de cette école avec l'amour du nivellement et la soif de la domination. — Pour expliquer la puissance temporelle du saint-siège, on est allé chercher des raisons d'ignorance et de religion, qui sans doute contribuèrent à l'augmenter, mais qui n'en étaient pas l'unique source. Les papes la tenaient cette puissance de la liberté républicaine ; ils représentaient en Europe la vérité politique détruite presque partout : ils furent, dans le monde gothique, les défenseurs des franchises populaires; la querelle du sacerdoce et de l'empire est la lutte des deux principes sociaux au moyen âge, le pouvoir et la liberté : les Guelfes étaient les démocrates du temps, les Gibelins les aristocrates. Ces trônes, déclarés vacants et livrés au premier occupant ; ces empereurs, qui venaient à genoux implorer le pardon d'un pontif; ces royaumes mis en interdit; ces églises fermées, et une nation entière privée du culte par un mot magique; ces souverains frappés d'anathème, abandonnés non-seulement de leurs sujets, mais encore de leurs serviteurs et de leurs proches; ces princes, évités comme des lépreux, séparés de la race mortelle en attendant leur retranchement de l'éternelle race; les aliments dont ils avaient goûté, les objets qu'ils avaient touchés, passés à travers les flammes, ainsi que choses souillées; tout cela n'était que les effets énergiques de la souveraineté populaire déléguée à la religion, et par elle exercée. La papauté marchait alors à la tête de la civilisation, et s'avançait vers le but de la société générale. Fugitifs même et persécutés lorsqu'ils lançaient leurs foudres, comment ces souverains, trop souvent sans mœurs, quelques-uns couverts de crimes, quelques autres ne croyant pas au Dieu qu'ils servaient, comment auraient-ils pu détrôner les rois avec un moine, une parole, une idée, s'ils n'eussent été les chefs de l'opinion ? Comment, dans toutes les régions du globe, les hommes chrétiens auraient-ils obéi à un prêtre dont le nom leur était à peine connu, si ce prêtre n'eût été la personnification de quelque vérité fondamentale ? Aussi les papes ont-ils été maîtres de tout, tant qu'ils sont restés Guelfes ou démocrates ; leur puissance s'est affaiblie lorsqu'ils sont devenus Gibelins ou aristocrates. L'ambition des Médicis fut la cause de cette révolution : pour obtenir la tiare, ils favorisèrent en Italie les armes impériales, et trahirent le parti populaire; dès ce moment l'autorité papale déclina, parce qu'elle avait menti à sa propre nature, abandonné son principe de vie. Le génie des arts masqua d'abord aux yeux de la foule cette défaillance intérieure; mais les chefs-d'œuvre de Raphaël et de Michel-Ange, qui s'effacent sur les murs du Vatican, n'ont pas remplacé le pouvoir dont les papes se dépouillèrent en déchirant leur contrat primitif. C'est la même tendance à un faux pouvoir qui perdit la royauté sous Louis XIV : cette royauté qui, jusqu'au règne de Louis XIII, s'était mélangée des libertés publiques, crut augmenter sa puissance en l'étouffant, et elle se frappa au cœur. Les arts vinrent aussi embellir l'envahissement de nos franchises nationales : le Louvre du grand roi est encore debout comme le Vatican ; mais par quels soldats a-t-il été pris et est-il gardé? »

VICOMTE DE CHATEAUBRIAND (de l'académie française).

TABLEAU GÉNÉALOGIQUE DE LA DYNASTIE CARLOVINGIENNE.

ANCÊTRES DE CHARLEMAGNE.

PEPIN DE LANDEN, maire du palais sous Clotaire II, † 639.   ARNOLF, maire du palais sous Dagobert Ier, ensuite évêque de Metz, † 640.

GRIMOALD, maire du palais sous Sigebert III, † 656.	BEGGA.	ANSEGISE, † 685.
CHILDEBERT, roi d'Austrasie pendant sept mois, † 656.		PEPIN D'HÉRISTAL (le Gros ou le Jeune), maire du palais sous Thierry III, duc et prince des Francs, † 714. Ep. 1° Plectrude; 2° Alpalde.

DROGON, duc de Champagne et de Bourgogne, † 708.	GRIMOALD, maire du palais de Neustrie et de Bourgogne, sous Childebert III, 699, † 714.	CHARLES MARTEL, né 676, maire du palais sous Chilpéric II, 715, et Thierry IV, règne 737-741, sans nommer de roi, † 741. Epouse 1° Rotrude; 2° Schwanchild (ou Sonnichilde).	CHILDEBRAND, † 737.
	THÉOBUALD, † 715.		

CARLOMAN, maire du palais, 741; se fait moine, 747.	PEPIN LE BREF, maire du palais, 741; seul, 747; roi de France, 752; † 768. Ep. Berthe ou Bertrade.	GRIFFON ou GRIPPON, † 753.	REMI, archev. de Rouen.	BERNARD. JÉROME.	CHILTRUDE ép. Odilon, duc de Bavière.	LANDRADA ép. Sigram, comte de Hasban.

DROGON et ses frères embrassent la vie monastique.	CHARLEMAGNE, né le 10 avril 742, roi d'Austrasie, 768; de Neustrie, etc., 771; d'Italie, 774; emp. romain, 800; † 814. Ep. 1° une inconnue de Franconie; 2° une fille de Didier, roi des Lombards; 3° Hildegarde; 4° Fastrade; 5° Luitgarde.	CARLOMAN, né en 751.	PEPIN, né en...	GISÈLE.

Ire SUITE DU TABLEAU GÉNÉALOGIQUE DE LA DYNASTIE CARLOVINGIENNE.

DESCENDANTS DE CHARLEMAGNE.

CHARLEMAGNE, roi de France, 771-814. (Voir le tableau précédent.)

CHARLES, † 811.	PEPIN, né 776, roi d'Italie, 781, † 810.	LOUIS LE DÉBONNAIRE, né 778; roi d'Aquitaine, 781; associé à son père, 813; chef suprême de toute la monarchie, 814; couronné empereur, 816; † 20 juin 840. Ep. 1° Irmengarde, fille d'Ingramme, comte de Hasban, 796-818; 2° Judith, fille du comte Welf.	LOTHAIRE, né 778, † 780.	Deux filles. Cinq filles.	Quatre fils et trois filles illégitimes.
	BERNARD, né 798, roi d'Italie, 813, † 817.				
	PEPIN, comte.	LOTHAIRE Ier. (V. la IIe suite.)	PEPIN, roi d'Aquitaine, 817, † 838.	LOUIS LE GERMANIQUE. (V. la IIIe suite.)	CHARLES LE CHAUVE, né le 13 juin 823; roi d'Alemanie, 829; de la partie occidentale de l'empire, 843; d'Italie et empereur, 876; † 887. Ep. 1° Irmentrude; 2° Richilde.	GISÈLE épouse le comte Eberhard.
	HÉRIBERT, comte de Champagne et de Vermandois.		PEPIN, roi d'Aquitaine, 845; moine, 852, † 864, en prison.			
	1° EUDES, comte de Laon. 2° HÉRIBERT...... 3° HUGUES, arch. de Reims, déposé en 930.	CHARLES, roi d'Aquitaine, 866, † 886.	CARLOMAN, abbé, † 865.	LOUIS II LE BÈGUE, né 843; roi de France, 877; † 879. Ep. 1° Ansgarde, 2° Adelaine.	JUDITH ép. 1° Ethelwolf, roi Kent; 2° Ethelbald; 3° Baudouin Ier, comte de Flandre.	BÉRANGER Ier, roi d'Italie, 888, † 924.
LOUIS III, né 860; roi de France, 879; † 882, sans postérité.		CARLOMAN, né 866; roi de France, 879; † 884, sans postérité.	CHARLES LE SIMPLE, né 879; roi de France (893), 897-923; † 929. Ep. 1° Frédérine; 2° Ogine (Edgina), fille du roi d'Angleterre, Edouard Ier.			GISÈLE, ép. Adelbert, marquis d'Ivrée.
GISÈLE épouse Rollon, duc de Normandie.			LOUIS IV D'OUTRE-MER, né 920; roi de France, 936; † 954. Ep. Gerberge, fille de Henri Ier, roi de Germanie.			BÉRANGER II, roi d'Italie, 950-961, † 966.
LOTHAIRE, né 941; roi de France, 954; † 996. Ep. Emma, fille de Lothaire, roi d'Italie.		MATHILDE épouse Conrad, roi de Bourgogne († 994).	CHARLES, né 945, duc de la basse Lorraine, qu'il tient en fief d'Otton le Grand, 977, † 991.			ADALBERT, roi d'Italie, comme associé à son père.
LOUIS V LE FAINÉANT, né en 967, roi de France, † 987, sans héritier.		ARNOLF, archev. de Reims, † 1029.	OTTON, duc de Lorraine, 991, † 1005.	LOUIS-CHARLES.		

IIe SUITE DU TABLEAU GÉNÉALOGIQUE DE LA DYNASTIE CARLOVINGIENNE.

LOTHAIRE Ier, fils aîné de Louis le Débonnaire, né en 796, associé à son père en 819, roi d'Italie en 820, empereur en 823; obtient au partage de Verdun, 843, la France centrale; † 855. Ép. Irmengarde.

LOUIS II, roi d'Italie, 844, et empereur, 855; † 875. Ép. Angilberge.	LOTHAIRE II, roi de Lorraine, 855, † 868. Ép. 1° Thietberge; 2° Valdrade.	CHARLES, roi de Provence, de Lyon, etc., 855-863.
IRMENGARDE épouse Bozon, roi de Bourgogne cisjurane.	HUGUES LE BATARD, duc d'Alsace, 868, aveuglé en 885. GISÈLE épouse Godefroi, chef des Normands.	BERTHE, † 926. Ép. 1° le comte Théobald; 2° Adelbert, marq. de Toscane.
LOUIS, fils aîné de Bozon, né 880; roi de Bourgogne, 887, et d'Italie, 898-905; † 923.		HUGUES, comte d'Arles, roi d'Italie, 928, † 947. Ép. 1° Alda; 2° Berthe, veuve de Rodolphe II, roi de Bourgogne.
		LOTHAIRE, roi d'Italie, 946, † 950. Ép. Adélaïde, fille de Rodolphe II, roi de Bourgogne.

IIIe SUITE DU TABLEAU GÉNÉALOGIQUE DE LA DYNASTIE CARLOVINGIENNE.

LOUIS LE GERMANIQUE, troisième fils de Louis le Débonnaire, né en 806; roi de Bavière, 817; de la partie orientale de l'empire des Francs ou de la Germanie, 843; † 876.

CARLOMAN, roi de Bavière, etc., 876; d'Italie, 877; † 880. A pour concubine Ludswinda.	LOUIS LE JEUNE, roi de la partie orientale de l'empire des Francs, 876; hérite de Carloman, 880; † 882. Ép. Luitgarde, fille de Ludolf, duc de Saxe.	CHARLES LE GROS, né en 823; roi d'Alemanie, 876; d'Italie, 880; de toute la Germanie, 882; de France, 884; déposé, 887; † 888.
ARNOLF, duc de Carinthie, 880; roi de Germanie, 887; empereur, 896; † 899. A pour concubine Ellinrath; ép. Otha.	LOUIS, † 880.	(BERNARD.)
SVENTEBOLD, roi de Lorraine, 895, † 900. (RATOLD.) LOUIS L'ENFANT, 890, † 911.		

CARLOVINGIENS (MONNAIES DES). Charlemagne et son frère Carloman, après la mort de Pepin, qui avait été élu roi à Soissons en 752, firent faire leur monnaie d'argent du même poids que celle de leur père; mais, peu de temps après, ils la firent faire plus pesante. On commença à se servir de la livre de compte, composée de 20 sous, dont nous nous servons encore aujourd'hui, et que presque tous les peuples de l'Europe ont prise des Français. Ces sous en valaient près de 40 de ceux du règne de Louis XIV. Sous la première race, les Français s'étaient servis de la livre romaine : on la quitta au temps de Charlemagne pour prendre la livre gauloise, ou quelque autre qui pesait 12 de nos onces, poids de marc. Charlemagne, étant à Francfort, fit un règlement l'an 794 pour les monnaies qui, depuis 779, pendant les guerres et les voyages qu'avait faits cet empereur, avaient souffert quelque affaiblissement, soit dans leur poids, soit dans leur loi. Ce fut probablement alors que Charlemagne fit mettre le monogramme de son nom sur ses monnaies. En 805, étant à Thionville, il ordonna qu'on ne fabriquerait plus la monnaie que dans son palais. — Les monnaies de Charlemagne sont grossières, d'argent fort mince, et sans effigie; on y voit d'un côté le nom ou le monogramme du prince, et au revers une R et une F, qui signifient indubitablement rex Francorum; A. R., Austrasiorum rex; N. R., Neustriæ rex; ou les noms des différentes villes dans lesquelles ces pièces ont été frappées. On lit sur d'autres XPISTIANA RELIGIO, avec la face d'un temple. On a quelquefois confondu les monnaies de Charlemagne avec celles de Charles le Chauve et de Charles le Gros, qui ont aussi été empereurs; mais celles qui portent des têtes paraissent être de ces deux derniers. Louis le Débonnaire fit une nouvelle monnaie et divers règlements vers l'an 820, et décria toutes les anciennes monnaies. A cette époque, les richesses des particuliers consistaient en lingots d'or et d'argent aussi bien qu'en monnaies, et la coutume de payer les sommes un peu fortes en or et en argent non monnayé dura en France jusque bien avant sous la troisième race. — Les monnaies de Louis le Débonnaire ressemblent beaucoup à celles de son père. Celles d'or sont de la plus grande rareté, ainsi que celles où l'on voit sa tête. On y lit HLVDOVICVS IMP., Ludovicus imperator (il avait été couronné empereur en 814). Quand sa tête n'y est pas, on y voit une croix, et au revers un temple ou un vaisseau, ou le nom d'une ville : MASSILIA, Marseille; PARISII, Paris; ROTVMAGVS, Rouen, etc. Il y a peu de diffé-

rence entre les monnaies de ce prince et celles de ses successeurs, dont les deux derniers furent Louis V, qui mourut en 987, et Charles, père de Lothaire, qui mourut dans la captivité en 992, et en qui finit le règne de la race carlovingienne, Hugues Capet ayant été élu roi à Noyon en 987, et sacré à Reims la même année. On doit consulter sur les monnaies carlovingiennes le Traité des monnaies de France de Leblanc et l'ouvrage récent intitulé Catalogue raisonné des monnaies nationales de France, par Guillaume Combrouse, Paris, 1839.

DUMERSAN.

CARLOWITZ, ville ouverte sur le Danube, siège d'un archevêque grec non uni, dans le district militaire de l'Esclavonie; population, 4,500 habitants. C'est dans cette ville que fut conclu, le 26 janvier 1699, entre l'empereur, la Pologne, la Russie, Venise et les Turcs, sous la médiation de la Hollande et de l'Angleterre, le traité connu dans l'histoire de la diplomatie sous le nom de paix de Carlowitz, et en vertu duquel l'empereur Léopold Ier conserva la Transylvanie et l'Esclavonie, et la Pologne récupéra Kaminieck, la Podolie et l'Ukraine.

CARLOWIZIA (botan.). Ce genre, dit de Candolle dans un Mémoire sur les plantes composées ou syngénèses, établi par Mœuch et par Neker et négligé par les auteurs subséquents, diffère des carthames, avec lesquels on l'avait confondu par son aigrette plumeuse, des cirses par la grande collerette foliacée qui se trouve au-dessous de son involucre; il est toutefois très-voisin de ce dernier genre. Mais, outre que la collerette des carthames servira à les distinguer des autres cinarocéphales à aigrette simple, ce même caractère devra faire séparer la carlowizia des cinarocéphales à aigrette plumeuse. Il diffère encore des cirses, des carthames et de presque toutes les cinarocéphales, parce que les paillettes de son réceptacle enveloppent entièrement les fleurons, et sont fendues en dents épineuses jusqu'au tiers de leur longueur seulement (Annales du muséum d'histoire naturelle, 1810, t. XVI, p. 207, pl. 15).

CARLSBAD, ville de Bohême très-renommée pour ses eaux thermales, est située à 16 milles géographiques de Prague, dans une contrée romantique entourée de montagnes, dans une vallée étroite et profonde, aux bords du Teple (mot slavon qui signifie chaud). On dit que c'est l'empereur Charles IV, roi de Bohême, qui, en chassant vers 1350 près du point élevé connu encore aujourd'hui sous le nom de Saut-du-Cerf, découvrit les sources d'eau chaude en suivant le gémissement d'un chien de chasse qu'il trouva enfoncé dans une de ces sources. — L'empereur, qui souffrait depuis longtemps d'un mal au pied, fit usage de cette eau, d'après le conseil de son médecin, Pierre Bayer, et fut guéri. Depuis ce moment on appela cette source *Bain de l'empereur Charles*. On dit que l'empereur fit ensuite bâtir un château à l'endroit où se trouve maintenant la tour de la ville, et que c'est autour de ce château qu'on commença à élever les constructions. Il y a dans la ville quatre cent cinquante maisons, la plupart riantes et d'une grande propreté, avec 2,500 habitants. En été, les propriétaires de ces maisons n'en occupent que le rez-de-chaussée, et en louent tout le reste aux nombreux voyageurs que les bains attirent des contrées les plus éloignées. L'église est élégamment bâtie, et le théâtre est à l'instar de celui de Manheim. Les bals, dits saxon, bohême et polonais, sont des édifices de bon goût, situés près du château, où se réunissent souvent les cercles les plus brillants. On fabrique à Carlsbad toutes sortes d'ouvrages en acier, en fer, en étain, en bois, etc., qui sont connus sous le nom de marchandises de Carlsbad ; toutes les personnes qui viennent aux eaux en achètent pour faire des cadeaux à leur retour ; on en expédie aussi beaucoup au dehors. Les sources d'eau chaude, appelées *brunnen* (puits), sont très-nombreuses ; la principale est celle dite *sprudel*, source où l'eau jaillit avec force, mais qui n'a que cet avantage sur le Muhlbrunn, le Bernardsbrunn, le Neubrunn, le Theresienbrunn, le Schlossbrunn, le Spitalbrunn et la source d'Hygie. Les promenades conduisant au *Petit-Versailles* se prolongent à travers une prairie solitaire ; d'autres promenades passent à travers des masses de granit rouge, et portent des noms plus ou moins remarquables : le *Belvédère*, la *Promenade de quatre heures*, le *Banc du poëte*, le *Repos d'Antoine*, le *Siége de l'amitié*. En passant le pont de Charles, on arrive au temple de Dorothée et à une source récemment reconnue, et qui est toujours couverte d'une couche de gaz d'acide carbonique de quatre à six pieds. Des bois enchanteurs conduisent à une auberge située au milieu des mines qui entourent la ville et qui en rendent les avenues aussi pittoresques que remarquables. — Le sulfate de soude est l'ingrédient dominant de l'eau de Carlsbad ; viennent ensuite, dans des proportions décroissantes, le carbonate de soude, l'hydrochlorate de soude, le carbonate de chaux, etc. Cette eau n'est pas transportable, car dans les vases elle se couvre d'une pellicule, forme un sédiment et prend un goût désagréable. Elle sert utilement contre les obstructions du bas-ventre et autres, contre les concrétions bilieuses, la jaunisse, les hémorroïdes, les vertiges, et elle dégage le sang de ses âcretés. — On peut consulter sur Carlsbad, ses sources, ses environs et ses curiosités : Becher, *Veber das Carlsbad* (Leipz., 1789) ; Stœhr, *Kaiser Karls Bud* (Leipz., 1817), l'ouvrage du docteur Kreisig, à Dresde (1825), celui de M. Jean de Caro, à Prague, intitulé *Carlsbad, ses eaux minérales et ses bains à vapeur* (Carlsbad, 1827), et l'*Almanach annuel de Carlsbad*, du même auteur. — On appelle CONGRÈS DE CARLSBAD les conférences ministérielles qui eurent lieu dans cette ville en 1819, et dont le principal objet était de convenir d'un certain nombre de dispositions additionnelles à la constitution fédérale de l'Allemagne, et d'aviser aux moyens de réprimer les mouvements entretenus dans ce pays par le libéralisme indigène et étranger. On arrêta les mesures de surveillance et de répression à l'égard des universités, tant pour le corps enseignant que pour les étudiants ; on prescrivit une censure sévère applicable à tous les ouvrages ayant moins de vingt feuilles d'impression ; on institua la fameuse *commission centrale* de Mayence, pour suivre et déjouer les menées démagogiques dans toute l'étendue de la confédération ; on fixa un mode efficace d'exécution pour les décisions de la diète, et l'on s'expliqua sur l'interprétation à donner à l'article 13 de l'acte fédéral. Les *articles de Carlsbad* du 20 septembre 1819 devinrent, par décision du 15 mai 1820, lois de la confédération.

CARLSBERGA (GEORGES-CHARLES), poëte latin, né à Prague en 1570, mort en 1612, est auteur d'un livre intitulé *Farrago symbolica perpet. distichis explicata*, imprimé avec un recueil d'épigrammes latines, à Prague, 1778, in-8°.

CARLSCRONA ou **CARLSCROON** (*géogr.*), ville et port de Suède dans la province du Gothland méridional ; elle tire son origine et son nom de Charles XI, qui jeta les fondations de cette nouvelle ville en 1680, et fit conduire la flotte de Stockholm dans son port à cause des avantages de sa position et de sa sécurité. La plus grande partie de la ville est assise sur une petite île rocheuse sortant lentement de la mer, et qui domine la baie de la Baltique. Les faubourgs s'appuient sur une autre île de même nature et le long du môle qui borde le bassin où la flotte est à l'ancre. L'entrée du port, difficile par les bas-fonds et les rochers à fleur d'eau qui la remplissent, est défendue contre les attaques d'une flotte ennemie par deux forts bien armés bâtis sur les deux îles, et sous le feu desquels tous les vaisseaux doivent passer. On y voit un bassin, dont le plan fut donné par Polhem, creusé dans le roc vif : commencé en 1714, il avait été terminé en 1724 ; mais ayant été depuis trouvé trop petit on l'a rélargi, et il est capable de recevoir des vaisseaux de première ligne. Ses dimensions sont de 190 pieds suédois en longueur, 52 en largeur et 46 en profondeur. Il contient 500,000 pieds cubes d'eau que l'on peut vider ordinairement en dix heures de temps par le travail de 90 hommes employés à pomper, et se relevant toutes les demi-heures. — On voulut construire successivement à Carlscrona des bassins sur un plan gigantesque au nombre de trente pour la réparation et le retrait à sec des vaisseaux. Cet immense ouvrage fut commencé en 1757, et abandonné par Gustave III. A l'ouverture des travaux, on y consacrait annuellement 25,000 livres ; mais plus tard les dépenses furent réduites à 6,000 livres par an, et le nombre des bassins projetés à vingt. De grands embarras en tout genre formèrent obstacle à la continuation de cette entreprise herculéenne, et l'on n'est parvenu qu'à l'achèvement d'un seul bassin, dont le fond et les côtés sont de granit taillé : des rangées de piliers colossaux également en granit supportent la couverture ; ce qui donne à cette construction, vue de l'intérieur, l'aspect plutôt d'un temple que d'un lieu d'abri pour les vaisseaux. ED. G.

CARLSKAMN ou **CARLSHAVEN** (*géogr.*), en latin *Caroli Porius*, ville et port de Suède, dans la province de Blekinge, bâtie en 1658 par Charles X, et augmentée et fortifiée par Charles XI. Cette ville renferme des manufactures de laines, des forges de cuivre et un chantier de construction. Elle fournit dix-neuf votes à la diète, contient environ 1,200 habitants, et est distante de 22 milles de Carlscrona.

CARLSRUHE, capitale du grand-duché de Bade (*V.* ce mot), résidence ordinaire des grands-ducs, est située sous le 26° 0' 30" de longitude orientale, et le 48° 59' 55" de latitude septentrionale, à environ 1 lieue et demie du Rhin. Un caprice de prince donna naissance à cette ville vers le commencement du XVIIIe siècle. Le margrave Charles-Guillaume, fatigué des tracasseries sans nombre que lui occasionnaient les affaires de son petit État, conçut le projet d'élever un château de plaisance dans la forêt qui avoisinait sa résidence de Durlache. Il espérait ainsi se soustraire aux affaires publiques, et trouver dans la solitude la douce paix, objet de tous ses vœux. Ce premier projet fut bientôt changé. En 1715 ce même margrave posa la première pierre d'une ville, et publia un édit par lequel il affranchissait pendant plusieurs années de tout impôt quiconque viendrait s'établir dans la proximité de son château de plaisance. Il ne tarda pas à voir accourir vers ce lieu des habitants des diverses parties de l'Allemagne. En 1719, le nombre des habitants de Carlsruhe s'élevait déjà à plus de 2,000. Cette ville a maintenant 17,500 habitants. Carlsruhe, située dans une belle plaine, est entourée d'une magnifique forêt de chênes et de hêtres. La ville est régulièrement bâtie ; les rues y sont larges et munies de trottoirs, qui offrent aux piétons des voies faciles et commodes. Les maisons y sont généralement d'un étage, et construites sur un plan uniforme. Les édifices publics sont d'une architecture imposante, et étalent souvent dans leur ensemble une grande magnificence de style ; mais, lorsqu'on porte un œil scrutateur sur leurs différentes parties, on ne tarde pas à remarquer une foule de fautes de détail qui semblent annoncer que si l'architecte a copié de grands modèles, il n'a pas toujours eu ce talent ordonnateur qui sait établir une heureuse concordance entre les modifications que ces modèles ont besoin de subir pour être en harmonie avec les lieux dans lesquels s'élèvent ces monuments, ou avec la destination qui leur est affectée. Nous signalerons quelques-uns de ces monuments. Le château grand-ducal, construit dans les principes de l'architecture française du XVIIIe siècle, est remarquable par son élégance, par son heureuse distribution, et surtout par les jolies sculptures dont il est orné. Les appartements y sont meublés avec magnificence. Les bâtiments qui l'avoisinent, et qui bornent des deux côtés l'immense place qui le précède, sont consacrés aux divers établissements administrés par l'intendance de la liste civile. Nous distinguerons dans ce nombre : bibliothèque publique, collection *informe* et peu remarquable ; le théâtre, dont l'extérieur ne fait pas pressentir sa beauté intérieure ; le jardin botanique, aussi remarquable par la disposition des serres que par le nombre des plantes exotiques que l'on y rencontre ; la galerie de tableaux, dans laquelle on aime à voir, parmi quelques productions des écoles flamande, française, allemande, italienne, etc., plusieurs compositions d'artistes badois qui ne sont point sans mérite ; la faisanderie, enrichie de plusieurs oiseaux d'une beauté peu commune ; les écuries grand'ducales, etc. Les bâtiments qui font face au château sont tous construits en forme d'arcades ; ils se rangent en demi-cercle autour d'une vaste place, et offrent aux promeneurs un abri dans la mauvaise saison. La place même se distingue par ses plantations, par la belle exécution des chaînes et des piliers à hauteur d'appui qui les entourent. Elle est embellie de deux vastes bassins, entourés d'orangers durant la belle saison, traversée par la grande avenue qui conduit au château, et limitée de chaque côté par deux autres avenues aboutissant à deux portes latérales qui s'ouvrent sur les magnifiques jardins du grand-duc. Ces jardins, disposés à l'anglaise, sont d'une rare beauté. C'est une suite continuelle d'agréables promenades, de bosquets sombres et mystérieux, de sites riants et sauvages, rehaussés par des constructions que l'art a toujours su mettre en parfaite harmonie avec les scènes végétales. Le plan suivant lequel ont été établis et la ville et ces jardins peut être comparé à un grand cercle, dont la tour du château formerait le centre, et dont les allées de ces jardins et les rues de la ville seraient autant de secteurs. Ces allées traversent presque toute l'immense forêt qui avoisine ces jardins, pour aller aboutir à de riants villages, tandis que les rues de la ville qui se dirigent vers la place du château ouvrent des échappées de vue sur les belles campagnes, dans la direction opposée. Parmi les monuments publics qui ne font point partie de la dotation de la couronne, on distingue : l'hôtel de ville, l'hôpital, la maison de refuge, le ministère des affaires étrangères, le nouvel hôtel de la chancellerie, la poste d'Ettlingen, l'arsenal ; l'église évangélique, monument d'un assez beau style, précédé d'un parvis et surmonté d'une belle colonnade d'ordre composite, mais défiguré par une tour carrée, peu assortie au reste de l'édifice ; les palais des margraves et l'église catholique appellent encore l'attention ; ce dernier monument est bâti sur le plan du Panthéon de Rome ; mais malheureusement l'architecte a eu l'idée d'y joindre une tour de son invention, qui ne se distingue que par la bizarrerie de son architecture. Carlsruhe a plusieurs établissements d'utilité publique qui ne laissent pas que d'être remarquables. Nous nommerons le lycée, espèce d'école secondaire, la fonderie, où se coule la majeure partie des canons prussiens ; les écoles de dessin et de peinture, l'institut de musique vocale et instrumentale, l'école militaire, et enfin l'institut polytechnique, que l'on cherche à organiser sur le plan de l'école polytechnique de Paris. Parmi les monuments destinés à perpétuer le souvenir des événements qui ont eu un intérêt direct pour le pays, nous citerons la pyramide élevée à la mémoire du fondateur de la ville, sur l'emplacement où était l'église de l'Union, et l'obélisque érigé à la mémoire de Charles-Frédéric, auteur de la constitution. Ce n'est pas seulement par la ville proprement dite, c'est encore par ses environs que Carlsruhe présente un des séjours les plus agréables. Les nombreux villages qui l'avoisinent, les délicieuses promenades qui y conduisent, les sites pittoresques, les charmants jardins publics distribués dans les alentours de la ville même, offrent autant de moyens de varier les plaisirs au gré des goûts les plus difficiles. C'est de la rotonde du château grand-ducal que l'œil de l'étranger peut le mieux embrasser ce magnifique paysage. Il est impossible de ne pas éprouver un sentiment de plaisir à la vue de cette végétation brillante, de cette ville si propre, si bien bâtie ; de ces jardins dont la disposition variée présente des situations si riantes et si diverses ; à la vue de cette plaine magnifique qui a pour limites, d'une part les montagnes de la Forêt-Noire qui mêlent leurs couleurs bleuâtres à l'azur du ciel, de l'autre les Vosges qui ensevelissent sous leurs teintes noirâtres leur sombre végétation, leurs cimes arides et les mille châteaux du moyen âge qui couronnent leurs sommets.

CARLSTAD ou mieux **KARLSTAD**, préfecture de Suède, formée de la plus grande partie du Vermeland, et qui s'étend entre la Norwége à l'ouest et au nord, et la préfecture d'OErebro à l'est ; sa superficie est de 852 lieues carrées, et sa population de 141,352 habitants (1833). Elle est divisée en trois syalens (arrondissements), et onze harads (cantons), son chef-lieu est :

CARLSTAD ou **KARLSTAD**, ville située sur l'île de Thingvalla, à l'embouchure du Clara-Elf, dans le lac Wener, évêché. La cathédrale est d'une belle architecture. Cette ville possède un gymnase, un observatoire, une société d'agriculture, un cabinet d'histoire naturelle, des abr. de tabac. Elle commerce en grains, sel, bois, et surtout en cuivre et fer. 2,016 habitants (1833). Carlstad a été fondée en 1584 par Charles IX, qui n'était encore que duc de Sudermanie. A 58 lieues ouest de Stockholm. Latitude nord, 59° 21' 45" ; longitude est, 11° 10'.

CARLSTADT ou mieux **KARLSTADT**, généralat de Croatie, l'une des grandes divisions de ce pays. Il a 471 lieues carrées. J'ignore le chiffre exact de sa population. Sa surface est partagée entre les quatre districts régimentaires de Likka, Ottochatz, Ogulin et Sluin. Il a pour chef-lieu :

CARLSTADT, petite ville d'Illyrie (Trieste), sur la Koulpa, à son confluent avec la Korana, et près les frontières de la Croatie ; siège d'un évêché grec-uni, et station du régiment de Sluin. Elle est divisée en deux parties : le château, bien fortifié, et qui renferme de belles maisons en pierre, et la partie extérieure bâtie en bois. On y construit des barques, et on y distille du roosnglis. C'est le grand marché pour les fruits, le tabac et le sel expédiés en Dalmatie et dans les pays voisins. 4,500 habitants. Carlstadt a été fondée par l'archiduc Charles d'Autriche. A 25 lieues sud-est de Layhach.

CARLUDOVIQUE, s. m. (*botan.*), genre de plantes de la familles des palmiers.

CARLYLE (JOSEPH-D'ACRES), savant orientaliste anglais, fils d'un médecin établi à Carlisle, naquit dans cette ville en 1759. Elevé à l'université de Cambridge, il s'y livra à l'étude de la langue arabe, et en fut fait professeur à la place du docteur Cravens. Il publia d'abord : *Maured allatofet Semaleddini filii Togri Bardii, seu rerum ægyptia carum annales, sub anno Christ. 971 usque ad annum 1453*, Cambridge, 1792, in-4°. Cette chronique égyptienne, dont le texte arabe n'avait jamais été imprimé, est accompagnée d'une traduction latine, et de savantes notes. Il publia encore en 1796 un spécimen de *Poésie arabe*, ouvrage estimé. Ayant obtenu d'accompagner lord Elgin dans son ambassade à Constantinople en 1799, il visita les principales bibliothèques des pays soumis aux Ottomans, recueillit une multitude de notes précieuses, et revint en Angleterre en 1801. Il s'appliqua dès lors avec ardeur à l'édition de la Bible arabe, publiée par la société biblique de Londres, pour être distribuée gratis aux n.usulmans d'Afrique. Ce bel ouvrage, imprimé à Oxford, dans l'imprimerie de Clarendon, avec de beaux caractères neufs, est fait sur le texte arabe de la polyglotte de Walton, mais corrigé et revu avec soin. Carlyle ne put en voir la publication ; l'excès du travail et la suite des fatigues de son voyage abrégèrent ses jours, et il mourut le 12 avril 1804, âgé de quarante-cinq ans. L'édition de la Bible arabe fut continuée à son défaut par le docteur Henri Ford, professeur d'arabe à Oxford. Carlyle avait laissé très-avancées et près d'être publiées les observations faites pendant son voyage au Levant, et une dissertation sur la plaine de Troie.

CARLYLE (THOMAS), sculpteur anglais de la famille du précédent, né à Carlisle en 1734, mort en 1816, a exécuté plusieurs statues, bas-reliefs et autres morceaux estimés. On cite particulièrement sa statue de sir Hugh de Morville.

CARMACÆ (*géogr. anc.*), peuple de la Sarmatie européenne, placé par Pline dans le voisinage des Palus-Méotides.

CARMAGNOLE, ville forte du Piémont, dans le marquisat de Saluces, à six lieues de Turin. Il y a une bonne forteresse qui la rend une place importante. Charles-Emmanuel, duc de Savoie, s'en rendit maître en 1568. Elle fit partie du département du Pô, lorsque la Savoie et le Piémont furent réunis à la France, en novembre 1792. Elle appartient maintenant au royaume de Sardaigne. **DUMERSAN.**

CARMAGNOLE (FRANÇOIS BUSSONE, dit), né à Carmagnole, ville du Piémont, en 1390, de parents obscurs, et dont le métier était de garder les pourceaux, servit d'abord un officier de Facino-Cane en qualité de valet. Il entra comme simple soldat en 1412 dans l'armée de Marie-Philippe Visconti, duc de Milan. Il se distingua sous les yeux de son souverain dans la seule occasion importante où celui-ci eût été présent dans un combat, et il fut rapidement élevé par lui aux plus hautes dignités militaires. En retour, il fut l'instrument de la grandeur de son maître. Il l'avait trouvé sans argent, sans soldats, entouré d'ennemis, ne commandant plus qu'à Milan et à Pavie, où il était encore menacé par les factieux ; mais Carmagnole soumit successivement toutes les tyrans qui s'étaient partagé les conquêtes de Jean Galéaz, et il ramena la Lombardie entière sous la domination du duc. Il força les Génois à reconnaître aussi l'autorité de Philippe-Marie, et il se préparait en 1424 à monter sur leurs vaisseaux pour aller dans le royaume de Naples combattre Alphonse d'Aragon, lorsque le duc de Milan, qui avait donné à Carmagnole le titre de comte, qui l'avait adopté dans sa famille, et qui lui avait permis de prendre son nom, parut tout à coup jaloux d'un homme qu'il avait fait trop grand, et dont il avait reçu trop de services pour ne pas le craindre. Il voulut lui ôter le commandement de ses troupes et le borner à la carrière civile ; mais Carmagnole qui avait formé l'armée qu'il commandait, et qui trouvait sa sûreté dans le respect et l'amour de ses soldats, *ne voulut pas se séparer d'eux et demeurer sans défense vis-à-vis d'un souverain soupçonneux.* Il demanda au duc avec instance une audience qui lui fut refusée, il pressa ; il fut menacé, et, reconnaissant alors que sa perte était jurée, il s'échappa de Milan au printemps de 1425 pour se rendre à Venise. Ses biens furent aussitôt confisqués, sa femme et ses filles furent mises en prison. Carmagnole excita les Vénitiens à prendre la défense des Florentins alors accablés par les armes du duc de Milan. Il leur révéla les projets de Visconti pour les écraser à leur tour, et une tentative du duc pour le faire empoisonner ne laissa plus de doute sur sa sincérité. Carmagnole, mis à la tête des troupes des deux républiques, fit changer la face des affaires. Il ouvrit la campagne par la prise de Brescia, et enleva toutes les forces du Bressan aux Milanais, par plusieurs siéges successifs, sous les yeux d'une armée supérieure à la sienne. Il remporta l'année suivante, le 11 octobre 1427, une glorieuse victoire à Marcelo sur les quatre généraux les *plus* célèbres de l'Italie, réunis alors au service du duc, savoir : François Sforza, Piccinino, Ange de la Pergola et Guido Torello ; mais, par une imprudente générosité, il renvoya tous les prisonniers qu'il avait faits, ce qui excita les soupçons des Vénitiens. La paix obtenue par ses victoires fit recouvrer la liberté à sa femme et à ses enfants, tandis qu'elle assura aux Vénitiens la conquête de Brescia , de Bergame et la moitié du Crémonais. Mais dans une guerre qui se renouvela bientôt après, Carmagnole ne répondit plus à l'attente que les Vénitiens fondaient sur ses talents ; il fut cause, le 21 mai 1431 , de la défaite d'une flotte sur le Pô, et il ne répara point cet échec par son activité dans le reste de la campagne. Le sénat, défiant, ne supposa point que Carmagnole pût éprouver des revers sans être coupable de perfidie : il crut que ce général avait pitié d'un maître qu'il avait longtemps servi et dont il s'était assez vengé, et il s'occupa de punir par une trahison sa trahison supposée. — Carmagnole fut appelé à Venise au commencement de l'année 1432 par le conseil des dix, pour éclairer la république par ses avis durant les négociations de la paix. Il fut reçu avec une pompe extraordinaire ; le doge le fit asseoir à ses côtés dans le sénat, et lui exprima dans son discours l'affection et la reconnaissance de la république ; mais à peine ses soldats se furent retirés et l'eurent laissé au milieu des sénateurs, que Carmagnole fut chargé de fers, jeté dans une affreuse prison, et bientôt après soumis à la torture pour qu'il avouât ses trahisons prétendues. Enfin, le vingtième jour après son arrestation, il eut la tête tranchée le 5 mai 1432 ; mais on eut soin, avant son supplice, de lui mettre un bâillon dans la bouche, afin qu'il ne pût pas protester de son innocence. Ses biens, qui étaient *immenses*, furent confisqués, et la république se chargea seulement de faire une misérable pension à ses filles.

CARMAGNOLE, chanson qui eut pendant la *révolution*, et vers 1792, une vogue populaire. Elle parut au moment où les troupes françaises triomphantes venaient d'entrer dans le Piémont et la Savoie, dont toutes les villes venaient se mettre sous la protection de la nation française, leurs habitants et ceux des campagnes accourant de toutes parts et arborant la cocarde tricolore. On ne sait si la musique et la danse de la carmagnole sont originaires de ce pays et en ont pris le nom, ou si l'air de la carmagnole a été composé par quelques musiciens de cette ville. Du reste, il fut bientôt aussi vulgaire que le fameux *Ça ira*, et devint aussi le signal et l'accompagnement des joies féroces et des exécutions sanglantes. On dansait la carmagnole dans les bals, on la chantait au théâtre et autour de la guillotine. —Un poëte de carrefour fit sur cet air une chanson qui fut répétée par toute la France, et dont le refrain était :

Dansons la Carmagnole,
Vive le son, vive le son,
Dansons la Carmagnole,
Vive le son du canon.

On y trouvait le couplet suivant dirigé contre l'infortunée reine Marie-Antoinette :

Madam' *Veto* avait promis
De faire égorger tout Paris ;
Mais ell' s'est bien trompée,
Grâce à nos canonniers.
Dansons, etc.

Les autres couplets, contre Dumouriez, la Fayette et tous ceux qu'on voulait dévorer à la haine du peuple, étaient du même genre. — L'air de cette chanson, véritablement entraînant, était joué en pas redoublé comme *Ça ira*, et conduisait nos soldats à la victoire ; mais Bonaparte les répudia lorsqu'il fut consul.

v.

. Cette chanson, en treize couplets, ne mérite pas d'être rapportée en entier, à cause de sa grossière platitude. Nous en citerons seulement quelques passages.

Monsieur *Veto* avait promis   (*bis*)
D'être fidèle à sa patrie ;   (*bis*)
Mais il y a manqué,
Ne faisons plus de quartié.
Dansons, etc.

Monsieur *Veto* s' croyant vainqueur
Connaissait peu notre valeur.
Vâ, Louis, gros *paour*,
Du Temple dans ta tour.
Dansons, etc.

Ce couplet indique l'époque de la chanson, qui fut faite lorsque Louis XVI fut enfermé au Temple, le 13 juillet 1792. — Nous citerons encore les deux derniers couplets :

Oui, je suis sans-culotte, moi,   (*bis*)
En dépit des amis du roi,   (*bis*)
Vivent les Marseillois,
Les Bretons et nos lois.
Dansons, etc.

Oui, nous nous souviendrons toujours (*bis*)
Des sans-culottes des faubourgs ,   (*bis*)
A leur santé buvons ;
Vivent ces bons lurons.
Dansons, etc.

— C'était avec ces chansons brutales qu'on excitait la populace. On envoyait des chanteurs ambulants les chanter jusque dans les villages. On a vu des hommes de sang, et les femmes qu'on appelait les *Furies de guillotine*, chanter et danser la carmagnole autour des échafauds. — On sait que M. *Veto* était le nom dérisoire donné au roi par les jacobins, depuis que ce prince avait obtenu le droit de *veto suspensif*, dans le second des dix-neuf articles constitutionnels rédigés par l'assemblée nationale avec les droits de l'homme, le 1er octobre 1789. — On donna le nom de *carmagnole* à un costume que portaient les ouvriers et les gens du peuple qui chantaient surtout cette chanson. C'était une veste à petites basques à revers tombants, qui laissait le col découvert. — Cette veste, accompagnée du pantalon, était le costume ordinaire des jacobins, qui fut bientôt porté par le plus grand nombre des *citoyens*, et même par les députés siégeant à la convention. Il ne disparut que quelque temps après la réaction du 9 thermidor. — La

prise de Chambéry était du 25 septembre 1702. Le 5 novembre de la même année, on joua, au théâtre Montansier, une pièce en trois actes de Dorvigny, intitulée : *la Carmagnole à Chambéry*.
DUMERSAN.

CARMANDE (*géogr. anc.*), *Elmesitana*, grande ville méridionale de la Mésopotamie, sur l'Euphrate, un peu à l'ouest d'Anatho.

CARMANE (*géogr. anc.*), capitale de la Carmanie proprement dite, vers le nord-ouest, sur les confins de la Carmanie déserte.

CARMANIE (*géogr. anc.*), aujourd'hui *Kerman*, grande province de l'Asie, bornée au nord par la Parthie, à l'ouest par la Perside et la Parétacène, à l'est par l'Arie, la Gédrosie et la Drangiane, et au sud par le golfe Persique. On la divise en deux parties : la Carmanie déserte au nord et la Carmanie propre au midi.

CARMANIENS (*géogr. anc.*), peuples de la Carmanie. Leur langue ressemblait beaucoup à celle des Perses, dont ils n'étaient qu'une tribu. Ils en différaient en ce qu'au lieu de chevaux ils n'employaient que des ânes à la guerre. Ils ne pouvaient se marier qu'après avoir tué un ennemi. Ils étaient gouvernés par des rois.

CARMANIQUE (GOLFE) (*géogr. anc.*), partie du golfe Persique qui baigne les côtes de la Carmanie.

CARMANOR (*myth.*), Crétois qui purifia Apollon, souillé du sang du serpent Python.

CARMANTIDE de Léontium en Sicile, père de l'orateur Gorgias.

CARMANTINE, s. f. (*botan.*), genre de plante de la famille des acanthoïdes. — Noyer des Indes.

CARMATHES ou **KARMATHIENS**. Carmath, fondateur, parmi les musulmans, d'une secte qui prit son nom, et qui causa beaucoup de ravages dans l'empire des Arabes pendant le IIIe et le IVe siècle, commença à se faire connaître l'an 890 de notre ère (de l'hégire 277). Il se nommait *Hamdan*, fils d'Alaschath. Le surnom de *Carmath*, qui lui est demeuré, lui fut donné parce qu'il avait les yeux rouges, ou un air renfrogné, suivant les livres sacrés des Druses, dont la doctrine a de grands rapports avec celle des carmathes. Né dans une condition obscure, et ayant contracté des liaisons avec un missionnaire de la secte des ismaéliens, il embrassa leur doctrine, et la répandit dans les environs de Koufah. Ces ismaéliens, sous le voile de la religion, nourrissaient des vues ambitieuses, et aspiraient à renverser les califes de la famille d'Abbas. Hamdan, homme insinuant et fécond en ressources, ne tarda pas à attirer un grand nombre d'hommes dans son parti, et, par son ascendant, à les soumettre aveuglément à ses volontés. Il commença par exiger d'eux des contributions d'abord légères, ensuite beaucoup plus fortes, et qu'il porta jusqu'au cinquième de tout ce qu'ils possédaient et du produit même de leur industrie. Il entreprit enfin d'établir parmi eux la communauté des biens et jusqu'à celle des femmes. Il ne s'en tint pas là, et, sûr de la puissance sans bornes qu'il exerçait sur leurs esprits, il les initia dans les mystères les plus profonds de la secte des ismaéliens, laissant à chacun un choix illimité entre les diverses opinions des sectes philosophiques : il ne craignit point de publier hautement que, par la connaissance de la doctrine qu'il prêchait, les fidèles étaient dispensés du jeûne, de la prière, de l'aumône, et de tous les devoirs imposés aux musulmans; qu'ils pouvaient impunément se livrer sans frein à toutes leurs passions, égorger les ennemis de leur croyance, piller leurs biens, fouler aux pieds toutes les lois; en un mot qu'il ne restait plus pour eux ni péché dont ils dussent se châtiner, ni châtiment qu'ils dussent craindre. Une association fondée sur le libertinage le plus absolu de l'esprit et du cœur, et qui ne connaissait de devoirs que l'exercice du fanatisme le plus féroce, inspira la terreur à tous ceux qui n'appartenaient point à cette secte redoutable; mais, comme le désir de la vengeance pouvait armer contre les prédicateurs de cette abominable doctrine tous ceux qui en devenaient les victimes, Carmath bâtit un fort qui pût lui servir de chef-lieu et d'asile en même temps, et, par allusion sans doute à l'hégire ou fuite de Mahomet, il l'appela *Dar-Alhédjra*, c'est-à-dire la *Maison de la fuite*. Parmi ses créatures les plus dévouées, il y en avait deux qui jouissaient de toute sa confiance, l'un appelé *Zacrowiah*, qui joua dans la suite un grand rôle parmi les carmathes, et l'autre nommé *Abdan*. Celui-ci avait épousé la sœur de Carmath, qui de son côté avait aussi pour épouse une sœur d'Abdan. Jusqu'ici Carmath n'avait agi que comme délégué du chef de la secte des ismaéliens, qui vivait dans une retraite ignorée à Salamyah, où il mourut sans en être entrefaites. Son successeur, en annonçant à Carmath son élévation, laissa percer des vues d'ambition personnelle qui donnèrent de l'ombrage à ce dernier. Ab-

dan, qu'il avait envoyé à Salamyah observer les démarches des chefs ismaéliens, lui ayant rapporté qu'ils travaillaient pour eux-mêmes, dont qu'ils n'attendaient qu'un moment favorable pour réaliser leurs projets de domination et lever le masque, Carmath rompit sur-le-champ toute correspondance avec les ismaéliens. On n'en entendit plus parler dès lors. Peut-être périt-il victime de la vengeance du chef de la secte, comme son beau-frère et son confident Abdan, qu'un fils de ce chef fit assassiner par Zacrowiah, dont nous avons déjà parlé. Zacrowiah, devenu odieux aux disciples de Carmath par l'assassinat d'Abdan, passa en Syrie vers l'an 287 de l'hégire (900 de J.-C.). La disparition ou la mort d'Hamdan ou Carmath doit être antérieure d'un an ou deux à cette époque. — La division qui s'était établie entre le chef de la secte des ismaéliens et Hamdan se communiqua à leurs sectateurs, et dès ce moment, à ce qu'il paraît, les ismaéliens proprement dits et les carmathes ont formé deux sectes distinctes, quoique fort rapprochées l'une de l'autre par les dogmes et les opinions. A la première appartiennent les califes fatimites d'Egypte, et les ismaéliens de Perse et de Syrie, connus sous le nom d'*Assassins*. Les Mosaïris, qui subsistent encore aujourd'hui dans quelques parties de la Syrie, paraissent être un reste des carmathes. Les Druses sont une secte née parmi les ismaéliens d'Egypte, à la fin du IVe ou au commencement du Ve siècle de l'hégire. Quelques personnes croient que les Wahabis ou Wahabites, qui paraissent appelés à jouer un rôle important dans une partie de l'empire ottoman, sont un rejeton des carmathes ; mais cette conjecture nous paraît peu fondée.

CARME (*myth.*), fille d'Eubulus et mère de la nymphe Britomartis.

CARME, s. m. nom d'une sorte d'acier fin. — Anciennement, vers, poëme, versification.

CARMEL, montagne de Syrie, au nord de Dora et au midi de Ptolémaïs, sur la Méditerranée, resserrée par cette mer, à l'occident et l'orient par le *Cisson*, ancien torrent fameux dans les Ecritures saintes. Elle forme vers Ptolémaïs ou Saint-Jean d'Acre un promontoire par 32° 51' 10" de lat. N., et 32° 59' 20" de long. E. Ce mont est élevé de 500 toises au-dessus du niveau de la mer, et célèbre par les miracles du prophète Elie, qui habitait une des mille grottes taillées dans ses flancs, suivant la tradition ; on montre cette grotte dont les musulmans ont fait un sanctuaire. Beaucoup des autres existent encore sur le versant occidental de la montagne ; elles ont été le séjour successif d'une prodigieuse quantité de religieux chrétiens dans les premiers siècles. L'histoire des faux prophètes de Baal amenés par Achab sur le mont Carmel à la prière d'Elie, et précipités foudroyés dans le torrent de Cisson du haut des rochers, quand le prophète du Seigneur fit descendre le feu du ciel sur l'holocauste qu'il avait préparé, vient d'inspirer à M. Henri Rémond, jeune peintre d'avenir, une vaste composition autour de laquelle se pressaient les admirateurs à l'exposition du Louvre de 1841. — Le couvent du prophète et l'ancien monastère des carmes, tombés en ruines sous les coups du temps et sous le marteau des infidèles, se sont relevés plusieurs fois grâces aux efforts et à la piété des pèlerins venus d'Occident. Il ne restait au pied du Carmel, il y a quelques années, parmi les humbles habitations dont la réunion a gardé le nom de la montagne, que des portions de chapelles où l'on célébrait encore l'office divin, quand ces lieux reçurent une réparation providentielle. Nous croyons faire plaisir de rapporter à ce propos ce qu'en venant d'écrire cet article qui aurait trouvé ici ses bornes, un hasard heureux a placé sous nos regards en parcourant un journal du 25 décembre 1841 : c'est *le Siècle* qui parle : « On se rappelle peut-être que nous avons plusieurs fois entretenu nos lecteurs des voyages en Asie, en Afrique et en Europe, du frère Jean-Baptiste, *carme déchaussé*, natif de Frascati, de la famille de Cassini. Ses voyages avaient pour but de relever le couvent du Mont-Carmel, que dans les guerres entre la Grèce et la Porte Abdalha-Pacha avait fait sauter, afin qu'il ne pût servir de forteresse aux Grecs. Ce fut alors, au milieu de ces ruines, qu'un pauvre moine conçut cette grande idée de rendre au monde cette hôtellerie sainte, qui est le premier relais entre l'Egypte et Jérusalem. Il avait pour tous moyens d'arriver à ce but la prière, la foi et l'aumône. Il pria, il crut, il demanda et il obtint, avec le secours de ses deux compagnons, frère Just et frère Charles, en quatorze voyages successifs qui usèrent vingt-cinq ans de sa vie, une somme de 500,000 francs, à l'aide de laquelle le couvent fut entièrement rétabli et ouvrit de nouveau ses portes pour une hospitalité universelle. — Cette œuvre terminée, le frère Jean-Baptiste était retourné au Mont-Carmel, croyant son édifice accompli, et espérant se reposer enfin après cette longue et pieuse pérégrination ; mais il n'en était point ainsi. De nouveaux besoins ont nécessité de sa part un nouveau dévouement, et, à l'âge de soixante-trois ans, il est reparti, afin qu'il fût dit que le même homme avait achevé ce que l'on croirait l'œuvre de plusieurs générations. Le frère Jean-Baptiste a donc revu la France, la protectrice naturelle des lieux saints. Il a été reçu par le roi et la reine, qui savaient depuis longtemps quelle pieuse mission il accomplissait, et qui avaient déjà contribué pour différentes sommes à l'aumône cosmopolite. Cette fois encore, le roi et la reine, appréciant les besoins dont frère Jean-Baptiste s'était fait l'interprète, lui ont fait remettre, le roi, une somme de 1,000 francs, et la reine, une somme de 500 francs. Dans le courant de l'année dernière, la seule que depuis vingt-cinq ans le frère Jean-Baptiste ait passée au Carmel, il voulut rendre aux ossements des pères l'hospitalité qu'il venait de recevoir des enfants. Il recueillit donc tous les restes des soldats de nos vieilles légions égyptiennes, qui trouvèrent un hôpital au Mont-Carmel et un tombeau provisoire dans les deux grottes qui avoisinent le monastère. Ces ossements furent transportés en grande pompe dans le jardin du couvent contre la porte de l'Église, et au-dessus doit s'élever, par les soins de l'infatigable architecte, le modeste monument que *tous les consuls impériaux avaient jusque-là oublié d'accorder*. Pour la dernière fois, le cœur plein de reconnaissance, le frère Jean-Baptiste part pour retourner en Orient, cédant la place au frère Charles, son jeune successeur, qui est envoyé par le général des carmes. » — Nous ajouterons pour terminer que c'est dans le couvent du Mont-Carmel que Châteaubriand, Lamartine, Champmartin, le baron Taylor, le comte de Lénecourt et tant d'autres voyageurs illustres parmi nous comme à l'étranger, ont pendant leurs pérégrinations pieuses ou scientifiques en Orient reçu la plus touchante hospitalité.

Ed. GIROD.

CARMEL ou **NOTRE-DAME DU MONT-CARMEL**, ordre militaire de chevaliers hospitaliers, fondé par Henri IV, roi de France, sous le titre, l'habit et la règle de Notre-Dame du Mont-Carmel. Les chevaliers de cet ordre devaient être cent gentilshommes français, pour marcher en temps de guerre auprès de la personne du roi. Leur collier était un ruban tanné, auquel pendait une croix d'or, sur laquelle était gravée une image de la sainte Vierge environnée de rayons d'or. Le manteau de l'ordre était chargé de la même croix. Paul V approuva cet ordre, qui fut uni à celui de Saint-Lazare de Jérusalem, par acte du dernier octobre 1608 (*V.* le P. Toussaint de Saint-Luc, carme, dans les *Mémoires* ou *Extraits des titres de l'ordre de Notre-Dame du Mont-Carmel et de Saint-Lazare*, qu'il fit imprimer à Paris en 1681 ; *V.* aussi Sponde, à l'an 1608, n. 3, et à l'an 1563, n. 16, qui prétend que l'ordre du Mont-Carmel était moins une institution nouvelle qu'un renouvellement de l'ordre de Saint-Lazare).

CARMELI (MICHEL-ANGE), savant helléniste italien, entra dans l'ordre de Saint-François, et fut professeur de théologie et d'Écriture sainte à Padoue. Il mourut le 15 décembre 1766, âgé de soixante ans. Ses principaux ouvrages sont : 1° un *Commentaire latin sur le Miles gloriosus de Plaute, avec une traduction en vers italiens*, Venise, 1742, in-4°. Il publia ce premier ouvrage sous le nom de *Lacermi* (anagramme de *Carmeli*) ; 2° *Tragedie di Euripide intere* XII, *frammenti ed epistole greco-italiane in versi illustrati di annotazioni al testo greco ed alla traduzione*, Padoue, 1743-1754, vingt parties in-8° ; 3° *Pro Euripide et novo ejus interprete dissertatio*, Padoue, 1750, in-8° : c'est une réponse à la censure que Reiske avait faite de cette édition dans les *Acta eruditorum* de 1748 ; Reiske répliqua dans les *Acta* de 1751 ; 4° *Storia de varj costumi sacri e profani degli antichi sino a noi pervenuti, con due dissertazioni sopra la venuta del Messia*, Padoue, 1750, 2 vol. in-8° ; 5° une traduction en vers italiens du *Plutus* d'Aristophane, avec le texte grec, Venise, 1751, in-8° ; 6° *Dissertazioni*, Padoue, 1756, in-8°. La première de ces trois dissertations est relative à un passage d'Hérodien, la deuxième au Neptune ἐννοσίγαιος d'Homère, et la dernière à la poésie lyrique ; 7° *Spiezamento dell' Ecclesiaste sub testo ebreo, o sia la morale del uman vivere insegnata da Salomone*, Venise, 1763, in-8° ; 8° *Spiezamento della cantica sul testo Ebreo*, ibid., 1767, in-8°.

CARMELINE, adj. f. (*comm.*). Il se dit d'une espèce de laine qu'on tire de la vigogne. *Laine carmeline*.

CARMÉLITES. Un auteur espagnol veut en vain donner à cet ordre la même origine que celle à laquelle prétendent les carmes (*V.* ce mot), en disant que non-seulement il y a eu dès les premiers siècles de l'Église des religieuses carmélites, mais même au temps des prophètes. Mais ce fut en vertu d'une bulle obtenue en 1452 du pape Nicolas V par le bienheureux Jean Soreth, que furent fondés leurs premiers monastères en France, « le

B. Soreth, dit le P. Louis de Sainte-Thérèse dans son livre qui a pour titre *la Succession d'Élie*, estimant que c'était une chose indigne que les autres mendiants eussent des filles qui observassent leurs règles, et que le seul Carmel, institué *pour honorer la sainte Vierge, mère des vierges*, n'eût pas des filles de son ordre. » Le B. Soreth était alors général des carmes, et obtint en outre du pape pour ses religieuses les mêmes privilèges dont jouissaient les ordres de Saint-Dominique et de Saint-Augustin. Leurs premiers couvents furent dans les Pays-Bas et en Bretagne. Elles étaient habillées comme les religieux, avec une robe et un scapulaire de drap couleur tannée, et mettaient au chœur un manteau blanc avec un voile noir. En 1562, un bref pour l'exécution de la réforme de cet ordre en Espagne, entreprise par sainte Thérèse, fut expédié de Rome sous le pontificat de Pie IV. Cette réformatrice célèbre, après avoir éprouvé les plus grandes difficultés pour établir son premier couvent, avait admis un régime des plus rigoureux. Elle n'avait point voulu être supérieure des quatre jeunes filles avec qui elle avait commencé sa maison de Saint-Joseph d'Avila. Ses disciples ne pouvaient posséder aucuns biens ni en commun ni en particulier, ne devaient vivre que des aumônes et de la charité des fidèles ; bien plus, elles ne mangeaient ordinairement que des feuilles de vigne et du gland, nourriture à laquelle elles ajoutaient pourtant quelquefois un œuf, subissaient de fréquentes et douloureuses flagellations ; enfin marchaient pieds nus et se couchaient sur une paillasse supportée par trois ais, pendant les courtes heures de la nuit qu'elles ne passaient point dans les macérations ou la prière. Le silence leur était enjoint depuis complies jusqu'à prime du lendemain. Aucune sœur converse, quand la communauté eut atteint le nombre prescrit de vingt que devait avoir chaque couvent, ne fut admise, afin que toutes les religieuses se servissent réciproquement. La rigidité de ces règles s'est pourtant relâchée depuis sainte Thérèse ; les disciplines se firent moins souvent, on leur accorda plus de repos, la nourriture s'améliora, mais elles ne mangeaient jamais de viande. Sainte Thérèse comptait à sa mort plus de dix-sept couvents de filles de sa réforme, qui s'est propagée dans tous les pays du monde chrétien. Ed. GIROD.

CARMELUS, s. m. (*mythol.*), mont célèbre dans la Judée, que les Syriens et leurs voisins adoraient autrefois comme un dieu.

CARMELUS, général istrien qui, l'an 576 de Rome, commandait un corps de trois mille Gaulois en l'absence de leur roi.

CARMEN (*belles-lettres*), mot latin dont on se servait en général pour signifier des vers, et dans un sens plus particulier, pour marquer un charme ou formule d'expiation, d'exécration, de conjuration, etc., dans un petit nombre de mots, d'où l'on croyait que dépendait leur efficacité :

Carmina vel cœlo possunt deducere lunam.

(*V.* VERS, CHARME, etc.) Le P. Person fait venir ce mot de *carm* ou *garm*, qui chez les Celtes se prenait pour des cris de joie, et pour les vers que les bardes chantaient avant le combat pour encourager les soldats ; et il ajoute qu'un grec χάρμα signifie tout à la fois *combat* et *joie* ; mais ce dernier mot n'est pas dérivé du celtique, que les Grecs ignoraient très-certainement ; il a pour racine le grec même, χαίρω, je me réjouis. —Quelques auteurs tirent de ce mot l'étymologie des vers ou pièces de poésie nommées par les latins *carmina*, parce que, disent-ils, c'étaient des discours mesurés et d'une forme déterminée, tels que les charmes ou formules des enchanteurs. D'autres au contraire prétendent que ces formules ont été nommées *carmina*, parce qu'elles étaient conçues en vers. On croyait alors, ajoutent-ils, que le langage cadencé et mesuré avait beaucoup plus de pouvoir que la prose, pour produire la guérison de certains maux et autres effets merveilleux que promettaient les magiciens. — Vignère dérive *carmen* de *Carmenta*, prophétesse, mère d'Évandre, parce qu'elle faisait ses prédications en vers, et d'autres prétendent que c'est précisément par cette dernière raison qu'on lui donna le nom de *Carmenta*, pour avoir chanté en vers ; mais tout discours en vers *carmen* (*V.* CARMENTALES).

CARMEN, nom donné aux lois des douze tables, parce que le nom de *carmen* s'appliquait à tout ouvrage, même en prose, composé d'expressions consacrées et dont il était défendu de rien changer.

CARMENÆ, déesses qui, chez les Romains, décidaient du sort d'un homme à sa naissance. Ce sont apparemment les mêmes que les *Camenæ*.

CARMENOT, s. m. (*agricult.*), nom que l'on donne, dans le Médoc, à une variété de raisin.

CARMENTA ou **CARMENTIS** (*carmen*, vers), prophétesse d'Arcadie, nommée d'abord Nicostrate, et ensuite Carmenta, parce qu'elle rendait ses oracles en vers. Elle eut de Mercure Évandre, avec lequel elle passa en Italie. Après sa mort, elle fut placée parmi les dieux. A Rome, elle avait un autel à la porte Carmentale, et un temple dans le huitième quartier de la ville. Déesse tutélaire des enfants, elle présidait à leur naissance, et chantait leurs destinées ; aussi les mères lui rendaient un culte particulier. Les Grecs l'honoraient sous le nom de Thémis.

CARMENTALE (Porte), *Carmentalis porta* (*géogr. anc.*), l'une des portes de Rome, située près des bords du Tibre, au pied du Capitole sur l'emplacement appelé aujourd'hui *Montanara*. On lui donnait aussi le nom de *Scelerata*, parce que les trois cents Fabius, défaits par des Etrusques sur les rives du Crémère, étaient sortis de la ville par cette porte.

CARMENTALES, fêtes fondées en l'honneur de Carmenta et célébrées les ans le 11 janvier par les mères de famille : elles demandaient à la déesse une grande fécondité et un heureux enfantement.

CARMENTALIS, un des quinze flamines de Rome, était chargé du culte de la nymphe Carmenta.

CARMENTE, rocher situé au pied du Capitole.

CARMENTES, nom donné en général aux devineresses et aux prophétesses.

CARMENTINE (*V.* Carmantine).

CARMER (Jean-Henri-Casimir, comte de), grand chancelier du royaume de Prusse et de toutes les provinces royales, chef de justice, membre du conseil secret d'État et ministre de la justice, né dans le comté de Sponheim le 29 décembre 1721. Il s'imposa la tâche de faire une étude approfondie du droit, tâche dont il s'acquitta d'une manière très-honorable, et, après avoir achevé ses études académiques, il entra au service de la Prusse. Ses connaissances, sa sévère probité et son zèle loyal pour le bien public, attirèrent sur lui les regards de Frédéric II, qui le nomma ministre de la justice de Silésie à Breslau. Dans cette éminente position, il rendit au pays d'importants services, en régularisant l'administration des hypothèques, en fondant le système du crédit rural en Silésie et plus tard en Poméranie, en simplifiant les rouages administratifs, en supprimant un grand nombre de formalités inutiles, et en créant une société économique. Dès les premières années de son règne, Frédéric II avait dirigé d'une manière toute particulière son attention sur la réforme qu'exigeait l'administration de la justice, et surtout sur la nécessité d'abréger les procès. M. de Cocceji, alors ministre de la justice et plus tard grand chancelier, avec lequel le roi s'entretint à ce sujet, déclara qu'une réforme complète de toute l'administration de la justice était nécessaire, et s'offrit à présenter un projet sur cette matière. Le ministre ayant obtenu l'assentiment du roi, une amélioration eut lieu, sous la direction supérieure et selon les idées de M. de Cocceji, dans l'administration de la justice, amélioration qui remédia du moins aux inconvénients les plus palpables des règlements jusqu'alors en vigueur. Les débats de procédure furent abrégés, les procès trop anciens furent abolis, et on prit de telles mesures qu'à l'avenir tous les procès pussent être terminés dans l'espace d'un an. Cette réforme fut introduite d'abord en Poméranie, et de là elle fut étendue à tout le reste des provinces allemandes du roi. Cocceji publia aussi en 1750 le *Codex fridericianus*, où se trouve formulé le nouvel ordre de choses. Comme cependant cette réforme judiciaire, malgré ses incontestables avantages de détail, présentait cependant encore beaucoup de défauts dans l'ensemble, le roi, dans les dix dernières années de sa vie, résolut de faire faire un travail complet de révision et de transformation de toute l'administration de la justice. Il confia ce travail au baron de Carmer qu'il appela à Berlin, et qu'il éleva à la dignité de grand chancelier : la suite démontra combien le choix du roi avait été heureux. Le nouveau grand chancelier avait dirigé son attention pendant plusieurs années sur les défauts et les inconvénients de l'administration judiciaire ; il avait réfléchi aux moyens d'y remédier ; il en avait découvert beaucoup de salutaires et d'efficaces ; mais il s'était convaincu aussi qu'une réunion d'hommes savants, loyaux et expérimentés, pouvait seule remplir le but qu'on se proposait, et fixer les bases d'une réforme aussi parfaite que possible. Il commença par créer un projet de nouvelle procédure, projet qui reçut force de loi le 20 avril 1781, et qui avait surtout cet avantage sur les anciennes dispositions judiciaires, que l'affaire était de suite entièrement mise en cause, et qu'on prévenait toutes les difficultés qui pourraient être suscitées postérieurement dans le but unique de suspendre la décision. En même temps Carmer s'occupa activement de la rédaction d'un nouveau code, et un arrêté royal du 14 avril 1780 fixa les principes qui devaient servir de base et de norme à ce code. A mesure que les projets divers et partiels

étaient élaborés, Carmer les soumettait à l'examen public et libre d'un certain nombre de savants jurisconsultes, aussi distingués par leurs études philosophiques sur les sciences juridiques que par leur habileté et leurs connaissances pratiques ; il fit droit à la plupart des observations et des critiques qui lui furent adressées. C'est ainsi que se trouva formé en 1791 le code général de la Prusse, auquel le roi Frédéric-Guillaume II, par son ordonnance du 1er juin 1794 donna force de loi, en lui donnant le nom de : *Droit général du pays* (Allgemeines landrecht). Carmer avait travaillé pendant quinze ans, avec ardeur et sans relâche, à cette œuvre, qui est un des plus beaux monuments de l'esprit pratique du XVIIIe siècle. Son courage et sa prudence avaient surmonté un grand nombre de difficultés, et c'est par tous ces efforts qu'il avait enfin atteint un but d'une utilité si générale. En récompense de ses services, il reçut l'ordre de l'Aigle noire et de l'Aigle rouge. Il fut aussi commissaire royal aux états de Poméranie de l'est et de l'ouest de la Prusse. Après avoir rendu les plus importants services à la Prusse pendant plus de cinquante ans, il se retira, vers la fin de sa vie, sur le bien de Rutzen près de Glogau, et il y mourut le 23 mai 1801. Il se distingua dans toutes les circonstances de sa vie par sa profonde pénétration, par son activité, sa fermeté, son habitude des affaires, et il porta ces qualités à un degré rare.

CARMES. Nous ne rappellerons pas la ridicule prétention de ces religieux à reporter leur origine jusqu'au temps du prophète Elie, que, dans les derniers siècles, ils soutenaient être leur patron et leur fondateur : mais cet ordre a certainement pris naissance en Orient, sans qu'on puisse en préciser l'époque. Aux premiers temps du christianisme, suivant le bréviaire romain, quelques ermites dispersés dans les solitudes du mont Carmel avaient consacré en commun une chapelle à la sainte Vierge dans la grotte d'Elie où ils s'assemblaient pour prier à des jours fixés. Ils se nommaient frères du Mont-Carmel, serviteurs de Notre-Dame du Mont-Carmel, d'où par abréviation leur est venu et resté le nom de carmes. — Pour prouver leur antiquité, quelques-uns de leurs anciens ont à tort cru pouvoir avancer qu'ils avaient d'abord suivi la règle de Saint-Basile, d'autres ont supposé une lettre de l'institution des moines qu'ils attribuaient à Jean, onzième ermite de leur ordre, devenu le quarante-quatrième évêque de Jérusalem depuis l'apôtre saint Jacques. Tout s'accorde à démontrer que le nombre des solitaires du Mont-Carmel s'étant considérablement accru *ils formèrent* une communauté, et firent demander par Brocard, leur supérieur, une règle au patriarche de Jérusalem en 1204. L'année suivante ce prélat, nommé Albert, la leur donna en seize articles dont nous ne rapporterons que les principaux. — Ils ne devaient avoir rien en propre. Leurs cellules étaient séparées, et ils ne pouvaient en changer sans la permission du supérieur. Obligés de vaquer nuit et jour à la prière, ceux qui ne savaient pas lire n'étaient pas tenus à réciter les heures canoniales, mais on leur imposait la répétition quotidienne d'un certain nombre d'oraisons apprises par cœur. L'abstinence de la viande en tout temps leur était ordonnée, et le jeûne prescrit depuis l'Exaltation de la sainte croix (14 septembre) jusqu'à Pâques. Ils devaient se livrer au travail des mains ; enfin, le silence était de rigueur depuis vêpres jusqu'au lendemain à l'heure de tierce. — Les premiers religieux de cet ordre qui vinrent en Europe furent amenés par des chevaliers rentrant de la croisade en Angleterre, où ils ont bientôt eu leurs maisons qui ont subsisté jusqu'à Henri VIII. En 1212, le B. Simon Stok, personnage de haute qualité et d'une piété exemplaire, prit leur habit. Trois ans après, élu vicaire général, il partit en 1226 pour obtenir à Rome des papes Honorius III, et ensuite Grégoire IX, l'approbation de la règle donnée par Albert. Cette approbation fut accordée avec peine. Le pape, sur le conseil des cardinaux, reculait devant l'admission de ce nouvel ordre. — Les affaires des croisés étant dans un état affligeant, Simon alla visiter ses frères d'Orient au milieu desquels il passa six ans. Au bout de ce temps, un chapitre général des carmes s'assembla pour décider s'ils resteraient en Palestine ; Simon y assista et détermina les opinions pour passer en Europe. Quelques-uns restèrent néanmoins sur le mont Carmel. Alain, leur cinquième général, conduisit les autres d'abord en Chypre, ensuite en Sicile, et de là en France, puis en Angleterre. Leur premier chapitre général en Europe se tint à Aylesford, dans le comté de Kent, en 1245. Alain y donna sa démission et fut remplacé par Simon Stok. — Aucun ordre n'a fait de progrès plus rapides. La haute réputation de sainteté qui entourait son nouveau général n'y contribua sans doute pas peu. Dès 1249, les carmes avaient une maison à Bruxelles, d'où ils se répandirent bientôt sur le continent. En 1254, saint Louis leur donna un couvent à Paris. C'est de là que sont sortis ceux de France et d'Allemagne. Ils élisaient tous les six ans un général dont la résidence ordinaire était à Rome. — Le schisme qui divisa l'Eglise au XIVᵉ siècle divisa aussi cet ordre. Il se trouva en même temps deux généraux élus par deux partis différents, qui n'élisaient pas le plus digne, mais celui qui soutenait avec le plus de chaleur l'intérêt du pape qu'il admettait. Aussi le relâchement de la discipline devint si grand, dit le P. Hélyot, qu'on ne reconnaissait les carmes que par l'habit, et non pas par la pratique de leur règle qu'ils n'observaient en aucune manière. Cela dura jusqu'en 1430, qu'au chapitre général tenu cette année on traita des moyens de rétablir l'ordre dans sa première perfection, et l'on jugea que, pour le temps présent, il ne fallait point passer de l'extrémité du désordre à l'observance primitive; il fut donc résolu qu'on demanderait au pape quelques dispenses de la règle touchant le jeûne, l'abstinence de la viande et la demeure continuelle dans les cellules. Ce fut Eugène IV qui, l'an 1431, mitigea cette règle, et qui, sans parler des jeûnes, permit aux religieux de manger de la viande trois fois la semaine, et de se promener dans leurs clottres aux heures où ils n'étaient astreints à aucun exercice de communauté ou d'obéissance. — Mais, comme le pape n'avait rien décidé touchant le jeûne, plusieurs supérieurs le faisaient observer aux jours mêmes auxquels on mangeait de la viande, ce que d'autres ne faisaient pas; c'est pourquoi le pape Pie II permit en 1459 aux généraux d'en user à cet égard selon qu'ils le jugeraient à propos, ayant égard à la qualité des personnes, des lieux et des temps. Une réforme sévère fut opérée depuis chez les carmes par sainte Thérèse d'Ahuma et le B. Jean de la Croix (V. CARMES RÉFORMÉS). — Cet ordre, un des plus nombreux, en France surtout où les carmes de Paris ont joué un grand rôle pendant la Ligue, a compté dans son sein une foule de personnages illustres tant par leur sainteté que par leurs écrits et par leurs dignités. — La plupart des carmes n'ont jamais bien su quelle était la véritable forme de leur premier habillement. Ils étaient vêtus d'une robe brune, et portaient un manteau blanc à l'imitation de celui qu'Elie avait jeté à son disciple; mais, comme cette couleur était aussi celle des manteaux des grands seigneurs sarrasins, on les obligea de les couper de bandes noires. Quelques-uns d'entre leurs généraux ont eu une pensée singulière à propos de l'origine de ces barres. Ils se sont imaginé que lorsque le prophète Elie fut enlevé dans un char de feu, et qu'il jeta son manteau à son disciple Elisée, ce manteau, qui selon les auteurs était blanc, ayant passé par le feu, ses parties extérieures furent noircies, et ce qui se trouva dans les replis conserva la blancheur. De là encore le nom de barrés donné aux carmes, et qui s'est transmis à une rue de Paris où était un de leurs couvents. — C'est ici le cas de parler du procès non moins singulier intenté par les carmes aux basiliens de Troïna en Sicile en 1670, au sujet de l'habillement d'Elie dans le tableau que ces religieux en possédaient. Les premiers voulaient que, comme leur fondateur, le prophète fût représenté en carme; l'archevêque de Palerme ayant rejeté cette prétention, la cause fut portée devant la congrégation des rites de Rome. Voulant les contenter, cette cour ordonna qu'à cause du bonnet et du manteau rouges qui lui donnaient l'air d'un pacha turc, ainsi que les carmes le disaient dans leur supplique, on ferait disparaître ce tableau, et qu'il en serait remis un autre à la place représentant le même prophète, mais sans vêtements de carme. La difficulté était maintenant de savoir comment l'habiller. Les carmes présentèrent à la congrégation différents costumes appuyés par des autorités de l'Ecriture sainte. Néanmoins tous furent rejetés, et après une contestation qui dura dix ans, on finit par arrêter à la satisfaction mutuelle des parties qu'Elie n'aurait point de bonnet! — L'entêtement des carmes à vouloir dater de 1467 ans après le déluge, comme établis par les prophètes Elie et Elisée, et à soutenir que tous les prophètes, les saints de l'Ancien Testament depuis Elie jusqu'à Jésus-Christ, Pythagore et les anciens druides gaulois ont fait partie de leur ordre, dont Jésus-Christ aurait été le protecteur, sinon membre, puisque ses ajotres n'étaient réellement suivant eux que les missionnaires du Mont-Carmel, a soulevé sur la fin du XVIIᵉ siècle entre eux et les jésuites de Flandre une dispute des plus vives qui, de part et d'autre, a donné lieu à une foule d'écrits où la modération ne fut pas toujours du côté des carmes. Après avoir inondé Rome et la cour d'Espagne d'adresses et de suppliques, ceux-ci obtinrent enfin du pape Innocent XII une bulle imposant silence aux détracteurs de leur antiquité. Le pape ne l'accorda que pour mettre fin à une lutte qui dura trente ans et devant laquelle le monde savant restait spectateur désintéressé, tandis que ce scandale affectait l'Eglise; un épisode qui survint au plus fort de la dispute contri-

bua pourtant à en égayer la matière. — Un frère de la Charité vint s'interposer entre les parties et soutenir que les carmes devaient céder le pas à son ordre, puisque eux s'arrêtaient à Elie, tandis que les frères de la Charité remontaient jusqu'à Abraham, le premier qui eût établi un hôpital dans sa propre maison, en la vallée de Membré. Etait-ce de bonne foi ou par esprit de plaisanterie que ce religieux jeta aux carmes cette nouvelle pomme de discorde? Quoi qu'il en soit, il est pénible de voir des corporations d'hommes graves et pieux se livrer à des controverses oiseuses dégénérant en ridicule. Dans le même temps une anecdote qui fit beaucoup de bruit contribua aussi à faire rire aux dépens des bons carmes. L'un d'eux, confesseur d'une dame vieille et riche, avait obtenu qu'elle testât en faveur de son couvent. Depuis, sans cesser de visiter son ancienne pénitente, il avait eu pour successeur auprès d'elle un jésuite, qui à son tour (les lois le permettaient alors), fit refaire le testament au profit de ses confrères. Un jour que tous deux, à la porte de la dame, faisaient, en gens qui savent leur monde, assaut de compliments à qui entrerait le premier : « Passez, passez, mon père, dit le jésuite au carme, vous êtes de l'ancien testament. » L'allusion renfermée dans ces paroles pleines de sel ne fut comprise du carme qu'à la mort de la testatrice. — La principale maison des carmes en France était à Paris à la place Maubert; elle a été depuis convertie en marché. Ils en possédaient dans la même ville une autre dont les religieux, appelés carmes billettes, ont donné leur nom à la rue qu'ils habitaient. Les carmes de Paris ont joué un rôle important pendant les troubles de la Ligue; leur prieur, Etienne Lefuel, se fit remarquer parmi les ligueurs les plus furieux; il fut banni par Henri IV, et eut ensuite beaucoup de peine à obtenir l'autorisation de rentrer en France. — La révolution a fermé les couvents de carmes en France, comme ceux des autres ordres religieux. Ils ont gardé leurs établissements en Belgique et dans les Etats catholiques romains.

ED. GIROD.

CARMES RÉFORMÉS. L'ordre des carmes (V. ce mot), tombé, par suite du schisme qui divisa l'Eglise au XIVᵉ siècle, dans le relâchement de sa discipline, eut d'abord pour réformateur Jean Soreth, général en 1451. Après avoir restitué la couleur minime, qui était l'ancienne couleur de l'ordre à l'habillement des religieux du chœur, au noir dont ils se vêtissaient, il parcourut les couvents, portant partout l'exemple d'une vie conforme à la règle et aux anciens statuts, tempérés par les mitigations du pape Eugène IV. Avant Soreth on attribue à un Thomas Conute auquel on attribue la fondation de la congrégation de Mantoue. L'histoire de ce réformateur offre cela de particulier qu'il prêchait à un auditoire si considérable pour être entendu de tous il se faisait suspendre à une corde. Une autre singularité de ce personnage, c'est qu'il avait une telle passion de réforme, qu'il entreprit d'aller à Rome réformer le pape et les cardinaux. Mais on lui fit son procès, et il fut condamné à être brûlé, ce qui fut publiquement exécuté sous le pontificat d'Eugène IV en l'an 1433. Cette congrégation mantouane, dite des carmes del capel bianco, à cause de leurs chapeaux blancs, comprenait environ cinquante couvents au commencement du dernier siècle. Différentes réformes s'opérèrent successivement dans l'ordre; mais c'était au pieux enthousiasme d'une femme qu'il était réservé de lui donner un éclat de perfection dont il n'avait pas encore brillé. Cette femme extraordinaire était sainte Thérèse qui, après avoir porté la réforme dans les monastères de filles, malgré les grandes contradictions qu'elle avait éprouvées de la part des hommes, ne s'effraya pas de toutes les difficultés opposées au dessein qu'elle conçut de réformer aussi les religieux. Ayant obtenu du général de l'ordre les patentes qui l'y autorisaient, elle travailla à faire l'établissement du premier monastère de carmes déchaussés, et rencontra pour seconder ses desseins, dans le P. Jean de la Croix des carmes de Médina del Campo, un homme selon ses vœux par son zèle et ses austérités, qui commença la maison avec un éclat de carme père et un laïque à Durvelle en 1558. D'autres couvents s'établirent et se peuplèrent avec une rapidité tenant du prodige, malgré le régime rigoureux des nouvelles constitutions, et les persécutions qui vinrent aux réformés de la part des carmes mitigés, lesquels, regardant cette réforme comme une rébellion contre les supérieurs de l'ordre, avaient fait saisir le P. Jean de la Croix, et lui avaient infligé pendant neuf mois les plus durs traitements dans un étroit cachot, d'où il ne sortit, par la protection de sainte Thérèse, que pour aller mourir misérablement, neuf années après cette sainte, dans le plus chétif couvent des réformés. Quelques-unes de leurs austérités méritent d'être connues : il leur était ordonné de marcher nu-pieds, et de subir de fréquentes flagellations. Leur pieuse réformatrice avait rétabli la prière mentale, qui durait deux heures. Une tête de mort était placée sur chaque table du réfectoire : on la présentait à la fin du repas à chaque religieux, en disant : *Voyez, mon frère, c'est ainsi que vous serez après la mort; penserez-vous à boire et à vous récréer?* Cet usage parait emprunté aux anciens moines égyptiens; il est cité dans Hérodote. Les carmes firent plus que les imiter : l'un d'eux, à son tour, nu jusqu'à la ceinture, la tête couverte de cendres et d'une couronne d'épines, une lourde croix de bois sur le bras gauche, faisait le tour du réfectoire en se flagellant et en psalmodiant des prières sur le ton le plus lugubre. Ils couchaient sur des paillasses posées sur trois ais. Mais l'austérité des mœurs s'est affaiblie à mesure que les dotations pieuses devinrent plus nombreuses et plus riches. Toutefois sainte Thérèse eut la consolation de voir son institut porté de son vivant aux Indes, en même temps qu'il s'étendait en Italie, en France, dans les Pays-Bas et dans toutes les provinces de la chrétienté. Les *carmes déchaussés* portaient une tunique et un scapulaire de couleur brune; leur manteau était blanc et étroit, avec un capuce de même couleur. En 1604, le P. Bauhours avait établi au couvent des carmes de Rennes une réforme sous le nom de l'*étroite observance*, qui reçut beaucoup d'accroissements en Allemagne, en France et en Italie. Il y en eut vingt-cinq couvents en France. — La règle diffère trop peu de celle des *carmes déchaussés* avec les déclarations d'Honorius IV, pour que nous en donnions des détails. — Il y aurait encore un mot à dire sur une troisième congrégation de *carmes déchaussés*, dont la fin devait être de procurer le salut des âmes dans les pays étrangers. Ce fut un missionnaire du nom de P. Thomas qui en donna l'idée. Il avait obtenu un bref du 22 juillet 1608, par lequel le pape l'exemptait, lui et quelques religieux des congrégations d'Espagne et d'Italie, de la juridiction de ces deux congrégations; mais elle n'eut qu'une durée éphémère. On avait déjà commencé un monastère pour eux à Rome, lorsque les deux congrégations d'Espagne et d'Italie obtinrent du pape la suppression de cette nouvelle congrégation par un bref du 7 mars 1613, tombant d'accord entre elles que d'envoyer des religieux dans les pays étrangers, c'était aller contre l'esprit de leur réforme. — Ainsi que les augustins et les franciscains, les carmes eurent aussi leur tiers ordre, dont l'institution fut autorisée par une bulle de Sixte IV en 1477. — Ce tiers ou troisième ordre, ainsi appelé parce qu'il formait la troisième classe des grandes familles religieuses dont les deux premières se composaient d'hommes et de femmes entièrement séquestrés du monde et engagés par des vœux solennels, comprenait des personnes des deux sexes, vivant dans le monde et même engagés par le sacrement du mariage. Elles s'associaient aux deux premiers ordres par des relations de bonnes œuvres et de prières faites en commun à certaines époques de l'année. L'institution de l'archiconfraternité de Notre-Dame du Mont-Carmel à Rome n'était autre qu'un tiers ordre des carmes. Des costumes particuliers les distinguaient dans leurs exercices de piété. La plupart avaient de grands rapports, par les capuces percés à l'endroit des yeux pour voir sans être vus, et par les camails dont ils se couvraient les épaules, avec le vêtement des confréries de pénitents que l'on voit encore de nos jours dans le Midi. **Ed Girod.**

CARMES (Eau des), eau spiritueuse dont l'invention est attribuée à des religieux carmes *V.* **Mélisse.**

CARMES, s. m. pl. terme du jeu de trictrac. Il se dit lorsque d'un coup de dé on amène les deux 4.

CARMICHAEL (Jérôme), ministre et théologien écossais, né à Glasgow en 1686, fut professeur de philosophie morale dans cette même ville, et y mourut en 1738. Il est auteur de *Remarques* (en anglais) sur le traité *De officiis hominis* de Puffendorf. — **Frédéric Carmichael**, fils du précédent, ministre à Édimbourg, mort en 1751, a publié un volume de *Sermons.*

CARMIN, produit considéré comme une combinaison de la substance colorante et d'une matière animale, l'une et l'autre contenues dans la cochenille et unies ensuite avec un acide ajouté pendant sa préparation. Le carmin est une des couleurs fines les plus employées dans la miniature; on consomme une valeur assez grande de ce produit pour la coloration des fleurs artificielles; les confiseurs et les pharmaciens s'en servent pour colorer diverses préparations. Il suffit pour cet usage de le mélanger avec les substances que l'on veut colorer; mais, lorsqu'on veut l'employer à teindre, on le dissout d'abord dans l'ammoniaque, dont on laisse ensuite dissiper l'excès par une évaporation spontanée, et lorsque la solution est devenue inodore elle est prête à servir.

CARMIN (Claude de), chanoine et curé de Saint-Pierre de Douai, au commencement du XVII⁰ siècle, a donné : 1° *Traité de la force et de la puissance des lois humaines*, à Douai, 1608

et 1621 ; 2° *Attaque de la tour de Babel*, ou *Défense de la police ecclésiastique et civile*, à Anvers et à Douai, 1620; 3° *la République naturelle et intérieure des âmes dans l'esprit de chacun de nous*, ibid. (Dupin, Table des auteurs ecclésiastiques du XVII⁰ siècle, p. 1681).

CARMINATIF (*thérapeut.*). Les carminatifs sont des médicaments propres à expulser les flatuosités connues sous le nom vulgaire de vents, qui donnent lieu à des mouvements, à des bruits particuliers, et quelquefois à des douleurs dans la région de l'estomac et du ventre. Quelques auteurs font dériver ce mot de *carmen*, enchantement; car les médicaments dont nous parlons avaient, au dire des anciens, la propriété de dissiper comme par enchantement les maux, légers du reste, contre lesquels ils étaient destinés. Les carminatifs, auxquels il ne faut pas accorder pourtant toute l'importance qu'on leur donnait autrefois, sont pris parmi les substances aromatiques et toniques, comme la sauge, le romarin, les semences de fenouil, de coriandre et d'anis. **Dʳ Ed. C.**

CARMINE, s. f. nom donné par MM. Pelletier et Caventou à la matière colorante de la cochenille, petit insecte hémiptère de la famille des coccus, d'une couleur pourpre noirâtre, marqué de raies transversales, et parsemé d'une poussière argentine. La carmine est d'un rouge pourpre éclatant, grenue et d'une apparence cristalline; elle est fusible à 50°, très-soluble dans l'eau, peu dans l'alcool, elle ne l'est point du tout dans l'éther et les huiles. La solution de la carmine dans l'eau présente, avec les réactifs, un grand nombre de phénomènes essentiels à connaître, puisqu'ils expliquent les méthodes des teintures; par l'évaporation, la dissolution s'épaissit en sirop, et ne cristallise pas. Si l'on emploie les acides, le rouge devient plus vif, mais il jaunit peu après; les alcalis le font passer au violet, la chaux seule le précipite. Il ne faut pas non plus oublier qu'une température trop élevée détruit la couleur. A l'aide de l'albumine en gelée, la dissolution est décolorée, et l'on a une belle laque. La carmine pure n'est point employée; mais c'est à elle que le carmin et l'écarlate doivent leurs brillantes couleurs. Pour séparer la carmine de la matière animale, MM. Pelletier et Caventou traitent la cochenille par l'éther et l'alcool à plusieurs reprises dans le digesteur : une fois la matière grasse enlevée, traitée par l'eau dans le même digesteur, la carmine ou matière colorante se sépare bientôt, et le résidu est la matière animale pure.

CARMINE (Prise du fort del). Le général Championnet, s'étant rendu maître des approches de la ville de Naples (21 janvier 1799), ordonna au général Broussier d'attaquer avec sa brigade le grand pont situé près du quartier de la Madeleine, et qui sépare la ville de ses faubourgs. Ce pont, que domine le fort del Carmine, était défendu par une troupe considérable de lazzaroni, un bataillon d'Albanais à la solde du roi de Naples et six pièces de canon. Après six heures de combat, les lazzaroni furent culbutés par six compagnies de grenadiers des 17⁰, 61⁰ et 73⁰ demi-brigades, qui les chargèrent à la baïonnette. Les Albanais continuèrent encore de se défendre; mais, au moment où ils virent les grenadiers français s'avancer sur eux, ils se jetèrent à leurs genoux, en demandant quartier. On les reçut prisonniers de guerre. Le général Broussier, maître du pont, en déboucha le 25 à la pointe du jour, et fit investir le fort del Carmine. Combinant alors ses attaques avec celles du général Rusca, qui pressait le fort sur un autre point, il parvint à s'en emparer malgré la vigoureuse résistance de la garnison napolitaine.

CARMINIANENSIS SALTUS (*géogr. anc.*), nom sous lequel on désignait quelquefois l'Apulie et la Calabre.

CARMINIANUM (*géogr. anc.*), *Carmignano*, ville d'Italie près d'Aletium, vis-à-vis de Lupia, et en avant de Tarente en Messapie.

CARMOIS (Charles), peintre d'histoire, vivait du temps de François Iᵉʳ. Il peignit la voûte de la Sainte-Chapelle de Vincennes. François Iᵉʳ ayant appelé de Bruges un certain Jans, tapissier de cette ville, fit exécuter les premières grandes tapisseries de haute lisse qu'on ait fabriquées, dit-on, en France. Charles Carmois fit un certain nombre de cartons pour ces tapisseries.

CARMON, s. m. (*hist. nat.*), gros poisson de la côte d'Or, dont la chair est très-estimée.

CARMONA (*géogr.*), ville d'Espagne dans l'Andalousie, était connue des anciens sous le nom de Carmo en Bétique, au midi d'Ilipe et au nord - est d'Hispalis. César la réputait une des plus fortes villes de la contrée. Philippe II, en reconnaissance d'un présent de 40,000 ducats, lui donna le titre de cité. Elle est bâtie au penchant d'un coteau d'où la vue s'étend sur une riche vallée bornée à l'horizon par de riantes collines qui l'in-

terrompent seulement pour livrer un large passage au Guadalquivir. Sa population n'est que de 1,500 habitants; elle renferme néanmoins sept paroisses, cinq couvents d'hommes, deux de femmes et deux hôpitaux. Il y a plus de cent moulins à huile. Carmona est à 20 milles nord-est de Séville et 40 sudouest de Cordoue.
ED. G.

CARMONA, ville d'Italie dans le Frioul ou comté de Goritz. Elle est située sur une montagne près de la rivière Indri. C'est un des domaines privés de la maison d'Autriche.

CARMONA (JEAN DE), médecin à Séville, et qui avait été auparavant médecin de l'inquisition à Llerena, dans l'Estramadure espagnole, a laissé : 1° *Praxis utilissima ad curandam cognoscendamque pestilentiam apprime necessaria, sive de peste et febribus cum puncticulis vulgo Tabardillo*, Séville, 1581; ibid., 1590, in-8°; ouvrage composé pour répondre à J. Fragoso, qui soutenait que ces fièvres n'étaient pas contagieuses. 2° *Tractatus an astrologia sit medico necessaria*, Séville, 1582, in-8° : l'auteur se déclare pour la négative.

CARMONA (FRANÇOIS-XIMENÈS DE), né à Cordoue, professeur d'anatomie à l'université de Salamanque, exerçait la médecine à Séville au commencement du XVIIe siècle, et y a fait imprimer, en espagnol, un *Traité de la grande excellence de l'eau et de ses merveilles, vertus, qualités et choix, et de l'usage de la refroidir avec de la neige*, 1616, in-4°.

CARMONA (DON SALVADOR), graveur de la chambre du roi d'Espagne, né à Madrid vers 1730. Les grandes dispositions de cet artiste déterminèrent la cour d'Espagne à l'envoyer à Paris, comme pensionnaire du roi, pour se perfectionner dans son art. Il y acheva ses études, sous la direction de Charles Dupuis, de l'académie de peinture, et retourna vers 1760 dans sa patrie, où il épousa la fille du célèbre Raphaël Mengs. Ses estampes les plus remarquables sont : *l'Histoire écrivant les fastes de Charles III, roi d'Espagne*, d'après Solimène ; *la Vierge et l'Enfant Jésus*, d'après Van-Dyck ; *l'Adoration des bergers*, d'après Pierre ; les *Portraits* de Boucher et de Colin de Vermont, qu'il a gravés pour sa réception à l'académie de peinture de Paris, et une *Résurrection du Sauveur*, d'après Carle Vanloo. La date de 1755, que porte cette dernière estampe, suffit pour infirmer l'opinion des auteurs du *Dictionnaire universel*, qui placent l'époque de la naissance de Carmona en 1751. Il est mort à Madrid en 1807.

CARMONE, s. m. (botan.), genre d'arbrisseaux qui sont voisins des cabrillets.

CARMONTELLE. Un esprit agréable et facile, un style spirituel, et le talent de peindre, sinon les caractères, du moins les usages et les travers de la société, ont acquis à cet écrivain une réputation universelle dans les salons. Né à Paris en 1719, il fut lecteur chez le duc d'Orléans et ordonnateur de ses fêtes. Carmontelle a droit à une place dans l'histoire de notre littérature, comme créateur de ces légères et spirituelles esquisses dramatiques, qui sous le nom de proverbes contribuèrent si souvent à animer les soirées des grands comme celles des bourgeois. Au talent d'écrire il joignit encore celui de peindre avec facilité. Nous devons à ses pinceaux les portraits de la plupart des personnages célèbres du XVIIIe siècle; il aimait aussi à composer des séries de scènes amusantes dessinées et coloriées sur un papier très-fin , sur un transparent, que l'on appliquait sur une vitre. La révolution vint mettre un terme à la douce existence qu'il devait à ses talents si variés et à ses qualités personnelles; et, dans les dernières années de sa vie, il fut réduit à déposer au mont-de-piété ses volumineux manuscrits, pour se procurer quelques secours. Il mourut à Paris le 26 décembre 1806. Voici les titres de ses principales productions, dont on a fait plusieurs éditions, et où quelques-uns de nos auteurs dramatiques ont largement puisé sans avouer leurs emprunts : *Proverbes dramatiques*, 6 vol. in-8°; *Nouveaux Proverbes dramatiques*, 2 vol. in-8° ; *Théâtre du prince Clénersouw*, 2 vol. in-8° ; *Théâtre de campagne*, 4 vol. in-8°, et les *Conversations des gens du monde dans tous les temps de l'année*, ouvrage piquant qui ne fut pas terminé. D'autres *Proverbes* de Carmontelle ont été publiés à Paris en 1825, 3 vol. in-8°, par les soins de madame de Genlis.

CARMOY (GILBERT), médecin , né à Paray-le-Monial le 6 décembre 1731, dut sa première instruction aux jésuites qui dirigeaient le collège de cette ville, fit sa philosophie à Lyon, et partit pour Montpellier où l'appelait son inclination pour la médecine. Il suivit avec fruit les leçons de cette école célèbre, et se lia d'amitié avec le professeur Lamare. Après avoir obtenu le doctorat , Carmoy alla perfectionner ses connaissances pratiques à Paris ; et il revint se fixer dans sa patrie, où son habileté , son profond savoir, ne tardèrent pas à lui faire une ré-

putation. Il se fit connaître au dehors par d'excellents mémoires dont plusieurs furent jugés dignes de faire partie de ceux de la société royale de médecine. L'un d'eux, relatif à la topographie médicale de Paray, lui valut en 1789 une médaille d'or. Carmoy avait étudié la physique avec succès. Il envoya plusieurs observations sur l'électricité à la Méthérie, son compatriote et son ami, qui les recueillit dans son journal. Dans un de ces mémoires, le savant praticien combat l'opinion qui attribue au fluide électrique la faculté de hâter la circulation du sang ; et , par une suite d'expériences concluantes , il démontre le peu de fondement de cette hypothèse. Les travaux , les services et l'âge avancé de Carmoy ne le mirent pas à l'abri des persécutions révolutionnaires. Il fut incarcéré en 1793 comme aristocrate , et presque aussitôt réclamé par ses concitoyens. Le comité de surveillance lui permit de sortir pour aller visiter seulement les malades patriotes. L'humanité de Carmoy se souleva contre cette restriction aussi absurde que barbare; il répondit que comme médecin il ne connaissait aucune opinion. Le comité céda non sans hésitation , et fit une loi expresse à son prisonnier de reprendre ses fers aussitôt que ses visites de malades seraient faites. Carmoy, zélé partisan de la monarchie des Bourbons, assista avec joie à la restauration de 1814. Il reçut de Louis XVIII la décoration de la Légion d'honneur, et mourut le 21 février 1815. Les habitants de Paray élevèrent sur sa tombe un monument funèbre. Les principaux mémoires adressés par Carmoy aux sociétés savantes ont pour titre : 1° *De l'hydrophobie* (Journal de physique, germinal an VIII). 2° *Sur la catalepsie* (Mémoires de la société royale de médecine). 3° *Sur l'écoulement électrique des fluides dans les vaisseaux capillaires* (Journal de physique, an VIII). 4° *L'influence des astres est-elle aussi nulle sur la santé qu'on le croit communément* (Mém. de l'acad. de Mâcon). 5° *Observations d'une goutte sereine guérie par le galvanisme*, 1810.

CARMYLISSUS (géogr. anc.), ville d'Asie-Mineure, en Lycie, située dans une petite vallée, au pied du mont Anticragus ; Strabon en a fait mention.

CARN, s. m. (archéol.), monument consaré aux cérémonies religieuses dans les montagnes de l'Ecosse. — Espèce d'autel, ou pierre brute dont le nom écossais *carn* signifie *cercle druidique*.

CARNA , CARNE ou CARDINEA, s. f. (mythol.), déesse révérée chez les Romains. Elle présidait à la conservation de la santé des parties intérieures du corps, et à l'embonpoint des autres. On lui sacrifiait le premier de juin ; l'offrande était d'une bouillie de farine et de lard. Il était encore de son ministère d'écarter les esprits follets qui tourmentent les enfants au berceau (*V.* ESPRITS).

CARNA (géogr. anc.), ville de l'Arabie Heureuse , suivant Ptolémée et Strabon. Celui-ci prétend que Carna était la plus grande ville des possessions des Minéens, peuple habitant les côtes de la mer Rouge , et voisin des Sabéens. — C'était encore une ville de Phénicie , la *Carne* de Pline.

CARNABON (hist. anc.), roi de Gètes, tenta de tuer Triptolème. En ayant été empêché par Cérès , il se tua de dépit. La déesse en fit une constellation, qui porte le nom d'*Ophiuchus* ou *Serpentaire*.

CARNABONS (astron.), nom que l'on donne quelquefois à la constellation du Serpentaire.

CARNAC ou KARNAK, village d'Egypte, à un quart de lieue au-dessous de Louqsor (*V.* ce mot), composé de misérables cabanes qui semblent destinées à faire ressortir la magnificence des ruines splendides parmi lesquelles elles sont construites. Ces ruines offrent aux yeux étonnés des obélisques dont quelques-uns sont d'une grande beauté et bien conservés, des rangées de sphinx, une infinité de termes en basalte, avec des têtes de chien ou de lion, de sculpture égyptienne, le tout semblant avoir servi d'avenue à quelque édifice principal; des statues mutilées, des murailles couvertes d'inscriptions historiques en hiéroglyphes représentant des hommes, des chevaux, des chariots , des batailles; des portiques d'une élévation gigantesque, des colonnades d'une grosseur immense, des peintures admirables par la fraîcheur des couleurs; des granits, des marbres d'une beauté rare ; des pierres taillées d'une prodigieuse dimension , supportées par des chapiteaux, et formant la couverture de magnifiques constructions, etc. — Bruce insinue que Louqsor est Diospolis, et que Carnac avec cette place constituait la *Jovis civitas magna* de Ptolémée. C'est à Carnac que pendant son voyage en Egypte M. de Châteaubriand entendit avec une attendrissante surprise un jeune Arabe à qui il venait de confier son sac s'écrier en se redressant et se donnant des airs guerriers : *En avant, marche !* Le passage de notre héroïque armée française dans les sables du désert y a laissé d'ineffaçables traces. ED. GIROD.

CARNAC (*géogr.*), village de France, département du Morbihan, arrondissement et à 6 lieues un quart sud-est de Lorient, et à 5 lieues trois quarts ouest-sud-ouest de Vannes, canton de Quiberon, sur une hauteur, à peu de distance de la mer. — Il est remarquable par onze rangées de pierres granitiques qui forment des allées perpendiculaires à la côte, et se prolongent fort avant dans l'intérieur des terres. Ces pierres ne sont pas toutes à une égale distance les unes des autres ; plusieurs ont été abattues ou enlevées. Elles ont la forme d'un obélisque grossièrement taillé, et dont la partie la moins large est enfoncée en terre ; elles sont brutes et ont une vingtaine de pieds de hauteur. Le monument de Carnac est fameux dans la basse Bretagne ; plusieurs érudits se sont épuisés en conjectures sur son origine et sur son usage. — Il est dirigé de l'est à l'ouest, et occupe un espace de 1,334 mètres. On pense que les pierres s'étendaient autrefois à plus de 3 lieues ; elles sont dans une grande plaine nue. Aux extrémités des allées, dans l'intérieur, on voit çà et là deux pierres qui en supportent une troisième posée transversalement. ED. GIROD.

CARNACUART (*géogr.*), rivière d'Irlande, dans le comté de Galway. Elle arrose la baronnie de Dunkellin, et, après un cours de 8 lieues de l'ouest-nord-ouest à l'est-sud-est, elle se jette par plusieurs bras dans la baie de Galway. — Elle se perd sous terre pendant une partie de son cours. ED. GIROD.

CARNÆ ou CARNAPÆ (*géogr. anc.*), peuple placé par Pline dans la Sarmatie d'Europe, près du Bosphore Cimmérien.

CARNAGE, s. m. (*gramm.*), massacre, tuerie. Il se dit principalement en parlant des hommes. — *Les lions, les tigres, les loups vivent de carnage*, ils vivent de la chair des animaux qu'ils tuent.

CARNAGE se dit de l'action des chiens qui dévorent un animal.

CARNAGO (IGNACE DE), ainsi nommé du lieu de sa naissance, dans le duché de Milan, pieux et zélé prédicateur de l'ordre des capucins, a composé quelques ouvrages de piété, savoir : 1° *Città de refugio a mortali*, etc., à Milan, 1655, in-4°. Cet ouvrage contient les principales dévotions à l'honneur de la Vierge, tirées des saints Pères ; 2° *De excellentiis B. Virginis Mariæ*, Milan, 1656, et Crémone, 1658, in-8° ; 3° *Paradisus spiritualis, in quo agitur de perfectione christiana*, de *vanitate et infelicitate hujus sæculi, de felicitate religionis*, et *similibus*, Milan, 1663, in-4° ; 4° *Turris sacra erecta supra petram firmam auctoritatum divinæ sapientiæ ad gloriam magnæ matris Dei, omnium infirmitatum et malorum medica cælestis ac supremæ curatricis*, Milan, 1666. Quoique les titres de ces ouvrages soient en latin dans la *Bibliotheca scriptorum ordinis minorum sancti Francisci capucinorum*, par Denis de Gênes, deuxième édition, p. 172, on croit cependant qu'ils ont été publiés en italien. C'est la conjecture de M. Argelati, auteur de la *Bibliotheca scriptorum mediolanensium*.

CARNAIM, *Astaroth-Carnaïm*, c'est-à-dire *Astaroth aux Deux-Cornes*, ville au delà du Jourdain, dans le pays de Galaad. Cette ville est aussi nommée *Carnion* (*II. Mach.*, XII, 21).

CARNAL (*vieux mot*), chair, viande ; temps où il est permis de manger de la viande.

CARNAL, s. m. (*marine*), extrémité inférieure d'une antenne de bâtiment. — Sur les galères, palan adapté au bout de chaque mât, et qui sert à élever la tente à la hauteur convenable. On lui donne aussi le nom de *carnali*.

CARNALAGE, s. m. (*droit féodal*), le charnage ou la dîme des agneaux : tribut que les bouchers payaient en viande au seigneur de la terre sur laquelle ils demeuraient.

CARNALER (*vieux mot*), tuer du bétail pour sa consommation.

CARNALES, s. m. pl. (*hist. anc.*), magistrats de l'ancienne Rome, qui faisaient la police dans les marchés où l'on vendait la viande.

CARNALETTE, s. f. (*marine*), petit palan adapté sur les galères pour le même usage que le carnal.

CARNALI (*V. Carnal*).

CARNALIS (*géogr. anc.*), ville d'Asie que Ptolémée place dans l'Arménie mineure.

CARNASA ou CARSANA (*géogr. anc.*), ville de l'Inde en deçà du Gange (*Ptolémée*).

CARNASIUM (*géogr. anc.*), ville du Péloponèse, dans la Messénie, très-près d'Andanie.

CARNASIUS (*géogr. anc.*), bois très-près de Carnasium.

CARNASSIER (*hist. nat.*). Dans le langage scientifique, cette épithète ne s'applique pas indistinctement à tous les animaux qui mangent de la chair ; le nom de carnassier a été réservé à un ordre de mammifères et à une famille d'insectes coléoptères. Les mammifères carnassiers ont, ainsi que l'homme, des dents incisives, des laniaires et des molaires ; mais ils n'ont pas, comme lui, le pouce propre à la préhension. Ils mangent tous de la chair ; quelques-uns prennent encore des aliments parmi les végétaux, et dans ce cas leurs dents sont moins tranchantes ou même totalement tuberculeuses. La mâchoire inférieure se meut de haut en bas, jamais horizontalement. Il est encore un caractère anatomique bien remarquable : c'est le peu de longueur de l'intestin, dans lequel les substances animales, se putréfiant très-vite, ne causent cependant aucun accident grave, leur séjour n'y étant peu prolongé. Quant aux organes des sens, ils sont généralement bien développés ; la grande étendue de la membrane pituitaire, qui se replie sur plusieurs lames osseuses, doue ces animaux d'un odorat si subtil, qu'il est souvent leur principal guide dans la recherche d'une proie ; l'ouïe et la vue les servent admirablement bien, et la vue s'exerce même pendant la nuit chez un grand nombre d'entre eux ; le goût n'est pas toujours très-sensible, à cause des papilles dures qui recouvrent la langue dans plusieurs espèces. L'ordre des carnassiers est composé de trois familles : les CHÉIROPTÈRES, etc. (*V. ces mots*). — Quelques naturalistes se demandent encore de nos jours si l'instinct du meurtre résulte de l'organisation des carnassiers ; les uns sont pour l'affirmative ; d'autres attribuent à la faim seulement le carnage que font certains animaux, et l'un de nos savants ajoute que la férocité ne tient pas au climat. Nous croirions plutôt cette dernière assertion ; mais nous pensons que la première est encore en question, et ne peut avoir toutefois une solution générale. Malgré le jugement des hommes habiles, et quoique l'histoire ou mieux encore des exemples récents nous montrent jusqu'à quel point on peut apprivoiser les plus fiers habitants de l'Afrique, il nous semble que refuser l'instinct meurtrier à ces animaux, c'est conclure comme la plupart des philosophes du XVIIIe siècle, et de faits isolés s'élever à une vaste généralisation. D'ailleurs, pourquoi chercher la raison des choses dans les faits altérés? Des animaux doués d'une force musculaire et d'une agilité prodigieuse, armés de dents puissantes et de griffes si propres à maintenir sous la dent la chair palpitante, en un mot par nature essentiellement chasseurs, ne doivent-ils pas, quand ils sont soumis, être considérés comme dans un état de détérioration? Nous le pensons, car nous n'en sommes pas venus à dire que toute situation convient à l'homme ; qu'il est dans son état naturel au milieu des nations libres, ou lorsqu'il est réduit dans le plus ignoble esclavage, et nous jugeons par analogie les autres animaux. — Sans vouloir expliquer les intentions du Créateur, reconnaissons que chaque être a sa place et son utilité marquée, et que certains animaux ont la mission de détruire, comme d'autres ont celle de conserver. Le cheval s'attachera aisément à son maître, le défendra par instinct ; le tigre, libre dans le désert, jouissant de l'intégrité de ses facultés, n'ayant craintes d'aucun châtiment, s'élancera instinctivement sur le voyageur et l'étranglera, lors même qu'il serait gorgé de sang. — Cet instinct du meurtre se voit aussi chez les insectes carnassiers ; ils font la chasse aux autres insectes et s'en nourrissent. Leurs mâchoires, ordinairement très-solides, portent chacune deux palpes, et sont terminées par une petite pièce écailleuse, recourbée en griffe, et offrant à l'intérieur des cils ou de petites épines. La languette est enchâssée dans une échancrure du menton ; les antennes sont toujours simples et semblables à des fils ou à des soies ; les ailes membraneuses manquent quelquefois, et les tarses antérieurs sont élargis dans la plupart des individus mâles. Les larves présentent une conformation diverse, suivant les genres dans lesquels on les examine. En général, leur corps est cylindrique, allongé et composé de douze segments sans compter la tête, qui est grande, écailleuse, et qui porte une languette, deux mâchoires, deux fortes mandibules, deux antennes courtes et coniques, et six petits yeux lisses de chaque côté. Le premier segment est recouvert d'une plaque écailleuse, les autres sont mous ; les trois premiers ont chacun une paire de pieds. Ces insectes sont, les uns terrestres, les autres aquatiques ; les premiers composent deux tribus : les *cicindélètes* et les *carabiques* ; les derniers forment la tribu des *hydrocanthares* (*V.* ces mots).

CARNASSIER, ÈRE, adj. (*gramm.*), qui se paît de chair crue, qui en est fort avide. Dans ce sens il se dit des animaux. — Il signifie aussi, qui mange beaucoup de chair, et dans ce sens il se dit des hommes. *Les peuples septentrionaux sont fort carnassiers en comparaison des méridionaux.*

CARNASSIÈRE, s. f. espèce de petit sac où l'on met le gibier qu'on a tué à la chasse.

CARNATE (*géogr.*), royaume des Indes, borné au midi par le royaume de Gingi, au nord par celui de Golconde, au levant par la côte de Coromandel, et au couchant par le royaume de Canara. Les habitants de toutes ces contrées sont extrêmement superstitieux. Lorsqu'ils se marient ou qu'ils se font percer les oreilles, ils sont obligés de se faire couper deux doigts de la main, et de les présenter à leur idole, et ils vont ce jour-là au temple comme en triomphe; d'autres coupent le nez à ceux qu'ils peuvent attraper : leur prince les récompense à proportion des nez qu'ils apportent. Il les fait enfiler ensemble, et on les suspend à la porte d'une de leurs divinités. Le gouvernement n'est guère moins bizarre que la religion; les peuples y vivent dans une espèce de servitude : ils ne possèdent aucune terre en propre, elles appartiennent toutes au prince, qui les fait cultiver par ses sujets. Au temps de la récolte, il fait enlever le grain, et laisse à peine de quoi subsister à ceux qui ont cultivé les terres. Il n'y a parmi ces peuples ni académie ni science; ils ont seulement quelque connaissance de l'astronomie, prédisant les éclipses avec assez de justesse. Cangibouran est la capitale de ce royaume.

CARNATÉPY, s. m. (*comm.*), sorte de bois de Sumatra, très-estimé pour les ouvrages de menuiserie.

CARNATIC ou **CARNATE** (c'est-à-dire *pays noir*, et suivant d'autres *pays maritime*), nom qu'on donnait autrefois à toute la partie de l'Indoustan qui se trouve au sud de la rivière Krichna et à l'est des Ghattes occidentales, et qui formait dans le moyen âge un royaume puissant. Maintenant on ne comprend plus sous ce nom qu'une province presque entièrement renfermée dans la présidence anglaise de Madras, et située entre 7° 56' et 16° de latitude nord, et entre 74° 40' et 78° 5' de longitude est. Elle s'étend le long du golfe du Bengale, du détroit de Palk et du golfe de Manaar, depuis l'embouchure du Gondegam jusqu'au cap Comorin. Elle a au nord les Serkars septentrionaux, à l'ouest le Balaghat, la province de Salem et Bahramahl, celle de Caïmbétour et de Cochin, au sud-ouest celle de Travancore. Sa longueur, du nord-nord-est au sud-ouest, est d'environ 200 lieues, sa moyenne largeur est de 55 lieues, et sa superficie de 6,000 lieues carrées. Le Carnatic comprend une grande partie de la côte de Coromandel, qui se termine vers le sud au cap Calymère, sur le détroit de Palk. Cette côte, couverte de villes florissantes, et dépourvue cependant de bons ports, est entrecoupée de nombreuses embouchures de rivières et de beaucoup de lagunes, dont la plus considérable est celle de Polycate. L'espace renfermé entre le cap Calymère et le cap Comorin offre, sur une assez grande étendue, des bancs de sable, de petites îles et des récifs, surtout ceux du pont d'Adam, qui semblent unir le Carnatic à Ceylan. Presque partout les rivages de cette province sont bas; et ne présentent, sur une largeur de trois quarts de lieue, qu'un sable aride. — Les Ghattes occidentales le bornent vers le sud-ouest, et envoient quelques rameaux dans cette portion du pays, surtout aux environs de Madura et de Dindigol. Tous les cours d'eau de la province coulent vers l'est; le plus grand est le Cávery, qui se partage en une infinité de branches; on remarque ensuite le Pennar, le Pal-aur, le Panaur, le Vel-aur, le Vayg-aron, le Cand-aron, le Veyp-aron, le Tambravany. De tous ces cours d'eau, le Pennar seul est navigable dans la saison des pluies. Il y a aussi plusieurs sources minérales dont on ne fait point usage. Si la partie du territoire que couvrent les Ghattes, le reste du Carnatic est plat, d'une fertilité en général médiocre, et ne renfermant que trop souvent un sol imprégné de sel. Il est cependant quelques cantons bien arrosés qui présentent une riche végétation; mais l'eau de source est partout assez rare, ce qui a fait établir en divers lieux des réservoirs qu'alimentent les pluies. Ce pays est sous l'influence des vents dominants du sud-ouest et du nord-est; le climat y éprouve diverses variations qui partagent l'année en six saisons : la première, qui commence au 15 mars et finit au 15 mai, est douce et procure un air screin; la seconde, de la mi-mai à mi-juillet, est la plus chaude de l'année et presque toujours précédée d'orages; le vent du sud-ouest y devient tellement violent, et la chaleur du soleil tellement forte, surtout de onze heures du matin à deux heures de l'après-midi, que tout être exposé à l'air dans cet intervalle est frappé de mort; heureusement un vent d'est vient bientôt rafraîchir l'atmosphère et redonner la vie aux hommes, aux animaux et aux plantes. La troisième saison, qui s'étend du 15 juillet au 15 septembre, rafraîchit l'air par des pluies qui, dans la quatrième saison, augmentent de plus en plus jusque vers le 15 novem-

bre; les vents soufflent alors du nord et du nord-est, et les rivières débordent. Dans la cinquième saison, qui finit au 15 janvier, il tombe une forte rosée. Pendant la sixième, qui est l'hiver du pays, le ciel redevient serein, et il règne une fraîcheur très-supportable. Cette province est en général bien cultivée, et il est des cantons où la végétation est si active qu'on y fait quatre récoltes par an; mais presque partout il s'en fait deux. Les principales productions sont le riz, dont se nourrissent la plus grande partie des habitants, le froment, le maïs, l'orge, le millet, le sorgho, beaucoup de légumes, la canne à sucre, l'indigo, le coton, qui prospère particulièrement à Tynnevelly, et des plantes oléagineuses. On ne trouve des cocotiers qu'aux environs de Djaghire; les montagnes sont couvertes de forêts peuplées de tecks. Le bambou se rencontre partout. L'éducation des bêtes à cornes et à laine y est considérable; le cheval n'y est pas cher; le buffle est commun dans quelques endroits, et sert au labourage; les éléphants s'y apprivoisent facilement, et servent de monture aux gens riches. On élève beaucoup d'abeilles, et la cochenille se recueille dans plusieurs endroits. Les côtes sont très-poissonneuses; on fait dans le golfe de Manaar, au banc de Toleyram, une pêche de perles dont le produit fut en 1810 de 286,710 roupies. Quant aux minéraux, on trouve à Nellore du cuivre et du fer qu'on exploite depuis 1801, et ailleurs il y a du spath adamantin; des salines sont établies sur la côte. L'industrie manufacturière de ce pays est portée à un haut degré de perfection, surtout pour le travail du coton, avec lequel on y fabrique les tissus les plus estimés du Dekhan. On y fait aussi des étoffes de laine, des cuirs et de la faïence. La plupart de ces produits forment avec le riz, le blé, l'indigo et quelques autres productions territoriales, les principaux objets d'exportation. Les villes où le commerce est le plus actif sont Madras, Kistnapatam, Pondichéry, Négapatam, Cottapatam et Karikal. Le commerce serait encore plus florissant si la communication avec la côte de Malabar n'était entravée par les Ghattes; il faut transporter à travers ces montagnes les marchandises à dos d'hommes ou d'animaux. Selon Hamilton, la population s'élève à 5,000,000 d'individus, parmi lesquels on compte plus de 40,000 chrétiens indigènes, mais peu de musulmans. Les travaux de l'agriculture sont confiés aux chulders et aux parias. — Le Carnatic est devenu province anglaise, partie en 1801 et partie en 1805; les Indous y sont régis par leurs lois nationales, comme dans le Bengale, et l'administration anglaise est la même que dans ce pays. Le nabab d'Arcat, dont les États ont formé une grande partie de cette province, jouit d'une pension de 3,128,000 fr. qui lui est assignée sur les revenus de la contrée. Les princes Polygars sont presque considérés comme des sujets anglais, quoiqu'ils consentent à payer un tribut pour conserver une ombre d'indépendance. — La province est divisée en huit districts : Nellore et Ongole, Arcat septentrional, Arcat méridional, Djaghire ou Tchinglepot, Tanjaour, Fritchinapaly, Madura et Tynnevelly. Madras est le chef-lieu et le siège des autorités anglaises. — Les Français ont dans ce pays Pondichéry et Karikal, et les Danois ont Tranquebar. — Le Carnatic est défendu par un assez grand nombre de forts et de citadelles. Les plus considérables de ces places de guerre sont Carnatic-gur et Doby-gur, toutes deux à l'Angleterre, situées sur la crête des montagnes qui bordent ses frontières à l'ouest.

ED. GIROD.

CARNATION (*peinture*) se dit au simple de la couleur des chairs, et au figuré de l'art de les rendre. Dans un tableau, c'est la couleur des parties du corps humain qui sont peintes à nu et sans draperies. L'imitation de cette couleur naturelle est la partie la plus importante du coloris; non-seulement parce que l'homme est le premier et le plus bel objet de la peinture, mais encore par la grande difficulté qu'il y a de bien peindre les chairs. La couleur des autres objets n'est qu'accidentelle, et ne tient qu'à leur surface; mais il semble que la nature a eu le secret de peindre l'âme dans les *carnations*, aussi bien que dans les formes du corps humain. La couleur seule exprime la vie; elle en indique les divers âges et les différents degrés de force; elle marque par conséquent une partie du caractère personnel. Le sculpteur ne peut jamais exprimer l'âme tout entière : c'est l'avantage du peintre, mais qu'il n'acquiert que très-difficilement; pour se convaincre de cette difficulté, on n'a qu'à faire l'essai de le rendre compte à soi-même, et d'énoncer tant les couleurs principales que les diverses demi-teintes, que la nature emploie pour colorier les chairs. Quelle finesse de vue ne faut-il pas pour en prendre seulement une partie! Combien d'observations délicates n'a pas dû faire le Titien, avant d'en déduire les principes que Mengs a découverts dans les *carnations* de ce grand peintre! Il ne peignait qu'en demi-teintes les chairs qui en avaient beaucoup, et il évitait les demi-teintes, en exprimant les parties qui avaient plus de couleurs entières. Autant qu'il pouvait le faire sans s'écarter de la vérité, il employait l'incarnat, et chaque autre couleur décidée, presque sans aucune autre teinte. Il ne suffit donc pas de posséder parfaitement l'art du coloris : les *carnations* exigent encore une étude très-longue et très-exacte de la nature, accompagnée d'une infinité d'essais. L'art de la peinture a produit dans toutes ses autres parties un bon nombre de grands maîtres; mais dans les *carnations*, après avoir nommé le Titien et Van-Dyck, il n'en reste que bien peu à citer. Parmi les couleurs, ce sont celles qu'on peut le moins déterminer, et en même temps celles qui ont la fraîcheur et les grâces les plus délicates; elles exigent par conséquent un pinceau libre et léger. Le moyen sûr de les manquer, c'est de chercher à y réussir à force de mêler les couleurs, de les fondre et de tourmenter le pinceau. Tout peintre qui tâtonne en fait de *carnations* les rendra mal. A force d'observer la nature et de la méditer avec sagacité, il faut se faire des règles fixes, les suivre avec assurance, et les rectifier sur de nouvelles observations, aussi longtemps que le succès n'y aura pas parfaitement répondu. C'est, je crois, la seule voie d'atteindre dans cette partie de l'art à la perfection. Lairette a donné des règles sur la *carnation*, de même que sur diverses autres branches de l'art du peintre. Ces règles peuvent aider à l'étude d'un génie déjà propre à réussir : mais toute règle que l'artiste n'aura pas découverte par lui-même, ou du moins dont il ne connaîtra pas la solidité par ses propres méditations, ne peut lui être d'aucun secours dans ce genre-ci. Dans tous les climats, la beauté des *carnations* consiste à annoncer la santé la plus parfaite : c'est sur ce préjugé que l'on dit dans la Nigritie que la couleur la plus noire des Maures est la plus belle. La *carnation* de couleur de cuivre ou de bronze est préférée chez les Abyssins; celle qui est d'un blanc incarnat a le premier rang chez les Géorgiens et les Circassiens. En France, on préfère le blanc de lait; dans quelques pays du Nord, le blanc de la *carnation*, pour être beau, doit être presque franc et de couleur de blanc d'albâtre. Il est convenu parmi les nations, que le coloris du teint des hommes doit être dans chaque pays, d'une demi-teinte plus foncé que celui des belles femmes. On présume avec raison que les hommes qui se fardent pour paraître avoir le coloris du teint des femmes de leur pays, du même âge et du même état qu'eux, sont ordinairement ou d'une santé faible, ou méprisables, lâches, efféminés, *homunciones et semi-viri*. Des deux observations précédentes, on peut conclure que dans chaque pays le préjugé sur la beauté des *carnations* doit exiger un ton de coloris différent dans chaque état. Une princesse doit avoir les chairs plus blanches, plus délicates, plus transparentes qu'une bourgeoise. La fille du paysan doit avoir les chairs encore plus fermes et le teint plus foncé, etc. — L'éclat de la beauté des *carnations* fait oublier les petites irrégularités des traits, et l'on donne dans tous les pays la préférence et le premier rang aux peintres qui ont excellé dans cette partie du coloris, quoique leur dessin et leur composition aient été médiocres. Daniel Webb, dans ses *Recherches sur la beauté de la peinture et sur le mérite des peintres*, in-12, à Paris, chez Briasson, 1765, observe que l'on critique les peintres de l'école romaine, parce qu'ils ont négligé les *carnations* de leurs figures. On dit par exemple que le coloris des figures peintes par Raphaël d'Urbin, dans ses tableaux à l'huile, est gris et mat, et que celui de ses fresques est beaucoup mieux; que le Corrège a peint les chairs trop dures et fermes, la peau trop tendue et trop sèche; que le Titien a donné au contraire aux *carnations* un ton souple, moelleux, velouté, humide; que la peau de ses figures nobles paraît fine et un peu transparente; qu'enfin s'il a un défaut, c'est qu'il a donné aux femmes un ton de coloris trop animé et d'un incarnat trop foncé. Des principes généraux sur les *carnations* passons à quelques observations sur la pratique. Il est démontré que les belles *carnations* de nos climats doivent annoncer, 1° un sang pur, modérément abondant, qui arrose et qui anime suffisamment toutes les parties du corps, qui teint les muscles d'un vif incarnat, et qui fait briller dans chaque état l'éclat de la santé; 2° elles doivent outre cela caractériser le degré de solidité, de force et de santé nécessaires à chaque muscle ou partie du corps; l'on en doit tirer la conséquence que toutes les figures qui paraissent être nourries de fleurs de roses plutôt que de chair sont des peintures contre nature et ridicules : on ne devrait pas même les tolérer dans l'enluminure des éventails. Les laques, le carmin et le bleu dans les figures donnent beaucoup d'éclat aux chairs; mais on ne doit les employer pures que très-rarement. La couleur de pourpre foncé dans les ombres donne aux *carnations* cette transparence que l'on aperçoit dans les chairs des enfants qui sont éclairées par le soleil; les ombres où l'on fait entrer du noir détruisent cette transparence en donnant de la solidité : le noir annonce un sang presque noirâtre, et une peau épaisse et grossière. Dans les *carnations* claires des blondes, si l'on met du noir dans l'ombre, la figure paraîtra de couleur de plâtre ou d'albâtre. Le bleu produit deux effets dans la *carnation* : 1° il sert à la faire fuir; 2° il sert à la rendre diaphane. Les personnes qui voudront se perfectionner dans cette partie de la peinture, ne doivent pas copier indifféremment les tableaux de tous les grands maîtres; elles doivent se borner, par exemple, à étudier et à copier des portraits peints par Van-Dyck. Comme ce célèbre artiste a peint la plupart de ses figures en plein air, environnées d'une lumière uniforme, c'est-à-dire presque sans lumière et sans ombre tranchantes, à force de méditer et de copier, l'on parviendra comme lui à faire fuir les chairs par des teintes douces, séduisantes, qui doivent uniquement leur effet à un léger mélange de bleu. Si l'on parvient à saisir la théorie et la pratique de Van-Dyck, on pourra pour lors, avec assez de facilité, copier un des portraits peints par le célèbre Rembrandt, qui a travaillé dans un genre qui paraît opposé à celui de Van-Dyck. Rembrandt a placé ses figures dans des caves ou dans des cachots; il les éclaire par une lumière tranchante et forte, qui appelle avec violence et qui produit les plus grands effets. Lorsqu'on aura étudié et copié dix fois de suite le même tableau de ces deux peintres, alors on pourra copier un des tableaux du Titien; ensuite on sera en état de copier les tableaux de tous les maîtres, et de saisir leur manière, leur faire ou leur style. Il est évident 1° qu'en copiant dix fois de suite le même portrait, et en le peignant la dernière fois d'idée, sans avoir le modèle sous les yeux, on peut parvenir à découvrir l'art magique de la *carnation*, suivant le style de l'auteur; 2° qu'il faut commencer par se borner à copier les portraits peints par les plus habiles maîtres qui représentent l'enfance, l'adolescence, l'âge viril et la vieillesse, pour hommes et pour femmes; 3° copier les portraits d'après nature dans tous les âges; 4° copier les tableaux des plus grands maîtres où ils ont réuni plusieurs figures; 5° en suivant ce plan, on parviendra à composer d'idée des tableaux où l'on donnera le ton de la *carnation* proportionnel à l'âge, à l'état, au pays et à la circonstance où l'on placera la figure : par exemple, si l'on veut rendre une figure saillante, et dont la *carnation* se détache singulièrement du fond du tableau, il faut que ce fond soit d'une couleur dans laquelle il n'entre aucune partie de rouge, et l'on peut mettre ce fond d'environ deux teintes plus clair, ou d'environ deux teintes plus obscur que la partie la plus ombrée de la *carnation*. Si au contraire on veut rendre la figure liée et harmonique avec le fond du tableau, l'on doit mettre, le plus qu'il est possible, de la couleur de la *carnation* dans la couleur du fond du tableau, et faire en sorte que les ombres de la figure se fondent dans le champ du tableau. Si l'on désire enfin de rendre la couleur d'une *carnation* brillante et éclatante, il faut que le champ sur lequel elle repose soit un incarnat sale, terreux, et une feuille morte roussâtre, etc. C'est sur le fondement de ces principes que les filles brunes qui sont sages, et qui aiment cependant à plaire, ne portent ni les blondes, ni le linge, ni les coiffes, ni les habits d'un blanc blanc, parce qu'il les ferait paraître d'un coloris incarnat, noir et terne; elles préfèrent les couleurs foncées. Les filles blondes, par la raison des contraires, peuvent réchauffer l'éclat de leur teint, en portant des couleurs claires, qui montrent par parallèle la différence de leur coloris et celle du blanc d'albâtre ou du citron de leur habit. Les femmes coquettes, qui comptent plus sur leur intrigue que sur la beauté de leur *carnation*, doivent porter les couleurs qui jurent avec le doux incarnat de la pudeur; en un mot, elles doivent porter les couleurs les plus contrastantes avec leur *carnation*; par exemple, un fard de carmin pur, et barioler leur visage de mouches; noircir de couleur de jais leurs sourcils; en un mot, mettre sur toute leur figure des enseignes qui appellent à grands cris les passants. Ces observations générales de théorie et de pratique doivent nécessiter le lecteur à conclure qu'il n'est aucune espèce de ton de *carnation*, que l'on ne puisse faire briller autant qu'on le voudra, puisque le peintre est toujours le maître de salir et ternir tout le champ qui environne le portrait, ou sur lequel appuie la tête qu'il a peinte.

CARNATION, s. f. (*term. de blason*), couleur de chair, particulièrement du visage, des mains et des pieds, représentés au naturel. La *carnation* est un émail qui peut se représenter dans l'art héraldique, quand les armes sont peintes enluminées; mais la gravure n'a point de traits ou hachures qui distinguent les chairs humaines. La couleur des belles chairs étant un mélange de blanc et de rouge, on pourrait la représenter en gravure par trois petites lignes perpendiculaires très-déliées sur chaque partie, comme sur le visage, sur chaque main, sur chaque pied. Grandmontfalon en Franche-Comté, *d'azur à trois bustes de reines* de carnation, *couronnés d'or à l'antique.* Suivant la tradition, ces armes furent concédées à un de cette famille, pour avoir tué en duel un géant qui faisait la guerre à trois sœurs, filles et héritières d'un roi d'Ecosse.

CARNATUS (*géogr. anc.*), rivière de l'Asie-Mineure, dans la Cataonie.

CARNAUBA, s. m. (*botan.*), palmier du Brésil, du tronc duquel suinte une cire verte et aromatique.

CARNAVAL, temps de fêtes et de mascarades commençant à l'Epiphanie et se terminant le mercredi des Cendres. — D'après Ducange, l'étymologie de ce mot serait *carn* (caro, chair), parce qu'à cette époque de l'année on consomme plus de viande, comme si l'on cherchait à se dédommager à l'avance de l'abstinence du carême qui va suivre. Selon d'autres auteurs, il dériverait de: *Caro vale! Adieu la viande!* — Le carnaval prit naissance en Egypte, où il eut une origine sacrée. Il se nommait *Chérubs, fête du bœuf*, et était fixé à l'équinoxe d'automne. Les Egyptiens se déguisaient en dieux et en déesses, croyant ainsi fêter pieusement leurs divinités. Tombées dans l'oubli avec le dernier des Pharaons, les Chérubs reparurent chez les Grecs sous le nom de *Bacchanales.* Instituées en l'honneur de Bacchus, ces réjouissances grossières duraient trois jours pendant l'équinoxe d'automne. Le dieu du vin, représenté sous une forme humaine, la figure barbouillée de lie, la tête couronnée de pampre, parcourait, sur un âne, toute la ville, escorté du vieux Silène et de la populace travestie, entonnant des hymnes, exécutant des danses à sa gloire. Ainsi que les Chérubs, les Bacchanales devinrent une occasion annuelle d'orgies et de débauches publiques qu'on ne réprima que fort tard et à grand'peine. — A Rome, le carnaval se célébrait du 15 au 21 décembre sous le patronage de Saturne. Durant les *Saturnales*, toutes les affaires étaient suspendues, le plaisir régnait seul, et les patriciens, revêtus d'une longue robe noire à capuchon qui a donné naissance au *domino*, prenaient leurs ébats immoraux pêle-mêle avec les plébéiens. Cette égalité momentanée ne suffit pas, et les maîtres servirent eux-mêmes leurs valets pendant les sept jours du carnaval romain. Le christianisme abolit peu à peu ces mystères célébrés en l'honneur des divinités païennes; mais, comme le peuple a toujours impérieusement voulu s'amuser, le carnaval ressuscita, avec un caractère plus décent, dans les fêtes de la *Nativité*, des *Innocents*, de l'*Ane*, des *Fous*; mais il dégénéra de nouveau en une licence scandaleuse qui ne cessa qu'au XVIᵉ siècle, époque à laquelle il apparaît pour la première fois sous le nom de *carnavale* à Venise et à Rome, avec une magnificence, une frénésie, une gaieté et un dévergondage spirituel toutefois, qui eurent un mémorable retentissement. Entre autres bouffonneries exhilarantes, il faut signaler une farce qui se jouait sérieusement à Venise, à cette époque de fou rire, et qui formait un singulier contraste, ou, pour mieux dire, un comique rapprochement; c'était le mariage du doge avec l'Adriatique! — L'Europe emprunta à l'Italie ses mascarades. Sous Louis XIV elles eurent un aspect grandiose comme son siècle; avec Louis XV elles prirent une allure plus libre, plus impudique, et elles s'enrichirent honteusement de l'ordurière *descente de la Courtille.* Pendant le règne de Louis XVI, leur retenue les fit nommer *carêmes-prenants* et *carnaval des vilains* par la jeunesse d'alors, qui, imbue des principes philosophiques, cherchait un prologue à des émotions furibondes pour son drame sanglant de 89! Epouvanté par l'échafaud révolutionnaire, le carnaval émigra de France, et, après quinze années d'exil, le 23 février 1805, par la volonté de Napoléon, il fit sa rentrée en France, superbe et joyeux, aux applaudissements du peuple enchanté. Depuis lors, le carnaval a perdu de sa folie et de son universalité, tout en gardant une allure triviale et licencieuse. — Le seul type primitif qu'il ait conservé, c'est la promenade du *bœuf gras.* De temps immémorial, le bœuf, comme symbole de la fécondité de la terre, a été le principal personnage des cérémonies du carnaval. En Egypte, il était vénéré suivant les lieux, sous les noms divers d'Isis, Osiris, Mnéris, Onuphis, Apis; on le promenait en triomphe pendant les Chérubs, et on le noyait solennellement dans le Nil le septième et dernier jour de ces fêtes, qui était le mercredi des Cendres des Egyptiens. — Chez les Grecs et les Romains, le *bœuf laboureur* tenait le même emploi lors des Bacchanales et des Saturnales.— Dès le moyen âge, il s'est nommé *bœuf gras*, et n'a pas changé de rôle. — Aujourd'hui encore son cortége défile pendant trois jours dans les rues de la capitale. De nombreux et bruyants musiciens ouvrent la marche; un énorme bœuf, dont le choix a excité l'é-

mulation des éleveurs de troupeaux, est richement caparaçonné et conduit par d'athlétiques garçons bouchers, travestis en sauvages, armés de massues; à sa droite et à sa gauche se déploie une cavalcade confuse de Romains, d'Espagnols ou de Turcs; derrière lui s'avance majestueusement un char olympique, attelé de six chevaux, conduit par le *Temps*, et occupé par l'*Amour*, *Vénus*, *Mars* et autres dieux de la mythologie. L'enfant qui figurait Cupidon était ordinairement assis sur le dos même du bœuf gras, dans un fauteuil de velours; mais de nombreux accidents le firent admettre dans le char de l'Olympe. Cette procession païenne et grotesque va, suivant l'antique usage, visiter le roi, la famille royale, les ministres, les fonctionnaires publics, chez lesquels sa bienvenue est rémunérée. Quand le jour néfaste du mercredi des Cendres est arrivé, la noble victime s'achemine encore toute parée vers l'abattoir, où elle finit vulgairement sa glorieuse carrière. Sauf les ingénieux commentaires que les savants peuvent inventer en rapprochant cette cérémonie antique de cette promenade moderne, nous n'y voyons plus guère que l'allégorie de la *fête des bouchers*. — Chaque année le carnaval perd un nombre notable de ses partisans, *servum et stupidum pecus*; et si, dans ce siècle presque toujours rétrograde malgré sa forfanterie progressive, nos jeunes gens, oubliant leur désillusion factice et immorale, tentent encore de renouveler les impudiques extravagances de leurs ancêtres, ce n'est plus guère que par un reste d'habitude et de mode, et pour faire diversion à la monotonie d'une vie oisive. Espérons que bientôt ils auront horreur des plaisirs immondes des bals masqués, où les vertiges de la plus affreuse licence salissent de beaux noms, compromettent d'honorables familles, abrutissent et dégradent l'homme, peuvent l'entraîner dans les honteuses souillures du vice et lui préparer un avenir de crimes et d'infamie.

CARNAVAL (AMBASSADEURS DU). On appela ainsi les députés qui furent envoyés à Rome pour s'opposer au règlement par lequel saint Charles Borromée prescrivait, à partir du mercredi des Cendres, l'observation du carême, qui ne commençait alors qu'après le dimanche de la Quadragésime.

CARNAVALONO ou **CARNOVALONO**, s. m. (*term. de relation*), mot italien, qui signifie *grand carnaval*; fêtes et mascarades qui ont lieu dans la semaine qui suit le jour du mardi gras en Italie.

CARNE, s. f., l'angle extérieur d'une pierre, d'une table, etc.

CARNE (*géogr. anc.*), ville d'Asie, située sur les confins de la Phénicie et de la Syrie, placée par Etienne de Byzance dans la première, et par Pline dans la seconde. Strabon l'appelle Caranos, et en fait un port des Aradiens. — C'était une ville de l'Asie-Mineure, dans l'Eolide, suivant Etienne de Byzance.

CARNÉ, ÉE, adj. (*term. de fleuriste*), qui est de couleur de chair. *Un œillet carné.*

CARNEA (*géogr. anc.*), ville de la Palestine en Batanée, au nord-est du mont Galaad, et au sud-est de Tibériade.

CARNÉA (*myth.*), déesse qu'on invoquait pour les enfants, chez les anciens Romains.

CARNÉADE, épicurien, que l'on a quelquefois confondu avec l'académicien, et qui a vécu avant lui : il était Athénien, et fut disciple d'Anaxagore. — Il y a eu aussi un poëte nommé CARNÉADE : il faisait des élégies qui, dit-on, étaient froides et obscures.

CARNÉADE, de Cyrène, était un philosophe de la secte des académiciens; il est même regardé comme le fondateur de la nouvelle ou troisième Académie. Il quitta sa patrie pour aller à Athènes, où il s'attacha d'abord à Diogène le stoïcien, qui lui enseigna surtout la dialectique. Il étudia avec soin les écrits d'un autre stoïcien, de Chrysippe, auquel il se reconnaissait redevable d'une grande partie de sa science et de son habileté. Il passa enfin à l'école des académiciens, où il eut pour maître Hégésine, dont il fut le successeur. Il joignait à la pénétration philosophique une éloquence peu commune : aussi les Athéniens l'envoyèrent-ils vers le milieu du IIᵉ siècle avant J.-C. en ambassade à Rome, avec deux autres philosophes, Diogène le stoïcien et le péripatéticien Cristoloüs. Il donna dans cette capitale du monde des leçons de philosophie qui furent suivies avec ardeur par la jeunesse romaine, et dont les hommes graves, particulièrement Caton, furent au contraire fort scandalisés parce que, disputant pour et contre, il soutenait entre autres choses, qu'il y a et qu'il n'y a pas de justice (*V.* Diog. Laert., IV, 62-6; Plut., *Vit. Cat. maj.*, c. 22; Cic., *Acad.*, II, 45; *De orat.*, II, 37-38; III, 18; Gell., *N. A.*, VII, 14; Lactant., *Inst. div.*, V, 14 sqq., où l'on trouve aussi des renseignements sur la thèse de Carnéade contre la justice). A son retour de Rome, il enseigna à l'Académie jusqu'à sa mort, avec un grand succès. On peut, d'après ces circonstances et d'autres encore qu'il est inutile de rapporter ici, faire vivre Carnéade entre 214 et 129 avant Jésus-Christ. — Carnéade n'a laissé aucun ouvrage; du moins il ne nous reste rien de lui. Il se répandit cependant plusieurs ouvrages sous le nom de Carnéade, mais qui avaient été rédigés par ses disciples. Ces ouvrages se sont perdus, ainsi que les lettres qu'on lui attribuait. D'après les écrivains cités plus haut, Sextus Empir. (*Hyp. Pyrrh.*, I, 250; *adv. Math.*, VII, 159-89; IX, 140, 182-90) et autres, Carnéade aurait suivi la doctrine d'Arcésilas, et aurait par conséquent incliné comme lui au scepticisme. Il combattait en effet le dogmatisme des stoïciens, particulièrement celui de Chrysippe, par des raisons qui expliquent naturellement le doute, s'il y a ou s'il n'y a pas pournous une connaissance certaine en général; car, suivant lui, toutes les représentations auraient un double rapport, l'un concernant l'objet, l'autre concernant le sujet. Sous le premier point de vue, le point de vue objectif, une représentation serait vraie ou fausse suivant qu'elle s'accorderait ou ne s'accorderait pas avec l'objet; mais, comme ni les sens ni la raison ne donnent le moyen de s'assurer de cet accord, il est impossible de juger si une représentation est vraie ou fausse. On devrait donc retenir son jugement sur la valeur objective de nos connaissances. Quant au point de vue subjectif, on peut dire à la vérité qu'une représentation semble vraie ou fausse, qu'elle est vraisemblable ou invraisemblable; mais cette distinction n'était recevable que pour la vie pratique où l'on est obligé de suivre le vraisemblable comme une sorte de cordeau, parce qu'autrement on ne pourrait ni agir ni vivre. Il établit en conséquence une espèce de théorie de la vraisemblance, très-imparfaite sans doute puisque c'était le premier essai qui en eût été fait. Elle se trouve dans Sext. Emp. (*adv. Math.*, VII, 159-89). C'est avec ces armes que Carnéade attaquait la théologie et la morale des stoïciens, et il se rendait si redoutable d'ailleurs par son éloquence, qu'aucun de ses adversaires n'osait l'attaquer oralement. Il passa aussi pour avoir soutenu en morale, contre les stoïciens, qu'il n'y a de bon à proprement parler que la satisfaction des premiers besoins de la nature (*frui his rebus quas primas natura conciliavisset*; Cic., *Acad.*, II, 42).

CARNÉADES (*mythol.*). Les Carnéades étaient des jeux et des combats de musique qui se célébraient à Sparte et à Athènes, le septième d'avril, durant l'espace de neuf jours, lorsque la lune était dans son plein. Comme ces combats poétiques se faisaient en l'honneur d'Apollon, on les appelait *Carnéades*, du nom de *Carnos*, fameux poëte et musicien, fils de Jupiter et d'Europe, favori d'Apollon.

CARNÉATES, s. m. pl. (*hist. anc.*), ministres qui servaient dans les fêtes Carnées à Sparte.

CARNEAU, s. m. (*marine*), l'angle de la voile latine placée du côté de la proue.

CARNEAUX, s. m. pl. (*technol.*), trous de quelques pouces en carré, qu'on laisse dans les voûtes des fours à faïence et à porcelaine pour la communication du feu.

CARNEAU (ÉTIENNE), natif de Chartres, apprit parfaitement les belles-lettres et ensuite la jurisprudence. Il exerça même les fonctions d'avocat au parlement de Paris. Dégoûté du monde, il s'engagea en 1630 dans l'ordre des célestins. Il s'acquit dans le temps beaucoup de réputation par ses poésies latines et françaises, oubliées aujourd'hui. Il mourut à Paris le 17 septembre 1671. Il avait composé lui-même son épitaphe en français et en latin; voici la version française :

Ci-gît, s'occupant et de vers et de prose,
A pu quelque renom dans le monde acquérir;
Il aima les beaux-arts; mais sur tout autre chose,
Il médita le plus celui de bien mourir.

Le P. Carneau a été l'un des traducteurs des *Voyages de Piétro della Valle*, 1663, 4 vol. in-4°; Rouen, 1745, 8 vol., in-12. On a du même auteur : *la Stimmimachie* ou *le Combat des médecins modernes*, *touchant l'usage de l'antimoine*, poëme héroï-comique, 1656, in-8°. Becquet dans sa *Bibliographie des célestins*, p. 216, donne la liste de quelques autres opuscules de Carneau.

CARNECHETZY (GEORGES), théologien arménien, mort vers l'an 1067, a laissé une *Histoire ecclésiastique d'Arménie*, depuis l'an 301 jusqu'à l'an 100; dix-sept *Homélies* en l'honneur

de divers saints; une *Apologie du rit arménien*. Ces ouvrages font partie des manuscrits de la bibliothèque du roi.

CARNEDDE (*antiq. britanniq.*). On désigne par ce nom, en Angleterre, des amas de pierres qu'on suppose être des restes druidiques, et qui ont été formés ainsi pour rendre témoignage et perpétuer la mémoire d'un pacte ou d'une alliance (*Genèse*, XXXI, 46). Ces monuments sont très-communs dans l'île d'Anglesey. Ils étaient en usage aussi pour les inhumations, en forme de *tumuli*. L'antiquaire Rowland a trouvé une urne curieuse dans un de ces carneddes; ce qui ne laisse point de doute sur la coutume qu'avaient les Bretons d'accumuler des pierres sur les morts. — C'est de cet usage qu'est dérivé le proverbe welche : *Karn ar dy ben*, Que malheur t'arrive!

CARNEIA (*antiq.*), solennité en l'honneur d'Apollon, surnommé *Carnéus*, pratiquée dans plusieurs villes de la Grèce, mais plus particulièrement à Sparte, où elle fut instituée dans la XXVIe olympiade. — On n'est pas d'accord sur l'origine de son nom, ni sur le motif de son institution. Elle durait neuf jours, et commençait le 13 du mois carneus ou carnius (*V.* ce mot). Les cérémonies étaient une imitation de la vie et de la discipline militaire dans les camps.

CARNÉEN (*mythol.*), de χάρνος, brebis; surnom d'Apollon, tiré, selon les uns de ce qu'il garda les troupeaux, selon les autres du devin Carnus, son favori.

CARNÉENS, s. m. pl. (*hist. anc.*). Il se dit des airs que l'on chantait dans les fêtes Carnées.

CARNEIRO. Quatre Portugais de famille noble ont donné à ce nom quelque célébrité. — MELCHIOR CARNEIRO, de Coïmbre, fut le premier recteur du collége que les jésuites venaient de créer dans cette ville. Le fondateur de l'ordre l'envoya à Rome, où le pape Jules II le nomma évêque de Nicée et coadjuteur du patriarche d'Éthiopie. En 1555 il se rendit à Goa, et s'efforça de convertir les juifs de Cochin : mais son zèle n'eut pas tout le succès qu'il en avait espéré. Il introduisit aussi l'inquisition à Goa. Il exerça en outre son zèle apostolique auprès des chrétiens de Saint-Thomas ou nestoriens des côtes de Malabar. En 1567 il fut nommé évêque de la Chine et du Japon. Il mourut à Macao le 19 août 1583. On a de lui des *Lettres* qui se trouvent dans des relations sur les missions.— ANTOINE CARNEIRO, de Frontera, près d'Elvas, chevalier de l'ordre de Calatrava et trésorier des armées d'Espagne en Belgique, écrivit une *Histoire précieuse de la guerre civile en Flandre* (1559-1609): cette histoire parut à Madrid en 1612, in-4°, et en 1625, in-folio. — ANTOINE-MARIZ CARNEIRO, chevalier de l'ordre du Christ, crut avoir découvert le moyen d'empêcher l'aiguille aimantée de s'écarter de la direction du pôle nord, et reçut à cause de cela le surnom d'*Agulha fixa*. Pour confirmer sa découverte, il fit un voyage dans les Indes. Il fut nommé en dernier lieu cosmographe du royaume, et laissa un ouvrage renfermant des indications pour les navigateurs qui se rendent aux Indes (Lisb., 1642, 1655, 1666, in-4°), ainsi qu'une *Hydrographie* destinée aux navigateurs (S.-Sébast., 1675). — DIEGO-GOMEZ CARNEIRO, né à Rio de Janeiro en Brésil, et mort le 26 février 1676 à Lisbonne, étant alors historiographe du Brésil, écrivit le récit de la révolution de Portugal (Lisb., 1641, in-4°), et publia quelques traductions.

CARNEL, CARNEAUX, CARNELZ, CARNIAUX, CARNIAX, CARNOT, QUARNIAR, QUARNIAX (*vieux mots*), créneaux, ouvertures ménagées dans l'épaisseur des murs pour tirer sur l'ennemi.

CARNELAGE, s. m. (*droit féodal et ecclés.*). C'était le nom qu'on donnait dans quelques provinces à la dîme qui se percevait sur les bestiaux. C'était la même chose que *charnage*, terme usité ailleurs dans la même acception.

CARNÈLE, s. f. (*numismat.*), bordure qui règne sur le bord et autour d'une pièce de monnaie, et qui renferme la légende.

CARNELÉ, ÉE, adj. (*blason*). Il se dit de ce qui fait la bordure de l'écu.

CARNELER, v. a. (*numismat.*), faire la bordure autour d'une pièce de monnaie.

CARNÉOLE, s. f. vieux mot que l'on disait anciennement pour *cornalin* (*V.* ce mot).

CARNER ou **SE CARNER** (*term. de fleuriste*), devenir couleur de chair. *Ces fleurs commencent à se carner.*

CARNET, s. m. (*comm.*). C'est un des noms que les marchands, négociants et banquiers donnent à une sorte de livre dont ils se servent pour connaître d'un coup d'œil le temps des échéances de leurs dettes actives et passives, c'est-à-dire des sommes qu'ils ont à recevoir et de celles qu'ils ont à payer, afin qu'en faisant la balance ou comparaison des payements à faire ou à recevoir ils puissent pourvoir aux fonds nécessaires pour payer à point nommé et dans le temps des échéances. Le *carnet* est du nombre des livres auxiliaires ; on le nomme encore *bilan* (*V.* BILAN et LIVRES AUXILIAIRES).

CARNET se dit aussi d'une espèce de petit livre que les marchands portent dans les foires et marchés, sur lequel ils écrivent, soit la vente, soit l'achat qu'ils y font des marchandises, et même leur recette et dépense journalière. On appelle aussi quelquefois *carnet* une sorte de petit livre dont se servent les marchands et négociants de Lyon, lorsqu'ils vont sur la place du Change, pour faire le virement des parties; mais son nom le plus usité est *bilan* (*V.* BILAN).

CARNET, livre paraphé et coté, destiné à inscrire toute la comptabilité des travaux faits par le corps royal du génie. — Carton d'écolier qui apprend le dessin.

CARNETZY (JEAN), prêtre et docteur arménien, qui vivait au XIIIe siècle, voyagea en Syrie et en Egypte, découvrit dans un monastère de Bagdad une traduction des *Psaumes de David* en langue arménienne, en fit faire plusieurs copies pour les répandre parmi ses compatriotes, et d'ailleurs leur rendit tous les services qui dépendirent de lui. Le patriarche Ciaghetzy (*V.* ce nom) mentionne dans son *Jardin désirable* trois écrits de Carnetzy, qui ne peuvent guère se trouver que dans les bibliothèques des couvents arméniens.

CARNI, s. m. (*botan.*), espèce de plante.

CARNI (*géogr. anc.*), peuple qui était séparé de la Norique par le Carnic ou les Alpes Juliennes. Suivant Ptolémée, ils avaient trois villes, *Forum Julium, Concordia* et *Aquileia,* d'où il paraît qu'ils occupaient une partie de l'Etat de Venise. Orose prétend que c'était une nation gauloise, et il s'accorde avec le récit de Tite Live, en disant qu'ils furent vaincus l'an de Rome 635 par le consul *Quintus Marcius Rex.*

CARNIA (*géogr. anc.*), nom d'un territoire au fond du golfe Adriatique, habité par les Carniens ou Carni. Il correspondait au Frioul vénitien et à une petite partie de la Carniole. — C'était encore une ville de l'Asie-Mineure, placée en Ionie par Etienne de Byzance.

CARNICOBAR, île la plus septentrionale de l'archipel de la baie du Bengale, appelé *Nicobar.* Elle est petite, de forme ronde, de quarante milles environ de circonférence, et semble de loin entièrement couverte d'arbres; mais on trouve dans l'intérieur de vastes et délicieuses prairies. Le sol y est formé d'une terre grasse et noirâtre ; il est marécageux dans quelques endroits, mais très-fertile sans grands efforts de culture. Les seuls quadrupèdes de cette île sont des chiens, des cochons, des rats d'une taille prodigieuse, et de grands lézards appelés *tolonquis* par les naturels. Les serpents de différentes espèces y abondent, et leurs morsures sont souvent fatales. Le bois de construction, en grande quantité, est d'une qualité recherchée pour le ravitaillement des navires qui fréquentent ces parages. Les habitants y sont petits, *mais bien faits; on admire leur activité et leur vigueur;* ils ont le teint cuivré, et semblent tenir à la race malaise. Les femmes y sont remarquablement laides, se raseut la tête, et n'ont pour vêtement qu'une petite jupe faite d'une sorte de jonc dont on n'emploie que la partie supérieure de la tige. Les hommes portent leurs cheveux courts. Les deux sexes ont les oreilles percées dès leur enfance ; ils enfoncent dans les trous de gros morceaux de bois, ou y suspendent de pesants coquillages; ce qui leur donne un aspect repoussant. Ils mangent considérablement, et ont un grande passion pour une boisson faite avec l'arack. La plupart de leurs jours sont consacrés à la danse et aux festins. Leur nourriture favorite est la chair de porc à peine cuite; leurs cochons, nourris de noix de cacao et d'eau de mer, sont singulièrement gras; ils pêchent beaucoup de petits poissons de mer au moyen de leurs lances, dont ils se servent avec une rare habileté. Leur boisson ordinaire est le lait de cacao et une liqueur appelée *soura,* qu'ils extraient de l'écorce du cacaotier. Cette liqueur est fermentescible et enivrante. Tandis que les anciens boivent le soura et fument, les jeunes se livrent à la danse et chantent. Leur seul instrument de musique est un bambou creux de deux à trois pieds de long, et de trois pouces environ de diamètre, percé de part en part pour donner passage à une seule corde en boyau tendue, sur laquelle, au moyen d'un large trou pratiqué dans le côté du bambou, on promène une espèce de plectre qui la fait résonner. Cet instrument produit peu de notes et est ordinairement accompagné avec la voix. —Les maisons sont communément bâties sur le rivage, et forment des villages de quinze à vingt habitations dont chacune

contient une famille de vingt personnes et plus. Elles sont élevées sur des piliers en bois à environ dix pieds de terre, et dépourvues de fenêtres; elles paraissent de loin comme des ruches couvertes en chaume. On y entre par une trappe au moyen d'une échelle qu'on retire pendant la nuit. Ces piliers sont entourés de feuilles très-glissantes souvent renouvelées, et ôtent ainsi aux serpents et aux rats la possibilité d'inquiéter les habitants. L'air arrive dans l'intérieur de ces cabanes par des ouvertures longues et étroites pratiquées dans les parois; le plancher est formé de nattes artistement tressées. On ne sait point fabriquer le drap dans cette île; mais on s'y en procure, ainsi que des haches et des lames de couteaux, par l'échange de la noix de cacao, qui est réputée la meilleure des Indes. Les insulaires ne font point usage de monnaie, et n'attachent aucune valeur à celle des autres contrées, si ce n'est comme objet de toilette. Quelques femmes portent des colliers de dollards. Quand ils ont du drap plus qu'il n'est nécessaire à leur consommation, ils le transportent au marché de *Choury,* petite île au midi de la leur, où ils envoient chaque année une flotte de leurs petits bâtiments vers le mois de novembre, pour échanger ce drap contre des canots qu'ils ne peuvent confectionner chez eux. Ce voyage s'exécute avec les étoiles et le soleil pour guides, car ils ne connaissent pas la boussole. Ils ont dans leur état social deux qualités remarquables : d'être entièrement dédaigneux de compliments et de cérémonies, et d'avoir la malhonnêteté en aversion. Par leurs fréquents rapports avec les étrangers, ils ont appris à écorcher la langue portugaise comme les autres peuples de ces parages ; mais leur langage national a une sorte de chant cadencé tiré du gosier et coupé par syllabes. Sans notion de Dieu, ils craignent le diable, qu'ils adorent par peur. Dès qu'ils sont menacés par la tempête, ils s'imaginent qu'ils vont recevoir sa visite, et se livrent à maintes cérémonies superstitieuses. Quand l'un d'eux meurt, tout ce qui lui servit pendant son vivant, sa hache, sa lance à pêcher, ses habillements, est enterré avec lui. Il est d'usage que la femme du mort se laisse couper à l'enterrement une phalange d'un des doigts de la main; si elle s'y refuse, elle doit se soumettre à voir faire une profonde entaille à l'un des piliers de sa maison, ce qui est une marque de flétrissure pour la famille qui l'habite. La polygamie n'est point connue dans cette île, et l'adultère est puni en coupant à l'homme pris en délit un morceau du prépuce, dont la grandeur est proportionnée à la fréquence ou à l'énormité du crime. Ces peuples semblent vivre sur le pied d'une parfaite égalité. Ils professent un grand respect pour la vieillesse; mais nul ne paraît reconnaître à un autre un degré de supériorité sur lui. La société semble cimentée par de mutuels services reçus et rendus. Les Danois ont fait pendant longtemps de vains efforts pour introduire le christianisme parmi eux. Latitude nord, 9° 5'; longitude est, 90° 55'. ED. GIROD.

CARNIER (*vieux mot*), boucher, charcutier; celui qui en général vend de la chair.

CARNIER, s. m. grand sac plus large que la carnassière, couvert d'un filet, dans lequel on met les pièces de gibier que l'on a tuées, ainsi que les provisions qui sont nécessaires au chasseur (*V.* CARNASSIÈRE).

CARNIFICATION, s. f. (*médec.*) (de *caro,* chair, et *fieri,* devenir), transformation de certains tissus en une substance qui présente quelque ressemblance avec la chair ou le tissu musculaire. —CARNIFICATION DES POUMONS, état dans lequel une portion plus ou moins considérable du tissu pulmonaire, endurcie et compacte, se rapproche de la consistance et de la couleur du foie, ce qui a fait nommer aussi cette dégénérescence *hépatisation.*

CARNIFIÉ, ÉE, adj. (*médec.*), changé en chair (*V.* CARNIFICATION).

CARNIFORME, adj. des deux genres, qui à l'apparence, la consistance de la chair.

CARNILIUS, roi, du temps de César, d'un canton de la Grande-Bretagne.

CARNILLET, s. m. (*botan.*), espèce de plante du genre des cucubales.

CARNINE (*géogr. anc.*), petite île de la mer Erythrée, près des côtes des Ichthyophages, près de la Gédrosie et de l'embouchure du fleuve Zoramba.

CARNIOLE, genre de champignons dont quelques espèces sont comestibles. Telle est la carniole tardive, que l'on trouve souvent en Toscane : aussi sert-elle d'aliment aux habitants du pays (*V.* CHAMPIGNON).

CARNIOLE (*géogr.*), *Krain,* ancienne province de l'empire

d'Autriche, qui avait le titre de duché. Elle fait maintenant partie du royaume d'Illyrie, gouvernement de Laybach, dont elle forme trois cercles : Adelsberg, Laybach et Neustaëdfel. Elle avait du nord-ouest au sud-est environ 43 lieues de long, 22 lieues dans sa plus grande largeur, et 67 lieues de superficie. Les Alpes Carniques et les Alpes Juliennes, qui s'y élèvent à une grande hauteur, laissent entre elles de belles vallées. Quelques sommités sont couvertes de neiges éternelles; plusieurs monts sont remarquables par des curiosités naturelles, de profondes cavités et des passages souterrains. On y trouve des cataractes très-pittoresques; souvent aussi l'on voit jaillir d'un rocher aride un courant d'eau qui, après avoir été grossi par d'autres, se fraye tout à coup un passage sous terre pour ne reparaître qu'à quelque distance de là. La Save est la rivière la plus considérable. On remarque ensuite le Laybach, le Gurk et le Kulpa. Il y a plusieurs lacs : le Czirknitz est le plus grand. Le nord et le nord-ouest de la Carniole sont absolument stériles et froids. L'intérieur est presque semblable, cependant plus supportable de culture. On y récolte du froment, du maïs, du millet, et le meilleur lin de l'empire d'Autriche. Le midi offre beaucoup de belles vallées et des terroirs fertiles. On y fait deux récoltes par an, l'une en sarrasin et l'autre en froment, ou l'une en seigle et l'autre en chanvre ou en lin. On y recueille aussi de bonne huile, d'excellent vin et des fruits en abondance. Plusieurs des montagnes sont couvertes de bois; il y a des forêts entières de châtaigniers. La Carniole est renommée par ses nombreuses mines de fer : la plus remarquable se trouve dans la montagne d'Eisemberg ou de Naseleiro. Les autres productions minérales sont le plomb, le mercure, l'alun, le bol d'Arménie et quelques pierres précieuses. — Les principales branches de l'industrie sont les fabriques d'étoffe de laine, de toiles et de dentelles. Il y a aussi des forges très-importantes, et deux verreries considérables, celle de Scneiberg et celle de Wittenstein. La grande route de Trieste à Fiume, et la Save, navigable dans la plus grande partie de son cours, assurent aux productions de ce pays un transport facile. — Ce pays était très-anciennement occupé par les *Carni*, qui ont donné leur nom aux Alpes Carniques, et d'où dérive celui de Carniole. Ces peuples possédaient aussi une partie du territoire de Venise, d'où ils furent chassés par les Huns et par les Alains. Les habitants sont actuellement en grande partie d'origine slave, et nommés par les Allemands *Wenden* ou Vandales. On les distingue par les noms des districts qu'ils habitent, tels que Gottscheins, Uskskes, Poïkes, etc. Ils sont robustes et courageux, supportent aisément les variations de la température, et se contentent des aliments les plus grossiers. On compte en Carniole 30,000 Allemands qui font partie de la haute classe de la société. Ce pays fut converti au christianisme vers le VIIIᵉ siècle. Du temps de Charlemagne et de ses successeurs, les ducs de Frioul et après eux les ducs de Carinthie le gouvernèrent. L'empereur Othon II en fit un margraviat distinct qui fut érigé en duché lorsqu'il passa au pouvoir de la maison d'Autriche. Au mois d'octobre 1809, ce duché fut cédé à la France par le traité de Vienne, et réuni aux provinces illyriennes. En 1814, il fut rendu à l'empereur d'Autriche. — Sa population est de 524,390 habitants.

ÉD. GIROD.

CARNION (*géogr. anc.*), ville forte de Giléad en Palestine, appartenant à la demi-tribu de Manassé habitante du l'autre côté du Jourdain. C'est dans cette ville que Timothée envoya toutes les femmes, les enfants et les bagages, dès qu'il vit Judas Machabée en pleine marche contre lui. Ce fut aussi qu'après la défaite de son armée et la perte de 30,000 hommes, ceux qui avaient échappé au carnage, étant poursuivis de près par l'armée victorieuse de Judas, firent leur retraite, et que beaucoup cherchèrent un asile dans le temple d'Atargatis. Mais Judas mit le feu à l'édifice, et il fut consumé avec tous ceux qu'il renfermait. L'incendie se communiqua au reste de la ville, et les habitants et les fuyards périrent en commun sans en excepter un seul, soit dans les flammes, soit sous le glaive du vainqueur, au nombre de 25,000 (*II. Machab.*, XII, 2).

CARNION ou **CARNIUM** (*géogr. anc.*), ville du Péloponèse en Laconie (*Polybe*). — C'était aussi le nom d'un petit cours d'eau dans la partie méridionale de l'Arcadie, qui coulait du sud-est au nord-ouest, et se déchargeait dans la rivière Galathée.

CARNIQUES (MONTS) (*géogr. anc.*), portion des Alpes, au nord de la Vénétie, longtemps habitée par les Carnes.

CARNIUS (*chronol.*), nom syracusain du mois appelé chez les Athéniens MÉTAGITNION. C'était le second de leur année, et répondait à la dernière partie de notre mois de juillet et au commencement d'août.

CARNONACÆ (*géogr. anc.*), peuples de la partie nord-ouest de l'ancienne Bretagne, placés par Ptolémée entre les Créones et les Carniens, et occupant, suivant Baxter, la partie du pays de Ross qui est appelée aujourd'hui Assenshire.

CARNIVORES (*caro*, chair, et *vorare*, dévorer). Dans son acception la plus générale, cette épithète s'applique à tout animal qui fait de la chair d'autres animaux sa nourriture, sinon exclusive, du moins principale. En ce sens, il y a des carnivores dans toutes les classes d'animaux, et depuis les plus grands quadrupèdes jusqu'aux plus petits insectes. Mais Cuvier, donnant à ce mot un sens plus précis, l'a employé pour désigner, dans l'ordre des mammifères carnassiers (*V.* ce mot), une famille caractérisée par des canines très-fortes, par des molaires tranchantes et des incisives à chaque mâchoire. Les genres nombreux dont elle se compose se divisent, d'après la considération des pieds postérieurs et du système dentaire en trois tribus : les *plantigrades*, les *digitigrades*, les *amphibies*. C'est dans cette famille que l'on trouve les mammifères les plus carnassiers. Le degré de férocité y est en rapport avec le développement plus ou moins complet de la carnivorité, et en particulier avec la forme plus ou moins tranchante des dents. La plupart des carnivores sont armés de griffes puissantes. Dans les espèces les moins redoutables, la ruse supplée à la force. On sait aujourd'hui qu'on les regardait naguère comme les plus sanguinaires et les plus indomptables.

CARNIVORES, s. m. (*médec.*), se dit des médicaments caustiques qui servent à détruire les excroissances charnues des plaies et des ulcères.

CARNODE, s. m. (*médec.*), toute excroissance, toute épaississement très-notable d'un organe quelconque d'un embryon.

CARNOET (SAINT-MAURICE DE), abbaye de l'ordre de Cîteaux, en Bretagne, au diocèse de Quimper, près de l'embouchure de la rivière d'Elé. Saint Maurice, dont cette abbaye portait le nom, en fut le fondateur et le premier abbé en 1170. Il était originaire de la paroisse de Loudéac au diocèse de Saint-Brieuc, et avait étudié les belles-lettres dans l'université de Paris. De retour en sa patrie, il se retira dans le monastère de Langonet. Les progrès qu'il fit dans la vertu, et les preuves qu'il donna de sa sagesse, le firent élire abbé de cette maison, qu'il gouverna, dit-on, pendant trente ans. Le désir d'augmenter son ordre et de procurer des retraites à ceux qui cherchaient véritablement Dieu, lui fit accepter un emplacement que Conan IV, duc de Bretagne, lui donna dans la forêt de Carnoet. Il s'y établit avec douze religieux qu'il avait formés à Langonet, et il y mourut en 1191. L'étroite observance de Cîteaux a été introduite dans cette abbaye vers le milieu de l'autre siècle (*Hist. de Bretagne*, t. II, p. 150).

CARNOLI (LOUIS), jésuite, né à Bologne en 1618, professa les humanités, la rhétorique, la philosophie et la théologie dans cette ville, et y mourut en 1693. On a de lui (sous le nom de Jules Loranci) : *Vie du vénérable Jérôme Torelli*, Forli, 1652 (en latin); *Discours* (id.) *sur la création de l'académie des Accensi à Mantoue*, Bologne, 1655; sous le nom de *Vergilio Nolarci : Idea delle virtù del S. pad. Ignazio de Loyola*, ibid., 1658; une *Vie* du même saint (en italien), Venise, 1689.

CARNON, ancienne arme des Français, dont la forme n'est pas bien connue.

CARNOSITÉ, s. f. (*médec.*). On appelait autrefois *carnosités* ou *caroncules de l'urètre* de petites excroissances de chair ou des fongosités que l'on supposait exister dans l'intérieur du canal de l'urètre de l'homme, lorsqu'une rétention d'urine survenait après une gonorrhée; il est reconnu que cet accident est dû, non à l'existence de ces végétations, mais à un engorgement, à un rétrécissement du canal de l'urètre. Quoi qu'il en soit, cette dénomination a été conservée pour désigner de petites tumeurs, végétations ou excroissances qui se développent sur la peau ou sur les membranes muqueuses par suite de l'action du virus vénérien.

CARNOT (JOSEPH-FRANÇOIS-CLAUDE), dit *Carnot de la Côte-d'Or*, naquit à Nolay le 22 mai 1752 ; il était l'aîné de ces quatre Carnot qui durant nos troubles révolutionnaires ont acquis une célébrité dont l'éclat honorable n'est terni que par le vote régicide de l'un d'eux, à qui du reste on ne peut, malgré les graves erreurs inspirées par le fanatisme républicain, refuser de grands talents et les vertus de l'homme privé. Leur famille, une des plus anciennes parmi la bourgeoisie bourguignonne, avait produit dès le XVᵉ siècle plusieurs hommes distingués dans l'Église et dans les armes. Leur père, avocat habile, mais sans fortune, et chargé d'une nombreuse famille (il avait dix-huit enfants), destina son aîné à la carrière du barreau, et Joseph Carnot fut admis en 1772 au parlemnet de Dijon. Membre du comité municipal de cette ville au commencement de la révolution, dont il se montra le partisan sage et modéré, il devint successivement officier de la garde bourgeoise, commissaire national près le tribunal du district, commissaire du directoire près le tribunal civil et criminel de la Côte-d'Or, commissaire du gouvernement près la cour d'appel du même département. Il se distingua dans ces diverses fonctions par un esprit de justice et de fermeté à toute épreuve ; et durant les jours orageux de la révolution il s'opposa avec courage aux mesures ultra-révolutionnaires de quelques agents de la convention ; en l'an IX (1801), il passa de la présidence du tribunal criminel de Dijon à la cour de cassation, où il siégea jusqu'à sa mort arrivée en 1835. Il était membre de l'académie de Dijon, et depuis la révolution de 1830 il avait été appelé à l'Institut dans l'académie des sciences morales et politiques. Il a laissé la réputation d'un de nos plus profonds criminalistes. Ses principaux ouvrages sont : 1º *De l'instruction criminelle considérée dans ses rapports généraux et particuliers avec les lois nouvelles et la jurisprudence de la cour de cassation;* 3 vol. in-4º, Paris, 1812-1817. 2º *Commentaire sur le Code pénal, contenant la manière d'en faire une juste application, l'indication des améliorations dont il est susceptible, etc.,* 2 vol. in-4º, 1823-1824. Ce Commentaire, justement estimé, est le complément nécessaire de l'ouvrage de l'auteur sur l'instruction criminelle. Les excellentes vues qu'il renferme ont été mises à profit pour la rédaction des lois qui ont successivement adouci notre législation pénale. 3º *Examen des lois des* 17, 26 mai, 9 juin 1819 *et* 31 mars 1820, *relatives à la répression des abus de la liberté de la presse,* in-8º, Paris, 1820 ; deuxième édition, 1821. Joseph Carnot a publié, en outre, sous le voile de l'anonyme : 1º *le Code d'instruction criminelle et le Code pénal mis en harmonie avec la charte, etc.,* Paris, 1819, in-8º; 2º *De la discipline judiciaire dans ses rapports avec les juges, etc.,* Paris, 1825, in-8º.

CARNOT (CLAUDE-MARGUERITE), frère du précédent, naquit comme lui à Nolay en 1754. Il se livra à l'étude de la jurisprudence, et occupa divers emplois civils et judiciaires à Dijon. Il fut nommé, en l'an VIII, procureur général près la cour de justice criminelle du département de la Côte-d'Or. Il en remplit les fonctions en digne magistrat, et cessa de vivre le 15 mars 1808. Une parole qu'il dit en mourant à ses amis prouve qu'il était bien du moins par sa force morale de cette race d'hommes de fer qui ont traversé avec tant d'énergie toutes les phases de notre révolution : *Vous allez voir,* dit-il, *comment l'on passe de la vie à la mort.* Napoléon, qui l'estimait et qui n'étendait point sur lui l'inimitié qu'il entretenait alors contre Lazare et Feulins, ses deux frères, exprima sur sa perte de sincères et vifs regrets.

CARNOT (LAZARE-NICOLAS-MARGUERITE), frère des précédents et l'un des plus fameux personnages de la révolution française, naquit le 13 mai 1753 à Nolay. Destiné par son père à l'état ecclésiastique, il entra au petit séminaire d'Autun, après avoir fait de brillantes études au collège de cette ville. Mais la théologie avait pour lui peu de charmes ; il manifestait au contraire un goût prononcé pour les sciences mathématiques et pour l'état militaire. Son père, en homme sage, ne contraria point cette vocation, et envoya son fils à Paris, dans une des écoles où l'on formait des élèves pour l'artillerie, le génie et la marine. Le jeune Carnot avait alors seize ans. En 1771, à la suite d'un brillant examen, il entra, comme lieutenant en second du génie, à l'école spéciale de Mézières, où il eut pour professeur le célèbre Monge. Quoiqu'il s'occupât activement de toutes les autres sciences relatives à l'art militaire, la fortification était son étude favorite. Il y fit de grands progrès, et en 1773 il fut envoyé, en qualité de lieutenant en premier, en garnison à Calais, pour y suivre les travaux militaires de cette place importante. A cette époque, son frère Carnot-Feulins, dont nous parlerons ci-dessous, vint le trouver et reçut de lui des leçons qui le mirent à même de subir ses examens et d'entrer aussi dans le corps du génie. L'avancement était lent et méthodique dans ce temps de paix, et les hommes du plus grand mérite ne l'obtenaient souvent qu'après de longues années. Pendant ce temps, Carnot, tout en mettant en première ligne les devoirs de sa profession, avait encore du loisir pour cultiver les sciences physiques et même la littérature et la poésie. Les recueils de l'époque contiennent plusieurs morceaux de sa composition. Ses poésies légères furent recueillies de 1787 à 1790 dans l'*Almanach des Muses,* et la société des *Rosati* de Paris en publia séparément un petit volume en 1797. Devenu enfin capitaine, *par rang d'ancienneté,* en 1783, il publia son *Eloge de Vauban,*

ouvrage qui fut couronné par l'académie de Dijon, et qui contenait en germe les principes démocratiques dont l'auteur n'a jamais dévié depuis. Il fut couronné par le prince de Condé qui se trouvait alors à Dijon, en qualité de gouverneur de la Bourgogne, et qui devint pour lui un zélé protecteur ; car le capitaine Carnot, à peine âgé de trente ans, obtint bientôt la croix de Saint-Louis, quoiqu'il n'eût encore jamais fait de la guerre. L'*Eloge de Vauban* lui attira les plus honorables suffrages, notamment celui de Buffon. Carnot avait eu pour concurrent Maret, depuis duc de Bassano. Plusieurs académies, et d'abord celle de Dijon, s'empressèrent de le recevoir dans leur sein, et le prince Henri de Prusse, alors à Dijon, fit à Carnot de brillantes propositions pour l'engager à prendre du service dans les armées du grand Frédéric.—Carnot admirait Vauban ; mais il ne partageait pas ses opinions sur tous les points. Ainsi, par exemple, Vauban avait avancé que, dans l'état actuel de l'art, les moyens d'attaque sont tellement supérieurs à ceux de la défense qu'on peut toujours fixer mathématiquement l'heure à laquelle une place doit succomber. Carnot adopte l'opinion contraire, et soutient que la défense peut souvent être rendue égale ou supérieure à l'attaque, comme elle l'était en effet avant l'invention de l'artillerie. Laissant aux gens du métier l'examen de cette grande question militaire, nous remarquerons que Carnot maintint toujours à cet égard la même opinion. C'est là le trait distinctif de son caractère ; en science comme en politique, il fut toujours opiniâtre. Cependant il suivait avec intérêt toutes les inventions, toutes les découvertes, et plus particulièrement celles dont s'enrichissait la haute analyse. Il est un des premiers qui se soient fait des idées lucides et justes sur la métaphysique du calcul infinitésimal. En 1786 il publia, sous le titre d'*Essai,* des recherches très-profondes sur les machines en général. Vers cette époque il épousa Mᵉˡˡᵉ Dupont, fille d'un riche habitant de Saint-Omer. Il continuait à se livrer à ses études favorites, lorsque la révolution éclata. Carnot en adopta aussitôt les principes, non par ardeur de jeunesse (il avait alors trente-six ans), mais par conviction. Il passa néanmoins dans l'obscurité les deux premières années de cette époque fameuse ; ce qui a donné lieu à des biographes de dire qu'il énigra et se rendit à Coblentz, assertion que dément assez sa nomination à l'assemblée législative par les électeurs du Pas-de-Calais. Une de ses premières opinions fut dirigée contre les princes. Il vota leur mise en accusation, et celle de Mirabeau jeune, du cardinal de Rohan et de l'ancien contrôleur général Calonne. On remarqua que le prince de Condé était au nombre de ces émigrés, ce qui fit accuser Carnot d'ingratitude. Il appuya le remplacement des officiers par des sergents, et fut appelé successivement à faire partie du comité diplomatique, du comité d'instruction publique, enfin du comité militaire, où il s'y distingua par l'étendue de ses connaissances et la netteté de ses vues. Une fois, dans la séance du 2 janvier 1792, il fut accueilli par des murmures ; il proposait de raser la citadelle de Perpignan, et généralement toutes les citadelles de France. Empêché par le bruit de développer sa proposition, il eut recours aux journaux. Il justifia l'opinion dont l'étrangeté avait excité la vive désapprobation de la part de ses collègues, en démontrant que la plupart des citadelles n'étaient que de véritables bastilles. « Une citadelle, dit-il, est un poste fortifié près d'une ville qu'il *commande* et qu'il peut foudroyer à chaque instant. » C'est de cette opinion que se sont récemment prévalus les adversaires des fortifications qui s'élèvent maintenant autour de Paris. Plus tard, lorsque Carnot fut devenu membre du comité de salut public ; il eut assez d'influence pour faire passer sa proposition en décret. Il s'opposa encore dans l'assemblée législative aux mesures par lesquelles le ministre de la guerre Narbonne voulait ramener les troupes à une obéissance passive. Chargé le 9 juin du rapport sur l'émeute qui avait coûté la vie au général Dillon, massacré par des soldats, il provoqua un décret pour honorer la mémoire de ce général et celle du colonel Berthois qui avait été égorgé avec son chef. Dans la séance du 25 juillet suivant, il demanda au nom du comité militaire une distribution de piques à tous les citoyens, proposition qu'on a critiquée comme dénotant que son auteur, très-savant théoricien, n'avait pas alors sur la pratique de la guerre les notions les plus communes. Cependant il s'appuyait de grandes autorités, Condé, Turenne, Montécuculli, le maréchal de Saxe, Folard, etc. Sa proposition fut enfin adoptée le 1ᵉʳ août, mais non sans opposition, et seulement à la suite d'un second rapport que son frère et collègue Carnot présenta pour lui à l'assemblée ; car Lazare Carnot était alors en mission au camp de Soissons. Dans cette première visite aux armées, Carnot montra combien son âme était étrangère aux inspirations des partis. On accusait la cour d'avoir tenté d'empoisonner les volontaires fédérés rassemblés en Champagne au moyen de verre pilé pétri avec le pain. Les jacobins faisaient répandre le bruit que déjà plus de deux cents personnes avaient péri victimes de ce poison, et que la mort en menaçait un plus grand nombre. Envoyé sur les lieux sous prétexte d'obtenir les renseignements dont on avait besoin pour prononcer sur cette affaire, Carnot n'ignorait pas ce qu'on attendait de lui, ce qu'il fallait faire pour flatter les passions du parti dominant ; mais cette considération le toucha peu : il examina le fait avec l'attention la plus scrupuleuse, et rapporta « qu'effectivement il s'était trouvé du verre dans un des pains distribués aux soldats, mais qu'il n'y avait pas été mis dans une mauvaise intention, que le hasard seul en était la cause, la farine qui avait été employée se trouvant placée sous les vitraux brisés d'une église. » Si les royalistes pouvaient lui savoir gré de les avoir ainsi lavés d'un odieux soupçon, ils eurent bientôt après à lui reprocher la part qu'il prit au licenciement de la garde constitutionnelle de Louis XVI, mesure qui prépara les funestes journées du 20 juin et du 10 août. Après la première de ces deux journées, il blâma hautement la cour pour avoir suspendu Péthion et Manuel. Le 10 août, Carnot fut membre de cette députation qui, envoyée auprès du roi pour le mettre sous la protection de l'assemblée nationale, se montra à peine dans la cour des Tuileries, et, avant qu'on eût tiré un coup de fusil, vint annoncer qu'il lui avait été impossible de pénétrer jusqu'au roi. Carnot, séparé de ses collègues, courut personnellement les plus grands dangers. Victime de la haine que les défenseurs du château portaient à l'assemblée, il allait tomber sous leurs coups, lorsqu'il fut reconnu et secouru par des soldats patriotes, qui le ramenèrent au sein de l'assemblée. La déchéance du roi ayant été proposée, il la soutint de tout son pouvoir. Immédiatement après, il fut chargé d'aller recevoir au nom de la nation le serment civique de l'armée du Rhin, où il destitua quelques officiers. Ensuite il visita le camp de Châlons, et se trouva absent de Paris lors des massacres de septembre. Sa mission n'était pas encore terminée quand le département du Pas-de-Calais le nomma député à la convention nationale convoquée pour le 22 septembre suivant. Il y siégea sans se faire remarquer jusqu'au 3 décembre qu'il reçut l'ordre de se rendre dans les Basses-Pyrénées pour y former un corps d'armée; la guerre contre l'Espagne paraissait imminente. Le 12 janvier 1793, il revint à la convention rendre compte de sa mission. Son rapport, en indiquant les prompts et heureux résultats qu'il avait obtenus, renfermait des idées d'améliorations pour l'instruction civile et militaire. Dans le jugement de Louis XVI, il vota pour la mort sans appel au peuple et sans sursis à l'exécution, déclarant que dans son opinion la justice et la politique étaient d'accord pour vouloir que le tyran mourût. Peu de jours après avoir donné ce terrible gage à la révolution, il fit divers rapports sur la réunion à la république de la principauté de Monaco, de Tournay, de Bruxelles, etc. Il fut ensuite choisi pour aller surveiller l'aile gauche de l'armée du Nord, où il destitua sur le champ de bataille le général Gratien qui avait reculé devant l'ennemi. Carnot se mit lui-même à la tête des colonnes, et arriva à temps pour délivrer et fortifier Dunkerque et Bergues menacées par les Anglais, assura les communications entre ces deux places et celle de Lille, forma le camp de Guivelde, et arracha, par un coup de main des plus hardis, la ville de Furnes aux ennemis. Chargé ensuite d'activer la levée du contingent que les départements septentrionaux devaient fournir dans une levée de 300,000 hommes récemment décrétée, il reçut l'ordre d'aller joindre le ministre Beurnonville et les autres commissaires de la convention à l'armée de Dumouriez dont la fidélité devenait de plus en plus suspecte. Heureusement pour Carnot, il n'arriva qu'après la désertion de ce général, et ce fut lui qui instruisit le gouvernement de l'arrestation du général Beurnonville, de Camus, Quinette, etc., par ordre de Dumouriez, et dont infailliblement il aurait partagé le sort. Il fit saisir et envoyer à la convention les papiers relatifs à cette honteuse affaire. Il combattit bravement à Hondschoot, et ne déploya pas moins de valeur à Watignies, où, par ses avis autant que par son exemple, il décida l'armée républicaine à tenir ferme dans le poste le plus important. Les nombreux événements de cette courte et brillante campagne lui donnèrent en peu de temps une grande expérience qui lui fut très-utile lorsque, rentré dans le sein de la convention, il fut nommé, le 14 août 1793, membre du trop fameux comité de salut public. Il y trouva des collègues dont le nom est justement exécré : partagea-t-il leurs principes? c'est ce dont il est permis de douter. Il est certain que dans ce comité il ne s'occupa que de diriger les opérations militaires, et le fit avec autant d'activité que de talent et de succès. Huit cent mille étrangers

menaçaient nos frontières. Quatorze armées furent organisées avec une rapidité qui tenait de l'enchantement, et sur tous les points la victoire consolait la patrie déchirée et sanglante. Carnot fut longtemps chargé de cet immense fardeau. Travaillant seize ou dix-huit heures par jour, expédiant tous les ordres, correspondant avec tout le monde, il ne prenait pas même le temps d'aller dîner avec sa famille qui demeurait dans le voisinage. Si, par dégoût pour ses affreux collègues, il eût osé donner sa démission, s'il eût même refusé d'apposer sa signature à quelques actes qui portent le caractère de cette terrible époque, la tyrannie intérieure n'en aurait pas été moins violente, et la France eût perdu en lui sans compensation celui qui sut pour elle *organiser la victoire* dans un moment où elle était menacée par la coalition européenne. D'ailleurs, au sein du comité, il fut constamment en opposition avec Robespierre, avec Couthon, avec Saint-Just, et ce fut lui qui *le premier* les appela *triumvirs*. Robespierre l'accusa hautement d'*indifférence* dans un de ses discours, parce qu'il ne s'associait pas avec assez d'empressement à ses vengeances, et Saint-Just proposa de l'expulser du comité comme coupable de *modérantisme;* mais l'accusé, qui était présent, lui dit : « Tu en sortiras avant moi; triumvirs, vous disparaîtrez. » Déjà il avait osé dire à Robespierre : « Va, tu n'es qu'un lâche tyran !» Cependant Carnot continuait à diriger toutes les opérations militaires. Tandis qu'il imprimait une prodigieuse activité à la fabrication des poudres, à la fonte de l'artillerie, et qu'il créait à la France des ressources dont elle ne soupçonnait pas même l'existence, il élaborait lui seul les plans de campagne, et rédigeait les instructions pour tous les généraux. Dans son discours sur la reprise des places que la trahison avait livrées à l'étranger, après avoir rendu hommage à l'héroïsme des soldats de la république, il exprimait le regret de ce que la même énergie, le même ensemble ne fussent pas déployés contre les ennemis de l'intérieur; puis il s'écriait : « Sauvez le peuple et de ses faux amis et des ennemis déclarés; sauvez votre dignité qui lui appartient; proscrivez à jamais de votre sein ces honteuses dénonciations qui déchirent les entrailles de la patrie; punissez le crime, et le crime seul : portez la sécurité dans le cœur de l'homme simple et dans l'asile du malheureux, etc. » L'orateur qui flétrissait en termes si énergiques le système d'épuration adopté par les *triumvirs* devait leur être odieux; aussi fut-il porté sur une liste de cent quatre-vingt-douze députés destinés à augmenter le nombre des victimes. « Nous avons encore besoin de Carnot pour la guerre, avait dit Robespierre ; mais, dès que nous pourrons nous en passer, sa tête tombera. » Ce fut celle de Robespierre lui-même qui tomba ; mais Carnot fut sur le point d'être entraîné dans sa chute: l'horreur qu'avaient inspirée ses collègues du comité de salut public l'atteignit; il fut contraint de se défendre, et de se justifier surtout d'avoir apposé sa signature à tant d'actes odieux. « Ces signatures, dit-il lui-même à la tribune, étaient une formalité prescrite par la loi, mais absolument insignifiante par rapport à celui qui était tenu de la remplir; elles n'étaient pas seulement des *certifié conforme*, car cela supposerait que le signataire avait vu et collationné, ce qui n'était pas vrai... Voilà comment il est arrivé qu'on a présenté différentes pièces signées de moi, dont je n'avais jamais eu connaissance, et même rédigées contre mon gré ; par exemple, une instruction relative à la commission populaire d'Orange, lorsqu'il est de fait que j'ai ignoré très-longtemps l'existence de cette commission ; une lettre à Joseph Lebon, pour étendre ses pouvoirs, lorsqu'il conste que je demandais perpétuellement au comité le rappel de Joseph Lebon... On me demande pourquoi l'on signait ainsi ces pièces sans les connaître, je réponds par la nécessité absolue, par l'impossibilité physique de faire autrement. L'affluence des affaires était trop considérable pour qu'elles pussent être délibérées au comité... elles se montaient à quatre ou cinq cents par jour.» Un fait assez curieux semble confirmer cette assertion de Carnot. Il était logé rue Saint-Florentin, chez une dame qu'il estimait beaucoup et qu'il voyait tous les jours. Un soir, rentrant à minuit, il voit toute le monde dans la désolation; il en demande la cause, on lui répond en lui montrant l'acte d'arrestation de son hôtesse signé par lui-même ; il l'ignorait, il sort sur-le-champ, retourne au comité, demande la liberté de la dame et l'obtient. — Durant toute l'époque post-thermidorienne, Carnot eut nécessairement peu d'influence. Cependant, après avoir quitté le comité de salut public, il y fut rappelé le 15 brumaire an III; mais il avait trop à faire de se défendre contre les attaques des ennemis de la montagne. Compromis dans la tentative que firent les terroristes au 1er prairial suivant, il fut dénoncé à plusieurs reprises par Gouly, Henri Larivière et le boucher Legendre, qui demanda son arrestation. La convention allait accorder cette proposition lorsque Bourdon de l'Oise s'écria : « Décréterez-vous d'accusation l'homme qui a organisé la victoire ? » Ce mot sauva Carnot parce qu'il était vrai ; parce qu'il rappelait de la manière la plus heureuse les résultats de son administration durant l'immortelle campagne de dix-sept mois ! c'est-à-dire vingt-sept victoires, dont huit en bataille rangée ; cent vingt combats de moindre importance ; quatre-vingt mille ennemis tués ; quatre-vingt-onze mille prisonniers ; cent seize places fortes ou villes importantes occupées, dont trente-six après siége et blocus ; deux cent mille forts ou redoutes enlevés ; trois mille huit cents bouches à feu ; soixante-dix mille fusils ; dix-neuf cents milliers de poudre, et quatre-vingt-dix drapeaux tombés en notre pouvoir ! L'auteur de tant de succès fut bientôt nommé député dans quatorze départements. Outre la direction exclusive des opérations militaires, Carnot s'associait encore, dans le comité de salut public, à tous les travaux, à toutes les fondations qui exigeaient plus spécialement l'application de la capacité scientifique. C'est ainsi qu'il participa à la création de l'école polytechnique et de l'école de Mars, et que plus tard il concourut à l'établissement du conservatoire des arts et métiers, du bureau des longitudes, du télégraphe, de l'uniformité des poids et mesures, de l'Institut. — Bien qu'il eût combattu l'institution du directoire, il fut élu membre de cette nouvelle autorité à la place de Sieyès qui avait refusé. Ses quatre collègues étaient, en fait de gouvernement et surtout de guerre, au nombre des hommes les plus médiocres que la révolution eût produits. Il se trouva donc encore naturellement appelé à diriger les affaires les plus importantes et surtout celles de la guerre. Les avocats Rewbel et Larevellière ne s'occupaient que du gouvernement intérieur, des finances et de la diplomatie. Barras, il est vrai, se croyait un habile général, parce qu'il s'était promené à cheval dans les rues de Paris le 9 thermidor et le 13 vendémiaire ; mais sa présomption vaniteuse était forcée de céder à l'ascendant de Carnot, que Letourneur, plus modeste, appuyait sans envie. Dans sa première administration, Carnot avait deviné Hoche, sur un mémoire que ce général, alors simple sergent d'infanterie, avait présenté au comité de salut public, et qui avait fait dire à Robespierre : « Voilà un homme dangereux. » Dans la seconde, il devina Bonaparte qui fut alors nommé général en chef de l'armée d'Italie, et avec lequel il entretint une correspondance active, mais avec lequel il ne tarda pas à se brouiller. Carnot se sentit d'abord assez fort pour attaquer le reste des terroristes, qu'il poursuivit en plusieurs occasions, notamment à l'affaire du camp de Grenelle. C'était encore d'après ses plans que l'on conduisait la guerre, et ce fut suivant son système que l'on fit sur le Rhin les campagnes de 1795 et 1796. Cependant les finances épuisées forcèrent le gouvernement à réformer un grand nombre d'officiers ; l'odieux de cette mesure tomba naturellement sur Carnot, et lui fit un grand nombre d'ennemis. D'autre part, à cette époque, les succès de nos armes furent mêlés de revers. Les circonstances n'étaient plus les mêmes qu'en 1794. Clairfait et l'archiduc Charles étaient d'autres hommes que le prince de Cobourg ; la réputation de Carnot en souffrit. Il avait en outre offensé Bonaparte en faisant rendre par le directoire un arrêté qui divisait l'armée d'Italie en deux parties ; l'une devait, sous les ordres de Kellermann, faire face aux Autrichiens sur l'Adige ; l'autre destinée à marcher, sous Bonaparte, contre Rome et le royaume de Naples. Le jeune général offrit sa démission, que le directoire fut obligé de refuser ; et dès lors Bonaparte, comparant sa force toujours croissante à la faiblesse des directeurs, ne daigna même plus leur rendre compte de ses opérations, si ce n'est de loin en loin. Bientôt les ennemis que Carnot avait dans le directoire crurent le moment favorable pour se défaire de lui. Barras, Rewbell et Larevellière-Lepeaux, voyant le directoire menacé par la faction de Clichy et sur le point de perdre la majorité dans les conseils, jugeaient un coup d'État indispensable. Carnot prétendit au contraire que les moyens constitutionnels suffisaient. Cette opposition lui devint fatale ; et lui même au 18 fructidor, compris au nombre des proscrits, était si peu au fait de ce qui se passait, que surpris dans son lit, comme il allait être arrêté, n'eut que le temps de se sauver par une porte du jardin. Condamné à la déportation, ainsi que son collègue Barthélemy et tous les chefs du parti royaliste, il fut recueilli par un de ses frères et par le représentant Oudot, qui, bien que partisan du coup d'État, le cacha chez lui pendant plusieurs jours. Carnot parvint à gagner la Suisse, non sans risquer d'être plusieurs fois arrêté. Ses biens furent mis sous le séquestre ; son nom fut rayé de la liste des membres de l'Institut, et Bonaparte fut appelé à le remplacer dans cette société savante. Le directeur proscrit abandonna

bientôt la Suisse pour se rendre en Allemagne. Il se fixa à Augsbourg, où le rapport du député Bailleul sur le 18 fructidor lui parvint. Il y répliqua par un mémoire rédigé avec autant de chaleur que de logique. Ce pamphlet remarquable, qui a été traduit dans toutes les langues de l'Europe, présente des portraits, haineux sans doute, mais en même temps bien vrais, de Barras, de Rewbell, de Larevellière et de leur ministre Talleyrand. Il fut bientôt réimprimé à Paris, et, chose à noter, il le fut par les ordres du prétendant, Louis XVIII, et par les soins de ses agents, MM. Royer-Collard et Montesquiou. Ce prince avait jugé avec beaucoup de sagacité qu'une telle publication devait avoir sur l'opinion publique un effet décisif, et l'on ne peut douter qu'elle n'ait beaucoup contribué à renverser les trois directeurs au 30 prairial, et préparé l'opinion au coup d'État plus décisif ou plutôt à la révolution du 18 brumaire. Bonaparte, élevé au consulat après avoir nommé Carnot inspecteur général aux revues, lui confia le ministère de la guerre. Dans ce nouveau poste Carnot se montra digne de lui-même, et concourut aux brillants résultats des campagnes d'Italie et du Rhin. Ce fut Carnot qui proposa de décerner à la Tour d'Auvergne le titre de premier grenadier de la république, et de transférer aux Invalides les cendres de Turenne. Au milieu de ses importantes fonctions il trouvait encore le temps de cultiver les sciences, et publia à cette époque un écrit intitulé : *Lettre du citoyen Carnot au citoyen Bossut, contenant quelques vues nouvelles sur la trigonométrie.* Cependant la direction politique du chef de l'État porta bientôt Carnot à se retirer du ministère. Il avait d'ailleurs de fréquentes querelles avec ses collègues et surtout le ministre des finances. Las de ces tracasseries, et voyant le gouvernement s'éloigner de plus en plus des principes de républicanisme, il donna sa démission qui fut acceptée de grand cœur, malgré les fausses protestations de Bonaparte, et alla habiter une maison de campagne qu'il possédait près d'Étampes. Là il ne s'occupa que de science, de littérature et de l'éducation de ses enfants. Après avoir occupé de si éminentes fonctions, il était resté avec sa modeste fortune patrimoniale et le grade de chef de bataillon acquis par l'ancienneté. On cite de lui un trait de désintéressement bien honorable et surtout bien rare. Ayant été chargé en 1800 de faire comme ministre de la guerre une tournée à l'armée du Rhin, il reçut en partant 30,000 francs pour ses frais de voyage, et, à son retour, il remit au trésor la moitié de cette somme qui lui restait. Le 9 mars 1802, appelé par le sénat à siéger au tribunat, il s'y montra fidèle à ses principes, et combattit la proposition du consulat à vie. Il s'opposa également à la proposition du tribun Curée, qui demandait l'établissement de la monarchie impériale. Lors de la suppression du tribunat, Carnot demeura sans emploi et sans pension, conservant seulement sa place à l'Institut, où il était entré immédiatement après le 18 brumaire. On avait, à l'insu du premier consul, considéré sa démission de ministre de la guerre comme une renonciation absolue à tous ses emplois. Mais lorsqu'en 1809 l'empereur fut informé par Clarke, alors ministre de la guerre, de la position de Carnot, il lui envoya le brevet d'une pension de 10,000 francs, et non de 20,000, comme l'a prétendu le *Mémorial de Sainte-Hélène.* C'était au reste, de la part du duc de Feltre, un acte de reconnaissance ; car, quelques années auparavant, Carnot, étant ministre, l'avait retiré d'un dénûment absolu. Au milieu des envahissements du pouvoir impérial, quelques collègues de Carnot, revenus de l'enthousiasme qui avait accueilli la motion de Curée, lui exprimèrent souvent leur regret d'avoir attaché leur nom à la fondation d'un aussi violent despotisme. « Il est trop tard, leur dit l'inflexible républicain ; vous avez placé Bonaparte si haut que vous ne pouvez plus l'atteindre. » Quant à lui, se livrant dans sa retraite à ses travaux scientifiques, il mit la dernière main à son beau traité *De la défense des places fortes,* que le ministre de la guerre l'avait invité à composer par ordre de l'empereur. Lorsque Napoléon revint victorieux de Wagram, Carnot crut devoir aller le remercier de la pension qu'il avait reçue sans l'avoir demandée, et dans une longue audience il lui parla beaucoup de ses victoires. Napoléon à son tour s'entretint avec lui très-affectueusement, et lui rappela sans aigreur sa démission, son vote au tribunat, qui d'abord lui avait donné de l'humeur, mais qui plus tard, en y réfléchissant, n'avait fait qu'augmenter son estime ; et il ajouta : « Beaucoup de vos collègues pensaient comme vous intérieurement, mais vous avez eu seul le courage de le dire. » En reconduisant Carnot jusqu'à la salle d'audience, Napoléon lui dit : « Adieu, monsieur Carnot : tout ce que vous voudrez, quand vous voudrez, et comme vous voudrez. » Carnot ne demanda rien et retourna dans sa retraite, jusqu'au moment où les désastres de Russie et les malheurs qui suivirent appelèrent tous les cœurs vraiment français au secours de la patrie. Le 24 janvier 1814, Carnot écrivit à l'empereur la lettre suivante : « Sire, aussi longtemps que le succès a couronné vos entreprises, je me suis abstenu d'offrir à votre majesté des services que je n'ai pas cru lui être agréables; aujourd'hui, sire, que la fortune met votre constance à de rudes épreuves, je ne balance plus à vous faire l'offre des faibles moyens qui me restent; c'est peu, sans doute, que l'offre d'un bras sexagénaire; mais j'ai pensé que l'exemple d'un soldat dont les sentiments patriotiques sont connus pourrait rallier à vos aigles beaucoup de gens incertains sur le parti qu'ils doivent prendre, et qui peuvent se laisser persuader que ce serait servir le pays que de les abandonner. Il est encore temps pour vous, sire, de conquérir une paix glorieuse, et de faire que l'amour du grand peuple vous soit rendu. » — « Dès que Carnot offre ses services, dit Napoléon au ministre de la guerre, il sera fidèle au poste que je lui aurai confié; je le nomme gouverneur d'Anvers. » Carnot se mit en route pour la Belgique. Anvers était déjà entouré d'ennemis, et il n'y pénétra qu'avec difficulté. Il y trouva une garnison de 6,000 hommes y compris les forces de la marine. Cette garnison était dévouée et complétement pourvue de vivres et de munitions. Carnot déclara les mesures de résistance prises pour deux années. Il repoussa d'abord les attaques et les sommations insidieuses du général prussien Bulow. Le prince royal de Suède essaya d'entamer des négociations avec lui, *au nom de leur ancienne amitié.* « J'étais l'ami du général français Bernadotte, mais je suis l'ennemi du prince étranger qui tourne ses armes contre ma patrie. » — Le siége continuait toujours, lorsqu'il reçut la nouvelle des changements politiques survenus en France, et de l'avénement de Louis XVIII. Carnot avait défendu la place au nom de l'empereur; il continuait à la défendre au nom de la patrie, et ne consentit à capituler que lorsque les ordres du comte d'Artois lui en imposèrent l'obligation. Quatre millions furent offerts à Carnot par les agents d'une des puissances coalisées, s'il voulait devancer de quelques heures le moment fixé pour livrer la ville. Il est inutile de dire quelle fut sa réponse. Les habitants d'Anvers conservèrent pour Carnot une vive reconnaissance, surtout le faubourg Wilebrord qu'il avait préservé de la démolition, et qui a voulu prendre depuis le nom de son libérateur. Toute la conduite de Carnot dans cette circonstance est un modèle de fermeté, de constance et de sagesse. Le général anglais Graham lui-même ne put s'empêcher de lui témoigner la plus haute estime. Pour éviter la douleur de remettre en personne le précieux dépôt dont il avait été chargé, il se hâta de revenir à Paris, où, sans songer que les Bourbons ne pouvaient voir en lui que le juge de Louis XVI, il voulut aussitôt être admis devant le roi et les princes. Froidement accueilli, la colère lui dicta un *Mémoire au roi*, qui fut le premier et peut-être le plus rude coup porté à la restauration. L'auteur a prétendu que ce fut sans sa participation qu'on publia ce mémoire; cela n'est pas probable. Quoi qu'il en soit, les ennemis de la cause royale le firent imprimer et colporter à un très-grand nombre d'exemplaires, et en tirèrent le plus grand parti pour préparer la journée du 20 mars. Il ne paraît pas cependant que Carnot ait coopéré aux intrigues qui amenèrent cet événement. Mais, dès que l'empereur fut descendu aux Tuileries, il envoya chercher Carnot, et le pria d'accepter le ministère de l'intérieur, le titre de comte et celui de pair de France. Carnot accepta, démentant ainsi les antécédents de toute sa vie. Sans doute il espérait que l'empereur, instruit par l'adversité, allait gouverner avec des idées libérales. Poursuivant ses rêves de républicanisme, il proposait à Napoléon d'abolir les titres d'*excellence* et de *monseigneur*, comme celui de *sujets*, pour y substituer le titre de *citoyen*. Il s'efforçait de donner à la liberté de la presse la plus grande latitude, d'armer et de multiplier les gardes nationales, les fédérés, etc. Dans son enthousiasme, il écrivait à Napoléon : « Le 20 mars doit nous faire remonter tout d'une haleine au 14 juillet. » Les préoccupations politiques ne l'empêchèrent pas de présenter à l'empereur un rapport par suite duquel fut rendu le décret du 27 avril 1815, portant autorisation de fonder à Paris une école élémentaire normale pour la propagation de l'enseignement mutuel. Ce fut Carnot qui vint annoncer officiellement à la chambre des pairs le désastre de Waterloo. Parmi les ministres et les conseillers d'État, il s'opposa seul à une seconde abdication qui lui semblait inopportune et pleine de péril dans les circonstances présentes, comme il s'était opposé seul dans le tribunat à l'érection de l'empire. L'avis contraire prévalut, et l'abdication fut prononcée. Carnot pleura. Chargé de notifier à la chambre des pairs cette résolution de l'empereur, « Sire, dit-il en revenant

du Luxembourg, je viens de m'acquitter de la douloureuse mission que votre majesté m'avait confiée. » Ce fut alors que Napoléon, le regardant fixement pendant quelque temps, lui dit : « Monsieur Carnot, je vous ai connu trop tard. » Carnot fut alors nommé l'un des cinq membres du gouvernement provisoire. Choisi par ses collègues pour aller inviter Napoléon à quitter l'Elysée et à s'éloigner de Paris, il lui conseilla de se rendre en Amérique et de hâter son départ, sage conseil qui, s'il eût été suivi, eût épargné à l'empereur déchu la longue agonie de Sainte-Hélène. Au retour de Louis XVIII, Carnot se retira d'abord à Cerny, où il reçut l'ordre de se rendre en surveillance à Blois, comme compris dans l'ordonnance du 24 juillet signée Fouché. On connaît l'entretien qui eut alors lieu entre ces deux anciens collègues, ou du moins qu'on leur a prêté : «Où veux-tu que j'aille, *traître*, demandait Carnot?—Où tu voudras, *imbécile!* répondait Fouché.» Carnot, ayant reçu des passe-ports de l'empereur de Russie, se rendit en Pologne où il fut bien accueilli par le grand-duc Constantin. Avant son départ de France, il avait publié un *Exposé* de sa conduite politique depuis le 1er juillet 1814. A Varsovie, il se livra exclusivement à des travaux scientifiques et à la poésie qu'il n'avait jamais entièrement négligée. Cependant les marques de sympathie qu'il recevait des patriotes polonais donnèrent ombrage au gouvernement russe. Carnot revint en Allemagne. Le roi de Prusse lui permit de résider à Magdebourg. C'est là que Carnot termina sa longue et laborieuse carrière le 2 août 1823. Dumouriez dans ses *Mémoires* l'avait proclamé le *créateur du nouvel art militaire en France.* Il est à déplorer que le crime du régicide dépare une vie d'ailleurs vraiment estimable et même glorieuse. Outre les ouvrages de Carnot déjà cités dans cette notice, nous mentionnerons encore : 1° *OEuvres mathématiques*, 1796-97, in-8°; 2° *Réflexions sur la métaphysique du calcul infinitésimal*, 1797, in-8°, deuxième édition, 1813; 3° *Principes fondamentaux de l'équilibre et du mouvement*, Paris, 1803; 4° *Géométrie de position, à l'usage de ceux qui se destinent à mesurer des terrains*, Paris, 1803 : c'est le chef-d'œuvre de l'auteur; 5° *Opuscules poétiques de M. le général Carnot* (L. H. M.), Paris, 1820, in-8°; 6° *Don Quichotte*, poëme héroïque en six chants, Leipzig, 1820, in-18, etc., etc. La Vie de Carnot a été écrite par le baron de B***, Paris, 1816, in-12. Depuis 1830, M. Arago a prononcé son éloge historique à l'académie des sciences, d'où Carnot avait été exclu une seconde fois à la restauration. — Carnot avait eu deux fils dont il avait été l'instituteur. L'aîné, SADI, entra des premiers de sa promotion à l'école polytechnique. Il combattit en 1814 sous les murs de Paris, puis alla rejoindre son père à Anvers. Sadi Carnot le suivit dans l'exil; il mourut en 1832, enlevé par le choléra. Il était déjà honorablement classé parmi les savants par des recherches curieuses et par un ouvrage estimé *sur la théorie de la vapeur.* — LAZARE-HIPPOLYTE, second fils de Carnot, héritier des principes politiques de son père, attaché quelque temps à l'association saint-simonienne avant que les principes d'Enfantin y prédominassent, est aujourd'hui député de la Seine, au côté gauche.

CH. DU ROZOIR.

CARNOT-FEULINS (CLAUDE-MARIE), lieutenant général, frère des précédents, naquit à Nolay le 15 juillet 1755. Il entra au service, à la sortie de ses études, en qualité de lieutenant au corps du génie; il était capitaine quand la révolution éclata. Il en adopta les principes, mais avec plus de modération que son frère Lazare. Etabli dans le département du Pas-de-Calais, il en fut nommé administrateur en 1790; président de l'assemblée électorale, puis député à l'assemblée législative en 1791. Membre du comité militaire de cette assemblée, il y fut chargé d'un grand nombre de rapports, notamment de ceux sur la réorganisation de la gendarmerie et sur le licenciement de la garde constitutionnelle du roi, mesure qu'il fit décréter après avoir demandé la permanence de l'assemblée, lors de l'accusation portée contre cette garde et le comité autrichien. Il attaqua plus d'une fois les ministres, et s'opposa à ce qu'on déportât les prêtres sur la dénonciation de vingt citoyens. Au 20 juin 1792, il fut nommé l'un des commissaires de l'assemblée pour se rendre au château. Il vota la levée de la suspension prononcée par le roi contre Manuel et Pétion, à l'occasion de l'attentat commis dans cette journée. Le 10 août, il fut encore au nombre des commissaires envoyés à l'hôtel de ville de Paris, et qui ne purent rentrer s'y pénétrer. Accueillis par le feu des Suisses sur la place du petit Carrousel, ces commissaires rentrèrent au sein de l'assemblée nationale, où Carnot-Feulins proposa d'inviter le roi, qui y parut un moment après avec ses accusateurs, à se rendre dans la loge du logographe, près du président, proposition adoptée à l'unanimité. Ensuite il provoqua l'envoi de commissaires aux armées, et fut lui-même chargé de présider à l'établissement d'un camp sous Paris, où maintes fois il courut les plus grands dangers en voulant rétablir l'ordre au milieu de l'effervescence populaire. Après la session, nommé directeur du département général des fortifications, il fut envoyé à la frontière du Nord, pour y vérifier l'état des armes et pourvoir à la défense de cette frontière. Il se rendit successivement aux armées de la Moselle et du Rhin, pour les retirer de leurs cantonnements et les mettre de nouveau en campagne. De retour à Paris, il fut appelé près du ministre de la guerre pour y exercer une surveillance générale sur tout le ministère. Quelque temps après, à l'époque du siége de Dunkerque par les Anglais, il dirigea les fortifications de cette place. Après la bataille de Hondskoote et la levée du siége de Dunkerque, il en fit considérablement augmenter les fortifications, ainsi que celles de toute cette frontière menacée par des forces imposantes. Il coopéra en 1793 à la prise de Furnes, enlevée de vive force à l'ennemi, puis à la victoire de Watignies, dont le déblocus de Maubeuge fut la conséquence immédiate. Il prépara ensuite le rétablissement du port d'Ambleteuse, dans l'intention où était alors le gouvernement de diriger une attaque sérieuse contre l'Angleterre. Nommé membre du comité des fortifications, il présenta pour la défense des places des projets d'améliorations qui furent approuvés. Accusé en 1794 par le fameux Hébert de modérantisme et d'aspirer au ministère de la guerre, ces imputations n'eurent aucune suite. Il fut en l'an IV appelé près de son frère Lazare Carnot, alors directeur ; il fut plus tard proscrit avec lui, au 18 fructidor an V. Il était alors général de brigade ; il fut destitué, et, forcé de quitter Paris, il se retira en Bourgogne, près de sa famille. Il y resta jusqu'au 18 brumaire an VIII. A cette époque, réintégré dans son grade, il fut employé successivement à l'armée du Rhin et à l'armée de réserve. Il se trouvait près de son frère, alors ministre de la guerre, lorsque celui-ci donna sa démission. Le premier consul, que la conduite de Lazare Carnot devait naturellement irriter, donna l'ordre à Carnot-Feulins de se rendre à Brest, pour y prendre le commandement du corps du génie dans l'expédition de Saint-Domingue ; mais celui-ci allégua une attaque de goutte pour se dispenser de prendre ce commandement. Bonaparte ne se paya pas de cette excuse ; il manifesta son mécontentement ; et Carnot-Feulins envoya sa démission, et demeura sans emploi et sans traitement d'aucune sorte jusqu'à l'abdication de l'empereur en 1814. Ce fut alors seulement qu'il recouvra son grade et ses fonctions d'inspecteur général du génie. Fidèle aux engagements qu'il venait de prendre avec les Bourbons, Carnot-Feulins, à l'époque du débarquement de Napoléon, offrit par lettre ses services au duc de Berri ; le prince ne répondit point. Nommé pendant les cent jours député à la chambre des représentants par le département de Saône-et-Loire, Feulins fut l'un des secrétaires de cette assemblée, et, après les désastres du mont Saint-Jean, proposa de décréter que l'armée avait bien mérité de la patrie. Il fut chargé avec ses collègues du bureau, d'aller porter à l'empereur l'acte d'acceptation de sa seconde abdication. Son frère Lazare étant alors appelé à faire patie du gouvernement provisoire, Carnot-Feulins fut chargé par intérim du portefeuille de la guerre, et ne le garda que jusqu'au retour du roi le 8 juillet 1815. Quelque temps après, il fut mis à la retraite, par suite de la mesure qui y plaçait tous les officiers généraux ayant plus de trente ans de service et cinquante-cinq ans d'âge. Au mois de juillet 1816, il fut arrêté, à l'occasion d'une correspondance interceptée entre lui et son frère, alors en Pologne ; mais il fut bientôt remis en liberté, et reçut en 1817 le brevet de lieutenant général. Carnot-Feulins a publié à diverses époques, sous le voile de l'anonyme, plusieurs ouvrages sur la politique, dont quelques-uns ont été traduits en allemand et en anglais. Il est mort le 17 juillet 1836.　　　Cn. DU ROZOIR.

CARNULIUS, Romain qui vivait sous Tibère, se donna la mort afin d'échapper au supplice que lui préparait l'empereur.

CARNUNTUM, ancienne ville celtique de Pannonie, dont on voit encore aujourd'hui des ruines considérables, entre Petronell et Altenbourg, dans la basse Autriche, où l'on découvre encore des antiquités romaines, telles que par exemple des sarcophages, des monnaies, etc. On trouve quelquefois Carnutum. Carnuntum est la meilleure leçon (1), et il faudrait la préférer quand ce ne serait que par cette seule raison que Ptolémée a

au nominatif Καρνοῦς, dont le génitif est Καρνοῦντος, en latin Carnuntis, et de là le mot latin Carnuntum, ainsi que de Hydrus on a fait Hydruntum. Tite Live, au commencement du XLIIIe livre, dit aussi : Carnuntem munitam urbem, d'après la terminaison grecque Καρνοῦντα ; car on sait que cet auteur a imité Polybe dans la déclinaison grecque des villes. Les inscriptions sont aussi en faveur de la leçon Carnuntum ; par exemple, Gruteri Inscript., p. 1052, n. 2 : natus Carnunto. Velléius Paterculus, II, 109, à propos des premières entreprises de Tibère sur le Danube, parle déjà de cette ancienne ville (1), comme étant située sur la limite la plus extrême du territoire norique. Pline raconte (H. N., IV, 12, § 25) que c'était à Carnuntum que les troupes romaines prenaient leurs quartiers d'hiver en Pannonie (Pannonia hiberna). Eutrope dit (VIII, 13) (2) que l'empereur Marc Antonin s'y arrêta durant l'espace de trois ans pendant la guerre des Marcomans ; et Spartianus raconte que Sévère (cap. V) y fut proclamé empereur. Ptolémée parle de Carnum sous le nom de Καρνοῦς ; mais il ne dit pas qu'il s'y trouvait une légion, comme il le remarque pour Vindobona. Elle n'acquit de l'importance que par la guerre contre les Marcomans, parce qu'à cette époque elle servit pendant quelque temps à l'empereur Marc Antonin (3) (d'après le passage cité plus haut d'Eutrope) de séjour et de centre d'opérations pour ses entreprises contre les Marcomans et contre leurs alliés les Quades, les Vandales, les Sarmates, les Suèves, etc. Cela seul suffisait déjà pour rendre nécessaire l'agrandissement de Carnuntum. C'est pourquoi la Tab. Peut. (4) représente les maisons de Carnuntum aussi grandes que celles de Vindobona. Ces deux villes n'étaient ni l'une ni l'autre des colonies, mais d'importantes places de guerre et des municipes romains. On voit par l'Itinér. Anton. que la legio 14 gemina était en garnison dans la circonscription militaire de cette ville, et la Notit. imp. confirme cette donnée, en ajoutant que la flotte du Danube, avec son commandant, avait ici son poste maritime, qui fut cependant transféré à Vindobona. La raison pour laquelle ce changement eut lieu, c'est qu'au IVe siècle Carnuntum fut pillée et détruite par des barbares qui l'assaillirent à l'improviste (5). Cependant, comme les Romains considéraient ce point comme fort important, Carnuntum fut rétabli et devint encore le centre de la 14e légion. L'empereur y fit ses préparatifs, et y prit ses mesures pour son expédition contre les Quades. Toutefois Carnuntum ne parvint jamais à atteindre de nouveau son ancien degré de prospérité. Cette ville se soutint encore pendant la domination des Germains et des Avares, et elle périt lors de l'irruption des Magyares. — Ce qui prouve encore que Carnuntum était située sur le Danube entre Petronell et Altenbourg (6), c'est la mesure qui place cette ville à 28 millar. ou 5 milles trois cinquièmes géogr. de Vienne. C'est pour cette raison qu'il ne faut pas, avec Cellarius et autres, chercher Carnuntum près de la ville de Haimbourg, située plus à l'est, sur les frontières de Hongrie, malgré cette inscription trouvée dans cette dernière ville : « Probus decurio municipii Carnuntensis (7). »

CARNUS (mythol.), fils de Jupiter et d'Europe, favori d'Apollon, institua en l'honneur de Latone des combats de musique et de poésie.

CARNUS, Acarnanien qu'Apollon instruisit dans l'art de la divination. Sous le règne de Codrus, Carnus prédit de grands malheurs aux Héraclides qui marchaient contre les Athéniens. Le prenant pour un magicien, ils le tuèrent à coups de flèches. Pour apaiser Apollon, on bâtit un temple à Carnus, et l'on institua en son honneur des fêtes nommées Carnées.

CARNUS (géogr. anc.), île de la mer Ionienne, à l'est, très-près des côtes de l'Acarnanie.

---

(1) On trouve Carnuntum dans Pline, dans Eutrope, dans les auteurs de l'Itinéraire et des Tables théodosiennes, dans Spartianus (Severus, cap. V, Codex Palatinus) ; et Saumaise défend avec raison cette leçon. Velléius Paterculus et Ammien Marcellin sont peu sûrs ; car Boecler et Valerius ont Carnuntum dans leurs éditions, Vors et Lindenbrog ont Carnutum,

(1) Aurelius Victor, dans Marcus et Verus, l'appelle positivement une ville de Pannonie : urbem Pannoniæ.

(2) Non pas au ch. VI, comme le dit Cellarius, édit. de Schwartz, t. I, p. 441 ; le ch. VI parle de l'empereur Adrien et ne dit pas un seul mot de Carnuntum.

(3) Non pas l'empereur Marc Aurèle, comme le dit Mannert.

(4) Cette Table a paru lithographiée à Pesth.

(5) Ammian. Marcell., XXX, 5 : « Carnuntum, Illyricorum oppidum, desertum nunc. » C'est suivant l'habitude qui existait de son temps qu'il dit : « Oppidum Illyricorum » parce qu'alors la Pannonie et la Norique étaient des portions de l'Illyricum magnum, et qu'elles étaient soumises à l'autorité d'un même præfectus prætorio per Illyricum.

(6) Les monuments romains qui ont été découverts en ce lieu sont décrits par André dans son Hesperus, t. XXIX (de 1821), part. IV, p. 143.

(7) V. Cellarius, Notitia orbis antiqui, éd. de Schwartz, t. I, p. 441. — La Pannonie, de Mannert, 2e éd., p. 657.

CARNUS (*géogr. anc.*), ville de l'Arabie Heureuse, appartenant aux Sabéens. — C'était aussi, suivant Ptolémée, une ville de Panomie, sur le Danube.

CARNUTES, peuple gaulois dont le territoire correspondait à celui des anciens diocèses de Chartres, d'Orléans et de Blois. On voit figurer ce peuple dans la première époque de l'histoire des Gaules. Non-seulement César, mais Strabon, Pline et Ptolémée en font mention. Ce dernier auteur leur donne pour villes principales *Autricum* (Chartres) et *Genabum* (Orléans). *Autricum* prit, comme beaucoup d'autres villes gauloises, vers la fin de la puissance romaine, le nom du peuple qui l'habitait, et s'appela Carnutes ou Carnates.

CARNY (N.), commissaire général des poudres et salpêtres, né au milieu du siècle dernier, était issu d'une des meilleures familles du Dauphiné ; il entra, jeune encore, dans l'administration des poudres et salpêtres, et s'y fit bientôt remarquer. Il devint le collaborateur et l'ami de Monge, de Vauquelin, de Berthollet, de Guyton-Morveau et de Lavoisier. Quand la France eut à lutter contre l'Europe entière, et que la poudre manquait à nos soldats, Carni trouva des procédés plus expéditifs pour en fabriquer. Nommé alors commissaire pour le raffinage du salpêtre et la fabrication de la poudre dans toute l'étendue de la France, il monta la poudrière de Grenelle ; 24 milliers de poudre sortirent tous les jours de ses ateliers, et furent conduits en poste à l'armée. Carny ne sollicita jamais rien pour lui-même, malgré les nombreux services qu'il rendit à sa patrie, en créant successivement un grand nombre d'établissements utiles. Il mourut à Nancy en 1830.

CARNYX (*musiq. instr. des anc.*), espèce de trompette des Gaulois (*V.* Trompette) (*mus. instr. des anc.*).

CARO (ANNIBAL), né en 1507 à Citta-Nova, dans la Marche d'Ancône, fut professeur des enfants de Louis Gaddi, riche Florentin, puis secrétaire de ce seigneur, et par sa protection il obtint des bénéfices considérables. Après la mort de Louis Gaddi, Caro remplit les mêmes fonctions auprès de Pierre-Louis Farnèse, que son père, le pape Paul III, éleva en 1545 au rang de duc de Parme et de Plaisance. Dans cette position fortunée, Caro put se livrer facilement à son goût inné pour la littérature et l'archéologie. Ses écrits en vers et prose acquirent en peu de temps une grande réputation dans l'Italie, et il se rendit encore célèbre par ses magnifiques collections d'antiques et de médailles. Après avoir rempli avec distinction plusieurs missions auprès de Charles-Quint, dont l'avait chargé Farnèse, il allait se séparer de ce prince, que ses vices lui faisaient mépriser et qu'il regrettait de n'avoir pu ramener à la vertu, lorsque Farnèse fut assassiné à Plaisance. Caro se retira à Parme, où l'accueillit honorablement le nouveau duc Octave Farnèse, et il fut tour à tour, secrétaire des cardinaux Ranuccio et Alexandre. En 1566, à la mort de ce dernier prélat, Caro, accablé par l'âge et par la goutte, vint habiter Rome l'hiver et Frascati pendant la belle saison, et dans ces deux résidences il s'occupa tout entier de travaux littéraires. Il mourut à Rome le 21 novembre 1566. Voici les titres de ses ouvrages : *Comento di ser Agresto da Ficaruolo sopra la prima ficata del padre Sicco, stampato in Baldacco per Barbagrigia di Bengodi*, etc., 1559, in-4°. — *Della virtu et la Diceria de' nasi*, pièces de poésie jointes aux *Ragionamenti* de l'Arétin 1660. — *Venite all' ombra de' gran gigli d'oro*, ode. — *Apologia degli academici di Banchi di Roma contra M. Lodovico Castelvetro da Modena, in forma d'uno spaccio di maestro Pasquino, con alcune operette del Predella, del Buratto, di ser Fedocco, in difesa della sequente canzone del commendatore Annibal Caro; appartenenti tutte all' uso della lingua tosca et al vero modo di poetare*, 1558, in-4° ; 1575, in-8°. — *Due orazioni di Gregorio Nazianzeno teologo, in una delle quali si tratta quello che sia vescovado e quali debbiano essere i vescovi; nell' altra dell' amore verso i poveri; e il primo sermone di S. Cecilio Cipriano sopra l'elemosina, fatte in lingua toscana*, Venise, 1569, in-4°. — *Rettorica d'Aristotele, fatta in lingua toscana*, Venise, 1570, in-4°. — *Le Rime*, Venise, 1569-1572, in-4°. — *Lettere*, Venise, 1572-1574, et 1581, in-4°. — *Eneide di Virgilio, tradotta in versi sciolti*, Venise, 1581 et 1592, in-4° ; Trévise, 1603, in-4° ; Paris, 1760, in-8°. — *Gli Straccioni, commedia*, Venise, 1582 et 1589, in-8°. — *Le Cose pastorali di Longo, il quale scriesse degli amori di Dafni e Cloe*, Parme, 1786, in-4°.

CARO (RODRIGO), né à Utrera, près de Séville, à la fin du XVIᵉ siècle, embrassa l'état ecclésiastique, et se rendit recommandable comme jurisconsulte, antiquaire et littérateur. Ses principaux ouvrages sont : 1° *Antiquedades y principado de la illustrissima ciudad de Sevilla, y chorographia de su*

convento juridico, o antiqua chancilleria, Séville, 1634, in-fol. 2° *Relacion de las inscripciones y antiguedad de la villa de Utrera*, in-4°, avec un poëme latin à l'éloge de la même ville. Rodrigo Caro donna à Séville en 1627, in-4°, une édition, avec des notes, des Chroniques faussement attribuées à Flavius Lucius Dexter, à Hélécan et à saint Braulion. Il laissa parmi ses manuscrits : *Veterum Hispaniæ deorum Manes sive reliquiæ*, livre que Nicolas Antonio appelle *aureum opus*, et des traités *De ludis puerorum*, *De los nombres y sitios de los vientos*, *De los santos de Sevilla*, *Del principado de Cordova* ; et un autre *De la antiguedad del appellido Caro*, dédié à D. Fernand Caro, régidor perpétuel de Carmanà. Nic. Antonio, qui avait vu tous ces manuscrits, les jugeait très-dignes de l'impression. Il loue aussi quelques pièces de vers latins et espagnols composées par Caro, et principalement son *Cupido pendilus*, fait à l'imitation d'Ausone.

CARO (JEAN) est auteur d'un *Traité des oiseaux du nouveau monde*. Ant. Léon s'est servi de cet ouvrage dans sa *Bibliotheca indica*. G. Longolius, dans son dialogue *De avibus* reproche à Jean Caro d'être menteur et barbare dans ses descriptions (*V. Bibliothecæ Gesnarianæ epitome*).

CARO DE TORRES (FRANÇOIS), prêtre régulier de l'ordre de Saint-Jacques, naquit à Séville, voyagea dans la Belgique et dans les Indes occidentales, et publia : 1° *Historia de las ordenes militares de Sant-Iago, Calatrava y Alcantara*, des de su fundacion, Madrid, 1629, in-fol., dédié à Philippe IV. 2° *Relacion de los servicios que hizo a su magestad del rey Felipe II y III, D. Alonso de Sotomayor de l'habito de Sant-Iago, en los estados de Flandes, provincias de Chile y tierra firme*, etc., Madrid, 1620, in-4°.

CARO (JOSEPH), prêtre italien du XVIIᵉ siècle, a donné : 1° *Répons et Antiennes de l'Eglise romaine, dressés par saint Grégoire le Grand, avec une addition contenant plusieurs monuments qui concernent les antiennes, les répons et les offices ecclésiastiques*, à Rome, 1686. 2° *Psautier*, ibid., 1685. 3° *Titres, capitules, sections et stimocétries de la Bible*, selon l'édition des Septante et celle de saint Jérôme, avec une ancienne version latine de Baruch et d'Esther, ibid., 1686 (Dupin, Table des aut. ecclés. du XVIIᵉ siècle, p. 2740).

CARO (DON VENTURA ou BONAVENTURE), général espagnol, naquit à Valence vers 1742. Militaire et chevalier de Malte dès sa jeunesse, il était lieutenant dans les gardes wallonnes, lorsqu'en 1775 il fit partie de la malheureuse expédition contre Alger, où périt son frère aîné, le marquis de la Romana, maréchal de camp. Des bruits calomnieux ayant attribué à l'imprudence et à l'insubordination de ce général mauvais résultat d'une entreprise mal conçue et plus mal exécutée, Caro se justifia dans son mémoire qu'il présenta au roi, et il obtint de ce monarque les témoignages les plus authentiques et les plus flatteurs pour l'honneur de son frère. Employé pendant la guerre contre l'Angleterre, Caro se distingua en 1781 aux sièges de Mahon et du fort Saint-Philippe. Il était alors colonel et premier aide de camp du duc de Crillon, qui lui fit donner le commandement de Minorque ; après l'entière réduction de cette île en 1782. Il fut nommé en même temps brigadier, et parvint bientôt aux grades de maréchal de camp et de lieutenant général. Sur la fin de 1790, il fut envoyé dans la Galice, où quelques troubles avaient éclaté : quand l'ordre fut rétabli dans cette province, il en devint le capitaine général. Il passa avec le même titre dans celle de Guipuscoa, lorsque la guerre parut imminente entre la France et l'Espagne ; et dès qu'elle fut déclarée (mars 1793) il reçut le commandement de l'armée, et vint occuper la montagne de Saint-Martial et les hauteurs de Vera, depuis Fontarabie jusqu'à Echalar, où il établit de nombreuses batteries qui rendirent cette position inexpugnable. Il traversa la Bidassoa le 22 avril, prit et détruisit une redoute construite par les Français sur la montagne de Louis XIV, brûla leur camp de Biriaton, et obtint des succès tels qu'on craignit pour Bayonne. Le 1ᵉʳ mai, il força le camp que le général Servan avait établi à Sare, et l'incendia malgré les efforts du brave la Tour d'Auvergne. S'il eût su profiter de cette victoire, il se serait rendu maître du cours de l'Adour. Le 6 juin il en remporta une seconde à Château-Pignon, et fit prisonnier le général Lagénelières ; trop de circonspection l'arrêta encore, et l'empêcha de marcher sur Saint-Jean Pied de Port. Il se contenta de détruire le fort d'Andaye et d'occuper plusieurs positions sur la rive droite de la Bidassoa, d'où il fut bientôt rejeté sur la rive gauche, quoique à l'attaque de Biriaton, le 13 juillet, le marquis de la Romana, son neveu, eût repoussé les Français conduits par la Tour d'Auvergne. A l'affaire d'Urrugue, où Caro commandait en personne, le 23 juillet, il fut renversé de cheval tandis qu'il ralliait les fuyards, et il aurait été fait prisonnier, sans le secours des contrebandiers espagnols qui le ramenèrent à Irun. Il répara ces échecs, et à la fin de la campagne il était maître du cours entier de la Bidassoa et des sommets les plus avantageux des Pyrénées. Appelé à Madrid en février 1794 pour discuter les plans de la campagne suivante, il fut promu à la grand'croix de l'ordre de Charles III. De retour à son armée, il dirigea le 25 avril une attaque générale, depuis la vallée de Bastan en Navarre jusqu'au bois d'Irati. Malgré le succès de cette expédition, elle n'aboutit qu'à venger des incendies par d'autres incendies. Les Français ayant repris la vallée des Aldudes, et forcé les défilés qui protégeaient celle de Bastan, don Ventura Caro tenta, le 15 et le 23 juin, contre leur aile droite, qu'il croyait affaiblie par cette diversion, deux autres attaques dont la première fut sans résultat décisif et la seconde échoua. Reconnaissant alors l'impossibilité de conserver la vallée de Bastan, il proposa au gouvernement de l'évacuer et de se borner à défendre les fortes positions d'Irun et de Vera, qui, sur ce point, suffisaient pour préserver l'Espagne d'une invasion. Les intrigants de la cour ayant fait rejeter ce système fondé sur la raison et l'expérience, Caro donna sa démission, et fut remplacé dans le commandement par le vieux comte de Colomera, qui ne put empêcher les Français commandés par Moncey d'emporter en cinq semaines les redoutes de Biriaton, de Vera, d'Irun et de Saint-Martial ; de s'emparer de Fontarabie, du Port-du-Passage, et d'établir leur quartier général à Tolosa. Avec plus de talents et d'activité, le successeur de Colomera fit de vains efforts pour arrêter la marche des Français, dont l'arrivée jusqu'à l'Èbre contraignit la cour d'Espagne à conclure la paix de Bâle (1795). Caro, à qui l'on avait rendu une justice tardive, fut alors nommé gentilhomme de la chambre du roi. Mais son zèle et son habileté pouvaient être plus utilement employés, et l'occasion se présenta de les mettre à l'épreuve. Les troubles ayant éclaté en septembre 1801 à Valence, Caro fut nommé capitaine général de cette province, où l'ascendant de son nom estimé dans le pays, et la promptitude, la juste sévérité de ses mesures rétablirent bientôt la tranquillité. En 1802, il obtint le grade de capitaine général des armées. Après les événements de Bayonne et de Madrid auxquels il ne prit aucune part, il se retira en 1808 dans sa province natale. En ayant reçu le gouvernement de la part de la junte provisoire, il protégea contre la fureur populaire les Français établis à Valence, et repoussa le général Moncey, qui avait cru s'emparer de cette ville par un coup de main. Caro mourut peu de temps après, ne laissant que des enfants en bas âge, parce qu'il s'était marié dans les dernières années de sa vie.

CAROCOLLE, *carocolla* (*mollus.*), coquilles terrestres confondues pendant longtemps parmi les hélices, avec lesquelles elles ont les plus grands rapports, et séparées d'elles par Lamarck dans son *Histoire des An. S. V.* (t. 6, 2e part., p. 94). Ce genre est ainsi caractérisé : coquille orbiculaire, plus ou moins convexe ou conoïde en dessus, et à pourtour anguleux et tranchant. Ouverture plus large ou longue, contiguë à l'axe de la coquille; bords droits, subanguleux, souvent dentés en dessous. Les espèces caractérisées par Lamarck ne s'élevaient qu'à dix-huit ; aujourd'hui elles sont plus nombreuses, et dans celles qui ont été nouvellement découvertes quelques-unes sont d'une rare beauté. Nous citerons comme exemple la carocolle éoline, *C. eolina*, que nous avons récemment décrite et figurée dans le *Magasin de zoologie* de M. Guérin, cl. 5, pl. 30, et qui fait partie de la collection de madame Dupont. Cette coquille précieuse présente, en outre des caractères ci-dessus décrits, trois plis en forme de lames à l'intérieur de son bord droit, et deux autres plis au côté gauche, se continuant sur toute la superficie du dernier tour. Sa couleur générale est jaune surmontée de rouge, sur laquelle est placée une espèce d'épiderme velouté. Les plus grandes espèces sont les carocolles disque, labyrinthe, scabre et lèvre blanche. Cette dernière est de grande taille, ornée sur son dernier tour d'une zone fauve, avec le bord droit blanc ; l'animal, semblable à celui des hélices, est jaune, avec trois lignes bleues sur le dos.

CARO FOSSILIS (*hist. nat. et minéral.*). M. Henckel, dans ses *Opuscules minéralogiques*, dit qu'on appelle ainsi une espèce d'amiante qui se trouve près de Dannemore en Norwége, qui a la propriété de rougir au feu, et d'en être pénétré; ce qui la diminue : mais il ne perd point pour cela la vertu de faire feu avec l'acier, comme un caillou ou une pierre à fusil.

CAROGNE, s. f. (*gramm.*). On appelle ainsi, par injure, une femme débauchée, une méchante femme. Il est bas.

CAROL (N.), prêtre irlandais, a publié un livre intitulé : le

Nouveau Spinosa, dans lequel il fait voir que le livre qui a pour titre : *les Droits de l'Eglise chrétienne*, est le même pour le fond que le traité de *Spinosa* sur les droits du clergé chrétien, et qu'ils sont fondés l'un et l'autre sur le véritable athéisme. Carol y traite de spinosistes Locke et le Clerc. Le docteur Hichs a joint au *Nouveau Spinosa* un discours préliminaire, dans lequel il loue beaucoup Carol (*Journal des savants* suppl., 1709, p. 526 de la première édition).

CAROLET, fils d'un procureur à la chambre des comptes, mort vers le mois de juillet 1739, a composé, depuis 1717 jusqu'à l'époque de sa mort, pour le théâtre de la Foire, soit seul, soit en société avec Panard, un grand nombre de pièces, dont on trouve la liste dans les *Mémoires pour servir à l'histoire des spectacles de la Foire*, t. II, p. 296, et dans l'*Histoire du théâtre de l'Opéra-Comique*, t. II, p. 238. La plupart de ces pièces n'ont point réussi et n'ont point été imprimées. Carolet a donné au Théâtre-Italien, en 1719, *les Aventures de la rue Quincampoix*, comédie en un acte, et la *Parodie de Médée et Jason*, en un acte et en vaudeville, en 1736. Carolet a été éditeur de la deuxième partie du neuvième tome ou dixième volume du *Théâtre de la Foire*, Paris, Gandouin, 1737, in-12. Ce volume contient douze pièces, toutes de Carolet ; la douzième, intitulée : *l'Amour désœuvré*, ou *les Vacances de Cythère*, n'a pas été représentée, et il n'en est pas question dans l'*Histoire du théâtre de l'Opéra-Comique*.

CAROLI (FRANÇOIS-PIERRE), naquit à Turin en 1638, et commença, au sortir du collège, à s'appliquer à la géométrie, à l'architecture et à la perspective. Son goût pour cette dernière partie le détermina dans le choix de son état. Il alla à Venise, à Florence, et ensuite à Rome, où il se fixa. Ayant été admis à l'académie de peinture, il fut si considéré qu'on le nomma professeur perpétuel. Caroli, quoique long à terminer ses compositions, traita un nombre assez considérable de sujets d'invention, et peignit les vues intérieures de plusieurs églises de Rome. Ces tableaux furent recherchés, non-seulement des habitants de cette grande ville, mais encore des étrangers, qui en admiraient le coloris, l'exactitude et le fini précieux. Caroli ornait souvent ses tableaux d'architecture de figures représentant des sujets d'histoire analogues à ses compositions. Cet artiste mourut à Rome en 1716. La perspective, qui paraît avoir été ignorée ou très-négligée par les anciens artistes, fut l'objet principal de ses études.

CAROLIN, monnaie d'or dont la valeur varie suivant les lieux où elle est en usage. Le carolin de Stuttgard vaut 25 fr. 35 cent. environ (monnaie de France). Le carolin de Munich vaut 25 fr. 66 cent. ; et le carolin de Manheim, 25 fr. 51 cent.

CAROLINE, s. f. (*commerce*), monnaie d'argent de Suède, sans effigie ni cordon ni marque sur tranche, ayant pour légende : *Si Deus pro nobis, quis contra?* Elle vaut, argent de France, dix-neuf sous deux deniers.

CAROLINE, monnaie de Darmstadt qui vaut 12 fr. 93 cent. (monnaie de France).

CAROLINE (LOI). On appelle ainsi le code criminel donné aux Allemands par l'empereur Charles-Quint et adopté par la diète de Ratisbonne de 1532. Il sert encore aujourd'hui de base à la jurisprudence criminelle de l'Allemagne. La rédaction de cette constitution est un des monuments les plus remarquables de l'ancienne prose allemande ; on la doit, au moins pour les parties principales, à Jean de Schwartzenberg, gentilhomme de Franconie. A. S—R.

CAROLINE DU NORD (en anglais, *North-Carolina*), un des Etats unis de l'Amérique septentrionale, situé entre les 33° et 37° de latitude nord, et les 77° et 86° 15′ de longitude ouest. Elle est bornée au nord par la Virginie, à l'est par l'Océan Atlantique, au sud-ouest par la Caroline du Sud, à l'ouest par l'Etat de Tennesse. On évalue sa superficie à 5,003 lieues carrées. Les côtes sont hautes et bordées d'îles sablonneuses, longues et très-étroites, qui laissent entre elles et le continent de grandes baies, telles que le Pamlico-Sound et l'Albermale-Sound. Sa partie occidentale, traversée dans toute sa longueur par les monts Allegbany, est élevée, et forme un plateau couvert de chaînes de hauteurs; mais tout le reste n'offre qu'une plaine qui s'abaisse jusqu'à l'Océan, et qui, à quelque distance de la mer, se couvre de marais, qui occupent un cinquième de la surface du pays. L'alligator-swamp est très-grand. Le centre de l'Etat, sur une largeur de quatorze lieues, ne présente que des dunes et des collines sablonneuses. Les principales rivières sont la Chowan, la Roanoke, le Pamlico ou Tar, la Neuse, la Cap-Fear-River, l'Yadkin, la Catawba. Le climat y est doux, mais très-variable; dans le bas pays l'air est malsain en automne. Cette partie de l'Etat produit surtout du riz et de l'indigo. Ailleurs on recueille des grains, du coton, du tabac, du chanvre. Le chêne et le noyer croissent dans les bonnes terres, le pin dans les sols sablonneux, le cyprès chauve sur le bord des marais. L'ours, le loup, quelques autres animaux féroces se réfugient dans les lieux infréquentés. Le cerf a disparu, et le pigeon n'est plus si abondant qu'autrefois. On y élève beaucoup de gros bétail, et des moutons dont la laine est aussi fine que celle des mérinos. Le caïman habite l'embouchure des rivières, et le serpent à sonnettes les marais. Un poisson excellent, le rock-fish, se pêche principalement dans la Roanoke. Il existe dans la montagne de riches mines de fer et des mines d'or en exploitation, ainsi que des sources minérales. D'après le recensement de 1830, la population est de 650,000 individus. Les méthodistes et les baptistes sont parmi eux les plus nombreux. Ce pays est plutôt agricole que manufacturier. Quelques contrées possèdent des forges. Son principal commerce consiste en bétail, goudron, bois, maïs, coton, tabac, plantes médicinales, cire, etc., etc. Un canal réunit la baie de Chesapeake à celle d'Albermale : Edenton, Cambden, Washington, Newborn, Wilmington et Plymouth sont les ports de commerce. La côte de la Caroline du Nord fut découverte par Ponce de Léon en 1511. La première colonie anglaise s'établit sur le Cap-Fear-River, 1661, et le 18 décembre 1776 le congrès provincial établit la constitution républicaine, et créa un sénat et une chambre des communes, dont les membres sont élus par le peuple. Le pouvoir exécutif est confié à un gouverneur élu pour un an, et à un conseil d'Etat choisi au scrutin, ainsi que le gouverneur, par l'assemblée générale. L'Etat est divisé en soixante-quatre comtés, et a pour chef-lieu Raleigh.

CAROLINE DU SUD (en anglais, *South-Carolina*), un des Etats unis de l'Amérique du Nord, situé entre les 32° et 35° 10'de lat. nord, et les 81° et 86° de longitude ouest, ayant au nord et nord-est la Caroline du Nord, au sud-est l'Océan Atlantique, au sud-ouest et à l'ouest la Géorgie. On évalue sa superficie à 3,886 lieues carrées. Ses côtes offrent le même aspect que celles de la Caroline du Nord, et sa surface diffère peu de celle de ce dernier pays. La partie sud-est n'offre qu'une vaste plaine couverte de forêts, de marais et de prairies. Au nord-ouest s'étendent diverses ramifications des Alléghany et le Ridge, contrée fertile et pittoresque. De nombreuses rivières traversent cet Etat dans tous les sens ; les plus importantes, la Grande-Pede, la Sant, la Savannaeh, la Salude, la Broad-River, la Lynches-Grick, la Black-River, sont tributaires de l'Océan Atlantique. Ces rivières éprouvent des crues considérables qui rendent la culture des rives très-difficile ; aussi les districts les mieux cultivés sont-ils ceux du haut pays. Ici le climat est moins chaud que dans les autres parties où l'été est très-chaud, l'hiver peu rigoureux, mais la température extrêmement variable. La saison des pluies a lieu de juin en septembre ; ce dernier mois est le plus triste, et celui durant lequel il y a plus de maladies ; mais le printemps et l'automne sont très-agréables. Le long des côtes, le climat est moins salubre qu'ailleurs, et la fièvre jaune apparaît souvent à Charlestown. Les districts élevés donnent le tabac, le froment et le chanvre ; l'intérieur, le maïs et d'autres grains ; la contrée inférieure, le coton et le riz. On élève une quantité considérable de moutons. Dans les montagnes il existe du fer d'excellente qualité, du cuivre et du plomb, différentes espèces de pierres et des sources minérales. Les forêts servent de refuge à des congouars, des loups, des lynx, des ours, des daims, des renards, des écureuils, des dindons, des pigeons, des serpents, et les rivières à des caïmans. Les eaux abondent en poissons. Quoique cette contrée possède des forges, des fabriques de clous, de poudre à tirer, de lainages, de papier, des corderies, des moulins à huile, elle est bien plus agricole que manufacturière. On en exporte surtout beaucoup de riz, de coton et de tabac. Le recensement de 1830 porte sa population à 502,780 individus, dont un grand nombre d'esclaves. Des vingt-huit tribus indigènes qui habitaient le pays dans l'origine, il ne reste plus que les Catawbas. Les habitants sont les uns presbytériens, les autres épiscopaux ou méthodistes, et la plupart sont baptistes. Les juifs ont une synagogue à Charlestown.—La Caroline du Sud a été découverte par Ponce de Léon, et colonisée d'abord sous la direction de Jean de Ribault par des Français qui furent égorgés de sang-froid par les Espagnols. Dominique de Gourgues se chargea de venger cet acte de cruauté. Après avoir été abandonnée jusqu'en 1663, elle fut colonisée par des Anglais. Le 3 juin 1790, la constitution de l'Etat fut établie ; elle est semblable à celle de la Caroline du Nord. L'Etat est divisé en vingt-sept comtés, et a pour capitale Columbia.

CAROLINE D'ANSPACH, reine d'Angleterre, mariée le 2

septembre 1705 à Georges II, la compagne la plus aimable et l'amie la plus essentielle par le bon sens admirable, le jugement et la sagacité dont elle était douée, fut pour ce monarque un vrai présent du ciel ; aussi eut-il toujours la plus entière confiance en elle. Cette princesse le gouverna complètement jusqu'à la fin de ses jours, et avec tant d'adresse et de douceur, qu'elle ne donna jamais le moindre ombrage à son époux excessivement jaloux de son autorité, et à qui elle eut toujours l'art de faire accroire qu'elle n'avait d'autre opinion que la sienne. Elle employa principalement l'ascendant qu'elle avait sur son esprit à lui inspirer une entière confiance dans le mérite et dans l'habileté de sir Robert Walpole, le ministre des finances le plus célèbre qu'ait eu l'Angleterre. Georges allait tous les ans faire un voyage dans son électorat de Hanovre, et pendant son absence la reine, revêtue du titre de régente, sans être astreinte à prêter serment, gouvernait la Grande-Bretagne avec toute la plénitude de l'autorité royale. — Elle mourut le 20 novembre 1737, mais avant d'expirer elle engagea son époux avec les plus vives instances à s'abandonner toujours aux conseils de Walpole. Elle fut enterrée à Westminster. Elle avait donné à son époux deux fils et cinq filles, savoir : Frédéric, prince de Galles, père du roi Georges III ; Guillaume, duc de Cumberland ; Anne, mariée au prince d'Orange ; Marie, qui épousa le landgrave de Hesse-Cassel ; Louise, mariée au roi de Danemarck ; Amélie et Caroline, qui n'ont jamais été mariées.

CAROLINE (MATHILDE), née le 22 juillet 1751, fille posthume du prince de Galles, Frédéric-Louis, mariée en 1766 au roi Chrétien VII de Danemarck, donna le jour, le 28 janvier 1788, au roi actuel de Danemarck, Frédéric VII. La haine et la discorde régnaient à la cour de Danemarck, et la jeune et belle reine se vit détestée la fois par la grand'mère de son époux, la reine Sophie-Madeleine, et par sa belle-mère Julienne-Marie. L'éloignement de la première était une froideur ordinaire, qui prend souvent naissance dans la société des princes, de l'inégalité de l'âge, du caractère et de l'humeur, et qui par cela même n'était pas fort dangereuse pour la princesse ; mais l'éloignement ouvertement prononcé de la belle-mère de son mari était plus à craindre pour elle. Cette dernière s'était trouvée personnellement offensée du choix fait par le roi et qu'elle avait combattu de toutes ses forces. La jeune reine parut à Copenhague parée de tous les charmes de la jeunesse et de la beauté ; elle était affable et gracieuse avec tout le monde et adorée du peuple. Elle se consola pendant quelque temps de l'inimitié des deux vieilles reines par l'affection de son époux, l'admiration et les plaisirs de la cour. Elle devint peu à peu indifférente pour son mari à mesure que les attentions de celui-ci diminuèrent pour elle ; elle s'aigrit contre les deux reines, et devint défiante avec les courtisans. Selon la vivacité naturelle de son humeur, elle ne cacha point ses sentiments. Le monarque en fit à peine la remarque ; mais sa belle-mère en conçut d'autant plus d'inimitié contre la jeune reine. Vers le même temps Jean—Frédéric Struensée s'élevait rapidement dans la confiance du roi. La reine ne tarda pas à s'en apercevoir ; mais le favori se tenait toujours envers elle dans les bornes du respect ; c'est ce qui fit disparaître peu à peu son aversion contre lui, et elle s'habitua à sa société, car il quittait peu le monarque ; bientôt même elle traita cet homme supérieur avec estime et faveur. En 1770 Struensée inocula la petite vérole au prince royal, que le roi et la reine soignaient seuls. La reine résolut alors de confier à Struensée l'éducation du jeune prince. Il fut nommé conseiller de conférence et lecteur du roi et de la reine. Celle-ci jugea que Struensée était l'homme qui convenait à ses plans politiques, et lui fit part de ses projets. Struensée en fut reconnaissant, et crut assez connaître le roi pour le diriger selon les vœux de la reine. Le roi avait alors en sa femme une confiance illimitée ; celle-ci en profita, et Struensée travailla de manière à détourner le pouvoir royal à son profit et à celui de la reine. Comme les décisions du roi dépendaient en grande partie de ceux qui l'entouraient, ils eurent soin de le tenir éloigné de toute société qu'ils n'eussent pas choisie eux-mêmes. Brandt, ami de Struensée, eut mission d'inventer tout ce qui pouvait amuser le jeune roi et lui faire passer son temps dans les plaisirs ; de sorte que les rênes du gouvernement passèrent entièrement aux mains de Struensée. —La reine douairière et son fils le prince Frédéric se liguèrent contre cet état de choses. Leur parti arrêta, le 17 janvier 1772, la reine, le comte Struensée, Brandt et tous ceux qui étaient désignés comme leurs amis. La reine Caroline-Mathilde, avec sa fille Louise-Auguste, une dame d'honneur et la nourrice de la princesse, furent transférées à la forteresse de Kronenbourg ; Struensée et Brandt furent chargés de chaînes, interrogés par une commission *ad hoc*, et déclarés coupables de haute trahison ; ils furent mis à mort. La reine, sans l'intervention de l'ambassadeur anglais, chevalier Keith, qui fit d'énergiques protestations, la reine elle-même courait risque d'être officiellement jugée. Cependant elle fut séparée du roi le 6 avril 1772, par décision de la commission aulique, la même qui avait dirigé la procédure contre Struensée et ses adhérents, et condamnée à finir ses jours à Aalborg. Cependant elle fut rendue à la liberté sur les instances de son frère Georges III, roi d'Angleterre. Elle abandonna alors le Danemarck ainsi que ses deux enfants, arriva le 20 octobre 1772 à Celle, où elle vécut généralement aimée et estimée. Le chagrin et les soucis lui causèrent une fièvre qui l'enleva en peu de jours. Elle était à peine âgée de vingt-quatre ans, lorsqu'elle mourut le 10 mai 1775. La lettre d'adieu qu'elle écrivit à son frère le roi d'Angleterre, et qu'on peut lire plus loin ayant pour titre : *Derniers Moments de la reine de Danemarck*, est extrêmement remarquable (*V.* les Mémoires de Halkenskiold, Paris, 1826, et les écrits de Henst).

CAROLINE (LOUISE), fille de Louis VIII, landgrave de Hesse-Darmstadt, née le 11 juillet 1723, épousa en 1751 Charles-Frédéric, margrave de Bade, et se rendit bientôt chère à ses sujets par le zèle avec lequel elle chercha à améliorer leur sort et à seconder les vues bienfaisantes de son époux. Elle était fort instruite en histoire naturelle, et s'appliqua *surtout* à favoriser les progrès de l'agriculture. Elle aimait les voyages, et mourut à Paris le 5 avril 1783. Le beau cabinet d'histoire naturelle, qu'elle avait formé et que l'on garde dans le palais de Carlsruhe, prouve son goût pour ce genre de connaissances : il est riche surtout en minéraux et en coquillages. Les impératrices Marie-Thérèse et Catherine II firent rassembler ce que leurs Etats offraient de plus curieux à cet égard, et l'envoyèrent à la princesse Caroline-Louise. Ce cabinet est classé d'après le système de Linné. Une belle bibliothèque d'ouvrages de botanique y est jointe, et l'on y remarque en particulier le grand herbier où la margrave fit graver et enluminer toutes les plantes de son jardin avec les parties de la fructification. Gauthier Dagoty fut le principal graveur de cette entreprise.

CAROLINE-MARIE D'AUTRICHE, reine de Naples, fille de François Ier, empereur d'Allemagne, et de Marie-Thérèse, née le 13 août 1752, épousa le 12 mai 1768, n'étant âgée que de seize ans, Ferdinand IV, roi des Deux-Siciles, qui n'en avait que dix-sept. Dans son contrat de mariage il fut stipulé qu'*après la naissance d'un premier fils elle aurait voix délibérative au conseil.* La politique de l'Autriche avait dicté cette clause. L'ambitieuse Marie-Caroline n'attendit même pas la naissance d'un prince royal pour prendre part aux affaires. Son activité, son esprit et sa hardiesse lui donnèrent immédiatement un ascendant marqué sur son indolent époux, qu'elle maîtrisa toujours. En 1773, à la suite d'une émeute, elle trouva le moyen de ruiner le crédit du marquis de Tanucci, qui, après avoir été chef du conseil de régence pendant la minorité de Ferdinand, avait depuis toujours conservé le pouvoir, et représentait à Naples les idées philosophiques. Ce ne fut cependant qu'en 1776 qu'elle parvint à l'écarter tout à fait et à faire remplacer par le marquis de la Sambuca, ambassadeur à Vienne. Celui-ci eut la maladresse de vouloir secouer le joug de sa protectrice ; mais Caroline déjoua ses ruses, et, se montrant indulgente pour les faiblesses amoureuses de son royal époux, elle obtint de lui en 1784 le renvoi du marquis de la Sambuca. Son successeur fut l'aventurier besançonnais Acton (*V.* ce nom), qui remplit dès lors à Naples le même rôle que le prince de la Paix devait jouer depuis à Madrid. La nullité de Ferdinand laissa le gouvernement tout entier à la reine et à son favori. Deux partis divisaient Naples, celui des Espagnols ou parti français, et le parti autrichien ; la reine soutenait énergiquement ce dernier ; Ferdinand, toujours indécis, désira visiter à Madrid son père Charles III, qui fit à cette occasion présent d'un vaisseau de ligne, *le Saint-Joachim*, à bord duquel il s'embarqua en 1786 ; mais la reine, qui redoutait pour sa politique une entrevue entre le père et le fils, eut l'adresse de transformer le voyage en une promenade sur les côtes de Toscane. De retour à Naples, elle fit entrer au conseil deux de ses créatures, Santo-Marco et Caramanica, dont Caraccioli (*V.* ce nom) voulut vainement contre-balancer l'influence. L'ambassadeur d'Angleterre, Hamilton, secondait de tout son pouvoir les projets de la reine, et celle-ci avait pour lady Hamilton, qui n'avait d'abord été qu'une courtisane, une tendresse qui donna lieu à d'étranges commentaires. Toutes les deux aimaient à se montrer avec la même parure, et causaient ensemble comme deux égales. La reine donnait des soupers secrets où elle ne recevait que son favori Acton et l'ambassadeur d'Angleterre. Celle-ci couchait quelquefois dans le même lit que son auguste amie, et exigeait des dames d'honneur presque

les mêmes services que la fille de Marie-Thérèse. En 1788, Charles III, roi d'Espagne, mourut, événement qui laissa plus de liberté à la reine et à son favori, parce que Ferdinand n'avait aucune affection pour son frère Charles IV. On ralluma sans ménagement, la vieille querelle avec le saint-siége au sujet de la redevance féodale de la haquenée. Cette querelle fut enfin terminée l'année suivante par les soins de Caraccioli (*V.* ce nom). En 1791, l'alliance entre les cours de Naples et d'Autriche fut resserrée par un double mariage. Deux princesses napolitaines furent, à l'insu de la cour de Madrid, fiancées à deux archiducs. Caroline, qui était jalouse des avantages personnels de sa sœur Marie-Antoinette, vit d'abord avec indifférence les premiers symptômes de la révolution française ; mais l'arrivée des tantes de Louis XVI en Italie, et surtout les intrigues de quelques brouillons qui propageaient les idées révolutionnaires à Naples, lui firent enfin ouvrir les yeux. L'influence du cabinet britannique, qui nourrissait dans le sein de la reine Caroline une haine profonde contre la France, l'engagea dans la coalition de Pilnitz ; mais elle eut la douleur de se voir forcée de garder la neutralité quand le contre-amiral Latouche, à la tête d'une escadre de quelques frégates (1792), vint dans le golfe de Naples lui dicter les conditions de cette neutralité, que le gouvernement napolitain s'empressa de rompre dès que la prise de Toulon permit aux Anglais de prendre une attitude hostile. Une escadre napolitaine vint se joindre à celle des Anglais. La flotte de Naples fut portée à cinq vaisseaux de ligne, huit frégates, etc. ; et des milices de nouvelle levée vinrent doubler l'armée napolitaine dont le nombre s'éleva jusqu'à 60,000 hommes. Cependant les principes révolutionnaires se propageaient sourdement parmi le peuple et surtout parmi la noblesse. On fit de nombreuses arrestations ; on établit une junte de sûreté, dont le président Vanini a été comparé à Robespierre par l'historien Cuoco. Selon cet historien, la population napolitaine fut décimée, et l'on vit renaître à Naples le règne de la terreur : déclamation en partie démentie par les résultats ; car, si le zèle du gouvernement jeta dans les prisons plus de sept cents personnes, il ne se trouva de preuves contre un petit nombre d'accusés ; le reste fut renvoyé absous. *Acton, qui voulait*, disait-il, *détruire cet ancien préjugé, qui rend infâme le métier de délateur,* fut contraint par la clameur publique à sortir du conseil ; mais, quoique sans titre officiel, *il conserva toute son influence sur la reine,* et par conséquent sur l'Etat. Enfin les victoires de Bonaparte engagèrent le gouvernement napolitain à négocier, tant pour son compte que pour la paix générale ; en conséquence, un armistice fut convenu à Milan le 5 juin 1797, et un traité de paix signé à Paris le 10 octobre suivant. Bientôt après, Bonaparte, maître de Mantoue, vainqueur de Wurmser et d'Alvinzi, marchait sur les Etats du pape ; le prince Belmont Pignatelli vint lui présenter une note de son gouverneur pour arrêter sa marche ; ajoutant confidentiellement, comme pour l'effrayer, qu'en cas de réponse négative, sa cour ferait marcher un corps de troupes au secours de l'Etat ecclésiastique. Bonaparte n'en tint compte, et imposa au saint-père le traité de Tolentino. La reine, loin de reconnaître que son impuissance trop réelle condamnait sa cour à une grande réserve politique, ne songeait rien moins qu'à obtenir Corfou, Zante, Céphalonie, la moitié des Etats du pape et surtout Ancône. Elle fit faire cette ouverture à Bonaparte par le marquis de Gallo, dans les conférences qui s'ouvrirent après l'armistice de Judenburg. Bonaparte éluda encore. La reine en fut exaspérée. D'après ses ordres un traité secret d'alliance avec l'Autriche fut signé le 19 mai 1798 par le duc de Campo-Chiaro. Dans le même moment Bonaparte s'exprimait ainsi dans une lettre qu'on intercepta : « Il faut délivrer Naples d'un roi qui lui est étranger, et renvoyer la reine à Vienne. » Mais, comme le directoire avait des motifs pour ménager les cours d'Autriche et de Naples, la guerre n'éclata point encore. C'était le moment (juin 1798) où Nelson parcourut, ayant à sa tête la flotte anglaise, les rivages d'Italie, à la recherche de l'expédition française qui était partie de Toulon sous les ordres de Bonaparte. Quand il parut devant Naples, il se rendit dans cette capitale sur sa chaloupe, et eut, par l'intermédiaire de lady Hamilton, un entretien secret avec la reine Caroline, qui lui apprit que la flotte française qui venait de prendre Malte cinglait vers l'Egypte. La reine s'étant retirée, un dîner splendide fut offert à l'amiral anglais par lady Hamilton, qui présagea hautement la destruction de la flotte française : la musique et la danse transformèrent ce dîner en une fête qui s'ébruita dans la ville. L'ambassadeur français Garat présenta aussitôt une note contre l'indécence de ces procédés ; il fit aussi d'inutiles réclamations en faveur des détenus politiques, nommément Lambert et Medici. On en élargit quelques-uns, et l'on feignit de destituer les juges. Cependant le péril croissait. Ponte-Corvo et Bénévent, dont le roi de Naples s'était mis en possession par l'intervention du ministre de France, s'étaient déclarés indépendants ; des insurrections éclataient de toutes parts. La nouvelle de la bataille navale d'Aboukir et le retour de Nelson à Naples y répandirent une allégresse générale. Acton reprit tout son crédit. En voyant entrer dans le port les débris de la flotte française, Caroline fit éclater une joie qui prouvait assez combien était vive la haine qu'elle portait à la France républicaine. Elle fit à Nelson l'accueil le plus enthousiaste. Dès ce moment lady Hamilton, qui avait conçu pour le héros d'Aboukir une passion non moins vive que celle de Cléopâtre pour Antoine, devint l'héroïne de la multitude, dont Nelson devint comme le dieu tutélaire. L'ivresse de la cour surpassa celle de la populace. Tout désormais fut dirigé au gré de Caroline, cette princesse impérieuse, irascible, inconsidérée. Dans le dernier conseil, tenu pour décider quel parti prendre à l'égard de la France, elle entraîna tous les avis ; la guerre que soufflait l'ambassadeur anglais Hamilton fut résolue. Deux nouveaux traités d'alliance furent conclus, l'un avec la Russie (18 novembre 1798), l'autre avec la Grande-Bretagne (1er décembre). Le feld-maréchal autrichien Mack, arrivé depuis quelques semaines à Naples, se mit à la tête des troupes napolitaines, et envahit les Etats romains, alors constitués en république. Ce triomphe fut de courte durée. Mack fut si complètement battu, que moins d'un mois suffit aux Français pour reprendre tout ce qu'ils avaient perdu. Le royaume de Naples fut alors envahi : la reine soutint le courage de son époux, fit arrêter le prince de Tarente qu'on soupçonnait de trahison, et inspira toute sa fureur à la populace. Un courrier de cabinet de Vienne avait apporté une lettre de l'empereur, qui témoignait au roi de Naples son mécontentement de ce qu'il eût commencé la guerre sans s'être concerté avec son allié. La reine s'empara de la lettre et la déchira avec dépit, sans en donner connaissance à son époux, pour forcer le faible monarque à continuer la guerre. Voulant ensuite se délivrer d'un témoin importun, elle envoya le courrier à Nelson qui mouillait dans la baie ; mais une poignée de satellites apostés crièrent : *C'est un Français!* Comme ce malheureux demandait une chaloupe pour passer à bord de l'amiral, la multitude le massacra. Ces efforts désespérés n'aboutirent à rien. Le 25 décembre 1798, Ferdinand IV, la reine Caroline, le ministre Acton et quelques serviteurs fidèles s'embarquèrent sur le vaisseau amiral de Nelson ; mais pendant deux jours il fallut rester en rade à cause des vents contraires. Immédiatement après le départ de la maison royale, un immense incendie dévora dans le port toute la flotte napolitaine. Cuoco, l'auteur de l'*Essai sur la révolution de Naples*, pense que l'ordre en avait été donné par la cour fugitive au comte de Thorn, qui, du haut d'un navire portugais, contemplait tranquillement les progrès de l'incendie. Durant cette sinistre traversée la reine vit mourir, au milieu d'atroces douleurs, le plus jeune de ses fils, le prince Albert, alors âgé de sept ans. Ferdinand IV établit sa cour fugitive à Palerme. La reine Caroline ne resta pas oisive à cette époque; elle se rendit à Vienne, et, si l'on en croit l'historien Montgaillard, elle ne fut pas étrangère aux intrigues qui amenèrent le massacre des plénipotentiaires français à Rastadt (avril 1799). Cependant les Français, maîtres de Naples, y avaient fondé la république parthénopéenne, qui fut renversée au bout de quelques mois par les heureux efforts du cardinal Ruffo, et le 27 juillet 1799 la reine avec son époux revint à Naples. La réaction fut horrible, au mépris des serments contraires. Subjugués par l'ascendant de Caroline, Ferdinand la laissa exercer sa vengeance. Elle est trop bien secondée par Acton, par lady Hamilton, enfin par Nelson qui dans Naples dégrade sa gloire. Pendant plusieurs semaines le sang coule sous les yeux d'un monarque exempt de passions, populaire, doué d'un bon naturel, mais dont des exécutions si multipliées blessent la vue, et il se retire à Palerme, laissant le champ libre à celle qui règne sous son nom. Enfin, au bout de dix mois, une amnistie promulguée à Naples mit un terme à ces horreurs. A la même époque Caroline fit un voyage à Vienne avec les trois princesses ses filles, afin de se concerter avec le cabinet autrichien. Elle revient à Naples, y reprend tout son ascendant sur son époux et ses liaisons avec lady Hamilton. Bientôt effrayée par la bataille de Marengo et par les succès de Moreau en Allemagne, elle court à Saint-Pétersbourg et sollicite la protection du czar auprès de Bonaparte. Paul Ier, flatté de la requête et ami du premier consul, envoya le grand veneur Levincho appuyer la réconciliation de la France et de Naples et l'armistice de Foligno, le 18 février 1801. Les conditions faites à Ferdinand IV furent assez douces ; il perdit seulement Piombino,

Portolongone, les Présides, paya des contributions de guerre, et souffrit l'occupation temporaire de ses places. Mais la haine couvait sous un calme apparent. Dès que la guerre d'Autriche eut éclaté en 1805, 12,000 Anglais et Russes débarquèrent des Sept-Iles à Naples, le 5 novembre, et le général russe Lascy prit le commandement des troupes napolitaines. Austerlitz rompit bientôt la coalition, et Lascy quitta Naples par l'ordre de l'empereur Alexandre. Les Anglais partirent aussi, et Caroline, se voyant livrée à ses seules ressources, jugea que la résistance était impossible. Elle s'embarqua le 12 février 1806 ; le lendemain les Français entrèrent à Naples par capitulation ; Capoue et Pescara se rendirent de même ; mais Gaëte, où commandait le prince de Hesse-Philipstadt, soutint un siège mémorable. Joseph Bonaparte monta sur le trône de Naples qu'il céda bientôt à Murat, et dès lors la maison de Bourbon ne posséda plus en Europe que la Sicile où, à vrai dire, les Anglais régnaient bien plus que Ferdinand et Caroline. On accusa cette reine d'avoir fomenté les révoltes de la Calabre, dont elle fit une seconde Vendée, jusqu'à ce que le terrible général Manhès parvint à pacifier cette province. Cependant les Anglais, convoitant la Sicile, s'efforçaient d'obtenir de Ferdinand IV une abdication. Le faible monarque y était assez disposé. Mais Caroline en était indignée, tout l'abandonnait ; lady Hamilton, son amie et sa conseillère, était partie. L'ingrat Acton, forcé d'opter entre sa bienfaitrice et les dominateurs réels de la Sicile, prenait ouvertement le parti des Anglais, et lui conseillait de permettre enfin au roi son époux d'être le maître. Dans sa rage, Caroline osa concevoir de nouvelles vêpres siciliennes contre les Anglais, et, tournant les yeux vers la France, elle demanda seulement une asile en Italie, au cas où l'entreprise ne réussirait pas. Napoléon, justement courroucé, fit emprisonner à Vincennes le négociateur Amélia, officier de la marine sicilienne. Cet homme ne sortit de prison qu'en 1814, après l'entrée des alliés à Paris. Les Anglais découvrirent le complot, et se livrèrent à des vengeances juridiques. Ferdinand, excédé d'ennuis et de contrariétés, souscrivit à leurs désirs et transféra le pouvoir à son fils. Lord Bentinck, commandant britannique, s'était flatté de détruire ainsi le pouvoir de la reine ; il en fut autrement ; le jeune prince n'agit que d'après les inspirations de sa mère. Enfin, jetant le masque, lord Bentinck exigea le départ de la reine. Elle voulut résister ; elle essaya de soulever le peuple, mais inutilement ; il fallut se soumettre. Elle partit en décembre 1814, et se rendit à Vienne où elle mourut le 8 septembre 1814, après avoir consumé ses dernières années en tentatives infructueuses pour reconquérir un trône qu'un ministre vendu aux Anglais lui avait fait perdre. On a dit de Caroline « qu'elle eut toutes les faiblesses d'une femme, toute la légèreté d'un enfant et quelques-uns des vices d'un grand homme. »   CH. DU ROZOIR.

CAROLINE – AURÉLIE – ÉLISABETH DE BRUNSWICK-WOLFENBUTTEL naquit le 17 mai 1768. Elle était la seconde fille de ce fameux duc de Brunswick qui commandait l'armée d'envahissement en 1792 en Champagne. Pendant sa jeunesse, Caroline vécut dans la résidence de son père au milieu d'une cour aimable qui cultivait les lettres, et qui n'était pas exempte de ce sentiment romanesque et rêveur qu'on retrouve si fréquemment au delà du Rhin. Douée par la nature d'un esprit aimable et gracieux, d'une physionomie douce et expressive à la fois, d'une taille élégante, la princesse Caroline charmait tous ceux qui l'approchaient, et se faisait chérir par la bonté de son caractère ; elle vécut heureuse et tranquille jusqu'au jour où le roi Georges III fit demander sa main au duc de Brunswick pour son fils aîné Georges, prince de Galles. Pendant de longues années, Georges avait scandalisé l'Angleterre par le désordre de sa conduite. Accompagné d'une bande de mauvais sujets, il consacrait tout son temps à la débauche; vainement son père s'épuisait-il en remontrances, elles n'étaient pas écoutées, et Georges continuait à vivre au milieu de femmes perdues et de joueurs effrénés. Le roi Georges espérait que le mariage domterait cet esprit inquiet et calmerait ses ardeurs turbulentes; son fils en avait maintes fois rejeté les ouvertures ; mais, se trouvant enfin réduit aux expédients, étant perdu de dettes, il consentit à ce que le roi lui demandait, à condition que ses dettes seraient payées. Elles se montaient alors à la somme énorme de 639,870 livres sterling, un peu plus de 15,000,000 de notre monnaie. Le roi s'engagea volontiers à tout payer, sachant que c'était la seule manière d'arracher le consentement du prince de Galles, et le 8 avril 1795 la princesse Caroline de Brunswick épousa son cousin ; Georges avait alors trente-cinq ans. La chambre des communes, voulant témoigner la part qu'elle prenait à ce mariage, accorda 27,000 livres sterling pour les frais de noces et 40 autres mille livres pour monter la maison du prince en vaisselle, en ameublements, etc., etc. Sitôt après son mariage, Georges plaça auprès de sa femme deux maîtresses dont elle dut faire sa compagnie, et qui étaient chargées de l'accompagner; deux mois après, il loua un palais, qu'il alla habiter avec une de ces malheureuses créatures. Caroline occupait alors un appartement écarté dans le palais de Carlton; isolée au milieu de quelques domestiques, elle vécut sans consolation jusqu'à la naissance de sa fille, la princesse Charlotte; mais, deux mois après cette naissance, l'infortunée princesse fut chassée du palais, et obligée de se réfugier à Blackeath, où elle s'ensevelit d'abord dans une retraite presque absolue; mais sa jeunesse, son esprit, le besoin qu'elle avait de communiquer ses pensées lui firent nouer quelques relations qui l'aidaient enfin à supporter son isolement et son abandon. Toute son affection s'était reportée sur sa fille qu'elle chérissait du plus ardent amour. Mais les calomnies qui déjà avaient attaqué son nom à Carlton la poursuivirent à Blackeath; habilement répandues, elles souillaient sa vie passée, et lui attribuaient des liaisons coupables, qu'elle aurait eues même avant son mariage. On parlait vaguement d'un capitaine Pol, un officier irlandais, d'un Allemand. Sur ces entrefaites, le prince Georges lui écrivit une lettre qui fut communiquée par lord Chohnandeley, et par laquelle il renonçait sur elle à tous ses droits d'époux, et semblait l'autoriser à vivre comme il lui plairait. Mais cette lettre, qui dégageait Caroline de ses serments, ne lui occasionna qu'une impression de douleur, et sa conduite ne s'en ressentit pas. La vie de la princesse s'écoulait paisiblement au milieu de calomnies acharnées qui interprétaient à mal ses actions les plus simples, et lui faisaient un crime même de la vivacité et de l'aménité de son caractère; toutes ses paroles étaient rapportées, ses actions surveillées sans relâche, lorsqu'en 1806 elle apprit coup sur coup la mort de son père et de son frère, tués tous deux à la bataille d'Iéna, et celle de sa tante qui n'avait pu survivre à leur trépas. Caroline se trouvait donc sans protecteur naturel; ce fut alors qu'on arracha sa fille d'auprès d'elle, et que la pauvre mère n'eut plus que la permission de la voir une fois par semaine. Quand par hasard sa voiture rencontrait celle de sa fille, les gouvernantes avaient ordre de faire changer de route, et, si elles ne pouvaient pas éviter la présence de Caroline, elles levaient les stores pour lui dérober la vue de son enfant. Ce fut peu de temps après, dans la même année en 1806, que la première enquête fut commencée par l'ordre du prince Georges pour savoir si dans les premiers jours de l'année elle n'avait pas secrètement donné le jour à un enfant mâle, fruit d'un amour adultérin; exemple étrange d'un homme qui, de son propre consentement, cherche à se coucher sur la fameuse liste de Saint-Réal des grands personnages trompés par leurs femmes. Sir John et lady Douglas déposèrent devant la commission d'enquête un exposé de lord Laskine, de lord Spencer, de lord Grenville et du célèbre Marlborough, que la princesse avait mis au monde, sous leurs yeux, un enfant mâle, qui était le résultat de ses relations criminelles avec l'amiral sir Sidney Smith ou avec le capitaine Manby. La haine envenimait ces calomnies lorsque enfin le vieux roi Georges interposa son autorité entre sa nièce et ses persécuteurs. L'enquête acheva son œuvre, et déclara que la princesse était innocente de tout ce dont on l'accusait, qu'on avait à peine à lui reprocher quelques légèretés, et que l'enfant qu'on lui attribuait, Williams-Augustin, était le fils d'un charretier de Deptford. L'attorney général déclara même que s'il ne poursuivait pas comme calomniateurs sir John et lady Douglas, c'est que de puissants et invincibles obstacles arrêtaient la main de la justice publique. — Mais, bien que son innocence eût été hautement déclarée, la princesse Caroline eut à souffrir de nouvelles persécutions quand il s'agit de la recevoir à la cour où son rang l'appelait, et de reconnaître cette innocence. Caroline, indignée, provoqua elle-même une nouvelle enquête, et voulut être jugée de nouveau. Un second jugement de la chambre des communes fit éclater son innocence, et lord Castlereagh lui-même dut se départir de son silence pour déclarer que rien n'était plus évident. Cependant les calomnies ne cessèrent pas, et, bien que la jeune princesse Charlotte ne vît pas sa mère, elle partageait néanmoins sa défaveur. Fatiguée de lutter contre ses ennemis, la princesse Caroline quitta l'Angleterre en 1814, accompagnée seulement d'une faible escorte; elle se rendit d'abord en Lombardie, où elle acheta une villa sur le lac Como, puis partit pour l'Orient. Elle parcourut le Bosphore, la Judée, la Grèce, l'Archipel, les côtes d'Afrique, et revint enfin se fixer à sa villa. Ce fut alors qu'on commença à l'accuser d'entretenir des liaisons coupables avec son chambellan Bergami. Cette intrigue était-elle une nouvelle

calomnie de ses ennemis, ou avait-elle réellement pris naissance dans l'isolement où vivait la princesse. C'est là un mystère que le temps n'a pas encore pu éclaircir. Tout dans cette affaire est entouré de ténèbres; l'origine de Bergami lui-même n'est pas clairement établie : était-il fils d'un pauvre portefaix du port de Naples, ou tenait-il, comme d'autres l'interprétaient, à la première noblesse du pays? On ne sait. Ce qu'il y a de plus certain, c'est qu'il débuta par être simplement courrier attaché au service de la princesse. Son zèle et sa fidélité lui méritèrent l'attention de Caroline, qui l'attacha plus intimement à sa personne et dans l'intérieur de sa maison. Plus tard, elle le combla de bienfaits, et lui accorda tous les titres et toutes les décorations qu'il était en son pouvoir de lui accorder. Bergami avait une taille avantageuse, une belle figure, la conversation facile et amusante, de l'esprit naturel. Sitôt après qu'elle eut fixé sa résidence au lac Como, une commission spéciale d'espionnage fut établie à Milan pour surveiller toutes les démarches et toutes les actions de Caroline; des rapports étaient fréquemment adressés en Angleterre; on dirigea contre sa personne une tentative d'assassinat; et la princesse surprit un chevalier d'industrie qui essayait de crocheter la serrure du secrétaire où elle renfermait sa correspondance secrète et ses papiers. Sur ces entrefaites, sa fille Charlotte mourut, pauvre enfant qui vécut loin de sa mère, et expira sans la revoir! Georges III ayant enfin succombé après avoir depuis longtemps perdu la raison, le prince de Galles échangea son titre de régent contre celui de roi sous le nom de Georges IV. Son premier soin fut de faire rayer le nom de Caroline de la liturgie, et de donner ordre à ses ambassadeurs auprès de toutes les cours de lui refuser le titre de reine. Mais Caroline, aussitôt qu'elle eut appris la mort de Georges III, quitta l'Italie pour se rendre en Angleterre. A son arrivée à Saint-Omer, elle rencontra les envoyés du roi son mari, qui lui offrirent un revenu annuel de 50,000 livres sterling si elle voulait demeurer sur le continent; mais, quelle que fût l'insistance de leurs propositions, elle les rejeta très-loin, et rompit enfin les conférences pour continuer son voyage. Toutes sortes de difficultés entravèrent son passage; aucun yacht royal, aucune frégate n'était là pour recevoir la reine d'Angleterre, et Caroline dut enfin s'embarquer sur un paquebot. Elle arriva à Douvres le 4 juin 1821. Le peuple accourut sur le port pour la recevoir et la saluer de ses acclamations; pendant tout le trajet de Douvres à Londres, Caroline fut accueillie avec enthousiasme; sa marche et son entrée dans sa capitale ressemblèrent à un triomphe. Mais cet accueil sembla redoubler la haine du roi loin de l'apaiser; ce fut vainement que Caroline se présenta au couronnement le 19 juillet 1821; l'entrée lui fut interdite aux portes de l'abbaye; et bientôt lord Castlereagh, à la barre des communes, vint en personne fulminer un nouvel acte d'accusation contre la reine Caroline. Une commission d'enquête fut instituée, et le procès le plus scandaleux dont l'histoire ait gardé le souvenir commença : de misérables témoins furent recrutés en masse dans les casinos et les cabarets; on les conduisit en Angleterre; et, malgré tous les efforts de Georges IV, rien ne put encore être éclairci; enfin la commission d'enquête, fatiguée de ces débats, et croyant à l'innocence de Caroline, proposa de remettre à six mois la lecture d'un bill déjà lu une fois; le dénoûment du procès n'était plus douteux. Georges IV partit sur ces entrefaites pour l'Ecosse, et Caroline se préparait aussi à voyager lorsque la mort la surprit inopinément dans cette même année 1821, et termina une malheureuse vie pleine d'angoisses et de douleurs. Le peuple de Londres, comme pour protester contre les iniquités qui avaient flétri son existence, suivit son cercueil jusqu'à sa dernière demeure.   ACHARD.

CAROLINE BONAPARTE (MARIE-ANNONCIADE), la plus jeune des sœurs de Napoléon, naquit à Ajaccio le 26 mars 1782. Elle était d'une rare beauté et de l'esprit le plus brillant. Lorsque la famille Bonaparte fut obligée de quitter la Corse, Caroline vint à Marseille avec sa mère et ses sœurs; elle ne fut pas moins exposée que ses aînées aux traits de la médisance. Très-jeune encore à l'époque où commençait la fortune de son frère, elle épousa le général Leclerc, qu'elle suivit à Saint-Domingue. Leclerc mort, la jeune veuve revint en France; les attentions marquées et les consolations que le général Humbert lui prodigua pendant la traversée déplurent au premier consul, causèrent la disgrâce de cet officier, et donnèrent lieu à ce quolibet qui faisait allusion à l'état primitif de Leclerc : Elle a pleuré un quart d'heure (un cardeur) son mari. Elle fut alors recherchée en mariage par le prince de Santa-Croce, riche seigneur italien; mais Joséphine, épouse de Napoléon, favorisait les prétentions de Murat sur la main de Caroline. Le premier consul hésita longtemps avant de donner son consentement en faveur de ce dernier : *Le fils d'un aubergiste !* s'écriait amèrement Bonaparte. Il céda enfin, et, quand le mariage fut décidé, il se montra d'autant plus satisfait que dans l'empressement de sa femme à le faire conclure il crut voir une preuve de la fausseté des rapports que Junot lui avait faits sur l'intimité qui régnait entre Murat et Joséphine. Ce mariage fut célébré sans pompe au commencement de 1800 au palais du Luxembourg qu'habitait alors le premier consul. Celui-ci n'avait pu compter que 30,000 fr. de dot à sa sœur ; mais Murat, qui avait foi en l'avenir de son général, n'en reçut pas moins comme une précieuse récompense de ses exploits la main de Mlle Bonaparte. il était alors commandant de la garde consulaire, et devint successivement gouverneur de Paris, maréchal, prince, grand amiral, grand-duc de Berg et enfin roi de Naples en 1808. Sa femme se montra digne de tous ces honneurs par sa bienfaisance et par une grande habileté administrative qu'elle eut occasion de déployer toutes les fois que son vaillant époux, appelé aux combats, lui laissait la régence (1). Elle protégea les arts, restaura le riche musée des antiques de Naples, activa les fouilles de Pompéia, et fonda pour trois cents jeunes demoiselles une maison d'éducation dont elle défrayait presque toute la dépense sur ses revenus particuliers. Les divers établissements qu'elle avait formés furent tous conservés par le roi Ferdinand lorsqu'il revint à Naples. Murat ne pouvait méconnaître la supériorité intellectuelle de Caroline ; mais elle la lui faisait trop sentir, et exerçait sur lui un despotisme intolérable. Joséphine fit tout ce qu'elle put pour lui inspirer plus de douceur. « Quoi, lui écrivait-elle, vous faites pleurer ce pauvre Murat ! Passe encore pour déposer à vos pieds ses armes victorieuses ; Hercule filait auprès d'Omphale, mais il n'y pleurait pas. A tant de moyens de plaire, pourquoi préférez-vous de commander ? etc. » Murat tout en se soumettant se sentait humilié ; il craignait le ridicule de passer pour l'esclave de sa femme, et lui disait quelquefois avec colère, et en faisant allusion au mari de la princesse Elisa, sœur de Caroline : « Me prends-tu pour un Bacciochi ? Suis-je un Bacciochi, moi ? Non, tu ne feras jamais de moi un Bacciochi ! » La désaffection de Murat date de l'époque où Napoléon déclara par un décret que tous les citoyens français étaient de droit citoyens des Deux-Siciles. Il en eut un accès de rage, et la reine eut beaucoup de peine à le calmer. De plus il était jaloux, et la conduite de sa femme, qu'il aimait, ne laissait pas de donner lieu à des interprétations malignes. Ce fut, dit-on, la cause qui le détermina le 17 janvier 1813 à quitter subitement, à Posen, les débris de la grande armée, dont il remit le commandement au vice-roi d'Italie, Eugène Beauharnais. Il avait reçu des rapports qui l'alarmèrent pour son honneur ; il traversa rapidement l'Allemagne et l'Italie. En arrivant dans son royaume, il ne se rendit pas directement à Naples ; sa famille l'attendait à Caserte. Quelques destitutions dans l'intérieur du palais parurent confirmer les bruits qui s'étaient répandus. Un duc napolitain, écuyer depuis longtemps de service, reçut l'ordre de s'éloigner, et, peu de jours après, de se rendre à son régiment. La mésintelligence entre les deux époux s'accrut, et Murat devint de plus en plus hostile à son beau-frère, que d'ailleurs il croyait sur le penchant de sa ruine. Si l'on en croit *le Mémorial de Sainte-Hélène*, Caroline ne fit pas tout ce qu'elle put pour empêcher son mari de se déshonorer par sa lâche défection. Indignée de cette conduite, Mme Lætitia, mère de Bonaparte, repoussa depuis 1814 toutes les justifications de sa fille, qui ne cessait de répéter qu'après tout il n'y avait pas de sa faute, qu'elle n'y était pour rien, qu'elle n'avait pu commander à son mari. « Mais Madame, disait Napoléon, répondait comme Clytemnestre. *Si vous n'avez pu le commander, vous auriez dû le combattre ; or, quels combats avez-vous livrés ? quel sang a coulé ? Ce n'est qu'au travers de votre corps que votre mari devait percer votre frère, votre bienfaiteur, votre maître.* » Lorsque le moment fatal arriva où Caroline dut descendre du trône qu'elle avait occupé pendant sept années, elle montra beaucoup de fermeté. Pour épargner à Naples une sanglante émeute qu'elle prévoyait, elle ne voulut s'éloigner que peu d'heures avant l'arrivée des Autrichiens, et prit toutes les mesures nécessaires pour comprimer la populace ; malgré ses sages précautions, l'émeute éclata, mais fut aussitôt étouffée par la garde nationale. Dans le traité que fit la reine déchue avec le commodore Campbell, alors en rade de Naples, ce ne fut qu'a-

près avoir stipulé des garanties pour les intérêts des Napolitains qu'elle stipula pour les siens propres, c'est-à-dire pour la conservation de ses propriétés personnelles et particulières ; ce qui n'empêcha pas le roi Ferdinand de lui en refuser la restitution ; et même un mobilier précieux, considérable, d'une valeur de plusieurs millions, qu'elle avait fait venir de France et acquis de ses propres deniers, existe encore dans les palais de Naples, de Portici, etc., malgré ses réclamations. Les Anglais eurent alors la satisfaction de déporter en Autriche une seconde reine de Naples. Caroline était à peine arrivée au lieu de son exil lorsqu'elle reçut cette lettre touchante écrite par Murat peu d'instants avant sa mort le 13 octobre 1815 : « Ma chère Caroline, ma dernière heure est sonnée : encore quelques instants, j'aurai cessé de vivre ; tu n'auras plus d'époux, et mes enfants n'auront plus de père. Pense à moi, ne maudis pas ma mémoire. Je meurs innocent ; ma vie n'a été souillée par aucune injustice. Adieu, mon Achille ; adieu, ma Lætitia ; adieu, mon Lucien ; adieu, ma Louise ; montrez-vous toujours dignes de moi. Je vous laisse sans biens, sans royaume, au milieu de mes nombreux ennemis ; restez toujours unis ; montrez-vous supérieurs à l'adversité, et pensez plus à ce que vous êtes qu'à ce que vous étiez. Que Dieu vous bénisse ! Souvenez-vous que la plus vive douleur que j'éprouve dans mes derniers moments est de mourir loin de mes enfants. Recevez ma bénédiction paternelle, mes larmes et mes tendres embrassements. N'oubliez pas votre malheureux père. » Depuis cette terrible époque, Caroline, qui avait pris le nom de comtesse de Lipano, habita l'Autriche où la retenaient des conventions faites entre les puissances. Elle y pratiqua constamment les plus douces vertus privées. L'ordre et l'économie rendirent sa médiocre fortune suffisante à son existence et à celle de ses enfants, dont elle surveilla l'éducation avec soin. En 1836, il lui fut permis de venir à Paris ; elle y réclama une indemnité pour le château de Neuilly qui lui avait appartenu, et obtint par une loi une pension viagère de 100,000 fr., dont elle ne jouit pas longtemps. Elle mourut à Lyon en 1839. L'historien Tacite a remarqué, à la louange d'Auguste, que jamais cet empereur ne porta la sévérité jusqu'à faire périr aucun de ses proches : *in nullius unquam suorum necem duravit.* Napoléon fit mieux : il aima tous les siens, et sa jeune sœur Caroline n'eut pas la moins considérable part à cet attachement dont il se plaisait à donner des témoignages jusque dans ses derniers moments.   CH. DU ROZOIR.

CAROLINÉE, s. f. (*botan.*), genre de plantes de la famille des malvacées.

CAROLINES (ILES). Elles forment dans la mer du Sud une longue chaîne sous le 10e degré de latitude nord, ainsi qu'au sud et au nord de ce parallèle, depuis les îles Pelew jusqu'aux Mulgraves. On les appelle aussi *Nouvelles-Philippines*. Malte-Brun, dans son atlas, réserve le dernier nom aux îles orientales de cette chaîne, et appelle les autres *Carolines :* cette distinction n'a pas été adoptée en géographie. Cependant on désigne sous des dénominations différentes quelques groupes de ces îles. A l'exception des principales, les Carolines sont petites, basses, entourées de récifs et peu riches en productions, ce qui fait qu'elles sont peu fréquentées par les navigateurs, et qu'après avoir été découvertes par les Espagnols à diverses époques, en 1543 et en 1686, elles ont été peu visitées par cette nation, qui s'était contentée d'y envoyer des missionnaires. Récemment l'amiral russe Siniavine, les navigateurs français Duperrey et d'Urville, et le capitaine américain Benj. Morell, ont visité quelques îles. On y trouve deux races d'insulaires : l'une a le teint cuivré, la chevelure longue et noire, le corps souple et svelte, des traits assez réguliers ; elle se tatoue, parle un dialecte du tagali, langue des Philippines, construit des maisons sur des pilotis à cause des inondations, et fréquente dans ses prohs, ou navires légers, les îles Mariannes. Ces traits s'appliquent principalement aux insulaires d'Awalan. L'autre race, plus lourde et moins intelligente, ressemble aux nègres. Le capitaine Morell fait un portrait charmant des femmes du groupe de Bergh. « Elles semblent à tous égards, dit-il, admirablement formées pour les plaisirs de l'amour, » et pourtant il assure qu'elles sont chastes et fidèles. Selon le même navigateur, les îles qu'il a visitées ont des cocotiers et des arbres à pain d'une grosseur prodigieuse, ainsi que du bois de sandal ; elles pourraient produire du café, du sucre et du poivre ; ce seraient, dit-il, des jardins délicieux si elles étaient bien cultivées. D'autres îles, n'offrant que peu de ressources, ont à peine des habitants. On trouve dans les Carolines la biche de mer, des huîtres perlières, des tortues vertes ; la pêche a fourni jusqu'à présent le principal aliment aux insulaires ; leurs vêtements consistent en tissus d'herbes,

---

(1) « Caroline est fort habile et fort capable, » disait Napoléon dans ses conversations à Sainte-Hélène.

faits par les femmes. La plupart des îles ont leurs chefs, qui se font souvent la guerre.

CAROLINS (LIVRES). Le concile de Nicée en Bithynie, assemblé par l'impératrice Irène en 787, rétablit le culte des images, aboli naguère dans l'empire grec par les souverains iconoclastes. Le pape Adrien, satisfait de ce concile et de la part que ses légats y avaient prise, s'empressa d'en envoyer les actes à Charlemagne. Sa surprise et sa douleur furent extrèmes de voir que Charlemagne, loin d'y applaudir, composa ou fit composer, par les évèques de sa domination, auxquels il avait donné ces actes à examiner, un ouvrage, dans lequel il rejetait les décisions du second concile de Nicée, comme contraire à l'usage et à l'opinion de l'Eglise d'Occident, et s'efforçait de prouver que ce concile ne pouvait pas être regardé comme œcuménique. Cet ouvrage, que nous avons, et qui est connu sous le nom de *Livres Carolins*, n'est ni sans fiel, ni même sans quelques légères erreurs : il respire en plus d'un endroit la prévention et l'aversion contre les Grecs. L'auteur, quel qu'il soit, ne montre pas toute l'érudition ecclésiastique nécessaire, lorsqu'il avoue qu'il ne connaît ni la personne ni les écrits de saint Grégoire de Nysse, dont l'autorité était réclamée par le concile de Nicée. Au reste, l'erreur principale de Charlemagne et de ses évèques, sur la doctrine de ce concile, était très-naturelle : elle venait de l'impéritie du traducteur des actes. On y avait lu, avec autant de d'étonnement que de scandale, cette formule : « Je reçois et j'honore les images, et je leur rends la même adoration que je rends à la sainte Trinité. » On jugea, chez les Francs, que la haine pour les iconoclastes avait jeté les pères de Nicée dans l'idolàtrie. L'original grec portait au contraire : « Je reçois et j'honore les saintes images ; mais je ne rends qu'à la seule Trinité l'adoration de latrie, » ce qui était conforme à la doctrine que l'Eglise avait professée dans tous les temps (*V.* ICONOCLASTES et CONCILES DE NICÉE.

CAROLUS (numism.), ancienne monnaie de billon, tenant un peu d'argent, frappée sous Charles VIII, qui régnait en 1483. Ces *grands blancs* portaient un K couronné : c'était en ce temps-là la première lettre du mot Karolus, d'où elle a tiré son nom. Les carolus eurent cours pour dix deniers tournois, lorsque le denier tournois cessa de les valoir. Quoique cette monnaie n'eût point passé le règne de Charles VIII, et que Louis XII l'eût décriée, elle se convertit en monnaie de compte, et le peuple se servit longtemps du terme de carolus, pour la somme de dix deniers, quoiqu'il n'y eût plus d'espèce qui valùt cette somme. On lit encore dans les fables de la Fontaine : un *carolus*, un *ducaton*. Cette petite monnaie avait été d'une valeur plus haute, suivant qu'elle tenait plus ou moins de fin. On fabriqua des carolus particulièrement en Lorraine, au titre, depuis cinq deniers vingt grains, jusqu'à trois deniers un grain. Ceux qui furent faits en Dauphiné, au lieu des fleurs de lis qui sont à côté du K, avaient des dauphins, et ceux qu'on fabriqua en Bretagne, des hermines. Ceux qui se mettaient encore dans le commerce, vers 1750, passaient sur le pied des sous de France de douze deniers. Il y a eu beaucoup de différents carolus dans plusieurs Etats de l'Europe : presque tous ont été de billon tenant argent, au plus haut titre de cinq deniers deux grains, et au plus bas de deux deniers, excepté le carolus d'Angleterre, pièce d'or assez forte, frappée sous Charles Iᵉʳ, dont elle porte le nom et l'effigie. Elle a eu cours pour vingt-trois schellings ; quoiqu'on prétende que d'abord elle n'ait valu que vingt schellings. Les demi-carolus ont eu différentes valeurs et différents titres, à proportion de ceux des carolus : ceux à trois fleurs de lis en barre, qu'on appelait demi-carolus vieux, tenaient trois deniers quinze grains de fin, et les neufs seulement deux deniers six grains. DUM.

CARON, s. m. (technol.), en termes de charcutier, se dit d'une bande de lard à laquelle on a ôté la partie maigre.

CARON, chef des Celtibériens et des Numantins confédérés pour secouer le joug de Rome, se mit à la tète de vingt mille fantassins, et de cinq mille chevaux, marcha contre le consul Quintus Fulvius, lui livra bataille, et le défit ; mais, emporté par son ardeur à la poursuite des fuyards, il fut chargé par la cavalerie romaine, et mourut, les armes à la main, l'an 153 avant J.-C.

CARON (LOYS LE), jurisconsulte, changea son nom en celui de *Charondas*, législateur ancien, et signait *Carondas le Caron*. Né à Paris en 1536, il s'adonna d'abord à la poésie française. Il fit paraître dès l'année 1534, en un volume in-8°, à Paris, le recueil de ses vers. On trouve dans ce volume, qui n'a guère d'autre mérite que celui d'une grande rareté, un poème en vers de dix syllabes, intitulé : *le Démon d'amour, des sonnets, des odes, des épigrammes,* qu'il avait composés à la louange

d'une maîtresse véritable ou imaginaire, à laquelle il donne le nom de *Claire.* Il la célébra encore dans soixante-dix *sonnets,* qu'il fit imprimer la même année sous le titre de *Clarté amoureuse,* à la suite d'un dialogue en prose, intitulé : *la Claire,* ou *la Prudence de droit,* in-8°. On peut juger, par les insipides allusions qu'il fait au nom de sa maîtresse, même dans les titres de ses ouvrages, qu'il n'épargne point les jeux de mots. Il renonça prudemment à la poésie pour se livrer entièrement à l'étude du droit, et il se fit une réputation très-étendue dans son temps, comme jurisconsulte. Après avoir fréquenté le barreau, il fut pourvu de la charge de lieutenant au bailliage de Clermont en Beauvoisis, et il l'exerça jusqu'à sa mort, arrivée en 1617. Il employa ses loisirs à composer des ouvrages, dont on trouvera les titres dans les *Bibliothèques* de Lacroix du Maine et de Duverdier : les principaux sont : 1° le *Grand Coutumier de France,* Paris, 1598, in-4° ; 2° *Coutume de Paris, avec des commentaires,* 1598, in-4°, 1605 et 1613, in-fol. ; 3° ses *OEuvres,* Paris, 1637, 2 vol. in-fol. Il écrivait en latin et en français avec une grande facilité. Il s'est exercé sur toutes sortes de sujets. On a de lui des traités de philosophie, des discours, des panégyriques et des ouvrages de droit. Ces derniers sont les seuls qui aient eu quelque réputation.

CARON (RAIMOND), récollet irlandais, né en 1605, dans le conté de Westmeath, fut commissaire général des récollets dans toute l'Irlande, et mourut à Dublin au mois de mai 1666. Il est auteur des écrits suivants : 1° *Roma triumphans septicollis, quæ nova hactenus et insolita methodo comparativa tota fides romano-catholica clarissime demonstratur, atque infidelium omnium argumenta diluuntur,* Antuerpiæ, 1635 , in-12. 2° *Apostolatus evangelicus missionariorum regularium per universum mundum expositus,* Antuerpiæ, 1655, in-12, Paris, 1659, in-8°. 3° *Controversiæ generales fidei contra infideles omnes judæos, mahometanos, paganos et cujuscumque sectæ hæreticos,* Paris, 1660. 4° *La Fidélité soutenue et la nouvelle remontrance ou allégeance du clergé et des laïques irlandais, confirmée et prouvée par l'autorité des Ecritures, des Pères, des commentateurs, des papes, des canons, etc., avec une courte réponse à la harangue et aux objections du cardinal du Perron,* Londres, 1662. 5° *Remonstrantia Hibernorun contra lovamentes, ultramontanasque censuras, de incommutabili regum imperio, subditorumque fidelitate et obedientia indispensabili ex sanctis Scripturis, Patribus, theologis, etc., vindicata, duplici cum appendice, etc.,* Londres, 1665, in-fol. 6° *Ad pontificem maximum Alexandrum VII querimonia.* 7° *De sacerdotio et imperio,* lib. 2. 8° *De canone SS. Scripturæ contra episcopum Dunelmensem.* Ces deux derniers ouvrages n'ont pas été imprimés.

CARON (FRANÇOIS), naquit en Hollande de parents français, qui étaient trop pauvres pour pouvoir lui faire donner aucune éducation. Il fut, très-jeune, embarqué à bord d'un navire qui allait au Japon. Il paraît, d'après Kaempfer, qu'il remplissait les fonctions de cuisinier ; pendant le voyage, il fut commis à la garde des provisions. Mais, accablé par les mauvais traitements que lui faisait essuyer le capitaine, il se cacha lors du départ du navire, et resta au sein de la colonie. Les employés de la compagnie hollandaise s'intéressèrent à lui, le voyant si jeune, et lui apprirent à lire, à écrire et à compter. Caron, qui avait reçu de la nature d'heureuses dispositions, profita rapidement de cette instruction incomplète, à laquelle il joignit la connaissance du japonais. La facilité avec laquelle il parlait cette langue lui fut très-utile et le conduisit à de meilleurs emplois. Grâce à son aptitude aux affaires commerciales et à l'intelligence dont il faisait preuve dans toutes les occasions, il obtint un avancement rapide. La compagnie le nomma directeur du commerce et membre du conseil des Indes. Mais, ayant plus tard sollicité un poste plus éminent, il éprouva un refus, qui le blessa si profondément qu'il ne tarda pas à quitter le Japon. Il se trouvait en 1644 à Ceylan, lorsque Colbert, qui voulait faire participer la France au commerce des Indes, cherchait des hommes capables et versés dans la connaissance de ce commerce pour les mettre à la tête de l'entreprise qu'il projetait. On lui parla de Caron, et Caron fut nommé en 1666 directeur général de la compagnie : on lui adjoignit, sous le titre de marchands, quatre Hollandais et quatre Français, qui avaient à leur tête le sieur Lafaye. Les droits des marchands étaient égaux ; cependant, dans les cérémonies où tous devaient figurer, les Français devaient avoir le pas sur les Hollandais. Cette prééminence fut le germe de dissensions intestines qui divisèrent la petite société dès le berceau. La flotte française qui était chargée de jeter les bases de l'entreprise et de protéger ses premiers efforts fut envoyée à Madagascar en 1667. La colonie qui y avait été fondée se trouvait dans un déplorable état, étant sans cesse en butte aux attaques des indigènes. Caron offrit de partir pour Surate, où il se rendit en effet vers la fin de 1667 pour nouer des relations commerciales ; bientôt après il expédia à Madagascar un vaisseau richement chargé, et les affaires de la compagnie commencèrent à prospérer. Le commandant de la flotte française, Delahaie, lui remit en 1671, le cordon de l'ordre de Saint-Michel, faveur d'autant plus précieuse que Caron n'avait pas cessé d'appartenir à la religion réformée. En 1672, il partit, avec le commandant Delahaie, pour l'île de Ceylan, où on se proposait de fonder un établissement à Trinquemalé ; on commença à y travailler au mois de mars, mais des maladies et d'autres obstacles firent abandonner la colonie en juillet. Plus tard, Caron accompagna Delahaie à la prise de Meliapon. Mais pendant ce temps les nombreux ennemis qu'il s'était faits durant son administration et ceux que sa fortune lui avait suscités agissaient contre lui en France ; ils parvinrent à le discréditer, et Caron reçut ordre de se rendre à Paris ; on prit prétexte, pour motiver cet appel, des besoins qu'on avait de ses conseils sur les affaires des Indes ; peut-être ne voulait-on pas le condamner sans l'entendre. Caron partit avec joie, sans se douter de ce dont il était menacé ; il avait déjà franchi le détroit de Gibraltar lorsqu'un navire qui venait de Marseille lui apprit dans quelles dispositions on était au ministère. Caron fit immédiatement rebrousser chemin à son vaisseau et se dirigea vers Lisbonne. Il était déjà mouillé et avait reçu une visite de M. Saint-Romain, qui était alors ambassadeur de France à la cour du Portugal, quand son vaisseau toucha contre un rocher et s'engloutit avec Caron et toutes les immenses richesses qu'il rapportait des Indes. Un de ses fils parvint à se sauver. On a de Caron une *Description du Japon* en hollandais, imprimée à la Haye en 1656, in-4°, avec figures. Elle se trouve en français dans Thévenot et dans le tome 4 du *Recueil des voyages au nord*.　　ACHARD.

CARON (NICOLAS), né à Amiens en 1700, apprit à graver sur bois de Michel Papillon, qui est regardé comme le restaurateur de cet art. Les talents de Caron n'étaient pas bornés à la gravure ; il avait étudié la géométrie, la mécanique, et avait fait dans ces sciences du progrès très-remarquables. En 1759, il fut reçu membre de la société littéraire militaire de Besançon (*V.* pour ce qui concerne cette société l'article SERAN DE LA TOUR), et il mettait la dernière main à quelques ouvrages qui auraient ajouté à sa réputation, lorsqu'un accident épouvantable vint détruire toutes ses espérances et le plonger dans le plus grand des malheurs. Il avait entrepris un petit voyage pour se délasser de ses travaux ; étant entré dans une auberge où se trouvaient alors quelques chasseurs, il prit un de leurs fusils, et en le maniant tua un homme qui était en face de lui. Arrêté et conduit en prison, il lui fut facile de se justifier ; mais l'homme qu'il avait tué était un père de famille, et on le condamna à des dédommagements considérables envers ses enfants : il ne put les payer, fut retenu à la Conciergerie, y languit plusieurs années, et mourut en 1768. Papillon dont Caron était très-supérieur aux autres artistes de son temps, et que, s'il se fût appliqué à dessiner la figure, il aurait pu égaler les Lesueur. Il avait gravé les planches d'un dictionnaire héraldique, et composé une *Méthode géométrique pour diviser le cercle* et une *Table pour faciliter l'extraction des racines*. On trouvera des gravures de cet artiste au cabinet des estampes, n° 1028, entre autres son portrait à grosses tailles ; mais son chef-d'œuvre dans ce genre est le portrait de Papillon placé au - devant du *Traité de la gravure en bois*, et qu'on attribua dans le temps à Papillon lui-même.

CARON (JEAN-CHARLES-FÉLIX), né en 1745 dans le diocèse d'Amiens, vint à Paris, et fut, en 1782, nommé chirurgien en chef de l'hôpital Cochin, Il s'occupa avec ardeur des moyens de guérir le croup ; et en 1812 il déposa chez un notaire une somme de mille francs pour être donnée en prix à l'auteur du meilleur mémoire sur cette maladie. Il mourut à Paris le 19 août 1824. Il a laissé plusieurs ouvrages, entre autres : 1° *Dissertation sur l'effet mécanique de l'air dans les poumons pendant la respiration*, Paris, 1798, in-8° ; 2° *Traité du croup aigu*, 1808, in-8°.

CARON DE BEAUMARCHAIS (PIERRE-AUGUSTIN), connu dans la littérature sous le nom de *Beaumarchais*, que nous lui donnerons exclusivement dans cet article, naquit à Paris le 24 janvier 1732. Il était fils d'un horloger qui le destinait à sa profession. Il s'y adonna d'abord sans négliger les études littéraires et celle des mathématiques appliquées à la mécanique. Ce fut avec quelque succès ; on lui doit l'invention d'une nouvelle espèce d'échappement, « première preuve, dit la

Harpe , et premier essai de cette sagacité naturelle qui peut s'étendre à tout. » Cette découverte, assez importante pour qu'un compétiteur la lui disputât, lui fut définitivement adjugée par l'académie des sciences. L'esprit vif dont la nature avait doué le jeune Beaumarchais ne s'accommoda pas longtemps d'un travail manuel. Passionné pour la musique, il se mit à l'étudier, et devint en peu de temps d'une habileté supérieure sur la guitare et sur la harpe, dont il perfectionna le mécanisme. Il publia quelques légères productions musicales qui eurent alors de la vogue, et mirent à la mode comme un amateur très-agréable. Mesdames de France , Adélaïde , Sophie et Victoire, filles de Louis XV , furent curieuses de l'entendre : elles s'occupaient beaucoup de musique, et donnaient chez elles des concerts où assistait quelquefois le roi leur père. Beaumarchais fut admis à ces concerts : les princesses le prirent pour maître de harpe et de guitare , quoiqu'il n'eût jamais donné de leçons. Il n'était point de ces gens qui ne mettent leurs talents que dans leur art ou dans leurs livres, et ne savent pas se servir de leur esprit dans le monde ; aussi, grâce à ces relations si fort au-dessus de sa naissance et de ses habitudes, il acquit bientôt l'usage et l'aplomb d'un homme de cour, et ses augustes écolières l'admirent dans leur intimité. Un prince qui aimait à s'instruire, et qui fut trop tôt enlevé à la France, le dauphin fils de Louis XV, rencontrant Beaumarchais chez les princesses ses sœurs, ne manqua pas cette occasion d'entretenir un homme d'esprit ; il goûta Beaumarchais *parce qu'il lui disait la vérité*. C'est le témoignage que lui rendit ce prince. Cette heureuse position fit à Beaumarchais beaucoup de jaloux ; un jour, un jeune seigneur, dans l'intention de l'humilier, lui dit : « M. Caron, ma montre est dérangée ; voyez donc , je vous prie, ce qui peut y manquer ; vous devez vous y connaître. » Beaumarchais prit la montre, et, la laissant tomber comme par mégarde, « Ah! pardon, monsieur, dit-il à l'impertinent ; mon père m'avait bien dit que je ferais toujours un méchant ouvrier. » Il dut à ces augustes protections l'intimité du fameux financier Pâris Duverney , à qui l'on fit promettre *de faire la fortune de ce jeune homme*. Duverney s'y prêta d'autant plus volontiers, qu'il était déjà obligé de celui qu'on lui recommandait si chaudement. Il avait souhaité passionnément, mais en vain, pendant neuf ans, que Louis XV allât visiter l'école militaire dont il était le fondateur ; et l'on imagine sans peine, si l'on se reporte à ce temps-là , quelle noble espèce d'intérêt et d'ambition ce vieillard, comblé d'ailleurs de tous les biens, pouvait mettre à ce que le monarque l'honorât d'une visite. Beaumarchais sut plaider cette cause auprès de Mesdames, et obtint de leur bienveillance qu'elles donnassent à leur père un exemple qu'il voulait bien imiter. En effet, la visite des princesses fut aussitôt suivie de celle du roi, qui vint prendre à l'école militaire une collation magnifique. Duverney, transporté de cette démarche qui était pour lui la récompense d'une vie toute employée au service du monarque, versa des larmes de joie. C'était alors et ce devait être un événement qu'une pareille visite, car le roi Louis XV prodiguait peu sa présence. Ajoutons que si la guitare et la harpe avaient introduit Beaumarchais chez Mesdames, il ne pouvait faire de son ascendant un usage plus noble et mieux entendu. Cette fortune que Duverney voulait procurer à son protégé ne fut pas cependant à l'abri des obstacles. Le protecteur vers la fin de sa vie perdit à peu près son crédit. Il ne laissa pas de faire pour Beaumarchais, devenu son ami, tout ce qu'il lui vait encore. Il lui avança 500,000 livres pour acheter une charge qui ne put être obtenue ; le fit entrer dans une entreprise de bois qui ne put être suivie. Beaumarchais ne retira de tant de bonne volonté qu'environ 100,000 livres d'un intérêt dans les vivres ; un capital de 60,000 livres placé en viager sur Duverney lui-même, et une charge de secrétaire du roi qu'il fut obligé de revendre pour faire face à d'autres arrangements. Mais le principal avantage qu'il recueillit de cette liaison avec Duverney fut de se reconnaître , auprès d'un tel maître en finances , le génie des affaires. Dépositaire de toute la confiance du vieillard, chargé du maniement de ses fonds, il apprit la science du grand commerce et s'y attacha, comme à tout ce qu'il faisait, avec la vivacité d'un esprit ardent, entreprenant, infatigable. Beaumarchais était en outre pourvu d'une lieutenance des chasses, et ce fut à la fermeté avec laquelle il sut remplir ses fonctions à l'égard du prince de Conti, les officiers avaient commis un délit de chasse, qu'il dut l'estime et plus tard l'affection de ce prince. Beaumarchais avait en peu d'années épousé deux veuves fort riches ; il n'eut rien de l'une quoiqu'elle

<hr>

(1) *Cours de littérature.*

lui eût donné beaucoup, parce qu'il oublia de faire insinuer le contrat. Il hérita de l'autre qu'il adorait, et qui lui laissait un fils qu'il perdit peu de temps après. La calomnie l'accusa d'avoir empoisonné sa femme. Cette imposture méprisable, imprimée dans les gazettes étrangères, fut avidement accueillie, colportée par les ennemis de Beaumarchais. « Je me rappelle fort bien de n'y avoir jamais cru, dit la Harpe dans le *Cours de littérature;* mais, quand je vis l'homme au bout de quelques années, je disais comme Voltaire quand il lut ses *Mémoires : Ce Beaumarchais n'est point un empoisonneur; il est trop drôle* (1); et j'ajoutais ce que Voltaire ne pouvait savoir comme moi : *Il est trop bon,* il est trop sensible, trop ouvert, trop bienfaisant pour faire une action méchante, quoiqu'il sache fort bien écrire des malices très-gaies contre ceux qui lui en font de très-noires.»
— Beaumarchais a dit dans une de ses lettres : « Après le travail forcé des affaires, chacun suit son attrait dans ses amusements : l'un chasse, l'autre boit, celui-là joue; et moi qui n'ai aucun de ces goûts, je broche une pièce de théâtre. » C'est donc dans ses moments de loisirs qu'homme d'affaires et spéculateur avant tout, il devint homme de lettres, et dans cette carrière encore, comme dans le monde, il prit une allure qui n'était qu'à lui, et qui dès l'abord le fit sortir de la foule. Son début fut un drame en trois actes, *Eugénie*, dont le sujet a le plus grand rapport avec une aventure arrivée en Espagne à la sœur de Beaumarchais, où lui-même joue le rôle le plus avantageux, et qu'il raconta depuis avec le plus vif intérêt dans ses *Mémoires.* Il est vrai qu'il dit dans la préface d'*Eugénie* que le sujet est tiré d'un roman de le Sage, *le Diable boiteux* (2), c'était sans doute pour dérouter le lecteur. Cette comédie du genre larmoyant, représentée le 29 janvier 1767, fut sifflée d'abord; mais l'auteur y fit de grands changements, et à la seconde représentation elle fut vivement applaudie. « Je lirai *Eugénie*, écrivait Voltaire en 1774, ne fût-ce que pour voir comment un homme aussi pétulant que Beaumarchais peut faire pleurer le monde. » *Le* drame était alors sur la scène française un genre nouveau, dont *le Père de famille*, par Diderot, fut le premier exemple. Les partisans de la tragédie grecque, depuis cent cinquante ans en possession de notre théâtre, les admirateurs de Corneille, de Racine, de Crébillon, de Voltaire, jetèrent les hauts cris; ils s'indignèrent de voir Melpomène dépouillée de son cothurne pour devenir une petite bourgeoise. Peut-être n'avaient-ils pas tort de s'opposer à ce premier empiétement : *principiis obsta;* quelques lambeaux de musique intercalés dans le drame ont produit le mélodrame qui, d'abord humble et relégué sur les théâtres secondaires, règne maintenant sur la scène française en maître d'autant plus insolent qu'il n'est qu'un parvenu. Mais revenons à *Eugénie.* Dans la préface de ce drame, Beaumarchais veut établir une poétique nouvelle de l'art; il propose, entre autres ridicules innovations, de remplir les entr'actes par des personnages pantomimes et muets, tels que des valets qui frotteraient un appartement, balayeraient une chambre, nettoieraient des habits ou régleraient une pendule : ce qui n'empêcherait pas l'accompagnement ordinaire des violons de l'orchestre. Cette préface est d'ailleurs un modèle de mauvais goût, de style barbare, et prouve comme tous les écrits littéraires de Beaumarchais des études bien superficielles. Plusieurs auteurs ont, après Beaumarchais, jugé ce sujet très-propre à la scène. Marsollier en a fait un drame en trois actes, intitulé : *Norac et Javolci* (anagrammes de Caron et de Clavijo, nom du jeune Espagnol qui avait figuré dans cette aventure trop réelle). Le drame de Marsollier fut représenté à Lyon devant Beaumarchais lui-même. Le célèbre Lessing en a fait pour le théâtre allemand une tragédie qu'il intitula franchement *Clavijo.* L'*Eugénie* de Beaumarchais se joue encore quelquefois; mais il n'en est pas ainsi des *Deux Amis* ou *le Négociant de Lyon*, autre drame

(1) Voltaire a dit encore dans sa *Correspondance* (lettre à M. le comte d'Argental) : « Je persiste à croire que Beaumarchais n'a jamais empoisonné personne, et qu'un homme si gai ne peut être de la famille de Locuste. » Et dans une autre lettre au même : « Un homme vif, passionné, impétueux, peut donner un soufflet, et même deux soufflets à ses deux femmes, mais il ne les empoisonne pas. » A quoi Beaumarchais lui-même, dans une note de son édition de Voltaire, a répondu, sous le pseudonyme du *correspondant général de la société littéraire typographique* : « Je certifie que de Beaumarchais, battu quelquefois par les femmes, comme la plupart de ceux qui les ont aimées, n'a jamais eu le tort honteux de lever la main sur aucune. »

(2) C'est l'épisode des *Amours du comte de Belflor et de Léonor de Cespédès.* — Le sujet d'*Eugénie* ressemble beaucoup aussi au roman de *Miss Jenny*, par madame Riccoboni, qui, ainsi que Beaumarchais, a mis à profit le roman de le Sage.

qui fut joué le 12 janvier 1770. Le jour de la première représentation, un plaisant mit sur l'affiche à côté de ces mots, *les Deux Amis; par un auteur qui n'en a aucun.* Un plaisant du parterre s'avisa de crier tout haut : *Il s'agit d'une banqueroute; j'y suis pour mes vingt sous;* il n'avait pas tout à fait tort. Cette pièce est oubliée, et elle est assez bien caractérisée dans cette épigramme :

> J'ai vu de Beaumarchais le drame ridicule,
> Et je vais en un mot vous dire ce que c'est :
> C'est un change où l'argent circule
> Sans produire aucun *intérêt.*

Si la chute des *Deux Amis* dut causer à Beaumarchais un déplaisir assez vif, il en fut amplement dédommagé trois ans plus tard, en 1773, par le succès d'un genre tout nouveau, mais qu'il acheta par bien des tribulations et même des périls. Ces succès il les dut aux trois procès qu'il eut à soutenir de 1770 à 1781; le premier contre le comte de la Blache, légataire universel de Paris Duverney; le second contre le juge Goëzman qui n'en était qu'un incident, mais plus sérieux que le principal; et enfin le troisième contre le banquier Kornman. Il finit par les gagner tous trois aussi complètement qu'il est possible; il commença par perdre les deux premiers. Tous trois furent suscités par la haine beaucoup plus que par un intérêt litigieux, et tous trois, par un concours de circonstances particulières, fixèrent les regards de la France et de l'Europe. Ils mettaient en spectacle celui qu'on mettait en cause; or, comme les affaires de diffamation ont, ainsi que les procès politiques, ce privilège que l'opinion publique y intervienne, faisant et rendant justice, tantôt corrigeant les arrêts, tantôt les annulant, les trois procès de Beaumarchais devinrent la grande affaire du jour. Le fond du premier était assez léger. Beaumarchais réclamait à la succession Paris Duverney une somme de 15,000 livres. Le comte de la Blache, légataire universel, prétendait qu'au contraire Beaumarchais redevait 150,000 livres; prétention à laquelle celui-ci opposait les comptes les plus clairs. Il n'était nullement naturel que pour une somme de 15,000 livres un jeune homme, un homme de qualité, légataire de plus d'un million, s'acharnât à un long procès dont l'ennui seul devait le dégoûter quand même il eût été meilleur; dont les fatigues devaient le rebuter, et dont enfin il pouvait craindre la défaveur et même la ruine. Mais il se trouva que cet homme *haïssait Beaumarchais comme un amant aime sa maîtresse.* C'étaient ses expressions. Il avait juré de perdre ou tout au moins de ruiner ce *Beaumarchais*, parce qu'il ne croyait pas très-difficile de faire passer pour un fripon celui qui passait déjà pour un *monstre* : car tels étaient les effets de la calomnie! Il disait tout haut *qu'il y mangerait cent mille écus, s'il le fallait.* Il avait pour lui tous les moyens de crédit, et Beaumarchais avait perdu les siens. Ses premiers protecteurs n'étaient plus ou avaient changé à son égard. Outre Paris Duverney, le dauphin et la dauphine étaient descendus dans la tombe. Mesdames, en attestant son honnêteté et leur satisfaction de sa conduite avaient cru devoir déclarer qu'elles ne prenaient aucun intérêt à son procès. « D'abord, comme l'observe la Harpe, parce que cela était juste en soi, et qu'une si haute protection doit s'éloigner elle-même des tribunaux, » et sans doute aussi parce que Beaumarchais, naturellement fort avantageux, s'était indiscrètement targué de cette protection. Toutes ces causes réunies firent de ces différents procès de vrais combats à mort, qui n'allaient à rien moins qu'à détruire son existence morale et civile, à le déshonorer. Il perdit donc son procès au *parlement Maupeou;* c'était ainsi qu'on appelait la magistrature nouvelle substituée par le chancelier aux anciens parlements. L'arrêté de compte entre Paris Duverney et Beaumarchais, que produisait celui-ci, fut regardé sinon comme faux, du moins comme insignifiant; et tous les biens de Beaumarchais furent saisis pour des sommes que répétait sur la succession son adversaire triomphant. Pendant qu'il plaidait en justice réglée, le *gouvernement* l'avait fait mettre à Saint-Lazare pour une autre querelle avec un grand seigneur, le duc de Chaulnes, qui lui disputait une courtisane; et, quoique Beaumarchais eût gardé dans cette rixe tout l'avantage du sang-froid et de la fermeté, cela n'avait servi qu'à confirmer dans le public les idées trop répandues sur une espèce d'audace, qui chez lui approchait de l'insolence. Il se vit donc à la fois privé de sa liberté, dépouillé de ses biens, condamné comme fripon et faussaire, décrié de toutes les manières possibles, et un moment après (second procès) chargé d'une accusation criminelle pour *corruption de juge*, à propos de ces fameux *quinze louis* qui faillirent le conduire à être flétri par la main du bourreau, ce qui ne lui eût plus laissé aucune ressource; et à cette occasion le prince de Conti, qui s'intéressait d'autant plus vivement à sa cause, qu'il aimait Beaumarchais et qu'il était l'ennemi déclaré du *parlement Maupeou*, dit, la veille du jugement, que *si le bourreau mettait la main sur lui, il serait obligé de l'abandonner.* Beaumarchais fit entendre au prince qu'il saurait bien par la mort se dérober à l'infamie. Heureusement le *parlement Maupeou*, juge dans sa propre cause, et tout irrité qu'il était de la hardiesse des mémoires de Beaumarchais, n'osa pousser la vengeance jusque-là, et par la plus heureuse des inconséquences, ou si l'on veut des injustices, en mettant hors de cour Goëzman, ce qui pour tout juge impliqué dans une affaire criminelle le rendait inhabile à exercer à l'avenir aucune charge de judicature, en admonestant la dame Goëzman, il crut pouvoir appliquer à Beaumarchais le blâme, simple flétrissure juridique qui le sauva. Cet arrêt excita une réclamation universelle. Beaumarchais avait si bien gagné son procès tout entier devant le public, que les juges eurent mauvaise grâce à vouloir le lui faire perdre en partie. La cour et la ville se firent inscrire à l'envi chez Beaumarchais. Le prince de Conti vint l'inviter à dîner, disant qu'il était d'assez bonne maison pour donner l'exemple de la manière dont il fallait traiter *un si grand citoyen.* Ainsi, en 1774, ce titre dont Beaumarchais avait osé se parer dans ses défenses, ce titre presque républicain réussissait même auprès d'un prince qu'on savait être fort attaché aux prérogatives du sang royal; tant était grand l'entraînement! En effet, d'un mot Beaumarchais avait relevé sa personne et agrandi son procès. Qu'il fût libertin, bouffon, insolent, et tout ce que disaient ses ennemis; après tout il était citoyen, citoyen persécuté, et réclamant avec courage justice devant les tribunaux. Sous ce rapport sa cause touchait tout le monde. « En revendiquant ce titre sur la sellette mince des accusés, dit un biographe, Beaumarchais réforme les idées reçues. De notre temps, rarement un accusé semblait autre chose qu'un *gibier de potence* que le juge voyait avec mépris, et le public avec horreur ou indifférence. Devant un accusé qui se disait citoyen tout changea (1). » Pour amortir un peu cet éclat et ce bruit, le lieutenant de police Sartines, homme d'esprit et ami de Beaumarchais, lui écrivit par forme d'avis que ce n'était pas le tout d'être blâmé, qu'il fallait encore être modeste. Beaumarchais partit pour l'Angleterre, et ce fut moins pour se dérober à sa peine qu'à son triomphe. — Beaumarchais a dit dans un de ses ouvrages :

> Homme, ta grandeur sur la terre
> N'appartient point à ton état;
> Elle est toute à ton caractère.

Toute sa vie, mais surtout cette époque de sa vie prouve qu'il avait pris cette maxime pour devise. C'était alors pour lui le temps des épreuves, et elles furent cruelles; mais il y parut si brillant même avant la victoire, il rendit si beau son rôle d'opprimé, sous la seule égide de l'opinion publique en un moment reconquise, que lorsque ensuite sous un nouveau règne, et avec d'autres juges, il gagna presque en même temps ses deux causes, fut réintégré dans ses biens et réhabilité devant les tribunaux, ce triomphe facile et prévu n'était presque plus rien; c'est dans le combat et dans l'oppression qu'était toute sa gloire. Sa présomption en effet lui avait fait un monde d'ennemis : lui-même l'avoue quelque part, où il dit « Quand j'aurais été un fat, s'ensuit-il que je suis un *ogre?* » Expression d'un choix d'autant plus heureux, que d'un seul mot il renvoyait au conte de la *Barbe bleue* ceux qui l'accusaient d'avoir *mangé trois femmes*, quoiqu'il n'en eût en encore que deux. Lui-même, dans une note de son édition de Voltaire, raconte à ce sujet l'anecdote suivante: On jouait aux Français *Eugénie* : un beau parleur du parterre, après avoir déchiré la pièce, tomba sur l'auteur, et se plaignit de ce que Voltaire s'obstinait, dans ses lettres à M. d'Argental, à soutenir que Beaumarchais n'avait pas empoisonné ses trois femmes. Mais, ajouta le conteur, c'est un fait dont on est bien sûr parmi messieurs du parlement. L'homme à qui s'adressait ce discours faisait de la main, en riant, signe aux voisins de ne pas interrompre. Quand le conteur eut fini, il se lève et répond froidement. « Il est si vrai, monsieur, que ce misérable homme a empoisonné ses trois femmes quoiqu'il n'ait été marié que deux fois, qu'on sait de plus au parlement Maupeou qu'il a mangé son

beau-père en salmis, après avoir étouffé sa belle-mère entre deux épaisses tartines; et j'en suis d'autant plus certain que je suis ce Beaumarchais-là, qui vous ferait arrêter sur-le-champ, ayant bon nombre de témoins, s'il ne s'apercevait à votre air effaré que vous n'êtes point un de ces rusés scélérats qui composent les atrocités, mais seulement un des bavards qu'on emploie à les propager au grand péril de leur personne. » On applaudit, le conteur s'esquiva, oubliant qu'il avait payé pour voir jouer la petite pièce. Au surplus, c'est dans les *Mémoires* de Beaumarchais qu'il faut lire les détails de ces fameux procès. Ces Mémoires sont d'un genre et d'un ton qui n'avaient point de modèle; s'il était quelquefois arrivé qu'un particulier écrivît lui-même ses défenses, à peine avait-on pu s'en apercevoir, parce qu'elles étaient toujours dans la moule des écrits judiciaires, sans quoi l'avocat qui les remaniait toujours plus ou moins ne les aurait pas signées. Beaumarchais, jugeant à peu près impossible de gagner sa cause au *parlement Maupeou* contre *le conseiller Goëzman*, sentit que c'était avant tout pour les lecteurs qu'il devait écrire, et que rien ne serait perdu pour lui s'il gagnait son procès devant le public. En effet, au milieu de la lutte qui existait alors entre l'opinion et le parlement Maupeou, un plaideur arrivant armé de tous les avantages de l'audace, du talent et de la vérité pour accuser de corruption un membre de ce tribunal, se trouvait servir à souhait la rancune publique. C'était de la part de Beaumarchais un coup de maître que ce procès des *quinze louis*, qui par une rétroaction infaillible recommençait celui des *quinze mille francs*. Et quelle jouissance pour le public, lorsqu'en lisant Beaumarchais il ne vit plus dans ces différents mémoires qui se succédaient rapidement, qu'un homme qui se chargeait de le venger d'une magistrature bâtarde ! Que Beaumarchais eût raison, c'était pour le prouver l'affaire d'un quart d'heure, *les faits ne parlaient pas, ils criaient* (1). Mais cette forme si neuve, aussi saillante qu'inusitée, ces singuliers écrits qui étaient à la fois une plaidoirie, une satire, un drame, une comédie, une galerie de tableaux, enfin une espèce d'arène où il semblait que Beaumarchais s'amusât à mener en lesse tant de personnages, comme des animaux de combat faits pour divertir les spectateurs! Mais les Goëzman, les Marin, les d'Arnaud-Baculard, les Bertrand, tous ces personnages si richement et si diversement ridicules ou vils, qu'on les croirait choisis tout exprès pour lui, et que lui-même en effet rend grâces au ciel de les lui avoir donnés pour adversaires! Mais cette continuelle variété de scènes qu'on voit bien qu'il n'a pu inventer, et qui n'en sont que plus plaisantes à force de vérité ! L'on peut concevoir l'allégresse universelle d'un public mécontent et malin, qui n'avait d'autres armes que celles du ridicule, et qui les voyait dans une main légère et intrépide, qui frappait sans cesse en variant toujours ses coups. De là sans doute l'admiration pour un talent inopiné que l'envie n'atteignait pas encore, dans un moment où chacun compatissait à l'innocence d'un accusé traité en ennemi par ses juges. De là en même temps la joie de voir tomber de ces pages si divertissantes des flots de mépris sur cette magistrature qu'on était charmé de pouvoir avilir en attendant qu'on pût la renverser. Et il n'est pas douteux que l'un fut un acheminement à l'autre, et que la plume de Beaumarchais y a contribué. Un incident de ce procès où tout fut extraordinaire contribua encore à jeter de l'éclat sur la personne de l'accusé. Plusieurs juges s'étaient récusés sur sa demande, tant leur animosité contre lui avait été manifeste dans les sociétés; d'autres n'imitèrent point cette délicatesse. Dans des procès de cette nature, la réserve des magistrats ne saurait être trop scrupuleuse, et chacun doit s'imposer le silence comme particulier, jusqu'au moment où il prononcera comme juge. Le président de Nicolaï, trop passionné ou pour Goëzman ou contre son adversaire, s'oublia au point de faire une insulte gratuite et inouïe à Beaumarchais, au milieu de la grand'salle du palais, dont il voulut le faire chasser sous prétexte qu'il *n'était là que pour le braver, qu'il lui avait tiré la langue.* Outragé ainsi publiquement par un premier président qui marchait à la tête de sa compagnie, assailli tout à coup et poussé par des fusiliers, Beaumarchais ne fut ni déconcerté ni furieux : maître de son indignation, et fort de celle du public qui éclatait autour de lui, il le prit à témoin de la violence qu'on lui faisait, de ce manque de respect pour un asile sacré ouvert à tous les citoyens, et pour le roi lui-même dont les magistrats y tenaient la place; il protesta qu'il ne sortirait point, mais qu'il allait de ce pas demander justice de cette insulte faite à un citoyen qui attendait là son jugement; et en effet il monta au parquet, et porta sa plainte aux gens du roi, obligés de la re-

(1) M. Saint-Marc Girardin, *Notice sur Beaumarchais*, publiée en tête de ses *OEuvres complètes* (Paris, 1827).

(1) La Harpe, *ibid.*

cevoir. « Il faut voir dans son quatrième mémoire, dit Laharpe, tous ces faits tracés avec autant de vivacité que de circonspection, et si l'une était de l'homme qui a senti l'offense, l'autre était de l'écrivain qui se souvient quel est l'offenseur. C'est là peut-être qu'il a le mieux soutenu l'éloquence noble qui chez lui est rarement sans disconvenances de détails, comme lui étant moins naturelle que la vervedu genre polémique. Ici toutes les nuances sont observées ; il a d'abord toute la hauteur permise à l'offensé qui peut vouloir satisfaction ; mais il en a ensuite une autre plus rare à la fois et plus adroite. Il se saisit du droit de *pardonner* ; il *pardonne* par égard pour le nom, pour le rang, pour la compagnie entière *qu'il craint d'affliger* ; et ce terme de *pardon*, qui est bien le mot propre, le met évidemment fort au-dessus de l'offenseur, sans qu'il soit possible de s'en plaindre (1). » Il était d'autant plus obligé de dissimuler devant le parlement Maupeou l'intention de ses écrits, que l'on se plaisait davantage à la faire ressortir, les uns pour lui en faire un crime devant les juges, les autres un mérite devant la nation. Il sentait que ses juges étaient d'autant plus blessés de ses mémoires que le public en paraissait plus charmé. Il ne déguise même pas qu'on lui prêtait le dessein de *dépriser pied à pied* toute la magistrature de ce temps ; et, en faisant tout ce qu'il fallait pour atteindre ce but, il faisait tous ses efforts pour que sa marche ne pût être du moins légalement inculpée, et qu'il n'y eût pas moyen de le prendre par ses paroles. Il ne cesse de protester de son respect pour les magistrats, en leur portant les plus cruelles atteintes ; il est à genoux en donnant des soufflets ; et, il lui fallait, pour trouver des légistes qui signassent ses mémoires, tantôt des ordres précis du premier président, ou même du garde des sceaux, quand l'affaire fut portée au conseil, tantôt des avocats assez obscurs pour se couvrir sans danger de la précieuse indépendance de leur ordre (2). On peut encore considérer ces mémoires sous un autre point de vue. « Voyez, s'écrie un spirituel biographe, comme il bouleverse la routine ancienne des procédures, quelle publicité inusitée il donne aux *interrogatoires*, *récolements* et *confrontations* renfermées autrefois entre quatre murs du greffe. Il y fait assister le public ; le voile est levé et les mystères de la justice mis à nu : ainsi c'est par cette cause bouffonne que s'introduit au palais le salutaire principe de la publicité, et c'est encore là un des mérites des mémoires de Beaumarchais : après les avoir lus comme les modèles de plaisanterie et d'éloquence, relisez-les, vous y découvrirez à chaque instant le germe de quelques-uns des principes de justice ou d'humanité qui depuis ont passé dans les lois. Quant à moi, je ne connais aucun ouvrage qui donne une idée plus juste du travail des esprits à cette époque en fait de législation. On y voit ce que la société voulait que devinssent les lois (3). » Le succès des mémoires de Beaumarchais prépara le succès de son *Barbier de Séville*, dont avant le jugement qui termina son procès il avait fait des lectures dans plusieurs sociétés, entre autres chez le prince de Conti et le duc de Chartres (depuis d'Orléans-Egalité). Jusqu'alors, suivant ses prétentions plus que ses goûts, il avait tenté le genre sérieux ; il y était resté dans la médiocrité la plus vulgaire. Son *Figaro* prouva qu'il était fait pour réussir dans l'*embroglio* comique. Il est bon de savoir toutefois qu'à la première représentation (23 janvier 1775) cette charmante comédie fut peu goûtée du public, quoique bien des gens la regardent aujourd'hui comme le chef-d'œuvre de Beaumarchais. Les ennemis de l'auteur s'étaient donné rendez-vous au parterre ; mais, malgré tous les efforts d'un aréopage inique, le *Barbier de Séville*, se releva bientôt. Cette pièce où l'auteur a rajeuni de la manière la plus originale les personnages les plus anciens du théâtre, les valets fripons et les tuteurs dupés, offre des scènes d'un comique supérieur au genre. Ce Figaro, création de Beaumarchais comme Falstaff l'est de Shakespeare, est un être aussi réel qu'il était sorti des mains de la nature. Sa gaieté, son esprit, sa verve satirique charment le spectateur ; et c'est avec raison qu'on a dit que l'auteur s'est personnifié dans ce valet audacieux, intrigant, peu scrupuleux, mais incapable d'une basse friponnerie. En même temps qu'il se voyait si pleinement vengé de ses disgrâces judiciaires, et par le gain de ses procès et par le succès de son *Figaro*, il se montra sous un aspect tout nouveau, et comme agent secret de diplomatie, et comme grand spéculateur en fait d'entreprises commerciales. Il avait l'oreille du premier ministre Maurepas et du comte de Vergennes, qui le

chargèrent de missions politiques, dont plusieurs le conduisirent en Allemagne. Il pensa être assassiné en traversant le bois de Neustadt (août 1774) près de Nuremberg, et raconte cette aventure avec beaucoup de détails dans une lettre adressée à son ancien secrétaire Gudin. Ces missions lui suscitèrent une querelle avec un autre espion diplomatique, le chevalier d'Eon, qui publia contre lui en 1776 un pamphlet très-virulent ; on en jugera par l'intitulé : *Très-humble réponse à très-haut, très-puissant seigneur monseigneur Pierre-Augustin Caron ou Carillon de Beaumarchais, baron de Ronac* (anagramme de Caron) *en Franconie, adjudicataire général des bois de Pecquiny, de Tonnerre et autres lieux ; premier lieutenant des chasses de la Garenne du Fort-l'Evêque et du Palais, seigneur utile des forêts d'Agiot, d'Escompte, de Change, Rechange et autres Rotures, etc.* (Paris, 1776, in-8°). Beaumarchais, lors de l'insurrection des colonies anglaises d'Amérique contre leur métropole, proposa au ministère français l'approvisionnement des insurgés. Il eut longtemps à lutter contre la circonspection du comte de Maurepas, qui ne voulait point agir ouvertement contre l'Angleterre ; néanmoins il lui fut enfin permis de tenter à ses risques et périls cette entreprise qui semblait présenter peu de chances de succès. Mais Beaumarchais avait calculé que l'arrivée et la cargaison d'un seul navire couvrirait la perte de deux, tant le besoin élevait les profits. Ce calcul prouvait la nécessité d'oser en grand et d'expédier beaucoup de bâtiments, pour en sauver une partie. Il fallait donc des fonds très-considérables ; il les eut. Malgré la perte de plusieurs vaisseaux, le plus grand nombre arriva avec leur chargement. On l'a accusé de n'avoir fourni aux Américains que des armes hors de service et des munitions avariées. Ce qui est certain, c'est que cette spéculation lui procura une opulence colossale. Mais on peut dire qu'il se servit toujours noblement de son crédit et de sa fortune. Il contribua beaucoup à des établissements d'utilité publique, tels que la caisse d'escompte formée à l'instar de la banque d'Angleterre, la construction de la pompe à feu pour fournir de l'eau à la ville de Paris ; et à cette occasion il écrivit contre Mirabeau, qui avait attaqué ce projet dans un mémoire très-violent. Autant depuis Mirabeau a effacé Beaumarchais, autant alors la distance était grande entre eux pour la fortune, la célébrité, les succès, et tant d'autres avantages que possédait celui-ci. Beaumarchais ne répondit aux deux premières attaques de Mirabeau qu'avec le ton d'une supériorité dédaigneuse. Mirabeau furieux répliqua par un libelle forcené. Il prodigua les personnalités les plus injurieuses, bien que son adversaire ne s'en fût permise aucune. On s'attendait à voir Beaumarchais dans l'arène contre un champion si brutal et si vigoureux ; mais au grand étonnement de tout le monde il garda le silence. Un plan qu'il avait conçu pour le soulagement des femmes pauvres fut exécuté à Lyon, et lui valut les remercîments de la part du commerce de cette ville. Après la mort de Voltaire, il acheta la totalité de ses manuscrits, et, n'ayant pu obtenir l'autorisation de les imprimer en France, il établit à Kehl une imprimerie considérable ; il acquit en Angleterre les poinçons et les matrices des caractères de Baskerville, regardés avant ceux de Didot comme les plus beaux de l'Europe. Il fit reconstruire dans les Vosges d'anciennes papeteries ruinées, et y envoya des ouvriers pour y travailler selon les procédés de la fabrication hollandaise au papier destiné pour cette volumineuse édition. Jamais on n'avait fait de semblables préparatifs pour une opération de librairie ; les avances allaient à plusieurs millions ; elles ne produisirent rien que de médiocre. Le texte était fautif. Les gens de goût furent mécontents de l'édition qui eût été dirigée dans toutes ses parties par un homme plus versé dans les sciences que dans la littérature, Condorcet, qui d'ailleurs en toute occasion montre pour Voltaire la plus grande partialité, au point de l'exalter maladroitement, dans ses notes, aux dépens de Racine. Quant à la religion et à la morale, elles étaient fort maltraitées dans ce commentaire. C'était l'esprit du temps, et à cet égard Condorcet, aussi bien que Beaumarchais, donnait et suivait l'impulsion (1). Aussi ce fut vainement que les hommes religieux s'élevèrent contre cette publication où se trouvaient réunis, et les ouvrages que Voltaire avait donnés en les avouant, et ceux qu'il avait furtivement répandus en niant qu'il en fût l'auteur, et ceux qu'il avait lui-même renfermés dans son portefeuille. « C'est, disait-on dans la dénonciation faite au parlement de la souscription proposée par Beaumarchais, cette collection d'im-

(1) *Cours de littérature.*
(2) Un de ces avocats obscurs s'appelait *Malbête*, ce qui donna lieu à de faciles quolibets.
(3) M. Saint-Marc Girardin, *ibid.*

(1) Les notes de Beaumarchais, dans cette édition, sont sous le pseudonyme : *le correspondant général de la société littéraire et typographique.*

piétés, d'infamies, d'ordures, qu'on invite l'Europe entière à se procurer, en la parant de tout le luxe des caractères, de toute l'élégance du burin, de toute la magnificence typographique. » Beaumarchais perdit, dit-on, plus d'un million dans cette entreprise. Il fit aussi imprimer à Kehl quelques autres ouvrages, et notamment les œuvres de J.-J. Rousseau. Mélant tout, dans sa prodigieuse activité, affaires de cour, de palais, de coulisse et de commerce, Beaumarchais, au milieu de tant d'occupations diverses ne perdait pas de vue cette trilogie dramatique qui forme tout son théâtre. Son *Mariage de Figaro* qu'il avait achevé pendant les incidents les plus animés de son procès Goëzman, lui donna sans doute moins de peine à composer qu'à faire jouer; et l'intrigue de cette pièce, quelque compliquée qu'elle soit, n'est rien auprès des démarches et des sollicitations qu'eut à faire l'auteur pour en venir à son but. Jouera-t-on *Figaro*? ne le jouera-t-on pas? ce fut un événement politique qui pendant plus d'une année occupa la cour et la ville. Le manuscrit fut plus d'une fois renvoyé de la police à la comédie et de la comédie à la police. Le roi et la reine voulurent eux-mêmes en juger. Après s'être fait lire la pièce par Mme Campan, Louis XVI déclara qu'elle ne pouvait être jouée; mais la reine protégeait en secret *Figaro*. Le comte de Vaudreuil et la société de Mme de Polignac, favorite de la reine, s'employaient à l'envi pour jouer l'ouvrage. Malgré la défense du roi, les rôles avaient été distribués aux acteurs du Théâtre-Français pour jouer la pièce à Versailles; et l'on dut s'étonner qu'un ouvrage qui n'avait pas paru assez décent pour le théâtre de la ville fût demandé pour celui de la cour. Les premières répétitions se firent fort secrètement à Paris sur le théâtre des Menus-Plaisirs; il fut décidé enfin que ce serait sur ce même théâtre qu'on jouerait la pièce; mais pour quels spectateurs, par l'ordre et aux frais de qui? c'était un mystère impénétrable pour tout le monde. La veille même du jour fixé pour la première représentation, les billets étaient distribués à toute la cour, lorsqu'entre midi et une heure on reçut à la police et aux Menus-Plaisirs l'ordre exprès du roi d'arrêter la représentation. Le lendemain les spectateurs munis de leurs billets arrivèrent en foule. Trompés dans leur espoir, ils crièrent à l'oppression, et Beaumarchais, emporté par la colère, s'écria : « Eh bien, messieurs, il ne veut pas qu'on la représente ici; et je jure, moi, qu'elle sera jouée peut-être même dans le chœur de Notre-Dame. » Au surplus il paya seul tous les frais qu'avaient exigés les répétitions de son ouvrage, et qui se montaient à 10 ou 12,000 livres. « C'est donc, observe Grimm (1), sur un théâtre appartenant à sa majesté que le sieur Caron a tenté de faire représenter une pièce que sa majesté avait défendue, et l'a tenté sans autre garant de cette hardiesse qu'une espérance donnée, dit-on, assez vaguement par Monsieur (Louis XVIII) ou par M. le comte d'Artois (Charles X) qu'il n'y aurait point de contre-ordre. » Beaumarchais et ses protecteurs prirent un moyen terme. Le comte de Vaudreuil témoigna le désir de voir jouer *Figaro* à sa campagne de Genevilliers. L'auteur représenta que les défenses de laisser jouer un ouvrage si *innocent* avaient élevé contre la comédie un soupçon d'immoralité qui ne lui permettait d'en souffrir la représentation que lorsque l'approbation d'un censeur l'aurait lavée de cette tache. On choisit pour censeur Gaillard de l'académie française; et la pièce approuvée grâce à de légers changements fut jouée chez le comte de Vaudreuil (septembre 1783). Bien que les spectateurs les moins prévenus eussent déclaré la pièce très-immorale et absolument inadmissible sur un théâtre public, on put avec raison regarder cette représentation comme un acheminement pour le théâtre de Paris, tant était grande la puissance d'intrigue et de persévérance que possédait Beaumarchais. Après avoir été ballotté deux ans par la censure et par l'autorité, le roi, à qui l'on fit croire que l'auteur avait supprimé tout ce qui pouvait blesser le gouvernement, permit enfin sa représentation au Théâtre-Français, le 27 avril 1784. Louis XVI se flattait que tout Paris allait être bien attrapé en ne voyant qu'un ouvrage mal conçu et sans intérêt, depuis que toutes les satires en avaient été supprimées. « Eh bien, dit-il à M. de Montesquiou qui partait pour voir la comédie, qu'augurez-vous du succès ? » — Sire, j'espère que la pièce tombera. — Et moi aussi, répondit Louis XVI. Monsieur, frère du roi (depuis Louis XVIII), alla en grande loge aux Français pensant aussi assister à la chute de la pièce : il vit son triomphe. « Il y a quelque chose de plus fou que ma pièce, disait Beaumarchais, c'est son succès. » Comme il était tout ce qui se rattachait au *Mariage de Figaro* devait exciter le scandale, on fit circuler dans Paris une réponse de Beaumarchais au duc de Villequier, qui

lui demandait sa petite loge pour des femmes qui voulaient voir *Figaro* sans être vues : « Je n'ai nulle considération, monsieur le duc, pour des femmes qui se permettent de voir un spectacle qu'elles jugent malhonnête, pourvu qu'elles le voient en secret; je ne me prête pas à de pareilles fantaisies. J'ai donné ma pièce au public pour l'amuser et pour l'instruire, non pour offrir à des béguueules mitigées le plaisir d'en aller penser du bien en petite loge, à condition d'en dire du mal en société. Le plaisir du vice et les honneurs de la vertu, telle est la pruderie du siècle. Ma pièce n'est pas un ouvrage équivoque; il faut l'avouer ou la fuir. Je vous salue, monsieur le duc, et je garde ma loge. » Cette lettre courut pendant huit jours; tout Paris : on la dit ensuite adressée à un autre seigneur de la cour, le duc d'Aumont ; et c'est sous cette forme qu'elle alla jusqu'à Versailles, où elle fut jugée d'autant plus insolente que l'on n'ignorait pas que de très-grandes dames avaient déclaré que si elles se déterminaient à voir le *Mariage de Figaro*, ce ne serait qu'en petite loge. Après avoir joui de ce nouvel éclat de célébrité, Beaumarchais se vit obligé d'annoncer publiquement que cette fameuse lettre n'avait jamais été écrite à un duc et pair, mais à un des amis, le président Dupaty, qui lui avait demandé une loge grillée pour des dames de sa société; du reste, en publiant ce fait, il ajoutait ne point en désavouer ni le fond ni les termes. Vinrent ensuite les compères. C'était, si l'on en croit Beaumarchais lui-même, un Anglais qui lui écrivait une lettre avec cette inscription : *Au seul homme libre de France*. Un jeune homme dans la détresse, avant de terminer sa triste existence, voulant jouir d'un dernier plaisir dans ce monde, mais trop pauvre pour payer sa place, demandait à l'auteur un billet pour voir cette pièce dont tout Paris s'entretenait ; après quoi il était résolu d'aller se jeter dans la rivière. Beaumarchais non-seulement lui donna un billet mais des secours, lui procura une place, et cette bonne action, colportée dans les journaux, ajouta au fol engouement du public. Peu satisfait de la continuité de quarante-neuf représentations, l'auteur, pour absorber encore plus l'attention du public, annonça que la cinquantième allait être donnée *au profit des mères nourrices*. La chose eut été bien s'il se fût contenté de cette simple annonce ; mais il voulut profiter de l'occasion pour faire insérer dans le *Journal de Paris* une lettre dans laquelle, à côté des éloges plus éclatants pour lui-même, il se livrait à une amère diatribe contre l'administration et contre les censeurs de sa pièce. La querelle s'envenima, Beaumarchais, qui s'était attaqué à Suard, fut accablé par les réponses aussi piquantes que polies de cet habile adversaire. La police aurait dû se contenter de ce triomphe; mais l'auteur de *Figaro* fut envoyé à Saint-Lazare, mesure d'autant plus maladroite, qu'à sa sortie de cette prison infamante, il lui fut payé *plus d'un million à compte des comptes avec le gouvernement*, qu'il reçut du contrôleur général Calonne une lettre très-honorable au nom de sa majesté. Les représentations du *Mariage de Figaro* reprirent leur cours; la soixante-douzième n'attira pas moins de monde que la première; presque tous les ministres y assistèrent. Le public fit à l'auteur les applications les plus flatteuses, entre autres celle-ci : « Ne pouvant avilir l'esprit, on se venge en le maltraitant. » Peu de jours après (septembre 1785), le *Barbier de Séville* fut représenté sur le petit théâtre de Trianon, dans la société intime de la reine, et l'auteur fut admis à cette soirée. C'était Marie-Antoinette elle-même qui jouait le rôle de Rosine ; le comte d'Artois (depuis Charles X), celui de Figaro, etc. L'on a considéré avec raison les scandales auxquels donnèrent lieu le *Mariage de Figaro* comme une des premières scènes de la révolution. Quelques mots sur le mérite littéraire du *Mariage de Figaro*. Le temps n'a fait que confirmer les critiques faites alors sur la longueur démesurée de la pièce, sur les invraisemblances du cinquième acte, sur l'indécence de plusieurs situations et sur le cynisme du style, hérissé partout de bons mots satiriques et de calombours licencieux; mais le temps a confirmé aussi le succès du second acte, qui est plein de combinaisons et de mouvements dramatiques ; et, quoique dépouillé cet intérêt de contradiction et de curiosité qui en rendit les premières représentations si piquantes, l'ouvrage n'a jamais cessé d'attirer la foule. La chute de Calonne, chassé par les notables en 1787, vint tarir pour Beaumarchais la source de ces riches ordonnances qui décuplaient ses capitaux engagés dans des entreprises publiques ; il se fit en même temps siffler à l'Opéra et au palais. S'fondant toute sa poétique théâtrale sur la même pensée, sur le même caractère, il changea son valet *Figaro* en un soldat de fortune, *Tarare*, qui renverse le tyran *Atar* et devient roi à sa place. C'était au fond le même ordre d'idées. *Figaro* sous la livrée gouverne tout par l'astuce et l'impudence : le soldat *Tarare*, par la force, la persévérance et l'audace. Jamais produc-

(1) *Correspondance littéraire*, juin 1783.

tion plus monstrueuse n'avait paru sur le théâtre de l'Opéra (le 8 juin 1787), où l'on ne se piqua jamais de régularité dramatique. Le style était digne de la conception de l'ouvrage. A côté de la Nature et du génie du feu exprimant les idées les plus communes dans le galimatias le plus guindé, on entendait des bergers et des laboureurs chanter leurs goûts innocents dans un langage d'une platitude à laquelle on ne croirait pas si nous n'en citions cet exemple :

Nos tendres soins
Sont pour nos foins,
Et notre amour pour la pâture (1).

— Toutefois la bonne compagnie, qui s'était passionnée pour *Figaro*, n'était pas moins digne de s'émerveiller pour *Tarare* et surtout pour l'indécente création du rôle de *Culpigi*. Pendant qu'il s'occupait de la mise en scène de *Tarare*, Beaumarchais fut impliqué dans un procès d'adultère intenté par un sieur Kornman, banquier. Dans un mémoire rédigé par Bergasse, l'auteur de *Figaro* était accusé d'avoir protégé tous les désordres de la dame Kornman, et employé les moyens les plus vils et les plus insolents pour déshonorer et perdre son mari. Dans ce terrible écrit, le caractère de l'illustre héros de tant d'intrigues était peint avec une énergique crudité; en un mot, Beaumarchais trouva dans Bergasse un adversaire dont l'éloquence mâle et sévère était fort au-dessus du talent moitié sérieux, moitié bouffon qui avait accablé les Goëzman, les Marin, les d'Arnaud, etc. Au lieu de cette raison hardie, de cette inépuisable gaieté, qui avaient fait la fortune de ses premiers mémoires, il ne sut trouver que d'absurdes vanteries en sa faveur, que des plaisanteries sans grâce, et des injures sans esprit contre ses adversaires. Dans ces différents mémoires, Bergasse traitant le sujet en question sous un point de vue sérieux, c'est-à-dire comme il devrait toujours l'être si nos mœurs étaient moins déréglées, se montra le vengeur de la morale, et terrassa Beaumarchais. Il alla même trop loin contre son adversaire, qui selon son expression *suait le crime*. « Les magistrats, fidèles aux formes, dit un biographe, crurent devoir imposer une amende à Bergasse; mais des acclamations universelles furent le prix de son dévouement et de son courage : il fut, comme Horace, condamné par les décemvirs et porté en triomphe par le peuple (2). » Quand au fond du procès, si Beaumarchais y fut pleinement victorieux, il faut croire qu'il était pleinement fondé en droit : car en cette occasion les dispositions du public ne lui étaient pas plus favorables que celles des juges. Cependant la révolution arriva; Beaumarchais, qui avait assez bien contribué pour sa part à accélérer ce mouvement, espérait en profiter; mais il était loin d'en comprendre toute la portée, et il fut sur le point d'en être une des premières victimes. Les mécomptes et les humiliations ne lui manquèrent pas, sans qu'il parût mieux comprendre cette révolution. Il siégea d'abord dans l'assemblée des électeurs parisiens réunis à l'hôtel de ville et qui prenaient le nom de représentants de la commune. Lors des dons patriotiques, il envoya douze mille livres à la commune; mais il n'en fut pas moins exclu. Il publia alors un mémoire où il se vanta d'avoir préparé la révolution par les traits hardis qui se trouvaient dans *Tarare*. Ce mémoire fit beaucoup rire aux dépens de son auteur, à qui l'on pouvait dire avec la Fontaine :

C'était bien de chansons qu'alors il s'agissait.

— Il avait fait bâtir à l'entrée du faubourg Saint-Antoine, sur le boulevard qui porte aujourd'hui son nom, une magnifique maison entourée d'un vaste jardin, et qui fut citée comme un des plus beaux endroits de la capitale; mais il est à présumer qu'il aurait choisi un autre emplacement s'il eût pensé au terri-

(1) « C'est, dit la Harpe, le seul ouvrage sans esprit qui soit sorti de la plume de Beaumarchais. Législateur dans sa préface, comme de coutume, il donne son *Tarare* comme un nouveau système de mélodrame, qui doit perfectionner la musique théâtrale et rachat l'ennui de l'Opéra. Toutes les promesses étaient magnifiques, et le nom de *Tarare*, si connu par le conte d'Hamilton, promettait du singulier, et excitait une curiosité et une attente que, malgré le charme de la musique de Saliéri, la pièce ne soutint pas » (*Cours de littérature*).

(2) Esmenard, *Biographie universelle*, t. III.

ble voisinage que ce populeux faubourg allait désormais lui offrir; et cette inscription qu'il fit placer à la porte :

Ce petit jardin fut planté
L'an premier de la liberté.

semblait comme pour demander grâce de posséder une aussi belle résidence. La Bastille venait de disparaître. Beaumarchais aurait voulu lier par un pont les boulevards au jardin des plantes que Buffon avait tracé, agrandi, embelli. La construction du pont d'Austerlitz a réalisé ce dernier projet. Quant à la maison et au jardin Beaumarchais, ils ont été détruits sous l'empire pour l'exécution du canal de l'Ourcq. Beaumarchais avait en 1792 signé avec le ministre de la guerre un marché pour la fourniture de soixante mille fusils qu'il devait faire venir de la Hollande. Cette livraison ne s'effectuant pas, bien qu'il eût reçu 500,000 livres d'avance, le peuple l'accusa d'avoir formé un dépôt d'armes. Sa maison fut fouillée de la cave aux greniers par une horde effrénée (août 1792), et lui-même conduit à l'Abbaye, où sans doute il aurait péri dans les massacres de septembre, si Manuel, alors procureur de la commune, ne l'eût sauvé en considération de sa liberté avec une générosité d'autant plus louable que Manuel avait été souvent l'objet des sarcasmes de Beaumarchais. Celui-ci ne profita de sa liberté que pour s'enfuir à Londres, où il fut assez heureux que personne ne se souvînt de la réponse ridicule qu'il avait faite en son nom personnel au manifeste du roi Georges III, lors de la guerre d'Amérique. Déjà l'ex-capucin Chabot avait dénoncé à la convention Beaumarchais comme accapareur des armes pour les émigrés. Lecointre de Versailles renouvela cette accusation le 28 novembre, et obtint un décret contre Beaumarchais, qui put alors répondre à loisir et sans danger à ses dénonciateurs. Les mémoires qu'il publia dans ce débat, et qui sont divisés en six époques, se font remarquer par la clarté des idées et la netteté de la discussion. On a prétendu que, pendant son séjour à Londres, Beaumarchais avait entretenu une correspondance avec le comité de salut public. Ce qui donne à penser que c'est une calomnie, c'est qu'il ne put rentrer en France qu'après la chute de Robespierre, le 9 thermidor an II. Le décret porté contre lui fut révoqué. Ce qui prouve que l'âge ni le malheur n'avaient corrigé Beaumarchais, c'est que, pendant qu'il s'occupait à réunir les débris de sa fortune, il ne négligeait point d'éterniser une ancienne et honteuse querelle en remettant au Théâtre-Français *la Mère coupable*, qu'il avait fait jouer en 1792 au théâtre Molière. Ce drame, qui devrait plutôt être intitulé *l'Epouse coupable*, complète la trilogie dramatique conçue par Beaumarchais. Les principaux personnages y sont les mêmes que dans *le Barbier de Séville*, dans *le Mariage de Figaro*. Par un criminel abus de la licence dramatique, il représente sous les traits du plus odieux scélérat Bergasse, son ancien adversaire dans le procès Kornman. Seulement il se contente du déplacement de quelques lettres, et nomme ce personnage *Begearss*. Ce drame, sans art et sans goût, prouve combien on avait raison de reprocher au *Mariage de Figaro* l'immoralité des caractères et des situations. Là du moins la gaieté servait de voile et d'excuse; mais ici le dégoût ne naît que de l'ennui. Et comme Beaumarchais ne publiait jamais ses pièces sans une préface, il paraît assuré qu'on lui saura gré de *la morale touchante de sa pièce*. Quand à son Begearss, il proteste que n'est *pas de son invention, et qu'il l'a vu agir*. La conception de ce rôle fut une mauvaise action dont le mépris public fit tout d'abord justice, et qu'on reprochera toujours à la mémoire de Beaumarchais. Il mourut subitement et sans souffrance le 19 mai 1799, à l'âge de soixante-neuf ans et trois mois. Quelques semaines auparavant, son zèle aveugle pour la mémoire de Voltaire lui avait dicté quelques lettres contre la religion chrétienne, qu'il n'avait jamais attaquée de front dans ses écrits. C'était un triste chant du cygne. On a comparé la destinée de Beaumarchais à celle de ses pièces; elle eut de l'éclat sans considération, comme ses pièces ont eu du plus de représentations que de lecteurs. Il était peu d'hommes dont le commerce fût plus agréable dans la société. Peu de particuliers riches ont répandu plus de bienfaits et de charités autour d'eux. Voici un trait qui, selon moi, montre à la fois de l'esprit et du sentiment; il avait une levrette sur le collier de laquelle il fit graver ces mots : *Je m'appelle Florette, Beaumarchais m'appartient*. Ses œuvres complètes ont été publiées en 1809 par les soins de Gudin de la Brunellerie, 7 vol. in-8°; puis en 6 vol. du même format à Paris, en 1827, par Furne. Cette édition est précédée d'une notice très-spirituelle par M. Saint-Marc Girardin. CH. DU ROZOIR.

CARON (AUGUSTIN - JOSEPH), né en 1773 d'une famille obscure, s'engagea dans l'infanterie en 1789, puis en 1791 fut enrôlé dans le quatrième régiment de dragons. Quoiqu'il eût fait toutes les campagnes de la république et de l'empire avec assez de distinction pour obtenir tous ses grades sur le champ de bataille, son avancement fut lent, et dans un temps où plusieurs de ses compagnons d'armes, comme lui soldats de fortune, parvinrent à la dignité de maréchal de France, ou même à la royauté, il n'atteignit que le grade de lieutenant-colonel. Son plus brillant exploit fut l'affaire de Bar-sur-Ornain en 1814, où, à la tête de deux cent soixante-seize cavaliers, il prit deux cents chevaux et fit mettre bas les armes à un corps de deux mille hommes. Encore dans la force de l'âge et se trouvant sur la voie d'un avancement bien mérité, il vit avec chagrin la restauration, et embrassa chaudement la cause impériale lorsque Napoléon revint de l'île d'Elbe. De nouveau déçu dans ses espérances par le désastre de Waterloo et devenu suspect au gouvernement des Bourbons, il fut mis à la demi-solde et se retira en Alsace. Il s'empressa de se faire affilier au carbonarisme, et se trouva impliqué dans la conspiration d'août 1820, jugée l'année suivante à la chambre des pairs. Grâce à l'habile défense de M. Barthe, Caron fut acquitté. Il quitta dès lors le service, et revint à Colmar. Dès le mois de janvier 1821 il entra dans un nouveau complot, ou plutôt il y fut entraîné par des militaires qui ne craignirent pas de jouer dans cette circonstance le vil rôle d'agents provocateurs. Les sous-officiers Delzaire, Gérard, Maignien et Thiers, autorisés par leurs chefs, lui parlaient tantôt d'opérer un mouvement en Alsace, tantôt d'aller délivrer les prévenus de la conjuration de Belfort qu'on allait juger à Colmar. Un ancien militaire dévoué à Caron, Roger, maître d'équitation à Colmar, participait à l'entreprise, et comme lui fut dupe des infâmes manœuvres de ces perfides soldats qui déshonoraient ainsi l'uniforme. On peut lire dans les journaux et dans les brochures de l'époque les détails de ce complot qui éclata le 2 juillet 1822. Ce fut vers les hauteurs d'Hastadt, à un quart de lieue de Colmar, que Caron revêtit son uniforme à lui apporté par Maignien, et sur l'invitation de Thiers se mit à la tête de la troupe qu'il croyait de bonne foi insurgée; c'était un escadron du régiment de l'Allier. Il adressa aux soldats une courte harangue qu'il termina par le cri de *Vive Napoléon III!* auxquels ceux-ci répondirent par la même acclamation. Après avoir traversé Hastadt, la troupe se dirigea vers Mayenheim et fut jointe par un escadron des chasseurs de la Charente, commandé par le sous-officier Gérard et dans les rangs duquel se trouvaient plusieurs officiers déguisés en soldats. Ils amenaient avec eux Roger, l'ami de Caron. Les deux escadrons étant réunis, les acclamations et provocations séditieuses recommencèrent; Caron ordonna une halte, fit apporter d'une auberge des rafraîchissements pour ses hommes et paya tout comptant. Le repas fini, la bande monta à cheval, traversa le village au galop, et se dirigea vers la petite ville d'Ensisheim, qu'occupaient deux détachements, l'un de cavalerie, l'autre d'infanterie. Caron voulait, dit-on, enlever ces deux détachements. L'un des sous-officiers, qui n'était autre que le capitaine Nicol déguisé, proposa d'envoyer d'abord une reconnaissance; le colonel y consentit, et le prétendu sous-officier la dirigea. Arrivé aux portes d'Ensisheim, il trouva la garnison sous les armes, et, après avoir fait la démonstration d'un pourparler avec le capitaine Lafont qui vint pour le recevoir et qui le reconnut, le capitaine Nicol retourna vers le colonel Caron, et lui rapporta que, comme il avait oublié le mot d'ordre, la reconnaissance avait paru suspecte au commandant, lequel, inquiet de cette apparition nocturne, s'était montré inflexible, menaçant même de faire feu si l'on insistait. Quelques signes manifestèrent les doutes de Caron qui, serré de près par les officiers déguisés, se plaignit de ce que ses mouvements n'étaient pas libres. La troupe, renouvelant ses clameurs séditieuses, se hâta de tourner la ville pour suivre le chemin de Mulhausen. Parvenus à Battenheim, les chasseurs firent une nouvelle halte, et entrèrent dans une auberge tenue par le maire de l'endroit. Tandis que les cavaliers disséminés dans les cours, les écuries et les granges, s'occupent des chevaux avec Roger, les sous-officiers et Caron boivent ensemble dans une chambre du haut. On s'attendait à ce qu'il viendrait des gens de Mulhausen pour s'associer au mouvement; mais il ne vint personne. Alors les traîtres qui traquaient le pauvre colonel, perdant patience, se décident à brusquer le dénoûment de cette pitoyable tragédie : deux sous-officiers se lèvent brusquement de table, et renversent le colonel Caron qui trinquait avec eux. A ce signal, vingt chasseurs tirent leurs sabres et leurs pistolets, et tombent à la fois sur lui en criant : *Qu'on le tue ce scélérat, qu'on lui brûle la cervelle.* L'un d'eux alors

ouvre la fenêtre qui donne sur la cour et dit à Roger que le colonel le demande. Roger s'empresse, mais à peine a-t-il franchi le seuil de la porte, qu'il éprouve le même sort que partageait aussi le domestique de Caron. On leur lie les mains et les pieds, et on les place séparément sous la garde de dix chasseurs : l'un insulte Caron en termes féroces; un autre lui arrache une épaulette, et en même temps ils aiguisaient leurs sabres sur son corps. — Tandis que ces infâmes s'exécutaient au dehors, le 2 juillet au soir, un peu après le départ des chasseurs, la générale battait dans les rues de Colmar; l'autorité militaire, de concert avec l'autorité civile, prenait toutes les mesures en usage dans une ville en état de siège. Une proclamation enjoignit à tous les citoyens de rentrer chez eux, de surveiller leurs enfants et leurs gens dont ils devenaient responsables. Toute la population était dans l'effroi; la journée, la nuit et une partie de la matinée du lendemain se passèrent au milieu d'une morne anxiété de la part des habitants, d'une bruyante vigilance de la part des autorités. Enfin, entre neuf et dix heures du matin, on vit rentrer les chasseurs du régiment de l'Allier, ramenant Caron et Roger, liés sur un char à bancs, et le domestique du colonel étendu au fond de la voiture. En arrivant à Colmar, ils furent enfermés dans la prison de cette ville le 18 septembre suivant; tous deux furent traduits devant le conseil de guerre de la cinquième division militaire à Strasbourg, et déclinèrent inutilement la compétence de ce tribunal. Les débats durèrent cinq jours, et, malgré les réclamations des accusés, le président (le baron d'Escordal), appliquant dans toute sa rigueur la disposition de la loi, n'admit dans l'auditoire que vingt et une personnes, c'est-à-dire trois fois le nombre des juges; le jugement fut rendu le 22. Sur la déposition des sous-officiers dont nous avons détaillé la conduite, Caron fut condamné à mort à l'unanimité. Il était à table lorsque le rapporteur lui lut son arrêt; après l'avoir entendu, il dit : « J'aime mieux avoir été condamné ici que par mes concitoyens; » puis il continua son repas. Sans perdre de temps il se pourvut en cassation; son pourvoi fut gardé dans les bureaux du ministre de la justice Peyronnet, et, lorsque la cour suprême délibérait (le 3 octobre) sur ce pourvoi tardivement produit, Caron n'était plus. Le jugement du conseil de guerre avait reçu son exécution depuis deux jours. L'épouse de Caron n'avait pu obtenir la permission de le voir, de recevoir ses derniers adieux; et, pour la mettre dans l'impuissance absolue de faire les moindres démarches en faveur de son époux, elle avait été elle-même incarcérée; Caron lui adressa une lettre touchante. Dans un second billet adressé à son défenseur, il lui recommanda sa femme et son fils. Deux ecclésiastiques lui offrirent successivement les secours de la religion; il les refusa. Le 1er octobre 1822, à deux heures et demie, il monta dans une voiture de louage, en descendit sans le secours de personne sur la place de Finckmatt, devant la caserne, mesura la distance nécessaire à l'exécution, et, s'adressant à l'officier rapporteur qui se disposait à lire le jugement, il lui dit : *C'est inutile, je le connais.* Il ne voulut point qu'on lui bandât les yeux, resta debout, et d'une voix ferme commanda le roulement et le feu. Il tomba criblé de balles. Roger, déclaré coupable par quatre voix sur cinq, allait être renvoyé absous lorsqu'il fut repris par le procureur du roi de Colmar, comme prévenu de complot et d'attentat contre le gouvernement. Distrait de ses juges naturels, le jury de Colmar, pour cause de suspicion légitime, et renvoyé devant la cour de Metz, il y fut condamné à mort. Le roi commua cette peine en vingt années de travaux forcés, et peu de temps après Roger recouvra sa liberté. On peut lire, entre autres brochures sur la conspiration qui coûta la vie au colonel Caron, un écrit de feu Kœchlin, député du Haut-Rhin, intitulé : *Relation historique des événements qui ont eu lieu à Colmar et dans les villes environnantes les 2 et 3 juillet 1822,* Paris, 1822, in-8°. On y lit cette note qui donne toute l'explication de la conduite en apparence si imprudente de Caron. Si l'on en croit des assertions accréditées, Caron aurait dit à son ami Roger : « Notre idée de sauver les malheureux prisonniers (de Belfort) a reçu presque malgré nous une plus haute importance. Plus j'y réfléchis, plus je reconnais que même, si tout allait à notre gré, nous manquerions notre but, puisque nous ferions probablement plus de mal que de bien à ces prisonniers qui, la veille de leur jugement, ne voudraient peut-être pas nous suivre. Vous avez de la famille et une vieille mère à nourrir; restez chez vous. Quant à moi, si les conjurés m'ont dit la vérité sur l'esprit de leur régiment, s'ils sont de franc jeu, je leur dois ma vie : l'honneur, les engagements que j'ai pris le réclament. Ils peuvent s'être compromis; s'ils me trompent, j'ai la consolation, en portant ma tête sur l'échafaud, de montrer l'infamie de ceux qui m'ont fait passer pour un vil agent de la police. » L'écrit en question fut déféré aux tribunaux, son auteur condamné ; mais les faits qu'il renferme n'appartiennent pas moins à l'histoire pour flétrir à jamais les provocateurs, les juges et les bourreaux du colonel Caron. CH. DU ROZOIR.

CARONA (géogr.), un des treize cercles dans lesquels se divise le territoire de Lugano dans le canton suisse du Tessin. Il s'étend sur une langue de terre comprise entre Lugano et Agno, et renfermait en 1808 2,314 habitants répartis en 357 familles et 11 paroisses. Sur les bords du lac de Lugano se trouvent quelques bois d'oliviers. Le chef-lieu du cercle, Carona, ainsi que son annexe paroissiale, Ciona, s'étendent, entourées de champs de blé et de vignes, sur le large flanc de la montagne d'Arbostora, dans une position délicieuse. Joseph Pietrini, peintre distingué du XVIIᵉ siècle, est né à Carona.

CARONADE, pièce de canon courte, inventée à Carron, en Ecosse, en 1774. C'est une arme légère, sans moulures ni ornements ; elle emploie peu de poudre, et porte jusqu'à 68 livres de balles. Elle a le désavantage de rendre difficile la manœuvre, à cause du grand recul ; aussi on ne s'en sert que très-peu sur terre. Les Anglais ont adopté cette arme en 1779 ; nous ne nous en sommes servis que plus tard.

CARONCULE, s. f. caruncula ; diminutif de caro, chair. — CARONCULE LACRYMALE, petit corps rougeâtre, et en apparence charnu, qui est situé à l'angle interne de l'œil, et formé par un amas de follicules muqueux recouverts par un repli de conjonctive. Les anciens pensaient que la caroncule lacrymale était un organe sécréteur des larmes, opinion évidemment erronée : la mucosité que produisent ces cryptes muqueux paraît destinée à lubrifier les points lacrymaux. Quelques auteurs pensent que ce petit corps fait l'office d'une digue qui arrête les larmes vers l'angle interne et les force à passer dans le canal lacrymal, et ils appuient cette assertion sur ce que de la diminution du volume de la caroncule résulte l'écoulement continuel des larmes, appelé rhyas. — CARONCULES MYRTIFORMES : petits tubercules rougeâtres, plus ou moins fermes, de forme variable, en nombre indéterminé, situés vers l'office du vagin et formés par la membrane muqueuse de ce conduit. On les regarde comme les débris de la membrane hymen déchirée lors du premier coït ; cependant quelques auteurs pensent que leur existence est indépendante de cette membrane. — CARONCULES PAPILLAIRES, petits mamelons que présente le tissu des reins et qui versent l'urine dans les calices (V. REIN). — CARONCULE DE L'URÈTRE (V. VERUMONTANUM).

CARONCULES, s. m. pl. (hist. nat.), famille d'oiseaux de l'orde des sylvains, tribu des anisodactyles.

CARONCULEUX, adj. carunculosus : qui a rapport aux caroncules ou plutôt aux carnosités : rétention d'urine caronculeuse, celle qu'on attribuait à de prétendues carnosités dans l'urètre.

CARONDELET (JEAN DE), fils de Jean de Charonde, chancelier de Bourgogne, que la petitesse de sa stature fit appeler Carondelet, naquit à Dôle en 1469. Dès l'an 1503, il remplit les fonctions de conseiller ecclésiastique au conseil souverain de Malines. Les Bourguignons jouissaient à cette époque de la haute faveur de Charles-Quint, témoin les Carondelet, les Granvelle, les Boisot, les Richardot, les Bonvalot, etc. De Malines, Carondelet passa à Bruxelles, où il présidait le conseil ecclésiastique en 1527. Il fut encore, entre autres dignités, revêtu de celles d'archevêque de Palerme, de primat de la Sicile, de chancelier perpétuel de Flandre, et de secrétaire de l'empereur. Il conserva ces dernières places jusqu'en 1540, où son grand âge le détermina à renoncer aux affaires publiques. Il n'est pas indifférent d'ajouter à tant de titres celui d'ami d'Érasme ; la preuve en est dans les lettres que lui a adressées ce grand homme, et dans la dédicace qu'il lui fit de son Saint Hilaire, en 1522. Carondelet mourut à Malines le 8 février 1544, âgé de soixante-quinze ans. Il avait laissé manuscrits quelques traités sur différentes questions de droit ; mais, suivant le P. Laire, on a imprimé en 1565, à Anvers, in-8°, un ouvrage de lui, intitulé : De orbis situ. Le P. Laire assure avoir vu un exemplaire de cet ouvrage dans la bibliothèque du Vatican : nous ne connaissons aucun autre bibliographe qui en ait fait mention. Foppens, dans sa Bibliotheca belgica, nous a conservé son portrait et l'épitaphe inscrite sur son monument à Bruges, dans l'église de Saint-Donatien, dont il était recteur.

'CARONES (MONTS) (géogr. anc.), Caroni montes, chatne de montagnes qui s'étend d'Hécatompylos aux monts Sariphes, et sépare l'Hyrcanie de la Parthie.

CARONIUM (géogr. anc.), la Corogne, ville de la Tarragonaise, au nord-ouest, chez les Callices Lucenses.

CARONPHYLLOIDE, s. f. (hist. nat.), espèce de pierre qui a la forme d'un clou de girofle.

CAROS, s. m. (méd.), assoupissement léthargique, causé par une extrême ivresse.

CAROSSE, s. m. (botan.), fruit du carossier.

CAROSSE (marine), logement du capitaine d'une galère.

CAROSSE (technol.), nom d'un ustensile de cordier (V. CARROSSE).

CAROSSIER, s. m. (botan.), espèce d'arbre d'Afrique, de la famille des palmiers (V. CARROSSIER).

CAROTIDAL, ALE, adj. (médec.), qui a rapport aux carotides.

CAROTIDES (LES ARTÈRES) (anat.), de καρος, assoupissement. Ces artères étant destinées à porter le sang à la tête, les anciens leur ont donné le nom de carotides, parce qu'ils avaient remarqué que le sommeil dépendait souvent de l'abondance du fluide sanguin dans le cerveau. Les carotides naissent dans le voisinage du cœur ; la droite prend naissance du tronc brachio-céphalique, la gauche d'une artère qui émane du cœur de lui-même, et qui s'appelle l'aorte. Dans cette partie, l'aorte s'appelle la crosse de l'aorte à cause de l'arc à convexité supérieure et postérieure qu'elle décrit avant de descendre le long de la colonne vertébrale. Les deux carotides primitives montent vers la tête en dehors de chaque côté du cou, et se divisent chacune en deux artères secondaires au niveau de la partie supérieure du larynx. L'une de ces branches, l'externe, fournit des branches au corps thyroïde, au larynx, à la face, à la langue, au pharynx, à l'oreille, aux tempes, à l'occiput, à la mâchoire inférieure et aux dents, au palais ; enfin elle entre dans le crâne pour porter quelques-uns de ses rameaux à travers les tuniques qui servent d'enveloppe à la masse cérébrale. La seconde de ces branches, la carotide interne s'engage dans un canal tracé dans les vertèbres du cou, et, après avoir fourni une petite branche à la caisse du tympan, elle envoie des rameaux plus ou moins considérables à l'œil, à la glande lacrymale, à la rétine, aux orbites, aux muscles moteurs du globe oculaire, aux paupières, au nez, au front, et se termine enfin en jetant dans la masse du cerveau deux prolongements de gros calibre qui ont le nom d'artères cérébrales antérieure et moyenne. Dʳ ED. CARRIÈRE.

CAROTIDIEN, adj. carotideus, qui a rapport aux carotides. Conduit carotidien (canal inflexe de l'os temporal, Ch.), conduit de l'os temporal qui donne passage à l'artère carotide interne. Trous carotidiens, interne et externe, orifice du conduit précédent, l'un à l'extérieur, l'autre à l'intérieur du crâne.

CAROTIQUE, adj. caroticus, καρωτικός, de κάρος, assoupissement ; qui a rapport au carus. On dit sommeil ou assoupissement carotique, en parlant d'un sommeil morbide et très-profond. Quelques auteurs ont employé ce mot comme synonyme de carotidien.

CAROTO (JEAN-FRANÇOIS), peintre d'histoire et de portrait, né à Vérone en 1470, ayant appris les principes de Liberale Véronèse, alla à Mantoue se ranger parmi les disciples d'André Mantègne. Il acquit à cette école une pureté dans le dessin et une hardiesse dans le coup de pinceau si remarquables, qu'il égala et surpassa souvent son maître, au point que beaucoup de ses compositions étaient attribuées à André. Comme Caroto ne se plaisait principalement que dans les miniatures, pour imposer silence à ceux qui, dans l'intention de rabaisser son mérite, avançaient qu'il serait incapable de peindre sur une grande échelle, il entreprit et acheva une peinture admirable, où les figures étaient de hauteur naturelle, dans la chapelle de la Vierge, à Vérone, et dès lors sa réputation fut établie. Il mourut en 1646. — Son frère, qui était son élève, a dessiné tous les restes antiques de Vérone et des environs, particulièrement les amphithéâtres. Il les a ensuite gravés et publiés. — C'était un excellent architecte, et il passe pour avoir donné des leçons à Paul Véronèse.

CAROTTE (botan.), daucus, genre de plantes herbacées et bisannuelles (de la pentandrie digynie de Linné, de la famille des ombellifères de Jussieu). Il offre pour caractères essentiels :

involucre et involucelles composés d'un grand nombre de folioles découpées sur les côtés et pinnatifides ; pétales en cœur et inégaux ; calice très-court, entier ; fruits ovoïdes, hérissés de poils roides, composés de deux semences planes intérieurement, convexes à l'extérieur ; enfin, les pédoncules des ombelles dressés et rapprochés lors de la maturité des fruits. Nous allons citer les principales espèces de carottes, et nous terminerons par celle qui est la plus commune, et que la culture a rendue la plus utile. — La CAROTTE GOMMIFÈRE (*daucus gummifer*, Lamarck) a les involucelles simples, élargis, membraneux ; les tiges sont velues ; les feuilles un peu luisantes, semblables à celles du persil. Cette espèce, peu connue, puisqu'on ne la trouve que dans les lieux maritimes et pierreux du midi de l'Europe, laisse écouler, quand on entame ses rameaux, un suc visqueux, d'un parfum agréable. — La CAROTTE MARITIME (*daucus maritimus*, Lamarck) croît dans le midi de la France ; les fleurs, blanches, n'ont que les petits involucres, et ne produisent que de petites semences ; les tiges sont grêles, peu rameuses, sans poils, ainsi que toute la plante. — La CAROTTE A SEMENCES AILÉES (*daucus alatus*), que M. Poiret a recueillie sur les bords de la mer, dans la Barbarie, aux environs d'Hippone, est une belle espèce, aux fleurs petites, jaunâtres, aux tiges cannelées, rugueuses, aux feuilles larges ; les semences sont munies sur leurs angles de cinq à six membranes courtes, argentées et hérissées sur leurs bords. — La CAROTTE HISPIDE (*daucus hispidus*, Desfontaines) croît en France et sur les côtes de la Barbarie ; les tiges ont des poils blancs et roides ; les feuilles sont velues sur leurs nervures ; les fleurs sont blanches, et les semences ont des poils de la même couleur. — La CAROTTE A GRANDES FLEURS (*daucus grandiflorus*, Desfontaine) est, comme son nom l'indique, une des belles espèces de ce genre ; les tiges sont pileuses ; les semences sont hérissées de poils nombreux ouverts en étoile à leur sommet. On la doit à M. Desfontaines, qui l'a découverte aux environs d'Alger. — Enfin la CAROTTE COMMUNE (*daucus carota*, Linné) ne diffère des espèces cultivées que par la ténuité et la dureté de sa racine et par les aspérités de ses tiges. On la trouve partout ; aussi lui donnerons-nous une description particulière empruntée à notre professeur M. A. Richard. Racine charnue, bisannuelle, conique, allongée, pivotante, simple, rouge ou blanchâtre, donnant naissance, la seconde année de son développement, à une tige dressée, cylindrique, hérissée de poils assez rudes, haute d'environ deux pieds, striée longitudinalement. Les feuilles sont pétiolées, tripinnatifides, hérissées de poils, surtout sur le pétiole ; les segments sont très-petits et incisés latéralement ; les fleurs blanches, disposées en ombelles planes, composées environ d'une vingtaine de rayons ; à la base de l'ombelle est un involucre dont les folioles sont grandes, profondément pinnatifides, à segments linéaires, lancéolés ; autour de chaque ombellule est un involucelle de même nature. On trouve souvent au centre de l'ombelle une fleur stérile, d'une couleur pourpre foncé. Les pétales sont cordiformes, inégaux, à sommet rabattu en dessus ; ceux de la circonférence sont beaucoup plus grands et planes ; les fruits sont ovoïdes, allongés, à cinq petites dents au sommet, hérissés de poils blancs très-rudes. A l'époque de la maturité, les rayons se redressent et se resserrent les uns contre les autres. — *Usages*. Lorsqu'elle a reçu une culture soignée, la carotte prend une racine épaisse et charnue, dont on retire les plus grands avantages comme aliment ; car, de son odeur forte et aromatique, de la saveur âcre qu'elle a quand elle est sauvage, elle ne conserve qu'une saveur douce et sucrée. Cette racine, des plus saines et des plus faciles à digérer, forme, quand elle est cuite et accommodée au jus, au sucre ou avec une liaison, un des meilleurs plats de la cuisine bourgeoise. Les cuisiniers habiles font entrer dans une foule de mets, pour en relever le goût, la racine entière ou sa purée. Elle est encore excellente confite au vinaigre ou au sucre, la faculté de pouvoir être desséchée et réduite en poudre fait qu'on l'emploie comme aliment dans les navigations lointaines ; souvent on la mêle au café après l'avoir fait griller. Les semences sont aromatiques ; c'est pourquoi les Anglais en font une infusion théiforme, ou les ajoutent à la bière pour lui donner une saveur piquante. En médecine, on donnait autrefois en décoction la racine de carotte sauvage comme apéritive ; on se sert aujourd'hui de la carotte en pulpe pour calmer la douleur et faciliter la cicatrisation des gerçures qui se forment au mamelon des nourrices. Quoique l'on ait beaucoup préconisé ces racines pour les tumeurs carcinomateuses ouvertes, nous croyons que dans ces terribles maladies leur action est à peu près nulle. Les carottes sont encore d'une très-grande utilité dans les fermes ; elles fournissent un aliment sain et substantiel aux chevaux et aux vaches, qui en mangent avec avidité les racines et les feuilles. Habituellement on donne à un cheval, à la place d'avoine, huit à dix kilogrammes de ces racines coupées ; on donne le double à une vache. Le fréquent usage que l'on fait de ce végétal nous fait croire que nous serons agréables à nos lecteurs en leur indiquant brièvement la culture de la carotte. — *Culture*. Cette plante végète admirablement dans les terrains gras et sablonneux, ou dans une terre douce, pourvu qu'elle ait été fumée l'automne précédent. Les semis se succèdent de mois en mois depuis février jusqu'en juin ; puis en septembre on fait encore un semis de la carotte hâtive pour le printemps prochain, ou même pour l'hiver, si le temps est doux. Que l'on ait semé à la volée ou en rayons espacés de six à huit pouces, il faut recouvrir la graine avec le râteau ou la herse, sarcler et repiquer dans les vides quand le plant a quatre ou cinq feuilles ; mais ensuite il faut éclaircir le plant jusqu'à ce que les racines soient à cinq ou six pouces les unes des autres, ou même à huit ou dix quand on veut obtenir de grosses carottes ; on continue les soins ordinaires d'arrosement et de sarclage. Comme la racine est pivotante, la semence peut, sans porter grand préjudice à ces productions, être mêlée aux graines de pavot, de colza et d'autres céréales. Il est assez d'habitude de laisser en terre les carottes pendant l'hiver ; si l'on craint la gelée, on les arrachera et on les mettra dans les caves et celliers ; leur lit de sable ne laissera voir que la tête. Au printemps, il faut couper la racine au-dessous du collet pour qu'elle ne s'épuise pas en végétant de nouveau. Pour avoir de la graine, on choisit les carottes les mieux nourries, on les ensable à part en tordant seulement les feuilles ; ou bien on les laisse dehors, ayant soin de les garantir contre les gelées, et de les replanter ensuite à deux pieds de distance ; la graine peut se conserver jusqu'à cinq ans, celle de deux ans est préférable.

CAROTTE (gramm.). On dit, figurément et familièrement, *Ne vivre que de carottes*, vivre mesquinement.

CAROTTE DE TABAC (comm.), assemblage de feuilles de tabac, roulées les unes sur les autres en forme de carotte.

CAROTTER, v. n. jouer mesquinement, ne hasarder que peu d'argent à la fois. Il est familier.

CAROTTEUR, EUSE, s. celui, celle qui joue timidement et ne hasarde que peu d'argent à la fois. Il est familier. On dit aussi, mais moins ordinairement, *Carottier, ière*.

CAROUACHI, s. m. (botan.), espèce de plante dont certains peuples de la Guiane retirent un suc propre à empoisonner leurs flèches.

CAROUAGIUS (BERNARDIN), vivait dans le XVIe siècle. Il étudia à Paris l'art de l'horlogerie, et s'y illustra principalement par une horloge dont la description a été conservée. Au moyen d'un mécanisme ingénieux, tandis qu'il marquait les heures, le marteau, en frappant sur une pierre, faisait jaillir du feu, et allumait une lampe qui donnait de la lumière pour voir l'heure lorsqu'on le désirait.

CAROUBIER (botan.), *ceratonia* (*polygamie triœcie* de Linné, famille des *légumineuses* de Jussieu). Ce genre est surtout distinct par ses fleurs dioïques, rarement polygames, disposées en épi. On trouve dans les fleurs mâles : calice fort petit, à cinq découpures ovales, inégales ; point de corolle ; cinq étamines opposées aux découpures du calice ; filaments étalés ; anthères mobiles ; réceptacle charnu, avec un appendice dans son centre, des tubercules à ses bords. Les fleurs femelles ont : un ovaire en faucille ; point de style ; une gousse épaisse, pulpeuse, divisée en plusieurs loges, contenant chacune une semence. La seule espèce de ce genre est le *caroubier à silique*, *ceratonia siliqua*, Linn., arbre de moyenne grandeur, à feuilles toujours vertes, luisantes et ailées ; à fleurs disposées en épis nombreux, sessiles, de deux à trois pouces de long, à gousses pendantes, épaisses, luisantes, charnues intérieurement. Cet arbre croît abondamment sur les côtes d'Afrique, d'Espagne et de Provence. Dans ces pays, les gens du peuple et les enfants mangent avec plaisir le fruit, qui a une saveur douce et sucrée, et dont la chair est nourrissante et laxative. En Égypte, on en retire une sorte de sirop dans lequel on confit d'autres fruits ; les musulmans en font un sorbet, par son mélange avec la racine de réglisse, les raisins secs et d'autres fruits. Le bois du caroubier est dur, laissant voir des veines d'un beau rouge foncé ; il y a longtemps qu'on s'en sert pour des ouvrages de menuiserie et marqueterie. A l'exposition des produits industriels à Alger, on a vu de jolis meubles en caroubier ; malheureusement ce bois est sujet à se carier en vieillissant. Enfin on peut employer les feuilles pour tanner les cuirs.

CAROUBIER (*archéol.*). La plante du caroubier, dont M. Mongez s'est occupé, a été considérée par M. Petit–Radel, non-seulement sous le rapport des poids, mais sous d'autres, tels que ceux que ses fruits peuvent avoir avec la fève funéraire des anciens, avec la palmette, ornement de leur architecture, et avec quelques-uns de leurs usages économiques. Il s'est d'abord appliqué à montrer qu'on ne pouvait arriver à connaître quelle était proprement dit la fève funéraire des anciens, en se fixant aux dénominations vagues sur lesquelles ils l'ont indiquée, parce qu'ils comprennent aussi sous la même dénomination plusieurs plantes qui n'ont aucun rapport avec les graines légumineuses. Il démontre que la fève réprouvée funéraire par Pythagore, n'était aucune des fèves dont nous faisons usage, et dont il usait comme nous, selon le témoignage d'Aristoxène, mais que c'était une légumineuse qui avait la propriété particulière de paraître se changer en sang à la cuisson. Or, la silique du caroubier est la seule légumineuse qui présente ce phénomène; sa pulpe ressemble réellement à de la chair crue : M. Petit-Radel conjecture que cette silique était celle de la flamine ne pouvait ni toucher ni nommer, non plus que toucher ni nommer de la chair crue, et qu'elle était la fève noire que, selon Ovide dans ses *Fastes*, on jetait aux lémures et aux larves. Il s'est confirmé dans cette opinion, en voyant cette silique représentée au naturel sur presque tous les sarcophages antiques; il l'a trouvée réunie dans une pierre gravée à un squelette et à d'autres emblèmes de la mort.Elle se trouve également sur les lampes sépulcrales, et c'est probablement elle qu'on voit dans les palmettes, sur les vases dits étrusques, que l'on sait avoir été généralement tirés des tombeaux. En considérant les rapports que cette silique peut avoir avec la palmette au lieu de nature aujourd'hui dans les ornements de notre architecture, et jusque dans les broderies de nos habits, l'auteur fait distinguer des points de vue sous lesquels ce symbole n'avait rien de relatif aux funérailles. Il détaille les raisons qui ont pu faire adopter aux anciens l'usage de ces graines coriaces de *siliqua*, non selon lui comme étalon, mais comme supplément aux pois calculés de l'Asie. Il a montré à la classe d'histoire et de littérature ancienne de l'Institut deux cents de ces graines prises au hasard, pesées avec des balances d'essai, et qui avaient entre elles une égalité de poids très-approximative. Il indique ensuite que nous pourrions appliquer, comme les anciens, à beaucoup d'usages économiques le sirop extrait de la silique du caroubier. Il l'a trouvé si abondant que dans une expérience qu'il a faite avec M. Darcet ils ont obtenu en sirop très-épais la moitié du poids du fruit soumis à l'ébullition (*Mémoires de l'Institut*, classe d'histoire et de littérature ancienne, 1808. — *Moniteur*, même année, p. 734).

CAROUGE (*géogr.*), ville de Suisse, canton et à 12 lieues sud de Genève, sur la rive gauche de l'Arve, que l'on passe un peu plus bas sur un beau pont de pierres. Les rues en sont larges et droites, et les maisons n'y ont qu'un étage. Sa population est de 5,212 habitants. Elle sert d'entrepôt de vin et d'eau-de-vie pour Genève, et a de grandes relations de commerce avec cette cité. Carouge n'était encore qu'un chétif village lorsque le roi de Sardaigne en fit en 1780 le chef-lieu d'une nouvelle province, et voulut l'opposer comme rivale à Genève; plusieurs Génevois mécontents s'y retirèrent effectivement et y portèrent leur industrie; mais, étant contrariés dans l'exercice de leur culte, ils l'abandonnèrent quelque temps après. — Par le dernier traité de Paris en 1815, cette ville a été cédée à Genève. E. G.

CAROUGE (BERTRAND-AUGUSTIN), né en 1714 à Dol (Ille-et-Vilaine), s'adonna de bonne heure à l'étude de l'astronomie, et se lia d'amitié et de travail avec le célèbre Lalande à Paris. Né sans fortune, Carouge fut nommé, sans l'avoir sollicité, administrateur général des postes en 1795, et il remplit avec zèle et talent ces fonctions, sans négliger toutefois l'étude et les calculs. Il mourut à Paris le 29 mars 1798. Il laissa de petites tables pour calculer, à un quart d'heure près, les phases de la lune pendant soixante ans, que Lalande a publiées dans la *Connaissance des temps pour 1801* (an IX). Quelques autres calculs de Carouge sont insérés dans les deux dernières éditions de l'*Astronomie* de Lalande. — On a de lui aussi des mémoires dans la *Connaissance des temps pour 1781, 1789 et 1798*.

CAROUGIER (*V.* CAROUBIER).

CAROULA, s. m. (*hist. nat.*), sorte de serpent très-venimeux de l'île de Ceylan.

CAROXYLON, s. m. (*botan.*), espèce de soude d'Afrique sans feuilles, de la famille des arroches.

CARPADÈLE, s. m. carpadelium, de καρπος, fruit, αδλος, couvert. M. Desvaux désigne sous ce nom des fruits hétérocarpiens, déhiscents et pluriloculaires, qui se composent d'un péricarpe sec, enveloppé par le calice, et à loges distinctes monospermes (ex., les fruits des ombellifères).

CARPÆA (*antiq.*), de καρπαια, sorte de danse ou exercice militaire en usage parmi les Athéniens et les Magnésiens, exécutée par deux personnes, l'une jouant le rôle d'un laboureur, l'autre celui d'un voleur. Le laboureur, ayant déposé ses armes, marchait en feignant de guider sa charrue, regardant çà et là autour de lui, comme quelqu'un qui craint d'être attaqué; le voleur apparaissait alors, et le laboureur, cessant son travail, s'élançait à ses armes, et combattait pour la défense de ses bœufs. Toute cette pantomime s'accomplissait au son des flûtes et en cadence. Quelquefois le voleur succombait, quelquefois c'était le laboureur, et alors la charrue, ainsi que les bœufs, devenait le prix du vainqueur. —Le but de cet exercice était évidemment de familiariser les gens de la campagne à se tenir en garde contre les attaques à main armée des bandits qui, dans des temps peu policés, infestaient les lieux éloignés des villes. Ed. G.

CARPAIS, s. m. pl. (*hist. nat.*), genre d'arachnides.

CARPANI (JOSEPH), théologien et poëte latin, naquit à Rome le 2 mai 1683, et entra chez les jésuites le 5 juillet 1704. A des qualités aimables et des vertus douces, il joignait beaucoup d'esprit et d'instruction. Il passa la plus grande partie de sa vie à Rome dans le collège romain, où il enseigna la rhétorique, la philosophie et la théologie; il y remplit pendant un grand nombre d'années l'emploi de préfet des études, et mourut presque octogénaire vers 1765. Son nom dans l'académie arcadienne était *Tirro Creopolita*. Il a publié sous ce nom deux pièces latines intitulées : *De Jesu infante*, Rome, 1747, qui furent ensuite traduites en italien; mais ce qui lui fit le plus d'honneur, ce furent sept tragédies latines, représentées avec le plus grand succès au collège allemand et hongrois à Rome, sous la direction du poëte français Lorenzini, intime ami de l'auteur. Ces tragédies furent d'abord imprimées à Vienne en 1746, par les soins de Ch. Griffet, puis à Rome en 1750, sous ce titre : *Josephi Carpani soc. Jesu, inter Arcades Tyrrhi Creopolitæ, tragœdiæ, editio quarta, auctior et accuratior*. Les autres poésies de ce jésuite se trouvent dans la première partie de l'*Arcadum carmina*, Rome, 1757. On a encore de lui quelques ouvrages de théologie, où il passe pour avoir mis beaucoup de clarté, de précision et de force de raisonnement. — Gaétano Carpani, son frère, s'appliqua à l'étude de la musique, et parvint, jeune encore, à posséder tous les secrets de la composition. Il s'est fait une grande réputation comme maître de chapelle : il était savant contra-puntiste, et connaissait toutes les finesses de l'art. Mort vers 1780, il a laissé un grand nombre d'élèves, qui ont enrichi l'Italie de leurs productions. — Joseph Carpani, né à Rome, florissait dans le XVIIe siècle; on croit qu'il était de la même famille que les précédents. Pendant quarante ans, il fut professeur de droit à l'université *della Sapienza* à Rome, et fut choisi par le pape Innocent XI pour diriger les études du prince don Livio Odescalchi, neveu du souverain pontife. On a de ce Joseph Carpani : *Fasti dell' accademia degli Intrecciati*, Rome, 1673, et outre divers autres ouvrages, plusieurs *Discours latins*, imprimés séparément. — Un autre Carpani (Horace), publia en 1616, à Milan, un livre intitulé : *Leges et statuta ducatus mediolanensis, cum commentariis*.

CARPANI (JOSEPH), poëte et musicien célèbre, naquit en 1752, dans le petit village de la Briansa, en Lombardie. Il fit ses études à Milan, sous les jésuites, et resta toujours fidèle à leurs maximes. Son père l'avait destiné à la profession d'avocat; mais il préférait l'étude plus agréable des belles-lettres et des beaux-arts. Il voulut augmenter encore le nombre des futilités poétiques dont le Parnasse italien est inondé, puis se livra au genre dramatique. Le premier essai qu'il donna fut une comédie intitulée : *Inconti d'aigliate*, qui fut attribuée au P. Molina, auteur de plusieurs comédies nationales ou historiques en dialecte milanais. Le succès de cette pièce, et le goût qui se manifesta dans Carpani pour la musique, lui firent adopter le genre mélodramatique des Italiens. Il y déploya tant d'habileté, qu'il fut choisi pour composer les pièces destinées à être représentées à la cour de l'archiduc, sur le théâtre impérial de Monza. Il écrivit la *Camilla*, que la musique de M. Paër a rendue si célèbre. On a du même auteur : *l'Uniforme; l'Amore alla persianna; el Migliar done; il Giudizio di febo; l'Incontro; la Passione di N.-S.*; etc., qui furent mis en musique par les maîtres de chapelle les plus distingués de son temps, tels que Weigi, Pavesi, etc.

Carpani traduisit aussi plusieurs pièces de l'allemand et du français avec assez d'habileté pour que l'on pût appliquer à ses traductions la musique composée pour les originaux. C'est par ce moyen que les Italiens ont pu entendre et apprécier la musique de Haydn faite pour l'oratorio de la *Création*. La révolution française pendant quelque temps des lettres et du théâtre, il se jeta dans les journaux, et prouva sa reconnaissance à la cour qui le protégeait, par des articles où il lui manifesta un grand dévouement et qui acquièrent de la célébrité à la *Gazette de Milan*. Après l'année 1796, il suivit l'archiduc à Vienne, où il passa le reste de sa vie, toujours très-dévoué au gouvernement impérial. Au milieu de ses occupations politiques, il n'oublia jamais entièrement les muses et les beaux-arts. Ce qu'il a fait de mieux ce sont les *Haydines*, ou *Lettres sur la vie et la musique de Haydn*, qui furent copiées par un voyageur, lequel se les appropria et les publia en langue française. Carpani revendiqua sa propriété, et ne se fit aucun scrupule d'imputer cet acte d'un individu à la nation à laquelle il appartenait. Les Italiens, plus justes, blâmèrent à la fois le plagiat de l'un et l'injuste imputation de l'autre. Carpani a publié encore, sur le modèle des *Haydines, les Mayeriane et les Rossiniane*. Dans les unes, il défend le beau idéal contre ce qu'avait annoncé M. Mayer dans son ouvrage sur l'*Imitation de la peinture* et sur les *Tableaux du Titien;* dans les autres, il célèbre la nouvelle manière que M. Rossini a introduite dans la musique dramatique: soit qu'il loue, soit qu'il blâme, l'auteur se laisse emporter un peu trop par son enthousiasme. Il attaque tout ce qui est contraire à ses opinions et même à ses préjugés. Néanmoins il se montra toujours fort attaché à sa religion et à ses protecteurs. Il mourut à Vienne le 22 janvier 1825.

CARPANTHE, s. m. (*botan.*), genre de plantes cryptogames, de la famille des rhinospermes.

CARPAS, s. m. (*botan.*), espèce de plante de la famille des cotonniers.

CARPAS (*géogr.*), ville située à la pointe orientale de l'île de Chypre dans la Méditerranée. Elle était anciennement appelée *Carpasia, Carpasium*, par Pline, et par d'autres *Carpessus*.

CARPASIÆ (*géogr. anc.*), petites îles très-près de l'île de Chypre, au nord et presque vis-à-vis la ville de Carpas.

CARPASUM, s. m. (*botan.*), plante délétère, dont le suc endort, dit-on, la personne qui en prend.

CARPAT, s. m. (*mœurs et cout.*), espèce de bonnet dont se coiffent les Grecs de l'Archipel.

CARPATHES (MONTS) (*géogr.*), grande et vaste chaîne de montagnes qui bornent la Hongrie au nord et à l'est, que les Germains appelaient les montagnes de Krapak; c'était sans doute le nom primitif adouci par la prononciation romaine. Les Hongrois leur donnent celui de *Tatra*. Cette énorme arêtes s'étend en forme semi-circulaire depuis la montagne de Javernick au midi de la Silésie, vers le nord-ouest, jusqu'au mont Trojeska, la plus septentrionale de ses cimes. Elle court alors au sud-est contre les frontières de la Buckovine où elle envoie deux branches, une à l'est et l'autre à l'ouest de la Transylvanie, qui est encore séparée de la Valachie par une branche se dirigeant au sud-est puis au nord-est. Toute leur courbe peut avoir environ 500 milles. Un voyageur anglais, naturaliste distingué, a visité, il y a peu d'années, ces Alpes hongroises dans le voisinage de Kesmark. Il s'avança d'abord jusqu'à la mer Verte, grand lac au milieu des montagnes; traversant d'épaisses forêts de sapins, puis foulant aux pieds pendant plusieurs journées de marche d'immenses amas de branches desséchées d'un arbre de la nature du pin appelé *krumhols*, il arriva enfin à une région entièrement formée de pierres calcaires et granitiques. Il estime que le pic de Kesmark, qui du côté de la Hongrie ne forme qu'un immense rempart de roche perpendiculaire, a environ 300 de nos mètres en hauteur au-dessus du niveau de la mer; le pic de Lomnitz, auquel il atteignit ensuite, placé au centre de la chaîne des Carpathes, lui en parut d'abord le point le plus élevé; mais après un examen plus attentif il exprime le doute qu'il ne soit au moins égalé, sinon surpassé par le Krivan, autre pic situé plus à l'est. Il gravit le sommet du Lomnitz avec quelque difficulté. Il donne à ce mont 324 mètres au-dessus du niveau de la mer, à peu près la moitié de la hauteur du mont Blanc ou du mont Rosa. Il le trouva formé de granit gris de roche à sa base, recouverte d'une substance terreuse de couleur noir verdâtre, mais presque sans végétation autre que celle de quelques lichens. Ces pics sont rarement visités, si ce n'est par les chasseurs de chamois et quelques aventuriers oisifs et crédules qui

viennent y chercher de l'or ou des pierres précieuses. On y voit quelques marmottes; mais il ne paraît pas fondé que le chevreuil des Alpes suisses fréquente les hauteurs des Carpathes. — Notre Anglais fit aussi une ascension moins pénible sur le Krivan, qu'il mesura exactement et reconnut avoir au moins 50 mètres de moins que le Lomnitz. Il est probable que des sommets d'une plus grande hauteur existent dans la partie occidentale de ces montagnes; mais aucun ne s'élève jusqu'à la région des glaces perpétuelles. Le docteur Townson, que nous venons de citer, donne de curieux détails sur une habitation de l'intérieur des Carpathes, et sur ceux qui y font leur séjour. Cette demeure s'appelle en langue du pays *kschav*. C'est une petite hutte en bois construite dans le milieu de la forêt à la manière suédoise, dans de grosses poutres dont les bouts s'enchevêtrent les uns dans les autres dans le genre de ces ouvrages que les charpentiers appellent à queue d'aronde. Elles ont douze mètres de long à peine, sur six de large, et sont divisées en deux appartements. Dans le premier habite le maître berger, simple et grossier paysan qui confectionne là ses fromages; l'autre compartiment est destiné à serrer les fromages fabriqués jusqu'à ce qu'il les expédie à Kesmark. Il fait cet envoi tous les huit jours. Le travail de la laiterie est très-aisé : les brebis sont amenées trois fois par jour à la cabane pour être traites, et chaque traite est immédiatement convertie en fromage, car ils ne font point de beurre. La pressure est versée sur le lait pendant qu'il est encore chaud, ils sont aussitôt mélangés et battus ensemble; ensuite le maître berger réunit tous les caillés, et les pétrit soigneusement avec les deux mains pendant une demi-heure. C'est la seule opération qui demande du savoir-faire par la délicatesse qu'elle exige. Les caillés ne forment alors qu'une grosse masse que l'on place sans la diviser dans un linge où on les tient suspendus, car on ne pressure jamais. Le petit-lait qui reste est bouilli jusqu'à ce qu'il prenne quelque consistance, et forme la nourriture mais l'unique nourriture des bergers pendant toute la saison; ils ne mangent pas même du pain. Après le repas du maître berger et de ses aides, au nombre de quatre ou cinq, ceux-ci quittent la hutte et vont se coucher sous des hangars qui environnent le parc aux brebis. Pendant la nuit le maître berger sort plusieurs fois, et fait l'appel à ses hommes pour s'assurer qu'ils soient sur leurs gardes; ceux-ci ne manquent pas de répondre, pour le satisfaire, qu'ils sont attentifs à leurs devoirs. Ils ont besoin, en effet, d'exercer la plus grande vigilance pour écarter les loups, qui malgré toutes les précautions leur enlèvent chaque été bon nombre de moutons. — De temps en temps la chaîne carpathienne étend ses moindres ramifications vers le nord et vers le sud; dans la première direction, les plus remarquables sont les montagnes de l'ouest de la Silésie, celles qui joignent les mines de sel de Wicliczar à peu de milles au sud-est de Cracovie en Pologne, et celles qui se répandent à travers une partie de la Buckovine. Du côté du sud, une branche s'écarte du centre de la chaîne vers Tokay; on compte enfin une infinité de rameaux non exactement décrits, qui descendent dans la même direction de la courbure orientale des Carpathes. ED. GIROD.

CARPATHIENNE (MER) (*géogr. anc.*), portion de la Méditerranée au sud-ouest de l'île de Rhodes, entre cette île et celle de Candie. Elle tire son nom de Carpathos, autre île dont elle baigne les côtes. Cette mer a acquis de la célébrité par les vers d'Horace, d'Ovide, de Properce et de Juvénal, qui tous la mentionnent en plusieurs endroits. ED. GIROD.

CARPATHOS ou **CARPATHUS** (*géogr. anc.*), aujourd'hui *Scarpanto*, île de la Méditerranée, située entre l'île de Crète ou Candie au sud-ouest, et celle de Rhodes au nord-est. Strabon dit qu'elle contenait quatre villes, dont une était appelée Nisyros; Scylax ne lui en assigne que trois, et Ptolémée seulement une, appelée Posidium. Elle était longue et étroite, et suivant Scylax sa longueur était de cent stades, à peu près dans la direction du nord au midi; Strabon lui en donne deux cents de circuit. Cette île fut anciennement habitée par quelques soldats de Minos, le premier des Grecs qui étendit son empire sur mer. Plusieurs générations après son règne, Iolchès, fils de Déموléon, Argien, y établit une colonie. Homère l'appelle *Crapathos*. Elle porta aussi le nom de *Tétrapolis*, par allusion à ses quatre villes; *Heptapolis*, parce qu'on lui donnait sept villes, et *Pallénie* après le fils de Titan, le premier possesseur de cette île. ED. GIROD.

CARPATHOS (*géogr. anc.*), ville dans l'île ci-dessus. Elle posséda le siége d'un évêché dans les premiers temps du christianisme.

CARPATHIQUE (MER) (*géogr.*), aujourd'hui mer de Scarponte, partie de la Méditerranée située entre les îles de Crète et de Rhodes, autour de celle de Carpathus.

CARPE (*hist. nat.*). Ce poisson d'eau douce, appartenant au genre cyprin et à l'ordre des abdominaux, nous est d'une si grande utilité qu'on nous permettra d'en parler un peu au long, non-seulement sous le rapport de son organisation, mais encore sous celui de ses habitudes et des moyens ingénieux que l'on emploie pour la multiplier et améliorer l'espèce. La carpe se fait aisément reconnaître à sa tête grosse, aplatie en dessus; à ses lèvres épaisses, jaunes, susceptibles de s'allonger, et garnies de quatre barbillons; les inférieures plus grandes; à ses nageoires, dont la caudale est fourchue, la dorsale et l'anale ont le troisième rayon dentelé. D'ailleurs, elle a le corps long, ovale, épais et recouvert de grandes écailles arrondies et striées longitudinalement; le ventre blanchâtre, les côtés mélangés de jaune, de bleu et de noir; mais ces couleurs ne sont pas constantes; l'âge, le lieu d'habitation et la nourriture sont autant de causes qui peuvent en varier la nuance. Agréable au goût et d'une digestion facile, la carpe offre encore le double avantage de multiplier beaucoup et de se prêter au changement de localités; aussi, des contrées méridionales et tempérées de l'Europe, d'où elle est originaire suivant tous les naturalistes, on n'a pas tardé à la répandre dans les contrées du nord, et particulièrement dans les pays catholiques où l'on observe la loi du jeûne et de l'abstinence. En 1328, ce poisson était déjà très-commun en France, ainsi que le prouve le grand nombre de carpes qui furent servies dans le festin donné par la ville de Reims à l'occasion du sacre de Philippe de Valois. La Prusse le doit à Albert, premier duc de ce royaume, et l'Angleterre à Léonard Marscal, qui y naturalisa aussi les pommes à pepins. Quelques années plus tard, c'est-à-dire au milieu du XVIe siècle, les Suédois et les Hollandais commencèrent à élever ce précieux animal. Aujourd'hui on pêche des carpes par toute l'Europe; mais plus on approche du cercle polaire, et plus leur volume diminue, ainsi que leur faculté de reproduction; c'est pourquoi on en transporte chaque année en Russie et en Suède de Dantzig et de Kœnigsberg. On a dit, probablement sans assez d'observations, que parmi les poissons d'eau douce la carpe est celui dont l'accroissement est le plus rapide; or, une carpe pesant trois livres au bout de six ans, en pèsera six ou huit quand elle aura dix ans. Dans nos villes, on cite les carpes du Rhin et quelques autres pour leur grosseur; mais ces carpes que nous admirons chez nos marchands de comestibles sont peu remarquables si on les compare à celles que les naturalistes ont signalées. En Allemagne, il n'est pas rare d'en prendre du poids de trente livres; on en cite une qui fut pêchée à Francfort-sur-l'Oder et qui pesait soixante-dix livres, et une autre de quatre-vingt-dix livres, pêchée dans le lac de Zug en Suisse. Leur dimension, dans ces cas exceptionnels, peut aller jusqu'à neuf ou douze pieds de longueur sur deux ou trois de largeur. Après ces exemples, on ne sera pas étonné de la longévité de ces poissons qui vont à cent et deux cent ans, ainsi qu'on a pu le constater dans les étangs de la Lusace, de Fontainebleau et de Chantilly. Ces animaux sont encore remarquables par leur fécondité; ils peuvent produire dès la troisième année, et on a compté deux cent trente-sept mille œufs dans une femelle d'une livre. Une grande partie du frai est dévoré par d'autres poissons; les petits sont exposés à divers dangers, et à l'âge de trois ans ils ont encore à redouter la voracité des gros brochets et des loutres. C'est au milieu du printemps que commence le frai; alors les carpes recherchent les endroits couverts d'herbes ou les étangs; souvent plusieurs mâles poursuivent la même femelle. Lorsque dans leur course ces animaux rencontrent un obstacle, ils montent à la superficie de l'eau, se couchent sur le côté, et, rapprochant leur tête de leur queue, ils forment une sorte de cercle qui, en se roidissant comme un bâton ou tout autre objet plié de force, produit l'effet d'un ressort qui se débande : l'eau est frappée subitement, et le poisson, élevé tout à coup à une hauteur de six à huit pieds, franchit l'obstacle qui s'opposait à son passage. Quand elle nage en liberté, cette espèce se nourrit d'insectes, de vers, de petits coquillages, du frai d'autres poissons, de graines et de parties tendres des plantes aquatiques. Elle produit un petit bruit par l'effet de la mastication. Dans les viviers où l'on élève des carpes en abondance, on leur donne du pain, de la fécule de pommes de terre, de haricots, de lentilles; elles mangent encore des fruits pourris et d'autres débris de substances végétales; un amas de fumiers, placé sur le bord du vivier, facilite la production d'une multitude de vers que les carpes mangent avec avidité. Sitôt que l'hiver approche, les carpes se réunissent en assez grand nombre, se cachent dans la boue, et passent ainsi plusieurs mois sans prendre de nourriture.

Préparées de diverses manières, les carpes forment un mets des plus répandus en France; sur les tables somptueuses, on sert des plats entièrement composés de la laite qu'on extrait de leur ventre, ou de *langues de carpes*, c'est-à-dire de la pièce cartilagineuse sur laquelle appuient les dents du pharynx; leurs œufs sont aussi employés à préparer un caviar très-estimé. Toutes les carpes ne jouissent pas de la même réputation comme aliments; les plus recherchées en France sont pêchées dans la Seine, le Lot, le Rhin, la Saône et l'étang de Camière, près de Boulogne-sur-Mer; celles de la Moselle sont moins bonnes. Les étangs de la Bresse, du Forez, de la Sologne et de la Champagne en fournissent par milliers. On les pêche avec des seines ou d'autres grands filets, ou même avec la ligne; souvent on a beaucoup de peine à les prendre : elles évitent l'appât qu'on leur présente, ou si elles voient venir le filet, elles s'enfoncent dans la vase ou s'élancent et sautent d'un autre côté. Pour les conduire à Paris, on emploie généralement des *bascules*, sorte de bateaux divisés par des cloisons criblées de trous, de manière à laisser entrer l'eau, ou bien, comme elles peuvent résister à un séjour prolongé dans l'atmosphère, on les enveloppe d'herbages, de linge mouillé et de neige, et on leur met dans la bouche un morceau de pain trempé dans de l'eau-de-vie, ce qui les met à même de supporter des routes fort longues. — En Hollande, il n'est pas rare de voir les pêcheurs mettre à profit cette propriété qu'ont les carpes de se conserver en vie hors de l'eau : dans le but de les engraisser et de rendre leur chair plus délicate, il les enveloppent de mousse, les suspendent dans un linge ou un filet, et les nourrissent avec du lait et de la pâte de pain. Dans d'autres pays, mais surtout en Angleterre, on leur fait subir une castration, ce qui les fait engraisser en peu de temps. Les carpes qui ont été prises dans un étang vaseux ont un goût de marais qu'elles ne perdent qu'en restant quelques jours dans une eau vive. Ces poissons peuvent encore contracter dans la vase ou par l'effet de la vieillesse deux maladies souvent mortelles : tantôt leur dos se couvre d'excroissances semblables à de la mousse, tantôt il leur vient sous les écailles de petits boutons; cette dernière maladie que les pêcheurs appellent *petite vérole*, demande que la carpe soit placée dans une eau limpide. — G. Cuvier, dans son *Règne animal*, cite les variétés suivantes : le *carreau*, commun dans le Nord; la *gibèle*, assez commune autour de Paris et munie d'épines faibles; la *bouvière*, verdâtre en dessus, aurore en dessous; elle n'a guère qu'un pouce de long; enfin la *daurade*, de la Chine, importée en Europe vers le commencement du XVIIe siècle, et en France dans le XVIIIe par la marquise de Pompadour. Ce poisson, connu en France sous le nom de *carpe dorée*, fait l'ornement de nos bassins; on le nourrit aussi dans des bocaux, avec des parcelles de mie de pain, de petites oublies, avec des jaunes d'œuf durcis et brisés par fragments, avec des mouches, des vers, etc. D'abord noirâtre, il devient par degrés d'un rouge doré, ou d'un blanc argenté, ou mélangé de ces trois couleurs; il atteint jusqu'à quinze pouces dans les étangs spacieux; sa bouche n'offre pas de barbillon, et son ouïe est tellement sensible que les Chinois l'appellent avec de petits sifflets pour lui donner sa nourriture. On dit que le tonnerre fait beaucoup de mal à ces poissons et en tue fort souvent.

CARPE (*gramm.*). Figurément, *Saut de carpe*, certain saut que les baladins exécutent à plat ventre en s'élevant horizontalement. — Figurément et familièrement, *Faire la carpe pâmée*, se dit d'une personne qui feint de se trouver mal.

CARPE (*anat.*). On appelle carpe la partie de la main qui s'articule immédiatement avec les os de l'avant-bras, le *radius* et le *cubitus*. Le carpe ne forme pas cependant toute la portion charnue de la main; il s'articule dans la direction des doigts avec les os dont l'assemblage forme le métacarpe. C'est à la suite du métacarpe que se trouvent les phalanges des doigts. Le carpe est composé de deux séries d'os qui se lient les uns aux autres à la manière des pierres d'une voûte. L'articulation de ces os n'est pas cependant d'une immobilité complète, mais elle est établie de manière à donner une solidité convenable à cette barre. A ce point d'insertion de la main, la première série ou rangée des os du carpe est composée de quatre os qu'on appellent le *scaphoïde*, le *semi-lunaire*, le *pyramidal*, le *pisiforme*. On comprend que toutes ces dénominations viennent de la disposition particulière qu'ils affectent; ces os sont d'une inégale grosseur, et s'articulent, s'emboîtent entre eux ainsi qu'avec les extrémités radiales et cubitales, et la face postérieure de la deuxième rangée du carpe. Cette deuxième série se compose également de quatre os qu'on nomme le *trapèze*, le *trapézoïde*, le *grand os* et l'*os crochu*. Ils s'articulent avec la face antérieure de la première rangée du système osseux spécial auquel ils appartiennent, et avec les facettes postérieures des os métacarpiens. Tous les os du carpe ont une structure analogue; ils sont formés dans toute leur épaisseur par un tissu spongieux qui, dans l'état ordinaire, c'est-à-dire sur le vivant, est imbibé d'une grande quantité de fluides. Leur surface est seulement protégée par une lame plus compacte et d'une très-faible épaisseur; cette lame est la même couche de matière dure éburnée qu'on retrouve sur la plupart des pièces osseuses; elle remplit le même office que l'émail de la dent. Comme on ne l'ignore pas sans doute, les os sont mous et à peine marqués, à peine dessinés chez le fœtus; ils prennent un peu plus de consistance après la naissance; mais ils ne sont pas encore ossifiés, c'est-à-dire consolidés entièrement. Ce n'est qu'avec l'âge que les os deviennent absolument osseux, si on peut s'exprimer ainsi. Les os du carpe suivent la loi générale. C'est par un seul point central que l'ossification commence sur toutes les pièces osseuses que nous avons nommées, le *pisiforme* excepté; car il a deux centres de consolidation au lieu d'un. — L'ossification complète de tous les os du carpe n'est complète qu'à treize ou quatorze ans.   Dʳ ED. CARRIÈRE.

CARPE (SAINT), hôte et disciple de saint Paul, demeurait à Troade en Phrygie lorsque cet apôtre y passa, environ un an avant sa mort, en retournant de Grèce en Asie pour la dernière fois. L'Ecriture ne nous apprend rien de Carpe, sinon que saint Paul logea chez lui dans ce voyage, et qu'il y laissa une veste, ou, selon d'autres, un sac à mettre les choses qui lui servaient dans ses voyages, parmi lesquelles il y avait des livres avec des membranes qui pouvaient être les saintes Ecritures en rouleaux. Les Menées des Grecs ajoutent que Carpe fut un des soixante-douze disciples de Jésus-Christ, associé à saint Paul dans le ministère de la prédication, le porteur de ses lettres, et évêque de Bérée, où il mourut en paix. Ils font sa fête le 26 de mai, et les Latins le 13 d'octobre (*II. Timoth.*, c. IV. Tillemont, *Vie de saint Paul; Mém. ecclés.*, t. 1. Baillet, t. III, 13 octobre).

CARPE (SAINT), évêque de Thyatire en Asie, et martyr, fut pris comme chrétien avec son diacre Papyle ou Papyre, l'an 251, dans la persécution de l'empereur Dèce. On les mena tous deux devant le proconsul Valère ou Valérin, gouverneur d'Asie, qui, les trouvant inébranlables dans la foi, les fit conduire dépouillés et chargés de chaînes par les rues de la ville. Après deux autres interrogatoires, il ordonna qu'ils iraient à Pergame, lieu de leur naissance, où il devait se rendre lui-même. Quand il y fut arrivé, il fit battre saint Carpe avec des baguettes hérissées d'épines, lui fit brûler les côtés avec des torches, et jeter du sel sur ses plaies. Quelques jours après, on le coucha nu sur des pointes de fer; on lui déchira de nouveau les côtés; et enfin on le fit brûler avec saint Papyle son diacre, qui avait aussi partagé tous ses tourments précédents. Les Grecs font la fête de saint Carpe et de ses compagnons, qui étaient au nombre d'environ cinquante, selon le *Martyrologe* de saint Jérôme, le 13 octobre, et les Latins le 7, le 8 et le 12; mais plus ordinairement le 13 d'avril (Henschenius, *Continuation de Bollandus*. Tillemont, *Histoire de la persécution de Dèce*. Baillet, t. I, 13 avril).

CARPEAU, s. m. diminutif; petite carpe. — Il se dit aussi d'une variété de carpe que l'on pêche dans le Rhône et dans la Saône, et qui est d'un goût fort délicat.

CARPEAU (*V.* SAUSSEY [Du]).

CARPEGNA (*V.* MONTERCHIUS).

CARPELLA (*géogr. anc.*), promontoire d'Asie, placé par Ptolémée en Caramanie, très-près du promontoire d'Armosum, dans le golfe Persique et au sud-est.

CARPELLE, s. m. *carpellum*. M. de Candolle nomme *carpelle* des fruits ou des pistils partiels provenant d'une seule fleur, comme dans les fraisiers.

CARPENEDOLO (COMBAT DE). L'infatigable activité de Bonaparte et de ses lieutenants ne laissait aucun relâche aux Autrichiens après les journées d'Arcole et de la Favorite. Les impériaux étaient repoussés du Trentin; mais il n'était pas moins important de chasser également ce qui restait de troupes autrichiennes sur la Brenta. Instruit le 26 janvier 1797 que les impériaux avaient évacué Bassano, et s'étaient portés pendant la nuit, par les deux bords de cette rivière, à Carpenedolo et Crespo, Masséna se mit à leur poursuite, les atteignit tout près de Carpenedolo; un combat très-vif s'engagea sur le pont.

Les impériaux, forcés par les baïonnettes françaises, se retirèrent laissant 200 morts sur le champ de bataille et 900 prisonniers.

CARPENÉITIDE (*géogr. anc.*), lieu de l'Attique.

CARPENTARIE (*géogr.*), golfe et contrée de la côte septentrionale de la Nouvelle-Hollande. Le golfe s'étend entre 10° 40′ et 17° 40′ de latitude sud, et entre 135° 20′ et 140° de longitude est. Sa largeur, entre les caps Yorck et Arnheim, qui en forment l'entrée, est de 110 lieues, et sa profondeur est de 150 lieues. — Le nom de *Terre de Carpentarie* désigne la contrée qui occupe autour de ce golfe une étendue d'environ 350 lieues. Elle est bornée à l'est par la Nouvelle-Galles méridionale, et à l'ouest par la terre d'Arnheim. Sur la côte orientale sont des îles dont quelques-unes présentent un minerai de fer très-riche. Le poisson y est abondant, et les tortues y sont grosses et nombreuses. Cette côte, longue de 70 lieues, est sablonneuse et basse; on n'aperçoit dans l'intérieur qu'un petit nombre d'arbrisseaux chétifs, et au delà des arbres d'une plus grande dimension. Les embouchures des petites rivières y sont engorgées par des bancs de sable; les bords de ces rivières sont verdoyants; le pays qu'elles arrosent produit des eucalyptes, des baquois et des casuarina. On y voit des kangouroos. Les rochers renferment des débris de corail et de coquilles. Les indigènes de cette côte se servent de pirogues. — Sur la côte sud-sud-ouest, la chaleur est durant le jour de 25° à 30° degrés, et tempérée par des brises de terre et de mer, ce qui fait qu'elle est rarement étouffante. Cette côte est sinueuse, aride, parsemée de collines, et bordée de récifs et d'îles généralement stériles, où il ne croit que quelques buissons, de petits arbres, et de l'herbe assez bonne. Les Indiens qui l'habitent ont des zagaies et des armes semblables à celles des indigènes du Port-Jackson; des radeaux qu'ils font mouvoir avec des pagaies, et des filets pour la pêche. Ils vont nus et sont circoncis; quelques-uns s'entourent la tête d'un filet roulé : tous ont les cheveux courts et non crépus. Les racines d'une espèce de fougère et les coquillages de l'Océan paraissent former une partie de leur subsistance. Ils ont semblé timides. — Sur la côte occidentale sont beaucoup d'îles dont la base paraît être un grès dur à grains serrés, avec mélange de quartz et accidentellement de fer. Elle s'élève insensiblement vers l'intérieur; on y rencontre les mêmes animaux que sur les autres côtes du golfe; mais les arbres qui y croissent y indiquent plus de fertilité. Une rivière, dont on aperçoit le cours jusqu'à une distance de 5 à 6 lieues, y débouche dans un marécage dont l'entrée est obstruée par une île et par des hauts-fonds. Les habitants de cette côte occidentale ont un idiome différent de celui des environs de Port-Jackson; ils ont de grandes pirogues bien construites, et se méfient des étrangers. Les Malais de Célèbes viennent pêcher des tripangs sur leurs côtes. — C'est à tort qu'on a voulu attribuer la découverte de la terre de Carpentarie à Pierre de Carpentier, gouverneur général des Indes, et fixer la date de cet événement à l'année 1628. A cette époque Carpentier revint en Hollande sans toucher à la terre australe. La côte orientale était connue en 1616; elle fut ensuite explorée à plusieurs reprises, et en dernier lieu par Tasman en 1644. Flinders a visité tout le golfe en 1800.   ED. GIROD.

CARPENTER (NATHANAEL), savant ecclésiastique anglais, né dans le Devonshire, élevé à l'université d'Oxford, et mort à Dublin en 1635, associé du collége d'Exeter, a écrit les ouvrages suivants : *Achitophel ou Portrait d'un politique corrompu* (Wicked Politician), en trois parties; un *Traité de géographie en deux livres, avec la partie sphérique et la partie topique*, Oxford, 1625, in-4° (dans la dernière partie de ce traité, il essaye de prouver que les naturels d'un pays montagneux sont en général plus guerriers et plus généreux que les hommes nés dans un pays plat); et enfin *Philosophia libera triplici exercitationum decade proposita*, Oxford, 1622, in-8°; et Francfort, 1621, in-8°. Dans cet ouvrage Carpenter s'est montré l'un des premiers un antagoniste prononcé de la doctrine d'Aristote. Il passait pour un très-grand érudit.   ED. GIROD.

CARPENTER (RICHARD), prêtre anglais, sorti de l'université de Cambridge, après avoir été moine bénédictin en Italie, revint dans sa patrie et embrassa la religion anglicane. Il occupa quelque temps une cure, puis se fit prédicateur en public, comme c'était la mode durant la guerre civile. Ses sermons attisaient le feu de discorde qui s'était allumé entre Charles Iᵉʳ et le parlement, mais ne lui rapportaient rien. Il revint à Paris sous prétexte de changer de conduite, repassa bientôt le détroit entraîné par son inconstance, reprit ses prédications en plein air jusqu'à la restauration, et servit constamment de risée à son auditoire d'Ailesbury, théâtre plus particulier de ses bouffonneries. Enfin, sur ses vieux jours, ce jovial ministre du saint Evangile dont la continence n'avait pas été une des vertus, revint avec sa femme, après l'avoir quittée, dans le giron de l'Eglise romaine, et y mourut. Il ne manquait ni d'esprit ni de savoir, et trouva encore du temps au milieu de ses désordres pour écrire les ouvrages suivants : 1° *Expérience, histoire et théologie*, dédié au parlement, 1642, in-8°, réimprimé avec quelques changements, sous le titre de *la Ruine de l'antechrist*, 1648 ; 2° *la Loi parfaite de Dieu, sermon qui n'est pas sermon, qui a été prêché et n'a pas été prêché*, publié pendant qu'il était dans la secte des indépendants, 1652 ; 3° *le Jésuite brouillon*, imprimé après le rétablissement de Charles II ; 4° *Preuves que l'astrologie est innocente, utile et pieuse*, Londres, 1652, in-4° et in-8°. Il a fait imprimer encore plusieurs sermons à Londres en 1612, 1616 et 1623, sous divers formats. — Un autre CARPENTIER (Jean), théologien anglais qui écrivit, vers la fin du XVI° siècle, des *Sermons, Contemplations*, etc., imprimés à Londres en 1599 et 1606, ne doit pas être confondu avec celui qui est le sujet de cette notice. Ed. Girod.

CARPENTIER ou CHARPENTIER (Jean)(1), historiographe et généalogiste, était né dans le XVII° siècle à Abscon, près de Douai. Ayant résolu d'embrasser la vie religieuse, il prit l'habit de Saint-Augustin à l'abbaye Saint-Aubert de Cambrai. Ses talents et son érudition lui méritèrent l'estime de ses confrères ; mais, ayant échoué dans son projet de se faire élève abbé, il s'enfuit en Hollande, suivi d'une femme avec laquelle il avait déjà des relations suspectes, et qu'il épousa peu de temps après. Les Etats généraux le nommèrent historiographe de l'académie de Leyde ; mais, le traitement qui lui fut assigné ne pouvant suffire pour élever sa famille, il ouvrit une boutique de libraire, et se fit généalogiste. Après la mort de sa femme, il sollicita de ses anciens supérieurs la permission d'achever ses jours à Saint-Aubert, dans les exercices de la pénitence. Sa demande lui fut accordée, et il vint jusqu'à Valenciennes accompagné de ses enfants ; mais, au moment de les quitter, il n'eut pas la force d'accomplir ce sacrifice, et reprit le chemin de Leyde où il mourut vers 1670. Outre la traduction du *Voyage* de Nieuhoff (*V.* ce nom), on a de Carpentier : 1° *Histoire de Cambrai et du Cambrésis, contenant ce qui s'y est passé sous les empereurs et les rois de France et d'Espagne*, Leyde, 1664 ou 1668 (2), in-4°, quatre parties, reliées en deux ou trois volumes. Les exemplaires complets sont rares et recherchés. De Bure a donné la description de cet ouvrage dans la *Bibliographie instructive*, n° 5359. La première partie renferme l'histoire civile et politique ; la seconde l'histoire ecclésiastique ; et les deux dernières les généalogies des principales familles du Cambrésis. Il y a beaucoup de recherches et des particularités curieuses. On a accusé l'auteur d'avoir fabriqué plusieurs titres, et d'en avoir falsifié d'autres pour flatter la vanité des personnes puissantes dont il voulait se ménager la protection (*V.* la *Bibl. histor. de la France*, n° 8539). 2° *Les Généalogies de familles nobles de Flandres*, in-folio. Elles ne laissent rien à désirer, disent les continuateurs du P. Lelong, sous le rapport de l'impression et des gravures ; mais c'est tout ce qu'on en peut dire de bon. M. A. Leglay a donné une *Notice sur Charpentier, historiographe du Cambrésis*, suivie d'une lettre inédite de cet écrivain, et de l'examen critique des diplômes qu'il a publiés, Valenciennes, 1833, in-8° d'une feuille.

CARPENTIER (Pierre), gouverneur de Batavia, partit pour les Indes en 1616, en qualité d'*opperkoopman*, marchand en chef. Le gouverneur Koen le nomma, au bout de deux ans, directeur général du commerce d'Amboine, et en 1623 Carpentier lui succéda dans le poste important de gouverneur général. L'année où il commença à diriger le commerce d'Amboine, un événement arrivé dans cette île faillit allumer la guerre entre la Hollande et l'Angleterre. Quelques commis anglais, de concert avec des soldats japonais, avaient formé le projet de tuer les Hollandais et de se rendre maîtres du fort de l'île. La conspiration ayant été découverte, le gouverneur fit mettre à mort les coupables. L'Angleterre ne vit dans la conduite du gouverneur qu'une cruauté sans motif. On s'accusa réciproquement, et pendant plusieurs années on fut près de prendre les armes. Pierre Carpentier, de retour en Hollande depuis 1628, fut un

des députés qui, en 1629, se rendirent à Londres pour cette affaire. La chambre d'Amsterdam le nomma aussi chef de la compagnie des Indes, poste qu'il occupa jusqu'à sa mort en 1659. Le temps de son gouvernement n'avait été marqué par aucune action d'éclat, mais il fut très-utile au commerce de Hollande. Carpentier ramena dans sa patrie quatre vaisseaux chargés de richesses. Aussi la compagnie des Indes lui fit-elle présent de dix mille florins, d'une épée et d'une chaîne d'or de la valeur de deux mille florins.

CARPENTIER (P.), religieux bénédictin de la congrégation de Saint-Maur, naquit à Charleville le 2 février 1697. C'est à lui principalement que l'on est redevable de l'édition du *Glossarium mediæ et infimæ latinitatis* de du Cange, 6 vol. in-fol., publiée de 1733 à 1736. Il en rédigea la préface, en surveilla l'impression, et y fit les additions les plus importantes. Les nombreuses recherches auxquelles il avait été obligé de se livrer lui fournirent l'idée d'un nouveau travail. Ayant trouvé aux archives de la couronne des lettres de Louis le Débonnaire en caractères tironiens, il étudia longtemps ce genre d'écriture, et publia les résultats auxquels il était parvenu dans l'ouvrage suivant : *Alphabetum tironianum, seu Notas Tironis explicandi Methodus*, Paris, 1747, in-fol. Carpentier, nommé prieur de Donchery, ne continua qu'avec plus d'ardeur ses études favorites, et en 1766 il fit paraître : *Glossarium novum, seu Supplementum ad auctiorem glossarii cangiani editionem*, Paris, 4 vol. in-fol. Ce Supplément est devenu beaucoup plus rare et plus cher que le Glossaire lui-même. Le quatrième volume renferme un glossaire du vieux français, et les dissertations de du Cange sur les monnaies du Bas-Empire ; dissertations qui se trouvaient omises dans l'édition en six volumes. Cette dernière publication attira de grands désagréments à Carpentier, et plusieurs de ses confrères lui reprochèrent vivement d'avoir mis son nom seul à un livre auquel ils avaient coopéré en assez grand nombre ; cette querelle s'envenima au point que Carpentier demanda et obtint sa sécularisation. Il mourut à Paris au mois de décembre 1767.

CARPENTIER (Antoine-Michel), architecte, né à Rouen en 1709, mort à Paris en 1772. Son goût pour les arts se manifesta dès l'enfance, et ses parents secondèrent son penchant. Il s'appliqua au dessin, puis à la sculpture, avec l'ardeur et les succès qu'inspire et qu'assure le génie quand on suit les impressions qu'il a données. Rouen devint bientôt un théâtre trop étroit pour les talents du jeune Carpentier ; il arriva à Paris en 1728, s'y livra à l'étude de l'architecture, et cette capitale fut enrichie de nombreux édifices d'une belle ordonnance et d'un excellent goût. Carpentier ne fut pas moins remarquable par son talent que par sa probité et son désintéressement. « Je n'ai jamais pris mon crayon, disait-il, dans la pensée qu'il m'en reviendrait de l'argent. » Il faisait cependant cas de la fortune, mais c'était quand elle servait à la générosité de son cœur. Il fut membre de l'académie royale d'architecture, architecte de l'Arsenal, des domaines et des fermes générales du roi. Parmi les nombreux édifices élevés sur ses dessins, on compte les châteaux de Courteilles et de la Ferté dans le Perche, celui de Ballinvilliers près d'Orléans, les bâtiments de l'Arsenal, les intérieurs de l'hôtel de Beuvron et le palais Bourbon, devenu aujourd'hui le chambre des députés.

CARPENTORACTE MINORUM (*géogr. anc.*), aujourd'hui Carpentras ; ville de la Gaule narbonnaise, au nord-est d'Avignon, située sur une éminence près de la rivière de l'Ausonne. Elle fut comprise par Pline, qui la compte parmi les cités latines ; et les Romains y établirent une colonie probablement au temps de Jules César. Elle appartenait aux Méminiens, et l'on suppose que son arc de triomphe (*V.* CARPENTRAS) fut élevé en mémoire de la victoire remportée par Cn. Domitius Ænobarbus contre les Allobroges et les Arvernes, près du confluent de la Sorgue et du Rhône, à environ deux lieues et demie de cette ville. Ed. Girod.

CARPENTRAS, *Carpentoracte*, ancienne capitale du comtat Venaissin, aujourd'hui chef-lieu de sous-préfecture du département de Vaucluse. Cette ville est très-ancienne ; déjà pendant l'époque romaine elle était considérable. Pline, qui lui donne le nom de *Carpentoracte Minorum*, lui assigne un rang distingué parmi les cités de la Gaule narbonnaise. Les Romains y élevèrent un grand nombre d'édifices ; mais, à l'époque de la grande invasion des barbares, elle fut successivement ravagée par les Goths, les Vandales et les Lombards. Les Sarrasins s'en emparèrent ensuite, et achevèrent de ruiner ce que les guerriers avaient épargné. Le pape Clément V vint y fixer en 1313 la résidence du saint-siége. Un tel honneur coûta cher à Carpentras. Les cardinaux étaient depuis plus de trois mois en

(1) On assure qu'il altéra la véritable orthographe de son nom pour faire croire qu'il appartenait à la famille Carpentier, l'une des plus anciennes du Cambrésis (*V.* Foppens, *Biblioth. belgica*, 603).

(2) Les exemplaires qui portent ces deux dates sont de la même édition.

conclave pour l'élection du successeur de ce pape, lorsque les habitants, fatigués d'attendre le résultat de leurs délibérations, mirent le feu à l'édifice où le conclave était assemblé, et ce feu consuma une partie de la ville ; cependant les maisons brûlées furent promptement reconstruites, et cinquante ans après cet événement le pape Innocent VI fit entourer la nouvelle ville des murs qui subsistent encore aujourd'hui. Le baron des Adrets vint en 1562 mettre le siège devant Carpentras, et campa auprès de l'aqueduc, dans un poste qu'il croyait à l'abri de l'artillerie de la ville. Ceux des habitants qui avaient été bannis pour leurs opinions religieuses, et qui se trouvaient dans son camp, lui avaient promis qu'il n'éprouverait aucune résistance. Mais la ville était bien fortifiée, et l'on avait fait pour sa défense de grands préparatifs. La garnison se composait de sept compagnies de troupes réglées ; et d'ailleurs tous les habitants étaient disposés à se battre comme des soldats. Ils firent de nombreuses sorties, tuèrent beaucoup de monde aux ennemis, les forcèrent enfin à lever le siège, les poursuivirent, et leur enlevèrent une partie de leurs bagages. Nous avons dit que Carpentras était autrefois la capitale du comtat Venaissin ; cette ville par conséquent appartenait au saint-siège, et ne faisait pas partie du territoire du royaume. Elle était administrée, depuis le XIIᵉ siècle, par trois consuls, dont l'élection était réservée aux habitants. Cette ville était la résidence du recteur ou gouverneur du Comtat pour le pape. La justice y était rendue par un juge de première instance, qu'on appelait juge major et ordinaire ; par un juge des premières appellations du comtat Venaissin, et par la chambre apostolique de la province, qui connaissait primitivement de toutes les causes fiscales et qui concernaient le Patrimoine de Saint-Pierre. Carpentras est aujourd'hui le chef-lieu judiciaire du département ; elle possède une société d'économie rurale et un collège communal. La population est de 9,817 habitants. Ses principaux monuments sont : la cathédrale, dont quelques parties remontent au Xᵉ siècle ; le palais de justice, qui occupe les bâtiments de l'ancien évêché, et dont l'une des cours renferme un bel arc de triomphe antique, autrefois enseveli dans une cuisine ; et l'Hôtel-Dieu, dans la chapelle duquel on voit le mausolée du vertueux évêque d'Inguimbert. Cette ville possède une des bibliothèques publiques les plus précieuses des départements : cette collection, formée dans le principe par le fameux Peiresc, et augmentée par les Thomassin-Mazangue, fut achetée en 1745 par M. d'Inguimbert, qui enrichit de tous les livres qu'il avait lui-même rapportés d'Italie, et en fit don à la ville. Elle se compose de vingt-deux mille volumes imprimés, et d'environ deux mille manuscrits, dont les plus précieux ont appartenu à Peiresc. Le littérateur Arnaud et le savant Raspail sont nés à Carpentras.

CARPENTUM (archéol.). C'est le mot latin par lequel les antiquaires désignent sur les médailles romaines un chariot fermé, traîné par des mules, dont l'usage n'était permis qu'aux dames les plus illustres et aux princesses. Le sénat leur accorda cette distinction dès le temps de la république. Les empereurs firent du carpentum un usage habituel, et cet usage devint une prérogative des Augustes. Ils le permirent cependant, sous le Bas-Empire, au préfet du prétoire et au vicaire de Rome. Les pontifes et les flamines se servaient aussi du carpentum pour transporter au Capitole les choses sacrées, qui ne devaient pas être exposées aux regards des profanes. On vit aussi le carpentum paraître dans les pompes du cirque, d'où lui vint le surnom pompaticum. Il portait les images des impératrices mortes à la suite de celles des empereurs, qui étaient placées sur des chars. Ce fut Caligula qui accorda cette prérogative à la mémoire de sa mère. Messaline et Agrippine l'obtinrent de leur vivant. On voit le carpentum sur les médailles de grand bronze d'Agrippine et de quelques autres princesses (Mionnet, *Méd. rom.*, p. 125). Les tombeaux en marbre publiés par Gori, et les peintures d'Herculanum en offrent plusieurs représentations. L'empereur Aurélien se promenait dans un carpentum, pour se délasser des fatigues du gouvernement, en s'entretenant familièrement avec ses amis. DUMERSAN.

CARPESANO (FRANÇOIS), prêtre de Parme, et secrétaire de l'évêque de cette ville, était septuagénaire lorsqu'en 1521 l'empereur Charles-Quint assiégea Parme. On a de lui une histoire sous le titre de *Commentaria suorum temporum*. Il y rapporte les grands événements de son temps jusqu'à l'an 1526. Le P. Mabillon, étant à Rome, en fit copier le manuscrit, qui a été imprimé depuis en 1729, à Paris, dans le cinquième tome de l'*Amplissima Collectio veterum scriptorum et monumentorum*, depuis la page 1186 jusqu'à 1246.

CARPÉSIE, s. f. (botan.), genre de plantes de la famille des corymbifères.

CARPÉSIUM, s. m. sorte d'aromate auquel les anciens accordaient les mêmes vertus qu'à la valériane.

CARPET, s. m. (hist. nat.), espèce de poisson cartilagineux, assez semblable à la carpe, mais plus court, et que l'on trouve au Sénégal.

CARPETANI (géogr. anc.), peuples de l'Espagne citérieure, dont la position était à l'ouest vers la Lusitanie. Leurs principales villes étaient Complutum, Contrebia, Mantua et Toletum. Ptolémée leur assigne dix-huit villes.

CARPÉTANIE (géogr. anc.), contrée d'Espagne, dans laquelle Pline met les villes de Contrebia et d'Hippona : cet auteur y place encore Æbura, d'accord en ceci avec Ptolémée. Les montagnes de la Carpétanie sont appelées par Pline *Carpetana juga*. La capitale, selon lui, en était Contrebia.

CARPETTE, s. f. nom qu'on donne, en beaucoup d'endroits, à une petite carpe.

CARPETTES, s. f. pl. (comm.), gros draps rayés, que l'on nomme plus communément *tapis d'emballage*.

CARPHA, s. f. (botan.), genre de plantes de la Nouvelle-Hollande, de la famille des souchets.

CARPHALE, s. m. (botan.), sorte d'arbrisseau de Madagascar, de la famille des rubiacées.

CARPHÉPHORE, s. m. (botan.), genre de plantes de la famille des corymbifères.

CARPHÉOTUM, s. m. encens très-pur, très-blanc, qui découle de l'écorce d'un arbre d'Arabie.

CARPHOLOGIE (médec.). Ce mot peut avoir à la rigueur deux étymologies ; il peut dire également ramasser avec la main, et recueillir des flocons. Mais, quoi qu'il en soit, ces deux définitions sont indifférentes comme on va le voir. On a donné en médecine le nom de carphologie à un symptôme qui se développe quelquefois pendant la période la plus violente de certaines maladies aiguës, et de celles surtout qui attaquent avec une certaine puissance le système nerveux. Ce symptôme, qui est le plus ordinairement le présage d'une terminaison funeste de la maladie, consiste dans des mouvements de la main et des doigts, qui semblent être dirigés dans le but de s'emparer d'un objet dont l'image est présente à l'esprit du malade. Ces objets sont des flocons qui semblent flotter à la portée de la main et affecter des formes différentes. Le malade se détrompe rarement, même lorsqu'il reconnaît qu'il ne peut pas s'emparer de ces créations illusoires. Ses doigts se meuvent toujours ; sa main s'ouvre et se ferme sans cesse ; et l'illusion dure jusqu'à ce que ce phénomène morbide soit éclipsé par un autre. La carphologie, disons-nous, est d'un funeste présage ; il est rare en effet que l'agonie ne soit pas au moment de commencer, lorsque l'esprit du malade est plongé dans des illusions de cette nature. Elle même quelquefois l'agonie. Dʳ ED. CARRIÈRE.

CARPHOLOGIQUE, adj. des deux genres (médec.), qui concerne la carphologie.

CARPHOS, s. m. (botan.), genre de plantes.

CARPI (géogr. anc.), peuple de Valérie, suivant Ammien Marcellin, transplanté par Dioclétien dans la basse Pannonie, et placé dans le voisinage de l'Ister. Les montagnes appelées *Carpathes* étaient probablement la première habitation de ce peuple qui les abandonna sous l'empire d'Alexandre.

CARPI (géogr. anc.), ville de l'Afrique proconsulaire suivant Pline, appelée *Carpis* par Ptolémée, et placée par lui à un tiers de degré plus au nord de Carthage. Cette ville possédait un siège épiscopal dont il est question dans les actes du concile de Carthage. Le docteur Shaw, savant antiquaire anglais, suppose que le terrain que cette ville occupait pourrait bien être celui où est aujourd'hui bâti *Gurbos* ou *Hammam-Gurbos*; il croit aussi que les bains chauds qu'on voit près de cette dernière ville sont l'*Aquæ Calidæ* que Tite Live (l. XXX, 24) place vis-à-vis de Carthage, en nous apprenant que plusieurs vaisseaux appartenant à à la flotte d'Octave firent naufrage sur cette côte.

CARPI (géogr.), ville forte d'Italie, chef-lieu d'une principauté dans le duché de Modène, prise par les Français et abandonnée en 1703, reprise par eux et reprise par le prince Eugène en 1706. C'est le siège d'un évêché suffragant de Bologne, à 7 milles au nord de Modène.

CARPI (géogr.), ville d'Italie dans le Véronais, située sur l'Adige, fameuse par une victoire du prince Eugène sur nos troupes en 1701.

CARPI (COMBAT DE). La guerre s'était allumée en 1701 entre la France et l'empereur, et Catinat réduit à l'impuissance par les ordres de la cour de Versailles, par les résistances de ses lieutenants généraux, et par la trahison secrète du généralissime, le duc de Savoie, attendait sur la rive droite de l'Adige le prince Eugène, qui suivait l'autre bord. Informé que le poste de Carpi n'est défendu que par sept régiments de dragons et 300 hommes d'infanterie, le prince fait passer sur ce point la moitié de son armée. Accablé par le nombre, le détachement français fait retraite. Au bruit du canon le maréchal de Catinat arrive, et les Français chargent plusieurs fois les ennemis malgré leur petit nombre. Le prince Eugène est blessé; mais, ses troupes grossissant à chaque moment, les Français se replient sur le gros de l'armée, et les impériaux sont maîtres du pays entre l'Adda et l'Adige.

CARPI (JACQUES), autrement JACQUES BÉRENGER, est plus connu sous le premier nom que sous le second; il lui fut donné, parce qu'il était de Carpi dans le Modénois, où il naquit d'un père qui exerçait la chirurgie, et qui ne manqua pas de lui en inspirer le goût. Les connaissances qu'il avait reçues dans la maison paternelle ne lui parurent pas assez étendues; il chercha à les augmenter par une étude suivie, et bientôt il se décida pour celle de la médecine, qu'il s'appliqua à Bologne avec tant de succès, qu'on lui accorda les honneurs du doctorat. Mais Carpi n'a jamais abandonné de vue la chirurgie; comme il voulait la pratiquer à l'exemple des plus grands médecins de son siècle, il sentit toute la nécessité de cultiver l'anatomie, qui en est le flambeau. Dès lors la dissection l'occupa tout entier. On assure qu'il disséqua plus de cent cadavres humains, dont il tira de si grandes lumières à l'avantage de l'anatomie, qu'il passe à juste titre pour un des restaurateurs de cette science. La grande habitude et l'adresse qu'il avait à manier le scalpel, les connaissances qu'il avait acquises par cet exercice sur la structure des parties qui sont le siège des maladies chirurgicales, la lecture des ouvrages de Galien et de Celse qu'il avait étudiés plus que personne de son temps; tout cela le rendit si habile dans les opérations, qu'il peut encore passer pour un des restaurateurs de l'art important qui apprend à les pratiquer. C'est dans l'université de Bologne qu'il mit tous ses talents au grand jour. On le trouve dans cette ville en 1507; on sait qu'il y revint au plus tard en 1518, après avoir rempli la chaire d'anatomie et de chirurgie à Pavie. C'est vers l'an 1520 qu'il commença à enseigner les mêmes sciences à Bologne : il en sortit cependant en 1523 pour aller à Rome; mais, comme il ne tarda pas à reprendre l'exercice de ses fonctions dans l'université de Bologne, et que probablement il les continua jusque vers l'an 1550, qui est celui de sa mort, il n'a pas manqué de temps ni d'occasion pour se procurer la célébrité à laquelle il est parvenu. La réputation qu'il avait acquise par ses leçons publiques se soutint longtemps après sa mort par les ouvrages qu'il prit soin de faire imprimer. Voici leurs titres et leurs éditions : De cranii fractura tractatus, Bononiæ, 1518, in-4°; Venetiis, 1525, in-4°; Lugduni Batavorum, 1629, 1631, 1715, in-8°. Il vante beaucoup dans cet ouvrage l'usage des médicaments, mais ils ne s'étend point assez sur les instruments et les pansements : on y trouve cependant un grand nombre d'observations, dont plusieurs lui appartiennent. Il suit presque toujours la méthode des Arabes, et cite rarement les médecins grecs. — Commentaria, cum amplissimis additionibus, super Anatomia Mundini, Bononiæ, 1521, 1552, in-4°; en anglais, Londres, 1664, in-12. — Isagogæ breves in anatomiam corporis humani aliquot cum figuris anatomicis, Bononiæ, 1522, 1525, in-4°; Venetiis, 1527, 1535, in-4°; Coloniæ, 1529, in-8°; Argentorati, 1550, in-8°. Il a suivi l'exemple de plusieurs autres anatomistes, qui ont donné la description des muscles d'après Galien; mais il est un des premiers qui les aient représentés dans les planches. Il est vrai que ses figures ne valent pas grand'chose, et cela n'est point étonnant pour le temps auquel il les a données : mais il est surprenant que le style de cet auteur soit aussi mauvais qu'il l'est, lui qui avait eu occasion d'apprendre à bien écrire à l'école d'Alde Manuce l'ancien. — Carpi a découvert l'appendice de l'intestin cæcum, à qui a donné le nom d'additamentum coli; la description qu'il en a faite est fort étendue. Il a aussi très-bien parlé de la structure de la moelle épinière. Tout cela n'est rien en comparaison d'une découverte de la plus grande importance pour l'humanité, je veux dire des frictions mercurielles pour la guérison de la vérole; ce médecin passe pour être le premier qui ait tenté d'en faire usage : il n'a cependant rien créé sur cette maladie. Fallopio assure qu'il fit longtemps un secret de la méthode, et qu'elle lui valut plus de 50,000 ducats d'or. On

n'aura point de peine à le croire, quand on saura qu'il a laissé une vaisselle plate qui montait à un poids extraordinaire d'or et d'argent, et qu'il a légué au duc de Ferrare une somme de 40 à 50,000 écus. Mais Astruc refuse à Carpi l'invention des frictions mercurielles, et prétend que de plus anciens auteurs ont proposé le même remède : cependant, s'il est vrai, ainsi que l'assure le célèbre de Haller, que notre médecin ait commencé à se mêler des opérations chirurgicales en 1507, il a vécu peu de temps après les premiers inventeurs de cette méthode; et c'est peut-être pour l'avoir perfectionnée, qu'il a eu plus de vogue que les autres, et qu'il s'est procuré les richesses dont parle Fallopio. De tout temps, et de nos jours encore, la réputation de traiter la vérole, ou plus sûrement, ou plus commodément, a été d'une grande ressource pour ceux qui se sont donnés pour avoir une méthode particulière. Les moindres suites des excès qui donnent naissance à cette maladie sont la honte et la crainte; on supporterait mieux les maux terribles qui l'accompagnent si l'on ne craignait de se déshonorer par la publicité de la cure, ou si l'on ne tremblait à la vue des victimes du mauvais traitement. — On a imputé à Carpi d'avoir disséqué vifs, à Bologne, deux Espagnols malades de la vérole; ce qui ayant été rapporté au juge, ce médecin fut obligé de se sauver à Ferrare, où il mourut. Il avait, dit-on, choisi des Espagnols plutôt que d'autres, parce qu'il haïssait leur nation. Mais tout cela a bien l'air d'un conte fait à plaisir. L'anatomie avait été fort négligée pendant plusieurs siècles lorsque Carpi se mit à la cultiver; et, comme il fut un des premiers qui entreprirent d'en rétablir l'étude, qu'il fit même beaucoup de dissections de cadavres humains pour parvenir à son but, il étonna ceux qui n'avaient rien vu de semblable. Certes il n'en fallut pas davantage pour faire dire au peuple, qui grossit toujours les choses les plus simples, que ce médecin anatomisait les hommes en vie. Hérasistrate et Hérophile ont été accusés du même crime, et avec aussi peu de fondement.

CARPI (JÉROME DE), peintre italien, né à Ferrare en 1501, apprit le dessin à Bologne, et s'attacha d'abord à copier les tableaux des maîtres, et surtout ceux du Corrége, puis fit un voyage à Rome, dans lequel se développa son talent. De retour à Bologne, il exécuta, pour les églises de Saint-Martin et Saint-Sauveur, deux tableaux représentant, l'un l'Adoration des mages, l'autre la Vierge, l'Enfant Jésus accompagné de plusieurs saints. Il avait appris aussi l'architecture; et le pape Jules II voulut lui confier les travaux du Belvédère, avec promesse d'un logement et d'une pension considérable; mais Carpi refusa ces avantages, et préféra se fixer dans sa patrie, où, tout en continuant de peindre, il dirigea la reconstruction d'un pavillon du palais du duc Hercule d'Est. Il fut généreusement récompensé de ce travail par le prince, et mourut en 1556. Outre les deux tableaux déjà mentionnés, le biographe des peintres, Vasari, cite entre autres une Vénus nue, commandée par le roi François Ier, qui devrait être au musée. Il n'est pas étonnant, d'après ce que nous avons dit, que les ouvrages originaux de Carpi tiennent beaucoup de la manière du Corrége.

CARPI (HUGUES), peintre et graveur italien, vivait en 1500. Il inventa la gravure sur bois à trois planches, la première servait de profil ou de trait, la seconde de détrempe, la troisième d'ombre. Le Parmesan, Antoine de Trento et Balthasar Perruzzi, charmés de cette invention, l'adoptèrent et firent beaucoup d'ouvrages en ce genre. On a de Hugues Carpi plusieurs estampes pour lesquelles il se servait ordinairement de papier gris, afin que les rehauts, c'est-à-dire les extrémités des clairs, fussent d'une teinte plus légère.

CARPIANI (géogr. anc.), peuple de la Sarmatie européenne, qui, suivant Ptolémée, habitait la contrée entre les Peucins et les Basternes.

CARPIE, s. f. (art. culin.), espèce de hachis de carpe.

CARPIEN, adj. carpæus, carpianus, qui appartient au carpe; ligaments carpiens; (anatom. vétérin.), os carpiens (V. MEMBRE [vétérin.]).

CARPIÈRE, s. f. petit étang où l'on nourrit des carpes. On le nomme aussi alevinier. Quelques-uns disent carpier, s. m. — Nom que l'on donne en certains endroits à une vendeuse de carpes.

CARPILLON, s. m. diminutif, très-petite carpe.

CARPIN ou **CARPINI** (JEAN DU PLAN), frère mineur de l'ordre de Saint-François, né en Italie vers l'an 1220, fut envoyé en 1246 par Innocent IV vers le kan Batu, qui régnait dans le Kaptchac, pour le conjurer de cesser ses ravages dans plusieurs pays de la chrétienté, tels que la Russie, la Pologne, la Hongrie.

Cet intrépide religieux, arrivé à Kiow, alors capitale de la Russie, traversa la Cumanie, longea la mer Noire, et parvint au quartier général de Batu. Dépêché par le chef vers la horde du grand kan Ajouk, il passa au milieu du pays des Bisermines et des Naymans, que devait gouverner le prêtre Jean, prétendu prince chrétien, subjugué par les Mongols. Il arriva enfin à la horde dorée, et obtint audience du grand kan, fut envoyé avec une lettre pour le saint-père, et revint par la même route jusqu'à Kiow. Après son retour, Carpin devint successivement premier custode de Saxe et provincial d'Allemagne. Il paraît qu'il se consacra ensuite aux missions du Nord, et qu'il prêcha l'Évangile en Bohême, en Hongrie, en Norwége et en Danemarck. Il mourut au milieu de ses travaux apostoliques dans un âge avancé. Nous avons de ses voyages une relation complète et une autre abrégée. On les trouve dans le premier volume du recueil d'Hakluyt, et dans le recueil publié par Bergeron, sous ce titre : *Voyages faits principalement en Asie, dans les XIIᵉ, XIIIᵉ, XIVᵉ et XVᵉ siècles, par Benjamin de Tudèle, Carpin, Rubruquis*, etc., la Haye, 1729 ou 1732, 2 vol. in-4º. Carpin est le premier qui ait parlé du prêtre Jean, si fameux chez les voyageurs du moyen âge, et dont l'existence et le pays ont enfanté tant d'opinions diverses. Il est aussi le premier qui ait fait connaître à l'Europe occidentale les pays et les peuples qu'il avait visités : mais Carpin, quelquefois observateur fidèle, comme dans sa description des Mongols, a plus souvent tous les défauts des voyageurs qui de son temps parcouraient les mêmes contrées, et sacrifie au goût de son siècle pour le merveilleux. Il se contente presque toujours de copier les noms de lieux ou de peuples, tels que les prononçaient les Tatars qu'il visitait, et il en résulte qu'il prend souvent des hordes ambulantes pour des nations sédentaires, et des camps passagers pour des villes anciennes.

CARPINATIUS (L.), chargé sous Verrès de la levée des impôts.

CARPIO (*hist. nat.*), nom que les Italiens donnent à un excellent poisson qu'Artedi et Linné ont rangé dans le genre des saumons, dont il a tous les caractères distinctifs. Il est connu en Angleterre sous le nom de *gilteharre*; on le pêche dans le Westmoreland et dans le duché de Lancastre, mais moins communément qu'en Italie. Il abonde surtout dans le lac de Guarda. — On le distingue des autres saumons en ce qu'il a cinq rangées de dents au palais. Il n'excède presque jamais un pied de longueur. Il a beaucoup de rapport avec la petite truite des Alpes par sa grosseur, par sa forme extérieure et sa chair rougeâtre, saumonée et très-délicate. Il en diffère néanmoins à l'extérieur par ses iris blancs, par son corps argenté, marqué de taches blanches sur les côtés, par le ventre dont la couleur est plus claire, par les nageoires inférieures qui sont d'un noir rougeâtre. — Les pêcheurs du lac de Guarda, après l'avoir fait frire, l'arrosent de vinaigre, et l'enveloppent de feuilles de laurier, pour l'envoyer dans plusieurs villes d'Italie où il est très-estimé.

CARPIONI (JULES), peintre et graveur, né à Venise en 1611. Les leçons de son maître, Alexandre Varotari, dit *le Padouan*, lui firent faire des progrès sensibles dans la peinture, surtout dans le genre des Bacchanales, des danses et autres sujets de caprice, dans lequel il réussit beaucoup mieux que tous ceux qui l'avaient précédé. Après avoir parcouru les principales villes d'Italie, où il laissa un grand nombre de ses productions, recherchées et estimées des amateurs, il se fixa à Vérone, où il mourut en 1674. Il a gravé à l'eau-forte plusieurs sujets de sa composition, entre autres, *Jésus-Christ au jardin des Olives* et un *Repos en Égypte*.

CARPIS, Κάρπις, rivière de Rhétie et de Pannonie. Hérodote en décrit le cours d'une manière si précise qu'on ne peut pas douter que ce soit la Drau actuelle qu'il faille voir dans cette rivière. « De la contrée qui s'étend par delà les Ὀμβρικοι, dit-il, s'écoulent deux rivières, le Karpis et l'Alpis, qui se dirigent vers le nord et se jettent dans l'Ister. » Par Ὀμβρικοι, il entend les Ombres, c'est-à-dire les Rhètes tyroliens, car ce passage ne saurait s'appliquer aux Ombres d'Italie; l'Alpis est vraisemblablement l'Inn. Cette précision d'Hérodote relativement à une contrée si peu connue des Grecs ne s'explique que par les rapports commerciaux des Phocéens avec les Vénètes.

CARPIS (*géogr. anc.*), ville de la basse Pannonie, chez les Carpi, près de l'Ister.

CARPIS (*géogr.*), aujourd'hui *Gurbos*, baie au sud-est de Carthage.

CARPIS (*géogr.*), petite ville de l'Afrique, près de la baie du même nom.

CARPO (Κάρπω, fruit) (*mythol.*), fille de Zéphire et d'une des Saisons, fut aimée de Calamus, et le paya de retour. S'étant noyée dans le Méandre, elle fut changée par Jupiter en fruits de toute espèce.

CARPOBALSAME, s. m. fruit de l'arbre qui produit le baume de Judée.

CARPOBALSAMUM (*botan.*), baie ou fruit de l'arbre qui produit le vrai baume de Judée. Ce fruit n'a pas de nom français. Il est fort semblable en grosseur, en figure et en couleur à celui du térébinthe. Ce mot vient de deux mots grecs, κάρπος, fruit, et βάλσαμος, baume. — Le *carpobalsamum* est une baie oblongue, avec un petit calice et une écorce brune ridée, marquée de quatre côtés, d'un goût et d'une odeur désagréable. On en trouve peu dans les boutiques. Il faut s'y connaître pour l'acheter. Il est très-rare; celui qu'on vend d'ordinaire n'est que du poivre de la Jamaïque. D'autres y substituent les cubèbes ou les baies de genévrier. — Le *carpobalsamum* entre dans la composition de la thériaque et du mithridate. On voit par là qu'il est regardé comme stomachique, cordial et propre à fortifier.

CARPOBLEPTE, s. f. (*botan.*), genre de plantes établi aux dépens des varechs.

CARPOBOLUS, s. m. (*botan.*), genre de plantes dont les individus paraissent ronds lorsqu'ils sont renfermés dans leur enveloppe; mais dans la suite l'enveloppe et le corps qu'elle renfermait s'ouvrent par le haut, de sorte qu'ils ressemblent à un cloche renversée et découpée par les bords. Il y a au centre de la plante un fruit rond, recouvert d'une membrane très-mince, composé de semences très-petites et environné d'une certaine liqueur très-claire. Cette liqueur n'est pas plutôt évaporée que le *carpobolus* change de forme; de concave qu'il était il devient convexe; ce changement se fait en un instant et avec tant de violence que le ressort du fond de la plante lance le fruit en haut. Aussitôt que celui-ci est sorti, le *carpobolus* perd une partie de sa convexité, une moitié s'affaisse et se recourbe en dedans. Ces observations ne peuvent se faire qu'à l'aide du microscope.

CARPOCRATE, CARPOCRATIENS. Carpocrate, né à Alexandrie, et qui vivait sous le règne d'Adrien, fut le chef d'une secte que l'on qualifie ordinairement d'hérétique, quoique l'on ne puisse guère donner ce nom à des hommes qui professaient une philosophie religieuse semblable à celle des carpocratiens. Ne reconnaissant pas la divinité de Jésus-Christ, et ne le regardant que comme un philosophe aussi excellent que Pythagore, Socrate et Platon, ils avaient seulement emprunté au christianisme quelques-uns de ses dogmes pour les ajouter à leur système composé en amalgamant ensemble certains principes de diverses écoles de philosophie païenne. Comme les platoniciens, Carpocrate reconnaissait l'existence d'un Dieu suprême, celle d'esprits inférieurs ou anges engendrés par lui, mais par une suite successive de générations. C'était à eux qu'était due la création du monde et de tous les êtres corporels. Pour expliquer l'origine du mal, il disait qu'émanées de Dieu les âmes vivaient d'abord dans l'état de pureté dans lequel elles avaient été primitivement créées; mais, ayant désobéi à Dieu, elles avaient été en punition de leurs fautes unies aux corps. Leur rébellion leur avait fait perdre toutes les connaissances dont elles avaient été douées dans leur premier état d'innocence, et c'était de là que venait l'ignorance dans laquelle naissent les hommes, dont les connaissances acquises ne sont que des réminiscences d'une existence antérieure. Placées depuis ce moment dans la dépendance des anges, organisateurs et maîtres du monde corporel, les âmes devaient, pour recouvrer leur liberté originelle, passer successivement dans plusieurs corps, et y participer à tous les mouvements de la chair. Pour prouver cette doctrine, Carpocrate s'appuyait sur la parabole de Jésus-Christ. « Lorsque vous serez en voyage avec votre ennemi, tâchez de vous garantir de ses attaques, de peur qu'il ne vous livre au juge, et que le juge ne vous fasse conduire en prison, d'où vous ne sortirez pas que vous n'ayez payé jusqu'à la dernière obole. » L'ennemi, suivant l'interprétation des carpocratiens, c'était les anges, créateurs du monde; *la prison*, le corps; *le payement de la dernière obole*, la transmigration des âmes, qui, dans leur union successive avec divers corps devaient subir les influences charnelles, mais sans toutefois en être dominées. Ils disaient que l'opinion des hommes décide arbitrairement de la moralité des actions, mais que le mal moral n'existait pas, puisque Dieu avait mis dans le cœur de tous les hommes le principe de toutes les passions. On comprend quelles devaient être les conséquences d'une telle doctrine, quelle corruption de mœurs elle devait engendrer. Le mépris de toute retenue dans la conduite des corruptions fut très-nuisible aux chrétiens, que les païens confondaient avec ces dangereux sophistes, et auxquels ils prêtaient conséquemment les mêmes manières de penser et d'agir. Et cependant, comme nous le disions en commençant, les carpocratiens n'étaient même pas chrétiens hérétiques. Car, selon Carpocrate, Jésus-Christ n'était que le fils charnel de Joseph et de Marie, conçu et né comme tous les autres hommes; seulement, disait-il, l'âme de Jésus avant sa vie mortelle avait été moins que les autres rebelle à Dieu; en récompense, elle en avait reçu une plus grande intelligence, et la possibilité de retourner au ciel, même malgré les puissances angéliques, sans être soumise à la transmigration en d'autres corps. Ce privilège devait être aussi celui des hommes qui suivraient l'exemple de Jésus, qu'il était possible à tous d'égaler. Toutefois les carpocratiens admettaient les miracles du Christ; car eux aussi, comme la plupart des sophistes néoplatoniciens, avaient leurs formules, leurs opérations magiques, et, comme première initiation, ils marquaient leurs sectateurs à l'oreille. Ils avaient des images de Jésus-Christ faites, disaient-ils, d'après une figure peinte par Pilate; ils les plaçaient sur celles des autres grands philosophes tels que Pythagore, Platon, Aristote, et les adoraient à la manière des païens. Mosheim cherche à excuser Carpocrate, et, prétendant qu'il ne peut avoir émis toutes les absurdités qu'on lui prête, il semble accuser les Pères qui l'ont combattu, d'avoir sciemment défiguré sa doctrine. Épiphane, fils de Carpocrate, élevé dans les préceptes de la philosophie platonicienne, avait commencé à donner une forme plus régulière et plus agréable au système confus de son père, lorsqu'il mourut à l'âge de dix-huit ans. Il fut révéré comme un dieu. Il avait composé un *Traité de la justice*, dont saint Clément d'Alexandrie rapporte quelques fragments. Une femme nommée *Marcelline*, apôtre passionnée de la doctrine de Carpocrate, vint à Rome sous le pontificat d'Anicet, et parvint à y faire un grand nombre de prosélytes (consultez saint IRÉNÉE, saint CLÉMENT D'ALEXANDRIE, EUSÈBE, *Hist. ecclés.*, ÉPIPH.).

L. DE SAINT-H.

CARPODET, s. m. (*botan.*), plante de la mer du Sud, la cléanote d'Asie.

CARPODONTE, s. m. (*botan.*), arbre de la famille des malpighiacées.

CARPOLÉPIDE, s. m. (*botan.*), genre de plantes établi aux dépens des jonger-manies.

CARPOLITHE, s. f. nom donné à des fruits pétrifiés, comme les noix, les glands, les figues. On écrit aussi *carpolite*.

CARPOLOGIE (*V.* CARPHOLOGIE).

CARPOLOGIQUE (*V.* CARPHOLOGIQUE).

CARPOLYSE, s. f. (*botan.*), genre de plantes qui diffèrent peu des strumaires.

CARPO-MÉTACARPIEN, adj. *carpo-metacarpianus* : qui appartient au carpe et au métacarpe. *Muscles carpo-métacarpiens* ou opposants : ce sont deux muscles situés à la paume de la main, et qui rapprochent l'un de l'autre le pouce et le petit doigt, ou plutôt le premier et le cinquième os du métacarpe.

CARPOMORPHITE (*V.* CARPOLITHE).

CARPOORA, s. m. espèce de gypse très-friable, dont la poudre est usitée, dans l'Inde, pour guérir certaines plaies et les ulcères ichoreux.

CARPOPHAGE, adj. des deux genres, frugivore, qui se nourrit de fruits. Il est aussi substantif masculin.

CARPO-PHALANGIEN, adj. *carpo-phalanginus* : qui appartient au carpe et aux premières phalanges. *Muscles carpo-phalangiens* : il y en a deux, celui du pouce, aussi appelé court *fléchisseur* du pouce; et celui du cinquième doigt, ou *adducteur* du petit doigt.

CARPOPHORE, l'un des quatre frères couronnés martyrs à Rome, était officier de la préfecture de Rome, aussi bien que Sévère, Sévérien et Victorin, ses trois autres frères, durant la persécution de Dioclétien et de Maximien. S'étant déclarés chrétiens avec beaucoup de zèle et de liberté, on les fouetta avec des escourgées de plomb jusqu'à ce qu'ils rendirent l'âme dans ce tourment. Le plus ancien calendrier que nous ayons de l'Église de Rome, dressé peut-être cinquante ans environ après leur mort, marque que leurs corps étaient du côté d'Albano sur le chemin d'Ostie. Leur fête y est marquée au 7 d'août pour leurs noms, si ce n'est que Sévère y est nommé *Second*. Le nom des Quatre Couronnés leur fut donné, apparemment vers la fin du Ve siècle, lorsqu'on dressa un titre et une église à Rome en leur honneur, qui subsiste encore aujourd'hui sous le même titre, à ce que l'on croit. Quelques-uns

prétendent que les corps de ces saints martyrs ont été transportés de l'église de Rome à Toulouse, dans l'église de Saint-Sernin (Bollandus, sur les *Actes de saint Sébastien et de ses compagnons*, au 20 de janvier. Tillemont, *Mém. ecclés.*, t. v, art. 49, de la persécution de Dèce. Baillet, t. III, 8 novembre).

CARPOPHYLLE, s. m. grande espèce de laurier qui ne croît que sur les montagnes.

CARPO-SUS-PHALANGIEN, adj. *carpo-supra-phalanginus*, qui s'étend du carpe à la face supérieure de la première phalange. *Muscle carpo sus-phalangien*, court abducteur du pouce.

CARPOT, s. m. nom que l'on donne, dans certains cantons, à un quart de la vendange ou au propriétaire de la vigne.

CARPOV (JACQUES), professeur de mathématiques, et directeur du gymnase de Weimar, né à Gosslar le 29 septembre 1699, fit ses études à Halle et à Iéna, apprit de Wolf la philosophie, étudia la théologie, le droit, donna des leçons publiques à l'université, et s'y fit bientôt des ennemis, pour avoir tenté de traiter la théologie d'après les méthodes philosophiques. En vain le duc Ernest-Auguste déclara que ses opinions étaient exemptes d'erreur; l'approbation d'un prince ne suffit point pour défendre Carpov contre l'animosité des théologiens. Il quitta Iéna, se rendit à Weimar, fut suivi d'un grand nombre d'étudiants qui quittèrent l'université pour continuer à l'entendre, et se fixa pour toujours dans cette dernière ville, où il mourut le 9 juin 1768. On a de lui un grand nombre d'écrits de théologie, où il a cherché à introduire la rigueur des démonstrations philosophiques; les titres en sont curieux et quelquefois absurdes; on y trouve cependant de l'indépendance d'esprit et du mérite : 1° *Disp. de rationis sufficientis principio*, Iéna, 1725, in-4°. 2° *De quæstione utrum lætus sit machina, an animal*, ibid., 1725, in-4°. 3° *Revelatum ss. Trinitatis mysterium methodo demonstrativa propositum et ab objectionibus variis vindicatum*, Iéna, 1735, in-8°. 4° *Theologia dogmatica revelata*, 4 vol. in-4°, 1735-67. Cet ouvrage porte aussi le titre d'*OEconomia salutis Nov. Test.* 5° *Elementa theologiæ naturalis a priori*, Iéna, 1742, in-4°. *Pensées sur l'avantage de la grammaire universelle* (en français), 1744, in-4°, etc.

CARPTEUR, s. m. esclave qui, chez les anciens Romains et chez les anciens Grecs, avait la fonction de couper les viandes.

CARPZOW, en latin *Carpzovius*, né dans le marquisat de Brandebourg le 22 octobre 1565. Il étudia à Francfort-sur-l'Oder, à Wittemberg et dans les universités les plus célèbres de l'Allemagne jusqu'en 1590. Reçu docteur, puis assesseur en 1592, il devint en 1594 chancelier du comte de Reinstein et de Blackenbourg; et l'an 1599 ses talents dans la jurisprudence lui firent donner la chaire de droit à Wittemberg. En 1602, la veuve de Christian Ier, électeur de Saxe, le nomma son chancelier, et il fut aussi conseiller de l'électeur Christian. Il mourut à Wittemberg, laissant cinq fils, qui tous se distinguèrent dans la jurisprudence. Il a publié plusieurs écrits sous ce titre : *Disputationes juridicæ*, tels que *De appellationibus*, *De testamentis ordinandis*, etc. — CARPZOW (Benoît), son fils, né à Wittemberg, le 27 mai 1595, mort le 30 août 1666, passe pour le meilleur praticien de l'Allemagne. Conseiller intime de l'électeur de Saxe, assesseur, assesseur pendant quarante-six ans à l'échevinage des appels, professeur distingué de l'université de Wittemberg il se retira sur la fin de ses jours à Leipzig, et ne s'occupa plus que de l'étude de l'Écriture sainte. Ses principaux ouvrages sont : *Practica rerum criminalium*, Wittemberg, 1635, in-fol. — *De capitulatione cæsarea, sive de lege regia Germanorum*, Erfurt, 1623, in-4°, et Leipzig, 1640. — *Decisiones illustrium Saxonicorum*, Leipzig, 1646, in-4°. — *Definitiones forenses ad constitut. Saxon.*, Francfort, 1638. — *Memoriæ jurisconsultorum*. Benoît Carpzow était fort religieux. Il avait lu cinquante-trois fois la Bible d'un bout à l'autre; trois fois les notes d'Osiander, et douze fois celles de Cramer. Ses ouvrages théologiques, fort volumineux, sont restés manuscrits. — CARPZOW (Auguste), frère du précédent, né à Colditz, fut tour à tour avocat de la cour à Wittemberg, conseiller, assesseur, docteur en droit et chevalier de la haute cour en Saxe. Puis, s'étant adonné à la diplomatie, il assista au traité de paix d'Osnabruck, et, l'année 1649, à celui de Nuremberg, en qualité d'envoyé chargé de pleins pouvoirs. En 1651 il fut chancelier à Cobourg, et en 1675 conseiller intime à Gotha. Il mourut dans le courant de l'année 1683. Il est l'auteur des *Méditations passionnée* et de quelques écrits peu connus. — CARPZOW (CONRAD), né à Wittemberg, fut successivement nommé docteur et professeur de droit, assesseur, chancelier et conseiller intime de l'archevêque de Magdebourg. Il mourut en 1658, à l'âge de soixante-cinq ans, laissant divers ouvrages sur le droit, dont les principaux sont : *De regalibus*,

— De pace religiosa. — De inofficioso testamento. — De interdictis. — De exhæredationibus. — De concubinatu. — De injuriis et famosis libellis. — CARPZOW (CHRISTIAN), né à Colditz, suivit, comme ses frères, la carrière du barreau. Il professa le droit avec distinction à Francfort-sur-l'Oder, où il mourut en 1642. Il a publié : Disputationes de jure consuetudinario. — De servitutibus realibus. — De mora. — De principiis, auctoribus et auctoritatibus legum humanarum. — CARPZOW (Jean-Benoît), frère du précédent, né à Rochlitz le 27 juin 1607, mort à Leipzig le 27 novembre 1657. Ce ministre luthérien professa la théologie à Leipzig, et laissa, entre autres ouvrages : De Ninivitarum pœnitentia, Leipzig, 1640, in-4°. — Introductio in theologiam judaïcam. — CARPZOW (Jean-Benoît), son fils, naquit à Leipzig le 24 avril 1639, et mourut dans cette même ville le 23 mars 1699. Comme son père, il se fit un nom distingué en professant à Leipzig la théologie et de plus les langues orientales. On a de lui : Dissertatio de nummis Mosen cornutum exhibentibus, Leipzig, 1659, in-4°. Animadversiones ad Schickardii jus regum Hebræorum, Leipzig, 1674, in-4°. Une édition du Traité de Maïmonides sur les jeûnes des Hébreux, avec une traduction latine, Leipzig, 1662, in-4°. — Traités nombreux de philologie sacrée, dont il existe une collection à Leipzig, 1699, in-4°. — CARPZOW (Frédéric-Benoît), frère du précédent, naquit à Leipzig le 1er janvier 1649, et y mourut le 20 mai 1699. Il fut membre du sénat de cette ville, et se distingua dans les sciences et les belles-lettres. Vers 1682, admis dans la société des savants allemands qui rédigeaient les Acta eruditiorum, commencés en cette même année par Othon Mencken, il y acquit une grande réputation par de remarquables travaux. Il aida beaucoup Spanheim dans l'édition des OEuvres de Julien, il en surveilla l'impression, et il en corrigea lui-même les épreuves. En 1669 Carpzow avait publié une Dissertation académique où il recherchait si, comme le prétend Eusèbe de Césarée, la naissance de Jésus-Christ est prédite dans la IVe églogue de Virgile. Elle a paru en 1700. — On lui doit une édition des Amœnitates juris de Ménage, Leipzig, 1680 ; et une réimpression des Lettres politiques de Hubert Longuet, augmentées de quelques lettres à l'électeur de Saxe, Leipzig, 1685. — CARPZOW (SAMUEL-BENOIT), frère du précédent, né à Leipzig en 1647, mort le 31 août 1707. On sait seulement qu'il professa la poésie, et on n'a de lui qu'un seul ouvrage de théologie contre le jésuite Masenius, sous le titre suivant : Antimasenius, seu Examen novæ praxeos orthodoxam fidem discernendi et amplectendi, a Jacobo Masenio proposita. — CARPZOW (Jean Gottlob), fils de Samuel-Benoît-Carpzow, naquit à Dresde en 1679, et mourut le 7 avril 1767. On a de ce luthérien : une Dissertation latine sur les opinions des anciens philosophes touchant la nature de Dieu, Leipzig, 1699, in-4°. — Critica sacra, Leipzig, 1708, in-4° ; 1748, in-4°. — Une Introduction, en latin, aux livres historiques de l'Ancien Testament, Leipzig, 1714, in-4°. — Une Introduction, en latin, aux livres canoniques du Nouveau Testament, Leipzig, 1721, in-4°. — CARPZOW (Jean-Benoît), luthérien, né à Leipzig en 1720, enseigna dans cette ville la philosophie, puis la littérature ancienne dans l'université de Helmstædt. Il mourut le 28 avril 1803, laissant une foule d'ouvrages en latin. Voici les principaux : Philosophorum de quiete Dei placita, Leipzig, 1740, in-4°. — Observations sur un paradoxe d'Ariston de Chio, dans Diogène Laerce (VII, 160), Leipzig, 1742, in-8°. — Memcius sive Mentius Sinensium post Confucium philosophus opt. max., Leipzig, 1743, in-8°. — Essai d'observations philologiques sur Paléphates, Musée, Achille Tatius, Leipzig, 1743, in-8°. — Une édition de Musée, Helmstædt, 1749, in-4°, et Magdebourg, 1775, in-8°. — Dissertations sur Autolycus de Pitane dont il est parlé dans Diogène Laerce (IV, 29), Leipzig, 1744, in-8°. — Lectionum flavianarum stricturæ, etc., ou Remarques critiques sur Josèphe. — Spécimen d'une nouvelle édition d'Eunape, Leipzig, 1748, in-4°. — Exercitationes sacræ, sur l'Epître aux Hébreux, Helmstædt, 1758, in-8°. — Discours de saint Basile sur la naissance de Jésus-Christ, en grec et en latin, Helmstædt, 1758, in-8°. — Dissertation sur la vie et les écrits de Saxon le grammairien, Helmstædt, 1761, in-4°. — Dialogue d'Hiéronyme sur la sainte Trinité, en grec et en latin, Helmstædt, 1768, in-4°. — Traité théologique d'Hiéronyme, intitulé en grec : Philopoina, 1769, in-4° et Altembourg, 1772, in-8°. — Dialogues des morts de Lucien avec des notes, Helmstædt, 1775, in-8°. — Deux Epîtres apocryphes, l'une des Corinthiens à saint Paul, l'autre de saint Paul aux Corinthiens, publiées d'après le manuscrit arménien et traduites en grec et en latin, Leipzig, 1776, in-8°. — CARPZOW (David-

Benoît), fils de Benoît 1er. Carpzow, théologien protestant d'Iéna, publia dans cette ville une dissertation : De pontificum hebrœorum vestitu sacro, 1655, in-4°, réimprimée dans plusieurs collections. — Lettres dans les Amœnitates litterariæ de Schelborn et ailleurs. — CARPZOW (Auguste-Benoît), fils de Jean-Benoît l'ancien, né à Leipzig en 1644, y fut professeur en droit, assesseur du consistoire, et chanoine de Mersebourg. Il mourut le 4 mars 1708, après avoir publié un grand nombre de dissertations sur le droit civil, traitant principalement de coutumes locales. — CARPZOW (Jean-Benoît), fils de Jean-Benoît II, né à Leipzig en 1670, y professa la langue hébraïque, et prêcha avec succès. Il mourut le 14 août 1733. Il a publié le Collegium rabbinico-biblicum de son père, Leipzig, 1703, in-4°. — Dissertationes sur l'Urim et le Thumim ; sur la sépulture du patriarche Joseph, De academia civitatis Abele, etc. — CARPZOW (Jean-Benoît), né à Dresde en 1675, se distingua comme jurisconsulte. En 1702 il fut nommé syndic et bourgmestre du Zittau en Lusace, en 1731 bailli de Wittemberg, où il mourut le 18 septembre 1739. Il a publié en allemand : Théâtre historique de la ville de Zittau, Zittau, 1716, in-fol. ; les Antiquités les plus remarquables du marquisat de haute Lusace, Leipzig, 1719, in-fol. — CARPZOW (Christian-Benoît), médecin, est l'auteur de : Dissertatio de medicis ab Ecclesia pro sanctis habitis, Leipzig, 1709, in-4°. — De fluore albo, Wittemberg, 1711, in-4°. — Cattologia, Leipzig, 1716, in-8°, figures.

CARQUÈSE, s. f. (technol.), fourneau dans lequel on fait recuire les glaces coulées. On écrit aussi carcaise et carquaise.

CARQUOIS, étui ou boîte dans lequel certains peuples portaient des armes de jet en usage avant l'invention de la poudre à canon. Le nom de cet instrument n'a pas d'étymologie bien fixe. Sa forme a varié selon les temps et les lieux. Chez les Grecs, il était cylindrique, mince par le bas, évasé par le haut, et se portant sur l'épaule. Chez les peuples venus de l'Orient par le Nord, il était plat, large, contourné, et se portait à la ceinture, pendant sur la cuisse. Les habitants de la partie méridionale de l'Afrique et quelques peuplades du Levant, qui ignorent encore l'usage des armes à feu, se servent de l'arc et du carquois. On voit au musée d'artillerie, à Paris, une collection curieuse d'armes de ce genre : on y remarque plusieurs carquois de nègres des bords du Sénégal, des carquois de Tartares, celui d'un chef de Kirguises, en argent doré, découpé à jour, avec sa garniture ; un carquois asiatique couvert en velours vert et parsemé d'ornements brodés en feuilles de vermeil, avec pierreries et entourage de perles. Un autre meuble de ce genre, moins terrible, mais plus curieux que les autres, c'est le carquois d'un maître d'hôtel du sérail : il est en vermeil, repercé et orné aussi de pierreries ; il ne contient ni dards ni traits, mais des instruments plus appropriés à son ministère intérieur, trois couteaux de cuisine d'inégale grandeur, à lame de Damas et manche en dent d'hippopotame. Un carquois garni de flèches, dans les monuments antiques, est presque toujours l'attribut symbolique de Diane, Cupidon, ou autres divinités et demidieux de la mythologie grecque ou romaine.

CARR (THOMAS), né en France d'une ancienne famille de Broahall, fit ses études au collège anglais de Douai. Son véritable nom, attestant son origine, était Miles Pinkney. Il se distingua dès ses premières classes par son application et ses progrès, et fut un modèle de piété. Il fut par la suite le fondateur du monastère des augustines anglaises à Paris, et dirigea cet établissement jusqu'à sa mort arrivée à un âge très-avancé ; on le fixe en l'année 1674. Il a composé ou traduit les ouvrages suivants : 1° Traité de l'amour de Dieu, en anglais, traduit de saint François de Sales, Paris, 1630, in-8°, 2 vol. ; 2° le Gage de l'éternité, traduit du français de Camus, évêque de Belley, 1652, in-8° ; 3° Divers Traités sur le culte, la prière, les anges, les saints, le purgatoire, la primauté du pape, la perpétuité de l'Eglise, composés en grande partie avec le docteur Cosens, Paris, 1646, in-8° ; 4° les Soliloques de Thomas à Kempis, traduits du latin, Paris, 1653, in-12 ; 5° Douces Pensées de Jésus et de Marie, 1665, in-8° : ce sont des méditations en anglais pour les dimanches et les fêtes du Fils de Dieu et de sa mère ; 6° Piteas parisiensis, Paris, 1666, in-8°. C'est une description des hôpitaux de cette ville. — Carr était un homme intelligent dans les affaires, et réunissait plusieurs genres de mérite qui lui attirèrent une grande considération de la part du cardinal de Richelieu. Ce prélat le consultait sur les cas les plus difficiles en matières ecclésiastiques. Ses biens furent employés en bonnes œuvres, et le collège des Anglais à Paris lui dut encore les premiers fonds de son établissement. ED. GIROD.

CARR (Sir John), écrivain anglais, né en 1772 dans le comté de Devon, étudia d'abord les lois, et fut même praticien dans Middle-House ; cependant sa faible santé le força non-seulement de suspendre ses travaux, mais encore de voyager hors de sa patrie. Ce fut pour lui l'occasion d'un autre genre de fortune. Déjà il avait tenté de se faire connaître par un poëme, *les Fureurs de la discorde*, 1805, in-4°. Au retour d'un voyage qu'à la faveur de la paix d'Amiens il venait de faire à Paris, il publia *Stranger in France*, etc. (*l'Etranger en France*, ou *Voyage du comte de Devon à Paris*), 1803, in-4°, fig. Cet ouvrage obtint très-vite un succès de vogue. Il le dut sans doute à un style qui ne manque ni d'élégance ni de correction ; à la variété des descriptions et des anecdotes qui, sans être de choix, pouvaient alors sembler piquantes en Angleterre ; à des aperçus assez exacts et assez spirituels sur les modifications que la révolution avait apportées dans les habitudes sociales de la France ; enfin à un ton et à des sentiments de gentleman, comme on dit de l'autre côté de la Manche. Mais ce qui véritablement fit la fortune de *l'Etranger en France*, ce fut la prompte cessation des relations amicales entre les cabinets des Tuileries et de Saint-James, et par suite l'impossibilité où fut la gent touriste d'aller jeter ses guinées sur les rives de la Seine, de la Loire et du Rhône. En ce temps où la France s'intitulait à tout propos la grande nation, l'Europe et surtout l'Angleterre avaient en effet les yeux fixés sur elle ; la politique et la mode se réunissaient pour faire parler de la nation qui jouait réellement le premier rôle. Qu'on y ajoute les changements immenses que quelques années avaient vus se succéder, et l'on concevra combien un tel concours de circonstances devait donner de prix au seul tableau qui représentât avec quelque fidélité la France nouvelle, la France contemporaine, la France invisible aux Anglais. Ce qui résultait tout simplement du hasard et de l'époque, Carr le mit naïvement sur le compte de son talent : il crut devoir à lui seul son rapide succès. Les libraires furent pris de même. Et ce qui n'étonnera que les personnes étrangères aux caprices de la mode, le public s'y laissa tromper aussi. Carr eut tout d'un coup une réputation ; son libraire lui commanda, le public acheta, et même admira son *Northern Summer*, etc. (*Eté dans le Nord*, ou *Voyage autour de la mer Baltique, en Danemarck, Suède, partie de Pologne, et Prusse, pendant l'année* 1804), 1805, in-4°. L'année suivante il mit encore sous presse the *Stranger in Ireland*, etc. (*l'Etranger en Irlande*, ou *Voyage dans les régions méridionales et occidentales de cette île pendant l'année* 1805), Londres, 1806, grand in-4°, fig. On voit que soit comme voyageur, soit comme homme de lettres, Carr mettait le temps à profit ; et qu'peut-être, ainsi que le lui disaient déjà les envieux, car qui n'a pas les siens ? il écrivait trop en diligence ou trop en poste. Nonobstant ces petits sarcasmes, notre infatigable touriste se remit en route. La même année, il livra encore au public un curieux, *Tour through Holland*, etc. (*Voyage fait à travers la Hollande, le long de l'une et l'autre rive du Rhin, dans l'Allemagne méridionale, en* 1806), Londres, 1807, grand in-4°, fig. Cette fois la malice critique ne se borna point à des plaisanteries *intra muros*, et le *Monthly Review* indiqua un nouveau moyen de faire fortune, et une recette pour écrire des voyages commodément, sans trop se gêner, sans même se donner la peine de bien voir. On emporte un album pour y inscrire les anecdotes vraies ou fausses qu'on entend à table d'hôte, et un livre d'esquisses pour crayonner quelques paysages ou vues de villes ou monuments ; sur place on consulte les *ciceroni* toujours à bon marché ; revenu dans la vieille Angleterre, on ombre, on termine, on fait graver les croquis, on coud à de brèves descriptions de lieux, de villes vues superficiellement, de bons et longs extraits d'histoire qui s'y rapportent de près ou de loin ; on orne le tout de la biographie des personnages connus ou non connus, qui sont nés ou morts dans lesdites localités. Le public achète ainsi un livre tout nouveau qu'il croit être tout neuf, etc., etc. Carr commençait à se remettre de ce coup en disant avec Horace :

> Me sibilat, at mihi plaudo ipse domi,
> Simul ac nummos contemplor in arca,

lorsqu'un autre antagoniste vient jeter le trouble dans ses spéculations en publiant *Mon Livre de poche*, ou *Mon Bagage pour un rapide voyage, in-4°, que j'intitulerai : l'Etranger en Irlande* en 1805, *par un knight errant ; dédié aux fabricants de papier*. Le trait était d'autant plus piquant que, peu de temps après la publication de *l'Etranger en Irlande*, Carr avait reçu du vice-roi, duc de Belford, le titre de knight ou chevalier. Il se

fâcha, et à défaut de l'auteur (Es. Dubois), qu'il ne connaissait pas, il appela les libraires Vernord, Lood, Sharpe devant les tribunaux ; le jury ne trouva point que les brocards du pamphlet constituassent calomnie ou diffamation contre le caractère de sir John ; le *My Pocket-book* ne fut point saisi, et le critique ne tarda point à se nommer. Dès lors il fut permis de prévoir que la raison de commerce Carr et compagnie irait déclinant. Les débats du procès avaient révélé que l'auteur des quatre voyages de l'envie avait reçu pour le premier de ses manuscrits deux mille cinq cents francs, pour le second, douze mille cinq cents francs, pour le troisième, dix-sept mille cinq cents francs, pour le quatrième, quinze mille cinq cents francs. Mais, en manipulant si vite, il avait éventré la poule aux œufs d'or. Il fut bien moins payé de ses *Caledonian Sketches*, etc. (*Esquisses calédoniennes* ou *Voyage en Ecosse en* 1807), 1809, in-4° ; et bien moins encore de ses *Descriptive Sketches*, etc. (*Voyages en Espagne, à Majorque et à Minorque*), 1811. Heureusement, dans cette même année 1811, un mariage avantageux le mit en état de se passer de voyager. Aussi, depuis cet instant, ne voit-on plus qu'il ait été attaqué de ce que le défenseur des libraires ses antagonistes appelait *itinerandi cacoethes* ; et il ne publia que des articles dans l'*Annual Review*. Carr mourut à Londres le 17 juillet 1832. Dans cette histoire de la grandeur et de la décadence du renom littéraire de Carr, nous avons oublié de mentionner un recueil de poëmes qu'il publia en 1809, in-4° et in-8°, et qui n'est pas sans mérite. A en juger par les gravures qui accompagnent le texte de ses voyages, et dont il avait fourni les modèles, il possédait comme dessinateur et comme peintre un talent assez distingué.

CARRA (Jean-Louis), député à la convention nationale, né à Pont-de-Vesle en Bresse, en 1743, de parents pauvres, qui toutefois lui firent donner une éducation honnête, lorsqu'un incident imprévu vint décider de son sort. Accusé d'un vol considérable, qui n'a pas été prouvé néanmoins, il prit la fuite, et se rendit d'abord en Allemagne, puis en Moldavie, où il entra au service de l'hospodar. Après la mort de ce souverain, Carra revint en France, où il trouva à se placer chez le cardinal de Rohan, qui trouva plaisant de prendre à son service le secrétaire d'un hospodar. Plus tard, par la protection du cardinal de Brême, il entra dans un modeste emploi à la bibliothèque du roi. C'est, à ce qu'on affirme, à ce dernier prélat qu'il dut l'idée de son *Petit mot de réponse à la requête de M. de Calonne*. Quoi qu'il en soit, Carra accueillit avec ardeur les premiers symptômes de la révolution, et après avoir coopéré en 1789 à la rédaction du *Mercure national*, ou *Journal d'Etat et du citoyen*, avec Mosclet, Hugon de Basseville, etc., il fut le principal rédacteur du journal démagogique intitulé *Annales patriotiques*, qui portait le nom de *M. Mercier*. Quoique d'un style lourd et grossier, cette feuille eut un succès prodigieux. Il n'en est point qui, surtout dans les provinces, ait porté des coups plus funestes à la royauté. Les *Annales patriotiques* étaient dans tous les clubs ; dans les villes, comme dans les plus petits villages, chaque société populaire avait son *Carra*. Nommé électeur du district des Filles-Saint-Thomas, Carra provoqua l'établissement de la commune et celui de la garde bourgeoise. L'un des plus actifs et des plus véhéments orateurs du club des jacobins, il figura dans la plupart des terribles journées de cette époque. Le 8 septembre 1792, on le vit monter à la tribune du corps législatif dont il était devenu membre, pour faire hommage à la nation d'une tabatière en or que lui avait envoyée le roi de Prusse en récompense d'un ouvrage qu'il lui avait dédié, et, déchirant la lettre d'envoi du souverain, il demanda que cet or servît à combattre celui qui l'en avait gratifié. Nommé député de la convention nationale par deux départements à la fois, Carra opta pour celui de Saône-et-Loire ; mais, absorbé par la rédaction de son journal anarchique, il parut rarement à la tribune, et n'accepta que peu de missions politiques. Cependant, en 1792, ce fut lui qui proposa une sainte alliance des peuples contre l'alliance des rois, afin de fournir des secours aux nations qui voudraient briser leurs fers. Envoyé au camp du général Kellermann, il assista à la retraite des Prussiens, et vint l'annoncer à la convention. Son vote, dans le procès de Louis XVI, fut *la mort sans appel ni sursis*. Mais il abandonna bientôt la montagne pour s'unir aux girondins, et devint suspect par ses liaisons avec Roland, qui l'avait établi gardien de la bibliothèque nationale, comme par ses relations avec le prince Lebrun et Dumouriez. Bientôt dénoncé successivement à la convention par Marat, Couthon, Benthabolle et Robespierre, comme ayant voulu placer le duc de Brunswick sur le trône de France, il fut rappelé le 12 juin 1793 de Blois, où il était en mission, et compris au nombre des quarante-six députés accusés par Amar. Condamné à mort le 31 octobre suivant, il fut exécuté le lendemain à l'âge de cinquante et un ans, avec les vingt et un députés girondins. Outre son journal des *Annales patriotiques* et une masse de pamphlets politiques, Carra a laissé les ouvrages suivants : 1° *Système de la raison*, ou *le Prophète philosophe*, Londres, 1773, 3° édition, Paris, 1791, in-8°, ouvrage mis à l'index à Vienne pour les déclamations qu'il contient contre la royauté ; 2° *Histoire de la Moldavie et de la Valachie*, 1778, in-12, réimprimée à Neuchâtel en 1781 ; 3° *Nouveaux Principes de physique*, 1782-83, 4 vol. in-8° ; 4° *Essai sur la nautique aérienne*, dans lequel il prétendit avoir trouvé le moyen de diriger les aérostats ; 5° *Examen physique du magnétisme animal*, 1785, in-8° ; 6° *Dissertation élémentaire sur la nature de la lumière, de la chaleur du feu, et de l'électricité*, 1787, in-8° ; 7° *Histoire de l'ancienne Grèce, de ses colonies et de ses conquêtes*, traduite de l'anglais de Gillie, 1787-88, 6 vol. in-8° : le style de la traduction a quelquefois de la sècheresse et de la gêne ; 8° *l'Orateur des états généraux*, in-8° ; 9° *Considérations, recherches et observations sur les états généraux*, 1789 ; in-8°, 1790, in-8° ; 10° *Mémoires historiques et authentiques sur la Bastille*, 1790, 3 vol. in-8°. — Ses pamphlets et ses opuscules politiques se trouvent dans la *France littéraire* de M. Ersch, et dans les *Siècles littéraires* de Désessart. *Odazir*, roman philosophique, 1771, in-8°, est encore dû à la plume de cet écrivain. — Carra peut avoir par son journal rendu quelques services à la liberté ; mais il provoqua trop à la licence effrénée de ces temps de désordre, surtout lorsque, dans cette feuille, dès les premiers mois de 1792, il insistait pour que la populace fût armée de piques, afin de l'opposer à la garde nationale uniquement composée des bourgeois de chaque ville. Cette mesure désorganisa la force publique qui soutenait la faible constitution ; car, dès que les piques parurent, la plupart des compagnies ne voulurent plus se confondre avec la tourbe des piquiers que dès lors on appelait *sans-culottes*, et cessèrent de faire le service. L'accusation de connivence avec l'étranger dont on servit pour le perdre n'eut jamais aucun fondement. S'il s'est jeté dans le parti des hommes de la Gironde, cette déviation de la ligne qu'il paraissait s'être tracée dans sa conduite politique doit être attribuée bien plus à son caractère irascible et changeant qu'à la corruption et à la perfidie.

CARRA SAINT-CYR (LE COMTE JEAN-FRANÇOIS), né en 1756, d'une famille noble, était avant la révolution officier dans le régiment d'infanterie de Bourbonnais, où servait aussi Aubert-Dubayet, avec qui il se lia d'une étroite amitié. Ayant adopté l'un et l'autre les principes de la révolution, ils n'émigrèrent point, et profitèrent au contraire du départ de la plupart de leurs camarades pour obtenir un avancement rapide. Carra Saint-Cyr était déjà général de brigade en 1794, et il servit en cette qualité comme chef d'état-major à l'armée des côtes de Cherbourg, dont son ami était général en chef. Il contribua à la pacification avec les royalistes, et revit plusieurs de leurs chefs à Paris, lorsqu'il vint, en septembre 1795, présenter à la convention les vœux de ses frères d'armes sur la constitution de l'an III. C'est à lui que les premières tables du *Moniteur* disent qu'il servit aux armées du Rhin et de la Moselle sous Pichegru et Moreau. Elles l'ont confondu avec Gouvion Saint-Cyr, qui commandait alors, sous Moreau, le centre de l'armée de Rhin et Moselle, et qui, ne voulant pas être pris pour le général Gouvion, ne portait pas alors ce nom, qu'il ajouta depuis au sien afin de se distinguer du général Carra Saint-Cyr. Celui-ci resta attaché au ministère de la guerre, dont son ami fut chargé peu de mois ; et lorsque en 1796 Aubert-Dubayet fut nommé ambassadeur à Constantinople, il l'accompagna en qualité de premier secrétaire. Après la mort de cet ambassadeur, il revint en France avec sa veuve qu'il épousa. Employé de nouveau sur le Rhin par le gouvernement consulaire, il concourut à la victoire de Hohenlinden, et fut nommé général de division le 27 août 1803. Envoyé bientôt après en Italie, il y commanda plusieurs expéditions dans le royaume de Naples, puis dans les États de Venise dont il prit possession après la bataille d'Austerlitz par suite d'une capitulation. Il passa ensuite à l'armée d'Allemagne, où il fit en 1807 toute la campagne contre les Prussiens, et se distingua particulièrement à la bataille d'Eylau ; ce qui lui valut la décoration de grand officier de la Légion d'honneur et le titre de baron de l'empire. Il fit avec la même distinction la campagne d'Autriche en 1809, fut gouverneur de Dresde ; puis employé dans les provinces illyriennes, d'où Napoléon le fit passer en 1812 au commandement de la 32° division militaire établie à Hambourg. C'était une époque bien difficile dans ces contrées ; après les désastres de Russie, tous les peuples de l'Allemagne semblaient prêts à secouer le joug des

Français. Avec le secours des Danois qui restaient nos alliés, Carra Saint-Cyr repoussa d'abord plusieurs attaques des Anglais, et il réussit à réprimer quelques soulèvements ; mais au mois de mars 1813, lorsque les troupes russes commencèrent à s'approcher de Hambourg, ces soulèvements devinrent plus sérieux. Carra Saint-Cyr crut devoir alors user d'une grande sévérité, et une commission militaire condamna à mort sept habitants qui avaient été arrêtés au milieu d'un rassemblement séditieux. Ces violences, loin de calmer les esprits, ne firent que les irriter ; et le général français, qui n'avait avec lui que trois mille hommes, voyant un corps russe descendre l'Elbe pour l'attaquer, crut devoir abandonner la ville et se retirer sur la rive gauche du fleuve, puis sur le Weser. L'empereur Napoléon se montra fort mécontent de cette retraite, et le général qui l'avait ordonnée, vivement censuré dans un article du journal officiel, fut surtout blâmé pour n'avoir pas déployé assez de sévérité contre les habitants. Cependant Carra Saint-Cyr fut encore employé l'année suivante ; et dans le mois de mars 1814 il commandait les places de Valenciennes et de Condé, où il était surtout occupé de l'organisation des gardes nationales. A l'époque de la restauration, il fut un des premiers généraux qui se soumirent au gouvernement du roi, et il reçut de lui la croix de Saint-Louis et le titre de comte. Mis à la retraite le 4 septembre 1815, il reprit de l'activité en 1817, et fut nommé gouverneur de la Guiane française, d'où il revint en 1819, ayant été remplacé par M. Laussat. Carra Saint-Cyr fut définitivement alors admis à la retraite à cause de son âge et de ses longs services ; s'étant retiré à Vély, près de Soissons, il passa les dernières années de sa vie dans ce village, et y mourut en janvier 1834.

CARRABAS, sorte d'*omnibus* en osier, qui exploitait les environs de Paris, mais surtout les routes de Versailles et de Saint-Germain, dans ce bon vieux temps où l'on mettait plus de six heures à faire quatre petites lieues. Pour définir en un mot le carrabas, il suffira de dire que ce plébéien équipage était encore bien au-dessous des ignobles coucous, qui, eux-mêmes disparaissent aujourd'hui, vaincus par les célérifères, les accélérées, et surtout par les chemins de fer.

CARRACA (*géogr. anc.*), ville d'Italie dans le territoire des Béchunes, suivant Ptolémée, supposée être de nos jours *Caravaggio*.

CARRACH (JEAN-TOBIE), conseiller intime de la cour de Prusse, et professeur de droit à Halle, né à Magdebourg le 1er janvier 1702, fit ses études à Halle, et ne tarda pas à acquérir en jurisprudence une érudition fort étendue, éclairée par un jugement sain et ferme. Il mourut le 21 octobre 1775. On a de lui un grand nombre d'ouvrages ou plutôt de dissertations : 1° *De imaginaria æquitate probationis pro evitando perjurio*, Halle, 1734, in-4° ; 2° *De periculo rei immobilis vendita ante resignationem judicialem*, Halle, 1734, in-4° ; 3° *De præcipuis differentiis juris romani et germanici in compensatione*, Halle, 1739, in-4° ; 4° *Courte Introduction à la procédure civile et criminelle*, in-4°, publiée à Halle, après la mort de l'auteur, par H.-J.-O. Kœnig, qui l'a fait précéder d'une *Vie* de Carrach, etc.

CARRACHE (LES) (en italien, *Carracci*). C'est le nom d'une famille dont plusieurs membres se sont rendus célèbres comme peintres et comme graveurs. Les trois principaux sont Louis, Augustin et Annibal. Ces trois habiles peintres unis par les liens du sang, conduits par le même zèle, ont rendu à la peinture le service le plus signalé en créant à Bologne cette célèbre académie qui porta l'école lombarde à sa perfection. L'école lombarde était alors livrée aux dangereux systèmes du Caravage (*V.* ce nom) et de Josepin qui compromettaient l'art, l'un par une imitation servile de la nature, l'autre par les écarts d'une imagination sans règle et sans frein : ainsi, tandis que Caravage et ses disciples répudiaient le beau idéal dans l'art, Josepin et son école prétendaient en bannir la nature. Persuadés que ces déplorables exemples que le génie, abandonné à lui-même, tombait dans d'inévitables défauts, les Carrache résolurent de le régler par une sage théorie. Ils sentirent la nécessité de donner dans leurs leçons des connaissances dont la privation avait gâté tant de tableaux. L'histoire, la fable, les mœurs, les usages des différents siècles et des différentes nations, la poétique, la géométrie, l'anatomie, la perspective, étaient les sciences qui entraient naturellement dans la sphère de leur art. Ils se partagèrent le soin de les enseigner, et formèrent sur ce plan des conférences publiques. Ils ne se contentaient pas d'instruire leurs auditeurs par des préceptes ; excellents peintres eux-mêmes, ils joignaient la pratique à la théorie, en exécutant ce qu'ils enseignaient. Jamais progrès ne furent plus rapides, jamais illustres maîtres n'eurent de plus illustres élèves. On vit sortir à la fois de cette académie l'Albane, le peintre des Amours et des Grâces ; le Dominiquin, l'artiste qui conçut le mieux ses sujets, noble dans l'ordonnance, correct dans le dessin, sublime dans l'expression, à qui il ne manqua que le mérite du coloris pour remporter le prix de son art ; le Guerchin, dont l'enthousiasme et la grâce font pardonner le défaut de correction ; le Guide, si juste dans ses proportions, si admirable dans ses carnations, si agréable dans ses attitudes, si noble, si touchant, si gracieux dans ses idées ; enfin tant d'autres maîtres qui régénérèrent l'art en mettant au néant les systèmes contre lesquels le glorieux triumvirat des Carrache les avait prémunis. Sans doute la gloire d'Annibal Carrache, comme peintre, efface celle de Louis, son maître et son cousin, comme celle d'Augustin son frère ; mais Louis qui, doué d'une raison calme et haute, fut le fondateur de l'association des Carrache, a d'autant plus de droits à notre estime particulière, que, comme on l'a dit avec justesse, sans cette union jusqu'alors sans exemple de trois grands artistes, leur nom n'aurait certainement pas atteint le degré de réputation dont il jouit.

CARRACHE (LOUIS) (*Lodovico Carracci*), naquit à Bologne en 1555. Il était fils d'un boucher. Il avait le travail difficile ; de là le surnom de *Bœuf* que lui donnaient ses camarades. Se voyant rebuté à Bologne par son maître Prospero Fontana, puis à Venise par le Tintoret, qui ne surent pas le deviner, il se rendit à Florence, où il travailla sous André del Sarto et sous Passignano. Il parcourut ensuite les principales villes d'Italie, afin de se familiariser avec les chefs-d'œuvre des grands maîtres ; à Venise, il étudia le Titien, Paul Véronèse et le Tintoret ; à Mantoue, Jules Romain ; à Parme, le Parmesan et le Corrége dont il adopta la manière, abandonnant celle de Camillo Procaccino, dont il avait aussi reçu les leçons, et qu'il avait imité jusqu'alors. De retour à Bologne, il s'adjoignit ses deux cousins, Augustin et Annibal, un peu plus jeunes que lui, et qui par ses conseils avaient abandonné une profession manuelle pour se livrer à la peinture. « Le caractère des deux frères était très-différent, dit un biographe : Augustin, versé dans la littérature et dans les sciences, s'occupait de poésie et de géométrie, et se faisait distinguer par la politesse de ses manières ; Annibal, peu cultivé et sauvage, avait de la disposition à montrer une humeur querelleuse et bizarre. Louis... en maître adroit, vit que, pour former ces grands artistes de ces sujets d'un caractère si opposé, il était nécessaire de recourir à la manière employée par Isocrate pour instruire Ephore et Théopompe. Avec l'un il fallait se servir de l'éperon, tandis qu'avec l'autre il ne fallait user que du frein. Peu de temps après, Louis parvint à les faire vivre ensemble en assez bonne intelligence (1). En 1580, il les envoya passer quelque temps à Venise et à Parme, et, à leur retour, ils ouvrirent ensemble une école de peinture sous le nom de l'*académie du progrès* (*accademia degl' incamminati*). L'envie les harcela ; ils répondirent à la manière des grands hommes, par d'admirables ouvrages. Le principe fondamental de Louis Carrache était la stricte imitation de la nature jointe à l'imitation des grands maîtres. On lui reproche d'avoir trop négligé l'étude de l'antique, et l'on blâme aussi son coloris ; mais l'on admire la richesse de ses compositions, la noblesse et la pureté de son dessin, la délicatesse de sa touche, sa grâce et sa simplicité, qualités réunies dans sa *Prédication de saint Jean Baptiste* aux chartreux, où les personnages qui écoutent le saint sont des portraits du temps, faits, le premier d'après le style de Raphaël, le second d'après celui du Titien, le troisième d'après celui du Tintoret. Ses autres ouvrages, qui sont nombreux, présentent la réunion des mêmes qualités. En voici l'énumération : aux théatins de Milan, une *Nativité de Notre-Seigneur* et une *Sainte à genoux, que l'on est sur le point de décoller* ; à Plaisance, dans le dôme, un *Saint Martin*. Les plus beaux ouvrages de Louis Carrache sont à Bologne. Nous citerons, aux carmélites, une *Vierge* en pied sur un croissant, ayant à ses côtés saint François et saint Jérôme ; aux olivétains, toutes les peintures du cloître ; ses élèves y ont peint l'histoire de sainte Cécile et de saint Benoît ; dans l'appartement des hôtes, la *Vision de saint Pierre* ; aux religieuses de Saint-Pierre le Martyr, une *Transfiguration de Notre-Seigneur* ; au couvent de Sainte-Christine, une *Ascension* pour le maître-autel ; pour les chanoines réguliers de Saint-Sauveur, une *Assomption* ; à Saint-Paul, *une belle gloire de paradis* ; à l'église du Corpus-Domini, une *Apparition de Notre-Seigneur aux Pères dans les limbes et à la sainte Vierge* ; une *Sépulture de la Vierge et les apôtres autour* ; à l'église de Saint-Antoine, *les Saints Ermites du désert* et surtout un *Saint Antoine* ; chez

les dominicains, l'*Apparition de la Vierge à saint Hyacinthe prêt à dire la messe*, et un tableau de *Saint Raymond* à sa chapelle ; à la cathédrale, une peinture de *Saint Pierre à genoux devant la Vierge, en présence des apôtres* ; au même endroit, une *Annonciation*. Cette belle fresque présente quelques incorrections qui tenaient à la précipitation du travail ; Louis Carrache les reconnut, et le chagrin qu'il en conçut fut assez vif, dit-on, pour abréger ses jours. Dans l'ancienne église de Saint-Léonard, un *Martyre de sainte Ursule* ; une *Apparition de la Vierge à sainte Ursule* ; dans l'église Saint-Vital, un *Saint Roch* ; dans l'église Saint-François des mineurs conventuels, un *Saint Charles* et la *Conversion de saint Paul* ; aux religieuses de Saint-Jean-Baptiste, un tableau de la nativité de ce saint ; dans l'église de Saint-Grégoire, un *Saint Grégoire*. Indépendamment des travaux accomplis par son infatigable pinceau, Louis Carrache en dirigea beaucoup d'autres exécutés par ses disciples. Ainsi, dans le palais de Bologne, dix-huit pièces de l'histoire de Jason, et vingt-deux sujets de l'histoire d'Énée, ont été peints sous sa conduite, les premiers par Augustin Carrache, les seconds par l'Albane. On doit encore à ce maître, aussi fécond que laborieux, dans l'église des pères de l'Oratoire, un *Ecce homo* ; à Saint-Barthélemy du Rhin, deux petits tableaux de la *Circoncision* et de l'*Adoration des rois* ; dans une chapelle de l'église de Sainte-Croix, un tableau qui représente *le Petit Jésus épousant sainte Catherine en présence de saint Benoît et d'autres saints* ; les ornements des côtés sont à fresque par Lucio Massari ; au maître-autel de Saint-Roch, la représentation de ce saint est de Balthasar Aloïsio, retouchée par Louis Carrache, son maître, qui a représenté dans l'église du tiers ordre, *la Visitation à sainte Elisabeth*. A Imola, près Bologne, dans l'église des jacobins, on voit encore de ce dernier un tableau de *Sainte Ursule* ; enfin, à la confrérie de Saint-Charles, un tableau de ce saint à genoux. Louis Carrache a gravé quelques sujets de dévotion à l'eau-forte ; sa marque est L. C. P. *Louis Carrache pinxit*. Après avoir tant travaillé, il mourut à Bologne, presque dans l'indigence l'an 1619, à l'âge de 63 ans. Il survécut de dix-sept ans à Augustin, de 10 ans à Annibal, qui tous deux le respectaient et lui demandaient souvent des conseils. Louis Carrache fut inhumé dans une chapelle du couvent de Saint-Dominique à Bologne : on y voit encore son buste et son tombeau. On se fera une idée des compositions de ce grand peintre en parcourant l'ouvrage intitulé : *il Claustro di San Michele in Bosco*, gravé par Jacques Giovannini et décrit par le chanoine comte Malvasia (Bologne, 1694, in-fol.). Les amateurs recherchent la jolie gravure de Morghen, faite d'après Louis Carrache, et représentant *une Madone avec son fils*, de deux pouces de haut sur un pouce et demi de large. En 1815, le musée du Louvre possédait neuf tableaux de ce grand maître.

CARRACHE (AUGUSTIN) (*Agostino Carracci*), cousin du précédent, et plus jeune que lui de trois ans, naquit à Bologne en 1558. Autant Louis avait, dans les commencements, le travail lent et pénible, autant Augustin possédait de facilité pour tous les genres d'études ; mais l'inconstance de son caractère l'empêcha d'aller aussi loin qu'il aurait pu. Son père, tailleur de son état, lui donna néanmoins une éducation excellente. Le jeune Augustin possédait une instruction variée ; il apprit les mathématiques, cultiva la musique, la poésie, la danse même, et réussit dans tous les genres auxquels il s'adonna ; mais son goût dominant le portait vers la peinture et la gravure. Placé pendant quelque temps chez un orfèvre, il revint bientôt chez son père, qui, cédant aux conseils de son cousin Louis, il se livra tout entier aux deux arts pour lesquels la nature l'avait si heureusement doué. Il apprit la peinture de Prospero Fontana, de Bartolommeo Passeroti et de Louis Carrache ; la gravure, de Dominique Tebaldi et de Corneille Cort, graveur hollandais, qui, devenu jaloux de son élève, lui ferma son atelier ; mais il n'était plus temps. Augustin avait pour ainsi dire saisi au vol tout ce qu'il pouvait apprendre d'un si habile maître. Comme graveur, il signe : *Agos. C. sc.* (*Augustin Carrache sculpsit*). Ses connaissances littéraires et scientifiques étaient une mine féconde de grandes et belles idées, et ses leçons aussi solides qu'éloquentes contribuèrent à la fortune et à l'éclat de l'école des Carrache. On a vu que dans sa jeunesse il fit, en compagnie de son frère Annibal, un voyage d'instruction. Lorsqu'il revint de Venise, il travailla aux chartreux de Bologne, où l'on voit un tableau de la *Communion de saint Jérôme*, que l'on regarde à juste titre comme l'idée première du tableau du Dominiquin. Annibal, auquel il avait été préféré dans un concours, était jaloux des succès de son frère, et lui persuada, sous de prétextes frivoles, de se livrer plus spécialement à la gravure ; ce que le bon Augustin, naturellement peu stable dans ses détermi-

(1) M. le chevalier Artaud, *Biographie universelle*.

nations, fît par pure condescendance pour un frère qu'il aimait ; si la peinture y perdit, la gravure y gagna. Dans tous les tableaux d'Augustin Carrache, qui sont encore assez nombreux, on admire surtout l'invention ; on remarque une composition savante, un dessin correct et pur, une touche fine et hardie ; ses figures ont un beau caractère ; mais ses têtes sont moins fières que celles d'Annibal. Celui-ci peignait à Rome la galerie de Farnèse, lorsque son frère alla le joindre et lui fut d'un grand secours, surtout en lui suggérant ces idées poétiques qui sont l'âme de la peinture. L'exécution de la fable de *Céphale et de Galatée* est presque tout entière d'Augustin ; mais bientôt la jalousie d'Annibal se réveilla ; il prétendit que le style de son frère était élégant à la vérité, mais qu'il manquait de *grandiose*, etc. Bref, malgré la douceur et la déférence d'Augustin, malgré la médiation des principaux de la ville, Annibal ne voulut pas lui permettre de continuer à travailler avec lui. En conséquence, le cardinal Farnèse envoya Augustin au duc Ranuccio son frère, à Parme. Augustin, chargé de décorer de peintures le palais de ce prince, peignit, dans l'un des appartements, plusieurs sujets allégoriques représentant les trois sortes d'amour, *céleste*, *terrestre* et *vénal*. Parmi ses autres tableaux on cite : aux religieuses de Saint-Paul, *les Fiançailles de sainte Catherine* ; à Reggio, dans l'église de Saint-Prosper, *un Christ mort et les trois Marie* ; à Bologne, une *Diane venant trouver Endymion* ; dans l'appartement des hôtes chez les olivétains, quelques peintures, et notamment sur la cheminée, une belle *Cène* ; à Venise, *un Christ en croix*, dans l'école de Saint-Roch ; et enfin dans l'église de Saint-Barthélemy du Rhin, à Bologne, une *Nativité de Notre-Seigneur*, avec deux prophètes représentés dans la voûte. L'excès de travail et quelques tracasseries suscitées par l'envie ayant altéré sa santé durant son séjour à Parme, déterminèrent Augustin Carrache à se retirer dans un couvent de récollets pour se préparer à la mort dont il sentait les approches. C'est là qu'il fit le tableau de *Saint Pierre pleurant son péché après avoir renié son maître*, et qu'il entreprit de peindre le jugement universel dont il ne fit que l'ébauche ; la mort l'empêcha d'achever. Il cessa de vivre en 1601. Le duc de Parme ne voulut pas permettre qu'aucun autre peintre achevât les ouvrages qu'Augustin Carrache avait laissés imparfaits dans son palais, et sur un panneau resté vide il fit insérer l'inscription suivante du savant Achillini :

Augustinus Carraccius ;
Dum extremos immortalis sui panniculi tractus
In hoc semipicto fornice moliretur,
Ab officiis pingendi et vivendi
Sub umbra liliorum gloriose vacavit.
Tu spectator,
Inter has dulces picturæ acerbitates
Parce oculos,
Et fatebere decuisse potius intactas spectari
Quam alieni manu tractatas maturari.

Augustin fut enterré dans l'église des récollets de Parme. Outre ses tableaux et ses gravures, il a laissé un bon traité de perspective et d'architecture, qu'il avait composé pour l'académie fondée à Bologne par lui, son frère et son cousin. Lui-même commentait ce traité devant les élèves. Il expliquait en même temps le mouvement des articulations et des muscles, et en cette partie il était aidé par le chirurgien Lanzoni. Habile dessinateur, il retouchait souvent les traits défectueux des tableaux qu'il entreprenait de graver. Plusieurs peintres, tels que le Tintoret et Paul Véronèse lui en surent gré ; d'autres s'en fâchèrent. Parmi ses gravures il s'en trouve un assez grand nombre d'obscènes qui sont devenues fort rares, ce qui n'est pas à regretter.

CARRACHE (ANNIBAL), *Annibale Carracci*, frère du précédent, naquit à Bologne en 1560. Destiné d'abord par son père à la profession de tailleur, il s'y livra sans répugnance ; mais bientôt il fut placé, comme Augustin son aîné, chez un orfèvre. Son cousin Louis, reconnaissant en lui des dispositions rares, lui donna des leçons de dessin, et l'admit dans son atelier. Annibal voyagea, comme nous l'avons dit, pour son instruction, avec son frère Augustin, et commença par faire d'excellentes copies du Titien, de Paul Véronèse et du Corrége ; il étudia particulièrement à Parme la manière de ce dernier, et fit, d'après cette manière, le tableau du grand autel des capucins de cette ville ; il y représenta un Christ mort, étendu sur

un linceul et appuyé sur les épaules de la Vierge. Cette composition donna une haute idée de son talent. De Parme il se rendit à Venise, où il se lia d'amitié avec Paul Véronèse, le Tintoret et Jacques Bassano, dans la société desquels il profita beaucoup. Nous avons déjà dit qu'à son retour dans sa ville natale il fut l'un des fondateurs de l'académie des Carrache. Il y expliquait les règles de l'ordonnance et de la distribution des figures. C'est vers ce temps qu'il peignit, dans l'église de Saint-Grégoire, *le Baptême de Notre-Seigneur*, et une *Assomption* dans celle des mineurs de Saint-François, deux ouvrages fort estimés, ainsi que son tableau de *Saint Roch distribuant des aumônes*. Ce tableau fut peint à Reggio, et ensuite gravé à l'eau-forte par le Guide. Il a passé du palais du duc de Modène à la galerie de Dresde, où il se trouve maintenant. Peu de temps après, Annibal fut appelé à Rome, et chargé de peindre la galerie Farnèse, travail où il joignit l'élégance antique à la grâce de Raphaël. On y remarque aussi quelques imitations de Tebaldi, peintre bolonais qui travaillait vers 1550, et quelquefois aussi le style de Michel Ange et la noblesse de l'école vénitienne. Cette œuvre fut jugée par le Poussin comme une des merveilles de l'art. Il en fut mal récompensé. Le cardinal Farnèse, qui, pendant le cours de ce long travail, lui avait fait un modique traitement de 10 écus par mois, lui fit compter une gratification de 500 écus d'or. Annibal, humilié dans son art, car, comme Augustin et Louis, il était fort désintéressé, en conçut un violent chagrin ; il ne toucha plus ses pinceaux qu'avec répugnance, et parfois il les brisait. Bientôt il tomba malade, et mourut de chagrin, à Rome, le 15 juillet 1609. Son corps fut déposé à Sainte-Marie la Ronde (le Panthéon d'Agrippa), près de celui de Raphaël. Voici la liste de ses principaux ouvrages : *le Génie de la gloire*, actuellement à Dresde, tableau très-renommé ; à Reggio, dans l'église cathédrale, deux tableaux, un *Saint Georges* et une *Sainte Catherine* (pendant son séjour à Rome, Annibal retoucha cette dernière, et en fit une *Sainte Marguerite*, qu'on plaça dans l'église Sainte-Catherine de Funari. Michel-Ange Caravage la vit et l'admira) ; à Parme, dans la bibliothèque, une *Vénus endormie* et quelques autres peintures ; à Bologne, sur une porte de l'infirmerie des olivétains, un *Ecce homo* ; dans le cabinet du palais Angelelli de la même ville, la fameuse *Résurrection*, dont on a refusé des sommes considérables ; au même endroit, dans l'église et confrérie de Saint-Pierre, une peinture à fresque de ce saint ; dans l'église de Saint-Félix, un tableau de *Crucifix, la Vierge, Saint Jean, Saint François* et *Sainte Pétrone* ; dans la cathédrale de Spolète, un tableau représentant une *Vierge dans les nuées*, qui offre de la manne d'or à son enfant ; une *Sainte Famille*, dans le palais du cardinal Montalte (depuis Sixte V), et le même sujet différemment traité dans le palais du prince Ludovic. — Les trois Carrache ont beaucoup peint dans le palais des Zampieri, en concurrence avec le Guide, l'Albane, le Guerchin, le Guide ; tous trois ont aussi travaillé dans le palais Magnani. Quelques-uns des tableaux de la galerie Farnèse ne sont pas d'Annibal. *Galatée et le Triton*, *Céphale et l'Amour* sont l'un et l'autre d'Augustin. Le tableau qui représente une *Jeune Fille embrassant une licorne* est du Dominiquin. Quant à celui où l'on voit *Polyphème au bord de la mer et Galatée dans une conque marine*, c'est la dernière pièce que fit Annibal, et c'est par là qu'il acheva ce grand ouvrage. Découragé par l'ingratitude de son avare patron, il voulait se reposer ; mais il accepta cependant l'ouvrage qui lui fut proposé pour l'église de Saint-Jacques des Espagnols ; il en fit les dessins et les cartons qu'il laissa à l'Albane, l'un de ses meilleurs disciples ; se réservant seulement de faire le tableau d'autel, qu'il peignit à l'huile avec quelques autres figures destinées à la chapelle de Saint-Diego. Annibal aimait ses élèves, et prenait le plus grand soin de leur instruction ; aussi en a-t-il formé plusieurs qui sont devenus fameux ; outre l'Albane que nous venons de nommer, on cite encore le Dominiquin, le Guide, Lanfranc et Antoine Carrache, son neveu. Il leur recommandait la pureté du dessin, et particulièrement les oreilles qu'on néglige trop souvent. Les Carrache sont remarquables par leur exactitude sur ce point. « Simple dans ses mœurs et dans ses vêtements, dit un biographe, ennemi du faste et fuyant la société dont les convenances le gênaient, il s'adonna à tout son art, dont le positif l'occupa plus que la poétique. Si l'on analyse ses productions, on est frappé de la grandeur du style et de la correction du dessin, de la vigueur et de la facilité du pinceau, souvent même de la vérité du coloris qui les distingue ; mais on est forcé de reconnaître que la nature ne s'y montre pas sous un aspect assez naïf, assez varié, et que, pour s'être trop occupé du soin de l'ennoblir, il a fini par rester froid devant elle (1). » Aux ouvrages d'Annibal que nous avons énumérés plus haut, il faut ajouter plusieurs tableaux de cabinet, entre autres une *Danaé*, un *Couronnement de la sainte Vierge*, *la Prière au jardin* et divers paysages. Il avait un talent rare pour la caricature et pour saisir les ressemblances. Un jour, ayant été volé avec son père sur un grand chemin, il alla chez le juge, et traça le portrait des voleurs, qui furent aisément reconnus et arrêtés. Une autre fois, voyant son frère Augustin rechercher trop ardemment la société des grands, il le prit à part, et lui dit : *Frère, ton père était tailleur ;* puis, prenant une feuille de papier, il dessina son père, des lunettes sur le nez et enfilant une aiguille. Il écrivit au-dessus, on ne sait trop pourquoi, le nom de l'honnête artisan, Antonio ; à côté du bonhomme, on voyait sa respectable épouse, tenant une paire de ciseaux. — Voulant corriger un de ses élèves, plus occupé de sa parure que de son art, il lui fit présent de son portrait, mais chargé d'un si grand ridicule, que le jeune homme perdit depuis le goût des ajustements. — L'anecdote suivante donne encore une idée de sa facilité et de son goût pour l'antique. Son frère Augustin, avec sa faconde ordinaire, exaltait devant lui les beautés du Laocoon. Annibal restait muet. « Eh quoi! reprit Augustin, vous n'aimez donc pas cette statue? — Que dites-vous? répond Annibal, en dessinant sur le mur le Laocoon et son malheureux fils ; les poëtes comme vous peignent avec la parole, et les peintres avec le pinceau. » On raconte qu'il répondit à un peintre qui voulait se battre avec lui à l'épée. « Moi je ne me bats qu'avec le pinceau ; voilà mes armes. » Il existe un livre entier des dessins qu'Annibal Carrache exécutait avec une merveilleuse facilité ; plus, diverses figures représentant des cris de ville, au nombre de quatre-vingts. Ces pièces ont été gravées. — La signature d'Annibal Carrache est A. C. P. (*Annibal Carrache pinxit*). — Dans quelques-uns de ses petits ouvrages, on peut lui reprocher, comme à son frère Augustin, d'avoir blessé la pudeur. — Tels sont les trois Carrache. Annibal passe d'ordinaire pour le plus grand peintre des trois ; cependant quelques amateurs lui préférèrent Louis. Les autres Carrache, parents des premiers, ne sont guère connus que pour cette raison-là. — ANTOINE, toutefois, mérite une mention particulière. Fils naturel d'Augustin, Antonio Carracci fut instruit par Annibal, puis il travailla dans l'église Saint-Sébastien hors des murs de Rome ; il peignit à fresque trois chapelles à Saint-Barthélemy dans l'île. On a aussi de lui un *Déluge*. Il mourut à Rome en 1618, à l'âge de trente-cinq ans. Plein de reconnaissance pour Annibal Carrache, son oncle, il reçut ses derniers soupirs, et veilla à lui faire de magnifiques funérailles. — PAUL, frère de Louis, ne fut jamais qu'un peintre médiocre ; et FRANCESCO, frère d'Augustin et d'Annibal, fut élève de ses frères beaucoup plus âgés que lui. Après la mort d'Augustin et d'Annibal, il osa lutter contre son cousin Louis, et fit écrire sur sa porte : *Ici est la véritable école des Carrache*. Personne n'y fut trompé, et François Carrache n'en recueillit que la honte d'une basse ingratitude. Il mourut à Rome dans un hôpital en 1622, à l'âge de vingt-sept ans. CH. DU ROZOIR.

CARRADORI (JOACHIM), médecin et physicien, né le 7 juin 1758 à Prato, dans la Toscane, d'une famille pauvre, fit ses premières études au séminaire de sa ville natale, puis au collège Ferdinand à Pise, et s'appliqua ensuite à la médecine et aux sciences naturelles. Ayant reçu le laurier doctoral, il se rendit à Florence pour s'y former à la pratique sous la direction du célèbre Bicchieri. Nommé peu de temps après professeur de philosophie au séminaire de Pistoie, il profita de ses loisirs pour publier la *Teoria del calore* (Prato, 1787), ouvrage qui le fit connaître avantageusement. De graves discussions ne tardèrent pas à s'élever entre l'évêque de Pistoie et son clergé sur différents points de doctrine, et Carradori, ne voulant pas y prendre part, abandonna le séminaire pour revenir dans sa ville natale. Sans négliger l'exercice de la médecine, il tourna ses vues du côté de l'agriculture, et présenta plusieurs mémoires à l'académie des géorgophiles de Florence, qui s'empressa de l'associer. Une maladie épizootique s'étant déclarée en Toscane, il fut chargé par le gouvernement de prendre les mesures les plus propres à la faire cesser ; et il rendit compte de sa mission dans l'*Istoria della epizootia dell' anno 1800*, Florence, 1801, in-8°. Vers le même temps, l'académie des géorgophiles mit au concours une question du plus grand intérêt. Il s'agissait d'indiquer les moyens de rendre fertiles les terrains laissés en friche : Carradori remporta le prix ; et son mémoire, *Sulla fertilità della*

terra, successivement amélioré dans de nombreuses éditions, est regardé comme un ouvrage classique sur cette matière. Il adressa depuis à la même académie différents mémoires sur les propriétés singulières de diverses plantes, ou sur les maladies dont elles peuvent être affectées, et tous lui méritèrent des récompenses pécuniaires ou honorifiques. Quoique sa pratique médicale se fût accrue avec sa réputation, il entretenait une correspondance active avec les plus illustres physiciens d'Italie et de France ; et il enrichissait les journaux de Milan et de Pavie, ainsi que la bibliothèque britannique, d'articles très-remarquables. Parmi ceux qui font le plus d'honneur à son talent d'observation, on cite ses mémoires sur les sucs gastriques, sur le phosphore des lucioles, sur l'attraction des surfaces planes, sur l'électricisme et sur les propriétés des divers insectes, sur la respiration des grenouilles, sur l'irritabilité des animaux et des plantes, sur la transformation du nostoc (conferve), sur le son que rendent les plantes, etc. La découverte si précieuse de la vaccine l'occupa sérieusement ; et, lorsqu'il se fut assuré de son efficacité pour préserver de la petite vérole, il n'hésita pas à s'en déclarer le partisan. Il fit plus, il vaccina son fils unique, et il ne craignit pas de lui faire subir ensuite la contre-épreuve, en l'exposant au contact d'enfants atteints de la petite vérole naturelle. Ses services pour la propagation de la vaccine, tant à Prato que dans les environs, furent récompensés par une pension et par le titre de professeur honoraire de médecine à l'université de Pise. Une autre découverte, celle du galvanisme, ne pouvait manquer de fixer aussi l'attention d'un observateur tel que Carradori. Après avoir lu tout ce qui était écrit sur ce sujet, et répété toutes les expériences de Galvani et de Volta, il publia la *Storia del galvanismo*, dans laquelle il conclut qu'il y a identité entre le fluide galvanique et le fluide électrique. Lorsqu'il composa cet ouvrage, il était déjà tourmenté de douleurs atroces contre lesquelles son art ne lui offrait que des palliatifs insuffisants. Il publia depuis une *Lettre* au docteur Tommasini sur le typhus qui désolait l'Italie (1817) ; et il s'occupait encore de la rédaction de mémoires de physique quand il mourut au mois de novembre 1818, à l'âge de soixante ans. La ville de Prato lui fit des obsèques magnifiques. Son corps, déposé dans l'église de Saint-François, est recouvert d'un marbre avec une épitaphe. Il avait remplacé Amoretti comme membre de la société des sciences, où son éloge fut prononcé par le professeur Raddi. Il est imprimé dans le recueil de cette savante compagnie, XIX, I-VIII, précédé de son portrait, et accompagné de la liste de ses ouvrages, dont on a cité les principaux dans cet article.

CARRÆ (géogr. anc.), ville d'Asie, en Syrie, située à l'est d'une chaîne de montagnes, sur les bords d'une petite rivière, au sud-ouest de Goaria, et à quelque distance vers l'est d'Héliopolis.

CARRAGO (antiq.), sorte de fortification, système de défense aux abords d'un camp, établi avec des chariots, des fourgons et toutes sortes de véhicules en général, enchaînés ou fixés solidement les uns aux autres. Ce retranchement était particulièrement en usage chez les nations barbares. ED. GIROD.

CARRANZA (ALPHONSE) (*V.* CARANZA).

CARRANZA (BARTHÉLEMY DE), appelé indifféremment *de la Miranda*, du lieu de sa naissance, dans le royaume de Navarre, ou *de Carranza*, d'un domaine appartenant à ses parents, naquit en 1503 sous le règne de Jean III, roi de Navarre, et le pontificat de Pie III. Ses illustres parents, don Pierre de Carranza, et Marie Musco, lui trouvant d'heureuses dispositions pour les sciences, l'envoyèrent à Alcala où il étudia pendant trois ans les belles-lettres dans le collège de Saint-Eugène, et la philosophie dans celui de Sainte-Catherine. Il entra dans l'ordre des frères prêcheurs à l'âge de dix-sept ans en 1520, dans le couvent de Bénalac, qui fut depuis transféré à Guadalajava, dans la Nouvelle-Castille, et fit profession l'année suivante. Il ne tarda pas à développer les rares talents dont la nature l'avait doué, en les employant d'abord à l'instruction de ses confrères en différentes maisons de son ordre. Il enseigna la théologie à Salamanque, dans l'université, dont il obtint la première chaire, qui ne se donnait alors qu'au mérite. Il se trouva au chapitre général de son ordre qui se tint à Rome en 1539, où il fut chargé de présider à toutes les thèses qui s'y soutinrent, et il s'acquitta de cette commission avec un si heureux succès que le pape Paul III l'honora du titre de qualificateur du saint-office, et lui donna le bonnet de docteur en présence d'un grand nombre d'évêques et de cardinaux qui avaient assisté au chapitre. De retour en Espagne, le conseil royal des Indes le demanda pour évêque ; mais, quelque instance que lui fît l'empereur d'accepter cette dignité, il la refusa toujours avec une modestie qui augmenta encore l'estime dont on l'entourait. En 1545 il alla au concile de Trente en qualité de théologien de l'empereur Charles-Quint, et il y prononça un sermon le premier dimanche de carême en présence des pères du concile. Il y soutint fermement que la résidence des évêques était de droit divin. Le concile ayant été interrompu en 1548, Carranza retourna en Espagne, où il refusa constamment l'emploi de confesseur de Philippe d'Autriche, héritier présomptif de la couronne impériale, et l'évêché des Canaries. Il accepta cependant la charge de provincial dans son ordre en Espagne, et fut envoyé une seconde fois par l'empereur au concile de Trente, où il soutint toute la réputation qu'il s'y était acquise. Il quitta Trente pour se rendre en Espagne l'an 1553, et ne fut pas plutôt arrivé à Valladolid que Philippe, qui avait pour lui la plus haute estime, le choisit pour son prédicateur et son aumônier, n'ayant pu l'avoir pour confesseur. Ce prince ne s'en tint pas à cette marque de distinction, il voulut encore qu'il l'accompagnât en Angleterre où il allait épouser la reine Marie. Nous passons sous silence les biens infinis que fit Carranza en faveur de l'Église romaine dans un royaume qui s'en était séparé. La retraite de Charles-Quint fait monter sur le trône d'Espagne Philippe, qui, à la mort du cardinal archevêque de Tolède, nomma Carranza pour son successeur, et lui en fit aussitôt expédier l'ordonnance. Il fut sacré, malgré sa résistance et ses larmes, par le cardinal de Grandvelle à Bruxelles, dans l'église de son ordre, en 1558, le 27 février; prit possession par procureur, et, après avoir obtenu de Philippe quelques grâces en faveur de son chapitre, il partit pour l'Espagne. Charles-Quint s'était retiré dans le monastère de Saint-Just aux environs de Tolède, et venait d'y tomber malade lors de l'arrivée du prélat, qui se hâta de visiter ce prince, reçut sa confession et lui administra les sacrements. Charles-Quint mourut le 21 septembre 1558. On croit communément que cette entrevue de l'ex-empereur et de l'archevêque fut cause de la persécution que Carranza souffrit le reste de sa vie. On soupçonna que Charles-Quint n'était pas mort dans des sentiments très-catholiques, et on accusait Carranza d'y avoir contribué. Il n'en fallut pas davantage pour exciter le zèle du tribunal préposé pour l'examen de ces sortes de matières. L'inquisition fit arrêter Carranza dans une de ses tournées pastorales, et, sans respect pour son caractère, sa dignité, son mérite personnel, le fit jeter dans les fers au fond d'un infect et ténébreux cachot, le 22 août 1559. Une action de cet éclat frappa tous les esprits : l'étonnement fut général ; Carranza seul ne s'en montra point troublé, et sa constance ne l'abandonna pas dans une occasion si capable d'abattre le courage le plus héroïque. A la première audience qui lui fut donnée, il récusa pour juges l'inquisiteur général et deux de ses assesseurs, et en appela au pape de tout ce qui pourrait arriver. Pie IV était alors sur le siège pontifical. Le pontife ordonna que des commissaires au choix de Philippe II seraient établis, et qu'ils rapporteraient l'instruction à Rome pour qu'il jugeât lui-même. C'est alors qu'on vit de quoi sont capables des gens que ne consultent que leur passion. Le saint-père avait nommé plusieurs commissaires sur les lieux mêmes ; mais les inquisiteurs d'Espagne n'étaient pas d'humeur à laisser échapper de leurs mains une affaire qu'ils avaient intérêt de poursuivre. Ils employèrent tant de manœuvres pour contraindre les commissaires à quitter la partie, que ceux-ci, de guerre lasse, se virent obligés de s'en retourner sans avoir pu remplir les volontés de Pie IV. Le pape étant mort, Pie V lui succéda, et voulut que le prétendu coupable vînt à Rome, où il fut conduit en effet, malgré l'opposition de Philippe II, que les inquisiteurs avaient fini par faire entrer dans leur parti. Carranza parut à Rome comme un criminel, entouré des satellites et des archers de l'inquisition ; mais le pape le reçut avec bonté, lui donna pour prison le château Saint-Ange, et voulut qu'il logeât dans l'appartement qu'y occupaient les souverains pontifes quand i s choisissaient cette résidence pour séjour. On était communément persuadé que les grands revenus du bénéfice de Carranza étaient son plus grand crime, et lui-même ne pensait point autrement. On rapporte qu'en entrant dans le château Saint-Ange il dit : « Je me trouve toujours entre mon plus grand ami et mon plus grand ennemi ; mon plus grand ami, c'est mon innocence, et mon plus grand ennemi, c'est mon archevêché de Tolède. » Pie V aurait bien voulu finir cet affaire au plus tôt, mais les lenteurs du tribunal espagnol ne lui permirent pas d'en voir la fin. Grégoire XIII, qui lui succéda, trouva les mêmes obstacles à une dernière conclusion. Enfin, après quatre années de son pontificat, c'est-à-dire en 1576, il prononça qu'encore que l'on n'eût point de preuves certaines de l'hérésie de Carranza, néanmoins, vu les fortes présomptions que l'on avait contre lui, il ferait une abjuration

solennelle des erreurs dont il était accusé. Ayant exécuté cet ordre avec soumission, il se retira au couvent de son ordre dit de la *Minerve*, où il mourut peu de temps après, le 2 mai 1576, âgé de soixante-douze ans. En mourant il donna des marques de sa catholicité et de son humilité, déclarant publiquement, en présence du saint sacrement qu'il allait recevoir, qu'il n'avait jamais eu de sentiments hérétiques, et que toutefois il croyait que la sentence rendue contre lui é ait juste ; en conséquence de ce qui avait été allégué et prouvé, il voulait par un excès de charité et d'humilité excuser ses juges, qui avaient reconnu par leur sentence qu'il n'y avait point de preuves contre lui, mais de simples présomptions. On a rendu depuis justice à sa mémoire, qui a été en estime et en vénération parmi les hommes judicieux. On admira toujours les vertus de ce grand homme, et surtout la profonde humilité et la constance inébranlable qu'il a fait paraître dans toute la suite de ses adversités. On a de lui les ouvrages suivants : 1° une *Somme* ou *Abrégé des conciles*, Venise, 1548, in-8°, livre souvent réimprimé depuis en différents endroits. On y a ajouté dans les éditions de Venise, 1646, de Paris, 1674 et 1672, quatre controverses ayant pour sujets : la première, *Combien est grande l'autorité de la tradition dans l'Église* ; la seconde, *De l'autorité de l'Écriture sainte* ; la troisième, *De l'autorité du pape et du saint-siège* ; la quatrième, *De l'autorité des conciles*. 2° *Controverse de la nécessité de la résidence des évêques et des autres pasteurs*, défendue au concile de Trente, Madrid et Venise, 1547; Lyon, 1550, in-8°; Anvers, 1554, in-12. 3° *Sermon prononcé dans le concile de Trente le premier dimanche de carême*, 1556, t. XIV, *Concil.*, p. 1852. 4° *Instruccion para oir missa*, Anvers, 1555. 5° *Commentarios etc sobre el catechismo christiano dividitos en quadro partes lasquales contienese todo loque professamos de ce quod avait été approuvé en Flandre par les plus habiles théologiens, il fut encore très-bien reçu par les pères du concile de Trente, qui, après un mûr examen, firent expédier par le secrétaire du concile en 1553, le 25 juin, une nouvelle permission pour l'imprimer. Flavius Ursinus, évêque de Mure et auditeur de la chambre apostolique, affirme même que le pape Pie IV le fit imprimer à ses frais. On ajoute de plus que l'ambassadeur d'Espagne, ayant trouvé mauvais que ce catéchisme eût été approuvé par le concile, menaça d'en porter ses plaintes à Philippe II, et que l'évêque de Lérida en fit des reproches aux approbateurs et s'emporta vivement contre eux ; mais que l'archevêque de Prague, qui était à la tête de cette congrégation, avait protesté qu'il n'assisterait à aucun acte du concile, qu'il n'eût satisfaction de cette insulte ; et que l'évêque de Lérida fut obligé de faire à la requête du cardinal Moron. On avance encore que le comte de Luna s'était emparé de l'original de l'approbation du catéchisme de Carranza par le concile de Trente, et qu'il l'avait retenu. M. Binet, recteur de l'université de Paris, a fait imprimer en 1694 la troisième et la quatrième partie, avec les titres suivants : 1° *Des sept sacrements de l'Église, et des dispositions nécessaires pour les recevoir avec fruit* ; 2° *De la prière, du jeûne et de l'aumône, avec une explication de l'oraison dominicale*. Nous ne parlerons point de ses manuscrits. On peut à cet égard consulter le P. Échard, *Script. ordin. prædic.*, t. II, p. 236 et suiv.; le P. Touron, *Hommes illustres de l'ordre de Saint-Dominique*, t. IV, p. 421 et suivantes.

CARRANZA (Jérôme), né à Séville dans le XVIᵉ siècle, chevalier de l'ordre du Christ en Portugal, passa en Amérique en 1589, fut gouverneur de la province de Honduras, et écrivit sur l'art des armes, principalement de l'épée, soit pour l'attaque, soit pour la défense. Il est le premier qui paraît avoir réduit en pratique la théorie publiée par un nommé Jean Pons de Perpignan. Son ouvrage, qui est rare et recherché, a pour titre : *De la filosofia de las armas de su destreza, y de la agression y defension christiana*, San-Lucar, 1569, in-4°, et 1582, même format. On publia en 1612 un abrégé du traité de Carranza (V. PACHECO DE NARVAEZ). — CARRANZA (Didier), dominicain, a écrit une *Doctrine chrétienne*, dans une des langues américaines, nommée *chontal*, usitée dans la province de Tabosco, près du Yucatan. — CARRANZA (Michel-Alphonse de), né à Valence, dans le XVIᵉ siècle, vicaire général de l'ordre des carmes en Espagne, censeur royal en Portugal, mourut octogénaire à Valence en 1607. On a de lui : 1° *Vita sancti Ilde-*

phonsi, Valence, 1556, in-8°, réimprimée à Louvain, et avec des notes par Jean Bollandus, dans les *Acta sanctorum* (3 janvier) ; 2° *Camino del Cielo*, Valence, 1601, in-8°, etc.

CARRAQUE (*vieux mot*), barque, nacelle, bâtiment de mer.

CARRARA (JEAN-MICHEL-ALBERT), d'une noble famille de Bergame, fut tout à la fois théologien, historien, philosophe, médecin, orateur, poëte et l'un des plus féconds écrivains du XV° siècle. Il était fils de Guido Carrara, savant médecin, qui mourut le 9 janvier 1457, et dont il a écrit la vie. C'est d'après cette vie que Vossius l'a placé au nombre des historiens du XV° siècle ; mais il méritait de l'être à d'autres titres. On distinguerait sans doute parmi ses grands ouvrages une histoire des événements qui se passèrent de son temps, *Historiarum italicarum libri IX*; mais elle n'a pas été imprimée. Jean-Michel-Albert, à l'exemple de son père, exerça la médecine. Dans sa jeunesse, il servit dans les guerres de Philippe-Marie Visconti, contre François Sforce : on ignore si c'était en qualité de médecin ou de soldat. Il était fort versé dans tous les genres de littérature, comme le prouvent ses différentes productions, et fort estimé des savants de son temps. On connaît encore de lui : 1° un poëme inédit, en vers héroïques, sur la guerre des Vénitiens, commandés par Jacques Marcello, *De bello veneto per Jacobum Marcellum in Italia gesto, liber unus*, dont le manuscrit est conservé à Venise dans la bibliothèque de Sainte-Marie *della Salute*; 2° un grand nombre de discours en prose et de poésies diverses, tant en latin qu'en italien, qui n'ont point été imprimés, mais dont on a des copies dans plusieurs bibliothèques d'Italie ; 3° *De omnibus ingeniis augendæ memoriæ*, Bologne, 1491; 4° *Oratio extemporalis habita in funere Bartholomai Coleonis*, Bergame, 1752, etc. Carrara mourut dans sa patrie le 26 octobre 1490, et fut enterré dans l'église de Saint-François auprès de son père et de ses ancêtres. Deux ans auparavant (le 24 février 1488), l'empereur Frédéric III lui avait donné le titre de comte palatin, et l'on assure qu'il fut souvent appelé comme médecin par les principales villes, non-seulement d'Italie, mais de France, d'Allemagne et par les plus puissants souverains de l'Europe. Sa vie a été écrite par Antoine Suardi de Bergame, et imprimée à Bergame en 1784. — Un autre CARRARA (Pierre-Antoine), également né à Bergame, florissait dans le XVII° siècle. On a de lui : l'*Eneide di Virgilio tradotta in ottava rima cogli argomenti del medesimo*, Venise, 1681, dédiée à François d'Este, duc de Modène. Le poëte nous apprend dans son avertissement qu'il commença cette traduction par caprice, qu'il la continua par plaisir, et qu'il l'acheva par obstination. Cette version, qui n'est pas sans mérite, reparut à Venise, en 1701, sans autre changement qu'un nouveau frontispice et une nouvelle épître dédicatoire.

CARRARA (HUBERTIN), jésuite, l'un de ceux qui cultivèrent avec le plus de succès la poésie latine en Italie, au commencement du XVIII° siècle, naquit d'une noble famille, originaire de Bergame, à Sora, ville du royaume de Naples. Il fut pendant plusieurs années professeur de belles-lettres au collège romain, et y resta jusqu'à sa mort, arrivée en 1715. Vers les dernières années de sa vie, il publia un poëme héroïque, divisé en douze livres, sous le titre de *Columbus, sive De itinere Christophori Columbi*, Rome, 1715, et Augsbourg, 1730, dédié au cardinal Pamphile, son ami, bienfaiteur des lettres et très-bon littérateur lui-même. L'invention et la conduite du poëme sont vraiment poétiques ; mais le style l'est beaucoup moins, et c'est sans doute pour cela que, quoiqu'il eût été avantageusement annoncé dans le monde, et qu'il eût reçu beaucoup d'applaudissements quand l'auteur le récitait lui-même, on le lit peu. On a de lui un autre poëme, intitulé : *In victoriam de Scythis et Cosacis relatam sub auspiciis D. D. Joannis in Zolkucia, et Zloczou Sobjeski*, etc., *carmen*, Rome, 1668. Il y a plus de force dans le style, mais moins d'intérêt dans le sujet. — Un autre CARRARA (François de), dit *il Vecchio*, est auteur d'une *Cronica della città di Padova*, que Muratori a insérée dans le second tome des *Rerum italicarum scriptores*.

CARRARE (*géogr.*), *Carraria*, en italien *Carrara*, petite ville du duché de Modène, dans l'ancien duché de Massa, sur la Lavenza, à une lieue de la Méditerranée. On y remarque l'église de la Madonna delle Grazie. Cette ville a une académie de sculpture, et tire toute sa richesse et toute sa célébrité des carrières de beau marbre statuaire qu'offrent les montagnes voisines. Elles étaient connues des Romains, qui en bâtirent le Panthéon de Rome. Comme l'on en fait usage dans presque toute l'Europe, le commerce en est assez considérable. Carrare compte 6,000 habitants, et se trouve à une lieue de Massa.

CARRARE, ou plutôt CARRARA, nom d'une famille souve-raine de Padoue connue dès le XII° siècle. — JACQUES I°r, dont les ancêtres avaient été persécutés, se mit à la tête d'une troupe de séditieux qui chassèrent ou firent périr les anciens magistrats de Padoue en 1314 ; il devint chef ou seigneur de la république en 1318, fut pendant tout son règne forcé de combattre pour maintenir son usurpation. Il se vit même obligé d'implorer l'assistance de Frédéric, duc d'Autriche, contre Cane de la Scala (*V.* ce nom), seigneur de Vérone, et n'était plus que le lieutenant d'un souverain étranger lorsqu'il mourut en 1524. — CARRARE (Marsilio), neveu du précédent, fut son successeur dans la seigneurie de Padoue, ou plutôt continua d'être le lieutenant du duc d'Autriche dans cette ville. Attaqué par un autre de ses oncles, Nicolas Carrare, qui, après avoir partagé avec lui les soins de l'administration, était devenu son ennemi, Marsilio se mit sous la protection de Cane de la Scala, ancien ennemi de sa famille, et lui transféra sa seigneurie de Padoue et de son territoire, en conservant toutefois l'autorité administrative. Vers la fin de sa vie, il se brouilla avec Albert de la Scala, fils aîné de Cane, son suzerain, et recouvra son ancien pouvoir ; mais il mourut peu de temps après en 1538. — CARRARE (Ubertino), neveu du précédent, lui succéda en 1338, avec l'approbation de la république de Venise, et fut ensuite reconnu par Marsilio de la Scala, qui renonça franchement à la suzeraineté de Padoue. Les Vénitiens virent d'un mauvais œil la paix s'établir entre les deux maisons de Carrare et de la Scala ; ils espéraient qu'Ubertino et Marsilio s'affaibliraient par leurs guerres mutuelles, et leur politique voulait en tirer profit. Ubertino Carrare, odieux aux Padouans par ses excès, mourut en 1345. — CARRARE (Marsilietto-Pappa-Fava), parent éloigné du précédent, fut son successeur ; mais à peine avait-il été reconnu seigneur de Padoue, qu'il mourut assassiné par Jacques Carrare, fils de Nicolas et neveu de Jacques I°r, en 1345, après deux mois de règne. — CARRARE (Jacques II) tint quelque temps secret l'assassinat de Marsilietto, et profita du sceau de ce prince pour se mettre en possession des forteresses de la seigneurie. Il annonça ensuite la mort de son parent, réclama la souveraineté de Padoue comme un héritage auquel il avait les droits les mieux acquis, et fut reconnu par le peuple. Il gouverna avec plus de sagesse et de modération qu'on ne devait en attendre de lui, d'après les moyens dont il avait fait usage pour parvenir au pouvoir ; mais il fut assassiné en 1350 par un bâtard de l'un de ses oncles qu'il avait recueilli dans sa maison, et dont il cherchait à réprimer les excès. — CARRARE (Giacomino), frère du précédent, fut proclamé seigneur de Padoue, conjointement avec son neveu François (fils de Jacques II). L'harmonie se maintint entre ces deux princes pendant cinq ans ; mais François, informé que son oncle avait projeté de le faire assassiner, le prévint en arrêtant lui-même Giacomino et en le renfermant dans une forteresse, où il mourut en 1372. — CARRARE (François), demeuré seul seigneur de Padoue après l'emprisonnement de son oncle (*V.* l'article précédent), avait été choisi quelque temps avant cet événement pour commander l'armée des seigneurs de Mantoue, de Ferrare, de Vérone et de Padoue, ligués, sous la protection de la république de Venise, contre la maison Visconti, qui voulait soumettre toute l'ancienne Lombardie. Il termina cette guerre par une paix honorable en 1358, et se brouilla peu de temps après avec le gouvernement vénitien à cause des liens d'amitié et d'hospitalité qu'il contracta avec le roi Louis de Hongrie, dont l'armée avait envahi le territoire de la république. Le ressentiment des Vénitiens, longtemps retenu par les circonstances, éclata en 1372. Carrare, malgré les secours qu'il obtint du roi de Hongrie et du duc d'Autriche, fut réduit à conclure une paix honteuse en payant un tribut considérable. Il s'allia ensuite avec les Génois, reçut de nouveau secours du roi de Hongrie, et entreprit cette guerre, dit de *Chiozza*, de 1578 à 1381, qui faillit causer la ruine de la république de Venise. En 1384, Carrare acquit les villes de Trévise, Cenida, Feltre et Bellune, et parut plus puissant qu'il n'avait jamais été ; mais, après avoir été tour à tour l'allié et l'adversaire de Jean-Galéaz Visconti, vaincu par ce dernier, il lui livra en 1388 les seigneuries de Padoue et de Trévise. Une autre seigneurie lui avait été promise en retour de ses cessions ; mais, loin de tenir cet engagement, Jean-Galéaz enferma François dans le château de Conio, et l'y retint prisonnier jusqu'à sa mort, en 1393. — CARRARE (François), fils du précédent, avait reçu de son père la seigneurie de Padoue en 1388 ; mais, obligé de livrer cette ville à Jean-Galéaz Visconti, il se rendit à Pavie pour solliciter les bontés de ce prince, qui finit, après lui avoir fait longtemps attendre sa décision, par lui accorder un mauvais château près d'Asti. Mais, avec l'aide des Vénitiens et des Florentins, Carrare rentra dans Padoue en 1390, et sa souveraineté fut reconnue à la paix de 1392. Il ne tarda pas à exciter la jalousie de ces mêmes Vénitiens qui avaient contribué à son rétablissement. Vaincu par eux après une lutte assez longue, il fut conduit à Venise en 1405, ainsi que ses deux fils, Jacques et François. Le conseil des dix, au mépris du droit des gens et de la foi des serments, ayant résolu la mort de ces trois princes, ils furent étranglés dans leur prison en 1406. La tête de deux autres fils de ce malheureux prince fut mise à prix; mais aucun assassin n'attenta à leur vie. L'un, Ubertino, mourut de maladie à Florence en 1407; l'autre, après avoir servi contre les Vénitiens, fait prisonnier, eut la tête tranchée en 1435. En lui finit la descendance légitime de la maison de Carrare.

CARRARIO (PIERRE), littérateur italien, né à Padoue dans le XVIᵉ siècle, est auteur d'une traduction italienne des discours d'Isocrate, 1555, in-8º, d'une traduction *De toleranda exilii fortuna*, et de quelques autres écrits latins et italiens en prose et en vers.

CARRAVIA (PAUL), natif de Casal, vivait vers l'an 1620. On a de lui : *Interprétation littérale et mystique des règles du droit canonique*, en deux tomes, à Bologne, 1617; *Théologie canonique et morale*, ibid., 1619 (Dupin, *Table des auteurs ecclésiastiques du XVIIᵉ siècle*, p. 2034).

CARRE, qu'on nomme aussi CARSE, s. f. (*comm.*), mesure de continence dont on se servait à Briare pour mesurer les grains. La carre pesait vingt livres, et dix carres et dix onzièmes de ces carves faisaient le setier de Paris (*V.* SETIER).

CARRE, s. f. Il n'est guère usité que dans ces locutions : *La carre d'un chapeau*, le haut de la forme d'un chapeau; *La carre d'un habit*, le haut de la taille d'un habit; *La carre d'un soulier*, le bout d'un soulier qui se termine carrément. — Popul., *Cet homme a une bonne carre*, il a les épaules larges et fortes, ce qui lui donne de la prestance. — Au jeu de bouillotte, *Je vois la carre*, je tiens ce que propose celui qui s'est carré (*V.* CARRER). On dit aussi, *Je double la carre*.

CARRÉ, ÉE, adj. (*gramm. et accept. div.*). Il se dit d'une surface plane qui a quatre côtés et quatre angles droits. — *Bonnet carré*, bonnet à quatre ou à trois cornes, que portaient les docteurs, les ecclésiastiques et quelques gens de justice, dans l'exercice de leurs fonctions. Il se dit maintenant d'un bonnet pyramidal surmonté d'une houppe, que les ecclésiastiques portent dans les cérémonies religieuses, et qui ordinairement peut se plier lorsqu'on le tient à la main. — *Jeu de paume carré* ou simplement *carré*, jeu de paume où il y a un petit trou, et un ais au lieu du dedans. — En term. de marine, *Voiles carrées*, ou *Voiles à trait carré*, voiles quadrangulaires dont les vergues sont hissées par le milieu, et croisent le mât à angles droits. — *Poupe carrée*, la poupe de forme ordinaire, par opposition à la *poupe ronde* de certains bâtiments, tels que les galiotes. — En rhétorique, *Période carrée*, période de quatre nombres; et par extension toute période nombreuse et bien soutenue, quoiqu'elle ne soit pas de quatre membres. — Au jeu de brelan, *brelan carré* ou *quatrième*, celui que le joueur a dans la main lorsque la carte qui retourne est de même sorte que les trois qui forment son brelan. — Famil., *Partie carrée*, partie de plaisir faite entre deux hommes et deux femmes. — Famil., *Être carré des épaules*, être large des épaules. — Fig. et fam., *C'est une tête carrée*, c'est un homme qui a beaucoup de justesse et de solidité dans le jugement.

CARRÉ se dit substantivement d'une figure carrée. — *Un carré de papier*, un morceau de papier carré. — CARRÉ, substantif, se dit, en term. de jardinage, d'un espace de terre en carré, dans lequel on plante des fleurs, des légumes, etc. — On appelle par analogie *carré d'eau* une pièce d'eau en carré. — Il se prend aussi quelquefois pour palier, *Nous logeons sur le même carré*. — CARRÉ DE MOUTON, pièce du quartier de devant d'un mouton, lorsque le collet et l'épaule en sont séparés; c'est ce qu'on appelle autrement un *haut-côté*. — CARRÉ DE TOILETTE, petit coffre dont les femmes se servaient à leur toilette, et dans lequel elles mettaient leurs peignes et d'autres objets. — CARRÉ, en term. de papeterie, se dit aussi, tant adjectivement que substantivement, d'une dimension de papier qui est celle qu'on emploie dans l'imprimerie pour le plus grand nombre des ouvrages.

CARRÉ (géom., arithm.). On appelle *carré* en géométrie un quadrilatère dont les quatre côtés sont égaux et les quatre angles sont droits. L'aire du carré s'estime en multipliant un côté pris pour base par le côté voisin pris pour hauteur, lequel est égal au premier. Ainsi, la toise valant 6 pieds, pour estimer une toise carrée en pieds carrés, on multipliera 6 par 6, et l'on dira

que la toise carrée vaut 36 pieds carrés. De là est venue l'habitude d'appeler *carré* d'un nombre le produit de ce nombre par lui-même, ou sa seconde puissance : de sorte que le nom de *carré* n'est pas plus usité en géométrie qu'en arithmétique. — Les nombres carrés jouissent de diverses propriétés remarquables : la plus simple de toutes est que le carré d'un nombre entier diffère toujours du carré suivant d'un nombre impair, égal au double du nombre le plus faible augmenté de 1. Ainsi le carré de 4 ou 16 est égal au carré de 3 ou 9 augmenté de deux fois 3, plus 1 ou 7. On conclut de là que la somme des nombres impairs à partir de l'unité donne la suite des carrés des nombres entiers. 1 est le carré de 1 ; 1 + 3 = 4, carré de 2 ; 1 + 3 + 5 = 9, carré de 3 ; 1 + 3 + 5 + 7 = 16, carré de 4, et ainsi de suite.   B. JULLIEN.

CARRÉ (*mathém.*), ou *carré-carré*, la puissance immédiatement au-dessus du cube, ou la quatrième puissance; *carré-cube*, la cinquième puissance ; *carré du cube*, la sixième puissance; *carré cube-carré*, la septième puissance; *carré-carré-cube*, la huitième puissance; *carré-cube-cube*, la neuvième puissance; *carré du sursolide*, nom donné par les Arabes à la huitième puissance.

CARRÉ DE L'HYPOTÉNUSE. On donne, par une sorte d'antonomase, ce nom à l'un des théorèmes les plus remarquables et assurément les plus féconds de la géométrie. — L'*hypoténuse*, dont le nom ne signifie étymologiquement que *ligne sous-tendue*, désigne en géométrie le côté d'un triangle rectangle opposé à l'angle droit. On démontre que le carré de ce côté, ou le carré de l'hypoténuse, comme on dit, est égal à la somme des carrés des deux autres côtés du triangle ; ce qu'on écrit plus brièvement $a^2 = b^2 + c^2$ en désignant par a, b, c les trois côtés du triangle, a étant opposé à l'angle droit. Cette formule donne donc dans un triangle rectangle, et par conséquent dans un triangle obliquangle, puisque tout triangle obliquangle peut se diviser en triangles rectangles ; et par suite dans tous les polygones, puisque tout polygone peut se diviser en triangles ; et plus tard dans toutes les lignes courbes, qu'on peut assimiler à des polygones de côtés infiniment petits, et enfin dans toutes les grandeurs que la géométrie considère, lesquelles s'estiment toujours par des lignes, le moyen d'apprécier par les relations géométriques une longueur inconnue en fonction d'autres longueurs connues. C'est dire en d'autres termes que cette relation est la plus féconde de toute la géométrie ; puisque avec les lignes proportionnelles elle est le fondement de tous les calculs introduits dans la mesure de l'étendue. — De cette immense importance du théorème en question sont résultées deux choses : 1º on a voulu glorifier en quelque sorte la découverte de cette belle propriété, et on l'a attribuée au personnage le plus mystérieux de la philosophie grecque, je veux dire Pythagore, sans penser que probablement elle appartient à plusieurs hommes qui se seront élevés successivement de quelques faits particuliers à la vérité générale, formulée dans le théorème ci-dessus ; 2º on a cherché, et ce second résultat dont je veux parler ici nous touche bien plus, à faire comprendre, par des moyens multipliés et de plus en plus faciles, la belle propriété dont il s'agit. — En effet, quoique la démonstration qu'on donne Euclide, et qu'on retrouve dans tous nos traités de géométrie, ne présente pas de grandes difficultés aux élèves qui ont quelque goût pour les mathématiques, cependant on conçoit qu'il serait heureux, dans les écoles primaires d'enfants ou d'adultes, d'avoir une démonstration plus facile encore, plus sensible, et qui, au lieu d'exiger des calculs ou des évaluations de surfaces, mît en quelque sorte la chose sous les yeux, en transformant elle-même le carré de l'hypoténuse en deux autres carrés répondant chacun à l'un des côtés d'angle droit du triangle rectangle. — Or, je ne connais rien dans ce genre qui soit plus satisfaisant que l'exposition suivante encore inédite [1] et qui est due à M. Francœur, aujourd'hui membre de l'Institut (académie des sciences).

[1] Je demande la permission de raconter dans cette note comment cette démonstration m'a été donnée. J'avais parlé un jour, dans une des réunions de la société des méthodes d'enseignement, des tentatives faites pour mettre à la portée des plus faibles intelligences les connaissances les plus utiles ; j'avais cité deux démonstrations graphiques de la propriété du carré de l'hypoténuse, en disant que je les avais trouvées dans l'*Encyclopédie*. Elles se trouvent en effet dans un volume supplémentaire, intitulé *Amusements des sciences*. M. Francœur, qui m'avait entendu, me dit quelque temps après qu'il avait cherché cette démonstration dans les volumes de mathématiques de son *Encyclopédie*, qu'il ne l'avait pas trouvée ; mais qu'en y pensant il en avait rencontré une tellement simple, qu'il ne croyait pas qu'une autre pût l'être davantage,

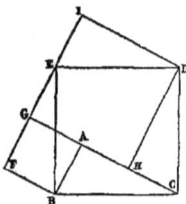

— Soit ABC le triangle rectangle : sur l'hypoténuse BC construisons le carré BCDE. Menons de D sur AC la perpendiculaire DH qui formera un triangle DHC égal au proposé ABC. Découpons alors les deux triangles ABC et DHC, et faisons-les pirouetter sur les sommets opposés B et D, jusqu'à ce qu'ils viennent le premier en BFE, le second en DIE. Alors, au lieu du carré de l'hypoténuse BCDE, nous avons la figure ABFIDH, qui se compose évidemment de ABFG, carré du petit côté AB, et de GIDH, carré de DH, qui est égal à AC; ce qu'il fallait démontrer.   B. JULLIEN.

CARRÉ MAGIQUE, carré formé de plusieurs carrés partiels dans lesquels on range les termes d'une progression arithmétique, en leur assignant une position telle que les nombres compris dans chaque colonne horizontale ou verticale produisent respectivement la même somme que ceux de chaque bande diagonale, qui s'étend d'un angle quelconque à l'angle opposé dans la figure. Un exemple suffira pour éclaircir cette définition. Si, conformément à la règle qu'elle prescrit, on distribue plusieurs termes d'une progression par différences, tels que : 1, 2, 3, 4, 5, 6, 7, 8, etc., dans les cases du carré ci-dessous :

5	10	3
4	6	8
9	2	7

il est facile de voir qu'on a : $5 + 10 + 3 = 4 + 6 + 8$, etc. $= 5 + 4 + 9 = 10 + 6 + 2 = 5 + 6 + 7 = 9 + 6 + 5$; résultat qui justifie notre énoncé. — On compte deux sortes de carrés magiques : les carrés pairs et les carrés impairs. Les uns et les autres exigent l'accomplissement de certaines conditions dans l'arrangement des chiffres. Il faut : 1° placer sous la case du milieu le nombre qu'on choisit pour commencer; 2° ranger les nombres suivants, de gauche à droite, dans les cases qui descendent, en suivant la diagonale; 3° remonter progressivement de la dernière case diagonale à la plus haute case de la bande suivante; et, si le nombre de ces carrés partiels n'est pas suffisant, transporter le chiffre dans celui qui s'écarte le plus vers la gauche de la bande inférieure. Enfin, lorsque en parcourant la série de la diagonale, on tombe sur une case déjà remplie, on pose le chiffre dans la même série de gauche à droite. Telle est la méthode la plus simple et la plus ancienne. Il en existe d'autres plus savantes et plus compliquées, mais dont notre travail ne comporte pas l'exposition. Manuel Moschopule, arithméticien grec du XIVe siècle, fut conduit le premier pour l'usage des progressions, à la découverte de ces carrés qu'il appela magiques à cause de leurs singulières propriétés ; il chercha en vain à trouver une règle pour les former : le fameux Corneille Agrippa s'exerça sur le même sujet, et crut apercevoir dans les carrés des

puisqu'elle se réduisait à faire pivoter deux triangles. Il me la communiqua, et j'en fus si charmé, que je demandai aussitôt à M. Francœur la permission de la publier si l'occasion s'en présentait, d'autant plus qu'il ne la mettrait probablement jamais dans son *Cours de mathématiques pures*, dont la portée est trop élevée pour qu'il y fisse entrer des démonstrations graphiques. M. Francœur me répondit qu'il me laissait libre d'en faire ce que je voudrais. Je profite aujourd'hui pour la première fois de cette autorisation, et je donne à nos lecteurs une démonstration qu'ils ne trouveront assurément pas ailleurs.

sept nombres compris entre 2 et 10 une analogie mystérieuse avec les sept planètes connues de son temps. Plus tard, Bachet de Méziriac, membre de l'académie française, étudia la construction des carrés magiques, et découvrit une méthode pour former ceux dont la racine est impaire. Frenicle, Poignard, la Hire, Ozanam, se signalèrent successivement dans le même genre et perfectionnèrent cette théorie plus curieuse qu'utile, puisque, malgré tant de recherches et de travaux, reléguée dans nos anciens traités d'arithmétique, elle a vieilli sans éclat comme elle est restée sans application.

CARRÉ, adj. (*anatom.*), pris quelquefois substantivement. Ce nom a été donné à plusieurs muscles, à cause de leur figure, qui se rapproche de celle du carré. Tels sont : 1° le carré *des lèvres ou du menton*, ou abaisseur de la lèvre inférieure (mentolabial, Ch.), qui s'attache à la ligne oblique, externe du maxillaire inférieur, et se perd dans l'orbiculaire ; 2° le carré *pronateur* ou cubito-radial, Ch. (*V.* PRONATEUR) ; 3° *le carré lombaire* (ilio-costal, Ch.), qui fait partie de la paroi postérieure de l'abdomen, et qui s'attache inférieurement à la crête iliaque et au ligament ilio-lombaire, supérieurement au bord inférieur de la dernière côte, et à la face antérieure des apophyses transverses des quatre premières vertèbres lombaires ; 4° *le carré de la cuisse* (ilio-sous-trochantérien, Ch.), situé à la partie postérieure et supérieure de la cuisse, qu'il meut sur le bassin ; fixé en dedans de la tubérosité de l'ischion, en dehors à la partie inférieure du bord postérieur du grand trochanter ; 5° *le muscle carré du pied* (*V.* PÉDIEUX).

CARRÉ, qu'il semble qu'on devrait écrire *quarré*, est un adjectif dont on a fait un substantif qui désigne, dans les arts mécaniques, et qui s'attache à des instruments et des formes où se fait particulièrement remarquer celle du carré, c'est-à-dire de la figure à quatre côtés perpendiculaires l'un à l'autre et égaux entre eux (*V.* ces différentes acceptions dans les articles suivants).

CARRÉ, s. m. en term. *de bijoutier*, c'est proprement le pilier qui fait l'angle d'une tabatière. Il se tire au banc (*V.* BANC A TIRER).

CARRÉ, TRAINE ou TRAINEAU (*corderie*), bâtis de charpente en forme de traineau, sur le devant duquel s'élèvent deux montants qui portent une traverse dans laquelle passent les manivelles qui servent à tordre les torons, ou à commettre la corde. On charge les *carrés* de poids, pour que les torons soient bien tendus (*V.* l'article CORDERIES).

CARRÉ DE CUIR (*tanneur et cordonnier*). C'est ainsi que les tanneurs et autres qui font commerce de gros cuirs appellent des morceaux de cuir fort, coupés par *carrés* : un *carré* contient ce qu'il faut pour faire une paire de souliers. Cette étendue de cuir se nomme aussi *tableau*, et on dit des cordonniers qui se pourvoient de cette manière, parce qu'ils ne sont pas en état d'acheter des cuirs entiers, *qu'ils vont au tableau*.

CARRÉ (*astronom.*) se dit des trois constellations qui se font remarquer par quatre étoiles principales disposées en quadrilatère. On dit le *carré* de la Grande-Ourse, le *carré* de Pégase et le *carré* d'Orion.

CARRÉ (*numism.*), est, en term. *de monnaie*, la matrice ou coin d'acier gravé en creux, avec lequel on imprime en relief sur les pièces de métal les différentes figures qu'elles doivent avoir. — Ce *carré*, coin ou matrice, est fait sur le poinçon gravé en relief, que l'on y enfonce par la force du balancier. DUM.

CARRÉ (*art. milit.*), forme suivant laquelle on dispose un corps de troupes dans diverses circonstances. Quand une ligne d'infanterie est vivement menacée par une cavalerie nombreuse, elle se replie sur elle-même et se forme en *carré*, s'opposant ainsi de toutes parts que des feux et des baïonnettes. L'origine du carré est la phalange grecque. Dans les guerres modernes, le bataillon carré fut formé pour la première fois en 1214, à la bataille de Bouvines. En 1643 l'épreuve se renouvela d'une manière brillante à la barrière de Rocroy ; la cavalerie espagnole était en déroute ; l'infanterie wallonne, abandonnée à elle-même, se forma en carrés, « semblables à autant de tours, dit Bossuet, mais à des feux qui sauraient réparer leurs brèches. » Le centre était occupé par dix-huit pièces de canons. Trois fois les carrés s'ouvrirent pour donner passage aux décharges de l'artillerie, et trois fois la cavalerie française fut repoussée. Enfin le comte de Fontaines, qui commandait, fut tué ; les carrés furent rompus et la déroute devint générale. —Quand une ligne d'infanterie doit être partagée en carrés, il faut les disposer de manière qu'ils puissent se protéger sans nuire. Pour obtenir ce résultat, on commence à échelonner les masses à des distances qui ne peuvent être moindres que soixante pas ; ensuite on fait former les carrés, dont les diagonales se trouvent ainsi placées sur une même direction générale, oblique à la ligne de bataille ; alors les feux viennent se croiser comme en avant d'une ligne de redoute (*V.* ce mot) ; il en résulte un flanquement mutuel des masses. Quand on n'a pas le temps d'échelonner les carrés, on forme des *carrés obliques*. Ce mouvement est plus rapide, car il consiste à porter une division de chaque masse, sur une ligne de bataille. Cette manœuvre a été employée pour la première fois avec succès dans la retraite de Russie ; elle reçut une nouvelle sanction de la bouche même de Napoléon, le 16 octobre 1813, à la bataille de Leipzig, où six bataillons de la jeune garde, formés en carrés obliques, repoussèrent plusieurs charges de la cavalerie autrichienne et russe.—On forme aussi des carrés composés de deux ou trois bataillons ; mais il ne faut jamais en réunir plus de trois ; les faces auraient trop d'étendue.

CARRÉ (JEAN-BAPTISTE), fondateur du noviciat général de l'ordre des frères prêcheurs à Paris, naquit dans le comté de Bresse vers l'an 1593, et prit l'habit de Saint-Dominique dans le couvent de Toulouse, du temps de la réforme naissante du P. Michaëlis. Il fut d'abord chargé, après son cours d'étude, de l'éducation des novices d'Avignon, et de la direction des religieuses de Sainte-Praxède de la même ville et du même ordre. L'obéissance l'appela ensuite au couvent de l'Annonciation de la rue Saint-Honoré à Paris, pour y exercer le même office que dans celui d'Avignon, et il n'y fit pas de moindres fruits parmi les jeunes élèves jusqu'à ce qu'il fût élu prieur. Son mérite l'ayant fait dès lors connaître et estimer à la cour, les deux reines, Marie de Médicis et Anne d'Autriche, lui en donnèrent une preuve éclatante, en choisissant l'église de son couvent pour y faire des prières publiques, qui commencèrent le 20 mai 1628, et qui avaient pour but d'attirer la protection du ciel sur les armes et la personne sacrée du roi Louis XIII, qui faisait pour lors le fameux siège de la Rochelle. L'archevêque de Paris étant monté en chaire expliqua les mystères du rosaire, et commença à le réciter en présence des deux reines et de toute la cour ; les religieux et le peuple le continuèrent par chœurs, et on réitéra ce saint exercice tous les samedis jusqu'à l'heureuse issue du siège. L'accès qu'avait le P. Carré à la cour, et l'estime particulière dont le cardinal de Richelieu l'honorait, le portèrent à demander l'établissement d'un troisième couvent de son ordre à Paris, qui fût un noviciat général où l'on élèverait les novices de toutes les provinces pour étendre la réforme par tout le royaume. Le projet fut goûté, et le couvent bâti dans le faubourg Saint-Germain dès l'an 1632, sous la juridiction immédiate du général de l'ordre, et sans dépendance d'aucun provincial. Le P. Carré le gouverna en qualité de prieur jusqu'à l'an 1646, qu'il obtint sa démission à force d'importunités. Il se retira ensuite dans le couvent de Montpellier, d'où il fut rappelé dans le collège de Saint-Jacques à Paris. Ce fut là que ses grandes austérités ayant épuisé ses forces, il termina saintement sa pénible carrière, le 25 janvier 1653, dans sa cinquante-neuvième année. Ses obsèques furent également magnifiques et touchantes, par le concours des fidèles qui s'empressaient de toucher ses habits ou son cercueil, pour témoigner l'opinion qu'ils avaient de sa sainteté (Le P. TOURON, *Hommes illustres de l'ordre de Saint-Dominique.* t. 5, p. 548 et suiv.)

CARRÉ (THOMAS), prêtre et auteur d'un traité latin, imprimé à Paris en 1652, pour montrer que le livre de l'Imitation est de Thomas à Kempis (Dupin, *Table des aut. ecclés. du XVIIe siècle*).

CARRÉ (JEAN-HUGUES), docteur de Sorbonne, prêtre de l'Oratoire et supérieur en la province de Malines, mort le 26 mai 1650, a laissé : *Trésor spirituel,* contenant les obligations du chrétien parfait, à Paris, 1643. *Traité de la pénitence et de la vie bienheureuse d'Angèle de Folcani, fondatrice des ursulines,* à Paris, 1648. Réponse à un écrit qui a pour titre : *Avis donné en ami à un certain ecclésiastique de Louvain, au sujet de la bulle du pape Urbain VIII, qui condamne le livre portant pour titre : Augustinus Cornelii Jansenii,* à Paris, 1649 (Dupin, *Table des auteurs ecclésiastiques du dix-septième siècle,* p. 2211 et Addition, p. 2927).

CARRÉ (N.), voyageur, fut d'abord chargé de visiter la côte de Barbarie et divers ports de l'Océan. Les mémoires adressés par lui à Colbert fixèrent l'attention de ce ministre, qui projetait de grands établissements dans les Indes orientales. Bientôt Carré fut désigné pour faire partie de l'expédition dont Caron était le chef. La flotte partit le 10 juillet 1666. Après avoir touché à Madagascar et à l'île Bourbon, Caron se persuada que Surate serait un chef-lieu préférable pour les établissements de la compagnie, et mit à la voile pour cette ville. Carré, dans la relation de son voyage, donne une description de Surate et des

pays environnants. En 1668, lorsque les Turcs prirent Bassora sur les Arabes, il s'y trouvait pour les affaires de la compagnie, et fut obligé de se réfugier avec son navire à l'île de Karreck, dans le golfe Persique. De retour à Surate, il fut envoyé en France par Caron, qu'il n'aimait pas et qui voulait se débarrasser de sa surveillance. Carré s'embarqua, en 1671, pour Bender-Abani ; de là il se rendit à Bagdad, et traversa le désert. Durant ce trajet il eut beaucoup à souffrir. Enfin il arriva à Alep, se rendit à Tripoli de Syrie, et arriva à Marseille. Peu de temps après, il fut renvoyé aux Indes par la route de terre. Il a publié une relation avec ce titre : *Voyage des Indes orientales, mêlé de plusieurs histoires curieuses,* 1699, 2 vol. in-12. Ce premier volume, qui contient le récit de son premier voyage, est beaucoup plus intéressant que le second, qui parle peu de sa dernière tournée et n'est guère rempli que d'histoires galantes. Il était à Visapour en 1673.

CARRÉ ou CARRÉE (FRANÇOIS), peintre, né en Frise en 1636, fut premier peintre de Guillaume-Frédéric, stathouder de cette province, et s'établit à Amsterdam, où il mourut en 1669. Il peignait principalement le genre de Téniers ; on voit encore de lui quelques tableaux représentant des fêtes de village.

CARRÉ (HENRI), fils aîné du précédent, né à Amsterdam en 1656, apprit le dessin malgré son père, qui le destinait à l'état ecclésiastique. Il finit par entrer dans l'atelier du célèbre Jordaens (*V.* ce mot). Il commença à se faire connaître comme peintre, lorsque la princesse Albertine, qui avait été la protectrice du père, offrit au fils une place d'enseigne dans un régiment. Après avoir servi quelque temps avec distinction, Henri reprit la palette, et s'établit à Amsterdam où il exécuta de nombreux tableaux, parmi lesquels on distingue de grands paysages. Il mourut en 1721, laissant sept enfants, dont quatre se livrèrent à la peinture, mais avec moins de succès que leur père.

CARRÉ (MICHEL), frère du précédent, né en 1658, fut élève de Berghem (*V.* ce mot). Après avoir séjourné quelques années à Londres avec profit pécuniaire, il passa en Prusse sur l'invitation du roi Frédéric Ier, qui lui donna une pension, indépendamment du prix de ses ouvrages. A la mort de ce prince, Michel revint à Amsterdam, où il termina sa carrière en 1726. Parmi ses compositions, on cite avec éloge *la Rencontre de Jacob et d'Esaü.*

CARRÉ (LOUIS), savant mathématicien, naquit en 1663, le 26 juillet, à Clofontaine, près de Nangis en Brie. Son père était un honnête et pauvre homme de ce village, qui le fit étudier pour qu'il pût embrasser l'état ecclésiastique. Mais il ne crut pas avoir la vocation nécessaire, et ce fut par obéissance qu'il suivit durant trois années un cours de théologie. A cette époque, comme il refusa d'entrer dans les ordres, et que d'ailleurs son père ne pouvait plus lui fournir l'argent qui lui était nécessaire pour continuer ses études et pour subsister à Paris, il tomba dans l'indigence ; mais il fut assez heureux, dans son infortune, pour trouver un asile chez l'illustre P. Malebranche, dont il devint copiste. Ce fut sous ce grand maître que Louis Carré apprit les mathématiques, et qu'il fut initié à une philosophie bien supérieure à l'obscure métaphysique de l'école. L'histoire de sa vie est tout entière dans le culte qu'il voua à ces deux sciences ; il fut bientôt assez fort pour acquérir son indépendance en donnant des leçons de mathématiques et de philosophie. Il affectionnait particulièrement cette dernière science, et il eut surtout pour disciples beaucoup de femmes et des religieuses. Cette circonstance a inspiré à Fontenelle des réflexions qui rendent intéressant l'éloge qu'il a fait de Carré, document auquel nous renvoyons le lecteur. Il continua ses études mathématiques sous Vasignon, qui le mit au nombre de ses élèves pour l'académie. Carré ne tarda pas à faire honneur à un tel maître ; il publia un ouvrage sur le calcul intégral, qui eut beaucoup de succès, malgré les imperfections et les erreurs qu'il contient, erreurs qu'il reconnut et corrigea dans la suite. Reçu en 1697 membre de l'académie des sciences, il fournit plusieurs mémoires à la collection de cette illustre compagnie, entre autres un *Abrégé d'un traité sur la théorie générale du son, sur les différents accords de la musique, et sur le monochorde.* Il donna également un grand nombre d'articles au *Journal des savants.* Carré avait toujours été d'une santé faible et délicate ; il mourut à Paris le 11 avril 1711, avant d'avoir pu achever un travail dont l'abbé Bignon l'avait chargé, sur les instruments de musique les plus usités en France. Son ouvrage le plus important est intitulé : *Méthode pour la mesure des surfaces, la dimension des solides, leurs centres de pesanteur, de percussion, d'oscillation, par l'application du calcul intégral,* Paris, 1700 ; deuxième édition, 1710, in-4°.

CARRÉ (RÉMI), bénédictin, prieur de Beceleuf, ex-sacristain de la Celle, né à Saint-Phal le 20 février 1706, a laissé : 1° les *Psaumes* dans l'ordre historique, nouvellement traduits sur l'hébreu, 1772, in-8° ; 2° le *Maître des novices dans l'art de chanter*, 1744, in-4° ; 3° la *Clef des Psaumes*, 1755, in-12 ; 4° *Recueil curieux et édifiant sur les cloches*, 1757, in-8°.

CARRÉ (J.-B.-LOUIS) naquit en 1749 à Varennes, duché de Bar. Élève distingué de l'école du génie de Mézières, il possédait des connaissances profondes en physique, en chimie et en mécanique. Successivement avocat, juge de paix, inspecteur des forêts, il mourut à Varennes en 1835 ; Carré mérite surtout une place dans nos colonnes comme auteur de la *Panoplie*, ou *Réunion de tout ce qui a trait à la guerre, depuis l'origine de la nation française jusqu'à nos jours*, Châlons-sur-Marne, 1795, in-4°, avec atlas. L'auteur nous apprend lui-même que cet ouvrage, fruit de longues recherches, était achevé dès 1785, mais qu'il avait gardé son manuscrit, parce que la censure aurait exigé qu'il retranchât ses réflexions sur l'oppression et l'avilissement du peuple. A l'époque des querelles des parlements, Carré avait publié, sous le voile de l'anonyme, un pamphlet très-mordant contre la nouvelle magistrature, intitulé : *Trégaudin le renard*, ou *le Procès des bêtes*.

CARRÉ (PIERRE), né à Reims en 1749, fit ses études dans l'université de cette ville, et, après avoir reçu la prêtrise, alla professer la rhétorique au collège de Charleville. Quelques années après, il fut nommé curé de Saint-Hilaire le Grand, village de Champagne, où il était encore à l'époque de la révolution. Il prêta le serment civique, et fit imprimer en 1790, à Charleville, un petit ouvrage intitulé : *la Constitution et la Religion parfaitement d'accord, par un curé de campagne*, in-8°. Carré rétracta ensuite ce serment au moment où les prêtres qui se conduisaient ainsi allaient se trouver en butte aux plus violentes persécutions. Comme beaucoup d'autres ecclésiastiques, il aurait pu chercher un asile dans une terre étrangère : il préféra rester à Reims : et, malgré les dangers qu'il y courut, il se trouva toujours à même de remplir les fonctions de son ministère. A la lettre de pacification adressée par les prêtres constitutionnels du district de Reims à leurs frères insermentés, il opposa sa *Réponse des catholiques à la lettre prétendue pastorale du citoyen Nicolas Diot*, in-4°. Cette réponse, qui est bien écrite et pleine d'esprit et de logique, lui attira des persécutions. Le 22 frimaire an IV (13 déc. 1795), les autorités de Reims reçurent du département l'ordre de le faire conduire par la gendarmerie hors du territoire de la république ; mais il parvint à se soustraire aux recherches, et ne se montra plus que sous le gouvernement consulaire. L'abbé Carré mourut à Reims le 13 janvier 1823.

CARRÉ (PIERRE-LAURENT), professeur de belles-lettres, né à Paris en 1758. A quatorze ans, il remporta le premier prix de discours français, et fut vainqueur dans un brillant concours pour l'agrégation. Grâce à Delille dont il était élève, il fut nommé professeur de rhétorique à Toulouse, où l'académie des jeux floraux couronna trois de ses productions. Carré composa un grand nombre d'hymnes pour les fêtes républicaines, et le plus remarquable est celui qu'il fit pour la fête de la vieillesse. Il fonda en l'an VI la société littéraire connue à Toulouse sous le nom de lycée. Après le 18 brumaire, il fut nommé mainteneur des jeux floraux, et M. de Fontanes l'appela à la chaire de littérature de la faculté des lettres. Il mourut à Paris en 1825. Outre un grand nombre d'odes et d'hymnes publiés en 1826, in-8°, on lui doit plusieurs poëmes, entre autres, le *Bouclier d'Hercule*, traduit du grec d'Hésiode.

CARRÉ (G.-C.-J.), né à Rennes vers 1778, doyen de la faculté de droit dans cette ville, où il est mort en 1832, a publié : 1° *Introduction du droit français*, avec des tableaux synoptiques, Rennes ; 2° *Traité et questions de procédure civile*, ibid., 1818 à 1819, 2 vol. in-4° ; 3° *Introduction à l'étude des lois relatives aux domaines congéables*, ibid., 1822, in-12 ; 4° *Traité du gouvernement des paroisses*, ibid., 1821, in-8° ; 5° *les Lois de la procédure civile*, ibid., 1824, 3 vol. in-4° ; 6° *les Lois de l'organisation et de la compétence des juridictions civiles*, Paris, 1825-1826.

CARRÉ DE MONTGERON (*V.* MONTGERON).

CARREAU se dit d'un sol ou d'un plancher pavé de carreaux. — Par extension, *Coucher sur le carreau*, coucher sur le plancher. *Jeter des meubles sur le carreau*, les jeter dans la rue. — Figurément, *Jeter quelqu'un*, *Coucher quelqu'un sur le carreau*, l'étendre sur la place, mort ou très-blessé. — *Rester*, *Demeurer sur le carreau*, être tué sur la place.

CARREAU DE VITRE, ou simplement **CARREAU**, pièce de verre qu'on emploie aux fenêtres, aux portes vitrées, etc.

CARREAU (FRANC), sorte de jeu où l'on jette en l'air une pièce de monnaie, et où celui dont la pièce tombe le plus loin des bords du carreau gagne le coup.

CARREAU, se dit d'une des couleurs du jeu de cartes marqué par de petits carreaux rouges. — Figurément et familièrement, *Valet de carreau*, se dit d'un homme qui ne mérite point de considération.

CARREAU, sorte de fer à repasser dont les tailleurs se servent pour rabattre les coutures des habits.

CARREAU, s'emploie aussi pour carré ; mais, dans ce sens, il ne se dit guère qu'en parlant de plusieurs carrés formant un assemblage symétrique.

CARREAU (BROCHET), brochet très-gros. — Dans cette dénomination, *carreau* est pris adjectivement.

CARREAU (*pathol.*), *tabes mesenterica*, dégénérescence du mésentère. Le mésentère est un repli d'une membrane qui enveloppe les viscères abdominaux et sert à les fixer à la colonne vertébrale. C'est dans l'épaisseur du mésentère que se trouvent placés les vaisseaux lymphatiques et les glandes qui recueillent et portent dans le torrent circulatoire les produits de la digestion, et la dégénérescence tuberculeuse (*V.* le mot TUBERCULES) qui a son siége sur ces glandes, et sur ces vaisseaux lymphatiques est la maladie connue sous le nom de carreau. Cette affection est donc d'une nature très-grave, car elle attaque la vie dans sa source, la nutrition dans son origine. En effet, si les produits de l'alimentation sont dégénérés, viciés par l'état morbide des organes qui les recueillent et achèvent de les élaborer, le sang doit s'appauvrir de plus en plus, et l'épuisement et la mort doivent bientôt s'ensuivre ; c'est précisément ce qui a lieu. Les enfants scrofuleux, mal nourris, d'une santé mauvaise, ou qui ont reçu de leurs parents les influences morbides d'un virus, sont très-sujets au carreau, et ils ne résistent presque jamais à cette affection. Le dépérissement devenu de jour en jour plus visible, puis considérable, et, l'alimentation ne se faisant plus, le malade meurt pour ainsi dire d'inanition. On a traité cette maladie avec les adoucissants et même les saignées locales, parce qu'on a pensé qu'elle pouvait commencer par une inflammation ; mais ces cas sont rares, ou, pour mieux dire ils sont peu probables. Le traitement qu'on suit le plus ordinairement consiste dans un régime tonique, fortifiant, dans l'emploi des amers, des frictions sèches. On a vu des résultats heureux être la suite de l'administration des savonneux et des ferrugineux.

Dr ED. CARRIÈRE.

CARREAU. On appelait ainsi, avant l'adoption des armes à feu, une sorte de flèche dont le fer carré se trouve figuré dans les jeux de cartes, pour signifier avec les piques, selon l'explication qu'en donnent communément les leçons de politique et de morale, les armes dont un roi prudent doit toujours tenir ses arsenaux amplement fournis. — On nommait encore CARREAU un coussin carré de velours que les femmes de qualité se faisaient porter à l'église, pour se mettre commodément à genoux pendant l'office. Les femmes des nobles d'épée avaient des carreaux garnis de galons d'or et d'argent ; celles des hommes de robe en avaient seulement avec des broderies en soie. Aujourd'hui, personne ne fait porter des carreaux à l'église, parce que ce n'est plus une distinction. Quand les évêques et les hauts dignitaires ecclésiastiques officient, ils ont des carreaux pour s'agenouiller. Dans les mariages de personnes riches, on en donne aux époux, à qui on en fait payer l'usage. — On appelait aussi CARREAU le pavé des rues ; de là les expressions proverbiales : *Jeter sur le carreau*, *Rester sur le carreau*. — On dit encore le *carreau de la halle*, pour le pavé de la halle.

CARREAU ÉLECTRIQUE (*phys.*). Le carreau électrique théoriquement n'est qu'une bouteille de Leyde développée (*V.* ce mot). On a collé sur les deux faces d'un carreau de verre bien propre et bien sec deux feuilles métalliques qui ne communiquent pas entre elles ; il est clair que si l'on met l'une de ces feuilles en contact avec la machine électrique et l'autre en communication avec le sol, la première représentera la garniture intérieure, la seconde la garniture extérieure d'une bouteille ; l'explosion se fera entre les deux garnitures quand on établira un conducteur qui les rapproche suffisamment. C'est donc exactement la même théorie et les mêmes phénomènes que dans la même bouteille de Leyde. Voici les différences : au lieu de former une des deux garnitures d'une feuille de métal ou de papier argenté pleine et sans fissures, on la partage en une multitude de petits losanges ou de rondelles qu'on colle les uns à la suite des autres, en laissant entre eux une faible séparation, de telle sorte que l'électricité ne peut passer de l'un à l'autre sans produire une petite étincelle qui, multipliée autant qu'il y a de parties, forme des lignes de feu, agréables à voir surtout dans l'obscurité. — C'était sur cette propriété de l'étincelle de se multiplier indéfiniment que les électriciens du siècle dernier avaient établi un grand nombre d'instruments ingénieux et récréatifs, dont la plupart se rapportaient aux carreaux électriques. Ils suivaient avec leurs losanges ou leurs rondelles de papier doré ou argenté une seule ligne représentant par ses tours et retours un temple, un animal, un arbre, une figure quelconque. Cette figure se traçait en sillons de feu. L'électricité n'apparaissant jamais qu'aux solutions, il suffisait d'un papier continu pour n'avoir aucune lueur dans toute son étendue. Il est clair que dans tous les cas la ligne parcourue doit être nue, et s'étendre par une suite de corps conducteurs de la machine au sol. — Souvent, au lieu de faire des dessins réguliers, en abandonnait au hasard la formation des lignes lumineuses; par exemple, quand on couvrait le carreau d'aventurine; alors les sillons de feu sont fortuits; ils changent même de forme d'une explosion à la suivante, quoique représentant toujours plus ou moins exactement les ruisseaux de feu. — Les carreaux électriques, qu'on nomme aussi *carreaux magiques*, n'offrent donc qu'un intérêt de curiosité et d'agrément (*V.* TUBES ÉTINCELANTS); ils ne contribuent en rien à l'avancement de la théorie. — La seule particularité importante de cette expérience, et elle ne tient pas du tout à la forme du carreau, mais à la disposition sur la surface des rondelles ou losanges conducteurs qui déterminent la ligne de feu, c'est la multiplication de l'étincelle électrique qui peut servir à expliquer la marche en apparence capricieuse de l'étincelle dans l'atmosphère. On sait qu'elle ne se transmet pas en ligne droite, mais parcourt au contraire et toujours une ligne anguleuse très-irrégulière. On conçoit qu'il peut se trouver dans l'air une multitude de corpuscules bons conducteurs, entre lesquels s'effectuerait le passage de l'étincelle, si elle se transporte réellement, ou la recomposition successive des fluides, si c'est de cette manière qu'elle se produit. Cette hypothèse explique la marche tortueuse et pointue (si je puis ainsi parler) de l'étincelle; elle ne contrarie d'ailleurs aucunement ce que nous savons sur l'électricité, et prouve d'une manière plus complète que le trait du feu qu'elle présente à nos regards n'est qu'une illusion sur laquelle il ne faut aucunement juger la quantité du fluide électrique mis en mouvement, ni l'espace qu'il occupe. — En appliquant cette même considération aux phénomènes électriques comme les éclairs, et surtout à ceux qu'on nomme *éclairs de chaleur*, on voit qu'une quantité même très-petite de fluide peut suffire dans les circonstances données pour illuminer la majeure partie du ciel.

B. JULLIEN.

CARREAU, sorte d'ancienne mesure à peu près de la longueur de l'aune; outil de tonnelier, tarière.

CARREAU se dit, *en term. de dessinateur*, d'un morceau de cuir coupé de la grandeur d'une planche de bois gravée, et qui doit servir à imprimer un dessin. — CARREAU, *en term. d'architecture*, se dit d'une pierre qui a plus de largeur au parement que de queue dans le mur, et qui est posée alternativement avec la boutisse pour former liaison. — On appelle *carreau de refend* les pierres de refend dont la chaîne des pierres est composée.

CARREAU est le nom que l'on donne, *en serrurerie*, à une grosse lime carrée, triangulaire ou méplate, avec laquelle on dégrossit le fer qui sort de la forge. Les serruriers ont aussi des *carreaux-doux*, des *gros demi-carreaux* et des *demi-carreaux*. — CARREAU, *en term. d'ébénisterie*, se dit d'un petit meuble carré en forme de nécessaire, qui sert de pelote sur le couvercle pour attacher l'ouvrage. — CARREAU s'emploie, *en term. de potier*, pour désigner un morceau de terre franche, fait en carré ou à pans. — CARREAU se dit en outre, parmi les jardiniers, d'une planche large d'un potager.

CARREAU s'emploie, *en term. de fabrique et de commerce*, pour désigner certaines divisions carrées que l'on fait dans une étoffe. — CARREAU, *en term. de manége*, est un grand carreau plombé que l'on place dans les écuries, au-dessus du manger des chevaux, pour les empêcher de manger la muraille.

CARREAU (hist. nat.). C'est le nom que l'on donne, en conchyliologie, à un genre de coquilles que l'on trouve dans les mers de l'Amérique. Ce sont des coquilles de quatre pouces de long, et dont la spire est armée de grosses pointes.

CARREAUX, s. m. (*hist. nat., ichthyolog.*), poisson des îles Moluques. Il a le corps assez long, peu comprimé par les côtes; la tête, les yeux, la bouche, de médiocre grandeur. Ses nageoires sont au nombre de sept, toutes à rayons mous, savoir : deux ventrales petites, triangulaires; au-dessous des deux pectorales qui sont carrées, petites, une dorsale fort longue, un peu plus haute devant que derrière; une derrière l'anus, assez longue, et une à la queue, qui est arrondie et petite. Son corps est verdâtre sur le dos jusqu'au milieu des côtes, qui ont chacun une ligne de dix points blancs, et une autre au-dessous, de huit cœurs bleus, avec un point blanc à leur milieu. La nageoire de la queue est verte, tachetée de points noirs. Le dessous du ventre est rouge, traversé de huit bandes ou demi-anneaux verts. La nageoire dorsale et l'anale sont rouges; les pectorales et les ventrales, jaunes. La prunelle des yeux est verte, entourée d'un iris rouge. Le *carreauw* se pêche communément dans la mer d'Amboine. Ce poisson, est comme l'on voit, une espèce de girelle, *iulis*, ou au moins d'un genre très-voisin dans la famille des scares.

CARREAUX (*arts mécan.*). Le pavage des appartements est fait avec des carreaux carrés ou hexagones en terre cuite (*V.* BRIQUES), ou avec des dalles carrées en marbre ou en pierre calcaire. Le carreleur couvre d'abord avec des bardeaux ou fragments de douves l'espace qui sépare les solives, et le rapproche assez pour que le mortier ou le plâtre dont on les recouvre ne passe pas à travers. Sur un lit d'environ un pouce de ces matériaux on dispose une couche de platras en poudre ou de terre sablonneuse qu'on établit exactement de niveau : les carreaux sont ensuite placés avec régularité et bien nivelés sur un lit de plâtre ou de mortier : cette pratique empêche qu'aucune poussée ne les puisse déranger. Il faut que les joints des carrreaux soient tous exactement en ligne droite dans toutes les directions des côtés, et forment un réseau régulier et un quinconce.—Les carreaux en terre cuite sont de quatre sortes, ou carrés, ayant 6 ou 7 pouces et demi de côté, ou hexagones réguliers de grand et de petit moule. Le grand moule est taillé dans un cercle de 7 pouces de diamètre; il a 5 pouces et demi de côté, et 6 de largeur d'un bord au bord opposé ; sa surface est de 31 pouces et demi carrés. Il en faut environ 165 pour couvrir une toise carrée, ou 41 par mètre; le mille couvre 6 toises carrées ou 24 mètres. Ce carreau pèse 186 livres ou 9 hectogrammes, et le mille pèse 1,850 à 1,860 livres. — Le carreau petit moule n'a que 4 pouces de largeur; il est taillé dans un cercle de 5 pouces de diamètre, et son côté a 2 pouces et demi; la surface est de 16 pouces un quart carrés; il en faut 318 pour couvrir une toise carrée, ou 40 par mètre. Le mille fait un plus de 5 toises, et pèse 750 livres — On fait aussi des carreaux de faïence pour paver les âtres, les salles à bains, laiteries, etc.

Fr.

CARREAUX (*numism.*), terme dont on se sert, dans la fabrication des monnaies au marteau, pour désigner les lames ou morceaux de métal, particulièrement d'or ou d'argent, que l'on coupe, qu'on arrondit, et qu'on prépare pour en faire les flans, dont ensuite on fabrique les espèces. On dit tailler carreaux, réduire, ajuster, approcher, rabaisser, réchauffer, flatir, eslezer et boisser carreaux. *Tailler carreaux*, c'est couper les lames avec les cizoires et les réduire en petites pièces carrées. *Battre* ou *Frapper carreaux*, c'est les aplatir sur l'enclume pour donner de l'épaisseur aux flans. *Réduire carreaux*, c'est les mettre auf eu pour en rendre le métal plus doux et plus facile à ajuster. *Ajuster, approcher, rabaisser carreaux*, c'est, en les battant, les rognant et les limant, les mettre à leur véritable poids. *Réchauffer, flatir, eslezer et boisser carreaux*, c'est les mettre une seconde fois au feu, les arrondir avec le flattoir, et les adoucir avec la gratte-boësse (*V.* MONNAYAGE AU MARTEAU).

DUMERSAN.

CARREAUX (marine), morceaux de bois ronds ou carrés qui forment les hauts côtés d'une chaloupe. Ce sont aussi les ceintes et préceintes d'un bâtiment, et particulièrement de la lisse du vibord.

CARRECT (*vieux mot*), impôt, droit de transport (de *carrucarius*; en basse latinité, *carrecia*).

CARRE-FEU, CERRE-FEU (*vieux mots*), couvre-feu.

CARREFOUR, endroit où les rues, des chemins aboutissent et se croisent. — Labbe, dans ses *Etymologies françaises* (part. II, p. 117), fait dériver ce mot de *quadriforium, quadriburgium, quatre voies, quatre rues*; mais l'explication de Nicot est préférable et justifiée d'ailleurs par la manière dont ce mot se trouve orthographié dans les livres français jusqu'à la fin du XVIe siècle. D'après Nicot, un carrefour c'est proprement « un endroit ès villes ou villages, où quatre rues se rapportent et font teste ou quarré l'une à l'autre. Ce mot vient de *quarré* et *fourc*, ou bien de *quatre* et *fourc*, ce qui se rapporte plus à l'essence de la chose, estant proprement appellé *quarrefour* l'endroit et place où *quatre fourcs* sont teste à teste ; et pour ce que tels places et endroits sont pour la pluspart en quarré, on prononce *quarrefour* pour *quatre fourcs*. Ce dernier mot dit toute chose qui fait un angle aigu : ainsi dit-on le *fourc* d'un arbre, des doigts, d'un chemin, des rues ; et de ce mesme mot sont dérivez *fourches* et semblables. » A l'appui de cette opinion, citons un passage d'une traduction française de Polydore Virgile, imprimée en 1521 : « Mais les Athéniens, non encore assemblés en leurs villes, les jeunes enfants, comme témoigne Varro, à l'entour des villages, bourgs et *carrefoures*, chantoient dictz et solemnisoient les fêtes par aucuns gestes, parquoy la comédie commencea à pulluler et à venir en sa fleur ; » et aussi ces mots extraits du roman de *Lancelot du Lac* : « Illec dessus a ung *quarre fourc* de sept voies. » — Les carrefours servirent longtemps de lieu de supplice, témoin le carrefour, à Paris, formé par les rues de la Coutellerie, Jean-Pain-Mollet, Jean-de-l'Épine, de la Poterie et de la Tixeranderie, nommé *Guigne-Oreille*, *Guillori*, puis *Guilleri*, parce qu'aux XIIᵉ et XIIIᵉ siècles on y coupait les oreilles aux criminels. C'était dans les carrefours que les hérauts d'armes faisaient, à son de trompe, les proclamations, et que les crieurs publics annonçaient les nouvelles ordonnances. C'était dans les carrefours (et cet usage existe encore aujourd'hui) que les bateleurs et les charlatans dressent leurs tréteaux et proclament leurs spécifiques. LOREMBERT.

CARRÉGER, v. n. (*term. de marine*), usité seulement dans la Méditerranée, et synonyme de *louvoyer*.

CARREI (*géogr. anc.*), peuple qui, suivant Pline, habitait l'intérieur de l'Arabie Heureuse, et à qui il assigne la ville de Carriatha, appelée par Ptolémée Chariatha.

CARREIGNON (*vieux mot*), cachet, arme, sceau, empreinte.

CARREL (*vieux mot*), place publique.

CARREL (LOUIS-JOSEPH), prêtre, docteur en théologie, né à Ceisel en Bugey, a composé quelques ouvrages qui ont été imprimés sur la fin du dernier siècle et au commencement de celui-ci, savoir : 1° la Pratique des billets, Louvain, 1690, et Bruxelles, 1698, in-12. C'est la réfutation de *la Pratique des billets et de l'usure*, que M. le Coreur, docteur en théologie, avait publiée, et dans lequel il s'efforçait de justifier cette espèce d'usure. 2° *La Science ecclésiastique suffisante à elle-même sans le secours des sciences profanes*, Lyon, 1700, in-8°. L'auteur entreprend de persuader aux ecclésiastiques que l'étude de la philosophie, de l'éloquence humaine, et de tout ce qu'on appelle belles-lettres, ne leur convient pas ; que ces connaissances leur sont inutiles et même préjudiciables. On peut voir l'analyse de cet ouvrage dans le *Journal de Trévoux*, t. IV, de l'année 1701, p. 167 et suiv. 3° *Avis à l'auteur de la Vie de messire Jean d'Aranthon d'Alex, évêque de Genève*, écrite par don le Masson, général des chartreux. C'est un ouvrage in-12, imprimé à Bruxelles en 1710, qui renferme vingt et un avis. 4° *Explication d'un passage de saint Jérôme*, qui se trouve dans la préface de la version des *Psaumes*, adressée à Sophronius. On peut voir cette explication dans le trente-deuxième *Journal des savants*, de 1702. 5° *Avis sur quelques propositions concernant principalement la révélation et la certitude du texte sacré*, suivi de trois lettres sur le même sujet, dont les deux premières ont été imprimées avec l'avis dans l'*Histoire des ouvrages des savants* de Basnage, mois de mai 1708, et la troisième dans le mois d'août suivant du même journal. 6° *Lettre de M. C. à M. Amelot de la Houssaye, sur une note de M. l'abbé de Saint-Réal, touchant l'usure*, et sa nouvelle traduction des *Lettres de Cicéron à Atticus*, etc., Paris, 1691.

CARREL (JEAN-BAPTISTE-NICOLAS-ARMAND), publiciste. Dans cette forme de gouvernement tant vantée de nos jours qu'on nomme représentatif, le métier de journaliste politique a acquis une haute importance, et Carrel en est un triste et brillant exemple. En 1830 les journalistes se trouvèrent à la tête du peuple victorieux. Ce fut un spectacle tout à la fois ridicule et honteux de voir avec quelle âpreté ils se ruèrent à la curée des places. Emplois de toute espèce, directions générales, secrétariats généraux, préfectures, sous-préfectures, ils s'emparèrent de tout. Il semblait que le peuple n'eût vaincu que pour eux. La réputation de Carrel était encore naissante ; mais il sentait sa propre force ; il ne se trouva pas assez bien partagé dans la distribution des faveurs. *Peut-être*, disait-il plus tard, *m'aurait-on désarmé en me donnant un régiment*. On ne lui offrit qu'une petite préfecture de troisième ordre ; il la dédaigna

et se fit tribun du peuple. Quoique Carrel ait toujours eu l'âme fière et indépendante, il est certain que son républicanisme ne date que de cette époque. On peut s'en assurer en lisant son *Histoire de la contre-révolution en Angleterre*, ouvrage de circonstance, publié en février 1827. — Carrel naquit à Rouen au commencement du XIXᵉ siècle. Il fit de médiocres études au collège de sa ville natale. Dès cette époque ses penchants militaires se manifestaient par le choix de ses lectures. Il lisait avec ardeur César et Xénophon. Son père, honnête marchand, ne voulut pas contrarier une vocation aussi prononcée, et le jeune Armand, d'abord destiné au commerce, eut la permission d'embrasser la carrière des armes. — Au sortir du collège, et pendant la préparation pour entrer à l'école militaire de Saint-Cyr, il employa tout le temps que lui laissaient les occupations réglementaires. Un jour qu'il avait manifesté trop librement des opinions politiques, il reçut une semonce du général d'Albignac, commandant de l'école, qui alla jusqu'à lui dire : *Avec des dispositions comme les vôtres, vous feriez mieux de tenir l'aune dans le comptoir de votre père.* — *Mon général*, répondit Carrel, *si je reprends l'aune de mon père, ce ne sera pas pour mesurer de la toile.* Cette réponse hardie fit mettre Carrel aux arrêts. Il était question de l'expulser. Mais Carrel se justifia en exposant les faits au ministre de la guerre qui lui donna gain de cause. — De Saint-Cyr il entra comme sous-lieutenant au vingt-neuvième régiment de ligne. En 1821 son régiment tenait garnison à Béfort et à Neuf-Brisach. Carrel prit part à la conspiration dite de Béfort ; mais il fut impossible de le convaincre légalement. Cependant il resta noté comme un officier *mal pensant*, et suivit son régiment à Marseille. C'est là qu'il fit son début littéraire en insérant dans un journal quelques articles relatifs à son colonel. Ensuite il adressa aux cortès espagnoles une lettre où il exprimait ses sympathies pour la constitution de 1812. Cette lettre fut saisie et remise au commandant de la dixième division militaire, le baron de Damas, qui fit venir Carrel, l'engagea à se conduire avec plus de prudence, mais ne put rien gagner sur lui. On le mit à la réforme sans lui laisser son traitement. A cette époque l'Espagne était agitée de mouvements révolutionnaires, et accueillait avec empressement tous les aventuriers qui allaient y chercher fortune. Déjà une armée française se préparait à marcher sous la conduite du duc d'Angoulême, pour délivrer Ferdinand VII. C'est le moment que choisit Armand Carrel pour se rendre à Barcelone (mars 1823) ; il s'y trouvait avant l'entrée de l'armée française sur le territoire espagnol. Quels étaient ses motifs ? Puisqu'il a été postérieurement jugé et acquitté par des hommes qu'on ne peut pas soupçonner de partialité en sa faveur, on doit le croire innocent ; mais il fut pris les armes à la main dans les rangs espagnols, et envoyé en France pour y être jugé. A cet effet, le deuxième conseil de guerre permanent de la division des Pyrénées-Orientales se réunit à Perpignan le 24 octobre 1823. Une question de droit fut présentée et soutenue avec habileté pour la défense de Carrel. Cette question était : *Un individu qui n'appartient point à l'armée peut-il, dans l'espèce actuelle, et pour le crime dont il s'agit, être justiciable des tribunaux militaires ?* Le conseil, adoptant la négative, se déclara incompétent. Le 5 février 1824, la cour de cassation annula ce jugement et renvoya Carrel devant le premier conseil de guerre de la division des Pyrénées-Orientales. Il y fut condamné. Le jugement ayant été derechef annulé pour un défaut de forme, l'affaire fut renvoyée devant le premier conseil de guerre de la dixième division, séant à Toulouse, et jugée le 20 juillet 1824. Carrel était accusé d'avoir fait partie de la colonne constitutionnelle du colonel de Fernandès, qui se battit contre les troupes françaises dans les journées des 15 et 16 septembre, contre la division commandée par le lieutenant général baron de Damas. L'acte d'accusation portait : « Le jeune Carrel, âgé de vingt-trois ans, né d'une bonne famille, élève de l'école de Saint-Cyr, et ancien sous-lieutenant au vingt-neuvième régiment de ligne, se rendit avant le commencement des hostilités de Marseille à Barcelone, seulement pour cause de mécontentement ; il avait fait des réclamations qui n'avaient pas été écoutées, et il avait été mis à la réforme sans traitement. Il se trouva à Barcelone sous la fatalité des circonstances, et fut forcé par la tyrannie de Rosten et de Mina à prendre du service. » L'accusation fut soutenue par le capitaine rapporteur Lassus. Mᵉ Romiguières, défenseur de Carrel, proposa trois moyens de défense : 1° l'incompétence du conseil ; 2° la capitulation de Llers et de Llado ; 3° l'absence de toute culpabilité à l'égard de son client motivée sur ses intentions. Après la réplique du capitaine rapporteur, l'accusé adressa quelques mots à ses juges. « Ma présence à Llado, dit-il, a été une conséquence de ma fuite en Espagne, qui a été elle-même une malheureuse conséquence d'une conduite que je déplore amèrement. Je suis, messieurs, quoique plus jeune que vous tous, votre frère d'armes, et je n'ai jamais voulu porter les armes contre ma patrie; cette idée est affreuse pour moi comme elle doit l'être pour tout homme d'honneur. J'ai tout ignoré à Barcelone, et s'il m'eût été donné de savoir que le prince généralissime eût rallié tous les partis, que l'armée française se fût couverte d'une gloire immortelle dans la Péninsule, j'aurais fui de Barcelone avant que Mina et Rosten eussent fait régner la terreur; alors peut-être je l'aurais pu. » Carrel fut acquitté à la majorité de cinq voix contre une. Après la guerre d'Espagne, et pendant sa longue détention, sous la menace d'une peine capitale, Carrel écrivit différents résumés d'histoire ancienne et moderne, que l'on a retrouvés parmi ses papiers. Il ne songeait alors qu'à imprimer la suite des faits dans sa mémoire et nullement à s'exercer au métier d'écrivain. La preuve en est qu'à son retour à Paris, après son acquittement, il hésita longtemps sur le parti qu'il devait embrasser. Sa famille lui conseillait le commerce. On le pressait; on craignait la perspective d'un oisif onéreux aux siens. Ce fut au milieu de ces incertitudes qu'Armand Carrel fut proposé pour secrétaire à M. Augustin Thierry, lequel achevait alors l'*Histoire de la conquête de l'Angleterre par les Normands*. Sa vue, déjà affaiblie par le travail, avait besoin de la main et des yeux d'un collaborateur habile. Il accepta les services du savant officier, et lui offrit l'équivalent de son traitement.. — Six mois se passèrent ainsi. Un libraire étant venu demander à M. Thierry un résumé de l'histoire d'Ecosse, celui-ci, qui suffisait à peine à ses immenses travaux, engagea Carrel à s'en charger. Carrel écrivit un court et substantiel résumé, où M. Thierry dut mettre pour les convenances du libraire une introduction de sa main. L'ouvrage eut assez de succès pour que Carrel refusât désormais tout traitement. M. Thierry n'y consentit pas d'abord; mais, Carrel insistant, il fut convenu qu'il recevrait le traitement durant trois mois encore; après quoi il serait libre.— Les trois mois étaient écoulés, et l'*Histoire de la conquête d'Angleterre* avait paru : Carrel ne venait plus chez M. Thierry à titre de secrétaire, mais seulement comme ami, offrant gratuitement des services devenus plus rares, que son talent croissant rendait sans doute plus précieux. Il passait une partie du temps à faire des recherches et à copier des extraits qui devaient servir aux travaux ultérieurs de l'historien. Dans le même temps il préparait un nouveau résumé de l'histoire de la Grèce moderne. C'était plus l'œuvre de Carrel que le *Résumé de l'histoire d'E-cosse*. M. Thierry n'y avait contribué que pour le projet, où il l'avait poussé, et pour quelques conseils particuliers qui mirent le jeune écrivain sur la voie de notions sûres et intéressantes. Au reste, l'ouvrage put se passer de la protection d'un morceau préliminaire, et le plan comme la rédaction en appartiennent entièrement à Carrel. Ce *résumé*, publié à la fin de l'année 1827, a été réimprimé en 1829. Ces deux premiers écrits passèrent inaperçus dans la foule des écrits de même genre, et Carrel en retira néanmoins un léger profit qu'il accrut par divers articles publiés çà et là dans les journaux et dans les revues. Ces ressources précaires et l'assistance de quelques amis qui lui ouvrirent leur bourse ne pouvaient longtemps le défendre contre la pauvreté. Pour sortir de cette position, il résolut enfin de se livrer au commerce à l'aide de quelques fonds avancés par sa famille; il ouvrit, en société avec un ami, une modeste librairie. On fait toujours mal ce qu'on fait à contre-cœur : au bout de quelques mois, il fallut fermer la boutique; mais, si Carrel y perdit son argent, il n'y perdit pas son temps; c'est là qu'il écrivit l'*Histoire de la contre-révolution en Angleterre*, ouvrage remarquable où il avait évité à dessein de faire des rapprochements entre les Stuarts et les Bourbons, mais où ces rapprochements éclatent malgré lui. A cette époque, Carrel, en société de MM. Thiers et Mignet, fonda un nouveau journal auquel ils donnèrent le nom de *National*. La rédaction en chef fut confiée pour un an à M. Thiers; elle devait, la seconde année, appartenir à M. Mignet, et un an plus tard à Carrel. Dans le principe, M. Thiers était presque exclusivement chargé de la partie politique, hostile à la branche aînée et tendant au résultat que nous avons vu en 1830, c'est-à-dire à une imitation de la révolution anglaise de 1688. Carrel ne rédigeait guère alors dans ce journal que la partie littéraire; mais bientôt les événements l'attachèrent pour jamais à la rédaction politique, qui était sa véritable vocation. — Le 26 juillet 1830, jour de la publication des fameuses ordonnances, il les inséra dans un supplément au *National*, et appela les citoyens à s'armer pour la défense des lois. Le 27, il signa la protestation des jour-

nalistes, et partit immédiatement pour Rouen d'où il ramena des auxiliaires. A son retour, il reçut une mission pour les départements de l'Ouest; il les visita, changea ou conserva les maires et les sous-préfets, il adressa au gouvernement un mémoire qui fixa l'attention. En récompense, on lui offrit la préfecture du Cantal. Il refusa, et se mit en devoir de faire valoir ses droits à la rédaction en chef du *National*. Après quelques difficultés qui lui furent, disait-il, suscitées par M. Thiers, il obtint ce poste. Son opposition au nouveau gouvernement à l'établissement duquel il venait de contribuer fut d'abord très-modérée ; la *monarchie républicaine* de MM. Laffitte, Dupont (de l'Eure), Gérard, la Fayette et autres, était tout ce qu'il demandait ; mais bientôt il devint aussi républicain que *la Tribune* ; il s'éleva contre le maintien des traités de 1815, attaqua l'alliance anglaise cimentée par Talleyrand, dénonça le danger des forts détachés autour de la capitale, et sapa vigoureusement l'hérédité de la pairie. Au bout de quelques mois, il passait à juste titre pour l'un des plus redoutables adversaires de la royauté nouvelle. Dans les premiers jours de janvier 1832, le pouvoir tenta un acte arbitraire sur plusieurs écrivains politiques gérants de divers journaux et sur les imprimeurs de ces feuilles. Carrel, par un article du 24 janvier suivant, déclara que l'arrestation préventive des écrivains, hors le cas de flagrant délit, était une illégalité; qu'il ne s'y soumettrait pas, et que si l'on essayait de l'arrêter il repousserait la force par la force. On ne l'arrêta pas, mais on lui fit un procès, où il se défendit lui-même, avec M. Odilon Barrot, son avocat. Le succès qu'il obtint dans ce début oratoire le détermina pour la suite à se charger lui-même de la défense du *National*, et toutes les fois qu'il plaida devant le jury, il gagna sa cause. Il ne fut pas si heureux à la chambre des pairs : le *National* avait été cité à la barre pour un article qualifié d'injurieux. M. Rouen, gérant, était en cause, et Carrel plaidait pour lui. Ayant nommé le maréchal Ney, il ajouta : « A ce nom je m'arrête par respect pour une glorieuse et lamentable mémoire. Je n'ai pas mission de dire s'il était plus facile de légaliser la sentence de mort que la révision d'une procédure inique, les temps ont prononcé. Aujourd'hui le juge a plus besoin de réhabilitation que sa victime... » M. le président Pasquier le rappelle à l'ordre; Carrel reprend avec calme : « Si parmi les membres qui ont voté la mort du maréchal Ney et qui siégent dans cette enceinte, il en est un qui se trouve blessé de mes paroles, qu'il fasse une proposition contre moi, qu'il me dénonce à cette barre, j'y comparaîtrai; je serai fier d'être le premier homme de la génération de 1830, qui viendra protester ici au nom de la France contre cet abominable assassinat. » Carrel allait sans doute être victime de son noble entraînement lorsque le général Excelmans se leva, et comme emporté par une conviction profonde, s'écria : « Je partage l'opinion du défenseur. Oui, la condamnation du maréchal Ney a été un assassinat juridique; je le dis, moi ! » L'assemblée fut profondément émue de cet écho parti du banc des juges. Carrel ne pouvait désormais être mis en cause sans que la chambre appelât aussi à sa barre le général Excelmans; l'incident n'eut pas de suite.—C'était de Sainte-Pélagie que Carrel était allé défendre M. Rouen. Après la condamnation de l'ancien gérant, Paulin, Carrel avait résolu de signer lui-même le journal, avec MM. Scheffer et Conseil, et tous trois avaient été condamnés par la cour royale de Paris jugeant sans jurés pour un article qu'elle assimila à un compte rendu d'audiences. Avant de subir sa peine, six mois de prison, Carrel était allé à Londres chercher des matériaux pour ses travaux historiques; il en revint bientôt se constitua prisonnier. Rendu à la liberté, il reprit au *National* sa vigoureuse polémique, et devint l'objet des persécutions de son ancien collaborateur devenu ministre. En 1832, aux affaires des 5 et 6 juin, il fut contraint de se cacher pour se soustraire à l'arrestation qui le menaçait. Mais, sans quitter son asile, il défendit de sa plume les vaincus de Saint-Méry, il tonna contre l'état de siège et contre les commissions militaires. En avril 1834, il fut derechef impliqué dans le complot monstre. Une visite domiciliaire eut lieu dans ses appartements et ne produisit aucun résultat. Pendant les premiers temps qui suivirent les événements du 14, la polémique du *National* fut circonspecte; bientôt elle reprit toute son énergie, et son rédacteur se porta souvent le défenseur des prisonniers dont la longue détention préventive affligea tous les hommes généreux. — L'année suivante, à propos de l'attentat de Fieschi, de nouvelles persécutions atteignirent Carrel; il fut arrêté et détenu huit jours. Les papiers saisis dans son domicile ne purent justifier en rien cet acte odieux, et cette détention ne fit qu'accroître l'influence de Carrel dans le parti républicain. En 1835, il se mit sur les rangs pour la députation; le pouvoir fit échouer cette candidature. Carrel continua donc sa lutte dans le journalisme jusqu'au fatal événement qui vint y mettre fin. Un trait de son caractère était une extrême susceptibilité sur le point d'honneur. En 1830, il avait eu un duel avec un des rédacteurs du *Drapeau blanc*, feuille légitimiste. Ce dernier fut atteint d'une balle au poignet. En 1833, autre duel pour affaire de parti. M. Roux-Laborie, adversaire de Carrel, reçut deux coups d'épée, l'un dans le bras et l'autre dans la main. Carrel, lui-même fut blessé au ventre d'un coup qui mit sa vie en péril. Il reçut à cette occasion une foule innombrable de témoignages d'intérêt de la part des hommes de tous les partis. Cette leçon aurait dû le rendre plus prudent ; mais il n'en fut rien, et l'année suivante il succomba dans un duel qui ressemblait moins à une affaire politique qu'à une question d'intérêt. Le 22 juillet 1836, à six heures et demie du matin, une rencontre eut lieu à Vincennes entre Armand Carrel et M. Emile de Girardin. Celui-ci, atteint le premier, eut la cuisse traversée par la balle de son adversaire. Armand Carrel fut frappé au bas-ventre. Le premier put être ramené à Paris ; mais Armand Carrel, attendu la gravité de sa blessure, fut transporté sur les bras des quatre témoins à Saint-Mandé, dans la maison de M. Payra, son ancien camarade à l'école militaire. Les docteurs Jules Cloquet, Marx, Littré et Dumont lui prodiguèrent leurs soins ; mais nul remède humain n'était possible, et le 24 juillet Carrel cessa de vivre. Le cimetière de Saint-Mandé reçut sa dépouille mortelle. En apprenant la mort de Carrel qui produisit sur le public une pénible sensation, un prince qui devait lui-même terminer ses jours d'une manière bien malheureuse et bien prématurée, le duc d'Orléans, dit : « C'est une perte pour tout le monde. » Outre les ouvrages que nous avons cités précédemment, Carrel a laissé un assez grand nombre d'excellents articles dans *la Revue américaine* qu'il dirigea ; dans *le Constitutionnel*, *le Globe*, *le Producteur*, et *la Revue française*. On admire surtout des articles insérés dans cette dernière revue en 1828, et relatifs à la guerre d'Espagne de 1823. C'est là qu'il se montra vraiment écrivain. Une notice sur Carrel a été insérée dans *le National* par le docteur Littré, son médecin et son ami. M. *Désiré Nisard* a composé un livre très-remarquable intitulé *Armand Carrel*. CH. DU ROZOIR.

CARRELAGE, s. m. On appelle de ce nom tout ouvrage fait de carreaux de terre cuite, de pierre ou de marbre. La perfection d'un carrelage est d'être bien dressé, bien uni et de niveau, d'avoir des joints fins et sans valve. — Carrelage se dit aussi de l'art de carreler. Cet art peut se considérer sous deux points de vue, du côté du goût et de la décoration, et du côté du besoin et du mécanisme (sous ce dernier rapport, *V.* les articles CARREAUX et CARRELER. *V.* aussi, dans le *Dictionnaire des arts et métiers*, l'art du carreleur). La partie de cet art qui est du ressort de notre ouvrage, c'est-à-dire celle qui n'envisage que l'agrément et qui contribue d'une manière si particulière à la magnificence des édifices, pourrait fournir la matière de cet article à elle seule. Cependant, quoique l'art du carrelage diffère sensiblement de l'art du pavé en compartiments, on ne saurait nier que ce ne soit plutôt par la grandeur des matériaux et l'étendue des intérieurs, que par aucun principe de goût ou par aucun procédé d'un mécanisme particulier. C'est pourquoi je renverrai, aux mots PAVÉ et PAVEMENT, toutes les notions historiques et théoriques que comporte cette partie si intéressante de la construction et de la décoration des édifices. (*V.* PAVÉ et PAVEMENT).

CARRELÉ, s. m. (*term. de fabriq.*), étoffe de soie dont la chaîne et le poil sont de quarante portées, et sont montés, comme le gros de Tours, sur quatre lisses pour lever et sur quatre de rabat.

CARRELER, v. a. c'est poser les carreaux qui doivent former le pavé d'une chambre ou d'une partie quelconque d'un bâtiment. — A Paris, on pose presque tous les carreaux en plâtre, excepté au rez-de-chaussée et dans les lieux humides, où l'on est quelquefois obligé de les poser en mortier. Les carreleurs ont la mauvaise habitude de mêler une moitié de poussière avec leur plâtre, sous prétexte que le plâtre pur fait renfler le carrelage dans le milieu ; mais on a reconnu que c'était un abus imaginé par les ouvriers pour gagner davantage. Dans presque tous les autres pays on pose les carreaux à bain de mortier. Lorsque c'est sur un plancher, on met un lit de terre de quatre à cinq pouces pour garantir le plancher des impressions de la chaux. Ce lit de terre étant bien dressé et égalisé de nouveau, on étend une couche de mortier, sur laquelle on pose le carreau après l'avoir mouillé. Comme les carreaux en terre cuite ne sont jamais bien droits et dégauchis, parce qu'ils se tourmentent toujours un peu à l'action du feu, on a coutume de

passer le carrelage au grès après qu'il est fini, surtout lorsqu'on veut le mettre en couleur, ainsi qu'il est d'usage à Paris.

CARRELER signifie aussi raccommoder de vieux souliers. On ne le dit en ce sens que des savetiers ambulants.

CARRELER (*vieux mot*), garnir, fournir, meubler, munir, assortir.

CARRELET (*hist. nat.*). Ce poisson de mer, très-répandu dans nos marchés, quoique sa chair soit moins délicate que celle du turbot, est plat, taillé en losange, blanc d'un côté et grisâtre de l'autre. Il est rangé dans l'ordre des malacoptérygiens, et dans la famille des pleuronectes. — Ce mot sert aussi à désigner divers instruments. Les pharmaciens nomment ainsi un châssis de bois, garni d'un linge, propre à passer des préparations médicinales. Les chapeliers appellent carrelet une petite carde pour tirer le poil du chapeau ; les pêcheurs, un petit filet d'environ six pieds en carré ; les selliers, les cordonniers, etc., une aiguille longue de deux à trois pouces.

CARRELET signifie aussi une sorte de filet en forme de nappe carrée, dont on se sert pour prendre le poisson.

CARRELET signifie encore une grosse aiguille angulaire du côté de la pointe.

CARRELET, s. m. (*technol.*), espèce de petite carde sans manche, garnie de dents de fil de fer très-fin, dont les chapeliers se servent pour tirer le chapeau à poil. — Les cordonniers nomment *carrelet*, une aiguille recourbée dont ils se servent pour faire la trépointe du derrière du soulier. — *Carrelet* se dit, en termes de pharmacie et de distillateurs, d'une espèce de châssis propre à retenir les coins de la chausse dont on se sert pour filtrer certains liquides. — *Carrelet*, en termes de commerce, est une sorte d'étoffe de laine. — *Carrelet* est aussi un outil triangulaire dont le tabletier se sert pour amorcer son copeau.

CARRELET (LOUIS), docteur en théologie, et curé de la première paroisse de Dijon, joignit le zèle à la science, et s'acquit à juste titre l'estime des honnêtes gens. Il mourut en 1766. On a de lui des *OEuvres spirituelles et pastorales*, 1767, 6 vol. in-12, qui sont recherchées. Elles ont été réimprimées en 1804, 7 vol. in-12.

CARRELETTE, s. f. lime plate et fine.

CARRELEUR, s. m. On appelle ainsi l'entrepreneur et l'ouvrier qui se chargent de carreler un bâtiment, lorsque c'est en carreaux de terre cuite ; car, lorsqu'il s'agit de carreaux de marbre ou de pierre, ce sont ordinairement les marbriers qui les posent et les fournissent. A Paris, les carreleurs sont en même temps potiers de terre. Leur ouvrage se paye à la toise superficielle mesurée sans usage.

CARRELEUR se dit aussi d'un savetier ambulant.

CARRELURE, s. f. les semelles neuves qu'on met à de vieux souliers, à de vieilles bottes.

CARRÉMENT, adv. en carré, à angle droit. Il ne se dit guère que dans ces phrases : *Couper quelque chose carrément. Tracer un plan carrément. Cela est planté carrément.*

CARRENO DE MIRANDA (DON JUAN), peintre, né dans les Asturies en 1614, élève de Las-Cuevas, excella dans le portrait et l'histoire. Les Espagnols le placent comme coloriste entre le Titien et Van-Dick. Philippe IV le nomma son premier peintre, et Charles II lui conféra l'ordre de Saint-Jacques. On admire à Pampelune son tableau de l'*Institution de l'ordre des trinitaires*. Il mourut en 1685. Madrid, Tolède, Alcala de Hénarès, possèdent plusieurs autres productions remarquables de ce grand artiste. Il gravait aussi au burin.

CARRER, v. a. donner une figure carrée. *Carrer un bloc de marbre.* — Il signifie, en géométrie, trouver un carré équivalent à une surface terminée par des lignes d'une courbure quelconque. Il signifie aussi, en arithmétique, former le carré d'un nombre, en multipliant ce nombre par lui-même. — CARRER s'emploie avec le pronom personnel, et signifie marcher avec un maintien qui annonce de la prétention, de l'arrogance. *Se carrer en marchant.* Ce sens est familier. — Il s'emploie également, avec le pronom personnel, au jeu de la bouillotte, pour exprimer l'action de celui qui s'assure la priorité en doublant sa mise.

CARRERA (PIERRE), littérateur sicilien, né en 1571, embrassa l'état ecclésiastique, et consacra ses loisirs à la culture des lettres ; il se rendit très-habile dans l'histoire et les antiquités de son pays, fut recherché pour son érudition par les seigneurs siciliens, nommé à différents emplois, et mourut à Mérien en 1647. Il excellait au jeu d'échecs, dans lequel il ne trouva pas son égal, et qu'il enrichit de nouvelles combinaisons. Parmi les nombreux ouvrages qu'il a laissés, nous ne citerons que les suivants : *Variorum Epigrammatum lib. III*, Palerme, 1610, in-8. — *Il Giuco de' scacchi*, Militello, 1617, in-4°, volume rare et très-recherché des curieux.—*Il Mongibello descritto in ter libri, nel quale si spiega l'istoria degt' incendi, etc.*, Catane, 1636, in-4°.—*Delle memorie istoriche delle città di Catania*, 1059-41, 2 vol. in-fol. ; le second renferme la vie et les miracles de sainte Agathe. Le premier, traduit en latin par Abraham Preiger, a été inséré dans le dixième volume du *Thes. antiquit. sicil.* de Burmann. — CARRERA (François), jésuite sicilien, né en 1629, mort à Palerme en 1683, a publié entre autres ouvrages : *Lyricorum libri IV, et Epodum, libo. I*, Lyon 1674, in-12. — *Pantheon-Siculum, sive sanctorum siculorum elogia*, Gênes, 1679, in-4°.— CARRERA (Antoine-Princival), médecin, né dans le Milanais, et connu par une satire contre les médecins, intitulée: *le Confusione de' medici, in cui si scuoprono gli errori e gl' inganni di essi*, Milan, 1635, in-8°, publié sous le nom de Raphaël Carrare. C'est pour répondre à cet ouvrage qu'on publia sous le nom de Reinier Perruca, l'*Apologia de' medici*, Milan, 1635, in-8°.

CARRÈRE, nom d'une famille de médecins, tous nés à Perpignan. — CARRÈRE (Fr.), né en 1622, fut nommé en 1667 premier médecin des armées du roi d'Espagne ; et mourut en 1695. — CARRÈRE (Jos.), son neveu, né en 1680, fut recteur de l'académie de médecine de sa ville natale, et y mourut en 1737. — CARRÈRE (Th.), fils de Joseph, né en 1714, fut doyen du collège de médecine, et mourut en 1764. On a de lui, entre autres opuscules, un *Traité des eaux minérales du Roussillon*, 1756, in-8°, qui est le premier ouvrage qui ait paru sur les eaux minérales de cette province.—CARRÈRE (J.-B.-Fr.), fils du précédent, né en 1740, fut d'abord professeur de médecine dans sa patrie, reçut en fief les eaux minérales d'Exeldas, et devint ensuite inspecteur général de celles du Roussillon. S'étant alors fixé à Paris , il fut nommé membre de la société de médecine, passa ensuite en Espagne et en Portugal, et mourut à Barcelone en 1802. On a de lui un grand nombre d'ouvrages, parmi lesquels nous citerons : *Bibliothèque littéraire, historique et critique de la médecine ancienne et moderne*, dont il n'a paru que deux volumes. — *Catalogue raisonné des ouvrages qui ont été publiés sur les eaux minérales en général, et sur celles de France en particulier*, 1715, in-4°. — *Tableau de Lisbonne en 1796, suivi de lettres écrites en Portugal sur l'état ancien et moderne de ce royaume*, Paris, 1798, in-8°, ouvrage anonyme, où l'auteur, devenu éloquent à force d'indignation, trace un tableau animé de ce peuple et de ce gouvernement tombés au dernier état de dégradation politique. Pendant son séjour en Espagne, Carrère avait recueilli , sur ce royaume un grand nombre de notes dont M. Alexandre de la Borde s'est servi dans son *Itinéraire descriptif* (1808).

CARRERI (ALEXANDRE), habile jurisconsulte de Padoue, mort le 20 août 1626, âgé de soixante-dix-huit ans, a laissé quelques ouvrages, entre autres : *De sponsalibus et matrimonio libri V.* — *Defensio pro libris suis. De Gestis Patavinorum libri X.* — Ce dernier n'est point imprimé (Jacques-Philippe Thomasini, *Vir. illustr.*, elog.).

CARRERI (*V.* GEMELLI-CARRERI).

CARRERO (PIERRE-GARCIAS, né à Calahorra au XVIᵉ siècle, docteur en médecine, professeur de cette science à l'académie d'Alcala de Hénarès, eut une grande réputation qui lui valut une place de médecin de Philippe III. Il a fait preuve d'un grand savoir dans les ouvrages qu'on a de lui : 1° *Disputationes medicæ et commentarii in primam fen libri quarti Avicennæ, in quibus non solum quæ pertinent ad theoricam, sed etiam ad praxim locupletissime reperiuntur*, Bordeaux, 1628, in-fol. ; l'éditeur fut Pierre Ferriol, disciple de Carero ; 2° *Disputationes medicæ et commentarii ad fel primam libri primi Avicennæ, hoc est de febribus*, Alcala de Hénarès, 1612 ; Bordeaux , 1628; in-folio. 2° *Disputationes medicæ et commentarii in omnes libros Galenide locis affectis*, Alcala de Hénarès, 1605-1612, in-fol.

CARRÉS (numismat.). C'est, *en term. de monnaie*, la matrice, ou coin d'acier, gravé en creux , avec lequel on imprime en relief sur les monnaies les différentes figures qu'elles doivent avoir, pour être reçues et avoir cours dans le public. On appelle de même *carré* ce qui sert au même usage dans la fabrique de médailles et des jetons (*V.* MATRICES, POINÇONS). — Lorsqu'il arrive des changements sur les espèces, qui obligent d'en changer les poinçons originaux, les carrés sont *biffés* et *difformés*. Il y a à ce sujet un arrêt du 10 mai 1745 (*V.* Bazinghen, *Traité des monnaies*, t. 1. p. 155). DUM.

CARRET (*V.* CARET).

CARRET (LOUIS), Juif et médecin , qui embrassa la religion chrétienne. On a de lui une lettre intitulée : *les Visions divines*. Cette lettre a été imprimée à Paris en 1554, en hébreu, avec une version latine d'Angèle Caninus. On l'a réimprimée en 1622, à la fin de la *Synagogue judaïque* de Buxtof, à Hanau (*J. Chr. Wolfii Bibl. Hebraïca*).

CARRET (MICHEL), chirurgien de Lyon, né vers 1752, se montra d'abord zélé partisan de la liberté ; mais , nommé en 1798 au conseil des cinq cents, il émit des opinions tout à fait opposées. Après le 18 brumaire, il passa au tribunat, et fut placé à la cour des comptes ; il mourut à Paris en 1820.

CARRETAGE (*droit du moyen âge*), droit sur les chariots.

CARRETTO (PHILIPPE DEL), officier supérieur, né en 1759 à Camerano en Piémont, fut aide de camp du roi Charles-Emmanuel IV, se distingua près du général autrichien Dewine, lorsque les Français pénétrèrent en Piémont, et fut blessé plusieurs fois dans les différentes affaires de la côte de Gênes. Il avait étudié l'art de la guerre en Prusse, à l'école du grand Frédéric, et s'annonçait comme un tacticien distingué lorsqu'il mourut en 1796.

CARREY (JACQUES), né à Troyes en 1646, mort dans la même ville en 1726. Ce fut un des élèves les plus célèbres du fameux peintre Lebrun. Après avoir visité Constantinople et l'Orient à la suite de l'ambassadeur de France, il vint à Versailles, rapportant plusieurs tableaux de mérite, entre autres l'*Audience de l'ambassadeur chez le grand vizir* et la *Cérémonie du feu sacré chez les Grecs*. Il fut activement employé dans les travaux de peinture de la galerie de Versailles, dessina les morceaux les plus curieux du cabinet du roi, et retourna mourir dans sa ville natale; il y dota l'église de Saint-Pantaléon de la vie de ce saint en six grands tableaux.

CARRHES (*géogr. anc.*), très-ancienne ville d'Asie en Mésopotamie , près de l'Euphrate , à 8 milles de distance d'Hiérapolis. Elle était fameuse par la défaite que les Parthes firent éprouver aux Romains, près de ses murs, dans un combat où Crassus, général romain, perdit la vie, et par son temple consacré à la lune. — Danville place cette ville à l'ouest d'une petite chaîne de montagnes qui la séparait de Chaboras.

CARRHES (*géogr. anc.*), village de la Babylonie, entre l'Euphrate et le Tigre, à l'est de Babylone.

CARRHES (*géogr. anc.*), ville de l'Arabie Heureuse , sur le golfe Arabique.

CARRI , s. m. assaisonnement indien, composé de piment en poudre, d'épices, etc.

CARRIAGE , s. m. train de charroi. Il est inusité.

CARRIARIC , roi des Suèves, contemporain d'Agila, roi des Visigoths , régnait vers le milieu du VIᵉ siècle, sur le Portugal, la Galice et les Asturies. Son fils, Théodomir, ayant été attaqué d'une maladie de langueur qui épuisa longtemps l'art des médecins, se vit enfin soulagé, et crut avoir obtenu sa guérison par l'intercession de saint Martin, évêque de Tours. Carriaric abandonna alors la secte arrienne pour embrasser la religion catholique, et bâtit en l'honneur de saint Martin, la cathédrale d'Orense, dans le royaume de Galice. Il mourut en 559, laissant le trône à son fils Théodomir.

CARRIC ou CARIC (*géogr.*), nom de quelques villes, paroisses et promontoires d'Irlande , et le préfixe de beaucoup d'autres. Il paraît signifier un rocher, ou un endroit rocheux; et l'on en trouve une preuve dans Carrick-Fergus, appelé aussi Knok-Fergus et Crag-Fergus, mots qui tous veulent dire *Rocher de Fergus*.

CARRIC, nom d'un fort bien défendu sur un rocher, près de la ville de Wesford, bâti par Fitzstephens après son débarquement en Irlande, et depuis augmenté et fortifié. Quelque temps ensuite, d'après une note de Hooker sur Gérald de Cambray, il fut renversé et détruit de fond en comble, « parce que, dit le chroniqueur, il n'était pas tout à fait suffisant pour un prince, mais cependant trop bon pour un sujet. » Le nom en est resté au village construit au pied du rocher où était ce castel.
ED. GIROD.

CARRICHTER DE RECKINGEN (BARTHÉLEMI), médecin de l'empereur Maximilien II, se fit remarquer à la fin du XVIᵉ siècle par la singularité de ses opinions. Il était imbu des préjugés de l'astrologie, de l'alchimie et de la théosophie. Sous le nom emprunté de *Philomusus*, il a publié plusieurs ouvrages sur diverses parties de la médecine, et particulièrement sur les plantes et leurs propriétés médicinales et alimentaires. Il indique sous quel signe du zodiaque et à quel degré d'élévation sur l'horizon doit être ce signe pour cueillir et préparer une plante, afin qu'elle ait un effet salutaire. Malgré la bizarrerie du sujet et du style, ces ouvrages eurent de la vogue; on en fit successivement un grand nombre d'éditions in-fol. et in-8°. Nous ne citons les titres des ouvrages de Carrichter que comme des monuments de la faiblesse de l'esprit humain; ils sont tous écrits en allemand : 1° *Livre de plantes*, dans lequel on indique dans quel signe du zodiaque et à quel degré il doit être pour qu'on se médicamente, Strasbourg, 1573 et 1575, in-8°. Cet ouvrage eut encore ensuite sept éditions, et il fut imprimé à Nuremberg en 1686, in-8°, sous le titre de *Kræuter und Arzneibuch*, avec des augmentations par Cardiluccius, et à Tubingue en 1739, in-8°. 2° *Hygiène allemande*, Nuremberg et Amberg, 1610, in-8°. 3° *Traité de l'harmonie, de la sympathie et de l'antipathie des plantes*, Nuremberg, 1686, in-8°. 4° *Traité des plantes de l'Allemagne, décrites d'après les influences qu'elles reçoivent des corps célestes*, Strasbourg, 1576, in-fol.; 1595, in-fol. Ce même ouvrage reparut sous le titre de *Horn des heiles meuschlischer Blodigkheit*, Strasbourg, 1619, in-fol., et 1673, in-8°; cette dernière édition porte le véritable nom de son auteur.

CARRICK, s. m. sorte de redingote fort ample qui a plusieurs collets, ou un collet très-long.

CARRICKFERGUS ou CRAGFERGUS (*géog.*), c'est-à-dire le *Rode Fergus*, est une ville du comté d'Antrein en Irlande. Elle fut fondée par une colonie d'Anglais, et a joué le rôle d'une ville d'importance. En 1232, Hugues de Lacy, comte de l'Ulster, y fonda un monastère, dans les ruines duquel on voit encore son tombeau. Au XIVᵉ siècle, quand Edouard Bruce envahit l'Irlande, le roi Robert, son frère, débarqua près de Carrickfergus, et en assiégea le château, qui résista si longtemps, que la garnison fut réduite à manger le cuir, et ne se rendit qu'après avoir épuisé cette extrême ressource. Au règne de Henri VII, ce château fut un de ceux qu'un acte du parlement déclarait devoir être exclusivement confiés à la garde des Anglais. Il ne le fut pas cependant jusque sous le règne de la reine Elisabeth, qui fit entourer la ville qu'il défendait de fortes murailles. Le maire de Carrickfergus était amiral de la côte d'Antrim et de Down, et prélevait un péage sur tous les vaisseaux qui entraient dans les petits ports de sa juridiction, excepté ceux de Bangor et de Belfast. Ce privilége fut aboli quand la commune fut transportée à cette dernière ville. Lord Chichester ayant acheté en 1610 les constructions des monastères de Carrickfergus, en ménageant les morceaux d'architecture et les monuments intéressants qu'ils renfermaient, consacra leurs matériaux à l'embellissement et à l'agrandissement de la ville, qui continua toutefois à demeurer place forte, dont le général Monck prit possession au nom du parlement d'Angleterre. En 1690, le roi Guillaume y débarqua. Elle eut encore quelques particularités historiques comme place de guerre; mais depuis on a laissé se dégrader ses remparts. — On vit en 1759 un hardi marin français, nommé Thurot, qui commandait une petite escadre, faire une descente à Carrickfergus, et enlever des otages pour rançonner la ville. Malheureusement la fortune ne favorisa pas ce coup de main jusqu'à la fin : Thurot fut bientôt contraint de se retirer devant des forces supérieures, et les Anglais prirent et détruisirent ses vaisseaux. — Carrickfergus est le siège des assises du comté d'Antrein, et envoie des députés au parlement.

Ed. Girod.

CARRICK-ON-SUIR (*géogr.*), ville d'Irlande (Tipperary), sur la Suir, qui y est navigable. On y fabrique des lainages, et elle fait un commerce assez considérable. 12,000 habitants, à 4 lieues est de Clonmel.

CARRICK-ON-SHANNON, petite ville, chef-lieu du comté de Leitrim, province de Conaught, en Irlande.

CARRIE (*vieux mot*), catafalque, cénotaphe, décoration funèbre, sarcophage.

CARRIER (*techn.*), s. m. C'est le nom qu'on donne aux ouvriers qui travaillent à tirer les pierres des carrières, et aux entrepreneurs qui se chargent de les faire exploiter. — La manière d'exploiter les carrières revient à peu près à un même procédé. Les instruments dont les carriers se servent pour débiter les pierres d'une carrière sont des coins de différentes formes et grandeurs. On les appelle *pic*, *mail* et *masloche*. On commence à faire avec les pics des entailles pour loger les coins, selon la grandeur du bloc ou de la masse qu'on veut détacher; on enfonce ces coins à grands coups de mail ou de mailloche. Lorsque les coins ne suffisent pas pour produire cet effet, on se sert d'un grand levier de fer pour aider à faire partir la masse. — Quelquefois

on emploie la poudre à canon pour exploiter la carrière. La mine que les carriers font pour faire éclater de gros morceaux de pierre consiste en un trou cylindrique d'environ un pouce et demi de diamètre, et assez profond pour atteindre le centre de la pierre. On charge ensuite ce trou comme on charge un canon, et l'on remplit le vide que laisse la poudre d'un coulis de plâtre, après cependant y avoir introduit l'aiguille de fer pour former la lumière. L'espace occupé par la poudre est la chambre de la mine; il faut apporter un grand soin pour en bien boucher l'entrée. — La masse qu'on détache contient quelquefois plusieurs blocs, qu'on sépare ensuite par quartiers, selon les échantillons demandés par les maîtres maçons, qui envoient ordinairement un compagnon tailleur de pierres pour les choisir et les faire débiter. — Presque partout les carriers vendent la pierre au pied cube. Cependant, à Paris, on vend la pierre tendre au tonneau, qui vaut 14 pieds cubes.

CARRIER se dit aussi du voiturier qui amène les pierres tirées des carrières, pour les déposer aux lieux de construction désignés.

CARRIER (J.-B.), le plus odieux après Marat des révolutionnaires français, né en 1756 près d'Aurillac, était avant la révolution procureur à l'élection de cette ville. Député en 1792 à la convention nationale, il y vota la mort du roi, concourut le 9 mars 1793 à la création du tribunal révolutionnaire, et fut envoyé quelques mois après en mission dans les départements de l'Ouest; la guerre civile était alors dans toute son ardeur; les victoires des Vendéens exaltaient leurs adversaires. L'incendie des villages, les massacres avaient déjà commencé. Carrier trouva bientôt que les jugements informes qui chaque jour envoyaient à la mort une foule de prisonniers exigeaient de trop longs délais, il eut recours aux fusillades, renouvela l'idée de Néron en faisant construire des bateaux à soupape qui noyaient cent personnes à la fois, et surpassa ce monstre en atrocité par l'invention des *mariages républicains*. Sa mission finie au commencement de 1794, Carrier revint à la convention se vanter de l'horrible conduite qu'il avait tenue. Mais, après le 9 thermidor, les quatre-vingt-quatorze Nantais qu'il avait envoyés à Paris, traduits devant le tribunal au moment où ils pouvaient être accusateurs, attirèrent sur lui l'exécration générale, et la voix publique demanda sa tête. Il déclara le 23 novembre, à la convention, qu'en lui faisant son procès elle se perdait elle-même; que si on punissait tous les crimes commis en son nom, il n'y avait pas jusqu'à la sonnette du président qui ne fût coupable, et prétendit que les cruautés des Vendéens avaient nécessité contre eux de semblables représailles. Au tribunal révolutionnaire, sa défense n'eut pas plus de succès qu'à la convention. Les membres du comité de Nantes, ses coaccusés, l'accablèrent de dépositions. Il fut condamné à mort le 15 décembre 1794, « comme convaincu d'avoir fait fusiller des enfants de treize à quatorze ans, d'avoir ordonné des noyades et des mariages républicains, et cela dans des intentions contre-révolutionnaires. » Il marcha le lendemain à la mort avec audace, répétant qu'il était innocent, et qu'il n'avait fait qu'exécuter les ordres des comités de la convention.

CARRIERA (ROSA-ALBA), née à Venise en 1672, morte dans la même ville en 1757. Dès son enfance elle donna des preuves du talent le plus rare pour la peinture. Après avoir étudié les grands maîtres, elle s'adonna à la miniature, et y acquit une immense réputation. Les académies de peinture de Rome, de Florence, de Bologne, l'admirent à l'envi dans leur sein, et en 1720, dans un voyage qu'elle fit à Paris, elle fut admise à l'académie royale de peinture. Son ouvrage de réception était une *Muse* au pastel, d'une moyenne grandeur et d'une beauté parfaite. Les portraits de Carriera ont, outre le mérite de la ressemblance, une finesse de touche et une légèreté surprenantes. Comblée de biens et d'honneurs à Paris et à Vienne, elle retourna à Venise, devint aveugle et mourut dans de pieux sentiments, après avoir supporté cette calamité avec la plus touchante résignation.

Lorembert.

CARRIÈRE, s. f. (*gramm.*), lice, lieu fermé de barrières, et disposé pour toute sorte de courses, principalement pour les courses à cheval ou en char. *Le bout de la carrière. Aller jusqu'au bout de la carrière. Parcourir la carrière. S'arrêter au milieu de la carrière. Entrer dans la carrière. Ouvrir la carrière.* Il se dit poétiquement du mouvement périodique des astres. *Le soleil commence, achève sa carrière. L'astre des nuits parcourt sa paisible carrière.* Il signifie aussi, *en term. de manége*, l'étendue de terrain où l'on peut faire courir un cheval sans qu'il perde haleine. *Ce cheval a bien fourni sa carrière*, il a bien fait la course qu'on voulait qu'il fît. *Donner carrière à un cheval*, le laisser libre de courir, lui lâcher la bride. — Figurément, au sens moral, donner carrière, laisser pleine liberté d'agir. *Donner carrière à son esprit, à son imagination. Donner carrière à sa méchanceté.* Figurément et familièrement, se donner carrière, se réjouir, se laisser emporter à l'envie qu'on a de dire ou de faire quelque chose. *Se donner carrière aux dépens de quelqu'un, s'en amuser par des railleries.* — CARRIÈRE, signifie figurément le cours de la vie, le temps qu'on exerce un emploi, une charge, etc. *Finir, Achever, Terminer sa carrière. Fournir sa carrière. Etre au bout, au terme de sa carrière. Ne faire que commencer sa carrière. Longue, pénible carrière.* — Il se dit aussi, figurément, de la profession que l'on embrasse, des études auxquelles on se livre, des entreprises où l'on s'engage, etc. *La carrière des sciences et des arts. Il préféra la carrière des armes. La carrière du barreau. La carrière administrative. Suivre une carrière. La carrière des honneurs, de l'ambition, de la gloire. Toutes les carrières sont ouvertes au mérite. Faire des progrès dans la carrière de la vertu. Courir, Parcourir une dangereuse carrière. Suivons l'exemple de ceux qui nous ont devancés dans la carrière. S'engager dans la carrière du vice.* — Dans le style soutenu, *Il ouvrit et ferma la carrière, Il a fermé la carrière qui s'était ouverte*, etc., se dit d'un homme qui n'a point eu de rivaux dans l'art dont il fut le créateur. — Figurément, *Ouvrir à quelqu'un une carrière, une belle carrière*, lui donner une occasion de paraître et d'exercer ses talents. *Cela lui a ouvert une belle carrière.* — CARRIÈRE signifie aussi le lieu d'où l'on tire de la pierre. *Tirer des pierres de la carrière. Descendre dans une carrière. Creuser une carrière. Fouiller une carrière. Carrière de marbre. Carrière d'ardoise.* — Figurément et familièrement, *Il a une carrière dans le corps*, se dit d'un homme qui a été opéré de la pierre plusieurs fois.

CARRIÈRE, en term. *de botanique*, se dit de certains tubercules ligneux qui se rencontrent quelquefois dans certains fruits, surtout dans les poires, et qui ont l'apparence de petites pierres. — CARRIÈRE se dit aussi de la reproduction de nouvelles pierres dans la vessie.

CARRIÈRE (FRANÇOIS), religieux conventuel de Saint-François, était d'Apt et docteur en théologie. Il mourut en 1665, et laissa : 1° *Medulla Bibliorum, exprimens summarie quaequelibet Testamenti liber veteris continet*, etc., à Lyon, in-folio, 1660; 2° *Fidei cathol. digestum singula ejus dogmata, et ritus Ecclesiæ juxta SS. PP. et concil. doctrin. exacte declarans*, Lyon, 1657, 2 vol. in-folio; 3° *Paneg. lusit*; 4° *De mensuris et monetis Hebræorum;* et en français, in-12, à Lyon, chez Antoine Dezallier; 5° un *Commentaire littéral sur toute l'Écriture*, imprimé en latin à Lyon, in-folio, 1683; 6° une *Histoire chronologique des papes*, en 1694 (le Long, *Biblioth. sacrée*, in-folio, p. 669. Dupin, *Table des auteurs ecclésiastiques du XVIIe siècle*, p. 2780. Le P. Jean de Saint-Antoine, *Biblioth. univ. franc.*, t. I, p. 574).

CARRIÈRE (PIERRE-LOUIS DE), d'une famille noble et ancienne, originaire de Toulouse, était né en 1751 à Saint-Quintin près d'Uzès. Élève du collège d'Harcourt, il y eut pour condisciple et pour ami le jeune Lally-Tolendal, avec qui il composa un roman intitulé : *Philarète ou l'Ami de la vertu*. Revenu plus tard en Languedoc, il succéda à son père dans la charge de secrétaire des États de cette province, et ce fut précisément à l'époque où cette assemblée prit la résolution de faire imprimer annuellement le procès-verbal de ses séances, d'où résulta la publication successive de treize volumes grand in-folio, qui ont paru à Montpellier de 1777 à 1789. Ce sont les monuments les plus connus de l'administration si célèbre de cette grande province, et ils témoignent aussi du zèle et de la capacité de ses officiers. Carrière y fit preuve de l'esprit d'ordre et d'activité qui le distinguait, et sa rédaction s'y montre assortie aux diverses matières qu'il avait à traiter. Il prit aussi part au compte rendu des impositions et des dépenses générales de la province de Languedoc, imprimé et publié par ordre des états généraux de cette province, Paris, Didot jeune, 1789, 1 vol. in-4°, réimprimé la même année à Montpellier. A cette époque et dans les circonstances critiques de la suppression des états de Languedoc, Carrière s'en trouva le seul représentant, soit par l'absence ou par la maladie des autres officiers ses collègues. On peut dire que cette antique administration périt en lui. Comme il en avait été le dernier défenseur, il en fut aussi le dernier membre survivant. Mort à Saint-Quintin le 13 février 1815, il avait présidé en 1806 et 1812 le collège électoral de l'arrondissement d'Uzès, et il faisait partie, depuis 1807, du conseil général du département du Gard, qu'il présida en 1811.

CARRIÈRES (*hist. nat. et technol.*). Les carrières sont des excavations pratiquées dans la terre pour en extraire différentes espèces de pierres propres aux constructions et à divers objets d'art. La surface de notre globe présente des masses dont les molécules ne sont point homogènes; la plupart des géologues distinguent ces terrains en six classes considérées quant à leurs formations successives (*V.* GÉOLOGIE). Sans entrer dans tous les détails de cette classification, nous rappellerons que parmi les pierres qui gisent à la surface de la terre ou à une profondeur peu considérable, les unes sont antérieures aux êtres organisés, ne contiennent en conséquence aucune trace, aucuns débris d'animaux ou de végétaux, et constituent les *terrains primitifs;* les autres, plus récentes, reposent ordinairement sur les premières; elles renferment dans leurs masses des fragments d'autres roches et des matières organiques, telles que des dépouilles végétales, des animaux de toutes espèces, mais principalement des coquillages et des poissons. Ces terrains *secondaires* ou *d'alluvion* ont été formés par les eaux, et comme la mer a fourni le plus grand nombre des débris qui les composent, les naturalistes concluent à juste raison que la terre où nous voyons de si belles cités, une si nombreuse population, des forêts magnifiques, de riantes vallées, a été livrée à d'épouvantables désordres dont nous retrouvons partout les traces. Enfin, nous rappellerons qu'il existe des *terrains volcaniques*, formés par les matières que les éruptions volcaniques arrachent des entrailles de la terre. Parmi ces terrains, les principaux matériaux que l'on exploite par carrière, afin de les employer aux constructions, sont : la pierre à bâtir, la pierre à chaux, la pierre à plâtre, la pierre meulière, les glaises, les craies, les marnes, les sables, les porphyres, les marbres et les albâtres; toutes ces substances pierreuses sont disposées par couches ordinairement horizontales, souvent obliques, et dans quelques cas perpendiculaires. Par l'absence des terrains secondaires, un terrain primitif peut être superficiel, c'est ce que l'on voit sur les hautes montagnes; mais l'on trouve presque toujours ailleurs ces couches superposées, les plus inférieures étant les plus anciennes. Nous citerons pour exemple le sol des environs de Paris, un des plus riches en matériaux de construction. Suivant M. Héricart de Thury, ce sol se compose, du sud au nord, de six grandes formations distinctes, placées horizontalement les unes au-dessus des autres : l'inférieure, celle qui fait la base de notre sol, est une masse de craie d'une épaisseur inconnue; au-dessus on trouve un grand banc de glaise ou d'argile plastique; la masse de pierre calcaire connue vulgairement sous le nom de *pierre à bâtir*, essentiellement composée de coquilles ou de débris de coquilles marines, repose immédiatement sur la glaise; enfin, une grande nappe de sable, dans laquelle on trouve différents lits de grès à coquilles marines et au-dessous de la pierre meulière, dans une couche de sable argileux, forme la sommité de nos plateaux les plus élevés. Les instruments et les règles d'exploitation des carriers sont à peu près les mêmes que ceux des mineurs; le but est également celui de détacher les plus grandes masses possibles avec le moins de travail; néanmoins, tandis que des carriers coupent la pierre en escalier, de manière à enlever d'énormes pièces parallélépipédiques, qui ne tiennent que par trois faces, au plus, à la masse, d'autres font sauter la pierre au moyen de la poudre, qui la réduit en petits fragments. C'est ce qui a lieu dans les carrières de plâtre et dans toutes celles dont les matériaux ne s'emploient que brisés. Si la pierre est superficielle, ou du moins si elle n'est située qu'à peu de profondeur, l'exploitation s'en fait à ciel ouvert; tandis qu'il faut l'extraire par cavage, c'est-à-dire en pratiquant des puits et des galeries souterraines, quand la masse que l'on veut exploiter, située dans une plaine, est recouverte d'une trop grande quantité de matériaux inutiles, qu'il faut éviter aussi quelquefois dans les collines, par des galeries obliques. Lorsque la pierre est en un seul bloc, sans bancs distincts, on forme des escarpements considérables que l'on attaque par des ouvrages en escaliers, en descendant; puis on enfonce des coins de bois ou de fer, et l'on détache aussi de grandes portions de pierre que l'on a préalablement circonscrites par de profonds sillons. Les carrières de Saillancourt près de Meulan, et d'autres de granit, de porphyre, de marbre de laves, de pierres calcaires, etc., sont ainsi exploitées. On emploie un autre procédé quand la pierre est disposée par couches ou *assises* distinctes : on mine par-dessous les assises, en enlevant les terres qui les supportent et les séparent; puis on ôte les étais qui les soutenaient pendant l'opération, et ces bancs se brisent en masses que l'on n'a plus qu'à enlever. C'est ainsi qu'on agit pour la plupart des carrières calcaires des environs de Paris. Les carrières que l'on exploite par cavage entraînent ordinairement plus de frais que celles que l'on exploite à ciel ouvert; dans les premières, en effet, il faut établir des étais, ménager des piliers, puis il faut éclairer l'intérieur. Cette méthode offre encore plusieurs espèces de dangers qui font qu'on ne la permet que difficilement aux environs d'une grande ville. Si le nombre des piliers n'est pas assez considérable pour soutenir le toit des cavités, qui sont très-grandes comparativement à celles des mines, au bout de quelques années et par l'influence de l'infiltration des eaux pluviales, les parties de ce toit cèdent à la pesanteur et forment des cônes que les carriers appellent *cloches* et qui finissent par tomber dans l'intérieur de la carrière; en même temps on voit à la surface de la terre des enfoncements en forme d'entonnoirs, correspondant à ces cloches et nommés *fontis*. L'espace entre les piliers ne peut pas être remplacé par d'autres matériaux, ainsi qu'on le fait dans les mines; ces matériaux, en effet, seraient aussi chers que ceux enlevés. Les piliers de masses sont pris dans l'épaisseur même de la carrière; les *piliers à bras* sont construits avec des pierres superposées sans être liées par aucun mortier; cependant on les rend plus solides les uns et les autres, en les revêtissant de maçonnerie. L'exploitation des carrières par cavage étant la même que celle des mines en masse, nous entrerons dans ces détails plus précis en parlant des mines. On donne encore le nom de carrières aux excavations que l'on pratique dans la terre pour en extraire les ardoises, la soude muriatée, la houille, certains minerais de fer, etc. On suit pour ces exploitations des méthodes différentes de celles dont nous venons de parler; nous les indiquerons en faisant l'histoire de ces minéraux. Tout le monde sait que la plus grande partie méridionale de Paris est bâtie *sur des carrières qui ont été anciennement exploitées*, alors que cette ville était renfermée dans la petite île que l'on nomme aujourd'hui la cité. On retrouve encore des vestiges de ces premières exploitations au bas de la montagne Sainte-Geneviève, et on en suit les traces sur les rives de l'ancien lit de la Bièvre, dans l'emplacement de l'abbaye Saint-Victor, du jardin des plantes et du faubourg Saint-Marcel. Nous croyons être agréables à nos lecteurs en leur donnant sur ces carrières quelques renseignements empruntés à un article que M. Trébuchet a fait insérer dans le *Propagateur des connaissances utiles* pendant l'année 1835. Jusqu'au XIIe siècle, les palais, les temples et les autres monuments de cette ville furent construits en pierres des carrières du faubourg Saint-Marcel et de celles qui furent ensuite ouvertes au midi des remparts de Paris, vers les places Saint-Michel, de l'Odéon, du Panthéon, des Chartreux, et des barrières d'Enfer et de Saint-Jacques, vers lesquelles sont établies les catacombes. Dans les procès-verbal de la reconnaissance de tous les anciens de la ville de Paris, par ordre de Colbert, les architectes recherchèrent les différentes espèces ou qualités de pierres que fournissaient les carrières des environs de Paris, afin de pouvoir déterminer ensuite celles qui avaient dû fournir les matériaux de tel ou tel édifice, et c'est ainsi qu'ils parvinrent à connaître : 1° que les premières assises de l'église Saint-Étienne des Grès, dans laquelle saint Denis, suivant les vieilles chroniques, célébra sa première messe lorsqu'il vint à Paris vers l'an 251, avaient dû être tirées des carrières des rives de la Bièvre; que les parties en pierre des vestiges du palais des Thermes de Julien sont en liais dur de la même carrière; que les plus anciennes constructions de l'abbaye Sainte-Geneviève, commencées sous Clovis, vers 500, étaient de *cliquart* et *haut banc franc* des carrières du faubourg Saint-Marcel; que le portail de Saint-Julien le Pauvre, où demeura Grégoire de Tours, sous Chilpéric, en 587, était construit en cliquart des mêmes carrières, et qu'enfin ces différentes carrières avaient fourni les pierres avec lesquelles on avait bâti les palais et les monuments publics : tels que la tour de Notre-Dame des Bois, construite dans l'ancien cimetière des Innocents, à une époque reculée, et, dit-on, pour protéger à la fois l'entrée de la ville et l'hospice de Sainte-Catherine, établi au pied d'une forêt qui s'étendait jusqu'aux champeaux, aujourd'hui les halles; l'abbaye Saint-Martin des Champs, ancien palais de Robert, fils de Hugues Capet; les premières assises des premiers bâtiments de l'abbaye Saint-Germain des Prés; toutes les parties de Notre-Dame construites en l'an 1257; la grande tour carrée du Temple, construite en 1306; les constructions de l'Hôtel-Dieu antérieures à celle de 1385, etc. Ces recherches prouvaient que ce ne fut que vers le milieu du XIIIe siècle que l'on commença à amener à Paris les pierres des carrières de Saint-Leu, Arossy, l'Ile Adam, Vergelet, etc. Elles prouvent aussi que Paris couvrit les carrières au fur et à mesure qu'elles furent abandonnées, et donnent une idée de la profondeur et de l'étendue des vides qui ont dû être le résultat de ces grandes exploitations.... Du moment, dit M. Héricart de Thury, que

l'exploitation à découvert devint trop pénible ou trop dispendieuse par l'effet des déblais et de l'épaisseur du recouvrement de la masse de pierre, les travaux se firent par des galeries souterraines, communiquant dans de grandes excavations le plus souvent irrégulières et soutenues sur des piliers de pierre *isolés* et ménagés dans la masse. Ce ne fut que plus tard que l'usage des puits s'introduisit, et probablement lorsque la pierre commença à s'épuiser sur les flancs des collines. La qualité de la masse, sa solidité, l'état ou la dimension des piliers, ont déterminé la hauteur des excavations des anciens. Le plus communément, leur extraction a été faite sur cinq à six mètres de hauteur; mais souvent elle a été beaucoup au delà. De nombreux ateliers étaient établis dans ces carrières, dont les galeries étaient assez spacieuses pour que les voitures pussent parcourir toute l'étendue, comme il est facile encore de le juger aujourd'hui par les *charrières* tracées sur leur sol. Du reste, pendant un grand nombre de siècles, les exploitations furent abandonnées à elles-mêmes, soumises à aucune espèce de contrôle, entreprises sans autorisation, portées çà et là sans distinction et sans connaissance des limites des propriétés, enfin uniquement livrées à l'aveugle routine et à la plus ou moins grande activité des extracteurs. Il est facile de concevoir tous les abus qui durent résulter d'un mode d'exploitation aussi vicieux; la perte de la majeure partie de la masse exploitable, l'extraction plus pénible et plus dispendieuse, la voie publique partout minée et encavée, les éboulements, les affaissements de terrains, et par suite la perte des récoltes ou la ruine des édifices, enfin la sûreté des ouvriers sans cesse compromise, telles furent les suites malheureuses de ces premières exploitations. Il fallut de nombreux accidents pour éveiller à ce sujet l'attention du gouvernement, et ce fut surtout à l'occasion d'un éboulement considérable qui se forma en 1774 sur la route d'Orléans, près de la barrière d'Enfer, que l'on ne s'occupa sérieusement de ce service. Cet éboulement renversa une partie du pavé et des alentours de la route, et fut occasionné par une ancienne fouille faite cent cinquante ans avant la formation de la route, alors que cette partie et les environs n'étaient qu'une vaste campagne. Un sieur Denis, architecte, fut chargé de faire la visite de cet écroulement et d'en réparer le dommage; il eut la hardiesse de descendre dans l'intérieur de la fouille, jusqu'à près de cent pieds de profondeur, et là, il trouva de doubles fouilles les unes sur les autres, occupant une étendue d'environ cent cinquante toises; cinquante hommes furent employés à réparer les cavités avec de la pierre, et, après avoir fait fouiller le fontis, on trouva dans cet espace de terrain sept formes de cloches, chacune de soixante pieds de diamètre sur quarante de haut; après la vérification la plus exacte de ces cloches, et les plans levés, on fit pratiquer sur la superficie du terrain, à plomb desdites cloches, un trou de six pieds en carré, dans lequel on plaça des châssis de bois de charpente suspendus par des câbles qui descendaient au fur et à mesure de la fouille; les ouvriers étant attachés par le milieu du corps, dans cette dangereuse opération un seul fut enterré à la profondeur de trente pieds. Cet événement, que nous avons cru devoir rapporter parce qu'il démontre l'étendue des vides formés par les carrières et les travaux dangereux et pénibles auxquels donnent lieu les réparations que nécessitent les éboulements, amena de nouvelles recherches; en 1776, au mois de septembre, un arrêt du conseil prescrivit des mesures pour faire lever les plans de vastes souterrains. On ne tarda pas à reconnaître la nécessité d'affecter un fonds pour accélérer ce travail et faire exécuter dans ces carrières les travaux de consolidation que leur mauvais état exigeait. Le 4 avril 1777, un nouvel arrêté du conseil nomma le directeur général des bâtiments et le lieutenant général de police commissaires pour aviser à toutes les opérations concernant les carrières. En conséquence, ces commissaires chargèrent M. Guillaumot, architecte, de diriger, sous le titre d'inspecteur général, tous les travaux nécessaires pour la recherche et la consolidation des parties excavées. Aussitôt après son installation, M. Guillaumot s'occupa d'organiser les travaux, et pourvut spécialement à la sûreté des voies publiques; dans ce but, il adopta, pour les recherches et les consolidations sous Paris, le système que l'on suit encore maintenant, et dont nous allons donner une idée. Des galeries sont dirigées sous les deux côtés des voies publiques et parallèlement aux faces des maisons. Ces galeries ont en général un mètre de largeur. On les nomme galeries de recherche quand elles sont menées, soit à travers la pleine masse, soit dans les bourrages, d'un vide connu à des vides que l'on a tout lieu de soupçonner. On les nomme galeries de consolidation quand elles sont pratiquées dans des vides : elles sont alors formées par deux murs parallèles d'un mètre d'épaisseur chacun, et distants d'un mètre l'un de l'autre. Ces murs, solidement construits en moellons, avec mortier de chaux et de sable, sont placés pour chaque galerie, l'un sous la voie publique, l'autre sous le mur de face des maisons, dont il supporte les fondations, et en est en quelque sorte le prolongement ; sur les murs qui correspondent aux faces des maisons sont gravés les numéros de ces maisons et les noms des rues, en sorte que l'on connaît parfaitement le rapport entre les dessus et les dessous. Lorsque les bancs de pierre laissés comme plafonds dans les carrières sont intacts et paraissent solides, ils servent de plafonds aux galeries ; à défaut de ces bancs, ou s'ils ne présentent pas de solidité, ils sont remplacés dans les galeries par des voûtes en plein cintre. Si la nature des terres ne permet pas la construction des voûtes, le plafond des galeries est formé au moyen de linteaux de pierre dure, dont les extrémités posent sur les deux murs de la galerie. Sous chaque voie publique définitivement consolidée, il existe donc quatre murs parallèles, dont deux sous les murs de face des maisons, et deux sous la voie publique. Tous les vides compris entre ces deux derniers murs sont consolidés au moyen de haques et de piliers à bras, en outre d'un bourrage complet fait avec des terres ou des débris et recoupes de pierres fortement pilonnées. On voit, d'après ce qui précède, qu'à l'exception des deux galeries d'un mètre de largeur chacune que l'on réserve pour visiter les travaux et se porter partout où il pourrait devenir nécessaire, le dessous d'une voie consolidée ne présente qu'un massif plein, et qu'il ne peut plus s'y former d'éboulement. La surface totale des carrières reconnues jusqu'à ce jour sous Paris est de 674,800 mètres carrés ; savoir : sous le mur de face des maisons 182,850, sous la voie publique 491,950, chiffre égal 674,800 ; mais la surface de Paris sous laquelle il est probable que s'étendent les carrières est beaucoup plus considérable. A en juger par les mouvements du terrain, par les fontis qui se sont faits et qui se font encore assez souvent, on ne peut estimer l'espace occupé par les carrières a un sixième environ de la surface totale de la capitale. Les galeries qui existent sous la voie publique présentent ensemble une longueur de plus de 25,000 mètres. Ce chiffre est très-petit, en comparaison de celui que donnent les galeries situées sous les terrains hors de la voie publique, et qui servent à établir des communications entre différents groupes de carrières. Les quartiers sous lesquels reposent les carrières sont : les faubourgs Saint-Marcel, Saint-Jacques, Saint-Germain et Chaillot, ce qui renferme la partie comprise entre l'enceinte actuelle et celle du temps de Louis XIII. La quantité de matériaux que ces carrières ont dû fournir pour les constructions peut être évaluée à 11,000,000 de mètres cubes, dont un cinquième en pierres d'appareil et le reste en moellons ; tous ces matériaux réunis en un seul bloc formeraient un cube dont l'arête aurait plus de 220 mètres ou plus de trois fois la hauteur des tours de Notre-Dame. Nous avons cru devoir donner ces intéressants détails sur les carrières de Paris, parce qu'ils complètent ce que nous avons dit en parlant des carrières en général et peuvent en faciliter l'intelligence.

CARRIÈRES (jurispr.). Sont compris sous ce mot : les terrains qui renferment les ardoises et les grès, les pierres à bâtir et autres, les marbres, granits, pierres à chaux, pierres à plâtre, les pouzzolanes, le strass, les basaltes, les marnes, craies, sables, pierres à fusil, argile, kaolin, terres à foulon, terres à poterie, les substances terreuses et les cailloux de toute nature, les terres pyriteuses regardées comme engrais, le tout exploité à ciel ouvert ou avec des galeries souterraines (Loi du 21 avril 1810, article 4). Sous l'ancienne législation, les auteurs s'accordaient peu sur le caractère que l'on devait attribuer à cette nature de propriété; les uns la regardaient comme tenant au fonds, les autres comme un revenu. Le code civil, profitant de ce qu'il y avait de bon dans chacune de ces opinions adverses, a établi la distinction suivante; articles 598 et 1403. Tant qu'une carrière n'a pas été ouverte et n'est pas encore en exploitation, elle est regardée comme faisant partie du fonds, en sorte que l'usufruitier d'un propriété n'aurait aucun droit sur les carrières non ouvertes, et qu'elles ne tomberaient dans la communauté pendant le mariage, que sauf récompense ou indemnité à celui des époux auquel elle pourra être due. Quand au contraire la carrière se trouve en exploitation, elle est regardée comme un revenu du sol ; et, par suite de ce principe, les articles déjà cités décident : 1° que l'usufruitier jouit, comme le propriétaire, des carrières qui sont en exploitation à l'ouverture de l'usufruit ; 2° que les produits des carrières ouvertes et en exploitation avant le mariage tombent dans la communauté. L'exploitation des carrières à ciel ouvert peut avoir lieu sans la permission de l'autorité, sous la simple surveillance de la police (article 81 de la loi du 21 avril 1810). Mais une autorisation devient nécessaire,

si l'exploitation se fait au moyen de galeries souterraines, et dans ce cas l'exploitation est soumise à la surveillance de l'administration des mines. On conçoit, en effet, que l'exploitation à ciel ouvert entraîne bien moins de dangers que l'exploitation souterraine ; et c'est ce qui explique pourquoi, dans ce dernier cas, l'administration des mines a été chargée spécialement de la surveillance des travaux, tandis que, dans le premier cas, la surveillance ordinaire de la police suffit. Les formalités générales à remplir à cet égard sont mentionnées dans deux décrets du 22 mars 1813, spéciaux pour le département de Seine-et-Oise, mais que le ministre de l'intérieur a le droit de rendre applicables dans toutes autres localités. En général, l'exploitation des carrières ne peut pas être faite trop près des édifices publics ni des chemins : des règlements particuliers et locaux prescrivent à cet égard les précautions à prendre, et quiconque voudra ouvrir une carrière fera bien, préalablement, de consulter sur ce point l'ingénieur des ponts et chaussées. Les carrières sont soumises, d'une manière spéciale, à une servitude d'ordre public, pour tous les travaux qui intéressent l'Etat. Ainsi les entrepreneurs des travaux publics ont le droit de prendre dans ces carrières, sauf indemnité, les matériaux qui leur sont nécessaires. A l'égard de l'indemnité qui est due, voici comment s'exprime l'article 55 de la loi du 16 septembre 1807 : les terrains occupés pour prendre les matériaux nécessaires aux routes et aux constructions publiques pourront être payés aux propriétaires comme s'ils eussent été pris pour la route même. Il n'y aura lieu à faire entrer dans l'estimation la valeur des matériaux à extraire, que dans le cas où l'on s'emparerait d'une carrière déjà en exploitation. Alors lesdits matériaux seront évalués d'après leur prix courant, abstraction faite de l'existence ou des besoins de la route pour laquelle ils seraient pris, ou des constructions auxquelles on les destine. On ne doit réputer comme carrière en exploitation que celle qui offre au propriétaire un revenu assuré, soit qu'il l'exploite pour ses besoins ou qu'il en fasse un commerce (décret du 6 septembre 1823 ; Sirey, t. 14, deuxième partie, p. 525). Une carrière est déjà en exploitation, dans le sens de la loi du 16 septembre 1807, par cela seul qu'elle a été ouverte et exploitée. Il suffit donc qu'un entrepreneur de travaux publics ait pris des matériaux dans la carrière ouverte et exploitée d'un particulier, pour qu'il soit dû indemnité, encore que l'exploitation n'ait pas été régulière et habituelle (arrêt du conseil d'Etat, du 13 juillet 1825 ; Sirey, t. 26, deuxième partie, p. 344). L'article 388 du code pénal punit de peines correctionnelles le vol de pierres dans les carrières. Les difficultés auxquelles donne lieu l'exploitation des carrières sont jugées par les conseils de préfecture, sauf recours au conseil d'Etat (décrets du 22 mars 1813, et du 4 juillet suivant, article 51). Néanmoins, les contraventions des propriétaires non concessionnaires ou autres sont poursuivies devant les tribunaux, et punies d'une amende de 500 francs à 1000 francs, double en cas de récidive, et d'une détention de six jours au moins, et de cinq ans au plus (loi du 21 avril 1810, article 93, qui s'en réfère à l'article 40 du code pénal). — Enregistrement. L'autorisation d'exploiter une carrière doit être délivrée sur papier timbré, à la charge du pétitionnaire ; mais elle n'est pas soumise à l'enregistrement (loi du 15 mai 1818, article 80 ; décret du 22 mars 1813, article 9). Il n'est dû qu'un droit de 2 pour cent sur la vente ou cession du droit d'exploiter une carrière jusqu'à son entier épuisement (arrêt de cassation, du 19 mars 1816; Sirey, t. 17, première partie, p. 7. — V. MINES).

CARRIÈRES-CHARENTON (géogr.), village de France (Seine), sur la rive droite de la Seine, à son confluent avec la Marne. Il y a une grande fonderie de fer qui livre des machines à vapeur, une fabrique de vinaigre et d'extrait de saturne, et des magasins de vins considérables. 900 habitants. Près et à l'ouest de Charenton-le-Pont.

CARRIÈRES (LOUIS DE), né en 1662 à Anvilé, près d'Angers, d'une famille noble, fut d'abord page d'un ambassadeur de France en Espagne. Il embrassa ensuite la profession militaire, qu'il quitta en 1689 pour entrer, à l'âge de vingt-sept ans, dans la congrégation de l'Oratoire, et y commencer ses études par les humanités. Il mourut dans la maison de Saint-Honoré, le 11 juin 1717, à cinquante-cinq ans. Le P. de Carrières a rendu son nom célèbre par un Commentaire littéral sur tous les livres de la Bible, genre absolument nouveau. Le commentaire consiste dans l'insertion de quelques phrases ou demi-phrases, souvent même d'un ou de deux mots dans le texte, pour le mettre à la portée des simples fidèles. Ces courtes intercalations sont en lettres italiques, afin que le lecteur ne confonde pas les additions du commentateur avec le discours de l'écrivain sacré. Le choix en est fait avec tant de goût, l'auteur a tellement su saisir l'esprit de ce livre divin, qu'on ne s'aperçoit pour ainsi dire pas de la différence du commentaire avec le texte original. C'est de tous les ouvrages de ce genre, le plus simple, le plus naturel, le plus abrégé. Le lecteur n'est point fatigué par des explications hors d'œuvre ; il n'est point obligé d'interrompre la lecture du texte pour aller chercher dans des notes ou dans des dissertations l'éclaircissement des endroits difficiles ; il n'est point arrêté par les opinions opposées des différents interprètes ; il voit tout d'un coup le vrai sens sous une forme directe, et qui s'explique d'un usage souvent par des paroles mêmes de l'Ecriture ; en sorte qu'on trouve presque toujours la parole de Dieu interprétée par elle-même. Cet ouvrage fut imprimé en vingt-quatre volumes in-12, depuis 1701 jusqu'en 1716. Les deux premiers n'eurent pas d'abord un grand succès. L'auteur dégoûté voulait discontinuer son travail ; Bossuet l'encouragea, et lui prédit la vogue qu'il ne pouvait manquer d'avoir par la suite. Effectivement les éditions s'en sont fort multipliées. Il est devenu d'un usage journalier. Il a été adopté dans la Bible de l'abbé de Vence et dans celle d'Avignon. Dans cette dernière, l'éditeur, Rondet, a fait quelques corrections propres à rendre l'ouvrage encore plus parfait. C'est la seule version française de l'Ecriture sainte qui soit autorisée en Italie. — FRANÇOIS CARRIÈRES, cordelier d'Apt, en Provence, est auteur d'un Commentaire latin de la Bible, Lyon, 1662 ; d'une Historia chronologica pontificum romanorum, cum præsignatione futurorum a sancto Malachia, réimprimée à Lyon, 1694, in-12, et d'autres ouvrages qui ne méritent guère d'être tirés de l'oubli.

CARRIERI (B. MATTHIEU) vint au monde vers la fin du XIVᵉ siècle, sous le pontificat de Boniface IX, dans la ville de Mantoue. Ses jeunes années se passèrent dans l'exercice de la piété et de l'étude, jusqu'à ce qu'il prit l'habit de Saint-Dominique à Mantoue et le nom de Matthieu : car il s'apppelait auparavant Jean-François. Il avait édifié les fidèles dans le monde ; il fut dans la retraite l'admiration de ses frères, par la rigueur de ses pénitences, qu'il porta trop loin, et qui le firent tomber dangereusement malade. Ayant recouvré la santé, il se livra aux fonctions du saint ministère et le remplit longtemps avec de très-grands fruits; et un auteur appelle prodigieuses les conversions dont il fut l'instrument, dans le Crémonais, dans tout le duché de Milan, dans les Etats de Venise et dans ceux de Gênes. Les souverains pontifes se servirent de lui pour contenir les peuples dans l'obéissance du saint-siége, ou pour les y ramener ; les évêques, pour consoler les fidèles dans des jours de calamités, de tremblements de terre, de peste, de disette; les magistrats, pour apaiser des séditions ; les supérieurs de son ordre, pour la réforme de quelques couvents. Lorsque le poids des années ne lui permit plus de continuer les fonctions de l'apostolat, il se renferma dans le couvent de Vigevano, où il avait fait refleurir la régularité, pour ne plus s'y occuper que de la prière et de la pénitence. Il y mourut saintement le 5 d'octobre 1471, et sa mort fut suivie de divers miracles qui confirmèrent l'opinion qu'on avait de sa sainteté, on commença à l'honorer dans l'église de Vigevano, où on lui bâtit une chapelle, et le pape Sixte IV autorisa ce culte. Benoît XIV a mis Matthieu Carrieri au nombre des bienheureux, et l'on fait sa fête le 7 octobre (le P. Touron, Histoire des hommes illustres de l'ordre de Saint-Dominique, t. 3, 475).

CARRIERO (ALEXANDRE), prévôt de l'église de Saint-André de Padoue, prit une part très-active à la querelle de dantistes vers la fin du XVIᵉ siècle, et après avoir publié Breve et ingegnoso discorso contro l'opera di Dante, 1582, que Bulgarini l'accusa de lui avoir dérobé, il mit au jour : Palinodia nella quale si demostra l'eccellensa del poema di Dante, 1584, in-4°. On trouvera des détails sur cette mémorable dispute littéraire dans la Bibliothèque de Fontanini et dans l'Istoria di Crescimbeni. Carriero mourut en 1626. Outre les ouvrages cités, on lui doit : De potestate summi pontificis.

CARRIERS ou **TAMELLIES** (géogr.), tribu qu'on nomme abusivement indienne ou plutôt indigène de la Nouvelle-Bretagne, dans la Nouvelle-Calédonie (Amérique septentrionale). Elle habite les bords de la rivière et du lac Stuart. Ils sont chasseurs et pêcheurs, et vivent dans des huttes. Leurs habillements sont en peaux d'animaux ou en draps grossiers. Les riches ont seuls plus d'une femme.

CARRILLO (MARTIN), théologien et historien espagnol, né à Saragosse dans le XVIᵉ siècle, y professa le droit canon, fut ensuite recteur du collége de cette ville, puis grand vicaire de l'évêque de Huesca, fut pourvu d'une abbaye, et mourut en 1630. Il a laissé : Annales, memorias cronologicas que continen las

cosas sucedidas en el mundo, señaladamente en España, Huesca, 1622, in-fol. ; Saragosse, 1654; un Eloge des femmes célèbres de l'Ancien Testament (en espagnol), Huesca, 1626 ; une Histoire de saint Valère, évêque de Saragosse, ibid., 1615, in-4°. - CARRILLO (Jean), frère du précédent, religieux de l'ordre des frères mineurs, confesseur de Marguerite d'Autriche, a publié (en espagnol) une Histoire du tiers ordre de Saint-François ; une autre de sainte Isabelle, infante d'Aragon et reine de Portugal, imprimée à Saragosse en 1615, in-4°.

CARRILLO (FRANÇOIS-PEREZ) est auteur d'un ouvrage ascétique : Via sacra, exercisios espirituales, y arte de bien morir, Saragosse, 1619, in-8°.

CARRILLO LASSO DE LA VEGA (ALPHONSE), minéralogiste espagnol, était né vers la fin du XVIᵉ siècle, à Cordoue, d'une famille ancienne et féconde en hommes de mérite. Son père était président du conseil des Indes, et Louis son frère commandait une galère de la marine royale. Alphonse, après avoir rempli les fonctions d'alcade, fut fait directeur des haras de Cordoue et intendant du prince Ferdinand. Les divers emplois dont il était revêtu ne l'empêchèrent pas de cultiver les sciences et les lettres. Il écrivait en vers et en prose avec une égale facilité. On ignore la date de sa mort, mais il ne vivait plus en 1657. Ses ouvrages imprimés sont : 1° Virtudes reales, Cordoue, 1626, in-4°; 2° Soberania del regno de España, ibid., 1626; 3° Importancia de las leyes, ibid., 1626; 4° De las antiguas minas de España ibid., 1624, in-4° : cet ouvrage est fort rare; il a été traduit en français par le comte de la Blanchardière, à la suite du Nouveau Voyage au Pérou, Paris, 1751, in-12; 5° Sagrado Erato ymeditaciones davidicas sobre los CL psalmos de David, Naples, 1657, in-4°. C'est une traduction en vers des Psaumes. Elle ne parut qu'après la mort de l'auteur, par les soins de son fils Ferdinand, héritier de ses titres et de ses talents. Alphonse est l'éditeur des OEuvres de son frère Louis, mort en 1610, à vingt-quatre ans. C'est un volume in-4°, imprimé à Madrid en 1613. Il contient une traduction en vers de huit syllabes du Remède d'amour, poëme d'Ovide, et une version en prose du livre de Sénèque De la brièveté de la vie, accompagnée de notes de l'éditeur (V. la Bibl. hispana d'Antonio).

CARRINATES SECUNDUS, rhéteur éloquent, mais pauvre, natif d'Athènes, parla à Rome contre la tyrannie avec tant de force, que Caligula l'envoya en exil.

CARRINGTON (NOEL-THOMAS), poëte anglais, né en 1777 à Plymouth, où son père était employé à l'arsenal maritime, fut mis en apprentissage à l'âge de quinze ans chez un des principaux travailleurs du dock-yard. L'opinion publique était alors au plus haut point d'engouement pour tout le corps de métiers relatifs à la construction; et le père de Carrington rendit son fils victime de cette opinion. Personne plus que le jeune homme n'avait d'antipathie pour les professions mécaniques; et, jusque dans ses dernières années, il conserva le souvenir le plus amer de l'existence qu'il avait eue dans l'atelier de son maître. Il fallut pourtant, bon gré, mal gré, y passer trois ans; au bout de ce temps, la patience lui échappa, et, quoique à peu près sans argent, sans espérance d'obtenir le moindre secours de son père, il déserta le dock-yard. Ses ressources s'épuisèrent bien vite, et dans un accès de désespoir il prit du service sur les bâtiments de la marine royale. C'était l'époque où la guerre entre l'Angleterre et la France était dans toute sa force. Carrington eut part à l'action du 14 février 1797, à la hauteur du cap Finistère. Une pièce de vers qu'il écrivit à l'occasion de cet événement, le fit remarquer du capitaine, qui, le croyant destiné à quelque chose de mieux qu'à figurer comme matelot dans un équipage, lui donna son congé. Carrington profita de sa liberté pour aller dans sa ville natale, et, à l'aide de quelque argent qu'il avait ramassé dans son pèlerinage maritime, il ouvrit à Plymouth-Dock (aujourd'hui Devonport) une école qui eut beaucoup de succès. Sa méthode d'enseignement était en même temps expéditive, amusante et claire; presque tous ses élèves s'intéressaient à ses leçons et faisaient de rapides progrès. Ce talent était d'autant plus digne d'admiration que Carrington n'avait jamais appris à l'école que la lecture, l'écriture et quelques principes d'arithmétique et de grammaire anglaise. Tout le reste, il le devait à ses propres études et à sa passion pour la lecture. Il se rendit ensuite à Maidstone dans le comté de Kent, et y forma un établissement du même genre. Il y passa trois ans, de 1805 à 1808. A cette époque, des invitations honorables le rappelèrent à Plymouth-Dock, où l'on avait rendu justice à son habileté. Il continua vingt-deux ans sans interruption à tenir pension dans cette ville, et sans doute il y eût acquis de l'aisance, si une famille nombreuse n'eût quadruplé ses dépenses et absorbé la plus grande partie de ses pensées. En 1823, une concurrence inopinée lui fit un tort incalculable : la manie des écoles par souscription s'empara de toutes les têtes du pays, et l'établissement de Carrington devint de moins en moins populeux. Il persévéra néanmoins dans la voie qu'il s'était tracée ; et lors même qu'il fut attaqué de consomption vers la fin de 1827, il vaqua imperturbablement aux devoirs de sa profession. Enfin il avait fini par devenir un squelette ambulant ; force lui fut donc d'abandonner son école. Il se retira près de son fils aîné à Bath en juillet 1830; et il y expira le 2 septembre suivant, exprimant en vrai poëte une horreur invincible pour les immenses cimetières de Bath qu'il comparait à des halles. On se conforma religieusement à ses dernières volontés, en transportant sa dépouille au joli et riant village de Combhay. Carrington était du caractère le plus aimable et le plus facile. Il en était de même de son talent. Peu d'hommes ont su tirer un meilleur parti des ressources les plus exiguës, et faire plus en moins de temps. Nous avons dit que ses lectures seules lui avaient tout appris ; ajoutons que les travaux de son école le retenaient presque quotidiennement de sept heures du matin à sept heures du soir. Il ne lui restait donc que quelques instants de loisir pour se livrer à la poésie, et, ce qui est certes plus incompatible que tout le reste avec l'inspiration, des instants isolés, épars, en quelque sorte sans lien les uns avec les autres. Telle était la puissance intellectuelle de Carrington, qu'il triompha de ces difficultés matérielles, qu'il s'y habitua. Sans doute l'histoire littéraire présente quelques autres exemples de ce genre, mais ils sont rares ; et pour quiconque sent ou sait par expérience ce que c'est qu'une grande composition poétique, un tel travail sera réputé un tour de force. Au reste, avouons que, comme tous les tours de force, cette flexibilité suppose plutôt du talent que du génie. Effectivement, ce n'est pas du génie que les connaisseurs accorderont à Carrington, mais c'est le talent le plus souple, le plus élégant, le plus pur. Sa versification, perpétuellement harmonieuse et coulante, est également éloignée de la rudesse antique affectée par quelques modernes, et de la sécheresse à laquelle finit par aboutir l'école de Pope. L'auteur manie avec la même facilité le vers blanc et le vers rimé. Le riant aspect des campagnes, les scènes de terreur qu'offrent les montagnes élevées, la désolation des déserts, il peint tout des couleurs les plus vives et les plus vraies. Une sensibilité sans recherche anime chacune de ses descriptions ; et, quoique presque toutes ses poésies appartiennent au genre didactique, le ton et l'accent du poëte respirent souvent une éloquence qui manque quelquefois au drame, à l'ode, à l'épopée. De temps à autre, Carrington touche timidement, et par de lointaines allusions, aux tribulations de sa vie. Il n'est personne alors qui ne sympathise avec sa douleur, et la larme qui semble trembler dans les vers du poëte en fait rouler une sous la paupière du lecteur. Le reste du temps on l'aime. Il y a dans son style de la virginité et de la candeur virgilienne. Voici les titres des ouvrages de Carrington : 1° les Bords du Tamar, 1820 ; 2° Dartmoor (que l'on regarde comme son chef-d'œuvre), 1826. Ce poëme descriptif fut composé dans le dessein de concourir pour le prix proposé en 1824 par la société royale de littérature, mais l'auteur le présenta trop tard ; 3° Mon Village natif, 1830.

CARRIOLE, s. f. voiture longue et couverte, dont on fait un grand usage dans le midi de la France. Elle peut contenir huit à dix personnes. — Voiture légère dont la caisse n'est pas suspendue.

CARRION (LOUIS), né à Bruges en Flandre, mais originaire d'Espagne, fut fait docteur en droit canon et en droit civil à Louvain l'an 1586, et ensuite professeur royal en droit. Il fut aussi successivement chanoine de l'église de Saint-Omer, de Saint-Pierre de Louvain et de Saint-Germain de Mons en Hainaut. Il mourut jeune à Louvain le 23 juin 1595. Il était alors président du collége de Saint-Yves. On a de lui entre autres ouvrages : Antiquarum lectionum libri tres, 1516, in-8° ; Emendationum et observationum libri duo, à Paris, in-4°. Ces deux ouvrages se trouvent aussi dans le t. III, part. 2 du Thesaurus criticus de Jean Gruter, à Francfort, 1604, in-8° (Valère-André, Biblioth. belg., édition de Paris de 1729, t. in-4°.

CARRION (EMMANUEL RAMIREZ DE), savant espagnol, né vers la fin du XVIe siècle, entreprit d'enseigner les lettres aux sourds-muets, et de leur donner quelque usage de la parole ; et, s'il n'inventa point cet art, il fut du moins le seul qui l'exerça de son temps. En 1622 il publia un livre intitulé : Maravilas de naturaleza en que se contienen dos mil secretos de cosas naturales, etc., réimprimé à Madrid, 1629, in-4°. Parmi les sourds-muets que Carrion instruisit, on remarque le marquis de Priego, grand d'Espagne, et don Louis de Volasco, frère du connétable de Castille.

CARRISSIME (SAINTE), naquit à Alby dans le VIe siècle de parents nobles et puissants : elle se consacra dès sa plus tendre jeunesse à Jésus-Christ, et s'échappa de la maison paternelle pour éviter une alliance avantageuse qu'on voulait lui faire contracter ; sa fuite et sa retraite dans des forêts voisines et fort étendues furent accompagnées de circonstances miraculeuses, rapportées dans les légendes de l'église d'Alby. Plus tard elle se mit sous la conduite de saint Eugène, célèbre évêque de Carthage, alors exilé en Albigeois ; elle mourut au village de Vieux, dans le monastère de Saint-Amarand. C. L.

CARROCCIO (ital.), une voiture, et particulièrement une certaine voiture en usage dans l'Italie pendant le moyen âge, et surmontée d'un étendard de guerre. L'inventeur de ce char était Héribert, archevêque de Milan, à l'époque où cette ville était en guerre avec l'empereur Conrad et les partisans que ce prince avait dans la Lombardie. Il avait quatre roues ; quatre taureaux le traînaient ; il était teint en rouge, et au milieu s'élevait un tronc d'arbre également teint en rouge, à la pointe duquel se trouvait une pomme d'or. Immédiatement sous cette pomme, la bannière de la commune à laquelle appartenait le carroccio flottait entre deux toiles blanches. Au milieu du tronc d'arbre on voyait l'image du Sauveur, étendant les bras pour donner la bénédiction et la victoire à l'armée qui combattait. Sur le devant du char, se tenait une petite troupe composée des guerriers les plus distingués, qui défendaient l'étendard lorsqu'un péril s'approchait. Sur le derrière, les trompettes donnaient le signal. Le carroccio était d'ailleurs presque toujours entouré d'une troupe des guerriers les plus vaillants. Ce char se trouvait presque toujours au milieu de l'armée pendant le combat, et c'est pour cela qu'il était attelé de taureaux, afin que la retraite, dans le cas où elle aurait lieu, ne se convertît pas en fuite précipitée. Avant qu'il ne partît avec l'armée, on y célébrait une messe solennelle, et un chapelain l'accompagnait. Le combat était toujours des plus acharnés et des plus opiniâtres autour du carroccio, parce que c'était une tache ineffaçable que de le laisser enlever par l'ennemi. Milan seule eut d'abord cette sorte d'étendard, mais plus tard il fut en usage dans toute l'Italie.

CARROCK (géogr.), montagne d'Angleterre, comté de Cumberland, Ward d'Allerdale-Below-Derwent à deux lieues trois quarts nord-nord-est du Cheswick. Sa hauteur est de 800 mètres au-dessus du niveau de la mer. C'est un amas de rochers coupés par d'horribles précipices. — Sur un des côtés de cette montagne, on découvrit en 1740 une caverne où l'on n'est, dit-on, jamais entré, et, près de là, un étang appelé le Black-Hole, dont la circonférence est de 450 pieds, et la profondeur, en quelques endroits, de 65 brasses et dans d'autres de 45.

CARRODUNUM (géogr. anc.), ville de Germanie, suivant Ptolémée, supposée être le Radom actuel, dans le palatinat de Sendamir. — C'est encore une ville de Vindélicie, supposée être aujourd'hui Crainburg, sur l'Inn. — On trouve aussi sous ce nom une ville de la Sarmatie européenne située sur la rivière de Tyras (Ptolémée). — Et enfin une ville de la Pannonie supérieure, que les interprètes de Ptolémée regardent comme étant à présent Carnburg, sur les rives du Rab.

CARROFÉ (V. CHARROUX).

CARROI, CARIÈRE, CARRIÈRE, CARROY (vieux mots), rue, place publique, chemin, route où passent les chariots.

CARROLIN ou CAROLIN, monnaie d'or d'Allemagne (V. CAROLIN).

CARRON (géogr.), village d'Écosse, au comté et à 3 lieues de Stirling, sur la rivière de son nom. On y a établi depuis 1780 les forges les plus considérables de la Grande-Bretagne. L'on y coule et l'on y fabrique des objets des plus grandes dimensions ; tels que canons, bombes, ancres, machines à vapeur, pompes, cylindres, etc. On y fabrique aussi du fer-blanc et de la grosse quincaillerie, et il y a des machines à forer les canons, les tuyaux, etc. Ce grand établissement a fourni jusqu'à 5,000 canons par an ; c'est de là que sont d'abord sortis ceux auxquels on a donné le nom de caronade. Ces usines consomment par semaine 800 tonneaux de houille, 400 tonneaux de minerai de fer, et 100 tonneaux de pierre calcaire ; elles emploient plus de 2,000 ouvriers ; et cependant l'eau est la force motrice de toutes les machines. Les environs fournissent de la houille ; les minerais se tirent de loin, au moyen d'un canal navigable de la Forth, qui servent également à l'expédition de tout ce que fournissent les usines. — La rivière de ce nom prend sa source aux monts Campsie, coule vers l'est, et se jette dans la Forth au-dessous de Falkirk, après un cours d'environ 8 lieues. La Bouie est son principal affluent. Il paraît que cette rivière a été navigable jusqu'au-dessus de Camelon; plusieurs circonstances semblent même prouver que la mer couvrit anciennement la contrée qu'arrose la partie inférieure de son cours. **Ed. Girod.**

CARRON (Guy-Toussaint-Julien), né à Rennes le 23 février 1760, d'une famille estimable et considérée pour sa probité, était le dernier fils d'un second mariage, et ne vit le jour qu'après la mort de son père. Il fut élevé avec soin par sa mère, Hélène le Lorut, femme d'une piété tendre et éclairée. Le jeune Carron montra dans son enfance les plus heureuses dispositions. Mais ce qui le distinguait particulièrement, c'était une admirable charité pour les pauvres. Tonsuré à l'âge de treize ans, il s'associa quelques camarades zélés pour catéchiser les pauvres et les ignorants, et leur procurer des secours. Il fut nommé vicaire à la paroisse de Saint-Germain de Rennes, et s'y distingua par le zèle le plus ardent; il commença en 1785 un établissement pour les pauvres, où plus de deux mille infortunés réunis dans un saint édifice trouvaient, au moyen de leur travail, des secours pour les aider à vivre, et puisaient en même temps dans les instructions de leur saint protecteur des consolations efficaces. Dans un autre quartier de la ville, le vertueux prêtre avait rassemblé des filles arrachées au désordre, et les avait mises sous la surveillance de femmes pieuses qui dirigeaient leurs travaux. — La santé de l'abbé Carron ne put résister à tant de zèle; il tomba malade, et fut obligé, par ordre de ses supérieurs, de suspendre ses fonctions. Il vint à Paris, se lia pendant son séjour dans cette ville avec le vertueux abbé Girard (V. ce nom), auteur du Comte de Valmont, recueillit des aumônes considérables pour ses établissements, et reçut de la reine Marie-Antoinette de grandes marques d'intérêt. — En 1792, il fut emprisonné à Rennes pour avoir refusé de prêter serment à la constitution civile du clergé, et déporté le 14 septembre de la même année à Jersey, avec près de 300 prêtres et religieux. Son premier soin en arrivant sur la terre d'exil fut d'établir une chapelle; quelque temps après, il ouvrit deux écoles pour les enfants des émigrés, et se consacra lui-même tout entier à leur instruction. Afin de pourvoir à la santé de ses compagnons d'infortune, affaiblis par la misère et le malheur, il établit une pharmacie où les émigrés indigents trouvaient tous les remèdes nécessaires à leurs maladies, et une bibliothèque pour fournir des livres aux ecclésiastiques. — Le gouvernement anglais ayant résolu en 1796 de faire passer en Angleterre la plus grande partie des prêtres et des émigrés réunis à Jersey, l'abbé Carron y arriva au mois de septembre, et son zèle lui fit trouver partout d'abondantes ressources; non-seulement il put rétablir ses écoles et recréer sa pharmacie, mais encore en 1797 il forma deux hospices, l'un pour 35 ecclésiastiques âgés ou infirmes, l'autre pour 25 femmes; la même année il institua un séminaire de 25 élèves, qui a donné plusieurs ministres à l'Eglise. En 1799 les écoles qu'il avait établies devinrent des pensionnats, dans l'un desquels on élevait 80 jeunes gens; 60 jeunes personnes recevaient dans l'autre une éducation convenable à leur sexe. — L'abbé Carron se fixa à Sommerstown, près de Londres, et y continua ses immenses bienfaits. Le comte d'Artois, depuis le roi Charles X, digne interprète de la reconnaissance des Français expatriés, visita plusieurs fois ces établissements, et félicita souvent le pieux fondateur. Louis XVIII lui écrivit aussi pour lui témoigner sa satisfaction et son estime. Cet homme vertueux forçait par sa conduite admirable ceux même qui ne partageaient point sa foi à estimer et à chérir une religion qui enfantait de pareils apôtres, et plusieurs protestants rentrèrent dans le sein de la véritable Eglise. — Rentré en France en 1814, l'abbé Carron retourna bientôt en Angleterre, d'où il ne revint qu'après les cent jours. Il établit dans le quartier Saint-Jacques, près le Val-de-Grâce, un pensionnat de demoiselles, et se livrait en outre aux fonctions du saint ministère, prêchant, confessant, catéchisant avec un zèle au-dessus de ses forces. Il avait formé une association d'hommes pieux, commis, ouvriers, militaires, qu'il réunissait tous les quinze jours pour des exercices de piété. — Ce fut au milieu de toutes ces occupations utiles que la mort l'enleva à sa famille, à ses nombreux amis, et surtout aux malheureux, le 15 mars 1821. — L'abbé Carron a composé un très-grand nombre de bons ouvrages. En voici la liste à peu près complète : 1° les Modèles du clergé, ou Vies édifiantes de MM. de Sarra, Boursel, Beurrier et Morel, Paris, 1787, 2 vol in-12 : il composa cet ouvrage de concert avec quelques amis; 2° les Trois Héroïnes chrétiennes, Rennes, 1793; — 3° Recueil de cantiques anciens et nouveaux, 1791, in-18; — 4° Pensées ecclésiastiques, Londres, 1800, 4 vol. in-12 ; — 5° Pensées chrétiennes, ou Entretiens de l'âme fidèle avec le Seigneur pour tous les jours de l'année, Londres, 1801, 6 vol. in-12; Paris, 1803, 4 vol. in-12,

et 1815, 6 vol. in-18 , chacun en deux parties. Cet ouvrage contient tout ce que la morale évangélique a de plus pur et de plus consolant; — 6° le Modèle des prêtres, ou Vie de Bridaine, Londres, 1803, in-12; — 7° l'Ami des mœurs, ou Lettres sur l'éducation, Londres, 1805, 4 vol. in-12 ; — 8° l'Heureux matin de la vie, ou Petit Traité sur l'humilité, Londres, 1807, et Paris, 1817, in-18, fig. ; — 9° le Beau Soir de la vie, ou Petit Traité sur l'amour divin, Londres, 1807, et Paris, 1817, in-18, fig.; — 10° la Vertu parée de tous ses charmes, ou Traité sur la douceur, Londres, 1810, et Paris, 1817, in-18; — 11° l'Art de rendre heureux tout ce qui nous entoure, ou Petit Traité sur le caractère, Londres, 1810, et Paris, 1817, in-18, fig.; — 12° la Route du bonheur, ou Coup d'œil sur les connaissances essentielles à l'homme, Paris, 1817, deuxième édition, in-18, fig.; — 13° Vies des justes dans les plus humbles conditions de la société, Versailles, 1815, et Paris, 1817, in-12; — 14° Vies des justes dans la profession des armes, 1815, et 1817, in-12; — 15° Vies des justes dans les conditions ordinaires de la société, 1816, in-12; — 16° Vies des justes parmi les filles chrétiennes, 1816, in-12; — 17° Vies des justes dans l'étude des lois ou dans la magistrature, 1816, in-12; — 18° Vies des justes dans l'état du mariage, Paris, 1816, 2 vol. in-12; — 19° Vies des justes dans les plus hauts rangs de la société, Paris, 1817, 4 vol. in-12; — 20° les Nouvelles Héroïnes chrétiennes, ou Vies édifiantes de seize jeunes personnes, 1815, 2 vol. in-18 , fig., deuxième édition ; 1819 ; — 21° les Ecoliers vertueux, ou Vies édifiantes de plusieurs jeunes gens proposés pour modèles, Londres, 1819, et Paris, 1821 , quatrième édition, 2 vol. in-18, fig.; — 22° Modèles d'une tendre et solide dévotion à la mère de Dieu dans le premier âge de la vie, Paris, 1816, in-12; — 23° la Vraie Parure d'une femme chrétienne, ou Petit Traité sur la pureté, Lyon, 1816, in-18 ; — 24° De l'éducation, ou Tableaux des plus doux sentiments de la nature, Paris, 1819, 2 vol. in-18, fig. — Comme on le voit, d'après cette énumération, l'abbé Carron avait une sollicitude toute particulière pour la jeunesse : aussi a-t-il fait beaucoup pour elle. Voici son plus important ouvrage : les Confesseurs de la foi dans l'Eglise gallicane à la fin du XVIIIe siècle , Paris, 1820, 4 vol. in-8°. « Cet ouvrage est précieux , dit un critique, par le grand nombre de traits admirables de piété, de patience , de résignation et de pardon magnanime qu'il renferme. Il est peu de lectures plus propres à élever l'âme, à fortifier et à porter plus puissamment au service de Dieu, que l'exemple de ces généreux confesseurs qui ont payé de leur sang leur attachement aux règles de l'Eglise. Peut-être aurait-il été à désirer que le style en eût été châtié. » L'abbé Carron a laissé encore plusieurs ouvrages manuscrits , entre autres ceux-ci : 1° les Vies des justes dans l'épiscopat et dans le sacerdoce; — 2° la Vie de l'abbé de la Salle; — un Nécrologe des martyrs de la foi : nous formons les vœux pour que ce dernier ouvrage soit imprimé, puisqu'il est destiné à compléter l'excellent ouvrage intitulé : les Confesseurs de la foi, etc. **L.-F. Guérin.**

CARROS (hist. du moyen âge), chariot qui portait le principal étendard de l'armée.

CARROSSABLE, adj. des deux genres. Il se dit d'un chemin, d'une route, construits de manière à ce que les carrosses puissent y passer.

CARROSSE, voiture suspendue, couverte et fermée, montée sur quatre roues et attelée au moins de deux chevaux. — Ce nom est dérivé du latin carrum et carrus, et du celtique carr, qui signifient char. Les premiers carrosses parurent en Italie, où on les appelait rheda, mot de la basse latinité qui , chez les Gaulois, exprimait le chariot de voyage. Plus tard ils reçurent le nom de carroccio. Catherine de Médicis répandit en France l'usage des carrosses, qui y remplacèrent promptement les litières, espèce de chaises couvertes portées sur des brancards par deux mulets. Toutefois, avant Henri IV, les carrosses étaient connus en France sous la dénomination de coches, dont l'institution remonte à Charles IX. L'origine de ce nom vient du latin concha, coquille, ou de l'allemand gutsche, lit de repos; selon d'autres enfin, d'une ville de Hongrie ainsi nommée, où l'on prétend que les premiers ont été fabriqués. Coche et carrosse furent d'abord tous deux du genre féminin; on disait une coche, une carrosse. Cette voiture, dont la construction demeura longtemps grossière et incommode, commença, sous le règne de Louis XIII, à voir ses rideaux de cuir remplacés par des glaces, et les tabliers de cuir qui la fermaient (firent place à des portières de bois. En 1658, sous Louis XIV, on ne comptait encore que 320 carrosses environ, les chevaux de monture étant toujours d'un fréquent usage. Mais depuis cette époque les carrosses s'améliorèrent beaucoup, et se popularisèrent assez vite. Vers 1755 Paris en possédait plus de 10,000; mais c'était alors la seule sorte de véhicule dont on se servait. Aujourd'hui, dans cette même ville, les voitures bourgeoises s'élèvent à 59,000; mais ce chiffre renferme toutes les espèces de véhicules de luxe et d'utilité qui ont reçu de la préfecture de police leurs numéros d'inscription. Le mot *carrosse* n'est plus usité dans notre langage usuel; il a été détrôné par le mot générique *voiture*, et par l'appellation spéciale et technique des diverses voitures auxquelles le carrosse a donné naissance, telles que *dormeuse, berline, calèche, landau*, etc. Les carrosses de place, qu'on nomma longtemps *carrosses à cinq sous*, parce qu'on ne payait que cinq sous l'heure, furent eux-mêmes appelés *fiacres*, du nom du saint qui servait d'enseigne dans une maison de la rue Saint-Martin au sieur Sauvage, leur inventeur. Leur usage ne fut adopté que l'année 1657. — Le mot *carrosse* s'emploie quelquefois aussi au figuré, par emphase ou pour ridiculiser, on dit : *Il roule carrosse*, d'une personne enrichie; *Un cheval de carrosse*, d'une femme gigantesque et de mauvaise tournure; *C'est un grand cheval de carrosse*, d'un homme grand de taille et épais d'esprit.　　LOREMBERT.

CARROSSE, s. m. *en term. de marine*, logement du capitaine d'une galère, formé à l'arrière du bâtiment par une couverture d'étoffe fixée sur des cerceaux. — CARROSSE, *en term. de pêche*, est une espèce de petit parc dont les côtés et le dessus sont couverts de filets. On le nomme quelquefois *perd-temps*, parce que la pêche qu'on y fait est ordinairement peu abondante. — CARROSSE est aussi un instrument de corderie qui sert à porter le toupin ou couchoir, à l'aide duquel les câbles et autres cordes se tordent ou se commettent (*V.* CORDAGE).

CARROSSÉE, s. f. la quantité de personnes que contient un carrosse. *Il nous vint une carrossée de provinciales*. Il est familier.

CARROSSIER. Quoique carrosse dise *voiture*, carrossier n'a jamais voulu dire *voiturier*. Le carrossier est le confectionneur des carrosses, et aujourd'hui que ce dernier terme est suranné, celui de carrossier s'emploie encore, mais fort peu. Cette bizarrerie de l'usage s'efface même petit à petit, depuis que la gloriole des commerçants a remplacé le mot *boutiquier*, par celui de *négociant* ou *marchand*. Aussi le carrossier s'intitule-t-il *fabricant de voitures*; ce qui, vanité à part, est plus exact et plus rationnel. Toutefois il est à regretter que le despotisme de l'usage, et surtout un sot amour-propre appauvrissent chaque jour la langue française.

CARROSSER, v. n. C'est, dans le langage des marins normands, forcer de voiles ou déployer toutes les voiles que les circonstances permettent d'exposer, sans danger, à l'impulsion du vent.

CARROSSIN, s. m. voiturier qui conduit des voyageurs à petites journées, dans son carrosse, d'un pays à l'autre, et particulièrement du côté de la Provence. Il se prend aussi adjectivement : *Les voituriers carrossins*.

CARROUGE (B.-AUGUSTIN) (*V.* CAROUGE).

CARROUSELS. Les carrousels étaient des courses de chariots et de chevaux, ou des fêtes magnifiques que se donnaient entre eux des princes ou de grands seigneurs vêtus et équipés à la manière des anciens chevaliers, et divisés en quadrilles. Ce mot, suivant quelques écrivains, vient de l'italien *carosello*, diminutif de *carro*, chariot; d'autres font remonter l'origine des carrousels au temps de la déesse Circé, laquelle, disent-ils, institua, en l'honneur du Soleil dont elle était fille, des jeux qui consistaient principalement en des courses de chariots. Ces derniers font dériver carrousel de *currus solis*. Les quadrilles étaient en grand usage chez les Goths, chez les Maures et chez les Italiens. Ils ne furent introduits en France que sous Henri IV; le premier carrousel eut lieu en 1605 à l'hôtel de Bourgogne; le second en 1606 dans la cour du Louvre. Il y en eut plusieurs très-brillants sous Louis XIV. Un manuscrit précieux, conservé à la bibliothèque de Versailles, représente les principales scènes de ces derniers; on y voit, dans leur costume de circonstance, tous les seigneurs de la cour qui prirent part à ces fêtes. On distinguait plusieurs parties dans les carrousels : 1° la lice, c'est-à-dire le lieu où se donnait le carrousel, entouré d'amphithéâtre pour les dames et les principaux spectateurs; 2° le sujet, qui était une représentation allégorique de quelque événement pris dans la fable ou dans l'histoire. Le carrousel de 1606 représentait les quatre éléments : l'Eau, le Feu, l'Air et la Terre. Les chevaliers étaient habillés en Naïades, en Faunes, en Mercure, en Neptune, en Orphée, etc.; celui qui se donna devant les Tuileries, sous Louis XIV, représentait quatre nations : les Romains commandés par le roi lui-même, les Per-

sans par Monsieur, les Turcs par M. le Prince, et les Moscovites par M. le Duc; 3° on donnait le nom de quadrilles aux différentes troupes de combattants qui se distinguaient par la forme des habits et la diversité des couleurs. Outre les chevaliers qui composaient les quadrilles, il y avait une foule d'officiers qui prenaient part aux carrousels, comme le maître de camp et ses aides les hérauts, les pages, les estafiers, les parrains et les juges; 4° la comparse était le nom par lequel on désignait l'entrée des quadrilles dans la carrière au son des instruments; 5° enfin, il y avait diverses espèces de combats où les combattants rompaient des lances, soit les uns contre les autres, soit contre la quintaine ou figure de bois; où ils couraient la bague, les têtes; où ils faisaient la foule, etc. Ces jeux avaient remplacé les joutes et les tournois où avait péri un roi de France. Mais depuis Louis XIV, et même depuis la vieillesse de ce prince, ces divertissements cessèrent aussi d'être de mode.

CARROUSSE, s. f. terme emprunté de l'allemand. On ne l'emploie que dans cette phrase familière, maintenant très-peu usitée, *Faire carrousse*, faire débauche, boire avec excès.

CARROZZA (JEAN), né à Messine le 8 juin 1678, fut un des élèves les plus distingués de Dominique la Scala. Peu de temps après avoir reçu les honneurs du doctorat, il fut appelé à Sainte-Lucie en sa qualité de médecin-physicien de cette ville, peuplée de quatre mille habitants. Sa pratique y fut tellement heureuse que dans l'espace de trois ans il ne perdit qu'un seul malade. En 1702, il revint à Messine, et donna bientôt à ses compatriotes une preuve authentique de l'universalité de ses connaissances en soutenant avec éclat une thèse *De omni scibili*. C'est encore dans la même année qu'il publia un opuscule in-4°, intitulé : *Contra vulgo-scientias acquisitas per disciplinam*. En 1704, il fit imprimer à Messine un ouvrage in-4° dans lequel il proscrit les remèdes galéniques, et donne une préférence exclusive à ceux que fournit la chimie. Voici le titre de ce traité incomplet : *Anthropologiæ tomus primus, in quo facilior et utilior medendi theoria et praxis palam fit, absque electuariis, confectionibus, lohoc, tabellis, syrupis, julep, rob, apozematis, saccharis, catharticis, sternutatoriis, masticatoriis, epithematibus, sacculis, vesicantibus, phlebotomia, tandem sine quibusdam decoctis, vinis medicatis, emplastris*, etc. Plusieurs autres productions de Carrozza sont restées manuscrites, par exemple : 1° *De vita*; 2° *De rerum initiis*; 3° *Galeni querelæ contra Galenistas*; 4° *Præcepta moralia*.

CARRUBINS, s. m. pl. (*mythol.*), anges que les mahométans disent être les princes et seigneurs des autres; ce sont les chérubins d'un autre religion.

CARRUCA (*antiq.*), sorte de char de luxe mentionné pour la première fois par Pline, et monté sur une roue comme nos brouettes, ou, ce qui est plus probable, sur quatre roues, richement décoré d'or, d'argent, d'ivoire, etc., dans lequel les empereurs, les sénateurs et les Romains de condition se faisaient transporter. Ces *carruca* ou voitures romaines étaient souvent faites d'argent massif curieusement travaillé et ciselé, et les harnais des mules ou des chevaux étaient couverts d'ornements en or. Cette magnificence se prolongea depuis le règne de Néron jusqu'à Honorius. Dans les derniers temps, la voie Appienne était couverte des splendides équipages des nobles qui allaient en promenade à leur rendez-vous favori de Sainte-Mélanie, ou s'en retournaient à Rome; c'était surtout le chemin favori de la fashion quelques années avant le siége de la ville par les Goths. Les Romains considéraient comme une distinction de se faire traîner par un char d'une hauteur remarquable. Dans le code théodosien l'usage de ces véhicules n'est pas seulement recommandé aux officiers civils et militaires, il leur est ordonné comme une marque de leur dignité. — Nous n'avons aucun renseignement sur la ressemblance de ces chars avec ceux des triomphateurs. — Ce nom vient du vieux latin *carrus*, ou du breton *carr*, qui est encore employé en Irlande pour désigner un chariot à quatre roues.

CARRURE, s. f. la largeur du dos à l'endroit des épaules. *Voilà un homme d'une belle carrure*.

CARRY (*V.* CARY et LACARRY).

CARS (LAURENT), graveur, naquit à Lyon en 1703, et fut envoyé par son père à Paris pour étudier la peinture chez Lemoine. Ce fut par les leçons et d'après les tableaux de ce peintre que Cars forma sa manière. En effet, cet artiste est à la gravure ce que Lemoine est à la peinture. Ce fut lui qui commença à introduire dans l'art de graver cette facilité de toucher dont Lemoine avait donné l'exemple dans la peinture. Cependant, malgré ce défaut qui eut de fâcheuses conséquences pour l'école en général, Cars est l'un de nos plus grands graveurs; il consacra son talent à reproduire les œuvres de Lemoine, et ses gravures d'Hercule et Omphale, de l'allégorie sur la fécondité de la reine, de la thèse de Ventadour, sont vraiment des chefs-d'œuvre, bien que la mode les ait fait un peu oublier. Cars était membre de l'académie de peinture depuis 1733, et conseiller de cette assemblée depuis 1757; il mourut en 1771. Il fut le chef d'une nombreuse école. Parmi ses élèves on doit citer Beauverlet, Flipart, Saint-Aubin, Jardinier, etc.

CARSABACHE (*géogr. anc.*). Nous ne savons où peut être située cette ville, si ce n'est celle que Ptolémée appelle *Chorsabia*, de la petite Arménie, assez proche de Tagrite, qu'on nomme aussi *Sibabarcha* ou *Sababarech*. Elle a eu un évêque appelé *Sarbelius*, qui fut fait maphrien par le patriarche Cyriaque en 793.

CARSAIE, s. f. (*comm.*), étoffe croisée qui se fabrique surtout en Angleterre. On dit aussi *créseau* (*V.* ce mot).

CARSÉENS (*géogr. anc.*), peuples de la Mysie, à l'ouest, dans l'Eolide.

CARSÈNE (*géogr. anc.*), ville de la Cyrrestique au diocèse jacobite d'Antioche, proche de Mabug ou Eiéraple. Elle dépendait des rois arméniens de Cilicie. Timothée en était évêque en 1148, et, ayant permuté avec celui de Mabug, Jean prit sa place à Carsène. Mais celui-ci ayant eu une dispute avec le gouverneur arménien qui y était, il se retira dans un monastère sur les bords de l'Euphrate, et alors Timothée retourna à son premier siège.

CARSEOLI (*géogr. anc.*), ville d'Italie appartenant aux Sabins, à vingt-deux milles de la voie Valérienne. Tite Live, dans un passage, en fait une ville des Marses, et ailleurs il la place chez les Eques. Il paraîtrait ainsi très-probable qu'elle a été occupée alternativement par l'un et l'autre de ces peuples. Cet auteur dit que c'était une colonie romaine établie en l'an de Rome 454; sur la *mappemonde de Danville*, elle est marquée dans le pays des Sabins. La position de cette place demeura incertaine jusqu'à ce qu'Holstenius l'eût découverte en 1665 dans les montagnes appelées *Rio-Fieddo*, et elle a encore été déterminée en 1766 par l'abbé Chauppy. — Il a été reconnu par une inscription ancienne trouvée dans ce lieu que Carseoli était une colonie, et que cette ville possédait un collége de prêtres appelés *dendrophori*, consacrés probablement au culte de quelque divinité champêtre.

CARSIDAVA (*géogr. anc.*), ville de Dacie, suivant Ptolémée. On la suppose être aujourd'hui Karima.

CARSIGNATUS, chef d'un canton de Galatie, défait par Eumène II, et tué ensuite en combattant pour son vainqueur, au service duquel il s'était mis.

CARSIUS SACERDOS, accusé, sous Tibère, d'avoir fourni des vivres à Tacfarinas, ennemi du peuple romain, prouva son innocence.

CARSTARES (WILLIAM), membre distingué du clergé anglais, né en Ecosse à Cathcart, près de Glascow, en 1649, d'une ancienne et noble famille. Il fit successivement ses études à Edimbourg et à Utrecht, où son père l'avait envoyé pour le détourner de prendre part aux querelles politiques qui agitèrent le règne de Charles II, et auxquelles son esprit actif et entreprenant semblait l'entraîner. Il contracta dans ces universités des liaisons avantageuses, et se fit remarquer en philosophie et en théologie; sa facilité à s'exprimer en latin était peu commune. Ayant obtenu des lettres de recommandation d'un médecin de Londres, qui entretenait des relations à la cour du prince d'Orange, Carstares fut présenté au grand pensionnaire Fagel, et ensuite au prince lui-même, qui, appréciant la justesse de ses vues, non moins que ses connaissances bien entendues des affaires intérieures de son pays, ainsi que son vif attachement aux intérêts de sa liberté civile et religieuse, lui confia ses projets relatifs à l'Angleterre. Il fortifia ses principes en religion et en politique durant son séjour en Hollande, et à son retour dans sa patrie il embrassa avec zèle l'opinion des hommes sages qui étaient opposés à la marche tyrannique du gouvernement. Sur ces entrefaites il obtint le privilége de prêcher, mais reconnaissant son insuffisance à se rendre utile dans la carrière ecclésiastique, et décidément entraîné vers la politique, il se décida à retourner en Hollande. A son passage par Londres, pour se rendre dans ce pays, il eut des relations avec les chefs du parti exclusioniste dont la découverte le fit arrêter, interroger par le conseil privé, puis envoyer pour être jugé en Ecosse, où il supporta avec fermeté inébranlable la question à laquelle on le soumit pour lui arracher le nom des auteurs du projet d'ex-

clusion. Des moyens plus doux et la promesse de ne point donner de suite à ses réponses le firent parler : au mépris des assurances qu'on lui avait données, le conseil privé fit publier ce qu'il appelait les révélations de M. Carstares, que celui-ci accusa d'être entièrement altérées, et un de ses meilleurs amis fut arrêté. Cette perfidie l'attrista profondément; mais bientôt, rendu à la liberté il se hâta de gagner la Hollande, où le prince d'Orange l'accueillit avec de grands égards et en fit son chapelain. C'est en cette qualité qu'il accompagna celui-ci, quand il passa à la tête d'une armée en Angleterre, et qu'il resta près de lui jusqu'à ce qu'il montât sur le trône. Pendant tout son règne, Carstares fut un principal négociateur de la réconciliation du clergé presbytérien avec les épiscopaux, et rendit par son crédit auprès du roi un grand service aux membres de l'Eglise d'Ecosse, quand ils refusèrent de prêter devant le parlement leur serment de fidélité à Guillaume comme au roi *de jure* et *de facto*. Ce monarque irrité venait d'expédier pour les y contraindre les ordres les plus rigoureux. Carstares l'apprend, atteint en route le porteur de ces dépêches, les lui redemande au nom du roi, qu'il vient réveiller au milieu de la nuit en se jetant à ses pieds pour obtenir le pardon de son audace et la révocation de son arrêt, et, après quelque répugnance, ce prince accorde tout sur les représentations pressantes de l'intercesseur. Ce trait de dévouement avait gagné à Carstares la reconnaissance de tout le clergé d'Ecosse, et l'estime générale des plus grands seigneurs de cette province, entre autres du comte de Portland, qui le regardaient comme une espèce de vice-roi, bien qu'il n'eût aucun caractère public. Le roi lui-même l'honorait d'une confiance particulière; il disait un jour au milieu de ses courtisans qu'il connaissait depuis longtemps Carstares, et qu'il ne connaissait pas de plus honnête homme. — Après la mort de Guillaume, la reine Anne continua ses faveurs à Carstares en le nommant recteur de l'université d'Edimbourg, où il occupa la première chaire de théologie. Il ne voulut point jouir de son traitement affecté à son emploi de professeur, et mit à profit son influence auprès de la cour pour faire augmenter ceux des régents des diverses universités d'Ecosse; ce qui, joint à son aménité envers ses subordonnés, contribua encore à le faire chérir davantage. Lorsque l'union des deux royaumes fut agitée, c'est à lui que l'on dut la sanction à ce projet du clergé presbytérien qui menaçait d'y former opposition. Il signala encore ses services lors de la succession de la maison de Hanovre à la couronne d'Angleterre, en obtenant de l'assemblée générale le vote d'une adresse de félicitation à Georges Ier au sujet de son avènement au trône; ce qui lui valut le maintien de son poste comme chapelain royal. — La mort de Carstares ne fut pas éloignée de ce dernier événement. Elle arriva en décembre 1715. « Son caractère privé, dit un biographe anglais, fut toujours noble et respectable. Il suivait sa religion avec un zèle dégagé de tout enthousiasme et de vains préjugés, étendant sa charité douce et tolérante à toutes les sectes quelles qu'elles fussent. Il en était de même en politique chez lui, à l'égard des partis différents. Ses concitoyens révèrent sa mémoire comme celle d'un patriote sage, loyal et éclairé, et peu d'hommes ont fourni une carrière politique remarquable à travers les orages de son temps, en suivant une ligne aussi exempte de reproches. » — Les mémoires d'Etat et la volumineuse correspondance de William Carstares, confident intime et secrétaire particulier du roi Guillaume III pendant toute la durée de son règne, sont conservés à la bibliothèque de Londres comme de précieux documents sur la situation des affaires publiques de la Grande-Bretagne et plus particulièrement de l'Ecosse pendant l'administration royale de Guillaume III et de la reine Anne.   ED. GIROD.

CARSTENS (ASMUS-JACOB), peintre danois, né à Schleswick en 1754, fils d'un meunier, montra dès l'âge de neuf ans une vocation décidée pour le dessin, dont sa mère lui enseigna les premiers principes. Conduit à Copenhague par le désir de voir les ouvrages des grands maîtres, il essaya bientôt ses forces en composant un premier tableau représentant *la Mort d'Æschyle*; mais, n'ayant eu que de faibles encouragements, il se trouva réduit à faire des portraits pour gagner sa vie. Quelques tracasseries qu'il essuya à l'académie de peinture de Copenhague le décidèrent à entreprendre le voyage de Rome. Il était parvenu jusqu'à Milan, après avoir visité Mantoue; mais, par le manque de protection et de ressources dans un pays dont il ne connaissait point la langue, il se vit obligé de retourner en Allemagne en traversant la Suisse où il se procura par la vente de quelques dessins les moyens de se rendre à Berlin. Il exécuta dans cette ville plusieurs compositions remarquables qui le firent recevoir à l'académie de peinture, et obtenir une pension de deux mille cinq cents francs pour aller perfectionner son talent à Rome, où il arriva en 1792. Dès l'année suivante il exposa ses ouvrages au jugement des amateurs, qui lui fut très-favorable; plusieurs tableaux qu'il composa depuis ajoutèrent encore à sa réputation, et de nouvelles études lui présageaient de nouveaux succès, quand il mourut en 1798, dans la maturité de son talent. On cite, parmi les tableaux et dessins qu'il mit au jour à Rome, *la Visite des Argonautes au centaure Chiron*, faisant partie d'une collection de vingt-quatre dessins sur des sujets tirés de *l'Argonautique* d'Apollonius; *le Mégaponte*, composition originale qui fit, dit-on, comparer son auteur à Raphaël et à Michel-Ange, et un *OEdipe roi*, son dernier tableau. La Vie de Carstens a été écrite en allemand, et l'on trouve une notice très-détaillée sur ce peintre et ses ouvrages dans le *Magasin encyclopédique*, année 1808, tom. IV. — Un autre CARSTENS (Chrét.-Nic.), jurisconsulte, né en 1736 à Lubeck, y exerça les fonctions de procureur fiscal, et a publié en latin plusieurs écrits sur l'histoire et le droit public de cette ville. On a aussi de lui quelques dissertations imprimées dans divers recueils périodiques.

CARSULÆ (*géogr. anc.*), ville d'Italie, dans l'Ombrie, située entre Narnie et Mavanie, sur la voie Flaminienne. — Suivant Strabon, c'était une place de notable importance. Tacite nous apprend qu'elle était à dix milles de Narnie. Tite Live la donne en possession à un peuple appelé Carsuli.

CARSUM (*géogr. anc.*), ville de la basse Mœsie, d'après Ptolémée. Dans l'Itinéraire d'Antonin elle est placée entre Capidava et Cion.

CARSUS (*géogr. anc.*), rivière d'Asie, en Cilicie. Elle prend sa source au mont Amanus, près de la ville d'Erana, coulait au sud-ouest dans les gorges de cette montagne, baignait la ville d'Epiphanie, et se déchargeait dans la Méditerranée au fond du golfe *Issicus*.

CARSUGHI (RAINIER), jésuite, né à Citerna, petite ville de la Toscane, l'an 1647, mourut provincial de la province romaine le 7 mars 1709, dans la soixante-deuxième année de son âge. C'était un esprit pénétrant, juste, facile, éloquent, insinuant, qui écrivait également bien en latin et en italien. On a de lui quatre volumes de *Méditations*, plusieurs fois imprimées, et un poëme latin de l'art de bien écrire (*Ars bene scribendi*), qui parut à Rome, in-8°, avec un *Recueil d'épigrammes*, l'année même de la mort de l'auteur. Ce poëme, divisé en quatre livres, est très-élégant, plein d'excellents principes, et peut tenir lieu d'une bonne rhétorique (*Mémoires de Trévoux*, mai 1711, article 18).

CARTA, s. f. (*comm.*), nom usité parmi quelques marchands provençaux et plusieurs négociants étrangers, pour signifier la page ou le folio d'un registre.

CARTABLE, s. m. nom que l'on donne, dans les villes méridionales de la France, à une enveloppe faite de fort et gros carton, propre à renfermer des cartes, des dessins et d'autres objets utiles aux écoliers.

CARTACÉ. Du latin *charta*, papier, on a fait *cartacé*, c'est-à-dire qui concerne le papier. Cette épithète qualifie, soit un corps organisé qui croît sur le papier humide, soit un petit zoophyte qui s'est étalé en feuilles minces, soit encore diverses parties de végétaux, comparées au parchemin ou à une carte à cause de leur sécheresse et de leur ténacité qui se joignent à une grande flexibilité; cette disposition se trouve dans le péricarpe et le noyau de certains fruits.

CARTAGER, v. n. (*agricult. et écon. rustiq.*). C'est donner à la vigne un quatrième labour; il ne faut pas l'épargner à celle où l'on aura mis du fumier depuis la dernière vendange, et quand l'année aura été pluvieuse; le fumier et les pluies fréquentes produisent des herbes qui usent la terre, et empêchent le raisin de profiter et de mûrir. Les vignerons ne sont point obligés à cette façon, à moins que ce ne soit une condition du marché. Au reste, il vaut mieux la leur payer à part que de les y obliger (*V.* VIGNE). Le mot *cartager* est principalement d'usage dans l'Orléanais.

CARTAGO (*géogr.*), ville de Colombie (Nouvelle-Grenade), dans la belle vallée de Cauca. Les rues sont droites et larges, et on y remarque une grande et belle place carrée. C'est l'entrepôt des marchandises dirigées de Bogota vers le Grand-Océan par le Quindío, et de celles qui arrivent du Grand-Océan et de la mer des Antilles par Navita. 5,000 habitants. A 46 lieues ouest de Bogota.

CARTAGO (*géogr.*), ville du Guatimala, sur la rivière du même nom, chef-lieu de la province de Costa-Rica.

CARTAHA, s. m. (*marine*). C'est une manœuvre qu'on passe dans une poulie au haut des mâts, et qui sert à hisser les autres manœuvres ou quelque autre chose.

CARTAL, CARTAIROU, CARTET (*vieux mots*), mesure de vin qui répondait à la pinte d'aujourd'hui.

CARTAM, s. m. (*botan.*), espèce principale des plantes de la famille des carduacées.

CARTAMANE (*géogr. ecclés.*), ville épiscopale de l'Arménie majeure, proche Mardes, où il y avait un monastère de jacobites, sous le catholique d'Eschmiasin. Etienne y siégeait au temps de l'empereur Héraclius. C'était un hérétique.

CARTAME (*V.* CARTHAME).

CARTAMINE (*géogr. ecclés.*), ancien monastère des Syriens à Mardes, ville de Mésopotamie, bâtie avant l'an 500 de J.-C. Ce fut aussi le siége épiscopal de cette ville. Jean, évêque d'Armide, y avait appris la vie régulière, comme le rapporte Zacharie de Mélitène, et y mourut en 502, qu'Amide fut prise par les Perses (*V. Bible orient.*, t. I, p. 283; et t. II, *Dissert. de Monophys.*).

CARTARENCHE (*vieux mot*), mesure de grains qui équivaut à la quarte.

CARTARI (VINCENT) naquit à Reggio dans les premières années du XVIe siècle. On ne connaît aucun détail sur lui ni sur sa famille; seulement une lettre qui lui fut écrite par Barth. Ricci nous apprend que Cartari fut attaché au cardinal Hippolyte d'Este le jeune, qui avait pour lui beaucoup d'amitié, et qui le chargea d'une mission délicate en France. Revenu dans sa patrie, Cartari publia plusieurs ouvrages, dont les principaux sont : 1° *Fasti d'Ovidio tratti alla lingua volgare*, Venise, 1551, in-8°; l'épître dédicatoire est adressée à don Alfonse d'Este, fils et successeur du duc Hercule II, duc de Ferrare. Cette traduction en vers libres (*sciolti*) est insérée dans le recueil *Di tutti gli antichi poeti* (t. XXIII), imprimé à Milan en 1745. Cartari s'étant aperçu qu'il ne suffisait pas de traduire ce poëme d'Ovide, mais qu'il était encore nécessaire de l'expliquer en plusieurs endroits, joignit à sa version un dialogue qui peut servir de commentaire aux *Fastes*, et qui est intitulé : *Il Flavio intorno a fasti volgari*, Venise, 1553, in-8°. *Flavio* est le nom d'un des interlocuteurs de ce dialogue. Cette première édition de la traduction, et plus encore cet opuscule qui en est le commentaire, sont d'une extrême rareté. 2° *Il compendio dell'istoria di mons.* Paolo Giovo, con la postille, Venise, 1562, in-8°, ouvrage estimé. 3° *Le imagini degli dei degli antichi, nelle quali si contengono gli idoli, riti, cerimonie*, etc., Venise, 1556, in-4°, dédié au prince Louis d'Este, qui fut peu de temps après cardinal. Cet ouvrage eut un grand succès; l'auteur profita des observations qui lui furent faites, revit entièrement son travail, l'augmenta, et le publia de nouveau à Venise, 1571, in-4°. Il fut réimprimé, ibid., en 1580 et 1592, in-4°; à Padoue, 1603, in-4°, et en 1608 avec des figures de César Malfati; puis à Venise, 1609, in-4°. Le savant Laurent Pignorio de Padoue perfectionna encore cet ouvrage, et en publia une nouvelle édition à Padoue en 1615, in-4°; réimprimé à Venise, 1625; à Padoue, 1626; enfin à Venise, 1647 et 1674 : les dernières éditions sont les plus estimées. On le traita a été traduit en français par Antoine Duverdier, Lyon, 1610, in-8°, d'après l'édition italienne imprimée dans la même ville en 1581, in-8°.

CARTARI (JEAN-LOUIS), philosophe et médecin du XVIe siècle, né à Bologne, professa la philosophie dans cette ville, et à Pérouse de 1561 à 1575. A cette dernière époque il se fixa dans sa patrie, où il exerça la médecine jusqu'à sa mort, en 1595. Ses principaux écrits sont : *Lectiones XXIII prœmiales super lib. de physico auditu*, Pérouse, 1572, in-4°. — *Quæstiones de primis principiis universam logicam constituentibus*, Bologne, 1587. — *De immortalitate, etc., secund. Aristot. tractatus.* ibid., 1587, in-4°.

CARTARI (JULES), jurisconsulte italien, né à Orviéto en 1558, d'une famille noble et ancienne, mourut sénateur romain en 1633. Il fut très-estimé des papes Paul V, Grégoire XV et Urbain VIII, qui lui donnèrent plusieurs emplois honorables. On a de lui : *Decisiones fori archiepiscopalis mediolanensis. Tractatus de foro competenti adversus judices aliosque ecclesiasticam jurisdictionem perturbantes* (*Acta erudit.*, 1713, p. 505).

CARTARI (CHARLES), fils du précédent, né à Bologne en 1614, reçut le bonnet de docteur en droit à Rome en 1635. Urbain VIII le chargea en 1638 de l'inspection des archives du saint-siége. Il fut aussi avocat consistorial, et mourut en 1697. On a de lui : *Syllabus advocatorum consistorialium. Demonstrata impiorum inania*, etc. (*Acta eruditorum*, 1713, p. 505).

CARTAS (*vieux mot*), flèche, javelot.

CARTASES, prince scythe du temps d'Alexandre, fut envoyé par son frère, roi d'une vaste étendue de pays au delà du Tanaïs, pour détruire une ville bâtie sur ce fleuve par ce conquérant.

CARTAUD DE LA VILLATE (FRANÇ.), chan., né à Aubusson, mort à Paris en 1757, est auteur des ouvrages suivants : *Pensées critiques sur les mathématiques*, Paris, 1733, in-12 ; l'objet de cet écrit paradoxal est de démontrer que les mathématiques ne sont pas toujours exemptes d'erreurs. — *Essai historique et philosophique sur le goût*, 1736, in-12 ; ce livre parut d'abord avec le nom de l'auteur ; mais celui-ci, par des motifs qui n'ont pas été bien connus, changea le frontispice. Une deuxième édition porte la rubrique de Londres (Paris), 1751, avec le nom restitué. C'est encore un écrit paradoxal.

CARTAUX, s. m. pl. nom que l'on donne sur mer aux cartes marines.

CARTAYER, v. n. (*term. de messagerie*), c'est conduire une voiture de manière que les roues soient entre les ornières et les ruisseaux, et non dedans, ce qui facilite le roulement et soulage les chevaux.

CARTE, s. f. assemblage de plusieurs papiers collés l'un sur l'autre. *De la carte fine. De la carte bien battue.* Dans ce sens, on emploie plus ordinairement le mot *carton*; et on appelle cette sorte de carte *Du carton fin.* — CARTE signifie aussi un petit carton fin, coupé en carré long, qui est marqué, d'un côté, de quelque figure et de quelque couleur, et dont on se sert pour jouer à divers jeux. *Un jeu de cartes. Des cartes de piquet. Jouer aux cartes. Battre*, ou mieux *Mêler les cartes. Couvrir la carte. Ecarter une carte. Faire une carte. Amener une carte. Il lui est rentré une carte qui lui fait beau jeu. Faire des tours de cartes. Escamoter une carte. Filer la carte. Le dessous des cartes*, la partie colorée des cartes qui reste cachée quand on donne ou qu'on coupe. *Quand on donne les cartes, il ne faut pas en laisser voir le dessous.* A l'écarté et à quelques autres jeux, *Demander carte*, proposer d'écarter, de mettre de côté un certain nombre de cartes pour en prendre de nouvelles. — Figurément et familièrement, *Voir, Connaître le dessous des cartes*, apercevoir, connaître les ressorts secrets d'une affaire, d'une intrigue. *Il en sait là-dessus plus qu'un autre, il a vu le dessous des cartes.* On dit de même, *Il y a dans cette affaire un dessous de cartes*, c'est-à-dire quelque chose de secret, de caché, dont il faut se défier. — Proverbialement et figurément, *Si vous n'êtes pas content, prenez des cartes*, se dit à un homme qui est trop difficile à satisfaire, et dont le mécontentement impatiente. — Figurément et familièrement, *Brouiller les cartes*, chercher à mettre du trouble, à embrouiller les affaires. On dit, dans un sens analogue, *Les cartes sont bien brouillées.* — Figurément et familièrement, *Jouer cartes sur table*, ne pas dissimuler le motif pour lequel on agit, ne pas cacher les moyens dont on fait usage dans une affaire. *C'est un homme franc, et qui joue toujours cartes sur table.*—*Tirer les cartes*, chercher l'avenir dans la disposition fortuite des cartes. *Tirer les cartes à quelqu'un.* — Figurément et familièrement, *Château de cartes*, petite maison de campagne fort enjolivée et peu solidement bâtie ; ce qui se dit par allusion à ces petits châteaux que les enfants font avec les cartes. — CARTES, au pluriel, se dit, par extension, de ce que les joueurs laissent pour le payement des cartes. *Les cartes valent beaucoup aux domestiques de cette maison. Les domestiques ont les cartes. Mettre aux cartes* : on dit plus ordinairement aujourd'hui, *Mettre au flambeau.* — CARTE se dit aussi de l'espèce de billet, ordinairement imprimé, qu'on délivre à une personne pour qu'elle soit admise en quelque lieu, ou pour qu'elle puisse, au besoin, faire reconnaître sa qualité, etc. *Carte de spectacle. Carte d'entrée. Carte d'étudiant. Carte d'électeur. Les agents de police doivent être munis d'une carte. Carte de sûreté. Carte de présence*, etc. — *Carte de visite*, ou, simplement, *carte*, petite carte sur laquelle on a écrit ou fait graver son nom, et qu'on laisse à la porte des personnes qui se trouvent absentes, lorsqu'on va pour leur rendre visite. *J'ai laissé ma carte chez son portier.* — *Carte d'adresse*, carte sur laquelle un fabricant, un marchand fait imprimer son adresse et une note des objets qu'il fabrique ou qu'il vend. — Proverbialement et figurément, *Donner carte blanche à quelqu'un*, donner plein pouvoir à quelqu'un, l'autoriser à faire tout ce qu'il lui plaira. *Le prince a donné carte blanche à ce général.* On dit, dans le même sens, *Avoir carte blanche. J'ai carte blanche là-dessus.* — CARTE, chez les traiteurs ou restaurateurs, liste des mets qu'on peut demander. *Dîner à la carte. Demander la carte. La*

carte de ce restaurateur est très-variée. *Tel mets n'est pas sur la carte.* Il signifie aussi le mémoire de la dépense d'un repas chez un traiteur ou un restaurateur. *Apportez la carte.* Dans ce sens, on dit quelquefois *Carte à payer* ou *Carte payante*, par opposition à la carte des mets. — CARTE, *en géographie*, se dit d'une feuille de papier sur laquelle est représentée quelque partie de la surface du globe terrestre. *Carte de géographie, Carte géographique. Dresser, Faire la carte d'un pays. Apprendre la carte. Savoir bien la carte. Entendre la carte. Un recueil de cartes. Cet atlas contient tant de cartes.* Il signifie quelquefois, par extension, la connaissance géographique d'un pays. *Apprendre, Etudier, Montrer la carte d'Allemagne. Carte universelle* (V. MAPPEMONDE, etc.). — *Carte généalogique*, tableau qui contient toute la généalogie d'une maison. — Figurément et familièrement, *Savoir la carte du pays*, ou simplement, *Savoir la carte*, connaître bien les habitudes, les intérêts, les intrigues d'une société, d'une famille, etc. — Figurément et familièrement, *Perdre la carte*, se troubler, se brouiller, se confondre dans ses idées.

CARTE BLANCHE (LA), *en langage militaire*, est un pouvoir absolu, ou l'autorité donnée par un souverain au général en chef d'une armée de faire tout ce qu'il jugera à propos et convenable, sans ordres ; en d'autres termes, c'est la permission d'agir selon sa volonté, ses connaissances, son intelligence, ses renseignements, et d'après les circonstances. En conséquence, il est maître d'attaquer l'ennemi quand et comme il veut, de son propre mouvement et avec la dispense de tout contrôle. — Dans l'antiquité, un général d'armée avait communément la faculté d'exécuter, avec les troupes sous son commandement, tous ses desseins et plans de campagne. Les Grecs et les Romains, ainsi que les Carthaginois, donnaient toujours *carte blanche* à leurs généraux ; mais ceux-ci étaient responsables de leurs actions à leur gouvernement respectif, et rarement ils échappaient à une condamnation si leurs armées n'avaient point été heureuses dans une seule action. Le bannissement n'était pas la moindre défaveur dans ces sortes de cas ; et encore cette marque d'indulgence était-elle considérée comme une disgrâce et un déshonneur. Dans les temps modernes, les républiques de Gênes et de Venise ont notamment donné des exemples d'une sévérité injuste même envers des généraux qui avaient précédemment gagné plusieurs victoires et rendu d'éminents services à leur patrie. On peut conclure par ces exemples que le général qui acceptait dans ces Etats une *carte blanche* était au moins imprudent, s'il n'était ambitieux. L'histoire ottomane est remplie de noms de commandants d'armées qui reçurent le fatal cordon au retour d'une campagne sans résultats ou désastreuse. — Le seigneur de Gordes, gouverneur de Picardie, ayant engagé le combat à Guinegate avec l'archiduc Maximilien d'Autriche, sans ordres supérieurs, Louis XI en éprouva un dépit si vif, quoique l'avantage fût demeuré aux Français, qu'il rendit une ordonnance par laquelle il défendait *aux capitaines de rien entreprendre sans ses advis exprès et ordonnance.* Depuis ce prince, tous les rois de France, qui communément se sont toujours placés à la tête de leurs armées, n'ont donné *carte blanche* que rarement, et à ceux de leurs généraux dont l'habileté et la valeur avaient été fréquemment éprouvées et reconnues. Il était nécessaire, dans nos grandes guerres de la république et de l'empire, où nos armées étaient dispersées aux quatre coins de l'Europe, que les généraux en chef eussent *carte blanche*, bien qu'on n'employât plus ce mot, pour faire triompher nos drapeaux sur tous les points à la fois, tandis que le géant de nos combats remportait de son côté ses immortelles victoires. Dès qu'un général possédait toutes les qualités et les talents nécessaires pour son emploi et sa position, Napoléon l'investissait, en lui confiant ses plans de campagne, de toute autorité pour agir, afin de prévenir le manque de réussite par quelque attente d'ordres ultérieurs qui aurait entraîné un retard irréparable, et pour éviter surtout la moindre irrésolution. — Un des grands avantages pour un souverain capable de commander lui-même ses armées, c'est d'être le maître de décider, et, quand il a décidé, de n'avoir point à perdre le temps ni l'opportunité en attendant le signal d'agir donné par une volonté supérieure. Cette raison seulement donne un grand avantage sur le champ de bataille même au prince dénué de talents militaires, car alors les ordres sont transmis activement et sans perdre un moment. L'intrigue encore et la jalousie n'ont point le temps de préparer et de produire leurs funestes effets, parce que le généralissime est plus capable de se mettre en garde contre elles que le général en chef proprement dit. — Au moment de l'action, le commandant suprême doit donner seulement des ordres concis et généraux, laissant une sorte de *carte blanche* ou de pouvoir discrétionnaire d'agir à leur gré à tous ses subordonnés immédiats en matières de détail. Dans tout engagement en effet, il se présente une infinité de circonstances que ni lui ni ses premiers officiers ne peuvent prévoir. Ces circonstances, ces accidents réclament des dispositions soudaines, de prompts changements que chaque général doit avoir l'autorisation de diriger et d'exécuter sans perdre le temps à demander des ordres.

CARTE CIVIQUE ET DE SURETÉ (*jurispr.*). On appelait *carte civique* l'extrait qui devait être délivré à tout citoyen âgé de vingt et un ans accomplis, de son inscription sur le registre civique ouvert dans les municipalités, aux termes des articles 2 et 6 de l'acte des constitutions de l'empire, du 22 frimaire an VIII, afin de constater les droits politiques des Français (décret du 17 janvier 1806, articles 1, 2 et 7). A Paris, les citoyens domiciliés depuis plus de huit jours étaient obligés, sous peine d'un emprisonnement de trois mois, de se munir d'une carte civique (décret du 19 septembre 1792, articles 1, 2, 3). Les formalités relatives aux cartes civiques sont tombées en désuétude ; elles sont remplacées à Paris par les *cartes de sûreté*, qui se délivrent à la préfecture de police (arrêté du gouvernement, du 12 messidor an VIII, article 4). Ces cartes doivent être demandées au préfet de police par une pétition sur papier timbré, appuyée de l'acte de naissance du pétitionnaire, de ses papiers de sûreté, de sa patente, de son livret, etc..... Elles sont, pour ceux qui les obtiennent, un gage de sécurité ; mais aucune loi n'a porté de peines contre ceux qui négligeraient de s'en procurer, ainsi qu'il avait été fait pour les *cartes civiques*.

CARTE D'ÉLECTEUR. C'est celle qui est délivrée à chaque citoyen porté sur la liste des électeurs qui doivent nommer les députés. Ces cartes doivent être, à la diligence des préfets et des maires, adressées avant l'ouverture des collèges, au domicile de chaque électeur (ordonnance des 4-13 septembre 1820, article 7). Elles doivent contenir 1° le numéro de la section à laquelle l'électeur appartient ; 2° celui de son inscription sur la liste de cette section ; 3° l'édifice et le lieu où doit se tenir la réunion (ordonnance des 20-24 août 1817, article 6) (*V.* ELECTIONS).

CARTE, s. f. (*technol.*), en *term. de chapelier*, c'est une peau de parchemin qu'on met sur la capade. — Les artificiers nomment *carte de moulage* un carton propre à renfermer l'artifice. — CARTE, en *term. de pêche*, se dit d'un filet à chausse usité à Dunkerque. — *Pointer la carte*, en *term. de marine*, c'est trouver le point de la carte ou le cercle de latitude auquel le vaisseau est probablement arrivé, ou quel air de vent il faut suivre pour arriver à un point déterminé. — Au jeu de lansquenet, on nomme *cartes droites* les cartes que celui qui a la main donne aux coupeurs, en commençant par la droite ; et *cartes de reprise* celles qui sont tirées après la première distribution faite aux coupeurs. — En *conchyliologie*, on nomme *carte géographique* une espèce de coquille du genre des porcelaines.

CARTE (SAMUEL), théologien anglais, né à Coventry en 1653, mort en 1711, a publié : *Tabula chronologica archiepiscopatuum et episcopat. Mangliæ et Walliæ, artus, divisiones, translationes, etc., indicans*, et deux *Sermons*.

CARTE (THOMAS), savant et laborieux historien anglais, qui, après avoir fait ses études à la fin du XVIIe siècle aux universités d'Oxford et de Cambridge, entra dans les ordres ecclésiastiques. Il fut lecteur à l'église abbatiale de Bath, et s'y fit remarquer par un discours apologétique de la conduite de Charles Ier, prononcé en 1713. A l'accession au trône de Georges Ier, il se fit un scrupule de prêter serment au nouveau gouvernement, et reprit l'habit séculier. Accusé peu après de haute trahison et sa tête ayant été mise à prix, il se réfugia en France, où il résida plusieurs années sous le nom de Philippe. Là, par ses relations avec des gens de lettres et des personnages de qualité qui lui ouvrirent leurs bibliothèques, il put réunir des matériaux pour reproduire une édition anglaise de l'histoire de Thuanus, que le docteur Mead fit paraître en Angleterre en 1733. Sous le règne de Caroline, Carte étant revenu dans sa patrie publia son importante *Histoire de la vie de Jacques, duc d'Ormond*, ouvrage en trois volumes rempli de documents précieux sur les affaires de cette époque dans la Grande-Bretagne, et particulièrement en Irlande, et où plusieurs écrivains ont amplement puisé. Désapprouvant, ainsi que ceux avec lesquels il était lié, les principes de l'*Histoire d'Angleterre* de Rapin, Carte entreprit d'en écrire une nouvelle, et en 1758 il avait recueilli d'immenses matériaux, ainsi que les souscriptions nécessaires pour subvenir aux frais de l'impression de son travail, au milieu duquel la persécution du pouvoir au sujet des méfiances qu'inspirait le prétendant vint le troubler encore ; mais il put

enfin le continuer en paix. Le premier volume, qui finit à la mort du roi Jean, parut à la fin de 1747. Un conte qu'il introduisait dans sa préface relativement à un homme qui alla du Sommersetshire à Avignon pour se faire toucher par le prétendant, au nom du roi malade, qui aurait été guéri par cette démarche, lui enleva malheureusement toute la confiance et fit tomber son ouvrage en discrédit. Néanmoins il persévéra dans son entreprise, et publia deux volumes additionnels en 1750 et 1752 ; le quatrième, qui fut posthume, en 1755 : l'histoire ne va que jusqu'en 1654. Elle est écrite d'un style passable et pleine de faits intéressants, recueillis avec un soin minutieux et au prix d'infatigables recherches, mais malheureusement trop confondus dans un mélange de vieux préjugés. — Carte est auteur de plusieurs autres livres, consistant principalement en compilations, recueils ou traductions. Le plus emportant est le *Catalogue des manuscrits gascons, normands et français conservés à la Tour de Londres*. L'incendie de cet édifice en 1841 a causé la perte irréparable de ces trésors de bibliographie. Mais, grâce à Carte, leurs titres, leur nombre et leur formation ont été conservés. Ce catalogue a été imprimé en français, à Paris, en 2 vol. in-fol., 1743. — Carte est mort en Angleterre en 1754.

ED. GIROD.

CARTEAUX (JEAN-FRANÇOIS), né à Allevan, dans le Forez, en 1751, était fils d'un dragon du régiment de Thianges. Il fut élevé dans les garnisons, et suivit aux Invalides son père blessé dans les guerres de Hanovre. Après avoir voyagé dans les diverses contrées de l'Europe pour se perfectionner dans l'étude de la peinture, qui occupa sa jeunesse, il revint à Paris à l'époque de la révolution, et se distingua à l'affaire du 16 août comme officier de la cavalerie de la garde nationale parisienne. Nommé adjudant commandant à la suite de cette journée, il fut envoyé à l'armée des Alpes, puis promu au grade de général, et chargé de dissiper les Marseillais qui marchaient au secours des Lyonnais ; il s'avança contre eux, les battit, et entra dans leurs murs au mois d'août 1793. De là il s'avança sur Toulon, dont il commença le siége. Mais une pareille tâche était au-dessus de ses forces. Carteaux, révoqué, remit ses troupes à Dugommier, parut un moment aux armées d'Italie et des Alpes, fut ensuite arrêté par ordre du comité du salut public, et enfermé à la Conciergerie le 2 janvier 1794. Rendu à la liberté après le 9 thermidor, il fut mis, l'année suivante, à la tête de l'un des corps de l'armée de l'Ouest. Destitué de nouveau au bout de quelques mois, il se plaignit vivement à la convention, lui rappela ses services, et la défendit en effet avec force au 13 vendémiaire. Il fut réintégré à la suite de cette journée, et employé jusqu'en 1801, où il devint l'un des administrateurs de la loterie. Après trois ans d'exercice, il fut nommé en 1804 au commandement de la principauté de Piombino, revint en France en 1805, reçut alors une pension de l'ancien officier d'artillerie qui avait servi sous lui à l'armée de Toulon, et mourut en 1813.

CARTEIL (CHRISTOPHE), capitaine anglais, né dans la province de Cornouailles au XVIe siècle, servit d'abord dans la marine hollandaise, où il se distingua ; fut envoyé par la reine Elisabeth aux Indes occidentales, avec François Drake, contribua par sa prudence et sa valeur à la prise des villes de Carthagène, Santiago et Saint-Augustin, et mourut à Londres en 1593.

CARTEJA, ville renommée et très-antique, située autrefois dans le sud de l'Espagne, dans le voisinage du détroit qui porte aujourd'hui le nom de Gibraltar. Peu de villes de l'antiquité ont donné lieu à des opinions aussi diverses chez les anciens et chez les modernes. Comme les recherches sur la géographie de l'histoire de l'ancienne Hispanie sont encore loin d'être à leur terme, même après les travaux si méritoires du savant Uckert, il nous paraît nécessaire ou du moins utile de réunir ici les données des anciens sur la position et le nom de cette ville, et les opinions les plus importantes des modernes sur cette question, et peut-être arriverons-nous de cette façon à un résultat propre. Tite Live parle de Carteja dans deux passages, et de telle façon qu'il est possible de tirer de ses données quelque chose d'assez certain sur la position de cette ville. Lib. XXVIII, 30 : « Dum hæc ad Betim fluvium geruntur, Lælius interim *freto in Oceanum evectus*, ad *Cartejam* classe accessit. *Urbs ea in ora Oceani sita est, ubi primum e faucibus angustis panditur mare.* » Et un peu plus loin dans le même chapitre : « *Jam fretum intrabat* (Adherbal) quinqueremis, quum Lælius vel ipse in quinqueremi e portu *Carteja*..... *evectus*, in Adherbalem..... invehitur, etc. » De même, lib. XLIII, 3, il dit : *Carteja ad Oceanum*. Il résulte très-clairement de ces passages que Carteja était située en dehors des colonnes d'Hercule, mais aussi immédiatement auprès de ces mêmes colonnes.—Florus dit au lib. IV, cap. 2, 75 (Freinsh.): *Primum in ipso ostio Oceani Varus Didiusque legati conflixere ;*

et Dion Cassius, lib. XLIII, 31, dit, en parlant du même combat, qu'il eut lieu περὶ Κραντίαν; mais il est très-probable qu'à la place de ce mot il faut écrire Καρτείαν (cf. Reimarus ad D. C. l. c.). Appien (*Bell. civ.*, II, 105) donne, il est vrai, le nom de Καρπαία à la ville maritime où Cn. Pompée doit s'être réfugié après la bataille de Munda; mais il ne donne aucune indication précise sur la position de cette ville. L'auteur de la guerre d'Espagne, attribuée à César, fait mention du même fait, mais il remarque seulement que Carteja est à 150 milles de Cordoue. Strabon (t. I, p. 377, Tzschucke) ne parle de Carteja que rarement et occasionnellement; mais il place cependant cette ville à 460 stades de Munda (si toutefois on doit lire avec Palmerius ἑξήκοντα καὶ τετρακοσίους). Mais le témoignage le plus important et le plus décisif est celui de Pomp. Mela (II, 6), qui, après avoir décri la montagne de Calpé (Gibraltar), ajoute : « *Sinus ultraest, in eoque Carteja*; ut quidam putant quam transvecti ex Africa Phœnices habitant, aliquando Tartessus; atque, *unde nos sumus*, Tingitera, etc. » Pomponius Mela est plus digne de foi qu'aucun autre auteur sur ce qui concerne cette contrée, puisqu'il était originaire des environs de Carteja. Et comme d'ailleurs Pline (*Hist. nat.*, III, 1), ainsi que l'Itinéraire d'Antonin (pag. 406 Wess.) placent aussi Carteja immédiatement derrière Calpé, et que l'Itinéraire lui fait même des deux noms qu'un seul, *Calpecarteja*, il semble que la question soit résolue d'une manière positive, et qu'il ne reste aucun doute que Carteja n'ait été située dans la baie de Gibraltar, tout près du bord de la mer. Quant à fixer le point précis qu'occupait cette ville dans cette baie, à savoir si elle se trouvait sur l'emplacement où se trouve aujourd'hui Algesiras, ou S.-Rogue ou Rocadillo, etc., c'est une question qu'il serait difficile de résoudre sans recherches faites avec soin sur les lieux mêmes, et sans comparer les anciennes mesures avec les distances actuelles des lieux. Il y a peu de probabilités qu'il soit resté dans cette contrée des ruines de l'ancienne ville, qui, depuis les temps du fabuleux Hercule, n'a pas cessé un seul instant, par un sort tout particulier, de subir le contre-coup de tous les bouleversements et de toutes les révolutions qui ont agité les populations européennes, de sorte que son histoire est une suite d'événements extraordinaires. Il existe sur la position de Carteja un travail spécial par M. Joh. Conduit : *a Discourse tending to show the situation of the ancient Carteja*, dans les *Philosophical Transactions*, t. XXX, p. 803. L'auteur place Carteja sur l'emplacement qu'occupe aujourd'hui Rocadillo, dans le voisinage d'Algesiras. Uckert adopte aussi cette opinion, *Géographie des Grecs et des Romains*, t. II, 1, p. 345.—Quoique la situation de Carteja puisse être déterminée avec quelque certitude, il reste cependant encore beaucoup de doutes relativement à son nom et à son identité ou à sa différence avec d'autres villes. En effet, les auteurs anciens confondent souvent les villes de Tartesse, de Carteja et de Calpé, ou établissent une connexion entre elles et même avec la ville de Gadès, qui est à une plus grande distance. C'est ainsi que Pline (VII, 48) dit, en parlant du vieil Arganthonius, que c'est un roi des Tartessiens, et se trouve d'accord en cela avec Hérodote et Anacréon; puis après il en fait un Gaditain; tout cela dans un seul et même passage. Tandis que Strabon (t. I, p. 306) paraît se prononcer pour l'opinion qui place l'antique Tartesse au delà de Gadès, entre les deux bras par lesquels le Bétis se déversait, suivant cet auteur, dans la mer : la plupart des autres écrivains, même ceux dont Strabon s'est servi, font de Tartesse et de Carteja une seule et même ville, et nous savons cependant d'une manière certaine que cette dernière était située sur le promontoire de Gibraltar, tout sur le Bétis. Nous commencerons par citer le témoignage d'Appien, qui est du reste le moins sûr en matière géographique. Cet auteur fait de Tartesse et de Carteja une seule et même ville. Voici ce qu'il dit (*Iber.*, cap. 2) : Καὶ Ταρτησσός μοι δοκεῖ τότε εἶναι πόλις ἐπὶ θαλάσσης, ἣ νῦν Καρπησσὸς ὀνομάζεται· τὸ τε τοῦ Ἡρακλέους ἱερόν, τὸ ἐν στήλαις, Φοινίκεις μοι δοκοῦσιν ἱδρύσασθαι, etc. Car, quoique Appien donne Carpessus, et non pas Carteja, comme nom postérieur de la ville qu'il croit être la même que l'antique Tartessus, il est cependant hors de doute qu'il veut parler de Carteja, d'abord parce qu'il n'y a sur cette côte aucune autre ville à laquelle puisse s'appliquer ce qu'il dit et qui ait un nom semblable, et ensuite parce que le sanctuaire d'Hercule, dont il est ici question, prouve de la manière la plus évidente qu'Appien parle des environs du détroit de Gibraltar, contrée où était précisément située Carteja.—Mais Pomp. Mela assure aussi (*loc. cit.*) que plusieurs considèrent Tartessus et Carteja comme étant la même ville; de même Pline (III, 1) raconte (Carteja, Tartessus à Græcis dicta), ainsi que Strabon lui-même, qu'Eratosthène avait donné le nom de Tartessis à la contrée qui avoisine Calpé (Cf. Stra-

bon I, p. 397).—Calpé et Carteja ont été prises aussi l'une pour l'autre. Il paraît certain qu'il y a eu une ville du nom de Calpé, puisque Strabon la cite avec distinction (I, p. 372), et puisque ce nom paraît aussi dans l'Itinéraire d'Antonin (quoique écrit d'une manière douteuse), chez Nicolas de Damas, chez Étienne de Byzance et chez Tzetzes, sous la forme de Κάλπη, Κάλπαι ou Καρπηΐα. Il existe aussi une médaille ayant pour inscription : C. J. Calpe (Colonia Julia Calpe), si toutefois on a lu exactement les caractères qui sont un peu douteux (Cf. Comment. in *Strabonem* ed. *Friedem.*, I, p. 590).—Après cela, il est donc bien surprenant que Pline, Pomp. Mela, Ptolémée et Marc. Heracleota ne parlent jamais que d'une seule Κάλπη ὄρος et στήλη, et qu'ils ne fassent mention d'aucune ville de ce nom, mais qu'au contraire, après avoir nommé la montagne de Calpé, ils parlent immédiatement de la ville de Carteja. Mais, comme le silence de Pomponius Mela surtout rend très-incertaine ou douteuse l'existence d'une ville du nom de Calpé près de Carteja, Casaubon proposa, pour le passage de Strabon, I, p. 372, une correction qui ne paraît pas entièrement malheureuse. En effet dans les mots : Καὶ πρὸς αὐτῇ (scil. ὄρει) Κάλπη πόλις ἐν τετραράκοντα σταδίοις, ἀξιόλογος καὶ παλαιὰ ναυσταθμόν ποτε γενομένη τῶν Ἰβήρων, etc., il voudrait qu'au lieu de Κάλπη πολ. on lût : Καλπηΐα πολ.; et assurément il y a beaucoup de raisons qui recommandent cette leçon. Ainsi Strabon parle plus loin de Carteja à plusieurs reprises comme d'une ville importante, qu'il prend pour point de départ pour donner les distances des autres villes, et cela sans avoir précédemment indiqué et déterminé la situation de cette ville. Ceci paraît en contradiction avec la manière judicieuse et rationnelle qui est habituellement chez cet auteur, lequel certainement ne peut pas avoir omis de nous dire quelle était la situation de l'importante ville de Carteja; lui qui prend soin de nous indiquer la situation d'un grand nombre d'autres villes beaucoup moins connues. De plus, il donne à la ville de Κάλπη l'épithète ἀξιόλογος, et il l'appelle une ancienno ville maritime des Ibériens : s'il était ici question de Calpé, assurément nous verrions paraître ce nom plus souvent, et Strabon lui-même ferait de cette ville une mention plus fréquente, et ne se contenterait pas de la nommer une seule fois. Les autres auteurs de quelque importance ne la passeraient pas non plus sous silence. Enfin Strabon dit encore : Ἔνια δὲ καὶ Ἡρακλέους κτίσμα λέγουσιν αὐτήν, ὧν ἐστι καὶ Τιμοσθένης, ὅς φησι καὶ Ἡρακλείαν ὀνομάζεσθαι τὸ παλαιὸν δείκνυσθαί τε μέγαν περίβολον καὶ νεωσοίκους, et ces remarques nous ramènent de nouveau à Carteja, et non à Calpé. En effet, de l'ancien nom d'Heraclea que cette ville avait porté d'abord d'après Timosthène, le savant et sagace Bochart (*Canaan*, I, cap. 34, p. 615) conclut que le véritable nom primitif de la ville, d'origine tyrienne ou carthaginoise, était *Melech Kartha* (de Melkarthos, pris pour Hercule), nom qui, par une aphérèse devenue plus tard très-habituelle parmi les Hébreux, fut prononcé Cartha ou Cartheja (Carteja). Par toutes ces raisons, il nous paraît évident que, dans le passage cité plus haut, Strabon entendait désigner, sous le nom de Calpé, l'importante ville de Carteja, de quelque manière qu'il ait écrit le nom en question : et quoique nous approuvions les critiques sévères qui ont été adressées à Casaubon pour la correction qu'il a proposée, parce que, si on veut se permettre de changer et de transformer arbitrairement des noms propres, il n'y a plus de foi historique, cependant, pour ce qui concerne la chose en elle-même, nous donnons entièrement raison à cet auteur. — Voici maintenant notre manière de voir sur le sujet qui nous occupe : le nom de la ville qui était située dans le voisinage du mont Calpé, se trouve écrit des diverses façons suivantes : Κάλπη (Strab.), Κάλπαι (Étien.), Καλπία (Nic. Dam.), Καρπία (Artémidore), Καρπηΐα, Καρπηΐα (Étien.), Καρθαία (App.), Cartheja, Carteja (Tite Live, Pomp. Mela, Pline, Ptol.), Κάρπησσος (App.), Ταρτησσος (Strab., etc.). Quoique nous n'entendions pas trouver une parenté réelle et immédiate entre tous ces noms, ni admettre que Calpé s'est transformé successivement en Tartessos (car cette manière de traiter les mots est toujours arbitraire et scabreuse, et dans le cas présent elle serait historiquement fausse), il est cependant à remarquer que tous ces noms si divers et pourtant si semblables se rapportent à des villes qui doivent avoir été situées si près les unes des autres qu'il faut peut-être les chercher au même endroit, et c'est ce qui nous conduit à supposer que tous ces noms ne désignent qu'une seule et même ville, qui aurait été située dans la baie de Gibraltar, presque au pied du rocher auquel on avait donné le nom de colonne d'Hercule. Et il paraîtrait que Calpé aurait été l'ancien nom ibérien de cette ville, et c'est à quoi Strabon semble faire allusion dans le passage cité; Tartessus par contre (Tarschisch) était l'ancien nom phénicien et hébraïque, nom fameux dans le monde à l'époque de David et d'Homère, mais qui plus tard se perdit, lorsque la puissance des Phéniciens tomba , et que ce peuple devint trop faible pour pouvoir défendre et protéger ses anciennes colonies. Enfin Cartheja ou Carteja semble être le nom que les Carthaginois donnèrent à la ville, lorsque, vers le VIIᵉ siècle avant J.-C., ils suivirent partout les traces des Phéniciens dans les contrées occidentales, ou chassèrent ceux-ci de leurs colonies. Ainsi le nom de Tartessus se perdit entièrement dans l'usage quotidien, et ne se conserva plus que dans la tradition : mais les deux noms de Calpé et de Carteja restèrent en usage, lorsque plus tard les Romains conquirent l'Espagne sur les Carthaginois, et ces dénominations furent employées l'une pour l'autre au gré de chacun. Cette explication paraît concilier les données les plus opposées des auteurs et détruire toutes les contradictions : car combien n'était-il pas facile de tomber dans une méprise au milieu de tant de noms pour une seule ville, surtout avec le penchant des auteurs anciens et surtout des Grecs à faire de l'étymologie, ou bien à changer et à transformer les noms étrangers, pour les conformer à la prononciation grecque, ou bien même à y adapter ou à en faire dériver des mythes grecs. Du reste, ceux qui n'adopteront pas notre manière de voir, et qui désireraient recueillir de plus amples renseignements sur la matière, peuvent consulter les glossateurs sur Strabon, I, p. 372 ; Tzschucke sur Pomp. Mela, II, 6 ; Schweighaeuser sur Appien, *Hisp.*, 2, t. III, p. 203 ; Holstenius sur Etienne de Byzance, p. 162, et particulièrement Uckert, *Géographie des Grecs et des Romains*, II, 1, p. 242 sqq. et 345 sqq. Ce dernier écrivain prétend que Calpé et Carteja sont deux villes différentes, et Tartessus est à ses yeux un nom fabuleux, qui ne se retrouve nulle part ailleurs. Cellarius est en grande partie d'accord avec nous, dans sa *Not. orbis ant.* 2ᵉ édition, I, p. 72. — Pour ce qui concerne l'histoire de Tartessus, *V.* cet article, et consultez aussi Gesenius, dans son *Commentaire sur Isaïe*, I, 2, p. 721, et son *Dictionnaire hébraïque*. — A part, ce que nous apprennent les passages cités, nous ne savons rien sur Carteja. Tite Live raconte seulement (XLIII, 3) qu'une colonie romaine s'y établit en l'an de Rome 583 (581) : « Ex militibus romanis et ex hispanis mulieribus, cum quibus connubium non esset, natos se memorantes, supra quatuor millia hominum orabant, ut sibi oppidum, in quo habitarent, daretur. Senatus decrevit, uti nomina sua apud L. Canulejum profiterentur : eorumque si quos manumisisset, eos Cartejam ad Oceanum deduci placere. Qui *Cartejensium domi manere vellent*, potestatem fore, uti numero colonorum essent, agro adsignato. *Latinam eam coloniam* fuisse, *libertinorumque* adpellari. » — Cette ville doit avoir aussi frappé des médailles (*V.* Uckert). Carteja paraît avoir péri du temps des Arabes. — Il ne faut du reste pas confondre la ville de Carteja dont il est ici question avec celle qui porte le même nom, et dont Tite Live (XXI, 5) parle comme étant la capitale des Olcades. Cependant ce nom pourrait bien n'être qu'une faute d'écriture de la part de Tite Live ou de ses copistes, puisque Polybe, que Tite Live traduit tout simplement dans ce passage, donne, au lieu de Carteja, 'Αλθία, nom que nos éditions de Polybe ont changé en celui d'Αλθαία, en suivant Etienne de Byzance. Il serait très-difficile de déterminer laquelle de ces trois dénominations, Carteja, Althia ou Althæa, est la plus exacte, attendu que Tite Live et Polybe connaissaient aussi peu l'un que l'autre l'intérieur de l'Espagne, ni ne pouvaient le connaître, et aussi parce qu'à part eux et Etienne de Byzance aucun autre auteur ne parle des Olcades. Comp. du reste encore *Uckert*, II, 1, p. 412.

CARTEL, mot fait du latin *chartella*, diminutif de *charta*, carte ; lettre ou billet de défi par lequel on provoque quelqu'un à un combat singulier. L'usage des cartels n'a jamais été plus fréquent qu'au moyen âge et dans les temps de chevalerie, où ils jouaient un rôle important dans les *tournois* et dans les *carrousels* (*V.* ces mots) ; mais il remonte plus haut que cette époque, car il était fort commun chez les Grecs et chez les Romains, et l'on en voit plusieurs exemples dans Homère, dans Virgile et dans d'autres poëtes grecs et latins. Plutarque rapporte qu'Antoine, succombant sous le poids de l'infortune, envoya un cartel à Auguste, qui lui fit répondre qu'il avait mille moyens de mourir sans celui-là. De la chevalerie, où l'emploi des défis et des cartels n'était la plupart du temps qu'un appel au courage, à l'adresse et à la vaillance individuelle, à une lutte courtoise enfin, qui devait s'effectuer publiquement et en champ clos, en présence des pairs et de la dame de ses pensées, cet usage passa dans les mœurs générales de la nation, où il servit à provoquer la réparation d'une injure personnelle et à vider un différend par le sort des armes, transportant ainsi à la force le droit de la justice et de la raison. Alors, comme l'a dit un ancien poëte français (Villon),

L'ami, pour son ami présentant le cartel,
Se fit d'être assassin un devoir criminel.

Cet usage, dont l'examen et l'appréciation se rattachent plus spécialement à l'article *duel*, dont nous aurons à traiter plus tard, s'était presque complètement effacé de nos mœurs par suite de leur adoucissement, résultat infaillible du progrès des lumières et de la civilisation ; à peine avait-il laissé des traces dans nos armées, où le faux point d'honneur est d'autant plus difficile à déraciner entièrement qu'il y tient de très-près à l'une des premières qualités du soldat. Depuis quelques années, il a reparu, ramené par des crises politiques que l'arbitraire et la force ont terminées, à défaut de la justice et de la raison ; heureusement les hommes de ces armes s'usent d'elles-mêmes par l'emploi qu'on en fait, tandis que l'exercice ne peut qu'augmenter la puissance des autres. Ayons donc confiance dans l'avenir. — Le mot CARTEL, pris dans un sens plus favorable, s'entend aussi d'une espèce d'accord ou de convention qui se fait entre Etats pour l'échange des prisonniers, alors que les hostilités n'ont pas encore cessé. — C'était autrefois le nom d'une ancienne mesure de grains usitée en quelques lieux de France. C'est encore le nom du corps ou de la boîte d'une pendule appendue à un mur. Il est enfin synonyme de *cartouche* (*V.*) en archéologie.

CARTEL, mesure de blé qui changeait de capacité suivant les lieux où l'on s'en servait. Dans une partie de la Champagne, le cartel était la quatrième partie du setier.

CARTEL. *En term. d'architecture*, on appelle *cartel* de petites cartouches qui servent de décoration dans certaines parties d'un appartement.

CARTELADE, s. m. sorte de mesure dont on se sert pour l'arpentage.

CARTELÉE, s. f. mesure d'arpentage usitée en Dauphiné, et qui vaut quatre livadiers.

CARTELET, s. m. (*comm.*), petite étoffe de laine.

CARTELETTE, s. f. (*technol.*), petite ardoise. *Ardoise cartelette* ou simplement *cartelette*.

CARTELETTI (FRANÇOIS-SÉBASTIEN), auteur très-peu connu d'un poëme sur le *Martyre de sainte Cécile*. Le Tasse, son contemporain, à qui il avait sans doute adressé un exemplaire de cet ouvrage, l'en remercia, selon l'usage du temps, par un sonnet à sa louange ; mais cette politesse ne prouve rien en faveur du poëme ; le nombre des éditions ne prouve pas davantage. C'est plutôt un livre de piété que de poésie, et ces sortes de livres ont toujours beaucoup de débit. La dernière édition, qui est la meilleure, et la plus corrigée et augmentée par l'auteur, est celle de Rome, 1598, in-12. Le Tasse était mort depuis trois ans. Quand il serait vrai que la première édition du *Martyre de sainte Cécile* eût précédé la première édition de la *Jérusalem délivrée*, donnée en 1581, il serait encore passablement ridicule de dire que ce Carteletti précéda le Tasse dans la carrière périlleuse de l'épopée, comme s'ils avaient suivi la même route, et comme si aucun poëte célèbre n'y avait marché avant le Tasse. Un dictionnaire italien a imprimé cette naïveté ; un dictionnaire l'a répétée ; d'autres la rediront peut-être encore, et il passera pour constant que *nella carriera scabrosa dell' epopea* le Tasse eut Carteletti pour précurseur.

CARTELLE, s. f. (*musiq.*), grande feuille de peau d'âne préparée, sur laquelle on entaille les traits des portées, pour pouvoir y noter tout ce qu'on veut en composant, et l'effacer ensuite avec une éponge. L'autre côté, qui n'a point de portées, peut servir à écrire et barbouiller, pourvu qu'on n'y laisse pas trop vieillir l'encre. Avec une *cartelle*, un compositeur n'épargne en a pour sa vie, et épargne bien des rames de papier réglé ; mais il y a ceci d'incommode, que la plume, passant continuellement sur les lignes entaillées, gratte et s'émousse facilement. Les *cartelles* viennent toutes de Rome ou de Naples.

CARTELLE, s. f. Il se dit des grosses planches qui portent les meules des moulins. — On appelle *cartelle* une toile huilée et couverte de blanc de céruse, qui sert de brouillon pour écrire la musique. On se servait autrefois, pour obtenir le même résultat, d'une espèce préparée par les Italiens nommant *cartella*. — *Cartelle* se dit, *en term. d'armuriers et d'ébénistes*, d'une manière de débiter le bois en petites planches.

CARTELLIER (PIERRE), qui partage avec Chaudet l'honneur d'être l'un des chefs de notre école moderne de sculpture, naquit à Paris le 2 décembre 1757. Son père, pauvre ouvrier mécanicien, le laissa libre de suivre une carrière bien difficile, mais vers laquelle il était attiré par une force irrésistible. Le jeune Cartellier étudia d'abord à l'école gratuite de dessin, et fut ensuite admis dans l'atelier de Charles-Antoine Bridan. Il commençait à peine à faire quelques progrès dans son art lorsqu'il perdit son père, et, à l'âge de dix-sept ans, il fut obligé de travailler pour vivre et soutenir sa mère. Loin de se décourager, il redoubla d'efforts, il travailla, comme on dit, *pro fame et fama*. Des modèles de pendules, des ornements d'orfévrerie et de bronzerie, étaient son occupation ordinaire. On conçoit qu'obligé de donner un temps précieux à un travail nécessaire, mais peu instructif, Cartellier, malgré ses efforts et ceux de Bridan, n'ait pu obtenir le grand prix. Deux fois il concourut sans succès; il lui fallut renoncer au voyage de Rome. — En 1792, Cartellier produisit son premier ouvrage : c'était un groupe représentant la Nature appuyée sur la Liberté et l'Égalité. L'artiste était de son temps; jeune et pauvre, il s'enthousiasma pour les idées nouvelles, et c'est à elles qu'il dut sa première inspiration. Il fut chargé par le gouvernement de faire pour le Panthéon un bas-relief (aujourd'hui détruit) représentant la Force et la Victoire. Cartellier commençait à se faire connaître, lorsqu'il exposa, en 1796, une figure en terre cuite, représentant l'Amitié arrosant un arbuste d'une main, et le prenant de l'autre sur son cœur. Cette figure, dont la pensée délicate et l'attitude gracieuse furent généralement admirées, valut à son auteur un prix d'encouragement. Dès lors, connu et apprécié, Cartellier fut chargé en 1800 par Chalgrin, qui restaurait le Luxembourg, de faire deux statues, la Vigilance et la Guerre, pour la façade méridionale de ce palais (cette façade n'existe plus) (1). La statue de la guerre est surtout remarquable; elle offre un caractère simple et grandiose, un style tout à la fois monumental et vrai, dont la sculpture n'avait point présenté d'exemple depuis longtemps. La déesse, en levant vivement les deux bras, manifeste par son activité, et ses bras s'unissent avec le mur qui sert de fond, d'une manière qui paraît naturelle; de la main gauche elle tient une foudre, de la droite une épée; par terre, sur le devant, est une corne d'abondance que la guerre foule aux pieds, une tunique courte forme sur ses chairs, par des plis larges et élégants, une richesse sans embarras; il y a dans cette figure autant de grâce que d'élévation et d'énergie(2). En 1801, il opposa le modèle en plâtre de l'un de ses meilleurs ouvrages, c'est-à-dire, de la statue de la Pudeur. Cette statue, exécutée en marbre en 1808, fut d'abord placée à la Malmaison; depuis la mort de Joséphine, elle a été transportée en Angleterre. N'est-ce pas un fait déplorable, que la plupart des chefs-d'œuvre de nos artistes soient, par l'incurie des gouvernements ou l'insouciance des citoyens, vendus à l'étranger, et cela si fréquemment, que notre sol, privé de ces ornements, passe, après ces spoliations, pour ne rien produire de comparable à ces œuvres étrangères qui l'encombrent? Ils ne prendront pas ces lignes pour une exagération ceux qui ont visité notre musée de sculpture, et qui savent combien de morceaux qui devraient s'y trouver sont aujourd'hui hors de France! — La statue de la Pudeur, que d'autres ont pu admirer, fixa la réputation de Cartellier. Ne connaissant pas ce bel ouvrage, nous citerons ce rapport du jury décennal, pour en donner une idée : « La Pudeur est une magnifique figure de grandeur naturelle. Son attitude exprime parfaitement ce sentiment d'inquiétude qui engage une jeune fille timide à cacher les beautés dont la nature l'a douée; l'expression de la physionomie est pure et gracieuse, parfaitement d'accord avec le sentiment dont elle paraît émue; on peut, il est vrai, reprocher un peu de maigreur à quelques parties de cette statue; mais ces mêmes parties sont d'un dessin si délicat qu'on ne s'arrête point aux défauts. » — L'année suivante, Cartellier exposa le bas-relief représentant les Jeunes Filles de Sparte, dansant devant un autel de Diane. Ce bas-relief, qu'on voit au musée des antiques, dans la salle du Candélabre, soutient la comparaison avec les chefs-d'œuvre de l'antiquité auprès desquels il est placé. Il exécuta en 1804 la statue d'Aristide placée au Luxembourg. Cartellier a choisi le moment où Aristide remet au paysan la coquille sur laquelle il a écrit son nom. « L'antiquité, dit M. Q. de Quincy (3), n'aurait pas mieux, dans la patrie du personnage,

fait ressortir cet héroïsme de simplicité qui caractérise l'homme juste en butte à l'ignorante prévention de la multitude : naïveté de pose et d'action, vérité de style, justesse de costume, on dirait une statue retrouvée ou restituée. » Cartellier exécuta ensuite la statue de Vergniaud, son chef-d'œuvre, destinée à être placée dans l'escalier du Luxembourg. Pour donner à cette figure le mouvement propre à caractériser l'orateur dont il modelait l'image, Cartellier supposa qu'agité la nuit par le sujet qu'il devait traiter le lendemain à la tribune Vergniaud est tout à coup sorti de son lit, et qu'enveloppé seulement d'un manteau il prélude à son discours par une vive improvisation. Tout répondit à cette pensée. Une lampe allumée près de l'orateur indique l'heure et le lieu de la scène; la poitrine, une jambe et un bras nus, traités avec autant de fermeté que de nature ; la vigueur des mains, les plis abondants et simples du manteau, semblèrent imiter l'éloquence nerveuse et grandiose du girondin. L'exécution fut soignée autant que mâle et savante ; jamais peut-être Cartellier ne s'était montré si habile dans cette partie de l'art. « Cette statue, disait-il lui-même, est le moins faible de mes ouvrages(1); » cependant cette statue est restée exécutée seulement en plâtre (2). En 1808, il exposa le modèle en plâtre de la statue de Louis Bonaparte, roi de Hollande ; cette belle statue, exécutée en marbre en 1810, est aujourd'hui au musée de Versailles. Louis est représenté en costume de connétable de France. Cartellier aborda franchement la difficulté du costume moderne, et il prouva que ce costume était noble et beau quand on savait le traiter convenablement; c'est en effet à cela que se réduit la question. En 1810, Cartellier sculpta au-dessus de la porte principale du Louvre un grand bas-relief représentant la Gloire debout dans un quadrige vu de face. La déesse, sortant de son palais, parcourt un champ de trophées, et distribue des couronnes ; ses chevaux, conduits par deux génies, s'élancent dans la carrière. Ce bas-relief, l'une des plus belles productions de notre sculpture monumentale, a été critiqué cependant à cause de la disposition des chevaux. Il est tellement impossible de les placer autrement que les anciens, nos maîtres en sculpture, ne l'ont toujours ainsi représentés en pareille occasion (3). — Après ce bas-relief, Cartellier fit pour l'arc de triomphe du Carrousel un autre bas-relief représentant la Capitulation d'Ulm. Cette sculpture, où la dignité du style égale le mouvement et la vie, est une preuve que l'art national, traité par d'habiles mains, est aussi beau que tout autre, et devrait, indépendamment de beaucoup d'autres raisons, décider nos artistes à traiter plus souvent des sujets empruntés à notre histoire. En 1811, Cartellier exposa la statue de Napoléon législateur. Placée d'abord à l'école de droit, cette belle figure est aujourd'hui au musée de Versailles. En 1814, il acheva la statue colossale du général Valhubert, placée à Avranches; et, en 1819, la statue du général Pichegru, également à Versailles. La statue du maréchal Lannes devait aussi être exécutée par Cartellier, mais elle n'a pas été terminée. Cartellier fit pour la porte des Invalides le bas-relief représentant Louis XIV à cheval; pour Reims, la statue de Louis XV; la statue colossale de Minerve frappant la terre de sa lance, et en faisant sortir l'olivier (1822). En 1825, il exécuta le mausolée de Joséphine, dans l'église de Ruel. La bonne impératrice est à genoux devant son prie-Dieu en grand costume impérial : la grâce, la finesse, la bonté de cette femme si intéressante, ont été rendues par Cartellier avec un grand succès ; et, outre l'impression de la figure, la pose, l'exécution de la draperie, l'harmonie de l'ensemble, tout fait de ce monument un des mausolées les plus remarquables. Cartellier fit aussi pour la cathédrale de Paris le mausolée de M. de Juigné, archevêque de Paris. Enfin sa dernière œuvre fut la statue en bronze de Denon, placée en 1827 sur le tombeau de ce savant ; cette statue, en costume français, est aussi digne de Cartellier que le reste de ses ouvrages. Il était occupé à travailler au mausolée du duc de Berri et à une statue équestre de Louis XV, lorsque la révolution de 1830 et enfin la mort vinrent arrêter ses travaux. Le cheval destiné à Louis XV a servi pour la statue équestre de Louis XV, de M. Petitot, qui orne la cour du palais de Versailles. Deux statues et deux bas-reliefs en marbre du mausolée sont exécutés. Il serait à désirer qu'on les exposât

---

(1) Le ministre de l'intérieur voulant conserver ces deux ouvrages, qui ne pouvaient plus figurer sur la nouvelle façade, les a fait placer à droite et à gauche des deux pavillons situés du côté de la rue de Tournon.

(2) Article CARTELLIER, de la *Biographie universelle*, par M. Em. David.

(3) *Notice sur Cartellier.*

---

(1) M. Em. David, loc. cit.

(2) Sous la restauration elle fut enlevée de la place qu'elle occupait dans le grand escalier du Luxembourg et reléguée au fond d'un magasin. Elle est aujourd'hui dans l'atelier de l'un des élèves de Cartellier et désormais à l'abri de la destruction.

(3) Cf. Mionnet, *Descr. de méd. ant.*, t. IV, p. 133, n° 759.

quelque part. Nous croyons qu'il serait superflu d'ajouter aucune réflexion à la liste des œuvres de Cartellier ; cette liste même est son plus glorieux éloge. Ce grand artiste mourut le 12 juin 1831.
— Cartellier était membre de l'académie des beaux-arts depuis 1810 ; il avait été nommé professeur à l'école des beaux-arts en 1815 ; nous avons dit que Cartellier était l'un des chefs de notre école moderne de sculpture ; nous citerons parmi ses élèves MM. Rude, Roman, Petitot, Nanteuil, Seurre aîné, Dimier, Lemaire, Seurre jeune, Damont, Lannot, Jalley, Deslœufs, qui tous ont obtenu le grand prix, et qui tous, avec plus ou moins de supériorité, continuent la gloire du maître. Cartellier repose au cimetière du Père-la-Chaise, où ses élèves, s'unissant à sa famille, lui ont fait élever un mausolée, dont cinq d'entre eux ont exécuté les bas-reliefs. Cette dette de cœur, acquittée par la reconnaissance, est le plus bel éloge des vertus privées de Cartellier, de même que le monument dû à ce noble mouvement de sympathie filiale suffirait seul pour prouver que celui auquel il est consacré fut un grand artiste ; car c'est vraiment un chef-d'œuvre, où l'on fait retrouve toutes les qualités du maître, et que le maître lui-même n'aurait pas désavoué.

CARTENAGA (*géogr. anc.*), ville de l'Inde, placée par Ptolémée sur la rive du Gange.

CARTENNA ou **CARTENNÆ** (*géogr. anc.*), ville très-considérable d'Afrique, dans la Mauritanie césarienne, aujourd'hui province française occidentale de l'Algérie, sous le nom de province d'Oran, située près de l'embouchure de la rivière de Cartenne, au nord-est, et au sud-ouest de celle de Chinalaph ou Schétiff. Pline et Ptolémée la signalent. C'était une colonie romaine, et Auguste y établit des soldats de la 2e légion. Sa situation correspond à celle de Mostaghanem et de Mazagran. En effet, la solidité et la beauté de la construction des murailles de Mostaghanem qui subsistent encore du côté du nord-ouest annoncent irrécusablement la main-d'œuvre des Romains. D'ailleurs Mostaghanem et Mazagran sont si bien approvisionnées par les eaux, leur position est si agréable et si avantageuse pour la défense, au milieu de campagnes fertiles, avec une vue d'une étendue immense, à droite et à gauche en avant, jusqu'à la mer, que les Romains n'auraient eu garde de négliger d'y établir des stations dans ces deux places. Pline et Ptolémée assignent à leur *Cartenna* un emplacement dans cette direction, et dans l'*Itinéraire d'Antonin* nous trouvons la même distance entre Arsinaria et Cartenna que celle qui existe aujourd'hui entre Arzew et les deux villes dont nous venons de parler. L'une ou l'autre, ou toutes deux ont dû autrefois former cette colonie ; car en considérant leurs positions contiguës, l'uniformité des terrains qui leur sont intermédiaires et qui semblent, comme toujours, n'avoir jamais été délimités, on est induit à croire que, continuellement sous l'influence des mêmes intérêts, elles n'ont formé qu'une seule et même communauté sous le nom de Cartennæ au pluriel, comme l'écrit Ptolémée.　　ED. GIROD.

CARTENNUS (*géogr. anc.*), rivière d'Afrique, qui se décharge dans un golfe de la Méditerranée, au nord-ouest du port d'Arsinaria ou Arzew. C'est aujourd'hui le petit cours d'eau appelé Halrah.

CARTER (ELISABETH), Anglaise distinguée par ses talents littéraires, naquit en 1717 d'un ecclésiastique du comté de Kent, qui lui donna une excellente éducation. Elle joignait à une connaissance profonde des langues anciennes et modernes un jugement solide et du talent pour la poésie. Sa modestie égalait son mérite. Le plus connu de ses ouvrages est la traduction anglaise de tous les écrits d'Epictète qui sont parvenus jusqu'à nous, précédés d'une introduction et accompagnés de notes, 1 vol. in-4°, publié en 1758 par souscription. Cette traduction est très-estimée des Anglais ; elle a été réimprimée en 2 vol. in-12, et à Dublin, in-8°. Ses *Poésies sur différents sujets*, 1 vol. in-8°, 1762, réimprimées depuis, in-12, et dans les *Mélanges* de Dodsley, sont également remarquables par la sagesse des pensées et par un style toujours élégant et naturel. On lui doit aussi les numéros LXIV et C du *Rambler* (rôdeur) portant la signature de *Chariesa*, et une traduction anglaise des *Dialogues d'Algarotti sur la lumière et les couleurs*. Elle mourut à Londres le 19 février 1806, âgée de quatre-vingt-neuf ans.

CARTER (FRANÇOIS), auteur anglais du XVIIIe siècle, membre de la société des antiquaires de Londres, a publié en 1776, en 2 vol. in-8°, avec des planches, un *Voyage de Malaga à Gibraltar*, qui a été réimprimé en 1778. Cet ouvrage a été traduit en allemand. Carter avait formé le projet de publier une notice historique et critique des livres espagnols publiés dans les premiers temps de l'imprimerie, avec la vie des auteurs, etc.; mais la mort l'arrêta au début de son travail le 1er août 1783.

CARTERET (PHILIPPE), marin anglais, commandait comme capitaine la corvette *le Swallow* qui partit d'Angleterre le 22 août 1766 pour aller découvrir de nouvelles terres dans l'hémisphère austral, sous les ordres du capitaine Wallis, commandant *le Dolphin*. On se rendit directement au détroit de Magellan. Le *Swallow* était mauvais voilier ; Wallis fut forcé de l'abandonner pendant un coup de vent à la sortie du détroit. Carteret, après avoir couru de grands dangers, découvrit l'île Pitcairn, située à environ 150 lieues dans le sud-est de l'archipel Dangereux. Sa route, pendant laquelle il découvrit encore quelques îles au sud des îles de la Société, fut ensuite dirigée au sudouest. Parvenu à 10° de latitude sud, il gouverna droit à l'ouest, et eut connaissance de l'archipel de Santa-Cruz de Mendaña, qu'il appela îles de la *Reine Charlotte*. En continuant sa route au nord-ouest, il découvrit celles qu'il nomma *Gower* et *Carteret* qui appartiennent à la partie nord-est des îles de Salomon, sans voir aucune autre terre de ce grand archipel qui avait été découvert par Mendaña, et que les géographes d'alors regardaient comme fabuleux. Carteret passa le premier dans le canal Saint-Georges, qui sépare les terres de la Nouvelle-Bretagne de celles de la Nouvelle-Irlande, que Dampier avait cru n'être que l'ouverture d'une grande baie. Il relâcha à un port situé près de l'entrée de ce canal, à la côte de la Nouvelle-Irlande, à laquelle il donna son nom ; ensuite il prolongea cette dernière côte et celle qui est immédiatement à l'occident, et découvrit les îles de l'Amirauté. Le *Swallow* se rendit à Batavia, après avoir passé dans le détroit de Macassar, et retourna de là en Angleterre, où il arriva le 20 février 1769 après deux ans et demi de campagne. Carteret eut à lutter pendant son voyage contre des difficultés de toute espèce, et surtout contre le mauvais état de son bâtiment. L'altération de sa santé et le délabrement de son vaisseau l'empêchèrent probablement de pousser plus loin ses découvertes. Quoi qu'il en soit, il a enrichi la géographie de plusieurs connaissances importantes, et mérite d'occuper un rang honorable parmi les navigateurs. Hawkesworth a publié la relation de son expédition avec celle du premier Voyage de Cook.　　ED. GIROD.

CARTERET (JEAN), comte de Granville, siégeait en 1711 à la chambre des pairs, et se distingua par son attachement à la maison de Hanovre, qui l'avait recommandé à Georges Ier. Nommé vice-roi d'Irlande en 1724, son administration dans un temps difficile fut généralement applaudie. A l'avénement de Georges II au trône, Carteret fut continué dans ce haut emploi jusqu'en 1730. Du parti contraire au lord Walpole, il fut nommé secrétaire d'État après la révocation de ce ministre, et mourut en 1763, et se montra constamment protecteur des arts et des lettres.

CARTERET (ILES). Dans son ouvrage sur l'Océanie, M. de Rienzi a placé les *Carteret* dans l'archipel de *Salomon*. Carteret, qui en fit la découverte en 1767, les nomma les Neuf-Iles. Maurelle les prit pour les îles Ontong-Java de Tasman ; elles furent revues par *Shortland* en 1788, et par *Hunter* en 1791. Ces îles sont bien boisées et riches en cocos, et surtout la plus grande. La mer fournit abondamment du tripang ou biche de mer, espèce d'holothurie de mer. Un récif de corail entoure ce groupe, selon ce que j'ai appris d'un capitaine *Bougui*, et c'est un des motifs principaux que l'on peut supposer que les *îles du Massacre*, que le capitaine B. Morrell croit avoir découvertes, ne sont autres que les îles Carteret. Les huit petites îles de ce groupe sont basses, et couvertes bien boisées, très-peuplées. Ainsi que la grande, les naturels sont noirs à cheveux crépus, courageux, intrépides, dissimulés, armés d'arcs et de flèches : ils ont un bon nombre de grandes pirogues qu'ils manœuvrent à la voile. Latitude sud, 4° 4' ; longitude est, 154° 31' 0" (milieu).

CARTERIE, s. f. art de fabriquer les cartes. — Partie du bâtiment où elles se fabriquent (*V.* CARTONNERIE).

CARTERIER (*vieux mot*), geôlier et infirme, qui ne peut sortir, qui est enfermé.

CARTERO, s. f. petit portefeuille ou espèce de portelettres.

CARTEROMACO ou **CARTEROMACHUS SCIPIO**, savant italien, dont le nom propre était *Fortiguerra*, né à Pistoie en 1467, appartenait à une très-bonne maison. Après avoir fait successivement ses études dans un collège de sa ville natale, fondé par sa famille, puis à Rome et à Florence où il fut initié à la connaissance de la langue grecque par le célèbre Angelo Poliziano, il passa quelques années à Padoue, et de là vint en 1500 à Venise, où la république lui fit un traitement généreux, pour qu'il enseignât le grec aux jeunes Vénitiens. Appelé à Rome par le pape Jules II, il fut placé par le pontife auprès de son neveu le cardinal Galeotti de la Rovère. Mais, ce prélat étant mort peu après, il s'attacha au cardinal Francis Alidosio, qui fut tué à Ravenne en 1511. Le cardinal Jean de Médicis, depuis pape sous le nom de Léon X, devint son nouveau patron. Il ne jouit pas longtemps des premiers sourires que semblait alors lui accorder la fortune; une mort subite vint le surprendre à l'âge de quarante-six ans, dans l'année 1513. — Scipion était également distingué par ses lumières et sa modestie, deux qualités dont lui fait honneur au plus haut degré Erasme (*Epist.* 471), qui le consultait, ainsi que Marcus Musurus, au sujet des difficultés qu'il rencontrait dans l'explication des proverbes grecs. — Ses principaux ouvrages sont : 1° un *Discours apologétique de la langue grecque*, Venise, 1504; 2° une *Traduction latine du discours grec d'Aristide en l'honneur de la ville de Rome*, Venise, 1518; 3° une édition de la *Géographie de Ptolémée*, Rome, 1507, et différentes préfaces, épigrammes et lettres en grec et en latin, insérées dans d'autres publications.

ED. GIROD.

CARTERON, s. m. dans les fabriques, lames de bois qui, passant entre les fils de la chaîne d'un tissu, les empêchent de se mêler ensemble (*V.* QUARTERON).

CARTERON ou **CARTERUM** (*géogr. anc.*), ville de la Sarmatie asiatique, située sur la côte orientale du Pont-Euxin, d'après Ptolémée.

CARTES GÉOGRAPHIQUES. Les cartes, en *term. de géographie*, sont la représentation sur une surface plane du globe terrestre, ou de portions plus ou moins étendues de sa surface. Cette représentation ne peut donc être qu'approximative, puisque le globe terrestre, qui affecte la forme d'un sphéroïde légèrement aplati vers ses pôles, n'est point une surface développable, c'est-à-dire qui puisse être étendue sur un plan. Un point sur le globe est déterminé de position par la connaissance de ses coordonnées géographiques, c'est-à-dire de sa latitude et de sa longitude, lesquelles se comptent sur les méridiens et les parallèles à l'équateur; le tracé de ces méridiens et de ces parallèles forme donc la base ou le cadre de toute carte géographique. — MAPPEMONDES. Dans le cas où les cartes représentent le globe entier, ou seulement un hémisphère, elles prennent le nom de *mappemondes*, et on arrive à leur construction au moyen de la méthode des projections perspectives, en supposant le globe tout à fait sphérique, la quantité dont sa figure diffère de la sphéricité n'étant point ici appréciable, et ces projections s'appellent *équatoriales*, *stéréographiques* ou de Ptolémée, suivant que l'observateur, situé à la surface du globe, a pris pour plan de perspective, ou sur lequel les contrées se projettent, le plan de l'*équateur*, ou *un plan méridien quelconque*, ou le plan de l'*horizon* d'un lieu déterminé. La projection sur un méridien prend le nom d'*orthographique*, dans le cas où l'observateur est censé placé à une distance infinie au-dessus du plan de projection. — CARTES CHOROGRAPHIQUES ET TOPOGRAPHIQUES. Ces procédés de *projections perspectives* s'emploient seulement, ainsi que nous venons de le dire, quand il s'agit de représenter un hémisphère entier; mais, pour des étendues beaucoup moindres, on a recours à un autre mode de projections appelées *projections par développement*, et qui s'emploient pour les cartes appelées *chorographiques* et *topographiques*, selon qu'elles embrassent, à une assez petite échelle, l'*étendue d'une contrée*, *d'un royaume*, ou bien qu'à une échelle plus grande, et qui comporte de plus amples détails, *elles ne représentent qu'une petite étendue de terrain*. S'il s'agit, par exemple, de représenter une zone de la sphère qui ait peu de largeur, c'est-à-dire comprise entre deux parallèles peu distants l'un de l'autre, on peut supposer que sa surface coïncide avec celle d'un cône tangent à la sphère, suivant le parallèle milieu de la zone, et alors sur le développement de cette portion de sphère le premier méridien est celui qui partage en deux portions égales la zone à représenter; les autres *méridiens* sont des arrêtés du cône, c'est-à-dire des lignes droites qui vont se couper à son sommet, et les *parallèles* sont des cercles concentriques décrits de ce même sommet comme centre. A cette projection on a substitué ensuite généralement celle dite de *Flamsteed*, qui consiste à représenter les *parallèles* par des lignes droites parallèles équidistantes; le premier méridien est une ligne droite qui leur est perpendiculaire, et les autres *méridiens* sont des lignes courbes coupant les parallèles en des points pris de manière que d'un parallèle à l'autre les degrés décroissent comme de la latitude. Les carreaux qui résultent de cette construction renferment les mêmes lieux que ceux qui leur correspondent sur le globe; mais plus ils sont éloignés du premier méridien, plus ils sont allongés

dans le sens de leur diagonale, de manière que la configuration des localités y éprouve une altération bien sensible. Aujourd'hui on remédie à cet inconvénient par un procédé qui n'est qu'une modification du précédent, et qu'on appelle pour cela développement de Flamsteed modifié. Il consiste à substituer aux lignes droites qui représentent les différents parallèles, des arcs de cercle équidistants, dont le rayon est, comme dans la projection conique, la *cotangente* de la latitude du moyen parallèle. Avec cette modification, les carreaux sont moins déformés, et ont sur la carte le même rapport que sur le globe. — CARTES MARINES OU RÉDUITES. On appelle ainsi celles qui servent aux marins pour la solution des divers problèmes de pilotages. Dans la projection de ces cartes, on assimile la portion du globe à représenter à un cylindre dont on détermine le développement; les *méridiens* et les *parallèles* sont des lignes droites perpendiculaires entre elles; les distances entre les méridiens sont toutes égales, et, pour que les arcs de méridiens conservent avec ceux des parallèles le même rapport sur la carte que sur le globe, les distances qui séparent les parallèles augmentent à mesure qu'on s'éloigne de l'équateur, et dans un rapport inverse de celui que suit sur le globe la diminution des degrés de *longitude*. Cette projection, dite de *Mercator*, qu'on nomme aussi carte par *latitudes croissantes*, est utile aux marins, qui peuvent y tracer avec facilité, et le plus exactement possible, la route qu'ils ont parcourue, et dont la direction leur est donnée par les rumbs de vent qu'ils ont suivis, et qui coupent sous le même angle tous les méridiens qu'ils traversent. — CARTES PLATES. Dans les cartes plates, presque entièrement abandonnées aujourd'hui, la projection étant aussi le développement d'un cylindre, les *méridiens* et les *parallèles* sont des droites perpendiculaires entre elles; mais, comme on n'a aucun égard à la courbure de la terre, les rapports entre les degrés des méridiens et des parallèles n'y sont pas observés. — CARTES HYDROGRAPHIQUES. Les cartes *hydrographiques* représentent spécialement les côtes des différentes mers, avec l'indication des écueils qu'elles peuvent offrir, des sondes, ou d'autres détails de quelque importance pour la navigation. — CARTES MILITAIRES. Les cartes *militaires* ne sont que des cartes *topographiques* plus ou moins exactes, plus ou moins détaillées, selon le temps que l'on a pu consacrer à leur confection, et qui servent à faire connaître toutes les localités qui peuvent influer sur les diverses opérations ou les divers mouvements stratégiques. Nous ajouterons enfin que la carte d'un pays, pour être complète, doit renfermer, outre la distance entre les divers lieux, leur hauteur au-dessus d'une surface de comparaison, comme celle de l'Océan. Ces *hauteurs* ou différences de niveau forment, avec la *latitude* et la *longitude* d'un point, les trois coordonnées géographiques qui servent à la détermination complète de ce point. Ceci s'applique particulièrement aux cartes topographiques qui, pour ne laisser rien à désirer, doivent offrir ainsi tous les éléments qui seraient nécessaires, non-seulement pour donner la planimétrie d'une contrée, mais encore son relief exact. C'est dans cet esprit qu'a été conçue l'exécution de la nouvelle carte topographique de la France, à laquelle une partie du corps royal d'état-major est annuellement occupée. — NOUVELLE CARTE TOPOGRAPHIQUE DE LA FRANCE. Pour la confection de cette carte, la projection adoptée est celle que nous avons développée ci-dessus, dite *projection de Flamsteed modifiée*, en prenant pour premier méridien celui qui passe par l'observatoire de Paris. Le commencement des opérations relatives à ce beau travail remonte aux premières années de la restauration, époque où le dépôt général de la guerre proposa au gouvernement de remplacer la carte de Cassini, reconnue défectueuse en plusieurs points, par une nouvelle carte topographique qui fût non-seulement en harmonie avec nos connaissances actuelles, mais qui pût fournir en outre les documents exacts à toutes les branches d'administration auxquelles la science géodésique et l'art de la topographie peuvent prêter leurs secours. Avant de se livrer à toute opération de détail, la méthode suivie a dû être de tracer plusieurs chaînes de triangles perpendiculaires entre elles, de couvrir tout l'espace à mesurer d'un grand réseau de triangles que l'on rattache à ces chaînes, puis de partager chacun de ces triangles primitifs en triangles secondaires, de manière à offrir par cet ensemble bien lié, bien coordonné, la détermination exacte et sûre d'un grand nombre de points, desquels on a pu partir comme repères, pour se livrer aux opérations de détails, c'est-à-dire aux levés topographiques; de cette manière, les mesures partielles sont restreintes dans leurs écarts par les triangles qui les circonscrivent, et de là résulte un système d'opérations bon dans ses détails, parfait dans son ensemble. Toutes les grandes opérations géodésiques et astronomiques, base de tout le travail, sont confiées à des officiers du corps royal d'état-major, presque tous sortis de l'école polytechnique ; et les travaux topographiques ou de détail sont également exécutés par des officiers du même corps, de manière à offrir, pour l'exactitude et la confiance qu'on peut accorder aux opérations, toute la garantie désirable. Ainsi que nous l'avons dit déjà, les opérations relatives au nivellement et au relief du terrain sont, de la part des ingénieurs, l'objet de la plus sérieuse attention : les côtes de niveau très-fréquentes indiquent au-dessus de l'Océan (marée moyenne) les hauteurs d'un nombre immense de positions, et offrent, avec la figure des mouvements de terrain que ces mêmes ingénieurs dessinent sur les lieux, le moyen de présenter non-seulement le tracé des thalwegs et des grandes lignes de partage des eaux, mais encore tous les accidents du sol, avec l'indication des pentes plus ou moins roides, de manière que l'inspection de la carte donne la possibilité de se livrer à l'étude facile de projets de canaux, de routes, d'opérations militaires, ou d'autres besoins des divers services publics et des administrations locales. L'échelle adoptée pour la gravure des feuilles, au nombre de 258, qui complèteront ce beau travail, est celle de 1,580,000, c'est-à-dire un peu plus grande que celle de Cassini ; leurs dimensions sont de 8 décimètres sur 5, de sorte que chaque feuille offre une superficie de 160 lieues carrées de 4,000 mètres. Les levés topographiques se font sur le terrain à une échelle beaucoup plus grande, qui comporte presque les moindres détails, et, en étudiant plusieurs feuilles gravées déjà publiées, on peut dire que ce travail immense met de beaucoup en arrière tout ce qui a paru en ce genre, et que la carte elle-même de Cassini, si belle pour l'époque à laquelle elle a été exécutée, semble aujourd'hui remonter à l'enfance de l'art. Nous devons ajouter que les travaux géodésiques et astronomiques sur lesquels se fonde la nouvelle carte tiennent incontestablement le premier rang parmi tous les travaux de ce genre exécutés depuis l'invention du *cercle répétiteur*, en offrant en général tous les résultats numériques qui, par leur importance et leur exactitude, peuvent être utiles aux différents services publics, aux administrations départementales, et même aux savants qui s'occupent de la question difficile de la figure de la terre, puisqu'ils donnent la mesure de grands arcs de *parallèles*, que les géomètres regardent comme une des données essentielles de cette question. Ils ont conduit aussi dernièrement à cette remarque d'un haut intérêt pour la géographie physique, savoir, « que *les eaux de l'Océan et de la Méditerranée, considérées dans un état de repos absolu, ne forment qu'une seule et même surface de niveau*. » Enfin, les officiers chargés de tous les travaux relatifs à cette nouvelle carte se livrent encore, chaque année, à la rédaction de mémoires sur le pays par eux exploré, et tous ces résultats donnent la certitude de voir s'élever, en faveur de l'utilité publique, un monument topographique digne de la France et de l'époque actuelle. — IMPORTANCE DES CARTES. On ne peut nier la grande part qui doit être attribuée à la géographie pour l'étude et l'intelligence de l'histoire. Son importance, depuis longtemps si bien sentie et reconnue, ne doit-elle pas rejaillir en partie sur les cartes, qui forment pour ainsi dire la base de toute connaissance géographique. En effet, toutes les descriptions qui rentrent dans le domaine de cette science, et qui font connaître la connexion des différents pays, leurs principales circonstances physiques, ayant nécessairement des formes un peu vagues, on a dû depuis longtemps être amené à y joindre des représentations plus ou moins étendues de la surface terrestre et de ses diverses parties, et par conséquent à reconnaître l'importance et la nécessité des cartes, qui rendent non-seulement sensibles à l'œil les situations respectives des diverses localités, mais encore donnent à ces situations et aux relations de forme et d'étendue qui en résultent la plus grande précision, dont on a besoin si souvent dans la navigation, l'art militaire, le tracé des routes, des canaux, et pour d'autres objets d'un intérêt aussi direct. Ne pourrait-on pas, par exemple, attribuer aux connaissances graphiques, quoique encore bien imparfaites, de Xénophon, la gloire et le salut de ses dix mille frères d'armes ? Un bon atlas devrait être un des premiers objets de recherches et de dépense ; l'utilité s'en fait sentir dans la lecture de presque tous les livres ; mais, malgré les découvertes fréquentes consignées dans les cartes, il reste encore beaucoup à faire pour voir disparaître des erreurs graves qui peuvent donner lieu aux plus grands malheurs. C'est ainsi qu'entre beaucoup d'autres exemples que l'on pourrait citer, plusieurs naufrages sont attribués à la carte des Shetland par Preston, qui n'est exacte ni dans leur position ni dans leurs dimensions. Pour arriver à une exactitude complète, il faudrait, ce qu'on est

loin de pouvoir espérer de longtemps, que l'astronomie et la trigonométrie pussent porter leur compas sur toutes les terres habitables. La marche des connaissances géographiques ne nous est connue qu'à l'égard d'un petit nombre de peuples dont l'histoire s'est conservée avec quelque degré de certitude ; ainsi les mappemondes des Indous ne présentent de clairement tracé que l'Indoustan, la Perse, le Thibet et l'île de Ceylan. L'art de lever des plans topographiques était connu des Égyptiens, et leur avait été rendu nécessaire par les inondations périodiques du Nil ; on ne peut néanmoins leur supposer de grandes idées géographiques, et l'on doit regarder comme problématique la prétendue carte de *Sésostris*. Ptolémée, géographe grec qui florissait de 140 à 170 après l'ère chrétienne, sous les deux Antonins, peut être regardé comme celui qui nous a laissé les plus anciennes cartes géographiques que nous ayons. Il plaçait son premier méridien aux îles *Fortunées* (aujourd'hui les *Canaries*), comme la limite la plus occidentale des pays alors connus ; et, comme leur étendue d'orient en occident était plus considérable que celle du midi au nord, la première reçut le nom de *longitude* (longueur), et la seconde celui de *latitude* (largeur) qu'elles portent encore aujourd'hui. — ITINÉRAIRES DES ROMAINS. Les Romains bornaient leurs efforts eu géographie à faire composer ces *Itinéraires*, qui n'étaient que des relevés des chemins et routes de toutes les provinces de leur empire, et dont la principale application était de diriger la marche des armées ; c'est dans cette vue qu'a été tracé l'Itinéraire de l'empereur *Antonin*. En général, les historiens n'ayant souvent pour but, dans leurs descriptions, que de faire connaître les divers mouvements des armées, indiquaient les routes par la succession des lieux sans les détours ou les changements de direction, et c'est dans cet esprit que furent construites plusieurs cartes militaires. — CARTE DE PEUTINGER. Telle est celle que l'on retrouva en 1547 dans les papiers de *Peutinger*, qui paraît remonter au temps de *Théodose le Grand* (de 568 à 596) ; elle n'a qu'un pied (d'Augsbourg) de hauteur, et plus de vingt-deux pieds de longueur, et embrasse toute l'étendue du monde connu alors. Mais nous devons faire remarquer que les objets marqués de côté et d'autre de la route n'y sont placés que comme des repères pour indiquer les régions que cette même route traverse, sans avoir égard à leur configuration. Sans repasser en revue tous les progrès successifs de la géographie et la manière de la représenter, nous arrivons de suite à l'époque rapprochée de nous où cette science, et particulièrement la topographie, a marché à pas de géant, et a fait de si immenses progrès qu'elle peut, pour ainsi dire, passer pour une science nouvelle. Il y a quelques années, si l'on citait comme occupant le premier rang les cartes de *Cassini*, de *Ferrari*, par un nouvel essor, les géographes français surpassent tous les jours leurs devanciers, et laissent peu d'espoir à ceux qui à leur tour voudraient tenter de les surpasser.

CARTES A JOUER. Les cartes ont, par rapport à nous, une origine italienne. C'est à Venise ou à Florence que les Grecs réfugiés de Constantinople, après la prise de cette ville par Mahomet II, les ont fait d'abord connaître. Selon M. Duchesne, aîné (*Annuaire historique pour 1837*), elles ont été introduites en France entre les années 1369 et 1397. Le premier monument écrit qui fasse mention des cartes comme existant chez nous est un article d'un compte de l'argentier Poupard, dans lequel on lit ce qui suit : « Donné à Jacquemin Gringonneur, peintre, pour trois jeux de cartes à or et à diverses couleurs, ornées de plusieurs devises, pour porter devant le seigneur roi, pour son esbattement, cinquante-six sols parisis. » Des auteurs ont conclu de ce passage que les cartes auraient été inventées à l'occasion de la démence de Charles VI, et pour distraire ce prince malheureux, dans des rares moments où ses accès de frénésie faisaient place à un affaissement moral qui était encore une maladie. M. Duchesne, qui nous sert en ce moment de guide, combat cette opinion, et avance avec raison que l'article même sur lequel on l'appuie fournit la preuve que les cartes sont antérieures à l'année 1392, dans laquelle Charles VI subit la première atteinte de son mal, parce que si Jacquemin Gringonneur en eût été l'inventeur ou l'introducteur en France, l'article du compte où il est nommé serait sans doute autrement rédigé qu'il ne l'est. — Les cartes dont il est ici mention ne sont point celles dont nous faisons usage aujourd'hui. Tout nous indique que, dessinées et peintes à la main, elles étaient semblables à celles que les Italiens avaient imaginées pour l'amusement et l'instruction des enfants, et qu'ils appellent *naibi*. En effet, ces cartes uniquement composées de figures représentant les divers états de la vie, les muses, les sciences, les vertus, les planètes, étaient beaucoup plus propres à distraire un esprit solitaire et malade, que le sept de trèfle ou le neuf de carreau, qui ne portent aucune instruction avec eux. Charles VI était donc tout simplement un enfant que l'on amusait avec des images. Quelques-unes de ces anciennes cartes, parvenues jusqu'à nous, ont une longueur de sept à huit pouces. Elles sont peintes avec un grand soin, et même avec talent, sur un fond d'or rempli d'ornements. Quelques parties de broderie sur les habits sont rehaussées d'or, tandis que les armes et armures sont couvertes d'argent. Ces cartes, qui devaient être comme les *taroes* ou *tarots* italiens, au nombre de cinquante, étaient divisées en cinq séries ou couleurs, de dix cartes chacune. Nulle inscription, nulle lettre, nul numéro, n'indique la manière de les arranger, et il est à croire qu'on les distribuait comme elles se présentaient après qu'on les avait battues, et qu'on laissait au hasard le soin d'amener des combinaisons plus ou moins amusantes ou instructives. — A supposer que ces cartes aient été introduites en France en 1369, celles dont on se sert aujourd'hui ne tardèrent pas à y être en usage, *pour la satisfaction de ceux qui cherchaient dans un jeu plutôt des émotions que de l'instruction ou l'espérance, qu'un délassement agréable et instructif*; car, en 1397, une ordonnance du prévôt de Paris les défendit dans les cabarets aussi bien que le jeu de paume, de boules, de dés et de quilles. Ces cartes, dont sont issues les nôtres, et que nous appellerons avec M. Duchesne des *cartes numérales*, étaient composées de quatre compagnies égales, ayant une enseigne pour les reconnaître. Dans chaque compagnie, huit soldats numérotés de deux à neuf, avaient à leur tête un roi, une reine, un écuyer, un varlet. L'as servait d'enseigne, et voilà pourquoi, dans la plupart des jeux, il marche le premier, et est regardé comme la plus forte carte. Plus tard, on supprima l'écuyer, et on lui substitua un soldat portant le numéro dix, et les cartes numérales reçurent l'arrangement qu'elles ont aujourd'hui. — Les figures de ces premières cartes ne portaient pas les noms que nous leur donnons aujourd'hui. Le roi de carreau s'appelait *Coursube*, que les romans donnaient à un roi sarrasin ; le roi de pique s'appelait *Apollin*, du nom d'une idole attribuée aux peuples du Levant par les vieilles histoires des croisades ; le valet de trèfle s'appelait *Roland*, l'un des preux et neveu de Charlemagne. Plusieurs figures n'avaient point de noms, et étaient accompagnées de devises morales ou satiriques. Leur pose et leur attribut n'étaient pas les mêmes que de nos jours ; mais les couronnes des rois étaient toutes formées de fleurs de lis, et les costumes étaient ceux du règne de Charles VII, qui monta sur le trône en 1422. Tout nous indique que c'est du temps de ce prince que les cartes sont devenues insensiblement ce qu'elles sont encore, s'il est vrai que certaines figures soient bien l'emblème des personnages historiques qu'elles sont supposées représenter. Suivant une explication assez ingénieuse, si elle n'est pas rigoureusement exacte, le jeu de cartes serait l'image d'un jeu plus terrible, celui de la guerre. Les cœurs figuraient la bravoure militaire, les piques et les carreaux, les armes dont un roi prévoyant doit tenir ses arsenaux toujours remplis ; les trèfles, les approvisionnements de fourrage et de vivres ; enfin les as, nom d'une monnaie romaine, les finances, qui sont le nerf de la guerre. Quant aux figures, trois des rois sont censés représenter Alexandre, César et Charlemagne ; mais le roi de pique, appelé David, serait *l'emblème de Charles VII*, qui fut poursuivi par son père, comme David le fut par Saül. La dame de trèfle, nommée *Argine*, anagramme de *Régina*, serait Marie d'Anjou, femme de Charles VII ; la dame de carreau, *Rachel*, Agnès Sorel ; la dame de pique, *Pallas*, la Pucelle d'Orléans ; la dame de cœur, *Judith*, Isabeau de Bavière, femme de Charles VI. Des quatre valets ou varlets, Ogier et Lancelot sont deux preux du temps de Charlemagne ; Hector de Galand et Lahire, deux capitaines du temps de Charles VII. Si cette explication est juste, elle justifie l'opinion que nous avons émise, que les cartes que Jacquemin Gringonneur peignit pour Charles VI étaient tout à fait différentes de celles dont nous nous servons. — Si les cartes, ainsi composées, purent offrir d'abord quelque instruction, elles devinrent bientôt un futile moyen d'amusement dont on abusa ensuite d'une manière étrange. Les combinaisons mathématiques dont elles se trouvèrent susceptibles donnèrent lieu à des luttes dans lesquelles, au XVIᵉ siècle, on engagea des sommes telles que des fortunes immenses furent compromises. Le préambule d'une ordonnance rendue le 22 mai 1583, par Henri III, donne, en ces mots, une idée de l'excès auquel était parvenu le désordre : « Chacun voit par expérience que les jeux de cartes, tarots et dez, au lieu de servir de plaisir et de récréation, selon l'intention de ceux qui les ont inventez, ne servent à présent que de dommage notoire et scandale public, estans jeux de hazard, subjets à

toute espèce de piperie, fraudes et déceptions, apportans grande despence, querelles, blasphemies, meurtres, desbauches, ruynes et perdition de famille, et de ceux qui en font profession ordinaire, mesme de la jeunesse qui y consomme tous ses moyens et biens, de la perte desquels s'ensuit une mauvaise et scandaleuse vie, au grand prejudice du public, ce qui procède de ce qu'aucuns tiennent banque et maison ouverte à tels jeux, pour tirer commodité desdites piperies à tous jours et heures, singulièrement ès festes et dimanches, au lieu de vacquer au service de Dieu. » — Après une peinture si énergique et si vraie des désordres produits par les cartes, on s'attend que le roi va les frapper de prohibition. Point du tout. Désespérant sans doute d'extirper un vice trop profondément enraciné, il se borna à en tirer profit, en soumettant chaque paire de jeux de cartes à une imposition d'un sou parisis. — Ce qu'on aura peine à croire, c'est le nombre de dispositions légales auxquelles donna lieu une chose aussi futile. Rappelons-en quelques-unes : le 21 février 1581, fut établi sur l'exportation des cartes un droit que supprima l'ordonnance de 1583, dont nous venons de reproduire le préambule. En 1605, le 14 janvier, une déclaration fixa le nombre des villes dans lesquelles il serait permis de fabriquer des cartes ; et cette fabrication fut soumise à plusieurs règlements, notamment dans les années 1661 et 1776. En octobre 1702, il fut établi sur les cartes, en remplacement de la taxe de 1583, qui probablement avait cessé d'être exigée, un impôt qui fut aboli par la loi du 2 mars 1791, puis rétabli par d'autres, spécialement par celles des 30 septembre 1797, 22 janvier, 8 mai, 3 novembre 1798, 30 juillet 1804, 22 mars 1805, par le décret du 9 février 1810, par la loi du 28 avril 1816, et par l'ordonnance du 18 juin 1817. Une ordonnance du 4 juillet 1821 soumit les cartes à un nouveau contrôle. L'impôt auquel elles sont soumises se perçoit par le moyen du timbre dont elles sont frappées. C'est l'administration qui fournit le papier dont elles sont faites, et sur lesquelles sont gravées en encre pâle et au trait des figures et numéros qu'elles doivent offrir aux yeux. Pour en fabriquer et en vendre en détail, il faut une permission de l'autorité. — Pendant la révolution, on réforma les cartes, qui se trouvaient en contradiction avec la forme du gouvernement. A des images grotesquement faites, grossièrement enluminées, et n'attestant en rien le progrès des arts, le crayon de David substitua une composition élégante, un trait plein de pureté, des draperies savamment arrangées, que l'on coloria avec bon goût. Les quatre rois qui sont debout furent remplacés par quatre figures d'hommes assis, coiffés du bonnet phrygien et environnés de leurs attributs. Ces quatre figures représentaient le génie de la guerre, le génie du commerce, le génie de la paix et celui des arts. Les quatre dames cédèrent la place à la liberté des cultes, des professions, du mariage et de la presse, figurées toutes les quatre par autant de femmes debout, coiffées et vêtues à l'antique. Quatre hommes assis en costumes civils ou militaires, représentant l'égalité de rang, l'égalité de droits, l'égalité de couleur, l'égalité de devoirs, remplacèrent les quatre valets. — Cette réforme dans les cartes en amena forcément une dans le vocabulaire des joueurs. Ainsi, au piquet, au lieu de quinte au roi, on dut dire, quinte au génie ; au lieu de quatorze de dames, il fallut compter quatorze de liberté, etc. Cette manière de parler, à laquelle on n'était point fait, nuisit autant que l'esprit de parti au succès des nouvelles cartes, et on rechercha toujours les anciennes, dont on était de longue main habitué à se servir. Les nouvelles cartes tombèrent avec la forme de gouvernement qui leur avait donné naissance, et on reprit les anciennes. Ce qu'alors on aurait dû faire, c'était de profiter de leur retour pour donner, principalement aux figures, plus de grâce dans la pose, plus de goût dans les ajustements, plus de fini dans l'exécution, et on ne le fit pas. Les vieilles cartes revinrent telles qu'elles étaient autrefois, et se perpétuèrent dans leur imperfection primitive, comme si nous n'avions eu depuis qu'elles furent inventées ni dessinateurs, ni graveurs, ni coloristes. — Personne n'ignore que les cartes donnent lieu à grand nombre de jeux qui mettent en péril les biens, l'honneur et quelquefois la vie des imprudents qui y cherchent d'abord un refuge contre l'ennui, et finissent par s'en faire un funeste besoin. Ce serait une bien effroyable liste que celle des vols, des meurtres, des suicides dont ont été la cause ces morceaux de cartons peints de rouge et de noir. Les jeux où le hasard est le seul arbitre de la perte ou du gain sont défendus dans les lieux publics et les maisons de réunion. On tolère ceux qui sont appelés *jeux de commerce*, dans lesquels le calcul entre pour quelque chose ; cependant ces derniers, souvent aussi désastreux que les autres, sont une cause perpétuelle de démoralisation par les friponneries dont ils font naître l'idée et fournis-

v.

70

sent l'occasion, même dans les cercles les mieux composés. De plus il en est de cette catégorie, la bouillotte par exemple, dans lesquels domine seul et souverainement le hasard. —Nous n'essayerons pas de donner connaissance des nombreuses combinaisons mathématiques dont sont susceptibles les trente-deux cartes d'un jeu de piquet, ou les cinquante-deux d'un jeu entier ; nous dirons seulement que des hommes exercés en tirent parti pour faire, avec habileté, une grande quantité de tours surprenants d'escamotage et de calcul. Nous ajouterons que d'autres prétendent y lire l'avenir, et s'en font un moyen d'existence aux dépens de l'ignorance qui a en eux une foi stupide. Les premiers exercent librement leur amusante industrie dans les salles de spectacle, dans les salons où on les appelle, ou sur les places publiques qu'on leur abandonne. Quant aux seconds, on les laisse volontiers leurrer d'espérances ceux qui se rendent chez eux pour connaître leur destinée, témoin la célèbre demoiselle Lenormand, qui a joui d'une si grande réputation du temps de l'empire, et le sieur Moreau, si cher aux petites bourgeoises qui ne pouvaient pas prétendre à l'honneur d'être admises dans le sanctuaire de la grande prophétesse. Mais la police arrête les devins, et le tribunal correctionnel les punit toutes les fois qu'à l'aide de leur science prétendue, qu'ils appellent la *cartomancie*, ils ont commis quelque escroquerie, ce qui leur arrive assez souvent, surtout dans les campagnes.

CARTES A JOUER (*jurispr.*). Les cartes à jouer font partie des objets soumis à l'impôt indirect. La fabrication et la vente en sont surveillées par la *régie des contributions indirectes*. La loi du 2 mars 1791 avait aboli le droit sur les cartes à jouer. La loi du 19 vendémiaire an VI, article 56, les a soumises à un droit de timbre, dont un arrêté du directoire exécutif (22 janvier 1798) a déterminé le mode de perception, et qui a depuis subi quelques variations. La législation sur cette matière se compose, outre les lois précitées, des lois, décrets et ordonnances en date du 8 mai 1798 (13 floréal an VI) ; 12 octobre 1798 (21 vendémiaire an VII) ; 18 août 1804 (20 thermidor an XIII) ; 22 mars 1805 (1er germinal an XIII) ; 24 mai 1805 (4 prairial an XIII) ; 31 août 1805 (13 fructidor an XIII) ; 16 juin 1808 ; 19 février 1810 ; 28 avril 1816 ; 18 juin 1817 ; 4 juillet 1821 ; 7 juillet 1831. C'est dans cette série de lois que se trouvent les dispositions propres à assurer la perception du droit et à en prévenir la fraude. Nous indiquerons les plus importantes.—*Perception.* Nul fabricant de cartes ne peut s'établir hors des chefs-lieux de direction de la régie (décret du 1er germinal an XIII, article 10). C'est la régie qui fournit le papier pour la fabrication des cartes (arrêté du 19 floréal an VI et décret du 1er germinal an XIII), ainsi que les moules qui servent à la fabrication (décret du 16 juin 1808 et du 19 février 1810). Nul citoyen ne peut fabriquer des cartes qu'après avoir fait inscrire ses nom, prénoms, surnom et domicile, à la régie, et en avoir reçu une commission qu'elle ne peut refuser. Il en est de même de ceux qui veulent vendre des cartes (arrêté du 22 janvier 1798, décret du 19 février 1810). On ne peut même pas, sans remplir ces formalités, vendre, sans bande ou sous bande, des cartes *ayant déjà servi*, ou des jeux formés de cartes *recoupées* ou *de cartes prises de divers jeux et réassorties* (décret du 4 prairial an XIII. — Loi du 28 avril 1816, article 170. — Arrêt de cassation du 26 avril 1822 ; Sirey, t. XXII, première partie, p. 390). Les décrets du 4 prairial an X et 13 fructidor an XIII ; la loi du 28 avril 1816 et l'ordonnance du 4 juillet 1821 déterminent le timbre à apposer , la forme des bandes et enveloppes à mettre sur chaque jeu. — *Exportation et importation.* L'introduction et l'usage des cartes fabriquées à l'étranger sont prohibés (décret du 13 fructidor an XIII). Les cartes destinées à l'exportation ont été imposées à cinq centimes par jeu , par le décret du 16 juin 1808. Le recouvrement de l'impôt a été provisoirement suspendu , et la libre exportation décrétée par l'ordonnance du 7 juillet 1831. Cette ordonnance n'a point été convertie en loi. — *Quotité du droit.* Le droit de fabrication reçu sur chaque jeu de cartes a été réduit, par l'article 160 de la loi du 28 avril 1816, de 25 centimes à 15 centimes, quel que soit le nombre des cartes dont le jeu est composé. Les cartes avariées et impropres à entrer dans la composition des jeux ne sont pas assujetties au droit de 15 centimes. Le droit ne peut être exigé sous prétexte que l'article 161 refuse toute réduction sur le droit ou le papier à raison d'avaries de cartes (arrêt de cassation du 11 mars 1825 ; Sirey, t. XXIII, première partie, p. 156). Sur ce droit il est accordé aux fabricants une remise d'un onzième pour déchets. L'article 2 du décret du 11 fructidor an XI, qui accorde cette remise, n'a point été abrogé par le décret du 9 février 1810, qui fixait le droit à 25 centimes. On ne peut faire résulter l'abrogation, de cela seul que le décret du 9 février 1810, en établissant une nouvelle

quotité des droits, n'a pas reproduit la disposition accordant la remise (arrêt de cassation du 30 avril 1831 ; Sirey, t. XXI, première partie, p. 457). Les fabricants sont en outre soumis à un droit de licence de 50 fr. par an (*ibidem*, article 164). La licence n'est valable que pour un an. Le droit est payé par trimestre (loi du 21 avril 1832, article 44). — *Contraventions et peines.* La loi du 28 avril 1816 , dans les articles 166 et suivants, règle ainsi qu'il suit la pénalité en cette matière : « Tout individu qui fabriquera des cartes à jouer, ou qui en introduira dans le royaume, ou qui en vendra, distribuera ou colportera, sans y être autorisé par la régie, sera puni d'une amende de 1,000 à 3,000 fr. et d'un mois d'emprisonnement. En cas de récidive, l'amende sera toujours de 3,000 fr. Les mêmes peines seront appliquées à ceux qui tiennent des cafés, des auberges, des débits de boissons, et en général des établissements où le public est admis, s'ils permettent que l'on se serve chez eux de cartes prohibées, lors même qu'elles auraient été apportées par les joueurs. Les personnes désignées au présent article sont tenues de souffrir les visites des préposés de la régie. Ceux qui auront contrefait ou imité les moules, timbres, marques, employés par la régie, pour distinguer les marques légalement fabriquées, et ceux qui se serviront de véritables moules, timbres et marques, en les employant d'une manière nuisible aux intérêts de l'État, seront punis, indépendamment de l'amende fixée par l'article 166 , des peines portées par les articles 142 et 143 du code pénal. » A l'époque où fut rendue cette loi, les articles cités du code pénal prononçaient la *réclusion* et le *carcan* : le code pénal revu en 1832, a aboli la peine du carcan, et l'article 143 de ce code a substitué à cette peine la dégradation. Les dispositions des articles 223, 224, 225, 226 de la présente loi sont applicables à la fraude et à la contravention sur les cartes à jouer. Ces articles, relatifs aux tabacs, disposent que : Tout employé assermenté peut constater la fraude, procéder à la saisie, et constituer le fraudeur prisonnier ; dans ce dernier cas, il est tenu de le conduire immédiatement devant un officier de police judiciaire, lequel le conduit devant le juge compétent, et il est statué immédiatement sur son emprisonnement ou sa mise en liberté. Néanmoins, si le prévenu offre bonne et suffisante caution de se présenter en justice, d'acquitter l'amende encourue, ou s'il consigne lui-même le montant de ladite amende, il sera mis en liberté, s'il n'existe aucune autre charge contre lui. — Tout individu condamné pour fait de contrebande sera détenu jusqu'à ce qu'il ait acquitté le montant des condamnations prononcées contre lui ; cependant le temps de la détention ne pourra excéder six mois, sauf le cas de récidive, où le terme pourra être d'un an. — La contrebande avec attroupement et à main armée sera punie comme en matière de douanes (V. DOUANES).

CARTÉSIANISME. Pour bien saisir le point de départ de ce système, pour comprendre la marche, le développement et les conséquences des idées philosophiques du grand homme qui lui donna son nom, il est nécessaire de jeter une idée sommaire de l'état où se trouvait la philosophie au temps de Descartes. — La philosophie née du christianisme avait paru, pendant un assez grand nombre de siècles, reconnaître sans trop de murmures la suprématie et la juridiction de la doctrine conquérante devant laquelle s'étaient éclipsées les écoles d'Athènes, de Rome et d'Alexandrie. Cette soumission ne fut pourtant pas toute absolue et sans restriction. Du moment que Charlemagne eut fondé des écoles dans toutes les parties de son empire avec l'aide d'Alcuin, et encouragé par son exemple, autant que par ses ordonnances, l'étude des anciens, dont les ouvrages purent se joindre dans les cours publics d'instruction aux écrits purement chrétiens que les Boëce, les Cassiodore, les Isidore de Séville, les Marcien Capella avaient composés pour l'éducation de la nouvelle société qui se formait, des symptômes significatifs purent faire présager une scission plus ou moins prochaine entre la religion et la philosophie. Scot-Érigène, écrivain profondément imbu des idées d'Aristote et de Platon, ne tarda pas à établir entre elles une distinction qui devait se montrer de jour en jour avec plus d'évidence. En voyage qu'il fit, dit-on, dans les contrées de l'Orient lui fournit l'occasion de se pénétrer des doctrines panthéistiques qu'il reproduisit trop fidèlement dans ses ouvrages. L'auteur prit en France et en Angleterre ; mais ses traités n'en furent pas moins lus avec avidité. Saint Anselme, le créateur de la scolastique, ajouta encore au besoin de science et de raisonnement qui se propageait de plus en plus dans la société, en publiant son *Monologium* et son *Proslogium*, qui renferment les résultats des efforts qu'il fit pour constituer le principe de la science. Ses raisonnements sont analogues à ceux que Descartes publia plus tard ; mais on doit remarquer que saint Anselme commence par supposer un autre mode de connaissance, le mode de foi, tout à fait distinct de la méthode philosophique ; qu'il se renferme ensuite uniquement dans l'ordre de la science ; qu'il ne prétend pas faire du procédé suivi par lui la loi de l'esprit humain en général, mais seulement la loi de l'esprit humain se développant dans la science et par la science, et comme elle implique, à un certain degré, une vue de la vérité, et que chaque individu ne peut voir le vrai qu'avec ses idées, la science, essentiellement relative, pour chaque individu, à sa conception propre, est en ce sens un produit de l'activité de sa raison. — Bien que la scolastique porte encore profondément empreint le cachet de la théologie, on se doute, en examinant l'extension qu'elle a donnée aux objets de ses études, en voyant la liberté qu'elle affecte parfois dans son langage, que le temps de l'émancipation complète de la pensée approche. Que de grandeur et de force n'a-t-elle pas déployé dans plusieurs de ses luttes, objet de tant d'injustes dédains! Le réalisme et le nominalisme, ou, pour parler plus exactement, l'idéalisme et le sensualisme se sont enrichis près d'elle de nouvelles lumières. C'est elle qui a produit saint Bonaventure et saint Thomas d'Aquin. Alors régnait dans tout son éclat la logique d'Aristote. On sait que ce philosophe (*V.* ARISTOTE) rapportait tous les objets de la connaissance à un certain nombre de genres ou de classes; qu'il avait établi dix catégories primitives dans lesquelles tous ces objets étaient compris ; c'étaient la substance et les neuf modifications dont elle est susceptible, savoir : la quantité, la qualité, la relation, l'action, la passion, le lieu, le temps, la situation, enfin la possession ou la manière d'être. Du moment que ces catégories primitives étaient ainsi disposées, toute la philosophie, suivant les scolastiques, consistait à bien catégoriser toutes choses, puis à exprimer de chaque catégorie toutes les vérités qu'elle renferme. Ils ne songeaient pas que, pour bien classer, il faut bien connaître ; que, pour tirer quelque chose d'une synthèse, il faut que cette synthèse contienne une analyse bien faite, et malheureusement la méthode syllogistique qu'ils employèrent à l'exclusion de toute autre n'était nullement propre à leur faire trouver le chemin de la vérité. La controverse fut cependant poussée avec une grande vigueur sur diverses questions importantes, par exemple la dispute sur la Trinité, à la suite de laquelle Roscelin, qui avait attaqué le premier les idées générales, fut contraint de se rétracter. Guillaume de Champeaux, disciple de Roscelin, prolongea la lutte des réalistes et des nominalistes, en soutenant la thèse contraire, savoir : que les idées générales, loin de présenter de vaines abstractions, étaient au contraire les seules entités existantes. Le fameux Abailard, après avoir réussi à concilier les deux partis extrêmes, produisit à son tour par ses doctrines de nouveaux troubles. Cherchant à faire pénétrer l'œil de la raison dans le mystère impénétrable de la Trinité, il tomba dans des erreurs qui amenèrent une juste condamnation provoquée par l'éloquence de saint Bernard. Mais ce qui prouve combien était grand déjà le besoin des innovations dans la science et dans la doctrine, c'est la foule immense que ce professeur attirait autour de sa chaire. Aussi Abailard est-il regardé comme un des pères du rationalisme en France. Ses disciples, Hugues de Saint-Victor, Robert de Melun, Pierre Lombard, et Gilbert de la Porée continuèrent son œuvre, et, en face de l'école chrétienne dont saint Bernard fut le plus sublime expression, fut constituée une école philosophique, dont les tendances aboutirent tôt ou tard à une séparation complète entre l'une et l'autre. La Métaphysique d'Aristote, apportée de Constantinople par les croisés, étant venue rejoindre la Dialectique, accrut encore le mal, et lorsque Amalric de Tournay et David de Dinant, en faisant de vains efforts pour concilier le spiritualisme chrétien avec le sensualisme aristotélique, furent retombés dans ce même panthéisme qui avait fait censurer Scot-Érigène par l'Église, celle-ci intervint encore. Par son décret de l'autorité ecclésiastique, de l'an 1209, les œuvres d'Aristote furent condamnées au feu. Mais le mouvement des croisades avait déjà développé chez nos pères un besoin de connaître et causé une soif d'indépendance qu'il serait désormais difficile, pour ne pas dire impossible de régler. Malgré ce décret qui fut réitéré en 1215 et en 1231, on continua de lire et de professer Aristote expliqué par les Latins, commenté par les Arabes, et le philosophe dont les œuvres étaient proscrites acquit une influence plus prépondérante encore que par le passé. La réaction fut si grande qu'on vit reparaître jusqu'à la vieille querelle du nominalisme et du réalisme, qui ne se renferma plus cette fois dans de pures questions de dialectique et de logique, mais qui poussa les esprits dans l'examen des plus hautes doctrines de théologie, de psychologie et de métaphysique. On mit dans les discussions et

dans les controverses une véhémence, un emportement qui n'avaient de comparable que la subtilité des argumentations, et qui n'ont jamais été égalés depuis dans les disputes littéraires ou scientifiques. Il nous suffira de rapporter les paroles d'Érasme : *Eos usque ad pallorem, usque ad convicia, usque ad sputa, nonnunquam et usque ad pugnos, fustem et ferrum invicem digladiari.* Les nominalistes ayant eu le dessous furent dépouillés de leurs chaires, et virent leurs ouvrages brûlés en 1339, 1341, 1409 et jusqu'en 1473. Mais comme représentant, au moyen âge, la liberté de la pensée, l'opinion publique les favorisa. Car, ainsi que semblait l'avoir prévu saint Bernard lorsqu'il prédisait tout le mal que la Dialectique d'Aristote ne manquerait pas de faire au dogme chrétien, ce n'était plus seulement de l'empire plus ou moins légitime du philosophe de Stagyre qu'il s'agissait ; la question en s'agrandissant était devenue bien autrement importante : la guerre était déclarée entre l'autorité et la liberté. Guillaume Occam, s'emparant du rationalisme tel qu'il existait à cette époque, fit si grande dans ses spéculations la part de la subjectivité, que dès lors le rationalisme eût été poussé jusqu'à sa dernière conséquence, le scepticisme, si le besoin de croire, qui était au moins aussi grand que celui d'argumenter, n'avait entraîné les sympathies de l'opinion vers un autre système qui acheva la défaite du réalisme et de la dialectique, nous voulons parler du mysticisme. Au XIIᵉ siècle, Hugues et Richard de Saint-Victor avaient été les deux principaux chefs de l'école contemplative. Au XIIIᵉ siècle, cette doctrine donna peu de signes de son existence ; mais, au XIVᵉ, saint Bonaventure en Italie, Thomas à Kempis en Allemagne, Gerson en France, enseignèrent le mysticisme, et c'est de cette école que sortit l'admirable livre de l'*Imitation de Jésus-Christ*, l'ouvrage *le plus beau qui soit sorti de la main des hommes*, a dit Fontenelle, *puisque l'Évangile n'en vient pas.* Aussi le réalisme, attaqué de tous côtés, et même par Raymond Sebond, né à Barcelone, et qui enseignait à Toulouse la médecine et la théologie naturelle, vit-il du s'approcher en même temps que la puissance d'Aristote s'écroulait. L'empire de la scolastique elle-même arrivait à son terme, et le cardinal Dailly, surnommé par ses contemporains, l'*Aigle de la France*, demandait la séparation définitive de la philosophie et de la théologie. « Pour la philosophie, dit M. Matter, l'ère de l'émancipation était arrivée par toutes les voies. Les croisades et le mouvement intellectuel qui les avait suivies ; la découverte d'un nouveau monde, cet autre élargissement de l'horizon humain ; le rapide développement de plusieurs langues et de plusieurs littératures modernes : la résurrection des études classiques, préparée par les Boccace et les Pétrarque avant d'être effectuée par les Grecs répandus sur l'Occident à la chute de Byzance ; l'invention du plus ingénieux et du plus fécond de tous les arts, de cette typographie qui, rapide comme la lumière du ciel, des pensées de l'un fait la commune pensée de tous : ces grands faits, en jetant dans les esprits une excitation immense, inspirèrent à tous le désir d'en tirer parti avec une indépendance complète. » — Ainsi la religion, qui avait conservé jusqu'alors sa suprématie et sa prépondérance, ainsi la philosophie qui avait jusqu'alors reconnu sa juridiction avec une soumission plus ou moins complète, déjà se trouvent, à l'égard l'une de l'autre, dans une attitude d'hostilité et d'émancipation. Ramus fut, suivant plusieurs écrivains, le vrai fondateur de la philosophie moderne, ou plutôt de l'éclectisme. Qu'on en juge par ces lignes tirées de l'une de ses préfaces : « L'usage, l'usage seul de la logique, introduit dans les écoles, en chassera tous les sophismes... Que l'on propose à l'imitation des jeunes gens et la grammaire et la rhétorique et la logique de Virgile, de Cicéron, d'Homère, de Démosthène... C'est cette philosophie de Virgile et de Tullius, d'Homère et de Démosthène, celle des mathématiciens, celle que tous les hommes emploient dans le conseil et dans le jugement, que je veux dans les écoles, et non pas une philosophie rêvée par Aristote ou par Ramus ! La matière de la physique est pour les choses célestes dans Ptolémée et Copernic, dans Aristote pour les météores. Consultons encore Aristote, Hippocrate, Théophraste, Platon, Georges Agricola et Mathéolus pour les animaux, les plantes et les minéraux : mais c'est devant nos yeux surtout que nous trouverons une matière physique abondante et certaine ! » (*P. Rami Scholæ in Arist. libros de dialectic., physic. et metaph. præfatio*). Voilà donc la route parcourue en dernier lieu par la philosophie : la scolastique s'évanouissant d'abord devant Aristote ; puis Aristote à son tour retirant insensiblement sa dialectique pour faire place au scepticisme, à qui reviendra, en définitive, s'il l'ose et s'il la peut entreprendre, la tâche de fonder une philosophie nouvelle et de rasseoir les fondements ébranlés de l'esprit humain.— Ramus rencontra cependant une opposition terrible en faveur d'Aristote : un arrêt du conseil du roi lui interdit tout enseignement de philosophie, et dans une grande partie de l'Europe on applaudit au sentiment de l'université de Paris repoussant de son sein le professeur éclectique. Mais après lui ses livres et ses principes firent ce qu'il n'avait pu faire, et Bacon (*V.* ce nom) devint l'Améric-Vespuce de la philosophie dont Ramus était le Colomb. Du temps même de Ramus, deux savants, l'un Sanchez, professeur à Toulouse, l'autre qui fut le célèbre Montaigne, allèrent plus loin encore que le chancelier anglais dans la carrière qui leur était ouverte, et se firent les organes du scepticisme naissant. On sait ce que la morale avait à gagner à la propagation des idées émises par le dernier avec un abandon et une bonhomie si propres à séduire les cœurs plus encore que les intelligences. Des hommes graves, tels que de Thou, la Boétie, Charron, corrigèrent un peu, il est vrai, l'influence de l'épicuréisme professé dans les *Essais* ; mais les succès que ces esprits étaient en droit de se promettre furent plus que balancés par le sensualisme de Gassendi, qui, mettant son immense érudition au service de doctrines trop attrayantes de l'auteur des *Essais*, devint le plus dangereux ennemi de la philosophie qui allait naître en France, de la philosophie de Descartes ! — Bacon avait indiqué la méthode à suivre pour reconstruire l'édifice de la science ; Descartes fit plus, il voulut le construire lui-même. Quoique l'autorité d'Aristote eût reçu, comme nous l'avons vu, des coups terribles, cependant ses racines vivaces, plongeant dans les profondeurs du sol, ne permettaient pas de croire qu'elle dût périr de sitôt. Des diverses tentatives de révolution philosophique auxquelles nous avons assisté, aucune ne fut véritablement populaire, et la secte de P. Ramus, entachée de protestantisme, excitait une défiance générale. Le pouvoir des péripatéticiens, triomphant des résistances ecclésiastiques, avait tellement grandi sous l'écorce scolastique dont il était recouvert, qu'en 1624 le parlement condamna à l'exil Jean Bitaud, Antoine de Villon et Et. de Claves, pour avoir pris l'engagement public de soutenir des thèses contre les principes d'Aristote. Si l'autorité religieuse avait elle-même montré longtemps une antipathie si grande contre les péripatéticiens, c'était sans doute parce qu'elle avait bien senti que leurs dogmes sur l'âme humaine et sur le gouvernement du monde par Dieu étaient en contradiction flagrante avec les dogmes théologiques. Il était réservé à Descartes de la délivrer de ses dangereux amis. — Et d'abord la tâche du réformateur de la philosophie était immense. « Entrer dans les problèmes philosophiques posés par l'antiquité et par la renaissance, dit M. Renouvier, agiter les problèmes, opposer les solutions, c'eût été une œuvre morte ajoutée à tant d'autres. Eût-on même produit la vraie, la complète philosophie sous une forme abstruse et nuageuse, on eût parlé à quelques intelligences, mais le monde n'eût pas été ébranlé. — Au contraire, descendre des hauteurs de la métaphysique, oublier de se demander si les universaux sont des choses, des idées ou des mots, ou du moins ne traiter la question qu'en passant, vivement et à la hâte ; refuser de suivre les platoniciens et les pythagoriciens jusqu'au point où l'humanité s'abîme devant Dieu, où l'homme disparaît, où une seule idée demeure dans notre néant, celle de l'immensité de l'être, et de descendre avec Aristote dans la subtile analyse de la forme de la science ; mais, loin de là, poser dès l'abord l'homme et sa pensée au premier rang, trouver en lui la révélation, y distinguer par leur clarté les idées vraies des idées fausses, y lire enfin, profondément gravées, les lois premières de Dieu et du monde, c'était bâtir de toutes pièces la philosophie et l'univers. — Ce n'eût pas été tout non plus que de lever l'étendard avec Bacon, au nom de l'observation, de l'expérience et de l'induction. Il fallait encore reconnaître les droits de l'esprit sur le monde matériel, le régler par la théorie et par l'hypothèse, englober enfin la physique dans la métaphysique. C'est ce que fit Descartes ; il ne se contenta pas de dire, comme Bacon, que l'expérience est notre guide, *et que nous élaborons, comme l'abeille les fleurs, les résultats de nos propres expériences pour en tirer le miel* (*Nov. Org., l.* I, 95) ; mais il mit la main à l'œuvre, porta le monde entier dans son intelligence, et put y faire entrer ainsi ces lois que Bacon voulait atteindre par une induction illégitime ; et tandis que, au hasard et sans ordre, Bacon recommande mille et mille expériences, Descartes ordonne et règle les recherches, donne, à l'aide d'une théorie, une immense impulsion à la science, et prépare le travail de plusieurs siècles ; car telle est la vertu des théories. » — Le premier principe qui appelle l'attention dans la doctrine métaphysique de Descartes est celui du doute méthodique ou suspensif. Ce philosophe, avant même d'achever son éducation, avait reconnu l'anarchie et la confusion qui régnaient dans la science humaine, et il établit que nous devons, au moins une fois dans notre vie, rejeter sans pitié tou-

tes les opinions que nous avons reçues pour les soumettre à un nouvel examen. Ayant ainsi posé son doute absolu, il résolut de reconstruire le monde par les forces de sa pensée individuelle. Observons en passant que cette règle a été attaquée de nos jours avec une grande vigueur de dialectique par M. de la Mennais, qui s'est attaché à démontrer que l'esprit humain se trouve dans un état invincible de croyance, et que le doute absolu est une base tout à fait imaginaire, puisqu'il faudrait sortir de soi-même pour se placer en dehors de toute foi quelconque. Descartes, qui avait cru s'apercevoir que dans la Babel scientifique la méthode des géomètres était seule en mesure de fonder avec solidité, prit pour lui servir de l'essence même de la méthode mathématique, et l'exposa dans ces quatre axiomes : 1° Ne recevoir jamais aucune chose pour vraie qu'on ne la connaisse évidemment être telle ; c'est-à-dire éviter avec soin la précipitation et la prévention, et ne comprendre rien de plus en ses jugements que ce qui se présente si clairement et si distinctement à l'esprit, qu'on n'ait aucune occasion de le mettre en doute ; 2° diviser chacune des difficultés que l'on examine, en autant de parcelles qu'il se peut et qu'il est requis pour les mieux résoudre ; 3° conduire par ordre ses pensées, en commençant par les objets les plus simples et les plus aisés à connaître pour monter peu à peu, comme par degrés, jusqu'à la connaissance des plus composés, et supposant même de l'ordre entre ceux qui ne se précèdent point naturellement les uns les autres ; 4° faire partout des dénombrements si entiers et des revues si générales que l'on soit assuré de ne rien omettre. Voilà quelles furent les règles adoptées par le philosophe de la Haye, et qui le conduisirent dans ses investigations. Nous venons de dire qu'il avait commencé par se dépouiller de toutes les idées et de toutes les opinions reçues pour se placer dans le doute universel et ne recevoir ensuite que ce qui lui paraîtrait évident ; car il faisait consister dans la clarté et l'évidence des notions le critérium de la certitude. Mais au moment que nous doutons de tout, et de notre corps et de l'univers, notre doute implique la pensée. Notre existence, en tant que nous pensons, devient donc un principe fondamental : *Cogito, ergo sum.* La vérité de cette proposition ne nous étant assurée que parce que nous la concevons clairement, de là résulte cette règle générale : *Les choses que nous concevons très-clairement et très-distinctement sont toutes vraies.* Dès à présent le témoignage intime de la conscience est donc appelé à remplacer l'autorité. Toute vérité qui paraîtra aussi claire que ce principe, *pour penser il faut être,* c'est-à-dire parfaitement claire, sera vraie, comme notre existence même. C'est à la méthode à diriger désormais son auteur dans l'usage de ce critérium de certitude qui sans elle demeurerait infécond et inutile. — Mais jusqu'ici, disent les auteurs d'un excellent précis de l'histoire de la philosophie que nous suivrons ici, Descartes n'était pas sorti de lui-même, et il s'agissait de savoir s'il pouvait en sortir, c'est-à-dire si, au lieu de posséder seulement la connaissance de lui-même comme être pensant, il pouvait parvenir, au moyen de sa pensée, à connaître le monde extérieur. Il fallait pour cela trouver une idée qui ne pût subsister comme conception de l'esprit, sans que son objet existât lui-même, une idée qui ne fût subjectivement possible qu'autant qu'elle serait objectivement réelle. Descartes plaça dans l'idée de l'être souverainement parfait le principe de la liaison de l'idée avec la réalité. L'idée de souveraine perfection implique l'existence, puisque l'existence elle-même est une perfection. « Si nous demandons, écrivait Descartes, non d'un corps, mais d'une chose, telle qu'elle puisse être, qui ait en soi toutes les perfections qui peuvent être ensemble, si l'existence doit être comptée parmi elles, il est vrai que d'abord nous en pourrons douter, parce que notre esprit qui est fini, n'ayant coutume de les considérer que séparées, n'apercevra pas peut-être du premier coup combien nécessairement elles sont jointes entre elles. Mais si nous examinons soigneusement, savoir, si l'existence convient à l'être souverainement puissant, et quelle sorte d'existence, nous pourrons clairement et distinctement connaître, premièrement qu'au moins l'existence possible lui convient, comme à toutes les autres choses dont nous avons en nous quelque idée distincte, même à celles qui sont composées par les fictions de notre esprit. Et après parce que nous ne pouvons penser que son existence est possible, qu'en même temps, prenant garde à sa puissance infinie, nous ne connaissions qu'il peut exister par sa propre force, nous conclurons de là que réellement il existe, et qu'il a été de toute éternité ; car il est très-manifeste, par la lumière naturelle, que ce qui peut exister par sa propre force existe toujours ; et ainsi nous connaîtrons que l'existence nécessaire est contenue dans l'idée d'un être souverainement puissant, non par une fiction de l'entendement, mais parce qu'il appartient à la vraie et immuable nature d'un tel être d'exister ; et il nous sera aisé de connaître qu'il est impossible que cet être souverainement puissant n'ait point en soi toutes les autres perfections qui sont contenues dans l'idée de Dieu, en sorte que, de leur propre nature, et sans aucune fiction de l'entendement, elles soient toutes jointes ensemble, et existent dans Dieu » (*Réponse aux premières object.*). Ainsi, de même que j'ai affirmé mon existence, parce que son idée est renfermée dans la notion de la pensée, de même j'affirme l'existence de l'être souverainement parfait, parce que l'existence est contenue dans l'idée même de cet être. L'existence d'une réalité extérieure repose donc sur la même base logique que la réalité intérieure. — Dans sa troisième Méditation, qui est celle où il a cherché à sortir du moi, en s'élevant jusqu'à Dieu, Descartes s'était efforcé de démontrer l'existence de Dieu, non d'après les caractères internes de l'idée de l'infini, mais d'après ses relations externes, c'est-à-dire en remontant de cette idée à la cause de cette idée. Il avait dit : Mon intelligence étant finie n'a pas tiré d'elle-même l'idée de l'infini ; toute cause finie, quelle qu'elle soit, est également incapable de la produire ; il faut que cette idée ait été produite en moi par l'infini lui-même. Mais, dans sa réponse aux objections qui lui furent faites, il insista sur la preuve déduite des caractères internes de l'idée de Dieu. La première de ces preuves, la preuve *à posteriori*, suppose, outre l'idée de l'être infiniment parfait, la certitude de la notion de la cause ; la preuve *à priori* ne suppose rien de plus que la notion logique de l'infini. Cette preuve n'était conçue par Descartes que comme l'affirmation simple de ce qui est contenu dans cette idée, de même que le principe, *je pense, donc je suis*, n'était que l'affirmation de ce qui est contenu dans l'idée de pensée. Le second acte de l'intelligence était ainsi identique au premier ; il n'en était qu'une transformation. La preuve *à priori* concordait donc bien mieux que l'autre avec le procédé fondamental de la raison ; aussi a-t-elle prévalu dans la philosophie cartésienne. — Nous venons de voir quel est, suivant Descartes, le développement nécessaire de la pensée se contemplant elle-même : ce développement n'est complet qu'autant qu'il implique Dieu. Sous la notion de Dieu, l'homme pourrait supposer qu'il est, dans ses idées même les plus claires, le jouet d'un mauvais génie occupé à le tromper, ou du moins il ne trouverait dans sa pensée rien qui repoussât nécessairement cette supposition. Mais la pensée se résolvant, en dernière analyse, dans l'idée de l'être souverainement parfait et souverainement véridique, exclut la possibilité de cette illusion extérieure, comme primitivement l'idée de pensée, se résolvant en celle d'existence, a exclu le doute purement interne. — Descartes était parvenu à connaître une réalité extérieure, source de toute réalité, en appliquant ce principe : Tout ce qui est renfermé dans l'idée d'une chose doit être affirmé de cette chose. C'était en continuant d'appliquer le même principe, qu'il devait arriver à la connaissance de toutes les réalités. Mais, comme il pouvait en faire des applications fausses, il fallait rechercher comment l'homme est induit en erreur, pour écarter l'erreur dans sa cause même. D'où vient donc l'erreur? Vient-elle de l'intelligence ou de la volonté? L'intelligence produit les idées, et nulle idée ne peut être fausse, parce qu'il faudrait pour cela que l'idée d'une chose ne renfermât pas ce qu'elle renferme. L'erreur n'a donc pas sa racine dans l'intelligence : elle ne peut avoir lieu que lorsque l'homme, par un acte de sa volonté, affirme ce qui n'est pas renfermé dans les idées. « D'où est-ce donc que naissent mes erreurs? dit encore Descartes, c'est à savoir, de cela seul que la volonté étant beaucoup plus ample et plus étendue que l'entendement, je ne la contiens pas dans les mêmes limites, mais que je l'étends aussi aux choses que je n'entends pas ; auxquelles étant de soi indifférente, elle s'égare fort aisément, et choisit le faux pour le vrai, et le mal pour le bien, ce qui fait que je me trompe et que je pèche » (*Médit. IV*e). La règle générale des jugements humains se réduit donc à retenir la volonté dans les bornes de l'entendement. Descartes crut avoir reconnu, dans cette série de procédés qu'il appela *doute méthodique*, les fondements de la certitude humaine. Cette base posée, il travailla à la construction du système des connaissances. — L'homme trouve dans sa conscience deux espèces d'idées : l'idée de la pensée et l'idée de l'étendue. Toutes les idées humaines appartiennent à ces deux catégories ; car toutes les autres idées relatives, soit à ce qu'on appelle âme, soit à ce qu'on appelle corps, n'expriment, les unes que des attributs particuliers de la pensée, les autres que des attributs de l'étendue. Et, comme les idées premières sont essentiellement distinctes, il en conclut que les substances qui ont pour attribut fondamental la pensée ou l'étendue sont nécessairement distinctes elles-mêmes. Le monde comprend donc deux classes d'êtres de nature différente : les esprits, et la matière ou les corps. — Nous

devons, suivant notre philosophe, n'étant assurés de notre existence qu'en tant que nous pensons, faire la revue des notions ou idées qui sont présentes en nous, si nous voulons parvenir à posséder la connaissance du monde extérieur. Au nombre de ces idées se trouve d'abord celle de notre pensée puis celle de l'étendue à trois dimensions que nous concevons très-clairement et très-distinctement ; nous avons l'idée de l'infini, celle de la substance en général, enfin l'idée de Dieu. A l'idée de la substance se rattachent celles des attributs et des modes ou accidents. Parmi les attributs ou propriétés que nous pensons appartenir à une substance, nous en trouvons une en chacune, qui constitue sa nature et son essence, et de qui tous les autres dépendent. Par exemple, le mouvement, la figure, etc., ne peut être conçu qu'après l'étendue, qui se conçoit fort bien sans mouvement et sans figure. L'étendue est donc l'attribut fondamental de la substance dite corporelle. Par une voie analogue, nous serons conduits à conclure que la pensée est l'attribut fondamental de la substance intelligente, laquelle est nécessairement immatérielle, car il ne peut y avoir identité entre deux substances qui diffèrent par leurs attributs essentiels. Malebranche a reproduit dans l'exemple suivant l'argument de Descartes en faveur de l'immatérialité de l'âme : le trou fait par une aiguille dans le doigt est plus ou moins grand et peut être caractérisé par les trois dimensions. Il n'en est pas de même de la douleur qui est un fait incorporel, elle n'a ni longueur, ni largeur, ni hauteur. « J'ai l'idée de mon esprit, dit Descartes lui-même, non pas seulement par abstraction, mais exclusion faite de l'idée de mon corps. Or, toutes les choses que je conçois comme complètes en elles-mêmes, et comme distinctes les unes des autres, sont réellement complètes et distinctes ; car elles ne peuvent venir que de la réalité conçue. L'idée d'une substance pensante est distincte dans mon esprit de celle de la substance étendue ; en outre, elle est complète en elle-même, car elle n'est point abstraite d'autres réalités plus complètes : donc elle correspond à une réalité véritable. » — Descartes ayant été ainsi conduit à établir que l'essence de l'esprit est dans la pensée, l'essence de la matière dans l'étendue, ce fut là un des principes fondamentaux de toutes ses théories, qui se divisent en deux parties, la philosophie des esprits et la philosophie des corps. — La théorie des esprits comprend celle de Dieu et celle de l'homme, en tant qu'être pensant. L'idée de Dieu, impliquant l'unité, exclut la divisibilité et l'étendue Dieu est donc esprit, et non corps. La sensation suppose le corps ; il n'y a donc en Dieu aucune sensation ; il est intelligence pure et volonté pure. — En ce qui concerne l'esprit créé, la partie la plus remarquable du cartésianisme est la théorie des idées innées. L'intelligence possède l'idée de l'infini, et, comme elle est en même temps finie, elle ne pourrait acquérir cette idée par ses opérations propres bornées comme elle. Cette idée donc, et toutes celles qui en sont une dérivation, une particularisation, ne sont point des idées acquises : elles lui sont communiquées par le Créateur ; elles sont innées. Ici Descartes se plaçait à l'extrémité opposée au baconisme, qui considérait l'âme humaine comme une table rase. Toutefois Descartes ne prétendait pas que ces idées fussent innées en ce sens qu'elles fussent perpétuellement présentes à l'esprit. « Lorsque je dis que quelque idée est née avec nous, ou qu'elle est naturellement empreinte en nos âmes, je n'entends pas qu'elle se présente toujours à notre pensée ; car ainsi il n'y en aurait aucune ; mais seulement que nous avons en nous-mêmes la faculté de la reproduire » (*Objections troisièmes et rép.*). — Descartes établissait une grande différence entre la manière de prouver l'existence de l'esprit, et la manière de prouver l'existence des corps. Il est vrai que, dans son système, la véracité divine était la garantie primitive et générale des idées humaines, dans le sens que nous avons remarqué plus haut. Mais, cette garantie supposée, on arrivait à conclure l'existence des esprits, en développant ce qui est renfermé dans la notion même de la pensée, tandis qu'en développant la seule notion d'étendue on ne pourrait arriver à conclure l'existence des corps. La pensée implique par elle-même la réalité du sujet pensant. Mais la notion de l'étendue n'implique pas nécessairement l'existence d'un objet étendu : elle peut être une simple modification de l'esprit. Pour démontrer l'existence des corps, il faut donc faire intervenir un élément distinct des idées ; il faut s'appuyer sur le penchant naturel qui nous porte à croire à nos sensations, et ce penchant lui-même ne peut être conçu comme un vrai pour terme, que parce qu'il est une impulsion de l'auteur même de notre nature. La certitude de l'existence des corps dépend donc de la véracité divine, en tant qu'elle est la garantie, non pas seulement de nos idées, mais aussi de nos instincts ; ce qui se réduit à dire que nous croyons seulement à l'existence des corps, tandis que nous concevons l'existence des esprits. — Après avoir établi par cette voie l'existence du monde corporel, Descartes en fit le second objet de ses spéculations. Ici se manifeste une corrélation entre sa théorie des esprits et sa théorie des corps. Dans la substance spirituelle on distingue la pensée qui est son essence, puis la volonté qui est en quelque sorte la pensée en mouvement. Dans la substance corporelle on distingue l'étendue, qui est son essence, puis le mouvement qui se produit en elle. La philosophie physique est donc radicalement la théorie soit des propriétés immuables de l'étendue, soit de ses propriétés changeantes qui dépendent du mouvement. Toutes les explications de phénomènes matériels doivent donc sortir de la mécanique, appuyée sur la base de la géométrie.— Descartes appliqua d'abord sa philosophie mécanique aux phénomènes du monde inorganique. Dans sa métaphysique, il avait reconnu Dieu comme créateur de la matière et premier moteur de l'univers. Mais la manière dont il le faisait intervenir ne plut point à Pascal, qui a dit dans ses Pensées : « Je ne puis pardonner à Descartes ; il aurait bien voulu, dans toute sa philosophie, pouvoir se passer de Dieu ; mais il n'a pu s'empêcher de lui faire donner une chiquenaude pour mettre le monde en mouvement ; après cela il n'a plus que faire de Dieu » (Pensées, 1re partie, art. x, 41). En effet, une fois le branle donné, la mécanique expliquait toutes les opérations de la nature. Aussi Descartes bannit des théories physiques toutes recherches des causes finales. Ces recherches étaient, selon lui, une présomption et un obstacle aux progrès de la science : une présomption, parce que l'esprit borné de l'homme ne devait pas prétendre à découvrir les buts que s'est proposés l'intelligence infinie ; un obstacle aux progrès de la science, parce qu'elles détournaient la science de l'observation des causes agissantes, pour la jeter dans des spéculations sur les causes occultes.— Il bannit aussi l'idée d'espace, en tant que différente de l'idée de corps. L'idée d'espace n'est qu'une modification de l'idée d'étendue ; et, comme l'étendue est l'essence des corps, il ne peut exister d'espace là où il n'existe point de corps ; en d'autres termes, le vide est impossible. Il rejeta aussi les éléments indivisibles appelés atomes ; cette indivisibilité est incompatible avec la notion d'étendue, et l'étendue ne peut être composée que d'éléments qui lui sont analogues. Il admit en conséquence la division à l'infini de la matière, et en même temps son extension sans limite. Supposer le monde matériel actuellement borné, c'eût été supposer, au delà des bornes du monde, un vide infini, chose contradictoire dans les principes de sa philosophie. — Descartes déduisit de ses idées sur l'étendue et le vide, combinées avec des principes généraux de mécanique, sa célèbre théorie des tourbillons. Le vide banni par Descartes a reparu, comme on sait, dans la théorie de Newton sur l'attraction. Mais, s'il est des points sur lesquels la science moderne a donné raison au mathématicien anglais contre le philosophe français, elle a confirmé la théorie de ce dernier sur la question du plein et du vide. Les empiristes ont de tout temps soutenu le vide, et les spiritualistes le plein. Leibnitz niait le vide aussi bien que Descartes. Au xviiie siècle, on a cru voir une démonstration irréfragable des idées de Newton dans l'expérience de la pompe pneumatique, et Leibnitz avait déjà donné l'explication de ce fait, en disant que, d'aveu de tous les physiciens, il existe dans l'atmosphère des fluides impondérables, tels que la lumière et l'électricité, et que rien n'empêche de supposer que les parties pondérables de l'air, qui sont enlevées du baromètre ou de la pompe pneumatique, sont remplacées instantanément par des fluides semblables à l'électricité ou à la lumière. La théorie cartésienne de plus reçu un caractère d'évidence d'une découverte récente. En observant attentivement la comète d'Euler, on a reconnu que, depuis l'époque où cette comète fut aperçue pour la première fois, la carrière qu'elle parcourt s'est rétrécie, son orbite a diminué, et l'on ne peut douter que cette diminution de force et cet amoindrissement progressif ne soient causés par l'action du fluide dans lequel les astres se meuvent. John Herschel, dans un exposé de cette découverte, dit qu'elle démontre péremptoirement l'erreur commise par Newton en adoptant la théorie du vide, mais que l'extrême rareté du fluide dans lequel les astres se meuvent fait que ses calculs astronomiques ont conservé toute leur exactitude. — Descartes, en poursuivant le développement de sa philosophie mécanique, en fit l'application aux êtres organiques. La séparation absolue, établie entre la substance spirituelle et la substance matérielle le conduisit à cet étrange système sur les animaux, qui a été contre lui un sujet de reproche. « Les animaux, écrivait Descartes, n'ont pas d'âme ; car, pour l'âme raisonnable, quel animal a-t-on jamais vu qui sût arranger des paroles et les prononcer en temps et lieu, de manière à prouver qu'il les pense ? et pour l'âme végétative et sensitive, en est-il besoin quand une machine naturelle construite par Dieu, à la manière des automates que construisent les hommes, peut accomplir toutes ces fonctions qu'on attribuait à ces âmes ? Ce qui porte quelquefois à croire à l'âme des bêtes, c'est qu'il est naturel de penser qu'étant conformées comme nous elles ont, comme nous aussi, l'idée en même temps que la sensation ; mais d'abord la raison n'est pas probante ; ensuite on peut concevoir tous leurs mouvements comme machinaux, ainsi que nous l'avons vu, et certes il n'est pas déraisonnable de croire que la nature peut produire des automates plus parfaits que l'art. D'ailleurs, nous ne privons pas de vie les animaux, car la vie dépend de la chaleur du cœur ; ni de sens, car ils ont le sens en tant que corporel..... S'il était prouvé, dit-il ailleurs, que les bêtes en agissant savent qu'elles agissent, il faudrait leur attribuer une âme distincte du corps et partant immortelle, comme les pythagoriens ; mais si cela n'est aucunement prouvé, et si l'on peut au contraire expliquer mécaniquement toutes leurs actions, ainsi que celles qui se font en nous sans conscience, il est raisonnable de le faire. » Ainsi Descartes accorde aux animaux la vision et le sentiment, mais sans qu'ils en aient la conscience. La conséquence pratique d'un pareil système est de détruire chez ceux qui l'adoptent tout sentiment et tout devoir d'humanité par rapport aux animaux. S'il faut en croire Baillet, Descartes, durant son séjour à Amsterdam, allait presque chaque jour voir tuer des animaux chez le boucher qui le servait pour ses travaux anatomiques. Malebranche avait une chienne qu'il battait, dit-on, sans miséricorde, dans la ferme persuasion qu'elle ne sentait nullement la douleur. On lit dans la vie de Spinosa que son unique plaisir était de provoquer des araignées à des combats, ou de leur faire prendre des mouches. Cette indifférence pour les souffrances des bêtes était chez eux le résultat de leur système. — En jetant un coup d'œil sur l'ensemble de la doctrine de Descartes, on voit qu'il y avait séparation complète entre sa philosophie relative au monde des corps et sa philosophie des esprits. A l'origine de toutes ses théories figuraient deux idées qui devaient contenir toutes les autres : l'idée de pensée et l'idée d'étendue. Mais, comme entre ces deux idées radicales il n'existait aucune liaison perçue par l'esprit, il en résultait deux ordres de spéculations parallèles. Plus de moyen de concevoir la corrélation qui existe entre l'âme et le corps. La philosophie de Descartes présentait sur cette question une lacune que plusieurs de ses disciples essayèrent de combler par l'hypothèse des causes occasionnelles (V. l'article MALEBRANCHE). — La plupart des idées de Descartes ont péri dans le cours des temps, et nous ne nous arrêterons pas, pour cette raison, à les réfuter. Mais il n'en a pas moins exercé dans le monde scientifique une influence réelle dont nous voyons encore les effets. Ce serait cependant une exagération de le considérer comme ayant seul donné le branle au mouvement philosophique. Outre que nous avons eu occasion de nommer dans la première partie de cet article, avant lui et de son temps plusieurs savants secouèrent le joug de la philosophie des anciens. Avec Bacon nous pourrions citer Copernic, Kepler, Galilée, Gassendi, Pascal, Fermat, et bien d'autres. Mais c'est Descartes qui dans ses combats a obtenu le succès le plus complet, c'est lui qui a préparé le terrain sur lequel se développent et s'agitent de nos jours tant de doctrines et de systèmes dont la plupart se rapportent plus ou moins à ses théories. Il est exactement vrai de dire que le cartésianisme a enfanté la psychologie moderne. Bossuet avait bien prévu les conséquences renfermées dans la nouvelle doctrine, lorsqu'il exprimait les craintes qu'elle lui inspirait. « Pour ne vous rien dissimuler, écrivait-il à un disciple du P. Malebranche, je vois non-seulement un ce point de la nature et de la grâce, mais encore en beaucoup d'autres articles très-importants de la religion, un grand combat se préparer contre l'Eglise sous le nom de la philosophie cartésienne. Je vois naître de son sein et de ses principes, à mon avis mal entendus, plus d'une hérésie ; et je prévois que les conséquences qu'on en tire contre les dogmes que nos pères ont tenus la vont rendre odieuse, et feront perdre à l'Eglise tout le fruit qu'elle en pouvait espérer pour établir dans l'esprit des philosophes la divinité et l'immortalité de l'âme. » Ce qui suit dans la même lettre n'est pas moins remarquable : « De ces mêmes principes mal entendus, un autre inconvénient terrible gagne les esprits : car sous prétexte qu'il ne faut admettre que ce qu'on entend clairement, ce qui, réduit à certaines bornes, est très-véritable ; chacun se donne la liberté de dire : J'entends ceci, et je n'entends pas cela ; et sur ce seul fondement on approuve et on rejette tout ce qu'on veut, sans songer qu'outre nos idées claires et distinctes il y en a de confuses et de générales qui ne laissent pas d'enfermer des vérités si essentielles, qu'on renverserait tout en les niant. Il s'introduit, sous ce prétexte, une liberté de juger qui fait que, sans égard à la tradition, on avance témérairement tout ce qu'on pense » (*OEuvres complètes de Bossuet*, tom. XI, pag. 725). On voit que l'illustre évêque de Meaux, en critiquant les principes de la philosophie de Descartes, ajoutait les principes *mal entendus;* et ce n'était pas sans raison; car il n'a pas dédaigné de leur faire quelques emprunts dans ses *Elévations à Dieu sur les mystères de la religion chrétienne.* On sait d'ailleurs qu'autant Bossuet montrait d'inflexibilité quand il s'agissait de maintenir la pureté de la foi, autant pour ce qui regardait *le pur philosophique il en faisait bon marché (ibid.,* tom. XI, pag. 846). Du reste, une méthode qui posait pour première règle de commencer par rejeter toutes les notions reçues, comme si chaque homme était un animal isolé et non pas un être essentiellement social, comme si par conséquent il ne devait pas y avoir des vérités qui ne se pussent transmettre que par le fait de la société intellectuelle ou religieuse, une telle méthode, disons-nous, ne pouvait manquer d'alarmer les esprits sincèrement pieux et croyants; tandis qu'au contraire les protestants et avec eux tous les esprits qu'une autorité quelconque importune ont vivement applaudi à ses innovations. « La forme et le caractère de la philosophie de Descartes, dit M. Cousin, c'est l'indépendance de toute autre autorité que celle de la réflexion et de la pensée. Nous sommes tous des enfants de Descartes, dit-il encore, à ce titre que l'autorité philosophique que nous acceptons tous est la raison. » Il n'y a pas jusqu'aux matérialistes qui ne se soient prévalus de son nom, comme on peut s'en assurer en lisant la préface du *Traité de l'irritation et de la folie,* par Broussais, et les reproches que lui adresse le célèbre Bordeu, dans ses *Recherches sur l'histoire de la médecine,* d'être la cause des erreurs ridicules de quelques matérialistes qui se flattent de tout expliquer par les seuls agents corporels, et d'avoir induit des esprits faibles à raisonner sur les fonctions de l'homme comme il raisonnait lui-même sur celles des animaux. Fénelon, qui semble avoir partagé le sentiment de Bossuet sur les conséquences futures des doctrines de Descartes, ne balance pas, dans ses *Lettres sur divers sujets de métaphysique et de religion* (*OEuvres complètes de Fénelon*, tom. I, pag. 119), à le mettre, pour la force et la profondeur du génie au-dessous de saint Augustin. « Je croirais saint Augustin bien plus que Descartes sur les matières de pure philosophie, écrit ce prélat; car, outre qu'il a beaucoup mieux su les concilier avec la religion, on trouve d'ailleurs dans ce Père un bien plus grand effort de génie sur toutes les vérités de métaphysique, quoiqu'il ne les ait jamais touchées que par occasion et sans ordre. Si un homme éclairé rassemblait dans les livres de saint Augustin toutes les vérités sublimes que ce Père y a répandues comme par hasard, cet extrait fait avec choix serait très-supérieur aux *Méditations* de Descartes, quoique ces Méditations soient le plus grand effort de l'esprit de ce philosophe. » — Nous finirons cet article en empruntant à un auteur grave de nos jours (M. Laurentie) une appréciation philosophique des doctrines de Descartes. Pour ce qui nous reste à dire de sa vie, de ses découvertes et de ses ouvrages, nous renverrons à l'article biographique qui lui sera consacré en son lieu. — Ce qu'il y a de fondamental dans la méthode de Descartes, ce n'est point sans doute l'ordre dans lequel il procède pour lier les pensées et les conduire par un enchaînement régulier à une vérité qu'on suppose n'être pas connue; cet ordre, tous les hommes cherchent à l'employer également dans leurs recherches et leurs travaux; il n'est donc point propre uniquement à Descartes. Ce qui lui est propre, c'est d'abord son doute philosophique, et ensuite le premier effort qu'il fait pour en sortir. Mais premièrement, bien que le doute ne soit qu'une fiction, il faut bien pourtant que cette fiction ne soit pas telle qu'elle laisse le philosophe hors d'état de former aucun raisonnement, à moins de se mettre en contradiction avec lui-même. Or, après que l'esprit s'est dépouillé de toutes les notions qu'il avait précédemment reçues d'une manière quelconque, comment peut-il lui rester le droit philosophique d'affirmer ou de nier quoi que ce soit? Il commence par supposer que ces notions peuvent être fausses; et après qu'il les a rejetées, avec quoi les jugera-t-il? Comment fera-t-il un choix entre elles? Quelle autorité restera encore à sa raison? Le travail de son entendement ne sera-t-il pas vain? Mais plutôt ce travail ne se fera-t-il pas encore avec ces mêmes idées qu'il a commencé par rejeter comme incertaines? Car dès que le philosophe raisonne, il se sert évidemment de la raison telle qu'elle a été développée par les notions qu'il a reçues; et pourtant si les notions disparaissaient, même par une simple fiction, la raison disparaîtrait à son tour. La supposition d'un philosophe qui se dépouille de ces notions, et qui veut ensuite raisonner encore, est donc une supposition absurde, et le doute philosophique est une fiction

qui ne saurait conduire à aucun résultat rationnel. — En second lieu, en supposant que le philosophe réduit à sa propre raison dépouillée de notions, ne fût-ce que par une fiction passagère, puisse encore former des jugements, comment peut-il sortir du doute où il s'est embarrassé de lui-même? Il dit que, cherchant entre toutes les notions dont il a commencé par se dégager, il s'arrêtera à celles qui sont évidentes, à celles qui sont claires et distinctes. Mais ici recommencent les difficultés insurmontables sur l'évidence des idées. Le philosophe accueille-t-il comme évident seulement ce qui lui paraît évident à lui-même? il n'a donc aucune raison de cette évidence; il n'a aucune raison philosophique d'affirmer qu'il n'est pas trompé dans l'adhésion qu'il donne aux choses évidentes posées par lui comme un fondement de sa raison. Et ces choses peuvent bien être évidentes; elles peuvent être vraies; cependant l'esprit ne les juge telles que parce qu'elles lui paraissent telles en effet, en sorte que ce sont toujours ces choses qui sont à elles-mêmes la raison de leur propre évidence. Donc, encore une fois, le philosophe qui a commencé à se dépouiller des notions acquises adopte ensuite comme évidentes celles qu'il juge évidentes sans avoir aucune raison philosophique de les juger telles. — Observons encore que, lorsque l'évidence est posée en principe, ce principe établit en quelque sorte le droit de l'erreur, objection que Bossuet avait déjà faite. Chaque homme, en effet, s'appliquant à soi-même la méthode philosophique du doute, peut ensuite n'admettre dans son esprit que ce qui lui paraît évident, c'est-à-dire s'autoriser de cette doctrine pour affirmer et croire les choses les plus grossières. On dit, à la vérité, que cet homme se fait illusion, qu'il prend pour une chose évidente ce qui ne l'est pas en réalité : il faut bien en effet que cela soit ainsi. Mais il est vrai pourtant que le philosophe ne fait qu'appliquer rigoureusement à son esprit la méthode qui est enseignée dans les écoles; et, comme d'après cette méthode c'est toujours en dernière analyse la raison particulière du philosophe qui admet ce qui est évident, on lui crée donc en quelque sorte le droit de se tromper, sans lui laisser aucun moyen philosophique de reconnaître son erreur. — Et d'ailleurs, peut-on dire toujours qu'est-ce qui est évident? Les caractères de l'évidence sont-ils tels qu'ils ne puissent jamais être méconnus? Si cela était, le principe du doute méthodique serait sans danger. Mais qui osera penser que cela soit ainsi? Ce qui est évident, dit-on, est ce qui est clairement contenu dans l'idée de son objet. Qu'est-ce à dire? Les esprits auront-ils par cette définition une plus grande facilité de juger d'une manière constante la véritable évidence? Sauront-ils davantage ce qui est évident dans l'idée de l'objet? Le verront-ils avec plus d'uniformité? L'erreur sera-t-elle toujours impossible? Avouons que ce beau langage de la philosophie, que ces inventions ingénieuses de la raison, ne couvrent au fond que des chimères. On a beau dire : ce qui est évident est vrai; ou peut-être mieux encore, si on voulait : ce qui est vrai est évident; toujours est-il certain que l'évidence, comme la vérité, doit pouvoir se reconnaître à certaines marques qui empêchent l'homme de se méprendre et de se faire une espèce de droit de son erreur. Or, évidemment, ces marques de vérité ne se rencontrent pas dans la méthode philosophique qui donne à chacun le privilège de voir ce qui est évident ou vrai. Donc, par cette unique raison, cette méthode manque de fondement, outre qu'elle est pernicieuse à l'unité des croyances et à l'union des esprits. — Aussi la doctrine métaphysique de Descartes a-t-elle donné naissance aux systèmes les plus opposés, et si Malebranche, et Berkeley y ont puisé, le premier son spiritualisme mystique, l'autre son idéalisme absolu, elle a fourni le germe du matérialisme à Spinosa, et presque légitimé le scepticisme sensualiste de Voltaire.

FR. PÉRENNÈS.

CARTÉSIANISME (*physiq.*). Ce mot se prend dans l'histoire de la physique pour l'ensemble des opinions de Descartes, ou des idées adoptées par son école. On sait que la philosophie de ce grand homme fut d'abord persécutée, qu'elle fut ensuite embrassée avec une ardeur et une confiance superstitieuse, surtout après la mort de l'auteur arrivée en 1650; qu'aujourd'hui enfin réduite à ce qu'elle a d'utile et de vrai, c'est-à-dire à peu de chose, pour ce qui tient à la physique, elle nous explique difficilement la haine et l'engouement dont elle fut tour à tour l'objet. Il est donc intéressant d'examiner ici et d'apprécier, s'il est possible, le mérite de Descartes dans la philosophie naturelle; c'est ce que nous allons tâcher de faire. Remarquons d'abord que c'est à lui que la vraie physique doit en quelque sorte sa naissance et ses progrès; quoique Galilée, Toricelli, Pascal et Bayle soient proprement les pères de la physique moderne, Descartes par sa hardiesse et par l'éclat mérité qu'a eu sa philosophie est peut-être de tous les savants du XVIIe siècle celui auquel nous avons le plus d'obligation. Jusqu'à lui l'étude demeura comme engourdie par l'usage universel où l'on était dans les écoles de s'en tenir en tout au péripatétisme. Descartes, plein de génie et de pénétration, sentit le vide de l'ancienne philosophie; il la représenta au public sous ses vraies couleurs, et jeta un ridicule si marqué sur les prétendues connaissances qu'elle promettait, qu'il disposa tous les esprits à chercher une meilleure route. Il s'offrit lui-même à servir de guide aux autres, et, comme il employait une méthode dont chacun se sentait capable, la curiosité se réveilla partout; c'est le premier bien que produisit la philosophie de Descartes; le goût s'en répandit bientôt; on s'en faisait honneur à la cour et à l'armée. Les nations voisines parurent envier à la France les progrès du cartésianisme, à peu près comme les succès des Espagnols aux deux Indes mirent tous les Européens dans le goût des nouveaux établissements. La physique française, en excitant une émulation universelle, donna lieu à d'autres entreprises, peut-être à de nouvelles découvertes. Le newtonianisme même en est le fruit (*Encycl. méth.*, mot *Cartésian.*).—Dans ce passage parfaitement pensé, il n'est pas question des découvertes positives que Descartes a pu faire en physique; par elles en effet, il n'a que la gloire réservée à ceux qui de nos jours découvrent une propriété inconnue ou mal connue de la matière; c'est une gloire très-pure sans doute, et surtout inébranlable; ce n'est pas celle d'un chef d'école; et c'est cette dernière qui distingua longtemps le cartésianisme, et lui a valu son succès. On le comprendra mieux tout à l'heure. Il suffit pour le moment de concevoir qu'il y a chez le physicien comme chez le philosophe deux mérites divers, celui du savant proprement dit, qui découvre une vérité et la fait connaître, et celui du *promoteur*, si je puis ainsi parler, qui meut en quelque sorte tout le monde savant, et le pousse non pas vers une vérité, mais vers la vérité. —C'est ce dernier mérite qui est au plus haut degré celui de Descartes. — Ce point de vue me paraît parfaitement saisi par d'Alembert. « Descartes, dit-il, qui suivit Bacon de près, et qu'on accusa peut-être assez mal à propos d'avoir puisé des lumières dans les ouvrages de ce philosophe, ouvrit quelques routes dans la physique expérimentale; mais il la recommanda plus qu'il ne la pratiqua, et c'est ce qui l'a conduit à plusieurs erreurs. Il eut, par exemple, le courage de donner le premier les lois du mouvement, courage qui mérite la reconnaissance des philosophes, puisqu'il a mis ses successeurs sur la route des lois véritables; mais l'expérience ou des réflexions sur les observations les plus communes lui auraient appris que les lois qu'il avait données étaient insoutenables. Descartes et Bacon lui-même, malgré toutes les obligations que leur a la philosophie, lui auraient peut-être été plus utiles encore, s'ils eussent été plus physiciens de pratique et moins de spéculation; mais le plaisir aisé de la spéculation, et même de la conjecture, entraîne les grands génies; ils commencent beaucoup et finissent peu; ils proposent des vues, ils préservent ce qu'il faut faire pour en constater la justesse et l'avantage, et laissent le travail mécanique à d'autres, qui, éclairés par une lumière étrangère, ne vont pas aussi loin que leurs maîtres auraient été seuls » (*Mél. de littérat.*, t. iv, p. 278). — Cela posé, il est évident que, pour apprécier la physique de Descartes, il ne faut pas la juger par la vérité absolue de ses principes, mais par comparaison avec le système qui l'avait précédée. — Il se peut faire ainsi que, sans avoir atteint nulle part la vérité telle que nous la connaissons aujourd'hui, le cartésianisme nous ait ouvert la route qui y conduisait, tandis que le péripatétisme nous en écartait sans retour : c'est ce que nous montrera la comparaison de quelques points capitaux de ces deux systèmes : je vais exposer d'abord la cosmogonie de Descartes, et, bien que tout y soit faux, on reconnaîtra pourtant, je l'espère, quand je mettrai en regard celle de la scolastique, combien ces deux faussetés diffèrent l'une de l'autre. — Dieu, selon Descartes, a créé une multitude de matières également dures, cubiques, triangulaires ou simplement irrégulières et raboteuses, ou même de toutes figures, mais étroitement appliquées l'une contre l'autre, face contre face, et si bien entassées qu'il ne s'y trouve pas le moindre interstice. Il soutient même que Dieu, qui les a créées dans les espaces imaginaires, ne peut pas après cela laisser subsister entre elles le moindre petit espace vide de corps, et que l'entreprise de ménager ce vide passe le pouvoir du Tout-Puissant. — Ensuite Dieu met toutes ces parcelles en mouvement, il les fait tourner la plupart autour de leur propre centre, et de plus il les pousse en ligne droite. — Dieu leur commande de rester chacune dans leur état de figure, masse, vitesse ou repos, jusqu'à ce qu'elles soient obligées de changer par la résistance ou par la fracture; il leur commande de partager leurs mouvements avec celles qu'elles rencontreront,

et de recevoir les mouvements des autres, selon certaines règles que Descartes croyait justes, mais que l'expérience a renversées depuis longtemps. — Dieu commande enfin à toutes les parcelles mues d'un mouvement de progression de continuer tant qu'elles pourront à se mouvoir en ligne droite. — Cela supposé, Dieu, selon Descartes, conserve ce qu'il a fait; mais il ne fait plus rien; ce chaos, sorti de ses mains, va s'arranger par un effet du mouvement, et devient un monde semblable au nôtre; un monde dans lequel, quoique Dieu n'y admette aucun ordre ni proportion, on pourrait voir toutes les choses tant générales que particulières qui paraissent dans le vrai monde. — Tout le monde comprend dès ces premières lignes combien toutes ces hypothèses de Descartes sont insensées, à les estimer, non pas même d'après la vérité absolue, mais seulement d'après l'apparence et la probabilité. Qui lui a dit quelles matières Dieu avait créées d'abord? quel mouvement il leur a imprimé? à quelles lois il les a soumises? Personne assurément; c'est donc chez notre auteur une pure fantaisie, un simple caprice d'imagination? Oui, sans doute, ce n'est que cela, et pourtant, au milieu de tout ce fatras, il y a l'idée d'un ordre éternel, établi par Dieu lui-même, et régissant toutes les substances pondérables, sans que le Créateur ait à s'en mêler. Il y a l'idée de l'action et de la réaction de la matière, conçue comme nous la concevons aujourd'hui, dépouillée enfin de toutes ces qualités abstraites et incompréhensibles, de ces formes substantielles, de ces êtres *en acte* et *en jouissance*, qui, sans éclairer l'esprit, fournissaient aux longues et inintelligibles disputes des écoles. C'est là un progrès immense et pour lequel seul le cartésianisme mérite une reconnaissance éternelle. — Continuons l'exposé des opinions de Descartes. — De ces parcelles primordiales inégalement mues, qui sont la matière de tout, et qui ont une parfaite indifférence à devenir une chose ou une autre, Descartes voit sortir trois éléments : et de ces trois éléments toutes les masses qui subsistent dans le monde ; d'abord les *carnes*, angles et extrémités des parcelles, sont inégalement rompues par le frottement; les plus fines pièces sont la matière subtile qu'il nomme le premier élément. Les corps usés et arrondis par le frottement sont le second élément; les pièces rompues les plus grossières, les éclats les plus massifs et qui conservent le plus d'angles, sont le troisième élément ou la matière terrestre ou planétaire. — Tous les éléments mus, se faisant obstacle les uns aux autres, se contraignent réciproquement à avancer, non en ligne droite, mais en ligne circulaire, et à marcher par tourbillons, les uns autour d'un centre commun, les autres autour d'un autre; de sorte cependant que, conservant toujours leur tendance à s'en aller en ligne droite, ils font effort à chaque instant pour s'éloigner du centre, ce qu'il appelle force centrifuge. — Tous ces éléments tâchant de s'éloigner du centre, les plus massifs d'entre eux seront ceux qui s'en éloigneront le plus : ainsi l'élément globuleux sera plus éloigné du centre que la matière subtile, et, comme tout doit être plein, cette matière subtile se rangera en partie vers le centre du tourbillon : elle y formera un *soleil*; il y a de pareils amas de menue poussière dans d'autres tourbillons comme dans celui-ci, et ces amas sont autant d'autres soleils que nous nommons étoiles. — L'élément globuleux étant composé de globules inégaux, les plus forts s'écartent le plus vers les extrémités du tourbillon; les plus faibles se tiennent plus près du soleil; l'action de la fine poussière qui compose le soleil communique son agitation aux globules voisins, et c'est en quoi consiste la lumière. Cette agitation, communiquée à la matière globuleuse, accélère le mouvement de celle-ci; mais cette accélération diminue en raison de l'éloignement, et finit à une certaine distance. — Ne nous arrêtons pas ici à ces grandes et belles découvertes qu'il y a une force centrifuge, que les étoiles sont, comme notre soleil, les centres de grands systèmes planétaires, que la lumière se propage par des vibrations communiquées dans un milieu élastique, découvertes dont la seule indication suffirait pour illustrer à jamais un physicien; tenons-nous-en à la lettre même de cette cosmogonie cartésienne : elle est, je le répète, impossible et même absurde : cependant on connaît que si les choses ne se sont pas passées comme Descartes le dit, il ne répugne pas à la raison humaine qu'elles se soient passées ainsi. Eh bien, qu'enseignait sur les mêmes sujets la philosophie scolastique à la même époque? le voici. Après avoir examiné longtemps ce que c'est que la matière et la forme, s'il y a de la matière, si toutes les formes substantielles se tirent de la puissance du sujet, si plusieurs formes substantielles et totales peuvent exister dans un composé, si le même corps peut être dans plusieurs lieux à la fois, si plusieurs corps peuvent être dans un seul lieu, etc., etc., on s'occupait gravement des questions suivantes, auxquelles on répondait presque toujours sans hésiter : Quelle est la nature du ciel? C'est une nature particulière, incorruptible, et qui n'est pas la même que celle des quatre éléments.—De quoi le ciel est-il fait? Il est composé de matière, mais d'une matière distincte de celle des choses sublunaires.—Quel est le nombre des ciels? Il est probable qu'il y en a trois, le ciel empyrée, celui des étoiles fixes et celui des planètes. — Quelle est leur grandeur relative? Il y a environ 160 millions de milles italiques du centre de la terre à la convexité du ciel stellaire, qui coïncide avec la concavité du ciel empyrée.— Quelle est la cause du mouvement des ciels? Il est probable qu'ils ne se meuvent pas par eux-mêmes, qu'ils sont mus par une cause extrinsèque, savoir par Dieu lui-même, plutôt que par un ange ou par toute autre intelligence créée. — Les différents ciels exercent-ils une influence sur les substances terrestres? Oui sans doute, ils agissent et par leur lumière et par des influences occultes; ils concourent à la formation des êtres inanimés et des animaux en disposant la matière à la réception de la forme, etc., etc. (1).—N'est-il pas clair pour tout le monde que nous sommes ici dans une tout autre sphère d'idées que tout à l'heure; que si l'on se trompait avec Descartes, au moins on concevait parfaitement ce que l'on voulait dire, tandis qu'ici l'esprit s'égare non-seulement dans l'obscurité de l'ignorance, mais dans la nuit du non-sens. Les maîtres et les élèves se trompent dans les deux systèmes, je le veux ; mais dans celui-ci ils ne savent ni les uns ni les autres ce qu'ils veulent dire, ils raisonnent sur des mots qui ne leur représentent aucune idée, et telle est pourtant la confiance qu'ils ont dans ces vaines formules, que cette habitude a duré mille ans sans que personne ait songé à s'en affranchir. — Un Français est venu qui a enfin secoué ce joug. C'est le plus grand service qu'on ait jamais rendu aux sciences. — On peut donc, avec Fontenelle, féliciter le siècle qui, en nous donnant Descartes, a mis en honneur un nouvel art de raisonner, et communiqué aux autres sciences l'exactitude de la géométrie : bien qu'on doive aussi selon sa judicieuse remarque sentir l'inconvénient des systèmes précipités, dont l'impatience de l'esprit humain ne s'accommode que trop bien, et qui, étant une fois établis, s'opposent aux vérités qui surviennent, et reconnaître que le meilleur moyen d'arriver à la vérité, c'est d'amasser, comme font les académies, des matériaux qui se pourront lier un jour, plutôt que d'entreprendre avec quelques lois de mécanique d'expliquer intelligiblement la nature entière et son admirable variété. — C'est ici que doit se terminer l'article relatif au cartésianisme considéré sous le point de vue de la physique; il serait facile de l'allonger beaucoup, en réunissant 1° les idées justes qu'a soutenues ou répandues Descartes; 2° les explications ingénieuses et probables qu'il a données de la nature; 3° les erreurs dans lesquelles il est tombé et toute son école avec lui. — Ces diverses parties appartiennent ou à la science elle-même, ou à l'histoire spéciale de la science : c'est là qu'on les retrouvera avec tous les détails nécessaires. Ce qui nous importait ici, et ce qui a caractérisé le cartésianisme, c'est sa

_____

(1) Ces questions et ces réponses sont tirées d'un traité de physique scolastique intitulé : *Idea philosophiæ naturalis seu Physica, pars tertia totius philosophiæ, auctore D. Petro a Sancto Joseph*, editio secunda. Parisiis, apud G. Jossé, 1659. Voy. d'ailleurs le *Cours de physique* de Pierre Barbay, qui est à peu près du même temps, et qui a eu plus de célébrité.

différence profonde avec les théories antérieures; il commence réellement l'ère nouvelle de la physique, c'est-à-dire que, malgré ses erreurs nombreuses, il nous montre et éclaire la route qui conduit à la vérité, tandis qu'avant lui la physique générale s'agitait au hasard dans d'épaisses ténèbres, et que rien ne faisait prévoir qu'elle dût jamais trouver une issue pour en sortir.

B. JULLIEN.

CARTÉSIENS, s. m. pl. est le nom qu'on donne aux partisans de la philosophie de Descartes. On appelle par cette raison cette philosophie *philosophie cartésienne* ou *cartésianisme*.

CARTÉSIEN (DIABLE). On a donné ce nom à un petit instrument de physique connu aussi sous le nom de *ludion*; la description de l'instrument expliquera suffisamment ces deux noms. — Imaginons un vase cylindrique en verre rempli d'eau et fermé à sa partie supérieure par une vessie sur laquelle on peut appuyer le doigt de manière à communiquer à l'eau une légère pression. Supposons que dans l'eau du vase en question soit une ampoule de verre, remplie d'air, percée d'un petit trou à sa partie inférieure, et lestée cependant de manière à n'être que de très-peu plus légère que le liquide qui l'environne. Dans ces conditions, l'ampoule montera lentement à la partie supérieure de l'eau. — Si l'on appuie le doigt sur la vessie qui bouche le bocal, on exerce une pression sur l'eau; cette pression se communique jusqu'à l'ampoule, comprime un peu l'air qui y est contenu, et fait même entrer dans son sein une petite goutte d'eau, dont le poids s'ajoutant à celui de l'ampoule suffit pour la rendre plus pesante que le liquide, et par conséquent elle descend lentement comme elle avait monté d'abord. — Si l'on ôte le doigt de dessus la vessie, la pression cessant aussitôt, l'air de l'ampoule réagit en vertu de son ressort, il chasse la gouttelette d'eau qui était entrée tout à l'heure; l'ampoule devient ainsi plus légère que le liquide, et remonte comme je l'ai dit en commençant. — Ainsi une petite pression, exercée immédiatement ou médiatement sur l'eau, fait descendre l'ampoule ; la cessation de cette pression la fait descendre, et si régulièrement, qu'elle a l'air d'être aux ordres de l'opérateur, et que celui-ci, qui peut facilement dissimuler le mouvement de son doigt, paraît exercer un pouvoir magique sur un être inanimé, et étonne beaucoup ceux qui sont pour la première fois témoins de ce phénomène. — Maintenant, pour augmenter encore le merveilleux, au lieu de prendre une simple ampoule de verre, on emploie une petite figure en émail, un petit magicien ou un diablotin ; la forme n'y fait rien ; l'important, c'est que l'appareil soit de très-peu moins lourd que l'eau, et qu'il puisse devenir plus lourd par une petite pression extérieure; et c'est la condition qu'on a soin de remplir dans la construction de ces petits jouets. — Le nom de cartésien, qu'on donne à ce diablotin, indique assez que c'est dans l'école de Descartes qu'il a été imaginé.

B. J.

CARTHAG (SAINT), dit *le Jeune*, et surnommé *Machuda* ou *le Matinal*, fut disciple de Carthag l'Ancien et de saint Comgall en Irlande, et fonda dans le West-Mead le grand monastère de Rathenin, qui devint l'école la plus célèbre et la plus fréquentée de l'Europe. Il y gouverna plus de huit cents moines pendant quarante ans; mais les persécutions d'un petit roi voisin l'ayant obligé à prendre la fuite avec ses moines, ils se retirèrent dans le Munster ou Mémonie. Ce saint est regardé comme le premier évêque de Lismore, où il fonda un monastère, une cathédrale et une école. Il mourut le 12 mai 1637.

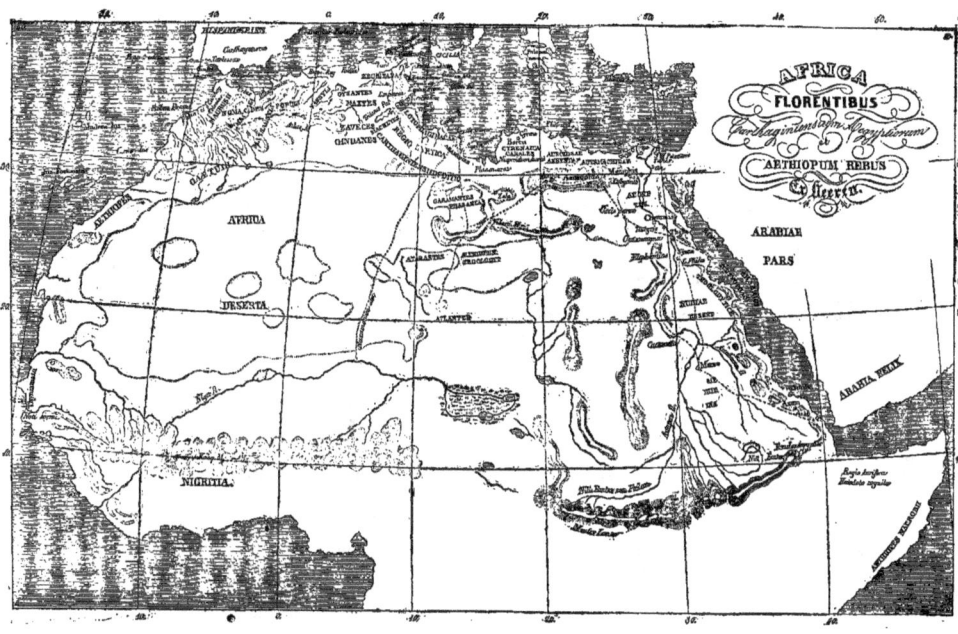

AFRICA
FLORENTIBUS
Carthaginiensium Aegyptiorum
AETHIOPUM REBUS
Ch. Heeren

CARTHAGE

ARABIAE
PARS

ARABIA FELIX

AFRICA

DESERTA

NIGRITIA

CARTHAGE (*géogr.*, *hist.*). — INTRODUCTION. L'un des Etats les plus remarquables de l'ancien monde est sans aucun doute Carthage. Sorti des commencements les plus faibles, cet Etat est devenu si puisssant, qu'il se vit assez fort pour disputer à Rome l'empire du monde ; l'étendue de son commerce lui fit franchir les étroites limites de son égoïsme politique, réunir les uns aux autres tous les peuples et tous les pays du monde alors connu, et combiner leurs intérêts, tandis qu'en même temps et sous tous les rapports, il se distinguait par sa civilisation et par sa culture, et produisait les plus grands hommes pour les travaux de la guerre et pour ceux de la paix. La sagesse de son administration et de son gouvernement se révèle surtout, d'après le témoignage de Cicéron et celui d'Aristote, en ce que durant six siècles il prospéra par des accroissements continus, presque sans souffrir de secousses intérieures notables, et en ce qu'enfin, lorsqu'une dégénérescence intérieure amena sa chute, il tomba du moins avec plus de gloire que toutes les autres nations de l'antiquité, une fois que fut arrivée l'époque de leur décadence. Carthage d'ailleurs tomba moins à cause de sa propre corruption que par la force et la vertu des Romains, et par la toute-puissance du destin. — Mais aucune histoire n'est plus obscure que celle de Carthage ; car nous ne savons presque rien des quatre premiers siècles de son existence, ou du moins on ne nous a transmis sur cette période que des fables ou des données singulièrement douteuses ; l'histoire même des périodes subséquentes offre des lacunes considérables, et ce que nous en savons nous a été laissé par des ennemis ou du moins par des étrangers, qui n'avaient aucun intérêt à nous faire un tableau fidèle et vrai de Carthage et de ses relations, ou à faire mention de cet Etat autrement que par occasion et sans faire usage de la critique. Car la littérature des Carthaginois a péri tout entière, quelque riche et féconde qu'elle ait pu être jadis. Au temps de sa splendeur, elle ne pénétra ni jusqu'en Grèce, ni jusqu'à Rome, par suite de l'opposition qui règne entre les mœurs de l'Orient et celles de l'Occident ; et les Grecs et les Romains semblent n'avoir étudié que rarement la langue punique, les premiers par orgueil, car ils méprisaient les Carthaginois comme barbares, les autres par insouciance intellectuelle au temps de leur grandeur guerrière, et surtout parce que les Carthaginois comprenaient et pratiquaient certainement toutes les langues étrangères ; en effet, comme peuple livré au commerce et avide de commerce, ces derniers étaient forcés d'entrer en communication avec les autres nations en employant la langue propre à celles-ci. Justin, il est vrai, cite (XX, 5) une loi de Carthage qui portait cette défense : *Ne quis postea Carthaginiensis, aut litteris græcis, aut sermoni studeret; ne aut loqui cum hoste, aut scribere sine interprete posset;* mais une telle restriction, lors même qu'elle serait vraie, ne peut, par sa nature même, avoir de durée ni d'efficacité, surtout chez un peuple dont les communications sont multiples ; et l'exemple d'Annibal prouve que plus tard cette loi n'eut pas plus de force : ce grand homme en effet savait lui-même le grec ; il avait reçu une culture toute grecque, et il eut même auprès de lui des Grecs qui écrivirent son histoire. — On doit donc plutôt s'attendre à voir les Carthaginois s'assimiler l'élément étranger, et particulièrement la littérature et les arts des Grecs, qu'à voir les Grecs et les Romains, à très-peu d'exceptions près peut-être, chercher à connaître la littérature carthaginoise. Lorsque le sénat de Rome fit traduire du carthaginois en latin les vingt-huit livres de Magon sur l'agriculture, il ne se trouva, à ce qu'il semble, dans Rome, qu'un petit nombre d'hommes qui sussent la langue punique (cf. Plin., *Hist. nat.*, XVIII, 3), et, quant au reste des trésors littéraires qui furent trouvés à Carthage, on s'en inquiéta si peu et l'on y attacha si peu de valeur, qu'on en fit présent aux rois de Numidie (Pline, liv. Ier), et il ne paraît pas que plus tard, après la chute du royaume de Jugurtha et au temps de César, on ait fait une étude spéciale de ces livres. Salluste, qui fut lui-même gouverneur en Afrique, et qui montra quelque intérêt pour l'histoire, par cela même qu'il s'inquiéta des livres, ne savait pas la langue punique ; mais il se fit expliquer des livres (*qui regis Hiempsalis dicebantur*) dont il nous a donné plus tard, dans son Histoire de la guerre de Jugurtha quelques extraits sur l'histoire ancienne de l'Afrique : ces extraits, sans doute, n'ont qu'une faible importance pour Carthage, et Salluste, sans leur attribuer une valeur particulière, ne les communique à ses lecteurs que pour donner des indications qui s'éloignent jusqu'à un certain point des indications généralement connues, et qui présentent quelque chose de nouveau. Plus tard Juba, fils de ce Juba, roi de Numidie, vaincu par César, a-t-il employé, dans son Histoire romaine, écrite en grec, des sources nationales sur les relations entre Rome et Carthage ? c'est ce qui est aussi fort incertain, puisqu'il ne nous reste aucun renseignement complet et satisfaisant sur l'excellent ouvrage de Juba, dont Plutarque prétend avoir tiré un si grand parti, et qu'il vante si souvent (Plut., *Cæs.*, p. 753, d. ἐκ βαρβάρων καὶ Νομάδων, Ἑλλήνων τοῖς πολυμαθεστάτοις ἐνάριθμος συγγραφεῦσιν) ; d'ailleurs on peut douter en général que ce prince, qui avait cherché son instruction à Rome et qui était devenu sujet du peuple romain, ait pu conserver quelque chose d'original sous le rapport de la science ; et certainement Plutarque nous en aurait fait connaître quelque chose dans les Vies de Fabius et de Marcellus, si Juba nous avait donné, dans l'histoire de la seconde guerre punique, des détails différents de ceux que l'on trouve dans les récits habituels. Ecrite par des auteurs carthaginois ou favorables à la cause de Carthage, la guerre punique aurait eu, dans l'histoire, un caractère tout différent de celui sous lequel nous la connaissons aujourd'hui ; cette vérité est en partie dans la nature de la chose elle-même, et elle ressort d'ailleurs de la vie d'Annibal par Cornélius Népos, laquelle a sans aucun doute pour base les histoires de Silenus et de Sosilus. Mais tout témoignage historique proprement dit carthaginois, ou favorable et bienveillant pour Carthage, est presque si complètement étouffé, et la destruction de cette ville avec toute sa domination, avec sa langue, avec ses mœurs, a été poursuivie avec tant d'acharnement par ses ennemis, qu'il nous est à peine resté une médaille ou une inscription des anciens temps de sa splendeur ; et ce qui peut en subsister encore est illisible, ou ne vaut guère la peine d'être déchiffré. De plus, la nature elle-même a déployé sa fureur contre les côtes du territoire carthaginois et particulièrement contre le sol où Carthage était construite, au point qu'il ne nous est même plus possible de nous faire une idée nette de la position de la ville, de ses murs et de ses ports ; car tantôt les eaux ont emporté une partie des côtes, tantôt de grandes étendues de terrain y ont été ajoutées par alluvion, et les fleuves ont changé leur cours. En conséquence il ne nous reste d'autre moyen d'étudier et de développer l'histoire et les antiquités de Carthage d'après les sources étrangères. Quant à ces sources, elles ne sont pas inconnues, ou chacun peut sans peine en trouver l'indication dans Beck (*Hist. univ.*, t. Ier, p. 776), dans Heeren (*Idées*, etc., dernière édition, t. II), ou dans Bœttiger (*Histoire des Carthaginois*). Nous voulons seulement remarquer ici que le procès relatif à l'histoire de Carthage est loin d'être jugé, et que, malgré quelques excellents travaux préparatoires, la composition d'une histoire véritable et complète de Carthage reste toujours une tâche digne d'un historien éminent. Le tableau que nous allons tracer des antiquités et de l'histoire de Carthage se bornera nécessairement, dans son ensemble, aux résultats de recherches faites par les savants qui nous ont précédés ; pourtant nous trouverons aussi très-souvent l'occasion de nous éloigner des opinions généralement admises jusqu'à présent, et de nous sentir contraints de tenter une voie qui nous soit propre.

POSITION DE CARTHAGE. — Carthage était située par les 50° 40' de latitude et 27° 48' de longitude est, et, selon Appien (*Libyc.*, 95, 96), elle se trouvait dans l'angle le plus intérieur d'un grand golfe qui se dessine du *Promontorium hermæum* (cap Bon) à l'est, et du *Promontorium Apollinis* (cap Zibib) à l'ouest, et dont la profondeur est d'environ 15 milles. La ville était bâtie sur une presqu'île qui s'étend au sud de l'embouchure du Bagrada, de l'ouest à l'est, dans la mer, et dont une longue langue de terre, large d'une demi-lieue environ, séparait ainsi le lac de Tunis du golfe. L'isthme qui rattachait cette presqu'île à la terre ferme avait une largeur de 25 stades (un fort demi-mille d'Allemagne) ; le circuit de la presqu'île entière était de 360 stades (environ 9 milles d'Allemagne). L'isthme qui liait la presqu'île au continent était défendu par une triple muraille, tirée transversalement du lac de Tunis à la baie opposée ; la hauteur de cette muraille était de trente coudées, et tous les deux cents pas elle était défendue par une tour élevée de quatre étages. L'épaisseur des murs était de trente pieds, et l'on y avait pratiqué des écuries pour 300 éléphants et 4,000 chevaux, et des logements pour 24,000 soldats, avec des magasins, etc., de telle sorte que toute cette garnison n'était nullement à charge au reste de la ville. Une partie seulement des murs, celle qui s'étendait du côté des ports, était plus faible que le reste ; aussi point tard les Romains choisirent-ils ce côté pour leur point d'attaque. Dans sa partie méridionale, vers le lac de Tunis, la presqu'île formait encore une fois une vaste baie, resserrée en majeure partie par une autre petite langue de terre, qui longeait celle dont nous avons parlé tout à l'heure. Cette baie, dont au reste il n'existe plus aujourd'hui la moindre trace, formait le port de Carthage, extraordinairement vaste et sûr, et divisé en deux parties par deux pointes de terre et par une petite île située entre elles. On passait du plus grand des deux ports dans le port intérieur, par une ouverture dont la largeur ne dépassait point 70 pieds, et que l'on pouvait fermer par une chaîne de fer. C'est assurément à l'excellence de ces ports que Carthage dut surtout sa splendeur et sa puissance, et pourtant les indications que nous donnent à ce sujet les anciens, nommément Appien et Polybe, sont en contradiction complète entre elles, surtout si l'on compare avec leurs descriptions l'état actuel de l'isthme. Le port extérieur était destiné aux vaisseaux de commerce, et il était assez grand pour en contenir un nombre considérable. La petite île jetée en avant de l'ouverture du port intérieur était fortifiée, et là se trouvaient des magasins pour la marine et le logement du commandant supérieur de la flotte; de plus, l'élévation de l'île et celle de ses bâtiments empêchaient que de la mer ou du port extérieur l'on pût voir ce qui se passait dans le port intérieur. Ce dernier était exclusivement réservé aux vaisseaux de guerre; il pouvait en contenir deux cent vingt, et chaque vaisseau avait sa station propre entre deux colonnes ioniques, supportant un bâtiment qui couvrait en quelque sorte le vaisseau, et duquel on pouvait faire descendre en un instant tout ce qu'il fallait pour l'armement du navire. Ces magasins de marine formaient une sorte de galerie close, et de plus toute la baie du port était encore entourée d'une double muraille, qui n'ouvrait que par une seule porte l'entrée de la ville, de sorte que non-seulement le port militaire était fermé à tous les regards, mais que de plus le port du commerce pouvait être si bien clos, qu'en cas de besoin personne dans la ville ne pouvait savoir ce qui se faisait dans les ports. La grande étendue de la presqu'île entière, qui comportait quelques milles carrés, n'était défendue du côté de la mer, et surtout au nord, que par une muraille simple, parce que de nombreux écueils et l'aspérité du rivage formaient déjà un rempart suffisant. Immédiatement sur la terre ferme, le long des murs, et peut-être contiguë à ceux-ci, était située la citadelle de Byrsa (*Botsna*, château fort), sur l'étendue de laquelle on est loin de se trouver d'accord, et qui à son tour était défendue par plusieurs enceintes de murailles; le reste de l'espace était presque entièrement occupé par la ville, dont la partie la plus voisine du port était appelée *Cothon* (c'était aussi le nom de l'île qui fermait l'entrée du port intérieur). L'autre partie s'appelait *Magara* (Magara, Magalia); mais elle était moins couverte de bâtiments, et par conséquent elle renfermait des jardins et des champs d'une si grande étendue, que l'on y trouvait assez de place pour y ranger en bataille des armées entières; car 700,000 hommes, nombre auquel on porte la population de Carthage à l'époque du siège, lorsque tout était resserré dans la ville, ne couvrent point un espace de plusieurs milles carrés. Outre la citadelle, on distinguait encore dans l'enceinte de la ville plusieurs éminences et beaucoup de grands et magnifiques édifices, par exemple le temple d'Esculape, qui lui-même était une sorte de forteresse. De toute cette superbe ville, la plus grande et la plus belle de l'antiquité, il n'est resté que les ruines d'un aqueduc et quelques citernes; encore est-il très-douteux qu'elles appartiennent à la vieille Carthage tyrienne. Maintenant, sur cet espace immense et à l'opposite de la ville maritime de Cothon, l'on trouve un misérable hameau appelé *el Mersa* (port) (1).

(1) Nous avons donné à cet article plus d'extension que n'en ont eu jusqu'à présent d'autres articles de la même importance. Nous avons pensé que nos souscripteurs sauraient gré de nous voir nous conformer avec une sévérité toujours croissante aux obligations que nous imposent le titre et la nature de l'*Encyclopédie catholique*. Tous nos *articles généraux* formeront à l'avenir de véritables traités spéciaux, comme nous l'avons promis, avec lesquels les articles de détail seront toujours en rapport. Notre ouvrage sera de cette manière un répertoire complet et véritablement utile. Ainsi, cet article CARTHAGE, offrant le résumé des travaux les plus remarquables publiés par les savants de tous les pays sur cette fameuse république, et donnant le résumé le plus complet qui existe de toutes les parties de son histoire, nous permettra de nous borner à de très-courtes indications pour les articles DIDON, SUFFÈTES, PUNIQUES (Guerres), ZAMA (Bataille de), etc.

PLAN DE L'EMPLACEMENT ET DES RUINES DE CARTHAGE.

1. Monticule de Byrsa.
2. Bassins du port marchand et du port militaire.
3. Ruines de l'ancien môle.
4. Ruines d'un mur de défense sur la mer.
5. Cirque.
6. Amphithéâtre.
7. Ruines de temples.
8. Citernes.
9. Vestiges de l'enceinte.
10. Divisions provenant du partage de l'emplacement de la ville en trente *centuria*.

FONDATION DE CARTHAGE; SES PREMIERS ACCROISSEMENTS SUR LE TERRITOIRE AFRICAIN ET DANS LA MÉDITERRANÉE.

— C'est une singulière tradition que celle qui nous a été conservée par Salluste, d'après des sources puniques (*Jug.*, 21), au sujet de la population de l'Afrique septentrionale. L'Afrique, dit cet auteur, était possédée dans le principe par les Gétules et les Libyens, peuples grossiers et barbares, qui vivaient, comme les animaux, de la chair des bêtes sauvages et d'herbes; c'étaient des hommes sans mœurs, sans lois, sans gouvernement; errant sans cesse de côté et d'autre; ils n'avaient nulles demeures fixes, et s'arrêtaient partout où la nuit les surprenait. Mais après qu'Hercule eut trouvé sa perte en Espagne, et que son armée, formée des peuples les plus divers, se fut dispersée quand elle se vit privée de son chef, les Mèdes, les Perses et les Arméniens qui en faisaient partie passèrent par mer en Afrique, où ils s'établirent sur les côtes de la Méditerranée, les Perses toutefois plus près de l'Océan. Ceux-ci renversèrent leurs vaisseaux, et s'en servirent comme de huttes, parce que le pays où ils se trouvaient ne fournissait pas de bois. Par degrés, ils se mêlèrent aux Gétules par le mariage; et, comme ils cherchèrent à se fixer, tantôt dans une contrée, tantôt dans une autre, ils se donnèrent eux-mêmes le nom de Numides. Bien plus tard encore, les habitations des campagnards numides, qui s'appelaient eux-mêmes mapalia, étaient des huttes allongées et voûtées tout à fait semblables à des navires renversés. Quant aux Mèdes et aux Arméniens, ils s'unirent avec les Libyens, et ceux-ci ne tardèrent pas à changer leur nom de Mèdes en celui de Maures. Les Perses cependant furent les plus puissants, et une troupe de Numides, sortie des demeures de ses aïeux, occupa la partie du pays qui fut dans la suite la plus voisine de Carthage. Ces Numides, pleins de confiance dans leur force, domptèrent leurs voisins par les armes ou par la crainte, et acquirent une grande renommée, particulièrement ceux qui demeuraient tout à fait sur les bords de la mer, et ce fut ainsi que la partie septentrionale de l'Afrique fut successivement occupée par les Numides; tous les peuples vaincus se fondirent avec les vainqueurs en un seul peuple et sous le même nom. Mais, plus tard, les Phéniciens, en partie pour se décharger d'un surcroît de population, en partie par avidité de conquête, et après y avoir excité le peuple et d'autres] hommes turbulents, fondèrent Hippo, Hadrumète, Leptis et d'autres villes sur la côte d'Afrique; et bientôt ces villes devinrent très-florissantes, et furent pour leur métropole un rempart et un ornement. Quant à Carthage, Salluste juge plus convenable de se taire au sujet de cette cité que d'en dire trop peu de chose, etc. — De cette tradition, qui a tout au mcins autant de poids que les fables des Grecs, il résulte qu'antérieurement à l'arrivée des Phéniciens il existait déjà dans l'Afrique septentrionale un État qui n'embrassait pas des nations aussi grossières et aussi barbares que l'étaient les autres peuples de l'Afrique septentrionale qu'Hérodote nous fait connaître (IV, 168 et suiv.); mais des nations qui, en se posant comme conquérantes, font supposer qu'elles avaient une organisation politique stable et des institutions civiles; des nations qui valaient la peine que l'on entrât en relation avec elles, et avec lesquelles il était après tout possible de nouer des relations solides. Du reste, nous laisserons de côté la question de l'origine persique des Numides; il n'en est pas moins intéressant de voir comment ces peuples aussi faisaient venir de l'Orient les commencements de leur vie politique, et les rattachaient au fabuleux Hercule. Les Phéniciens, désirant le commerce avec l'Afrique intérieure, nouèrent des relations avec ces Numides, et fondèrent à la fin sur la côte les villes de commerce dont Salluste nous donne les noms dans le passage que nous avons cité, et, outre ces places, Utique, Leptis major, Tunes, etc., en cherchant à déterminer par des voies pacifiques leurs rapports avec les Numides, de telle sorte qu'ils tenaient compte tout ensemble de leur propre intérêt et de celui des habitants du pays. Cela est dans la nature des choses, et on peut l'admettre avec certitude; car il n'y avait pas d'autre possibilité de s'assurer le commerce d'Afrique, qui, par suite de la disposition toute particulière du sol et du caractère tout particulier du climat, ne pouvait, avant bien des siècles, prendre une autre voie que celle qu'il prend maintenant, à moins que l'on ne fondât des plans d'entrepôt et des marchés, où les caravanes viendraient apporter les produits de l'Afrique intérieure, et les échanger contre ceux de l'Orient et du Nord. Et il est tout aussi certain que ce résultat ne pouvait être obtenu que par des relations amicales et des communications pacifiques. — Des écrivains postérieurs (Procope, Bell. vandal., II, 10), et Suidas (Χαναὰν) nous ont aussi conservé la tradition que, lors de la conquête du pays de Chanaan par Josué, des Chananéens, fuyant devant ce dernier, se dirigèrent vers les côtes de l'Afrique septentrionale, et s'établirent dans le pays où fut plus tard construite Carthage; on prétend même qu'au temps des Vandales, 540 ans après la naissance de Jésus-Christ, une colonne que l'on voyait près de Tigisis, et qui portait une inscription phénicienne, constatait ce fait. On a beaucoup discuté sur l'authenticité de cette inscription (1), et assurément on ne peut

(1) Les fables qui entourent le berceau de Carthage sont moins multipliées que celles qui se rattachent au berceau de Rome : un Tite Live, un Denys d'Halicarnasse et tant d'autres historiens menteurs ne se sont pas mis en si grands frais d'imagination pour nous attacher par de longs et ingénieux romans à la naissance de cette fille de Tyr. Cependant, pour un peuple vaincu, Carthage n'a pas laissé de trouver des conteurs inventifs. Eusèbe et Procope font remonter sa fondation à l'an 1259 avant J.-C. Selon eux, des Chananéens, mis en fuite par Josué vers l'an 1590, fondèrent Utique à quelque distance du lieu où fut Carthage. Procope et Suidas rapportent en outre qu'on avait trouvé en Numidie un monument composé de deux colonnes de pierre blanche, avec cette inscription en langue phénicienne : Nous sommes des Chananéens chassés de leur patrie par le brigand Josué, fils de Navé (Nun). Suivant les mêmes auteurs, ces Phéniciens ou Chananéens, fondateurs d'Utique, bâtirent Carthage 261 ans après, l'an 1259 avant J.-C., et comme il a toujours fallu, dans l'antiquité, que des fables se rattachassent au berceau des villes et des empires, c'est vers cette époque qu'un ancien historien, Nonnus, au XLIIe livre de ses Dionysiaques, raconlait que le Phénicien Cadmus avec sa femme Harmonie, fonda Carthage, qui fut d'abord appelée Cadméia. Un autre historien, Philistos de Syracuse, avance une autre fable qu'ont recueillie et admise Procope et Eusèbe. Selon eux, l'an 1231 Sor et Carchédon, tous deux Tyriens, agrandirent la nouvelle ville, qui n'était pas encore bien considérable; mais la philologie seule a fait justice de cette assertion. Sor est l'ancien nom chananéen de la ville de Tyr, que les Turcs lui ont rendu, et qu'elle porte encore aujourd'hui dans le Levant. . CH. DU ROZOIR.

élever contre elle plus d'une objection; en tout cas, ce furent bien des Chananéens ou des Chananites qui se fixèrent en ces lieux, et non des Phéniciens; car l'immigration des Juifs ne toucha nullement ces derniers, qui par conséquent aussi ne purent être chassés de leurs demeures par les Juifs; et par conséquent cette prétendue immigration des Chananites n'a rien de commun avec les véritables colonies phéniciennes. — Mais la fondation de ces villes coloniales phéniciennes remonte à un temps fort ancien, au siècle de David ou de Salomon, à l'époque où les Phéniciens étaient exclusivement en possession des produits des côtes du monde entier par leur commerce, à l'époque où ils envoyaient leurs flottes jusqu'à Tarschisch, pour ramener ces produits chez eux. En effet, la fondation d'Utique est placée par Aristote 287 ans avant la construction de Carthage, par Velléius au temps de Codrus, contemporain de Saül, vers la même époque où Gadès, en Espagne, fut également fondée par les Phéniciens; et que cette ville ait été la plus ancienne des colonies phéniciennes dans ces contrées, c'est ce que l'on peut conclure peut-être de son nom même, qui en phénicien signifie la vieille, par opposition avec la ville neuve ou Carthage, fondée plus tard, de sorte que, lorsque cette nouvelle ville s'éleva, le véritable nom de la ville plus ancienne se perdit, et il ne resta plus que la dénomination de ville vieille (Utica et Ityka), laquelle devint générale. — Quant à l'époque où cette ville neuve ou Carthage fut fondée, elle est donnée très-diversement, de même que les écrivains de l'antiquité nous transmettent des indications très-contradictoires sur les noms des fondateurs et sur les circonstances de la fondation. Ceux qui reportent le plus loin la fondation de Carthage sont Appien, qui la place à la cinquantième année avant la destruction de Troie, et Philistus, qui la place à l'an 460 avant la Ire olympiade, par conséquent à l'an 1236 ou 1234 environ avant la naissance de Jésus-Christ. D'autres la rapportent à des époques postérieures, et presque chaque écrivain lui assigne une date différente. Eusèbe la place, tantôt à l'an 1216 tantôt à l'an 894, tantôt à l'an 814 avant la naissance de Jésus-Christ; Tite Live, à l'an 92 avant la fondation de Rome ou 846 avant J.-C.; Velléius, à l'an 65 avant la fondation de Rome ou 819 avant J.-C. On admet généralement pour date l'an 878 avant J.-C., et d'après cela, l'on calcule à 732 ans la durée de la puissance de Carthage jusqu'à la destruction de cette ville, et nous suivrons cette opinion, puisque après tout on ne peut rien déterminer avec précision. — Il est facile d'expliquer les causes pour lesquelles on trouve une si grande diversité dans ces données. Très-vraisemblablement la ville se forma graduellement aux dépens d'Utique, en ce sens que la population toujours croissante se fixa sur cette presqu'île si admirablement située et si peu éloignée; des émigrés tyriens y vinrent peut-être également, et augmentèrent le nombre des colons; ce fut ainsi que s'éleva une place forte, Byrsa ou Botsra, et au bout de quelque temps s'éleva enfin, à la faveur de circonstances inconnues, la ville de Carthage, laquelle, ainsi que l'indique déjà son nom, commença bientôt à devenir la rivale d'Utique, pour l'éclipser plus tard entièrement. Laissons donc de côté la tradition de l'immigration de Didon ou Elisa, qui, fuyant son frère Pygmalion, vint, dit-on, s'établir en ces lieux, après avoir acheté des habitants du pays une pièce de terre qu'elle entoura d'une peau de bœuf; laissons encore de côté la tradition que nous trouvons dans Appien et dans Philistus, et d'après laquelle Zorus et Carchédon auraient été les fondateurs de cette ville. Cette dernière assertion n'est qu'un jeu étymologique des Grecs, et la tradition relative à Didon, quoiqu'elle puisse avoir un fondement historique, a été en tout cas défigurée dans la bouche des générations suivantes; en effet, que Didon ait coupé une peau de bœuf en bandes assez étroites pour pouvoir en entourer un espace de 22 stades (plus d'un demi-mille d'Allemagne), cela n'est évidemment qu'une plaisanterie, en ce qu'il est physiquement impossible de venir à bout d'une pareille opération. Renvoyons donc ailleurs la tradition relative à Didon (1), que nous

(1) Que vaut le récit des auteurs qui nous parlent de Didon ? Qu'à la suite de troubles civils qui auraient eu lieu à Tyr dans le cours du IXe siècle avant J.-C., le parti vaincu s'expatriant soit venu fonder une ville en Libye au milieu du pays de Byrsa, un tel fait n'est point rare dans l'antiquité; on peut l'admettre. Comme l'indique la tradition, le terrain pour la construction de la ville fut acheté, et les premières relations entre la colonie et les Libyens furent amicales. Hors cela, tout le récit est fabuleux. Quant à Élissa Didon, comme on l'appelait indifféremment, cette femme qui, au rapport des anciens, conduisit l'émigration, est évidemment un personnage symbolique. Élissa Dido! réuni, ce double nom signifiait en phénicien, comme en hébreu femme fugitive, et à Car-

racontent au long Justin, Appien, et Virgile avec son commentateur Servius ; tout ce qui appartient à l'histoire, c'est que l'emplacement où Carthage fut construite ne fut pas conquis par les armes, mais acquis par une convention paisible avec les habitants du pays. Si donc nous renonçons à l'idée que l'on se fait habituellement de la ville naissante de Carthage ; si nous ne pensons pas que, dès le principe, elle se fît valoir en État indépendant et renfermé en lui-même, jeté seul sur une côte isolée, mais destiné à de grandes choses dans l'avenir ; si, au contraire, nous considérons Carthage telle qu'elle était, c'est-à-dire comme une colonie de marchands d'Utique et de Tyr, située entre Utique et Tunis, dont la première avait déjà eu plusieurs siècles de puissance et de gloire, éloignée seulement de 2 ou 3 milles de l'une et l'autre cité ; comme une colonie fondée sur un territoire certainement phénicien, et non sur un territoire numide, et qui, précisément pour cette raison, devait être dans le principe soumise à l'influence d'Utique, ou qui, du moins, ne pouvait se développer en toute liberté ; nous renoncerons de nous-mêmes à nous attendre à une histoire propre à cette ville, dès les premiers temps, avant un siècle peut-être et plus tard encore. Des lieux qui, par leur nature, ne sont que des places d'entrepôt pour les marchandises, ou un asile où les vaisseaux se mettent à l'abri de la tempête, n'ont point d'histoire, et ne peuvent en avoir une que lorsque soudain leur position change, lorsqu'elles se rendent indépendantes et commencent à jouer un rôle comme communautés libres. — Mais quand vint le moment où Carthage se rendit indépendante d'Utique et figura pour la première fois sur la scène de l'histoire ? C'est ce qu'il est difficile de préciser, puisqu'il n'existe à ce sujet aucun témoignage historique formel. Pourtant on est bien près d'une conjecture que nous ne craignons pas d'exprimer ici. Josèphe mentionne (IX, 14, 2), et certainement d'après d'excellentes sources, à savoir d'après Ménandre d'Éphèse, qui s'était servi d'histoires tyriennes, que, l'an 715 avant J.-C., Sidon et la plupart des autres villes phéniciennes soumises aux Tyriens se révoltèrent contre la ville souveraine, et appelèrent le roi d'Assyrie Salmanassar à leur secours contre leurs oppresseurs communs ; de là une guerre dans laquelle les Tyriens durent soutenir un siège de cinq ans ; mais ensuite ils furent vainqueurs sur mer, et finirent par contraindre leurs ennemis à lever le siège. Cette révolte générale contre Tyr paraît avoir aussi gagné les colonies, et il était difficile qu'elles n'y prissent point part ; et il n'est pas invraisemblable qu'alors Utique se soit également déclarée pour les rebelles. Carthage, au contraire, par un antagonisme naturel envers une ville voisine qui la dominait, semble avoir combattu pour les intérêts de Tyr, et, comme enfin la victoire se déclara pour Tyr, Carthage dut nécessairement être récompensée de sa fidélité, et cette récompense fut vraisemblablement de la déclarer désormais indépendante d'Utique, mesure qui eut peut-être bientôt

thage, aussi longtemps que la cité fut debout, Elissa Dido eut un temple, et fut révérée, dit Justin, comme divinité. Elle était, suivant le récit des Romains, épouse de Sichée ou Acerbas, prêtre d'Hercule, et sœur de Pygmalion, roi de Tyr. Celui-ci, pour ravir au prêtre ses trésors, l'assassina. Didon alors, sur la foi d'un songe, se retira en Libye. Là, elle fut aimée d'Hiarbas, roi des Maxyes ou Maxitans, nation libyenne voisine de Byrsa. Il fallait au barbare cet hymen pour le civiliser, lui et sa nation, et il le réclamait à ce titre. La fugitive, se sentant toujours mariée à celui qui était mort, résista. Cependant Hiarbas devenait menaçant ; les compagnons d'Elissa Dido la pressaient de céder. Elle demanda trois mois de répit, trois mois qu'elle passerait en pleurs et en lamentations pour satisfaire aux mânes de son premier époux, et dégager sa foi ; mais intérieurement, plutôt que d'être infidèle, elle avait résolu de mourir. Le terme expiré, elle monta sur un bûcher dressé pour les sacrifices, et, disant qu'elle allait vers son époux, elle se poignarda.

Ille meos, primus qui me sibi junxit, amores
Abstulit : ille habeat secum, servetque sepulcro.

Y a-t-il de l'histoire là-dessous ? Je le présume, mais il serait téméraire de l'affirmer. Quoi qu'il en soit, ce mythe est d'un sublime caractère, et par rapport au temps, et par rapport au lieu, et si son origine, comme je le suppose, est vraiment carthaginoise, il est remarquable jusqu'à l'étrangeté. L'histoire de Carthage ne saurait commencer plus noblement. — Le sublime anachronisme de trois siècles que s'est permis Virgile en mettant son Enée en rapport avec Didon n'a pas étonné la crédulité d'un autre grand homme, et Newton l'a admis dans sa chronologie, mais pas aussi positivement que le répètent quelques auteurs. Voici en effet ce qu'il en dit : « 883 (avant J.-C.), Didon bâtit Carthage. Les Phéniciens commencent à pousser leur navigation jusqu'au détroit et même au delà. Enée était encore en vie, selon Virgile. »

pour conséquence d'établir sa suprématie sur cette ville. Assurément on ne peut donner aucune preuve de ce fait ; pourtant c'est par lui peut-être qu'on peut expliquer la piété avec laquelle les Tyriens refusèrent à Cambyse leur participation à une expédition contre Tyr (l'an 523 avant J.-C.), et avec laquelle les Carthaginois à leur tour, dans le traité qu'ils conclurent avec Rome (l'an 406 de Rome et 348 avant J.-C.) firent aussi mention des Tyriens, comme compris avec eux dans l'alliance. Cela ne se fit plus un siècle après, dans l'alliance d'Annibal avec Philippe de Macédoine, parce qu'alors Tyr avait déjà péri, d'où il faut aussi conclure que Tyr, dont il est ici question, est l'antique métropole phénicienne, et non, comme le pensent quelques-uns, une colonie inconnue (1) dans le voisinage de Carthage. De plus, les Carthaginois envoyaient à Tyr une députation annuelle, pour rendre hommage à la métropole, et offrir des sacrifices à Hercule ; fait tout particulier qui doit être expliqué et avoir eu un motif déterminé, parce qu'il est contraire à la nature des relations d'une colonie avec la métropole, parce qu'il ne se trouve rien de semblable dans l'histoire ancienne ni dans l'histoire moderne, et que l'on est moins en droit d'attendre pareille chose des Tyriens et des Carthaginois, qui ne sont que trop décriés dans l'histoire pour la perfidie et l'impudente brutalité par lesquelles ils se sont laissé partout diriger en vue de leur seul intérêt du moment. Les bienfaits d'une métropole envers ses filles ne produisent en tout temps et en tout lieu que l'ingratitude ; au contraire, un bienfait important d'une colonie envers la métropole, bien qu'il ait une tout autre source, peut assurer un attachement durable, parce qu'il semble plutôt un acte de liberté que l'exigence d'un devoir à charge à l'homme de quelque part qu'elle vienne. — Mais ce fut surtout après la chute de Tyr, sa métropole, renversée par Nebucadnezar (600 avant J.-C.), que Carthage semble avoir gagné en puissance ; car bien que Tyr, c'est-à-dire la ville bâtie dans l'île, n'ait pas été détruite par Nebucadnezar, comme on l'admet vulgairement (compar. l'excellente Dissertation sur Tyr, par Gesenius, dans son Commentaire sur Isaïe, t. II, p. 707), les Phéniciens furent néanmoins paralysés par ce prince dans tous leurs mouvements, et ils se virent contraints d'abandonner tout le commerce de l'Orient aux îles et aux villes maritimes des Grecs, de même que Carthage attira successivement à elle tout le commerce de l'Occident ; et Tyr, jadis toute-puissante, devint un demi-siècle plus tard, une province des Perses, ou tout au moins un État tributaire de leur empire ; elle devint de jour en jour moins importante, par suite de la dissolution intérieure de la monarchie perse, jusqu'à ce qu'enfin elle périt sous les coups d'Alexandre. Placer à une époque antérieure au temps de Nebucadnezar l'extension de la domination carthaginoise sur les côtes et les îles de la Méditerranée et particulièrement sur l'Espagne, ne serait pas chose faisable ; car l'on ne peut croire que les Phéniciens eussent sacrifié sans nécessité leurs avantages commerciaux, livré en proie et bénévolement abandonné aux Carthaginois leur suprématie sur leurs colonies, et quoique, selon Diodore, dès la cent soixantième année après la fondation de leur ville, et par conséquent, selon notre opinion, l'an 718 avant J.-C. (ou plus exactement, puisque Diodore suit sans doute Timée, et que celui-ci place la fondation de Carthage l'an 814 avant J.-C., l'an 654 avant notre ère), les Carthaginois eussent occupé l'île d'Ébusus, ce n'est pourtant là qu'une entreprise isolée, et les véritables conquêtes extérieures de Carthage en

(1) L'opinion que nous adoptons ici est contraire à celle de Heeren (De la politique et du commerce des peuples de l'antiquité, t. IV, p. 41). Voici ce que dit cet auteur : « Tyr, qu'on cite avec Utique, ne peut guère être la cité phénicienne du même nom. Déjà sa position rend fort invraisemblable que cette ville ait fait un traité avec Rome ; elle était d'ailleurs alors sous la domination des Perses : mais ce qui est plus décisif, c'est que dans tout l'acte il n'y a rien qui ait trait à cette cité, ou qui pût être de quelque importance pour elle. Je croirais qu'au lieu de Tyrus, il faudrait lire ou Tunis ou Tysdrus, si Polybe ne le rapportait directement à Tyrus ; il se peut encore qu'une des grandes villes maritimes du territoire de Carthage fût appelée réellement de cette manière (a). » — Ce n'était pas chose rare que de voir, chez les Phéniciens, des colonies prendre le nom de leur métropole. Qu'on se rappelle la Nouvelle-Carthage en Espagne et Tyr sur le golfe Persique. Si cependant dans l'acte mentionné il était question de la ville phénicienne dite Tyr, il faudrait croire que les Carthaginois avaient coutume de comprendre la métropole dans leurs traités.

(a) Il ne nous reste de quelques grandes villes du territoire de Carthage, comme Toka, Maschala et Hecatompylos, dont parle Diodore (II, p.149), d'autre souvenir que le nom.

Sicile, en Sardaigne, en Corse, sur les côtes de Mauritanie et d'Espagne, ne tombent, d'après ce que l'on peut conclure de Justin, que dans les cinquante années qui précèdent la domination de Cyrus et de Cambyse, par conséquent dans le temps qui suit immédiatement l'empire de Nebucadnezar. Mais ce qui est singulièrement à regretter, c'est que Justin ait abrégé l'histoire de Trogue Pompée, précisément en ce qui concerne Carthage, d'une manière si extraordinairement incomplète; Justin en effet est, parmi les auteurs qui se sont occupés expressément de Carthage, le seul qui nous ait été conservé dans son entier, et il passe légèrement et en peu de mots sur quelques siècles, tandis qu'il raconte longuement des anecdotes qu'il eût pu, sans inconvénient, laisser dans un éternel oubli. Sans doute, on peut toujours mettre en question que Trogue Pompée ait réellement consigné dans son ouvrage, sur l'histoire primitive de Carthage, plus de détails que Justin ne nous en a conservé; c'est du moins ce que l'on ne peut pas même admettre, à en juger d'après le prologue de son histoire, qui existe encore. Mais, à partir de ces temps les plus anciens jusqu'à la révolte de Malchus, Justin nous apprend seulement que l'Etat fut déchiré par divers désastres et par des dissensions intestines, que l'on eut à souffrir de pestes, et que par conséquent on fit des sacrifices humains, et que l'on eut à soutenir des guerres longues et opiniâtres contre les Africains. Quant à ce qui concerne les dissensions intestines, elles peuvent se rapporter aux relations avec Utique, qui devaient intéresser en sens divers tous les habitants de Carthage; pour ce qui est des guerres avec les Africains, elles étaient une suite nécessaire de l'extension que les Carthaginois, après la décadence de la puissance phénicienne, cherchèrent à donner à leur propre puissance. Comme en effet la ville gagnait chaque jour en population, comme d'ailleurs elle était favorisée par sa position, puisque, semblable à une forteresse disposée par la nature, elle repoussait toute attaque, tant du côté de la terre que du côté de la mer, il lui fallait toutefois aussi un territoire dont la fertilité et la culture fussent capables de fournir à cette population la subsistance nécessaire, sans que l'on fût réduit à la chercher au loin. Or, nul territoire ne répondait mieux à ce besoin que le pays situé au midi de Carthage, lequel s'étend le long des côtes qui se prolongent vers le sud jusqu'à la petite Syrte. Ce pays, l'un des plus fertiles du monde, est protégé par de hautes montagnes contre la chaleur et les torrents du feu du désert, mais exposé vers l'est aux vents rafraîchissants et fécondants qui soufflent de la mer, de sorte qu'il produit cent pour un, presque sans culture artificielle et sans labour. D'ailleurs le voisinage d'Utique empêchait les Carthaginois de s'étendre au nord et à l'ouest, et ils cédèrent sans peine à l'attrait du sol situé au sud et à l'est de leur ville pour s'étendre de ce côté. Aussi ne doit-on pas s'étonner si vers l'ouest, à une distance de quelques milles des portes de Carthage, et même dans la période la plus florissante de cette république, on rencontre déjà les frontières numides, tandis que vers le sud et l'est le territoire carthaginois avait plus de 100 milles d'étendue. La prise de possession de ce pays impliqua naturellement les Carthaginois dans des guerres avec les Numides, ses anciens habitants, qui, sans aucun doute, n'avaient pas erré en nomades dans ces contrées, mais qui devaient y avoir pris des demeures fixes, fondé des villes, et partagé les campagnes entre eux pour les cultiver. En admettant même que le nom de Numides signifie nomades, peuples errants, vagabonds, il n'est pas possible de prouver qu'ils n'aient point partiellement et sur divers points renoncé à leur vie errante, pour fonder des demeures fixes. La nature d'un pays et les mœurs des hommes se trouvent toujours dans un rapport mutuel, et l'on ne rencontrera pas entre elles d'opposition ni de contradiction; ou bien, si réellement un état contre nature peut exister quelque temps, il est impossible qu'il soit de longue durée. Hérodote aussi dit, en termes très-clairs à notre sens (IV, 187, 191), que les peuples au nord du Triton n'étaient point des nomades, et il y aurait trop à faire si l'on ne voulait entendre l'expression οὐκέτι (οὐκέτι νομάδες εἰσί Λίθυες) que de l'époque, puisqu'elle peut tout aussi bien se rapporter à l'espace, ce qui arrive assez souvent chez Hérodote. De là des critiques modernes ont conclu que ces tribus avaient également été anciennement nomades, mais que plus tard ils devinrent agriculteurs, et que cette transformation des nomades en agriculteurs fut opérée par les Carthaginois; mais une telle transformation est contraire à toute l'histoire, et se trouve contredite par le grand nombre de villes purement numides, dont le nom se rencontre partout, et qui étaient extraordinairement florissantes, même en des lieux où les Carthaginois n'ont jamais étendu leur domination. Malheureusement les Européens, re-

poussés par la terreur que leur inspirent les farouches habitants de ces contrées, ne connaissent pas encore exactement le sol de l'antique Numidie; ce qui toutefois est certain, c'est que ce pays n'est pas une steppe semblable aux steppes de l'Asie depuis la muraille de la Chine jusqu'au Volga ou jusqu'au Don; ce qui est également certain, c'est qu'il n'est point partout semblable à lui-même, mais qu'il offre tour à tour des plaines fertiles, d'étroites vallées, des prairies riches en herbages, sur le penchant des montagnes, d'où dut aussi résulter nécessairement une grande diversité entre les habitants (comp. Ritter, Géographie, t. I, p. 338, 344, etc.); et en conséquence, nous sommes fermement convaincus qu'alors, comme de nos jours encore, les Numides se divisaient en trois classes distinctes : les agriculteurs, qui habitaient le Tull, c'est-à-dire le pays bas sur les côtes de la mer, lequel, en décrivant un grand arc, forme la lisière de la Berbérie, et a tout au plus une largeur de quelques jours de marche; les pasteurs, qui possédaient des demeures fixes, avaient partagé le pays entre eux, et habitaient des villages (mapalia) et des villes sur le plateau, vers le mont Atlas; et les hordes errantes, qui habitaient principalement le versant méridional de l'Atlas vers le désert, contrée vaste, immense, couverte des plus beaux pâturages, le Biledulgerid, ou pays des dattes actuel. Et c'était là la patrie des bandes numides qui servirent plus tard comme mercenaires dans l'armée carthaginoise, conduisaient leurs chevaux sans bride, et se rendirent si redoutables aux Romains comme les meilleurs cavaliers du monde. Massinissa, au contraire, et Syphax régnaient sur les pasteurs du pays haut dans toute son étendue, domination que ne leur disputèrent ni les Carthaginois ni les Romains, et ce ne fut que la lisière, le sol favorisé situé le long des côtes qui s'étendait de Carthage vers le sud-est, que les Carthaginois et les Romains voulurent conquérir, et ils n'épargnèrent rien pour se maintenir et s'assurer la possession de ce territoire. — Or, ce fut la possession de ce pays qui donna lieu aux guerres mentionnées par Justin (XVIII, 7; XIX, 1); Carthage avait besoin de ce territoire pour nourrir sa population, et elle avait assez de puissance pour en faire la conquête. Il semble toutefois que cette conquête ne réussit pas de bonne heure. Pendant tout un siècle peut-être ou plus longtemps encore, entre les années 500 et 400 avant J.-C., l'on combattit donc contre les anciens habitants, et, même après que ceux-ci eurent été subjugués, on se vit forcé de soutenir des guerres longues et sanglantes contre les Numides des montagnes, qui vinrent au secours de leurs frères d'origine, et cherchèrent à venger l'oppression de ceux-ci par des irruptions dans la province carthaginoise. Dans ces guerres avec les Numides brilla au premier rang un général carthaginois nommé Malchus (Malcus, Malcheus, Mezeus; — comp. Justin, XVIII, 7, et ses commentateurs), qui fit de grandes choses contre les Africains; mais le résultat de ses exploits reste obscur et incertain, et l'indication de Justin (XIX, 1), qui nous apprend que plus tard les Carthaginois payèrent de nouveau tribut aux Africains, nous permet de conclure que les suites de cette guerre ne furent pas toujours heureuses, ou qu'elles furent souvent interrompues, et que la république étendit fort lentement son territoire. On peut croire, il est vrai, que ce passage de Justin peut tout aussi bien s'entendre d'un tribut par lequel les Carthaginois se rachetaient des incursions faites sur leur territoire par les Numides des montagnes (ce qui leur était plus avantageux que de faire continuellement la guerre à des hommes qu'ils pouvaient battre, mais non anéantir ou soumettre), de sorte que dès lors les côtes pouvaient être subjuguées jusqu'au Triton; il nous semble pourtant que le silence d'Hérodote a ici une importance toute particulière; car, selon nous, il n'en résulte pas du tout que de son temps (vers l'an 460 avant J.-C.) les Carthaginois eussent déjà étendu leur domination bien loin au sud et à l'est de leur ville. Dans sa description de la Libye, Hérodote ne dit pas un mot du territoire carthaginois, et, tandis qu'il nomme tout au long les peuplades qui habitaient les côtes entre l'Egypte et l'Atlas, nous ne voyons en rien que ces peuplades aient été soumises aux Carthaginois, ce qu'assurément Hérodote, selon son habitude, n'eût pas oublié de dire; bien plus, elles paraissent toutes comme libres, puisque, selon cet auteur, elles ne s'inquiètent nullement des plans de conquête de Cambyse, roi des Perses, et ne s'inquiétaient pas non plus encore des Perses. Sans doute quelques critiques ont voulu conclure d'un passage d'Hérodote (V, 42) que, dès le temps de Cléomène (vers l'an 500 avant J.-C.), les Carthaginois avaient possédé les côtes jusqu'au fleuve Cinyps, et c'est ce que Schweighæuser veut aussi nous faire croire dans sa note sur ce passage; mais, si les Carthaginois dominaient en ces lieux, il devient difficile d'expliquer comment Doricus put se maintenir trois années entières, avant qu'il fût possible de l'en chasser de nouveau dans ces pays, les plus beaux et les plus fertiles que connaisse Hérodote; il en résulte que tout ce raisonnement s'écroule, et que ce passage : ὑπὸ Μαχέων τε καὶ Λιϐύων καὶ Καρχηδόνίων doit se traduire ainsi : il fut chassé par les habitants du pays, les Maces, qui étaient ligués avec d'autres Libyens et avec les Carthaginois; ce qui est aussi le sens naturel et non forcé de cette phrase. — Nous nous voyons donc forcés de modifier considérablement l'opinion vulgaire, d'après laquelle les Carthaginois auraient étendu de bonne heure leur territoire en Afrique, et d'admettre que ce territoire n'acquit tout son complément à l'est que vers l'an 400 avant J.-C. Car alors aussi fut consolidée par les *Aræ Philænorum* la frontière du côté de Cyrène, ce qui s'accorde tout à fait avec Salluste (*Jug.*, 81), lequel assure que cela eut lieu au temps de la plus grande splendeur de Carthage. Du temps de Malchus, par conséquent, c'est-à-dire vers l'an 550 avant J.-C., on combattait encore beaucoup plus près des portes de Carthage pour ce pays si favorisé de la nature. — Plus anciennement toutefois, avant que Carthage eût acquis un grand territoire en Afrique, ils se répandirent dans les îles de la Méditerranée. L'île d'Ebusus (Iviça) semble avoir été l'une des premières possessions extérieures des Carthaginois; puis peut-être Malte (*Diod.*, v, 12); ensuite vinrent des entreprises sur la Sicile, dont nous connaissons peu l'ensemble, mais qui doivent avoir atteint leur but, puisque Justin raconte (XVIII, 7) que ce Malchus, dont nous avons déjà parlé, combattit longtemps et avec succès en Sicile. Précédemment déjà, des Phéniciens s'étaient établis dans cette île, partout sur la côte, dans l'intérêt de leur commerce avec les Siciliens; ils avaient fondé Emporia et occupé les villes voisines. Les Carthaginois marchèrent sur leurs traces; toutefois nous ne savons ni à quelle époque ni en quelles circonstances ils prirent possession de ce qui, avant eux, avait appartenu aux Phéniciens. Mais vers ce même temps s'éveilla aussi le génie commercial des Grecs, qui avaient fondé de nombreux établissements en Sicile, et dont les villes prirent bientôt un puissant et prodigieux essor. Ils entrèrent donc en conflit avec les Carthaginois, dont ils ne voulurent pas reconnaître le droit exclusif sur le commerce de la Sicile. Des luttes s'engagèrent où sans doute les Carthaginois furent souvent vainqueurs, mais qui finirent néanmoins par avoir des suites malheureuses, en ce que les Carthaginois furent contraints d'abandonner l'une après l'autre les villes qu'ils possédaient en Sicile. C'est ainsi que cette île, qui devait devenir la colonie fondamentale de la puissance carthaginoise, devint la cause de la ruine de Carthage. On ignore complètement les détails de ces guerres jusqu'au temps de Gélon. — En même temps qu'ils recherchaient la possession de la Sicile, les Carthaginois recherchèrent aussi celle de la Sardaigne, et ici ils furent plus heureux. Car, bien que Malchus, dont il a été question à plusieurs reprises, eût essuyé dans cette île une défaite qui le fit exiler par les Carthaginois, et le poussa à la révolte et à la guerre civile (1) (*Just.*, l. o.); son successeur, Magon, l'auteur d'une grande et héroïque race de rois et de généraux carthaginois, continua le plan, et soumit l'île entière au pouvoir de Carthage. Plus anciennement, la Sardaigne avait appartenu aux Etrusques; et, au temps de Cyrus, nous voyons encore les Carthaginois ligués avec les Etrusques contre les émigrés phocéens, qu'ils voyaient de mauvais œil fonder l'établissement d'Alalia en Corse. Il est donc invraisemblable que dès lors les progrès des Carthaginois en Sardaigne aient été notables. Comme dans la suite néanmoins la puissance des Etrusques fut brisée par leurs guerres continuelles avec Rome (dans le vᵉ siècle avant l'ère chrétienne), les Carthaginois paraissent s'être étendus davantage; Calaris et Sulchi furent construites, et l'île entière oc-

cupée; elle devint par ses moissons un grenier pour Carthage, et ses mines enrichirent cette ville; les tribus sauvages de l'intérieur restèrent seules libres dans leurs montagnes. Du reste, nous ne connaissons pas en détail les luttes qui firent tomber l'île au pouvoir de Carthage; nous ignorons également si ce furent les habitants de l'île ou les Etrusques qui firent essuyer à Malchus la défaite que nous avons indiquée plus haut. Il nous faut nous contenter de ce résultat, que la Sardaigne fut enfin soumise, et peut-être les deux siècles durant lesquels environ la Sardaigne se trouva sujette des Carthaginois furent-ils la période la plus heureuse dont cette île ait joui (1). — Les Carthaginois s'établirent aussi plus tôt en Corse, et, autant qu'il est permis de le conjecturer, dans la seconde moitié du vıᵉ siècle avant notre ère; et ce fut ici, en Corse, que les Carthaginois figurèrent jusqu'à un certain point pour la première fois sur la scène de l'histoire. L'établissement des Phocéens en Corse, où ils avaient fondé Alalia, excita la jalousie des Carthaginois et des Etrusques, qui anciennement paraissent avoir possédé la Corse, comme ils avaient possédé la Sardaigne. Ce fut peut-être pour se mettre à l'abri de leur brigandages et pour ne pas laisser devenir trop puissante la colonie renforcée par des nouveaux venus, que les Carthaginois et les Etrusques se mirent en mer avec 120 vaisseaux contre les Phocéens d'Alalia, qui n'avaient à leur opposer que 60 voiles. Sans doute, les Phocéens furent vainqueurs (2); mais ils perdirent 40 navires, dont ensuite les ennemis lapidèrent l'équipage; et, comme les 20 vaisseaux qui leur restaient avaient perdu leurs éperons, ils ne purent se maintenir plus longtemps à Alalia; ils abandonnèrent donc la Corse, et se dirigèrent vers Rhegium, dans le voisinage de laquelle ils fondèrent Velia. Cette bataille navale, qui se rapporte à peu près à l'an 545 avant J.-C., paraît avoir été suivie immédiatement de l'établissement des Carthaginois en Corse; toutefois nous ne pouvons décider si des guerres avec les indigènes ou avec les Etrusques précédèrent l'occupation de l'île. Ce qui est certain, c'est qu'au temps des guerres avec les Romains la Corse était au pouvoir des Carthaginois (3).

PROGRÈS DE CARTHAGE DEPUIS LE MILIEU DU Vᵉ SIÈCLE AVANT J.-C. JUSQU'AU COMMENCEMENT DES GUERRES PUNIQUES. — A quelle époque les Carthaginois s'étendirent-ils sur la côte septentrionale de l'Afrique, à l'ouest de Carthage, et sur les côtes d'Espagne? C'est ce qu'il est également impossible de préciser. Hérodote dit expressément (IV, 196) que déjà de son temps (450 ans avant J.-C.) ils faisaient le commerce au delà des colonnes d'Hercule; il paraît même qu'il faudrait chercher le lieu dont parle Hérodote vers la côte de Guinée, puisqu'il n'y avait pour les deux auteurs aucune possibilité de s'entendre; d'où il suivrait que les habitants étaient des nègres et non des Maures. S'il en est ainsi, il devait y avoir nécessairement sur la côte d'Afrique des stations sans lesquelles une si longue navigation eût été impossible, et l'existence de ces stations rend aussi très-vraisemblable l'établissement de colonies sur la côte d'Espagne. De plus, il semble que l'on doive rattacher à ce fait le fameux Périple d'Hannon, qui nécessairement dut avoir lieu

---

(1) Ce Malchus, le premier que l'histoire signale comme ayant occupé à Carthage la dignité de *suffète* ou *roi*, après avoir conquis presque toute la Sicile, voulut transférer la guerre en Sardaigne et fut complètement battu. Les Carthaginois qui, dans leurs défaites, ne voyaient que l'argent placé sans profit sur des têtes mercenaires, furent toujours implacables pour leurs généraux malheureux. Aux yeux de ces marchands conquérants, un capitaine d'armée qui se laissait battre n'était qu'un agent qui avait mal géré : on le cassait aux gages, ou bien on le livrait au bourreau. Le sénat se contenta de bannir à perpétuité Malchus et son armée. A ce décret il répond en assiégeant Carthage. C'est à notre connaissance la première guerre de mercenaires que cette république ait eu à soutenir ; ce ne sera pas la dernière : maître de Carthage par l'épée, Malchus se contente de faire mourir dix sénateurs qui avaient voté son bannissement (530 avant J.-C.) ; puis il rend la paix et les lois à sa patrie. Plus tard il veut rétablir le pouvoir arbitraire, et périt au milieu de cette tentative coupable.

(1) La Sardaigne, cette grande île, était d'une importance capitale par sa position géographique pour un peuple dont l'existence dépendait du maintien de sa domination sur la Méditerranée occidentale. D'ailleurs par sa fertilité agricole, la Sardaigne devint *le second grenier à blé des Carthaginois* (Heeren). Enfin, tout porte à croire que cette île ne leur était pas moins productive par ses mines, aujourd'hui épuisées, d'or, d'argent et de pierres précieuses. On trouve dans Aristote (*De mirabilibus*, ch. 105) un passage où il est dit que les Carthaginois avaient détruit en Sardaigne tous les arbres fruitiers, et défendu à ses habitants, sous peine de mort de se livrer à l'agriculture. Cette tradition est assez difficile à concilier avec l'importance agricole que les Carthaginois attachaient à la Sardaigne. Sans doute Aristote aura généralisé un fait particulier. — Il n'est pas impossible que, dans leur lutte avec les Sardes, les Carthaginois aient eu une fois recours à cette mesure acerbe pour réduire les habitants et les châtier par la famine. Dans son premier traité de commerce avec Rome, conclu l'an 509 avant J.-C., Carthage stipula pour la Sardaigne dans les mêmes termes que pour la Libye, sans faire aucune différence entre ces provinces. Selon Justin, après l'an 509, les Carthaginois firent souvent la guerre en Sardaigne, contradiction qui n'est qu'apparente, car il dut y avoir des révoltes dans cette île.

(2) Dans cette action, la *première bataille navale* dont parle l'histoire, les Grecs, suivant l'expression d'Hérodote, remportèrent une *victoire cadméenne*, c'est-à-dire funeste au vainqueur.

(3) Les Carthaginois ne firent jamais grand cas de la Corse, qui, par la stérilité du sol et l'état sauvage de ses habitants, était pour eux d'une bien moindre importance que la Sardaigne.

quelque temps avant qu'il fût possible aux Carthaginois de faire de semblables voyages, dans l'intérêt de leur commerce, vers des côtes si lointaines, au delà des Colonnes. Car au sujet du commerce de Carthage avec les sauvages Africains, qu'Hérodote décrit dans le passage cité, il est question d'une coutume déjà ancienne, et le voyage maritime d'Hannon fut un voyage de découvertes dans des contrées inconnues et qui jusqu'alors n'avaient pas été visitées. Quant à ce qui concerne le monument lui-même qui nous a été conservé au sujet de ce voyage maritime d'Hannon, il doit nous sembler un ouvrage très-douteux et très-équivoque, du moins dans la forme sous laquelle nous le possédons, bien que tant de géographes et d'historiens distingués lui aient consacré de fort savants commentaires. Car, s'il est dit dans cet écrit qu'Hannon embarqua sur une flotte de 60 vaisseaux une multitude de 30,000 hommes avec des munitions et tous les accessoires, qu'il fonda sept villes, lesquelles naturellement durent être pourvues de toutes les provisions nécessaires pour la vie aussi bien que pour la culture des terres et pour la défense; qu'ensuite pourtant il alla plus loin, et continua à tenir une flotte réunie; c'est là une assertion qui tombe d'elle-même. Jamais 60 vaisseaux de guerre n'eussent suffi à une pareille expédition; il aurait fallu qu'une flotte de transport de plusieurs centaines de vaisseaux de charge suivit la flotte de guerre, et pourtant, d'une part, il n'est pas question, dans le Périple, de vaisseaux de transport, et d'autre part il ne restait certainement pas alors aux Carthaginois un si grand nombre de bâtiments dont ils pussent disposer pour un voyage de découvertes dont le succès devait être fort incertain. De plus, il est manifeste que l'auteur du Périple a voulu se tirer d'embarras en plaçant 30,000 colons sur les vaisseaux de guerre; en effet, eût-on eu besoin d'un nombre de 60 vaisseaux de guerre, puisque l'on n'avait pas à lutter contre des nations maritimes, et que même une flotte si nombreuse n'eût été qu'embarrassante. Combien d'ailleurs le territoire des Carthaginois en Afrique devait-il être florissant, s'il devait et pouvait jeter dans une entreprise presque perdue 30,000 colons, et Liby-Phéniciens encore, c'est-à-dire tirés d'une partie seulement du territoire carthaginois? Comment aussi peut-on penser qu'un si grand nombre de colons se soient engagés volontairement dans cette entreprise, et comment était-il possible de les y contraindre par la force et de les tenir ensuite, durant la route, en bride et dans l'obéissance? D'autre part, l'Itinéraire d'Hannon dont Pline fait mention contient des indications tout autres que renferme l'Itinéraire que nous possédons; cet Itinéraire racontait non un voyage restreint de découvertes, mais une circumnavigation de toute l'Afrique jusque vers le golfe Arabique; et une circumnavigation de cette nature n'avait pas encore été entreprise par les Carthaginois, du moins jusqu'au temps d'Hérodote; cela résulte avec une complète certitude du silence d'Hérodote dans le passage où il raconte les tentatives du même genre faites par les Égyptiens (IV, 43). Sans parler d'autres difficultés et d'autres contradictions, il n'est pas à supposer que les Carthaginois, qui du reste cachaient avec tant de jalousie aux autres nations leurs routes commerciales, aient affiché leurs secrets sur une table suspendue publiquement dans un temple, en admettant que les indications qu'ils donnaient renfermaient la vérité; si au contraire, ce qui est évident, leurs indications contenaient des exagérations et des mensonges de toute nature, il est manifeste qu'on ne peut leur accorder aucun poids, et que ce serait perdre sa peine que de vouloir expliquer les détails de cet Itinéraire. Assurément cela est possible au moyen d'une certaine *accommodation*, comme l'ont fait voir des essais modernes; toutefois la science, et en particulier l'histoire et la géographie ancienne, n'en tireront aucun avantage. Que du reste ce prétendu Itinéraire d'Hannon soit basé sur quelque chose de vrai, nous ne voulons pas le nier; nous tenons même pour vraisemblable que les Carthaginois ordonnaient de fréquents voyages de découvertes, et assurément ils étudièrent bien avant les côtes d'un pays de l'intérieur duquel ils recevaient par les caravanes des trésors en considérables en or, en pierres précieuses, en ivoire, en épiceries. Nous nions seulement qu'il soit dû quelquefois à l'écrit dont nous parlons, dans la forme sous laquelle l'antiquité nous l'a transmis (1). — Ainsi, tandis que Rome, impuissante et livrée

à des déchirements intérieurs, chassait ses rois et avait encore à soutenir durant cinquante années des luttes longues, opiniâtres et souvent désespérées contre ses voisins, les Carthaginois nous apparaissent déjà comme souverains de presque toutes les côtes de la Méditerranée; car, bien que leur territoire n'eût pas encore en Afrique une étendue très-considérable, ils avaient fondé en beaucoup d'endroits des villes qui servaient de stations à leurs vaisseaux, et de magasins et de marchés à leur commerce; ils avaient des possessions dans toutes les îles de la Méditerranée, et même sur la côte méridionale d'Espagne, où ils paraissent avoir également marché sur les traces des Phéniciens; et peut-être n'est-il pas invraisemblable qu'ils poursuivirent aussi, comme nous le dit un prétendu Itinéraire d'Himilcon, leur navigation, vers le nord, le long des côtes de l'Océan Atlantique, et abordèrent dans la Grande-Bretagne, dans l'Irlande, dans les îles Orcades et Shetland, et même en Norwège et à Thulé. Partout où ils arrivèrent, ils fondèrent, à ce qu'il semble, des établissements; quant aux peuples qui ne voulurent pas leur permettre de s'établir, ou qu'ils ne pouvaient espérer dompter, ils conclurent avec eux des traités de paix et d'amitié. C'est ainsi qu'ils se conduisirent avec les Gaulois et les Liguriens, qui, de même que les Espagnols, et au prix d'une solde, fournirent l'infanterie à leurs armées. Firent-ils des traités avec les Égyptiens et avec les Grecs? Nous ne le savons pas; pourtant il n'est pas invraisemblable que des Carthaginois aient visité les ports de l'Égypte et de la Grèce; comme du reste il est probable que ce fut en Égypte qu'Hérodote reçut de quelques Carthaginois les détails qu'il nous transmet çà et là sur leurs entreprises commerciales. Mais des traités formels subsistèrent pendant longtemps avec les Étrusques, traités qui n'avaient pas seulement pour objet des relations de commerce, mais la protection des citoyens et des sujets des deux États, mais encore des allian-

colonnes d'Hercule jusqu'à Cerné, que l'on place près du golfe de Santa-Cruz. Selon eux, narrateur véridique et sans ostentation de ce qu'il a exécuté, Hannon, dont le Périple nous est parvenu traduit en grec, dit que l'île de Cerné est aussi éloignée des colonnes d'Hercule que les colonnes d'Hercule le sont de Carthage. Cette assertion indique, selon Montesquieu, qu'Hannon borna ses établissements au 25e degré de latitude nord, au 30e ou 31e selon Heeren. De Cerné Hannon fit une autre navigation, dont l'objet était de faire des découvertes plus avant vers le midi. L'étendue des côtes qu'il suivit fut de vingt-six jours de navigation, et ce ne se vit obligé de retourner faute de vivres. Adoptant les évaluations du major Rennel, qui fixe la journée à 16 lieues (12 lieues et demie de mer), Heeren n'hésite pas à prononcer que c'est aux côtes de la Sénégambie que s'arrêta le navigateur carthaginois. Au surplus, selon la remarque de Montesquieu, tout ce que dit Hannon du climat, du terrain, des mœurs des habitants, se rapporte à ce qu'on voit aujourd'hui dans cette côte d'Afrique. Il semble que ce soit le journal d'un de nos navigateurs. Le même auteur ajoute qu'il ne paraît pas que les Carthaginois aient fait usage de cette entreprise d'Hannon. Cette négligence n'est pas dans leur caractère. Heeren croit que ce voyage leur fraya la voie pour ouvrir une navigation régulière jusqu'à la côte d'Or. — Un passage très-curieux d'Hérodote nous prouve que de son temps ces hardis négociants faisaient avec des nations sauvages le commerce de l'or; et à cet égard il entre dans les détails qui ne peuvent s'appliquer qu'aux pays aurifères qu'arrose le Niger (Hérodote, liv. IV, ch. 196; Heeren, *De la politique des peuples et du commerce des peuples de l'antiquité*, t. IV, p. 199). Au surplus, les six colonies fondées par Hannon, des colonnes d'Hercule à Cerné, n'existaient plus au moment de la première guerre punique. Pline nous parle d'une autre entreprise contemporaine de celle d'Hannon, qui fut arrêtée à Carthage dans le même but, vers la côte occidentale de l'Europe. C'est celle du général Imilcon, que l'on croit frère d'Hannon. Il avait fait de son voyage une relation qui ne nous est pas parvenue, mais dont le poète géographe Festus Aviénus a tiré parti dans son ouvrage intitulé *Ora maritima*. Envoyé pour former des établissements dans les îles Cassitérides, qui ne peuvent être que les îles Sorlingues ou Scilley, au sud-ouest de l'Angleterre, Himilcon, après avoir franchi les colonnes d'Hercule, visita les stations et colonies carthaginoises sur les côtes d'Espagne, et qui étaient autant de comptoirs pour le commerce d'argent, de minium et d'étain. Il longea tout le littoral de la Gaule, traversa la Manche, et arriva à sa destination. Peut-être cingla-t-il vers l'*île Sainte* (ainsi l'on appelait l'Hibernie). Ce voyage dura quatre mois. Dès ce moment, les vaisseaux de Carthage embrassèrent tout le commerce du monde occidental; ils poussèrent jusqu'à la mer Baltique pour recueillir l'ambre sur ses rivages. On attribue même aux Carthaginois la fondation de Culm dans la Prusse polonaise. Qu'ils aient en des établissements dans les îles Canaries et à Madère, cela paraît incontestable. On a été jusqu'à prétendre qu'ils connurent l'Amérique, et J. de Müller ne paraît pas éloigné d'admettre cette hypothèse (*V.* son *Histoire universelle*, t. 1er, chap. IX).

---

(1) D'autres auteurs n'élèvent pas le moindre doute sur l'authenticité du Périple d'Hannon. Ils admettent que ce marin répandit 30,000 colons liby-phéniciens des deux sexes dans une chaine de villes qu'il fonda sur la côte occidentale d'Afrique, le long de l'Atlantique, depuis les

ces en cas de guerre et la garantie réciproque de leurs posses-sions. Relativement à ces alliances, il ne nous a été conservé, il est vrai, qu'une indication vague dans Aristote (*Polit.*, III, 5, 11); mais, par les expressions qui y sont employées, cette indi-cation ne nous laisse aucun doute que nous devons attribuer à ces traités le même caractère, et, si nous ne nous trompons pas, les mêmes formules que nous trouvons dans le plus ancien traité entre Carthage et Rome, tel que Polybe (III, 21 et suiv.) nous l'a conservé. En effet, la vanité romaine a placé aussi à une époque postérieure, au temps de l'expulsion des rois, la conclusion d'un traité de commerce et d'alliance entre Rome et Carthage, afin de nous faire croire qu'alors (l'an 509 avant J.-C.) des navires romains naviguaient aussi sur toute la Méditerranée jusqu'à Carthage ou même jusque vers l'Espagne. Toutefois ce prétendu premier traité, connu du seul Polybe en contradiction avec tous les autres écrivains anciens, est plus que douteux, et il se maintiendrait difficilement devant une critique dégagée de toute préoccupation. Car, bien que Polybe dise que le texte de ce traité était gravé sur une table d'airain, au Capitole, et qu'il a vu de ses yeux cette table, il ajoute pourtant qu'il n'avait pu lire ce texte, et que les hommes mêmes qui se donnèrent la peine de le lui expliquer ne purent pas non plus le lire conve-nablement. De plus, la traduction des mots, telle qu'il nous la donne, contient plusieurs contradictions historiques, et c'est précisément ce que l'on doit le moins s'attendre à trouver dans un document de cette nature. Enfin le contenu du traité en général contredit tout ce qui nous a été conservé de croyable sur l'état et les relations de Rome à cette époque. Assurément les Romains n'étaient pas alors un peuple maritime et commer-çant, et ils ne le devinrent qu'après la première guerre puni-que. Hors la fondation du port d'Ostie par Ancus Martius, laquelle encore appartient aux temps mythiques, l'histoire ne sait rien d'un commerce fait par les Romains par terre ou par mer. L'organisation politique des Romains, leur constitution, leurs mœurs, dont l'agriculture formait la base, la législation des Romains relativement aux dettes, les lois agraires et leurs causes, source de troubles et de soulèvements sans nombre, toutes ces choses nous forcent à croire que Rome était étrangère à la mer, et que les anciens Romains, dans tous leurs ordres, eurent une tout autre carrière d'activité et d'occupation. Comment les Romains auraient-ils conservé durant cinq siècles leur simplicité de mœurs, s'ils avaient parcouru toutes les côtes de la Méditerranée? Comment auraient-ils pu, durant cinq siècles, rester dépourvus de toute science étrangère, de tout art étranger, bien plus, mépriser tout ce qui n'était pas absolument romain, s'ils avaient visité, en commerçants et en navigateurs, toutes les côtes de la Méditerranée? Comment peut-on penser que les Romains, qui se seraient depuis si long-temps livrés à la navigation, n'aient pas possédé un seul vaisseau au commencement de la première guerre punique, se soient vus réduits à faire traverser sur des radeaux le détroit de Sicile à leurs légions, et qu'ils n'aient appris à construire des navires qu'en prenant pour modèle un vaisseau carthaginois jeté sur le rivage? Si, relativement au traité entre Rome et Carthage, il y a quelque chose de vrai dans la forme sous laquelle il nous est donné par Polybe, tout ce que l'on peut admettre, c'est que la jalousie qui dut exister à cette époque entre Carthage et les Étruriens influa sur la conclusion d'un semblable traité avec Rome, en ce que Rome, depuis l'expulsion des rois, ennemie naturelle de l'Étrurie, et réduite par cette puissance aux der-nières extrémités, était devenue par là même alliée naturelle de Carthage, de sorte que Carthage se sentit déterminée à si-gner maintenant avec les Romains, bien que ceux-ci ne fissent pas encore de commerce, les mêmes stipulations qu'ils avaient jadis concédées aux Etrusques, nation de navigateurs. Mais il est peut-être plus vraisemblable que si, au temps des derniers rois, Rome était à la tête d'une confédération latine-étrusque (Niebuhr, *Hist. rom.*, I, p. 396), elle avait été comprise, tout en ne faisant pas de commerce par elle-même, dans l'alliance formée entre les Carthaginois et les Etrusques, de même que les autres villes étrusques situées dans l'intérieur des terres et qui ne couvrirent jamais les mers de leurs propres vaisseaux, participèrent néanmoins aux avantages du traité. En consé-quence, il se peut qu'alors même qu'après l'expulsion de Tar-quin et la guerre avec Porsenna tout lien eût été brisé entre Rome et l'Étrurie, Rome ait conservé le souvenir de cet ancien traité de commerce avec Carthage, où elle avait elle-même été comprise, et l'orgueil romain ne manqua pas d'étaler les titres d'une si vieille alliance, de même que les grandes familles de Rome étalaient les images d'ancêtres qui n'avaient jamais existé, ou qui du moins n'avaient jamais célébré les triomphes, des

insignes desquels on les avait décorés (1). — Ce qui est digne de remarque, c'est l'accroissement singulièrement rapide de la puissance carthaginoise durant les Ve et VIe siècles avant l'ère chrétienne. Sans doute ces agrandissements eurent leur source dans une vie intérieure énergique et active, et dans la sagesse des institutions civiles, dont nous parlerons plus bas; mais ce qui fut favorable à cette république plus qu'à aucun autre Etat de l'antiquité, ce furent ses relations extérieures. Carthage en effet, jetée presque seule au milieu de la côte méridionale de la Méditerranée, n'avait dans son voisinage aucune rivale capable de restreindre ses efforts. Des liens d'une pieuse affection l'unissaient aux Phéniciens, et la puissance phénicienne était déjà sur son déclin. Utique et les autres colonies phé-niciennes du voisinage avaient été admises à des conditions honorables dans une alliance qui, tout en n'arrêtant pas leurs propres accroissements, les rendaient pourtant dans la dépendance de Carthage. La puissante Cyrène était éloignée de Carthage de près de deux cents milles, de sorte que des con-tacts hostiles (qui ne manquèrent pas du reste) ne pouvaient devenir dangereux pour Carthage. Les rois numides et maures bravaient les Carthaginois plutôt qu'ils ne pouvaient leur être dangereux, et lors même qu'ils recevaient des Carthaginois un tribut, on pouvait à meilleur droit les appeler sujets de Carthage. Quant aux Grecs de Sicile, chacune de leurs villes ne songeait qu'à elle-même; ils étaient déchirés par les factions ou paralysés par des tyrans, qui la plupart recherchaient, pour se défendre, l'alliance des Carthaginois; en tant que Siciliens, ils ne con-naissaient pas un intérêt commun du pays. La Perse était trop éloignée pour qu'elle pût entrer en contact immédiat avec Car-thage; et si Cambyse songea à soumettre cette république, tou-jours est-il qu'il en fut empêché par la résistance des Phéniciens, qui ne voulurent point entrer en campagne contre leurs enfants, et une attaque par terre, en partant d'Égypte, semblait impos-sible, surtout après le mauvais succès de son expédition contre Ammonium et l'Ethiopie. La tempête même soulevée dans le monde par Alexandre, ne toucha point les Carthaginois, et l'ambition de Pyrrhus fut déjouée avant qu'il pût attaquer les Carthaginois sur leur territoire. Avant son conflit avec les Romains, le seul ennemi considérable que rencontra Carthage, fut Agathocle; encore celui-ci, rappelé dans sa patrie par la force des circonstances, fut-il réduit à s'arrêter à moitié chemin. Ce ne fut que la guerre avec Rome qui révéla la faiblesse d'une république dont la puissance n'avait d'autre base que le com-merce et des richesses en numéraire, et qui voyait le noyau de ses défenseurs, non dans les légions de sa jeunesse nationale, mais dans des essaims de mercenaires barbares. Nous trouvons donc la cause fondamentale de la puissance de Carthage en ce que les circonstances la favorisèrent si bien qu'elle ne fut attaquée par aucun ennemi dont les forces égalassent les siennes, et en ce qu'en général elle n'eut point d'ennemi qu'elle provoquât comme tel; en ce que plutôt son intérêt bien entendu consistait à vivre en paix avec tous les peuples, même au prix de sacrifices appa-rents. — En conséquence, ce qui fut le premier pas de Carthage vers sa ruine, c'est que, entraînée peut-être par des rois et des généraux ambitieux, elle se laissa engager contre la Sicile dans une entreprise qui était réellement tout à fait contraire à ses vé-ritables intérêts. Carthage n'était pas de sa nature une exploita-tion conquérante, pas plus que ne l'avaient été Sidon et Tyr et les autres villes phéniciennes; mais, de même que celles-ci avaient acquis par le perfectionnement et la pratique de la paix une grande importance pour l'histoire du monde, de même Carthage n'aurait pas dû dévier de cette route. Mais, séduite par ses ri-chesses et par l'occasion, elle se laissa entraîner plus loin que ne le voulaient ses intérêts, et le succès de son entreprise sur la Sardaigne lui fit peut-être espérer qu'elle arriverait au même

(1) Quoi qu'il en soit de l'authenticité de ce traité, tel que Polybe nous le fait connaître, nous en indiquons la nature : qu'on le lise avec attention, on y verra les plus grands avantages stipulés par Carthage à l'égard des Romains et des villes et colonies de sa dépendance : dé-fense aux Romains de naviguer au delà du cap Bon : si la tempête les y jette, ils sont tenus de remettre à la voile au bout de cinq jours, sans pouvoir acheter que ce qui est nécessaire aux besoins du vaisseau et aux sacrifices. Aux Carthaginois permis d'occuper les villes du Latium non soumises à Rome, pourvu qu'ils les lui rendent intactes. En Libye, en Sardaigne, défense aux Romains de trafiquer autrement que sous la surveillance d'un officier public : au contraire, les marchands romains qui viendront à Carthage jouiront des mêmes droits que les Carthagi-nois. Sous le rapport politique, on voit qu'elle avait déjà un pied en Italie, alors même qu'elle avait à peine jeté les premières bases de sa domination en Sicile.

résultat en Sicile (1). Vraisemblablement les généraux et les suffètes de la maison de Magon, le successeur du séditieux Malchus, excitèrent à cette entreprise leurs compatriotes, qui certainement pouvaient convoiter la position d'une île si belle, dont on pouvait, de la citadelle de Carthage, distinguer les promontoires, et qui déployait avec abondance toutes les richesses qui peuvent tenter la cupidité des hommes. Malchus, ainsi que nous l'avons remarqué plus haut, avait déjà subjugué une partie de la Sicile, ce qui peut-être veut seulement dire qu'il força les anciennes colonies phéniciennes de Sicile d'obéir désormais aux Carthaginois. Dans les temps qui suivirent immédiatement, les Carthaginois paraissent s'être occupés avant tout de la conquête de la Sardaigne; mais, après la soumission de cette île, les guerres de Sicile éclatèrent de nouveau, et avec une énergie d'autant plus grande, que, dans l'intervalle, l'influence et l'administration de Magon avaient opéré dans l'intérieur de Carthage une révolution complète. Car ce Magon (2) fut, selon Justin (xix, 1), le créateur de l'organisation militaire de Carthage, et sans aucun doute aussi l'auteur de la constitution de cette république, telle qu'Aristote nous la dépeint. — Mais ce que nous savons du renouvellement de ces guerres de Sicile n'est fondé que sur un passage obscur de Justin (l. c.), et sur un renseignement très-bref qu'Hérodote nous donne par occasion (vii, 158), lorsqu'ils nous disent que Gélon reprocha aux Grecs du continent de ne pas l'avoir soutenu précédemment dans la guerre qu'il avait eu à soutenir contre les Carthaginois; nous devons donc nous contenter de cette assertion, qu'il y eut *grave bellum, in quo diu et varia victoria prœliatum fuit*, et c'est vraisemblablement aussi à cette guerre avec Gélon que se rapporte le passage de Justin qui précède celui que nous venons de citer : *Siciliæ populis propter assiduas Carthaginiensium injurias, ad Leonidam.... concurrentibus*. Là-dessus, toujours d'après Justin (l. c.), Darius, roi de Perse, avait invoqué l'appui des Carthaginois, comme auxiliaires dans la guerre contre les Grecs; mais ils refusèrent, parce qu'ils étaient trop occupés par des guerres contre leurs voisins les Numides; de même plus tard, Xerxès aurait fait avec eux une alliance par suite de laquelle les Carthaginois devaient attaquer les Grecs de Sicile et d'Italie, tandis que Xerxès porterait la guerre dans la Grèce proprement dite. C'est là du moins ce que disent Ephore et Diodore. Mais le silence d'Hérodote sur ce point et son récit tout opposé à cette assertion contredit complétement celle-ci (*V*. les *Recherches* de Dahlmann, ii, 1, p. 186); et, selon nous, il faut croire plutôt que les Carthaginois profitèrent sagement du moment où toute la Grèce était en mouvement et en désordre par suite de la guerre médique, pour s'assurer aussi des avantages, et accomplir enfin sans peine, à ce qu'il semble, leurs plans sur la Sicile. Aucun moment ne pouvait être plus favorable que celui-là pour les Carthaginois; aussi profitèrent-ils de l'expulsion du tyran Terillus d'Himère pour se mêler aux affaires de l'île. Une armée de 300,000 hommes fit voile vers la Sicile avec une flotte de 200 vaisseaux, sous les ordres d'Hamilcar, fils de Magon, après qu'il eut durant trois années tout recruté les plus vaillants guerriers d'Italie, d'Espagne et des Gaules, et qu'on les eut renforcés par des Libyens et des Numides. En admettant même que ce nombre ait été exagéré, parce qu'Hérodote, accoutumé aux immenses armées des barbares, ajoute volontiers foi aux Siciliens de qui venait cette exagération, et parce qu'Ephore, suivi par Diodore (xi, 1), se plaît à ce genre de mensonges; il est du moins très-vraisemblable que les Carthaginois employèrent toutes leurs forces pour mettre maintenant un terme, si cela était possible, par un coup de vigueur, à la guerre

de Sicile, et que cette armée, bien qu'elle ne fût pas forte de 300,000 hommes (car comment ceux-ci auraient-ils pu se nourrir ou même être employés sur un si petit espace?), était pourtant plus nombreuse que ne l'avaient été les armées mises jusqu'alors sur pied par Carthage. Mais les Grecs de Sicile trouvèrent dans les tyrans de Syracuse et d'Agrigente, Gélon et Théron, de vaillants défenseurs de leur indépendance. Dans la bataille d'Himère, la moitié de l'armée carthaginoise fut massacrée, le reste fait prisonnier, Hamilcar lui-même tué, les vaisseaux brûlés ou pris, de sorte qu'il ne resta qu'une nacelle pour porter à Carthage la nouvelle de cette défaite (1). Tandis que les Carthaginois effrayés redoutaient une attaque de Gélon et se préparaient à la défense, le prince ne songeait qu'à la paix; et un traité fut conclu, par suite duquel les Carthaginois promirent de renoncer à leurs projets contre la Sicile, et payèrent à Gélon 2,000 talents d'argent, somme à laquelle les Carthaginois ajoutèrent volontairement 100 talents d'or pour Damarète, femme de Gélon. Malgré la malheureuse issue de son entreprise, la mémoire d'Hamilcar fut célébrée à Carthage dans les temples. — Pendant soixante-dix ans, les guerres des Carthaginois contre la Sicile furent interrompues; on paraît avoir senti que la Sicile ne serait point une proie facile, et qu'il serait plus utile à Carthage d'entretenir des relations amicales avec les Grecs qui y étaient établis et avec les indigènes. Sans aucun doute aussi, ils se réservèrent, par la paix de Gélon, leurs anciennes places de débarquement, leurs marchés et leurs colonies, tels que Panorme, Motya, Lilybée, etc. Pendant ce temps, du reste, eut lieu l'entreprise des Athéniens, sous Alcibiade, contre Syracuse, et les Athéniens envoyèrent même une ambassade aux Carthaginois, pour demander l'appui de ce peuple, vieil ennemi des Grecs de Sicile. Comment se fit-il que Carthage alors resta tranquille? Vraisemblablement les Carthaginois n'ignoraient pas sur quels vastes projets était fondée cette expédition des Athéniens contre Syracuse; ils savaient sans doute qu'après la conquête de Syracuse Alcibiade se proposait de subjuger Syracuse elle-même. Carthage ne pouvait donc désirer que d'Athènes eût le dessus; elle ne pouvait lui donner son appui. Ce qui cependant devait aussi faire plaisir aux Carthaginois, c'était que Syracuse fût affaiblie par sa guerre contre Athènes; aussi ne donnèrent-ils pas non plus de secours aux Syracusains contre Athènes; ils attendirent l'événement, sans les armes, mais dans une neutralité complète. Lorsque la puissance d'Athènes eut échoué devant Syracuse (413 avant J.-C.), et que les Syracusains se furent également affaiblis par cette longue guerre, ils se mirent en mouvement pour profiter de ce moment de stupéfaction et d'épuisement, et les discussions élevées entre les Égestains et ceux de Sélinonte leur donnèrent un prétexte d'agir (410 avant J.-C.). — Dans l'intervalle qui sépare les deux guerres des Carthaginois en Sicile, Justin place encore des guerres avec les Maures, les Numides et les Africains (ce dernier nom désigne sans doute les peuples agricoles du voisinage de Carthage), et ces guerres eu-

---

(1) Pour la période de l'histoire de Carthage où nous entrons, outre Justin, nous possédons Diodore de Sicile, qui a tiré les faits de deux écrivains, Ephore et Timée, dont les ouvrages sont perdus. On peut aussi consulter avec fruit Thucydide, Aristote, qui, dans un chapitre malheureusement trop concis, a esquissé la constitution de Carthage ; les Vies et les Morales de Plutarque, Polybe, Cicéron (*Du gouvernement*).

(2) Magon le Grand est la tige de cette famille héroïque et presque toujours heureuse qui, de 550 à 308 avant J.-C., donne à Carthage dix ou onze chefs qui perfectionnent sa civilisation, puis augmentent sa puissance et sa gloire, sans jamais menacer sa liberté. Ne faut-il pas, pour rencontrer une suite de vertus si pures, remonter jusqu'au crépuscule des temps historiques? Ces gloires sans tache ne se trouvent guère dans les siècles où l'histoire se dit tout. — Selon l'*Art de vérifier les dates* (t. iii, p. 417), Magon présida aux destinées de sa patrie de l'an 254 à l'an 489 avant J.-C. Heeren veut que ce soit de l'an 550 à l'an 500, différence que je me contente de rapporter, *sans avoir la prétention de la discuter*, et seulement pour avertir de l'incertitude de la chronologie à cette époque.

(1) Cette victoire paraîtrait invraisemblable, si Diodore de Sicile et Polyen ne nous en faisaient connaître les circonstances. Amilcar fut trompé par un stratagème de Gélon. Une dépêche par laquelle les Sélinontins annonçaient à Amilcar qu'ils allaient arriver avec leur cavalerie mit le Syracusain à même d'introduire sa propre cavalerie dans le camp des Carthaginois où, elle fut reçue sans défiance. Elle arriva justement à l'heure où Amilcar offrait un sacrifice aux divinités sanguinaires de Carthage. Dans l'instant où ce chef, entouré de ses soldats recueillis et désarmés, immolait un jeune enfant noble au génie affreux de la superstition, il fut lui-même frappé d'un poignard. Aussitôt les vaisseaux carthaginois furent livrés aux flammes, tandis que Gélon arrivait avec le gros de ses troupes. La surprise et la mort de leur chef n'empêchèrent pas les Carthaginois d'opposer la plus vigoureuse résistance ; c'est ce qui rendit cette journée si meurtrière. Plus de 150,000 hommes périrent dans le combat ou dans la fuite. Les autres s'emparèrent d'une éminence où le manque de vivres et d'eau les força de se rendre. Dès lors toute l'Afrique sembla être captive en Sicile. Gélon distribua les prisonniers dans les différentes villes siciliennes, proportionnelle-ment au contingent qu'elles avaient fourni. Le plus grand nombre échut en partage à Syracuse et à Agrigente, et furent employés à embellir et à agrandir ces capitales dont les monuments magnifiques furent ainsi l'ouvrage des Carthaginois. Plutarque a prétendu qu'après cette victoire Gélon n'imposa d'autre condition aux Carthaginois que de ne plus immoler à l'avenir des enfants à Saturne. Mais Diodore, qui rapporte le traité, ne parle point de cette condition, et dit au contraire que Gélon exigea 2,000 talents pour les frais de la guerre. Il est malheureusement trop certain que les Carthaginois ne renoncèrent jamais à cette barbare superstition, qui se perpétua même dans la Carthage romaine.

rent pour résultat de délivrer enfin Carthage du tribut qu'elle avait à payer à ces peuplades. Peut-être toutefois cela veut-il seulement dire que désormais Carthage ne paya plus les sommes d'argent au prix desquelles elle s'était rachetée précédemment des incursions de ces hordes barbares. Car si Carthage était en état d'envoyer contre Himère 500,000 soldats, en majeure partie mercenaires, elle aurait été certainement capable de secouer bien plus tôt l'oppression des petites peuplades africaines. A cette même époque appartient encore, selon Justin, l'établissement d'un collége de cent juges, qui avaient pour mission de faire rendre des comptes aux généraux à leur retour de la guerre. Toutes ces guerres furent dirigées par les fils et les petits-fils de ce Magon qui avait succédé à Malchus ; et par là cette famille acquit une puissance et une influence qui, si l'on n'y mettait des bornes, devaient devenir dangereuses pour la liberté des citoyens et pour la sûreté de l'État. Ce tribunal toutefois paraît n'avoir subsisté qu'un certain temps ; vraisemblablement la formation progressive de l'aristocratie le réduisirent bientôt à l'inaction et finirent par le dissoudre entièrement ; du moins l'on ne trouve plus que des traces fort douteuses de son action à partir de la première guerre contre Rome. — Les guerres entre les Carthaginois et les Grecs recommencèrent l'an 410 avant J.-C., et elles continuèrent environ 150 ans avec de rares interruptions. La lutte fut entamée par Annibal, petit-fils de cet Hamilcar qui avait été tué à Himère. Il marcha, avec une armée que l'on porte à 100,000 hommes, au secours des Egestains contre ceux de Sélinonte (1). Sélinonte et Himère furent détruites, et Annibal revint à Carthage chargé de gloire et de butin. On conçut donc l'espérance de réussir dans la conquête de la Sicile, et Annibal, auquel on adjoignit Himilcon, fut encore une fois envoyé en Sicile, sans aucun prétexte, avec une armée forte, dit-on, de 200,000 hommes. Les troupes marchèrent contre Agrigente, qui avait alors une population de 200,000 âmes. Après un long siége, durant lequel Annibal mourut, qui fit souffrir de grandes pertes aux Carthaginois, et les réduisit souvent aux dernières extrémités, les Agrigentins furent enfin forcés de quitter leur ville, qui fut aussitôt livrée au pillage et détruite de fond en comble par les vainqueurs. L'année suivante, Himilcon détruisit encore les villes de Géla et de Camarine, que leurs habitants avaient abandonnées ; mais ensuite, après avoir perdu la moitié de son armée par des maladies contagieuses, il fit la paix avec Denys, qui avait profité de ces circonstances pour se faire tyran de Syracuse. En vertu de ce traité, Denys abandonna aux Carthaginois, outre leurs anciennes possessions et colonies, le pays des Sicaniens, c'est-à-dire l'intérieur du pays sur le côté occidental de l'île, les villes de Sélinonte, d'Himère et d'Agrigente, ainsi que Géla et Camarina ; on permit aux habitants de ces deux dernières villes de rentrer dans leurs foyers ; en retour les Carthaginois durent garantir la liberté et l'indépendance du reste des Siciliens.—Par là sans doute la plus grande moitié occidentale de la Sicile était tombée au pouvoir des Carthaginois. Toutefois cette paix n'était qu'une déception de la part de Denys, cet habile politique. Bien que rien ne nous autorise à croire que si Denys avait aspiré à la tyrannie de Syracuse, ce n'avait été que pour délivrer la Sicile du joug de Carthage, il est du moins certain que ce fut là le but principal qu'il poursuivit tant qu'il eut le pouvoir en main ; il est certain que si toute la Sicile ne fut pas soumise par les Carthaginois, elle ne le dut qu'à lui seul. Il ne faut juger les actes de Denys, ni par leur résultat, ni par les moyens qu'il employa pour les accomplir ; mais cet homme est au nombre des instruments dont la Providence se sert pour atteindre les grandes fins qu'elle se propose, et qui n'ont pas de valeur par ce qu'ils sont, mais seulement par le but dans lequel ils sont suscités. — Denys profita de la paix pour se préparer, avec une activité extraordinaire, à la guerre contre les Carthaginois, et, après s'être attaché par une alliance la partie de la Sicile qui restait encore libre, il déclara et commença la guerre. Les Carthaginois, décimés par les maladies pestilentielles, ne purent opposer qu'une faible résistance. Denys conquit Motya, colonie carthaginoise, sur laquelle fut exercée une terrible vengeance ; la plupart des villes grecques soumises aux Carthaginois se détachèrent d'eux ; les villes d'origine carthaginoise ou phénicienne leur restèrent seules fidèles, de sorte que Denys semblait sur le point de délivrer tout à fait la

Sicile, lorsque soudain Himilcon, le stratége carthaginois, parut en Sicile avec une nouvelle armée de 6,000 hommes (c'est ce que dit Timée ; Ephore, comme à son ordinaire, porte encore une fois ce nombre à 300,000 ; cf. Diodore, XIV, 54), auxquels il joignit 30,000 Siciliens ; il était de plus accompagné d'une flotte nombreuse. Il reprit Motya, conquit Messana, battit sur mer à Leptine les lieutenants de Denys, et leur détruisit 100 vaisseaux avec 20,000 hommes, de sorte qu'il se vit en état d'assiéger Syracuse elle-même par terre et par mer. Denys ne résista qu'avec peine aux ennemis qui le pressaient du dehors et à la révolte qui éclata contre lui dans la ville, et il eût été perdu si la peste ne s'était déclarée dans l'armée carthaginoise, de sorte qu'un découragement général et le désespoir s'emparèrent des Carthaginois. Denys profita de cette circonstance ; il fit une sortie contre les Carthaginois, les battit, brûla leur flotte, et réduisit Himilcon à une telle extrémité, d'acheter au prix de 300 talents la retraite pour lui et pour les soldats carthaginois qui se trouvaient dans son armée. Mais Denys ne consentit à cette retraite que parce que, s'il voulait régner lui-même dans Syracuse, il n'était pas de son intérêt de détruire tout à fait les Carthaginois ; mais tous les autres soldats qui n'étaient pas nés Carthaginois, nommément les alliés siciliens des Carthaginois, furent abandonnés et massacrés, faits prisonniers, ou livrés au supplice par Denys. Himilcon revint avec les débris de ses forces portés par 40 vaisseaux, et se donna lui-même la mort à Carthage. Magon conserva une faible partie seulement de la domination carthaginoise en Sicile ; la plus grande partie de l'île obéissait au tyran. Au bout de quelques années, il est vrai, ce Magon, en sa qualité de généralissime de Carthage, revint en Sicile avec une armée considérable, et essaya de chasser Denys ; mais il essuya une grande défaite auprès de Cabala, où il périt lui-même avec 10,000 hommes ; et le reste de l'armée eût été perdu, si Denys, en exigeant l'évacuation de toute la Sicile et le payement des frais de la guerre comme condition d'une libre retraite pour l'armée qu'il tenait enfermée, n'avait poussé celle-ci au désespoir. L'armée élut pour successeur du général mort son fils, le jeune Magon, et celui-ci trompa Denys par un armistice, exerça ses guerriers aux armes, tandis qu'en apparence la paix se négociait, et battit ensuite Denys à Cronion si complétement, que ce prince perdit de nouveau tous les fruits de sa précédente victoire. Magon, qui n'abusa point de sa fortune, conclut avec Denys une paix en vertu de laquelle celui-ci dut payer aux Carthaginois 1,000 talents, et l'on convint que le fleuve Halycus (Camisus) formerait la limite entre les possessions de Carthage et celles de Syracuse (383 avant J.-C.). C'était un bien faible avantage acheté beaucoup trop cher au prix d'une guerre de trente années, au prix de sacrifices et de pertes inexprimables, au prix de la réunion de presque toute la Sicile sous la haute domination de Syracuse. Du reste, à cette époque, et plus d'une fois, Carthage ne fut sauvée de sa ruine que par la faveur de la fortune, surtout lorsque, après la fuite d'Himilcon, tous les sujets africains des Carthaginois, irrités du sacrifice de leurs compatriotes, prirent les armes, s'emparèrent au nombre de 70,000 de Tunis, et eussent sans peine réduit Carthage aux dernières extrémités s'ils avaient trouvé un général. Mais ces ennemis, abandonnés à eux-mêmes, et souffrant d'ailleurs du manque de vivres, se dispersèrent bientôt, et Carthage, qui avait eu le temps de reprendre courage, se vit en état, sans avoir éprouvé de perte considérable, de ramener les rebelles à l'obéissance. Plus tard encore, après la paix de Magon, les Carthaginois eurent encore à subir les épreuves d'une peste terrible, qui paraît avoir été plus cruelle dans ses ravages que toutes les maladies précédentes de ce genre ; et l'une des conséquences de cette peste fut que les Africains et les Sardes profitèrent encore une fois de la faiblesse et du désordre de la république pour secouer le joug qui pesait sur eux. On ne put les réduire au repos que par les plus grands efforts. C'est ainsi que de nouveau les guerres de Sicile furent interrompues jusqu'au moment où Denys, peu avant sa mort, reprit encore une fois son ancien projet de chasser les Carthaginois de l'antique Trinacrie. Il leur arracha Sélinonte, Entella, Eryx, et assiégea Lilybée, mais sans succès. Un armistice mit fin à la guerre pour l'hiver, et, tandis qu'il durait encore, Denys mourut, de sorte qu'enfin les Carthaginois n'eurent plus à redouter ce formidable ennemi. — Pendant le règne de Denys le Jeune, Carthage et la Sicile furent en paix ; seulement il semble que les Carthaginois favorisèrent Dion dans son entreprise de chasser Denys. Plus tard ils comprirent mieux leurs intérêts, en cherchant par tous les moyens à susciter des obstacles à Timoléon, lorsque celui-ci vint en Sicile pour délivrer cette île du joug de ses tyrans. Denys ayant abdiqué le souverain pouvoir et les villes ayant recouvré leur liberté, les Carthaginois équi-

(1) Le projet de ce général était de soumettre successivement les villes d'une importance secondaire avant de mettre le siége devant Syracuse, dont la prise aurait complété l'occupation de toute l'île. Himère, Géla, Sélinonte (an 409), Agrigente, tombèrent successivement au pouvoir d'Annibal. Dans Himère il sacrifia en un seul jour 3,000 hommes aux mânes de son aïeul.

pèrent une flotte et une armée que l'on fait monter à soixante-dix mille hommes pour empêcher en Sicile cette révolution, et opposer une digue à l'esprit entreprenant de Timoléon; car, par suite de la haine qu'une lutte si longue avait fait naître entre les Grecs et les Carthaginois, Timoléon semblait ne pouvoir s'arrêter dans ses entreprises que lorsqu'il aurait entièrement chassé les Carthaginois de la Sicile. Timoléon marcha contre le stratége carthaginois Hannon et contre ses troupes avec une armée de treize mille hommes seulement, et les battit sur les bords du Crimessus si complétement, que de faibles débris seulement de leurs forces purent se sauver à Lilybée (339 ans avant J.-C.). Mais Timoléon trouva en Sicile même tant d'obstacles à ses desseins, qu'il se vit hors d'état de mettre tout son plan à exécution, et qu'il dut au contraire se contenter de conclure une paix qui ne fut que jusqu'à un certain point favorable aux Siciliens. Tous les États grecs durent rester libres, et l'Halycus fut fixé pour limite aux possessions carthaginoises. — Durant vingt-deux années les armes furent au repos entre les Carthaginois et les Siciliens. A Carthage s'éleva le tout-puissant Hannon, qui aspira deux fois, bien que sans succès, à la tyrannie; son projet fut découvert; on lui pardonna la première fois, parce que la république ne se croyait pas assez forte pour châtier un citoyen si puissant; mais la seconde fois, Hannon ayant armé les esclaves, occupé la citadelle, et soulevé les princes numides et maures, on prit les armes contre le rebelle, et il fut exterminé de la manière la plus terrible avec toute sa famille. — Cependant la Grèce avait de plus en plus dégénéré, et par là elle avait fourni à l'ambitieux Philippe de Macédoine l'occasion de se faire un trône qui bientôt devait dominer toute la terre alors connue. Car ce qu'il n'acheva pas fut accompli par son fils Alexandre, lequel, après avoir frappé les Grecs de terreur, anéantit en quelques batailles l'empire des Perses, et parcourut en vainqueur tous les pays depuis l'Hellespont et les déserts de la Libye jusqu'à l'Indus et aux montagnes de la Scythie. Alors aussi fut détruite Tyr, cette ville antique, la métropole de Carthage, et la fondation d'Alexandrie déplaça le siége et le centre du commerce du monde pour l'Orient, de sorte que les Phéniciens perdirent tout espoir de jamais recouvrer, même dans les circonstances les plus favorables, leur importance et leur grandeur. Nous ne savons pas quel rôle Carthage joua à cette époque; si elle fournit, tout au moins en secret, quelque secours aux Tyriens, dans leur extrême danger et durant le siége qu'ils soutinrent pendant sept mois, ou si elle resta dans un repos complet, pour ne pas provoquer la colère de l'homme qui bouleversait le monde, et qui semblait rendre possible même l'impossible. Selon Quinte Curce (IV, 2), des ambassadeurs carthaginois, en donnant l'espérance que Carthage enverrait des secours, auraient été cause de la résistance que les Tyriens opposèrent à Alexandre; mais ensuite ils auraient refusé le secours promis, parce que leur propre ville se trouvait assiégée par les Syracusains, de sorte qu'ils n'auraient pu aider leurs frères, lors même qu'ils l'auraient voulu, puisqu'ils avaient eux-mêmes besoin d'aide. Mais cette assertion est, de la part de Quinte Curce, une faute grossière de chronologie, puisqu'il fait coïncider avec le siége de Tyr l'expédition d'Agathocle, qui n'eut lieu que vingt-quatre ans plus tard. Selon Diodore de Sicile (XVII, 40 et 41), on se contenta d'envoyer de Tyr à Carthage une partie des femmes et des enfants, sans que les Carthaginois eussent promis ou donné aucun autre secours, et ceci est confirmé aussi par Justin (XI, 10), qui non-seulement parle de l'envoi à Carthage de toute la multitude incapable de porter les armes, mais qui rend de plus croyable que les Tyriens reçurent effectivement les secours de cette ville; selon Arrien (II, 24), le théore carthaginois fut pris par Alexandre dans le temple d'Hercule, lors de la prise de la ville, mais renvoyé sain et sauf. Il est difficile que les Carthaginois soient restés tout à fait étrangers à la lutte, et, s'ils n'envoyèrent pas ouvertement des secours, il est du moins probable qu'ils soutinrent en secret les Tyriens : ce qui du moins est en tout cas honorable, c'est qu'ils ne se liguèrent point avec Alexandre contre Tyr, comme l'avaient fait les Phéniciens de Sidon, d'Aradus et de Byblus et les Cypriens, et qu'ils ne facilitèrent point par leur flotte la conquête de cette ville. Plus tard toutefois ils devinrent inquiets, et, redoutant surtout Alexandrie, nouvellement bâtie, ils envoyèrent des ambassadeurs à Alexandre, pour le calmer ou pour se concilier ses bonnes grâces. Le résultat de ces ambassades est inconnu; d'ailleurs Alexandre mourut bientôt après (1). — Mais à peine et météore se fut-il

éclipsé que les Carthaginois renouvelèrent leurs attaques sur la Sicile. Ils y envoyèrent Amilcar, leur général et leur suffète, et celui-ci favorisa les projets d'Agathocle, qui s'empara du souverain pouvoir à Syracuse. Amilcar croyait que rien ne pouvait être plus dangereux pour les Carthaginois que la liberté des Grecs; mais ils ne devaient attendre que du mal des tyrans mêmes de ces peuples. A peine Agathocle se vit-il maître de la suprême puissance à Syracuse, qu'il chercha à soumettre aussi le reste de l'île à son pouvoir, et par là il s'engagea dans des différends avec les Carthaginois. Amilcar, au lieu de neutraliser Agathocle, ménagea entre lui et les Siciliens une paix en vertu de laquelle ceux-ci devaient être libres, et Syracuse avoir l'hégémonie. Les Carthaginois, de leur côté, devaient rester en possession de Sélinonte, d'Himère et d'Héraclée, Par là Agathocle fut reconnu comme souverain absolu. Les Carthaginois, irrités contre leur général, le condamnèrent à mort; mais ils tinrent le jugement secret jusqu'au moment de son retour. Amilcar toutefois prévint leur sentence par une mort volontaire. A sa place on envoya en Sicile, contre Agathocle, Amilcar, fils de Giscon, lequel sut agir avec une plus grande énergie. Tout d'abord il empêcha Agathocle de se rendre maître d'Agrigente; ensuite il mit sur pied une armée considérable, pour lui résister plus efficacement encore, de concert avec un grand nombre d'exilés syracusains. Une tempête détruisit, il est vrai, une partie de la flotte, et les Carthaginois perdirent, dans le naufrage, beaucoup de leurs citoyens les plus distingués, de sorte qu'en signe de deuil, à Carthage, les murailles furent tendues de voiles noirs; toutefois Amilcar, par de nouvelles levées, remit bientôt ses forces sur un pied respectable, réunit à lui un grand nombre de Siciliens qui avaient pris la fuite pour se soustraire à la tyrannie farouche d'Agathocle, et rencontra celui-ci près des hauteurs d'Ecnome, sur le territoire de Géla, où l'action s'engagea. Agathocle, qui croyait déjà tenir la victoire, fut battu et se jeta dans Géla, pour éloigner ainsi Amilcar de Syracuse; mais comme ce dernier ne se laissa pas jouer, et que presque toutes les villes se détachèrent d'Agathocle, ce prince se vit forcé de retourner à Syracuse et d'y soutenir un siége. Mais il avait provoqué contre lui l'antipathie générale des Syracusains, en se livrant à toutes les fureurs et à toutes les cruautés possibles; aussi devait-il prévoir une issue malheureuse; alors cet homme audacieux et énergique, qui, s'il avait eu un meilleur caractère, eût certainement été compté au nombre des plus grands hommes de l'histoire, conçut un plan prodigieux qui le sauva, mit Carthage à deux doigts de sa perte, et qui, s'il ne la renversa pas, mit pourtant à nu le côté faible de la république, de sorte qu'il en résulta pour la génération contemporaine et pour les générations suivantes une leçon pernicieuse pour Carthage. Agathocle, après avoir pris avec lui des otages de la fidélité des Syracusains, et confié le gouvernement de la ville à son frère Aniandrus, cingla, à la vue de la flotte carthaginoise et avec soixante vaisseaux vers l'Afrique; et il débarqua heureusement quoiqu'il fût poursuivi par l'ennemi, brûla lui-même ses vaisseaux, pour montrer aux siens la nécessité de vaincre ou de mourir, et porta ses armes de tous côtés. Les Carthaginois étaient dans la dernière consternation, parce que l'arrivée d'Agathocle

tribut annuel que Carthage était, depuis son origine, dans l'habitude de payer à ce dieu. Il paraît certain que Carthage ne secourut point sa mère patrie contre le conquérant macédonien; on en ignore les raisons. Quinte Curce assure que les Carthaginois ne purent secourir Tyr, parce que les Syracusains dévastaient alors l'Afrique, assertion qui ne peut se rapporter qu'à l'invasion d'Agathocle. Or, comme les Syracusains n'ont jamais fait que cette seule descente en Afrique, et qu'elle est postérieure de vingt-deux ans au siége de Tyr, Quinte Curce s'est évidemment trompé. Après le désastre de Tyr, les Carthaginois, redoutant la concurrence de la ville d'Alexandrie, que le Macédonien venait de fonder en Afrique, étaient intéressés à pénétrer la politique de ce prince. Ils profitèrent de l'occasion que leur offrit son excursion vers le temple de Jupiter Ammon pour envoyer auprès de lui un espion adroit et intelligent nommé Amilcar Rhodinus. Cet homme se dit exilé de sa patrie, et gagna, par le moyen de Parménion, la confiance d'Alexandre, tout en entretenant une correspondance secrète avec le gouvernement de Carthage. Il joua ce rôle dangereux jusqu'à la mort d'Alexandre; et, de retour à Carthage, il périt du dernier supplice, récompense trop ordinaire des services les plus signalés chez un peuple qui poussa souvent l'ingratitude jusqu'à l'atrocité. Peut-être aussi un intrigant politique du caractère d'Amilcar était-il homme à trahir à la fois tous ceux qui le salariaient, et son supplice ne fut-il qu'un juste châtiment. On voit dans Arrien que les Carthaginois avaient aussi auprès de Darius un envoyé nommé Héraclide, qui tomba au pouvoir d'Alexandre, et qui fut mis en liberté; ce qui semble prouver que, malgré son acharnement contre Tyr, ce prince ne fut jamais ennemi des Carthaginois.   CH. DU ROZOIR.

les faisait croire à la destruction de leur armée en Sicile. Mais, rassurés sur ce point, ils songèrent à se défendre, et mirent sur pied, sous les ordres d'Hannon et de Bomilcar (qui furent tous deux nommés stratèges, et dont l'un, Bomilcar, était suffète), une armée de 40,000 fantassins, 1,000 cavaliers et 2,000 chars, laquelle était composée des citoyens de la ville, parce que l'on ne pouvait attendre les troupes des villes alliées et du territoire, ou parce que l'on n'osait pas se fier à elles. Cependant Agathocle avait déjà conquis une grande partie du territoire carthaginois. Nous ignorons le lieu de son débarquement, parce que la position de la ville dont Diodore (**xx**, 8) donne le nom, Mégalopolis, est incertaine. Pourtant il débarqua sans aucun doute sur la côte orientale du territoire carthaginois, dans la province de Byzacium ; car c'est à elle que se rapporte le mieux la description que l'on fait de la fertilité du pays, qui, dit-on, était cultivé comme un jardin, et d'ailleurs la marche d'Agathocle qui dura six jours, et qui ne fut arrêtée par aucun obstacle, nous fait admettre qu'il cingla plus loin vers la baie de la petite Syrte ; et enfin il est certain qu'il n'entra point dans la baie à l'extrémité de laquelle Carthage est située, parce qu'autrement son arrivée eût été aussitôt connue dans Carthage ; pourtant cette nouvelle ne fut apportée dans les villes que par les fuyards accourus de la campagne et par la flotte carthaginoise elle-même à son retour. De plus Diodore de Sicile établit à 2,000 stades, qui feraient 50 milles d'Allemagne, la distance de Carthage à Leucotunis, où Agathocle se porta après la prise de Mégalopolis. — Les généraux carthaginois marchèrent au-devant d'Agathocle, et campèrent sur une éminence. Agathocle leur livra bataille, comme ils le désiraient, et battit leurs 41,000 hommes avec environ 14,000 soldats qu'il avait avec lui. Le stratège Hannon tomba, et Bomilcar, qui aspirait au souverain pouvoir à Carthage, renonça au combat parce qu'il jugeait plus utile pour lui qu'Agathocle continuât à épouvanter les Carthaginois. Il se retira donc dans la ville, comme s'il avait été battu, et Agathocle dès lors dévasta tout le territoire carthaginois, ou souleva les sujets contre Carthage ; il établit même son camp dans le voisinage de la ville, et la bloqua, tandis que l'armée carthaginoise continuait le siège de Syracuse sous les ordres d'Amilcar. Mais là les Carthaginois furent également malheureux. Antandrus se maintint, et, quoique les Carthaginois cherchassent à lui donner le change par la fausse nouvelle de la ruine d'Agathocle, il refusa de se rendre, jusqu'au moment où un message d'Agathocle lui annonça sa victoire, ce qui encouragea si fort les siens qu'ils repoussèrent bientôt après Amilcar et le tuèrent avec la plus grande partie de son armée. Les Carthaginois, parmi lesquels cette défaite jeta un trouble extrême, résolurent de racheter la faveur des dieux par des sacrifices et par des offrandes, et envoyèrent dans ce but de riches présents au temple d'Hercule à Tyr ; on prétend même qu'ils immolèrent cinq cents jeunes garçons à Saturne. Mais ils ne se concilièrent pas les dieux. Agathocle prit successivement Adrumète, Thapsus, Tunis, et beaucoup d'autres villes (environ deux cents selon Diodore), et régna presque en despote sur le territoire carthaginois ; il en parcourut les parties les plus éloignées, fit alliance avec des princes numides ou libyens ; il attira même Ophellas de Cyrène avec une armée sur Carthage, et, après avoir assassiné ce général, il réunit ses troupes aux siennes. Carthage semblait donc perdue, car non-seulement elle était pressée du dehors par un ennemi tel qu'elle n'en avait jamais vu, mais encore au dedans le traître Bomilcar était dangereux pour la chose publique, en exploitant sa dignité de suffète et de stratége pour s'établir tyran de Carthage. Toutefois les affaires de Sicile forcèrent Agathocle qui, après le meurtre d'Ophellas et la prise d'Utique, s'était décoré du titre de roi, à retourner dans ce pays. En effet, considérant désormais les Carthaginois comme vaincus, il se croyait en état de mettre un terme à la résistance des Siciliens, et peut-être aussi, dès qu'il aurait soumis ces derniers, songeait-il à la conquête de l'Italie méridionale. Agathocle laissa son fils Archagathus, comme général, avec l'armée en Afrique, et cingla avec 2,000 hommes, vers la Sicile ; pourtant Agathocle ne fut pas heureux en Sicile ; et son fils échoua dans une entreprise sur Carthage. Ce dernier divisa ses forces ; les Carthaginois le surprirent et exterminèrent la plus grande partie de son armée. Agathocle revint en toute hâte en Afrique ; mais la fortune l'y avait abandonné. Le camp des Carthaginois devint la proie des flammes, et les troupes d'Agathocle, au lieu de profiter de ce désastre, se laissèrent aller à une terreur panique, qui entraîna la dissolution presque complète de l'armée. L'armée mutinée enchaîna Agathocle, qui n'échappa qu'avec peine à sa fureur, et s'enfuit en Sicile, où il ne put se rétablir dans Syracuse qu'au prix des plus grands efforts. Les guerriers laissés par Agathocle en Sicile

assassinèrent ses fils Archagathus et Héraclidas, et conclurent pour eux-mêmes un traité avec Carthage, qui s'arrangea volontiers avec eux, et les prit en majeure partie à sa solde. Délivrée ainsi des ennemis du dehors, cette ville eut encore le bonheur de vaincre l'ennemi du dedans. Bomilcar, qui était déjà en possession de la plus grande partie de Carthage, en fut expulsé et rejeté dans les faubourgs, où il fut fait prisonnier avec sa bande, et il termina sa vie sur la croix. Aussitôt après le départ d'Agathocle, les Carthaginois envoyèrent une nouvelle armée en Sicile ; mais il paraît qu'elle ne put y tenter aucune entreprise importante. Bientôt fut négocié avec le tyran un traité par lequel les Carthaginois donnèrent à Agathocle 300 talents et 20,000 mesures de blé pour la possession des villes qu'ils avaient eues jadis en leur pouvoir, ce qui fait ressortir la faiblesse de la république, puisque alors Agathocle n'était aucunement redoutable. Dans la suite, il est vrai, Agathocle médita une nouvelle attaque contre les Carthaginois ; mais la mort interrompit ses projets. — De leur côté, aux époques suivantes, tandis qu'après la mort d'Agathocle la Sicile continuait à être le théâtre de troubles et de guerre intestine, les Carthaginois cherchèrent à poursuivre leurs plans en Sicile, toutefois avec de faibles efforts et avec peu de succès : au surplus nous n'avons point à cet égard de renseignements précis. L'épuisement de la république empêchait des démonstrations énergiques. Mænon, le meurtrier d'Agathocle, fut appuyé par Carthage, et s'établit tyran de Syracuse : les Syracusains furent même contraints à donner quatre cents otages. Cependant Mænon fut bientôt chassé par Icétas, et, bien que les Carthaginois fissent essuyer à ce dernier une défaite sur le fleuve Térias, ils ne purent pourtant pas empêcher Thynion et Sosistrade de se disputer le suprême pouvoir à Syracuse, ni les soldats d'Agathocle de s'emparer par trahison, dans leur retour de l'Italie, de la ville de Messane, où ils furent connus, à partir de cette époque, sous le nom de Mamertins. L'île tout entière se trouvait dans un état violent et privée de toute loi, et elle fût nécessairement tombée au pouvoir des Carthaginois, si ces derniers s'étaient déjà à cette époque relevés jusqu'à un certain point de leurs longues guerres, de leurs agitations intérieures, et surtout des coups qu'Agathocle leur avait portés en Afrique. C'est là sans doute aussi ce qui explique comment deux fois en ce temps Carthage renouvela son alliance avec Rome : ou bien si, par suite des contradictions que l'on remarque dans les écrivains, ces deux renouvellements peuvent être réduits à un seul, l'observation de Tite Live, que ce renouvellement fut sollicité par Carthage, semble du moins confirmer combien était difficile la position où se trouvait alors cette ville. — Bientôt aussi s'éleva contre les Carthaginois un nouvel ennemi qui attira tout particulièrement leur attention et réclama toute leur vigilance. L'Epirote Pyrrhus, roi plein de bravoure et de talents, plus habile à la guerre qu'aucun de ses contemporains, avait alors, par une faveur du destin et de la fortune, fondé un puissant empire dans la Grèce occidentale, et il se sentait appelé à marcher sur les traces d'Alexandre et à subjuguer d'autres peuples plus éloignés et séparés les uns des autres par les mers. Ses regards se portèrent tout d'abord sur l'Italie, puis sur la Sicile, sur la Sardaigne et sur Carthage, et les ressources qu'il possédait, la réputation qu'il s'était acquise du premier capitaine de son siècle, mais surtout les relations particulières des pays contre lesquels il pouvait immédiatement tourner ses armes, ne semblaient pas lui rendre tout à fait impossible l'exécution de ses plans. Sans doute dès lors l'Italie était subjuguée en majeure partie par les Romains, mais cela ne s'était fait qu'après cinquante années de guerres destructives, et Rome ne pouvait pas compter sur les secours et sur l'appui de ses nouveaux sujets ; bien plus, dès que l'Italie fut attaquée, tous ces peuples, devenus ennemis, se déclarèrent pour l'agresseur contre Rome. Mais si la souveraine domination de Rome sur l'Italie était brisée, qui pouvait empêcher Pyrrhus de traverser le faible détroit pour se rendre en Sicile, et il était tout aussi vraisemblable que Pyrrhus serait appelé dans cette île par les Siciliens, comme leur libérateur du joug carthaginois, que les Italiens le reconnaissaient comme leur libérateur du joug romain. Comment donc Carthage, si Pyrrhus arrivait en Sicile avec les forces de l'Italie, pouvait-elle lui résister par la force ouverte ? Et Agathocle n'avait que trop bien fait voir ce que Carthage avait à craindre de Pyrrhus, dans le cas où, la Sicile une fois domptée, il formait la résolution de passer aussi en Afrique. Ce fut donc la tâche de la politique carthaginoise, de contrecarrer à temps ce plan de Pyrrhus, et, ce qui fait honneur à la sagesse de cette république, c'est qu'elle ne négligea rien de ce qui pouvait lui servir pour atteindre ce but. Ce fut avec une pénétration qui dépasse de beaucoup l'étroit horizon politique de ce siècle, que les Carthaginois s'attachèrent aux Romains, renouvelèrent les relations amicales qui plus anciennement déjà avaient été nouées avec ce peuple, et un traité dont les dispositions avaient été vagues, qui ne stipulait que l'égalité et la réciprocité de droits, fut changé formellement en ligne offensive et défensive pour un but déterminé. Toutefois les Romains, grands dans la prospérité comme dans l'adversité, mais surtout plus grands dans l'estime d'eux-mêmes et dans la force nécessaire pour se contenir, n'acceptèrent pas le secours que les Carthaginois leur offraient; avec quelque ardeur en effet que les Romains, qui manquaient absolument de tous vaisseaux de guerre, dussent nécessairement désirer une flotte carthaginoise pour s'en servir contre Pyrrhus, pourtant, lorsque Magon, vraisemblablement conformément aux articles du traité, arriva avec une flotte de 120 ou 130 vaisseaux, ils refusèrent ces secours, parce qu'ils ne croyaient pas devoir souffrir qu'un empire fondé par ses propres forces, fût défendu par des forces étrangères (1). Magon toutefois ne resta pas inactif; car, bien qu'il ne trouvât pas l'occasion de jouer un rôle sur les côtes d'Italie en s'engageant lui-même dans la lutte, il essaya du moins de s'interposer en qualité de médiateur entre Pyrrhus et les Romains, et, comme ceci ne réussit pas, il se tint en observation pour garder la Sicile et l'empêcher de faire cause commune avec Pyrrhus et de secourir le joug carthaginois. Le but essentiel des Carthaginois, tandis que les Romains et Pyrrhus continuaient en Italie une lutte de part et d'autre pernicieuse et destructive, fut d'achever la conquête de la Sicile, dans l'intervalle, en déployant toutes leurs forces. Ils assiégèrent Syracuse par mer et par terre avec une flotte de 100 vaisseaux et une armée de 50,000 hommes. Les Syracusains, réduits aux dernières extrémités, envoyèrent un message à Pyrrhus, et le supplièrent de venir en Sicile, et comme la guerre d'Italie, par suite de la résistance presque surnaturelle que les Romains lui opposaient, ne tournait pas précisément selon ses vœux, Pyrrhus résolut de se rendre à cette invitation, pour cueillir en Sicile de plus faciles lauriers. Pyrrhus, en 277 avant J.-C., fit la traversée de Tarente à Tauroménium, fut reçu amicalement par le tyran Tyndarion, se dirigea vers Syracuse d'où les Carthaginois se retirèrent à son arrivée, réconcilia entre eux et avec les Syracusains Thynion et Sosistrate, qui s'étaient séparément établis dans les quartiers opposés de Syracuse, gagna ensuite Agrigente et plusieurs autres villes, réunit à ses forces une armée sicilienne imposante, et prit l'une après l'autre les villes des Carthaginois, Héraclée, Sélinonte, Ségeste, Eryx, Panorme, etc. Mais ses forces finirent par se briser devant Lilybée, où les Carthaginois firent une résistance désespérée. Il repoussa les propositions de paix faites à plusieurs reprises par les Carthaginois, car la seule condition qu'il posait, c'était que les Carthaginois eussent à évacuer toute la Sicile; et il s'occupait déjà de passer lui-même en Afrique avec son armée et d'y attaquer les Carthaginois, lorsqu'en Sicile les affaires prirent tout à coup une autre face. Les Carthaginois en effet, se voyant hors d'état de résister à Pyrrhus en pleine campagne, puisque tous les Siciliens se déclaraient pour lui ouvertement ou en secret, ayant à craindre du reste qu'en perdant une seule bataille ils ne perdissent tout, se renfermèrent dans la guerre défensive, et résolurent d'attendre le moment, parce

qu'ils voyaient bien que l'enthousiasme avec lequel les Siciliens s'attachaient à Pyrrhus ne tarderait pas à se refroidir. Mais ils agissaient en secret, par tous les moyens possibles, pour attirer et allumer le mécontentement que l'arrogance et l'orgueil de Pyrrhus avaient inspiré en très-peu de temps aux Siciliens. Comme ce prince exigeait des Siciliens des sacrifices exagérés, comme il blessait leurs princes et leurs chefs, comme il alla même jusqu'à assassiner Thynion, la révolte devint générale, et les Carthaginois avaient obtenu le résultat qu'ils avaient voulu. Une grande partie des Grecs siciliens, en particulier les Syracusains, se rattachèrent de nouveau aux Carthaginois; des troupes auxiliaires leur vinrent même d'Italie, et Pyrrhus se vit en peu de temps forcé de renoncer à toutes ses conquêtes et de profiter du premier prétexte convenable pour quitter l'île. Comme les Samnites et les Tarentins le pressaient avec instance de revenir en Italie, il se rendit à leurs désirs, abandonna la Sicile à son sort, et s'embarqua sur le détroit pour Rhégium. Mais quoiqu'il eût une flotte de 110 vaisseaux de guerre, les Carthaginois le surprirent et détruisirent sa flotte, dont ils coulèrent bas 70 vaisseaux, et mirent les autres hors de service à l'exception de douze, avec lesquels Pyrrhus se sauva à Locres. — Délivrée ainsi de Pyrrhus, Carthage s'appliqua avec une nouvelle ardeur à achever la conquête de la Sicile. Mais ici maintenant entrèrent en scène deux nouveaux adversaires, qui, avec des forces toutes jeunes, firent naître encore une fois sur les pas des Carthaginois des obstacles insurmontables: c'étaient Hiéron II de Syracuse et les Mamertins de Messane, et la lutte contre ces deux ennemis remplit les années qui suivirent immédiatement; toutefois la partie de l'île qui n'appartenait ni à Hiéron ni aux Mamertins, devenait de plus en plus tributaire des Carthaginois; et comme les premiers ne tardèrent pas à entrer eux-mêmes en querelle entre eux, ceux-ci épièrent l'occasion de les détruire également, sans employer de forces considérables. Hiéron ayant battu les Mamertins près de Mylæ, sur le fleuve Longanus, et les ayant considérablement affaiblis, les Carthaginois prirent le parti des plus faibles et s'avancèrent avec une armée dans leur voisinage pour les protéger contre les forces supérieures d'Hiéron, ou pour profiter eux-mêmes de l'occasion de s'emparer de Messane; mais ce qui probablement les détermina à surveiller particulièrement Messane d'un œil vigilant, c'est que de ce côté ils redoutaient les Romains. Et de fait, avant que la Sicile, ce but auquel on avait visé par trois siècles d'efforts, eût été entièrement conquise, commença contre les Romains la guerre qui fit perdre sans retour la Sicile aux Carthaginois.

LES GUERRES PUNIQUES. — Après l'entière soumission de l'Italie inférieure, et depuis que toute l'Italie, depuis le fleuve Mava jusqu'à Rhégium et Locres appartenait aux Romains, ceux-ci ne pouvaient voir d'un œil indifférent la Sicile soumise à la domination des Carthaginois devenus prépondérants. D'ailleurs un État tel que Rome, qui avait déjà poussé ses conquêtes si avant, ne pouvait par sa nature même rester tranquille; il était forcé d'aller toujours plus loin, et si la terre ferme manquait à ses entreprises, il devait nécessairement chercher au delà des mers une nouvelle carrière de conquêtes et de victoires. Sous ce rapport, la Sicile était le pays le plus favorable, et Pyrrhus avait déjà pressenti que cette île magnifique deviendrait le champ de bataille entre Rome et Carthage. Les Carthaginois l'avaient pressenti de même; aussi, à peine se virent-ils débarrassés de Pyrrhus, qu'ils mirent tous leurs soins à empêcher Tarente de tomber au pouvoir des Romains. Polybe, il est vrai, croit que les Romains en se mêlant des affaires des Mamertins, donnèrent le premier motif et la première occasion de la guerre; mais cette assertion n'est pas seulement contredite par Tite Live, lequel dit expressément que les Carthaginois, en assistant les Tarentins avec une flotte, rompirent l'alliance (ce qui est répété au liv. XXI, chap. 10, dans le discours d'Hannon, et exposé plus au long par Orose); mais Polybe lui-même (I, 15) nous donne suffisamment à entendre que l'on trouvait dans les écrivains, et nommément dans Philinus et dans Fabius, des opinions toutes différentes sur les causes de cette guerre. Après tout il serait difficile de comprendre que les Carthaginois, maîtres d'une flotte si puissante, et ayant si peu de chose à craindre des Romains, soient restés spectateurs si tranquilles de la chute de Tarente, et l'objection que l'on pourrait tirer de ce que les Romains, si les traités avec Carthage eussent été véritablement violés, eussent difficilement laissé passer pendant huit ans cette violation sans la punir, se réfute d'elle-même par la nature de l'intervention des Carthaginois, telle qu'Orose la raconte, mais plus particulièrement par cette circonstance que les Romains, une fois qu'ils eurent

(1) Voici ce que disent les historiens les plus accrédités parmi nous au sujet des derniers traités conclus entre les Carthaginois et les Romains antérieurement aux guerres puniques. Dans la période écoulée depuis l'an 480 avant J.-C. jusqu'à l'époque où nous sommes arrivés, Carthage fit encore avec Rome deux traités d'alliance et de commerce. Dans le premier, conclu l'an 348 avant J.-C., et qui nous a été conservé par Polybe, les Carthaginois stipulent à la fois pour eux et pour les habitants d'Utique et leurs alliés. On voit, comme dans le traité de l'an 509, avec quelle prévision méticuleuse de part et d'autre les Carthaginois interdisent la fréquentation des côtes au delà du cap Bon, et toute relation avec leurs colonies de Libye et de Sardaigne, aux Romains, qui mettent la même sollicitude à écarter les Carthaginois du Latium. Les termes mêmes de cette stipulation supposent que la piraterie, qui avait principalement pour but la traite des esclaves, était regardée comme tellement permise, qu'à moins de conventions particulières elle n'était pas considérée comme une marque d'hostilité. Pour les pays où la concurrence était inévitable, comme la partie de la Sicile qui appartenait aux Carthaginois, ceux-ci, par le traité, autorisaient les Romains à y trafiquer et à y jouir des mêmes droits que les Carthaginois, qui, de leur côté, auraient les mêmes privilèges dans Rome. Au commencement de la guerre du Samnium, les Carthaginois envoyèrent une ambassade aux Romains, et une couronne d'or pour les féliciter de leurs succès. Enfin, l'an 276, Carthage renouvela pour la troisième et dernière fois, avec Rome, ses anciens traités.

atteint leur but à Tarente, ne trouvèrent pas une occasion convenable de tirer vengeance de Carthage. Mais lorsque les Mamertins, pressés tout à la fois par Hiéron et par les Carthaginois, sollicitèrent les secours de Rome, ce ne fut qu'à la suite de longues réflexions que les Romains se résolurent à une guerre dont ils pressentaient bien la gravité et l'importance, mais qui pour eux devait être d'autant plus dangereuse qu'ils n'avaient absolument point de forces maritimes capables de balancer celles des Carthaginois. Pourtant leur destinée entraîna les deux peuples. — L'an 264 avant J.-C., les Romains envoyèrent le consul Appius Claudius, avec une armée, au secours des Mamertins, et ce consul, à la faveur du courant, traversa le détroit sur des radeaux, entra dans Messane, d'accord avec les habitants qui chassèrent de la citadelle les Carthaginois, lesquels l'occupaient déjà, et mit en un même jour en fuite l'armée d'Hiéron et resserra l'armée carthaginoise, de telle sorte que dans la suite il put s'avancer jusque auprès de Syracuse, et prendre même des mesures pour assiéger cette ville. En conséquence, lorsque l'année suivante les Romains firent passer en Sicile les deux consuls avec leurs armées, et que plusieurs villes des Syracusains et des Carthaginois tombèrent entre leurs mains, Hiéron prit la résolution de passer du parti des Carthaginois dans celui des Romains, et il négocia avec les consuls la paix que les Romains lui accordèrent à des conditions très-favorables; leur intérêt leur faisait en effet une loi de s'assurer une puissance qui, puisqu'ils n'avaient point de forces maritimes, pouvait les soutenir par sa flotte. Les Carthaginois de leur côté, qui probablement ne s'attendaient pas à voir éclater sitôt une guerre avec Rome, firent des armements plus considérables, et se montrèrent en Sicile avec des troupes nombreuses de mercenaires, levées en Gaule, en Ligurie et en Espagne, et firent d'Agrigente le centre de leurs opérations. Mais les consuls romains, soutenus activement par Hiéron, battirent les généraux carthaginois Hannon et Annibal, et prirent enfin, l'an 262, après beaucoup de pertes et de difficultés, Agrigente, qui fut cruellement punie de s'être livrée aux Carthaginois. A la suite de cet événement, la plupart des villes de l'intérieur de la Sicile passèrent aux Romains l'année suivante. Pour s'emparer également des villes maritimes, que les Carthaginois conservaient au moyen de leurs flottes, les Romains résolurent de se procurer aussi des forces maritimes; ils construisirent en toute hâte une flotte de 120 vaisseaux de guerre; et, s'il faut en croire le récit de leurs historiens, cette flotte fut prête en soixante jours. Le consul Cornélius Scipion fut, il est vrai, assez malheureux pour être pris près de Lipara par les Carthaginois avec 17 vaisseaux; mais alors C. Duilius reçut le commandement en chef de la flotte, et il battit sur la côte de Mylæ la flotte carthaginoise conduite par Annibal; grâce aux machines d'abordage inventées par lui, il changea un combat naval en combat de terre avec tant de succès que les Carthaginois perdirent 50 vaisseaux et qu'Annibal retourna dans le plus grand désordre à Carthage avec les débris de sa flotte. Cette victoire valut à Duilius, aux yeux de sa nation, une gloire immortelle, et alors encore Annibal n'échappa que par la ruse à l'ignominieux supplice de la croix; Carthage en effet, par cette défaite inattendue, avait été paralysée au point que les Romains purent oser alors aussi attaquer avec leurs flottes la Sardaigne et la Corse; ils firent subir aux Carthaginois dans ces parages de graves revers, et, s'établirent dans ces deux îles, tandis qu'en Sicile leur armée de terre s'emparait d'une ville après l'autre. Bien plus, les Romains furent rendus si audacieux par le cours de leurs victoires, qu'ils songèrent déjà à transporter la guerre en Afrique même, et, l'an 256 avant J.-C., ils mirent à la voile avec une flotte de 330 vaisseaux sous les ordres de L. Manlius et M. Atilius Régulus, pour attaquer l'Afrique. Près d'Ecnome, les Carthaginois se présentèrent à eux avec 350 vaisseaux commandés par Hannon et Amilcar. Dans ce combat, les Carthaginois perdirent 94 bâtiments, et toute leur flotte fut dispersée. Sans perdre de temps, les Romains cinglèrent vers l'Afrique, où ils débarquèrent près de Clypea; ils prirent cette ville, et environs un immense butin, et renvoyèrent ensuite leur flotte en Sicile; Régulus resta en Afrique seulement avec 40 vaisseaux et 15,500 hommes de troupes de terre. Les Carthaginois alors se virent menacés du même sort qu'Agathocle leur avait préparé cinquante ans auparavant: ils eurent même à redouter un destin plus cruel, parce que les Romains étaient des ennemis plus dangereux, que ne pouvait l'être un tyran grec. Ils élurent trois stratèges, Asdrubal, Bostar et Amilcar (Barcas) (1); ce dernier

se trouvait encore à Héraclée en Sicile, et en conséquence on prorogea ses fonctions, vraisemblablement par mesure extraordinaire. Amilcar et Asdrubal résolurent de défendre le territoire carthaginois contre Régulus; toutefois lorsqu'auprès d'Adis ils s'opposèrent à Régulus qui assiégeait cette place ils furent attaqués par les Romains, et, malgré la bravoure avec laquelle combattit l'infanterie carthaginoise, ils furent complètement battus, et perdirent 17,000 morts et 5,000 prisonniers. Par suite de cette victoire, presque tout le territoire carthaginois fut conquis ou occupé par les Romains; Régulus s'empara de Tunis, et beaucoup de villes se rendirent à lui sans coup férir (on porte le nombre de ces villes à trois cents, et en cela on exagère sans doute), et il prit même ses mesures pour assiéger Carthage elle-même. Alors les Carthaginois sentirent chanceler leur courage, et ils envoyèrent à Régulus une ambassade pour négocier la paix : cette paix, Régulus l'eût volontiers conclue, car il craignait qu'on ne lui envoyât un successeur qui enlevât la gloire de terminer la guerre. Mais Régulus dut s'en tenir aux conditions que Rome lui avait prescrites pour le cas où l'on en viendrait à la paix; il demanda en conséquence aux Carthaginois la cession de la Sicile et de la Sardaigne, la remise sans rançon de tous les prisonniers romains, le rachat des prisonniers carthaginois, le payement des frais de la guerre et celui d'un tribut annuel; il exigea de plus qu'ils s'engageassent à n'entreprendre aucune guerre et à ne conclure même aucune alliance sans l'assentiment de Rome, et à n'entretenir qu'un seul vaisseau de guerre, et à fournir au contraire aux Romains, dans leurs guerres, 50 trirèmes; conditions qui amenèrent de la part des Carthaginois cette réponse qu'une telle paix n'équivalait à rien moins qu'à la conquête de leur ville elle-même; aussi résolurent-ils de recommencer la guerre et de tenter encore une fois la fortune. Et cette fois la fortune leur envoya un homme capable de sauver en peu de temps la république de sa ruine. Un aventurier grec, le Lacédémonien Xanthippe, était venu avec un corps de mercenaires de Grèce à Carthage, et, comme il avait publiquement déclaré que l'inhabileté des généraux était la seule cause des défaites des Carthaginois, le sénat de Carthage lui avait demandé ses conseils, et les stratèges eux-mêmes lui avaient remis la conduite de la guerre. Xanthippe gagna bientôt la confiance non-seulement des chefs, mais encore des soldats qu'il exerçait sans relâche aux armes, et au bout de quelque temps, avec une armée de 12,000 fantassins, de 4,000 cavaliers et de 100 éléphants, sur lesquels surtout il fondait ses espérances de victoire, il entra en campagne contre Régulus. Les Romains, par les renforts tirés des provinces qui s'étaient détachées des Carthaginois, avaient porté leur armée à 30,000 hommes; ils étaient donc de beaucoup supérieurs en nombre à leurs ennemis. Xanthippe toutefois ne campa point, comme l'avaient fait ses prédécesseurs, sur les hauteurs, mais dans la plaine, afin de tirer le meilleur parti possible de sa cavalerie et de ses éléphants, et cette tactique lui réussit. La cavalerie carthaginoise mit aussitôt en fuite la cavalerie romaine; les éléphants jetèrent le désordre dans l'ordre de bataille des Romains, et ensuite la phalange carthaginoise décida de la bataille si bien que toute l'armée romaine fut anéantie : car 2,000 hommes seulement échappèrent au massacre. 500 Romains, et avec eux le consul, furent faits prisonniers. Cette victoire remarquable, remportée sous le commandement suprême d'Amilcar par l'habileté militaire et les talents de Xanthippe, sauva soudain Carthage de sa ruine. Sans doute les Carthaginois essuyèrent bientôt après, sur mer, près du promontoire Hermæum, une défaite qui ne fut pas sans importance en voulant empêcher que les 2,000 Romains échappés à la bataille de Tunis et cernés près de Clypea, ne fussent délivrés par la flotte; mais de son côté la flotte romaine fut assaillie, près du promontoire Pachynum, par une tempête qui détruisit toutes leurs forces navales composées de 300 vaisseaux, à l'exception de 80; de sorte que pour la première fois les Carthaginois n'eurent plus rien à craindre des Romains. Les Carthaginois eurent donc le temps de réparer leurs pertes, et comme Xanthippe, pour échapper à l'envie qui le poursuivait, jugea prudent de retourner dans sa patrie avec la riche récom-

---

(1) Polybe, Zonaras et Cornelius Nepos semblent ignorer que cet

Amilcar, si célèbre dans la suite sous le nom d'Amilcar Barcas, ait été le père d'Annibal; ils ne laissent même aucun doute que ces deux personnages n'aient été tout à fait différents. Pourtant Cicéron (*De officiis*, III, 26) donne expressément à cet Amilcar la qualification de père d'Annibal : *M. Atilius Regulus quum consul iterum in Africa ex insidiis captus esset*, DUCE XANTHIPPO LACEDÆMONIO, IMPERATORE AUTEM PATRE HANNIBALIS HAMILCARE, *juratus missus est*, etc. Ce renseignement est en tout cas intéressant; pourquoi Cicéron est-il une si mauvaise autorité en ce qui touche à l'histoire!

pense qui lui était échue, les Carthaginois envoyèrent en Sicile une flotte et une armée sous le commandement d'Asdrubal et de Carthalon, qui prirent et détruisirent Agrigente. De leur côté, les Romains équipèrent une nouvelle flotte de 300 vaisseaux, prirent Panorme, l'une des villes les plus importantes des Carthaginois en Sicile, et risquèrent même encore une fois une descente en Afrique; mais cette tentative ne fut pas heureuse, car les vaisseaux romains échouèrent sur des bancs de sable, et les Carthaginois avaient occupé la côte; et, comme bientôt après une tempête détruisit de nouveau la moitié de la flotte romaine, les Romains renoncèrent à la guerre maritime, résolurent de ne continuer les hostilités que sur terre en Sicile; là toutefois il ne se fit rien d'important pendant plusieurs années, parce que le changement de tactique introduit par Xanthippe dans l'armée de terre des Carthaginois rendait désormais cette dernière également redoutable aux Romains. L'an 250 avant J.-C., Asdrubal partant de Lilybée, dont les Carthaginois avaient fait maintenant leur principale place d'armes en Sicile, n'hésita point à attaquer près de Panorme le proconsul romain Métellus; mais il fut battu, et les éléphants qui près de Tunis avaient anéanti l'armée romaine, furent dans cette journée une cause de désastre pour les Carthaginois eux-mêmes; car, rendus furieux et repoussés par les Romains, ils jetèrent le désordre dans l'armée carthaginoise, et celle-ci fut sans peine massacrée par les Romains. Les Romains s'emparèrent de 100 éléphants, et d'un plus grand nombre selon d'autres, et ces animaux ornèrent le triomphe de Métellus; quant à Asdrubal, il expia sa défaite en périssant du supplice de la croix. Encouragés par cette victoire, et, après que les tentatives de paix que Régulus captif dut faire à Rome par la volonté des Carthaginois eurent échoué ou qu'elles eurent été repoussées, les Romains songèrent à une nouvelle expédition contre l'Afrique, et armèrent à la fin une nouvelle flotte de 240 vaisseaux; ils résolurent aussi de prendre Lilybée, parce que du port de cette ville partait la route la plus courte vers les côtes de Carthage. Mais les Carthaginois défendirent Lilybée avec le dernier acharnement et la plus grande bravoure, et, quoique les Romains cherchassent à barrer le port par une digue et qu'ils le tinssent fermé par leur flotte, les Carthaginois réussirent pourtant à approvisionner la ville autant de fois que cela fut nécessaire, et des sorties continuelles usèrent l'armée de terre des Romains. Puis le consul romain Claudius Pulcher ayant fait avec la flotte une tentative sur Drépanum pour s'emparer du moins de cette place, il fut attaqué par Adherbal, commandant de la flotte carthaginoise, et perdit 93 vaisseaux avec les hommes qui les montaient, et, comme un nouvel armement des Romains sous le consul Junius Pullus n'eut également pas un heureux résultat, et que la flotte romaine de 120 vaisseaux fut détruite, en partie par les Carthaginois, en partie par la tempête, la fortune parut se déclarer pour les Carthaginois d'une manière si décisive qu'il semblait que les Romains ne pourraient plus disputer longtemps à leurs rivaux la possession de la Sicile. Ajoutons que précisément alors les Carthaginois nommèrent commandant de leur flotte Amilcar Barcas, qui dirigea la guerre contre les Romains pendant plusieurs années avec la plus grande sagacité et non sans bonheur, d'abord, à ce qu'il semble, dans une position secondaire, et ensuite comme stratège. Amilcar, il est vrai, pilla avec sa flotte les côtes d'Italie en remontant jusque vers Cumes, fortifia en Sicile, dans le voisinage de Panorme, la hauteur d'Epiercte, dont il fit sa place d'armes, et d'où il inquiéta et attaqua incessamment les Romains, et occupa la ville d'Eryx, dont la citadelle, construite sur une éminence, était au pouvoir des Romains. De cette manière, Amilcar déploya son activité depuis l'an 248 jusqu'à l'an 242 avant J.-C., dans une petite guerre il est vrai, mais qui là ne manquait pas d'importance, parce que les Romains furent empêchés par lui de poursuivre avec plus d'énergie leur but principal, qui était la conquête de Lilybée et de Drepanum. En conséquence, les Romains résolurent d'armer une nouvelle flotte, mieux construite que les précédentes; car ils voyaient bien que, s'ils n'avaient point une force navale imposante, il leur serait impossible de se rendre maîtres de Lilybée et de Drépanum. Aussi, avant que les Carthaginois ne pussent s'en douter, le consul Lutatius Catulus parut soudain, l'an 242, avec une flotte nombreuse, devant Lilybée et Drépanum, dont le siège fut désormais poussé avec la plus grande ardeur. Les Carthaginois, forcés aussi d'armer une autre flotte, envoyèrent Hannon avec quatre cents vaisseaux (mais qui n'étaient pas tous de guerre), pour approvisionner Eryx, également occupée par les Romains, et recevoir Amilcar avec une partie de ses troupes. Mais le consul Catulus prévint Hannon, et, sans même lui laisser le temps de débarquer, il le

força, près des îles Ægates, à une bataille qu'Hannon dut livrer dans les circonstances les plus défavorables. Cinquante vaisseaux carthaginois furent coulés bas; soixante-dix autres furent pris avec dix mille hommes; le reste de la flotte fut repoussé vers Carthage, où Hannon dut expier par la mort son malheur. Cette défaite des Carthaginois décida de l'issue de la guerre. Les Carthaginois, assurément, n'étaient pas tellement épuisés qu'ils fussent hors d'état de continuer plus longtemps la lutte; car la guerre des mercenaires, qui arriva bientôt après, prouva qu'ils ne manquaient pas de ressources, et certainement ils ne se faisaient pas illusion sur les forces de leur république. Mais ils voyaient fort bien qu'ils seraient incapables d'achever un nouvel armement avant que les villes assiégées, Lilybée, Drépanum et Eryx, presque les seules qui leur restassent encore en Sicile, et qui manquaient absolument de tout, ne fussent contraintes à se rendre aux Romains. Ils ne virent donc d'autre moyen de sauver leurs armées que la paix; et, pour la négocier, ils donnèrent à Amilcar le commandement et de pleins pouvoirs. Amilcar qui, après une sortie tentée sans succès, restait toujours enfermé dans Eryx, obéit, tout en frémissant d'indignation, aux ordres de ses concitoyens, et conclut avec Catulus un armistice par lequel il sauva sans doute les armées de la république, mais qui le fit consentir à des conditions humiliantes; Carthage devait renoncer à la suprématie de la Sicile et des îles adjacentes, rendre aux Romains les prisonniers de guerre romains, et payer à des termes fixés une contribution de guerre considérable. Après la conclusion de cet armistice, Amilcar tira les garnisons carthaginoises des villes assiégées et les envoya à Carthage, parce que Catulus avait exigé de plus qu'Amilcar et ses soldats missent bas les armes et passassent sous le joug; Amilcar craignait que, dans le cas où le sénat de Rome rejetterait les conditions de cette paix provisoire, il ne se vît dans l'impossibilité de se soustraire avec les siens à cette humiliation. Et dans le fait les dix hommes envoyés par Rome pour conclure la paix changèrent les conditions posées par Catulus : les Carthaginois durent payer, non en vingt ans, mais en dix, deux mille deux cents talents euboïques, et de plus mille talents immédiatement. Du reste, soit à cause de la précipitation avec laquelle Amilcar avait agi, soit à dessein de la part des Romains, qui voulaient se ménager l'occasion de plus grands accroissements ou de guerres nouvelles, les articles du traité de paix furent conçus en termes très-vagues ; c'est ainsi qu'il ne fut pas dit clairement quelles îles les Romains voulaient entendre par ces mots : les îles adjacentes à la Sicile ; les Carthaginois entendirent par là les Ægates peut-être et les Lipariennes ; mais plus tard les Romains se fondèrent sur cet article, lorsqu'ils en trouvèrent l'occasion et qu'ils occupèrent aussi la Sardaigne et la Corse. On peut en somme douter qu'à la suite de la paix les Romains aient complètement abandonné la Sardaigne et la Corse, après avoir occupé ces deux îles l'an 259 avant J.-C.; du moins cela n'est dit nulle part expressément, et, bien qu'il soit vraisemblable qu'après la défaite de Régulus les Carthaginois aient repris un pied ferme en Sardaigne et en Corse, on ne peut en conclure que les Romains n'y aient point conservé quelques possessions. Il paraît donc que, même après la paix, les Romains gardèrent du moins une partie de la Sardaigne et de la Corse, parce que les Carthaginois n'eurent pas le temps de se faire donner des explications plus nettes sur les articles de la paix, et se virent réduits à se contenter de tout ce qu'il plut alors aux Romains de leur dicter. De plus, il fut établi par cette paix que les Carthaginois ne feraient point la guerre à Hiéron ; qu'aucun vaisseau de guerre carthaginois ne pourrait approcher des côtes d'Italie ou des pays alliés de Rome; il fut défendu aux vaincus de lever des soldats en Italie. Peut-être ne rédigea-t-on pas même un acte formel de cette paix, et de là viennent probablement les différentes opinions que l'on trouve au sujet de ce traité tant chez les divers écrivains que chez les hommes d'État des siècles suivants. Car si Polybe et Tite Live mettent dans la bouche d'Amilcar des plaintes sur la perfidie romaine, Salluste (Bell. Cat., 51, 4) fait dire à César de la manière la plus expresse que les Romains, dans les guerres puniques, n'abusèrent jamais de leur fortune, et que jamais ils ne répondirent par la perfidie à la perfidie de leurs ennemis.—Par cette malheureuse issue de sa première guerre avec Rome, Carthage avait fait assurément de grands sacrifices ; mais elle eût pu en effacer bientôt les traces, s'il n'était arrivé à leur suite des événements beaucoup plus malheureux. Que Carthage eût été forcée d'abandonner la Sicile, ce n'était pas un si grand malheur, puisqu'elle eût bien mieux agi dans ses intérêts si dès le principe elle n'avait jamais aspiré à la possession de la Sicile. Carthage, en général, devait moins viser à s'assurer des possessions territoriales qu'à établir des relations amicales avec d'autres États, par lesquelles elle eût favorisé un placement libre et sans obstacles de ses marchandises. Pour peu que Carthage eût eu le loisir de réparer ses forces après la guerre, elle eût tiré de son commerce avec les Grecs de Sicile un plus grand bénéfice qu'elle n'en avait tiré précédemment par une domination toujours disputée sur quelques parties de l'île. Elle aurait pu de même se consoler facilement de la perte de la Sardaigne et de la Corse, et les mines d'Espagne, que plus tard Amilcar acquit à la république, compensaient au centuple ce que l'on perdait en Sardaigne. Mais Carthage n'eut ni repos ni loisir.—Après la conclusion de la trêve, avant même que la paix eût été formellement jurée, Amilcar s'était démis du commandement en chef de l'armée de Lilybée, et le suffète Gison, qui passa en Sicile, avait ramené en Afrique les soldats carthaginois. Mais les Carthaginois, qui devaient payer immédiatement mille talents aux Romains et racheter leurs prisonniers, n'avaient point d'argent pour payer aux mercenaires leur solde arriérée; probablement aussi n'avaient-ils nulle envie de leur donner la gratification extraordinaire qu'Amilcar avait pris sur lui de leur promettre en Sicile au nom de la république. Mais, comme cette multitude inactive et effrénée menaçait de commettre des violences à Carthage, on envoya les mercenaires avec tout ce qu'ils possédaient, avec leurs femmes et leurs enfants, dans une ville voisine, à Sicca, pour y attendre le moment où l'État ferait droit à leurs réclamations. Là, livrés à eux-mêmes, les mercenaires devinrent de plus en plus turbulents, et lorsque Hannon, homme considéré, mais que l'on n'aimait point, et qui avait été suffète quelque temps auparavant, parut au milieu d'eux pour négocier l'abandon d'une partie de leurs prétentions, à savoir de la gratification promise, la révolte éclata formellement; Hannon dut prendre la fuite, et les mercenaires, au nombre de vingt mille hommes, quittèrent Sicca et marchèrent sur Carthage, et dressèrent leur camp dans le voisinage de cette ville, près de Tunis. Les Carthaginois, découragés et sans conseils, recoururent de nouveau aux négociations, mais par là ils empirèrent l'affaire; et lorsque enfin on envoya Giscon payer aux mercenaires l'argent dont on leur restait redevable et que l'on était venu à bout de ramasser dans l'intervalle, Spendius, transfuge campanien, et Mathos Libyen, se levèrent, et persuadèrent aux mercenaires de ne pas se séparer et de ne point accepter d'arrangement, mais de prendre les armes contre une république réduite à l'impuissance. Quiconque les contredisait était aussitôt lapidé; le commandement fut donné à Spendius et à Mathos; Giscon fut retenu prisonnier avec son escorte; l'argent qu'il avait apporté fut pillé et distribué à l'armée. L'étendard de la révolte une fois levé si formellement, l'on songea tout d'abord à appeler aux armes les habitants et les villes du territoire carthaginois. Obéissant toujours à regret, ils les avaient dû expier chèrement leur défection en faveur des Romains. Trois mille Libyens, qui alors avaient passé du côté de ces derniers, avaient subi, en punition, le supplice de la croix. La guerre avait duré de longues années, et la soumission de la Libye paraît n'avoir été achevée de nouveau que peu de temps auparavant. Hannon avait eu à conduire cette guerre en qualité de général en chef, et, si par la prise de la grande ville libyenne d'Hécatompolis (dont on ignore la position)(1) il s'était acquis quelque gloire, il avait aussi souillé par sa dureté les sujets de la république, et, comme l'extrémité où celle-ci était réduite nécessitait des sacrifices extraordinaires, on exigea avec la plus grande rigueur le tribut des sujets, dont les contributions avaient été doublées, et auxquels on demandait la moitié du tribut de leurs terres. Dans ces circonstances, les émissaires de Mathos furent facilement écoutés, et, comme l'on s'imaginait que la ville souveraine était complétement désarmée, les sujets, à très-peu d'exceptions près, résolurent de profiter de l'occasion pour secouer enfin le joug qui les écrasait. Les villes alliées d'Utique et d'Hippone restèrent seules encore fidèles, et furent en conséquence assiégées par les rebelles, dont l'armée s'éleva en peu de temps à 70,000 hommes, par l'accession des

(1) Cf. Polybe, I, 73; et Diodore, XXIV, *Exc. de virt. et vit.*, et les notes de Wesseling sur ce passage. Ne serait-ce pas cette prise d'Hécatompolis qui aurait donné lieu au merveilleux récit d'Ammien Marcellin (XVII, p. 98 Lind.), suivant lequel les Carthaginois auraient conquis autrefois jusqu'à la Thèbes d'Égypte? *Thebas inter* EXORDIA PANDENTIS SE LATE CARTHAGINIS IMPROVISO EXCURSU DUCES OPPRESSERE POENORUM; *posteaque reparatam Persarum rex ille Cambyses.... aggressus est,* etc. Thèbes est déjà appelée *aux cent portes* dans Homère. Évidemment tout ceci repose sur une confusion. Car un siècle environ avant Cambyse, Carthage n'était pas encore assez puissante pour entreprendre une expédition contre l'Égypte, et on peut encore moins penser à une expédition par terre.

Libyens. — Dans ce danger, les Carthaginois donnèrent le commandement suprême à Hannon, qui se trouvait encore à la tête d'une armée : les citoyens furent exercés au maniement des armes; on équipa de la cavalerie et une flotte. Mais Hannon n'entendait rien à la guerre; il mit, il est vrai, les rebelles en fuite près d'Utique; mais, au lieu de les poursuivre et de les anéantir, il rentra dans son camp, où il fut surpris par les ennemis qui revinrent sur lui; il se vit repoussé dans la ville avec une perte considérable, et toutes les munitions de guerre tombèrent au pouvoir de l'ennemi. Les Carthaginois, dans leur colère, ôtèrent le commandement suprême à Hannon et le conférèrent à Amilcar. Celui-ci n'avait plus que dix mille hommes : pourtant la terreur de son nom fit que les rebelles levèrent aussitôt le siège d'Utique, et bientôt après il eut le bonheur de battre sur les bords du Bagradas Spendius et une partie de son armée, et, renforcé par le Numidien Naravasus, il réussit au bout de quelque temps à battre James italiens de même Spendius et Autaritus, le chef des Gaulois. — Mais pendant ce temps la révolte avait aussi gagné la Sardaigne, où les mercenaires tuèrent leurs chefs, Bostar et Hannon, et égorgèrent tous les Carthaginois qui se trouvaient dans l'île. Comme Amilcar traita avec beaucoup de douceur les prisonniers faits dans les dernières batailles, et comme il les laissa libres d'entrer au service de Carthage ou de retourner dans leur pays après avoir reçu de lui des présents; comme par là beaucoup de rebelles furent déterminés à se retirer, Spendius et Mathos produisirent un prétendu message envoyé de Sardaigne pour prémunir les mercenaires contre les traîtres qui se trouvaient dans leur propre sein; et cela leur donna l'occasion, non-seulement de se débarrasser de tous ceux auxquels ils ne se fiaient pas, mais encore de faire périr dans les tourments les plus cruels et les plus affreux Giscon, qu'ils retenaient toujours en prison, ainsi que sept cents autres Carthaginois; et, pour ôter toute possibilité de réconciliation, on menaça de faire subir les mêmes tourments à tout Carthaginois qui se laisserait prendre. Amilcar vit alors la nécessité de faire aux rebelles une guerre d'extermination, et dans ce but il opéra sa jonction avec Hannon, qui commandait toujours encore une partie de l'armée. Mais bientôt la discorde se mit entre les généraux, et, au lieu de faire la guerre avec plus d'énergie pour détruire l'ennemi, ils facilitèrent sa victoire. Ajoutons que des désastres de toute nature assaillirent les Carthaginois. Une flotte qui amenait des approvisionnements et des munitions de guerre de la province d'Emporia fut submergée; la Sardaigne fut perdue sans retour, et Utique et Hippone, qui avaient résisté jusqu'alors aux mercenaires, et qui précédemment aussi, au temps d'Agathocle et de Régulus, étaient toujours restées fidèles, firent soudaine défection, maintenant qu'ils pouvaient regarder la ruine de Carthage comme inévitable, et se mirent avec le plus grand acharnement à la tête des ennemis. Ce danger exigea de nouvelles mesures. Les Carthaginois implorèrent le secours d'Hiéron de Syracuse, et ce prince leur envoya des vivres : ils s'adressèrent de même aux Romains; et ceux-ci ne se bornèrent pas à négocier la paix; mais, ayant échoué dans cette tentative, ils rendirent sans rançon aux Carthaginois tous les prisonniers de leur nation qui se trouvaient encore en Italie; ils permirent aux marchands italiens de mener des approvisionnements aux Carthaginois; ils leur envoyèrent même du blé, et les autorisèrent à lever des soldats en Italie, mais seulement pour la durée de cette guerre. Et des marchands romains ayant été pillés par les Carthaginois, soit parce qu'ils avaient fourni des vivres à l'ennemi, comme ils avaient été pris et jetés à la mer, les Romains ne tirèrent pas pour le moment vengeance de ces excès; plus tard néanmoins ils les invoquèrent lorsqu'ils enlevèrent aux Carthaginois les possessions qui leur restaient encore en Sardaigne. Alors le sénat de Carthage déclara que l'un des généraux eût à donner sa démission, que l'autre aurait seul le commandement suprême, et que l'armée choisirait celui qu'elle voudrait garder. L'armée choisit Amilcar, et Hannon dut se retirer. Par là, il est vrai, la conduite de la guerre fut laissée au seul homme capable de la diriger; mais aussi, en laissant à l'armée le choix de son général, on donna un exemple qui contribua à la perte de la république, de même que la haine entre Hannon et Amilcar, qui prit alors un caractère irréconciliable et qui devint héréditaire dans leurs familles, entraîna les suites les plus malheureuses. — Amilcar se mit en route avec ses lieutenants Annibal et Naravasus, pour se porter sur les derrières des rebelles qui avaient déjà commencé le siège de Carthage, et pour intercepter leurs convois. Cette manœuvre réussit, et les ennemis se virent forcés de suivre Amilcar avec cinquante mille hommes. Celui-ci les attira dans une contrée montagneuse nommée Prion, où il les cerna, les enferma, et les affama; et, lorsque enfin ils furent contraints de négocier, Amilcar fit charger de fers les chefs, et, comme là-dessus les autres prirent les armes, ils les fit tous fouler aux pieds de ses éléphants. Quarante mille hommes périrent de cette manière, et bientôt aussi une partie des villes libyennes rentra sous l'obéissance du vainqueur. Puis Amilcar revint avec son armée, pour anéantir aussi Mathos et les autres rebelles qui se défendaient dans Tunis. Tunis fut cernée par un double camp, et Spendius, fait prisonnier, fut attaché sur la croix en vue des murs de la ville. Toutefois Mathos s'étant vengé par une sortie, où il fit prisonniers beaucoup de Carthaginois, parmi lesquels Annibal, général en second, qu'il fit également expirer sur la croix, ce revers abattit tellement les Carthaginois, qu'Amilcar fut contraint de lever le siège de Tunis, et qu'il vit arriver dans son camp trente sénateurs, qui lui demandèrent de se réconcilier avec Hannon et de partager avec lui le commandement, afin de calmer les factions qui déchiraient Carthage. Amilcar céda, se réunit avec Hannon, et tous deux poursuivirent ensuite Mathos, qui s'était éloigné de Tunis et retiré plus avant dans l'intérieur de la Libye. Celui-ci, battu dans plusieurs petites affaires, résolut enfin de livrer aux Carthaginois une bataille décisive; mais son armée fut vaincue et massacrée en majeure partie; Mathos lui-même fut pris, et plus tard il périt à Carthage dans un affreux supplice. Les villes qui avaient fait défection rentrèrent l'une après l'autre sous la domination de Carthage, et enfin Utique et Hippone firent également leur soumission, mais seulement après un long siège. Mais la Sardaigne resta perdue; elle s'était jetée entre les bras des Romains, et, lorsque les Carthaginois firent des préparatifs pour reprendre cette île, les Romains déclarèrent qu'elle était leur propriété, puisqu'elle leur avait été déjà cédée par la paix de Lutatius, et les Carthaginois durent même consentir à un nouveau tribut de douze cents talents, en punition de ce qu'ils avaient osé vouloir s'approprier un pays sur lequel les Romains avaient les droits les mieux fondés. — La guerre des mercenaires avait atteint son terme de la manière dont nous l'avons raconté, après une durée de trois ans et quatre mois; néanmoins la guerre continua plus longtemps encore contre les Libyens et les Numides, qui avaient tenu pour les rebelles. Amilcar et Hannon conduisirent cette guerre en commun, et non sans bonheur; car c'est précisément à cette époque seulement que la domination de Carthage paraît s'être étendue plus loin sur les côtes septentrionales d'Afrique, en ce que diverses tribus numides furent réduites à des relations de dépendance. Du moins ce n'est qu'à partir de cette époque que l'on voit figurer ces nombreuses bandes de cavalerie qui donnèrent si longtemps aux Carthaginois le dessus sur les Romains, et qui, dans la seconde guerre punique, étaient presque une apparition nouvelle, à laquelle les Romains n'avaient rien à opposer de semblable. Toutefois lorsque, la guerre contre les Libyens et les Numides étant terminée, Amilcar revint à Carthage, il y fut assigné devant un tribunal sous l'accusation d'avoir attiré sur Carthage les maux de la guerre des mercenaires par les promesses qu'il avait faites de lui-même aux soldats et par sa conduite irréfléchie. Amilcar ne vit d'autre moyen de salut que de se jeter entre les bras du peuple, dont il était chéri, et de se faire, par l'influence de son beau-fils Asdrubal, parmi les citoyens éminents, un parti qu'il rattacha à lui, en lui ouvrant dans l'avenir la perspective d'avantages considérables. C'est ainsi qu'il échappa au danger, fut encore une fois nommé stratège, et ne comparut point devant le tribunal. Après donc qu'Amilcar eut éloigné Hannon de l'armée, et qu'il se fut concilié celle-ci par des présents et par un riche butin, il passa avec elle, à l'insu ou du moins sans l'ordre du peuple et du sénat de Carthage, en Espagne, pour regagner de ce côté ce que Carthage avait perdu en Sicile, en Sardaigne et en Corse. Nous n'avons que des renseignements fort incomplets sur les entreprises d'Amilcar en Espagne; voici toutefois ce qui paraît certain. Amilcar se rendit d'abord à Gadès, ville d'une haute antiquité, qui, fondée par les Phéniciens de la même manière que l'avaient été Utique, Hippone, Adrumète, etc., se trouvait à l'égard de Carthage dans les rapports d'une ville confédérée subordonnée, et n'avait probablement qu'un petit territoire (l'île de Léon actuelle peut-être); car dans ces contrées les Carthaginois s'étaient bornés à des relations amicales et paisibles avec les habitants, plutôt qu'ils ne s'étaient livrés à de vastes conquêtes, difficiles à conserver. Étendre ce territoire, tel était le but d'Amilcar; et sans doute, ce qui était la seule chose réellement désirable, il voulait l'étendre sur la vallée du fleuve Bétis jusqu'aux montagnes dont elle est entourée. Cette contrée, la partie la plus fertile et la plus belle de l'Espagne, devait séduire l'étranger sous tous les rapports, mais particulièrement par les mines d'une richesse ex-

traordinaire de la Sierra-Morena, aux environs des villes dont plus tard les noms figurent si souvent dans les guerres des Romains, Castulo, Intibili, Illiturgis et Mentissa. Carthage devait trouver le plus grand avantage à exploiter ces mines avec plus d'habileté. Ce fut contre les peuples qui habitaient ces régions que furent dirigées ces guerres sur lesquelles les écrivains nous donnent des renseignements si courts, et la soumission complète de ce pays réussit si bien qu'au bout de peu d'années les Carthaginois y furent maîtres absolus, et que les indigènes furent réduits à une entière servitude et purent être contraints à la corvée dans les mines, où l'on fit d'eux une consommation révoltante. Amilcar fonda sur la côte la ville d'Acra-Leuce; mais il trouva bientôt après la mort dans une révolte de toutes les peuplades de l'Espagne méridionale, au siége de la ville d'Elyce par le roi des Orétaniens. Pendant neuf ans, dans ce pays, Amilcar avait joui du commandement suprême et d'un pouvoir presque royal, contrairement, à ce qu'il semble, à tous les anciens usages des Carthaginois; toutefois on lui laissa cette autorité parce que les bénéfices donnés par la conquête du pays, et particulièrement le produit des mines, étaient si considérables, qu'Amilcar, tout en enrichissant ses partisans à Carthage, et en amassant pour lui-même une fortune prodigieuse, put néanmoins verser des sommes énormes dans le trésor de la république. Les Carthaginois nommèrent le beau-fils d'Amilcar, le compagnon de ses entreprises, Asdrubal, général en Espagne, afin qu'il poussât plus loin encore les projets d'Amilcar, et Asdrubal ne fut pas moins heureux dans ses efforts. Il battit en plusieurs rencontres les peuplades qui s'étaient soulevées contre Amilcar, notamment les Orétaniens, étendit la domination carthaginoise plus loin sur la côte de la Méditerranée, sur Grenade et Murcie, peut-être aussi sur une partie du royaume de Valence, et y fonda plusieurs villes, particulièrement Carthage-la-Neuve, qui devint si importante dans la suite, et qu'il destina à être le siège de la domination carthaginoise en Espagne; destination à laquelle elle semblait appelée par l'excellence de son port et son peu d'éloignement de Carthage. D'ailleurs une ville nouvellement construite était bien plus favorable à Asdrubal, pour la poursuite de ses plans ultérieurs, que Gadès, qui, en sa qualité de très-ancienne ville municipale, possédait des priviléges importants et ne se serait probablement pas soumise sans restriction aux ordres d'Asdrubal. C'est une erreur de croire, comme on le fait habituellement, qu'Asdrubal soumit dès lors la plus grande partie de l'Espagne à la domination carthaginoise. Cette opinion ne peut avoir sa source que dans une ignorance complète de la nature du pays. Quel avantage les Carthaginois auraient-ils trouvé à régner sur les montagnes sauvages ou couvertes de bois de l'Estramadure et de la Nouvelle-Castille, où habitaient des nations aussi pauvres qu'elles étaient belliqueuses et indomptables? d'autant plus que s'ils avaient voulu pénétrer plus avant encore dans les montagnes de la Vieille-Castille et de Léon, ils y auraient encore moins trouvé une récompense à leur victoire. Le meilleur moyen de connaître l'étendue du territoire carthaginois en Espagne, avant la seconde guerre avec Rome, c'est de considérer les limites que la province romaine appelée Bétique eut plus tard; car cette province fut ce que les Romains gagnèrent dans cette guerre. Toutes les autres entreprises des Carthaginois en Espagne ne se firent que pour repousser les courses de brigandages des tribus barbares de l'intérieur de l'Espagne, ou pour les contraindre à donner leur belliqueuse jeunesse comme troupes mercenaires aux armées carthaginoises. Ainsi le territoire conquis en Espagne à la république par Amilcar et par Asdrubal n'embrassait que la côte depuis le Sucro jusqu'au Bétis et à l'Anas (depuis le Segura jusqu'au Guadalquivir et à la Guadiana), et s'étendait dans l'intérieur jusqu'aux montagnes qui se trouvent entre le cours de ces fleuves. En tout cas, les Carthaginois possédaient encore sur la côte d'Espagne, de l'autre côté du détroit jusque vers le Tage, quelques colonies fondées dans l'intérêt de leur commerce avec la Bretagne et avec le Nord; quant à la Lusitanie même, elle resta libre, et si nous voyons plus tard des cavaliers lusitaniens figurer aussi dans l'armée carthaginoise, ce n'étaient là que des mercenaires, aussi bien que le reste des troupes hispano-carthaginoises. Asdrubal sut avec la plus grande habileté nouer des relations amicales avec ces peuples de l'Espagne intérieure et occidentale et armer leur jeunesse pour Carthage; il pouvait donc sembler que les Carthaginois, quoiqu'ils fussent maîtres d'un quart à peine du pays, dominaient pourtant sur la contrée tout entière, puisqu'ils disposaient de toutes ses forces militaires. Peut-être fut-ce aussi là le motif qui fit soupçonner Asdrubal d'aspirer au pouvoir monarchique, et de vouloir fonder en Espagne un pouvoir indépendant de Carthage; un contemporain, Fabius Pictor (Polyb., iii, 8), nous apprend même qu'Asdrubal passa en Afrique avec son armée pour changer la constitution de Carthage et s'établir aussi comme tyran dans cette ville; mais qu'il échoua dans cette tentative. Bien que cette dernière assertion soit fort douteuse, il paraît incontestable qu'Asdrubal jouissait en Espagne d'un pouvoir illimité et arbitraire; que les factions qui divisaient sa patrie, la haine de ceux qui étaient. envieux de sa fortune, purent le pousser à plus d'un acte d'arrogance et d'insoumission, auxquels sans doute il ne se serait sans doute pas livré en des circonstances plus tranquilles, et que certainement il évita avec soin de se mettre dans le cas de déposer sa dignité et d'être forcé de rentrer dans la vie privée, ce qui eût sans aucun doute été sa perte. On peut s'étonner que les Romains aient laissé si tranquillement Amilcar et Asdrubal se consolider en Espagne; car ils devaient bien pressentir le danger qui les menaçait du sein de ce pays. Toutefois les Romains eux-mêmes étaient alors singulièrement occupés des guerres contre les Gaulois et les Liguriens, qui les mirent plus d'une fois à deux doigts de leur perte, qui nécessitèrent même l'armement de l'Italie entière, et dans lesquels les Carthaginois trempèrent sans aucun doute (1); les Carthaginois d'ailleurs excitaient sans cesse les Sardes et les Corses à se révolter contre les Romains, de sorte que ceux-ci ne pouvaient songer à aucune entreprise au dehors. Ce qui ne leur échappa pas non plus, comme on peut le voir par le témoignage de Fabius, c'est qu'Amilcar et Asdrubal étaient en discorde avec leurs concitoyens, et qu'ils songeaient peut-être même à se rendre indépendants en Espagne : il se peut donc qu'ils aient considéré ces conquêtes en Espagne plutôt comme une cause de ruine totale pour Carthage, que comme un moyen de relever cette république rivale. Pourtant il fallait mettre un terme aux progrès d'Asdrubal, et dans ce but on envoya à Carthage la Neuve une ambassade chargée de faire des protestations contre une plus grande extension de la domination carthaginoise. Néanmoins les Romains durent abandonner à Asdrubal toute l'Espagne jusqu'à l'Ebre, et, si nous pouvons nous en rapporter à Tite Live (Polybe ne nomme nullement Sagonte dans le texte du traité qu'il prétend donner), Sagonte seule avec son territoire fut protégée contre la domination carthaginoise. Du reste Asdrubal conclut cette paix de sa propre et pleine autorité, sans qu'elle fût confirmée par le sénat et le peuple de Carthage, et probablement Asdrubal lui-même n'avait pas l'intention de l'observer plus longtemps qu'il ne conviendrait à ses intérêts, bien qu'il pût en tout cas renoncer à la paix du moment où la possession ne lui permettrait aucun avantage. Mais Asdrubal fut assassiné avant de pouvoir mener à maturité ses projets, de quelque nature qu'ils pussent être. Alors l'armée élut Annibal, fils du grand Amilcar, pour successeur à la dignité de stratège et pour gouverneur de l'Espagne carthaginoise; celui-ci, qui vivait en Espagne depuis l'âge de neuf ans, y avait commandé la cavalerie sous son beau-frère Asdrubal, et avait même épousé une Espagnole, citoyenne de Castulo; il connaissait donc mieux que personne les affaires de l'Espagne, et le titre de fils du grand Amilcar et ses propres exploits lui avaient assuré l'affection de l'armée. Le sénat de Carthage, au sein duquel dominait la faction barcine, et le peuple donnèrent leur assentiment au choix de l'armée, quelque contraire qu'une semblable élection fût en elle-même aux lois de la république; et Annibal, alors âgé de vingt-six ans, se trouva en conséquence à la tête d'une armée considérable, vit en son pouvoir les trésors de l'Espagne, et chercha à s'ouvrir une carrière convenable à son ambition. Il passa les trois premières années de son commandement en partie à des expéditions militaires contre les peuplades espagnoles de l'intérieur du pays, les Olcades, les Vaccéens et les Carpétans; en partie il attaqua Sagonte, colonie grecque de Zacynthe, qui, à la faveur d'un beau pays (elle était située dans le voisinage de la ville actuelle de Valence) et la force et la vertu de ses habitants, s'était rapidement élevée à une puissance et à une prospérité extraordinaires. Ce furent probablement l'amour du pillage et la marche de ses entreprises plutôt que le désir d'avoir un motif de guerre avec Rome, qui déterminèrent An-

nibal à une attaque contre Sagonte, et il l'entreprit vraisemblement l'an 219 avant J.-C., parce que les Romains étaient alors occupés d'une guerre avec les Illyriens, qui parut si dangereuse qu'on envoya les deux consuls pour la conduire. Les Sagontins, serrés de près (quand même ils n'auraient pas été nommés expressément dans le traité conclu avec Asdrubal, ils auraient dû tout au moins être à l'abri d'une attaque de la part des Carthaginois, en vertu des clauses de traités plus anciens, par lesquels les Romains et les Carthaginois garantissaient le territoire de leurs alliés), s'adressèrent aux Romains comme à leurs protecteurs, et implorèrent leur secours; mais les Romains se contentèrent d'envoyer des ambassadeurs à Annibal, et, comme celui-ci ne les écouta pas, à Carthage, où ils furent également éconduits. Pendant ce temps, Sagonte subit sa triste destinée. Mais les Romains qui, par bonheur extraordinaire, avaient terminé en peu de mois la guerre d'Illyrie, déclarèrent alors la guerre aux Carthaginois, et se préparèrent à la soutenir avec une égale énergie sur terre et sur mer. Le consul Sempronius reçut une flotte de 160 vaisseaux de guerre et une armée de 26,000 hommes pour passer avec ces forces en Sicile et de là en Afrique. L'autre consul, P. Cornélius Scipion, devait se rendre en Espagne avec 60 vaisseaux et 25,000 hommes pour y attaquer les Carthaginois au centre de leur puissance; une troisième armée de 20,000 hommes devait protéger l'Italie supérieure contre les Gaulois et les Liguriens toujours remuants. Mais, avant que Sempronius eût pu arriver en Afrique et Scipion en Espagne, Annibal, à la grande surprise des Carthaginois aussi bien que des Romains, était déjà parti de Carthage-la-Neuve avec une puissante armée de 100,000 hommes; il avait passé l'Ebre, battu et frappé de terreur les vaillants habitants de la Catalogne; puis, à travers la Gaule, il était arrivé jusqu'au Rhône. Là, pour la première fois, il rencontra de la résistance : le consul Scipion qui dans sa marche vers l'Espagne avait appris à Massilie qu'Annibal traversait la Gaule, et qui s'arrêta dans cette ville, lui rendit, par tous les moyens, le passage du Rhône difficile, en soulevant les habitants de la rive gauche du fleuve, et qui prit part lui-même au combat avec une partie de son armée. Mais Annibal remonta le Rhône, passa soudain le fleuve, et mit les Gaulois en fuite; puis il se dirigea vers le nord jusqu'à l'Isère et au pays des Allobroges, et, après de nombreux combats avec les habitants, il suivit la route de Chambéry, franchit le petit Saint-Bernard (1) dans la seconde moitié du mois d'octobre de l'an 218, et entra ainsi par les Alpes en Italie, où il arriva dans le pays des Insubriens : il ne lui restait plus que 26,000 hommes. Le consul Scipion l'attendait sur les bords du Tésin; il avait envoyé son frère et lieutenant Cn. Scipion de Massilie en Espagne avec la plus grande partie de son armée, et, avec les légions de la haute Italie, qui du reste avaient été très-affaiblies et découragées par un soulèvement des Gaulois, il tint tête à Annibal. Dans le voisinage de Victumviæ s'engagea une bataille où Annibal battit la cavalerie romaine, et, le consul ayant été lui-même blessé, les Romains se virent forcés d'évacuer toute la Gaule transpadane et de se retirer au delà du Pô vers Plaisance. Annibal, auquel s'était réunie une grande partie des Gaulois, les poursuivit : Scipion abandonna aussi Plaisance, et prit une forte position sur la Trébie pour attendre le consul Sempronius qui s'avançait pour le soutenir. Sempronius avait ouvert la guerre en Sicile par un heureux combat naval près de Lilybée, par la conquête de Malte et par une descente sur la côte d'Afrique; mais, à la nouvelle de la marche d'Annibal sur l'Italie, il avait quitté l'Afrique pour revenir en Italie, où il débarqua avec son armée à Ariminum, et opéra en toute hâte sa jonction avec Scipion. Au milieu de l'hiver, Annibal livra aux consuls, sur la Trébie, une bataille où ils subirent une défaite terrible, et furent contraints d'évacuer toute la haute Italie, à l'exception de quelques places fortes qui se défendirent

---

(1) L'assertion de Zonaras (viii, 19, B) que, durant la guerre de Ligurie, les Carthaginois avaient voulu marcher directement sur Rome, est trop isolée et mérite trop peu de confiance, puisqu'elle n'est appuyée par aucun autre garant, pour que l'on puisse lui reconnaître quelque poids. D'ailleurs, dans ce passage Καρχηδόνιοι ne paraît être chez Zonaras qu'une faute de copie pour Γαλάται. Du reste, les meilleurs manuscrits de Zonaras donnent aussi Καρχηδόνιοι.

---

(1) On n'est pas d'accord sur la route que choisit Annibal pour traverser les Alpes. On le fait passer par le grand Saint-Bernard, par le petit Saint-Bernard (ce que nous admettons dans le texte, basé sur de bonnes autorités), par le mont Cenis, par le mont Genèvre, enfin par le mont Viso. Un savant critique, M. le marquis de Fortia, a voulu démontrer jusqu'à l'évidence, d'après les textes de Polybe et de Tite Live, que ce fut par le mont Genèvre. C'est aussi l'opinion de M. Letronne. Des érudits, pour flatter Napoléon, ont soutenu que ce fut le Saint-Bernard que franchit Annibal; mais, pour soutenir ce système, il faudrait admettre qu'Annibal prit l'Isère pour le Rhône, et le Rhône pour la Saône. La foule de ces interminables discussions vient de ce que, du temps même de Tite Live, les naturels du pays confondaient avec le passage d'Annibal celui d'Asdrubal, son frère, qui bien certainement franchit le Saint-Bernard. *Adhuc sub judice lis est.*

encore : ils se retirèrent jusqu'au delà de l'Apennin. Annibal vit bientôt qu'il lui serait impossible d'entraîner dans une guerre générale les Gaulois, qui, s'ils haïssaient les Romains, n'aimaient pas davantage les Carthaginois; il résolut donc, malgré l'hiver, de passer en toute hâte les Apennins pour porter la guerre plus au centre de l'Italie, où demeuraient des peuples qui, obéissant encore avec répugnance aux Romains, n'attendaient qu'un signal pour se révolter ; mais il échoua dans la première tentative qu'il fit pour pénétrer plus avant; car Sempronius lui fit essuyer dans les Apennins un échec considérable, qui le força d'ajourner la suite de son entreprise. Toutefois, lorsque les consuls de l'année suivante furent entrés en fonctions, Annibal, qui jusqu'alors ne s'était gardé qu'avec peine de la trahison et des embûches des Gaulois, partit des bords du Pô (l'an 217 avant J.-C.), marcha à travers les marais, avec de grandes pertes, dans l'Étrurie, tourna le consul Flaminius qui était posté près d'Arretium, et suivit la route de Rome. Comme Flaminius le suivit imprudemment, Annibal l'accula au lac Trasimène , et l'anéantit avec presque toute son armée. Rome semblait perdue; car l'autre consul, Servilius, se tenait encore près d'Ariminum sans pouvoir voler au secours de la ville, et de plus une troupe de cavalerie qu'il avait détachée sous les ordres de Centenius avait été massacrée par les Carthaginois vainqueurs. Mais Annibal, au lieu de marcher droit sur Rome, attaqua inutilement Spolète et se rejeta sur la côte de la mer Adriatique, où il appela aux armes contre Rome les peuples qui habitaient ces parages. De leur côté, les Romains avaient élu un prodictateur, Q. Fabius Maximus, qui par une sage lenteur brisa l'impétuosité d'Annibal, le suivit sans cesse dans tous ses mouvements sans jamais se laisser forcer par lui à une bataille, lui fit tout le mal possible, et maintint de cette manière, parmi les alliés , le respect des armes romaines. Une fois même il cerna si étroitement Annibal près de Casilinum , qu'il eût été perdu s'il ne s'était sauvé par un stratagème. La seconde année de la guerre se passa ainsi sans qu'Annibal eût atteint son but, la défection des alliés de Rome, et si Annibal battit près de Geronium Minucius, maître de la cavalerie de Fabius, qui avait engagé une action contre la volonté du dictateur, celui-ci répara bientôt cette perte. Mais les consuls de l'année suivante (216 avant J.-C.), Æmilius Paullus et Terentius Varron, s'étant mis à la tête de l'armée, et se voyant forcés de se conformer à la volonté du peuple romain qui demandait une prompte décision, Annibal réussit à les forcer à livrer bataille près de Cannes; la supériorité de la cavalerie carthaginoise lui assura surtout la victoire; les Romains furent si complétement battus, que l'un des consuls, Æmilius Paullus, et la fleur des citoyens et des alliés furent tués. On porte le nombre des morts de 40,000 à 70,000. Quelques faibles débris dispersés de l'armée se sauvèrent seuls avec l'autre consul, Terentius, à Vérone. Après cette victoire, plus décisive qu'Annibal n'avait jamais pu l'espérer, celui-ci ne marcha pourtant pas sur Rome (1); car il ne se faisait pas illusion sur les forces dont les Romains disposaient; mais il recueillit les fruits de sa victoire en ce que maintenant il organisa formellement la révolte des alliés italiens de Rome. Les Campaniens se révoltèrent les premiers, puis les Apuliens, les Hirpins, presque toutes les peuplades samnites, les Lucaniens et les Brutiens, et presque toutes les villes grecques de l'Italie méridionale. Les Gaulois de la haute Italie continuèrent aussi à rester en armes contre les Romains. Les Latins seuls et un petit nombre de villes de l'Italie centrale et inférieure restèrent fidèles, grâce surtout à la vigilance et à l'infatigable activité du préteur Marcellus, qui obtint même près de Nola quelques avantages sur Annibal; et lorsque, vers la fin de l'année, Annibal alla prendre ses quartiers d'hiver à Capoue, il put espérer avec confiance, dans la campagne suivante, lorsque les forces de toute l'Italie seraient armées contre les Romains, il viendrait à bout de renverser la domination de Rome sur l'Italie, et de détruire peut-être Rome elle-même. Et si l'on réfléchit (autant qu'il est permis de s'en rapporter à Tite Live), qu'Annibal tira successivement plus de 200,000 hommes de l'Italie, on reconnaîtra que Rome eût dû succomber infailliblement si le calcul d'Annibal avait été juste, et si la force et la puissance politique de Rome n'avaient été fondées, comme celles de Carthage, que sur ses ressources extérieures et sur ses sujets, et non sur les vertus de ses citoyens. — Tandis qu'Annibal s'abandonnait à ces chimériques espérances, les Carthaginois essuyèrent en Espagne des pertes considérables que ne balancèrent point leur constante fortune en Italie et les brillants succès qu'ils obtinrent dans ce dernier pays. Lorsque Annibal quitta l'Espagne contre la volonté du sénat de Carthage pour attaquer les Romains en Italie (c'est ce que dit de la manière la plus formelle Dion Cassius, *Fragm. Peiresc.*, 47, 4, et si les Carthaginois approuvèrent le renouvellement de la guerre avec Rome, ils n'approuvèrent pas du moins qu'Annibal retirât les principales forces de la république de l'Espagne, le centre de leurs ressources), il avait, pour ne pas laisser l'Espagne sans défense, confié le garde de la province carthaginoise à son frère Asdrubal, avec une armée de 15,000 hommes ; de même il avait laissé Hannon avec 11,000 hommes entre l'Èbre et les Pyrénées , pour maintenir dans l'obéissance ce pays qu'il avait conquis en passant. Il est fort vraisemblable qu'Annibal ne pensait pas que les Romains, attaqués au sein même de l'Italie, enverraient une armée en Espagne. Toutefois le consul romain Scipion , qui savait bien que le sort de la guerre dépendrait de la possession de l'Espagne, ne s'était pas laissé épouvanter par le danger que courait l'Italie; au lieu de se rendre aux ordres du sénat, il avait envoyé son armée de Massilie en Espagne, sous le commandement de son frère, Cn. Scipion, dont la bravoure égalait l'adresse et les talents. Cn. Scipion débarqua à Emporium, et , quoique l'automne fût avancé, il commença la guerre avec l'appui des peuplades espagnoles, impatientes de secouer le joug carthaginois qui leur avait été tout récemment imposé. Hannon fut battu près de Scissis , son armée anéantie, lui-même fait prisonnier, son camp enlevé avec un immense butin; Asdrubal de son côté, qui accourut à son secours avec sa flotte, et qui avait obtenu quelques avantages près de Tarracone , fut repoussé au delà de l'Èbre, et Scipion prit ses quartiers d'hiver à Tarracone. Selon Tite Live (XXI, 60), Scipion, vainqueur en de grandes batailles des Ilergètes et des Ausétaniens confédérés avec les Carthaginois, soumit ces peuples ; mais le silence de Polybe au sujet de ces entreprises, pour lesquelles d'ailleurs le temps manquait , nous autorise à ne pas attacher une grande valeur à cette assertion de l'historien romain. L'année suivante (217 avant J.-C.), Asdrubal ouvrit la campagne par une attaque avec sa flotte. Scipion la détruisit à l'embouchure de l'Èbre, et depuis ce moment les Romains dominèrent aussi par mer sur les côtes d'Espagne ; ils se montrèrent devant Carthage-la-Neuve, et soumirent les Baléares et l'île d'Ebusus. Sur terre les Romains jouèrent aussi le rôle de maîtres; ils s'avancèrent jusqu'aux frontières de la province carthaginoise, battirent les princes Mandonius et Indibilis ligués avec les Carthaginois, et les Celtibériens, alliés des Romains, firent essuyer plusieurs défaites à Asdrubal. Alors beaucoup de peuplades espagnoles firent alliance avec les Romains, et, lorsque ceux-ci prirent Sagonte par trahison et rendirent aux populations leurs otages gardés dans cette ville, leur parti devint encore plus considérable en Espagne : d'autre part, P. Scipion étant arrivé peu de temps auparavant en Espagne avec une flotte et de nouvelles troupes, la prépondérance des Romains fut décidée. Alors les généraux romains, dont l'armée était faible, et qui n'avaient point d'argent pour payer des mercenaires espagnols, purent occuper Asdrubal au moyen des Espagnols soulevés; et lorsqu'au commencement de l'année suivante Asdrubal, qui avait reçu des secours de Carthage, parvint à battre plusieurs de ces peuplades, notamment les Carpetans, et que, soutenu bientôt après par une nouvelle armée sous les ordres d'Imilcon, il put se risquer à reprendre l'offensive contre les Romains, les Romains le battirent si bien auprès d'Ibera, que toute son armée fut anéantie ou dispersée et son camp pris; et Asdrubal n'échappa qu'avec peine à la captivité avec un petit nombre de compagnons. Sans doute les Romains aussi furent affaiblis par cette victoire, au point qu'à cause des faibles secours qu'ils recevaient de Rome ils purent à peine en tirer parti; mais il sembla pourtant qu'il ne dépendait que des Romains de se rendre maîtres, par une seule attaque, de l'Espagne carthaginoise, et précisément au moment où la bataille de Cannes mettait Rome au bord de sa ruine, la prépondérance des Carthaginois en Espagne paraissait perdue. — D'ailleurs les espérances d'Annibal lui-même, lorsqu'en l'année 215 avant J.-C. il quitta ses quartiers d'hiver de Capoue, ne s'accomplirent nullement. Les secours qu'il avait demandés à Carthage ne lui arrivèrent que fort imparfaitement ; sa propre armée était démoralisée, et, bien que partout les Italiens se tinssent pour lui sous les armes, les Romains avaient fait sur terre et sur mer des armements si prodigieux, qu'ils se voyaient en état de faire la guerre avec des

---

(1) L'opinion générale, conforme à celle de Tite Live, est qu'Annibal fit une faute énorme de ne pas marcher d'abord à Rome après la victoire de Cannes. Montesquieu a entrepris de le justifier par des raisons que beaucoup de critiques regardent comme peu décisives; et M. Poirson, dans son *Histoire romaine* (t. i, p. 392 et suiv.), a soutenu l'opinion de ce grand écrivain.

armées beaucoup plus nombreuses que jamais. Il s'éleva contre Rome un nouvel ennemi, Philippe de Macédoine, qui envoya des ambassadeurs à Annibal, et lui proposa une alliance; elle fut conclue; Philippe s'engageait à soutenir Annibal en Italie avec une flotte; Annibal, de son côté, lui assurait en retour la possession de la Grèce septentrionale. Mais cette alliance fut révélée aux Romains par la capture des ambassadeurs carthaginois, assez à temps pour qu'ils pussent prendre leurs mesures. La guerre n'aboutit donc à rien de décisif en Italie; Annibal même eut en général le dessous. Une entreprise que les Carthaginois firent sur la Sardaigne, sous le commandement d'Asdrubal le Chauve, échoua également; car Manlius Torquatus les battit près de Coralis, de sorte que la Sardaigne fut de nouveau soumise; et en Espagne, où le manque d'appui de la part de Rome (car des particuliers romains fournissaient à tous les besoins de l'armée d'Espagne) empêchait seul les Scipions d'agir d'une manière plus décisive encore, deux grandes victoires furent remportées à Illiturgi et à Intibili; dès lors par conséquent dans la province carthaginoise, qui était en pleine révolte contre les Carthaginois, et que les Romains soutenaient. Cette même année, il est vrai, il s'ouvrit pour les Carthaginois une chance très-importante de reprendre la Sicile; elle était si séduisante qu'il leur était impossible de ne pas la saisir. Le vieux roi Hiéron, qui pendant quarante-neuf ans (depuis 264 avant J.-C.) avait été le plus fidèle ami des Romains, était mort, et avait transmis sa souveraineté à son petit-fils Hiéronyme, jeune homme irréfléchi et passionné, qui fut surtout entraîné dans le parti carthaginois par deux de ses tuteurs, Andranodore et Zoïppe. Annibal profita aussitôt de l'occasion qui lui était offerte pour faire alliance avec Hiéronyme, qui repoussa avec mépris toute les exhortations que lui firent les Romains de rester fidèle à leur cause : Annibal envoya en conséquence à Syracuse deux hommes adroits, Hippocrate et Epicyde, pour y défendre avec toute la force nécessaire les intérêts de Carthage. Une conjuration, il est vrai, mit de côté Hiéronyme et toute la famille d'Hiéron, et la république fut rétablie; mais, dans ce nouvel ordre de choses, Hippocrate et Epicyde ne tardèrent pas à arriver à la tête des affaires; et, comme ils furent vigoureusement soutenus par Carthage, ils avaient de grandes espérances de chasser tout à fait les Romains de la Sicile. Mais ces événements engagèrent les Romains, l'an 214, à envoyer en Sicile le consul Marcellus, qui ne put y arriver que dans l'arrière-saison. Les Syracusains furent saisis de crainte, et cherchèrent à maintenir la paix. Toutefois, Hippocrate et Epicyde ayant commencé les hostilités contre les Romains, et Marcellus ayant pris Léontium d'assaut, les Syracusains furent aussitôt entraînés dans la guerre, et Marcellus commença dès cet hiver le blocus de Syracuse : cette ville fut assiégée durant toute l'année suivante (213 avant J.-C.) jusqu'au milieu de l'été 212 ; enfin elle tomba au pouvoir des Romains, malgré la défense la plus courageuse. Carthage n'était pas non plus restée inactive; elle avait envoyé Imilcon avec une nombreuse armée au secours des Syracusains; Hippocrate, qui était à la tête d'une armée sicilienne, se joignit à ce général, de sorte que tous deux firent la guerre sur les derrières de l'armée romaine, tandis que la flotte carthaginoise pourvoyait Syracuse de toutes les munitions nécessaires. Ce ne fut qu'après que Marcellus eut battu Hippocrate près d'Acrillæ et que l'armée d'Imilcon eut été en majeure partie enlevée par la peste, que Marcellus réussit, en partie par la trahison, en partie par une habile exploitation de la discorde qui régnait dans la ville, à en prendre un quartier après l'autre. Syracuse dut expier durement sa défection ; puis tout le reste de la Sicile fut successivement conquis dans les deux années suivantes. Epicyde se maintint encore dans Agrigente, et Hannon avec une armée carthaginoise, et le vaillant Mutines, élève d'Annibal et général de la cavalerie, résistèrent encore à Marcellus. Mais après une bataille sur l'Himera les derniers restes des Carthaginois furent détruits, et désormais la Sicile fut tout à fait réduite en province romaine. — Pendant ce temps les Carthaginois ne faisaient pas la guerre avec beaucoup plus de bonheur en Italie et en Espagne. En Italie, Annibal réussit, après avoir attendu longtemps, il est vrai, à se mettre en possession de Tarente par la trahison d'un citoyen ; il devait attacher une grande importance à cette ville, à cause de l'excellence de son port. Mais comme les Romains se maintinrent dans la citadelle, et que celle-ci dominait le port et en défendait l'entrée, Annibal ne tira pas d'avantage marqué de sa conquête. En même temps toutes les espérances qu'il fondait sur l'appui de Philippe de Macédoine avaient été déjouées. Au moment où, conformément au traité, ce prince se disposait à se montrer sur les

côtes d'Italie avec une flotte, il fut surpris près d'Apollonia par le préteur romain Valérius, tellement à l'improviste, qu'il abandonna son camp, s'enfuit dans son royaume, et perdit toute envie de faire la guerre aux Romains. Et bien que dans quelques rencontres Annibal remportât des avantages assez marqués sur les Romains, il fut battu, d'abord à Bénévent, puis à Nola, et, ce qui fut le plus important, il ne tarda pas à s'aliéner de nouveau les Italiens par sa cruauté et sa cupidité, de sorte que ces peuples, ne voyant pas réussir assez vite son entreprise, le servirent toujours plus mollement , et songèrent de jour en jour avec plus d'inquiétude à obtenir des Romains une paix équitable. Ce qui lui nuisit le plus , ce fut le sacrifice de Capoue, qui fut longtemps assiégée par les Romains, emportée enfin et soumise au châtiment le plus terrible. Annibal aurait pu sauver Capoue; mais, dans la position où il se trouvait alors, il ne crut point devoir risquer tout en une seule bataille, et même sa marche sur Rome n'eut pas seulement pour résultat de ne pas dégager Capoue, mais encore il perdit par là toute considération aux yeux des Italiens , et il se convainquit lui-même que Rome était imprenable. Annibal dut se retirer dans l'Italie inférieure, où il combattit sans rien décider, du moins sans bonheur, plusieurs fois contre Marcellus et en 209 avant J.-C. Tarente fut perdue pour lui; si l'année suivante (208 avant J.-C.), il fut assez heureux pour voir tomber victime d'une perfidie son vaillant adversaire Marcellus, cet événement ne rétablit pas sa fortune ; l'année suivante il trouva un adversaire non moins brave en Claudius Nero, qui le battit à Grumentum, de sorte qu'il lui fut impossible de se porter au-devant de son frère Asdrubal, qui lui amenait des secours d'Espagne. Ce dernier fut massacré avec toute son armée sur les bords du Métaure par les consuls Livius et Nero, et, en revenant sur ses pas, Nero fit jeter devant la porte du camp d'Annibal la tête déjà pourrie de son frère : Annibal reconnut alors son destin et celui de Carthage. Il lui fallut abandonner tout le reste de l'Italie, et se retirer dans l'angle méridional de la péninsule, dans le pays des Bruttiens, où il fit des retranchements d'une mer à l'autre, comme dans une forteresse : il dut se contenter de s'y tenir, jusqu'au moment où il en fut rappelé pour sauver sa patrie menacée par les Romains. Si, après la perte de l'Italie , il était revenu en fugitif à Carthage, il n'aurait certainement pas échappé au supplice de la croix, par lequel tant de généraux carthaginois, avec bien moins de responsabilité et de fautes, avaient déjà expié leurs revers. — Pendant ce temps, et après diverses vicissitudes le sort de la guerre s'était décidé en Espagne. L'an 214 avant J.-C. Asdrubal, renforcé par des secours considérables envoyés de Carthage, avait d'abord battu les Espagnols révoltés et resserré les Romains eux-mêmes ; mais bientôt après, lorsque les généraux agirent avec toutes leurs forces, ils avaient gagné une série de batailles sur Asdrubal, sur son frère Magon et sur Asdrubal, fils de Giscon, à Illiturgi, à Bigerra, à Munda et à Aurinx ; ils avaient repris et rétabli Sagonte et entraîné même dans leur alliance Castulo, une des villes les plus importantes du territoire carthaginois ; de sorte qu'il est difficile de comprendre comment les généraux carthaginois, étaient encore en état de résister aux Romains après tant de défaites ; la faiblesse des généraux romains, qui ne poursuivit réparer les pertes qu'ils faisaient dans les batailles, explique seule ce phénomène. En conséquence les armées furent, l'année suivante, dans un repos complet en Espagne ; car les Carthaginois se virent forcés d'appeler Asdrubal en Afrique, pour y faire la guerre à Syphax, roi de Numidie. Ce Syphax, qui régnait sur une grande partie de la Numidie limitrophe du territoire carthaginois, était aigri contre les Carthaginois, parce qu'Asdrubal Giscon avait marié sa fille Sophonisbe à Masinissa, fils de Gala, chef des Massyliens, autre tribu numide. Poussé et soutenu par les Scipions, Syphax prit les armes et mit Carthage dans un grand embarras. Toutefois, les Carthaginois déterminèrent Masinissa à prendre part à la guerre, et, attaqué des deux côtés, Syphax ne put pas faire une longue résistance. Vaincu dans plusieurs batailles, il fut réduit à demander la paix, qui lui fut accordée, et Masinissa accompagna Asdrubal en Espagne, pour y soutenir l'armée carthaginoise avec un corps de cavaliers numides. La faiblesse des Scipions les força de se tenir tranquilles toute cette année et de se borner à susciter aux Carthaginois de nouveaux ennemis en Espagne, et à se fortifier eux-mêmes par des alliances avec les Celtibériens. La guerre éclata de nouveau l'an 211 avant J.-C. Les Scipions, soutenus par des bandes nombreuses d'Espagnols, divisèrent leurs forces et voulurent terminer la guerre d'un seul coup. Mais Cn. Scipion fut abandonné et trahi par les Celtibériens. P. Scipion fut cerné par Asdrubal Giscon, Magon, Masinissa et l'Espagnol Indibilis, et massacré avec presque toute son armée : alors les généraux victorieux se tournèrent contre Cn. Scipion, qu'ils enveloppèrent et anéantirent aussi par leurs forces, de beaucoup supérieures. Une petite partie seulement des Romains échappa à ces deux défaites et se sauva dans le camp romain, placé sous le commandement du lieutenant Fontéius. Ces faibles débris de l'armée romaine, conduits par un audacieux chevalier romain, par Marcius Septimius, qui s'était mis à leur tête, obtinrent encore, il est vrai, quelques avantages sur les Carthaginois; mais ces avantages se bornèrent à ce que cette troupe revint heureusement jusqu'à l'Èbre, où désormais on ne l'attaqua plus. Les généraux carthaginois victorieux, les deux Asdrubal et Magon, s'attachèrent immédiatement après à faire rentrer sous le joug de leur république la province qui avait fait défection; mais en partie par la dureté avec laquelle ils agirent, en partie par la discorde qui s'éleva entre eux, ils gâtèrent bientôt encore une fois leur cause, et lorsque le préteur Claudius Nero se montra en Espagne avec des troupes fraîches, et qu'il eut été rejoint par les débris de l'armée romaine restés sous le commandement de Marcius, il put, dès l'année suivante (210 avant J.–C.) risquer une nouvelle attaque sur Asdrubal dans la province carthaginoise; et il l'aurait même cerné dans les montagnes couvertes de bois et forcé à se rendre avec toute son armée, si Asdrubal ne s'était sauvé par un artifice. — Mais alors le jeune P. Cornelius Scipion, fils de P. Scipion, quoiqu'il n'eût pas encore été revêtu de la préture, fut chargé de diriger la guerre d'Espagne en qualité de proconsul, et aussitôt les choses changèrent. Après avoir fait à Tarracone, pendant l'hiver, tous les préparatifs pour la campagne prochaine, il partit à marches forcées, surprit et conquit Carthage-la-Neuve, où il fit un immense butin; puis, en leur rendant les otages gardés dans cette ville par les Carthaginois, il gagna les peuplades espagnols, qui envoyèrent des troupes nombreuses à l'armée romaine. Scipion se porta ensuite avec toutes ses forces au-devant d'Asdrubal, qui se tenait dans une forte position à Baculæ, sur le Bétis, non loin de Castulo. Scipion le fit attaquer malgré les difficultés du terrain, pour le vaincre avant que les autres armées, commandées par Magon et par Asdrubal Giscon, ne pussent arriver, et il le battit complètement. Asdrubal, avec le reste de ses troupes, avec le trésor de son armée et ses éléphants, s'enfuit vers le Tage, et, fatigué de la guerre d'Espagne, il conçut le plan de lever une nouvelle armée sur les derrières des Romains, tandis que les deux autres généraux occupaient Scipion, et de se diriger sur l'Italie avec cette armée, pour appuyer son frère Annibal. Il exécuta ce plan, sans que Scipion pût s'en douter ; mais il ne put se mettre en route pour l'Italie que l'année suivante, en traversant vraisemblablement les Pyrénées du côté de la mer de Biscaye, tandis qu'Asdrubal Giscon et Magon luttaient avec Scipion pour la possession de la province carthaginoise. Le propréteur romain Silanus remporta une victoire mémorable sur Magon, dont il détruisit toute l'armée; quant à Scipion, il ne put en finir avec Asdrubal, qui lui échappait toujours dans les montagnes, et il ne gagna que l'occupation de l'opulente ville d'Oringis, considérable par ses mines. Les événements de l'année 207 avant J.-C. furent d'autant plus importants. Pendant qu'Asdrubal, frère d'Annibal, descendait les Alpes avec une armée de 60,000 hommes et conquérait toute la haute Italie; tandis qu'il succombait ensuite sur les bords du Métaure, Asdrubal Giscon et Magon réunirent leurs forces que, durant l'hiver, ils avaient prodigieusement accrues, dans le but de faire une dernière et décisive tentative pour sauver la domination carthaginoise en Espagne. Scipion se porta au-devant, quoique leurs forces fussent le double des siennes; les armées se trouvèrent encore une fois en présence près de Baculæ. Les Carthaginois essuyèrent une défaite complète, qui devint plus importante encore parce qu'elle entraîna la défection de tous les Espagnols, et ils se virent forcés de battre en retraite. Scipion leur coupa le Bétis et la route de Gadès, les repoussa vers la mer, les cerna, et les força par la famine à se rendre : Asdrubal et Magon échappèrent seuls. C'est ainsi que l'Espagne fut perdue pour les Carthaginois, et ce qui avait précédemment formé la province carthaginoise devint alors une province des Romains, qui, par suite de la victoire, succédèrent ici aux droits des Carthaginois. Une guerre si longue avait déjà brisé l'énergie des nations qui habitaient dans ces contrées ; le châtiment et la destruction d'Illiturgi, de Castulo et d'Astapa (l'an 206 avant J.-C.) achevèrent leur soumission, et Magon, qui se maintint quelque temps encore à Gadès, d'où il soulevait les Espagnols contre les Romains, ayant été rappelé, pour se rendre en Ligurie et allumer dans ce pays une nouvelle guerre contre les Romains, Gadès se soumit également aux Romains, sous la domination desquels cette partie de l'Espagne jouit, à partir de ce moment,

de la paix et de la tranquillité. — Dans ces circonstances, l'Espagne étant conquise et Annibal réduit à l'impuissance en Italie, il sembla nécessaire de transplanter la guerre en Afrique même, pour attaquer Carthage du côté où elle était le plus vulnérable. Sans aucun doute, Scipion avait le projet de passer déjà d'Espagne en Afrique, et de porter la guerre sous les murs de Carthage, de concert avec les Numides; dans ce but il était même convenu de faire en Afrique une visite à Syphax. Mais une longue maladie de Scipion, la mutinerie de ses légions, excitée vraisemblablement par Magon, plusieurs tentatives de révolte faites par les Espagnols, et d'autres causes l'empêchèrent d'accomplir ce dessein ; et comme on le soupçonnait à Rome de viser à un pouvoir monarchique, de vouloir se faire tyran, il fut rappelé d'Espagne. Scipion avait à Rome beaucoup d'adversaires ; mais ils ne purent l'empêcher d'être nommé consul l'an 205, de recevoir le commandement suprême en Sicile, et la permission de passer en Afrique; pourtant ils furent cause en même temps qu'on ne lui donna ni une armée ni une flotte convenables à une telle guerre, d'où dépendait l'existence de Carthage. Mais Scipion, déployant la supériorité de ses talents, fit un appel aux volontaires, reçut des alliés des vaisseaux avec lesquels il passa en Sicile; il passa dans ce pays le reste de l'année, prenant toutes les mesures nécessaires pour l'expédition d'Afrique. —«Au départ de la flotte de Scipion (1) pour l'Afrique, le rivage de la Sicile était bordé d'un peuple immense et d'une foule de soldats : 400 vaisseaux de charge et 50 trirèmes couvraient la rade de Lilybée. On distinguait à ses trois fanaux la galère de Lélius, amiral de la flotte. Les autres vaisseaux, selon leur grandeur, portaient une ou deux lumières. Les yeux du monde étaient attachés sur cette expédition qui devait arracher Annibal de l'Italie, et décider enfin du sort de Rome et de Carthage. La cinquième et la sixième légion, qui s'étaient trouvées à la bataille de Cannes, brûlaient du désir de ravager les foyers du vainqueur. Le général surtout attirait les regards : sa piété envers les dieux, ses exploits en Espagne, où il avait vengé la mort de son oncle et de son père, le projet de rejeter la guerre en Afrique, projet que lui seul avait conçu contre l'opinion du grand Fabius; enfin cette faveur que les hommes accordent aux entreprises hardies, à la gloire, à la beauté, à la jeunesse, faisaient de Scipion l'objet de tous les vœux comme de toutes les espérances. — Le jour du départ ne tarda pas d'arriver. Au lever de l'aurore, Scipion parut sur la poupe de la galère de Lélius, à la vue de la flotte et de la multitude qui couvrait les hauteurs du rivage. Un héraut leva son sceptre, et fit faire silence : «Dieux et déesses de la terre, s'écria Scipion, et vous, divinités de la mer, accordez une heureuse issue à mon entreprise! que mes desseins tournent à ma gloire et à celle du peuple romain! que, pleins de butin, nous retournions un jour dans nos foyers, chargés des dépouilles de l'ennemi, et que Carthage éprouve les malheurs dont elle avait menacé ma patrie.» Cela dit, on égorge une victime; Scipion en jette les entrailles fumantes dans la mer : les voiles se déploient au son de la trompette; un vent favorable emporte la flotte entière loin des rivages de la Sicile. Le lendemain du départ, on découvrit la terre d'Afrique et le promontoire de Mercure : il nuit survint, et la flotte fut obligée de jeter l'ancre. Au retour du soleil, Scipion, apercevant la côte, demanda le nom du promontoire le plus voisin des vaisseaux. « C'est le cap Beau, » répondit le pilote. A ce nom d'heureux augure, le général, saluant la fortune de Rome, ordonna de tourner la proue de sa galère vers l'endroit désigné par les dieux. Le débarquement s'accomplit sans obstacles ; la consternation se répandit dans les villes et dans les campagnes ; les chemins étaient couverts d'hommes, de femmes et d'enfants qui fuyaient avec leurs troupeaux : on eût cru voir une de ces grandes migrations des peuples, quand les nations entières, par la colère ou par la volonté du ciel, abandonnent les tombeaux de leurs aïeux. L'épouvante saisit Carthage : on crie aux armes, on ferme les portes; on place des soldats sur les murs, comme si les Romains étaient déjà prêts à donner l'assaut(2). Cependant Scipion avait envoyé sa flotte vers Utique; il marchait lui-même par terre à cette ville dans le dessein de l'assiéger : Masinissa vint le rejoindre avec 2,000 chevaux. — Ce roi numide, d'abord allié

(1) Scipion avait le titre de proconsul lorsqu'il entreprit cette mémorable expédition.
(2) Ce qui est inconcevable, c'est que Carthage n'avait alors point de flotte pour empêcher la descente des Romains; et pourtant elle devait s'attendre, depuis un an au moins, à l'arrivée de Scipion. Ces événements se rapportent à l'an 204 avant J.-C.

des Carthaginois, avait fait la guerre aux Romains en Espagne ; par une suite d'aventures extraordinaires, ayant perdu et recouvré plusieurs fois son royaume, il se trouvait fugitif quand Scipion débarqua en Afrique. Syphax, prince des Gétules, qui avait épousé Sophonisbe, fille d'Asdrubal, venait de s'emparer des États de Masinissa. Celui-ci se jeta dans les bras de Scipion, et les Romains lui durent en partie le succès de leurs armes. — Après quelques combats heureux, Scipion mit le siége devant Utique (1). Les Carthaginois, commandés par Asdrubal et par Syphax, formèrent deux camps séparés à la vue du camp romain. Scipion parvint à mettre le feu à ces deux camps, dont les tentes étaient faites de nattes et de roseaux, à la manière des Numides. 40,000 hommes périrent ainsi dans une seule nuit. Le vainqueur, qui prit dans cette circonstance une quantité prodigieuse d'armes, les fit brûler en l'honneur de Vulcain. — Les Carthaginois ne se découragèrent point : ils ordonnèrent de grandes levées. Syphax, touché des larmes de Sophonisbe, demeura fidèle aux vaincus, et s'exposa de nouveau pour la patrie d'une femme qu'il aimait avec passion. Toujours favorisé du ciel, Scipion battit les armées ennemies, prit les villes de leur dépendance, s'empara de Tunis, et menaça Carthage d'une entière destruction. Entraîné par son fatal amour, Syphax osa reparaître devant les vainqueurs, avec un courage digne d'un meilleur sort. Abandonné des siens sur le champ de bataille, il se précipite seul dans les escadrons romains : il espérait que ses soldats, honteux d'abandonner leur roi, tourneraient la tête et viendraient mourir avec lui ; mais ces lâches continuèrent à fuir ; et Syphax, dont le cheval fut tué d'un coup de pique, tomba vivant entre les mains de Masinissa. — C'était un grand sujet de joie pour ce dernier prince de tenir prisonnier celui qui lui avait ravi la couronne : quelque temps après, le sort des armes mit aussi au pouvoir de Masinissa Sophonisbe, femme de Syphax. Elle se jette aux pieds du vainqueur. « Je suis ta prisonnière : ainsi le veulent les dieux, » ton courage et la fortune ; mais par tes genoux que j'embrasse, » par cette main triomphante que tu me permets de toucher, je » t'en supplie, ô Masinissa, garde-moi pour ton esclave, sauve- » moi de l'horreur de devenir la proie d'un barbare. Hélas ! il » n'y a qu'un moment que j'étais, ainsi que toi-même, environné » de la majesté des rois ! Songe que tu ne peux renier ton sang, » que tu partages avec Syphax le nom numide. Mon époux sortit » de ce palais par la colère des dieux : puisses-tu y être entré sous » de plus heureux auspices ! Citoyenne de Carthage, fille d'As- » drubal, juge de ce que je dois attendre d'un Romain. Si je ne » puis rester dans les fers d'un prince né sur le sol de ma patrie, » si la mort peut seule me soustraire au joug de l'étranger, donne- » moi cette mort : je la compterai au nombre des bienfaits. » Masinissa qui touché des pleurs et du sort de Sophonisbe : elle était dans tout l'éclat de la jeunesse et d'une incomparable beauté. Ses supplications, dit Tite-Live, étaient moins des prières que des caresses. Masinissa vaincu lui promit tout ; et, non moins passionné que Syphax, il fit son épouse de sa prisonnière. — Syphax, chargé de fers, fut présenté à Scipion. Ce grand homme, qui naguère vit sur un trône celui qu'il contemplait à ses pieds, se sentit touché de compassion. Syphax avait été autrefois l'allié des Romains ; il rejeta la faute de sa défection sur Sophonisbe. « Les flambeaux de mon fatal hyménée, dit-il, ont » réduit mon palais en cendres ; mais une chose me console : la » furie qui a détruit ma maison est passée dans la couche de mon » ennemi ; elle réserve à Masinissa un sort pareil au mien. » Syphax cachait ainsi, sous l'apparence de la haine, la jalousie qui lui arrachait ces regrets ; car ce prince aimait encore Sophonisbe. Scipion n'était pas sans inquiétude ; il craignait que la fille d'Asdrubal ne prît sur Masinissa l'empire qu'elle avait eu sur Syphax. La passion de Masinissa paraissait déjà d'une violence extrême : il s'était hâté de célébrer ses noces avant d'avoir quitté les armes ; impatient de s'unir à Sophonisbe, il avait allumé les torches nuptiales devant les dieux domestiques de Syphax, devant ces dieux accoutumés à exaucer les vœux formés contre les Romains. Masinissa était revenu auprès de Scipion : celui-ci, en donnant des louanges au roi des Numides, lui fit quelques légers reproches de sa conduite envers Sophonisbe. Alors Masinissa rentra en lui-même, et, craignant de s'attirer la disgrâce des Romains, sacrifia son amour à son ambition. On l'entendit gémir au fond de sa tente, et se débattre contre ces

sentiments généreux que l'homme n'arrache point de son cœur sans violence. Il fit appeler l'officier chargé de garder le poison du roi : ce poison servait aux princes africains à se délivrer de la vie quand ils étaient tombés dans un malheur sans remède : ainsi, la couronne, qui n'était point chez eux à l'abri des révolutions de la fortune, était du moins à l'abri du mépris. Masinissa mêla le poison dans une coupe pour l'envoyer à Sophonisbe. Puis, s'adressant à l'officier chargé du triste message : « Dis à la reine » que si j'avais été le maître, jamais Masinissa n'eût été séparé de » Sophonisbe. Les dieux des Romains en ordonnent autrement. » Je lui tiens du moins une de mes promesses ; elles ne tombera » point vivante entre les mains de ses ennemis si elle se soumet à » sa fortune et citoyenne de Carthage, en fille d'Asdrubal et en » femme de Syphax et de Masinissa. » —L'officier entra chez Sophonisbe, et lui transmit l'ordre du roi. « Je reçois ce don nup- » tial avec joie, répondit-elle, puisqu'il est vrai qu'un mari n'a » pu faire à sa femme d'autre présent. Dis à ton maître qu'en per- » dant la vie j'aurais du moins conservé l'honneur, si je n'eusse » point épousé Masinissa la veille de ma mort. » Elle avala le poison (1). Ce fut dans ces conjonctures que les Carthaginois rappelèrent Annibal de l'Italie : il versa des larmes de rage, il accusa ses concitoyens, il s'en prit aux dieux ; il se reprocha de n'avoir pas marché à Rome après la bataille de Cannes. Jamais homme, en quittant son pays pour aller en exil, ne l'éprouva plus de douleur qu'Annibal en s'arrachant d'une terre étrangère pour rentrer dans sa patrie. — Il débarqua sur la côte d'Afrique avec les vieux soldats qui avaient traversé comme lui les Espagnes, les Gaules, l'Italie, qui montraient plus de faisceaux ravis à des préteurs, à des généraux, à des consuls, que tous les magistrats de Rome n'en faisaient porter devant eux. Annibal avait été trente-six ans absent de sa patrie : il en était sorti enfant ; il y revenait dans un âge avancé, ainsi qu'il le dit lui-même à Scipion. Quelles durent être les pensées de ce grand homme quand il revit Carthage, dont les murs et les habitants lui étaient presque étrangers ! Deux de ses frères étaient morts ; les compagnons de son enfance avaient disparu ; les générations s'étaient succédé : les temples chargés de la dépouille des Romains furent sans doute les seuls lieux qu'Annibal put recon-

---

(1) Nous n'avons pas voulu altérer, même par la plus légitime inter-calation, les belles pages que nous devons à un illustre collaborateur. Pourtant nous croyons devoir exposer, dans cette note, les faits suivant l'ordre que leur assignent les historiens anciens. — Scipion assiégea Utique ; mais après un siége de quarante jours il fut forcé de se retirer ; alors il fortifia une langue de terre pour y passer l'hiver ; ce qui lui fut possible, parce que Carthage n'avait point de flotte, et que Scipion pouvait en conséquence tirer des approvisionnements de la Sicile, de la Sardaigne et de l'Espagne. Mais, sur terre, il fut cerné par deux armées placées sous les ordres d'Asdrubal et de Syphax. Après des négociations suivies inutilement pendant l'hiver pour arriver à un traité de paix, la guerre éclata de nouveau au printemps ; les Carthaginois avaient construit une flotte de 100 vaisseaux, et ils combinèrent une attaque simultanée contre le camp romain, par terre et par mer. Mais ce plan fut livré par un Numide, et Scipion prévint ses ennemis en surprenant, durant la nuit qui précédait l'exécution projetée, leur camp, qu'il livra aux flammes. Il leur fit essuyer une défaite terrible, sans éprouver lui-même la moindre perte ; seulement le jour suivant une bande de mercenaires espagnols qui débarquait, attaqua les Romains à l'improviste, et leur tua beaucoup de monde. Syphax, après la perte de son armée, retourna encore une fois dans son royaume ; quant à Asdrubal, il fut déclaré déchu de sa dignité de stratège, et condamné à mort. Pourtant il échappa par la suite au supplice, et forma un corps franc, avec lequel il continua quelque temps encore la guerre contre les Romains. Scipion jugea que le plus sage parti était d'anéantir Syphax avant de risquer une attaque décisive sur Carthage. Il envoya contre lui le vieil ennemi de ce prince, Masinissa, et son propre lieutenant C. Lélius, avec une partie de l'armée romaine. Syphax fut battu et pris avec ses fils ; Cirta, sa capitale, fut conquise, son royaume supprimé, et donné à Masinissa en récompense de ses services. Scipion, de son côté, ne fut pas mis dans un médiocre embarras par une attaque de la flotte carthaginoise sur ses vaisseaux, et le siége d'Utique, qu'il tenta encore une fois, n'eut pas plus de succès que celui d'Hippone. Les Carthaginois résolurent alors de rappeler Annibal d'Italie ; et, pour rendre possible le retour de ce capitaine, ils conclurent avec Scipion une trève de quarante-cinq jours, sous prétexte de négocier la paix. Scipion consentit à cette trève, soit qu'il eût lui-même besoin de repos, soit qu'il voulût par là donner à Annibal le temps d'évacuer une fois l'Italie. A la faveur de cet armistice, Annibal débarqua heureusement en Afrique, et Scipion ne mit aucun obstacle à son débarquement, quoique les Carthaginois ne se fussent pas abstenus de piller des vaisseaux chargés d'approvisionnements pour les Romains, ni de maltraiter les députés romains envoyés à Carthage pour se plaindre. Il ne fut donc plus question de paix.

(1) Syphax, qui prétendait soutenir les Carthaginois, se retira cette première fois dans ses foyers sans coup férir. Asdrubal, qui commandait une troisième armée, fut donc repoussé sans peine. En assiégeant Utique, Scipion voulait faire de cette ville la base de ses opérations.

naître dans cette Carthage nouvelle. Si ses concitoyens n'avaient pas été aveuglés par l'envie, avec quelle admiration ils auraient contemplé ce héros qui, depuis trente ans, versait son sang pour eux dans une région lointaine, et les couvrait d'une gloire ineffaçable ! Mais, quand les services sont si éminents qu'ils excèdent les bornes de la reconnaissance, ils ne sont payés que par l'ingratitude. Annibal eut le malheur d'être plus grand que le peuple chez lequel il était né ; et son destin fut de vivre et de mourir en terre étrangère (1). Il conduisit son armée à Zama. Scipion rapprocha son camp de celui d'Annibal. Le général carthaginois eut un pressentiment de l'infidélité de la fortune ; car il demanda une entrevue au général romain, afin de lui proposer la paix. On fixa le lieu du rendez-vous. Quand les deux capitaines furent en présence, ils demeurèrent muets et saisis d'admiration l'un pour l'autre. Annibal prit enfin la parole : « Scipion, les dieux ont voulu que votre père ait été le premier des » généraux ennemis à qui je me sois montré en Italie les armes à la » main ; ces mêmes dieux m'ordonnent de venir aujourd'hui, dé- » sarmé, demander la paix à son fils. Vous avez vu les Carthaginois » campés aux portes de Rome : le bruit d'un camp romain se fait » entendre à présent jusque dans les murs de Carthage. Sorti enfant » de ma patrie, j'y rentre plein de jours ; une longue expérience de » la bonne et de la mauvaise fortune m'a appris à juger des choses » par la raison et non par l'événement. Votre jeunesse, et le » bonheur qui ne vous a point encore abandonné, vous rendront » peut-être ennemi du repos ; dans la prospérité on ne songe point » aux revers. Vous avez l'âge que j'avais à Cannes et à Trasimène. » Voyez ce que j'ai été, et connaissez, par mon exemple, l'incons- » tance du sort. Celui qui vous parle en suppliant est ce même » Annibal qui, campé entre le Tibre et le Téveron, prêt à donner » l'assaut à Rome, délibérait sur ce qu'il ferait de votre patrie. » J'ai porté l'épouvante dans les champs de vos pères, et je suis » réduit à vous prier d'épargner de tels malheurs à mon pays. » Rien n'est plus incertain que le succès des armes : un moment » peut vous ravir votre gloire et vos espérances. Consentir à la » paix, c'est rester vous-même l'arbitre de vos destinées ; combat- » tre, c'est remettre votre sort entre les mains des dieux. » — A ce discours étudié, Scipion répondit avec plus de franchise, mais moins d'éloquence : il rejeta comme insuffisantes les propositions de paix que lui faisait Annibal, et l'on ne songea plus qu'à combattre. Il est probable que l'intérêt de la patrie ne fut pas le seul motif qui porta le général romain à rompre avec le général carthaginois, et que Scipion ne put se défendre du désir de se mesurer avec Annibal. — Le lendemain de cette entrevue, deux armées, composées de vétérans, conduites par les deux plus grands capitaines des deux plus grands peuples de la terre, s'avancèrent pour se disputer, non les murs de Rome et de Carthage, mais l'empire du monde, prix de ce dernier combat. — Scipion plaça les piquiers au premier rang, les princes au second, et les triaires au troisième. Il rangea ces lignes par des intervalles égaux, afin d'ouvrir un passage aux éléphants des Carthaginois. Des vélites répandus dans ces intervalles devaient, selon l'occasion, se replier derrière les soldats pesamment armés, ou lancer sur les éléphants une grêle de flèches et de javelots. Lélius couvrait l'aile gauche de l'armée avec la ca-

valerie latine, et Masinissa commandait à l'aile droite les chevaux numides. — Annibal rangea 80 éléphants sur le front de son armée, dont la première ligne était composée de Liguriens, de Gaulois, de Baléares et de Maures ; les Carthaginois venaient au second rang ; des Bruttiens formaient derrière eux une espèce de réserve, sur laquelle le général comptait peu. Annibal opposa sa cavalerie à la cavalerie des Romains, les Carthaginois à Lélius, et les Numides à Masinissa. Les Romains sonnent les premiers la charge. Ils poussent en même temps de si grands cris, qu'une partie des éléphants effrayés se replie sur l'aile gauche de l'armée d'Annibal, et jette la confusion parmi les cavaliers numides. Masinissa aperçoit leur désordre, fond sur eux, et achève de les mettre en fuite. L'autre partie des éléphants qui s'étaient précipités sur les Romains est repoussée par les vélites, et cause à l'aile droite des Carthaginois le même accident qu'à l'aile gauche. Ainsi, dès le premier choc, Annibal demeura sans cavalerie et découvert sur ses deux flancs : des raisons puissantes, que l'histoire n'a pas connues, l'empêchèrent sans doute de penser à la retraite. L'infanterie en étant venue aux mains, les soldats de Scipion enfoncèrent facilement la première ligne de l'ennemi, qui n'était composée que de mercenaires. Les Romains et les Carthaginois se trouvèrent alors face à face. Les premiers, pour arriver aux seconds, étant obligés de passer sur des monceaux de cadavres, rompirent leur ligne, et furent au moment de perdre la victoire. Scipion voit le danger et change son ordre de bataille. Il fait passer les princes et les triaires au premier rang, et les place à la droite et à la gauche des piquiers ; il déborde par ce moyen le front de l'armée d'Annibal, qui avait déjà perdu sa cavalerie et la première ligne de ses fantassins. Les vétérans carthaginois soutinrent la gloire qu'ils s'étaient acquise dans tant de batailles. On reconnaissait parmi eux, à leurs couronnes, de simples soldats qui avaient tué, de leurs propres mains, des généraux et des consuls. Mais la cavalerie romaine, revenant de la poursuite des ennemis, charge par derrière les vieux compagnons d'Annibal. Entourés de toutes parts, ils combattent jusqu'au dernier soupir, et n'abandonnent leurs drapeaux qu'avec la vie. Annibal lui-même, après avoir fait tout ce qu'on peut attendre d'un grand général et d'un soldat intrépide, se sauve avec quelques cavaliers. Resté maître du champ de bataille, Scipion donna de grands éloges à l'habileté que son rival avait déployée dans les événements du combat. Était-ce générosité ou orgueil ? Peut-être l'un et l'autre ; car le vainqueur était Scipion, et le vaincu Annibal (1). » — Bientôt après, Vermina, arrivé trop tard avec une armée de Numides, fut également accablé, et la flotte romaine, commandée par Lentulus, bloqua Carthage du côté de la mer, tandis que Scipion prit ses mesures pour assiéger du côté de la côte de terre. Annibal, qui vint alors en personne à Carthage, conseilla la paix, qui fut aussi bientôt conclue. Les Carthaginois durent rendre tout ce qu'ils avaient pris pendant la trève, puis tous les prisonniers, les transfuges, les éléphants et tous leurs vaisseaux de guerre moins dix ; il leur fut défendu de lever à l'avenir des mercenaires, et de faire aucune guerre sans l'assentiment des Romains ; ils durent restituer à Masinissa tout ce qu'ils avaient arraché à ses ancêtres, fournir à l'armée romaine des provisions et une solde, payer en cinquante ans 10,000 talents euboïques, et livrer cent otages. Cette paix, chef-d'œuvre de la politique romaine, fut confirmée à Rome, quoique certains hommes d'État de cette république pensassent que l'on eût mieux fait de ne terminer la guerre que par la destruction de Carthage ; pourtant la rédaction même du traité entraînait déjà nécessairement la ruine de Carthage. Sans doute sur un peuple doué d'une haute force morale un désastre tel que celui qu'on avait sous les yeux aurait été un nouvel aiguillon qui l'eût poussé à se relever de son abaissement ; mais, par suite de cette longue guerre, le peuple carthaginois avait tellement dégénéré, il était tombé dans un tel état de dissolution, il était tellement déchiré et paralysé par les factions, qu'après cette chute on ne pouvait songer à le voir se relever par un redoublement d'énergie. Sans doute Annibal, qui resta quelque temps encore à la tête de l'armée et qui prit ensuite, en qualité de suffète, la direction du gouvernement intérieur, tenta une réforme dont il espérait le salut de la république ; il limita de nouveau à un an le pouvoir des cent, qui dans leurs fonctions s'étaient attribué, en qualité de juges, une autorité viagère, et exerçaient un despotisme intolérable sur la vie, la liberté et la fortune de leurs concitoyens ; par là, il leur arracha la prépondérance dont ils

<hr/>

(1) Annibal avait débarqué à Adrumète, afin de pouvoir librement former une nouvelle armée, et surtout former une cavalerie, car il n'en avait absolument point ; bientôt des soldats accoururent de toutes parts autour de lui ; Vermina, fils de Syphax, vint également le rejoindre. Asdrubal, rappelé, reçut sa grâce, et son corps franc fut donné à Annibal ; et Magon, qui avait reçu l'ordre de revenir de Ligurie, y fut renvoyé pour lever des mercenaires. — Annibal se jeta d'abord sur Masinissa, et lui arracha presque tout le royaume dont il venait à peine d'être mis en possession aux dépens de Syphax. Scipion n'osa point perdre de vue Carthage et la côte pour faire la guerre dans des contrées si éloignées et si peu accessibles, qui lui étaient inconnues. Mais, comme il devait craindre que le consul Tib. Claudius Nero, qui avait également reçu l'ordre de passer en Afrique, ne lui enlevât une partie de sa gloire, il marcha, dans l'été de l'an 202, contre Annibal, qui se trouvait encore en Numidie. Là, les deux généraux s'observèrent longtemps l'un et l'autre, et cherchèrent à se surprendre ; Annibal toutefois eut le désavantage, en ce que Masinissa parvint à reconquérir son territoire ; et, comme Scipion battit Annibal lui-même dans une rencontre de cavalerie près de Zama, et enleva un convoi de vivres, Annibal se trouva tellement dans l'embarras, qu'il ne put se sauver que par un armistice, par lequel il donna le change à Scipion. Mais les Carthaginois ayant rejeté cet armistice, comme on pouvait s'y attendre, il fallut que le glaive décidât encore une fois. Scipion surprit Annibal près de Parthus, et le força ensuite à livrer bataille dans le voisinage de Zama ou Margaron.

(1) Nos lecteurs reconnaîtront sans peine que ce beau tableau de la bataille de Zama est dû à M. DE CHATEAUBRIAND.

jouissaient : il améliora de plus l'administration des finances, où s'étaient introduits les abus les plus criants ; et, en supprimant ces abus, qui avaient été jusqu'alors une source d'enrichissement pour les magistrats, il arriva à ce résultat que non-seulement toutes les dépenses de l'État furent couvertes, mais que de plus, déjà dix ans après, le tribut de cinquante ans put être intégralement payé aux Romains. Mais Carthage était tombée trop bas pour pouvoir supporter une semblable réforme. Annibal n'avait pas seulement attaqué l'aristocratie dans la base de sa puissance ; il avait encore, comme le sénat lui résistait, et en vertu d'une institution très-ancienne, mais oubliée depuis longtemps, donné les affaires au peuple, avec l'assentiment duquel il exécuta ses plans. Mais par là il avait soulevé contre lui non-seulement les factions qui l'avaient contrecarré jusque-là, mais encore tous les aristocrates. Ses ennemis le dénoncèrent à Rome comme excitant à la révolte et à une nouvelle guerre qu'il voulait entreprendre contre les Romains avec Antiochus de Syrie, et cette dénonciation eut pour suite que Rome envoya des ambassadeurs à Carthage pour faire une enquête à ce sujet. Mais Annibal, qui prévoyait sa perte, prit la fuite et se rendit réellement alors auprès d'Antiochus qu'il chercha par tous les moyens à déterminer à la guerre contre Rome, avant que la prépondérance romaine se fût assez accrue pour qu'aucune lutte ne fût plus possible contre elle. Antiochus entra dans ses idées, et Annibal s'efforça, par l'intermédiaire d'un habile négociateur, le Tyrien Ariston, de décider les Carthaginois à prendre aussi part à la guerre ; mais les ennemis qu'Annibal avait à Carthage découvrirent ses menées aux Romains et déjouèrent par là ses plans. Tandis qu'Annibal, trahi par Antiochus, qui pendant ce temps avait succombé par les armes des Romains et par sa propre incapacité, errait en fugitif chez les Crétois et ensuite chez Prusias en Bithynie, et que, trahi encore une fois par ce prince, il échappait par le poison aux embûches des Romains, les Carthaginois montraient une obéissance presque servile aux Romains, et leur achetaient le maintien de la paix par des sacrifices continuels. Ils exilèrent Amilcar, chef de partisans, qui, durant la guerre de Macédoine, souleva contre les Romains les Gaulois de la haute Italie, et ils soutinrent les Romains par d'immenses prestations en blé ; et aux exigences incessantes de Masinissa, qui, en vertu de la dernière paix, réclamait une province carthaginoise après l'autre, ils ne répondirent que par des plaintes que les Romains n'écoutaient jamais ou qu'ils jugeaient du moins au détriment de Carthage. C'est ainsi que Masinissa prit la fertile province d'Emporia, le grenier de Carthage, et extorqua encore une amende de 50 talents. Il en fut de même ensuite de la province de Tyska. Et lorsque les Carthaginois demandèrent la permission de prendre les armes contre les Numides, cette autorisation leur fut refusée, et, comme ils refusèrent de soumettre toute cette affaire à l'arbitrage de Caton l'Ancien, ils aigrirent cet homme dur, qui désormais poussa avec une ardeur et une résolution infatigables à l'entière destruction de Carthage. Sans doute Scipion Nasica, adversaire de Caton dans le sénat romain, empêcha quelque temps encore la guerre d'éclater. Mais lorsque les Carthaginois, ligués avec Archobarzanes, petit-fils de Syphax, qui régnait encore sur une partie de la Numidie, équipèrent une armée pour attaquer Masinissa, et que, sur la proposition de Nasica une ambassade romaine se rendit à Carthage pour apaiser cette querelle, ces ambassadeurs furent insultés à Carthage de la manière la plus grossière, à l'instigation du suffète Giscon, qui ne voulait pas entendre parler de la paix. Cet outrage eut pour résultat l'envoi d'une nouvelle ambassade à Carthage, qui exigea de la manière la plus formelle que la flotte fût brûlée et l'armée licenciée. Trois partis se combattaient alors à Carthage ; l'un penchait pour les Romains, l'autre tenait pour Masinissa, le troisième voulait défendre la liberté et l'indépendance de la république. Ce dernier parti, exaspéré par les vexations continuelles que faisaient subir à leur pays les Romains et Masinissa, lequel, pour le malheur de Carthage, vécut presque jusqu'à l'âge de cent ans, se souleva alors, chassa de la ville le parti de Masinissa, maltraita ses envoyés qui étaient venus demander satisfaction, et une armée de 25,000 hommes se mit en campagne contre Masinissa sous le commandement d'Amilcar. Beaucoup de Numides se joignirent à cette armée ; néanmoins Masinissa vainquit les Carthaginois dans une grande bataille, cerna les débris de leur armée, les contraignit à se rendre, et, par la médiation des Romains, força la république à un traité de paix en vertu duquel elle dut s'engager à rappeler ceux qu'elle avait chassés, à livrer les transfuges, et à payer cinq mille talents en cinquante ans. Gulussa, fils de Masinissa, surprit encore par trahison les restes de l'armée carthaginoise et

les massacra. Les Carthaginois, profondément humiliés, condamnèrent, il est vrai, à mort Amilcar et Carthalon, les chefs du parti de la liberté, parce qu'ils avaient été les auteurs de la guerre, et ils s'excusèrent par une ambassade auprès des Romains. Mais de ce moment ceux-ci leur déclarèrent la guerre, et envoyèrent l'an 149 avant J.-C. les deux consuls Manilius Nepos et Martius Censorinus en Afrique avec 84,000 hommes de troupes choisies. Les Carthaginois, réduits au désespoir, se donnèrent toutes les peines possibles pour conjurer l'orage dont ils étaient menacés, et envoyèrent des ambassadeurs à Rome, et les astucieux Romains leur promirent de leur laisser leur liberté et leur territoire s'ils donnaient trois cents otages, pris parmi les enfants des premières maisons, et s'ils faisaient ce que les consuls leur demanderaient ; mais en même temps les consuls reçurent l'ordre de ne pas s'arrêter que Carthage ne fût détruite. Les Carthaginois remirent les otages qu'on avait exigés d'eux, et, les consuls ayant demandé que toutes les machines et tous les vaisseaux de guerre fussent livrés, les malheureux se rendirent également à cet ordre. Mais alors les consuls exigèrent qu'ils abandonnassent leur ville pour en bâtir une nouvelle à quatre-vingts stades de la mer. A cet ordre, une rage semblable à la folie s'empara des Carthaginois, et la guerre fut unanimement résolue par le peuple et par le sénat. Les portes furent soudain fermées devant les consuls qui approchaient déjà, les murs défendus, tout ce qui était nécessaire à la lutte fut préparé avec une ardeur sans exemple, et en peu de temps les Carthaginois se trouvèrent si bien armés, que les Romains se virent dans la nécessité d'assiéger régulièrement la ville(1). Utique, il est vrai, avait, avant même l'arrivée des consuls, abandonné la cause de Carthage et fait la paix avec Rome ; mais les Romains se brouillèrent avec Masinissa, qui les voyait avec peine venir en Afrique avec une armée, de sorte que, dans les premiers temps ils ne reçurent de leur part aucun secours. Le siège fut commencé par terre et par mer tout ensemble ; pourtant les assiégés se défendirent avec une telle bravoure, et causèrent tant de pertes aux Romains, que ces derniers se virent bientôt contraints de changer le siège en blocus ; et cet Asdrubal, précédemment condamné à mort, et qui, après avoir sauvé sa vie par la fuite, avait maintenant réuni un corps franc de 20,000 hommes pour sauver sa patrie, ainsi que le chef d'une troupe nombreuse de cavalerie, Imilcon Phanéas, pressèrent tellement l'armée romaine sur les derrières, que le consul Manilius se vit forcé de marcher contre eux avec une partie de son armée. Mais Asdrubal battit les Romains à Néphéris dans les montagnes, et la sagacité du jeune P. Scipion put seule sauver une partie de l'armée. Ce Scipion, le second Africain, servait alors comme tribun dans l'armée romaine. Quelques vieillards qui avaient vu le premier Scipion en Afrique vivaient encore, entre autres le célèbre Masinissa. Ce roi numide, âgé de plus de quatre-vingts ans, invita le jeune Scipion à sa cour ; c'est sur la supposition de cette entrevue (2) que Cicéron composa le beau morceau de sa *République*, connu sous le nom du *Songe de Scipion*. Il fait parler ainsi l'Emilien à Lélius, à Philus, à Manilius et à Scévola : « J'aborde Masinissa. Le vieillard me reçoit dans ses bras et m'arrose de ses pleurs. Il lève les yeux au ciel et s'écrie : « Soleil, dieu cé- » leste, je vous remercie ! Je reçois avant de mourir, dans mon » royaume et à mes foyers, le digne héritier de l'homme ver- » tueux et du grand capitaine toujours présent à ma mémoire ! » La nuit, plein du discours de Masinissa, je rêvai que l'Africain s'offrait devant moi : je tremblais, saisi de respect et de crainte. L'Africain me rassura, et me transporta avec lui au plus haut du ciel, dans un lieu tout brillant d'étoiles. Il me dit : « Abaissez » vos regards et voyez Carthage : je la forçai de se soumettre au » peuple romain ; dans deux ans vous la détruirez de fond en

<hr/>

(1) Avant de former le siège, les consuls Marcius et Manilius recoururent à deux cérémonies formidables : l'évocation des divinités tutélaires de Carthage, et le dévouement de la patrie d'Annibal aux dieux infernaux. — « Dieu ou déesse, qui protégez le peuple et la république de Carthage, génie à qui la défense de cette ville est confiée, abandonnez nos anciennes demeures ; venez habiter nos temples. Puissent Rome et nos sacrifices vous être plus agréables que la ville et les sacrifices des Carthaginois ! » — Passant ensuite à la formule de dévouement : « Dieu Pluton, Jupiter malfaisant, dieux mânes, frappez de terreur la ville de Carthage ; entraînez ses habitants aux enfers. Je vous dévoue la tête des ennemis, leurs biens, leurs villes, leurs campagnes ; remplissez mes vœux, et je vous immolerai trois brebis noires. Terre, mère des hommes, et vous, Jupiter, je vous atteste ! »

Vicomte DE CHATEAUBRIAND.

(2) Scipion avait vu auparavant Masinissa. Sa dernière entrevue n'eut pas lieu, car Masinissa était mort quand Scipion arriva à sa cour.

» comble, et vous mériterez par vous-même le nom d'Africain
» que vous ne tenez encore que de mon héritage... Sachez, pour
» vous encourager à la vertu, qu'il est dans le ciel un lieu des-
» tiné à l'homme juste. Ce qu'on appelle la vie sur la terre, c'est
» la mort. Il n'existe que dans la demeure éternelle des âmes,
» et l'on ne parvient à cette demeure que par la sainteté, la re-
» ligion, la justice, le respect envers ses parents, et le dévoue-
» ment à la patrie. Sachez surtout mépriser les récompenses des
» mortels; vous voyez d'ici combien cette terre est petite, com-
» bien les plus vastes royaumes occupent peu de place sur le
» globe que vous découvrez à peine, combien de solitudes et de
» mers divisent les peuples entre eux! Quel serait donc l'objet
» de votre ambition? Le nom d'un Romain a-t-il jamais fran-
» chi les sommets du Caucase ou les rivages du Gange? Que de
» peuples à l'orient, à l'occident, au midi, au septentrion, n'en-
» tendront jamais parler de l'Africain! Et ceux qui en parlent
» aujourd'hui, combien de temps en parleront-ils? Ils vont
» mourir. Dans le bouleversement des empires, dans ces grandes
» révolutions que le temps amène, ma mémoire périra sans re-
» tour. O mon fils! ne songez donc qu'aux sanctuaires divins où
» vous entendez cette harmonie des sphères qui charme main-
» tenant vos oreilles; n'aspirez qu'à ces temples éternels préparés
» pour les grandes âmes et pour les pensées du génie, qui, pen-
» dant la vie, se sont élevés à la comtemplation des choses du
» ciel. » L'Africain se tut et je m'éveillai. » — Cette noble fiction
d'un consul romain surnommé le *Père de la patrie* ne déroge
point à la gravité de l'histoire. Si l'histoire est faite pour conserver les grands noms et les pensées du génie, ces grands noms et
ces pensées se trouvent ici (1). — Le jeune Scipion, bien qu'il ne
fût encore que tribun, était dès lors l'ennemi le plus dangereux
de Carthage; d'autant plus que, nommé par Masinissa mourant
exécuteur de ses dernières volontés, il avait partagé le royaume
entre les fils de ce prince, et qu'il détermina ensuite Gulussa
à venir au secours des Romains avec un corps de troupes considérables. Imilcon Phanéas aussi, séduit par la gloire de Scipion,
abandonna le parti carthaginois, et servit désormais les Romains
avec la même bravoure qu'il avait déployée jusqu'alors au service de Carthage. Mais, lorsque Scipion fut revenu à Rome pour
y briguer une charge, il ne se fit rien d'important sous le nouveau consul Calpurnius Pison et sous le préteur Mancinus (148
avant J.-C.); les Carthaginois purent se préparer à une résistance plus efficace, appeler toute la Libye aux armes contre les
Romains, et même conclure une alliance avec le Macédonien
Andriscus. La fortune ne changea qu'en l'année 147, par l'arrivée devant Carthage de P. Cornelius Scipion, qui, tout en bri-
guant l'édilité, avait été élu consul par les suffrages du peuple.
Le préteur Mancinus l'avait prévenu, et, par une attaque hardie
faite avec la flotte, il avait voulu prendre la ville, dans laquelle
il avait même déjà pénétré; mais il y avait rencontré une résistance si courageuse, qu'il aurait péri avec les siens, si Scipion
n'était venu à temps à son secours. Scipion alors rétablit tout
d'abord la discipline militaire qui s'était tout à fait relâchée,
puis il emporta d'assaut la partie septentrionale de la ville, Mé-
gara; mais il fut forcé de l'abandonner de nouveau, parce qu'il
ne pouvait s'y maintenir, et il fit construire par ses soldats un
vaste camp retranché dans la langue de terre, de la mer à la
mer; par là il isola entièrement Carthage du continent, et se mit
lui-même à l'abri des attaques dont l'armée carthaginoise le menaçait sur ses derrières. Asdrubal, en effet, afin de pouvoir défendre Carthage avec plus d'énergie, avait pris lui-même le
commandement suprême dans la ville, et confié le commandement de l'armée, qui se tenait toujours à Néphéris et aux environs, à un certain Diogène qui l'avait bientôt portée à 80,000
hommes. Désormais en sûreté dans ce camp retranché, Scipion
résolut d'affamer Carthage, et afin que la ville ne pût pas être
approvisionnée du côté de la mer, il construisit dans la mer une
digue au moyen de laquelle il ferma le port de Carthage. Mais
les Carthaginois, comme par une bravade de désespoir, creusè-
rent à leur port une nouvelle issue dans la mer, construisirent
une flotte, qui même devint dangereuse aux Romains, et présentèrent partout une résistance si infatigable, que tout l'été et
tout l'automne de l'année 147 avant J.-C. se passèrent sans que
Scipion approchât de son but. Durant l'hiver, il se contenta de
tenir la ville étroitement bloquée, et il marcha contre les armées
qui menaçaient ses derrières : grâce au secours de Gulussa, il
réussit à anéantir tout à fait Diogène près de Néphéris. Ce fut
ce qui décida la ruine de Carthage, et le siège recommença au

printemps de l'an 146. Les Carthaginois, épuisés par la famine,
qui devint bientôt générale, ne purent plus opposer qu'une faible résistance, et en conséquence Scipion s'empara bientôt par
une attaque hardie de la partie de la ville appelée Cothon, et
voisine du port; elle fut livrée aux flammes en partie par Asdrubal lui-même, en partie par Scipion, et réduite en cendres
avec tous ses palais; tous les habitants furent mis à mort. L'incendie dura six jours, au bout desquels la citadelle de Byrsa se
rendit également. Scipion permit aux habitants au nombre de
cinquante mille de se retirer librement; neuf cents transfuges seulement, et parmi eux Asdrubal, se réfugièrent dans le temple
d'Esculape, où ils se défendirent quelque temps encore. Enfin
Asdrubal céda aussi, et implora de Scipion sa grâce qu'il obtint.
Mais les transfuges mirent le feu au temple et s'ensevelirent
sous ses ruines; avec eux la magnanime épouse d'Asdrubal, qui
dédaigna pour elle et pour ses enfants la grâce du vainqueur (1).
La ville conquise fut pillée et détruite de fond en comble. Les
trésors immenses dont on s'y rendit maître affluèrent à Rome,
et, en minant les vertus civiles, ils vengèrent plus tard Carthage
de ses vainqueurs. Les habitants qu'on laissa partir se dispersèrent à travers la Libye; les prisonniers périrent pour la plupart
dans les cachots; Asdrubal, l'infatigable défenseur de sa patrie,
et qui eût mérité un meilleur sort, expia par une mort tardive
et sans gloire au sein de l'Italie sa dernière lâcheté, qu'il avait
regardée comme un avantage de survivre à sa patrie. La place
où fut Carthage fut maudite (Macrobe, *Sat.* III, 9) et fut longtemps un monument affreux de l'inconstance de la grandeur et
de la magnificence humaine. Le territoire carthaginois, en tant
qu'il n'appartenait pas à la Numidie, devint une province romaine, dont Utique fut la capitale, de sorte que cette ville, de
même qu'elle était plus ancienne que Carthage, subsista longtemps aussi après cette dernière, et fut durant les siècles encore une des villes les plus importantes de l'Afrique (2). —
Avant de jeter un coup d'œil sur Carthage romaine, il est nécessaire que nous examinions l'organisation, le commerce, etc.,
de la puissante Carthage phénicienne.

POSSESSIONS DE CARTHAGE AU MOMENT DE SA PLUS
GRANDE PUISSANCE. — C'est une question épineuse que celle-
ci : quelles étaient les frontières du territoire de Carthage dans
les temps les plus florissants de cette république? Au sud et à
l'est les déterminations sont fixes, mais il n'en est pas de même
à l'ouest. Au sud, où la nature avait tracé la ligne de démarca-

---

(1) « Au sommet de la citadelle s'élevait un temple consacré à Esculape. Les transfuges, au nombre de 900, se retranchèrent dans ce
temple. Asdrubal commandait; il avait avec lui sa femme et ses deux
enfants. Cette troupe désespérée soutint quelque temps les efforts des
Romains; mais, chassée peu à peu des parvis du temple, elle se renferma
dans le temple même. Alors Asdrubal, entraîné par l'amour de la vie,
abandonnant secrètement ses compagnons d'infortune, sa femme et ses
enfants, vint, un rameau d'olivier à la main, embrasser les genoux de
Scipion. Scipion le fit aussitôt montrer aux transfuges. Ceux-ci, pleins
de rage, mirent le feu au temple, en faisant contre Asdrubal d'horribles
imprécations. — Comme les flammes commençaient à sortir de l'édifice,
on vit paraître une femme couverte de ses plus beaux habits, et tenant
par la main deux enfants : c'était la femme d'Asdrubal. Elle promène
ses regards sur les ennemis qui entouraient la citadelle, et reconnaissant
Scipion, « Romain, s'écria-t-elle, je ne demande point au ciel qu'il exerce
» sur toi sa vengeance : tu ne fais que suivre les lois de la guerre; mais
» puisses-tu, avec les divinités de mon pays, punir le perfide qui trahit
» sa femme, ses enfants, sa patrie et ses dieux! Et toi, Asdrubal, Rome
» déjà prépare le châtiment de tes forfaits! Indigne chef de Carthage,
» cours te faire traîner au char de ton vainqueur, tandis que ce feu va
» nous dérober, moi et mes enfants, à l'esclavage! » — En achevant ces
mots, elle égorge ses enfants, les jette dans les flammes, et s'y précipite
après eux. Tous les transfuges imitent son exemple. »

                                  Vicomte DE CHATEAUBRIAND.

(2) « Ainsi périt la patrie de Didon, de Sophonisbe et d'Annibal.
Florus veut que l'on juge de la grandeur du désastre par l'embrasement
qui dura dix-sept jours entiers. Scipion versa des pleurs sur le sort de
Carthage. A l'aspect de l'incendie qui consumait cette ville naguère si
florissante, il songea aux révolutions des empires, et prononça ces vers
d'Homère, en les appliquant aux destinées futures de Rome : « Un temps
» viendra où l'on verra périr, et les sacrés murs d'Ilion, et le belliqueux
» Priam, et tout son peuple. » Corinthe fut détruite la même année
que Carthage, et un enfant de Corinthe répéta, comme Scipion, un passage d'Homère, à la vue de sa patrie en cendres. Quel est donc cet
homme que toute l'antiquité appelle à la chute des États et au spectacle
des calamités des peuples, comme si rien ne pouvait être grand et tragique sans sa présence; comme si toutes les douleurs humaines étaient
sous la protection et sous l'empire du chantre d'Ilion et d'Hector. »

                                  Vicomte DE CHATEAUBRIAND.

---

(1) Ce songe est une imitation d'un passage de la *République de Platon*. — Nous devons encore ce fragment à M. DE CHATEAUBRIAND.

tion, le territoire de Carthage s'étendait aussi loin que le pays fertile, c'est-à-dire jusqu'au lac Triton, nommé expressément la frontière (*Strabon*. p. 1180). Déjà, en deçà de ce lac, commencent des contrées désertes; mais jusque-là se trouvent cependant encore des villes détruites plus tard dans les guerres contre les Romains (*ibid.*, l. c.). — Comme à l'est le territoire de Carthage aboutissait à celui de Cyrène, il devenait indispensable de bien fixer les limites; après de longues querelles et guerres, les Carthaginois obtinrent enfin un traité favorable par lequel la possession du pays placé entre les Syrtes leur fut assuré. Les frères Philènes, dit-on, leur auraient acheté ces avantages aux dépens de leur vie (1) : ce sacrifice n'est certainement pas trop grand, lorsqu'on considère de quelle utilité ces contrées étaient pour la république. La dernière ville de son territoire était *Turris Euprantus*, sur la rive orientale de la grande Syrte, d'où l'on faisait un commerce considérable de contrebande avec Cyrène. Dans son voisinage étaient les bornes de pierre appelées, en l'honneur de ces frères, *Aræ Philenorum;* mais elles n'existaient déjà plus du temps de Strabon (2). Tous les écrivains s'accordent dans ces déterminations. — Quant à l'occident, les limites sont plus difficiles à établir. Comme il n'y avait, dans le cœur de ces régions, que des tribus nomades, une ligne de démarcation exacte devenait ici aussi inutile qu'impossible. — Les auteurs les plus dignes de foi étendent le territoire des Carthaginois jusqu'au détroit de Gadès; mais on sent bien qu'il ne faut pas prendre cela dans l'acception la plus rigoureuse du mot. Ils avaient fondé des villes, des ports et des forts le long de la côte et sur les petites îles situées à l'opposite. Ceci, ils l'avaient probablement fait avec l'assentiment des tribus nomades qui habitaient ces contrées; et c'est ainsi qu'ils parvinrent peu à peu à devenir maîtres de la côte dont la possession était pour eux d'un fort grand prix, tandis qu'elle importait fort peu aux aborigènes. Carthage semble surtout avoir voulu s'en assurer, lorsqu'il s'agissait de conquérir l'Espagne; car cela garantissait ses communications avec cette province par terre, lorsqu'elles venaient à être interrompues par des désastres sur mer. Mais nous ne trouvons nulle part une preuve qu'elle ait prétendu s'arroger la souveraineté sur l'intérieur de la Numidie et de la Mauritanie. — « Les Carthaginois, dit Strabon, dominaient sur la Libye, à l'exception de la partie habitée exclusivement par des nomades. » On sait que, dans les guerres contre les Romains, les princes indigènes de la Numidie paraissent tout à fait indépendants. Comment, d'ailleurs, Carthage aurait-elle pu les tenir sous sa dépendance? — Elle entretenait en effet avec ces princes des relations qu'elle cherchait à nouer ou à consolider par des alliances avec ses filles (3) ; il se peut aussi que plusieurs de ces princes lui fussent tributaires; mais l'exception ne constitue pas la règle. — La limite occidentale la plus vraisemblable du territoire carthaginois était donc en général là où cessaient les peuples agriculteurs, et où commençaient les nomades. Quoiqu'il n'y eût point ici, à ce que nous croyons, de ligne de démarcation bien fixe, on ne peut cependant pas trop se tromper en la plaçant sous le méridien du 6e degré de longitude est. Au delà de cette ligne était situé Hippo-Regius, résidence des rois numides, qui n'appartint jamais à Carthage. — Selon ces données, le territoire fertile de la république, occupé par les peuples agriculteurs, descendait en ligne droite du cap Bon jusqu'à l'extrémité la plus occidentale du lac Triton, et remplissait en longueur un espace à près de 75 lieues (4) Sur la plupart des points, sa largeur était de 60 lieues. On appelle ordinairement la partie septentrionale *Zeugitana*, dénomination dont l'origine est incertaine. Outre la capitale, le district comprenait les principales villes maritimes, telles que Hippo-Zarytus, Utique, Tunis, Clypea et autres. — Tout le pays, couvert de tribus indigènes qui s'étaient mélangées avec les

Phéniciens, était parsemé de colonies carthaginoises, dont les plus renommées sont Vacca, Bulla, Sicca, Zama. La partie méridionale porte le nom de *Byzazium*, qu'elle tient de Byzantes, tribu principale qui y avait ses sièges dès les temps les plus reculés, mais qui s'était fondue insensiblement avec les colons de Carthage. Les rivages étaient également bordés d'une chaîne de villes florissantes, parmi lesquelles Adrumète, le petit Leptis, Tysdrus, Tacape, occupaient le premier rang. — Dans une acception plus étendue, Byzazium comprend en outre un district, mais qui en est souvent séparé, et qui, à cause de sa haute importance pour Carthage, mérite une mention particulière. C'est la contrée placée autour de la petite Syrte et du lac Triton, citée ordinairement sous le nom d'*Emporia* (1). Tous les écrivains lui reconnaissent une fertilité extrême. Scylax dit : « Cette contrée, habitée par des Libyens, est la plus magnifique et la plus féconde ; elle abonde en troupeaux, et les habitants sont les plus riches et les plus beaux de tous. » Le nom d'*Emporia* lui fut donné à cause de ses nombreuses villes florissantes (2), qui, comme l'indique le mot, étaient en même temps commerçantes. — Plusieurs passages de Polybe nous apprennent quel prix les Carthaginois attachaient à cette possession. Ici se trouvaient les grands magasins d'où ils tiraient les provisions de leurs troupes, et principalement de celles qui étaient en garnison dans la capitale. Mais la dénomination de ces villes vient peut-être aussi de leur situation, qui les rendit propres à servir d'entrepôts pour le commerce avec l'intérieur de l'Afrique. — Outre ces terres défrichées, demeure des peuples agriculteurs, Carthage possédait encore la *regio Syrtica*, ou le rivage entre les deux Syrtes, depuis Tacape jusqu'au monument des Philènes; mais cette vaste région, de plus de 160 lieues, fut toujours habitée par des nomades, car son sol sablonneux ne se prêtait point à l'agriculture. Le grand Leptis, colonie de Sidon, qui dut son origine à des dissensions civiles, et OEa, sont les seules villes considérables fondées dans cette contrée. — Nos précédentes observations nous conduisent aux résultats suivants : 1° le territoire de Carthage en Afrique ne forma jamais un ensemble tellement uni, que ses divers éléments fussent tous dans la même dépendance de la métropole. — Les anciennes colonies phéniciennes assises sur la côte ne présentaient, du moins en partie, qu'une chaîne d'Etats confédérés, parmi lesquels Carthage avait la prééminence, mais non la souveraineté absolue. — Les Carthaginois ne pouvaient regarder comme sujets que les peuples à qui ils avaient fait embrasser une vie agricole; car même les tribus nomades entre les deux Syrtes n'étaient soumises à la république qu'autant qu'elles en étaient tributaires. — 2° Ceci explique encore en grande partie la faiblesse intérieure de Carthage, si souvent remarquée par les historiens, et attribuée à tort à ses institutions militaires et à ses troupes mercenaires. La politique des Carthaginois n'était pas conçue dans un esprit assez conciliant pour faire de leurs sujets en même temps leurs amis; au contraire, les vexations continuelles dont ils se rendirent coupables ne firent que fomenter la haine des anciens nomades. Aussi l'approche de l'ennemi devenait toujours pour eux le signal de la révolte; et Agathocle, et après lui Régulus, purent aborder en Afrique, à la tête de 15,000 hommes, sans encourir le moindre reproche de témérité (3). Carthage, en héri-

---

(1) Salluste (*Juguth.*, c. 79); Valère Maxime (v, 6, 4). Au dire de Salluste, les dissensions sur la délimitation des deux Etats amenèrent une guerre sanglante, qui eut lieu dans les temps de leur plus grande splendeur.

(2) Strabon (p. 1193). Il existe cependant aujourd'hui des colonnes en grès, avec une inscription inconnue, presque effacée, que l'on pourrait prendre pour ces bornes (della Cella, *Viaggio*, p. 77). — Scylax (p. 47) les connaît déjà, mais comme appartenant à un seul individu : οἱ τοῦ Φιλαίνου βωμοί (p. 47); Polybe (ι, p. 469). Le récit de Salluste est évidemment une tradition populaire défigurée.

(3) C'est ainsi qu'Amilcar Barcas sut gagner le prince nomade Narvan, en lui promettant de lui donner sa fille en mariage (Polybe, ι, p. 193). L'histoire offre plus d'un trait conforme à celui de Sophonisbe.

(4) Strabon (p. 1189) indique 2,800 stades; mais il fait observer aussi que les déterminations diffèrent.

---

(1) La contrée dite *Emporia* est distinguée expressément de Byzazium ou Byssatis par Polybe (ι, p. 436).

(2) Strabon (p. 1291) cite surtout un Ἐμπορεῖον comme très-important. Appien (*Punic.*, c. 72) appelle aussi la contrée ἡ περὶ τὸ Ἐμπόριον γῆ.

(3) La connaissance des peuplades indigènes voisines de Carthage est nécessaire pour nous expliquer sa constitution et sa puissance. Lorsque Polybe parle des peuples africains combattant dans les armées des Carthaginois, il a soin de distinguer les sujets de la république des tribus libres et soldées. Il appelle les uns Libyens (Λίβυες), les autres Numides ou Nomades. Par cette dernière dénomination, il ne désigne, il est vrai, que la manière de vivre de ces différentes tribus; mais il les cite aussi ailleurs sous les noms particuliers affectés à chacune d'elles. Il embrasse, sous le nom générique de Libyens, tous les peuples africains vivant sur le territoire de Carthage. Ils se distinguent tous des autres habitants de l'Afrique septentrionale. Établis dans des demeures fixes, ils sont agriculteurs, tandis que les peuples placés à l'est et à l'ouest de Carthage furent nomades, même à l'époque la plus florissante de cet Etat. Le tribut qu'ils lui payaient était principalement soldé en blé. Carthage, dans l'intérêt de sa domination, ne négligea aucun des moyens propres à civiliser ces tribus. Quand Hérodote composa ses écrits, c'est-à-dire à l'époque la plus brillante de la république, il n'y avait pas encore de peuple agriculteur dans l'Afrique septentrionale, hors les limites du territoire de Carthage. Toutes les tribus indigènes depuis l'Egypte jusqu'à la petite Syrte et au lac Triton communiquant

tant de l'esprit commerçant de sa métropole, fut conduite insensiblement aux conquêtes par son heureuse situation et le succès de ses entreprises. Elle nous offre, dans l'histoire, le pre-

alors avec cette dernière, étaient nomades, d'après le témoignage exprès de cet auteur. — A l'occident du fleuve Triton, dit Hérodote, habitent les Libyens cultivateurs. — Les Maxyes, branche des Ausenses qui mènent encore une vie errante, ont des demeures fixes, et se livrent à l'agriculture ; mais ils ont conservé leurs anciennes mœurs. Ils laissent croître leurs cheveux sur la partie droite de la tête, et rasent le côté gauche. Cette dernière coutume étant commune à plusieurs peuples nomades, une tribu se distinguait de l'autre par la manière dont elle rasait ses cheveux. — Aux Maxyes confinent les Zauèces, chez lesquels les femmes servent de cochers pour conduire les chars de guerre. Le pays de ces deux tribus, placé à l'extrémité méridionale de Carthage, était, suivant Hérodote, couvert de bois et rempli de bêtes féroces, telles que lions, panthères, éléphants et autres. Aussi l'agriculture y fut-elle encore négligée ; mais on conçoit facilement que, plus on approchait de la république, plus le sol était cultivé. — Hérodote et Polybe nous citent une troisième tribu, bien plus grande et plus remarquable : celle des Gyzantes ou Byzantes, qui se divisait en plusieurs branches. — « Dans la contrée qu'ils habitent, les abeilles donnent beaucoup de miel naturel, et l'industrie des hommes en produit encore plus. Ils se teignent tout le corps avec du minium, et mangent des singes qui viennent en grande quantité dans leurs montagnes. » Hérodote place ses Gyzantes à l'ouest des Zauèces, par conséquent vers la frontière de la Numidie ; ce qui prouve qu'il n'avait connaissance que des tribus les moins civilisées de ce peuple. Selon d'autres écrivains, les Gyzantes étendirent bientôt leur domination, et finirent par occuper la partie la plus fertile du territoire de Carthage, ce qui lui valut le surnom de Byzacium. Cette contrée, située du côté de la petite Syrte, touchait à la Méditerranée, et avait, au dire de Polybe, 2,000 stades de circonférence. Les noms des autres tribus libyennes ne nous ont pas été conservés. — Les tribus placées au sud et à l'occident du territoire de Carthage restèrent les plus pures de tout mélange ; et, ignorant jusqu'à la langue punique, elles semblent avoir parlé entre elles différents idiomes. Il n'en fut pas de même à l'est pour le littoral, depuis la capitale jusqu'au Byzacium, où les habitants se mêlèrent à un tel point avec les Carthaginois, qu'ils donnèrent naissance à un peuple connu sous le nom de Liby-Phéniciens, occupant la partie la plus riche et la plus fertile du pays, et distingué souvent des Libyens proprement dits. — Pour mieux tenir ces peuples sous sa dépendance, Carthage se servit du même moyen que Rome pour les peuplades italiques : des colonies de ses citoyens, envoyées dans ces pays, y firent respecter son autorité, et occasionnaient en outre une alliance plus intime avec les indigènes. Il faut bien se garder de confondre avec ces colonies de la république celles que Tyr et d'autres villes phéniciennes avaient établies sur le territoire qui, par la suite, vint à appartenir aux Carthaginois. — Ce fut le principe constant de la politique des Carthaginois, de favoriser autant que possible la culture du sol, et d'y habiter les peuplades indigènes soumises à leur pouvoir. Il y avait cependant une partie considérable de leur territoire qui, par sa nature, ne put être cultivé, ou du moins ne le fut qu'en très-peu d'endroits ; c'était le pays des Syrtes, ou la rive septentrionale de l'Afrique entre la grande et la petite Syrte, le royaume actuel de Tripoli. Cette bande de terrain étroit compte environ 165 lieues de longueur. Tandis que les terres de Carthage se trouvent arrosées et fertilisées par le Bagradas et d'autres fleuves, le pays des Syrtes n'offre qu'une plaine sablonneuse, qui s'étend depuis le cœur de l'Afrique jusque vers la mer, et n'est baignée que rarement par de petits fleuves. Partout où il y avait quelque eau, on était sûr de rencontrer une colonie carthaginoise ou phénicienne. Mais en somme le sol ne s'y prêtait guère plus à l'agriculture que de nos jours ; de sorte que les tribus indigènes restèrent même nomades pendant les temps les plus brillants de la république. — Hérodote nous retrace exactement ces peuplades. — Les Ausenses étaient limitrophes des Machlyes, et habitaient comme eux les environs du lac Triton ; le fleuve de ce nom séparait les deux territoires. Les Machlyes laissaient croître leurs cheveux sur le derrière de la tête, et les Ausenses sur le devant. Une branche de ce dernier peuple, les Maxyes, se livrent à l'agriculture. Venaient ensuite les Lotophages et les Gindanes. Les premiers, déjà illustrés par les chants d'Homère, et dépeints d'une manière si fabuleuse par des poëtes grecs plus modernes, désignent une ou plusieurs tribus qui, à défaut de blé, se nourrissaient spécialement des fruits du lotus. — A l'est des Lotophages se trouvent les Maces. Ils portaient une sorte de houppe, qu'ils formaient en laissant croître leurs cheveux sur le milieu de la tête, et les rasant tout autour jusqu'à la peau. Leur pays est traversé par le fleuve Cynips. — A l'extrémité de l'est sont rangés les Nasamons ; car les peuples placés en dehors du pays des Syrtes appartiennent au territoire de Cyrène et de Barca. Les Nasamons constituaient une tribu nombreuse, et se livraient à l'éducation des troupeaux. Tous les ans ils envoyaient une caravane à Augila, pour y faire la récolte des dattes. — Les Psylles, anciennement limitrophes des Nasamons, périrent tous dans une expédition faite dans le cœur de la Libye. — Ce sont là les peuples placés à l'est du territoire de Carthage, depuis la petite Syrte jusqu'à la frontière de Cyrène. Au-

mier exemple d'un Etat commerçant, libre et puissant, qui établit sa grandeur par l'envahissement de possessions placées hors de son territoire. Toute la conduite des Carthaginois prouve du reste qu'ils suivaient une maxime aussi simple que naturelle. Un peuple commerçant et navigateur doit arriver sans effort à l'observation qu'il ne peut y avoir pour lui de possessions plus sûres et plus avantageuses que celle des îles. Carthage connut sans doute cette politique de bonne heure, et restreignit donc, même à l'époque la plus florissante de la république, ses possessions hors de son territoire, presque exclusivement à des îles. Ici il n'y avait point de rivalité importune à craindre, ou, si toutefois elle avait lieu, on en triomphait plus facilement ; ici l'industrie pouvait s'exercer presque inaperçue et sans courir de risques, dans un âge où l'on n'avait pas encore de grandes puissances maritimes pour rivales. — C'étaient là les maximes que les Carthaginois observèrent longtemps invariablement pour leurs conquêtes ; et la partie occidentale de la Méditerranée, garnie de grandes et de petites îles, leur ouvrit un champ en harmonie avec leur position et leurs ressources. Ils conquirent successivement, comme nous l'avons vu plus haut, la Sardaigne, la Corse, une partie de la Sicile, les Baléares et autres îles plus petites, une partie de l'Espagne ; mais toutes ces possessions tombèrent successivement au pouvoir de Carthage. Comme nous l'avons dit également, ils établirent, dans des pays fort éloignés, des colonies sur lesquelles l'histoire nous donne à peine quelques indications.

CONSTITUTION DE CARTHAGE. — Nous possédons, sur cette matière, un monument précieux : c'est un chapitre entier de la *Politique d'Aristote*(1), dans lequel il montre jusqu'à quel point Carthage réunissait les éléments d'une bonne constitution. Malheureusement il ne s'arrête point aux détails ; et les travaux des plus savants commentateurs d'Aristote ont jusqu'ici plutôt caractérisé cette constitution qu'expliqué les rouages dont elle se composait. Après lui nous avons Polybe, qui a vu Carthage dans sa décadence ; enfin Diodore, Appien et Justin. — On doit croire à la profonde sagesse du gouvernement de Carthage ; car, depuis sa fondation jusqu'au temps d'Aristote, aucun tyran n'avait opprimé la liberté de cette république, aucune sédition n'avait troublé sa tranquillité. S'il était vrai que Didon ait posé les fondements de tant de prospérité, elle était bien en droit de s'adresser à elle-même les nobles félicitations que lui prête Virgile, et que nous citons dans l'interprétation de Delille (*Vixi, et quem dederat, etc.*) :

raient-ils entièrement disparu de la terre ? Voilà ce que nous n'osons affirmer. — Il nous faut encore citer quelques villes d'Afrique, désignées sous le nom de *Métagonites*, comme tributaires de la république. Les historiens n'ont pas bien fixé leur position ; mais elles semblent avoir été établies sur les côtes de la Numidie, à l'occident du territoire de Carthage. Il y est question d'un cap Metagonium, d'une contrée du même nom, et d'un peuple appelé Métagonii. Aussi Pline regarde-t-il la dénomination de Métagonitis comme synonyme de Numidie. Nous entendons donc par ces villes toutes les colonies fondées par les Carthaginois à l'ouest de leur territoire, sur les côtes de la Numidie et de la Mauritanie, établissements qui paraissent avoir formé comme une chaîne non interrompue depuis leurs frontières jusqu'aux colonnes d'Hercule. — *Quoiqu'on* ne sache pas si toutes ces villes étaient comprises sous le nom générique de Métagonites, un témoignage positif vient cependant confirmer le témoignage énoncé ci-dessus. Scylax nous donne une liste des villes et des ports assis sur la côte et sur les petites îles jusqu'aux colonnes d'Hercule. Il est fâcheux que les noms de ces villes soient la plupart si corrompus. D'après les corrections de Vossius, elles s'appellent Kollops, Pithekusæ, Tipasa, Kanukkis, Jol, Chalka, Siga, Mes, Akris. Quant aux petites îles Acium, Psamathus et autres, on ne peut en déterminer la position. Scylax ajoute ensuite : « Les villes et places commerçantes, depuis les Hespérides (la grande Syrte) jusqu'aux colonnes d'Hercule, appartiennent aux Carthaginois. » Aucune d'elles ne s'est rendue célèbre (*V.* Heeren, *Idées*, etc., t. IV de la traduction française).

(1) Nous connaîtrions encore mieux l'organisation politique de Carthage, si nous possédions l'ouvrage d'Aristote sur les Constitutions. Dans sa *Politique*, qui est venue jusqu'à nous, il ne se proposait pas précisément ce but ; il y montre, comme nous le disons, jusqu'à quel point Carthage réunit les éléments d'une bonne constitution ; mais il n'en expose nullement les principes. On a publié, il y a vingt ans, la mémoire de *Théodorus Metochita*, du XIVe siècle : Περὶ Καρχηδόνος καὶ τῆς κατ' αὐτὴν πολιτείας, dans les *Miscellanea philosophica et politica*; græce, Lipsiæ, 1821 ; et interprété par M. le professeur Kluge, dans son Aristoteles, *De politica Carthaginiensium*; ce travail, tout en présentant quelques idées neuves, caractérise plutôt qu'il n'explique la constitution de Carthage (Heeren, *Idées*, etc., t. IV).

J'ai vécu, j'ai rempli mes glorieux moments,
Et mon ombre aux enfers ne descend pas sans gloire ;
Ces murs bâtis par moi garderont ma mémoire.

Sans doute il serait consolant d'admettre cette supposition d'un historien anglais (John Gillies) ; mais il est à croire que la constitution de Carthage fut, ainsi que celle de Rome, l'ouvrage du temps et des circonstances. Tous les auteurs s'accordent à donner à cet État, lors de son origine, une forme monarchique, qui se changea depuis, sans qu'on sache comment, en gouvernement mixte, c'est-à-dire à la fois monarchique, aristocratique et démocratique ; mais l'élément démocratique y domina longtemps. A Carthage, le *pouvoir législatif* appartint dans l'origine au peuple, de même que le *pouvoir délibératif* était entre les mains du sénat, et le *pouvoir exécutif* entre celles du suffète. — Le peuple, lorsqu'il était assemblé, décidait souverainement de toutes choses avec une liberté illimitée ; toutefois, pour cette raison, on ne le convoquait pas toujours ; mais les suffètes ne l'assemblaient que lorsqu'ils ne pouvaient s'entendre avec le sénat. En conséquence, lorsque les Barcas eurent rompu avec le sénat, ils s'adressèrent au peuple, et accomplirent par lui leurs projets. Ce fut par lui encore que plus tard Annibal opéra sa réforme de l'oligarchie. — Du reste le peuple était divisé en tribus (ἑταιρίας), lesquelles étaient représentées dans le sénat, dans le grand comme dans le petit conseil et dans les tribunaux. Il n'y avait point de noblesse proprement dite, parce qu'il n'existait aucunes distinctions héréditaires entre les citoyens ; du moins on ne trouve aucune preuve que des distinctions de cette nature aient eu lieu ; bien plus, tous les citoyens carthaginois avaient, comme tels, des droits égaux, et la seule distinction légale qui existât dans cette république était celle qui séparait les citoyens, les protégés, les étrangers et les esclaves. Les habitants des villes du territoire carthaginois étaient sujets, et n'avaient aucun droit de cité dans la ville souveraine ; de là la rivalité d'Utique et d'Hippone d'un côté, et de Carthage de l'autre. Ce n'est qu'en des temps de danger extraordinaire que des étrangers semblent avoir été investis de hautes dignités de l'État, comme Xanthippe après la défaite des Carthaginois par Régulus ; et encore se retira-t-il bientôt et prudemment de Carthage. Mais la plus grande distinction existait sous le rapport des richesses, et le riche seul pouvait être revêtu des dignités de l'État, parce qu'il servait gratuitement, et que bien plus il devait acheter (on ne sait à qui, ni comment) la dignité à laquelle il aspirait. De plus, d'illustres familles avaient beaucoup de priviléges (1), surtout à cause de leurs richesses ; aussi apportait-on tous ses soins à conserver celles-ci et à les augmenter. La plénitude de l'état civil ne procédait que du père ; Asdrubal et Annibal avaient des Espagnoles pour femmes. — Le sénat (βουλή) était composé des représentants de toutes les tribus de citoyens, et se divisait en grand conseil (σύγκλητος) et petit conseil (γερουσία). Le grand conseil délibérait sur toutes les affaires, et comprenait aussi en lui les membres du petit conseil, qui était la tête du grand conseil. Le petit conseil dirigeait toutes les affaires de la cité, par conséquent tout ce qui touchait à l'économie publique, aux finances, à l'armée, à la police, etc. Dans l'origine le pouvoir de ce petit conseil était probablement plus restreint. Mais plus tard, lorsque l'industrie et le commerce commencèrent à fleurir et à se répandre parmi le peuple, et qu'il fut difficile d'assembler tout le peuple en comices réguliers, le petit conseil s'attribua aussi le pouvoir législatif, et ordonna tandis qu'en réalité il ne devait que conseiller. Ce fut là la transition à l'aristocatie, que remarque Aristote. Un nouveau dédoublement de la *gérousia* forma le collège des cent, qui avait pour mission d'empêcher l'élévation de familles puissantes. Toutefois,

pendant les guerres puniques, le pouvoir de la famille Barcine, qui fut de longue durée, étouffa si bien l'autorité de ce collége, qu'il ne fut plus question de lui, ou que du moins il perdit toute influence (1). — Les suffètes, qui avaient la présidence dans le sénat, comme dans l'assemblée du peuple, dirigeaient en dernier ressort toutes les affaires civiles et militaires. Ils étaient au nombre de deux, et, comme les consuls romains, ils étaient élus chaque année. Ils sont appelés *suffètes* (2), βασιλεῖς, στρατηγοί, *reges*, *prætores*, *dictatores*, *consulare imperium*, ty riennes, grecques ou romaines, parce qu'ils étaient la μεγίστη ἀρχή. Le premier de ces suffètes devait rester dans la ville, ou du moins il ne pouvait en sortir que rarement ; les écrivains grecs le nomment habituellement βασιλεύς, στρατηγὸς ἐπὶ τῆς πόλεως. Les écrivains varient sur son titre, et toutes les qualifications que nous venons d'indiquer lui sont appliquées. L'autre suffète, qui était le chef suprême des armées, présidait sans doute le sénat et l'assemblée du peuple, avec l'autre βασιλεύς, lorsqu'il se trouvait à Carthage ; mais, en cas de guerre, il avait seul toute la direction des affaires militaires. Pourtant il était accompagné dans ses expéditions par un certain nombre de membres du grand et du petit conseil ; le motif de cette mesure se trouvait sans doute dans la méfiance avec laquelle le sénat surveillait le pouvoir illimité du général d'armée. Sans doute aussi le sénat, ou le sort, comme dans d'autres États de l'antiquité, décidait lequel des deux suffètes devait avoir la conduite des affaires militaires ; et la ruine de la constitution de Carthage commença par une querelle élevée entre Amilcar et Hannon au sujet de la dignité de général en chef pendant la guerre des mercenaires, et par l'abandon du choix à l'armée. Ce suffète était habituellement appelé στρατηγὸς par les Grecs, et par les Romains *rex*, *prætor* (ces titres sont donnés aussi par Tite Live, xxi, 3, à Amilcar et à Asdrubal), *dictator*, etc. La nature des choses fit que cette dignité de stratége dura plus d'un an, depuis que l'on eut porté la guerre en Sicile, en Sardaigne, et surtout en Espagne. D'abord probablement le même stratége fut réélu dans les formes l'année suivante ; il paraît néanmoins que plus tard cette formalité fut négligée, et, si les généraux de la famille Barcine ne revinrent pas d'Espagne et d'Italie à Carthage, ce fut sans doute pour ne pas courir le risque de se voir dépouiller de leur dignité. — Les suffètes étaient préposés par le sénat et élus par le peuple (3). Mais il paraît que plus tard le peuple, et même l'armée, élurent des suffètes de leur propre autorité. Ce fut là le pernicieux résultat de l'influence de la famille Barcine. Que si, en vertu d'un passage de Tite Live (xxx, 7), l'on doit admettre un troisième suffète, celui-ci était le grand prêtre, quoique cela soit invraisemblable, parce que la religion, à Carthage, ne jouait qu'un rôle secondaire, et que les suffètes, par leur dignité même, avaient déjà le droit de faire les sacrifices publics pour le peuple et pour l'armée. Comme, chez un peuple agissant de tant de manières et si industrieux, le sénat était suffisamment occupé par l'adminis-

---

(1) Le comité privé était l'élite, la tête du sénat. Heeren veut encore que ce soit la même chose que les *cent*, ce terrible tribunal qui jugeait les suffètes, les généraux et tous les autres magistrats ; qui tenait des surveillants auprès d'eux, qui avait même une sorte de censure sur les mœurs, en un mot, qui exerçait une inquisition d'État comme le conseil des *dix* à Venise, et finit par absorber toute la puissance publique. D'autres savants, ne voyant qu'une même chose dans la *gérousia* et le *sunklétos*, font du conseil des *cent* un corps distinct, et ils ont, à notre avis, pour eux le texte d'Aristote. — Quelle que fût son organisation, le pouvoir des *cent* remplit bien sa destination dans la période antérieure aux guerres puniques ; il préserva l'État de tout bouleversement. Il fut créé dans la dernière moitié du vᵉ siècle avant J.-C. a pour contenir dans de justes bornes la puissance excessive de la famille Magon et celle des généraux » (*V. l'Art de vérifier les dates*). Deux tentatives pour troubler la tranquillité publique furent déjouées par le conseil des *cent*. La première eut pour auteur Hannon, qui voulut détruire le sénat (l'an 440 selon Heeren, 436 selon l'*Art de vérifier les dates*). Bomilcar fut à la tête de la seconde ; il crut pouvoir profiter des revers de sa patrie en butte à la peste et aux armes triomphantes d'Agathocle (l'an 305) pour parvenir à la tyrannie. Il entra dans Carthage à la tête de 500 citoyens et de 1,000 mercenaires, et se fit proclamer roi sur les cadavres sanglants d'une foule de citoyens. Mais bientôt les jeunes gens se rallient, Bomilcar est abandonné, ses adhérents sont accablés, et l'ambitieux expie sur la croix, comme Hannon, sa criminelle entreprise. — Les *du* Rozoïr.

(2) Tite Live (xxx, 7) : *Suffetes, quod velut consulare imperium apud eos erat.* — Festus : *Suffes, consul lingua Pœnorum.* — Les *Schophetius* des Hébreux.

(3) Les suffètes furent d'abord à vie ; mais il est certain que plus tard ils devinrent annuels. On les choisissait, dit Aristote, selon leurs biens, leur crédit et leur popularité, afin qu'ils eussent le loisir et l'influence nécessaires pour se consacrer entièrement à l'administration.

---

(1) « En général, dit Jean de Muller, les Carthaginois estimaient au-dessus de tout la fortune et les moyens qui y conduisent ; ils avaient les vertus et les vices inséparables de l'amour des richesses. » Il s'éleva parmi eux une aristocratie dont le pouvoir reposait sur des bases d'autant plus larges et plus solides qu'elle n'était pas la même chose qu'une noblesse : c'était un corps fondé sur l'habileté qui donne les richesses et sur les vertus économiques qui les conservent ; il se recrutait incessamment de notabilités citoyennes ; enfin, comme dit Heeren, ce n'était pas tant une noblesse héréditaire qu'un certain nombre d'*optimates* qui constituaient cette aristocratie. Parfois aussi une seule famille jouissait d'un tel crédit que le suffrage public rendait pour ainsi dire héréditaires dans son sein les premières magistratures de l'État. Témoin la famille de Magon dont nous avons parlé, et qui se perpétua au pouvoir pendant deux siècles ; témoin encore la famille Barcine, qui joua un si grand rôle pendant la période des guerres puniques.

tration des affaires publiques du dedans et du dehors, on institua un collége spécial de juges (*ordo judicum*), composé de cent quatre membres, présidé par le βασιλεύς, et qui examinait toutes les affaires de droit. Pourtant ce collége, dans l'origine, n'avait certainement à rendre ses arrêts que dans des causes civiles, parce que rien ne nous autorise à croire qu'à Carthage le peuple n'ait pas exercé lui-même la justice criminelle, comme le faisaient les autres peuples de l'antiquité. Mais plus tard, lorsque le peuple eut de la répugnance à s'assembler, ces juges attirèrent aussi à eux la justice criminelle, et par là ils devinrent dangereux à l'Etat, surtout après qu'ils eurent rendu leurs fonctions viagères, changement que nécessita peut-être la multiplicité des affaires. Quelle protection pouvait donc trouver un individu, lorsqu'il n'avait point d'appel, lorsque ses juges gardaient leurs places toute leur vie, et que par conséquent on ne pouvait leur faire rendre aucun compte? Ces juges formaient vraisemblablement les *pentarchies* (1) dont parle Aristote, à savoir cinq par tribu; celles-ci auraient donc été au nombre de vingt et une, à moins que ces pentarchies n'aient été plutôt un choix de cinq hommes par tribu, qui avaient pour fonctions de veiller aux intérêts de leur tribu, et qui présidaient dans les *circuli* et les *convivia* de celle-ci (Tite Live, XXXVI, 16), ou dans les συσσίτια τῶν ἑταιριῶν dont parle Aristote; par où ils avaient une influence très-considérable sur toutes les affaires de l'Etat. —Plus tard Annibal restreignit de nouveau à une année la durée des fonctions de juges. Du reste, celui-ci seul pouvait devenir juge qui avait déjà rempli d'autres fonctions, et il paraît qu'en cas de vacance ce corps se complétait lui-même. — Les villes des provinces carthaginoises, lorsqu'elles ne nommaient pas elles-mêmes leurs magistrats, comme le faisaient les municipes romains (du nombre de ces villes étaient Utique, Hippone, Gadès peut-être), recevaient leurs administrateurs de Carthage ; les villes qui avaient été fondées par Carthage elle-même (Carthage-la-Neuve par exemple) étaient, à ce qu'il semble, gouvernées par les envoyés du conseil (2). Mais sans aucun doute ces magistrats des villes nommaient les suffètes avec la *gérousia* (3). — Les auteurs romains parlent aussi de questeurs institués à Carthage pour la direction des finances ; mais il faut toujours se défier de la tendance des écrivains latins à *romaniser* dans leurs livres les institutions étrangères. — Aristote, comparant la constitution de Carthage à celle de Sparte, dit que les deux républiques avaient leurs festins publics. Notre enfance a-t-elle été bercée de la description des banquets de Sparte ; mais qui nous dira quels étaient les festins de Carthage ? Heeren présume que c'étaient des repas de *confréries* ou des banquets politiques. Un trait de ressemblance incontestable que Cathage eut avec Rome, Athènes et Sparte, c'est qu'une seule ville, la métropole, présidait à toute l'administration de la république africaine ; mais cette centralisation respectait-elle dans les colonies et villes sujettes le droit municipal ? C'est ce que pourrait faire présumer le texte du second traité entre les deux républiques, où Carthage stipula nommément pour Utique et ses alliés. Aristote termine son chapitre sur la constitution de Carthage en émettant la crainte que l'élément populaire ne finît par prédominer et par détruire un gouvernement si sagement pondéré. Le philosophe de Stagyre fut prophète, car dans le siècle qui s'écoula depuis sa mort jusqu'à Annibal le peuple de Carthage devint plus puissant que le sénat ; à Rome, au contraire, surtout pendant la lutte punique, le sénat était plus puissant que le peuple. C'est surtout à cette différence qu'un auteur non moins judicieux qu'Aristote, Polybe, qui vit à sa décadence cette Carthage que celui-là avait vue dans sa grandeur, attribue le triste résultat de ses guerres contre Rome.

REVENUS DE CARTHAGE.—Il semble que l'on doive admettre sans hésiter que la fortune publique était, à Carthage, plus con-

sidérable que dans aucun autre Etat de l'antiquité ; et, sous ce rapport, Carthage offre un exemple unique dans son genre, celui d'une république que l'on put se maintenir pendant tant de siècles, à elle seule, à très-peu d'exceptions près, sans réclamer les ressources et la fortune de ses citoyens. Assurément, en des temps de nécessité, on prescrivit une taxe générale, une taxe sur la fortune, à laquelle nul citoyen, fût-il le plus éminent, ne pouvait se soustraire ; ou du moins une mesure de cette sorte pouvait être légalement prise ; cela ressort de la nature des choses, et d'ailleurs Tite Live le dit expressément (1) ; et il est plus que vraisemblable qu'il fallut recourir plus d'une fois, surtout dans les derniers temps, lors des guerres malheureuses contre Rome et contre les mercenaires, à un impôt de cette nature frappé sur les fortunes, pour tirer la république des plus grands embarras. En conséquence on autorisa les individus, surtout les hommes revêtus des hautes dignités de l'Etat, à s'enrichir de toute manière, parce que ce qu'ils s'appropriaient devenait après tout dans la suite le bien de l'Etat. Par là seulement on peut expliquer comment la république fut épuisée et forcée par suite à conclure une paix désavantageuse, et se vit pourtant en état de faire immédiatement après les plus grands sacrifices qui surpassaient de beaucoup les premiers. C'est ce qui arriva pendant la guerre civile, après la première paix avec Rome. — Quant aux dépenses habituelles et constantes de l'Etat, telles que l'entretien de la flotte et de l'armée pendant la guerre et pendant la paix, etc., les frais de l'administration intérieure, les édifices publics, la fondation et la conservation des colonies, etc., étaient couvertes par les *revenus publics*, placés sous la surveillance d'un *questeur* (comme Tite Live appelle ce fonctionnaire), et si considérables que, malgré les grandes pertes causées par la cupidité des magistrats, on pouvait accumuler en temps de paix des trésors immenses, qui facilitaient, en cas de guerre, les efforts les plus prodigieux, qui souvent semblent fabuleux. On peut se faire une idée de toute leur étendue par cette circonstance que lorsque Annibal eut réglé l'administration de ces revenus, c'est-à-dire pris les mesures nécessaires pour que les sommes qui jusqu'alors n'avaient fait qu'enrichir des particuliers, rentrassent plus que dans le trésor public, Carthage, même après les désastres de la seconde guerre avec Rome, eut non-seulement plus d'argent qu'il ne lui en fallait pour payer d'un seul coup le tribut imposé par les Romains, mais parut encore assez forte aux yeux d'Annibal pour pouvoir soutenir, d'accord avec Antiochus, une troisième guerre contre Rome. — Ces revenus réguliers consistaient : 1° en un *tribut* que devaient payer les sujets de la ville. Ce tribut variait tout autant que les relations des sujets eux-mêmes avec Carthage. Ceux-ci étaient en effet : *a)* *Alliés*, c'est-à-dire habitants des anciennes villes phéniciennes, qui étaient, il est vrai, dépendantes de Carthage, en tant qu'elles reconnaissaient la souveraineté de cette république, et devaient fournir des troupes à ses armées, etc., mais qui avaient cependant leurs propres magistrats, étaient fortifiées et jouissaient, pour les détails, d'une complète liberté. A cette classe appartenaient Utique, le grand et le petit Leptis, Adrumète, Hippone, Gadès en Espagne, peut-être aussi Panorme en Sicile, et d'autres. Ces villes ne payaient certainement pas un tribut proprement dit, et si Tite Live (XXXIV, 62) dit que le petit Leptis devait payer à Carthage un tribut quotidien d'un talent, ç'a été là une exception, ou cela se rapporte au territoire de Leptis ; et cette dernière conjecture est la plus vraisemblable. *b)* *Nations confédérées*, telles que les peuplades *numides* et les *Maurusiens* sur les deux versants du mont Atlas, les *Gétules*, les *Gindanes*, les *Lotophages*, les *Nasamons*, etc., en Afrique ; une grande partie des peuplades espagnoles, dans l'intérieur et sur les côtes méridionales du pays ; les habitants des îles Baléares, ceux des montagnes de la Sardaigne, etc. Ces peuples, bien qu'ils soient comptés au nombre des sujets de Carthage, avaient leurs propres chefs suprêmes et leurs propres rois, et fournissaient, aux ordres de Carthage, des gens de guerre moyennant une solde payée par la république. Peut-être aussi étaient-ils dans l'obligation de protéger le commerce carthaginois, de livrer, pour un prix fixé par Carthage, les productions brutes de leur pays, des munitions de guerre, du bétail, des chevaux, des éléphants, etc.; mais probablement leurs obligations ne s'étendaient pas beaucoup plus loin, et cette position de dépendance était pour ces peuples moins un fardeau

---

(1) « Ces pentarchies (commissions de cinq membres) se partageaient les diverses attributions, et les administraient à peu près comme faisaient les divers comités de notre convention nationale. Il est à présumer que si les *quinquévirs* n'appartenaient pas au sénat, le *quinquévirat* était la voie ordinaire pour y entrer. Aristote dit que les pentarchies réunies nommaient le conseil des *cent*. »   CH. DU ROZOIR.
(2) Cette opinion, émise par M. Kluge, dans son *Commentaire sur Aristote*, d'une manière trop générale, est absolument rejetée par Heeren. Celui-ci n'admet partout que des gouverneurs. On ne rejettera peut-être pas le moyen terme que nous présentons entre ces deux opinions.
(3) Un trait caractéristique qui résulte de ce tableau de la constitution de Carthage, c'est, dans cette république, la séparation du pouvoir civil et du pouvoir militaire.

(1) XXXIII, 46. *Vectigalia publica partim negligentia dilabebantur, partim prædæ ac divisui principum quibusdam et magistratibus erant; quin et pecunia, quæ in stipendium suo quoque anno penderetur, deerat,* TRIBUTUMQUE GRAVE PRIVATIS IMMINERE VIDEBATUR.

qu'un avantage. c) *Véritables sujets.* A cette classe apparte-naient : α) les habitants du versant oriental du mont Mégala, depuis les sources du Bagradas jusqu'à la mer, et depuis Hippo-Zarytus jusqu'au fleuve Triton. Ce territoire, qui a environ 1,600 milles allemands carrés, protégé contre les ardeurs du désert par de hautes montagnes boisées, bien arrosé et bordé par la mer, offrant un sol fertile, avait été très-anciennement peu-plé par des peuples agriculteurs, qui furent tous subjugués par les Carthaginois et transformés, par l'envoi de nombreuses colo-nies carthaginoises, en un peuple mixte, assez semblable par le sang aux Carthaginois. Selon Strabon (XVII, 3, 15), il y aurait eu 300 villes sur ce territoire, et davantage encore selon d'autres auteurs; mais, à très-peu d'exceptions près, elles n'étaient pas fortifiées, afin qu'il fût plus aisé aux Carthaginois de les tenir en bride; mais aussi, dès qu'un ennemi étranger se montrait, elles devenaient pour lui une proie facile. Les habitants de ce pays (*Afri*, *Libyes*, *Liby-Phœnices*) devaient payer un tribut fort onéreux, consistant surtout en produits bruts, et qui, dans les temps de nécessité, fut souvent élevé à la moitié de la récolte annuelle. Les habitants devaient apporter ce tribut en nature jusqu'aux dépôts établis sur la côte ou *Emporia*, d'où les flottes de la république les transportaient à Carthage ou sur les points où l'on en avait besoin. C'était de ces tributs en nature que vi-vait la ville souveraine, qu'elle entretenait ses nombreux es-claves publics, qui travaillaient sur les ports, dans les arsenaux, dans les mines, etc., ou qui servaient comme rameurs sur les flottes; c'était avec ces tributs encore qu'elle nourrissait ses nombreuses troupes mercenaires.—β) Les habitants du territoire carthaginois en Sardaigne, en Corse, d'une partie de la Sicile et de la province carthaginoise en Espagne, qui s'étendait de-puis l'embouchure de la Guadiana, le long de la crête de la Sierra-Morena jusqu'aux sources du Guadalquivir et à l'em-bouchure de la Ségura. Ces peuples aussi étaient soumis à un tribut, parce qu'ils avaient été subjugués par la force des ar-mes, et ils devaient en partie travailler dans les mines de la république, en partie payer annuellement un tribut en nature, prélevé sur le produit des terres qu'on leur avait données à cul-tiver. Le sort de ces hommes était fort malheureux; cela résulte de leur disposition à se révolter contre Carthage dès qu'ils en trouvaient l'occasion; pourtant on ne peut pas trop conclure de ce fait, et la plupart des récits que nous font les écrivains de la dureté et de la tyrannie des Carthaginois envers leurs sujets sont pleins d'exagération; du moins ces hommes ne se sont-ils pas trouvés mieux dans la suite sous les Romains et même dans les temps modernes. —γ) Les habitants des nombreuses colo-nies carthaginoises sur les côtes d'Afrique, sur la Méditerranée jusqu'aux colonnes d'Hercule, puis au delà de celles-ci vers le sud jusqu'à la Guinée, et le long des côtes d'Espagne jusqu'en Bretagne, en Irlande, en Norwège et en Islande. Il est difficile de dire à quelle sorte d'impôt ces colonies étaient obligées; car nous sommes privés de tout renseignement à cet égard. Du reste leur position variait certainement beaucoup. — 2° *Le commerce de terre et de mer* était une des sources principales du revenu public des Carthaginois. Le droit de faire le commerce semble avoir été réservé exclusivement aux citoyens de Carthage et des anciennes villes phéniciennes alliées, et certainement avec de grandes restrictions pour ces derniers; sans aucun doute ce droit était entièrement interdit aux *sujets;* c'est là du moins le seul moyen d'expliquer la contrebande qui se faisait avec tant d'activité, et que Carthage ne put jamais entièrement étouffer. Tout le commerce de Carthage, d'importation comme d'expor-tation, ne se faisait que par des vaisseaux carthaginois, et les nations mêmes avec lesquelles on avait conclu des traités de commerce, qui par conséquent obtinrent de plus grands privi-léges que d'autres, telles que les Étrusques et les Romains(?), étaient tout à fait éloignées de la Sardaigne et de la Libye (c'est-à-dire du territoire carthaginois en Afrique), ou ne pouvaient acheter de marchandises que sous la surveillance d'un officier carthaginois; cette mesure fut pourtant levée dans la suite, et modifiée, en ce que ces peuples eurent seulement la permis-sion d'entrer dans les ports de ces contrées lorsqu'ils étaient battus par la tempête, ou qu'ils voulaient radouber leurs vais-seaux ou faire des provisions. Des traités postérieurs leur per-mirent de venir à Carthage; d'où il résulte que cette faculté était refusée aux autres peuples non alliés. Le commerce de Carthage étant de cette manière mis à l'abri de toute concurrence avec le dehors, et la république s'efforçant de lui ouvrir chaque jour de nouvelles carrières, l'État pouvait aussi exiger des *péages considérables* sur l'importation, l'exportation et le mouvement des marchandises, et ces péages enrichissaient la république sans fouler les particuliers. Nous ne connaissons pas le mode de perception employé pour ces péages; nous savons seulement qu'un grand nombre de vaisseaux carthaginois armés proté-geaient le commerce sur toutes les mers, empêchaient la con-trebande, et que des officiers établis par la république dans chaque station, sur la côte, étaient chargés de régler tout ce qui concernait le commerce. Plus tard de grands abus étaient introduits dans la perception des droits, en ce que les person-nages éminents, qui faisaient le commerce tout en tenant le gouvernail de l'État, cherchaient probablement à se soustraire à ces droits; pourtant la réforme faite par Annibal dans l'État mit un terme à ces abus.—Le troisième revenu principal venait des *mines* des îles de la Méditerranée et d'Espagne, qui étaient exploitées pour le compte de la république par les nations sub-juguées ou par les esclaves de l'État. Dès les temps les plus anciens, avant même l'extension donnée aux possessions car-thaginoises par Amilcar et Asdrubal, les plus importantes de ces mines se trouvaient dans la Sierra-Morena et la Sierra-Ne-vada, et dans ces contrées Castulo et Oringis étaient les chefs-lieux d'exploitation. Plus tard il y eut dans le voisinage de Carthage-la-Neuve des mines considérables découvertes par un certain Alétès, auquel on rendit par reconnaissance des honneurs divins. Du temps des Romains, ces mines donnaient encore un produit journalier de 25,000 drachmes, et par con-séquent beaucoup davantage durant la période carthaginoise. En Espagne, beaucoup de mines aussi étaient entre les mains de particuliers; la famille Barcine, par exemple, en possédait dont le produit était prodigieux : il paraît néanmoins que ce n'était là qu'un abus; d'ailleurs la famille Barcine se permet-tait bien d'autres empiétements sur les droits de l'État. — Il est impossible de déterminer avec certitude l'usage que les Car-thaginois faisaient de la grande masse de métaux précieux qu'ils acquéraient de cette manière. La quantité de métal mon-nayé ne paraît pas avoir été plus considérable que ne l'exigeait le commerce de Carthage même; car on ne peut soutenir sérieu-sement que Carthage n'eut absolument pas de monnaie, par cette seule raison qu'il nous a été conservé à peine une mé-daille réellement carthaginoise. Le payement du tribut aux Ro-mains se fit assurément toujours au poids; comme d'ailleurs les vainqueurs exigeaient des talents euboïques, et que, lors de la livraison du premier payement après la seconde paix avec Rome, les Romains trouvèrent l'argent non point pur, mais allié avec un quart de cuivre, les ambassadeurs carthaginois à Rome se virent dans la nécessité d'emprunter de l'argent pour couvrir la différence (Tite Live, XXXII, 2). Pour le commerce entre Carthage et ses colonies, et surtout pour faciliter le com-merce maritime, on se servait de monnaie de cuir, au sujet de laquelle il ne nous a été conservé qu'une indication à peine intelligible, d'Eschine, le disciple de Socrate; mais cette indi-cation ne laisse aucun doute sur le fait en lui-même. En effet, pour ne pas s'exposer à perdre les métaux précieux par les naufrages, par la piraterie, etc., il y avait à Carthage une mon-naie de cuir, c'est-à-dire des morceaux de cuir sur lesquels était imprimée une marque, et que l'État émettait à la manière des billets de banque modernes; il les maintenait en circula-tion en les reprenant chaque fois qu'on le demandait, et donnait en retour des espèces sonnantes. Cette institution d'une banque publique, que l'on appelle souvent l'une des plus bril-lantes découvertes des temps modernes, est donc une invention de Carthage, et prouve plus que toute autre l'intelligence de son gouvernement. Seulement la position des autres nations ne permettait pas d'utiliser et d'appliquer cette invention cartha-ginoise, et chez les Romains, dans les siècles qui suivirent la destruction de Carthage, la confiance n'était pas assez grande entre les citoyens et les sujets, pour que l'on pût fonder une banque de cette espèce; et c'est ainsi que cette invention re-tomba dans l'oubli jusqu'au temps des Vénitiens. — Les Car-thaginois connaissaient aussi déjà les *emprunts publics* (à Pto-lémée Philadelphe par exemple, *V.* Appien, I, p. 92), de même également qu'ils distribuèrent déjà les lettres de mar-que (1).

(1) Voilà ce que nous savons des revenus publics de Carthage. Mais à qui les administrateurs rendaient-ils compte de leur gestion ? Qui fixait les impôts? Était-ce le peuple, ou, comme il est plus probable, le sénat ? Sur tous ces points, il vaut mieux, je crois, avouer son ignorance, qu'é-tablir de vaines hypothèses; car, même en s'appuyant pour certaines choses sur un passage de Tite Live (XXXIII, 43, 46), on ne serait con-duit qu'à de faux résultats, vu qu'il ne parle que des abus, qui ne nous mettent pas même le juger des institutions aux époques florissantes de la république (Heeren).

COMMERCE DE CARTHAGE. — Le commerce de Carthage, continental et maritime, quant à sa direction principale et à son étendue, était en grande partie déterminé par la position de la métropole. Jusqu'à présent, les historiens ne se sont occupés que de la navigation et du commerce maritime de Carthage; ils ne semblent pas même s'être doutés de l'existence des relations que la république entretenait avec les tribus de l'Afrique intérieure. Néanmoins, comment admettre que l'esprit entreprenant de ce peuple industrieux ne lui ait pas fait entrevoir de bonne heure les avantages qu'il pouvait tirer d'un commerce par la voie de terre? — Il faut l'avouer, tout concourt pour couvrir cette question de la plus profonde obscurité. L'Afrique fut et est encore aujourd'hui la partie du monde la moins explorée. A peine sait-on les noms des empires qu'elle renferme, et les nombreuses caravanes qui la traversent actuellement n'ont encore jeté que de faibles clartés sur l'intérieur de ce vaste continent. — Les Carthaginois paraissent d'ailleurs avoir enveloppé leur commerce de terre du plus grand mystère. Ces marchands soupçonneux en parlèrent si peu, qu'il ne parvint pas même à la connaissance des auteurs qui ont écrit sur cette république. Réduits à quelques renseignements vagues et obscurs, nous n'aurions eu pour nous guider que des conjectures, si l'historien par excellence, Hérodote, n'eût pénétré et dévoilé le secret. Le commerce des peuples d'Afrique se bornait ou à des objets de première nécessité, tels que les dattes, le sel et les esclaves (regardés anciennement comme les rouages obligés de l'organisation sociale), ou bien à des objets d'une valeur fictive, tels que l'or en grains ou en poudre. — La traite des esclaves remonte en Afrique jusqu'aux premières traces de l'histoire. Les peuples établis sur la côte septentrionale de ce continent, comme les Égyptiens, les Cyrénéens, les Carthaginois, connaissaient non-seulement les esclaves; mais ils les employaient à leur propre usage, ou bien les vendaient à l'étranger. On les tirait en grande partie du cœur de l'Afrique, et des esclaves noirs des deux sexes formaient même un objet de luxe chez les peuples que nous venons de nommer, ainsi qu'en Grèce et en Italie. — Un autre objet important, ou pour mieux dire le plus indispensable, est le sel. Les côtes habitées de l'Afrique septentrionale ne manquent pas de salines; mais dans les pays au sud du Niger il ne se trouve pas le moindre sel, ni de salines ni de sources. En récompense, la nature a établi des magasins énormes de ce minéral au milieu de grands déserts. Les peuples qui avoisinent le Niger sont donc forcés ou d'aller eux-mêmes chercher ce produit en caravanes nombreuses, ou de l'acheter aux marchands étrangers en donnant en échange de la poudre d'or ou d'autres marchandises. — Les dattes forment un troisième article de commerce. Une grande partie des habitants de l'Afrique se nourrissent de ce fruit, que déjà dans l'antiquité l'on savait conserver par l'art. Mais toute l'Afrique ne produit pas de dattes. On les trouve dans toute la région placée aux confins du grand désert, entre les 20ᵉ et 26ᵉ degrés de latitude nord, comprise sous la dénomination de Biledulgerid, ainsi que sur quelques points fertiles du désert. Ailleurs il n'y en a point du tout, ou du moins fort peu. — L'or manque tout à fait, ou du moins est très-rare dans l'Afrique septentrionale, en deçà du désert; mais au delà de cette limite, surtout dans les pays situés au sud du Niger, ce métal se trouve en très-grande abondance. Il faut chercher les pays aurifères dans les montagnes de Kong qui traversent l'Afrique. — La nature, en invitant les peuples de l'Afrique à un commerce mutuel par la répartition de ses produits, leur a prescrit aussi en quelque sorte les voies par lesquelles ils devaient le faire. Les distances énormes des pays, les grands déserts et les hordes de brigands les parcourent, s'opposaient à ce que des marchands isolés y fissent des voyages; ce n'était qu'en compagnies nombreuses qu'on pouvait affronter ces dangers; le commerce intérieur de l'Afrique dut par conséquent se faire par caravanes : il devint ainsi le partage d'une nation entière. — Les renseignements qu'Hérodote a été à même de recueillir sur l'Afrique intérieure montrent la grande étendue qu'avait alors le commerce de ce continent, et indiquent les peuples trafiquants. Carthage ne prit pas une part immédiate à ce commerce, en tant que des marchands carthaginois ne traversèrent pas eux-mêmes en caravanes l'intérieur de l'Afrique; cela se faisait alors tout aussi peu que cela se fait aujourd'hui par les habitants des côtes septentrionales de l'Afrique. Mais Carthage sut fort bien ouvrir aux caravanes de l'intérieur de l'Afrique des places d'entrepôt sur les côtes de la Méditerranée, et attirer par là principalement à eux ce commerce; c'est précisément dans ce but que furent entreprises les longues guerres entre Carthage et Cyrène au sujet des côtes de la grande et de la petite Syrte; car la possession, si peu importante du reste, de cette lisière du désert, devait faire tomber ce commerce de l'intérieur entre les mains de Carthage. Comme depuis des milliers de siècles la nature de ces pays est toujours restée la même, les routes de commerce dans le désert, déterminées par les oasis, n'ont pas non plus changé depuis les temps les plus reculés, mais elles sont encore aujourd'hui ce qu'elles étaient du temps d'Hérodote; et réciproquement, ce qu'elles sont aujourd'hui, elles l'étaient déjà plus ou moins du temps d'Hérodote; et les découvertes faites récemment dans l'intérieur de l'Afrique ont confirmé presque littéralement ce qu'Hérodote raconte avec détail dans le quatrième livre de son histoire. Cette route allait de la ville actuelle de Tripoli et de Leptis major par Murzuk vers Bornou et le lac Tsad dans le pays des nègres et de là vers le *Grand-Fleuve*, qui coule de l'est à l'ouest, et vers une grande ville très-peuplée, sur les bords de ce fleuve; cette ville ne peut être que Tombouctou, et le *Grand-Fleuve* ne peut être que le Niger ou Joliba, le seul de ces contrées, et dont le nom d'ailleurs n'a pas d'autre signification que celle de *Grand-Fleuve*. Les marchandises que les caravanes de Murzuk (Fezzan) apportaient aux habitants du Soudan consistaient, comme aujourd'hui encore, en majeure partie en sel et en dattes; et ils ramenaient en échange des esclaves, de l'or, de l'ivoire, des pierres précieuses, etc., que les Carthaginois qui les attendaient dans leurs villes sur les côtes de la Méditerranée, leur prenaient à leur tour en échange d'autres productions de leur pays ou de marchandises d'Europe; puis ils les portaient sur les marchés européens (1). Sans doute de semblables routes de caravanes conduisaient aussi à Cyrène et en Égypte; mais elles étaient plus longues et plus difficiles, et c'est ainsi que les Carthaginois réussirent à s'emparer presque exclusivement de ce commerce. Les Carthaginois faisaient encore un commerce productif avec les Numides et les habitants du Biledulgerid, et de ce côté encore ils attirèrent peut-être à eux les richesses du Soudan sur la seconde route principale, qui mène de Tombouctou vers le nord par Tafilet. Sur la côte de l'Océan aussi jusque vers la Guinée, les Carthaginois eurent, au moyen de leurs colonies, un marché pour les marchandises d'Afrique, qu'ils apportaient ensuite par mer dans leur capitale (2). —

(1) Pourtant l'exemple d'un Carthaginois nommé Magon, qui avait fait trois fois le voyage du désert avec de la farine sèche pour toute nourriture, indiquerait, s'il n'était pas isolé, qu'ils se joignirent eux-même aux caravanes.

(2) Une de ces routes de caravanes, qui partait de Thèbes en Égypte, avait pour premier terme de voyage le temple de Jupiter Ammon. On voit la destination qu'avait ce grand oracle, et on conçoit la raison pour laquelle le temple était placé au milieu d'un désert dont les dangers devaient écarter le voyageur le plus intrépide. Le temple de Jupiter Ammon était un sanctuaire, mais en même temps un caravansérai pour les voyageurs qui venaient de la Nigritie, et pour ceux qui allaient de l'Afrique septentrionale en Égypte. Retrouver ce temple, telle a été la tâche favorite des derniers investigateurs; et leurs efforts ne sont pas restés infructueux. Il paraît que c'est le Siwah moderne. — Ammonium nous est présenté dans l'antiquité, non-seulement comme temple, mais comme un petit État fondé en commun par des Égyptiens et des Éthiopiens, et gouverné par un chef ou roi particulier. Cette origine et sa population nombreuse sont constatées par une foule de catacombes et par les restes des momies dont les collines voisines sont couvertes. L'oasis elle-même est d'une étendue moyenne. Le sol fertile a, d'après l'évaluation de Minutoli, plus de 3 lieues de longueur, mais nulle part plus d'une lieue de largeur. Le Siwah moderne forme encore un État de ce genre, composé de quatre ou cinq villes, dont la plus considérable, nommée Kébir, est régie par des cheiks ou chefs particuliers; ce n'est que depuis peu qu'elle a été rendue tributaire du souverain actuel d'Égypte, qui fit faire une expédition contre elle. On voit encore le château des anciens princes ou dynasties, qui appelle aujourd'hui Shargieh, a été décrit et dessiné par Minutoli. Il se trouve à 320 pas de l'entrée de l'ancien temple, dont la porte principale donne sur Kébir. — La ruine de l'ancien temple est nommée par les habitants *Birbe* (temple), mais plus souvent *Umebeda*. Elle est éloignée environ d'une lieue de Kébir, et placée entre le village Shargieh et une montagne qui renferme les carrières d'où l'on a tiré les matériaux de construction. Les restes du temple même sont divisés en deux parties, en une espèce de *pronaos* ou vestibule extérieur, et en une pièce d'intérieur, le sanctuaire proprement dit. Le mur de derrière, au sud, a entièrement disparu, il est donc impossible de déterminer l'étendue primitive du temple. L'édifice ne peut cependant pas avoir été fort grand, quoiqu'il soit certain qu'il a été plus vaste autrefois. La construction, ainsi que la forme de l'édifice, correspond avec celle de l'Égypte ancienne. — Les murs sont en pierres de taille. Tout le temple était couvert en dedans et en dehors de sculptures et d'hiéroglyphes, qui n'ont pas été conservés partout également bien. Les espaces entre les hiéroglyphes sur les parois et sur le plafond étaient

Le *commerce maritime* de Carthage était de la plus haute importance ; car il s'étendait de toutes les parties du monde alors connu. Dans cette voie, les Carthaginois marchèrent sur les

peints ; la couleur verte et bleue s'est très-bien conservée. Les sculptures, semblables à celles de Thèbes, montrent les traces du culte d'Ammon, sans oublier la procession et la nef sacrée ; le reste du temple, à la mode égyptienne, était entouré d'un mur circulaire qui séparait le sanctuaire de la place moins sacrée. Le mur était d'une épaisseur considérable en pierres de taille ; on n'en revoit plus les moindres vestiges au-dessus de terre ; on reconnaît encore la direction qu'il suivait. Aux angles seulement, les pierres de taille ont gardé leur première position, et marquent l'étendue de toute l'enceinte. Elle a soixante-dix pas de long sur soixante-six de large, et ses flancs sont assez bien orientés d'après les points cardinaux. On découvre en dedans de ce mur les traces d'un autre mur qui, à en juger par ses ruines, semblait former diverses cloisons de séparation ; mais voilà où s'arrêtent nos conjectures. — Au sud du temple, à la distance d'une demi-lieue environ, s'élance d'un bois de dattiers la source du Soleil, jadis consacrée au dieu Ammon : elle prend la forme d'un lac, long d'environ trente pas et large de vingt. On lui donne six toises de profondeur ; mais son eau est si claire, qu'on en voit sortir une foule d'ébullitions comme d'une marmite bouillante. La température de l'eau change ; elle est la nuit plus chaude que le jour, et fume d'ordinaire un peu de grand matin. C'est probablement une source chaude dont on n'aperçoit pas la température naturelle le jour à cause de la chaleur ardente du soleil. Un petit ruisseau, après s'être détaché du lac, se joint à une autre source, qui jaillit également du sein de ce bois de palmiers, et se dirige ensuite vers la ruine du temple, dans le voisinage de laquelle elle forme à présent un marécage, probablement parce que les anciens courants sont bouchés.

a. La source du Soleil.
b. Autre Source.
c. Débris de l'ancien mur d'enceinte.
d. Ruines du Temple d'Ammon.
e. L'ancien bourg royal, dit aujourd'hui Sharyuh.
f. Bois de Dattiers.

100   300   500
Pieds de Paris.

La haute culture de l'oasis se montre encore aujourd'hui dans la grande abondance de dattes, de grenades et autres fruits ; mais ce qu'on y récolte le plus, ce sont les dattes d'un goût exquis. Les habitants racontent que, dans les bonnes années, toute la place en est couverte ; ils obtiennent tous les ans la charge de cinq à neuf mille chameaux, comptée chacune à trois quintaux ; aussi payent-ils actuellement leur tribut en dattes. Ils ne manquent pas de bétail ; cependant le chameau ne prospère pas chez eux, probablement à cause de l'humidité du sol : ce qui fait qu'ils n'exportent pas eux-mêmes leurs produits, mais que les étrangers viennent les chercher ; leur existence dépend donc du passage des caravanes. A côté de l'oasis, la nature a établi un grand magasin de sel. Des masses considérables s'en détachent tous les jours ; il y a des endroits

traces des Phéniciens, et comme ces derniers ils cherchèrent surtout à s'assurer et à se conserver par des rapports bienveillants le commerce avec les autres nations de la terre. Chaque fois que Carthage s'écarta de ces principes, ce fut pour son malheur. Nous avons déjà dit que le droit de faire le commerce était réservé aux seuls citoyens de Carthage et aux villes confédérées ; nous avons dit aussi que tous les étrangers étaient exclus de leurs côtes et de leurs ports, à moins que des traités particuliers ne leur en ouvrissent l'entrée. Sans doute aussi les Carthaginois avaient pour principe d'exporter leurs produits non pas bruts, mais manufacturés, et quoique nous ne le sachions avec certitude que pour quelques marchandises, par exemple pour la toile de lin et pour les étoffes de coton, on ne peut pas admettre qu'ils aient négligé en d'autres choses ce plus grand de tous les avantages. Carthage, comme les autres villes confédérées, florissait par ses fabriques et ses manufactures de toute espèce, autant du moins que l'état du monde alors connu permettait ou favorisait une prospérité de ce genre. — Mais si les Carthaginois s'efforçaient d'exclure tous les étrangers de leurs ports, ils cherchaient avec une ardeur non moins grande à s'ouvrir, par des liens d'hospitalité entre les particuliers ou par des traités entre les Etats, à s'ouvrir un accès chez tous les autres habitants de la Méditerranée. Avec Cyrène, qui avait été si longtemps ennemie de Carthage, celle-ci faisait un commerce actif, et échangeait, entre autres choses, du *silphium* contre du *vin*. De nombreux vaisseaux carthaginois stationnaient dans les ports d'Egypte, et c'est là qu'Hérodote reçut de marchands carthaginois une grande partie de ses renseignements sur l'Afrique. Sur les côtes de la Palestine et de la Phénicie, les Carthaginois étaient chez eux, comme dans leur patrie, et bien que l'activité des villes commerçantes de la Phénicie, qui ne fut jamais complétement étouffée, ne laissât pas dans ces parages le commerce capital aux Carthaginois, le trafic de ces derniers n'y était certainement pas sans importance. Il en était de même en Grèce où, malgré les guerres continuelles que les Carthaginois faisaient aux Grecs de Sicile, les relations commerciales ne furent jamais complétement rompues, parce que les Carthaginois savaient se rendre indispensables eux et leurs marchandises. Nous avons vu plus haut quelle importance les Carthaginois attachaient à la possession de la Sicile ; pourtant leurs vaisseaux remplissaient même les ports où ils n'étaient pas les maîtres. Malte et les petites îles voisines leur appartenaient depuis une époque fort ancienne ; le coton, qui y croissait naturellement, était porté à Carthage, manufacturé, et fournissait un article important de commerce. Les vaisseaux marchands de cette république se montraient sur toutes les côtes d'Italie, et depuis les Tarentins et les Bruttiens jusqu'aux Liguriens, ils entretenaient les relations les plus étroites avec les divers habitants de ce pays ; il a été question de traités avec les Etrusques et les Romains. Dans les premiers temps, les Carthaginois eurent des guerres fréquentes avec la colonie phocéenne de Massilia, et souvent elles leur furent désavantageuses, parce que Carthage ne voulait pas souffrir en Occident une république commerçante qui devenait florissante ; elle avait d'ailleurs réussi à exclure les Massiliotes de la meilleure partie de l'Espagne ; elle les avait réduits à faire par terre le commerce avec le nord de l'Europe, à travers la Gaule, en remontant le Rhône et en descendant le Rhin ; pourtant les Carthaginois avaient aussi des relations amicales avec des tribus galliques. Il a déjà été question de l'Espagne ; au début de la seconde guerre avec Rome, ce pays était presque tout entier ouvert aux Carthaginois, et il était le siège principal de leur puissance. Les anciennes colonies phéniciennes de Tartessus et de Carthage furent et restèrent jusqu'à la conquête de l'Espagne par les Romains les entrepôts les plus importants du commerce de l'Occident, et là, dès les temps les plus reculés, les Carthaginois s'étaient si bien rendus maîtres de tout le commerce, que les habitants du pays, quoiqu'ils fussent presque de tous côtés entourés par la mer, ne paraissent jamais avoir construit de vaisseaux ni s'être hasardés sur les flots. La Sardaigne, une partie de la Corse, la petite île d'Elbe, riche en fer, les Baléares, etc., obéissaient à Car-

qui, dans l'espace d'une demi-lieue, sont tellement couverts de sel, qu'ils ressemblent à un champ de glace, et au milieu de ces couches salsugineuses jaillissent quelquefois des sources d'eau douce. Le sel, qui est très-bon, était déjà regardé anciennement comme plus pur et plus sacré que tout autre. Chaque année, à un jour fixe, le même où la grande caravane part pour la Mecque, les habitants font leur récolte de sel. — Ainsi, tous ces indices affirment que Siwah est l'ancien Ammonium (HEEREN).

thage, ou lui fournissaient leurs richesses, objets d'un commerce singulièrement productif ; comme jadis les Phéniciens en partant de Tartessus, de même plus tard les Carthaginois naviguèrent en dehors du détroit jusqu'à l'île de Bretagne, pour y chercher l'étain (κασσίτερος) ; ils pénétrèrent jusqu'aux côtes de Samland, où ils trouvaient l'ambre, et jusqu'en Norwége et en Islande, où ils échangeaient leurs marchandises contre des poissons secs et salés : ce fait est connu par quelques indications éparses dans les auteurs anciens ; de plus les recherches et les observations des modernes ont rendu vraisemblable et presque incontestable que dans ces contrées, notamment sur les côtes de l'Irlande, de l'Ecosse et de la Finlande, les Carthaginois fondèrent des colonies, qui ont dû être fort importantes, puisqu'il s'en est conservé des traces jusqu'à nos jours. Nous avons précédemment parlé plus d'une fois des voyages des marchands carthaginois jusqu'à la côte de Guinée ; mais la manière dont, suivant Hérodote (IV, 196), ils trafiquaient avec les habitants barbares de ces contrées est caractéristique. Ils attiraient, en se servant de la fumée pour signal, les habitants sur la côte où ils avaient déposé leurs marchandises, et dont ils s'étaient ensuite éloignés. Les barbares de leur côté déposaient de l'or à côté des marchandises, puis s'éloignaient aussi. Si les Carthaginois trouvaient suffisante la quantité d'or déposée, ils l'emportaient en laissant sur le rivage les marchandises que les habitants venaient chercher ; si au contraire les marchands ne se trouvaient pas satisfaits, ils s'éloignaient jusqu'à ce que les habitants eussent apporté la quantité de métal exigée. Selon le témoignage de certains voyageurs modernes, cet échange muet se fait encore aujourd'hui chez les nègres de Tombouctou de la même manière et avec la même conscience que du temps d'Hérodote. — Hérodote (v, 19 et suiv.) dit expressément que les Carthaginois se rendaient aux Canaries, particulièrement à Madère, que les Phéniciens avaient déjà découverte ; mais ils n'y fondèrent point d'établissements durables ; peut-être même n'est-il pas invraisemblable que des navigateurs carthaginois aient poussé jusqu'au continent américain, et qu'à leur retour ils aient annoncé à l'ancien monde l'existence de l'île lointaine de l'*Atlantide*. — Il est impossible de passer en revue tous les articles du commerce de Carthage ; car, bien que les Carthaginois soient désignés partout comme marchands, on ne trouve nulle part d'indications complètes ni de détails satisfaisants sur la nature de leur trafic. Contentons-nous donc de dire que le commerce de Carthage était un *commerce universel* qui embrassait le monde, qu'il s'adressait à tous les peuples alors accessibles, et qu'il avait pour objet tous les biens alors enviés. Ce que les caravanes apportaient du Sénégal et du Niger à travers le désert, de même que les pelleteries, les poissons et l'ambre du Nord ; l'encens de l'Arabie et la soie de l'Inde, comme l'étain et le plomb de la Bretagne, trouvaient leur marché à Carthage avec les autres richesses du monde situé entre ces extrêmes. — Si ce commerce enrichissait immédiatement Carthage, il assurait aussi des bénéfices incalculables au reste du monde ; il joignait les zones les plus éloignées, et réunissait dans un même intérêt des peuples qui avaient à peine entendu prononcer le nom les uns des autres. Des nations qui autrement eussent gémi des siècles encore dans les chaînes d'une brutale barbarie furent tirées de leur léthargie par les Carthaginois, éclairées par de nouvelles idées et de nouvelles pensées, excitées à une active industrie, et la vie agissante que l'histoire rencontre dans les Iles Britanniques, dans le nord de la Gaule, de la Germanie et de la Scandinavie, dès la première découverte de ces pays, était certainement l'œuvre des marchands carthaginois, puisque aujourd'hui encore l'on trouve des restes de la langue punique chez les Gaëls des montagnes d'Ecosse.

FORCES MILITAIRES DE CARTHAGE. — Nous nous bornerons à un petit nombre d'observations sur l'organisation militaire de Carthage. Ses forces consistaient en *troupes de terre* et en *troupes de mer*, qui étaient également importantes. A l'époque la plus florissante de la république, *les forces maritimes* devaient être très-considérables, parce qu'un commerce maritime aussi étendu, surtout lorsqu'une seule ville en voulait conserver le monopole, ne pouvait prospérer que sous la protection d'un grand nombre de navires armés, qui tantôt le défendaient contre la piraterie, et tantôt surveillaient les côtes dans toute leur étendue. Que si maintenant on calcule l'étendue du domaine continental et maritime où les Carthaginois s'arrogeaient l'empire de la mer, depuis les frontières de Cyrène jusqu'au delà du détroit de Gadès, le long des côtes de l'Afrique et d'Espagne et dans toute les îles grandes et petites de la Méditerranée, on comprendra que le nombre des bâtiments de guerre entre-

tenus par Carthage devait être très-grand, même en temps de paix. Aussi les flottes avec lesquelles Carthage se montra en mer durant les guerres de Sicile et dans les guerres contre Rome étaient-elles fort nombreuses, et laissent-elles les flottes modernes loin derrière elles sous ce rapport. Des écrivains dignes de foi (notamment Polybe, qui est connu de toute exagération) portent souvent ses flottes à 200 vaisseaux de guerre et au delà, et même à 350 lors du combat de géants livré près d'Ecnome (l'an 256 avant J.-C.), et de plus on en sépare expressément les vaisseaux de transport, dont le nombre s'élève souvent au triple et au quadruple. Anciennement, avant la première guerre avec Rome, ces vaisseaux de guerre avaient trois rangs de rames ; mais depuis que l'on avait eu à lutter contre Pyrrhus, qui avait des vaisseaux d'une bien plus grande construction, on trouva les trirèmes insuffisantes, l'on fut forcé de construire aussi des vaisseaux plus grands, et c'est ainsi que Carthage eut des navires d'abord à quatre, puis à cinq rangs de rames, et désormais l'on s'arrêta à cette dernière dimension. Cet agrandissement des bâtiments et cet accroissement de la force de rames étaient d'autant plus indispensables, que la manière de combattre des Carthaginois, comme celle des Grecs avant la bataille navale de Milæ (l'an 260 avant J.-C.), consistait surtout à faire tourner subitement le vaisseau, afin de frapper avec la plus grande force possible de l'éperon le flanc d'un vaisseau ennemi, ce qui devait le déchirer, ou bien à le raser si vite et de si près qu'on le démontait de ses rames sur tout un côté, ce qui le désarmait également. Les Romains, inférieurs à cet égard aux Carthaginois, renoncèrent les premiers à cette tactique, cherchèrent à aborder le vaisseau ennemi, et à changer ainsi un combat naval en combat de terre, où décidait la bravoure personnelle des gens de guerre qui se trouvaient sur les vaisseaux. En conséquence, l'équipage des vaisseaux de guerre carthaginois fut aussi dès lors plus fort qu'il ne l'avait été préalablement, et comme Polybe (I, 26) fait monter, dans la bataille navale d'Ecnome, le nombre des rameurs sur une quinquérème romaine à 300, celui des gens de guerre à 120, et le nombre d'hommes sur la flotte carthaginoise de 350 vaisseaux à 150,000, il s'ensuit que l'équipage des vaisseaux carthaginois était aussi nombreux que celui des vaisseaux romains. — La flotte carthaginoise avait son ancrage principal à Carthage même, où il existait un port spécial pour la flotte de guerre, avec des *docks* pour 220 vaisseaux. Toutefois le port pouvait certainement contenir un plus grand nombre de navires encore. De plus il y avait sans aucun doute une foule de ports militaires, à Malte, en Sicile, en Sardaigne, à Utique, à Hippone, à Gadès, à Carthage-la-Neuve, etc. Des matériaux pour l'armement des vaisseaux étaient rassemblés partout, notamment à Carthage et à Hippone, et il semble que toutes les flottes carthaginoises étaient ou devaient être construites à Carthage même, ou du moins dans le voisinage de cette ville. On ne dit pas, que nous sachions, d'où les Carthaginois tiraient le bois nécessaire pour leur marine ; c'était sans aucun doute des montagnes boisées qui s'étendaient au sud du territoire de Carthage, et qui de nos jours encore ne sont pas tout à fait dégarnies d'arbres. Du reste nous savons peu de chose sur l'armement des vaisseaux. Chaque bâtiment portait un nom distinctif, habituellement celui d'un dieu ou d'un héros carthaginois ; il était commandé par un officier que Polybe (I, 24) appelle *triérarque*, ce qui nous autorise peut-être à admettre qu'à Carthage aussi des particuliers jouissant d'une certaine fortune étaient forcés d'équiper à leurs propres frais des vaisseaux de guerre qu'ils commandaient ensuite en personne. La flotte, en tant qu'elle formait un tout pour une entreprise quelconque, était sous les ordres d'un amiral, subordonné lui-même au *stratége*, qui avait le commandement suprême de toutes les forces militaires. Les *rameurs* n'étaient point, comme chez les Romains, des hommes libres (*socii navales*), mais des serfs, des esclaves, que l'on achetait par milliers sur le marché de *Leptis magna*, par conséquent des *esclaves nègres*, semblables à ceux qui de nos jours encore travaillent aux plantations, et que l'on préférait probablement à tous les autres à cause de leur résistance à la fatigue et à cause de leur force corporelle. Le nombre de ces esclaves que la république était dans la nécessité d'entretenir annuellement en temps de paix s'élevait certainement à 50,000. — Les *forces de terre* de Carthage n'étaient pas moins considérables même en temps de paix. La conservation des grandes et lointaines possessions de la république exigeait une nombreuse armée permanente, et il était dans la nature des choses que cette armée fût nécessairement formée, en majeure partie du moins, de troupes nationales. A Carthage même, pour la défense de la ville et pour le maintien de la tranquillité, il y avait une garnison de 20,000 hommes d'infanterie et de 4,000 cavaliers, pour lesquels, et pour 300 éléphants, on avait ménagé des casernes et des écuries dans l'épaisseur du mur d'enceinte, et cette garnison était immédiatement soumise au commandement suprême du stratége de la république. De plus, des garnisons carthaginoises occupaient les villes fortes et les châteaux situés sur le territoire de Carthage en Afrique, pour maintenir dans la soumission ce peuple qui obéissait avec tant de répugnance. Des garnisons carthaginoises occupaient également Malte et les villes de Sicile et de Sardaigne, ainsi que les parties conquises de l'Espagne, et ce ne serait probablement pas se tromper de beaucoup que de porter à 50,000 le nombre des soldats employés annuellement à cette destination et au service de la flotte (1). Si donc Carthage avait une guerre à soutenir, elle portait ces troupes à un nombre prodigieux par des mercenaires qu'elle levait à prix d'argent chez toutes les nations qui bordaient la Méditerranée. Avant tout, *les habitants du territoire carthaginois* étaient obligés au service militaire ; ils fournissaient de la grosse cavalerie et de l'infanterie pesamment armée, et formaient le noyau de l'armée carthaginoise. Puis les *Nasamons* et les *Lotophages*, etc. (les peuples de l'État de Tripoli et du Fezzan actuel) servaient en qualité de mercenaires dans l'armée de la république, vraisemblablement comme infanterie légère. Puis venaient les *Numides* et les *Maurusiens*, toutes les tribus des deux versants de l'Atlas depuis Carthage jusqu'aux États actuels de Fez et de Maroc. Ils fournissaient de la cavalerie régulière et irrégulière, la meilleure de l'antiquité, qui assura à Annibal, tant qu'il l'eut avec lui, au commencement de son expédition contre Rome, une supériorité constante sur les Romains, et qui, en toute occasion, se couvrit de gloire en Sicile et en Espagne. Les *mercenaires espagnols*, en nombre très-considérable, se distinguaient par leur bravoure sauvage, par leur inébranlable constance et par leurs excellentes épées, également propres à frapper d'estoc et de taille. La cavalerie lusitanienne était également célèbre. Les *mercenaires gaulois* étaient moins estimés, mais également en très-grand nombre ; terribles dans la première attaque par leurs glaives à deux mains, ils ne résistaient pas dans la mêlée. On estimait les *Liguriens*, les *Campaniens*, les *Bruttiens*, et d'autres mercenaires qu'envoyait l'Italie. Les *Sardes* ne paraissent pas avoir été armés ; mais les *frondeurs des îles Baléares*, qui ne manquaient jamais leur coup même à une grande distance, jouissaient d'une grande réputation. On enrôlait quelquefois jusqu'à 100,000 de ces mercenaires. On ne tenait aucun compte des défaites qu'ils pouvaient essuyer, lorsqu'elles arrivaient loin de Carthage, parce qu'il était facile de remplacer les mercenaires, et on les sacrifia plus d'une fois pour sauver les nationaux. Car le général carthaginois ne confiait pas sa personne à ces étrangers ; mais il était constamment entouré de soldats carthaginois, cavaliers et fantassins, et sa garde proprement dite était formée de la *troupe sacrée*, choisie parmi les premiers et les plus nobles citoyens, et forte souvent de 2,000 hommes et au delà (2). Nous sommes mal informés de ce qui concerne les machines de guerre des Carthaginois. Anciennement ils avaient aussi des *chars de guerre* ; mais il n'en est plus question depuis la lutte avec Agathocle. Pyrrhus leur apprit à se servir des éléphants ; et ils les employèrent souvent avec succès ; mais souvent aussi ils furent pour eux une cause de désastre. Les bagages, habituellement très-considérables, et tous les valets de

(1) Ils étaient tous pesamment armés, et leur infanterie avait des cuirasses de fer, des casques de cuivre, de grands boucliers blancs tout resplendissants, faits de cuir d'éléphant et garnis de lames de fer, des épées et des lances. Souvent Carthage fut sauvée par la bravoure de ces troupes. Mais ce n'était qu'à la dernière nécessité que l'on croyait pouvoir sacrifier le sang des citoyens.

(2) « Les Carthaginois n'étaient rien moins que guerriers de leurs personnes, dit M. Michelet (que l'histoire semble pourtant contredire en ce point), quoiqu'ils aient constamment spéculé sur la guerre. Ils y allaient en petit nombre, protégés par de riches armures. S'ils y paraissaient, c'était sans doute moins pour combattre eux-mêmes que pour surveiller leurs soldats de louage, et s'assurer qu'ils gagnaient leur argent. Carthage savait, à un drachme près, à combien revenait la vie d'un homme de telle nation. Un Grec valait plus qu'un Campanien, celui-ci plus qu'un Gaulois ou un Espagnol. » Toutefois, aux Grecs, qui avaient trop d'esprit et ne se laissaient pas conduire aisément, Carthage préférait les barbares. Elle n'avait garde de faire servir près de leur patrie les troupes qu'elle avait à sa solde ; on les dépaysait avec soin. Les différents corps d'une même armée étaient isolés entre eux par la différence de langue et de religion : presque toujours elles dépendaient pour les vivres des flottes carthaginoises. On sait comment une fois on se débarrassa d'un corps de mercenaires : on le laissa périr de faim sur un îlot désert.　　Ch. DU ROZOIR.

l'armée étaient placés sous la surveillance d'un officier supérieur spécial (Polybe, III, 93). Des médecins militaires suivaient aussi l'armée. La discipline était très-sévère ; comment en effet eût-il été possible sans cela de contenir ces hordes de barbares ? Le général en chef était en même temps grand prêtre de l'armée.

ETAT DE LA CIVILISATION A CARTHAGE. — Tout ce qui précède prouve jusqu'à l'évidence qu'au temps de sa splendeur, c'est-à-dire dans le siècle qui précède la guerre avec les Romains, Carthage n'était parvenue à un médiocre degré de civilisation. Sans doute, chez un peuple que toute la nature de sa vie détournait de la contemplation pour l'entraîner à l'activité politique et aux richesses par l'agriculture et par le commerce, ou par l'industrie et la pratique des arts, on doit moins chercher une culture scientifique et de l'érudition, que cette culture intellectuelle qui favorise et développe précisément la vie pratique ; bien qu'ensuite l'intelligence, une fois éveillée, ne puisse rester stationnaire ; bien que, tout en appliquant essentiellement son activité à la vie extérieure, elle ne fasse pas simultanément des tentatives tout à fait infructueuses pour les progrès de la vie intérieure. Carthage assurément n'était point une *Athènes*, et nous y chercherions en vain un Eschyle et un Sophocle, un Socrate et un Platon, un Thucydide et un Xénophon, un Isocrate et un Démosthène ; mais Athènes, avec ses héros des sciences et des arts est un phénomène isolé dans l'histoire, et ne s'est pas répétée depuis ; ce que plus tard Rome elle-même fournit aux sciences et aux arts n'eut point en majeure partie de caractère original, et ne fut qu'une imitation pénible et incomplète des productions de la Grèce. Quant à la vie intellectuelle qui régnait à Carthage, nous avons perdu tous les documents qui pouvaient nous la faire connaître, et nous sommes réduits à tirer une conclusion générale de quelques indications partielles qui nous sont restées. Parler des arts et des métiers serait chose superflue. En effet, que les héritiers des Phéniciens aient connu l'art de travailler les métaux, de polir et de monter les pierres précieuses, dont ils avaient pour ainsi dire le monopole ; de préparer et de teindre avec habileté et de mille manières diverses les fins tissus de lin, de laine, de coton et de soie, etc. : cela s'entendrait de soi-même lors même que les anciens ne l'affirmeraient pas expressément ; l'on peut admettre de même avec certitude que les arts et les métiers inférieurs, en tant qu'ils servent au commerce et au luxe, n'atteignirent nulle part, dans le monde alors connu, un aussi haut degré de perfection qu'à Carthage, d'autant plus que, dans cette ville, ces arts et ces métiers, n'étaient pas, comme dans presque toute la Grèce et à Rome, exclusivement exercés par des esclaves, mais formaient, comme chez les Phéniciens, l'honorable occupation des hommes libres. Si donc le luxe, la magnificence et l'opulence dépassaient à Agrigente et à Syracuse tout ce que l'on peut imaginer, si l'on s'en rapporte à la description de Diodore, on peut en reconnaître la source, avec une certaine assurance, dans le voisinage de Carthage, dont les navires marchands remplissaient incessamment les ports de ces cités. Pourtant les Carthaginois ne restèrent pas non plus en arrière dans les beaux-arts proprement dits. Ils avaient déjà apporté de Tyr l'écriture et les mathématiques, et probablement elles ne furent pas stationnaires chez ce peuple animé par une vie si riche et agité par des mouvements si divers. Sans doute il n'est pas question de poëtes chez eux ; peut-être aussi y furent-ils rares, parce que certainement, à Carthage, l'usage de l'écriture fut généralement répandu bien plus anciennement qu'il ne le fut en Grèce ; qui pourrait soutenir néanmoins qu'ils n'eurent absolument point de poëtes, ces hommes à passions si brûlantes, qui même sur le sol de l'Afrique ne démentirent jamais leur origine orientale. Le théâtre leur manqua peut-être, du moins n'en existe-t-il, à notre connaissance aucune trace à Carthage. Pourtant, chez les Grecs, le théâtre avait eu son origine dans le culte des dieux, dont il faisait en conséquence une partie essentielle, et il serait difficile de le chercher à Carthage, où les dieux, qui exigeaient de sanglants sacrifices humains, ne pouvaient être apaisés par d'aimables paix. Mais les Carthaginois eurent des historiens, comme Salluste et Pline nous l'apprennent ; ils eurent des philosophes, tels que l'académicien Asdrubal Clitomaque, dont Cicéron parle si souvent, et qui lui rend ce témoignage que non-seulement il est *subtil comme on le devait attendre d'un Carthaginois*, mais qu'il avait aussi beaucoup de profondeur et de science (*Acad. Quæst.*, IV, 31). Lors de la destruction de la ville, on y trouva des bibliothèques entières de livres écrits en langue punique ; et la plupart de ces richesses littéraires ne durent-elles pas périr dans ce désastre ? D'ailleurs l'on ne fit nulle attention au peu qui fut sauvé, et l'on ne traduisit en latin qu'un seul ouvrage de Magon, sur l'agriculture méthodique, dont de précieux fragments nous ont été conservés par Varron, Columelle, Palladius et Pline. Columelle (XII, 4, 2) fait encore mention d'un autre ouvrage sur l'agriculture, composé par Hannon ; car nulle part, dans l'ancien monde, l'agriculture et le jardinage ne furent pratiqués avec autant de perfection que dans cette république. Tout le territoire de Carthage ressemblait à un jardin arrosé par d'innombrables canaux, où les fruits de toute espèce venaient avec une richesse admirable; la beauté des figues de Carthage que Caton l'ancien apporta de cette ville à Rome, ne décida-t-elle pas la ruine de la république! — Pour nous former une idée de la langue qu'on parlait à Carthage, il ne nous reste d'autres ressources que quelques inscriptions peu déchiffrables et un certain nombre de mots et de noms propres cités par les auteurs anciens, et où l'orthographe est ordinairement très-corrompue. Le nom même de Carthage, selon Solin *Carthada* et chez les Grecs Karchédòn, est une corruption de KARTHHADASCHA ou KARTTHHADATHA (ville neuve). Les fragments puniques que nous trouvons dans le *Pœnulus* de Plaute (acte 5, sc. 1 et 2) offriraient un spécimen assez considérable de la langue carthaginoise, si on pouvait les déchiffrer avec certitude. Mais si l'on réfléchit que l'alphabet romain était probablement peu propre à la transcription exacte des mots puniques, que Plaute lui-même peut avoir écrit bien des fautes, et que ces fautes devaient être considérablement augmentées par les copistes, qui ne comprenaient pas un mot de ce qu'ils écrivaient, on conçeva facilement que nous devons à jamais renoncer à bien comprendre les paroles du Carthaginois Hannon, quoique Plaute nous en ait donné lui-même la traduction latine. L'explication qu'en a hasardée Bochart (*Chanaan*, liv. II, ch. 6) est arbitraire, recherchée et souvent absurde; nous aimerions mieux avouer notre ignorance sur les passages puniques de Plaute que de gratifier les Carthaginois du mauvais hébreu du savant Bochart. Les essais de Bellermann, orientaliste allemand, sont un peu plus heureux; mais ce savant aussi s'est trop écarté de la traduction latine de Plaute, qui, mieux que tout autre, devait connaître la valeur des paroles qu'il a mises dans la bouche de Hannon. Quoi qu'il en soit, le petit nombre de mots que l'on a pu déchiffrer avec certitude, tant dans le fameux passage du poëte romain que dans les noms propres et les inscriptions, suffisent pour nous convaincre que la langue des Carthaginois, comme celle des Phéniciens (*V.* ce mot), avait le plus intime rapport avec l'hébreu, et que les mots qui dans ces deux langues s'écrivent par les mêmes consonnes diffèrent souvent dans la prononciation. Ainsi, par exemple, *suffes*, gén. *suffetis*, est le mot hébreu schofet (juge) ; les mots du *Pœnulus* (v. 1, 9) : *Heliguvbylim lasibit thym* (in hisce habitare *regionibus*) se prononceraient en hébreu : *ěllěh guebouthim laschébeth schám*. Les mots puniques qu'on n'a pu déchiffrer jusqu'à présent appartiennent probablement à la langue libyenne, qui se mêlait peu à peu dans celle des colons phéniciens. — Les Carthaginois brillèrent aussi dans l'architecture, dans la mécanique, dans l'hydraulique, etc. Il peut paraître douteux qu'ils aient eu un style propre d'architecture, puisqu'il est dit que c'étaient des colonnes d'ordre *ionique* qui, dans le port militaire, soutenaient les édifices sous lesquels on rangeait les vaisseaux ; pourtant d'autre part la prodigieuse étendue de leurs temples, notamment de celui d'Esculape, et leurs maisons, hautes de six étages, permettent de pencher pour l'affirmative. Nul peuple ne surpassait les Carthaginois dans l'art de construire les vaisseaux ; aussi les vaisseaux carthaginois servirent de modèles aux Romains lorsqu'ils bâtirent une flotte. — A Carthage, la vie sociale différait beaucoup des mœurs des Grecs et des Romains ; ces derniers durent en conséquence la juger souvent de travers. Le peuple était divisé en tribus, et ces tribus avaient des assemblées régulières, où se réunissaient les hommes du même âge, pour conférer sur les affaires de l'Etat, tout en s'asseyant à un banquet commun. Aristote comparait cet usage aux syssities de Sparte et aux pheidities des Crétois ; mais on les comparerait mieux aux clubs politiques des temps modernes en Angleterre, en France ou dans les républiques suisses. Il est facile de concevoir qu'à l'époque la plus florissante de la république, où des fortunes prodigieuses étaient générales, non-seulement chez les chefs de l'Etat, mais dans toutes les classes du peuple, les mœurs ne purent conserver leur pureté et leur simplicité, et les trésors de Carthage furent en même temps sa perte. La persuasion généralement répandue que tout s'achetait avec de l'argent, et que les richesses étaient les seules bases du bien-être et de la stabilité d'une république où tout homme, pourvu qu'il eût de l'argent, pouvait se soustraire aux devoirs du citoyen, devait renverser Carthage dans la lutte contre les légions de Rome. De plus la religion sombre

et sanglante des Carthaginois devait assombrir l'esprit du peuple et le rendre aussi lâche et aussi servile envers ses maîtres, aussi mou dans l'adversité, que dur, insolent et cruel dans la prospérité envers les sujets et les ennemis ; tandis que d'autre part le culte ignominieux d'Astarté étouffait tout sentiment moral, et rendait le peuple aussi effréné dans la débauche que nous le représentent les auteurs anciens. Mais dans les tableaux que nous retracent ceux-ci, relativement surtout à la perfidie et à la cruauté punique, il y a beaucoup d'exagération; on doit le croire, parce que les Grecs et les Romains ne connurent que très-rarement les Carthaginois chez eux, et qu'ils n'eurent affaire qu'à leurs marchands, qui parcouraient toutes les mers, ou à leurs bandes mercenaires contre lesquelles ils se battaient en Sicile ou en Italie. On comprend sans peine que ces mercenaires, le rebut de toutes les nations barbares, durent par leur férocité rendre odieux le nom carthaginois. Mais le marchand, qui cherchait fortune à travers des dangers inexprimables, et à qui tous les avantages étaient bons, ne pouvait pas non plus faire estimer et respecter ce nom ; et bien que l'on ne pût se passer du marchand, bien qu'on le vit arriver avec plaisir, et qu'on le reçût avec une apparente bienveillance, on ne le détestait et ne le méprisait pas moins ; et si l'on se rappelle que, dans les idées romaines, l'usurier paraissait deux fois plus condamnable et plus dangereux que le voleur, on ne s'étonnera plus que la *foi punique* soit devenue proverbiale pour désigner toute espèce de perfidie. Du reste, cette *foi punique* est étrangère à l'histoire, et les Romains eux-mêmes, qui s'en plaignent si souvent, se sont montrés, sous ce rapport encore, les maîtres des Carthaginois. Le reproche d'une vie licencieuse et dissolue ne tombe pas non plus, si l'on tient compte de l'influence du climat, sur les Carthaginois plus que sur les Grecs et sur les derniers Romains ; et la dernière lutte où, trahis, trompés de tous côtés, et presque désarmés, ils cherchèrent avec tant de courage à repousser le joug romain, et ne succombèrent, après les exploits d'une bravoure à jamais mémorable, que sous les talents de Scipion et sous leur propre destin, prouve suffisamment que toute vertu n'était pas éteinte dans le peuple, et que ce fut précisément par ses vertus qu'il trouva une fin comparable à celle de Sagonte et de Numance. *Nec tantum Carthago habuisset opum sexcentos fere annos sine consiliis et disciplina* (Cicér., *De republi.*).

RELIGION DE CARTHAGE. — La religion des Carthaginois était en général la même que celle de Tyr, leur métropole, et des autres peuples sémitiques : c'était un polythéisme, c'est-à-dire un culte des astres, déjà très-dégénéré de sa pureté primitive, et altéré plus tard dans ses détails par les circonstances de temps et de lieu, surtout par l'influence libyenne, et plus tard encore par l'influence phénicienne. On ne peut donc bien comprendre les indications assez étendues et nombreuses données par les classiques grecs et romains et par les Pères que l'Afrique a donnés à l'Eglise, qu'en faisant un retour continuel vers la religion phénicienne, telle que l'Ancien Testament surtout nous la fait connaître ; car les Grecs et les Romains ne se sont jamais fait une idée exacte d'aucune religion orientale, et dans les dieux des Carthaginois, comme dans ceux des Egyptiens et des anciens Germains, ils croyaient toujours reconnaître, seulement sous d'autres noms, les dieux grecs et romains. Sans doute les médailles et les inscriptions sont, pour cette étude, une source beaucoup plus importante et plus sûre ; et en effet on en a fait connaître plusieurs dans ces derniers temps, trouvées sur le territoire de Carthage, et qui nous donnent sur plusieurs points des solutions précieuses (1) ; seulement le nombre de celles qui se rapportent à la religion est toujours encore peu considérable, et l'interprétation en est trop souvent douteuse. Les savants (2) qui se sont occupés jusqu'ici de cette matière ont assez complètement rassemblé et heureusement expliqué dans les détails les passages des classiques qui s'y rapportent ; et l'évêque danois Fréd. Münter, dans une excellente monographie (3), a essayé, avec l'érudition, l'habileté et le talent de rap-

(1) Voyez *Henr. Arentii diatribe philologico-critica aliquot monumentorum punicorum in Africa nuper repertorum interpretationem exhibens* (Lugd. Bat., 1822, 4). Comparez les interprétations, en désaccord avec celles-ci, données de ces mêmes inscriptions, par Gesenius, dans la *Gazette universelle de Leipzig*, n° 111, et celles analogues de Quatremère, dans le *Nouveau Journal asiatique* (t. 1, cah. 1, 1828); et de plus *H. A. Hamacker Miscellanea phœnicia* (Lugd. Bat., 1828, in-4°).

(2) Samuel Bochart, *Phaleg et Canaan* (Leyde, 1692) ; Hendreich, *Carthago* (Francof. ad Od., 1664, in-8°, p. 175 et suiv.).

(3) *Religion des Carthaginois* (deuxième édit., Copenhague, 1821).

prochement qui le caractérisent, de former de ces membres dispersés un tout où il a fait aussi un fréquent et heureux usage des médailles et des emblèmes qui y sont empreints. —Nous indiquerons d'abord, en commençant par les plus anciennes et par celles qui sont réellement nationales, les diverses divinités que des témoignages satisfaisants nous présentent comme originaires de Carthage ; puis nous raconterons les traits caractéristiques de leur culte, ensuite nous exposerons quelques observations sur d'autres idées et institutions religieuses, comme sur le caractère et sur l'influence de la religion de ce peuple. Quant à la série des dieux dans le panthéon carthaginois, nous devons faire observer que la divinité la plus puissante et la plus éminente dans le système religieux primitif des Phéniciens ne doit pas être nécessairement la divinité favorite et protectrice des Carthaginois, et par conséquent celle qu'ils adoraient avec le plus de ferveur. C'était là le cas pour Astarté-Junon, et pourtant la première place est due justement : 1° à *Baal*. On sait avec quel zèle ce dieu était adoré en Phénicie et dans toutes les colonies phéniciennes : quant à ce qui est de Carthage, nous manquons de données satisfaisantes ; car ce que Münter, dans un long chapitre, attribue à Baal, appartient presque exclusivement à Moloch ou Saturne ; cependant le grand nombre de noms d'hommes auxquels se trouve joint le nom de ce dieu, comme Annibal, Asdrubal, etc., prouve déjà que Baal était l'objet d'un culte brillant. Toutefois il faut distinguer avant tout le cas où *Baal* est un nom général, synonyme de *Dieu* ou *Seigneur*, et peut par conséquent être attribué à un dieu quelconque, et celui où il désigne préférablement Baal. Des témoignages exprès nous apprennent que le premier cas se rencontrait chez les Carthaginois, et d'ailleurs c'est en ce sens que ce mot est employé dans les inscriptions (1). On ne peut décider si chez les Carthaginois Baal était le dieu du soleil, ou bien, comme Gesenius a essayé de le démontrer pour les Phéniciens, la planète heureuse de Jupiter ; ce qui est certain, c'est que chez les Carthaginois ce mot se montre avec certains affixes qui lui donnent la signification de dieu du soleil. C'est sous ce nom qu'il figure sur les pierres voives d'Humbert, conservées à Leyde, aussi bien que sur une autre qui a été trouvée à Malte, et publiée par Hamacker (2) et par Lanci (3). Sur la première, Gesenius lit (presque en tout d'accord avec Quatremère), n° 3 : « A notre souveraine Tholath et à notre dieu, à notre seigneur, au dieu du soleil. Le consécrant (est) Gad-Aschtoret (bonheur d'Astarté), l'écrivain, fils d'Ebed-Melkar (adorateur d'Hercule). » — Le n° 2 est très-semblable avec celui-là ; seulement il a souffert en plusieurs endroits : « A notre souverain Tholath et à notre seigneur , au dieu du soleil. Le consécrant (est) Ebed-Eschmûn (*Asclepius*), adorateur d'Esculape), fils de Bed-Aschtoreth (adorateur d'Astarté) fils d'Ebed-Eschmûn (Asclepius). « — Sur les première et cinquième pierres, le mot dieu du soleil est encore très-net. Dans l'inscription de Malte on lit (d'après l'explication donnée par Hamacker des premiers mots : « Nobla, souverain d'Elal, a posé une pierre, comme expiation, au dieu du soleil, etc. » — 2°. En sa qualité de dieu protecteur et national des Phéniciens et des Carthaginois, Baal portait les noms particuliers de Melkarth , Melkar , *roi de la ville*, acception sous laquelle les Grecs le comparaient à Hercule. Cette analogie est exprimée dans l'inscription gréco-phénicienne de Malte , et aussi dans des auteurs anciens (4). Partout où les Phéniciens et les Carthaginois fondaient des colonies , ils élevaient à Hercule des autels , dont le plus célèbre se trouvait à Gadès ; mais Tyr, la métropole, fut constamment regardée comme la patrie de ce dieu ; aussi toutes les colonies et Carthage elle-même envoyaient chaque année à Tyr des ambassades avec de riches présents en dîmes et en prémices ; et ces offrandes étaient plus riches lorsque l'État se trouvait dans l'embarras, et que les défaites réveillaient les consciences endormies par le bonheur et par le bien-être (5) ; on faisait participer le dieu de Tyr même au

butin fait dans la guerre, et ces *communia sacra* servaient aussi sous le rapport politique à maintenir la bonne intelligence entre la métropole et la colonie. Pline dit expressément qu'on immolait, à Carthage, des *victimes humaines* en l'honneur d'Hercule, et il ajoute que, pour cette raison et par suite de l'horreur que de semblables sacrifices inspiraient aux Romains , la statue du dieu , transportée à Rome après la prise de Carthage , y reçut peu d'honneurs, et fut exposée en plein air, au lieu d'être placée dans un temple. Comme Pline ne signale aucune différence , ce passage peut encore servir à prouver que l'Hercule carthaginois, comme l'Hercule tyrien, était représenté avec des emblèmes analogues à ceux de l'Hercule grec et romain. Quant à l'importance que l'on donnait à Carthage aussi au protecteur de la ville , on en trouve un indice dans l'adjonction de son nom à certains noms propres , tels qu'Amilcar (grâce d'Hercule), Bomilcar (obtenu d'Hercule par des prières), etc. — 3°. Partout, dans le culte phénicien, on trouve placée à côté de Baal, comme divinité femelle , Astarté (nom qui semble signifier *étoile*, et sous lequel on croyait retrouver Vénus la bienfaisante, la fortune , celle qui donne le bonheur. On la trouve aussi , sous le premier nom , chez les Carthaginois , notamment dans des noms propres comme dans les inscriptions (1). De plus, elle figure, dans les inscriptions d'Humbert citées plus haut, à côté du dieu du soleil , Baal-Hamman , sous le nom de Tholath , c'est-à-dire création , selon l'explication vraisemblable donnée par Hamacker ; ce nom a donc le même sens que celui de Mylitta, donné à cette déesse par les Babyloniens (Hérod., I, 199) : on la reconnaît peut-être aussi dans un nom d'homme phénicien traduit par Ἀρτεμίδωρος dans une inscription gréco-phénicienne découverte à Athènes. Il est difficile que ce ne soit pas le même nom que celui de Θαλάτθ donné dans la cosmogonie babylonienne , par Bérose , à l'épouse de Bélus , appelée encore Omorka, et désignée comme la déesse de la lune (2). Les Grecs et les Romains l'appelaient tantôt Junon , tantôt Vénus, tantôt Vesta (3), mais le plus souvent Junon, nom sous lequel elle était non-seulement considérée comme la divinité tutélaire de l'ancienne Carthage, mais encore honorée avec zèle dans la Carthage romaine, surtout comme *Juno urania , cœlestis, dea cœlestis*. Faut-il reconnaître en elle l'astre de Vénus ou du Bonheur, ou bien la lune, comme principe femelle associé au soleil ? Il est impossible de résoudre *cette* question par l'état religieux de Carthage ; mais il est vrai qu'Hérodien la représente comme déesse de la lune. Quant à la forme sous laquelle on la représentait, on sait que la déesse de Paphos était figurée presque comme un fétiche de forme conique (4), et il en était à peu près de même des statues de Baal. Cette figure se trouve sur les troisième et quatrième pierres d'Humbert consacrées en commun à Baal-Hamman et à Tholath ; la voici :

On la trouve formée d'une manière analogue sur une pierre du cabinet royal des antiques à Dresde, et venue sans aucun doute de l'Afrique romaine (5). Une image très-antique de cette

---

(1) A. Servius ad Æneid., I, 729 : *Lingua punica deus* BAAL *dicitur.* — Isidor., Origg., VIII, 11 : *Bel idolum babylonicum est ... quod nomen* (numen ?) *et apud Assyrios et apud Afros postea cultum est, unde et lingua punica* BAAL *deus dicitur.* — Augustinus in Judd., 2, 13. Comparez la seconde inscription d'Humbert, et l'*Inscr. Melit. bilinguis*, dont nous parlerons bientôt.

(2) *Miscellanea phœnicia*, tab. 3, n° 1.

(3) *Osservazioni sul bassorilievo fenico-egizio, che si conserva in Carpentrasso, fatte da Michelangelo Sanci* (Roma, 1825, grand in-4°).

(4) Μελίκαρτος ὁ καὶ Ἡρακλῆς, dit Eusèbe, *Præpar. evang.*, I, 10.

(5) Voyez Polybe, *Excerpta de legatt.*, c. 114. — Diodore, 21, 14. — Justin, 18, sub fin.

---

(1) *Bostartus* (demandé à Astarté); *Deliastartus* (sauvé par Astarté); *Gerastartus* (hôte d'Astarté); *Metunstartus* (homme d'Astarté).

(2) *Berosi fragmenta* ed. Richter, p. 50. Syncellus ed. Dindorf., 1, 52. Voici le texte : ἄρχειν δὲ τούτων πάντων γυναῖκα ᾗ ὄνομα Ὁμόρκα· εἶναι δὲ τοῦτο Χαλδαϊστὶ μὲν Θαλάτθ, ἑλληνιστὶ δὲ μεθερμηνεύεσθαι θάλαττα· κατὰ δὲ ἰσόψηφον σελήνη. Il y a des erreurs dans le passage même, celle, par exemple, qui fait du chaldéen Θαλάτθ le grec θάλαττα. Mais le sens primitif est presque sans aucun doute , que la femme est placée au-dessus de tous les êtres sortis du chaos. En chaldéen elle s'appelait aussi Thalath, mot qui revient au grec θάλασσα, bien qu'il désigne plutôt la déesse de la lune (*V. Hamackeri diatribe*, p. 9).

(3) August., ad Judd., 7 ; — August., ad Ps. 98. — Id., *De civitate Dei*, IV, 10.

(4) Tacite, Hist., II, 3 : *Simulacrum deæ non effigie humana ; continuus orbis latiore initio tenuem in ambitum, metæ modo, et ratio in obscuro.*

(5) Elle ressemble extérieurement aux *Cippi* d'Humbert. Au-dessus

déesse, apportée, disait-on par la Phénicienne Didon, se trouvait à Carthage; et fut transférée à Rome dans un fou superstitieux, par *Héliogabale*, pour épouser dans cette ville le dieu syrien du soleil, union pour laquelle tout l'empire romain dut offrir des présents de noces (Hérodien, 5, 6); pourtant on ne décrit pas la figure de cette antique fiancée. Cependant la Junon Lacinia, regardée par les Carthaginois comme identique avec Astarté, ne devait pas seulement avoir la figure humaine; elle devait encore être parée de vêtements magnifiques, puisque Denys Ier de Syracuse lui vola un voile précieux qu'il vendit 120 talents aux Carthaginois (*Athénée*, xii, 58). La *dea cœlestis* des temps postérieurs est en général représentée avec des attributs empruntés à Cybèle (1). De même qu'en Orient les jeunes filles et les femmes se prostituaient en l'honneur d'Astarté et de Mylitta, de même les matrones se prostituaient dans le temple d'Astarté, à Sicca-Venerea, à trois journées de marche environ de Carthage (2), et les Pères de l'Eglise parlent encore avec une grande indignation de la corruption de mœurs causée par ce culte infâme (saint Augustin, *De civit. Dei*, ii, 3; iv, 10). Au temple de Junon, à Carthage, était joint un oracle célèbre qui conserva son influence politique longtemps après que presque tous les autres furent devenus muets: il avait des femmes pour interprètes; de même en Orient, on voit figurer en cette qualité des hommes habillés en femmes. Il faut encore remarquer le dépôt des raretés naturelles à Carthage comme à Malte, de même que le dépôt des bulletins de guerre dans le temple de Junon Lacinia. Sous Constantin ou sous ses fils le temple principal d'Astarté à Carthage fut abandonné et fermé, et les ronces en couvrirent les approches: c'est peut-être ce qui, l'an 399, le sauva de la destruction qui menaçait tous les temples et toutes les idoles; mais il fut renversé au commencement du ve siècle, parce qu'on faisait courir le bruit que la déesse se remettrait en possession de son sanctuaire. — 4° A Baal et à Astarté, divinités bienfaisantes, le système religieux des Phéniciens opposait le malfaisant Moloch, qui, dans le culte primitif des astres, était la *planète de Saturne*; comme mauvais principe, il fallait, pour l'apaiser, lui immoler des hommes, mais surtout des enfants: les Hébreux, infidèles à Dieu, firent à cette idole, d'après une coutume prise des Ammonites, un sacrifice de cette espèce dans la vallée de Hinnom ou de Tophet près de Jérusalem. Selon les rabbins, la statue de Moloch, en cet endroit, était d'airain; elle avait une tête de taureau; le reste du corps avait la forme humaine; le corps, creux à l'intérieur était chauffé par le bas, et l'on jetait entre les bras brûlants les enfants que l'on immolait. Diodore (2, 14) fait absolument la même description de la statue de Κρόνος ou Saturne à Carthage. Elle était de bronze, et avait les mains étendues, le creux en dessus (χεῖρας ὑπτίας, *manus supinas*), mais un peu courbées vers la terre, de sorte que les enfants qu'on mettait dans ses bras roulaient dans le brasier placé au-dessous. C'était surtout après un désastre arrivé dans la guerre, et sous le poids d'autres calamités que l'on faisait des sacrifices expiatoires de cette nature. Les Carthaginois ayant perdu une bataille contre Agathocle, on attribua le revers à la colère de Kronos, irrité de ce qu'on lui avait sacrifié, non pas, comme dans les anciens temps, les enfants des plus nobles familles, mais des enfants achetés et engraissés exprès dans ce but. On fit une enquête, et l'on trouva

se trouve une demi-lune à côté d'une étoile (symbole d'Astarté), et au-dessous, dans un renfoncement, la figure conique de la déesse

et dans un second renfoncement un mouton (probablement l'animal qui lui était consacré, et qu'on lui immolait); avec cette inscription: A. OVILLIA. L. L. L. PHARTENIO. I. S. L. M., et au-dessous du mouton: VI. EID. NON.

(1) Ekhel, *Doctrina numm.*, vii, p. 183. — Apulei *Met.*, vi, p. 174.

(2) Val. Max., 2, 6 et 15: *Siccæ fanum est Veneris, in quod se matronæ conferebant, atque inde procedentes ad quæstum, dotes corporis injuria contrahebant, honesta nimirum tam inhonesto vinculo conjugia juncturæ. V. aussi Solin, c. 30.*

que plusieurs des enfants destinés au sacrifice avaient été détournés par leurs parents, et alors on ne se contenta pas d'immoler 200 enfants des plus nobles familles, mais 300 hommes, soupçonnés de cette supercherie, se sacrifièrent par une mort volontaire. Dans ces sacrifices d'enfants, nulle douleur ne pouvait se faire jour; les mères elles-mêmes étouffaient par leurs baisers la douleur des enfants destinés au sacrifice; pendant le sacrifice même les cris plaintifs de ces malheureux étaient couverts par une musique bruyante de tambours et de fifres. On observait leurs convulsions lorsqu'ils tombaient des bras de l'idole, et ces convulsions, qui passaient pour des sourires (Σαρδώνιος γέλως), étaient considérées comme un heureux augure. Et l'on ne se contentait pas d'immoler des enfants; des hommes faits aussi, notamment des captifs, arrosaient de sang humain les autels de Kronos, non-seulement dans des occasions extraordinaires, mais tous les ans à des époques déterminées. — Habituellement le sort désignait les victimes. Des rabbins prétendent que fréquemment les enfants voués à Moloch n'étaient pas réellement brûlés, mais que, par un adoucissement à la loi, on les faisait seulement passer à travers le feu sacré, comme à travers un élément purifiant, et par une sorte de baptême; mais nul document punique ne permet de décider ce point; ce qui est certain, c'est que plus d'une fois, par humanité, des rois et des peuples étrangers exigèrent des Carthaginois l'abolition de cet usage atroce; malgré les conventions, l'ancienne barbarie reprenait le dessus, et elle se perpétua, bien qu'en secret peut-être, même dans la Carthage romaine. On croyait vraisemblablement devoir ces sacrifices à ce dieu, d'autant plus que, selon le mythe, il avait lui-même donné l'exemple. Dans les inscriptions et dans les noms propres puniques, on ne trouve aucune trace de Moloch; probablement on évitait de prononcer et d'écrire un nom si terrible. C'était sous un caractère d'autant plus salutaire et plus bienfaisant qu'apparaissait, aux Carthaginois comme aux Phéniciens, — 5° *Esmûn*, Εσμοῦνος, nom que les Grecs et les Romains traduisaient par Asclepios, Esculape. Il s'explique ordinairement par *Octavus*, parce qu'on regardait Esmûn comme le huitième des cabires; ce qui mérite aussi quelque attention, c'est la comparaison avec l'Egyptien Schmûn, c'est-à-dire avec le nom national du dieu Mendès. On voit combien les Phéniciens et les Carthaginois aimaient le culte de ce dieu par cette circonstance que le nom d'aucune autre divinité ne se rencontre aussi fréquemment dans les noms d'hommes conservés par leurs inscriptions. Les auteurs classiques parlent souvent du temple d'Esculape à Carthage. Il était situé dans la citadelle Byrza, très-élevé, très-fortifié, et fut défendu le plus longtemps lors de la destruction de Carthage; c'est là que se relèva des cendres dans la Carthage romaine. C'était là que l'on conservait les *Verbenæ Æsculapii*. — 6° Il est vraisemblable que le panthéon carthaginois comptait aussi un *dominateur des mers*; pourtant on ne connnaît pas son nom punique, et il ne s'est conservé aucun renseignement sur son culte dans la ville. On nous apprend, il est vrai, que les Carthaginois élevèrent un temple à Poseidon sur le promontoire Soloë, et qu'après une défaite en Sicile le général Imilcon précipita dans la mer une foule de victimes en l'honneur de ce dieu. Il figure sur les médailles espagnoles avec les attributs du trident et du dauphin, et vraisemblablement on lui avait aussi consacré dans ces contrées le cheval dont on voit si souvent l'image sur les médailles et sur les pierres puniques. — Aux divinités dont nous avons parlé jusqu'à présent, se joignirent, mais plus tard, d'autres divinités empruntées à des étrangers; telles que — 7° les déesses siciliennes *Cérès* et *Proserpine*, dont le culte fut introduit à Carthage après la guerre malheureuse contre Denys Ier, pour apaiser ces divinités, personnellement offensées par le pillage de leurs temples. On leur donnait pour prêtres quelques-uns des citoyens les plus éminents, et l'on admit, pour les servir, quelques prêtres instruits dans leur religion. Ce culte subsistait encore du temps de Tertullien; et ce Père nous apprend que les prêtresses, bien que mariées, devaient vivre volontairement séparées de leurs époux. — 8° Un culte purement carthaginois était celui des héros et des héroïnes, notamment celui de *Didon*, fondatrice de la ville, dont le temple, situé au milieu de Carthage, en entouré d'un bois sacré, a été décrit par Silius Italicus; celui des *Philènes*, ces frères héroïques qui, lors d'une querelle au sujet des limites entre Carthage et Cyrène, assurèrent à leur patrie un accroissement considérable en se sacrifiant eux-mêmes, c'est-à-dire en se faisant enterrer vivants: on éleva en leur honneur, sur la frontière, les *Aræ Philenorum*; celui du suffète *Amílcar*, qui, pour apaiser les dieux, se précipita dans les flammes, et reçut en récompense les honneurs divins. Le héros sarde *Iolaus* doit aussi avoir été honoré à Carthage ; du moins il est nommé dans le traité conclu entre Annibal et Philippe de Macédoine, où plusieurs divinités sont prises à témoin de l'alliance contractée. — Pas plus que les Phéniciens, les Carthaginois n'avaient d'ordre sacerdotal héréditaire. Le sacerdoce exigeait une naissance noble, des richesses, de la considération parmi le peuple, et sans doute aussi l'exercice de fonctions publiques. On choisissait pour prêtres les citoyens les plus nobles et les mieux famés, et les généraux accomplissaient en personne les sacrifices avant d'entrer en campagne ou avant toute entreprise importante. Cependant la dignité et les prérogatives des prêtres ne les mettaient pas à l'abri de tout mauvais traitement, de tout acte de brutalité, et en général ils ne paraissent pas avoir été inviolables (*sacrosancti*) ; du moins le prêtre Carthalon fut attaché à la croix, revêtu de ses habits sacerdotaux, par son propre père, qui se trouvait, il est vrai, à la tête d'une armée mutinée. — On peut dire qu'en général les Carthaginois étaient un peuple extrêmement religieux. La religion pénétrait toutes leurs pensées, toute leur manière de vivre. Tout enfant, dès sa naissance, recevait un nom qui le désignait comme un simple adorateur des divinités nationales ; on ne prenait et on n'exécutait aucune résolution importante sans consulter les dieux ; tout événement heureux était célébré par de solennels sacrifices d'actions de grâces ; tout événement malheureux était suivi de sacrifices expiatoires et de mortifications de toute espèce ; en voyage, dans le tumulte de la guerre, dans ses courses sur mer, le Carthaginois avait avec lui ses pénates, et au milieu du camp était dressée la tente sacrée, semblable au tabernacle des Hébreux. Dans les colonies nouvellement fondées, l'on s'occupait toujours avant tout de la construction d'un temple. Les Carthaginois attachaient une grande importance aux songes, aux révélations des dieux, et, comme ils croyaient à la constante influence de ceux-ci et à leur prescience, ils ne se contentaient pas de consulter les devins nationaux et les prêtres chargés des oracles ; mais ils envoyaient encore prendre l'avis des oracles étrangers, tels que celui d'Ammon en Egypte et celui de Delphes. Ils connaissaient la sainteté du serment et une Némésis vengeresse ; ils respectaient le repos des morts dans leurs tombeaux. — Et pourtant la religion n'avait sur ce peuple qu'une influence médiocre ou du moins peu bienfaisante ; car elle était loin du caractère doux et purement humain du culte grec ; elle ne constituait, en majeure partie qu'une sombre superstition, altérée de sang, ennemie des hommes. « Il eût mieux valu, dit un Grec vivement enthousiasmé, il est vrai, pour le culte grec et pour son caractère idéal (Plutarque), il eût mieux valu prendre pour législateurs Critias et Diagoras, athées avoués, que de permettre l'établissement d'une religion si monstrueuse, qui immolait des hommes. Les Typhons et les Géants, ces ennemis des dieux, n'auraient pu instituer rien de plus mauvais, s'ils avaient triomphé. » Aussi, quoique tous les arts de la guerre et de la paix fussent florissants à Carthage, quoique, par l'agriculture et par toutes les branches de l'industrie, par le commerce maritime, par ses colonies et par ses conquêtes, cette république se fût élevée à un degré extraordinaire de grandeur, le caractère du peuple, pris en général, resta dur et barbare. Comme leurs divinités altérées de sang pouvaient exiger de chacun d'eux des victimes si précieuses, ils furent d'autant moins avares du sang de leurs concitoyens et des étrangers. Ils traitaient les peuples sujets et soumis avec une dureté inhumaine, surtout lorsque l'égoïsme et la cupidité étaient mis en jeu ; les cruautés les plus révoltantes étaient commises, dès que le monopole du commerce courait le moindre danger ; la *pœna fides* était devenue proverbiale, et leur religion elle-même entraînait nécessairement la plus affreuse corruption de mœurs, surtout chez les femmes.

MÉDAILLES ET MONNAIES CARTHAGINOISES. — On n'a rien de certain relativement à l'époque à laquelle les monnaies autonomes de Carthage furent frappées, et l'on ignore si elles furent frappées à Carthage même, quoique l'on en connaisse beaucoup qui portent des caractères phéniciens. Ces médailles sont en or, en argent et en bronze : mais, quoiqu'elles portent des légendes phéniciennes, l'élégance du travail fait penser qu'elles ont été frappées dans la Sicile, au temps où les Carthaginois en furent les maîtres. — En effet les Carthaginois, plus occupés du commerce que des arts, trafiquaient les métaux comme d'une marchandise. Ce fut à peu près 400 avant notre ère qu'ayant porté pour la seconde fois leurs armes dans la Sicile ils s'emparèrent de plusieurs de ses villes, et y signalèrent leur puissance en y faisant frapper des monnaies sur lesquelles ils mirent une inscription punique. Quelques antiquaires avaient pensé qu'elles pouvaient avoir été fabriquées à Carthage par des artistes siciliens. Quoi qu'il en soit, la plupart de ces médailles, que l'on classait autrefois à la ville de *Panormus* (aujourd'hui Palerme), sont classées maintenant à Carthage, et on en trouve en Afrique une très-grande quantité. En les considérant, on remarque une extrême différence de travail entre les médailles véritablement siciliennes frappées à Panorme et celles qui ont sans doute été frappées à Carthage. Celles-ci, quoique d'un fort beau travail, ont cependant moins d'élégance, un *faire* moins gras, quelque chose enfin qui s'éloigne du dessin et de l'exécution des ouvrages du beau style grec. — Les types sont ordinairement, au droit, la tête de Cérès, et au revers un buste de cheval ou un cheval debout, souvent près de lui un palmier. La ville de Carthage avait été fondée par les Phéniciens fugitifs dans un lieu où ils avaient trouvé une tête de cheval. Virgile rappelle ainsi cette tradition :

> Un bois pompeux s'élève au milieu de Carthage :
> Il reçut ses enfants, préservés du naufrage.
> Là, la bêche, en fouillant, découvrit à leurs yeux
> La tête d'un coursier, symbole belliqueux.
>
> (*Enéid.*, liv. i, v. 445, trad. de Delille.)

Le nom même de Carthage, dans la langue phénicienne, est *Caccabe*, qui signifie tête de cheval (Etienne de Byzance, au mot *Carchédón* ; et Bochart, *De phœn. colon.*, lib. i, cap. 24). On peut consulter l'ouvrage de Dutens sur les médailles grecques et phéniciennes, Londres, 1776. Devenue colonie romaine, Carthage a fait frapper avec cette légende C. I. C., *Colonia Julia Carthago*, et avec son époque, des médailles latines en l'honneur de César, d'Agrippine mère, d'Antonin, Commode, Géta, Elagabale, etc. On attribue communément à Carthage les médailles impériales sur lesquelles on lit à l'exergue, CAR. KART — KPTC. — S. M. KA. — et quelques autres abréviations que l'on croit désigner les *officinæ* ou hôtels des monnaies établis dans cette ville (1).

CONSIDÉRATIONS DE MONTESQUIEU SUR CARTHAGE. — Dans son admirable parallèle entre Rome et Carthage, Montesquieu (*Grandeur et Décadence des Romains*, chap. IV) nous présente sur le gouvernement de cette dernière ville quelques observations aussi justes que profondes. « Carthage, devenue riche plus tôt que Rome, avait aussi été plus tôt corrompue ; ainsi, pendant qu'à Rome les emplois publics ne s'obtenaient que par la vertu, et ne donnaient d'utilité que l'honneur et une préférence aux fatigues, tout ce que le public peut donner aux particuliers se vendait à Carthage, et tout service rendu par les particuliers y était payé par le public. — Les anciennes mœurs, un certain usage de la pauvreté, rendaient à Rome les fortunes à peu près égales ; mais, à Carthage, des particuliers avaient les richesses des rois. — De deux factions qui régnaient à Carthage, l'une voulait toujours la paix et l'autre toujours la guerre ; de façon qu'il était impossible d'y jouir de l'une, ni d'y bien faire l'autre. — Pendant qu'à Rome la guerre réunissait d'abord tous les intérêts, elle les séparait encore plus à Carthage. » — On a souvent comparé l'Angleterre à Carthage, et la comparaison est juste à beaucoup d'égards (2) ; il faut cependant reconnaître que, dans les circonstances critiques, la cessation d'hostilités entre les partis en Angleterre imite généralement la conduite romaine. Nous en avons un exemple assez récent, qui nous a paru digne d'être cité. Sous le dernier ministère de lord John Russel, les tories, quoique très-forts, voyant l'embarras que donnaient au gouvernement les questions d'Egypte, de Chine et d'Amérique, déclarèrent qu'ils ne susciteraient au ministère whig aucune difficulté jusqu'à ce que l'horizon politique se fût éclairci, et ils tinrent parole. Poursuivons le parallèle. « A Rome, gouvernée par les lois, le peuple souffrait que le sénat eût la direction des affaires ; à Carthage, gouvernée par des abus, le peuple voulait tout faire par lui-même. — Carthage, qui faisait la guerre avec son or contre la pauvreté romaine, avait par cela même du désavantage : l'or et l'argent s'épuisent ; mais la vertu, la constance, la force et la pauvreté ne s'épuisent jamais. » — On a vu, dans les temps modernes, une application

---

(1) Ce dernier paragraphe est dû à M. DUMERSAN, du cabinet des médailles.

(2) Voyez dans l'*Essai sur les révolutions*, de M. DE CHATEAUBRIAND, un parallèle de cette nature entre les deux Etats.

de cette sage maxime, lorsque l'Espagne a fait la guerre aux Hollandais. — « Les Romains étaient ambitieux par orgueil, et les Carthaginois par avarice ; les uns voulaient commander, les autres voulaient acquérir ; et ces derniers, calculant sans cesse la recette et la dépense, firent toujours la guerre sans l'aimer. » — Les Anglais, de nos jours, veulent acquérir comme les Carthaginois, mais ils veulent aussi commander comme les Romains. — « Des batailles perdues, la diminution du commerce, l'affaiblissement du commerce, l'épuisement du trésor public, le soulèvement des nations voisines, pouvaient faire accepter à Carthage les conditions de paix les plus dures ; mais Rome ne se conduisait pas par le sentiment des biens et des maux ; elle ne se déterminait que par sa gloire ; et, comme elle n'imaginait point qu'elle pût être si elle ne commandait pas, il n'y avait point d'espérance ni de crainte qui pût l'obliger à faire une paix qu'elle n'aurait point imposée. » — Annibal et Coriolan sont, avec beaucoup d'autres, des témoins éclatants de cette vérité. — Les Carthaginois se servaient de troupes étrangères, et les Romains employaient les leurs. — Carthage employait plus de force pour attaquer, et Rome pour se défendre. — L'établissement de Carthage dans son pays était moins solide que celui de Rome dans le sien ; cette dernière avait trente colonies autour d'elle, qui en étaient comme les remparts. La plupart des villes d'Afrique, étant peu fortifiées, se rendaient d'abord à quiconque se présentait pour les prendre : aussi ceux qui y débarquèrent, Agathocle, Régulus, Scipion, mirent-ils d'abord Carthage au désespoir. » — Ainsi la bataille d'Hastings livra l'Angleterre à Guillaume le Conquérant. — « On ne peut guère attribuer qu'à un mauvais gouvernement ce qui leur arriva dans toute la guerre que leur fit le premier Scipion ; leur ville et leurs armées même étaient affamées, tandis que les Romains étaient dans l'abondance de toutes choses. — Chez les Carthaginois, les armées qui avaient été battues employaient souvent des insolentes ; quelquefois elles mettaient en croix leurs généraux, et les punissaient de leur propre lâcheté. Chez les Romains, le consul décimait les troupes qui avaient fui, et les ramenait contre les ennemis. » — l'histoire romaine abonde en exemples semblables. — Le gouvernement des Carthaginois était très-dur. Ils avaient si fort tourmenté les peuples d'Espagne, que, lorsque les Romains y arrivèrent, ils furent regardés comme des libérateurs ; et, si l'on fait attention aux sommes immenses qu'il leur en coûta pour soutenir une guerre où ils succombèrent, on verra bien que l'injustice est mauvaise ménagère, et qu'elle ne remplit pas même ses vues. — La fondation d'Alexandrie avait beaucoup diminué le commerce de Carthage. — Les puissances établies par le commerce peuvent subsister longtemps dans leur médiocrité ; mais leur grandeur est de peu de durée. Elles s'élèvent peu à peu et sans que personne s'en aperçoive ; car elles ne font aucun acte particulier qui fasse du bruit et signale leur puissance : mais, lorsque la chose est venue au point qu'on ne peut plus s'empêcher de la voir, chacun cherche à priver cette nation d'un avantage qu'elle n'a pris, pour ainsi dire, que par surprise. » — Prédiction terrible, et qui peut-être s'accomplira bientôt à l'égard de l'Angleterre, dont le colossal empire s'étend de nos jours sur la huitième partie du genre humain. Ne dirait-on pas en effet que le grand publiciste a lu dans l'avenir ? — Nous avons cité tout au long ce passage si remarquable, parce qu'il nous a paru propre à jeter un grand jour sur le gouvernement de Carthage et sur les principales causes de sa destruction. — Mais que seraient devenus le monde et la civilisation si Carthage avait triomphé de Rome? C'est là une de ces questions qui sont plutôt un jeu d'esprit qu'une véritable étude historique. Toutefois M. Victor Hugo a esquissé ce point avec un talent remarquable, et nous terminerons ce que nous avions à dire de Carthage, État libre, par quelques considérations écrites par ce brillant écrivain.

QUELQUES CONSIDÉRATIONS DE M. VICTOR HUGO. — « Ce ne serait pas, à notre avis, un tableau sans grandeur et sans nouveauté que celui où l'on essayerait de dérouler sous nos yeux l'histoire entière de la civilisation. On pourrait la montrer se propageant par degrés de siècle en siècle sur le globe, et envahissant tour à tour toutes les parties du monde. On la verrait poindre en Asie, dans cette Inde centrale et mystérieuse où la tradition des peuples a placé le paradis terrestre. Comme le jour, la civilisation a son aurore en Orient. Peu à peu, elle s'éveille et s'étend dans son vieux berceau asiatique. D'un bras, elle dépose dans un coin du monde la Chine, avec les hiéroglyphes, l'artillerie et l'imprimerie, comme un immuable échantillon de ce qu'elle fera un jour. De l'autre, elle jette à l'Occident ces grands empires d'Assyrie, de Perse, de Chaldée ; ces villes prodigieuses,

Babylone, Suze, Persépolis, métropoles de la terre qui n'a pas même gardé leur trace. Alors, tandis que tout le reste du globe est submergé dans de profondes ténèbres, resplendit dans tout son éclat cette haute civilisation théocratique de l'Orient, dont on entrevoit à peine, à travers tant de siècles, quelques rayons éblouissants, quelques gigantesques vestiges, et qui nous paraît fabuleuse, tant elle est lointaine, vague et confuse. Cependant la civilisation marche et se développe toujours. L'intérieur des terres ne lui suffit plus, elle colonise le bord des mers. Aux populations de laboureurs et de bergers succèdent des races de pêcheurs et de commerçants. De là les Phéniciens, les Phrygiens, Sidon, Troie, Sarepta, et Tyr qui bat les mers, comme dit l'Écriture, avec *les ailes de mille vaisseaux*. Enfin, prête à déborder l'Asie, elle fonde sur la limite de l'Afrique cette énigmatique Egypte, ce peuple de prêtres et de marchands, de laboureurs et de matelots, qui est en quelque sorte la transition de la civilisation asiatique à la civilisation africaine, des empires théocratiques aux républiques commerçantes, de Babylone à Carthage. — Sur l'Egypte, en effet, s'appuient les trois civilisations successives d'Asie, d'Afrique et d'Europe. L'Egypte est la clef de voûte de l'ancien continent. Ici la civilisation se bifurque, pour ainsi parler ; elle prend deux routes, l'une au nord, l'autre au couchant ; et, tandis que l'Egypte crée la Grèce en Europe, Sidon apporte Carthage en Afrique. Alors la scène change : l'Asie s'éteint. C'est le tour de l'Afrique. Les Carthaginois complètent l'œuvre des Phéniciens, leurs pères. Pendant que derrière eux s'élèvent, comme les arcs-boutants de leur empire, ces royaumes de Nubie, d'Abyssinie, de Nigritie, d'Ethiopie, de Numidie ; pendant que se peuple et se féconde cette terre de feu, que doit porter les Juba et les Jugurtha, Carthage s'empare des mers et court les aventures. Elle débarque en Sicile, en Corse, en Sardaigne ; puis la Méditerranée ne lui suffit plus. Ses innombrables vaisseaux franchissent les colonnes d'Hercule, où plus tard la timide navigation des Grecs et des Romains croira voir les bornes du monde. Bientôt les colonies carthaginoises, répandues sur l'Océan, dépassent la péninsule hispanique ; elles montent hardiment vers le nord, et, tout en côtoyant la rive occidentale de l'Europe, apportent le dialecte phénicien d'abord en Biscaye, où on le retrouve colorant de mots étranges l'ancienne langue ibérique, puis en Irlande, au pays de Galles, en Armorique, où il subsiste encore aujourd'hui, mêlé au celte primitif. Elles enseignent à ces sauvages peuplades quelque chose de leurs arts, de leur commerce, de leur religion ; et le culte monstrueux du Saturne carthaginois, qui devient celui du Tentatès celte ; les sacrifices humains, et jusqu'au mode de ces sacrifices, les victimes brûlées vives dans des cages d'osier à forme humaine. Ainsi Carthage donne aux Celtes ce qu'elle a de la théocratie asiatique, dénaturée par la féroce civilisation. Les druides sont des mages ; seulement ils ont passé par l'Afrique. Tout, chez ces peuples, sent de leur contact avec l'Orient. Leurs monuments bruts prennent quelque chose d'égyptien. De grossiers hiéroglyphes, les caractères runiques, commencent à en marquer la face, que jusque-là le fer n'avait pas touchée ; et il n'est pas prouvé que ce ne soit point la puissante navigation carthaginoise qui ait déposé sur la grève armoricaine cet autre hiéroglyphe monumental, Karnac, livre colossal et éternel, dont les siècles ont perdu le sens, et dont chaque lettre est un obélisque de granit. Comme Thèbes, la Bretagne a son palais de Karnac. — L'audace punique ne s'est peut-être pas arrêtée là. Qui sait jusqu'où est allée Carthage ? N'est-il pas étrange qu'après tant de siècles on ait retrouvé vivant en Amérique le culte du soleil, le Bélus assyrien, le Mithra persan ? N'est-il pas étonnant qu'on y ait retrouvé des vestales (filles du Soleil), des sacerdoce asiatique et africain, emprunté aussi par Rome à Carthage ? N'est-il pas merveilleux enfin que ces ruines du Pérou et du Mexique, magnifiques témoins d'une ancienne civilisation éteinte, ressemblent si fort par leur caractère et par leurs ornements aux monuments syriaques ; par leur forme et par leurs hiéroglyphes, à l'architecture égyptienne ?... — Quoi qu'il soit, le colosse carthaginois, maître des mers, héritier de la civilisation d'Asie, d'un bras s'appuyant sur l'Egypte, de l'autre environnant déjà l'Europe, est un moment le centre des nations, le pivot du globe. L'Afrique domine le monde. — Cependant la civilisation a déposé son germe en Grèce. Il y a pris racine, il s'y est développé, et du premier jet a produit un peuple capable de le défendre contre les irruptions de l'Asie, contre les revendications hautaines de cette vieille mère des nations. Mais si ce peuple a su défendre le feu sacré, il ne saurait le propager. Manquant de métropole et d'unité ; divisé en petites républiques qui luttent entre elles, et dans l'intérieur desquelles se heurtent déjà toutes les formes de gouvernement, démocratie, oligarchie, aristocratie, royauté ; ici énervée par des arts précoces, là nouée par des lois étroites, la société grecque a plus de beauté que de puissance, plus d'élégance que de grandeur, et la civilisation s'y raffine avant de se fortifier. Aussi Rome se hâte-t-elle d'arracher à la Grèce le flambeau de l'Europe ; elle le secoue du haut du Capitole, et lui fait jeter des rayons inattendus. Rome, pareille à l'aigle, son redoutable symbole, étend largement ses ailes, déploie puissamment ses serres, saisit la foudre et s'envole. Carthage est le soleil du monde ; c'est sur Carthage que se fixent ses yeux. Carthage est maîtresse des océans, maîtresse des royaumes, maîtresse des nations. C'est une ville magnifique, pleine de splendeur et d'opulence, toute rayonnante des arts étrangers de l'Orient ; c'est une société complète, achevée, à laquelle rien ne manque du travail du temps et des hommes. Enfin, la métropole d'Afrique est à l'apogée de sa civilisation, elle ne peut plus monter, et chaque progrès désormais sera un déclin. Rome au contraire n'a rien. Elle a bien pris déjà tout ce qui était à sa portée ; mais elle a pris plutôt pour prendre que pour s'enrichir. Elle est à demi sauvage, à demi barbare ; elle a son éducation ensemble et sa fortune à faire. Tout devant elle, rien derrière. Quelque temps les deux peuples existent de front ; l'un se repose dans sa splendeur, l'autre grandit dans l'ombre. Mais peu à peu l'air et la place leur manquent à tous deux pour se développer. Rome commence à gêner Carthage. Il y a longtemps que Carthage importune Rome. Assises sur les deux rives opposées de la Méditerranée, les deux cités se regardent en face. Cette mer ne suffit plus pour les séparer. L'Europe et l'Afrique pèsent l'une sur l'autre. Comme deux nuages surchargés d'électricité, elles se côtoient de trop près ; elles vont se mêler dans la foudre. Ici est la péripétie de ce grand drame. Quels acteurs sont en présence ? deux races, celle-ci de marchands et de marins, celle-là de laboureurs et de soldats ; deux peuples, l'un régnant par l'or, l'autre par le fer ; deux républiques, l'une théocratique, l'autre aristocratique ; Rome et Carthage ; Rome avec son armée, Carthage avec sa flotte ; Carthage, vieille, riche, rusée ; Rome, jeune, pauvre et forte ; le passé et l'avenir ; l'esprit de découverte et l'esprit de conquête ; le génie des voyages et du commerce ; le démon de la guerre et de l'ambition ; l'Orient et le Midi d'une part, l'Occident et le Nord de l'autre ; enfin , deux mondes , la civilisation d'Afrique et la civilisation d'Europe. — Toutes deux se mesurent des yeux : leur attitude avant le combat est également formidable. Rome, déjà à l'étroit dans ce qu'elle connaît du monde, ramasse toutes ses forces et tous ses peuples ; Carthage, qui tient en laisse l'Espagne, l'Armorique et cette Bretagne que les Romains croyaient au fond de l'univers, Carthage a déjà jeté son ancre d'abordage sur l'Europe. — La bataille éclate. Rome copie grossièrement la marine de sa rivale. La guerre s'allume d'abord dans la Péninsule et dans les îles. Rome heurte Carthage dans cette Sicile, où déjà la Grèce a rencontré l'Egypte ; dans cette Espagne où plus tard lutteront encore l'Europe et l'Afrique, l'Orient et l'Occident, le Midi et le Septentrion. Peu à peu le combat s'engage, le monde prend feu. Les colosses s'attaquent corps à corps ; ils se prennent, se quittent, se reprennent ; ils se cherchent et se repoussent. Carthage franchit les Alpes ; Rome passe les mers. Les deux peuples, personnifiés en deux hommes, Annibal et Scipion, s'étreignent et s'acharnent pour en finir. C'est un duel à outrance, un combat à mort. Rome chancelle, elle pousse un cri d'angoisse : *Annibal ad portas !* mais elle se relève, épuise ses forces pour un coup, se jette sur Carthage et l'efface du monde. — C'est là le plus grand spectacle qui soit dans l'histoire. Ce n'est pas seulement une trône qui tombe, une ville qui s'écroule, un peuple qui meurt : c'est une chose qu'on n'a vue qu'une fois ; c'est un astre qui s'éteint ; c'est tout un monde qui s'en va ; c'est une société qui en étouffe une autre. — Elle l'étouffe sans pitié. Il faut qu'il ne reste rien de Carthage. Les siècles futurs ne sauront d'elle que ce qu'il plaira à son implacable rivale. Ils ne distingueront qu'à travers d'épaisses ténèbres cette capitale de l'Afrique, sa civilisation barbare, son gouvernement difforme, sa religion sanglante, son peuple, ses arts, ses monuments gigantesques, ses flottes qui vomissaient le feu grégeois, et cet autre univers connu de ses pilotes, et que l'antiquité romaine nommera dédaigneusement le *monde perdu*. — Rien n'en restera. Seulement, longtemps après encore, Rome, haletante et comme essoufflée de sa victoire, se recueillera en elle-même, et dira dans une sorte de rêverie profonde : *Africa portentosa !* Prenons haleine avec elle : voilà le grand œuvre accompli. La querelle des deux moitiés de la terre, la voilà décidée. Cette réaction de l'Occident sur l'Orient, déjà la Grèce l'avait tentée deux fois. Argos avait démoli Troie. Alexan-

dre avait été frapper l'Inde à travers la Perse. Mais les rois grecs n'avaient détruit qu'une ville, qu'un empire ; mais l'aventurier macédonien n'avait fait qu'une trouée dans la vieille Asie, qui s'était promptement refermée sur lui. Pour jouer le rôle de l'Europe dans ce drame immense, pour tuer la civilisation orientale, il fallait plus qu'Achille, il fallait plus qu'Alexandre ; il fallait Rome. Les esprits qui aiment à sonder les abîmes ne peuvent s'empêcher de se demander ici ce qui serait advenu du genre humain, si Carthage eût triomphé dans cette lutte. Le théâtre de vingt siècles eût été déplacé ; les marchands eussent régné, et non les soldats ; l'Europe eût été laissée aux broussailles et aux forêts. Il se serait établi sur la terre quelque chose d'inconnu. Il n'en pouvait être ainsi. Les sables et le désert réclamaient l'Afrique ; il fallait qu'elle cédât la scène à l'Europe. A dater de la chute de Carthage, en effet, la civilisation européenne prévaut. Rome prend un accroissement prodigieux ; elle se développe tant, qu'elle commence à se diviser. Conquérante de l'univers connu, quand elle ne peut plus faire la guerre étrangère, elle fait la guerre civile. Comme un vieux chêne, elle s'élargit, mais elle se creuse. Cependant la civilisation se fixe sur elle : elle en a été la racine, elle en devient la tige, elle en devient la tête. En vain les Césars, dans la folie de leur pouvoir, veulent casser la ville éternelle, et reporter la métropole du monde à l'Orient. Ce sont ceux qui s'en vont ; la civilisation ne les suit pas, et ils s'en vont à la barbarie. Byzance deviendra Stamboul ; Rome restera Rome. Le Vatican remplace le Capitole ; voilà tout. Tout s'est écroulé de vétusté autour d'elle ; la cité sainte se renouvelle. Elle régnait par la force ; la voici qui règne par la croyance, plus forte que la force. Pierre hérite de César. Rome n'agit plus, elle parle, et sa parole est un tonnerre. Ses foudres désormais frappent les âmes. A l'esprit de conquête succède l'esprit de prosélytisme. Foyer du globe, elle a des échos dans toutes les nations ; et ce qu'un homme, du haut du balcon papal, dit à la ville sacrée, il le dit aussi pour l'univers : *Urbi et orbi*. Ainsi une théocratie fait l'Europe, comme une théocratie a fait l'Afrique, comme une théocratie a fait l'Asie. Tout se résume en trois cités : Babylone, Carthage, Rome. Un docteur dans sa chaire préside les rois sur leurs trônes. Chef-lieu du christianisme, Rome est le chef-lieu nécessaire de la société. Comme une mère vigilante, elle garde la grande famille européenne, et la sauve deux fois des irruptions du Nord, des invasions du Midi. Ses murs font rebrousser Attila et les Vandales. C'est elle qui forge le martel dont Charles pulvérise Abdérame et les Arabes. On dirait même que Rome chrétienne a hérité de la haine de Rome païenne pour l'Orient. Quand elle voit l'Europe assez forte pour combattre, elle lui prêche les croisades, guerre éclatante et singulière, guerre de chevalerie et de religion, pour laquelle la théocratie arme la féodalité. Voilà deux mille ans que les choses sont ainsi ; voilà vingt siècles que domine la civilisation européenne, la troisième grande civilisation qui ait ombragé la terre. Peut-être touchons-nous à sa fin. Notre édifice est bien vieux ; il se lézarde de toutes parts. Rome n'en est plus le centre. Chaque peuple tire de son côté. Plus d'unité, ni religieuse ni politique. L'opinion a remplacé la foi ; le dogme n'a plus la discipline des consciences. La révolution française a consommé l'œuvre de la réforme ; elle a décapité le catholicisme comme la monarchie ; elle a ôté la vie à Rome. Napoléon, en rudoyant la papauté, l'a achevée ; il a ôté son prestige au fantôme. Que fera l'avenir de cette société européenne, qui perd de plus en plus, chaque jour, sa forme papale et monarchique ? Le moment ne serait-il pas venu où la civilisation, que nous avons vue tour à tour déserter l'Asie pour l'Afrique, l'Afrique pour l'Europe, va se remettre en route, et continuer son majestueux voyage autour du monde ? Ne semble-t-elle pas se pencher vers l'Amérique ? N'a-t-elle pas inventé les moyens de franchir l'Océan plus vite qu'elle ne traversait autrefois la Méditerranée ? D'ailleurs lui reste-t-il beaucoup à faire en Europe ? Est-il si hasardé de supposer qu'usée et dénaturée dans l'ancien continent elle aille chercher une terre neuve et vierge pour se rajeunir et la féconder ? Et, pour cette terre nouvelle, ne tient-elle pas tout prêt un principe nouveau ; nouveau quoiqu'il jaillisse aussi, lui, de cet Evangile qui a deux mille ans, si toutefois l'Evangile a un âge ? Nous voulons parler ici du principe d'émancipation, de progrès et de liberté, qui semble devoir être désormais la loi de l'humanité. C'est en Amérique que jusqu'ici l'on en a fait les plus larges applications. Là , l'échelle d'essai est immense ; là , les nouveautés sont à l'aise : rien ne les gêne. Elles ne trébuchent point à chaque pas contre les tronçons des vieilles institutions en ruines. Aussi, si ce principe est appelé, comme nous le croyons avec joie, à refaire la société des hommes , l'Amérique en sera le centre. De ce foyer s'épandra sur le monde la lumière nouvelle, qui, loin de dessécher les anciens continents, leur redonnera peut-être chaleur, vie et jeunesse. Les quatre mondes deviendront frères dans un perpétuel embrassement. Aux trois théocraties successives d'Asie, d'Afrique et d'Europe, succédera la famille universelle. Le principe d'autorité fera place au principe de liberté, qui, pour être plus humain, n'est pas moins divin. Nous ne savons ; mais si cela doit être, si l'Amérique doit offrir le quatrième acte de ce drame des siècles, il sera certainement bien remarquable qu'à la même époque où naissait l'homme qui devait, préparant l'anarchie politique par l'anarchie religieuse, introduire le germe de mort dans la vieille société royale et pontificale d'Europe, un autre homme ait découvert une nouvelle terre, futur asile de la civilisation fugitive; qu'en un mot Christophe Colomb ait trouvé un monde au moment où Luther en allait détruire un autre. *Aliquis providet.*

CARTHAGE ROMAINE. — La Carthage punique avait subsisté 752 ans (1). Utique, qui depuis la première guerre punique, avait toujours montré des sentiments de rivalité contre Carthage, hérita jusqu'à un certain point de son importance commerciale en Afrique. Depuis plus d'un siècle, Rhodes et Alexandrie luttaient sous ce rapport avec la fille de Tyr. — Carthage ne fut pas plutôt détruite, qu'un dieu vengeur sembla sortir de ses ruines : Rome perd ses mœurs; elle voit naître dans son sein des guerres civiles, et cette corruption et ses discordes commencent sur les rivages puniques. Et d'abord Scipion, destructeur de Carthage, meurt assassiné par la main de ses proches : les enfants de ce roi Masinissa, qui fit triompher les Romains, s'égorgent sur le tombeau de Sophonisbe; les dépouilles de Syphax servent à Jugurtha à pervertir et à vaincre les descendants de Régulus. « Ô cité vénale! s'écrie le prince africain en sortant du Capitole : ô cité mûre pour ta ruine, si tu trouves un acheteur. » Bientôt Jugurtha fait passer une armée romaine sous le joug, presque à la vue de Carthage, et renouvelle cette honteuse cérémonie, comme pour réjouir les mânes d'Annibal; il tombe enfin dans les mains de Marius, et perd l'esprit au milieu de la pompe triomphale. Les licteurs le dépouillent, lui arrachent ses pendants d'oreilles, le jettent nu dans une fosse, où ce roi justifie jusqu'à son dernier soupir ce qu'il avait dit de l'avidité des Romains. Mais la victoire obtenue sur le descendant de Masinissa fait naître entre Sylla et Marius cette jalousie qui va couvrir Rome de deuil. Obligé de fuir devant son rival, Marius vint chercher un asile parmi les tombeaux d'Hannon et d'Amilcar. Un esclave de Sextilius, préfet d'Afrique, apporte à Marius l'ordre de quitter les débris qui lui servent de retraite. « Va dire à ton maître, répond le terrible consul, que tu as vu Marius fugitif assis sur les ruines de Carthage. » — « Marius et Carthage, disent un historien et un poëte, se consolaient mutuellement de leur sort ; et, tombés l'un et l'autre, ils pardonnaient aux dieux. » Enfin la liberté de Rome expire aux pieds de Carthage détruite et enchaînée. La vengeance est complète : c'est un Scipion qui succombe en Afrique sous les coups de César ; et son corps est le jouet des flots qui portèrent les vaisseaux triomphants de ses aïeux. — Mais Caton vit encore à Utique, et avec lui Rome et la liberté sont encore debout. César approche : Caton juge que les dieux de la patrie se sont retirés. Il demande son épée ; un enfant la lui apporte ; Caton tire du fourreau, en touche la pointe et dit : « Je suis mon maître? » Ensuite il se couche, et lit deux fois le dialogue de Platon sur l'immortalité de l'âme; puis il s'endort. Le chant des oiseaux le réveille au point du jour : il pense alors qu'il est temps de changer une vie libre en une vie immortelle; il se donne un coup d'épée au-dessous de l'estomac : il tombe de son lit, se débat contre la mort. On accourt, on bande sa plaie : il revient de son évanouissement, déchire l'appareil et arrache ses entrailles. Il aime mieux mourir que, sous une cause sainte que de vivre sous un grand homme. Le destin de Rome républicaine étant accompli, les hommes, les lois ayant changé, le sort de Carthage changea pareillement (2). — Malgré les imprécations prononcées par Scipion, au nom du sénat et du peuple romain, contre ceux qui habiteraient la place où avait été Carthage, moins de quinze ans après sa destruction (152 avant J.-C.), le tribun du peuple C. Gracchus y conduisit une colonie de 6,000 hommes, dont, sans s'assujettir aux anciennes limites, il

traça l'emplacement, et qui devait se nommer *Junonia.* Les colons romains se montrèrent d'abord plus occupés de tirer profit du riche territoire de Carthage que d'en relever les édifices; aussi, 45 ans plus tard, Marius proscrit put venir chercher au milieu des débris de Carthage un asile que ses ennemis lui déniaient. La colonie de Carthage fut la première colonie romaine envoyée hors de l'Italie. Elle prit un tel accroissement que, sous le consulat de M. Tullius Decula et de Cn. Dolabella (81 avant J.-C.), elle était déjà une des villes considérables de la république. Jules César, après avoir vaincu à Thapsus les partisans de Pompée (1), laissa à Carthage une nouvelle colonie de 3,000 hommes, auxquels se joignirent une foule d'habitants des villes voisines (45 avant J.-C.). « La vieille injustice de Rome était expiée, » dit M. Michelet. Sous les empereurs, Carthage ne tarda pas à acquérir une grande importance; elle avait recouvré son commerce, et son territoire était devenu le premier grenier de l'Italie; car déjà l'agriculture et la population de la Sicile tombaient en décadence. Enfin Carthage passa bientôt pour la seconde ville de l'Occident, et fut nommée la Rome d'Afrique. Elle était la capitale de l'*Afrique*, une des provinces qu'Auguste laissa sous l'administration du sénat. Plus tard elle fut comprise dans le département du préfet du prétoire de l'Italie, et gouvernée par un proconsul. Dans le IVe siècle après J.-C., elle était le chef-lieu du diocèse d'Afrique, qui contenait les six provinces d'*Afrique*, de *Byzacium*, de *Numidie*, de la *Mauritanie Sitifensis*, de la *Mauritanie Césarienne*, de *Tripoli*. Il y avait à Carthage un commandant militaire, sous le titre de comte d'Afrique. Elle possédait un *gynæceum*, c'est-à-dire une manufacture impériale d'étoffes précieuses administrée par un *procurator*. Les bâtiments de la nouvelle Carthage se faisaient admirer par leur magnificence et leur régularité. Le port était aussi vaste que sûr. On y voyait des écoles et des gymnases, où les arts libéraux, la grammaire, la rhétorique et la philosophie étaient publiquement enseignés en langue grecque et latine. De son école latine sortirent Apulée, Arnobe, Tertullien, saint Cyprien, saint Augustin, etc. Dès le second siècle de notre ère, Carthage joua un grand rôle dans la nouvelle société chrétienne. Elle eut ses martyrs et ses illustres évêques; puis, comme la vivacité d'esprit, la pénétration qui distinguait les lettres carthaginoises dégénérait souvent en subtilité, elle ne manqua pas d'hérésiarques; c'est dans Carthage que Tertullien écrivit ses belles apologies de la religion nouvelle. Du IIIe au IVe siècle de notre ère, on compte près de quarante conciles tenus à Carthage. C'est contre l'évêque de Carthage Cécilianus que s'éleva le schisme de Donat, évêque de Casesnoires, qui, sans porter atteinte à la foi de Nicée, ne voulait pas reconnaître son prélat. Bientôt toute l'Afrique fut partagée en deux obédiences. Les donatistes, condamnés par le concile d'Arles en 134, persistèrent malgré les rigueurs de Constantin. Le schisme durait depuis un siècle, lorsque l'an 411 eut lieu, sous la direction de saint Augustin, la fameuse *conférence de Carthage*, qui condamna de nouveau les donatistes, déjà frappés par la décision de plus de vingt conciles tenus dans cette cité. L'autorité d'Honorius vint au secours de la conférence de Carthage, mais sans faire cesser le mal; et les donatistes, persécutés, recurent quelques années après, comme des libérateurs, les Vandales qui, l'an 429, débarquèrent en Afrique pour y fonder un royaume. Mais, avant cette révolution, Carthage avait été le théâtre de bien des événements politiques. — L'an 237, l'Afrique, révoltée contre la tyrannie de l'empereur Maximin, proclama empereur le vieux Gordien, proconsul d'Afrique, et son fils Gordien II. Celui-ci fut vaincu et tué devant Carthage; le père, qui était dans la ville, s'étrangla de désespoir; mais son petit-fils, Gordien III, n'en fut pas moins reconnu empereur vingt-huit ans après, lorsque sous Gallien s'élevèrent tant d'usurpateurs sous la dénomination inexacte des *trente tyrans.* Carthage eut aussi son empereur, le tribun légionnaire Cornelius Celsus, qui fut tué, et dont le corps fut dévoré par les chiens (126). Sous le règne de Dioclétien, qui embellit Carthage de magnifiques monuments, l'Afrique, sans cesse attaquée par les tribus maures et troublée par des révoltes, occupa plus d'une fois les armes de Maximien Hercule, son collègue en Occident.

---

(1) On a présumé que les Carthaginois eux-mêmes mirent le feu à leurs habitations, pour empêcher que leur cité fût abaissée au rang de ville municipale. D'après une conjecture récente, la ville de Tombouctou, découverte de nos jours au centre de l'Afrique, pourrait bien avoir été fondée par les Carthaginois fugitifs.

(2) Ici encore on reconnaîtra la plume de M. DE CHATEAUBRIAND.

(1) « Jules César, étant en Afrique, fit un songe : il crut voir pendant son sommeil une grande armée qui l'appelait en répandant des pleurs. Dès lors il forma le projet de rebâtir Corinthe et Carthage, dont le rêve lui avait apparemment offert les guerriers. Auguste, qui partagea les fureurs d'une révolution sanglante, et qui les répara toutes, accomplit le dessein de César. Carthage sortit de ses ruines, et Strabon assure que de son temps elle était déjà florissante. »

Vicomte DE CHATEAUBRIAND.

L'an 308, Alexandre, vice-préfet du prétoire, se fait empereur dans Carthage : il règne trois ans ; les troupes de l'usurpateur Maxime, fils de Maximien, le renversent, entrent dans cette ville et la détruisent presque entièrement. L'influence protectrice de Constantin la relève, et elle redevient plus que jamais florissante. Sous Valentinien Ier, Firmus, prince d'extraction maure, se fait proclamer roi en Afrique ; il est châtié par le comte Théodose, père de l'empereur de ce nom, à la suite d'une lutte qui rappelle les efforts de Metellus contre Jugurtha (373). Bientôt éclate la révolte de Gildon, frère de Firmus ; pendant douze ans (de 382 à 394), il domine à Carthage en despote cruel et voluptueux, et brave impunément l'autorité des empereurs Gratien et Théodose. Il est enfin accablé par son frère Mazezel, qui était demeuré fidèle à Honorius, fils de Théodose, et son successeur en Occident. Treize ans plus tard (l'an 409), Héraclius, comte d'Afrique, défend Carthage contre les troupes envoyées par Attale, fantôme d'empereur, qu'Alaric, maître de Rome, oppose un instant au lâche Honorius, renfermé dans Ravenne. La fidélité d'Héraclius, en causant la disette à Rome, que nourrissaient les moissons de Carthage, fait tomber Attale sous le poids du mépris et des mécontentements qui s'élèvent contre lui de toutes parts. Arrive enfin la conquête de l'Afrique par Genséric, sous Valentinien III, fils d'Honorius. C'est à l'article de ce féroce, mais habile conquérant, que les détails de cette conquête doivent trouver leur place ; il lui fallut plus de dix ans pour l'achever, et Carthage ne tomba sous ses coups qu'après bien des tentatives inutiles, l'an 439, encore fut-ce par surprise. Un écrivain contemporain (le prêtre Salvien, de Marseille) décrit cet événement de manière à nous donner une image parlante de la monstrueuse corruption des mœurs des Carthaginois-Romains. « On entendait les cris insensés des chrétiens dans le cirque, et leurs infâmes bouffonneries dans le théâtre en même temps que les murailles de la ville retentissaient du bruit des ennemis qui les environnaient de toutes parts ; pendant qu'on égorgeait les uns au dehors, les autres s'abandonnaient au dedans au crime d'impureté. Le bruit des spectacles dans la ville et le son des armes au dehors, les cris des mourants d'un côté, de l'autre les clameurs des baladins et de leurs spectateurs, se confondaient, etc. » Les Carthaginois, selon le même auteur, n'étaient alors chrétiens que de nom ; ils étaient à la fois fanatiques et voluptueux, adonnés surtout au péché contre nature. Aux rites du christianisme ils mêlaient des pratiques de l'idolâtrie ; enfin le reproche de la foi punique convenait encore à la duplicité de leur caractère. — Toute l'Afrique romaine avait subi le joug du Vandale. Créateur d'une marine puissante, Genséric fait revivre, par la conquête des îles de la Méditerranée, le vieil et glorieux empire de la Carthage punique. Plus heureux qu'Annibal, il put, l'an 455, entrer dans le Tibre à la tête d'une flotte carthaginoise, prendre et piller Rome à loisir pendant quinze jours, et transporter à Carthage les dépouilles du Capitole avec 60,000 captifs, qui furent consolés, secourus par le saint évêque Deo-Gratias, digne successeur des Cyprien et des Aurèle. Le triomphe des Vandales en Afrique fut celui de l'hérésie. On sait que les Vandales étaient ariens ; les orthodoxes furent cruellement persécutés ; les donatistes et les circumcellions, secte née du schisme de Donat, eurent alors leur revanche. Il est juste de dire que Genséric réprima avec sévérité les déréglements de ce peuple corrompu. Son administration dans Carthage fut dure, mais régulière. Sous ses successeurs, les Vandales d'Afrique prirent tous les vices du peuple conquis, en perdant leur courage et leur vigueur germanique. Bélisaire, général de l'empereur d'Orient Justinien Ier, n'eut besoin que d'une seule campagne pour enlever Carthage et l'Afrique à Gélimer, dernier prince du sang de Genséric (534). La domination des Vandales à Carthage avait duré cent cinq ans. — Carthage, redevenue romaine et métropole de l'exarchat d'Afrique, avait pour exarque le vieil Héraclius, lorsque tout l'empire se révolta contre l'usurpateur Phocas. — La flotte de Carthage amena à Constantinople le jeune Héraclius, qui fut proclamé empereur. Dans ses dernières années, ce prince vit naître la puissance menaçante des sectateurs de Mahomet. Malgré les efforts du patrice Jean, général de l'empereur Léonce, Carthage passa pour jamais sous le joug des Sarrasins (698). Hassan, qui fit cette importante conquête pour le calife Abdel-Malek, détruisit de fond en comble cette cité réservée à tant de désastres. Pour la seconde fois, sa population fut dispersée. Elle avait duré huit cent trente ans depuis la colonie de C. Gracchus. — Après cela, faut-il s'arrêter à l'histoire des débris de Carthage? Sur ses décombres fut construite une forteresse entourée de quelques habitations ; et cette place de guerre ne fut point sans importance militaire sous les dynasties arabes qui envahirent successivement l'Afrique septentrionale.

Carthage n'avait pas même encore perdu toute son importance religieuse : au XIe siècle, elle fut érigée par le pape Léon IX en archevêché, métropole des quatre évêchés qui existaient encore en Afrique (1053). N'était-ce pas là donner à un cadavre les parures de la vie? Au temps des croisades nous voyons, en 1270, saint Louis, l'empereur du château et des habitacles de Carthage, mourir à la vue de ces débris, qui rappelaient tant de grandeurs déchues. — Depuis lors aucun souvenir historique ne se rattache aux ruines carthaginoises ; on a peine même à distinguer où fut Carthage. La mer, la terre, les rivières, toutes les parties environnantes sont presque aussi changées que le peuvent être les travaux des hommes. On ne distingue plus aujourd'hui l'isthme sur lequel était bâtie la ville ; le havre est une plaine desséchée, et çà et là s'élèvent des bouquets de bois peuplés d'animaux féroces. Après l'Espagnol Campomanès, après Shan, dont les indications sur les ruines de Carthage n'ont aucune précision, et sont contredites par l'inspection des lieux, ainsi que l'avait avancé M. de Châteaubriand dans son Itinéraire, un de nos contemporains, le comte Camille de Borgia, dont les travaux n'ont pas été publiés, avait fait des recherches nouvelles et positives. Enfin, postérieurement à la rédaction de cet article, M. Falbe, consul général de Danemark à Tunis, a publié à Paris des Recherches sur l'emplacement de Carthage, fruit de onze ans de séjour en Afrique. Il a très-bien distingué les deux Carthage, punique et romaine ; mais telle a été sur cette plage la destruction des hommes, des flots et du temps, que ce savant est loin de parler avec confiance des autres positions qu'il a le mieux étudiées.

CARTHAGE (CONCILES DE). Le premier fut célébré par Agrippin, évêque de Carthage, et par tous les évêques d'Afrique et de Numidie, l'an 200, selon Tillemont, ou, selon d'autres, l'an 215 ou 217 ou 225. On y décida qu'il fallait rebaptiser les hérétiques (saint Cyprien, epist. 71, ad Quintum ; Regia, Labbe et Hard., t. I). Le second, l'an 251, par saint Cyprien, évêque de Carthage, et plusieurs autres. On y accorda la grâce de la réconciliation à ceux qui étaient tombés durant la persécution, avec cette différence que ceux qui avaient offert publiquement de l'encens aux idoles, qu'on appelait à cause de cela idolâtres, ne furent admis à la communion qu'après leur pénitence achevée ; au lieu que ceux qui avaient seulement sacrifié en particulier, ou qui avaient pris des billets des magistrats comme s'ils eussent sacrifié, furent réconciliés sur-le-champ. On appelait ces derniers libellatiques, parce qu'ils recevaient des attestations des magistrats pour leur servir en cas qu'on les inquiétât pour la foi. Il fut encore arrêté dans ce concile que les prêtres qui avaient sacrifié aux faux dieux seraient réduits à la communion laïque. On y excommunia aussi pour la seconde fois Félicissime et ses adhérents (Cyp., ep. 49, p. 99 ; ep. 51, p. 49 ; ep. 55, p. 55). Le troisième, l'an 252, contre Privat, Félicissime et Novatien (Regia, Hard., t. I). Le quatrième, l'an 253. Saint Cyprien y décida, à la tête de soixante-cinq évêques, qu'il ne fallait pas attendre l'âge de huit jours pour baptiser les enfants, ainsi que le prétendait l'évêque Fidus (Cyp., ep. 55 ; Regia, t. I ; Baluze, in nova Collect.). Le cinquième, l'an 254 ; le sixième, l'an 255 ; le septième, l'an 256 ; tous ces trois sur le baptême des hérétiques, qui fut toujours déclaré nul par saint Cyprien, qui présidait à ces conciles, et par un grand nombre d'autres évêques (Regia et Hard., t. I). Quelques-uns croient qu'il se tint plusieurs conciles à Carthage cette même année. Le huitième concile fut tenu l'an 311. Cécilien y fut ordonné évêque de Carthage par Félix d'Alponge, à la place de Mensurius (Baluze, in nova Collect.). Le neuvième fut tenu la même année contre Cécilian. Ce n'était qu'un conciliabule d'évêques schismatiques, qui voulurent établir évêque de Carthage, à la place de Cécilien, un appelé Mazorin, domestique d'une dame ambitieuse nommée Lucile. C'est l'origine des schismes des donatistes. Le dixième fut tenu l'an 312. Cécilien, évêque de Carthage, y fut absous. Le onzième, l'an 348 ou 349, sous le pontificat du pape Jules Ier. Gratus, évêque de Carthage, l'assembla de toutes les provinces de l'Afrique. On y publia quatorze canons. Le premier défend de réitérer le baptême au nom de la sainte Trinité. Le second regarde l'honneur dû aux martyrs, et défend d'honorer comme tels ceux qui s'étaient précipités ou tués par folie. Le troisième et le quatrième défendent aux clercs de demeurer avec des femmes. Le sixième défend aux clercs de demeurer avec des femmes. Le sixième défend aux clercs de se charger d'affaires séculières, et le treizième de prêter à usure. Le quatorzième ordonne que les laïques qui méprisent les canons soient excommuniés, et que les clercs soient privés de l'honneur de la cléricature. On y déclara aussi que, pour juger un diacre, il faut trois évêques, six pour un prêtre, douze pour un évêque (Regia, III; Labbe, II; Hard., I). Le douzième fut tenu l'an 390. On y fit treize canons. Le premier ordonne de croire et de prêcher la sainte Trinité. Le second ordonne la chasteté aux clercs; le troisième leur défend la consécration du chrême, celle des vierges, et la réconciliation des pénitents à la messe publique. Le septième veut qu'on excommunie les clercs qui reçoivent ceux qui sont excommuniés par quelque évêque sans sa permission. Le douzième défend de se laisser ordonner évêque sans la permission du métropolitain. Saint Genethlius, évêque de Carthage, présida à ce concile (Hard., t. I). Le treizième, l'an 397. On y publia cinquante canons. Le premier ordonne aux évêques de s'informer tous les ans, auprès du primat, du jour auquel on doit célébrer la fête de Pâques. Le second ordonne de tenir le concile tous les ans. Le troisième ordonne aux évêques de savoir les canons avant que d'être ordonnés. Le sixième défend de donner le baptême ni l'eucharistie aux morts. Le onzième défend les spectacles. Le dix-huitième défend d'ordonner personne évêque, ni prêtre, ni diacre, à moins que tous ceux qui sont dans sa maison ne soient catholiques. Le vingt et unième défend aux évêques de garder et d'ordonner les clercs des autres diocèses. Le vingt-cinquième défend aux clercs d'aller voir des femmes sans compagnons, et le vingt-septième leur défend les cabarets. Le vingt-neuvième ordonne de dire la messe à jeun. Le trente-quatrième veut qu'on baptise les malades qui ne peuvent parler, lorsqu'ils ont demandé le baptême auparavant. Le trente-vième défend à deux évêques d'en ordonner un autre. Saint Aurèle, évêque de Carthage, présida à ce concile, à la tête de quarante-quatre ou quarante-huit évêques. Saint Augustin fut de ce nombre. Le quatorzième concile se tint l'an 398, au mois de novembre, sous le consulat d'Honorius et d'Eutichianus. Saint Aurèle, évêque de Carthage, y présida à la tête de deux cent quinze ou deux cent seize évêques, du nombre desquels était saint Augustin. On y fit cent cinq canons touchant les mœurs et la conduite des ecclésiastiques. Le premier canon veut qu'on n'ordonne aucun évêque sans s'informer exactement de sa foi et de ses mœurs, pour savoir s'il croit toutes les vérités catholiques, et s'il est prudent, docile, modéré, chaste, sobre, charitable, humble, instruit de la loi de Dieu, etc. Les huit suivants regardent l'ordination des évêques, prêtres, diacres, sous-diacres, acolytes, exorcistes, lecteurs, portiers. Le dixième dit que le chantre ou psalmiste peut être établi par le prêtre seul, sans la participation de l'évêque. *Cela prouve que l'office de chantre n'est point un ordre.* Le onzième porte que les vierges qui veulent se faire consacrer par l'évêque doivent se présenter avec des habits conformes à l'état qu'elles veulent embrasser, et semblables à ceux dont elles se serviront à l'avenir. Le treizième commande que l'époux et l'épouse qui se présentent pour recevoir la bénédiction du mariage soient accompagnés de leurs parents et de leurs paranymphes, et qu'ils gardent la continence la nuit d'après la bénédiction, pour le respect qui lui est dû. Le quinzième veut que les évêques n'aient rien que de pauvre dans leurs tables et leurs meubles, et qu'ils ne se distinguent que par l'éclat de leur foi et de leur vertu. Le seizième dit que l'évêque ne doit pas lire les livres des païens, ni ceux des hérétiques, sans nécessité. Le dix-neuvième dit que l'évêque ne doit point plaider pour les biens du monde. Le vingt-deuxième défend aux évêques d'ordonner des clercs sans le consentement de son clergé, et sans le témoignage des laïques. Le vingt-quatrième ordonne d'excommunier ceux qui sortent de l'église pendant la prédication. Le trente et unième déclare que les évêques doivent user des biens de l'Église, non comme des leurs propres, mais comme n'en ayant que l'usage. Le trente-deuxième annule la vente ou l'échange que les évêques font des biens de l'Église sans le consentement de leur clergé. Le trente-quatrième dit qu'un évêque, étant assis, ne souffrira pas qu'un prêtre demeure debout devant lui. Le trente-huitième dit que, dans le cas de nécessité et du consentement du prêtre, le diacre peut donner l'eucharistie au peuple, en présence du prêtre. Le quarantième défend au diacre qui se trouve dans une assemblée de prêtres de parler qu'on ne l'interroge. Le quarante-sixième défend aux clercs d'habiter avec des femmes étrangères, et le quarante-septième de se promener dans les places publiques. Le quarante-huitième veut qu'on prive les clercs de leur office, lorsqu'ils vont aux foires sans nécessité. Dans le cinquante et unième, le cinquante-deuxième et le cinquante-troisième, il est ordonné à tous les clercs, quelque talent qu'ils aient, de gagner leur vie à quelque métier honnête, sans manquer à leur devoir ni l'avilir. Le soixantième ordonne qu'on prive de son ministère un clerc qui prononce des paroles bouffonnes et déshonnêtes. Le soixante et unième et le soixante-deuxième ordonnent

qu'on excommunie les clercs qui jurent par les créatures ou qui chantent dans les repas. Le soixante-quatrième ne veut pas qu'on tienne pour catholique celui qui affecte de jeûner le dimanche. Le soixante-septième et le soixante-huitième défendent d'ordonner des séditieux, des usuriers, des vindicatifs et des pénitents. Le soixante-dixième ordonne aux clercs d'éviter la société et les festins des hérétiques et des schismatiques. Le soixante-dix-neuvième veut qu'on prie et qu'on offre pour les pénitents exacts qui meurent sans avoir reçu la communion. Le quatre-vingt-troisième veut qu'on porte plus d'honneur aux pauvres et aux vieillards qu'aux autres personnes. Le quatre-vingt-quatrième permet à tout le monde, hérétique, juif, païen, d'entrer dans l'Église pour y entendre la parole de Dieu, jusqu'à la messe des catéchumènes. Le quatre-vingt-huitième excommunie ceux qui quittent l'église pour aller aux spectacles. Le quatre-vingt-dixième veut que les exorcistes imposent tous les jours les mains sur les énergumènes. Le quatre-vingt-quatorzième ordonne qu'on rejette les présents de ceux qui oppriment les pauvres. Le quatre-vingt-quinzième excommunie comme homicides des pauvres les personnes qui refusent de satisfaire aux legs que les mourants ont faits aux églises, ou qui n'y satisfont que malgré eux. Le quinzième concile fut tenu l'an 400 ou 401, par saint Aurèle, avec soixante-douze évêques. On y fit quinze canons. Le troisième défend aux évêques, aux prêtres et aux diacres d'avoir commerce avec leurs femmes, à peine d'être privés de leurs degrés. Mais, pour ce qui regarde les autres clercs, il ne les oblige pas à la continence. Le quatrième défend d'aliéner les biens de l'Église sans l'avis du métropolitain. Le huitième ordonne à celui qu'on aura chargé du soin d'une église, après la mort de son évêque, d'en faire élire un autre dans l'année. Le dixième défend aux évêques de s'absenter du concile national sans cause légitime. Le quatorzième ordonne qu'on démolisse ou qu'on empêche de bâtir des chapelles ou des oratoires en l'honneur des martyrs, sans avoir de leurs reliques, ou sans qu'on sache que les lieux de ces chapelles ou oratoires ont été honorés par la demeure, la passion ou quelque action remarquable de ces saints (Regia, III; Labbe, II; Hardouin, I). — Le seizième, l'an 403; le dix-septième, l'an 404; le dix-huitième, l'an 405; le dix-neuvième, l'an 407; le vingtième, l'an 408; le vingt et unième, l'an 409; le vingt-deuxième, l'an 410. Ces sept conciles sont de Carthage ou d'Afrique, au sujet des donatistes (*V.* AFRIQUE). L'an 411, on tint à Carthage la fameuse conférence entre les catholiques et les donatistes. Il s'y trouva deux cent quatre-vingts évêques catholiques, et cent cinquante-neuf donatistes. Saint Augustin y assista, et confondit les donatistes, dont la secte diminua visiblement depuis cette conférence. Le vingt-troisième concile se tint l'an 412, contre Celestius, pélagien (Regia, IV; Lab., I; Hard., I). Le vingt-quatrième, l'an 416, contre Pélage et Celestius. Saint Aurèle y présida à la tête de soixante-sept évêques, qui écrivirent au pape Innocent Ier pour le prier de joindre son autorité à leurs décrets contre ces deux hérétiques (*ibid.*). Le vingt-cinquième, l'an 417, sur le même sujet. Saint Aurèle y présida, et il s'y trouva deux cent quatorze évêques. On y fit des décrets sur la foi contre les pélagiens (*ibid.*). Le vingt-sixième, l'an 418, sur le même sujet. On y fit huit canons pour condamner les erreurs de Pélage et de Celestius. Ce concile est peut-être le même que le précédent. Le vingt-septième, l'an 419, sur la foi, la discipline et les appellations. On y fit trente-huit canons, dont les trente-trois premiers ne sont presque qu'une répétition de ceux qui avaient été faits dans les autres conciles d'Afrique. Le trente-cinquième ordonne de recevoir pour accusateurs ceux qui en sont privés par les lois du prince, tels que sont les esclaves et les personnes infâmes, comme les farceurs et les comédiens, non plus que les hérétiques, les juifs et les païens. Le trente-huitième défend à un évêque de mettre en pénitence publique un pécheur qui lui aura confessé son crime à lui seul. Aurèle, assisté du primat de Numidie, et de Faustin, légat du pape, présida à ce concile. Il s'y trouva deux cent dix-sept évêques, du nombre desquels était saint Augustin. Le vingt-huitième, l'an 420, contre les manichéens (Possidius, *in Vita S. Augustini*, cap. 16; Baluze). Le vingt-neuvième, l'an 484. Ce fut Hunneric, roi des Vandales, qui ordonna à tous les évêques catholiques de l'Afrique de se trouver à Carthage pour rendre raison de leur foi. Eugène, qui était évêque de Carthage, ayant généreusement professé la foi de Nicée avec les autres évêques d'Afrique, Hunneric en exila plus de quatre cents pour favoriser les ariens, dont il soutenait les erreurs (Regia, IX; Lab., IV; Hard., I). Le trentième, l'an 525, sur la discipline. Boniface, de Carthage, y présida à la tête de soixante évêques. On y répéta les canons des conciles précédents, et on y ordonna que les monastères seraient indépendants des clercs, comme ils l'avaient toujours été (*ibid.*). Le trente et unième, l'an 534 ou 535, pour le renouvellement de la discipline, la liberté de l'Eglise, et le recouvrement de ses biens usurpés par les Vandales. Le trente-deuxième, l'an 594, contre les donatistes. Le trente-troisième, l'an 646, contre les monothélites (Regia, t. XIV; Labbe, t. V; Hardouin, t. III).

CARTHAGE (ÉVÊQUES DE). Saint Augustin semble dire que saint Cyprien avait eu soixante-dix prédécesseurs dans le siége de Carthage; mais, parce qu'on ne conçoit pas qu'un aussi grand nombre d'évêques ait pu siéger dans un espace aussi court que celui qui se trouve entre ce saint martyr et la prédication de la foi en Afrique, il faut expliquer ce qu'a entendu saint Augustin par ces soixante-dix évêques. Saint Cyprien lève lui-même l'équivoque, en disant que soixante-dix évêques assemblés avec Agrippin de Carthage, au sujet de la question du baptême des hérétiques, avaient décidé qu'il était nul, et par conséquent qu'on devait le réitérer. Il parle des évêques de toute l'Afrique, et non pas d'un seul siége (Epist. 71). — 1. AGRIPPIN, qu'on croit avoir siégé jusqu'au commencement du IIIᵉ siècle. Il assembla un concile de toute l'Afrique et de la Numidie en 215, où il se trouva soixante-dix évêques (Cypr., Ep. 78, ad Quint.; 73, ad Jubaïan.; August., lib. 4, De baptis., cap. 6). — 2. CYRUS, à la fête duquel saint Augustin prononça un discours. — 3. DONAT, sous lequel se tint un concile de quatre-vingt-dix évêques contre l'hérétique Privat.—4. SAINT CYPRIEN, en 248, siégea jusqu'en 258. — 5. LUCIN succéda à saint Cyprien, comme le rapporte Optat de Milève (l. c., Parmen.).—6. RESTITUT, à la fête duquel saint Augustin prononça un discours. — 7. MENSURIUS, vers le commencement de la persécution de Dioclétien. — 8. CÉCILIEN assista au concile de Nicée. Il eut pour compétiteur Majorin, premier évêque des donatistes. — 9. RUFE, qui souscrivit au concile de Rome, sous le pape Jules, en 337. Il eut pour compétiteur le grand Donat, d'où sont venus les donatistes. — 10. GRATUS assista au concile de Sardique en 347. Il eut pour compétiteur le même Donat, auquel les Orientaux schismatiques assemblés à Philippople envoyèrent une fausse lettre synodale, sous le nom du concile de Sardique; ce qui fit que les véritables actes de ce concile ne furent point connus en Afrique. — 11. GENETHLIUS eut Parménien pour compétiteur après que Donat eut été chassé de Carthage. Il assembla le deuxième concile de Carthage en l'an 390. — 12. AURÉLIUS succéda la même année à Genethlius. Il assista au troisième concile de Carthage en 397, et à plusieurs autres. Il eut pour compétiteur Primien. Aurélius vécut jusqu'au pontificat de Célestin, qui monta sur le saint-siége vers l'an 423. Quelques-uns croient qu'il mourut en 420. — 13. CAPRÉOLUS siégeait du temps de l'invasion des Vandales en 427 : c'est pourquoi il ne put ni aller, ni envoyer au troisième concile général d'Éphèse que son diacre, nommé Bésula. Il écrivit ses lettres d'excuse, et saint Cyrille d'Alexandrie en fit publiquement l'éloge dans la première action. — 14. QUOD-VULT-DEUS. Ce fut sous son pontificat que Genseric surprit Carthage en 439. Il fut mis sur un vaisseau avec plusieurs autres clercs, pour périr sur mer ; mais ils arrivèrent heureusement à Naples. — 15. DEO-GRATIAS, après que le siége eut vaqué quinze ans, succéda à Quod-Vult-Deus. Victor de Vite dit que ce fut avant que Genseric prit la ville de Rome, dont il ne se rendit maître que la quinzième année. — 16. Genseric, dit Victor de Vite (I, 1. Pers. Vand.), fit fermer les églises de Carthage, ayant chassé et exilé en différents endroits les prêtres et les ministres, et le siége vaqua pendant vingt-quatre ans, jusqu'à l'empire de Zénon, qui commença à régner en 474. Ensuite l'empereur et l'impératrice Placidie, son épouse, obtinrent de Hunneric, fils de Genseric, qu'on élût un évêque, et on ordonna EUGÈNE, qui succéda aussi à Deo-Gratias en 480. Mais ce prince l'exila quatre ans après avec plusieurs. Il vivait encore au temps du pape Gélase, qui fut fait pape en 492. Sigebert ajoute que le roi Gumtramd fit ouvrir les églises en Afrique, et rappela tous les prêtres à la demande d'Eugène, évêque de Carthage. Cette paix ne fut pas de longue durée. Le pape Gélase nous apprend par sa treizième épître, écrite en 495, qu'Eugène résistait toujours aux ennemis de la foi, et Grégoire de Tours nous apprend qu'étant condamné à avoir la tête tranchée, et le glaive étant déjà levé pour le frapper, on l'exila à Alby en France, où il mourut en 496. — 17. Gumtramd mort, Trasimond régna vingt-sept mois, et les églises demeurèrent fermées. Cent vingt évêques furent exilés en Sardaigne. Celui de Carthage mourut, dit Victor de Vite. Hilderic, succédant à Trasimond, rappela les exilés, ouvrit les églises, et permit qu'on ordonnât BONIFACE en 523, qui mourut en 534.—

18. RÉPARAT fut élu l'année suivante 535, que Bélisaire reconquit l'Afrique et la restitua à l'empire sous Justinien. Il fut déposé pour l'affaire des trois chapitres, et on élut en sa place en 552 (—19.) PRIMOSE, qui assista au cinquième concile général. Il mourut avant Réparat, en 562. Voilà tout ce qu'on peut dire des évêques de Carthage ; au moins c'est tout ce que nous en apprend M. Schelstrats, qui en a recherché avec soin la succession. Nous ne désavouerons pas qu'il n'y en ait quelques autres que ceux que nous avons rapportés, comme DOMINIQUE, sous le pontificat de saint Grégoire; FORTUNIUS, sous celui du pape Théodore ; VICTOR, sous Martin Iᵉʳ ; CYRIAQUE, sous Grégoire VII, et plusieurs autres. Mais ils ne se sont pas succédé immédiatement, y ayant presque un demi-siècle d'intervalle entre chacun ; c'est pourquoi nous n'en disons pas davantage sur cet article.

CARTHAGENA (JEAN DE), Espagnol, entra chez les jésuites, d'où il passa ensuite chez les mineurs observantins. Il professa la théologie à Salamanque, puis à Rome. Paul V l'ayant engagé à écrire dans son démêlé avec la république de Venise, il composa les deux ouvrages suivants : *Pro ecclesiastica libertate et potestate tuenda adversus injustas Venetorum leges*, Rome, 1607, in-4° ; *Propugnaculum catholicum de jure belli romani pontificis adversus Ecclesiæ jura violantes*, ibid., 1609, in-8°. Dans l'un et l'autre de ces deux ouvrages, l'ultramontanisme est poussé jusqu'à l'exagération ; mais ce qui doit paraître le plus singulier, c'est que, tout en déclamant contre les alliances de la France avec les princes protestants, il soutient que le pape peut appeler à son secours des troupes infidèles pour protéger les libertés de l'Eglise contre ceux qui voudraient y porter atteinte. Les autres ouvrages de Carthagena sont : *Homilia catholica de sacris arcanis Deiparæ Mariæ et Josephi*, Cologne, 1613–18, 2 vol. in-fol.; Paris, 1614 et 1615, 4 vol. in-fol.; *Homiliæ catholica in universa christianæ religionis arcana*, Rome, 1609 ; Paris, 1616, in-fol. Ces deux ouvrages, le premier surtout, contiennent quelques propositions répréhensibles. *Praxis orationis mentalis*, Venise et Cologne, 1618, in-12, etc. Carthagena mourut à Naples en 1618.

CARTHAGÈNE anciennement CARTHAGO NOVA (géogr.), ville forte, port de mer, siége d'un évêché et chef-lieu d'un des trois départements de la marine espagnole. Elle est située dans la province de Murcie, à 10 lieues sud-sud-est de la ville de ce nom, sur une baie profonde de la Méditerranée, à l'ouest du cap Palos. La profondeur et la beauté de son port ne sont point le seul avantage que cette ville offre à la marine espagnole et étrangère. Elle possède des écoles de marine, de navigation, de mathématiques, de pilotage et un observatoire. Ce port peut contenir quarante vaisseaux de ligne, et un grand nombre de bâtiments marchands ; il est comme renfermé dans la ville et abrité de tous les vents par les montagnes voisines et par un flot qui se trouve à son entrée. Le fort de San-Julian le commande ; les forts de Santa-Anna et de Trincabolgar en protégent l'entrée, et plusieurs autres petits forts défendent la côte à des distances très-rapprochées. Carthagène est une des plus belles villes de l'Espagne ; elle est bien fortifiée, et défendue par les forts de Cabeza de los Moros et de Galeros, et par celui d'Atalaya, situé sur une des hauteurs voisines. La moitié occidentale de la ville est occupée par l'arsenal de la marine, qui renferme des chantiers de construction de vaisseaux de guerre de tous rangs, et un beau bassin rectangulaire. Le bagne est non loin de là. Carthagène renferme six places publiques, autant de fontaines, une église paroissiale et deux succursales, neuf couvents, un hôpital civil et un militaire, un hospice d'enfants trouvés, un hôtel des gardes de la marine, un ancien cirque et une salle de spectacle. L'hôtel de ville contient la douane et la prison ; il y a en outre un jardin des plantes fort bien assorti. A l'est de la ville est le village de Sainte-Lucie, qui n'est qu'un faubourg, et qui renferme le lazaret et le polygone de la marine. Cette ville a une manufacture d'armes, et des fabriques de toiles à voiles et de cordages. L'air y est plus sain depuis qu'on a donné de l'écoulement aux eaux stagnantes des environs. Sa population est évaluée à environ 40,000 âmes. Latitude nord, 37° 35' 50''; longitude ouest, 3° 20' 38''. — On trouve dans les alentours de Carthagène de la soude, de l'alun et du sparte. On rencontre aussi quelquefois dans des fouilles des rubis, des améthystes et d'autres pierres précieuses. Cette ville eut pour fondateur le Carthaginois Asdrubal. Scipion s'en empara l'an de Rome 554, et les Romains lui donnèrent le nom de *Carthago Nova*. Dans le Vᵉ siècle, elle souffrit beaucoup pendant les guerres des Vandales ; Philippe II s'appliqua à relever son commerce, presque entièrement déchu pendant la domination des Maures. Aujourd'hui celui qu'elle fait est assez considérable.

— Des montagnes *importantes* séparent son territoire de celui de Murcie, et les richesses minérales qu'il renfermait ont été longtemps pour les Romains ce que le Mexique fut depuis pour les Espagnols. Ils exploitaient l'argent et plusieurs métaux utiles : à 3 lieues de la ville, une vaste caverne qui porte le nom de Saint-Jean, n'est autre chose qu'une de ces anciennes mines abandonnées. **Ed. Girod.**

CARTHAGÈNE, CARTHAGENA (*géogr.*), province de la Nouvelle-Grenade, dans la Colombie, bornée au nord par la mer des Antilles, à l'est par la province de Santa-Martha dont elle est séparée par le Rio-Magdalena, au sud par la province d'Antiochia, et à l'ouest par celle de Darien. Elle a 100 lieues de long du nord-est au sud-ouest, 80 lieues de large, et renferme deux villes principales, sept bourgs, quatre-vingt-trois bourgades, et 81,000 habitants, dont 59,235 blancs, 13,995 indiens, et 7,770 nègres esclaves. Cette province est en partie couverte de montagnes et de bois; vers le nord, où le terrain est plus bas, il y a beaucoup de marécages formés par les eaux de la mer. Parmi le grand nombre de rivières qui l'arrosent, les plus considérables sont la Magdalena et les Cauca, toutes deux navigables, poissonneuses, très-infestées de crocodiles, et abondantes en tortues. Le climat est chaud, mais humide; les terres sont fertiles. On récolte en abondance du maïs, des fruits, du coton, de l'indigo et du cacao excellent. Les forêts fournissent une espèce de bois aussi renommé pour la teinture que celui de campêche, des résines, des baumes, et toutes sortes de plantes médicinales. Il y a dans cette province beaucoup d'espèces d'oiseaux rares et de serpents. On y élève une grande quantité de bœufs, dont les peaux et le suif forment un commerce important. Le chef-lieu en est Carthagène.

CARTHAGÈNE, CARTHAGENA-DE-LAS-INDIAS (*géogr.*), chef-lieu de la province ci-dessus, et siége d'un évêché à 58 lieues sud-ouest de Santa-Martha, et à 145 lieues nord de Santa-Fé-de-Bogota. Latitude nord, 10° 30'. Longitude ouest, 77° 45'. Elle est située sur une île sablonneuse, dans le détroit formé à l'embouchure de la Magdalena, au bord d'une baie de la mer des Antilles. Son port, défendu par la forteresse de Bocachica, et l'un des plus beaux de l'Amérique, est la station ordinaire d'une partie de la marine militaire de la Nouvelle-Grenade; ses fortifications, dont quelques parties ont besoin d'être réparées, la mettent au premier rang parmi les places de guerre de cette république. Du côté de l'est, la ville communique par un pont de bois avec le faubourg de Xeximani, situé sur une île de laquelle on passe sur le continent par un autre pont de bois. Quelques églises, plusieurs couvents, qui passent pour de beaux édifices, sont, ainsi que ses immenses citernes, les principales constructions de cette ville. Ses rues sont droites, larges et bien pavées; ses maisons, la plupart en pierre, sont régulières, et élevées d'un seul étage au-dessus du rez-de-chaussée. Les fenêtres sont garnies de balcons et de treillis en bois : le bois résiste mieux à l'humidité que le fer : mais ces balcons et ces longues galeries soutenues par des colonnes basses et lourdes contribuent, avec les terrasses en saillie qui dérobent la moitié du jour, à donner à Carthagène un aspect généralement triste. — La baie, une des meilleures de la côte, a deux lieues et demie de large, du nord au sud, est assez profonde, et offre un mouillage sûr et commode. L'entrée, n'étant pas très-profonde, présente quelques difficultés. Cette baie fournit d'excellent poisson. Carthagène doit communiquer avec la Magdalena par un canal. Le climat de Carthagène est excessivement chaud. Pour éviter les chaleurs excessives et les maladies qui y règnent pendant l'été, les Européens non encore acclimatés se réfugient dans l'intérieur des terres, au village de Turbaco, bâti sur une colline, à l'entrée d'une forêt majestueuse qui s'étend jusqu'à la rivière de la Magdalena. De décembre en avril, la chaleur est tempérée par le vent de nord-est. Les pluies commencent en mai et ne finissent qu'en novembre. Les habitants remplissent alors leurs citernes, leur seule ressource pour se procurer de l'eau douce. — La baie de Carthagène et le pays voisin, appelé *Calamari* par les Indiens, furent découverts en 1530 par Rodrigo de Bastidas, et soumis en 1533 par D. Pedro de Heredia, qui y fonda cette ville. En peu de temps elle devint, par la situation avantageuse et la sûreté de sa baie, le centre d'un grand commerce, et l'une des villes les plus riches de cette partie de l'Amérique. Cette prospérité excita la cupidité de plusieurs aventuriers européens, qui la pillèrent plusieurs fois. Pointis, à la tête d'une expédition française, la prit et la rançonna en 1697. Les Anglais, sous les ordres de l'amiral Vernon, l'assiégèrent vainement en 1741. Malgré cequ'elle a souffert pendant les guerres de l'indépendance, elle renferme encore aujourd'hui 18,600 habitants, en y comprenant ses faubourgs. Après avoir été tour à tour assiégée

par les indépendants et par les royalistes, elle se rendit par famine à ces derniers, puis retourna aux indépendants. Le 22 mai 1834, elle fut ravagée par un tremblement de terre qui renversa les murailles de plusieurs églises. **Ed. Girod.**

CARTHAGÈNE (SIÉGE DE) en Amérique. Au mois de mai 1697, cette ville, alors une des plus riches et des plus importantes du nouveau monde, fut prise et pillée par le baron de Pointis et Ducasse, gouverneur de Saint-Domingue, à la tête d'un corps de flibustiers (*V.* ces noms). Bientôt une maladie s'étant mise parmi les troupes, il fallut se rembarquer, et l'on fit sauter les fortifications. Le baron revint en France rapportant un butin de huit à neuf millions, auquel il avait joint l'argenterie des églises. Mais Louis XIV en restitue aux églises leurs trésors. Pointis a laissé la relation de cette expédition.

CARTHAGÈNE (FRANÇOIS) vivait sur la fin du XVIe siècle. On a de lui un *Traité de la prédestination et de la réprobation des hommes et des anges*, imprimé à Rome en 1581 (Dupin, *Table des auteurs ecclésiastiques du XVIe siècle*, pag. 1403).

CARTHAGINOIS, OISE, adj. qui est originaire, qui vient de Carthage. Il est aussi substantif (*V.* **Carthage**).

CARTHAGINOISE (*géogr. anc.*), la plus méridionale des trois sous-divisions établies dans la Tarraconnaise par Dioclétien. Dans la suite on en fit une province indépendante de la Tarraconnaise, et l'Espagne, au lieu de trois provinces, la Lusitanie, la Bétique et la Tarraconnaise, qui se subdivisaient en trois autres plus petites, en eut cinq, la Bétique, la Lusitanie, la Gallécie, la Tarraconnaise et la Carthaginoise.

CARTHALON, grand prêtre d'Hercule, fils de Machée, général carthaginois, envoyé pour offrir des dépouilles à l'Hercule tyrien, trouva, à son retour, Carthage assiégée par son père, qui en avait été banni, et, ayant traversé le camp de Machée, revêtu de ses habits sacerdotaux, sans le saluer, irrité de cette marque de mépris, le fit attacher à une croix, où il expira, l'an 530 avant J.-C. — CARTHALON, général carthaginois envoyé en Sicile après la défaite de Régulus, pour commander les troupes de terre et de mer, assiégea et prit Agrigente qu'il réduisit en cendres, et remporta de grands avantages sur les forces navales des Romains; mais des rigueurs déplacées l'ayant rendu odieux, il fut rappelé par le sénat de Carthage, et remplacé par Amilcar Barcas, père d'Annibal, vers l'an 250 avant J.-C. — CARTHALON, général de la cavalerie carthaginoise, accompagna Annibal dans son expédition d'Italie, et remporta sur les frontières du Samnium un avantage considérable sur Hostilius Mancinius, qui commandait un parti de cavalerie. Envoyé à Rome après la bataille de Cannes, pour proposer aux Romains des conditions de paix, il reçut l'ordre de sortir avant la nuit des terres de la république. Carthalon commanda ensuite la garnison carthaginoise de Tarente; mais, s'étant laissé surprendre par les Romains, il fut passé au fil de l'épée, ainsi que presque tous ses soldats, l'an 209 avant J.-C.

CARTHAME (*botan.*), *carthamus*, Lin. et Jus., genre de plantes de la tribu des carduacées, dans la famille des synanthérées. Il se fait surtout remarquer par ses fruits dépourvus d'aigrette. D'ailleurs l'involucre est : renflé à la base, à écailles imbriquées, très-serrées inférieurement, écartées et foliacées dans leur partie supérieure; le réceptacle est soyeux. — Le CARTHAME DES TEINTURIERS, *carthamus tinctorius*, Linné, est l'espèce principale de ce genre : on la connaît plus vulgairement sous le nom de *safran bâtard*, *safran d'Allemagne*, ou simplement sous celui de *carthamus*, que lui donnent les pharmaciens. Cette plante, originaire d'Orient et d'Egypte, est cultivée avec succès dans les provinces méridionales de la France. Sa tige droite, simple inférieurement, souvent un peu ramifiée à la partie supérieure, cylindrique, un peu roide, s'élève d'un à deux pieds. Les feuilles sont ovales, alternes, un peu piquantes et rudes. Les fleurs apparaissent en juillet et en août; elles sont terminales, solitaires et flosculeuses; la corolle est d'un jaune doré. Enfin les fruits sont ovoïdes, allongés, glabres, tronqués et nus au sommet. — *Propriétés et usage.* Les parties usitées de cette plante sont les fleurs et les fruits. Les premières donnent deux principes colorants très-*importants* dans l'art de la teinture. L'un, soluble dans les alcalis, peut donner à la soie toutes les nuances, depuis le rose clair jusqu'au rouge cerise; il porte le nom de *carthamite*; mêlé au talc finement pulvérisé, il compose le fard ou rouge végétal, dont les femmes font usage pour la toilette. L'autre principe est jaune, il est soluble dans l'eau. Les fruits du carthame sont aussi appelés *graines de perroquets* parce que ces oiseaux, et d'autres, les recherchent avec avidité, malgré leur grande amertume. Ces fruits ont été recommandés contre l'hydropisie; ils contiennent une huile grasse employée par les Indiens comme un bon purgatif, mais sans usage en France.

CARTHAMITE, s. f. (*chim.*), principe colorant du carthame, découvert depuis quelques années.

CARTHAN (hébr., *vocation*; autrement, *qui donne du froid*), ville de la tribu de Nephtali qui tomba en partage aux lévites de la famille de Gerson (*Josué*, XXI, 32).

CARTHÉE (*géogr. anc.*), ville de l'île de Céos, vers le nord, près de la source de l'Elixus.

CARTHÉGON, s. m. nom que quelques anciens donnent à la graine du buis.

CARTHEUSER (JEAN-FRÉDÉRIC), médecin allemand, né en 1704, fut professeur à Francfort-sur-l'Oder, opéra une réforme salutaire dans l'emploi des plantes et des médicaments usités jusqu'à lui, et mourut en 1777. Nous citerons entre ses nombreux écrits les suivants, qui sont très-estimés : *Elementa chimiæ medicæ dogmatico-experimentalis*, Francfort, 1755, in-8°. — *Fundamenta materiæ medicæ generalis et specialis*, ib., 1749 et 1750, 2 vol. in-8°; traduits en français, 1755, 4 vol. in–12. — *Fundamenta pathologiæ et therapeiæ prælectionibus suis accommodata*, ibid., 1758. — *De morbis endemicis lib.*, 1752, in-8°. — CARTHEUSER (Frédéric-Auguste), fils du précédent, exerça la médecine comme son père, mais sans l'égaler en célébrité. Il était né à Halle en 1734, et il mourut à Schierstein en 1796. On a de lui : *Elementa mineralog. systematice disposita*, Francfort-sur-l'Oder, 1755, in-8°. — *Rudimenta hydrologiæ systematicæ*, in-8°, et plusieurs autres écrits peu remarquables. — CARTHEUSER (Ch.-Guill.), frère du précédent, médecin comme lui, a laissé des *Réflexions sur la diète*, en allemand.

CARTICEYA (*mythol.*), s. m. idole des Indiens, qui a six faces et une multitude d'yeux.

CARTIER, s. m. Le cartier est l'artisan ou marchand qui a le droit de faire ou de vendre des cartes à jouer. Les cartes sont de petits feuillets de carton, oblongs, ordinairement blancs d'un côté, peints de l'autre de figures humaines ou autres, et dont on se sert à plusieurs jeux, qu'on appelle pour cette raison *jeux de cartes*. Il n'y en a presque point dont l'invention ne montre quelque esprit; et il y en a plusieurs qu'on ne joue point supérieurement sans en avoir beaucoup, du moins de l'esprit du jeu. Le P. Ménestrier, jésuite, dans sa *Bibliothèque curieuse et instructive*, nous donne une petite histoire de l'origine du jeu de cartes. Après avoir remarqué que les jeux sont utiles, soit pour délasser, soit même pour instruire, il prétend qu'on a voulu, par le jeu de cartes, donner une image de la vie paisible, ainsi que par le jeu des échecs, beaucoup plus ancien, on en a voulu donner une de la guerre. — Nous allons donner une idée de la fabrication des cartes. Entre les petits ouvrages, il y en a peu où la main-d'œuvre soit si longue et si multipliée : le papier passe plus de cent fois entre les mains du cartier avant que d'être mis en cartes. Il faut d'abord avoir du papier de la sorte qu'on appelle *main brune*, qu'on mêle avec le *papier pot et le papier cartier* : on le rompt, c'est-à-dire qu'on efface le pli du micux qu'on peut. Après qu'on a rompu le papier, on en prend deux feuilles qu'on met dos à dos; on continue de faire un tas, le plus grand qu'on peut, de feuilles prises deux à deux; cette opération s'appelle *mêler*. Après qu'on a mêlé, ou plutôt tandis qu'on mêle d'un côté, la colle se fait de l'autre : on la fait avec moitié farine, moitié amidon. Tandis que la colle se cuit, on la remue bien avec un balai, afin qu'elle ne se brûle pas au fond de la chaudière. Il faut avoir soin de la remuer jusqu'à ce qu'elle soit froide, de peur, disent les ouvriers, qu'elle ne *s'étouffe* et ne devienne en eau : on ne s'en sert que le lendemain. Quand la colle est froide, le colleur la passe par un tamis d'où elle tombe dans un baquet, et il se dispose à coller. Pour cet effet, il prend la brosse à coller, la trempe dans la colle, et la passe en différents sens sur le papier : cela fait, il enlève cette feuille enduite de colle, et avec elle la feuille qui est adossée : il continue ainsi, collant une feuille et en enlevant deux, et reformant un autre tas où une feuille collée se trouve toujours appliquée contre une feuille qui ne l'est pas. Quand on a formé ce tas d'environ une rame et demie, on le met en presse. La presse des cartiers n'a rien de particulier ; c'est la même que celle des bonnetiers et des calandreurs. On laisse ce tas en presse environ une bonne heure, et on le serre davantage de quart d'heure en quart d'heure. Quand le premier tas est sorti de presse, on le *torche*. Cette opération consiste à enlever la colle que l'action de la presse a fait sortir d'entre les feuilles : on se sert pour cela d'un pinceau qu'on trempe dans de l'eau froide, afin que ce superflu de colle se sépare plus facilement. — Ces feuilles,

qui sortent dessous la presse collées deux à deux, s'appellent *étresses*. Quand les étresses sont torchées, on les pique avec un poinçon qu'on enfonce au bord du tas, environ de la profondeur d'un demi-doigt ; on enlève du tas un petit paquet d'environ cinq étresses percées, et on passe une épingle dans le trou. Le *piqueur* perce ainsi toutes étresses par paquets d'environ cinq à six, et les garnit chacun de leur épingle. L'épingle de cartiers est un fil de laiton de la longueur et grosseur des épingles ordinaires, dont la tête est arrêtée dans un parchemin plié en quatre dans un bout de carte, ou même dans un mauvais morceau de peau, et qui est plié environ vers la moitié, de manière qu'il puisse faire la fonction de crochet. Quand tous les paquets d'étresses sont garnis d'épingles, on les porte sécher aux cordes. Les feuilles ou étresses demeurent étendues plus ou moins longtemps, selon la température de l'air. Dans les beaux jours d'été, on étend un jour, et l'on abat le lendemain. *Abattre*, c'est la même chose que détendre. En abattant on ôte les épingles, et l'on reforme les tas. Quand ces nouveaux tas sont formés, on détache les étresses les unes des autres, et on les distribue séparément ; cette opération se fait avec un petit couteau de bois appelé *coupoir*. Quand on a séparé, on ponce. Cela fait, *on trie* ; ce qui consiste à regarder chaque étresse au jour, pour enlever toutes les inégalités avec un grattoir que les ouvriers nomment pointe. L'étresse triée formera *l'âme* de la carte. Quand l'étresse est préparée, on prend deux autres sortes de papiers, l'un appelé *cartier*, et l'autre pot. Ces papiers étant préparés, on mêle en *blanc*. Pour cette opération, on a un tas de cartier à droite, et un tas de pot à gauche. On prend d'abord une feuille de pot, on place dessus deux feuilles de cartier, sur celles-ci deux feuilles de pot, puis sur ces derniers deux feuilles de cartier, et ainsi de suite jusqu'à la fin, qu'on termine ainsi qu'on a commencé par une seule feuille de pot. Quand on a mêlé en blanc, on *mêle en étresse* ; ce qui consiste à entremêler les étresses dans le blanc, de manière que chaque étresse doit se trouver entre une feuille de cartier et une feuille de pot. Après cette manœuvre, on *colle en ouvrage*. Cette opération n'a rien de particulier : elle se fait comme le premier collage, et consiste à coller la tresse entre la feuille de pot et la feuille de cartier. Après avoir collé en ouvrage, on met en presse, on pique, on étend et on abat comme on a fait aux étresses. Le cartier fait le dos de la carte, et le pot le dedans. Les étresses en cet état s'appellent *doubles*. Lorsque les doubles sont préparés, on a promptement le carton dont la carte se fait : il ne s'agit plus que de couvrir les surfaces des doubles, ou de *têtes* ou de *points*. Les *têtes* sont celles d'entre les cartes qui portent des figures humaines ; toutes les autres s'appellent les *points*. Pour cet effet on prend du papier pot, on le déplie, on le rompt, on le *mottit*, c'est-à-dire qu'on l'humecte, et enfin on le presse pour l'unir. Au sortir de la presse, on moule. Pour mouler on a devant soi, ou à côté, un tas de ce pot trempé ; on a aussi du noir d'Espagne qu'on a fait pourrir dans de la colle. On prend de ce noir fluide avec une brosse, on la passe sur le moule qui porte vingt figures à tête, gravées profondément. Ce moule est fixé sur une table ; il est composé de quatre bandes qui portent cinq figures chacune ; chaque bande s'appelle un *coupeau*. Comme ce sont les parties saillantes du moule qui forment la figure, et que ces parties sont fort détachées du fond, il n'y a que leurs traces qui fassent leurs empreintes sur le papier qu'on étend sur le moule, et qu'on presse avec un *frotton*. Le frotton est un instrument composé de plusieurs lisières d'étoffe roulées les unes sur les autres, de manière que la base en est plate et unie, et que le reste a la forme d'un sphéroïde allongé. Après cette opération on commence à peindre les têtes. Car le moule n'en a donné que le trait noir. On applique d'abord le jaune, ensuite le gris, puis le rouge, le bleu et le noir. On fait tous les tas en jaune de suite, tous les tas en gris de même, etc. On fait le *jaune* avec deux livres de graine d'Avignon, et un quart d'alun en poudre ; ces matières ont macéré dans six pintes d'eau, on en exprime la liqueur à travers un linge, et on l'emploie tout de suite. Le *rouge* se fait avec du *vermillon* ou *cinabre* délayé avec un peu d'eau et de colle à faire les cartons ; on en augmente ou diminue les nuances, en y mettant plus ou moins de cinabre. Le noir de *fumée* est pour la couleur noire ce que le vermillon est pour le rouge ; elles se font toutes les deux de la même façon, à cela près qu'on laisse pourrir le noir pendant six à sept mois dans un baquet avant de s'en servir. Le *bleu* se fait avec de l'indigo bien broyé dans un mortier, délayé ensuite comme le rouge ; et le *gris*, qui n'est qu'un bleu fort clair, se fait avec une légère teinture de ce même indigo. Il est étonnant que, nous piquant de bon goût, et voulant le mieux jusque dans les plus petites choses, nous

nous soyons contentés jusqu'à présent des figures maussades qui sont sur les cartes : n'auraient-elles pas plus de cours chez l'étranger, qui se règle sur nos modes, si l'on en imaginait de plus belles ? — On se sert, pour appliquer les couleurs dont nous venons de parler, de différents patrons. Le *patron* est fait d'un morceau d'*imprimure*. Les ouvriers appellent *imprimure* une feuille de papier qui est enduite d'une composition dans laquelle il entre des écailles d'huîtres ou des coques d'œufs, réduites en poudre mêlée avec de l'huile de lin et de la gomme arabique. On donne six couches de cette composition à chaque côté de la feuille ; ce qui la rend épaisse à peu près comme une pièce de 24 sous. C'est au cartier à découper l'imprimure ; ce qu'il exécute pour les têtes avec une espèce de canif, et pour les points avec un emporte-pièce. Pour cette dernière opération, il y a quatre emporte-pièces différents, *pique, trèfle, cœur* et *carreau*, dont on frappe les imprimures ; elles servent à faire les points, comme celles des têtes servent à peindre les figures : il faut seulement observer pour les têtes, que la planche en étant divisée en quatre coupeaux, on passe le pinceau à quatre reprises. Quand toutes les feuilles de pot sont peintes, comme nous venons de le dire, il s'agit de les appliquer sur les doubles ; pour cet effet on les mêle en tas, on colle, on presse, on pique, on étend comme ci-dessus. On abat et l'on sépare les doubles comme nous avons dit qu'on séparait les étresses. Quand on a séparé, on prépare le *chauffoir*, qui est une espèce de caisse carrée à pieds, dont les bords supportent des bandes de fer carrées, passées les unes sur les autres, et recourbées par les extrémités : il y en a deux sur la longueur et deux sur la largeur ; ce qui forme deux crochets sur chaque bord du chauffoir. On allume le feu dans le chauffoir, on passe dans les crochets qui sont autour du chauffoir une caisse carrée de bois, qui sert à concentrer la chaleur ; on place ensuite quatre feuilles en dedans de cette caisse carrée, une contre chaque côté ; puis on en pose une dessus les barres qui se croisent : on ne les laisse toutes dans cet état que le temps de faire le tour du chauffoir ; on les enlève en tournant, on y en substitue d'autres, et l'on continue cette manœuvre jusqu'à ce qu'on ait épuisé l'ouvrage : cela s'appelle *chauffer*. Au sortir du chauffoir, le lisseur prend son ouvrage et le savonne par devant, c'est-à-dire du côté des figures. *Savonner*, c'est avec un assemblage de morceaux de chapeau cousus les uns sur les autres à l'épaisseur de deux pouces, et de la largeur de la feuille (assemblage qu'on appelle *savonner*), emporter du savon en le passant sur un pain de cette marchandise, et le transporter sur la feuille en la frottant seulement une fois. On savonne la carte pour faire couler dessus la pierre de la lissoire. Quand la carte est savonnée, on la lisse en passant dessus la pierre qui n'est autre chose qu'un caillou noir bien poli. Pour qu'une feuille soit bien lissée, il faut qu'elle ait reçu vingt-deux allées et venues. Quand elle est lissée, on la chauffe. — Après cette manœuvre, on savonne et on lisse la carte par derrière. Au sortir de la lisse, la carte va au ciseau pour être coupée ; on commence par *rogner* la feuille ; ce qui consiste à enlever avec le ciseau ce qui excède le trait du moule des deux côtés qui forment l'angle supérieur à droite de la feuille. Quand on a rogné, on *traverse* ; opération qui consiste à séparer les coupeaux, en divisant la feuille en quatre parties égales. Quand on a traversé, on examine si les coupeaux sont de la même hauteur, ce qui s'appelle *ajuster*. Pour cet effet on les applique les uns contre les autres, on lève avec le doigt ceux qui débordent, et on repasse ceux-ci au ciseau ; quand on a repassé, on *rompt les coupeaux*, c'est-à-dire qu'on les plie un peu pour leur rendre le dos un peu convexe. Après avoir rompu les coupeaux, on les *mène au petit ciseau* ; le grand sert à rogner les feuilles et à les mettre en coupeaux, et le petit à mettre les coupeaux en cartes. On rogne et l'on met en coupeaux les feuilles les unes après les autres, et les coupeaux en cartes les uns après les autres. Quand les coupeaux sont divisés, on range les cartes en deux rangs suivant l'ordre qu'elles avaient sur le moule ou sur les feuilles. Il y a entre la place d'une carte sur la feuille et sa place dans le rang une correspondance telle, que dans cette distribution toutes les cartes de la même espèce, tous les rois, toutes les dames, tous les valets, etc., tombent ensemble. Alors on dit qu'elles sont par sortes. Ensuite on les trie, en mettant les blanches avec les blanches, et les moins blanches ensemble. On distingue quatre lots de cartes, relativement à leur degré de finesse : celles du premier lot s'appellent la *fleur* : celles du second, les *premières* ; celles du troisième, les *secondes* ; celles du quatrième et du cinquième, les *triards ou fonds*. Quand on a distribué chaque sorte relativement à sa qualité ou à son degré de finesse, on

fait la couche, où l'on forme autant de sortes de jeux qu'on a de différents lots : ensuite on range et on complète les jeux, ce qui s'appelle faire la *boutée*. On finit par plier les jeux dans les enveloppes ; ce qu'on exécute, de manière que les jeux de fleur se trouvent sur le dessus du sixain, afin que si l'acheteur veut examiner ce qu'on lui vend, il tombe nécessairement sur un beau jeu. On prépare les enveloppes comme les cartes, avec un moule qui porte l'enseigne du cartier ; mais il y a à l'extrémité de ce moule une petite cavité qui reçoit une pièce amovible, sur laquelle on a gravé en lettres le nom de la sorte de jeu que l'enveloppe doit contenir, comme *piquet*, si c'est du piquet, *médiateur* ou *comète*, si c'est du médiateur ou de la comète. Cette pièce s'appelle *bluteau*. Comme il y a deux sortes d'enveloppes, l'une pour les sixains, l'autre pour les jeux, il y a plusieurs moules pour les enveloppes. Les moules ne diffèrent qu'en grandeur. — Les cartes se vendent au jeu, au sixain et à la grosse. Les jeux se distinguent en jeux entiers, en jeux d'hombre et en jeux de piquet ; les jeux entiers sont composés de cinquante-deux cartes, quatre rois, quatre dames, quatre valets, quatre dix, quatre neuf, quatre huit, quatre sept, quatre six, quatre cinq, quatre quatre, quatre trois, quatre deux et quatre as. Les jeux d'hombre sont composés de quarante cartes, les mêmes que celles des jeux entiers, excepté les dix, les neuf et les huit, qui y manquent. Les jeux de piquet sont de trente-deux cartes, as, rois, dames, valets, dix, neuf, huit et sept. Les cartiers, faiseurs de cartes à jouer, forment à Paris une communauté fort ancienne ; on les nomme aujourd'hui papetiers-cartiers ; et ils étaient, avant 1789, au nombre de deux cent dix maîtres. Les statuts dont ils se servaient encore à cette époque et qui n'étaient que des statuts renouvelés en conséquence de l'édit de Henri III de 1581, avaient été confirmés et homologués en 1594 sous Henri IV. Ils contenaient vingt-deux articles, auxquels Louis XIII et Louis XIV en avaient encore ajouté quelques autres.

CARTIER, nom d'une sorte de papier qui est destiné à couvrir les jeux ou les sixains de cartes à jouer (*V.* Papier et Cartes.

CARTIER (JACQUES), un de nos plus célèbres navigateurs du XVIᵉ siècle, né à Saint-Malo, avait déjà entrepris quelques voyages sur l'Océan, lorsqu'il fit, au grand amiral de France, Philippe de Chabot, la proposition d'aller explorer la partie nord de l'Amérique, alors désignée sous le nom de Terre-Neuve. L'amiral accueillit favorablement le projet de Cartier, qui fut autorisé par François Iᵉʳ à le mettre à exécution. Déjà, dix ans auparavant, ce prince avait envoyé le Florentin Jean Verazzano visiter les parages de l'Amérique septentrionale, dans l'espoir qu'on y découvrirait enfin un passage vers le Japon. Jacques Cartier partit de Saint-Malo en 1534, avec deux navires de soixante et un hommes d'équipage chacun, reconnut une grande partie des côtes du golfe Saint-Laurent, et prit possession du pays au nom du roi. Au retour de ce navigateur en France, le gouvernement, d'après son rapport, résolut de former un établissement dans cette partie de l'Amérique du Nord. Cette fois (1535), Jacques Cartier remonta le fleuve Saint-Laurent, et s'avança à sept ou huit lieues au delà de l'endroit où depuis fut bâtie la ville de Québec. Les trois bâtiments qui composaient la flottille mouillèrent près de l'embouchure d'une rivière affluente, appelée d'abord Sainte-Croix par l'explorateur, mais à laquelle on donna depuis le nom de Jacques Cartier. Celui-ci continua ses découvertes sur des canots, à cause des difficultés que le fleuve présentait aux gros bâtiments, et parvint jusqu'au lieu où fut bâtie plus tard la ville de Montréal, à cent cinquante lieues de l'embouchure du Saint-Laurent. Il visita la contrée, communiqua avec les habitants, et gagna leur amitié. Il revint ensuite hiverner à la rivière Sainte-Croix, où les équipages souffrirent beaucoup du froid et du manque de rafraîchissements. Ils furent attaqués du scorbut, fléau alors peu connu des marins européens. Mais un chef du pays ayant indiqué à Cartier un arbre dont les feuilles et l'écorce, prises en infusion, avaient opéré sa propre guérison, les Français firent usage de ce remède, et s'en trouvèrent bien. Cependant cette maladie avait déjà fait de tels ravages que Cartier fut obligé d'abandonner un de ses bâtiments, faute d'équipage pour le manœuvrer. Il partit le 6 mai 1536, et trouva le passage qu'il avait déjà supposé exister au sud de Terre-Neuve, ce qui compléta la découverte du fleuve et du golfe Saint-Laurent. Il arriva le 16 juillet suivant à Saint-Malo, et fut renvoyé en 1540 dans le fleuve Saint-Laurent. Mais le vice-roi que François Iᵉʳ avait nommé pour gouverner le pays nouvellement découvert n'étant parti que dix-huit mois après Cartier, celui-ci, abandonné à ses propres ressources et pressé par la disette, fut

v,   **77**

une seconde fois forcé de revenir en France. Il arriva à Saint-Malo en 1542. L'époque de sa mort est inconnue. La première relation de ses voyages fut publiée sous ce titre : *Brief Récit de la navigation faite es isles de Canada, Hochelage, Saguenay et autres*, Paris, 1545, in-8°; réimprimée à Rouen, 1598. Il en existe une traduction italienne dans le troisième volume de la collection de Ramusio, Venise, 1565; on trouve le *Précis du troisième voyage* (celui de 1542) dans le troisième et dernier volume de la collection d'Hakluyt.

CARTIGNY (JEAN), littérateur religieux, mort à Cambrai en 1580, est auteur d'un roman intitulé : *le Voyage du chevalier errant*, Anvers, 1557, in-8°. C'est le même ouvrage que le Chevalier errant, égaré dans la forêt des vanités mondaines dont si noblement il fut remis et redressé au droit chemin qui mène au salut éternel, 1595, in-12. On a encore de lui des *Commentaires sur l'Ecriture sainte*, et un *Traité des quatre fins de l'homme*, Anvers, 1558, 1573, in-16.

CARTIGUÉ, s. m. huitième mois du calendrier des Indiens.

CARTILAGE (anat.). Les cartilages font partie du squelette de l'homme. Ils sont une transition entre les os et les ligaments. Chez le fœtus dont les os n'ont pas acquis la consistance et la dureté nécessaires dans l'âge adulte, ils paraissent de même nature que les cartilages. Après le développement complet de toutes les parties qui concourent à former le corps humain, certains cartilages disparaissent; mais il en reste un grand nombre pour favoriser le jeu des diverses pièces du squelette. Ils prennent des noms divers, suivant la différence de leurs fonctions. Ainsi, il y a les cartilages d'encroûtement, c'est-à-dire ceux qui revêtent les surfaces osseuses, pour diminuer et adoucir les effets du frottement; il y a les cartilages de prolongement, c'est-à-dire ceux qui sont destinés à prolonger des os, comme pour la poitrine, par exemple, où les côtes sont osseuses sur les parties latérales, et sont remplacées en avant par des prolongements cartilagineux. Cette disjonction favorise singulièrement la mobilité de la cage où sont enfermés le cœur et les organes de la respiration. Enfin il y a les fibro-cartilages qui présentent une structure fibreuse et servent à augmenter la force des parties auxquelles ils s'insèrent. Les cartilages sont d'un blanc d'opale, flexibles, et très-élastiques. Ils sont en apparence inorganiques; mais tout ce qui compose le corps de l'homme participe plus ou moins à sa vitalité. Voici leur composition chimique : d'après Davy, ils sont formés de 0,44 d'albumine, 0,55 d'eau, 0,01 de phosphate de chaux. Dʳ Eᴅ. C.

CARTILAGINEUX, adj. *cartilaginosus*; qui a rapport aux cartilages, ou qui en est formé. *Tissu cartilagineux*.

CARTILAGINEUX (*hist. nat.*). Les animaux qui forment, dans la classe des poissons, une série ou une grande division, désignée sous le nom de cartilagineux dits chondroptérygiens, relativement à l'ensemble de leur organisation, diffèrent tellement des autres pour le squelette, qu'il est nécessaire d'en faire l'abrégé. Les pièces qui composent le squelette, dans les poissons cartilagineux, c'est-à-dire dans les raies, les squales et les lamproies, ne prennent point le tissu fibreux qui caractérise les os dans les poissons connus sous le nom d'*osseux*. Leur intérieur demeure toujours cartilagineux, et leur surface extérieure se durcit par de petits grains calcaires qui s'y accumulent, et qui lui donnent cette apparence pointillée qui les distingue des autres poissons. C'est probablement ce qui fait que le crâne de ces poissons n'est pas divisé par des sutures, et ne se compose que d'une seule enveloppe, modelée et d'ailleurs creuse de pièces comme un crâne de poisson ordinaire, en sorte que l'on y distingue les mêmes régions et les mêmes trous, mais non des os qui peuvent être séparés. Leur face est très-simplifiée, leur mâchoire inférieure n'a également qu'un os de chaque côté, articulaire, lequel porte des dents, et il ne reste des autres qu'un seul vestige, ainsi caché sous la peau de la lèvre. L'appareil operculaire, dans cette division des poissons cartilagineux, manque; mais l'appareil hyoïdien et branchial a de grands rapports avec celui que l'on observe dans les poissons osseux. Le bassin est d'une seule pièce transverse qui ne s'articule pas à l'épine, et porte de chaque côté une lame ou tige à laquelle adhèrent les rayons de la ventrale. Il y a des parties de l'épine où plusieurs des vertèbres sont soudées ensemble, ou du moins l'espèce où elles doivent être n'est occupé que par un tube d'une seule pièce, percé de chaque côté de plusieurs trous pour autant de paires de nerfs. Les ammonites n'ont pas même de squelette cartilagineux. Toutes les parties de leur charpente demeure toujours à l'état membraneux, et sous ce rapport ils ressemblent à des vers plutôt qu'à des animaux vertébrés.

CARTILAGINIFICATION, s. f. (*médec.*), opération de la nature par laquelle une partie du corps se cartilaginifie.—Il se dit particulièrement de la pointe du cœur qui, chez certains malades, se convertit en cartilage.

CARTILAGINIFIER (SE) (*médec.*), verbe pronominal. Se former en cartilage.

CARTILI (*géogr. anc.*), baie d'Afrique où les vaisseaux s'abritaient contre les vents d'ouest, située au nord-est près de l'embouchure de la rivière du Chéliff, autrefois Chinalaph.

CARTILIS (*géogr. anc.*), place d'Afrique, dans la Mauritanie Césarienne, entre Cartenne et la colonie de Césarée, suivant l'Itinéraire d'Antonin.

CANTINAGA (*géogr. anc.*), ville de l'Inde, sur la rive gauche du Gange (Ptolémée).

CARTIPEL (*vieux mot*), cartel ou étiquette qu'on attache sur un sac des pièces d'un procès.

CARTISANE, en *term. de boutonnier, de passementier, de rubanier*, etc. C'est un ornement composé d'un fond de vélin ou de veau, recouvert de soie, de milanèse, d'or ou d'argent, etc. On coupe d'abord son vélin ou son veau, tantôt par bandes plus ou moins étroites, tantôt en pic, en sabot, en pompons, avec l'emporte-pièce (*V.* PIC, SABOT, POMPON). Ensuite on couvre ces bandes ou découpures, les premières au rouet, les secondes à la bobine, avec de la soie de trame pour les *cartisanes* unies, et de soie de grenade pour faire les frisées. Les *cartisanes* peuvent être couvertes de nouveau d'un trait d'or, quand les ouvrages qu'on veut en faire sont riches. La cartisane s'emploie au lieu de milanèse, de clinquant, de cordonnet, etc. On en fait les feuilles d'une cocarde, d'une aigrette; on en recouvre en différents dessins des bandes de corniche dans les appartements, pour imiter des morceaux de sculpture. Le vélin s'emploie comme il vient de chez le parcheminier; le veau se prend chez le corroyeur, et on lui donne un apprêt qui est un secret parmi les boutonniers, pour le rendre dur et ferme.

CARTISMANDUA, reine des Brigantes, peuple au nord de la Grande-Bretagne, s'est déshonorée pendant les expéditions de l'empereur Claude et de ses lieutenants dans cette île, pour avoir aidé les Romains à subjuguer son pays, et en leur livrant son propre gendre, le brave Caracactus, qui, vaincu par eux après neuf années de résistance, avait cru trouver un asile auprès de sa belle-mère. Elle a ajouté à l'infamie de son nom par sa séparation scandaleuse d'avec son époux Vénutius, roi des Ingantes, afin de s'abandonner à de honteuses amours, et faisant périr par ses artifices le frère et les parents du mari qu'elle venait de répudier avec audace, et enfin en appelant contre lui les armes romaines, afin de l'immoler lui-même à sa haine et à sa lubricité. Les Romains, à qui tous les moyens étaient bons pour établir leur domination, laissèrent quelque temps le mari et la femme ruiner leurs forces et dévaster leurs États respectifs; puis, voyant que le sort des armes se déclarait pour Vénutius, fidèle à l'honneur et aux libertés de son pays, ils vinrent, sous les ordres d'Aulus Didius, porter des secours à la femme adultère. Vénutius marcha au-devant d'eux, et leur présenta la bataille. Le combat fut sanglant, la victoire incertaine; mais, pour les Bretons, c'était vaincre que n'être pas vaincus. Aulus Didius fut obligé de signer une trève, et chacun resta maître de ce qu'il possédait. — Quant à Cartismandua, dont la mort fut aussi obscure que sa vie a été flétrie, il paraît qu'elle fut détrônée dans la suite par ces mêmes Romains dont elle avait recherché la protection (Tacit., *Annal.*, III).
Eᴅ. Gɪʀᴏᴅ.

CARTMELL (*géogr.*), ville d'Angleterre, à 5 lieues et au comté de Lancastre, hundred de Lonsdale, sur le sommet d'un promontoire. — Il y a une grande et belle église d'architecture gothique, qui faisait autrefois partie d'un monastère, et qui renferme plusieurs monuments antiques. Le dôme en est supporté par des colonnes octogones, et le chœur est environné de belles stalles.

CARTOMANCIE (du grec χάρτη, carte, et μαντεία), proprement l'art de tirer les cartes, de prédire l'avenir par les cartes ; d'où le nom de *cartomancien*, traduit vulgairement par celui de *tireur de cartes*. Cet art, comme tous ceux qui se rattachent au même but, n'impose plus guère aujourd'hui, et ne se soutient que grâce à l'adresse du très-petit nombre de ses adeptes. Un esprit faible en effet peut seul avoir recours à de pareilles pratiques, et son infériorité morale le met nécessairement à la merci de celui qu'il vient consulter. Il suffit alors à ce dernier de savoir tirer parti de ses avantages et de sa position, d'interroger adroitement la personne qu'il tient pour ainsi dire sous le charme, de l'amener à dévoiler ses goûts, son caractère, ses penchants, ses désirs et ses projets, puis de baser sur cette connaissance des oracles dont la vérification est bien plutôt du ressort de la prévision humaine et d'une sage appréciation morale des faits que subordonnés au hasard. Si les hommes avaient plus de vraie religion et de sainte croyance, ils répudieraient à jamais les honteuses jongleries des cartomanciens.

CARTON, CARTONNIER, CARTONNERIE et CARTONNAGE (arts industr.). Il y a deux espèces de cartons, le carton de collage et le carton de pâte. La première, employée principalement dans les ouvrages de cartonnage, et dans la fabrication des cartes à jouer et autres, se fait au moyen du procédé que nous allons décrire d'après M. Pelouze, à qui nous empruntons ces détails. On se sert ordinairement de papiers différents ; les feuilles pour l'intérieur ou ventre sont ce que les fabricants appellent main-brune, et les couvertures des faces sont en papier blanc, papier pot, ou autre qualité, suivant la beauté qu'on désire dans le carton. La première opération consiste à faire le mélange du papier, c'est-à-dire à disposer les feuilles en tas, de manière qu'en les prenant l'une après elles se trouvent disposées de telle sorte que les feuilles qui doivent former la division de chaque carton ne soient point collées ensemble, et qu'on puisse les séparer avec facilité. L'ouvrier, placé devant une table, arrange devant lui les six piles ou un plus grand nombre (qui varie selon l'épaisseur à donner au carton), dans l'ordre où elles doivent se trouver quand le carton est fabriqué. Supposons qu'il veuille y faire entrer six feuilles de papier pour finir la feuille de carton d'une seule opération, ce qui n'a pas constamment lieu : il place une planche bien unie en avant des piles de papier ; il pose ensuite sur cette planche une feuille de papier pot, puis les quatre dernières feuilles de papier main-brune. Le mélage est alors terminé ; il a pour but d'offrir au colleur, dans le tas de papier qu'il doit employer, chaque espèce précisément à la place qu'elle doit occuper dans la feuille de carton. Le colleur place le tas général à sa gauche, et il met à sa droite le pot à colle et la brosse pour étendre celle-ci. Il met devant lui une planche de chêne bien unie, semblable à celle qui est sous le tas, et étend dessus une mauvaise feuille de papier, après avoir légèrement humecté la planche ; sur cette maculature il étend la première feuille du tas, il passe de la colle avec la brosse, puis étend dessus une feuille de papier main-brune qu'il colle de même, puis une seconde, puis une troisième, puis la quatrième en collant chaque fois, puis enfin la feuille de papier pot qui se découvre la première ; vient encore une autre feuille de papier pot qui se pose immédiatement sans coller la précédente ; alors on recommence l'opération que nous venons d'indiquer. On sent qu'en procédant toujours régulièrement ainsi, chaque feuille de carton doit se trouver isolée de la suivante, par absence de collage. Vient ensuite l'opération du pressage. Lorsque les cartons ont tous été collés, feuille à feuille, on couvre le tas avec une feuille de maculature, et l'on recouvre le tout d'une planche de chêne de même dimension que celle qui supporte le tas ; puis on porte le tout sous une presse puissante, mais qu'on ne fait agir que légèrement d'abord et par degrés, afin de ne pas exprimer trop de colle des cartons avant que celle-ci ait commencé à prendre. On serre de plus en plus fort et de quart d'heure en quart d'heure, jusqu'à refus de la presse. Étendage et séchage. On torche les tas aussitôt qu'ils sont sortis de la presse, c'est-à-dire qu'on enlève avec un pinceau fort doux, trempé dans de l'eau froide, les bavures de colle que la pression a fait sortir d'entre les feuilles de papier. Les feuilles de carton séparées les unes des autres par cette eau froide se nomment étresses. Avec un poinçon court on perce à la fois plusieurs étresses, à une distance de huit à dix lignes du bord. Au fur et à mesure qu'on pique les étresses, on en enlève trois ou quatre à la fois, et l'on substitue au poinçon un crochet en S, de fil de laiton. C'est par ce moyen qu'on peut suspendre les étresses aux cordes tendues dans le séchoir. On a soin qu'elles ne se touchent pas, pour laisser circuler l'air entre elles. Les cartons en séchant, se crispent toujours plus ou moins, et d'autant que l'atmosphère est plus sèche et plus chaude ; pour faire en grande partie disparaître cet inconvénient, on les remet sous presse. Du lissage. Plusieurs espèces de cartons, et spécialement celles qui sont destinées à la fabrication des cartes à jouer et de certains ouvrages de cartonnage, doivent être lissées. Voici comme on procède à leur égard : elles doivent passer entre les mains du chauffeur et du savonneur, pour qu'on puisse les lisser avec plus de facilité et de succès. Il faut, pour le lissage, que les cartons soient complètement secs et même chauds ; sans quoi ils ne prendraient qu'imparfaitement le poli. On chauffe donc fortement

chaque feuille séparément sur un réchaud approprié à cet usage, et qui est de forme carrée. On les porte ensuite au savonneur, qui se sert d'un frottoir ou savonnoir, instrument formé de plusieurs morceaux de vieux chapeaux cousus solidement les uns sur les autres, ayant l'épaisseur de trois pouces environ, sur une largeur égale à celle de la feuille de carton. L'ouvrier passe le frottoir sur un pain de savon à sec, et en frotte ensuite le carton : ce que ce frottement y laisse de savon suffit pour donner plus tard du jeu au lissoir. Quant au carton de pâte, les matières qui entrent dans sa fabrication sont ordinairement des rebuts de papeteries, ou, si l'on veut obtenir des cartons très-résistants, des pâtes faites avec de grosse filasse. On en fait aussi avec de la laine mélangée d'étoupes. Enfin, on emploie même les déchets, les rognures de cuir, ainsi que le produit des écharnages de peaux. Pour le procédé employé à la confection de ce carton, V. PAPIER, PAPETERIE. — Le CARTONNIER est l'ouvrier qui fait et vend des cartons ; la CARTONNERIE est le lieu, la manufacture où l'on fabrique ; c'est aussi l'art ou les procédés de fabrication. Le CARTONNAGE est l'art de faire divers petits ouvrages de luxe au moyen du carton. Cet art, depuis quelque temps, est porté à un haut point de perfection en France et en Angleterre.

CARTON. On nomme carton de pur collage du carton qui n'est formé que de feuilles de papier collées les unes sur les autres. Les cartons portent ordinairement le nom des papiers qui servent à les composer. Ainsi l'on dit carton de couronne, carton de raisin, etc. — On appelle carton couvert celui qui est couvert d'une feuille de papier blanc ; — carton gaufré, celui sur lequel on a fait des dessins en relief. Carton doré, Carton argenté.

CARTON se dit aussi d'une boîte faite de carton dans laquelle on serre des papiers, ou des bonnets, des dentelles, des rubans, etc. — Cette pièce de théâtre est restée longtemps dans les cartons, elle n'a été jouée que longtemps après avoir été reçue. — Carton de dessins, grand portefeuille de carton dans lequel on serre des dessins. — CARTON se dit encore de la pâte même dont on fait le carton ordinaire, et qui sert à la fabrication de divers autres objets.

CARTON-CUIR, s. m. espèce de carton inventé depuis quelques années pour fabriquer divers objets.

CARTON LITHOGRAPHIQUE, s. m. espèce de carton qui équivaut au carton-pierre.

CARTON-PIERRE. Cette substance est très-légère, imperméable, et tout à fait incombustible. On l'emploie avec un grand succès pour la toiture des maisons. La meilleure fabrique est celle d'Alfind-faxe, de Carlscrown. Dans cette ville, il a été tenté une expérience décisive pour prouver l'incombustibilité des cartons de pierre. On a répété à Berlin la même expérience, avec un plein succès ; et, si le prix de ce produit précieux n'était pas si élevé, nous rejetterions bientôt la brique, l'ardoise et le bitume, pour adopter le carton de pierre, qui forme une toiture belle, légère et inaltérable.

CARTON (archit.). Il se dit d'une feuille de fer-blanc ou de carton, dont le bord est chantourné sur le profil d'une corniche, afin de servir de mesure et de modèle pour en exécuter une autre du même ordre et de la même dimension. On emploie également ce genre de carton pour lever ou plutôt décalquer contre le mur ou sur le plancher les dessins faits de la grandeur qu'ils doivent être exécutés ; c'est ce qu'on nomme tracer l'épure (V. ce mot).

CARTON (beaux-arts). Du mot grec carton, qui signifie papier, nous avons tiré l'expression qui va nous occuper dans cet article. Dans les beaux-arts, elle désigne les dessins faits pour être exécutés plus tard en peinture ou en tapisserie. C'est plus qu'un modèle ou un patron, c'est un commencement de l'œuvre que l'artiste veut exécuter. En un mot, le carton est à la peinture ce que la statue en terre glaise est à la statue en marbre. Aussi conserve-t-on précieusement les cartons des grands maîtres. Ils s'en servaient principalement dans la peinture à fresque. Afin de mettre bien sous les yeux de nos lecteurs la manière dont les peintres emploient les cartons, nous dirons quelques mots de la peinture à fresque. Après avoir enduit d'un mortier fait de chaux et de sable de rivière la voûte ou la muraille qu'on veut enrichir de peinture, lorsque cet enduit est assez ferme pour ne pas céder au doigt qu'on y applique pour en reconnaître la consistance et pour s'assurer s'il a acquis la sécheresse nécessaire afin d'absorber et bien retenir la couleur, on y applique le carton sur lequel se trouve dessiné et découpé le trait de l'objet qu'on veut peindre. Alors on passe autour du carton une pointe d'acier ou d'ivoire, et l'on appuie de manière à laisser un sillon dans l'enduit frais qui tapisse l'endroit qu'on veut décorer. Ce procédé a lieu pour les grandes fresques. Pour les petits ouvrages de ce genre, on se sert d'un autre procédé. On pique avec une grosse aiguille le trait d'un dessin qu'on doit exécuter ; ensuite on étend dessus une poudre colorée, qu'on frotte de manière à la faire tamiser aux trous qu'on a faits. C'est ce qu'on appelle des *poncis* (*V.* ce mot). Quant aux cartons qu'on faisait autrefois pour les tapisseries ou tentures, ils ne se font plus de la même manière de nos jours. Ces dessins ont totalement changé de genre, et, quoiqu'une dénomination qui dérive de la leur soit donnée aux nouveaux dessins des tapisseries, nous n'en parlerons qu'à l'article DESSIN DE FABRIQUE (*V.* ce mot).

CARTON se dit aussi, *en term. d'imprimerie*, des seize pages d'en bas dans l'imposition in-12, à laquelle le petit carton d'en haut, de huit pages, sert comme de queue, et s'insère souvent au milieu du grand carton. Dans l'imposition in-18, il y a trois cartons égaux, ou un grand carton de 24 pages, et un petit de 12.

CARTON. Les *imprimeurs* appellent ainsi une maculature bien unie, sur laquelle ils collent des hausses pour remédier à l'inégalité du foulage, qui se rencontre à presque toutes les presses. Ce *carton* se place entre le petit tympan et les blanchets. Chaque ouvrage doit avoir son *carton* particulier. Quand il est bien fait, il y a peu de hausses à mettre sur le tympan ; et presque toujours la perfection ou la défectuosité d'une impression en dépendent, tant il est utile et de conséquence de le bien faire (*V.* HAUSSE).

CARTON, *term. de libraire, de brocheur et de relieur*, est un ou plusieurs feuillets détachés d'une feuille entière. Il y a plusieurs cas où l'on est obligé de mettre des *cartons* dans les livres : 1° quand, après l'impression soit d'un manuscrit, soit d'un livre déjà imprimé, il reste de la matière dont la quantité ne suffit pas pour faire une feuille entière, ni même une demi-feuille ; ce reste s'imprime sur un ou deux feuillets de papier séparés, et s'appelle *carton ;* 2° quand, pendant le cours de l'impression, il s'est glissé quelques fautes grossières dans l'ouvrage, ou quelque proposition hasardée relativement à la religion, au gouvernement, aux mœurs ou à la réputation des particuliers, on a soin de déchirer la partie de la feuille sur laquelle se trouve ce qu'on veut supprimer, et l'on y substitue d'autres feuillets purgés de ces fautes, et ces feuillets se nomment aussi *cartons*. Le public à Paris est tellement prévenu contre ces *cartons*, qu'on a vu des ouvrages décrédités parce qu'il y en avait, quoiqu'ils eussent été placés pour la plus grande perfection de ces ouvrages.

CARTON, *partie du métier du rubanier*. Il est attaché d'une part à la barre de la poitrinière, et d'autre au premier travers de lames, au moyen de deux ficelles qui le tiennent suspendu un peu au-dessus de l'ensuple de devant. Il sert à poser les navettes et sabots, lorsqu'il y en a plusieurs, pendant que l'ouvrier en fait travailler une.

CARTON. Ce mot désigne, chez les patenôtriers, un récipient dans lequel tombent les perles lorsqu'elles sont séparées du girasol.

CARTONNAGE, s. m. action de cartonner un livre, de le relier en carton, et l'ouvrage qui en résulte.

CARTONNER, v. a. relier un livre en carton.

CARTONNER, v. a. (*technol.*). Parmi les fondeurs, c'est mettre sur chaque pli de l'étoffe un carton, avant de la presser et de la catir. — Chez les patenôtriers, *cartonner* c'est garnir intérieurement le canal d'une perle avec du papier, de manière qu'en y passant le fil il ne s'attache point à la cire.

CARTONNIÈRE, s. f. sorte de guêpe dont le nid ressemble à une boîte de carton. — Ce mot est aussi adjectif.

CARTOPHYLAX. Dans l'Eglise de Constantinople, le grand cartophylax était comme la bouche et le bras droit du patriarche, dont il rédigeait les sentences, les signait et apposait le sceau. Il gardait toutes les chartes qui regardaient les droits de l'Eglise, jugeait toutes les causes en matières ecclésiastiques, approuvait généralement tous ceux qui devaient être pourvus d'évêchés, d'abbayes, ou promus aux ordres. Il y en a qui confondent les cartophylax avec le cartulaire. D'autres prétendent que ces deux officiers étaient différents, et mettent le cartulaire bien au-dessous du cartophylax (*V.* CARTULAIRE. *V.* aussi Anastase, ad VIII *Synod.*, act. 2. Balsamon, liv. VII du *Droit des Grecs*, action 13 et 14 du sixième concile. Ducange. Codin ; et les notes du P. Gretser, jésuite, sur cet auteur. Le P. Goar).

CARTOUCHE, de l'italien *cartoccio*. En architecture, ce mot désigne une sorte de carte, de forme régulière ou irrégulière, dont la surface est quelquefois plane, quelquefois concave ou convexe. Ce genre d'ornement de sculpture, tantôt en pierre ou en marbre, tantôt en plâtre ou en bois, est destiné à recevoir des inscriptions, des chiffres, des armoiries, des bas-reliefs pour la décoration intérieure et extérieure des édifices. On place aussi de petites cartouches, qu'on appelle ordinairement cartelles, dans la décoration des frises et médaillons, ainsi que dans les encadrements ou bordures des tableaux. Les couronnements des trumeaux, de cheminée, les pilastres, les panneaux, reçoivent souvent des cartouches. Enfin, on en fait en peinture pour renfermer des trophées, des inscriptions ou devises, etc. Dans ce genre, le pinceau n'a d'autres règles que les caprices de l'artiste; aussi, voit-on une prodigieuse variété dans les ornements que les peintres ont faits pour servir de cartouches. Les dessinateurs qui font ceux des cartes géographiques n'ont pas été moins féconds et moins bizarres dans cette espèce de production. C'est surtout sur les vieilles cartes qu'il faut explorer cet ornement. Mais de tous les arts et sciences qui ont adopté l'usage des cartouches, c'est le blason qui l'a porté le plus loin dans ce qu'il a de bon et de mauvais.

CARTOUCHE (*archéol.*). On aperçoit sur toutes les inscriptions des monuments égyptiens certains petits médaillons carrés ou ovales, composés de signes le plus souvent hiéroglyphiques, encadrés d'un filet, et séparés pour ainsi dire du texte principal. Ces encadrements, qu'on a comparés avec beaucoup de justesse à un membre de phrase détachée placé entre parenthèses, sont désignés dans les divers traités d'archéologie par le nom de cartouches. L'obélisque de Louxor en contient environ vingt-cinq, et leur existence attache le plus grand prix à ce monolithe d'ailleurs si curieux par sa forme, et si remarquable par sa grandeur. Le cartouche fournit toujours des indications historiques de la plus haute importance; il renferme habituellement le nom ou le prénom d'un roi, quelquefois d'un dieu dynaste. C'est à l'étude approfondie d'un cartouche de la pierre de Rosette que nous devons les découvertes de M. Champollion le jeune. Cet illustre antiquaire, mort trop tôt pour la science et pour sa gloire, a révolutionné tout le système des hiéroglyphes, et a reconnu le premier sur les monuments de l'Egypte trois sortes d'écritures dont nous parlerons plus tard. Avant lui, les anciens auteurs prétendaient que les cartouches contenaient des sentences morales ou des invocations; mais son alphabet a détrôné toutes les conjectures ingénieuses de ceux qui l'avaient précédé, et a substitué des données positives aux rêves de leur imagination. Une légende royale, quand elle est complète, se compose de deux cartouches, le cartouche *nom*, et le cartouche *prénom*, tous deux précédés par une abeille, *oie* ou canard d'Egypte, et séparés l'un de l'autre par un groupe de deux signes, qui sont le vulpanser, *oie* ou canard d'Egypte, et le disque du soleil. Le cartouche *nom* suit habituellement le cartouche *prénom*. Ce dernier est toujours le plus utile à expliquer; car il y avait pour chaque prince un prénom royal, consacré par l'autorité civile et religieuse; chacun de ces cartouches indique donc un individu distinct. Le cartouche *nom*, au contraire, ne désigne rien de spécial; il ne renferme qu'un titre commun à presque tous les rois de l'Egypte. Horapollon nous apprend que le vulpanser, sorte d'oie ou canard particulier à l'Egypte, appelé aussi *chenalopex*, avait le sens de fils, d'où M. Saint-Martin a conclu que deux cartouches royaux respectivement placés comme nous venons de le dire, étaient équivalents de ces mots : *Le roi un tel, fils d'un tel.* M. Champollion le jeune pense différemment. *Soleil gardien de la région inférieure approuvée Phré* (cartouche prénom), *fils du Soleil* (groupe des deux signes en question), *Ramsès* (cartouche nom propre) : telle est, selon lui, la légende royale de Sésostris ou Ramsès VI. Dans l'écriture démotique, ou écriture vulgaire, le cartouche n'était pas figuré par une ligne elliptique, mais seulement par deux signes qu'on peut assimiler à des parenthèses (*V.* les articles EGYPTE, HIÉROGLYPHES).

CARTOUCHE DE GUERRE. On a d'abord donné ce nom à la charge de toute arme à feu ; puis on l'a restreint à la charge du mousquet ou fusil. Les ouvriers artificiers emploient pour faire les cartouches de petits cylindres de bois dur, d'environ sept pouces ; ces cylindres sont arrondis par l'un des bouts, afin d'éviter que l'artificier ne se blesse la main en travaillant ; l'autre extrémité est creusée assez large pour loger un tiers de la balle. Ils plient ensuite une feuille de papier en trois dans sa largeur, puis chacun de ces tiers en deux, et ils découpent diagonalement, en commençant à deux pouces deux lignes de l'angle supérieur à gauche, et finissant à la même distance en dessous de l'angle inférieur à droite. De cette coupe, il résulte douze pièces égales, pour le même nombre de cartouches. L'une de ces pièces ayant été étendue sur une table, on l'enroule sur le mandrin, dont le bout creux a reçu une balle, et l'on a soin de recouvrir celle-ci. On retire le mandrin, et le moule à cartouches est livré à un autre ouvrier chargé de le remplir de poudre mesurée dans un petit cône creux de fer-blanc, qui doit en contenir la quarantième partie d'une livre.

CARTOUCHE, s. f. signifiait autrefois une charge pour le canon, composée de clous, de balles de fusil, et de morceaux de fer enveloppés dans du carton ou enfermés dans une boîte de mitraille. — Il se dit encore, chez les artificiers, de toute sorte de boîte dans laquelle on renferme les matières inflammables, pour en déterminer et en varier les effets. Dans ce sens, il est masculin.

CARTOUCHES A GRAPPES DE RAISIN, s. f. On appelle aussi celles où l'on met des balles de plomb jointes avec de la poix, enfermées dans une toile claire, et disposées sur une petite planche de forme pyramidale, autour d'un piquet de bois qui s'élève du milieu de cette planche.

CARTOUCHE se disait autrefois du congé absolu ou limité donné à un militaire par un écrit scellé du sceau du régiment. —CARTOUCHE JAUNE, cartouche qu'on délivrait à un soldat dégradé ou renvoyé par punition.

CARTOUCHE, en jardinage, est un ornement régulier en forme de tableau, avec des enroulements, qui se répète souvent aux deux côtés ou aux quatre coins d'un parterre : ce milieu se remplit d'une coquille de gazon, ou d'un fleuron de broderie.   K.

CARTOUCHE (LOUIS-DOMINIQUE), né à Paris vers la fin du XVIIe siècle d'un marchand de vin, manifesta de bonne heure ses inclinations vicieuses. Chassé fort jeune encore du collège de Louis-le-Grand où il étudiait, et de la maison paternelle pour plusieurs vols audacieux, il s'enrôla dans une bande de voleurs qui exploitaient la Normandie, et successivement filou, escroc dans les tripots, mouchard, pourvoyeur des sergents qui raccolaient, Cartouche devint à son tour soldat par surprise. Il servit jusqu'à la paix avec quelque distinction, gagna même de l'avancement ; mais son naturel pervers et insensible à tout sentiment de religion, de morale et d'honneur, le ramena dans les rangs des voleurs de Paris ; il en fut le chef redoutable, et il remplit trop longtemps la capitale et la province du bruit de ses vols et de ses assassinats. Après avoir échappé, pendant de longues années, aux poursuites de la justice, Cartouche fut enfin arrêté le 6 octobre 1721 dans un cabaret de la Courtille, près Paris, enfermé dans le cachot à trappe du Grand-Châtelet, d'où, à la suite d'une tentative d'évasion, on le conduisit à la Conciergerie. Il fut exécuté en place de Grève le 27 novembre de la même année, après avoir accepté les consolations de la religion, et avoir dénoncé ses innombrables complices. — Le Recueil des procès fameux de Dessessarts contient la relation de celui de Cartouche. On a aussi : Histoire de la vie et du procès du fameux Louis-Dominique Cartouche et de plusieurs de ses complices, 1 vol. in-8o. — Cartouche, ou le Vice puni, poème par Grandval, Paris, 1725, in-8o, avec figures. — Cartouche, ou les Voleurs, comédie en trois actes de l'acteur Legrand, représentée sur le Théâtre-Français le 20 octobre 1721. — Arlequin Cartouche, pièce en cinq actes de Riccoboni père, jouée à la Comédie-Italienne.

CARTOUCHIER, s. m. petit coffre de bois qui contient les cartouches d'un soldat. — On nomme aussi cartouchier un grand coffre ou caisson, dans lequel elles sont déposées avant que l'on en fasse la distribution aux soldats. — En term. de marine, on appelle cartouchier une petite giberne sans banderole que les marins, embarqués sur les bâtiments de guerre, portent en ceinture et devant eux, dans laquelle il y a des cartouches.

CARTRE (vieux mot), prison ; du latin carcer. — CARTRIER, prisonnier et geôlier, du latin carcerarius.

CARTULAIRES. Un cartulaire est un registre dans lequel sont transcrites les chartes concernant un pays, une église, une communauté ou même une seule seigneurie. Les plus anciens cartulaires remontent au Xe siècle, suivant Mabillon, qui fait honneur au moine Folquin du premier dont on ait connaissance. Mais le cartulaire de Folquin, et d'autres dont plusieurs lui sont antérieurs, sont moins des recueils de chartes que des chroniques dans lesquelles les auteurs ont inséré des actes relatifs à leurs abbayes. Ce furent les moines qui, les premiers, recueillirent dans des registres les titres de leurs monastères. A l'exemple des moines, les évêques et les chapitres se mirent, au XIe siècle, à transcrire les titres de leurs églises. Puis ils

furent imités par les rois, les ducs, les comtes, les seigneurs et les communes. Les cartulaires qui nous ont été conservés sont très-nombreux. La bibliothèque du roi en possède environ quatre cents. Il en existe un grand nombre aux archives du royaume et dans la plupart des archives et des bibliothèques des départements. Les plus remarquables de la bibliothèque du roi sont ceux des abbayes d'Ainai de Lyon, de Saint-Cyprien de Poitiers, de Cluni, de Port-Royal ; des églises de Grenoble, de Chartres, de Paris ; le cartulaire des comtes de Champagne ; ceux des villes de Marseille, Arles, Avignon, etc. ; les cartulaires de Philippe Auguste, etc. Les principaux cartulaires des abbayes du diocèse de Paris sont déposés aux archives du royaume. Celui de Saint-Victor de Marseille, que possède cette ville, est l'un des plus beaux et des plus anciens qu'on puisse voir. Ces recueils sont d'une grande utilité pour la connaissance de la topographie, de l'histoire, des institutions et usages du moyen âge. Les actes qui y sont transcrits renferment les transactions des seigneurs avec leurs vassaux ou leurs serfs, et des serfs contre eux. Et comme ces transactions ont pour objet, non-seulement des biens meubles et immeubles, mais encore des droits féodaux et toute espèce d'obligations personnelles elles reflètent, comme des miroirs fidèles, le tableau de diverses conditions des terres et des personnes. — Un assez grand nombre de cartulaires ont été publiés en Allemagne et dans les autres pays étrangers. Les éditions de ce genre, qui ont été données en France, sont peu nombreuses. Elles ne comprennent guère que les cartulaires de l'abbaye d'Auchi, de l'Église de Strasbourg, du prieuré de Perreci (dans le recueil de Pérard). Ce n'est que depuis ces dernières années que le gouvernement a formé le projet de publier les principaux cartulaires de France. Ceux de l'abbaye de Saint-Père de Chartres et de l'abbaye de Saint-Bertin à Saint-Omer ont paru au commencement de l'année 1841 (Paris, 3 vol. in-4o, 1840), et font partie de la collection des documents inédits sur l'histoire de France, publiés par les soins du ministre de l'instruction publique. Dire que ce travail est dû à M. Guérard, membre de l'Institut, c'est dire qu'il est exécuté avec cette solidité d'érudition, cette sûreté critique qu'on admire à bon droit dans tout ce qui est dû à la plume du savant professeur de l'école des chartes.

CARTULAIRE, cartularius. Les cartulaires n'étaient originairement que des officiers de l'État ou de l'Église qui gardaient les chartes ou papiers qui concernaient le public ; mais leurs charges s'accrurent dans la suite. Chez les Grecs, le cartulaire de l'Église de Constantinople présidait aux jugements ecclésiastiques, au nom du patriarche, et en l'appelait, à cause de cela, la bouche et la main du patriarche. Il catéchisait le peuple dans l'église comme le patriarche, et précédait les évêques, quoiqu'il ne fût que diacre. Chez les Latins, le cartulaire de Rome présidait aux jugements ecclésiastiques au lieu du pape, et gardait les chartes de l'Église. Saint Grégoire le Grand envoya son cartulaire en Afrique, pour tenir un concile contre les restes des manichéens et des donatistes. Dans l'empire, le grand cartulaire de Constantinople était un officier qui gardait le registre public, qui tenait et menait le cheval de l'empereur quand il allait à cheval (V. CARTOPHYLAX).

CARTULAIRE, officier dans le clergé, chargé des chartes, des codicilles, des livres de compte, et de ceux qui concernaient les lecteurs et les chantres. C'était encore un clerc, un copiste, un scribe (Balsamon, liv. VII du Droit des Grecs, action 13 et 14 du sixième concile. Du Cange. Goar, sur Codin, p. 10, not. 7 ; p. 16, not. 56, édit. du Louvre. Fleury, Hist. ecclés., liv. XXXV, p. 33).

CARTWRIGHT (THOMAS), Anglais, célèbre théologien puritain, naquit dans le Herfortshire vers l'an 1535, et fit ses études au collège Saint-Jean de l'université de Cambridge ; telle était son application à cette époque, et il conserva cette coutume tout le reste de sa vie, qu'il ne prenait que cinq heures de repos par jour. Il fut ensuite clerc d'un avocat, d'où on le tira pour le nommer professeur de théologie à Cambridge, sur la haute réputation de ses talents. Doué d'une éloquence brillante, lorsqu'il prêchait, la foule s'emparait même des fenêtres pour être à portée de l'entendre. Les maximes qu'il professait en chaire n'étant point du goût du gouvernement, le firent interdire sur la réclamation des évêques, et il fut obligé de se retirer sur le continent. Il y enseigna la théologie dans plusieurs universités protestantes ; on le vit ensuite ministre des négociants anglais à Anvers et à Middlebourg, puis rentrer en Angleterre malgré les persécutions dirigées alors contre les puritains. Ayant osé publier quelques écrits où il proposait une nouvelle discipline et de nouvelles formes de culte, il réveilla la haine de ses ennemis, qui le contraignirent à s'expatrier de nouveau. Au bout de cinq ans il reparut en Angleterre, en 1580, et fut mis en prison , d'où il ne sortit que par la protection du lord trésorier Burleigh et du comte de Leicester. Celui-ci lui donna la direction d'un hôpital fondé par lui dans le comté de Warwick. Mais Cartwright ne jouit pas longtemps de sa liberté ; il fut renfermé à Newgate sur le soupçon d'être l'auteur d'un pamphlet ayant pour titre : *Avertissement au parlement.* Enfin il obtint de nouveau sa liberté, fut réincarcéré et relaxé encore, et termina enfin cette orageuse existence en 1603 , âgé de soixante-huit ans. Il paraît que, vers la fin de sa vie, son ardeur pour les disputes religieuses s'était ralentie au point qu'il mourut dans les les termes de l'amitié avec l'archevêque Witgift , son plus acharné persécuteur. — Cartwright était pieux, désintéressé, charitable , et ne montra jamais dans ses vives discussions le moindre emportement ni le moindre fiel contre ses antagonistes. Outre quelques pamplets et certains ouvrages de controverse écrits en anglais, on a de lui : 1° *Commentaria practica in totam historiam evangelicam , ex quatuor evangelistis harmonice concinnatum,* in-4°, 1630 ; ouvrage réimprimé à Amsterdam en 1647 ; 2° *Commentarii succincti et dilucidi in Proverbia Salomonis,* in-4°, Amsterdam, 1638 ; 3° *Metaphrasis et homiliæ in librum Salomonis qui inscribitur Ecclesiastes ,* in-4°, Amsterdam, 1647 ; 4° un *Cours de théologie,* in-4°, Londres, 1646 ; et 5° une *Règle sur le gouvernement de l'Eglise,* in-4°, 1644.

CARTWRIGHT (GUILLAUME), poëte et théologien anglais du XVIIᵉ siècle, né en 1611 à Northway, près Tewksbury, dans le Glocestershire , fit ses études premières à Westminster , et acheva son instruction à l'université d'Oxford. Il y prit les ordres et se consacra à l'éloquence de la chaire, où , dit Anthony Wood , « il se distingua par ses discours pleins de fleurs et par un langage séraphique. » Plus tard , il devint professeur de métaphysique à la même université. Il faisait de la poésie en manière de délassement. Ses vers avaient du mérite et lui attiraient des louanges générales. Quelques-unes de ses pièces de théâtre, aujourd'hui peu connues, obtinrent un certain succès. Une entre autres, *l'Esclave Royal ,* tragi-comédie, donna tant de plaisir à la reine , qu'elle voulut la voir représentée ensuite par ses propres comédiens, afin de comparer les talents de ces acteurs avec ceux des étudiants de l'université qui jouaient les pièces de Cartwright. L'avantage, au jugement général , resta aux derniers. Une fièvre maligne emporta cet auteur à l'âge de trente-trois ans, en 1643. Le roi et la reine, encore à Oxford dans ce moment, lui manifestèrent leur intérêt en s'informant de sa santé, et le roi daigna prendre le deuil le jour de ses funérailles. Au moral et au physique, Cartwright avait été favorisé des dons de la nature ; peu de personnes savaient mieux que lui fixer l'attention d'une assemblée et captiver la bienveillance. — Quatre pièces de théâtre, avec quelques autres petits poëmes, publiées sous ce titre : *Comédies , tragi-comédies et poëmes,* Londres, 1651, in-8°, en tête desquelles se trouvent cinquante pièces de vers à sa louange, composées par les beaux esprits de l'université, sont les principaux titres de cet auteur à la réputation. Mais sa popularité ne semble pas lui avoir survécu longtemps, car on ne connaît qu'une édition de ses œuvres. Il a aussi écrit quelques poésies grecques et latines , un sermon sur la passion, et quelques pièces anglaises de circonstance, en vers. ·

CARTWRIGHT (GEORGES), voyageur anglais, naquit en 1739, à Marsham, dans le comté de Nottingham , d'une famille honorable. Dès l'âge de quinze ans il passa aux Indes d'où il revint, en 1757, avec le grade d'enseigne dans un régiment d'infanterie. Il servit ensuite en Allemagne, dans la guerre de sept ans. S'étant retiré à la paix avec la demi-solde , il habita quelque temps l'Ecosse où l'amour de la chasse l'avait amené. Un de ses frères partit pour Terre-Neuve, et Georges se hâta de s'embarquer avec lui. « Ce qui me tentait ce pays-là , disait-il , c'est que j'avais entendu dire que les ours et les rennes y étaient très-communs. » Quand sa partie de chasse fut finie, il revint en Angleterre, obtint le grade de capitaine dans le trente-septième régiment, et le rejoignit à Minorque. Mais , le climat de cette île ne convenant pas à sa santé, il se rembarqua pour l'Angleterre. Une nouvelle occasion de faire la campagne de Terre-Neuve et de visiter la terre de Labrador s'étant présentée, il n'eut garde de la manquer. Depuis 1766, il tint un journal exact de six voyages qu'il y fit successivement, et de six années de séjour parmi les Eskimaux. En décembre 1772, il amena six de ces sauvages à Londres ; ils y furent très-bien accueillis, et devinrent l'objet de la curiosité générale. Au mois de mai 1773, Cartwright les reconduisait , comblés de présents, dans leur patrie, lorsque la petite vérole se déclara sur le navire,

qui était encore dans la Manche. Tous ces malheureux en furent atteints ; le bâtiment relâcha à Plymouth, où , malgré les soins les plus assidus, cinq d'entre eux moururent. Il ne resta qu'une femme avec laquelle Cartwright aborda le 31 août au Labrador. Les Eskimaux , à la nouvelle du désastre de leurs compatriotes, manifestèrent leur affliction de la manière la plus touchante, en prodiguant à Cartwright les témoignages de leur affection et de leur confiance sans bornes. En 1782, ce navigateur revenait en Angleterre pour y jouir du repos, lorsque le navire qui le portait fut pris par un corsaire; et il perdit ainsi le fruit de ses longs travaux et de sa persévérance. Retiré dans sa patrie, il y mourut en 1819. Son *Journal,* imprimé à Newark (1792, 3 vol. in-4°, avec atlas), contient un assez grand nombre de faits curieux sur le caractère des habitants et sur l'histoire naturelle du Labrador.

CARTWRIGHT (JEAN), frère du précédent, et né à Marsham en 1740, fit ses études à l'école de Newark, passa la première partie de sa jeunesse à Boston, et, lorsqu'il eut atteint sa dix-huitième année, entra dans la marine royale. Il était lieutenant lorsque les événements d'Amérique lui firent abandonner son vaisseau ; il prit du service dans la milice de son comté (Nottingham). En 1775, il était devenu major de ce corps; mais ses opinions politiques l'empêchèrent d'obtenir plus d'avancement, et il reçut son congé en 1792. A cette époque il était marié depuis douze ans ; et depuis quatre ans il avait aliéné ses domaines du comté de Nottingham pour en acheter d'autres dans celui de Lincoln. Il s'y livrait avec beaucoup de zèle à l'agriculture ; et les nombreuses communications dont il a enrichi les recueils périodiques consacrés à cette science prouvent qu'il unissait la théorie à la pratique. Toutefois les améliorations agronomiques n'absorbaient pas tous ses loisirs ; et c'est surtout aux sciences sociales et politiques qu'il vouait de préférence ses méditations. Les radicaux anglais voyaient en lui un de leurs coryphées, et Fox fit de ses talents, en plein parlement, un éloge certainement exagéré. Il mourut en 1825, et une souscription fut aussitôt ouverte pour ériger un monument à sa mémoire. On remarque comme une particularité bizarre, que, quarante ans après sa retraite du service de la marine, il avait reçu le titre de maître et commandant de la marine. Les ouvrages du major Cartwright sont trop nombreux pour que nous en donnions la nomenclature complète. Les mémoires sur sa vie, publiés par sa nièce, contiennent l'indication de ses écrits , discours, brochures , traités , imprimés par cet infatigable ami des Hunt et des Cobbett. En voici les principaux : 1° *l'Indépendance de l'Amérique, considérée comme souverainement utile et glorieuse à la Grande-Bretagne,* 1774, in-8°. — 2° *Lettre à Ed. Burke sur les principes du gouvernement qu'il a formulés dans la séance du 9 avril 1774,* in-8°, 1775. — 3° *Choisissez! représentation nationale et respect, ou tailles et corvées à merci et mépris, parlement annuel et liberté, ou longs parlements et esclavage,* 1776, in-8°, reproduit en 1777 sous le titre de *Réclamation en faveur des droits législatifs de la communauté.* — 4° *Lettre au comte d'Abingdon,* etc., 1777, in-8°. — 5° *Evidence pour la conscience ,* ou *Examen de cette question : Jusqu'à quel point l'auteur des Pensées sur la réforme parlementaire a-t-il tenu compte de la vérité de la religion chrétienne?* 1784, in-8°. — 6° *Lettre au duc de Newcastle ,* etc (au sujet des injustices dont l'auteur avait à se plaindre). — 7° *Lettre à un ami de Boston et aux autres membres des communes qui se sont associés pour la défense de la constitution,* 1793, in-8°. — 8° *La Communauté en péril, avec une introduction contenant des remarques sur quelques écrits d'Arthur Young,* 1795, in-8°. — 9° *Lettre au grand shérif du comté de Lincoln, relativement aux lois de lord Grenville et de M. Pitt , qui tendent à modifier la législation criminelle anglaise sur la trahison et la sédition ,* 1795, in-8°. — 10° *Le Moyen de défendre constitutionnellement l'Angleterre au dehors et au dedans ,* 1796, in-8°. — 11° *Appel à propos de la constitution anglaise,* 1797, in-8°, deuxième édition, 1799. — 12° *L'Egide de l'Angleterre, ou Forces militaires de l'empire britannique,* 1803-1806, 2 vol. in-12. — 13° *L'Etat actuel de la nation anglaise,* 1805, in-8°. — 14° *Arguments en faveur de la réforme,* 1809 , in-8°. — 15° *Comparaison des trois réformes , la réforme pour rire , la demi-réforme , la réforme constitutionnelle ,* 1810, in-8°. — 16° *La Constitution anglaise retrouvée et mise en lumière ,* 1823, in-8°.

CARTWRIGHT (EDMOND), mécanicien, frère des précédents, né comme eux à Marsham en 1743, eut pour premiers maîtres Clarck de Wakefield et le docteur Langhurne, jusqu'à ce qu'il fut envoyé, n'ayant encore que dix-sept ans, à l'université d'Oxford. Quatre années plus tard, il fut élu membre du collége de la Madeleine. Les langues savantes, la littérature, la théologie se partageaient son temps; et c'est au milieu de ces études, étrangères aux sciences physiques et mécaniques, qu'il fut présenté pour le rectorat de Goadby Merewood, dans le comté de Leicester, et pour la prébende de Lincoln. Investi de ces deux bénéfices, qu'il garda le reste de sa vie, il alla se fixer à Doncaster en 1779. Il était âgé de trente-six ans. C'est alors que, pour la première fois, il sentit se développer en lui un goût très-vif pour la mécanique. Avant même d'en avoir méthodiquement étudié les principes, il imagina plusieurs appareils ingénieux; et chaque année voyait sortir de sa pensée des inventions spirituelles et d'avantageux perfectionnements. Il faut signaler surtout sa machine à peigner la laine, ainsi que les améliorations dans les métiers à tisser (1786). Dès ce temps aussi, Cartwright songeait aux moyens d'appliquer la vapeur à toute espèce de travaux, et notamment à faire marcher par ce moteur les bateaux et les voitures. Il vint à Londres en 1796; mais la mort du duc de Bedfort ruina toutes ses espérances. Son brevet de perfectionnement pour sa machine à tisser et à peigner la laine expira vers cette époque; sur la proposition des manufacturiers de Manchester et des environs, le parlement décerna en 1807 au docteur Edmond Cartwright, à titre de récompense, une somme de 10,000 livres sterling (250,000 fr.). Cartwright reçut ensuite à diverses reprises des prix de la société des arts et de celle d'agriculture. — Sur la fin de sa vie, dit-on, il méditait un système de forces appliquées qui eût mis le sceau à sa réputation; mais il mourut en 1822, avant d'avoir pu le compléter. Son habileté comme mécanicien a fait oublier ses talents comme littérateur. — Il élabore passablement le vers. — Sa légende intitulée *Armine et Elvire*, 1771, in-8°, ne manque ni de grâce ni de sensibilité. Son *Prince de la paix*, 1779, in-4°, fit sensation en Angleterre lors de sa publication. Ses *Sonnets sur la morale et autres sujets intéressants* (1807, in-8°) n'intéressent que médiocrement; mais on lit avec quelque plaisir ses *Sonnets mondains à des hommes d'importance*, 1783, in-4°. Parmi ses autres pièces de poésie, nous indiquerons encore l'*Ode au comte d'Effingham* et son *Ode sur la naissance du prince de Galles*, depuis Georges IV. Cartwright était, lorsqu'il mourut, le doyen des versificateurs anglais. Longtemps aussi il avait coopéré à la rédaction du *Monthly Review*. Ses autres écrits consistent en un *Mémoire* et un *Discours*, imprimés séparément, et dans divers recueils.

CARUA, s. m. (*botan.*), espèce de cannelle du Malabar; les Malabares l'appellent encore *bahena*; les brames, *tiqui*. Linné, dans son *Systema naturæ*, lui donne le nom de *laurus 2 caffia, foliis triplinerviis lanceolatis*; et la confond avec l'espèce figurée par Brumann dans son *Thesaurus zeylanicus*, sous le nom *cinnamomum perpetuo florens folio tenuiore acuto*. Mais ces deux plantes sont différentes, comme l'on va en juger. On la nomme communément *cannelle grise, cannelle sauvage, cannelle portugaise*; ses feuilles s'appellent *malabathrum* et *folium indum* dans les boutiques. Le carua est un arbre haut de vingt-cinq à trente pieds, à racine pivotante, ramifiée en plusieurs branches horizontales, dont le bois est blanc, dur, recouvert d'une écorce cendré roux au dehors, et rougeâtre au dedans. Son tronc est droit, haut de dix à douze pieds au plus de diamètre, couronné par une cime sphéroïde épaisse, formée par un grand nombre de branches opposées en croix, dont les jeunes sont ouvertes sur un angle de 45 degrés, et les vieilles horizontalement, à bois blanc, dur, recouvert d'une écorce verte d'abord, ensuite cendrée extérieurement, mais rougeâtre intérieurement; ses feuilles sont opposées deux à deux en croix, au nombre de trois à quatre paires sur chaque branche, elliptiques, pointues aux deux extrémités, longues de quatre à sept pouces, deux à trois fois moins larges, entières, à bords blanchâtres, assez épaisses, fermes, fragiles, vert foncé dessus, plus clair dessous, relevées de trois nervures qui commencent un peu au-dessus de leur origine en allant jusqu'à leur extrémité, et portées d'abord sous un angle de 45 degrés, ensuite horizontalement sur un pédicule demi-cylindrique, plat en dessus, et douze à quinze fois plus court qu'elles. Dans leur première jeunesse elles sont rougeâtres. De l'aisselle des feuilles supérieures et du bout des branches sortent des panicules opposées, aussi longues que les feuilles, composées de cinq à six fleurs vert blanc, ouvertes horizontalement en étoile de trois lignes et demie de diamètre, portées sur un pédicule cylindrique de cette longueur. Chaque fleur est hermaphrodite polypétale régulière, disposée au-dessous de l'ovaire. Elle consiste en un calice vert blanchâtre d'une seule pièce persistante à tube très-court, partagé en six divisions triangulaires égales, à peine de moitié plus

longues que larges, et en douze étamines courtes, disposées sur deux rangs, ou attachées au tube de ce calice. Des six étamines du second rang, qui est inférieur, trois se courbent pour se rapprocher de l'ovaire : celui-ci est ovoïde, couronné d'un stigmate rampant sans style. L'ovaire en mûrissant devient une baie ovoïde obtuse, longue de huit à neuf lignes, presque une fois moins large, contenue comme un gland dans son calice qui est vert, épais, en cloche hémisphérique, une fois plus court qu'elle, et couronné de six dents obtuses. Cette baie est lisse, luisante, d'abord vert brun, pointillé de blanc, ensuite bleu brun à chair verte, à une loge ne s'ouvrant point, et contenant une écorce cartilagineuse, ovoïde, obtuse, longue de six lignes, presque une fois moins large, bleu rougeâtre, à amande bleuâtre. Le carua croît communément au Malabar dans les terres sablonneuses, surtout auprès de Cochin. Il fleurit tous les ans au mois de janvier, et fructifie en mars. Son bois n'a point d'odeur; mais l'écorce de sa racine, de son tronc et de ses branches, ainsi que ses feuilles froissées, répandent une odeur forte de camphre. De l'écorce de sa racine on tire par la distillation, du camphre et une huile; de celle du tronc on tire l'huile appelée communément *huile de cannelle*; celle que l'on retire de ses feuilles ressemble à celle de girofle, et celle de ses fruits ressemble à celle du genièvre mêlée avec un peu de celle de cannelle et de celle de girofle. De ces mêmes fruits cuits sur le feu, on tire encore une huile grasse, épaisse comme de la cire, propre à faire des onguents et de la chandelle. Les diverses huiles que l'on tire ainsi de cet arbre, surtout celle de l'écorce, sont très-anodines et souveraines, appliquées extérieurement, pour la paralysie, la goutte et les douleurs de membres. On les prend aussi intérieurement pour l'asthme, les autres maladies du poumon, les fièvres malignes, la gangrène, les ulcères malins, les rhumatismes, les vents et les coliques causées par le froid; elles sont sudorifiques : leur odeur arrête l'éternument causé par le rhume de cerveau. L'écorce de sa racine, prise en décoction ou en poudre, avec le miel ou le sucre, est souveraine pour guérir la toux humide; pilée et mêlée dans l'eau, elle fournit un bain utile pour la goutte. L'écorce de son tronc et de ses branches se prend en décoction pour dissiper les vents. Le suc exprimé de ses feuilles, bu avec le poivre et le sucre, calme les douleurs des reins et du bas-ventre qui sont causées par des vents. La poudre de ces mêmes feuilles ou des fleurs se boit avec le sucre dans l'eau froide, pour dissiper les vertiges. Hermann, qui a observé la cannelle de l'île de Ceylan, qui en a rapporté des pieds qu'il a cultivés dans son jardin de Leyde, convient que le carua du Malabar en approche plus que toutes les autres espèces; qu'il en a toutes les qualités, mais à un degré de force seulement inférieur, et que d'ailleurs ces deux plantes se ressemblent fort. Néanmoins, comme il y a non-seulement entre ces deux plantes, mais encore entre toutes celles qui donnent une sorte de cannelle, des différences qui n'ont pas encore été bien saisies par les botanistes, nous allons rendre ces différences sensibles et reconnaissables au premier aspect. — *Deuxième espèce.* KURUNDU ou CANELLA. Les habitants de Ceylan appellent du nom de *kurundu* ou *kurudu* l'arbre de la *cannelle*, et dont Hermann a donné, sous le nom de *cassia cinnamomeæa sive cinnamom*, deux figures. Quelques-uns, au lieu de *kurundu*, écrivent par corruption *coronde* et *rassecoronde*; c'est le canella et le *cinnamomum* des boutiques, mais non pas le cinnamon des Hébreux selon quelques auteurs. Brumann, dans son *Thesaurus zeylanicus*, en a fait graver une figure assez différente de celle de Hermann, sous le nom de *cinnamomum foliis latis ovatis frugiferum*; mais il s'est trompé. Linné l'appelle *laurus 1 cinnamomum foliis trinerviis, ovato-oblongis, nervis versus apicem evanescentibus. Systema naturæ.* Voici en quoi le cannellier ou le kurundu diffère du *carua* : 1° Il s'élève moins haut, n'ayant que vingt-cinq pieds. En levant de terre, ses deux tiges, au lieu de s'épanouir horizontalement, restent appliquées parallèlement l'un contre l'autre, et couchés sur un côté de la jeune tige. 2° Ses feuilles sont plus obtuses, arrondies à leur origine, longues d'un pouce et demi à deux pouces au plus, et une fois à une fois et demie moins larges. 3° Leurs trois nervures commencent de même un peu au-dessous de leur base, mais elles se terminent à peu près vers le milieu de leurs longueurs. 4° Elles sont portées sur un pédicule demi-cylindrique, neuf à dix fois seulement plus court qu'elles. 5° Les panicules des fleurs sont une fois plus longues que les feuilles, et portent chacune trente à quarante fleurs. 6° Les baies sont ovoïdes, longues de quatre à cinq lignes seulement. Le kurundu ne se trouve que dans l'île de Ceylan, où les Hollandais ne le cultivent que sur la côte maritime, et seulement dans une étendue de 14 lieues, qui suffit pour fournir de cannelle tout le reste de la terre. Lorsqu'il est en fleur, il répand une odeur très-suave, qui s'étend à une grande distance, comme d'une à deux lieues. On n'écorce que les jeunes arbres de trois ans, afin que la cannelle en soit plus fine, et cette cannelle est seulement l'écorce intérieure qui est au-dessous de l'écorce grise. Les arbres qu'on écorce en entier périssent infailliblement, quoique quelques auteurs aient avancé le contraire. Ce serait en effet un phénomène bien particulier que le cannellier fût le seul arbre qui eût ce privilége, pendant que les expériences nous apprennent que tous les autres arbres qu'on a dépouillés entièrement de leur écorce, et surtout de l'écorce intérieure, du *liber*, qui est la vraie cannelle, se dessèchent et meurent les uns plus tôt, les autres plus tard, selon que le terrain et l'atmosphère où ils sont plantés sont plus ou moins secs. — *Troisième espèce*. NIKADUWALA. Les habitants de Ceylan appellent des noms de *nikaduwala*, ou *nikaduwalu*, ou *dawal-kurundu*, une autre espèce de cannellier dont il a été gravé une figure, sous le nom de *maal-coronde*, ou *cinnamomum floridum*, cannelle fleurie, volume premier des *Acta naturæ curiosorum*, imprimé en 1727. Brumann en a publié une en 1737, dans son *Thesaurus zeylanicus*, p. 63, pl. XXVII, et non pas pl. XXVIII, qui est une transposition. Sous le nom de *cinnamomum perpetuo florens, folio tenuiore acuto*. Cette espèce diffère de la cannelle proprement dite, en ce que, 1° ses feuilles sont plus larges, longues d'un pouce et demi à trois pouces, à peine une fois moins larges, verdâtres en dessous ; 2° leurs trois nervures ne vont guère que jusqu'au milieu de leur longueur, mais elles commencent précisément à leur origine ; 3° leur pédicule est à peine six à huit fois plus court qu'elles ; 4° les panicules portent seulement quatre à six fleurs, et sont à peine d'un quart plus larges que les feuilles. La contradiction que souffre la description de Brumann, comparée à ses deux figures, et la conformité de ces vingt-huitième avec celle d'Hermann, nous a fait reconnaître une transposition qui a été faite de ces deux figures dans leur citation : transposition qui, étant ainsi corrigée, fera éviter par la suite les erreurs dans lesquelles sont tombés tous les botanistes qui ont écrit d'après cet auteur, sans faire assez attention à cette irrégularité. Brumann donne d'abord à entendre que ces deux plantes pourraient bien n'être que deux individus, l'un mâle, l'autre femelle, de la même espèce ; ce qu'on voit qui ne peut être, par les grandes différences de la figure de leurs feuilles. En second lieu, il dit que les fleurs sont posées sur l'ovaire ; qu'outre le calice à cinq divisions il y a une corolle à long tube, à cinq divisions, posée aussi sur l'ovaire, et cinq étamines aussi longues, et que la baie est monosperme au-dessous de cette fleur ; tous caractères qui ne conviennent nullement à aucune espèce de cannellier, mais seulement à une plante de la seconde section de la famille des chèvrefeuilles, qui serait le *katou-theka*, gravé à la pl. XXVIII au volume quatrième de l'*Hortus malabaricus ;* ce qui fait soupçonner qu'il doit s'être glissé quelques erreurs dans la description de M. Brumann. — *Quatrième espèce*. KATOU-KARUA. Le katou-karua, gravé par Van-Rheede à la pl. LIII, p. 105, du volume cinquième de son *Hortus malabaricus*, imprimé en 1685, est une autre espèce de cannellier, que les brames appellent *davo bahena*, c'est-à-dire sauvage cannellier ; les Portugais, *cannella do moto ;* les Hollandais, *wilde caneel ;* J. Commelin, *canellæ sylvestris species prima*. Linné ne cite nulle part cette espèce, et Brumann la confond avec le *nikaduwala*, mais elle en diffère beaucoup par les caractères suivants : 1° C'est un arbre plus grand que tous les précédents, s'élevant jusqu'à quarante pieds de hauteur. 2° Ses feuilles sont pointues aux deux bouts comme dans le cannellier, mais longues de quatorze à quinze pouces, et deux fois moins larges. 3° Leurs trois nervures partent de leur origine, et se rendent à leur extrémité. 4° Elles sont portées sur un pédicule huit fois plus court qu'elles. 5° Les corymbes de ses fleurs terminent les branches au nombre de trois, et sont presque une fois plus longs que les feuilles, portant chacun trente fleurs vert blanchâtre, ouvertes en étoile, de deux lignes au plus de diamètre, à cinq pétales ou divisions arrondies, et cinq étamines. 6° Ses baies sont sphériques, semblables à des groseilles, de trois lignes de diamètre. Le katou-karua croît au Malabar, sur les montagnes de Teckenkour, de Berkenkour, et autres provinces voisines ; il est toujours vert, fleurit en juillet et août, et porte ses fruits à maturité en décembre et janvier : il vit très-longtemps. Il a toutes les qualités du cannellier, mais dans un degré moins éminent : son écorce intérieure est plus épaisse, moins odoriférante, et se vend dans le commerce sous le nom de *canella domato*. La décoction de sa racine avec le cardamome et la muscade fournit une boisson très-souveraine dans les coliques. La

décoction de ses feuilles se donne pour les douleurs des membres : ces mêmes feuilles s'appellent *tamalapatrum*, selon Garcias. — *Cinquième espèce*. CAHETTE CORONDE. Les Cinghales appellent du nom de *cahette coronde*, c'est-à-dire cannelle amère et astringente, une cinquième espèce de cannelle dont on voit la figure au n° 2 du premier volume des *Mémoires de l'académie des curieux de la nature*, imprimé en 1727. — *Sixième espèce*. CAPPARE CORONDE. Le *cappare coronde*, c'est-à-dire la cannelle camphrée, est ainsi nommé par les habitants de Ceylan, parce qu'il a une forte saveur et une odeur de camphre. — *Septième espèce*. WELLE CORONDE. Ils appellent du nom de *welle coronde*, qui veut dire cannelle sablonneuse, une septième espèce de cannelle, qui, lorsqu'on la mâche, fait sur la langue et le palais la même impression que si l'on mangeait du sable, quoique ses parties n'en contiennent pas la moindre apparence. — *Huitième espèce*. SEWEL CORONDE. Le *sewel coronde*, c'est-à-dire la cannelle mucilagineuse, est ainsi nommé parce qu'il est comme mucilagineux et gluant. — *Neuvième espèce*. NIEKE CORONDE. Les habitants de Ceylan appellent *nieke coronde* une neuvième espèce de cannelle, parce qu'elle ressemble à l'arbre nickegas. — *Dixième espèce*. DAWEL CORONDE. Le *dawel coronde*, c'est-à-dire le cannellier à tambour, *trommel caneel* en hollandais, est ainsi nommé, parce que son bois léger et liant sert à faire ces espèces de vases et de tambours qu'ils appellent *dawel*. — *Onzième espèce*. CATTE-CORONDE. La onzième espèce se nomme *catte coronde*, c'est-à-dire cannelle épineuse, parce que son tronc est hérissé d'épines ; *catte*, en langage ceylanois, signifie une épine. — *Douzième espèce*. KURUDU POELA. Le *kurudu pœla*, c'est-à-dire cannellier nain ou petit, est une douzième espèce. — *Treizième espèce*. KURUDU ÆTHA. *Kurudu œtha* signifie, en langage ceylanais, cannellier à fruits ; ils nomment ainsi la treizième espèce, qui est plus chargée de fruits que les autres. — *Quatorzième espèce*. WALKURUNDU. La quatorzième et dernière espèce se nomme *walkurundu* par les Cinghales, et *canella domato*, c'est-à-dire cannelle sauvage, par les Portugais, selon Grimm. L'écorce de sa racine est un *excellent* contrepoison et un antiseptique qui, par sa vertu sudorifique, atténue, divise et dissipe la fièvre. Cette écorce rend un sel volatil huileux, qui a une saveur, une odeur forte de myrrhe, et qui possède les qualités des précédentes dans un degré fort supérieur. Indépendamment des différences qui distinguent les cannelliers d'avec les lauriers, quatorze espèces ainsi reconnues par les habitants de Ceylan, et confirmées par le jugement des botanistes, méritaient qu'on en fit un genre particulier qui nous parait se rapprocher plus de la famille du garou que de celle des pavots, où nous l'avons placé.

CARUAGE (*droit féodal*), droit dû au seigneur par ceux qui ont des charrues.

CARUBE, s. f. (*comm.*), espèce de monnaie de Barbarie, qui vaut 14 aspres.

CARUDE, s. m. (*hist. nat.*), espèce de poisson du genre des labres. — Sorte de coquille.

CARUE, CARUÉE (*vieux mot*), terrain qu'une charrue peut labourer en un an.

CARULA (*géogr. anc.*), ville d'Hispanie, dans la Bétique, entre Bæsipo et Ilipa. C'est aujourd'hui Villa-Nueva del Rio.

CARURA (*archéol.*) (*V.* LOG).

CARURA (*géogr. anc.*), village limitrophe de la Phrygie et de la Carie, auprès du Méandre. — Ville royale de l'Inde, dans la Limyrique, au midi entre Nelsinde et Bacare. — Ville de l'Inde en deçà du Gange, sur la côte orientale, au midi, à l'embouchure du Chaberis.

CARURA PAROPAMISADORUM ou **ORTOSOANUM** (*géogr. anc.*), ville située dans le territoire des Paropamisades.

CARUS, s. m. mot latin qu'on a conservé en français, du grec κάρος ; assoupissement profond qui rend insensible à l'action des plus forts stimulants (*V.* ASSOUPISSEMENT).

CARUS était préfet du prétoire, lorsque, après la mort violente de Probus, il fut proclamé par les légions, l'an 282 de l'ère chrétienne, empereur et souverain du monde romain. Tout ce qui a rapport à ce prince parait douteux. Il se glorifiait du titre de citoyen romain, et affectait de comparer la pureté de son sang avec l'origine barbare et même étrangère de ses prédécesseurs. Cependant les contemporains placent sa naissance en Illyrie, dans la Gaule ou dans l'Afrique. Toutefois, leurs diverses opinions peuvent se concilier. Il était né à Narbonne en Illyrie, qu'Europe a confondue avec la ville la plus fameuse de ce nom, située dans la Gaule. Son père pouvait être Africain et sa mère noble romaine. Carus lui-même fut élevé dans la capitale. — Quoique soldat, son éducation avait été très-cultivée: quoique sénateur, il se trouvait revêtu de la première dignité de l'armée, et, dans un siècle où les professions civiles et militaires commençaient à être séparées pour jamais, elles étaient réunies en Carus. Malgré la justice sévère qu'il exerça contre les assassins de Probus, il fut soupçonné d'avoir participé à un crime qui lui frayait le chemin du trône. Il jouissait, du moins avant son élévation, d'une grande réputation de mérite et de vertu, puisque Probus avait demandé au sénat que l'on élevât à Carus, aux frais de l'Etat, une statue équestre et un palais de marbre, comme récompense de son rare mérite; mais l'austérité de son caractère dégénéra insensiblement en aigreur et en cruauté. Les historiens de sa vie sont presque disposés à le mettre au nombre des tyrans de Rome, et Julien l'exclut, ainsi que ses fils, du banquet des Césars. Carus avait environ soixante ans lorsqu'il prit la pourpre, et ses deux fils, Carinus et Numérien, étaient déjà parvenus à l'âge d'homme. — On vit expirer avec Probus l'autorité du sénat. Sans attendre l'assentiment de ce corps, les troupes avaient donné la pourpre à Carus. Le nouvel empereur se contenta d'annoncer, par une lettre froide et hautaine, qu'il était monté sur le trône vacant. Il ne prévenait pas en sa faveur par une conduite si différente de celle de Probus. Les Romains, sans pouvoir et sans liberté, eurent recours à des murmures, seul privilége dont on ne leur eût point ôté la jouissance. La flatterie éleva cependant la voix. Il existe encore une églogue (la première de Calpurnius) composée à l'avénement de Carus. Quelque méprisable que soit le sujet de cette pièce, on peut la lire avec plaisir. « Deux bergers, pour éviter la chaleur du midi, se retirent dans la grotte de Faune. Ils aperçoivent quelques caractères récemment tracés sur un hêtre. La divinité champêtre avait décrit en vers prophétiques la félicité promise à l'empire sous le règne d'un si grand prince. Faune salue le héros qui, prêtant ses épaules pour soutenir le poids de l'univers chancelant, doit étouffer les guerres, les factions, et rétablir l'innocence et la sécurité de l'âge d'or. » — Carus, avec le consentement des légions, se préparait à faire la guerre aux Perses. Avant son départ, il conféra le titre de *césar* à ses deux fils, Carinus et Numérien; et, cédant au premier une portion presque égale de l'autorité souveraine, il lui ordonna d'apaiser d'abord quelques troubles élevés dans la Gaule, ensuite de fixer sa résidence à Rome, et de prendre le commandement des provinces occidentales. Une victoire mémorable remportée sur les Sarmates assura la tranquillité de l'Illyrie. Impatient de cueillir de nouveaux lauriers, le vieil empereur se mit en marche au milieu de l'hiver, traversa la Thrace et l'Asie-Mineure, et arriva sur les confins de la Perse avec Numérien, le plus jeune de ses fils. Un soir, campé sur le sommet d'une haute montagne, il montra aux troupes l'opulence et le luxe de l'ennemi dont elles allaient envahir le territoire. Le roi Varannes ou Bahrum avait subjugué les Ségestins, une des nations les plus belliqueuses de la haute Asie (283). Malgré cet exploit, l'approche des Romains l'alarma; il négocia. Ses ambassadeurs entrèrent dans le camp romain vers le coucher du soleil, au moment où les troupes apaisaient leur faim par un repas frugal. Les Perses demandèrent à paraître devant Carus. Ils parcoururent les rangs sans apercevoir l'empereur. On les conduisit enfin à un soldat assis sur le gazon, et qui n'avait pour marque distinctive qu'un manteau de pourpre fait d'une étoffe grossière. Un morceau de lard rance et quelques vieux pois composaient son repas. La même simplicité régna dans la conférence. Carus, ôtant un bonnet qu'il portait pour cacher sa tête chauve, assura les ambassadeurs que, si leur maître refusait de reconnaître la souveraineté de Rome, il rendrait bientôt la Perse aussi dépouillée d'arbres que sa tête l'était de cheveux. Quoiqu'il y eût peut-être de l'affectation dans cette scène, elle peut donner une idée des mœurs de Carus, et de la simplicité sévère qu'avaient déjà ramenée dans les camps les belliqueux successeurs de Gallien. Les ministres du grand roi se retirèrent tremblants. — Les menaces de Carus ne furent pas sans effets. Il ravagea la Mésopotamie, renversa tout ce qui s'opposait à son passage, se rendit maître de Séleucie et de Ctésiphon, et porta ses armes victorieuses au delà du Tigre. Rome et l'Orient reçurent avec transport la nouvelle d'un si grand succès. On se formait déjà les idées les plus magnifiques. La flatterie et l'espérance annonçaient la chute de la Perse, la conquête de l'Arabie et la tranquillité de l'empire, à jamais délivré des incursions du peuple scythe. Mais le règne de Carus semblait destiné à montrer la fausseté de ces prédictions. Elles étaient à peine proférées que la mort du vainqueur vint les contredire. On est fort incertain sur la manière dont périt ce prince. Ce qui nous est parvenu de plus authentique à ce sujet se trouve dans une lettre de son secrétaire au pré-

fet de la ville. « Carus (dit-il), notre cher empereur, était dans son lit, malade, lorsqu'il s'éleva dans le camp un furieux orage: le ciel devint si obscur que nous ne pouvions nous distinguer; et les éclats continuels de la foudre nous ôtèrent la connaissance de ce qui se passait dans cette confusion générale. Immédiatement après le plus violent coup de tonnerre, nous entendons crier que l'empereur n'est plus. Il paraît que les officiers de sa maison, dans le transport de leur douleur, ont mis le feu à la tente impériale; ce qui a donné lieu au bruit que Carus avait été tué de la foudre; mais, autant qu'il nous a été possible d'approfondir la vérité, nous croyons que sa mort a été l'effet naturel de sa maladie. » — Cet événement ne produisit aucun trouble. Le jeune Numérien et son frère Carinus, alors absent, furent universellement reconnus. Nous sommes entrés dans quelques détails sur Carus, parce que la plupart des dictionnaires historiques ont altéré la vie de cet empereur. AUG. SAVAGNER.

CARUS (*numism.*). Les titres que l'empereur Marcus Aurelius Carus prend sur ses médailles sont ceux de *pius, felix, invictus, deus, dominus* et *divus,* pieux, heureux, invaincu, dieu, seigneur, divin. Il prend aussi les surnoms de *Parthicus* et *Persicus,* à cause de ses victoires sur les Parthes et les Perses. Les revers de ses médailles offrent les types ordinaires de la Fortune, la Paix, la Providence, la Victoire, la Vertu. — Les médailles d'or de Carus valent 60 et 72 francs. Les plus rares sont celles où on lit DEO ET DOMINO CARO, qui valent 150 francs. — *Adventus Cari Aug.,* avec l'empereur à cheval, la main droite levée, la haste dans la gauche, et *Virtus Cari invicti Aug.,* avec Hercule debout, valent chacune 100 francs. — On voit Carus associé à son fils Carinus, sur les médailles d'or et sur les médaillons de bronze, qui valent 200 francs. — La pièce la plus rare du petit bronze porte, comme celle d'or que nous venons de citer, Carus divinisé par la légende DEO ET DOMINO CARO; avec le revers de la Félicité publique, elle vaut 30 francs. DUMERSAN.

CARUS (JOSEPH-MARIE). Nous ne savons rien de particulier de la vie de cet illustre auteur italien qui s'est distingué par ses ouvrages de la fin du XIVe siècle, vers la fin. Nous avons de lui un psautier latin, selon deux éditions: l'une qu'on appelle *romaine,* l'autre qu'on nomme *gallicane,* avec les cantiques suivant ces deux éditions. Cet ouvrage a paru en 1683. Un livre d'hymnes et d'oraisons, en 1686, les Antiphonaires et les Répons de l'Eglise romaine, selon la disposition de saint Grégoire; et une Addition qui contient plusieurs monuments touchant les antiennes et les répons, et les tons ecclésiastiques, avec des notes, Il a encore publié depuis un Recueil d'anciennes prières de l'office de l'Eglise romaine, qui comprend l'Antiphonaire du pape Grégoire, le Lectionnaire corrigé par Alcuin par ordre de Charlemagne, d'autres Lectionnaires, et un Capitulaire des Evangiles. Ce recueil, publié à Rome, in-4°, 1691, est précédé d'une dissertation sur ce qui se chante à la messe. L'auteur y remarque que du temps du pape Célestin Ier, au lieu de chanter l'*Introït,* on lisait l'Ecriture, et que les Eglises d'Afrique observaient le même usage, comme il le prouve à l'égard de celles-ci par un fait rapporté de saint Augustin, *De la Cité de Dieu,* chap. 12, liv. VIII, où ce saint écrit qu'un homme qui avait un tremblement par tout le corps fut guéri miraculeusement le jour de Pâques de l'an 425, dans l'église d'Hippone; que ce miracle fut suivi des acclamations du peuple qui remerciait Dieu de la guérison qu'il venait d'opérer, et qu'aussitôt que les cris eurent cessé, la messe fut commencée par la lecture de l'Ecriture sainte, dont saint Augustin expliqua les paroles à l'assemblée (Dupin, *Bibl. eccl.,* XVIIe siècle, part. 5).

CARUS (FRÉDÉRIC-AUGUSTE), né à Bautzen en 1770, avait fait de bonnes études de philosophie et de théologie, lorsqu'il fut appelé à une place de prédicateur et plus tard à une chaire de philosophie à Leipzig. A partir de cette dernière nomination, il se voua presque exclusivement à la philosophie, et se restreignit pour mieux en embrasser la partie qui l'affectionnait le plus, à l'histoire de la philosophie et à la psychologie. Mais la mort l'enleva dès l'an 1807, à la force de l'âge et au moment où ses vues, plus fortes et plus originales, allaient se séparer plus nettement des doctrines de Kant, qui l'avaient d'abord subjugué comme la plupart de ses compatriotes. Ses ouvrages de philosophie, publiées après sa mort, forment six volumes in-8°; ce sont : 1° des *Eléments de psychologie,* 2 vol.; 2° une *Histoire de la psychologie,* 1 vol.; 3° une *Histoire de la psychologie des Hébreux,* 1 vol.; 4° des *Idées sur l'histoire de la philosophie,* 1 vol.; 5° des *Idées sur l'histoire de l'humanité,* 1 vol. Carus avait publié, soit dans le *Magasin de Fülleborn,* soit à part, des mémoires sur les sources de la cosmologie d'Anaxagore, sur les doctrines d'Hermotime de Clazomène, etc. Le plus remarquable de tous les ouvrages de ce philosophe est sa *Psychologie des Hé-*

breux. Ce n'est pas un travail complet, ce n'est même qu'une esquisse ; mais le sujet est si important, si bien saisi et avec une intelligence si profonde du génie de ce peuple, l'un des plus célèbres dans l'histoire des doctrines morales, qu'il restera comme un monument. Carus, en suivant les progrès de la psychologie d'une nation peu philosophique, nous fait assister, pour ainsi dire, au berceau et aux développements les plus populaires de la science. Un collègue de Carus, Schott a fait son éloge sous ce titre : *Recitatio de Cari virtutibus et meritis.* On lui a consacré d'autres articles dans divers recueils.

CARUSA (*géogr. anc.*), ville de l'*Asie-Mineure*, en Paphlagonie, situé sur le Pont-Euxin. Scylax l'appelle *Carussa*, et dit que c'était une cité grecque, entre la rivière Halys et la ville de Sinope. — Ptolémée l'appelle *Carissa.*

CARUSO (JEAN-BAPTISTE), en latin *Carusius*, historien sicilien, naquit à Polizzi, près de Palerme, le 27 décembre 1673. La lecture des ouvrages de Bacon le dégoûta de la philosophie scolastique qu'on lui enseignait chez les jésuites de Palerme ; il se mit à étudier avec ardeur celle de Descartes et de Gassendi, et il finit par tomber dans le scepticisme. En 1700, ayant eu l'occasion d'accompagner à Paris deux jeunes gentilshommes, il fit connaissance avec les savants les plus distingués de cette capitale, et surtout avec le P. Mabillon, qui lui inspira le goût des recherches historiques. De retour dans sa patrie, il se livra exclusivement à cette étude jusqu'à sa mort, arrivée le 15 octobre 1724. On lui doit : 1° *Memorie istoriche della Sicilia, dal tempo de suoi primieri abitatori sino alla coronazione del re Vittorio-Amedeo*, Palerme, 1716, in-fol. Le tome Iᵉʳ ne va que jusqu'aux Vêpres siciliennes, et le tome III, qui termine l'ouvrage, furent publiés par son frère, François Caruso, en 1745. 2° *Historiæ saraceno-siculæ varia monumenta*, insérée tome I, partie 2, des *Rerum italicarum scriptores*, de Muratori. 3° *Bibliotheca historica Siciliæ, seu Historicorum de rebus siculis a Saracenorum invasione ad Arragonensium principatum collectio*, Palerme, 1720-1723, 2 vol. in-fol. C'est un recueil de plusieurs historiens du moyen âge, dont les uns n'avaient jamais été imprimés, et les autres étaient devenus rares. On peut voir le détail des trente pièces que renferme cette collection dans Fabricius, *Conspectus thesauri litter. Italiæ*, pag. 73-78.

CARUSO (JÉROME), natif de Vitulano, dans le royaume de Naples, servait dans l'armée du duc d'Urbin, au commencement du XVIIᵉ siècle, et a publié une relation poétique des guerres auxquelles il avait pris part, sous ce titre : *L'historia in ottava rima, nella quale si racconta il verissimo successo del miserabili assedio et arresa della città di Vercelli.*

CARUSO (CHARLES), jurisconsulte sicilien, né à Girgenti, juge à l'audience royale de Messine, mort le 25 novembre 1690, a publié un grand nombre d'ouvrages ; les plus importants sont : 1° *Praxis circa modum procedendi in civilibus super ritu regni Siciliæ*, deuxième édition, Palerme, 1703, in-fol. ; 2° *Praxis circa modum procedendi in criminalibus*, etc., ibid., 1655, in-fol., souvent réimprimé, avec les additions de son fils Joseph Caruso, mort à Palerme en 1706.

CARVAJAL, ou plus exactement CARAVAJAL (JEAN DE), cardinal, évêque de Placentia, né à Truxillo dans l'Estramadure, fut successivement auditeur de rote, gouverneur de Rome et légat. Eugène IV l'éleva à la pourpre le 17 décembre 1446 ; il l'avait précédemment envoyé au concile de Bâle, pour y appuyer ses intérêts. En 1440, Carvajal assista à la diète convoquée à Mayence, et y parla avec force et éloquence. Dans un second voyage, il fut accompagné en Allemagne par Thomas de Sarzane, qui fut depuis pape sous le nom de Nicolas V. Carvajal déploya beaucoup d'habileté dans vingt-deux légations ; il se fit une grande réputation par ses succès en Allemagne, en Bohême, où il se vit exposé à la fureur des hussites ; en Hongrie, où il contribua à la grande victoire que l'armée chrétienne remporta le 22 juillet 1456, sur Mahomet II, empereur des Turcs. Le zèle de Jean de Carvajal était désintéressé ; il refusa tous les évêchés qu'on lui offrit pour l'augmentation de ses revenus, et mourut à Rome le 6 décembre 1469, âgé de soixante-dix ans. Le cardinal Bessarion composa son épitaphe. Sa Vie a été écrite en latin et publiée à Rome.

CARVAJAL (BERNARDIN DE), cardinal, évêque de Carthagène, neveu du précédent, né à Palencia, fut successivement évêque d'Astorga, de Badajoz, de Siguença, de Placentia et de Carthagène. Alexandre VI lui donna le chapeau de cardinal en 1493, et l'envoya nonce en Espagne. Ferdinand et Isabelle le nommèrent ensuite leur ambassadeur à Rome. En 1511, il prit, par vengeance ou par ambition, le parti de Louis XII et de l'empereur Maximilien contre Jules II, et fut l'auteur du concile de Pise, qui se prononça contre le pontife Carvajal excommunié dans le concile de Latran, et déclaré indigne de la pourpre ; il se retira à Lyon. Après la mort de Jules II, en 1513, il crut pouvoir se rendre à Rome sans danger ; mais il fut arrêté à Livourne, d'où Léon X le fit conduire à Civita-Vecchia. On lut dans la septième session du concile de Latran un acte par lequel Carvajal condamnait tout ce qui s'était fait au concile de Pise, et reconnaissait qu'il avait été justement retranché du nombre des cardinaux. Louis XII réclama sa mise en liberté ; Léon X la promit ; les ambassadeurs de l'empereur et de Ferdinand s'y opposèrent, prétendant que c'était faire injure à Jules II. Enfin, Carvajal obtint son pardon en le demandant à genoux dans un consistoire tenu le 27 juin 1513. Il rentra dans toutes ses dignités. Il exerça encore plusieurs emplois importants sous Adrien VI et Clément VII, et mourut évêque d'Ostie et doyen du sacré collège, le 13 décembre 1523, à soixante-sept ans. On a de lui plusieurs discours, homélies et sermons ; nous citerons seulement : 1° *Oratio de eligendo summo pontifice*, prononcée en 1492 dans la basilique de Saint-Pierre, à Rome ; et imprimée la même année dans cette ville, suivant l'auteur de la *Bibliotheca pontificia.* 2° *Oratio ad Sixtum IV et cardinalium collegium*, prononcée en 1481. 3° *Oratio habita nomine catholicorum regum ad Alexandrum VI.* Les auteurs espagnols font un grand éloge de l'éloquence de Bernardin de Carvajal.

CARVAJAL (FRANÇOIS DE), capitaine espagnol, s'était signalé à Pavie et au sac de Rome en 1527. Le désir d'amasser des richesses l'ayant conduit au Mexique et au Pérou, il devint en 1542 major général de l'armée royale, et contribua, par sa bravoure et par ses conseils, au gain de la bataille de Chupas, où le jeune Almagro fut vaincu par le gouverneur Vaca de Castro. S'étant attaché ensuite au parti de Gonzale Pizarre, Carvajal le décida à se mettre à la tête des mécontents, et contribua à ses succès. Envoyé d'abord dans le haut Pérou pour s'opposer aux progrès des royalistes, il les dispersa en 1546, se rendit maître de la ville de la Plata et des fameuses mines du Potosi, d'où il tira des richesses immenses. Devenu l'âme du parti de Gonzale, il lui fit gagner par ses savantes dispositions la bataille de Guarina, et conseilla même à son chef de se rendre tout à fait indépendant, et de se faire roi. Quoique Gonzale eût rejeté son avis, Carvajal lui resta constamment fidèle, et fut fait prisonnier comme lui lors de la défection de son armée en 1548, et condamné à être pendu, comme traître à son roi : il était âgé de quatre-vingt-quatre ans. Quand on lui lut sa sentence, il répondit froidement : « On ne meurt qu'une fois. » Son corps, mis en quartiers, fut exposé sur le chemin de Cuzco. Cet homme extraordinaire, si célèbre dans les révolutions du Pérou, insultait à la faiblesse, à la lâcheté, et se laissait désarmer par une saillie. Toujours fidèle à la faction à laquelle il s'était attaché, il se montra inexorable envers les traîtres et les transfuges ; il en fut le bourreau, et les immola par milliers : aussi sa cruauté passa-t-elle en proverbe. On prétend qu'il fit périr par des travaux excessifs plus de 20,000 Indiens dont il avait fait ses esclaves ; mais jamais on ne le vit perdre le souvenir d'un service ou d'un bienfait. Bon général, et même homme d'État, il montra une force de caractère peu commune, et fut, quoique octogénaire, le premier et le plus infatigable soldat du nouveau monde.

CARVAJAL (JEAN), parent du précédent, fut son émule en audace et en férocité, mais fut plus perfide que lui. Il était officier dans la province de Vénézuéla lorsque Charles-Quint la céda aux Welser d'Augsbourg, à titre de fief de sa couronne d'Espagne. Georges Spirra, Allemand, et le dernier gouverneur de ce pays nommé par les Welser, étant mort le 12 juin 1540, l'évêque Bastidas, qui avait été nommé au gouvernement, envoya son lieutenant général, Philippe de Urré, à la découverte de la chimère du lac Parima, ou *del Dorado.* Tandis que celui-ci s'en retournait à Coro, alors capitale de la Vénézuéla, après quatre années de courses et de recherches inutiles dans les forêts de l'Amérique méridionale, il fut assassiné par un de ses officiers, Pedro Limpias, gagné par Carvajal, qui venait d'usurper le gouvernement de Vénézuéla, dévolu à Urré par la translation de Bastidas à l'évêché de Porto-Rico ; Carvajal avait eu l'audace de fabriquer des fausses lettres patentes qui le nommaient gouverneur. Il fonda, durant son usurpation, la ville de Tucuyo, le seul établissement durable qui se soit formé pendant que ce pays resta sous la tyrannie des Welser. Le licencié don Juan Pérès de Toloza, qui fut envoyé dans le pays en qualité de gouverneur par Charles-Quint, fit pendre Carvajal en 1546.

CARVAJAL (Laurent Galindez de), de la même famille, chevalier de Calatrava, naquit à Placentia, en Estramadure, en 1472, professa avec succès la jurisprudence à Salamanque, fut conseiller du roi Ferdinand et de la reine Isabelle, eut une grande part à la régence du royaume d'Espagne, du temps du cardinal Ximénès, et assista au couronnement de Charles-Quint, qui, avec sa mère, la reine Jeanne de Castille, le nomma grand maître des postes de toutes les Indes, et lui donna les aigles de l'empire pour ajouter à ses armes, afin de le récompenser des services qu'il avait rendus à l'Etat, et des sacrifices que sa maison avait faits. C'est à lui que l'on doit la révocation du testament de Ferdinand le Catholique, qui contribua tant à la tranquillité de l'Espagne; il ne fut pas moins utile à Charles-Quint après la mort de Ferdinand, en retenant prisonnier, dans sa forteresse de Madrigalejo, en Estramadure, l'infant don Ferdinand, que les autres grands seigneurs voulaient proclamer roi. Il écrivit plusieurs ouvrages restés manuscrits : 1° des mémoires de la vie de Ferdinand et d'Isabelle, sous le titre de *Memorial o registro breve*, etc., écrits plutôt en courtisan qu'en écrivain véridique. 2° *Historia de lo ocurrido despues de la muerte de rey don Fernando el Catholico*. 3° *Annotaciones de la historia de España*. 4° *Genealogia de los Carvajales*. 5° *Addiciones a los varones illustres de Fernan Perez de Guzman* : ce dernier ouvrage a été imprimé en 1517, in-fol., avec une *Vie de Jean II, roi de Castille*, dont Carvajal fut l'éditeur. Il travaillait à une *Histoire d'Espagne*, lorsqu'il mourut à Burgos le 27 novembre 1527.

CARVALHO (Dominique), général portugais, enleva en 1603 l'île de Sundina aux Indiens Mogores, et défit ensuite le roi d'Aracan dans un combat naval. Le prince indien, étant revenu avec de nouvelles forces, bloqua l'île, et bientôt la famine obligea Carvalho d'abandonner sa conquête. En se retirant au port de Sirapur, il rencontra la flottille des Mogores, sur laquelle il remporta une victoire complète; mais il fut blessé à la gorge d'un coup de flèche, dont il pensa perdre la vie. Quand il eut ravitaillé et augmenté son escadre, dans le dessein d'arracher Sundina au roi d'Aracan, il se rendit à la cour du roi Chaudecan, allié des Portugais, pour l'exciter à se joindre à lui; mais à peine eut-il obtenu audience à Jésor, que ce prince le fit arrêter et le livra ensuite au roi d'Aracan, qui le fit périr dans les tourments.

CARVALHO D'ACOSTA (Antoine), né à Lisbonne en 1650, mort en 1715, âgé de soixante-cinq ans, embrassa l'état ecclésiastique, publia divers traités, sous les titres de *Compendio geografico*, *Via astronomica*, *Astronomia methodica*, et se fit surtout connaître par une ample description du Portugal, intitulée : *Corografia portugueza e descripçam topografica do reino de Portugal*, Lisbonne, 1706, 1708 et 1712, 3 vol. in-fol. Un critique français disait, au commencement du XVIIIe siècle, qu'il fallait en tout de la modération, et qu'il craignait que cette description du Portugal ne fût plus grande que le royaume; mais cet ouvrage, rare en France, est curieux, instructif, et le meilleur qu'on ait sur cette manière. On y trouve l'histoire ecclésiatique, civile et naturelle des principaux lieux du royaume; les généalogies des principales familles (c'est la partie la plus faible); les hommes illustres, etc. La partie ecclésiastique est beaucoup trop étendue; et l'auteur ne s'y montre pas exempt de superstition. Il parcourut le Portugal, puisa dans différentes archives, sacrifia à cette grande entreprise sa santé, sa fortune, et ne laissa pas, en mourant, de quoi payer les frais de son enterrement. — L'histoire littéraire du Portugal fournit un grand nombre d'auteurs du nom de *Carvalho*; les principaux sont: — Carvalho (Luiz Alonzo de), jésuite, mort en 1630. On a de lui : 1° un Art poétique, intitulé : *Cisno de Apollo de l'arte poetica*, Medina del Campo, 1602, in-8°; 2° *Antiquedades y casas memorables del principado de Asturias*, Madrid, 1695, in-fol. Cet ouvrage est estimé. — Carvalho (Laurent Peres) a écrit l'histoire des ordres militaires d'Espagne : *Enucleationis ordinum militarium Hispaniarm*, Lisbonne, 1693, in-fol. — Carvalho (Antoine), né à Lisbonne en 1590, entra dans la société des jésuites, professa la rhétorique et la philosophie à Evora, à Coïmbre, et mourut en 1650, âgé de soixante ans. Il écrivit des *Commentaires* sur la Somme de saint Thomas, *in primam secundæ partis*, et fit imprimer à Lisbonne en 1627 un discours sur cette question délicate : *Si conviene que los predicadores reprehendan principes y ministros*. — Carvalho (Valentin), jésuite. Philippe Alegambe cite de cet auteur : 1° *Supplementum annuarum epistolarum ex Japonia, anno MDC*; 2° *Annuæ litteræ ex Sinis, anno MDCI*, Rome, 1603, in-8° (en italien). — Carvalho (Antoine Monis de) est auteur d'un traité curieux qui a pour titre : *Francia interes-*

sada con Portugal en la separacion de Castilla, Barcelone, 1644, in-4°. Carvalho traite, dans cet ouvrage, des intérêts communs des princes et des Etats de l'Europe. — Carvalho Villasboas (Martin), docteur en droit, alla exercer l'état d'avocat à Milan, et y publia un volume in-4°, qu'il dédia à Ranuzzio Farnèse, duc de Parme. C'est un traité de politique, qui a pour titre : le Miroir des princes et des ministres, *Espejos de principes y ministros*. — Carvalho (Jean de), professeur de droit canonique à Coïmbre, a fit imprimer en 1631 : *De quarta falcidia et legitima, et in cap. Raynaldus de testamentis*. — Carvalho (Tristan Barbosa de), auteur ascétique de plusieurs ouvrages, dont le plus curieux est intitulé : *Ramillete del alma y Jardin del cielo*, c'est-à-dire Bouquet de l'âme et Jardin du ciel. — Carvalho de Parada (Antoine), archiprêtre et garde des archives royales de Portugal, dites de *Torre da Tombo*, a composé un Art de régner et la *Vida do servo de Dios Bartholome da Costa tesoureiro da si de Lisboa*.

CARVALHO (V. Pombal).

CARVALHO DA ESTE (Bataille de). Le maréchal Soult, après l'embarquement des Anglais à la Corogne, avait pénétré en Portugal (mars 1809), et s'avançait vers l'intérieur de ce pays à travers la province de Tras-los-Montes. Chavi avait ouvert ses portes aux Français. Le général portugais Freire se retirait devant eux. Il lui avait été enjoint d'éviter tout engagement sérieux avant d'avoir opéré sa jonction avec un corps chargé de couvrir la ville d'Oporto. L'armée du général Freire se composait de troupes régulières, anglaises et portugaises, mais principalement de paysans nouvellement recrutés dans les provinces de Tras-los-Montes et d'Entre-Douro-e-Minho. Ces paysans, encore mal disciplinés, mais confiants dans leur nombre, s'indignaient de céder le terrain à l'ennemi, et demandaient à grands cris le combat. Déjà le duc de Dalmatie s'était avancé sur les hauteurs de Carvalho; et, de leurs positions en avant de Braga, les Portugais pouvaient apercevoir les avant-postes français. L'exaspération des séditieux fut alors portée au comble; lorsqu'ils virent que le général Freire se disposait à lever son camp avec ses troupes régulières, ils se jetèrent sur lui et le massacrèrent avec la plus grande partie de son état-major. Ils se donnèrent alors pour chef le baron d'Eben, officier hanovrien, et le forcèrent, sous peine de la vie, à accepter le commandement. — Celui-ci craignant, s'il imitait la conduite de son prédécesseur, d'avoir le même sort, se disposa aussitôt à prendre l'offensive. Il fit, en conséquence, déborder par son aile droite la gauche des Français, adossée à des rochers qui leur coupaient la retraite, et emporter d'assaut le village de Linoso, allié avec leurs lignes. Cette position fut reprise par les Français; et le maréchal Soult ayant été informé que les Portugais se disposaient à une attaque générale, résolut de les prévenir. Le 30 mars, il déploya ses troupes en bataille sur les hauteurs de Carvalho da Este. Le général Delaborde commandait la division du centre, et était soutenu par la division de dragons du général Lorge; le général Heudelet était à l'aile droite; le général Mermet commandait l'aile gauche, et avait derrière lui la division de cavalerie légère du général Franceschi. Une batterie, placée en avant des lignes, donna le signal de l'attaque : la division du centre s'ébranla aussitôt, et, sans répondre à la fusillade de l'ennemi, s'avança sur lui l'arme au bras. Cette marche audacieuse déconcerta les Portugais, et, au moment où les Français arrivaient sur eux, ils se débandèrent et prirent la fuite. La cavalerie les poursuivit et en fit un horrible carnage; elle entra pêle-mêle avec les fuyards dans Braga, traversa cette ville, et ne s'arrêta qu'à 2 lieues au delà. Les pertes de l'ennemi furent considérables : son artillerie, ses drapeaux, ses bagages et ses caisses militaires tombèrent au pouvoir des vainqueurs. Le maréchal Soult établit son quartier général à Braga, et ses avant-postes prirent position à 5 lieues en avant, à Tabossa, sur la route d'Oporto. Les jours suivants, les villes de Barcelos et de Guimaraens, découvertes par la dispersion de l'armée portugaise, reçurent les garnisons françaises.

CARVANCAS (géogr. anc.), montagne mentionnée par Ptolémée, qui bornait la Norique et en même temps la Pannonie, à l'est.

CARVANIS (géogr. anc.), ville de Cappadoce, placée par Ptolémée dans le Pont Polémoniaque. C'était probablement le *Carbanis* d'Etienne de Byzance et de Cédrénus.

CARVE, s. f. espèce de filet pour la pêche qui est fait en forme de chausse.

CARVE (Thomas), aumônier d'une légion des trois royaumes au service de l'empire germanique, naquit dans le comté de

Tipperary en Irlande vers 1590. Ayant fait plusieurs campagnes de la guerre de 1635, il publia le récit des événements auxquels il avait assisté sous le titre de *Itinerarium Th. Carvæ*, Mayence, 1639; deuxième partie, 1641; troisième partie, Spire, 1646, in-12. Cet ouvrage, curieux dans son ensemble, est fautif en beaucoup d'endroits; l'auteur y a trop donné de croyance aux bruits populaires la plupart du temps. On a encore de Carva : *Lyra, sive Anacephaleosis hibernica, cui accesserunt Annales Hiberniæ*, etc., deuxième édition, Sultzbach, 1666, in-4°. L'auteur traite, dans cet ouvrage, de l'origine des noms, des mœurs et des coutumes des peuples de l'Irlande. Les Annales comprennent l'histoire de cette île depuis 1148 jusqu'en 1666. Carve était mort dès l'an 1664, à l'âge de soixante-quatorze ans.

CARVELLE, s. f. nom distinctif de certains clous employés dans la marine. Ils sont longs de quatre pouces, larges de quatre lignes; ils ont la tête carrée. Il y a des clous de double, de petite et de demi-carvelle.

CARVENTANE (*géogr. anc.*), citadelle d'Italie, dans le Latium.

CARVER, s. m. (*agricult.*), sorte de greffe. C'est un anneau d'écorce enlevé d'un arbre et implanté sur un autre arbre.

CARVER (JEAN), premier gouverneur de la colonie de Plymouth au commencement du XVIIe siècle. Obligé de quitter l'Angleterre pour cause de religion, il s'était réfugié à Leyde, d'où il fut envoyé à Londres pour traiter de l'acquisition d'un territoire avec la compagnie de Virginie. Ayant obtenu des lettres patentes, il partit en 1620 avec deux bâtiments et cent vingt passagers. Après une navigation pénible, ils abordèrent sur une côte déserte, où ils eurent d'abord à se défendre contre les sauvages et les maladies, et finirent par s'établir sur une baie, à laquelle ils donnèrent le nom de *Plymouth*. Carver, qui avait été élu gouverneur dès les premiers moments de cette colonie, à la pluralité des suffrages, la gouverna pendant deux ans avec sagesse, et fit, avec les sauvages, des traités qui ont été maintenus pendant cinquante ans. Sa mémoire est encore en vénération aux États-Unis, où son épée est conservée à Boston, dans un cabinet historique. Il mourut en 1623.

CARVER (JONATHAS), né en 1732 dans le Connecticut, abandonna l'étude de la médecine pour entrer comme enseigne dans un régiment d'infanterie, et fit toutes les campagnes à la suite desquelles les Anglais restèrent maîtres du Canada. A la paix, il conçut le projet de visiter les parties intérieures de l'Amérique jusqu'à l'Océan Pacifique, afin d'ouvrir de nouvelles routes au commerce. Parti de Boston en 1766, il revint en octobre 1768, après avoir fait plus de 2,000 lieues, et mit en ordre sa relation. Il s'embarqua ensuite pour l'Angleterre, où il ne fut pas accueilli comme il le méritait. Négligé par le gouvernement, n'avait pour faire exister sa famille que le chétif emploi de commis d'un bureau de loterie. Cette fâcheuse situation altéra sa santé, et il mourut en 1780. Sa fin déplorable donna lieu à la fondation dans Londres d'une société pour le soulagement des gens de lettres malheureux. La relation des voyages de Carver, imprimée à Londres en 1774 et 1780, a été traduite en français par Montucla, sous ce titre : *Voyage dans les parties intérieures de l'Amérique septentrionale pendant les années 1766, 1767 et 1768*, Paris, 1784, in-8°. On y trouve des détails curieux sur la géographie de cette immense contrée, et sur les mœurs des nations qui l'habitent. Carver est encore auteur d'un *Traité de la culture du tabac*, Londres, 1779, in-8°.

CARVI (*botan.*), famille des ombellifères, *pentandrie digynie* de Linné. Cette plante bisannuelle, haute d'un à deux pieds, rameuse à sa partie supérieure, porte des feuilles finement découpées à pétiole très-long, des fleurs blanches, disposées en ombelles au sommet des rameaux, et offrant l'odeur de fenouil et la saveur de l'anis. A la base de chaque ombelle, qui se compose de huit à dix rayons, est un involucre armé de trois à quatre petites folioles linéaires; quelquefois cependant il n'y a qu'une foliole. Les semences sont ovoïdes, striées et très-aromatiques; la racine charnue, blanchâtre, allongée, un peu rameuse, de la dimension d'un doigt, ayant une odeur à peu près analogue à celle de la carotte. Le carvi croît par toute la France, dans les prairies et les lieux montueux; mais c'est dans le midi de cette contrée qu'on la cultive avec plus d'avantage. Cette plante, très-renommée autrefois à cause de l'*essence de carvi*, a perdu de sa réputation; car l'on a retrouvé dans d'autres plantes la même huile volatile que l'on en retirait. On fait avec cette huile des embrocations sur le ventre, et on la

donne à l'intérieur dans le cas de coliques, après l'avoir mélangée avec une certaine quantité d'huile d'olives ou d'amandes douces; on emploie les racines, et surtout les fruits, comme excitants du système digestif. Les fruits entrent aussi dans la composition de plusieurs liqueurs, dans le ratafia des sept graines, dans le vespétro; et quelques peuples du Nord en usent comme condiment pour assaisonner les légumes.

CARVIFEUILLE, s. m. (*botan.*), genre de plantes voisines du sélin à feuilles de carvi.

CARVILIUS MAXIMUS (SPURIUS), consul romain avec Papirius Cursor, l'an 293 avant J.-C., prit Amiterne, y tua 2,800 hommes, fit 4,000 prisonniers, s'empara d'Herculanum et d'autres places. Ces succès lui valurent les honneurs du triomphe. — **CARVILIUS**, fils du précédent, fut consul comme son père, et le premier Romain qui ait répudié sa femme, vers l'an 131 avant J.-C. D'autres attribuent cette innovation à Carvilius Ruga, de la même famille.

CARVILIUS, roi d'une partie de la Bretagne, attaqua la flotte de César.

CARVILIUS RUGA (*V.* CARBILIUS).

CARVILIUS PICTO, mauvais poëte, auteur d'une critique de l'*Enéide*, intitulée : *Æneidonastix*.

CARVITE, s. f. (*botan.*), sorte de plantes que l'on rapporte à la famille des euphorbes.

CARVO (*géogr. anc.*), ville de la Gaule Belgique, sur la gauche du Rhin, au nord-est de Noviomagus.

CARWAR (*géogr.*), ville maritime de l'Hindostan, située sur la côte du Malabar, entre Mcerzaw ou Mershee et le cap Rauca, dans le voisinage de Goa, où la compagnie des Indes orientales possède une factorerie. Elle était mieux connue aux Anglais dans leurs premiers voyages aux Indes, avant qu'ils fussent possesseurs de Bombay. Les vallées aboutissantes à la plaine où elle est assise sont fertiles en blé et en poivre d'excellente qualité, et les forêts dont les montagnes sont couvertes, foisonnent de quadrupèdes de toute espèce : on y trouve des loups, des singes, des sangliers, des cerfs, des élans et des bœufs d'une taille prodigieuse. — Carwar est à environ 40 milles sud-est de Goa. ED. GIROD.

CARY (*vieux mot*), cri des Boulenois pour exciter à courir sur les percepteurs que le peuple regardait comme des gens injustes.

CARY (LUCIUS), vicomte de Falkland, fils du vicomte de ce nom, qui avait été lord député de l'Irlande sous le règne de Jacques Ier, naquit à Burford dans l'Oxfordshire en 1610. Il alla commencer ses études au collège de la Trinité à Dublin, et les termina à celui de Saint-Jean de Cambridge. Après quelques écarts de première jeunesse, devenu tout à coup maître à vingt ans d'une grande et indépendante fortune qui lui échut en partage du côté de son aïeul maternel, il s'arrêta dans la voie de dissipations en épousant une jeune personne accomplie en beauté et en mérites, mais pauvre, qu'il aimait passionnément. Ce mariage indispose contre lui son père qui avait compté sur une union avantageuse de son fils pour relever sa propre fortune obérée, et, malgré l'abandon généreux que Lucius lui proposa de lui faire de ses biens dont il lui laissait la faculté de disposer comme des siens propres, le vieux lord persista dans sa désapprobation. Le courroux paternel détermina Falkland à quitter l'Angleterre pour se retirer avec son épouse en Hollande, avec l'intention de solliciter quelque emploi militaire; mais, n'ayant pu réussir, il revint bientôt dans sa patrie, où il mena une vie retirée consacrée entièrement à l'étude, ne voyant que quelques amis intimes de son âge, avides comme lui de connaissances. En peu de temps il parvint à posséder la langue grecque à fond, et s'adonna avec une telle ardeur à la lecture des auteurs anciens, qu'avant l'âge de vingt-trois ans il avait dévoré tous les ouvrages des Pères grecs et latins, et de plus une foule de livres étrangers qu'il se procurait à grands frais. Il étudiait également les matières ecclésiastiques et philosophiques, et possédait une mémoire si fidèle qu'il pouvait en toute occasion citer textuellement ce qu'il avait lu. En même temps ses essais en vers lui attiraient l'estime et l'admiration des poëtes de son temps. Peu après la mort de son père, arrivée en 1633, il fut fait gentilhomme de la chambre du roi; mais, sans perdre rien de son amour pour la retraite et l'étude, il habitait, autant que les devoirs de sa charge le lui permettaient, sa maison de campagne de Burford, dont les visites fréquentes des littérateurs de l'université voisine faisaient en quelque sorte une petite académie. C'est là que Chillingworth écrivit son admirable ouvrage sur la pauvreté, aidé, dans ce travail, des conseils de son hôte. Toutes les diverses questions de littérature, de morale et de théologie y étaient librement discutées, et lord Falkland, à qui ses vastes connaissances donnaient la prééminence, s'y faisait admirer par sa modestie et sa douceur, non moins que par la distinction de ses manières qui charmaient tous ses savants visiteurs. Il négligea néanmoins, dans ces habitudes littéraires, de se former aux rôles politiques qu'il devait jouer plus tard. En 1639 il fit partie de l'expédition contre les Écossais, et en 1640 il fut élu membre de la chambre des communes pour la ville de Neuport, dans l'île de Wight ; sa pairie, étant écossaise, ne lui permettant pas de siéger dans la chambre des lords. Il se montra rempli du plus profond sentiment de respect pour l'autorité parlementaire, et si scrupuleux observateur des lois et règlements établis, qu'il réputait comme méchef impardonnable, toute atteinte des ministres d'État à ces règlements pour cause d'utilité publique, ou toute trangression de ces lois par les juges, sous un prétexte quel qu'il fût. Son opposition à ces actes arbitraires lui fit pour un temps éprouver du refroidissement pour la cour ; et, afin de se le rattacher, on lui donna l'entrée du conseil privé et une charge de secrétaire d'État. Mais il s'y montra peu propre à marcher dans les voies passionnées du gouvernement en blâmant hautement l'emploi des espions et s'opposant de toutes ses forces à la violation du secret des lettres, ce qui était mis alors en grande pratique. Quand la mésintelligence entre le roi et le parlement fut arrivée à sa crise, lord Falkland prit le parti ferme et hardi de s'attacher à la fortune de Charles Iᵉʳ, qu'il suivit au péril de sa vie au combat d'Edge-Hill à Oxford, et au siège de Glocester. Son séjour à Oxford offrit une particularité qui n'est pas dépourvue d'intérêt. En visitant la bibliothèque de l'université, l'attention du roi fut attirée par l'élégance de la reliure et de l'impression d'un *Virgile* remarquable au milieu des autres livres. Falkland imagina, pour distraire Charles, de lui proposer de tirer son horoscope au moyen de ce mode de divination alors en vogue, appelé les *sorts virgiliens*. Le livre, s'ouvrant sous la main du monarque, présenta à ses regards cette portion du passage des imprécations de Didon contre Énée (lib. IV, v. 615 et suivants) :

At bello audacis populi vexatus et armis,
Finibus extorris, complexu avulsus Iuli,
Auxilium imploret, videatque indigna suorum
Funera : nec, cum se sub leges pacis iniquæ
Tradiderit, regno aut optata luce fruatur ;
Sed cadat ante diem, mediaque inhumatus arena.

Le roi semblait effrayé de ce pronostic, quand Falkland, pour chasser ses sombres pensées, voulut à son tour tenter le sort de la même manière pour son propre compte. Mais le passage sur lequel le hasard le fit tomber se rencontra avoir encore plus d'analogie avec l'avenir qui lui était réservé, que celui relatif à la destinée de Charles Iᵉʳ. C'était l'exclamation suivante d'Évandre sur la mort prématurée de son fils Pallas (*Æneid.*, lib. XI, v. 152) :

Non hæc, o Palla ! dederas promissa parenti,
Cautius ut sævo velles te credere Marti !
Haud ignarus eram, quantum nova gloria in armis,
Et prædulce decus primo certamine posset.
Primitiæ juvenis miseræ, bellique propinqui
Dura rudimenta (1) !.....

(1) Delille a traduit ainsi ces deux passages :

1°　Que du moins, assailli d'un peuple audacieux,
Errant dans les climats où son destin l'exile,
Implorant des secours, mendiant un asile,
Redemandant son fils arraché de ses bras,
De ses plus chers amis, il (Énée) pleure le trépas !
Qu'une honteuse paix suive une guerre affreuse !
Qu'au moment de régner une mort malheureuse
L'enlève avant le temps ! qu'il meure sans secours,
Et que son corps sanglant reste en proie aux vautours !

2°　O Pallas ! est-ce ainsi que ton cœur téméraire
Épargne ta jeunesse, et les vieux ans d'un père ?
Ah ! j'ai dû le prévoir ; et pouvais-je croire
Combien ont de pouvoir sur un jeune guerrier
Les premières faveurs que promet la victoire,
Le début du courage et l'essai de la gloire ?
O fils trop magnanime et trop tôt moissonné !
Apprentissage affreux ! prélude infortuné !

Dès que lord Falkland prévit les calamités qui menaçaient la patrie, son esprit faiblit ; il perdit sa gaieté et son affabilité, devint taciturne, morose, négligé dans sa mise et sa contenance ; enfin il annonça un homme tout à fait dégoûté de la vie et du monde. Il lui arrivait souvent, au milieu de ses amis, de s'écrier après un long silence et en poussant de profonds soupirs avec une voix déchirante : *La paix ! il me faut la paix ! le repos éternel !* Et il déclarait qu'il lui était impossible de porter plus longtemps l'existence dans un tel état d'inquiétude et d'abattement. La scène finale de sa vie prouve que sa détermination d'en sortir volontairement était fortement arrêtée en lui. Quoiqu'il n'eût pas d'emploi militaire, il voulut assister à la première bataille de Newbury, le 20 septembre 1643, et le matin de ce jour il demanda du linge blanc pour que, s'il devait être tué, son corps parût avec décence. S'étant précipité dans les rangs ennemis, il reçut un coup de feu au ventre et tomba de cheval. Son corps ne fut trouvé que le jour suivant. Ainsi périt lord Falkland à l'âge de trente-quatre ans, « généralement estimé, dit un biographe anglais, et l'un des plus vertueux caractères politiques de cette époque fertile en vertus. » — Son éloge, répété par les poëtes, les historiens, les philosophes, est tombé dans le domaine de la littérature anglaise ; mais sa haute réputation est plus particulièrement l'ouvrage de son intime ami lord Clarendon, qui a tracé une longue apologie de son caractère, et qui en a fait pour ainsi dire le héros moral de son histoire. — Lord Falkland a laissé après lui des poëmes et plusieurs discours et pamphlets ayant trait à la politique ou à la théologie.
ED. GIROD.

CARY (ROBERT), savant chronologiste anglais, naquit à Coochington dans le Devonshire, en 1615, fit ses études à l'université d'Oxford où il était entré en 1631, y prit ses degrés, et y reçut le grade de docteur en 1644. Après différents voyages à l'étranger, il revint en Angleterre, et obtint le rectorat de Portlemouth, près de Kingsbridge, dans son pays natal. Durant les troubles de cette époque, il fit cause commune avec les presbytériens ; mais, lors du rétablissement de Charles II, Cary fut un des premiers à le féliciter sur son retour, ce qui lui valut sa promotion à l'archidiaconat d'Exeter ; mais deux ans après, en 1664, ayant été dépouillé de ce bénéfice, il retourna à sa cure de Portlemouth, où il passa le reste de sa vie entouré de la considération générale, et mourut en septembre 1688, âgé de soixante-treize ans. Il a publié : *Palæologia chronica*, ou *Tableau chronologique en trois parties :* 1° *didactique ;* 2° *apodictique :* 3° *canonique*, Londres, 1677, in-folio. Il y a un compte rendu sur ce livre dans les *Transactions philosophiques*, nº 132, p. 808. Il a traduit en vers latins plusieurs hymnes en usage dans l'Église anglicane.

CARY (HENRI), comte de Montmouth, et cousin de la reine Élisabeth, fut élevé avec Charles Iᵉʳ, et mourut en 1661 après avoir beaucoup souffert dans les guerres civiles. On a différents ouvrages de sa traduction en anglais.

CARY (FÉLIX), né à Marseille en 1699. Fils d'un libraire, chez lequel il puisa le goût de la numismatique, au sortir de ses études il s'appliqua à l'étude de l'histoire, et forma une belle collection de médailles antiques. Après un voyage à Paris où il étonna les savants par ses connaissances, il revint dans sa ville natale, dont l'académie, récemment établie, s'empressa de lui ouvrir ses portes en 1726. Dans un second voyage à Paris en 1734, il enrichit encore sa collection, qui rendit les plus précieuses, au moyen des facilités que donne le commerce de Marseille avec les échelles du Levant, par les rares médailles qu'il se procurait de l'Asie. — Il était associé de l'académie de Cortone, et celle des inscriptions et belles-lettres le nomma son correspondant en 1752. — Ses ouvrages imprimés sont : 1° une *Dissertation sur la fondation de Marseille, sur l'histoire des rois du Bosphore Cimmérien et sur Lesbonax, philosophe de Mitylène*, Paris, 1744, in-12 ; 2° *Histoire des rois de Thrace, et de ceux du Bosphore Cimmérien, éclaircie par les médailles*, Paris, 1752, in-4°. C'est son ouvrage le plus important. Il y fixe par les médailles la première année de l'ère du Bosphore, la même que celle du Pont, qui se rapporte à la 457ᵉ de Rome : point chronologique en vain cherché par Hardouin, Vaillant, Hayne et Souciet, et, chose remarquable ! sur lequel est tombé d'accord avec Cary, sans le connaître, Frœlich, numismate allemand, qui publia la même année ses *Regum veterum numismata anecdota*. Un *Vocabulaire provençal*, ou *les étymologies de chaque mot*, cité avec éloge par le Dictionnaire provençal, est attribué aussi à Cary, mais cet ouvrage a été perdu. — On a conservé cependant beaucoup de ses manuscrits, et ses médailles furent acquises pour être réunies au cabinet des médailles et antiques de la bibliothèque du roi, par l'abbé Barthélemy, qui porte sur ce savant le témoignage qui suit : « Il avait un admirable cabinet de médailles et une précieuse collection de livres assortis à son goût... Des connaissances en tout genre, dirigées par un esprit excellent, et embellies par des mœurs douces, rendaient son commerce aussi agréable qu'instructif. » — Cary mourut en 1754.

CARYA (*géogr. anc.*), ville d'Arcadie, au nord, chez les Phénéates, au nord-est de Caphys et au nord-ouest d'Orchomène.

CARYA (*géogr. anc.*), contrée du Péloponèse dans la Laconie, et dont la capitale portait le même nom. Vitruve signale pour cause de sa destruction l'alliance qu'elle avait faite avec les Perses, ennemis des Grecs. Toute sa population mâle fut passée au fil de l'épée, et les femmes furent emmenées en esclavage. Pausanias nous apprend (*Lacon.*, lib. III, cap. 10, p. 230) que cette ville possédait un temple élevé à Diane Caryatis, et une statue de cette déesse érigée en plein air. Elle était située sur les bords du fleuve OEnus, un peu à l'est de Glympes (*V.* CARIATES et CARYATIDES).

CARYANDA (*géogr. anc.*), île de l'Asie-Mineure, dans la Méditerranée, sur la côte de Carie (*Pline*). — C'était encore une ville de l'Asie-Mineure, en Carie. Etienne de Byzance dit que c'était un port près de Myndus et de Cos ; et Scylax, qui était de cette ville, la fait île, cité et port. — Elle a depuis été appelée *Caracoion*.

CARYATES (*antiq.*), solennité en l'honneur de Diane, établie à Caryum ou Caria, ville de Laconie. La principale cérémonie consistait en une certaine danse inventée, dit-on, par Castor et Pollux, et exécutée par les jeunes filles de la cité. — Pendant l'invasion de Xerxès, les Laconiens n'osant se montrer et célébrer cette solennité accoutumée, on raconte que, de peur de s'attirer la colère de la déesse par une semblable omission, les habitants des campagnes s'assemblèrent et chantèrent en son honneur des pastorales ou *bucolismes*. Telle aurait été l'origine de la poësie bucolique.   ED. GIROD.

CARYATIDE et CARYES, fête et danse. La fête était célébrée à Carya en Laconie, en l'honneur de Diane. Carya était consacrée à cette déesse ainsi qu'aux nymphes. Diane y avait une statue en plein air. Des chœurs de jeunes filles formaient une danse inventée, selon Lucien (*De saltat.*), par Castor et Pollux. Cette danse prit aussi son nom de *caryes*, du lieu où elle était en usage. Aristomène, général des Messéniens, enleva un jour les caryatides pendant qu'elles célébraient leur fête et se livraient au plaisir de cette danse. Mais il les protégea contre l'insolence de ses soldats, et les renvoya ensuite à leurs parents. Il est vrai qu'il se fit payer de fortes rançons (*V.* Pausanias, *Messen.*, liv. IV, ch. 16). — La caryatide était sans doute une des danses favorites et des plus agréables des Lacédémoniens ; car Lucien (*De saltat.*), en la citant, dit qu'ils ne faisaient rien sans invoquer les Muses. La jeunesse de Sparte s'exerçait à la danse avec autant de soin qu'elle en mettait à apprendre le maniement des armes ; elle allait au combat au son de la flûte ; elle dansait avant et après la bataille. Ce fut au son de la musique et en dansant, ajoute cet auteur, que les Lacédémoniens soumirent le reste de la Grèce.

CARYATIDE. On ne sait assez embarrassé pour trouver la véritable origine de ce mot. Si l'on en croit Vitruve et l'orthographe française, caryatide vient de *Caryatides*, qui veut dire *femmes de Carie*. Si l'on en juge par l'intention des Grecs, qui l'avaient particulièrement affecté à la dénomination des colonnes formées par des figures de femmes, on serait tenté de lui donner pour racine *charis*, qui signifie grâce, agrément. Cette opinion est d'autant mieux fondée, que les Grecs avaient encore deux mots pour désigner les autres supports qui remplacent les colonnes et pilastres. — Le titre d'*ordre* ne convient, en architecture, qu'à des rapports de proportions fixes et déterminées. Nous ne ferons donc pas un ordre des caryatides ; mais nous entendrons par ce *genre* toutes les *figures* qui soutiennent *quelque chose*. Les peuples d'Asie sont les premiers qui aient appliqué les supports fantastiques aux monuments. Parmi leurs nombreux édifices, on peut admirer une foule de bizarreries. Tantôt ce sont des termes qui ne présentent qu'une tête humaine ; tantôt la partie supérieure du corps humain s'élance entièrement au-dessus d'une gaîne ; là, ce sont des figures d'animaux qui semblent porter les angles des corniches ; ici, une figure entièrement nue supporte un chapiteau plus grand que la figure elle-même. Et c'est toujours si gracieux, si pur, que l'œil est continuellement charmé par le jeu des lignes ondoyantes. On ne peut imaginer dans ce genre rien d'aussi élégant, d'aussi capricieux et beau à la fois, que les caryatides de Persépolis. Quoique la religion paraisse en avoir placé là le berceau, l'Egypte ne doit pas revendiquer l'invention des caryatides. En effet, si l'on considère le peu de grâce et les mauvaises formes des statues égyptiennes, la timidité des sculpteurs, qui faisaient toujours les bras et les jambes collés ensemble, il faudrait avoir le courage de M. Quatremère de Quincy pour affirmer que l'espèce de colonne la plus difficile est due aux mystères d'Isis. Nous ne comprenons pas qu'un architecte ait jamais eu la pensée de faire croire que les entablements sont supportés par des statues, et toute la subtile distinction entre la matière et l'art que l'auteur cité plus haut a très-éloquemment établie, nous semble plus ingénieuse que plausible. Si nous jugions autrement, nous serions forcer de classer au rang des caryatides les figures de saints, de diables, les marteaux, les clous, les couronnes d'épines, etc., etc..... où le moyen âge a si largement distribué sur toutes nos cathédrales. Heureusement, aucun homme de goût encore n'a confondu à un tel point la gracieuse suavité des formes caryatides et la *rocailleuse* exiguïté du style gothique. Beaucoup d'auteurs ont répété, d'après Vitruve, que les Cariates, trahissant le reste de la Grèce, s'allièrent aux Persans pour asservir leur patrie, et que les Grecs victorieux rasèrent cette ville pour la punir de sa trahison. Ils ne laissèrent survivre que les femmes du plus haut rang, et, non contents de les rendre esclaves, ils exigèrent qu'elles portassent leurs plus riches parures, insignes de leurs dignités. Les sculpteurs, pour éterniser à jamais cette vengeance, copièrent en marbre les femmes caryates avec leur longue robe, et les placèrent, en guise de colonnes, pour soutenir les corniches des temples où les vainqueurs allaient maudire les vaincus. Ce n'est pas le seul exemple que les Grecs offrent de ce genre de supplices, dont ils sont les inventeurs, et qu'aucun autre peuple n'a imité. Dans la première place de Lacédémone, on distinguait le portique des Perses, où les principaux officiers de Xerxès paraissaient, vêtus en satrapes, sous la forme de colossales statues de marbre. Ces effigies soutenaient l'entablement. Les caryatides ne sont dans l'architecture moderne qu'une décoration sans valeur extrinsèque. Leur caractère religieux ayant disparu, il ne leur reste plus que le caprice du goût. Ce style figure très-bien dans les édifices où règnent la légèreté, la délicatesse et la grâce : tels sont les maisons de plaisance, les boudoirs, les théâtres, et en général tous les lieux de plaisir. Versailles en offre une multitude charmante. On s'en sert quelquefois aussi pour orner les monuments lugubres ; mais, quoiqu'on y pratique les caryatides en plein relief, elles y sont rarement bien placées. Jean Goujon, architecte et sculpteur, est le Français qui a le mieux compris ce genre de décoration. Cet artiste, dont on ne connaît ni la naissance ni la mort, a fait, heureusement pour nous, pendant sa vie, un assez grand nombre de monuments qui sont tous à la hauteur de sa réputation. François Ier, Henri II et Charles IX l'employèrent à décorer le Louvre. On possède des caryatides de la Tribune aux Gardes, qui sont travaillées de sa main et sont type du genre. Vitruve, qui a donné des règles d'architecture pour tout, n'en a pas laissé sur les caryatides. Nous nous bornerons donc à répéter que les règles à prendre en ce genre sont celles dictées par le goût. Cependant nous ferons observer que le chapiteau à campane, employé pour coiffer les caryatides d'Athènes, donne, par l'effet de son évasement, plus de valeur et de légèreté à la tête. Le chapiteau, de forme corinthienne, est le plus élégant et le plus riche que l'imagination puisse inventer. Il est impossible de trouver une coiffure qui s'adapte mieux et plus agréablement à la tête des caryatides de femmes. Nous ne conseillons pas d'employer les caryatides à soutenir immédiatement les entablements et architraves. Pourtant, elles y figurent encore mieux que sous les masses des arcades. On les asseoit ordinairement sur des stylobates continus. C'est la méthode athénienne. Jean Goujon leur faisait des socles circulaires ; cette manière, en rappelant l'idée de la colonne, donne aux caryatides un air plus svelte, plus léger. La peinture dans ses décorations les a souvent employées. On en possède de Raphaël qui sont de toute beauté ; mais la couleur n'ajoute aucun charme à ce genre d'ornement, car les peintres cherchent toujours à imiter la pierre : c'est même la marque d'un rare talent, d'en approcher. Sous le pinceau, on forme des caryatides de toutes espèces : les monstres, les animaux, se prêtent aux compositions les plus bizarres et s'exécutent rapidement, ce qui n'a pas peu contribué à vulgariser et discréditer le plus gracieux genre d'architecture.

CARYATIS (*mythol.*), surnom de Diane, en l'honneur de laquelle les jeunes filles de la Laconie s'assemblaient dans le temps de la récolte des noix, et célébraient une fête appelée *Carya*, c'est-à-dire la *fête de Diane des noix*.

CARYBDE, écueil, gouffre ou tourbillon d'eau, qui existait jadis dans le détroit de Sicile, et fut dans l'antiquité un objet d'effroi pour les plus hardis navigateurs. Dans le paganisme, un danger se personnifiait comme toute idée de bien, de mal, de puissance ; aussi les fables mythologiques disent-elles que Carybde était une femme, qu'elle vola des bœufs à Hercule, qu'elle fut foudroyée par Jupiter et changée en gouffre, non loin d'un précipice appelé Scylla, où l'on entendait d'affreux hurlements, et des aboiements de chiens. Ces deux gouffres étaient si près l'un de l'autre qu'il devenait très-difficile, en évitant l'un, de ne pas se jeter dans l'autre. La connaissance de ce fait donne la clef d'un vieux proverbe bien populaire, *Tomber de Carybde en Scylla*, qui signifie assez ordinairement éviter un malheur pour tomber dans un pire. — Il en est aujourd'hui, pour nos marins, de ce passage si périlleux, comme du fameux cap des Tourmentes, tant redouté des Portugais, au XVIe siècle, comme de là pointe la plus avancée de l'Espagne, surnommée par les Phéniciens le *Plût à Dieu du retour*. On passe et repasse sans danger et sans crainte entre la Sicile et la Calabre. Le phare de Messine n'est remarquable que par la rapidité des flux et reflux, qui s'y font de six en six heures. A l'embouchure même de ce détroit si fatal, aux anciens, en 1675, les Français gagnèrent une bataille navale sur les Espagnols : les Grecs, les Tyriens ou les Carthaginois eussent choisi autrement le théâtre de leurs exploits. On aurait tort d'attribuer ce changement dans la navigation au seul perfectionnement des navires. Les Phéniciens qui visitèrent toutes les côtes de la Méditerranée, qui s'embarquaient à Elath sur la mer Rouge, pour faire le tour de l'Afrique, qui traversaient le détroit d'Espagne pour aller chercher de l'étain chez les Bretons, de l'ambre aux lieux où le Radane se jette dans la mer Baltique, qui fondèrent Culm en Prusse, ne voyageaient point sur des coquilles de noix, comme on semblerait le dire de nos jours. L'art de bâtir un solide vaisseau leur était connu, et s'ils craignaient tant Carybde et Scylla, c'est que ces deux écueils étaient véritablement redoutables. D'ailleurs ne suffit-il pas de rappeler toutes les secousses éprouvées par notre globe, pour comprendre que certains effets ont dû cesser avec leurs causes. Les anciens marins assuraient que dans l'Océan occidental de fréquents bas-fonds arrêtaient leur course ; cette assertion, fausse aujourd'hui, et pourtant vraie jadis, a une raison géographique. Platon trouva chez les prêtres de Saïs, en Egypte, une antique tradition, suivant laquelle un vaste pays, situé au delà du détroit de Gadès et des colonnes d'Hercule, disparut sous les eaux, dans une nuit orageuse. — Ce philosophe parla aussi de l'existence probable d'un continent immense et de plusieurs îles situées au delà de l'Océan Atlantique. Aristote connaissait même cette tradition. Buffon dit que des navigateurs modernes ont observé des bas-fonds s'étendant presque sans interruption depuis l'Espagne jusqu'aux bancs de Terre-Neuve. Il serait bien possible que la submersion du pays qui joignait autrefois le nouveau monde à l'ancien eût rendu en certains endroits la navigation très-pénible, jusqu'à ce que le terrain submergé se fût suffisamment affaissé. Les courants singuliers qu'on observe devant Gibraltar n'ont pas, selon nous, d'autres causes que les deux tourbillons de Carybde et de Scylla, devenus insensibles par un complément de révolution terrestre : que l'isthme de Suez vienne à se rompre, et nous trouverons peut-être un jour un nouvel Herculanum caché au fond des eaux. On a découvert à Médine, ancienne capitale de l'île de Malte, en 1826, une inscription phénicienne dont nous reparlerons à l'article DÉLUGE. Elle déterminerait au juste la véritable position de l'ancienne Atlantide, et justifierait bien des conjectures probables ; mais malheureusement on doute de l'authenticité de ce monument : il y a tout lieu de croire que ce n'est qu'un objet de mystification préparé au monde savant par deux hommes d'esprit, habiles antiquaires.

CARYBDÉE (*hist. nat.*), genre de médusaire établi par Péron pour les espèces dont le corps est orbiculaire, subconique et garni dans sa circonférence de lobes foliacés, subtentaculaire ou creusé par une grande excavation stomacale à ouverture aussi grande qu'elle. On n'en connaît encore que deux espèces : la **CARYBDÉE PÉRIPHYLLE**, qui est de couleur brune, et la **CARYBDÉE BICOLORE**, de couleur ferrugineuse, avec les folioles ponctuées de rouge. Quant à la **CARYBDÉE MARSUPIALE**, elle doit être rangée dans le genre ÉGUORÉE (*V.* ce mot).

CARYCHION (*hist. nat.*), s. m. genre de coquilles établi dans la division des univalves.

CARYCHUS, s. m. substance peu connue, que les anciens employaient dans un antidote.

CARYCTE, s. f. (*botan.*), espèce de plante de la famille des tithymaloïdes.

CARYL (JOSEPH), théologien anglais, un des ministres interdits par l'acte d'uniformité, né à Londres en 1602, élevé à Exeter, puis à l'université d'Oxford, commença ses prédications dans la société de Lincoln's-Inn. Il fit partie de l'assemblée des théologiens chargés de prononcer sur le sort des ministres, et se fit remarquer dans toutes les circonstances par un noble caractère, son savoir, sa piété et sa modestie. Il fut placé par le parlement auprès de la personne de Charles Ier à Hombly, et fut un des commissaires chargés du traité de l'île de Wight. — Après son interdiction il vécut dans la retraite, d'où il ne sortait que pour faire à Londres quelques prédications secrètes dans sa congrégation, et s'occupant de la composition de différents ouvrages. Celui qui lui a donné le plus de réputation par son étendue et les connaissances qu'il y développa, est une *Exposition du livre de Job*, plusieurs fois imprimée en 3 vol. in-4°, et en 2 vol. in-fol. — Il mourut en février 1672, à l'âge de soixante et onze ans.

CARYLL (JEAN), poëte anglais, appartenant à la religion catholique romaine, né dans le comté de Sussex, fut secrétaire de la reine Marie, femme de Jacques II. Ayant suivi dans l'exil la fortune de son maître, il fut, en récompense de son attachement, créé chevalier, en recevant les titres purement honorifiques de comte Caryll, baron Dartford. Il était en Angleterre sous le règne de la reine Anne, et il paraît que ce fut à lui que Pope dut l'idée de son poëme de la *Boucle de cheveux enlevée*, dont il lui fit la dédicace. Il a publié deux pièces dramatiques : la *Princesse anglaise*, ou la *Mort de Richard III*, tragédie, 1667, in-4°, et le *Fat prudent*, comédie, 1671, in-4°. On lui doit encore les *Psaumes de David, traduits de la Vulgate*, 1700, in-12, et quelques poésies insérées dans divers recueils. — Il mourut dans un âge avancé, mais on ignore l'époque de sa mort. ED. GIROD.

CARYOCAR, s. m. (*botan.*), grand et bel arbre de l'Amérique méridionale, dont le fruit, qui contient quatre noyaux, fournit des amandes bonnes à manger et propres à faire de l'huile. — Genre de plantes de la famille des sapindacées.

CARYOCATACTE, s. m. (*hist. nat.*), nom donné au casse-noix, à la sittelle et au calao des Moluques.

CARYOCOSTIN, *électuaire*, se compose de la façon suivante : prenez clous de girofle, costus blanc, zédoaire, gingembre, semence de cumin, de chacun deux gros ; hermodactes mondés, diagrède, de chacun demi-once ; miel rosat cuit en consistance d'électuaire mou, trois fois la quantité du tout. Pulvérisez le tout, à l'exception du diagrède que vous n'ajouterez qu'après avoir mêlé le reste avec le miel rosat, au moyen d'une spatule de bois ; faites un électuaire selon l'art. Cette composition est bonne pour les gens robustes, les pituiteux et les hydropiques : mais il ne convient point aux personnes délicates. La dose est depuis un gros jusqu'à deux. On prétend que ce purgatif est excellent dans les maladies soporeuses et dans la goutte. On appelle cet électuaire *caryocostin*, du nom de deux ingrédients qui entrent dans sa composition, qui sont le *costus*, et les clous de girofle, appelés en latin *caryophylli*.

CARYO-GADDÉE, s. m. (*botan.*), espèce d'arbre de Sumatra, qui a l'odeur du sassafras.

CARYOPE, s. m. sorte d'arbrisseau de Syrie, qui a du rapport avec le cannellier.

CARYOPHILE (JEAN-MATTHIEU), archevêque d'Iconie, né dans l'île de Corfou, mort à Rome vers l'an 1636, était un homme très-savant dans le grec, le latin et les langues orientales. Le cardinal François Barberini, neveu d'Urbain VIII, auquel il s'était attaché, l'engagea à publier ses nombreux ouvrages. 1° Il a traduit du grec en latin la *Vie de saint Nil le jeune*, Rome, 1624, in-8°. 2° *Confutatio Nili Thessalonicensis*, gr. lat., Paris, 1626, in-8°. 3° Il publia pour la première fois, sur un manuscrit de la bibliothèque du Vatican, les *Lettres grecques de Thémistocle*, auxquelles il joignit une traduction latine et des variantes à côté du texte grec, Rome, 1626, in-4°. Sa traduction a été conservée dans l'édition de Francfort, 1629, où l'on supprima les variantes, et encore dans celle de Leipzig, 1710, in-8°, donnée par les soins de Chrétien Schöttgen, qui y a ajouté des notes et une préface, où il réfute les auteurs qui prétendent que ces lettres ne sont pas de Thémistocle. 4° Il a publié en grec et latin de sa version le *Concile général de Florence*, Rome, sans date, in-4°. 5° *Chaldeæ seu æthiopicæ* *linguæ institutiones*, Rome, 1630, in-8°. 6° *Refutatio pseudo-christianæ catechesis ediæ a Zacharia Gergano græco, gr. lat.*, Rome, 1631, in-4°. 7° *Censura confessionis fidei, seu potius perfidiæ calvinianæ quæ sub nomine Cyrilli patriarchæ Constantinopolitani, edita circumfertur*, Rome, 1631, in-8° (*V.* CYRILLE LUCAS). 8° Il a traduit en italien la *Doctrine chrétienne* du cardinal Bellarmin, en y joignant une version syriaque, Rome, 1633, in-8°. 9° Enfin un volume de vers grecs et latins, intitulé : *Noctes tusculanæ.*

CARYOPHYLLAIRES (*hist. nat.*), ordre de polypier lamellifère, institué par Lamouroux pour les polypiers pierreux et non flexibles, qui ont des cellules étoilées et terminales, cylindriques, turbinées ou épatées, parallèles ou non parallèles, simples ou rameuses, isolées ou en groupes, jamais à parois communes. D'après ces caractères, les caryophyllaires se composent des genres *caryophyllie, turbinolopse, turbinalie, cyclalite* et *fongée.*

CARYOPHYLLATE, s. f. (*botan.*), espèce de plantes du genre des benoîtes.

CARYOPHYLLÉES (*botan.*). Cette famille, très-nombreuse en genres et en espèces, très-agréable par le parfum et la couleur si variée des pétales des fleurs, offre plus d'intérêt considéré comme ornement de nos jardins, que sous le point de vue médical. En effet, à l'exception de la saponaire qui a une saveur amère, et de l'œillet, dont les fleurs sont légèrement aromatiques, toutes ces plantes herbacées sont insipides et à peu près inutiles. Les caractères botaniques de cette famille peuvent se résumer ainsi : feuilles opposées, sessiles; fleurs isolées, en épis ou en bouquet à l'extrémité des tiges; calice tantôt monosépale, tubuleux à cinq dents, persistant; d'autres fois cinq sépales; corolle à cinq pétales réguliers, ayant un onglet fort long, ou ne manquant que rarement; quatre à dix étamines; lorsqu'il y a dix étamines, cinq sont unies avec les pétales, cinq sont libres, attachées sous l'ovaire; celui-ci libre, à une ou plusieurs loges; cependant le fruit est quelquefois charnu et bacciforme; embryon recourbé, roulé autour d'un endosperme farineux. On a observé et décrit jusqu'à ce jour sept cent soixante-huit espèces de caryophyllées, parmi lesquelles il en est soixante-dix dont on ignore l'origine; trois cent soixante-trois appartiennent à la flore européenne; sept cent sept sont propres aux contrées situées entre le tropique du Cancer et le pôle arctique; il est à croire qu'on trouvera encore beaucoup d'espèces dans l'Asie et l'Amérique du Nord, car ces contrées n'ont pas été totalement explorées. Outre l'*œillet*, dont le nom latin *caryophyllus* a été donné à la famille, outre le *saponaire*, les principaux genres sont : le *sychnil*, la *coquelourde*, la *morgeline*, la *nielle des prés*, etc.

CARYOPHYLLIE (*hist. nat.*). Le caryophyllie est un polypier pierreux, fixé simple ou rameux, à tiges et rameaux subturbinés, striés longitudinalement, et terminés chacun par une cellule lamellée en étoile. Le caryophyllie solitaire est un polypier cylindrique court, tronqué, empâté à sa base, légèrement strié à son sommet, qui est entier et quelquefois denticulé, étoilé de quinze à seize lames principales, avec de plus petites intermédiaires, les uns et les autres denticulés, trois à quatre lignes de haut. L'animal est actiniforme, pourvu de vingt-deux tentacules courts, obtus, d'une couleur diaphane, et parsemés de taches d'un blanc mat. Onze de ces tentacules sont dirigés vers le haut, les onze autres obliquement. Ceux tournés en haut sont terminés à leur sommet par une tache annulaire rousse, avec une tache blanche au centre et au bout du tentacule. L'ouverture linéaire centrale est marquée de chaque côté par trois lignes noirâtres qui viennent de l'intérieur, et qui se terminent au bout de cette ouverture. De cette ouverture naissent des rayons qui se prolongent entre les dentacules. Le disque peut s'élever en cône, la bouche se dilate et renverse les lèvres sur les côtés, de manière à former cet étranglement entre elle et le sommet du cône. Quand l'animal sort de son polypier, on remarque au-dessous de la base des tentacules les piliers ou lamelles gélatineuses qui correspondent et s'emboîtent entre les rayons denticulés de l'étoile du polypier. Les petites taches de blanc mat particulières aux tentacules tournées en haut pourraient bien être des suçoirs analogues à ceux dont les tentacules des actinies sont pourvus. Le caryophyllie est isolé parmi les autres corps marins; sa petitesse est sans doute cause qu'on ne l'aura pas remarqué. M. Lesueur croit l'espèce nouvelle. L'animal est d'une couleur rousse diaphane. Il rentre en entier dans le fond de son étoile. Le polypier est roussâtre à sa partie supérieure, quand il est frais et grisâtre à l'état sec. Il habite les plages de la Guadeloupe. Le caryophyllie arbuste est un po-

lypier à tige principale presque droite, rameaux contournés, courbés et irrégulièrement disposés, tournés vers le haut; tiges et rameaux cylindriques, striés; deux lignes environ de diamètre; étoile de quinze à seize lames, avec de plus petits intermédiaires et tous denticulés; elles forment à l'extérieur de grandes et de petites stries, de grandes et de petites dentelures au pourtour de l'étoile. Animal discoïde, actiniforme, à bords garnis de trente-deux tentacules coniques, aussi longs que le diamètre de l'étoile du polypier. Ils sont roux et verts, avec une tache à leur extrémité. Tous sont couverts de petits tubercules ou suçoirs analogues à ceux des actinies. Quand l'animal se développe et sort de sa cavité astroïde, il élève son disque en tronc tronqué, terminé par une couverture ronde sans lèvres renversées. Il tient ses tentacules étendus, les uns dirigés obliquement en bas, les autres dirigés vers le haut; on y voit aussi des lamelles gélatineuses qui embrassent celles du polypier. Ce polypier se rencontre dans les endroits sablonneux; sa délicatesse a sans doute déterminé ses habitudes, et lui a fait préférer les lieux où il a moins à craindre pour son existence. Il n'a pas plus de six ou sept pouces de haut; on le trouve à Saint-Thomas.

CARYOPHYLLINE, s. f. matière cristalline trouvée dans l'alcool de gérofle; elle est en petits cristaux aiguillés, volatils, insolubles dans l'eau. MM. Henry fils et Plisson l'ont trouvée formée de carbone, 81,92 ; hydrogène, 12,25; oxygène, 5,73.

CARYOPHYLLODENDRON (*V.* GÉROFLIER).

CARYOPHYLLOIDE, s. f. (*hist. nat.*), espèce fossile du genre caryophyllie.

CARYOTE, s. f. (*botan.*), espèce de palmier qui croît dans les Indes et aux Moluques. Son fruit est caustique; la farine que l'on fait avec sa plante est pareille à celle du sagou, et son bois, qui se fend aisément, est employé pour faire des planches et des solives. On le nomme aussi *caryote à fruits brûlants*, parce que son fruit est extrêmement brûlant.

CARYSIS (*géogr. anc.*), île de l'Asie-Mineure, sur la côte de Lycie, appartenant aux Cariens suivant Etienne de Byzance. C'était une des trois petites îles Cryéon, situées à l'extrémité de la partie nord-ouest du golfe de Glaucus.

CARYSTUS (*géogr. anc.*), ville de Grèce, dans l'île d'Eubée, située dans la partie méridionale de l'île, au fond d'un petit golfe, s'ouvrant du côté du sud-ouest. Elle était renommée par les carrières de marbre du mont Ocha, au pied duquel elle était construite; les Romains faisaient grand cas de ces marbres, et Strabon dit que l'amiante abondait sur cette montagne élevée. Ptolémée appelle la ville *Caryste*, et fait dériver ce nom de Carystus, fils de Chiron, d'où elle est aussi nommée Chironia. On l'appelait encore Egée, d'Egon, que l'on prétend avoir régné dans cette contrée, et qu'Etienne de Byzance suppose avoir donné son nom à la mer Egée. — Les Carystiens adoraient le dieu Briarée qui, suivant Homère, est le même qu'Ægéon, en vénération chez les Chalcidiens; le nom d'Ægéon lui étant donné, nous dit-il, par les hommes, et celui de Briarée par les dieux immortels. — Carystus a été appelé depuis *Caristo* et *Castel-Rosso.*   ED. GIROD.

CARZE (LE COMTE DE), officier de mer, sur lequel nous n'avons aucun renseignement biographique, et qui peut-être appartenait à la même famille que le comte de Carces. Deux historiens de l'ancienne marine écrivent son nom d'une manière différente : suivant l'un, cet officier se nommait Carse; suivant l'autre, Carze; mais tous deux s'accordent pour lui donner la qualité de comte : ils n'en font mention qu'à propos des événements maritimes du second siége de la Rochelle. A la sanglante bataille du 27 octobre 1622, le comte de Carze servait sous les ordres du duc de Guise, amiral de l'armée française. Les Rochellois ayant envoyé deux brûlots contre le vaisseau amiral, parvinrent à le mettre en feu. Le duc de Guise, déjà exposé à toute l'artillerie des vaisseaux de la ville protestante, se trouva dans la position la plus critique. Plaçant Tavannes à la proue, le comte de Carze à la poupe, le comte de la Rochefoucauld au grand mât, et se réservant de se porter lui-même partout où sa présence serait nécessaire, il fit intrépidement face à tous les dangers. Les Rochellois, fatigués d'une résistance si opiniâtre, se retirèrent, et le salut du vaisseau amiral contribua puissamment au succès éclatant qui marqua cette journée.

CAS (*gramm.*). Lorsque des noms entrent dans une phrase, ils n'y jouent pas tous le même rôle : dans cette proposition, par exemple : *In exercitu Appii Claudii plerique fulminibus* *icti sunt* (1). Dans l'armée d'Appius Claudius, la plupart des soldats furent frappés de la foudre ; *exercitu* est complément d'une préposition (*in*) ; *Appii Claudii* l'est d'un nom ; *plerique* est le sujet de la phrase ; *fulminibus* détermine l'attribut *icti* ; *sunt* est le verbe : ces différentes situations des noms sont indiquées en latin par les terminaisons qui prennent alors le nom de cas. Les cas sont donc les *différentes inflexions ou terminaisons des noms exprimant des rapports différents dans la phrase*. Dumarsais 'a oublié cette dernière condition ; mais c'est à tort, car des terminaisons diverses peuvent indiquer le même cas, *materia* et *materies* ; *juventa* et *juventus* ; *menda* et *mendum* ; *pater* et *patres*, etc., et des terminaisons semblables peuvent appartenir à des cas différents : *patres*, *diei*, *domini*, *rosis*, etc. Ainsi il faut pour les cas ces deux conditions du sens et de la forme ; toutefois la forme, quoique semblable, doit être par analogie supposée différente, s'il y a des exemples où elle le soit nécessairement. Ainsi *patres*, quoique semblablement écrit, représente nécessairement deux cas dans *patres boni* et *patres bonos*. — Les noms latins ont six cas, le *nominatif*, le *vocatif*, le *génitif*, le *datif*, l'*ablatif* et l'*accusatif*. — Le *vocatif* est un cas absolu, c'est-à-dire qu'il n'est jamais en rapport avec le reste de la phrase, et qu'on peut par conséquent presque toujours le détacher sans nuire à la clarté de la construction *T. Ex.* : *amentua nos, ô Herenni, voluntas commovit* (2). Cependant, ô Herennius, votre désir m'a décidé : *Herenni*, au vocatif, n'a d'autre objet que d'appeler l'attention d'Herennius sur ce qui va suivre ; mais il n'influe en rien sur les autres mots ; et l'on voit qu'en le transposant ou même en le retranchant la construction n'en serait pas 'altérée. — Les cinq autres cas, au contraire, sont toujours construits dans la phrase, c'est-à-dire qu'ils y sont dans une certaine relation avec les autres mots ; ce sont donc des cas *relatifs*. — Le premier d'entre eux, le *nominatif*, indique toujours et seulement le sujet ou l'attribut. *Hæc est prima ætas populi romani* (3), tel est le premier âge du peuple romain. *Prima ætas* est au nominatif, parce qu'il est sujet ; *hæc* est au même cas, parce qu'il est attribut. *Populi romani*, qui est au génitif, ne peut être ni l'un ni l'autre ; il n'indique qu'un *complément*. — Il en est de même des trois derniers cas, le datif, l'ablatif et l'accusatif, qui, comme le génitif, expriment toujours et seulement des compléments ; on devrait donc les appeler généralement cas *complétifs* ou *complémentaires* : l'habitude a prévalu de les appeler cas *obliques* ou *indirects* (4), par opposition au nominatif, que les Latins nommaient *rectus casus*, et que nous appelons quelquefois *cas direct*. — Rien n'est à la fois plus simple et plus complet que cette théorie ; il est maintenant avoué par tout le monde et hors de discussion : 1° que les Latins avaient six cas ; 2° que les Grecs n'en avaient que cinq ; 3° que l'itatien, l'espagnol, le français n'en ont pas généralement dans leurs substantifs. — Mais qu'on ne croie pas que des idées si nettes et si précises aient été acceptées de tout temps ; les Romains ont voulu avoir sept cas ; ils en ont fait deux avec l'ablatif, auquel ils conservaient le nom d'*ablatif* quand il était précédé de *a* ou *e* ; ils en faisaient un septième cas dans toute autre circonstance. — Sanctius croyait et soutenait que la division en six cas était naturelle, et qu'on devait la retrouver dans toutes les langues ; les grammairiens de Port-Royal, qui avaient pris Sanctius pour guide dans leur excellente méthode latine, adoptèrent cette opinion bizarre, et consacrèrent un long chapitre de leur méthode grecque à prouver que les Grecs ont en effet six cas ; ils divisèrent pour cela le datif en deux, et lui donnèrent bravement partout le double titre *Dat. abl.*, plaçant même dans leurs règles en prose, comme dans leurs règles en vers ce principe général que l'ablatif était partout semblable au datif. — Perizonius, dans une savante note sur la grammaire de Sanctius, combattit son opinion et celle de Port-Royal ; Dumarsais et Beauzée soutinrent dans l'*Encyclopédie* l'avis de Périzonius, et raison et bon sens s'est enfin rendu à l'évidence ; on ne cherche dans les substantifs grecs et latins que ce qui y est véritablement : on laisse les Latins avec leurs six cas, et l'on avoue que les Grecs n'en ont que cinq. — Pour qui tient aux langues modernes, l'unanimité n'est pas aussi absolue ; l'imitation de la grammaire latine a si longtemps régi la nôtre, que nos substantifs ont été partout présentés

(1) Jules, Ohseq., *Prod.*, 28.
(2) Auct. ad Hor., I, 1.
(3) Flor., I, 8.
(4) Cette dénomination est d'autant moins bonne, que souvent on ne comprend sous ce nom que le génitif, le datif et l'ablatif, savoir les cas qui se rendent en français par des prépositions, et cela parce qu'ils forment chez nous des régimes *indirects*.

comme ayant leurs six cas. Il n'est personne qui ne se souvienne d'avoir étudié dans les grammaires, qui n'en ait peut-être encore entre les mains, où l'on trouve ces belles déclinaisons : NOMIN. *the father* ; GENIT. *of the father* ; DAT. *to the father* ; ACC. *the father* ; VOC. *o father* ; ABL. *from the father* ; ou en français : NOM. *le père* ; GÉN. *du père* ; DAT. *au père* ; ACC. *le père* ; VOC. *ô père* ; ABL. *du père* ou *par le père*, etc. — La grammaire de l'académie espagnole, traduite en français en 1821 par M. Chalumeau de Verneuil, va plus loin encore ; elle donne une double forme à son datif, à cause des prépositions *a* et *para* ; elle donne six formes à l'ablatif à cause des prépositions *con*, *de*, *en*, *par*, *sin*, *sobre* ; mais pourquoi les premières forment-elles un datif ? pourquoi les dernières forment-elles un ablatif ? pourquoi les autres prépositions de la langue espagnole *ante*, *contra*, *entre*, *segun*, *tras*, etc., ne rentrent-elles pas dans un de ces deux cas, ou n'en forment-elles pas un septième ? c'est ce qui n'est pas dit. — En italien, on sait que l'article se contracte avec certaines prépositions de manière à prendre les formes suivantes : *il*, *del*, *al*, *dal*, *nel*, *col*, *pel*, *sul* : c'est à l'aide de cet article et de ses diverses formes que la grammaire de Vergani décline les noms italiens. On croirait au moins qu'elle va former autant de cas qu'il y a de contractions différentes : point du tout ; il n'y a de cas que pour les quatre premières ; ce sont les cas latins, *nominatif* et *accusatif*, *génitif*, *datif* et *ablatif* ; les autres sont là comme surnuméraires, en attendant qu'on leur trouve un nom, ou qu'on les fasse rentrer dans les quatre premiers cas. — Tous les grammairiens philosophes sont aujourd'hui d'accord sur ce point, que c'est vouloir confondre toutes les idées que de donner le même nom aux formes diverses des substantifs grecs et latins, et aux formes semblables des substantifs français, anglais, espagnols et italiens. Ils disent qu'en anglais et en espagnol il n'y a jamais que des prépositions différentes devant les articles qui ne se contractent pas même avec elles ; et qu'en italien et en français quelques prépositions se contractent avec quelques articles, selon les habitudes particulières à chacune de ces langues, mais qu'on ne saurait rien voir dans ces contractions qui ressemble aux cas des langues classiques ; qu'en conséquence il faut tout simplement exposer ce qui est ; dire que nos rapports s'expriment en général par des prépositions isolées ou contractées avec l'article, et réserver, sauf dans quelques circonstances toutes spéciales (V. DÉCLINAISON), le nom de *cas* pour les substantifs grecs et romains. — Rien de plus clair et de plus satisfaisant sans doute que ce principe et cette distinction : mais, si l'on réfléchit combien il a fallu de temps pour les établir, on se convaincra, et ce n'est pas une vérité sans intérêt, de la lenteur avec laquelle les améliorations s'introduisent soit dans l'esprit humain, soit dans l'enseignement qui en est l'expression la plus naturelle. **B. JULLIEN.**

CAS (logiq.). C'est une extension du sens du *cas grammatical*. Le mot *casus* d'où est venu notre mot *cas*, signifiant naturellement *chute*, et par analogie *désinence*, on l'a appliqué dans les substantifs, adjectifs et pronoms aux différentes terminaisons indiquant des rapports différents dans la phrase. Les logiciens ont étendu ce sens aux autres espèces de mots ; pour eux, ce n'est pas seulement *amatoris*, *i*, *em*, etc., qui sont des cas de *amator* ; mais *amator* lui-même, comme *amans*, *amatio*, *amatus*, etc., sont des cas d'*amo*, et ainsi tous les dérivés d'un radical sont ses *cas logiques*. Ce mot était employé autrefois comme on le voit dans Vossius, qui dit, en parlant de la figure appelée *polyptote* ou *traduction*, qui consiste à prendre un mot dans plusieurs de ses *cas*, qu'il entend ce mot non selon le sens des grammairiens, mais selon celui des logiciens, comme comprenant tous les changements de terminaisons, de nombre, de degrés de comparaison, de genre, de modes, de temps, de personnes (*Inst. orat.*, V, chap. III, § 2). Aujourd'hui on emploie plutôt le mot *dérivé*, ou mieux encore celui de *conjugué*. On regarde comme les *conjugués* d'un mot (*conjugata*) tous les autres mots qui se rattachent à sa famille soit par dérivation, soit par composition, soit par simple changement de formes déclinatives. **B. JULLIEN.**

CAS (arithm. et géom.). On donne le nom de *cas*, dans ces deux sciences, aux diverses hypothèses que l'on peut faire sur une donnée pour en comprendre sans exception tous les accidents et tous les résultats. On dit ainsi en arithmétique qu'il y a *trois cas* à distinguer dans la multiplication : 1° lorsque les deux facteurs sont d'un seul chiffre ; 2° lorsque le multiplicateur est d'un seul chiffre, et le multiplicande de plusieurs ; 3° lorsque le multiplicande et le multiplicateur sont de plusieurs chiffres. — De même en géométrie, on dit, et dès les premières pages, qu'il y a trois cas principaux d'égalité pour les triangles : 1° lorsqu'ils ont un angle égal compris entre deux côtés égaux ; 2° lorsqu'ils ont un côté égal adjacent à deux angles égaux ; 3° lorsqu'ils ont les trois côtés égaux. — Il importe de s'habituer à saisir ainsi du premier coup d'œil toutes les positions ou combinaisons des éléments d'une question, ou tous les *cas* de cette question, pour employer l'expression commune : plus tard même, cet exercice fait l'objet d'une recherche beaucoup plus élevée et à laquelle on donne en mathématiques le nom de *discussion*; la discussion des équations, la discussion des courbes ne sont autre chose que l'examen approfondi des différents cas qu'elles peuvent présenter. C'est dans ces expositions bien faites qu'un élève montre qu'il saisit et comprend parfaitement une question un peu complexe dans son ensemble et dans ses détails. **B. JULLIEN.**

CAS IRRÉDUCTIBLE (*algèbre*). C'est celui où les trois racines d'une équation du troisième degré sont réelles et inégales. Les expressions générales des racines données par la formule dite de Cardan, se présentent alors compliquées de radicaux imaginaires qu'il est impossible de faire disparaître, à moins de les développer en séries, et encore ces séries sont si rarement convergentes, que dans la pratique on est forcé d'avoir recours aux méthodes de résolution des équations numériques. — Soit $x^3+px+q=0$ une équation quelconque du troisième degré, sans second terme ; ses trois racines sont (*a*) (*V.* ÉQUATIONS CUBIQUES).

$$1..... \ x = \sqrt[3]{\left[-\frac{q}{2}+\sqrt{\left(\frac{q^2}{4}+\frac{p^3}{27}\right)}\right]} +$$
$$+ \sqrt[3]{\left[-\frac{q}{2}-\sqrt{\left(\frac{q^2}{4}+\frac{p^3}{27}\right)}\right]}.$$

$$2..... \ x = \sqrt[3]{\left[-\frac{q}{2}+\sqrt{\left(\frac{q^2}{4}+\frac{p^2}{29}\right)}\right]} \times \frac{-1+\sqrt{-3}}{2} +$$
$$+ \sqrt[3]{\left[-\frac{q}{2}-\sqrt{\left(\frac{q^2}{4}+\frac{p^3}{27}\right)}\right]} \times \frac{-1-\sqrt{-3}}{2}.$$

$$3..... \ x = \sqrt[3]{\left[-\frac{q}{2}+\sqrt{\left(\frac{q^2}{4}+\frac{p^3}{27}\right)}\right]} \times \frac{-1-\sqrt{-3}}{2} +$$
$$+ \sqrt[3]{\left[-\frac{q}{2}-\sqrt{\left(\frac{q^2}{4}+\frac{p^2}{27}\right)}\right]} \times \frac{-1+\sqrt{-3}}{2}.$$

Lorsque les valeurs de p et de q sont telles que $\frac{q^2}{4}+\frac{p^3}{27}$ est une quantité négative, ce qui arrive toutes les fois que $\frac{p^3}{27}$ est négatif et plus grand que $\frac{q^2}{4}$, alors $\sqrt{\left(\frac{q^2}{4}+\frac{p^3}{27}\right)}$ devient *imaginaire*, et par suite les trois racines le sont également. Par exemple, si l'équation proposée est

$$x^3-7x+6=0.$$

Comparant avec les formules précédentes, on a $p=-7$ et $q=6$, d'où l'on obtient pour la première racine,

$$x = \sqrt[3]{\left[-3+\sqrt{\frac{100}{27}}\right]} + \sqrt[3]{\left[-3-\sqrt{\frac{100}{27}}\right]},$$

expression *imaginaire*, dont il est impossible de rien conclure pour la valeur de x. Quant aux deux autres racines, elles se trouvent doublement compliquées d'*imaginaires*. On prouve cependant avec facilité que dans ce cas les trois racines sont réelles. En effet, faisons en général

$$-\frac{q}{2}=A,$$
$$\sqrt{\left[\frac{q^2}{4}+\frac{p^3}{27}\right]}=B\sqrt{-1},$$

nous aurons pour la première racine (*b*),

$$x=\sqrt[3]{[A+B\sqrt{-1}]}+\sqrt[3]{[A-B\sqrt{-1}]}.$$

Or, si l'on développe $\sqrt[3]{[A+B\sqrt{-1}]}$ et $\sqrt[3]{[A-B\sqrt{-1}]}$ par la formule de Newton (*V.* BINOME), on obtient

$$[A+B\sqrt{-1}]^{\frac{1}{3}}=A^{\frac{1}{3}}\left[-\frac{1}{3}\frac{B}{A}.\sqrt{-1}+\frac{1}{9}\frac{B^2}{A^2}+\right.$$
$$\left.+\frac{5}{27}\frac{B^3}{A^3}.\sqrt{-1}+\frac{10}{243}\frac{B^4}{A^4}+ \text{etc...}\right]$$

$$[A-B\sqrt{+1}]^{\frac{1}{3}}=A^{\frac{1}{3}}\left[1-\frac{1}{3}\frac{B}{A}.\sqrt{-1}+\frac{1}{9}\frac{B^2}{A^2}-\right.$$
$$\left.-\frac{5}{27}\frac{B^3}{A^3}\sqrt{-1}+\frac{10}{243}\frac{B^4}{A^4}-\text{etc...}\right]$$

Désignant par M la somme des termes impairs où la quantité $\sqrt{-1}$ ne se trouve pas, et par N la somme des coefficients de $\sqrt{-1}$, ces deux expressions deviennent,

$$[A+B\sqrt{-1}]^{\frac{1}{3}}=A^{\frac{1}{3}}[M+N\sqrt{-1}],$$
$$[A-B\sqrt{-1}]^{\frac{1}{3}}=A^{\frac{1}{3}}[M-N\sqrt{-1}],$$

dont la somme est :

$$x=2A^{\frac{1}{3}}M,$$

quantité réelle. — Ainsi, la première racine est une quantité réelle, dont la valeur est donnée par la série

$$x=2A^{\frac{1}{3}}\left[1+\frac{1}{9}\frac{B^2}{A^2}+\frac{10}{243}\frac{B^4}{A^4}+\frac{35}{929}\frac{B^6}{A^6}+\text{etc...}\right]$$

Les deux autres racines deviennent

$$2..... \ x=[A^{\frac{1}{3}}M+A^{\frac{1}{3}}N\sqrt{-1}]\times\frac{-1+\sqrt{-3}}{2}+$$
$$+[A^{\frac{1}{3}}M-A^{\frac{1}{3}}N\sqrt{-1}]\times\frac{-1-\sqrt{-3}}{2}.$$

$$3..... \ x=[A^{\frac{1}{3}}M+A^{\frac{1}{3}}N\sqrt{-1}]+\frac{-1-\sqrt{-3}}{2}+$$
$$+[A^{\frac{1}{3}}M-A^{\frac{1}{3}}N\sqrt{-1}]+\frac{-1+\sqrt{-3}}{2}.$$

Ce qui se réduit, en effectuant les multiplications, à

$$2..... \ x=-A^{\frac{1}{3}}M+A^{\frac{1}{3}}N\sqrt{3}.$$
$$4..... \ x=-A^{\frac{1}{3}}M-A^{\frac{1}{3}}N\sqrt{3}.$$

Ces raisons sont donc également réelles. — Il est donc prouvé que, lorsque p est négatif et que l'on a

$$\frac{p^3}{27}>\frac{q^2}{4},$$

les trois racines sont réelles, et que malgré la forme *imaginaire* sous laquelle elles apparaissent, *on peut les développer en séries*; mais ces séries, par leur complication de quantités irrationnelles, n'offrant qu'un moyen insuffisant pour arriver à l'élévation des racines, il faut avoir recours à d'autres procédés (*V.* APPROXIMATION, ÉQUATIONS, RACINES COMMENSURABLES). C'est ainsi qu'en appliquant la méthode des *racines commensurables* à l'équation

$$x^3-7x+6=0,$$

on obtient, pour les trois valeurs de x, $x=1$, $x=2$, $x=3$; tandis que, par les formules ci-dessus, la plus simple de ces racines est

$$x=-\sqrt[3]{3}\left[1+\frac{1}{9}.\frac{100}{243}+\frac{10}{243}.\frac{10000}{59049}+\text{etc...}\right],$$

série si peu convergente, qu'un très-grand nombre de termes ne peut faire soupçonner sa véritable valeur. — La difficulté du cas irréductible se présenta bientôt à Cardan, lorsque Tartalea lui eut communiqué sa méthode pour résoudre les équations cubiques. Dans une lettre adressée à ce dernier le 4 août 1539, Cardan lui annonça que la méthode est en défaut pour l'équation $x^3-9x-10=0$, et demande des explications à ce sujet. Dans sa réponse, Tartalea, loin d'aborder la question, s'étend en récriminations sur la conduite de Cardan, qui allait à cette époque rendre public ce qui lui était confié sous le secret ; il se contente de lui dire qu'il n'a pas su employer la formule, et qu'elle est rigoureuse dans tous les cas. Mais Tartalea n'était pas capable de lever une difficulté demeurée insurmontable aux plus grands géomètres. — L'emploi des fonctions trigonométriques fait disparaître les quantités imaginaires des racines (a) dans le cas irréductible ; et ces fonctions présentent ainsi le moyen le plus prompt et le plus direct pour résoudre les équations du troisième degré. C'est ce que nous allons développer ; reprenons la racine (b)

$$x = \sqrt[3]{[A + B\sqrt{-1}]} + \sqrt[3]{[A - B\sqrt{-1}]},$$

et remarquons que nous pouvons donner à la quantité $A + B\sqrt{-1}$ la forme (c)

$$\sqrt{A^2 + B^2} \left\{ \frac{A}{\sqrt{A^2 + B^2}} + \frac{B}{\sqrt{A^2 + B^2}} \cdot \sqrt{-1} \right\},$$

ce qui est évident. — Mais A et B étant des quantités réelles, $\sqrt{A^2 + B^2}$ est plus grand que A ; et par conséquent $\dfrac{A}{\sqrt{A^2 + B^2}}$ est plus petit que l'unité. Il en est de même de $\dfrac{B}{\sqrt{A^2 + B^2}}$. On put donc supposer que $\dfrac{A}{\sqrt{A^2 + B^2}}$ est le cosinus d'un arc inconnu z, puisqu'en prenant le rayon pour unité, les cosinus peuvent avoir toutes les valeurs comprises entre 0 et 1. Or, de l'égalité

$$\cos. z = \frac{A}{\sqrt{A^2 + B^2}}$$

on tire

$$\sin.^2 z = 1 - \cos.^2 z = 1 - \frac{A^2}{A^2 + B^2},$$

ou

$$\sin.^2 z = \frac{B^2}{A^2 + B^2},$$

et enfin,

$$\sin. z = \frac{B}{\sqrt{A^2 + B^2}}.$$

L'expression (c) devient donc

$$\sqrt{A^2 + B^2} [\cos. z + \sin. z \sqrt{-1}],$$

et l'on a conséquemment

$$\sqrt[3]{[A + B\sqrt{-1}]} = \sqrt[6]{A^2 + B^2} [\cos. z + \sin. z \sqrt{-1}]^{\frac{1}{3}}.$$

On obtiendrait de même :

$$\sqrt[3]{[A + B\sqrt{-1}]} = \sqrt[6]{A^2 + B^2} [\cos. z - \sin. z \sqrt{-1}]^{\frac{1}{3}}.$$

Ces valeurs substituées dans (b) donnent (d)

$$x = 2\sqrt[6]{A^2 + B^2} . \cos. \frac{1}{3} z \pm \sin. \frac{1}{3} z.$$

Pour rapporter cette dernière valeur de x aux racines (a), nous avons

$$A = -\frac{q}{2}$$

$$\sqrt{-1} . B = \sqrt{\left[\frac{q^2}{4} + \frac{p^3}{27} \right]}$$

$\dfrac{p^3}{27}$ étant négatif et plus grand que $\dfrac{q^2}{4}$ dans la dernière égalité.
Or,

$$\sqrt{\left[\frac{q^2}{4} - \frac{p^3}{27} \right]} = \sqrt{\left[(-1) \times \left(\frac{p^3}{27} - \frac{q^2}{4} \right) \right]}$$

$$= \sqrt{-1} . \sqrt{\left[\frac{p^3}{27} - \frac{q^2}{4} \right]},$$

Nous avons donc

$$B = \sqrt{\left[\frac{p^3}{27} - \frac{q^2}{4} \right]}.$$

Substituant ces valeurs de A et de B dans (d), nous obtiendrons définitivement (e)

$$x = 2\cos. \frac{1}{3} z . \sqrt{\frac{p}{3}}.$$

L'arc z étant donné par la relation (f)

$$\cos. z = -\frac{3q\sqrt{3}}{2p\sqrt{p}}.$$

Telle est donc l'expression générale et réelle d'une des racines de l'équation

$$x^3 - px + q = 0$$

lorsque $\dfrac{p^3}{27} > q$; c'est-à-dire dans le cas irréductible.

Les deux autres racines se produisent également sous une forme à la fois réelle et finie ; mais, sans entrer dans des calculs qui du reste n'offrent aucune difficulté, contentons-nous de faire observer que la formule (e) renferme déjà implicitement les trois racines par les valeurs différentes de z, que donne la relation (f). En effet, ρ étant la demi-circonférence du cercle dont le rayon est 1, les arcs z, $2\rho + z$, $4\rho + z$, $6\rho + z$, etc...., ont tous le même cosinus (V. Sinus). Ainsi, on peut prendre indifféremment le tiers d'un de ces arcs pour le substituer dans (a) ; mais, à cause de la périodicité des valeurs des sinus et des cosinus, il n'y a que les trois arcs

$$\frac{z}{3}, \quad \frac{2\rho + z}{3}, \quad \frac{4\rho + z}{3},$$

qui donnent des valeurs différentes pour leurs cosinus, tous les autres se réduisent à ces trois derniers. Or,

$$\frac{2\rho + z}{3} = \frac{360° + z}{3} = 120° + \frac{1}{3} z,$$

et

$$\frac{4\rho + z}{3} = \frac{720° + z}{3} = 240° + \frac{1}{3} z.$$

Les trois valeurs de x, ou les racines de l'équation $x^3 - px + q = 0$ sont donc

$$1..... \quad x = 2\cos. \frac{1}{3} z . \sqrt{\frac{p}{3}},$$

$$2..... \quad x = 2\cos. (120° + \frac{1}{3} z) \sqrt{\frac{p}{3}},$$

$$3..... \quad x = 2\cos. (240° + \frac{1}{3} z) \sqrt{\frac{p}{3}}.$$

Appliquons ces formules à l'équation $x^3 - 7x + 6 = 0$, nous avons $p = 7$, $q = 6$, et par conséquent

$$\cos. z = -\frac{18.\sqrt{3}}{14.\sqrt{7}}.$$

Pour ne pas tenir compte du signe —, rappelons-nous que

$$-\cos. z = \cos. (180° + z),$$

et nous aurons

$$\cos. (180° + z) = \frac{18\sqrt{3}}{14\sqrt{7}}.$$

Opérant par logarithmes, nous trouverons

$$\log. \cos. (180° + z) = 9,925515607.$$

D'où

$$180° + z = 32° 40' 41'',$$

et par conséquent

$$x = -147° 19' 19'',$$

dont le tiers est $\frac{1}{3}x = -49° 6' 27''$; l'arc $\frac{1}{3}x$ étant négatif, nous avons

$$cos. (120 + \tfrac{1}{3}x) = cos. (120° - 49° 6' 27'') = cos. (70° 53' 33'')$$
$$cos. (240 + \tfrac{1}{3}x) = cos. (240° - 49° 6' 27'') = cos. (190° 53' 33'').$$

Le cosinus d'un arc négatif étant le même que si l'arc était positif, les trois racines cherchées sont donc

$$1\ldots\ldots x = 2\sqrt{\frac{7}{3}} . cos. (49° 6' 27''),$$

$$2\ldots\ldots x = 2\sqrt{\frac{7}{3}} cos. (70° 53' 33''),$$

$$3\ldots\ldots x = 2\sqrt{\frac{7}{3}} cos. (190° 53' 33'').$$

La dernière racine est négative et se réduit à

$$3\ldots\ldots x = -2\sqrt{\frac{7}{3}} cos. (10° 53' 33''),$$

à cause de la propriété générale, $cos. (180° + v) = cos. v$).

Réalisant les calculs, nous trouverons :

$$log. 7 = 0,8450980$$
$$log. 3 = 0,4771212$$
$$\overline{0,3679768}$$

$$log. 2\sqrt{\frac{7}{3}} = 0,1839884$$
$$log. 2 = 0,3010300$$
$$log. 2\sqrt{\frac{7}{3}} = 0,4850184.$$

Première racine,

$$log. 2\sqrt{\frac{7}{3}} = 0,4850184$$
$$log. cos. (49° 6' 27'') = 9,8160116$$
$$\overline{0,3010300 = log. 2.}$$

Seconde racine,

$$log. 2\sqrt{\frac{7}{3}} = 0,4850184$$
$$log. cos. (70° 53' 33'') = 9,5149816$$
$$\overline{0,0000000 = log. 1.}$$

Troisième racine,

$$log. 2\sqrt{\frac{7}{3}} = 0,4850184$$
$$log. cos. (10° 53' 33'') = 9,9921028$$
$$\overline{0,4771212 = log. 3.}$$

Les racines de $x^3 - 7x + 6 = 0$ sont donc $x = 2$, $x = 1$, $x = -3$. — On peut encore se servir des fonctions circulaires ou trigonométriques dans tous les cas des équations du troisième degré (V. RÉSOLUTION).

CAS (médec.). Les médecins appellent cas les faits qui passent chaque jour sous leurs yeux, dans le cours de leur pratique. Ces faits ne sont pas circonscrits dans un curieux accident, une complication inattendue que peut offrir une maladie; ils comprennent l'histoire d'une maladie tout entière. Le mot cas n'est pas cependant adopté dans le langage scientifique; il y est représenté avantageusement par celui d'observation. On peut dire qu'il appartient spécialement à la langue vulgaire, ou, en d'autres termes, au langage sans apprêt de la causerie. C'est en effet ce mot qu'emploient les médecins lorsqu'ils se communiquent les triomphes ou les mécomptes de leur pratique. Néanmoins, il faut le dire, bien que le mot cas ne soit pas, comme nous venons de le faire observer, un mot réellement scientifi-

que, il usurpe souvent la place qui ne lui est pas due, puisqu'on le rencontre bien des fois dans de longs mémoires et dans de gros livres. Ainsi, ce mot est devenu un élément commun à tous les langages dont se sert la médecine. Bien qu'il appartienne au sans façon de la causerie, il se fait remarquer souvent dans les phrases parlementaires de la science. On concevra facilement que ce mot monosyllabique jouisse d'une certaine ubiquité; car il représente en quelque sorte la formule scientifique d'une école, et il caractérise la manière de procéder de la plupart de nos Hippocrates modernes qui parcourent ou ont parcouru une double carrière de fortune et de réputation. Ceci sans doute demande explication, puisque le mot cas ne paraît pas en lui-même pouvoir présenter la signification étendue que nous lui avons donnée. Cette explication, la voici; mais d'abord commençons par le côté le plus sérieux de la question. — Nous disions tout à l'heure que le mot cas représentait presque la formule scientifique d'une école; et cette opinion, loin d'être paradoxale, est complètement vraie. Si la médecine se résumait tout entière dans la connaissance et la réunion d'observations médicales, ou de cas de maladies, certainement elle serait moins une science qu'un calcul. Or ce n'est pas cela : la médecine n'étudie, n'observe les maladies qu'à la condition de la connaissance plus ou moins complète de l'organisme de l'homme dans tous les phénomènes dont cet organisme présente la magnifique combinaison. La médecine tient donc à la philosophie, et dépend directement d'elle, et nous ajouterons même qu'elle a besoin de cette dépendance immédiate, pour marcher avec fruit dans la voie de l'observation. Mais on comprend que la médecine, considérée sous ce point de vue, forme ce qu'on appelle la médecine difficile. Pour la connaître, il faut avoir l'habitude d'étudier avec soin, de réfléchir beaucoup, et de savoir procéder du connu à l'inconnu, comme dans toutes les sciences qui présentent des secrets à dévoiler, des problèmes à résoudre. Mais, bien que la voie qu'on doit suivre pour cette étude, soit la seule qui conduise à de bons et à de vrais résultats, elle n'est pas faite pour la foule, et c'est pour cette foule que la médecine a été en quelque sorte inventée. La médecine facile consiste à trouver des faits, à les considérer seulement dans ce qu'ils présentent de matériel, et à établir sur cette base les règles de la conduite que devra tenir le médecin quand des faits analogues ou identique (en supposant que l'identité soit possible dans cette catégories de choses), se présenteront de nouveau. Ainsi, voilà le médecin dont toute la science se résume non pas dans le classement, mais dans l'accumulation des cas. Plus il en a dans ses cahiers de notes, plus il a de bonnes raisons pour agir de telle manière ou de telle autre. Il n'est pas question de principes, pas question de règles, un cas nouveau peut tout détruire et tout changer, surtout quand il vient accompagné d'un nombreux cortège de cas semblables. Le cas est donc le commencement et la fin de la médecine facile. Il comprend tout, il domine tout. Telle est la doctrine qui est honorée dans l'école de Paris, et dont Broussais a été l'un des parrains. On voit à quoi elle se réduit. C'est un calcul, une statistique qui dicte et établit les principes; c'est par les chiffres que vient la lumière et que marche le progrès. Certainement il est impossible de donner au cas plus d'importance; c'est en quelque sorte un dieu sur son autel. Mais ceci n'est qu'une des faces de ce mot si usité en médecine; jetons le regard sur l'autre. — Un cas est souvent un filon d'or pour un médecin qui sait l'exploiter. Le cas, disons-nous, est l'histoire d'une maladie dans ses phases et dans sa fin. Eh bien, s'il est ou paraît être à l'avantage du médecin, si son heureuse terminaison fait honneur à l'homme de l'art qui a formulé et dirigé le traitement, la pierre philosophale est trouvée. Pour la plupart des médecins, un cas heureux ne préjuge rien dans beaucoup de circonstances; pour les hommes qui rabaissent la science à la taille de l'industrie, le cas a une importance extraordinaire. Il devient un principe fondamental, une doctrine générale sur lequelle on établit bientôt tout l'échafaudage d'une réputation. Beaucoup de fortunes, parmi celles qu'acquièrent si difficilement les médecins, ont commencé de cette manière-là. Cette fragile base leur a suffi pour s'élever un bel et durable édifice. Le cas trouvé et arrangé de telle sorte qu'il puisse exciter la curiosité est une condition essentielle de succès. Mais ce n'est pas tout : il faut qu'une puissance d'origine contemporaine lui serve d'auxiliaire; cette puissance, c'est la presse, c'est la publicité. La publicité se fait de deux manières, par le journalisme et personnellement. Par le journalisme, le cas arrive à un retentissement que rien ne peut égaler. Comme le public est parvenu, à force de déceptions, à se méfier de ce moyen de publicité, il n'y a pas de voie détournée, de procédé ingénieux qui ne soit mis à contribution pour atteindre le but qu'on se propose. Les exemples sont si nombreux, sont si répandus qu'il n'y a personne qui n'en connaisse plus d'un. Nous n'en citerons qu'un seul, qui a fait beaucoup de bruit par le ridicule qu'il a jeté sur le charlatan auquel appartient le mérite de l'invention. Il est difficile de guérir de la cataracte sans opération. Il faut extraire le cristallin pour rétablir la vue; car il forme par son opacité une espèce d'écran qui s'oppose au passage des rayons lumineux sans lesquels l'exercice de la fonction est absolument impossible. Or, le médecin en question racontait dans les journaux qui lui avaient donné place dans leurs colonnes, que, dans une circonstance fort peu connue des médecins, mais très-authentique, si on voulait en croire l'histoire de l'art, un homme ayant avalé par hasard une perle, cette perle lui fit immédiatement perdre la vue. Ceci ne conduirait pas logiquement à cette conclusion, que puisque la perle aveugle, elle fait recouvrer la vision. Mais le docteur est homéopathe, et en cette qualité, et sur la foi du principe à jamais connu, *similia similibus curantur*, il déclare qu'il a pris à la lettre le précepte, qu'il a fait l'expérience, et que l'aveugle qui lui a servi de sujet a vu clair quelques instants après l'injection de cette fameuse perle réduite en poussière et mêlée avec de l'eau. L'auteur de cette admirable élucubration n'en fut ni pour sa plaisanterie médicale, ni pour son argent. Il accumula exemple sur exemple, cas sur cas. Le public, qui avait commencé par rire, *finit par croire*; car rien ne commande la conviction comme l'assurance formelle d'un homme qu'on croit honorable, qui déclare avoir vu, et promet de faire voir le phénomène aux incrédules et aux méfiants. Les aveugles enfin affluèrent dans le cabinet de l'Hippocrate aux idées excentriques. Il les traita sans les guérir. Mais, pour peu qu'un traitement plus ou moins raisonnable fût réuni au traitement par la poussière de perle, il lui arriva parfois d'obtenir quelques résultats avec eux, il donna habilement le change à la crédulité publique, il se soutint dans ce qu'on appelle l'opinion, et sa fortune augmenta en raison directe du nombre de ses dupes. Au bout de trois ou quatre ans pourtant, les dupes s'avisèrent de se compter, et, se voyant très-nombreuses, elles désertèrent le drapeau de cet industriel par excellence. Ce fut là sa fin. Mais le succès consistait pour lui dans l'argent : il ne s'agissait pas d'honneur et de considération. — La *publicité personnelle*, celle qu'on fait par soi-même, mérite un meilleur sort; car elle ne peut pas être classée, comme la publicité par la presse, parmi les vices flagrants de l'époque. Il y a cependant une manière de la faire, qui doit l'exclure des moyens de parvenir à l'usage des honnêtes gens. C'est celle qui dénature le cas pour lui donner une signification qu'il serait loin d'avoir s'il était raconté avec exactitude, avec véracité. Or, cette conduite n'est pas rare; il est malheureux de l'avouer. La publicité qu'on se donne en parlant de soi, en cherchant à occuper les autres 'de l'habileté, de la science qu'on croit posséder, en leur répétant les petits triomphes de sa pratique, les cas enfin desquels on est sorti victorieux, cette publicité, disons-nous, exige de l'esprit et de l'adresse. Si on n'a pas l'une et l'autre de ces deux qualités, on est fatigant et ridicule. Mais, comme le propre de l'esprit humain est de ne pas savoir s'apprécier, il est rare que ceux qui aiment à parler de leurs actions pour en tirer louange et profit ne soient pas aveuglés sur leur compte; et il s'ensuit, par conséquent, le contraire de ce qu'ils s'étaient promis. Mais ce résultat n'arrête personne. Il y a en effet des médecins qui suivent si invariablement cette ligne, celle de s'occuper toujours d'eux, qu'ils se prêtent pas même l'oreille avec quelque attention à ce que leur dit un malade, et qu'ils l'interrompent pour leur parler d'un cas qui a été pour eux l'occasion d'un triomphe. Le malade a beau vouloir insister sur son état, sur ses souffrances, il faut qu'il se taise devant celui qui ne s'arrêtera qu'après avoir épuisé les ressources de son sujet. Les médecins de cette classe ont tellement l'habitude de faire de la narration personnelle à chaque occasion, que cette manie de raconter les faits et gestes de sa pratique devient chez lui un trait dominant de caractère. Ainsi dans les réunions du monde, dans les cercles de l'intimité et de la famille, le cas doit trouver sa place parmi les éléments de la conversation. Il faut même cette place ne soit 'pas réduite à de faibles proportions; car c'est avec une grande complaisance pour le sujet de sa narration médicale, et une grande admiration pour lui-même, qu'il se livre à tous les développements que lui fournissent sa mémoire et même son imagination. Ses confrères ne sont pas même à l'abri de ce genre de conversation ; ils doivent aussi lui laisser recueillir le tribut de leur admiration silencieuse ou du moins de leur attention passive. Il les taxerait de jalousie ou d'ignorance, si la complaisance de leur oreille les laissait un instant devant les détails infinis de son cas triomphal. Peut-être n'est-ce pas connaître le vrai chemin du succès, que de lever un tel impôt sur la patience d'auditeurs trop indulgents. Mais cela réussit pourtant, lorsqu'on sait renfermer dans des limites convenables ce genre de publicité, et surtout quand on possède le secret de bien composer son auditoire. Il y a en effet beaucoup de personnes dans le monde qui sont curieuses de médecine, qui cherchent à paraître savoir ce qu'elles ne peuvent qu'ignorer, et qui, pour se donner un vernis de science, aiment à raconter les triomphes de l'art hippocratique, et les faits et les gestes de leur médecin. Bien choisir, bien diriger ces échos avant de les faire résonner, voilà le secret de cette publicité par la parole qui se fait dans les boudoirs comme dans les antichambres, dans les mansardes comme dans les salons. Bien des médecins ne seraient parvenus à rien, s'ils ne s'en étaient pas servis. Maintenant ils sont quelque chose. Mais quelque résultat qui provienne de ces moyens diplomatiques, il ne faut pas les employer. Lorsqu'on veut acquérir une renommée de bon aloi, il fau t savoir l'attendre : rien ne ternit son éclat comme de se presser de la chercher. — Ainsi qu'on vient de le voir, le mot cas, dans le langage médical, a une signification très-étendue. Il est à la fois l'élément de la médecine facile, et peut être considéré, selon le rôle qu'on lui fait jouer, comme la pierre angulaire de l'édifice des fortunes médicales contemporaines. Il méritait donc le développement que nous avons cru̧ devoir lui donner.

D^r ED. CARRIÈRE.

CAS (*term. de jurisprudence et de palais*). Il se dit de certaines natures d'affaires civiles et ecclésiastiques, de délits ou de crimes, dont la connaissance appartient à différents juges, suivant les personnes ou les circonstances. C'est ce que nous allons expliquer en exposant par ordre alphabétique les différentes acceptions que les lois anciennes ou modernes, les ordonnances et les coutumes donnent à ce mot.

CAS A MORT. La coutume de Bourbonnais appelait ainsi les crimes qui méritent peine de mort.

CAS DE CONSCIENCE (*théol.*). Le cas de conscience est une question qui consiste à savoir si telle action est permise ou défendue, et à quoi peut être obligé un homme dans telle ou telle circonstance de sa vie. Comme on le voit,' c'est une décision fort importante et délicate. — Cette décision appartient à des théologiens que l'on nomme pour cette raison *casuistes* (V. ce mot). — La raison , les lois humaines, les canons des conciles, et surtout les maximes de l'Évangile, telles sont les règles par lesquelles les casuistes doivent juger les *cas de conscience* qui leur sont proposés; nous disons surtout, par les maximes de l'Évangile, parce qu'en effet les paroles de Notre-Seigneur Jésus-Christ sont la règle souveraine qui doit conduire tout homme *de bonne volonté*, et qu'il est plus facile de voir si l'Évangile a prescrit ou défendu telle action, que de juger si elle est conforme ou contraire à la droite raison et au bien de la société. — « Pour savoir si une décision des casuistes est vraie ou fausse, dit Bergier, il faut bien examiner les termes dans lesquels la question leur a été posée; parce qu'une circonstance, omise ou changée dans l'exposition du *cas*, doit souvent changer absolument la décision; et il en est de même à l'égard des consultations des avocats et des canonistes. » — Ce n'est pas ici le lieu d'examiner le tort qu'ont pu faire à la religion les *casuistes relâchés*, et de répondre à tout ce que l'incrédulité, la malveillance ou l'imagination ont amassé 'contre eux : nous le ferons à l'article CASUISTE.

L.-F. GUÉRIN.

CAS DE CONSCIENCE (LE) (*hist. ecclés.*). Il parut sous ce titre, en 1702 , un écrit dans lequel on supposait un ecclésiastique qui répondait à plusieurs difficultés controversées alors , et qui déclarait : 1° il condamnait les cinq propositions de Jansénius, de la manière que le pape Innocent XII l'avait expliqué dans son bref aux évêques des Pays-Bas; mais que, sur ce fait même, il lui suffisait d'avoir une soumission de respect et de silence, et que tant qu'on ne pourrait le convaincre juridiquement d'avoir soutenu aucune des propositions, on ne devait pas l'inquiéter, ni tenir sa foi pour suspecte; 2° qu'il croyait la prédestination gratuite et la grâce efficace par elle-même ; mais qu'il y a des grâces intérieures qui donnent une vraie possibilité d'accomplir les commandements de Dieu , et qui n'ont pas tout leur effet par la résistance de la volonté ; 3° que nous sommes obligés d'aimer Dieu par-dessus tout, et de lui rapporter toutes nos actions; d'où l'ecclésiastique concluait que les actions qui ne sont pas faites par l'impression de quelque mouvement d'amour de Dieu, sont des péchés , faute d'une fin bonne et droite; 4° qu'il pensait que l'attrition doit renfermer un commencement d'amour de Dieu *par-dessus toutes choses*, pour être une disposition suffisante à recevoir la rémission des péchés dans le sacrement de pénitence; 5° que son sentiment était que celui qui assiste à la messe avec la volonté et l'affection au péché mortel commet un nouveau péché; 6° qu'il ne croyait pas que la dévotion envers les saints, et principalement envers la sainte Vierge, consiste dans tous les vains souhaits et pratiques peu sérieuses qu'on voit dans certains auteurs; 7° qu'à la vérité il ne croyait pas à la conception immaculée de la mère de Jésus, mais qu'il se donnait bien de garde de rien dire contre l'opinion opposée à la sienne; 8° qu'enfin il lisait le livre de la *Fréquente Communion* d'Arnauld, les *Lettres* de l'abbé de Saint-Cyran, les *Heures* de Dumont, la *Morale* de Grenoble, les *Conférences* de Luçon, le *Rituel* d'Alet; qu'il regardait ces livres comme bons et approuvés; qu'il pensait du même des traductions du *Nouveau Testament* en langue vulgaire, et qu'on pouvait lire la traduction dite *de Mons*, dans les diocèses où elle n'était pas défendue. — Après cet exposé du prétendu ecclésiastique, on demandait si on pouvait lui donner l'absolution au tribunal de la pénitence, et on invoquait l'avis de la Sorbonne. — Il parut une décision signée par quarante docteurs, et dans laquelle ils disaient que les sentiments de l'ecclésiastique n'étaient ni nouveaux, ni singuliers, ni condamnés par l'Eglise, ni tels enfin qu'on ne pût lui donner l'absolution. Cette décision était datée du 20 juillet 1701. Elle avait, disait-on, pour auteur, le docteur Petitpied (*V.* son article). On la tint secrète assez longtemps, et ce ne fut guère que sur la fin de 1702 qu'elle fut publiée sous le titre de *Cas de conscience*, et avec une *préface* que Dupin lui-même qualifie d'*impertinente*. — Cet écrit excita les réclamations les plus vives et les plus justes : il n'y avait point eu, relativement au jansénisme, d'affaire qui fit plus de bruit depuis la paix de Clément IX. On vit bien que la *décision* des docteurs de Sorbonne tendait à anéantir tout ce qui avait été fait dans le siècle précédent contre les erreurs de Jansénius. — L'évêque d'Apt la condamna le 4 février, et le 12 du même mois le pape Clément XI les proscrivit par un *bref*. — Ces condamnations parurent effrayer les docteurs. L'un d'eux, le P. Alexandre, assura dans une longue *lettre* adressée à l'archevêque de Paris, qu'en disant *qu'il suffisait d'avoir sur le fait une soumission de respect et de silence, il avait entendu une soumission sincère d'esprit et de cœur, une soumission de son propre jugement au jugement de l'Eglise.* Il alla même plus loin : il protesta *reconnaître dans l'Eglise une infaillibilité de gouvernement et de discipline dans la décision des faits doctrinaux, et croire qu'on ne peut, sans péché mortel, refuser opiniâtrément de signer le formulaire.* Quelques autres docteurs signèrent aussi un acte où ils décidaient qu'on doit à l'Eglise, non-seulement un silence respectueux, mais encore une créance intérieure et un acquiescement véritable de cœur et d'esprit. — Le cardinal de Noailles se donna beaucoup de mouvement de cette triste affaire pour faire rentrer dans la droite voie ceux qui s'en étaient écartés. Il put encore déterminer vingt-quatre signataires de la décision sur le *cas de conscience* à se rétracter, et ils lui adressèrent une *lettre* dans laquelle ils déclaraient se soumettre au jugement qu'il porterait sur leur décision. Alors le cardinal rendit aussi son ordonnance du 22 février, et dès qu'elle eut paru, c'est-à-dire le 5 mars, les docteurs révoquèrent leur signature. Il n'y en eut que deux qui refusèrent, ce furent Petitpied et Delan; encore ce dernier se soumit-il dans la suite. — Cette affaire du *cas de conscience* donna lieu à plusieurs *mandements* des évêques : il y en eut environ dix-huit qui s'expliquèrent à ce sujet; seulement comme quatre d'entre eux avaient inséré dans leurs *mandements* le *bref* du 12 février, dont nous avons parlé plus haut, et qui n'était point revêtu de lettres patentes, il paraît qu'il y eut des parlements qui, pour cette raison, ne furent pas fâchés d'en appeler comme d'abus (*V.* les *Mémoires pour servir à l'histoire ecclésiastique du XVIII° siècle,* édition de 1815, t. 1er, p. 25). — La faculté de théologie de Paris, qui eût dû se montrer la première pour condamner ces erreurs, ne prit que le 4 septembre 1704 une délibération pour censurer le *cas de conscience,* et exclure de son sein ceux qui ne voudraient pas se soumettre. En conséquence Petitpied fut rayé de la liste. — Enfin le *cas de conscience* fut aussi proscrit en Flandre par l'archevêque de Malines et l'évêque de Liège, et par les facultés de théologie de Douai et de Louvain. Celle-ci donna même à ce sujet, en 1705, une seconde censure fort détaillée, où elle reprenait, article par article, ce qu'elle avait trouvé de blâmable dans la déclaration de l'ecclésiastique supposé. — Cependant toutes ces condamnations ne firent pas rentrer les coupables dans le devoir. Le propre de ceux qui sont dans l'erreur est de se distinguer par l'entêtement, et les jansénistes, qui peuvent en revendiquer une bonne part, se retranchaient toujours derrière le *silence respectueux*. Alors Clément XI, pour en finir, lança; le

15 juillet 1705, la bulle *Vineam Domini sabaoth.* Elle lui avait été d'ailleurs demandée par les rois de France et d'Espagne, et par plusieurs évêques qui voyaient les progrès des nouveautés dans leurs diocèses. Clément XI confirme de nouveau dans cette *bulle* celle d'Innocent X et d'Alexandre VII, *qui avaient fini la cause, et auraient dû,* dit-il, *finir l'erreur,* s'il ne s'était trouvé des hommes *qui emploient mille subterfuges pour troubler l'Eglise;* et il y condamne expressément le *silence respectueux.* — M. Picot analyse cette bulle dans ses *Mémoires pour servir à l'histoire ecclésiastique du XVIII° siècle, supra,* p. 31 et suiv.; et M. Gousset en cite une partie dans son édit. du *Dictionnaire théologique de Bergier,* article JANSÉNIUS. — On peut consulter, sur l'affaire du *cas de conscience,* l'*Histoire ecclésiastique du XVII° siècle,* de Dupin, t. IV, p. 405, et l'*Histoire de l'Eglise,* de Bérault - Bercastel, liv. LXXXIII°.

    L.-F. GUÉRIN.

CAS FORTUIT. On donne ce nom à des événements qui n'ont d'autres causes que le hasard. Tels sont les débordements, les naufrages, les incendies, le tonnerre, etc. — On distingue le cas fortuit des cas de forces majeures. Le cas fortuit est l'événement qui est dû au hasard seul, tel que, par exemple, l'incendie par le feu du ciel. Le cas de force majeure est l'événement qui n'est pas l'effet du hasard, mais qui se trouve au-dessus de toutes les prévisions humaines, tel que l'effet d'une loi nouvelle, une déclaration de guerre, etc...; nous ne nous occupons ici que du cas fortuit (*V.* FORCE MAJEURE). La perte d'une chose, arrivée par cas fortuit, doit en général être supportée par le propriétaire de cette chose. Nous disons en *général :* supposez en effet que vous aie loué un cheval pour faire le voyage de Paris; qu'au lieu de faire ce voyage vous ayez entrepris celui de Lyon, et que le tonnerre ait mis à mort mon cheval sur la route que vous n'auriez pas dû suivre, n'est-il pas évident que vous êtes responsable du cas fortuit, puisque c'est le changement apporté par vous à nos conventions qui a placé mon cheval sous le coup d'un accident qui ne lui fût peut-être pas arrivé sur la route de Paris? Il est difficile d'entrer dans de grands détails sur les cas fortuits, car ils sont soumis à mille variations qu'on ne peut prévoir ; l'exemple que nous venons de citer en fera, nous l'espérons, comprendre les caractères principaux. Nous nous bornerons à citer ici les dispositions de la loi sur les cas fortuits, lorsque, par suite ou force majeure ou d'un cas fortuit, le débiteur a été empêché de donner ou de faire ce à quoi il était obligé, ou a fait ce qui lui était interdit, il n'est dû aucuns dommages-intérêts (Code civil, art. 1148). C'est au débiteur à prononcer le cas fortuit qu'il allègue (Code civil, art. 1882). Cependant le débiteur devient responsable : 1° si le cas fortuit qu'il allègue a été précédé de quelque faute de sa part, sans laquelle sa perte ne serait pas arrivée; 2° si on emprunteur a employé la chose à un autre usage ou pour un temps plus long qu'il ne le devait (Code civil, art. 188).

CAS-GRANDS. La coutume d'Anjou, en spécifiant les crimes dont la connaissance appartenait au haut justicier, à l'exclusion des moyens et bas justiciers, les désignait sous le nom de *cas-grands,* par opposition aux *cas* ou faits moins graves, qui ne méritaient pas une peine afflictive, et dont la connaissance pouvait appartenir aux moyens et bas justiciers.

CAS DE HAUTEUR. On trouve cette expression dans la coutume de Hainaut, pour signifier un délit grave dont la poursuite, où elle était faite par les officiers du prince, devait avoir lieu en la cour de Mons.

CAS MEURTRIER ou VILAIN. La coutume de Hainaut, rédigée en 1534, avait conservé plusieurs compositions, anciennement en usage dans le droit français, sur les crimes et délits. — Elle permettait au grand bailli de la province de recevoir à composition les plus atroces crimes à mort, excepté dans les *cas meurtriers* ou *vilains.* Ces cas sont l'assassinat de guet-apens, l'incendie, le poison et autres semblables, qui prennent leur source dans la bassesse et méchanceté de l'âme, et qui méritent la mort.

CAS PÉRILLEUX (*coutume locale de la Rue d'Indre*). Cette expression désignait les espèces d'affaires criminelles dans lesquelles il y aurait eu péril de laisser échapper un accusé. Suivant cette coutume, le juge, sur l'accusation intentée par une partie, ne pouvait faire arrêter l'accusé qu'après l'information préalablement faite : cependant, ajoute-t-elle, *si le cas est périlleux,* s'il le requiert célérité, il peut avant l'information, faire constituer prisonnier l'accusé.

CAS PRÉVÔTAUX ou PRÉSIDIAUX. C'est le nom qu'on donnait à certains crimes dont la connaissance appartenait aux prévôts des maréchaux et aux présidiaux, et qui étaient jugés souverainement et en dernier ressort, soit parce qu'ils exigeaient une punition prompte, soit parce qu'ils étaient indignes de la faveur de l'appel, soit parce qu'ils étaient commis par des personnes d'une condition vile et méprisable.

CAS PRIVILÉGIÉS (*droit canoniq.*). C'étaient les crimes et délits commis par les ecclésiastiques, dont l'instruction appartenait au juge séculier, comme au juge ecclésiastique, et qui, outre les peines canoniques, méritaient d'être punis de peines afflictives. Pour comprendre ce que l'on entend par *cas privilégiés*, il faut savoir que les ecclésiastiques pouvaient se rendre coupables de trois espèces de délits, savoir : de délits purement canoniques, tels que l'hérésie, le sacrilège, la simonie, etc. ; de délits que l'on appelait *communs*, tels que le simple larcin, l'homicide commis sans dessein prémédité, le concubinage, les injures faites à des particuliers, etc. ; et, enfin de délits privilégiés qui sont les crimes atroces qui troublent le bon ordre de la société, que le roi avait intérêt de faire punir, pour l'exemple et l'intérêt de ses sujets ; tels étaient les crimes de lèse-majesté, de fausse monnaie, d'incendie, d'assassinat de guet-apens, de vols sur les grands chemins, de vol avec effraction, de port d'armes défendues, de contraventions aux défenses faites par un juge royal, et autres semblables. Cette dernière espèce de crimes était appelée délit ou cas privilégié, par opposition aux délits ecclésiastiques et communs, et encore *cas mixte*, parce que le juge séculier et le juge ecclésiastique en connaissaient conjointement, et rendaient chacun leur sentence, le premier sur le délit privilégié, le second sur le délit commun. On trouvera au mot DÉLIT, les lois autrefois en usage sur les délits ou cas privilégiés (*V.* DÉLIT).

CAS PROVISOIRES. On appelait ainsi, dans l'ancien droit français, certaines affaires qui demandaient une prompte décision, à cause du préjudice que le retard pouvait occasionner. C'est ce qu'on nomme aujourd'hui *affaires sommaires*.

CAS RÉDHIBITOIRES (*jurispr. vétérin.*). Ce sont les *cas* dans lesquels un acheteur de chevaux ou de bestiaux a le droit d'intenter contre son vendeur une action *rédhibitoire* ; c'est-à-dire, de réclamer la résolution et la nullité du marché et de demander qu'en conséquence le prix lui soit rendu, la chose vendue étant entachée d'un *vice caché* au moment de la vente ; c'est l'article *de la garantie* du Code civil qui régit cette matière ; nous en traiterons au mot GARANTIE (De la).

CAS RÉSERVÉS, sont certains péchés très-graves, à raison ou du scandale ou du préjudice qu'ils causent aux fidèles, et dont le pape ou l'évêque se réservent l'absolution, ou à leurs pénitenciers, avec défense aux autres prêtres d'en absoudre. — L'Église a le pouvoir de se réserver des péchés (*concile de Trente*, sess. XIV, can. XI). — « Cependant, ajoute le même concile, il a toujours été observé dans la même Église de Dieu, par un pieux usage, qu'il n'y eût aucuns cas réservés à l'article de la mort, et que tous prêtres pussent absoudre tous pénitents des censures et de quelque péché que ce soit. Mais, hors cela, les prêtres n'ayant pas de pouvoir pour les cas réservés, tout ce qu'ils ont à faire est de tâcher de persuader aux pénitents d'aller trouver les juges supérieurs et légitimes, pour en obtenir l'absolution (sess. XIV, chap. VII, *Des cas réservés*). » — Il n'y a que le pape dans l'Église universelle, et les évêques dans leurs diocèses, qui puissent faire ces sortes de réserves. Les anciens conciles d'Elvire et de Carthage, tenus au commencement du IVᵉ siècle, enseignent la même doctrine, et prouvent l'observation de la même discipline. — La fin que se sont proposée les évêques, par cette réserve, a été de dominer non sur les prêtres, mais plutôt d'empêcher l'impunité des grands péchés, d'imposer des pénitences proportionnées à leur énormité, et pour arrêter la licence effrénée des crimes : c'est la remarque de saint Charles Borromée dans le premier concile de Milan. — S'il n'y a que ceux qui ont le pouvoir de réserver certains péchés qui en puissent absoudre, ils peuvent aussi conférer ce pouvoir à des ministres inférieurs. Ainsi les évêques communiquent souvent à d'autres prêtres le pouvoir d'absoudre des cas réservés. Cette doctrine est aussi celle du saint concile de Trente, sess. XXIV, chap. VI, *Du pouvoir des évêques pour la dispense des irrégularités, et pour l'absolution de toutes sortes de crimes secrets.* — Nous ajouterons que cet usage d'accorder aux prêtres le pouvoir d'absoudre des cas réservés est très-ancien dans l'Église. On peut en voir la preuve : 1° dans la lettre XIIᵉ de saint Cyprien à son clergé : « Si la maladie ou quelque péril imprévu pressent ceux auxquels les martyrs ont donné des *billets*, dit ce Père, et peuvent profiter devant le Seigneur de cette prérogative, je veux que, sans attendre notre réponse, ils fassent leur confession publique devant le premier prêtre qui se trouvera sur les lieux, ou à son défaut, et

dans un danger menaçant, devant un de nos diacres, afin, qu'honorés de l'imposition des mains, en signe de réconciliation, ils se présentent devant le Seigneur avec cette paix que les martyrs ont sollicitée pour eux par leurs lettres (S. Cyp., édit. de M. de Genoude). » — 2° Dans le XXXIIᵉ canon du IIIᵉ concile de Carthage, tenu en 253. — 3° Dans le XXXIIᵉ canon du concile d'Elvire, tenu vers l'an 500. — On ne sera peut-être pas fâché de trouver ici l'énumération des *cas réservés* au souverain pontife. Ils sont au nombre de cinq, hors la bulle *In cœna Domini* : « 1° Tuer ou frapper grièvement une personne ecclésiastique ; parce que, quand le coup est léger et le mal de peu d'importance, il peut être absous par l'évêque ; sinon que le coup, quoique léger de soi-même, fût grandement scandaleux, comme par exemple étant donné à un prêtre faisant l'office, ou en un lieu et compagnie de grand respect et considérable. — 2° La simonie et confidence réelle. — 3° Le péché du duel et ceux qui appellent, qui provoquent et qui font le combat. — 4° Les violateurs de la clôture des monastères et des religieuses enfermées, quand cette violation se fait à mauvaise fin. — 5° La violation des immunités de l'Église ; lequel cas étant difficile à discerner, et n'arrivant guère souvent, et toujours par des actions publiques, ne se décide presque point en confession, qu'il n'ait été décidé hors d'icelle par les évêques ou leurs vicaires. » Les *cas réservés* qui se trouvent dans la bulle *In cœna Domini*, et qui peuvent se rencontrer, sont aussi en petit nombre : « L'hérésie, le schisme, avoir et lire des livres hérétiques, la falsification des bulles et lettres apostoliques, la violation des libertés et priviléges de l'Église, biens et personnes ecclésiastiques, qui se fait volontairement ; l'usurpation des biens ecclésiastiques, en tant qu'ecclésiastiques, etc. (*V.* l'article BULLE IN CŒNA DOMINI). » — Les cas réservés aux évêques sont détaillés dans les rituels de chaque diocèse.   L.-F. GUÉRIN.

CAS ROYAUX. On appelait ainsi autrefois les causes réservées à la connaissance des seuls juges royaux, privativement à tous autres juges, soit seigneuriaux, soit ecclésiastiques ; et plus spécialement les causes réservées aux parlements et aux baillis, à l'exclusion des autres juges royaux inférieurs, tels que les prévôts ; ainsi tous les cas prévôtaux étaient des cas royaux ; mais tous les cas royaux n'étaient pas des cas prévôtaux. On comprenait sous le nom de cas royaux toutes les affaires qui intéressaient le roi, soit relativement à sa personne ou à son domaine, soit en ce qui concerne ses droits de souveraineté, la police du royaume et la sûreté des citoyens. Il y avait donc des cas royaux en matière civile et en matière criminelle. Voici à peu près quels étaient ces cas royaux avant la révolution. Nous disons à peu près, parce que l'arbitraire le plus large a toujours régné dans cette partie de la législation, malgré ces déclarations rendues pour faire cesser, en apparence du moins, un arbitraire que les ordonnances avaient créé. C'est ainsi que l'art. 2 de l'ordonnance criminelle de 1670, après avoir énuméré expressément, pour la première fois, les divers cas royaux, se terminait par un *et cœtera* à toutes les ordonnances générales, ce qui faisait supposer que l'énumération n'était pas complète, et, suivant la remarque de Montesquieu, faisait rentrer dans l'arbitraire dont on venait de sortir. La déclaration de 1731 ne fit que régler la distribution des cas royaux, sans définir plus nettement les limites respectives de la justice royale et des justices ecclésiastiques et seigneuriales. — *Cas royaux en matière civile.* L'examen et la réception des principaux officiers des bailliages royaux étaient des *cas royaux*, dont la connaissance appartenait aux parlements. Mais l'examen et la réception des officiers inférieurs des bailliages royaux, et même des principaux officiers des justices inférieures, étaient des *cas royaux*, dont la connaissance appartenait aux bailliages. Il en était de même de toutes les causes qui concernaient les officiers royaux ou les droits de leurs offices ; des saisies réelles des offices royaux, et des scellés apposés sur les minutes, papiers et effets des notaires et autres officiers ; de toutes les affaires relatives à la propriété ou au revenu du domaine du roi ; des causes relatives aux fiefs qui étaient dans la mouvance du domaine royal, dans lequel sont les réceptions de foi et hommage des vassaux du roi ; des lettres de souffrance et de conforte-main données à ces vassaux. — Le droit d'aubaine était aussi un *cas royal*, en quelque lieu que l'aubain fût décédé. Mais les droits de bâtardise, de déshérence et de confiscation n'étaient des *cas royaux* qu'autant que les biens laissés se trouvaient dans la justice du roi, ou qu'ils avaient été confisqués pour crime de lèse-majesté. — Rentraient encore dans la catégorie des *cas royaux* : les droits de francs fiefs, d'amortissement et de nouveaux acquêts ; les causes relatives aux chemins publics, aux rues et aux fortifications des villes, aux rivières navigables, aux îles et atterrissements, aux naufrages, enfin aux terres sans possesseurs ; les contestations relatives à la capitation, aux tailles, aux aides, aux gabelles, au contrôle et à tous les autres impôts et deniers royaux. Mais il y avait pour ces cas royaux des juges extraordinaires, tels que les intendants et commissaires des généralités, les cours des aides, les élections, les greniers à sel, etc. — Les causes relatives aux érections de terres en duchépairie, marquisat, comté, baronnie, ou autre fief de dignité, et aux concessions de privilèges faites à des villes, à des communautés, à des universités, à des académies, et enfin à d'autres particuliers ; les causes qui concernaient l'Etat ou les droits de la noblesse ; les privilèges attachés aux droits de justice ; la naturalisation des étrangers, la légitimation des bâtards ; les lettres d'émancipation et de bénéfice d'âges ; les lettres de changements de noms et d'armoiries ; les lettres de grâce, de rémission, d'abolition ou de commutation de peine, les lettres de réhabilitation, les lettres d'Etat, les concessions de foires et marchés, etc., étaient autant de cas royaux. — On comprenait aussi parmi les cas royaux l'exercice que les juges royaux faisaient de leur autorité pour la conservation des droits ecclésiastiques, et, en même temps, la surveillance de tout ce qui touchait à la discipline et à la police extérieure de l'Eglise ; la connaissance des entreprises de la cour de Rome contre les libertés de l'Eglise gallicane, la répression des entreprises de la puissance ecclésiastique, lorsqu'elles tendaient à blesser l'autorité du roi, ou à troubler l'ordre public et la tranquillité de l'Etat ; la connaissance des causes de suspension de lettres monitoires obtenues contre la disposition des ordonnances. — Il faut ranger dans la même classe les causes relatives aux matières bénéficiales, et tout ce qui en dépendait, comme le possessoire des bénéfices litigieux, le droit de patronage ; la collation des bénéfices ; le droit de faire saisir les revenus des bénéfices, faute par les bénéfices d'entretenir les biens qui en dépendaient ; l'usurpation des bénéfices et de tous les droits qui en dépendaient ; les contestations et déclarations relatives aux portions congrues, aux droits des curés primitifs, aux dîmes, à la confection des terriers des biens ecclésiastiques, à l'aliénation des biens des églises, des hôpitaux et des confréries ; la connaissance de la régie des biens des religionnaires fugitifs (ordonnance de 1688) ; les causes des personnes et des communautés qui étaient particulièrement en la garde et protection du roi ; telles étaient les causes personnelles des évêques et celles qui concernaient leurs droits et privilèges ; la garde des églises cathédrales et des autres églises ou communautés qui avaient des lettres de garde gardienne ; enfin les causes des pairs de France, des ducs et autres privilégiés ; les contestations relatives aux contrats passés sous le scel royal, lorsque les parties s'y étaient soumises à la juridiction royale, et même, dans plusieurs coutumes, cette juridiction était forcée, et le scel royal était attributif de juridiction ; les causes qui concernaient les villes, leurs deniers patrimoniaux ou d'octroi, l'usurpation de leurs droits, et les droits d'usage et de pâturage prétendus par les seigneurs ou habitants des lieux ; le droit de contraindre les particuliers à vendre leurs biens au public, ou, comme nous disons aujourd'hui, l'expropriation pour cause d'utilité publique ; tout ce qui avait rapport à la conservation des établissements publics, tels que dépôts de titres et de papiers publics, bibliothèques, etc. — On rangeait aussi parmi les cas royaux tout ce qui intéressait la police générale du royaume ; ainsi les causes relatives à l'état des personnes, à la célébration des mariages, aux registres des baptêmes, mariages, sépultures, à la suppression ou rectification des actes de ces registres. Les causes relatives aux droits honorifiques dans les églises ; celles qui concernaient les insinuations et publications des donations et substitutions, les certifications de criées, l'enregistrement des ordonnances, édits, déclarations et lettres patentes ; l'exécution des sentences des officiaux, et celle des sentences consulaires étaient aussi des cas royaux. — Suivant l'ordonnance de 1669, les cas royaux, en matière d'eaux et forêts, étaient ceux qui concernaient la police générale des forêts et rivières, et qui intéressaient le roi et le public ; telles étaient la chasse sur le domaine du roi, la prise du cerf et de la biche, en quelque lieu que ce fût, les contraventions aux règlements sur la pêche, toutes les affaires relatives aux rivières navigables et flottables, la coupe des bois de haute futaie, les délits commis dans ces bois par ces particuliers, les ecclésiastiques ou les communautés qui en avaient la propriété, etc. — Cas royaux matière criminelle. C'était là les cas royaux proprement dits ; aussi l'ordonnance criminelle semble-t-elle ne reconnaître expressément que ceux-là. L'art. 11 du titre 1er de cette ordonnance s'exprime ainsi : « Nos baillis, sénéchaux et juges

présidiaux, connaîtront primativement à nos autres juges et à ceux des seigneurs, des cas royaux, qui sont, le crime de lèse-majesté en tous les chefs, sacrilèges avec effraction, rébellion aux mandements de nous ou de nos officiers ; la police pour le port des armes, assemblées illicites, séditions, émotions populaires, force publique, la fabrication, l'altération ou l'exposition de fausses monnaies ; correction de nos officiers, malversations par eux commises en leurs charges ; crimes d'hérésie, trouble public fait au service divin, rapt et enlèvement de personne par force et violence, et autres cas expliqués par nos ordonnances et règlements. — Parmi les autres cas, que les ordonnances et règlements n'expliquent que d'une manière fort peu satisfaisante, on peut citer l'infraction de sauvegarde, le crime de péculat, les levées publiques de deniers sans commission du roi, la falsification du scel royal, les incendies des villes, des églises et des lieux publics, les bris des prisons royales, la démolition des murs ou fortification des villes, les vols des deniers patrimoniaux et d'octroi, les entreprises contre la sûreté des chemins royaux, la simonie commise par des laïques, les oppressions et exactions commises par les seigneurs contre leurs vassaux, les assassinats prémédités, le duel, les crimes contre nature, etc., etc. — Nous terminerons ici cette longue énumération, qui cependant n'est pas complète, et ne pourrait pas l'être. Remarquons seulement que le nombre des cas royaux augmenta à mesure que la puissance royale s'accrut elle-même par ses conquêtes successives sur la puissance des vassaux (V. JUSTICE ECCLÉSIASTIQUE, JUSTICE ROYALE, JUSTICE SEIGNEURIALE).

CAS SPÉCIAUX, les crimes déférés à la chambre des pairs, constituée en haute cour de justice.

CAS (accept. div.), accident, aventure, conjoncture, occasion ; fait arrivé ou qui peut arriver. — Cas métaphysique, hypothèse, supposition par impossible, dont on tire quelque induction. — Familièrement, Etre dans le cas de faire une chose, avoir occasion ou pouvoir de la faire. — Cas se disait autrefois, en matière criminelle, pour fait, action, crime. — Familièrement, Son cas va mal, Son cas n'est pas net, etc., se dit en parlant d'un homme qui est en danger pour quelque crime, pour quelque mauvaise affaire. On dit également, Il sent son cas véreux, il connaît lui-même que son affaire est mauvaise, il sent qu'il a quelque chose à se reprocher. — Proverbialement, Tous vilains cas, Tous mauvais cas sont reniables, se dit lorsqu'un homme a commis une faute grave, et que la honte ou la crainte du châtiment le porte à la nier. — Pour les cas résultants du procès, formule qu'on employait autrefois dans les jugements rendus en matière criminelle, lorsque les preuves n'étaient pas complètes. — Je m'en fais un cas de conscience, je m'en fais scrupule. — Faire cas de quelqu'un ou de quelque chose, l'estimer, en avoir bonne opinion. — Cas se dit aussi, familièrement, pour excrément, ordure. Il a fait son cas au pied d'un mur.

CAS (EN), locution elliptique qui supplée quelquefois une phrase entière, comme, En cas que cela soit nécessaire, En cas de besoin. On l'emploie encore lorsqu'on veut parler des suites d'un fait, d'un événement douteux ou possible : En cas de guerre, En cas de famine, telles choses surviendraient. L'usage très-fréquent de cette locution l'a fait adopter comme substantif pour exprimer une précaution, une mesure prise d'avance, un préparatif à l'effet d'obvier aux exigences, aux inconvénients ou aux embarras d'un fait prévu ou possible, qui peut survenir à l'improviste. On dit alors de cette précaution, de cette mesure préalable, c'est un en-cas. C'est, dit-on, dans le style et dans des usages de cour qu'il faut chercher la première signification et l'origine de cette expression. Sous le grand roi, l'en-cas désignait spécialement le poulet rôti qu'on tenait toujours prêt à être servi en cas que sa majesté eût faim, c'était l'en-cas du roi. On sait que cette précaution était aussi à l'ordre du service de Napoléon, même en campagne, quand toutefois les circonstances étaient favorables. — Familièrement, en cas signifie quelquefois, En fait de, en matière de. En cas de chevaux, vous pouvez vous en rapporter à lui. Ce sens a vieilli.

CAS, CASSE, adj. (gramm.), qui sonne le cassé. Il est vieux.

CASA, ou CASE, ou LA CASA, ou DE CASA, ou DE CÉSIS (JEAN), évêque de Vaison et patriarche de Jérusalem dans le XIVe siècle, était natif de Limoges. Il se fit carme, et fut élu général de son ordre en 1330, après avoir enseigné la philosophie et la théologie. Le pape Clément VI lui donna l'évêché de Vaison et le titre du patriarche de Jérusalem. Il mourut en odeur de sainteté vers l'an 1348, et laissa des commentaires sur le Maître des sentences, outre des sermons, *De B. Virgine, de tempore, de sanctis* (Trithème, *De vir. illust.* Luc, *in Biblioth. carm.*, Dupin *Bibliothèque des auteurs ecclésiastiques du* XIVᵉ *siècle*).

CASA (JEAN DELLA), né à Florence le 28 juin 1503, d'une famille noble et ancienne, étudia à Bologne, puis à Padoue, et vint, en 1524, étudier la poésie sous Ubaldino Bandinelli. Dans la suite, pour abjurer saintement les égarements de sa jeunesse, il entra à Rome dans les ordres ecclésiastiques, et s'attacha aux deux cardinaux Alexandre Farnèse, 'dont le premier devint pape sous le nom de Paul III en 1534. Casa fut délégué, en 1541, à Florence, en qualité de commissaire apostolique pour la perception des décimes pontificales, et avec le titre de prélat. En 1544 il était archevêque de Bénévent, et la même année nonce du pape à Venise, où il se distingua par son éloquence et par ses talents administratifs. Paul IV l'appela auprès de lui; mais ce pontife juste et intègre ne voulut pas sacrifier des droits acquis pour élever Casa, devenu son favori, à la dignité du cardinalat, dont il avait écarté aussi, par le même louable motif, son propre neveu. Casa mourut le 14 novembre 1556. On a de lui : *Galateo, ovvero de' costumi*, Florence, 1560, in-8º. — *Degli Uffizj communi tragli amici superiori e inferiori*. — *De officiis inter potentiores et tenuiores amicos*. — *Rime*, ou *Poésies lyriques italiennes*, Venise, 1558, in-8º. — *Harangues et Lettres*. — *Vies du Bembo et de Gaspard Contarini*; *Épîtres*; *Traductions de Platon et de Thucydide*, et quelques *Poésies*, le tout en latin. Parmi les diverses éditions des œuvres complètes de Jean della Casa, la meilleure est celle de Venise, 1752, 3 vol. in-4º.

CASAABAS, s. m. (*term. de relation*), nom que l'on donne aux bourgs dans quelques provinces turques.

CASA-BIANCA (LE COMTE RAPHAEL DE), lieutenant général, né en 1738 à Vescovato en Corse, d'une famille noble et ancienne, prit parti dans les troupes que Louis XV envoya pour achever de soumettre l'île, et devint colonel du régiment provincial corse qu'il commandait en 1789. L'année suivante il fut envoyé par ses concitoyens comme député extraordinaire à l'assemblée constituante. Peu de temps après, il passa à l'armée du Nord, et combattit avec la plus grande bravoure. Nommé maréchal de camp, il fut envoyé à l'armée des Alpes, puis à Ajaccio, et reçut bientôt après l'ordre de se tenir prêt à s'embarquer avec l'amiral Truguet pour la Sardaigne que l'on voulait prendre. — Cette expédition ayant échoué, le général Casa-Bianca fut chargé du commandement de Calvi, et presque aussitôt assiégé par les Anglais. Il n'avait avec lui que 600 hommes; la place était mal fortifiée, et presque sans munitions et sans vivres; néanmoins il y soutint vingt-neuf jours de siège et un bombardement qui réduisit en cendres la plus grande partie de la ville. Resté avec 80 hommes exténués de faim et de fatigues, il capitula, mais à des conditions honorables. Sa glorieuse défense lui avait valu, pendant le siège, le brevet de général de division. Il joignit l'armée d'Italie, commanda à Gênes, où il calma les esprits, puis fut nommé par le directoire exécutif en Bretagne. Il quitta le service en 1799, époque où Bonaparte, devenu premier consul, le nomma membre du sénat conservateur, et successivement comte de l'empire et grand officier de la Légion d'honneur. Appelé à la pairie par le roi en 1814 et par l'empereur en 1815, il fut exclu à la seconde restauration, puis réintégré en 1819, ce qui lui valut une place dans le *Dictionnaire des Girouettes*. Il est mort en 1825.

CASA-BIANCA (LOUIS), frère du comte Raphaël, entra très-jeune dans la marine, y servit avec distinction, fut nommé en 1792 membre de la convention où il vota la détention indéfinie du roi Louis XVI, et entra plus tard au conseil des cinq cents. Rentré au service, il fit partie de l'expédition d'Égypte comme capitaine du vaisseau *l'Orient*, et se trouva en cette qualité à la bataille d'Aboukir; atteint par un boulet, il fut englouti à l'explosion de son bâtiment, et périt avec son fils, âgé de dix ans, qui ne voulut pas le quitter. Ce trait touchant de piété filiale a été célébré par Lebrun et Chénier.

CASA-BIANCA (PIERRE-FRANÇOIS), fils du comte Raphaël, naquit à Vescovato en 1784. Son activité, ses talents, sa valeur, lui méritèrent en 1811 le grade de colonel. Ce brave fit constamment partie de l'armée dans les campagnes d'Allemagne et de Prusse depuis 1806, et mourut couvert de blessures dans la désastreuse expédition de Russie en 1812.

CASABONA (JOSEPH), botaniste, né en Flandre vers le commencement du XVIᵉ siècle, mort à Florence en 1595, dans un âge très-avancé, est aussi appelé quelquefois *Benincasa*. Il eut le titre de botaniste du grand-duc de Toscane, François de Mé-

dicis, et fut garde du jardin de botanique de Florence, qui avait été établi par Laurent Ghini en 1544. Casabona avait fait un voyage dans l'île de Crète, où il avait observé et recueilli beaucoup de plantes. Il se proposait de publier ses observations; mais la mort l'en empêcha. Le manuscrit et ses dessins ont été conservés, et ils existaient encore au milieu du siècle dernier, entre les mains de Targioni-Tozzetti, savant botaniste, qui a donné quelques notices historiques sur les naturalistes toscans, dans sa *Corographia di Toscana*, et dans la belle préface qu'il a mise à l'*Hortus plantarum florentin.*, de Micheli, Florence, 1748, in-4º. Casabona fit connaître une belle espèce du genre des chardons. Pour la désigner brièvement, quelques auteurs lui donnèrent pour épithète le nom du botaniste. Linné l'a adoptée pour nom spécifique, et la plante est universellement appelée aujourd'hui *carduus Casabonæ*.

CASÆ (*géogr. anc.*), ville d'Asie située sur les montagnes de Pamphylie (*Ptolémée*).

CASÆ BASTALENSES, siége épiscopal d'Afrique dont on ne connaît pas la province. Son évêque assista à la conférence de Carthage (1. *J.*, ch. 188, nº 322).]

CASÆ CALANÆ, siége épiscopal d'Afrique dans la province de Numidie. Fortunatus en était évêque lors de la conférence de Carthage, à laquelle il assista (1. *Jour.*, ch. 133, not. 224). La notice de Léon, imprimée par le P. Goar, fait mention de cette ville (*num.* 43).

CASÆ FAVENSES, siége épiscopal d'Afrique, dont la province n'est pas connue. Lewandus, évêque de cette église, se trouva à la conférence de Carthage (1. *Jour.*, ch. 204, nº 405).

CASÆ MADIANÆ, siége épiscopal d'Afrique dans la province de Numidie (*Not.*, nº 29). Honorius parla pour l'évêque absent à la conférence de Carthage (1. *Jour.*, ch. 135, not. 255).

CASÆ NIGRÆ, siége épiscopal d'Afrique dans la province de Numidie. Donat, auteur du schisme, en fut évêque, et Januarien y siégeait lors de la conférence de Carthage. Cet évêque était primat des évêques de Numidie, du parti de Donat (1. *Conf.*, 1 *Jour.*, ch. 149, not. 278).

CASAIA, père d'Ethan, lévite de la famille de Merari (1., *Paral.*, xv, 17).

CASA-IRUJO (LE MARQUIS DON CHARLES-MARIE-MARTINEZ DE), ministre espagnol, naquit à Carthagène le 4 novembre 1765, d'une ancienne famille de Navarre, qui porte dans ses armoiries celles de l'antique cité d'Avila de los Cavalleros, en mémoire de la valeur qu'un de ses ancêtres mit à défendre cette place contre les Maures. Le jeune marquis de Casa-Irujo fut nommé en 1785, par le comte de Florida Blanca, premier secrétaire de légation en Hollande, où bientôt il resta comme chargé d'affaires, pendant l'absence du ministre Sanafé. Vers la fin de l'année 1786, il fut nommé officier d'ambassade à Londres pendant la mission du marquis du Campo. Il s'y appliqua spécialement à l'économie politique, et ce fut lui qui traduisit pour la première fois en espagnol l'ouvrage d'Adam Smith. En 1789, il fut employé au ministère des affaires étrangères, où il demeura jusqu'en 1793. Il retourna alors à Londres avec le titre de premier secrétaire de légation, ayant déjà été honoré de la croix de Charles III. En 1795, il fut nommé ministre plénipotentiaire auprès des États-Unis d'Amérique, où il demeura douze ans. Il rendit dans ce poste d'éminents services. A son retour en Europe (1808), Casa-Irujo avait le projet d'aller exercer les fonctions de plénipotentiaire auprès de la république cisalpine; mais, ayant appris la révolution d'Espagne, il fut obligé d'aborder en Angleterre, où il se présenta aussitôt devant les députés des juntes, qui se trouvaient à Londres, et déclara formellement en leur présence son adhésion à l'avènement de Ferdinand VII. De là il passa à Séville, où il se présenta à la junte centrale. Le 31 octobre 1808, il fut chargé de se rendre à Lisbonne avec la mission de négocier, auprès de la régence de Portugal, un traité d'alliance défensive et offensive contre la France; mais ce voyage demeura sans effet, parce que la junte jugea plus convenable de l'envoyer subitement à Rio-Janeiro, avec le titre de ministre plénipotentiaire près le prince régent, qui s'était réfugié dans cette colonie. Là, dans une position très-compliquée, le marquis rendit encore de grands services à son pays en combattant l'influence révolutionnaire de l'Angleterre. A son retour en Espagne en 1812, il fut élevé à la charge de ministre des affaires étrangères, mais il n'entra point alors en fonctions. Il était resté à Cadix jusqu'au terme de la captivité de Ferdinand VII en France; il fut confirmé par ce prince

V.　　　　　　　　　　　　　　　　　　　　　　　　　　　80

dans le titre de conseiller d'Etat que lui avait conféré la junte centrale avant son départ pour le Brésil. Nommé le 28 août 1818, pour assister au congrès d'Aix-la-Chapelle en qualité de plénipotentiaire, de concert avec le duc de San-Carlos, ambassadeur à Londres, il fut créé, par un décret du 14 septembre, ministre provisoire des affaires étrangères. Il conserva cet emploi jusqu'en juin 1819, époque où on l'accusa d'avoir ratifié le traité de la cession des Florides, conclu en 1802 en faveur des Américains. Exilé de Madrid et confiné dans la ville d'Avila, il demanda instamment à être jugé par un tribunal; ce qui lui fut accordé. Le roi ordonna qu'après l'instruction dressée par le fiscal le conseil d'Etat fût saisi de cette affaire; et, à la suite d'un long examen, le conseil ayant reconnu son innocence, il rentra dans les bonnes grâces du monarque. Casa-Irujo fut nommé le 10 mai 1821, ministre plénipotentiaire à Paris; mais, en 1822 le parti révolutionnaire s'étant emparé du gouvernement, le duc de San-Lorenzo vint le remplacer jusqu'à la chute du gouvernement constitutionnel. Alors le marquis fut envoyé ministre plénipotentiaire à Londres, mission que sa santé ne lui permit pas d'accepter. De retour à Madrid, le roi prononça la dissolution de la régence et de son ministère, et nomma Casa-Irujo ministre des affaires étrangères et président du conseil. Celui-ci mourut en janvier 1824. Il avait une instruction variée, parlait avec facilité la plupart des langues modernes, et il était membre de plusieurs sociétés savantes.

CASAL (*géogr.*), ville des Etats sardes (Piémont), dans une belle plaine, sur le Pô, chef-lieu de province, évêché. Elle n'est plus défendue que par un vieux château, et ses remparts ont été convertis en promenades. On y remarque la place d'armes, la cathédrale, le séminaire, le jardin public. Il y a un collège, une bibliothèque publique, un théâtre et quelques filatures de soie. La population est de 16,000 habitants. Casal est à 4 lieues est-nord-est de Turin.

CASAL (SIÉGES DE). En 1555, le maréchal de Brissac entreprit le siège de Casal en Piémont, avec autant de hardiesse que de bonheur. Le gouverneur et ses soldats, ainsi que toute la noblesse de l'armée impériale qui s'y était réunie pour un tournoi, eurent à peine le temps de se jeter sans habits et presque sans armes dans la citadelle. Les ennemis capitulèrent, promettant de se rendre s'ils n'étaient secourus dans vingt-quatre heures. Sur ces entrefaites, on eut avis de l'approche de Pescaire; Brissac alors fit avancer les horloges, et la citadelle se rendit. — En 1630, l'armée espagnole tenait le général Thoiras étroitement assiégé dans Casal. L'armée française, étant arrivée sous les murs de cette ville, allait en venir aux mains, lorsque Mazarin, alors gentilhomme du pape, parvint à faire reconnaître le traité de Ratisbonne par le général espagnol, et Thoiras fut ainsi délivré, après sept mois d'une brillante défense. D'après le traité de Ratisbonne, les Français et les Espagnols devaient évacuer en même temps le Montferrat. Les premiers devaient livrer la ville de Casal au prince Ferdinand, second fils du duc de Mantoue; et des soldats montferrins devaient former la garnison de cette ville. Mais cette dernière clause fut éludée; les soldats montferrins, laissés dans Casal, n'étaient autres que les soldats français qui avaient changé d'uniforme. Quand les Espagnols eurent repassé le Pô, deux régiments français revinrent tout à coup en arrière, et introduisirent dans Casal un convoi de provisions. Cependant de nouvelles négociations les déterminèrent à se retirer excepté 400 hommes, qui se cachèrent dans les caves de la citadelle. Enfin, le 6 avril 1631, un nouveau traité de paix fut signé à Cherasco, et termina la guerre de la succession de Mantoue. Le 2 juillet 1631, les Français évacuèrent définitivement Casal et tout le Montferrat.

CASAL (CHRYSOSTOME DE), dominicain du XVIe siècle, a donné un Traité de l'immortalité de l'âme contre Pomponius, imprimé à Venise en 1525 (Dupin, *Table des auteurs ecclésiastiques* du XVIe siècle, p. 965).

CASAL (GASPARD), Portugais, né à Leiria suivant André Chesend, entra dans l'ordre des ermites de Saint-Augustin, fut premier professeur de théologie à Coïmbre, vers 1542, conseiller et confesseur du roi Jean III, dont il avait été le précepteur. Il assista à deux sessions du concile de Trente, fut nommé évêque, présida un synode à Lisbonne, et mourut à Coïmbre en 1577, ou plutôt en 1575 suivant le *Chronicon Augustinianum*. Casal écrivit sur les *Topiques* d'Aristote, et composa plusieurs autres ouvrages, dont les principaux sont : 1° *De justificatione humani generis*, Venise, 1563 et 1589; 2° *Axiomata christiana*, Coïmbre, 1550; Venise, 1563; et Lyon, 1593, in-4°; 3° *De cœna*, etc., Venise, 1563, in-4°; 4° *De usu calicis, de*

sacrificio missæ, etc., Venise, 1563, et Anvers, 1566, in-4°, etc.

CASAL (GASPARD), médecin espagnol, né à Oviédo en 1691, mort à Madrid en 1759, a composé un ouvrage intitulé : *Historia natural y medica de el principado de Asturias*, Madrid, 1762, in-4°. Ce traité ne parut qu'après la mort de l'auteur, par les soins de J.-J. Garcia; il a plus de rapport à la médecine qu'à l'histoire naturelle proprement dite de cette contrée.

CASALANZIO (JOSEPH DE), fondateur des écoles pies, né en 1556 à Peralta dans l'Aragon, d'une famille noble, embrassa l'état ecclésiastique, fit un voyage à Rome, entra dans la confrérie de la doctrine chrétienne, et forma ensuite une espèce d'institut pour instruire les enfants des devoirs de la religion. Paul V l'érigea en congrégation en 1617, sous le titre de *congrégation pauline*. Ce fut en 1621 que Grégoire XV donna aux ecclésiastiques qui faisaient partie de cette congrégation le nom de *clercs réguliers des écoles pies*. Ils eurent bientôt un grand nombre de collèges en Espagne, en Italie, en Allemagne, en Hongrie et en Pologne. En renonçant au monde pour se vouer à ses laborieuses fonctions, Casalanzio avait pris le nom de *frère Joseph de la mère de Dieu*. Ce pieux fondateur mourut à Rome le 25 août 1648, à quatre-vingt-douze ans, et fut canonisé par Clément XIII en 1757. Sa vie a été écrite par le P. Alexis, Rome, 1693, in-8°.

CASALAS (JEAN), Languedocien, né à Muret, entra dans l'ordre des frères prêcheurs, et s'y distingua par ses prédications qui le firent admirer à Bordeaux, à Toulouse, et principalement à Rouen, dont l'église cathédrale, quelque vaste qu'elle soit, ne pouvait contenir tous ceux qui voulaient l'entendre. Il gouverna en qualité de prieur plusieurs maisons de son ordre, et mourut le 10 janvier 1666, âgé d'environ soixante-dix ans. Il a donné au public : 1° *la Morale chrétienne réduite en pratique*, où est enseigné l'art de régler les passions et de bien vivre, à Toulouse, 1656, in-18; 2° *la Blancheur du lis, Candor lilii*, ou *l'Ordre des frères prêcheurs vengé des injures et des calomnies de Pierre de Valcluse* (Théophile Raynaud), Paris, 1664, in-8°. Il a laissé encore plusieurs manuscrits, comme, *Primitiva utriusque Testamenti Ecclesia*, seu *Chronologia analytica et compendiosa earum quæ populo fideli et infideli contigerunt ab orbe condito ad incarnationis Christi MCC*. Ses sermons de l'Avent, du carême, de l'octave du Saint-Sacrement, des dimanches et fêtes de l'année (le P. Echard, *Scriptor. ordin. prædic.*, t. II, p. 615).

CASALI. Plusieurs écrivains qui ont écrit dans des genres divers ont porté ce nom. — UDERTINO DE CASALI, frère mineur, vécut au IVe siècle, et se distingua par un ouvrage intitulé : *Arbor vitæ crucifixo Jesu* (achevé en 1305, mais imprimé seulement en 1487, in-folio, à Venise), qui offre tant de ressemblance avec l'ouvrage d'Albizzi sur les similitudes de Jésus-Christ et de saint François (*V.* t. I, p. 572), que plusieurs critiques ont prétendu que Casali avait puisé l'idée de son ouvrage dans celui-ci. Le titre de quelques chapitres suffira pour caractériser le livre de Casali. Le troisième chapitre est intitulé : *Jesus Franciscum generans*; le cinquième : *Jesus normam constituens*. En outre, on a encore de lui : *De septem Ecclesiæ statibus* (Venise, 1516, in-folio), ouvrage qui est une espèce de commentaire sur l'Apocalypse; de plus, un ouvrage sur la pauvreté, écrit à l'occasion des disputes qui divisèrent son ordre (1321), et inséré par Baluze dans ses *Miscellanées*. — Les écrits de J.-BAPTISTE CASALI, antiquaire romain du XVIIe siècle, sont d'une nature différente : *De profanis et sacris veterum ritibus* (Rome, 1644-45, 2 vol. in-4° avec gravures); *De veteribus sacris christianorum ritibus explan*. (Rome, 1647, in-folio avec gravures); *De ritibus veterum Ægypt.* (Rome, 1644, in-4°), ouvrage intéressant, mais quelque peu superficiel; *De urbis ac romani olim imperii splendore* (Rome, 1650, in-folio), le plus estimé de ses ouvrages; enfin plusieurs Dissertations sur des sujets d'antiquité, publiées par Granov dans son *Thes.*, t. VIII, IX. — Il n'y a au XVIe siècle deux frères de ce nom, JEAN-BAPTISTE et GRÉGOIRE CASALI, qui ont cultivé la littérature avec succès (le premier est surtout connu comme poète latin et comme ami de Bembo), et qui se sont distingués comme agents diplomatiques d'Henri VIII, roi d'Angleterre, et des papes de cette époque.

CASALI (JOSEPH) (et non *Cazali*, comme l'ont écrit à tort des biographes modernes), numismate et archéologue, descendait d'une famille où le goût des arts et des antiquités était depuis longtemps héréditaire. Un de ses ancêtres, qui vivait au XVIe siècle, ayant fait l'acquisition d'un buste en marbre de César, découvert dans une fouille au Forum, enjoignit par son testament à ses enfants de le conserver sous peine d'exhérédation. Un autre Casali, Jean-Baptiste (*V.* ci-dessus), a laissé plusieurs ouvrages remplis d'érudition. Enfin le cardinal Antoine, oncle de celui qui fait le sujet de cet article, avait rassemblé dans sa villa, près de la porte Saint-Sébastien, une précieuse collection de manuscrits dont plusieurs ont été décrits par Winckelmann et Orlandi. Joseph naquit à Rome en 1744. Elevé sous les yeux de son oncle, entouré depuis son enfance de savants et d'artistes, il acquit promptement des connaissances très-étendues dans les différentes branches de l'archéologie. Ses études terminées, il embrassa l'état ecclésiastique. Possesseur d'une fortune considérable, et qui s'accrut encore par celle de la famille *Mutti*, dont il fut héritier, à charge d'en relever le nom, il employa la plus grande partie de ses revenus à satisfaire sa passion pour l'antique. Il augmenta ses collections de livres, de médailles et de manuscrits, et forma, dans sa villa, près de Saint-Étienne le Rond, une galerie digne de l'attention des curieux les plus délicats. Il encouragea les artistes et les antiquaires, et favorisa de tout son pouvoir les jeunes gens qui montraient des dispositions pour l'étude. Il mourut à Rome en 1797. On a de lui : 1° *De duobus Lacedæmoniorum nummis ad Henr. San-Clementum epistola*, Rome, 1793, in-4° de huit pages ; 2° *Lettera su una antiqua terra cotta, trovata in Palestrina, nell' anno 1793*, Rome, 1794, in-4°; 5° *Conjectura de nummiculis privesa inscriptis; et descriptio nummi Pescennii inediti ad cardinal. Stephan. Borgia*, Rome, 1793, in-4°.

CASAL-MAGGIORE (*géogr.*), ville du royaume lombard-vénitien, à 8 lieues est – sud – est de Crémone, et à 7 lieues trois quarts sud-ouest de Mantoue, sur la rive gauche du Pô. Elle contient 4,700 habitants. — L'origine de cette ville est enveloppée de ténèbres. Une inscription du VI° siècle, et l'*Italia liberata* du Trissin, déterminent déjà une époque. Casal-Maggiore n'était encore qu'un gros village, lorsqu'en 1734 Marie-Thérèse lui accorda le titre de ville. En 1705, le Pô rompit ses digues et l'inonda.

CASALOTH ou **CAZALOTHTHABOR**, ville à côté du Thabor (*Josué*, XIX, 18).

CASAL-PUSTERLENGO (COMBAT DE). Le 8 mai 1796, Bonaparte avait remporté à Fombio une éclatante victoire sur les Autrichiens commandés par le général Liptay. Dans la soirée, le général Beaulieu, qui accourait au secours de Liptay avec neuf bataillons et douze escadrons, arrive à Casal-Pusterlengo, non loin du champ de bataille. Là il apprend la défaite de son collègue, et forme la résolution de mettre la nuit à profit pour essayer de surprendre les vainqueurs et de réoccuper Codogno dont ils s'étaient emparés. Il part à la tête de ses troupes, arrive à deux heures du matin en vue de Codogno, et surprend les avant-postes de la division du général la Harpe. Au premier bruit, ce général avait sauté en selle; mais déjà les troupes étaient aux prises avec l'ennemi et faiblissaient. Il commençait à rétablir le combat, lorsque, frappé d'une balle, il tombe sur le coup. Sa mort répandit l'alarme parmi les Français, et les Autrichiens en profitèrent pour redoubler d'efforts. Sur ces entrefaites, le général Berthier, informé qu'on se battait à Codogno, rallia la division la Harpe, et culbuta les Autrichiens au moment où ils se croyaient sûrs de la victoire. Il les poursuivit jusque dans Casal-Pusterlengo, s'empara de cette ville, et força Beaulieu à se retirer en toute hâte sur Lodi.

CASAN (*V.* KASAN).

CASANA (LOUIS DE), célèbre avocat du fisc, au conseil d'Aragon, dans le XVII° siècle, a écrit des conseils (Denys-Simon, *Biblioth. hist. et chron. des principaux auteurs de droit*).

CASANATE (JÉROME), né à Naples le 13 juin 1620, mort à Rome le 3 mars 1700, suivit d'abord le barreau. Un voyage qu'il fit à Rome le mit en rapport avec le cardinal Pamphili, qui le détermina à embrasser la carrière ecclésiastique. Casanate fut un des camériers de ce même Pamphili, devenu pape sous le nom d'Innocent X, et reçut de lui le gouvernement de quelques villes. Plus tard Alexandre VIII l'envoya en qualité d'inquisiteur à Malte (1658), et lui confia plusieurs missions dans diverses assemblées ecclésiastiques. Clément X, que Casanate avait connu durant un séjour à Camerino, dont ce pape avait occupé le siège épiscopal, le créa cardinal en 1673, et en 1693 il fut nommé bibliothécaire du Vatican par le pape Innocent XII. Casanate aimait les savants et les gens de lettres. Il les encouragea dans leurs travaux, et entretenait avec plusieurs d'entre eux une correspondance suivie. Lui-même avait amassé une belle et importante bibliothèque, et ce fut à sa

prière que l'abbé Zacagni mit au jour son volume intitulé : *Collectanea monumentorum veterum Ecclesiæ græcæ et latinæ*, Rome, 1698, in-4°. Le cardinal légua en mourant sa bibliothèque au couvent de la Minerve, de l'ordre de Saint-Dominique, avec la clause qu'elle serait publique. Le legs était accompagné d'un fonds formant un revenu de 4,000 écus romains, tant pour l'augmentation annuelle de la bibliothèque, que pour l'entretien de deux bibliothécaires, de deux frères convers pour le service, de deux lecteurs pour enseigner la doctrine de saint Thomas, et de six théologiens du même ordre et de diverses nations qui seraient chargés d'entretenir la saine doctrine. Audiffredi fit le catalogue de cette bibliothèque, qui prit le nom de *la Casanate*, et le publia sous ce titre : *Catalogus bibliothecæ casanatensis librorum typis impressorum*, Rome, 1761-1788, 4 vol. in-folio. Mais ce catalogue, que l'abbé Mercier de Saint-Léger regardait comme un chef-d'œuvre, n'a pas été terminé; il s'arrête à la lettre L. Le cardinal Casanate avait pris une part active à l'affaire du quiétisme, pendant qu'elle s'agitait à Rome. FR. PÉRENNÈS.

CASANIER, IÈRE, adj. (*gramm.*), qui aime à demeurer chez lui. *C'est l'homme du monde le plus casanier.* On dit dans un sens analogue : *Mener une vie casanière. Etre d'humeur casanière. Avoir des goûts casaniers*, etc. — Il est aussi substantif. *C'est un casanier, un vrai casanier.*

CASANOVA (MARC-ANTOINE), poëte latin du XVI° siècle, né à Rome, mais originaire de Como. Il était attaché à la famille Colonne, et, dans les différends qui s'élevèrent entre cette maison et le pape Clément VII, il lança contre ce pontife des épigrammes très-mordantes. Il fut arrêté et condamné à mort. Clément VII lui fit grâce; mais il tomba dans une extrême pauvreté, fut réduit, si l'on en croit Valérianus, à mendier son pain, et mourut enfin de misère et de la peste, qui acheva de désoler Rome, après qu'elle eut été saccagée en 1527 par l'armée du connétable de Bourbon. Ayant fait quelques années auparavant un voyage à Como, pour voir sa famille, il avait été reçu à Milan avec beaucoup de distinction par tous les amis des lettres. Paul Jove loue la pureté de ses mœurs et l'amabilité de son caractère. Son principal talent était cependant celui de l'épigramme. Catulle et Martial étaient ses modèles. Il réussit que à imiter l'élégance et la délicatesse du premier; et, s'il imita mieux quelque chose du second, ce furent plutôt ses défauts que ce qu'il y a de fin et de piquant dans ses pensées et dans son style. Les poésies de Casanova sont éparses dans divers recueils, et surtout dans les *Deliciæ poetarum italorum*.

CASANOVA (JEAN-JACQUES), de Seingalt, aventurier vénitien, fils d'un comédien et d'une comédienne, conserva toute sa vie les goûts nomades et les mœurs licencieuses des acteurs et des actrices, quoique lui-même n'ait jamais eu d'autre théâtre que celui du monde, sur lequel il a rempli bien des caractères divers. Dans sa vieillesse, il lui prit fantaisie de retracer ce long drame. C'est chez le comte de Waldstein, au château de Tœplitz, qu'il composa ces mémoires si diffus et si scandaleux, dont une traduction française, in-12, « a été publiée à Paris en 1825. Casanova naquit le 2 avril 1725. Son père étant mort à trente-six ans sans fortune, et sa mère étant obligée de courir les capitales de l'Allemagne et de l'Italie pour exercer son talent, le pauvre enfant n'avait d'autre support que sa grand'mère. Il fut élevé pauvrement, à Padoue, chez le docteur Gozzi, qui lui fit faire quelques progrès dans les humanités et lui apprit le violon, talent dont Casanova tira parti plus tard. A seize ans, il obtint à Padoue, le bonnet de docteur en droit civil et en droit canon; après avoir composé deux thèses, l'une *De testamentis*, l'autre *Utrum hebræi possint construere novas synagogas?* Si ses talents précoces et la tournure vive et hardie de son esprit le firent bientôt admettre, sous les auspices du sénateur Malpièri, dans les premières maisons de Venise, la vivacité de ses passions et la fougue de son caractère le jetèrent dans une foule d'aventures que lui-même raconte de la manière la plus romanesque. Aujourd'hui au sermon, dit un biographe, demain chez une courtisane, l'abbé nous entretient tour à tour de ses triomphes de sacristie et de ses succès du boudoir. » Les scandales de sa conduite obligent ses protecteurs de le mettre au séminaire : il s'en fait chasser, et passe du séminaire au fort de Saint-André. Cependant, sa mère, qui malgré son éloignement n'avait pas cessé de s'occuper de son fils, lui procure la protection d'un prélat romain. Il faut qu'il se rende en Calabre. Que d'incidents présente son voyage : il joue avec des escrocs, perd tout son argent, et s'en dédommage en extorquant deux mille onces d'or à un Grec, en lui vendant un prétendu secret chimique, action dont, loin de rougir, il se glorifie dans ses Mémoires : « car, dit-il, duper un sot est selon moi une entre-» prise extrêmement attrayante pour un homme d'esprit. » Arrivé à Martorano, qui est le but de son voyage, il y trouve le plus pauvre des évêques dans le plus triste diocèse. Dès le lendemain, Casanova demande au prélat sa bénédiction et son congé. L'excellent homme lui donne l'un et l'autre, en y joignant 60 ducats et des lettres de recommandation pour des amis puissants. Casanova est de retour à Naples, le 16 septembre 1743. Il trouva à Naples un soi-disant parent, D. Antonio Casanova, et se fait connaître par quelques pièces de poésie légère. D. Antonio, fier d'avoir un parent si distingué, le comble de présents et lui procure accès dans plusieurs sociétés. Casanova, choyé de tous côtés, part pour Rome et se présente au puissant cardinal Aquaviva, auquel il était vivement recommandé. Le cardinal le reçoit avec bienveillance, et le prend à son service, aux appointements de 60 écus romains par mois. Logé dans le palais de son patron, il plaît à la belle marquise Gabrielli, par son talent pour la poésie, se fait remarquer par le pontife Benoît XIV, enfin se voit sur le chemin d'une brillante fortune, lorsqu'une sotte aventure dans laquelle il s'engage étourdiment force le cardinal Aquaviva à le congédier. « Demandez-moi, lui dit ce généreux patron, des lettres pour telle capitale de l'Europe qu'il vous plaira. » Casanova, nomme Constantinople, où il n'avait aucune affaire. « Je vous remercie, dit le cardinal, de n'avoir pas dit Ispahan ; car vous m'auriez embarrassé. » Puis il lui donne pour Osman, pacha de Caramanie, le fameux renégat, comte de Bonneval. Casanova reçoit en outre une gratification de 100 *doblones da ocho* de Castille, valant à peu près 700 séquins, se met en route pour Ancône, disant à tout le monde, et avec l'autorisation du cardinal, qu'il est chargé d'une mission importante. Ce voyage est encore marqué par une complication d'aventures bizarres; à Pezaro, où il arrive avec une maîtresse qu'il a faite en chemin; il se voit, faute de passeport, retenu par des officiers espagnols. Un jour, par plaisanterie, Casanova, très-mauvais cavalier, monte sur le cheval d'un officier espagnol. Le cheval s'emporte et va tout d'un galop aux avant-postes autrichiens. On conduit Casanova au prince Lobkowitz, commandant en chef de l'armée autrichienne, à Rimini, qui, ne pouvant le garder sans passe-port, lui conseille d'en aller demander un à Bologne. Ne pouvant s'en procurer un dans cette ville, il se fait passer pour officier afin d'inspirer plus de respect. Ce stratagème lui réussit. Après divers incidents, il arrive à Venise, entre au service de la république, comme enseigne dans le régiment de Bola, qui était en garnison à Corfou. Arrivé dans cette île, non sans éprouver une tempête, il joue et perd tout son argent. Fort à propos, arrive le consul de la république de Venise, à Constantinople, le chevalier Veniéri, qui avait promis d'amener Casanova avec lui. Arrivé dans cette capitale, le jeune aventurier fut fort bien reçu par le pacha de Caramanie : il acquiert pour amis deux Turcs, Ioussouf-Ali et Ismaël-Effendi; mais quelques plaisanteries déplacées dans une cérémonie publique sur la religion musulmane le font chasser de Constantinople : il part, emportant avec lui les regrets et les présents de ses nombreux amis. Casanova, lui-même ne dit rien de cette affaire; mais le prince de Ligne, dans la notice citée précédemment, supplée à son silence. Le jeune officier s'embarque et rejoint sa garnison à Corfou. Là, il se livre à ses goûts ordinaires; d'abord il est heureux au jeu et dans ses amours; mais bientôt la chance tourne; il perd en même temps son argent et sa santé. Après un voyage à Otrante, d'où il ramène une troupe de comédiens dont il se fait directeur pendant le carnaval; après une aventure bizarre, dans laquelle un faux duc de la Rochefoucauld joue un principal rôle, il se voit forcé de partir pour Venise et d'y demander son congé. On le lui donne avec 100 séquins qu'il a bientôt perdus au jeu. Alors dénué de ressources, il se fait joueur de violon au théâtre de Saint-Samuel, et s'abandonne à la plus crapuleuse débauche. Un service important qu'il rend par hasard au patricien Bradagio le ramène à l'opulence; ce patricien était adonné à la magie; Casanova n'a pas grand'peine à se faire passer pour un adepte; Bragadio le comble de bienfaits, et lui procure l'intimité de deux autres patriciens, un Dandolo et un Barbaro. Il était heureux; mais pouvait-il demeurer longtemps en repos? Il s'avisa de déterrer un mort, par plaisanterie, et de faire violence à une fille honnête. La justice s'en mêle; il décampe, et va continuer ses fredaines à Milan, à Mantoue, à Parme, à Genève. Bientôt il revient à Venise où son affaire s'était assoupie. Son protecteur Bragadio le reçoit à bras ouverts. Il fait derechef au jeu des profits considérables, et, pour surcroît de bonheur, il gagne à la loterie un terne qui lui rapporte 3,000 ducats. Tout afflue autour de lui; mais il ne peut se fixer nulle part; il semble se fuir lui-même, état naturel d'un cœur sans principe religieux, et d'un esprit inquiet et capricieux. — En 1750, il dépose 1,000 ducats entre les mains de son ami Bragadio, laisse son frère François à l'école du peintre de bataille, Simonelli, part pour la France avec un danseur de ses amis, un nommé Ballet, devenu en Italie Balletti, et arrive à Paris, où François ne tarda pas à venir le rejoindre. Bientôt il s'y trouve en rapports avec la société la plus distinguée : il voit Crébillon, Voisenon, Mlles Gaussin, Levasseur, Clairon. Il est reçu chez Mme de Pompadour, et reste deux ans au milieu de ce monde élégant. Enfin l'ennui le prend, il part pour Vienne en Autriche, d'où après un court séjour il retourne à Venise. Devenu suspect au gouvernement de cette république, il est emprisonné dans *les Plombs*, et s'échappe avec une adresse et une persévérance dignes du célèbre Latude. C'est ici l'une des périodes les plus intéressantes de cette vie aventureuse; et l'on peut la comparer aux *Prigioni* de Silvio Pellico. Casanova revient à Paris, où on l'accueille avec un empressement redoublé. Il en profite, s'occupe de plaisirs et d'affaires, et se voit admis dans le cabinet du duc de Choiseul. Il préside à l'établissement de la loterie en France, et y gagne des monceaux d'or; il était digne de Casanova d'ouvrir chez nous ce gouffre, heureusement refermé depuis peu. La satiété le chasse. Nous ni le suivrons pas dans ses nouvelles excursions en Hollande, en Angleterre, en Prusse, en Pologne, d'où il se fait chasser pour un duel, en Russie, en Espagne où il est encore une fois emprisonné, à *Buen-Retiro*; en Bohème enfin, où, las de tant de voyages et d'aventures, il devient, dans sa vieillesse, bibliothécaire du comte de Waldstein. Il y conserva cependant son caractère remuant; et y mourut en bon chrétien, dit-on, c'est-à-dire après avoir reçu les sacrements, dans l'année 1799; d'autres assurent toutefois qu'il mourut à Vienne en 1803, incertitude qui couronne très-bien la vie d'un pareil personnage. Voilà Casanova, tel qu'il s'est peint lui-même. Ajoutons, en résumant, qu'il fut toute sa vie et selon les occasions, spirituel, savant, libertin, hâbleur, joueur, escroc, philosophe dans la plus triste acception du mot, c'est-à-dire croyant à l'existence de Dieu, mais non à celle de l'âme, d'où une amour passionné de la vie et sa crainte de la mort. Outre les longs Mémoires dont nous venons de faire l'analyse, on a de Casanova les ouvrages suivants : 1° *Confutazione della storia del governo veneto d'Amelot de la Houssaie*, Amsterdam, 1769 (ce livre le réconcilia avec le gouvernement-vénitien); 2° *Istoria delle turbulenze della Polonia alla morte di Elisabet Petrovna, fino alla pace frà la Russia e la Porta Ottomana*, Gratz, 1774, 3 vol. (4 volumes restent encore à publier, mais on en croit le manuscrit perdu); 3° *Dell' Iliade di Omero, tradotta in ottave rime*, Venise, 1778, 4 vol. in-4°; 4° *Histoire de ma fuite des prisons de la république de Venise, qu'on appelle les Plombs*, Prague, 1778; 5° *Solution du problème héliaque, démontrée*, Dresde, 1790; 6° *Corollaire à la duplication d'hexaèdre, donnée à Dux, en Bohème*, Dresde, 1790; 7° *Icosaméron*, roman philosophique, 5 vol. publiés à Prague, de 1778 à 1800. — De tous ces ouvrages, on ne lit guère que les Mémoires, où l'on trouve çà et là des réflexions judicieuses et des peintures, de pays et de mœurs très-piquantes.

CH. DU ROZOIR.

CASANOVA (FRANÇOIS), frère du précédent, naquit à Londres en 1727, où son père et sa mère étaient allés jouer la comédie. Peu de temps après, ses parents retournèrent à Venise leur patrie; leur père mourut, et le jeune François ne tarda pas à se livrer à la peinture. A l'âge de vingt-cinq ans, il vint à Paris,où il reçut de bons conseils du grand dessinateur Parrocel, qui réussissait surtout à dessiner le cheval. Casanova, peignant d'après Courtois et Vandermeulen, s'appliquait surtout à l'étude du coloris et des effets de lumière. Il se rendit ensuite à Dresde, où il se mit à dessiner un engagement théâtral. Là, guidé par le célèbre Dietrich, il se fit peintre de batailles, genre qui lui ouvrit les portes de l'académie de Dresde. Le tableau qui lui procura cet honneur était remarquable par la hardiesse de l'exécution, l'éclat du coloris et la connaissance profonde des effets de lumière; les commandes lui vinrent de tous côtés pour des tableaux de batailles; il en exécuta aussi un grand nombre dans le genre de Van-de-Veld, excellent modèle pour peindre les animaux. Le prince de Condé lui commanda pour son nouveau palais deux tableaux représentant des batailles gagnées par ce héros. Ce sont les plus remarquables et peut-être les derniers ouvrages que Casanova ait faits en France. Quoiqu'il se fît payer fort cher, il était accablé de dettes, parce qu'il dépensait outre mesure. Une commande de Catherine II, impératrice de Russie, vint fort à propos pour le tirer d'embarras. Chargé de peindre les victoires de Catherine sur les Turcs, il alla exécuter cette belle entreprise à Vienne où il fut très-bien accueilli. Après avoir achevé ces tableaux dont l'impératrice de Russie décora ensuite son palais, il continua de résider en Autriche, s'occupant toujours de son art, et mourut à Brühl près Vienne en mars 1805, âgé de soixante-dix-huit ans, deux ans après son frère Jean-Jacques, qui avait aussi vécu précisément le même âge. Lorsque la mort le surprit ; il travaillait à un tableau représentant l'inauguration des Invalides par Louis XIV. Casanova était fier et recherchait la compagnie des personnes de haut rang auxquelles il plaisait par son esprit ; c'est un trait de plus par lequel il ressemble à Augustin Carrache. On cite de lui un mot qui peint cette disposition de son caractère : il dînait un jour chez le prince de Kaunitz ; on parlait de Rubens, de ses tableaux et de ses ambassades. Un des convives dit : « Rubens était donc un ambassadeur qui s'amusait de la peinture ? — Non, reprit Casanova, c'était un peintre qui s'amusait à être ambassadeur. »

CASANOVA (Jean), frère des précédents, né à Londres en 1730, fut emmené fort jeune à Dresde par sa mère, actrice au théâtre de cette capitale ; il s'adonna, comme son frère François, à la peinture, y réussit fort bien, devint professeur et directeur de l'académie des arts de Dresde, où il mourut le 10 décembre 1798. Il a fait d'excellents élèves ; on a de lui une *Dissertation sur les anciens monuments des arts* (en italien et en allemand, Leipzig 1771). C'est un ouvrage estimé.

CASAQUE. On appelait ainsi autrefois un manteau assez semblable au vêtement de dessous des bedeaux, ouvert par devant, à pans prolongés et à manches longues et fermées. Les casaquesse mettaient, suivant l'occurrence, par-dessus l'armure, le juste-au-corps ou la soubreveste, et elles portaient en général une marque distinctive. Ainsi, au temps de François Ier, les Bourguignons impériaux avaient sur leur casaque la croix rouge de Saint-André, et la casaque des hérauts d'armes était couverte des armoiries du souverain. En temps de guerre, la casaque se mettait par-dessus l'armure, qu'elle servait à garantir de la pluie ; on l'agrafait au collet ; mais, lorsqu'il faisait beau, on la rejetait en arrière comme les pelisses de nos hussards. Ce vêtement disparut en grande partie vers la seconde moitié du XVIe siècle. Suivant quelques auteurs, il faut chercher dans le nom de l'empereur *Caracalla*, l'étymologie du mot *casaque* ou *casaquin* qui s'est dit pour *caraquin*. Il est plus naturel de la trouver dans le mot hébreu *kasak*, couvrir.

CASAQUE (Tourner) se dit figurément et familièrement pour changer de parti.

CASAQUIN, s. m. diminutif, espèce de déshabillé court qu'on porte pour sa commodité. Il ne se dit plus guère aujourd'hui que d'un vêtement à l'usage des femmes du peuple ou de la campagne. — Figurément et populairement, *Donner sur le casaquin à quelqu'un,* le battre.

CASAREGI (Jean-Barthélemy), poëte italien, naquit à Gênes en 1676. Son père était avocat, et il eut un frère Joseph-Laurent-Marie Casaregi, qui prit l'état de leur père, et fut un habile jurisconsulte. On doit à ce dernier quatre ouvrages estimés : *Discursus legales de commercio ; il Cambista istruito ; le Spiegarisni ul consolato di mare,* et *Elucubrationes et resolutiones ad statuta Janua de decretis ac successionibus ab intestato.* Jean-Barthélemy se livra dès sa première jeunesse à l'étude des belles-lettres. Il alla à Rome à l'âge de vingt-trois ans, s'y fit bientôt connaître par des poésies élégantes, et fut reçu de l'académie arcadienne. On ignore s'il se fit d'autres occupations et s'il eut un autre état. On joint à son nom le titre d'abbé, qui prouve qu'il portait l'habit ecclésiastique et celui de comte, soit qu'il ait été fait comte de l'empire romain, soit qu'il eût quelque bénéfice auquel ce titre fut attaché. Il fit en 1716 un voyage à Sienne, et y resta jusqu'au mois de septembre de l'année suivante. Il vint aussi à Paris, sans que l'on sache positivement à quelle époque, ni s'il y fit un long séjour. De Sienne, il se rendit à Florence, et il paraît qu'il s'y fixa. Il fut reçu de l'académie florentine et de celle de la Crusca. Il publia en 1740 sa traduction italienne en vers libres (sciolti), du poëme de Sannazar *De partu Vírginis,* en 1741, ses *Sonetti e Canzoni* ou poésies lyriques, et en 1751, les *Proverbes de Salomon,* traduits comme le poëme de Sannazar : ils ont été réimprimés à Verceil en 1774. C'était un homme de bonnes mœurs, d'un caractère doux et d'un commerce agréable ; il eut

pour amis le savant et ingénieux Manfredi, les deux Zanotti, Crescimbeni, Guidi, Zappi, et plusieurs autres littérateurs et poëtes célèbres. Il mourut à Florence, le 23 mars 1755.

CASAS (Barthélemy de Las), connu dans l'histoire sous le nom de *protecteur des Indiens,* naquit à Séville en 1474 d'une famille originairement française, et qui, dit-on, s'établit en Espagne vers le temps de saint Ferdinand. A l'âge de dix-neuf ans, il suivit son père Antonio, qui accompagna en 1493 Christophe Colomb dans son second voyage, et qui revint très-riche à Séville en 1498. L'âme du jeune Las Casas fut émue de pitié à l'aspect des excès auxquels se livraient ses compatriotes envers les naturels, et dès lors il conçut le dessein de les protéger ; mais il fallait d'abord acquérir ces moyens d'influence que le saint caractère de prêtre pouvait seul lui donner. Dans cette vue il rentra en Espagne, entra dans les ordres sacrés, et repartit à Saint-Domingue (Hispaniola, Haïti) en 1502, où il accompagnait Ovando, qui venait d'être nommé gouverneur de la colonie à la place de Colomb disgracié. Là il prit l'habit de dominicain. On sait que les religieux de cet ordre s'étaient déjà déclarés les protecteurs des Indiens à Hispaniola. En même temps que Las Casas travaillait à convertir ces malheureux à la foi chrétienne, il s'efforçait de ramener leurs tyrans à des sentiments d'humanité. Il regardait les chrétiens comme ses frères, et, confirmant sa doctrine par son exemple, il déclara libres ceux qui lui avaient été attribués comme esclaves dans les *repartimientos.* Cette action si louable lui suscita parmi les *conquistadores* des ennemis dangereux. Mais rien ne pouvait ralentir son zèle ; il seconda courageusement les dominicains qui refusaient l'absolution à quiconque tenait des Indiens en esclavage. Il tenta de s'opposer à la tyrannie du lieutenant de Diégo, Colomb Rodrigue d'Albuquer, qui se montra encore plus impitoyable qu'Ovando envers les Indiens. Il revint en Espagne, vit le cardinal Ximénès, alors régent du royaume, et obtint qu'on enverrait sur les lieux une commission composée de trois moines hiéronymites et du savant jurisconsulte Zuazo. La commission avec laquelle las Casas retourna à Saint-Domingue afin d'y plaider lui-même la cause des Indiens pensa que les Espagnols étaient en trop petit nombre pour qu'on pût adopter les vues du bon missionnaire. Il ne perdit point courage, et, traversant encore une fois les mers, il se présenta devant Charles-Quint, qui venait de prendre en main les rênes du gouvernement. Une conférence eut lieu en présence de ce monarque entre l'évêque de Darien, partisan des moyens rigoureux pratiqués jusqu'alors, et las Casas, dont le système consistait à civiliser les Indiens, et à leur enseigner les arts mécaniques. Le résultat fut la permission qu'on lui accorda de fonder une colonie à Cumana. Il partit aussitôt emmenant avec lui trois cents colons. Mais à son arrivée il trouva les choses dans un fâcheux état ; des pirates espagnols avaient fait des descentes sur les côtes et enlevé plusieurs des habitants, afin d'aller les vendre à Saint-Domingue. Les Indiens exaspérés se soulevèrent, massacrèrent tous les Européens, et, entre autres, deux missionnaires établis à Cumana. Pour punir cet attentat, le gouverneur de Saint-Domingue avait envoyé Ocampo avec cinq vaisseaux et 300 hommes. Ocampo avait l'ordre de ravager le pays et d'en saisir les habitants ; il remplissait ses instructions avec férocité. Dans de telles circonstances, la position de las Casas devenait fort difficile. Cependant, dès qu'il fut arrivé à Cumana, il établit sa colonie dans un lieu nommé *Tolède,* qu'il entoura de palissades. L'essentiel pour les nouveaux arrivés était de ne pas être confondus avec ces Espagnols que les Indiens abhorraient avec tant de raison. Pour cet effet las Casas fit prendre à ses compagnons un vêtement particulier, orné d'une croix blanche ; mais cette précaution ne suffit pas ; et, pendant un voyage que le missionnaire fit à Saint-Domingue pour se plaindre d'Ocampo et réclamer des secours, les Indiens attaquèrent son camp, et, dans leur fureur vengeresse ils y mirent à mort tout ce qu'ils purent rencontrer. Alors l'infatigable las Casas repassa en Espagne pour solliciter de nouveau. Sepulvéda, chanoine de Salamanque, théologien et historiographe de Charles-Quint, avait composé un ouvrage intitulé : *Democrates secundus, seu de justis belli causis ; an liceat bello Indos prosequi, auferendo ab eis dominia, possessionesque et bona temporalia, et occidendo eos, si resistentiam opposuerint, ut sic spoliati et subjecti, facilius per prædicatores suadeatur iis fides.* A cet affreux libelle las Casas, devenu évêque de Chiapa, répondit par un écrit intitulé : *Brevissima relacion de las Indias,* in-4°, Séville, 1552. Sepulvéda répliqua et continua de soutenir son abominable thèse, et Charles-Quint nomma son confesseur, Dominique Soto, pour examiner cette affaire qui ne fut jamais décidée. On continua donc de faire la chasse aux Indiens, de les brûler à petit feu pour les forcer à découvrir leur or, de les entasser dans des mines pestilentielles, de sorte qu'en dix ans il en périt, dit-on, quinze millions. Toutes ces atrocités sont retracées en détail dans l'ouvrage de las Casas, et, quoiqu'elles fassent frémir, on ne doit pas taxer l'historien d'exagération, en considérant que les hommes dont il parle étaient, pour la plupart, un ramassis de contrebandiers, d'aventuriers, de bandits sans foi ni loi. — On a fait à las Casas un reproche en apparence bien en opposition avec son caractère historique. C'est d'avoir lui-même conseillé aux Espagnols la traite des nègres, afin de les substituer aux Indiens dans des travaux au-dessus de leurs forces. Cette imputation fondée sur le témoignage d'Herréra, historien partial, et répétée depuis par le P. Charlevoix, par Robertson, Raynal, Pamo, etc., a été réfutée par l'abbé Grégoire, dans un mémoire intitulé *Apologie de Barthélemy de las Casas*, et inséré au tome quatrième des *Mémoires des sciences morales et politiques de l'Institut*. Est-ce donc au généreux protecteur des Indiens qu'il faut imputer l'établissement de la traite des noirs? Non, sans doute; car les Portugais avaient exercé ce trafic inhumain dès l'époque de leurs premières conquêtes sur les côtes occidentales de l'Afrique. Vingt ans avant la découverte de l'Amérique, des esclaves nègres cultivaient la terre dans les îles de Saint-Thomas et d'Annobon. Il y en avait même en Amérique dès les premières années du XVIᵉ siècle. Las Casas ne vint à Hispaniola qu'en 1502, et en 1501 une ordonnance d'Isabelle avait permis d'y transporter des esclaves nègres. En 1511, quand la population indienne fut si cruellement réduite, Ferdinand y suppléa en faisant acheter un grand nombre de noirs sur les côtes de Guinée. Enfin en 1516 le roi Charles accorda à un de ses courtisans flamands le privilége de transporter 4,000 noirs en Amérique... Quant à las Casas, en tolérant la traite, il cédait à cette opinion généralement répandue que la race noire était inférieure à la nôtre. *Infelix et natum servituti genus*. D'ailleurs, entre deux maux, il choisissait le moindre; il préférait l'esclavage d'une race fortement organisée à celui d'une population débile, pour qui la servitude était un arrêt de mort (1). Après plusieurs années de résidence dans son évêché, il s'en démet en 1551, étant âgé de soixante-dix-sept ans, et contraint au repos par les infirmités de la vieillesse; il retourna pour la dernière fois en Espagne, où il mourut à Madrid en 1566. Il avait traversé douze fois l'Océan pour servir la sainte cause à laquelle il s'était dévoué. Un seul trait suffira pour donner une idée de l'affection profonde que les Indiens avaient pour leur vénérable pasteur. Un jour, porté en litière par quelques-uns d'entre eux, il traversait un pays montagneux et boisé; le *rugissement* d'un tigre (2) se fit entendre à quelque distance; aussitôt les Indiens se rapprochent de las Casas, l'environnent de tous côtés et lui disent : *Ne crains rien; s'il vient, il prendra l'un de nous.* — La *Brevissima relacion* dont nous avons parlé plus haut a été traduite en latin, sous ce titre : *Narratio regionum indicarum per Hispanos quosdam devastatarum*, etc., Francfort, 1598, in-4º; et en français, par Jacques de Miggrode, *Tyrannies et cruautés des Espagnols*, Anvers, 1679, in-4º. La traduction de M. de Bellegarde, qui parut en 1698, est infidèle. — L'édition originale des œuvres complètes de las Casas (en espagnol) parut à Séville en 1552; cinq parties, in-4º, rare et recherché en caractères gothiques. Il existe une contrefaçon en lettres rondes. Dans l'édition complète, on trouve deux ouvrages latins disputatés : 1º *Principia quædam ex quibus procedendum est in disputatione, ad manifestandam et defendendam justitiam Indorum*; 2º *Utrum reges et principes jure aliquo vel titulo et salva conscientia, cives ac subditos a regia corona alienare et alterius dominii particulari ditioni subjicere possint*, Francfort, 1571, in-4º rare, ayant été supprimé; enfin, quelques opuscules de théologie et de morale. La Vie de las Casas a été écrite en italien par Michel Pio, Bolonais, 1618, in-4º, et en français par Deuxion-Lavaisse, à la fin du t. II de son *Voyage à la Trinité et en Vénadzuéla*, Paris, 1812. On a publié à Paris, en 1820, un choix des œuvres de las Casas en 2 vol. in-8º.   CH. DU ROZOIR.

CASAS (PONS DE LAS CASES ou LAS), seigneur de Belvèze en Languedoc, de la même famille que le précédent, vivait sous François Iᵉʳ, avec lequel il fit les guerres d'Italie, où il se distingua et fut blessé trois fois. Il eut aussi trois combats singuliers dont il sortit vainqueur. On l'appelait, dit une vieille chronique, *le vrai chevalier, la fleur de noble famille*. Il mourut en 1534, à quatre-vingt-six ans.

(1) M. Filon, *Hist. de l'Europe au XVIᵉ siècle*, t. I, 201 et 203.
(2) Ou plutôt un *jaguar*, car il n'y a pas de tigres en Amérique.

CASAS (CHRISTOPHE DE LAS), né à Séville et mort en 1576, est auteur d'une traduction espagnole de Solin, Séville, 1573, in-4º. Il existe encore de lui un vocabulaire italien-espagnol (Venise, 1576, in-8º), réimprimé dans la même ville en 1594. Anciennement estimé, cet ouvrage est maintenant devenu inutile.

CASAS (GONZALVE DE LAS), seigneur de la province ou nation de Zanguita au Mexique, vivait dans le XVIᵉ siècle. Il publia un traité sur la culture des vers à soie dans la nouvelle Espagne : *Arte para criar seda en Nueva España* (Grenade, 1581, in-8º), réimprimé avec les traités d'Herréra et autres sur l'agriculture (Madrid, 1620, in-folio). Deux autres ouvrages de Gonzalve de las Casas sont : 1º *Tratado de la guerra de los Chichimecos*; 2º *Defensa de conquistas y conquistadores de las Indias occidentales*. Ces deux ouvrages n'existent encore qu'en manuscrit.

CASES (MARIE-JOSEPH-EMMANUEL-AUGUSTE-DIEUDONNÉ, COMTE DE LAS), que son dévouement à Napoléon dans l'exil et le *Mémorial de Sainte-Hélène* rendront à jamais célèbre, naquit, en 1766, au château de las Cases, aux environs de Revel (Haute-Garonne). Le grand nombre de ses prénoms indique, à vrai dire, un peu le voisinage de l'Espagne. Le comte de las Cases se glorifiait, à juste titre, d'appartenir à la même famille que le vertueux évêque de Chiapa, prétention fondée sur d'anciens parchemins qui prouvent que cette famille, d'origine française, étant passée en Espagne, avec Henri de Bourgogne, revint en France sous la régence de la reine Blanche, mère de Saint-Louis, et était en possession du marquisat de la Caussade. Le jeune de las Cases, après avoir fait d'excellentes études au collège militaire de Vendôme, sous les prêtres de l'Oratoire, fut admis à l'école militaire de Paris (1), à la suite d'un brillant concours; peu après, il passe à l'école de marine, et après les examens de rigueur, dans lesquels il obtint les premiers numéros, il fut reçu à bord d'un vaisseau de l'escadre gallo-espagnole, commandée par don Louis de Cordova. Il assista au siège de Gibraltar, où il courut les plus grands dangers, et, le 20 octobre 1782, prit une part glorieuse au combat naval qui se donna près de Cadix, et dans lequel se trouvaient engagées deux escadres de cinq vaisseaux de ligne chacune. Il profita du retour de la paix pour visiter successivement les colonies d'Amérique, le Sénégal, l'île de France et l'Inde. Il servit dans la guerre de l'indépendance, et fut enfin nommé lieutenant de vaisseau à vingt-trois ans, peu de jours avant l'ouverture des états généraux. Las Cases subit en cette occasion des examens dans lesquels il satisfit si bien ses examinateurs, au nombre desquels était le célèbre Monge, qu'il lui fut accordé une lieutenance, de préférence à trois cents concurrents, ses anciens. Dès le commencement de la révolution, il émigra, comme la plupart des officiers de marine qui tenaient à la noblesse, et alla se ranger à Worms, sous les drapeaux du prince de Condé. De Worms il se rendit à Coblentz, où il fut admis dans la société de Mᵐᵉˢ de Polastron et de Balbi, chez lesquelles les deux frères du roi passaient en général leurs soirées, et fit plusieurs voyages à Aix-la-Chapelle, où il gagna l'affection du roi de Suède, Gustave III, qui parcourait l'Europe *incognito*, sous le nom de comte de Haya, et qui, après lui avoir conféré un grade dans sa marine, voulait l'emmener avec lui dans ses États. Las Cases fut aussi honoré de l'estime et de la confiance de la princesse de Lamballe, qu'il accompagna jusqu'à la frontière, lors de son retour en France, auprès de la reine, qu'il aurait suivie, déguisé, jusqu'à Paris, si elle ne l'en eût empêché. Après la déroute des Prussiens en Champagne, las Cases cherche à pénétrer en Hollande, à travers le Luxembourg et le pays de Liége, et passa de Rotterdam à Londres, sur un vaisseau charbonnier, où il eut à souffrir les plus durs traitements. Plus tard, las Cases, qui faisait partie de l'expédition de Quiberon, eut le bonheur de ne point débarquer; ce qui sans doute lui sauva la vie. De retour en Angleterre, il se trouva dans la situation la plus pénible, sans amis et sans argent. Il se fit maître de langues et de mathématiques, travailla vigoureusement, et, après plusieurs années d'études et de recherches, il publia, sous le nom de Lesage, un excellent *atlas historique et géographique*, dont la vente le mit pour longtemps à l'abri du besoin.

(1) A l'école militaire de Paris, M. de las Cases précéda Napoléon d'une année, et ne put l'y voir, parce qu'il en sortit avant le temps pour entrer dans la marine. C'était, en ce moment, le service en grande faveur, sollicité par toutes les familles : la France combattait l'Angleterre pour soutenir l'indépendance américaine.

Il est souvent question de cet ouvrage dans le *Mémorial de Sainte-Hélène*, et même, à dire le vrai, plus souvent que de raison. Ici l'on trouve : *Je disais à l'empereur : Mon atlas*, etc. *L'Empereur me disait : Votre atlas*, etc. De compte fait, l'atlas revint sur le tapis une vingtaine de fois; mais pardonnons à l'auteur cette petite faiblesse paternelle, bien justifiée d'ailleurs par le mérite réel de cette production. Quoique le comte de las Cases ne fût plus malheureux en Angleterre, il soupirait pour la France; il fut l'un des premiers à profiter de l'amnistie offerte aux émigrés. Il revint donc, et continua dans une douce retraite de se livrer aux études qu'il chérissait. Le perfectionnement de l'atlas en fut un heureux fruit; mais, en 1809, lorsque les Anglais attaquèrent Flessingue et menacèrent Anvers, las Cases s'empressa d'offrir ses services au gouvernement, et figura parmi les nombreux volontaires qui marchèrent vers l'Escaut, sous la conduite de Bernadotte. Placé dans l'état-major du maréchal, il se fit assez remarquer pour mériter d'être signalé à Napoléon, qui le nomma chambellan, à l'époque de son mariage avec Marie-Louise. A ces fonctions purement honorifiques, las Cases souhaita joindre un titre plus conforme à ses talents et à l'activité de son esprit. Ses désirs furent satisfaits : il obtint le titre de maître des requêtes, titre justement envié dans un temps où, grâce à la nullité du sénat et du corps législatif, le conseil d'Etat pouvait justement passer pour le premier corps politique de l'empire. Las Cases, en qualité de maître des requêtes, fut chargé de plusieurs missions importantes; il alla en Hollande, au moment de la réunion de ce royaume à l'empire, pour y recevoir les objets relatifs à la marine; en Illyrie, pour y liquider la dette publique; et, dans la moitié de l'empire, pour inspecter les établissements de bienfaisance. Dans ces diverses missions, las Cases donna des preuves d'habileté; mais sa célébrité ne date donc que de 1815. A la première entrée des Bourbons dans Paris, il se démit du commandement de la 10ᵉ légion de la garde nationale et partit pour l'Angleterre, d'où il envoya assez tardivement, comme membre du conseil d'Etat, son adhésion à la restauration des Bourbons. Napoléon, de retour de l'île d'Elbe, le nomma conseiller d'Etat, bien que las Cases ne fût pas encore de retour d'Angleterre. Il revenait en France, lorsque la bataille de Waterloo vint renverser définitivement le trône impérial. A peine sut-il l'empereur arrivé de Waterloo, qu'il alla spontanément se placer de service, comme chambellan, auprès de sa personne. « Tels avaient été jusquelà, dit-il, dans le *Mémorial*, le désintéressement, la simplicité, quelques-uns diront la niaiserie de ma conduite, que, malgré mes relations journalières, comme officier de sa maison et membre de son conseil, il me connaissait à peine. Je me trouvai au moment de son abdication, et, quand il fut question de son éloignement, je lui demandai à partager ses destinées. » Mais savez-vous jusqu'où votre offre peut vous conduire? me dit-il dans son étonnement. — Je ne l'ai point calculé, répondis-je. « Il m'accepta. » — Las Cases ne put accompagner Napoléon dans son voyage à Rochefort, mais le rejoignit dans cette ville, après avoir couru de vrais dangers dans son passage à Saintes, et, peu de jours après, tous deux voguaient ensemble pour Sainte-Hélène. C'est là que, pendant près de dix-huit mois, las Cases eut avec le monarque déchu, un commerce intime de tous les instants; il devint son maître d'anglais, et conçut l'heureuse idée de mettre par écrit, chaque soir, les faits et dits de l'empereur. Le héros se plaisait à faciliter le travail de son bienveillant historiographe, et développait dans de longues conversations les points les plus remarquables de son étonnante histoire. Le jeune Emmanuel de las Cases, actuellement député, que son père, en partant, avait emmené de Paris, servait souvent de copiste. L'empereur avait un ami; sir Hudson-Lowe lui envia cette consolation; il redoutait aussi les révélations consignées dans le journal du comte de las Cases, dont la correspondance fut interceptée; on y lut les plaintes amères qu'il adressait en Europe sur la conduite barbare des agents du gouvernement britannique. En conséquence, il fut brutalement arrêté, le 25 novembre 1816, en présence même de Napoléon. Les portes de son appartement furent enfoncées, tous ses papiers saisis, et pendant cinq semaines on le tint en chartre privée. Transporté ensuite au cap de Bonne-Espérance, on l'y retint prisonnier pendant huit mois. Napoléon fut très-sensible au départ de las Cases, et, dans une lettre aussi noble que touchante, lui fit connaître ses sentiments à cette occasion. Las Cases était dangereusement malade, lorsque enfin il fut jeté sur un bâtiment, monté seulement de douze hommes d'équipage. Après cent jours environ de la

plus pénible traversée, il arriva dans la Tamise, mais on ne lui permit pas de débarquer. Tous ses papiers furent de nouveau saisis sans inventaire, par un agent de police, et il fut envoyé comme prisonnier, sur le continent, traîné sous l'escorte de deux gendarmes, à travers le royaume des Pays-Bas et conduit à Francfort, où la liberté lui fut enfin rendue après une captivité de treize mois, qui avait considérablement altéré sa santé, naturellement très-délicate. Il était de petite taille, et, chose étrange, quoique marin dès sa jeunesse, il fut toute sa vie sujet au mal de mer. A son arrivée à Francfort, il se mit sous la protection de l'Autriche, et depuis ce moment il ne fut plus inquiété. Quatre ans après, on lui permit de revoir sa patrie. Napoléon, en mourant, lui donna dans son testament, une place honorable [1]. Las Cases possédait, en outre, trois souvenirs précieux qu'il tenait de la main même du donateur, savoir : 1° le nécessaire de campagne dont Napoléon s'était servi à Austerlitz; 2° ses éperons de la campagne de France; 3° une croix d'officier de la Légion d'honneur qu'il avait longtemps portée. De retour en France, M. de las Cases mena une vie studieuse et retirée, et vit ainsi s'écouler plusieurs années assez douces dans le cours desquelles il publia le *Mémorial de Sainte-Hélène*, qui a obtenu et qui devait obtenir un si prodigieux succès. Dans cet ouvrage écrit sous la dictée d'un héros, qui trop souvent a menti à la postérité, l'auteur ou plutôt le rédacteur, complaisant et dévoué, passe en revue les principaux événements de la vie de Napoléon; il les met en relief, et s'efforce avec beaucoup d'art de pallier *les moins pardonnables offenses*. Il pousse l'*apologie* jusqu'à vouloir justifier le meurtre du duc d'Enghien; ce plaidoyer occupe un long chapitre laborieusement travaillé; vains efforts! C'est ici la tache de sang sur la main de lady Macbeth; l'Océan y passerait sans pouvoir l'effacer. Quant à la vie de l'auteur, elle se trouve retracée dans ce même ouvrage, à peu près tout entière, par fragments détachés. Il suffit à l'historien de les recueillir et de les coordonner. Car las Cases parle toujours de lui-même avec autant de convenance que de bonne foi. Lorsque la révolution de 1830 réveilla les bonapartistes, il rentra dans la vie politique. Elu député par l'arrondissement de Saint-Denis, il prit, durant deux sessions, une part active aux travaux de la Chambre, toujours sur les bancs de la gauche. En 1834, il refusa le mandat qui lui était proposé, et fut honoré par les électeurs de Saint-Denis de la présidence du collège; mais, quoiqu'il cédât au poids de l'âge et des infirmités, il accepta de nouveau, en 1839, le titre de député pour le même arrondissement. Tout ce que l'on connaît de lui dans cette dernière époque, c'est un mot assez significatif, prononcé au moment où le système de la *paix à tout prix* laissait par tout pays vilipender la France, souffrait débonnairement le bombardement de Beirouth, et sacrifiait le pacha d'Egypte, Méhémet-Ali : « *Nous faisons*, dit las Cases, *une halte dans la boue*. » Ce mot a été attribué, dans une autre circonstance, au général Lamarque. Il mourut à Passy en 1841, emportant au tombeau la réputation bien rare, d'un homme qui n'avait jamais varié dans ses opinions politiques depuis le moment où il embrassa la cause de Napoléon. On l'a souvent appelé le courtisan du malheur et de l'exil [2].   Ch. DU ROZOIR.

---

(1) Il paraît que jamais M. le comte de las Cases n'a touché, intégralement du moins, la somme que Napoléon lui léguait par son testament.

(2) Voici l'opinion de sir Walter Scott sur M. de las Cases et sur son *Mémorial de Sainte-Hélène*. On sait que le célèbre romancier n'est favorable ni à Napoléon, ni à ce qu'il a touché. « Dans le mois de novembre 1816, Napoléon fit une perte qui dut lui être sensible, en se voyant ravir la société du comte de las Cases. Le profond attachement du comte à sa personne ne pouvait être mis en doute ; et son âge, son caractère, comme ayant exercé des fonctions civiles, l'empêchaient de prendre beaucoup de part à ces débats et à ces querelles qui, malgré l'affection qu'ils avaient tous pour Buonaparte, éclataient parfois entre les officiers de sa maison. Il avait du goût pour les lettres, et était en état de converser sur les principaux points de l'histoire et des sciences. C'était un émigré, et connaissant toutes les manœuvres et les intrigues de l'ancienne noblesse, il avait mille anecdotes à raconter que Napoléon écoutait avec plaisir. — Mais ce qui le rendait surtout précieux, c'est qu'il recueillait et consignait sur un *journal* tout ce que disait Buonaparte, avec une fidélité scrupuleuse et un zèle infatigable ; et de même que l'auteur de l'un des ouvrages les plus amusants de la langue anglaise (la *Vie de Johnson*, par Boswell), le comte de las Cases ne trouvait jamais trivial rien de ce qui pouvait servir à peindre l'homme. Comme Boswell aussi, son admiration pour son héros était si grande, que parfois on serait tenté de croire qu'il n'a pas une idée bien exacte du bien et du mal, tant il est porté à trouver ce que Napoléon dit ou fait invariablement bien. Mais si son affection contribuait jusqu'à un cer-

CASAS-GRANDES (*géogr.*), ruines de quelques habitations dans le Mexique, province de Sonora, près du confluent du Gélac et du San-Pedro, sous 33° 34' de lat. nord, et 113° 18' de long. ouest.—Ce fut la demeure momentanée des Aztèques venus des rives du lac Téguayo. On remarque, parmi les ruines de cette tribu, un ancien et vaste édifice qu'on croit avoir été construit par les Mexicains, et avoir servi de forteresse.—On donne encore le nom de CASAS-GRANDES à d'autres ruines situées dans la Nouvelle-Biscaye, à 64 lieues nord-ouest de Chihuahua, à l'endroit où fut la troisième demeure des Aztèques.

CASASOLA (COMBAT DE). Quand la division du général Masséna se fut emparée du fort de la Chiusa, dans le Frioul, les Autrichiens cherchèrent à lui disputer le passage du pont de Casasola (19 mars 1797). Mais les grenadiers de la 32e demi-brigade, marchant en colonne serrée, forcèrent le pont, culbutèrent l'ennemi, malgré ses retranchements et ses chevaux de frise, et lui firent six cents prisonniers.

CASATI (PAUL), né à Plaisance en 1617, entra chez les jésuites de bonne heure, et, après avoir enseigné à Rome les mathématiques et la théologie, fut envoyé en Suède à la reine Christine, qu'il achèva de déterminer à embrasser la religion catholique. Il mourut à Parme le 22 décembre 1707, à l'âge de quatre-vingt-onze ans. Il est auteur des ouvrages suivants : 1° *Vacuum proscriptum*; 2° *De terra machinis mota*, Rome, 1668, in-4°; 3° *Mechanicorum libri octo*; 4° *De igne dissertationes*, Parme, 1686 et 1695, 2 vol. in-4° : ce traité est fort estimé; *De angelis disputatio theologica*; *Opticæ disputationes*. Il composa un traité d'optique à quatre-vingt-huit ans, étant déjà aveugle. On a encore de lui divers autres livres peu importants, dont on trouve la liste dans Nicéron.

CASATI (CHRISTOPHE), patricien milanais, né en 1722, et mort dans sa patrie en 1804, était fils du comte Joseph Casati, homme très-instruit, et qui rassemblait chez lui un grand nombre de savants, de littérateurs et d'artistes. Plusieurs d'entre eux durent à ses encouragements une partie de la gloire qu'ils avaient acquise, et de ce nombre fut Migliarca, auteur du poëme intitulé : *il Figliuol prodigo*. Au milieu d'une telle société, le jeune Christophe ne put manquer de prendre du goût pour les sciences et les arts. Son inclination particulière le porta spécialement à l'étude de la jurisprudence, et surtout à celle de l'histoire et des vieilles chartes. Il a composé, en ce genre, plusieurs écrits pleins d'érudition, qui sont restés dans son portefeuille. Le seul que le public ait connu, par l'impression, est une dissertation de 207 pages in-8°, intitulée : *Dell' origine della auguste case d'Austria e di Lorena*, Milan, 1792. Dans cet ouvrage, qui lui valut d'honorables témoignages de satisfaction de la cour de Vienne, il a fait voir, en réfutant quelquefois Mabillon et d'Herrgott, qu'Eticon, premier duc de l'Allemagne inférieure, fut la souche commune des princes d'Autriche et de Lorraine. Établissant ensuite que le père d'Eticon fut le duc Boniface, et son aïeul le duc Gondon, Casati met en évidence l'origine du très-ancien droit de patronage de la maison d'Autriche avait sur la célèbre abbaye de Grandval, en Alsace, et de celui de souveraineté, non moins ancien, qu'elle exerça sur cette province. La dissertation est accompagnée d'un appendice où l'auteur a montré d'une manière assez péremptoire que les familles des princes français, carlovingiens et capétiens, dérivent de la même souche que celle des princes d'Autriche et de Lorraine.

CASATSCHIA ou CASAUCIA, village du canton des Grisons en Suisse, dans la *ligue de la Maison de Dieu*, et dans la haute judicature de Bregell (Bregaglia). Il est situé sur les deux rives de la Maira, au pied des monts Septimc et Maloeja. Ce village, qui forme une paroisse réformée, est exposé à de fréquents éboulements qui du haut des montagnes viennent remplir des maisons entières de bourbe et de pierres, ou les en entourer jusqu'à une certaine hauteur; ce qui offre un spectacle tout à fait particulier. Le torrent de bourbe qui se répandit sur ce village en 1675 fut celui qui exerça les plus grands ravages. On ne voit plus la moindre trace de l'ancien château de Turratscha, ni d'un couvent qui se trouvait dans le village avant la réforme.

tain point à avengler son jugement, elle partait du moins du fond du cœur. Le comte en donna encore une preuve non équivoque, en consacrant au service de son maître une somme de 4,000 livres sterlings ou environ, composant toute sa fortune, qui était placée dans les fonds anglais. — Il est d'autant plus à regretter qu'il ne soit pas resté à Sainte-Hélène, que son *journal* présente le meilleur recueil non-seulement des pensées véritables de Buonaparte, mais encore des opinions qu'il voulait faire passer pour telles. Il n'y a pas de doute que le départ de ce dévoué serviteur ne dût augmenter beaucoup le vide affreux qu'éprouvait l'exilé de Longwood.

Par contre il s'y trouve un grand dépôt de marchandises, attendu que les routes commerciales qui conduisent de Chur en Tyrol et à Chiavenne passent par ce village. Dans le voisinage on voit les restes d'une chapelle, dédiée autrefois à saint Gaudence, l'apôtre des Bregelles. On trouve aussi dans les environs l'importante métairie de Capril. Il y a une auberge au haut du Majoela.

CASAUBA (LA) ou COSSAVA, et plus communément KIIOSS-BAH, est un château fort d'Alger. Il est situé au haut du triangle que forme la ville. Nous ne savons pas précisément l'époque de sa fondation; mais il paraît qu'elle ne remonte pas à plus d'un siècle. Ce château fort fut bâti pour recéler les trésors du gouvernement. Le dernier dey, Houcaïn-Pacha, redoutant pour lui le sort funeste de ses prédécesseurs, quitta la demeure ordinaire des chefs, et alla habiter ce château qu'il hérissa de canons; il s'y renferma, et, prisonnier volontaire, il s'y faisait garder par des troupes affidées qu'il payait largement. Il ne laissait pénétrer dans son château que très-peu de personnes, et toujours avec beaucoup de prudence, redoutant sans cesse l'esprit remuant des soldats, qui s'enrichissaient dans les troubles qu'occasionnaient les fréquentes chutes des deys d'Alger. Il ne sortit qu'une seule fois de son château dans douze années de règne, jusqu'à ce qu'enfin il le quitta en 1830, pour le céder aux Français. Dès que la Casauba fut au pouvoir de nos armées, on fit l'inventaire des trésors, et on y mit le scellé par l'ordre du général Bourmont. On disait qu'on y avait trouvé des sommes immenses; quoi qu'il en soit, on n'en a rapporté que quinze millions de francs environ.

CASAUBON (ISAAC), né le 18 février 1559 à Genève, était d'une famille originaire du Dauphiné, qui s'était réfugiée dans cette ville après avoir embrassé la réforme, mais qui ne tarda pas à rentrer dans sa patrie. Instruit par son père, le jeune Isaac fit des progrès si rapides que, dès l'âge de neuf ans, il parlait latin avec facilité. A cette époque où les idiomes encore informes n'auraient point permis d'enfanter des ouvrages qui pussent rivaliser avec les chefs-d'œuvre de l'antiquité, la philologie attirait presque toute l'attention des savants. Elle fut aussi l'objet des études de Casaubon, qui remplaça en 1582, à Genève, où il était retourné pour y faire son cours académique, le professeur F. Portus dans la chaire de langue grecque. Il épousa dans cette ville Florence, fille de Henri Étienne, qui lui-même avait corrigé et imprimé la plupart des grands auteurs anciens, et publia des éditions et des traductions accompagnées de notes et de commentaires. En 1596, une chaire de grec et de belles-lettres lui fut donnée à Montpellier, où il ne demeura que deux années, parce qu'il n'était point exactement payé. Henri IV le fit venir à Paris pour remplir les mêmes fonctions; et en 1603 il fut nommé bibliothécaire du roi, avec un traitement de 400 livres, somme considérable à cette époque. Il fut un des commissaires à la conférence de Fontainebleau, entre le cardinal Duperron et Duplessis-Mornai, et il se prononça en faveur du premier. Les réformés, tout en se montrant jaloux de conserver dans leurs rangs un homme d'une réputation aussi grande, lui reprochaient sa modération et sa tiédeur ; et en effet il était loin de partager leurs sentiments sur plusieurs points notables de leur symbole. « Il ne faut pas le dissimuler, écrivait-il à Wittembogard : la grande différence que je trouve entre notre foi et celle de l'ancienne Église me cause beaucoup de trouble; car, pour ne point parler des autres questions, Luther s'est éloigné des anciens sur les sacrements ; Zwingle s'est éloigné de Luther ; Calvin a abandonné l'un et l'autre, et ceux qui ont écrit depuis ont abandonné Calvin. Si nous continuons d'aller ce train, quelle sera la fin de tout ceci ? » Il se montra constamment un grand esprit de paix dans les querelles de religion ; mais les ménagements qu'il s'efforçait de garder envers les catholiques et envers les huguenots déplurent souvent aux uns et aux autres, et son parti le soupçonna même fortement de penser à se faire catholique. Un de ses fils ayant embrassé la religion romaine, et voulant entrer chez les capucins, alla lui demander la bénédiction paternelle avant de prononcer ses vœux. « Je te la donne de bon cœur, lui dit Casaubon ; je ne te condamne point, ne me condamne pas non plus : nous paraîtrons tous deux devant Jésus-Christ qui nous jugera. » Ce propos, observe Feller, tombait à faux ; les catholiques ne condamnent personne, mais ils croient à l'Évangile qui ne veut qu'une foi et qu'une Église. On cite encore de lui un mot qui prouve que Casaubon avait adopté une sorte de scepticisme ou d'indifférence sur la religion. « Voilà une salle, lui disait-on un jour à la Sorbonne, où l'on dispute depuis quatre cents ans. — Qu'y a-t-on décidé, demanda-t-il aussitôt. Après la mort de Henri IV, le chevalier Wotton, ambassadeur extraordinaire de Jacques Ier, l'emmena en Angleterre, et ce roi lui donna deux prébendes, l'une à Cantorbéry, l'autre à Westminster, avec 200 livres sterling de pension. Comme son attachement au parti de la réforme paraissait très-douteux aux protestants (eux-mêmes, Pierre Dumoulin écrivait à l'évêque de Bath qu'Isaac Casaubon avait un penchant décidé pour le papisme ; qu'il fallait le retenir hors de la France ; et que s'il y retournait il ne manquerait pas de changer de religion. Casaubon se fixa effectivement en Angleterre, et mourut à Londres le 1er juillet 1614. On lui accorda les honneurs de la sépulture à Westminster. Bon traducteur et excellent critique, Casaubon mérita l'estime des érudits ; mais son amour-propre excessif lui attira des désagréments. Il avait publié sous le nom d'*Hortibonus* ses notes sur Diogène Laërce et sur Théocrite ; puis il reprit son nom véritable, auquel il se contenta de donner une désinence latine. On lui doit un grand nombre d'ouvrages, dont les principaux sont : 1° *Polyæni stratagematum gr. et lat. cum notis Casauboni*, Lyon, 1589, in-12. C'est Casaubon qui, le premier, a publié le texte grec de cet auteur. 2° *Aristotelis opera græce et latine*, Lyon, 1590, in-8°, réimprimé plusieurs fois. 3° *Theophrasti characteres græce et latine*, Lyon, 1622. On cite encore les éditions de Cambridge, par Needham, 1712, et de Cobourg, par Fischer, 1763, in-8°. 4° *Suetonii opera cum animadversionibus*, Paris, 1606, in-4°. 5° *Persii satyræ cum commentariis*, Paris, 1605, in-8° ; dont Scaliger, ami du glossateur, disait que la sauce valait mieux que le poisson. 6° *Polybii opera græce et latine*, Paris, 1609 et 1617, in-8°. 7° *De satirica Græcorum poesi et Romanorum satira libri duo*, Paris, 1605, in-8°. Casaubon soutient dans cet ouvrage que la poésie satirique des Latins diffère beaucoup de celle des Grecs, opinion combattue par Heinsius, adoptée par Spanheim. Là se trouvent les premières recherches faites avec succès sur la satire chez les Grecs et les Latins. 8° *Exercitationes in Baronium*, Londres, 1614, in-fol. ; Francfort, 1615, in-4° ; Genève, 1655 et 1673, in-4°. Cet ouvrage eut fort peu de succès, même chez les protestants. Casaubon, dit Tabaraud, n'avait ni assez d'érudition ecclésiastique, ni assez de science théologique pour une entreprise de cette nature. Il ne pousse son examen, observe Feller, que jusqu'aux trente-quatre premières années, et l'on a dit avec raison qu'il n'avait attaqué le grand édifice du cardinal que par les girouettes. Leclerc le blâme d'avoir écrit sur des matières qu'il n'entendait pas assez, et qu'il n'était pas dans son temps d'étudier dans ses vieux jours. 9° *Ad Frontonem Duceum epistola*, Londres, 1611, in-4°, où l'auteur s'attache à combattre la domination des jésuites sur l'autorité des rois. 10° *Casauboni epistolæ*. L'édition la plus complète et la plus estimée est celle d'Ameloveen, Rotterdam, 1709, in-folio, avec sa vie, ses poésies, les lettres de son fils et les notes marginales de Colomiés. Le style en est assez vanté ; mais le lecteur est quelquefois rebuté par le grand nombre des citations grecques, les plaintes multipliées de l'auteur contre ceux dont il croyait avoir à se plaindre, et surtout par le peu d'importance des matières traitées dans ces lettres.

PÉRENNÈS

CASAUBON (MÉRIC), et non *Marie*, comme les biographes l'ont écrit par inadvertance, fils du précédent, né à Genève le 14 août 1599, commença ses études dans l'académie protestante de Sédan, et, ayant suivi son père en Angleterre, les continua au collège de Christ à Oxford, où il fut reçu docteur en théologie. Il devint curé de Bledon, dans le comté de Somerset, chanoine de Cantorbéry, et recteur d'Ickham ; mais la révolution qui précipita Charles Ier du trône à l'échafaud lui enleva tous ses bénéfices. Cromwell lui ayant fait proposer d'écrire l'histoire de son temps, en offrant de lui rendre la bibliothèque de son père avec une pension viagère, réversible sur toute sa famille, il préféra conserver l'indépendance de son caractère et de ses principes, et refusa même, bien qu'il fût dans le besoin, une somme de 400 livres sterling que Cromwell voulut lui faire remettre en pur don. Il refusa également l'offre que lui fit la reine Christine, par son ambassadeur, de se rendre en Suède où il l'attendait un traitement honorable. Après le rétablissement des Stuarts, Méric reçut la récompense de sa fidélité. Tous ses bénéfices lui furent rendus, et il les conserva jusqu'à sa mort, arrivée le 14 juillet 1671. Un monument lui fut érigé dans la cathédrale de Cantorbéry. D'un caractère doux et affable, il aimait à communiquer les résultats de ses études, et il aida particulièrement Stanley pour son édition d'*Eschyle*, et Selden pour ses explications des marbres d'Arundel. Les ouvrages par lesquels il débuta dans la carrière des lettres honorent sa piété filiale, puisqu'ils eurent pour objet de venger la mémoire de son père, attaquée sur les mœurs et la religion. C'est par eux que nous commencerons en donnant la liste des principaux ouvra-

V.

ges de Casaubon : 1° *Pietas contra maledicos patrii nominis et religionis hostes*, Londres, 1621, in-8°. Ce volume contient la liste de tous les ouvrages d'Isaac Casaubon, manuscrits ou imprimés. 2° *Vindicatio patris adversus impostores*, Londres, 1624, in-4°. Méric se propose, dans ces deux écrits, de réfuter des imposteurs qui avaient publié, sous le nom de son père, un livre dont le but était de faire venir la liturgie chrétienne de celle du paganisme et de celle de l'Alcoran. 3° *Optati milevitani libri septem, cum notis et emendationibus*, Londres, 1631, in-8°. 4° *Notæ et emendationes in M. Antonini libros XII*, Londres, 1643, in-8°. Il avait publié la traduction de ces livres en anglais, 1634, in-4°, et 1664, in-8°, avec un index de tous les mots grecs philosophiques qu'on y trouve, et des mots latins correspondants de Sénèque et de Cicéron. 5° *De verborum usu et accurata eorum cognitionis utilitate diatriba*, 1647, in-12. 6° *De la crédulité et de l'incrédulité*, première partie en 1668, deuxième partie en 1670, in-8° ; l'auteur attaquait dans cet ouvrage, qui eut peu de succès, le saducéisme moderne, établissait la réalité des esprits, celle des opérations surnaturelles, sans en exclure celles des sorciers, et donnait une histoire du platonisme dans ses rapports avec le christianisme. 7° *La Cause première des biens et des maux qui arrivent en ce monde*, 1645, in-4°. L'auteur expose les sentiments des païens à ce sujet, et entreprend de prouver qu'ils les ont puisés dans l'Ecriture sainte. 8° *Traité de l'enthousiasme*, 1655, in-8°, contre ceux qui l'attribuaient à une inspiration du ciel, et contre d'autres qui le regardaient comme une inspiration du diable. 9° *Véritable et fidèle Relation de ce qui s'est passé entre Jean Dée et certains esprits*, 1659, in-folio. Leibnitz faisait cas de cet ouvrage. 10° *Défense de l'oraison dominicale*, 1669. Cet écrit est dirigé contre le docteur Jean Owen, qui, étant directeur de l'université d'Oxford, s'était couvert au moment où le prédicateur récitait cette oraison. Méric Casaubon a donné des notes sur Térence, Epictète, Hiéroclès, Florus ; sur Diogène Laërce, dans l'édition de Meibomius ; sur Polybe, dans l'édition de Gronovius ; et sur Perse, dans celle de Londres, 1647, in-8°. Il a beaucoup profité des travaux et de l'érudition de son père ; mais on regrette que son style soit si rebutant par sa faiblesse extrême et par sa lourdeur.

PÉRENNÈS.

CASAUX (THÉODORE), consul de Marseille dans le XVIe siècle, a acquis une honteuse célébrité par sa conduite lors de l'avénement de Henri IV. Ayant traité avec les Espagnols, il allait leur livrer la ville, lorsqu'un habitant nommé Libertat, Corse d'origine, introduisit le duc de Guise par une porte confiée à sa garde, et tua de sa propre main le traître en 1596.

CASAUX (CHARLES, MARQUIS DE), membre de la société royale de Londres et de celle d'agriculture de Florence, était propriétaire à l'île de Grenade ; mais la France ayant cédé cette île à l'Angleterre par le traité de 1763, il devint sujet de cette puissance. Après un long séjour dans cette colonie, il revint en France, et il demeurait à Paris pendant les années 1788 à 1791. Il y était distingué par l'agrément et la justesse de son esprit dans les meilleures sociétés, et notamment dans celle du duc de la Rochefoucauld et de la duchesse d'Enville, sa mère. Après le 10 août 1792, Casaux passa à Londres, où il est mort en 1796, dans un âge avancé. Pendant son séjour à la Grenade, il s'était beaucoup occupé de la culture de la canne à sucre, et il reconnut que l'opinion généralement reçue alors, que la culture de cette plante et l'extraction du sucre ne pouvaient se faire d'une manière avantageuse qu'en grand, et par des nègres esclaves, n'était qu'un préjugé : il fit voir, par sa propre expérience, que l'on obtenait des résultats proportionnellement aussi avantageux par la petite culture, c'est-à-dire par de petites habitations ou propriétés, avec très-peu de monde. Il donna sur ce sujet un mémoire à la société royale de Londres, sous ce titre : *Système de la petite culture des cannes à sucre* (*Transact. philosoph.*, vol. LXIX). Ce mémoire fut jugé si utile, qu'il fut réimprimé séparément à Londres en 1779, in-4°, et, dix ans après, à Paris, dans le *Traité du sucre*, par le Breton, Paris, 1789, in-12. Casaux, l'ayant beaucoup perfectionné, le publia sous une forme nouvelle, avec ce titre : *Essai sur l'art de cultiver la canne et d'en extraire le sucre*, Paris, 1781, in-8° de 512 pages, avec une planche assez mal exécutée. Cet ouvrage, remarquable à l'époque où il parut, a été surpassé par celui que M. Dutrône a publié à Paris en 1789 sur le même sujet. Casaux a aussi enrichi de notes la traduction française du voyage d'Arthur Young en France, Paris, an II (1793, 3 vol. in-8°). Il a publié des *Considérations sur quelques parties du méchanisme des sociétés*, Londres, 1785-1788, 5 parties in-8°, ouvrage qui a été traduit en anglais sous les yeux de l'auteur, par Parkyns Macmalson.

Cet ouvrage, et plusieurs opuscules qu'il composa pendant la révolution, lui ont fait une réputation parmi les *publicistes*. On trouve la liste de ses écrits dans la *France littéraire* de M. Ersch, qui a seulement oublié d'indiquer celui qui a pour titre : *La proposition (haussement de paye des ouvriers) n'est pas neuve, il ne s'agissait que de la démontrer*, Paris, 1789, in-8°.

CASBA (*géogr.*), ville d'Afrique dans le royaume de Tunis, et qui fut autrefois une colonie romaine. Elle est située dans une vaste et fertile plaine à environ 25 ou 30 milles au delà de Tunis. Les murailles de cette ville subsistent encore, quoiqu'elle ait perdu presque tous ses habitants depuis qu'elle fut ravagée par les Turcs, lorsqu'ils conquirent cette contrée.

CASBIA (*géogr. anc.*), ville d'Asie-Mineure, en Lycaonie (*Ptolémée*).

CASBIN ou **CAZBIN** (*géogr.*), ville de Perse, province de l'Irac-Adjemy, chef-lieu de district, à 34 lieues ouest-nord-ouest de Téhéran. Latitude nord, 36° 15'; longitude est, 47° 17'. Elle est située dans une plaine fertile, au pied d'une montagne; un gouverneur y réside. C'est une des plus grandes villes de la Perse, et fut autrefois le siége de l'empire. Une grande partie des édifices est maintenant en ruines; elle est de forme carrée, et entourée d'un mur en briques flanqué de hautes tours. La plupart des maisons, en briques séchées, sont basses et couvertes d'un toit plat. On y remarque une belle place plantée d'arbres; un palais royal, plusieurs mosquées, dont une très-belle bâtie par Feth-Ali-Chah; des médresses, de très-beaux bazars, des caravansérails et des bains. Il y a des manufactures de velours, d'étoffes de soie et de tissus de coton, de housses, de tapis et de montres. Cette ville était autrefois très-renommée pour ses fabriques de lames de sabre; on n'y compte plus maintenant qu'une dizaine d'ateliers où l'on s'occupe de cette fabrication. Le commerce y est encore très-important, Casbin étant l'entrepôt des soieries du Ghilan et du Chirvan, destinées pour Bagdad, Surate, et l'intérieur de la Perse, et d'une grande partie du riz du Ghilan et du Mazenderan. — Cette ville a vu naître un grand nombre d'hommes célèbres et plusieurs saints musulmans. Ses environs, bien cultivés, produisent un vin très-capiteux et aussi estimé que celui de Chiraz, des pistaches égales à celles d'Alep, et des melons réputés dans toute l'Asie. — Le district de Casbin est à l'ouest de celui de Téhéran et au sud de la province de Mazenderan, dont il est séparé par les monts Elbours. — La population de la ville est d'environ 40,000 habitants.

CASBOIS (DOM NICOLAS), savant mathématicien, né dans le département de la Meuse, fut président de la congrégation de Saint-Vanne en 1789, et mourut pendant l'émigration. Outre plusieurs mémoires sur des hygromètres et des aéromètres de sa composition, mémoires insérés dans le *Dictionnaire encyclopédique* (t. XVIII), dans le *Journal encyclopédique* (1765, 1777), et dans les *Affiches des évêchés de Lorraine* (1781, 1784), il a laissé les *Opuscula elementaria*, Metz, 1789, 2 vol. in-8°. — Casbois est le véritable inventeur de la méthode dite de Mlle Gervais, pour la fabrication du vin.

CASBON (hébr., *dénombrement; autrement le fils qui se presse*), même ville qu'Hésebon, ou Esebon, ou Esbus, au delà du Jourdain (*I. Machab.*, v, 36).

CASCA, un des meurtriers de César, et celui qui lui porta le premier coup. Il fut ensuite tribun du peuple, et servit dans l'armée de Brutus.

CASCADE (*gramm.*). Ce mot a diverses acceptions figurées. — *Ce discours est plein de cascades, va par cascades*, se dit d'un discours où l'auteur passe tout d'un coup d'une chose à l'autre, sans aucune liaison. — *Je ne sais cette nouvelle que par cascades, elle n'est venue à moi, que par cascades*, cette nouvelle a passé par différentes bouches avant de venir jusqu'à moi. — *Il est arrivé là de cascade en cascade, par cascades*, se dit d'un homme qui, par une suite d'événements, sans avoir de plan apparent et suivi, a été conduit à quelque chose.

CASCADES (*géogr. phys.*). Quoique ce nom ne s'applique, à proprement parler, qu'à des chutes d'eau peu importantes, nous comprendrons sous cette dénomination toutes les chutes de fleuves ou de rivières. — Les véritables *cascades* sont formées par les ruisseaux qui descendent des montagnes; celle de Gavarnie, dans les Pyrénées, est une des plus belles que l'on connaisse. Elle tombe de la hauteur de 1,266 pieds. Les *ports*

ou *cols* que l'on remarque dans les mêmes montagnes, et dans d'autres encore, paraissent être les traces d'anciennes cascades qui ont cessé de couler. — Les fleuves, les rivières qui rencontrent dans leur course une pente abrupte, forment des *cataractes*, des *chutes*, des *sauts*. Les *cataractes* du Nil ont été longtemps célèbres, bien que la plus haute n'ait pas plus de cinq pieds. Que sont ces petites cascades, quand on les compare aux chutes du Lulea, en Suède; de la Nettina, en Dalmatie; du Serio et de la Tosa, en Italie; de la Reuss et du Rhin; et pour finir par un nom national, à celle de l'Ardèche en France? La première passe pour avoir 600 pieds de hauteur; la seconde, 150; la troisième, 500; la quatrième 400; la cinquième, 100; la sixième, 75; et la septième, 100. — Dans l'Amérique septentrionale, la cataracte de James-River est fort haute, mais elle est bien inférieure à celle de Montmorency, qui a 242 pieds de hauteur, et à celle du Niagara, formée par les eaux du lac Erié. Celle-ci a une lieue de long, et tombe de 144 pieds dans un gouffre qu'elle s'est creusé et qui n'en a pas moins de 60 de profondeur. Nous n'essayerons pas d'en faire une froide description. Tout le monde connaît celle de M. de Châteaubriand, qui, au dire des voyageurs, est aussi remarquable par l'exactitude que par la richesse du style. C'est la plus large masse d'eau que l'on connaisse. — Le bruit qu'elle cause s'entend de quinze à vingt lieues, et les vapeurs qui s'en élèvent se voient de vingt-cinq lieues de distance. — Le Niagara est une rivière de 13 à 14 lieues de cours, formée par les eaux du lac Erié qui vont se jeter dans le lac Ontario. A quelque distance de ce dernier lac le sol est plat, et formé en grande partie d'alluvions. C'est au-dessus de cette plaine que s'élève le plateau qui se prolonge jusqu'au lac Erié. L'espace compris entre la chute et le lac Ontario a dû jadis être occupé par ce plateau : de telle sorte que c'est dans ce lac, ou très-près de ses bords, que devaient tomber originairement les eaux du Niagara. L'action destructive des eaux a reculé la cascade de 3 à 4 lieues, et tout porte à croire que dans la suite des siècles elle continuera à se reculer de tout l'espace qui la sépare du lac Erié. Quand cette marche, qui a déjà été observée de mémoire d'homme, sera accomplie, il n'y aura plus qu'une gorge ou un ravin entre les deux lacs. — La nature des roches sur lesquelles coule le Niagara, rend parfaitement compte et de sa marche passée et de sa marche future. L'espèce de muraille du haut de laquelle tombent les eaux est composée de couches calcaires horizontales, reposant sur des couches de schiste; l'eau, humectant sans cesse cette dernière roche, en fait tomber des débris de manière à former un talus; dès que le schiste s'est écroulé, le calcaire n'ayant plus de support cède bientôt et tombe dans l'abîme. Cet effet tout naturel, se renouvelant sans cesse, ne permet pas de supposer, comme on l'a fait, que l'écroulement du plateau puisse avoir lieu d'une manière soudaine, et produise conséquemment une terrible inondation. Ce qui ajoute une nouvelle-preuve à ce que nous venons de dire de la destruction successive du plateau d'où tombe le Niagara, c'est la présence des masses de roches, que l'on voit maintenant au-dessous de la cascade. — L'élévation du terrain ou l'affaissement des roches diminuent insensiblement les cataractes, qui forment alors ce qu'on appelle des *rapides*, sortes de cascades qui se trouvent au milieu de certaines rivières et entravent la navigation.

CASCADES, s. f. Ce mot, qui vient de l'italien cascata (chute), se donne le plus souvent à ce qu'on appelle une chute d'eau dans la nature, c'est-à-dire une masse d'eau provenant, soit d'étang, soit de sources, soit de torrent, soit de fleuve ou rivière qui se précipite d'un lieu élevé. — La cascade, telle qu'on vient de la définir, n'a de rapport avec l'art que par les imitations qu'on en fait pour l'embellissement des maisons de campagne et des jardins. La conduite, la distribution et le jeu des eaux dont l'architecte pourra disposer dans les châteaux de plaisance devront exercer heureusement son imagination. Mais, quant à la cascade, il ne lui conviendra d'en faire la dépense qu'autant qu'il pourra disposer d'un volume d'eau suffisant et de telle sorte qu'il ne soit pas sujet à tarir. — Les eaux qu'on applique à cette sorte d'embellissement, sont, ou des eaux courantes et perpétuelles, ou des eaux que l'on recueille de différentes sources qu'on rassemble dans des réservoirs, et qu'on ne fait jouer que pendant un temps donné. Les eaux courantes et continues sont nécessaires pour les cascades que nous appelons simples et naturelles, et qui consistent uniquement en une chute dont les eaux sont reçues dans un bassin avec une décharge pour le trop-plein. De pareilles cascades ne demandent guère les ressources de l'art : la simple nature leur en tient lieu. — Nous appellerons artificielles, quels que soient l'origine et le volume de leurs eaux, les cascades qui sont de véritables constructions de l'art, et dont l'architecte a tellement disposé, combiné l'ensemble et les détails, qu'il en résulte pour les yeux un véritable spectacle formé de toutes les sortes de jeux variés, que l'art hydraulique peut faire prendre aux eaux. Telles sont, à Frascati et dans d'autres villes d'Italie, les cascades, qui probablement auront servi de modèle à d'autres; telle est à Saint-Cloud, près Paris, la grande cascade qu'on y admire. — L'art consiste donc, dans ces cascades, à savoir combiner tous les moyens hydrauliques pour y augmenter le volume apparent des eaux, pour en varier les effets, en multiplier les ressources par des contrastes heureux ou par de doubles emplois, soit en éparpillant, soit en divisant adroitement des masses d'eau, qui, sans cet artifice, n'auraient presque point de valeur. — L'art consiste avant tout, de la disposition générale et du parti de l'inventeur, que dépendent le mérite et le plaisir de ces spectacles hydrauliques; mais certains détails ingénieux y ajoutent aussi un charme assez piquant. Par exemple, on y introduit des figures fantastiques d'animaux de tout genre, qui semblent se combattre avec les eaux qu'ils se lancent; car ce genre de spectacle admet tous les caprices d'animaux et d'êtres fabuleux. On y verra des fleuves, des naïades, des tritons, des dragons, des chevaux marins, des dauphins, des griffons, des grenouilles et autres animaux aquatiques, s'attaquant par des jets d'eau. — De semblables cascades reçoivent encore des colonnes contournées en spirale, d'où les eaux tombent en suivant la direction qu'on leur donne. C'est à l'architecture de toutes ces masses qu'il convient d'appliquer les diverses sortes de formes de congellations, de stalactites, de coquillages, de rocailles, de feuilles d'eau, de joncs, de roseaux, et autres imitations de productions aquatiques.

CASCADES (*algèbre*). On appelle *méthode des cascades*, une méthode par laquelle, dans la résolution d'une équation, on approche toujours plus de la valeur de l'inconnue, par des équations successives qui vont sans cesse en baissant ou en tombant d'un degré.

CASCADES (CANAL DES), golfe long et très-étroit, formé par le Grand-Océan, sur la côte occidentale de l'Amérique septentrionale, à l'est des îles de la Princesse-Royale; le milieu se trouve par 52° 28' de latitude nord, et 129° 58' de longitude ouest. Il y a cinq lieues sur une demi-lieue de large. Son nom lui fut donné par Vancouver, à cause des cascades effrayantes que forment les hautes montagnes qui le dominent.

CASCALES (FRANÇOIS), historien espagnol, naquit dans le XVIᵉ siècle, à Murcie. Ayant terminé ses études avec succès, il prit le grade de licencié, et ouvrit dans sa ville natale une école de littérature, d'où sont sortis de bons élèves. On conjecture qu'il mourut vers 1640. Il est auteur de plusieurs ouvrages estimés : 1° *Discurso historico de la ciudad de Cartagena*, Valence, 1598, in-8°, livre curieux, souvent réimprimé; 2° *Tablas poeticas*, Murcie, 1617, in-8°; 3° *Nouvelles Observations grammaticales*; 4° *Ars Horatii in methodum reducta;* 5° *Cartas philologicas es a saber de letras humanas y varia erudicion*; 6° *Discursos historicos de la muy noble y muy bel ciudad de Murcia y su reyno*, in-fol.

CASCALICA, s. f. (*botan.*), sorte de plante qui se mange en salade, aux environs de Constantinople. On croit que c'est le *Caucalis maritima*, de Linné.

CASCALOTE, s. f. (*V.* CASCARILLE et CROTON).

CASCANES, s. f. *en termes de fortification*, sont des trous et cavités en forme de puits, que l'on fait dans le terre-plein, près du rempart, et d'où l'on pousse une galerie souterraine pour découvrir et éventer, ou couper la mine des ennemis. Ce terme est hors d'usage.

CASCANOQUI, s. m. écorce tinctoriale jaune, qui est aussi un puissant fébrifuge.

CASCANTE (*géogr.*). *Cascantum*, ville d'Espagne, dans la province et à 16 lieues de Saragosse (Navarre). Elle est en partie sur le penchant d'une colline, et en partie sur la rive gauche du Queyles. Il y a dans les environs des eaux minérales efficaces contre les obstructions. La population n'est que de 1,800 habitants. — C'est le *Cascantum* des Romains. On y battait monnaie du temps de Tibère. On remarque un chemin couvert qui conduisait de la ville au sommet du coteau où était situé un château fort. Sous les Maures, elle conserva

une partie de sa splendeur, et ne fut conquise qu'en 1114, par don Alphonse le Batailleur.

CASCARA ou **CASCAR**, ville métropolitaine, de la province patriarcale, au diocèse de Chaldée. Il en est fait mention dans l'histoire de la dispute d'Archélaüs avec Manès, et elle est très-différente de la ville de Charres, de la province Osroëne, proche l'Euphrate, quoique plusieurs auteurs pensent autrement. Elle était sous la puissance des Romains, du temps de l'empereur Probe. Manès, qui se sauvait de Perse, y vint, et ce fut là qu'il disputa avec Archélaüs. On doit le placer aux confins de Babylone, immédiatement sous le catholique de Séleucie, que son évêque représente, ce siège étant vacant, parce que la tradition du pays porte que Maris, ayant pêché d'abord à Séleucie, alla à Cascare annoncer Jésus-Christ, et y établit un évêque, qui est le premier de cette province. Nous voyons dans la vie du catholique Elie III, qu'au XIIᵉ siècle on érigea cette église en métropolitaine, et qu'on lui donna trois autres évêchés pour suffragants, savoir ceux de Nowathe, de Harre et Vasithet.

CASCARILLE (*botan.*). Sous ce nom, les pharmaciens et les marchands droguistes désignent l'écorce d'un petit arbre, nommé par Linné *croton cascarille*, et appartenant aujourd'hui au genre croton, dans la famille des *euphorbiacées.* — Le *croton cascarille* s'élève à peine de cinq à six pieds au-dessus du sol; il est originaire du nouveau monde, et croît naturellement au Pérou, au Paraguay, à la Jamaïque, à Saint-Domingue, et aux îles Lucayes et de Bozama. Sa tige est ligneuse, cylindrique, divisée en rameaux nombreux, recouverte d'une écorce d'un gris cendré. Les jeunes branches, ainsi que la surface supérieure des feuilles, sont parsemées de petites écailles d'un blanc jaunâtre. Les feuilles sont alternes, portées sur des pétioles assez courts; elles sont lancéolées, longues d'environ deux pouces, larges de quatre à six lignes. Les fleurs sont verdâtres, peu apparentes, monoïques, et constituent, à la partie supérieure des rameaux, des épis allongés, dont la base se compose de fleurs femelles, et la moitié supérieure de fleurs mâles. Celles-ci ont un calice à dix segments, dont cinq intérieurs sont plus minces, et douze à quinze étamines insérées sur le calice, et soudée sur la base de leurs filets. Les fleurs femelles présentent un calice semblable à celui des fleurs mâles, un ovaire à trois côtes et à trois tiges, et trois styles bifides, dont chaque division donne attache à un petit stygmate. — L'écorce de *cascarille* a une odeur aromatique assez agréable, et une saveur âcre, chaude et amère. Elle renferme beaucoup de résine, et fournit à la distillation une huile volatile, verte et d'une odeur suave; elle est très-inflammable, et donne en brûlant, la même odeur vive qui la fait rechercher des parfumeurs; on en fait brûler dans les salons, et les fumeurs la mêlent quelquefois à leur tabac. La *cascarille* arrive en caisses et en ballots, et consiste en fragments longs de trois à six pouces, roulés et couverts d'un léger épiderme blanchâtre, la surface externe est fauve et la cassure offre un aspect compacte et résineux. — Les propriétés médicinales de la *cascarille* la rapprochent un peu du quinquina; en effet, elle est tonique et stimulante, et peut agir avec efficacité dans le traitement des fièvres intermittentes. De là, les noms vulgaires de *quinquina aromatique* et *faux quinquina*, donnés à cette écorce, que fournit encore un autre arbre du même genre, et presque tout à fait semblable, le *croton elutheria.*

CASCATÉLIE (*hist. nat.*), s. f. espèce de poisson mormyre, qu'on trouve dans le Nil.

CASCATELLE, s. f. Mot emprunté de l'italien, qui signifie petite cascade. On ne l'emploi guère que dans cette phrase : *Les Cascatelles de Tivoli.*

CASCE, **CASICA** ou **CASICE** (*géogr. anc.*), ville d'Asie, que Ptolémée place dans l'Asie.

CASCHARE, ville épiscopale de la Mésopotamie, au diocèse d'Antioche, sous la métropole d'Amide, comme il paraît par la dispute d'Archélaüs, évêque de cette ville, avec Manès, Persan, que saint Epiphane rapporte (*Hérès*, 66), et que Laurent Zucagni nous a donnée d'après un manuscrit du Vatican. Cette ville, bien différente de Charres ou d'Haran de l'Osroëne, n'est pas beaucoup éloignée de Babylone et de Séleucie, puisque depuis qu'elle fut tombée en la puissance des Perses c'était à l'évêque de Caschare à prendre soin de Séleucie, après la mort du catholique, jusqu'à ce qu'on en eût élu un autre, parce que, disent-ils, saint Maris avait fondé l'Eglise de Caschare. Or, il est certain, par la dispute d'Archélaüs avec Manès, que Caschare était de Mésopotamie, et non pas de Perse, au moins au III° siècle, puisque Manès, s'enfuyant du royaume de Perse pour éviter la colère du roi, trouva un asile dans cette ville. Il est vrai que peu de temps après elle tomba en la puissance de Sapor, et qu'elle fut attribuée au catholique de Séleucie. Nous avons dit qu'Archélaüs en était évêque lorsqu'il disputa avec Manès. Socrate le qualifie de la sorte, l. I, *Hist.*, c. 22. (*V.* CASCARA, qui est la même que Caschare).

CASCHIVE, s. m. (*hist. nat.*), espèce de poisson du genre mormyre.

CASCOLYTRE, s. m. (*botan.*), genre de plantes de la famille des graminées.

CASE, s. f. maison. Il ne se dit guère au propre que des cabanes où logent les nègres employés à la culture des plantations, dans les colonies. — Famil., *Le patron de la case,* le maître de la maison, ou, par extension, celui qui a toute autorité dans la maison, quoiqu'il n'en soit pas le maître.

CASE, au jeu de trictrac, désigne chacune de ces places qui sont marquées par une espèce de flèche. — CASE, au jeu des échecs et des dames, désigne chacun des carrés de l'échiquier sur lequel on joue.

CASE se dit aussi des divisions pratiquées dans un rayon, un tiroir, une boîte, etc., pour y mettre séparément différents objets. — Il se dit, par extension, des divisions d'un registre formées par les lignes qui coupent les colonnes transversalement.

CASE, nom que l'on donne à la caisse de moulin placée sous le bluteau.

CASE (PIERRE DE), dont le véritable nom est *Desmaisons*, né à Limoges, fut général de l'ordre du Mont-Carmel, et administrateur de l'évêché de Vaison, et mourut en 1348, après avoir composé quatre livres sur le *Maître des sentences*, des *Sermons* et des *Commentaires sur la Politique d'Aristote*, ouvrages assez bien écrits pour le temps.

CASE (JEAN), l'un des plus subtils argumentateurs de son temps, né à Woodstock, dans le comté d'Oxford, au XVIe siècle, se rendit fameux dans cette université ; mais, étant soupçonné de catholicisme, il fut obligé d'abandonner ses places. Cependant, comme il passait pour un excellent maître, on lui permit d'élever une école de philosophie qui fut très-fréquentée, surtout par les catholiques. Il joignit à l'étude de la philosophie celle de la physique, et prit même le degré de docteur dans cette qualité en 1589. Il avait un talent particulier pour inspirer le goût de l'étude aux jeunes gens, qu'il savait instruire en les amusant. La crainte de troubler sa tranquillité lui avait fait adopter le système des catholiques de son pays, qui pouvaient concilier la foi orthodoxe avec leur assistance au service divin dans les églises anglicanes ; la plupart de ses ouvrages sont des commentaires sur les divers traités d'Aristote, relatifs à l'éthique, à la politique, à l'économie et à la philosophie. Ces livres eurent de la vogue dans le temps, et furent souvent réimprimés. On a encore de lui *Apologia musices, tam vocalis quam instrumentalis et mixtæ*, Oxford, 1588. Il a laissé en manuscrit, *Apologia academarium Rebellionis Vindiciæ*. Dans sa dernière maladie, Case fit une franche confession de catholicisme, et voulut mourir entre les bras d'un prêtre de cette communion. Case jouissait d'une fortune assez belle qu'il destina à des bonnes œuvres après sa mort, qui arriva en janvier 1599.　　ED. GIROD.

CASE (LEVACHER DE LA) s'embarqua pour Madagascar en 1656, sans autre dessein que celui de voir du pays, dans le temps où le maréchal de la Meilleraie possédait en son nom un fort dans cette île. A son arrivée, il trouva les troupes du fort en très-petit nombre, et continuellement exposées aux attaques des insulaires. Fortifiés par le secours qui leur arrivait d'Europe, les Français entreprirent de battre leurs ennemis, et la Case se distingua dès lors par un courage extraordinaire. Il repoussait les insulaires rassemblés par milliers, quoique n'ayant avec lui qu'un petit nombre de soldats ; il combattit même, et tua avec les armes du pays un souverain en réputation d'une grande valeur. Ces exploits lui attribuèrent beaucoup de considération de la part des insulaires et des Français. Chamargon, gouverneur du fort Dauphin, en devint jaloux, et chercha à le faire périr. Instruit de ce projet, la Case se retira dans l'intérieur du pays avec quelques Français et une petite troupe de nègres. C'était à qui des princes obtiendrait son alliance. Dian, c'est-à-dire le roi Nasisatte, le captiva plus qu'un autre, et lui fit épouser sa fille, la princesse Dian-Nong. La Case ne profita de son

élévation que pour faire du bien aux Français. Occupé sans cesse à faire des courses contre leurs ennemis et contre ceux de son beau-père, il faisait passer au fort la plus grande partie de son butin. Le besoin que l'on avait de son secours, plus que la reconnaissance de procédés si généreux, engagèrent plus d'une fois Chamargon à se rapprocher de lui et à le rappeler. La Case ne s'y refusa jamais, et fut toujours disposé à faire tout le bien que l'on attendait de lui. Lorsque Rennefort (*V.* RENNEFORT) arriva dans l'île, la Case se lia avec lui d'une amitié très-intime, et lui donna les meilleurs conseils ; mais ces avis, que Rennefort porta en France, furent peu goûtés ; cependant on avait accordé à la Case le titre de major de l'île. Il continua de se signaler par des exploits dignes d'un plus grand théâtre, et de servir des gens qui se refusaient en quelque sorte au bien qu'il leur voulait faire. Enfin, au mois de juin de l'année 1670, il mourut d'une colique du pays, et sa veuve se remaria secrètement à un autre Français.

CASÉARIE, s. f. (*botan.*), genre de plantes qui comprend douze arbrisseaux à fleurs alternes.

CASEARIUS (JEAN), ecclésiastique hollandais, résident à Cochin sur la fin du XVIIe siècle, avait des connaissances fort étendues sur la botanique ; il coopéra au magnifique ouvrage que Rheede Van-Drakenstein publia sous le titre d'*Hortus malabaricus*, en 15 volumes in-folio avec des figures. Casearius dressa le plan de l'ouvrage, fit les descriptions des plantes, et rédigea le texte des deux premiers volumes. M. Jacquin a consacré à sa mémoire un genre de plantes qu'il a observé en Amérique, auquel il a donné le nom de *casearia*. Linné lui adopta pas ; il le réunit à celui du *samyda*, comme peu différent ; mais la découverte de plusieurs nouvelles espèces l'a fait rétablir : ce sont des arbres et des arbustes.

CASE-DIEU (*Casa-Dei*), abbaye de l'ordre de Prémontré, au diocèse d'Auch. Elle dépendait immédiatement de l'abbé de Saint-Martin de Laon, et fut fondée vers l'an 1351, par Pierre, comte de Bigorre. Les seigneurs de Pardiac et d'Armagnac ont fait beaucoup de bien à cette abbaye. On voyait encore naguère, dans l'église, la sépulture des seigneurs de Pardiac, et, dans le cloître, celle des seigneurs d'Armagnac (*Gallia christ.*, t. I, col. 1031, nouv. édit.).

CASELIUS (JEAN CHESSEL, plus connu sous le nom de), né en 1553 à Gottingue, fit en Italie deux voyages, l'un en 1560, et l'autre en 1566, qui le mirent en relation avec les hommes les plus distingués de ce pays. Au retour de son premier voyage, il devint professeur de philosophie et d'éloquence à Rostock. Quelques années après, il se chargea de l'éducation du fils de Jean-Albert, duc de Mecklembourg. Le duc de Lunébourg l'appela ensuite pour remplir une chaire de philosophie dans l'université d'Helmstadt, récemment fondée. C'est dans ce poste qu'il mourut en 1613. Il s'était fortement prononcé contre Daniel Hoffman et autres qui tendaient à mettre la philosophie en contradiction avec la théologie. Une partie de ses lettres a été recueillie et publiée par Just. de Dranfeld, sous ce titre : *Opus epistolicum exhibens J. Caselii epistolas*, etc., Francfort, 1687, in-8°. Parmi ses ouvrages assez nombreux, on cite encore un *Recueil de poésies grecques et latines*, Hambourg, 1624, in-8°, des traductions de l'*Agésilas* et de la *Cyropédie* de Xénophon, du *Traité* de Maxime de Tyr, *De l'adulation*, des notes sur le *Tableau* de Cébès et le *Manuel* d'Épictète.

CASELLA. Comme on croit communément que c'est un nom purement poétique donné par le Dante à un des personnages de son *Purgatoire*, nous pensons devoir ne point omettre de détromper ceux de nos lecteurs qui partageraient cette erreur. Les commentateurs de Dante signalent Casella comme un célèbre musicien et compositeur de Florence, ami du poëte qui fait allusion, dans le passage où il en est question, au premier jubilé institué par Boniface VIII dans le mois de décembre de l'année 1300. L'existence de Casella est encore révélée par Lemno de Pistoie qui florissait à cette même époque. On lit dans une note annexée à un de ses madrigaux conservés dans la bibliothèque du Vatican, ces mots écrits de sa main : « *Casella diede il suono,* Casella a mis ce madrigal en musique. » — Il y a, dans la description de cette imaginaire rencontre, quelque chose de si simple et de si touchant, qu'on ne peut résister au désir de faire partager, par la traduction toute faible qu'elle soit, la douce impression qu'on éprouve en lisant les vers italiens. Dante, après avoir visité les régions infernales avec Virgile, est conduit en purgatoire. Là, bientôt après son arrivée, il voit aborder au rivage une barque chargée d'esprits, amenés par un ange qui les abandonne, après les avoir déposés sur la rive où ils doivent être purifiés de leurs dernières souillures, pour devenir dignes du paradis. Tandis que ces âmes regardaient à l'entour comme un homme qui aperçoit des choses nouvelles, « je vis l'une d'elles, continue le poëte, s'avancer vers moi pour m'embrasser avec une affection si grande, que je me sentis entraîner à l'imiter. O ombres vaines, excepté pour la vue! trois fois je l'entourai de mes bras, trois fois je les croisai vides sur ma poitrine. L'étonnement, je crois, se peignit sur mon visage, car l'ombre sourit et se retira, et moi je m'avançai encore pour la suivre. Elle me dit doucement de m'arrêter; alors je la reconnus, et je la priai de s'arrêter aussi un peu pour me parler. Elle me répondit : « Ainsi que je t'aimai emprisonnée dans mon corps, » ainsi je t'aime libre, c'est pourquoi je m'arrête; mais toi, où » vas-tu? — O mon Casella! je fais ce voyage pour retourner » encore dans le monde; mais toi, comment arrives-tu si tard sur » cette terre? — Et il reprit : — On ne me fait aucun tort, si celui » qui prend ceux qu'il veut, et quand il veut, m'a refusé plusieurs » fois ce passage. Car la volonté obéit à une volonté juste, et ce » n'est vraiment que depuis trois mois qu'il a reçu en paix dans sa » barque ceux qui ont voulu y entrer. Et moi, qui me trouvai » sur ces bords où l'eau du Tibre se mêle à l'eau salée, je fus reçu » par lui avec douceur. C'est à son embouchure que l'ange dresse » son aile, car c'est là que se rassemblent toujours ceux qui ne » descendent pas vers l'Achéron. » Et moi : « Si une loi nouvelle » ne t'ôte pas la mémoire ou l'usage de ces chansons amoureuses » qui calmaient autrefois tous mes chagrins, console un peu par » ton chant mon âme si accablée d'avoir traîné son corps jusqu'ici. » *Amor che nella mente mi ragiona* (1), se prit-il à chanter si doucement, que sa douce voix vibre encore dans mon âme. Mon maître, et moi-même, et tous ces esprits qui étaient avec lui, nous paraissions si contents que nulle autre pensée ne venait nous distraire. Nous marchions lentement suspendus à son chant. »

ED. GIROD.

(1) *L'Amour qui parle à mon esprit*, etc. Nous avons respecté textuellement le premier vers de cette chanson, l'une des trois dont Dante se plaît à citer lui-même le commencement dans le cours de son poëme. Elles étaient alors dans la bouche de tout le monde, et sont encore aujourd'hui un des plus beaux joyaux de la poésie lyrique. Les admirateurs du grand poëte ne seront peut-être pas fâchés de retrouver ici ce morceau dans la langue où il a été chanté, le voici :

Io vidi una di loro trarsi avante
   Per abbracciar mi, con sì grande affetto,
   Che mosse me a far lo simigliante.
O, ombre vane, fuor che nell' aspetto!
   Tre volte dietro a lei la mani avvinsi,
   E' tante mi tornai con esse al petto.
Di maraviglia, credo, mi dipinsi;
   Perchè l'ombra sorrise e si ritrasse,
   Ed io, seguendo lei, oltro mi pinsi,
   Soavemente disse ch' io posasse.
Allor connobi chi era, e pregai
   Che, per parlar mi, un poco s'arrestasse.
Rispose mi : — Così com' i' t'amai
   Nel mortal corpo, così i' amo sciolta;
   Però m' arresto. Ma tu, perchè vai?
— Casella mio, per tornare altra volta
   Là dove io son, fo io questo viaggio;
   Ma a te com'era mia terra tolta?
Ed egli a me : — Nessun m' e fatto oltraggio,
   Se quei, che leva e quando e cui li piace,
   Più volte m'ha negato esto passaggio;
Chè di giusto voler lo suo si face!
   Veramente da tre mesi egli a tolto
   Chi ha voluto entrar con tutta pace;
Ond' io, ch' era ora alla marina volto
   Dove l' acqua di Tevere s'insala,
   Benignamente fù da lui ricolto.
A quella force ha egli a dritta l' ala,
   Perorchè sempre quivi si raccoglie
   Qual verso d' Acheronte non si cala.
Ed io : — Se nova legge non ti toglie
   Memoria use allo amoroso canto,
   Che mi solea quetar tutte mie voglie,
Di ciò ti piaccia consolare alquanto
   L'anima mia, che, con la sua persona,
   Venendo qui, è affamata tanto.
— *Amor, che nella mente mi ragiona*,
   Commenciò egli allor sì dolcemente,
   Che la dolcezza ancor dentrò mi suona.
Lo mio maestro, et io, e quella gente
   Ch' eran con lui, parevan sì contenti
   Com' a nessun toccasse altro lamente.
Noi andavam tutti fissi ed attenti
   Alle sue note, etc.

CASELLA (PIRRE-LÉON), antiquaire et poëte latin, né vers 1540, à Aquila, dans l'Abruzze, est auteur d'un livre intitulé : *De Primis Italiæ colonis*, Lyon, 1606, in-8°, auquel se trouvent joints un *Traité* sur l'origine des Toscans et de la république de Florence; des *Eloges* de quelques artistes célèbres, et un *Recueil d'épigrammes et d'inscriptions*.

CASELLI (CHARLES-FRANÇOIS), cardinal, né en 1740 à Alexandrie (Piémont), embrassa l'état ecclésiastique, fut fait évêque de Parme, vint en France avec Consalvi lors du concordat de 1801, fut récompensé du zèle qu'il avait montré dans ces négociations par la barrette de cardinal, plus tard obtint le titre de conseiller intime de l'archiduchesse de Parme, et mourut en avril 1828.

CASELLIUS AULUS, célèbre jurisconsulte du siècle d'Auguste.

CASEMATE (*fortification*). Du mot espagnol *casamata*, ou de l'italien *casamatta*, un lieu couvert, voûté sous terre ou dans l'épaisseur des remparts, pour mettre à l'abri les soldats préposés à la défense d'une place. Cette espèce de niche ne fut, dans les premiers temps, qu'une série de plates-formes échelonnées, à épaulement, à parapet en ligne droite ou courbe, à embrasure, à ciel ouvert, et placées derrière l'oreiller, dans un renfoncement pratiqué entre les bastions et la courtine. Les plates-formes des étages inférieurs s'appelaient *places basses*, ou *flancs bas*. Mais plus tard elles furent à ciel fermé comme elles le sont encore maintenant. — Il faut distinguer les casemates à feu des casemates à habitation. Ces abris sont à l'épreuve de la bombe et distribués en cénacles pratiqués dans les pans des bastions, de manière à ne pas en affaiblir la solidité. Mais, malgré les inventions les plus ingénieuses pour se garantir de la fumée des canons, les artilleurs en sont toujours incommodés. Ce genre d'ouvrage n'est destiné qu'à la défense de dernière extrémité. — Le chevalier Antoine de Ville en avait depuis longtemps signalé les inconvénients dans son *Traité de fortification*. Nous n'en citerons que quelques phrases. « Autrefois, dit-il, on faisait aux flancs des voûtes où on mettait le canon tout couvert; on en construisait ainsi différents étages, mais cela n'a pu se maintenir en usage, à cause des grandes incommodités qu'on a vues arriver dans ces places. Car, après qu'on avait tiré, la fumée remplissait de telle façon ces voûtes, qu'il était impossible d'y demeurer dedans, ni rien voir pour recharger, quelques soupiraux qu'on y pût faire, outre que l'étonnement du canon ébranlait tout; et l'ennemi tirant dans ces voûtes basses, les éclats et débris blessaient et tuaient ceux qui étaient dedans, et en peu de coups les mettaient en ruines. C'est pourquoi on a laissé ces voûtes, et on fait les places basses découvertes. » — C'était pour remplacer les barbacanes des anciennes forteresses que l'idée des casemates vint à Jean Micheli et à Spechle, qui passent chacun pour en être l'inventeur.

CASEMATE, en *termes de chasse*, trou dans lequel les blaireaux et renards font tête, ou tiennent tête aux bassets.

CASEMATÉ, ÉE, adj. Il n'est guère usité que dans cette location : *Bastion casematé*, bastion où il y a des casemates.

CASEMENT (*droit féodal*), terre, château, tenu en fief sous certaines conditions. — Maison, demeure, habitation.

CASENADAR (*terme de relation*), s. m. officier tunisien.

CASENAVE (ANTOINE), né à Lemboye (Basses-Pyrénées) en 1763, fut en 1792 envoyé à la convention nationale par son département. Dans le procès du roi, il demanda : 1° la réclusion de Louis XVI et de sa famille jusqu'à la paix, et l'exil perpétuel à cette époque; 2° que le suffrage des membres non présents à l'instruction de l'affaire ne fussent pas comptés pour le jugement; 3° que, pour suppléer au défaut de récusation des membres suspects pour cette décision, la majorité des voix fût fixée aux deux tiers au moins. Plus tard, il insista vivement sur la mise en accusation des émigrés. Après le 9 thermidor, il fut envoyé en mission dans le département de la Seine-Inférieure, où il resta quatorze mois. Nommé au conseil des cinq cents en 1797 et 1798, il s'opposa aux réactions, devint membre de la commission des inspecteurs du conseil, et chargé, conjointement avec Cabanis, M.-J. Chénier et Alexandre Villetar, de rédiger la constitution de l'an VIII. Il fit ensuite partie du nouveau corps législatif, dont il devint président en 1810. Dans la session de 1814, il défendit la liberté de la presse, mais appuya le projet de loi relatif au payement des dettes contractées par Louis XVIII en pays étranger. Membre de la chambre des représentants en 1815, il engagea ses collègues à oublier tout intérêt particulier pour concourir au salut commun. Il mourut le 16 avril 1818, à l'âge de cinquante-six ans.

CASENEUVE (P.-D.), savant modeste, naquit à Toulouse le 31 octobre 1591, et mourut en 1652. Une connaissance approfondie des langues anciennes et de la plupart des langues de l'Europe, développa chez lui un goût prononcé pour les recherches grammaticales et étymologiques. On lui doit : 1° *Traité du franc-alleu*, Toulouse, 1641, in-4°; 2° *la Catalogne française*, Toulouse, 1644, in-4°, ouvrage curieux et piquant; 3° *la Corilée, ou la Cyprienne amoureuse*, in-8°, roman; 4° *Origine des jeux floraux de Toulouse*, 1519. Le plus connu de tous ses ouvrages est son dictionnaire intitulé : *Origine de la langue française*, qui fut publié après sa mort, à la suite de l'édition du *Dictionnaire étymologique* de Ménage, Paris, 1694, in-fol., et refondu avec le texte de Ménage dans les éditions suivantes. Entre autres ouvrages manuscrits, Caseneuve a laissé un *Traité de la langue provençale*, et une *Histoire des favoris de la France*.

CASENOVE (*géogr.*), château de l'ancienne Guyenne, près de Bazas, où naquit Charlotte-Rose Caumont de la Force, fille de François de Caumont, marquis Castelmoron, maréchal de camp, morte à Paris en 1600. Elle était de l'académie des *Ricovrati* de Padoue. Elle ne manquait pas de talents littéraires; ses vers sont estimés, et son *Histoire secrète de Bourgogne* est un roman bien écrit.

CASER, v. n. terme du jeu de trictrac, faire une case, remplir une case avec deux dames. — CASER s'emploie quelquefois activement et signifie, familièrement, placer quelqu'un, lui faire avoir une place. — Il s'emploie, dans un sens analogue, avec le pronom personnel. *Avoir de la peine à se caser.* — CASER, avec le pronom personnel, signifie encore familièrement, s'établir comme on peut en un lieu.

CASER, v. a. placer sur des tablettes, dans des armoires, différents objets qui exigent d'être rangés par ordre.

CASERETTE (*écon. rust.*), s. f. sorte de moule de bois dans lequel on fait ou forme des fromages.

CASERIE (*comm.*). Les Arabes de la terre sainte nomment ainsi ce qu'on appelle ailleurs des *chans* ou *caravansérails*. A Rome il y a deux caseries, on grands enclos de murailles, au dedans desquelles on trouve des magasins pour les marchandises, et des écuries pour les chameaux.

CASERNE. Les casernes sont des bâtiments destinés à loger des troupes en garnison. Ces bâtiments sont d'une construction ordinaire, ou bien ils sont voûtés à l'épreuve. C'est dans les places de guerre qu'on en voit de cette dernière espece. — C'est en 1691 que parut la première ordonnance de caserner les troupes. Avant ce temps, les soldats étaient logés chez les citoyens. — Vauban avait réuni, dans son plan de la construction des casernes, la sûreté, la salubrité, la commodité et la facilité des communications, conditions indispensables et difficiles à établir dans ces sortes de bâtiments. — Les casernes sont ordinairement placées dans des lieux bien aérés, et orientées de manière que les vents humides et malsains ne puissent frapper sur une façade. Les chambres reçoivent le jour sur les deux faces, de sorte qu'en ouvrant les fenêtres des deux côtés, l'air se renouvelle rapidement et entièrement. — Les chambres sont assez spacieuses pour contenir les lits, l'ameublement nécessaire, les armes, les bagages, les tables à manger, les bancs, pour que les hommes puissent circuler librement et à l'aise, et pour que les armes soient rangées auprès des portes. Il y a ordinairement, dans la cour des casernes, une fontaine ou un puits qui fournit de l'eau abondamment; pour la salubrité de l'air, on plante des arbres autour, si le terrain le permet. La caserne est sous l'inspection des caporaux, qui sont chargés de la faire balayer et nettoyer chaque jour. — Aux casernes de la cavalerie sont adjoints des greniers à foin et des écuries. Du reste, l'intérieur, l'ameublement et fourniment des casernes de la cavalerie sont les mêmes que ceux de l'infanterie. Des chambres particulières y sont réservées pour le service et logement des maréchaux des logis chefs et sergents-majors. C'est dans ces chambres que se font les distributions des vivres. — On a eu d'abord beaucoup de peine à établir les casernes; maintenant il en existe en France de quoi loger toutes les troupes. Napoléon, en 1808, força les conseils municipaux des villes qui manquaient de casernes à s'imposer la dépense nécessaire. L'entretien des casernes est à la charge de l'État.—On conçoit combien ces établissements sont utiles à la discipline, au repos du citoyen et à la sécurité du soldat. — La communication des ordres et les rassemblements sont bien plus prompts que si le soldat était logé chez le citoyen.

CASERNE, tous les soldats qui sont logés dans une caserne.

CASERNEMENT, s. m. action de caserner. *Le casernement des troupes. Effets de casernement.*

CASERNER, v. n. loger dans des casernes. — Il est aussi verbe actif, et signifie faire caserner.

CASERNET, s. m. (*marine*), registre qui est à l'usage des maîtres de navire, soit pour faire les appels des ouvriers sur les ports, soit pour tenir des notes sur les divers travaux et sur les consommations.

CASERTE (*géogr.*), Caserta ou Caserta-Nuova, ville du royaume de Naples, chef-lieu de la province de Labour, de district et de canton, à 2 lieues et demie est-sud-est de Capoue, et à 5 lieues trois quarts nord-nord-est de Naples, dans une plaine agréable. Elle renferme un château royal commencé en 1752 par Charles III, roi d'Espagne, sur les dessins de Vanvitelli. L'étendue et la régularité des bâtiments, l'élégance de l'architecture et la richesse des ornements ne laissaient rien à désirer dans ce magnifique édifice. Les jardins sont décorés d'un grand nombre de statues tant anciennes que modernes. Le parc est vaste, et peuplé des plus beaux arbres symétriquement plantés. Les eaux y sont amenées des environs du mont Taburno, à 5 lieues est, par un aqueduc d'environ 9 lieues de long, qui rappelle les plus beaux monuments romains en ce genre. La ville possède plusieurs églises, un couvent de demoiselles nobles, un mont-de-piété, un hôpital, une école militaire, de superbes casernes et une belle place. Dans les bâtiments attenants au château, il a été établi des filatures et des manufactures de soie, où l'on confectionne et brode des étoffes, dont la perfection et la richesse égalent ce qu'on fait de mieux en Europe. Cette ville renferme 4,289 habitants. Le territoire produit des fruits exquis et des vins très-renommés, entre autres le *Leatico*, qui est supérieur à celui de Florence. — Caserte doit son origine aux Lombards. Son nom vient de celui d'un ancien château appelé, à cause de son élévation, *Casaerta* (casa erecta).

CASET, s. m. larve de phrygane qui sert d'amorce pour pêcher les poissons d'eau douce.

CASÉUM et ses dérivés. Les étymologistes ne sont pas d'accord sur l'origine de ce mot, qui signifiait *fromage* chez les Romains, et que les chimistes ont adopté en lui donnant une acception presque identique. Selon Isidore, *caseus* est dérivé de *quasi careum*, de *carere*, manquer, parce que, dit-il, le fromage manque de sérum; Varron suppose que son radical pourrait être *coaxeus*, mot contracté de *a coacto lacte*, parce que le fromage est fait de lait coagulé. Quoi qu'il en soit, ce qu'on nomme en langage vulgaire *caillebotte* (masse de lait caillé) ou *caillé* est appelé en chimie et en médecine *casdum*, ou matière caséeuse. Jusqu'ici, les chimistes, considérant le caséum comme l'un des principes médiats des corps organisés, l'ont classé parmi les substances organiques neutres, c'est-à-dire qui ne peuvent concourir à la formation des sels, et qui ne sont ni graisses ni acides, ni bases, dans la section ou famille des principes azotés, non cristallisables, remarquables par leur mollesse et leur prompte altérabilité. D'après l'analyse faite par MM. Gay-Lussac et Thénard, le caséum serait composé de : carbone, 59,78; oxygène, 11,41; hydrogène, 7,43; azote, 21,38. — Mêlée à la chaux, la matière caséeuse humide se réduit en une pâte dont la propriété adhésive est si grande et si peu attaquable, qu'on s'en sert pour coller les fragments de porcelaine. L'ammoniaque liquide dissout promptement le caséum, surtout lorsqu'il est frais et encore humide. Il est encore soluble, à l'aide de la chaleur, dans les acides concentrés, et insoluble dans les acides affaiblis. — Les sels retardent la fermentation putride du caséum. L'hydrochlorate de soude ou sel marin, qui favorise la fermentation acide de cette substance, est employé dans la fabrication des fromages, qui, lorsqu'ils sont récents, sont presque entièrement constitués par le caséum : ce serait encore la matière caséeuse qui, d'après M. de Lens, formerait seule la pellicule qu'on observe à la surface du lait qu'on chauffe, et qui entre dans la composition de la frangipane. Il paraîtrait, d'après les observations microscopiques faites par M. Raspail sur le lait, que la matière caséeuse pure, qu'il dit être un mélange assez compliqué, serait formée principalement par les globules albumineux du lait, qui, en raison de leur pesanteur spécifique, tendent à se précipiter lentement au fond du vase, tandis que les globules oléagineux se portent à la surface. Les observations de ce savant confirmeraient donc les prévisions de Scheele et de Fourcroy, qui regardaient le *caséum* comme identique avec l'*albumine* ou blanc d'œuf. Dans un grand nombre de recherches comparatives sur six espèces de lait, MM. Deyeux et Parmentier ont établi que le caséum est plus abondant dans les laits, 1° de la chèvre, 2° de la brebis, et 3° de la vache; et qu'il l'était moins dans ceux, 1° de l'ânesse, 2° de la femme, et 3° de la jument. — Du mot *caséum* sont dérivés les termes suivants : 1° *caséation*, coagulation du lait, action par laquelle le lait se convertit en fromage; 2° *caséeux*, qui est de la nature du fromage : on donne le nom d'*oxyde caséeux* ou de *caséine* à un produit chimique ou corps blanchâtre, très-léger, spongieux, sans odeur, sans saveur, d'un toucher gras, qui ressemble beaucoup à l'agaric purgatif; 3° *caséiforme*, ressemblant au caséum; on dit dans ce sens; *précipité caséiforme*; 4° *caséique*, épithète employée pour désigner l'acide et l'oxyde caséeux; 5° *caséate*, genre de sels produits par la combinaison de l'acide caséique avec les bases salifiables; 6° *caséolaire* (caseolaris) : la tendreté du bois, d'une plante (le *rhizophora caseolaris*), comparée à la mollesse du fromage, lui a fait donner ce nom.

CASGARA, ville métropolitaine du Turkestan, vingt et unième province du diocèse de Chaldée. Le catholique Timothée Ier fit si bien auprès du cham des Turcs, qu'il permit aux prédicateurs de la religion chrétienne d'entrer dans ses États; ce qui arriva en 825, la même année qu'il mourut. Environ deux cents ans après, Jean V étant catholique, le prince des Turcs embrassa la foi de Jésus-Christ avec 2,000 de ses sujets, et pria Ebedjésus, métropolitain de Mura, de vouloir bien l'instruire avec son peuple. Le catholique, charmé des dispositions de ce prince, envoya des prêtres et des clercs pour contribuer, avec le métropolitain, à la conversion de toute la nation. Au reste, parce que dans ce pays il ne croît point de blé et qu'il n'y a point de vin; que les habitants sont par conséquent obligés de vivre de chair et de lait, le métropolitain ordonna qu'une fois l'année, à Pâques, on célébrât les saints mystères avec du pain de froment et du vin, et leur permit de manger de la chair pendant le carême, et de boire du lait. L'écrivain Grégoire Abul-Forage fit dans son histoire, écrite en arabe (*Dynast.* 9, p. 280 de la version latine), que Ungcham, appelé le roi Jean, de la tribu de Carrit, commandait aux tribus des Turcs orientaux vers l'an des Grecs 1514, et de Jésus-Christ 1202. Guillaume de Rubruquis, franciscain qui fut envoyé par saint Louis au cham des Tartares en 1263, dit qu'un Ungcham, ou le roi Jean, y commandait aussi, et qu'on l'appelait le prêtre Jean, parce qu'il était prêtre et qu'il faisait les fonctions épiscopales. Nous avons déjà observé et nous observons encore que les évêques nestoriens avaient coutume d'ordonner des enfants dans la partie des Indes et dans les pays voisins où ils étaient, et d'en faire des diacres et des prêtres pour le besoin : il n'est donc pas étonnant que leurs rois se soient souvent trouvés ornés du sacerdoce. Vincent de Beauvais, Guillaume de Nangis et d'autres rapportent que les ambassadeurs du cham des Tartares dirent à saint Louis, lorsqu'il était en Syrie, que celui qui les gouvernait, et qui s'appelait *Hyocay*, *avait une mère chrétienne, fille du roi nommé Prêtre Jean, qui l'avait exhorté avec un saint évêque nommé Malassias, à recevoir le sacrement du baptême; ce qu'il avait fait, et à son exemple dix-huit fils de rois et plusieurs autres seigneurs, particulièrement des capitaines.* On a joint depuis la ville de Nuachéra à la métropole du Turkestan ou à Casgara.

CASH (*numism.*), petite monnaie de cuivre qui a cours au royaume de Tonquin. Sa valeur varie suivant la quantité qui s'en trouve dans le commerce. Mille casbs font environ cinq livres tournois. D. M.

CASHEL (*géogr.*), *Iernis* ou *Iuernis*, ville d'Irlande, province de Munster, au comté de Tipperray, à une lieue de la rive gauche de la Suire; siège d'un archevêché et d'une cour d'assises. Elle a une belle cathédrale, édifice moderne d'architecture grecque. Les bâtiments de l'archevêché sont ornés de jardins, et renferment une bibliothèque riche en manuscrits curieux. Il y a aussi dans cette ville un grand hôpital, une école gratuite très-bien dotée, des casernes de cavalerie et une vaste halle. — On voit sur un rocher et dans une position pittoresque les ruines de l'ancienne cathédrale, et près d'elle celles de l'abbaye de Cashel, résidence des rois de Munster. On remarque près de l'entrée de cette abbaye une tour de 54 pieds de circonférence. — Cashel, dont la population est de 3,500 habitants, envoie un membre au parlement.

CASHEL (CONCILES DE). Le premier fut tenu l'an 1272, sur la discipline (Wilkins, t. I, *Concile angl.*). Le second, l'an 1453. Ce fut un concile provincial que Jean Cantwel, archevêque de Cashel, tint à Limmerick (Wilkins, t. III, *Concile angl.*).

CASHEL (PSAUTIER DE). C'est un poème historique, ou plutôt une collection de poèmes en langue irlandaise, écrit par Cornac Mac Cullinan, prince et évêque de Cashel, vers l'an 902. Ce Cornac est cité par Caradoc de Llancarvan dans sa *Chronique du pays de Galles*; il fut tué dans un combat contre les Danois en 908. Caradoc le représente comme un savant très-versé dans les antiquités irlandaises, et plusieurs auteurs regardent son psautier comme une chronique authentique d'une grande valeur. Ce psautier n'a pas été publié autrement que par fragments; des écrivains dignes de foi prétendent l'avoir vu dans la bibliothèque boldéienne. On en a fait des extraits, que l'on cite souvent à propos d'événements arrivés dans les siècles avant son apparition. Des savants anglais, entre autres Stillingfleet et Pinkerton, ont sans doute trop témérairement avancé que cet écrit n'était qu'une collection de fictions poétiques compilées dans le XIIIe siècle, opinion adoptée aussi par Ledwich. N'est-il pas probable qu'influencés par les dissertations sans justesse des partisans de la vieille littérature irlandaise, au sujet du psautier de Cashel, quelques auteurs aient été prévenus contre son antiquité? Il y a des témoignages en sa faveur, et il est hors de saison de la mettre en question aujourd'hui, à moins qu'on n'ait un mauvais vouloir décidé pour ne point admettre un livre irlandais d'une époque aussi reculée. Quelque crédit que l'on soit fondé à accorder à un livre, il semble toujours qu'il doit être d'usage, en reconnaissant l'authenticité de son ancienneté, de ne le considérer que comme un recueil de traditions poétiques, où les faits qu'il contient sont si généralement mêlés à des fables, ou si exagérés qu'il est difficile de tracer entre celles-ci et les autres une ligne exacte de démarcation. ED. GIROD.

CASI, s. m. chef de la religion mahométane chez les Mogols. — Nom d'une fameuse pagode sur les bords du Gange, qui jouit d'un singulier privilége. Lorsque ceux qui meurent sont à l'agonie, Eswara ne manque point de leur venir souffler dans l'oreille droite, et de les purifier ainsi de tous leurs péchés; c'est pour cela que les hommes et les bêtes meurent couchés sur l'oreille gauche. Si un moribond s'était par mégarde couché sur l'oreille droite, on aurait soin de le tourner sur l'oreille gauche avant qu'il n'expirât.

CASIA, s. m. (*hist. nat.*), arbrisseau du Mexique.

CASIA (*géogr. anc.*), contrée que les anciens plaçaient près du mont Imaüs en Scythie. D'Anville assigne sa position dans l'angle formé du côté de l'est par deux chaînes de montagnes qu'il appelle Imaüs, dont l'une est au nord-est, et l'autre va en déclinant vers le sud-est. Ce territoire correspond au *Cashgar* actuel, dans la petite Bucharie.

CASIA (*géogr. anc.*), promontoire sur la côte de Caramanie, à une petite distance de l'embouchure de la rivière Hydriacus.

CASIAR ou CÉSARÉE (*géogr. anc.*), ville d'Asie, sur la côte de la Méditerranée, en Palestine, anciennement appelée *Cæsarea Stratonis*. En l'an 635 elle fut prise par Omar, et ses successeurs de Mahomet, et fut alternativement en possession des chrétiens et des musulmans pendant les guerres de religion des différents siècles, jusqu'à ce qu'enfin elle demeurât dépouillée de son ancienne splendeur, au pouvoir des sectateurs du Croissant.

CASII ou CASSII MONTES (*géogr. anc.*), chaîne de montagnes en Asie, située dans la Sérique, au midi d'Asmirée et d'Issedon-Sérique, suivant Ptolémée.

CASILINUS (*géogr. anc.*). C'était une rivière d'Italie dans la Campanie. Une ville de Casilinum était située sur les rivages opposés de cette rivière, et un pont en joignait les deux parties. Agathien dit que le Casilinus descendait des Apennins, et se déchargeait dans la mer Tyrrhénienne.

CASILINUM (*géogr. anc.*), ville d'Italie dans la Campanie, au nord-ouest de Capoue, située sur le Vulturne, et à une distance considérable de la mer. Elle occupait jadis les deux bords de ce fleuve. Durant la seconde guerre punique, elle se distingua par sa résistance contre Annibal. Jules César établit une colonie dans cette place. La moderne Capoue fut bâtie sur ses ruines. (*V.* CAPOUE.)

CASIASKIER, s. m. (*term. de relation*), surintendant de la justice en Turquie. On écrit aussi *casiasquier*.

CASIER, s. m. garniture de bureau, composée de plusieurs cases, dans lesquelles on place les papiers ou autres objets que l'on veut tenir en ordre.

CASIÈRE, s. f. (*écon. rust.*), lieu, resserre où l'on met le fromage de parmesan pour le conserver.

CASILLEUX, adj. Les vitriers appellent le verre casilleux, lorsqu'il se casse en plusieurs endroits, en y appliquant le diamant pour le couper.

CASIMAMBOUS, s. m. pl. (*géogr.*), peuple ou tribu d'Afrique, dans l'île de Madagascar.

CASIMIR (*comm.*), étoffe croisée, en pure laine, fabriquée ordinairement de laine d'agneau d'Espagne, de Saxe ou de France. On lui donne la préférence sur le drap comme plus léger, plus solide et plus élastique, à cause de la croisure du tissu. Le casimir se prête à mille combinaisons qui se reproduisent périodiquement en suivant les phases de la mode. L'Angleterre, la France, la Saxe et la Prusse font des exportations considérables en casimir noir; la France l'emporte pour ses casimirs imprimés. Les casimirs anglais sont réputés les plus parfaits sous le rapport de la finesse de la filature et de la régularité du tissu; mais les produits d'Aix-la-Chapelle et de Sédan sont préférés par leurs bas prix et leurs qualités supérieures.

CASIMIR I–IV, rois de Pologne. Quatre ou, en y ajoutant Jean-Casimir, cinq princes de ce nom ont régné en Pologne. **CASIMIR Iᵉʳ**, surnommé *le Restaurateur*, était fils de Mietchistaf II, et de *Rixa*, fille d'un comte palatin; il régna de 1040 à 1058, mettant fin à l'anarchie à laquelle la Pologne était en proie, extirpant au milieu de son peuple les derniers restes de l'idolâtrie, et veillant à une bonne administration de la justice. La retraite dans laquelle il vivait lorsqu'on vint l'appeler au trône lui a fait donner aussi le surnom de *Moine*. — **CASIMIR II**, autre prince de la famille des Piasts, régna de 1177 à 1194, et mérita encore davantage les éloges de l'histoire, qui lui décerna le titre de *Juste*. Fils de Boleslaf III, il était né en 1117. Le troisième Casimir fait plus particulièrement le sujet de cet article; le quatrième, fils de Jagellon, était d'abord grand prince de Lithuanie, et il fut élu roi de Pologne, après la mort glorieuse de son frère Vladislaf, à Varna. Son règne orageux dura depuis 1445 jusqu'en 1492. Quant au cinquième, il en sera question au mot JEAN-CASIMIR. — **CASIMIR III**, dit le *Grand*, est le plus illustre des rois de Pologne, et celui dont les exemples, s'ils avaient été suivis, auraient prévenu les orages auxquels ce pays est resté presque constamment en proie après sa mort, et qui amenèrent à la fin les malheurs que toute l'Europe déplore. Il naquit en 1309, et succéda, à l'âge de vingt-trois ans, à son père Vladislaf-Lokiétk ou le *Bref*, prince énergique et sage, qui, après un long et triste démembrement, réunit sous son sceptre tous les petits États auxquels la dissolution de l'ancien royaume de Pologne avait donné lieu. Vladislaf avait choisi pour épouse à son fils, âgé alors de seize ans, une fille de Ghédimine, grand prince de Lithuanie, préparant ainsi entre deux peuples jusque-là ennemis cette alliance qu'un autre mariage devait former plus tard. Le grand règne de Casimir (1333–1370) ne commença pas sous des auspices heureux. Le jeune prince ne s'était encore fait d'autre renom que celui d'une galanterie poussée à l'excès, et qui n'était arrêtée par aucun respect humain. Il avait, quoique roi chrétien, un véritable sérail. En politique, il acheta cher la paix, objet de tous ses soins. Son père lui avait recommandé en mourant de ne jamais faire aucune concession au margrave de Brandebourg, ni aux chevaliers de l'ordre Teutonique, mais de les combattre et de s'ensevelir plutôt sous les ruines du trône, que d'encourager l'ingratitude de ces étrangers, auxquels la piété de ses aïeux avait ouvert un asile en Pologne. Ce conseil ne fut pas suivi : environné d'ennemis et de dangers, Casimir III, traita avec les chevaliers, et, pour sauver la Cujavie et Dobrzyn dont ils s'étaient emparés, il sacrifia la Poméranie malgré les remontrances du pape. Trop pressé de porter remède aux abus qu'il découvrait partout dans l'administration et dans la justice, il consentit même plus tard à acheter le désistement du roi de Bohême à ses prétentions à la couronne de Pologne et au titre qu'il en avait pris, par la session de toute la Silésie, belle et riche province qu'il aurait dû mettre toute son ambition à reconquérir. Mais c'est du côté de la Russie, que Casimir III, dirigea sa politique. A la mort de Boleslaf-Troïdénovitch, duc de Moscovie et prince de Galitch, duc de la Russie de Léopol (1340), Casimir éleva des prétentions à sa succession, comme héritier naturel d'un vassal mort sans progéniture. Il arma avec précipitation, prévint les compétiteurs, et lorsqu'il parut devant Léopol, cette ville lui ouvrit ses portes à condition que la religion du pays (grecque orthodoxe) serait respectée.

Le roi de Pologne retourna à Cracovie avec des trésors considérables, et, dans une seconde campagne, il s'empara de toute la Russie-Rouge, qui fut quelque temps une pomme de discorde pour la Pologne et la Lithuanie. Mais cette conquête est une suite plus fâcheuse et plus immédiate : les Tatars, prenant le parti des Russes mécontents, inondèrent de leurs hordes la Pologne et la Hongrie, royaumes alliés, dont Louis d'Anjou, neveu de Casimir, devait un jour réunir sur sa tête les couronnes. Les deux rois implorèrent en vain le secours de l'empereur d'Allemagne; par de sages lenteurs et en évitant d'accepter un camp fortifié, Casimir, retranché derrière la Vistule dans un camp fortifié, évita le torrent de l'invasion et finit par en triompher. Depuis, les Tatars ne renouvelèrent plus leur tentative. A cette époque (1341), Casimir, veuf d'Anne de Lithuanie, épousa Adélaïde de Hesse, princesse vertueuse, mais qui, dépourvu de charmes, ne put le consoler de la perte de sa fiancée Marguerite, fille du roi Jean de Bohême, qui, ne l'aimant pas, était morte de chagrin, au moment où il venait de conclure le mariage. A son tour, il ne put aimer Adélaïde, et la relégua dans le château fort de Zanowce, où elle resta quinze ans, privée de la vue de son époux. Dans l'intervalle, celui-ci fit agréer ses hommages à une jeune personne noble, de Bohême, dont lui avait vanté la grande beauté; mais elle ne céda que sous promesse de mariage, et le roi trouva un moine disposé à faire servir la religion à une horrible imposture. Ce religieux indigne bénit l'union des deux amants, quoique Casimir fût lié par le mariage à une autre femme; aussi la jeune Bohême fut-elle bientôt condamnée à d'amers regrets. Plus tard, Casimir eut pour maîtresse Esther, jeune juive, qui lui donna plusieurs enfants, et qui lui arracha de grands privilèges pour son peuple. Une conduite si déréglée, et qui blessait au vif le sentiment religieux de ses sujets, excita les murmures du clergé, déjà indisposé contre le roi par son refus de reconnaître l'impunité de cet ordre quant aux impôts. Après d'inutiles remontrances, l'évêque de Cracovie excommunia Camisir et lui envoya le vicaire de son église pour lui annoncer cette mesure; mais le malheureux prêtre expia cruellement son courage, car il fut plongé dans un cachot et ensuite, pendant la nuit, jeté dans la Vistule. Cependant, en s'humiliant devant le pape, le roi obtint d'être absous. Il ne paraît pas que sa conduite devint ensuite beaucoup plus régulière, quoiqu'il reconnût un avertissement du ciel dans une défaite que les Lithuaniens lui firent essuyer. Mais si, dans sa vie privée, Casimir III mérite le blâme le plus sévère, comme roi il égale les meilleurs souverains : il se fit pardonner ses débauches par une extrême activité, par un grand amour de son peuple, par une administration vigilante, sage et éclairée. Nous passerons sous silence ses guerres continuelles avec les Russes, les Lithuaniens, les Bohèmes et d'autres peuples, où il eut des alternatives de succès et de revers : une de ces guerres amena pour lui de grands dangers (1352), et il ne put se débarrasser des ennemis réunis contre lui, qu'à l'aide des troupes nombreuses qui lui furent envoyées par son neveu Louis, roi de Hongrie, qu'il avait fait désigner, par la diète réunie en 1339 à Cracovie, pour lui succéder au trône. Dans les intervalles de paix dont il put jouir à différentes époques de son règne, Casimir s'appliqua aux affaires intérieures de son royaume, pour y introduire d'utiles réformes. Dès l'année 1347, il avait mis fin à l'arbitraire des juges par un double code de lois (pour la grande et pour la petite Pologne), rédigé par des hommes habiles en un latin très-différent du jargon officiel alors en usage dans les chancelleries. Ce code, que la diète de Wislica (Vislitsa) avait sanctionné, n'assurait pas moins la propriété des paysans que celle des nobles; car à cette époque le *kmethon* polonais n'était pas encore hors la loi, ni même irrévocablement attaché à la glèbe : il pouvait passer d'une terre, d'une ferme à une autre, et le plus souvent il transmettait sa ferme à ses héritiers, sans qu'il fût possible de la lui enlever (voir l'écrit remarquable de M. de Grevenitz, *Der Bauer in Polen*). Depuis, le kmethon perdit tous ses droits; tout recours contre son maître, lui fut interdit; il resta à la discrétion de ce dernier, sans espoir de justice et de miséricorde. Mais la mémoire de Casimir est pure de cet attentat à la dignité humaine; bien loin de consacrer le servage, ce roi populaire améliora le sort des paysans, dont il protégea la vie et les propriétés par les menaces de la loi. L'esprit du siècle ne pouvait compter plus de générosité pour les classes inférieures. Néanmoins, par trop de respect pour les droits acquis, on consacra aussi dans le *statut universel* de Wislica les prérogatives de la noblesse, que les faibles descendants de Boleslaf le Vaillant s'étaient laissé arracher, et l'on jeta ainsi les fondements de cette caste privilégiée qui ne tarda pas à tout absorber, et dont les membres, dans la suite, avaient seuls droit au titre de citoyens de la république. Les réformes de Casimir s'étendirent encore à la bourgeoisie. Obligé, par un sentiment national respectable, d'abolir le droit de recours au tribunal de Magdebourg de tous les jugements rendus dans les affaires concernant la population des villes et des bourgs du royaume, il respecta néanmoins la législation allemande qui régissait les villes, et fonda à Cracovie un tribunal suprême, composé d'un bailli versé dans la loi teutonne et de sept bourgeois élus par le staroste. Il releva les villes saccagées, en construisit de nouvelles, protégea les unes et les autres par des places fortes élevées sur la frontière, fit bâtir des édifices publics, fonda des hôpitaux et dota des écoles. Il est vrai que, d'un autre côté, il nuisit au développement de la bourgeoisie et arrêta l'essor de l'industrie et du commerce par les avantages qu'il fit aux Israélites, avantages auxquels après lui les diètes se hâtèrent d'en ajouter de nouveaux, en haine des bourgeois. Mais il n'est pas juste de dire « qu'il ouvrit son royaume » à ce peuple, qui s'y était multiplié de temps immémorial, et qui, avant Casimir, avait déjà été protégé par les lois; seulement il confirma ces dernières et les fit insérer dans les statuts. Le roi encouragea aussi les lettres et les arts; il posa (1347) les fondements de l'université de Cracovie, organisée à l'instar de celle de Paris. La Pologne lui doit ses premiers progrès intellectuels et son acheminement vers une littérature nationale, fille d'une langue indigène, polie et développée. Il déploya une richesse et un faste inouïs, lors du mariage de sa petite-fille avec Charles IV, empereur d'Allemagne, qui fut célébré à Cracovie. Les rois Louis de Hongrie, Pierre de Chypre et Waldemar de Danemarck, ainsi que les ducs de Bavière, de Schweidnitz, d'Opolie et de Masovie, y furent invités. L'or, l'argent, la soie, la somptuosité des équipages et des tables, la richesse des étoffes de Perse et d'Arabie, offraient un spectacle des plus magnifiques. Indépendamment du service des princes étrangers, on exposait pour le peuple, chaque jour, sur la place publique, des tonneaux de vin ou d'hydromel, des vases de comestibles et des sacs de farine. La dot destinée pour l'impératrice était de 100,000 florins d'or. Vingt jours s'écoulèrent en festins, en jeux, pendant lesquels on distribuait aux étrangers, de somptueux présents de la part du roi, qui, surpassant ses prédécesseurs en opulence, voulut donner en cette occasion une grande idée de sa munificence royale (*Histoire générale de Pologne d'après les historiens polonais*, tome 1er, page 217). Tant de grandeur, d'activité, de lumières, justifient bien la reconnaissance de ses compatriotes et le titre que l'histoire a attaché au nom de Casimir III. Les grands, qui voyaient avec dépit sa propension pour les classes inférieures, crurent le flétrir en l'appelant *roi des paysans*; c'est son plus beau titre de gloire; malheureusement peu de ses successeurs se montrèrent jaloux de le mériter aussi. Casimir le Grand mourut, en 1370, des suites d'une chute de cheval: comme il n'avait pas de fils, sa couronne passa sur la tête du roi de Hongrie, son neveu, et l'anarchie polonaise date de cette époque. On nous peint Casimir comme chargé d'embonpoint, mais d'une stature haute; il avait des cheveux touffus et bouclés, une barbe longue; il parlait haut, mais avec peine. Après avoir trouvé la Pologne ruinée par des guerres longues et sanglantes, déchirée par les dissensions intestines et les brigandages, il la laissa tranquille, forte, riche et populeuse. « Il l'avait trouvée en bois, dit Dulgasz, et la laissa en pierres. » Mais, dit M. de Salvandy dans un ouvrage auquel il ne manque guère qu'un meilleur frontispice (*Introduction à l'histoire de Pologne avant et sous le roi Jean Sobieski*), « De ce règne magnifique, le seul où il y eut gloire au dehors et paix au dedans, parce qu'une autorité puissante veilla sur la patrie, il ne resta bientôt que le fléau d'une population étrangère, appelée pour hâter les progrès de la civilisation et ceux de la richesse publique, mais qui ne fit que les corrompre et les étouffer. »

CASIMIR (SAINT) fut le second de treize enfants que Casimir IV, roi de Pologne, eut d'Elisabeth d'Autriche, fille de l'empereur Albert II, roi de Hongrie et de Bohême. Il vint au monde le 5 du mois d'octobre de l'an 1458, et fut formé dès le berceau à la vertu par sa religieuse mère. Jean de Dulgoff, ou *Longin*, chanoine de Cracovie, homme également noble, pieux et savant, qui fut son précepteur, cultiva si habilement ces premières semences de vertu que la princesse avait jetées dans le cœur du jeune Casimir, qu'il fut dès sa plus tendre enfance un modèle parfait de toutes les vertus. Il se distinguait surtout dès ce temps-là par son amour pour la retraite, son assiduité à

la prière, son mépris pour les biens et les grandeurs du siècle, sa charité intarissable envers les pauvres qui lui suggérait mille ingénieux moyens de les soulager dans leurs besoins. Devenu plus avancé en âge, il travailla sérieusement à réduire sa chair en servitude, se couvrant d'un cilice, jeûnant souvent, passant la plus grande partie des nuits à veiller, et couchant le reste sur la dure au pied d'un bon lit. Il sortait même souvent la nuit pour aller prier à la porte des églises, où il passait la matinée après qu'elles étaient ouvertes. Il avait une dévotion si particulière et si tendre pour les mystères de la passion de notre Sauveur, qu'il tombait souvent dans le ravissement lorsqu'il en entendait parler ou qu'il y réfléchissait. Sa dévotion envers la sainte Vierge le porta aussi à composer ou au moins à adopter une longue hymne faite en son honneur, et à la réciter tous les jours. Il voulut même être enterré avec elle, et on la trouva dans son tombeau lorsqu'on en fit l'ouverture cent vingt ans après sa mort. Il fit paraître son zèle pour la foi en priant le roi son père d'ôter aux hérétiques les églises où ils s'assemblaient, et sa pureté éclata d'une façon bien rare dans le choix qu'il fit de la mort plutôt que de conserver la vie aux dépens de sa chasteté, comme les médecins le lui conseillaient. Il fut élu roi de Hongrie par les états de ce royaume, qui, mécontents de leur roi Matthias Huniade, envoyèrent demander au roi de Pologne son second fils pour le mettre sur le trône; mais la lenteur de notre saint à poursuivre un dessein qui n'était pas de son goût, et la réconciliation de Matthias avec la principale noblesse de Hongrie, empêchèrent l'accomplissement de ce projet. Ravi d'un événement qui chagrinait le roi son père et qui en eût désolé tant d'autres, notre saint ne pensa plus qu'à se perfectionner dans la pratique de toutes les vertus jusqu'à sa mort, qui arriva le 4 mars de l'an 1482, selon quelques-uns; 1484, selon Baillet, dans la ville de Wilna, capitale du grand-duché de la Lithuanie, dont il portait le titre. Il fut enterré dans l'église du château, dédiée sous le nom du martyr saint Stanislas, évêque de Cracovie, lieu de la sépulture des rois, sous l'autel de la sainte Vierge, qu'il avait honorée de son vivant comme sa patronne particulière et la protectrice de la virginité qu'il avait vouée à Dieu. On a composé un livre des miracles que Dieu fit à son intercession, et qui le firent regarder comme le protecteur de la Pologne et de plusieurs endroits des Pays-Bas catholiques, où son culte s'est étendu principalement pour honorer en lui une rare modèle de la chasteté, et pour obtenir de Dieu le don de cette vertu par son intercession. On fait sa fête le 4 de mars, et ce fut le pape Paul V qui l'étendit à toute l'Église. Son corps, avec les riches étoffes dont il était enseveli, fut trouvé entier et sans corruption l'an 1604, après cent vingt ans de sépulture, malgré la grande humidité de la cave qui avait gâté toutes les pierres de la voûte et des environs du tombeau. Une odeur agréable se répandit aussi par toute l'église et l'embauma pendant trois jours à l'ouverture de ce tombeau, dont on vit encore sortir une lumière éclatante pendant la nuit. L'acte authentique de cette merveille fut dressé par l'ordre de l'évêque de Wilna, en présence de son père et des principaux de la ville. On voit une chapelle et un tableau au naturel de saint Casimir dans l'abbaye de Saint-Germain des Prés, à Paris. On y montre aussi une de ses reliques. C'est la chapelle qui renferme le tombeau du roi de Pologne Jean-Casimir, frère et successeur de Vladislas IV, fils de Sigismond III, roi de Suède par succession et de Pologne par élection, qui, s'étant démis de la couronne de Pologne et retiré en France, mourut abbé de Saint-Germain. La Vie de saint Casimir fut composée environ trente-six ans après sa mort par Zacharie Ferrier, légat du pape Léon X en Pologne, et augmentée, sur de bons mémoires en 1604, par Grégoire Swiecicki, chanoine de Wilna. On trouve l'une et l'autre dans le Recueil de Bollandus, avec le commentaire préliminaire de Henschénius (Baillet, *Vies des saints*, tom. I, 4 mars).

CASIN. On appelle ainsi, en Italie, la plus petite des trois billes de billard au jeu qui se joue avec des quilles.

CASINI (VALORE et DOMENICO) étaient frères et élèves de Passignano. Ils s'adonnèrent au genre du portrait, et s'y firent une grande réputation vers la fin du XVIIe siècle. On voit à Florence un grand nombre de portraits de Valore, touchés avec beaucoup de franchise et de vérité. Cet artiste avait un talent tout particulier pour saisir et retenir dans sa mémoire les traits et la physionomie des personnes de sa connaissance, et pour en faire de souvenir le portrait très-ressemblant, même après leur mort. Aussi était-il si occupé, qu'à peine avait-il le temps d'exécuter la tête et les mains, laissant à son frère Dominique le soin d'habiller ses figures, ce dont celui-ci s'acquittait à a grande satisfaction de son aîné et d'un public impatient. On voit deux portraits de Casini à Sainte-Marie *in Campo*, sur les tombeaux de Laurent, évêque de Fiesoli, et de Geneviève Popoleschi, sa mère. Ce dernier est très-beau. — On compte aussi Vittore CASINI au nom des artistes qui attirèrent Vasari dans ses grands travaux. — Lanzi cite un autre CASINI (Gio. da Varlungo, Florentin), peintre de portraits, né en 1689 et mort en 1748.

CASINI (FR.-MARIE), cardinal, né à Arezzo en Toscane, prit l'habit de Saint-François, passa par les différents grades de son ordre, obtint sous le pontificat d'Innocent XII l'emploi de prédicateur apostolique, sous celui de Clément XI le chapeau de cardinal, et mourut en 1719. Il a laissé des *Panégyriques* de divers saints, des *Discours* (en latin) prononcés dans le palais apostolique, Rome, 1713, 3 vol. in-fol.; — *Actus hominis*, Florence, 1682, in-8°; — une traduction de l'ouvrage du P. Boutauld, *les Conseils de la Sagesse.* — CASINI (Antoine), jésuite, né à Florence, mort en 1755 à 68 ans, enseigna la langue hébraïque et l'Ecriture sainte au collège romain. Très-versé dans la connaissance des saints Pères, il avait formé le projet de continuer la *Théologie dogmatique* du P. Petau; mais, des obstacles qu'il ne put vaincre l'ayant forcé d'abandonner son dessein, il se livra particulièrement à l'étude de la philosophie antique. Parmi les ouvrages qu'il a publiés, le plus remarquable est l'*Encyclopedia sacr. Scripturæ*, dans lequel il a développé diverses questions importantes, et que ses confrères regrettaient qu'il n'eût pu terminer. Il en a laissé plusieurs inédits, entre autres : *Plato christianus*, ouvrage dans lequel il a traité, dans autant de dialogues, les questions les plus abstruses de la théologie.

CASINO. Ce mot italien, sans doute dérivé de *casa*, maison, signifie maison de réunion. On l'applique aussi à une maison de campagne ou de plaisance, à un petit vide-bouteille. Le casino, en Italie, est un bâtiment annexe ou tout à fait séparé d'un théâtre, où se donnent des soirées de musique ou dansantes, où se trouvent une salle de lecture, des salles de billard, d'autres salles pour les jeux et les divertissements particuliers, et petits appartements pour se rafraîchir, etc. C'est la représentation en grand de nos cercles (*V.*) en France. La haute Italie connaît plus particulièrement les *casini*; Rome en manque; Naples en a seulement pour la noblesse. Il est bien rare qu'on représente, dans les *casini*, des pièces jouées par des acteurs que l'on paye. Il est plus fréquent de les voir représentées par des amateurs. Aussi il n'y a que les souscripteurs qui fournissent à tous les genres de dépenses qu'occasionnent ces divers amusements. On trouve aussi des casini en Allemagne, en Suisse, etc.

CASINUM (*géogr. anc.*), ville considérable d'Italie, dans le Latium, sur la voie latine de la Campanie. Annibal séjourna deux jours dans ses murailles. Après la guerre des Samnites, sous le consulat de M. Valerius et de Publius Decius, les Romains, s'étant rendus maîtres de Casinum, y envoyèrent une colonie l'an de Rome 442. Ses ruines sont visibles près de San-Germano.

CASINUS (*géogr. anc.*), rivière d'Italie, qui, suivant Strabon, se déchargeait dans le Liris à l'endroit où était située la ville d'*Interamna*. On suppose que c'était le *Sacco* actuel.

CASIO DE MEDICI (JÉROME), poëte italien, était né vers 1465 à Bologne, d'une famille illustre. On voit, par l'épitaphe qu'il s'est composée, que, dans sa jeunesse, Casio fit le commerce de pierreries. S'étant embarqué en 1497 pour aller visiter les lieux saints, la galère qu'il montait fut prise par les Turcs après un combat dans lequel il fut blessé grièvement. Délivré par l'intervention d'un capitaine vénitien qui le conduisit à Candie, il y resta quelque temps pour se guérir de ses blessures, et trouva dans son talent pour la poésie une distraction à ses chagrins. Dans un voyage qu'il fit à Rome, le pape Léon X le créa chevalier, et en 1525 Clément VII lui décerna le laurier poétique. Chargé par le même pontife, en 1525, de réformer les études à l'académie de Bologne, il mourut peu d'années après dans cette ville. On a de lui : 1° deux *recueils* de *sonnets*, de *capitoli*, de *canzoni*, etc.; 2° le *Vito de santi*, e *ciascuna ridotta in un sonetto*; 3° *Libro de fasti*, *giorni sacri*, *de' quali si fa menzione in capitoli 45*, *canzoni 7*, *sonetti 175*, e *madrigali 12*; 4° *Libro intitolato Cronica*; *ove si tratta di epitafi d'amore*, e *di virtute*; 5° *Libro intitolato Bellona*, *nel quale si tratta di giostre*, *di littere e di amore*, ed *in ultimo della strage di Rome in poesia.* Ce livre est très-rare.

CASIORUM INSULÆ (*géogr. anc.*), petites îles situées près de l'île de Casus, au midi de celle de Carpathus.

CASIOTIDE (*géogr. anc.*), petite contrée septentrionale de l'Angustamnique, au nord, à l'extrémité occidentale du lac Sirbonis.

CASIOTIDE (*géogr. anc.*), montagne de Syrie, près de Séleucie. Le sommet de cette montagne était éclairé par le soleil levant, tandis que la nuit régnait encore à sa base.

CASIOTIDE (*géogr. anc.*), montagne de Mésopotamie, près de l'Euphrate.

CASIOTIDE (*géogr. anc.*), fleuve de l'Ibérie septentrionale, prend sa source dans les monts Cissii, coule au nord, puis à l'est, et se jette dans la mer Caspienne, au sud de l'Alouta. C'est le Kourak-Siza.

CASIRI (MICHEL), orientaliste distingué et ecclésiastique syro-maronite, né à Tripoli en Syrie l'an 1710, vint à Rome, où il fit ses études au collège de Saint-Pierre et Saint-Marcellin, et embrassa, en 1734, l'état ecclésiastique. Il accompagna, en 1755, le savant Assemani (*V.* ce nom) en Syrie, où ce dernier se rendit, par ordre du pape, pour assister au synode des Maronites, et fit en 1738, à Rome, un rapport sur les opinions religieuses de cette secte. Il enseigna ensuite dans son couvent les langues arabe, syriaque et chaldéenne, la théologie et la philosophie, et se rendit en 1748 à Madrid, où il fut placé auprès de la bibliothèque. En 1749, il passa à la bibliothèque de l'Escurial, dont il fut nommé directeur quelque temps après, et c'est là qu'il recueillit les matériaux de la *Bibliotheca arabico-hispana*, qui donne en 1851 articles l'énumération de tous les manuscrits arabes de la bibliothèque de l'Escurial. Cet ouvrage estimé, dont certaines parties sont faibles et quelques citations inexactes, a cependant un mérite tout particulier, par les extraits d'ouvrages historiques en langue arabe qu'il renferme. Casiri mourut à Madrid en 1791.

CASIROTÆ (*géogr. anc.*), peuples d'Asie qui habitaient le territoire nord d'Aria, sur la côte de Dranguiana, suivant Ptolémée.

CASIS, vallée dans la tribu de Benjamin (*Josué*, XVIII, 21).

CASIUS, nom de deux montagnes de Phénicie, l'une au midi sur les frontières d'Egypte; l'autre au nord, près de *Seleucia Pieria*, à droite de l'embouchure de l'Oronte. Le mot de *Casius*, dans le langage oriental, signifie limite ou frontière, et la situation de ces montagnes, dans leur rapport avec la Phénicie, justifie cette étymologie. Le mont Casius de Syrie (*V.* Pline, *Nat. Hist.*, lib. v, cap. 22) était situé au midi de l'embouchure de l'Oronte, près de Séleucie, au sud-ouest. Le mont Casius moderne s'élève au-dessus d'Antioche à une hauteur prodigieuse; mais Pline abuse de l'hyperbole, quand il dit que de son sommet on peut découvrir à la fois le crépuscule du matin à un côté, et celui du soir de l'autre. Le mont Casius, qui est sur les frontières de Syrie ou d'Egypte, a sa situation près de la côte septentrionale de l'isthme de Suez, et était distant, suivant Strabon, de trois cents stades de Péluse. Au rapport du même géographe (liv. XVI), il paraît être une montagne de sable et s'avance dans la mer. Le corps de Pompée fut déposé sur ce mont, qui portait un temple consacré à Jupiter, invoqué sous le nom de *Casius*. Jupiter eut aussi un temple sous cette appellation, sur le mont Casius en Syrie, près de Séleucie, comme cela est évident par la réunion des habitants du voisinage, qui avait lieu tous les ans à son sommet, pour y célébrer des fêtes en l'honneur de Triptolème. Il fut aussi adoré sous ce titre à Cassiope, dans l'île de Corcyre, située sur le promontoire le plus occidental de cette île, et le plus voisin de la terre ferme. Suétone nous représente Néron comme ayant débarqué dans ces parages, où il chanta des vers devant l'autel de Jupiter-Casius. — On a des médailles parvenues jusqu'à nous, sur lesquelles on voit la figure de Jupiter avec les inscriptions ZEYC KAϹIOK, et ΖΕΥΣ ΚΑΣΙΟΣ, qui expriment ce titre. ED. G.

CASJAND-RADI, s. m. (*hist. nat.*), espèce de crabe que l'on trouve au Sénégal.

CASLEU, neuvième mois des Hébreux, suivant l'ordre du sacré, et le troisième suivant l'ordre civil et politique. Il commence à la nouvelle lune de décembre. Il a trente jours pleins.

CASLON (GUILLAUME), graveur et fondeur de caractères, né en 1692 à Hales-Owen dans le Shropshire, mort en 1766, fut d'abord graveur d'ornements, et fit ensuite des poinçons pour les relieurs et les imprimeurs. Bowyer les trouva si bien, qu'il l'engagea à graver des poinçons pour les caractères typographiques. Ces caractères, bien accueillis en Angleterre, furent bientôt recherchés à l'étranger, et firent la fortune de Caslon, dont la fonderie devint une des premières de la Grande-Bretagne. Les OEuvres de Selden (*V.* ce nom) et l'édition du *Pentateuque de David Wilkins* ont été imprimées avec les caractères fondus par cet artiste. On en a des épreuves dans un *specimen*, 1764, in-8° rare, et 1766, in-4°. — Guillaume CASLON fils, mort en 1778, a soutenu la réputation de son père.

CASLUHIM (*géogr.*), une des peuplades qui descendaient de Mizraïm, supposée avoir habité quelque territoire au nord de l'Egypte, aux environs du mont Casius, dans cette partie de la basse Egypte appelée Casiotis par Ptolémée et d'autres. Certains lieux, dit-on, y ont encore par leur nom quelque ressemblance avec ce dernier; mais, sans s'arrêter à cet argument, on peut croire que la tribu de Casluhim était voisine de celle de Caphtorim, car les Philistins semblent être descendus de ces deux peuples, et conséquemment ils ont été primitivement établis en Egypte. Bochart, induit en erreur par sa confiance aux renseignements donnés par les Juifs relativement à Caphtor, s'est imaginé mal à propos de placer Casluhim dans la Colchide, aujourd'hui la Mingrélie. ED. G.

CASMA (*géogr. anc.*), ville mentionnée par Ptolémée et placée dans la partie occidentale de la Mauritanie césarienne, entre *Aquæ Calidæ* et *Bida*, aujourd'hui Blida, en Algérie.

CASMENA (*géogr. anc.*), ville de Sicile, placée par quelques auteurs près de la source de l'Hypatis, et par d'autres entre Acræ et Camarina. Cette ville, suivant Thucydide (liv. VI, chap. 25), fut bâtie par les Syracusains 90 ans après Syracuse, ou environ l'an 668 ans avant J.-C.

CASMONATES (*géog. anc.*), peuple d'Italie qui habitait les montagnes de la Ligurie (Pline).

CASMAGA, s. m. (*bot.*), espèce de liane qui croît dans les îles Philippines.

CASMANN (OTHON), savant allemand, recteur de l'école de Stade, et ensuite pasteur de la même ville, mort le 1ᵉʳ août 1607, a publié : 1° *Quæstionum marinarum*, 2 vol., Francfort, 1596 et 1607; le premier volume traite de l'intérieur de la mer, le second de son mouvement, principalement du flux et du reflux; 2° *Nucleus mysteriorum naturæ enucleatus*, 1605, in-8°; 3° deux éditions du traité *De re cibaria* de Bruyerin (V. BRUYERIN); 4° beaucoup d'ouvrages de piété, dont la plupart ont des titres singuliers : *Turpitudo turpissima et laqueus Carnalis*, *Pulchritudo pulcherrima*, *Mundus immundus*, *Thanatobulia seu beate moriendi desiderium*, *Hominis novi anatomia*, etc.; quelques-uns sont en allemand.

CASMILLA, mère de Camille, reine des Volsques.

CASMILLES, (*V.* CAMILLES.)

CASMINAR. (*V.* CASUMUNIAR).

CASNODYN, poëte gallois du XIVᵉ siècle, est auteur de plusieurs pièces conservées manuscrites dans les archives de la principauté de Galles.

CASOAR (*casuarius*). Cet oiseau, apporté pour la première fois en Europe en 1507, est classé par les naturalistes dans l'ordre des *coureurs*. Presque aussi gros que l'autruche, mais moins élevé, il se distingue par une proéminence osseuse partant de la base du bec et s'étendant en forme de casque sur le sommet de la tête; par des pieds longs et musculeux à trois doigts, armés d'ongles et dirigés en avant; son plumage noir et crépu a l'aspect du crin. Cinq tuyaux en forme de baguettes pointues et sans barbe lui tiennent lieu d'ailes. La femelle pond trois à quatre œufs qu'elle laisse éclore dans le sable à la chaleur du soleil. Ce bipède se nourrit principalement de fruits et de racines. Quoique de forme lourde, il peut défier à la course le cavalier qui le poursuit; attaqué, il sait se défendre avec le pied, dont il frappe vigoureusement son ennemi. Le casoar a pour patrie l'Inde et la partie la plus orientale de l'ancien monde. On n'en connaît qu'une espèce qui devient très-rare. Elevé en domesticité, comme objet de curiosité, il montre un naturel stupide et sombre. Sa chair noire et coriace n'a rien d'agréable au goût.

CASOLANA, s. m. (*hort.*), sorte de pomme d'Italie, qui ressemble assez à notre pomme d'api.

CASONI (GUY), né à Serravalle, dans le Trévisan, vers la fin du XVIᵉ siècle, fut un des premiers fondateurs de l'académie *degli Incogniti* à Venise. Sa maison était le rendez-vous des plus beaux esprits de cette capitale, où il habita longtemps. Le doge, auprès duquel ses compatriotes l'avaient chargé d'une mission, le décora de la dignité de chevalier. Après avoir rempli divers emplois dans sa patrie, il mourut en 1640, laissant une *Vie du Tasse* et divers autres ouvrages, dont on trouve la liste dans les *Glorie degli Incogniti*. La onzième édition de ses *Opere* est de Venise, 1623, in-16. Il s'attachait beaucoup à imiter les poëtes grecs et latins. — Philippe CASONI, Génois, a publié en italien : 1° une *Histoire de Louis le Grand* (de 1638 à 1706), Milan, 1706-1722, 5 vol. in-4°; 2° *Annales de la république de Gênes du XVIᵉ siècle*, Gênes, 1708, in-fol.; 3° *Vie du marquis de Spinola, le preneur de villes*, Gênes, 1691, in-8°.

CASOS (*géogr. anc.*), petite île de la mer Egée, au sud de celle de Carpathus.

CASOTTI (J.-B.), littérateur, né en Toscane en 1669, fit des études brillantes à Florence, et fut envoyé comme secrétaire de légation à Paris, où il se lia avec Ménage et Régnier Desmarets. De retour à Florence, il entra dans les ordres, et fut nommé successivement recteur du collège des nobles, professeur de philosophie morale, de géographie, puis d'histoire, à l'université. Vers la fin de sa vie, il se retira dans un village dont il venait d'obtenir la cure; il y mourut en 1737, léguant ses biens et sa bibliothèque au chapitre de Prato, sa patrie. Outre une *Notice* sur Jean de la Casa (*V.* ce nom), dans l'édition de ses *OEuvres*, Florence, 1707, ses ouvrages les plus connus sont : *Vita di Ben. Buonmattei* (*V.* ce nom), *della fondazione del regio monastere di* S. *Francesco*, etc., Florence, 1722.—*Pratenses olim præpositi nunc episcopii*, etc.

CASPASIUS ou **CASPASIUM FLUMEN** (*géogr. anc.*), rivière placée par Pline dans la Syrie asiatique.

CASPATYRE ou **CASPAPYRUS** (*géogr. anc.*), ville d'Asie, placée par Hérodote (liv. III, chap. 52) dans la Pacytique, sur l'Indus; mais Hécatée, cité par Etienne de Byzance, la met dans le voisinage des Sogdiens et des Ractriens, et au midi de ces peuples. Le nom moderne de cette place, suivant d'Aanville, est *Tchuparch*. C'est de là que partit Scylax, par les ordres d'Alexandre, pour savoir où était l'embouchure de l'Indus, et faire de nouvelles découvertes.

CASPE ou **CASPIUS** (GEORGES), médecin, né au XVIᵉ siècle dans le Hainaut, soutint la doctrine Léonard Botal (*V.* ce nom) sur la saignée, dans deux écrits contre Bonaventure Grangier, médecin de Paris; le premier intitulé : *Ad Bonav. Grangieri admonitionem*, etc., Bâle, 1580, Paris, in-8°; le second : *Castigatio Bonav. Grangieri*, etc., Bâle, 1582.

CASPÉRIE, femme de Rhétus, roi des Marrubiens, commit un inceste avec le fils de son mari (*Enéide*, X, 388).

CASPÉRIE (*géogr. anc.*), ville des Sabins, mentionnée par Virgile, au sud-est de Réaté. Elle est appelée Casparula par Silius Italicus (l. VIII, v. 416). — C'est aussi le nom d'une contrée de l'Inde, en deçà du Gange, au-dessous de l'Hydaspe, du Roas et du Saudabal, suivant Ptolémée. ED. G.

CASPHIN ou **CASPHIS** (*géogr. anc.*), ville petite, mais bien fortifiée de la tribu de Dan en Palestine, située sur un petit lac à six milles de Jamnia. Elle était entourée de hautes murailles, et si bien approvisionnée à l'intérieur au temps de la guerre des Machabées, que ses habitants, confiants en leurs propres forces, adressèrent plusieurs fois des sarcasmes insultants à l'armée juive. Mais Judas Machabée leur livra un assaut avec une bravoure si extraordinaire qu'il se rendit maître de leur ville, et les passa tous au fil de l'épée. Le carnage fut si grand que le lac voisin était teint de sang à deux stades au large (*II. Machab.*, XII, 12-16).

CASPIÆ PYLÆ ou **PORTÆ** (*géogr. anc.*), important défilé entre la mer Caspienne et les montagnes (*V.* CASPIENNES [Portes]).

CASPÉRIUS, centurion sous l'empire de Claude, député par Corbulon à Vologèse.

CASPÉRIUS NIGER, tué dans la capitale par les soldats de Vitellius, l'an de Rome 821, 68 de J.-C.

CASPÉRIUS ELIANUS, préfet du prétoire sous Domitien et sous Nerva.

CASPHOR, ou **CHASCOR**, ou **CHASPHON**, ou **CASBON**, ou **CHESBON**. C'est la même ville qu'Esébon (*I. Macch.*, 5, 26).

CASPIA (*botan.*), s. m. Espèce de petit arbrisseau.

CASPIENNE (MER) (*géogr.*) *mare Caspium*, nom dérivé probablement de *kasp*, montagne. Cette mer est située entre 36° 40' et 47° 20' de latitude nord, et entre 44° et 52° de longitude est, et s'étend même jusqu'à 54°, si l'on y comprend le lac amer de Kouli-Déria, qui par Adji-Konyoussi, communique avec elle par le détroit de Karaboughaz. Les géographes anciens l'appelaient mer d'Hyrcanie. Les Arabes du moyen âge lui donnaient les noms de mer des Khozars ou Khazars, mer de Djordjan, mer de Dilem, mer de Ghilam, mer de Thabaristan, et mer de Bakou. Les historiens chinois du temps de Jésus-Christ l'appelaient Si-Hai ou mer occidentale. Les Slaves, Kvalinskoë mere, d'après les Kvalisses, peuple qui habitait aux bouches du Volga. On lui donne aussi le nom de mer d'Astrakhan. Les différentes tribus turques qui vivent sur ses bords l'appellent communément Denghiz ou Tenghiz, ce qui veut dire mer, ou bien, Al-Denghiz, mer blanche. Les Persans la connaissent sous la dénomination de Kolzoune, et les Turcs sous celle de Bahri-Ghouz ou Bahri-Ghaze. Chez les Arméniens elle porte le nom de Gasbits-Dzov, et chez les Géorgiens ceux de mer de Daroubandi, ou Derbend, et de Kaspis-Sgva (mer Caspienne). — C'est le plus grand lac salé qui soit connu, et, on peut hardiment le dire, qu'il y ait sur le globe. En mesurant la mer Caspienne par les seules lignes droites qu'on y puisse tirer, elle a une longueur de 122 ⅜ myriamètres (275 lieues), depuis la baie de Kolpinskoï à l'ouest de l'Oural, jusqu'à Balfroch, bien que cette ligne passe par la péninsule *Karaganskoï*, et une largeur de 17 ⅞ myriamètres (100 lieues), à l'endroit le plus large, entre Astara et le Dahistan. Elle occupe une surface de 16,850 lieues carrées, ou 3,139 myriamètres. « Il est peu de sujets, dit Malte-Brun au livre cent trente-deuxième de son excellent ouvrage, qui aient fourni matière à plus de discussions que la mer Caspienne ; la géographie physique en a examiné avec étonnement la nature particulière ; la géographie critique en a changé vingt fois la situation, la configuration et l'étendue sur les cartes, quoique vraisemblablement ni l'une ni l'autre n'aient éprouvé aucun changement réel depuis les premiers siècles de l'histoire. » Cette dernière opinion de Malte-Brun a été combattue victorieusement par des explorations récentes ; car, à quelque époque que remonte la révolution subite ou successive qui a resserré les limites de cette mer, il n'est plus douteux aujourd'hui que la mer Caspienne a été anciennement beaucoup plus étendue. Pallas avait déjà cherché à prouver que vers le nord elle se prolongeait à 125 lieues de plus que de nos jours ; qu'elle se réunissait à l'est à la mer d'Aral, et à l'ouest à la mer d'Azow, à l'endroit où coule actuellement le Manytch. Gullenstaedt ajoute que, vers l'embouchure de la Kouma et du Térek, elle devait couvrir une étendue de cinquante lieues, mais qu'ensuite la quantité d'eau apportée par les fleuves ne suffisant pas pour couvrir un espace aussi considérable en raison de la quantité qui s'en perdait par l'évaporation, les eaux s'étaient retirées dans leurs limites actuelles. Les observations récentes faites par les voyageurs russes qui ont visité les contrées situées à l'est de la mer Caspienne donnent lieu de penser que cette mer était autrefois beaucoup plus étendue de ce côté, et que la mer d'Aral en faisait partie. Le dessèchement graduel des lacs et des rivières dans la partie occidentale de l'Asie moyenne donne beaucoup de probabilité à cette supposition. En effet, M. de Mourawiev a reconnu les anciens bords de la mer Caspienne entre les côtes actuelles et l'extrémité méridionale de la mer d'Aral. Le Djan-Deria, ou le bras méridional et le plus fort des trois par lequel le *Sir-Deria*, l'ancien *Iaxartes*, se jette dans ce lac, s'est desséché depuis dix ans ; le *Kouvan-Deria*, qui forme le bras du milieu, a diminué considérablement en cent ans, et ce dessèchement est tellement rapide que le colonel Georges de Meyendorff cite à ce sujet le témoignage d'une foule de Kirghiz qui lui assuraient que leurs pères avaient vu les eaux du lac Aral s'étendre jusqu'au pied du *Sari-Boulac*, colline éloignée aujourd'hui de 18 lieues de ses rives, et que le *Camechlu-Bach*, grande baie du Sir-Deria, s'est reculé de 3 à 4 lieues en moins de quatre ans. Tous ces faits démontrent évidemment que la mer Caspienne s'est retirée de son côté, que ses bords se sont rétrécis, et que les sables mouvants contribuent puissamment à lui faire perdre de sa surface. Les mêmes observations ont été faites pour les lacs de la *Baraba*, contrée de la Sibérie occidentale. Les anciens n'avaient donc pas tort de donner à la mer Caspienne une étendue beaucoup plus grande de l'est à l'ouest, qu'elle ne l'a de nos jours, et de ne pas parler de l'Aral, qui, en effet, n'était de leur temps que la partie orientale de cette mer. A l'époque d'Hérodote, le bras de l'*Iaxartes*, qu'il appelle *Araxes*, tombait dans la mer Caspienne, trente-neuf autres bras de ce fleuve se perdaient dans des marécages qui vraisemblablement ont séché, et qui font partie de la steppe des Kirghiz. C'est donc un espace gagné par les sables sur la partie de la mer Caspienne devenue plus tard l'Aral. — Entourée de tous côtés par la terre, cette mer ne communique avec aucune autre, malgré l'opinion de quelques naturalistes, qui lui supposent des rapports souterrains avec la mer Noire, ou même avec le golfe Persique. La plus grande profondeur ordinaire de la mer Caspienne est de 70 à 80 toises. Dans quelques endroits, Hauwayne ne put trouver le fond avec une sonde de 450 toises. Elle est presque partout très-basse près des bords, et les bâtiments d'une certaine grandeur sont obligés de mouiller à une distance considérable des côtes occidentales, excepté pourtant à Bakou, et dans quelques autres parages. La navigation est dangereuse, en raison des rochers dont les bords sont garnis, et des vents d'est

et d'ouest qui y soufflent presque continuellement, et qui, à cause du peu de largeur de cette mer, font courir de grands risques aux navires, parce que ceux-ci n'ont pas un espace suffisant pour louvoyer. Le fond de la mer Caspienne est de gravier, de sable, de coquilles et de vase ; il y a des écueils cachés sous l'eau. L'eau est salée et plus amère que celle des autres mers, à cause de la quantité de sources de naphte qui jaillissent dans le fond, dans les îles et sur les bords. — Les principaux fleuves que reçoit cette mer sont : le Volga, le Kouma, le Téreck, divisé en plusieurs bras désignés chacun par des noms différents, le Samour, le Kour (*Cyrus*), le Kizyl-Ozen, le Gourghen, l'Abi-Atreck, l'Iemba, et l'Iaïk ou l'Oural, sans compter une quantité de petits fleuves qu'il serait trop long de nommer. D'après les traditions qui existent dans le pays à l'est de la mer Caspienne, il y a cinq cents ans, l'Amou-Deïra (*Oxus*) se rendait dans cette mer par deux embouchures, l'une était dans le golfe du Balkan, et l'autre au sud des montagnes du même nom. Un violent tremblement de terre changea le cours de ce fleuve, et l'obligea de couler au nord, et d'aller se jeter dans l'Aral. M. de Mourawiev a découvert et décrit l'ancien lit, qu'il a passé deux fois. On remarque, en général, que les fleuves que reçoit la Caspienne charrient beaucoup de sable qui comble leurs embouchures, de sorte que celles-ci deviennent chaque année moins profondes et plus difficiles à remonter, tellement que le Belonga (*accipiens huso*) a cessé d'entrer dans l'Iemba, qu'il fréquentait autrefois. L'embouchure de plusieurs fleuves se couvre aussi de roseaux qui y croissent en si grande quantité qu'ils la masquent entièrement et l'obstruent, notamment dans l'Iemba, le Iaïk et plusieurs bras du Volga. — Après cet aperçu général de la mer Caspienne, décrivons successivement ses côtes en commençant à Astrakhan ; nous descendrons ensuite vers le sud, en suivant la côte occidentale, d'où nous reviendrons au point de départ, en remontant au nord par la côte orientale et le Yarkovskoé-Oustie, ou bouche du Iarkov, principal bras du Volga, par lequel les navires descendaient dans la mer. Devant cette embouchure se trouve, par 45° 40′ de latitude nord, l'île de Tchétyre-Bougra, aux Quatre-Monticules. La côte est basse et remplie de bas-fonds jusqu'au golfe de la Kouma ; de là, elle s'élève un peu vers l'embouchure du Téreck, ensuite elle s'abaisse de nouveau, et est couverte de roseaux jusqu'au golfe d'Agrakhan. Vis-à-vis de la pointe d'Agrakhan, on voit l'île de Tchetchen, dans laquelle les Tatars de Kizgiar tuent beaucoup de phoques. De la pointe d'Agrakhan jusqu'à Derbend, la côte est basse et sablonneuse. Cette ville n'a pas de port ; les navires sont obligés de jeter l'ancre à une grande distance du rivage, sur un fond de roche ; d'ailleurs, la rade est ouverte à tous les vents, ce qui nuit à l'activité du commerce. Depuis Derbend, une chaîne de montagnes se prolonge parallèlement à une certaine distance des côtes ; dans plusieurs endroits elle est couverte de forêts, et va jusqu'à l'embouchure du Samoura. Ce n'est que vis-à-vis de Nizova qu'on trouve un bon mouillage. Les Russes y faisaient autrefois un commerce assez considérable avec les Persans, mais ils l'ont abandonné depuis longtemps faute de port ; les vaisseaux restent en rade tout près de Nizova. Jusqu'au détroit d'Apcheron, la côte est basse et couverte de bas-fonds. A moitié chemin on trouve, par 40° 55′ les Dva-Brata ou les Deux-Frères ; ce sont deux rochers à fleur d'eau qui ressemblent à deux quilles de vaisseaux renversés ; la mer étant fort profonde dans ce parage, on peut les ranger de très-près. Le détroit d'Apcheron est formé par trois îles ; ce sont : Sviatoi (*la Sainte*), Syloi (*l'Habitée*), et Lébejeï (*des Cygnes*), qu'il sépare de la côte du cap d'Apcheron. Le fond y est bon près de la terre, et les vaisseaux peuvent se mettre à l'abri en prenant quelques précautions à l'entrée et à la sortie, qui ne sont pas tout à fait sans danger. Ensuite le rivage s'élève graduellement jusqu'à Bakou, ville située sur un golfe qui a la figure d'un croissant, et qui forme un bon port. On peut même le considérer comme le meilleur port de la mer Caspienne ; car il est assez profond pour permettre de jeter l'ancre près des murs de la ville, sur un bon fond de sable et de coquilles ; il faut seulement prendre garde en y entrant à quelques écueils et à des bancs de sable. Depuis la pointe méridionale du golfe de Bakou jusqu'au cap du Vézir, la côte est montagneuse. Vis-à-vis de ce promontoire s'élèvent quatre petites îles connues sous le nom de Svinoï ou des Cochons. De là à l'embouchure du Kour, au delà et au sud du dernier bras de ce fleuve, vient le golfe de Salian ou Kizyl-Agatch, célèbre par la pêche de différentes grandes espèces d'esturgeons. Ensuite jusqu'au golfe d'Inzili ou Zinzili, la côte est basse, boisée, et décrit un arc. Le golfe doit plutôt être considéré comme un lac, qui communique à la mer par un canal de 2 lieues de longueur. Il est entouré de hautes montagnes et de forêts, et peut avoir 5 lieues de circuit. Si les vaisseaux pouvaient traverser le canal comme autrefois pour entrer dans le golfe, ils trouveraient un port sûr, vaste et avantageux au commerce; mais le canal, se comblant de jour en jour, et les roseaux obstruant la passe, les vaisseaux sont obligés de rester en dehors sur une rade entièrement ouverte aux vents du golfe. Du canal d'Inzili jusqu'au Mazenderan, la côte est basse et couverte de bois et de marais formés par une infinité de petites rivières qui viennent des montagnes voisines. La côte du Mazendara court du sud à l'est en décrivant un arc, et s'élève sous 56° 45', dans le voisinage d'Aster-Abad. Les montagnes ne sont pas fort éloignées du rivage et sont couvertes de forêts. La plus haute cime de toute cette chaîne est le pic de Damavena, qui a une forme conique et pointue; il est toujours couvert de neige; on le voit de très loin en mer. On trouve dans cette province, à 5 lieues de Balfrouch, le port de Medjed-i-Zar, où se trouve une foire considérable. Près d'Aster-Abad, on rencontre une grande baie qui offre un ancrage commode et sûr; elle s'étend vers le sud jusqu'à la ville d'Achraf. La mer y est profonde, mais l'entrée n'en est pas toujours sûre à cause des bancs de sable et des rochers que l'eau recouvre. Depuis ce golfe, la côte remonte au nord. Le cap Gumych-Tepe, en russe Sérébrénoï-Bougor (monticule d'argent), s'élève au nord de l'embouchure du Gourghen; il formait encore en 1782 une île, qui ne s'est réunie au continent que depuis les premières années de notre siècle. Ce cap, situé sous 37° 5' 22" n'est pas très-élevé. A 26 lieues et demie plus au nord, on rencontre au fond d'une baie peu profonde le Ghenk-Tepe ou Ghenk-Bastlaouk, en russe Zélénoï-Bougor, ou le Promontoire-Vert, autre monticule. Jusque-là le fond de la mer consiste en limon blanc, et offre une profondeur de trois à cinq toises près des côtes. Plus au nord, il devient sablonneux. Le golfe du Balkhan tire au nord des hautes montagnes qui l'entourent au nord et à l'est; il est fermé à l'ouest par les îles Ogoutsta ou Acdak, Dewich, Tcheleken ou de Naphte, et par la langue de terre de Krasnovodsk. Depuis la pointe méridionale de cette langue, on compte environ 30 lieues jusqu'au détroit de Karaboughaz, qui unit la mer Caspienne au grand lac appelé par les Turcomans Kouli-Déria (mer du serviteur), ou Adji-Kougoussi (puits amer), qui a plus de 40 lieues de l'ouest à l'est, et en plusieurs endroits 15 du nord au sud. Ce lac est peu connu des géographes, et la baie de Karaboughaz, dans laquelle les peuples voisins prétendent qu'il existe un gouffre qui absorbe les eaux de la mer Caspienne, n'a pas été visité par les navigateurs. Le détroit de Karaboughaz est éloigné de 75 lieues de la baie d'Alexandre, à 38 lieues nord-nord-ouest de laquelle est le cap Tuk-Karagan. A peu de distance au nord se trouve la grande île de Koulat, dans laquelle on prend beaucoup de phoques. De Tuk-Karagan, à 15 lieues à l'est, la côte présente un autre enfoncement qu'on nomme Manghichlak, où une langue de terre, en s'avançant dans la mer, forme un assez bon port qui est peu fréquenté, ainsi que toute la côte occidentale de cette mer, à cause des brigandages des Turcomans. De Manghichlak, la côte continue à courir un peu vers l'est; puis, tournant brusquement au nord jusqu'au cap Bourountchouk, elle décline encore vers l'est jusqu'au Mertvoi-Koultouk ou golfe Mort, dont la côte sud est montagneuse et bien boisée : dans ce grand golfe se trouvent plusieurs îlots. De là, toute la côte septentrionale de la mer Caspienne, en passant de l'embouchure de l'Iemba et de l'Iaïk jusqu'au Volga, est basse, et couverte de joncs et de bancs de sable, de sorte que les navires ne peuvent y naviguer qu'à quelque distance du rivage. — De l'embouchure du Tchilivan à celle du Gourghen, les côtes de la Caspienne appartiennent à la Perse; du Gourghen aux bouches de l'Iembla, elles sont occupées par les Turcomans et les Kirghiz nomades; tout le reste est possédé par la Russie. — C'est à Antoine Jenkinson, négociant anglais, que sont dus les premiers renseignement recueillis en Europe touchant la mer Caspienne. En 1557, Jenkinson essaya d'établir des relations avec les pays à l'est de cette mer, et donna quelques détails sur les parages qu'il parcourut. Depuis, Jean Strugs, Hollandais, qui en 1670 alla sur un bâtiment d'Astrakhan en Perse, a donné une carte dans laquelle la forme de la Caspienne est singulièrement contournée. Ce ne fut que sous le règne de Pierre le Grand qu'on obtint des notions plus positives sur sa situation et son étendue. Le czar en fit faire une carte d'après différents voyages entrepris par ses ordres en 1719 et 1720, par Soymonov et Van-Verdun ; Kojin y fut aussi envoyé en 1726 et 1727. Le même Soymonov en écrivit une description; et en retirana la carte qui fut gravée en 1731. Les côtes orientales furent de nouveau visitées et décrites en 1764 par Tokmatchev, et les côtes occidentales et méridionales par le naturaliste Gmelin, en 1770, 1771 et 1773. On connut alors positivement que cette mer n'était pas ronde, comme on l'avait cru d'après les renseignements puisés dans les géographes

anciens, et qu'elle avait beaucoup plus d'étendue du nord au sud que de l'est à l'ouest. Le dernier voyage entrepris dans la mer Caspienne est celui de M. de Mourawiev, qui partit en 1819 de Bakou pour Lenkoran, et alla jusque vis-à-vis d'Aster-Abad, côtoya une partie de la côte orientale, détermina le golfe du Balkan et les îles qui l'avoisinent, et débarqua à la pointe de Krasnovodsk pour gagner Khiva. A son retour il traversa la mer Caspienne de Krasnovodsk presque en ligne droite jusqu'à Bakou. — La Russie est presque seule en possession de cette mer, sur laquelle elle entretient même des vaisseaux de guerre. Pour cette puissance, la Caspienne peut être regardée comme une source inépuisable de richesses, par le commerce considérable qu'elle y fait, ainsi que par l'énorme quantité de poissons de toute espèce que l'on y pêche, et qui sont de meilleure qualité que ceux des autres mers dont l'empire russe est baigné. Il s'en exporte annuellement, ainsi que du caviar et de la colle de poisson, etc., pour plusieurs millions de roubles. Les phoques sont nombreux : les côtes sont couvertes en tout temps d'oiseaux aquatiques de différentes espèces, dont quelques-uns sont encore peu connus en Europe. Les joncs et les roseaux qui couvrent les bords de la mer Caspienne, vers l'embouchure du Téreck donnent asile à quantité de sangliers, et on trouve sur les côtes du Mazendéran une espèce de tortue fort grande qui a souvent près d'un mètre de long sur plus d'un pied de large.   ED. GIROD.

CASPIENNES (PORTES), *Caspiæ Pylæ* ou *Caspiæ Portæ* (*géogr. anc.*). C'était le nom d'un étroit passage qui existe entre les montagnes du Caucase et la mer Caspienne. Ce terme de Portes Caspiennes ou Albanaises est plus particulièrement applicable à Derbend, situé à l'extrémité d'une chaîne du Caucase et tout à fait au bord de la mer. Cette ville, s'il faut ajouter foi à la tradition locale, fut fondée par les Grecs, et son entrée rendue difficile par les fortifications qu'y firent construire les rois de Perse, et en l'appuyant sur un môle, et l'entourant d'une double enceinte, fermée par des portes de fer. Les portes *Ibériennes*, confondues quelquefois avec les *Caspiennes*, sont formées par un étroit défilé de 6 milles de longueur au sein du mont Caucase, s'ouvrant depuis le côté nord de l'Ibérie ou Géorgie, sur la plaine qui s'étend jusqu'au Tanaïs et au Wolga. Une forteresse, bâtie par ordre d'Alexandre peut-être, ou d'un de ses successeurs, commandait cette passe importante appelée aujourd'hui Tatar-Topa (*portes tartares*) par les habitants du pays. — Procope, par confusion sans doute, a toujours donné à ce dernier lieu le nom de *Portes Caspiennes.*

CASPIENS (*géogr. anc.*), peuples qui habitaient les environs de la mer Caspienne appelés *Caspia regio*, à l'ouest et à l'est du fleuve Cambyse, entre les Sopiriens et la mer Caspienne. Ils occupaient aussi la contrée qui est au nord de cette mer, et à l'est du Tigre, entre la Parthie et la Médie.

CASPINGIUM (*géogr. anc.*), aujourd'hui Asperen, ville de la deuxième Germanie, à l'ouest de Batavorum Oppidum.

CASPIRE (*géogr. anc.*), *Caspira*, aujourd'hui *Cachemire*, ville de l'Inde, sur les rives du Gange, près du mont Emodus, et au nord de sa source de l'Hydaspe. (*V.* CACHEMIRE).

CASPIRÉENS (*géogr. anc.*), peuple de l'Inde en deçà du Gange, à qui Ptolémée a assigné seize villes dont Cragausa était la capitale.

CASPIRAS (*géogr. anc.*), ville d'Asie, sur les frontières de l'Inde, dans le pays des Parthes, suivant Hérodote, qui l'appelle Caspatyre. Etienne de Byzance en a fait mention.

CASPIUS MONS (*géogr. anc.*), le mont Caspien. Ce nom a été donné par Ptolémée à la montagne qui bornait la grande Arménie. Les anciens appelaient ainsi deux montagnes, celle que nous citons ici, et une autre dans la Parthie.   ED. G.

CASQUE ou **HEAUME** (*cassicum* des Latins), arme défensive recouvrant la tête et le cou, et dont l'usage remonte à la plus haute antiquité, puisque les Cyclopes, dit-on, firent un casque à Pluton en même temps qu'ils forgèrent la foudre de Jupiter ; ce casque avait le privilège de rendre invisible le héros qui le portait, et Persée, défendu par cette armure divine, dut vaincre facilement Méduse, ce qui n'empêche pas à la mythologie de lui en attribuer une gloire immortelle. Mais venons à des faits plus réels. — Avant l'invention de la poudre à canon, le casque était pesant et assez fort pour résister à la massue et à la hache d'armes; il avait une visière faite de petites grilles, qui se baissait durant le combat et se relevait ensuite pour laisser respirer le guerrier; il était assez profond, se rétrécissait par le haut, et était à peu près conique. Plus tard, il fut moins profond, et renferma juste la tête du soldat; il avait une mentonnière dans laquelle entrait la visière quand elle était baissée, et au-dessous comme un collet de fer qui, descendant jusqu'au défaut des épaules, était séparé du casque, et s'y joignait par un collier de métal. — On trouve des casques sur les anciennes médailles; on y reconnaît la forme grecque ou romaine. Celui qui couvre la tête romaine est garni de deux ailes, comme le casque de Mercure; il en est qui sont parés des cornes de Jupiter Ammon, de taureau ou de bélier; d'autres encore de la tête fabuleuse de Méduse, d'une Chimère vomissant des feux, d'une tête de tigre, de lion, pour marquer une force extraordinaire. — Le casque était autrefois un ornement ou une marque de noblesse, dont il désignait les différents degrés selon sa forme et son éclat. Les rois le portaient doré, la visière entièrement ouverte, sans grilles ni barreaux; les ducs et les comtes, argenté, sans visière, mais un peu moins ouvert, pour marquer une moindre dignité; les gentilshommes d'ancienne race, d'un acier poli, et les autres, de fer simplement. — Aujourd'hui il n'y a plus que certains corps de la cavalerie et les pompiers dans l'infanterie qui aient cette coiffure. — Il est à remarquer que le casque a un vice préjudiciable à la santé du soldat et à la conservation de ses cheveux. En effet, le manque d'air gênant la transpiration, occasionne de fréquents et violents maux de tête, et la chute prématurée des cheveux. — On a parlé, dans ces derniers temps, de remplacer le shako par le casque, qui, avec quelques modifications, ne gênerait pas plus le soldat dans la manœuvre du fusil, et qui le garantirait mieux du sabre de l'ennemi.

CASQUE, en term. de blason, se dit de la représentation d'un casque sur l'écusson des armoiries.

CASQUE (hist. nat.), coquilles univalves marines, confondues par Linné, et longtemps après par tous les naturalistes, avec les buccins, dont elles diffèrent tant par la forme longitudinale de leur bouche, qui est toujours étroite et dentée sur le bord gauche, que par un canal terminant leur base et brusquement replié sur le dos de la coquille. Lamarck fut le premier à distinguer ces caractères, qui lui parurent suffisants pour former un genre adopté depuis généralement. La coquille des casques est fortement bombée dans presque toutes les espèces; sa spire est courte et aiguë; sa columelle est plissée ou vidée transversalement, et quelquefois chargée de petits tubercules. Le bord droit est orné d'un bourrelet dont l'épaisseur et la largeur n'ont pas de limites. La taille de ces coquilles est très-variée; certaines espèces ne dépassent jamais un pouce de longueur, d'autres atteignent jusqu'à un pied et peut-être plus. Parmi ces géants, nous citerons les casques de Madagascar et tricoté; ce dernier est connu dans le commerce sous le nom vulgaire de fer à repasser; il est employé, ainsi que le casque rouge, par les Italiens, pour la fabrication de ces camées connus sous le nom de camées-coquilles, avec lesquels on fait les plus jolies parures que les reines mêmes ne dédaignent pas de porter. — L'animal qui donne naissance à ces coquilles a été très-longtemps inconnu. M. de Blainville le signale comme étant le même que celui des buccins; mais cette erreur a été relevée par MM. Quoy et Gaimard

CASQUE (hist. nat.). Quelques entomologistes ont traduit par ce mot le nom de galea, que Fabricius donnait à une partie de la bouche des orthoptères (V. ce mot).

CASQUE (botan.). On désigne ainsi la lèvre supérieure des corolles bilabiées, lorsqu'elle est voûtée et concave, comme on en voit un exemple dans la sauge, l'ortie jaune, etc. L'aconit et l'orchis ont aussi une partie de leur fleur disposée en casque.

CASQUE, s. m. (technol.), nom que les hongroyeurs donnent à des cuirs extrêmement durs.

CASQUÉ, ÉE, adj. (gramm.), qui a un casque en tête. — En term. de blason, couvert d'un casque.

CASQUÉ, s. m. (hist. nat.), poisson du genre des silures.

CASQUETTE, s. f. coiffure d'homme faite d'étoffe ou de peau, qui a quelquefois un bord sur le devant, et dont la forme varie à l'infini.

CASROUN ou **CHARZUNA**, ville épiscopale de la Perse, au rapport d'Abulféda, où siégeait l'évêque des Chaldéens. Marabocte en fut tiré pour être fait catholique en 430.

CASSA (comm.), terme usité par les Provençaux, pour signifier la caisse ou coffre-fort dans lequel les marchands, négociants, banquiers et gens d'affaires enferment leurs objets précieux, leurs valeurs en papier, et leur argent comptant.

CASSA ou **CASSÆ**, ville épiscopale de la première Pamphilie, au diocèse d'Asie, sous la métropole de Side.

CASSACOUS, s. m. pl. (agric.), nom que l'on donne, dans le Médoc, à de petits échalas de deux pieds de long, qui servent à fixer les rameaux de la vigne.

CASSADE, s. f. mensonge pour plaisanter ou pour servir d'excuse, de défaite. Il est familier et vieux. — A certains jeux de renvi, comme le brelan, Faire une cassade, faire un renvi avec vilain jeu, afin d'obliger les autres joueurs à quitter.

CASSADORE (GUILLAUME), auditeur de rote, assista au concile de Trente, et fut fait évêque de Barcelone par Pie IV. On a de lui un recueil des décisions de la rote, depuis 1513 jusqu'en 1523, selon l'ordre des Décrétales (Denys-Simon, Bibliothèque historique et chronologique des principaux auteurs et interprètes du droit civil canonique, etc., édition de Paris, in-12, 1692).

CASSAGNE (L'ABBÉ JOSEPH LA), natif du diocèse d'Oleron, s'occupa particulièrement de simplifier aux commençants l'étude de la musique. Il publia sur ce sujet : 1° Recueil de fables mises en musique, 1751, in-4°; 2° Alphabet musical, 1772, in-8°; 3° Traité général des éléments de chant, 1766, in-8°. Dans cet ouvrage, imprimé dès 1742, la Cassagne proposait la réduction de toutes les clefs à une seule, celle du sol sur la seconde ligne. Pascal Boyer, de Tarascon, maître de musique de la cathédrale de Nîmes, aidé de l'abbé Roussier, attaqua vivement ce projet de réforme, dans une lettre à Diderot, publiée en 1767. La Cassagne répondit à cette lettre par l'Uniclester musical, pour servir de supplément au Traité général des éléments du chant (1768), in-8°.

CASSAGNE (LE BARON), maréchal de camp, commandeur de la Légion d'honneur, commença par être soldat, remplaça le général Delmas dans le commandement du 1er bataillon de la Corrèze, devint chef de brigade, fit partie de la division Desaix, et se distingua au combat de la Réchut, près Manhein. Dans la campagne de Moreau, en Bavière, et lors de sa fameuse retraite, le colonel Cassagne, qui commandait le 3e régiment d'infanterie légère au passage de Hanstetten, fut mentionné dans le rapport du général en chef. Aux affaires de Tuit, de Kamlach, contre le corps du prince de Condé, son régiment, quoique placé entre deux feux, résista aux émigrés, qui combattirent avec une grande valeur. Cassagne contribua également à la défense de la tête du pont d'Huningue, où le brave Abatucci trouva une mort glorieuse. Il se distingua encore au combat de Hanau sous Moreau, et, pendant le siége de Gênes, aux affaires de Sasselo et de Polcevera. Nommé général de brigade après le siége de Gênes, il commanda une partie de la division Boudet au combat de Valeggio, pendant la campagne de 1801 en Italie. Depuis cette époque, ce brave officier général, mis par ses blessures hors d'état de servir activement, fut chargé de plusieurs commandements dans l'intérieur, et prit sa retraite en 1815. Il mourut en novembre 1833.

CASSAGNES ou **CASSAIGNES** (JACQUES), naquit à Nîmes, le 1er août 1636. Il embrassa l'état ecclésiastique, et prit à Paris le bonnet de docteur en théologie. Quelques pièces de poésies fugitives, des odes et des poëmes le firent recevoir à l'académie française en 1662. On prétend que Cassagnes, qui avait de grandes prétentions comme prédicateur, fut tellement affecté des vers satiriques de Boileau, qu'il en perdit la raison. Ce qui est certain, c'est qu'on fut obligé de l'enfermer à Saint-Lazare, où il mourut le 19 mai 1679. Sa vaste érudition l'avait fait choisir par Colbert pour être un des quatre premiers membres de la petite académie, qui devint bientôt l'académie des inscriptions et belles-lettres. On a de Cassagnes, outre la préface des Œuvres de Balzac, édition de 1665, la Rhétorique de Cicéron, Paris, 1673, in-8°; et l'Histoire de la guerre des Romains, traduction de Salluste, Paris, 1675, in-8°.

CASSAILLE, s. f. (agriculture). C'est ainsi qu'on appelle le premier labour qu'on donne aux terres, ou après la moisson aux environs de la Saint-Martin, ou après la semaille vers Pâques. Dans le premier cas, on se propose d'ouvrir la terre, et de détruire les mauvaises herbes. On dit Faire la cassaille (V. AGRICULTURE).

CASSALET (JEAN-BAPTISTE DE), capucin, a donné en français un ouvrage intitulé : Des triomphes de Louis XIV, avec un abrégé de l'histoire générale du monde, à Paris, 1665 (Jean de Saint-Antoine, Bibliothèque française).

CASSAN (V. USSUN-CASSAN).

CASSAN (JACQUES), avocat du roi et conseiller au siége présidial de Béziers, a publié les ouvrages suivants : 1° Les Dynasties, ou Traité des anciens rois des Gaules et des Français, depuis Gomez premier, roi de France, jusqu'à Pharamond,

Paris, 1626, in-8º. Le titre seul prouve que l'auteur a développé toutes les traditions fabuleuses sur le commencement de notre monarchie. 2º *Recherches sur les droits des rois de France sur les royaumes, duchés, comtés villes et pays occupés par les princes étrangers*, Paris, 1632, in-4º. Ce livre souleva de longues discussions en Europe car Cassan y étend les prétentions de la France sur toute l'Europe méridionale, depuis la Hollande et l'Allemagne, jusqu'à Naples et Majorque. 3º *Panégyrique ou Discours sur l'antiquité et excellence du Languedoc*, Béziers, 1617, in-8º.

CASSAN (ARMAND), s'est fait connaître par une traduction estimée des *Lettres de Marc Aurèle et de Fronton*, par une bonne *Statistique de l'arrondissement de Mantes*, 1833, in-8º, et par un *Mémoire sur les antiquités gauloises et gallo-romaines, du même arrondissement*, 1835, in-8º. Après avoir été pendant la révolution de juillet aide de camp du général Lafayette, il fut nommé sous-préfet de l'arrondissement de Mantes. Il est mort dans cette ville il y a quelques années.

CASSANA (JEAN-FRANÇOIS), peintre, ainsi nommé d'un village de l'État de Gênes où il naquit en 1611, fut élève de *Strozzi*, dit *le Capucino*, et se fixa à Venise. On voit plusieurs compositions de cet artiste à la Mirandole, où le duc Alexandre II l'avait attiré et où il mourut en 1691. On estime sa manière large et facile, son coloris; mais on ne trouve pas son dessin assez correct. — Son fils, Nicolas CASSANA, dit *le Nicoletto*, né à Venise en 1659, mort à Londres en 1713, peignit l'histoire et le portrait, et fut peintre de la reine Anne d'Angleterre. Il a fait le portrait de cette princesse et de beaucoup de seigneurs de sa cour. Le plus remarquable de ses ouvrages est la *Conjuration de Catilina*, qui fait partie de la galerie de Florence. — CASSANA (J.-Augustin), frère de Nicolas, peignit le portrait avec autant de succès, et réussit également à peindre les animaux, les fleurs et les fruits. Plusieurs de ses tableaux ont été gravés à Londres. Il était entré dans les ordres, et il est désigné dans les biographies italiennes sous le nom d'abbé Cassana. — CASSANA (J.-B.), troisième fils de J.-F., peignit, comme son beau-frère, les fleurs, les fruits et les animaux. — CASSANA (Marie-Victoire), sœur des précédents, morte à Venise, en 1711, a peint quelques sujets de piété où les figures ne se trouvent qu'en buste, comme dans le tableau de la *Conjuration de Catilina*, de Nicoletto, dont les personnages ne sont pas de grandeur naturelle, ainsi qu'on le dit dans plusieurs dictionnaires.

CASSANATE (MARC-ANTOINE ALÈGRE DE), né à Tarragone en 1590, entra dans l'ordre des carmes, à Sarragosse, dans le temps même où son père lui destinait la place de secrétaire du roi qu'occupait un de ses oncles. Il prit le bonnet de docteur en théologie, et s'adonna à l'histoire de son ordre; mais ses travaux ne furent pas même estimés de ses confrères, qui le regardèrent comme un écrivain négligent et peu instruit. Jean Chéron, de Bordeaux, dans ses *Vindiciæ scapularis privilegiati*, l'appelle *plus vir magis quam antiquarius*. Cassanate est mort au mois de septembre 1658. Il a laissé neuf vol. de sermons, et quelques autres ouvrages de dévotion, dont parle Nicolas Antonio. Son *Paradisus carmelitici decoris sive de origine ordinis carmelitarum, de rebus ab his per tot ætates gestis, ac de carmelitis pictate aut scientia claris*, Lyon, 1659, in-fol., ne lui fait aucun honneur et a été censuré par la faculté de théologie de Paris.

CASSANDANE, fille de Pharnaspes, de la dynastie des Achéménides, femme de Cyrus et mère de Cambyse.

CASSANDRE, fille de Priam et d'Hécube, fut célèbre par le don qu'elle avait de prédire l'avenir; la tradition la plus commune est qu'Apollon, épris de cette princesse, lui accorda pour prix de ses faveurs qu'elle lui promit, mais qu'ensuite elle lui refusa. Le dieu ne lui retira point la faculté qu'il lui avait donnée, mais il se vengea en la rendant inutile, et de là vint que personne n'ajouta foi aux prédictions de Cassandre, et qu'on la crut même folle. Sa beauté la fit rechercher en mariage par de grands princes, qui n'obtinrent point sa main. Lorsque Troie fut prise par les Grecs, Cassandre chercha dans le temple de Minerve un asile contre la fureur des vainqueurs; mais Ajax, fils d'Oïlée, lui fit violence au pied des autels, après avoir fait périr à ses yeux Corœbus, son amant. Agamemnon l'obtint des Grecs, dans le partage du butin : mais à son retour, Clytemnestre la fit massacrer en même temps que son époux, ainsi que les deux jumeaux qu'elle avait eus de lui. Les villes de Mycènes et d'Amiclée se vantaient d'avoir son tombeau. On lui éleva un temple, à Leuches, où sa statue était honorée sous le nom d'*Alexandra*. Les

Doriens et les habitants de la ville de Dardanus lui en élevèrent un aussi. Sa statue y servait d'asile aux filles qu'on voulait marier contre leur gré. Elles embrassaient cette statue, habillées en Furies, et ayant le visage teint de couleurs rembrunies. Les monuments antiques ont représenté Cassandre. On la voit sur une pâte antique, publiée par Winkelmann (*Mon. inéd.*, nº 140) ; elle est sur les murailles de Troie, devant lesquelles est arrivé le cheval de bois d'où sortent les Grecs, et elle semble animée de l'esprit fatidique qui lui fait prévoir les malheurs de sa patrie. Cette pâte est maintenant au cabinet de France (nº 390). Une autre pâte, du même cabinet (nº 400), représente Cassandre se réfugiant près de l'autel de Minerve. Sur un beau vase antique publié par Millin (*Galerie mythologique*, t. II, p. 96), on voit Ajax, armé de toutes pièces, saisissant Cassandre par les cheveux et la menaçant de son épée, auprès de l'autel de Minerve où elle s'est réfugiée. Le même sujet se trouve sur la table iliaque (*V.* ces mots). C'est devant le temple de Minerve qu'on voit Cassandre à genoux, et près d'elle Ajax, qui semble la quitter après lui avoir fait violence. Sur une pâte antique du roi de Prusse (Winkelmann, *Cat.*, p. 393, n. 334), on voit Cassandre poursuivie par Ajax; elle embrasse la statue de Minerve, dont elle est prêtresse; la déesse se détourne d'elle pour marquer qu'elle ne protège plus les Troyens : Ajax, insensible à ses pleurs, semble n'avoir aucun respect pour la déesse, ni pour l'infortunée princesse. Polignote avait traité le même sujet dans un tableau dont Pausanias nous a laissé la description (*in Phocicis, Cat.*, 86). Gori a publié (*Mus. Florent.*, II, p. 75) une cornaline du roi de Naples, qui représente Cassandre éplorée, enlevée par Ajax. On voit dans le fond la statue de Minerve. Le poëte Lycophron a fait des prédictions de Cassandre un poëme remarquable par son obscurité. Cassandre joue un rôle important dans l'*Agamemnon* d'Eschyle, et dans celui de Sénèque. Ce personnage est un des plus intéressants de la tragédie d'*Agamemnon*, de Lemercier, jouée aux Français en 1797. Elle paraît au second acte dans les *Troyennes* d'Euripide. Lagrange Chancel a donné, en 1706, un opéra de *Cassandre*.　　DUMERSAN.

CASSANDRE, fils d'Antipater, régna sur la Macédoine depuis l'an 315 jusqu'à l'an 298 avant J.-C. Ce prince s'était vu exclu par son père mourant de la tutelle de Philippe Aridée; il s'apprêtait à disputer le pouvoir à Polysperchon, qu'Antipater lui avait préféré, quand Aridée l'engagea lui-même à combattre Polysperchon et Olympias, appelée d'Épire, par ce général. Arrivé en Macédoine, Cassandre trouva Philippe Aridée égorgé par les ordres d'Olympias. Il fit mourir à son tour cette reine, et enfermer dans une étroite prison Alexandre, fils du héros macédonien, venu d'Épire, avec son aïeule, et Roxane, sa mère. Polysperchon, qui s'était enfui en Asie à l'arrivée de Cassandre, ramena un autre Alexandre, fils du conquérant et de Barsine : mais, gagné par Cassandre, il fit mourir son nouveau compétiteur. Cassandre fit alors assassiner avec sa mère l'autre Alexandre, qu'il tenait prisonnier, et resta pendant quatorze ans paisible possesseur du trône de Macédoine. Il est étonnant qu'il ne nous reste du prince dont le règne fut long et la puissance bien établie, que des monnaies de bronze d'un travail médiocre, à moins qu'on ne pense que la grande quantité de monnaies d'or et d'argent répandue pendant les règnes de Philippe et d'Alexandre, et celles assez nombreuses de Philippe Aridée, n'aient paru suffisantes pour les besoins du royaume. Les types adoptés par Cassandre n'offrent rien de remarquable : ce sont les têtes d'Apollon, de Pallas, d'Hercule, et au revers le trépied, la massue, l'arc et le carquois. Le lion, qu'on voit sur quelques-unes de ses monnaies, est sans doute renouvelé des anciens rois de Macédoine. Le lion était le type favori de Lysimaque, le voisin et l'émule politique de Cassandre. La légende qu'on lit sur ses monnaies porte: ΚΑΣΣΑΝΔΡΟΝ ΒΑΣΙΛΕΩΣ, de Cassandre roi. La Calprenède a composé sur Cassandre un énorme roman qui n'a pas moins de dix volumes, et qui eut de son temps un grand succès. Il parut pour la première fois en 1654, et a été réimprimé en 1731. Ce roman a été traduit en italien, par Giuseppe Ronchi et Majolino Bisaccioni, Venise, 1746. Mais ce qui est assez singulier, c'est qu'on en a fait récemment une nouvelle traduction espagnole. Dans ce roman, dont tous les personnages sont historiques, Cassandre est amoureux de Roxane. Au dénoûment, l'auteur dit : « Sa passion se tourna en une rage si violente qu'il la fit enfin mourir, et avec elle le fils qu'elle avait eu d'Alexandre, et la reine Olympias, mère de ce grand roi. Par leur mort, il se rendit maître de la Macédoine, qu'après la sienne le roi Démétrius ôta à ses enfants. » Il termine ainsi son dixième volume : « J'en dirais possible, davantage...... s'il n'était juste, qu'après un travail d'assez longue haleine, je cherche pour moi-même le repos que je viens de donner aux autres. » DUMERSAN.

CASSANDRE (*théâtre*). C'est un personnage de la farce, du vaudeville et de la parade, dont le caractère est celui d'un vieillard crédule et dupé. C'est un Géronte de bas étage, fort souvent employé dans les pièces que Collé, Corbie et quelques autres ont faites pour les théâtres particuliers où la licence des mœurs et du langage était à la mode. De là il passa à la comédie italienne, où il remplaça le Pantalon et le docteur, surtout dans les pièces à ariettes. On donna *Cassandre astrologue, Cassandre oculiste, Cassandre mécanicien, Cassandre le pleureur.* Le dernier refuge de ce personnage a été le théâtre du Vaudeville, à l'époque où l'on y jouait encore des arlequinades, genre qui est tombé lors de la retraite de l'Arlequin Laporte en 1828. Le dernier Cassandre a été un acteur nommé Chapelle, dont le jeu naïf et comique se prêtait parfaitement à cet emploi. Il paraît que ce personnage avait succédé à celui du père Barnabas, ou à un acteur de ce nom, témoin ce couplet de la pièce d'*Arlequin afficheur*, où Cassandre dit, en parlant du théâtre du Vaudeville :

> Sur ce théâtre-là
> Brilla plus d'un Cassandre.
> De ces Cassandres-là,
> J'ai l'honneur de descendre :
> Voulez-vous que j'y brille ;
> Il vous faut en ce cas
> Rajeunir la béquille
> Du père Barnabas.

A l'époque de la grande vogue des drames sombres, vers la fin du dernier siècle, on fit une parodie en vers, intitulée : *M. Cassandre, ou les Effets de l'amour et du vert-de-gris*, qui eut beaucoup de succès. DUMERSAN.

CASSANDRE, satrape de Carie, attiré par Ptolémée à son parti, l'an 315 avant J.-C.

CASSANDRE, ministre des cruautés de Philippe, fils de Démétrius, contre les Méronites, fut livré aux Romains par ce prince, et ensuite empoisonné par ses ordres, de peur qu'il ne révélât ses secrets.

CASSANDRE, député d'Eumène aux Achéens assemblés à Elatée.

CASSANDRE, Mantinéen, ami de Craugis, père de Philopœmen, et un des instituteurs de cet habile général.

CASSANDRE (FRANÇOIS), écrivain français, mort en 1695, est auteur d'une traduction de la Rhétorique d'Aristote, qui a été très-estimée et a eu de nombreuses éditions tant en France qu'en Hollande. La première est celle de Paris, 1654 ; la dernière, et l'une des meilleures, est celle de la Haye, 1718. On a encore de François Cassandre, dont Boileau faisait un cas particulier, des Parallèles historiques, Paris, 1680, in-12.

CASSANDRE FIDÈLE ou CASSANDRA FIDELIS, femme savante, née à Venise l'an 1465, savait le grec, le latin, l'histoire, la théologie et la philosophie, dont elle soutint des thèses à Padoue pour un de ses parents nommé Bétruci Lamberti, chanoine de Concordia ; elle y prononça aussi une belle harangue qui fut imprimée. Elle fit l'admiration des savants de son temps, et elle eut l'estime des papes Jules II et Léon X ; de Louis XII, roi de France ; de Ferdinand, roi d'Aragon ; d'Elisabeth, reine de Castille ; du duc de Milan, et généralement de tous les princes d'Italie. Elle épousa Mario Marpélio, médecin de Vicence, et l'ayant perdu étant âgée de cinquante-six ans, elle demeura veuve jusqu'à sa mort, arrivée vers l'année 1567. Elle avait pour lors cent deux ans ; et l'on dit que sur la fin de sa vie elle fut supérieure des hospitalières de Saint-Dominique. Philippe Thomasini fit imprimer ses écrits à Paris en 1636. C'est un volume in-8° qui contient des lettres et des discours, avec la vie de cette illustre savante. (Ange Politien, 1, 3, *Epist.* 17, *Fulgose, rerum memor.*, lib. 9, cap. 3. Thomasini, *in Vit. illust. vir.*)

CASSANDRE (GEORGES), théologien flamand, né en 1515 dans l'île de Cadsand, fut d'abord professeur de théologie à Bruges, puis à Gand, s'établit ensuite à Cologne, où il s'appliqua spécialement à connaître les points qui séparaient les catholiques des protestants, dans le but de rendre la paix à l'Eglise. Mais il eut le sort de tous ceux qui se présentent comme conciliateurs entre deux partis animés l'un contre l'autre : attaqué par les protestants, il le fut aussi par leurs adversaires. Toutefois quelques princes d'Allemagne, et l'empereur Ferdinand lui-même, le jugèrent propre à terminer les différends religieux entre leurs sujets. C'est à la sollicitation de Ferdinand qu'il publia : *Consultatio de articulis fidei inter papistas et protestantes controversis*. Cassandre mourut peu de temps après, en 1566. Ses OEuvres ont été recueillies par de Cordes, Paris, 1616, infol. On y trouve, indépendamment de ses ouvrages théologiques, des *Hymnes*, des *Annotations* sur les poésies de saint Fortunat, des *Dissertations* et des *Lettres*. Malgré quelques propositions hardies avancées dans ses écrits, Cassandre resta constamment attaché à l'unité de l'Eglise. Parmi les abus dont il proposait la réforme étaient la puissance exorbitante des papes, les pratiques superstitieuses introduites dans le culte des saints, des reliques, etc. ; mais il n'attaqua jamais les dogmes de la foi.

CASSANDRIA (ILE DE) (*V.* CADSAND).

CASSANDRIA ou CADSAND (PRISE DE L'ILE DE). Après la prise de Nieuport par l'armée du Nord (28 juillet 1794), le siége de l'Ecluse fut résolu. Cette opération présentait de grands obstacles, dont le principal était de s'emparer de l'île de Cassandria. On ne pouvait y aborder que par une digue étroite inondée de tous côtés, et défendue par une batterie de quatorze pièces de canon. Moreau n'avait point de pontons, mais l'audace des soldats français y suppléa. Tandis que, sous le feu des batteries, quelques militaires se jettent dans des batelets, dont ils forment les cordages en liant les uns aux autres leurs cravates et leurs mouchoirs, d'autres se précipitent à la nage au milieu d'un courant rapide. A la vue d'une telle intrépidité, les Hollandais prennent la fuite ; les canonniers français retrouvent au delà des eaux de nouvelles batteries et les tournent contre les fuyards. La possession de cette île coupait toute retraite à la garnison de l'Ecluse, interceptait la navigation de l'Escaut, et menaçait la Zélande d'une prochaine invasion. Au moment de ce passage audacieux, le général Moreau aperçoit un petit bateau emporté par le courant et sur le point d'être submergé ; il se jette à la nage et sauve un capitaine de canonniers. Parmi tant de braves, l'histoire réclame le nom du caporal Bonnol, qui se jeta le premier dans le canal, le passa en nageant, et électrisa ses camarades par son intrépidité.

CASSANDRIE (*géogr. anc.*), nom donné à la presqu'île de Pallène en l'honneur de Cassandre.

CASSANDRIA (*géogr. anc.*), ville maritime de Macédoine, plus anciennement appelée *Potidæa*, et rebâtie par Cassandre, d'où dérive son nom.

CASSANGES (*géogr.*), peuple de l'intérieur de l'Afrique, à l'est de la Guinée inférieure, au sud des Cachingas, au sud-ouest des Domges, au nord-ouest du pays de Mouloua, et au nord-est des territoires de Somgho et de Mocanguelas, qui sont sous sa dépendance. Ils s'étendent encore fort au loin le long de la limite du Benguela. On peut, avec quelque raison, supposer qu'ils se sont aussi répandus dans d'autres directions, et l'épithète de *Jaga* (race nomade et guerrière), dont ils s'enorgueillissent, vient à l'appui de cette supposition. C'est de cette épithète, qui fait même partie du titre royal, que sont venus les noms de Jages, de Djages et de Giagues, sous lesquels on les a connus jusqu'à ce jour. Les Portugais de la Guinée ont des établissements commerciaux sur le territoire occupé par ces peuples ; ils y reçoivent du cuivre que ceux-ci tirent du Mouloua. Malgré ces relations, les Cassanges marchent fréquemment au nombre de dix-huit à vingt mille hommes contre les établissements portugais de la Guinée. Les Cassanges parlent la langue bounda. ED. GIROD.

CASSANE, s. f. (*écon. dom.*), sorte de pain ou de gâteau que l'on prépare, dans l'Amérique méridionale, avec la râpure fraîche des racines du jatropha manihot.

CASSANITES (*géogr. anc.*), peuple de l'Arabie Heureuse, au midi, vers la côte de la mer Erythrée. Ces peuples faisaient partie des Abacènes. — CASSANITES (monts), aujourd'hui Gazzuan, montagnes de l'Arabie Heureuse, dans le pays des peuples du même nom.

CASSANO-SOPRA-ADDA (*géogr.*), bourg du royaume lombard-vénitien, à 5 lieues trois quarts est-nord-est de Milan, dans une situation agréable, sur la rive droite de l'Adda et près du canal Martezzana. Les maisons sont solidement construites en briques. Population, 1,860 habitants. — Ce bourg est très-ancien. Des auteurs prétendent qu'il s'appelait *Cassanum*, d'autres *Cassianum*, d'autres disent qu'il est de fondation carlovingienne, d'autres enfin l'attribuent aux soldats de César. C'est là que se donna, le 16 août 1705, une fameuse bataille entre les Français commandés par le duc de Vendôme, et les impériaux sous les ordres du prince Eugène. Le 25 avril 1799, il s'y livra une autre bataille entre les Français et les Russes commandés par Souwarow.

CASSANO (BATAILLES DE) (16 août 1705). Victor-Amédée, duc de Savoie, après avoir d'abord reconnu Philippe V à son avénement, avait quitté, trois ans après, l'alliance de Louis XIV pour celle de l'empereur. Les troupes françaises occupèrent alors ses États. Assiégé dans Turin en 1705, il n'avait plus d'espoir que dans sa jonction avec l'armée de l'empereur. Le prince Eugène, qui la commandait, venant de remporter quelques avantages, résolut de passer l'Adda, nonobstant la présence du duc de Vendôme et du grand prieur, qui étaient tous deux aux environs pour l'observer. Une première tentative ayant échoué, il marcha vers Treviglio et Cassano dans l'espoir de prévenir l'armée française. Mais le duc de Vendôme fit une marche forcée et la trouva encore à l'autre bord. Le prince Eugène attaqua sans balancer, et avec tant de violence, que ses troupes gagnèrent le point du canal Retorta, et poussèrent les Français dans l'eau. Ceux-ci, étant revenus à la charge, obligèrent l'ennemi de repasser le pont; mais ils furent repoussés de nouveau par la droite de l'armée impériale, malgré les efforts du duc de Vendôme, qui se mit lui-même à la tête des siens pour les ramener au combat. L'attaque ne fut pas moins rude d'abord à la gauche des impériaux; plusieurs bataillons français furent renversés; mais, n'ayant pu soutenir leur première attaque, les ennemis, après avoir passé un canal où leurs armes à feu s'étaient mouillées, furent repoussés des bords d'un autre canal, qu'ils ne purent traverser, et où se noyèrent même un grand nombre de soldats. Eugène, qui se trouvait toujours au plus fort du feu pour animer les troupes, leur ordonna alors de s'arrêter, et resta sur le champ de bataille pendant plus de trois heures, quoique les Français fissent de la tête de leur pont et du château de Cassano un feu extraordinaire de canon et de mousqueterie. L'action, qui avait commencé à une heure après midi, ne finit qu'à cinq heures du soir. Les ennemis se retirèrent à Treviglio avec 4,347 blessés, abandonnant sur le champ de bataille 6,584 morts. On fit près de 2,000 prisonniers le jour du combat ou le lendemain matin, parce qu'on en trouva plusieurs que leurs blessures avaient empêchés de suivre leur armée. On prit sept pièces de canon, sept drapeaux et deux étendards. Parmi les blessés étaient le prince Joseph de Lorraine, le prince de Wurtemberg, qui moururent de leurs blessures, et le prince Eugène, qui fut atteint à la gorge et à la jambe. Le gain de la bataille de Cassano rompit toutes les mesures que le prince Eugène avait prises pour pénétrer en Piémont et secourir le duc de Savoie, et le duc de Berwick ôta à ce dernier la seule espérance qui lui restait en s'emparant du château de Nice. Ce fut la fin de la campagne. — En 1799, le général Schérer, commandant l'armée d'Italie, venait d'éprouver de nombreux échecs qui l'avaient rendu impopulaire. Comprenant qu'il fallait relever le moral de ses troupes découragées, il abandonna le commandement au général Moreau. Celui-ci se détermina à défendre le passage de l'Adda. L'armée ennemie, composée de troupes fraîches et de beaucoup supérieure en nombre, s'avançait sous le commandement de Souwarow, qui, déjà précédé d'une grande renommée, allait pour la première fois se mesurer contre les Français. En arrivant sur l'Adda, le 25 avril, Souwarow disposa son armée sur trois colonnes, correspondant aux points de défense des Français. Celle de droite se porta sur la pointe du lac de Côme et sur Lecco; celle de gauche campa en face de la tête du pont de Cassano, que Moreau avait fortifiée et garnie d'artillerie, tandis que le centre bivouaquait sur les bords de l'Adda. Le 26 avril, les Russes attaquèrent le poste de Lecco, en deçà du lac de Côme, et poussèrent jusqu'au pont de Lodi. A la nuit, Wuskassowoch parvint à rétablir, sans être aperçu, le pont de Brivio, et prit poste sur la rive opposée avec quatre bataillons, deux escadrons et quatre pièces de canon. D'un autre côté, les divisions du centre arrivèrent en face de Trezzo, où le marquis de Chateler fit aussi pendant la nuit jeter un pont dans la partie de l'Adda où l'escarpement des rives et la violence du courant semblaient offrir le plus de difficultés. Lorsque ce pont fut achevé, à six heures du matin, les postes français furent surpris, délogés de Trezzo et poursuivis jusqu'à Pozzo. Moreau chargea la division Grenier de les soutenir et de rétablir la communication avec la gauche. Alors s'engagea une action des plus vives, que les renforts arrivant de part et d'autre rendirent encore plus longue et plus acharnée. Enfin les Français, désespérant de forcer des bataillons qui se grossissaient ou se renouvelaient sans cesse, se replièrent sur Milan. Pendant ce temps, Serrurier, ayant abandonné le lac de Côme, se trouva assailli de front par Wuskassowich et attaqué en queue par les Russes

qui avaient passé le pont de Lecco. Dans cette situation désespérée, n'ayant plus aucun espoir d'être dégagé, il se défendit de mettre bas les armes avec les débris de sa division. De son côté, Mélas força le passage du pont de Cassano. Ainsi l'ennemi était maître du cours de l'Adda, et les Français, après avoir perdu dans cette funeste journée cinq à six mille hommes, n'eurent plus qu'à évacuer le Milanais.

CASSANT, ANTE, adj. fragile, sujet à se casser, à se rompre; qui se casse aisément. — Il se dit aussi de certains métaux aigres, et particulièrement du fer. — *Poires cassantes, qui ont la chair cassante*, poires qui cassent, qui font une légère résistance sous la dent; à la différence des autres poires qui fondent dans la bouche, et qui, par cette raison, sont appelées *poires fondantes*. Le bon-chrétien, le martin-sec et le messire-Jean sont des poires cassantes.

CASSARD, capitaine de vaisseau, né à Nantes en 1672, commença ses services sur un corsaire de Saint-Malo. En 1697 il partit pour Carthagène avec Pointis, qui, dans son rapport, fit de lui le plus grand éloge. Chargé ensuite du commandement d'un vaisseau équipé pour la course par les armateurs de Nantes, il fit des prises considérables. Louis XIV voulut le voir, le complimenta, lui donna une gratification de 2,000 livres, et le nomma lieutenant de frégate. Cassard partit aussitôt, prit le commandement de la corvette *le Jersey*, et délivra la Manche des corsaires anglais qui l'infestaient. Ayant rencontré au mois de septembre 1708, près des Sorlingues, un convoi anglais de trente-cinq bâtiments escorté par un vaisseau de guerre, il se mit en devoir d'attaquer, bien qu'il n'eût avec lui qu'une frégate et deux corvettes. Mais le vaisseau ennemi prit la fuite en abandonnant son convoi. Cassard en amarina cinq des plus richement chargés, qu'il conduisit à Saint-Malo. Il y ragréa sa frégate, retourna dans la Manche, et prit encore huit bâtiments richement chargés. — Chargé, lors de la disette de 1709, d'aller au-devant d'une flotte de vingt-six navires qui apportaient des blés à Marseille, il fit armer à ses frais deux vaisseaux de l'État. Les armateurs de vingt-cinq autres bâtiments qui se rendaient dans le Levant le prièrent de les convoyer, et, comme il leur conseillait d'attendre une escorte plus forte, ils lui dirent : *Nos vaisseaux seront en sûreté lorsque M. Cassard les escortera*. Après les avoir fait accompagner par *le Sérieux*, il ramenait avec *l'Éclatant* la flotte chargée de blé, lorsqu'une escadre de cinq vaisseaux anglais le rencontre, l'entoure et l'attaque. Malgré l'infériorité du nombre, Cassard les maltraite, les bat et les fait fuir. Pendant cette action qui dura fort longtemps, le convoi avait eu le temps de se mettre en sûreté. Obligé de passer la nuit sur le lieu du combat pour se ragréer, Cassard fut encore attaqué le lendemain, au jour, par deux des vaisseaux qui avaient fui la veille. Mais bientôt le plus fort coula bas, et l'autre fut forcé de s'éloigner en très-mauvais état. Revenant ensuite à Toulon, Cassard y ramena encore plusieurs bâtiments anglais, Mais, le croirait-on ? lorsqu'il se rendit de là à Marseille pour réclamer le remboursement de ses avances, les magistrats rejetèrent sa demande, sous le prétexte qu'il n'avait pas lui-même ramené le convoi. Il n'en fut pas moins nommé capitaine de frégate, après plusieurs nouvelles courses où il se montra toujours le même. La disette s'étant fait sentir de nouveau en 1711, on se souvint de Cassard; on le chargea d'acheter des blés à Constantinople, et quelque temps après il ramena un convoi qui rendit l'abondance au pays. Il était à Aix en 1712, pour son procès contre les magistrats de Marseille, quand il reçut ordre d'aller attaquer les Portugais dans leurs colonies. Ce fut pour lui une nouvelle occasion d'acquérir de la gloire. Il avait rapporté à la Martinique pour plusieurs millions de dépouilles, et attendait la guérison de ses blessures, quand arriva de France une escadre à laquelle il eut ordre de réunir ses vaisseaux. Il fallut obéir. Après une traversée de quelques jours, on rencontra une escadre anglaise. Cassard demanda aussitôt d'attaquer; mais le commandant, auquel ses instructions défendaient d'engager aucune action, parce qu'on négociait alors la paix, répondit par un refus. Cassard, attribuant cette réponse à la pusillanimité, justement irrité d'ailleurs de son rappel, s'écria : « Partout où je trouve les ennemis de mon maître, mon devoir est plus fort que les ordres dictés par la lâcheté; » puis, donnant le signal aux vaisseaux de son escadre, il attaque les Anglais, les disperse et leur prend deux vaisseaux. En arrivant à Toulon, il apprit que le roi l'avait nommé capitaine de vaisseau. La paix d'Utrecht le rendit alors à un repos dont son activité ne s'accommodait guère. Au lieu de demander des pensions, des honneurs cependant bien mérités, Cassard ne parut à la cour que pour réclamer obstinément les sommes que lui devait le commerce de Marseille. Mais le brave *marin* était un courtisan malhabile; aussi assiégea-t-il en vain les anti-chambres, et la misère devint sa seule récompense. Un jour que Duguay-Trouin, plus heureux que lui, se promenait dans la galerie de Versailles avec quelques seigneurs, il aperçut dans un coin un homme à l'extérieur misérable, à la mine triste et rêveuse. Aussitôt il courut à lui, l'embrassa, et l'entretint longtemps. Les courtisans étonnés lui demandant qui était cet homme : *Cet homme*, répondit l'illustre marin, *c'est le plus grand homme de mer que la France ait à présent; c'est Cassard : je donnerais toutes les actions de ma vie pour une des siennes. Il n'est pas connu ici, mais avec un seul vaisseau il ferait plus qu'un autre avec une escadre entière.* Comment arriva-t-il qu'un tel homme mourut, en 1740, enfermé au fort de Ham, après avoir langui une vingtaine d'années? C'est que, sans cesse rebuté dans ses justes demandes, il avait osé céder à son indignation, et proférer quelques paroles indiscrètes contre le cardinal de Fleury. N'était-ce pas assez pour impatienter son excellence, et faire oublier tous les services de *cet homme?*

CASSARÉE (*géogr.*), l'ancienne *colonie Scillitane*, mémorable par le martyre de ses citoyens, ville d'Afrique, dans la province intérieure de l'ancien Byzacium, aujourd'hui régence de Tunis, située sur une éminence, à 6 lieues ouest-sud-ouest de Spaitla. La rivière de Derb se précipite en tournoyant au pied de cette ville. Sur l'abîme qui surplombe les flots mugissants a été jeté un arc de triomphe d'architecture attique au sommet avec quelques grossiers ornements approchant du corinthien à l'entablement, quoique les pilastres soient gothiques. — Dans la plaine au-dessous de Cassarée se voient plusieurs monuments funéraires, d'où l'on dit que la ville tire son nom. Ces mausolées ressemblent de loin, en effet, à un amas de *cassareen*, c'est-à-dire de tours ou de forteresses.

CASSAS (LOUIS-FRANÇOIS), né à Azay-le-Féron en 1756, peintre et architecte, voyagea longtemps en Asie-Mineure, en Syrie, en Palestine, en Grèce, en Sicile, et dans le royaume de Naples. Il fit un grand nombre de dessins des monuments antiques de ces contrées, et publia trente livraisons de planches sur ces divers pays. Cet artiste avait formé une collection en relief de ces divers monuments, qui furent exécutés sous ses yeux, en terre cuite ou en liège. Cette collection, acquise par l'empereur, est maintenant placée à l'école des beaux-arts, avec celle de M. Dufourny. Cassas a publié : *Voyage pittoresque de la Syrie, de la Palestine et de la Basse-Egypte*, 1 vol. in-folio; *Grandes Vues pittoresques des principaux sites et monuments de la Grèce, de la Sicile, et des sept collines de Rome*, 1815, 1 vol. in-folio. Cet artiste avait été nommé en 1815 inspecteur de la manufacture des Gobelins. Il mourut à Versailles le 1er novembre 1827.

CASSAS (VICTOR), né en 1773, était cousin du précédent. Il embrassa la carrière commerciale, se fit courtier près la bourse de Paris, et devint syndic de sa compagnie. Versé dans les matières de finances, il publia au commencement de la restauration quelques écrits sur le budget et sur les emprunts, dans lesquels il défendait le ministère contre les attaques de Bricogne et de Casimir Périer; et il fournit aussi à la *Gazette de France* divers articles rédigés dans le même sens. Cassas mourut à Paris en 1821. Voici la liste de ses ouvrages : 1° *Considérations sur l'établissement d'un entrepôt réel de denrées coloniales à Paris, et réponse aux objections des places maritimes*, Paris, 1816, in-4°; ibid., 1818, deuxième édition; 2° *Réflexions sur l'écrit* (de Bricogne) *intitulé : Examen impartial du budget*, etc., Paris, 1816, in-8°; 3° *Un mot à M. Bricogne*, ibid., 1816; 4° *Un mot sur l'écrit* (de Casimir Périer) *intitulé : Réflexions sur le projet d'emprunt*, Paris, 1817; 5° *Observations sur les dernières réflexions de M. Casimir Périer au sujet de l'emprunt*, ibid., 1817, in-8°.

CASSATION, s. f. (*term. de jurisprudence*), acte judiciaire par lequel on casse les jugements, des actes et des procédures. Il se dit plus particulièrement aujourd'hui de la décision par laquelle un arrêt ou un jugement en dernier ressort est annulé (V. COUR DE CASSATION).

CASSAVE ou COUACH, espèce de pain préparé avec la racine du manioc (*jatropha manioc*), et servant d'aliment aux nègres et aux créoles de nos îles d'Amérique; il est moins nourrissant que le pain de froment, mais il est sain et d'une digestion facile. Pour le faire, on lave les racines de manioc, et on les dépouille quelquefois de l'enveloppe corticale qui les recouvre. Les racines, réduites en pulpe grossière à l'aide de râpes en cuivre, puis renfermées dans les sacs de toile, ou mieux dans les cabas de jonc ou de feuilles de cocotier, sont ensuite soumises à l'action d'une forte presse, qui en extrait le suc odorant et vé-

néneux. Le suc entraîne avec lui une grande quantité de fécule fine et lourde, cristalline, qu'on recueille sous le nom de *moussage*, pour servir à l'emploi et à la confection de bouillies, de crèmes et de pâtisseries. La pulpe, ramassée en galette et exposée à la cuisson sur une plaque métallique, forme le pain que l'on nomme la *cassave*, et que nous connaissons en Europe sous le nom de *tapioka*.

CASSAVE, s. f. (*écon. dom.*), galette large et mince que l'on nomme, comme la cassave elle-même, *pain de Madagascar.*

CASSAY (*géogr.*), *Kathi*, province de l'empire Birman, bornée au nord-ouest par le pays de Catchar; au nord par celui d'Assam, à l'est et au sud-est par la province d'Ava; au sud par celle d'Aracan, et à l'ouest par le Bengale. Sa longueur du nord au sud est d'environ 120 lieues, et sa largeur moyenne de l'est à l'ouest de 50 à 60 lieues. Les monts Mogs la séparent du Bengale; la chaîne des Garraous, de l'Assam; celle de l'Anoupectoumêdjou, de l'Aracan, et le Kiuduem de la province d'Ava. Cette province, que les Birmans nomment Kathi, est peu connue. Des commerçants, qui l'ont traversée pour se rendre à Mounnapoura sa capitale, assurent que l'intérieur est très-agréable; que le pays est entrecoupé de montagnes, de collines, de plaines et de vallons, qu'il est bien arrosé, et produit principalement du riz et du coton. On y recueille aussi de la soie, et il paraît que les montagnes renferment des mines de fer et de cuivre. Il y a des éléphants et des chevaux très-agiles. — Les habitants de Cassay ressemblent plus aux Indous qu'aux Birmans; ils parlent un dialecte bengali, et passent pour être bons cavaliers. — On fabrique dans cette province des armes blanches et des fusils renommés; il y a aussi des fonderies de canon. — Ce pays a été ravagé plusieurs fois par les Birmans avant l'année 1774, époque à laquelle il leur fut soumis entièrement.

ED. GIROD.

CASSE (*botan.*). La casse est le fruit du canéficier, grand et bel arbre de la *décandrie monogynie*, et de la famille des légumineuses. L'arbre qui le produit porte encore le nom *cassia fistula*. — Cet arbre ressemble beaucoup au noyer et par son port et par ses feuilles. Les fleurs sont jaunes, grandes, disposées en grappes axillaires; et les gousses qui portent dans le commerce le nom de *casse en bâtons*, à cause de leur forme, sont brunes, unies, cylindriques, pendantes, à écorce ligneuse, ayant un pouce de diamètre, longues d'un pied à un pied et demi. Ces gousses sont formées de deux valves réunies par deux sutures longitudinales, divisées dans leur intérieur par des cloisons transversales et parallèles, remplies d'une pulpe noire, douce et un peu sucrée, contenant une semence rouge, polie, aplatie et dure. — Le canéficier est originaire de l'Éthiopie, d'où il s'est répandu dans l'Égypte, l'Arabie, l'Inde et l'archipel Indien; il a même été transporté en Amérique, où il s'est naturalisé; mais plusieurs auteurs prétendent qu'il y est indigène. Ils se fondent sur la quantité de cassia qui croît en Amérique et sur les nombreuses variétés que l'on y rencontre. Quoi qu'il en soit, la casse, que nous recevions autrefois de l'Orient, nous vient maintenant en totalité de l'Amérique, et ne diffère aucunement de la casse du Levant. La casse doit être choisie récente, pleine, non moisie et non sonnante; il faut la garder dans un lieu frais mais non humide. — La pulpe de casse est depuis longtemps employée en médecine comme un purgatif doux. Les Égyptiens l'emploient mêlée avec du sucre candi et de la réglisse, dans les maladies des reins et de la vessie. Elle facilite la digestion. Il y a différentes manières d'administrer la casse, soit en faisant confire la pulpe avec du sucre, soit en l'associant avec de l'eau de fleurs d'oranger. Dans les pays où elle est indigène, on confit même les bâtons de casse encore verts, et on les rend agréables au goût des Européens. La casse en pulpe est très-difficile à conserver, parce qu'elle contient un principe mucilagineux qui lui donne la propriété de fermenter très-facilement; on remédie à cet inconvénient en la chauffant légèrement pour lui faire perdre son eau, et y ajoutant du sucre en poudre pour en faire une conserve. — La casse a été analysée par M. Vauquelin (*Ann. chim.*, XV, 275). — Il y a encore un grand nombre d'espèces appartenant au genre cassia; nous ne citerons que les plus importantes. — LA PETITE CASSE D'AMÉRIQUE, apportée il y a quelques années à Paris, et qui fut prise d'abord pour de la casse cueillie avant sa maturité, mais qui en diffère d'une manière essentielle. Cette différence consiste dans sa couleur moins foncée à l'extérieur; sa pulpe fauve, d'un goût acerbe, astringent et sucré; son épaisseur qui n'est que de six lignes; la forme du fruit, qui est aminci en pointe aux deux extrémités, tandis que la casse ordinaire est arrondie. — La CASSE DU BRÉSIL, produite par un très-bel arbre du Brésil, de la Guyane et des Antilles; ses gousses sont recourbées en sabre, longues d'un pied et demi à deux pieds, larges d'un pouce et demi à trois pouces, contenant, comme la casse ordinaire, une pulpe noirâtre, amère et désagréable, et bien inférieure par ses propriétés. — Il est un autre genre de casse que l'on nomme CASSE VELUE, *cassia hirsuta*; elle ne diffère des autres que par les poils abondants qui la recouvrent. Les Indiens, à ce qu'on dit, infectent l'eau avec le suc de cette plante; ils assoupissent par ce moyen les poissons et les prennent plus facilement.

CASSE. Quelques personnes estiment que ce nom donné au chêne rouvre, *quercus robur*, est d'origine gauloise, parce qu'il est conservé dans les dialectes gascons. Nous ne savons jusqu'à quel point cette singulière assertion est fondée.

CASSE AROMATIQUE. On donne improprement ce nom à une espèce de cannellier, quoiqu'elle appartienne à une tout autre famille que les casses proprement dites, dont l'écorce n'est nullement odorante, et dont le fruit n'a aucun rapport avec celui des laurinées.

CASSE-LUNETTE, nom vulgaire du bluet ou barbeau des champs, *centaurea cyanus*.

CASSE-PIERRE. On donne indistinctement ce nom vulgaire au bacille des bords de la mer, *crithmum maritimum*; à la pariétaire commune, *parietaria officinalis*; à diverses saxifrages, particulièrement à celles des botanistes, *saxifraga petræa*, etc., parce que ces plantes se plaisent sur les rochers.

CASSE-POT. Quand on brûle le bois du cestreau à feuilles de laurier, *cestrum laurifolium*, il éclate et brise tous les vases qu'on expose devant le feu qu'il entretient : de là le nom vulgaire qu'on lui donne dans la Guïane, et surtout au Pérou.

CASSE (*typogr.*), grande caisse en bois, découverte, profonde d'un pouce et demi à deux pouces au plus, et divisée en nombreux compartiments appelés *cassetins*, dans lesquels sont distribuées les lettres et les signes divers nécessaires à la composition d'un ouvrage. Pour rendre son transport plus facile, on a partagé la casse en deux parties égales, longues chacune d'environ 3 pieds, et larges de 15 à 18 pouces, qui se placent l'une au-dessus de l'autre, et qu'on nomme pour cela *haut de casse* et *bas de casse*. Dans la première, qui est moins à la portée de la main, sont reléguées les sortes de lettres dont le compositeur se sert le moins souvent, comme les grandes et les petites capitales (*V.* ce mot), et les lettres accentuées; dans la seconde, sur laquelle l'ouvrier agit avec le plus d'aisance, on a eu soin de placer les lettres dites *du bas de casse*, c'est-à-dire de forme ordinaire et courante, les chiffres, certains signes de ponctuation, et les petites lames de plomb nommées *espaces*, qui servent à séparer les mots. Le nombre de tous ces compartiments ne laisse pas que d'être considérable : pour la casse destinée à l'alphabet français, il se monte en tout à 152, dont 98 pour le haut de casse; et il n'est pas moindre de 457 pour l'alphabet grec multiplié par tous ses accents. Il varie *dans* une proportion plus ou moins forte, mais qui est toujours très-élevée, pour les alphabets des autres langues, et pour les caractères d'écriture dont les fondeurs ont compliqué la composition par des combinaisons de lettres et de déliés qui nécessitent des casses d'un genre à part. — Il y a disparité dans la grandeur des cassetins, selon le besoin que l'on a de certaines lettres ou de certains signes; ce qu'on appelle *police des caractères*, c'est-à-dire la proportion dans laquelle on doit fondre, sur 100,000 lettres, l'*a*, l'*e* ou l'*i*, rentre dans les attributions du fondeur en caractères (*V.* ce mot); mais nous pouvons dire ici que l'*e*, par exemple, dont il faut, *dans le discours français*, 12,000 sur 6,000 environ des autres voyelles, occupe au centre de la casse un cassetin beaucoup plus grand que les autres lettres; le *d*, le *s*, l'*i*, l'*o*, et d'autres à peu près d'une égale importance, viennent se grouper à côté et au-dessous de l'*e*, dans des cassetins de grandeur égale; enfin les lettres peu employées, comme *h*, *x*, *y*, *z*, sont laissées vers les bords éloignés de la casse, dans des cassetins proportionnés à leur nombre. On est d'abord étonné, en regardant une casse, de cette espèce de confusion dans le classement des lettres de l'alphabet, puisque le *b* se trouve très-loin de l'*a*, lequel se trouve à côté du *r*; mais on reconnaît bientôt qu'une ingénieuse combinaison a présidé à cet arrangement. Au moyen du rapprochement des cassetins qui contiennent les lettres les plus usitées, le compositeur assemble les mots beaucoup plus vite que s'il lui fallait en aller chercher les éléments à tous les bouts de la casse. Il y a quelques changements à cette disposition *dans certains pays*, mais c'est toujours pour atteindre le but que nous venons d'indiquer. L'ouvrier s'habitue à ce désordre apparent tout aussi promptement que si les lettres étaient rangées dans leur ordre alphabétique, qui

du reste est à peu près respecté pour la série des capitales petites et grandes contenues dans le haut de casse. La fabrication des casses demande beaucoup de soin; vu le poids des caractères dont on les remplit, elles doivent être à la fois fortes et légères; avoir leurs cassetins assujettis au fond pour que les lettres ne puissent s'échapper sous ces petites cloisons et se mêler entre elles; enfin être bien proportionnées, quant à leur taille, à la grosseur des caractères qu'elles sont destinées à contenir. — Les *casseaux* sont des casses beaucoup plus profondes, qui servent de réservoir aux sortes abondantes d'un caractère, et qui se ferment comme des tiroirs.

CASSE, *en term. de fonderie*, bassin formé vis-à-vis de l'œil ou de l'ouverture d'un fourneau par lequel est reçu le métal fondu qui découle du fourneau.

CASSE. On appelle ainsi, en monnaie, un vaisseau fait de cendres de lessive et d'os de mouton, ou de sortes d'os calcinés, dont on se sert dans l'affinage de l'or et de l'argent, et lorsqu'on asseoit le cuivre (*V.* COUPELLE). D. M.

CASSE D'AFFINAGE ou CASSE A AFFINER, que l'on appelle aussi *coupelle d'affinage*, est une terrine de grès que l'on remplit de cendres, et dans laquelle, après qu'elle a été remise dans un grand feu, on met l'argent que l'on veut affiner, avec le plomb qui sert à l'affinage. D. M.

CASSE, *en term. d'architecture*, l'entre-deux des modillons où il y a des roses. — CASSE TACHÉOTYPE (*V.* TACHÉOTYPE). — Les rubaniers donnent le nom de CASSE à un peigne de corne ou d'acier pour leurs métiers. — CASSE se dit aussi d'un poêlon de cuivre qui est à l'usage des savonniers pour puiser le savon ou l'eau qui sert à arroser la chaux. — *Casse* se dit également de la partie d'une écritoire de poche où l'on met les plumes. — *Casse* est aussi le nom d'un bassin à queue qui sert à prendre de l'eau dans un seau ou dans tout autre vase. — On appelle CASSES, *en term. de commerce*, des mousselines qui se fabriquent dans les Indes orientales, et particulièrement au Bengale.

CASSE, peine militaire qui consiste dans la perte d'un grade. — LETTRES DE CASSE, ordre écrit que donnait le roi pour casser un officier.

CASSE-AIGUILLE, ouvrier occupé dans les salines (*V.* AIGUILLEUR, SALINES).

CASSEAU, s. m. (*terme d'imprimerie*). On entend par ce mot le diminutif de *casse*. C'est une espèce de tiroir dont les cassetins ou compartiments sont égaux, plus ou moins grands et plus ou moins profonds, à proportion de la grosseur du caractère auquel il est destiné. Le nombre de ces cassetins est ordinairement de quarante-neuf, ou de sept en tous sens, parce qu'il est exactement carré. Le casseau sert à mettre les lettres de deux points ou les vignettes de fonte. On lui donne le nom du corps du caractère qu'il renferme. Il y a le casseau de deux points de gros romain, celui de deux points de saint-augustin, et ainsi des autres corps de caractères. — CASSEAU, s. m. (*art de faire la dentelle*). C'est un petit morceau de corne fort mince, teint en rouge ou autre couleur, d'un quart ou d'une demi-ligne d'épaisseur, de cinq à six lignes de haut, d'un pouce ou environ de large, replié de manière que ses deux extrémités rapprochées et arrêtées par un fil forment une espèce de petit étui, dans lequel on met la casse du fuseau à faire la dentelle, quand il est chargé de fil, afin d'empêcher le fil de s'éventer. Lorsque le fil est éventé, il se casse facilement; aussi est-il à propos que celles qui font la dentelle travaillent à l'ombre (*V.* DENTELLE).

CASSEAU, *en term. de maréchal*, est une espèce de pince qui sert de ligament pour les chevaux, et qui se nomme aussi BILLOT.

CASSE-BARGOT, s. m. sorte de poisson de la Louisiane, dont la chair est bonne à manger.

CASSEBOHM (JEAN-FRÉDÉRIC), médecin et habile anatomiste, fit ses études à Halle, sa patrie, et à Francfort-sur-l'Oder, enseigna l'anatomie à Halle, fut appelé Berlin, en 1741, pour y occuper une chaire d'anatomie, et y mourut le 7 février 1743. Il s'est spécialement occupé de l'anatomie de l'oreille. — Ses écrits sont: 1° *Disp. de aure interna*, Francfort, 1730, in-4°. 2° *Prog. de differentia fœtus et adulti*, Halle, 1730. 3° *Tractatus tres de aure humana*, ibid. 1750, in-4°, augmentés d'un quatrième traité, 1734; d'un cinquième et d'un sixième, 1735. Cet ouvrage est accompagné de figures. 4° *Methodus secandi musculos*, Halle, 1759, in-8°, traduit en allemand, 1640, in-4°. 5° *De methodo secandi viscera*, ibid., 1740, in-8°.

CASSE-BOUTEILLE, s. m. (*phys.*), récipient de cristal, auquel on adapte une bouteille clissée que le poids de l'air casse en faisant le vide sous le récipient.

CASSE-COU, s. m. On appelle ainsi un endroit où il est aisé de tomber, si l'on n'y prend garde. — Casse-cou, au jeu de colin-maillard, est le cri par lequel on avertit la personne qui a les yeux bandés qu'elle s'approche d'un endroit où elle pourrait se blesser. — Casse-cou, dans les manéges et chez les maquignons, se dit des gens employés à monter les chevaux jeunes ou vicieux; et quelquefois, par extension, d'un homme qui monte à cheval avec plus de hardiesse que d'habileté. — Il se dit encore, figurément et familièrement, d'un personnage peu important qui est chargé d'une négociation hasardeuse. — Casse-cou se dit aussi d'une espèce d'échelle qui n'est soutenue que par une queue.

CASSE-CROUTE, s. m. instrument à dents qui sert à broyer les croûtes, et dont se servent les vieillards qui ne peuvent plus le faire avec les dents.

CASSE-CUL, s. m. chute sur le derrière, sorte de jeu d'enfants. Il est populaire.

CASSE-FIL, s. m. instrument au moyen duquel les fabricants d'étoffes connaissent la ténacité des fils crus.

CASSEL, ville du département du Nord, arrondissement d'Hazebrouck, dont elle est éloignée de 14 kilomètres. On ne peut guère assigner une époque précise à sa fondation; mais il paraît à peu près certain qu'elle était la capitale des *Morini* lors des guerres de Jules César dans les Gaules, et qu'alors elle était déjà assez peuplée. Elle fut saccagée plusieurs fois, entre autres en 596, par des brigands, qui avaient leur retraite dans les marais environnants, et en 928 par Sifride, roi de Danemarck, qui détruisit ses fortifications. Mais Arnould le Grand, comte de Flandre, la releva quelque temps après. Elle fut prise par Philippe Auguste en 1213; en 1311, elle fut consumée par un violent incendie. Philippe le Bel y entra en 1328, après avoir remporté sur les Flamands une sanglante victoire, et y mit tout à feu et à sang. Les Anglais s'en emparèrent sous le règne de Charles VI; mais bientôt après elle leur fut reprise par Clisson, qui en permit le pillage à ses troupes. En 1477, Louis XI, irrité contre les Flamands, qui avaient fait pendre ses espions à Bruges, se jeta sur Cassel, la pilla, et fit mettre le feu à tous les édifices. Retombée encore au pouvoir des Français en 1658, cette ville fut définitivement cédée à la France par le traité de Nimègue en 1678. Trois batailles remarquables se sont livrées auprès de Cassel (*V.* l'article suivant). — Cassel est bâtie au sommet d'une montagne conique, isolée au milieu d'une vaste et riche plaine. Parmi les édifices publics, on remarque l'église paroissiale, construite en 1290; le maître-autel est en marbre, et décoré d'une statue de la Vierge qui jouit d'une grande réputation dans le pays. La tour renferme l'horloge de l'ancienne cathédrale de Thérouanne et un beau carillon. Derrière cette église se voient encore les restes du couvent et du collège des jésuites. Sur la grande place est un bâtiment de construction espagnole, qui servait autrefois de maison de ville. Des six portes fortifiées qui servaient d'entrée à Cassel, il en subsiste encore trois dont la maçonnerie est très-bien conservée : ce sont celles d'Ypres, d'Aire et de Bergues; les deux dernières passent pour être l'ouvrage des Romains. Cassel était autrefois le chef-lieu d'une châtellenie et d'une subdélégation; on y comptait deux paroisses et 522 feux. Sa population actuelle est de 4,234 habitants.

CASSEL (MONNAIE DE). M. Combrouse, dans son Catalogue des monnaies nationales de France, attribue à Cassel un denier de Charles II, sur lequel on lit, d'un côté, entre grenetis, et autour d'une croix à branches égales, la légende : *Casselloar* ; et au revers, avec la légende ordinaire *Gratia Dei rex*, le monogramme de Charles. Cette attribution nous paraît fort douteuse, quoique l'auteur l'ait empruntée au savant Selewel.

CASSEL (BATAILLES DE). Robert le Frison ayant usurpé, en 1070, le comté de Flandre sur son neveu, Philippe Ier essaya de prendre la défense de l'orphelin. Suivi d'une foule de jeunes seigneurs parés comme pour un tournoi, il se laissa imprudemment attirer dans un pays inconnu coupé de canaux et de fossés. Tout à coup il fut attaqué par Robert, près de Cassel, le 20 février 1071. La déroute fut complète. Le jeune comte de Flandre, Arnolphe, et Fitz Osberne, gouverneur anglais de la Normandie, restèrent sur le champ de bataille; Philippe lui-même fut forcé de prendre honteusement la fuite. — Le comte de Flandre étant venu invoquer contre ses sujets rebelles l'assistance de Philippe de Valois, ce prince, heureux d'inaugurer son règne par une bonne guerre contre d'orgueilleux bourgeois,

convoqua une armée magnifique, avec laquelle il marcha vers Cassel. Les Flamands s'étaient campés et retranchés sur une hauteur hors de la ville. Ils avaient insolemment arboré un drapeau, où était peint un coq avec ces mots :

> Quand ce coq chanté aura,
> Le roi Cassel conquerera.]

— Cependant les Français restaient dans leurs lignes, ou se contentaient de ravager les campagnes et d'incendier les villages. L'impatience prit alors aux Flamands; le 23 août 1328, à l'heure où les seigneurs français dînaient ou dormaient sans songer à l'ennemi, ils fondirent sur le camp, firent main basse sur tout ce qu'ils rencontrèrent, et percèrent jusqu'à la tente de Philippe; là, comme à Mons-en-Puelle, le roi faillit être surpris. Cependant la bataille se rétablit bientôt; et, enveloppés de toutes parts, ces bourgeois, dont la plupart avaient endossé de lourdes armures, furent jetés à terre et taillés en pièces, au nombre de 13,000. Cassel fut prise, rasée et réduite en cendres. — En 1677 le prince d'Orange, venant au secours de Saint-Omer investi par Monsieur et par le maréchal d'Humières, était à Cassel quand Monsieur quitta ses lignes pour aller au-devant de lui. Le duc de Luxembourg, que Louis XIV avait envoyé à son frère, attaqua si brusquement les ennemis, qu'ils se débandèrent dans le plus grand désordre, laissant 4,000 morts et 3,000 prisonniers (11 avril 1677). On prétend que le roi fut jaloux de la valeur que Monsieur, échappant à ses lisières, avait montrée dans cette action, et que ce fut la cause pour laquelle il ne lui donna plus aucun commandement.

CASSEL ou **CASTEL** (*géogr.*), l'ancien *Castellum Trajani,* petite ville du duché de Hesse-Darmstadt, sur la rive droite du Rhin, vis-à-vis de Mayence, et qui est l'une des places fortes les plus importantes de la confédération germanique. On y voit une belle église. Sa population est de 1,900 habitants.

CASSEL (*géogr.*), province de la Hesse-Electorale. Elle a 20 lieues de long sur 17 de large (*V.* HESSE).

CASSEL, capitale de la Hesse-Electorale, dans le landgraviat de la basse Hesse, est située sur la Fulde (par le 51° 49' 20" de latitude septentrionale, et le 27° 7' 20" de longitude orientale), rivière navigable qui sépare la nouvelle ville de l'ancienne ville, réunies par un beau pont en pierre, et qui, se confondant à Munden en Hanovre avec la Bevra, devient le Weser, et va jeter dans la mer du Nord. Population, environ 26,000 habitants, dont 500 Juifs. Cassel est divisée en vieille, ville neuve basse et ville neuve haute (construite par des réfugiés français à la suite de la révocation de l'édit de Nantes). La vieille ville et la ville neuve basse sont généralement mal bâties et en bois, les rues étroites et tortueuses, les places irrégulières. La ville neuve haute, remarquable par la régularité de ses rues toutes tirées au cordeau, et par l'élégance de ses constructions, passerait dans la plus belle ville de l'Europe pour un quartier magnifique. La rue Royale (*Kœnigsstrasse*), qui a 4,500 pieds de long, est une des plus belles rues qu'on puisse citer. La ville a onze portes, dix-neuf places et neuf églises, dont une luthérienne et une catholique. Les places les plus remarquables sont : 1° la *place de Frédéric*, ornée de la statue colossale en marbre du landgrave Frédéric II : elle a 1,000 pieds de longueur sur 450 de largeur; 2° la *place du Roi*, circulaire, d'un diamètre de 456 pieds : quand on se place au centre, on y a un écho qui répète sept fois les sons qu'on lui confie (du temps du royaume de Westphalie, on y avait placé un jet d'eau et la statue en marbre de Napoléon; au retour de la dynastie légitime, on a brisé la statue, et, par amour pour l'ancien ordre de choses, comblé le bassin); 3° la *place du Château*, où était jadis la résidence des électeurs, détruite en 1811, par un violent incendie auquel on prétendit alors que la malveillance n'avait pas été étrangère : sur ses ruines, on a commencé, en 1817, à rebâtir un nouveau château d'après un plan plus grandiose, et qui, s'il est jamais achevé, sera certainement une des plus magnifiques habitations princières de l'Allemagne; 4° la *place de Charles*, décorée d'une statue en marbre de l'électeur Charles; 5° enfin la *place des Gardes du corps*. Les plus beaux édifices de Cassel sont le palais du prince électoral, l'arsenal, l'observatoire, la maison de travail et des pauvres, l'opéra, le palais, Bellevue et les casernes de la garde. Les plus belles promenades de Cassel sont le grand jardin de plaisance, appelé *Die aue* (dans son traité de géographie, M. Balbi le baptise du nom d'*Augartin,* qui n'appartient à aucune langue), le parc et l'esplanade. — Cassel, siège de toutes les administrations supérieures de la Hesse-Electorale, a une académie de peinture, de sculpture et d'architecture, une société archéologique et d'économie agricole, un séminaire, un lycée, et fait un commerce assez considérable, surtout en ouvrages d'or et d'argent et en miroirs. De 1807 à 1814, elle fut le chef-lieu de ce royaume éphémère de Westphalie, improvisé par Napoléon aux dépens du Hanôvre, de Brunswick et de la Hesse, et au profit de son bien-aimé frère Jérôme. Ce préfet impérial y mena constamment une joyeuse vie, faisant bonne chère, donnant force fêtes, qui ruinaient un peuple dont il ne daigna même jamais apprendre la langue. En effet, après sept années de règne ou de séjour à Cassel, comme on voudra, le voluptueux roitelet n'avait pu apprendre que quatre mots d'allemand. Ils résumaient, du reste, toute sa politique : *Wir wollen lustig sein!* amusons-nous! — Dans les derniers jours d'octobre 1813, le général russe Tchernichef vint réveiller à coups de canon le bon roi Jérôme, et le tirer d'une ivresse infiniment trop prolongée. Trois semaines après, la cour de Westphalie, avec ses marmitons, chambellans, palefreniers et dames d'honneur, était provisoirement installée au château de Meudon, près Paris, d'où elle disparut sans bruit en mars 1814 : *sic transit gloria mundi!* De la domination de Jérôme à Cassel il ne reste plus guère aujourd'hui, à part la magnifique mobilier dont il avait orné toutes ses demeures royales, et dont la dynastie légitime, lors de la restauration, a fait sans scrupule son profit, il ne reste plus guère, disons-nous, que le souvenir d'une élégante calèche traînée par des cerfs, et dans laquelle le roi promenait quelquefois son indolence à travers la ville.

CASSEL-EN-HESSE (SIÉGE DE). — Dans la guerre de sept ans, les Français avaient pris Cassel-en-Hesse. Le duc Ferdinand de Brunswick résolut, en 1762, de la leur reprendre. Profitant de l'inaction du maréchal de Soubise, qui avec son armée de 1,000,000 hommes le regardait faire tranquillement, il ouvrit la tranchée le 15 octobre, et, le 7 novembre, la ville capitula. Soubise allait être chassé de la Hesse, quand on apprit la conclusion des préliminaires de la paix.

CASSEL (JEAN-PHILIPPE), professeur d'éloquence à Brême, né dans cette ville le 31 octobre 1707, mort le 17 juillet 1783, s'est distingué par les services qu'il a rendus à l'histoire de son pays, qu'il a fort éclaircie par ses recherches. Outre un grand nombre d'ouvrages qu'il a traduits de l'anglais, on lui doit : 1° *Periculum criticum de convenientia veteris linguæ mauretanicæ cum phænicia, verum vocis cinnabaris etymon errans*, Magdebourg, 1735, in-4°; 2° *Disquisitio crit. philol. de vocabulo phænicio kartha, urbem designante*, ibid., 1757, in-4°; 3° *Observ. crit. philol. de columnis Phœniciorum in Mauritania*, Leipzig, 1739, in-4°; 4° *Disquisitio de Judæorum odio et abstinentia in Americam sæculo XI facta*, ibid. 1741, in-4°; 5° *De navigationibus fortuitis ante Columbum in Americam factis*, ibid., 1742, in-4° 6° *De l'ancien et précieux psautier de Brême* (en allemand), Brême, 1759, in-4°; 7° *Nouveaux Documents sur quelques traités conclus par la ville de Brême, avec les villes hanséatiques en particulier*, ibid., 1767, in-8°; 8° *Brementia, ou Notices et Documents historiques sur Brême*, ibid., 1766-67, 2 vol. in-8°; 9° *Recueil complet des médailles de Brême*, deux parties, ibid., 1772-73, etc. Cassel est auteur de beaucoup d'autres dissertations et ouvrages curieux, dont on peut voir une liste étendue dans sa Vie, écrite par M. Harles.

CASSEL (FRANÇOIS-PIERRE), né à Cologne, fit ses premières études dans sa ville natale, puis alla, dans l'université de Gœttingue, étudier, sous les professeurs habiles, les sciences mathématiques et physiques. Ce fut néanmoins à Paris qu'il se fit recevoir médecin. De retour dans sa patrie, il enseigna, pendant plusieurs années, l'histoire naturelle et la botanique au gymnase de Cologne, jusqu'à ce que le gouvernement des Pays-Bas, ayant fondé en Belgique trois universités, une chaire de professeur ordinaire lui fut offerte dans celle de Gand. Il exerçait, depuis trois ans, ses nouvelles fonctions avec un succès peu commun, lorsqu'il succomba en 1821, aux attaques réitérées d'une hydropisie. Ses écrits sont : 1° *Esquisses de zoonomie* (en allemand), 1ʳᵉ partie, Cologne, 1808, in-8°; 2° *Essai sur les familles naturelles des plantes, avec des considérations sur leurs vertus sanitaires* (en allemand), ibid.; 3° *Manuel de classification naturelle des plantes* (en allemand), Francfort, 1817, in-8°; 4° *Oratio de utilitate studii historia scientiarum physicarum, publice dicta cum magistratum academicum deponeret*, 1819 (dans les *archives* de l'université de Gand); 5° *Morphonomia botanica*, Cologne, 1820, in-8°, figures. Cassel était membre de l'académie de Bruxelles, de celle des Curieux de la nature, de la société physico-chimique de Gœttingue, etc.

CASSELIUS ou **CESELIUS (AULUS),** ancien jurisconsulte romain, plus distingué par son éloquence que par sa connaissance des lois. Il parlait avec beaucoup de grâce et de politesse, et excellait surtout dans la plaisanterie fine et délicate. Horace en parle cependant comme d'un habile jurisconsulte dans son *Art poétique*. Dans la carrière civile, il ne fut jamais au delà de la questure. Il refusa, par amour de la liberté, le consulat qu'Auguste voulait lui donner. Son attachement pour l'ancien gouvernement de Rome ne se démentit jamais. Il s'exprimait là-dessus avec beaucoup de franchise, et, sur ce qu'on lui faisait observer à quels dangers il s'exposait, il répondit que deux choses le dispensaient de se contraindre, d'être âgé et sans enfants. On n'avait conservé de lui qu'un livre de bons mots, que le temps a encore fait disparaître.

CASSELLA (JOSEPH), astronome, né vers 1760 à Naples, y jouissait d'une réputation qu'il devait autant à ses talents comme professeur qu'à l'étendue de ses connaissances. L'intérêt qu'il savait répandre dans ses leçons y attirait un grand nombre d'élèves; et souvent il comptait parmi ses auditeurs des ministres, des grands seigneurs, et même des princes de la famille royale. En 1799, il chargea le célèbre Cagnoli d'offrir à la société italienne des sciences ses *Calculs d'éclipses d'étoiles;* et cette savante compagnie les fit imprimer dans le tome VIII du *Recueil* de ses actes. Cassella communiqua les mêmes calculs à Lalande, qui s'en servit pour déterminer la position de Naples avec plus de précision (*V.* la *Bibliothèque astronomique*, 814). Vinc. Chiminello présenta, le 3 décembre 1803, à la société italienne, la *Méthode* de Cassella pour résoudre les équations de tous les degrés; et cette méthode, dans laquelle il a su, dit-on, se frayer une autre route que celle qu'avaient suivie les Euler et les Bezout (1), fut insérée dans le *Recueil* que l'on vient de citer, tome IX, 203. Une note du secrétaire Pempilio Pozzetti, mise au bas de la page, avertit que ce mémoire n'a pas concouru pour le prix proposé sur le même sujet par l'académie en 1802. Ce volume contient encore, page 620, une *lettre* dans laquelle Cassella rend compte à Cagnoli de son observation de l'éclipse du 11 février 1803. On apprend par cette lettre qu'il était placé pour examiner l'éclipse à l'observatoire du capitaine général Acton, qu'il s'était servi d'une lunette de Dollon et d'un télescope d'Herschell. Cependant l'éditeur des *Mémoires sur le royaume de Naples*, par le comte Orloff, dit, tome V, 28, avec l'intention sans doute de relever le mérite de Cassella, « qu'il est étonnant que, sans observatoire, dépourvu d'instruments et sans correspondance avec les astronomes des autres pays, il ait pu faire des observations assez importantes pour mériter que Bode en parlât dans les *Éphémérides de Berlin*. » On est maintenant à même d'apprécier une pareille allégation. Cassella mourut à Naples au commencement de l'année 1808. En annonçant sa mort dans le *Magasin encyclopédique*, 1808, III, 1571, Millin invita les savants napolitains à lui fournir quelques renseignements sur la vie d'un astronome dont la perte prématurée avait mérité tant de regrets; mais il paraît que personne ne répondit à son appel. Outre les opuscules déjà cités, on a de Cassella des *Observations météorologiques*, imprimées dans les *Annuaires* de Naples.

CASSEMENT, s. m. action de casser. Il est peu usité.

CASSE-MOTTE, s. m. (*hort.*), massue de bois dur avec laquelle les jardiniers divisent les mottes.

CASSE-MUSEAU, s. m. coup ou choc sur le nez, sur le visage. Il est populaire. — Sorte de pâtisserie molle et creuse qui est fort délicate.

CASSENEUIL, *Cassinogilum*, petite ville de Guyenne (département du Lot-et-Garonne), où naquit, suivant la tradition, Louis le Débonnaire. La population de cette ville est aujourd'hui de 1,984 habitants.

CASSE-NOISETTE ou **CASSE-NOIX,** s. m. petit instrument avec lequel on casse des noisettes ou des noix.

CASSE-NOISETTE, s. m. (*hist. nat.*), petit oiseau blanc d'Amérique; espèce de manakind.

CASSE-NOIX, *nucifraga* (*ois.*). Ce genre appartient à la famille des corvidés ou corbeaux; on peut le caractériser ainsi qu'il suit : bec en cône long, effilé à sa pointe, à bords tranchants, et garni de plumes sétacées à sa base; mandibule supérieure plus longue que l'inférieure; narines rondes, ouvertes et cachées par des poils dirigés en avant; tarses plus

---

(1) Suivant l'éditeur des *Mémoires du comte Orloff*, Cassella, dès 1788, avait publié la *Nouvelle Méthode pour résoudre les équations.*

longs que le doigt du milieu; ailes acuminées, à quatrième rémige la plus longue. — Ce genre est composé d'une seule espèce européenne, qui semble former par ses habitudes le passage du genre corbeau à celui des pies; son bec d'ailleurs a beaucoup de rapport avec celui de certains de ces derniers. Le casse-noix se tient sur les arbres, frappe leur écorce et la perce pour prendre les insectes et les larves qui y font leur demeure; il recherche aussi les fruits, les noyaux, quelquefois les charognes et surtout les noisettes, ce qui lui a valu son nom. — Cet oiseau, appelé en latin *nucifraga caryocatactes*, a le corps entier d'un gris fuligineux, sans tache sur le sommet de la tête et flammé de blanc au centre de chaque plume; ses rectrices sont terminées par une teinte blanche; son bec et ses pieds sont de couleur livide; iris brun. Sa femelle est d'un brun nuancé de roussâtre. L'espèce ne mue qu'une fois chaque année; on en voit des variétés accidentelles d'un blanc pur ou barré de jaunâtre, avec des taches plus foncées; les ailes et la queue sont quelquefois de couleur blanche. — Le casse-noix se trouve dans toute l'Europe; il préfère les montagnes couvertes de bois, et se livre à des migrations; il passe régulièrement dans certaines contrées, dans d'autres il reste plusieurs années sans se montrer. Il niche à terre, dans les trous des arbres, et pond cinq ou six œufs, d'un gris fauve, avec des taches rares d'un gris brun clair.

CASSE-NOLE, s. f. (*technol.*). Quelques teinturiers donnent ce nom à la noix de galle.

CASSE-NOYAU ou **CASSE-ROGNON** (*ois.*), nom vulgaire du gros-bec (*V.* ce mot).

CASSENTINO (JACQUES DA), peintre italien, ainsi nommé du lieu de sa naissance, fut élève de Taddeo Gaddi, peignit dans la manière de son maître, ainsi qu'on le voit par les fragments de ses fresques de l'église Orsanmichele. Il mourut vers 1380, dans un âge avancé, laissant un élève, Spinello d'Arezzo, qui le surpassa par le mérite et le nombre de ses compositions.

CASSE-PIERRE (*technol.*), sorte d'outil de fer trempé dont se servent les tailleurs de pierre.

CASSER, v. a. (*gramm.*), briser, rompre. Il s'emploie souvent avec le pronom personnel régime direct. On l'emploie aussi neutralement, dans le sens de se casser. — Proverb. et figur., *Qui casse les verres les paye*, celui qui fait quelque dommage doit le réparer. — Figur. et famil., *Casser les vitres*, ne rien ménager dans ses propos. — Figur. et famil., *Casser la tête*, assourdir par un grand bruit. — *Se casser la tête*, se la fendre et se la briser en tombant, en heurtant contre un corps dur. — Figur. et par exagération, *Se casser la tête, le nez*, se blesser à la tête ou au nez, en se cognant contre quelque chose. On dit de même *Se casser le cou*, se blesser en tombant.— Figur. et famil., *Se casser la tête*, s'appliquer à quelque chose avec une grande contention d'esprit. — Figur. et famil., *Se casser le nez*, ne point réussir dans ses projets, ne point venir à bout de ce que l'on a entrepris. — Figur. et famil. *Se casser le cou*, ruiner ses affaires, sa fortune. On dit de même, *Casser le cou à quelqu'un*. — CASSER signifie figurément annuler, déclarer nul. — *Casser un officier*, le chasser du service. — *Casser un sergent, un caporal*, les priver de leur grade, et les réduire à la condition de simples soldats. — *Casser aux gages*, ôter à quelqu'un son emploi et les appointements qui y sont attachés. Cela se dit aussi, figurément, d'un supérieur qui ôte sa confiance à son inférieur. — CASSER, signifie aussi affaiblir, débiliter; et, en ce sens, il ne se dit que des choses qui ruinent la santé. Il s'emploie, dans un sens analogue, avec le pronom personnel. — *C'est un homme qui commence à se casser*. — Proverb. et figur., *Il en payera les pots cassés*, on fera retomber sur lui le dommage, la perte, on s'en vengera sur lui.

CASSERIO, *Casserius* (JULES), célèbre anatomiste italien, né à Plaisance en 1545, étudia la médecine sous Fabricio d'Aquapendente, dont il avait été domestique, remplaça ce savant professeur dans la chaire de médecine et d'anatomie de l'université de Padoue, et mourut en 1616. Il fit faire de grands progrès à l'anatomie. On a de lui: *De vocis auditusque organis, hist. anatom.*, Venise et Ferrare, 1600, in-fol.; avec 35 pl. — *Pentæsthelon, hoc est de V sensibus liber*, etc., Venise, 1609, fig., 1re édition, rare; mais l'ouvrage a été souvent réimprimé. — *Tabulæ anatomicæ LXXVIII omnes novæ*, etc., Venise, 1627, in-fol.; Amsterdam, 1745, in-fol. — *Tabulæ de formato fœtu*, ibid., 1755, in-fol.

CASSEROLE, s. f. (*écon. domest.*), ustensile de cuisine,

qui sert à divers usages. *Casserole de cuivre, Casserole de terre cuite*.

CASSERON, s. m. (*hist. nat.*), nom d'une espèce de poisson volant; l'un des noms français du calmar. (*V.* CALMAR).

CASSES (*géogr. anc.*), petite nation de la Bretagne, au sud des Trinobantes.

CASSETÉE, s. f. (*gramm.*), plein une casse; quantité d'objets qui remplissent une casse.

CASSE-TÊTE, s. m. espèce de massue, faite de pierre ou de bois très-dur, dont plusieurs peuples sauvages se servent dans les combats.—Il se dit aussi, figurément et familièrement, d'un vin gros et fumeux qui porte à la tête, qui la rend pesante. — Il se dit encore, figurément et familièrement, d'un travail qui exige une forte application, d'un calcul long et embrouillé, d'un jeu où il y a beaucoup de combinaisons, les échecs.

CASSE-TÊTE, espèce de jeu assez nouveau, dont les combinaisons sont très-multipliées; elles consistent en divers rapprochements de morceaux pour former un tout homogène, comme une carte de géographie, une façade de monument, etc.

CASSE-TÊTE (*marine*). C'est un rets auquel on donne ce nom lorsqu'il est tendu horizontalement entre les bas haubans du grand mât, pour préserver les hommes placés au-dessous de la chute des poulies ou des cordages supérieurs.

CASSE-TÊTE, familièrement, bruit qui fatigue, qui fait mal à la tête.

CASSETIN, s. m. *terme d'imprimerie*, chacune des petites cases ou cellules de différentes grandeurs qui divisent une casse d'imprimerie. *Chaque lettre a son cassetin*.

CASSETIN, s. f. *terme d'imprimerie*, partie qui est placée au-dessus de la presse d'imprimerie, inventée par l'Anglais Stanhope.

CASSETTE, s. f. petit coffre où l'on serre ordinairement des objets précieux et de peu de valeur. *La cassette du roi*, son trésor particulier.

CASSETTE (*technol.*), botte de tailleurs, divisée en quatre cases, où ils mettent leurs pelotes de fil ou de poil de chèvre, des boutons, et diverses choses analogues à leur état.

CASSEUR, s. m. Il n'est guère usité que dans ces phrases proverbiales et populaires: *Un grand casseur de raquettes*, un homme vert et vigoureux.—*Un casseur d'assiettes*, un tapageur, un querelleur.

CASSE-VESSIE, s. m. (*phys.*), récipient de cristal auquel on adapte une vessie que le poids de l'air casse quand on forme le vide sous le récipient.

CASSI, l'un des six mille deux cent soixante-six martyrs que l'Eglise d'Auvergne honore le 15 de mai, demeurait dans un village d'Auvergne appelé *Bourg des chrétiens*, du temps que Chrocus, l'un des rois des Allemands en Vandalie, maintenant Poméranie, vint ravager les Gaules avec une forte armée de barbares, et pénétra jusqu'au fond de l'Auvergne, où il fit tant de martyrs. Saint Cassi, qui était prêtre de l'ordination même de saint Austremoine, l'apôtre d'Auvergne, mérita d'être de ce nombre, et mourut par le glaive de ces barbares en haine de la religion chrétienne, l'an 266 ou la suivante. Il y a encore aujourd'hui une paroisse à Clermont, sous le nom de Saint-Cassi, que l'on croit être la même église qui fut dédiée en son honneur dans la ville épiscopale d'Auvergne, et qui a été souvent rebâtie. Son corps se gardait encore dans cette église au Xe siècle; mais on doute s'il n'en a point été enlevé depuis (saint Grégoire de Tours, ch. 30, 31, 32, du 1er livre de son Histoire. Duchesne, IIIe tome de son *Recueil*. Branche, *Histoire des saints d'Auvergne*. Bollandus et Henschenius, aux 15 mai, 6 février, 19 mars. Tillemont, dans *la Vie de saint Privat*, tome IV des *Mémoires ecclésiastiques*. Baillet, *Vies des saints*, tome II, 15 mai).

CASSIA. C'est le nom de la seconde fille de Job, avant ses malheurs (*Job*, XLII, 14).

CASSIA LIGNEA (cannelle de Malabar). On désigne sous cette dénomination dans le commerce une écorce du *laurus cassia* (Linné), espèce très-voisine du *laurus cinnamomum*, qui même, suivant quelques auteurs, n'en serait qu'une variété. Cet arbre s'élève à vingt-cinq pieds de hauteur et même plus; son tronc est divisé en rameaux nombreux, glabres et rougeâtres; ses feuilles sont pétiolées, lancéolées, aiguës, glabres, lisses, persistantes, à trois nervures; ses fleurs petites, blanchâtres, portées sur des pédoncules, sont grêles et disposées en panicules. Le cassia lignea n'offre qu'à un faible degré les propriétés de la cannelle; il était employé surtout dans la préparation de la thériaque et du diascordium; on en fait rarement usage maintenant.

CASSIA LEX, loi de l'an de Rome 267, d'après laquelle le territoire conquis sur les Herniques devait être partagé entre les Romains et les Latins. — Loi de l'an de Rome 596, accorda les honneurs consulaires à T. Anicius et à Octavius, le jour qu'ils triomphèrent de la Macédoine. — Loi rendue à Rome sous les auspices de Cassius Longinus, l'an de Rome 649, et qui excluait du sénat tout homme qui avait été condamné ou déclaré incapable de servir dans les armées. — **LEX CASSIA TERENTIA**, *frumentaria*, loi rendue par les consuls C. Cassius et M. Terentius, l'an de Rome 680, et ordonnant de distribuer à chaque citoyen indigent cinq boisseaux de blé par mois. — **LEX CASSIA**, loi décrétée sous les auspices du préteur Cassius, par laquelle César fit admettre des plébéiens dans l'ordre des patriciens.

CASSIANI (JULIEN), l'un des meilleurs poëtes italiens du XVIII° siècle, naquit à Modène en 1712, acheva ses études sous les jésuites, suivit à l'université le cours du P. Natta, depuis cardinal, et consacra plusieurs années à perfectionner ses dispositions naturelles. Pourvu de la chaire de poésie au collège des nobles, il y joignit celle d'éloquence à l'université, lors de sa réorganisation en 1773. En **sa** qualité de professeur d'éloquence, il prononça pour la rentrée, en 1774 et 1775, deux *discours* très-applaudis, mais qu'il ne voulut pas livrer à l'imprimerie. On doit le regarder comme l'auteur ou du moins le réviseur des drames et de la plupart des compositions poétiques au collège des nobles pendant qu'il y remplit la chaire de poésie. Cassiani n'aimait point à paraître, et ses vers, insérés dans les *Raccolte*, y seraient oubliés, si le marquis de Lucchesini, l'un de ses élèves, n'avait pris le soin de les réunir sous ce titre: *Saggio di rime*, Lucques, 1770, in-4°. Toutes les pièces dont ce volume se compose brillent par l'élégance du style et par la pureté de goût que Cassiani devait à l'étude assidue des modèles; mais il a particulièrement réussi dans le sonnet. Ce poëte mourut en 1778.

CASSIANUS–BASSUS, écrivain grec, originaire de Bithynie, vivait dans le III° ou IV° siècle. On lui attribue un livre sur l'agriculture, les *Géoponiques*, imprimé pour la première fois à Bâle, 1539, in-8°, et dont la seule bonne édition grecque-latine est de M. Niclas, Leipzig, 4 vol. in-8°. — M. Caffarelli a publié l'*Abrégé des Géoponiques*, *extrait de l'édition de Niclas*, Paris, 1812, in-8°, et dans le tome XIII des *Mémoires de la société d'agriculture du département de la Seine*.

CASSI-ASCHER, s. m. grand prévôt dans les armées turques.

CASSICAN, *barita* (*ois.*). Buffon a donné ce nom à un oiseau qui a quelques rapports avec les cassiques par la forme de son corps et l'échancrure de son front, et avec les toucans par la conformation du bec. Gmelin et Latham ont rangé le cassican parmi les rolliers, sous le nom de *coracias varia;* Cuvier en a fait le type d'un petit genre nouveau, et l'a placé à la suite des pies-grièches en lui donnant pour caractères : un bec grand, conique, droit et rond à sa base, entamant les plumes du front par une échancrure circulaire; sa poitrine est crochue, échancrée latéralement; narines petites, linéaires, non entourées d'un espace membraneux; ailes médiocres ou longues, ayant leurs quatre premières rémiges étagées, et la sixième ou la cinquième la plus longue. — Ces oiseaux forment le passage des corbeaux aux pies-grièches; ils sont omnivores comme les premiers, et ont la voix criarde et les habitudes bruyantes des autres. Certaines espèces ont le brillant plumage des oiseaux de paradis; d'autres au contraire ont les teintes sombres des corbeaux et des pies : il est probable qu'on les divisera en plusieurs groupes correspondant à leur distribution géographique. — Les unes viennent de la Nouvelle-Guinée, les autres de la Nouvelle-Hollande et des îles environnantes. Nous n'indiquerons que les principales. — **CASSICAN VARIÉ**, ou proprement dit, le *coracias varia* de Gmelin, qui est l'espèce type du genre, a été nommé par Vieillot *cracticus varius*, pl. encl. 628. Cet oiseau qui paraît être de la Nouvelle-Guinée, d'où il a été envoyé à Buffon par Sonnerat, a le cou, la tête, le haut de la poitrine et le dos noirs; le croupion, les couvertures supérieures de la queue et le dessous du corps blanc, les couvertures supérieures des ailes blanches avec des taches noires; son bec est bleuâtre, ses pieds sont noirs. Près de cette espèce on doit ranger le *barita strepera* de Cuvier, *Icon. du règne animal*, pl. 6, fig. 3. Cet oiseau est tout noir avec un miroir aux ailes, la base et l'extrémité de

la queue blanches. Il vient aussi de la Nouvelle-Hollande. — **CASSICAN NALYBÉ**, *cracticus chalybeus*, Vieillot. Cet oiseau, décrit par le Vaillant dans ses *Oiseaux de paradis*, p. 64, et figuré à la pl. 23 du même ouvrage, habite la Nouvelle-Guinée, où il paraît commun. — **CASSICAN RÉVEILLEUR**, le grand calybé ou calybé bruyant de le Vaillant, *Oiseaux de paradis*, p. 67 et pl. 24. Cette espèce est de la taille d'une corneille; elle est commune dans l'île de Norfolk. Son nom vient de l'habitude qu'elle a de s'agiter beaucoup, et de pousser pendant la nuit des cris assez forts. — **CASSICAN DE QUOY**, *baryta Quoyi*, Less. Atl. de Latr., *Coquille*, pl. 14. Cet oiseau a été trouvé à la Nouvelle-Guinée; il a treize pouces de longueur totale; son bec, long de deux pouces, est robuste et de couleur blanchâtre, passant au bleu noir vers le milieu, l'extrémité des mandibules d'un noir vif; le plumage est partout d'un beau noir lustré. Cet oiseau a les habitudes bruyantes de ses congénères; il s'agite sans cesse sur les branches où il se tient perché.

CASSIDAIRE, *cassidaria* (moll.). On désigne sous ce nom quelques espèces de coquilles univalves qui ont les plus grands rapports avec les casques, mais qui en ont été séparées par Lamarck, parce qu'effectivement il y a des différences dans les caractères. — La coquille des cassidaires est facile à reconnaître par le canal plus ou moins court qui termine inférieurement son ouverture et n'est pas replié sur le dos, c'est-à-dire n'offre qu'une légère courbure ascendante. Le mollusque des cassidaires est un trachélipode, appartenant à la famille des purpurifères de Lamarck; le nombre des espèces qui constituent ce genre est fort minime; on n'en connaît encore qu'une dizaine, tant vivantes que fossiles, dont la plus grande porte le nom de tyrrhénienne, et peut atteindre quatre pouces de longueur. Elle est légèrement sillonnée transversalement, fort légère, d'un beau blanc, et habite la Méditerranée.

CASSIDAIRES, *cassidariæ*, tribu de coléoptères de la famille des cycliques. Les insectes qui forment cette tribu ont les antennes très-rapprochées à leur insertion à la partie supérieure de la tête, droites, quelquefois un peu renflées graduellement vers le bout; la bouche est inférieure et enfoncée; les palpes sont courts, presque filiformes; les yeux entiers; les pattes courtes, contractiles, avec les tarses déprimés. Les genres dont se compose cette tribu sont peu nombreux; on ne connaît les larves que des cassides (*V.* HISPE et CASSIDE).

CASSIDE, nom d'une espèce d'idylle ou d'élégie arabe composée par distiques.

CASSIDES (*entomol.*), insectes coléoptères, de la section des *tétramères*, et vulgairement nommés *scarabées-tortues*. Le nom de cassides convient assez bien aux insectes auxquels il est donné; en effet, le corselet et les élytres s'avançant au delà du corps, semblent destinés à protéger ces insectes et y réussissent d'autant mieux qu'ordinairement la couleur de ces parties est analogue à celle des plantes sur lesquelles ce petit coléoptère, qui voltige très-peu, trouve et son habitation et sa nourriture. Il est des espèces enrichies de couleurs métalliques dorées ou argentées, qui perdent leur éclat après la mort, mais que l'on fait reparaître en plongeant l'insecte dans l'eau chaude pendant quelques minutes. M. le comte Dejean en possède dans sa collection plus de cent espèces, pour la plupart exotiques. La *casside équestre*, qui se tient sur la menthe dans les lieux aquatiques, et la *casside verte*, plus petite, et vivant sur les artichauts et les chardons, sont les espèces les plus communes des environs de Paris. — Les larves, dont une espèce habite souvent sur le chardon, ont le ventre terminé par une sorte de fourche sur laquelle elles accumulent leurs excréments; tant qu'elles sont occupées à paître tranquillement, elles traînent après elles ses ordures; mais, au moindre danger, elles relèvent la fourche et se cachent sous ce toit protecteur qui dégoûte les oiseaux. Les nymphes des cassides s'accrochent aux végétaux et restent immobiles jusqu'à leur dernière métamorphose, c'est-à-dire pendant quinze jours, après lesquels l'insecte parfait sort par une ouverture faite à la partie antérieure et supérieure de la peau; alors il dépose ses œufs sur les feuilles et les range par plaques larges, souvent recouvertes d'excréments. La nature semble encore s'être plu à garantir les cassides à l'état de nymphe, en leur donnant l'aspect d'une graine épineuse terminée par deux cornes sèches et pointues que les oiseaux craignent d'avaler.

CASSIDOINE, s. f. pierre précieuse dont les anciens faisaient des vases, etc.

CASSIDULES, animaux zoophytes du genre des échinodermes, de l'ordre des pédicellés. On les avait d'abord confondus avec les oursins, dont ils se distinguent très-bien par l'irrégularité et la forme elliptique de leur corps, toujours garni de petites épines. L'histoire naturelle ne possède encore qu'un très-petit nombre de cassidules. Nous citerons la *cassidule Richard*, que le célèbre botaniste Richard observa dans l'Océan des Antilles, et que l'on a trouvée dans la baie des Chiens-Marins, à la Nouvelle-Hollande ; la *cassidule xutelle*, que l'on trouve dans le Véronais, longue de trois à quatre pouces sur trois de largeur. On en trouve aussi à l'état fossile, et celles-ci prennent quelquefois le nom de *cassidites*.

CASSIE (*botan.*). C'est le nom du *mimosa farnesiana*, en Provence, où cet arbre fleurit en pleine terre.

CASSIE, en latin *cassia*, aromate dont parle Moïse, et qu'il fait entrer dans la composition de l'huile sainte dont on devait se servir pour la consécration des vases du tabernacle. Quant à la casse aromatique, on dit que c'est l'écorce d'un arbre fort semblable à la cannelle, et qui vient dans les Indes sous être cultivé (*Exod.*, XXX, 24).

CASSIEN (JULES), hérésiarque du IIe siècle, chef ou du moins principal apôtre des docétistes. On ne sait pas précisément l'époque de sa naissance ni celle de sa mort, mais le docteur Cave prouve qu'il dogmatisait vers 174. Comme la plupart des hérétiques de ce temps-là, il avait puisé sa doctrine dans la philosophie de Platon. Il enseignait que du Dieu suprême était émanée une intelligence parfaite, qui, s'étant révélée aux hommes, leur avait communiqué des moyens de salut. Mais, comme il ne pouvait concevoir que l'intelligence divine se fût unie à une portion de matière et eût participé à toutes les infirmités de la nature humaine, il imagina qu'elle ne s'était unie qu'à l'âme, composé mixte d'une substance céleste et de tout ce qu'il y a de plus subtil dans la matière ; de sorte que le Fils de Dieu n'avait pris que les apparences d'un corps humain. Quoique Cassien rejetât l'Ancien Testament, comme ne le croyant pas l'ouvrage de Dieu, il ne laissait pas de prendre avantage des fréquentes apparitions d'anges dont il est fait mention dans le *Pentateuque*. Il tirait également parti des divers endroits du Nouveau Testament, où il est dit que Jésus-Christ se rendait invisible, qu'il marchait sur les eaux, et pénétrait à travers les portes fermées, pour en conclure qu'il n'avait point un corps réel. Ce système, qui faisait disparaître le *scandale et la folie de la croix*, et qui paraissait assez assorti aux transformations que les juifs croyaient apercevoir dans leur histoire, et aux métamorphoses que les païens trouvaient dans leurs fables religieuses, fit des progrès en Asie parmi les savants et parmi les grands. Cassien avait composé des *Commentaires*, où il soutenait que la philosophie des Hébreux était plus ancienne que celle de tous les autres philosophes, et un *Traité sur la continence*, où il condamnait l'usage du mariage. Ses disciples y ajoutèrent de faux *actes*, pour les substituer à l'histoire des évangélistes et des autres écrits apostoliques.

CASSIEN (SAINT), martyr, était greffier du prétoire lorsque saint Marcel le Centenier, martyr en Afrique, fut présenté dans la ville de Tanger à Aurèle Agricola, vicaire du préfet des Gaules. Cet officier ayant condamné Marcel à la mort, Cassien, qui tenait le registre de l'interrogatoire, et qui écrivait les demandes du juge avec les réponses de l'accusé, jeta par terre la plume et le papier où il écrivait, et répondit au juge, qui lui demanda la raison de cette conduite, « qu'il en agissait de la sorte, parce qu'il avait prononcé une sentence injuste.» On le conduisit aussitôt en prison, d'où il fut tiré cinq semaines après pour avoir la tête coupée, le 3 de décembre de l'an 298 ou environ. Ce saint était déjà célèbre au IVe siècle de l'Eglise, comme il paraît par le poëte Prudence (*Peristeph. carm.*, 4, vers 45). Les *martyrologes* marquent sa fête le 3 de décembre (dom Thierry Ruinart, *Hist. du martyre de saint Cassien*, ajoutée aux *Actes de saint Marcel*, et également sincère ; Baillet, *Vies des saints*, 30 octobre).

CASSIEN (SAINT), évêque d'Autun, était de la ville d'Alexandrie en Egypte. Il fut instruit dans la foi par le saint martyr Théon, et la vertu lui fit choisir pour titre évêque d'Orthe en Egypte, ou Orthosie en Phénicie. Il passa dans les Gaules, sur quelque vision qu'il en eut, du temps de Constantin le Grand, et s'arrêta à Autun, attiré par la réputation de l'évêque Rhétice auquel il succéda dans l'évêché d'Autun, selon saint Grégoire de Tours. On ignore les actions particulières qui illustrèrent son épiscopat. On sait seulement qu'il couronna une sainte vie par une mort précieuse vers le milieu du IVe siècle. Il fut enterré dans le cimetière commun de la ville d'Autun, et saint Grégoire de Tours, qui vivait 250 ans après lui, nous apprend qu'il vit son sépulcre presque usé par les râclures qu'on en tirait pour la guérison des infirmes. Son corps fut transféré à

Saint-Quentin en Vermandois, au plus tard l'an 840, et peut-être avant l'an 826, puisque cette translation est érigée en fête dans un calendrier de cette année. Pour sa fête principale, elle se trouve marquée au 5 d'août dans la plupart des martyrologes (Florus, dans son *Martyrologe*; Grégoire de Tours, *Traité de la gloire des confesseurs*; Molanus, Baillet, *Vies des saints*, au 5 d'août).

CASSIEN (SAINT), martyr d'Imola, ville d'Italie, dans la Romagne, était maître d'école avant le temps de Julien l'Apostat. La sévérité de sa discipline le fit haïr de ses écoliers, qui probablement le dénoncèrent ou le firent dénoncer au juge païen de la ville, qui persécutait pour lors l'Eglise. Celui-ci le condamna à être livré nu et les mains liées derrière le dos à ses écoliers, pour lui faire les insultes qu'ils voudraient, et le mettre à mort ensuite. Les uns lui cassèrent leurs planches et leurs tablettes sur la tête ; les autres le percèrent et le découpèrent par tout le corps avec leurs stylets de fer, qui étaient comme des poinçons dont on se servait pour graver sur le bois et écrire sur la cire. Il mourut ainsi entre leurs mains le 13 d'août, on ne sait quelle année. On garde son corps dans la cathédrale d'Imola, dont il est titulaire, et une tête à Toulouse, sous son nom. Son culte est joint à celui de saint Hippolyte par une commémoration, durant l'octave de saint Laurent, dans l'Eglise romaine (Prudence, dans son livre des *Couronnes*, hymne 9; Baillet, *Vies des saints*, 13 août ; dom Ceillier, *Hist. des aut. sac. et ecclés.*, t. IV, p. 67).

CASSIEN (SAINT), était Scythe d'origine, selon Gennade ; car les sentiments sont fort partagés sur ce point. Il naquit vers l'an 350 au plus tôt, ou en 360 au plus tard. Il fut transporté hors de son pays dès son enfance, et élevé dans un monastère de Bethléem, où il fit profession de la vie religieuse. Il prit la résolution de sortir de son monastère avec un de ses confrères, nommé Germain, pour aller visiter les solitaires d'Egypte, vers l'an 390. Au bout de sept ans, ils revinrent à leur monastère de Bethléem, et retournèrent ensuite en Egypte. Ils le quittèrent encore pour retourner en Palestine, d'où ils allèrent à Constantinople, où saint Jean Chrysostome, qui en était évêque, fit Germain prêtre, et Cassien diacre, vers l'an 404. Saint Jean Chrysostome ayant été déposé et exilé, le clergé de Constantinople députa Cassien et Germain vers le pape Innocent, pour lui représenter l'innocence de saint Jean Chrysostome. Ce pape donna la prêtrise à Cassien, qui passa de Rome dans les Gaules, et qui fixa sa demeure à Marseille, où il bâtit deux monastères, l'un d'hommes et l'autre de filles, qu'il gouverna avec beaucoup de sagesse. Il n'est plus fait mention de lui après l'an 433. Gennade met sa mort sous Théodore et Valentinien, sans en fixer l'année. D'autres la mettent à l'an 448. On honore Cassien comme un saint dans l'Eglise grecque et à Marseille, particulièrement à l'abbaye de Saint-Victor, dont il était fondateur, et où l'on fait sa fête avec un office propre et une octave le 23 de juillet, que l'on dit être celui de sa mort. On dit aussi que l'on conserve sa tête à la même abbaye, dans un reliquaire précieux, et son corps dans un tombeau de marbre et dans une cave de la même église. Cassien a laissé divers ouvrages, savoir : 1° douze livres des *Institutions monastiques*, dont les quatre premiers traitent de la manière de vivre des religieux d'Egypte, et les huit derniers, des péchés capitaux. Cet ouvrage, dédié à Castor, évêque d'Apt en Provence, a été approuvé par les plus grands maîtres de la vie spirituelle en Occident. — 2° Vingt-quatre *Conférences*, qui renferment les maximes et les instructions qu'il avait apprises de la bouche des plus célèbres pères et abbés de l'Egypte. La manière dont Cassien s'est expliqué dans la treizième de ces conférences l'a fait regarder comme le père des semi-pélagiens. Il dit que l'homme peut de lui-même avoir le désir de se convertir, un commencement de pénitence et de foi ; qu'il peut prier, chercher le remède, résister à la tentation, quoiqu'il ne puisse être guéri et devenir victorieux sans la grâce. Il accuse aussi de dire, dans la quatrième conférence, que c'est un avantage que la chair ait des désirs contraires à l'esprit, et qu'il ne serait pas hon que toute la volonté de l'homme suivît les désirs de l'esprit, et qu'elle vînt à bout de vaincre entièrement la chair ; dans la dix-septième, que le mensonge est permis ; dans la vingt-troisième, que toutes les justices des justes sont des péchés. — 3° Un *Traité de l'incarnation*, contre Nestorius, en sept livres, dans le premier desquels, après avoir fait une liste des principales hérésies, il prétend que l'erreur des nestoriens, et de ceux qui avançaient que la sainte Vierge n'avait mis au monde qu'un homme, était tirée des principes de Pélage. Tous ces ouvrages de Cassien ont été imprimés à Bâle en 1559, 1569, 1575, in-folio ; à Anvers, en 1578, avec les notes de Henri Cuickius ; à Rome, en 1580, par les soins de Ciaconius, qui donne un bon sens à plusieurs propositions de Cassien ; à Douai, en 1616, avec les notes d'Alard-Gazée ou Gazet, bénédictin de Saint-Vast ; à Arras, 1628, trois tomes in-folio ; à Paris et à Lyon, 1642 ; à Francfort, 1722, in-folio. On les trouve aussi dans la *Bibliothèque des Pères*, t. VII, pag. 17, 69, 102. Les œuvres de Cassien ont été traduites en grec, et l'on trouve dans la bibliothèque du roi plusieurs exemplaires de cette traduction. Le plus ancien, qui paraît avoir au moins sept cents ans d'antiquité, est coté n° 2371. On a encore attribué à Cassien un ouvrage sur le moyen d'éteindre les passions ; une confession théologique, avec une explication de la messe à l'usage de Rome ; un livre intitulé : *Du combat des vices et des vertus ;* et une homélie, sous le titre de *Remède spirituel du moine.* Mais le style seul de ces ouvrages fait voir que Cassien n'en est point l'auteur. On ne doute point qu'il n'ait composé une règle pour des hommes, qui fut depuis suivie dans le monastère de Saint-Avade ou Hivier. Castor parle de cette règle dans sa lettre à Cassien, et saint Benoit d'Ancône la cite dans sa *Concorde* (pag. 57) ; mais elle n'est pas venue jusqu'à nous. Quant aux Actes du martyre de saint Victor de Marseille, qu'on a aussi attribués à Cassien, s'ils ne sont pas de lui, ils en sont au moins dignes, et ont plus de rapport à sa façon d'écrire que tous les autres ouvrages qu'on lui a supposés (Gennade, Bulteau, *Hist. monast. d'Orient ;* le P. Guesnay, *Cassien illustre ;* le P. le Cointre, à l'an 536 ; Rosweyde et d'Andilly, dans leurs préfaces sur les *Pères des déserts ;* Baillet, 23 juillet ; Dupin, V° siècle ; Richard Simon, *Critique de Dupin,* t. I, pag. 151 ; dom Ceillier, *Hist. des aut. ecclés.,* t. XIII, pag. 37 et suiv.).

CASSIEN, auteur chrétien, composa une chronographie, ainsi que l'assure saint Jérôme au chapitre 58 de son *Traité des historiens ecclésiastiques,* sur le témoignage de Clément d'Alexandrie.

CASSIER, s. m. nom que l'on donne, dans les imprimeries, à une espèce d'armoire ou à des rayons disposés pour y placer les casses, des ais remplis de lettres, des pages de caractères, etc.

CASSIER, s. m. (*botan.*),arbre qui porte la casse, et que l'on nomme aussi *Canéficier.*

CASSIERTE (ANGE ROCCA), de l'ordre de Saint-Augustin, évêque de Tagaste. Nous avons de lui : *Thesaurus pontificiarum antiquitatum, necnon rituum, præxium ac cæremoniarum, additis pluribus quæstionibus ac resolutionibus supra dubia nonnulla insigniora ex sacra Scriptura desumpta, et chron. historia ejusque supplemento, sacrarii apostolici una cum illius præfectis præfectis custodibus, atque novis inscriptionibus usque ad præsens bibliothecæ vaticano, autore fr. Angelo Rocca Cassierte, ord. sancti Augustini, sacrarii apostolici præfecto ac episcopo Tagasten. Accedunt in principio primi et secundi tomi index tractatuum, ac duo indices generales rerum notabilium. Editio secunda romana cum pluribus æneis figuris,* 1745, in-fol., 2 vol. (*Journal des savants,* 1746, pag. 186).

CASSIGNATUS, chef de Gaulois au service des Romains, tué dans la guerre contre Persée.

CASSIM-GHEURI (*hist. mod.*). C'est le nom que les Turcs et les Grecs levantins donnent à la fête de saint Démétrius. Ce jour est fort redouté par les matelots et gens de mer : ils n'osent jamais se hasarder à tenir la mer ce jour-là, et font toujours en sorte d'être dans le port dix jours avant que cette fête arrive.

CASSIMINAR (*V.* CASSUMUNIAR).

CASSIN, s. m. (*technol.*), châssis placés au-dessus du métier des tisserands, où sont attachées plusieurs poulies sur lesquelles roulent les ficelles nécessaires pour façonner les étoffes. — Sorte de piége dont on se sert à Granville, pour prendre les homards et d'autres crustacés.

CASSIN, MONT-CASSIN, *Cassinus-Mons,* célèbre abbaye de bénédictins, dont elle était le chef d'ordre. Saint Benoît s'était retiré au mont Cassin, qui est une montagne d'Italie, dans la terre de Labour, province du royaume de Naples, y bâtit vers l'an 529 un monastère qui a pris son nom de cette montagne, laquelle a été nommée elle-même d'une ancienne ville des Volsques appelée *Casin* ou *Cassin* (*Casinum* ou *Cassinum*). Il y avait une congrégation particulière de bénédictins qu'on appelait *la congrégation du Mont-Cassin,* qui était incorporée à celle de Sainte-Justine de Padoue depuis l'an 1504. *V.* la *Chronique du Mont-Cassin,* publiée l'an 1603 en quatre livres, qui contiennent ce qui s'est passé de plus mémorable, non-seulement dans l'ordre de Saint-Benoît, mais encore dans l'Eglise, depuis l'an 542 jusqu'en 1138. Les trois premiers livres ont été

composés par Léon d'Ostie, et le quatrième, qui commence en 1086, a pour auteur Pierre le Diacre.

CASSINE, mot fait de l'italien *casina,* dérivé lui-même du latin *casa,* nom donné dans quelques provinces à une petite maison de plaisance hors la ville. C'est aussi, en botanique, le nom de la viorne luisante, qu'on emploie en Amérique en guise de thé, et celui d'un genre de plantes de la famille des *chamnoïdes* et de la pentandrie monogynie, qui renferme trois arbrisseaux du cap de Bonne-Espérance, de l'Ethiopie et du détroit de Magellan.

CASSINI (JEAN-DOMINIQUE), célèbre astronome, né le 8 juin 1625 à Perinaldo, dans le comté de Nice, de parents nobles. Il acheva ses études, commencées dans sa famille sous les auspices d'un précepteur, à Gênes, chez les jésuites. Fort amoureux de la poésie latine, il se distingua de bonne heure par plusieurs compositions imprimées avec celles de ses maîtres dans un recueil in-fol. en 1646 ; mais bientôt, après la lecture d'un livre d'astronomie judiciaire, Cassini s'appliqua exclusivement à la contemplation des astres. Dès l'âge de vingt-cinq ans, en 1650, le sénat de Bologne lui confia la chaire d'astronomie, vacante par la mort du célèbre géomètre P. Cavalieri. Deux ans après, à la fin de 1652, une comète étant passée au zénith de Bologne, Cassini l'observa, et publia en 1653 un traité où il émet l'opinion rationnelle que les comètes étaient, malgré leurs irrégularités apparentes, soumises à des lois comme les autres astres, et, loin d'être des créations nouvelles, pouvaient être aussi vieilles que l'univers. C'est Cassini qui eut la gloire de tracer, en 1655, la nouvelle méridienne de l'église de Sainte-Pétrone, construction, précieuse et savante qui eut pour résultats heureux : des tables du soleil plus sûres, une mesure presque exacte de la parallaxe de cet astre, et une excellente table de réfractions. — Lors des différends survenus entre les villes de Bologne et de Ferrare au sujet du Pô, Cassini fut chargé de discuter et de soutenir à Rome les intérêts de Bologne relatifs à la navigation de ce fleuve ; il réussit si bien dans cette mission, qu'elle lui valut la surintendance des fortifications du fort Urbin et celle des eaux du Pô. Le pape Alexandre VII voulut s'attacher Cassini et honorer ses talents et sa piété en le créant cardinal ; mais l'astronome refusa. A Rome, Cassini observa la comète de 1664 en présence de Christine, reine de Suède, et de concert avec elle, et après celles successives de 1665 et de 1680, il affirma que ces astres étaient susceptibles de retour, ce qui fut vérifié par la réapparition de la comète périodique de 1456 en 1531, 1607, 1682 et 1759. Sa période est d'environ 76 années.—En 1665, Cassini, observant Jupiter, distingua les taches de cet astre d'avec les ombres que les satellites jettent sur son disque quand ils passent entre cette planète et le soleil ; alors, pour la première fois, on sut indubitablement, au moyen d'une tache fixe bien avérée, reconnue par cet astronome sur cette planète, qu'elle tourne sur son axe en 9 heures 56 minutes seulement, quoiqu'elle surpasse mille fois notre globe en grosseur. De ce moment, le beau système de Copernic fut incontestable. Malgré ces travaux, Cassini ne négligeait pas ses fonctions d'ingénieur, et il écrivit encore de curieuses observations, imprimées dans les œuvres d'Aldrovande, sur l'entomologie, la physiologie et la transfusion du sang. En 1668, Cassini publia ses Éphémérides des astres de Médicis, nom qu'on donnait à cette époque, dans l'Italie, aux satellites de Jupiter. Colbert, en 1669, obtint du pape Clément IX que Cassini vînt à Paris, où il fut admis à l'académie des sciences, et, après qu'on lui eut offert et qu'il eut accepté des lettres de naturalisation, il se maria en 1673 avec la fille d'un lieutenant général. Louis XIV le combla de bienfaits. En 1672, le voyage astronomique à Cayenne fut entrepris sous les auspices de Cassini, qui contribua à faire connaître la figure de la terre, sa pesanteur relative des pôles à l'équateur, et à débrouiller l'inextricable calendrier indien. En 1683, il chercha les causes de la lumière zodiacale, et jugea qu'elle pouvait être renvoyée à nous par une matière que le soleil pousserait hors de lui beaucoup au delà de l'orbite de Vénus, et dont il serait enveloppé. Il découvrit encore que l'axe de rotation de la lune n'était pas perpendiculaire à l'écliptique, comme on l'avait cru jusqu'alors, et que ses positions successives dans l'espace n'étaient point parallèles entre elles, phénomène jusqu'alors unique dans le système du monde. Enfin, en 1684, il découvrit quatre satellites à la planète de Saturne, ce qui fit cinq avec celui qu'avait déjà aperçu en 1655 le célèbre Huygens. Une médaille fut, à cette occasion, frappée en l'honneur de Cassini, avec cette légende : *Saturni satellites primum cogniti.* En 1693, il donna de nouvelles tables des satellites de Jupiter plus exactes que celles de 1668. En 1695, il vint en Italie réparer sa méridienne de Sainte-Pétrone, et, de retour en France, il prolongea, en 1700, jusqu'à l'extrémité du Roussillon le méridien de Paris. Cassini mourut le 14 septembre 1712, âgé de quatre-vingt-sept ans et demi. Peu de temps avant sa mort il était devenu aveugle. Sa statue a été placée à l'observatoire. Parmi ses nombreux ouvrages, cités par Lalande dans sa *Bibliographie astronomique*, nous indiquerons seulement : *Observationes cometæ*, ann. 1652 et 1653, Modène, 1653, in-fol. ; — *Opera astronomica*, Rome, 1666, in-fol. ; — *Nuntii siderei interpres*; — *Cosmographie* en vers italiens, demeurée inédite.

CASSINI (JACQUES), fils de Jean-Dominique, né à Paris en 1677, se livra avec succès, comme son père, à la science de l'astronomie. Il fut membre de l'académie des sciences et de la société royale de Londres. Chargé des expériences relatives à la détermination de la figure de la terre, leur résultat ne fut pas favorable au système nouveau de l'attraction ni à l'évidence de la rotation du globe sur son axe. Les newtoniens réclamèrent ; il fut conclu que, vu l'imperfection des instruments astronomiques, on ne pouvait répondre d'une erreur d'une demi-minute sur le moment précis de l'émersion du satellite de Jupiter, ce qui ferait en longitude une erreur de 7′ 50″, ou plus de 5,000 toises sur l'arc du parallèle, ce qui excède la différence que donnerait l'hypothèse de la terre sphérique ; et cependant Cassini avait trouvé d'abord le degré de longitude plus court qu'il ne le serait dans cette même hypothèse. Il mourut dans sa terre de Thury, le 16 avril 1756, dans sa soixante-dix-neuvième année. On a de lui : *De la grandeur et de la figure de la terre*, Paris, 1720, in-4° ; — *Réponse à la Dissertation de M. Celsius sur les observations faites pour pouvoir déterminer la figure de la terre*, 1738, in-8° ; — *Eléments d'astronomie*, Paris, 1742, in-4° ; — *Tables astronomiques du soleil, de la lune, des planètes, des étoiles et des satellites*, Paris, 1740, in-4°.

CASSINI DE THURY (CÉSAR-FRANÇOIS), né le 17 juin 1714, fils du précédent, fut reçu à vingt-deux ans comme adjoint surnuméraire de l'académie des sciences de Paris. Il a la gloire d'avoir levé le plan topographique de la France entière en déterminant la distance de tous les lieux à la méridienne de Paris et à la perpendiculaire de cette méridienne, entreprise vaste, difficile et utile, que le gouvernement soutint jusqu'en 1756, époque à laquelle Cassini la continua au moyen d'une compagnie qui se chargea des avances. Dans la suite, le gouvernement lui accorda quelques encouragements, et différentes provinces contribuèrent à la dépense, et Cassini ne mourut, le 4 septembre 1784, qu'après l'avoir terminée. Cette belle collection, connue sous le nom de *carte de l'académie*, l'est encore plus sous celui de *carte de Cassini*; elle comprend 182 feuilles avec la carte des triangles. On a encore de Cassini : *la Méridienne de l'observatoire royal de Paris, vérifiée dans toute l'étendue du royaume, avec des observations d'histoire naturelle*, par Lemonnier, 1744, in-4° ; — *Cartes des triangles de la France*, 1744, in-4° ; — *Additions aux Tables astronomiques de Cassini*, 1756, in-4° ; — *Relation de deux voyages faits en 1761 et 1762 en Allemagne pour déterminer la grandeur des degrés de longitude par rapport à la géographie et à l'astronomie*, 1763, in-4° ; — *Opuscules divers*, 1771, in-8° ; — *Description d'un instrument pour prendre hauteur et pour trouver l'heure vraie sans aucun calcul*, 1770, in-4°; — *Relation d'un voyage en Allemagne, qui comprend les opérations relatives à la figure de la terre et à la géographie particulière du Palatinat*, 1775, in-4° ; — *Description géométrique de la terre*, 1775, in-4° ; — *Description géométrique de la France*, 1784, in-4°; — *Observations sur la comète de 1531, pendant le temps de son retour en 1652, faites par J.-D. Cassini*, 1759, in-12.

CASSINI (ALEXANDRE-HENRI-GABRIEL, VICOMTE DE), fils de Jacques-Dominique, comte de Cassini, le dernier des astronomes de ce nom, fut successivement juge, vice-président du tribunal d'instance, conseiller et président à la cour royale de Paris, conseiller à la cour de cassation, membre de l'académie française, et enfin pair de France en novembre 1831. Collaborateur de Pigeau pour la publication d'un *Cours de procédure civile*, il fut aussi membre des commissions pour la révision du *Bulletin des lois* en 1824, des fraudes électorales en 1828, et de l'instruction publique en 1831. Mais ces diverses fonctions ne l'empêchèrent pas de se livrer à son goût pour les recherches botaniques; il s'attacha particulièrement aux synanthérées, dont il dédia deux genres, *agathæa* et *biencourtia*, à madame de Cassini. Il mourut en 1832, l'une des premières victimes du choléra. On promet la publication du III° volume de ses *Opuscules phytologiques*.

CASSINIE, s. f. (*botan.*), espèce de plante de la Nouvelle-Hollande; qui constitue seule un genre.

CASSINOIDE (*géom.*), nom que l'on donne à la courbe proposée par Jean-Dominique Cassini pour représenter l'orbite des planètes. C'est une courbe elliptique, dans laquelle le produit de deux droites tirées des foyers à la circonférence est une quantité constante, savoir : le produit des distances aphélie et périhélie de la planète. Mais, sauf quelques cas particuliers, les observations astronomiques ne s'accordent pas avec une telle courbe, et elle n'a pu être admise. On en trouve la description dans les *Eléments d'astronomie* de Cassini, p. 40.

CASSINOMAGUS (*géogr. anc.*), aujourd'hui Chassanon, ville des Lémovices, dans l'Aquitaine première, à l'ouest d'Augustoritum, sur la Vigenna.

CASSIODORE, guerrier habile, repoussa les Vandales de la Sicile vers la fin du IV° siècle.

CASSIODORE, fils du précédent, fut député par Valentinien au roi des Huns Attila, et lui parla à la fois avec tant de noblesse et tant de grâce, que le barbare conçut une haute idée de l'empire romain, et demanda à l'ambassadeur son amitié.

CASSIODORE (MAGNUS AURÉLIUS), homme d'Etat et écrivain du VI° siècle. Peu de vies ont été occupées et remplies comme celle de Cassiodore ; peu de carrières ont été aussi longues que la-sienne; car à l'âge de quatre-vingt-treize ans, dans toute la plénitude de ses facultés, il composa un traité qui est parvenu jusqu'à nous. Dans un temps de révolutions et de troubles, il sut conserver, grâce à l'élévation et à la fermeté de son caractère, une grande tranquillité d'âme; et, bien qu'entraîné dans le tourbillon des affaires, il fit presque autant pour les lettres, que si dans le silence du cabinet, au fond d'une retraite solitaire, il se fût exclusivement voué à la vie contemplative, et l'on peut dire qu'il fut le plus savant de son siècle. — Il naquit vers l'an 470, à Scyllacium, ancienne colonie grecque, où les belles études étaient restées en honneur. Sa famille était fort distinguée; son aïeul qui avait porté le nom de Cassiodore, chargé d'un commandement considérable, avait, su, par une attitude imposante, garantir la Calabre et la Sicile des déprédations des Vandales qui, maîtres des côtes africaines, cherchaient à s'étendre et à s'enrichir. Son père avait aussi passé par les grandes dignités de l'empire, et, dans une mission difficile et qui n'était pas sans danger, il montra en face du plus farouche des conquérants, une si noble intrépidité, qu'il obtint d'Attila des conditions fort avantageuses pour ses concitoyens. — Quant à Cassiodore, on ne sait rien de ses premières années ; il est à présumer que son éducation fut soignée, et qu'il se fit remarquer par de grands succès; car il était à peine adolescent lorsque Odoacre, roi des Hérules, qui venait de se rendre maître de l'Italie, le nomma comte de revenus particuliers, dignité importante qui donnait le rang de préfet, et, chose incroyable dans un si jeune homme, Cassiodore fut de plus nommé juge pour connaître des incestes et des violations des sépulcres, abus si commun dans ces temps calamiteux ; de sorte qu'il avait à veiller, selon la formule, à la chasteté des vivants et à la sécurité des morts. — Dans ce poste difficile, il justifia pleinement la confiance de son maître, et jamais personne ne l'accusa, ni d'inexpérience, ni de partialité, ni d'insouciance pour l'expédition des affaires. Le zèle qu'il montrait, la sagesse au-dessus de son âge qui brillait dans tous ses actes, lui firent bientôt donner la surintendance du commerce et de la marine, et dès lors on pouvait dire que rarement un ministre réunit des fonctions plus étendues et plus importantes, puisqu'il intervenait dans presque toutes les affaires de l'Etat. Un fardeau sous lequel tout autre eût succombé ne fit que mettre en lumière les grandes et rares qualités du jeune ministre, et Odoacre, qui comptait sur sa haute capacité, ne craignit pas de s'éloigner avec ses meilleures troupes, pour aller guerroyer du côté de la mer Baltique contre le roi des Rugiens, qu'il battit complétement ; mais alors il se fit un brusque changement dans les affaires d'Odoacre. Ce prince, heureux jusque-là dans toutes ses entreprises, éprouva de la manière la plus imprévue toute l'inconstance du sort ; et il vit en un instant s'évanouir toute sa puissance. — Appelé par le fils du roi vaincu, Théodoric, roi des Ostrogoths, était accouru de Mésie, en Occident; il tailla en pièces les troupes du roi des Hérules, qu'il vint assiéger dans Ravenne; puis s'arrangea avec lui, par l'ennui d'un long siége, et à la fin s'en défit, sous prétexte d'un complot qu'il aurait sourdement tramé. Alors Cassiodore n'eut d'autre parti à prendre que celui de la retraite; il se retira dans la partie méridionale de l'Italie, songeant déjà, assure-t-on, à renoncer entièrement au siècle. Une circonstance inattendue le ramena sur la scène du monde. Les Siciliens et les habitants du Bruttium se disposaient à combattre le roi des Goths, dont ils ne voulaient pas reconnaître la domination ; l'homme d'Etat, par ses sages conseils et ses vives remontrances, leur épargna les malheurs qui devaient résulter d'une lutte inégale et d'une résistance inutile. Ils se soumirent, et Théodoric saisit habilement cette occasion pour attacher à son service un homme habitué au maniement des affaires et que les peuples aimaient à voir à la tête du gouvernement. — Sous couleur de reconnaître le service éminent qui lui avait été rendu, il fit venir Cassiodore auprès de lui, et employa sa plume pour pousser activement et mener à bonne fin des négociations qui étaient du plus haut intérêt pour l'affermissement d'une autorité nouvelle. — Il paraît que la Lucanie et le Bruttium inspiraient encore quelques inquiétudes au roi des Goths ; Cassiodore y fut envoyé en qualité de préfet et rappelé au bout d'un an auprès d'un monarque qui savait apprécier ses services et ne pouvait se passer de lui. Il fut élevé aux plus grands honneurs, il fut maître des offices, puis préfet du prétoire, créé seul consul en 514, et enfin il fut décoré du titre de patrice. — Rien ne semblait manquer à son bonheur, ni à la prospérité de l'empire des Goths, grâce à la sagesse et à la magnanimité de Théodoric, grâce surtout à la vigilance et à l'excellente administration de son ministre. L'Italie, désolée par des guerres successives, parut se remettre et recouvrer un instant son antique splendeur, au sein d'une paix profonde : repos trompeur, félicité passagère! un instant suffit pour renverser toutes les espérances et dissiper les douces illusions auxquelles on aimait à se livrer. — Après trente ans d'un régime tout paternel, on peut le dire, Théodoric blessé au cœur par des mesures prises en Orient contre les ariens, mesures que, malgré tous ses efforts, il ne put faire révoquer, entra dans des soupçons furieux contre le pape et le sénat qu'il accusait de trahison, et immola à sa vengeance Symmaque et son gendre Boëce : il mourut bientôt, consterné, dit-on, d'une si horrible cruauté. — Pendant la minorité d'Athalaric et la régence de la célèbre Amalasonthe, Cassiodore eut plus que jamais l'occasion de déployer tout son génie pour le gouvernement des Etats. D'un côté, de grands embarras intérieurs, des séditions à prévenir ; de l'autre, la guerre étrangère à repousser : en effet, l'empereur de Constantinople avait pris une attitude menaçante et réclamait la Libye avec d'autant plus de hauteur, qu'il connaissait parfaitement toutes les difficultés que rencontrait le gouvernement de la Péninsule, et qu'il entretenait des intelligences avec un prince de la famille royale, Théodahat ou Théodat, homme sans foi, ambitieux et avare, qui aurait livré l'Italie entière pour de l'or, et qui avait promis de mettre l'empereur en possession de la Toscane. Le grand ministre fit tête à tous les dangers et déjoua tous les complots ; il leva et entretint des forces respectables de terre et de mer, et, par un désintéressement bien rare, il prit à sa charge tous les frais de la guerre, ne voulant ni ruiner le trésor, ni accabler les peuples, et soigneux aussi sans doute d'écarter de sa personne l'ombre même du soupçon. — Cependant la fortune se retirait insensiblement des affaires des Goths : Athalaric était enlevé par une mort prématurée ; Amalasonthe payait de sa vie l'imprudence qu'elle avait commise, après la mort de son fils, de se jeter entre les bras du perfide Théodat ; celui-ci, tombé dans le mépris d'une nation que ses conquêtes passées rendaient jalouse de ses droits, était déposé au moment où son impuissante lâcheté négociait une paix honteuse ; enfin Visigès, malgré sa valeur, ne pouvait guère se promettre de reconquérir l'Italie, en grande partie occupée déjà par les troupes de Bélisaire : alors Cassiodore, prenant conseil des événements et de son âge (il avait près de soixante-dix ans), prit le parti de la retraite. On prétend qu'il méditait depuis longtemps cette grande résolution; on en donne, entre autres preuves, son traité De l'âme (Liber de anima), qu'il composa à l'époque la plus brillante de sa vie et c'est pour ainsi dire au milieu de tout l'enivrement de la gloire humaine. Ce livre en effet, qui respire les principes d'une haute philosophie et qui est conforme à la doctrine chrétienne, montre que celui qui l'a écrit n'était pas tellement absorbé par les préoccupations du siècle et les soucis de la vie, qu'il n'oubliât la patrie céleste : on y découvre déjà une certaine tendance vers l'ascétisme. — Outre le Livre de l'âme, Cassiodore avait composé, par ordre de Théodoric, une chronique qui n'est pas sans intérêt et qui s'étend depuis le déluge jusqu'à l'an 519 après J.-C. Mais l'ouvrage le plus important de notre auteur, et dont on regrettera éternellement la perte, c'est son Histoire des Goths, en douze livres : il est d'autant plus fâcheux que nous soyons privés d'un tel livre, que l'opuscule de Jornandès ne peut en aucune manière en tenir lieu, bien qu'il ait paru à la plupart des érudits l'abrégé de l'ouvrage de Cassiodore : supposition tout à fait gratuite, puisque l'évêque de Ravenne, qui cite des autorités et nomme quelques his-

toriens, ne cite ni ne nomme Cassiodore. — C'est au monastère de Viviers qu'il avait fondé, près de Squillaci, sa ville natale, que cet ancien ministre de plusieurs rois alla s'ensevelir, après y avoir fait transporter ses deux bibliothèques. Un de ses premiers soins, à ce qu'on rapporte, fut de revoir et de recueillir les rescrits et ordonnances qu'il avait rédigés au nom des rois ostrogoths ; ce recueil, extrêmement précieux pour l'histoire du temps, a pour titre : Variarum libri XII. C'est une œuvre considérable, digne de fixer tous les esprits sérieux : l'étude d'un tel livre ne sera pas moins profitable aux hommes politiques et aux penseurs qu'aux historiens. — Par ce dernier travail, notre auteur semble avoir fait ses derniers adieux aux choses du siècle ; et désormais il ne s'occupera plus guère que d'études toutes spirituelles. Ainsi nous avons de lui un commentaire sur les Psaumes, Expositio in Psalmos, plus savant, plus profond, plus complet que ceux qui existaient déjà, et pour la composition duquel Cassiodore s'est habilement servi de la révision des Psaumes, faite avec tant de soin et à plusieurs reprises par saint Jérôme. Pour encourager les religieux à la lecture de la Bible, et rendre cette étude féconde, il composa aussi une Introduction à la lecture des saintes Ecritures, De institutione divinarum litterarum, ouvrage qui suppose une connaissance approfondie des livres saints, une haute sagesse et un excellent jugement. Enfin il donna de toutes explications (Complexiones) des Actes des apôtres, des Epîtres et de l'Apocalypse, que Maffei trouva à Vérone au commencement du XVIIIe siècle, et qui malheureusement ne se trouvaient pas dans les œuvres complètes de notre auteur, bien que la dernière édition, donnée à Venise en 1729, soit postérieure de plusieurs années à la publication de Maffei. — Au milieu de ces saintes méditations, Cassiodore eut une pensée qu'on peut croire inspirée par le ciel, une pensée vraiment providentielle ; il crut qu'après leurs pieux exercices les moines ne pouvaient faire un emploi plus noble et plus utile de leur temps, qu'en revisant et en copiant les anciens manuscrits, tant sacrés que profanes ; il en donna le premier exemple, et, pour entretenir parmi les religieux l'amour et le zèle des études, il donna un traité des arts libéraux, De artibus et disciplinis liberalium litterarum, un abrégé de grammaire, De arte grammatica ad Donati mentem, dont on voit un fragment dans le recueil des anciens grammairiens ; enfin un Traité de l'orthographe, qu'il composa dans un âge fort avancé. On lui doit donc en grande partie la conservation des trésors de l'antiquité, qui, sans cette direction donnée aux moines, se seraient infailliblement perdus dans les désordres et les calamités des siècles suivants, ou du moins ne nous seraient parvenus que mutilés et horriblement défigurés. Le biographe de Cassiodore a raison de remarquer qu'une juste reconnaissance aurait dû placer la statue de cet homme célèbre à l'entrée de toutes les bibliothèques.   LEUDIÈRE.

CASSIOPE ou **CASSIOPÉE** (mythol.), femme de Céphée et mère d'Andromède. Ayant osé se dire plus belle que les Néréides, Neptune fit ravager les Etats par un monstre marin, et, pour apaiser le dieu, il fallut exposer Andromède à la fureur du monstre. Jupiter mit Cassiope au nombre des constellations. — CASSIOPE, femme d'Epaphus.

CASSIOPE (géogr. anc.), ville de l'île de Corcyre, sur la côte nord-est. — CASSIOPE, aujourd'hui Cassopo, ville de la Thesprotie en Epire, au nord de Buthrotum, vis-à-vis de Cassiope, dans l'île de Corcyre.

CASSIOPÉE (astron.), une des quarante-huit constellations de l'hémisphère boréal, située près de Céphée, non loin du pôle nord. — En 1572, une étoile nouvelle surpassant en grandeur et en éclat la planète de Jupiter apparut tout à coup dans la constellation boréale ; mais elle diminua peu à peu, et finit par échapper aux regards au bout de dix-huit mois. Un phénomène semblable ne pouvait manquer de mettre en révolution tous les esprits des astronomes de ce temps, et nous lui devons en effet un grand nombre d'écrits, parmi lesquels on remarque ceux de Tycho-Brahé, de Képler, de Maurolycus, de Lycetus, de Gramineus, etc. Bèze, le landgrave de Hesse, Rosa et autres prétendaient que c'était une comète, et la même qui avait apparu aux mages à la naissance du Christ. Mais Tycho-Brahé réfuta victorieusement toutes ces assertions dans un grand ouvrage intitulé : De nova stella anni 1572. Plusieurs astronomes supposent que cette étoile a un mouvement périodique que Kell et autres croient faire sa révolution tous les cent cinquante ans. Pigost, dont l'opinion est encore partagée, pense qu'elle était déjà apparue en 945 et 1264 ; cependant cette conjecture est encore loin d'être appuyée sur des preuves satisfaisantes. — Les étoiles de la constellation de Cassiopée sont au nombre de treize dans le catalogue de Ptolémée, de trente-sept dans celui d'Hévélius, et de quarante-six dans celui de Tycho-Brahé ; mais le catalogue britannique en renferme cinquante-cinq principales.

Ed. Girod.

CASSIOPÉE (*hist. nat.*), genre établi par Péron pour des médusaires, qui ont plusieurs bouches au disque inférieur de l'ombelle ; celle-ci sans pédoncule, mais garnie de bras en dessous et de tentacules au pourtour. On ne connaît encore que quatre à cinq espèces de ce genre.

CASSIOPIE (*géogr. anc.*), contrée de la Thesprotie en Epire, comprenait les environs de Cassiope.

CASSIOTIDE (*géogr. anc.*), contrée de l'Egypte, sur les frontières de l'Arabie Pétrée. — CASSIOTIDE, contrée de Syrie, aux environs du mont Cassius ou Casius.

CASSIPHONE (*hist. héroïque*), fille d'Ulysse et de Circé, et femme, dit-on, de Télémaque.

CASSIPOURIER, s. m. (*botan.*), arbre de la Guïane, qui croît dans les lieux marécageux. — Il croît à la Jamaïque un autre arbre du même genre,

CASSIQUE (*hist. nat.*) (*V.* CACIQUE).

CASSIQUIARE (*géogr.*), rivière de Colombie (Venezuela), dans la partie sud-ouest de l'ancienne Guïane espagnole. Elle est très-remarquable en ce qu'elle fait communiquer le cours supérieur de l'Orénoque au Rio-Negro, auquel elle se réunit par 2° 0′ 42″ de latitude nord, et 69° 55′ 50″ de longitude ouest. Le Rio-Negro verse lui-même ses eaux dans l'Amazone. Ce canal naturel si extraordinaire était vaguement connu avant que M. de Humboldt ne l'explorât.

CASSIRY, s. m. liqueur vineuse que l'on fabrique avec le maïs dans l'Amérique méridionale, et qui sert de boisson aux habitants.

CASSIS, groseillier noir, arbuste indigène et très-commun, dont quelques particularités méritent d'être mentionnées. Il exhale de toutes ses parties une odeur aromatique assez agréable et fort prononcée, qui se manifeste principalement dans les feuilles et dans les fruits qui sont bien connus (*V.* GROSEILLIER). On prépare avec ces fruits, comme avec les groseilles, une liqueur spiritueuse, appelée *vin de cassis*, connue surtout en Angleterre. Dans notre pays on en fait, avec l'alcool et le sucre, une espèce de ratafia auquel la peau des baies communique une belle couleur rouge.

CASSIS, petite ville de l'ancienne Provence (aujourd'hui du département des Bouches-du-Rhône), à 2 myriamètres et demi de Marseille, est mentionnée dans l'Itinéraire d'Antonin sous le nom de *Carsiccio Portus*. Cette ville était alors située au fond du golfe de l'Arène ; elle fut détruite en 573 par les Lombards, et rebâtie quelque temps après par les anciens habitants, sur une éminence voisine, position qui fut encore abandonnée, au commencement du XIII° siècle, pour l'emplacement où se trouve la ville actuelle. Cassis possède aujourd'hui une population de 2,050 habitants. C'est la patrie de l'auteur d'*Anacharsis*.

CASSITE, s. f. (*botan.*), genre de plantes qui contient deux espèces : la *cassite filiforme*, parce que la tige est mince ; et la *cassite corniculée*, parce que les rameaux sont gros et épineux.

CASSITE (*hist. nat.*), espèce d'alouette. — genre d'insectes de l'ordre des diptères.

CASSITÉRIDES et **CASSITÉRITES**, du latin *cassiterus*, étain, métal, que les anciens ont appelé plomb blanc. Ils avaient aussi appelé *Cassitérides* des îles de l'Océan occidental où il y a des mines d'étain, qui sont les *îles Britanniques* (*V.* ci-après). Le mot *cassiterus* lui-même est dérivé du grec *kassiteros*, qui a la même signification. M. Ampère désigne sous le nom de *cassitérides* un genre de corps simples dont l'étain est le type. M. d'Omalius d'Halloy a nommé *cassitérite* une sorte de minéral connu sous les dénominations scientifiques ou vulgaires d'*oxyde d'étain*, d'*étain oxydé*, de *pierre d'étain* ou *mine d'étain*. La cassitérite a été rangée par MM. Beudant et d'Omalius d'Halloy, dans le genre des stannides oxydés, famille des stannides (*V.* ETAIN et STANNIDES). Les caractères de ce minéral sont : 1° pesanteur spécifique, 6,7 ; composition en *volume*, 4 atomes d'oxygène et 1 atome d'étain, ou, en *poids*, oxygène 21, étain 79, le tout plus ou moins mélangé et coloré par des oxydes de fer et de manganèse, quelquefois d'oxyde de tantale, d'arsenic, etc. La cassitérite raye le verre ; elle est rayée par la topaze. Sa couleur est ordinairement brune, quelquefois jaunâtre ou blanchâtre. Elle est aussi quelquefois rubanée, ce qui donne l'idée de morceaux de bois. On la trouve dans des filons qui traversent les terrains granitiques, porphy-

riques et talqueux, et dans des dépôts de transport, dont on n'a point encore bien déterminé la position géognosique. On exploite la *cassitérite* ou *mine d'étain* dans le comté de Cornouailles ; à Zinnwald, à Geyer, à Schlackenwald, en Bohême ; à Actenberg, en Saxe ; aux Indes, au Mexique. On en trouve aussi à Fahlun en Suède, à Saint-Léonard en Limousin, à Piriac en Bretagne. Tout l'étain employé dans les arts est retiré de la cassitérite.

CASSITÉRIDES, Κασσιτερίδες (Καττιτερίδες dans Strabon et Ptolémée), Κασσιτερίδες νῆσοι, nom formé incontestablement du grec κασσίτερος, étain, et signifiant par conséquent *îles d'étain* (1), ce qui d'ailleurs confirmé par tous les témoignages de l'antiquité. « Nous autres (Grecs) nous recevons le κασσίτερος des îles Cassitérides, » dit Hérodote, III, 115, passage où se trouve la mention la plus ancienne qui soit faite de ces îles (2). L'étain, ou en général le *plumbum*, qui, d'après l'opinion des anciens, s'engendre dans les îles Cassitérides, fut apporté (d'après Pline, VII, c. 56), pour la première fois de ces îles, par MIDACRITUS, personnage qui n'est pas autrement connu, mais qui offre peut-être quelques rapports avec Midas, roi de Phrygie. S'en rapportant à Cassiodore (*Varr.*, III, *epist.* 131), et à Hygin, f. 274, où il est dit que le roi phrygien Midas fut le premier qui découvrit le *plumbum album et nigrum*, Harduin prétend changer le Midacritus de Pline en Midas Phrygius. Toutefois, le passage de Pline où il est question du *plumbum* APPORTÉ pour la première fois, présente encore une certaine différence, car à la question de personnes ; d'avec ceux de Cassiodore et d'Hygin, où il est question de la première DÉCOUVERTE de ce métal. Bochart (*Canaan*, I, c.39) veut qu'au lieu de Midacritus, dans le passage de Pline, on lise Melicartus ou Melcarthus, c'est-à-dire Hercule, qui, comme dieu du commerce, accompagnait les Phéniciens dans leurs voyages vers l'Occident, et qui était le symbole de leur commerce et de leur navigation dans les pays occidentaux. Quoi qu'il en soit, il est certain que les Phéniciens furent les premiers qui surent se mettre en possession de ce métal, et, pour s'en assurer et en conserver le monopole, ils cachèrent avec un soin tout particulier la route qu'ils suivaient pour se rendre dans les pays qui fournissaient l'étain (Diodore, v, 38 ; Strabon, III, p. 265 [175]). Du reste, personne ne mettra en doute que Carthage, Gades et d'autres colonies phéniciennes de l'Espagne, n'aient pris part très-tôt aux navigations des Phéniciens vers les pays d'étain. On peut même l'affirmer positivement, puisque Avienus nous a conservé là-dessus des renseignements tirés du voyage maritime d'Himilcon de Carthage. Il dit : « Les Tartessiens (dénomination qui désigne d'une manière générale les colonies phéniciennes de l'Espagne, mais en particulier Gades) faisaient le commerce traditionnellement avec les contrées OEstrymnides ; mais les Carthaginois et les habitants des colonies de Carthage croisaient aussi entre les colonnes d'Hercule et parcouraient ces mers, et le Carthaginois Himilcon nous apprend que, d'après sa propre expérience, le trajet peut se faire à peu près dans l'espace de

(1) Bochart (*Canaan*, I, c. 39) n'est pas éloigné de regarder κασσίτερος comme un mot originairement phénicien, attendu que les mots chaldéens et arabes qui désignent l'étain ont un son assez semblable à celui de ce mot (*V.* Sprengel, *Hist. de la Grande-Bretagne*, I, p. 6, rem. *h.*). Cependant, comme ces mots orientaux datent d'une époque où la langue grecque était répandue dans une très-grande partie du monde alors connu, il est à croire qu'ils ne se sont formés que d'après le grec κασσίτερος.

(2) C'est aussi ce qui résulte de Posidonius (*V.* sur cet auteur, Voss. *De hist. gr.*, I, c. 24), d'après Strabon, III, p. 219, 220 (147), qui cependant, outre les îles Cassitérides, désigne encore le pays des barbares qui habitent au-dessus de la Lusitanie (ce sont les Artabres, comme la suite le fait voir), et la Bretagne, comme étant les pays où s'exploitait ce métal. La même chose est rapportée par Diodore (v, 38), qui a manifestement puisé dans Posidonius. Le fait est répété aussi par Strabon (III, p. 263[175]) et Pompon. Méla (*De situ orbis*, III, 6, § 2). Pline dit (IV, c. 22) que ces îles ont reçu des Grecs le nom de Cassitérides, à cause de leurs richesses en *plumbum*, lequel *plumbum* comprend, comme on sait, le κασσίτερος, c'est-à-dire le *plumbum album*. C'est dans Pline que puisa Solinus (*Polyhist.*, c. 23, p. 32, C). Comparez encore Scol. et Eustath. sur Denys Periégètes (v, 561 seqq.). Denys fait venir l'étain des îles Hespérides ; cependant il semble confondre ces îles avec les Cassitérides. « Il les nomme Hespérides à cause de leur position occidentale, » dit Eustathe, *loc. cit.* Voy. aussi les leçons et paraphrases sur Denys (*loc. cit.*), Avienus (*Descr. orb. terr.*, 738 seqq.) et Priscianus (*Perieg.*, 574 seqq.). Les îles d'étain sont nommées OEstrymnides dans Avienus, *Ora marit.*, 96. Voy. en outre *Wernsdorf*, ainsi qu'*Ukert*, part. II, p. 476, rem. 15.

quatre mois (1). Les Phéniciens, qui d'après Strabon (loc. cit.) faisaient le commerce de Gades vers ces contrées, paraissent n'être autres que les Carthaginois et les Gaditains. Strabon raconte en effet que les Romains, voulant connaître eux-mêmes ces contrées où se faisait le commerce et d'où l'on tirait l'étain, avaient suivi un jour un navigateur phénicien, mais que celui-ci fit volontairement échouer son navire sur un banc de sable, et entraîna ainsi avec lui à leur perte les Romains qui le suivaient ; que lui-même se sauva, et fut dédommagé par sa patrie pour les marchandises qu'il avait sacrifiées dans l'intérêt général. Ce récit de Strabon marque clairement la rivalité qui anima Rome contre Carthage, lorsque la première, après avoir pris sur mer une position considérable à l'encontre de Carthage, s'efforça de se rendre maîtresse des avantages dont la possession exclusive, assurée d'ailleurs par des rapports antérieurs très-profitables (V. Suppl. aux idées de Heeren, de 1815, l'art. 2, p. 701 seqq.), avait rendu si florissantes par le commerce et la navigation Carthage et les colonies phéniciennes. Et enfin les Romains, comme nous l'apprend Strabon (loc. cit.), réussirent, à force de tentatives réitérées, à découvrir la route des pays de l'étain, et Publius Crassus, qui avait lui-même navigué jusque dans ces contrées, put donner ce sujet les renseignements désirés. Nous reviendrons là-dessus un peu plus loin. — Selon Strabon (loc. cit.) et Ptolémée (II, c. 6), les îles Cassitérides étaient au nombre de dix, qui formaient un groupe (2). Pline parle quelque part (IV, 22) de plusieurs îles que les Grecs appelaient Cassitérides ; et dans un autre passage (VII, 56) il ne parle que d'une île de ce nom. Etienne Byz. parle aussi d'une seule île du nom de Κασσίτερα : nous parlerons de cette île un peu plus bas. — Ce que Strabon (loc. cit.) et son copiste Eustathe (sur Denys, loc. cit.) nous apprennent d'une manière si déterminée et si précise sur les habitants des îles Cassitérides, sans ressembler entièrement au premier coup d'œil à une fable recueillie au hasard, se montrera cependant dans la suite de cet article comme un récit inventé par des navigateurs qui revenaient de ces pays de l'étain. Strabon dit : Une des dix Cassitérides est inhabitée ; les autres sont habitées par des gens à robe noire (μελάγχλαινοι) ; leurs tuniques descendent jusqu'aux pieds ; ils ont la poitrine entourée d'une ceinture ; ils se promènent avec des bâtons ; ils ressemblent aux déesses de la Vengeance, aux Furies, telles qu'elles sont représentées dans la tragédie (3). Ils subviennent aux besoins de l'existence en élevant des bestiaux ; leur vie est généralement nomade ; en fait de métaux, ils possèdent de l'étain et du plomb, qu'ils échangent, ainsi que des peaux de bêtes, avec les marchands et navigateurs, contre des vases en terre, du sel et des ustensiles en airain. Publius Crassus trouva en eux des gens pacifiques, qui avaient acquis déjà une certaine aisance, et avaient cherché dans la navigation une nouvelle branche d'activité. Denys (563, 564) fait habiter ses Hespérides par les nobles et riches Ibériens. Selon Avienus (Descriptio orb. terr., 758, 759), ces Hespérides sont habitées par des Æthiopiens, dans l'Ora maritima (95', 199) il dit, en parlant des îles OEstrymnides déjà mentionnées plus haut : Elles sont habitées par un peuple nombreux, fin et industrieux, qui se livre entièrement au commerce, et qui traverse la mer sur ses canots qui ne sont pas faits de planches, mais de peaux de bêtes. — Ce qui est plus difficile à déterminer que ce que nous avons exposé jusqu'ici, c'est la position géographique de ces îles Cassitérides, ou la fixation de la place que les anciens leur assignaient sur leurs cartes terrestres. Cette circonstance, que les Phéniciens et leurs colonies cachaient avec grand soin la route qui conduisait aux contrées de l'étain ; et que, pour répondre à la question de savoir où il faut les chercher, nous n'avons pas d'autres indications que les renseignements que nous fournissent les Grecs et les Romains, qui, du moins à une époque non encore avancée, ne pouvaient nous communiquer que ce qu'ils avaient appris de ces navigateurs marchands qui allaient chercher de l'étain : cette circonstance, dis-je, doit faire naître dans notre esprit l'idée d'une grande contrée indéterminée de l'Océan occidental, Océan qui dans la haute antiquité n'était connu que par des navigateurs qui ne s'étaient jamais

éloignés des côtes. Du moins est-il reconnu que l'antiquité plaçait généralement les Cassitérides à l'ouest de l'Europe, et dans le voisinage ou dans la direction de l'Espagne, et cela résulte même de l'aveu franc et sincère que fait Hérodote (III, 115) de son ignorance, relativement aux points qui forment la limite extrême de l'ouest de l'Europe, dans laquelle on comprenait dès lors les Cassitérides. On ne peut donc voir qu'une erreur grossière dans cette assertion d'Etienne de Byzance, ou de Denys, que cet auteur cite comme autorité, « que l'île de Cassitéra est en contiguïté avec l'Inde (1). » Posidonius, cité par Strabon, III, p. 219 (147), ne dit rien de précis sur la position des Cassitérides ; toutefois, s'il est permis de supposer que Diodore (v, 38) a puisé dans cet auteur, il les plaçait au-dessus du pays des Lusitaniens, dans l'Océan occidental, vis-à-vis de l'Ibérie : ce qui semble confirmé par l'énumération que fait Strabon (loc. cit.) des pays de l'étain, qui sont : 1° le pays situé au-dessus de la Lusitanie ; 2° les îles Cassitérides ; 3° la Bretagne. Strabon (II, p. 194) les place, avec Gades et les îles Britanniques, en dehors des colonnes d'Hercule. Cet auteur dit d'une manière plus précise encore, p. 181 (120), et III, p. 265 (175), que les îles Cassitérides sont situées dans la haute mer, autant au nord et vis-à-vis du port des Artabres, que la partie occidentale de la Bretagne est au nord et vis-à-vis des sommets les plus extrêmes que la chaîne des Pyrénées envoie vers la mer occidentale. On peut accorder avec Strabon Pomponius Méla (III, 6, § 2), qui attribue les Cassitérides aux Celtes, c'est-à-dire qui les place dans le pays des Celtes, situé vis-à-vis du continent dans la haute mer. Or les Celtes habitent le nord de l'Espagne, et les Artabres dont parle Strabon appartiennent aussi à la race celtique (Méla, III, 1). En outre, tout l'ordre et toute la succession que suit Méla dans l'énumération des îles situées dans l'Océan hispanique, démontrent que cet auteur leur assignait à peu près la même position que nous leur avons vue assignée déjà par Strabon et par Diodore (2). Denys Périég. (561 seqq.) place les îles Hespérides sous le promontoire Sacré (V. les scolies, les paraphrases et Eustathe sur ce passage). Priscien Périég. assure également (574 seqq.) que les îles Hespérides, abondantes en étain, sont situées vis-à-vis le promontoire Sacré. Avienus les place dans la mer Atlantique (3). Ce dernier auteur dit d'une manière plus précise (Ora marit., 95 seqq.), « que les îles OEstrymnides s'étendent au loin dans un golfe situé près du promontoire d'OEstrymnis, et que ce promontoire se trouve à l'est des colonnes d'Hercule et se dirige vers le sud ; que de ces îles on arrive en deux jours à l'île Sacrée, habitée par le peuple des Hiberniens, dans le voisinage desquels se trouve l'île des Albions. » Si l'on tient compte de l'étendue considérable de la mer Atlantique, on voit qu'il est facile de mettre d'accord les deux passages d'Avienus non-seulement entre eux, mais encore avec les passages cités de Denys et de Priscien ; de même qu'il résulte aussi de l'ensemble de ces citations que les OEstrymnides et les Hespérides en question ne sont autre chose que les Cassitérides, attendu que dans chacun de ces passages il est fait mention de l'étain, ce qui est le signe particulier auquel on reconnaît les Cassitérides (4). C'est sous ce même point de vue qu'il faut envisager le passage de Pline (N. H., 34, 16), où cet auteur dit « que, suivant la fable, on cherchait l'étain dans des îles de la mer Atlantique. » Mais si on lit dans Pline (4, 22) que les Cassitérides sont situées vis-à-vis de la Celtibérie (province d'Espagne située au milieu des terres), il faut, ou comprendre ici sous le nom de Celtibérie toute l'Espagne, ce dont on trouve plusieurs exemples en effet dans les auteurs anciens, et prendre ce pas de l'Espagne surtout dans la partie occidentale (5), ou il faut considérer le mot de Celtiberia dans Pline comme une altération de Celticorum Neriarum, ce qui s'arrangerait très-bien, puisque immédiatement après Pline fait mention du promontoire des Arrotrèbes, qui sont le même peuple que les Artabres (V. Saumaise sur Solin, p. 197). Claude Ptolémée, II, 6, place les Cassitérides dans l'O-

---

(1) Voy. à ce sujet Bochart, Canaan, I, c. 39 ; et Heeren, Additions et Corrections à la quatrième édition des Idées, 1827, part. II, p. 66, 67.

(2) Voy. Scolies sur Denys Périég., 561 ; voy. aussi Eustathe, qui a puisé dans Strabon.

(3) Nous adoptons, d'accord avec Eustathe, loc. cit., et Casaub. sur Strabon, loc. cit., la leçon suivante : ὁμοιοι ταῖς τραγικαῖς Ποιναῖς. La leçon ordinaire : ὁμοιοι τοῖς τραγοις ταῖς ὑπήνεις ; semblables autour de la bouche et du nez à des boucs (à cause des longues barbes), est défendue par Raphaël Fabrett., De columna Trajani, c. 1, p. 19 seqq.

(1) Ortelius, sur les tableaux de géographie ancienne, à l'art. Britanniæ insulæ. Voy. aussi Bernhardy, Annotat. ad Dionys. Perieg., 30.

(2) Voy. sur Méla les Not. exeget. de Tzschucke ; Saumaise, sur Solin, p. 197 ; et Cluver., Germania ant., I, 2, p. 19.

(3) Sur la vaste extension accordée à la mer Atlantique, voy. Bernhardy, Annotat. ad Dionys. Perieg., 30.

(4) Dans Denys, voy. v, 563, dans Priscien, 575 ; dans Avienus, Descr. 742, 744 ; Ora, 108.

(5) Voy. encore Diodore, v, 38, où les Cassitérides sont aussi placées généralement vis-à-vis de l'Ibérie ; seulement Diodore donne une indication encore plus précise, lorsqu'il les place au-dessus de la Lusitanie.

céan occidental ; le milieu de ces îles se trouve, suivant cet auteur, sous les degrés : δ μ̄ γ (4° de long., 45° de lat.). Ainsi il
faudrait chercher les Cassitérides de cet auteur à peu près là où
les placent Strabon et Diodore, comme nous l'avons vu (1). —
Plus tard on a fait beaucoup de travaux pour retrouver sur la
nouvelle carte du monde les Cassitérides des anciens (2). Mais
aucune de ces tentatives ne peut être considérée comme ayant été
entièrement couronnée de succès. Beaucoup de savants respectables se sont prononcés pour l'idée, que les îles Britanniques,
Albion et l'Hibernie, devaient être considérées comme étant les
contrées que l'antiquité désignait sous le nom de pays de l'étain,
et ces savants pensent qu'il faut comprendre les les Cassitérides
sous cette dénomination générale. Telle est l'opinion de Bochart
(loc. cit.), d'Ortelius (loc. cit.) et de Cluver (German. ant., I, 2,
p. 19). L'opinion qui veut que les îles Britanniques soient les Cassitérides des anciens s'appuie sur Diodore, v, 48, et sur Strabon, III, p. 220 (147), où la Bretagne est comptée parmi les pays
de l'étain. Une grande quantité d'étain, dit Diodore, est transportée aussi de l'île de Bretagne dans la Gaule, qui est située
vis-à-vis de cette île : les marchands transportent ce métal sur
des chevaux, à travers le continent celtique, jusque chez les Mas-
siliens et dans la ville de Narbonne. Voy. aussi Diodore, v, 22 ;
Polybe, III, 57, 5 ; et César, De bello gall., v, 12 ; d'après ce
dernier passage, l'étain s'engendre dans le milieu de la Bretagne.
Ce qui appuie encore cette opinion, c'est que la Bretagne possède encore aujourd'hui d'importantes mines d'étain : c'est surtout le Cornwallis, presqu'île située au sud-ouest de l'Angleterre, qui produit ce métal en grande abondance. Il n'est non
plus guère possible de mettre en doute que l'audacieux navigateur phénicien qui, suivant l'opinion très-vraisemblable de
Heeren (Idées, OEuvres historiques, 1824, part. II, p. 71), s'a-
ventura jusque dans la mer Baltique et jusqu'aux côtes de la
Prusse, pour recueillir l'ambre jaune, n'ait pénétré aussi, malgré son cabotage, jusqu'à la Bretagne. Ce qui combat l'opinion
des savants qui croient que les îles Britanniques sont les Cassitérides des anciens, c'est que les auteurs suivants : Diodore, loc.
cit.; Strabon, loc. cit., et III, p. 181 (120), et encore p. 191 (123);
Denys, 565 seqq. (V. sur ce passage les scolies, les paraphrases et Eustathe); Avienus, Descr. orb. terr., 745 seqq., et Ora,
112; Priscien, 577 seqq., distinguent formellement les les Britanniques des îles Cassitérides ou s'engendre l'étain. Comparez
aussi les passages que nous avons cités de Pline avec le passage
suivant du même auteur : N. H., iv, c. 16, et d'auteurs précé-Enfin, si on veut appuyer et fonder cette opinion sur les témoignages
de l'antiquité, il faut encore remarquer que Strabon, III, p. 265
(175), parle de dix îles Cassitérides ; que cet auteur ne compte
nulle part, pas même dans sa description de la Bretagne,
l'étain au nombre des produits de la Bretagne, excepté là
où il puise dans Posidonius, III, p. 220 (147); que Pline ne
cite que le plumbum nigrum parmi les produits trouvés dans ce
pays, N. H., xxxiv, c. 17, et que par contre cet auteur remarque, dans le chapitre précédent, que de son temps on savait parfaitement que l'étain s'engendrait dans la Lusitanie et dans la Galice, qui en est voisine. — La plupart des savants sont donc prétendu, avec Camden, trouver les les Cassitérides des anciens
dans les îles Sorlingues ou Scilly, situées sur la côte sud-ouest
de l'Angleterre, près du Cornwallis. Elles forment, disent ces
savants, un groupe de cent quarante-cinq (d'après d'autres, de
cent quarante) petites îles, qui ne sont formées que de rochers
et d'écueils, et dont les dix plus grandes produisent du plomb et
de l'étain, signe distinctif auquel il faut reconnaître les Cassitérides. Mannert (Géographie des Grecs et des Romains, I,
p. 445 seqq., 1799), non-seulement adopte cette opinion, mais la
considère comme la seule qui puisse se justifier suivant l'idée
qu'il faut se faire de la figure de ces contrées d'après Strabon et
Ératosthènes. Ces îles qui seraient les Cassitérides de la haute
antiquité, auraient été ensuite entièrement oubliées, suivant
l'opinion de Mannert, parce que le commerce de l'étain aurait
ensuite commencé à se faire par le continent, en partant de la
Bretagne et traversant la Gaule jusqu'à Marseille (Diodore, v, 22,
38. Strabon, III, p. 220 [147]). Heeren (Idées, part. II, div. 1,
3ᵉ édit., 1815, p. 178) adopte aussi l'idée que les Cassitérides
des anciens ne peuvent être que les îles Sorlingues ; cet auteur
croit cependant (Additions et Corrections à la 4ᵉ édit. des Idées,

(1) Comparez avec Ptolémée la seconde carte d'Europe d'Agadæmon,
d'après le dessin de Mercator ; et les Adnotat. de Mercator sur cette
carte, p. 11, ed. Bert.
(2) Pour les principales opinions des modernes sur ce sujet, voy.
Tzschucke sur Méla, III, 6, § 2, Not. exeget.

part. II, p. 66) que, quoique ces îles aient été le but des navigations qu'on faisait vers ces parages, le commerce de l'étain qui
se faisait dans ces contrées embrassait cependant aussi les deux
îles d'Hibernie et d'Albion, voisines des Cassitérides, et où les habitants des Cassitérides se rendaient sur leurs canots. La remarque que fait Diodore, v, 22 (Heeren écrit à tort Strabon), que les
populations indigènes des côtes de la Bretagne (Diodore ne parle
que du promontoire de Belerion) étaient extrêmement hospitalières, et que par le commerce avec les marchands étrangers
elles avaient adopté des mœurs plus douces que celles qu'elles
avaient d'abord : cette remarque, dis-je, fait croire aussi à
Heeren que les Phéniciens et les Carthaginois vinrent aussi jusque
dans ces contrées et qu'ils y eurent des établissements (comparez avec Diodore, loc. cit., César, De bell. gall., v, 14). —
L'opinion qui veut que les îles Sorlingues soient les Cassitérides
des anciens est soutenue par Nonius (Hispania, c. 93), à qui le
grand nombre des Sorlingues inspire des doutes, quoiqu'il avoue
que le reste se rapporte bien. Toutefois si nous en croyons Camden et d'autres qui assurent que parmi ces îles il y en a particulièrement dix, plus grandes que les autres, et qui fournissent
beaucoup de plomb et d'étain, cette difficulté se trouverait résolue. La position même des Sorlingues actuelles paraît se rapporter à un certain nombre des données que nous fournissent les
anciens sur la position de leurs Cassitérides (V. les auteurs cités plus haut et particulièrement Strabon, II, p. 181 [120]). Cependant la chose paraît encore assez douteuse, attendu que la
transition brusque des Cassitérides de l'antiquité aux Sorlingues
des temps modernes, sans autre conciliation, paraît toujours un
saut un peu hardi. En outre Heeren dit (Idées, loc. cit.) : « J'i-
gnore si on trouve encore aujourd'hui de l'étain dans les îles
Sorlingues. » Nous n'avons pas non plus fait cette recherche :
mais il nous est permis de nous étonner qu'un savant, dont les recherches sont si profondes, admettant qu'il soit posé que ce signe
distinctif manque aux Sorlingues, et sans recueillir de nouveaux
renseignements, ait pu assurer avec tant de confiance que les
Sorlingues actuelles sont les Cassitérides des anciens. Nonius
pense au contraire (loc. cit.) que les Sorlingues sont bien plutôt
l'île de Silura mentionnée par Solinus (Polyhist., c. 22) et dont
les habitants sont appelés Silures par Tacite (Agricola, 11). Mais
ceci est une erreur : les Silures dont Tacite parle à plusieurs
reprises étaient un peuple qui habitait les côtes d'Angleterre
(V. Pline, N. H., iv, c. 16 (30) et comp. avec Harduin). Cette
erreur de Nonius est rectifiée par Tzschucke (sur Méla, loc. cit.)
auquel on peut recourir pour rectifier le reste. Nonius avoue du
reste qu'il ignore quelles sont dans la carte actuelle les îles Cassitérides, ou du moins il faut les chercher, selon ce savant, près
de Flavium Brigantium, actuellement Corunna en Galice, et la
principale serait aujourd'hui Cizariga. Bayer (De Venedis et Tri-
dano, Opusc., p. 524) paraît reléguer les Cassitérides jusque dans
la mer Baltique : en conséquence il faudrait les chercher non loin
des côtes où l'on allait recueillir l'ambre jaune. Mais les témoignages de l'antiquité sont entièrement en contradiction avec cette
opinion. Enfin Uphagen (Parerg. histor., p. 169) ne veut voir
les Cassitérides ni dans la Bretagne, avec laquelle on les a peut-
être confondues plus tard, ni dans des îles espagnoles ; mais il
pense que les Cassitérides de l'antiquité n'existent plus, qu'elles
se sont abîmées sous les flots. Assurément il n'y a rien à répondre à une pareille assertion. — Suivant nos propres recherches,
les îles Cassitérides, que nous devons considérer, suivant le récit
des anciens, comme un amas d'îles particulières, situées tout
près les unes des autres, connues pour avoir fourni le plus anciennement l'étain, et ayant reçu leur nom de ce métal, ne sont
qu'une pure fiction, imaginée par les marchands phéniciens
dans l'intérêt de leur commerce, maintenue, transmise et perpétuée dans le même intérêt par les Carthaginois et par d'autres
colonies phéniciennes, acceptée et admise par les Grecs et les
Romains. Pour confirmer cette opinion, je pars de cette dénomination indéterminée et générale : îles d'étain. Nous avons
vu déjà plus haut combien il importait aux Phéniciens et à leurs
colonies de conserver le monopole du commerce de l'étain, avec
combien de soin ils cachaient à tous les yeux la route qui
conduisait aux contrées de l'étain : principe commercial qui est
resté en vigueur jusqu'à nos jours chez les Anglais, les Hollandais et autres peuples navigateurs et commerçants. Nous avons
pu voir aussi, par Hérodote et par Strabon, que longtemps les
Phéniciens réussirent à garder le secret sur ces pays. Mais il fallait revendre ce métal à d'autres peuples, aux Grecs, aux Romains, etc. En faisant cette vente, il leur était difficile d'éviter
cette question si naturelle : où allez-vous donc chercher cet
étain ? Mais, comme il était de leur intérêt que les questionneurs
restassent dans l'ignorance sur la véritable situation des pays de

l'étain, et sur la route qu'il fallait suivre pour y arriver, les marchands répondaient : Des îles d'étain. Par cette réponse vague et indéterminée, le questionneur n'était pas plus renseigné ni mieux mis sur la voie de la vérité que ne le serait de nos jours celui qui demanderait d'où vient le sucre, et à qui on répondrait : Des îles à sucre. La remarque que fait Hérodote, III, 115, que les Phéniciens s'y prirent d'une manière tout à fait semblable lorsqu'ils vendirent l'ambre jaune, vient ici se présenter pour ainsi dire toute seule. Lorsqu'on les interrogeait sur les contrées où ils cherchaient l'ambre jaune, ils nommaient le fleuve Eridanus qu'il n'était pas possible de trouver nulle part, et dont le nom, quoique Hérodote, *loc. cit.*, le dise grec, paraît bien n'être qu'une traduction grecque. Et apparemment il en est également ainsi du fameux jardin des Hespérides, où Hercule, c'est-à-dire Melkarth, qui accompagnait les Phéniciens dans leurs voyages en Occident comme dieu de la navigation et du commerce, alla chercher les pommes d'or, c'est-à-dire l'or. On a aussi cherché partout, mais inutilement, ce jardin des Hespérides, dont le nom s'applique d'une manière indéterminée à toute l'étendue de l'Occident (*V.* plus bas la note de la col. 2). Cependant les Grecs ne purent manquer d'apprendre par la suite que le système colonial et le commerce maritime des Phéniciens avaient pris leur principale direction de l'est vers l'ouest ; que les côtes de l'Ibérie, si riche en or et en argent, leur avaient offert des endroits très-propices pour leur servir d'étapes dans leurs courses et pour y fonder des établissements, et enfin que de hardis navigateurs phéniciens avaient dépassé les colonnes d'Hercule. Depuis la guerre contre les Perses et la guerre du Péloponèse, les Grecs connaissaient mieux la mer Méditerranée ; or, on ne trouvait pas les îles Cassitérides dans cette mer : où donc pouvaient-elles être situées, si ce n'est au delà des colonnes d'Hercule, dans l'ouest de l'Europe, un peu au nord de l'Ibérie, comme le disent Strabon et autres, ou un peu au sud, comme l'affirment Denys et Avienus? — Enfin vinrent les guerres puniques qui se terminèrent par l'anéantissement complet de Carthage. Rome sortit de ces guerres non-seulement victorieuse sur terre, mais encore dominatrice des mers. Il ne faut pas s'étonner si alors les Romains tentèrent de conquérir, sur l'élément liquide devenu libre, les avantages qui jusqu'alors avaient été la possession des Carthaginois, devenus si puissants et si riches par le commerce maritime. Et le Romain Publius Crassus, personnage du reste inconnu, mais dont il ne nous est pas possible de faire remonter l'existence au delà des guerres puniques, se rendit aux Cassitérides, suivant Strabon, et donna sur ces îles les renseignements désirés. Mais ce Publius Crassus s'est trompé, et n'a jamais vu les îles en question. Il dépassa les colonnes d'Hercule, arriva à des îles, peut-être seulement sur une côte de l'Espagne (1), qu'il prit pour une île, n'ayant pas pénétré davantage dans l'intérieur des terres ; y trouva de l'étain, et crut avoir rencontré les îles d'étain, les Cassitérides, quelque peu que les habitants qu'il trouva dans cette contrée et qui étaient pacifiques, aisés, adonnés à la navigation, ressemblassent au portrait qu'en avait tracé Strabon, d'après des renseignements antérieurs. Mais ce qui prouve que ce n'étaient pas les îles auxquelles on avait donné le nom de Cassitérides, et qui, suivant la description qui avait cours, surpassaient tous les pays par l'abondance avec laquelle elles produisaient l'étain, c'est que les Romains, autant que nous savons, ne profitèrent point de la découverte que Publius Crassus leur communiqua si loyalement, et qu'ils continuèrent à tirer leur étain de l'Espagne, comme auparavant, et plus tard aussi de la Bretagne (*V.* Diodore, V, 38 et 22 ; Strabon, III, page 219, 220 (147) ; Pline, *N. H.*, XXXIV, chap. 16) ; et ce qui le prouve encore, c'est que, même après cette découverte, des écrivains, tels que Strabon et Denys, qui tous deux étaient contemporains, plus tard aussi Avienus et d'autres, purent différer d'opinion sur la situation des îles Cassitérides. — Si nous considérons ainsi les îles Cassitérides comme une pure fiction des Phéniciens, laquelle, toute vide qu'elle était, fut non-seulement acceptée par les Grecs et les Romains, mais resta même intacte jusqu'aux temps modernes, nous pouvons cependant nous demander où donc les Phéniciens et leurs colonies prenaient réellement leur étain ? Ainsi la question des îles d'étain devient illusoire et se change en celle des pays ou des contrées de l'étain. Pour trou-

ver la réponse à cette question, tout semble nous indiquer l'Espagne et ses côtes, pays où les Phéniciens avaient aussi leurs riches mines d'or et d'argent (1), où l'on trouve, au nord-ouest de la Lusitanie, chez les Artabres, une terre où fleurit l'étain (Posidonius cité par Strabon, III, p. 220 [147]); où, suivant Pline, *N. H.*, XXXIV, c. 16, le territoire de la Lusitanie et de la Galice produisent réellement cet étain que, suivant la fable, on allait chercher dans des îles de la mer Atlantique); où, un peu plus au sud, le fleuve Bétis charrie ce métal en grande quantité dans ses flots (*V.* Saumaise sur Solin, p. 202, b.); où enfin, suivant Diodore, V, 38, on l'extrait de la terre en beaucoup d'endroits. De là aussi cette expression formelle d'Aristote (*De mirab. auscult.*, c. 51 ; ὁ κασσίτερος ὁ Κελτικός, *l'étain trouvé chez les Celtes en Espagne*. Il ne faut pas non plus oublier que Denys fait habiter ses Hespérides par les riches Ibériens (*V.* plus haut). L'Espagne est donc le plus ancien et le plus important pays de l'étain des Phéniciens et en général de l'antiquité. — Mais qui pourrait trouver invraisemblable que l'audacieux navigateur phénicien, naviguant le long des côtes occidentales de l'Espagne, se soit avancé vers le nord, et qu'il se soit aventuré jusqu'en Bretagne, ce pays si riche en étain ? Qui pourrait nier que dans cette route il ait rencontré et visité les petites îles situées à une plus ou moins grande distance des côtes de la Bretagne. La Bretagne (*V.* les passages cités plus haut) et sans doute quelques îles plus petites devinrent la seconde mine d'étain des Phéniciens. Mais ces petites îles, parmi lesquelles, puisqu'il fallait absolument que les Cassitérides fussent des îles, on chercha plus tard, tantôt ici, tantôt là, mais toujours en vain, les îles d'étain, ne furent certainement pas le véritable terme où tendait leur navigation, ni surtout celui qui leur offrit les plus grandes satisfactions. Ce fut toujours l'Espagne, et après elle la Bretagne, qui leur offrit la plus riche et la plus féconde mine d'étain. — Peut-être quelqu'un demandera-t-il encore pourquoi les Cassitérides devinrent des îles, quoique le continent de l'Espagne renfermât les plus anciennes et les plus importantes mines d'étain? Comme nous l'avons déjà remarqué, il entrait dans le système commercial des Phéniciens de laisser les autres peuples, et entre autres les Grecs, dans le doute et dans l'incertitude sur les véritables contrées de l'étain. Ils devaient en faire des îles, et des îles situées dans la haute mer (πελάγιαι), afin qu'il ne vînt à l'idée de personne d'en chercher le chemin par la terre ferme ; des îles, qui détournassent l'attention des autres peuples du véritable pays de l'étain, qui était l'Espagne ; des îles, habitées par des hommes singuliers, bizarres, semblables à des Furies, dont on craindrait de s'approcher ; des îles enfin que tous les autres navigateurs chercheraient en vain et qu'en effet ils ont cherchées inutilement en tant qu'îles. Mais dans le récit nautique d'un Carthaginois, d'Himilcon, si toutefois nous pouvons nous en rapporter au renseignement d'Avienus, les OEstrymnides, où se produisait l'étain, n'étaient point mentionnées comme des îles, mais bien comme des contrées, *termini*.— Mais pourquoi précisément dix de ces îles? Je ne veux point citer Pline qui dans un passage ne parle que d'une seule île, et qui dans d'autres passages parle d'une manière indéfinie de plusieurs îles ; je ne citerai pas non plus Hérodote et Posidonius qui ne parlent que d'une manière générale des îles Cassitérides. Quand le marchand phénicien avait répondu à cette question : « D'où vient cet étain ? » il ne pouvait guère éviter une seconde question sur le nombre des îles qui produisaient ce métal. Il fallait donc donner un nombre déterminé d'îles, mais un nombre tel que la curiosité ne pût s'en servir pour chercher par elle-même des éclaircissements. Pourquoi donna-t-on précisément le nombre de dix? C'est ce que nous ignorons, mais c'est aussi ce qui ne nous paraît pas valoir la peine qu'on y consacre des recherches profondes. — Ainsi donc, si l'on veut se faire une idée de ce qu'exprimait le nom de Cassitérides, il faut d'abord purement fictif, il faut comprendre sous cette dénomination, d'une manière générale, les contrées ou les pays de l'étain, où les Phéniciens et leurs colonies cherchèrent ce métal ; ces pays furent d'abord l'Espagne, ensuite la Bretagne et peut-être aussi quelques petites îles situées sur la route qui mène de l'un de ces deux pays à l'autre.

CASSITO (JEAN-ANTOINE), philosophe et jurisconsulte, né en 1764 à Bonito, dans la Principauté ultérieure. Il entra, vers 1771, au séminaire, où il acheva ses études avec une rare distinction. Son talent pour la poésie le fit admettre en 1779 à

___

(1) Cette dernière supposition est d'autant plus vraisemblable que Strabon nous apprend, suivant le récit de Publius Crassus, que les métaux n'étaient pas retirés d'une grande profondeur de terre, ce qui se rapporte entièrement à ce que nous apprend Pline, *N. H.*, XXXIV, c. 16, sur l'extraction de l'étain en Lusitanie et en Galice : *Gigni summa tellure arenosa. V.* aussi Strabon, III, p. 219 (147) ; Diodore, V, 38.

(1) C'est certainement dans le pays de l'or, dans l'Espagne, qui se nommait aussi l'Hespérie, qu'il faut placer le jardin des Hespérides dont nous avons parlé plus haut et qui portait des fruits d'or.

l'académie des Arcadiens sous le nom pastoral de *Cromo-Saturniale*. Il suivait alors à Naples les cours de la faculté de droit. En 1781, il publia une traduction italienne du *Manuel d'Épictète*, suivie d'un abrégé de la morale de Confucius, in-8°. Il faisait en même temps des progrès dans l'étude de la jurisprudence, et dès 1783 il les prouva par les notes dont il accompagna le traité de fr. Jos. de Angelis : *De delictis et pœnis*, in-4°. Dans les années suivantes il enrichit le *Giornale enciclopedico napolitano* de curieuses dissertations sur divers objets d'antiquité. En 1787, Cassito était déjà compté parmi les plus habiles avocats de Naples. Il n'avait alors que vingt-quatre ans; et cependant, outre ses ouvrages imprimés, il en avait composé sept autres tant sur des matières de jurisprudence que sur des questions de philosophie. Mais peut-être sa réputation ne se serait-elle jamais étendue au delà des Alpes s'il n'eût attaché son nom à la publication des *Fables* tirées d'un manuscrit du célèbre Perotti, appartenant à la bibliothèque royale de Naples. Cette découverte de trente-deux fables, où l'on croyait reconnaître le style et la manière de Phèdre, fit une sensation prodigieuse dans le monde savant. Cassito en donna successivement trois éditions (1808, 1809 et 1811). L'honneur de cette découverte fut contesté à Cassito par Janelli, l'un des préfets de la bibliothèque royale de Naples; et, dans son édition du *Codex Perotinus* (Naples, 1809, in-8°), il assura que Cassito n'avait pas même vu le manuscrit dont il prétendait avoir tiré les nouvelles fables. Cassito mourut à Naples en 1822, la même année que son frère, dont l'article suit. Outre quelques notes sur le *Code civil*, il a laissé manuscrites des *Traductions* en vers italiens de Catulle, de Tibulle, de Properce et d'Horace; des *Notes* sur Pétrone, et des *Explications* de différents passages de Tacite, Pline, Cicéron, Salluste, Tite Live et Suétone.

CASSITO (LE P. LOUIS-VINCENT), théologien et antiquaire, frère du précédent, naquit en 1763 à Bonito, d'une famille qui a produit plusieurs hommes de mérite. Ayant embrassé jeune la règle de Saint-Dominique, il professa la théologie dans diverses maisons de son ordre, et sa réputation le fit élire prieur du grand couvent à Naples. Lors de l'occupation du royaume par les Français, le P. Cassito se retira dans la Sicile. Honoré de la confiance du prince et de la princesse de Salerne, dont il était le confesseur, il se dévoua tout entier au soulagement des exilés. Après le rétablissement du roi Ferdinand dans ses Etats, il fut l'un des commissaires chargés de régler les bases d'un nouveau concordat avec la cour de Rome. Zélé pour les intérêts de son ordre, il obtint sa réintégration dans les principaux couvents dont il avait été dépouillé, et s'occupa d'y faire fleurir, avec la piété, les sciences et les lettres. Ses talents furent récompensés par la place de doyen de l'université de Naples; et l'on ne peut douter qu'il ne fût parvenu aux premières dignités ecclésiastiques si une mort prématurée ne l'eût enlevé en 1822. On a de lui : 1° *Institutions théologiques* (en latin), 4 vol. in-8°; 2° *Liturgie pour l'ordre de Saint-Dominique*, 2 vol. in-8°; 3° *Actes du B. Maxime Guzman*; 4° *Panégyriques, Oraisons funèbres, Discours académiques*, en latin et en italien; 5° plusieurs *Dissertations*, parmi lesquelles on distingue celle sur un *Camée grec représentant la sainte Vierge*. Le P. Cassito s'était beaucoup occupé de recherches sur les *Antiquités ecclésiastiques du royaume de Naples*, et il a laissé de nombreux matériaux sur cet objet.

CASSIUM, ville épiscopale de la première Augustamnique en Egypte, sous le patriarche d'Alexandrie. Elle est assez proche de la Palestine, au pied du mont Casius, entre Ostracine et Gherre, où le marais Serbon se jette dans la Méditerranée, à 30,000 pas de Pelouse à l'orient et 50,000 de l'Arabie Pétrée. Elle ne subsiste plus. Lampète, le seul évêque de cette ville dont nous ayons connaissance, assista et souscrivit au premier concile d'Éphèse.

CASSIUS (SPURIUS), USCELLINUS ou VISCELLINUS, consul romain (l'an 252 après la fondation de Rome), termina la guerre opiniâtre entreprise par les Sabins contre la jeune république, en faveur du roi Tarquin, expulsé de Rome. Il leur fit essuyer une défaite complète près de Cures, et les soumit de nouveau à la domination romaine. Cette victoire lui valut les honneurs du triomphe. En 256, les Latins s'étant réunis pour former une ligue contre Rome, et le peuple ayant perdu courage contre un ennemi si puissant, la politique romaine, pour parer à un danger aussi menaçant, créa, dans la personne de T. Lartius, le premier dictateur qui fût revêtu d'une autorité illimitée. Celui-ci nomma aussitôt Cassius son *magister equitum*, c'est-à-dire celui qui l'assistait de plus près dans ses fonctions. Des mesures énergiques qu'ils prirent en commun rétablirent au dedans le respect pour l'autorité, et lui acquièrent même la con-

sidération des ennemis, qui demandèrent une suspension d'armes, mais qu'une bataille décisive, livrée sur les bords du lac Régillus, contraignit de nouveau à rentrer sous le joug qu'ils avaient secoué. — Le second consulat de Cassius (261) fut signalé par la retraite que le peuple romain, arrivé au plus haut degré d'exaspération contre les patriciens, opéra sur le mont Sacré, retraite dont les suites menaçantes furent détournées par l'intervention de Menenius Agrippa. Pendant son troisième consulat, il fut désigné par le sort pour conduire la guerre contre les Herniques. Il sut leur imprimer de la crainte et les dompter sans coup férir. Toutefois il sollicita et obtint, non-seulement les honneurs d'un second triomphe, mais encore le plein pouvoir de traiter avec eux aux conditions qui lui plaisaient. La douceur inaccoutumée des conditions qu'il leur accorda excita chez ses compatriotes des réflexions et du mécontentement, et on commença à soupçonner en lui des arrière-pensées ambitieuses, et des intentions visant très-haut et tendant à opprimer les patriciens, ou même à s'élever à la puissance royale. — Et en effet Cassius, entre plusieurs autres avantages en faveur du parti plébéien, fit branler au sénat la proposition d'opérer un nouveau partage des terres publiques (loi agraire) : projet dont la tendance irritait si violemment les patriciens , que tous ceux qui voulurent l'exécuter, à partir de Cassius, qui en fut l'auteur, jusqu'aux deux Gracques, périrent à la tâche. Mais plus le sénat résistait vivement à ce projet, plus Cassius pouvait attendre un puissant appui de la part du peuple , qu'il engageait à associer les Latins et les Herniques, malgré leur défaite , à cette égale distribution qu'il devait conquérir, afin, disait-il, de donner ainsi au parti opprimé une entière prépondérance sur le parti des grands. Mais les tribuns du peuple , jaloux qu'une proposition aussi populaire n'eût pas émané de leur initiative, mais de celle d'un consul, trouvèrent précisément dans cette large extension un prétexte pour faire voir le projet sous un jour défavorable et pour le faire échouer dans ses dispositions essentielles. Dès l'année suivante, la colère du sénat se tourna contre Cassius , qui, accusé sous un prétexte spécieux, fut condamné d'une voix unanime et précipité du haut de la roche Tarpéienne. — La loi agraire devint aussitôt la première cause de la nomination des décemvirs, comme devant devenir un moyen puissant de contenir le parti populaire. Mais la mort de Cassius ne mit point un terme aux mouvements séditieux qu'excita longtemps encore ce projet. — En 394, les censeurs Scipion Nasica et M. Popilius Lænas ordonnèrent que la statue en bronze de Sp. Cassius, placée auprès du temple de Tellus, fût fondue, afin de montrer, par un exemple éclatant, combien sont coupables les efforts qui tendent à un pouvoir illégitime.

CASSIUS (QUINTUS), tribun militaire du consul C. Aurelius Cotta, occupé, dans la treizième année de la guerre punique, l'an 500 après la fondation de Rome, au siège de la ville de Lipare, située dans l'île du même nom. Le consul, s'étant rendu à Messane pour obtenir de meilleurs auspices sur son entreprise, avait laissé Cassius devant la place pour veiller à la conservation des travaux et des machines. Malgré la défense formelle de ne rien entreprendre de décisif pendant cette absence, le jeune tribun, avide de gloire, se laissa entraîner à une attaque qui se termina d'une manière si malheureuse, qu'il fut repoussé avec de grandes pertes jusque dans son camp, qui ne fut sauvé qu'avec peine, tandis que tous les instruments de siége devenaient la proie des flammes. Le consul accourut promptement, répara les pertes et s'empara de la place, à laquelle il fit expier, par une vengeance sanglante, la disgrâce essuyée par son tribun. Mais alors sa colère se tourna contre l'inférieur qui lui avait désobéi, et qui, par une application rigoureuse des lois disciplinaires des Romains, fut publiquement battu de verges et condamné à servir dans une légion en qualité de soldat du degré le plus inférieur. Quant à Publ. Aurelius Pecuniola, qui était un proche parent du consul, essuya-t-il la même peine pour un délit semblable, ou y a-t-il ici quelque confusion de personnes et de noms? C'est ce qu'il est bien difficile d'élucider au milieu des données contradictoires fournies par les historiens.

CASSIUS (QUINTUS) LONGINUS, consul romain en 588, fut ensuite nommé censeur avec M. Valerius Messala en 598, et le recensement qu'ils firent alors, peu de temps avant qu'éclatât la troisième guerre punique, donna pour résultat une masse de 324,000 citoyens romains capables de porter les armes. — Au lieu des théâtres en bois où le peuple avait jusqu'alors assisté aux spectacles debout, ces censeurs furent les premiers à proposer un théâtre en pierres, muni de sièges commodes pour les spectateurs, et ils en jetèrent les premiers fondements. Déjà l'édifice était presque entièrement terminé, lorsque Scipion Nasica réussit enfin à faire triompher sa proposition de renverser cette construction où éclatait le luxe, et dont l'existence menaçait à ses yeux les bonnes mœurs d'une influence funeste. C'est pourquoi les anciens théâtres en bois furent encore conservés pendant quelque temps.

CASSIUS (Lucius) Longinus, consul (en 625) et censeur romain avec Cn. Servilius Cæpio (en 628). Le recensement qu'ils firent compta 390,736 citoyens romains capables de porter les armes. Telle était encore à cette époque la simplicité des mœurs, que ces deux censeurs citèrent devant eux l'augure Æmilius Lepidus, parce qu'il payait un loyer de 6,000 sesterces, considéré par eux comme une prodigalité. — Cassius, vénéré pour sa sévérité inflexible comme juge, et devenu par là l'homme de prédilection du peuple lui-même, trouva une triste occasion de justifier cette réputation. Une inviolable chasteté était prescrite comme la première des lois aux six vierges préposées au culte de Vesta; et une infraction, considérée comme une calamité publique, était venue rarement jusqu'alors provoquer l'application de la peine sévère dont les vestales étaient punies, et qui consistait à être enterrées vivantes. Ce fut donc un symptôme d'autant plus alarmant des progrès que faisait la corruption des mœurs que de voir, en 638, trois de ces prêtresses accusées de ce crime en même temps. Un libertin, le chevalier L. Butelius Barrus, s'était proposé la séduction d'une de ces malheureuses, du nom d'Æmilia, comme le but de ses convoitises; l'exemple de celle-ci avait entraîné ses deux compagnes, Licinia et Marcia, et les deux premières avaient cherché à se mettre à l'abri du danger tant en étouffant leurs complices qu'en les multipliant avec audace. L'accusation d'un esclave, trompé dans les promesses qui lui avaient été faites, découvrit enfin ces liaisons scandaleuses; mais le collège des pontifes, à qui il appartenait de prononcer la sentence, désireux de ménager à la fois l'honneur des vestales et celui de la classe des chevaliers, se contenta de la condamnation d'Æmilia, tandis que Marcia leur parut peut-être réellement moins coupable, et que Licinia trouva dans la personne de son parent, le célèbre orateur Lic. Crassus, un puissant défenseur, dont le discours justificatif était encore admiré plus tard par Cicéron. Cependant l'opinion publique se déclara si hautement et d'une manière si prononcée contre ce jugement, qu'il fallut reprendre les débats de cette affaire; et L. Crassus, nommé à cet effet d'une manière inaccoutumée, préteur pour la seconde fois, obtint la présidence dans cette enquête. Sa décision finale condamna non-seulement les deux prêtresses, mais encore un grand nombre de coupables impliqués dans ces crimes. *Scopulus reorum, l'écueil des coupables :* telle est la dénomination par laquelle on désigna son tribunal. — Mais, afin de purifier Rome de souillures aussi affreuses, la superstition de l'époque crut non-seulement qu'il fallait des sacrifices humains encore plus atroces (deux Gaulois et un Grec, de chaque sexe, furent ensevelis vivants), mais on décréta, en outre, la construction d'un nouveau temple dédié à *Vénus Verticordia*, dont la statue en pied serait consacrée par la plus vertueuse des matrones romaines. Le scrutin de ces dames désigna à cet effet Sulpitia, épouse de Q. Fulvius Flaccus. — Cassius obtint, en 642, une distinction encore plus glorieuse. La guerre contre Jugurtha, roi de Numidie, venait d'être terminée à des conditions fort honorables pour Rome, mais qui laissaient dans l'esprit du peuple des doutes, d'après lesquels il craignait que ces conditions n'eussent été conclues que pour la forme, sans que Jugurtha se considérât réellement comme sujet de la république. Afin de résoudre cette question d'une manière péremptoire, une proposition fut faite et adoptée, par laquelle il fut décrété que le roi serait solennellement interpellé par un légat à l'effet de comparaître personnellement, mais toutefois avec une libre escorte, devant le tribunal du peuple romain : et Cassius fut chargé de lui adresser cette humiliante invitation. Longtemps l'orgueilleux despote lutta en lui-même, jusqu'à ce qu'enfin l'éloquence du légat et la ferme confiance que lui inspira la parole qu'il reçut de celui-ci l'emportèrent sur ses scrupules et ses hésitations, et le disposèrent à obéir docilement à cet appel souverain. C'est ainsi que Rome jouit pour la première fois de la vue d'un roi tributaire venu volontairement dans ses murs. — Il paraît aussi que ce L. Cassius est le même qui plus tard, en 645, fut le collègue de C. Marius dans son consulat, quoique cependant ce consulat ait eu un fils du censeur; plus tard il trouva la mort à la guerre contre les Cimbres, dans une bataille malheureuse contre les Tigurins, qui, accourant au secours des Cimbres leurs alliés à travers le pays des Allobroges, le surprirent et l'attaquèrent inopinément lui et son armée. L. Calpurnius Piso, son légat, ayant cherché à le sauver avec une autre division, partagea son sort fatal.

CASSIUS (Lucius) Longinus. Sous le troisième consulat de Marius, l'an 649 après la fondation de Rome, lorsque ce chef de parti eut été élevé au plus haut point de considération par la faveur du peuple, et que les plébéiens eurent obtenu une prépondérance de plus en plus croissante sur le parti des patriciens, plusieurs tribuns du peuple saisirent le moment favorable pour proposer et faire adopter des lois qui affaiblissaient de plus en plus l'autorité du sénat. Au nombre de ces tribuns se trouve Cassius, qui fit passer le décret par lequel tout citoyen romain qui avait été condamné par une décision du peuple était privé pour toute sa vie de son siège au sénat. Cette mesure était immédiatement dirigée contre le consulaire Q. Servilius Cæpio, qui avait essuyé en Gaule, de la part des Cimbres, une défaite tellement sanglante, que jamais une armée romaine n'en avait essuyé une semblable, et qui, pour cette raison, avait été honteusement dépouillé de son autorité par un décret du peuple, et en avait été rendu à jamais incapable pour l'avenir.

CASSIUS (Caius) Longinus, consul romain avec Cn. Domitius Ahenobarbus, l'an 656 après la fondation de Rome. Leur administration pacifique eut cependant un résultat malheureux en ce que Cassius donna une loi par laquelle les alliés latins, qui, ayant usurpé le droit de cité, vivaient et votaient à Rome, et dont les tribuns turbulents se servaient même pour appuyer leurs propositions, reçurent l'ordre de s'en retourner chez eux. Cet ordre fut si mal reçu par les peuples d'Italie, qu'il devint la première cause de la guerre sociale, ou guerre des alliés, qui éclata cinq ans plus tard, et qui précipita l'État dans les dangers les plus menaçants qu'il eût encore essuyés.

CASSIUS (Lucius) était proconsul d'Asie en 660 après la fondation de Rome, lorsque le grand Mithridate, roi de Pont, commença à dévoiler les projets profondément conçus qu'il nourrissait sur la domination de l'Orient. Rome, qui était alors engagée dans une guerre avec ses alliés, se contenta de modérer pacifiquement par des légats les prétentions ambitieuses du monarque. A la tête de ces légats se trouvait Man. Aquilius, et Cassius fut désigné pour les assister tous. Mais une guerre ouverte contre les riches provinces de la péninsule asiatique était une occasion trop souhaitée de satisfaire la cupidité des légats, pour qu'à dessein ils ne fissent pas en sorte que la question fût tranchée par le glaive, quels que fussent le soin et la prévoyance avec lesquels Mithridate s'efforça de mettre de son côté au moins l'apparence des intentions pacifiques et des bons procédés. Ils rassemblèrent donc leurs troupes romaines et auxiliaires, qu'ils partagèrent en trois armées, et cherchèrent à prévenir par leur rapidité les préparatifs auxquels le roi donnait de jour en jour une plus grande étendue. Sans ordre du sénat ils commencèrent les hostilités, dont le funeste résultat, allumant une haine longue et cruelle, retomba tout d'abord sur eux-mêmes : car Mithridate, à la tête de forces supérieures, repoussa victorieusement les trois armées. Deux généraux romains, parmi lesquels Aquilius, tombèrent personnellement dans ses mains, et Crassus seul fut assez heureux pour trouver un refuge à Apamée, sans que l'histoire en fasse ultérieurement mention. Mithridate, par contre, inonda tout l'occident de l'Asie, ne succomba que tardivement et difficilement sous les coups du génie plus puissant de Rome.

CASSIUS (Lucius) Longinus se fit remarquer, l'an 688 après la fondation de Rome, parmi les six candidats qui briguèrent le consulat avec Cicéron; mais il fut obligé de céder à ce grand homme. Ce douloureux échec le fit entrer dans l'armée de Catilina, et en fit un des principaux complices de cette conjuration fameuse par le nom de Catilina, par le patriotisme et le succès de Cicéron, et par la description classique de Salluste (*V.* l'art. Catilina).—Lorsqu'il fut question d'intéresser à la conjuration les envoyés des Allobroges, et que ceux-ci, qui s'entendaient déjà secrètement avec Cicéron, demandèrent une attestation écrite qui pût faire foi auprès de leurs compatriotes, tous les conjurés, à l'exception de Cassius, donnèrent leurs signatures au piège. Cassius, sous un prétexte apparent, évita de donner sa signature, et s'éloigna même de Rome avant les envoyés. C'est ainsi qu'averti par un sage pressentiment il échappa à l'orage qui conduisit ses compagnons à leur perte.

CASSIUS (Quintus) Longinus. Tandis que Pompée, immédiatement avant que la guerre civile ne vînt à éclater, commandait en Espagne en qualité de proconsul, Q. Cassius avait administré la province en qualité de questeur; mais il avait montré dans cette administration une si grande dureté, que sa vie s'était trouvée plus d'une fois en péril, et qu'il emporta la haine des Espagnols. On ne détermine pas au juste le motif qui le fit changer de couleur politique; mais enfin peu de temps

v.

après, séduit peut-être par les largesses et les prodigalités de César, on le trouve à côté de ce grand homme auquel il sert d'instrument fidèle. Nommé tribun du peuple, il défendit avec M. Antoine (l'an 704 après la fondation de Rome) les prétentions du chef de son parti à rester en possession des pouvoirs et des priviléges qui lui avaient été conférés : tandis que le sénat, entièrement conduit par Pompée, s'efforçait de faire rentrer dans la vie privée l'ambitieux qu'on voyait aspirer à de si hautes destinées. Les choses en étaient à ce point que César, en cas de résistance, allait être déclaré l'ennemi de la république, lorsque les deux tribuns s'appuyèrent audacieusement sur leur droit constitutionnel pour annuler cette décision par leur *veto*, et, s'enveloppant de l'inviolabilité personnelle qui leur était garantie par leurs fonctions, osèrent braver fermement l'orage qui dès lors se manifesta dans la curie. Ce ne fut qu'au septième jour de cette lutte opiniâtre et au milieu des délibérations tumultueuses, que le sénat recourut enfin au dernier moyen que lui laissaient les lois, pour neutraliser la puissance des tribuns, en déclarant la patrie en danger par la formule : *Videant consules, ne res publica quid detrimenti capiat.* De cette manière le sénat non-seulement soulevait les obstacles qui empêchaient l'efficacité des mesures tendant à annihiler la puissance de César ; mais il donnait même à ces mesures une énergie nouvelle. Aussi, dès que les affaires eurent pris cette tournure, Cassius et son collègue, ne se croyant plus en sûreté à Rome, s'enfuirent à la faveur de la nuit et sous des habits d'esclaves, et gagnèrent le camp de César à Ariminum, où leur aspect, dans un état si humiliant, et la nouvelle qu'ils apportaient de la violation dans leur personne d'une fonction sacrée, firent monter l'indignation de toute l'armée au degré où César pouvait souhaiter qu'elle s'élevât, afin de poursuivre ses entreprises dorénavant ouvertes et au grand jour. — La confiance illimitée qu'inspiraient à César l'attachement et le mérite de Cassius se manifesta peu de temps après, lorsque, après la défaite des légions attachées au parti de Pompée sous le commandement d'Afranius et de Petreius près d'Ilerda, et après la soumission de l'Espagne par la suite de cette victoire de César, César lui-même devant retourner dans les provinces de l'Est, il fut nécessaire de laisser en partant la conservation d'une conquête de si haut prix confiée à des mains habiles et fidèles. Sans tenir aucun compte des vœux des provinciaux, il fit tomber son choix sur Cassius qu'il avait nommé son propréteur, et à qui il témoigna qu'il savait apprécier ses connaissances particulières sur le pays, en ce qu'il lui confia aussitôt quatre légions. Mais n'importait pas moins au nouveau dominateur de faire de cette conquête l'usage le plus profitable pour ses desseins ultérieurs, en même temps qu'il allait chercher son adversaire dans l'Epire, de l'occuper encore ailleurs et de diviser ainsi ses forces. En conséquence Cassius reçut de lui l'ordre de passer le détroit avec une partie de ses forces et de menacer, sur les frontières de Numidie, Juba, le royal allié du parti contraire. Mais les préparatifs pour cette expédition se faisaient avec une étendue et un zèle qui promettait le plus brillant succès, lorsqu'une tentative nouvelle, mais manquée, contre la vie du propréteur (il en fut quitte pour quelques blessures) vint non-seulement tout arrêter, mais encore, par la nouvelle prématurée de sa mort, jeter une partie de l'armée et toute la province dans des perturbations qui chaque jour menaçaient de s'accroître jusqu'à devenir un soulèvement général. Car, outre qu'il était détesté depuis longtemps, cette vieille haine était fortifiée encore par les nouvelles exactions révoltantes et insatiables dont sa cupidité avait affligé le pays, par la violence avec laquelle il rendait la justice, et par l'impudence avec laquelle il favorisait ses subordonnés qui étaient les complices de ses rapines : et de plus l'expédition projetée pour l'Afrique lui avait fourni le prétexte désiré d'épuiser entièrement le pays jusqu'à la moelle. — Cassius espéra réprimer les premiers mouvements d'une insurrection ouverte, au moyen de mesures de la plus sévère vengeance contre ses ennemis et de larges distributions d'argent parmi les troupes : mais d'un côté il ne faisait ainsi qu'irriter plus vivement les provinciaux encore toujours attachés au nom de Pompée, et d'un autre côté il fut cause de l'affaiblissement de la discipline parmi les légions, qui d'ailleurs étaient moitié composées d'indigènes, et qui osèrent bientôt élire un chef espagnol dans la personne de T. Thorius, pendant que d'un autre côté Cordoue et plusieurs autres places fortes arboraient le drapeau de l'insurrection. Effrayé à la vue de l'aspect menaçant que prenaient les affaires, Cassius appela à son secours M. Lepidus, proconsul dans le nord de l'Espagne, le roi allié Bogud de Mauritanie, et son propre questeur en Lusitanie M. Marcellus Anserinus. Mais sa propre jalousie, celle de ces

auxiliaires, et leur conduite en partie fort équivoque, brouillèrent les affaires à un tel point, qu'afin d'éviter que des hostilités ouvertes ne vinssent à éclater entre eux, c'est à peine si l'apparition du nouveau propréteur envoyé par César, C. Trebonius, eut lieu encore assez à temps pour pacifier la province et rétablir l'ordre. Cassius aurait résisté à main armée au successeur qu'il avait fort peu désiré; mais, délaissé par tous les siens, il jugea cependant plus à propos de céder le terrain en silence. Ayant ramassé à la hâte les trésors qu'il devait à son injuste administration, il s'embarqua au milieu de l'hiver (en 706-7). Mais il n'était pas dans sa destinée de jouir du fruit de ses rapines; car une tempête qui vint l'assaillir à l'embouchure de l'Iberus (Ebre) l'ensevelit avec ses richesses au milieu des flots. — Cassius n'est pas le seul exemple qui se présente dans la vie de César, où ce grand politique, d'ailleurs si consommé dans la connaissance des hommes, s'est trompé dans le choix de ses instruments et a eu besoin de toute la supériorité de son génie pour reparer les fautes commises par ceux qu'il avait investis de sa confiance. Assurément il se serait évité toute la guerre d'Espagne et la victoire de Munda qui coûta tant d'efforts, s'il n'avait pour ainsi dire forcé ces provinces à l'insurrection en leur imposant l'administration méprisable de son propréteur.

CASSIUS (MARCUS) **SCÆVA.** Pendant la guerre civile, l'an 704 après la fondation de Rome, lorsque, enfermé dans le camp de Dyrrachium, Pompée essaya plus d'une fois de briser la prison de remparts et de fortifications où César le retenait captif, parmi six attaques faites en même temps sur différents points, l'assaut principal était dirigé contre un fort qui n'était défendu que par une cohorte de la sixième légion. Cette cohorte, en butte aux efforts réunis de quatre légions ennemies, résista cependant avec une mâle fermeté et défendit son poste jusqu'à ce qu'on fût venu à son secours : mais aussi il n'y eut pas un homme de cette cohorte héroïque qui ne fût blessé. Quatre aventuriers furent aveuglés pendant l'action par des flèches : parmi eux se trouvait M. Cassius Scæva, qui, défendant avec fureur le poste qu'il occupait à l'entrée du fort et tuant de sa propre main un général ennemi, non-seulement perdit un œil et fut blessé à l'épaule et à la hanche, mais encore resta debout au milieu d'une grêle de traits, dont 230 avaient percé son bouclier. On ramassa dans l'intérieur du fort au moins 30,000 de ces traits qui avaient été lancés par l'ennemi et qui furent déposés aux pieds de César. Celui-ci récompensa le vaillant centurion par un présent de 200,000 sesterces; mais il l'honora d'une manière assurément plus haute encore en l'élevant du grade de centurion à celui de primipilaire de sa cohorte, qui reçut dès ce moment double solde et doubles avantages en toutes choses. — Ce n'est pas sans vraisemblance qu'on regarde ce Scæva comme étant le même qui (quoique les anciens historiens donnent à celui-ci le nom de P. Scævia, ou de Scævius), déjà dans une précédente occasion, se distingua sous le commandement de César, comme un vaillant soldat. Soit dans l'expédition, du reste peu remarquable, que ce général entreprit contre les Lusitaniens lorsqu'il n'était encore que préteur, soit dans le débarquement qu'il opéra en Bretagne, il fallut défendre un écueil situé non loin de la côte, mais à la portée de l'ennemi. Scæva était du petit nombre des défenseurs de ce rocher, lesquels, privés par le reflux de l'appui des leurs, et pressés par l'ennemi, perdirent tous la vie, à l'exception du seul Scæva, qui, quoique couvert d'un grand nombre de blessures, se jeta dans les flots, mais qui, à peine sauvé, embrassa les genoux de son général, implorant son indulgence pour être revenu du combat sans bouclier et sans armes. Son élévation au grade de centurion fut la récompense immédiate d'une bravoure aussi admirable et d'une vertu si fidèle aux lois de la discipline.

CASSIUS (CAIUS) **LONGINUS** fut avec M. Brutus l'instrument le plus actif de la conjuration contre la vie de César. La famille ancienne, quoique plébéienne, des Cassius, féconde en hommes qui se distinguèrent à la guerre comme pendant la paix, arrive à son plus grand éclat dans la personne de l'assassin de César, sans toutefois que l'histoire nous fournisse des données suffisantes sur la partie antérieure d'une vie remarquable par un caractère si énergique et si tranché. Un seul trait expressif de son enfance nous a été conservé par Plutarque. Faustus Sylla, fils du tout-puissant dictateur, étant à l'école avec Cassius, tirait vanité contre lui de la domination arbitraire de son père, qu'il se proposait, disait-il, de prendre plus tard pour modèle : à l'instant même son condisciple, plein d'un vif esprit de liberté, lui administra au visage un rude coup de poing. Une pareille audace fit alors assez de bruit pour exiger l'intervention du grand Pompée en qualité de juge arbitral. Il fit venir devant lui les deux enfants : mais Cassius, sans rien rabattre de sa fermeté, défia encore son adversaire de répéter les mêmes paroles, et le menaça de lui infliger de nouveau la même punition. — Sous le rapport de son développement moral et intellectuel, nous savons, il est vrai, qu'il adopta le système philosophique d'Epicure ; mais il n'est guère possible de déterminer quelle a été la nature de l'influence pratique que les doctrines de cette école ont pu exercer sur sa vie. Toutefois ces doctrines n'étaient pas assurément de nature à le rendre très-scrupuleux dans le choix des moyens nécessaires pour arriver à un but donné. — Ce n'est qu'à peu près trente ans après la domination de Sylla (en 699 après la fondation de Rome), que nous voyons Cassius se produire sur le théâtre de la vie publique, en qualité de questeur de M. Crassus, dans la guerre fatale que celui-ci entreprit contre les Parthes. Jamais une entreprise militaire n'avait été commencée sous les auspices plus sinistres et dans des circonstances plus malheureuses, mais aussi avec plus d'aveuglement de la part du général, qui immolait tout à sa vanité et à sa cupidité. Cassius était du petit nombre de ceux qui, dans l'entourage de Crassus, l'engageaient à la réflexion et à une nouvelle délibération sur l'utilité réelle de cette guerre, sans parvenir à se faire entendre. Même les reproches violents et trop fondés que le questeur élevait contre Abgare, prince d'Edessa, et par lesquels il l'accusait d'être un traître et de conduire l'armée dans les déserts de la Mésopotamie pour la livrer sans défense entre les mains de l'ennemi, ne suffirent point pour ouvrir les yeux du général sur le danger imminent où il se précipitait aveuglément. Les calamités et la honte qui signalèrent l'issue de cette expédition dépassèrent encore les prédictions de Cassius (V. l'article CRASSUS). Ferme et ne perdant jamais ni son courage personnel, ni sa présence d'esprit, ni la lucidité de ses vues, ni la précision de son coup d'œil, Cassius resta auprès de son général, malgré les revers sans nombre qui accompagnèrent et suivirent l'entière défaite et la complète dispersion de l'armée. Ce ne fut que quand la place de Charrœ n'offrit plus aucune sûreté aux légions battues et poursuivies, et lorsque Crassus, trahi de nouveau dans sa fuite par ceux dont il se laissait guider, marcha droit aux Parthes et à sa perte, ce fut alors seulement que Cassius se sépara de cet infortuné, se réfugia en Syrie, prit le commandement de cette province, qui se trouvait vacant, et réunit autour de lui les faibles débris de l'armée romaine.—Dès l'année suivante, les Parthes tentèrent une nouvelle incursion au delà de l'Euphrate, moins dans un but de conquête que pour piller, et ce ne fut qu'avec peine que Cassius les repoussa des limites de la province. Une nouvelle incursion que Pacorus, fils du roi Orodes, commanda en personne, fut plus sérieuse et répandit même à Rome une telle consternation, qu'on ne crut pas pouvoir lui opposer un autre général que César ou Pompée. Mais déjà Cassius avait détourné par son courage et sa prudence ce péril menaçant ; déjà il avait attiré dans une embuscade l'ennemi qui avait osé se montrer devant Antioche, et l'avait battu d'une manière si vigoureuse qu'il s'était vu forcé de chercher son salut dans une fuite précipitée. — Un chef aussi vaillant dut être, dans la querelle entre Pompée et César, qui commença alors à se débattre par les armes, une importante acquisition pour le parti qu'il lui plairait de choisir. Cassius se sentit entraîné du côté de Pompée, par l'ardeur du sentiment républicain dont il était animé, et il reçut de ce général le commandement en chef d'une division de la flotte, laquelle étant composée de vaisseaux syriens, phéniciens et ciliciques, paraît avoir été rassemblée par lui-même dans la province qu'il commandait. Ce fut avec cette division de la flotte qu'il surprit à l'improviste une escadre de César, composée de 35 vaisseaux, commandée par M. Pomponius, dans le détroit de Messana, et qu'il anéantit entièrement au moyen de ses brandons incendiaires. La ville même de Messana, dans le premier moment de terreur, n'aurait pas eu la force de se soutenir contre lui, si la nouvelle de la victoire décisive de César, près de Pharsale, n'avait en même temps pénétré dans l'intérieur de la place. Cassius eut moins de bonheur dans une seconde attaque semblable contre une autre division de la flotte, qui, sous le commandement du préteur P. Sulpicius, avait jeté l'ancre, près de Vibo, tout contre la côte de Campanie : car, quoique sa tentative pour incendier les vaisseaux ennemis ne restât pas d'abord sans succès, les vieilles légions qui composaient l'escadre finirent par se ranimer, attaquèrent l'ennemi à leur tour, bord contre bord, et le forcèrent à une retraite précipitée. Cassius, lui-même eut de la peine à s'enfuir de son vaisseau déjà accroché et à gagner une chaloupe,

et alors la nouvelle devenue plus certaine de la défaite de Pompée le détermina à s'éloigner de ces contrées. — Cassius était doué d'un coup d'œil trop clairvoyant pour ne pas considérer dès ce moment la cause de son général et de la république comme perdue d'une manière irrémédiable. Mais son ambition était incontestablement plus forte que son attachement à la liberté, et en passant dans le parti de César, à la tête d'une flotte qu'il amenait à sa suite, il pouvait espérer une brillante carrière. Il était à l'ancre avec ses vaisseaux dans le fleuve Cydnus, sur la côte de Cilicie, tandis que le vainqueur poursuivait le fugitif Pompée jusque vers les bouches du Nil. Les longues calamités contre lesquelles César eut à lutter immédiatement après à Alexandrie paraissent cependant avoir produit dans l'esprit de Cassius une certaine hésitation à se décider, jusqu'à ce que l'approche du dictateur marchant contre Pharnace vint mettre un terme à toutes ses réflexions. Alors, par l'intervention spéciale de son beau-frère, M. Brutus, il fit sa paix avec le vainqueur tout-puissant, et cela avec si peu de restrictions qu'il s'acquit l'estime et l'amitié de César : toutefois nous ne voyons pas qu'il ait obtenu prochainement une fonction publique de quelque importance. La bonté et la douceur envers les vaincus étaient dans les sentiments naturels aussi bien que dans les calculs politiques du dictateur : il se pourrait donc bien qu'il fût resté dans son esprit une secrète défiance contre Cassius, dont l'âme sombre et concentrée n'avait point échappé à ses observations. Aussi, lorsqu'on chercha à le prémunir contre les desseins secrets d'Antoine et de Dolabella, il répondit, en faisant évidemment allusion à Cassius : « Ce ne sont pas ceux qui fleurissent et qui sont bien nourris, mais bien ceux qui sont maigres et pâles, que je pourrais avoir à craindre. » Il manifesta cette secrète aversion d'une manière plus explicite encore, lorsqu'à l'époque de sa puissance la plus illimitée Cassius sollicita de lui, en même temps que Brutus, l'éminente fonction de préteur civil. La prédilection illimitée du dictateur accorda cette dignité à Brutus, tout en reconnaissant expressément que Cassius y avait des droits plus légitimes. Une préférence aussi arbitraire et aussi injuste, manifestée si publiquement, ne pouvait manquer de laisser une blessure venimeuse dans une âme si fière et si chère : mais sa susceptibilité retomba d'une manière tout aussi prononcée sur son heureux rival, et le refroidit envers son ami et son parent. — Et cependant tous deux se rencontrèrent dans la même pensée, dans celle de délivrer l'État de son heureux oppresseur par une action audacieuse et sanglante. Mais ils étaient mus chacun par des raisons différentes : Brutus, animé d'une pure ardeur pour la justice et la liberté, voulait la fin de la tyrannie ; tandis que Cassius en voulait à la personne même du tyran, sans toutefois qu'on puisse nier qu'un certain esprit inné de liberté et de vertu romaine n'ait puissamment contribué à l'amener à cette résolution. — Plusieurs autres patriciens sentaient et pensaient de la même manière que Cassius, et leurs sentiments, leurs vœux et leurs projets, trouvèrent dans sa personne le point de réunion qui leur était nécessaire : mais ce ne fut que quand le généreux Brutus se fut adjoint à leur ligue, et quand son poignard fut venu pour ainsi dire légitimer et sanctifier l'action qu'ils méditaient, qu'ils purent compter sur l'approbation de l'opinion publique. Cette participation fut du reste la condition expresse sous laquelle tous ceux qui furent initiés au secret s'engagèrent à s'associer au projet qui leur était proposé par Cassius, et ce dernier, non-seulement renonça entièrement à son ressentiment contre Brutus, mais encore employa une ardeur aussi vive qu'heureuse à le sonder, à le préparer, à l'enflammer ; et enfin, après une déclaration réciproque et franche, à le placer à la tête de la conjuration, qui bientôt compta plus de 60 complices (des détails plus circonstanciés sur l'exécution de cette sanglante entreprise se trouvent dans les articles BRUTUS et CÉSAR). Peu de temps avant l'assassinat, un des conjurés, désespérant de parvenir, au milieu de la mêlée, à s'approcher assez près de sa victime, Cassius l'encouragea à frapper un coup vigoureux, dût le poignard lui percer le corps à lui-même. — L'œuvre horrible était accomplie ; le cadavre de celui qu'on venait d'assassiner gisait inanimé par terre, lorsque Cassius se redressa et fit retentir à haute voix ces paroles à travers la curie : « Le monstre a succombé. » Lui et ceux qui étaient ligués avec lui avaient compté sur une approbation enthousiaste de la part du sénat : mais lorsqu'ils le virent consterné, muet, s'enfuir de la curie précipitamment et en désordre, il ne leur resta d'autre ressource, pour se mettre en sûreté, que de se réfugier dans le Capitole. Le peuple lui-même garda un silence sombre et resta flottant : jusqu'à ce qu'enfin, au bout de quelques jours, l'ardeur, le courage et l'espérance retentirent dans le cœur de tous les Romains, et que des perspectives assez favorables s'ouvrirent pour le rétablissement de la république dans toute son ancienne pureté. Mais bientôt l'ambition ouverte d'Antoine et l'ambition plus cachée et plus prudente d'Octave vinrent dissiper de plus en plus ces rêves, et tentèrent tous les moyens de ressaisir les rênes du pouvoir absolu qui venaient à peine d'échapper aux mains de César. L'inactivité et les bévues des républicains donnèrent tant d'efficacité aux artifices et aux violences de ces aspirants au pouvoir, que dans peu de temps ils acquirent une prépondérance marquée. Brutus, Cassius et leurs amis, malgré l'amnistie générale qui leur avait été accordée, immédiatement après la mort de César, par le sénat, et quoiqu'ils en fussent indubitablement favorisés, se virent cependant contraints de céder à l'influence plus puissante de la puissance illégitime, et de chercher leur sûreté hors de Rome et même bientôt hors de l'Italie (V. les articles M. ANTOINE et BRUTUS. — Fugitifs comme des bannis et presque entièrement sans suite, ils se rendirent cependant dans les provinces proconsulaires de Macédoine et de Syrie, dont le gouvernement leur avait été précédemment assigné par César, et leur était confirmé par le sénat, mais que les armées d'Antoine menaçaient maintenant de leur enlever. Brutus se fit cependant en Grèce un parti si considérable, qui, dans l'espace de sept mois, il se vit en état de mettre sur pied une très-belle armée, composée en majeure partie des anciennes légions de Pompée, et de faire tous les préparatifs nécessaires pour soutenir une guerre ouverte. Cassius ne trouva pas une réception moins heureuse en Syrie, où le souvenir de ses précédents services, ainsi que le danger et le mérite de sa dernière action, agirent efficacement en sa faveur. Antoine chercha, il est vrai, à lui opposer, dans la personne du consul Dolabella, avec lequel il était lié d'intérêt, un adversaire qui n'était pas à dédaigner : mais celui-ci, au lieu de le prévenir dans cette province, s'était arrêté si longtemps au pillage de l'Asie-Mineure, que Cassius eut le temps de s'assurer des huit légions qu'il trouva dans le pays, et d'attendre l'attaque de pied ferme. En vain Dolabella avait appelé à son secours contre Cassius, au moyen de son légat Alliénus, une flotte égyptienne que la reine Cléopâtre lui avait offerte; en vain le légat avait mis en marche, du Nil pour venir en Syrie, les restes des vétérans de Crassus et de César : Cassius marcha à la rencontre du légat, et le força à lui abandonner ses quatre légions. Des résultats aussi heureux engagèrent le sénat, qui était alors entièrement conduit par Cicéron, à confirmer les deux proconsuls dans le gouvernement de leurs provinces et dans le commandement en chef de leurs troupes, et à leur conférer encore d'autres pouvoirs considérables; tandis que Delabella fut déclaré l'ennemi de la république et que Cassius fut chargé de le réduire. Ses pleins pouvoirs à cet effet devaient même prévaloir dans toute autre province sur les autorités constituées. Le proscrit se prépara à lui résister, mais avec des forces qui n'étaient pas suffisantes. Il se jeta dans la ville de Laodicée, en Syrie, où il fut assiégé par Cassius, et lorsque enfin celui-ci, par des intelligences secrètes avec les habitants, pénétra dans la place, Dolabella, réduit au désespoir, se jeta sur le glaive de son esclave, à qui il avait commandé de lui aider dans cette action. — Cependant on vit paraître d'une manière inattendue, mais à la faveur de plus d'une combinaison préparée dans l'ombre, le triumvirat que formèrent entre eux Octave, Antoine et Lépide, qui s'érigèrent en dominateurs de l'empire romain. Le premier, étant consul, avait déjà employé sa prépondérance croissante auprès du sénat et du peuple à faire poursuivre formellement les assassins de César devant la justice. Dans cette poursuite, M. Agrippa et Capito furent les accusateurs de Cassius, et obtinrent l'exil et la confiscation des biens de Cassius et des amis qui étaient ligués avec lui. La formation de ce triumvirat fut immédiatement suivie de nouvelles et sanglantes proscriptions d'une étendue et d'une fureur telles que Sylla lui-même n'avait jamais osé aller si loin. Cependant tout ce qui parvenait à s'enfuir de la presqu'île italique trouvait auprès de Brutus ou de Cassius un refuge assuré contre les poignards de la proscription. — Brutus n'avait pas encore osé chercher en Italie ses ennemis réunis, et même la Grèce ne lui parut pas, dans l'état d'isolement où il se trouvait, un théâtre favorable pour engager la grande lutte qui allait s'ouvrir. Il se dirigea donc vers l'Orient, afin de prêter secours à Cassius, dans le combat contre Dolabella, combat qui alors n'avait pas encore eu lieu, et pour s'assurer, au moyen de leurs forces réunies, la prépondérance sur terre et sur mer. Déjà Cassius

se préparait à une expédition dont le but était de punir Cléopâtre, lorsque, se rendant à l'invitation de Brutus, il prit une direction opposée et alla réunir à Smyrne ses légions avec l'armée de celui-ci. Tous deux étaient aussi pleins de confiance dans le succès de leurs efforts, qu'unis dans leurs vues et exempts de toute rivalité relativement au commandement suprême et exclusif, que Brutus céda sans peine à son ami, comme étant son supérieur par l'âge. Même leurs moyens pécuniaires étaient en commun, et les amis de Cassius ne parvinrent pas à exercer sur lui la moindre influence tendant à affaiblir ou à rétrécir les effets d'une aussi noble résolution. Pendant que Brutus, pour ne rien laisser d'hostile derrière lui, soumettait la Lycie, Cassius attaqua l'île de Rhodes, qui n'avait pas moins d'aversion pour leur parti, battit la flotte des Rhodiens dans deux rencontres, et pénétra par trahison dans la ville de Rhodes, qu'il assiégeait, et dont il traita les chefs coupables avec une sévérité exemplaire, tandis qu'en même temps il s'adjugeait tous les fonds publics et toutes les valeurs au comptant dans les propriétés particulières, sans même en excepter les trésors enfermés dans les temples. Les besoins pressants de la guerre, bien plus que la colère et la vengeance, paraissent l'avoir porté à ces exactions, puisqu'en même temps il imposa à toutes les villes de l'Asie-Mineure le payement immédiat de leurs tributs pour dix ans. Brutus, dont le caractère était plus doux, ne put se dispenser cependant, malgré sa vive et intime répugnance, de recourir à de semblables mesures en Syrie. — Les deux amis se joignirent de nouveau à Surdes, et furent salués, comme vainqueurs, du titre d'imperatores, par leurs armées réunies. Quoique tous deux, d'accord dans leurs vues, poursuivissent de concert le même but, il s'en fallait cependant que dans l'emploi des moyens ils prissent toujours la même route. Mais, afin qu'aucune inimitié ne pût se glisser entre eux, ils s'abouchèrent et s'expliquèrent à cœur ouvert, vivement il est vrai, mais d'une manière si noble qu'ils ne se séparèrent que plus intimes amis, du moins autant que cela était possible avec des caractères si opposés : car Brutus, d'un caractère doux, mettait dans toutes ses actions une certaine simplicité sérieuse et républicaine, une droiture et une loyauté imperturbables, tandis que l'âme plus sévère de Cassius savait cependant se plier davantage aux circonstances ainsi qu'aux hommes dont il faisait ses instruments. Tous deux cependant, à la nouvelle qu'Antoine et Octave étaient en marche contre eux à la tête des forces réunies de l'Occident, se mirent aussitôt en mouvement comme un seul homme, afin de rencontrer leurs deux adversaires au milieu du chemin, et de se réserver en même temps derrière eux, au moyen de leurs flottes qui dominaient les mers, les riches ressources de l'Asie, qui étaient encore intactes. Ils traversèrent l'Hellespont sans obstacle, et passèrent ensuite leurs troupes en revue près de Sestos : elles se composaient de 17 légions, de 20,000 hommes de cavalerie, et de quelques troupes auxiliaires d'Asie et de Thrace, armées à la légère. Cassius encouragea l'armée par une harangue, dans laquelle il justifiait la cause républicaine, peignait l'injustice et la cruauté de leurs adversaires, et, outre la promesse qu'il faisait d'une riche récompense dans l'avenir, s'engageait à faire distribuer à chaque homme un don considérable en argent. — Cependant, l'avant-garde de l'armée d'Antoine, sous le commandement de Decidius Saxa, s'était avancée jusqu'en Macédoine, et avait occupé les défilés des montagnes situées vers la Thrace : mais les républicains tournèrent cette position forte vers le Nord, et se jetèrent dans la vallée du Strymon, où ils choisirent l'emplacement de leur double camp, entre la ville de Philippes et la mer. Brutus avec ses légions s'appuyait à droite contre cette ville, tandis qu'à sa gauche Cassius, à une courte distance, s'étendait jusqu'à un marais, qui lui-même s'étendait jusqu'à la mer. Dans cette position, Naples leur offrait en même temps un ancrage sûr pour les vaisseaux; et l'île de Thasus, située tout près, leur offrait, pour les munitions de bouche et de guerre qu'ils avaient amenées en grande abondance, un lieu de dépôt suffisamment défendu par la flotte. — Mais, de leur côté, les deux triumvirs avaient amené leurs troupes de Brundusium jusque dans l'Epire, non sans difficulté, à cause des flottes ennemies, et hâtèrent leur marche, afin d'éloigner le théâtre de la guerre le plus possible de l'Italie. Bientôt, à la tête d'une armée égale à celle de leurs ennemis pour le nombre des légions, mais un peu moindre en cavalerie, ils arrivèrent en face des républicains, et désirèrent d'autant plus vivement amener la guerre à une prompte issue, que, séparés de tout transport par eau, ils ne pouvaient compter pour leur subsistance que sur les ressources insuffisantes des quelques provinces grecques qu'ils avaient derrière eux, tandis que la mer pouvait amener à tout vent de nouveaux transports à leurs ennemis. La même considération prescrivait aux deux amis de traîner la guerre en longueur autant que possible, et de chercher à fatiguer leurs adversaires et à les réduire par le besoin. En conséquence, ils fortifièrent avec soin leurs camps sur la pente de la montagne, et évitèrent à dessein d'accepter le combat qu'Antoine leur offrait chaque jour. — Ce triumvir, posté en face de Cassius avec la division de l'armée qu'il commandait, ayant reconnu les avantages considérables que son adversaire tirait de sa position à côté du marais, pour lequel il s'assurait la communication avec la flotte, conçut le projet hardi de se frayer, au moyen d'une digue, un chemin à travers le marécage pour arriver sur le flanc gauche et sur les derrières de l'ennemi, et de le séparer ainsi de la mer. Caché par les roseaux élevés de cette contrée, il réussit à pousser assez loin ce difficile ouvrage, pendant l'espace de dix jours, avant que Cassius ne découvrit son dessein et n'essayât de neutraliser son travail par d'autres lignes et d'autres fossés qu'il fit creuser de son côté. Mais Antoine renonça si peu à sa digue, qu'au contraire il entreprit d'attirer sur cette construction l'attention de l'ennemi, en faisant avancer son armée en masse et simulant une attaque sur l'aile droite commandée par Brutus. Il en résulta d'abord un combat entre les troupes légères, et bientôt l'ardeur des légions républicaines les précipita hors de l'enceinte des deux camps, malgré la volonté de leurs chefs, et les engagea dans la mêlée. De son côté, Cassius se vit forcé de répondre énergiquement à l'attaque par laquelle il était sollicité en avant de la position qu'il occupait, mais il put d'autant moins empêcher qu'Antoine n'achevât en même temps de couper entièrement le marais au moyen de sa digue et ne gagnât les hauteurs qui dominent la forte position dans laquelle il était campé. Aussi, après un combat opiniâtre qui dura jusqu'à la nuit, se vit-il forcé de plier : un désordre général s'empara de ses troupes qui se dispersèrent par la fuite, et son camp même fut pris et pillé par l'ennemi. Brutus avait été plus heureux à l'autre aile : car Octave, qui commandait de ce côté, à peine en état de se sauver, avait été forcé d'abandonner le champ de bataille, et ses légions étaient en pleine fuite et entièrement en désordre, lorsque le vainqueur républicain, apprenant la défaite de son ami, renonça à poursuivre les avantages qu'il venait d'obtenir et se décida à retourner dans le camp, tandis qu'Antoine, informé des revers d'Octave, en faisait autant de son côté.—Quoique la bataille ne fût pas entièrement décisive, elle ne pouvait cependant avoir que des suites avantageuses pour les républicains. Mais Cassius, qui, voyant que ses troupes se dispersaient, s'était réfugié sur une hauteur avec une troupe peu nombreuse, connaissait si peu le véritable état des choses, qu'il envoya alors seulement son ami Titinius vers l'aile droite, pour obtenir quelques nouvelles de Brutus. Cet envoyé s'était à peine éloigné de quelques centaines de pas, qu'il rencontra un petit escadron de cavalerie dans lequel il eut la joie de reconnaître des camarades qui eux-mêmes l'entourèrent et l'embrassèrent avec empressement. Par une erreur des plus malheureuses, Cassius, sous les yeux duquel tout cela se passait à l'ombre d'un crépuscule douteux, se figura que son messager avait été attaqué et fait prisonnier par des ennemis, et de leur proximité même il conclut à la certitude d'une défaite générale et complète. Ne se sentant pas la force de survivre à une journée aussi désastreuse, il tira son glaive, et, conformément à une disposition précédemment prise dans la prévision d'un cas extrême, il ordonna à son esclave confidentiel, Pindare, de lui en percer la poitrine. Le coup mortel fut frappé, et, peu d'instants après, Titinius montait à la colline à la hâte avec la joyeuse nouvelle de la victoire, mais ce ne fut que pour éprouver le regret inconsolable de n'avoir pas tiré d'erreur son général assez à temps, en l'avertissant de loin par quelque signal compréhensible. Saisi de désespoir, il se sacrifia lui-même, comme une victime expiatoire, sur le cadavre de celui dont il se reprochait la mort. A la nouvelle de la résolution trop prompte de son ami, Brutus accourut à son tour et fut saisi d'une amère et profonde douleur, à l'aspect désespérant de l'homme qu'il appelait « le dernier des Romains. » D'après ses ordres, pour ne pas décourager l'armée, le cadavre fut transporté en silence dans l'île de Thasus, et y reçut la sépulture. Lui-même ne devait survivre à son ami que de vingt jours, et devait, ainsi que lui, périr comme une victime immolée à la liberté de Rome.

CASSIUS (LUCIUS) LONGINUS, dans la guerre civile entre César et Pompée, se rangea du côté de ce dernier, et fut envoyé (l'an 704 après la fondation de Rome) de Corcyre au Pont-Euxin, à la tête d'une petite escadre républicaine de dix vaisseaux, avec la mission de gagner Pharnaces, roi de Pont, au parti de Pompée. Il avait à peine atteint l'Hellespont, que la bataille de Pharsale vint changer la face des affaires. Pompée s'enfuit vers l'Orient, et César, pour le poursuivre de plus près, quitta promptement le champ de bataille, laissa ses troupes derrière lui, et traversa rapidement la Macédoine et la Thrace, s'efforçant d'atteindre le fugitif. S'étant jeté à la hâte dans un assez petit vaisseau, il rencontra d'une manière imprévue, dans le détroit, l'escadre de Cassius. Il était impossible d'échapper à un ennemi aussi supérieur en forces. César ne pensa pas un instant à fuir; bien au contraire, il alla directement trouver Cassius à son bord, et, avec une audace calculée, le somma de se rendre. Le nom, l'aspect du vainqueur, sa voix impérieuse, l'incertitude des événements, firent tomber les armes des mains de Cassius étonné, qui se hâta de se rendre à discrétion, afin de mériter, par sa soumission empressée, les égards du maître de l'univers. Les vaisseaux de cette escadre facilitèrent à César les moyens de continuer sa poursuite le long des côtes de l'Asie jusqu'au Nil. — Plus tard ce même Lucius Cassius fut un des complices moins importants de la conjuration contre la vie du dictateur.

CASSIUS PARMENSIS, ainsi surnommé d'après le lieu de sa naissance qui était Parme, se montra de tout temps un adversaire très-déterminé de César, et se trouvait, quoiqu'il eût été gracié par lui, au nombre des conjurés qui terminèrent par un assassinat la vie de ce grand homme. Il s'attacha, après cet événement, au parti républicain qui avait à sa tête M. Brutus et C. Cassius, jusqu'à ce que la fatale journée de Philippes vint menacer cette ligue d'une entière dissolution. Au moment où ce désastre avait lieu, Cassius, à la tête d'une division de la flotte, venait de l'Asie et se rendait sur le théâtre de la guerre avec des renforts de troupes et de nouvelles munitions de guerre. Ce fut dans ce trajet qu'il reçut la nouvelle de la défaite complète que son parti venait d'essuyer. Bientôt un adversaire autour de lui plusieurs autres escadres qui, depuis cet événement, croisaient la mer en tous sens, sans dessein et sans but; plusieurs des chefs de l'armée en partie des troupes qui avaient échappé au désastre vinrent aussi chercher un refuge auprès de lui. Ayant ainsi augmenté les forces de son escadre, il se rendit dans la mer Ionique, et se plaça sous le commandement en chef de Statius Murcus et de Domitius Ahenobarbus: mais ces deux chefs, en désaccord dans leurs vues et ne s'entendant pas sur les résolutions à prendre, séparèrent leurs flottes, et Cassius se rangea du côté de Murcus dont il connaissait l'expérience et qui ne fondait quelque espérance de salut que sur Sextus Pompée. Mais ce nouveau chef de parti se vit bientôt forcé de céder aux forces supérieures des triumvirs, et, résolu à se jeter dans l'intérieur de l'Asie, pour y chercher le dernier refuge que lui laissait sa position désespérée, il brûla sa petite flotte dans l'Hellespont, en sorte que Cassius vit ses services ultérieurs devenir inutiles. Il renonça donc à ce chef de parti. Enfin il trouva un nouveau maître dans la personne d'Antoine, sous lequel il combattit à la bataille d'Actium. Lorsque la destinée d'Antoine eut succombé sous la destinée plus heureuse d'Octave, le vainqueur traita ses adversaires avec une douceur calculée qui acheva de désarmer les partis; mais Cassius, qui était le dernier survivant des meurtriers de César, eut le malheur, avec un petit nombre d'autres victimes, d'être excepté des grâces accordées par Auguste. S'étant enfui à Athènes, il paya de son sang l'attentat sanglant auquel il avait participé. — Cassius fut connu aussi comme poète par ses contemporains, qui cependant vantèrent bien plus la fécondité que l'essor de sa muse. Ils assuraient que ses écrits auraient suffi pour servir de bûcher à son cadavre. Quintilius Varus, qui le tua, s'empara de ses papiers, parmi lesquels on prétend qu'il trouva une tragédie intitulée : Thyestes, qu'il fit connaître plus tard comme étant son propre ouvrage.

CASSIUS (LUCIUS) LONGINUS, neveu de ce Caïus Cassius qui, avec Brutus, assassina César et combattit pour la liberté. Voyant, à la seconde bataille de Philippes (l'an 710 après la fondation de Rome), que la victoire était perdue sans retour, il chercha une mort glorieuse au milieu de la mêlée, ainsi que beaucoup d'autres nobles Romains, et expira en combattant à côté de Brutus.

CASSIUS PATAVINUS eut l'audace, sous le règne d'Auguste, de déclarer, dans un festin public, que ni le courage ni la volonté ne lui manquaient pour délivrer Rome de son nouveau dictateur. Il n'y avait pas encore de loi sur les attentats à la majesté impériale, et Auguste, qui évitait avec soin tout ce qui pouvait faire penser les Romains à l'autorité unique qu'il exerçait, se contenta de faire donner à l'imprudent l'avertissement de quitter Rome.

CASSIUS (Titus) Severus, d'une basse extraction et de mœurs ignobles, se fit remarquer, sous le règne d'Auguste, comme un orateur distingué, quoique le premier il abandonnât la route tracée par les modèles plus anciens, non par ignorance ni par impuissance, mais à dessein et avec réflexion. Aussi exerça-t-il une influence marquée sur la forme que prit après lui l'art oratoire. Il ne fut pas non plus sans mérite comme historien, mais il se distingua surtout comme un satirique très-redouté. Il déversait la raillerie sans ménagement jusque sur les hommes les plus éminents et les plus grandes dames de Rome, et Auguste lui-même paraît avoir été blessé par ses satires, si ce sont réellement elles qui ont fait mettre ces sortes d'écrits injurieux au nombre des crimes que devait punir la loi sur les attentats à la majesté impériale. Cassius avait déjà précédemment payé des méchancetés semblables d'un exil dans l'île de Crète sans avoir pu, dans le lieu même de son exil, s'abstenir de se livrer à ce mauvais penchant. Accusé auprès du sénat, sous le règne de Tibère, de souiller les plus nobles noms de son fiel venimeux, ses biens furent confisqués par ordre de cette assemblée, et lui-même fut relégué, avec les formes les plus dures, au sein des rochers inhospitaliers de Sériphos, l'une des Cyclades, où il traîna une existence consumée par le besoin, ayant à peine de quoi couvrir sa nudité, et finit par succomber à la misère au bout de vingt ans. Quel avertissement exemplaire, même pour un esprit mieux fait, de résister aux attraits de la muse satirique! — Ce ne fut que sous le règne de Caligula, dans les premiers temps de son règne, qui furent meilleurs que la suite, qu'il fut de nouveau permis de rechercher, de posséder et de lire les écrits de Cassius. Il paraît cependant que cette disposition s'appliqua plutôt à ses ouvrages historiques; car on ajoute qu'elle eut lieu dans l'intérêt de la postérité, afin que celle-ci ne fût pas privée de documents sur les temps antérieurs.

CASSIUS CHÆREA, qui débarrassa la terre d'un monstre en assassinant Caligula, était encore un jeune homme lorsque Tibère monta sur le trône impérial, et servait dans l'armée que Cæcina commandait dans le bas Rhin, lorsque ce chef, profitant des circonstances, se révolta ouvertement pour assouvir son égoïsme par la violence et exercer sa vengeance sur ceux qui occupaient des commandements subalternes, et qu'il traita de la manière la plus indigne et la plus cruelle. Le courage ardent de Chærea se fit connaître par l'audace avec laquelle, seul, l'épée au poing, il fendit une mêlée impétueuse de soldats en fureur et parvint à se mettre en sûreté. Il faut bien qu'il se soit distingué par son mérite militaire, puisque, sous Caligula, nous le trouvons au nombre des tribuns de la garde prétorienne. Si cet avancement exigea un espace de vingt ans, il faut sans doute en chercher la cause dans les obstacles que devait trouver, dans la profonde corruption de l'époque, un caractère de la trempe de Chærea, qui, doué d'un esprit modeste et d'une grande droiture de sentiments, ne savait pas arracher à la fortune ses faveurs, ni se faire valoir auprès d'un Tibère et d'un Caligula. Il y a plus, c'est que, placé tout près de la personne de Caligula, il n'échappa à la cruauté sanguinaire de ce tyran qu'en devenant l'objet de ses railleries, d'autant plus qu'un certain embarras dans la parole et une certaine faiblesse dans la voix faisaient peut-être du courage mâle dont il avait donné pourtant des preuves suffisantes. Il est certain que Caligula le traitait sans dignité; car chaque fois que c'était son tour, en qualité de tribun de la garde prétorienne, de venir demander le mot d'ordre, il lui donnait volontiers quelque mot obscène afin de le livrer à la risée des soldats. — Ne pouvant pas supporter plus longtemps de pareils traitements, Chærea songeait à rentrer dans le silence de la vie privée, lorsque Caligula le chargea de la perception de quelques impôts. On considérait généralement cet emploi comme une faveur, car c'était un moyen de s'enrichir pour celui qui l'exerçait avec violence. Mais un homme tel que Chærea, obéissant aux nobles impulsions de son cœur, ne pouvait y voir qu'une occasion d'alléger le sort de ceux sur lesquels pesait la perception des impôts, autant du moins que cette conduite généreuse pouvait s'accorder avec ses fonctions. Ce désintéressement acheva de perdre Chærea dans l'estime de l'empereur, qui le considéra comme un niais, et dont les railleries n'eurent plus de bornes. Alors, ne voyant aucun moyen de dénouer les liens qui l'attachaient à son service d'esclave, le découragement et le désespoir entrèrent dans son âme, et y firent éclore insensiblement l'idée de délivrer la terre d'un monstre qui n'était pas digne de vivre. Déjà il avait mis quelques amis sûrs dans la confidence de son dessein, et avait, à cet effet, contracté une liaison plus étroite avec eux, lorsqu'un délateur vint révéler au tyran l'existence d'une conjuration de cette nature, et lui en donner quelques

indices obscurs, qui devaient s'éclaircir, disait-il, par les aveux de l'actrice Quintilia. L'empereur, qui saisissait souvent l'occasion de faire violence aux sentiments doux et efféminés qu'il supposait à Chærea, lui donna aussi pour cette fois l'ordre de faire subir la torture à l'actrice inculpée. Quintilia était assurément plus instruite qu'elle ne devait l'être; mais le tribun pouvait-il ménager dans les tourments le corps délicat de cette femme sans détourner sur lui-même les soupçons de ce tyran féroce? et d'un autre côté pouvait-il espérer que la malheureuse se tairait s'il exécutait dans toute leur rigueur les ordres qu'il avait reçus? — Tandis qu'il luttait péniblement dans son intérieur, elle-même lui tira d'embarras; car, en se rendant dans la chambre où la torture devait avoir lieu, elle lui fit un signe secret pour l'avertir qu'il pouvait compter sur elle, sur la fermeté qu'elle déploierait dans les supplices et sur le silence qu'elle garderait. En effet, elle supporta avec un courage plus que viril les tourments dont elle fut accablée. Caligula lui-même éprouva une admiration et une compassion habituellement étrangères à son âme; mais des impressions orageuses de colère et de vengeance agitèrent l'âme profondément émue de Chærea, et dès ce moment il pressa ses amis de lui aider, non plus à assurer, mais à hâter l'exécution de son dessein. Parmi eux se trouvaient la plupart des tribuns des cohortes prétoriennes, et même plusieurs des familiers et des affranchis du tyran, lesquels, avec la mobilité de ses caprices, étaient exposés chaque instant de perdre, non-seulement sa faveur, mais encore leurs biens et leur vie. — Le nombre toujours croissant des conjurés augmentait les forces aussi bien que les dangers de l'entreprise; mais leur zèle, moins ardent que le sien, différait encore toujours l'exécution, tandis que Chærea, que son poste appelait souvent auprès de celui dont il voulait faire sa victime, l'aurait volontiers immolé hardiment au premier moment venu, à la première occasion, soit au Capitole, soit sur la hauteur de la basilique Julienne. Cependant il était d'autant plus important de ne pas différer plus longtemps, que l'empereur devait quitter Rome dans quelques jours pour se rendre à Alexandrie, dont il voulait faire un nouveau théâtre à de nouvelles fureurs. On allait célébrer à Rome les spectacles annuels institués en l'honneur d'Auguste et qui duraient trois jours : l'empereur voulait encore assister à ces spectacles avant de partir; il ne restait donc plus aux conjurés que ces trois jours pour mettre leur projet à exécution, et ils furent d'autant plus portés à le faire que le tour vint à Chærea d'aller tout armé auprès de l'empereur pour lui demander le mot d'ordre qu'on donnait chaque jour à la garde prétorienne. Tout fut donc disposé, le dernier jour, afin de surprendre le tyran au moment où, selon son habitude, il allait quitter le théâtre pendant quelques heures pour prendre un bain et quelques rafraîchissements. Mais Caligula fut d'une bonne humeur si extraordinaire et trouva un plaisir si particulier aux représentations scéniques, qu'il déclara vouloir rester jusqu'au soir. Pendant ce temps, Chærea et d'autres conjurés l'attendaient à l'entrée, et déjà, ne pouvant pas attendre plus longtemps, il allait rentrer dans la salle de spectacle, et commettre son action téméraire devant les milliers de spectateurs qui encombraient cette salle, lorsque, persuadé par les conseils de quelques-uns des complices qui avaient eu soin d'éloigner toutes les personnes qui leur paraissaient suspectes, l'empereur descendit pour se rendre dans ses appartements au palais. Il semblait cependant devoir échapper encore, comme par miracle, aux pièges dont il était entouré, ayant choisi un corridor de côté pour se rendre à un appartement secret, où l'attendaient, ainsi qu'il s'en rappela à l'instant même, des histrions et des danseurs qui venaient d'arriver d'Asie et qui désiraient lui être présentés. Il était à s'entretenir avec eux, lorsque Chærea pénétra dans l'appartement avec ses complices sous le prétexte de lui demander le mot d'ordre. Caligula lui donna, comme d'habitude, un mot qui exprimait une raillerie injurieuse. Le prétorien irrité lui rendit injure pour injure, et s'étant écrié : *Tiens, prends!* il lui donna un coup de son glaive dans la nuque, puis un second dans la mâchoire. Trop lâche pour se défendre ou même pour appeler du secours, le tyran eut à peine assez de présence d'esprit pour tenter de s'enfuir; mais il en fut empêché par les conjurés qui se jetèrent sur lui, le terrassèrent, et bientôt, au cri convenu : *A bas! à bas!* le couvrirent de blessures et l'achevèrent. — Sans attendre la fin de la nuit, Chærea envoya un de ses complices pour tuer l'épouse de Caligula et sa fille encore au berceau, et exterminer ainsi toute la race de ce monstre. Ne cherchant pas à tirer de son action sanglante le moindre avantage personnel ni pour lui ni aucun de ceux qui avaient participé au complot, il appelait de tous ses vœux ainsi que de toutes ses espérances le rétablissement de la république. Il semblait que le moment était unique pour réaliser cette idée, et qu'une pareille occasion ne se présenterait plus. Mais le sénat, qui s'était promptement rassemblé au Capitole, effrayé par les cris affreux du peuple et des soldats qui appelaient la vengeance sur la tête des assassins de leur empereur chéri, aurait sans doute difficilement résisté à ces exigences menaçantes, si le sénateur Valerius Asiaticus, dont la parole avait une grande autorité, n'avait parlé avec une force entraînante et une éloquence persuasive en faveur des nobles libérateurs de la patrie, auxquels il voulut qu'on exprimât par un décret la reconnaissance publique, et s'il ne fût parvenu en même temps à calmer et même à apaiser les rassemblements populaires. Chærea et ses complices comparurent alors devant l'assemblée et avouèrent hautement leur action. Le consul Sentius Saturninus les remercia solennellement pour le service qu'ils avaient rendu à la république, qui venait de ressusciter. Chærea fut nommé chef de la garde urbaine chargée de protéger la liberté renaissante de Rome. On resta dans la curie jusque bien avant dans la nuit suivante à délibérer, au milieu de l'agitation des opinions contradictoires, sur la manière dont il convenait d'organiser et d'assurer cette liberté. Pendant ce temps-là, la garde prétorienne, privée de ses chefs, mais profitant des circonstances d'une manière plus audacieuse, amena dans le camp où elle était cantonnée le faible Claude César et le proclama empereur. — La duplicité artificieuse du roi de Judée, Agrippa, qui était alors présent à Rome et qui joua dans cette affaire un rôle peu honorable, sut donner à celui qui venait d'être élevé à l'empire sans s'y attendre et même sans le vouloir une prépondérance d'autant plus facile sur le sénat, qui restait inactif et flottant, que le peuple acclama au choix des prétoriens, et que la garde urbaine elle-même, malgré les efforts de Chærea, passait en masse du côté de Claude. Embarrassés et consternés, les conjurés n'eurent plus d'autre parti à prendre que de renoncer à ce rêve de liberté qu'ils avaient caressé pendant quelques instants, et de se soumettre promptement. Chærea resta seul avec son petit parti, déterminé à ne pas suivre cet exemple, mais sans secours et sans moyens pour détourner de lui la perte qui le menaçait. En effet, le premier acte du règne de Claude fut la fixation du sort des conjurés. Quoiqu'il fût d'un esprit simple et qu'il ne désapprouvât point l'action en elle-même, il ne crut pas cependant, dans l'intérêt de la sécurité de l'empire, se dispenser de punir un attentat aussi sanglant par la mort de celui qui en était l'auteur. La tête de Chærea tomba donc, et ses derniers instants ne déshonorèrent point son caractère. Le meurtrier de l'impératrice et de son enfant inhumainement immolé subit aussi la peine de mort. Les autres complices de la conjuration, quoiqu'ils ne fussent pas restés dans l'inaction, reçurent leur grâce, et tout ce qui s'était passé dans le sénat fut enseveli dans l'oubli.

CASSIUS (Lucius) **LONGINUS**, à qui son père donna une éducation très-solide, mais qui montra cependant toujours un caractère plus souple que réellement actif, exerça, encore jeune, la dignité de consul sous le règne de Tibère (l'an 29 après la naissance de J.-C.). Deux ans après, l'empereur le choisit, après y avoir longuement réfléchi, pour l'époux de Drusilla, la fille du noble Germanicus. Mais plus tard Caligula, qui était le frère de Drusilla, la lui reprit, et vécut avec elle d'une manière illicite et criminelle, ce qu'il avait déjà fait précédemment, à ce qu'on prétend.

CASSIUS (Caius) **LONGINUS** fut consul sous le règne de Tibère (l'an 50 de l'ère chrétienne), et jouit à Rome, en qualité de jurisconsulte distingué, d'une haute considération et d'une grande influence. Il se fit respecter aussi en Syrie, si ce n'est par des succès sur le champ de bataille, du moins par sa fermeté à maintenir la discipline parmi les troupes. Il fut chargé aussi par l'empereur Claude de la mission honorable de conduire dans les Etats Meherdates, petit-fils de Phaartes, roi des Parthes, jeune homme qui avait été élevé à Rome, et qu'une partie de ses compatriotes demandait pour roi. Cassius le conduisit jusqu'au passage de l'Euphrate à Zeugma, et le quitta alors après lui avoir donné de sages exhortations et des avertissements salutaires, que l'insensé jeune homme suivit si peu que l'entreprise échoua entièrement. — Il était impossible que, dans ces temps de tyrannie, un homme d'un caractère aussi indépendant que celui de Cassius échappât aux persécutions et ne fût pas menacé dans son existence. Il faut donc ranger de cette considération pour décider si ce fut ou non par une invention postérieure de la crédulité des hommes que Cassius, proconsul de la province d'Afrique sous le règne de Caligula, devint assez suspect et assez odieux pour que sa vie fût exposée à des dangers, sur la foi d'un oracle menteur qui le désignait comme le meurtrier de

Caligula, tandis que Cassius Chærea réalisa cette prédiction d'une manière inattendue. Les fêtes nombreuses que Néron institua pour célébrer des victoires réelles ou imaginaires portèrent cet homme droit à blâmer ces perpétuelles supplications, qui menaçaient de convertir tous les jours de l'année en fêtes oisives. Cette hardiesse inspira à l'empereur un ressentiment que ne diminua point l'aveuglement de Cassius qui ne s'en apercevait point, et bientôt après la mort de Pompée il fut frappé d'une sentence qui le bannissait en Sardaigne. Son crime prétendu consistait à avoir pris soin d'ensevelir la défunte, contrairement à la défense du tyran ; mais on lui fit un plus grand crime encore auprès du sénat d'avoir eu, parmi les images de ses ancêtres, le portrait de Caïus Cassius, l'assassin de César, avec ces mots : « Au chef de parti ; » exemple dangereux qui pourrait bien, disait-on, répandre le germe d'une nouvelle guerre civile et amener la chute de la domination des Césars. — Cependant Vespasien rappela à Rome le vieillard exilé, qui mourut peu de temps après son retour. — Une preuve éloquente de la vieille sévérité romaine de Cassius, c'est qu'il fit triompher dans le sénat, malgré l'opposition des sénateurs, qui étaient d'un sentiment plus doux, l'ancienne loi en vertu de laquelle, pour venger le meurtre commis sur la personne de Pedianus Secundus par un de ses esclaves, on fit périr tous ses esclaves, au nombre de 400, de tout âge et de tout sexe, qui étaient entièrement innocents du fait, condamnation contre laquelle la voix du peuple s'était élevée de toutes parts d'une manière tumultueuse.

CASSIUS BETILIENUS fut accusé auprès de Caligula, dans les derniers mois de la domination de ce monstre, d'avoir pris part à une conjuration contre sa vie, et l'empereur, qui ordonna qu'il fût exécuté devant ses yeux, voulut en même temps que le père du condamné, Capito, assistât à l'exécution. Ce fut en vain que le malheureux père implora comme une faveur la permission de détourner ses regards au moment de l'exécution ; bien plus, le monstre irrité prononça la peine de mort contre celui qui s'était rendu coupable d'un sentiment aussi naturel au cœur d'un père. Au rapport de Zonaras, Capito chercha, mais en vain, à obtenir sa grâce en nommant les prétendus complices de son fils, et il nomma plusieurs favoris de l'empereur, son épouse Cæsonia, et Callistus, préfet du prétoire. Quoique cette déclaration ne trouvât aucune créance auprès de Caligula, elle laissa cependant dans son âme un ferment de suspicion, qui força les inculpés à chercher leur salut dans un attentat réel et prompt contre la vie du tyran.

CASSIUS (Avidius Pudens), originaire de Syrie, fils d'Héliodore qui gouverna la province d'Egypte sous Adrien, et peut-être parent par sa mère de la famille des Cassius de Rome. Les empereurs de la famille des Antonins le considéraient comme un de leurs généraux les plus éprouvés, et il justifia cette réputation en Égypte, sur les frontières de la Germanie, et surtout dans la guerre qui éclata, en 162 après J.-C., contre les Parthes, dont il attaqua le roi Vologèses II avec tant de succès, qu'il pénétra en vainqueur jusqu'à Ctésiphon, conquit cette capitale, et réduisit en cendres le palais des rois parthes. Edessa, Babylone et Séleucie lui ouvrirent leurs portes. Toutefois cette dernière ville ne put échapper à la destruction, et ses habitants, au nombre de 400,000, n'en furent pas moins exterminés par un massacre général, soit qu'ils eussent été accusés de trahison, soit que la haine nationale, profondément enracinée au cœur des Romains, eût voulu venger sur le nom parthe tant de défaites honteuses qu'ils avaient précédemment essuyées. Cependant la retraite qu'opéra l'armée en s'éloignant de ces pays lui fut très-funeste ; elle fut accablée par la disette et par des épidémies, et de toutes les conquêtes qu'elle avait faites la Mésopotamie seule resta au pouvoir des Romains. — Cassius réprima avec non moins de succès une insurrection dans la haute Egypte, où il fut envoyé par Marc Aurèle, et sauva même Alexandrie, bien plus en divisant habilement les partis qu'en employant la force des armes, qui eût été d'un succès fort douteux dans cette circonstance, et il se montra aussi comme vainqueur à l'Arabie et à l'Arménie. Sa sévérité pour la discipline militaire était voisine de la barbarie ; mais elle avait pour résultat infaillible de rendre invincibles les armées qu'il commandait. Même lorsque cette sévérité portée à l'excès faisait éclater les révoltes les plus violentes, il n'avait qu'à se montrer au milieu de ses soldats, seul, sans armes, pour les ramener à leur devoir. Doué de hautes facultés, il y joignait des sentiments républicains, et manifesta d'une manière peu douteuse son aversion pour l'autorité absolue d'un seul, de sorte que, sous le règne d'Antonin le Pieux, il fut accusé d'un complot contre ce prince, et, malgré l'impunité qui lui fut accordée en considération des mérites de son père, il ne resta pas moins suspect à la cour, qui vit en lui un second Catilina. L'empereur Lucius Verus jugea même nécessaire de confier à son collègue Marc Aurèle, dans une lettre qu'il lui écrivit, ses soupçons pressants relativement à de nouveaux projets ambitieux que couvait Cassius, et nous possédons encore la réponse magnanime du philosophe couronné, dans laquelle il déclarait ne vouloir admettre aucun soupçon injuste contre celui qu'on accusait, ni prévenir d'une manière aveugle et précipitée la décision des dieux. Il retira même si peu sa confiance à son général, qu'au contraire il lui confia dans le même temps la conduite de la guerre contre les Sarmates, et le nomma ensuite gouverneur de Syrie. — Plût à Dieu que Cassius eût mieux justifié par ses actes une aussi noble conduite ! Dans l'orgueil de son esprit, il élevait réellement ses regards jusqu'à la conquête de ce sceptre romain qui commandait à l'univers, soit que ce fût par l'aiguillon de sa propre ambition, ou, comme quelques-uns le prétendent, par l'instigation secrète de l'impératrice Faustine, qui promit de lui donner sa main après la mort de Marc Aurèle, afin de mieux protéger par lui les jours de son fils Commode, encore mineur. Peu de temps après (l'an 175 après J.-C.), pendant que l'empereur se trouvait sérieusement engagé dans une guerre contre les Marcomans, un faux bruit de sa mort se répandit subitement. Aussitôt Cassius saisit avidement cette occasion pour se faire proclamer empereur en Syrie, et prit des mesures pour se mettre en possession des pays situés au delà du Taurus, et pour s'assurer de l'Egypte par son fils Mæcianus. Quand même, comme on le prétend, ce bruit n'aurait pas été répandu par lui-même, toujours n'était-il plus en son pouvoir, après des démarches aussi flagrantes, de reculer devant une révolte ouverte. — M. Verus, gouverneur de Cappadoce, donna à l'empereur étonné la première nouvelle de cet événement surprenant, et reçut de lui la mission de combattre l'usurpateur jusqu'au moment où lui-même, après avoir vaincu ses ennemis sur le Danube, pourrait accourir en Orient dans le même but. Le sénat déclara solennellement que ce rebelle était un ennemi de l'empire, et confisqua ses biens, que Marc Aurèle versa, non pas comme on l'avait fait jusqu'alors dans son propre trésor, mais dans le trésor public. Cassius avait perdu la faveur, mais non l'estime de ce grand homme, qui déclara ouvertement et avec sincérité que, si les dieux prononçaient que son adversaire était le plus digne, il lui céderait volontiers l'empire, dont il n'avait pris les rênes ni par intérêt ni par ambition, mais pour le bien général, et au milieu de dangers et de difficultés de toutes sortes. Déjà il traversait l'Illyrie, marchant vers l'Asie pour opposer la force légale à l'usurpateur, lorsque celui-ci fut tué par la main du centurion Antoine, après un rêve de domination qui avait duré trois mois et six jours. Les détails de cet événement ne nous ont pas été conservés par l'histoire; il est à présumer cependant qu'un engagement eut lieu entre Cassius et les troupes impériales. Sa correspondance menaçait de compromettre une foule de sénateurs et d'autres citoyens; M. Verus, ou l'empereur lui-même, l'anéantit sans la lire. Personne ne paya cette trahison de sa vie, à l'exception de Mæcianus et de celui que Cassius avait nommé préfet du prétoire, lesquels furent tués à Alexandrie dans un rassemblement de troupes, sans doute contrairement à la volonté de l'empereur, qui plaignit leur sort, et qui, lorsqu'on lui apporta la tête de Cassius, détourna ses regards, témoignant le regret qu'il éprouvait de ce que la destinée ne lui eût pas permis d'écouter la voix de son cœur. Une amnistie générale termina cet événement.

CASSIUS (FÉLIX) vivait au 1ᵉʳ siècle (97 ap. J.-C.), du temps de Celse, qui en parle comme du plus ingénieux médecin qu'il ait connu. Galien et Scribonius Largus l'appellent *Cassius le médecin*, et ces deux derniers, ainsi que le premier, rapportent la description d'un médicament qu'il donnait contre la colique, et qu'il faisait préparer par un de ses esclaves, nommé Atimetus. Il entrait du suc épaissi de pavot dans ce remède. Cassius suivait la doctrine d'Asclépiade; il a laissé même des preuves de ses sentiments à l'égard dans les problèmes de médecine et de chirurgie que nous avons sous son nom, et que Gessner et Adrien Joughe ont traduits du grec en latin. La plupart des questions qu'il propose dans cet ouvrage sont curieuses, et leurs solutions extrêmement ingénieuses. On remarque en particulier la manière dont il explique la paralysie qui survient au côté opposé à la partie de la tête qui est blessée; il en rend raison en faisant observer que les nerfs qui tirent leur origine du cerveau se croisent, en sorte que ceux qui viennent de la partie droite de cette base se portent vers le côté gauche, et ceux qui partent de la gauche vont se rendre au côté opposé. — Différents auteurs parlent d'un CASSIUS JATROSOPHISTA, que Daniel le Clerc croit être le même que celui dont Celse fait mention; aussi lui attribue-t-on l'ouvrage que je viens de citer, et qui a paru sous ce titre : *Naturales et medicinales quæstiones LXXXIV, circa hominis naturam et morbos aliquot, Conrado Gesnero interprete, nunc primum in lucem editæ. Eædem græce, longe quam antea castigatiores, cum scholiis quibusdam. His accedit catalogus medicamentorum simplicium et parabilium quæ pestilentiæ veneno observantur, auctore Antonio Schnebergero,* Tiguri, 1562, in-8°, en grec et en latin; Lutetiæ, 1541, in-8°, en grec; Ludguni Batavorum, 1595, in-12, cum *Theophylacti Simocati quæstionibus physicis;* Francofurti, 1541, in-4°, en latin, de la version d'Adrien Joughe, avec les corrections de l'exemplaire grec; Lipsiæ, 1653, in-4°, par les soins d'André Rivinus. — Il se trouve encore un autre médecin du nom de Cassius; c'est L. ANNIUS CASSIUS MITHRADORUS.

CASSIUS (SAINT), martyr de la légion thébéenne, l'un des compagnons de saint Maurice. On ne sait rien de particulier sur son martyre (Baillet, t. 3, 22 septembre).

CASSIUS (BARTHÉLEMI), jésuite, né en Dalmatie l'an 1575, fut envoyé par ses supérieurs dans les missions du Levant, puis nommé provincial à Raguse, d'où il vint à Rome remplir les fonctions de pénitencier apostolique. Il y mourut en 1650. On a de lui : *Institutiones linguæ illyricæ,* Rome, 1604, in-8°. Il a donné dans cette langue des *Cantiques spirituels,* 1624, in-8°, et des traductions du *Rituel romain,* 1640, in-4°, ainsi que des *Epitres et Evangiles* du missel, 1641, in-fol. Ses autres ouvrages, écrits en latin et tous ascétiques, n'offrent aucun intérêt.

CASSIUS (ANDRÉ), né à Schleswig, où son père, André Cassius, était secrétaire du duc de Schleswig, étudia la médecine à Leipzig, et prit le grade de docteur à Groningue en 1668. Sa dissertation inaugurale, *De triumviratu intestinali cum suis effervescentiis,* est célèbre et a été souvent réimprimée. Il pratiqua son art à Hambourg avec beaucoup de succès. On lui attribue l'invention de l'essence du bézoard, dont on a vanté pendant quelque temps les vertus contre la peste. Les arts lui doivent le précipité d'or qui porte son nom, et qui fournit une belle couleur propre aux peintres en émail et aux peintres sur porcelaine. Ce précipité est un oxyde d'or peu oxygéné, que l'on obtient en décomposant la dissolution de ce métal par l'étain ou par le muriate d'étain peu oxygéné; il en donne le procédé dans son traité *De extremo illo et perfectissimo naturæ opificio, de principe terrenorum sydere,* ou *admiranda ejus natura, generatione, effectibus, atque ad operationes habitudine,* Hambourg, 1685, in-8°. — CASSIUS (CHRÉTIEN), frère d'André, entra dans la carrière diplomatique, fut chancelier et conseiller intime de l'évêque de Lubeck, s'acquitta honorablement de diverses ambassades, obtint l'amitié du célèbre Grotius, et mourut le 6 octobre 1676.

CASSIVELLANUS ou CASSIBELAN, l'un des princes entre lesquels se partageait le territoire de la Grande-Bretagne au temps de l'invasion de Jules César. Ces princes étaient tellement multipliés, que l'on comptait alors quatre rois dans le pays qui forme aujourd'hui le comté de Kent. Cassibelan gouverna la région qu'arrose la Tamise, où dès lors le commerce avait commencé à introduire un degré de civilisation et d'opulence moins connu des autres contrées. Son frère aîné Lud, qui, suivant les vieux chroniqueurs, a donné son nom à la ville de Londres, était mort après un règne de trente ans, laissant deux fils mineurs. Sous prétexte que les Bretons avaient secouru les Gaulois, César envoya deux députés vers ces peuples et leurs chefs pour les sommer de se reconnaître tributaires de Rome. Tous se liguèrent pour faire tête aux ennemis, et Cassibelan eut le commandement des troupes. César fut battu dans la première et dans la seconde descente; mais la discorde se mit entre les Bretons. La peuplade des Tinisbantes passa du côté des Romains, et Cassibelan, obligé de céder à des forces bien supérieures, se retira dans les bois, et s'y défendit longtemps. Enfin il offrit sa soumission. César, pressé par l'hiver, l'accepta et se rembarqua sur les vaisseaux qu'avait épargnés la tempête. Cassibelan eut encore sept ans de règne qui ne furent troublés par aucune invasion étrangère, et pendant lesquels il est plus que douteux qu'il ait payé le tribut promis.

CASSIVELLANI OPPIDUM (*géogr. anc.*), la même que Vérolanium (*V.* VÉROLANIUM).

CASSOLE, s. f. (*technol.*), sorte de réchaud sur lequel les papetiers font chauffer leur colle.

CASSOLETTE, petit vase destiné à faire brûler des parfums. C'était une espèce de coupe évasée, en métal, portée sur un pied plus ou moins élégant, et dans laquelle on mettait des charbons ardents sur lesquels on jetait de temps à autre des substances qui, en se volatilisant, répandaient une odeur suave dans les temples ou dans les appartements. De nos jours, où l'usage des parfums est moins répandu, les cassolettes ne sont plus des meubles de pure fantaisie. Quelques personnes néanmoins s'en servent encore, et l'on en fait dans lesquelles une petite plaque de métal, sur laquelle se placent les matières qu'on veut volatiliser, est suspendue au moyen de chaînettes au-dessus d'une petite lampe à l'esprit-de-vin.—On nomme encore *cassolette* une petite boîte d'or ou de vermeil, renfermant une éponge fine, imbibée de quelque essence odorante, et que les dames portent à leur ceinture. Les architectes emploient, dans la décoration de divers édifices et principalement dans celle des monuments funèbres, des cassolettes sculptées, d'où semblent sortir de la fumée ou des flammes.

CASSOLETTE, petit vaisseau ou réchaud de cuivre ou d'argent, sur lequel on fait brûler des odeurs agréables. Autrefois, on ne se servait que de cassolettes pour encenser dans les églises; et au lieu d'encenser le peuple, comme on fait aujourd'hui par le mouvement de l'encensoir, on lui portait la cassolette toute fumante au nez, et chacun en attirait la vapeur avec la main, en disant ces paroles marquées en de très-anciens sacramentaires : *Accendat in nobis Dominus ignem sui amoris et flammam œternœ charitatis.* On appelait ces cassolettes, *thymiamateria* ou *thuribula suffitoria* (De Vert, *Cérémon. de l'Égl.*, t. IV, p. 52) (*V.* ENCENS, ENCENSOIR).

CASSOLETTE se dit aussi de l'odeur qui s'exhale de la cassolette.—Famil. et ironiq., *Quelle cassolette! Voilà une terrible cassolette!* se dit d'une mauvaise odeur.

CASSOLETTE, s. f. (*hort.*), espèce de poire.

CASSON, s. m. pain informe de sucre fin.

CASSON, s. m. (*technol.*), chez les confiseurs, se dit d'un morceau de cacao brisé.—On appelle, en termes de raffineurs, *Sucre des quatre cassons*, une des premières qualités de sucre. —On nomme encore *cassons*, chez les marchands de glaces, des rognures qui proviennent des glaces qui ont été mal fabriquées.

CASSONADE, s. m. sucre qui n'a été raffiné qu'une fois (*V.* SUCRE).

CASSOORWAN, s. m. (*hist. nat.*), petit poisson des Indes, plus gros et meilleur que l'anchois.

CASSORARI (*hist. nat.*), petit poisson de mer de la grosseur de l'anchois, et beaucoup plus recherché. Il se pêche dans les mers des Indes occidentales. On dit qu'il a deux prunelles à chaque œil, à l'aide desquelles on ajoute qu'il voit en même temps en dessus et en dessous.

CASSOT, s. m. *term. de papetier*, caisse à compartiments, qui est destinée pour le triage des chiffons.

CASSOTIDE, s. f. (*myth.*), nom d'une fontaine dont l'eau allait sous terre, dans le lieu le plus secret du temple, où sa vertu prophétique inspirait les femmes qui y rendaient des oracles.

CASSOUBES, peuple vénède dont on trouve encore les débris dans la partie nord-est de la Poméranie, entre Stolpe et la Prusse occidentale. Les Cassoubes parlent une langue vénède, c'est-à-dire slavonne, mêlée de beaucoup de mots allemands et polonais; quelques-uns d'entre eux parlent le plat allemand, en y mêlant une quantité de mots vénèdes. Les Cassoubes ont été serfs jusqu'en 1810. Dans leurs villages, assez semblables aux villages polonais, règnent la malpropreté et souvent la misère. Dans son titre *in extenso*, le roi de Prusse s'appelle encore aujourd'hui *duc des Cassoubes*. Cependant il n'a jamais existé, à proprement parler, un duché de ce nom ; seulement les anciens géographes désignaient, sous celui de *Cassubia*, la région bornée au nord par la mer Baltique, au sud par la voïevodie de Poznân (d'alors) et par la nouvelle Marche, à l'est par le royaume de Prusse (qu'il faut bien distinguer de la monarchie prussienne), et à l'ouest par la Poméranie proprement dite. Du IXᵉ au XIIᵉ siècle, les Cassoubes eurent à soutenir des guerres contre la Pologne ; mais l'an 1119 ils embrassèrent le christianisme, auquel ils avaient jusque-là résisté.

CASSOVIE (BATAILLE DE). Elle eut lieu en 1389, et porte le nom d'une plaine de la Servie, appelée *Campo Cassovo*, ou aussi *Champ des Merles* (*Campus Merularum*), en hongrois *Rigomezrye*. Dans cette plaine, arrosée par le Drino, et qui s'étend entre Skopia et Kopanick, le sultan Amurath ou Mourad Iᵉʳ livra un combat célèbre au despote de la Servie, assisté de ses nombreux alliés. Le despote y périt. Quoique les Serbes aient regardé comme douteuse l'issue de cette journée, on

s'accorde assez généralement à reconnaître que le sultan fut victorieux. En parcourant, après un sanglant combat, la scène de carnage, Amurath remarquait que la plupart des morts n'étaient que des adolescents, et son vizir lui répondait en courtisan, que des hommes d'un âge plus raisonnable n'auraient point entrepris de résister à ses invincibles armes. Mais l'épée des janissaires ne put le sauver du poignard du désespoir : un soldat servien s'élança du milieu des morts, et le blessa dans le ventre d'un coup mortel. La bataille de Cassovie, qui anéantit l'indépendance des tribus esclavonnes, joue un grand rôle dans les chants nationaux des Serbes (*V.* SERBES).—En 1449, tandis que le sultan Amurath II était en Grèce, il apprit qu'une armée nombreuse de Hongrois, de Bohèmes, d'Allemands, s'avançait sur le chemin de Belgrade, vers les terres de l'empire ottoman. Il rassembla ses troupes éparses, et se rendit à Sophie. Là, ses généraux étant venus le joindre, il se mit en marche pour aller chercher les chrétiens. Il les trouva campés à Cassovie (1). On en vint aux mains avec un acharnement incroyable. Les Turcs, d'abord repoussés, repoussèrent à leur tour les chrétiens; ceux-ci reprirent un instant l'avantage. Le jour ne suffisant pas à l'animosité des deux partis, on combattit encore dans les ténèbres. Enfin le roi des Hongrois ayant pris la fuite, ses troupes perdirent courage ; elles furent massacrées. — Il ne faut pas confondre avec le *Campo Cassovo* en Servie la ville hongroise de Cassovie ou Kaschau (en hongrois, *Kasa*), ancienne ville libre royale, et forteresse sur le Hermaih, située dans une contrée où l'air est malsain. En 1685, cette ville, assiégée et prise par les impériaux, perdit les grands privilèges dont elle jouissait, pour avoir embrassé le parti des mécontents. Elle eut plusieurs sièges à soutenir, et fut souvent défendue avec talent et courage. Kaschau est dans le comté d'Abaujvar.

CASSUMUNAR, *cassumunar* (*botan.*), nouveau genre créé, en 1833, par Colla, avec une plante que Roxburgh, savant botaniste voyageur, a le premier fait connaître. Il appartient à la monandrie monogynie, et se place naturellement dans la famille des amomées, entre les genres gingembre et amome. En voici les caractères : spathe double, l'extérieure infère herbacée, la supérieure pétaloïde ; le limbe de la corolle tripartite, l'autre bifide ; filament allongé, anthère nue, stigmate tronqué. On n'en connaît encore qu'une seule espèce, le *cassumunar Roxburghii.* Cette espèce a fleuri en août 1829 dans les serres du jardin botanique de Rivoli (*V.* JARDIN BOTANIQUE); elle est originaire de l'Inde. Sa racine tubéreuse est grise en dehors, jaunâtre en dedans, d'un goût un peu âcre, amer et aromatique; son odeur est agréable; sa tige droite, herbacée, avec des feuilles glabres, lancéolées, et des fleurs bleuâtres. On lui attribue des propriétés médicinales qui ne sont pas encore parfaitement constatées.

CASSURE, s. f. fracture. — Aspect que présente un minéral qui a été cassé.

CASSUVIUM, s. m. (*botan.*), genre de plantes de la famille des térébinthacées.

CASSYTE (*V.* CASSITE).

CASSYTHA, s. f. (*botan.*), espèce de plante volubilis de l'Inde, qui ressemble à la cuscute. — Genre de plantes de la famille des laurinées.

CASTABALA ou **CASTABALE**, ville épiscopale de la seconde Cilicie, au diocèse d'Antioche, sous la métropole d'Anazarbe. Elle est située vers la côte du golfe Issique, entre Adana au couchant, et Anazarbe au levant, dans les confins de la Syrie. Pline la nomme Castabla, et Constantin Porphyrogénète Momesta. Il y avait un temple dont on assurait que les prêtres marchaient sur des charbons ardents.

CASTAGLIONE ou **CASTIGLIONE** (JOSEPH), en latin *Castalio*, Italien savant, né dans le XVIᵉ siècle à Ancône d'une famille originaire de Penne, dans l'Abruzze ultérieure, cultiva

---

(1) On trouve aujourd'hui près de Nisi (Naïssus) une ville du nom de Kassobo : mais, à l'occasion de la bataille, les annalistes ne parlent guère que d'une plaine, d'un camp. Sans rappeler le nom même de *Campo Cassovo*, nous citerons le passage de Laonic-Chalcondyle (l. VII, p. 189 de l'édit. de Paris) où cet auteur byzantin rapporte qu'Amurat, arrivé dans la plaine de Cossovo (ἐπεὶ δὲ Κόσοβον τὸ πεδίον...) y fit dresser un camp. Dans un autre passage de Ducas (*Hist. Byz.*, c. XXXII, édit. Par., p. 124), on ne peut démêler si c'est d'une ville ou d'un fleuve ou d'autre chose qu'il entend parler : Ἔρχηται πρὸς τὴν Νησίν, ἡ πρὸς τὸν Κόσεβαν.

avec un égal succès la jurisprudence, la poésie et l'étude de l'antiquité. Il vint demeurer à Rome, où son érudition et ses talents lui méritèrent la faveur des prélats les plus distingués. Il fut fait gouverneur de Corneto en 1598, et mourut en 1616, selon Nicéron. On a de lui plusieurs dissertations écrites en latin : 1° *Sur une colonne antique placée dans l'église Saint-Pierre*, en 1594; 2° *Sur le temple de la Paix*. Les suivantes ont été réunies sous ce titre : *Variæ lectiones et opuscula*, Rome, 1594, in-4° : 1° *Des prénoms que les anciens donnaient à leurs enfants*; 2° *De la manière dont on doit écrire le nom de Virgile*; et 3° *Réplique à ceux qui soutiennent que les femmes ont eu des prénoms dans l'antiquité*. La plupart des opuscules de Castaglione ont été insérés dans le *Thesaurus antiquitatum*, de Grævius. On en trouve la liste dans le quarante-deuxième volume des *Mémoires* de Nicéron. Baillet rapporte, d'après Meursius, que, lorsqu'on apporta à Leyde les *Diverses Leçons* de Castaglione, tout le monde se mit à rire, dans la pensée que les Italiens n'étaient pas capables de rien faire d'important en matière d'érudition; mais il ajoute qu'à peine en eut-on lu quelques endroits, que l'on changea de sentiment.

CASTAGNARES (AUGUSTIN) naquit le 25 septembre 1687 à Palta, capitale de la province du Tucuman, dans le Paraguay. Son ardeur pour les missions se déclara de bonne heure et le fit entrer chez les jésuites. Ses supérieurs le destinèrent à prêcher la foi chez les Chiquites. Plusieurs centaines de lieues qu'il fallait traverser pour arriver chez ces peuples, les difficultés d'un terrain coupé de rochers et de précipices, les variations d'un climat tantôt glacial et tantôt embrasé, n'étaient pas les seuls obstacles qu'il eût à surmonter; la marche des Chiquites en présentait de plus grands encore. Mais, à force de travail, elle lui devint familière, et bientôt il se vit en état d'assister le supérieur de sa mission dans une entreprise d'une grande importance. Il s'agissait d'ouvrir une communication entre la mission des Chiquites et celle des Guaranis, et d'annoncer l'Evangile aux différentes nations sauvages qui occupent l'intervalle immense par lequel ces deux peuplades sont séparées. Ce projet eut d'abord peu de succès; mais le P. Castagnares ne se rebuta point, et bientôt il eut la consolation de convertir une partie de la nation des Samaques et de fonder au milieu d'eux une peuplade à laquelle il donna le nom de *Saint-Ignace*. Il reprit alors le plan de communication entre les Chiquites et les Guaranis, dont il avait été forcé de suspendre l'exécution; mais après des efforts inconcevables dans des terres inondées, où il avait souvent de l'eau jusqu'à la poitrine, manquant de nourriture, épuisé de sang par la piqûre des insectes, les pieds déchirés par l'herbe dure et tranchante des marécages, il se vit contraint de regagner l'habitation de Saint-Ignace. Son repos n'y fut pas de longue durée. Le désir de répandre les lumières de la religion l'entraîna chez un peuple connu sous le nom de *Mataguais*; et d'abord il fut assez bien accueilli par quelques-uns de ces barbares; déjà même il travaillait à leur faire construire une petite église, lorsque le cacique, ennemi juré des chrétiens, le surprit seul, et le massacra le 15 septembre 1744. Castagnares était dans la cinquante-septième année de son âge.

CASTAGNEAU, s. m. (*hist. nat.*), espèce de poisson qui forme le type du genre chromis.

CASTAGNETTES. C'est un instrument à percussion, formé de deux petites rondelles de bois concaves, et qui ressemble assez à la figure d'une noix. L'origine du mot castagnette vient peut-être de ce qu'on les faisait en châtaignier, qui est un bois très-dur, ou bien encore de leur couleur brune comme le fruit de cet arbre (*castanea*). Deux coquilles liées ensemble forment une castagnette. Pour jouer des castagnettes, on en prend une paire, qu'on tient de chaque main. Enroulé autour du pouce, au moyen d'un cordonnet, l'instrument retombe sur la paume, et on le fait retentir en le claquant rapidement avec les doigts restés libres. Les castagnettes ne rendent pas de son musical; aussi est-il indifférent de les désigner par telle ou telle note. Cependant on a l'habitude de les écrire par un sol au-dessus de la portée. Sans grandes ressources ni utilité apparente, puisqu'elles ne font guère entendre que des coups secs ou une sorte de trille plus ou moins prolongé, les castagnettes ne laissent pas d'exercer une notable influence sur la composition dans laquelle on les introduit, par la fermeté et l'animation qu'elles communiquent au rhythme. Dans certains airs nationaux, et particulièrement dans certaines danses de caractère, tels que la seguidille, le boléro, le fandango, etc., les castagnettes sont d'un effet délicieux et d'un entraînement irrésistible. En Italie, dans le midi de la France et surtout en Espagne, il n'y a point de danse sans castagnettes. — Il est à présumer que le *crotalum*

ou *crotalon*, dont se servaient les anciens dans plusieurs de leurs cérémonies religieuses, notamment aux fêtes de Bacchus, était semblable, du moins fort analogue à nos castagnettes actuelles. La *crupezia*, qui se frappait avec le pied, et les *crumata*, dont parle Aristophane, étaient pareillement des variétés de l'espèce. Plusieurs passages de Martial, entre autres l'épigramme suivante :

Edere lascivos ad Betica crumata gestus
Et Gaditanis ludere docta modis ;

prouvent que jadis, aussi bien que de nos jours, cet instrument accompagnait presque toujours des danses voluptueuses. Ces deux vers témoignent en outre de la passion avec laquelle on recherchait, à Gades et dans la Bétique, ce genre de divertissement. Le goût des castagnettes se conserva en Grèce et dans tout l'Orient; c'est de là qu'elles nous furent apportées par les Sarrasins, lors de l'invasion. Les Sarrasins ont disparu, mais les castagnettes sont restées. Les femmes mauresques jouent de ce petit instrument avec une habileté prodigieuse; elles en prennent quelquefois une paire de chaque main. — On a écrit plusieurs méthodes de castagnettes; mais deux heures de leçon avec un bon professeur valent mieux que tous les traités du monde. — Les castagnettes s'emploient avec un grand avantage au théâtre, dans la musique de ballet. EDMOND VIEL.

CASTAGNETTE, s. f. (*comm.*), étoffe de soie, de laine ou de fil, croisée des deux côtés.

CASTAGNEUX (*hist. nat.*), espèce d'oiseaux du genre grèbe (*V.* ce mot).

CASTAGNIZA (JEAN DE) bénédictin espagnol du XVIe siècle, fut prédicateur général de cet ordre, aumônier de Philippe II, censeur de théologie auprès des juges apostoliques de la foi, et mourut en 1599 à Salamanque, dans le monastère de Saint-Vincent, où il s'était retiré dans sa vieillesse. On a de lui quelques *Vies* de saints religieux, et des traductions de plusieurs ouvrages ascétiques, entre autres le *Combat spirituel*, que quelques biographes lui ont attribué, mais dont l'auteur est le P. Laurent Scupoli.

CASTAGNO (ANDRÉ DEL), peintre, vivait vers la fin du XVe siècle. Il travailla beaucoup à Florence, sa patrie, et il fut le premier des peintres de la Toscane qui connut la manière de peindre à l'huile. Un certain Dominique, de Venise, qui avait appris ce secret d'Antoine de Messine, s'étant établi à Florence, Castagno ne négligea rien pour obtenir de lui qu'il l'instruisît du même secret. Ses vœux furent remplis; mais, jaloux de l'estime que les Florentins témoignaient à Dominique, il conçut le projet de l'assassiner, et n'eut pas horreur de commettre ce crime, un soir que son bienfaiteur se promenait tranquillement dans les rues en jouant de la guitare. Comme il avait pris toutes ses mesures pour ne pas être découvert, Dominique ne le reconnut pas, et se fit transporter chez ce faux ami qui recueillit ses derniers soupirs en affectant la plus vive douleur. Débarrassé de son rival, Castagno jouit seul de la gloire qu'il méritait d'ailleurs à juste titre. Il fut chargé de représenter, dans le palais de Podesta, la conjuration formée en 1478 contre Laurent et Julien de Médicis. Il rendit au naturel tous les conjurés, au nombre de plus de trois cents, qui étaient devenus victimes de leur entreprise, et qui avaient été étranglés sur la place ou pendus aux fenêtres du palais. Quoique la vue de ce tableau fût très-désagréable, puisqu'on n'y apercevait que des gens massacrés ou pendus, cependant il assigna un rang distingué à Castagno parmi les peintres de l'époque. Mais à part le talent réel qu'on lui reconnaissait, chacun le blâma d'avoir exécuté un tel sujet, et on ne le nomma plus qu'*Andrea degl' impiccati*, André des Pendus. A l'article de la mort, les remords assaillirent Castagno, qui confessa le meurtre de son ami et fut enterré avec la haine et l'indignation publique.

CASTAGNOLE, s. f. (*marine*), morceau de bois percé de deux trous, et fixé à chacune des ralingues d'une galère.

CASTAGNOLE (*hist. nat.*), espèce de coquille.

CASTAGNOLE, *brama* (*poissons*), genre établi par Bloch et Schneider aux dépens des spares de Linné, et adopté par Cuvier (*Règne animal*, t. II, p. 194), qui le place dans la famille des squamipennes, parmi les acanthoptérygiens; il rentre aussi dans les léiopomes de Duméril; les castagnoles tiennent à cette famille par les écailles qui couvrent leurs nageoires verticales, lesquelles n'ont qu'un petit nombre de rayons épineux, cachés dans leurs bords antérieurs ; mais elles ont des dents en cardes aux mâchoires et aux palatins ; le profil élevé, le museau très-court, le front descendant verticalement ; une dorsale et une anale basses, mais commençant en pointe saillante. Le genre castagnole a pour type la castagnole proprement dite, *crama raü* (Schneid., pl. 99), *sparus raü* (Bloch, 273), brème dentelée (*Encycl.*). Ce poisson a la mâchoire supérieure garnie de deux rangées de dents minces, égales ; un rang de dents semblables paraît à la mâchoire supérieure. Le corps est plus haut dans sa partie antérieure que dans sa partie postérieure ; les écailles sont molles et lisses ; en général, la forme de la castagnole est facile à distinguer de celle des autres poissons. La couleur est celle de l'acier bruni. Cette espèce, originaire de la Méditerranée, s'égare quelquefois dans l'Océan ; sa nourriture consiste en petits poissons et en frai ; sa chair est blanche et molle ; cependant elle est bonne à manger lorsque le poisson a pris tout son développement et qu'il a vécu dans les endroits pierreux. On le prend pendant l'été avec des filets ou des lignes ; et l'on profite souvent, pour le pêcher, des temps d'orage et de tempête, pendant lesquels il se réfugie près des rivages et sur les bas-fonds.

CASTAGNOLLO, s. m. (*hist. nat.*), nom de deux espèces de poissons que l'on pêche sur les côtes de Nice.

CASTAGNON, s. m. (*botan.*), nom que l'on a donné à une espèce de châtaignier.

CASTAIGNE ou **CASTAGNE** (GABRIEL DE), religieux de l'ordre de Saint-François, né dans le XVIe siècle, s'adonna à l'étude de l'alchimie, devint aumônier de Louis XIII, et mourut vers 1650. On a de lui : *l'Or potable qui guérit tous les maux ; le Grand Miracle de nature métallique ; le Paradis terrestre.* Ses œuvres ont été recueillies en un seul volume et publiées à Paris, 1661, in-8°.

CASTAING, célèbre empoisonneur, né à Alençon en 1796, exécuté à Paris en 1823, et dont le procès excita une grande curiosité, à cause de la publicité qui fut alors donnée pour la première fois aux propriétés des poisons végétaux.

CASTALDI (CORNEILLE), né à Feltre en 1480, d'une famille ancienne, fut jurisconsulte et poëte. Comme jurisconsulte, il fut chargé des intérêts de sa patrie auprès de la république de Venise ; il parvint à obtenir tout ce qu'il demandait. Egalement estimé des grands et des savants, il fixa ensuite sa demeure à Padoue, s'y maria, et y fonda un collége. Castaldi mourut en 1536 ; ses poésies, ignorées pendant longtemps, furent publiées pour la première fois, en 1757 (Paris, Prault, in-4° et in-8°), par les soins de l'abbé Conti, célèbre Vénitien, avec la Vie de l'auteur, écrite par un autre savant vénitien, le bailli Thomas-Joseph Farsetti. Dans ses poésies italiennes, Castaldi voulut s'écarter de la route ouverte par Pétrarque. Ses pensées sont nobles et ingénieuses ; mais il manque souvent d'élégance et de douceur. Ses poésies latines, qui sont peut-être préférables, respirent le goût de l'antiquité, et l'on voit qu'il avait pris pour modèles les poëtes du siècle d'Auguste.

CASTALDUS (RUSTAURUS), docteur de Pérouse, composa, à la prière de l'empereur Charles-Quint, le traité *De imperatore*, qui est au seizième tome des *Traités du droit*, et a commenté quelques titres des Institutions (Denys-Simon, *Biblioth. histor. et chron. des principaux aut. du droit*).

CASTALDUS (JEAN-BAPTISTE), de Naples, chanoine régulier du XVIIe siècle, a laissé des Panégyriques et Vies de quelques saints, imprimés à Rome en 1615, 1618 et 1621.

CASTALIDES (*mythol.*), surnom des Muses, du nom de la fontaine Castalie (*V.* ce mot).

CASTALIE (*hist. nat.*). Lamarck a donné ce nom à un genre de coquilles bivalves, de la classe des acéphales, formé aux dépens du genre mulette, *unio*, et n'en différant que par la coquille, qui est un peu en cœur, striée en rayons, avec les dents et les lames de la charnière sillonnées en travers de leur longueur, ce qui leur donne quelques rapports avec celles des trigonies. Ces coquilles se trouvent dans les fleuves de l'intérieur de l'Amérique méridionale, et elles sont très-rares et très-recherchées des amateurs ; aussi leur prix est-il fort élevé, car elles valent encore de 80 à 100 fr. la pièce.

CASTALIE (*géogr. anc.*), fontaine d'Asie, dans le faubourg de Daphnée, près de la ville d'Antioche, en Syrie. Suivant Sozomène, ceux qui buvaient de cette eau passaient pour acquérir la connaissance de l'avenir, et elle produisait sur eux un effet semblable à celui de la source de Delphes. L'oracle de ce lieu avait, dit-on, prédit à Adrien, lorsqu'il n'était encore que dans une condition privée, qu'il posséderait un jour l'empire du monde. Jaloux de la faveur dont il avait joui dans cette occasion, et de peur qu'un semblable avenir ne fût encore dévoilé à quelqu'un qui pourrait essayer de le renverser, Adrien, devenu empereur, fit sceller cette fontaine avec des pierres.

CASTALIE (*mythol.*), fontaine qui coule au pied du mont Parnasse, dans la Phocide, consacrée aux Muses, appelées de là *Castalides*, et qui baignait les murs du temple de Delphes. Elle était auparavant une nymphe qu'Apollon métamorphosa. Ses eaux en reçurent en même temps le don de rendre poëtes ceux qui en boiraient, ou même ceux qui entendraient leur murmure. La pythie en buvait avant que de s'asseoir sur le trépied. C'est sur ses bords que se célébraient les jeux pythiens. Pindare y fait allusion dans un vers de sa septième olympique, ainsi traduit :

> Aux bruits mystérieux des flots de Castalie,
> Le poëte inspiré prélude en doux accords, etc...

CASTALION (SÉBASTIEN), dont le vrai nom de famille était *Châteillon*, qu'il trouva piquant de latiniser et de transformer en celui de *Castalion*, par allusion à la fontaine de Castalie, naquit en 1515 de parents pauvres, dans les montagnes du Dauphiné, et mourut à Bâle, de la peste, le 29 décembre 1563. Un voyage qu'il fit en 1540 à Strasbourg lui fournit l'occasion de se lier avec Calvin, et, grâce à ce chef de la réforme, il obtint une chaire d'humanités au collége de Genève. Castalion se brouilla bientôt avec Calvin, au sujet du Cantique des cantiques, que le premier voulait faire proscrire du canon des Ecritures. Ses sentiments mitigés sur les matières de la prédestination et de la grâce envenimèrent la dispute, et le réformateur genevois lui montra ce qu'il avait de haineux et d'implacable dans son caractère, en faisant prononcer en 1544 sa destitution de la chaire de professeur, et son bannissement de la ville. Les magistrats de Bâle lui ayant confié une chaire de grec dans leur ville, son ancien ami l'y poursuivit encore, et fit même partager son animosité à Théodore de Bèze, devenu rival de Castalion dans la traduction de l'Ecriture sainte. Le professeur acheva de s'aliéner ses deux terribles adversaires, en adoptant sur la punition des hérétiques un système de tolérance tout à fait opposé à celui qu'ils embrassèrent pour justifier la condamnation de Servet au supplice du feu. Les procédés violents, les grossières injures qu'ils se permettaient ne purent le faire sortir des bornes de la modération. Malheureusement elle ne le retira point de ses erreurs ; et le grand principe de la réforme le conduisit dans celles du socinianisme. Toujours réduit aux expédients pour entretenir sa nombreuse famille, Castalion demeura toute sa vie dans la misère, qui était telle, qu'après avoir consacré la matinée à l'étude il employait le reste du jour à cultiver son champ. Il a laissé plusieurs ouvrages, dont les principaux sont : 1° une *Version latine* de la Bible, Bâle, 1571 et 1573. « On lui reproche, dit Tabaraud, d'avoir porté atteinte à la majesté des livres saints, par une affectation de latinité et d'éloquence, par des tournures et des expressions profanes et recherchées, qui en font disparaître la noble simplicité ; enfin par une hardiesse de traduction qui en altère l'exactitude. Quoi de plus ridicule, par exemple, de traduire *angelus* par *genius*, *baptismus* par *lotio*, *ecclesia* par *respublica*, etc. ; de vouloir faire parler aux écrivains sacrés le langage de Cicéron, et même de leur faire soupirer quelquefois les tendres vers d'Ovide ? C'est le Berruyer de son siècle. Il se corrigea en partie de ce défaut dans les dernières éditions. » Sa version française qui parut à Bâle, 1555, in-fol., essuya beaucoup de contradictions de la part des catholiques et des protestants. Elle n'est pas moins ridicule que la latine, dit encore Tabaraud, mais c'est par un défaut contraire ; il était tout hérissé d'hébreu, de grec, de latin, et il avait presque oublié sa langue maternelle quand il l'entreprit. De là, nombre d'expressions triviales, qui ont faire dire à Henri-Etienne qu'il parlait le jargon des gueux. 2° *De hæreticis, quid sit cum eis agendum variorum sententia*, Magdebourg, 1554, in-8°. Cet ouvrage est une collection de divers opuscules, auxquels Castalion mit une préface sous le pseudonyme de Martinus Bellius. Théodore de Bèze lui répondit par son traité *De hæreticis a civili magistratu puniendis*. 3° *Colloquia sacra*, Bâle, 1545, in-8°, souvent réimprimé avec des corrections et des additions. Ces dialogues sur les principales histoires de la Bible offrent une certaine érudition, et sont écrits d'un style souvent beaucoup trop familier. Ils ne sont pas exempts d'erreurs, et l'on y remarque principalement une sorte de socinianisme. 4° *De imitando Christo*, Bâle, 1563, in-16; c'est une édition de l'Imitation de Jésus-Christ, dont le quatrième livre a été supprimé. « Cette édition, dit Feller, est étrangement défigurée, non-seulement quant au style, mais quant au fond des choses. 5° *Moses latinus*, Bâle, 1546, in-8° ; l'auteur s'y déclare contre la peine de mort. 6° *Bernardini Ochini Dialogi triginta, in duos libros divisi, quorum primus de Messia, secundus de Trinitate, latine versi*, Bâle, 1563, 2 vol. in-12. Castalion avait embrassé, dit-on, les sentiments d'Ochin sur la polygamie ; cette édition ne contribua pas peu en outre à rendre suspecte l'orthodoxie du traducteur (*V.* Ochin). 7° *Theologia germanica*, dont il publia aussi une version française, intitulée : *Traité du vieil et nouvel homme*, sous le nom de Jean Théophile. Ce livre fanatique le fit passer pour un fauteur des anabaptistes. 8° Un *Poëme grec* sur la vie de saint Jean Baptiste, une Paraphrase poétique du prophète Jonas, etc. 9° Enfin des *Dialogues* latins sur la prédestination, l'élection, le libre arbitre et la foi, avec une préface de Faust Socin, sous le nom de Félix Turpio, Aresdorff (Bâle), 1578, in-8°.

PÉRENNÈS.

CASTALIUS SINUS (*géogr. anc.*), golfe de l'Asie-Mineure, sur le Bosphore de Thrace, au sud du golfe Cydaminus.

CASTALLA (BATAILLE DE). Dans la nuit du 20 juillet 1812, le général espagnol Joseph O'Donnel, à la tête d'un corps d'armée de 12,000 hommes, se mit en marche pour surprendre l'avant-garde de l'armée française d'Aragon, commandée par le général Delort. Cette avant-garde était cantonnée dans la petite ville de Castalla et dans les villages voisins d'Ibi et de Biar. Au point du jour, l'aile gauche, le centre et l'infanterie de la réserve des Espagnols attaquèrent avec vivacité les postes français en avant de la ville, tandis que l'aile droite commençait une forte fusillade sur Ibi, et que huit escadrons de cavalerie se dirigeaient sur Biar. À la vue des troupes nombreuses qui venaient l'attaquer, le général Delort avait évacué la ville d'un coup de main, et, disputant le terrain pied à pied, il était allé prendre position un peu en arrière sur les hauteurs. De là, son artillerie cherchait, mais en vain, à arrêter les colonnes ennemis, qui s'avançaient résolûment, et déjà il était enveloppé par une multitude de tirailleurs. Sa situation devenait de plus en plus périlleuse, lorsque tout à coup le vingt-quatrième de dragons arriva de Biar. Ce mouvement, que les Espagnols n'avaient pas même songé à prévenir, les surprit et les déconcerta, tandis qu'il augmenta l'énergie des Français. Delort, mettant à profit l'adeur des sic us et l'hésitation de l'ennemi, se décide sur-le-champ à un grand effort offensif : il envoie aux dragons l'ordre de charger au galop et, et d'enlever deux pièces de canon établies par O'Donnell pour protéger le passage d'un ruisseau. Les dragons, défilant un à un sur le pont étroit qui communique d'un bord à l'autre, exécutèrent cet ordre avec valeur. Non-seulement ils s'emparèrent des deux canons, mais en un clin d'œil les bataillons ennemis qui se formaient en carrés pour les défendre furent enfoncés, sabrés et anéantis. Toute l'infanterie espagnole fut ou taillée en pièces ou faite prisonnière. La réserve seule se sauva en désordre au milieu de Castalla ; elle y fut poursuivie dans les rues et exterminée. Déjà la déroute était complète au centre et à l'aile gauche de l'ennemi : bientôt le général Delort se porta sur l'aile droite, et força les troupes qui la composaient à mettre bas les armes. Les manœuvres de l'avant-garde française avaient été si rapides, qu'avant huit heures du matin le feu avait entièrement cessé. Deux pièces de canon attelées et leurs caissons, seule artillerie des Espagnols, trois drapeaux, six mille fusils anglais, qu'on ramassa sur le champ de bataille, deux mille huit cent trente-deux prisonniers, dont cent cinquante officiers de tout grade, cinq cents morts et autant de blessés, telles furent les pertes de l'ennemi dans la mémorable journée de Castalla. Les Français, qui, avec mille fantassins et cinq cents chevaux avaient défait un corps de plus de neuf mille hommes, n'eurent que quatorze morts, dont un seul officier, et cinquante-six blessés.

CASTAMOLIDES, s. f. pl. (*archéol.*), sorte de sacrifices ou de cérémonies religieuses parmi les vestales.

CASTAMOUN (*géogr.*) ou **CASTAMOUNI**, *Germanicopolis*, ville de la Turquie d'Asie, chef-lieu de sandjiak, dans une vallée profonde, sur la rive droite du Castamoun, à 90 lieues est de Constantinople. — Elle est dominée par un rocher au-dessus duquel est une forteresse en ruine. C'était autrefois une ville opulente, siège d'un archevêché. Ses maisons sont construites

en bois et en pierres ; le palais du gouverneur est un édifice misérable. — Le sanjiak de Castamoun est formé d'une partie de l'ancienne Paphlagonie, et borné au nord et au nord-est par la mer Noire ; à l'est et au sud-est par le pachalik d'Erzeroum, au sud par le sandjiak de Kiangari, et à l'ouest par celui de Boli. Sa longueur de l'est à l'ouest est de 50 lieues, et sa largeur moyenne du nord au sud de 17 à 20 lieues. Il forme la partie la plus septentrionale de la Turquie d'Asie, et est traversé de l'est à l'ouest par une chaîne de montagnes qui court parallèlement à la mer Noire. — Les montagnes renferment de belles mines de cuivre, et sont couvertes de forêts qui fournissent des bois de construction pour la marine turque. Ses terres, suffisamment arrosées sont fertiles. On y recueille du miel et de la cire.

ED. GIROD.

CASTANEDA (FERNAND-LOPEZ), historien portugais, né dans le XVI° siècle, passa très-jeune dans les Indes, où son père allait remplir les fonctions de juge, s'attacha à recueillir les mémoires et documents relatifs à la conquête de ces contrées par ses compatriotes, fit de pareilles recherches à son retour en Europe, et publia son travail sous ce titre : *Historia de descobrimento e conquista da India pe´os Portugueses*, Coïmbre, 1552-1561, 8 parties in-folio. Cet ouvrage a été imprimé à Lisbonne, 1854, 7 vol. in-4°. Le premier livre, le plus estimé, a été traduit en français par Grouchi, Paris, 1553, in-4° ; en espagnol, en italien, en anglais. Toutes ces traductions sont rares et recherchées.

CASTANÉE (*géogr. anc.*), ville de Thessalie, dans la Magnésie, au sud, sur le golfe Thermaïque. C'est de cette ville que les châtaigniers, *castaneæ nuces*, prirent leur nom.

CASTANÉE, s. f. (*botan.*), genre de plantes de la famille des amentacées.

CASTANÉIQUE, adj. des deux genres(*botan.*), qui ressemble aux châtaigniers.

CASTANITE, s. f. (*minéral.*), pierre argileuse qui a la couleur et la forme d'une châtaigne. — Autre pierre qui porte l'empreinte d'une châtaigne.

CASTAX (*géogr. anc.*), ville d'Espagne mentionnée par Appien, et supposée être la même que le Castulon de Tite Live.

CASTE. Par ce mot, dont l'étymologie existe probablement dans le mot indou *zat*, on désigne ordinairement des rangs sociaux qui se sont formés dans une nation par le privilège de la naissance, par la qualité, ou par la différence des races, de telle sorte qu'il y ait hérédité dans ce qui constitue la distinction des rangs : car le propre de la caste est d'être héréditaire. La noblesse de race formait au moyen âge chez nos aïeux une véritable caste. Mais, bien qu'on ait souvent appliqué ce terme au clergé chrétien, l'expression n'est pas exacte ; car, je le répète, l'idée d'hérédité est inhérente à celle de caste. Partout où le régime des castes s'est produit, en Égypte, dans l'Inde, on leur trouve invariablement ce caractère, c'est-à-dire une transmission immuable de la même situation, du même pouvoir de père en fils. Le célibat ecclésiastique s'est opposé à ce que le clergé chrétien devînt une caste, et l'Église a d'ailleurs toujours reconnu le principe de l'égale admissibilité de tous les hommes à ses charges et à ses dignités, maintenant ainsi le principe de l'égalité, de la concurrence, et appelant toutes les supériorités légitimes à la possession du pouvoir. Ni l'armée ni la magistrature ne forment donc non plus des castes chez les nations européennes. Les luttes dont les diverses classes qui composaient les nations ont donné le spectacle pendant le moyen âge n'étaient qu'un grand effort de la part de ces classes qui tendaient à se rapprocher, à s'assimiler, à effacer les distinctions profondes que la conquête, ou d'autres causes que nous n'avons point à développer ici, avaient établies entre elles. Aussi chaque pays de l'Europe, au milieu même de ces luttes, a vu naître et se fortifier dans son sein un certain esprit général, tout à fait inconnu des peuples de l'Asie, une certaine communauté d'intérêts, de sentiments, qui ont fini par triompher de la diversité et de la guerre. C'est par là que tend encore continuellement à s'établir et à s'épurer, sous le patronage de la croix, le principe si généreux et si fécond de l'unité de la race humaine. Les nations qui ont principalement subi le joug de la division en castes étaient, dans l'antiquité comme de nos jours, surtout celles que la conquête avait asservies, la conquête attribuant pour ainsi dire naturellement aux vainqueurs le droit d'obtenir seuls ou de dispenser à leur gré le gouvernement, les emplois civils ou militaires, ceux de la magistrature, les charges et les honneurs de l'Eglise. A l'élévation de la fortune et du rang semblaient alors exclusivement dévolus de droit la supériorité morale ou intellectuelle et le courage du guerrier, tandis que les classes inférieures, lorsque ce régime de domination abusive venait à prendre des développements exagérés, n'avaient en partage que l'ignorance, la superstition et la misère. Le christianisme, en se propageant, prit hautement la défense des opprimés contre les oppresseurs, et considérant l'homme dans la partie la plus importante de son être, le principe spirituel ignoré des uns et méconnu des autres, elle proclama la sainte égalité des âmes devant Dieu, et ce dogme sauveur changea le monde. Car une fois l'homme dégradé par l'effet de sa faute originelle, une fois par conséquent les rapports de la créature avec Dieu et avec elle-même bouleversés, il ne restait plus de place qu'au droit de la force et aux oppressions aveugles qu'il engendre. Les rapports qui devaient exister dans le monde moral se trouvaient troublés, confondus, intervertis ; ils ne pouvaient être rétablis que par une action directe de l'auteur de ces rapports. De là l'introduction de l'esclavage chez les peuples polythéistes ou soumis au fatalisme des religions de nature ; de là aussi sa suppression par le christianisme. — La division par castes se retrouve dans la plus haute antiquité chez les Indous, au Malabar, dans toute la partie en deçà du Gange, dans l'Egypte. Et remarquons que c'est dans la partie du panthéisme que sont nées ces doctrines sociales qui partagent les hommes en divisions rivales et ennemies. Dans la Perse, les castes sont moins marquées, et les Juifs ne les ont pas connues. Elles n'ont jamais existé dans la Chine ; le bouddhisme les a abolies partout où il les a rencontrées ; le Dieu unique de Mahomet a établi dans toutes ses conquêtes l'égalité civile. — Les hommes viennent tous du même Dieu panthéistique, et pourtant ils n'ont pas la même origine. Selon les lois de Menou, législateur des Indous, ils doivent à Brahmâ leurs lois et leurs usages ; et Krishna, son fils, distingua le peuple en quatre castes principales, qui n'ont entre elles aucun rapport, et qui ne se mêlent jamais par des alliances ; les *brahmanes*, sortis de la bouche du dieu dont nous venons de parler ; les *kchatryas*, formés de ses bras ; les *vaysiahs*, de ses cuisses ; les *sudras*, de ses pieds. La première de ces castes, celle des brahmanes, fut destinée au sacerdoce. Elle occupa aussi les emplois les plus élevés, comme ceux de ministres des princes, de conseillers, etc. Les kchatryas furent réservés au métier de la guerre ; aux vaysiahs fut confiée la direction de l'agriculture, du commerce, de l'industrie, le soin d'élever les troupeaux. Enfin, ses sudras exercèrent divers métiers et furent laboureurs, domestiques, quelquefois esclaves. Ces castes principales se subdivisent en une foule d'autres, dont le nombre varie suivant le lieu ; car telle caste de l'Indoustan est établie dans un endroit et ne l'est pas dans un autre. La plus nombreuse est sans contredit celle des sudras ; elle est tellement considérable que, en y comprenant la tribu ou souscaste des parias, qui se subdivise elle-même en un grand nombre d'autres tribus, elle forme les neuf dixièmes de la race indoue ou des adorateurs de Brahmâ. Bien qu'il y ait des nuances dans chacune des castes, nul ne peut sortir de la sienne, soit pour descendre, soit pour s'élever ; toutes ont leurs lois et leurs priviléges respectifs, en ce qui concerne la nourriture, le vêtement, les préséances et toute espèce de prérogatives, qu'on ne peut violer sans crime. Les brahmanes, par exemple, ont seuls l'usage de la langue sanscrite et sacrée, et les parias sont les seuls qui puissent se nourrir de viande (*V.* BRAHMANES et PARIAS). Plusieurs de ces castes, particulièrement celle des parias, sont maintenues dans un état d'abjection et d'infamie qui en fait le rebut et l'horreur de la nation indoue. Croirait-on que cette abjection et cette infamie ont cependant leur hiérarchie et leur orgueil ? Les êtres les plus avilis et les plus misérables dans ces contrées ont encore à mépriser quelqu'un qui leur semble plus misérable et plus vil qu'eux ; ainsi les pouléahs montrent le plus profond dédain pour les parias ; les niadis, qui sont si impurs qu'on esclave se souille à leur contact, professent le plus grand mépris pour les peuples de l'Europe qu'ils regardent comme des castes étrangères, marquées du sceau de la flétrissure par la Divinité même. On les voit refuser obstinément dans leur fierté de manger à la même table qu'un Européen. Ce qu'il y a peut-être de plus étrange, c'est que les tribus les plus abjectes sont tellement faites à leur condition, que non-seulement elles n'ont jamais l'idée d'en sortir, mais qu'elles regardent comme une chose toute simple et toute naturelle l'état de dégradation, d'asservissement et de misère dans lequel elles sont irrévocablement et impitoyablement confinées. Terrible et juste effet de l'aveuglement des hommes qui, en rejetant

dans l'âge antique la providence miséricordieuse du grand Créateur, se sont précipités dans les désordres et les fléaux de toute nature que l'orgueil et la rébellion entraînent à leur suite ! — La différence de couleur parmi les hommes et le mélange des races blanche et nègre a donné lieu d'établir encore d'autres espèces de castes, auxquelles on a imposé divers noms (*V.* NÈGRES, ESCLAVAGE). On a aussi appelé du nom de castes, dans les Indes occidentales, certains restes de nations, tels que les Guèbres ou Parsis, débris échappés aux ravages de la conquête musulmane ; des sectes idolâtres, comme les Banians et Gentous. Les Bohémiens ou Tzengaris, qui ont traversé tant de siècles et parcouru tant de contrées, sans que leurs mœurs et leurs habitudes étranges aient presque rien perdu de leur physionomie originale, forment une véritable caste nomade (*V.* BOHÉMIENS). — On a beaucoup écrit pour et contre la division des peuples par castes. Les adversaires de cette division fixe et héréditaire des rangs ont fait observer que chaque génération devant rigoureusement marcher dans l'ornière creusée par les générations qui l'avaient précédée, et devant adopter avec le scrupule le plus servile et le plus minutieux les méthodes, les procédés, et jusqu'aux formes de l'art, tels qu'ils existaient avant lui, tout perfectionnement se trouvait prohibé par le fait, tout progrès devenait impossible dans les sciences, dans les arts, dans la civilisation. L'émulation, un des plus puissants mobiles du succès pour les nations comme pour les individus, étant sans objet, l'intelligence humaine, au lieu de s'enrichir et de s'élever, ne pouvait que déchoir et s'appauvrir. Mais l'abus qui a excité le plus de plaintes, c'est que cet état de choses ne profitait qu'à un petit nombre de privilégiés qui usurpaient le monopole des travaux dépendants d'une même industrie. N'est-il pas curieux d'entendre un de nos écrivains fameux par son génie comme par ses chutes reprocher à nos communistes et à nos socialistes de vouloir, par l'abolition de la propriété, sous quelque forme d'ailleurs qu'elle s'exécute, nous mener au rétablissement d'un ordre de choses détruit ? « La concentration absolue de la propriété entre les mains de l'Etat est le moyen qu'ils proposent, » écrit M. de Lamennais, pour abolir le prolétariat et affranchir le prolétaire..... Mais qu'est-ce que l'Etat ? Un être d'abstraction, à moins que par l'Etat on n'entende les chefs de l'Etat, ou bien évidemment ce seront ceux-ci qui auront de fait la disposition de la propriété commune, la disposition non-seulement des choses, mais aussi des personnes, pour que la production nécessaire soit assurée... De bonne foi, croit-on que des êtres humains, en possession d'un pareil pouvoir, d'un pouvoir qui leur livre tout, personnes et choses, n'en useront que suivant la justice, s'oubliant eux-mêmes, pour ne songer qu'au bien de tous ? Que, plus puissants qu'aucun souverain ne le fut jamais chez les peuples les plus asservis, leur puissance sera une garantie contre les abus de leur puissance même ? Qu'ils ne la tourneront point à leur avantage personnel, ne voudront point l'immobiliser dans leurs mains et la perpétuer dans leur race ? Que, de maîtres, ils consentiront à devenir esclaves à leur tour ? Vraiment, ce serait avoir une haute idée de leur vertu, et que justifie merveilleusement l'expérience. Rêveurs ! comment ne voyez-vous pas que vous allez tout droit au rétablissement des castes ? Encore la société serait-elle trop heureuse de s'arrêter là ; car votre système, pleinement réalisé, la ferait descendre bien au-dessous » (*Des moyens proposés pour résoudre le problème de l'avenir du peuple*). D'un autre côté, les partisans de l'hérédité des professions publiques, en tête desquels il faut placer M. de Bonald, ont allégué un effet très-remarquable de ce mode de transmission de rendre aussi héréditaires les professions domestiques ou arts mécaniques, et de mettre aussi les familles qui exercent le même métier dans un corps ou *corporation*, comme la nature elle-même continue le même métier dans la même famille ; institution parfaite connue dans la monarchie égyptienne, et adoptée sous le nom de *maîtrises* ou *jurandes* dans tous les Etats chrétiens. Cette loi, continue M. de Bonald, est le moyen le plus efficace que l'administration puisse employer pour surveiller et contenir par le pouvoir un peu dur des maîtres une jeunesse agreste et grossière, que la nécessité d'apprendre un métier soustrait de bonne heure au pouvoir politique. On peut regarder, suivant le même écrivain, la suppression des maîtrises comme un coup mortel porté à la société par ce philosophisme ignorant et perfide qui, depuis longtemps, en voulait à tout ce qui fixait pour pouvoir plus aisément détruire et perpétuité, tout ordre. D'autres écrivains, entre autres M. Guizot, dans son *Histoire de la civilisation en France*, ayant observé que l'hérédité des situations sociales et des fortunes est un fait légitime, nécessaire, qui se reproduit dans toute société ; que sur ce fait reposent la liaison des générations entre elles, la perpétuité de l'ordre social, le progrès de la civilisation, on pourrait, en généralisant les conséquences de leur observation, non-seulement légitimer aussi l'existence des castes, mais encore leur attribuer de grands avantages. Ainsi, par exemple, une certaine série de devoirs et de fonctions étant établie pour chacune d'elles, il en ressort un moyen d'ordre et de travail. De plus, les arts se transmettant de génération en génération dans les familles, n'y a-t-il pas lieu de présumer que cette longue suite d'expériences qui se prolonge dans une même famille faciliterait les perfectionnements des travaux et des procédés, quoiqu'il soit vrai pourtant de dire que ce qui s'est vu en Égypte et dans les Indes est peu propre à confirmer cette idée? Mais entre la suppression absolue de ce qui paraîtrait un reste des castes et des corporations, et le rétablissement complet, sans doute impossible, de ces vieilles institutions sociales, entre ces deux idées extrêmes, disons-nous, ne pourrait-on adopter un parti moyen qui, conservant les avantages réels renfermés dans ces institutions, satisferait les besoins d'un ordre social nouveau? Au reste, on s'est beaucoup occupé, on s'occupe encore de nos jours, de résoudre le problème immense et difficile que présente la double nécessité d'éviter les inconvénients de la concurrence illimitée et de sanctionner le droit que possède tout citoyen de travailler. Mais nous rencontrons une question d'économie politique qui n'est plus de notre sujet. Terminons en disant que probablement aux castes et aux corporations seront appelées à succéder les associations industrielles. Fr. PÉRENNÈS.

CASTE se dit quelquefois, par extension, de certaines classes de personnes, pour les distinguer du reste de la nation à laquelle elles appartiennent; et alors ce mot ne s'emploie guère que par dénigrement.

CASTE (SAINT), martyr et compagnon de saint Émile. Ils souffrirent tous deux en Afrique durant la persécution de l'empereur Sévère, vers l'an 205, ou au plus tard au milieu du IIIᵉ siècle, dans la persécution de Dèce. Ils furent vaincus dans un premier combat par la violence des tourments; mais Dieu les rendit victorieux dans le second. Ayant cédé d'abord aux flammes, ils obligèrent ensuite les flammes de leur céder, dit saint Cyprien, dans son traité touchant ceux qui étaient tombés dans la persécution. Le calendrier de l'Église d'Afrique, que l'on croit de la fin du Vᵉ siècle, marque leur fête au 22 de mai (saint Augustin, Serm. 285, édit. nov.; Tillemont, Histoire de la persécution de l'empereur Sévère; Baillet, Vies des saints, 22 mai).

CASTEEL (GÉRARD), chanoine régulier de l'ordre de Sainte-Croix, né à Cologne en 1667, mort en 1722, est auteur de : Controversiæ ecclesiastico-historicæ, Cologne, 1724 et 1757, in-4°.

CASTEILL-ROUSSILLON ou CHATEAU-ROUSSILLON, hameau situé sur une élévation dans la partie orientale de la plaine de Roussillon, sur la rive droite du Tet, à une lieue ouest de la mer, et à une lieue est de Perpignan (département des Pyrénées-Orientales). — Ce hameau occupe l'emplacement de l'ancienne Ruscino de Strabon, de Méla, de Pline, de Ptolémée, et de l'Itinéraire d'Antonin. Tite Live nous apprend que ce fut à Ruscino que s'assemblèrent les tribus gauloises, voisines des Pyrénées, pour disputer le passage à Annibal. On sait qu'à la suite d'une conférence avec les Carthaginois, tenue à Illiberri (Elne), les chefs, séduits par les présents, conclurent un traité d'alliance. Ces deux villes appartenaient alors aux Sordones, peuplade tectosage. Suivant Pline, Ruscino devint ensuite une ville latine; suivant Méla, elle aurait reçu une colonie romaine. Quoi qu'il en soit, on trouve encore à Casteill-Roussillon, en fouillant la terre, des médailles romaines et des fondations d'édifices considérables. En 1768, on y a découvert des débris de colonnes, de chapiteaux, de socles de marbre, etc. Cette ville commença à dépérir à l'époque de l'invasion des Sarrasins, et fut entièrement détruite par les Normands vers 828 ou 838. Elle passait encore, en 816, pour une des villes les plus importantes de la marche d'Espagne, puisque Louis le Débonnaire, concédant un privilège aux peuples d'Espagne, et ordonnant le dépôt d'une copie de l'acte dans les sept villes principales, nomme Ruscino la troisième. Il ne reste plus de cette antique cité qu'une tour ronde, des vestiges de bains publics, deux citernes, et des fragments de moulins à bras, de forme cylindrique.

CASTEL, castellum. Ce mot désignait anciennement une petite ville ou un village environné d'un rempart et d'un fossé, flanqués de quelques tours par intervalles et défendus par un corps de troupes. — Le mot latin castellum, diminutif de castrum, en est exactement l'étymologie; car il semble avoir signifié dans l'origine un très-petit fort ne contenant que quelques hommes pour sa garde, quoique Suétone l'applique à une enceinte fortifiée, assez vaste pour contenir une cohorte. — Les castella, suivant Végèce, étaient souvent des espèces de villes, bâties aux frontières d'un empire, ayant garnison et de robustes fortifications. Quelques auteurs ont pensé que ce nom fut substitué à celui des stations. — Castel est en France le préfix d'une infinité de noms de lieux, bourgs, villages, etc. ED. GIROD.

CASTEL, s. m. vieux mot d'où est venu celui de château. Il s'emploie encore dans le langage familier.

CASTEL (COMBAT DE). En avril 1794, les troupes destinées par Pichegru à faire une diversion en Flandre, avaient commencé leur mouvement, lorsque le général autrichien, Clairfait, à qui des démonstrations faites le 23 sur Denain avaient donné le change, et qui s'était porté vers cette place avec la plus grande partie de ses forces, reconnut ses erreurs. Il revint en toute hâte sur Tournai, pour barrer le passage à l'armée d'invasion. Le 28, il se retrancha sur les hauteurs de Castel, d'où il menaçait les communications des troupes françaises avec Lille; mais il n'avait que 18,000 hommes pour en arrêter 50,000. Souham, le général français, attaqua le 29. Après avoir balayé tous les avant-postes des Autrichiens, il fit marcher ses troupes contre leurs retranchements de Castel. La nombreuse artillerie qui les défendait n'arrêta point l'ardeur des soldats français. Le combat dura plus de quatre heures; mais enfin les hauteurs furent emportées à la baïonnette, et les Autrichiens mis en déroute. Clairfait, blessé dans l'action, laissa aux mains du vainqueur 1,200 prisonniers, 50 canons et 4 drapeaux.

CASTEL ou CHASTEL (ROBERT ou ROBIN), trouvère français, né en Picardie vers l'an 1260, a laissé quelques chansons, conservées dans les recueils du temps, en marge de chacune desquelles on lit le mot coronée, ce qui fait présumer qu'elles lui méritèrent quelque prix.

CASTEL (JEHAN DE), bénédictin, vivait dans le XVᵉ siècle. Il ne nous reste de lui que le Miroir des pécheurs et pécheresses, en vers. Dans cet ouvrage, composé en 1468, et imprimé in-4°, sans date ni indication du lieu de l'impression, l'auteur emploie indifféremment les langues latine et française, et tous les rhythmes possibles. Comme il y prend le titre de chroniqueur de France, il est probable que c'est le Castel dont parle Molinet, et qui, au dire de cet auteur, avait composé des chroniques perdues aujourd'hui. Il est aussi à présumer que Jehan de Castel est le même que Jehan de Castel, moine franciscain de Vire, auteur d'une épître en vers, imprimée vers l'an 1500.

CASTEL (LOUIS-BERTRAND), jésuite, né à Montpellier le 11 novembre 1688, mort à Paris le 11 janvier 1757, s'adonna avec passion à l'étude des mathématiques et des belles-lettres, qu'il professa avec succès à Toulouse. Venu à Paris, il y écrivit beaucoup sur les arts, et en particulier sur la musique et la peinture. En 1720, il publia les trois systèmes sur la pesanteur, le développement des mathématiques et l'analogie des sons avec les couleurs. Il se distingue surtout par l'invention du clavecin oculaire, par lequel il avait établi entre le blanc et le noir une série de couleurs, divisées en autant de demi-tons qu'il y en a sur le clavier. Il le fabriqua à plusieurs reprises et à grands frais sans jamais obtenir une réussite complète. Était-il en effet possible de réussir? Et de ce qu'on démontre qu'il y a entre les couleurs des proportions analogues à celles des sons, s'ensuit-il que le clavecin oculaire puisse affecter l'organe de la vue, comme le clavecin acoustique affecte l'ouïe, de manière que l'âme éprouve des deux côtés une satisfaction à peu près égale? Cependant ce système suppose tant d'esprit et de connaissances dans l'inventeur, qu'on doit encore admirer cette hypothèse et profiter du plan qu'en a tracé le P. Castel. Dans les ébauches d'exécution qu'on en a faites, les couleurs variées jusqu'à l'infini, combinées savamment, jointes à l'éclat des miroirs et à l'effet des bougies, offraient un spectacle extraordinaire. Parmi les nombreux écrits du P. Castel, les principaux sont : Traité de la pesanteur universelle, Paris, 1724, 2 vol. in-12. — Mathématique universelle, Paris, 1728, in-4°. — Optique des couleurs, Paris, 1740. — Lettres d'un académicien de Bordeaux sur le fond de la musique, à propos d'une lettre de M. Rousseau, de Genève, contre la musique française. — Réponse critique d'un académicien de Rouen à

l'académie de Bordeaux, sur le plus profond de la musique.
— Louis-Bertrand Castel fut membre de la société royale de Londres, de l'académie de Bordeaux, et de celle de Rouen. Il travailla, pendant trente ans, au *Mercure* et au *Journal de Trévoux.*

CASTEL (RENÉ-RICHARD), poëte et naturaliste, né à Vire en 1758, fit ses études au collège Louis-le-Grand, et cultiva dans ses loisirs la littérature et les diverses branches de l'histoire naturelle. A la révolution, dont il adopta les principes comme la plupart de ses amis, il fut maire de Vire, procureur syndic du district, et député du Calvados à l'assemblée législative, où Fontanel fut à même d'apprécier l'étendue de ses connaissances et la délicatesse de son goût. Après la session, Castel se retira en Normandie. Revenu à Paris, quand des temps moins fâcheux le lui permirent, on le nomma professeur de belles-lettres au collège Louis-le-Grand, place qu'il occupa dix ans; ensuite inspecteur général de l'université, fonctions qu'il cessa de remplir au retour du roi; il finit par jouir d'une retraite en qualité d'inspecteur des écoles militaires, et mourut à Reims, du choléra, en 1832. Son poëme des *Plantes*, qui fit sa réputation, parut en 1797; *la Forêt de Fontainebleau,* autre poëme, en 1805. Ils sont réunis dans la 4e édition de 1811, à un *Voyage de Paris en Chablais,* et à un *Discours sur la gloire littéraire,* prononcé devant l'université en 1800. Castel a donné une édition des *OEuvres de Buffon,* classées d'après le système de Linné.

CASTELA, *castela* (bot.). Il méritait bien, l'auteur du poëme des Plantes, René Castel, de Vire, de voir son nom donné à un genre de plantes de la polygamie monœcie, et de la famille des rhamnées. Ce genre, créé par Turpin en 1806, est composé deux espèces, originaires de l'Amérique méridionale : la première, le *castela depressa,* se trouve dans l'île de Haïti, entre Montchrist et Saint-Yague; la seconde, le *castela erecta,* provient de la petite île Antigoa, l'un des meilleurs ports des Antilles. — Le **CASTELA COUCHÉ** est un arbrisseau se divisant, dès la base, en plusieurs rameaux flexibles, longs d'un mètre, subdivisés en un grand nombre de petites branches terminées en pointes épineuses, garnies de feuilles alternes, oblongues, d'un vert luisant en dessus, et en dessous d'un blanc argenté, semblable à celui de l'écorce; fleurs purpurines, réunies deux à quatre dans les aisselles des feuilles, auxquelles succèdent quatre, rarement cinq drupes ovales, de la grosseur d'un pois ordinaire, disposés en étoiles, autour d'un réceptacle commun, et d'un beau rouge de feu. Son utilité n'est point connue. — Le **CASTELA DROIT** s'élève à un mètre et demi, son écorce est brune, ses feuilles lancéolées; les fleurs, s'épanouissant en juin et juillet, naissent de même, par petits groupes axillaires.

CASTELA (HENRI), religieux observantin, né à Toulouse, partit de Bordeaux, au mois d'avril 1600, pour Rome, et ensuite pour Venise, où il s'embarqua pour faire le voyage de la terre sainte. Il revint à Bordeaux au mois d'octobre 1601, après avoir visité Alep, Jérusalem, le Caire, le mont Sinaï et Alexandrie. Sa relation, écrite avec simplicité, annonce un homme instruit; il croit un peu légèrement aux miracles; mais il est bon observateur. Il ne se permet contre les Turcs aucune de ces expressions injurieuses que leur prodiguent très-souvent les voyageurs chrétiens, et même les religieux qui ont écrit à cette époque, et pourtant il lui est arrivé beaucoup de fâcheuses aventures. Les parties les plus curieuses de son voyage sont celles qui concernent son excursion au nord de Jérusalem jusqu'à la fontaine *Phiola,* près de Kédar, et sa route depuis Marna, le long de l'ancien pays des Philistins, et à travers le désert jusqu'au Caire. Il a publié : 1° *le Saint Voyage de Hiérusalem et du mont Sinaï en l'an du grand Jubilé* 1600, Bordeaux, 1603, in-8°; 2e édit., Paris, 1612, in-12; 2° *le Guide et Adresse pour ceux qui veulent faire le voyage de la terre sainte,* Paris, 1604, in-12; 3° *les Sept Flammes de l'amour sur les sept paroles de Jésus-Christ attaché à la croix,* Paris, 1605, in-12.

CASTELAGE, s. m. (*vieux langage*), droit que payait un prisonnier en entrant dans la geôle ou en la quittant.

CASTEL-ALFIERI. Asti avait été prise en 1745, par le lieutenant général Chabert. Mais l'année suivante, après la malheureuse affaire de Plaisance, elle retomba au pouvoir des impériaux. Tous les postes français de la gauche du Pô furent évacués; mais on oublia un hôpital de deux cents malades, établi à Castel-Alfieri. Au nombre des convalescents se trouvait un sergent de grenadiers du régiment de Tournaisis, surnommé *Va-de-bon-cœur.* Le sergent proposa aux autres malades de quitter le lit, de se mettre en défense, et de ne se rendre qu'après avoir soutenu le siège. La proposition est acceptée, on prend les armes, on ferme les portes, on attend les Piémontais de pied ferme. Quelques jours après, on vit paraître un officier piémontais qui venait, à la tête d'un faible détachement, prendre l'hôpital à discrétion. Il fut salué d'une décharge générale d'artillerie et de mousqueterie ; car on avait trouvé, dans un coin du château, une vieille pièce de fer, que l'on avait mise en batterie. L'officier, qui ne s'attendait pas à une telle réception, alla en rendre compte à son général, M. de Leutrun. Celui-ci, pour la singularité du fait, voulut aller reconnaître la place, et demanda à parlementer. Va-de-bon-cœur, établi gouverneur d'une voix unanime, déclara que la garnison était disposée à se défendre, et qu'il ne capitulerait qu'après avoir essuyé quelques volées de canon et vu ouvrir la tranchée, n'en ouvrit-on que de *la longueur de sa pique.* M. de Leutrun répondit qu'il admirait sa bravoure, et qu'on le servirait suivant ses désirs. On ouvrit donc la tranchée, et deux canons furent portés à dos de mulet devant l'hôpital. Après deux jours de tranchée ouverte, et quelques volées de canon, auxquelles on répondit par un feu soutenu, le gouverneur demanda à capituler. Tous les honneurs de la guerre lui furent accordés. La capitulation signée, l'officier piémontais, qui avait commandé le siège, envoya des rafraîchissements à la garnison, et lui fit offrir ce dont elle pouvait avoir besoin pour son transport. Le lendemain, elle sortit, précédée d'un tambour qui s'appuyait sur une béquille et portait un bras en écharpe ; marchait ensuite M. Va-de-bon-cœur, qui saluait de la hallebarde ; puis venaient vingt charrettes chargées de malades, criant : *Vive le roi !* autant que leurs forces le leur permettaient, et portant le fusil le plus haut qu'ils pouvaient. La marche était fermée par les convalescents, qui s'avançaient sur trois de front. Enfin une charrette, couverte de branches de pin et de romarin, portait les ustensiles de l'hôpital. Ces braves, après avoir traversé les postes piémontais, arrivèrent ainsi en triomphe à Novi, quartier général de l'armée française. Le roi décora de la croix de Saint-Louis le sergent Va-de-bon-cœur, et le nomma aide-major de la place de Brisach.

CASTEL-A-MARE (géogr.), ville et port de mer du royaume et de la province de Naples, dont elle est à 6 lieues sud-est, sur le golfe de Naples, et siège d'un évêché. C'est une place de guerre de cinquième classe, avec un petit port défendu par deux châteaux forts. A une belle maison royale de plaisance, un chantier de construction avec des magasins assez vastes, et des bains d'eaux thermales très-efficaces contre le scorbut, les obstructions, etc. Sa population est de 15,000 habitants. — Castel-à-Mare est bâti sur les ruines de *Stabiæ,* qui fut presque détruite par L. Sylla pour avoir pris le parti de Caïus Papius, sous le règne de Titus, l'an 79 de l'ère chrétienne. *Stabiæ* fut, ainsi que *Pompeïa* et *Herculanum,* ensevelie sous les cendres du Vésuve. Dans la suite, on bâtit Castel-à-Mare avec des débris de l'antique *Stabiæ.* C'est près de cette ville que Pline l'ancien trouva la mort en voulant observer l'éruption du Vésuve. — Castel-a-Mare est encore le nom d'un village du royaume de Naples dans la province de la Principauté citérieure, à 15 lieues de Salerne, près de la Méditerranée. Ce village est bâti sur les ruines de *Heela* ou *Velia,* patrie de Zénon le dialecticien.
ED. GIROD.

CASTEL-A-MARE (AFFAIRES DE). Les Napolitains ayant secoué le joug des Espagnols, et choisi pour roi le pêcheur Masaniello (1647), avaient demandé des secours à la France. Le duc de Guise, qui se trouvait à Rome, alla se mettre à leur tête. Il charge Cérisantes d'attaquer Castel-à-Mare avec un petit corps de troupes. Les soldats se mutinent et demandent de l'argent. Le duc, averti, accourt. A son abord, les révoltés soufflaient leurs mèches et se préparaient à tirer sur lui leurs mousquets. Il s'avance, met l'épée à la main, perce de sa main un des plus mutins, et fait rentrer un second à un arbre. Les autres, étonnés de cette audace, mettent bas les armes et lui demandent pardon. On sait que Mazarin ne profita pas de cette révolte de Naples, que bientôt le duc de Guise fut fait prisonnier, et que les Napolitains retombèrent sous la domination espagnole. — Lors de la première occupation du royaume de Naples par les Français (*V.* l'art. NAPLES), le fort de Castel-à-Mare fut attaqué par des bandes nombreuses de l'armée du cardinal Ruffo. Les canonniers napolitains refusèrent de tirer, et assassinèrent leur officier, dont ils déchirèrent et brûlèrent le cadavre. Cependant les Anglais avaient débarqué des troupes, et garnissaient de canons la grande route de Castel-à-Mare; mais les Français, accourus de Naples, tournèrent leurs batteries, les prirent en flanc, et firent un grand carnage de ceux qui les défendaient.

CASTELBAR (COMBAT DE). Le 22 août 1799, le général Humbert, envoyé par le directoire sur les côtes d'Irlande, avait débarqué avec 1,150 hommes dans la baie de Killala, au fond du golfe de Sligo. Sur-le-champ il s'était porté vers l'intérieur, et le 26, sans presque avoir rencontré d'obstacles, il prenait position à Balayna. Ayant appris que les généraux anglais Lake et Hutchinson avaient rassemblé leurs forces à Castelbar, et se disposaient à venir l'attaquer, il résolut de les prévenir, et même de les surprendre s'il le pouvait. Il quitta donc Balayna à trois heures du soir, et le lendemain 27, à six heures du matin, après quinze heures de marche à travers un pays de montagne, il atteignit les hauteurs voisines de Castelbar. Immédiatement il fit reconnaître la position des Anglais, et quoiqu'elle fût très-forte, il l'attaqua. Les tirailleurs ennemis furent d'abord repoussés ; puis le reste des troupes républicaines s'avança au pas de charge, sans que le feu vif et meurtrier de douze pièces de canon pût modérer leur ardeur. Tandis que cette audacieuse attaque est tentée contre le centre de l'ennemi, l'adjudant général Sarrazin, s'avançant à la tête d'un bataillon de ligne et d'une compagnie de grenadiers, essaya de forcer sa gauche. Le bataillon qui se présente le premier est contraint de se replier sous le feu de plus de deux mille hommes ; mais Sarrazin vole à son secours avec les grenadiers, et rejette les Anglais sur leurs lignes, renonçant toutefois à enfoncer l'aile gauche. Il laisse le bataillon pour la tenir en échec, et se porte lui-même avec ses grenadiers sur l'aile droite, qu'il culbute. Le mouvement rétrograde de la droite est bientôt imité par le centre, et alors le bataillon chargé de contenir la gauche l'oblige à se réfugier dans la ville. Les républicains cherchent à l'en déloger, et des deux parts on se bat avec acharnement ; enfin, une charge de chasseurs à cheval force le gros de l'armée anglaise à repasser le pont de Castelbar. Elle abandonne artillerie et bagage, et on la poursuit deux lieues l'épée dans les reins. Six cents morts ou blessés, douze cents prisonniers, douze pièces de canon et cinq drapeaux, telles furent les pertes des Anglais. Le général Humbert, qui avait battu un ennemi au moins trois fois supérieur en nombre, ne perdit que deux cents hommes.

CASTELBON (MONNAIE DE). Castelbon ou Castelloubon est un petit village situé en Gascogne, dans la vallée de Loudon, au comté de Bigorre, à 13 kilom. de Tarbes. Ce village possédait autrefois le titre de vicomté, et jouissait du droit de battre monnaie, ainsi que le prouve un acte passé en 1514 entre le duc d'Anjou et le vicomte Roger Bernard de Foix. Par cet acte, le duc permettait au vicomte de Castelbon de faire battre, dans ses domaines, des monnaies blanches et noires en la forme et manière que le duc de Lescan (seigneur du voisinage) avait et faisait faire au temps qu'il vivait. Ces monnaies, qui devaient être du même poids et au même titre que celles de Lescan et de France, n'ont pas encore été retrouvées. La moitié du profit qu'on devait retirer de ce monnayage appartenait au roi, et l'autre moitié au vicomte.

CASTEL-BUONO (géogr.), ville de Sicile, province de Palerme, 7,000 âmes.

CASTELCICALA (DON FABRICIO RUFFO, PRINCE DE), issu d'une ancienne famille napolitaine, commença sa carrière au barreau ; mais, pensant qu'il avancerait peu dans la profession d'avocat, il s'attacha au ministre napolitain Acton (V.), qui l'envoya en mission en Angleterre. A son retour en 1795, il remplaça ce ministre dans la présidence de la junte d'Etat, tribunal d'inquisition de sanguinaire mémoire, dont il fut le chef redoutable jusqu'en 1798. Il accompagna ensuite la cour à Palerme. Lorsque Acton quitta le ministère, le prince de Castelcicala lui succéda, et ce fut lui surtout qui, après la bataille d'Aboukir, excita la cour de Naples à déclarer la guerre à la France. Après la conclusion de la paix, il fut nommé ambassadeur à Londres, et, lors de la rentrée des Bourbons en France, ambassadeur à Paris. C'est en cette qualité que, par suite d'une mission diplomatique extraordinaire, il signa au nom du roi des Deux-Siciles, le 26 septembre 1816, un traité de commerce très-important pour l'Angleterre. En vertu de ce traité, les produits des fabriques anglaises pouvaient être introduits dans les ports siciliens, moyennant une taxe de 10 pour 100 sur les factures des expéditionnaires. Après la révolution de 1820, le roi Ferdinand nomma le prince ambassadeur à Madrid ; mais il n'accepta pas, et, quoique rappelé de Paris à la suite de son refus, il y resta pourtant, et continua même sa mission, supposant que la volonté du roi n'était pas libre. Aussi, quand l'insurrection de Naples fut étouffée, on se hâta de le confirmer dans son poste à Paris. A l'occasion de l'extradition par la France d'Antonio Galotti, le prince Castelcicala fut accusé, par quelques journaux de cette capitale, d'avoir été autrefois président de la terrible junte d'Etat ; il intenta à ces feuilles un

procès en calomnie, mais il perdit la cause. Il mourut à Paris, en 1832, au temps du choléra.

CASTÈLE, s. f. (botan.), genre de plantes des Antilles.

CASTELÉ, ÉE, adj. (botan.), qui ressemble à une castèle.— CASTELÉES, s. f. pl. famille de plantes.

CASTÈLEGARDE, s. f. (féodal.), obligation de concourir à la garde du château du suzerain.

CASTELETI (CHRISTOPHE), poëte italien, né à Rome dans le XVIᵉ siècle, a laissé des Poésies spirituelles, Venise, 1587, in-8° ; Amaryllis, églogue pastorale, 1580, in-8° ; et trois Comédies imprimées séparément, ibid., 1581, 1584 et 1587.

CASTELEYN (MATTHIEU DE), d'Oudenarde, en Flandre, a vécu vers le milieu du XVIᵉ siècle, et a obtenu des Flamands, ses contemporains, le titre d'excellent poëte moderne. A en juger cependant par les productions qui nous restent de lui, il eut moins de talent que de zèle. Il publia le premier une Poétique en langue flamande. Elle parut à Gand en 1555, in-12, et a été plusieurs fois réimprimée ; il l'avait intitulée, selon l'usage du temps, l'Art de la rhétorique. Il était lui-même facteur de la chambre des rhétoriciens d'Oudenarde sous la rubrique : Pax vobis. Dans l'édition de Rotterdam, 1616, son ouvrage est suivi de l'Histoire de Pyrame et de Thisbé, en vers ; de ses Ballades de Tournay et de Chansons diverses. Il moralise l'histoire de Pyrame et de Thisbé, en comparant Pyrame à Jésus-Christ et Thisbé à la nature humaine. La versification de sa Rhétorique pêche habituellement dans la mesure, et elle est chargée de barbarismes. On l'a comparée à celle d'une religieuse nommée Anne Byns, qui cultiva la poésie flamande à la même époque, et Casteleyn n'a pas gagné à la comparaison.

CASTEL-FORTE (PRISE DE). Le 10 janvier 1799, le général Championnet, commandant l'armée française dans le royaume de Naples, avait conclu, sous les murs de Capoue, un armistice avec le général en chef des troupes autrichiennes et napolitaines. Se trouvant ainsi débarrassé, pour le moment du moins, de son principal ennemi, Championnet put s'occuper de châtier sérieusement les paysans napolitains, qui s'étaient insurgés sur plusieurs points du territoire même que l'armistice avait attribué aux Français. Le général Rey, d'après ses ordres, occupa successivement Itri, Fondi et la petite ville de Traëta, sur la rive droite du Garigliano, principaux refuges des rebelles. De là Rey se porta sur Castel-Forte, où s'était réunie une autre bande non moins considérable de révoltés ; ceux-ci se défendirent en désespérés. La position de la place ne permettant pas au général français de se servir de son artillerie, il fit donner l'assaut par l'infanterie française et polonaise. Ces bataillons enfoncèrent à coups de hache une des portes de la ville et y pénétrèrent. Le général Rey était tellement exaspéré du meurtre du capitaine Tremeau, son aide de camp, qui avait été entouré et égorgé avec un détachement de quarante hommes aux environs de Traëta, qu'il fit fusiller tous les habitants saisis les armes à la main et mettre le feu à leurs maisons. La prise de Castel-Forte eut pour les Français le double avantage de supprimer des principaux centres de l'insurrection, et de faire tomber en leur pouvoir un petit parc d'artillerie de montagne et des magasins de vivres considérables.

CASTEL-FRANCO (COMBAT DE). En 1805, la marche rapide de la grande armée, commandée par Napoléon, avait séparé de l'armée autrichienne une colonne de 7,000 hommes commandés par le prince de Rohan ; ce général, dont tous les mouvements étaient observés, descendit résolûment la vallée de la Brenta pour se joindre au prince Charles dans le Tyrol, surprit Bassano et marcha sur Castel-Franco. Là, une division du général Saint-Cyr l'atteignit et lui fit essuyer une déroute complète. Tout ce qui n'avait pas été tué ou fait prisonnier sur le champ de bataille demanda à capituler. Le prince de Rohan fut pris avec beaucoup d'officiers. On enleva aux Autrichiens douze canons, douze drapeaux et un étendard, et l'on retrouva les Français faits prisonniers deux jours avant à Bassano.

CASTEL-FRANCO (DON PABLO SANGRO Y DE MERODE, PRINCE DE), né dans le royaume de Naples en 1740 d'une ancienne famille, entra de bonne heure dans la carrière des armes, et suivit en Espagne le roi Charles III. Après s'être distingué au siège de Gibraltar, il fut créé lieutenant général, puis grand-croix de l'ordre de Charles III, et enfin colonel des gardes wallonnes, chevalier de la Toison d'or et grand d'Espagne de première classe. Dès que l'Espagne eut déclaré la guerre à la France en 1793, le prince de Castel-Franco eut le commandement d'un corps d'armée dans l'Aragon, et il fit d'inutiles efforts pour débusquer les Français, qui occupaient la position d'Aspe sous les ordres de Sahuguet. Il fit ensuite quelques tentatives sur le territoire ennemi, mais il ne put s'y maintenir. Au commencement de 1795, il remplaça dans le commandement de l'armée de Navarre et de Guipuscoa le vieux comte de Colomera, et fut nommé vice-roi de Navarre. Attaqué par des forces supérieures et contraint d'abandonner la Biscaye, il se disposait à accepter une bataille sous les murs de Pampelune, lorsque la nouvelle de la paix de Bâle mit fin aux hostilités. Nommé l'année suivante ambassadeur d'Espagne près la cour de Vienne, il séjourna longtemps dans cette capitale, et ne revint en Espagne qu'en 1808. Il ne se déclara pour la cause de l'indépendance que lorsqu'elle lui parut avoir triomphé à Baylen. Mais la crainte de se voir proscrit le décida à adhérer à la constitution de Bayonne et à accepter un emploi dans le palais du roi Joseph. Au retour de Ferdinand VII, il rentra en grâce, mais non sans peine, et mourut en 1815.

CASTEL-GINESTE (COMBAT DE). Tandis que le général Dugommier attaquait Toulon, Masséna défendait les Alpes contre les entreprises des Austro-Sardes, qui de Castel-Gineste, où ils s'étaient retirés, menaçaient encore le quartier général d'Utelle. Le 24 novembre 1793, il part à la tête de 500 hommes d'élite. Continuellement suspendue sur d'affreux précipices et s'accrochant aux degrés naturellement taillés dans le roc, la petite colonne parvient aux postes avancés, qui, surpris d'une telle audace, s'enfuient devant elle. Ayant surmonté mille difficultés, elle atteint les hauteurs de Castel-Gineste, où l'ennemi était retranché et prêt à la recevoir vigoureusement. Après deux heures d'un combat opiniâtre, les retranchements sont forcés, et l'ennemi se retire dans le plus grand désordre sur la montagne du Brec, la plus escarpée et la plus haute de cette chaîne des Alpes. Masséna osa entreprendre de le débusquer de ce poste, où il paraissait impossible de conduire du canon. Néanmoins il y fait passer une pièce de quatre, qu'on porte à bras pendant deux milles : général, officiers, soldats, y mettent la main. Enfin, après sept heures de travaux, cette pièce est mise en batterie et elle tonne sur les Sardes. Épouvantés des effets et du bruit de cette artillerie, répété et grossi par les échos, et stupéfaits de la hardiesse des Français, ils n'opposent qu'une faible résistance; la petite colonne de Masséna gravit le plateau et les poursuit de rocher en rocher. Pendant ce temps, une colonne commandée par le général Despindy s'empare de Figaretto; enfin, après une courte fusillade, les Piémontais fuient de toutes parts, abandonnant trois camps, des armes et des bagages.

CASTÉLIE, s. f. (botan.), genre de plantes que l'on a rapporté à celui que l'on nomme priva.

CASTEL-JALOUX, ville de l'ancienne Gascogne (département de Lot-et-Garonne), à 2 myriamètres de Nérac. Castel-Jaloux doit son origine et son nom à un château construit par les seigneurs d'Albret sur la rive gauche de l'Avance, et ainsi appelé peut-être à cause de la jalousie reprochée à l'un de ses propriétaires. Cette ville était autrefois entourée de fortifications. Elle était en 1622 occupée par les protestants; mais, à l'approche de Louis XIII, Favas, député général des églises, en ouvrit les portes. Le roi fit raser les fortifications.

CASTELL (EDMOND), savant philologue anglais, né en 1606 à Hatley, dans le comté de Cambridge, et élevé à l'université de ce nom, au collège de Saint-John, où il demeura plusieurs années après ses études achevées, à cause de l'attrait qu'avait pour lui la riche bibliothèque de cet établissement. Le grand ouvrage qui absorba toute son attention pendant dix-sept ans, et, comme il le dit lui-même, qui lui coûta au moins 12,000 liv. sterling, fut son Lexicon heptaglotton, ou Dictionnaire de sept langues. Après avoir consacré à ce travail toute sa fortune, il était réduit à la dernière détresse, quand il fut nommé en 1666 chapelain du roi et professeur d'arabe à Cambridge, en même temps qu'il fut pourvu d'une prébende à Cantorbery. Il publia son Lexicon en 1669; mais peu d'exemplaires s'écoulèrent. On lui donna pour dédommagement de ses derniers sacrifices pécuniaires consacrés à l'impression de ce livre le rectorat d'Higham Gobbion, dans le comté de Bedford. Au milieu d'autres travaux mal récompensés et sans profit, il fut le collaborateur du docteur Walton dans sa Bible polyglotte, pour laquelle il traduisit plusieurs livres de l'Ancien et du Nouveau Testament, et examina avec une scrupuleuse attention les versions orientales. A la restauration de Charles II, il publia un petit pamphlet in-4° en l'honneur de ce monarque, contenant des copies de vers en toutes les langues dont était composé son Lexicon. Il mourut en 1685 à son rectorat, et légua tous ses manuscrits à l'université de Cambridge. Près de cinq cents copies de son Lexicon, qui étaient en la possession de sa nièce, son exécutrice testa-

mentaire, furent reléguées dans une vieille maison et devinrent la proie des rats, qui ont à peine laissé un volume entier.

CASTELLA, siége épiscopal d'Afrique, dans la province de Numidie (Not., n° 4). Salluste et Hirtius en font mention.

CASTELLA (RODOLPHE DE), général suisse au service de France, était cadet au régiment de Bettens en 1723. Il fit sur le Rhin les campagnes de 1734 et 1735, se distingua sous les murs de Philipsbourg, devint, en 1736, sous-lieutenant de la compagnie de Castella, son oncle, et l'année suivante capitaine. En 1742, il fit les campagnes de Flandre et du Rhin, se trouva aux siéges de Menin, d'Ypres, de Fribourg, de Tournai, et aux batailles de Fontenoi, de Raucoux et de Laufeld. Maréchal de camp en 1748, et colonel d'un régiment suisse qui porta son nom en 1756, il se rendit l'année suivante à l'armée d'Allemagne, et fut chargé du commandement de Wesel, où il rendit d'excellents services, qui furent récompensés par le titre d'inspecteur général des Suisses et des Grisons, et par le grade de lieutenant général en 1759. Il mourut en 1775.

CASTELLALFERO (AMICO-LOUIS, COMTE DE), chevalier de plusieurs ordres, né à Asti en 1757, fit ses études à l'académie militaire de Turin, et entra ensuite dans la carrière diplomatique. Le roi Victor-Amédée III le choisit pour ministre à la cour de Naples, puis à Vienne. Les changements survenus en 1814 le rattachèrent à la cour de Turin. Il fut envoyé près de celle de Toscane, où il mourut en 1832 avec la qualité de ministre d'État.

CASTELLAN (L. DE), petit-fils d'un notaire du diocèse d'Arles, avait eu pour père Olivier de Castellan, qui occupait un haut grade militaire lorsqu'il fut tué devant Tarragone en 1644. Ayant obtenu à quinze ans une compagnie dans les gardes françaises, il devint bientôt brigadier d'infanterie. Il fut envoyé en 1664 à Gigeri, sur les côtes d'Afrique, rendit compte au roi lui-même de cette expédition dans un mémoire intéressant, et enfin fit partie de l'expédition du duc de Beaufort à Candie. Il fut tué en 1669, à l'âge de trente-sept ans. Le sculpteur Girard a élevé à son père et à lui un tombeau dans l'église Saint-Germain des Prés.

CASTELLAN (L'ABBÉ), antiquaire et littérateur, né à Tourves en Provence vers l'an 1760, fit ses études ecclésiastiques au séminaire d'Aix, et fut ordonné prêtre peu de temps avant la révolution. En 1799, il fut nommé curé de Lambesc, département des Bouches-du-Rhône, puis en 1810 chanoine de l'Eglise d'Aix, et enfin professeur d'histoire ecclésiastique à la faculté de théologie de cette ville. Admis à la même époque à la société académique d'Aix, il y lut plusieurs mémoires, dont quelques-uns sont imprimés dans le recueil de cette société : 1° Dissertation sur la religion des anciens Provençaux;—2° Notice sur une inscription d'un genre singulier qu'on voit dans la chapelle de la Madeleine, dite de la Chèvre, près du lac de Mirabeau; suivie d'un Aperçu historique sur les frères pontifes;—3° Notice sur Tourves (l'ancien Turris des Romains). On attend encore la publication de son Histoire littéraire de Provence, jusqu'à la réunion de cette province à la France.

CASTELLAN (ANTOINE-LAURENT), né à Montpellier en 1772, se voua d'abord à la peinture, entra en 1788 dans l'atelier de Valenciennes, et acquit bientôt pour le paysage une réputation méritée. Habile aussi en architecture, il se faisait remarquer par le bon goût de ses fabriques. Pendant la révolution, il fut quelque temps employé dans les charrois militaires; mais, quand il fut rendu à ses études, il partit pour le Levant, visita Constantinople, la Grèce, les îles, l'Italie et la Suisse, recueillant partout un grand nombre de documents, de dessins, et puisant dans ces contrées un goût d'autant plus sûr, qu'il ne se laissait pas aller à un sot enthousiasme, et que la vue des chefs-d'œuvre étrangers ne le rendait pas injuste envers ceux de sa patrie. — Fixé à Paris dès 1804, il s'occupa de publier divers ouvrages, où se trouvent consignés les résultats de ses voyages et de ses observations. Ce sont : 1° Lettres sur la Morée et les îles de Cerigo, Hydra et Zante, 1 vol. in-8°, fig., Paris, 1808. — 2° Lettres sur Constantinople, in-8°, Paris, 1811. Ces des deux ouvrages ont été réimprimés sous le titre de Lettres sur la Morée, l'Hellespont et Constantinople, 3 vol. in-8°, fig., Paris, 1820. — 3° Lettres sur l'Italie, faisant suite aux Lettres sur la Morée, 3 vol. in-8°, fig., Paris, 1819. — 4° Mœurs, Usages et Coutumes des Ottomans, 6 vol. in-18, Paris, 1812. Byron disait de cet excellent livre : « N'allez en Turquie sans avoir Castellan dans votre poche. » — Peintre et graveur distingué, Castellan s'occupa beaucoup de la partie technique de son art, et inventa un nouveau procédé à la cire. Retiré à

Fontainebleau, Castellan consacra ses dernières années à l'étude de la théorie des beaux-arts et à l'histoire de notre art national. La mort, qui le frappa en 1838, l'empêcha de publier un livre auquel il avait travaillé longtemps avec amour; nous voulons parler de ses *Études sur le château de Fontainebleau, considéré comme l'un des types de la renaissance des arts en France au XVIe siècle*. Cet excellent livre n'a paru qu'en 1840, 1 vol. in-8°. Castellan, en étudiant de bonne foi le magnifique palais de Fontainebleau, y reconnut, dit l'éditeur de l'ouvrage en question, le type d'une école brillante et toute française, digne d'être opposée à plusieurs des écoles d'Italie, et les titres glorieux d'un grand nombre d'artistes français qui ne méritaient pas l'injuste oubli dans lequel ils sont tombés. En effet, ce livre est le premier qui rende hommage à la vérité, et restitue à nos artistes ce qu'un trop longtemps attribué à l'étranger; et, à ce titre surtout, il mérite les plus grands éloges.

CASTELLANA (*géogr.*), ville du royaume de Naples, province de la terre de Bari. 6,200 habitants.

CASTELLANA (ANDRÉ DE), Napolitain, provincial et préfet apostolique des missionnaires de l'ordre de Saint-François, dans la Hongrie, visiteur général des provinces de Russie et de Lithuanie, a laissé l'ouvrage suivant, imprimé à Bologne en Italie l'an 1614, in-8° : *Missionarius apostolicus a sacra congregatione de propaganda fide instructus, quomodo debeat inter hæreticos vivere, pravitates eorum convincere, et in fide catholica proficere per omnes partes, ubi vigent blasphemiæ lutheranæ* (le P. Jean de Saint-Antoine, *Biblioth. francisc.*).

CASTELLANE, petite et ancienne ville de Provence, était, à l'époque romaine, la capitale des Suetri, et portait le nom de *Salinæ*. Cette cité ayant été détruite par les Sarrasins vers l'an 812, les habitants montèrent en haut de leur roc et s'y fortifièrent; mais l'augmentation progressive de la population les força ensuite de descendre dans la plaine au-dessous de l'ancienne ville. Capitale, pendant le moyen âge, d'une petite souveraineté dont parlent les chartes des Xe, XIe et XIIe siècles, puis chef-lieu d'une sénéchaussée, d'une viguerie et d'une recette, dépendant du parlement et de l'intendance d'Aix, Castellane était encore, avant la révolution, la résidence de l'évêque de Sénez. C'est aujourd'hui l'un des chefs-lieux d'arrondissement du département des Basses-Alpes, et l'on y compte 2,106 habitants.

CASTELLANE (FAMILLE DE). Cette maison était, sinon l'une des plus riches, du moins l'une des plus anciennes de Provence. Une charte de 1089 parle d'un Boniface de Castellane.—CASTELLANE (Boniface-Louis-André, comte de), né en 1758, fut en 1789 député de la noblesse à l'assemblée constituante, et figura dans cette minorité de sa caste qui se réunit au tiers état. Ainsi il vota la liberté des cultes, appuya la déclaration des droits, et demanda l'abolition des prisons d'État. Après la session, il disparut de la scène politique jusqu'en 1802, époque où il fut appelé à la préfecture des Basses-Pyrénées. Il devint ensuite pair de France et lieutenant général, et mourut en 1837. — CASTELLANE (E.-B., vicomte de), son frère, présida la section de Pelletier en 1795, à l'époque où les sections s'insurgèrent contre la convention. Il fut, pour ce fait, condamné à mort par contumace la même année, et acquitté par le jury l'année suivante.

CASTELLANE (BONIFACE DE), troubadour provençal du XIIe siècle, est mentionné par César de Nostredame, dans son *Histoire et chronique de Provence*, comme ayant eu la tête tranchée, pour s'être fait chef des Marseillais révoltés contre leur comte. Il avait composé des *Poésies* dans le genre galant et satirique. Raynouard a publié deux pièces de Boniface dans son *Choix de poésies*, IV et V.

CASTELLANE (J.-A. DE), de la même famille, né au Pont-Saint-Esprit en 1733, entra de bonne heure dans les ordres, et fut promu à l'évêché de Mende en 1768. Dévoué aux intérêts de la monarchie, ce prélat tenta d'arrêter les progrès de la révolution dans son diocèse; mais décrété d'accusation par l'assemblée législative, en 1792, comme auteur des troubles survenus dans le département de la Lozère (ancien Vivarais), il fut conduit dans les prisons d'Orléans, et transféré à Versailles, où il périt dans le massacre des prisonniers, au mois de septembre de la même année.

CASTELLANES. On appelle ainsi d'excellentes prunes de la Provence, qui forment un article important du commerce méridional. On a la précaution de les cueillir avant l'aurore, afin de leur laisser leur belle couleur, et on les place dans une corbeille que l'on plonge doucement dans de l'eau bouillante, mais que l'on retire immédiatement. Après cela, on secoue la corbeille et on l'expose à l'air; puis on fait sécher les prunes à

l'ombre, avec le soin de ne les laisser ni au brouillard ni à la rosée, et on les met dans des boîtes de bois blanc.

CASTELLANI et NICOLOTTI (*hist. mod.*). C'est le nom de deux factions toujours opposées, qui divisaient la populace à Venise.

CASTELLANIE, s. f. (*hist. mod.*), territoire d'un castellan, en Pologne; étendue de pays confiée à ses soins. Cette dignité ou cette fonction répondait à ce que nous nommions *sénatorerie* sous le régime impérial.

CASTELLANIE, s. f. (*hist.*). Il se disait, dans l'ordre de Malte, de certains prieurés. *La grande castellanie d'Emposte*.

CASTELLANS, s. m. pl. (*droit public*). C'est le nom que l'on donnait, en Pologne, aux sénateurs qui étaient revêtus des premières dignités, après les palatins. Ils étaient chargés du soin des castellanies, mais subordonnément aux palatins; ils étaient les chefs et conducteurs de la noblesse dans chaque palatinat. Le castellan de Cracovie était le premier de tous; il avait même le droit de précéder les palatins, et tenait, après les évêques, le premier rang parmi les sénateurs laïques. On divise les castellans en grands et en petits. Les premiers avaient, comme les autres sénateurs, séance dans les conseils et aux diètes, qu'ils avaient le droit de convoquer; ils administraient la justice dans leurs districts; ils avaient l'intendance des poids et mesures, fixaient le prix des grains et des denrées, et étaient les juges des juifs. Les petits castellans n'avaient ni séance ni voix délibérative dans les affaires d'État.

CASTELLANUS (PIERRE DUCHATEL ou CHATELAIN, plus connu sous le nom latinisé de), savant antiquaire et médecin, naquit en 1585 à Gertsberg dans la Flandre. Après avoir étudié à Gand et à Douai, il enseigna la grammaire à Orléans, et, en 1616, il fut nommé professeur de grec à l'académie de Louvain. Reçu docteur en médecine, il enseigna également les éléments de cette dernière science. Mort en 1632, il avait publié : 1° *Ludus, sive convivium saturnale*. C'est un dialogue où l'auteur explique quelques-unes des coutumes des anciens dans les festins. 2° *Exortologion, sive de festis Græcorum syntagma*. 3° *Mensibus atticis diatribe*. 4° *Vitæ illustrium medicorum qui toto orbe ad hœc usque tempora floruerunt*. 5° *De esu carnium libri quatuor*. Toutes les éditions originales des ouvrages de Castellanus sont rares.

CASTELLARO (COMBATS DE). Wurmser, cherchant à se jeter dans Mantoue et poursuivi par la division de Masséna, se porta, le 12 septembre 1796, vers le Tartaro. Apprenant là que le pont de Castellaro avait été rompu, il gagna celui de Villimpenta au moment où le général Charton y arriva avec quelques centaines de chasseurs pour s'en emparer et le couper. Malgré les forces aussi disproportionnées, le général Charton attaqua les Autrichiens; mais il perdit la vie, et ses troupes, maltraitées, se replièrent sur Castellaro. Dès lors Wurmser put continuer sans obstacle sa marche sur Mantoue. — A l'ouverture de la campagne de 1801, le prince de Hohenzollern occupait Castellaro. Les généraux Delmas et Moncey l'attaquèrent de front et en queue dans cette position redoutable; gravirent sous un feu meurtrier des pentes très-rapides, et le forcèrent à se retirer avec une perte de 1,200 hommes tués, blessés ou prisonniers.

CASTELLESI (ADRIEN), cardinal, né dans le XVe siècle à Corneto, petite ville de Toscane, fut envoyé par Innocent VIII en Angleterre, et sut dans cette mission se concilier la bienveillance du roi Henri VII, qui lui conféra les évêchés de Hereford et de Wels. Il fut rappelé à Rome par Alexandre VI, qui le fit son secrétaire, et lui donna le chapeau de cardinal. Après la mort de ce pontife, dont il avait partagé les désordres, il fut exilé par Jules II, et rappelé par Léon X ; mais, étant entré dans une conjuration tramée contre ce pontife, il s'enfuit de Rome, et l'on n'a jamais su positivement ce qu'il était devenu. Adrien, peu recommandable comme prince de l'Église, fut un des premiers écrivains de l'Italie qui cherchèrent à ramener le goût de la bonne latinité, et, sous ce rapport, il a rendu d'importants services. On a de lui : 1° *De sermone latino*, Bâle, 1513, in-8°, souvent réimprimé ; 2° *De vera philosophia*, etc., Bologne, 1507 ; 3° *De venatione*, poëme en vers phaleuces, Venise, Alde, 1534, in-8° (édition rare) ; 4° un *Recueil de poésies latines*, Lyon, 1581, in-8°. J. Ferri, dans un ouvrage publié en 1771 à Faenza, sous le titre de *Pro lingua latina usu epistolæ adversus Alembertium* (d'Alembert), apprécie les travaux littéraires du cardinal Adrien Castellesi ou *Castellus*, et que l'on nomme aussi le *cardinal Corneto*, du lieu de sa naissance.

CASTELLI (BENOIT), célèbre mathématicien, né à Brescia

en 1577, fut l'un des disciples de Galilée, dont il prit la défense avec chaleur dans la querelle que ce grand homme essuya à l'occasion de ses travaux hydrostatiques. Il était alors abbé de la congrégation du Mont-Cassin. Chargé d'enseigner les mathématiques à l'université de Pise, puis à Rome, au collège de la *Sapience*, il s'acquitta de cet emploi d'une manière brillante, et mourut en 1644. Il est principalement connu par son excellent traité : *Della misura dell' acque correnti*, Rome, 1658, in-4°; traduite en français, Paris, 1664.

CASTELLI (BARTHÉLEMI), savant médecin, né vers la fin du XVIᵉ siècle à Messine d'une famille qui a produit plusieurs hommes de mérite, entre autres le botaniste dont l'article suit, étudia toutes les sciences, se fit recevoir docteur dans les facultés de théologie, de philosophie et de médecine, obtint une chaire à l'université de sa ville natale, et mourut avant 1607, laissant plusieurs ouvrages de philosophie et de médecine, dont un seul a sauvé son nom de l'oubli; c'est le Dictionnaire ou *Lexicon medicum græc. lat.*, dont la meilleure édition est celle de Genève, 1746, in-4°.

CASTELLI (PIERRE), médecin, né vers la fin du XVIᵉ siècle à Rome, y professa la médecine pendant un grand nombre d'années, fut ensuite appelé à Messine pour y établir un jardin botanique dont il fut le premier directeur, et mourut en 1658. Il a publié un très-grand nombre d'ouvrages sur la médecine, la chirurgie et les différentes branches de l'histoire naturelle; mais la plupart n'offrent aucun intérêt aujourd'hui. On se bornera donc à citer les principaux : 1° *Epistolæ medicinales*, Rome, 1626, in-4°; 2° *Incendio del monte Vesuvio*, ibid., in-4°; 3° *De hyæna odorifera*, Messine, 1638, in-4°; Francfort, 1641 ou 1668, in-12 (édition recherchée); 4° *Hortus messanensis*, Messine, 1640, in-4°, avec le plan de ce jardin. — CASTELLI (Jean), contemporain du précédent, est auteur de *Pharmacopœia medicamenta in officinis pharmaceutis usitata explicans*, Cadix, 1622, in-4°. — Un autre CASTELLI (Onuphre), écrivain du XVIIᵉ siècle, né à Terni dans l'Ombrie, a laissé : 1° *Geografiche e politiche questioni*; 2° *Distribuzione universale della politica*; 3° *Della religione degli antichi gentili*, et quelques autres écrits politiques et philosophiques.

CASTELLI (BERNARD), peintre, né à Gênes en 1557, mort dans la même ville en 1629. Élève d'André Semino, il montra dans ses ouvrages beaucoup de génie, un grand goût de dessin, un coloris excellent, mais trop peu de naturel. Il fit un tableau pour l'église de Saint-Pierre de Rome, privilége qu'on n'accordait qu'aux plus célèbres artistes. Castelli réussissait encore dans le portrait. Il peignit les grands poëtes de son temps, et fut chanté par eux. Il grava les figures de la *Jérusalem délivrée*, du Tasse, son intime ami. On voit d'après lui à Gênes, à Rome et à Turin. On a gravé d'après ce maître. — CASTELLI (Valerio), fils de Bernard, né à Gênes en 1625, mort dans la même ville en 1659. Il perdit son père trop jeune pour pouvoir profiter de ses leçons; mais l'application supplée à ce qu'il aurait pu apprendre sous un tel peintre, et il parvint même à le surpasser. Il excellait dans les batailles. Ses ouvrages sont recommandables par le génie, le goût, le coloris et le dessin; les principaux sont à Gênes. On voit aussi en Angleterre beaucoup de ses tableaux de chevalet, qui sont très-estimés. On n'a gravé d'après lui qu'une *Sainte Famille*.

CASTELLI (GABRIEL-LANCELOT), antiquaire, né à Palerme en 1727, cultiva d'abord les sciences naturelles. La découverte de deux cents médailles d'or, faite non loin du château qu'il habitait, lui donna l'envie de les expliquer; et, pour y parvenir, il se livra dès lors à l'étude des langues grecque et latine avec une assiduité que récompensèrent de rapides progrès. Il n'avait pas vingt-six ans, lorsque la publication de son *Histoire d'Alesa* le plaça tout d'abord au premier rang des antiquaires siciliens. A la suppression des jésuites, il accepta la place de directeur du lycée de Palerme, dont il accrut le jardin botanique et la bibliothèque, et mourut en 1794. Ses principaux ouvrages sont : 1° *Storia di Alesa antica città di Sicilia*, Palerme, 1753, in-4°; 2° *Inscrizioni Palermitani*, ibid., 1758, in-fol.; 3° *Siciliæ et adjacent. veter. inscript.*, etc., ibid., 1769; 4° *Siciliæ populorum*, etc., *veteres nummi*, 1781, in-fol.

CASTELLINI (LUC), natif de Faënza, évêque de Catanzaro, dans la Calabre, était de l'ordre des frères prêcheurs. Il professa la théologie au collège de la Minerve à Rome, s'acquit la réputation d'un savant canoniste, devint vicaire général de son ordre, et enfin évêque en 1629. Ses ouvrages, assez bien écrits en latin, annoncent chez lui trop de confiance dans les canonistes et théologiens modernes, et trop de crédulité pour les histoires suspectes. Ils consistent dans les livres suivants : 1° *De*

electione et confirmatione canonica prælatorum, Rome, 1625, rédigé suivant les principes ultramontains. 2° *De canonisatione sanctorum*, ibid., 1628. Il y soutient que le pape est infaillible dans la canonisation des saints; mais il croit que tous ceux qui sont dans le martyrologe ne doivent pas être censés canonisés. 3° *Tractatus de miraculis*, 1629, où il insiste sur la nécessité des miracles pour établir la sainteté. Castellini publia l'année suivante un autre traité pour prouver qu'on ne doit pas se passer de procéder à la canonisation, et qu'il faut y apporter beaucoup de précautions. 4° Plusieurs autres ouvrages qui prouvent qu'il était meilleur canoniste que théologien.

CASTELLINI (SILVESTRE), d'une bonne famille de Vicence, mourut dans sa patrie en 1630. S'étant appliqué à l'étude des anciens caractères d'écriture et des monuments du moyen âge, il examina avec soin toutes les archives de Vicence, rassembla un grand nombre de matériaux, les rédigea, et en forma un recueil sous le nom d'*Annali di Vicenza*, qu'il divisa en dix-neuf livres. Cet ouvrage, qui renferme un grand nombre de faits curieux et d'événements peu connus, resta longtemps manuscrit dans la bibliothèque de la ville. Un savant vicentin en avait successivement publié, vers la fin du dernier siècle, huit volumes in-8°, avec des notes et des remarques qui comprennent les onze premiers livres. Dans cette histoire, Castellini paraît peu exact, et semble manquer de critique, quoiqu'il l'ait composée d'après des documents authentiques, tels que des chartes, des diplômes, des inscriptions, etc. Il avait joint à son histoire plus de cinquante livres de généalogies des familles nobles de Vicence, extraites des meilleures sources; mais, comme la publication de ces généalogies dévoilait l'origine de quelques familles enrichies, et dont l'extraction n'était rien moins qu'illustre, il n'eut point la permission de les faire paraître. Castellini avait aussi recueilli et expliqué toutes les inscriptions de Vicence et de son territoire : il les avait dessinées, et se préparait à les faire graver, lorsqu'il mourut. Ce savant est devenu le travail.

CASTELLIONEUS (CHRISTOPHE), né à Milan, alla étudier la jurisprudence à Pavie, sous Balde, qui avait donné le plus grand éclat à l'école de cette ville; mais le disciple devint bientôt le rival du maître. Il se mit aussi à enseigner le droit, et, ayant acquis en peu de temps une réputation égale à celle de Balde; on les vit employer les moyens les plus vils pour se débaucher mutuellement leurs élèves. Castellioneus enseigna encore à Parme, à Turin et à Sienne. Il a peu écrit, ou, pour mieux dire, ses ouvrages n'ont pas paru sous son nom. On prétend que Raphaël Cumanus et Fulgose, ses disciples chéris, se les sont attribués sans que Castellioneus s'en soit plaint. Peu de jurisconsultes ont plus été loués que lui. Son talent était tel qu'on le regardait comme un second Scévola. Il avait un esprit très-délié; on l'appelait le Père des subtilités, et on l'accusa d'avoir apporté beaucoup de confusion dans les écoles par ses contradictions. Il fut conseiller du duc de Milan et comte palatin. Il mourut à Pavie le 13 mai 1425.

CASTELLO (CASTELLO DA), de Bergame, historien ou chroniqueur du XIVᵉ siècle, a laissé en latin une *Chronique*, écrite d'un style barbare, et qui est de peu d'utilité pour l'histoire générale de l'Italie, parce que l'auteur s'étend rarement au delà des événements et des intérêts de sa patrie; mais cette raison même la rend intéressante pour tout ce qui regarde Bergame et les anciennes familles de cette ville; on y trouve fidèlement décrit l'état déplorable où elle fut réduite par les guerres civiles. Il y prit part lui-même, et raconte les faits dont il fut témoin; son récit s'étend depuis 1378 jusqu'à 1407, époque où il cessa d'écrire, et, peut-être aussi de vivre. Muratori a publié cette chronique dans ses *Scriptores rerum italicarum*, vol. XVI.

CASTELLO (FÉLIX), peintre espagnol, né à Madrid en 1602, mort en 1656, fut élève de Carducho. On voit encore en Espagne plusieurs de ses tableaux dans lesquels on remarque la correction du dessin, plus que le coloris.

CASTELLO DE LOS GUARDIOS (COMBAT DE). Dans les premiers jours de septembre 1813, le général espagnol la Romana, dont le corps était cantonné sur les frontières de l'Andalousie, envoya attaquer le poste de Castello de los Guardios, occupé par des Français : l'attaque dura quatre jours de suite ; constamment repoussés, les assaillants se retirèrent enfin avec une perte de 200 hommes. Le 6, l'ennemi ne fut pas plus heureux dans une tentative du même genre : 2,000 Espagnols se portèrent un peu loin sur Fuente-Ovejuna, où se trouvaient 96 Français du cinquante et unième de ligne. Ce faible détachement combattit avec intrépidité pendant treize heures, à l'entrée du village d'abord, ensuite dans son quartier, puis dans l'église, et enfin dans le clocher; environnés de toutes parts, ces braves continuaient à se défendre avec tant de courage et de sang-froid, que l'ennemi compta bientôt 200 morts. Renonçant alors à vaincre avec honneur cette poignée de héros, il mit le feu au clocher. Quarante-cinq Français avaient déjà été tués : les autres allaient tous devenir la proie des flammes, lorsqu'ils furent sauvés par l'approche de quelques troupes dont la vue mit les Espagnols en fuite. Suivant une autre version, ces braves, se voyant sur le point d'être étouffés par la fumée des matelas et des ballots de laine qu'on avait entassés autour du clocher, et auxquels on avait mis le feu à cet effet, se rendirent et furent conduits prisonniers en Portugal, où toutefois ils ne tardèrent pas à être délivrés.

CASTELLO-NUOVO (PRISE DE). Le général Championnet, maître des faubourgs de Naples (janvier 1799), fit sommer les habitants de se rendre. Cette sommation n'ayant produit aucun effet, il força sur plusieurs points l'entrée de la ville, et porta simultanément des corps de troupes sur toutes les positions fortifiées que renferme cette capitale. L'une des plus importantes était le fort de Castello-Nuovo, situé au centre d'un quartier populeux, et dominant d'un côté le palais du roi, et de l'autre le port militaire. Ce fut le général Kellermann qui eut ordre de s'en emparer ; il l'enleva à la baïonnette, après un combat acharné dans lequel les lazzaroni rivalisèrent avec les Français de courage et d'opiniâtreté.

CASTELLO-PÉREGRINE (*géogr.*), petite ville de la Turquie, en Asie, dans la Palestine, à 3 lieues de Tartura, sur la Méditerranée. Les Turcs la nomment *Attilh*. Le château qui la couvrait autrefois, et que les templiers occupèrent pendant un temps pour la sûreté des pèlerins, tombe en ruines ; et son port, établi dans un petit golfe qui la touche, n'est plus d'aucune considération.

CASTELLO-ROSSO (*géogr.*), petite île de la Méditerranée, sur les côtes méridionales de l'Asie-Mineure, entre Rhodes et Chypre. Pocok la prend pour la Rhoge de Pline : elle est très-montueuse, et ne contient qu'un château élevé sur un rocher, au pied duquel est un bourg et quelques autres habitations de Grecs. Son port septentrional est très-sûr.

CASTELLON DE LA PLATA (*géogr.*), ville d'Espagne, chef-lieu de la province de même nom au royaume de Valence, sur la rive gauche du Monléon, dans une grande et fertile plaine, à une demi-lieue de la Méditerranée, à 12 lieues de Valence, et à 72 est de Madrid. — Elle a été bâtie en partie des débris de *Castalia* (*V.* ce mot), qui était située sur un monticule à une demi-lieue au nord, où l'on voit encore les ruines des anciens murs et des tours carrées de construction mauresque. Jacques Ier, l'ayant prise sur les Maures en 1235, la détruisit et en ordonna la reconstruction dans la plaine où elle est actuellement. — Elle compte 11,000 habitants. — Quelques-uns de ses édifices méritent d'être remarqués, entre autres une tour de deux cent soixante pieds de hauteur sur cent seize de circonférence.

ED. GIROD.

CASTELLOZA (DONA), dame poète du XIIIe siècle, née en Auvergne, a laissé en langue romane trois chansons publiées par Raynouard, t. III.

CASTELLUM (*géogr. anc.*), place de Palestine, sur la mer de Galilée, près de Tibériade. — Siége épiscopal d'Afrique, en Numidie. — Siége épiscopal d'Afrique, dans la Mauritanie césarienne. — Ville et siège épiscopal d'Afrique, dans la Mauritanie sitifienne. — Ville d'Italie, au sud-ouest de Faventia, appartenant aux Boïens.

CASTELLUM DRUSI ET GERMANICI (*géogr. anc.*), ville dont Tacite parle dans ses *Annales* (n° 156), située de l'autre côté du Rhin. Ses ruines porte encore le nom de *Ali-Konigstein*, ou le royal monument.

CASTELLUM SABERITANUM (*géogr. anc.*), ville épiscopale d'Afrique, dans la Mauritanie césarienne.

CASTELLUM MEDIANUM (*géogr. anc.*), siége épiscopal d'Afrique, dans la Mauritanie césarienne, appelée *Monumentum Medianum*, par Ammien Marcellin.

CASTELLUM MENAPIORUM (*géogr. anc.*) (Givet), forteresse des Gaulois, sur la rive gauche de la Meuse.

CASTELLUM MINORITANUM (*géogr. anc.*), siége épiscopal d'Afrique, dans la Mauritanie césarienne.

CASTELLUM MORINORUM (*géogr. anc.*) (Cassel), ville des Gaules, appelée simplement *Castellum* dans l'Itinéraire d'Antonin ; elle était à quelque distance et à l'est de *Bononia*, et au nord-est de *Taruenna*.

CASTELLUM RIPENSE (*géogr. anc.*), siége épiscopal d'Afrique, dans la Mauritanie césarienne.

CASTELLUM ROMANUM (*géogr. anc.*) (Brittembourg), for-

teresse à l'extrémité du Rhin, appelée par quelques auteurs ARX BRITANNICA.

CASTELLUM TATROPORTENSE (*géogr. anc.*), siége épiscopal d'Afrique, dans la Mauritanie césarienne.

CASTELLUM TITULIANUM ou TITULITANUM (*géogr. anc.*), siége épiscopal d'Afrique, en Numidie.

CASTELLUM TRAJANI (*géogr. anc.*) (Cassel), forteresse située sur la rive droite du Rhin, dans un endroit où il recevait le nom de *Mœnus* (le Mayne). Elle fut réparée par Julien, et ne doit pas être confondue avec une autre située un peu plus à l'est, et qui est mentionnée par Tacite.

CASTEL-MELHOR (DON JUAN RODRIGUES DE VASCONCELLOS, COMTE DE), général portugais, gouverneur du Brésil, s'y était signalé sous Philippe IV, roi d'Espagne et de Portugal ; mais ayant été accusé, après l'avénement de la maison de Bragance, d'avoir voulu livrer le Brésil au nouveau roi, il fut arrêté par les Espagnols, jeté dans les cachots, et mis à la torture, sans qu'on pût arracher de lui aucun aveu. Conduit en Europe, et enfermé dans le château de Carthagène, il parvint à s'évader en 1641, se réfugia à Lisbonne, et y fut accueilli par Jean IV, qui lui donna le commandement d'une province. Castel-Melhor repoussa l'armée espagnole avec beaucoup de courage en 1643 ; il commanda en chef l'armée portugaise deux ans après, se distingua en plusieurs occasions, et mourut en 1658 à Ponte de Lima. — Son fils, CASTEL-MELHOR (don Louis Sanza Vasconcellos, comte de), fut ministre et favori d'Alphonse VI. Il détermina ce prince, en 1663, à éloigner du gouvernement la reine mère Eléonore de Guzman, disposa des premières charges du royaume, immola les autres favoris à son ambition, et fut opposé à l'infant don Pedro, qui projetait de détrôner le roi son frère. Castel-Melhor était d'avis de faire enlever l'infant, et de punir rigoureusement les conseillers de ce prince ; mais ce projet échoua par l'inconstance et la faiblesse d'Alphonse. Forcé de céder au parti de la reine, Castel-Melhor passa en Angleterre en 1667, et ne revint en Portugal qu'après la mort de cette princesse.

CASTELNAU, village de l'ancien Languedoc, aujourd'hui département de l'Hérault, à 3 kilomètres de Montpellier. En sortant de Castelnau, vers le nord, on aperçoit la colline sur laquelle était bâtie l'ancienne ville de *Substantion*, où fut établi, de 757 à 1037, le siège épiscopal de Maguelonne. Il y existe encore des ruines de murs, d'aqueducs, etc., qui ont été dernièrement l'objet des explorations de la société archéologique de Montpellier. Castelnau compte six cent soixante-treize bâtiments. Le nom de *Castelnau*, qui ne signifie que château neuf, est commun à un grand nombre de bourgs et de petites villes du Midi. La plupart y joignent un surnom qui les distingue.

CASTELNAU (MICHEL DE), né en Touraine vers 1520, était petit-fils de Pierre de Castelnau, écuyer de Louis XII. Militaire et diplomate, il rendit de nombreux services dans sa double carrière. Après avoir voyagé en Italie et visité l'île de Malte, il fit ses premières armes en Piémont. Son courage lui concilia l'affection du cardinal de Lorraine et du connétable de Montmorency, qui lui firent confier les missions les plus importantes. Henri II l'envoya en Ecosse avec des dépêches pour Marie Stuart, fiancée au dauphin, depuis François II. D'Ecosse il se rendit en Angleterre auprès d'Elisabeth, qui conservait des prétentions sur Calais. Le résultat des négociations fut que cette ville resterait à la France pendant huit ans, au bout desquels elle retournerait à l'Angleterre, si cette puissance laissait la France en paix. Castelnau fut ensuite successivement envoyé comme ambassadeur en Allemagne, en Savoie et à Rome. Le but de sa mission en Allemagne était de faire abandonner aux princes le parti protestant. Après la mort de François II, il accompagna Marie Stuart, sa veuve, en Ecosse. A son retour, il fit la guerre en Bretagne contre les protestants, qui s'emparèrent de sa personne. Bientôt délivré par échange, il assista au siège de Rouen, à la bataille de Dreux, et concourut à la prise du Havre sur les Anglais. Envoyé de nouveau en Angleterre pour renouer des liaisons avec cette puissance qui avait secouru les protestants, Castelnau obtint des conditions de paix favorables à la France. Un peu plus tard, résidant auprès du duc d'Albe dans les Pays-Bas, il découvrit, à Bruxelles, le complot qu'avaient formé le prince de Condé et l'amiral de Coligny, de surprendre et d'enlever la famille royale à Monceaux. Il obtint pour Catherine de Médicis deux mille cavaliers allemands, que le duc d'Albe n'accorda toutefois qu'à grand'peine. Après la bataille de Saint-Denis, il alla en Allemagne demander d'autres secours. En récompense de tant de services, Catherine de Médicis le nomma gouverneur de Saint-Dizier : de son côté Castelnau se montra reconnaissant aux batailles de Jarnac et de Moncontour, dans lesquelles il contribua fortement à la victoire. En 1574, après différentes missions en Angleterre, en Allemagne et en Suisse, Castelnau fut encore envoyé par Henri III en Angleterre, où, cette fois, il séjourna dix ans. Lorsqu'il revint, il déclara qu'il resterait fidèle à l'autorité royale, et qu'il ne subirait point le joug de la Ligue. Les Guises s'en vengèrent en lui ôtant son gouvernement de Saint-Dizier; les soldats de la Ligue pillèrent ses domaines, et il se trouva presque dénué de ressources. Henri IV, qui connaissait son attachement au catholicisme, mais qui estimait son caractère, lui offrit un refuge dans son armée, et ne craignit pas, après son avénement à la couronne, de lui donner des missions de confiance. Castelnau mourut à Joinville en 1592, à l'âge de soixante-douze ans. Il est à remarquer que, dans la terrible époque de guerres civiles qu'il eut à traverser, il resta toujours fidèlement attaché au parti royal, qui lui paraissait, à bon droit, représenter la France mieux que tous les autres, mieux que les protestants qui s'appuyaient sur l'Angleterre, mieux que les ligueurs qui faisaient cause commune avec l'Espagne, et, de leur côté aussi, appelaient une intervention étrangère. Castelnau a laissé des mémoires qui commencent à la mort de Henri II, troisième paix avec les protestants. Cet ouvrage renferme une foule de renseignements curieux, et pour cela seul il peut être consulté avec intérêt : mais on y remarque aussi quelques qualités littéraires qui en font un livre estimable. Le style en est clair, débarrassé le plus souvent des vieux termes; les phrases, bien qu'un peu longues quelquefois, finissent en général d'une manière harmonieuse. L'abondance des détails n'exclut pas la précision. Une rapidité assez grande règne dans la narration : on voit que l'auteur n'est pas étranger à ce qu'il raconte. Enfin, dans toutes les parties de l'ouvrage, circule je ne sais quel souffle de vérité. Castelnau a en outre un mérite bien rare au XVIᵉ siècle, celui d'une impartialité inaltérable. Malgré toutes ces qualités, c'est lui faire trop d'honneur que de le placer auprès de Philippe de Comines, comme on l'a fait quelquefois. Il n'a ni les défauts ni les qualités de cet écrivain célèbre. S'il n'a pas cette indifférence morale qui est un des caractères des œuvres de Comines, il n'a pas non plus cette vigueur de pensée, cette énergie de style qui a rendu immortelles quelques pages de l'historien du règne de Louis XI.

CASTELNAU (JACQUES, MARQUIS DE), maréchal de France, petit-fils de Michel de Castelnau, naquit en 1620, se distingua dans plusieurs affaires importantes, et commanda l'armée de Flandre en l'absence de Turenne, après la bataille des Dunes (1658). Il fut blessé mortellement au siège de Dunkerque; le roi lui envoya le bâton de maréchal de France; mais il n'en jouit qu'un mois, et mourut à Calais à l'âge de trente-huit ans.

CASTELNAU (RAIMOND DE), troubadour du XIIIᵉ siècle, a laissé quelques pièces dans lesquelles il célèbre l'honneur et les dames. Raynouard en a publié six dans le *Choix de poésies*, t. IV.

CASTELNAU (HENRIETTE-JULIE DE) (V. MURAT).

CASTELNAUDARY, ville du Languedoc, ancienne capitale du pays de Lauraguais, aujourd'hui chef-lieu de sous-préfecture du département de l'Aude. On ne sait rien de bien précis sur l'origine de cette ville; on pense seulement qu'elle a été élevée sur l'emplacement d'une ville appelée *Sostomagus*, détruite par les Vandales, et reconstruite quelque temps après sous le nom de *Castrum novum Arianorum*, dénomination qui rappelait les croyances religieuses des Visigoths; il en est fait mention pour la première fois dans le testament de Bernard Aton, vicomte de Béziers et de Carcassonne, testament qui porte la date du 7 mai 1118. Castelnaudary joua un grand rôle dans la guerre des Albigeois, et ses environs furent le théâtre de la défaite des comtes de Toulouse et de Foix par Simon de Montfort. En 1355, le prince de Galles s'en empara, la brûla et la détruisit presque entièrement. Jean, comte d'Armagnac, la rebâtit et la fortifia l'année suivante. C'est sous les murs de Castelnaudary qu'en 1632 le duc de Montmorency fut fait prisonnier (V. la BATAILLE DE CASTELNAUDARY). Les principaux monuments sont : l'église de Saint-Michel, où l'on remarque un tableau de Rival, et l'hôpital général, fondé il y a quatre siècles, et doté en 1774 de 500,000 fr. par M. de Langre, évêque de Saint-Papoul. Castelnaudary est la patrie de Pierre de Castelnau, d'Antoine Tologani, de Germain de la Faille, des généraux Dejean et Andréossy, et de M. Soumet, de l'académie française. On y compte aujourd'hui 9,900 habitants.

CASTELNAUDARY (BATAILLES DE). La première bataille fut livrée et perdue en 1211 par Raymond VI, comte de Toulouse,

et par le comte de Foix, contre Simon de Montfort. Ce dernier était assiégé dans Castelnaudary avec une troupe choisie, qui ne s'élevait pas à cent chevaliers; son maréchal Gui de Lévis, et son beau-frère Bouchard de Marli, rassemblèrent pour venir à son secours une troupe assez nombreuse de chevaliers dans les diocèses de Narbonne, de Carcassonne et de Béziers. Le vaillant comte de Foix les attendit au passage, à une lieue de Castelnaudary, les battit et les dispersa à deux reprises différentes. Malheureusement ses troupes se débandèrent pour piller; et Simon de Montfort, sortant tout à coup de Castelnaudary à la tête de soixante chevaliers, assaillit les vainqueurs et les mit dans une déroute complète. Mais ce brillant succès n'eut pour le moment d'autre résultat que la délivrance de Castelnaudary. Cette bataille a été longuement racontée dans le poëme provençal sur la croisade contre les Albigeois, publié en 1857 par M. Fauriel. Voici quelques fragments du récit animé qu'en a fait ce poëte : nous croyons qu'ils ne seront pas déplacés ici : « Les François de Paris et ceux de vers la Champagne s'en venoient à Castelnau bien rangés à travers la plaine. Mais voilà le comte de Foix avec toute sa troupe et les routiers d'Espagne, qui leur barrent le chemin, et ne les prisent pas une châtaigne pour le bravoure : « Barons, se disent-ils entre eux, qu'il n'en reste pas un » vivant de cette race étrangère, et que leur sort fasse peur en » Allemagne et en France, dans l'Anjou, en Poitou, par toute » la Bretagne, et là-haut en Provence, jusqu'aux ports de l'Al- » lemagne : ainsi seront-ils corrigés. » Le comte de Foix se vauche avec une partie des siens à Saint-Martin des Bordes; car il est le nom du lieu. Ils dressent leurs lances appuyées à l'arçon de devant, s'en vont criant : *Toulouse !* à travers la plaine longue et belle, et de leurs arbalètes lancent flèches et bessons... Grande, au baisser des lances, devient la bataille; les Toulousains crient : *Toulouse !* et les Gascons, *Comminges !* D'autres crient : *Foix*, ou *Montfort*, ou *Soissons*... Les François éperonnent comme vrais barons, poussent en avant tant qu'ils peuvent sur le penchant d'une vallée. La plaine est longue, et belle et rase la campagne; et des deux côtés il en meurt de foibles et de forts. » — Les environs de Castelnaudary furent encore, dans le XVIIᵉ siècle, le théâtre d'une bataille. Gaston, révolté contre son frère Louis XIII, et serré de près par les troupes royales, s'était jeté dans le Languedoc pour se réunir à la petite armée du malheureux Montmorency. Schomberg, chargé de réduire les rebelles, s'avança près de Castelnaudary avec deux mille hommes de pied et douze cents chevaux. Lorsque les deux armées furent en présence, Montmorency, courageux jusqu'à la témérité, résolut d'aller lui-même reconnaître le camp ennemi à la tête d'une faible troupe de cavalerie. Mais, bientôt victime de son impétuosité, il fut démonté, blessé et pris; quant à Gaston, à la première nouvelle de ce malheur, il se hâta de fuir, abandonnant le prisonnier au bourreau de Richelieu.

CASTELNAU-MONTRATIER, petite ville de l'ancien Quercy, aujourd'hui département du Lot, à 2 myriamètres 4 kilomètres de Cahors. Appelée autrefois *Castelnau de Vaux*, elle reçut son surnom actuel d'un seigneur nommé Ratier, qui en augmenta les fortifications. Sa position sur une colline à pente rapide, ses remparts, dont il existe encore de beaux restes, un vaste château fort entouré de fossés, lui donnèrent une grande importance pendant les guerres du moyen âge. Simon de Montfort s'en empara en 1214. Les Anglais l'enlevèrent sous Charles VI, et ils en étaient maîtres en 1428. On y voit encore d'anciennes portes surmontées de tours. La population de cette ville est aujourd'hui de 4,055 habitants.

CASTEL-NOVO, près du lac de Garde (AFFAIRES DE). La droite de l'armée d'Alvinzi avait continuellement battu dans le Tyrol la division Vaubois. Davidovich, par des manœuvres habiles, avait remporté sur ce général des avantages marqués, et l'avait repoussé de positions en positions jusqu'à Castel-Novo. Mais, après la victoire d'Arcole, les affaires changèrent de face. Davidovich, ignorant la position d'Alvinzi qui fuyait vers la Brenta, avec les débris de son armée, fut lui-même attaqué le 21 novembre 1796 par Bonaparte, commandant les divisions Vaubois et Masséna, dont la jonction s'était opérée à Villa-Franca. Ces divisions marchèrent ensemble sur Castel-Novo, tandis qu'Augereau se portait sur les hauteurs de Sainte-Anne, pour couper la vallée de l'Adige à Dolce. Cette manœuvre fermait toute retraite au général autrichien. Joubert, commandant l'avant-garde, atteignit les impériaux sur les hauteurs de Campana. Après un léger combat, un corps de l'arrière-garde autrichienne fut entouré, douze cents hommes furent pris, et trois à quatre cents se noyèrent dans l'Adige. Les Français reprirent la position de Rivoli et de la Corona, pendant qu'Augereau, rencontrant les Autrichiens à Sainte-Anne, les dispersait, leur faisait trois cents prisonniers, prenait Dolce, et s'emparait de quatre canons et de six caissons. — En 1801, après la bataille de Pozzolo, les grenadiers hongrois du prince de Hohenzollern furent repoussés en désordre sur Castel-Novo par les colonnes des généraux Delmas et Moncey, qu'électrisait l'exemple du brave Oudinot. Ce fut en vain qu'ils voulurent s'y défendre ; pris et repris trois fois, ce village resta enfin au pouvoir des Français.

CASTEL-NUOVO (COMBAT DE). Castel-Nuovo, ville de Dalmatie, située dans la vallée de Sutorina et sur le col de Debilibrich, n'avait jamais vu d'armées françaises avant l'arrivée de celle qu'en 1806 conduisait le général Marmont. Six mille Russes étaient réunis sur ce point à huit ou dix mille Monténégrins, et menaçaient la communication de Marmont avec Raguse. Dans la nuit du 29 au 30 septembre, six mille Français sortirent de cette dernière ville, et firent fuir sans combat les Russes et les Monténégrins. Le lendemain, Marmont continua sa marche sur les hauteurs qui sont vis-à-vis de Castel-Nuovo, culbuta trois bataillons russes, et dispersa une nuée de Monténégrins qui les soutenaient. Ils laissèrent dans cet endroit quatre cents des leurs sur le champ de bataille. Cette position enlevée, une colonne française qui agissait par la vallée débouche et arrive sur quatre mille Russes rangés en bataille. Le soixante-dix-neuvième régiment de ligne se porte en avant, formé en colonnes d'attaque ; après une charge vigoureuse conduite par le général Delzons, les ennemis se retirent en désordre sous le canon de la place et de la flotte russe, qui envoie des chaloupes pour protéger leur fuite. Marmont, pour punir les Monténégrins de leurs hostilités, fait brûler leurs villages et le faubourg de Castel-Nuovo. Ces peuplades sauvages, poussées au désespoir, fondent alors comme une nuée sur les Français ; mais leurs efforts sont repoussés, le champ de bataille est couvert de leurs morts, et cette leçon terrible leur apprend à craindre la baïonnette de soldats auxquels rien n'avait résisté en Europe.

CASTELOGNE, s. f. (*term. de fabriques*), couverture de lit faite avec de la laine très-fine.

CASTELPERS (HONORÉ-PIERRE BORIES DE) naquit à Castres le 31 décembre 1760, et dès l'âge de quinze ans manifesta le désir d'embrasser la carrière militaire. Il ne put vaincre l'obstination de ses parents qui s'opposaient à ses désirs qu'en 1784, époque à laquelle il entra dans le régiment de Condé cavalerie. Dès le commencement de la révolution, il fut nommé capitaine dans le bataillon des volontaires du Tarn, et en obtint le commandement le 6 juillet 1791. Constamment à la tête de l'avant-garde de l'armée des Pyrénées-Orientales, il fut blessé grièvement, et fut nommé général de brigade. Il resta dans l'inaction pendant toute la durée de l'empire. Il s'empressa de prendre la cocarde blanche en 1814, refusa de servir pendant les cent jours, et mourut près d'Oleron en 1817. **C. L.**

CASTEL-SARRASIN, petite ville de l'ancien haut Languedoc, aujourd'hui chef-lieu d'arrondissement du département de Tarn-et-Garonne. Quelques auteurs, sans doute à cause de son nom, pensent qu'elle existait déjà du temps des Sarrasins. Mais on a lieu de croire qu'elle est moins ancienne, et que sa dénomination n'est qu'un dérivé corrompu de Castel-sur-Azin. En effet, elle est bâtie sur la petite rivière d'Azin ou Aussin, près de la rive droite de la Garonne. Le parlement de Toulouse s'y réfugia dans le XVIᵉ siècle, pour échapper aux dernières fureurs de la Ligue. Elle était autrefois entourée de murs et de fossés. On n'y remarque plus d'autres vestiges de constructions anciennes que des restes de remparts, le portail gothique d'une église, et deux portes toutes semblables à celle de Toulouse. Elle a 7,092 habitants, et possède un collège communal.

CASTELVETRO (LOUIS), né à Modène en 1505, appartenait à une famille noble, et reçut une éducation distinguée. Il obtint de brillants succès dans les universités de Bologne, de Ferrare, de Padoue, de Sienne, et reçut le bonnet de docteur dans cette dernière université. L'académie des *intronati* de Sienne l'admit aussi dans son sein. L'état de sa santé l'ayant obligé de suspendre ses études et de retourner dans sa patrie, il devint membre de l'académie qu'on y avait fondée depuis peu, et signa comme tous ses confrères le formulaire qui leur fut présenté, en 1542, par ordre du cardinal Contarini, pour la garantie de leurs opinions religieuses devenues suspectes. Une canzone que le célèbre Annibal Caro composa en 1545, à la demande du cardinal Alexandre, à la louange de la maison royale de France, fit naître entre l'auteur et Castelvetro une querelle qui eut un grand retentissement. Une copie de cette composition poétique étant tombée entre les mains de ce dernier, il y ajouta des observations critiques qui se répandirent promptement dans le

public. La querelle fut aussi violente que longue. Castelvetro a été accusé, mais sans preuves, de s'être efforcé de rendre son adversaire suspect au grand-duc Côme Iᵉʳ et au cardinal de Trente. Il fut même accusé en outre d'avoir fait assassiner, en 1555, le jeune Alberico Longo, à qui Caro vouait une affection particulière. Mais son domestique, traduit pour ce crime devant les tribunaux, fut absous, et lui-même a toujours protesté de son innocence. De son côté, Caro, sans plus de fondement, a été soupçonné de vouloir faire assassiner Castelvetro. Mais il n'est que trop vrai qu'il contribua fortement à la persécution qui fondit sur le malheureux critique. Malgré le formulaire signé, la foi de plusieurs académiciens de Modène étant devenu suspecte et ayant provoqué des informations juridiques, Castelvetro prit le parti de se cacher. On l'accusait particulièrement d'avoir traduit un livre de Mélanchthon. Enfin il se laissa persuader d'aller à Rome, et y subit quelques examens, dont les résultats le déterminèrent à s'évader. Condamné et excommunié, en 1561, comme hérétique contumace, il se retira à Chiavenne, avec son frère Jean-Marie, aussi condamné comme complice de sa fuite. Alors se tenaient les sessions du concile de Trente, et Castelvetro, encouragé par des amis, présenta une supplique au pape Pie IV pour obtenir qu'il lui fût permis de se justifier devant le concile. Le pape ayant exigé que l'accusé comparût devant le tribunal de l'inquisition, déjà saisi de cette affaire, il n'osa s'y résoudre et il se rendit à Lyon. C'est dans cette ville que le feu ayant pris à la maison qu'il habitait, il se mit à crier : *Sauvez ma Poétique!* « C'était en effet, dit Feller, le meilleur de ses ouvrages ; et, quant à tous les autres, il pouvait bien les laisser brûler. » Obligé de quitter Lyon, il se rendit à Genève, puis retourna à Chiavenne, où quelques gens l'engagèrent à leur donner tous les jours une leçon sur Homère et sur la rhétorique de Cicéron. Le bon accueil que le frère de Castelvetro avait reçu de Maximilien II le décida à se rendre lui-même à Vienne, et il dédia à ce souverain son *Exposition de la Poétique d'Aristote.* Enfin, étant retourné à Chiavenne pour fuir la peste qui s'était déclarée dans la capitale de l'Autriche, il y mourut le 21 février 1571. Il n'avait jamais voulu se marier, afin de se pouvoir livrer plus librement à l'étude. On vantait son désintéressement et la régularité de ses mœurs ; s'il se fit de nombreux ennemis, on doit l'attribuer à la trop grande franchise de son caractère et à la sévère roideur de sa critique. Ses principaux ouvrages sont : 1° *Ragioni di alcune cose segnate nella canzone di Annibal Caro : Venite all' ombra dei gran gigli d'oro,* sans date et sans nom de lieu (Modène), in-4°, et Venise, 1560, in-8°. C'est cette production qui occasionna entre Caro et Castelvetro la querelle dont nous avons parlé. 2° *La Poetica d'Aristotile volgarizzata e sposta per Lodovico Castelvetro,* Vienne, 1570, in-4°. On a fortement reproché à l'auteur l'abus de l'érudition, une subtilité qui l'entraîne souvent dans les sophismes et les paralogismes, des critiques hasardées, souvent injustes, auxquelles se livre sans nécessité, quelquefois hors de propos, l'entortillement et l'obscurité du style. L'édition que nous venons d'indiquer renfermait quelques passages qui la firent prohiber en Italie; elle est aujourd'hui assez recherchée, ainsi que celle de Bâle, 1576, in-4°. 3° *Correzioni di alcune cose nel dialogo delle lingue (l'Ercolano), del Varchi, ed una Giunta al primo libro delle prose di messer Pietro Bembo, dove si ragiona della volgar lingua,* Bâle, 1572, in-4°, et Modène, 1573, in-4°, sans nom d'auteur. 4° *Esaminazione sopra la Rettorica (di Cicerone) a Gaio Erennio fatta per Lodovico Castelvetro,* Modène, 1653, in-4°. Cet ouvrage contient les leçons données par l'auteur à des jeunes gens de Chiavenne. 5° *Sposizione delle rime del Petrarca,* ou mieux : *le Rime del Petrarca, brevemente sposte da Lodovico Castelvetro,* Bâle, 1582, in-4°; Venise, 1756, 2 vol. in-4°, et quelques exemplaires in-fol. On y reconnaît la tendance qui poussait l'auteur dans ses critiques à une sévérité souvent injuste. C'est au sujet de ces notes que Ménage le qualifiait de critique *accuratissimo et acutissimo.* 6° *Opere varie critiche di Lodovico Castelvetro non più stampate, cola vita dell' autore scritta da Lodovico Antonio Muratori,* Lione (Milan), 1727, in-4°. **PÉRENNÈS.**

CASTELVIEL (LE). C'est un des faubourgs de la ville d'Alby qui, avant la révolution, formait une communauté et une juridiction judiciaire particulière. Dans les Xᵉ, XIᵉ et XIIᵉ siècles, les Frotiers, famille puissante du pays, étaient seigneurs du Castelviel ; ils perdirent cette terre pour fait d'hérésie ; saint Louis la réunit à la couronne, et en fit une dépendance de la sénéchaussée de Carcassonne. Dans les premiers siècles de l'ère vulgaire, le Castelviel était l'emplacement de l'ancienne Alby, la quatrième ville de la première Aquitaine. *Adhémar le Nègre,* troubadour du XIIᵉ siècle, avait reçu le jour au Castelviel. **C. L.**

CASTEN-VOGTEY ou **AVOCATIE** (*jurispr.*). C'est le nom qu'on donnait, en Allemagne, à un droit particulier que quelques seigneurs ou souverains de l'empire pouvaient exercer sur les monastères ou chapitres situés dans leur voisinage, en vertu de celui de protection qu'ils avaient sur eux. La plupart des couvents avaient souvent tâché de secouer ce joug, qui leur était en plusieurs occasions plus onéreux qu'utile, et beaucoup y avaient réussi. Ce droit est aussi ancien en Allemagne que les monastères et chapitres, et paraît avoir été établi par les fondateurs eux-mêmes, ou par les empereurs.

CASTERA (*V.* DUPERRON).

CASTET, s. m. (*bot.*), genre de plantes de la famille des nerpruns.

CASTEX (BERTRAND-PIERRE), né à Pavie dans le département du Gers le 29 juin 1771, mort à Strasbourg le 19 avril 1842. Son père l'avait envoyé à Bordeaux étudier le droit; mais, la révolution étant survenue, le jeune Castex fut entraîné dans la carrière des armes, et entra, en 1792, comme maréchal des logis dans un corps de volontaires dont on composa plus tard le 24ᵉ régiment des chasseurs à cheval. — Castex fit ses premières armes en Espagne, et mérita bien vite ses grades de sous-lieutenant et de lieutenant. Envoyé à l'armée d'Italie, il fit les mémorables campagnes de 1796, 1797, 1798 et 1799, obtint le grade de capitaine, et fut aide de camp du général Kilmaine. Son corps ayant été désigné pour aller en Égypte; mais le défaut de transport le retint à Civita-Vecchia, où il était prêt à s'embarquer. Le 24ᵉ régiment de chasseurs, après la retraite d'Italie, passa à l'armée d'observation des Pyrénées, et entra bientôt en Espagne sous les ordres du général Gouvion Saint-Cyr; le grade de chef d'escadron fut alors conféré à Castex. Nommé chevalier de la Légion d'honneur à la création de l'ordre, il fut ensuite envoyé comme major au 20ᵉ régiment de chasseurs et fit la campagne de 1805 en Allemagne. Ses talents militaires se développèrent spécialement pendant la campagne suivante, et, à la bataille d'Iéna, une charge brillante à la tête du 7ᵉ de chasseurs, qu'il commandait provisoirement, lui valut sur le champ de bataille le grade de colonel. Napoléon lui confia le 20ᵉ régiment de la même arme, avec lequel il se fit encore remarquer à Eylau et à Friedland, et mérita d'être successivement nommé officier et commandant de la Légion d'honneur. En 1808, il fut créé baron de l'empire, et, après s'être signalé pendant la campagne de 1809, Castex reçut le grade de général de brigade à la suite de la bataille de Wagram. La paix, gagnée au prix de tant de victoires, permit à une foule de militaires de rentrer dans leur patrie, et, Castex ayant été chargé de l'inspection des troupes à cheval de la 5ᵉ division militaire, s'allia en 1810 à la famille de Dartein, et dès lors l'Alsace remplaça dans ses affections le pays qui l'avait vu naître. — Mais bientôt la guerre vint l'enlever aux douceurs de la vie de famille, et il alla prendre le commandement d'une brigade de cavalerie légère dans le 2ᵉ corps de la grande armée. Pendant cette terrible campagne de Russie, Castex se distingua plusieurs fois et mérita la faveur insigne d'être placé dans la garde impériale comme général-major des grenadiers à cheval. — En 1813, il prit part avec le même succès aux événements de la guerre, et fut nommé général de division à l'issue de la bataille de Hanau. Envoyé à l'armée commandée en Flandre par le général Maison, Castex eut sous les ordres 4,000 chevaux de la cavalerie, se fit, en 1814, devant la ville de Liège. — Placé en disponibilité à la première restauration, il reprit du service en 1815, pendant les cent jours, et commanda la cavalerie du corps d'armée qui, sous les ordres du général Lecourbe, fit une campagne si remarquable aux environs de Belfort. — A la seconde restauration, Castex vint habiter sa retraite chérie du Val-de-Villé; mais il en fut rappelé en 1817 pour commander la 6ᵉ division militaire à Besançon. — Il fit ensuite la campagne d'Espagne de 1823, plusieurs inspections de cavalerie, et en 1826 il fut chargé du commandement de la 5ᵉ division militaire qu'il conserva jusqu'en 1830. Les services qu'il rendit dans ces différentes fonctions lui valurent tour à tour les grades de grand officier de la Légion d'honneur, grand-croix de Saint-Louis et de Saint-Ferdinand d'Espagne, et le titre de vicomte. — Après les événements de 1830, Castex rentra dans ses foyers, consacra son activité à des travaux d'agriculture, mais se tint prêt à reprendre les armes si la patrie menacée avait eu besoin de sa valeur et de sa longue expérience. — Le suffrage de ses concitoyens l'appela, en 1824, à la chambre des députés, et plus tard, en 1833, au conseil général du Bas-Rhin. Ces diverses fonctions si honorables, Castex n'eut rien tant à cœur que d'être utile à son pays. **LOREMBERT.**

CASTHANÉE (*V.* CASTANÉE).

CASTI (JEAN-BAPTISTE), né à Prato près de Florence en 1721, étudia au séminaire de Montefiascone, y fut professeur, obtint plus tard un canonicat dans la cathédrale de cette ville, puis voyagea en France et en Allemagne. Ses poésies lui avaient donné quelque renommée. L'empereur Joseph II l'accueillit à Vienne dans une flatteuse intimité, et Catherine le reçut aussi avec distinction. Plusieurs missions diplomatiques lui furent même confiées, sans cependant qu'elles lui valussent ni titre ni emploi spécial, et il s'en acquitta toujours avec talent. Après la mort de Métastase, Casti fut nommé *poeta cesareo*, poëte de la cour de Vienne, fonctions dont il se démit à la mort de Joseph II. A cette époque il revint à Florence, et s'y livra à ses travaux littéraires. En 1798, Casti était à Paris, et, pendant son séjour dans cette ville, il fréquentait la meilleure société, où sa gaieté, son esprit, ses excellentes manières le faisaient rechercher. De retour à Florence, un rhume mit fin à ses jours le 6 février 1803. Il avait plus de quatre-vingt-deux ans. On a de Jean-Baptiste Casti : *Novelle galanti dell' ab. Giamb. Casti* in 3 *volumi*, Paris, an XII (1804). — *Gli Animali parlanti, poema epico diviso in XXVI canti di Giamb. Casti*, Paris, an X (1802), 3 vol. in-8°. — *Poema tartaro*, poëme satirique en douze chants, sur la cour de Catherine II, Milan, 2 vol. petit in-12. — *Rime anacreontiche.* — *Drammi giocosi per musica*, deux opéras bouffons, dont l'un est intitulé : *la Grotta di Trofonico*, et l'autre : *il Re Teodoro in Venezia.*

CASTIANIRE (*hist. héroïque*), femme de Thrace, maîtresse de Priam et mère de Gorgythion.

CASTIC, chef séquanais, que l'Helvétien Orgétorix avait associé à ses ambitieux projets contre la liberté de son pays et de la Gaule entière (*V.* ORGÉTORIX).

CASTICE, s. m. Indien, né à Goa, de père et de mère portugais.

CASTIEL Y ARTIGUEZ (JUAN-PEREZ), littérateur, né dans le XVIIᵉ siècle à Valence, fut pourvu de plusieurs bénéfices, et, n'ayant fait que des études fort médiocres, passa la plus grande partie de sa vie sans montrer aucun goût pour les lettres. Doué d'une imagination fort vive, il l'employait à tracer des plans, et son biographe, Vincent Ximenès (*V.* ce nom), dit que l'on voyait à Valence des preuves de son talent pour l'architecture. Ce fut sur la fin de sa vie qu'il s'avisa d'écrire en prose et en vers, avec assez de succès pour faire regretter qu'il n'eût pas commencé plus tôt. Il mourut en 1754. On a de lui : *Recrea del alma fiel*, Valence, 1722, in-8°, poëme en 46 aspirations (*gergos*). — *Politica cristiana, aforismos de prudencia, en versos de varios metros*, ibid., 1723, in-8°. — *Empeño de amor divino contra Lucifer*, etc., ibid., 1725, in-8°. — *Breve tratado de la ortografia española*, ibid., 1727, in-8°.

CASTIGATION, s. f. (*vieux langage*), action de châtier, de réprimander.

CASTIGATOIRE, adj. des deux genres (*vieux langage*), qui a pour but de réprimander ; éloquence castigatoire.

CASTIGLIONE, s. m. (*botan.*), arbrisseau qui croît au Mexique et au Pérou.

CASTIGLIONE (*géogr.*), ville du royaume lombard-vénitien, province de Mantoue, près du lac de Garde. On l'appelle aussi *Castiglione delle Stiviere.* 5,500 habitants.

CASTIGLIONE (AFFAIRES DE). Tandis que Bonaparte soutenait à Lonato l'avant-garde de Masséna, Augereau attaquait, conformément à ses instructions, celle de Wurmser. Après avoir replié les avant-postes de l'ennemi, on rencontra la division Liplay dans une assez bonne position, à droite et à gauche de Castiglione. Après un combat très-vif, les Autrichiens furent repoussés ; mais, voyant le petit nombre des troupes qui les poursuivaient, ils se reformèrent bientôt. Une nouvelle charge les força une seconde fois à la retraite, et les jeta sous le feu de la 51ᵉ, qui acheva leur déroute. Ce furent les deux combats de Lonato et de Castiglione qui assurèrent le succès de toutes les opérations contre Wurmser. Les Autrichiens y perdirent 3,000 hommes tués, blessés ou prisonniers, indépendamment de 20 pièces de canon (3 août 1796). Wurmser était réduit à son centre et à sa gauche ; mais le sort de l'Italie n'était pas encore décidé. On se prépara de part et d'autre à un engagement général. Bonaparte se rendit lui-même à Lonato pour voir les troupes qu'il en pouvait tirer ; mais quelle fut sa surprise, en entrant dans cette place, d'y recevoir un parlementaire qui sommait le commandant de se rendre, parce que, disait-il, il était cerné de tous côtés ! Effectivement, on annonçait l'approche de 4,000 impériaux : c'étaient les débris de la division coupée qui, après s'être réunis, cherchaient à se faire un passage. La circonstance était pressante : Bonaparte n'avait à Lonato que 1,200 hommes; il fait venir le parlementaire et lui parle ainsi : *Allez dire à votre général que c'est lui-même et son corps qui sont prisonniers ; que si dans huit minutes il n'a pas mis bas les armes, s'il fait tirer un seul coup de fusil, il n'a plus rien à espérer. Débandez les yeux de monsieur : vous voyez le général Bonaparte et son état-major au milieu de sa brave armée. Allez.* Quelques instants après, les impériaux étaient prisonniers.— Après ce périlleux incident, Bonaparte compléta ses dispositions, et le 5 août, au point du jour, on se trouva en présence de Wurmser, dont l'armée était encore forte de 30,000 hommes. La colonne de Serrurier avance sur Castiglione, se dirigeant sur les derrières de la ligne ennemie. Tout est combiné pour qu'elle se trouve près de l'ennemi au moment où Bonaparte commencera l'attaque. Wurmser paraissant incertain s'il attaquera ou s'il recevra le combat, Bonaparte ordonne à son armée tout entière un mouvement rétrograde pour attirer les impériaux ; mais dès qu'il apprend que la division Serrurier, commandée par le général Fiorella, attaque la gauche de Wurmser, il fait battre la charge et ordonne à l'adjudant général Verdière d'emporter une redoute construite par l'ennemi au milieu de la plaine. Au même instant, la gauche et le centre des Français marchent sur un déploiement de plus d'une lieue et demie; les avant-postes autrichiens sont culbutés, et Wurmser ordonne la retraite quand il aperçoit le général Serrurier près de le prendre à revers. On le poursuit jusqu'au Mincio, on lui fait 800 prisonniers, on lui enlève 25 pièces de canon et 120 caissons. Dès le lendemain, l'armée française se préparait à livrer de nouveaux combats à Peschiera (*V.* PESCHIERA et l'article ADIGE).

CASTIGLIONE (LAPUS DE), originaire de Florence dans le XIVe siècle, fut abbé de Saint-Miniat, ordre de Saint-Benoît, et se fit la réputation d'un habile jurisconsulte. On a de lui un commentaire sur les Clémentines, sous le titre d'*Allegationum;* des *Additions au traité de Petrucci* DE PLURALITATE BENEFICIORUM. Quelques auteurs lui attribuent aussi les traités suivants : *De hospitaliis; De canonica postata; Concilium circa inquisitionem et nuncios apostolicos, quod sint exempti a jurisdictione ordinaria* (Forster, *Hist. juris.*, l. III, cap. 26).

CASTIGLIONE (CHRISTOPHE), jurisconsulte de l'illustre maison de Castiglione, enseigna le droit dans les universités de Parme, de Pavie et de Sienne, et mourut à Pavie le 16 mai 1425. On a de lui des conseils et des répétitions de lois : *Disputatio circa alienationem bonorum mulieris prohibitam a statuto super infortiato de duello : an præsumatur fœnus, quando vendens postea capit in emphyteusim* (Denys-Simon, *Bibl. des auteurs du droit).*

CASTIGLIONE (BONAVENTURE), inquisiteur général du Milanais, né à Milan en 1480, mort en 1555, a laissé : *De Gallorum Insubrium antiquis sedibus;* un écrit contre les juifs; un *Discours* sur l'Ecriture sainte, et des *Epigrammes latines.* — **CASTIGLIONE** (Jacques), médecin, mort à Rome dans les premières années du XVIe siècle, est auteur d'un *Discorso sopra il ben fresco,* Rome, 1602. — **CASTIGLIONE** (Pierre-Marie), autre médecin, mort à Milan en 1629, est auteur des ouvrages suivants : *Amiranda naturalia ad renum calculos curandos,* Milan, 1622, in-8°; *De sale, ejusque virtutibus,* ih., 1629, in-8°.— **CASTIGLIONE** (Jean-Honoré), proto-médecin du duché de Milan, mort en 1679, a publié : *Prospectus pharmaceuticus, sub quo antidotarium mediolanense spectandum proponitur,* Milan, 1668, in-fol. — Son fils, B.-François **CASTIGLIONE**, mort en 1712, fut également proto-médecin du Milanais. On a de lui : *De spiritibus extractis, salibus de fucis,* Milan, 1698, in-fol. Il publia aussi une nouvelle édition de l'ouvrage de son père, avec des corrections et des additions.

CASTIGLIONE (BALTHAZAR), écrivain et poëte élégant du XVIe siècle, naquit le 6 décembre 1478 à Casatico, maison de campagne appartenant à sa famille dans le duché de Mantoue. Après avoir fait d'excellentes études sous Georges Merula, Démétrius Chalcondyle et Béroalde l'ancien, Castiglione, destiné au métier des armes, s'attacha d'abord au duc de Milan, Louis Sforce. Les Français s'étant emparés de ce duché, et Louis Sforce ayant été emmené prisonnier en France, il retourna à Mantoue, et fut accueilli par le marquis François de Gonzague. Balthazar entra quelques années après au service du duc d'Urbin, après en avoir obtenu la permission du marquis de Mantoue, qui en conserva toutefois un vif ressentiment. Il devint un des ornements de la cour magnifique du duc Guidubalde de la Rovère. Ce prince le nomma, en 1503, son ambassadeur auprès du roi d'Angleterre, qui le créa chevalier de ses ordres

et le combla de présents. Après son retour à Urbin dans les premiers mois de 1507, il fut chargé d'une mission importante auprès de Louis XII, alors à Milan. Le duc François-Marie, successeur de Guidubalde, continuant les faveurs dont il était l'objet, lui accorda le titre de comte avec le fief et le château de Nuvillara, près de Pesaro. C'était la récompense des services qu'il avait rendus dans la guerre entre le pape et les Vénitiens à la tête d'une compagnie de 50 hommes d'armes. Léon X ayant succédé à Jules II en 1513, le duc François-Marie, qui connaissait les liaisons que Castiglione avait eues avec lui lorsqu'il était cardinal, le lui envoya pour ambassadeur. Le marquis de Mantoue lui rendit son amitié, et lorsqu'il épousa en 1516 la fille du comte Torelli, « femme d'une grande beauté et d'un génie au-dessus de sa beauté, » le prince, voulant réparer son injustice, fit célébrer les noces par des joutes, des tournois et tous les divertissements imaginables. Cette union ne dura que quatre ans. Lorsque Castiglione perdit sa femme, morte en couches d'un second enfant, il était à Rome, où il sollicitait de Léon X, pour le nouveau duc d'Urbin, Frédéric, successeur de François-Marie, le généralat des troupes de l'Eglise, dont son père avait été investi. Après les premiers moments donnés à sa juste douleur, Balthazar reprit cette négociation, qu'il eut la satisfaction de voir réussir au mois de mars 1521, puis servit dans la guerre contre les Français, et revint à Rome en 1523 en qualité d'ambassadeur. Le pape Clément VII lui confia, en 1525, ses intérêts à traiter à Madrid auprès de l'empereur Charles-Quint, qu'il accompagna, l'année suivante, à Tolède, à Séville et à Grenade. L'empereur l'accueillit avec distinction ; mais la paix ne se rétablissait point. La prise et le sac de Rome par l'armée de l'empereur en 1527, porta un coup cruel à Balthazar, et cet événement lui attira les reproches de la disgrâce du pape, auprès duquel il parvint cependant à se justifier. L'empereur lui ayant donné le riche évêché d'Avila, le comte protesta qu'il ne l'accepterait que lorsque ce monarque et le pape seraient réconciliés. La mort ne lui laissa pas la satisfaction de voir la conclusion de cette paix, qu'il appelait de tous ses vœux, et il expira, le 2 février 1529, à Tolède, après six jours de maladie, honoré des regrets du souverain pontife et de l'empereur. Balthazar Castiglione a laissé qu'un petit nombre d'ouvrages, mais tous d'un style achevé et d'un goût excellent. Celui qu'on cite le plus souvent est son *Libro del Cortegiano,* qu'il écrivit en 1518, et qu'il communiqua dès lors à Bembo. Ce fut pendant son séjour en Espagne qu'il s'occupa de le publier, et il en envoya une copie de Burgos à Venise, où l'ouvrage sortit des presses d'Alde, 1528, in-fol. Il fut depuis réimprimé à Florence et à Venise. Il y en a une édition plus récente de Padoue, 1733, in-4°, avec une Vie de l'auteur par Bernardino Marliani; mais elle est mutilée en plusieurs endroits. Son *Courtisan,* appelé par les Italiens un *livre d'or,* conserve toujours un caractère de nouveauté, malgré les changements survenus dans les mœurs.«Qui pouvait mieux, dit Feller, donner des préceptes aux courtisans que celui qui avait également plu dans tant de cours différentes, à Paris, à Londres et à Madrid ? » Mais on prétend qu'il n'a pas tout dit, et que, pour être parfait courtisan, il faut encore autre chose que ce qu'il apprend dans son livre. Quelques expressions échappées à l'auteur rurent suspectes, et son œuvre fut prohibée. Elles ont été corrigées dans la belle édition de Padoue que nous venons d'indiquer. Ce livre fut traduit en français par Jean Chaperon, 1537, in-8°, et reparut, revu par Etienne Dolet, Lyon, 1538, in-8°. Mais la langue française ne faisant encore que de naître, il serait injuste de juger l'original par cette traduction informe et décolorée. Les poésies italiennes et latines de Castiglione sont de vrais modèles de grâce et d'élégance. Alde les publia pour la première fois avec celles de César de Gonzague et d'Ant. Giacopo Corso, Venise, 1533, in-8°. Souvent réimprimées depuis, elles se trouvent à la suite du *Cortegiano* dans plusieurs éditions. L'abbé Serani en a publié une édition estimée, enrichie de poésies inédites, Rome, 1760, in-12, avec une nouvelle Vie de l'auteur, et a donné un recueil de lettres de Balthazar Castiglione avec de savantes notes, Padoue, 1769, 2 vol. in-4°, Scaliger faisait un tel cas de ses poésies latines, qu'il ne craignait pas d'avancer qu'elles réunissaient l'élévation des pensées de Lucain et l'élégance du style de Virgile. PÉRENNÈS.

CASTIGLIONE (JEAN-BENOIT), peintre et graveur, né à Gênes en 1616, mort à Mantoue en 1679. On le nomme ordinairement *Benedette* ou *le Genovese.* Il apprit les principes de son art de Jean-Baptiste Paggi, et il suivit ensuite les leçons de Ferrari et de Van-Dyck, qui travaillaient à cette époque à Gênes. Castiglione mena d'abord une vie errante, conforme à son goût, mais utile à ses vues. Pour se perfectionner dans sa profession, il vit Rome, Naples, Florence, Parme et Venise, étudia les ouvrages des grands hommes qui ont enrichi ces villes, laissa partout des preuves de ses talents, et se fixa enfin à Mantoue, où le duc lui entretenait un carrosse et lui faisait une pension considérable. — Son dessin est élégant, sa touche délicate et son clair-obscur fort bien entendu. Les talents de Benedette étaient universels; il réussissait également dans l'histoire, le paysage et le portrait; mais il excellait dans les pastorales, les marchés et les animaux. Ses dessins sont ordinairement coloriés à l'huile sur de gros papier. On a beaucoup gravé d'après lui, et il a gravé lui-même à l'eau-forte plusieurs pièces avec goût et avec esprit.

CASTIGLIONE, jésuite italien, né en 1698, étudia le dessin et la peinture sous des maîtres habiles. Déjà son génie et ses talents acquis pouvaient lui faire tenir un rang distingué parmi les artistes contemporains, lorsqu'une vocation décidée pour l'état religieux le fit renoncer aux espérances mondaines, et préférer la simple condition de frère convers chez les jésuites. Il fut envoyé à Pékin, où il passa la plus grande partie de sa vie à exécuter les travaux que lui imposait son service à la cour de l'empereur. Il avait précédé en Chine le frère Attiret (*V.* ce nom), et tous deux furent longtemps les seuls peintres européens employés par la cour. Castiglione était aussi architecte, et ce fut d'après ses dessins que furent construits les bâtiments européens dont l'empereur Kien-Long embellit les jardins de sa maison de plaisance. L'espèce de crédit qu'il avait acquis auprès de ce même empereur le mit à portée d'être quelquefois utile à la mission dans des circonstances difficiles. Castiglione venait de recevoir des honneurs inusités envers les Européens, lorsqu'il mourut en 1768. Il avait atteint sa soixante-dixième année, et c'est à cette occasion que l'empereur avait voulu lui témoigner sa bienveillance d'une manière éclatante et publique.

CASTIGLIONI (CARLO-OTTAVIANO, COMTE DE) est un des plus célèbres linguistes de l'Italie moderne. Issu d'une famille considérable de Milan, il se voua dès sa première jeunesse à un genre d'étude très-négligé maintenant en Italie, la numismatique, et ses premiers travaux déjà font connaître en lui une profonde instruction. Sa description des monnaies cufiques du cabinet de Broe à Milan (*Monete cufiche dell' I. R. museo di Milano*, Milan, 1819, in-4°) fait voir dans son auteur une connaissance des langues orientales et de l'histoire d'autant plus admirable, qu'il manquait de beaucoup de livres dont on aurait pu se servir ailleurs. Ce fut un Italien qui reconnut le premier quel excellent parti on pouvait tirer des trésors scientifiques renfermés dans cette description : il a copiée littéralement dans sa *Descrizione d'alcune monete cufiche del museo di Stefano Meimon*, Milan, 1820, in-4°. Le comte de Castiglioni crut devoir réclamer sa propriété et publier ses *Osservazioni sull' opera intitulata : Descrizione*, etc., Milan, 1821. Il profita de cette occasion pour expliquer quelques passages obscurs de la numismatique orientale. Des travaux scientifiques de la même importance le mirent en relation avec l'abbé Angelo Maio, qui l'invita à publier en commun avec lui les fragments d'Ulphilas, qu'il avait découverts en 1817 parmi les palimpsestes de la bibliothèque Ambrosienne. Ces fragments parurent en 1819 sous le titre de : *Ulphilæ partium ineditarum in Ambrosianis palimpsestis ab Aug. Mayo repertarum, conjunctis curis ejusdem Mayo et Car. Octav. Castilionnei editio*, Milan, 1819, in-4°. Les philologues ont unanimement reconnu le mérite de ce travail. Les dissertations, ou *excursus*, jointes à l'ouvrage, sont la plupart du comte Castiglioni, et ajoutent considérablement au prix de cette édition, qui montre combien ce nouveau genre d'érudition était familier à cet écrivain. Sauf l'explication d'un cippe funéraire trouvé à Mantoue avec une inscription antique, aucun autre ouvrage du comte Castiglioni n'a été publié depuis; le mauvais état de sa santé a privé le monde savant des trésors de science qu'il aurait pu encore attendre de cet archéologue. Il mourut en 1826.

CASTILÉJE, s. f. (*botan.*), genre de plantes de la famille des rhinantoïdes.

CASTILHON (JEAN), littérateur français, né à Toulouse en 1718, mort en 1799, fut membre de l'académie des jeux floraux et le fondateur du lycée toulousain. Il est auteur des écrits suivants, publiés sous le voile de l'anonyme: *Amusements philosophiques et littéraires de deux amis*, 1754; Paris, 1756, 2 v. in-12. —*Bibliothèque bleue*, entièrement refondue et augmentée, Paris, 1770, 4 vol. in-8° et in-12. — *Anecdotes chinoises, japonaises*, etc., ibid., 1774, in-8°. — *Le Spectateur français*, 1774, —1776, in-8°. *Précis historique de la vie de Marie-Thérèse*, 1781, in-12. — Castilhon fut un des rédacteurs du *Journal encycl.*,
V.

de 1769 à 1793 inclusivement; du *Journal de Trévoux*, de 1774 à 1778; du *Journal de jurisprudence* de son frère, et du *Nécrologe des hommes célèbres de France*.—Jean-Louis CASTILHON, frère du précédent, avocat et membre de l'académie des jeux floraux, mort vers 1793, concourut à un grand nombre d'ouvrages périodiques, notamment au *Journal de jurisprudence*, dont il était le directeur. Parmi ses ouvrages nous citerons : *Essai sur les erreurs et les superstitions*, Amsterdam, 1765-1766, 2 vol. in-12 et in-8°. —*Essai de philosophie et de morale*, Bouillon, 1770, in-8°. —*Considérations sur les causes physiques et morales de la diversité du génie, des mœurs et du gouvernement des nations*, 1770, 3 vol. in-12 (P. Espiard).—*Les Dernières Révolutions du globe*, etc., Bouillon, 1771, in-8°. — Les autres écrits de J.-L. Castilhon sont des *Romans* et des *Discours académiques*.

CASTILLAN, ANE, adj. et s. (*hist. et géogr.*), habitant de la Castille.— Qui appartient à cette province ou à ses habitants. — Il se disait autrefois généralement, et se dit encore aujourd'hui, dans le style soutenu, des habitants de l'Espagne et de ce qui leur appartient. *L'honneur castillan.*

CASTILLAN, s. m. (*ling.*), l'espagnol parlé dans la Castille. Charles-Quint déclara le castillan la langue de la cour. Le castillan est la langue nationale écrite de l'Espagne.

CASTILLAN (*numism.*), monnaie d'or d'Espagne qui vaut 14 réaux et 16 quartos, environ 6 livres 10 sous de l'ancienne monnaie de France. C'est aussi un poids dont on se sert en Espagne pour peser l'or. Ce poids est en usage dans toute l'Amérique espagnole : c'est la centième partie d'une livre; il en faut 50 pour le marc. Le castillan répond à ce qu'on appelle en Espagne un poids d'or.　　　　　D. M.

CASTILLE, s. f. débat, démêlé, différend de peu d'importance. Il n'est plus guère usité que dans ces phrases familières : *Ils ont toujours quelque castille ensemble ; ils sont toujours en castille.*

CASTILLE (LA VIEILLE). La Vieille-Castille est enclavée entre l'Aragon, la Nouvelle-Castille, l'Estramadure, le royaume de Léon, les Asturies, la Biscaye et la Navarre. Elle a la forme d'un triangle irrégulier, dont le milieu est à l'est, et les deux pointes à l'ouest, l'une vers l'Estramadure, l'autre vers les Asturies. Elle a en longueur du nord au sud 24 lieues vers la pointe du milieu, 34 dans son milieu, et 59 d'une extrémité d'un triangle à l'autre; sa largeur de l'est à l'ouest est de 43 lieues, de 51 de son angle du milieu à la pointe dirigée vers les Asturies, et de 55 jusqu'à la pointe dirigée vers l'Estramadure. Elle confine à l'est avec l'Aragon, au sud avec la Nouvelle-Castille et l'Estramadure, à l'ouest avec le royaume de Léon, au nord et au nord-ouest avec les Asturies, au nord et au nord-est avec la Biscaye, et au nord-est avec la Navarre. Burgos est sa capitale. — Elle contient plusieurs cantons et districts, parmi lesquels on distingue la Bioja et la Liebana. C'est un pays en partie montagneux, en partie uni. Les montagnes y sont très-élevées, les plaines nombreuses, vastes et fertiles. — Les plus remarquables de ces montagnes sont : la Molina, les montagnes de Burgos, la sierra de Alienza, la sierra de Piquera, la sierra de Gagollos, la sierra d'Urbion, et la sierra de Occa.—La Vieille-Castille est arrosée par un grand nombre de rivières. Le Xalon, le Monubles, le Queils, le Duero, le Gariori, le Tormes, le Cayar, l'Ebre, l'Alhama, l'Arevadillo, l'Araja, la Lagtera, l'Iregua, le Tiren, le Pizuergua, le Zidacas, l'Arlanzon, l'Arlemza, le Xenares, le Caruoca, le Valtaia, l'Albion, l'Uzero, le Castillo, le Duoraten, le Burgo, le Nazerilla, l'Ora, le Paz, la Tueva, l'Oja, etc.— Les villes principales sont : Burgos, ville archiépiscopale, qui est la capitale, Osma, Siguenza, Avila, Valladolid, Ségovie, Calahorra, Soria, villes épiscopales ; Logrogno, Santo-Domingo de la Cabzada, Granou, Acofra ; ces trois dernières sont dans la Bioja. — Elle contient un archevêché, celui de Burgos; sept évêchés, ceux d'Ooma, de Siguenza, d'Avila, de Valladolid, de Ségovie, de Soria et de Calahorra ; neuf chapitres de cathédrales, un dans chacune des huit villes précédentes, et un autre à Santo-Domingo de la Cabzada, qui fut autrefois ville épiscopale ; vingt-cinq chapitres de collégiales ; trois commanderies des ordres militaires; quatre mille cinq cent cinquante-cinq paroisses ; trois cent quatre-vingt-quatorze maisons religieuses ; un grand gouvernement militaire ; un capitaine général ; six gouvernements militaires particuliers ; six intendants de province ; une chancellerie royale et trois universités. Ces documents, sur l'exactitude desquels il ne pourrait s'élever aujourd'hui que de très-minutieuses contestations, ont été empruntés au grand *Itinéraire descriptif* (1) de M. Alexandre

_____
(1) 5 vol. in-8°, avec atlas. Paris, 1808.

88

de Laborde.—La Vieille-Castille fut le berceau de la monarchie castillane, qui s'étendit dans la suite sur toutes les parties de l'Espagne. Des juges y furent établis par les peuples pour les gouverner au commencement du Xᵉ siècle. Bientôt ces mêmes peuples se choisirent un souverain en la personne de Ferdinand Gonzalès, leur juge, qu'ils proclamèrent leur comte. Sanche Iᵉʳ, de la maison française de Navarre, devenu comte de Castille par son mariage avec Nugna Mayor, arrière-petite-fille du premier comte Ferdinand Gonzalès, fut proclamé en 1028 le premier roi de Castille. Ses descendants se succédèrent aux royaumes de Léon, d'Aragon, de Valence, à la principauté de Catalogne. Ils s'emparèrent de la Bisraye et d'une portion du royaume de Navarre; ils prirent sur les Maures les royaume de Tolède, de Murcie, de Jaën, de Cordoue, de Séville, et de Grenade. Ils réunirent aussi sous leur domination toutes les parties isolées de la monarchie espagnole. Il ne leur manqua que le Portugal; mais Alphonse Iᵉʳ, roi de Castille et de Léon, le dernier des rois de la maison française de Navarre, avait cédé en 1092 cette province de ses États à Marie-Thérèse, sa fille, en la mariant avec Henri, prince du sang royal de France de la maison de Bourgogne, dont le frère Raimond venait d'épouser Urraca, fille aînée d'Alphonse et héritière de ses États. — Les comtes, et ensuite les rois de Castille, avaient établi le siége de leur cour dans la Vieille-Castille. Ils avaient déjà réuni plusieurs États à leur couronne, et avaient même fini par y comprendre l'universalité de la monarchie espagnole, sans discontinuer de résider dans la même province. — Les derniers rois de la maison française de Bourgogne, dont la dynastie finit en 1555, à la mort de la reine Jeanne, partagèrent quelquefois leur séjour entre les villes de Burgos et de Tolède, la première dans la Vieille-Castille, la dernière dans la Nouvelle. Ces deux villes possédèrent alternativement leur roi. Charles Iᵉʳ, plus connu sous le nom de Charles-Quint, qui avait commencé à régner pendant la vie de la reine Jeanne sa mère, prit un goût particulier pour Madrid; il y transféra le siége de sa cour. Dès ce moment la Vieille-Castille ne vit presque plus ses rois.—*Caractère, mœurs, usages, coutumes, costumes et langue.* « Les Vieux Castillans, dit un écrivain, sont silencieux et tristes; ils portent sur leurs visages rembrunis l'image de l'ennui et de la pauvreté. » Ils parlent peu en effet, ajoute M. Laborde; ils sont sérieux, tristes, réservés, fiers; ils réfléchissent beaucoup; ils sont lents dans tout ce qu'ils font, et peut-être les plus lents de toute l'Espagne; mais ils sont simples dans leurs mœurs, ingénus dans leurs actions, vrais dans leurs procédés, sans manége, sans détour, sans duplicité. La probité leur partage; ils sont obligeants, ils le sont avec noblesse et sans affectation; on peut les appeler les *bonnes gens* de l'Espagne. Ils ne sont point riches; leur province est une des plus pauvres de la monarchie espagnole. Le peu de moyens qu'ils entrevoient de sortir de leur misère, le peu de ressources qu'ils peuvent se procurer, les découragent et les retiennent dans l'indolente apathie qu'on leur reproche. — En général, ils sont peu communicatifs; ils vivent presque seuls, ils se fréquentent peu entre eux, ils voient encore moins les étrangers. Leurs plaisirs se ressentent de la teinte de leur caractère, ils sont peu variés; toujours sujets à une étiquette impérieuse, gênante, monotone, compassée, ils ne s'y livrent qu'avec lenteur, avec tristesse et avec circonspection.—Il y a cependant quelques nuances différentes dans leur caractère. Les habitants de la vallée de Mena, dans la province de Burgos, se croient descendus des anciens Cantabres; ils en ont retenu le courage et la vigueur. Le caractère et la manière de vivre des habitants des montagnes de Burgos approchent beaucoup de ceux des Biscayens. — Les costumes de la Vieille-Castille sont à peu près les mêmes que ceux du reste de l'Espagne, et surtout ceux de la Nouvelle-Castille; on y a suivi les modes et les variations des autres provinces; les peuples des campagnes, principalement ceux qui habitent les montagnes, ont le plus conservé leur ancienne manière de se vêtir. Dans les villages qui avoisinent la Biscaye, les femmes conservent encore l'habit qu'elles portaient dans les XVᵉ et XVIᵉ siècles. C'est une robe ordinairement brune, juste au collet et aux poignets, à manche tailladées en quelques endroits, depuis les épaules jusqu'aux coudes, maintenue par une large ceinture bouclée autour du corps; elles tressent leurs cheveux et les laissent pendre par derrière; elles se couvrent la tête avec un feutre noir, qu'elles appellent *montera*. — La langue castillane est la seule qu'on parle dans la Vieille-Castille; elle y est pure, sans aucun mélange d'idiome particulier, à l'exception des lieux voisins de la Biscaye, où elle est altérée par le mélange de la langue particulière à cette province. La

Vieille-Castille n'est point cependant la province où l'on parle l'espagnol le plus pur et le plus correct. La Nouvelle-Castille l'emporte à cet égard sur toute la partie qui forme l'ancien royaume de Tolède.

CASTILLE (LA NOUVELLE). La Nouvelle-Castille est une des grandes provinces de l'Espagne; elle est enclavée entre le royaume de Murcie, celui de Valence, l'Aragon, la Vieille-Castille, l'Estramadure, le royaume de Cordoue, celui de Jaën et la Mancha. Ce dernier pays lui est annexé, mais il forme une intendance particulière; il peut même, par son étendue, par ses productions, par son régime distinct, former une province séparée. — La Nouvelle-Castille, sans y comprendre la Mancha, a 56 lieues du nord au sud, et 49 de l'est à l'ouest. Elle a les royaumes d'Aragon à l'est, la Mancha au sud-est, le royaume de Valence à l'est et au sud-est, le royaume de Murcie au sud et au sud-est, les royaumes de Jaën et de Cordoue au sud, l'Estramadure à l'ouest, la Vieille-Castille au nord et au nord-ouest. Elle comprend les pays qui furent appelés sous les Romains Celtiberia, pays des Cretani, Carpetania, etc. Ce dernier était enclavé dans une portion de la Bétique. — On y distingue entre autres trois pays différents : la Mancha, où naquit le fameux héros de Cervantes; l'Alcarria, pays de 18 lieues de long et de 12 de large, situé dans sa partie septentrionale, et la sierra de Cuenca, qui est à l'est de cette province, et la partie la plus élevée de l'Espagne. — Les principales villes de la Nouvelle-Castille sont Tolède, ville archiépiscopale, qui en est la capitale; Cuenca, ville épiscopale; Madrid, qui est le siége de la cour des rois et la capitale de l'Espagne; Talaverra de la Reyna, Illesca, Zurica, Tremblecque, Villa-Nueva de los Infantes, Consuegra, Alcolca, Guadalaxua, Alcala de Henarez. Ces trois dernières sont les trois principales villes de l'Alcaria. Elle est arrosée par trois fleuves, le Tage, le Jacar et le Guadiana; tous les trois susceptibles d'une navigation qui pourrait devenir fort importante, et de plus par vingt-trois rivières. — Les principales montagnes de cette province consistent en une grande chaîne, qui fut appelée par les romains *montes Orospedani*; elle naît de la sierra d'Occa, et forme les sierras de Molina, de Cuença, de Cenouegra.—*Histoire.* La Nouvelle-Castille subit le sort du reste de l'Espagne; elle passa des Romains aux Goths, de ceux-ci aux Maures; elle revint de ceux-ci aux Goths; elle fut enfin avec la Vieille-Castille comme le berceau et le siége de cette monarchie qui a réuni de nos jours toutes les parties de l'Espagne sous les lois du même souverain. — *État des arts et des sciences.* La présence de la cour à Madrid, dit M. Alexandre de Laborde, devrait vivifier la Nouvelle-Castille. Il paraît que les bienfaits du souverain devraient se répandre principalement sur les pays qu'il habite, sur les pays qui environnent son séjour. Par quelle fatalité le contraire arrive-t-il dans la Nouvelle-Castille? Tous les établissements utiles et agréables sont concentrés à Madrid; la province dans laquelle cette ville est située n'en sent point les influences; Madrid paraît une ville isolée, au milieu d'un grand pays; tout y est beau, grand, noble, recherché, tandis que le pays où elle est paraît entièrement oublié et comme abandonné à lui-même. On n'épargne rien pour la capitale, on néglige tout pour la province; cette ville est très-riche, la Nouvelle-Castille est très-pauvre; les sciences, les arts sont en honneur dans la première, ils sont inconnus dans la dernière; celle-là est dans une situation ingrate, on l'a embellie, on l'a rendue agréable à force de soins et de dépenses; celle-ci est couverte d'un sol heureux et très-fertile, on n'a rien fait pour en tirer parti; dans la première, on attire, on accueille, on récompense les individus de toutes les provinces, même des étrangers, pour établir une industrie nationale; dans la dernière, on néglige de mettre en œuvre le génie heureux de ses habitants. — Cependant la Nouvelle-Castille produit des théologiens éclairés, des jurisconsultes profonds, des médecins instruits, des naturalistes distingués, des mathématiciens, des orateurs, des poëtes, des auteurs dramatiques, de bons historiens, des artistes célèbres. — *Caractère, mœurs, coutumes.* Madrid forme comme une ville isolée; à peine en est-on sorti qu'on croit être entré dans un pays nouveau. La province n'a reçu aucune empreinte des mœurs de la capitale. L'habitant de la Nouvelle-Castille a conservé ses anciens usages. — De sa nature il paraît fier, et il ne l'est pas; il paraît grave et sérieux, et il aime la grosse gaieté; il est réfléchi, il pense beaucoup, il démontre peu, il agit encore moins. Son caractère est beaucoup plus facile que celui du Vieux-Castillan; celui-ci a conservé son ancienne fermeté, tandis que l'autre est plus aisément au caractère des provinces qui l'avoisinent. Néanmoins le fonds du naturel n'a point changé dans le cours de cinq ou six siècles; il paraît par l'histoire qu'il commença à se développer d'une manière très-marquée vers l'an 1230, et que dès lors il était comme aujourd'hui un composé de noblesse, d'élévation, de fidélité, de valeur et d'une sévère probité. Malgré les révolutions qui ont agité son pays, on lui reconnaît encore cette gravité austère, cette prudence lente et réfléchie, cette constance dans l'adversité, cet air de domination et de supériorité qu'il avait dans le XVᵉ siècle. — La danse fait le plaisir des Castillans; ils dansent dans leurs bals les menuets, les contredanses, les allemandes, le passe-pied; mais le fandango, le bolero, les séguidellas, la guaracha, sont leurs danses nationales. — Le costume de la Nouvelle-Castille n'a rien qui le distingue de celui des autres provinces. La Nouvelle-Castille n'a aucune langue particulière, aucun jargon qui lui soit propre; on n'y parle que le castillan, appelé aujourd'hui l'espagnol. C'est même la province d'Espagne où l'on parle le castillan le plus pur, surtout dans la partie qui appartient à l'ancien royaume de Tolède.

CASTILLE (LANGUE DE). Une des huit langues ou nations de l'ordre de Malte. Le grand chancelier était pris dans la langue de Castille.

CASTILLE, s. f. (botan.), sorte d'arbre du Mexique, qui produit une résine semblable au caoutchouc, et qui est très-estimée.

CASTILLÉE, s. f. (botan.), espèce de plante de la famille des pédiculaires.

CASTILLEJO (CHRISTOPHE DE), poëte espagnol, né à Ciudad-Rodrigo, passa la plus grande partie de sa vie à la cour de l'infant don Ferdinand, frère de Charles-Quint. Il croyait que les vers de cinq ou six syllabes convenaient seuls à la langue espagnole, et allait même jusqu'à dédaigner les vers d'une plus grande mesure; il s'en tint donc toujours à ses petits vers. Antonio et Baillet font l'éloge de ses talents. Dégoûté de la cour, il entra dans un monastère de l'ordre de Cîteaux, au royaume de Tolède, et mourut vers l'année 1596. Ses œuvres, imprimées d'abord à Anvers, sous le titre de Obras poeticas de Christoval de Castillejo, 1598, in-12, ont été réimprimées à Alcala de Henares, 1615, in-8°.

CASTILLO (FERDINAND DE), né à Grenade, entra dans l'ordre de Saint-Dominique le 17 septembre 1545, dans le couvent de Valladolid. Il devint bientôt aussi éloquent prédicateur que savant professeur en théologie; et sa réputation l'ayant fait passer à la cour de Madrid en 1563 pour y prêcher le carême, depuis ce temps il ne cessa d'exercer le ministère de la parole avec un grand succès, quoique occupé d'ailleurs soit à gouverner différentes maisons de son ordre en qualité de prieur, soit à enseigner dans les écoles, soit à donner ses conseils comme assesseur et consulteur dans le tribunal du saint office. Il accompagna Jean Tellez Giron, duc d'Ossone, ambassadeur du roi en Portugal, pour l'aider de ses conseils dans des circonstances très-délicates, et, au retour de cette ambassade, il fut nommé précepteur de l'infant Ferdinand. Il prêcha encore devant le roi le jour de l'Annonciation de l'an 1593, et mourut le 29 mars de la même année. On a de lui une Histoire générale de l'ordre de Saint-Dominique, dédiée au roi d'Espagne Philippe II, qui parut en 2 vol. in-fol. en 1584 et 1592. C'est un excellent ouvrage, écrit en espagnol, et traduit en italien, le premier volume par Timothée Boltoni, et le second par Philippe Pigafelta. Cet ouvrage est écrit d'un style pur et élégant; il est aussi fort exact et fort fidèle, à quelques parts près que l'auteur reconnaît lui-même qu'il a faites pour avoir manqué de bons mémoires. On a encore de lui une Lettre importante ou apologie des réguliers, adressée à Philippe II, et datée du 23 octobre 1576. Ferdinand de Castillo était vraiment aimable à tous égards; homme d'un excellent conseil, ami du vrai, droit, sincère, régulier, édifiant, zélé, pauvre, détaché, exempt de toute ambition, qui ne s'occupa jusqu'au dernier soupir qu'à enseigner, à prêcher ou à écrire (le P. Echard, Script. ord. præd., tom. II, pag. 308 et 309).

CASTILLO (BERNARD DIAZ DEL), né à Medina del Campo, fut un des aventuriers qui accompagnèrent Cortès au Mexique en 1519, et s'y distingua par sa bravoure. La conquête terminée, il resta dans le pays, où, pour récompense de ses services, on lui avait donné, comme à ses compagnons, un lot considérable de terre, désigné par le nom d'encomienda. Il jouissait d'un repos bien acquis par ses travaux, puisque, d'après son aveu, il s'était trouvé à cent dix-neuf batailles. Mais il n'en continuait pas moins à mener une vie très-dure; car il nous apprend que les fatigues qu'il avait essuyées durant le siège de Mexico lui avaient fait conserver constamment l'habitude de coucher

revêtu de ses armes. La lecture de la Chronique de Gomara, imprimée en 1552, le rendit auteur. Voyant que cet écrivain n'avait cité ni lui ni ses compagnons d'armes, mais qu'il avait attribué à Cortès seul l'honneur de leurs exploits, l'indignation le saisit; il prit la plume et composa son livre; mais cet ouvrage ne fut publié que longtemps après sa mort, par un religieux de la Merci, qui le tira d'une bibliothèque où il était enseveli. En voici le titre : Historia verdadera de la conquista de nueva España, Madrid, 1632, in-fol. Sa prolixité minutieuse aura sans doute rebuté ceux qui auraient été tentés de le traduire; car on n'en connaît pas de version. Le style de Castillo est bas et dur, comme celui d'un vieux soldat non lettré; mais ces défauts sont rachetés par des détails intéressants, et par une naïveté qui plaît, quoique entachée d'un peu de vanité. Quand il raconte des prodiges, on lui voit flotter entre sa crédulité et sa véracité. Il porte beaucoup moins haut que Gomara le nombre prodigieux d'Indiens que Cortès, suivant les autres auteurs, eut à combattre; il reprend même ces écrivains de leur goût pour l'exagération. D'un autre côté, il ne cherche pas à diminuer les Espagnols. On l'a accusé d'une jalousie qui lui fait condamner mal à propos la conduite de Cortès; il ne le blâme pourtant que des actions vraiment répréhensibles, et dans quelques occasions il cherche à le justifier.

CASTILLO SOLORZANO (D. ALONZO DEL), poëte, historien et fameux romancier espagnol, dont Lopez de Vega fait un grand éloge dans son Laurier d'Apollon, publia, dans le XVIIᵉ siècle, un grand nombre d'ouvrages gracieux et enjoués, en prose et en vers. Nous ne citerons que : 1° la Garduña de Sevilla y anzuelo de las Bolsas, Logrogno, 1654, in-8°; Madrid, 1661, in-8°. Le sieur d'Ouville, frère de l'abbé de Boisrobert, traduisit ce roman sous le titre suivant : la Fouine de Séville, ou l'Hameçon des bourses, Paris, 1661, in-8°. 2° La Quinta de Laura, que contiene sei novelas, Saragosse, 1649, in-8°. 3° Sola de recreacion, novelas, Saragosse, 1629, in-8°. Vannel a publié les Divertissements de Cassandre et de Diane, ou les Nouvelles de Castillo et de Taleyro, trad. de l'espagnol, Paris, 1685, 3 vol. in-12; 4° Sagrario de Valencia en quien se incluien las vidas de los ilustres santos hijos suios, y del reyno, Valence, 1635, in-8°.

CASTILLO (D. ANDRÈS DEL), né à Brilsuega, diocèse de Tolède, dans le XVIIᵉ siècle, est auteur de six nouvelles qu'il publia sous ce titre extraordinaire et ridicule : Io Moxiganga (ou Moniganga) del gusto en seis novelas, Saragosse, 1641. Selon Lenglet-Dufresnoy, l'ouvrage n'est pas mauvais; mais, suivant Nic. Antonio, il ne vaut pas mieux que le titre.

CASTILLO (FERDINAND DEL), qui vivait au commencement du XVIᵉ siècle, publia un recueil intéressant et recherché, qui a pour titre : Concioniero general de los mas principales trobadores de España, Tolède, 1517, in-fol.

CASTILLO-VELASCO (FRANÇOIS DE), natif de Madrid, de l'ordre des frères mineurs de l'étroite Observance, professeur émérite d'Alcala, et censeur du suprême tribunal de l'inquisition, fleurit vers l'an 1640. On a de lui : 1° Super tert. sententiarum lib., tomus I, de incarnatione Verbi divini et præservatione Virg. Mariæ ab originali, Anvers, 1641, in-folio; 2° Super eumdem tert. sentent., tomus II, de tribus virtutib. theolog. fide, spe et charitate, Anvers, in-fol. (Bibl. francisc., tom. I, pag. 574).

CASTILLO Y SAABÉDRA (ANTOINE DEL), né à Cordoue en Espagne, mort dans la même ville en 1667, âgé de soixante-quatre ans. Il fut disciple d'Augustin Castillo son père, après la mort duquel il se rendit à Séville pour se perfectionner dans l'école de François Zurbaran. De retour dans sa patrie, il mérita l'estime de ses compatriotes par de très-bons ouvrages. Sa réputation est fondée principalement sur l'histoire, le paysage et le portrait. Son dessin est correct, son coloris moins beau de grâce et de bon goût. On rapporte qu'ayant fait en 1666 un voyage à Séville, où il n'était pas allé depuis sa jeunesse, il fut si frappé de la fraîcheur et de la beauté du coloris de Murillo, qui était alors dans la fleur de son âge, qu'il s'écria dans un transport de jalousie : « C'est fait de moi, Castillo. » En effet, la peur s'empara de lui, et il mourut peu après son retour de Cordoue. Ses principaux ouvrages, dont quelques-uns à fresque, se trouvent dans cette ville; on en voit aussi à Madrid.

CASTILLO ou CASTILLEJO (LE P. ANTOINE DE), missionnaire, naquit à Malaga vers la fin du XVIᵉ siècle. Étant entré dans l'ordre des franciscains, il se fit bientôt connaître comme prédicateur. En 1626, ses supérieurs l'envoyèrent à la terre sainte. Il s'embarqua à Barcelone sur une des galères qui devaient escorter le comte de Monterey, nommé ambassadeur en

Italie. Il prit terre à Gaëte, se rendit à Naples, où il satisfit sa dévotion, en visitant les principales églises, et alla passer l'hiver à Messine. De là il se rembarqua sur un petit vaisseau frété pour l'Egypte. Il vit successivement Alexandrie, Rosette et le Caire, dont, par une pieuse erreur, il porte la population à 4,000,000 d'habitants. Encore, dit-il, serait-elle plus considérable, si la peste n'en enlevait une partie tous les trois ans. Il monta sur la pyramide la plus élevée, et il en exagère singulièrement la hauteur. De Damiette, le P. Castillo se rendit à Jaffa, puis à Jérusalem, dont il visita avec soin les antiquités religieuses. Il parcourut ensuite tous les lieux de la Judée célèbres par les événements qui s'y sont accomplis. Son seul désir était de terminer ses jours dans le couvent du Saint-Sépulcre ; mais les intérêts de son ordre l'appelèrent à Rome en 1639. Il retourna bientôt après à la terre sainte, député par le pape vers le patriarche du mont Liban. Des motifs inconnus le déterminèrent à revenir en Espagne. Il avait alors les titres de prédicateur apostolique, de père de la province de Saint-Jean-Baptiste, de commissaire général de Jérusalem dans les Espagnes, et de gardien de Bethléem. A ces titres il joignit celui de chapelain et de confesseur du roi et des infants, qui l'obligea de résider à Madrid, où il mourut en 1669. On a de lui un ouvrage curieux, plusieurs fois réimprimé, et intitulé : *El devoto peregrino*, *viage de tierra santa*, in-4º, fig. et cartes.

CASTILLO (BALTHASAR DE), Espagnol, religieux de l'étroite Observance de l'ordre de Saint-François, de la province du Mexique, dans le XVIIᵉ siècle, a publié un *Livre des agonisants*, avec un *Catéchisme* et des explications du Décalogue, en 1677.

CASTILLO (MATTHIEU DE), dominicain, né à Palerme en 1664, mort en 1720, a laissé : 1º une *Histoire des réguliers nés à Palerme qui se sont rendus célèbres* ; 2º un *Abrégé de la vie de saint Vincent Ferrier* ; 3º un *Eloge du P. Ange-Marie, de l'ordre des franciscains*, et quelques *Dialogues* en vers (tous ces écrits sont en italien).

CASTILLO (JEAN-FRANÇOIS SALVEMINI DE), géomètre et littérateur, né en 1709 à Castiglione, d'où il prit son nom qu'il francisa depuis. Reçu docteur à Pise, il passa en Suisse, fut en 1751 nommé professeur de philosophie et de mathématiques à Utrecht, et s'acquit une telle réputation dans cette chaire, que le roi de Prusse Frédéric II le fit professeur de mathématiques de son école d'artillerie, puis directeur de la classe de mathématiques de l'académie de Berlin, où il mourut en 1791. Il avait publié, en 1757, la traduction française des *Eléments de physique*, de Locke, Amsterdam, in-12 ; en 1761, une édition de l'*Arithmétique universelle*, de Newton, avec de savants commentaires, ibid., 2 vol. in-4º. On lui doit en outre : 1º *Discours sur l'inégalité des conditions* (en réponse à celui de J.-J. Rousseau), 1756, in-8º ; 2º *Vie d'Apollonius de Thyane, par Philostrate, avec les Commentaires de C. Blount*, traduit de l'anglais, Berlin, 1774, 4 vol. in-12 (la préface est du roi Frédéric II); 3º une traduction des *Livres académiques de Cicéron*, avec notes, Berlin, 1779, 2 vol. in-8º ; Paris, 1796, in-12 ; 4º les *Vicissitudes de la littérature*, traduit de l'italien de Denina, Berlin, 1786, 2 vol. in-8º. Castillo a été l'un des rédacteurs du *Journal littéraire de Berlin*, depuis 1772 jusqu'à la fin de 1776, 27 vol. in-12. — Son fils, Frédéric de CASTILLO, a traduit l'allemand la *Théorie de l'art des jardins*, par C.-L. Hirschfeld, Leipzig, 1779-1785, 5 vol. in-4º.

CASTILLON, petite ville de l'ancienne Guyenne, aujourd'hui département de la Gironde, sur la rive droite de la Dordogne, à 2 myriamètres 8 kilomètres de Libourne. Cette ville, où l'on compte maintenant 2,897 habitants, a donné son nom à une bataille célèbre.

CASTILLON ou **CHATILLON-SUR-DORDOGNE** (SIÉGES ET COMBAT DE). L'armée de Charles VII assiégeait Castillon, qui devait lui livrer le cours de la Dordogne ; cette place, environnée de lignes de circonvallation et d'un camp retranché, était aux abois, quand le brave Talbot sortit de Bordeaux pour la secourir. Entraîné par un premier succès, il marche aux retranchements français, et donne l'assaut. Pendant deux heures, le héros octogénaire combat avec toute l'ardeur de la jeunesse. Les Anglais reculent ; deux fois il les ramène à la charge, deux fois il est repoussé. En vain, couvert de sang et de poussière, il parcourt tous les rangs, animant les siens par ses discours et ses exemples. Un coup de coulevrine le renverse, et sa chute décide du sort de la journée. Son fils, lord Clive, tombe quelques instants après à ses côtés, en voulant venger sa mort. Les Anglais fuient, et Castillon se rend le lendemain (18 juillet 1453). Après cette victoire, Bordeaux fut forcé de se soumettre à son

tour. — Les faibles murs de Castillon arrêtèrent, en 1586, le duc de Mayenne pendant trois mois entiers, malgré la peste qui y exerçait ses ravages, et les forces considérables que le duc avait réunies ; enfin les habitants accablés se rendirent. Au mépris de la capitulation, la ville fut pillée, et les bourgeois reconnus pour huguenots furent envoyés au parlement de Bordeaux et pendus. Mais aussi le butin fait à Castillon répandit la peste parmi les assiégeants, et Mayenne, atteint lui-même par le fléau, fut forcé de revenir à Paris. — Quelque temps après, le vicomte de Turenne, l'un des chefs des calvinistes, s'empara par surprise de la ville de Castillon ; une seule échelle lui suffit pour escalader la muraille dans un endroit mal gardé. Ce succès facile donna lieu de rire des longs et coûteux efforts du duc de Mayenne.

CASTILLON (ANTOINE), jésuite, qui prêchait avec réputation sur la fin du règne de Louis XIII, et au commencement de celui de Louis XIV, a laissé : 1º des *Sermons* pour les dimanches et fêtes de l'avent, qu'il avait prêchés dans la chapelle du Louvre devant leurs majestés, à Paris, chez François Muguet, 1672, in-8º ; 2º huit sermons intitulés : *les Desseins de Jésus-Christ dans l'institution du saint sacrement de l'autel*, 1669, in-8º ; 3º des *Panégyriques des saints*, 1676, in-8º. Ces sermons sont encore recherchés aujourd'hui, mais beaucoup plus pour le fond que pour la forme.

CASTILLON (J.-FR.-A. LE BLANC DE), procureur général au parlement de Provence, naquit à Aix en 1719. Il fut l'un des magistrats les plus recommandables du siècle dernier, soit par ses talents comme orateur, soit par son érudition. Ses réquisitoires de 1765 sur l'étude des lois naturelles, sur les actes de l'assemblée du clergé, et celui de 1768 sur les brefs de Clément XIII, firent grand bruit à cette époque. Il montra le caractère le plus honorable dans la révolution parlementaire de 1771, et protesta vivement contre les actes du chancelier Maupeou. Castillon mourut en 1800.

CASTINE. On nomme ainsi les substances terreuses, marnes calcaires, craies, etc., plus ou moins abondantes en carbonate de chaux, et qu'on emploie dans le traitement des minerais de fer pour mettre en fusion l'argile qui accompagne ce minerai, et que l'on parvient ainsi à séparer en scories vitreuses dans les hauts fourneaux. La castine n'a de valeur qu'en raison de sa plus ou moins grande proximité de ces sortes d'usines. Elle est d'une qualité d'autant meilleure qu'elle contient plus de carbonate de chaux.

CASTINE (géogr.), ville et port commerçant des Etats-Unis (Maine). Position militaire très-importante. 4,000 âmes.

CASTINELLI (JEAN), né à Pise en 1788, avait à peine onze ans lorsqu'il fut obligé de suivre sa famille pour chercher un asile en France en 1799. Il fit de brillantes études au collège de Sorrèze. En 1806, il rentra dans sa patrie, et, malgré son goût pour les lettres, il embrassa la carrière de son père, Joseph Castinelli, savant jurisconsulte. Ce fut sous sa direction qu'il composa un premier *Essai sur les lois des Romains relatives au commerce*. Il se proposait aussi d'entreprendre un traité complet sur le droit commercial et maritime, tel qu'il existe et tel qu'il devrait être. Mais il mourut à l'âge de trente-huit ans, en 1826. On a de lui, outre l'ouvrage que nous avons cité, un *Eloge du général Spanocchi*, et divers articles insérés dans l'*Antologia*. Il a laissé des manuscrits importants, les uns presque achevés, les autres ébauchés.

CASTLE-KNOCK (géogr.), baronnie du comté de Dublin en Irlande, au nord de la rivière de Liffy, ainsi appelé d'un château de ce nom qui fut autrefois d'une force considérable, mais dont Edward Bruce s'empara en 1316. — On porte, dans ce canton, une vénération particulière à l'agriculture. Une société d'encouragement s'y est formée depuis très-longtemps sous le nom d'*association des fermiers de Castle-Knock*. Son but est d'encourager et de récompenser les laboureurs qui, ainsi que leurs femmes et leurs enfants, se font remarquer par leur travail, leur industrie et leur sobriété. On trouve un compte rendu des plus avantageux sur cette société dans les *Rapports sur les travaux des associations communes d'Angleterre et d'Irlande pour améliorer la condition des classes pauvres*, que les *Magazines reviews* nous entretiennent souvent, et que traduisent nos revues françaises.
ED. GIROD.

CASTLEREAGH (ROBERT STEWART, VICOMTE DE), marquis de LONDONDERRY. A ne tenir aucun compte des ressorts politiques à la faveur desquels s'est élevée l'aristocratie anglaise sur la misère moderne du peuple qui lui sue ses richesses, on n'est pas assister à un spectacle vulgaire, que d'envisager les efforts d'une nationalité insulaire, pour acquérir sur mer une extension et une prépondérance que la nature lui a refusées sur terre. Sous ce rapport, la lutte de l'Angleterre contre les grandes puissances continentales a sa grandeur, et la pensée catholique est assez vaste pour qu'aucun aspect de la vie des nations, aussi bien que de celle des individus, n'échappe à sa juste appréciation. Mais c'est surtout dans la lutte gigantesque de l'Angleterre contre Napoléon, qui la voulait effacer du monde, et faillit un instant y réussir, qu'il y a un grand et utile enseignement à recueillir. Or, cette lutte a eu en Angleterre sa personnification tout aussi bien qu'en France, et désormais l'adjonction de ces deux noms propres, Castlereagh et Napoléon, résumera pour nos voisins l'histoire des derniers efforts qu'ils ont fait pour échapper aux étreintes d'un géant. Robert Stewart, vicomte de Castlereagh, naquit le 18 juin 1769, et se suicida le 12 août 1821, le jour même où devait avoir lieu le congrès de Vérone, auquel il se proposait d'assister en personne. Sa jeunesse se passa sous des impressions romantiques. Il aima la fille d'un pêcheur, Nelly, dont il eut un fils. Cet attachement de ses premières années explique son affection pour la vie halieutique. Cependant à vingt et un ans l'ambition lui poussa. Il quitta sa Nelly pour se faire nommer membre du parlement irlandais pour le comté de Down, où était située la plus grande partie des propriétés de son père. Cette élection s'effectua, dit-on, moyennant 750,000 francs qu'il en coûta à ce dernier. Du haut des hustings, le nouvel élu promit et bientôt signa l'engagement d'appuyer la réforme parlementaire. Mais cet engagement, il ne le tint jamais. Toutefois, ce seul fait le classait naturellement dans les rangs de l'opposition. Par ses goûts, par ses tendances, Stewart appartenait au parti du pouvoir, et d'ailleurs dès 1795 il s'était exprimé en termes suffisamment explicites sur le compte de la démocratie française pour ne laisser aucun doute à cet égard. Dans toutes discussions relatives aux avantages à concéder à l'Irlande, sa politique fut toujours d'atermoyer, de temporiser, et l'on sait que dans les luttes sanglantes qui désolèrent cette île, pour toute excuse aux accusations dirigées contre lui, il répondit par des périphrases justificatives, telle que celle-ci : « Commis dans le but de découvrir la vérité. » Plus que tous les autres membres du ministère dont il n'avait pas tardé à devenir membre, Castlereagh se distingua par son attachement aux vues de Pitt, et continua de faire partie à peu près de tous les ministères après la mort de celui-ci. En 1807, lorsque le contre-coup des événements de la Prusse renversa le cabinet Grey-Grenneville, simple modification du ministère pacifique Fox-Grenneville, Castlereagh se trouva chargé de la guerre, tandis que Canning avait les affaires étrangères. Autant les ministres remplacés avaient montré de dispositions à s'accommoder avec la France, autant les nouveaux membres du cabinet étaient acharnés contre elle. Dans l'esprit de Castlereagh, cet acharnement revêtit même un caractère systématique. La mort de Perceval en 1811 donna occasion à un remaniement dans le ministère. Castlereagh devint ministre des affaires étrangères, et commença dès lors à prendre cette haute influence qu'il a gardée jusqu'à sa mort. Tout alors était important en Europe. La guerre contre la Russie était imminente : du côté de la France, des propositions de paix furent faites par l'organe du duc de Bassano. A ces propositions, le ministre anglais répondit qu'à défaut de s'expliquer catégoriquement sur la dynastie que le gouvernement impérial entendait intrôniser en Espagne, d'autres engagements l'empêchaient d'exécuter ces propositions. Bientôt les désastres de Russie donnèrent à l'Europe le signal de l'insurrection générale. Tout le commencement de 1813 fut employé à couvrir le continent d'agents britanniques. Les traités furent signés avec la Russie, la Prusse, la Suède, le Hanovre, etc. 300,000,000 sortirent incontinent des banques d'Angleterre, pour aller féconder l'insurrection sur les principaux points : en Espagne, en Portugal, en Autriche, en Sicile, etc. Ame de la coalition, la Grande-Bretagne était obligée de stimuler la langueur des uns, de prodiguer, comme on vient de le voir, l'argent, les subsides aux autres, enfin de réconcilier des rivaux près de se séparer. C'est dans l'attente et dans l'accomplissement de tout ce mouvement que résida justement le génie de Castlereagh. A la piste des incidents, il se portait sur tous les points vulnérables, profitait de toutes les fautes, poursuivant toujours, avec une tenacité inébranlable le démembrement de la France qui était son but le plus cher. Ainsi, à la proposition de Schwartzenberg, de se retirer derrière l'Aube, après que Napoléon eut repris Reims et que Ney eut occupé Châlons, Castlereagh déclara, dans la nuit du 17 février, que, dès que le mouvement rétrograde commencerait, la Grande-Bretagne cesserait de payer les subsides. C'est qu'il prévoyait qu'avec un ennemi de la trempe de Napoléon, une retraite derrière l'Aube fût devenue le prélude d'une re-

traite derrière le Rhin. Cependant l'homme contre lequel l'Angleterre ameutait l'Europe et complétait sa dette de 21 milliards avait trompé ses plus fins ennemis, et venait, ainsi qu'un météore, jeter une dernière lueur du sol même où il était né. Au dire de tous les historiens contemporains, si le gouvernement provisoire eût confié à Bonaparte l'armée pour battre Blücher qui s'était compromis en passant la Seine à Saint-Germain, il est certain que l'Angleterre eût eu pour toute récompense de ses sacrifices le stérile honneur de s'être montrée la première sur le champ de bataille, et Castlereagh en eût été pour ses frais de diplomatie. Le sort, bien plus que toutes les combinaisons de cabinet, toutes les manœuvres ministérielles, servit donc en cette occasion l'Angleterre, et ce qui le prouve matériellement, c'est que, lorsque les puissances étrangères envahirent une première fois la France, la part qu'on fit à l'Angleterre était fort mince en compensation de ses immenses sacrifices, puisqu'ils se bornaient à la concession de Malte en Europe, Tabago, Sainte-Lucie en Amérique, et l'île de France en Afrique. La seconde invasion même, opérée par Blücher et Wellington, quoique ayant valu à la Grande-Bretagne plus de déférence qu'auparavant, n'eut d'autre résultat positif pour elle que la commission spéciale de garder l'ogre avec des commissaires de trois autres puissances; commission plus onéreuse qu'honorifique, et qui, par an, ne lui coûtait pas moins de 10,000,000. Castlereagh a même, aux yeux de sa nation, le tort de n'avoir pas assez vu clair dans les empiétements des puissances continentales qu'il avait cependant si grassement soudoyées, si bien que les souverains des trois cours du Nord signèrent seuls le fameux acte constitutif de la sainte alliance, dont tous les traités subséquents ne furent que les corollaires, et où l'Angleterre obtenait à grand'peine le droit de s'y faire représenter. Mais qu'importe ; on avait renversé le colosse dont l'ombre devait encore pendant quelques années se propager sur l'Angleterre et même exciter des convulsions intestines. En effet, de l'année 1816 à 1819, Castlereagh eut un autre ennemi à combattre : l'émeute presque permanente de masses affamées sur lesquelles en définitive pesaient depuis un quart de siècle les sacrifices que l'aristocratie ne faisait qu'avancer pour combattre le génie révolutionnaire. Le pays fut couvert de rassemblements. On les dissipa par la force ; la réforme parlementaire, toujours réclamée, fut toujours ajournée ; et presque dans le même temps qu'à Yorck et à Manchester on rédigeait des pétitions que cent mille signataires devaient porter à Londres, résolus à ne quitter cette capitale qu'après avoir changé la forme du gouvernement, Castlereagh venait, le 15 mars 1818, demander à la chambre des communes, prévenue par un message du régent, des prochains mariages de deux de ses frères, une augmentation de pension pour les princes fils du roi, l'une de 500,000 livres pour le duc de Clarence, l'autre de 300,000 pour chacun des autres ducs. En 1819, le retour des troupes anglaises qui vidaient le sol de la France augmenta la détresse du pays; et, pendant qu'on licenciait d'un côté, de l'autre on votait une levée de 11,000 hommes pour contenir les mécontents. Cependant, la mesure du licenciement des officiers produisit un autre effet. Ceux-ci allèrent en grand nombre rejoindre les Hispano-Américains et accélérèrent leur émancipation. Nous ne suivrons pas Castlereagh dans l'affaire de la reine qui, en 1820, époque de l'avènement du régent sous le nom de Georges IV, voulut se faire rendre les honneurs qu'elle croyait dus à son sang; en cette occasion, le ministre anglais fut constamment pour le roi contre la reine, et d'ailleurs le scandale auquel donna lieu cette affaire eut un terme naturel par la mort de cette dernière. Des événements bien autrement importants et qui menaçaient d'ébranler l'édifice reconstruit par la sainte alliance vinrent absorber l'activité de Castlereagh. L'Espagne, Naples, le Portugal et peu après le Piémont venaient d'entrer en pleine révolution. A cette occasion eut lieu le congrès de Troppeau et peu après celui de Laybach, où l'on posa nettement les principes du droit divin en ces termes remarquables : « Les changements utiles ou nécessaires dans la législation et dans l'administration des Etats ne doivent émaner que de la volonté libre, de l'impulsion éclairée et réfléchie de ceux que *Dieu a rendus responsables du pouvoir.* » L'Angleterre, qu'au fond de tout cela la sainte alliance voulait éloigner du gouvernement de l'Europe, protesta, par l'organe de Castlereagh, contre les conclusions du congrès de Laybach. Toutefois, pour désarmer la susceptibilité de la chambre, il fallait en faire autant à la tribune, et Castlereagh craignait par-dessus tout de voir consigner sa désapprobation dans une pièce écrite. Il le fit cependant, mais en termes tels que la sainte alliance ne s'en put offenser. Sorti tant bien que mal de cet embarras, un autre non moins épineux, mais qu'il ne devait point résoudre, vint quelques mois après accroître ses soucis. Le congrès contre la Péninsule venait d'être annoncé et ultérieurement fixé à Vérone. Des complications, des intérêts de toute espèce, un labyrinthe inextricable de questions principales et secondaires, mais toutes également vivaces et relatives soit à l'absolutisme personnifié dans la puissance du continent, soit à la liberté oligarchique inhérente à la constitution anglaise; les épouvantables excès dont l'Irlande redevint le théâtre après le rejet du bill catholique; la détresse des agriculteurs et des paroisses qu'écrasait la taxe des pauvres, enfin la détresse financière, remplirent la cession de 1821. Castlereagh résolut sans les résoudre les plus minces de ces difficultés; mais le congrès de Vérone approchait. Son irascibilité avait crû jusque-là en intensité; il ne supportait plus qu'avec impatience les contradictions de ses adversaires; en un mot l'excès de tension de la masse cérébrale allait percer son enveloppe osseuse, et débarrasser pour toujours le ministre du soin de traiter à Vérone les affaires intérieures de l'Angleterre. Le 9 août 1821, Castlereagh tint devant le monarque des propos incohérents; le 10, il dut garder le lit et fut dur, sévère, impatient, capricieux; le 11, les signes d'aliénation mentale étaient plus caractéristiques, mais intermittents; le soir, il lui revint un peu de tranquillité; cependant on avait enlevé tous les instruments avec lesquels il eût pu se tuer; le 12 au matin, il sonna, trouva mauvais que l'on vînt, déjeuna, trouva son repas détestable, sonna de nouveau, fit appeler le docteur Bankead, passa, au moment où sa femme le quittait, dans son cabinet de toilette, et semblant deviner que le médecin approchait : « Bankead, dit-il, laissez-moi tomber sur votre bras, tout est fini. » En effet le docteur ne soutint bientôt plus qu'un cadavre que, ne pouvant supporter, il dut laisser tomber à terre. Castlereagh s'était coupé, avec une précision anatomique, à l'aide d'un petit couteau caché dans un porte-lettres, l'artère carotide et la jugulaire. Ainsi finit le plus grand diplomate moderne de l'Angleterre, ennemi juré de la France dont il avait voulu le démembrement, partisan né de l'aristocratie quand même, cordialement haï de la masse, et pourtant homme plus remarquable, selon nous, que Canning, parce que du moins il fut un, et que les principes qu'il soutint, ceux de l'absolutisme, étaient les siens, et qu'il ne les avait point acceptés par ambition personnelle, et qu'encore il était excellent époux, ami dévoué et bienfaiteur d'un grand nombre de malheureux. GUSTAVE BIARD.

CASTLE-RISING (géogr.), bourg d'Angleterre, au comté de Norfolk, à l'embouchure de la rivière de Wath. C'était autrefois un des ports les plus commerçants du comté, mais il a été comblé par les marées. — Ce bourg tire son nom d'un ancien château dont une des parties existe encore et qui appartenait à la famille Howard. On prétend que Catherine Howard y fut élevée. — On y voit aussi des vestiges de monuments romains et saxons.

CASTLETON (géogr.), village d'Angleterre, comté de Derby, qui tire son nom d'un vieux château situé sur le sommet d'un rocher presque inaccessible. — Près et au nord-ouest de ce village, on voit sur le flanc du *Mam-Tor*, ou la *roche mère*, montagne escarpée, une arcade naturelle de 30 pieds de haut sur 60 environ de large, nommée *Devil's arse* (le siège du diable). Il en découle des gouttes d'eau chargées d'une substance spathique qui se pétrifie. Cette arche forme l'entrée d'une immense caverne, dont une partie est habitée par des pauvres, qui subsistent des dons des curieux qui viennent la visiter; l'autre partie est occupée par une manufacture de corde, éclairée seulement par l'ouverture de l'arche. Plus avant, la caverne se rétrécit, et l'espace qu'elle laisse est rempli par un petit lac que l'on peut traverser; il s'agrandit ensuite, et peu à peu elle se termine à l'extrémité d'un autre petit lac. — Cette caverne a au moins 2,742 pieds de long. ED. GIROD.

CASTNIE (hist. nat.), genre de lépidoptères, de la famille des crépusculaires; il fait partie de cette division que Latreille a nommée *hespérisphinges*, exprimant, comme on le voit, qu'elle fait la liaison entre les hespéries et les crépusculaires proprement dits. Fabricius, qui avait établi ce genre, l'avait uni avec les lépidoptères diurnes. Les antennes sont simples, épaissies près de l'extrémité, qui se termine en pointe tournée en crochet sans houppe de poils à l'extrémité; la trompe est toujours distincte, et les palpes de trois articles bien apparents. Ce qui distingue principalement ce genre de ceux qui en sont voisins dans la même coupe, ce sont les antennes épaissies vers leur milieu, et les palpes courtes, larges et cylindriques. On ne connaît encore que peu d'espèces, toutes propres à l'Amérique.

CASTOIGNEAU, s. m. (comm.). Il se disait, selon le *Dictionnaire de Trévoux*, d'un petit panier dans lequel on mettait certaines espèces de marchandises.

CASTOIEMENT ou **CASTOYEMENT**, roman célèbre au XIIe siècle, et dont voici l'origine. Un juif espagnol, qui avait abjuré la religion de ses pères et pris le nom de Pierre-Alphonse, vint en France en 1106, à l'âge de quarante-quatre ans, apportant avec lui un recueil, dont il fit bientôt après une version latine intitulée *Clerica Disciplina*. La bibliothèque royale possède plusieurs copies manuscrites de cette version, qui servit à son tour de texte à plusieurs traductions en vers et en prose. Ce sont ces traductions qui sont connues sous le nom de *Castoiement*. Cet ouvrage, auquel les fables de Pilpay semblent avoir servi de modèle, est une suite de contes. L'auteur y suppose qu'un jeune homme, prêt à entrer dans le monde, reçoit de son père les conseils nécessaires pour s'y conduire avec prudence, et chaque leçon mise en action est suivie d'apophthegmes, d'historiettes et de bons mots relatifs à ce qui a été dit précédemment. Cette manière d'enseigner par apologues, ce mélange de préceptes et de fables vient des Orientaux, et n'est pas le seul emprunt que nous ayons fait aux Arabes dans le temps des croisades. M. Méon a publié ce roman dans son nouveau recueil de contes et fabliaux.

CASTON ou **ESTON** (ADAM), natif du comté d'Hereford en Angleterre, prit l'habit de religieux bénédictin dans le monastère de Norwich, et fit de grands progrès dans les sciences divines et humaines. Richard II, roi d'Angleterre, qui le considérait beaucoup, lui fit obtenir l'évêché de Londres, et lui procura le chapeau de cardinal qu'Urbain VI lui donna en 1378. Il mourut à Rome l'an 1396. Le cardinal Caston a traduit divers ouvrages, principalement des langues hébraïque et latine, en particulier tout l'Ancien Testament, qu'il a traduit de l'hébreu en latin. Il a fait aussi quelques ouvrages dans la langue hébraïque, et a écrit en latin : *Defensorium Ecclesiæ*, un livre *De electione pontificis*, et divers autres qu'on peut voir dans Pitséus (Lelong, *Biblioth. sacra*).

CASTOIER, v. a. (vieux langage), remontrer, instruire, donner des préceptes, des avis, des conseils.

CASTOLA (géogr. anc.), ville d'Italie, en Etrurie, qui fut prise par le consul Fabius.

CASTOLI CAMPI (géogr. anc.), montagne d'Asie-Mineure, dans la Doride, suivant Xénophon.

CASTOLOGI (géogr. anc.), peuples des Gaules placés par Pline dans le voisinage des Atrébates.

CASTOLUS (géogr. anc.), ville de Lydie, dans l'Asie-Mineure, appartenant aux Doriens, appelée par les Lydiens *Castoli*.

CASTOR, castor fiber, mammifère de la famille des *rongeurs* (V. ce mot). Cet animal a des mœurs si curieuses, si différentes de celles des autres animaux, que son étude présente le plus grand intérêt. Il est presque une grande exception sous le point de vue de l'intelligence que semblent démontrer ses habitudes. Aussi, s'il a été l'objet des curieuses investigations des naturalistes, des narrations exagérées des voyageurs, il a fourni à la philosophie matérialiste un argument qu'on a cru pendant longtemps invincible. Tous ces motifs, dont le dernier suffirait pour nous faire traiter cet article avec quelque étendue, nous obligent à le rendre aussi complet que possible dans les détails où nous allons entrer. Commençons d'abord par décrire cet animal. C'est un quadrupède qui appartient, comme nous l'avons déjà dit, à l'ordre des mammifères et à la famille des rongeurs. Il est amphibie. La structure de ses membres le dénote d'une manière évidente, mais à des yeux peu exercés. Les parties antérieures du corps offrent en effet le caractère de celles des animaux terrestres; tandis que les parties postérieures présentent celui des amphibies. Sa tête a quelque chose de la configuration du dessin de celle du rat.

Le museau est allongé; les yeux sont ronds et petits; et les oreilles courtes, rondes, et velues en dehors. Chacune des mâchoires est garnie de deux dents incisives et de huit molaires. Les dents incisives supérieures ont deux pouces et demi de long, et les inférieures plus de trois ; les unes et les autres sont remarquables par une grande dureté, et leur tranchant est si aigu que les sauvages s'en servent comme d'un poignard, et l'emploient pour travailler le bois. La manière dont sont formés ses membres antérieurs et les postérieurs prouve combien le moyen est proportionné à la fin, combien l'organisation est préparée d'avance dans ses parties aux fonctions qu'elle doit remplir. Ainsi les pattes de devant ressemblent à des mains dont l'animal se sert avec une dextérité merveilleuse ; celles de derrière, loin d'avoir les doigts séparés comme les antérieures, les ont réunis par des membranes fortes et peu épaisses comme chez les oies ; elles sont organisées pour faire office de nageoires. La queue présente aussi des particularités très-curieuses ; car elle est faite pour servir à la fois de gouvernail pour la natation, et d'instrument de maçonnerie. Elle a une forme elliptique, elle est épaisse de plus d'un pouce, et elle est recouverte d'une croûte écailleuse qui donne à sa surface une certaine solidité. On a comparé cette queue à une carpe à qui on aurait enlevé la tête, la queue et les nageoires, et qu'on aurait soudée au derrière du castor. Bien que très-bizarre, cette comparaison est fort juste, et puisque plus d'un auteur n'a pas dédaigné de la citer, nous croyons pouvoir nous donner cette licence-là. Cette queue, qui se meut comme un gouvernail lorsque le castor traverse un lac ou un fleuve, lui sert aussi de truelle pour former les digues et les constructions si curieuses que cet être intelligent élève sur les eaux. La description physique que nous venons d'en faire doit donner une idée assez juste de sa configuration. Toutefois nous n'avons pas dit encore ni la taille à laquelle il parvient, ni le poids qu'on lui attribue. Sa hauteur atteint plus d'un pied ; et la longueur de son corps depuis l'extrémité de la queue jusqu'à celle de la tête va jusqu'à deux pieds. Quant à son poids, il varie depuis 50 jusqu'à 60 livres, sur les individus qui ont atteint tout leur développement. — Comme tous les animaux ont leur but d'utilité vis-à-vis de l'homme, but d'ailleurs qui est loin d'être connu chez la plupart des espèces animales, dont les familles plus ou moins nombreuses sont répandues sur la surface du globe, le castor a aussi le sien ; car il fournit à la fois sa fourrure pour notre industrie, et une substance particulière dont la médecine fait usage depuis longtemps. La fourrure n'est pas assez belle pour jouer un rôle même secondaire dans les parures d'hiver des femmes élégantes. On s'en sert, mais dans un état tel qu'elle change de forme, d'aspect, qu'elle subit une transformation complète entre les mains du fabricant. Les chapeaux d'homme et les chapeaux de femme d'une certaine espèce sont en poil de castor. Nous ne dirons pas de quelle manière on parvient à faire une espèce d'étoffe, c'est-à-dire un feutre, d'une masse de poils ; nous sortirions des limites de notre sujet. Mais voici quelques détails qui nous paraissent nécessaires. La couleur des poils du castor n'est pas uniforme. Elle varie suivant les régions où se trouve l'animal. Ainsi, elle est noire ou à peu près, dans les régions les plus reculées du Nord ; à mesure qu'on se rapproche du Midi, elle s'éclaircit en passant successivement par des teintes de moins en moins foncées. On lui voit en effet revêtir les teintes brun marron, fauve, jaune ou couleur paille, d'une zone à une autre, c'est-à-dire depuis l'extrême limite nord, jusqu'à l'extrême limite sud. Il ne faut pas penser cependant que cette distribution de la couleur du castor se fasse avec une régularité géométrique, qu'elle corresponde enfin parfaitement avec la division qu'on établirait sur la partie du globe terrestre qu'habite cet animal. Non ; car on trouve souvent des castors blancs, entièrement blancs, parmi ceux de couleur noire ; et parmi les autres, des individus dont la fourrure est tigrée de fauve, et de gris sur fond blanc ou fond noir. Tous les poils indistinctement n'offrent pas les mêmes avantages à l'industrie, qui emploie les uns et rejette les autres. Il ne s'agit pas ici de la couleur, de la teinte, mais de la qualité. La qualité la plus inférieure, celle dont on ne se sert pas, se compose de poils de 18 à 20 lignes de long, d'une ferme consistance, d'un lustre brillant, et séparés les uns des autres par d'assez grands intervalles ; la qualité supérieure qu'on appelait autrefois en Europe laine de Moscovie est une espèce de duvet très-fin, d'un pouce de hauteur tout au plus, et dont les brins sont très-rapprochés les uns des autres. C'est cette laine, ce duvet, qu'on sépare des autres poils, pour en confectionner les chapeaux feutrés gris ou noirs qui ont surtout l'avantage d'être imperméables à l'eau, et d'être par conséquent préférables au moins sous ce rapport aux chapeaux d'étoffe de soie. La partie de l'animal dont la médecine se sert se nomme *castoréum*. Pour la description des caractères et la discussion des avantages ou des inconvénients de l'emploi de cette substance animale, nous renvoyons les lecteurs à l'article spécial (*V.* CASTORÉUM). — Avant d'arriver à décrire avec détail les *habitudes industrieuses* du castor, nous devons dire quelles sont les qualités morales qui distinguent cet animal parmi les autres. Et d'abord, il fuit l'isolement ; il recherche, il aime la société de ses semblables. Sans passions violentes, sans férocité, on peut dire qu'il a le caractère et les habitudes des animaux les plus paisibles. Loin d'attaquer l'homme, il recherche, pour s'y établir, les endroits les plus éloignés, les plus à l'abri de toute incursion. Si, durant le cours de ses travaux de construction, il est troublé dans cette occupation ingénieuse par son ennemi naturel, il fuit avant d'essayer de combattre ; il ne se défend que lorsqu'il est obligé d'user de cette ressource pour se sauver. Ses dents à tranchant si aigu et si solide sont les seules armes qu'il emploie. Mais, si elles servent si bien son industrie, elles ne sont guère utiles à sa défense ; il n'est pas assez agile pour éviter les coups et savoir diriger les siens à propos. Les castors ne se réunissent pas en société indifféremment à toutes les époques de l'année. Ils choisissent pour commencer leur association les mois de juin ou de juillet. C'est pendant cette saison qu'ils arrivent de différents côtés par bandes considérables, et finissent bientôt par constituer une vaste famille de deux, trois, et même quatre cents membres. Alors l'atelier est ouvert, car les travailleurs sont au complet. L'ouvrage ne tarde pas à commencer. — Buffon, Raynal, Châteaubriand et des voyageurs plus ou moins épris du merveilleux, et dont la science moderne a complétement épuré les écrits, nous serviront de guide et nous fourniront des documents précieux pour les curieux développements où nous allons entrer. Nos lecteurs peuvent donc nous lire avec confiance ; car nous ne rapportons que des faits bien constatés. — C'est toujours au bord des eaux que l'établissement se fait et que le rendez-vous a lieu. Si les eaux sont calmes, si comme celles d'un lac elles ne sont pas sujettes aux débordements, les castors ne dressent pas de digue ; si le théâtre du travail est sur les bords d'une rivière dont les crues subites pourraient emporter en un instant le curieux produit de leur ingénieuse industrie, ils prennent avec soin les précautions nécessaires, et une digue est élevée avec toutes les conditions d'une grande solidité. Cette digue consiste dans une chaussée qui va de l'une à l'autre rive du cours d'eau. Afin que le niveau qui s'établit reste toujours le même, des vannes de décharge sont ouvertes à l'une des extrémités du barrage ; et elles sont agrandies ou diminuées dans leur largeur, en raison des différences de niveau que les saisons ou les accidents de la journée font prendre à la rivière. Mais comment les castors parviennent-ils à dresser une telle construction pour laquelle, nous autres hommes, nous avons recours à des ingénieurs, tant nous sommes persuadés qu'il faut autre chose que la logique ordinaire pour ordonner convenablement des travaux si compliqués ? Les castors ne paraissent pas avoir des chefs auxquels ils obéissent ; tous agissent, tous travaillent de leurs pattes, de leurs dents et de leur queue. C'est une simultanéité d'efforts dirigés tous vers le même but, avec la régularité la plus complète et sans le moindre confusion. L'emplacement de leur future construction étant une fois choisi, ils s'occupent à réunir les matériaux dont ils ont besoin. Pour jeter les fondements de leur digue, ils mettent d'abord à contribution les arbres du bois. S'ils en aperçoivent d'assez belle grosseur et d'une taille assez considérable pour couvrir une grande partie de la largeur du cours d'eau, ils l'attaquent à son pied, et leurs dents incisives ont bientôt rempli l'office de la scie. Lorsque l'arbre est tombé, vient le tour des branches qui sont toutes arrachées, afin qu'aucun obstacle ne puisse s'opposer à la manœuvre facile de la pièce de bois. Pendant que cette opération se poursuit, il y en a d'autres qui se poursuivent avec la même intelligence, ou sur les bords ou dans le lit même de la rivière. Ainsi une compagnie de castors choisit, abat des arbres de toute dimension, en règle la hauteur pour les faire servir à un usage déterminé, les taille en quelque sorte en planches, et en amincit les extrémités pour les fixer en terre comme des pieux. Puis, ces pièces de bois sont amenées jusqu'au rivage, et livrées au flot qui les emporte jusqu'à l'endroit où une autre compagnie de ces animaux intelligents les reçoit et les emploie. Si un gros arbre a pu être jeté au travers de l'eau, il sert de pièce principale à la chaussée. C'est la partie solide de la construction ; les autres pièces de bois sont destinées à fixer celle-ci au sol de la rivière. Une sorte de pilotis est donc établi à l'aide de pieux. Il faut que les castors plongent au fond de l'eau, qu'ils y creusent la terre ou la roche dure, qu'ils fassent entrer dans ces trous les extrémités taillées de leurs pièces de bois, et, que pendant que les uns se livrent à cet ouvrage, d'autres secondent ces efforts, en soutenant les pieux et en les enfonçant de toutes leurs forces. Ce travail est très-compliqué ; il exige une simultanéité d'efforts qui se comprend aisément chez l'homme, et qui étonne chez des animaux. Mais cette première construction n'est pour ainsi dire qu'à l'état de squelette. Elle laisse des vides qu'il faut remplir, et elle offrirait trop de prise à l'eau qui la renverserait bientôt, si elle restait aussi imparfaite. Des branches flexibles d'arbre, de la terre glaise sont donc employées ; celle-ci pour lier les pieux les uns aux autres, de manière à produire sur tous les points de la chaussée une solidarité de résistance aussi complète que possible, celles-là pour faire adhérer entre elles toutes les parties de l'ensemble ; enfin pour faire de cette charpente compliquée une œuvre entièrement homogène. La queue est l'instrument avec lequel la terre est battue et délayée ; une fois que grâce à elle la préparation est terminée, les castors en chargent leur gueule et leurs pieds de devant, et la portent à ceux qui maçonnent l'édifice. Les maçons remplissent avec cette terre les intervalles des pilotis qui sont toujours disposés sur plusieurs rangs, en forment le revêtement de la surface qui reçoit l'effort de l'eau, et enfin la font servir à la construction d'un talus qu'ils élèvent au revers de la chaussée. Ce talus, qui augmente considérablement la force de résistance du barrage, a pour l'ordinaire de 11 à 12 pieds de largeur à la base ; il s'amincit en s'élevant de telle sorte que sa surface n'est guère que de 3 ou 4 pieds au niveau de l'eau. Cet ouvrage terminé, il y a encore beaucoup à faire, puisque la digue n'a été dressée que pour supporter et protéger les habitations où les castors doivent passer leur hivernage. — Ces habitations sont des cabanes à un, deux, trois étages d'une forme ovale, et qui se termine en dôme, percées régulièrement de deux ouvertures, l'une qui donne dans l'eau, l'autre qui par la terrasse de la chaussée communique avec la terre. Ces petites huttes ont une grande solidité. Parfaitement maçonnées avec un mélange de terre glaise, de sable et de petit gravier, elles sont couvertes d'un enduit qui provient sans doute de l'excrétion glandulaire de la gueule de l'animal, et qui tenant lieu de stuc les met à l'abri de l'humidité de l'air et de l'action dissolvante de la pluie. A voir ces édifices construits avec le plus grand soin et avec une régularité remarquable, on dirait à la fois que ces castors ont l'instinct du goût, et qu'ils fondent pour des siècles. On s'étonnera peut-être quand nous dirons que ces petits édifices ont des murs d'une épaisseur et d'une solidité telles qu'ils résistent aux ouragans les plus forts, aux vents les plus impétueux. Mais ce qui étonne le plus, c'est leur distribution intérieure. Et d'abord il est annexé aux édifices de la petite colonie un magasin bâti sous l'eau, où sont rassemblées toutes les provisions d'hiver. Elles consistent en racines aquatiques, en écorces tendres, en débris de végétaux, aliments dont les castors font à peu près leur seule nourriture. L'intérieur de chaque habitation est revêtu du même stuc qui couvre l'extérieur. Ce glacis entretenu parfaitement le bon état des parois, et forme une seconde enveloppe de protection contre l'humidité extérieure. Chaque étage est habité ou par un couple, ou même par deux ou trois couples de ces animaux. Comme les huttes ont quelquefois jusqu'à 10 pieds de diamètre, on conçoit que leurs habitants y soient fort à l'aise, et qu'ils puissent y vivre sans souffrir des inconvénients d'un entassement. Les moyens de communication y sont extrêmement faciles ; et soit que les castors veuillent y chercher un refuge, soit qu'ils veuillent fuir l'attaque des chasseurs, ils peuvent entrer ou sortir de leurs demeures avec promptitude et commodité. Les planchers sont parfaitement tenus et d'une extrême propreté. Ils sont jonchés de verdure, de branches de sapin et de buis. — Lorsque ce parquet verdoyant a perdu de sa fraîcheur première, il est renouvelé avec le plus grand soin. Le balcon qui donne sur l'eau sert encore aux castors de salle de bain ; c'est là qu'ils respirent l'air, les parties postérieures submergées, tandis que les pattes de devant et le museau se montrent au-dessus de la nappe formée par la rivière. Chaque cabane renferme, suivant sa grandeur, depuis deux jusqu'à trente de ces animaux. Les couples, quelque nombreux qu'ils soient, ne forment jamais qu'une famille, lorsqu'ils sont abrités sous le toit de la même habitation. La paix la plus parfaite règne toujours entre eux. Aucune guerre ne s'élève aussi entre les habitants des diverses cabanes. La colonie se compose ordinairement de vingt-cinq à trente huttes, et de 2 à 300 habitants ; et pendant la saison des constructions, comme pendant celle des amours, aucune dissension intestine ne trouble son harmonie. C'est en automne et en hiver que l'accouplement a lieu chez les castors, et qu'ils goûtent auprès de la femelle de leur choix le repos pour la garantie duquel ils ont construit leur digue et leur cabane. Mais, au lieu de continuer le tableau des mœurs du castor en société, citons Raynal,

qui l'a dessiné d'une manière très-remarquable. « Deux êtres assortis et réunis par un goût, par un choix réciproque, dit cet écrivain, après s'être éprouvés dans une association à des travaux publics, pendant les beaux jours de l'été, consentent à passer ensemble la rude saison des hivers. Ils s'y préparent par les approvisionnements qu'il font en septembre. Les deux époux se retirent dans leur cabane dès l'automne, et ne se quittent plus. Aucun travail, aucun plaisir ne fait diversion, ne dérobe du temps à l'amour. Les mères conçoivent et portent les doux gages de cette passion universelle de la nature. Si quelque beau soleil vient égayer la triste saison, le couple heureux sort de sa cabane, va se promener sur le bord de l'étang ou de la rivière, y manger de l'écorce fraîche, et respirer les salutaires exhalaisons de la terre. Cependant la mère met au jour, vers la fin de l'hiver, les fruits de l'hymen conçus en automne ; et tandis que le père, attiré dans les bois par les douceurs du printemps, laisse à ses petits la place qu'il occupait dans sa cabane étroite, elle les allaite, les soigne, les élève au nombre de deux ou trois. Ensuite elle les mène dans ses promenades, où le besoin de se refaire et de les nourrir lui fait chercher des écrevisses, du poisson, de l'écorce nouvelle jusqu'à la saison du travail. » — Cette existence, peinte avec tant de charme par Raynal, s'écoulerait paisiblement et se continuerait dans le même lieu pendant de longues années, si les castors n'étaient pas souvent détruits par l'homme, qui veut leur enlever leur fourrure et la substance dont la médecine s'est emparée. Aussi leurs colonies ne durent pas longtemps. Les invasions des chasseurs les détruisent de fond en comble. Cependant, ces animaux sont tellement attachés aux lieux où ils avaient établi leur demeure, qu'ils y reviennent pour relever leurs digues et leurs curieuses habitations. Mais cette habitude leur est désastreuse. Elle ne fait qu'avancer la nouvelle attaque dont ils ne tardent pas à devenir les victimes. C'est en hiver que les invasions ont principalement lieu. Cette époque en effet est celle où la fourrure est la plus épaisse, la mieux fournie. Il y a pourtant d'autres chasses pendant les autres saisons de l'année ; mais elles ne produisent que des fourrures d'une qualité inférieure. Quand l'animal mue par exemple, les poils sont dans un état tel, qu'ils ne présentent plus ni la même résistance, ni le même brillant. Les castors qui s'associent sont ceux qui fournissent les peaux les plus estimées ; ceux qui vivent dans des terriers et qui mènent une existence à peu près solitaire, présentent toujours des peaux défectueuses. Cela ne dépendrait-il que de l'usure des poils qui couvrent toute la longueur de la colonne vertébrale, par le frottement de cette partie contre la voûte du terrier, que cette cause expliquerait suffisamment l'infériorité des peaux des individus vivant sous un certain rapport à l'état sauvage. Comme l'association des castors exige des conditions de sûreté incompatibles avec le voisinage de l'homme, les colonies de ces animaux reculent et ont toujours reculé devant l'envahissement des populations. Ainsi, dans les premiers temps, lorsque la Gaule avait ses forêts et ses solitudes, il y a eu des établissements de castors sur les rives du Rhône, de l'Isère, de l'Oise et de la Bièvre, cette petite rivière qui baigne les murs des Gobelins et se jette dans la Seine au-dessus de Paris. Depuis longtemps ils ont disparu de la France et de l'Europe, et n'existent plus guère maintenant que dans la partie de l'Amérique septentrionale qui est comprise entre le trentième et le soixantième degré de latitude nord. — Rien de plus curieux, de plus intéressant, comme on vient de le voir, que l'histoire des mœurs et de l'industrie des travaux du castor. Aussi beaucoup de merveilleux a-t-il été mêlé aux choses vraies qu'il y avait à dire sur cet ingénieux animal. Depuis longtemps, le merveilleux est tombé dans le domaine des faits qui ne méritent aucune créance. Mais un autre genre de merveilleux lui a succédé. Le sentiment que provoque dans tous les esprits le génie architectural du castor, a donné lieu à un rapprochement, à une comparaison entre cet animal et l'homme ; et il en est résulté qu'on a élevé celui-ci au niveau de celui-là, ou pour mieux dire qu'on a abaissé le second à l'humble taille du premier. — On a dit : Rien de plus remarquable, de plus étonnant que l'intelligence du castor. Rien ne peut lui être comparé, excepté l'intelligence de l'homme. Et si on rapproche ces deux intelligences l'une de l'autre, certes on verra que le mécanisme de celle-ci n'est pas inférieur au mécanisme de celle-là. Comme l'homme, le castor conçoit, raisonne, induit et réalise ses inductions. Comme l'homme, son génie trouve ; et comme l'homme il sait exécuter. Quelle différence y a-t-il donc entre cet animal et le chef de la création ? Puisqu'ils produisent tous les deux des résultats de même nature, et qu'ils suivent la même voie pour les réaliser, aucune force particulière n'est pas plus le partage de l'un que de l'autre. Cela semble évident. Et dès lors que devient cette âme dont on a doté spécialement l'homme, et qu'on a remplacée par l'instinct chez les animaux? L'organisation physique suffit pour expliquer les phénomènes les plus compliqués de la vie ; et la preuve vivante se trouve dans le génie architectural du castor. — Tel est l'argument merveilleux que posent les matérialistes ; c'est ainsi qu'ils croient prouver que l'âme n'est qu'une hypothèse ingénieuse au profit des esprits qui, au lieu de puiser leurs idées dans l'observation, préfèrent se livrer aux illusions brillantes des théories. Malheureusement pour les matérialistes, il est extrêmement facile de leur prouver qu'ils ont tort, et que ce sont eux qui théorisent au lieu de sagement observer. Il est vrai que l'homme est pourvu d'un instrument intellectuel comme tous les êtres intelligents, que c'est à l'aide de cet instrument qu'il trouve et qu'il transmet, qu'il invente et qu'il réalise. Il est vrai qu'il y a en lui une partie animale qui joue un rôle assez important pour faire croire à certains esprits qu'elle suffit à rendre compte de tous les phénomènes simples ou compliqués de sa nature. Mais il ne s'agit pas seulement de constater l'existence d'une instrumentation intellectuelle chez l'homme ; il faut encore voir comment cette instrumentation remplit sa fonction. Dans les organes de la vie animale, l'instrument ou l'organe lui-même agit toujours de la même manière. Sa fonction consiste à répéter constamment les mêmes actes, à parcourir un cercle dans un temps donné, et à le parcourir de nouveau pendant une succession indéfinie de résolutions exactement semblables. Quand la fonction ne se continue pas régulièrement, elle s'écarte de la normalité. Alors l'organe est affecté, et le corps est malade. Cette succession régulière dans les divers actes qui constituent la fonction a lieu chez l'homme dans le foie pour la formation de la bile, dans le cœur pour l'entretien du mouvement circulatoire. Ici, il y a parité avec les organes semblables chez les animaux. Ce sont les mêmes ressorts qui agissent, les mêmes résultats qui se forment. Ces phénomènes en effet ont entre eux la plus exacte ressemblance. Nous le répétons, il y a parité. Mais en est-il ainsi pour la fonction de l'instrumentation intellectuelle? Chez l'animal, il y a intelligence ; c'est vrai, et cela doit être, puisqu'il possède un cerveau. Mais cette intelligence ne s'exerce que dans un cercle limité ; les actes qui résultent de son exercice doivent se suivre, se répéter, sans qu'aucune modification essentielle ou qu'aucun changement de direction ne se produisent. Donc l'organe de la bile ou tout autre chez l'animal peut être comparé à celui de l'intelligence. La fonction a la même étendue, sinon la même nature ; elle procède avec la même liberté. L'instrument intellectuel de l'homme ne procède pas ainsi dans son exercice, puisqu'il n'est comparable qu'à lui seul. La fonction ne ressemble jamais à elle-même comme résultat. Les conquêtes de la pensée et les actes de la volonté ont une variété inexprimable. Il n'y a pas de moment de la vie, de moment de la journée, pendant lequel une forme nouvelle ne soit donnée à la pensée, une direction différente à la volonté. Or, cette richesse infinie de modifications ne peut pas résulter exclusivement d'un organe qui est à peu près le même chez tous les hommes, lorsque les hommes sont si différents entre eux sous le rapport de l'activité de la pensée, de la fécondité de l'esprit. Il faut donc qu'il y ait une chose en dehors de lui, qui agisse incessamment sur lui, pour réaliser tous ces phénomènes ; et cette chose est cette puissance, cette force, ce souffle, cette âme que les animaux ne peuvent pas avoir à cause de l'esclavage et de la circonscription de leur activité intellectuelle, et que nous avons, nous, à cause de la liberté et de l'étendue infinie de la nôtre. — Maintenant que devient l'argument que les matérialistes ont tiré de l'intelligence architecturale du castor? il semble. Les castors sont très-ingénieux, il est vrai, dans l'établissement de leurs digues, dans la construction de leurs huttes. Mais ils agissent comme des machines montées en quelque sorte à cet usage. Ils construisent comme ils l'ont toujours fait dans les siècles les plus reculés. Il n'y a pas pour eux de perfection possible, puisqu'elle existe cette perfection du moment même où ils ont commencé de faire leurs travaux. Il est si vrai qu'ils portent en eux le privilége intellectuel de la construction de ces huttes et de ces digues, qu'on a vu de jeunes castors enlevés dès la naissance à leur famille, et à qui l'exemple ne pouvait certainement rien apprendre, s'occuper dans la cellule où ils étaient renfermés, à rassembler des matériaux, et à leur donner la forme d'un mur ou d'une voûte. Le castor, malgré le génie presque humain qu'on a voulu lui donner, n'est donc qu'un instrument et seulement un instrument. Il est sans doute plus perfectionné qu'un autre ; mais il produit toujours le même résultat, il enfante dans tous les temps le même phénomène. Or, quelle différence

V.

y a-t-il entre cette intelligence et nos appareils mécaniques? On nous accordera du moins, qu'ils se ressemblent parfaitement sous le rapport de l'exactitude du même acte, de l'acte enfin qui est le résultat essentiel de la fonction. Et de là à la libre intelligence de l'homme, à l'activité incessante de l'âme humaine, certainement il y a loin ! Dʳ Ed. CARRIÈRE.

CASTOR. Ce mot signifie aussi le chapeau même qui se fait avec le poil du castor. — *Demi-castor*, chapeau qui n'est pas fait entièrement de poil de castor, et dans lequel il entre d'autres poils et de la laine. — Fig. et fam., *C'est un demi-castor*, se dit d'un homme dont la conduite est plus qu'équivoque.

CASTOR TROGONTHERIUM (*hist. nat.*). M. Fischer de Moscou a donné ce nom à une espèce qui n'existe qu'à l'état fossile, et dont on connaît seulement quelques têtes. Cette espèce, si tant est qu'elle en soit une, présente avec les castors vivants une frappante analogie ; elle ne diffère que pour les dimensions, qui sont plus grandes. On l'a trouvée sur les bords de la mer d'Azof.

CASTOR DE MER (*hist. nat.*). On donne quelquefois ce nom à une espèce de loutre. Aldovrande l'a donné au HARLE.

CASTOR, s. m. (*botan.*), plante sarmenteuse de Saint-Domingue, nommée aussi *liane à bouton*.

CASTOR (*hortic.*), espèce de pomme.

CASTOR et POLLUX (*astr.*), nom des deux belles étoiles de la constellation des Gémeaux, troisième signe du zodiaque. L'étoile de Castor est marquée α dans les cartes célestes. — CASTOR ET POLLUX (*météor.*). On désigne par ce nom un météore qui se montre quelquefois en mer sous la forme d'une, de deux, et même de trois ou quatre gerbes de feu attachées aux extrémités des mâts des vaisseaux. Une seule gerbe est appelée *Hélène* plus particulièrement, deux gerbes ou plus sont alors *Castor et Pollux* ou les *Tyndarides*. — Les Espagnols nomment ce météore *San-Elmo* ; c'est aussi le nom que lui donnent généralement nos marins en le francisant (*feu Saint-Elme*), bien qu'ils l'appellent encore *feu Saint-Nicolas, feu Sainte-Claire*, suivant la croyance de leur pays ou suivant leurs habitudes. Chez les Italiens c'est *Hermo*, et chez les Hollandais *Vree Vaurun*. — Castor et Pollux sont communément le présage de la fin de la tourmente et du retour du calme, et se montrent rarement aux marins pendant la tempête. *Hélène*, comme l'appellent les Anglais, ou une seule gerbe, est d'un funeste augure, et annonce la continuation du gros temps. Lorsque ce météore est immobile et attaché aux mâts ou aux cordages, il est naturel d'en conclure qu'aucun vent n'étant en mouvement pour dissiper cette flamme, un calme profond va se déclarer ; s'il voltige, c'est que les éléments sont agités.

CASTOR et POLLUX (*myth.*), fils de Jupiter et de Léda ; ils furent élevés à Pallène, où Mercure les porta aussitôt qu'ils furent nés. Ils s'illustrèrent dans l'expédition de la Toison d'or ; à leur retour, ils nettoyèrent l'Archipel des corsaires qui l'infestaient. Ce service, l'apparition de deux feux qui voltigèrent autour de leurs têtes et le calme qui succéda, les firent placer après leur mort au nombre des dieux tutélaires des nautoniers. Ces feux continuèrent d'être regardés comme des signes de la présence de *Castor et Pollux*. Si l'on n'en voyait qu'un, il annonçait la tempête ; s'il s'en montrait deux, on espérait le beau temps. Nos marins sont encore aujourd'hui dans la même opinion ou dans le même préjugé, et ils appellent *feux Saint-Elme* et *Saint-Nicolas* ou simplement *feux de Castor et Pollux*. Les deux frères, invités aux noces de leurs parentes Hilarie et Phébé, les enlevèrent. Ce rapt coûta la vie à *Castor*, qui périt quelque temps après de la main d'un des époux. *Pollux*, qui aimait tendrement son frère, demanda à Jupiter la résurrection de *Castor* et le partage entre eux de l'immortalité qu'il devait à sa naissance. Jupiter l'exauça, et l'un fut habitant des enfers pendant que l'autre fut citoyen des cieux. Cette fable est fondée sur ce que l'apothéose des héros les a placés dans le signe des Gémeaux, dont l'une des étoiles descend sous l'horizon quand l'autre y paraît. Pour célébrer leurs fêtes, les Romains envoyaient tous les ans vers leur temple un homme couvert d'un bonnet comme le leur, monté sur un cheval et en conduisant un autre à vide. La Grèce les compta parmi ses grands dieux : ils eurent des autels à Sparte et dans Athènes. Les Romains leur élevèrent un temple par lequel on jurait : le serment des hommes était ÆDEPOL, *par le temple de Pollux*, et celui des femmes ÆCASTOR, *par le temple de Castor*. Les deux dieux parurent plusieurs fois au milieu des combats sur des chevaux blancs. On les représentait sous la figure de deux jeunes hommes, avec un bonnet surmonté d'une étoile, à cheval ou en ayant près d'eux. Ils sont connus dans les poëtes sous le nom de *Dioscures* ou *fils de Jupiter* et de *Tyndarides*, parce que leur mère était femme de Tyndare, roi de Sparte. Ils se distinguèrent dans les jeux de la Grèce, *Castor* par l'art de dompter et de conduire des chevaux, *Pollux* par l'art de lutter, ce qui le fit regarder comme le patron des athlètes.

CASTOR et POLLUX (*hist. nat.*). On appelle ainsi deux papillons du genre des satyres.

CASTOR DE RHODES paraît le premier qui se soit occupé sérieusement de la chronologie, et il avait fait un traité pour relever les erreurs en ce genre qui avaient échappé à différents écrivains. On cite aussi de lui un ouvrage où il avait fait le catalogue de ceux qui avaient eu en différents temps l'empire de la mer. Suidas, qui confond perpétuellement les homonymes, dit qu'il avait épousé la fille de Déjotare, qui le fit mourir parce qu'il l'avait accusé auprès de Jules-César; mais il est évident qu'il se trompe : celui qui avait écrit sur la chronologie est, en effet, cité par Apollodore, qui vivait environ 150 ans avant J.-C. Il ne pouvait donc pas être contemporain de Jules-César, et il est surprenant que Vossius et d'autres savants s'y soient trompés. Il faut peut-être aussi le distinguer de Castor le rhéteur, qui était de Marseille et avait écrit, entre autres ouvrages, la *Comparaison des institutions des pythagoriciens avec celles des Romains*.

CASTOR (ANTONIUS), médecin grec, qui vécut à Rome plus d'un siècle, depuis le temps d'Auguste jusqu'au règne de Titus. Il avait un jardin de plantes médicinales qu'il y cultivait lui-même, qu'il se plaisait à faire voir, et qui excita la curiosité de toute la ville. Pline, en parlant des végétaux, dit, liv. XXV, ch. 2 : « Quant à moi, j'ai eu l'avantage de voir toutes les plantes médicinales par le moyen d'Antonius Castor, médecin très-renommé de notre temps, qui avait un jardin plein de toutes sortes de simples, qu'il entretenait pour son plaisir. Ce médecin avait plus de cent ans, et n'avait jamais eu de maladies; il avait encore la force de corps et d'esprit que peut avoir un jeune homme. » C'est le premier exemple connu d'un jardin de botanique. Antonius Castor avait composé un herbier ou livre sur les plantes, qui contenait plusieurs volumes, mais qui n'est point parvenu jusqu'à nous. Pline le cite en plusieurs endroits.— Il paraît que c'est le même Antonius qui est loué par Galien comme savant botaniste et pharmacien. Oribase et d'autres auteurs citent un Antonius, archiatre; mais il s'agit d'Antoine Musa, premier médecin d'Auguste.

CASTOR (SAINT), né à Nîmes vers le milieu du IVᵉ siècle, était marié et avait une fille, lorsque lui et sa femme, cédant à une pieuse exaltation, se séparèrent volontairement, embrassèrent la vie religieuse, et fondèrent dans leurs propriétés, au territoire de Menerbe, en Provence, deux monastères entre lesquels ils partagèrent tous leurs biens. La fille prit le voile avec sa mère. Castor, peu d'années après, fut élu évêque d'Apt, et mourut le 21 septembre 419. L'abbaye de Saint-Castor suivait la règle des solitaires d'Égypte et de Palestine, règle qui lui avait été donnée par le célèbre Cassien, abbé de Marseille.

CASTORATE, s. m. (*chim.*), sel produit par la combinaison de l'acide carbonique avec une base.

CASTORES, n. pr. m. pl. (*myth.*). Il s'est dit des jumeaux Castor et Pollux.

CASTORÉUM (*thérapeut.*) Le castoréum est une substance qui remplit deux poches placées près de l'anus du castor. Elle est solide et fragile à la manière des résines. Sa couleur est d'un rouge tirant sur le brun; son odeur est forte, sa saveur âcre et même nauséabonde. Telle qu'elle est présentée dans le commerce, cette substance est réunie dans deux poches liées entre elles par un petit prolongement qui, durant la vie, devait être le canal par lequel s'écoulait alors le castoréum dans un état à demi liquide. On sait la fable que les anciens ont faite sur le rôle de cette substance : ils ont prétendu qu'elle était l'arme défensive des castors ; que lorsque ces animaux étaient poursuivis par les chasseurs, ils se forçaient à renoncer à leur projet par la fétidité de la liqueur qu'ils répandaient pendant leur fuite. On a fait justice de cette explication, sans rendre compte, pour cela, des usages physiologiques du castoréum. Comment la médecine est-elle arrivée à adopter le castoréum comme moyen thérapeutique? comment est-elle parvenue à lui reconnaître des propriétés médicales suffisantes pour lui donner un rang parmi les agents que compte l'art de guérir? Il est difficile de répondre à cette question; car rien n'est plus obscur que l'origine des remèdes. Après avoir fait usage pendant longtemps du castoréum contre les maladies nerveuses, sans savoir quelle était

sa composition, on s'est occupé dans ces derniers temps de son analyse, et voici ce qu'on trouvé MM. Bizio, Bouillon Lagrange et Laugier. Ces chimistes ont reconnu que le castoréum contenait un principe particulier auquel M. Bizio a donné le nom de *castorine;* ils y ont ensuite constaté la présence d'une huile volatile odorante, d'une quantité déterminée d'acide benzoïque, la présence de cholestérine, d'une résine, d'une matière colorante rougeâtre, du fer et de sels à base de potasse, de chaux et d'ammoniaque. Pour compléter ces caractères, nous ajouterons que cette substance est peu soluble dans l'eau, et qu'elle se dissout bien dans l'éther et dans l'alcool. La *castorine* est le principe actif du castoréum. Si donc il a des propriétés médicales réelles, c'est à cette substance qu'il les doit. Il s'agirait donc, pour bien faire, d'isoler la castorine du composé qui la contient, comme on l'a fait pour la quinine, qui est le principe actif du quinquina. Mais les propriétés du castoréum ne sont pas généralement admises. On commence à croire qu'il doit être éliminé de la thérapeutique médicale. Quoi qu'il en soit, voici quelle est encore sa place dans les classifications, et quelles sont les maladies contre lesquelles il a été le plus souvent employé. — Il est compté parmi les antispasmodiques qui agissent par stimulation, par excitation. Il est de la même classe que le musc et l'assafœtida ; on lui attribue des propriétés à peu près semblables. Quelques ouvrages préconisent son emploi contre certaines affections spasmodiques, telles que l'hystérie, l'hypocondrie, les palpitations nerveuses, le hoquet convulsif, l'épilepsie, l'asthme nerveux, enfin l'aménorrhée, c'est-à-dire la suspension ou l'absence du flux menstruel, lorsqu'elle dépend d'un état spasmodique de l'organe. Si réellement le castoréum a ramené l'équilibre dans des organismes troublés par des maladies d'un caractère si grave, il a une puissante efficacité, et au lieu d'être rejeté de la famille de nos remèdes, il devrait y tenir le premier rang. Mais ses admirateurs deviennent chaque jour moins nombreux. Il paraît qu'on ne lui retrouve plus les avantages que nos devanciers lui ont attribués; et il faut avouer qu'on sait mieux étudier maintenant l'action des remèdes qu'on ne savait le faire lorsqu'il était admis qu'au lieu d'un seul médicament, il fallait en donner plusieurs à la fois. Cependant, comme nous ne pouvons parler de notre expérience personnelle touchant ce remède, nous ne dirons pas s'il doit être admis ou rejeté ; nous ferons observer seulement que, dans quelques formulaires rédigés par des hommes savants et consciencieux, il est écrit que cette substance serait beaucoup mieux placée chez le parfumeur que chez le pharmacien. Dʳ ED. CARRIÈRE.

CASTORIA ou CASTORIA-CASTRA, selon l'Itinéraire d'Antonin, ville épiscopale de la Dardanie, au diocèse de l'Illyrie orientale, sous la métropole d'Achryde, est située, dit Anne Comnène, sur un marais, dans une langue de terre ferme qui s'étend en forme de promontoire, et finit en un amas de monticules qu'on prendrait pour un château fortifié; d'où lui vient le nom de *Castoria.* Elle est en effet sur le lac Lychnide, proche de Prilespe et d'Achryde, et voisine d'Edesse et de Berrhée de Macédoine.

CASTORIDES, s. m. pl. nom qui fut donné aux portes de Gythée, ville de la Laconie, qui furent construites en l'honneur des dieux Dioscures.

CASTORIE, siège épiscopal de la province et sous la métropole de Thèbes, qui a eu des évêques latins depuis le commencement du XIIIᵉ siècle. Dans le recueil des lettres d'Innocent III, nous en avons un qui est adressée conjointement à l'évêque de Castorie et à celui de Zaratorie (l. XIII, *Epist.*, 4 octobre 1210).

CASTORIENNES, s. m. pl. fêtes qu'on célébrait, dans l'ancienne Grèce, en l'honneur de Castor et Pollux.

CASTORINE, s. f. (*chimie*), principe peu connu, que M. Bizio a isolé du castoréum. Ce principe, cristallisable en prismes entrelacés en faisceaux, très-combustible et ayant l'odeur du camphre, est soluble dans l'alcool chaud, dans l'éther sulfurique et dans l'eau ; plusieurs acides le dissolvent aussi, tel que l'acide acétique, et il cristallise par évaporation spontanée. On l'obtient en traitant par l'alcool bouillant le castoréum divisé, et filtrant : la castorine se dépose par refroidissement.

CASTORINE, nom qu'on donne à une étoffe légère et moelleuse, fabriquée avec du poil de castor. Cette fabrication est principalement établie à Sédan. On trouve là beaucoup d'étoffes perfectionnées depuis quelques années, et à l'exposition de 1834 on a vu plusieurs pièces de castorine d'une grande beauté. D'ailleurs, le nom de castorine a été étendu à des étoffes de laine plus ou moins fines, et analogues pour l'aspect et la qualité à celle dont il vient d'être question.

CASTORIQUE, adj. m. (*chimie*). Il se dit d'un acide particulier tiré du castoréum.

CASTORUM LUCUS (*géogr. anc.*), **CASTORUM TEMPLUM,** ou **CASTORUM NEMUS,** lieu d'Italie à 12 milles de Crémone, suivant Tacite, appelé *Castoris lucus* par Orose, où Cécina, général de Vitellius, fut défait par les troupes d'Othon.

CASTOS (*comm.*), nom que l'on donne dans le Japon aux droits d'entrée et de sortie que l'on paye pour les marchandises qu'on y porte ou qu'on en tire; ou plutôt ce sont les présents que les Européens avaient coutume de faire tous les ans pour y être reçus, avant que les Hollandais se fussent emparés de tout le commerce de ces îles; ce qui leur tenait lieu de droits, et allait beaucoup au delà de ceux qu'ils auraient pu payer.

CASTRAMÉTATION (*art milit.*). On nomme ainsi la manière de tracer les camps militaires selon les règles de l'art de la guerre. Pour la confection d'un camp, on doit examiner avec le plus grand soin le choix des diverses positions que le général doit prendre pour asseoir son armée, ses projets, les mouvements de l'ennemi, les circonstances de la guerre, les précautions nécessaires à la sûreté de l'armée, la disposition des divers corps de troupes, la facilité des communications avec les places qui renferment les magasins de provisions de guerre et de bouche, enfin tout ce qui constitue un bon camp, lequel doit représenter exactement le classement de l'armée pour combattre dans la position où elle se trouve. — Dans les temps reculés, les armées combattaient et campaient par groupes séparés, élevant leurs tentes en circuit autour de leur chef supérieur, manière adoptée encore aujourd'hui par les Orienteaux. — Les Grecs et les Romains introduisirent de la régularité dans les campements, et ils adoptèrent la forme carrée ou parallélogrammatique à une assez grande profondeur, disposition se rapportant le mieux à l'ordre profond dans lequel ils combattaient. Une armée de 16,000 hommes d'infanterie pesante, 8,000 d'infanterie légère et 4,000 chevaux, n'occupait en bataille qu'un front d'environ 4,500 pieds, et le front de son camp ne s'étendait pas davantage, dans la crainte que l'ennemi ne s'introduisit par les intervalles trop grands qu'aurait laissés chaque section en venant se réunir sur le devant de son camp, danger immense pour les phalanges grecques surtout, dont l'ordonnance interdisait tout combat de flanc par des à droite ou des à gauche individuels. Donc on a lieu de penser que chez les Grecs et chez les Romains, le front de camp d'une armée était moins vaste que son front même de bataille. Chez ces deux peuples les camps étaient retranchés. — Les Romains perfectionnèrent par la suite leur castramétation d'une manière remarquable, ainsi qu'on peut le voir dans Polybe et dans Hygins. — La tactique de l'art ayant complétement changé, la castramétation a subi aussi une entière métamorphose. Le front des camps est beaucoup plus étendu en raison du développement considérable qu'a reçu le front de bataille, et pour faciliter le prompt déploiement des troupes ainsi que pour éviter les embarras des tentes et des bagages. La formation des armées en bataillons d'infanterie, en escadrons de cavalerie et en batterie d'artilleries, se reproduit aussi dans la castramétation, et son principe général est celui de la formation en colonne à droite par compagnies et par demi-escadrons; et les troupes sont distribuées sous les tentes, dans des baraques ou sur la terre nue, ce qu'on nomme bivouac. — La manière dont les camps doivent être marqués et tracés est prescrite en détail par les articles IV, V, VI, VII et XXXIX de l'*Instruction pour le service des troupes en campagne.* On y voit par quel ordre doit être marqués et tracés les camps; les précautions à prendre pour faire au pays le moins de mal possible; celles qui sont relatives à la sûreté des troupes pendant et après l'établissement du camp; les mesures qui doivent être prises pour que le camp soit tracé et exécuté rapidement en baraques ou en tentes; comment, avec quel empressement et dans quel but les communications doivent être établies en avant, en arrière ou sur les côtés du camp; quelle doit être la meilleure position à donner aux quartiers généraux; de quelle manière doivent être commandées, fournies et établies les gardes de police, la garde du camp, le piquet, et quelles sont leurs attributions; les formes à donner aux camps, leurs dimensions dans tous les sens, suivant qu'ils sont destinés à l'infanterie ou à la cavalerie, ou qu'ils sont composés de baraques ou de tentes, et que ces baraques ou tentes doivent contenir huit ou seize hommes selon l'effectif des bataillons et selon la nécessité de donner plus ou moins d'étendue aux fronts des bataillons; l'utilité, la forme et l'usage des cordeaux de front et de profondeur, des cordeaux perpendiculaires et métriques, avec lesquels sont tracés les rues, ainsi que l'emplacement des tentes ou des baraques, des faisceaux, des cuisines, etc., etc.: la manière dont on doit construire les baraques ou tendre les tentes; la manière de décamper; et enfin quelles doivent être les fournitures à faire pour le campement des troupes.

CASTRANOBIUM, siége épiscopal d'Afrique, dans la Mauritanie césarienne (*Not.*, num. 74). L'Itinéraire d'Antonin l'appelle *Castranova*, et l'Anonyme de Ravenne le place dans la Tingitanie.

CASTRA SIBERIANA, siége épiscopal d'Afrique, de la Mauritanie césarienne.

CASTRAT (*castrato*), sorte de soprano. On sait qu'à l'époque de la mue, vers l'âge de quinze à seize ans, il s'opère chez les jeunes garçons un changement qui a pour résultat de baisser le diapason d'environ une octave; or, il y a entre les fonctions du larynx et les organes de la génération une connexité si intime, que l'ablation de ces derniers conserve à la voix sa hauteur primitive; le sujet qui, au passage de l'adolescence à la puberté, fût devenu ténor, reste soprano, et celui à qui la nature avait donné une basse demeure alto.—De temps immémorial, l'usage des eunuques a existé dans l'Orient; mais il règne une grande obscurité sur les premières applications de cette coutume barbare à un but purement musical. Une phrase d'Ammianus Marcellus donnerait à penser que son origine remonte jusqu'à la reine Sémiramis: *Semiramis teneres mares castravit omnium prima;* Wekherlin croit que l'établissement des ordres monastiques, qui se soumettaient à une abstinence volontaire, donna l'idée de la castration, mais rien ne nous semble moins démontré. On peut supposer que, pour effacer en quelque sorte la honte de leur infirmité, et donner à leur existence une direction morale, l'Eglise imagina de faire servir à la célébration du culte, l'organe exceptionnel des malheureux qui primitivement avaient subi la mutilation par vengeance ou par jalousie; on en trouve déjà quelques exemples dans le IIIe siècle : de la tolérance à l'adoption du principe, il n'y avait qu'un pas; et en effet, à mesure que s'établit la suprématie de la religion catholique romaine, de ses rites, de sa liturgie et de sa musique, nous voyons s'étendre l'usage, et s'accroître le nombre des chanteurs castrats. Par le même motif, et comme siége du culte, l'Italie devint la terre classique de la castration que nous appellerons musicale, par opposition à celle des Orienteaux. Au commencement du XVIIe siècle, les choses en étaient arrivées à un tel point, et la pénurie de ces infortunés se faisait si vivement sentir, grâce à l'énorme consommation qu'en faisaient toutes les églises de la péninsule, qu'il n'était sorte de moyens auxquels on n'eût recours pour engager de nouveaux adeptes à faire le sacrifice de leur virilité : étrange aberration! on vit un pape lui-même, Clément VIII, animé sans doute de plus pures intentions, non-seulement admettre les sopranistes dans la chapelle pontificale, mais encore autoriser la castration et délivrer des bulles de permis qui contenaient cette clause : *ad honorem Dei!* Cependant, tous les expédients n'aboutissaient qu'à des résultats assez minces, et l'on ne voyait guère augmenter le nombre des victimes qui se dévouaient volontairement; pour rendre la mutilation féconde, et son exemple contagieux, il fallait que l'appât de l'or s'en mêlât : du jour où quelques sopranistes désertèrent le service du temple pour monter sur les planches, il se fit une révolution complète dans les dispositions des père et mère, aussi bien que de leurs enfants; et bientôt l'un dut songer à réprimer, plutôt qu'à propager ce penchant funeste. C'est que de grands avantages pécuniaires étaient attachés à la profession d'artiste lyrique; outre les gros traitements qu'ils touchaient au théâtre, la dépravation des mœurs fournissait encore un aliment à leur cupidité par d'infâmes trafics. Dans chaque rue s'étalaient des enseignes, où l'opérateur avait écrit sans vergone : *qui si castra ad un prezzo ragionevole;* la classe privilégiée des castrats s'était emparée de tous les rôles, et les femmes étaient totalement bannies de la scène; les premières cités, Rome et Bergame en tête, se pâmaient aux accents des Grasetto, des Marchesini, des Guidobaldo, des Gregori, des Vittori , des Angelucci , etc. Rief, c'était une rage, un délire dont rien ne saurait donner l'idée. De l'Italie , les castrats se répandirent par toute l'Europe; dans quelques pays, l'Angleterre, la Hollande et l'Allemagne, ces monstres sans sexe rencontrèrent d'abord une opposition assez vive : leurs jambes grêles, leur torse épais, leur teint blafard, leur voix flûtée inspiraient aux hommes plus de dégoût que de sympathie; mais, les femmes s'étant rangées de leur parti, l'opinion de ces dames prévalut, et les étrangers n'eurent bientôt plus rien à envier aux ultramontains, en fait d'engoûment et de folie. On assure toutefois qu'excepté en France la castration fit peu de prosélytes dans les provinces du Nord; cette assertion n'est pas fondée : l'Italie demeura, il est vrai, la principale pépinière où se recrutaient toutes les capitales; mais cela n'empêcha point des chirurgiens châtreurs de courir le pays en exerçant leur coupable industrie, et il est avéré que, dans la seule ville de Breslau, un de ces hommes fit plus de deux cents castrats en une semaine. — Farinelli gagnait à Londres 2,500 liv. sterl. par an ; Sinesino en amassa rapidement 15,000 ; Majorano acheta un duché, et laissa à son neveu 12,000 ducats de rente ; Crescentini, Veluti, Carestini, firent également fortune en très-peu de temps. La carrière était trop séduisante pour ne pas trouver une foule d'amateurs ; aussi, lorsque plus tard on voulut opposer une digue au torrent, on ne tarda pas à s'apercevoir des difficultés que présentait ce projet en apparence fort simple. En vain Clément XIV mit-il au ban de l'Eglise tous ceux qui pratiquaient ou favorisaient la castration ; en vain Bonaparte alla-t-il jusqu'à décréter la peine de mort contre les individus convaincus de ce délit ; longtemps encore la législation fut impuissante, et ce n'est qu'au retour à des idées plus saines, à un goût plus délicat, à des habitudes plus morales, qu'il faut attribuer l'extinction de cette odieuse coutume. A l'heure qu'il est, il ne reste qu'un bien petit nombre de castrats en Italie, et dans un terme peu éloigné il n'y en aura plus un seul.—Quelle qualité de voix avaient les castrats ? c'est une question sur laquelle on tombera difficilement d'accord : suivant les uns, rien de plus aigre et de plus désagréable ; suivant les autres, c'était quelque chose de merveilleux et de divin ! Il paraîtrait, en définitive, que le timbre en était plein de douceur et de charme, surtout lorsqu'on s'était familiarisé avec lui ; ce qui ne fait pas doute, c'est qu'ils étaient pour la plupart de parfaits chanteurs : on raconte d'eux des prodiges de vocalisation qui nous semblent aujourd'hui irréalisables : de soutenir, par exemple, et de filer un son pendant plus de trois minutes sans reprendre haleine ; de triller sur chaque demi-ton d'une gamme chromatique ; de parcourir une octave par quarts de tons, etc. Au reste ce bel organe s'altérait très-facilement. Les castrats n'aimaient pas à s'entendre donner une qualification qui rappelât leur infirmité ; ils se faisaient appeler *musici ; c*'étaient en général de fort mauvais acteurs.

EDMOND VIEL.

CASTRATION. La castration consiste dans l'ablation des testicules. Elle est pratiquée en chirurgie dans les cas de dégénérescence squirreuse de ces organes ; d'autres affections peuvent aussi l'exiger, mais c'est dans des circonstances plus rares. Cette opération n'est pas douloureuse, ou du moins l'est fort peu ; elle n'est à redouter que pour ses suites. Il se produit , en effet, une révolution telle chez les sujets qu'on prive en tout ou en partie de ces organes essentiels, qu'ils ne peuvent y résister quand l'opération a lieu dans un âge qui n'est plus celui de l'enfance. Lorsque, pour donner à l'homme un timbre de voix analogue à celui de la femme, on vouait des enfants à la castration, l'opération ne réussissait bien qu'à la condition de la faire quelques mois après sa naissance. Dans l'Orient, où des hommes sont voués à cette opération pour servir de gardiens fidèles aux objets de la jalousie musulmane, on a remarqué que les eunuques avaient une voix grêle , une stature avortée, une figure lymphatique , une débilité qui se trahissait à la plus légère fatigue , et que ces êtres dégradés ne vivaient pas longtemps. Heureusement que cette pratique, qui tendait à créer des monstres, s'éteint de plus en plus ; il n'y a plus en Italie de ces chanteurs dont la voix dénonçait la mutilation ; et l'Orient, en commençant à participer aux lumières de l'Occident, comprend déjà que les coutumes barbares doivent faire place à celles qui sont plus en harmonie avec les droits et la dignité de l'homme.

D^r ED. CARRIÈRE.

CASTRATION (*jurispr.*). L'art. 316 du Code pénal punit ce crime de la peine des travaux forcés à perpétuité : et si la victime a succombé avant l'expiration des quarante jours qui ont suivi le crime, le coupable est puni de mort. Néanmoins, le crime de castration est excusable s'il a été *immédiatement* provoqué par un attentat à la pudeur avec violence ; la peine encourue est alors un emprisonnement d'un à cinq ans (Code pénal, art. 325 et 326).

CASTRATION (*médec. vétér. et économ. rur.*), opération chirurgicale qui consiste à retrancher aux animaux mâles ou femelles les organes essentiels de la reproduction.—Deux motifs puissants déterminent l'accomplissement de cette opération sur les animaux, opération qui ne nuit nullement à leur multiplication , puisqu'un seul mâle peut féconder plusieurs femelles , et que ce sont particulièrement les premiers qui la subissent : le premier est de rendre doux, dociles , faciles à dresser au travail ceux de ces animaux que l'homme aurait de la peine à dompter, ou qui pourraient causer du désordre en se trouvant près des femelles de leur espèce ; le second est de disposer à l'engraissement et à rendre plus savoureuse la chair de

ceux destinés à la nourriture de l'homme. Le cheval , l'âne, le taureau , le bélier, le verrat sont les animaux que l'on soumet à cette opération ; la truie est la seule femelle quadrupède que l'on châtre avec succès. Des expériences tentées, assure-t-on , heureusement sur les femelles dont le lait est un objet important de commerce , ont donné l'espérance que cette opération faite sur ces femelles quelque temps après le part, pourrait leur conserver leur lait un temps indéfini. Les mêmes expériences, tentées en France, ont eu, dit-on , du succès, mais elles paraissent être abandonnées. On pratique encore cette opération sur les oiseaux de basse-cour ; mais le coq et la poule sont les seuls à peu près que l'on y soumet. Les effets de la castration sont plus marqués chez les mâles que sur les femelles : ils perdent leur hardiesse , leur courage, leurs forces ; leur voix est moins grave , le col diminue d'épaisseur, les membres sont plus grêles ; les cornes, dans les animaux qui en sont pourvus , s'allongent, se contournent et perdent leur aspect menaçant. Les animaux destinés à la boucherie sont châtrés jeunes, avant qu'ils puissent donner des témoignages de leur sexe, dans le but de faire travailler les uns, comme le taureau, qui prend le nom de *bouvillon*, puis de *bœuf*, et pour pouvoir réunir en troupeau les autres, comme le verrat, le bélier, qui prennent les noms de *cochons*, de *moutons*. En France, on châtre les chevaux à des âges différents, suivant les habitudes des contrées où ils sont élevés ; dans celles où ils naissent et restent jusqu'à l'époque de leur vente, on les opère aussitôt que la castration est praticable, pour pouvoir les tenir constamment dans les pâturages ; tandis que dans les contrées où les chevaux , encore poulains, sont soumis au travail , on ne les opère qu'à l'époque où on les mène aux foires, après les avoir engraissés et reposés des fatigues de leurs travaux. Dans ces contrées, on fait généralement peu d'élèves, et les cultivateurs vont acheter aux foires les animaux dont ils ont besoin. Ils les font travailler très-jeunes ; c'est donc à quatre ou cinq ans que ces chevaux sont châtrés. Ils ont acquis les formes des animaux entiers , sans cependant que leur accroissement soit complet. L'opération qu'ils subissent alors opère un changement inégal dans leur conformation qui leur ôte une partie de leur valeur. Il n'en est pas de même pour les poulains châtrés très-jeunes , dont tout l'accroissement a lieu sous l'empire des effets de la castration (*V.* ELÈVE DE CHEVAUX). Il existe plusieurs modes de pratiquer la castration, soit pour le même animal, soit pour les espèces différentes. En général , cette opération, quoique très-grave, surtout pour les grands animaux domestiques , présente peu de dangers si l'on y a préparé les animaux, s'ils sont en bonne santé, et si la saison est favorable. Une des causes qui amènent le plus d'accidents est le changement brusque de la température, ainsi que cela a lieu aux époques des foires de la Normandie. A ces foires, les chevaux entiers que l'on y conduit , après avoir été engraissés , sont, en outre , sous l'influence de la gourme et de la dentition. Le tétanos est la maladie la plus grave , et presque toujours mortelle, qui puisse accompagner la castration. DELAGUETTE.

CASTRATION (*botan.*), opération par laquelle on ôte à une plante la faculté de produire des semences.

CASTRATURE, s. f. (*écon. rur. et ant.*), action de vanner, de nettoyer le blé et les autres grains. Ce mot ne s'emploie qu'en parlant de l'agriculture des anciens.

CASTREJON (ANTOINE), peintre espagnol, né à Madrid en 1625 , mort en 1690, imita la manière de Murillo dans ses compositions. On y remarque une exécution facile, un coloris brillant et de la correction dans le dessin. Son tableau de *l'Archange Michel combattant le dragon* peut être comparé avec les belles productions de l'école vénitienne.

CASTREL (COMBAT DU MONT). Après la prise de Courtrai, le général Souham, ayant attaqué Clairfait le 29 avril 1794, le força , par la vigueur du choc , à se retirer sur les hauteurs de Castrel. Ce poste ne pouvait être abordé que par cinq défilés couverts de batteries. Les généraux se mirent à la tête des colonnes, composées en grande partie de réquisitionnaires. Ces jeunes gens, sous la conduite de leurs chefs, se battirent comme de vieux soldats, emportèrent les hauteurs à la baïonnette, et mirent les Hanovriens et les Autrichiens dans une déroute complète. Clairfait, blessé dans l'action , céda le champ de bataille, laissant entre les mains des Français douze cents prisonniers, trente-trois canons et quatre drapeaux.

CASTRENSE, *castrensis*, c'est-à-dire qui a rapport au camp (en latin *castrum*), terme d'archéologie qui ne s'emploie guère qu'en parlant de la *couronne castrense* (*corona castrensis*). C'était celle que les anciens Romains donnaient au soldat qui avait le premier pénétré dans le camp ennemi. Dans l'origine, elle était composée d'un simple rameau d'arbre, ordinairement de chêne; plus tard, on la fit en or, sans que cela, sans doute, ajoutât plus à l'action qu'il s'agissait de récompenser; et, pour la distinguer des autres couronnes, telles que la couronne murale ou la couronne obsidionale, on y figurait des pieux et des palissades qui l'entouraient comme autant de rayons (*V.* COURONNE).

CASTRES, grande et importante ville du département du Tarn, chef-lieu d'arrondissement, siège d'un tribunal de première instance et d'un tribunal de commerce, est située sur la rivière d'Agout, qui la traverse et met en mouvement les nombreuses roues de ses manufactures. La ville de Castres doit son origine à un monastère de bénédictins fondé en 1647. Des maisons se groupèrent à l'entour, et formèrent dans la suite des temps une ville considérable. Elle fut la capitale d'un vaste comté qui a successivement appartenu aux maisons de Montfort, de Vendôme, de Bourbon, d'Armagnac et d'Albret. Pendant les guerres de religion, elle fut le théâtre d'un grand nombre d'événements, et une des villes principales où le protestantisme avait le plus d'adeptes et de défenseurs. Le duc de Rohan en avait fait la capitale de son gouvernement, et dans ses rêves chimériques l'avait destinée à être le chef-lieu d'une de ces républiques fédératives dont le sol de la France devait être parsemé. C'est la patrie d'un grand nombre de personnages illustres, parmi lesquels on citera : *André Dacier, Pélisson, Fontanier, Alexandre Morus, Rapin Thoyras, Borel, Ranchin*, l'abbé *Sabatier, Scorbiac, Isarn*, M^ine *Balard*. — On fabrique à Castres des draps, des casimirs, des cuirs-laines, des draps-mousselines, des espagnolettes, des castorines, des cadis, des serges, des flanelles. On y compte trois filatures, des teintureries et autres établissements industriels. Cette ville est à 5 myriamètres sud d'Alby, et a une population de 17,600 âmes.
C. L.

CASTRES (ARRONDISSEMENT DE), est composé de la plus grande partie de l'ancien diocèse de ce nom, du tiers de celui de Lavaur, et d'une faible portion de celui de Saint-Pons. On parle des anciens diocèses, parce qu'en Languedoc cette division était non-seulement ecclésiastique, mais encore administrative. Il est borné au nord par la rivière du Dadon, qui le sépare de l'arrondissement d'Alby, à l'est par le département de l'Hérault, au midi par celui de la Haute-Garonne, et à l'ouest par l'arrondissement de Lavaur. C'est le second du département du Tarn par sa position administrative; c'est le premier par son étendue, par ses produits agricoles et industriels, et par sa population. Cette dernière est de 156,188 habitants, parmi lesquels on compte 15,575 protestants. La surface de cet arrondissement est de 225,828 hectares; le contingent de ses quatre contributions s'élève en principal à 770,680 fr. Il est partagé en deux collèges électoraux. Cet arrondissement peut être divisé en deux parties, l'une montagneuse, et l'autre possédant des plaines et des coteaux fertiles: la première possède de belles prairies, des forêts, et produit du seigle, des châtaignes, des pommes de terre; la seconde abonde en vins et en céréales de toute espèce. — Les fabriques et manufactures nombreuses de cet arrondissement emploient et font vivre 60,000 individus. — L'arrondissement de Castres est composé de 14 cantons qui se subdivisent en 95 communes. Il comprend plusieurs villes importantes, soit par leur commerce, soit par leur industrie, soit par leur population: ainsi, Castres, qui a 18,000 habitants; Castelnau de Brassac, 4,500; Sorrèze, 3,000; la Bruyère, 4,000; la Caune 4,000; Lautrec, 3,500: Mazamet, 8,000; Montredon, 5,000; Vabres, 2,500. Ces villes, assez populeuses, entourées de nombreux villages, sont une preuve évidente de la fertilité du sol et de l'active industrie de ses habitants.　　C. L.

CASTRES (COMTÉ DE). La seigneurie de Castres fut donnée par le fameux Simon de Montfort à Guy, son frère. Cette donation fut confirmée par saint Louis en 1229, en faveur de Philippe Ier de Montfort, fils de Guy. La maison de Montfort posséda ces vastes domaines jusqu'en 1300, époque à laquelle Éléonore de *Montfort* les porta dans la maison de *Vendôme* par son mariage avec Jean V, comte de ce nom. La race masculine de cette famille s'éteignit en 1411, et la seigneurie de Castres passa dans la maison de Bourbon par le mariage de Catherine de *Vendôme* avec Jean Ier de Bourbon, comte de la Marche. Déjà la seigneurie de Castres avait été érigée en comté en faveur de Jean VI, comte de Vendôme, le 25 août 1356. — Le comté de Castres resta peu de temps dans la maison de *Vendôme;* Éléonore de Bourbon le fit entrer dans la famille d'Armagnac en épousant Bernard d'Armagnac, comte de Pardiac, en 1438. Elle fut mère de l'infortuné Jacques d'Armagnac, duc de Nemours et comte de Castres, décapité à Paris en 1477. La félo-

nie de ce seigneur lui fit perdre toutes ses terres; elles furent distribuées par le fantasque Louis XI à ses favoris. *Bouffis de Juges*, l'un d'eux, obtint le comté de Castres. Plus tard, la fille de ce dernier, Alain d'Albret, son beau-frère, et les infortunés enfants du duc de Nemours, se disputèrent la possession du comté de Castres. Un arrêt du parlement de Paris le réunit à la couronne en 1519. — Ce comté, qui comprenait le diocèse de Castres presque en entier et une grande partie de celui d'Alby, s'étendait sur plus de cent quatre-vingts communautés ou villes. Il était subdivisé en comté de Castres proprement dit, vicomté de Lautrec, Ambialet et Paulin, en baronnie de Lombers, de Curvalle, de Brens et de Lezignan; cette dernière était située, ainsi que ses dépendances, dans l'ancien diocèse de Narbonne.
C. L.

CASTRES (SÉNÉCHAUSSÉE) comprenait dans sa juridiction l'ancien comté de ce nom. La justice était d'abord exercée par un sénéchal nommé par le comte de Castres et par un juge d'appeaux. En 1751, Louis XV supprima ces deux tribunaux, et érigea un siège de sénéchaussée. Ses membres furent un sénéchal, un juge mage, un avocat criminel, un lieutenant particulier, deux conseillers, un lieutenant du roi, un procureur du roi et un greffier. Ce siège a subsisté jusqu'en 1790. Aujourd'hui il est remplacé par un tribunal de première instance composé d'un président, de trois juges, d'un procureur du roi, de son substitut et d'un greffier. Le comté de Castres avait ses droits et ses coutumes particulières; elles étaient les mêmes que celles de Paris, au moins en grande partie. Elles avaient été données par la maison de Montfort, originaire de l'Ile-de-France.　　C. L.

CASTRI (*géogr.*), *Delphes*, village de la Turquie d'Europe, sandjiak de Négrepont, dont il est à 16 lieues ouest, sur le versant méridional du *Liacoura* (Parnasse). Il est composé d'une soixantaine de cabanes habitées par des Grecs, et a deux églises grecques. Ce village occupe une partie de l'emplacement de *Delphes*, dont on voit encore quelques ruines, telles que celles du gymnase et du stade, qui conservent des sièges en marbre, etc. C'est dans ses environs qu'était située la fontaine de Castalie, dont la pythie buvait les eaux avant que de s'asseoir sur le trépied (*V.* CASTALIE). On remarque près de ce village le couvent grec de Saint-Luc, renfermant une collection de cinq cents manuscrits grecs.

CASTRICIUS (TITUS), rhéteur de Rome, était en réputation dans le IIe siècle de l'ère chrétienne.

CASTRICUM (COMBAT DE). Le 4 octobre 1799, peu de jours après la bataille d'Alkmaër, l'armée française et l'armée anglo-russe se retrouvèrent en présence près du village de Castricum, qui, formant la position la plus importante, la clef du champ de bataille, fut vivement disputé. Occupé d'abord par les Français, puis enlevé par le général Essen, il avait été repris aux Russes maison par maison, après une mêlée des plus sanglantes, lorsque Abercromby intervint, rallia les fuyards et livra un nouvel assaut. Le combat recommença avec fureur. Brune, voyant alors que le moment décisif était arrivé, conduisit en personne une charge brillante qui fixa de notre côté le succès de la bataille. La cavalerie ennemie se dispersa, et l'infanterie recula jusqu'à Bakkum et Limmen. Cette bataille acharnée affaiblit de 4,000 hommes l'armée des coalisés. Le lendemain même le duc d'Yorck, renonçant à lutter plus longtemps contre les soldats français, assembla un conseil de guerre où il proposa de battre en retraite, et l'on sait que bientôt il se hâta de conclure avec Brune la capitulation qui termina cette campagne.

CASTRICUM (PANCRACE DE), pensionnaire de la ville de Groningue et membre du haut conseil de la province de Hollande, mort en 1620, a laissé une *Liste* (incomplète) des auteurs des provinces de Hollande, de Zélande et d'Utrecht, qui ont écrit en latin, la Haye, 1601, in-8°.

CASTRIES (BAIE DE), (*géogr.*). Ce nom lui fut donné par la Pérouse. Elle est située dans le canal de Tartarie, qui sépare cette partie du continent de l'île Tarakaï, sur la côte orientale du pays des Mantchous, sous la latit. nord 51° 29' et la longit. est 140° 4' 1". Elle est toujours couverte de brumes. Elle est remplie de génions et abonde en saumons; mais le gibier est peu commun. La terre reste gelée en été à une certaine profondeur; les cousins sont alors très-incommodes. La Pérouse, qui y resta mouillé du 22 juillet au 7 août, observa que le thermomètre se tint constamment à 13°. Le pays environnant est montagneux et très-boisé, de même que la côte. On y remarque, ainsi que dans les petites îles à l'entrée de la baie, différentes espèces de matières volcaniques. Les habitants de la côte sont en petit nombre et disséminés; ils appartiennent à une tribu des

Orotchis. Leur taille est petite, leur constitution chétive ; leur laideur et leur malpropreté inspirent du dégoût. Ils sont doux, affables et hospitaliers. Le poisson, qu'ils mangent volontiers cru, est leur nourriture habituelle. En hiver, ils se nourrissent de racines séchées. « La Pérouse a donné le nom de village à trois ou quatre appentis de bois, de vingt-cinq pieds de long sur quinze à vingt pieds de large, couverts seulement, du côté du vent, avec des planches ou des écorces d'arbres ; au milieu, était un feu au-dessus duquel pendaient des flétans et des saumons qui séchaient à la fumée. Dix-huit ou vingt personnes logeaient sous chacun de ces appentis ; les femmes et les enfants d'un côté, et les hommes de l'autre » (Voy. de la Pérouse, de 1786). Chaque cabane constituait apparemment une petite peuplade indépendante de la voisine ; chacune avait sa pirogue et une espèce de chef ; elle partait, sortait de la baie, emportait son poisson et ses planches, dit le navigateur déjà cité, sans que le reste du village eût l'air d'y prendre la moindre part. Les environs de la baie paraissent n'être habités que pendant la belle saison, et les Indiens n'y passent jamais l'hiver, aucune de leurs cabanes n'étant à l'abri de la pluie. Leurs meubles consistent en une infinité de petits coffres dans lesquels ils renferment leurs effets les plus précieux ; ces coffres sont placés à l'entrée de leurs cabanes, qui sont d'une malpropreté et d'une infection incomparables. Ils ne s'écartent jamais de deux pas pour aucuns besoins ; ils ne cherchent, dans ces occasions ni l'ombre ni le mystère. Ils sont errants pendant l'été dans les différentes côtes de la baie, cherchant leur pâture comme les loups marins, et l'hiver ils s'enfoncent dans l'intérieur pour chasser les castors et d'autres animaux. Les hommes se percent le cartilage du nez et des oreilles ; ils y attachent différents petits ornements ; ils se font des cicatrices sur les bras et sur la poitrine avec un instrument de fer très-tranchant, qu'ils aiguisent en le passant sur leurs dents comme sur une pierre ; celles-ci sont limées jusqu'au ras des gencives, et ils se servent, pour cette opération, d'un grès arrondi ayant la forme d'une langue. L'ocre, le noir de fumée, la plombagine, mêlés avec l'huile de loup marin, leur servent à se peindre le visage et le reste du corps d'une manière effroyable. Les femmes n'ont de tatouage que sur les bras, et cet usage n'est pas général. Toutes, sans exception, ont la lèvre inférieure fendue à la hauteur des gencives, de toute la largeur de la bouche. Elles insèrent dans cette ouverture une pièce de bois de forme elliptique et d'environ un demi-pouce d'épaisseur ; la surface en est creusée de chaque côté, à peu près comme une cuiller, excepté que le creux n'est pas aussi profond. Cette lèvre tendue lui sert de bourrelet en dehors, de manière que la partie inférieure de la bouche est saillante de deux ou trois pouces. Les femmes mariées seules portent ce morceau de bois, qui semble être une marque de distinction ; les jeunes filles n'ont qu'une aiguille à sa place. Les compagnons de la Péouse obtinrent difficilement de quelques-unes qu'elles quittassent ce bizarre ornement ; elles faisaient alors le même geste et témoignaient le même embarras qu'une femme d'Europe dont on découvrirait la gorge. La lèvre inférieure, dans ce cas, tombait sur le menton, et le second tableau ne valait guère mieux que le premier. Le mariage, chez les sauvages, ne devant être sujet à d'autres formalités qu'à celles prescrites par la nature, cette incision est sans doute plutôt encore une marque de puberté ou de maternité, qu'un signe de considération ou de la propriété d'un seul homme. « Ces femmes, les plus dégoûtantes qu'il y ait sur la terre, ajoute la Pérouse, couvertes de peaux puantes et qui souvent n'ont point été tannées, eurent le singulier privilège d'éveiller la passion de quelques marins abrutis ; elles firent d'abord des difficultés, et assurèrent par des gestes qu'elles s'exposeraient à perdre la vie ; mais, vaincues par des présents, elles voulurent avoir le soleil pour témoin, et refusèrent de se cacher dans les bois. On ne peut douter que cet astre ne soit le dieu de ces peuples ; ils lui adressent très-fréquemment leurs prières, mais ils n'ont ni temple, ni prêtres, et l'on n'y trouve la trace d'aucun culte. » L'Anglais Dixon, dans la relation de ses voyages qui a rapport à cette peuplade, et don Maurelle, capitaine espagnol, donnent à la beauté de ces femmes des éloges qui, sans contredire l'usage du ridicule ornement dont nous avons parlé, sont inconciliables avec elles les lecteurs de la Pérouse. « Mieux habillées, dit le second, plusieurs d'entre elles pourraient disputer d'agrément avec les plus belles femmes espagnoles. » Une d'elles, que Dixon parvint à force d'instances et de présents à engager à se décrasser les mains et le visage, obtint, par cette ablution, un changement des plus favorables. « Son teint avait toute la fraîcheur et le coloris des joyeuses laitières anglaises ; et l'incarnat de la jeunesse, qui brillait sur ses joues, contrastant avec la blancheur de son cou, lui donnait

un air charmant. Ses yeux étaient noirs et d'une vivacité singulière ; elle avait les sourcils de la même couleur, et admirablement bien arqués ; son front était si ouvert que l'on pouvait y suivre les veines bleuâtres jusque dans leurs petites sinuosités ; enfin, elle aurait pu passer pour une beauté, même en Angleterre » (Voyage de Dixon, p. 247 de la traduction française). Le hasard aurait-il donc présenté à Dixon un objet unique dans son espèce ? ou cette différence n'aurait-elle de réalité que l'indulgence connue d'un marin, surtout quand il tient la mer depuis longtemps ? Qu'on nous pardonne et ces réflexions et l'étendue que nous avons donnée à ces détails sur le beau sexe des côtes de la baie de Castries ; on comprend que notre excuse est dans l'intention de prémunir, en passant, contre la trop grande créance accordée si généreusement aux récits des voyageurs et des navigateurs surtout. — Ce peuple a pour les morts un respect qui contraste avec ses mœurs. Les tombeaux, chacun d'une étendue aussi grande que leurs habitations, sont dans un lieu retiré, et contiennent quatre ou cinq bières assez élégamment ornées de porcelaines chinoises. Des arcs, des flèches, des filets, et en général ce qui a le plus servi durant la vie, sont suspendus dans ces monuments, fermés par une porte en bois, bien assujettis. La dépense pour une inhumation est en proportion de la fortune des parents du mort. Les restes des pauvres sont enfermés dans un simple cercueil placé sur une espèce de table supportée par des pieux fichés en terre de quatre pieds de hauteur environ. Tous ont leurs armes, leurs filets et plusieurs parties du vêtement déposés à côté d'eux ou sur eux, et l'on peut juger par l'horreur que les habitants auraient de toucher à aucun de ces objets, ce qu'ils regardent comme un sacrilège, de la vénération qu'ils portent à la mémoire de leurs ancêtres.

Ed. Girod.

CASTRIES (CHARLES-EUGÈNE-GABRIEL DE LA CROIX, MARQUIS DE), maréchal de France, né en 1727, était, à l'âge de seize ans, lieutenant au régiment du roi infanterie. Dans les campagnes de Flandre, il commanda le régiment du roi cavalerie, où il était alors mestre de camp. Il était maréchal de camp lorsqu'il commanda en Corse (1756). Il passa ensuite à l'armée d'Allemagne, et fut blessé à la bataille de Rossbach. Ses services dans la campagne de 1758 le firent nommer lieutenant général ; l'année suivante, il se trouva à la bataille de Minden, comme mestre de camp général de la cavalerie. Il servit encore en Allemagne en 1760, s'y distingua de nouveau, fut chargé de commander sur le bas Rhin, remporta sur les ennemis la victoire de Closterkamp, et les força de lever le siège de Wesel. Le prince héréditaire de Brunswick commandait l'armée ennemie. Cette action importante fit beaucoup d'honneur au marquis de Castries, qui fut nommé chevalier des ordres du roi, et qui continua de servir avec éclat dans les campagnes de 1761 et 1762. Il fut depuis nommé commandant en chef de la gendarmerie, gouverneur général de la Flandre et du Hainaut, ministre de la marine en 1781, et maréchal de France en 1783. Au commencement de la révolution, il sortit de France et chercha un refuge auprès du duc de Brunswick, qu'il avait jadis combattu. Il commandait en 1792 une division dans l'armée des princes, lorsque les étrangers envahirent la Champagne. Il mourut en 1801 à Wolfenbuttel, et fut enterré à Brunswick, où le duc fit élever un monument en l'honneur de son vainqueur à Closterkamp. — Le fils du précédent, ARMAND-AUGUSTIN-NICOLAS DE LA CROIX, DUC DE CASTRIES, pair de France, lieutenant général, né en 1756, s'est fait connaître aux états généraux de 1789, surtout par son duel avec Charles de Lameth, provoqué par ses opinions politiques. Il émigra dans la suite, leva, au service de l'Angleterre, un corps d'émigrés qui fut envoyé en Portugal (1795), et rentra en France en même temps que les princes de la famille de Bourbon.

CASTRIOTA, dit Scanderbeg (V. SCANDERBEG).

CASTRIUS (JACQUES), médecin flamand, né à Hazebrouck, près de Saint-Omer, exerçait sa profession à Anvers, et publia une dissertation De sudore epidemiali quem anglicum vocant, 1529, in-8°, composée à l'occasion d'une maladie épidémique appelée la suette, qui fit cette même année (1529) beaucoup de ravage en Angleterre, dans les Pays-Bas et en Allemagne.

CASTRO (géogr.), petite ville du Brésil, province de Saint-Paul, à 26 lieues nord-ouest de Curytiba, agréablement située sur une grande route, près de la rive droite du Hyapo. Depuis que les tribus indiennes de Guarapuava ont été soumises, cette ville s'agrandit, et les environs se couvrent de hameaux dont les habitants commencent à se livrer à l'agriculture. On trouve dans ses environs des pierres précieuses.

CASTRO, ville du Chili, sur la côte orientale de l'île Chiloé, à 21 lieues sud-est de San-Carlos. Quoiqu'elle soit regardée comme le chef-lieu de l'archipel de Chiloë, la résidence du gouverneur est à San-Carlos depuis 1768. — Cette ville a été détruite par un tremblement de terre; elle ne fut pas plutôt rebâtie, que les Hollandais la saccagèrent en 1643; elle n'est maintenant composée que d'un petit nombre de maisons, la majeure partie en bois.

CASTRO, *Castrimonium*, village des États de l'Église, délégation de Viterbe, sur la rive droite de l'Olpeta. Il occupe l'emplacement d'une ancienne ville florissante que le pape Innocent X fit raser en 1649, pour se venger du meurtre de l'évêque qu'il y avait envoyé. Le siège épiscopal fut transféré à Aquapendente.

CASTRO, ville du royaume de Naples, province de la terre d'Otrante, sur l'Adriatique, siège d'un évêché suffragant de l'archevêché d'Otrante. Elle a un vieux château et une cathédrale. C'est la patrie du jurisconsulte Paul de Castro (*V.* ce nom).—Cette ville est très-ancienne. Dans le XVIe siècle, elle fut entièrement ravagée par les Turcs, qui emmenèrent en esclavage les femmes et les enfants. Depuis cette époque elle a eu à souffrir de l'invasion des Barbaresques, jusqu'au commencement de ce siècle, et n'a pas pu se relever.

CASTRO ou METELIN, autrefois *Mytilane*, ville et port de l'île de Metelin, dont elle est la capitale, située sur la côte nordest, en face du golfe d'Adramiti, avec deux anses, dont l'une peut contenir les plus grands vaisseaux. C'était anciennement une ville remarquable par son étendue et sa magnificence, dont il reste encore quelques vestiges. Elle a deux châteaux, un vieux et un autre moderne, qui tous deux sont susceptibles de renfermer garnison. Ses habitants sont des Grecs en général, parmi lesquels il y a bon nombre d'Arméniens. Les premiers y ont quatre églises et une métropole. Le commerce principal consiste en bois de construction. ED. GIROD.

CASTRO (INÈS DE), descendait d'une ancienne et illustre maison de Castille alliée aux rois d'Espagne et de Portugal. Le ciel semblait l'avoir créée pour une vie pleine de bonheur; il lui avait tout donné en partage, beauté, grâce, esprit, distinction dans le langage et les manières; mais ces charmes, joints aux qualités de son cœur qui devaient lui assurer une existence heureuse, furent au contraire l'origine des maux qu'elle souffrit, la cause première de ses douleurs et de sa mort tragique. Quelque temps après sa naissance, son père, Pierre-Fernand de Castro, quitta l'Espagne, et vint se fixer à la cour de Portugal, où il tenait un rang digne de son nom. Inès, quoique très-jeune encore, fut attachée bientôt à la personne de Constance, femme de l'infant don Pedro, fils d'Alphonse IV, en qualité de dame d'honneur. Elle avait su gagner l'amitié de la jeune princesse, lorsqu'une mort prématurée vint enlever Constance à l'amour de don Pedro; Inès, qui lui était sincèrement affectionnée, pleura cette mort avec une profonde douleur. Don Pedro aimait à venir mêler ses larmes à celles d'Inès; son affliction semblait puiser quelque soulagement dans le témoignage des regrets et du souvenir que Constance avait laissés dans l'âme de son amie; mais la sympathie qui unissait don Pedro et Inès ne tarda pas à prendre des formes plus tendres, et finit enfin par faire place à un sentiment plus intime; Inès, qui avait partagé la douleur de don Pedro, ne put se défendre de partager son amour, et des liens coupables les unirent l'un à l'autre. Les courtisans d'Alphonse eurent bientôt connaissance de cet amour, et, craignant pour leur fortune l'influence qu'acquerraient les deux frères d'Inès, Alvarès et Ferdinand de Castro, en informèrent le roi, qui apprit alors qu'un mariage secret, sanctionné par le pape et célébré en présence de l'évêque de la Guarda avait légitimé l'union de son fils et d'Inès. Alphonse, qui était d'un caractère violent et emporté, manifesta toute sa colère, et chercha, excité qu'il était par les courtisans, à faire rompre ce mariage, en menaçant don Pedro de toute sa colère s'il n'obéissait pas. Mais don Pedro opposa une résistance inébranlable aux volontés du roi. Les nœuds qu'il avait contractés avec Inès s'étaient encore resserrés par la naissance de deux enfants qui avaient accru l'amour qu'Inès lui inspirait; tous deux, retirés à Coïmbre, vivaient dans une solitude profonde, loin de la cour. Alphonse, irrité du refus de son fils et espérant trouver Inès moins ferme et moins courageuse que don Pedro, se rendit à Coïmbre pour lui parler en personne. Les larmes, la beauté, les prières d'Inès, la vue des deux enfants agenouillés près de leur mère allaient attendrir le roi, qui déjà n'osait plus employer la menace, lorsque les courtisans, acharnés à sa perte, vinrent par leurs paroles rendre à son courroux toute sa véhémence; ils peignirent la résistance d'Inès sous des couleurs propres à éveiller la suscepti-

bilité du roi, jaloux de son autorité, et la mort de la pauvre mère fut résolue. Parmi les plus ardents à la condamner se faisaient remarquer Alvarez Gonzalès, Pierre Coëllo et Diègo Lopez Pacheco; ce furent eux qui se chargèrent du crime. Profitant un jour de l'absence de don Pedro, qui était parti de bonne heure pour la chasse, ils pénétrèrent jusqu'à l'appartement d'Inès qu'ils trouvèrent endormie; la malheureuse femme, réveillée par le bruit, essaya de se soustraire à la mort en implorant leur pitié, mais ses larmes et ses prières ne purent rien sur leur cœur endurci par la haine et l'ambition; ils frappèrent Inès, et ne l'abandonnèrent qu'après s'être assurés de sa mort. Selon Puffendorf, ce fut en 1355 que ce crime fut commis.—Don Pedro, blessé dans ses plus chères affections, jura de tirer une vengeance éclatante d'un forfait dont son père, à ce que prétendent quelques historiens, ne déclina pas la responsabilité. Il se souleva, et, ayant rassemblé des troupes avec l'aide des frères d'Inès, il ravagea les provinces où étaient situées les propriétés des meurtriers. Les supplications de sa mère purent seules lui arracher les armes des mains; mais, en se soumettant, il ne garda pas moins au fond du cœur le désir le plus ardent de sa vengeance. — A la mort d'Alphonse IV en 1357, don Pedro fut proclamé roi de Portugal. Son premier soin fut de rechercher les assassins d'Inès. Pacheco était mort en France où il s'était retiré. Alvarez Gonzalès et Pierre Coëllo s'étaient réfugiés en Castille; mais don Pedro obtint de Pierre le Cruel qu'ils lui fussent remis. Il leur fit appliquer le supplice de la question, et quelques chroniqueurs affirment que lui-même aida à leurs tortures; après avoir enduré les plus terribles souffrances, ils furent jugés et condamnés à mort. Exposés, mutilés et palpitants sur un échafaud, on leur arracha le cœur de leur poitrine vivante encore, et ces dépouilles sanglantes furent portées à don Pedro, dont la vengeance semblait à peine assouvie par cette exécution. Les corps des victimes ayant été brûlé, on en jeta les cendres au vent. Mais, non content d'avoir satisfait sa haine, don Pedro voulut encore rendre les plus grands honneurs à celle qui n'était plus; il fit assembler les états du Portugal à Castanedo, et là fit déclarer publiquement son mariage en présence du nonce; un acte en fut dressé et proclamé avec pompe dans tout le Portugal. Puis il fit reconnaître les enfants d'Inès habiles à succéder au trône. Quand toutes ces cérémonies furent achevées, il ordonna que les honneurs souverains fussent rendus au cadavre d'Inès, qui, ayant été exhumé, était placé sous un dais, le front ceint du diadème et recouvert des vêtements royaux. Tous les grands du royaume et les dignitaires de l'État vinrent tour à tour s'agenouiller devant ce cadavre et baiser sa main glacée. Don Pedro fit élever ensuite deux superbes mausolées de marbre dans le monastère royal d'Alcobaça; les restes d'Inès furent ensevelis dans l'un d'eux; l'autre fut réservé pour lui-même; tant qu'il vécut, don Pedro ne cessa de répandre ses bienfaits sur ceux qui avaient servi celle qui était toujours présente à son cœur. — La mémoire d'Inès de Castro resta longtemps parmi le peuple, qui en fit le sujet de ses légendes et de ses traditions; bien des romances chantèrent sa beauté et ses malheurs, et Camoëns lui consacra un épisode de son poème *la Lusiade*. ACHARD.

CASTRO (ALVAR DE), général castillan, suivit son père, mécontent de la cour, passa chez les Maures, et força le roi de Castille, en 1228, à lever le siège de Jaën et celui de Grenade; mais, toujours attaché à sa patrie, il parvint ensuite à ramener la paix entre Ferdinand III et les musulmans. Ce monarque se l'attacha par des témoignages de confiance, et n'eut qu'à s'en applaudir. Il contribua puissamment aux victoires que Ferdinand remporta ensuite sur les infidèles. Chargé de la défense des frontières de Tolède et de l'Andalousie contre Mahomet Alhamar, il se distingua en plusieurs rencontres. Ce prince ayant investi la ville de Martos, Castro en sortit pour aller chercher du secours, et confia cette place à sa femme, qui la défendit avec beaucoup de courage et de succès. Alhamar leva honteusement le siège; mais don Alvar n'eut pas le bonheur de voir sa courageuse épouse après une si belle action; il marchait à son secours avec des renforts, lorsqu'il tomba malade à Orgas en 1239, et y finit une vie glorieuse.

CASTRO (DON FERNAND DE), favori de Pierre le Cruel, et frère de Jeanne de Castro, maîtresse de ce prince, se ligua contre lui avec les seigneurs mécontents, pour venger l'affront que Pierre avait fait à sa famille en répudiant sa sœur qu'il avait épousée; mais, ayant ensuite fait sa paix avec ce monarque, il s'attacha tellement à sa personne qu'il devint son plus fidèle ami, et le seul qui ne l'abandonna point dans ses revers. Fait prisonnier à Monteil, dans la révolution qui termina la vie de Pierre le Cruel, en 1369, il fut mis en liberté, se retira en Galice, où étaient ses possessions, et souleva ensuite cette province contre Henri de Transtamare, devenu roi de Castille par la mort de son compétiteur ; mais il perdit une bataille en 1371 contre les Castillans, et se vit contraint de se retirer en Portugal avec les débris de son armée. La conclusion de la paix entre la Castille et le Portugal força Fernand de Castro à passer en Angleterre, où il mourut fidèle à son ancien maître.

CASTRO (PAUL DE), célèbre jurisconsulte italien du XVe siècle, appartenait à une famille si dépourvue de tout, qu'elle n'avait pas même un nom. Il prit celui de Castro, de la ville où il avait vu le jour. Il se mit, en qualité de copiste, auprès du fameux jurisconsulte Balde, et il apprit le droit avec ses enfants. Sa pauvreté lui fut utile en ce que, ne pouvant acheter des livres, il se borna à méditer ceux du droit romain, de manière que, sans le secours d'autrui et par les seules forces de son esprit, il acquit une profonde connaissance de ce droit, que personne n'en a jamais mieux que lui expliqué les difficultés. Il soutint avec éclat des thèses à Avignon, où il reçut le bonnet de docteur. Il professa pendant quarante-cinq ans, avec un succès extraordinaire, à Padoue, à Florence, à Bologne, à Ferrare. Il écrivit sur le Digeste et le Code, rédigea le droit municipal de Florence, remplit dans cette ville, quoique marié, les fonctions de vicaire du saint-siège, et mourut en 1447, ou, selon certains auteurs, en 1457. Sa réputation était telle, que l'on disait proverbialement de son temps : « S'il n'y avait pas de Barthole, Paul Castro aurait pris sa place. » Decius l'appelle le docteur de la vérité, et Cujas avait accoutumé de dire : Qui non habet Paulum de Castro, tunicam vendat et emat. — Ses ouvrages sont principalement des Commentaires sur le Code, le Digeste ancien et nouveau, des consultations, quelques répétitions du droit civil. Ils forment 8 vol. in-fol., et ont été imprimés à Venise, à Francfort, à Lyon, et autres lieux.

CASTRO (ANGE DE), fils du précédent, fut aussi jurisconsulte, enseigna le droit à Padoue, fut fait chevalier et avocat consistorial. On a de lui : Aliquot consilia matrimonia, Francfort, 1580, et plusieurs autres ouvrages.

CASTRO (EMMANUEL MENDEZ DE), Portugais, professeur de droit à Lisbonne, ensuite à Coïmbre, enfin avocat de la cour royale de Madrid, publia plusieurs ouvrages sur le Code, imprimés à Madrid et à Salamanque en 1587 et 1592, et la Practica lusitana, en cinq livres, avec deux cent quarante décisions du sénat de Lisbonne, imprimée dans cette ville en 1621, in-4°.

CASTRO (GABRIEL PEREIRA DE), né à Braya, chevalier de l'ordre du Christ, sénateur de Lisbonne, cultiva la jurisprudence et la poésie avec succès. On a de lui : 1° De manu regia tractatus, Lisbonne, 1622, in-fol. ; 2° Decisiones supremi senatus Portugalliæ, Lisbonne, 1611, in-fol. ; 3° Ulisea, ou Lisboa edificada, poema heroico, Lisbonne, 1636, in-4°, publié après la mort de l'auteur. Ant. Diana le compte au nombre des plus beaux génies de Portugal.

CASTRO (NICOLAS-FERNANDEZ DE), né à Burgos, chevalier de Saint-Jacques, professeur de droit à Salamanque, avocat fiscal à Milan, a publié, dans le XVIIe siècle, plusieurs ouvrages : 1° Exercitationes Salmantica, Salamanque, 1656, in-4°. Ce sont des leçons sur diverses parties du Code. 2° Exterminium gladiatorum, Valladolid, 1645, in-4°. C'est une explication de la loi romaine De gladiatoribus. 3° De milite monacho, sive de religiosis militans, Milan, in-fol.

CASTRO (ADRIEN DE), notaire royal à Grenade dans le XVIe siècle, publia De los Daños que resultan del juego, Grenade, 1599, in-8°.

CASTRO (SÉBASTIEN GONZALÈS DE), fit paraître, dans le XVIIe siècle, un ouvrage rare et recherché, qui a pour titre : Declaratios del valor de la Plata, le y peso de las monedas antiguas de Plata, Madrid, 1658, in-4°.

CASTRO (JEAN DE), célèbre capitaine portugais, né à Lisbonne en 1500 d'une famille ancienne et distinguée par ses services, fut élevé avec l'infant dom Louis, frère de Jean III, roi de Portugal. Il suivit l'empereur Charles-Quint dans son expédition de Tunis, se distingua dans plusieurs occasions, mais refusa les offres de ce prince, ne voulant recevoir de récompense que de son souverain. Nommé commandant d'Ormuz, il ne voulut accepter cet emploi qu'après l'avoir mérité, partit pour les Indes, délivra le fort Diu que les Maures assiégeaient depuis huit mois, les chassa de la côte de Cambaye, et rentra dans Goa, aux acclamations des Portugais. Il reçut alors le titre de vice-roi des Indes ; mais il n'en jouit pas longtemps. Le mauvais état des affaires des Portugais dans l'Inde lui causa un chagrin qui le conduisit au tombeau en 1548. Ce héros mourut

à Ormuz, entre les bras de saint François-Xavier. On ne trouva que trois réaux dans son épargne. Son corps fut transporté en Portugal, pour y être déposé dans le tombeau de ses ancêtres. Castro joignait aux talents militaires la connaissance des langues anciennes et modernes et des mathématiques. On conserve à Lisbonne la collection des lettres qu'il écrivit au roi pendant son séjour aux Indes. Il avait rédigé une espèce de Journal contenant peu de faits historiques, si l'on en juge par un extrait tombé entre les mains de sir Walter Raleigh, qui le fit traduire, en corrigea le style, et y joignit des notes. Cette traduction a été revue et corrigée par Purchas (V. ce nom), qui l'inséra dans son recueil avec ce titre : A. Rutter of D. Joan de Castro, of the voyage, etc. On en trouve une traduction française dans l'Histoire des voyages de l'abbé Prévost, et une hollandaise dans le recueil de van der Aa. La Vie de Castro, par H. Freire de Andrada, publiée à Lisbonne, 1651, in-fol., a été traduite en latin et en anglais.

CASTRO (VACA DE), magistrat espagnol, né à Léon dans le XVIe siècle, fut envoyé au Pérou par Charles-Quint, en 1540, pour y comprimer les factions, et régler le régime intérieur de cette colonie. Il vainquit Almagro (V. ce nom), en 1542, dans la plaine de Chupas, et lui fit trancher la tête sur le champ de bataille, ainsi qu'à tous ceux qui avaient eu part au meurtre de Pizarre. Plus tard, Charles-Quint, mécontent de son administration, nomma Blasco-Nùnez Vela vice-roi du Pérou. A son arrivée, Vela fit arrêter Castro ; mais les habitants le firent remettre en liberté. De retour en Espagne, Castro fut arrêté de nouveau par ordre du conseil des Indes, enfermé pendant cinq ans au château d'Arevalo, jugé enfin, et déclaré innocent. Charles-Quint le rétablit dans la charge d'auditeur du conseil de Castille, et donna à son fils 20,000 piastres de rente dans le Pérou. Vaca de Castro mourut en 1558.

CASTRO (ALPHONSE DE), jésuite portugais, missionnaire aux Indes orientales pendant onze ans, et recteur dans les Moluques, fut martyrisé en 1558 par les idolâtres, qui, pendant huit jours, le traînèrent nu, lié avec des cordes, et l'attachèrent ensuite par le col à un tronc d'arbre, où il mourut. — On a d'Alphonse de Castro une relation de ses missions aux Moluques, qui fut imprimée à Rome en 1556.

CASTRO (ANDRÉ DE), natif de Burgos, entra dans l'ordre des Franciscains, et fut missionnaire dans les Indes occidentales. Il y publia : 1° Arte de aprender las lenguas mexicana y matlazinga ; 2° Vocabulario de la lengua matlazinga ; 3° une Doctrine chrétienne, et divers Sermons dans la langue portugaise. — Il mourut l'an 1577. — François Gonzague a écrit la vie d'André de Castro, dans son livre De origine et progressu franciscani ordinis.

CASTRO (ALPHONSE DE), moine franciscain et célèbre prédicateur, non moins que théologien distingué, né à Zamora en Espagne dans le XVIe siècle, jouissait d'une grande estime auprès de Charles-Quint et de son fils Philippe II. Il accompagna ce prince en Angleterre, lorsqu'il y alla pour épouser la princesse Marie. Philippe voulait en même temps le consulter sur la direction des affaires ecclésiastiques de ce royaume. Alphonse de Castro retourna ensuite dans les Pays-Bas, où depuis plusieurs années il avait fixé son séjour. Philippe le nomma à l'archevêché de Compostelle, mais il mourut à Bruxelles, sans avoir pris possession de ce siège, le 11 février 1558, à l'âge de soixante-trois ans. Après son Traité des hérésies (Adversus omnes hæreses, libri XIV), qui est le principal de ses écrits, les autres ouvrages d'Alphonse de Castro sont : 1° De justa hæreticorum punitione, libri III, Salamanque, 1547, in-fol. ; 2° De potestate legis pœnalis, libr. II, Salamanque, 1550, in-fol. ; Paris, 1571 et 1578, in-fol. ; 3° De sortilegiis ac maleficiis, eorumque punitione, Lyon, 1568, in-8°. On a aussi du même auteur un Commentaire sur les douze petits prophètes ; quarante-neuf Homélies sur les psaumes IV et XXXI, Salamanque, 1557 et 1540, in-8° ; et un Traité de la validité du mariage de Henri VIII avec Catherine d'Aragon. Toutes ses œuvres forment 4 vol. in-fol., Paris, 1565. Son Traité des hérésies a été imprimé dix fois dans l'espace de vingt-deux ans, en Espagne, en Italie, en France et en Allemagne. La première est celle de Paris, 1534, in-fol. On y trouve, contre l'infaillibilité du pape, un passage que l'auteur fut obligé d'affaiblir dans les éditions suivantes. La plus ample est celle d'Anvers, 1556 ; elle fut revue par l'auteur, et dédiée à Philippe II. La plus belle et la plus recherchée est celle d'Anvers, 1568. Hermant a traduit cet ouvrage en français, Rouen, 1712, 3 vol. in-12. Le Traité des hérésies eut un si grand succès, qu'un Espagnol, nommé André des Olmos, eut le courage de le mettre en vers. — « Alphonse de Castro, dit Fleury, écrivait assez bien ; il avait beaucoup lu ; mais il était plus fort sur la controverse que sur l'histoire, et il s'est beaucoup plus étendu à réfuter les nouvelles hérésies qu'à faire l'histoire des anciennes. Au lieu de suivre l'ordre chronologique, il rapporte les hérésies par ordre alphabétique, exposant les mêmes hérésies qui se sont élevées sur chaque matière.» — On a compté encore plusieurs autres théologiens espagnols et portugais du nom de Castro, dont un surtout, Léon de Castro, chanoine de Valladolid, disputa longtemps contre Arius Montanus, qui était chargé de l'édition royale de la Bible d'Anvers, et qui, selon lui, avait trop de confiance au texte hébreu. Léon de Castro croyait que ce texte avait été méchamment altéré par les juifs, et il soutenait que la Vulgate et la version des Septante méritaient la préférence. Le P. Morin et Richard Simon disent qu'il ne savait que médiocrement l'hébreu. Il est auteur de plusieurs ouvrages, et mourut en 1586 dans un âge très-avancé, après avoir professé la théologie pendant plus de cinquante ans. — Enfin un autre Christophe de CASTRO a aussi fait des Commentaires sur les douze petits prophètes, imprimés à Mayence, à Lyon et à Anvers, in-fol. On y trouve des détails curieux sur les prédictions naturelles, artificielles et prophétiques. Celui-ci, né à Ocana, jésuite, mourut recteur du collége de Tolède en 1615.			ED. GIROD.

CASTRO (ALVAREZ-GOMEZ DE), né dans le diocèse de Tolède, fit ses études à Alcala de Hénarès, professa le grec et la rhétorique à Tolède, dans le nouveau collége que venait de fonder Bernardin de Sandoval, fut chargé par Philippe II de revoir et de corriger les œuvres de saint Isidore, principalement les livres des Origines, en les conférant avec les anciens manuscrits, et mourut de la peste en 1586, à l'âge de soixante-cinq ans. Il écrivit en prose et en vers, en latin et en espagnol, un grand nombre d'ouvrages, dont les principaux sont : 1° De rebus gestis Francisci Ximenii, Alcala de Hénarès, 1569, in-fol. ; Francfort, 1581, et 1603 dans la collection des auteurs qui res hispanicas scripserunt ; 2° In sancti Isidori Origines, dans l'édition des œuvres de cet auteur, donnée à Madrid par Jean Grial ; 3° Idyllia aliquot, sive poemata, Lyon, 1558, in-8° ; 4° Recibimento que la universidad de Alcala hizó a los reies, quando venieron de Guadalaxara, Alcala, 1560, in-4°. Il laissa plusieurs manuscrits, entre autres celui qui traite des Antiguedades de la nobleza de Toledo. Argote de Molina le cite dans sa Nobilitatis bæticæ historia. Nic. Antonio fait un grand éloge des vers d'Alvarez Gomez de Castro.

CASTRO (FRANÇOIS DE), jésuite, né à Grenade dans le XVIᵉ siècle, professa pendant plus de vingt-deux ans la grammaire et la rhétorique dans les colléges des jésuites, en Espagne et en Portugal, et mourut à Séville le 11 août 1632. On a de lui : 1° De arte rhetorica dialogi IV, Cordoue, 1611, in-8° ; 2° De syllabarum quantitate, deque versificandi ratione, Séville, 1627, in-8° ; 3° De reformacion christiana, Valladolid, 1622, in-8°. Lorsqu'il publia ce dernier ouvrage, il avait été exclu de son ordre, et il le fit paraître sous le nom du docteur François Bermudez de Castro, professeur dans la ville de Cuellas ; mais, ayant été admis à rentrer dans sa société, il donna une autre édition du même ouvrage sous son véritable nom, à Séville, en 1635. Nic. Antonio s'est trompé en faisant de Castro et de François Bermudez de Castro deux personnages différents.

CASTRO (GABRIEL-PEREIRA DE), l'auteur du poëme épique national que les Portugais placent immédiatement après les Lusiades, naquit à Braga en 1571, l'année même où Camoëns préparait l'impression de ce poëme. Chevalier de l'ordre du Christ, il fut revêtu des emplois les plus importants de la magistrature, et les remplit en homme qui joignait à des lumières supérieures la plus exacte probité. Dans ses loisirs, il cultiva la poésie, et mourut en 1632, à soixante ans, laissant inédit l'ouvrage auquel il doit toute sa réputation. Il avait publié quelques écrits de jurisprudence, entre autres un Recueil des décisions de la cour suprême de Portugal. Mais ce ne fut qu'en 1636, quatre ans après sa mort, que parut son poëme héroïque, Ulyssea, ou Lisboa edificada. Heureux imitateur des anciens, Castro, dans cet ouvrage, a su réunir et fondre les beautés des plus grands poëtes. C'est moins par l'invention que par le charme d'un style toujours harmonieux et élégant qu'il charme les Portugais. «En le lisant, a dit un critique, on croirait des fragments de l'Odyssée récemment découverts.» Ce poëme a été réimprimé (en Hollande, vers 1642) in-12, Lisbonne, 1745, in-8°. M. Ferdinand Denis a donné une analyse intéressante dans le Résumé de l'histoire littéraire de Portugal.

CASTRO (GUILHEN OU GISLEN DE) naquit à Valence dans

le XVIᵉ siècle. Sa vie offre peu de détails intéressants. Contemporain de Lopez de Véga, il cultiva, comme lui, la littérature dramatique. Les critiques espagnols, sans le placer aussi haut que Lopez, le regardent comme un de leurs bons auteurs, et Lopez lui-même l'a loué dans son Laurier d'Apollon. Il est surtout connu en France par sa tragédie du Cid, où se trouvent en germe les beautés que Corneille a depuis si heureusement développées. Avant lui, Diamante avait déjà traité ce sujet, et, quoique bien inférieur à Guilhen, il a fourni aussi quelques emprunts à Corneille. La pièce de Guilhen est intéressante, malgré beaucoup d'invraisemblances et de longueurs. On y trouve le rôle de l'infante conservé dans le Cid français, et, de plus, l'éternel gracioso des pièces espagnoles. Guilhen avait composé une autre tragédie intitulée : Didon y Eneas ; mais elle n'a point été publiée dans le recueil de ses œuvres, qu'on imprima en 1621 à Valence, sous le titre de las Comedias de D. Guilhen de Castro, 2 vol. in-4°. Il y a une ancienne édition du Cid français, où les vers imités de Corneille sont cités au bas des pages. Voltaire les a rapportés aussi dans son Commentaire.

CASTRO (ETIENNE-RODRIGUEZ DE), médecin portugais, né à Lisbonne, passa en Italie, professa avec un grand succès, pendant vingt-deux ans, dans l'université de Pise, fut appelé le phénix de la médecine, et mourut en 1637, âgé de soixante-dix-huit ans. Il composa un grand nombre d'ouvrages, dont les principaux sont : 1° De meteoris microcosmi libri V, Venise, 1621 et 1624, in-fol.; 2° De complexu morborum tractatus, Florence, 1624, in-8°, et Nuremberg, 1646, in-12 ; 3° De asitia tractatus, Florence, 1630, in-8°; 4° De sero lactis tractatus, Florence, 1631, in-8°; 5° Quæ quibus, opusculum vere aureum, ac præcipua prognoseos mysteria reserans, Florence, 1627, in-12, plusieurs fois réimprimé ; 6° Commentarius in Hippocratis libellum de alimento, Florence, 1635, in-fol. ; 7° Philomelia, Florence, 1628, in-8° ; 8° Posthuma Varietas, Florence, 1639, in-8°, publié par François de Castro, fils de l'auteur : on trouve dans ce recueil un grand nombre de lettres qui prouvent les relations d'Etienne-Rodriguez de Castro avec les hommes les plus savants de son siècle; 9° Castigationes exegeticæ, quibus variorum dogmatum veritas elucidatur, Florence, 1640, in-fol.; 10° Medica Consultationes, Florence, 1644, in-4°; 11° Exercitationes medicæ, Venise, 1653, in-8° (c'est peut-être, dit Nic. Antonio, le même ouvrage que le précédent); 12° Pythagoras, Lyon, 1651; 13° Syntaxis prædictionum medicarum, cui accessit triplex elucubratio : 1° de chirurgicis administrationibus, 2° de potu refrigerato, 3° de animalibus microcosmi, Lyon, 1661, in-4°. Castro avait cultivé la poésie dans sa jeunesse; on imprima après sa mort : De simulato rege Sebastiano poematium, Florence, 1638, in-4°.

CASTRO (PIERRE DE), premier médecin du duc de Mantoue, membre du collége de Vérone et de l'académie des Curieux de la nature, mort le 14 septembre 1663, est auteur des ouvrages suivants : 1° Febris maligna puncticularis, aphorismitica methodo delineata, Nuremberg, 1652, in-8°; ibid., 1662, in-12; Padoue, 1653, in-12; 2° Imber aureus, seu Chilias aphorismorum ex libris Epidemion, eorumque Francisci Valesii commentariis extracta, Ulm, 1661, in-12; 3° Bibliotheca medici eruditi, Padoue, 1654, in-12; Bibliotheca cura Andræ, Bergame, 1742, in-8°.

CASTRO (RODERIC ou RODRIGUEZ), médecin juif portugais, professa la philosophie et la médecine à Hambourg, où il vint s'établir en 1596, et mourut dans cette ville le 20 janvier 1627, âgé de plus quatre-vingts ans. On a de lui plusieurs ouvrages estimés : 1° De officiis medico-politicis, seu Medicus politicus, Hambourg et Cologne, 1614, in-4°, plusieurs fois réimprimé. Ce traité est divisé en quatre livres; l'auteur y trace les devoirs des bons médecins, et découvre les fraudes et les impostures des charlatans. 2° De universa muliebrium morborum medicina, novo et antehac a nemine tentato ordine opus absolutissimum, Hambourg, 1603, in-fol.; ibid., 1616, 1628 et 1662, in-4°; Francfort, 1668, in-4°; 3° Tractatus brevis de natura et causis pestis quæ, anno 1596, hamburgensem civitatem afflixit, Hambourg, 1596, in-4°. — CASTRO (Benoît de), fils du précédent, né à Hambourg en 1597, fut attaché à la reine Christine en qualité de médecin, et mourut le 7 janvier 1684, âgé de quatre-vingt-six ans. On a de lui : Certamen medicum de venæ sectione in febre putrida et inflammatoria, Hambourg, 1647, in-4°.

CASTRO (EZÉCHIEL DE), médecin juif, est connu par deux ouvrages curieux : 1° Ignis lambens, rarum pulchrescentis naturæ specimen, Vérone, 1642, in-8°; 2° Amphitheatrum me-

dicum , quo morbi omnes quibus imposita sunt nomina ab animalibus raro spectaculo debellantur, Vérone, 1646, in-8°.

CASTRO-SARMENTO (JACQUES DE), juif portugais, exerça la médecine à Londres, fut membre de la société royale, et y mourut en 1762, âgé de soixante-dix ans. Il a écrit : 1° *Lettres sur les diamants du Brésil (Transact. philosoph.,* vol. XXXII); 2° *De uso et abuso das minhas agoas de Inglaterra,* Londres, 1756 : c'est un traité sur l'usage et l'abus du quinquina ; 3° *Materia medica physico-historica mechanica ,.reyno mineral , parte I , os reyno vegetavel , e animal, parte II ,* Londres, 1758, in-4°.

CASTRO (PIERRE DE), peintre distingué dans ce genre de sujets de détail qu'on appelle de nature morte ou d'intérieur, tels que des vases, des coquillages, des instruments de musique, des perles, des pierreries, de la vaisselle d'or, d'argent ou de cristal, des livres et des parures. Il excellait surtout dans la connaissance des vraies règles de la perspective et du clair-obscur, à un degré tel, qu'aucun de ses contemporains ne put non-seulement le dépasser, mais même l'égaler sous ces deux rapports. Son coloris était admirable, et il faisait preuve d'une grande délicatesse de goût dans sa manière de grouper une foule d'objets qui, tous bien distincts, contribuaient merveilleusement à flatter le coup d'œil de l'ensemble. — Cet artiste mourut en 1663.

CASTRO (D. ALPHONSE NUNES DE), historiographe de Philippe IV, roi d'Espagne, dont son père avait été médecin, a publié entre autres ouvrages : 1° *Historia ecclesiastica, y seglan de la ciudad de Guadalaxara,* Madrid , 1555 et 1658, in-fol. 2° *Coronica gothica, Castellana y austriaca, illustrada,* Anvers, 1708, 4 vol. in-fol. La partie de cette chronique qui concerne les Goths est de Saavedra Faxardo, et avait été publiée en 1646, in-4°. 3° *Coronica de los reyes de Castilla, D. Sancho el Deseado, D. Alonso el octavo, y D. Enrique el primero,* Madrid, 1665, in-fol.— CASTRO (François de), prêtre de Grenade, se consacra aux soins spirituels des malades, dans la maison hospitalière à Grenade, et écrivit l'histoire du fondateur : *Miraculosa vida y santas abras del B. Joan de Dio,* Grenade, 1588 et 1615, in-8° ; Burgos, 1621, in-4°, traduite en latin et en italien. — CASTRO (Joan de), historien portugais, a laissé une *Vie du roi Sébastien,* Paris, 1602, in-8°.

CASTRO (D. FILIPPE DE), né en 1711 à Noya en Galice, montra dès sa jeunesse une grande inclination pour la sculpture. Ayant fait quelques progrès dans cet art, il passa à Lisbonne, et se rendit peu de temps après à Séville, où résidait Philippe V, puis à Rome, où il fit de grands progrès, et obtint une pension du roi d'Espagne. Il remporta en 1739 le premier prix de l'académie de Saint-Luc, qui l'admit dans son sein ainsi que celle de Florence. Etant retourné dans sa patrie, il exécuta à Madrid divers ouvrages de sculpture, et fut nommé en 1752 à la place de directeur de l'académie royale de Saint-Ferdinand. L'Espagne perdit en 1775 cet artiste, qui avait su donner un nouveau lustre à la sculpture par ses ouvrages et par le zèle qu'il mit à l'encourager. Il animait les jeunes gens au travail, et s'occupait de recherches relatives à l'histoire des beaux-arts. Il traduisit en 1755, de l'italien en espagnol, les *Leçons de Benedette Varchi.*

CASTRO (D. JOSEPH RODRIGUE DE), savant helléniste, bibliographe espagnol et bibliothécaire du roi, naquit en Galice vers 1739. Après avoir fait de grands progrès dans les langues anciennes, il venait de terminer ses études, lorsqu'il publia, à l'âge de vingt-cinq ans, un petit poëme en hébreu, en grec et en latin, sur l'avènement de Charles III, sous ce titre : *Congratulatio regi præstantissino Carolo, quod clavem Hispaniæ teneat,* 1759. L'ouvrage obtint les suffrages unanimes des savants les plus distingués, qui s'étonnèrent de voir ces trois langues possédées avec tant de perfection par un auteur si jeune encore. Castro fut choqué des défauts de la *Bibliotheca hispana,* rédigée par Don Nicolas Antonio, qui avait omis, entre autres choses, les articles biographiques des Arabes et des rabbins espagnols, faute de connaître les langues savantes. Il entreprit en conséquence une *Nouvelle Bibliothèque espagnole* sur le meilleur plan, et, après avoir travaillé pendant six ans consécutifs à la recherche des manuscrits anciens, il fit paraître en 1781 le premier volume de son ouvrage. Les savants nationaux et étrangers l'accueillirent avec enthousiasme, et s'empressèrent de fournir à l'auteur des matériaux précieux pour la continuation de ce travail intéressant. On ignore si les volumes suivants furent publiés. — Castro coopéra à la rédaction de la *Bibliothèque grecque,* publiée par Jean

Iriarte, qui, dans la préface de cette compilation, donne les plus grand éloges aux vastes connaissances de son collaborateur. — Don Castro mourut à Madrid en 1769.

CASTROBEL ou plutôt **CABTROVAL** (PIERRE), Espagnol du diocèse de Léon, de l'ordre des frères mineurs, professeur de l'Ecriture sainte et provincial de la province d'Aragon, dans le XVᵉ siècle, a laissé : 1° un Commentaire in-4° sur le symbole de saint Athanase, imprimé à Pampelune ; 2° des Commentaires sur divers livres de philosophie et particulièrement d'Aristote (le P. Jean de Saint-Antoine *Bibliothèque universelle française,* t. II , p. 441).

CASTROGIOVANNI (*géogr.*), ville fortifiée de Sicile, sur une montagne. On y voit les ruines de l'ancienne *Enna.* 200 habitants.

CASTRORÉALE (*géogr.*), ville de Sicile, province de Messine. Source thermale ferrugineuse. 11,200 hab.

CASTRUCCIO-CASTRACANI, issu d'une famille noble de Lucques, s'exila dans sa patrie, à l'âge de dix-neuf ans, en 1300, avec son père, Gibelin décidé, lorsque les *noirs* ou Guelfes exagérés se furent emparés de l'autorité. Devenu orphelin bientôt après, il se fit soldat d'aventure, et combattit successivement en France et en Angleterre, mais surtout en Lombardie. A l'époque où, pressés par les Pisans, les Lucquois consentirent à rappeler leurs exilés, les émigrés gibelins, en revenant à Lucques, choisirent Castruccio pour leur chef. Il brûlait de tirer une éclatante vengeance de ceux qui l'avaient exilé ; il les attaqua en 1314 ; mais le seigneur de Pise, Uguccione de la Faggiula, appelé par lui, envahit Lucques, qu'il pilla et soumit à son joug, écrasant également les Guelfes et les Gibelins. Castruccio rendit à Uguccione d'éminents services dans ses guerres contre les Guelfes. Le crédit dont il jouissait inspira de la jalousie à Neri, fils d'Uguccione, qui le fit arrêter en 1316, et voulut même le faire conduire au supplice ; mais Lucques et Pise se soulevèrent ; Castruccio fut mis en liberté, et les fers qu'on lui ôta des pieds et des mains servirent d'étendard aux insurgés. Les Lucquois chassèrent Neri et ses satellites, et nommèrent Castruccio chef militaire ; trois années de suite, il fut revêtu de ce titre. En 1320, il chassa de Lucques les restes du parti guelfe, et se fit reconnaître par ses concitoyens comme seigneur de leur ville. Dès lors il voulut soumettre à sa direction tous les Gibelins de la Toscane, et les faire agir de concert avec ceux de la Lombardie. Brave, doué de qualités brillantes, cruel, égoïste, il sut se faire aimer et craindre tout à la fois des nombreux aventuriers qui s'étaient réunis sous ses étendards. Pendant un règne de quinze ans, il ne cessa de livrer des batailles et de remporter des victoires. En 1320, il fit sur les Florentins des conquêtes importantes ; en 1325, il soumit la ville de Pistoia et son territoire, etc. En 1327, l'empereur Louis de Bavière, pour le récompenser de l'appui qu'il trouva en lui, érigea en duché les Etats qu'il gouvernait, et lui fournit l'occasion de soumettre aussi la république de Pise. Castruccio fut conduit à Rome par Louis pour assister à son couronnement, et fut créé par lui chevalier et comte du palais, puis sénateur de Rome. Castruccio, averti que les Guelfes lui avaient enlevé Pistoia (1328), accourut assiéger cette ville, et la prit malgré les efforts des Florentins. Mais il mourut la même année, laissant trois fils légitimes encore en bas âge et un bâtard, qui périrent presque tous malheureusement. La principauté fondée par lui fut détruite, et le pays des Florentins s'accrut de ses ruines L'histoire de Castruccio a été défigurée surtout par Machiavel, qui en a fait un véritable roman.

CASTRUCCIUS (RAPHAEL), Florentin, de l'ordre de Saint-Benoît, mourut en 1574, et laissa un ouvrage intitulé : *Harmonie de l'Ancien et du Nouveau Testament* (Dupin, *Table des aut. ecclésiast. du XIVᵉ siècle,* p. 1200).

CASTRUM. C'est le nom que les Romains donnaient à ce que nous appelons aujourd'hui *camp* et aussi à ce que nous appelons *caserne.* — Dans les provinces conquises, les Romains avaient coutume de laisser des corps d'armée considérables, et des garnisons qui occupaient dans les villes des bâtiments auxquels on donna le nom de *castrum.* — Rome, centre de toute ,cette puissance militaire, avait dans l'enceinte de ses murs un assez grand nombre de semblables édifices, dont le souvenir s'est conservé à l'aide de quelques vestiges encore existants, et surtout des noms de *castra peregrina , castra prætoria ,* et autres, dont les antiquaires ont recueilli les notions. Dans plusieurs autres villes, on trouve des restes considérables d'édifices auxquels on n'avait su jusqu'à présent donner aucune dénomination, et qui ne peuvent s'expliquer par d'autre usage que celui des *casernes.* — De ce genre sont des constructions composées d'une suite de petites chambres voûtées, qu'on voit à Baies et à la villa Adriana, et auxquelles on a donné la dénomination insignifiante de *cento camarelle* ou *cento celle*. Nous avons dit à l'article BAIES, que l'on ne devinait pas quel avait été l'emploi des *cento celle*. Il paraît qu'on pourrait lui appliquer l'explication donnée par Winckelmann des *cento camarelle* de la villa Adriana. Cet habile antiquaire soupçonne qu'elles étaient destinées à la garde impériale, que l'on n'avait de communications entre elles que par une galerie extérieure en bois, qu'on pouvait fermer et faire occuper par une sentinelle; à chaque rang de voûtes étaient deux guérites élevées sur un plancher dont l'assiette était formée par des pierres saillantes. — Un édifice tout à fait semblable a été reconnu, vers la fin du dernier siècle, dans les ruines d'Otricoli. On ne saurait y méconnaître un *castrum* ou quartier des soldats. Il résulte, de sa comparaison avec celui de la villa Adriana, que les casernes des Romains consistaient ordinairement en une longue file de chambres à plusieurs étages, auxquelles on devait monter par un escalier de bois et par une trappe. Les chambres étaient privées de fenêtres, n'avaient aucune communication; mais une espèce de balcon extérieur régnait en avant d'elles, formant une galerie commune et découverte sur laquelle s'ouvraient toutes les portes, de sorte que par ce dégagement chaque chambre était isolée et sans dépendance des autres. — Dans les *castrum* bâtis à grands frais, comme celui de la villa Adriana, les chambres étaient voûtées avec la plus grande solidité. Mais à Otricoli, sans doute par économie, les plafonds étaient en bois; on voit encore les trous qui recevaient les maîtresses poutres. Les entrées générales au rez-de-chaussée consistaient en corridors voûtés, au haut desquels étaient les petits escaliers dont on a parlé, pour monter au premier étage, et de celui-là aux supérieurs. — Tout cet édifice, tel que nous le trouvons dessiné dans le *Journal d'antiquité*, de l'abbé Guatani, année 1784, *Monumenti antichi inediti*, consiste en douze allées ou promenoirs, flanqués de côté et d'autre par deux corps de bâtiment dont on ne saurait deviner la destination, n'ayant ni portes, ni fenêtres, ni aucune issue qui puisse en indiquer l'emploi. Au milieu de ces allées, il en est une plus large qui conduit à une pièce ornée de quelques colonnes de traversin, où l'on a trouvé des tuyaux et des conduits qui indiquent qu'il dut y avoir là un réservoir d'eau à l'usage de la garnison. Enfin, ces douze corridors aboutissent chacun à une pièce carrée dont les portes, comme on l'a dit, s'ouvrent sur la galerie de communication extérieure, désignée plus haut. — On trouve de semblables allées ou corridors à Rome et dans les ruines de constructions que l'on conjecture avoir dû être des casernes. — Mais un véritable *castrum*, et dont on ne révoque pas en doute l'authenticité, est celui que les éruptions du Vésuve avaient comblé dans la ville de Pompéi, et que les déblaiements ont fait reparaître avec les signes les moins équivoques de sa destination. Il dut servir et aux logements militaires et aux exercices des troupes romaines; c'est ce qui lui a fait donner le nom de quartier des soldats. Cet édifice peu élevé, d'une construction d'ailleurs assez légère, a, probablement à cause de cela, moins souffert des tremblements de terre qui, avant l'éruption du Vésuve, avaient renversé beaucoup d'édifices; on y a retrouvé le murs presque entiers et la plupart des colonnes encore debout. — Ce bâtiment, ainsi qu'on peut le voir par le plan rapporté dans le *Voyage pittoresque de Naples*, avait la forme d'un carré long, entouré de colonnes et d'une galerie couverte; elle donnait entrée dans de petites chambres situées tout autour, et qui devaient être les logements des soldats. Il y avait deux étages de ces logements. Les cases de l'étage supérieur communiquaient par une petite galerie suspendue. On voit encore la marque des solives qui la formaient. Ces chambres ne recevaient de jour que par leurs portes, ou par une ouverture dans le mur. — On a été de plus en plus induit à penser que ce bâtiment était un logement de soldats, par des trophées d'armes qu'on y a trouvés, et qu'on voit dans la collection du muséum, par une pièce qui paraît avoir servi de prison, et où les soldats auraient été enchaînés plusieurs ensemble; ce qu'on a conclu de plusieurs squelettes rangés les uns à côté des autres. Ces malheureux, dans l'épouvante générale, n'auront pu ni se sauver ni être secourus.

CASTRUM. Ce mot, en géographie ancienne, préfixe d'une foule de noms de lieux, désigne des places fortifiées, dont quelques-unes étaient villes et les autres simplement forteresses. Le nombre de ces emplacements est trop considérable, et ils étaient de trop peu d'importance en général pour que nous les désignions ici.

CASTRUM DOLORIS. Chez les écrivains du moyen âge, cette expression voulait dire un catafalque, un somptueux monument élevé à la mémoire de quelque personne de haut parage, habituellement dans l'église où son corps était inhumé. Il était décoré d'armes, d'emblèmes ou des marques de la dignité du mort. — Les écrivains ecclésiastiques parlent de la cérémonie de consécration pour un CASTRUM DOLORIS (littéralement *camp de la douleur*). La construction du monument était établie de manière à supporter pendant un nombre de jours plus ou moins grand l'image du défunt exposée aux regards en ce que nous appelons aujourd'hui chapelle ardente; un prêtre et un diacre relevant successivement récitaient jour et nuit au pied du tombeau des prières des morts comme si le corps eût été réellement présent. Ces formalités duraient pendant tout le temps fixé pour l'inauguration du monument. ED. G.

CASTRUM MARTIS, petite ville, mais épiscopale, de la Dace méditerranée sous la métropole de Sardique, qu'Uldes, général des Huns, après avoir passé le Danube, étant campé avec son armée à l'extrémité de la Thrace, prit par trahison, d'où il fit beaucoup d'excursions dans le reste de la Thrace. Il en est fait mention dans plusieurs Itinéraires. Nous n'en connaissons qu'un évêque, nommé Calvus, qui souscrivit au concile de Sardique.

CASTULO ou CASTULUM (*géogr. anc.*), aujourd'hui *Cazlona*, ville considérable d'Espagne, vers la partie orientale de la Bétique, appartenant aux Orétaniens. Elle eut le titre de *Conventus*, quand les Romains se rendirent maîtres de cette contrée, qui auparavant avait été disputée par les Carthaginois à ses légitimes possesseurs. C'était la patrie d'Imilie, femme d'Annibal. Cette ville était située dans un pays montagneux, et quelques auteurs font dériver son nom de *claston*, terme oriental, signifiant le bruit d'une chute d'eau. En effet Strabon nous apprend qu'il y avait dans ses environs des rochers où la rivière qui passait à Castulo prenait sa source. La ville elle-même, placée sur une montagne, ou au moins tout auprès, semble avoir quelque rapport, par son nom et sa situation, avec le Parnasse, célèbre par sa fontaine de *Castalie*. On a encore induit de là que Castulo pouvait avoir été fondée par les Phocéens auxquels appartenait la source de Castalie, sur le Parnasse, en Grèce : Silius Italicus n'a point oublié cette allusion. Jules César, ayant obtenu des propriétés dans le territoire de Castulo, y avait établi une colonie. Dans le voisinage, se trouvait un défilé dont Tite Live fait mention, et qui s'appelait *saltus Castaliensis*.

CASUARINE ou FILAO, *casuarina* (*bot. phan.*), genre de végétaux arborescents, et qui fait partie des myricées et de la diœcie monandrie. Il comprend plus d'une douzaine d'espèces, toutes à rameaux allongés, grêles, cannelés, dressés ou pendants, grisâtres, offrant, de distance en distance, de petites gaines qui tiennent lieu de feuilles; à fleurs dioïques, dont les mâles, en chatons grêles et écailleux, n'ont qu'une étamine, et sont dépourvus de corolle, et dont les femelles, réunies en neuf globules sphériques ou ovales, ont un calice bivalve, un style, deux stigmates, et des graines ailées. De ces espèces, dont nous venons de donner les caractères génériques, trois sont cultivées dans nos jardins; ce sont : 1° la casuarine à feuille de prêle, ou filao de l'Inde, *casuarina equisetifolia*. Elle s'élève à trente pieds, et se couronne d'une cime large et rameuse. On la trouve dans l'Inde, à Madagascar et dans l'*île* de France; il serait très-utile pour les constructions navales. — 2° La casuarine tuberculeuse, *casuarina torosula*, originaire de la Nouvelle-Hollande. — 3° La casuarine à laquelle Ventenat donne l'épithète spécifique de *dystila*, et qui croît au cap de Diémen, 44° de latitude sud. — Le bois des casuarines est dur et très-compacte. Les sauvages en font des armes et des ustensiles de ménage : il est agréablement veiné de rouge. Le nom de ce genre de plantes vient du casoar, parce que ses rameaux ressemblent aux plumes de cet oiseau. — Ce genre est le type de la famille que M. Mirbel appelle *casuarinées*, et à laquelle M. Richard avait déjà donné le nom de *myricées* (*V*. ce mot).

CASUARINÉES, s. f. pl. (*botan.*), nom que Mirbel donne à une famille de plantes que d'autres botanistes nomment *myricées* (*V*. ce mot).

CASU-CASU, s. m. (*hist. nat.*), sorte de poisson qu'on trouve dans les mers des îles Moluques.

CASUALITÉ, s. f. qualité de ce qui n'a rien de certain, d'assuré. Il est peu usité.

CASUEL, ELLE, adj. fortuit, accidentel, qui peut arriver ou n'arriver pas. — *Emplois casuels, Charges casuelles*, s'est dit des emplois révocables, des charges que des familles pouvaient perdre par la mort de ceux qui en étaient pourvus. — *Droits casuels*, certains profits de fief qui arrivaient fortuitement, comme les lods et ventes, etc. — *Parties casuelles*, droits et revenus éventuels qui étaient perçus au profit de l'État. Il y avait un trésorier des *parties casuelles*. Cette appellation désignait aussi le bureau établi pour le recouvrement de ces sortes de droits. — *Charge vacante aux parties du roi*, charge qui vaquait au profit du roi. — *Casuel* est aussi substantif masculin, et signifie le revenu, le gain casuel d'une chose, par opposition au revenu, au gain fixe (*V.* l'article suivant).

CASUEL, DROITS CASUELS. On appelle ainsi les honoraires ou rétributions accordés aux curés, vicaires ou desservants des paroisses, pour les fonctions de leur saint ministère, tels que les baptêmes, mariages, sépultures, etc. On a souvent cherché à rendre ces droits odieux, parce qu'on en ignorait l'origine. Dans les premiers siècles de l'Église, ses ministres subsistaient des oblations volontaires des fidèles : ainsi, à proprement parler, tout était *casuel*. Les différentes révolutions causées par les persécutions, par les hérésies, par les inondations des barbares, firent sentir que la subsistance des ecclésiastiques serait moins précaire, si on leur assignait des fonds. Cela ne coûtait rien dans des temps où il y avait une grande quantité de terres incultes par le défaut de propriétaires. Telle est l'origine de l'institution des bénéfices. — Sous Charlemagne, on fit donner la dîme aux pasteurs par le même motif. A la décadence de la race carlovingienne, l'Église fut dépouillée par les seigneurs, qui s'emparèrent des fonds et des dîmes; alors le clergé fut à peu près anéanti. Les peuples furent obligés d'avoir recours aux moines pour recevoir les secours spirituels, ou de faire subsister des prêtres par des rétributions manuelles; ainsi le *casuel* s'est établi. — Si les pasteurs étaient les maîtres de choisir, ils préféreraient sans hésiter une subsistance assurée sur des fonds et sur les dîmes à la triste nécessité de recevoir des honoraires pour leurs fonctions. Dans plusieurs diocèses, il y a des paroisses qui se sont trouvées suffisamment dotées par des fonds et par la dîme; le *casuel* y a été retranché. Au contraire, les supérieurs ecclésiastiques et les tribunaux séculiers se sont trouvés dans la nécessité de régler un *casuel* dans les paroisses qui n'avaient ni des fonds ni des dîmes, et d'établir les *portions congrues*. — Plusieurs jurisconsultes, et même des auteurs ecclésiastiques, ont dit que les prêtres recevaient ces honoraires à titre d'*aumône*; ils nous paraissent s'être trompés. Une aumône n'est due que par charité, elle n'engage à rien celui qui la reçoit : l'honoraire est dû par justice, et il impose au ministre des autels une nouvelle obligation de remplir exactement ses fonctions. Il est de droit naturel de fournir la subsistance à tout homme qui est occupé pour nous, quel que soit le genre de son occupation. De même qu'il est juste d'accorder la solde à un militaire, l'honoraire à un magistrat, à un médecin, à un avocat, il est de faire subsister un ecclésiastique occupé du saint ministère; l'honoraire qui lui est assigné n'est pas plus une aumône que celui des hommes utiles dont nous venons de parler. Ce que reçoivent les uns et les autres n'est pas non plus le *prix* de leur travail; les divers services qu'ils rendent ne sont point estimables à prix d'argent, et ils ne sont pas payés par proportion à l'importance de leurs fonctions : la diversité de leurs talents et du mérite personnel de chaque particulier n'en met aucune dans l'*honoraire* qui leur est attribué. Vainement, pour les avilir, l'on affecte de se servir d'expressions indécentes : l'on dit qu'un ecclésiastique vend les choses saintes, qu'un militaire vend sa vie, un magistrat la justice, un médecin la santé, un professeur les sciences, etc. La malignité des censeurs n'a pas le pouvoir de rendre injuste et méprisable ce qui est conforme dans le fond à l'équité naturelle et à la raison. — Lorsque Jésus-Christ a ordonné à ses disciples de donner gratuitement ce qu'ils avaient reçu par grâce, il a eu soin d'ajouter que tout *ouvrier est digne de sa nourriture* (Matth., x, 8 et 10); et saint Paul dit formellement : « Qui porte les armes à ses dépens? Si nous vous distribuons les choses spirituelles, est-ce une grande récompense de recevoir de vous quelques rétributions temporelles? Ceux qui servent à l'autel ont leur part de l'autel. Ainsi le Seigneur a réglé que ceux qui annoncent l'Évangile vivent de l'Évangile » (*I. Cor.*, IX).—En 1757, il a paru une *Dissertation* sur l'honoraire des messes, dans laquelle l'auteur condamne toute rétribution manuelle donnée à un prêtre pour remplir une fonction sainte, les droits curiaux et *casuels*, les fondations pour des *messes* ou pour d'autres prières à perpétuité, etc. Il regarde tout cela comme une espèce de simonie (*V.* ce mot) et comme une profanation. Cette doctrine est certainement *fausse*. On ne peut pas nier qu'il ne se soit glissé souvent des abus dans cet usage : l'auteur de la *Dissertation* les fait sentir; il les déplore et les réprouve avec raison; mais que n'a-t-il imité la sagesse des conciles, des souverains pontifes et des évêques, qui, en condam-

nant les abus et en les proscrivant, ont laissé subsister un usage légitime en lui-même?— Encore une fois, il faut distinguer entre un payement, un honoraire et une aumône. Le *payement* ou le *prix* d'une chose est censé être la compensation de sa valeur; ainsi l'on achète une denrée, une marchandise, un service mercenaire, et l'on en paye le prix à proportion de sa valeur. L'*honoraire* est une espèce de solde ou de subsistance accordée à une personne qui est occupée pour le public ou pour nous en particulier, quelle que soit d'ailleurs la valeur de son occupation. On donne la *solde* ou l'*honoraire* à un militaire, à un magistrat, à un jurisconsulte, à un médecin, à un professeur, etc., sans prétendre payer ou compenser la valeur de leurs services ou de leurs talents, ni mettre une proportion entre l'on et l'autre; qu'ils soient plus ou moins habiles, plus ou moins zélés ou appliqués, l'*honoraire* est le même. L'*aumône* est due à un pauvre par charité, l'*honoraire* est dû à titre de justice. Celui qui refuse l'aumône à un pauvre pèche sans doute, mais il n'est pas tenu à restitution : celui qui refuserait l'*honoraire* à un homme qui a rempli pour lui ses fonctions serait condamné à le lui restituer. Que l'honoraire soit fixe ou accidentel, payé par le public ou par les particuliers, accordé à titre d'encouragement ou de pension, qu'il soit *casuel*, attaché à chaque fonction que l'on remplit, ou à chaque service que l'on rend, cela est indifférent; il ne change pas de nature; le titre de justice est toujours le même. — Il n'est donc pas vrai qu'un prêtre ou un clerc ne puisse rien recevoir légitimement des fidèles, si ce n'est à titre d'aumône. Dès qu'il prie, qu'il célèbre, qu'il remplit une fonction sainte pour une personne ou pour plusieurs, et qu'il est occupé pour elles, il a droit à une subsistance, à une solde, à un honoraire. Ainsi l'ont décidé le divin Sauveur et le grand Apôtre, comme nous l'avons remarqué plus haut. Que ces choses spirituelles soient des instructions, des sacrifices, des sacrements, des prières, l'assistance des malades, etc., le titre à un *honoraire* est toujours le même. On sait que dans l'origine les ministres des autels reçurent des offrandes en denrées ou en argent; dans la suite, pour rendre leur subsistance plus assurée et moins précaire, on institua pour eux des bénéfices ecclésiastiques, semblables aux bénéfices militaires. Mais, lorsque le clergé a été ruiné par les grands dans les temps d'anarchie, il a fallu en revenir aux rétributions manuelles. Ça a été un malheur, sans doute; mais peut-on l'attribuer à l'Église et à ses ministres, qui en ont été les premières victimes? Les hérétiques et les incrédules, toujours habiles à saisir tous les prétextes favorables qui se présentent, de jeter de l'odieux sur tout ce qui touche à la religion catholique, n'ont pas manqué d'exploiter à leur triste avantage cette pratique si commune et si ancienne de percevoir quelques honoraires à l'occasion de certaines cérémonies religieuses. Et dernièrement encore un protestant publiait un misérable libelle intitulé : *la Religion d'argent*, dans lequel il expose, article par article, les dépenses nécessaires dans l'Église romaine pour certaines circonstances de la vie, et conclut que l'on peut être sauvé dans l'Église catholique pour un millier de francs et plus. C'est là une grossière exagération et une indigne calomnie auxquelles personne, même les plus ignorants, ne peuvent se laisser prendre. Dans tous les cas les protestants et les incrédules ne sauraient être compétents dans la question du *casuel*. Avant de nous étourdir de leurs clameurs, il faudrait qu'ils renonçassent à ces bénéfices qui leur rapportent chaque année des milliers de livres de rente. En vérité ils ont bonne grâce de venir, les mains pleines et leurs familles bien entretenues, prêcher à nos prêtres catholiques le détachement, et leur enjoindre d'attendre tout de ceux qui ne leur donnent rien, ou que trop peu. Qu'ils renoncent d'abord à leur 12 à 1,500 francs de subvention, et qu'après avoir évangélisé ils aillent tendre la main aux portes, ou qu'ils attendent des secours volontaires, et nous examinerons nous objections contre le *casuel*; mais alors ils diminueraient beaucoup de leurs clameurs, et ils seraient plus près de la justice et de l'équité. — L'article 5 du concordat de 1801 autorise la perception du casuel sous le nom d'*oblation*, d'après les règlements des évêques.

CASUELLEMENT, adv. fortuitement, par hasard. Il n'est guère usité. — Il a été employé par Montaigne dans le sens de *légèrement*, d'une manière frivole.

CASUISTE (*théol.*). Un casuiste est un théologien qui doit avoir fait une étude spéciale et approfondie des lois divines et humaines, et avoir une telle connaissance du cœur de l'homme qu'il puisse décider les *cas* qui règlent la conduite de la vie spirituelle et même temporelle, prononcer sur la gravité ou non gravité des fautes, éclaircir enfin les doutes que l'ignorance ou le scrupule, poussé à l'excès, font souvent naître. — Comme de tout temps il a été nécessaire que les hommes soient instruits de leurs devoirs et des choses qu'ils doivent éviter, toutes les nations et toutes les religions ont eu des espèces de casuistes. Les livres de Panætius le jeune, ceux *De officiis* de Cicéron, doivent être placés dans cette classe. Puffendorf, dans son *Traité de l'homme et du citoyen*, pourrait être considéré comme le casuiste des protestants, et les anciens pénitentiels étaient des espèces de casuistes (*V. Cath. phil.* de Feller, t. III, n° 522). — Le casuiste remplit les fonctions de juge : ainsi quelle rectitude de jugement et quelle justesse de cœur il doit avoir! Il ne lui est pas plus permis d'exagérer que de diminuer les obligations que Dieu nous impose : un casuiste ne doit donc être ni trop rigoriste, ni trop facile. — Comment s'étonner, à la vue de fonctions si importantes et si difficiles, qu'il se soit rencontré quelques hommes qui ne les aient pas toujours remplies avec une juste mesure? Quel homme est assez parfait pour ne jamais manquer à ses devoirs, surtout lorsque ces devoirs sont si grands qu'il faudrait des qualités presque surhumaines pour les bien accomplir? Non que nous voulions par cette simple remarque excuser les écarts dans lesquels sont malheureusement tombés quelques *casuistes ;* mais nous désirons au moins montrer combien vaines et coupables sont les déclamations des protestants et des incrédules sur les *casuistes* relâchés. — Il y a eu des *casuistes relâchés*, nous ne le nions pas : mais la religion peut-elle être responsable de leurs décisions? Personne ne les a autorisées; s'ils se sont fourvoyés, ce que nous reconnaissons, ce ne peut être que par ignorance, ou par une indulgence aveugle et mal entendue; mais ce n'est là que l'affaire de quelques hommes. L'Église elle-même blâme leur témérité, et les vrais fidèles en gémissent, et ne vont pas leur demander des règles de conduite. — Nous avons, indépendamment des *casuistes* réguliers, les règles que nous fournit une saine raison guidée par l'autorité des saintes Écritures, des conciles et des pontifes; nous avons aussi le grand livre de la conscience, qui, comme l'observe saint Paul, parle si clairement dans l'intimité de l'âme à ceux qui savent y lire, même aux païens qui n'ont pas de loi écrite, mais qui l'ont gravée dans leur cœur, et qui entendent très-bien la voix qui tantôt les accuse et tantôt les absout : *Opus scriptum in cordibus suis, testimonium reddente illis conscientia illorum et inter se cogitationibus accusantibus aut etiam defendentibus* (Rom., cap. II, 15). La sollicitude et les craintes de nos zélateurs protestants et incrédules sont donc vaines et puériles : leurs déclamations ne sont pas moins coupables. — En effet, qui connaissait Escobar, de Caramuel, Busembaum, etc., et qui savait les disputes si passionnées de l'auteur des *Lettres provinciales*, et de plusieurs membres de la solitude de Port-Royal des Champs? Les philosophes, en réveillant toutes ces choses et en leur donnant beaucoup plus d'importance qu'elles n'en avaient, ont donc fait plus de mal que ceux auxquels il est échappé une proposition absurde, qui serait certainement passée sans conséquence et même inaperçue. Mais on voulait du scandale, et on a été bien aise de trouver l'occasion d'en faire! Après tout, il ne faut pas croire que les ouvrages des casuistes relâchés, quoique certainement répréhensibles, aient fait autant de mal qu'on a bien voulu le prétendre. Il faut être juste. Ce ne sont que les savants ou les gens consciencieux qui les lisent; les hommes dissipés ou libertins ne s'en occupent point. « Je n'ai connu aucun homme de mauvaise vie, dit un auteur, qui eût beaucoup lu les casuistes; et je n'ai connu ni grand casuiste, ni grand liseur de casuistes, qui ait été homme de mauvaise vie. » Il existe plusieurs ouvrages qui contiennent les *décisions* des casuistes ; mais ces livres poudreux ne sont guère consultés aujourd'hui. Un ancien professeur de théologie de la société de Saint-Sulpice vient de publier deux ouvrages qui semblent résumer tout ce qui a été dit de mieux et décisif dans les casuistes : voici ces deux ouvrages : 1° *Examen raisonné*, ou *Décisions théologiques sur les devoirs et les péchés des diverses professions de la société ; ouvrage où l'on décide ce qui est communément péché mortel ou véniel dans l'infraction des devoirs d'un chacun, ce qui y blesse la justice et oblige à la restitution*, 2 vol. in-8°, 1842 ; 2° *Examen raisonné*, ou *Décisions théologiques sur les commandements de Dieu et de l'Église, sur les sacrements et les péchés capitaux ; ouvrage où l'on décide, d'après les meilleurs théologiens, ce qui est péché mortel ou véniel en cette matière*, 2 vol. in-8°, 1842. L'auteur de ces deux ouvrages a cherché à s'éloigner également du double danger du relâchement et de la rigueur. On reconnaît en lui un esprit généralement droit, et on trouvera dans son travail des recherches précieuses, des décisions habituellement exactes, des solutions également variées et pratiques : c'est le jugement qu'en porte un critique judicieux. — On peut consulter sur les casuistes les plus célèbres

les *Mémoires pour servir à l'histoire ecclésiastique pendant le XVIIIe siècle*, par M. Picot, deuxième édition de 1816, t. II, p. 382; t. IV, p. 270, 331 et 480.   L.-F. GUÉRIN.

CASUISTIQUE. Casuiste, comme on vient de le voir, est le nom donné aux théologiens qui enseignent à résoudre les cas de conscience ou prescrivent à la raison le parti qu'elle doit prendre dans toutes les occasions où la règle à suivre n'apparaît pas clairement. Leur science et l'ensemble de leurs décisions s'appellent *casuistique*. Mais ce mot a passé de la théologie à la philosophie. Aujourd'hui on désigne également cette partie de la morale qui traite de l'importance relative de nos devoirs, en établissant des règles pour la décision des cas où il y a entre eux quelque conflit. Le mot est nouveau dans cette acception, la chose ne l'est pas. On trouve déjà dans le *Traité des devoirs* de Cicéron plusieurs cas embarrassants proposés et résolus par les stoïciens; ceux-ci, par exemple : Un fils, sachant que son père pille le temple ou le trésor public, doit-il en avertir les magistrats? Deux naufragés rencontrent une planche qui n'en peut sauver qu'un : que doit faire chacun d'eux? En vendant un esclave, est-on tenu de déclarer ses défauts?

CASUISTIQUER, v. n. (*néol.*), faire le casuiste, discuter des cas de conscience.

CASUARI (*géogr. anc.*), peuples de la haute Germanie, qui, suivant Ptolémée, habitaient près du pays des Suèves.

CASUARIA (*géogr. anc.*), ville de la Gaule, dans la division appelée des *Alpes grecques*. Elle était située à peu de distance et sur la rive droite de l'Isère.

CASUENTINUM ou **CASENTINUM** (*géogr. anc.*), bourg d'Italie dans l'Ombrie, suivant Pline.

CASUENTUM (*géogr. anc.*), le RASIENTO, rivière d'Italie, indiquée par la mappemonde de d'Anville dans la Lucanie. Elle se déchargeait dans le golfe de Tarente. Alaric, roi des Goths, fut enterré dans le lit de cette rivière.

CASUHATI (*géogr.*), haute chaîne de montagnes dans l'Amérique du Sud, formant une partie du triangle, dont un côté s'étend vers les Andes, et l'autre se prolonge jusqu'au détroit de Magellan.

CASULÆ CARIANENSES (*géogr. anc.*), siège épiscopal d'Afrique, dans le territoire de Byzacène.

CASURGIS (*géogr. anc.*), ville que Ptolémée place dans la Germanie majeure; on croit que c'est aujourd'hui *Caurzim*, en Bohême.

CASYAPA (*mythol. ind.*), fils de Maritchi et de Brahmâ, l'un des *pradjapâtis*. Casyapa épousa trois filles de Dakcha, parmi lesquelles *Aditi*, mère des Dévas, et *Diti*, mère des Détyas.

CASYRUS ou **CHASYRUS** (*géogr. anc.*), montagne d'Asie, en Susiane; Pline assigne l'emplacement de la ville de Sostrates dans ses environs.

CASISTES (*géogr. anc.*), port de l'Asie-Mineure, dans l'Ionie, placé par Strabon au pied du mont *Corica*.

CATAAL, adj. et s. m. (*anat.*). Il se dit d'une des pièces qui composent les vertèbres.

CATABALISTIQUE, adj. (*art milit.*), qui agit à la manière des béliers de guerre.

CATABANI ou **GEBANITÆ** (*géogr. anc.*), peuples de l'Arabie-Heureuse, vers l'orient, sur les frontières de l'Arabie Déserte, où quelques-unes de leurs tribus ont habité.

CATABANUM (*géogr. anc.*), aujourd'hui *Shiben*, chaîne de montagnes qui s'étend dans l'Arabie Heureuse, à l'est et dans le midi de l'Arabie Déserte.

CATABAPTISTES. Ce mot, formé de κατά, qui en composition signifie quelquefois *contre*, et de βάπτω, *laver, baptiser*, veut dire opposé au baptême, ennemi du baptême. C'est le nom dont on s'est quelquefois servi pour désigner en général tous les hérétiques qui ont nié la nécessité du baptême, surtout pour les enfants. Pour soutenir cette erreur, ses partisans sont tous partis du même principe. Sans croire au péché originel, ils n'accordaient au baptême d'autre vertu que d'exciter la foi. Selon les sociniens, sans la foi actuelle du baptisé, le sacrement ne peut produire aucun effet ; il est donc inutile aux enfants qui sont incapables de croire. Quelques-uns ont encore posé en maxime générale que la grâce ne peut pas être produite dans une âme par un signe extérieur qui n'affecte que le corps ; que Dieu n'a pu faire dépendre le salut d'un pareil moyen. Ainsi, cette doctrine, conséquence naturelle de la précédente, attaque l'efficacité de tous les sacrements. Pélage, tout en niant le péché originel, ne contestait pas la nécessité ou du moins l'utilité du baptême pour donner à un enfant la grâce d'adoption. Dans un enfant, disait-il, la grâce trouve une adoption à faire, mais l'eau ne trouve rien à laver : *Habet gratia quod adoptet, non habet unda quod abluat.* Mais jamais il n'a expliqué nettement ce en quoi il faisait consister la grâce d'adoption. La notion seule du baptême, qui emporte celle de purification, suffit pour le réfuter. ED. GIROD.

CATABATHMOS ou **CATABATHMUS** (*géogr. anc.*), vallée au pied de la pente escarpée d'une montagne, d'où son nom lui vient de καταϐαίνειν, *descendre*. Elle s'étendait en Egypte, dans la contrée où était le temple de Jupiter Ammon, et séparait l'Egypte de la Cyrénaïque. Elle est appelée aussi *Carto-Sappires*, et les pèlerins arabes qui suivent cette route pour se rendre à la Mecque lui donnent dans leur langage la dénomination d'*Hesachbir* ou *lieu ruiné*. Etienne de Byzance en fait une place de Libye, entre Ammon et Parætonium, et Pline compte 86 milles de ce dernier endroit à Catabathmos. Ptolémée signale deux places de ce nom : l'une, la grande Catabathmos, dont il fait un port de Libye, et l'autre, la petite Catabathmos, qu'il prétend être une montagne. ED. GIROD.

CATABAUCALÈSE, s. f. (*antiq. grecq.*), chanson avec laquelle les nourrices endormaient les enfants.

CATABAWS (*géogr.*). Cette petite tribu d'Indiens possède une ville du même nom, située sur une rivière appelée de même, à l'extrême frontière entre la Caroline septentrionale et la méridionale. Elle se compose d'environ 450 habitants, dont plus du tiers se consacre exclusivement à la pêche. C'est la seule tribu qui réside dans cet Etat, dont le gouvernement leur a accordé 140,000 acres de terrain. Elle forme le reste d'une puissante peuplade, la plus brave et la plus généreuse qu'aient eue les Six-Nations pour alliée. Mais elle a dégénéré depuis que les blancs se sont établis autour de son territoire.

CATABEDA (*géogr. anc.*), rivière de l'Inde au delà du Gange, suivant Ptolémée. D'Anville en assigne l'embouchure au fond du golfe du Gange, à l'est de la principale bouche de ce fleuve.

CATABIBAZON (*astr.*), nœud descendant de la lune, appelé aussi *queue du dragon*.

CATABITANUS (*géogr. anc.*), siège épiscopal d'Afrique, dans la Mauritanie césarienne.

CATABOLUM ou **CATABULUM** (*géogr. anc.*), ville de Cilicie, dont le nom se trouve dans l'Itinéraire d'Antonin, et indiquée sur la route de Tyane à Alexandrie, entre Ægées et Baïes. On la suppose être aujourd'hui le lieu appelé *Castabala*.

CATABULUM (*terme du Bas-Empire*), sorte d'étable, bâtiment où l'on renfermait les animaux destinés au transport ou au labourage pour le service public. On voit les premiers chrétiens, aux temps de persécutions, parfois condamnés à être renfermés dans le *catabula*, c'est-à-dire aux travaux publics du nettoyage des étables publiques, du service auprès des bêtes de somme, etc.

CATABLÈME, s. m. (*chirurg. anc.*), nom donné par Hippocrate à une espèce de bandage. Il est inusité chez les modernes.

CATABOPHYTE, s. m. (*botan.*). Il se dit pour *catabaptophyte*, des plantes habituellement submergées par les eaux.

CATABROSE, s. f. (*botan.*), genre de plantes graminées.

CATACAUSTIQUE (*optique*), courbes catacaustiques (de κατά, *contre*, et καίω, *je brûle*). Ce sont des espèces de courbes caustiques formées de la manière suivante, par la réflexion des rayons lumineux : soit un point lumineux A, duquel une infinité de rayons AB, AC, AD, etc., vont frapper une courbe donnée BCDH et sont réfléchis en faisant chacun un angle de réflexion égal à celui de leur incidence (*V.* CATOPTRIQUE). La courbe GEI, à laquelle les rayons réfléchis, ou les droites BI, CE, DF, etc., sont toutes tangentes, est la *catacaustique*, ou la caustique par réflexion, c'est-à-dire

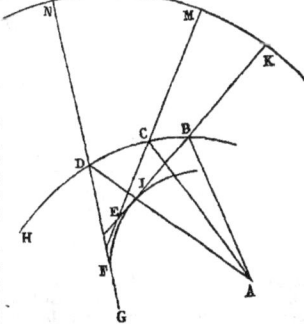

qu'en supposant une infinité de rayons réfléchis infiniment proches les uns des autres la courbe se trouve formée par les points de rencontre de ces rayons. On donne le nom de catacaustique à cette courbe pour la distinguer de la *diacaustique* ou caustique par réfraction (*V.* CAUSTIQUE et DIACAUSTIQUE). Si l'on prolonge le rayon réfléchi IB en K, en faisant BK = AB, et que la courbe KMNL, commençant au point K, soit la *développée* (*V.* ce mot) de la catacaustique, commençant au point I, une tangente quelconque EM de cette dernière sera toujours égale à la partie correspondante EI de la courbe, plus la droite IK. Nous avons donc :

$$EI = EM - IK ;$$

ou, ce qui revient au même :

$$EI = EC + CM - IB - BK,$$

ce qui peut se mettre sous la forme :

$$EI = (EC - IB) + (AC - AB),$$

à cause de BK = AB, CM = AC. Ainsi, une partie quelconque de la diacaustique est égale à la différence des rayons extrêmes incidents. Lorsque la courbe BCDH est une courbe géométrique, la catacaustique l'est également, et se trouve toujours rectifiable. La catacaustique du cercle est une cycloïde ou épicycloïde formée par la révolution d'un cercle sur un cercle. La catacaustique d'une cycloïde commune, quand les rayons lumineux sont parallèles à l'axe, est elle-même une cycloïde commune. Celle de la spirale logarithmique est aussi une spirale de même nature (*V.* CAUSTIQUE).

CATACÉCAUMÈNE (*géogr. anc.*), de κατακεκαυμένος, *brûlé*, grande contrée de l'Asie-Mineure, couverte de montagnes brûlées par l'ardeur du soleil, s'étend entre la Mysie et la Phrygie. On y récoltait des vins délicieux.

CATACÉCAUMÈNE (*géogr. anc.*), nom d'une île du golfe Arabique.

CATACÉRASTIQUE, adj. des deux genres (*pharm.*). Il se disait jadis de médicaments réputés propres à corriger la prétendue acrimonie des humeurs.

CATACHASME, s. m. (*médec.*), corruption de CATASCHASME (*V.* ce mot).

CATACHRÈSE, du grec *catachresis*, abus. C'est en rhétorique un abus de termes par nécessité, une espèce de métaphore où deux mots semblent disparates, mais qui sont les seuls avec lesquels on puisse se faire entendre clairement dans un idiome quelconque. Ainsi, nous disons : *Aller à cheval sur un âne, sur un bâton, Une jument ferrée d'argent, Une feuille de papier, Une feuille d'or, Une feuille d'étain.* La raison repousse cette alliance de mots, mais la nécessité la réclame. La catachrèse fait partie des tropes nombreux de la rhétorique; quelques rhéteurs ont voulu la définir par une métaphore exagérée et un peu dure; ce serait par exemple les *ténèbres visibles* de l'enfer de Milton; le *lit effronté* de Boileau.

CATACHRÈSE (*musiq.*). Il s'est dit quelquefois d'une dissonance dure et inusitée.

CATACHRISTON, s. m. (*médec.*), espèce de liniment employé par les anciens.

CATACHTHONIEN, adj. m. (*antiq. grecq.*). Il se disait du souverain pontife d'Opunte, qui présidait au culte des dieux terrestres et infernaux.

CATACHYSE, s. f. (*médec.*), mot purement grec, par lequel on désignait autrefois une affusion d'eau froide.

CATACLASE, s. f. (*médec.*), renversement des paupières. — Convulsion du muscle orbiculaire. — Fracture d'un membre.

CATACLÈSE (*art milit. anc.*), ligne de bataille chez les Grecs. Une phalange sur deux lignes était sur deux cataclèses.

CATACLÉSIE, s. f. (*botan.*). Il se dit de tous les fruits qui ne s'ouvrent pas.

CATACLYSME. Ce mot signifie déluge, inondation, d'après son étymologie grecque; et les géologues l'emploient pour indiquer les différentes révolutions dont le globe terrestre a été l'objet. Le déluge, dont la Genèse et la mythologie ont constaté l'existence, n'est pas la seule révolution qui ait changé les rapports des éléments qui composent la terre. Avant et depuis ce déluge, bien des cataclysmes plus ou moins importants, plus ou moins étendus, ont eu lieu. Avant que la géologie n'eût jeté quelques lumières sur l'histoire de ces phénomènes, on les admettait plutôt comme une tradition poétique que comme un fait matériel. Il est vrai qu'on remarquait sur les montagnes les plus éloignées des mers des coquillages pétrifiés, qu'en taillant des pierres on y reconnaissait des vestiges de formes animales. Mais on croyait avoir tout expliqué en disant que les mers avaient visité les hauts sommets dans les premiers temps, et que, lorsque notre globe eut pris son équilibre, elles étaient rentrées dans les bassins que la Providence avaient creusés pour les contenir. Comme la géologie est une science de nouvelle date, et que s'il y a longtemps qu'elle a été devinée, ce n'est que tout récemment qu'elle est parvenue à inventer ce nom, on a vécu jusqu'à la fin du siècle dernier sur les vagues croyances dont nous venons de rendre compte. Maintenant, bien que tout ne soit pas expliqué par les théories admises le plus généralement, on peut se faire néanmoins une idée assez juste de l'histoire curieuse de toutes les révolutions qui ont précédé l'état dans lequel se trouve à cette époque le globe terrestre. D'abord le déluge de Deucalion ou plutôt le déluge de la Genèse, car le premier n'est que l'expression mythologique du second, est parfaitement d'accord avec les faits que les recherches, les observations ont mis en évidence. En creusant des cavernes au sein de la terre, en étudiant les stratifications des roches qui composent son écorce, on a reconnu d'une manière évidente que les eaux avaient agi de la manière la plus générale; et que si certaines roches avaient dû leur cristallisation à l'action du feu, d'autres ne devaient les caractères particuliers de leur agrégation qu'à l'action de l'eau. Les roches primitives sont formées évidemment sous l'influence d'une température très-élevée; tandis que celles qui ont enveloppé et couvert cette première croûte ont une structure telle, et présentent d'ailleurs des débris si nombreux de corps organisés, qu'il est impossible d'admettre une autre influence que celle de l'élément dont notre globe est couvert en si grande partie. La géologie a été plus loin encore; elle a confirmé par l'analyse des phénomènes et des faits les périodes de la belle histoire de la Genèse; et en comprenant, comme l'exige une interprétation rationnelle, les journées de la création comme des époques successives, elle a été complétement d'accord avec l'histoire révélée. C'est un bonheur quand la science confirme les faits établis par la tradition religieuse; car cela prouve que cette tradition est vraie. Mais on peut tirer de cet accord une autre conséquence, dont nous ne devons pas oublier de parler, c'est que les faits mis en lumière par la science ont un degré de certitude auquel rien ne manque, lorsque cette nouvelle autorité s'ajoute à celle de l'expérience ou de l'observation. — Nous n'analyserons pas ici les cataclysmes successifs qui ont fait de la terre ce qu'elle est maintenant; car nous serions forcé de mettre sous les yeux du lecteur et de discuter tous les phénomènes dont la géologie reconnaît les traces, et les théories qu'elle a admises pour leurs explications. Mais nous donnerons cependant un coup d'œil rapide sur l'histoire des révolutions du globe, comme les Cuvier, les Laplace, les Herschel l'ont comprise dans les travaux qu'ils nous ont laissés. — Pour remonter à la formation du globe, il faut étudier le monde astronomique, comme, pour étudier l'origine et la fin de l'homme, il faut méditer sur les destinées de l'humanité. En réfléchissant sur l'origine des planètes, en étudiant la marche et la forme des comètes, en comparant les phénomènes que présentent les nébuleuses, ces rudiments de matière planétaire, si on peut s'exprimer ainsi, qui errent vagabondes au milieu du monde astronomique, on a admis (c'est à Herschel et à Laplace que ces résultats sont dus) que les nébuleuses servaient de noyau de formation aux comètes, et que celles-ci devenaient des planètes, quand elles avaient acquis des conditions telles qu'elles pouvaient trouver une place parmi la brillante population qui est répandue sur l'azur du ciel. Cette théorie, qui paraît surtout ingénieuse, n'a pas été imaginée. Elle a été admise sur des calculs, sur des observations qui présentent une grande somme de certitude. Comment les nébuleuses ou esquisses d'une future planète, ces embryons d'une forme qui tend à se créer, se forment-elles d'abord elles-mêmes, et puis parviennent-elles, après une succession de temps plus ou moins longue, à réaliser le corps planétaire qui est la conséquence dernière, le couronnement définitif de leur lente évolution? Les nébuleuses sont de la matière en mouvement qui s'agglomère, se condense, de manière à former un noyau d'abord sans im-

portance, mais dont le volume et la force augmentent dans l'espace et dans le temps. Forme à peine ébauchée, noyau d'une puissance trop faible encore, ce corps, qu'on a appelé du nom de nébuleuse, ne peut pas compter dans l'équilibre du monde sidéral. Il ne pèse dans aucune balance. Il flotte pour ainsi dire au hasard, obéissant aux attractions des planètes au voisinage desquelles il se trouve, mais sans que ces attractions simultanées ou successives lui donnent une marche plus régulière ou un rôle moins indéterminé. A mesure qu'il prend une densité plus considérable, par l'assimilation de la matière qu'il trouve en son chemin, il acquiert des conditions nouvelles. Il devient alors une comète. A cette période de son évolution, il participe davantage à l'harmonie du système planétaire. Et lorsqu'il est arrivé à un état plus avancé de condensation, ce corps nouveau n'est ni une nébuleuse, ni une comète, mais la terre par exemple, ou toute autre sphère analogue pour la place qu'elle doit occuper et le but qu'elle doit remplir. Donc, avant que la terre ait été réalisée dans l'espace, que de modifications de forme, que de cataclysmes elle a subis. Mais cet état, qui échappe à l'appréciation historique, n'est que le premier anneau d'une série de révolutions nécessaires pour que la vie puisse se manifester sur la planète dont la forme et la première écorce viennent à se produire. Ici, nous sommes arrêtés. Bien que la géologie puisse être considérée comme une science dont les principaux jalons sont trouvés, elle est loin de donner une explication ou une démonstration exacte de tous les phénomènes qu'elle expliquera sans doute un jour. Ainsi, l'existence de ce feu central que des faits semblent établir d'une manière irrécusable, est-elle parfaitement prouvée? La manière dont est formée l'écorce granitique de notre globe est une induction d'une grande valeur. Mais, comment accorder cette assimilation progressive de substance dans le développement successif qui commence à la nébuleuse et finit à la planète, comment l'accorder, disons-nous, avec l'existence du feu central? C'est ici que la difficulté commence. — Nous ne chercherons pas à discuter cette difficulté avec détail. Mais nous dirons que la condensation de cette matière a dû donner lieu à un développement de calorique assez considérable pour produire ce feu central; et qu'une semblable probabilité peut être acceptée, bien que la lenteur de cette condensation puisse servir de base à la démonstration d'un fait contraire. Comment cette matière primitive se sépara-t-elle des eaux qui l'entourèrent comme une atmosphère de vapeur. L'explication de ce phénomène découle de l'hypothèse du feu central; et, celui-ci admis et prouvé, le reste n'a pas besoin de démonstration. Ainsi telle était la terre au commencement. Un feu central, une matière cristallisée et consolidée par refroidissement qui en formait la périphérie, et une atmosphère saturée de vapeur dont la cause qui devait désormais agir, le refroidissement, diminuait de plus en plus la tension. Alors les terrains primordiaux étaient formés. L'action du feu avait eu lieu, celle de l'eau allait avoir son tour. C'est à cette époque qu'il faut rapporter la formation des terrains secondaires; celle des terrains tertiaires se produisit plus tard et sous des conditions à peu près semblables. Depuis cette dernière période, d'autres se sont écoulées, pendant lesquelles se sont formés encore des terrains nouveaux. A chacune d'elles correspond la création d'êtres qui peuplent ou ont peuplé la terre. Dans les terrains cristallisés par l'action du feu, nulle trace d'êtres organisés. Dans les terrains secondaires et tertiaires se trouvent des vestiges, des échantillons d'espèces végétales et animales; les unes inconnues et faisant partie de l'ancien monde, les autres connues et faisant partie du monde nouveau. Les premières par conséquent contemporaines des plus anciennes révolutions, les secondes de celles qui se sont produites à une époque plus rapprochée de la nôtre. Or, pour que les végétaux, les animaux et finalement l'homme aient pu croître et se développer sur la surface de la terre, que de révolutions, que de cataclysmes, afin de leur préparer le champ où ils devaient se multiplier. Ces cataclysmes ne commencent pas seulement au moment où la périphérie de la terre est solidifiée, c'est-à-dire à l'époque des terrains de première formation; ils commencent lorsque le premier amas de matière s'agglomère dans le monde astronomique; ils commencent à l'esquisse première, si l'on peut s'exprimer ainsi, de la nébuleuse. Nous sommes donc sur une planète déjà vieille. Les révolutions qu'elle continue chaque jour sont bien loin de son premier germe au milieu de l'immensité du monde planétaire. Cette vieillesse à laquelle tout homme et toutes choses sont soumis, car tout ce qui a eu commencement doit avoir fin, cette vieillesse se manifeste par le refroidissement progressif que notre terre semble subir. Depuis que les eaux se sont condensées pour former les terrains secondaires, le refroidissement continue. Les phénomènes que nous voyons se passer le prouvent d'une manière visible. Que de volcans il y avait si nous nous reportons à une période de quelques siècles; et combien y en a-t-il maintenant qui sont éteints! On trouve d'immenses et d'innombrables traces volcaniques dans tous les pays monta-gneux, et les volcans se comptent, et les éruptions ne produisent plus les désastres que l'histoire nous fait connaître. A quels cataclysmes nous conduira cet état de choses? quelles révolu-tions doivent résulter de ce refroidissement progressif, de cette vieillesse qui éteint chaque jour l'activité première de la terre? Il serait difficile de le dire. Mais toujours est-il qu'après les ca-taclysmes du passé il y a encore les cataclysmes de l'avenir. La science ne peut que les prédire, la Providence seule peut les mesurer et les compter. Dr ED. CARRIÈRE.

CATACLYSMOLOGIE, s. f. (*didact.*), histoire des révolutions de la surface du globe.

CATACOIMÈSE ou **CATACÉMÈSE**, s. f. (*antiq. grecq.*), chanson d'usage au moment où l'on conduisait les époux au lit nuptial.

CATACOIS, s. m. (*V.* CACATOIS).

CATACOMBES, s. f. pl. On appelle de ce nom des cavités souterraines employées à la sépulture des morts. — L'étymo-logie de ce mot, formé du grec κατά et κύμβος, creux, ne donne de ces cavités aucune explication relative à un usage quelcon-que. Si, dans cette acception ordinaire, ce mot semble se lier à l'idée comme à l'usage des sépultures, on ne saurait en conclure qu'il ait eu la même valeur et le même sens chez les anciens, qui avaient beaucoup d'autres mots, tels que *hypogæa, crypta, cimetaria, sepulcreta*, pour exprimer ces grands amas de sé-pulcres souterrains qu'on retrouve aux environs de presque toutes leurs villes. — Et, dans le fait, ces vastes cavités, que nous appelons *catacombes*, servirent dans quelques villes à d'autres usages que ceux des sépultures. De pareils souterrains, à Syracuse, avaient le double emploi de prison et de cimetière public. — Le mot de *catacombe*, dans les premiers siècles du christianisme, emportait avec lui l'idée religieuse du tombeau des martyrs. Une sainte crédulité transforma ces souterrains en lieux de dévotion, sous le prétexte qu'ils avaient servi de retraite et de sépulture aux premiers chrétiens persécutés. Le chiffre XP, qu'on crut être le monogramme de Jésus-Christ, gravé sur plusieurs sarcophages, imprima à ces hypogées le même caractère de sainteté et de respect qu'aux temples mêmes. — On a proposé des conjectures bien ridicules sur l'origine des catacombes, sur l'époque de leur excavation, sur leur em-ploi, et sur la qualité des personnes qui y étaient enterrées. Mais, de toutes ces conjectures, la moins vraisemblable est que d'aussi vastes souterrains aient été fouillés par les chrétiens pour s'y réfugier dans les temps de persécution, y célébrer les mystères, et en faire le lieu de leurs sépultures. Peut-on sup-poser que des hommes, assez nombreux pour entreprendre et exécuter les travaux de l'importance de ceux dont on va rendre compte, aient pu y parvenir aux alentours des villes sans être aperçus et par conséquent troublés dans leur entreprise! Sous quelle protection les chrétiens auraient-ils pu conduire de pa-reilles excavations, eux qui étaient pauvres, méprisés, décriés, et obligés, par la nature même du fait, en le supposant possible, de cacher sous terre leur existence religieuse? ou bien; si cette protection exista, pourquoi les condamna-t-elle à des travaux bien plus pénibles que ceux qu'exigeait l'exécution des monu-ments ordinaires. Car s'il n'y a rien de plus insoutenable qu'une telle opinion, il n'y a rien de plus probable, en revanche, que la conjecture de ceux qui voient dans ces souterrains des refuges naturels contre la persécution. Cette hypothèse acquerra plus de consistance encore, en supposant que déjà ces grottes étaient consacrées à la sépulture, et, dans ce cas, le respect des anciens et l'inviolabilité des tombeaux ajoutaient encore à la sûreté de l'asile que les proscrits se seraient choisi, mais seulement pour quelques instants et pour échapper aux fureurs d'une persécu-tion momentanée. — Nous ne regarderons donc pas ces souter-rains comme des monuments du christianisme, par cela seul qu'on y en trouve les signes et les symboles. Mais comme l'u-sage d'inhumer les corps, usage qui avait été celui des premiers siècles de Rome, qui revint sous les empereurs, et qui n'avait jamais cessé d'avoir lieu pour la classe inférieure du peuple, doit confondre ensemble, dans les premiers âges du christia-nisme, les païens et les chrétiens pauvres; comme enfin, sous le déclin de l'empire, la religion du Christ devint générale et dominante, on ne doit pas plus s'étonner de trouver des chré-tiens dans ces sépultures publiques que d'en trouver dans nos

cimetières. — Quant aux chapelles et aux autels qu'on y voit, quoiqu'il soit difficile d'en déterminer la date et l'époque, il est probable qu'ils y furent pratiqués postérieurement à celle qu'on leur donne ordinairement, c'est-à-dire dans des temps où la religion, devenue publique et autorisée par les empereurs, per-mettait aux fidèles que la dévotion y rassemblait de célébrer les mystères sur les tombeaux des martyrs et des saints. Ainsi, de ce qu'on trouve dans les *catacombes* des sépultures et des mar-ques extérieures du culte, on ne saurait en conclure qu'elles soient leur ouvrage. — Une autre question, relative aux *cata-combes*, est de savoir si elles ont été creusées pour l'objet auquel on voit qu'elles furent destinées depuis, ou bien si l'on ne fit que mettre à profit, pour cette destination nouvelle, des sou-terrains fouillés pour un autre objet et dans une tout autre vue que celle d'enterrer les morts. — On ne saurait faire à cette question de réponse générale pour toutes les espèces de *cata-combes* connues; il en est qui ne doivent leur origine qu'aux travaux indispensables des carrières près des grandes villes, et aux fouilles de terre et de sable propres à la construction. Telles sont indubitablement celles de Naples et de Rome, taillées et excavées, les premières dans un tuf qui sert de moellon pour bâtir, les autres dans ces bancs de sable qu'on appelle *pouz-zolane*, et dont l'usage est si connu pour la bonté des mortiers et la liaison des pierres. A cet égard, presque toutes les grandes villes modernes ont aussi des *catacombes* auxquelles il ne man-que, pour être prises dans l'acception de ce mot, que l'idée re-ligieuse ou celle des sépultures. — Dans le détail très-abrégé que je vais donner de quelques-uns de ces fameux souterrains, je ne suivrai aucun ordre historique, et je parlerai d'abord des *cata-combes* de Rome, parce qu'elles sont les plus connues, quoi-qu'elles ne soient ni les plus anciennes ni les plus grandes, ni, à beaucoup près, les plus belles. — Ce qu'on appelle à Rome *les catacombes*, consiste en un labyrinthe souterrain de galeries assez étroites, et généralement d'une modique élévation, creu-sées quelquefois dans la pierre ou le tuf, mais le plus ordinai-rement dans des bancs de pouzzolane qu'on allait chercher à une très-grande profondeur; car ces couches s'enfoncent quel-quefois jusqu'à quatre-vingts pieds au-dessous du niveau du sol. Tout le terrain de la Campagne de Rome est miné par la fouille de ce sable. En plusieurs endroits de cette Campagne, des éboule-ments de terre ont pratiqué subitement des entrées nouvelles dans des souterrains inconnus; mais de pareils écroulements ont obstrué d'autres allées, en sorte que la connaissance totale de cette ville souterraine est une chose dont on doit désespérer. La longueur infinie de ces allées, dont quelques-unes ont en-core aujourd'hui plusieurs milles d'étendue; le peu d'ordre et de méthode qu'on suivit jadis dans ces excavations, qui avaient pour objet de suivre les bancs de pouzzolane; les encombre-ments survenus depuis, et qui ne font qu'augmenter de jour en jour les dangers auxquels on s'expose dans la recherche pénible et peu fructueuse de ces corridors tortueux; le peu de décou-vertes intéressantes qui en est résulté, tout a contribué à faire abandonner le fil topographique de ce dédale ténébreux. On n'en a et l'on n'en aura jamais que des plans partiels. La plu-part des galeries que l'on peut parcourir à l'aide des flambeaux ont ordinairement trois à quatre pieds de large sur six à sept de hauteur. Quelques-unes sont cependant si basses, qu'il faut s'incliner beaucoup pour pouvoir y passer. On n'y voit ni ma-çonnerie ni voûte; la terre s'y soutient d'elle-même. Les deux côtés de ces rues, que l'on peut regarder comme des murailles, servaient du haut en bas à recevoir les sarcophages qui se trou-vent placés dans des niches ou entailles refermées par des bri-ques fort épaisses ou quelquefois par des plaques de marbre ci-mentées d'une manière qu'on aurait peine à imiter de nos jours. Ces niches sont à trois ou quatre rangées, les unes au-dessus des autres; ce qui donne, selon la hauteur du souterrain, plus ou moins d'étages de morts placés en long et parallèlement à la rue. Quelques tombeaux sont posés à plate terre et sont recou-verts de marbre. On retrouve encore, dans un grand nombre d'urnes, des os qui, au contact de l'air et de la main, se rédui-sent en poussière. Le nom du mort se trouve quelquefois, mais rarement, sur les urnes ou sur les tuiles qui en bouchent l'ou-verture. On y voit quelquefois une branche de palmier avec cette inscription peinte ou gravée : XP ; mais on y trouve aussi fréquemment des marques du paganisme; ce qui prouve que ces sépultures étaient indistinctement consacrées au peuple et aux citoyens de tous les cultes. — Ce qu'on a découvert et ce qu'on découvre encore tous les jours de sépultures, de peintures ou d'ornements dans ces *catacombes*, n'a jamais excité l'attention des artistes ni des curieux. La plupart des sarcophages sont unis et sans relief; et, quant au peu de peintures, elles sont des bas siècles de l'empire, et ne méritent aucune admiration. Presque toutes les chambres ou les rues que l'on peut visiter se ressemblent, et ne diffèrent que par le plus ou le moins de largeur et de hauteur. On assure que l'on pourrait y faire vingt milles de chemin. Tous les jours il se forme, comme on l'a dit, de nouvelles entrées; mais les plus connues sont celles de Saint-Sébastien, de Saint-Laurent, de Porta-Portèse. Près de cette porte on trouve celle de Saint-Félix, qui fit donner à cette route le nom de *Strada Felice;* celle de Pontianus, où existait une belle fontaine, qui était un ancien baptistère; celle de *Generosa ad Sextum Philippi* et de saint Jules, pape. — Antoine Bosius, dans sa *Roma sotterranea,* a distingué dans les *catacombes* plusieurs cimetières particuliers, entre autres un qu'il dit avoir servi exclusivement aux juifs; il était creusé grossièrement dans le tuf, et marqué dans plusieurs endroits par le chandelier à sept branches. — Les *catacombes* de Naples sont bien plus grandes et bien plus belles que celles dont je viens de donner la description, et qui, comme on l'a vu, sont basses, étroites, et ne sont taillées que dans le sable ou la terre molle. Celles de San-Gennaro passent pour avoir deux milles de longueur. On assure qu'elles s'étendent jusqu'à 1,000 toises au nord-est de Ponte de Poggio-Reale. On a cru aussi qu'elles allaient jusqu'à Pouzzoles, et qu'elles servirent de sépultures aux villes de la côte; mais cette opinion a peu de vraisemblance. Actuellement on ne peut en parcourir qu'une très-petite partie. — Ces souterrains ne s'étendent pas sous la ville, ainsi que ceux de Rome; ils sont pratiqués au nord de Naples, à travers une montagne, et creusés les uns sur les autres, non dans le roc vif, mais en partie dans la pierre dont on se sert à Naples pour bâtir, et en partie dans une terre compacte, ou, pour mieux dire, dans une espèce de sable d'un jaune roussâtre, ferme et même dur en certains endroits, qui est de la véritable pouzzolane durcie, et qu'on prendrait quelquefois pour du tuf. Il y a trois ordres de galeries ou trois étages l'un au-dessus de l'autre. On en trouve le plan dans la *Description de Naples* par Celano. Mais des tremblements de terre en ont fermé les issues : on ne va même plus dans l'étage inférieur. Depuis l'entrée des *catacombes,* on marche longtemps par une rue droite qui a dix-huit pieds de large, et dont la voûte, dans sa plus grande élévation, peut avoir à peu près quatorze pieds de hauteur. Cette rue devient ensuite irrégulière, et semble avoir été percée au hasard dans la montagne, ainsi que diverses autres plus ou moins élevées, auxquelles elle communique de tous côtés. Ces souterrains ressemblent assez, pour la distribution, aux fouilles de nos carrières. On y trouve des chambres, des culs-de-sac et des carrefours, au milieu desquels on a laissé des piles et des massifs pour empêcher l'éboulement des terres. — Parmi ces différentes salles souterraines, il s'en trouve qui paraissent avoir servi de chapelles. Les deux premières qui se présentent quand on est entré dans les *catacombes* contiennent des autels de pierre brute, et quelques peintures à fresque d'un goût gothique, mais dont les couleurs sont encore assez vives. Elles représentent la Vierge et des saints, qui paraissent être du XVIIe siècle. — Dans toute la longueur des murs, on aperçoit de chaque côté une quantité prodigieuse de cavités percées horizontalement. On en voit quelquefois cinq, six et même sept, les unes au-dessus des autres. Ces cavités sont toutes assez grandes pour recevoir un corps humain, mais non un sarcophage. Elles sont inégales, et il paraît qu'on ne les faisait que sur la grandeur des corps qui devaient y être placés, tant les mesures en sont variées. On en aperçoit pour tous les différents âges, et il s'en trouve de si petites, qu'elles n'ont pu servir qu'à des enfants. Lorsque le corps y étaient déposés, on fermait l'entrée de ces trous avec une longue pierre plate ou avec plusieurs grandes briques rapprochées et scellées à chaux et ciment. Dans beaucoup d'endroits, on rencontre des chambres avec des niches où l'on dressait les corps; ces niches étaient peut-être des sépultures particulières de certaines familles. Elles ont presque toutes au fond et par terre un ou deux cercueils en forme d'auge. On y voit aussi des tombeaux, dont plusieurs sont revêtus de mosaïques du bas âge. Il y en a du même temps qui n'ont point été ouverts. — Les trous ou les niches dont je viens de parler sont vides; les cadavres en ont été enlevés; et, si l'on aperçoit encore des ossements dans certains lieux, on assure que ce sont les corps de ceux qu'on y a mis lors de la dernière contagion. — On a trouvé dans ces *catacombes* des monuments en marbre, avec des inscriptions grecques et latines. On les a sciés pour faire le pavé de l'église de la *Sanita.* Celano dit qu'on ne saurait voir *sans verser des larmes* ce pavé parsemé de carac-

tères antiques qu'il n'est plus possible de déchiffrer. La Sicile nous présente beaucoup d'excavations semblables, et destinées aux mêmes usages. Catane, Palerme, Agrigente, Syracuse, toutes ces villes antiques, que le temps a détruites, ne semblent vivre aujourd'hui que dans leurs tombeaux; et ces monuments indestructibles sont pour ainsi dire les seuls qui attestent leur ancienne population, leur grandeur et leur puissance passées. — Les *catacombes* de Syracuse sont les plus vastes, les mieux conservées qui existent, et peut-être les plus propres à donner une idée de ces sombres demeures. Celles-ci forment comme une ville souterraine, avec ses grandes et petites rues, ses carrefours et ses places taillées, excavées dans le rocher, à plusieurs étages, et évidemment creusées pour en faire des sépultures, en cela différentes d'autres excavations de la même ville, qui ne furent certainement que des carrières. Les *catacombes* en question n'ont pu que difficilement se prêter à l'extraction des pierres, les issues n'en étant ni larges ni commodes. Tout l'espace intérieur a été travaillé à différentes époques, et distribué en voûtes plates, cintrées ou sphériques, mais en si grand nombre, que cet ouvrage doit avoir occupé un grand peuple pendant une longue suite de siècles. La rue principale, dans laquelle on entre après avoir passé par une espèce d'église souterraine, est assez large; elle est en ligne droite et à voûte plate. On peut la suivre très-longtemps, mais on ne saurait en évaluer la longueur, parce qu'il s'y est formé des atterrissements qui empêchent de la parcourir dans son entier. Les parties latérales de cette rue sont remplies de grands tombeaux incrustés dans le roc. Leur forme demi-circulaire est terminée et recouverte par une voûte en plein cintre. — D'espace en espace sont des excavations profondes et en ligne droite, où l'on voit jusqu'à soixante tombeaux, tous de la même grandeur, ménagés dans le massif de la pierre. Il paraît qu'ils ont tous été ouverts et fouillés. Dans d'autres endroits, il y a des chambres sépulcrales particulières, avec des portes qui autrefois ont fermé à clef; on y voit encore l'entaille des gonds, et, au milieu de ces salles, de grandes et larges tombes isolées, et destinées sans doute aux chefs des familles. De distance en distance, l'on rencontre des espèces de carrefours formés par la rencontre de deux rues. Ces carrefours sont ouverts de quatre côtés, et quelques-unes de ces rues donnent entrée à de grandes salles dont les voûtes étaient cylindriques, artistement travaillées, et percées par une ouverture qui allait aboutir à la superficie du sol pour y chercher l'air extérieur. Autour de ces salons sont des tombeaux placés symétriquement, et de même forme que ceux de la rue principale. — En parcourant ce labyrinthe ténébreux, on est étonné d'être revenu sur ses pas sans s'en être aperçu, et de se trouver dans un étage au-dessous de celui qu'on vient de quitter. Quoique à chaque instant on soit arrêté par des décombres et des atterrissements, que l'on ne puisse parcourir qu'avec peine une partie de ces vastes souterrains, ce qu'on en voit est si étendu, qu'il faut s'étonner de la grandeur des moyens, du nombre prodigieux de bras qui durent être employés à ces excavations, à moins qu'on n'aime mieux supposer qu'elles furent le résultat progressif du travail de plusieurs siècles. Cependant il est vraisemblable que ces sépultures ont été faites du temps des Grecs, puisque, pendant et depuis la domination des Romains, Syracuse n'a jamais été assez peuplée pour avoir pu entreprendre des travaux aussi considérables, quand tous ses habitants y auraient été employés. Il semble en outre que cette grande simplicité, que cette égalité jusque dans les honneurs rendus aux morts, annoncent un temps et des mœurs républicaines qui ne survécurent pas à la prise de Syracuse.— Les seuls ornements qu'on rencontre dans quelques endroits de ces *catacombes* y ont été ajoutés postérieurement, et se réduisent à quelques mauvaises peintures grecques des derniers *temps* de l'empire, faites sur un enduit appliqué à la roche, avec des lettres grecques ou latines, ou bien encore à des marques et symboles de martyrs qui étaient peints dans l'intérieur des tombeaux. On doit penser que ces espèces de monogrammes n'ont pu être placés que longtemps après et dans les premiers siècles de l'Eglise, époque où ces souterrains furent vraisemblablement occupés par les fidèles qui ajoutaient ces différents caractères à leurs sépultures, pour distinguer leurs frères des idolâtres qu'ils avaient remplacés. — En général, les *catacombes* de Syracuse n'ont point l'aspect lugubre des *catacombes* de Naples et de Rome : il y règne une tranquillité mystérieuse qui annonce le sanctuaire du repos. Enfin, de tous les monuments qui restent de cette ville, on peut regarder celui-ci comme le plus capable de donner une idée de la grandeur d'une cité autrefois si puissante et si peuplée. — Pour tout ce qui regarde l'usage et les formes des sépultures anciennes et modernes, je renvoie le lec-

v.

teur aux différents articles, CIMETIÈRE, TOMBEAUX, SÉPULTURE, SÉPULCRE, etc.

CATACOMBES DE PARIS. Toutes les pierres qui ont servi à la construction des maisons du vieux Paris ont été tirées d'abord des carrières souterraines ouvertes sur les bords de la Bièvre, dans l'emplacement qu'occupèrent plus tard le faubourg Saint-Marcel, les constructions du Mont-Parnasse, et les bâtiments aujourd'hui démolis des Chartreux. Dans des temps postérieurs, on demanda des matériaux au territoire de Gentilly, de Montsouris, et à celui que le faubourg Saint-Jacques occupe en ce moment. Faute de surveillance de la part de l'autorité, les exploitations eurent lieu, sans règle fixe et sans esprit de prévoyance, fort avant sous le sol de la campagne, et fort avant aussi sous les propriétés déjà bâties. Il résulta de ce désordre que de nombreux édifices et des quartiers entiers se trouvèrent assis sur des terrains minés en dessous, et pour ainsi dire suspendus sur des abîmes. Malgré cet état de choses, qui était connu de tout le monde, il fallut que des éboulements et des affaissements causassent de nombreux malheurs pour que la sollicitude du gouvernement s'en occupât. Enfin, dans les derniers mois de 1776, après des enfoncements et des écroulements de maisons, l'autorité ordonna la visite de ces vastes et profondes excavations. « Alors, dit M. Héricart de Thury, on reconnut avec épouvante que les temples, les palais, et la plupart des voies publiques des quartiers méridionaux de Paris étaient prêts à s'abîmer dans des gouffres immenses; que le péril était d'autant plus redoutable qu'il se présentait sur tous les points.» En 1777, on créa une compagnie d'ingénieurs spécialement chargée de consolider les excavations par des étais et des voûtes. Les travaux de cette compagnie, qui, depuis leur ouverture, n'ont subi aucune interruption, et se continuent encore, n'ont point empêché que quelques affaissements n'aient eu lieu; mais on espère qu'avec le temps ils deviendront très-rares et cesseront tout à fait. Du reste, les précautions ont été prises avec intelligence. Chaque galerie souterraine correspond à une rue, et les numéros des maisons sont répétés au-dessous; de sorte que, si un éboulement se fait à la surface, on sait tout de suite, à l'intérieur, sur quel point il faut mettre les ouvriers. — C'est dans une partie de ces carrières que l'on a établi cet immense ossuaire que l'on appelle les *Catacombes do Paris*, et voici à quelle occasion. Le cimetière des Innocents, qui depuis dix siècles recevait les morts de plus de vingt paroisses, était encombré d'ossements et de cadavres qui portaient l'infection dans les quartiers environnants, et plusieurs accidents successifs attirèrent d'abord l'attention des savants, qui publièrent plusieurs mémoires sur ce sujet, et enfin du gouvernement, que la clameur générale força de s'en occuper. Le conseil d'État, par arrêt du 9 novembre 1785, décida que le cimetière cesserait d'être consacré à son ancienne destination, et serait transformé en un marché public. L'archevêque de Paris y consentit en 1786, ordonna que le terrain serait fouillé à la profondeur de cinq pieds, la terre passée à la claie, et les ossements transportés dans les galeries souterraines disposées pour les recevoir, c'est-à-dire dans les carrières de la plaine de Montsouris, que l'on était parvenu à consolider. Plusieurs grands vicaires, accompagnés de docteurs en théologie et du clergé dont les paroissiens reposaient dans le cimetière des Innocents, étant venus, le 7 avril 1786, consacrer avec toute la pompe sacerdotale le nouvel asile ouvert à la mort, on s'occupa avec activité du soin de l'enrichir aux dépens de celui que l'on abandonnait. Des inscriptions, qui attestent que la première translation se fit dans les mois de décembre 1785, janvier, février et mars 1786, nous apprennent cependant que l'on n'avait pas attendu la bénédiction des catacombes pour y transporter les ossements du cimetière des Innocents. Depuis cette cérémonie, les transports furent fréquents. Les cimetières de Saint-Eustache et de Saint-Etienne des Grès ayant été supprimés en 1787, on transféra dans l'ossuaire les débris humains qu'ils contenaient. Par la suite, pendant et après les orages de la révolution, on y déposa les corps des personnes tuées dans les troubles, et les ossements enfouis dans les cimetières des autres paroisses et des maisons religieuses. Divers travaux faits en 1808, 1809, 1811, et postérieurement, dans le marché des Innocents, mirent à découvert de nouveaux ossements, dont la plus grande partie fut encore transportée dans les catacombes; le reste fut déposé dans les cimetières de l'Est et de Montmartre. Les personnes munies de billets pouvaient autrefois visiter ces cavernes sépulcrales, qui étaient devenues, il y a environ vingt ans, l'objet d'une curiosité très-vive, et en quelque sorte le but d'une promenade à la mode. Aujourd'hui l'accès en est tout à fait interdit au public. Nous croyons donc devoir en donner ici une courte description. On y pénétrait ordinairement par une porte située dans la cour du pavillon ouest de la barrière d'Enfer. Après avoir descendu quatre-vingt-dix marches, on se trouvait dans une galerie de dix-neuf mètres quatorze centimètres d'élévation. De là on arrivait dans une autre galerie creusée sous la route d'Orléans; on faisait différents détours, dans lesquels on était guidé par une large ligne noire tracée sur la voûte, et qui tenait lieu du fil d'Ariane. On rencontrait dans le trajet plusieurs constructions faites pour empêcher la contrebande; les grands ouvrages commandés en 1777 pour la consolidation de l'aqueduc d'Arcueil, et un labyrinthe de galeries longues, ténébreuses, dans lesquelles plusieurs imprudents s'étant, dit-on, engagés sans guide, se sont perdus et sont morts de faim. Un nouvel escalier que l'on descendait conduisait dans une salle où l'on voyait un plan en relief de la forteresse de Port-Mahon, exécuté par un ouvrier, ancien soldat qui avait assisté à la prise de cette ville, sous le maréchal de Richelieu, en 1756, et qui, sans autre guide que ses souvenirs, avait employé pendant cinq ans les heures de ses repas à l'exécution de cette œuvre de patience. Dans une autre salle, on voyait un amas de rochers qui, en tombant, s'étaient arrangés d'une manière tellement pittoresque, qu'on les jugea dignes de servir de modèle aux décorations de l'opéra des *Bardes*. On passait ensuite près d'un pilier taillé dans la masse calcaire, et d'un autre en pierres sèches, puis on arrivait au vestibule des catacombes. En entrant, on rencontrait un cabinet minéralogique contenant une collection complète des échantillons des bancs de terre et de pierre qui constituent le sol des carrières; et plus loin, dans un ancien carrefour, entre quatre murs de soutènement, un cabinet de pathologie, où sont réunis et classés méthodiquement une foule d'ossements remarquables par quelques singularités ou par les altérations que les maladies leur ont fait subir. Une crypte, établie dans une vaste salle dont l'entrée est décorée de pilastres d'ordre de Pestum, offrait ensuite un piédestal construit en ossements, dont les moulures se composent de tibias de la plus grande dimension; au-dessus est une tête de mort. Là reposent les corps exhumés du cimetière de Saint-Laurent, en 1804. Ce que l'on appelait l'*Autel des obélisques* est un massif composé d'ossements, avec des formes imitées de l'antique, accompagné de colonnes quadrangulaires reposant sur des piédestaux et surmontées de têtes de mort. On a donné à d'autres travaux de consolidation la forme d'un monument sépulcral, que l'on a appelé *Sarcophage du lacrymatoire* ou *Tombeau de Gilbert*, à cause de quatre vers de ce poëte qui s'y trouvent inscrits. Un monument, composé d'un piédestal surmonté d'une lampe antique, se trouve non loin d'un *pilier* que l'on appelle *du Memento*. Des eaux éparses, recueillies dans un bassin, ont formé la *fontaine de la Samaritaine*, dans laquelle on a jeté, en 1813, quatre dorades chinoises, qui y vécurent longtemps sans se reproduire. Toutes ces salles offrent à leur entrée ou dans leur intérieur des inscriptions gravées et religieuses qui portaient l'âme au recueillement. Au-dessous du sol sont inhumés les restes des victimes de diverses scènes sanglantes qui eurent lieu à Paris pendant la révolution. Ces sépultures ne portent d'autres inscriptions que la date de l'événement qui les a rendues nécessaires, telles que le 10 août 1792, 2 et 3 septembre 1792. Du second étage des catacombes, on descendait dans un troisième, nommé *basses catacombes*, par un escalier sous lequel on a construit un aqueduc qui conduit les eaux d'une source voisine dans le puits de la *tombe Isoire*. Un pilier de forte dimension y a été élevé pour soutenir la voûte qui, fendue et lézardée en plusieurs endroits, faisait craindre un éboulement. Quatre strophes tirées des *Nuits clémentines*, composées sur la mort du pape Ganganelli, sont inscrites sur ce pilier, qui avait reçu en conséquence le nom de *pilier des Nuits clémentines*. On sortait des catacombes, après avoir remonté aux galeries supérieures, en parcourant un vestibule et un long corridor, au bout duquel se trouve un escalier de dix-sept mètres cinquante-trois centimètres, construit en 1784, et aboutissant au chemin qui conduit de Montsouris au petit Montrouge.

CATACOREUSIS ou **CATACHOREUSIS** (*musique*), chanson des Grecs, pendant laquelle on représentait, dans les jeux Pythiens, Apollon dansant après sa victoire sur le *serpent*.

CATACREUSIS ou **CATACHOREUSIS** (*musique des anciens*), cinquième et dernière partie du nome pythien, suivant Pollux (*V.* PYTHIEN).

CATACOUSTIQUE (*phys.*), science qui a pour objet les sons réfléchis, partie de l'acoustique qui s'occupe des échos et examine leurs propriétés, ou considère en général les sons qui ne viennent pas directement des corps sonores à l'oreille, mais ne la frappent qu'après qu'ils y ont été renvoyés par quelque autre corps. Ce mot *catacoustique* est analogue au mot *catoptrique*, qui signifie la science qui a pour objet la lumière réfléchie. Ainsi la *catacoustique* est à l'acoustique ce que la catoptrique est à l'optique. B. JULLIEN.

CATACOUSTIQUE, adj. des deux genres (*phys.*), qui appartient à la catacoustique ; qui concerne les sons réfléchis. *Appareil catacoustique.*

CATADA (*géogr. anc.*), aujourd'hui la *Miliana*, rivière d'Afrique qui se déchargeait dans la Méditerranée au sud de Carthage, à une petite distance de Ades ou Rhades, sur la baie de Tunis. A un mille de son embouchure sont les fameux bains chauds d'Hamman-Leef, si en réputation parmi les Tunisiens.

CATADERBIS (*géogr. anc.*), lac d'Asie, dans la Susiane, dont la communication avec la mer a été interrompue dans la suite des siècles par la formation et l'agrandissement de la petite île de *Margastana*, à 500 stades de l'embouchure de la rivière d'Arosis, suivant le *Journal de navigation* de Néarque. Arrien en a fait mention.

CATADÈME, s. m. (*antiq. grecq.*), magistrat établi dans chaque dème de l'Attique. Les catadèmes connaissaient des affaires contentieuses jusqu'à dix drachmes.

CATADIOPTRIQUE (*phys.*), science qui a pour objet les effets réunis de la catoptrique et de la dioptrique, c'est-à-dire les effets réunis de la lumière réfléchie et de la lumière réfractée. Cette réunion sert principalement pour faire connaître la marche de la lumière dans les télescopes (*V.* ce mot). — On sait que les objets que représente un miroir concave en réfléchissant les rayons émanés de ces objets paraissent à contre-sens ; ce qui est à droite se voit à gauche ; ce qui est à gauche se voit à droite, et ce qui est en haut paraît en bas. Si donc les apparences de ces objets sont renversées par la dioptrique, le miroir, renversant à son tour ces apparences, remet les images dans une situation conforme aux objets. On voit donc que la réunion de la catoptrique et de la dioptrique, ou, ce qui est la même chose, la catadioptrique, est propre à redresser les images. B. JULLIEN.

CATADRES (*géogr. anc.*), peuple d'Ethiopie, dont Ptolémée place le pays au midi du mont Garbata, du côté de l'Egypte.

CATADROME (*antiq.*), de κατά et δρέμω, *je cours*, forte corde tendue obliquement dans les théâtres, sur laquelle les funambules montraient leur agilité. — Quelques-uns ont pensé que ce mot signifie l'hippodrome, ou *decursorium*, dans lequel les chevaliers romains s'exerçaient à la voltige et aux combats simulés à cheval. Mais l'interprétation la plus naturelle de ce terme s'applique à une corde qui descendait du haut du théâtre en bas, le traversant diagonalement dans toute sa longueur. Les courses et les sauts qu'y exécutaient les *schœnobates* ou *funambuli* étaient leurs plus brillants titres de gloire. On prétend même que des éléphants ont figuré dans ces tours d'adresse. Suétone ne craint point d'affirmer (*in Ner.*, cap. 11, pag. 5) des merveilles opérées par un chevalier romain qui descendait le catadrome debout sur le dos d'un éléphant.

CATADUPI (*géogr. anc.*), nom donné par les anciens aux habitants du voisinage des cataractes du Nil. On regardait ces peuples comme rendus sourds par le continuel tonnerre que faisaient entendre les eaux dans leur chute.

CATÆA ou CATTÆA (*géogr. anc.*), île du golfe Persique, sur la côte de Caramanie, suivant le journal de navigation de Néarque. Elle était alors habitée et consacrée à des divinités qu'il nous dépeint comme étant Mercure et Vénus. — Cette île s'étendait de l'ouest-sud-ouest à l'est-nord-est, et était éloignée de 2 ou 5 lieues du continent. Pline l'appelle *Aphrodisie*.

CATÆBATES (*myth. grecq.*) (*V.* CATÉBATE).

CATÆONIUM PROMONTORIUM (*géogr. anc.*), promontoire d'Afrique, placé par Ptolémée dans la Marmarique.

CATAFALQUE, s. m. Ce mot, qui vient de l'italien *catafalco*, signifie proprement un échafaud ou élévation. C'est une décoration d'architecture, de peinture et de sculpture, établie sur une bâtisse de charpente, pour l'appareil et la représentation des tombeaux ou cénotaphes qu'on élève dans les pompes funèbres. Ainsi *catafalque* est précisément ce qu'on entend par *cénotaphe*. Mais l'usage a étendu ce mot à la décoration générale des chapelles ou églises sépulcrales temporaires que l'on construit en charpente, ou que l'on dispose pour les grandes cérémonies funèbres. — Les *catafalques* étant des monuments temporaires de décoration auxquels on ne saurait guère proposer d'autres règles que celles des exemples, nous avons cru ne pouvoir donner une meilleure idée de ces sortes de compositions qu'en rapportant la description fidèlement conservée par les contemporains de celui qui fut exécuté en l'honneur de Michel-Ange par la réunion de tous les célèbres artistes de cette époque. — Dès que le corps de Michel-Ange eut été transporté à Florence, l'académie, d'accord avec le grand-duc, résolut de faire les obsèques de ce grand homme avec une magnificence qui répondît à sa haute vertu. Ammanati, Vasari et Bronsino furent choisis pour diriger cette grande entreprise. Si l'on n'eût écouté que l'ardeur et l'émulation de tous les artistes qui voulaient y contribuer, le luxe et la pompe de la décoration eussent peut-être été poussés trop loin. Il fut résolu sagement qu'on chercherait à honorer le génie de Michel-Ange plutôt que par les productions de l'art et du génie que par les effets dispendieux d'une stérile richesse. « En effet, disaient les académiciens, ayant à honorer un homme de génie tel que l'admirable Michel-Ange, professant un art qui était le sien, et nos richesses consistant plus dans nos talents que dans l'or et l'argent, nous ne devons pas penser à une magnificence royale ni à un luxe superflu ; mais il faut honorer l'art par l'art ; et l'amour dont nos cœurs sont enflammés pour cet homme divin doit éclater dans les plus beaux ouvrages que pourront produire le génie et l'adresse des mains. Et quoique nous puissions espérer de son excellence tout l'argent dont nous aurons besoin (ce qu'il nous a déjà donné peut nous en être un sûr garant), cependant nous devons être convaincus que ce que l'on attend de nous, c'est plutôt de belles inventions qu'un appareil éclatant et dispendieux. » — On peut assurer pourtant que la magnificence égala la beauté des ouvrages qui sortirent de leurs mains ; c'étaient des obsèques vraiment royales : on va en juger. — Au milieu de la nef Saint-Laurent, vis-à-vis des deux portes collatérales, s'élevait un *catafalque* de forme carrée, haut de vingt-huit coudées, avec une renommée au sommet. La longueur était de vingt coudées, et la largeur de neuf. A la base et à la hauteur de deux coudées, du côté de la porte principale de l'église, étaient couchés des fleuves, l'Arno et le Tibre. L'Arno tenait une corne d'abondance pleine de fleurs et de fruits, pour signifier par là les richesses de Florence dans les beaux-arts. Le Tibre, en étendant un bras, ouvrait les mains pleines des mêmes fleurs et des mêmes fruits qui tombaient de la corne d'abondance de l'Arno. L'intention de l'allégorie était d'indiquer combien Rome avait profité des richesses de Florence, et de faire voir en même temps que Michel-Ange avait passé une grande partie de sa vie à Rome, où sont les chefs-d'œuvre de son génie. Il est inutile de faire observer que l'Arno avait à côté de lui un lion, et le Tibre la louve allaitant Rémus et Romulus. Le Tibre était de Jean-François de Castillo, élève de Bandinelli, et l'Arno, de Baptiste Benedetto, élève d'Ammanati. — Au-dessus de ce plan s'élevait un grand carré de cinq coudées et demie avec ses corniches ; dans le milieu de chacune des faces de ce massif étaient des tableaux en grisaille ; sur la face des deux fleuves, on voyait le grand-duc Laurent de Médicis recevant dans son jardin le jeune Michel-Ange, dont il avait déjà vu quelques essais comme autant de fleurs qui annonçaient les fruits que devait produire son génie avec tant d'abondance. Dans le second tableau, vis-à-vis la porte latérale de l'église, on voyait Michel-Ange accueilli, après le siège de Florence, par Clément VII, contre l'attente du peuple. Le peuple n'avait jugé des sentiments du pape que par l'opposition de l'artiste à ses intérêts ; mais Clément n'avait vu dans cette opposition qu'une grandeur d'âme qu'il ne cessait d'admirer ; aussi dans ce tableau, pour rassurer Michel-Ange et lui montrer son estime, le pape ordonnait la construction de la nouvelle sacristie et de la bibliothèque de Saint-Laurent. Michel-Ange présentait en même temps le plan de la sacristie, et derrière lui on apercevait les modèles de la bibliothèque, de la sacristie, et des statues dont il l'orna, portées par de petits génies et autres figures. Ce tableau était de la main d'un peintre flamand, dit le Padouan. — Dans le troisième cadre qui regardait le maître-autel, on lisait une grande épitaphe latine, faite par le savant Pierre Vettori : *Collegium pictorum, statuariorum, architectorum, auspicio opeque sibi prompta Cosimis ducis, auctoris suorum commodorum, suspicions singularem virtutem Michaelis Angeli Buanorotæ, intelligensque quanto sibi auxilio semper fuerint præclara ipsius opera, studuit se gratum erga illum ostendere summum omnium qui unquam fuerint pictorum, statuariorum, architectorum, ideoque monumentum hoc suis manibus extructum magno animi ardore ipsius memoriæ dedicavit.* « Le collège des peintres, sculpteurs et architectes, sous les auspices et avec le secours du duc Côme, auteur de tous ces avantages, voyant la vertu singulière de Michel-Ange Buonaroti, et sachant combien ses beaux ouvrages lui ont été utiles, a tâché de montrer sa reconnaissance au plus grand de tous les peintres, sculpteurs et architectes : et dans cette vue il a érigé de ses mains, et avec la plus grande ardeur, ce monument qu'il consacre à sa mémoire. » Cette épitaphe était soutenue par deux petits génies pleurant. La peinture qui était vis-à-vis la porte du cloître représentait Michel-Ange soutenant le siége de Florence avec les fortifications du mont San-Miniato. — Aux quatre angles de la base du *catafalque* étaient des groupes de figures plus grandes que nature. La première en allant vers le maître-autel à droite était un jeune homme svelte, ayant deux petites ailes au haut de la tête, comme on en voit à Mercure. Il représentait le Génie, foulant aux pieds l'Ignorance caractérisée par des oreilles d'âne. Ce groupe était de Vincent Danti de Pérouse. Sur l'autre piédestal, qui regardait la sacristie s'élevait la Piété chrétienne, tenant sous ses pieds le Vice, son ennemi; elle était de Valère-Simon Cioli. A la gauche de celle-ci, on voyait un autre groupe allégorique; c'était l'Art tenant sous ses pieds l'Envie : l'Art paraissait sous les traits de Michel-Ange; l'Envie avait la forme d'une vieille femme sèche et décharnée : des serpents l'entouraient, et elle tenait une vipère à la main. Ces deux figures étaient d'un très-jeune artiste, nommé Lazare Calameck de Carrare. Sur le quatrième piédestal placé un groupe d'André Calameck, élève d'Ammanati, et oncle du jeune homme dont on vient de parler. La principale figure représentait l'Etude sous les traits d'un jeune homme fier et décidé, qui avait aux poignets deux petites ailes, pour marquer la promptitude de l'exécution; il foulait aux pieds la Paresse, personnifiée par une femme languissante, fatiguée, pesante et dormeuse dans tous son maintien. C'était de dessus le piédestal orné de ces quatre groupes que s'élevait le massif orné des peintures dont on a parlé ; il servait encore de base à un troisième plan de même forme, mais plus étroit, décoré à ses quatre angles de figures grandes comme nature. A leurs attributs il était aisé de les reconnaître pour la Peinture, la Sculpture, l'Architecture et la Poésie. Cette dernière, la lyre en main, avait le costume de Calliope. Voici ce que représentaient les peintures de face du second plan. Dans le premier cadre, on voyait Michel-Ange présenter au pape Pie IV le modèle de l'étonnante coupole de Saint-Pierre de Rome; la surprise du pape et de tous les spectateurs était exprimée d'une manière frappante. L'auteur de cet excellent tableau était Pierre Francis, peintre florentin. La statue de l'architecture, placée à gauche, avait été faite par Jean-Benoît Castello. Dans le second cadre vers la porte latérale, on voyait Michel-Ange peindre son *Jugement dernier ;* ce tableau était dû aux élèves de Michel Ridolphi ; ils y avaient mis une grâce et une beauté que l'on ne saurait exprimer. A la gauche, la statue de la Peinture était du ciseau de Baptiste Cavalieri. Le troisième tableau, tourné vers le maître-autel, présentait au-dessus de l'épitaphe, présentait Michel-Ange s'entretenant avec une femme qu'à ses attributs on reconnaissait aisément pour la Sculpture; il paraissait délibérer avec elle, et avait autour de lui plusieurs de ses chefs-d'œuvre. La Sculpture tenait à la main une tablette où on lisait ces mots : *Simili sub imagine formans.* Ce tableau, plein d'invention, de goût et d'exactitude, était d'André del Minga, Florentin, et la statue de la Sculpture qui l'accompagnait était d'Antoine de Gino Lorenzi, excellent sculpteur. Dans le quatrième tableau, la Poésie était représentée par Michel-Ange occupé à écrire une de ses compositions, et entouré des neuf Muses dans toute la pompe que leur prêtent les poëtes. A leur tête paraissait Apollon, la lyre en main, et une couronne de lauriers sur le front; il en tenait une autre pour en ceindre celui de Michel-Ange, et on lisait à côté ces paroles du Dante :

Conduce mi Apollo ;
E nove Muse mi demonstran l'Orse.

« Apollon guide mes pas, et les neuf Muses me montrent le pôle. » Ce tableau était d'une riche composition; la manière, les attitudes en étaient frappantes : Jean-Marie Buthie en était l'auteur. La statue correspondante était de la main de Dominique Poggini. Jusque-là le *catafalque* avait trois plans qui allaient en décroissant : sur le premier étaient couchés les fleuves; le second était celui qui portait les groupes, et le troisième portait les figures des arts. Sur leur embasement on lisait ces mots latins :

Sic ars extollitur arte.

« C'est ainsi que l'art est honoré par l'art. » Au-dessus de ce dernier plan s'élevait une pyramide de la hauteur de neuf coudées, au pied de laquelle, sur deux de ses faces, c'est-à-dire celles tournées vers la porte et vers l'autel, on voyait, dans des ovales en bas-reliefs, la tête de Michel-Ange moulée d'après nature, et exécutée avec le plus grand soin par Santi-Buglioni. Au sommet de cette pyramide était une boule destinée à renfermer les cendres de Michel-Ange, et au-dessus de la boule planait une Renommée plus grande que nature, et embouchant une trompette à trois pavillons. Elle était de la main de Zanoti Lastricati, qui, outre les soins dont il fut accablé comme sur-inspecteur de tout l'ouvrage, voulut encore concourir à ce grand œuvre par des productions de son ciseau. Ainsi, depuis le pavé jusqu'à la tête de la Renommée, il y avait vingt-huit coudées. Toute l'église était tendue en drap noir, attaché non pas aux colonnes, comme on le fait ordinairement, mais aux chapelles collatérales; ce qui faisait un très-beau coup d'œil par le contraste de la blancheur des colonnes qui se détachaient sur le noir. L'église de Saint-Laurent a trois nefs soutenues par deux rangs de colonnes, d'une très-belle pierre sereine. Dans le mur des nefs collatérales ou bas-côtés sont distribuées les chapelles en forme de niches, aussi larges que les intervalles des colonnes, et dont l'ouverture est formée par des pilastres correspondant à ces colonnes. Cette disposition est la même pour la nef de la croisée. La tenture était donc coupée par toutes ces ouvertures, et tous ces intervalles étaient remplis par des tableaux. Dans l'ouverture de la première chapelle, qui est à côté du maître-autel, en allant vers la vieille sacristie, il y avait un tableau haut de six coudées et long de huit, avec une invention vraiment poétique. Michel-Ange y était représenté au milieu des champs Elysées, ayant à sa droite les plus fameux peintres et sculpteurs de l'antiquité, dont chacun avait quelque attribut qui le faisait aisément distinguer. On remarquait Praxitèle avec son Satyre, Apelles avec son portrait d'Alexandre le Grand, Zeuxis avec la grappe de raisin qui trompa les oiseaux, etc. On apercevait à la gauche de Michel-Ange les modernes qui, dans les premiers temps de la renaissance des arts, avaient été formés par Cimabue. On y reconnaissait le célèbre Giotto à une tablette sur laquelle on voyait le portrait du Dante encore jeune; Masaccio y était d'après nature, et dans toute la vérité de son costume et de son maintien; Donatello de même. On distinguait Brunelleschi à sa coupole de Sainte-Marie des Fleurs ; on voyait représentés au naturel et sans attributs, Sira Philippe, Thaddeo Gaddi, Paul Ucello, Francesco Jean-Ange Mont'Orsoli, Pontormo, Salviati, et autres qu'il serait trop long de nommer. Tous ces personnages, tant anciens que modernes, paraissaient pleins d'amour et d'admiration pour Michel-Ange; ils l'accueillaient comme le Dante dit que fut accueilli Virgile par les autres poëtes. Aussi était-ce de la fiction du Dante qu'on avait tiré l'idée de ce tableau, comme l'épigraphe qu'on lisait au bas :

Tutti l'ammiram, tutti onor gli fanno.

« Tous l'admirent; tous lui rendent hommage. » Cet ouvrage fut infiniment estimé; il était d'Alexandre Allori, élève de Bronzin. Dans l'espace de la chapelle du Saint-Sacrement était un tableau long de cinq coudées et large de quatre, dans lequel on voyait autour de Michel-Ange toute l'école des arts, les petits enfants et les jeunes gens de tout âge et de toute condition. Ils offraient à Michel-Ange, comme à une divinité, les prémices de leurs travaux, c'est-à-dire des peintures, des sculptures avec quelques-uns de ses modèles; il les recevait avec bonté, et leur montrait les beautés de l'art. Cette troupe innocente et docile l'écoutait avec la plus grande attention, et le regardait avec des attitudes admirables. Pour mieux exprimer le sujet, on y avait mis les deux vers suivants :

Tu pater, et rerum inventor, tu patria nobis
Suppeditas præcepta tuis ex inclytis chartis.

« O toi! notre père, toi l'inventeur des grandes choses, tu nous donnes des préceptes paternels dans tes admirables ouvrages. » Ce tableau avait été peint par Baptiste, jeune élève de Pontormo. En venant ensuite vers la principale porte de l'église, il s'en présentait un autre haut de six coudées et large de quatre. Le sujet était la faveur extraordinaire qu'accorda au mérite de Michel-Ange le pape Jules III, qui le fit venir à la *villa Julia* pour s'entretenir avec lui. On les voyait converser ensemble assis, tandis que les cardinaux, les évêques et autres grands de la cour de Rome paraissaient debout à l'entour. Ce sujet, traité avec toute la vigueur et l'énergie d'un maître consommé, était cependant l'ouvrage du jeune Jacques Zucchi, élève de Georges Vasari. Un peu plus loin sur le même côté, en avançant vers l'orgue, on apercevait un quatrième tableau, haut de quatre coudées et large de six, qui représentait d'autres honneurs rendus à Michel-Ange; c'étaient ceux dont André Gritti, doge de Venise, le combla au nom de la république. Jean Strada, Flamand, était l'auteur de cette peinture. Encore un autre hommage éclatant rendu au génie de Michel-Ange frappait les regards à l'autre côté de l'église. C'était la réception que faisait le duc Còme à ce grand homme, qui venait le visiter. On sait qu'aussitôt qu'il l'aperçut, il se leva, courut au-devant de lui pour le faire asseoir dans son propre fauteuil, ensuite l'écouta debout et découvert, avec l'attention et le respect qu'aurait eu un fils bien né pour son père. Toutes ces circonstances étaient merveilleusement représentées dans ce grand tableau. On voyait aux pieds du prince un petit enfant tenant le bonnet ducal, et à côté étaient rangés des soldats en costume antique. Ce qui fixait surtout l'attention, c'était l'air et l'attitude du duc et de Michel-Ange. Dans le suivant, haut de neuf coudées et large de douze, Bernard Timante Buontalenti, peintre très-aimé de Còme, avait peint d'une belle manière les fleuves des trois principales parties du monde, venant joindre leur douleur à celle de l'Arno, et le consoler de la perte commune; ces trois fleuves étaient le Nil, le Gange et le Pô. Le Nil avait pour attributs un crocodile et une couronne d'épis, symbole de l'abondance et de la fécondité du terrain qu'il arrose; le Gange avait le griffon et une guirlande de pierreries; le Pô se distinguait par un cygne et une couronne d'ambre noir. Amenés tous trois dans la Toscane par la Renommée que l'on voyait planer en haut, ils entouraient l'Arno qui, couronné de cyprès, tenait d'une main son urne renversée, et de l'autre un rameau de cyprès; il avait aussi un lion sous ses pieds; et, pour faire voir que le génie de Michel-Ange s'était envolé au séjour des immortels, le peintre avait mis dans les airs une grande lumière, dans laquelle s'élevait et se confondait un petit génie, avec ce vers lyrique :

Vivens orbe peto laudibus æthera.

« Toujours vivant sur la terre, ma gloire m'élève jusqu'aux cieux. » Le peintre avait encore placé aux deux côtés du tableau, sur deux piédestaux, deux grandes figures : l'une était Vulcain, tenant une torche à la main et foulant aux pieds la Haine, qui faisait effort pour se relever; son attribut était un vautour, et le vers suivant lui était adressé :

Surgere quid properas, Odium crudele? jaceto.

« Pourquoi tentes-tu de te relever, Haine cruelle? reste abattue.» L'autre figure était Aglaïa, l'une des trois Grâces et femme de Vulcain; elle tenait un lis, et la figure qui, sous ses pieds, semblait se débattre, avait pour attribut un singe, avec cette devise :

Vivus et extinctus docuit sic sternere turpe.

« C'est ainsi qu'il nous apprit, et pendant sa vie et après sa mort, à fouler aux pieds l'infamie. » Au-dessous des fleuves on lisait encore ces deux vers :

Venimus, Arne, tuo confixa ex vulnere mœsta
Flumina, ut ereptum mundo ploremus honorem.

« Percés du même trait, nous venons, Arno, pleurer avec toi la perte que fait le monde. » Ce tableau fut jugé un des plus beaux : ce qui le rendait encore plus recommandable, c'est que le peintre n'avait été chargé de rien, et ce qu'il fit pour la mémoire de Michel-Ange fut un hommage volontaire de son cœur. Thomas de San-Friano avait représenté dans le tableau supérieur, haut de quatre coudées et long de six, l'entrevue de Michel-Ange et de Jules II, lorsque ce pape irrité venait le redemander jusqu'à trois fois, avec menace, à la république de Florence. Le quatrième, du même côté, était de la main d'Etienne Pieri, élève de Brenzin; il avait représenté Michel-Ange en négligé (tel qu'il était auparavant), assis à côté de son excellence dans une salle, et conversant familièrement avec lui. Aux endroits où il n'y avait pas de tableaux, les intervalles étaient ornés de morts, d'attributs et de devises. Une Mort, représentée par un squelette, avait jeté sa faux par terre, et, paraissant affligée d'avoir été contrainte d'enlever Michel-Ange, elle s'en excusait par cette devise :

Coegit dura necessitas.

« La cruelle nécessité m'a forcée.» Elle tenait aussi en main une boule du monde, sur laquelle était un lis qui avait trois calices; la tige en était coupée par le milieu. Cette invention était d'Alexandre Al'ori, dont on a déjà cité le nom. On voyait encore d'autres figures de morts dans d'autres compositions. Il y en avait une couchée par terre; l'Eternité, une palme à la main, la foulait aux pieds et paraissait lui dire, d'un air de mépris, que sa volonté ou la nécessité n'avait rien fait, parce que malgré elle Michel-Ange vivrait toujours. La devise était :

Vicit inclyta virtus.

« L'éclatante vertu a triomphé. » Toutes ces figures de morts étaient éparses sur la tenture. L'invention de la dernière était de Georges Vasari, qui se prêta avec la plus grande ardeur à tous les soins de sa commission. L'amitié, comme on sait, lui donnait un intérêt plus particulier. — Michel-Ange, pendant sa vie, se servait pour cachet de trois cercles entrelacés; il avait probablement en vue de faire entendre par là l'union intime des trois arts du dessin qu'il avait professés, et dont l'étude ne devrait jamais être isolée. On changea ces trois cercles en trois couronnes, et on y joignit cette devise :

Ter geminis tollit honoribus.

« L'art lui décerne un triple honneur. » L'allusion de la triple couronne était fort naturelle, et il n'était pas nécessaire de savoir que Michel-Ange se fût servi de trois cercles pour cachet symbolique; mais cette nouvelle convenance ajoutait un prix de plus à l'allusion. A la chaire dans laquelle Benoît Varchi prononça l'oraison funèbre il n'y avait aucun ornement, parce que, comme elle était de bronze avec des bas-reliefs du célèbre Donatello, toute parure étrangère eût été moins belle; mais sur une autre, qui était vis-à-vis, on avait placé un tableau de quatre coudées de haut et large de deux environ, qui représentait une Renommée, ou plutôt la Gloire, dans une superbe attitude, une trompette à la main, et les pieds appuyés sur le Temps et la Mort. L'ouvrage était de Vincent Danti, de Pérouse. —Tel était à peu près l'appareil funèbre ou ce catafalque, le plus célèbre de tous ceux qui furent jamais élevés, et dans lequel on vit une multitude de beautés qu'il serait difficile et même injuste d'attendre aujourd'hui dans les ouvrages du même genre. Nous avons pensé qu'on lirait avec intérêt la description abrégée de ce beau monument de gloire, élevé à l'art par lui-même; et nous nous sommes flatté qu'une telle description aurait sur l'imagination des artistes plus de pouvoir que les préceptes d'une froide théorie n'en pourraient exercer sur leur esprit. De tous les ouvrages que l'architecture peut inventer ou diriger, il en est peu qui présentent à son génie une carrière plus étendue; car on ne saurait y exiger la sévérité ordinaire des règles. Le moyen d'assigner un caractère convenable à ces décorations, c'est de composer leur ordonnance de manière qu'elle fasse éprouver au spectateur cette tristesse de l'âme qui puisse lui retracer l'image de la destruction et du néant des choses humaines, en lui rappelant aussi la perte qu'a faite la patrie dans la personne à la mémoire de laquelle ces monuments sont élevés. Pour y parvenir, il faut que la décoration soit à la fois grande et peu chargée de détails. On doit en exclure tout ornement frivole; n'y faire entrer ni or ni azur, à l'exception peut-être des blasons. Ce n'est point de l'éclat, ce n'est point du faste qu'il faut ici; il s'agit de peindre à l'esprit le séjour de la mort : pour cela, il ne faut employer que des couleurs sombres; il faut disposer, de distance en distance, des groupes de lumières dont l'éclat ne détruise pas trop l'aspect ténébreux qui est essentiel pour caractériser le genre des catafalques dont nous parlons, puisqu'ils ne sont autre chose que la représentation des tombeaux ou des chapelles sépulcrales, dont on fera mention ailleurs. QUATREMÈRE DE QUINCY.

CATAGELA (géogr. anc.), ville de Sicile, d'après le scoliaste d'Aristophane.

CATAGLOTTISME, s. m. (littér. anc.), emploi de mots recherchés. — Baiser lascif.

CATAGMATIQUE, adj. des deux genres (médec. anc.). Il se disait, chez les Grecs, de remèdes réputés propres à favoriser la formation du cal dans les fractures.

CATAGME, s. m. (médec. anc.). Il se disait, chez les Grecs, de toute espèce de fracture.

CATAGOGIES (*archéol.*), de χατάγειν, ramener; fêtes qui se célébraient à Eryx en l'honneur de Vénus, à l'époque où l'on supposait que la déesse, après son voyage annuel en Libye, revenait en Sicile.

CATAGOGION (*archéol.*), fête solennelle célébrée par les Ephésiens le jour qui répond au 22 janvier. Les hommes y couraient les rues, vêtus de lambeaux, armés de bâtons et chargés des images de leurs dieux. Ils enlevaient les femmes, insultaient ou frappaient leurs ennemis, et se livraient à toute espèce de désordres. Les modernes ont en vain cherché à connaître la cause ou du moins l'origine de cette fête scandaleuse et bizarre.

CATAGRAPHE (*antiq.*), χατχγράφω. Ce mot exprimait des figures obliques ou des espèces de silhouettes d'hommes : il répondait exactement à ce que nous appelons aujourd'hui *profil*. On attribue l'invention des catagraphes à Simon Cléonée, qui, le premier, donna aux peintres l'idée de varier les aspects de leurs figures, en les disposant tantôt la face tournée à droite ou à gauche, tantôt élevée vers le ciel ou penchée vers la terre (Pline, *Hist. natur.*).

CATAIRE (*bot.*), *nepeta*, genre de la famille des labiées (*V.*) et de la didynamie gymnospermie, qui renferme un grand nombre d'espèces, parmi lesquelles celle que l'on nomme vulgairement l'*herbe aux chats* (*n. cataria*), qui croît dans l'Europe méridionale, et dont l'odeur forte attire ces animaux, a pour principe une saveur âcre et amère qui passe pour emménagogue et carminative (*V.* ces mots).

CATAKÉLEUSME (*antiq. grecq.*), une des parties du nome pythien.

CATALAN, ANE, adj. et s. (*géogr.*), qui est né dans la Catalogne; qui appartient à ce pays ou à ses habitants.

CATALAN, s. m. (*linguist.*), langue de souche gréco-latine, que l'on parle encore dans la Catalogne, et qui est un dialecte de la langue romane.

CATALAN (JOSEPH), laborieux et savant prêtre de la congrégation de l'Oratoire de Saint Jérôme de la Charité. Nous avons de lui : 1° *Pontificale romanum in tres partes distributum*, *Clementis VIII ac Urbani VIII auctoritate recognitum*, *nunc primum prolegomenis et commentariis illustratum...*, Romæ, 3 vol. in-folio. 2° *Sacrarum Cæremoniarum sive rituum ecclesiasticorum sanctæ romanæ Ecclesiæ libri tres ab Augustino Patricio ordinati et a Marcello corcyrensi archiepiscopo primum editi, nunc vero tandem in duos tomos distributi ac innumeris pene mendis purgati et commentariis aucti....*, Romæ, 2 vol. in-fol. 3° *De magistro sacri palatii apostolici libri duo, quorum alter originem, prærogativas, ac munia; alter eorum seriem continet qui eo munere ad hanc usque diem donati fuere...*, Romæ, 1751, in-8°. 4° *De secretario sacræ congregationis indicis libri duo in quorum primo de ejusdem origine, prærogativis, ac muniis agitur : in altero corum series continetur qui eo munere ad hanc usque diem donati fuere...*, Romæ, 1751, in-8°. 5° *Collectio maxima conciliorum omnium Hispaniæ et novi orbis... cum notis et dissertationibus.., cura et studio Josephi Saëns de Aguirre... S. R. E. cardinalis... editio altera in sex tomos distributa et novis additionibus aucta...*, Romæ, 6 vol. in-fol. Le P. Catalan a fait aussi des commentaires sur le cérémonial des évêques et sur les quatre conciles généraux.

CATALANES (GRANDES COMPAGNIES) (*V.* COMPAGNIES).

CATALANI (ANGÉLIQUE), femme Valabrègue, née en 1782 à Sinigaglia, dans les Etats du pape, était fille d'un pauvre ouvrier orfèvre, qui ajoutait au médiocre produit de sa petite industrie les maigres émoluments de musicien de théâtre; le cor était son instrument. Angélique, très-jeune encore, avait été reçue dans un couvent où, pour prix de sa belle voix, on lui donnait l'humble éducation du cloître, lorqu'un accident imprévu vint révéler au monde le jeune virtuose dont les talents avaient été jusqu'alors consacrés aux saints autels; la *prima dona de la Fenice*, grand théâtre de Venise, mourut au commencement de la saison dramatique; l'*impresario* Caros se trouva subitement dans un grand embarras. On lui parla d'Angélique comme d'une personne capable de remplir avantageusement la place de la défunte; il se hâta d'aller l'entendre, en fut content, et lui fit des offres qui furent acceptées; Marchesi, qui chantait alors à Venise, donna quelques leçons à la débutante et parut bientôt avec elle dans la *Lodoïska* de Mayer. Le succès de la signorina Catalani fut éclatant; elle chanta deux saisons à Venise, et partit ensuite avec un bon engagement pour Lisbonne, où elle ne fut pas moins goûtée. Après un séjour de

quatre ans en Portugal, elle fut appelée en Angleterre; elle était alors dans la fleur de l'âge et du talent; c'était en 1806; elle passa par la France, et chanta deux fois à Saint-Cloud devant la cour. Napoléon la récompensa d'une manière impériale; elle eut 5,000 francs comptant, 1,200 francs de pension, et la salle de l'Opéra prêtée, tous frais payés, pour deux concerts, dont la recette lui rapporta près de 50,000 francs. Après un si beau triomphe, elle partit pour l'Angleterre, où le vieux roi Georges III, grand amateur de musique, l'accueillit également bien. A Londres la signora fit fureur, et amassa des monceaux d'or; on évalue à 80,000 livres sterling (deux millions de francs) la somme de ses bénéfices; quelques voyages dans les cours du Nord, en Russie, en Prusse, en Suède, augmentèrent encore plus tard sa réputation et sa fortune. Lorsqu'en 1815 Louis XVIII se fut assis pour la seconde fois sur le trône de ses ancêtres, ce prince, qui aimait les arts, vit avec joie revenir Mme Catalani, qu'il avait admirée à Londres, et, pour la retenir en France, lui donna le privilége du théâtre italien avec une subvention annuelle de 160,000 francs. Alors elle laissa paraître deux passions hideuses, la jalousie et la cupidité, qu'elle satisfit à la fois en repoussant tous les talents qui pouvaient lui porter ombrage, pour s'entourer de médiocrités, et en réduisant les appointements de tous les artistes au chiffre le plus minime. Qu'arriva-t-il? le public murmura; le théâtre fut déserté, et la directrice se vit obligée en 1818 de résilier son privilége. Depuis ce temps elle quitta la scène, pour laquelle d'ailleurs elle n'avait jamais eu que des talents fort médiocres, ce qui au reste importe peu pour l'opéra italien. Elle regagna l'Angleterre, où elle retrouva des admirateurs passionnés et des bank-notes à foison. Elle avait épousé depuis quelques années un ancien militaire (M. de Valabrègue), dont elle ne prit jamais le nom que dans les actes de l'état civil, afin de ne pas détruire le charme attaché au nom de Catalani, devenu européen; toutefois, il savait dans l'occasion revendiquer les droits à lui conférés par l'article 213 du Code civil. C'était lui qui personnellement imposait les conditions les plus onéreuses aux amateurs ou aux directeurs qui voulaient entendre ou faire entendre la célèbre cantatrice. On cite à ce propos l'anecdote suivante : Un jour les deux époux voyageant en Angleterre, leur voiture versa non loin d'un château habité par une noble dame qui s'empressa d'envoyer à l'aide des voyageurs. Ils furent accueillis au château avec les attentions les plus hospitalières. Après le souper, on pria poliment Mme Catalani de chanter; sur quoi M. de Valabrègue dit assez sèchement : « Ma femme ne chante jamais à moins de cent guinées; » et en effet, peu de jours après, elle en reçut six cents à Yorck pour une seule séance. — La voix de cette cantatrice, forte, flexible, brillante, était un soprano d'une rare étendue, comprenant près de trois octaves, du *fa* grave au *fa* sur-aigu; le violon, comme on sait, n'a qu'une octave de plus; aussi Mme Catalani pouvait-elle exécuter les variations écrites pour cet instrument, entre autres celle de Rode en *sol*; elle en composa sur l'air de Paesiello :

> Nel cor più non mi sento
> Brillar la gioventù,

et sur le petit chœur, *O dolce concento*, de la *Flûte enchantée* de Mozart. Elle chantait aussi des airs de ténor et même des airs de basse, tels que : *Non più andrai*, des *Nozze di Figaro*, qu'elle brodait d'une façon burlesque et quelquefois peu conforme au bon goût. Cette cantatrice devait beaucoup plus à la nature qu'à l'art, elle réussissait peu dans les adagio; l'air de la *Tromba* et autres du même genre étaient ce qui lui convenait le mieux, et c'est précisément pourquoi elle plaisait tant aux Anglais. Lorsqu'elle revint à Paris en 1825, et qu'elle se fit entendre à la salle Cléry, elle n'eut aucun succès; le prestige s'était évanoui; on admirait encore sa belle voix, mais les tours de force que l'on avait tant applaudis vingt ans auparavant semblèrent de mauvais goût et d'une exécution imparfaite. On avait entendu depuis Mmes Mainvielle, Fodor et Pasta; le public était devenu connaisseur, et les amateurs n'appelaient plus la virtuose à tour de force que l'*instrument Catalani*. On doit rendre à Mme Catalani la justice de dire qu'elle consacra plusieurs fois son beau talent au soulagement de l'infortune. Ce fut elle qui, la première, en 1815, songea aux malheureux habitants de la Champagne, victimes de l'invasion; et elle donna plusieurs représentations à leur bénéfice. Elle avait, de plus, le mérite d'être sans prétentions dans la société; il était jamais aucun nuage ne s'est élevé sur sa conduite. Quant au physique, elle était d'une taille au-dessus de la moyenne; sa figure était belle et gracieuse, mais légèrement irrégulière. Lorsqu'elle fut rassasiée d'honneurs et de richesses, elle choisit pour retraite Florence, en 1830 où elle est morte il y a peu d'années, généralement estimée.

CH. DU ROZOIR.

CATALANS (ARNAUD), troubadour du XIIIᵉ siècle, est auteur de six pièces ou *Chansons amoureuses,* dans lesquelles il fait l'éloge de la comtesse de Provence, Béatrix de Savoie, épouse du dernier Raymond Beranger. Crescembeni prétend que le poëte est le même personnage que le Trémose-Catalans, dont parle le moine Montaudon dans une satire composée vers la fin du XIIIᵉ siècle. Raynouard a, dans le *Choix de poésies des troubadours,* v, publié des fragments d'Arnaud Catalans.

CATALAUNI (*géogr. anc.*), peuple de la Belgique IIᵉ, borné au nord par les Remi, au sud par les Tricasses.—CATALAUNI, autrement DUROCATALAUNUM, aujourd'hui Châlons-sur-Marne, capitale des Catalauni, sur la Matrona.

CATALAUNIQUE (*hist.*), adj. des deux genres, de Châlons. Il ne s'emploie que dans la locution, *Champs catalauniques,* par laquelle on désigne Méri-sur-Seine, où Aétius défit Attila en 451. On dit aussi, *Plaine de Châlons.*

CATALDO (*géogr.*), ville de Sicile, province de Calta-Nisettta. 7,900 âmes.

CATALECTE et CATALECTIQUE, mots faits de la préposition grecque κατά et du verbe λέγω, en latin *desino,* je finis. Les anciens appelaient vers *catalectes* ou *catalectiques* ceux auxquels il ne manquait qu'une syllabe, par opposition à ceux auxquels il manquait un pied tout entier et qu'on nommait *brachycatalectes* ou *brachycatalectiques,* et aux vers *acatalectiques,* qui étaient les vers parfaits, c'est-à-dire ceux auxquels il ne manque rien. — De là on est parti pour donner le nom de *catalectes* à certains ouvrages des anciens qui ne nous sont parvenus que par fragments, ou à de petites pièces qui leur ont été attribuées dans des temps postérieurs à ceux où ils vivaient. C'est ainsi, par exemple, que quatorze petites pièces ont été mises sous le nom de Virgile et traduites avec ce titre par l'abbé de Marolles, qui plus tard a joint à cette traduction celle de toutes les petites pièces des anciens auteurs que Scaliger avait rassemblées sous le même nom.

CATALEPSIE. De toutes les maladies qui assiégent l'espèce humaine, il n'en est point de plus singulière que la catalepsie. Pendant longtemps, les auteurs qui en ont parlé lui ont attribué des causes surnaturelles, frappés qu'ils étaient de l'étrangeté de ses phénomènes. C'était, en effet, l'impression que devait produire l'aspect d'un individu qu'on voyait tout à coup rester muet, immobile, conservant la position qu'il avait ou prenant celle qu'on lui donnait, l'œil fixe, sans que la circulation et la respiration parussent souffrir de cet arrêt subit de l'intelligence et du mouvement. — Quoique la catalepsie puisse se manifester sans cause évidente, on signale plus spécialement comme causes prédisposantes la susceptibilité, la mobilité nerveuse, le tempérament nerveux et mélancolique, l'hérédité, l'hystérie, l'épilepsie, la monomanie, l'hypocondrie, les méditations profondes et soutenues, surtout celles qui ont pour objet l'amour et la religion. Elle s'observe le plus souvent chez les femmes et les enfants. Les causes déterminantes sont toutes les émotions subites, violentes et surtout pénibles. Un soldat, insulté par un de ses camarades, saisit une bouteille pour la lui lancer; il reste immobile, tenant en main la bouteille qu'il avait élevée à une certaine hauteur.—La catalepsie peut affecter une forme aiguë ou chronique, rémittente ou intermittente; elle peut être simple ou compliquée. La dernière de ces formes est la plus commune; nous avons plusieurs fois observé dans notre établissement la catalepsie avec l'hystérie et la manie. — L'invasion de la maladie est ordinairement précédée de symptômes précurseurs, tels que douleur de tête, insomnie, agitations d'esprit, crampes, etc. Quelquefois l'accès survient tout à coup. Un homme ayant été pris de ce mal au moment où il se livrait à des recherches littéraires fut trouvé dans une immobilité complète, ayant encore à la main la plume dont il se servait pour écrire. Ses yeux sont immobiles, ouverts, fixes, et donnent aux cataleptiques une ressemblance frappante avec les figures en cire; le visage conserve souvent l'expression qu'il avait au moment de l'attaque. Chez un soldat tombé en catalepsie, durant un accès de colère, le regard était furieux et la bouche entr'ouverte, comme si le malade eût voulu parler. — Les individus frappés de catalepsie conservent l'attitude qu'ils avaient au moment de l'accès, qu'ils soient debout, assis ou couchés. Cette position peut persister pendant toute l'attaque, ou bien les membres prennent les situations variées qu'on leur donne; quelquefois il est impossible de les faire

plier, d'autres fois ils s'abandonnent à leur propre poids. Le système musculaire peut offrir une telle rigidité que si l'on pousse le cataleptique sur un matelas il tombe comme un bloc de marbre sans changer d'attitude. La respiration et la circulation s'exécutent le plus ordinairement d'une manière normale. Les attaques sont presque toujours en partie cataleptiques et en partie convulsives. La figure est en général peu altérée; nous avons connu une jeune demoiselle qui, pendant l'année qui précéda l'apparition des menstrues, eut de véritables absences d'esprit; elle restait immobile, l'œil fixe; on eût dit que toutes ses facultés étaient suspendues, enchaînées. Puis elle sortait tout à coup de cet état cataleptique, reprenait la conversation au point où elle l'avait laissée, sans s'apercevoir de cette suspension momentanée de l'intelligence (*De la menstruation,* par A. Brierre de Boismont, p. 55, 1842. *Ouvrage couronné par l'académie royale de médecine*). — Après quelques minutes, plusieurs heures et quelquefois même plusieurs jours, l'attaque cesse, laissant le plus ordinairement après elle un sentiment de lassitude, de brisement. — Pendant l'accès les sens sont abolis d'une manière presque complète, les facultés intellectuelles sont également engourdies; cependant il y a des malades qui ont des songes ou des visions en rapport avec les objets qui les ont vivement affectés. Dans l'observation consignée dans les mémoires de l'académie (royale des sciences, la catalepsie était causée par l'incertitude d'un procès considérable, et la malade rendait durant l'accès un compte exact de son affaire. — M. le docteur Hamilton, dans ses mémoires, a consigné l'histoire d'une dame cataleptique, qui entendait tout ce qui se disait autour d'elle.—Souvent on observe une variation remarquable, générale ou partielle, dans la température du corps. Le retour des attaques varie; il est quelquefois déterminé par les causes les plus légères, et se produit plusieurs fois le jour, ou seulement une fois tous les jours, tous les deux, trois, six ou huit jours. On lit dans les *Eléments de thérapeutique* d'Alibert l'observation d'une femme qui comptait plus de cent accès dans les vingt-quatre heures. — Entre les attaques, le malade est quelquefois très-bien; mais le plus ordinairement il conserve de la céphalalgie, de l'agitation, une grande susceptibilité nerveuse.—La marche et la terminaison de la catalepsie présentent une foule de différences. Il peut ne se manifester qu'une seule attaque à la suite de laquelle le malade guérit ou succombe. Un magistrat est insulté dans l'exercice de ses fonctions; il reste immobile et tombe ensuite dans une apoplexie mortelle. Si la maladie dure longtemps, elle finit par se convertir en une affection plus grave. Dans quelques cas les individus meurent par le marasme ou par des affections thoraciques et abdominales. — La catalepsie, par sa similitude avec l'état de mort apparent, a quelquefois donné lieu à d'affreux accidents. Les auteurs contiennent plusieurs exemples de personnes prises pour des cadavres et enterrées vivantes.—La catalepsie ne saurait être confondue avec l'extase, la syncope, l'asphyxie, l'apoplexie et l'hystérie. Les symptômes propres à chacune de ces maladies éclairent suffisamment le diagnostic. Quant à l'état de mort apparent, il faut, pour éviter toute funeste méprise, étudier les circonstances commémoratives, la nature des causes, l'invasion des accidents, le mode antérieur de la santé et surtout ne pas procéder à l'inhumation, tant que le corps ne donne aucun signe de décomposition. — La catalepsie est quelquefois simulée par les hystériques ou les aliénés, mais on découvre facilement la ruse, en attaquant la sensibilité; les imposteurs ne résistent point aux douleurs. — Les recherches cadavériques ont appris peu de chose sur la nature de l'affection cérébrale. L'hydropisie, qu'on avait plus particulièrement notée s'observe dans un grand nombre de maladies différentes; c'est au reste ce que l'observation des lésions du système nerveux a presque toujours offert. La nature de la catalepsie n'est pas mieux connue que son altération anatomique : aussi le traitement est-il purement empirique; voici les moyens qui sont le plus généralement mis en usage : dans l'attaque, on titille les fosses nasales avec les barbes d'une plume, on dégage avec précaution du gaz ammoniac à l'entrée des narines; les émissions sanguines générales ou locales, le magnétisme, l'électricité, l'acupuncture ont été aussi employés avec des succès variés. Georget et Calmul consultent l'insufflation pulmonaire; ils ont eu recours à l'usage de la sonde œsophagienne lorsque les malades étaient menacés de mourir de faim. Dans les intervalles des accès, on basera autant que possible le traitement sur la connaissance des causes de mal, le tempérament et les habitudes. — La singularité des symptômes de cette maladie a dû donner lieu aux opinions les plus bizarres. Au moyen âge, les cataleptiques étaient regardés comme des possédés. On croyait que l'on avait jeté un sort sur eux. La magie et la sorcellerie jouaient un rôle important dans la production de la catalepsie. Comme la folie et l'épilepsie, cette affection nerveuse a été traitée par l'exorcisme. Aujourd'hui ces idées sont abandonnées; mais la catalepsie n'en est pas moins pour les personnes qui l'observent un sujet d'étonnement et de méditation. A l'imitation des autres maladies nerveuses, on l'a vue se produire par une sorte de contagion morale. « L'an 1415, dit Dionis, il arriva dans l'église des cordeliers de Toulouse un accident digne de remarque : un religieux disant la messe, après l'élévation du calice, comme il faisait la génuflexion ordinaire, demeure roide et immobile, les yeux ouverts et élevés vers le ciel. Un médecin, ayant tâté le pouls du religieux, dit.... que ce n'était qu'une maladie de ce moine, fort difficile à guérir. On l'enlève sur cela de l'autel, et on y en met un autre.... A peine celui-ci a-t-il achevé l'oraison dominicale, que le voilà frappé du même saisissement, en sorte qu'il fallut encore l'emporter. Cependant il fallait finir la messe; tous les moines effrayés osaient à peine regarder l'autel; enfin on en choisit un des plus vigoureux pour l'achever. » A. BRIERRE DE BOISMONT.

CATALEPTIQUE (médec.), adj. des deux genres, qui est attaqué de la catalepsie, ou qui a rapport à la catalepsie.

CATALEPTIQUE, de καταλαμβάνειν, saisir, embrasser, comprendre. Dans la philosophie stoïcienne, une idée cataleptique, ou vision compréhensible (Cic., Académ., II, l. 1, ch. 11), signifie une idée que l'âme a la faculté de saisir, de recevoir d'un objet réellement existant dont elle conçoit par là même la nature propre et tous les caractères, imprimés dans l'idée, comme la forme exacte du cachet sur la cire. C'est ce que Locke appelle idée conforme à son objet. Or, les sceptiques et les académiciens avaient démontré l'impossibilité de s'assurer à l'aide d'aucun signe ou critérium, qu'une idée est cataleptique, ou représente, non un objet chimérique, mais un objet réel et tel qu'il est en lui-même. Cette polémique a été renouvelée par Hume, Berkeley et Reid, contre les idées de Locke prétendues conformes à leurs objets (V. IDÉE). L. F. T.

CATALOGNE (géogr.), province d'Espagne située entre 40° 40' et 42° 45' de latitude nord, et entre 1° de longitude est et 2° de longitude ouest, bornée au nord par les Pyrénées qui la séparent de la France, à l'est par la Méditerranée, au sud par le royaume de Valence, au sud-ouest et à l'ouest par l'Aragon, dont elle est en partie séparée par l'Ebre, la Noguera-Ribagorzana, la Sègre, Nonas et l'Algas. Sa longueur, du nord-est au sud-ouest, est de 69 lieues, et sa plus grande largeur, du nord-ouest au sud-est, est de 48 lieues. — Vers le nord, elle est hérissée de hautes montagnes, branches des Pyrénées, qui, s'abaissant graduellement à mesure qu'elles s'avancent au sud, déterminent l'inclinaison générale du sol vers la Méditerranée ; une de ces branches parcourt l'intérieur du pays, et vient se terminer aux bords de l'Ebre, près de Tortose. Elle envoie à l'est et à l'ouest quelques rameaux, dont le plus remarquable est celui qui offre les pins de Montserrat ; cette même branche établit le point de partage des eaux qui, d'un côté, se rendent immédiatement dans la mer, et de l'autre dans l'Ebre, par la rive gauche. Les principales rivières sont la Sègre, la Flavia, le Tar et le Llobregat. On remarque sur les côtés la baie de Roses, les ports de Palamos, Cadaques, Salon et Barcelone, et, à l'embouchure de l'Ebre, ceux de Fendaques et des Alfaques. — Le climat est généralement tempéré dans cette province ; l'hiver y est doux et pluvieux ; il gèle rarement dans les plaines ; la neige y tombe souvent, mais y séjourne peu ; les hautes montagnes seules la conservent longtemps. Le printemps n'est pas ordinairement beau ; le froid, la chaleur, les pluies y alternent. Les chaleurs de l'été, tempérées par les vents, ne durent guère plus d'un mois. L'automne est la plus belle saison de l'année ; cependant il est quelquefois pluvieux et sujet à des vents violents. L'humidité et les variations fréquentes de l'air dans quelques parties de cette province et principalement sur les côtes, causent des maladies inflammatoires, des fièvres catarrhales et le scorbut ; mais ces maladies ne sont pas contagieuses. On a des preuves récentes que la peste apportée sur les côtes s'y développe avec rapidité, et s'acquiert un haut degré de malignité. Il n'en est pas ainsi dans les vallées et sur les montagnes, où l'air est pur et où les maladies sont peu communes. Le sol montagneux de la Catalogne, entrecoupé de plaines et de vallées fertiles, est maigre et aride dans beaucoup d'endroits ; néanmoins on est parvenu à le rendre productif presque partout ; on a porté la culture jusque sur les rochers escarpés, à la faveur d'irrigation, distribués avec habileté, secondent merveilleusement les travaux du laboureur ; aussi les productions de cette province

sont-elles très-variées ; mais le blé qu'on y récolte suffit rarement à la consommation. Le seigle, le maïs, l'orge et le riz sont cultivés avec plus ou moins de succès ; la culture du lin et du chanvre est peu étendue. — On récolte beaucoup de vin ; le meilleur est celui de la partie orientale. Les arbres fruitiers abondent partout ; ce n'est guère que dans la partie méridionale qu'on voit des orangers, des citronniers, des amandiers, des figuiers et des caroubiers ; les oliviers croissent partout, et leur produit est considérable. Il y a des noyers et des châtaigniers, principalement dans la partie septentrionale. Les mûriers sont peu multipliés, quoiqu'ils réussissent très-bien ; sur la plupart des montagnes, et même dans beaucoup de vallées, et sur le bord des rivières, on trouve des hêtres, des chênes, des pins, des ormeaux, des chênes verts, des saules, des peupliers et des robles ou lièges. Ces derniers peuvent fournir du liège à toute l'Europe. — Les troupeaux de moutons, très-répandus dans diverses parties de la Catalogne, pourraient être encore plus multipliés ; la quantité de laines qu'ils fournissent est insuffisante pour les besoins des manufactures ; on n'élève aussi que peu de bœufs et de vers à soie. — La minéralogie de cette province est encore peu connue ; on sait qu'il y a des mines de fer dans plusieurs endroits, des mines de plomb, d'alun et de houille, un grand nombre de carrières de marbres de diverses couleurs et de jaspe, des améthystes, des topazes, des cristaux colorés, d'abondantes mines de sel gemme, entre autres la fameuse montagne de sel de Cardona (V. ce mot), et un grand nombre de sources minérales dont plusieurs sont thermales. — La Catalogne est depuis des temps reculés renommée pour ses manufactures et son active industrie ; c'est encore la première province d'Espagne sous ce rapport ; on y fabrique des draps fins et communs, et beaucoup d'autres étoffes de laine, des étoffes de soie de différents genres, même brochées ou mélangées d'or et d'argent, des gazes de soie de toutes façons, des rubans, galons et cordons de soie et de coton ; des bas de soie, de coton et de laine, des toiles communes et à voiles, une grande quantité de toiles de coton pour différents usages, beaucoup de mousselines, d'indiennes, de nankins, de velours, etc. Il y a de plus des filatures de coton, de soie et de laine, des teintureries à grand teint, des chapelleries, des savonneries, des tanneries, des faïenceries, des verreries, beaucoup de papeteries, des fabriques de quincaillerie et de serrurerie, d'ancres, d'armes à feu et de poudre, ainsi qu'une fonderie royale de canons de bronze. Les fabriques d'eau-de-vie sont d'un produit considérable, de même que celles des chaussures. — Les principales exportations consistent en liège, vin, huile, eau-de-vie, toile de coton, papier et souliers. — La France, l'Angleterre, la Hollande, pour l'extérieur, et à l'intérieur Valence et l'Aragon, trafiquent avec la Catalogne. En général les exportations excèdent de beaucoup ses importations. Cette activité commerciale qui remplissait naguère de navires toutes les rades et tous les ports de cette province, a beaucoup diminué depuis la guerre de l'indépendance et des colonies espagnoles. Les routes de la Catalogne ne sont généralement pas bonnes, et deviennent souvent impraticables dans les temps de pluie et de la fonte des neiges ; néanmoins, dans la belle saison, elles facilitent au dedans du royaume le commerce, qui est plus considérable actuellement que celui avec l'étranger. — Sa population s'élevait dans les dernières années à 814,400 habitants. — Les Catalans sont actifs, intelligents et très-laborieux. S'ils ne sont point inventeurs dans les arts, ils sont adroits imitateurs ; doués d'un esprit pénétrant et d'une grande vivacité, ils exécutent facilement et heureusement tout ce qu'ils entreprennent. Nés avec des passions fortes, ils joignent l'opiniâtreté à la hardiesse pour les satisfaire ; le désir des richesses leur fait braver les plus longues navigations ; la gloire les aveugle sur tous les périls. Leur bravoure et leur fermeté, si souvent mises en évidence dans les troubles politiques et dans les guerres qu'ils ont eues à soutenir, ont montré qu'ils étaient aussi intrépides guerriers qu'amants passionnés de l'indépendance. Le Catalan, aussi implacable dans sa haine qu'attaché à l'objet de ses affections, ne peut dissimuler aucun de ses sentiments ; malgré l'âpreté de son caractère et la rudesse de ses expressions, il n'est cependant pas méchant, et est susceptible au contraire d'émotions douces et d'actions généreuses. Soit par orgueil national, soit par prévention contre le reste des Espagnols qu'il n'aime pas, il préfère à la langue espagnole son dialecte particulier, mélangé de l'ancien langage des provinces du midi de la France, et de quelques mots italiens et castillans, dont il altère la douceur originelle par une prononciation rude et désagréable. — La Catalogne fut une des premières provinces de l'Espagne où les Romains s'établirent ; les Goths la leur enlevèrent vers l'an 470 ; les Maures la conquirent sur ces derniers en 712, et les Français sur les Maures au commencement du IXᵉ siècle; peu de temps après elle forma une souveraineté particulière, et eut depuis 859 seize comtes, jusques et y compris Raymond V, qui monta sur le trône d'Aragon et mourut en 1172. Ce fut sous le gouvernement de ces comtes que la Catalogne parvint au plus haut degré de splendeur. Dès le XIᵉ siècle elle eut ses lois et se gouverna pour ainsi dire elle-même. Lors de sa réunion à la couronne d'Aragon, elle conserva ses Etats particuliers, qui partagèrent la puissance législative avec le souverain ; à sa réunion à la monarchie espagnole en 1640, elle conserva ses priviléges, ses lois et ses coutumes, qui subsistèrent jusqu'à l'avénement d'une branche de la maison royale de Bourbon au trône d'Espagne, dans la personne de Philippe V, petit-fils de Louis XIV. Depuis elle a été gouvernée comme le reste de la monarchie. — Les Français se sont emparés de cette province dans la guerre de 1808, et l'ont évacuée en 1813 ; elle a été aussi le théâtre d'une guerre très-active en 1823, entre les Espagnols constitutionnels et les Français. Dans ces dernières années, les différents partisans de don Carlos, de la royauté constitutionnelle, de la reine Christine, et enfin du régent actuel de l'Espagne, Espartero, y ont soutenu des luttes acharnées avec des chances diverses.   ED. GIROD.

CATALOGUE, liste ou énumération des noms de plusieurs livres, hommes, ou autres choses, classés dans un certain ordre. — Georges Willer, appelé quelquefois mal à propos Viller ou Walter, libraire d'Augsbourg, qui fréquentait les foires de Francfort, adopta le premier la méthode de faire imprimer pour chaque foire un catalogue de tous les livres nouveaux qui lui étaient tombés en possession dans le courant de l'année, et il indiquait dans ce catalogue le format des volumes, de combien de volumes se composait un ouvrage, puis y ajoutait le nom de l'imprimeur. Lemire, mieux connu sous le nom de Miræus, prêtre catholique, né en 1598 et mort en 1640, dans son ouvrage sur les écrivains ecclésiastiques du XVIᵉ siècle, imprimé avec la Bibliothèque ecclésiastique de Fabricius, Hambourg, in-folio, 1718 , nous apprend que les premiers catalogues parurent en 1554; mais Labbe (Bibliotheca bibliothecarum, Leipzig, 1682, 12 mot., p. 112), Reimann (Einleitung in die Historiam litterariam, I, , p. 203) et Neumann (Conspectus reipublicæ litterarum, cap. VI, parag. 2, p. 316), qui ont puisé leurs renseignements dans Lemire, veulent que ce soit en 1564; en ceci ils sont tombés dans une erreur qu'a partagée Fabricius. Les catalogues de Willer ne furent imprimés qu'en 1592 par Nicolas Bassæus , imprimeur à Francfort. D'autres libraires ont, à la vérité, publié des catalogues au temps même de Willer ; mais ceux de ce dernier ont toujours été considérés comme les premiers. Parmi les objets de curiosités et d'antiquités du professeur anglais Baldinger, on a remarqué une collection de vieux catalogues, dont les plus anciens sont les suivants : « Catalogus novus nundinarum autumnalium, Francfort ad Mœn. anno 1586, celebratarum. Plerique apud Joan. Georg. Portembachium et Th. Lutz, bibliopolam augustanum venales habentur. » — Un Catalogue de tous les nouveaux livres, imprimé à Francfort par Pierre Schmid. Ce catalogue fut publié par les libraires d'Augsbourg, mais non par Willer, dont on voit encore un « Catalogus novus nundinarum vernalium, Francfort ad Mœn. , anno 1587. Plerique in ædibus Georgii Willeri, bibliopolæ augustani, venales habentur. — Un Catalogue de presque tous les livres qui ont été publiés depuis le dernier printemps jusqu'à la présente foire de septembre, imprimé par Nicolas Bassæus , à Francfort-sur-le-Mein. Dans tous ces catalogues, de format in-4º, et non paginés, voici quel est l'ordre observé : en tête sont les livres latins, commençant par les ouvrages protestants relatifs aux matières religieuses; sans doute cette préférence était-elle donnée à ceux-ci parce que Willer était luthérien; viennent ensuite les sujets catholiques, et après eux les écrits de jurisprudence, de médecine, de philosophie, de poésie et de musique. La seconde place est assignée aux livres allemands, rangés de la même manière. Le dernier catalogue du printemps de Willer, remarqué dans la bibliothèque de Baldinger, est daté de 1597, et porte le titre suivant : Plerique libri in ædibus Eliæ et Georgii Willeri, fratrum bibliopolarum augustanorum, habentur, imprimé par Bassæus à Francfort. En 1604, le catalogue général du printemps fut imprimé avec permission du gouvernement, comme il paraît, par ce titre : « Catalogus universalis pro nundinis Francof. de anno 1604. Francof., permissu superiorum excudebat Joh. Saur. » — Après celui-ci les libraires de Leipzig commencèrent, non-seulement à réimprimer les catalogues de Francfort, mais à y faire figurer tout ce qu'ils connaissaient de livres n'ayant point paru aux foires de cette ville. Comme on le

voit par la bibliothèque de Baldinger, il y eut un Catalogus universalis pro nundinis francofurtensibus vernalibus de anno 1600, imprimé à Leipzig par Abraham Lamberg. Il paraît dans le même temps un privilège impérial au catalogue de Francfort, pour septembre 1616 , cum gratia et privilegio speciali S. Cæsar. majest. prostat apud J. Krugerum augustanum. Quelques permissions impériales peuvent ;sans doute avoir été délivrées antérieurement. Reimann (ubi supra) dit qu'après la mort de Willer le catalogue fut publié par le libraire de Leipzig Henning Grosse, et cette publication continuée par son petit-fils. Le concile de Francfort fut cause de plusieurs réformes ou additions apportées dans ce catalogue. On peut en prendre connaissance dans le Traité d'Orth sur les foires impériales de Francfort. Quand le commerce de la librairie fut transporté de Francfort à Leipzig, par suite de la gêne à laquelle il était astreint dans la première ville sous les exigences du conseil de censure, il ne s'y imprima plus de catalogues, et les boutiques de la rue des Libraires se convertirent successivement en tavernes. — En feuilletant ces vieux catalogues, ce rapide et prodigieux accroissement de livres excite l'étonnement, et quand on songe qu'une grande partie, la plus grande partie même n'existe plus depuis longtemps, on éprouve, à la pensée de ces périssables travaux de l'intelligence humaine, cette pénible impression dont on est frappé en parcourant des yeux, dans un cimetière , tant d'inscriptions pompeuses qui rappellent les noms d'êtres réduits en poussière depuis bien des années. Il y eut peu de bibliothèques au XVIᵉ siècle ; encore n'étaient–elles guère riches et ne se trouvaient que dans les monastères. Elles se composaient principalement d'ouvrages de théologie, de philosophie et d'histoire, avec quelque peu d'écrits cependant sur la médecine et sur la jurisprudence : quant aux livres qui traitaient d'agriculture, de manufacture et de commerce , ils étaient considérés comme dépourvus de tout mérite scientifique, dédaignés des clercs et jugés indignes de figurer dans les grandes collections. Le nombre de ces derniers était néanmoins loin d'être peu considérable, et même il est probable qu'on fit assez de cas de certains d'entre eux puisqu'ils ont dû servir de matériaux pour édifier l'histoire intéressante et instructive des arts. Les catalogues qui auraient pu aider à la recherche des livres peut-être encore existants ont subi le destin de ces tombeaux qui, dévastés par la main destructrice du temps, ne présentent plus par-ci par-là au milieu de leurs ruines que quelques épitaphes indéchiffrables. Des séries complètes en sont entièrement anéanties. Cette perte, toutefois, pourrait en quelque sorte être atténuée par deux livres d'une extrême rareté: ceux de Clefs et de Draudius, qui, afin de répondre au désir de plusieurs libraires, rassemblèrent, comme l'avait fait primitivement Georges Willer , tous les catalogues publiés pour différentes foires en diverses années. Le travail de Clefs porte le titre suivant : Unius sæculi, ejusque virorum litteratorum monumentis tum florentissimi, tum fertilissimi ab anno 1500 ad 1602, nundinarum autumnalium inclusive elenchus consummatissimus, desumptus partim ex singularum nundinarum catalogis, partim ex bibliothecis, et fut publié pour la première fois en 1592. L'ouvrage de Draudius, imprimé en plusieurs volumes in-4º, d'abord en 1611 et ensuite en 1625, est beaucoup plus vaste, plus complet et plus méthodique. La première partie est intitulée : Bibliotheca classica, sive Catalogus officinalis in quo singuli singularum facultatum ac professionum libri, qui in quavis fere lingua extant, recensentur; usque ad annum 1624 inclusive; auctore G. Draudio, Francof., 1625. Elle contient des traités latins de théologie, de jurisprudence, de médecine, d'histoire, de géographie et de politique. La seconde partie a pour titre : Bibliotheca classica, sive Catalogus officinalis in quo philosophici artiumque adeo humaniorum, poetici etiam et musici libri , usque ad annum 1624, continentur. Cette partie contient des livres latins, avec une table de.tous les auteurs dont il y est question. Vient ensuite un petit volume sans table, et intitulé : Bibliotheca exotica, sive Catalogus officinalis librorum peregrini linguis usualibus scriptorum ; et enfin une troisième partie contenant une table des auteurs, appelée : Bibliotheca librorum germanicorum classica, 1625. Ce travail de Draudius, quoiqu'il mentionne plusieurs livres qui n'ont jamais été imprimés, et malgré des titres, des noms et des actes incorrects, mérite de fixer l'attention de quiconque désire se mettre au courant de l'histoire de la littérature. Haller y a eu incontestablement recours pour composer sa bibliothèque (on peut consulter encore à ce sujet Beckmann, dans son Histoire des découvertes, History of inventions, vol. 3). — Les catalogues de livres sont faits de différentes manières. Quelques-uns sont établis d'après l'ordre du temps où ces livres ont été imprimés ; d'autres suivant leur format et leur importance, comme les catalogues des libraires ; d'autres suivant l'ordre alphabétique des matières ou des sujets, et sont appelés catalogues classiques, comme ceux de Lipenius et de Draudius ; enfin certains sont disposés d'après des méthodes mixtes, participant à différents arrangements, divisés par catégories d'abord, et ensuite subdivisés par lettres alphabétiques. — Le mieux établi des catalogues passait pour être celui de la bibliothèque du président de Thou. Tous les avantages s'y trouvaient réunis. Il avait d'abord été mis en ordre alphabétique par les deux frères Puteau ; puis disposé suivant les matières, soit pour les arts, soit pour les sciences. F. Quesnel le publia à Paris en 1679. Il fut réimprimé, quoique incorrectement, à Hambourg en 1704. Ce catalogue porte le nom de *Bibliotheca tuanea*. On a admiré aussi dans l'autre siècle le catalogue de M. le Tellier, archevêque de Reims, établi par M. Clément, pour le nombre et le choix des livres qu'il contient, non moins que pour l'excellente méthode de sa disposition ; ce catalogue a révélé en outre une multitude d'anonymes et de pseudonymes qu'on aurait vainement cherchés ailleurs. De nos jours un dictionnaire a été consacré à cet objet, et ses auteurs ont puisé de grandes ressources dans le catalogue dont nous parlons. Les plus estimés des catalogues littéraires au moment où nous écrivons sont, comme on le sait, ceux que publie partiellement sous le modeste titre de *Bulletins*, M. Charles Nodier, à qui le bibliophile, la langue française et la littérature doivent tant. Le savant académicien a donné aussi des catalogues précieux de sa bibliothèque, plusieurs fois renouvelée, avec quelques lignes de commentaires spirituels et judicieux comme tout ce qui sort de sa plume, sous les titres des ouvrages les plus importants. — Les conditions principales requises dans un catalogue sont, qu'il indique tout ensemble l'ordre des auteurs et des matières, le format du livre, le nombre des volumes, la série chronologique des éditions, la langue dans laquelle il est écrit, et sa place dans la bibliothèque, de manière que d'un coup d'œil on embrasse toutes ces idées, et que la pensée s'en empare en même temps. Il est bien peu de catalogues qui réunissent ces qualités plus difficiles à assembler qu'on ne le croit.   ED. GIROD.

CATALOGUE (*art. milit. anc.*), liste d'appel ou contrôle nominal des anciennes troupes grecques.

CATALOGUE DES ÉTOILES (*astronomie*), table des positions des étoiles fixes à une époque donnée. Pour déterminer la situation d'un point sur le globe terrestre, on mène de ce point deux cercles *imaginaires* dont l'un est supposé passer par les pôles de la terre, et dont l'autre est parallèle à l'équateur. Le premier se nomme *méridien*, et le second *cercle parallèle*. La position du méridien est déterminée lorsque sa distance, mesurée sur l'équateur, à un autre méridien fixe nommé premier méridien et pris pour point de départ, est connue ; de même que la position du *cercle parallèle* est déterminée lorsque sa distance à l'équateur mesurée sur le méridien est aussi connue. La distance du méridien à un lieu au premier méridien est la distance du lieu, et celle du cercle de latitude à l'équateur, ou, ce qui est la même chose, la distance du lieu à l'équateur, mesurée sur ce méridien, est la latitude. On emploie le même moyen pour déterminer la situation d'un astre sous la voûte céleste ; toutefois, on nomme *ascension droite* ce que nous nommons longitude sur la terre, et *déclinaison* ce que nous nommons latitude. L'ascension droite d'un astre est donc la distance du méridien de cet astre au premier méridien céleste ; ce premier méridien, dont le choix est arbitraire, est ordinairement celui qui passe par le nœud équinoxial du printemps, ou par l'un des points de concours de l'équateur et de l'écliptique. La déclinaison est l'arc du méridien compris entre l'astre et l'équateur (*V.* ASCENSION DROITE et DÉCLINAISON). On rapporte encore la position des astres à d'autres cercles qui sont, par rapport à l'écliptique, ce que sont les méridiens par rapport à l'équateur. Alors, la distance de l'astre à l'écliptique, mesurée sur l'arc d'un grand cercle qui passe par les pôles de l'écliptique, en est la longitude. Il ne faut donc pas confondre les latitudes et longitudes célestes avec les latitudes et longitudes terrestres. Si les étoiles que l'on nomme fixes n'avaient aucune espèce de mouvement réel ou apparent, lorsqu'une fois on serait parvenu à déterminer leurs ascensions droites et déclinaisons, ou leurs latitudes et longitudes, on pourrait dresser des catalogues invariables, comme ceux que nous possédons pour la position géographique des villes et autres lieux terrestres ; il n'en est point ainsi ; les étoiles fixes ont un mouvement apparent sur la sphère céleste, très-lent à la vérité, et qui ne devient sensible qu'à de longs intervalles, mais dont l'influence cependant fait assez varier leurs positions pour qu'il soit essentiel de corriger chaque année les ascensions droites et déclinaisons données dans les catalogues (*V.* PRÉCESSION et NUTATION). Le plus ancien catalogue d'étoiles est celui que Ptolémée nous a conservé dans son *Almageste ;* il renferme les latitudes et longitudes de 1,022 étoiles pour l'année 137 de notre ère, exprimées, non en degrés et minutes, mais en degrés et fractions de degré. En admettant que les observations aient été bien faites, l'imperfection des moyens alors employés ne permet de compter sur ces longitudes qu'à 8 ou 10 minutes près. C'est en comparant ces longitudes avec celles qu'Hipparque avait observées 267 ans avant lui, que Ptolémée vérifia la précession des équinoxes déjà découverte et annoncée [par son illustre prédécesseur. Il paraît certain que Ptolémée n'a point observé réellement le grand nombre d'étoiles que contient son catalogue, mais qu'il n'a fait que réduire le catalogue d'Hipparque à l'année 137, en ajoutant 2° 40' à toutes les longitudes, pour tenir compte de l'effet de la précession. Cette quantité était trop petite ; et les longitudes de Ptolémée, quoique appliquées par lui à l'année 137, se rapportent à peu près à l'an 6. Sept cent quatre-vingt-trois ans après Ptolémée, Albaténius vérifia quelques positions et les trouva plus avancées de 11° 50'. Ulugh-Beig, prince tartare, nous a laissé un catalogue pour l'an 1437, que Flamstead donne dans son *Histoire céleste*, avec ceux plus étendus et plus exacts de Tycho-Brahé et d'Hévélius. L'*Histoire céleste* de Flamstead, publiée en 1725, contient le grand catalogue de ce célèbre astronome. Ce grand ouvrage, connu sous le nom de *Catalogue britannique*, renferme 2,804 étoiles. Lemonier, en 1742, donna, en plusieurs parties, un catalogue des étoiles zodiacales, et à peu près à la même époque la Caille entreprit un grand travail sur les étoiles, travail pour lequel il fit son voyage au cap de Bonne-Espérance (*V.* CAILLE). Depuis, Mayer, Bradley, Maskeline, Cagnoli, le baron de Zach, Delambre et Piazzi se sont livrés à de grands travaux, soit pour perfectionner les catalogues, soit pour les augmenter. Le Français Lalande a déterminé les positions de 50,000 étoiles boréales avec un grand quart de cercle de Bird ; ouvrage immense qui assure à son auteur la reconnaissance de la postérité. Piazzi a publié à Palerme, un catalogue de 6,500 étoiles pour l'époque 1800, que les astrologues regardent comme le plus parfait de tous ceux qui existent. Nous en extrayons la table jointe à cet article, et qui renferme 100 étoiles dont les positions ont été ramenées à l'époque de 1830 par le bureau des longitudes. Pour les besoins de l'astronomie et de la navigation, la *Connaissance des temps* contient chaque année un catalogue des positions de 67 étoiles principales, dans lequel les ascensions droites et les déclinaisons sont données de dix jours en dix jours. Dans les observations et calculs astronomiques, il est très-souvent essentiel de réduire les degrés du cercle en *temps*, c'est-à-dire d'exprimer en *heures* l'ascension droite d'un astre. Or, comme la sphère céleste fait sa révolution diurne en vingt-quatre heures, vingt-quatre heures équivalent à 360°, et conséquemment une heure équivaut à 15°, une minute d'heure à 15 minutes de degré, et ainsi de suite. Cette réduction se trouve toute faite dans la *Connaissance des temps*, ainsi que dans la table ci-jointe (*V.* CONSTELLATION, ÉTOILE, LATITUDE, LONGITUDE et PASSAGE AU MÉRIDIEN).

CATALOGUE DE 100 ÉTOILES POUR 1830, D'APRÈS CELUI DE PIAZZI.

NOMS et GRANDEUR DES ÉTOILES.				ASCENSION DROITE MOYENNE. 1er JANVIER 1830.				DÉCLINAISON MOYENNE. 1er JANVIER 1830.	
				H. M. S.	VARIAT. ANNUEL. S.	D. M. S.	VARIAT. ANNUEL. S.	D. M. S.	VARIAT. ANNUELLE. S.
31	δ	Andromède...	3	0 30 15,0	+ 3,17	7 33 44,7	47,55	29 55 48,7 B	+ 19,87
27	γ	Cassiopée. . .	3	46 29,7	3,53	11 37 25,9	52,97	59 47 43,3 B	+ 19,63
45	θ	Baleine. . . .	3	1 15 31,5	3,00	18 52 53,2	44,99	9 5 45,2 A	— 18,97
6	β	Bélier.	3	45 15,2	3,28	26 18 48,0	49,24	19 58 27,3 B	+ 17,96
113	α	Poissons. . . .	3	53 15,6	3,09	27 18 53,2	46,35	1 56 24,5 B	+ 17,64
57	γ	Andromède. . .	2	53 29,4	3,63	28 22 21,7	54,45	41 30 54,0 B	+ 17,63
82	δ	Baleine. . . .	3	2 30 46,7	3,06	37 41 39,8	45,93	0 24 35,2 A	— 15,85
85		Baleine. . . .	3	31 20,6	2,89	37 50 9,6	43,27	12 35 51,0 A	— 15,83
86	γ	Baleine. . . .	3	34 29,8	3,11	38 37 26,5	46,58	2 30 52,3 B	+ 15,66
3	η	Éridan.	3	48 7,8	2,92	42 1 56,7	47,76	9 34 40,4 A	— 14,88
23	δ	Éridan.	3	3 35 6,7	2,87	53 46 40,7	43,06	10 20 35,7 A	— 11,25
25	η	Pléiades. . ·.	3	37 23,2	3,54	54 20 47,9	53,13	23 34 γ22,1 B	+ 11,69
34	γ	Éridan.	3	50 6,0	2,79	57 31 29,4	41,81	13 59 49,9 A	— 10,76
54	γ	Taureau. . . .	3	4 10 7,5	3,39	62 31 51,8	50,85	15 12 36,6 B	+ 9,24
67	β	Éridan.	3	59 29,7	2,95	74 52 25,2	44,22	5 18 44,4 A	— 5,23
19		Rigel.	1	5 6 22,1	2,88	76 35 31,9	43,14	8 24 14,7 A	— 4,65
11	α	Lièvre.	3	25 13,9	2,64	81 18 28,9	39,60	17 57 0,2 A	— 3,05
123	ζ	Taureau. . . .	3	27 28,7	3,58	81 52 9,9	53,65	21 1 52,5 B	+ 2,83
53	χ	Orion.	2.3	59 41,5	2,84	84 55 22,8	42,60	9 44 7,8 A	— 1,77
	β	Colombe. . . .	3	44 58,1	2,10	86 14 31,8	31,57	35 50 23,2 A	— 1,51
34	β	Cocher. . . .	2.3	47 3,4	4,40	86 45 51,7	65,97	44 55 11,4 B	+ 1,13
7	η	Gémeaux. . . .	2.3	6 4 56,6	3,62	91 9 8,5	54,35	22 32 52,9 B	— 0,40
13	μ	Gémeaux. . . .	3	12 40,2	3,62	93 10 2,8	54,35	22 35 54,7 B	— 1,11
1·	ζ	Grand Chien. .	2.3	13 47,3	2,30	93 26 50,2	34,47	29 59 41,8 A	+ 1,21
2	β	Grand Chien. .	2.3	15 12,7	2,64	93 48 9,9	39,57	17 52 45,7 A	+ 1,33
74	γ	Gémeaux. . . .	2.3	27 53,0	3,46	96 58 15,1	51,93	16 32 13,5 B	— 2,43
21	ε	Grand Chien. .	3	51 56,6	2,35	102 59 8,7	35,51	28 44 42,8 A	+ 4,50
43	ζ	Gémeaux. . . .	3	54 1,2	3,56	103 90 18,1	53,43	20 48 40,8 B	+ 4,68
25	γ	Grand Chien. .	2	56 3,8	2,71	104 0 56,8	40,67	15 23 14,1 A	— 4,85
25	δ	Grand Chien. .	2	7 1 28,7	2,44	105 22 9,7	36,54	26 7 42,0 A	+ 5,31
55	δ	Gémeaux. . . .	3	9 57,6	3,59	107 29 24,6	53,85	22 17 15,7 B	— 6,02
	π	Navire.	3	11 7,6	2,12	107 46 55,7	51,74	36 47 49,0 A	+ 6,12
31	η	Grand Chien. .	2	17 21,6	2,37	109 20 24,4	35,55	28 58 35,6 A	+ 6,63
3	β	Petit Chien...	3	17 55,2	3,26	109 28 48,1	48,89	8 37 33,3 B	— 6,68
	ζ	Navire.	2	57 56,5	2,11	119 24 7,8	31,62	39 31 40,8 A	+ 9,84
24	μ	Lion.	3	9 43 4,1	3,45	145 46 1,8	54,72	26 48 13,9 B	— 16,57
30	η	Lion.	3	58 3,0	3,28	149 30 44,2	49,25	17 35 17,9 B	— 17,27
33	λ	Grande Ourse.	3.4	10 6 48,6	3,67	151 42 8,4	55,12	43 45 33,9 B	— 17,65
36	ζ	Lion.	3	7 13,0	3,55	151 48 14,4	50,29	24 15 45,5 B	— 17,66
41	γ	Lion.	2.3	10 55,0	3,30	152 38 45,1	49,50	20 41 55,4 B	— 17,80
24	μ	Grande Ourse..	3	12 10,2	3,62	153 2 32,8	54,30	42 21 6,8 B	— 17,86
68	δ	Lion.	2.3	11 5 3,1	3,19	166 15 46,6	47,90	21 27 17,1 B	— 19,47
70	θ	Lion.	3	5 18,3	3,16	166 19 54,3	47,42	16 21 50,8 B	— 19,47
1	α	Corbeau. . . .	4	59 39,5	3,07	179 54 52,8	46,00	23 46 47,5 A	+ 20,04
	α²	Croix.	1	12 17 11,1	3,26	184 17 46,5	48,87	62 9 28,0 A	+ 19,99
	γ	Croix.	2.3	21 48,0	3,26	185 27 0,0	48,8	56 9 24,8 A	+ 19,95
9	β	Corbeau. . . .	2.3	25 27,8	3,13	186 21 56,8	46,94	22 27 19,6 A	+ 19,92
29	γ¹	Vierge.	3	33 2,8	3,02	188 15 41,8	45,53	0 30 55,9 A	+ 19,83
77	ε	Grande Ourse..	2	46 30,9	2,65	191 37 43,9	39,83	56 52 59,8 B	— 19,63
43	δ	Vierge.	3	47 2,4	3,00	191 45 35,5	45,06	4 19 25,3 B	— 19,62
47	ε	Vierge.	3	12 53 48,8	3,00	193 25 41,5	45,05	11 52 33,2 B	— 19,49
2	γ	Cent Hydres. .	3	13 9 41,7	3,23	197 25 25,2	48,48	22 16 14,0 A	+ 19,12
	ι	Centaure. . . .	3	13 11 4,9	3,56	197 46 13,5	50,43	35 48 41,3 A	+ 19,09
79	ζ	Grande Ourse..	2	17 2,5	2,42	199 15 37,3	36,29	55 48 56,8 B	— 18,92
79	ζ	Vierge.	3	26 2,3	3,07	201 30 33,9	45,99	0 16 39,3 B	— 18,65

NOMS et GRANDEUR DES ÉTOILES.				ASCENSION DROITE MOYENNE. 1er JANVIER 1830.				DÉCLINAISON MOYENNE. 1er JANVIER 1830.	
				H. M. S.	VARIAT. ANNUEL. S.	D. M. S.	VARIAT. ANNUEL. S.	D. M. S.	VARIAT. ANNUELLE. S.
8	η	Bouvier. . . .	3	46 35,2	+ 2,86	206 38 47,7	42,88	19 15 13,9 B	— 17,81
5	θ	Centaure. . . .	2.3	56 43,1	3,49	209 10 46,3	52,36	35 31 46,9 A	+ 17,50
30	ζ	Bouvier. . . .	3	14 33 1,5	2,85	218 15 22,0	42,83	14 27 48,7 B	— 15,74
7	β	Petite Ourse. .	3	51 17,3	— 0,29	222 49 19,5	— 4,29	74 50 55,9 B	— 14,70
27	β	Balance. . . .	2.3	15 7 52,0	3,22	226 57 59,8	48,27	8 44 55,7 A	+ 13,68
	γ	Loup.	3	23 50,8	3,96	230 57 41,4	59,35	40 35 9,7 A	+ 21,26
13	δ	Serpent. . . .	3	26 40,9	2,86	231 40 13,2	42,93	11 6 50,9 B	— 12,43
28	β	Serpent. . . .	3	38 20,4	2,76	234 35 5,4	41,35	15 57 42,1 B	— 11,61
41	γ	Serpent. . . .	3	48 36,3	2,74	237 9 4,6	41,12	16 13 23,2 B	— 12,18
8	β	Scorpion. . . .	2	55 34,0	3,47	238 53 29,8	52,04	19 19 53,5 A	+ 10,35
1	δ	Ophiuchus. . .	3	16 5 26,3	3,13	241 21 34,9	47,03	3 14 54,3 A	+ 9,61
27	β	Hercule. . . .	3	22 54,3	2,58	245 43 33,9	38,68	21 51 58,2 B	— 8,24
13	ζ	Ophiuchus. . .	2.3	27 48,3	3,29	246 57 4,3	49,35	10 12 51,0 A	+ 7,85
26	ι	Scorpion. . . .	3	39 10,1	3,87	249 47 31,3	58,05	33 58 32,2 A	+ 6,92
	μ¹	Scorpion. . . .	3	40 22,2	4,04	250 5 33,0	60,61	37 44 42,3 A	+ 6,82
35	η	Ophiuchus. . .	2.3	17 0 38,1	3,43	255 9 32,2	51,39	15 30 16,0 A	+ 5,13
65	δ	Hercule. . . .	3	8 2,1	2,46	257 0 32,1	36,90	25 2 48,6 B	— 4,51
35	λ	Scorpion. . . .	5	22 4,6	4,06	260 31 9,7	60,90	36 58 3,5 A	+ 3,30
	κ	Scorpion. . . .	3	30 44,0	4,14	262 41 0,6	62,08	38 55 53,3 A	+ 2,55
	ι	Scorpion. . . .	5	35 41,7	4,18	263 55 25,6	62,78	40 2 58,9 A	+ 2,12
62	γ	Ophiuchus. . .	3	39 22,0	3,00	264 50 30,0	45,04	2 46 46,4 B	— 1,80
32	ξ	Dragon.	5	50 34,8	1,02	267 38 41,5	15,30	56 54 5,2 B	— 0,82
20	ε	Sagittaire. . .	2.3	18 12 53,3	3,98	273 13 19,8	59,74	34 27 7,4 A	— 1,13
23	δ	Petite Ourse. .	3	27 5,1	19,17	276 46 16,9	287,50	86 35 5,7 B	+ 2,36
34	ς	Sagittaire. . .	2.3	44 43,3	3,72	281 10 49,3	55,83	26 29 54,9 A	— 3,89
38	ζ	Sagittaire. . .	3	51 47,4	3,82	282 56 50,5	57,35	30 6 49,6 A	— 4,49
16	λ	Aigle.	3	57 13,1	3,18	284 18 16,6	47,70	5 7 42,3 A	— 4,95
41	π	Sagittaire. . . .	3	59 38,9	3,57	284 54 43,9	53,57	21 17 4,5 A	— 5,16
57	δ	Dragon.	3	19 12 29,1	0,02	288 7 16,5	0,34	67 21 44,6 B	+ 6,23
30	δ	Aigle.	3	16 35,5	3,01	289 13 49,8	45,10	2 47 2,9 B	+ 6,60
6	β	Cygne.	3	23 51,6	2,42	290 57 54,6	36,24	27 36 31,6 B	+ 7,17
18	δ	Cygne.	3	39 39,4	1,87	294 54 51,7	28,02	44 45 14,1 B	+ 8,44
55	η	Aigle.	3	43 48,1	3,06	295 57 1,9	45,84	0 34 37,2 B	+ 8,77
60	β	Aigle.	3	46 57,7	2,94	296 44 24,9	44,14	5 59 21,5 B	+ 8,48
5	α¹	Capricorne. . .	3.4	20 8 13,0	3,33	302 3 15,3	49,95	13 1 31,4 A	— 10,64
9	β²	Capricorne. . .	3	11 27,0	3,37	302 51 45,6	50,62	15 18 35,1	— 10,88
37	γ	Cygne.	3	16 7,3	2,15	304 1 49,5	52,22	39 43 2,1	+ 11,22
9	α	Dauphin. . . .	3	31 44,5	2,78	307 56 7,3	41,69	15 19 9,4	+ 12,32
8	ε	Pégase.	2.3	21 35 50,1	2,94	323 57 31,5	44,13	9 6 2,8	+ 16,21
49	δ	Capricorne. . .	3	37 58,8	3,30	324 24 42,1	49,56	16 53 34,1	+ 16,30
	γ	Grue.	3	43 35,9	3,66	325 53 59,1	54,85	38 9 30,6	— 16,60
17	β	Poisson A. . . .	3	22 21 49,4	3,43	335 27 20,7	51,46	33 12 50,6	— 18,23
42	ζ	Pégase.	3	32 58,9	2,98	338 14 44,1	44,71	9 56 52,9	— 18,61
76	δ	Verseau. . . .	3	45 37,1	3,20	341 24 17,1	47,94	16 43 15,4	— 19,00
53	β	Pégase.	2	55 32,4	2,88	345 53 5,5	43,17	27 9 49,1	+ 19,25

CATALOTIQUE, adj. des deux genres (*médec. anc.*). Il ne peut se dire, d'après sa formation, que d'un médicament propre à faire des lotions. Quelques lexicographes ; d'après une mauvaise leçon de Galien et de Végèce, l'ont confondu avec *catulotique* (V. ce mot).

CATALPA, *bignonia catalpa*, arbre de l'Amérique septentrionale, de la famille des bignones, qui croît spontanément, recherché pour la beauté et la richesse de ses fleurs : elles sont nombreuses, grandes, d'un blanc pur, parsemées de pourpre et d'or, et disposées en larges girandoles ; les feuilles sont en forme de cœur. Le catalpa est réellement magnifique quand il est en fleur, et sa beauté est d'autant plus remarquable qu'il est rare qu'il ne se dispose pas de lui-même en forme de pommier ; ce qui produit une sphère immense de fleurs d'un blanc pourpre et or au sommet d'un arbre très-rameux, et qui peut s'élever jusqu'à trente pieds. Le catalpa se multipliait autrefois par boutures et par ses rejetons ; mais actuellement qu'il est devenu plus commun et qu'il produit des semences, on sème ces semences sur couche au printemps, ou bien en pleine terre, quand la terre échauffée par la saison plus avancée fait office de couche. — Le bois du catalpa est d'un gris blanchâtre et fort léger, circonstance qui le fait rechercher en Amérique pour la confection des meubles. En France, M. Héricart de Thury, qui possède de très-gros catalpas, a eu la curiosité d'en faire faire des sabots, qui se sont trouvés très-légers : mais jusqu'ici on n'a vu en Europe, dans cet arbre, qu'un objet d'agrément.

CATALYSE, s. f. (*chimie*), force en vertu de laquelle un corps modifie la composition d'un autre corps, par sa seule influence et sans changer lui-même de nature.

CATALYSER, v. a. (*chimie*), décomposer ou modifier un corps par catalyse.

CATALYTIQUE (*chimie*), adj. des deux genres, qui a les caractères de la catalyse.

CATALYTIQUEMENT, adv. (*chimie*), d'une manière catalytique.

CATAMANTALÈDE, roi séquanais, père de Castic, mentionné par César dans sa *Guerre des Gaules*, liv. Ier, ch. 3.

CATAMARAN ou **CATIMARON**, radeau léger et triangulaire à ses deux extrémités, et formé de troncs de cocotiers placés de champ et liés ensemble. Ces radeaux se manœuvrent avec de larges rames appelées *pagaies*, et servent aux naturels des Grandes-Indes pour naviguer le long des côtes, et même quelquefois pour risquer assez avant en pleine mer.

CATAMBO, s. m. (*antiq.*), sorte de jeu ancien, peu connu. Il ressemblait probablement à cet exercice que font deux personnes en se renversant alternativement et se tenant *tête-bêche*, l'un ayant la tête en bas, chaque fois que l'autre est debout; cet exercice s'appelle *le monde renversé*.

CATAMÉNIAL, **ALE**, adj. (*médec.*), qui se rapporte au flux périodique des femmes.

CATAMITUS, n. pr. m. (*myth. lat.*), nom par lequel les anciens Latins désignaient Ganymède.

CATANA (ἡ Κατάνη), appelée aussi *Catina* chez les Latins, et plus tard *Catana*, ville de Sicile, située au pied de l'Etna, du côté sud-est. Des Chalcidiens formèrent ici une colonie, 5 ans après la fondation de Syracuse, sous la conduite d'Evarchus, l'an 704 avant J.-C. Le port de la ville n'offrait pas beaucoup de sûreté, mais il eût été difficile de trouver, sur une très-grande étendue de la côte, un lieu plus avantageux pour le débarquement. Bientôt la colonie s'accrut et arriva à un état d'indépendance et de bien-être, sans toutefois embrasser un nombre considérable d'habitants. Aussi Hiéron de Syracuse transporta la colonie sans efforts à Léontium, et, ayant ainsi évacué la ville, il la peupla de Syracusains et de Péloponésiens. Mais, après la mort d'Hiéron, les Sicules, sous la conduite de Ducetius, chassèrent les nouveaux colons du voisinage de leurs établissements, et les anciens Catanates reprirent leur ville. Le nom d'Ætna passa alors à la petite ville d'Inessa, située sur le versant de la montagne, et où les Ætnæens s'étaient réfugiés. Dans la suite, la ville de Catana tomba pour quelque temps au pouvoir des Athéniens; après quoi le tyran Denys l'ancien s'en empara par trahison, en vendit les habitants comme esclaves, et y mit une garnison de ses troupes mercenaires de Campanie. Après cette catastrophe, on voit Catana, tantôt sous la domination de tyrans qui sont de la ville même, tantôt au pouvoir de Syracuse et de Carthage. Durant la première guerre punique, elle fut soumise par les Romains, et arriva de nouveau peu à peu à un état de prospérité tranquille. Auguste y envoya une partie de ses vétérans, après que la ville eut beaucoup souffert d'une éruption de l'Etna et des exactions de Pompée, depuis lors Catana est restée une colonie romaine, et elle était encore du temps d'Ausone une des villes les plus considérables de la Sicile. — Catana et son territoire furent désolés et ravagés dès l'antiquité par des tremblements de terre et par des éruptions de l'Etna. Cependant ce même volcan fut aussi la source de la fertilité du sol, puisque les cendres qu'il rejetait se convertissaient bientôt en une terre très-grasse qui récompensait richement les soins des Catanates. Thucydide cite une éruption de l'Etna, qui eut lieu l'an 424 avant J.-C. et qui ravagea tous les alentours de Catana; et presque tous les tremblements de terre, tous les torrents de feu et de cendres que l'Etna a produits jusqu'à nos jours, ont toujours causé un dommage plus ou moins grand à cette ville. L'éruption qui eut lieu l'an 254 après J.-C., peu de temps après la mort de sainte Agathe, patronne de Catana, est mémorable par un miracle de cette sainte. Le terrible tremblement de terre de 1169 détruisit presque toute la ville, et coûta la vie à 14,000 personnes. Des flots de lave vomis par l'Etna désolaient en même temps la contrée environnante. L'année 1669 fut de nouveau une époque de désolation pour la ville, dont un torrent de lave gravissait les murs, tandis que des monceaux de la même matière couvraient le *canale del Duca*, qui est au bas de la rivière de Guidicello. Le tremblement de terre de 1693 changea la ville en un monceau de ruines, et la ville actuelle de Catania est, à quelques restes

près, composée de nouvelles constructions, qui ont été épargnées par le tremblement de terre de 1783, par lequel a été ravagée Messine. — Dans le voisinage de Catana, les anciens nomment la rivière Ammanus, auquel la lave de l'Etna donna naissance, et qui pourvoyait les aqueducs de la ville. Cette rivière n'est autre que celle de Guidicello, que nous venons de nommer. Enfin ils parlent encore du *Campus piorum*, où se trouvait le monument des frères Amphinomus et Anapius.— Les ruines de l'ancienne Catana sont en partie ensevelies sous la lave vomie par l'Etna lors de l'éruption de 1669, et sont en partie couvertes par les nouveaux édifices. Les plus considérables parmi les antiques constructions montrent un amphithéâtre, un grand et un petit théâtre (Odéon), un temple de Cérès, une naumachie, des thermes et des aqueducs. La nouvelle *Catania* ou *Catanea*, dénomination qui devient prédominante depuis le moyen âge, occupe la place de l'ancienne ville, qu'elle ne remplit pas cependant entièrement. — Si on veut déterminer d'une manière précise le point où se sépare l'histoire de l'ancienne et de la nouvelle ville, l'époque où il est le plus à propos de commencer l'histoire de la nouvelle ville est celle de l'expulsion des Sarrasins par les Normands sous Roger Ier. Ce héros fonda le célèbre couvent des bénédictins, et installa un évêque à Catania, auquel il fit présent de cette ville et du mont Etna, en ne lui imposant pour condition qu'un tribut annuel d'une coupe de vin et d'un pain. Aussi l'évêque de Catania se nomme-t-il encore aujourd'hui seigneur de l'Etna, quoique ses droits de propriété sur cette montagne soient bien rétrécis. L'empereur Frédéric II détruisit Catania de fond en comble, pour la punir de s'être révoltée contre lui, et y éleva une forteresse pour en observer les débris. Charles-Quint s'intéressa d'une manière particulière à cette ville déchue, l'agrandit, l'entoura de murailles, et s'efforça d'en accroître le bien-être par les soulagements et les franchises de toutes sortes qu'il lui accorda. Mais les effets de l'éruption volcanique qui éclata vers la fin du XVIIe siècle effacèrent jusqu'aux dernières traces des bienfaits qu'il avait répandus sur cette ville.

CATANANCE, s. f. (*botan.*)(*V.* CATANANCHE).

CATANANCÉ, ÉE, adj. (*botan.*), qui ressemble à une catananche. — **CATANANCÉES**, s. f. pl. famille de plantes.

CATANANCHE, s. f. (*botan.*), genre de plantes à fleurs composées; ce genre est appelé aussi CUPIDONE.

CATANDUANDES (*géogr.*), petite île au sud-ouest de Luçon ou Manille, dans l'archipel des Philippines. Sa forme est triangulaire; elle a environ trente lieues de tour et dix de long. Exposée aux vents du nord, ses parages sont orageux, et les bas-fonds qui entourent ses côtes y occasionnent de fréquents naufrages. Cette île abonde en riz, en huile de palmier, en cacao, en miel et en excellente cire. Elle renferme plusieurs rivières dangereuses à traverser, dans le lit desquelles on trouve de l'or charrié par leurs grandes eaux du haut des montagnes. La principale occupation des naturels consiste dans l'exploitation des bois, et dans la fabrication de légers bateaux qu'ils expédient à Mendora, Calelaya, Balayan et autres places. Ils en construisent d'abord un très-grand, sans aucun pont, qu'ils n'assemblent point par des clous, mais au moyen de sutures faites ingénieusement avec la partie fibreuse de la canne des Indes; puis ils y entassent d'autres bateaux allant de plus petit en plus petit les uns dans les autres, et quand le chargement est complet ils le transportent ainsi à plus de cent lieues. — Cette nation se tatoue le corps; elle est guerrière et emploie d'excellents marins qui, lorsque leur bateau est renversé en mer par un coup de vent, se jettent à l'eau hardiment, et le replacent sur la quille. Craignant d'être retenus longtemps loin du rivage par les gros temps, ils ont la précaution d'emporter des provisions dans des creux de bambous soigneusement fermés aux extrémités, et qu'ils attachent aux flancs de leurs barques. Leurs vêtements ne consistent qu'en une sorte de jaquette tombant jusqu'aux genoux. Les femmes ont un habillement plus long, et sont enveloppées par le haut du corps dans un manteau qui les couvre modestement. Leurs cheveux, tressés au sommet de la tête d'une manière gracieuse, sont disposés en couronne et forment une rose. Une plaque d'or, large de deux doigts, attachée par un bandeau de taffetas, orne leur front. Trois pendants en or pendent à chacune de leurs oreilles, et elles portent à la cheville du pied des anneaux métalliques qui rendent un son agréable lorsqu'elles marchent. Malgré ce goût pour le luxe, qui semblerait annoncer, ainsi que leur costume, les habitudes molles et simples de leur sexe, elles ont les formes musculeuses et la taille masculine, et, non moins que les hommes, s'adonnent aux rudes travaux de la culture et de la pêche.

CATANÉE (JEAN-MARIE), né à Novare vers la fin du XIVe siècle, embrassa l'état ecclésiastique et se voua exclusivement à l'étude des langues. On lui doit l'édition des *Lettres de Pline le jeune*, qu'il publia avec des commentaires (Milan, 1506) ; une traduction de quatre *Dialogues* de Lucien, un poëme sur la ville de Gènes, et un autre sur la prise de Jérusalem par Godefroi de Bouillon, sous le titre de *Solymis*. Ses ouvrages en prose lui firent plus de réputation que ses poésies. Il mourut en 1529.

CATANÉE (SÉBASTIEN), Milanais, évêque de Chiemse dans le XVIe siècle, a donné 1° une *Somme de cas de conscience*, Bresse, 1600 ; 2° un *Manuel de controverse*, Ingolstadt, 1589 ; 3° un *Traité des censures ecclésiastiques*, Gratz, 1580 ; 4° un *Examen de ceux qu'on doit promouvoir aux ordres*, ibid., 1589 (Dupin, *Table des aut. ecclésiast. du XVIe siècle*, p. 1417).

CATANEO (PIETRO), architecte, né à Sienne, vers le commencement du XVIe siècle, publia à Venise, en 1554, *in casa de' figliuoli di Aldo*, les quatre premiers livres de son *Traité d'architecture*, in-fol., avec des figures. Le traité complet, divisé en huit livres, est intitulé : *l'Architettura di Pietro Cataneo, Sanese*, ibid., 1567, in-fol., fig. Cet ouvrage renferme, non-seulement les *Règles des ordres*, mais encore des *Principes de fortification*.

CATANEO (GIROLAMO), architecte et ingénieur, né à Novare vers le même temps, publia successivement les ouvrages suivants : 1° *Opera nuova di fortificare, offendere et difendere, et far gli allaggiamenti campali ; aggiuntovi un trattato degl'essamini de' bombardieri, et di far fuochi artificiali*, Brescia, 1564, in-4°, fig. 2° *Avertimenti et essamini intorno a quelle cose che richiede a un bombardiere* (même ouvrage que la seconde partie du précédent, avec des augmentations), Brescia, 1567, in-4°. 3° *Tavole brevissime per sapere con prestezza quanto file vanno a formare una giustissima bataglia*, ibid., 1567, in-4°. 4° *Nuovo Ragionamento del fabricare le fortezze*, ibid., 1571, in-4°. 5° *Modo di formare con prestezza le moderne battaglie*, ibid., 1571, in-4°, fig. 6° *Opera del misurare*, ibid., 1572, in-8°, fig. Son *Traité des fortifications*, sous ce titre nouveau : *Dell' arte militare libri V*, etc., réimprimé à Brescia en 1584, in-4°, et en 1608, a été traduit et imprimé en français, par Jean de Tournes, Lyon, 1564, in-4°, et en latin, Genève, 1600, in-4°.

CATANEO (DANÈSE), sculpteur et architecte, né à Massa di Carrara, mort vers l'an 1575, élève de Sansovino, a laissé à Venise et à Vérone quelques monuments qui ont été cités avec éloges.

CATANEO (BERNARD-LOUIS), lieutenant général, né à Ajaccio en 1679, entra au service en 1786, comme sous-lieutenant au Royal-Corse. Il combattit à Jemmapes et à Fleurus, et était parvenu en 1793 au grade de capitaine, lorsqu'il fut destitué comme noble, et forcé d'émigrer. Il offrit alors ses services au prince de Condé ; mais il rentra en France aussitôt qu'il put le faire sans danger. Nommé en 1806 colonel de la légion corse, il fut envoyé la même année, avec ce même corps, au service du roi de Naples. Elevé deux ans après au grade de général de brigade, il devint en même temps aide de camp de Murat, qu'il suivit dans la campagne de Russie. Blessé grièvement à la Moscowa, et nommé lieutenant général sur le champ de bataille, il revint ensuite à Naples avec son souverain d'adoption, fit avec l'armée napolitaine les campagnes de 1814 et 1815, et fut emmené en Moravie comme prisonnier de guerre. Rentré en France en 1816, il passa dans la disgrâce tout le temps de la restauration. Le général Cataneo est mort en 1832. Sa famille était alliée à celle de Napoléon. Son oncle maternel Bacciochi avait épousé la princesse Elisa, sœur de l'empereur.

CATANGIUS SINUS (*géogr. anc.*), golfe d'Asie-Mineure, dans le Bosphore de Thrace.

CATANI (*géogr. anc.*), peuple d'Asie, dans le voisinage de la mer Caspienne, suivant Pline.

CATANI (DAMIANO), amiral génois, fut chargé en 1373 de tirer vengeance des Cypriotes, qui avaient massacré tous les Génois qui se trouvaient dans leur île, et pillé tous leurs biens. Catani, avec sept galères seulement, s'empara, le 16 juin 1373, de Nicosie, capitale de l'île de Chypre. Il prit aussi Paphos. Soixante-dix jeunes femmes de cette ville, autrefois consacrée à Vénus, tombèrent en son pouvoir ; mais il renvoya,

malgré les murmures de ses matelots, ces beautés grecques à leurs pères ou à leurs maris, sans permettre qu'il leur fût fait aucun outrage. « Ce n'est point pour enlever de tels captifs, que notre patrie nous a envoyés ici, » répondait-il à ceux qui lui reprochaient de ne pas savoir profiter de la victoire. Par sa modération et par ses vertus, Catani facilita la conquête de l'île de Chypre, que son successeur Pierre Fregose accomplit avec une flotte beaucoup plus considérable.

CATANIE, s. m. (*vieux langage*), chef, capitaine.

CATANIO (FRANÇOIS), médecin italien, exerça sa profession à Palerme dans le XVIIe siècle, et mourut en 1688. On a de lui un ouvrage peu important, qui a pour titre : *Quæstio de medicamento purgante*, Palerme, 1648, in-8°. — Un autre François CATANIO, né à Florence en 1466, mort en 1521, a laissé un traité *De pulchro*, en latin, lib. III ; et un *Recueil de lettres diverses*.

CATANIA ou CATANEA, intendance de Sicile, qui embrasse des parties du Val-di-Demona et du Val-di-Mazzara, ainsi que tout l'Etna, et qui est limitée par les intendances de Messine, de Palerme, de Syracuse, de Calatanisetta, et à l'est par la mer Ionienne. Elle se divise en trois districts, qui sont Catania, Caltagirone et Nicosia, et renferme 289,406 habitants. — Le chef-lieu Catania est, avec Palerme et Messine, la ville la plus importante, la plus populeuse et la plus belle de toute la Sicile, quels que soient les dommages que lui aient fait éprouver les tremblements de terre et les éruptions de l'Etna, au pied duquel elle s'étend. Nous avons déjà donné son histoire physique et politique dans l'article *Catana*. Elle est située sur une plaine des plus fertiles de terrain volcanique (Chiana di Catania), au sud-est de l'Etna, du haut duquel on peut poursuivre jusqu'à la ville les traces creusées par un torrent de lave (en 1169), et elle s'étend jusqu'à la mer. Elle n'a pas de port proprement dit, puisque son môle, détruit à plusieurs reprises par des torrents de lave, n'a pas été entièrement rétabli, et une terrasse, protégée par un château fort, sert de lieu de débarquement. Depuis le tremblement de terre de 1693, Catania a été presque entièrement rebâtie à neuf et par conséquent d'une manière très-régulière, et cette ville se distingue par ses rues larges, tirées au cordeau, pavées de lave, par ses grandes places, par ses magnifiques églises, par ses beaux palais, par l'architecture uniforme de ses maisons, dont la plupart ont deux étages et sont ornées de colonnes et de pilastres. La place du Marché, qui forme un carré régulier composé d'édifices superbes et d'arcades supportées par des colonnes de marbre ; la place de la Cathédrale, ornée d'un obélisque en granit égyptien et d'un éléphant taillé en lave, symbole de la ville (ouvrages qui sont tous deux des antiquités) ; le môle avec le palais Biscari ; la rue della Colona, qui est la principale et qui sépare la ville en deux parties, méritent une mention spéciale. Catane est entourée de murs, à quatre portes principales, possède un château royal, une magnifique cathédrale, la plus grande et la plus belle de toute la Sicile, d'une architecture nouvelle, et où se trouvent les célèbres reliques de sainte Agathe ; la ville renferme de plus un nombre considérable d'églises et de couvents avec des institutions qui en dépendent. Parmi ces couvents, le plus remarquable est le vieux couvent de bénédictins, qui se trouve en dehors de la ville et qui se nomme le monastère *di San-Nicolo d'Arena*. Les bénédictins ont aussi dans l'intérieur de la ville un monastère qui possède un musée, une bibliothèque et un excellent orgue. Parmi les institutions publiques ou scientifiques appartenant à la ville, il faut citer plusieurs hôpitaux, des conservatoires, des maisons d'orphelins, cinq grands magasins de blés, une université de quatre facultés, une bibliothèque et d'autres collections, un collège pour les pauvres et un collège de familles nobles, un collège des beaux-arts, le musée du prince Biscari, un cabinet d'histoire naturelle, l'académie des Ætnæens, un théâtre, etc. Le nombre des édifices est de 4,160, et la population est de 45,000, quoiqu'à Catane même on donne un chiffre plus élevé, mais qui n'est pas réel. — Catane, comme chef-lieu de la province, est le siège des autorités de district, d'une cour d'appel, d'un évêque et du grand prieur de l'ordre des chevaliers de Saint-Jean. C'est une des villes les plus commerçantes et les plus vivantes de la Sicile. Ses tissages de soie, ses manufactures de lin, ses établissements pour blanchir la cire, pour bouillir le jus de réglisse, pour presser l'huile, etc., sont surtout considérables. Le commerce exporte les produits de la plaine, le vin, l'huile, le riz, le bois de réglise, la potasse, et, parmi les céréales, principalement l'orge. Une branche d'industrie particulière à ce pays consiste dans la confection de petits et de grands ouvrages en ambre, en lave, en marbre et en bois.

CATANIDIS PROMONTORIUM (*géogr. anc.*), promontoire de l'Asie-Mineure, dans le voisinage de l'île de Lesbos, près des îles Arginuses, suivant Diodore de Sicile.

CATANIENS (*géogr. anc.*), peuple de l'Arabie Déserte.

CATANITES (*géogr. anc.*), peuple placé par Ptolémée dans l'Arabie Heureuse.

CATAONIE (*géogr. anc.*), province d'Asie, dans l'Arménie mineure, entre le Taurus et l'Antitaurus. Strabon place cette province dans la Cappadoce, parce que l'Arménie mineure faisait autrefois partie de la Cappadoce, et il dit qu'Ariarathes Ier, roi de cette dernière, lui réunit la Cataonie. Elle est située au nord de la Cilicie *Campestris*, et est traversée du nord-est au sud-ouest par le Sarus. Ses deux villes principales étaient Tariana et Comana Cappadocica. Le Pyrame avait sa source dans les montagnes de la partie orientale de cette contrée.

CATANTLÊME, s. m. (*médec. anc.*), mot purement grec qui signifie lotion, action de bassiner, et que l'on a quelquefois francisé. On disait aussi *catantlèse*.

CATANZARO (*géogr.*), ville du royaume de Naples, chef-lieu de la Calabre ultérieure deuxième. 11,500 habitants.

CATAON (*myth.*), nom d'Apollon en Cappadoce.

CATAONIEN, ENNE, adject. et s. (*géogr. anc.*), habitant de la Cataonie; — qui est propre à ce pays ou à ses habitants.

CATAPACTAYME, s. f. (*hist. mod.*), fête que les peuples du Pérou célébraient avec grande solennité au mois de décembre, qu'ils appellent *bayme*, et qui est le commencement de leur année. Cette fête est consacrée aux trois statues du Soleil, nommées *Apointi, Churiunti, Intiaguacqui*; c'est-à-dire au Soleil père, au Soleil fils, au Soleil frère (Lincostan, *Histoire des Indes occidentales*).

CATAPAN ou **CATIPAN**, nom donné par les Grecs du Bas-Empire au gouverneur de leurs possessions en Italie. Ughelli et d'autres prétendent que catapan a le même sens que capitaine, mot dont le premier était formé par métathèse ou transposition; d'autres le font venir de κατά *juxta*, et πᾶν, *omne*; en ce sens le capitaine était le gouverneur général, ou le magistrat qui avait la direction de toutes les affaires; selon d'autres encore, il dérive de κατὰ παντοκράτορα, c'est-à-dire *immédiatement après l'empereur*. D'après cette acception, le catapan était un second maître, *secundus dominus*. Ducange lui donne pour étymologie κτέανος, *capitaine*, titre que les Grecs appliquaient à chaque gouverneur, et même à tout personnage de qualité. — Le catapan de la Pouille et de la Calabre résidait à Bari. Les catapans ont succédé aux exarques; établis vers 870 par Basile le Macédonien, ils ont existé jusqu'en 1070, époque à laquelle les Grecs furent chassés d'Italie par les Normands (*V.* CATAPANAT).

CATAPAN, magistrat de police à Naples.

CATAPANAT, s. m. (*hist. du moyen âge*), dignité de catapan. —Province gouvernée par un catapan. Vers la fin du IXe siècle, le *thème* de Lombardie fut réduit au *catapanat* de la Pouille et de la Calabre.

CATAPASME, s. m. (*médec. anc.*), terme employé par les Grecs pour désigner les médicaments dont on saupoudrait les ulcères.

CATAPELTE (*instr. de supplice*), *catapelta*. C'était une espèce de pressoir ou de presse, composée de planches. On plaçait entre elles le patient, et on le serrait comme dans un étau. Dans les temps de persécutions, la catapelte fut souvent employée pour mettre les chrétiens à la torture. E. G.

CATAPELTIQUE, s. f. (*art milit. ancien*), maniement de la catapulte.

CATAPÉTALE, adj. f. (*botan.*). Il se dit d'une corolle dont les pétales sont soudés ensemble.

CATAPHASE, s. f. (*log. anc.*), affirmation. On l'opposait à *apophase*.

CATAPHONIQUE, s. f. (*didact.*), branche de la physique qui traite de la réflexion du son.

CATAPHORA, s. m. (*médec.*), mot purement grec, sauf le genre; assoupissement sans fièvre ni délire, que l'on fait facilement cesser à l'aide des excitants, mais qui se renouvelle dès qu'on en cesse l'usage. C'est, suivant J. Franck, un mot générique qui comprend le coma, le coma vigil, le carus et la léthargie. La plupart des lexicographes le regardent comme synonyme de *coma*. Il paraît cependant que les auteurs grecs ont mis entre l'un et l'autre quelque différence: ou bien ils ont

regardé le *cataphora* comme une espèce de *coma*, donnant à ce dernier mot une acception beaucoup plus étendue; ou bien ils ont distingué le *coma* du *cataphora*, en ce que celui-ci n'est pas accompagné de fièvre. Le *cataphora* se rapprocherait donc du *carus*, et serait seulement un assoupissement moins profond. Ce mot, d'ailleurs, n'est plus en usage.

CATAPHRACTA (*chirurg.*). (*V.* CATAPHRACTE).

CATAPHRACTÆ NAVES (*art milit., antiq.*), vaisseaux de guerre armés et couverts pour le combat, de manière à être préservés autant que possible des dommages que leur pourrait causer l'ennemi. Ils étaient revêtus de planches, et avaient leurs ponts recouverts par des planches sur lesquelles étaient placés les soldats pour la défense, tandis que les rameurs, n'ayant rien à craindre sous cet abri, exécutaient les manœuvres des rames avec la même sécurité que dans les circonstances ordinaires.

CATAPHRACTAIRE, adj. m. (*antiq.*), qui est revêtu d'une cataphracte. *Soldats cataphractaires*.

CATAPHRACTAIRES (*hist. anc., art milit.*), *cataphracti* ou *cataphractii*, gens portant des cataphractes. Ce mot s'emploie plus communément pour désigner une espèce de corps dans le genre des cuirassiers. C'étaient autrefois des cavaliers couverts complètement, ainsi que leurs chevaux, de l'armure décrite plus haut. Les Perses avaient de ces troupes. Les Grecs et ensuite les Latins en formèrent des corps à leur tour. On comptait 3,000 cataphractaires dans l'armée d'Antiochus, lorsqu'il marcha contre Scipion l'Asiatique. Comme les Romains, malgré leur mépris pour les Grecs, les copiaient dans ce qu'ils faisaient d'utile et d'avantageux, il est probable que c'est à eux qu'ils empruntèrent cette institution. Les mêmes soldats sont encore désignés sous le nom de *crapellarii* dans les anciens historiens latins.

CATAPHRACTE (*art milit. et antiq.*), de κατταφράσσω, *je fortifie* ou *j'arme*, sorte de cuirasse ou de lourde armure défensive, composée de petites lames ou de mailles de fer arrangées avec tant d'art sur du drap épais ou sur du cuir, que comme les plumes sur l'oiseau elle se prêtait en tous sens à tous les mouvements du corps sans en laisser la moindre partie à découvert. La cataphracte était autrefois d'usage pour l'infanterie et la cavalerie en général, et dans ce dernier corps les chevaux comme les cavaliers en étaient revêtus. C'était l'ancienne armure des Perses et des Sarmates. Les Romains l'avaient adoptée de bonne heure pour leurs fantassins, et, selon Gratien, la conservèrent jusqu'au temps de Gratien, époque où leur discipline tombant dans le grand relâchement, ces troupes, qui n'étaient plus exercées aux rudes travaux militaires des soldats de la république, abandonnèrent la cuirasse et le casque, comme trop lourds et trop incommodes. Mais dès lors les têtes et les poitrines étant en butte aux traits des Goths, ceux-ci faisaient un grand ravage dans les rangs des Romains, qui se faisaient tuer, ajoute Végèce, comme de vils troupeaux. Voici, du reste, les propres paroles de cet historien : « Licet exemplo Gotthorum et Alanorum, Hunnorumque arma profecerint, pedites tamen constat esse nudatos. Ab urbe enim condita usque ad tempus D. Gratiani, et cataphractis et galeis muniebatur pedestris exercitus. Sed cum campestris exercitatio, interveniente negligentia desidiaque, cessaret, gravia videri arma cœperunt quæ raro utique milites induebant. Itaque ab imperatore postulant, primo cataphractas, deinde cassides deponere; sic detectis pectoribus et capitibus, congressi contra Gotthos milites nostri, multitudine sagittariorum sæpe deleti sunt; nec post tot clades, quæ usque ad tantarum urbium excidia pervenerunt tuiquam curæ fecit, vel cataphractas vel galeas pedestribus reddere. Ita fit, ut non de pugna, sed de fuga cogitent, qui in acie nudi exponuntur ad vulnera. Quid enim pedes sagittarius sine cataphracta, sine galea, qui, cum arcu scutum tenere non potest, faciat? Quid ipsi draconarii atque signiferi, qui sinistra manu hastas gubernant, in prælio facient, quorum et capita nuda esse constat, et pectora? Sed gravis pediti lorica videtur, et galea fortasse, raro meditanti, arma raro tractanti. Cæterum quotidianus usus non laborat, etiamsi onerosa gestaverit; sed illi qui laborem in portandis veteribus munimentis armorum ferre non possint, detectis corporibus et vulnera sustinere coguntur, et mortes; et quod est gravius (et turpius) aut capi an certe fuga rempublicam tradere. Sic, dum exercitium laboremque detrectant, cum maximo dedecore trucidantur ut pecudes. » On voit, par ce passage, que Végèce attribue leurs pertes, plutôt au manque d'armes défensives des Romains qu'à la grande multitude des barbares qui les attaquaient.—L'utilité des archers a été remise en question même de nos jours, malgré nos armes à feu. En effet, dans la défense des places, il y a certaines positions où il est reconnu que l'emploi de l'arc et du trait serait d'une plus grande utilité que la fusillade, par exemple, dans les galeries casematées, dans les contrescarpes des remparts, etc., où la fumée rend bientôt impossible d'ajuster l'ennemi ou de le repousser avec la baïonnette. Dans certaines occasions encore, comme pour la défense d'un endroit resserré et dans les embuscades où il faut éviter d'attirer les forces de l'ennemi sur ce point, des archers seraient peut-être préférables à un nombre triple de bons tireurs à la carabine. **E. Girod.**

CATAPHRACTE (*hist. nat.*), sorte de cuirasse qui enveloppe le corps de certains animaux. — Genre de poissons.

CATAPHRACTE (*chirurg.*), bandage qui s'applique autour du corps et des épaules.

CATAPHRACTÉ, ÉE, adj. (*hist. nat.*), qui a le corps enveloppé d'une cuirasse.

CATAPHRYGIENS, *Cataphryges*, hérétiques du IIe siècle, ainsi appelés parce qu'ils étaient de Phrygie. Ils soutenaient les mêmes erreurs que les montanistes (*V.* Montanistes) (Saint Epiphan., *Hæres.* 48; Eusèbe, *Hist. eccl.*, 1, 41, c. 27).

CATAPLASME (*thérapeutique*), de χαταπλάσσειν, induire, appliquer dessus. Le cataplasme est une préparation médicinale faite pour être appliquée sur les diverses parties du corps. C'est d'un usage très-ancien, et il est devenu depuis longtemps d'un usage vulgaire : on peut dire qu'il constitue la partie la plus essentielle de la médecine domestique. Entre les mains du médecin, le cataplasme subit de grandes variations dans sa composition. Il admet en effet des farines, des fécules, des pulpes de diverses espèces de plantes, des sels ou des substances pharmaceutiques de la plus grande activité. Cette variété dans la composition du cataplasme dépend de la variété des effets qu'on veut produire. Ainsi, avec la farine de graine de lin, la mie de pain bouillie dans du lait ou la fécule de pomme de terre, on calme l'inflammation de la peau ou celle du tissu cellulaire et des parties charnues que cette peau recouvre. Avec certaines pulpes, comme celle d'oignon de lis par exemple, on amène à maturité les abcès superficiels; avec des plantes aromatiques, on donne à la peau et aux membres plus de ton et plus d'énergie; enfin, avec des substances salines résolutives, comme le muriate de soude, on dissout et on fait disparaître des engorgements quelquefois très-considérables. Les anciens donnaient une grande importance au cataplasme; car ils l'employaient très-souvent, et ils osaient même le faire dans des cas et dans des circonstances dignes de mémoire. Ainsi l'histoire rapporte qu'un des médecins les plus renommés de l'école d'Alexandrie avait l'habitude d'ouvrir, dans les maladies du foie, la partie correspondante de la poitrine, et de recouvrir l'organe mis à nu d'un cataplasme composé d'herbes et de farines de diverses sortes. Certes le remède était bien innocent, mais la manière de l'employer le rendait pire que le mal. Les modernes, avec leur médecine rationnelle et quelquefois raisonnable, mots qu'il faudrait bien se garder de confondre, les modernes n'ont pas hérité de telles traditions. Ils appliquent des cataplasmes dans le fond du vagin pour les maladies de matrice; mais ils se gardent bien d'employer le bistouri pour ouvrir une voie ou pour faire une place à la préparation pharmaceutique dont nous venons de parler. **Dr Ed. C.**

CATAPLEXIE, s. f. (*anc. méd.*), stupeur, stupéfaction.

CATAPLUS (*littér. anc.*) (χαταπλοῦς, traversée sur mer), dialogue dans lequel Lucien introduit les rois et les grands au moment où Caron les passe dans sa barque.

CATAPPA, s. m. (*botan.*), nom malais du badamier.

CATAPSYXIE, s. f. (*anc. méd.*), grand refroidissement sans horripilation ni tremblement.

CATAPTOSE, s. f. (*anc. méd.*), chute subite à terre par cause d'épilepsie ou d'apoplexie.

CATAPUCE, s. f. (*hist. nat.*), plante médicinale qu'on appelle communément *petite tithymale.* Elle purge par haut et par bas avec tant de violence, qu'il y a peu de médecins qui osent hasarder de l'ordonner (*V.* Tithymale).

CATAPULTAIRE, s. m. (*art mil. anc.*), soldat qui manœuvrait la catapulte.

CATAPULTE (*antiq. et art milit.*), de κατά et πέλτη. C'est une machine de guerre ancienne sur laquelle nous n'avons pas de renseignements exacts; car l'idée que donnent de cet instrument les bas-reliefs antiques où il est représenté ne concorde nullement avec ce qu'en dit Vitruve, qui en a fait une description que les archéologues n'ont guère comprise. On a cependant essayé plusieurs fois d'en faire le dessin ; mais, s'il est déjà difficile d'entendre le sens de l'auteur, il l'est encore bien plus de peindre ce qu'il a mal expliqué. Une grande diversité d'opinions s'est élevée parmi les écrivains modernes au sujet de la *catapulte* et de la *baliste*; les uns ont représenté la première comme ayant eu la fonction de lancer des quartiers de rocher ou de lourdes masses arrondies en forme de boulets, tandis qu'ils prétendaient la seconde destinée à lancer d'un seul coup des javelots, des dards, des flèches de grosse dimension, ressemblant à des poutres aiguisées; d'autres attribuaient à la baliste l'office de la catapulte, et à celle-ci celui de la baliste ; enfin quelques auteurs leur ont donné à chacune les deux destinations. Le chevalier Folard, qui a rangé chez eux l'opinion générale à son avis en cette matière, parle ainsi de ces machines dans son *Traité de l'attaque et de la défense des places des anciens* : « Polybe dit formellement, partout où il parle de la *baliste* et de la *catapulte*, que la *baliste* jetait des dards, et la *catapulte*, des pierres. La catapulte, comme la baliste, avait différents noms : les Grecs l'ont appelée d'une façon, et les Romains d'une autre, chaque nation comme il lui a plu. César l'appelle tantôt catapulte, tantôt *onager, onagre.* Les Grecs de la moyenne antiquité l'appellent tantôt l'un, tantôt l'autre; jamais machine n'a souffert tant de différents noms. J'en pourrais compter une douzaine tout au moins qui ont couru toutes les nations... Le nom n'y fait rien, à la vérité, et ne change rien à la chose, dès que nous en concevons la structure et le principe du mouvement, mais au moins doit-on se faire entendre dans la description de la machine. — Le scorpion ne fut jamais la catapulte, comme une infinité de commentateurs l'ont cru ; ce n'était que la baliste; car quel rapport peut avoir la catapulte avec cet animal ? — Végèce dit qu'on nommait autrefois scorpion ce que de son temps on appelait *manubaliste* ; c'est l'arbalète dont on commença à se servir du temps de nos pères, et que nous avons abandonnée depuis l'invention de nos fusils ou de nos mousquets, quoique cette arme, toute prévention à part, fût infiniment plus meurtrière et plus avantageuse que ne le sont nos fusils, plus certaine et plus assurée, et sa force au moins égale (*ceci était écrit il y a près de deux siècles*). Végèce prouve assez que le scorpion était la baliste des anciens. Cela se voit dans César en plusieurs endroits de ses *Commentaires*; car il emploie indifféremment ces deux termes pour signifier la même machine; mais il distingue toujours celle-ci de la catapulte : *Cæsar in castris*, dit Hirtius, *scorpionum catapultorum magnam vim habebat.* — Avant que d'entrer dans l'explication de notre catapulte, ou, pour mieux dire, de celle des anciens, je crois que le lecteur ne sera pas fâché de voir ici celle d'Ammien Marcellin, liv. XXIII, en éclaircissant ce qui nous paraît obscur et embarrassé dans le texte de cet historien. Cette hardiesse nous doit être permise, lorsqu'elle ne va pas au delà des bornes raisonnables.» — Suit le texte, puis la traduction libre que voici : « La catapulte est composée de deux poutres courbes qui se joignent à leurs extrémités par deux traverses. Aux deux côtés et vers le milieu de leur courbure, on pratique deux trous arrondis opposés l'un à l'autre, et larges à proportion du poids qu'on veut jeter ; c'est dans ces deux trous que l'on introduit un cordage replié et plusieurs tours qui passent dessus et dessous deux chevilles de fer partageant cette espèce d'écheveau de cordes. Au milieu de ce cordage filé et partagé par les deux chevilles de fer, on introduit à leur centre le bout d'une pièce de bois ou bras fait en manière d'axe de charrette. Quand il s'agit de s'en servir, on entortille et l'on bande les cordes également des deux côtés, et, de peur que la force du bandage et des cordes entortillées ne lâche, on tient fixes les deux chevilles par un arrêt ; alors on baisse le bras par le bout d'en haut, au moyen d'un moulinet, et ce bout est retenu par une détente ; on met alors la pierre à l'extrémité de ce bras, qui forme un cuilleron ; un homme lâche la détente d'un coup de maillet, et fait partir le bras qui pousse la pierre d'une force extraordinaire, parce qu'il va donner et choquer, dans le plus fort de son mouvement, contre un montant au milieu duquel il y a un coussinet rempli de paille hachée. » — Et le digne chevalier rend assez cavalièrement à ceux qui ont écrit avant lui sur ce sujet le témoignage suivant : «S'il nous est permis de dire librement ce que nous pensons, les écrivains qui nous ont donné des descriptions de la catapulte, entre autres Lipse, Choul, Fabretti, Perrault, n'ont rien produit que d'imaginaire. » — Nous ne sommes pas éloigné d'admettre avec Folard la catapulte pour jeter des pierres et la baliste pour lancer des traits ; mais nous ne pouvons nous dispenser de faire remarquer qu'il se méprend au sujet de Polybe, quand il avance que cet historien établit continuellement cette distinction entre ces deux machines chaque fois qu'il en parle ; car, à propos du siège de Thèbes en Phthiotis, par Philippe, où il fait dire à Polybe qu'il y avait cent cinquante catapultes et vingt-cinq balistes, l'écrivain grec ne fait aucunement mention de balistes. Telles sont ses expressions : Συναχθέντων δὲ καταπέλτων μὲν ἑκατὸν πεντήκοντα, πετροβολικῶν δὲ ὀργάνων πέντε καὶ εἴκοσι, προσῆλθε ταῖς Θηβαῖς ; c'est-à-dire, *cent cinquante catapultes et vingt-cinq machines à lancer des pierres ayant été rassemblées , lui* (Philippe) *s'avança vers Thèbes.* Ensuite le ὄργανον πετροβολικὸν, comme distingué de la catapulte, n'était pas la baliste, mais l'onagre, qui lançait des pierres par le moyen d'un fort pliant en bois et d'une chaîne ou d'une fronde suspendue à son extrémité pour y recevoir ces pierres envoyées au loin par la détente de la pièce de bois quittant la courbure à laquelle on l'avait assujettie avec effort pous se redresser rapidement. — Folard affirme pareillement, et sans beaucoup s'inquiéter de l'exactitude de son assertion, que César appelle les mêmes machines quelquefois catapulte, et quelquefois onagre. Disons-le net, c'est que César n'a jamais, en aucune circonstance, fait mention de l'onagre ; mais son autorité peut être regardée comme décisive relativement à l'usage commun de la baliste et de la catapulte, et à la distinction à établir, sous ce rapport, entre ces deux machines. Il parle seulement une fois de la baliste dans le second paragraphe du deuxième livre de la *Guerre des Gaules,* à propos du siège de Marseille par son lieutenant C. Trebonius, en ces termes : « Sed tanti erant antiquitus in oppido omnium rerum ad bellum apparatus, tantaque multitudo tormentorum, ut eorum vim nullæ contextæ viminibus vineæ sustinere possent. Asseres enim pedum XII cuspidibus præfixi, atque hi maximis balistis mille per quatuor ordines cratium designabantur.» Il est manifeste, par ce passage, que même les balistes de la plus grande dimension étaient employées à lancer de longues poutres pointues et autres projectiles de ce genre. Il ne mentionne aussi qu'une seule fois la catapulte, dans les mots suivants : « Aut saxa ex catapultis lateritium discuterent. » Ce qui montre clairement que la catapulte était, par opposé à la baliste, employée à lancer des pierres. — Dans Végèce, il n'est nullement question de la catapulte ; mais cet auteur dit expressément que les scorpions étaient , de son temps, appelés manubalistes, ou balistes à la main. Nul doute que ces machines ne fussent ainsi désignées parce qu'elles pouvaient être manœuvrées par un seul homme. Après lui, Vitruve nous informe que le scorpion et l'onagre étaient deux différents instruments, quoiqu'il paraisse, d'après Ammien Marcellin, que le nom de scorpion était aussi donné à l'onagre. — Folard, partant de cette idée que la catapulte et l'onagre étaient les mêmes sous les noms différents, a traduit aussi largement que ci-dessus un passage au sujet de l'onagre dans le vingt-troisième livre de cet auteur, de manière à accommoder le sens de l'écrivain à sa manière de voir. Il ne faut donc pas croire à sa version, dans la description qu'il fait de l'onagre, et nous conseillons au lecteur, s'il veut être satisfait, de recourir au texte même d'Ammien Marcellin, en lui souhaitant toutefois de pouvoir éclaircir son obscurité. — Voici encore comment Héron, l'élève de Ctesibius, représente la forme de la catapulte : « Duo ligna accipiuntur quadrata et æqualia , quæ quatuor diapegmatibus, id est, *transversariis,* itidem æqualibus connectuntur, ex quibus duo in extremitatibus cardines habeant, qui in ligua quadrata immissi in exteriorem partem pertingant ; ita ut in ipsarum eminentiarum foraminibus cuneoli adacti pegma totum fortissime contineant. Extremitatibus vero quadratorum lignorum suculæ, quæ transversum motum habeant, aptentur, in quibus sint foramina, per quæ vectes trajiciantur, sive ad extremitates, sive in medio, per quos versentur. Superant autem quadrata lignea ipsa diepegmata ad superiorem partem. » Cet auteur représente la catapulte, ainsi qu'on le voit, comme une sorte de grande arbalète. Était-ce en réalité exactement son usage ? on demeure dans le doute ; car rien , dans les marbres antiques, ne caractérise assez le mécanisme de cette arme, nous le répétons, pour que nous en puissions savoir autre chose que la structure en général et les effets, en réunissant à ces données les vagues détails que nous tenons des historiens. Athénée, dans son *Livre des machines,* parle aussi de deux catapultes, dont l'une avait trois palmes, et l'autre quatre (de 2 à 3 pieds), qui lançaient des traits à trois ou quatre stades, c'est-à-dire à un demi-mille de distance ; et Vitruve assure, lui, que c'étaient des pierres d'une grosseur extraordinaire , de cent livres et plus de pesanteur, que les catapultes envoyaient au loin. Ce dernier étant le seul auteur romain qui ait parlé un peu amplement de la catapulte employée dans sa nation , nous sommes encore fondés à croire, par la différence qui existe entre la machine qu'il décrit et celles des Grecs, que les catapultes mises en

usage par ces derniers n'ont rien de commun avec les catapultes romaines. **Ed. Girod.**

CATAQUÆ, siège épiscopal d'Afrique, dans la province de Numidie. La *Notice*, n° 68 , dit *Cethaquensisca ;* mais c'est une faute. Parce qu'on lisait *Cethaquensis,* quelqu'un mit à la marge qu'il fallait lire *Cataquensis ;* ce que le copiste ne comprenant pas, il a mis à la fin *ca,* au lieu de le mettre au commencement. Boniface, qui en était évêque dans la conférence de Carthage, avait succédé à Paul (*Not.*, 271).

CATAQUENSIS (*géogr. anc.*), siège épiscopal d'Afrique, en Numidie.

CATARA (*géogr.*), ville d'Arabie, à 76 milles sud-est de El-Catif.

CATARA (*géogr. anc.*), ville épiscopale de l'Asie-Mineure, en Lycie.

CATARA, siège épiscopal de la province de Perse, au diocèse de Chaldée , sous la métropole de cette province, au golfe de Perse, où Pline place les îles appelées *Catalhres* ou *Chélonitides.* Jésuiab III, catholique des nestoriens, se plaint, dans sa lettre écrite aux habitants de Catare, de ce qu'eux et leurs évêques l'ont abandonné pour ne reconnaître que le métropolitain de Perse. Nous trouvons sous le catholique Phétion, en 740, un évêque de Catare, nommé Gabriel (*Biblioth. orient.*, t. III, p. 126).

CATARABON (*géogr. anc.*), rivière de la Germanie supérieure, qui, suivant Ptolémée, avait son cours à travers la Dacie.

CATARACTA (*géogr. anc.*) , ville d'Italie, au pays des Samnites , suivant Diodore de Sicile , qui dit qu'elle devint la possession des Romains par suite d'un assaut.

CATARACTAIRE, *cataractarius*. Il est parlé des cataractaires dans l'histoire ecclésiastique. C'étaient les geôliers , les gardes des portes. En effet , Tite Live prend cataracte pour ce que nous appelons une herse aux portes de guerre, et des auteurs postérieurs le prennent pour des barreaux de fer qui servent de clôture (Ducange, Hoffman).

CATARACTE (*hydrogr.*), chute d'eau brusquement interjetée dans le cours d'un fleuve, dont elle empêche la navigation. Ce mot est formé du grec καταρράσσω, composé de la préposition κατά (*deorsum*), en bas , et du verbe ῥάσσω (*dejicere*), jeter, briser, renverser avec force, *cum impetu decidere,* onomatopée qui peint parfaitement le bruit de certaines chutes d'eau ou grandes cascades occasionnées par une pente très-brusque du sol , qui les fait se briser avec fracas de roc en roc, et accidente le courant ordinaire des rivières. Les plus antiquement célèbres de ces cataractes sont celles du Nil, dont on s'était formé généralement une idée si gigantesque et si fausse , sur le récit de quelques voyageurs peu consciencieux (entre autres Paul Lucas, qui, de retour de son premier voyage au Levant en 1704, racontait qu'à plusieurs lieues de Syène le bruit s'en faisait déjà entendre), et qu'on sait aujourd'hui n'être que de simples rapides, communs dans le cours de beaucoup d'eaux vives. Sur les deux rives du fleuve s'élèvent les deux culées d'une montagne transversale que son cours a coupée presque à pic pour y former son lit ; ce lit est inégal, parsemé de pics de granit, plus ou moins élevés, plus ou moins rapprochés, formant des écueils dont quelques-uns sont de grandes îles. Ces pics s'élèvent au-dessus des eaux et barrent le Nil dans tous les sens ; arrêté contre ces obstacles, le fleuve se refoule, se relève et les franchit. Il forme ainsi une suite de petites cascades dont chacune est haute d'un demi-pied au moins ; l'espace est rempli de tourbillons et de gouffres, et le bruit des eaux qui se brisent est entendu à quelque distance. Ce passage serait très-dangereux pour la navigation, mais une espèce de chenal est ménagé sur la gauche. Durant les grandes eaux, tous les écueils de ce côté du fleuve sont couverts et s'y changent en canal navigable ; dans les basses eaux, les barques remontent le courant à la cordelle, en le serrant la côte ; en le descendant, elles sont entraînées avec une grande rapidité. Voilà, au vrai, la *fameuse cataracte de Syène,* qui se réduit à quelques cascades distribuées sur une certaine étendue de terrain, et dont l'ensemble donne à peine quelques pieds de chute aux eaux du Nil à son entrée en Égypte. M. Champollion-Figeac, dans sa *Description sur l'Égypte ,* fait remarquer, à propos de ces écueils, la prévoyance des anciens habitants de cette contrée, qui les avaient conservés comme un moyen efficace de défense contre l'invasion des peuplades éthiopiennes, lesquelles , plus d'une fois, attaquèrent le pays, y établirent à force ouverte une domination momentanée, et l'auraient peut-être envahi pour toujours, si une barrière naturelle, fortifiée encore par le secours de l'art, n'avait contribué à réprimer l'esprit de conquête de ces peuples du midi de l'Egypte, et à les retenir dans les limites de leur territoire. — Les plus majestueuses cataractes du monde sont celles du Niagara, généralement connues sous le nom de *saut du Niagara*, dans le bas Canada, entre les lacs Erié et Ontario. Buffon, emporté par son génie poétique, et malgré ce qu'en rapporte le P. Charlevoix, dont il avait les écrits sous les yeux, s'est plu à nous les peindre vingt fois plus considérables qu'elles ne sont en effet; mais on sent que le spectacle d'une masse d'eau tombant de cent quarante à cent cinquante pieds d'élévation et sur une étendue de près de trois cents pieds en largeur doit produire une impression magique à laquelle des bruits terribles et continuels, mille jeux de lumière à travers d'humides vapeurs, et les flots d'une écume éblouissante, emportés par les vents sur l'épaisse verdure des forêts voisines, ne peuvent manquer d'ajouter la plus sauvage majesté; tels sont d'ailleurs les grands effets de la nature, qu'il n'est pas nécessaire de les exagérer pour qu'ils entraînent l'imagination au delà des bornes de la réalité. La rivière est divisée par deux îles qui surgissent de son sein en trois chutes, dont la plus considérable, placée sur la rive nord-ouest, appartenant à l'Angleterre, est appelée communément la grande *chute* ou le *fer à cheval*, à cause de sa conformation analogue à celle d'un pied de cheval. Elle est un peu moins élevée que les deux autres, c'est ce qui rend le volume de ses eaux plus fort, parce que le lit étant plus creux de ce côté, les courants s'y précipitent de préférence. De mémoire des naturels du pays, on a remarqué des changements dans la disposition de ces chutes. Une tradition qui n'est pas sans fondement prétend qu'elles étaient autrefois en face de Queenstown, ville aujourd'hui à quelques toises en amont, et d'ailleurs le temps a dû produire leur diminution en hauteur, parce que les eaux, en se précipitant, usent les parois de leur canal dans le tumulte de leur bouillonnement. La brume ou le brouillard que les flots soulèvent en tombant se voit de plus de trente lieues par un temps calme et serein, et monte jusqu'aux nues. Le tonnerre des chutes s'entend pendant les nuits calmes à cinquante et soixante lieues dans les solitudes des savanes. Un arc-en-ciel gigantesque et des plus belles couleurs ceint comme d'un diadème cet imposant travail de la nature tant que le soleil brille sur cette contrée merveilleuse où la main de Dieu se révèle si puissante. Trop de descriptions ont été faites sur les chutes du Niagara, pour que nous en essayions un tableau ici, quand nous avons l'heureux avantage d'attacher un intérêt certain à notre article en citant quelques lignes de l'auteur du *Génie du christianisme*, où le grand écrivain a moins décrit que peint le sujet qui nous occupe : « Nous arrivâmes bientôt, dit-il, aux bords de la cataracte, qui s'annonçait par d'affreux mugissements. Elle est formée par la rivière Niagara, qui sort du lac Erié et se jette dans le lac Ontario; sa hauteur perpendiculaire est de cent quarante-quatre pieds : depuis le lac Erié jusqu'au saut, le fleuve arrive toujours en déclinant par une pente rapide, et au moment de la chute, c'est moins un fleuve qu'une mer, dont les torrents se pressent à la bouche béante d'un gouffre. La cataracte se divise en deux branches et se courbe en fer à cheval (on voit que M. de Châteaubriand ne fait allusion depuis la rive gauche où il s'est placé, qu'à la chute la plus importante, celle entre la terre et lui, et à la chute voisine). Entre les deux chutes s'avance une île, creusée en dessous, qui pend, avec tous ses arbres, sur le chaos des ondes. La masse du fleuve, qui se précipite au midi, s'arrondit en un vaste cylindre, puis se déroule en nappe de neige et brille au soleil de toutes les couleurs; celle qui tombe au levant descend dans une ombre effrayante; on dirait une colonne d'eau du déluge. Mille arcs-en-ciel se courbent et se croisent sur l'abîme. L'onde, frappant le roc ébranlé, rejaillit en tourbillons d'écume qui s'élèvent au-dessus des forêts comme les fumées d'un vaste embrasement. Des pins, des noyers sauvages, des rochers taillés en forme de fantômes, décorent la scène. Des aigles, entraînés par le courant d'air, descendent en tournoyant au fond du gouffre, et des carcajoux se suspendent par leurs longues queues au bout d'une branche abaissée, pour saisir dans l'abîme les cadavres brisés des élans et des ours. » *Génie du christianisme*. — Au-dessous de cette cataracte se rencontrent des tournoiements d'eau tels qu'on ne peut y naviguer jusqu'à six milles de distance, et au-dessus des chutes la rivière est beaucoup plus étroite qu'elle ne l'est dans les terres supérieures. C'est encore une opinion accréditée chez les indigènes, que le fer à cheval était jadis triangulaire, le sommet de l'angle ayant été arrondi par les effets de l'âge et des ondes; sur l'île placée vers la rive droite est bâti le pittoresque fort Schloper, possession des Etats-Unis. L'abord des chutes paraît aussi être devenu moins difficile par la suite des temps. La saison la plus propice pour les visites est

vers le milieu de septembre, époque où les forêts sont dans toute leur gloire, gracieusement diversifiées dans leur parure par les riches teintes de l'automne, et les curieux alors ont beaucoup moins à souffrir des mousquites, qui dans l'été couvrent de nuées épaisses les rivages du fleuve. — L'Amérique du Nord possède encore des cataractes admirables, entre autres celle d'Albany, de cinquante pieds de hauteur, dans l'Etat de New-Yorck, qui est aussi, comme les chutes du Niagara, couronnée d'un arc-en-ciel sous les rayons du soleil. Il en existe également un grand nombre dans l'Amérique méridionale. Le Gange a aussi ses cataractes; mais ce sont surtout les fleuves d'Afrique et de l'Amérique du Sud qui en sont remplis. Il paraît que ces continents sont couverts de plateaux superposés comme de vastes degrés qui, dans le premier, s'élèvent vers l'Ethiopie centrale, et, dans l'autre, vers le faîte des Andes. A chaque degré on rencontre une cataracte, et le Zaïre particulièrement en offre plusieurs. Ce fleuve, dont la course se fait dans le Congo, commence par une forte cataracte qui tombe du haut d'une montagne escarpée. Au Japon, province d'Asie très-montagneuse, on admire parmi les cataractes de ses rivières, celle du lac Togitz ou Fracone, qui, enfermé de toutes parts entre de hautes montagnes, ne trouve de sortie pour ses eaux qu'à travers trois différentes ouvertures d'où il s'échappe avec impétuosité et fracas; les trois torrents réunis sement bientôt leurs ondes qui, continuellement furieuses, se précipitent en mugissant au milieu d'affreux rochers au fond d'une étroite vallée qui les verse à la mer. — Notre Europe abonde de merveilles de ce genre, particulièrement la Suisse, les versants des Pyrénées et des Alpes pour la France, l'Espagne et l'Italie, et l'Ecosse pour la Grande-Bretagne. La Russie en compte deux remarquables près du lac Ladoga, dans la province de Volodga. Le Rhin en a deux; mais celle au-dessous de Schaffouse, la plus importante d'Europe, a droit à quelques détails. A quelque distance au sortir de Schaffouse, en suivant le cours du Rhin, d'abord si peu rapide que rien ne fait présager le voisinage d'une grande chute d'eau, l'on commence à entendre un bruissement sourd et continu, puis pendant trois quarts d'heure de marche augmente jusqu'au terme du voyage. Bientôt on aperçoit le nuage de poussière humide produit par le rejaillissement des ondes en se précipitant. Le cours du Rhin devient de plus en plus rapide; quelques rochers aux formes bizarres sortent çà et là leurs têtes *du fleuve comme des caïmans endormis*, suivant la pittoresque expression de M. Alexandre Dumas; l'eau prélude, en se brisant contre eux, à la chute immense qu'elle va faire. De place en place, de belles nappes unies comme une glace et d'un vert d'émeraude laissent voir dans l'état ordinaire des eaux jusqu'au sable du fleuve d'une manière si transparente qu'on pourrait compter les cailloux dont il est semé; enfin, on arrive à l'endroit où tout à coup le lit manquant au fleuve, il se précipite en une seule masse de vingt pieds d'épaisseur, et dans une largeur de trois cents, au fond d'un abîme de soixante-dix. Mais le plus beau point de vue de la cataracte est d'en bas, depuis une construction en planches qu'on appelle le Fischetz, dans laquelle on arrive après dix minutes de descente en glissant sur des escaliers humides où l'eau retombe en poussière, et étourdi par les rugissements de la chute. Le Fischetz en conduit si près, qu'en levant la tête on la voit se précipiter sur soi, et qu'en étendant le bras on la touche avec la main. C'est de cette galerie tremblante que le Rhin est véritablement terrible de puissance et de beauté. Là, les comparaisons manquent; ce n'est plus le retentissement du canon, ce n'est plus la fureur du lion, ce ne sont plus les roulements, les frémissements du tonnerre; c'est quelque chose comme le chaos, ce sont les cataractes du ciel s'ouvrant à l'ordre de Dieu pour le déluge universel; c'est une masse incommensurable, indescriptible enfin, qui vous oppresse, vous épouvante, vous anéantit, quoique vous sachiez qu'il n'y a pas de danger qu'elle vous atteigne. Qu'on nous pardonne la hardiesse d'occuper ainsi nos lecteurs des impressions que nous éprouvâmes nous-même devant ce sublime spectacle à l'âge de vingt ans. — Après avoir vu la chute du Rhin du château de Lauffen, c'est-à-dire de la partie supérieure, et ensuite du Fischetz, c'est-à-dire de la partie inférieure, l'amateur veut encore la contempler du milieu de son cours. A cet effet, on descend le long de la rive pendant une centaine de pas environ, puis dans une petite anse on trouve un bateau dont le patron vous conduit au milieu du fleuve. Quoique déjà à cette distance de sa chute, il est encore aussi ému et aussi agité que l'est la mer dans un gros temps; cependant, arrivé au centre de l'immense nappe d'eau, le bateau n'éprouve que de légères oscillations; c'est que la cataracte est partagée par un rocher, aux flancs duquel poussent des mousses, des lierres et des arbres, et que surmonte une espèce de girouette représentant Guillaume Tell, et que ce rocher brise l'eau qui s'écarte en bouillonnant à la base, mais laisse derrière lui toute une ligne calme et nue, si on la compare surtout au bouillonnement des deux bras qui l'enveloppent. En profitant de cette espèce de remous, on peut remonter jusqu'au rocher sans péril, mais difficilement, à cause du clapotement des vagues, qui rejette toujours la barque dans l'un ou l'autre courant. Une fois parvenu à un endroit assez calme, au milieu même du cours du fleuve, tout couvert de sa poussière et de son écume, on jouit d'un coup d'œil admirable sur la cataracte. Le jour où nous la contemplâmes de ce dernier point de vue surtout ne s'effacera jamais. Ce fut une scène devant laquelle nous restâmes longtemps dans une extase inexprimable : le soleil, prêt à se coucher, teignait la partie supérieure de la chute d'une riche couleur rose, tandis qu'un arc-en-ciel enflammait la vapeur qui s'élevait de l'abîme, et qui rejaillissait de plus de deux cents pieds de haut. — Presque toutes les autres chutes d'eau prennent le nom de CASCADES (*V.* ce mot), ou de *gaves*, ou de *sauts;* nous devons un mot à propos des cascades, qui n'ont été traitées à leur article que sous leur rapport *artificiel.* Les CASCADES, en tant que *naturelles*, sont donc des masses d'eau moins considérables que celles des *cataractes*, provenant comme elles, soit d'étang, soit de source, soit de torrent, soit de fleuve ou de rivière, qui se précipitent d'un lieu élevé. Si, oubliant qu'il est de justes bornes auxquelles cet article est restreint, nous n'écoutions que nos souvenirs de patrie, toujours errants sur les confins de notre chère Franche-Comté et de la Suisse, à l'extrémité de ces beaux et limpides bassins des Brenets, enfermés comme des coupes d'argent au milieu de nos verts sapins, nous nous laisserions aller à décrire avec complaisance *le saut du Doubs*, la plus belle cascade de France par le volume de ses eaux, sa hauteur et le pittoresque de sa position, se précipitant à regret des montagnes de Pontarlier qui l'ont vu naître, dans un abîme de quatre-vingt-sept pieds, pour porter de là vers la Saône les tributs du commerce de notre province. Mais contentons-nous de la recommander aux touristes comme une des merveilles que la Suisse nous envie, et rendons encore justice à cette dernière en signalant dans son sein la reine des cascades européennes, comme nous venons d'y saluer la reine des cataractes. Nous voulons parler du *Staubbach*, dans la vallée de Lanterbrünnen, au canton de Berne. Nous n'essayerons point de décrire cette fameuse cascade; en effet, comment après tant de voyageurs, d'artistes, de poëtes, qui en ont fait chacun à leur manière de si magnifiques récits, trouver des couleurs qui fussent neuves sans cesser d'être vraies ? On doit craindre d'indisposer ceux dont l'admiration trop exclusive ne souffre pas qu'on en rabatte rien; on doit craindre surtout d'affaiblir ses propres impressions en voulant les retracer, et dissiper des images brillantes et fugitives comme les ondes mêmes du Staubbach, en les soumettant à l'épreuve rigoureuse de la réflexion. Nous qui l'avons visité, nous avouerons cependant avec franchise que le Staubbach nous a paru inférieur à sa renommée. La hauteur de sa chute est estimée à peu près à neuf cents pieds par M. Vyttembach, et ce cours d'eau, nulle part interrompu par des saillies de rocher, est sans doute le plus considérable qui existe d'une telle étendue. Mais il s'en faut que le volume de ses eaux réponde aux magnifiques descriptions qu'on en a faites; et sous ce rapport aussi on peut dire que la hauteur de la cascade en diminue l'effet. Les deux ruisseaux, qui de la corniche du Plethsberg, se précipitent vers la vallée, amincis à l'œil par cette élévation, et perdus dans un léger nuage qui semble lui-même s'évanouir au milieu des airs, ne paraissent plus que deux filets d'eau assez maigres. Bientôt on voit cette poussière humide se condenser sur le roc qui la recueille, et les deux ruisseaux se réunir pour se séparer de nouveau sous la forme de petits rubans argentés qui flottent et se déroulent sur les parois de la montagne jusqu'à son extrémité inférieure; tandis que la partie la plus subtile de ces eaux, emportée par le vent, se balance au loin dans l'air, et n'arrive sur le sol continuellement détrempé, que comme une douce rosée et une vapeur imperceptible. — Il y a loin sans doute de ce tableau, quoique infiniment agréable, au spectacle décrit par Haller, *d'une rivière qui naît dans les airs, sort des nues, et se verse de nouveau dans les nuages*. C'est encore moins ce *fleuve* que l'imagination d'un autre poëte allemand, Baggasen, a vu *descendre avec impétuosité de l'empyrée*, et *ces ondes qui partent avec le fracas du tonnerre, en menaçant d'engloutir toute la contrée*. De quelque imagination qu'il soit doué, nous doutons qu'aucun des admirateurs du Staubbach le reconnaisse à ces images gigantesques, et pour nous, qui n'avons pu le voir qu'avec nos propres yeux dans ses formes légères et vaporeuses, sous l'aspect de banderoles flottantes qui se jouent dans les airs, de vapeurs aériennes qui,

mille fois interrompues dans leur chute, et sans cesse dissipées par le vent, semblent ne jamais pouvoir atteindre la terre; de ruisseaux de lait, dont la blancheur semble encore plus éblouissante le long du noir rocher qu'ils humectent, nous avouerons que tout cet ensemble nous a paru plus gracieux et plus vrai, comme il l'est certainement, que le Staubbach de Haller, que ce torrent colossal, qui n'exista jamais que dans une imagination décidée d'avance à le voir ainsi. Quoi qu'il en soit, en dépit des poëtes qui exagèrent tout, et des critiques qui ne dénaturent guère moins ce qu'ils tentent d'apprécier, le Staubbach est une cascade unique dans son genre. Tout ce qu'a fait ici la nature, le fond du tableau, les accessoires, le cadre, tout est digne de l'admiration due au beau comme à l'agréable. — Strabon appelait *cataracte* ce que nous appelons *cascade*, et les anciens donnaient le nom de *cataduppe* à ce que nous nommons *cataracte*. Herminius a écrit une dissertation spéciale intitulée : *De admirandis mundi cataractis supra et subterraneis*, où il emploie le mot dans un nouveau sens. Il veut faire entendre, par cataracte, quelque violente commotion des éléments, une sorte de cataclysme. — On trouve le mot cataracte employé plusieurs fois dans l'Ecriture sainte, notamment dans la *Genèse* (chap. VII, v. 11 et 12), où il est dit que α en l'an six cent de la vie de Noé, au second mois, le dix-septième jour du mois, en ce jour-là toutes les fontaines du grand abîme furent rompues, et les cataractes des cieux furent ouvertes, et la pluie tomba sur la terre pendant quarante jours et quarante nuits. » Il se rencontre encore dans le *Psalmiste* (Ps. LXI, v. 8) et dans Isaïe (ch. XXIV, v. 18). Le premier, pour marquer les malheurs dont il a été accablé, dit qu'un abîme appelle un autre abîme au bruit des cataractes du Seigneur : *Abyssus abyssum invocat voce cataractarum tuarum*. Ces images correspondent à l'idée qu'avaient alors les anciens de cieux de cristal au-dessus desquels étaient suspendues les eaux supérieures.   ED. GIROD.

CATARACTE (*hist. anc.*). C'était le nom d'une espèce de herse de défense ou de treillage, tels qu'on en voyait autrefois aux portes des prisons ou des villes de guerre. Cet emploi à la porte d'une prison avait fait désigner les geôliers par la dénomination de *cataractaires* (cataractarii). On trouve ce mot employé dans cette acception dans les actes du martyre de sainte Félicité. — Appien appelle encore CATARACTE un pont que l'on jetait d'un navire sur un navire ennemi, pour arriver à l'abordage avec plus de facilité.

CATARACTE (*chirurg.*), *cataracta*, *gutta opaca*, de κατάρρασσειν, tomber. Les anciens attribuaient en effet la cataracte à la formation d'une membrane qui tombait sur les yeux. Les progrès de l'anatomie et de la physiologie ont fait connaître entièrement en quoi consistait ce mode de cécité. Il existe dans l'œil une lentille qui s'appelle le *cristallin*. Cette lentille qui dans l'état de santé du globe oculaire est complétement transparente, se laisse traverser par les rayons lumineux qui portent la sensation de l'image au fond de l'œil. Si le cristallin devient opaque, la lumière est arrêtée. De là l'impossibilité de voir. De là la maladie qu'on appelle cataracte. On a établi des différences entre ces diverses espèces; car le cristallin est composé d'un liquide et d'une membrane, et la membrane ou le liquide peuvent être frappés d'opacité indépendamment l'un de l'autre. Mais il n'est pas nécessaire d'entrer dans tous ces détails. — Les causes de la cataracte sont très-nombreuses, très-variées. L'habitude de travailler au microscope, d'avoir les yeux fixés sur des objets très-petits, la nécessité d'éclairer son travail d'une vive lumière, les lectures assidues, prolongées sans un repos suffisant des organes en action; enfin le contact répété de vapeurs irritantes sur la membrane qui recouvre les yeux, et une foule d'autres causes analogues à celles que nous venons de faire connaître, peuvent déterminer le développement de la cataracte. — Les symptômes de cette maladie consistent d'abord dans une différence à peine appréciable dans l'exercice de la vision. C'est un voile léger qui paraît s'étendre sur les objets dont l'œil reçoit l'image. Sous l'influence d'une cause inconnue qui tient ou à l'état général du corps, ou peut-être à la suspension de la marche de la maladie oculaire, ce voile s'éclaircit et même disparaît. Lorsqu'il se montre de nouveau, il est plus épais; et le voile diaphane devient bientôt un nuage. Par des modifications successives, ce nuage s'épaissit de plus en plus, et l'obscurité complète finit par succéder au demi-jour, aux sensations vagues que recevait encore le malade. Quelquefois la cataracte procède autrement, c'est-à-dire qu'elle fait éprouver pendant sa formation des sensations différentes. Ainsi ce sont des vapeurs légères, des flocons nuageux qui flottent devant soi, et paraissent faire tache sur les objets qu'on regarde. A mesure de l'épaississement du cristallin ou des parties qui le constituent, ces flocons ou ces vapeurs prennent corps et s'étendent de manière à former un nuage épais et permanent entre les yeux et les corps frappés de lumière. Si lorsque ces sensations se manifestent on examine les yeux du malade avec une loupe, on ne tarde pas à remarquer dans le cercle noir qui s'appelle la pupille, un changement plus ou moins apparent de couleur. Cette couleur qui est blanche ou grise, régulière ou irrégulière dans ses teintes, s'accuse de plus en plus, et finit par occuper tout le champ pupillaire quand le mal a acquis tout son progrès, quand la cataracte est entièrement développée. — On ne guérit pas de ce genre de cécité par des moyens internes. On peut empêcher qu'il ne se développe en mettant les yeux à l'abri de toutes les causes qui déterminent sa formation. Mais une fois développé, il faut agir par la chirurgie. Tout le monde sait d'ailleurs qu'on opère la cataracte au lieu de la traiter. Il y a plusieurs méthodes d'opération. Sans entrer dans des développements qui ne nous semblent pas nécessaires, nous nous bornerons à dire que ces méthodes se bornent à deux : l'opération par l'abaissement, et l'opération par l'extraction. La première consiste à éloigner le cristallin de la place qu'il occupe et à laquelle il sert d'obstacle au passage des rayons lumineux. On l'éloigne de cette place en l'entraînant et en l'abaissant dans un espace rempli d'humeur qui se trouve en avant du cristallin lui-même, et qui se nomme la *chambre antérieure*. Puis on le déchire, on le réduit en lambeaux pour qu'il puisse plus facilement disparaître sous l'influence de cette force de résorption qui agit au moyen de vaisseaux spéciaux sur tous les points du corps. Cette méthode ne jouit plus de la considération qui lui était acquise il y a quelques années ; on n'emploie guère que la méthode par extraction. Elle consiste, comme le dit son nom, à extraire le cristallin au moyen d'une section pratiquée sur le globe oculaire. Quand le cristallin est détaché des parties auxquelles il adhère, l'opérateur n'a qu'à comprimer légèrement l'œil dans le sens de la petite plaie, pour qu'on voie bientôt le corps à extraire se présenter de lui-même au dehors. Une des conditions très-importantes de l'opération, c'est que la sortie du cristallin ne donne pas lieu à l'écoulement d'une trop grande quantité d'humeur. Quand cela a lieu, l'œil est en partie vidé ; et il s'affaisse. Dans ce cas-là l'opération ne sert à rien ; car la vue ne reparaît pas. Cet inconvénient a fait longtemps préférer le premier mode d'opération à celui-ci. Mais on pratique l'extraction avec une si grande habileté et des instruments si perfectionnés, qu'il est tout simple qu'on la préfère. Elle a évidemment l'avantage de débarrasser immédiatement l'œil d'un corps qui ne doit pas y rester, et dont la présence dans la *chambre antérieure*, quand on a procédé par abaissement, entretient pendant quelque temps un certain état d'inflammation. On se sert, pour pratiquer l'opération de la cataracte, d'instruments très-fins, très-aigus, qu'on appelle *aiguilles à cataracte*. Ces instruments servent à dégager et à déchirer le cristallin. Ceux qu'on emploie pour pratiquer la plaie d'ouverture sur le globe oculaire sont de petits bistouris qu'on désigne par le nom de *kératotomes*, parce que c'est ordinairement sur la *cornée transparente* (*V.* ce mot) que se pratique l'incision. Quelques opérateurs se servent depuis les dernières années d'instruments qui forment à la fois l'aiguille et le bistouri ; de sorte qu'en arrivant sur le cristallin, on fait au même instant et dans le même temps l'opération la plaie d'ouverture. Il est difficile de pousser les moyens mécaniques à un degré plus complet de perfection. — L'opération, quoique bien faite, ne réussit pas toujours. Il peut arriver que l'habitude de ne pas y voir ait paralysé en quelque sorte la sensibilité physiologique de la rétine. D'un autre côté, l'extraction du cristallin, en privant l'œil d'une de ses parties constitutives, change nécessairement les conditions de la vision ; ce qui entraîne une éducation nouvelle de l'organe. Cette éducation peut être longue, difficile, et dans certains cas impossible. Les probabilités sont cependant pour la réussite. Quoi qu'il en soit d'ailleurs, l'opération se fait pour ainsi dire en une minute, et ne provoque jamais qu'une légère douleur.   Dr ÉD. CARRIÈRE.

CATARACTE (*médec. vétérin.*), opacité du cristallin, compliquée quelquefois de celle de la membrane qui le contient et de l'humeur limpide contenue dans sa capsule. Cette opacité amène la cécité de l'œil qui en est affecté, en arrêtant la transmission des rayons lumineux à travers ce corps lenticulaire. La cataracte est plus fréquente dans le cheval et le chien que chez les autres animaux domestiques. Elle est souvent la terminaison des maladies des yeux, surtout de la *fluxion périodique*, dans le cheval ; de l'affection connue sous le nom de *maladie*

dans les jeunes chiens. Souvent dans le cheval, les yeux se cataractent sans qu'aucune affection patente se soit fait remarquer. Il est des contrées où cette maladie est comme enzootique. Elle paraît surtout à la pousse des dents dites crochets. Comme la méthode d'élever les chevaux dans ces contrées paraît être en partie cause de cette affection, nous renvoyons à l'article de l'ÉLÈVE DES CHEVAUX. — L'opération de la cataracte, soit par abaissement du cristallin, soit par son extraction, est le seul moyen de rétablir le passage des rayons lumineux. Cette opération, qui dans l'homme est suivie de fréquents succès, ne peut en compter dans le cheval, à raison d'un muscle particulier dont l'appareil de la vision est pourvu chez les herbivores. Ce muscle très-fort, dont les expansions se portent à la circonférence du globe de l'œil, a pour mission de le soutenir, lorsque les animaux ont la tête baissée pour paître. — Dans l'opération, soit par extraction, soit par abaissement du cristallin, il y a contraction de ce muscle dont le point d'attache est au fond de la cavité orbitaire, et les humeurs contenues dans le globe de l'œil s'échappent dans le premier cas, ou bien il y a souvent hémorragie intérieure dans le second cas. C'est surtout l'opération de la cataracte par abaissement que l'on a essayée sur le cheval, et seulement avec des succès contestés. Dans les cas mêmes de succès, il faudrait, comme dans l'homme, pour rétablir une bonne vue, remplacer l'action du cristallin dans l'acte de la vision par des verres lenticulaires, et l'on conçoit combien il serait difficile de maintenir un semblable appareil sur la tête du cheval. — Pour le traitement à suivre dans le début de la maladie, *V.* FLUXION PÉRIODIQUE.   DELAGUETTE.

CATARACTE (*mécan.*), appareil qui, dans les machines à vapeur à simple effet, sert à régler le mouvement.

CATARACTÉ, ÉE, adj. (*médec.*), qui est affecté de la cataracte.

CATARACTER, v. pr. (*médec.*). Il se dit du cristallin qui commence à s'obscurcir.

CATARACTES (*géogr. anc.*), rivière ainsi appelée à cause de l'impétuosité de son cours. Elle paraît avoir été la même que le Marsyas (*Quint. Curt.*, lib III, cap. 1, § 5 ; *Hérodot.*, lib. VIII, cap. 26).

CATARACTONIUM, CATARRACTONIUM ou CATARACTO (*géogr. anc.*), ville de l'île d'Albion, placée dans la contrée des Brigantes par Ptolémée. Dans la seconde route de l'Itinéraire d'Antonin, elle est placée entre Lavatris (*Bowes*), et Isurium (Aldoborough) ; et sans doute elle n'était autre que le Catterick moderne, près de Richmond, dans le Yorckshire (*V.* CATTERICK).

CATARACTUM (*géogr. anc.*), rivière de l'île de Crète.

CATARI (*géogr.anc.*), peuples placés par Ptolémée en Pannonie.

CATARRHACTES, s. m. (*hist. nat.*), nom d'un oiseau dont parle Aristote, et qui est inconnu aux naturalistes modernes. — Il a été employé pour désigner le goëland brun.

CATARRHAL, ALE (*médec.*), qui appartient ou qui a rapport au catarrhe.

CATARRHATIQUE, adj. des deux genres (*médec.*), dissolvant, pénétrant.

CATARRHE (*médec.*), de κατά, en bas, et de ῥέω, je coule. On appelle catarrhe une maladie dont le principal symptôme consiste dans un écoulement d'humeur que fournissent les membranes muqueuses du corps. La cause de ce flux particulier tient souvent à un état d'inflammation aiguë ou chronique. Mais les catarrhes ne sont pas toujours inflammatoires. Il y a des conditions particulières qui donnent lieu à ces écoulements qu'il est très-difficile de faire disparaître. Ainsi, nous citerons cet état catarrhal qui est souvent inhérent aux vies aériennes du vieillard. Il y a des vieillards en effet qui sentent constamment le besoin d'expectorer et expectorent sans cesse une quantité abondante de crachats. Evidemment, il n'y a dans ce cas ni inflammation aiguë, ni inflammation chronique. L'état de relâchement de la membrane qui tapisse le canal par lequel l'air respirable communique avec les poumons, explique seul l'expectoration. Et ce qui le prouve, c'est que les toniques, les fortifiants sont les seuls remèdes indiqués, et les seuls qui produisent quelque bien. Les anciens considéraient le cerveau comme la source de toutes ces humeurs, comme le bassin d'où elles s'écoulaient à travers la trame des muqueuses. — Notre langage vulgaire a même conservé la trace de cette tradition. Nous appelons en effet le catarrhe nasal du nom de rhume de cerveau. Or, le cerveau est loin d'être malade, et d'être la source de l'humeur qui distille par le nez. L'état inflammatoire est borné à la membrane qui tapisse les parois et les cornets de l'organe des odeurs. — Comme les muqueuses continuent la peau dans les ouvertures naturelles du corps, et qu'elles forment le revêtement de la plupart des organes , le catarrhe ne frappe pas toujours les mêmes points et ne présente pas toujours les mêmes caractères. Cette différence de siège lui a fait donner des noms différents. Ainsi, on appelle *catarrhe vésical*, celui de la vessie ; *catarrhe guttural*, celui de la gorge ; *catarrhe bronchique*, *laryngien*, *pulmonaire*, *nasal*, *intestinal*, celui des bronches , du larynx, des poumons , du nez et des intestins. La nature inflammatoire ou non inflammatoire de cette maladie a donné lieu à une classification toute particulière. Ainsi les catarrhes qui ont ou paraissent avoir pour cause l'inflammation des parties s'appellent, si c'est un catarrhe du larynx, *laryngite*; si c'est un catarrhe de l'oreille, *otite*; si c'est un catarrhe des intestins , *entérite*. Les dénominations de *diarrhée* pour les flux d'humeurs non inflammatoires des intestins, d'*otorrhée* pour ceux de l'oreille, de *blennorrhée* pour ceux du canal urétral, sont généralement employées. Il n'y a pas de terme consacré dans la glossonomie médicale pour désigner les catarrhes qui résultent du déplacement d'un virus , ou de l'action d'une cause analogue ; cependant, ce serait nécessaire pour que la précision du langage conduisit à une certaine logique dans le traitement. Mais , si les classifications étaient faites en médecine, cette science aurait presque atteint la perfection. — Les traitements diffèrent dans le catarrhe, comme les causes et comme les caractères. Les causes sont très-multipliées, très-différentes. Un agent d'irritation porté directement ou indirectement sur les membranes, quelquefois une cause morale, un virus , des conditions variées de température, etc., etc., donnent lieu au développement des symptômes. S'il y a inflammation, il faut agir avec les moyens connus pour combattre son activité. S'il n'y en a pas le catarrhe résulte de causes débilitantes, il faut ranimer l'énergie physiologique des muqueuses avec des médicaments appropriés pris dans la classe des toniques et des fortifiants; si les symptômes résultent de l'action d'un virus, il faut combattre ce virus par les moyens que la médecine connaît contre les agents de ce genre. Ainsi , par exemple, une dartre détermine quelquefois des catarrhes plus ou moins intenses; on ne guérit pas alors par les sangsues et les tisanes émollientes; il faut employer les préparations sulfureuses pour produire un résultat complet. Parmi les catarrhes de nature si diverse qui se développent sur les membranes muqueuses, il y en a qui résultent de la suspension des fonctions de la peau. Si la maladie n'a pas de caractère grave, il est rare qu'on n'en arrête pas les progrès dans quelques heures, en rappelant avec énergie la transpiration.

D'ED. C.

CATARRHE (*médec. vétérin.*). Ce mot, d'un fréquent usage, réduit à sa véritable expression , ne désigne plus aujourd'hui qu'un symptôme (écoulement ou flux d'un fluide muqueux) d'une inflammation aiguë ou chronique des membranes muqueuses. Dans le cheval, le catarrhe nasal est le catharre pulmonaire. La morve est souvent précédée du catarrhe pulmonaire.

DELAGUETTE.

CATARRHEUX, EUSE, adj. (*médec.*), qui est sujet aux catarrhes. — Il s'est employé comme synonyme de *catarrhal*.

CATARRHEXIE, s. f. (*médec. anc.*), évacuation en général.

CATARRHIN, INE, adj. (*hist. nat.*), qui a la cloison des narines étroite.

CATARRHININS, *catarrhini* (mamm.). M. Geoffroy (*Ann. du mus.*, t. XIX) a proposé de réunir sous ce nom, comme formant un premier groupe dans la famille des singes, les genres appartenant à l'ancien continent. Ils ont pour caractères communs : des narines ouvertes au-dessous du nez et séparées par une cloison étroite; cinq dents molaires de chaque côté et à chaque mâchoire; l'axe de vision parallèle au plan des os maxillaires ; toujours des callosités et souvent des abajoues. — 1° Les uns sont dépourvus de queue. Genres : *troglodyte* , *orang*, *gibbon*. — 2° Les autres ont une queue plus ou moins longue, mais jamais prenante. Genres : *semnopithèque* , *nasique* , *colobe*, *guenon*, *macaque* , *cynocéphale*. — Les singes du nouveau continent ont , par opposition, reçu le nom de *platyrrhinins* (*V.* ce mot); nous n'avons pas à nous en occuper ici.

CATARRHOPIE, s. f. (*médec. anc.*), tendance à se porter vers le bas.

CATARRHOPIQUE, adj. des deux genres (*anc. médec.*), qui tend à se porter vers le bas.

CATARSENA (*géogr. anc.*), contrée d'Asie, dans la grande Arménie, placée par Ptolémée dans le voisinage des montagnes Moschiques.

CATARTISME, s. m. (*méd. anc.*), réduction d'une fracture ou d'une hernie.

CATASARQUE (*antiq.*), *catasarca*, de κατά, sous, σάρξ, chair. Il signifiait, dans l'Eglise grecque, la dernière nappe de l'autel, celle qui , le plus en dessous, était contiguë à la table. — Sur la catasarque est l'antimensa.

CATASCHASME, s. m. (*médec.*), mot purement grec, qui, dans le langage de l'ancienne médecine, s'employait pour crevasse, scarification.

CATASCOPIE, adj. f. (*mythol. grecq.*), littéralement, *qui épie*; surnom de Vénus, qui avait un temple à Athènes, dans l'endroit même d'où Phèdre admirait l'adresse d'Hippolyte à conduire un char.

CATASCOPUM (*archéol.*), de κατασκοπεῖν, observer ; vaisseau léger destiné à surveiller les mouvements de l'ennemi.

CATASTALTIQUE, adj. des deux genres (*médec.*), astringent.

CATASTASE, s. f. *En poésie*, c'est selon quelques-uns la troisième partie du poëme dramatique chez les anciens, dans laquelle les intrigues nouées dans l'épitase se soutiennent, continuent, augmentent jusqu'à ce qu'elles se trouvent préparées pour le dénouement, qui doit arriver dans la catastrophe, ou à la fin de la pièce (*V.* EPITASE et CATASTROPHE). Quelques auteurs confondent la *catastase* avec l'*épitase*, ou ne les distinguent tout au plus qu'en ce que l'une est le commencement, et l'autre la suite du nœud et de l'intrigue. Ce mot est originairement grec, κατάστασις, *constitution*; parce que c'est cette partie qui forme comme le corps de l'action théâtrale, que la protase ne fait que préparer, et la catastrophe que démêler (*V.* DRAME, TRAGÉDIE).

CATASTASE, s. f. (*méd. anc.*), constitution ou état d'une chose en général. — Constitution atmosphérique. — Habitude extérieure du corps. — Forme et caractères d'une maladie. — Réduction d'une fracture.

CATASTE, s. f. (*hist. anc.*). Ce terme a dans les anciens auteurs différentes acceptions : il signifie ou un *échafaud à degrés*, où l'on faisait les exécutions ; ou les *entraves* qu'on mettait aux esclaves, de peur qu'ils ne s'enfuissent quand on les exposait en vente; ou un *instrument de torture*, dont la forme est inconnue. Il y avait une sorte de *cataste* qu'on appelait encore *cyphon* (*V.* CYPHONISME).

CATASTÉRISMES, s. m. pl. (*philol.*), titre d'un traité sur les constellations, attribué à Eratosthène.

CATASTOME (*musiq. anc.*). Hésychius appelle *catastome* l'embouchure ou la partie de la flûte qu'on met dans la bouche : alors c'est la même chose qu'*olinous* (*V.* OLINOUS, *musique instrumentale des anciens*).

CATASTOME, *catastomus* (*poiss.*). Les catastomes, ainsi que les labéons et les ables, ont de grands rapports avec les cyprins proprement dits, dans la famille desquels ils ont été compris par Cuvier et plusieurs autres naturalistes ; ce genre, établi par Lesueur, puis adopté par Cuvier, se distingue des labéons par ses lèvres épaisses, pendantes et frangées ou crénelées; la dorsale de ces poissons est courte comme celle des ables ; elle répond au-dessus des ventrales. Parmi ces catastomes, une des espèces les plus connues, est le type du genre, est le CYPRIN CATASTOME, *cyprinus catastomus*, Lesueur, observé dans les eaux douces de l'Amérique septentrionale ; il est couvert de grandes écailles ovales, sa tête est presque carrée et plus étroite que le corps. La couleur générale de ce poisson est argentée. Lesueur a décrit dans le *Journal de l'académie des sciences de Philadelphie* dix-sept espèces de ce genre, et il en a représenté neuf.

CATASTROMA (*archéol.*), de κατάστρωννυμι, je couvre ; nom donné aux ponts du vaisseau. C'est là que l'on combattait dans les batailles navales.

CATASTROPHE (du grec καταστροφή, composé de la préposition κατά *dessous*, et du verbe στρέφειν, *tourner*) signifie proprement un événement important heureux ou funeste, dans les révolutions qui surviennent dans la vie des hommes et dans l'histoire des peuples comme un haut enseignement ou un châtiment mérité de la Providence. — En littérature, on appelle catastrophe le dernier et principal accident d'une tragédie, d'un poëme, ou d'un roman auquel on donne aussi les noms de *péripétie* et de *dénoûment*. Pourtant il y a une différence entre la *catastrophe* et le *dénoûment*; ce dernier comprend l'action dernière d'une pièce, tandis que la catastrophe termine le dénoûment. Dans les tragédies anciennes, elle formait la quatrième et dernière partie où elle succédait à la *catastase*; mais elle n'en était que la partie troisième et finale chez les auteurs qui ne reconnaissaient que la *protase*, l'*épitase* et la *catastrophe*, termes auxquels correspondent de nos jours ceux-ci : *exposition, nœud, dénoûment*. — En médecine, on nomme catastrophe le déplacement de la pupille de l'œil.

CATATANUS (*géogr. anc.*), siège épiscopal de l'Asie-Mineure dans la Lycie.

CATATASE, s. f. (*médec. anc.*), traction de haut en bas; réduction d'une fracture.

CATATHRÆ INSULÆ (*géogr. anc.*), îles voisines de l'Afrique, les mêmes, suivant Ptolémée, que les *Chalonitides*.

CATATROPA (*musiq. des anciens*). C'était, suivant la division de Terpandre, la quatrième partie des cithares (Pollux, *Onomast.*, lib. II, cap. 9). Le mot *catatropa* signifie *cause* (*V.* **MÉTAREHA**).

CATAU, s. f. Il se dit familièrement d'une fille de ferme ou d'auberge, et surtout d'une fille malpropre et de mauvaise vie.

CATAVANA (*géogr. anc.*), **CATABANA** ou **CATAMANA**, ville d'Asie, marquée dans l'Itinéraire d'Antonin sur la route de Germanie à Édesse par Samosate.

CATAWBA (GRANDE) (*géogr.*), rivière des États-Unis (Caroline septentrionale), qui descend de la Blue-Ridge et se réunit à la Cingane, pour former la Santée. Son cours est de 80 lieues.

CATAZETI (*géogr. anc.*), peuple de la Sarmatie asiatique, dont l'emplacement est assigné par Pline sur les rives orientales du Tanaïs.

CATBALOGAU (*géogr.*), ville de l'île de Samar, une des Philippines, dans l'Océan oriental Indien.

CATCHAR (*géogr.*), pays de l'Asie, situé entre 24° et 27° de latitude nord, et entre 92° et 94° de longitude est, et borné au nord par le Brahmapoutre, qui le sépare du royaume d'Assaur; à l'est et au sud par la province birmane de Cassay ; et à l'ouest par le Bengale. Sa longueur, du nord au sud, est d'environ 50 lieues, et sa largeur, de l'est à l'ouest, d'à peu près 36 lieues. Il est très-montueux. La partie septentrionale est couverte de ramifications des monts Garraous. Au sud-est se trouve un prolongement des montagnes de Tipperah qui, se dirigeant au nord jusqu'à Khaspour, tourne brusquement à l'ouest jusqu'aux rives du Brahmapoutre; la plus grande hauteur de ces dernières est à peine de 339 mètres. Les montagnes de Catchar, qui se dirigent à l'ouest, sont très plus élevées que celles du sud-est, sont très-escarpées, et presque impraticables dans la saison des pluies. Toutes les montagnes de ce pays n'offrent que trois cols ou passages, qu'on peut presque toujours traverser avec sûreté; deux de ces cols coupent les montagnes du nord et conduisent à Dhermapour, le troisième conduit à Ménipour, dans l'empire Birman. À 14 lieues environ, au sud-ouest de Khaspour, sont les monts Bhouvouna, remarquables par une fameuse caverne qui, depuis très-longtemps, est habitée par des fanatiques, devenus la terreur de leurs voisins et des voyageurs. Ce pays est parfaitement arrosé par le Coupity et le Brack, affluents du Brahmapoutre, par une infinité de ruisseaux considérables qui vont grossir ces deux rivières. En quelques parties il y a des marais, des fondrières, et des étangs formés par les eaux qui découlent des montagnes dans la saison des pluies. Dans d'autres on remarque plusieurs chutes d'eau : celle qui porte le nom de Koupili a, suivant les voyageurs, 66 mètres de hauteur. En général, le Catchar est très-fertile, et produit tout ce qui tient aux besoins et aux agréments de la vie. Les versants des montagnes sont couverts de forêts presque impénétrables, et leurs bases sont entourées de djingles formées soit par des plantes élevées, soit par des bambous. Il y a de riches mines de fer mal exploitées, et des salines qui approvisionnent le pays et les contrées voisines. Les exportations consistent en soie, coton, cire, ivoire, bois de charpente, éléphants apprivoisés, pierre à chaux et minerai de fer. On tire

en général du Bengale du bétel, du cuivre et des toiles fines. La population de ce pays n'est estimée qu'à 500,000 habitants. La partie la plus peuplée avoisine les possessions anglaises dans l'Hindoustan. Les montagnes du nord le sont peu ; celles de l'est sont principalement habitées par les Noga et les Kounkis, tribus que nombreuses. —L'ancien et véritable nom de ce pays est Hirumba. On présume que celui de Catchar, qui signifie un lieu écarté ou un précipice, a été donné par les naturels au pays de ceux d'entre eux qui vivent sur les confins des hautes montagnes d'Hiroumba. Les Catchariens sont en général grands et robustes; ils ressemblent aux Chinois, et ont le teint beaucoup plus clair que les Bengalais. Les femmes sont d'une forte complexion, s'habillent comme les Birmanes, et aiment beaucoup, ainsi que ces dernières, à mâcher du bétel. Ces peuples ont une langue monosyllabique comme le chinois. Les grands et les hommes de loi parlent le bengali, et toutes les affaires publiques se traitent en cette langue. Leur religion est le brahmisme, auquel ils ajoutent beaucoup de pratiques superstitieuses ; on dit même qu'ils immolent quelquefois des victimes humaines à la divinité qu'ils nomment Dourga. — Les Birmans avaient tenté plusieurs fois sans succès de rendre tributaire le radjah de Catchar. Ce souverain était absolu ; ses ministres étaient révocables à sa volonté, et sans aucun traitement que quelques profits casuels qu'ils augmentaient par de continuelles exactions. Il réglait le cérémonial de sa cour sur celui de l'empereur des Birmans, et faisait, comme ce monarque, déployer au-dessus de sa tête un parasol blanc, marque insigne de sa souveraineté. Les revenus de ce radjah étaient peu considérables; ils se sont élevés à 100,000 roupies; mais en 1817 ils excédaient à peine 30,000 roupies. En 1818, le Catchar fut envahi par un détachement de Birmans de Ménipour ; les troupes du radjah ayant refusé de combattre, ce prince s'enfuit dans le Bengale en laissant son pays au pouvoir des vainqueurs. — Le Catchar est divisé en deux provinces : le Catchar propre au sud, et le Dhermapour au nord de la grande chaîne des montagnes ; chacune de ces provinces est subdivisée en districts, et ces districts en pergannahs. Il a pour capitale Khaspour. ED. GIROD.

CATE (*hist. mod. comm.*), espèce de gâteaux ou de tablettes, que les Indiens préparent avec le suc qu'ils savent tirer d'un arbre épineux qu'ils nomment hacchie, dont le bois est dur, compacte et pesant. Il porte des feuilles qui ressemblent à celles de la bruyère. Lorsqu'on a tiré ce suc, on le mêle avec une graine réduite en farine, qu'on appelle nachani, qui a à peu près le même goût que l'orge, et dont on peut aussi faire de fort bon pain ; on y joint encore d'un bois noir réduit en une poudre très-fine. On fait de ce mélange des petits gâteaux ou tablettes, que l'on sèche au soleil ; ils sont amers et astringents : on les regarde comme un moyen sûr pour affermir les gencives; on l'emploie aussi dans la diarrhée et pour sécher les humeurs.

CATÉ ou **CATCHÉ**, s. m. (*botan.*), arbre des Indes orientales qui produit le cachou.

CATEAU-CAMBRÉSIS, petite ville de France, sur la rive droite de la Selle, à 5 lieues et dans l'arrondissement de Cambrai, département du Nord. Le Cateau était après Cambrai la plus considérable du comté de Cambrésis; elle comptait 4,000 habitants avant la révolution. Elle en compte aujourd'hui, d'après les derniers recensements, 4,200. Le Cateau est un chef-lieu de canton, a un bureau de poste, un collège communal. — Il y a une filature de laine et de coton, une manufacture de châles, des fabriques de mérinos, de percales et de calicots, de nombreuses brasseries, des raffineries de sel, des amidonneries, des tanneries, des corroieries, etc. C'est à Cateau-Cambrésis qu'en 1559 on fit un traité de paix entre Henri II, roi de France, et Philippe II, roi d'Espagne. Par ce traité la France céda cent quatre-vingt-dix-huit places pour Saint-Quentin, Ham et le Câtelet. Cateau-Cambrésis avait été entouré de murailles et érigé en ville l'an 1001, par l'évêque Herluin, qui obtint pour cette nouvelle cité une patente de l'empereur Othon III. Autrefois elle était fortifiée; mais, ayant été prise et reprise à différentes fois, elle est maintenant tout ouverte. Elle a été cédée à la France par le traité de Nimègue. Elle appartenait à l'archevêque de Cambrai, à la réserve de la souveraineté qui était au roi. Le château que ce prélat avait dans cette ville était un bâtiment magnifique dont les jardins étaient très-beaux. Les habitants jouissaient de beaux privilèges, entre autres de l'exemption de toute sorte d'impôt. On voyait jadis dans cette ville l'abbaye de Saint-André, de 25,000 livres de rente. Notre-Dame est une paroisse où l'on conservait le corps de *saint Sare* (Sarius). Le couvent de Saint–Ladre était occupé par des chanoinesses régulières non grillées; elles avaient dans leur église un tableau singulier de saint Maxelende. Le Saint-Esprit était une autre maison de chanoinesses régulières. On a récemment érigé à Cateau-Cambrésis un monument à la mémoire du maréchal Mortier, duc de Trévise, à qui cette ville s'honore d'avoir donné le jour. La statue est de David (d'Angers) ; la partie monumentale est due à M. André de Barralle, architecte de l'arrondissement de Cambrai, qui a été également chargé de la restauration de l'hôtel de ville de Cateau-Cambrésis. En effet cette cité possède deux monuments précieux qui s'élèvent encore du milieu de ses maisons modernes, l'hôtel de ville avec son clocher, et l'église de l'ancienne abbaye de Saint-André. Le premier de ces édifices rappelle tout à la fois l'architecture espagnole, quelques détails de la renaissance et la disposition architecturale d'André Palladio. Vu de loin, le clocher réuni à celui de l'église donne à la cité du Cateau une physionomie de grande ville.　　　Ch. du Rozoir.

CATEAU- CAMBRÉSIS (MONNAIE DU). Outre leur hôtel des monnaies de Cambrai, les évêques en possédaient deux autres à Lambres et à Cateau-Cambrésis. On connaît un denier et un gros au cavalier sorti des ateliers de cette dernière ville, appelée en latin *Castrum sanctæ Mariæ*. Le denier date de la première moitié du xiᵉ ou de la fin du xᵉ siècle ; il porte d'un côté la légende CASTRVM, autour d'une croix aux branches de laquelle sont suspendus l'α et l'ω, et de l'autre côté la légende SCEMARIE en deux lignes, dans le champ. Le gros représente le type flamand d'un homme portant un pennon sur un cheval au galop ; il y a pour légende : PETRVS COMES CAMERA ; au revers une croix à branches égales ; SIGNVM CRVCIS, en première légende dans le champ, puis au pourtour MONETA NOVA CASTELLIMA, sans doute pour *Castelli Mariæ*. Si l'on ne connaissait pas l'habitude qu'avaient les seigneurs du moyen âge de copier les espèces de leurs voisins, et si les évêques de Cambrai n'avaient offert plus d'une fois l'exemple d'une semblable fraude, on s'étonnerait du singulier type adopté par Pierre III (1509-1524) ou Pierre IV (1349-1368), à qui appartient cette monnaie. Pourtant on dirait que le bon évêque a éprouvé une sorte de pudeur ; car il a oublié son principal titre, celui d'*episcopus*, et n'a inscrit que sa dignité de *comes*.

CATEAU-CAMBRÉSIS (TRAITÉ DE). A Cateau-Cambrésis, ville de France (département du Nord), à 5 lieues de Cambrai, fut conclu, le 2 avril 1559, entre Henri II, roi de France, et la reine d'Angleterre Elisabeth, le traité de paix qui porte ce nom. La clause capitale du traité fut l'engagement pris par la France de remettre Calais à l'Angleterre après un laps de huit ans (V. CASTELNAU), ou de lui payer une indemnité de 500,000 écus. — Un second traité fut signé le lendemain, 3 avril 1559, aux conférences de Cateau-Cambrésis, entre les plénipotentiaires de France et d'Espagne. Henri et Philippe se restituèrent les places qu'ils s'étaient enlevées réciproquement dans la Flandre et la Picardie. La France, en outre, renonça à toutes ses conquêtes de Savoie et d'Italie. Henri II consacra ce malheureux traité, qui entraînait l'abandon de cent quatre-vingt-neuf villes et places fortes, par le mariage de sa fille aînée, Isabelle, avec Philippe II, qui l'avait demandée d'abord pour son fils don Carlos. Les Guises reprochèrent au connétable de Montmorency, négociateur de la paix de Cateau-Cambrésis, d'avoir fait perdre au roi de France, pour ce traité, ce que les armées espagnoles n'auraient pu lui enlever par trente ans de succès.

CATÉBATE, adj. m. (*myth.*), épithète que les Grecs donnent à Jupiter foudroyant.

CATÉCHÈSE, c'est-à-dire *enseignement, instruction ;* ce mot vient du grec κατήχησις. — Le Sauveur des hommes avait dit à ses apôtres : « Allez, *enseignez* toutes les nations, les baptisant au nom du Père, du Fils et du Saint-Esprit. *Euntes, docete omnes gentes, baptizantes eos in nomine Patris, et Filii , et Spiritus sancti* » (S. Matth., cap. XXVIII, v. 19); et ces apôtres firent ce que le divin Maître leur avait ordonné : ils instruisirent avant que de baptiser. Leurs *instructions* furent d'abord vocales. On ne pouvait pas, dès les premiers siècles, mettre par écrit les dogmes et les pratiques du christianisme. Il aurait été à craindre que ces écrits ne vinssent à tomber entre les mains profanes qui en auraient abusé certainement. D'ailleurs, depuis le commencement du monde jusqu'à Moïse, et depuis ce législateur jusqu'aux persécutions suscitées à la loi nouvelle accomplie par Jésus-Christ, l'enseignement s'était toujours fait de vive voix et par transmission. Ainsi, Abraham instruisit ses enfants ; Isaac, Jacob firent de même, et la longue vie de ces patriarches qui étaient si soigneux de garder la mémoire des choses passées les mettait à même de transmettre à plusieurs

générations les vérités que Dieu leur avait révélées. Voilà pour l'ancienne alliance. Au commencement de la nouvelle, on vit reparaître la même manière d'enseigner. Le divin précepteur des nations enseigna de vive voix. Il n'écrivit rien. Ce ne fut que plusieurs années après son entrée dans la gloire que ses apôtres fixèrent sa doctrine par les saintes Ecritures. Et encore ces saintes Ecritures ne furent-elles pas d'abord remises entre les mains de tous ; on ne voulait pas, suivant le commandement du Sauveur lui-même, « jeter les perles devant les pourceaux, de peur qu'ils ne les foulassent aux pieds : *Nolite dare sanctum canibus : neque mittatis margaritas vestras ante porcos, ne forte conculcent eas pedibus suis , et conversi dirumpant vos* » (S. Math., cap. VII, vᵒ 6) ; ce qui nous montre que même, dans les temps apostoliques, l'enseignement était vocal. « La méthode de prêcher l'Evangile, dit Fleury, était différente suivant la disposition des sujets. On convainquait les Juifs par les prophéties, par les autres preuves tirées de l'Ecriture et de leurs traditions. On persuadait les gentils par des raisonnements plus simples ou plus subtils, selon leur capacité, et par l'autorité de leurs poètes et de leurs philosophes. Les miracles excitaient l'attention des uns et des autres. Les Actes des apôtres nous fournissent des exemples de toutes ces différentes manières d'instruire. On ne parlait des choses de Dieu qu'à ceux qui les écoutaient sérieusement et tranquillement. Sitôt que les infidèles commençaient à se fâcher ou à rire, comme il arrivait souvent, le chrétien se taisait pour éviter de profaner les choses saintes, et d'exciter des blasphèmes » (*V. Mœurs des chrétiens* , § V; *Actes des apôtres*, ch. II, 24 ; ch. III, 12, 13, 16; ch. XIV, 14, 17, 22). — Plus tard, on fut obligé de publier quelques écrits, pour montrer aux païens le peu de fondement de leur religion, et arracher leurs préjugés. Mais, remarque encore Fleury, ce qui en ramenait le plus à la vraie religion, [c'étaient les miracles encore fréquents, la sainte vie des chrétiens, et leur constance dans le martyre. — Les premiers écrits composés pour ramener et instruire les païens sont : 1ᵒ l'*Exhortation aux gentils*, de saint Justin, dans laquelle il examine quels ont été les instituteurs de la religion païenne et de la religion chrétienne, et où il conclut, après avoir montré l'impuissance des docteurs païens à enseigner la vérité, qu'il faut nécessairement la chercher dans les livres saints où elle brille si admirablement ; 2ᵒ le *Discours de saint Justin aux païens*, qu'il a composé pour leur faire connaître les raisons qu'il avait eues de quitter le culte des faux dieux pour n'adorer que le véritable, lesquelles sont tirées de l'excellence et de la pureté de la religion chrétienne, comparée aux infamies et à la corruption du paganisme ; 3ᵒ *les deux Apologies de saint Justin*, dans lesquelles ce Père défend la religion avec courage et avec une grande puissance de raisonnement ; 4ᵒ *les trois livres de Théophile à Autolique*, consacrés, le premier, à prouver l'existence du vrai Dieu et ses perfections infinies ; le second à montrer l'absurdité du culte des faux dieux , et à retracer l'histoire de la création ; le troisième, à faire voir l'antiquité de nos livres sacrés ; 5ᵒ *Apologie de la religion chrétienne*, par Athénagore ; 6ᵒ son *Traité de la résurrection des morts*, dans lequel il prouve le dogme de la résurrection : 1ᵒ par la fin que Dieu s'est proposée en créant l'homme, qui est de le faire vivre éternellement ; 2ᵒ par la nature même de l'homme qui, étant composé de corps et d'âme, aurait en vain été créé ainsi, s'il n'y avait qu'une de ces deux parties, c'est-à-dire l'âme, qui demeurât éternellement ; 3ᵒ par le jugement que l'homme doit subir un jour de toutes ses actions, n'étant pas juste que l'âme, qui par elle-même n'est pas susceptible des plaisirs des sens, en porte seule la peine, ni que le corps, qui n'est pas capable de discernement, soit seul puni pour des péchés qui appartiennent particulièrement à l'âme ; 4ᵒ enfin, par la fin même de l'homme, qui, étant né pour jouir des biens éternels, n'en jouirait pas parfaitement si son corps, qui lui a servi d'instrument pour le mériter, ne se trouvait réuni à son âme, après la résurrection ; 7ᵒ le *Discours contre les Grecs*, par Tatien, où il leur montre la vanité des études dont ils font tant de bruit, leur explique l'existence de Dieu, la génération du Verbe, l'immortalité de l'âme, etc.; 8ᵒ l'*Exhortation aux païens*, par Clément d'Alexandrie, dont le but est de leur montrer le ridicule de leur culte des divinités, et de leur prouver l'antiquité, la divinité et l'excellence de notre religion. — Tels sont les principaux écrits qui ont été composés pour instruire les gentils et les détourner de leurs erreurs. Les autres docteurs qui suivirent ne firent plus que s'attacher à défendre la religion attaquée soit par les philosophes, soit par les hérétiques, soit par les sophistes. Ainsi nous voyons Tertullien, Origène, saint Cyprien, etc., lutter avec une énergie admirable contre les ennemis de toutes sortes qu'enfante l'esprit de ténèbres déjà vaincu. — Ce n'est guère qu'au IVe siècle que l'on commença à mettre par écrit les *instructions* données à ceux qui se préparaient à recevoir le baptême. Nous trouvons, en effet, parmi ces immortels ouvrages des saints Pères, dix-huit *catéchèses* de saint Cyrille, évêque de Jérusalem, qui florissait en 345, et qu'il avait adressées aux *catéchumènes* (*V.* ce mot) et aux nouveaux baptisés. Ces *catéchèses* sont écrites avec simplicité, clarté et solidité. Elles sont précédées d'un *Discours* dans lequel saint Cyrille exhorte fortement les fidèles à bien profiter de ses instructions. La première *catéchèse* est une *Introduction au baptême.* Le saint évêque encourage les catéchumènes à se faire baptiser, et il fait l'éloge de ce sacrement de la régénération qu'il leur représente comme la délivrance de leur captivité, la rémission et la mort des péchés, la régénération de l'âme, et le sceau ineffable de la sainteté. La seconde *catéchèse* traite de la pénitence et de la rémission des péchés. Saint Cyrille représente combien le péché est énorme ; il fait voir ensuite que le péché ne vient pas de Dieu, qui a fait l'homme droit (Ecclés., ch. VII, 3), mais de notre libre arbitre ; enfin, il exhorte à la pénitence, et dit que Dieu attend avec patience le pécheur. Ces paroles de l'Épître de saint Paul aux Romains : « Ne savez - vous pas que nous tous qui avons été baptisés en Jésus-Christ nous avons été baptisés en sa mort » (ch. VI, 3), sont la matière de la troisième *catéchèse*, dans laquelle saint Cyrille fait voir que le moyen dont Dieu se sert pour remettre les péchés est le baptême dont il relève la dignité et prouve la nécessité. Après avoir parlé du baptême, le saint évêque traite dans la quatrième *catéchèse* des principaux points de la religion, c'est-à-dire de Dieu, de Jésus-Christ, de son incarnation, de sa mort, de sa sépulture, de sa descente aux enfers, de sa résurrection, de son ascension, du jugement dernier du Saint-Esprit, de l'homme et des deux parties dont il est composé, de la virginité, du mariage, des secondes noces, des aliments, des vêtements, de la résurrection des corps. Dans la cinquième *catéchèse*, saint Cyrille traite de la foi qui est le fondement et le garant de toutes les vertus. La sixième traite de la monarchie de Dieu, et de la véritable idée qu'on doit se former de la Divinité : c'est le commencement de l'explication du symbole. La septième établit contre les juifs que Dieu est le Père de Jésus-Christ. L'unité de Dieu contre les païens, et sa paternité contre les juifs étant établies, saint Cyrille montre dans la huitième *catéchèse* que ce Dieu est tout-puissant, suivant ces paroles du symbole : « Je crois en Dieu le Père tout-puissant. » La neuvième *catéchèse* est en quelque sorte une suite de celle-ci. Nous y apprenons que Dieu, le Père de Notre-Seigneur Jésus-Christ, est le créateur de toutes choses, et que l'univers, par son ordre admirable, est un ouvrage digne de la sagesse divine. La dixième est un précieux traité de la divinité du Sauveur, et explique ainsi le deuxième article du symbole, dans lequel nous faisons profession de croire en ce Seigneur J.-C. La génération éternelle du Fils de Dieu et sa naissance temporelle forment les sujets de la onzième *catéchèse*. La douzième traite de l'incarnation du Verbe. Saint Cyrille pose d'abord pour principe, « qu'il n'est pas moins essentiel au salut de confesser l'humanité de Jésus-Christ que sa divinité ; » ensuite, après avoir réfuté, comme en passant, l'erreur des juifs à ce sujet, il rapporte celles de plusieurs hérétiques sur le même point, et leur oppose en général la doctrine de l'Église sur l'incarnation. La treizième *catéchèse* a pour objet la mort de Notre-Seigneur, et les avantages que nous a procurés cette précieuse mort. La résurrection du Rédempteur, son ascension au ciel, forment naturellement le sujet de la suivante, qui est la quatorzième. La quinzième peut se diviser en trois parties, dont la première traite du second avénement de Jésus-Christ; la seconde, du jugement dernier; la troisième, de son règne éternel. Les deux suivantes sont l'explication du huitième article du symbole : « Je crois en un Saint-Esprit consolateur, qui a parlé par les prophètes. » Ensuite la dix-huitième *catéchèse* a pour objet trois grands points de la doctrine chrétienne. D'abord saint Cyrille traite de la résurrection de la chair, qu'il appelle « la racine et le fondement de toutes nos bonnes actions, » et il démontre parfaitement la vérité de ce dogme consolant. Ensuite, il montre la divinité et la perpétuité de l'Église catholique, et en dernier lieu il enseigne ce que nous devons croire touchant la vie éternelle qui est promise à ceux qui ont été élevés dans le sein de l'Église catholique, et qui y ont vécu sans reproche. — On le voit, l'enseignement des premiers siècles est celui d'aujourd'hui. Les docteurs de la primitive Église se bornaient à expliquer d'une manière claire et solide le symbole de notre croyance : ce fait est contre les

protestants, qui s'obstinent à nous accuser de nouveauté. Outre les dix-huit *catéchèses* que saint Cyrille a laissées, et que nous venons d'analyser brièvement, il y en a cinq autres de ce saint docteur, et qui sont appelées *catéchèses mystagogiques*, c'est-à-dire renfermant l'explication des plus saints mystères. La première de ces *catéchèses* traite des cérémonies qui précédaient le baptême; savoir : de l'onction de l'huile sanctifiée par les exorcismes et du baptême; la troisième, de l'onction du saint chrême, c'est-à-dire de la confirmation; la quatrième, de l'eucharistie; la cinquième, de la liturgie et de la communion. Telles sont les *catéchèses* de saint Cyrille. Un peu plus tard nous en trouvons deux autres de saint Jean Chrysostome, qui vivait au commencement du Ve siècle. Dans la première, cet illustre docteur loue les catéchumènes de leur ardeur à demander le baptême. Il explique les différents noms que l'Église donne à ce sacrement, qui sont ceux de bain, de régénération, d'illumination, de sépulture, de circoncision et de croix; la différence du baptême d'avec les ablutions de la loi ancienne, qu'il fait consister en ce que le baptême purifie l'âme, au lieu que ces ablutions ne purifiaient que le corps; enfin, la vertu de ce sacrement pour remettre les péchés, et nous rendre saints. En terminant, il dit un mot de la pénitence après le baptême, mais seulement pour exhorter les catéchumènes à vivre dans une si grande innocence qu'ils n'en aient jamais besoin. Dans la seconde *catéchèse*, saint Jean Chrysostome explique le nom de fidèle que l'on reçoit par le baptême ; il s'étend ensuite sur les obligations qu'impose ce sacrement; et il fait sentir l'étendue des promesses renfermées dans ces paroles : « Je renonce à Satan et à ses pompes. » — Dans la suite, nous voyons les anciens Pères de l'Église, les évêques et les pasteurs, instruire de même ceux qui devaient recevoir le baptême. Ainsi, il est certain que dans tous les temps on a suivi l'exemple des apôtres, qui eux-mêmes, s'étaient conformés au précepte formel de Notre-Seigneur, c'est-à-dire qu'on avait un très-grand soin d'enseigner les dogmes qu'il fallait croire, et la morale qu'il fallait pratiquer avant de conférer le sacrement de la régénération : ce qui détruit cette vaine et injuste imputation des incrédules qui n'ont pas craint d'avancer « que la religion chrétienne s'est établie dans l'ombre, par séduction et par artifice, que les premiers fidèles ne savaient ce qu'ils faisaient en recevant le baptême, et qu'ils croyaient sans preuves et sans motifs suffisants. » — Au reste, avec un peu de bonne foi, ces incrédules auraient vu que, dans tous les siècles, les conciles ont exhorté et ont fait un devoir rigoureux aux ecclésiastiques de bien instruire les peuples avant de les admettre dans la société chrétienne. Ils auraient vu que le dernier concile œcuménique, le concile de Trente, a confirmé et renouvelé ces lois en ces termes : « Afin que le peuple fidèle s'approche des sacrements avec plus de respect et plus de dévotion, ce saint concile enjoint à tous les évêques, non-seulement d'en expliquer eux-mêmes l'usage et la vertu, selon la portée de ceux qui se présenteront pour les recevoir, quand ils feront eux-mêmes la fonction de les administrer au peuple, mais aussi de tenir la main à ce que tous les curés observent la même chose, et s'attachent avec zèle et prudence à cette explication, qu'ils feront même en langage du pays, s'il est besoin et si cela se peut faire commodément, suivant la forme qui sera prescrite par le saint concile, sur chaque sacrement, dans le *catéchisme* (nous en parlerons à l'article CATÉCHISME) qui sera dressé, et que les évêques auront soin de faire traduire fidèlement en langue vulgaire, et le faire expliquer au peuple par tous les curés ; lesquels, au milieu de la grand'messe ou du service divin, expliqueront aussi en langage du pays, tous les jours de fêtes ou solennels, le texte sacré et les avertissements salutaires qui y sont contenus; tâchant de les imprimer dans les cœurs de tous les fidèles et de les instruire solidement dans la loi de Notre-Seigneur » (XXIVe sess., chap. 7). — Ces paroles sont claires et formelles. Le saint concile prescrit de ne pas négliger d'instruire les peuples; ce qu'avaient suivi les apôtres et les Pères de l'Église des premiers siècles, et aujourd'hui encore on est fidèle à ce qu'a ordonné le concile de Trente. L'Église catholique n'a donc jamais cessé d'instruire ses enfants, soit pour les initier aux grandes vérités du salut, soit pour les y maintenir après qu'ils les ont reçues.   L.-F. GUÉRIN.

CATÉCHÈTE, s. m. (*hist. ecclés.*), celui qui catéchise. Au IIIe siècle, les catéchètes composaient un cinquième ordre mineur dans certaines églises. Origène était catéchète à Alexandrie.

CATÉCHINE, s. f. (*chim.*), substance qui fait la base du cachou ou *caté-chu.*

CATÉCHISER, v. a. instruire des mystères de la foi et des principaux points de la religion chrétienne. — Il signifie, figurément et familièrement, tâcher de persuader quelque chose à quelqu'un, lui dire toutes les raisons qui peuvent l'engager à faire une chose. — Il signifie aussi, familièrement, bien instruire quelqu'un de ce qu'il doit dire ou faire.

CATÉCHISME signifie *instruction*, *enseignement :* c'est donc la même étymologie et le même sens que le mot *catéchèse*. Seulement on appelait, dans les premiers siècles de l'Eglise, *catéchèses* les instructions que l'on donnait de vive voix (et qu'on écrivait ensuite) à ceux qui voulaient embrasser le christianisme, parce qu'on les instruisait avant qu'ils ne fussent baptisés, et qu'alors ces aspirants étaient appelés *catéchumènes* (*V.* ce mot); mais aujourd'hui que l'on administre le sacrement de baptême presque toujours à la naissance, on nomme *catéchisme* non-seulement les instructions que l'on donne aux enfants et aux adultes qui sont baptisés, pour les initier aux préceptes de la religion et les préparer à la première communion, mais encore le livre qui renferme ces instructions. — C'est aux évêques seuls, qui ont été établis par Jésus-Christ pour instruire les fidèles, qu'il appartient de dresser et de donner à leurs *diocèses* le livre du *catéchisme*. — Ce mot a souvent fait sourire de dédain plus d'un esprit superbe : mais ces esprits forts ne savaient pas que le *catéchisme* est un manuel de philosophie par excellence; qu'il convient aux vieillards comme aux enfants, aux savants comme aux ignorants; que tous y trouvent à s'instruire, à admirer, à méditer; qu'un enfant, qu'une simple femme le possèdent bien en savent plus qu'un orgueilleux philosophe dont toute la vie a été employée à entasser sophismes sur sophismes, et à égarer ses semblables dans le sombre labyrinthe de ses erreurs. — Un livre qui contient l'exposé clair, simple et concis des plus grandes vérités, sur Dieu, ses perfections adorables; sur l'homme, ses devoirs, ses destinées immortelles; un livre qui règle la croyance sur ces importantes vérités, qui fixe le point de départ et le but, qui dit à tous leur haute origine, leur dégradation, leur rachat par un Dieu, leur gloire future, un tel livre peut-il être regardé en pitié? Ne faut-il pas être aveuglé par le plus absurde préjugé, ou se trouver dans l'ignorance la plus complète pour ne pas au contraire l'aimer et chercher à l'approfondir? Que d'hommes supérieurs, que de génies se sont plu à méditer ce manuel, cet abrégé de théologie si simple en apparence! Aussi de tous les livres, le plus difficile à faire est peut-être un bon *catéchisme*. — Saint Augustin le reconnaissait, et, interrogé par un diacre de l'Eglise de Carthage, sur la meilleure manière d'enseigner la religion, il lui répondit par son admirable traité : *De catechizandis rudibus*, dont voici les règles principales : « La vraie manière d'enseigner la religion, dit l'évêque d'Hippone, c'est de remonter à ces paroles : *Au commencement Dieu créa le ciel et la terre*, et de développer toute l'histoire du christianisme jusqu'à nos jours. Ce n'est pas qu'il faille rapporter d'un bout à l'autre tout ce qui est écrit dans l'Ancien et dans le Nouveau Testament : la chose n'est ni possible ni nécessaire. Faites un abrégé. Insistez davantage sur ce qui vous paraît plus important, et passez légèrement sur tout le reste. De cette sorte, vous ne fatiguerez point celui dont vous voulez exciter l'ardeur pour l'étude de la religion, et vous n'accablerez point la mémoire de celui que vous devez instruire. Or, pour montrer la suite de la religion, souvenez-vous que l'Ancien Testament est la figure du Nouveau; que toute la religion mosaïque, les patriarches, leurs vies, leurs alliances, leurs sacrifices, sont autant de figures de ce que nous voyons, que le peuple juif tout entier et son gouvernement n'est qu'un *grand prophète* de Jésus-Christ et de l'Eglise » (*De cath. rud.*, n° 4 et seq.). — Voilà pour l'enseignement de la *lettre* de la religion. Quant à l'*esprit*, saint Augustin le fait consister dans l'amour de Dieu et du prochain, suivant cette parole du divin Maître : *Aimez Dieu de tout votre cœur, de toute votre âme, de tout votre esprit, et le prochain comme vous-même ; c'est là toute la loi* (S. Matth., chap. XXII, 37, 39, 40). « Vous commencerez donc votre récit, continue le saint docteur, à la création de toutes choses dans un état de perfection, et vous le continuerez jusqu'aux temps actuels de l'Eglise. Votre but unique sera de montrer que tout ce qui précède l'incarnation du Verbe tend à manifester l'amour de Dieu dans l'accomplissement de ce mystère. Le Christ lui-même immolé pour nous, que nous apprend-il, sinon l'amour immense que Dieu nous a témoigné en nous donnant son propre Fils? Mais si, d'une part, la fin principale que le Verbe s'est proposée en venant sur la terre a été d'apprendre à l'homme combien il est aimé de Dieu, et si cette connaissance elle-même n'a d'autre but que d'allumer dans le cœur de l'homme l'amour d'un Dieu qui l'a aimé le premier, et l'amour du prochain dont

ce Dieu lui-même est venu donner le précepte et l'exemple; si, d'autre part, toute l'Ecriture antérieure au Christ a pour but d'annoncer son avénement, et si toute celle qui lui est postérieure ne parle que du Christ et de la charité, n'est-il pas évident que non-seulement la loi et les prophètes, mais encore tout le Nouveau Testament, se réduisent à ces deux grands préceptes : *l'amour de Dieu, et l'amour du prochain?* Ainsi, vous rendrez compte de tout ce que vous rapporterez ; vous expliquerez la cause et le but de tous les événements par l'amour, en sorte que cette grande idée soit toujours devant les yeux de l'esprit et du cœur. Ce double amour de Dieu et du prochain étant le terme auquel se rapporte tout ce que vous avez à dire, racontez tout ce que vous récitez, de manière que votre récit conduise votre auditeur à la foi, de la foi à l'espérance, de l'espérance à la charité » (*id.*, *De catechis. rud.*). — Cette méthode d'enseigner la religion en exposant son plan magnifique, c'est-à-dire en retraçant son histoire et sa doctrine, est excellente et très-profitable aux fidèles. Les saints Pères l'employèrent souvent, en s'étendant plus sur telle partie que sur telle autre, suivant les besoins et les circonstances. — Au XVIe siècle, le saint concile de Trente avait prescrit aux évêques, comme nous l'avons remarqué à l'article CATÉCHÈSE, d'avoir le soin d'instruire et de faire instruire les peuples dans les vérités de la foi. Il ordonna ensuite qu'il serait dressé un *catéchisme* de la doctrine catholique. Plus de cinq ans furent employés à ce travail, pour lequel on avait choisi ce qu'il y avait de plus pieux et de plus savant parmi les pères de cette vénérable assemblée. — Saint Charles Borromée avait eu la première idée de ce *catéchisme*, dont il pressa vivement l'exécution pendant et après la tenue du concile. Cependant la publication en est due au saint pape Pie V, qui, après l'avoir fait scrupuleusement examiner par plusieurs docteurs distingués, lui donna son approbation en ces termes : « De notre propre mouvement, en qualité de pasteur de l'Eglise universelle, désirant, avec la grâce de Dieu, remplir tous nos devoirs avec toute la fidélité dont nous sommes capable, et mettre à exécution les décrets et ordonnances du concile de Trente, nous avons fait composer par des théologiens choisis un *catéchisme* où fussent renfermées toutes les vérités de la religion que les pasteurs doivent enseigner aux fidèles, etc. » — Dès que ce *catéchisme* parut, il fut accueilli avec joie par toutes les Eglises, approuvé par plusieurs pontifes et par des conciles particuliers. — On connaît la division de ce précieux ouvrage. Il est précédé d'une *introduction* dans laquelle on traite du besoin des pasteurs dans l'Eglise, de leur autorité, de leurs fonctions et des principaux articles de la doctrine chrétienne. Le chapitre premier traite de la foi et du symbole des apôtres en général. Puis vient l'explication, par chaque article, nous dirions presque par chaque mot, de ce symbole, explication qui comprend treize chapitres. Après il est fait mention des sacrements en général, et ensuite de chaque sacrement en particulier. Ces points sont aussi traités avec étendue, et ne contiennent pas moins de quatorze chapitres. Les commandements de Dieu en général, et l'explication du *décalogue*, forment ensuite la matière de neuf chapitres. Et l'immortel ouvrage se termine par un traité de la prière, et par une paraphrase sublime de l'*oraison dominicale*, lesquels occupent neuf chapitres; en tout le *Catéchisme du concile de Trente* se compose de quarante-six chapitres. Comme on le voit, ce plan embrasse tout l'homme : tout ce qu'il doit croire et tout ce qu'il doit pratiquer. Ces *instructions* méritent une confiance égale à celle qu'exigent les décrets de la foi. Nous pouvons donc dire avec le cardinal Valère, évêque de Vérone : « Ce *catéchisme* est véritablement un don que Dieu nous a fait en ce temps, pour rétablir la discipline ancienne de l'Eglise, et pour soutenir la république chrétienne. Cet ouvrage est si remarquable, si profond et si clair, que, depuis longtemps, il n'en a point paru de semblable au jugement des hommes les plus savants. Ce n'est point un homme qui semble y avoir tenu la plume; c'est l'Eglise même, notre sainte mère, guidée et inspirée par le Saint-Esprit, qui y parle et qui nous y instruit. Vous qui êtes déjà un peu avancés en âge, lisez-le sept fois et plus. Vous en retirerez les fruits les plus admirables. Démosthène, dit-on, pour se rendre éloquent, écrivit huit fois de sa main les harangues de Thucydide, tellement qu'il les savait par cœur : à combien plus juste titre, vous, qui devez travailler de toutes vos forces à procurer la gloire de Dieu, votre salut et celui du prochain, ne devez-vous pas lire et copier même plusieurs fois un livre composé par l'ordre du concile de Trente, et, pour ainsi dire, sous la dictée du Saint-Esprit? » — La première édition du *Catéchisme du concile de Trente* a paru à Rome, en 1566, sous ce titre : *Catechismus ex decreto concilii tridentini, ad parochos* (conscriptus a

V.　　　　　　　　　　　　　　　　　　94

Paulo Manutio, Cornelio Amultheo et Julio Poggiano, post vigilias Leonardi de Marinis, arch. lancianensis; Ægidii Forcarari episcopi mutinensis, et Fr. Foreri Lusitani, dominicani, necnon recensionem cardinalium Sirleti et Antoniani), *Pii V pont. max. jussu editus, Romæ, P. Manutius*, 1566, in-fol. Ce Paul Manuce était imprimeur des livres ecclésiastiques à Rome, et avait été désigné par Pie V lui-même. On en imprimait, presque en même temps, une édition à Paris, *Parisiis, Jac. Kerter*, 1567, in-8°. Depuis il a été souvent réimprimé, et dans tous les formats. — L'abbé Chanut a donné une traduction française de ce *Catéchisme*, Paris, 1673, 1686, in-12; mais la meilleure et la plus exacte traduction que nous ayons, est celle de M. l'abbé Doney, Besançon, 4 vol. in-12, et 2 vol. in-8°, 1830, avec le texte latin au bas des pages, une *Notice historique sur le catéchisme*, d'excellentes *notes*, et une *table analytique* où les ministres de la parole sainte trouvent les divers sujets qu'ils ont à traiter d'après l'évangile de chaque dimanche, et les endroits de ce *Catéchisme* où ces sujets sont expliqués d'une manière plus ou moins développée. — On peut dire que le *Catéchisme du concile de Trente* a servi de modèle à la plupart des *catéchismes* dont on se sert aujourd'hui dans l'Eglise catholique. — Nous croyons qu'il ne sera pas inutile de mentionner quelques-uns de ces *catéchismes*, et de donner sur chacun d'eux quelques détails. — Le cardinal Bellarmin a fait un *catéchisme* qui contient une explication du symbole et de la doctrine chrétienne, sous ce titre : *Doctrina christiana* (a Rob. Bellarmino, *italice conscripta*), 1 vol. in-8°, à Rome, 1616, et à Paris, 1633. Cet ouvrage substantiel et solide a été traduit dans plusieurs langues; mais nous n'en avons pas dans la nôtre une bonne traduction, et il serait à désirer qu'on en fît une. — Saint François de Sales n'a pas publié de *catéchisme*; mais nous trouvons dans ses œuvres, édit. de Blaise, in-4°, t. ii, une *Manière de faire le catéchisme* qui nous a paru bonne à indiquer. Tout est prévu dans cette *méthode*, qui est bien propre à produire les meilleurs fruits partout où elle sera suivie. — Mais la *Méthode de faire le catéchisme* qui a fait le plus de bien, et qui continue encore à produire les fruits les plus précieux, est celle de M. Olier de vénérable mémoire. — Ce zélé pasteur était affligé du triste état dans lequel se trouvait sa paroisse sous le rapport spirituel. Mais l'ignorance des choses du salut où vivaient la plupart des enfants lui parut être celui des maux qu'il fallait guérir le premier. Depuis longtemps le ministère de l'Instruction y était si négligé, que même les pères et les mères, la plupart aussi peu instruits que leurs enfants, ignoraient jusqu'aux premiers éléments de la doctrine chrétienne; on eût dit qu'ils n'avaient jamais entendu parler du symbole de la foi. Il fallait donc annoncer et expliquer tout de nouveau l'Evangile aux petits et aux grands; et, pour réussir dans une entreprise si difficile, M. Olier établit divers *catéchismes*. — Il voulut lui-même exercer ce ministère dans son église paroissiale, à l'égard des plus jeunes enfants, et il s'en acquittait, disent les mémoires du temps, *avec un amour et une humilité admirables*. Mais, de peur que la distance où plusieurs étaient de l'église ne les privât de cette instruction, il établit, dans l'étendue du faubourg, douze autres *catéchismes*, qu'il distribua suivant la population des quartiers, et dont il donna la conduite aux ecclésiastiques du séminaire de Saint-Sulpice. Pour chaque *catéchisme* il nomma deux séminaristes, dont l'un, connu sous le nom de *clerc*, et qui était subordonné à l'autre, allait dans les rues en surplis, la clochette à la main, afin d'appeler les enfants à l'instruction, et entrait même dans les maisons pour engager plus sûrement les parents à les y conduire. Enfin d'autres ecclésiastiques se répandaient dans toutes les écoles, afin que personne ne restât sans instruction. — Outre ces *catéchismes*, M. Olier en établit de particuliers pour disposer plus prochainement les enfants à leur première communion, et qui sont connus sous le nom de *catéchismes de semaine*. Il en institua encore d'autres destinés à les préparer au sacrement de confirmation, et qui furent appelés *catéchismes de confirmation*. — Ces *catéchismes* produisirent partout les fruits les plus abondants de bénédiction, non-seulement dans les enfants, pour qui on les faisait principalement, mais encore dans les personnes plus avancées en âge. — Mais il est encore un autre soin qui préoccupait M. Olier : il voulait aussi subvenir à l'indigence spirituelle des domestiques et des pauvres. Indépendamment des secours qui leur étaient communs avec les autres paroissiens, et qu'ils trouvaient dans les fréquentes exhortations qui se faisaient à l'église, il établit pour eux des instructions et des *catéchismes* particuliers. Il les réunissait trois fois chaque semaine. Il réunissait aussi trois autres jours chaque semaine les mendiants, pour leur apprendre les mystères de la foi, la manière de sanc-

tifier leur condition, et les moyens de recevoir avec fruit les sacrements de pénitence et d'eucharistie. Chaque exercice, pour les mendiants, était suivi d'une distribution générale d'aumônes, proportionnées au mérite des réponses qu'ils avaient données aux interrogations. — L'expérience avait appris à M. Olier que, parmi les fidèles arrivés à un grand âge, plusieurs avaient besoin d'être instruits, comme de nouveau, des vérités du salut, qu'on leur avait enseignées dans leur enfance. Il établit, dans cette intention, pour les vieillards, un *catéchisme* qui se faisait le vendredi de chaque semaine, et, afin de les engager plus efficacement à en profiter, il leur distribuait des secours, qui se mesuraient aussi sur la manière dont ils satisfaisaient tour à tour aux demandes qui leur étaient faites. — Outre ces différents *catéchismes*, il en établit un autre dans l'église, pour toute sorte de personnes; mais, de peur que la honte n'en éloignât les plus âgés, qui avaient cependant besoin d'être instruits, il crut à propos de le faire dans un langage plus relevé, sans rien dire toutefois qui ne fût à la portée des esprits les plus simples. — Le zèle de ce digne pasteur était si grand, qu'il voulait même atteindre les familles où il savait qu'on vivait dans l'ignorance des vérités du salut, sans oser venir aux instructions publiques. A cet effet il leur faisait distribuer des feuilles imprimées, ornées de pieuses vignettes, et où étaient exposés les mystères de la religion, les principaux actes du chrétien, les prières du matin et du soir, l'offrande que tout fidèle doit faire à Dieu des actions de la journée, la manière de sanctifier les plus communes, comme le travail, le boire, le manger. Enfin il établit, surtout en faveur des gens de travail, une prédication familière, qui avait lieu dès le grand matin, et, pour la fin du jour, une lecture glosée (*V.* la *Vie de M. Olier, fondateur du séminaire de Saint-Sulpice*, 2 gros vol. in-8°, Paris, 1841, t. 1er, p. 454-457). — Tous ces différents *catéchismes* furent abondamment bénis du ciel. Aussi le vénérable pasteur éprouvait-il une très-grande joie. « Je commence, écrivait-il, à comprendre le dessein de Dieu, qui va réformer cette Eglise. » Et en effet il ne se trompa point. En très-peu de temps la paroisse fut totalement changée, et aujourd'hui encore on recueille les fruits qu'ont produits ces instructions données avec tant de zèle et d'amour. — M. Olier avait fait composer par l'un de ses ecclésiastiques, et livrer à l'impression, un petit ouvrage qui a pour titre : *Catéchisme des enfants de la paroisse Saint-Sulpice*, et qui fut approuvé au mois de février 1652. C'est un abrégé d'un autre *catéchisme* qu'on expliquait, dans l'église, aux personnes capables d'une plus forte instruction. Il avait recommandé au prêtre qu'il avait chargé de composer cet abrégé, de s'attacher aux points les plus nécessaires, et de les énoncer dans les termes les plus simples et les plus familiers aux enfants, comme aussi d'y joindre des formules de prières pour les actions les plus ordinaires de la journée. — Un autre pieuse pratique qui donnait en quelque sorte toute la vie aux exercices des différents *catéchismes*, c'était la fréquente communion. Afin d'inspirer aux enfants un tendre amour envers Jésus-Christ résidant dans l'adorable sacrement de nos autels, M. Olier établit pour eux des communions générales, connues encore aujourd'hui sous le nom de *communions du mois*, et qui furent pour toute la paroisse une source très-abondante de grâces. — Après M. Olier, les séminaristes de Saint-Sulpice continuèrent les exercices des *catéchismes* que ce saint pasteur leur avait enseigné (*V. Calendrier hist. à l'usage de la paroisse Saint-Sulpice*, 1778, p. 9). — Depuis ce temps on n'a cessé dans cette paroisse de s'attacher avec un zèle admirable à l'œuvre des *catéchismes*, en y apportant sans doute les modifications exigées par le temps et par les circonstances (*Histoire des catéchismes de Saint-Sulpice*, 1 vol. in-12). On y a ajouté un *Catéchisme de persévérance*, destiné aux jeunes gens de l'un et l'autre sexe pour les entretenir dans la ferveur de leur première communion, et les affermir dans la connaissance des saintes vérités de la foi (*V. sur la discipline des catéchismes de persévérance, Méthode de Saint-Sulpice*, 1 vol. in-12). — Ces *catéchismes* sont une des principales sources des bénédictions répandues sur la paroisse de Saint-Sulpice, et c'est en y joignant la dévotion très-particulière envers le saint sacrement et la sainte Vierge, qu'on a la raison qu'on aime à donner ordinairement de la grande piété qui s'est toujours conservée dans cette paroisse depuis que M. Olier l'a gouvernée. Combien donc il est à souhaiter que ces *catéchismes de persévérance* soient établis partout! que de maux on épargnerait aux familles et à la société tout entière! car la plaie la plus affreuse de notre époque est l'ignorance en matière de religion dans laquelle croupissent tant de jeunes gens abandonnés après leur première communion, tant d'hommes qui ne vont plus entendre la parole de vie, peut-être parce qu'on ne leur en facilite pas toujours assez les moyens! — L'immortel Bossuet avait aussi une sollicitude toute particulière pour le *catéchisme*; c'est ce que nous prouve l'*Avertissement aux curés, aux vicaires, aux pères et aux mères, et à tous les fidèles de son diocèse*, qu'il a donné lors de la publication de son *catéchisme*. « Il ne faut pas croire, dit-il, que les peuples, et même les gens de travail, soient incapables d'entendre les vérités de la religion. L'expérience fait voir, au contraire, que, pourvu qu'on s'y prenne bien, et qu'en excitant en eux le désir d'apprendre on se montre toujours prêt à les instruire, tant en public et dans l'église qu'en particulier et à la maison, on les peut avancer dans la connaissance de Dieu et de son royaume. On trouve certains villages qui, pour avoir eu seulement quelques bons curés qui se sont donnés tout entiers à les instruire, ont fait de si grands progrès dans la doctrine chrétienne, qu'on en est surpris; de sorte que, quand on crie tant que les peuples sont incapables, il est à craindre que ce ne soit un prétexte pour se décharger de la peine de les instruire. » Puis, s'adressant aux pères et mères, il leur dit : « Vous êtes les premiers catéchistes de vos enfants, parce qu'avant qu'ils viennent à l'église vous leur inspirez, avec le lait, la saine doctrine que l'Eglise vous donne pour eux. Vous êtes les principaux catéchistes, parce que c'est à vous à leur faire apprendre par cœur le catéchisme, à le leur faire entendre, et à le leur répéter tous les jours dans la maison ; autrement, ce qu'ils apprendraient à l'église le dimanche et durant un temps de l'année se perdra trop aisément dans le reste... » — Le *catéchisme* de ce grand évêque est clair et concis; il est divisé en trois parties : la première pour ceux qui commencent, la seconde pour ceux qui sont déjà plus avancés, et que l'on prépare à leur première communion, et la troisième contient une explication des fêtes et des observances de l'Eglise, pour l'usage de ceux qui sont encore plus avancés. On trouve quelquefois des choses dans ce *catéchisme*, comme dans presque tous au reste, qui semblent surpasser la capacité des enfants ; « mais vous ne devez pas pour cela, dit Bossuet, vous lasser de les leur faire apprendre, parce que l'expérience fait voir que, pourvu que ces choses leur soient expliquées en termes courts et précis, quoique ces termes ne soient pas toujours entendus d'abord, peu à peu en les méditant on en acquiert l'intelligence : joint que, ajoute-t-il, regardant au salut de tous, nous avons mieux aimé que les moins avancés et les moins capables trouvassent des choses qu'ils n'entendissent pas d'abord, que de priver les autres de ce qu'ils seraient capables d'entendre. » — Une bonne manière pour graver dans l'esprit des enfants les vérités de la foi, c'est d'entremêler l'explication de *traits historiques* tirés de la sainte Ecriture ou des annales de l'Eglise, et qui servent à appuyer ces vérités. C'est pour faciliter ces *récits* que l'abbé Fleury a publié son *Catéchisme historique*, 2 vol. in-12, ouvrage souvent réimprimé, dont le ton est sec et qui n'est pas rigoureusement exact dans toutes ses parties, quoique Bossuet et Fénelon l'aient recommandé, le premier dans l'*Avertissement pour le catéchisme*, le second dans le *Traité sur l'éducation des filles*. Mais on en a donné, dans ces dernières années, une édition avec des *notes* et quelques changements aussi, 2 vol. in-12. — Tout le monde connaît le *catéchisme* désigné sous le titre de *Catéchisme de Montpellier*, dont l'édition la plus recherchée est celle de Paris, in-4°, 1702, ou 5 vol. in-12. Cet ouvrage est de l'abbé Pouget. Il a été traduit dans plusieurs langues. « Ce catéchisme, dit un critique, peut tenir lieu d'une théologie entière. Il y a peu de productions de ce genre où les dogmes de la religion, la morale chrétienne, les sacrements, les prières, les cérémonies et les usages de l'Eglise soient exposés d'une manière plus claire et avec une simplicité plus élégante. » Nous ajouterons que, pour que cet ouvrage fût d'un usage plus journalier, il aurait été à désirer qu'un éditeur intelligent l'eût augmenté d'une bonne *table alphabétique*, ce qui aurait facilité les recherches. Cet ouvrage n'est cependant pas tout à fait irréprochable. Il y a plusieurs endroits qui ont essuyé des difficultés. On remarque dans quelques citations, non-seulement une prédilection qui semble tenir à l'esprit de parti, mais encore des applications qui n'ont pas trait au sens littéral, ce qui est pourtant essentiel dans un catéchisme. Ces divers endroits ont fait condamner l'ouvrage à Rome en 1721. Mais de Charancey qui succéda à Colbert sur le siége de Montpellier, en a donné une édition corrigée, qui fut souvent réimprimée, 5 vol. in-12, et c'est cette édition qu'il faut se procurer de préférence. — Un bon *catéchisme* à signaler est le *Catéchisme dogmatique et moral*, par J. Couturier, 4 vol. in-12, Dijon, 1854. Ce livre est excellent et on ne peut plus complet. Il peut convenir aux en-

fants et aux personnes plus âgées, par la manière dont il est composé. Ainsi, chaque sujet est traité de deux façons, c'est-à-dire que l'auteur l'explique d'abord dans une série *de demandes* et de *réponses* fort étendues et très-solides, et qu'ensuite il les résume dans une autre série de *sous-demandes*, claires et concises. Ce catéchisme, fruit de l'expérience d'un digne et zélé pasteur, est la meilleure explication que messieurs les curés peuvent trouver pour les *catéchismes* particuliers des diocèses auxquels ils appartiennent. On a donné un *abrégé* de ce *catéchisme*, 1 gros vol. in-12. — Le *catéchisme* de l'abbé du Clot, ou *Explication historique, dogmatique et morale de toute la doctrine chrétienne contenue dans le catéchisme du diocèse de Genève*, 7 vol. in-8°, 1796; 2° édit., Paris, 1822, réduit à 4 vol. in-8°, est aussi estimé. — Il existe de Pierre Collot, docteur de Sorbonne, un *Catéchisme* ou *Explication des premières vérités de la religion*, 1 gros vol. in-12, 1759, souvent réimprimé; ouvrage complet en son genre et qui peut être d'une grande utilité dans les campagnes. Nous citerons encore le *Catéchisme dogmatique et liturgique*, ou le *Chrétien catholique instruit dans les sacrements, le sacrifice, les cérémonies et les observances de l'Eglise*, par le T. R. Richard Challoner, trad. de l'anglais, 2 vol. in-12, 1836. — Nous citerons, pour les jeunes gens qui ont besoin de s'affermir dans la connaissance de la religion et d'en acquérir les preuves, le *Catéchisme sur les fondements de la foi*, par l'abbé Aymé, chanoine d'Arras, 2 vol. in-12, 1822, et pour les gens du monde qui ont plus besoin que tous autres de se prémunir contre les attaques des philosophes et des prétendus esprits forts, le *Catéchisme philosophique*, ou *Recueil d'observations propres à défendre la religion chrétienne contre ses ennemis*, par l'abbé de Feller, 5 vol. in-12, 1775, très-souvent réimprimé. — Tout dernièrement on a publié un *Catéchisme de persévérance*, ou *Exposé historique, dogmatique, moral et liturgique de la religion, depuis l'origine du monde jusqu'à nos jours*, par M. l'abbé J. Gaume, 8 vol. in-8°, 1839-1840, ouvrage estimable, auquel on pourrait peut-être reprocher un peu de prolixité, et qui est, comme on peut le voir d'après le titre, la réalisation du plan de saint Augustin dans son ouvrage *De catechizandis rudibus*, dont nous avons parlé plus haut. On a donné un *Abrégé du catéchisme de persévérance*, 2 vol. in-8°, 1841. — Enfin, nous citerons en dernier lieu, car nous ne pouvons pas mentionner tous les *catéchismes* qui pourraient être utiles aux fidèles, l'*Explication du nouveau catéchisme du Mans*, avec des traits historiques, par M. l'abbé Guillois, 1 gros vol. in-12, 1839 : c'est un fort bon ouvrage. — Mais si rien n'est plus important pour le bonheur des peuples qu'une solide et touchante instruction, qu'une exposition pleine de clarté et de dignité, des dogmes et de la morale de l'Evangile, rien aussi ne fait pour les pasteurs l'objet d'un devoir plus grave et plus indispensable; c'est pourquoi nous croyons devoir indiquer encore un ouvrage intitulé : *Conférences ecclésiastiques sur les moyens propres à rendre l'enseignement du catéchisme cher aux pasteurs et utile aux peuples*, Malines, 2 vol. in-12, 1785, ouvrage qui renferme des vues sages, parfaitement chrétiennes, et qui ne peut qu'être utile au *catéchiste* (V. ce mot) jaloux de bien remplir sa mission. — Chaque diocèse a son *catéchisme*. Ils ne sont pas tous de même quant à la forme, ce qu'on doit peut-être regretter; mais quant au fond, quant à la doctrine, ils sont uniformes, ce qui est une preuve irrécusable de l'unité de la foi qui règne dans l'Eglise catholique : avantage précieux, inestimable bienfait dont nos frères égarés ne peuvent se glorifier.　　L. F. GUÉRIN.

CATÉCHISMES PROTESTANTS. Les protestants ont autant de *catéchismes* qu'il y a de sectes parmi eux, et tous ces *catéchismes* se contredisent les uns les autres; ce qui fait qu'il est fort difficile de fixer les points de ce que les enfants de Luther croient véritablement. — Les *catéchismes* de ce moine apostat parurent en 1529. Ils produisirent une grande sensation ; mais il ne faut pas croire que tout y était erroné : il y laissait percer quelques aveux en faveur de l'Eglise catholique, auxquels nos frères égarés n'ont peut-être pas fait attention, et qu'ils trouveront d'ailleurs rassemblés dans un petit ouvrage que nous leur conseillons bien de lire, et qui est intitulé : le *Catholicisme de Luther*. Cet opuscule avait été publié en Allemagne en 1744, par L. Ussleber, et vient d'être nouvellement traduit en français avec des augmentations, sous ce nouveau titre : *Esprit catholique de Luther*, 1 vol. in-12, 1842. — L'Eglise prétendue réformée helvétique et calviniste eut, dès son origine, un grand nombre de catéchismes. Le premier parut à Saint-Gall en 1527; OEcolampade et Léon Juda produisirent le leurs à Bâle et à Zurich en 1554; Calvin dut donner le sien, et il le publia à Genève en 1536. Celui de

Heidelberg, publié en allemand en 1563, servit en partie de base pour celui de Zurich qui, confirmé en 1639, devint d'un usage général dans l'Eglise prétendue réformée allemande. Les Eglises sociniennes publièrent le *Catéchisme de Racovie*, dont la première ébauche, due à Fauste Socin, remonte à l'an 1574. — On le voit, chaque secte protestante eut son catéchisme. En France elles suivirent longtemps le *catéchisme* de Calvin. Mais le *catéchisme* à l'usage des protestants français, dit un enfant de Luther, et remarquons bien cette phrase, a *suivi fidèlement le progrès des lumières critiques et théologiques*. Aussi dans le cours du XVIIIᵉ siècle se servit-on généralement du *catéchisme* de Jean-Frédéric Osterwald, pasteur à Neufchâtel, qui mourut en 1747. Plus tard les pasteurs de Genève publièrent divers *catéchismes*, où le côté rationnel et moral de la doctrine, dit encore le protestant, *domine évidemment le côté orthodoxe dogmatique*. C'est là de la franchise exemplaire. — Les luthériens français modifièrent considérablement les formulaires de Heidelberg, et dans ces dernières années Boissard, l'un des pasteurs de la confession d'Augsbourg à Paris, a donné un travail catéchétique *lumineux*, autant que l'erreur peut-être lumineuse ! — Enfin en 1852, Coquerel, pasteur de l'Eglise prétendue réformée de Paris, a donné un *catéchisme*, « où l'on cherche en vain, dit son frère, les mots inconnus à l'Evangile, de *Trinité* et de *péché originel*, et qui nous paraît le livre le plus *évangélique et le plus philosophique* à la fois que l'Eglise réformée de France possède sur cette importante matière. » Il doit être doux assurément à M. Coquerel de recevoir ainsi des éloges de son frère ; mais que ce cher frère prenne le soin de faire remarquer les dernières variations de la doctrine de ses coreligionnaires, dont M. Coquerel est l'interprète, c'est de la naïveté trop grande !... — « Dans la plupart des *catéchismes* faits par les protestants, ils ont eu soin, dit Bergier, d'y mettre des accusations contre l'Eglise romaine, afin d'inspirer aux enfants, dès le berceau, des préventions et de la haine contre le catholicisme. Plus modérés qu'eux, nous n'apprenons point aux enfants à détester ceux qui sont dans l'erreur ; nous voudrions pouvoir leur laisser ignorer qu'il y a des hérétiques au monde. » Ajoutons que nous leur apprenons à prier pour eux, et que nous demandons au Dieu qui connaît le fond des cœurs, qu'il daigne les ramener dans l'Eglise, parce qu'il doit n'y avoir qu'un seul troupeau et qu'un seul pasteur. L.-F. GUÉRIN.

CATÉCHISME. On dit figurément et familièrement, *Faire le catéchisme à quelqu'un*, le mettre au fait, l'endoctriner. — CATÉCHISME est aussi, par extension, le titre donné à certains ouvrages qui contiennent l'expression abrégée de quelque science, et qui sont rédigés par demandes et par réponses. *Catéchisme d'économie politique.*

CATÉCHISTE (*hist. ecclés.*), ecclésiastique dont les fonctions étaient et sont encore aujourd'hui d'enseigner aux *catéchumènes* (*V.* ce mot) le symbole et les premiers éléments de la religion. — On choisissait le plus souvent les *catéchistes* parmi les *lecteurs*, et on les appelait quelquefois *nautologi*, par allusion à ceux qui dans les vaisseaux reçoivent les passagers, parce que les saints Pères et les écrivains ecclésiastiques comparent souvent l'Eglise à une barque et à un navire, et que les *catéchistes* sont ceux qui procurent aux passagers de ce monde l'entrée de l'Eglise. — Leurs fonctions étaient donc de préparer les *catéchumènes* au baptême par de fréquentes instructions qu'ils leur faisaient, non pas publiquement ni dans les églises, du moins dans les premiers siècles à cause des persécutions, mais dans les maisons et des écoles particulières qui furent appelées *catéchuménies* (*V.* ce mot). Un peu plus tard, lorsque les premières persécutions furent apaisées, on instruisit quelquefois les *catéchumènes* dans les galeries élevées qui se trouvaient dans les églises, et on bâtit les *catéchuménies* à côté des églises. — La plus célèbre des écoles où les *catéchumènes* étaient instruits est celle d'Alexandrie, et l'on y rencontre une suite d'illustres *catéchistes*, tels que Pantène, établi par l'apôtre saint Marc, Clément d'Alexandrie, Origène, Athénagore, saint Athanase, etc. Il y avait de semblables écoles à Rome, à Césarée, à Antioche, en un mot dans toutes les grandes églises célèbres dans l'antiquité ecclésiastique. — Rien n'est plus important à remplir que les fonctions de *catéchiste*, et c'est une place bien belle dans la maison de Dieu. Convaincu de la grandeur et de l'importance de ces fonctions, saint Grégoire, évêque de Nysse, adressa une *catéchèse* aux catéchistes de son temps, afin de les exhorter à bien remplir leur mission. Cette *catéchèse* est divisée en quarante chapitres. Le saint docteur s'y applique à persuader ceux qui sont chargés d'enseigner les catéchumènes d'être solides dans leurs instructions,

de prouver par le raisonnement les mystères de la foi à ceux qui ne défèrent pas à l'autorité des saintes Ecritures, et il ne cache pas son admiration pour des fonctions qui ont pour but d'initier les âmes à de si hautes vérités et de les conduire au véritable bonheur. — Qu'elle est belle en effet, qu'elle est sainte, qu'elle est utile cette mission ! C'est une admirable paternité que celle qui engendre à la vie de l'âme tant d'êtres qui mourraient après avoir croupi dans toutes les erreurs et dans la matière ! Il est vrai que c'est souvent une mission difficile à remplir : qu'elle est stérile et par là même décourageante : mais de combien de consolations elle inonde l'âme du pasteur qui s'y dévoue, et qui voit enfin ses efforts bénis par celui qui donne l'accroissement aux œuvres des hommes (I Cor., III, 7) ! « J'avoue, dit saint Augustin, qu'il n'y a rien de plus rebutant pour un homme d'esprit, qui souvent a beaucoup de vivacité, que d'enseigner ainsi les premiers éléments de la religion à des enfants qui manquent assez ordinairement d'ouverture ou d'attention. Mais est-ce une chose bien agréable pour un père, que de balbutier des demi-mots avec son fils, pour lui apprendre à parler ? cependant il en fait sa joie. Une mère ne prend-elle pas plus de plaisir à verser dans la bouche de son enfant un aliment proportionné à la faiblesse, que de prendre pour elle-même la nourriture qui lui convient ? Il faut nous rappeler sans cesse dans l'esprit ce que fait une poule qui couvre de ses plumes traînantes ses petits encore tendres, et qui, entendant leurs faibles cris, les appelle d'une voix entrecoupée, pour les mettre à couvert de l'oiseau de proie qui enlève impitoyablement ceux qui ne se réfugient pas sous les ailes de leur mère. La charité de Jésus-Christ, qui a bien daigné s'appliquer à lui-même cette comparaison, a été infiniment plus loin, et ce n'est qu'à son imitation que saint Paul se rendait *faible avec les faibles*, afin de gagner les faibles... Comment eût-il été prêt à mourir, s'il eût fallu, pour le salut de ses frères, s'il eût répugné à se faire entendre d'eux ? C'était cet héroïque sentiment qui le portait à se conduire parmi eux, non pas seulement avec la douceur d'un enfant, mais avec la tendresse empressée d'une mère. à l'égard de ceux à qui elle a donné la naissance. Peut-il y avoir quelque plaisir là où il n'y a pas d'amour » (*De cath. rud.*). — Les fonctions de *catéchiste* exigent une grande netteté d'esprit, une prudence et une patience singulière. « On convient, dit Rollin, qu'un *catéchiste* qui apprend aux enfants les premiers éléments de la religion ne peut parler trop clairement. Aucune pensée, aucune expression qui soit au-dessus de leur portée ne lui doit échapper. Tout doit être mesuré sur leur force, ou plutôt sur leur faiblesse. Il faut leur dire peu de choses, le dire en termes clairs, et le répéter plusieurs fois ; ne point prononcer rapidement, articuler toutes les syllabes ; leur donner des définitions nettes et courtes, et toujours dans les mêmes termes ; leur rendre les vérités sensibles par des exemples connus, et par des comparaisons familières ; leur parler peu, et les faire beaucoup parler, ce qui est un des devoirs les plus essentiels du *catéchiste*, et des moins pratiques. De cette première simplicité, le *catéchiste* passera peu à peu et par degrés à quelque chose de plus fort et de plus relevé, selon les progrès qu'il remarquera dans les enfants : mais il aura toujours soin de s'accommoder à leur portée, de se proportionner à leur faiblesse, et de descendre jusqu'à eux, parce qu'ils ne sont point en état de s'élever jusqu'à lui » (*Traité des étud.*, liv. IV, chap. 2, art. 1). — « Cet emploi, continue le bon Rollin, l'un des plus importants qui soit dans le ministère ecclésiastique, n'est pas ordinairement assez estimé, ni assez respecté. Il est rare qu'on s'y prépare avec tout le soin qu'il mérite ; et, comme on en connaît peu la difficulté et l'importance, on néglige assez souvent les moyens qui pourraient en faciliter le succès. Quiconque sera chargé de cet emploi doit lire avec grande attention l'admirable *Traité* de saint Augustin sur la méthode d'instruire les catéchumènes (*De catechizandis rudibus*), où ce grand homme, après avoir donné d'excellentes règles sur cette matière, ne dédaigne pas de proposer un modèle de la manière dont il croit qu'il faut leur apprendre les principes de la religion » (id., ibid.). — Si dans les premiers siècles de l'Eglise nous voyons de grands hommes se livrer à ces fonctions, si simples et si rebutantes en apparence, et pourtant si hautes aux yeux de Dieu, et même aux yeux de la raison, nous avons, dans ces derniers temps de semblables modèles à offrir. L'apôtre de la Savoie, l'aimable saint François de Sales faisait lui-même le grand catéchisme dans sa cathédrale. Bossuet et Fénelon, n'étant encore que simples prêtres, avaient été employés à diverses missions dans les campagnes, et, parvenus aux plus premières dignités de l'Eglise, ils ne dédaignèrent pas ce ministère ; on les vit parcourir les villages de leurs diocèses, catéchisant les enfants et les pauvres avec un véritable amour. M. Olier, dont nous avons dit le zèle admirable pour l'instruction des peuples à l'article CATÉCHISME, n'étant que simple mission-naire dans l'Auvergne, s'attachait de préférence à catéchiser les enfants; la charité ingénieuse avec laquelle il les traitait, et le tendre amour qu'il leur témoignait, attiraient mille bénédic-tions sur ses instructions, et, quand il fut curé de Saint-Sul-pice, l'un de ses plus grands soins fut celui des catéchismes, comme nous l'avons rapporté. On connaît aussi la tendre sol-licitude du cardinal de Cheverus, pour les enfants et pour leur instruction. Aussi, combien de consolations, disions-nous plus haut, inondent le cœur de ceux qui se livrent avec zèle à ce précieux et simple ministère! C'est ce que témoigne un vénérable prélat, qui donne en même temps une excellente manière de faire le *catéchisme* avec fruit. « Je me rappelle toujours, écrit M. Cottret, évêque de Beauvais (*V.* son article), je me rappelle toujours, après tant d'années écoulées, depuis que j'ai commencé à exercer le ministère dans les campagnes, je me rappelle que de toutes les fonctions de mon ministère aucune n'était plus attrayante, plus consolante pour moi, que celle du *catéchisme.* Seul dans la solitude des âmes et la paix des champs, j'attendais avec une sorte d'impatience l'heure où cette solitude et ce silence allaient cesser par les saints en-tretiens d'un pasteur avec son jeune troupeau, ou plutôt d'un père de famille avec ses enfants. J'avais soin que cet exercice si nécessaire précédât toujours l'office de vêpres, afin qu'il n'y eût point d'intervalle entre l'un et l'autre, et que les enfants n'eussent aucune tentation, ni même aucun moyen de quitter l'église et de manquer l'office. Etant dans l'usage de distribuer quelques faibles récompenses, quelques encouragements à la fin de chaque catéchisme, ce n'était jamais qu'après vêpres que se faisait cet acte de justice, et Dieu sait si l'on était exact à y prendre sa part. Je retrouvais donc mes chers enfants, lorsque déjà le peuple avait quitté l'Eglise, et même insensiblement on s'accoutuma à ne quitter l'église qu'après le *chapitre;* c'est ainsi que je désignais l'examen, et le jugement de la conduite et des progrès des enfants. En présence de leurs mères surtout, plus sensibles aux progrès et aux récompenses qui touchaient leur cœur maternel, je résumais ce que j'avais dit, ce qui avait été dit dans le catéchisme; j'adressais à celles-ci quelques paroles de consolation; je témoignais mon regret de m'éloigner de mon cher troupeau. On se promettait bien de reparaître le prochain dimanche avec de nouveaux titres à ma satisfaction; le caté-chisme devait être mieux appris, les notes de l'école plus favo-rables, la conduite, par conséquent, et l'application plus dignes d'éloges. Je recevais ces promesses avec le sentiment et l'ex-pression d'un homme qui les croyait bien sincères, et j'avais toujours la consolation de remarquer que, si elles n'étaient pas toujours, vu la faiblesse de l'âge, fidèlement accomplies, du moins elles n'avaient jamais été complétement oubliées. Il faut tenir les enfants constamment en haleine dans cette voie du salut où l'homme doit essayer ses pas dès ses plus tendres an-nées..... Vous serez heureux et consolé, continue le digne pré-lat, dans sa *Lettre à un jeune curé,* lorsque vous verrez les parents de vos jeunes chrétiens prendre part aux instructions que vous adressez à leurs enfants, et recueillir dans leur cœur les paroles qui s'échapperont de votre bouche. C'est ainsi, je ne crains pas de le dire, que la bénédiction entrera dans votre troupeau; c'est en excitant, en ranimant les sentiments de la nature, que vous ferez jaillir de ces cendres froides et aban-données quelques étincelles de la grâce. La tendresse d'un père, d'une mère, adoucira, pour la religion, leurs cœurs que ces saints exercices auront déjà rendus plus accessibles aux impressions qui honorent l'humanité. Les enfants, devenus plus dociles, plus respectueux envers leurs parents, rendront témoignage par votre auguste ministère, au sein de leur fa-mille; on s'étonnera, on se réjouira de ce pouvoir que la reli-gion exerce pour le bonheur de tous..... Lorsque vous aurez éprouvé combien il est consolant, pour un pasteur, de se faire *tout à tous*, livrez-vous sans contrainte aux élans de votre charité et de votre zèle pour le bonheur de la génération nais-sante; appelez-la auprès de vous aussi souvent qu'elle pourra entendre votre voix. Réunissez vos enfants plusieurs fois la semaine dans votre église, ceux surtout qui peuvent déjà être disposés de près ou de loin à la première communion. Qu'ils sachent que celui que vous leur apprenez à connaître et à aimer viendra enfin les récompenser lui-même, en reposant sur leurs lèvres et dans leur cœur. Que ce soit là leur principale espé-rance, leur unique pensée, l'unique règle de leur conduite. u'ils soient surtout fréquemment avertis qu'ils doivent donner

des preuves non équivoques de piété, de sagesse, de docilité, à leurs parents, à leur maître, à leur pasteur, avant d'être admis à la participation à nos saints mystères..... Il est indis-pensable pour tout catéchiste, dit M. Cottret en terminant, de faire marcher de front l'enseignement de l'histoire, celui des dogmes et celui de la morale de la religion, c'est-à-dire d'en-seigner le catéchisme historique en même temps que le ca-chisme du diocèse (*V.* l'article CATÉCHISME)... Une des choses qui doit aussi occuper surtout le pasteur et le catéchiste, c'est de rendre sensibles, et pour ainsi dire pénétrantes, les vérités de la religion. Ces vérités sont bien plus solidement établies, lors-qu'elles ont été, dans l'enfance, des impressions vives et pro-fondes, avant d'être pour l'homme fait des convictions rai-sonnées. Au moyen de ces premières impressions si salutaires, l'homme du peuple est rappelé bien plus facilement de ses éga-rements et de ses désordres. La corruption l'entraîne prompte-ment jusqu'à l'athéisme et au matérialisme le plus grossier. Pour lui, il n'y a pas d'intermédiaire; il est athée ou chré-tien. Occupez-vous donc d'insinuer fortement et de fixer, dans le cœur de l'enfant, le dogme de l'existence et de la présence de Dieu; c'est celui qui les frappe le plus, parce que l'enfant et l'homme brut peuvent le lire clairement dans le spectacle de la nature : *Invisibilia Dei per ea quæ facta sunt intellecta con-spiciuntur.* Aussi, j'ai toujours remarqué que toutes les fois qu'il s'est agi de ramener à la foi chrétienne l'homme ignorant, égaré par les exemples et les doctrines du siècle, la conviction du dogme de l'existence de Dieu qui gouverne toutes choses contribuait pour beaucoup à le remettre dans les voies du sa-lut... » *Lettre à un jeune curé sur l'importance des devoirs du catéchiste*, insérée dans l'*Union ecclésiastique* (t. II, p. 70 et suiv.). — Nous désirons ardemment que ces lignes sur la gran-deur et l'importance des fonctions du *catéchiste*, sur les quali-tés qu'exigent ces fonctions, la manière de bien les remplir, et les consolations qu'elles procurent, soient de quelque uti-lité aux jeunes lévites, qui sont plus particulièrement chargés aujourd'hui de faire le *catéchisme* aux enfants des paroisses pour les disposer à la première communion, et qui se prépa-rent ainsi eux-mêmes au ministère redoutable et sublime de la conduite des âmes.   L.-F. GUÉRIN.

CATÉCHISTIQUE, adj. des deux genres (*néol.*), qui est rédigé par demandes et par réponses comme un catéchisme. *Forme catéchistique.*

CATÉ-CHU, s. m. (*relation*), pâte préparée avec le suc de l'arbre des Indes que l'on appelle *caté.* Cette substance est connue en Europe sous le nom de *cachou.*

CATÉCHUMÉNAT, temps d'épreuve nécessaire pour ne point admettre dans la société chrétienne des sujets mal instruits, vi-cieux, mal affermis, capables d'abandonner leur foi et de se re-nier au moindre péril, peut-être même de calomnier l'Eglise auprès des persécuteurs. — « Le temps du catéchuménat, dit Fleury, était ordinairement de deux ans; mais on l'allongeait ou on l'abrégeait, suivant les progrès du catéchumène. On ne re-gardait pas seulement s'il apprenait la doctrine, mais s'il corri-geait ses mœurs; et on le laissait en cet état jusqu'à ce qu'il fût entièrement converti. De là vient que plusieurs différaient leur baptême jusqu'à la mort; car on ne le donnait jamais qu'à ceux qui le demandaient, quoique l'on exhortât souvent les autres à le demander. Ceux qui demandaient le baptême et qui en étaient jugés dignes donnaient leurs noms au commence-ment du carême, pour être écrits sur la liste des compétents ou illuminés » (*Mœurs des chrétiens*, 2e part., § 5). — La durée de cette épreuve, dit Bergier, ne fut la même dans tous les temps ni dans tous les lieux. Le concile d'Elvire, en Espagne, tenu vers l'an 300, décida qu'elle durerait deux ans. Justinien ordonna la même chose pour les Juifs qui voudraient se convertir. Le concile d'Agde, tenu l'an 506, n'exigea pour eux que huit mois d'instruction. Les Constitutions apostoliques, plus anciennes que ce concile, avaient demandé trois ans de préparation avant de recevoir le baptême (liv. VIII, chap. 52). Quelques-uns ont cru que le temps du carême suffisait. Dans des circonstances pres-santes, on abrégeait encore ce terme, comme nous le verrons à l'article CATÉCHUMÈNE. Socrate le Scolastique, parlant de la con-version des Bourguignons, dit qu'un évêque des Gaules se con-tenta de les instruire pendant sept jours. Si un *catéchumène* se trouvait subitement en danger de mort, on le baptisait sur-le-champ. — En général, on laissait à la prudence des évêques de prolonger ou d'abréger le temps de l'instruction ou des épreuves, selon le besoin et les dispositions qu'ils voyaient dans les caté-chumènes. On a fait observer que le *catéchuménat* dura dans les Eglises de l'Orient et de l'Occident, aussi longtemps qu'il y a eu des infidèles à convertir, par conséquent dans l'Occident jusqu'au VIIIe siècle. Dans la suite, on n'a plus observé cette discipline aussi exactement à l'égard des adultes qui aspiraient à la grâce du baptême, parce que l'on n'avait plus les mêmes dangers à craindre que dans les siècles précédents (*V. Hist. gén. des auteurs sacrés et ecclés.* de dom Ceillier, t. II, p. 765; t. III, p. 662; t. IV, p. 769; et l'*Hist. ecclés.* de Tillemont, etc.)

L.-F. GUÉRIN.

CATÉCHUMÈNE (*hist. eccl.*), personne qui désire recevoir le sacrement de baptême et qui se fait instruire dans ce dessein. Catéchumènes signifie aussi ceux qui sont *éclairés*, ou, suivant d'autres interprètes, ceux qui doivent être *éclairés*. Les catéchèses de saint Cyrille, dont nous avons parlé à l'article CATÉCHÈSE, sont intitulées : *Catacheses illuminatorum*, instructions de ceux qui sont éclairés; mais dom Touttée, dernier éditeur de saint Cyrille, prétend que ce participe présent, φωτιζόμενοι, doit se traduire par le futur, *illuminandi*, et en effet il l'a toujours traduit ainsi, *Catechesis illuminandorum*, instruction de ceux qui doivent être éclairés. — Dans l'Eglise primitive, ces catéchumènes étaient reçus avec beaucoup de précaution et avec cérémonie. « Quand quelqu'un demandait à être chrétien, dit Fleury, on le menait à l'évêque ou à quelqu'un des prêtres, qui d'abord examinait si sa vocation était solide et sincère; car on craignait de profaner les mystères en les confiant à des personnes indignes, et de charger l'Eglise de gens faibles et légers, capables de la déshonorer par leur chute à la première persécution. On examinait donc celui qui se présentait sur les causes de sa conversion, sur son état, s'il était libre, esclave ou affranchi, sur ses mœurs et sa vie passée. Ceux qui étaient engagés dans une profession criminelle ou dans quelque autre péché d'habitude n'étaient point reçus qu'ils n'y eussent effectivement renoncé. Ainsi on rejetait les femmes publiques et ceux qui en faisaient trafic, les gens de théâtre, les gladiateurs, ceux qui couraient dans le cirque, qui dansaient ou chantaient devant le peuple, en un mot tous ceux qui servaient aux spectacles et ceux qui y étaient adonnés, les charlatans, les enchanteurs et les devins, ceux qui donnaient des caractères pour guérir ou préserver de certains maux, et qui faisaient métier de quelque autre espèce de superstition. On ne recevait point toutes ces sortes de gens qu'ils n'eussent auparavant quitté leur mauvaise habitude; et on ne s'y fiait qu'après les avoir éprouvés quelque temps. Le zèle de la conversion des âmes ne rendait pas les chrétiens plus faciles à ceux qui voulaient se joindre à eux » (*Mœurs des chrétiens,* 2e part., § 5). Ceci est bon à noter contre les incredules et ceux qui calomniaient les premiers chrétiens en leur reprochant toutes sortes de vices et d'actions coupables. Il fallait être vertueux pour entrer dans l'Eglise. — Quant aux cérémonies pour recevoir les *catéchumènes,* Fleury continue : « Celui, dit-il, qui était jugé capable de devenir chrétien, était fait catéchumène par l'imposition des mains de l'évêque, ou du prêtre commis de sa part, qui le marquait au front du signe de la croix, en priant Dieu qu'il profitât des instructions qu'il recevrait, et qu'il se rendît digne de parvenir au saint baptême. Il assistait aux sermons publics, où les infidèles mêmes étaient admis; mais de plus il y avait des catéchistes qui veillaient sur la conduite des catéchumènes, et leur enseignaient en particulier les éléments de la foi, sans leur expliquer à fond les mystères dont ils n'étaient pas encore capables. On les instruisait principalement des règles de la morale, afin qu'ils sussent comment ils devaient vivre après leur baptême. Cette instruction de morale est le sujet du *Pédagogue* de Clément, qui avait succédé au philosophe Panténus dans l'école d'Alexandrie, c'est-à-dire dans la charge d'instruire ceux qui voulaient être chrétiens. Origène lui succéda, et se fit ensuite soulager par saint Héraclius, lui donnant d'abord le soin des premières instructions » (*Mœurs des chrétiens,* ibid.). (*V.* CATÉCHISTE). Dans plusieurs églises, on joignait à ces cérémonies les exorcismes, les cérémonies de souffler sur le visage, d'appliquer de la salive aux oreilles et aux narines, de faire une onction sur la poitrine et sur les épaules, de mettre du sel dans la bouche. Ces différentes cérémonies sont encore observées aujourd'hui dans l'administration du baptême, même pour les enfants; autrefois elles le précédaient de quelques jours, lorsqu'on ne baptisait qu'aux fêtes solennelles. Tertullien dit qu'on donnait aussi du lait et du miel aux *catéchumènes* avant de les baptiser, symbole de leur renaissance en Jésus-Christ, et de leur enfance dans la foi; c'est dans ce sens que saint Augustin a nommé *sacrement* ou mystère cette cérémonie; on le nomme aussi le scrutin. — Les catéchumènes étaient distingués des fidèles, non-seulement par le nom qu'ils portaient, mais par la place qu'ils occupaient dans l'église. Ils étaient, avec les pénitents, sous le portique ou dans la galerie intérieure de la basilique. On ne leur permettait point d'assister à la célébration des saints mystères; mais immédiatement après l'évangile et l'instruction, le diacre leur criait à haute voix : « *Ite, catechumeni, missa est;* retirez-vous, catéchumènes, on vous ordonne de sortir. » Cette partie même de la messe s'appelait la messe des *catéchumènes.* Il paraît, par un *canon* du concile d'Orange, qu'on ne leur permettait pas de faire la prière avec les fidèles; on leur donnait du pain bénit, nommé par cette raison le pain des *catéchumènes,* comme un symbole de la communion à laquelle ils pourraient avoir le bonheur d'être un jour admis. — Il y avait plusieurs ordres ou degrés de *catéchumènes;* mais le nombre et la distinction de ces ordres n'ont pas été constants, ni les mêmes partout. Les auteurs grecs en distinguent deux classes, l'une de catéchumènes imparfaits, l'autre de parfaits ou capables de recevoir le baptême. Ils nomment les premiers écoutants, *audientes,* les seconds agenouillés, *genuflectentes;* ils disent que ces derniers assistaient aux prières et fléchissaient les genoux avec les fidèles, mais que les premiers ne restaient dans l'église que pour assister à la lecture de l'évangile et à l'instruction. Le cardinal Bona en distingue quatre degrés, savoir : les écoutants, *audientes;* les agenouillés, *genuflectentes;* les compétents, *competentes;* et les élus, *electi.* Fleury n'en connaît que deux, les auditeurs et les compétents; d'autres les réduisent à trois, preuve que cette discipline n'était pas uniforme. — Fleury nous donne des détails sur les compétents. « Ils jeûnaient le carême comme les fidèles, dit-il, et joignaient au jeûne des prières fréquentes, des génuflexions, des veilles, et la confession de leurs péchés. Cependant on les instruisait plus à fond, leur expliquant le symbole, et particulièrement les mystères de la Trinité et de l'incarnation; on les faisait venir plusieurs fois à l'église pour les examiner, et faire sur eux des exorcismes et des prières en présence des fidèles... A la fin du carême on leur enseignait l'oraison dominicale, et on les instruisait succinctement des sacrements qu'ils allaient recevoir, et que l'on devait leur expliquer plus au long ensuite. Cet ordre d'instruction se voit clairement par les catéchèses de saint Cyrille de Jérusalem (*V.* art. CATÉCHÈSE), et par la lettre du diacre Ferrand à saint Fulgence touchant le baptême de l'Ethiopien. Ceux que par toutes ces épreuves on trouvait dignes du baptême étaient nommés élus, et on les baptisait solennellement la veille de Pâques, afin qu'ils ressuscitassent avec Jésus-Christ; ou la veille de la Pentecôte, afin qu'ils reçussent le Saint-Esprit avec les apôtres; car on leur donnait en même temps la confirmation. Régulièrement on ne baptisait qu'à ces deux fêtes. Le pape saint Léon condamne la pratique des évêques de Sicile, qui baptisaient à l'Epiphanie; cette règle durait encore au Xe siècle; mais on baptisait en tout temps ceux qui se trouvaient en péril, comme lorsque la persécution était ouverte » (id., ibid.). Cet écrivain donne encore des détails sur les cérémonies du baptême des *catéchumènes,* et sur les noms qu'ils recevaient alors; nous croyons qu'il est bon aussi de les consigner ici: « Le jour du baptême étant venu, on amenait le catéchumène au baptistère; on le faisait renoncer au démon et à ses pompes; on l'interrogeait sur la foi, et il répondait en récitant le symbole des apôtres. Le baptême se faisait ordinairement par immersion : on plongeait trois fois les baptisés, et à chaque fois on nommait une des personnes divines. Toutefois, le baptême par aspersion était jugé suffisant en cas de nécessité, comme pour les malades; mais le peuple nommait cliniques ceux qui avaient été ainsi baptisés dans le lit. On baptisait les enfants des fidèles sitôt qu'ils les présentaient, sans même attendre qu'ils eussent huit jours, et les parrains répondaient pour eux : mais tous les nouveaux baptisés étaient nommés enfants, quelque âge qu'ils eussent. Au baptême, on joignait l'action de l'huile sanctifiée sur l'autel. Les baptisés étaient présentés à l'évêque, et par sa prière et l'imposition de ses mains ils recevaient le Saint-Esprit, c'est-à-dire la confirmation : mais ceux qui mouraient sans ce sacrement ne laissaient pas d'être tenus pour vrais fidèles. On faisait manger aux nouveaux baptisés du lait et du miel, pour marquer l'entrée de la vraie terre promise, et l'enfance spirituelle; car c'était la première nourriture des enfants sevrés. Pendant la première semaine, les néophytes portaient la robe blanche qu'ils avaient reçue au sortir des fonts, pour marque de l'innocence qu'ils devaient garder jusqu'à la mort; et pendant cette même semaine ils s'abstenaient des bains ordinaires que l'on prenait tous les jours dans les pays chauds. Il ne paraît pas que les adultes changeassent de nom, puisque nous voyons plusieurs saints dont les noms venaient des faux dieux, comme Denys, Martin, Démétrius; mais, pour les enfans, on leur donnait volontiers le nom des apôtres, ou quelques noms grecs, tirés des vertus et des créances : comme en grec, Eusèbe, Eustache, Hésychius, Grégoire, Athanase; en latin, Pius, Vigilius, Fidus, Speratius, et les autres qui devinrent si fréquents depuis l'établissement du christianisme. Les nouveaux baptisés étaient aidés par ceux qui les avaient présentés au baptême, et par des prêtres qui les observaient encore longtemps, pour les dresser à la vie chrétienne » (id., ibid.). Comme on le voit, l'Eglise a conservé dans l'administration du sacrement de baptême les cérémonies essentielles qui se pratiquaient dans les premiers temps du christianisme ; ce qui est contre ceux qui l'accusent de nouveauté : reproche qui convient à bien des hérétiques. **L.-F. GUÉRIN.**

CATÉCHUMÉNIE, *catechumenum* ou *catechumenium.* On appelait ainsi les galeries élevées qui se trouvaient dans les églises et dans lesquelles les femmes assistaient aux divins offices. Il est plus probable que ce nom a été donné aux galeries dont nous parlons parce que les *catéchumènes* s'y assemblaient pour entendre les instructions qu'on leur faisait. Il y avait aussi une maison où on les réunissait pour les instruire des saintes vérités de la foi : cette maison était nommée pour cela *catéchuménie.* **L. F. GUÉRIN.**

CATÉGORÉMATIQUE (*log.*), expression de l'ancienne logique, équivalente à peu près au mot *substantif* employé aujourd'hui. *Un terme catégorématique* signifiait ce qui existe en soi, ou ce que nous concevons exister ainsi, comme *Dieu,* un *homme,* un *arbre,* etc. Il était opposé au *terme syncatégorématique,* qui signifiait ce qui ne peut en soi présenter un sens déterminé et exige l'adjonction d'un autre mot; tels sont *tout, nul, quelque, ce, le, qui, un, deux,* et tous les adjectifs que les grammairiens appellent *métaphysiques.* — Les anciens logiciens y ajoutaient les cas obliques (*V.* CAS) des noms, et les adverbes, parce que ces mots ne peuvent être ni sujets ni attributs dans une proposition, et qu'alors ils ne sont pas, à proprement parler, des termes, mais seulement des *cotermes,* ce que signifie précisément le mot *terme syncatégorématique.* — On voit par cette distinction ce que signifie cette phrase de Bayle, se moquant de ces discussions publiques où l'on entassait, pour éblouir les auditeurs, des mots qu'aucun d'eux ne pouvait comprendre : « Un père ou un frère se retire bien plus content lorsque l'écolier distingue entre *l'infini catégorématique* et *l'infini syncatégorématique....* que s'il n'eût rien répondu. » Dans cette phrase, *Dieu est infiniment bon,* le sujet est un *infini catégorématique;* l'adverbe qui entre dans l'attribut l'est aussi, mais *syncatégorématiquement.* Nous devons nous applaudir de ce que nos expressions sont généralement aujourd'hui plus claires et plus brèves. **B. JULLIEN.**

CATÉGORÈME, s. m. (*phil.*). Il se dit, dans la philosophie aristotélique, des aspects sous lesquels on peut considérer un terme, afin de le ranger dans telle ou telle catégorie. Il y a cinq catégories : *le genre, l'espèce, la différence, le propre et l'accident.* Le terme *année* rentre dans la *catégorie du temps,* sous le rapport du *catégorème genre;* et dans la *catégorie de la quantité* sous le rapport du *catégorème espèce.* Les catégorèmes sont ce que la scolastique appelle les *prédicables.* Ces cinq distinctions, établies par Porphyre dans son *Isagoge,* n'y sont cependant pas encore désignées sous le nom de catégorèmes. Les stoïciens divisèrent leurs catégorèmes en *symbamates* et *parasymbamates :* on y ajouta les *asymbamates* ou *incongruités.*

CATÉGORIES (*logiq.*). Les catégories ou prédicaments dont on attribue l'invention première à Archytas de Tarente, et qui furent ensuite adoptées et préconisées par Aristote et toute son école, sont, à proprement parler, des classes auxquelles peuvent se rapporter toutes les choses que l'esprit conçoit, ou, comme dit Port-Royal, tous les objets de nos pensées. — Ces catégories ou divisions sont, selon Aristote au nombre de dix, dont la première concerne les substances, et les neuf autres sont consacrées aux accidents. Les voici : 1° la substance qui est ou spirituelle ou corporelle ; 2° la quantité; 5° la qualité; 4° la relation ; 5° l'action; 6° la passion ; 7° le lieu; 8° le temps; 9° la situation ; 10° la possession. —Voilà, dit à ce sujet l'*Art de penser,* les dix catégories d'Aristote, dont on fait tant de mystère, quoique, à dire le vrai, ce soit une chose de soi très-peu utile, et qui non-seulement ne sert guère à former le jugement, ce qui est le but de la vraie logique, mais qui souvent y nuit beaucoup, pour deux raisons qu'il est important de remarquer : la première est qu'on regarde ces catégories comme une chose établie sur la raison et sur la vérité, au lieu que c'est une chose tout arbitraire ; la seconde , c'est qu'elle accoutume les hommes à se payer de mots, à s'imaginer qu'ils savent toutes choses, lorsqu'ils en connaissent que des noms arbitraires qui n'en forment dans l'esprit aucune idée claire et distincte.— Revenons un peu sur ces deux raisons, parce

qu'elles touchent à ce que la logique a de plus précis, de plus clair et de plus certain. — La faiblesse de l'intelligence et de la mémoire de l'homme le forcent, et la faculté qu'il a de faire des abstractions lui donne le moyen de grouper sous des noms généraux tous les êtres ou objets qu'il considère. Cette opération, bien entendu, ne fait rien à la nature propre des êtres; elle dépend seulement de la manière dont il a dirigé son attention, et des qualités principales qu'il a observées dans les objets.—Je puis, par exemple, diviser tout ce qui existe ou que je conçois exister en substances corporelles, substances spirituelles, et ce qui ne sera ni l'une ni l'autre; ou bien encore en ce qui est dans le temps, ce qui est dans l'espace, et ce qui n'est ni dans l'un ni dans l'autre, etc., etc. Ce sont autant de divisions catégoriques, ou, pour parler comme Aristote, de *catégories;* il faut même remarquer qu'elles sont toujours complètes dès qu'on y fait entrer deux termes contradictoires, savoir : *ce qui est d'une façon et ce qui n'en est pas.*—Je ne veux pas dire que toutes les divisions que l'on ferait ainsi soient aussi bonnes les unes que les autres ; ce qu'il y a de sûr, c'est que, n'étant toutes que des résultats d'opérations intellectuelles, elles n'ont rien d'essentiel ou d'immuable , et que surtout il n'y en a pas, il ne peut pas y en avoir qui soit partout et toujours la meilleure possible.—De là vient qu'après une longue admiration, j'allais presque dire *adoration* des catégories d'Aristote, quelques philosophes hardis se sont demandé si elles étaient aussi inattaquables qu'on l'avait cru si longtemps. — Hobbes qui a porté dans les sciences philosophiques un esprit d'examen très-louable, quoique l'on ne doive pas accepter, à beaucoup près, toutes ses conséquences, examinant cette théorie dans son ouvrage intitulé : *Calcul* ou *Logique,* dit expressément que ces *catégories* ou *prédicaments* ne sont que des essais des logiciens *qui se sont efforcés de ranger les êtres de tous les genres, suivant certaines gradations ou échelons, en subordonnant les moins communs aux plus communs* (ch. 2). Il donne lui-même un exemple de cette disposition sur le prédicament des quantités; ajoute qu'il n'a pas vu que ces *catégories fussent d'un grand usage en philosophie,* et croit qu'Aristote, voyant *qu'il ne pouvait pas arranger les êtres suivant sa volonté, a été entraîné par un désir désordonné de faire du moins à sa fantaisie un classement de mots.* — Ce qu'il y a de certain, c'est que les modernes qui se sont occupés de logique n'ont pas toujours respecté les divisions du philosophe de Stagyre. — Quelques-uns ont compté sept catégories seulement, l'esprit, la mesure, le repos, le mouvement, la position, la figure et la matière, qu'ils ont réunis dans les vers techniques suivants :

Mens, mensura, quies, motus, positura, figura
Sunt cum *materia* cunctarum exordia rerum.

D'autres n'en ont admis que six, qu'ils ont réunis dans ce vers unique :

Mens, corpus, motus, nexus, mensura, figura,

l'esprit, le corps, le mouvement, la liaison , la mesure et la figure : on voit qu'ici la liaison, c'est-à-dire sans doute la *relation* a remplacé le *repos* et la *position* des vers précédents sans que la division y ait beaucoup perdu. — Leibnitz a plus tard réduit à cinq les dix catégories anciennes ; et enfin Kant, reprenant cette matière, a proposé des catégories nouvelles qu'il croit plus exactes et plus complètes que celles d'Aristote. — La seconde raison qui rend l'étude des catégories dangereuse, c'est, ajoute l'*Art de penser,* qu'elle accoutume les hommes à se payer de mots, et à s'imaginer qu'ils savent tout lorsqu'ils ne connaissent que des noms arbitraires. De Tracy, en citant ces mots, ajoute que ces réflexions lui paraissent d'une justesse et d'une sagacité admirables ; et il est difficile de ne pas être de son avis, surtout quand on pense que les esprits superficiels sont précisément ceux qui retiennent ainsi un certain nombre de divisions catégoriques, à l'aide desquelles on juge et discute pendant un temps donné ; mais les faits particuliers sur quoi reposent ces principes généraux, et qu'il faut savoir en définitive si l'on veut savoir quelque chose, ils ne s'en occupent pas le moins du monde, et n'ont ainsi qu'une science de parade vaine et futile, dont ils ne pourront tirer aucun parti solide. — Il faut avouer que si toute la scolastique s'était repue de distinctions oiseuses, si elle a vécu de disputes subtiles, si après des siècles de discussion entre les philosophes les plus renommés de l'Europe, et en dépit de leurs promesses, cette philosophie n'a pas pu mettre en lumière une seule vérité aujourd'hui incontestable, c'est que la science des catégories n'est rien du tout en elle-même ; c'est une classification plus ou moins commode pour celui qui sait, pour celui qui ne sait pas c'est un leurre et un piége dangereux.　　　**B. JULLIEN.**

CATÉGORIES DE KANT se dit, dans le criticisme des lois universelles de l'entendement, des formes sous lesquelles l'esprit doit produire les idées pour en constituer des jugements. Ces *catégories* sont des *notions pures* ou à *priori ;* elles se rapprochent des *idées* de Platon et des *catégorèmes* d'Aristote, beaucoup plus que des *catégories* de ce dernier. Les catégories de Kant se présentent sous quatre formes, présentant chacune trois modes : QUANTITÉ : *unité, pluralité, universalité.* — QUALITÉ : *réalité, négation, limitation.* — RELATION : *substance et accident, causalité et dépendance, communauté* (action et réaction, ou littéralement conflit entre l'actif et le passif). — MODALITÉ : *possibilité et impossibilité, existence et néant, nécessité et contingence.*

CATÉGORIES se dit, dans la philosophie hindoustanique, de deux classifications établies, l'une par le système *Vaiséchica,* l'autre par le système *Nyâya.* — Les catégories du système *Vaiséchica,* dont Kanada est l'auteur, sont au nombre de six : 1° la *substance ;* 2° la *qualité ;* 3° *l'action ;* 4° le *commun,* comprenant le genre et l'espèce ; 5° le *propre ;* 6° la *relation intime* ou *l'agrégation.* Elles se rapprochent des catégorèmes et des catégories aristotéliques.—Les catégories du système *Nyâya,* dont Gôtama est l'auteur, sont au nombre de seize : 1° la *preuve ;* 2° *l'objet* ou la *matière de la preuve ;* 3° le *doute ;* 4° le *motif ;* 5° *l'exemple ;* 6° la *vérité démontrée ;* 7° *l'argument ;* 8° la *réduction à l'absurde ;* 9° *l'acquisition de la certitude ;* 10° le *débat ;* 11° la *recherche* ou *l'interlocution ;* 12° la *controverse ;* 13° *l'assertion fallacieuse ;* 14° la *fraude* ou la *mauvaise construction ;* 15° la *réponse futile ;* 16° le *défaut dans l'argument.* Les catégories de Gôtama ne sont que les divisions d'un traité de logique : on les complète en y joignant celles de Kanada.

CATÉGORIE se dit quelquefois, dans un sens plus général, de toute classe dans laquelle on range plusieurs objets d'une même nature. *Établir des catégories.* Par extension, *Ces deux choses ne sont pas de même catégorie,* elles ne sont pas de même nature, ou elles ne s'accordent pas ensemble.—Figurément et familièrement, *Ces gens-là sont de même catégorie,* ils sont de même caractère, ils ont les mêmes mœurs. Cette phrase s'emploie ordinairement en mauvaise part.

CATÉGORIQUE (log.). Ce mot, tiré de *catégorie,* signifie qui peut être rangé dans une certaine division catégorique, celle surtout qu'avait imaginée Porphyre, et qu'on allait sans cesse de l'arbre à l'espèce, Porphyre avait fait ce qu'il nommait un *arbre* (*V.* ARBRE DE PORPHYRE et PRÉDICABLES. La substance, par exemple, se divisait en *corps* et *non-corps ;* le corps, en *animé* et *inanimé ;* le corps animé ou vivant, en *sensible* et *insensible ;* le vivant sensible ou animal, en *raisonnable* et *bête,* etc. On voit que, dans cette division où chaque partie se divise en deux autres qui s'excluent, tous les termes qui y entrent doivent avoir une place parfaitement déterminée, tandis que ceux qui n'y entraient pas, comme la *chose,* le *vrai,* l'*être,* etc., qu'on appelait à cause de cela *termes transcendentaux,* se présentaient moins nettement à l'esprit. — De cette différence est venu le seul usage du mot *catégorique* qu'on soit conservé de nos jours. Répondre *catégoriquement,* faire une réponse *catégorique,* c'est répondre nettement et précisément à ce qui a été demandé.　　　**B. JULLIEN.**

CATÉGORIQUE, adj. des deux genres (*philos.*), qui se rapporte aux catégories ; qui est, comme les catégories, réglé, déterminé, comme à *priori.* — Forme *catégorique* se dit, dans le système de Kant, de la forme d'un raisonnement composé de jugements dans lesquels l'attribut est considéré comme résidant dans le sujet. La *forme catégorique* nous fait remonter à la notion à *priori* de substance. — *Impératif catégorique* se dit, dans le système de Kant, du motif désintéressé de nos actions. L'impératif catégorique est fourni à la raison pratique par la raison pure ; c'est donc une notion à *priori.* L'impératif catégorique s'énonce ainsi : *Agis toujours d'après une loi générale.* — Dans l'ancienne pratique, on appelait *audition catégorique* une interpellation faite par une partie à la partie adverse, en ces termes : *N'est-il pas vrai que vous avez dit* ou *fait telle chose ?*

CATÉGORIQUEMENT, adv. pertinemment, à propos ; ou d'une manière claire, précise.

CATÉGORISER, v. a. (*philos. et méd.*), classer par catégories.

CATÉGORISEUR, s. et adj. m. (*philos. et néolog.*), qui établit des catégories. *Les philosophes catégoriseurs. Ministre catégoriseur.*

CATÉGORISTE (*philos. et néolog.*) (*V.* CATÉGORISEUR).

CATÉIA (*antiq.*), espèce de trait ou de javelot fort pesant, dont les anciens Gaulois ou Germains se servaient à la guerre. Son poids le rendait difficile à lancer, mais il le faisait pénétrer plus profondément. Il était garni d'une chaîne avec laquelle on le retirait pour le darder une seconde fois. Il y en a qui le regardent comme une espèce de coin missil.

CATEL, s. m. (*vieux langage*), cheptel. — CATEL (*anc. législ.*), effet mobilier. — DROIT DE MEILLEUR CATEL (*féod.*), droit en vertu duquel les seigneurs, après le décès d'un de leurs vassaux, prenaient à leur choix le meilleur des meubles du défunt.

CATEL (CHARLES-SIMON), né à l'Aigle en 1773, vint à Paris fort jeune pour s'y livrer à l'étude de la musique. Protégé par Sacchini, il fut admis à l'école royale de chant et de déclamation, y étudia le piano sous la direction de Gobert, l'harmonie et la composition sous celle de Gossec, et prit bientôt rang parmi les professeurs de cet établissement, et de 1790 à 1802 il fut accompagnateur à l'Opéra. En 1810, il devint inspecteur du conservatoire, en compagnie de Méhul, Gossec et Chérubini. Catel prit sa retraite en 1814. Un an après, l'Institut l'appela dans son sein, et en 1824 il reçut la croix de la Légion d'honneur. Outre un grand nombre de morceaux de musique militaire adoptés par tous les régiments pendant les guerres de la révolution, Catel a produit beaucoup de partitions qui eurent un succès de vogue. A l'Opéra, il fit représenter *Sémiramis, Zirphile et Fleur de myrte, Alexandre chez Apelles,* et, sur le théâtre de l'Opéra-Comique, *l'Auberge de Bagnères, les Aubergistes de qualité, les Artistes par occasion, Wallace, le Premier en date* et *l'Officier enlevé.* Il mourut le 29 novembre 1830.

CATELAN, ANE, adj. et. s. (*géogr.*). Il se disait autrefois pour *Catalan.*

CATELAN (LAURENT), pharmacien à Montpellier, décida la faculté de cette ville à introduire quelques changements dans la confection de la thériaque, et défendit son opinion contre un médecin nommé Fontaine dans un écrit publié en 1609, in-16. Parmi ses autres ouvrages, tous assez rares, le seul qui soit recherché des curieux est l'*Histoire de la nature, chasse, vertus, propriétés, etc., de la licorne,* 1624, in-8°.

CATELET (LE) (*géogr.*), *Castellum,* petite ville de l'ancien Cambrésis, à 2 myriamètres de Saint-Quentin, aujourd'hui comprise dans le département de l'Aisne. — Le Catelet doit son nom à une forteresse bâtie en 1520 par François Ier. Les Espagnols s'en emparèrent en 1557, et l'occupèrent jusqu'au traité de Cateau-Cambrésis en 1559. Ils y entrèrent par capitulation en 1585, après un siége d'une semaine et un assaut, et la perdirent en 1598, par le traité de Vervins. — En 1636 (*l'année de Corbie*), cette place revit encore les Espagnols joints aux impériaux, et se rendit précipitamment. Le gouverneur, Saint-Léger, fut condamné par contumace à être écartelé. — Reprise d'assaut en septembre 1638, la ville du Catelet retomba, le 14 mai 1650, au pouvoir de ses éternels agresseurs. Cinq ans après, les Français y rentrèrent à la suite d'un assaut, et passèrent la garnison au fil de l'épée. — Les fortifications du Catelet furent enfin rasées en 1674. — La population de cette ville est aujourd'hui de 610 habitants. — Comme on l'a vu, peu de places d'une aussi mesquine importance ont souffert autant des vicissitudes de la guerre en moins d'un siècle et demi.

CATELLAN (JEAN DE), évêque de Valence, mort en 1725, a publié : *Antiquités de l'Église de Valence,* 1724, in-4°, ouvrage plein de recherches, et des *Instructions pastorales* adressées aux nouveaux convertis de son diocèse. — Un autre Jean de CATELLAN, parent du précédent, et conseiller clerc au parlement de Toulouse, mort en 1700, a laissé un recueil des *Arrêts notables du parlement de Toulouse,* publié par François Catellan, son neveu, ibid., 1703, in-4°, et réimprimé plusieurs fois. L'édition de 1730 est la meilleure ; on y joint les *Observations* de Vedel, 1733, in-4°. — CATELLAN (Marie-Claire-Priscille-Marguerite de), de la même famille, morte en 1745, remporta quatre fois l'églantine à l'académie des Jeux floraux. Une *Ode* à la louange de Clémence Isaure est le meilleur de ses ouvrages.

CATELLE, s. f. (*antiq.*), petite chaîne d'or qui se donnait, chez les Romains, comme récompense militaire.

CATELOIGNE, s. f. (*vieux langage*). Montaigne écrit encore ainsi le nom de la Catalogne, province espagnole.

CATENA (VINCENT), peintre vénitien, né vers la fin du XVᵉ siècle, mort en 1530, exécuta des portraits, des tableaux de chevalet et quelques fresques dans le genre de Giorgione. On en voit encore plusieurs à Venise.

CATENA (JÉROME), littérateur, né à Norcia dans l'Ombrie au XVIᵉ siècle, fut secrétaire du cardinal d'Alexandrie, membre de la congrégation des clercs réguliers et de la consulte d'Etat à Naples. On a de lui : 1° *Vita del papa Pio V*, etc., Rome, 1586, in-4°, et 1587, in-8° ; 2° un *Discours sur la traduction des ouvrages scientifiques et autres*, Venise, 1581, in-8° ; 3° des *Poésies latines*, en huit livres, dont on trouve quelques-unes dans le tome III des *Carmina illustr. poetarum ital.* ; 4° un volume de *Lettres*, et d'autres *Opuscules* dans la même langue.

CATENA (PIERRE), né à Venise, enseigna les belles-lettres à Padoue, et publia des *Commentaires sur Porphyre et Aristote*, Venise, 1556.

CATENA (FRANÇOIS), jurisconsulte et poëte italien, mort à Palerme en 1673, avocat et procureur fiscal, a laissé un recueil de *Canzoni siciliane, burlesche e sacre*.

CATENÆ et **CATENATIONES**. Ces mots signifient, dans Vitruve, les liaisons des pièces de bois de charpente entre elles, liaisons qui ont lieu par la seule coupe du bois, et non par ce qu'on appellerait des chaînes de fer. C'est de cette façon que *clavis*, dans de pareils assemblages, ne signifie pas des clefs de serrurerie. Catenæ étant donc ici ce que nous appelons des *tirants*, on doit en conclure qu'elles signifient des pièces de bois mises en travers sur l'extrémité supérieure des poteaux rainés pour les lier ensemble. C'est ce que donne encore à entendre clairement un autre passage de Vitruve, où cet écrivain, enseignant la manière de lier les solives des toits, recommande d'employer des liens (*catenæ*) d'un bois qui ne soit pas sujet à se gâter par l'humidité. Catenæ signifie donc ce que nos charpentiers appellent des liens. Ce sont des morceaux de bois qui ont un tenon à chaque bout, et qui, étant chevillés, entretiennent la charpenterie en tirant, de même que les esseliers et les jambettes entretiennent en résistant. Ils servent à attacher les membrures courbées aux solives du plancher ou aux chevrons du toit.

CATENA PATRUM (*hist. ecclés.*), sorte de commentaires sur l'Ecriture, composés d'une foule de passages séparés ou interprétations des Pères de l'Eglise, classés par versets et par chapitres dans un livre où on les a recueillis. Le premier qui en fit usage est saint Thomas d'Aquin. L'origine de ce nom, donné à des recueils semblables, est visible. De même qu'une chaîne se compose d'une succession d'anneaux unis les uns aux autres, ainsi le livre appelé *Catena Patrum* est formé d'une série de réflexions, maximes, sentences des différents Pères sur un même sujet, et l'assemblage de tant de parties ne constitue qu'un seul tout.　　　　　　　　　　　　　ED. G.

CATÉNAIRE, s. f. (*hist. nat.*), genre de polypiers.

CATÉNÈS, Persan qui aida à l'arrestation de Bessus.

CATÉNIÈRE, s. f. (*pêche*), chaîne à laquelle sont fixés plusieurs crocs, et que les pêcheurs traînent au fond de la mer pour retrouver leurs filets ou leurs appelets.

CATÉNIFÈRE, adj. des deux genres (*didact.*), qui porte une chaîne.

CATÉNIFORME, adj. des deux genres (*didact.*), qui a la forme d'une chaîne.

CATÉNIPORE (*hist. nat.*), genre fondé par Lamarck pour des polypiers fossiles, qui ne diffèrent des tubipores que par des caractères de peu d'importance (*V.* TUBIPORE).

CATENNA (*géogr. anc.*), ville de Pamphylie, au sud-est de Selga.

CATÉNULAIRE, adj. des deux genres (*didact.*), qui ressemble à une petite chaîne.

CATÉNULE, s. f. (*didact.*), petite chaîne.

CATÉNULÉ, ÉE, adj. (*didact.*), qui a la forme d'une petite chaîne.

CATERAN, s. m. (*relation*). Il se dit des voleurs de bestiaux établis dans les montagnes de l'Ecosse.

CATÉRÈTE, s. m. (*hist. nat.*), genre d'insectes coléoptères.

CATERGI, s. m. (*hist. mod.*). C'est le nom qu'on donne aux voituriers dans les Etats du grand seigneur. Ils ont cela de singulier, qu'au lieu qu'en France, et presque partout ailleurs, ce sont les marchands ou voyageurs qui donnent des arrhes à ceux qui doivent conduire eux, leurs hardes et marchandises, les voituriers turcs en donnent au contraire aux marchands et au-

tres, comme pour leur répondre qu'ils feront leurs voitures ou qu'ils ne partiront pas sans eux.

CATERNISTE, s. m. (*comm. relig.*), nom que l'on donnait autrefois à la communauté de Saint-Joseph. Les caternistes avaient un séminaire à Lyon.

CATEROLE, s. f. (*chasse*), nom que quelques chasseurs donnent au terrier où la femelle du lapin dépose ses petits.

CATERVAIRE, adj. m. (*antiq. lat.*). Il se disait des gladiateurs qui combattaient en troupe et non par paire.

CATERVE, s. f. (*antiq.*). Il se disait, chez les Romains, d'un corps d'infanterie des barbares. La caterve des Gaulois et des Celtibères se composait de 6,000 hommes. Son organisation la rapprochait plus de la phalange des Grecs que de la légion des Romains.

CATESBÉE, s. f. (*botan.*), genre de plantes d'Amérique.

CATESBY (MARC), né en Angleterre en 1680, se distingua dès sa jeunesse par son goût pour l'étude de l'histoire naturelle. Parti en 1712 pour la Virginie, où il avait quelques amis, il passa sept ans, employant activement et avec fruit son séjour à faire des collections des différentes productions de cette contrée, d'où il envoyait à ses correspondants de Londres des minéraux et de riches herbiers, toutes les fois qu'une occasion le lui permettait. Il revint en 1719 en Angleterre, et, à la sollicitation de plusieurs savants , entre autres, Jean Sloane et du docteur Sherard, il repartit en 1722 pour l'Amérique, dans le dessein de décrire, de reproduire et de peindre les curiosités naturelles qui s'offriraient à ses yeux. Il passa quatre ans à parcourir cette vaste province, logeant sous la hutte des Indiens, et visita ensuite la Floride et les îles Bahama, où il fit une précieuse collection de poissons et de plantes sous-marines. De retour dans sa patrie en 1726, il fut accueilli avec reconnaissance par les savants, qui l'admirent dans la société royale. Il apprit alors l'art de graver, et, retiré à Hoxon, il consacra tout son temps à la publication de ses travaux dans le plus bel ouvrage qui eût encore paru en ce genre en Angleterre, sous le titre d'*Histoire naturelle de la Caroline, de la Floride et des îles Bahama*, 1751-48, 2 vol. in-fol., qui parurent par livraisons. Le texte est en français et en anglais. Chaque volume renferme cent planches, dont il fit lui-même tous les dessins, et grava toutes les figures. Les copies furent aussi coloriées sous ses yeux, lui-même ayant colorié les originaux. Il y joignit un appendice de 220 planches, et la plupart de ces 220 planches représentent à la fois une plante et un animal ; car les connaissances de Catesby en histoire naturelle ne se bornaient pas seulement au règne végétal. Il a le premier parlé du *calycanthus florida*, du *philadelphus* ou *syringa inodore*, du *dodecatheon meadia*, etc. Le seul défaut de son livre est le manque de classement des fleurs en différents ordres ; mais l'état de la science botanique à cette époque ne paraissait pas exiger cette attention dont on lui aurait su le mérite de l'importance. — L'ouvrage de Catesby fut réimprimé à Londres après sa mort, en 1754 et en 1771, sous le même titre ; la première édition fut revue par M. Edwards du collège royal des médecins de Londres ; elle était aussi belle que la précédente : la seconde renfermait une table suivant le système de Linné. Il fut traduit en allemand, Nuremberg , 1756, in-fol. Catesby est l'auteur d'un mémoire inséré au quarante-quatrième volume des *Transactions philosophiques* , ayant rapport aux *Migrations des des oiseaux de passage*, et dans lequel il prouve la réalité de leur émigration pour aller à la recherche de climats plus propices, en s'appuyant sur la foule d'observations qu'il a été à même de faire pendant ses voyages sur l'Océan. Il préparait un autre ouvrage qui fut publié plus tard sous le titre de *Hortus britannico-americanus*, etc., Londres, 1763, in-fol., quand la mort vint le frapper à Londres, à l'âge de soixante-dix ans ; estimé de tout le monde pour sa modestie, sa probité et son noble caractère, il jouissait auprès de tous les savants d'une considération justement méritée pour ses connaissances variées et profondes. — Son nom a été perpétué par le docteur Gronovius qui l'a donné à un genre de plantes de la famille des rubiacées, que Linné a adopté aussi sous la dénomination de *catesbæa*.

CATETH ou **CATHET**, ville qui terminait la tribu de Zabulon (Josué, XIX, 15).

CATÉ-VALA, s. m. (*botan.*), aloès qui croît au Malabar.

CATGRAVE, CAPGRAVE ou **CATPLAW** (JEAN), religieux de l'ordre de Saint-Augustin, Anglais de nation, mort, dit-on, en 1484, avait composé des commentaires sur presque toute l'Ecriture, sur le Maître des sentences, *Determinationes theologicæ*, *de illustribus viris ordinis S. Augustini*, etc. (Josèphe, *Bibl. August. Pitseus, de script..angl.*).

CATHA, *s. m.* (*botan.*), arbre d'Arabie.

CATHÆNA (*géogr. anc.*), ville de l'Inde, mentionnée par Etienne de Byzance.

CATHAIA ou CATHÆA (*géogr. anc.*), contrée dans la partie nord-est de l'Asie, sur la situation précise de laquelle les auteurs ne sont point d'accord. Quelques-uns ont supposé que c'était le pays des Sophites, dont le nom fut donné par Curtius Sophites, et ils le placent entre les rivières de l'Hydaspes et de l'Acesines, où s'étendaient les vastes et riches Etats de Porus, qui contenaient près de trois cents villes. D'autres prétendent qu'il était au delà de l'Acesines et de l'Hydraotes, sur les confins du territoire d'un Porus, cousin du Porus qui fut prisonnier d'Alexandre. Arrien affirme que Sangala, qui dut probablement se trouver entre Lahore et Moultan était une ville très-forte et très-puissante du pays des Cathéïens. Diodore de Sicile appelle le même peuple *Catheri* ou *Katheri*, et il est très-aisé de les reconnaître sous le nom de Catry dans Thévenot, qui dit, en parlant du peuple de Moultan, que de ce lieu habité par les Indous nommés *Catry* se sont répandus ceux qui, les premiers, peuplèrent toutes les Indes. Diodore de Sicile les a fait remarquer par la coutume où étaient leurs femmes de se brûler vives sur le bûcher de leurs maris. Arrien rapporte que les Cathéïens étaient alliés avec les Malliens et les Oxidraques, c'est-à-dire les habitants du Moultan et d'Outlh, provinces au sud-ouest du lieu où l'on suppose qu'Alexandre passa l'Hydraotes dans sa marche par les Indes. Or, Sangala est au sud-ouest de Lahore, et à une telle distance qu'Alexandre ne l'atteignit que le troisième jour après son passage de l'Hydraotes, et pour le chemin accompli dans cet intervalle, il faut admettre 48 milles de route, ou 56 milles géographiques en ligne directe. Quoique Diodore, Arrien ni Quinte-Curce n'aient donné aucune idée de la distance entre Sangala et l'Hyphasis, il est permis d'induire, par la manière de s'exprimer d'Arrien, que ces deux points n'étaient pas fort proches. Diodore place le royaume de Sophites et de Phigée entre les Catheri et l'Hyphasis. Il faut donc encore conclure de là qu'il y avait, d'un de ces deux derniers lieux à l'autre, un intervalle considérable. — Bryant (*Annal. mytholog.*, t. III, p. 553), croit apercevoir dans le nom de cette contrée des traces de la migration cuthite. « Une des plus nombreuses colonies qui sortirent de Babylone, dit ce savant, fut celle des *Indi* ou *Sindi*, qui depuis furent distingués par le nom de Ethiopiens orientaux. Ils s'établirent entre l'Indus et le Gange, et une de leurs principales contrées était *Cuthaïa*, dont les Grecs firent *Cathaïa*. Ils faisaient le commerce des toiles et autres étoffes et tissus, et étendirent considérablement leur trafic dans les provinces au sud de la leur. Ils opérèrent leur grande migration vers les régions du nord, à l'intérieur des terres, et prirent là le nom de *Saces* ou *Sacaïans*, et de tout le territoire au-dessus de l'Iaxarte, d'où ils s'étendirent plus tard jusqu'à l'Océan. Ils étaient de race cuthique, et passaient pour d'excellents archers. *Leur contrée fut appelée Sacaïa et Cutha.* La principale ville était Sacastan. » On voit que cette nation fut par conséquent en possession de tout le nord de la Chine, qui n'était autre que le Cathaï; et, selon le même auteur, c'est encore par elle que le Japon aurait été en quelque sorte peuplé.　　　ED. GIROD.

CATHALA COTURE (ANTOINE), naquit en 1652 d'un avocat général à la cour des aides de Montauban, où, sur la fin de ses jours, se vit réduit à être avocat. Antoine suivit aussi le barreau, et s'y distingua; il remplit divers emplois, était en 1721 maire de Montauban, fut nommé subdélégué de l'intendance de Montauban, et en même temps de celle d'Auch, et se fit tout à la fois aimer et estimer. Il mourut en 1724. On a de lui un *Mémoire historique sur la généralité de Montauban*, inséré en partie dans l'*Etat de la France*, de Boulainvilliers. Il avait composé quelques harangues et des pièces fugitives en vers et en prose : et plusieurs raisons peuvent le faire regarder comme auteur de l'*Histoire politique, ecclésiastique et littéraire du Quercy*, Montauban, 1785, 5 vol. in-8°. Cet ouvrage porte le nom de *Cathala Coture, avocat au parlement*, et l'auteur n'est pas allé au delà de 1700. Son continuateur anonyme a conduit l'ouvrage jusqu'en 1784, et y a ajouté un catalogue des ouvrages des écrivains du Quercy, la table des comtes, des évêques de Cahors et de Montauban, et l'*Histoire du siége de Montauban* en 1611.

CATHARA (*géogr. anc.*), ville d'Asie en Mésopotamie, située près du Tigre, suivant Ptolémée.

CATHARCLUDORUM REGIO (*géogr. anc.*), contrée placée par Pline dans des montagnes à l'ouest des Indes.

CATHARE, adj. m. pris substantivement (*mythol. gr.*), littéralement *pur*. Il se disait des dieux de l'Arcadie. *Les Cathares.*

CATHARE (*philos.*) se dit, dans les doctrines platoniciennes, des notices pures ou des types. Le *cathare* de Platon répond à ce que les Allemands appellent *Das Reine.*

CATHARI (*géogr. anc.*), peuples de l'Inde qui furent vaincus par Alexandre.

CATHARIN (AMBROISE), nommé autrefois Polite Lancellot, naquit à Sienne, non l'an 1487, comme l'a cru le P. Echard, mais l'an 1483, de parents nobles, et qui tenaient un rang distingué dans la république. Il n'était âgé que de seize ans, lorsqu'il prit ses degrés en l'un et l'autre droit dans l'université de Sienne. Il parcourut ensuite les plus célèbres académies d'Italie et de France, et se fit un grand nom parmi les savants. De retour à Sienne, il professa publiquement avant l'âge de vingt-cinq ans, et compta parmi ses disciples l'illustre Jean-Marie de Monti, qui fut depuis pape sous le nom de Jules. M. Lancellot alla ensuite à Rome, où Léon X. le nomma un des avocats consistoriaux. Il accompagna depuis ce pape à Bologne, et se trouva à la conférence qu'il y eut avec François Ier. Mais enfin, dégoûté de la cour et du monde, il entra dans l'ordre des frères prêcheurs, et en prit l'habit dans le couvent de Saint-Marc, à Florence, et changea son nom de Polite Lancellot en celui d'Ambroise Catharin. Il ne tarda pas à commencer ce grand nombre d'ouvrages que nous avons de lui, et dont il nous a donné lui-même le catalogue. *Je n'étais encore que novice*, dit-il, *lorsque mes supérieurs m'engagèrent à écrire contre l'hérésie de Luther.* Il parle de son apologie pour la vérité de la foi catholique contre les dogmes impies de Luther. Dans le premier livre, il rapporte onze piéges que cet hérétique tend aux fidèles, et qui pouvaient faire illusion aux ignorants; dans le second, il fait un extrait de ses erreurs, et il les réfute; dans le troisième, il répond aux objections de ce novateur contre la primauté du pape dans l'Eglise, et de là il prend occasion de parler des indulgences; dans le quatrième, il réfute ce que cet hérétique dit contre le sacrement de pénitence et le purgatoire; enfin, le cinquième, qu'il appelle le *Miroir de la doctrine de Luther*, est un catalogue de ses erreurs et de ses contradictions, imprimé à Florence, in-fol., 1520. Cette édition est dans la bibliothèque du roi, D. 607. Il en fut fait une autre l'année suivante en Allemagne. « Je fis encore, dit Catharin, un autre livre contre Luther, à la recommandation de plusieurs personnes de distinction, dont le pape lui-même témoigna sa reconnaissance. » En voici le titre : *Raisons pour n'en point venir à la dispute avec Martin Luther, adressées à toute l'Eglise*, à Florence, en 1521, in-4°. Cette édition est dans la bibliothèque Barberine, à Rome. Le P. Roberti l'a aussi insérée dans sa *Bibliothèque pontificale*, t. III, p. 263. Possevin dit que François Behem s'est beaucoup servi de ces deux ouvrages dans son *Jugement sur la personne et la doctrine de Luther*, imprimé à Mayence en 1548. Catharin dit ensuite qu'il garda le silence pendant seize ans et davantage, et qu'il ne recommença à écrire que lorsqu'il s'aperçut qu'on répandait dans le public des libelles qui contenaient les erreurs qu'il avait déjà combattues. « Comme personne, dit-il, ne se présentait pour le réfuter de nouveau, je fus sollicité de prendre encore la plume : je composai un petit ouvrage contre Bernardin Ochin, dans lequel je dépeignis au naturel cet hypocrite, et je découvris les fourberies de cet imposteur. » Il avait pour titre : *Miroir des hérétiques contre Bernardin Ochin*, imprimé premièrement à Rome en 1552, par les soins de Martin Sporn, et ensuite à Lyon, par l'ordre de l'auteur, avec quelques corrections, en 1541, in-8°. Il y ajouta aussi quelque chose sur le péché originel et la chute de l'homme; sur la parfaite justification par la foi et les bonnes œuvres. Cette seconde édition, ainsi revue et augmentée, est dédiée au pape Paul III. Il faut remarquer que ce qu'il dit, qu'il a demeuré dans le silence pendant seize ans, ne doit s'entendre que de son silence envers les hérétiques; car, de son aveu, il critiqua les ouvrages du cardinal Cajétan, auquel il attribuait plusieurs erreurs. Il fit à Paris des notes sur quelques extraits des *Commentaires de Cajétan*, imprimées à Paris, 1535, in-8°. Pendant environ dix ans que Catharin resta en France, il ne fut pas oisif. Outre quelques manuscrits qui sont à la bibliothèque du roi, il fit une revue de ses ouvrages déjà imprimés, en fit donna au public, à Lyon, en 1552, in-4°. Ils contiennent : 1° un traité de la Prescience et de la Providence de Dieu, où il fait voir que ni l'un ni l'autre ne préjudicie point à la liberté; 2° trois livres de la Prédestination divine ; 3° deux livres de la Prédestination de Jésus-Christ : 4° de la Gloire des bons anges et de la Chute des mauvais ; 5° de la Chute de l'homme et du

Péché originel ; 6° Défense de l'immaculée conception de la sainte Vierge (il l'avait déjà fait imprimer à Sienne en 1532, in-4° ; 7° de la Gloire consommée de Jésus-Christ et de Marie ; 8° de la Mort universelle de tous les hommes, et de leur résurrection au jugement dernier ; 9° de la Vérité du purgatoire ; 10° de la Récompense des bons , et du Supplice éternel des méchants par le feu ; 11° de l'Etat futur des enfants qui meurent sans avoir reçu le baptème ; 12° plusieurs Disputes ou Conclusions sur la certitude de la gloire des saints ; 13° de la Confiance que l'on a en leur secours , et sur le respect qui leur est dû. Il composa et dédia l'année suivante, à François Ier, un livre portant ce titre : *Neuf Clefs nécessaires pour l'intelligence des livres saints* , à Lyon, 1543, in-8°. De retour en Italie, il composa un écrit italien contre Bernardin Ochin , et quelques propositions luthériennes , à Rome, 1544. Cependant Paul III, ayant indiqué le concile de Trente, et nommé Jean–Marie Dumont cardinal pour son légat à cette assemblée, celui-ci obtint du pape que Catharin, autrefois son maître en droit, l'y suivrait en qualité de théologien ; ce qu'il accepta, et le 14 de février 1646, il prononça un sermon latin dans la troisième session, qui fut imprimé à Trente, et ensuite inséré dans l'édition des *Conciles*, qui fut faite à Paris en 1672, t. XIV, p. 1006. Il eut dans la même année de vives disputes avec ses confrères, Barthélemi de Carranza , Dominique Soto et Barthélemi Spina, maître du sacré palais. Ce dernier, ayant appris qu'il s'agissait d'élever Catharin à l'évêché de Minorque, osa présenter contre son confrère une requête au pape, dans laquelle il l'accusait d'errer dans la foi, et ne lui reprochait pas moins de cinquante erreurs. Catharin se défendit avec vigueur , et répondit à tous ses adversaires par différents ouvrages dont voici les titres : *Traité sur la résidence des évêques, si elle est de droit divin, contre Carranza* , à Venise, 1547, in-8° ; *Censure du même , sur son livre intitulé : De la nécessité de la résidence des évêques; Défense pour les catholiques, qui tiennent qu'on peut être assuré d'avoir la grâce, contre Dominique Soto,* Venise, 1547, in-8° ; *Explication du neuvième chapitre du décret du concile sur la justification , contre le même , dédiée au concile* , Venise, 1547, in-8° ; *Réponse à la requête de Spina;* elle ne fut pas alors imprimée. Stanislas Filic, dans ses *Remarques* sur l'histoire de Palavicin , rapporte que les légats écrivirent au pape de ne se point laisser prévenir contre Catharin par le maître du palais , et qu'ils répondaient de la conduite et de la doctrine de ce théologien , qui fut enfin, malgré toutes les brigues, de ses adversaires, sacré évêque de Minorque , continua d'assister au concile en cette qualité, et fit les écrits suivants : *Justification contre l'Apologie de Dominique Soto ; Confirmation de la défense des catholiques , qui tiennent possible la certitude de la grâce, contre le même ; Réponse aux objections au sujet du traité de la résidence des évêques.* Ces trois opuscules furent imprimés en même volume , à Venise en 1547, et ensuite à Lyon en 1551, in-16 ; quatre livres de *Considération et de jugement sur ce qui se passe de nos jours, où la zizanie est mêlée avec le bon grain dans le champ du Seigneur, adressés aux évêques et à toutes les Eglises* , Venise, 1547, in-8°. Il composa ensuite un *Abrégé de doctrine sur la prédestination et le péché originel,* auquel il ajouta un *Dialogue sur la justification* , à Rome, 1556, in-4°. Dominique Soto avait attaqué le sentiment de Catharin sur la certitude de la gloire , non-seulement dans son *Apologie* , mais encore dans ses *Commentaires sur l'Epître aux Romains* , qu'il fit imprimer en 1550. Il n'avait pas eu plus de ménagement pour la doctrine de cet évêque, sur la prédestination et la réprobation, qu'il traitait hautement de contraire à la foi. Catharin, vivement piqué contre ce théologien, lui adressa un livre sur les cinq articles qu'il défendait , imprimé à Rome en 1551, in-4°. Il est à la bibliothèque du roi, D. 697. Le premier de ces articles est sur la certitude de la gloire, on peut avoir de la grâce sanctifiante. Il y soutient que l'homme juste et fidèle sait, par le témoignage intérieur du Saint–Esprit, qu'il est en état de grâce, et il prétend qu'il ne s'écarte point en cela du concile de Trente. Le second regarde la prédestination. Il y défend le sentiment particulier qu'il avait sur cette matière. Nous l'expliquerons plus amplement à la fin de cet article. Il parle, dans le troisième, de la nature du péché originel, et c'est ici qu'il attaque plus vivement son adversaire. Il traite, dans le quatrième , du pouvoir du libre arbitre dans l'état de la nature tombée. Dominique Soto avait défendu , avec l'Eglise, que toutes les œuvres des infidèles ne sont pas des péchés ; qu'il y en a de moralement bonnes. Catharin s'élève contre cette vérité, qu'il regarde comme contraire à saint Augustin et à saint Thomas. Il convient que ces œuvres sont bonnes en elles-mêmes ;

mais il ne veut pas qu'elles le soient moralement, et il soutient qu'elles doivent être regardées , dans le particulier comme mauvaises, parce qu'elles sont faites sans la grâce. Le cinquième article est sur la juste providence de Dieu à l'égard de quelques hommes que Dieu , selon lui, abandonne, qu'il réprouve et qu'il laisse à leurs mauvais sens pour les punir des crimes qu'ils ont commis. Il y soutient que Dieu délaisse quelques-uns de ces grands pécheurs, de telle sorte qu'il ne leur est pas possible de fléchir la justice divine par un parfait retour. Catharin fit encore imprimer cette année, et dédia au pape Jules III les ouvrages suivants : *Commentaires sur les Epîtres de saint Paul, et sur les autres Epîtres canoniques,* à Venise, 1551 et 1552, in-fol. ; il y soutient son sentiment sur la prédestination. Plusieurs traités de théologie, dont il avait déjà fait imprimer quelques-uns, savoir : *Des explications sur les cinq premiers chapitres de la Genèse,* où il maltraite fort le cardinal Cajetan. Un *Traité pour montrer qu'on doit recevoir au baptême les enfants des juifs qui le demandent, même contre le gré de leurs pères et mères. Quatorze Assertions touchant la certitude que les justes ont de la grâce sanctifiante qui est en eux. Défense de l'auteur* (c'est de lui-même) *contre la requête de Barthélemi Spina, maître du sacré palais,* dans laquelle on l'accusait d'avoir avancé cinquante erreurs. *Second Traité de cette question : De quelles paroles Jésus-Christ s'est servi pour consacrer l'eucharistie? Dissertation sur l'immaculée conception de la sainte Vierge, et l'obligation d'en faire la fête,* dédiée au concile. *Explication abrégée des différentes opinions sur la prédestination et la réprobation,* dédiée au même concile, afin qu'il portât son jugement sur celle qui lui était particulière. Il est à présumer qu'il s'est mieux expliqué dans cet ouvrage que partout ailleurs ; c'est pourquoi nous allons en donner une idée après lui. Il faut considérer, dit-il, deux ordres que Dieu a établis par sa providence envers les hommes, pour les conduire de manière qu'ils arrivent à la vie éternelle. Le premier ordre est celui des prédestinés ; le second est de ceux qui ne sont point prédestinés. Comme donc l'œil de la Providence et de la miséricorde de Dieu, sans faire acception de personne, regarde plus favorablement les prédestinés que ceux qui ne le sont pas, il faut considérer cette différence avec attention, pour savoir ce qu'on doit dire de ceux-là et ce qu'on doit dire de ceux-ci. Nous disons donc des prédestinés que, pendant qu'ils sont en cette vie, leur nombre est certain, soit dans la prescience de Dieu, soit dans sa providence, et qu'il ne peut augmenter ni diminuer. Nous soutenons de plus qu'ils seront sauvés, et qu'il ne peut pas arriver qu'ils ne le soient point, à cause de l'excellence de la grâce qui leur est donnée, et de l'assistance continuelle de l'Esprit saint qui les préservera du péché, ou qui les en délivrera, s'ils y tombent ; en sorte qu'ils pourront infailliblement être en état de grâce ; et on ne doit pas croire pour cela qu'ils ne soient pas libres, et qu'il n'y ait point de mérite en eux ; au contraire, c'est la grâce qui fait leur liberté, et ce qu'ils se portent au bien avec d'autant plus d'ardeur, et que par là ils méritent une récompense d'autant plus grande, qu'ils ont plus de grâce. Voilà ce que nous pensons de la prédestination, après saint Augustin et saint Thomas. Il dit la même chose sur l'*Epître aux Romains,* p. 86. La vocation des prédestinés est certaine et efficace, et personne n'y résiste. Et un peu après : il y en a qui, lorsqu'ils entendent dire qu'on ne peut résister à cette vocation, et que les prédestinés ne peuvent perdre la grâce finale, s'imaginent que l'on fait violence au libre arbitre : c'est tout le contraire ; il n'y a jamais plus de liberté que là où il se trouve plus de grâce et de force. Car ceux qui sont ainsi élus obéissent à la grâce et à la vocation divine avec une volonté plus déterminée, et, justifiés par un secours plus puissant, ils arrivent à la gloire avec une entière liberté et sans aucune nécessité. Pour ce qui regarde ceux qui ne sont point prédestinés, nous disons qu'ils peuvent se sauver, parce qu'ils ont été créés pour la gloire, et qu'ils peuvent aussi être damnés. Puis donc qu'un homme qui n'est point prédestiné peut également se sauver et se damner, nous disons ici deux choses, que le nombre de ceux qui se sauvent n'est pas déterminé dans l'ordre de la Providence, quoiqu'il soit dans la prescience divine ; car, comme remarque saint Jean Damascène, quoique Dieu connaisse tout par sa prescience, il n'a cependant pas tout prédéterminé dans sa providence : autrement tout arriverait nécessairement. Il permet donc que certaines choses arrivent, qu'il n'a point déterminées ; et ces choses dépendent, pour être ou pour n'être pas, uniquement de notre libre arbitre. Cela étant ainsi, il est très-probable que plusieurs de ceux qui se trouvent dans le second ordre, c'est-à-dire des non prédestinés, dont on ne peut nier que depuis le commencement du monde jusque aujourd'hui le nombre ne soit très-grand, ont été sauvés.

Car dire que tous les hommes peuvent se sauver, et que cependant il n'y a que les prédestinés du premier ordre qui le soient, c'est ignorer les premières règles de la logique, et anéantir la bonté de Dieu. Voilà ce que Catharin pensait de la prédestination, et ce qu'il aurait souhaité que le concile de Trente adoptât; mais, bien loin de cela, il n'a pas même fait dans son ordre un seul disciple, et son sentiment est regardé aujourd'hui comme contraire à la doctrine de saint Augustin et de saint Thomas. — *De l'excellente prédestination de Jésus-Christ.* Ce traité est écrit contre les Commentaires de Cajétan, et Catharin s'efforce d'y prouver que, quand même Adam n'aurait point péché, le Verbe se serait incarné. *Dissertation sur le culte et l'adoration des images. Traité de la vérité du sacrifice de la messe. Question sur les paroles dont Jésus-Christ s'est servi pour instituer l'Eucharistie. Sur la communion sous les deux espèces; si elle est nécessaire à tous; s'il faut communier les enfants. De l'intention du ministre des sacrements.* Il y a encore dans le recueil de Catharin plusieurs autres ouvrages sur la résidence des évêques, les versions de l'Ecriture sainte en langue vulgaire, et auxquels nous renvoyons le lecteur. Après tant de travaux, Catharin se retira dans son évêché de Minorque, d'où Jules III le transféra à l'archevêché de Conza, dans le royaume de Naples, au mois de juin 1552. Ce pape, voulant l'honorer de la pourpre, l'appela à Rome. L'archevêque se mit en chemin; mais, arrivé à Naples, il y mourut le 8 novembre 1553, dans sa soixante-dixième année. On ne peut douter que cet auteur n'eût de grands talents naturels, et une grande lecture, beaucoup de génie, de pénétration, d'érudition et de facilité à écrire. Il écrit même assez poliment pour un théologien scolastique, selon M. Dupin. Mais il faut convenir aussi qu'il était très-libre, et même hardi dans ses sentiments, et qu'il ne se faisait point une affaire de s'écarter des opinions communes, pour en embrasser de nouvelles qui lui étaient propres, et qu'il soutenait avec chaleur. (V. son épitaphe, qui contient l'abrégé de sa vie, composée par Clément Polite, neveu d'Ambroise Catharin, et son contemporain. V. aussi le P. Echard, *Script. ord. prædic.*, tom. II, pag. 144; le P. Touron, homme illustre de l'ordre de Saint-Dominique, t. IV, p. 127 et les suiv.).

CATHARINÉE, s. f. (*botan.*), genre de mousse.

CATHARISTES ou **CATHARES**, nom que prenaient d'anciens chrétiens qui faisaient profession d'une plus grande pureté et d'une plus grande sainteté que les autres. Il fut attribué à plusieurs sectes d'hérétiques, entre autres aux *apotactiques* ou *renonçants*, branche des *encratiques*, et aux *montanistes*; il fut donné également aux *novatiens*. Se glorifiant de leurs mérites, les catharistes prétendaient, dans leur rigueur outrée, que l'Eglise n'avait pas le pouvoir de pardonner aux pécheurs repentants. — Ils condamnaient comme adultères les veuves qui contractaient une nouvelle union, et prétendaient, dit saint Augustin, être plus purs que la doctrine apostolique. « S'ils voulaient s'appeler du nom qui leur convient, ajoute ce Père de l'Eglise, ils devraient s'appeler mondains et non purifiés, *mundanos se potius quam mundos vocarent.* » Le nom de cathares, tombé depuis longtemps en oubli, reparut au XIIᵉ siècle, où il fut donné aux hérétiques de cette époque, tels que les albigeois, bonshommes, patarins, cotreaux, et dans le XVIIᵉ les puritains d'Angleterre n'étaient pas autres gens. Les premiers catharistes portaient des robes blanches, comme symbole de la pureté de leur conscience. On leur reprochait pourtant d'horribles infamies, ainsi qu'on peut le voir dans saint Augustin, *Hæres.* cap. 46, et saint Léon, *Epist.* 8.

CATHARIS, s. m. pl. (*hist. milit.*). Il se dit quelquefois des aventuriers qu'on a aussi nommés *cotreaux.*

CATHARMES ou **CATHARMATES**, s. m. pl. (*antiq.*), selon Millin, sacrifices expiatoires dans lesquels on immolait des victimes humaines, afin d'obtenir la cessation d'une peste ou d'une autre calamité publique.

CATHARSIE, s. f. (*médec.*), κάθαρσις, de καθαίρειν, purger, purgation. Quelquefois ce mot exprime une évacuation naturelle ou artificielle par une voie quelconque.

CATHARSIOS, adj. m. gr. (*myth. gr.*), littéralement *purificateur*, surnom de Jupiter. Il y avait à Olympie un autel consacré à Jupiter Catharsios.

CATHARTE, s. m. (*hist. nat.*), genre de vautours.

CATHARTINE, nom proposé par MM. Lassaigne et Feneulle, pour désigner une substance qu'ils croient nouvelle, et dans laquelle ils font résider la vertu purgative du séné (*Ann. de chim. et de phys.*, t. XVI, p. 20).

CATHARTIQUE, adj. (*médec.*). On désigne sous le nom de *cathartiques*, tantôt les purgatifs en général, tantôt des purgatifs plus forts que les laxatifs et les minoratifs, mais moins actifs que les drastiques; tels sont les sels purgatifs. *La poudre cathartique du codex* est un mélange d'une partie de poudre de jalap, avec une de scammonée d'Alep et deux de tartrate acidule de potasse.

CATHARTOCARPE, s. m. (*botan.*), genre de plantes légumineuses.

CATHAY, s. m. (*géogr.*), nom que l'on donnait anciennement en Europe aux provinces septentrionales de la Chine. On écrivait aussi *le Calay.*

CATHAYEN, AYENNE, adj. et s. (*géogr.*), qui est né au Cathay; qui concerne ce pays ou ses habitants.

CATHEDRA (Ex), locution empruntée du latin, qui s'emploie en termes dogmatiques quand on parle du pape et de ses décrets. Le pape parle *ex-cathedra*, lorsqu'il publie un décret comme chef de l'Eglise universelle, et qu'il l'adresse à tous les fidèles.

CATHÉDRALE (*hist. eccl.*), église principale d'un diocèse. — Nous voyons que, dès les premiers siècles de l'Eglise, les évêques présidaient l'assemblée des prêtres, et étaient assis sur une espèce de trône ou de siège plus élevée que les leurs. C'est de là qu'est venu l'usage de désigner la dignité d'un évêque par le nom de *chaire* ou de *siège*; et, comme l'évêque instruisait plus habituellement dans une église qu'il avait adoptée, cette église prit le nom de la *chaire* autour de laquelle il réunissait les chrétiens, *cathedra, cathédrale.* Cependant ce nom de *cathédrale* n'a pas été donné dès le commencement à l'église dont nous parlons. Cette église où l'évêque célébrait les saints mystères, et où il résidait avec son clergé, que saint Jérôme appelle *son sénat*, fut longtemps appelée *la grande église, l'église épiscopale, l'église de la ville.* Ce n'est que depuis le Xᵉ siècle qu'elle a été désignée par le nom de *cathédrale*, et ce nom n'est même en usage que dans l'Eglise latine. — Encore aujourd'hui nous nommons *cathédrale*, l'église épiscopale, c'est-à-dire celle où l'évêque réside avec son clergé, lequel est appelé maintenant CHAPITRE (V. ce mot).　　　L.-F. G.

CATHÉDRALE (*art chrétien*). La cathédrale est pour les fidèles l'emblème et le symbole du christianisme. C'est l'église par excellence, celle dont la haute dignité a toujours été consacrée d'âge en âge par l'autorité de la religion, par la grande voix de l'Eglise. C'est en un mot le véritable type du temple chrétien. En franchissant le seuil de son enceinte, on se sent involontairement saisi d'un respect profond, d'un recueillement soudain. On se trouve profondément ému au seul aspect de cet antique représentant de la puissante hiérarchie de l'Eglise. Aussi des monuments sont-ils toujours été l'objet de la vénération des peuples. De nos jours encore, les fidèles se plaisent à les entourer de soins et d'hommages. C'est leur *palladium*, à eux; c'est une pieuse gloire dont ils sont fiers, et qu'ils se réjouissent de posséder. C'est avec un saint et pieux orgueil qu'ils le voient dominer majestueusement les murs de leur cité comme un visible représentant de la grandeur et de l'élévation des pensées qui se rattachent au culte de la majesté divine; pour eux ces beaux monuments semblent attester la puissance du génie de l'homme, quand ce génie s'élève vers Dieu. Car, il n'est plus permis d'en douter, ces superbes édifices, ces constructions gigantesques, sont le génie chrétien que nous en sommes redevables; c'est à la foi, c'est à l'inspiration religieuse que nous devons de pouvoir les contempler aujourd'hui. Il n'est point le résultat de calculs d'un art savant et étudié, ils sont l'œuvre instinctive et spontanée de tout un peuple, ils sont le résultat des efforts et des travaux successifs de trois et quatre générations qu'animait en commun la sainte et sublime pensée d'élever à Dieu un monument digne de sa grandeur et de sa majesté. Ces pieux travailleurs s'efforçaient d'établir en quelque sorte une communication directe de la pensée humaine avec la pensée divine... C'est qu'en ce temps-là tous les peuples professaient la même croyance, tous possédaient la foi, qui seule leur donnait l'inspiration, et les nombreux travailleurs recevaient de cette inspiration sainte le zèle et la persévérance indispensables à l'accomplissement de ces œuvres gigantesques; tous les fidèles sans distinction participaient au travail avec une ardeur incroyable. Le chef, désigné sous le nom de *maître de l'art*, s'appliquait à utiliser chacun d'eux selon ses forces et ses moyens. Ainsi les uns taillaient la pierre, les autres coupaient et façonnaient les bois, broyaient le ciment, maniaient la truelle, ou faisaient fonction de manœuvres pour transporter les matériaux et autres objets servant aux constructions. C'est un grand et sublime spectacle, dit un saint prélat qui vivait alors (1), « de voir des hommes puissants, fiers de leur naissance, accoutumés à une.vie molle et voluptueuse, s'attacher à un char avec des traits, et voiturer eux-mêmes les pierres, la chaux, le bois, et tous les matériaux nécessaires pour la construction de l'édifice sacré. Quelquefois la charge est si considérable que plus de mille personnes, hommes et femmes, sont attachées au même char, et cependant il règne parmi eux un si grand silence, que l'on n'entend ni la plus petite plainte, ni le moindre murmure... Quand on s'arrête dans les chemins, on ne parle que de ses péchés, dont on fait confession avec des larmes et des sanglots; alors les prêtres engagent les fidèles à étouffer les haines, à remettre les dettes, à pardonner les injures; s'il vient à se trouver quelqu'un assez enduré pour refuser de se soumettre à ces pieuses exhortations, aussitôt il est détaché honteusement et chassé de la sainte compagnie. Pendant la nuit on allumait ensuite des cierges sur les charriots autour de l'église en construction, et l'on veillait en chantant des hymnes et des cantiques (2). » C'est donc en vain qu'à défaut d'effets on voudrait nier les causes. Ce témoignage n'est pas le seul qui vienne attester la piété et le dévouement sublime des populations de cette époque. Rois, sujets, prêtres, seigneurs et vassaux, réunissaient en commun leurs efforts. Tous participaient dans une sainte association ensemble à l'exécution de ces gigantesques travaux, comme pour attester qu'ils étaient dus, non à l'inspiration d'un seul homme, mais à celle de tout un peuple; non point à un génie particulier, mais au seul génie de la foi pure et universelle (3). Et cependant, de nos jours encore, on se plaît à tаxer d'ignorance, de barbarie et de superstition, ce temps du moyen âge, ce temps de ferveur et de foi, auquel nous sommes redevables de tant de belles et nobles cathédrales, la gloire de la France et de la catholicité! — Dans ce temps-là, il est vrai, les sciences exactes étaient dans l'enfance. On ignorait le secret de multiplier les forces par des appareils ingénieux. On n'arrivait à l'exécution des choses les plus simples que par une immense multiplication de moyens. — Cependant, avec des éléments aussi imparfaits, ces prétendus barbares, ces ignorants sublimes, ont édifié des monuments admirables dont l'ensemble et le caractère seront longtemps encore un défi jeté au génie moderne. Ainsi que des rochers inébranlables qui se rient de la colère des flots, ces nobles constructions sont restées debout, comme pour couvrir au loin les blasphémateurs de leur ombre immense; elles sont restées debout, malgré les secousses et les décombres des révolutions, malgré les convulsions politiques et religieuses qui ont ébranlé la France. Elles sont là pour demander à ces incrédules quels sont donc les monuments modernes élevés par leurs savantes mains? Où sont-ils en effet? Dans quelle autre ville a-t-on construit un autre Panthéon, une autre église des Invalides, un autre château de Versailles? Si de nos jours chaque ville possède sa sainte et noble cathédrale, c'est qu'heureusement chacune de ces cathédrales date des siècles qui ont précédé le nôtre. Conservons-les précieusement, car on ne pourrait aujourd'hui nous en reconstruire de semblables. Les architectes de nos jours, si habiles à construire des théâtres et des palais, sont impuissants à édifier des monuments d'un caractère religieux. Ils sont trop méthodiques pour être inspirés, ils sont trop savants pour être chrétiens! — Avant de traiter le

sujet de l'établissement et de la fondation de nos anciennes cathédrales, nous allons donner une analyse rapide et succincte de la création des monuments religieux qui les ont précédées, en nous efforçant de ne point empiéter sur le domaine de l'article EGLISES (Construction des), que nous nous proposons de développer plus longuement — La première église des chrétiens fut, comme on sait, le cénacle, où Jésus-Christ célébra la pâque avec ses apôtres, et où il institua le sacrement de l'eucharistie. Il s'éleva par la suite un certain nombre de lieux d'assemblée, sur la construction desquels on ne possède aucune notion; mais ces édifices des premiers chrétiens devaient respirer la misère et la pauvreté. En butte aux plus affreuses persécutions, ne pouvant rendre hommage au vrai Dieu que dans l'ombre du mystère, leurs temples n'étaient le plus souvent que de vastes souterrains ou des cryptes profondes. Ce ne fut que sous le règne de Constantin qu'ils purent construire des édifices convenables à la majesté divine; on vit s'élever alors un grand nombre de basiliques dédiées aux apôtres, et à cette phalange de glorieux martyrs, qui venaient de sceller de leur sang généreux l'établissement de la religion chrétienne. Constantin protégea de tout son pouvoir cette ferveur des constructions religieuses, il en éleva lui-même un grand nombre dans les principales villes de son empire. Il ordonna dans Rome même la construction de sept belles et grandes basiliques, dont l'une, Saint-Jean de Latran, existe encore; c'est aussi à Constantin que l'on doit la construction de la célèbre église de Sainte-Sophie à Constantinople, complétée par Justinien, et dont le plan a servi de modèle à tous les grands édifices religieux modernes. D'un autre côté, sainte Hélène, sa mère, remplit d'églises et de monuments pieux les lieux saints, honorés par la présence de Jésus-Christ; elle fit bâtir sur le Calvaire la fameuse église du Saint-Sépulcre, dont plusieurs parties existent encore aujourd'hui. Ces constructions, élevées à l'époque de la décadence des arts, n'étaient pas toujours de bon goût; on vit s'élever des édifices qui ne se distinguaient par leur richesse et leur somptuosité. — Ce zèle des constructions pieuses se répandit aussitôt dans les Gaules et dans l'occident de l'Europe. Une architecture nouvelle, venue d'Orient, vint imprimer à ces monuments nouveaux un caractère particulier. L'art byzantin (V. ce mot) commençait sa période ascendante. Les prêtres et les religieux s'inspirèrent de cet art; ils furent nos premiers architectes; les évêques présidaient eux-mêmes à la construction de leurs cathédrales (1). Le christianisme était la seule inspiration de l'art architectural. Un type inconnu caractérisait les monuments nouveaux. Plus tard, on voit les premiers rois francs protéger de leur puissance et de leurs richesses ces grands et pieux efforts. On les voit ensuite y participer eux-mêmes; c'est Childebert qui à Paris, en 556, préside à l'élévation d'un temple qu'il dédie à la sainte Vierge, et sur lequel temple devait venir s'asseoir quelques siècles plus tard l'imposante métropole de Paris; c'est Dagobert qui ordonne et dirige la construction de l'église de Saint-Denis; c'est par lui que s'élèvent ces caveaux funéraires qui sont devenus la sépulture de tous les rois qui ont jusqu'à nos jours gouverné la France (2). Puis vinrent de terribles guerres civiles, secondées dans tout le Midi par les cruels Sarrasins. Partout le meurtre et l'incendie signalaient le passage de ces hordes dévastatrices; ces belles cathédrales élevées avec tant de zèle et de persévérance, la plupart sont incendiées, les autres ravagées avec

---

(1) Haimon, abbé de Saint-Pierre-sur-Dive.

(2) Cette lettre, insérée dans les *Annales de l'ordre de Saint-Benoît*, n° 67, t. VI, date de 1145; elle est adressée aux religieux de l'abbaye de Tuttebery en Angleterre. Elle a été traduite et reproduite par un savant zélé, M. Richomme, membre de la société des antiquaires de Normandie, dans un *Mémoire sur l'Abbaye de Saint-Pierre-sur-Dive*.

(3) Robert Dumont dans sa *Continuation de Sigebert*, Duchesne dans sa *Chronique de Normandie*, confirment tous les détails édifiants que nous venons de rapporter, et les grâces spirituelles et temporelles que le Tout-Puissant faisait éclater en faveur de ces associations. Nous citons plus loin des fragments d'une lettre que Hugues, archevêque de Rouen, écrivait en 1145 sur ce même sujet. Cette lettre est adressée à Thierry, évêque d'Amiens. « Notre-Seigneur, dit-il, a récompensé leur humble zèle par des miracles qui ont excité les Normands à imiter la piété de leurs voisins. Depuis lors, les fidèles de notre diocèse ont formé des associations dans un but semblable. Ils n'admettent personne dans leur compagnie à moins qu'il ne se soit confessé, communié, après s'être réconcilié avec ses ennemis. Cela fait, ils élisent un chef, sous la conduite duquel ils tirent leurs chariots en silence et avec humilité, etc. »

(1) On cite principalement parmi ces prélats architectes saint Germain, évêque de Paris; saint Agricole, évêque de Châlons; Féréol, évêque de Limoges; saint Grégoire, évêque de Tours; saint Avite, évêque de Clermont; saint Dalmasius, évêque de Rhodez; etc.; etc.

(2) La première église élevée dans les Gaules et dont on ait la description précise est celle de Saint-Martin, à Tours. Saint Brice, disciple et successeur de ce saint archevêque, avait fait élever une chapelle sur son tombeau; mais vers le milieu du vᵉ siècle, saint Perpétue, sixième évêque de Tours, voyant que cette chapelle ne pouvait plus suffire à la prodigieuse affluence des pèlerins et visiteurs qui s'y rendaient de toutes parts, fit construire sur le même emplacement une cathédrale d'une grandeur et d'une magnificence remarquables pour l'époque. Grégoire de Tours (l. II, c. 14) entre dans de longs détails sur la construction de cet édifice. Sa longueur était de 160 pieds sur une largeur de 60; sa hauteur était de 45 pieds. Il y avait dans cet édifice 120 colonnes, 52 fenêtres et 8 portes, dont trois dans le chœur. La dédicace de cette cathédrale, ainsi que l'installation des reliques de saint Martin, fut célébrée le 4 juillet 473 (voir aussi l'*Histoire de l'Eglise gallicane*, l. IV).

fureur ; presque tous les monuments religieux sont anéantis. Dans ces circonstances douloureuses, le zèle des fidèles ne se ralentit pas ; les églises dévastées furent rendues propres à la célébration des saints mystères, celles qui avaient été démolies se relevèrent comme par enchantement. — Bientôt Charlemagne parut ; le grand empereur donna aux constructions religieuses de son siècle un caractère de noblesse et de grandeur inconnu jusqu'alors. Sa sage politique eut bientôt réparé les maux cruels dont tant d'invasions successives avaient affligé la France. Une ère nouvelle commence désormais, ère de gloire et de grandeur sous laquelle la France, forte au dedans, respectée au dehors, voit fleurir dans son sein et les sciences et les lettres ; les arts, éteints par la barbarie, renaissent avec éclat ; l'architecture religieuse subit une impulsion nouvelle, elle se transforme et reçoit le nom du grand homme dont le génie avait tout créé. L'architecture carlovingienne couvre tout l'empire de majestueux édifices, dont un grand nombre est arrivé jusqu'à nous ; l'empire s'affermit par des lois sages et des institutions puissantes fondées sur les lois de la justice et de l'équité par les évêques réunis en conciles (*V.* CAPITULAIRES). — Parmi les glorieux restes des monuments de cette époque, nous n'en connaissons aucun qui puisse être comparé à la vénérable cathédrale d'Aix-la-Chapelle, bâtie par les ordres et sous les yeux de Charlemagne lui-même. A toutes les inventions du génie grec, le grand homme ajouta dans cette merveilleuse construction toutes les innovations enfantées par la puissance du génie chrétien. Nous nous estimons heureux d'avoir pu juger par nous-même du caractère imposant de ce célèbre édifice ; tout y respire une grandeur majestueuse, tout y rappelle la présence du grand empereur, de ce Charles, « dont le nom rayonne jusqu'à nous à travers plus de dix siècles, et qui n'est sorti de ce monde qu'après avoir enveloppé son nom d'une double couronne d'immortalité, de ces deux mots, *sanctus, magnus*, saint et grand, les deux plus augustes épithètes dont la terre et le ciel puissent couronner une tête humaine. » — Le vieux témoin de tant de grands souvenirs est belle et grande église, qui semble jeune encore sous le millier d'années qui la couvre. Elle se compose d'une vaste rotonde octogone et byzantine, à laquelle viennent se relier sept chapelles de la même époque et une chapelle grandiose, élevée par l'élégante architecture du XIIIᵉ siècle à la mère de Dieu. Cette rotonde, percée dans sa hauteur de deux rangées d'arcades byzantines, soutenues par des piliers carrés, est recouverte d'un dôme assez élevé. De ce dôme pend une énorme couronne d'argent doré, donnée à la cathédrale en 1160 par Frédéric Barberousse, empereur d'Allemagne. C'est un lustre à quarante-huit branches, d'un travail remarquable, et dont la circonférence n'a pas moins de 120 pieds. Au-dessus des arcades communiquant de la rotonde aux huit chapelles qui l'entourent, règne une série de tribunes d'où la vue domine sur toutes les parties de l'édifice. Ces tribunes sont décorées de peintures modernes représentant les traits relatifs à l'histoire sainte. L'abside, ajoutée au XIIIᵉ siècle, est du gothique le plus pur et le plus élégant ; ses nombreuses fenêtres s'élancent légères et hardies du pavé à la voûte, et laissent pénétrer à l'intérieur des flots de lumière colorée qui se répandent sur toutes les parties de l'édifice. — Un voisinage dangereux n'altère que légèrement la physionomie de la vieille et massive église ; sa majesté dont elle est si visiblement empreinte semble la mettre à l'abri d'une comparaison fâcheuse. Elle a eu cependant beaucoup à souffrir des prétendus embellissements dont le dernier siècle est venu l'affliger ; les rosaces chicorées et Pompadour se mêlent effrontément aux vénérables débris des ornements byzantins. Mais, à part ce malheur dont peu de cathédrales ont su se préserver, la vieille cathédrale représente bien la grandeur de l'époque où vivait le grand homme qui l'a créée et à qui elle sert de tombeau. Et, comme le dit un de nos grands poëtes (1), il existera toujours une harmonie étrange entre ce grand homme et cette grande tombe. — Cette fameuse cathédrale, dédiée à la sainte Vierge, fut bénie en 804 par le pape Léon III, qui vint solennellement en faire la dédicace. Trois cent soixante-cinq archevêques et évêques assistèrent à cette solennité. Les prodigieuses richesses conquises par Charlemagne sur les Maures servirent principalement à la décoration de cette église. Elle fut ornée de riches peintures représentant des sujets historiques et sacrés ; les ruines et les richesses de toute l'Italie servirent à la décorer avec magnificence et grandeur. L'ancien palais des empereurs à Ravenne, inhabité depuis des siècles, se dépouilla pour servir à orner la brillante

métropole de la Rome nouvelle ; tous les chefs-d'œuvre de sculpture qui décoraient le somptueux édifice, s'incrustèrent dans les murs, et devinrent les ornements de l'église nouvelle ; les portes et les balustres étaient de bronze, les chandeliers et les vases sacrés étaient d'or et d'argent, les ornements d'une richesse inestimable ; un immense globe d'or massif surmontait extérieurement le dôme de l'édifice. Ce n'était partout que marbre, or et porphyre... — Bien peu de ces richesses sont parvenues jusqu'à nous. La majeure partie devint la proie des Normands, qui vinrent insulter jusque dans son tombeau l'ombre du grand homme qui les avait si longtemps contenus. Tout ce que l'active prévoyance des fidèles n'avait pas eu le pouvoir de sauver, fut anéanti!... Ces dévastations déplorables datent de 882, soixante-huit ans seulement après la mort de Charlemagne. Il restait de nos jours encore d'assez beaux restes de l'antique splendeur de cette église. En 1794, lors de l'invasion française dans ce pays, les généraux républicains firent enlever et conduire à Paris. On voit encore au Louvre une grande partie de ces précieux débris. — Charlemagne ne se borna point à laisser dans Aix-la-Chapelle seulement des monuments de sa grandeur et de sa magnificence. L'Italie, l'Espagne, l'Allemagne et la France lui étaient redevables de leurs plus belles cathédrales. Il fit à Rome de nombreux voyages ; il en ramenait chaque fois de bons architectes, accompagnés d'habiles ouvriers. La renaissance de l'art en France leur est généralement attribuée. Dès l'apparition de ces chefs-d'œuvre, le mauvais goût cessa d'y régner ; le genre et la nouveauté de ces édifices influèrent tellement sur l'imagination des peuples, que l'on appliqua au type usité dans ces monuments le nom des ouvriers lombards et byzantins qui les avaient élevés. — La mort de Charlemagne (814) n'empêcha pas l'achèvement des édifices dont il avait entrepris la construction. Louis le Débonnaire suivit les exemples et les pieuses recommandations de son illustre père. Sa munificence et son zèle pour la religion lui firent construire un nombre considérable de cathédrales, de monastères et d'édifices religieux. Il est le fondateur de la cathédrale de Reims, dont il ordonna la construction en 840. Il envoya même son architecte Romuale diriger les travaux, lui ordonnant de se servir des pierres et matériaux qui formaient les murailles de la ville. Sous la persécution romaine, ces mêmes murailles avaient été construites avec les pierres provenant de la destruction des temples chrétiens. Il fit donc restituer à Dieu ce qui appartenait à Dieu. La cathédrale de Chartres s'élevait aussi sous ses auspices ; l'évêque Gislebert en fournissait les plans. L'église royale de Saint-Denis, continuée par Charlemagne et Pepin le Bref, marchait d'un pas rapide à son entier achèvement. Tous les rois ses successeurs, s'inspirant de son exemple, protégeaient l'achèvement et la décoration de tous ces édifices. Louis le Pieux mérita particulièrement d'entre eux tous ce glorieux surnom par le grand nombre de cathédrales édifiées de ses mains. C'est donc à la réunion des efforts des évêques et des rois que nous devons l'achèvement et la décoration de tous ces beaux monuments byzantins, si imposants et si majestueux. Bien peu de ces anciens monuments sont arrivés jusqu'à nous. La destruction du plus grand nombre est due à cette ardeur inconsidérée qui poussait les premiers siècles du moyen âge à démolir inutilement ces édifices pour les reconstruire ensuite sur de nouveaux plans. Le petit nombre de cathédrales de cette époque qui nous reste encore nous a engagé à entrer dans quelques développements sur celles qui par leur état de conservation peuvent offrir des particularités intéressantes. — Parmi ces précieux restes d'une époque si reculée, la cathédrale d'Arles figure comme la plus ancienne et la plus remarquable. Fondée en 601 par saint Virgile, évêque, elle fut consacrée le 17 mai 626, sous le nom de Saint-Etienne. Elle prit le nom de Saint-Trophyme qu'en 1152, époque où les restes de ce premier évêque y furent transportés. Ce vénérable monument est presque tout entier du VIIᵉ siècle ; le chœur seul fut reconstruit au XVᵉ siècle. Aucune église du midi de la France ne retrace d'aussi grands souvenirs historiques et religieux. Le cloître et le portail jouissent d'une grande célébrité ; le portail surtout captive l'admiration par ses proportions élégantes et la perfection des figures, perfection qui se rapproche de la pureté antique. C'est le monument de ce genre le plus remarquable de l'époque. Au-dessus de la porte d'entrée est l'Eternel qui, l'Evangile à la main, semble bénir le monde. Il est entouré des quatre évangélistes représentés par leurs symboles et attributs. Au-dessous, dans la frise, qui se prolonge sur toute la largeur du portail, l'artiste a représenté les prophètes et les Pères de l'Eglise, à gauche un chœur de vierges et de bienheureux, à droite une troupe de réprouvés précipités dans

(1) V. Hugo, *le Rhin.*

les flammes. Sous cette frise et dans les entre colonnements du portail , sont à gauche deux saints et un évêque, à droite deux Pères de l'Eglise et un bas-relief dans lequel est représentée une âme bienheureuse sortant du corps d'un saint martyr et portée au Père éternel par deux anges. Ce portail, d'une perfection et d'un fini précieux, ne date que du XIe ou XIIe siècle. Le nom de l'artiste est resté inconnu. — La cathédrale de Lyon mérite de venir en seconde ligne ; elle se compose de trois églises réunies en une. La première est celle de Saint-Etienne, construite au IVe siècle, et dont il n'existe plus qu'un pan de mur ; la seconde, qui existe à peu près en entier, est l'église Sainte-Croix bâtie au VIIe siècle ; la dernière est Saint-Jean, dont la construction, attribuée à Charlemagne, est en effet conforme au style de cette époque. Toutes les parties ogiviques datent du XIIIe siècle. Cette basilique est ornée de quatre tours carrées, riches de sculptures et d'ornements, dont l'une, celle de l'est, renferme la plus grosse cloche qui existe en France. Ses tours sont garnies de clochetons fort élégants. Deux galeries taillées à jour et une belle rose, divisée en compartiments légers, ornent agréablement cette façade. Dans l'intérieur de l'église, la longueur des nefs, l'élévation des voûtes, la multiplicité des colonnes, la richesse des sculptures, l'élégance de l'une des deux galeries, la beauté des vitraux, donnent à cet édifice un caractère imposant et majestueux. Cette métropole est l'une des trois plus anciennes des Gaules , et dès le IIe siècle elle se glorifiait d'avoir au nombre de ses évêques saint Pothin, disciple de saint Jean l'Evangéliste, martyr en 177, et saint Irénée qui lui succéda et qui souffrit également le martyre sous le règne de Septime Sévère en 202. — La cathédrale de Périgueux, dédiée à saint Front, premier apôtre du Périgord, est aussi très-remarquable par son ancienneté, sa grandeur et ses décorations. Elle est en forme de croix grecque, dont les bras qui sont égaux, ont une longueur de 181 pieds de chaque côté. Cinq coupoles très-hautes s'élèvent au point d'intersection de chacun des cinq carrés. Ces coupoles, bien conservées, se manifestent extérieurement par des espèces de pyramides qui ont été par la suite enveloppées sous un toit en charpente. Douze gros piliers carrés , d'une largeur de 20 pieds, soutiennent ces cinq coupoles. La partie du levant , qui forme le chœur et le sanctuaire, ne date que de 1582. Les fenêtres sont ornées de vitraux peints d'une belle conservation. — Ces dômes ou coupoles, qui sont le principal caractère des constructions byzantines de cette époque, se rencontrent encore dans l'intéressante cathédrale de Cahors, bâtie vers cette époque. Les deux belles et majestueuses coupoles qui la décorent rappellent la célèbre basilique de Sainte-Sophie à Constantinople. Dès l'an 614, saint Didier, évêque d'Auxerre, participait à leur construction. — Ce système de coupoles byzantines se rencontre aussi dans la cathédrale d'Angoulème, dont le portail est souvent cité pour l'originalité de sa construction , ainsi que dans l'antique et célèbre cathédrale du Puy', noble débris du Xe siècle, dont la Vierge miraculeuse lui amenait au moyen âge tant de grands et illustres pèlerins. Parmi les autres cathédrales de l'époque romane ou byzantine , nous devons citer celles de Bordeaux, Marseille, le Mans, Angers, Valence, Besançon, Autun ; celles de Ravenne, de Pise, Gênes, Parme et Ancône, en Italie ; en Allemagne , les anciennes cathédrales de Mayence, de Spire, de Worms, de Trèves et d'Aix-la-Chapelle, dont nous parlons plus haut, et, en Belgique, la vénérable cathédrale de Tournay. — La fameuse église de Saint-Marc, à Venise, figure aussi avec éclat parmi les plus belles cathédrales de construction byzantine. Construite en 829, elle fut incendiée au Xe siècle, et rebâtie ensuite telle que nous la voyons. Le doge Urséole Ier, qui gouvernait alors, confia ce travail à un célèbre architecte de l'époque , Buschetto di Dalichio. Malgré ses rapports de ressemblance avec l'église Sainte-Sophie de Constantinople, cette ancienne cathédrale présente un air de grandeur originale dont il est peu d'exemples. Cinq coupoles élégantes sont jetées hardiment au-dessus des voûtes. Cette belle combinaison donne à l'intérieur de cet édifice un caractère d'élancement des plus heureux. Ces coupoles forment extérieurement des dômes gracieux et élégants qui couronnent l'édifice de la manière la plus pittoresque. Ce monument est un singulier mélange de bizarrerie et d'originalité; le genre de sa construction met en défaut toute idée d'harmonie et de proportion. C'est ainsi que partout les ordres grecs ou romains coudoient le genre gothique ou byzantin ; les colonnades légères sont à côté des piliers massifs, et, chose inconcevable, ce mélange singulier produit des effets d'harmonie et d'ensemble que n'atteignent pas toujours les monuments où les règles architecturales sont les plus exactement observées. Tout en ne s'assujettissant à aucun principe , en ne suivant d'autres règles que les

caprices de son imagination, l'artiste s'est proposé de créer un monument parfait. Il a réussi en grande partie. Cette cathédrale de Venise est décorée avec une richesse et une somptuosité qui n'excluent pas le bon goût. Elle est presque entièrement recouverte de belles mosaïques représentant l'histoire de l'Ancien et du Nouveau Testament. Ces mosaïques, qui passent pour les plus anciennes de l'Italie, furent exécutées en 1071, et sont encore dans un parfait état de conservation. — Une ère nouvelle commence en France avec le XIIIe siècle. Cette ère porte l'empreinte d'une activité prodigieuse. Elle imprime aux arts une impulsion tout à fait nouvelle. L'architecture ne voulait d'abord que changer quelques parties, et modifier timidement quelques détails ; quand tout à coup elle en vient à se développer brusquement et à opérer dans l'art une révolution complète. On abandonne les formes graves et massives de l'art byzantin et du roman, on les remplace aussitôt par des formes élancées et légères d'un art inconnu ; des églises remarquables par leurs belles proportions s'élèvent dans toutes les parties de la France ; elles reçoivent des combinaisons de cet art un caractère d'élégance et de légèreté dont on n'avait encore aucun modèle. Les nefs se développent et prennent une extension prodigieuse ; le plein cintre des arcades et des fenêtres ne retombe plus lourdement ; on le remplace par des voûtes hardies dont les arcades élancées sur d'autres arcades semblent vouloir aller porter jusqu'au ciel les tributs d'un génie inspiré par la religion. L'art gothique (1) était créé, et brillait alors de tout son éclat ; il se répandit bientôt de la France dans l'Europe entière. D'humbles moines, de saints et pieux ecclésiastiques cultivaient paisiblement dans les austérités du cloître cet art merveilleux , qui devait changer l'aspect de la maison de Dieu : comment se sont-ils appelés ? On l'ignore. Travaillant pour Dieu seul, ces hommes ne connaissaient d'autre immortalité que celle des cieux; leur abnégation sublime couvrait d'un voile épais des noms qui sans elle seraient arrivés jusqu'à nous, rayonnants et glorieux. On ne connaissait point d'individus dans ce saint temps ; il n'existait que de sublimes associations, où chacun mettait en commun non-seulement sa vie, ses biens et son espérance, mais encore son génie, son âme et ses pensées. Avec quels soins ils ont travaillé, obscurs qu'ils étaient et perdus dans l'association ! Pour les avoir, il vous faut parcourir les parties les plus reculées, les plus inaccessibles de nos anciennes cathédrales. « Elevez-vous dans ces déserts aériens, aux dernières pointes de ces flèches où le de couvreur ne se hasarde qu'en tremblant, vous rencontrerez souvent, solitaire sous l'œil de Dieu, quelque ouvrage délicat, quelque chef-d'œuvre d'art et de sculpture où le pieux ouvrier a mis tout son âme... Pas un nom , pas un signe, pas une simple lettre; il eût cru voler sa gloire à Dieu » (Michelet, Histoire de France, t. II). Plus tard, aux XIIe et XIVe siècles, les congrégations religieuses répandirent parmi le peuple leur science et leur génie ; les artistes étaient toujours aussi nombreux et aussi habiles; ils étaient toujours remplis de ferveur et de foi; mais ils ne se tinrent pas assez en garde contre les tentations du démon de la vanité; ils travaillèrent autant pour leur propre gloire que pour la gloire de l'art; ils voulaient briller et arriver à la renommée par tous les moyens possibles. L'inspiration religieuse leur manqua dès lors; leurs productions ne contribuaient plus à exciter le même enthousiasme religieux. Cet enthousiasme qui pendant la durée des croisades avait transformé un peuple tout entier en une nation d'artistes, d'architectes et de sculpteurs, cet enthousiasme diminuait visiblement ; les travailleurs n'étaient plus ni si nombreux, ni si dévoués; l'édifice commencé ne s'achevait pas; les ressources dont on pouvait disposer n'étaient plus en rapport avec les dimensions d'un plan créé par l'ardeur et le dévouement de la foi. Ils étaient loin déjà ces temps mémorables où , à la nouvelle d'un édifice à élever, d'une cathédrale à construire, de pieux pèlerins accouraient de toutes les parties de la France, la pelle et la pioche à la main ; ce temps-là était l'apogée de l'art gothique, c'était la belle et brillante époque du style ogival primitif; c'est à cette époque qu'appartient la fondation de nos plus grandes et de nos plus belles cathédrales; c'est de Philippe Auguste à saint Louis que se sont élevés les monuments les plus

---

(1) Le mot gothique, dans le sens où on l'emploie généralement, est parfaitement impropre ; mais il est en quelque sorte consacré par un long usage. Nous l'adoptons donc comme tout le monde, pour caractériser l'architecture du moyen âge dont l'ogive est le principe. Cette dénomination barbare ne peut diminuer en rien le mérite de cette gracieuse architecture.

parfaits que l'art gothique ait jamais créés. — Parmi ces monuments, il n'en est point de plus parfait que la majestueuse cathédrale de Reims. C'est le chef-d'œuvre d'une époque qui ne créait rien que de parfait. Le feu du ciel ayant dévoré la vieille église de Louis le Débonnaire, on jeta en 1210 les fondements de l'église actuelle. L'élégance des formes, la richesse des détails et le fini de l'exécution, attestent victorieusement et le génie de nos pères et celui des architectes de ce merveilleux édifice. Leur nom mérite d'être cité. Robert de Coucy a élevé le chœur ainsi que les chapelles qui l'entourent ; Libergier a construit le portail, la nef et les deux tours. Ce portail est généralement cité comme le plus parfait de tous ceux qu'ait élevés le moyen âge. Il se compose d'abord de trois grandes portes d'entrée, autour desquelles l'artiste a tracé avec son seul ciseau un poëme religieux tout entier. « C'est l'histoire de l'Ancien et du Nouveau Testament, terminée par la résurrection générale, le jugement dernier, la punition des méchants et l'entrée des élus dans les demeures éternelles; enfin le couronnement et l'apothéose de la sainte Vierge, au milieu des anges et des chérubins, dominent toute cette composition. » Trois étages se trouvent superposés au-dessus des portes d'entrée; tous trois sont magnifiques et ornés des statues de tous les principaux personnages de l'histoire sacrée et de l'histoire profane. Enfin il n'est guère dans toute cette façade une pierre sur laquelle le génie de l'artiste n'ait gravé son empreinte en caractères merveilleux. Les façades latérales mêmes ne cèdent en rien à la façade principale; c'est la même délicatesse, la même multiplicité d'ornements. D'un autre côté, l'intérieur de ce merveilleux édifice peut être comparé à ce que le moyen âge a produit de plus parfait en ce genre; nous citons textuellement un résumé de la description de l'intérieur de cet édifice, qui se recommande par beaucoup de clarté et de précision. « L'intérieur de la cathédrale de Reims, dit M. de Jolimont, n'est ni moins riche, ni moins imposant que le dehors. Le plan a la forme d'une croix latine; la croisée est beaucoup plus rapprochée de l'extrémité du chevet que dans la plupart des autres églises de ce genre. La masse principale des piliers est ronde ; quatre autres piliers ronds d'un moindre diamètre leur sont adossés en forme de croix; ils sont tous couronnés de chapiteaux à feuillages. Au-dessus de ces chapiteaux s'élève un faisceau de piliers d'un très-petit diamètre, également ornés de bases, de cordons et de chapiteaux qui supportent la retombée des arcs et la nervure des voûtes. Entre les arcades des ailes latérales et les fenêtres de la nef règne dans tout le pourtour de l'église une galerie composée d'une suite de petites colonnes avec chapiteaux, et d'arcades ogives de 10 pieds d'élévation parfaitement en harmonie avec la gravité du style du reste de l'édifice. Enfin mille autres beautés d'architecture, de sculpture et de peinture, semblent vouloir placer la belle métropole de Reims au premier rang des belles cathédrales de la France. » La magie des souvenirs qui s'attachent à cet édifice exerce sur l'imagination un singulier prestige. C'est dans l'enceinte de cet édifice que sont venus successivement s'agenouiller depuis Clovis jusqu'à nos jours tous les rois qui ont gouverné la France. C'est depuis peu, et même de nos jours, que date la suppression des cérémonies du sacre, dont la sainte et ancienne tradition parlait si vivement aux souvenirs et à l'imagination des peuples (1). — Cependant l'ardeur des grandes constructions ne se ralentissait pas. L'élégante cathédrale de Chartres s'élevait majestueusement par la munificence et les libéralités du bon roi Robert. L'origine de la fondation de cette église remonte à 313. A cette époque, les habitants obtinrent de Constantin l'autorisation d'élever un temple à la Divinité. Incendiée vers le milieu du IXe siècle par les Normands, puis réparée par l'évê-

que Gislebert, cette ancienne basilique fut incendiée de nouveau pendant la guerre entre Thibaut, comte de Chartres, et Richard, duc de Normandie. Elle se relevait à peine de ses ruines, lorsque le 7 septembre 1020 elle devint la proie d'un terrible incendie qui dévora la ville tout entière. C'est alors que l'évêque Fulbert vint implorer les secours du roi Robert pour la reconstruction de son église. L'exemple du roi de France trouva bientôt de nombreux imitateurs; Canut, roi de Danemarck et d'Angleterre, Guillaume, duc d'Aquitaine, Eudes, comte de Chartres, et plusieurs autres seigneurs rivalisèrent d'efforts et de zèle pour la reconstruction de cet admirable édifice. Les artisans et bourgeois de la ville voulurent y contribuer aussi chacun selon leurs moyens. Le travail fut poussé avec une rapidité incroyable. En peu d'années on vit s'élever le nouvel édifice, un des plus beaux monuments du moyen âge et de la chrétienté. Il fut consacré le 17 octobre 1260 par l'évêque Pierre de Maincy, saint Louis régnant. Plusieurs parties de cet édifice conservent encore la vénérable empreinte de la construction primitive; le porche intérieur entre les deux tours, les deux tours elles-mêmes, sauf la partie supérieure de celle de gauche, et la façade occidentale tout entière, sont de cette première époque. Le reste de l'édifice brille principalement par les formes élancées de l'ogive. « On ne trouve dans l'intérieur de la cathédrale de Chartres, dit M. de Jolimont, ni ce grandiose, ni cette immense élévation, ni cette harmonie, ni cette légèreté qui excitent l'étonnement. Cependant aucun autre temple ne produit dans l'âme une impression plus profonde de recueillement et de vénération religieuse; aucun autre ne brille par une architecture plus gracieuse et plus largement entendue; aucun autre surtout ne possède à un plus haut degré cet aspect profondément rembruni que produit la grande quantité et la parfaite conservation des vitraux peints; nul autre ne donne une idée plus complète du caractère particulier imprimé aux grands édifices religieux de cette époque. » La longueur de ce bel édifice est de 420 pieds d'œuvre, la largeur de 108. Le chœur, entouré d'une double rangée de bas côtés, est orné de chapelles élégantes, parfaitement disposées. La belle galerie qui règne au-dessus des arcades, et les fenêtres divisées en panneaux terminés en trèfles, offrent le style du XIIe siècle dans toute sa pureté primitive. — Les deux clochers sont admirables d'élévation et de légèreté; ils s'élancent vers le ciel avec une hardiesse de structure dont il est bien peu d'exemples. Le plus remarquable des deux, celui de gauche, dit *clocher neuf*, fut seulement achevé en 1508. L'ogive, les fleurons, les pics aigus et toute la broderie de l'architecture gothique, en font un des plus beaux monuments du XVe siècle. En le contemplant, on dirait que l'architecte s'est efforcé de le détacher de la terre, et qu'il y a réussi; on dirait un besoin infini d'aller toucher les nues et de monter jusqu'à Dieu. La tour de Strasbourg, dont nous parlerons bientôt, est la seule en France qui par la hardiesse et l'élégance de sa construction puisse être avantageusement comparée aux deux admirables pyramides qui ornent le portail de la cathédrale de Chartres. Du sommet de ces tours, l'œil plane sur les belles plaines de la Beauce. L'église est construite elle-même au sommet d'une colline ; cette situation semble ajouter encore à la prodigieuse élévation de ces deux admirables clochers. La fondation première de la cathédrale de Strasbourg est généralement attribuée à Clovis; rebâtie en partie sous Charlemagne, elle fut complétement incendiée en 1007; puis reconstruite en 1015 sous l'évêque Werner. Sa construction n'a guère duré moins de trois siècles. On y travaillait encore en 1275. Cette cathédrale appartient au style ogival secondaire, sauf quelques parties, et notamment le transept méridional qui est de la première époque. Le style byzantin domine dans la coupole et dans les parties basses de l'édifice. Cet assemblage hétérogène donne à l'édifice un caractère de bizarrerie peu harmonieux. D'un autre côté, le chœur, construit sous Charlemagne, n'est pas en rapport avec les proportions colossales de la nef. L'extérieur seul offre un caractère vraiment majestueux; rien n'est comparable à la grandeur imposante et majestueuse du grand portail; l'art n'a produit jusqu'ici aucun monument dont l'élégance et la délicatesse puissent entrer en parallèle avec la tour gigantesque de ce célèbre édifice. La première pierre fut posée en 1277, sous l'évêque Conrad de Lichtemberg; l'ouvrage ne fut terminé qu'après quatre cents ans de travaux. C'est un chef-d'œuvre de légèreté, de hardiesse et d'élégance. C'est le plus haut clocher qui existe; sa hauteur est de 458 pieds (celui de Saint-Pierre, à Rome, n'en a que 420). Sa partie inférieure est décorée de trois beaux portiques qui se distinguent par de riches sculptures, de nombreuses statues et bas-reliefs. Au premier étage de la tour, on remarque une magnifique rosace, de

---

(1) C'est de Clovis que vient la pieuse coutume de signaler l'élévation d'un nouveau roi au trône par une consécration religieuse célébrée à Reims. Cependant plusieurs des successeurs de ce roi ne se conformèrent pas toujours à l'usage établi. Plusieurs cathédrales, et notamment celles de Paris et d'Orléans, voulurent contester à leur sœur de Reims ce sacré privilége. Mais Louis VI en 1108, ayant voulu se faire sacrer à Orléans, l'archevêque de Reims vint exposer que lui seul avait le droit de sacrer et de proclamer le roi, puisque lui seul occupait la place de saint Remy, qui avait baptisé et consacré Clovis. Louis VI eut égard aux remontrances du prélat; il se fit sacrer à Reims, et cet exemple fut suivi depuis lors par tous les rois qui lui ont succédé au trône de France. On sait que Charles X est le dernier roi qui se soit conformé à cette pieuse tradition.

près de cinquante pieds de diamètre, dont les vitraux peints de diverses couleurs donnent mille nuances variées aux rayons de lumière qui éclairent la vaste basilique. A cette hauteur on remarque sous les dais élégants les statues équestres de Clovis, Dagobert, Rodolphe de Hapsbourg et Louis XIV. Le deuxième étage, qui est percé de huit croisées ogivales surmontées d'un fronton triangulaire très-aigu, est terminé par une magnifique balustrade d'une légèreté admirable. Les niches, actuellement vides, renfermaient les statues de la Vierge, du Christ et des apôtres. Le vandalisme révolutionnaire les a fait disparaître. C'est ici que s'arrête à une hauteur de plus de 200 pieds la tour du midi. Mais la tour septentrionale continue à s'élever, et ne s'arrête qu'après avoir atteint au-dessus de l'autre tour l'étonnante hauteur de 237 pieds (c'est plus de deux fois la hauteur des tours de Notre-Dame). A l'aspect de ce merveilleux travail, le voyageur s'arrête indécis, ne sachant ce qu'il doit le plus admirer, de la grâce, de la légèreté, de la hardiesse et de l'élévation de ce prodigieux monument. Cent mille ouvriers furent employés pendant seize ans à sa construction. Afin de gagner les indulgences accordées à ceux qui s'occupaient à ces pieux travaux, ces ouvriers pratiquaient l'abstinence, et ne se nourrissaient que de pain et de quelques racines; ils allumaient des cierges quand la nuit était venue, et ils veillaient en chantant des hymnes et des cantiques. » Ils se réunissaient en compagnies qui avaient chacune leurs chefs et leurs statuts. Ils allaient ensuite s'établir dans les lieux où il y avait des édifices religieux à construire; les uns sculptaient des chapiteaux, des colonnes, les autres des bas-reliefs ou des statues; chacun avait sa partie dont il s'occupait exclusivement et dans laquelle il excellait. — Cet esprit de foi religieuse faisait qu'on n'épargnait ni peine ni sacrifices pour construire ces magnifiques cathédrales. C'était par esprit de foi que les hommes riches et puissants consacraient à la religion d'immenses forêts, qui furent couvertes d'églises et de monastères autour desquels nos villages, nos bourgs et même nos villes sont venus se former. De leur côté, les Normands, domptés par le génie chrétien, élevaient alors ces superbes monuments dont le sol de leur pays est encore couvert; on vit s'élever les superbes cathédrales de Rouen, de Séez, de Bayeux, d'Evreux et de Coutances. Tous ces monuments sont du style le plus pur et le plus élégant. L'impulsion s'étend bientôt dans la basse Normandie, dans la Bretagne et même dans la Flandre, où l'effort des peuples se concentre principalement sur la fondation des cloîtres et des monastères. Les religieux de Citeaux, entre autres, secondèrent particulièrement ce mouvement d'architecture. On cite la belle et célèbre abbaye des Dunes, comme entièrement construite par les seuls religieux, sans l'aide ni le secours d'aucun bras étranger. Un art admirable vint bientôt, par un heureux concours, compléter l'harmonieux ensemble de ces belles cathédrales. Née sous l'influence de la pensée chrétienne, la *peinture sur verre* (*V.* ce mot) acquit en peu de temps un développement prodigieux, et devint un des principaux ornements de ces beaux édifices. Nos vieilles cathédrales ont reçu de cet art un caractère intérieur que l'on ne rencontre nulle part, et qui ressemble à une magie céleste. Après avoir traversé ces élégants vitraux, tous recouverts de brillantes et mystiques peintures, les rayons lumineux, affaiblis et décomposés, répandent aussitôt dans l'intérieur du temple ces teintes harmonieuses et sombres, ces reflets imposants et mystérieux qui vont réveiller jusque chez l'incrédule le sentiment religieux qu'il croyait éteint, et qui provoquent si profondément en nous le recueillement, la prière et la contemplation. Presque toutes nos cathédrales conservent encore d'admirables restes de leurs anciens vitraux. Cette sainte et noble ardeur des grandes constructions s'anima davantage encore sous le règne de saint Louis. Ce siècle est de tout le moyen âge celui qui a produit le plus grand nombre de belles cathédrales. C'est sous ce règne que le gothique parvint à sa plus haute expression d'élégance et de pureté; c'est à partir de cette époque que cet art est véritablement devenu national en France. Dans le siècle suivant il commence à prendre une sorte de régularité méthodique et savante qui s'écartait visiblement des formes créées par l'instinct et l'inspiration des premiers temps. La science succédait au génie qui l'avait créée. La France possède deux chefs-d'œuvre merveilleux, dus en grande partie à l'art de cette époque; ce sont les cathédrales d'Amiens et d'Orléans. La première est citée par les artistes comme un chef-d'œuvre unique en son genre pour l'élégance des formes, la correcte perfection des détails, et l'harmonieuse disposition des masses. Plusieurs auteurs s'accordent à dire qu'elle est aux autres cathédrales du moyen âge ce que Saint-Pierre de Rome est aux autres monuments modernes. Cette église surpasse en effet par la

perfection de son plan et la grandeur de ses proportions la plupart des autres cathédrales de son époque. Rien n'est comparable à la grande nef de cet édifice. Le moyen âge n'a jamais rien produit d'aussi parfait. Les mots manquent pour peindre cette nef si vaste, si majestueuse et pourtant si légère, qui élève l'âme sans peser sur elle, et tous laquelle les chants de la prière ont quelque chose de vif et de joyeux. « Cette nef, dit un célèbre auteur moderne, semble être une cage à compartiments légers, où le jour abonde de toutes parts; elle est toute en lumière comme un globe de verre transparent soutenu dans les airs par une main invisible » (M. de Laborde, *Monuments de France*). — La fondation de cette église remonte à l'an 613. Saint Sauve, neuvième évêque d'Amiens, la dédia à saint Firmin, le premier de ses prédécesseurs. Brûlée en 881 par les Normands, puis rebâtie peu après, le feu du ciel la détruisit plusieurs fois en entier, notamment le 12 septembre 1213, sous l'épiscopat d'Evrard, quarante-troisième évêque. Animé d'un saint zèle pour la reconstruction de sa cathédrale, ce prélat ne négligea rien pour en pousser l'achèvement avec rapidité. Il fit choix du plus célèbre architecte de son siècle, de Robert de Luzarches, le Bramante du moyen âge. La mort du prélat et celle de l'architecte, qui survinrent quelque temps après, ne ralentirent pas les travaux. Le zèle de l'un et le génie de l'autre survécurent et servirent d'exemple et d'émulation à ceux qui leur succédèrent. Godefroy d'Eu, quarante-quatrième évêque, acheva les murailles jusqu'à la naissance des voûtes. Arnould, son successeur, termina les voûtes ainsi que les galeries, et bâtit un clocher qui n'existe plus. Ce ne fut qu'en 1288, sous l'épiscopat de Guillaume de Mâcon, que cette superbe basilique, exécutée en entier sur les plans de Robert de Luzarches, son premier architecte, fut complètement achevée. La dédicace se fit avec pompe et solennité. Cependant le grand portail n'était pas encore construit; les fonds manquaient. Après quelques années d'interruption, les travaux recommencèrent avec activité. Le portail, ainsi que les deux tours qui le surmontent, fut bientôt terminé. Cet ouvrage ne répond ni à la hardiesse ni aux riches et hardies conceptions de la nef. Son manque d'élévation donne à la façade de cette église un caractère peu en harmonie avec la gracieuse légèreté du reste de l'édifice. Pris isolément, ce portail a cependant quelque mérite, et présente de grandes beautés. Sa disposition inférieure rappelle beaucoup celui de la cathédrale de Reims. Les lignes parallèles sont à peu près semblables; mais ce dernier possède une symétrie et une homogénéité que l'autre est bien loin d'atteindre. Le mérite principal du portail d'Amiens consiste donc uniquement dans des richesses de détails qui rachètent quelque peu son défaut d'uniformité et de grandeur. Les trois portiques qui décorent la base sont d'une assez bonne disposition, et produisent un effet des plus gracieux. Il en est de même des deux rangées de galeries légères qui surmontent ce portique, et qui sont ornées des statues de vingt-deux rois de France jusqu'à Philippe Auguste, ornements précieux, dont beaucoup de monuments ont été si indignement dépouillés. Considérée du côté des façades latérales, cette basilique produit l'effet le plus merveilleux. Ses heureuses et imposantes proportions, l'accord et la régularité de toutes les parties de son vaste ensemble, portent l'empreinte de la conception d'un génie admirable et hardi. La délicatesse des fenêtres, la prodigieuse élévation des combles et de cette belle flèche, revêtue d'arêtes fines et élégantes, qui s'élance à la prodigieuse hauteur de 402 pieds au-dessus du pavé; cet ensemble admirable élève la pensée humaine: arraché à la terre, elle grandit et s'élève vers les cieux. — Mais la cathédrale d'Orléans, terminée de nos jours seulement, n'est ni moins gracieuse, ni moins imposante. C'est un chef-d'œuvre de légèreté, d'harmonie et d'élégance. Dans son origine, ce beau monument eut à subir le sort des autres cathédrales de France, tour à tour pillées, incendiées, dévastées ou détruites par les guerres ou les invasions. En 1287, sous le règne de Philippe le Bel, l'évêque Gilles Partay jeta les fondements de l'église actuelle. Mais en 1567 les calvinistes la détruisirent presque entièrement. En 1601, Henri IV étant allé à Orléans avec la reine, où il séjourna quelque temps, posa la première pierre de la reconstruction du nouvel édifice sur les ruines du précédent. Malgré tout le zèle des fidèles, malgré les secours d'argent envoyés de toutes parts, la construction n'avançait que lentement, et il était réservé à notre époque de voir terminer ce superbe monument. Sa légèreté, son extrême élégance, la perfection de ses nombreux ornements, et le caractère entièrement neuf des tours du grand portail, en font un des plus beaux monuments de la France. L'architecte Gabriel s'est efforcé d'imiter, dans cette reconstruction, l'architecture gothique des XIII° et XIV° siècles; il a eu assez de bon goût pour s'affranchir du mauvais style et des innovations pitoyables que le XVIIIe siècle avait introduits dans les restaurations des monuments gothiques. Cet édifice offre dans toute sa pureté le caractère primitif de l'architecture des XIIIe et XIVe siècles. — Sauf le portail, il présente un caractère d'unité parfaite presque sans exemple dans les édifices de ce genre. La façade se compose de deux parties principales, le portail proprement dit, et les deux tours qui le surmontent. Elle est divisée dans toute sa hauteur par quatre grands contre-forts, surchargés de colonnes et d'ornements gothiques. Les tours offrent des milliers de colonnes et d'arceaux découpés en trèfle qui étonnent par la grâce et la légèreté de leur forme. Ces colonnes sont surmontées d'une jolie balustrade. Enfin une colonnade circulaire entièrement à jour, ornée de quatre statues d'anges colossales, termine ces deux tours d'une manière aussi heureuse qu'élégante. Les façades latérales offrent aussi les plus beaux détails d'architecture gothique ; les extrémités de la croisée sont terminées par deux grands portails, remarquables par les rosaces et autres ornements d'une légèreté extraordinaire dont ils sont ornés. L'intérieur de cette cathédrale est vaste et présente d'heureuses proportions. Sa longueur est de 390 pieds sur une largeur de 162. La hauteur des deux tours est de 242 pieds. Une flèche, d'une admirable légèreté, construite en 1707, s'élève, du centre de la croisée, à une hauteur de 120 pieds au-dessus du toit. — Nous n'en finirions pas si nous voulions donner la description de toutes ces merveilleuses cathédrales, dont le moyen âge a couvert le sol de la France ; nous avons décrit en partie les plus remarquables, celles qui sont les plus célèbres, et qui sont citées dans le monde entier comme les chefs-d'œuvre les plus admirables que l'art ait jamais produits. Pour ce qui est des autres cathédrales, nous nous bornerons à décrire, dans un résumé rapide et succinct, les beautés qui les distinguent, ainsi que les principaux faits qui s'y rattachent. — Tout inachevée qu'elle est, la cathédrale de Beauvais est souvent citée par les admirateurs de l'art gothique ; elle mérite en effet de fixer l'attention. Elle fut fondée en 901. Un incendie consuma les combles en 1225 ; le chœur et une partie de la nef s'écroulèrent en 1284. Saint Louis, sur la demande de l'évêque, envoya pour diriger sa reconstruction le célèbre architecte Eudes de Montreuil, qui l'avait accompagné en Palestine. Mais les travaux marchèrent avec lenteur ; le chœur ne fut terminé qu'en 1424 ; on ne commença les travaux de la croisée qu'en 1500, et la nef n'a jamais été construite. Le chœur de cette cathédrale est souvent cité comme le plus beau modèle d'architecture gothique qui existe. Son élévation est de 142 pieds ; les ornements qui le décorent sont d'une richesse et d'une beauté dont il est peu d'exemples. On dit proverbialement que le *chœur* de Beauvais, la *nef* d'Amiens, le *portail* de Rheims et les *clochers* de Chartres, s'ils étaient réunis, formeraient une église parfaite. Une église ainsi composée serait un assemblage de chefs-d'œuvre merveilleux ; mais elle ne serait pas parfaite parce qu'elle serait dépourvue de cette unité qui est une des premières conditions indispensables à la perfection d'un monument. — La cathédrale de Bourges est célèbre par ses beaux vitraux peints. C'est sous ce rapport une des plus riches de la France entière. Ces vitraux sont admirables et d'une belle conservation ; les mosaïques en sont belles et élégantes ; ils appartiennent presque tous au style du XIIIe siècle. Cette cathédrale figure parmi les plus belles de France. C'est une basilique fort élevée (110 pieds), dont la construction présente beaucoup d'harmonie et de grandeur. Elle n'a ni transept ni chapelles dans les sous-ailes de la nef ; mais deux rangs de bas côtés en occupent le pourtour, et huit chapelles d'une belle disposition rayonnent autour du sanctuaire. Cette métropole appartient au style ogival primitif, sauf les parties basses du portail et de la nef, qui appartiennent au style byzantin, et les chapelles collatérales du chœur, qui sont du XIVe siècle. Son portail est assez remarquable ; les nombreuses sculptures dont il est couvert sont d'une élégance et d'une richesse dont le moyen âge offre peu d'exemples. Toutefois il est loin de présenter ce caractère gracieux et élancé des grandes cathédrales de Rouen, par exemple. En effet, le portail de cette célèbre métropole est considéré comme un des plus magnifiques de la France entière, tant sous le rapport de l'ensemble et de la disposition des masses que sous celui des statues, des bas-reliefs et des ornements dont il est décoré. L'esprit a peine à concevoir tant de magnificence, tant de richesse. Ce portail contient à lui seul de quoi décorer convenablement trois cathédrales. Quatre tourelles carrées et évidées accompagnent un magnifique fronton, et le rattachent aux deux grandes tours placées à chaque côté de ce portail incomparable. La hauteur des tours est de 230

pieds. Celle du midi, appelée tour de Saint-Romain, offre des travaux des différents genres d'architecture qui se sont succédé du VIIe au XVe siècle. Cette superbe basilique a plusieurs autres portiques tout aussi richement décorés. Elle renferme plusieurs chapelles remarquables, dont la plus célèbre est située derrière le chœur, et dédiée à la Vierge. Elle est d'un travail admirable et d'une grande légèreté ; elle a 150 pieds de hauteur et 88 de longueur ; la longueur du chœur est de 108, celle de la nef de 212. La longueur totale de l'édifice est de 408 pieds ; la largeur du transept est de 165, la hauteur de 152. Au centre de la croisée sont quatre énormes piliers qui soutiennent le soubassement d'une tour carrée, de laquelle s'élance avec hardiesse un clocher pyramidal en fer de fonte, à peu près achevé, et construit sur les dessins de M. Alavoine. Sa hauteur est de 436 pieds ; il remplace l'ancienne flèche en pierre détruite par la foudre le 15 septembre 1822. Son genre de construction la mettra désormais à l'abri d'un accident semblable. — A l'exception des chapelles des bas côtés, qui ne datent que du commencement du XVe siècle, la cathédrale de Coutances appartient tout entière à l'élégante période du style ogival primitif. Dans tout le reste de cet édifice, l'ogive brille avec tout l'éclat de sa pureté primitive. Commencée en 1030, achevée trente ans après, elle fut considérablement réparée en 1372 (1). Les deux flèches du portail furent élevées en 1056 ; l'admirable lanterne qui s'élève sur le transept date aussi de la même époque ; l'effet qu'elle produit à l'intérieur est vraiment merveilleux. Là, point de voûte qui, comme à Rouen et à Bayeux, empêche la vue de pénétrer à travers la lumière des fenêtres du dôme jusqu'à l'extrémité de la flèche. Ailleurs, le transept est éclairé par deux fenêtres ou rosaces pratiquées dans les portails latéraux ; ici c'est du milieu de la croisée, d'un dôme transparent, pour ainsi dire, que le soleil répand entre le chœur et la nef sa lumière éclatante. — Le dôme qui décore la croisée de la cathédrale d'Evreux est un monument de la piété de Louis XI. Quoiqu'il soit loin d'offrir cet aspect merveilleux et élancé qui caractérise celui de Coutances, ce dôme n'en est pas moins remarquable par le genre élégant et gracieux de sa construction. Il s'élève à 240 pieds au-dessus du sol. La cathédrale d'Evreux, souvent dévastée et toujours réédifiée, offre des morceaux d'architecture et de sculpture de différentes époques ; le gothique et le byzantin s'y rencontrent souvent confondus et mêlés, de manière qu'il est pour ainsi dire impossible d'assigner une date certaine aux diverses parties de cet édifice. — La cathédrale de Metz fut primitivement élevée par saint Clément dès les premiers temps du christianisme. Le temple actuel fut commencé vers le milieu du XIe siècle par l'évêque Thierry II. En 1480, on démolit pour le reconstruire le chœur et les deux chapelles latérales bâtis par Charlemagne. La tour commencée à cette époque n'a été achevée que de nos jours ; elle n'a pas moins de 402 pieds de hauteur ; le travail est d'une légèreté et d'une hardiesse remarquable. L'intérieur de cette cathédrale est d'une construction délicate et hardie ; elle est transparente et toute percée à jour par une double rangée de belles et grandes fenêtres, ornées de vitraux peints d'une bonne exécution. — Il n'est point de cathédrale en France dont la construction ait marché avec tant de lenteur que celle de Toul ; cinq siècles de travaux ont à peine suffi à son entier achèvement. Fondée d'abord en 335 par saint Mansici, son premier évêque, brûlée ensuite par les Normands, saint Gérard, trente-quatrième évêque, jeta en 965 les fondements de l'église actuelle ; Pibon, quarantième évêque, construisit les deux portails latéraux ; le duc Ferry III fournit ensuite les fonds pour la construction du chœur ; le pape Eugène III vint en faire lui-même la dédicace. Malgré ses nombreux bienfaiteurs, cette église n'était pas encore voûtée en 1395. Ce fut alors qu'un bourgeois de Verdun, Jean Daltrac, entreprit et termina, à ses dépens, ces derniers travaux. Le portail resta inachevé. Commencé en 1450, il fut terminé au commencement du XVIe siècle par Jacquemin de Commercy, un des plus célèbres architectes de son temps. Ce portail, large de 130 pieds, est d'un effet agréable et imposant. Les deux tours, hautes de 521 pieds, sont assez élégantes et d'un travail dont l'ensemble est très-harmonieux. L'intérieur est rempli d'iné-

(1) Cette restauration explique la contradiction plus apparente que réelle que certains auteurs croient remarquer entre l'époque de la construction de cet édifice et son genre d'architecture. « Les guerres, dit un vieux chroniqueur normand, l'ayant moult endommagée et empirée par les pierres d'engin que les ennemis jetèrent, et l'ayant mis en voie de choir en ruines, on y fit de notables amendements. » C'est probablement lors de ces réparations que l'ogive remplaça le plein cintre.

galités choquantes, suite inévitable d'une construction reprise à tant de différentes époques. — On ne possède aucune notion certaine sur la construction de la cathédrale de Senlis ; il n'en est point dont les historiens se soient si peu occupés. Tout ce que l'on sait, c'est que cet édifice existait en 1504, et qu'ayant été incendié par le feu du ciel il fut en partie restauré et reconstruit. C'est cependant un des monuments les plus remarquables que le moyen âge ait produits en France. Son portail présente une variété de style qui répond victorieusement aux reproches d'uniformité et de monotonie des détracteurs de l'art gothique ; on admire aussi l'élévation, la légèreté et l'élégance étonnante du clocher méridional, regardé comme l'un des plus beaux de la France entière. Il est souvent comparé au clocher neuf de Chartres, qui, beaucoup plus moderne, plus compliqué et plus riche de détails, est peut-être moins sévère de formes et moins régulièrement beau. La partie inférieure du chevet de l'église présente d'intéressants vestiges d'architecture romane. Les portails latéraux, construits par François Ier, se font remarquer par une prodigalité de détails qui contraste singulièrement avec la noble simplicité du reste de l'édifice. L'intérieur se distingue par la régularité de ses belles proportions : on y remarque, comme à Notre-Dame de Paris, une série de tribunes ménagées au-dessus des bas côtés, et régnant tout autour de la nef et du chœur. Ce dernier a été défiguré dans le dernier siècle par des ornements et des peintures dont le mauvais goût est peu en harmonie avec le style général de l'édifice. On regrette aussi de voir le monument entouré de constructions particulières, qui ne permettent pas de le juger son ensemble et sa régularité. Il en est de même de beaucoup de cathédrales en France ; telles sont celles de Metz, de Bourges, de Strasbourg. — La construction de la cathédrale de Bordeaux est d'un grand intérêt archéologique, à cause de ses différents genres d'architecture, depuis le roman secondaire et de transition jusqu'aux dernières périodes du gothique. Le chœur est de cette époque ; il est admirable d'élévation et de légèreté. L'édifice est long de 378 pieds. Un élégant clocher, d'une hauteur de 315 pieds, l'ornait autrefois ; les furieux démagogues de 93 le démolirent presque entièrement ; ce qui reste aujourd'hui est transformé en une fabrique de plomb de chasse. Le clocher fut construit en 1440, et nommé Peyberland, du nom de Pierre Berland, son architecte, qui de fils d'un pauvre paysan du Médoc parvint par son mérite et ses vertus à l'archevêché de Bordeaux. — La France a peu d'édifices comparables à la cathédrale de Troyes, beau monument gothique dont la tour et le portail sont d'une élégance qui, dans ces édifices, n'accompagne pas toujours la légèreté. On admire aussi l'immensité du vaisseau, la hardiesse et l'élévation des voûtes, la justesse et le grand effet des proportions. Pour être parfaite, il ne manque à sa nef qu'un peu de largeur et plus de légèreté dans les piliers qui la séparent des bas côtés. Cette nef et le chœur appartiennent au gothique primitif ; la grande tour et le portail seuls datent de la fin du XVIe siècle. La longueur extérieure de cet édifice est de 376 pieds, sa largeur de 164. La hauteur des voûtes est de 95 pieds. L'intérieur est orné d'une magnifique coupole d'une hauteur de 200 pieds. Les vitraux de la nef et du clocher sont de toute beauté et d'une conservation parfaite ; ils datent presque tous de la fin du XIIe siècle. La grande rose placée au-dessus du portail est remarquable par la hardiesse de sa construction, par l'harmonie et la vivacité des vitraux. — Le siège le plus ancien et le plus vénéré de l'ancienne Gaule est sans contredit celui sur lequel s'est assis saint Martin, évêque de Tours. Cette cathédrale a toujours été citée comme la plus illustre et la plus célèbre. Grégoire de Tours ne la nomme jamais que la sainte église, l'église sacrée. Elle a toujours été de la part de nos rois l'objet d'une bienveillance et d'une protection tout à fait spéciale. Brûlée en 561, reconstruite peu après par Grégoire de Tours, puis rebâtie sur la fin du XIIe siècle, saint Louis termina le chœur de cette église, qui ne fut entièrement achevée qu'en 1507. Les portails si gracieux, dont Henri IV disait qu'on devrait les mettre dans un étui, furent achevés en 1510. Cette cathédrale est un magnifique monument remarquable par sa grandeur, sa légèreté et surtout par l'élégance et la richesse du portail principal. Sa rosace, d'une construction originale (deux ogives ajustées en sens inverse), est un travail d'une délicatesse remarquable. — L'église de Sens remonte aux premiers temps du christianisme. La cathédrale actuelle, commencée par saint Anastase, fut consacrée par Sevin, son successeur. Plus tard, elle fut agrandie et restaurée par les évêques Henri Sangier et Hugues de Roncy (1143 à 1168), qui la construisirent telle que nous la voyons maintenant, à l'exception du transept commencé en 1490, et des deux tours, dont l'une, commencée par Philippe Auguste, n'a jamais

été achevée, et l'autre, celle de droite, terminée en 1267 par l'évêque Pierre de Charny. L'extérieur de cet édifice est loin d'offrir cette richesse de style qui caractérise la plupart des monuments dont nous venons de nous occuper. Les fenêtres, étroites et peu divisées, accompagnées de contre-forts lourds et sans grâce, n'offrent à l'imagination que l'idée de la solidité à laquelle on ne savait pas encore unir l'élégance et la légèreté ; le portail seul est d'un effet assez majestueux. L'intérieur offre aussi assez d'ensemble et de régularité ; mais le mérite essentiel de cette cathédrale consiste principalement dans les monuments de sculpture qu'elle renferme, ainsi que dans les restes admirables encore des fenêtres et vitraux peints, échappés comme par miracle au vandalisme révolutionnaire. Ces vitraux, dont les principaux sont du célèbre Jean Cousin, sont surtout remarquables par la pureté et la correction des dessins. Cependant il n'est, sous ce rapport, aucun de nos grands monuments religieux que l'on puisse comparer à la belle cathédrale d'Auch. Ses admirables vitraux, parfaitement conservés, sont les plus beaux, non-seulement de la France, mais encore du monde entier (1). — Nous ne finirions pas, s'il nous fallait retracer les beautés sans nombre qui caractérisent les autres cathédrales de France. Vingt autres de ces édifices, tout aussi remarquables que ceux dont nous venons de nous occuper, devraient ici trouver leur place si l'espace ne nous manquait. Nous ne ferons que mentionner d'abord la belle cathédrale de Laon, si remarquable par la belle construction de ses tours et l'originalité de son portail ; celle de Saint-Quentin, si imposante et si hardie, située sur une hauteur qui domine la ville ; celle d'Alby, bâtie aussi sur le sommet d'une colline, avec sa tour colossale et imposante, haute de 290 pieds ; cathédrale de granit dont le ciseau de l'artiste a si brillamment triomphé en lui donnant les formes les plus gracieuses et les plus légères. Citons aussi la cathédrale d'Auxerre, avec son beau portail inachevé qui ressemble à une ruine ; celle de Meaux, avec son magnifique sanctuaire, un des plus beaux de France, avec sa chaire longtemps occupée par l'immortel Bossuet ; et celle de Cambray, absorbée par le souvenir du vertueux Fénelon. Citons aussi la cathédrale de Séez, beau monument du règne de saint Louis ; celle de Vienne, si hardie et si imposante ; celle d'Angers, avec son beau portail tout encombré de figures et d'ornements ; celle de Saint-Lô, si gracieuse et si légère, avec ses deux flèches élevées à près de 300 pieds, par une succession infinie de petites pierres de moins de six pouces d'épaisseur, qu'aucun lien ne réunit ; celle d'Autun, avec son élégant clocher pyramidal qui domine si majestueusement le centre de l'édifice ; celle du Mans, dont la construction, si intéressante à étudier, a duré plus de six siècles, et vingt autres encore toutes remarquables par leur ancienneté ou leur construction. L'art gothique ne s'est pas borné à décorer la France seulement de tant de somptueux édifices. Il n'est aucun pays de l'Europe qui n'en possède un grand nombre ; le sol de la Belgique surtout est riche par ses admirables cathédrales gothiques ; nous ne citerons que celle d'Anvers, longue de 420 pieds, avec son immense clocher, non moins élevé ni moins hardi que celui de Strasbourg ; celle de Sainte-Gudule à Bruxelles, avec son architecture si noble et si imposante ; celle Saint-Jacques, où l'admirable dentelle de pierre, la merveille des merveilles, comme l'appelle un auteur moderne. L'Angleterre s'enorgueillit de posséder les belles cathédrales d'Yorck et de Cantorbéry. L'Allemagne cite comme ses plus beaux monuments les cathédrales de Ratisbonne, de Vienne, de Mayence, de Trèves, de Spire et celle de Cologne (V. ce mot) qui s'achève en ce moment, et à laquelle nous consacrerons bientôt un article spécial. — Il nous reste maintenant à nous occuper de la célèbre métropole de Paris, placée au premier rang des grandes cathédrales de France, comme étant la plus ancienne et l'une des plus remarquables sous le point de vue historique et religieux. L'origine de sa fondation remonte aux premiers établissements du christianisme dans les Gaules. La première basilique de Paris, élevée sous le règne de Constantin, devint bientôt insuffisante pour contenir les nombreux fidèles. A la sollicitation de saint Germain, évêque de Paris, Childebert fit élever, sur les ruines d'un temple de Jupiter, un édifice plus vaste et dont rien n'égalait la magnificence, disent les chroniqueurs du temps. Construit vers 555, ce monument, dé-

(1) 20 fenêtres de 40 pieds chacune contiennent en partie l'histoire de l'Ancien et du Nouveau Testament, et plusieurs autres sujets, dont les principaux représentent le martyre de plusieurs saints et apôtres. Ces magnifiques compositions, portant la signature d'Arnault Demole, furent terminées en 1513.

vasté par les Normands en 875, dura plus de trois siècles encore après cet événement, grâce à de fréquentes et nombreuses réparations. Maurice de Sully, nommé archevêque de Paris en 1164, conçut le projet de le rebâtir entièrement d'après un plan nouveau conçu dans de vastes proportions. Secondé par la générosité des princes de son temps, il jeta les fondements de la cathédrale actuelle sur l'emplacement de l'ancienne. La première pierre fut posée par le pape Alexandre III, alors réfugié en France. Le prélat mourut (1196), laissant à ses successeurs le soin de terminer l'œuvre commencée. On ignore la date de l'entier achèvement de cet édifice; on sait seulement qu'il s'est écoulé plus de deux siècles entre l'inauguration et le commencement des travaux. Le grand portail date de Philippe Auguste; le portail sud, de saint Louis (1); le portail septentrional fut construit cinquante ans après, sous Philippe le Bel, avec le produit de la confiscation des biens des templiers. La petite et gracieuse porte rouge date de la fin du XIVe siècle. Les chapelles latérales du chœur et des bas côtés sont aussi de cette époque. Ainsi que la plupart des grandes cathédrales dont nous venons de parler, la partie inférieure du portail de cet édifice se compose de trois portiques de proportions différentes. Tous trois sont ornés de sculptures et de bas-reliefs précieux, remarquables par leur composition et leur ancienneté. Malheureusement les mutilations nombreuses qu'ils ont eues à subir dans ces derniers temps les ont rendus presque méconnaissables. Il en est de même de l'élégante galerie qui surmonte ces trois portiques. Les trente-deux colonnettes légères qui ornent cette galerie ne font plus qu'indiquer la place où se trouvaient, avant 93, les statues colossales de vingt-huit de nos rois. Une rosace admirable, aux riches découpures, orne brillamment le premier étage de ce portail. Aux deux côtés sont des arcades à double vantaux. Au-dessus s'élève une admirable série de trente-deux colonnes élégantes et légères qui couronnent cette façade et s'étendent sur toute sa largeur. Ces colonnes soutiennent des arcades trilobées d'une belle ordonnance, et supportent une charmante balustrade qui forme le couronnement du portail. Les deux tours, dont l'ornementation est d'une grande richesse, se détachent de cette balustrade et s'élèvent jusqu'à la hauteur de 204 pieds. Elles sont percées des quatre côtés d'arcades à ogives et soutenues par des faisceaux de colonnettes parfaitement disposées. Une balustrade légère, découpée à jour, termine l'édifice. Ce portail est d'un effet grave, imposant et majestueux. La disposition des masses est sage et heureuse, les lignes qui les coupent sont d'une belle et noble sévérité. Malgré l'emploi des arcades gothiques, que l'on remarque dans toutes ses parties, le genre de sa construction rappelle la force et la majesté de l'architecture lombarde, plutôt que la grâce et la légèreté de l'architecture gothique. C'est qu'en effet Notre-Dame est un édifice appartenant à l'époque de la transition de ces deux genres. Ce n'est plus une église romane, ce n'est pas encore une église gothique. L'architecture de cet édifice est une espèce de mélange confondu et harmonisé de chacun de ces deux caractères. « Notre-Dame de Paris, dit M. de Jolimont, ne présente point ce luxe d'ornements, cette prodigalité de détails et cette variété de composition que l'on remarque dans la plupart de nos grandes cathédrales ; le caractère principal et le mérite réel de cette célèbre basilique consiste au contraire dans une noble sévérité de lignes, dans la majestueuse simplicité des formes et dans l'unité de tout l'ensemble, dispositions rarement observées dans les constructions postérieures au XIe siècle. » Cet édifice offre cependant plusieurs irrégularités, résultats inhérents à une construction reprise à plusieurs époques. Elles sont peu sensibles cependant, surtout à l'extérieur. Il faut un assez long examen avant de s'apercevoir du manque de symétrie des deux portails latéraux qui ne sont pas de même largeur. Cette inégalité se retrace à l'intérieur avec quelques autres encore d'une manière assez visible. La transition des styles y est aussi fortement prononcée ; les lourds piliers byzantins de la nef soutiennent des arcades et colonnettes gothiques de la plus grande légèreté. C'est pour ainsi dire le roman greffé sur le gothique. Mais ces édifices de la transition du roman au gothique sont tout aussi curieux à étudier que ceux qui offrent les types les plus purs ; ils font connaître l'état des arts à diverses époques, et servent à exprimer en architecture une nuance intermédiaire

qui n'existerait pas sans eux. — L'intérieur est d'une construction imposante et hardie. « Quand on entre dans ce temple, dit M. Gilbert, on ne peut s'empêcher d'être frappé d'étonnement et d'admiration en voyant les efforts et la persévérance avec lesquels, pendant plus de deux siècles, nos ancêtres sont parvenus à élever à la Divinité l'un des plus vastes monuments de la chrétienté. L'intérieur de ce bel édifice, qui figure une croix latine, est soutenu par 120 piliers régulièrement disposés, quoique de forme et de construction différentes. Ces piliers, qui forment une double enceinte régnant tout autour de l'édifice, soutiennent d'élégantes galeries ouvertes dans toute l'étendue de chaque travée de la nef et du chœur ; 123 fenêtres ou vitraux éclairent l'intérieur ; 27 chapelles, dont plusieurs contiennent des chefs-d'œuvre remarquables, complètent admirablement la grandeur et la magnificence de cette célèbre cathédrale. — Notre-Dame a 390 pieds de long ; sa largeur à la croisée est de 144 pieds. La hauteur intérieure de la grande nef est de 104 pieds ; sa longueur de 225 pieds, et sa largeur de 39 pieds. Le chœur a en longueur 115 pieds sur une largeur de 55. Le grand portail a 128 pieds de développement ; ce portail si majestueux et si imposant le serait davantage encore si la main de l'homme, jointe à celle du temps, n'était venue enterrer l'édifice en faisant disparaître par l'exhaussement progressif du terrain, les treize marches qui l'élevaient au-dessus du sol. Ces treize marches ajoutaient à la hauteur de cette façade et lui donnaient un caractère d'élancement qu'elle n'a plus. Ce n'est pas là, à beaucoup près, la seule altération parfaite de l'ensemble et du caractère général de cet édifice. On ne peut que déplorer les funestes résultats produits par le peu de goût ou plutôt par l'ignorance des divers architectes qui pendant les deux derniers siècles ont présidé aux restaurations de ce bel édifice. C'est ainsi qu'ils ont osé remplacer par d'ignobles tuyaux de plomb les élégantes gargouilles qui ornaient d'une manière si pittoresque l'extrémité des contre-forts. Les moulures si richement sculptées de la magnifique rose du grand portail, ainsi que les élégants pignons qui surmontaient les façades latérales, ces gracieux ornements disparurent au nom de la rectitude et de la régularité. Triste et froide manière d'entendre l'art (1) ! — Ce n'est pas tout encore, jamais les réactions ne s'arrêtent à moitié chemin : une flèche admirable d'une construction hardie surmontait la croisée de l'église, et « s'enfonçait dans le ciel plus avant que les deux tours. » Sa hauteur (245 pieds) et sa construction légère et dentelée en faisaient une œuvre remarquable ; quelques réparations étaient nécessaires pour la consolider ; on trouva tout naturel d'abattre un chef-d'œuvre qui ne servait plus à rien (1787). C'était moins coûteux qu'une restauration, et beaucoup plus expéditif. Ce n'est pas tout encore ; une élégante colonne coupait le grand et beau portique du milieu de la façade, un bas-relief représentant le jugement dernier ornait ce portique. On voulait, disait-on, faciliter l'entrée des cortéges qui se rendaient à l'église dans les grandes cérémonies. Soufflot déshonora son talent en remplaçant par une porte bâtarde, dont l'ogive incroyable montait jusqu'aux deux tiers du célèbre bas-relief, qu'il détruisait ainsi presque en entier, l'élégante colonne et l'antique porte toute couverte encore de gracieuses arabesques en fer, dont Biscornet s'était plu à l'orner. A ces dévastations *réfléchies* vinrent se joindre celles, plus déplorables encore, dues aux excès révolutionnaires. Vingt-huit statues de rois, précieuses sculptures du XIIIe siècle, ornaient la première galerie, et contribuaient puissamment à l'harmonie de l'ensemble. Les vingt-huit statues sont descendues et brisées en morceaux. Toutes les riches sculptures, tous ces ornements précieux qui décoraient la sainte basilique, sont tous mutilés ou anéantis. Les modernes Vandales trouvaient donc le moyen de surpasser les exploits des anciens ; ceux-ci ne dévastaient que les monuments de leurs ennemis, les autres détruisaient de leurs propres mains les chefs-d'œuvre et les monuments. — L'intérieur du temple n'a pas eu moins à souffrir des caprices du goût et de la mode ; le chapitre lui-même prêtait les mains à la dégradation de son église — Il n'eut ni le courage ni le bon goût de s'opposer aux idées de l'époque, et il laissa le champ libre à ces prétendus architectes qui ne se firent pas faute d'opérer à leur manière la victime

---

(1) Une inscription placée sur le portail méridional atteste qu'en 1257 cette partie de l'édifice n'existait point encore, et qu'au mois de février de l'année suivante la munificence de saint Louis en ayant ordonné la construction sous la direction de Jean De chelles, *maçon de Notre-Dame*, ce grand ouvrage fut achevé en la même année.

(1) « On a peine à concevoir, dit M. Gilbert (*Description historique de la basilique métropolitaine de Notre-Dame*), cette antipathie de la plupart des architectes des règnes de Louis XIV et de Louis XV pour l'architecture appelée *gothique*, et leur manie ridicule de dénaturer partout cette architecture en adaptant des constructions lourdes, que les artistes grecs et romains eussent certainement désavouées, et dont le style bizarre et de mauvais goût était bien plus barbare encore que celui qu'ils qualifiaient de ce titre. »

qu'on leur abandonnait; ils commencèrent par *restaurer* la grande rosace du milieu de la nef; ses plus riches ornements lui furent enlevés; on s'occupa ensuite avec un soin minutieux à faire disparaître les moindres traces des anciennes peintures qui couvraient tout le corps de l'édifice, et à les recouvrir d'un affreux badigeon; cela fait, on dégarnit les fenêtres de tous leurs vitraux peints pour y substituer les vitraux actuels en verre blanc (1). On fit aussi disparaître un beau jubé en pierre qui décorait l'entrée du chœur; il en fut de même des élégantes clôtures qui séparaient les chapelles de la nef et du chœur. Le sanctuaire lui-même ne fut pas épargné; ses ogives élégantes furent transformées en lourdes arcades plein cintre revêtues de marbre. — Le vieil autel gothique, splendidement encombré de châsses et de reliquaires, fut abattu et remplacé par un lourd sarcophage en marbre blanc. Le vœu de Louis XIII, dit M. de Jolimont, ne consistait qu'à faire élever dans le chœur un maître-autel digne de la grandeur et de la magnificence du temple. Mais les architectes de Louis XIV voulurent enchérir sur les volontés du monarque; ils dénaturèrent l'ordonnance et le système d'architecture du chœur; les arcs ogives furent convertis en pleins cintres, et les piliers arrondis métamorphosés en pilastres afin de n'offrir qu'une architecture froide, de mauvais goût, et qui contraste d'une manière ridicule avec le style de l'édifice. Les restaurations entreprises récemment seront sans doute assez consciencieuses pour restituer à cet antique monument toutes les beautés, toutes les richesses dont la barbarie, l'ignorance et le mauvais goût l'ont si indignement dépouillé. — Si les beautés de l'architecture ont placé l'église Notre-Dame parmi les plus belles cathédrales de France, la majesté et la grandeur des souvenirs qui s'y rattachent lui donnent incontestablement le premier rang parmi nos grands monuments nationaux. Chaque pierre de cet édifice est pour ainsi dire une page de l'histoire du pays; c'est dans son sein que se résumaient les mémorables et principaux événements dont notre histoire est remplie. C'est dans cette nef si majestueuse que les rois de France, chargés des trophées de la victoire, venaient adresser au Dieu des armées de solennelles actions de grâce en reconnaissance des succès qu'ils avaient obtenus; c'est là qu'ils viennent de nos jours encore à leur avénement au trône déposer au pied de l'Éternel le poids de leur couronne et renouveler le serment d'être fidèles observateurs de la justice et les pères du peuple; couverts des trophées de la victoire ou affligés par quelque calamité publique, nos anciens rois ont souvent fait retentir ces voûtes augustes de leurs ferventes invocations ou de leurs chants d'actions de grâce. « La vieille cathédrale vit souvent les fureurs s'apaiser par la prière; une procession faisait tomber les armes des mains des sicaires; les chefs de tous les partis, les représentants de toutes les factions, allaient s'agenouiller sous les voûtes de ce grand temple, où le Dieu de la patrie semblait toujours présent. » Rien n'est sublime et consolant comme cette pensée du ciel que l'on voit dominer de si haut, sur tant de peuples que divisent la haine et les factions. — Mais il est dans le monde une cathédrale plus fameuse encore, qui remplit l'univers entier de l'éclat de sa grandeur et du prestige des souvenirs qui se résument en elle; nous voulons parler de la majestueuse cathédrale d'où part la voix solennelle du premier évêque de la chrétienté, de celle où est située la chaire par excellence, celle qui domine toutes les chaires de prêtres et d'évêques. Cette chaire, c'est celle où s'est assis le prince des apôtres. Cette cathédrale, c'est celle où préside le représentant de Jésus-Christ sur la terre, c'est l'église Saint-Pierre de Rome. — C'est le monument le plus admirable que le génie de l'homme ait jamais produit. C'est un temple grand comme la pensée du ciel, rayonnant comme lui; il s'élève de la terre au ciel; il semble jeté dans les nues et retenu dans l'espace par une puissance mystérieuse. Le nom seul de cette église exerce sur les esprits chrétiens un prestige merveilleux qui échappe à l'analyse. On ne peut que s'incliner à l'aspect d'un édifice qui résume à lui seul la représentation de la souveraineté ecclésiastique, et dans lequel réside depuis si longtemps le principe essentiel de l'unité chrétienne. — Il ne nous est pas possible d'entreprendre aujourd'hui la description de ce magnifique édifice. L'abondance et la fécondité du sujet que nous traitons

nous ont fait dépasser de beaucoup déjà les bornes prescrites à un simple article, et à une publication du genre et de l'universalité de la nôtre. D'ailleurs la description de ce grand temple tiendrait à elle seule un volume. Nous ne parlons pas de son histoire qui est encore à faire, et qui est celle de l'humanité tout entière. Une pareille histoire est encore à faire; mais personne n'ose l'entreprendre. Il faudrait, pour la traiter convenablement, se mettre à la hauteur du sujet. Personne encore, jusqu'à présent, n'a réussi. Quant à nous, tout en reconnaissant notre impuissance à ce sujet, nous nous contenterons de donner, spécialement et en son temps, quelques notions historiques et descriptives sur ce magnifique monument. Nous terminons donc ici ce mot CATHÉDRALE; nous espérons que nos lecteurs en auront à peu près saisi l'esprit, l'origine et la portée; nous pensons aussi leur avoir donné une idée suffisante du caractère et de la physionomie de quelques-unes de ces nobles et anciennes cathédrales que notre pays est si fier de posséder. Nous ne nous arrêterons donc pas davantage là-dessus; le côté artistique n'entrant pas dans les bornes que nous prescrivait le sujet. Plus tard, à l'article GOTHIQUE, nous nous proposons d'entrer dans quelques développements sur la théorie de cet art. Il nous suffira pour aujourd'hui de constater un fait dont la conviction nous est malheureusement acquise. C'est la disparition à peu près complète de l'art architectural chrétien, de cet art auquel la France est redevable de ses plus beaux édifices. Après avoir créé tant de merveilles, cet art s'arrête haletant, épuisé. C'est que les monuments, comme les hommes, portent sur eux l'empreinte du caractère et l'expression de l'époque qui les a créés. Si les monuments religieux élevés de nos jours n'ont plus ce caractère imposant et sacré des cathédrales et autres églises du moyen âge, c'est que dans notre siècle d'incrédulité sceptique l'inspiration religieuse manque à nos architectes. Impuissants à reproduire le type du moyen âge, ils en sont réduits à l'imitation servile des monuments de l'antiquité. Leurs églises sont de pâles copies des temples voués au culte des idoles et des faux dieux. Ils élèvent cependant parfois des monuments immenses, mais ces monuments n'ont ni grandeur ni perspective. Ils n'ont rien de grandiose. S'ils ont un caractère, ce qui est rare, mais qui arrive quelquefois, ce n'est pas ce caractère austère et grave convenable à un lieu saint. Le cœur reste insensible et froid devant ces créations matérielles et lourdes; il n'est rien qui se rapporte aux mouvements de l'âme; rien n'y contribue à réveiller la foi, à rappeler la grandeur et la puissance du maître que nous adorons. — Ne pouvant impressionner ni l'âme ni le cœur, on cherche à éblouir les yeux : dernière et chétive ressource d'un art qui s'en va!... Ce luxe théâtral de peintures et de dorures éclatantes, c'est la forme qui voudrait sauver le fond; c'est l'art qui, pénétré de son infériorité relative, cherche à dissimuler à lui-même et aux autres, c'est son impuissance et sa faiblesse; c'est la pauvreté qui cache sa misère sous les oripeaux de l'opulence; c'est, en un mot, le signe infaillible de la triste décadence de l'art architectural chrétien.

J. LOBET.

CATHÉDRANT, *cathedrarius.* C'est celui qui enseigne en chaire, en parlant d'un théologien ou d'un philosophe; c'est aussi celui qui préside à un acte de théologie ou de philosophie, *præses.*

CATHÉDRATIQUE, droit honoraire qui se donnait aux évêques qui avaient assisté à une consécration. — L'usage s'était établi du temps de Justinien, que les évêques, après leur consécration, donnaient une somme pour l'intronisation à celui qui les avait ordonnés, et la taxe de ce qui se donnait au patriarche était réglée à vingt livres d'or, ou quatorze cents écus. Les autres églises recevaient moins à proportion : mais cette somme n'était pas pour le patriarche ou pour le métropolitain; il la remettait entre les mains de l'archiprêtre ou de l'archidiacre, qui la distribuait en partie aux évêques qui avaient assisté à la consécration, et l'autre partie aux clercs qui avaient officié, et aux notaires qui avaient dressé les actes. — Justinien appelle ce droit *intronistique*, que l'antécesseur de Julien a traduit par *cathédratique*, qui se donnait non pour l'ordination, mais pour ce que nous appelons l'*installation*; comme ce qui était donné aux évêques n'était pas pour la consécration, mais pour les frais de leur voyage et de leur séjour. — Jean Filesac, docteur en théologie, et Pierre de Maren, archevêque de Paris, parlent de ce *droit* : le premier, dans son *Traité de l'autorité sacrée des évêques*, liv. I, chap. 16; le second, dans son *Livre de la concorde du sacerdoce et de l'empire*, liv. VI.

L.-F. GUÉRIN.

CATHÉDRATIQUE, docteur régent cathédratique, qui a une

(1) Voici en quels termes un des principaux architectes du dernier siècle parle de cette profanation. « La rose du milieu, dit-il, qui est un assez bel ouvrage, a été embellie et restaurée en 1738 par le chapitre, qui a joint à cette dépense celle de faire regratter tout l'intérieur de l'église et de faire mettre à toutes les fenêtres des vitraux neufs en verre blanc » (Blondel, *Architecture française*, t. II, p. 107).

chaire, qui enseigne, qui professe, *doctor cathedraticus*. Ce terme est d'usage en Espagne.

CATHÉDRER, v. n. (*ancien, législation*), présider. *Juges du même titre cathèdrent tour à tour.*

CATHÉEN, ENNE, adj. et s. (*hist. anc.*), nom d'un ancien peuple de Lahore. Suivant les conjectures de plusieurs philologues, les Cathéens formaient la caste des guerriers, et leur nom est une altération de *Kchâtriya*.

CATHÉES (MONTS) (*géogr. anc.*), petite branche qui se détache du Caucase, et va, en s'allongeant vers le nord, séparer les Imaduques des Suani.

CATHÉIENS (*géogr. anc.*), *Cathœi*, peuple de l'Inde, cité par Arrien. Suivant cet auteur, cette nation choisissait dans son sein l'homme le mieux fait et le plus beau pour son roi; elle était belliqueuse, et surpassait ses voisins en connaissances dans l'art de la guerre. Les femmes avaient la coutume de se brûler vives après la mort de leur époux. Strabon ajoute que les Cathéens, deux mois après la naissance d'un enfant, déterminaient si sa conformation était telle qu'on dût lui laisser la vie. S'il était difforme ou reconnu maladif, il était mis à mort. — Ils se teignaient la barbe par manière d'ornement, et chez eux les mariages étaient le résultat d'un choix mutuel entre les parties contractantes.

CATHELINEAU (JACQUES), né en Anjou au Pin en Mauges sous Beaupréau, fut à la fois le type et le héros de la première insurrection vendéenne. Origine obscure, âme élevée, esprit droit et religieux, éloquence naturelle, bravoure entraînante: tels sont ses traits. Pour un mouvement tout populaire, tout spontané, il fallait un chef comme lui. Aussi, après la démonstration insurrectionnelle des jeunes recrues à Saint-Florent (20 mars 1793), dirige-t-il avec succès leurs premiers mouvements. Vainqueur à Chemillé le 12 avril, il le fut également à Chollet; et, ces succès donnant de l'importance à leurs efforts, les paysans mirent à leur tête Bonchamps et d'Elbée. Les premières tentatives de ces généraux ne sont pas couronnées de succès; mais la Rochejacquelein s'avance d'un côté, Stofflet accourt de l'autre, et la guerre devient imposante. La modération et la magnanimité de la plupart des chefs, l'esprit chrétien inspiré par Cathelineau à ses compagnons d'armes, font de ces premières hostilités un épisode historique sans exemple. Après la prise de Fontenay (24 mai), trois mille prisonniers sont renvoyés, après qu'on leur a coupé les cheveux pour pouvoir les reconnaître, s'ils reprenaient du service dans les rangs républicains. Ce fut là la vengeance vendéenne. Cependant, Saumur pris, Cathelineau, sur la proposition de Lescures, fut nommé général en chef (12 juin); ce choix était habile. Le siège de Nantes était résolu, et, pour entraîner loin de leurs foyers une armée de paysans, qui n'avaient d'autre discipline que leur soumission volontaire, d'autre théorie que leur instinct guerrier, il ne fallait rien moins que l'influence persuasive du saint d'Anjou. Cathelineau devait, pour attaquer Nantes, combiner ses forces avec celles de Charette, commandant l'insurrection du bas Poitou. L'armée royale le 29 juin Cathelineau et d'Elbée sont sous les murs de Nantes, du côté de la porte de Viarmes, tandis que Fleuriot aîné et d'Autichamp à la porte de Paris, de Lyrot à Saint-Jacques, et Charette au Pont-Rousseau, rivalisent de constance et de vigueur. Mais Canclaux et Beysser commandent la ville. En vain Cathelineau, après d'héroïques efforts, occupe-t-il la place de Viarmes; Talmont n'a pas compris l'ordre qu'il a reçu de laisser libre la porte de Guérande, et les républicains, refoulés de ce côté, rentrent dans la ville, d'où ils voulaient fuir, et luttent alors en désespérés. Une balle mortelle atteint Cathelineau. En le voyant tomber, les Vendéens sentent leur cœur faillir, ils se débandent, et leur déroute commence. Emporté dans leurs bras jusque sur l'autre rive de la Loire, à Saint-Florent, Cathelineau mourut le 14 juillet, comme il avait vécu, avec la simplicité d'un chrétien et la fermeté d'un héros. Vicomte WALSH.

CATHELINIÈRE (RIPAULT DE LA), fut choisi au mois de mars 1793, par les révoltés du pays de Retz, pour être leur commandant. Il s'empara du port Saint-Père de Bourgneuf, et des principaux bourgs de ce canton. Lorsque Charette fut devenu le chef des insurgés de Machecoul, il marcha, de concert avec la Cathelinière, contre Pornic, qui fut enlevé aux républicains. Depuis, ces deux chefs combinèrent habituellement leurs opérations. A l'attaque de Machecoul, le 20 juin 1793, qui fut la première victoire remarquable de Charette, la Cathelinière commandait l'avant-garde; mais il ne s'engagea jamais dans aucune des excursions de Charette, lui envoya quelquefois des renforts, mais ne voulut jamais faire la guerre que dans son canton. Pendant l'hiver de 1794, lorsque les républicains poursuivaient sans relâche l'armée de Charette, qui leur échappait toujours, et les combattait en fuyant (*V.* CHARETTE), la Cathelinière s'était retiré dans la forêt de Pornic, et s'y défendait contre les attaques et les recherches de l'ennemi. Un traître tira sur lui à bout portant et le blessa de deux balles. Il se cacha, pour se guérir, dans sa maison de Frossay. Les républicains y vinrent un jour. Un soldat voulant attraper une poule, l'oiseau s'enfuit sous un pressoir. Le soldat, en poursuivant sa proie, trouve un homme caché, habillé en paysan, et presque mourant de ses blessures. « Qui es-tu, demanda-t-il? — Cathelinière, répondit le Vendéen. » On le conduisit à Nantes, où il périt sur l'échafaud. De toutes les troupes des insurgés, Cathelinière commandait celle dont les soldats avaient le plus de rudesse et d'indiscipline; il savait très-bien la conduire et s'en faire respecter.

CATHELINOT (ILDEPHONSE), bénédictin de la congrégation de Saint-Vannes, né à Paris le 5 mai 1671. Nous avons de lui: *Lettres et Opuscules spirituels* de Bossuet, évêque de Meaux, et son commentaire sur le *Cantique des cantiques*, mis en ordre, 1748, 2 vol in-12. Les ouvrages suivants sont manuscrits: *Bibliothèque sacrée,* in-fol., 3 vol.; *Tables de la bibliothèque* de Dupin, 4 vol. in-4°; *Dissertation sur l'histoire ecclésiastique* de Fleury, 2 vol. in-4°; *Dissertation sur l'histoire du peuple de Dieu,* par le P. Berruyer; *Trias Patrum*: ce sont des dissertations sur l'ouvrage du P. Aubert Rolland, cordelier, intitulé: *les Moyens de concilier les esprits touchant la constitution Unigenitus,* et sur le *Traité de l'Amour de Dieu,* par un capucin, in-4°; *Dissertation sur le Dictionnaire de Bayle et ses autres ouvrages,* in-12; nouvelle édition des ouvrages d'Alain, 2 vol. in-fol.; nouvelle édition des *Hommes illustres,* de Thevet, avec des notes, in-12; *Abrégé des Dissertations et Commentaires de dom Calmet sur l'Écriture sainte;* les ouvrages de dom Robert Desgabets, mis dans un nouvel ordre, 2 vol. in-fol.; *Supplément* au concile de Trente, composé des ouvrages de l'évêque Psaume sur ce concile, in-fol. Il a travaillé à la traduction latine de l'*Histoire ecclésiastique* de Fleury, et à celle des *Empereurs romains* de Tillemont. Il a aussi travaillé à une bibliothèque universelle bénédictine, sous ce titre: *Historia litteraria benedictina in tres partes divisa,* 3 vol. in-fol. Il avait entrepris un ouvrage intitulé: *Annales tum ecclesiastici, tum romani, historici, critici, chronologici;* mais l'auteur tomba en enfance, et il mourut le 16 juin 1756.

CATHÉMÉRIN, INE, adj. (*médec.*), quotidien, qui vient tous les jours. *Fièvre cathémérine.*

CATHÉRÈSE, s. f. (*médec.*), de καθαίρειν, soustraire, abattre, renverser; épuisement indépendant de toute évacuation artificielle, telle que la saignée ou la purgation.

CATHÉRÉTIQUE (*chirurgie*), de καθαίρειν, détruire, retrancher. La chirurgie ne retranche pas toujours avec le fer: il est des circonstances où, tant pour éviter la douleur au malade que pour produire une réaction salutaire dans les tissus, on a recours à d'autres moyens lorsqu'il est nécessaire de retrancher et de détruire. Les moyens consistent dans des substances ou solides ou liquides qu'on applique sur la partie dont on veut opérer la destruction. Parmi ces substances, qui sont en assez grand nombre, les cathérétiques sont celles qui ont le moins d'activité. Ainsi, lorsqu'on veut agir sur une surface du corps avec une énergie limitée; qu'on ne veut arriver que peu à peu à la destruction du tissu sur lequel l'agent destructeur est appliqué; enfin, lorsqu'on craint d'exciter trop vivement la sensibilité des malades, ce sont les substances dont nous parlons que la chirurgie emploie de préférence. Afin que nos lecteurs sachent quels sont, parmi les cathérétiques, ceux dont on use le plus généralement, nous allons en citer quelques-uns. L'ammoniaque liquide et le nitrate acide de mercure sont très-employés, surtout la seconde de ces deux substances, qui a remplacé avec avantage le nitrate d'argent connu sous le nom vulgaire de *pierre infernale*. La pommade ammoniacale de Gondret, la pâte de Rousselot, et les chlorures de zinc et d'antimoine sont aussi souvent entre les mains de l'homme de l'art, surtout la pommade de Gondret, dont l'usage et les effets sont devenus populaires. D^r ED. CARRIÈRE.

CATHERINE-LOCH (*géogr.*), lac d'Écosse, dans la partie sud-ouest du comté de Perth, au milieu des monts Grampians, entre le Benchochan et le Mealaonach, au nord. — Sa longueur, de l'est à l'ouest, est d'environ 2 lieues et demie; sa moyenne largeur, d'un tiers de lieue. — Une rivière sort de son extrémité orientale, et s'unit à un autre cours d'eau, près de Callander, pour former le Teath, affluent du Forth. Peu de contrées sont aussi pittoresques que les bords de ce lac ; des rochers taillés à pic, des grottes, des montagnes, des bois, y présentent un aspect magnifique et sauvage. — On y remarque surtout, près du bord méridional, la *Caverne du Fantôme*, que les naïfs habitants de la contrée croient, dans leur ignorance, être fréquentés par des êtres surnaturels.

CATHERINE (MONT SAINTE-) (*géogr.*), Djebel *Katerin*, sommet oriental du groupe formant le mont Sinaï, en Arabie. Ce nom a été donné par méprise au couvent du mont Sinaï, dédié à la transfiguration de Jésus-Christ.

CATHERINE (ILE SAINTE-)(*géogr.*), Santa-*Catharina*, île de l'Océan Atlantique, située près de la côte du Brésil, et faisant partie de la province de son nom, entre 27° 22′ et 27° 52′ de latit. sud , et entre 50° 48′ et 51° 3′ de longit. ouest. Sa longueur, du nord au sud, est de 12 lieues, et sa largeur, de l'est à l'ouest, de 3 lieues. Le territoire est montagneux, bien arrosé, et encore couvert de bois. Les montagnes sont entrecoupées de vallées plus ou moins larges, et il y a quelques endroits marécageux. Les principales rivières qui l'arrosent sont le Vermelho, le Rio dos Ratones et le Tavares. La partie orientale de cette île renferme un lac de 2 lieues de long sur environ 1,000 brasses de large, qui reçoit le Vermelho, communique à la mer du côté du nord-est, et est très-poissonneux. Dans la partie méridionale, *il* y a plusieurs lacs peu considérables. Les côtes forment un grand nombre de petites baies. Le canal qui sépare cette île du continent a environ 400 mètres dans l'endroit le plus resserré , à Nossa-Senhora do Desterro, chef-lieu de l'île et de la province, au nord et au sud duquel se trouvent deux grandes rades. Celle du nord a 3 lieues de large, et peut recevoir les plus grands vaisseaux. Le vent du sud règne pendant l'hiver, qui commence en mai et finit en octobre. Les pluies sont fréquentes en été ; toutes les soirées de cette saison sont rafraîchies par des vents de mer ordinairement très-forts. La culture n'occupe en général que les blancs. L'humidité naturelle du sol entretient dans cette île la plus belle végétation ; le riz , le manioc, le maïs, le lin, le café, la canne à sucre, un peu de coton, de beaux fruits, et surtout les plus belles oranges de l'Amérique, sont les principales productions ; les palmiers, les orangers, les myrtes, les rosiers, une grande quantité de fleurs et de plantes aromatiques y croissent et embaument l'air à plusieurs lieues en mer. Les bois de construction sont rares maintenant. Parmi les animaux sauvages, on trouve des singes, des opossums, beaucoup de serpents ; et, parmi les oiseaux, des grues, des faucons, et diverses espèces de perroquets et de colibris. Les côtes abondent en poissons et en coquillages. L'île Sainte-Catherine est environnée de plusieurs petites îles dans lesquelles on a établi quelques forts. Santa-Cruz, située dans la rade principale, est la plus considérable.

CATHERINE (SAINTE-) (*géogr.*), Santa-*Catharina*, province du Brésil, formée d'une partie de l'ancienne capitainerie de S.-Amaro, et de quelques îles parmi lesquelles on cite celle dont elle porte le nom. Cette province a 85 lieues de long du nord au sud, et 39 dans sa plus grande largeur. Elle est située entre 25° 58′ et 29° 15′ de latit. sud, et entre 50° 48′ et 53° 5′ de longit. ouest. Elle est bornée au nord par la rivière Sahy, qui la sépare de la province de Saint-Paul ; à l'est, par l'Océan Atlantique ; au sud et à l'ouest, par la rivière Mampituba et la Serra de Santa-Catharina, qui la sépare des provinces de Saint-Paul et de Rio-Grande-do-Sul. Le terrain en est plus montagneux qu'uni ; il est arrosé par un grand nombre de rivières de peu d'étendue, dont une grande partie se déchargent dans l'Atlantique, et dont les plus considérables sont la Mampituba, l'Ararangua, l'Urussanga, l'Una, le Piraquera, qui sert d'écoulement au lac de même nom ; la Garopaba, qui sert aussi de déversoir au lac de son nom ; le Cubatao, le Maruhy, l'Yririguassa, le Tijucas, le Sagacu, le grand Tajahy, l'Ytapicu, la Parannagua, etc. Les lacs de cette province sont assez nombreux, mais petits ; le plus grand a 5 lieues de long sur une de large ; il s'étend le long de la côte, et verse ses eaux dans la Mampituba. Il y a plusieurs sources thermales de différents degrés de chaleur. Les côtes sont assez généralement basses, excepté *dans* la partie occupée par la montagne Camberella, située près du port du chef-lieu de cette province ; par le mont Bahul, qui sert de signal aux navigateurs ; et par le cap Pinheira, qui s'avance dans le détroit du même nom, à l'entrée méridionale du canal de Sainte-Catherine. Ces côtes forment plusieurs anses ou petits golfes. — Le climat est tempéré, et l'air est très-sain entre les montagnes et dans les plaines ; il est insa-

lubre près des lieux marécageux. Le sol , en général fertile, produit du riz, du manioc, du millet, du sucre, du café, un peu de coton, et, dans quelques parties, du blé et de l'avoine ; les fruits et les fleurs croissent partout avec une rare abondance. Les montagnes sont couvertes de forêts qui fournissent d'excellents bois de construction et de menuiserie. Le cochenillier y est aussi très-commun, et l'on y trouve beaucoup de plantes médicinales. On y élève peu de bestiaux. Il y a des sangliers, des jaguars, des cerfs, des singes, etc. Parmi les oiseaux, les perroquets, les tourterelles et les colibris de diverses espèces sont les plus nombreux. On dit qu'il y a des indices d'or et d'autres métaux ; on en tire du granit, des pierres à chaux et des pierres à aiguiser. L'industrie de cette province se borne à la fabrication du sucre et du rhum, et à la préparation des cuirs. Le commerce consiste dans les productions du sol. — Deux races d'aborigènes, les Patos et les Carijos, se sont mêlées aux Portugais à l'époque de leur établissement, et se sont occupées depuis de la culture des terres. — La population s'élevait, il y a quelques années, à 32,000 habitants, dont la majeure partie est originaire des Açores. Il y a peu de nègres, et moins encore de métis.

CATHERINE (SAINTE), vierge et martyre, souffrit la mort à Alexandrie pour Jésus-Christ, sous l'empire de Maximin, si l'on en croit ses actes, qui n'ont aucune autorité parmi les savants. On ne commença à parler d'elle qu'à la fin du VIIIe ou au commencement du IXe siècle, à l'occasion d'un corps trouvé. en ces temps-là sur la montagne de Sinaï en Arabie, par les chrétiens soumis aux mahométans, qui le prirent pour le corps d'une sainte martyre, et l'honorèrent en cette qualité. Le culte passa bientôt chez les Grecs, avec le nom nouveau d'*Aicaterina*, et des Grecs chez les Latins, avec le nom de Catherine, dans le XIe siècle, au retour des croisades du Levant. On forgea des actes de sa passion, et l'on fit sa fête le 25 novembre (Baronius, à l'an 507, no 33 ; les Bollandistes, Baillet, *Vies des saints*, 25 novembre).

CATHERINE DE SUÈDE (SAINTE), vierge, fille d'Ulphon de Guthmarson, prince de Néricie en Suède, et de sainte Brigitte ou Brigide, naquit vers l'an 1330. Sa sainte mère, qui la nourrit elle-même, lui fit sucer la piété avec le lait, et elle ne l'eut pas plutôt sevrée qu'elle confia son éducation à la pieuse abbesse de Risberg. Elle profita beaucoup dans ce monastère sous une si sage conduite, et elle y avait formé la résolution de consacrer à Dieu sa virginité, lorsque son père la maria sans la consulter. Egard , son époux, l'un des grands seigneurs du royaume, consentit, sur ses remontrances, à vivre en continence avec elle. Mais Dieu permit que la vertu fût mise à de rudes épreuves par les outrages qu'elle reçut de la part d'un frère qu'elle avait, nommé Charles, qui ne pouvait souffrir ce genre de vie, non plus que le changement de sa femme, causé par les exhortations de notre sainte. Le prince Ulphon son père étant mort, sainte Brigide sa mère alla à Rome ; Catherine l'y suivit cinq ans après. Elles s'y occupèrent ensemble à divers exercices de religion et de charité, jusqu'à ce qu'il prit à Catherine une extrême envie de retourner dans son pays. La sainte Vierge l'en reprit dans une vision , et n'empêcha pas la tentation de revenir ; elle ne fut dissipée que par des châtiments redoublés et par la mort de son mari. Ses liens étant rompus, elle s'attacha fortement à sa sainte mère, vivant avec elle dans les jeûnes, les austérités, la prière, la méditation, l'exercice de la charité spirituelle et corporelle, plusieurs voyages de piété. Sainte Brigide étant morte à Rome, au retour de la terre sainte, l'an 1373, Catherine transporta ses saints ossements en Suède, et les déposa dans le monastère de Wotzsten, où elle se renferma pour servir Dieu le reste de ses jours avec les religieuses, qui l'obligèrent de se charger de leur conduite, et auxquelles elle donna la règle du Saint-Sauveur, qu'elle avait pratiquée à Rome pendant vingt-quatre ans sous sa mère. C'est ce qui la fait regarder par quelques-uns comme l'institutrice de cet ordre en Suède. Elle fut obligée d'aller à Rome l'an 1375, pour solliciter la canonisation de sa mère, d'où elle ne revint que l'an 1380. Elle mourut l'année suivante, 1381, après une maladie de neuf mois, le 24 de mars. Dieu l'honora de la grâce des miracles, après sa mort, comme il avait fait pendant sa vie. Les papes Sixte IV et Jules II permirent de célébrer sa fête le 24 mars, jour de sa mort, et le 2 d'août, jour de sa translation. Mais Léon X, pour plus de commodité, remit la fête du 24 mars au 25 juin (Bollandus, 24 mars ; Henschénius, Baillet, 24 mars).

CATHERINE (SAINTE), dite DE SIENNE, du nom de sa ville natale, où elle vit le jour en 1347. Son père, teinturier riche et vertueux, prit un soin particulier de son éducation, et elle y répondit par les heureuses dispositions de son cœur et de son esprit, ce qui lui fit donner le nom d'*Euphrosine*. Dès son enfance, elle annonça un goût décidé pour la piété et pour la vie solitaire, fit secrètement vœu de virginité, et se prépara à l'observer par toutes sortes de pratiques de dévotion. Sa vocation fut mise à de rudes épreuves par ses parents, qui la destinaient à embrasser l'état du mariage. Elle vint à bout, par sa douceur et par sa persévérance, de les faire entrer dans ses vues, et, en 1365 ou 1367, elle prit l'habit de religieuse dans le tiers ordre de Saint-Dominique. Sa haute réputation de piété franchit bientôt les murs du cloître où elle eut longtemps à lutter contre des tentations de plus d'un genre dont était assaillie son ardente imagination. Au milieu de la guerre que les Guelfes et les Gibelins réunis faisaient à Grégoire XI, elle retint les villes d'Arezzo, de Lucques et de Sienne dans les intérêts du pape. Les Florentins, alarmés du préjudice que les censures pontificales portaient à leur commerce dans les pays étrangers, envoyèrent Catherine à Avignon pour disposer Grégoire à accueillir leurs ambassadeurs, chargés de traiter de la paix. Elle y avait réussi ; mais cette démarche n'était rien moins que sincère de leur part, et ce ne fut qu'au bout de trois ans de peines et de travaux, qu'après avoir vu sa vie souvent exposée au milieu des factions qui déchiraient les Florentins, qu'elle eut l'avantage, en 1378, de les réconcilier avec Urbain VI, successeur de Grégoire. Ce fut encore elle qui détermina ce pape à reporter d'Avignon à Rome le siège pontifical, qui en avait été enlevé soixante-dix ans auparavant. La grande réputation de Catherine dans la connaissance des voies intérieures et son crédit sans bornes auprès du saint-siège lui suscitèrent des jaloux parmi les docteurs et même parmi les évêques. Ils voulurent la soumettre à des épreuves qu'elle subit avec tant de douceur, d'humilité et de soumission, que, satisfaits de ses réponses, leur défiance se changea en un profond respect. — La paix qu'elle avait procurée à l'Église, en ramenant Grégoire XI à Rome, ne fut pas de longue durée. A la mort de ce pontife, le saint-siège, partagé entre Urbain VI et Clément VII, vit éclater en 1378 ce long schisme qui causa tant de scandale et eut des suites si fâcheuses. Chacune des deux obédiences possédait des saints dans son parti. Catherine, attachée à celle d'Urbain, ne réduisit pas son zèle à de simples prières pour rétablir l'harmonie ; elle écrivit aux cardinaux qui, après l'avoir élu, s'étaient ensuite portés à lui donner un compétiteur. Elle s'adressa à Urbain lui-même pour l'exciter à se corriger de cette fierté, de cette dureté de caractère qui lui avait aliéné les esprits ; aux princes, afin de les engager à user de leur puissance pour faire cesser le schisme. Les peines infinies qu'elle se donna dans ces circonstances achevèrent de ruiner sa santé, déjà affaiblie par ses jeûnes et ses mortifications de tout genre. Elle y succomba à Rome, le 29 avril 1380, à l'âge de trente-trois ans. Elle fut canonisée par Pie II en 1461, et Urbain VIII transféra sa fête au 8 avril. — Raymond des Vignes, général des dominicains, confesseur de sainte Catherine, traduisit en latin, en y faisant quelques augmentations, la vie de la sainte, composée en italien par le P. Thomas della Fonte, qui avait été son confesseur avant lui, et cette traduction a été insérée dans les Bollandistes. Ces deux auteurs entrent dans un grand détail des extases, des révélations, des visions, des prédictions de la sainte, qu'ils disent avoir appris d'elle. « Je ne doute pas, écrit à ce sujet le judicieux Fleury, qu'elle ne crût de bonne foi tout ce qu'elle racontait ; mais une imagination vive, échauffée par les jeûnes et les veilles, pouvait y avoir grande part, d'autant plus qu'aucune occupation extérieure ne la détournait de ces pensées. » — Pie II ayant approuvé un office où il était dit qu'elle portait sur son corps les stigmates de Jésus-Christ, les franciscains, qui revendiquaient exclusivement cette prérogative pour leur saint fondateur, dénoncèrent cet office à Sixte IV, lequel avait été de leur ordre, et ce pape défendit, sous des peines ecclésiastiques, de la représenter avec ces stigmates. Dans les leçons qui furent composées par ordre d'Urbain VIII en 1628, pour le même motif, on disait qu'elle était de la famille des Borghèse. Sur les plaintes de cette famille, à laquelle une pareille généalogie imprimait une tache de roture, cette clause fut rayée du *Bréviaire romain* par ordre du même pape. Elle se conserva néanmoins dans la plupart des exemplaires, et elle a continué à être imprimée depuis dans toutes les éditions postérieures. — Les éditions en général des œuvres de sainte Catherine étant incomplètes, défectueuses, étrangement défigurées par le style, Jérôme Gigli les revit sur les manuscrits originaux, et en publia une nouvelle, plus exacte et plus complète, sous ce titre : *Opere della santa serafica Caterina, etc.*, Sienne et Lucques, 1707-1713, 4 vol. in-4°. Ses *Lettres*, augmentées de vingt-trois nouvelles, ce qui en porte le nombre à trois cent quatre-vingt-sept, avec les notes du P. Burlamaulus, jésuite, sont ce qu'il y a de plus intéressant dans cette collection. Elles ont été traduites en français par J. Balesdens, Paris, 1644, in-4°. On lui a attribué des *Poésies italiennes*, Sienne, 1505, in-8°. — L'élégance et la pureté du style dans tout ce qu'elle a écrit en italien l'ont mise au rang des auteurs réputés classiques en cette langue. Ses lettres ne le cèdent point pour le style à celui des écrivains de son temps, sans en excepter Pétrarque. Gigli, indigné de ce que les académiciens de la Crusca n'avaient cité aucun écrivain siennois dans leur vocabulaire, publia un *Vocabulario cateriniano*, livre rare et recherché, dans lequel on ne trouve que les mots que cette sainte a employés dans ses ouvrages. — Sa vie a été composée en latin par Jean Pius, Bologne, 1515, in-4° ; en italien, par Pierre Arctin, Venise, 1541, in-8° ; et en français par Jean Rechac, Paris, 1647, in-12. On a aussi la *Legenda di Caterina di Siena*, Florence, 1477, in-4° (gothiq.). Cette légende, qui n'est qu'une traduction de l'ouvrage de Raimond de Capoue, faite par les PP. Dominique de Pistoie et Pierre de Pise, est regardée comme le premier livre imprimé à Florence, ce qui détruit l'opinion de ceux qui prétendent que l'imprimerie ne fut établie à Florence qu'en 1482.